Elementos de las Entradas, E

Indicador de campo semántico
Semantic field label

Símbolo de: O
Symbol meaning: OR

Partícula... cambian el significado de la frase
Prepositional particles

radio /ˈrraðjo/ **I** *sm* **1.** (*Anat, Mat*) radius: **bus... todos los hoteles** *en* **un radio** *de* **cinco millas** they checked all the hotels within a radius of five miles. **2.** (*de una rueda*) spoke. **3.** (*Quím*) radium. **4.** (*Amér L: receptor*) radio.
II *sf* (*Telec*) radio: **lo oí** *por* **la radio** I heard it on the radio; **pon la radio** switch on * turn on the radio.
radio de acción *sm* range.
radio pirata *sf* pirate radio station.

Inglés británico
British English

Inglés americano
American English

raya /ˈrraja/ *sf* **1.** (*línea*) line: **trazó una raya** he drew a line. **2.** (*en el pelo*) (*GB*) parting, (*US*) part. **3.** (*en un pantalón*) crease. **4.** (*en un diseño*) stripe: **me he comprado una camisa** *a* **rayas** I've bought a striped shirt. **5.** (*límite*) limit: **se pasó de la raya** he went too far • **los mantiene a raya** he keeps them under control. **6.** (*signo ortográfico*) dash (*punctuation mark preceding speech*). **7.** (*Méx: jornal*) wages *pl*, pay. **8.** (*pez*) ray, skate.

Fonética
Phonetics

Giro o frase hecha
Idiom

División de la entrada en acepciones numeradas
Division of the entry by numbered sections

razón /rraˈθon/ *sf* **1.** (*inteligencia*) reason: **ha perdido la razón** she has lost her mind • **espero que entre en razón** I hope he will see sense. **2.** (*causa*) reason: **no hay razón para que te enfades** there's no reason for you to get angry • **razón de más para que no vayas** all the more reason for you not to go. **3.** (*para expresar acierto, verdad*): **tienes razón, yo estaba equivocado** you're right, I was wrong; **tienes toda la razón** you're quite right. **4.** (*argumento*) reasoning, argument: **las razones del fiscal convencieron al jurado** the jury was persuaded by the public prosecutor's arguments • **es muy testarudo, no atiende a razones** he's very stubborn, he won't listen to reason. **5.** (*información*) information: **se vende, razón en la oficina** for sale, inquire at the office; **dio razón del accidente** he reported the accident. **6.** (*Mat*) ratio • **tocamos a razón de dos mil cada uno** our share comes to two thousand each.

Español de América
Latin American Spanish

Nivel de lengua
Level of language

subte /ˈsuβte/ *sm* (*Arg, Urug: Transp, fam*) (*GB*) underground (railway), (*US*) subway.

Ejemplos
Examples

sucesión /suθeˈsjon/ *sf* **1.** (*a una persona*) succession: **era la séptima en la línea de sucesión al trono** she was seventh in line to the throne. **2.** (*serie*) series, succession: **se descubrió gracias a una sucesión de acontecimientos fortuitos** it was discovered thanks to a succession of fortuitous events. **3.** (*descendencia*) heirs *pl*, issue: **no tuvo sucesión** she had no heirs.

Para la estructura de las entradas de la sección Inglés-Español, véase el interior de la cubierta posterior del diccionario.
For the structure of English-Spanish entries see the inside back cover of the dictionary.

Richmond Advanced Dictionary

consulta avanzada de inglés

Español/Inglés Inglés/Español

Santillana

Santillana
Richmond PUBLISHING
www.richmondelt.com

Richmond Advanced Dictionary

consulta avanzada de inglés

Español/Inglés Inglés/Español

Santillana

Santillana

Richmond PUBLISHING

www.richmondelt.com

London • Miami • Buenos Aires • Madrid • México D. F.

Dirección General/General Editor
Nicholas Rollin

Equipo de redacción/Editors
Amanda Leigh
Manual Santamarina
Sharon Peters
Victoria Romero Cerro
Rafael Alarcón Gaeta
Christine Somerville
Jane Millar

Colaboradores/Contributors
Meic Haines
Beatriz Galimberti Jarman
Beatriz Alonso-V. Harris
Roy Russell

Elena García Álvarez, Fiona Mackintosh, Haydn Kirnon, Kathryn Phillips-Miles, Lidia Cámara de la Fuente, Maggie Thomas, María Isabel Tercedor Sánchez, María Reyes Sequera Hernández, Sally Gray, Sara Montgomery, Stephen Mitchell

Las palabras que, en opinión de los editores, son marcas registradas, van acompañadas en el texto por el símbolo ®. La inclusión u omisión del mismo no implica un juicio por parte de los editores de la situación legal de la palabra en cuestión.

Words which the publisher believes to be registered trademarks are marked in the text by the symbol ®. The presence or absence of this symbol in no way represents a judgement by the publisher of the legal status of the word in question.

Santillana-Richmond Publishing
19 Berghem Mews
Blythe Road
London W14 OHN

ISBN: 84-294-9861-3
Printed in Spain
Impreso en España por Cayfosa-Quebecor
D.L.: B-17.807-2000

Diseño/Design
Lorna Heaslip
Diseño de cubierta/Cover design
Emiliocalvinho+lacompañía
Páginas centrales/Centre pages
Mike Brain

Informatización/Data manipulation
Compulexis Ltd., Charlton-on-Otmoor, Oxford

Fotocomposición/Typesetting
Tradespools Ltd., Frome, Somerset

Índice, Contents

Prólogo

ESTE DICCIONARIO proporciona una clave para el estudio y el uso de dos importantísimas lenguas internacionales. Está concebido para que sea una obra de fácil manejo y presenta una gran cantidad de información de la manera más clara y sencilla posible. Para asegurar la máxima exactitud de las traducciones se ha confiado la redacción a experimentados equipos de hablantes nativos de ambos idiomas. Además, el empleo de un sofisticado programa de edición de textos lexicográficos ha permitido el acceso a la totalidad de la base de datos a lo largo de cada etapa del proceso editorial. Esto a su vez ha hecho posible un continuo proceso de actualización y perfeccionamiento que se refleja en el alto nivel de correlación entre ambas partes del diccionario.

Se ha buscado dar un tratamiento exhaustivo del vocabulario esencial del inglés y del español y esto ha determinado los criterios seguidos en la selección de lemas. Las entradas han sido elaboradas de manera minuciosa, prestando especial atención a las acepciones y usos más corrientes en el español y el inglés de hoy en día. El objetivo principal que se ha perseguido es el de proporcionar al estudiante de nivel intermedio una obra de consulta y estudio que contemple sus necesidades y le sirva de guía en los procesos básicos del aprendizaje de una lengua: la lectura, la escritura y la comunicación oral.

La riqueza de ejemplos que ofrece el diccionario permitirá al usuario llevar a cabo estas tareas con absoluta confianza en la autenticidad de los modelos presentados, puesto que han sido creados por hablantes nativos de una y otra lengua. En los casos en los que no existe una traducción directa, se dan ejemplos que ilustran la manera en que un determinado concepto puede ser expresado en el otro idioma. De la misma forma, al traducir lemas que reflejan conceptos y fenómenos íntimamente ligados a la cultura de uno u otro grupo lingüístico, el diccionario ofrece de manera muy clara la información complementaria requerida para la cabal comprensión del término.

El diccionario también tiene en cuenta las futuras necesidades del estudiante de nivel intermedio. La inclusión de términos técnicos y especializados que van más allá del vocabulario empleado en el aula lo convierten en un útil instrumento en etapas más avanzadas del estudio de la lengua extranjera o en una práctica obra de consulta. Es esto lo que hace que el equipo editorial se sienta seguro de que la obra ofrece todo lo que la mayoría de los usuarios exige de un diccionario bilingüe Inglés-Español.

Para un manejo más eficaz de la obra y para un mayor aprovechamiento de la información contenida en ella se recomienda leer las páginas en las que se describen las características del diccionario.

Prologue

THIS DICTIONARY provides a key to the study and use of two great international languages. It has been designed to make them accessible in the clearest and most uncomplicated way. Experienced teams of native-speakers of both languages have been used at every stage of the editorial process to ensure the maximum accuracy of the translations. In addition the use of a sophisticated lexicographic text editing program has meant that access to all the data in the Dictionary was assured at all stages of editorial development. This made possible a continuous process of updating and refinement throughout the development phase. It is reflected in the text by the high degree of correlation between the two sections of the Dictionary.

The editors' objective has been to give thorough treatment to the core vocabulary of English and Spanish. Within this selection the emphasis has been placed on contemporary, common usage. The Dictionary's first aim is to provide intermediate students with a reference tool that takes account of their need for assistance in the basic operations of language learning: reading, writing and speaking. The wealth of examples provided will enable the user to carry out these functions confident in the knowledge that the models offered have been created by native speakers and are therefore authentic. Where direct translations are not possible, the Dictionary provides examples to show how the concept can be expressed in the other language. Where additional information will help the user, for example in translating cultural concepts and phenomena, the Dictionary provides it in an unambiguous way.

But the Dictionary also provides for the intermediate student's future needs by the inclusion of sufficient technical and specialized terminology to make this a practical general Dictionary going beyond the vocabulary likely to be encountered in the classroom. It will be found to be equally useful in post-secondary language learning and as a home reference book. It is this that makes the editors confident that for most users, this Dictionary will provide for all their requirements from a bilingual Dictionary of English and Spanish.

Readers are recommended to study the pages describing the Dictionary's features in order to obtain the maximum benefit from the work.

Abreviaturas, Abbreviations

abbr	abbreviation, abreviatura
abrev	abreviatura, abbreviation
adj	adjetivo, adjective
adv	adverbio, adverb
Agr	Agricultura y Ganadería, Agriculture
Amér C	América Central, Central America
Amér L	América Latina, Latin America
Amér S	América del Sur, South America
Anat	Anatomía, Anatomy
Ant	Antillas, Caribbean
Archit	Architecture, Arquitectura
Arg	Argentina
Arquit	Arquitectura, Architecture
Art	the Arts, Artes Plásticas
art	artículo, article
Artes	Artes Plásticas, the Arts
Astrol	Astrología, Astrology
Astron	Astronomía, Astronomy
Auto	Automóviles, Automobiles
Av	Aviación, Aviation
Biol	Biología, Biology
Bol	Bolivia
Bot	Botánica, Botany
Chem	Chemistry, Química
Chi	Chile
Col	Colombia
conj	conjunción, conjunction
contr	contracción, contracted form
C. Rica	Costa Rica
Culin	Culinario, Culinary
def	definido, definite
Dep	Deportes, Sport
Ec	Ecuador
Ecol	Ecología, Ecology
Educ	Educación, Education
Eng	Engineering, Ingeniería
Ent	Entertainment, Espectáculos
Esp	España, Spain
Espec	Espectáculos, Entertainment
etc.	etcétera, etcetera
excl	exclamación, exclamation
f	feminine, femenino
fam	familiarmente, familiar
fig	(en sentido) figurado, figurative
Fin	Finanzas, Finance
Fís	Física, Physics
f pl	feminine plural noun, sustantivo femenino plural
frml	formal
GB	Gran Bretaña, Great Britain
Geog	Geografía, Geography
Geol	Geología, Geology
Guat	Guatemala
Hist	Historia, History
Hond	Honduras
indef	indefinido, indefinite
Indum	Indumentaria, Clothing
Inform	Informática, Information Technology
Ing	Ingeniería, Engineering
interr	interrogativo, interrogative
inv	invariable
Jur	Jurisprudencia, Law
Ling	Lingüística, Linguistics
Lit	Literatura, Literature
loc adj	locución adjetiva, adjectival phrase
loc adv	locución adverbial, adverbial phrase
m	masculine, masculino
Mat	Matemática, Mathematics
Maths	Mathematics, Matemática
Meas	Weights and Measures, Medidas
Med	Medicina, Medicine
Medios	Medios de comunicación, Media
Meteo	Meteorología, Meteorology
Méx	México, Mexico
m/f	masculine and feminine, masculino y femenino
Mil	Militar, Military
m pl	masculine plural noun, sustantivo masculino plural
Mus	Music, Música

Mús	Música, Music
n	noun, sustantivo
Naut	Nautical, Náutica
Náut	Náutica, Nautical
neg	negativo, negative
Nic	Nicaragua
n pl	plural noun, sustantivo plural
Num	Numbers, Números
Núm	Números, Numbers
Pan	Panamá, Panama
Par	Paraguay
Phys	Physics, Física
pl	plural
Pol	Política, Politics
pref	prefijo, prefix
prep	preposición, preposition
pret	pretérito, preterite
P. Rico	Puerto Rico
Prof	Profesiones, Professions
pron	pronombre, pronoun
Quím	Química, Chemistry
Relig	Religión, Religion
Rep Dom	República Dominicana, Dominican Republic
sf	sustantivo femenino, feminine noun
sf pl	sustantivo femenino plural, feminine plural noun
sm	sustantivo masculino, masculine noun
sm/f	sustantivo masculino y femenino, masculine and feminine noun
sm pl	sustantivo masculino plural, masculine plural noun
Sociol	Sociología, Sociology
suf	sufijo, suffix
Tauro	Tauromaquia, Bullfighting
Tec	Tecnología, Technology
Telec	Telecomunicaciones, Telecommunications
Transp	Transporte y Turismo, Transport
Urug	Uruguay
US	United States, Estados Unidos
v aux	verbo auxiliar, auxiliary verb
Ven	Venezuela
vi	verbo intransitivo, intransitive verb
v impers	verbo impersonal, impersonal verb
v prnl	verbo pronominal, pronominal verb
vt	verbo transitivo, transitive verb
vt/i	verbo transitivo e intransitivo, transitive and intransitive verb
Zool	Zoología, Zoology

Símbolos, Symbols

1 ➪ Remisión, cross-reference

2 !! uso muy coloquial o de argot, very colloquial or slang usage

3 ® marca registrada, registered trademark

4 ♦ cambio de categoría gramatical, change of part of speech

5 ● ejemplo de un giro o frase hecha, example of an idiom

Nota: Los giros y frases hechas aparecen normalmente bajo el primer sustantivo.
Note: Idioms are normally placed under the first noun.

6 / distintas posibilidades que se pueden utilizar, indicates parallel wording that can be used: **vendrá por la mañana/por la tarde** she'll come in the morning/in the afternoon

7 * símbolo que indica variantes que se pueden usar indistintamente, symbol for alternative use:

habla muy bien de ti he speaks very well * highly of you

Nota: Cuando se usa en una categoría gramatical, indica que las dos opciones son válidas.
Note: In parts of speech the symbol indicates that both parts of speech are acceptable.

maratón /mara'ton/ *sm* * *sf* marathon.

La pronunciación del inglés

Consonantes

/p/	pay, pool
/b/	bin, beetle
/t/	tent, tin
/d/	dad, decent
/k/	catch, keep
/g/	goal, groan
/m/	make, me, smile
/n/	noble, noon
/ŋ/	bring, fling
/f/	fail, food, phone
/v/	vain, very
/θ/	thick, thin, three
/ð/	their, there
/tʃ/	cheese, chip
/dʒ/	jeans, joke
/s/	silent, silver
/z/	zoom, zebra
/ʃ/	shake, she, shiver,
/ʒ/	measure, treasure
/h/	house, how
/l/	lake, load
/r/	arrow, river, run

Semivocales

/j/	yellow, yet
/w/	wet, wind

Vocales y diptongos

/iː/	he, sheep, seen
/ɪ/	ship, sit, tin
/e/	red, ten, test
/æ/	bank, hat
/ɒ/	not, tot, Tom
/ɑː/	far, father
/ɔː/	sport, torn
/uː/	boot, do, shoe
/ʌ/	but, curry, pub
/ʊ/	foot, put
/ɜː/	bird, burn, term
/ə/	absent, father
/eɪ/	day, make
/aɪ/	dine, mine, why
/ɔɪ/	boy, boil, soil
/əʊ/	go, no, so
/aʊ/	how, now
/ɪə/	here, spear, beer
/eə/	fair, pear, where
/ʊə/	moor, tour

Notas

El acento tónico se representa mediante el símbolo /ˈ/, que va delante de la sílaba que se acentúa.

El acento secundario, donde existe, se representa mediante el símbolo /ˌ/, que va delante de la sílaba que se acentúa.

The pronunciation of Spanish

Consonants

/b/	balón, vago, verbo
/β/	avenida, cabo, rabo [1]
/k/	casa, cobre, cubo que,
/θ/	centro, cinta, zona, feroz
/tʃ/	chispa, chorro
/d/	dama, dorso
/ð/	arder, candado, vado, orden [1]
/f/	filo, fino
/g/	ganso, goma, ganga
/ɣ/	mago, pago [1]
/x/	caja, general, gigante
/l/	labio, lámpara
/ʎ/	calle, llanto [2]
/j/	bien, mayor, viento
/m/	madre, mora
/n/	nada, enfado
/ŋ/	banco, cinco, ingeniero
/ɲ/	caña, niño
/p/	capa, puente
/r/	caro, crema [3]
/rr/	carro, correos [3]
/s/	sistema, sordo
/t/	tanto, techo

Vowels

/a/	pasa, vaca
/e/	esto, hecho
/i/	hijo, sin
/o/	todo, tos
/u/	mucho, mundo

Diphthongs

/ai/	caiga, fraile
/au/	auto, taurino
/ei/	peinar, reivindicación
/eu/	deuda, feudal [4]
/oj/	oigo, hoy
/we/	buen, fuente

Notes

1. Intervocalic, pronounced more softly than when in the initial position.
2. Wide regional variations exist in the pronunciation of -ll-: ***-lli-*** as in mi***ll***ion is represented in the transcriptions. In Southern Spain and many parts of Latin America it is pronounced as /j/.
3. Spanish r is pronounced more strongly than in English; ***rr*** is strongly rolled.
4. Pronounced as separate letters.
5. Letter ***h*** is always silent in Spanish. Stress is marked by the sign /ˈ/ preceding the stressed syllable in the transcriptions.

Español • Inglés
Spanish • English

A

A, **a** /a/ *sf* [**aes**] (*letra*) A, a.

a /a/ *prep [**a** followed by **el** becomes **al**]* **1.** (*de dirección*) to: **queremos ir a Bilbao** we want to go to Bilbao; **llegamos a Zaragoza el jueves** we arrive in Saragossa on Thursday; **fuimos al banco** we went to the bank; **en esa esquina tiene que girar a la derecha** you have to turn right at that corner; **creo que me voy a casa** I think I'll go home; **fue (a)** *por* **pan** he went out to get some bread. **2.** (*de situación*) on, at: **está a la derecha de la catedral** it's on * to the right of the cathedral; **ponlo a la parte de arriba** put it on top; **se sentaron al borde de la piscina** they sat down at the edge of the pool. **3.** (*de distancia*) away: **el mercado está a unos doscientos metros** the market is about two hundred metres away. **4.** (*de tiempo determinado*): **llegaremos a las tres** we'll arrive at three o'clock; **¿por qué no lo haces a la tarde?** why don't you do it in the afternoon?; **quiero jubilarme a los sesenta** I want to retire at sixty; **me visitan una vez a la semana** they come to see me once a week; **se me rompió a los dos meses de comprarlo** it broke two months after I'd bought it. **5.** (*de modo*): **me mandó una carta escrita a máquina** she sent me a typed letter; **acabamos el trabajo a toda prisa** we finished the job as fast as possible; **prefiero la mantequilla a la margarina** I prefer butter to margarine. **6.** (*de cantidad*): **vinieron turistas a cientos** tourists came in their hundreds; (*para expresar precio*): **¿a cómo * a cuánto están los tomates?** how much are the tomatoes?; **están a trescientas pesetas el kilo** they're three hundred pesetas a kilo. **7.** (*de velocidad*): **iban a setenta kilómetros por hora** they were travelling at seventy kilometres per hour. **8.** (*en objeto indirecto*) to, from: **le dio el libro al profesor** he gave the book to the teacher, he gave the teacher the book; **le compré el coche a un compañero** I bought the car from a colleague. **9.** (*en objeto directo*): **acabo de ver a los niños** I've just seen the children; **han derrocado al gobierno** they have brought down the government; **el cazador acechaba a la presa** the hunter was watching his prey. **10.** (*de condición*): **iremos, a no ser que llueva** we'll go, unless it rains. **11.** (*en frases imperativas*): **¡a trabajar!** get on with your work! **12.** (*con infinitivo*): **se negó a aprender inglés** he refused to learn English; **me ha invitado a salir el domingo** she's asked me to go out with her on Sunday; **voy a ir al mercado** I'm going to go to the market.

abacería /aβaθeˈria/ *sf* (*GB*) grocer's, grocery shop, (*US*) grocery store.

ábaco /ˈaβako/ *sm* abacus.

abad /aˈbað/ *sm* abbot.

abadejo /aβaˈðexo/ *sm* pollack.

abadesa /aβaˈðesa/ *sf* abbess.

abadía /aβaˈdia/ *sf* abbey.

abajeño, **-ña** /aβaˈxeɲo -ɲa/ (*Amér S*) **I** *adj* (*de tierras bajas*) lowland; (*de la costa*) coastal.
II *sm/f* (*de tierras bajas*) lowlander; (*de la costa*) person living on * person from the coast.

abajo /aˈβaxo/ **I** *adv* **1.** (*dirección: gen*) down, downwards: **el coche empezó a deslizarse cuesta abajo** the car began to roll downhill; **tenemos que ir río abajo** we have to go downstream; (*: en una casa*): **me voy abajo** I'm going downstairs. **2.** (*situación: gen*) below: **el pueblo está abajo, en el valle** the village is down there, in the valley; (*: en un edificio*): **han venido nuevos vecinos al piso** *de* **abajo** new neighbours have moved in to the apartment below; **tiene su despacho abajo, en el sótano** his study is downstairs, in the basement.
II *excl*: **¡abajo los dictadores!** down with dictators!

abalanzarse /aβalanˈθarse/ [➪cazar] *v prnl* to rush forward: **se abalanzaron** *hacia* **la puerta** they rushed towards the door; **me abalancé** *a* **cogerlo** I sprang forward to catch it; **se abalanzó** *sobre* **el contrario** he pounced on his opponent.

abalorio /aβaˈlorjo/ *sm* **1.** (*cuenta*) glass bead. **2.** (*baratija*) trinket.

abanderado, **-da** /aβandeˈraðo -ða/ *sm/f* **1.** (*portaestandarte*) standard-bearer. **2.** (*defensor*) champion: **es un abanderado de la causa nacionalista** he is a champion of the nationalist cause.

abanderar /aβandeˈrar/ [➪CANTAR] *vt* (*Náut*) to register.

abandonar /aβandoˈnar/ [➪CANTAR] *vt* **1.** (*irse de*) to leave: **abandonó su casa a los quince años** he left home at fifteen. **2.** (*a alguien*) to abandon, to desert: **abandonó a sus hijos** he abandoned his children; **¿abandonaría a su perro para irse de vacaciones?** would you abandon your dog to go on holiday?; (*los estudios, el trabajo*) to give up, to quit: **¿no irás a abandonar la carrera?** you're not going to drop out of university, are you?; **varios equipos abandonaron la competición** several teams dropped out of the competition. **3.** (*interrumpir*) to give up, to put to one side: **tuvo que abandonar la tarea unos cuantos días** she had to put the task to one side for a few days. **4.** (*dejar de lado*) to abandon: **por falta de apoyo, tuve que abandonar la idea** owing to lack of support, I had to abandon the idea.

abandonarse *v prnl* **1.** (*desaliñarse*) to let oneself go, to neglect one's appearance. **2.** (*dejarse dominar*) to abandon oneself, to give oneself over: **se abandonó** *a* **la desesperación** he gave himself over to despair.

abandono /aβanˈdono/ *sm* **1.** (*acto*) abandonment: **propuso el abandono del sistema actual** he proposed that the present system be abandoned. **2.** (*Dep*) withdrawal. **3.** (*falta de aseo*) neglect.

abanicar /aβaniˈkar/ [➪sacar] *vt* to fan.

abanicarse *v prnl* to fan oneself.

abanico /aβa'niko/ *sm* **1.** (*objeto*) fan. **2.** (*serie*) range: **hay un gran abanico de posibilidades** there is a whole range of possibilities.

abaratar /aβara'tar/ [⇨ CANTAR] *vt* to lower the price of.
abaratarse *v prnl* (*bienes*) to become cheaper, to fall in price; (*precios*) to come down, to fall.

abarcar /aβar'kar/ [⇨ sacar] *vt* **1.** (*abrazar*) to embrace, to surround. **2.** (*incluir*) to cover, to comprise: **el imperio romano abarcaba muchos países** the Roman Empire comprised many countries; **abarca desde 1789 hasta 1914** it covers the period from 1789 to 1914 ● **quien mucho abarca poco aprieta** if you take on too much you'll never do anything properly. **3.** (*ver*) to see: **desde aquí puedes abarcar todo el valle** from here you can see the whole valley. **4.** (*Amér L*: *acaparar*) to monopolize.

abarquillarse /aβarki'ʎarse/ [⇨ CANTAR] *v prnl* (*madera*) to warp; (*cartón*) to curl up.

abarrotado, -da /aβarro'taðo -ða/ *adj* packed, filled: **la tienda estaba abarrotada** *de* **gente** the shop was packed with people.

abarrotar /aβarro'tar/ [⇨ CANTAR] *vt* **1.** (*llenar*) to pack, to fill: **el público abarrotaba el estadio** the crowd packed the stadium. **2.** (*Chi, Gua*: *monopolizar*) to monopolize.

abarrotería /aβarrote'ria/ *sf* (*Amér L*) (*GB*) grocer's, grocery shop, (*US*) grocery store.

abarrotes /aβa'rrotes/ *sm pl* (*Amér L*) groceries *pl*.

abastecedor, -dora /aβasteθe'ðor -'ðora/ **I** *adj* supplying, providing.
II *sm/f* supplier.

abastecer /aβaste'θer/ [⇨ agradecer] *vt* to supply, to provide: **el mercado central abastece** *a* **toda la ciudad** the central market supplies the whole city.
abastecerse *v prnl* to stock up: **nos tenemos que abastecer** *de* **víveres** we must stock up on food.

abastecimiento /aβasteθi'mjento/ *sm* supply, provision: **va a haber problemas de abastecimiento de electricidad** there'll be problems with the power supply.

abasto /a'βasto/ **I** *sm* ● **con tanto trabajo no daba abasto** I just couldn't cope with so much work.
II abastos *sm pl* supplies *pl*, provisions *pl*.

abatible /aβa'tiβle/ *adj* foldaway, collapsible: **compraron un mueble con cama abatible** they bought a unit with a foldaway bed; **el asiento trasero es abatible** the back seat folds down.

abatido, -da /aβa'tiðo -ða/ *adj* dejected, despondent.

abatimiento /aβati'mjento/ *sm* dejection.

abatir /aβa'tir/ [⇨ PARTIR] *vt* **1.** (*un edificio*) to demolish, to knock down: **abatieron el viejo edificio** they knocked down the old building; (*un árbol*) to cut down. **2.** (*el respaldo de un asiento*) to fold down. **3.** (*matar*) to kill: **abatieron al elefante a tiros** they shot the elephant. **4.** (*desalentar*) to discourage: **no se deja abatir por los contratiempos** she doesn't let setbacks get her down.
abatirse *v prnl* **1.** (*desalentarse*) to be discouraged. **2.** (*ave, avión*) to swoop, to dive: **el águila se abatió** *sobre* **su presa** the eagle swooped down on its prey. **3.** (*mal, desgracia*): **la desgracia se abatió** *sobre* **aquella familia** that family was struck by misfortune.

abdicación /aβðika'θjon/ *sf* abdication.

abdicar /aβði'kar/ [⇨ sacar] *vt* **1.** (*renunciar a*) to abdicate: **el rey abdicó la corona** *en* **su hijo** the king abdicated in favour of his son. **2.** (*renegar*) to give up, to renounce.
♦ *vi* (*renegar*): **abdicó** *de* **sus creencias** he renounced his beliefs.

abdomen /aβ'ðomen/ *sm* abdomen.

abdominal /aβðomi'nal/ **I** *adj* abdominal.
II abdominales *sm pl* **1.** (*Anat*) abdominal muscles *pl*. **2.** (*Dep*) sit-ups *pl*.

abecé /aβe'θe/ *sm* **1.** (*abecedario*) alphabet. **2.** (*rudimentos*) basics *pl*, rudiments *pl*.

abecedario /aβeθe'ðarjo/ *sm* alphabet.

abedul /aβe'ðul/ *sm* (*Bot*) birch.

abeja /a'βexa/ *sf* bee.
abeja reina *sf* queen bee.

abejaruco /aβexa'ruko/ *sm* bee-eater.

abejorro /aβe'xorro/ *sm* bumblebee.

aberración /aβerra'θjon/ *sf* aberration: **castigar así a los niños, ¡qué aberración!** it's an outrage punishing children like that.

aberrante /aβe'rrante/ *adj* aberrant: **sus prácticas religiosas son aberrantes** their religious practices are aberrant.

abertura /aβer'tura/ *sf* **1.** (*acción*) opening. **2.** (*brecha*) opening, hole: **logramos entrar por una abertura en la pared** we managed to get in through a hole in the wall.

abertzale /aβert'θale/ (*en España*) **I** *adj*: *of* ✱ *related to the radical Basque nationalist movement.*
II *sm/f*: *radical Basque nationalist.*

abeto /a'βeto/ *sm* fir.

abiertamente /aβjerta'mente/ *adv* openly, frankly: **diré abiertamente lo que pienso** I'll say frankly what I think.

abierto, -ta /a'βjerto -ta/ **I** *past participle of* ⇨ abrir
II *adj* **1.** (*no cerrado*) open: **te dejaste la puerta abierta** you left the door open. **2.** (*extrovertido*) open, frank: **Laura tiene un carácter muy abierto** Laura is a very open person. **3.** (*sonido*) open.

abigarrado, -da /aβiɣa'rraðo -ða/ *adj* **1.** (*de muchos colores*) gaudy, garish. **2.** (*mezclado*) mixed.

abismal /aβiz'mal/ *adj* huge, enormous: **hay una diferencia abismal entre el trabajo de uno y otro** there's a huge ✱ an enormous difference between their work.

abismo /a'βizmo/ *sm* **1.** (*profundidad, sima*) abyss. **2.** (*diferencia*) disparity: **entre lo que dice y lo que hace hay un abismo** there's a great gulf between what she says and what she does.

abjurar /aβxu'rar/ [⇨ CANTAR] *vt* to renounce, to repudiate.
♦ *vi*: **abjuró** *de* **sus creencias** he renounced his beliefs.

ablandar /aβlan'dar/ [⇨ CANTAR] *vt* **1.** (*reblandecer*) to soften: **el calor ha ablandado el asfalto** the heat has made the asphalt go soft. **2.** (*enternecer*) to soften (up): **no consiguió ablandarlo** she didn't manage to soften him up.
ablandarse *v prnl* **1.** (*reblandecerse*) to soften, to become soft. **2.** (*enternecerse*): **se ablandó ante sus palabras cariñosas** she calmed down when she heard his loving words.

ablativo /aβla'tiβo/ *sm* (*Ling*) ablative.

abnegación /aβneɣa'θjon/ *sf* self-denial, abnegation.

abnegado, -da /aβne'ɣaðo -ða/ *adj* selfless, self-sacrificing.

abobado, -da /aβo'βaðo -ða/ *adj* **1.** (*bobo*) silly. **2.** (*alelado*) bewildered.

abocado, -da /aβo'kaðo -ða/ *adj* destined: **ese negocio**

está abocado *al* **fracaso** that business is destined to fail.

abochornado, -da /aβotʃor'naðo -ða/ *adj* embarrassed: **estoy aborchornado por lo que dije** I'm embarrassed by what I said.

abochornar /aβotʃor'nar/ [➪CANTAR] *vt* to embarrass.
abochornarse *v prnl* to become embarrassed.

abofetear /aβofete'ar/ [➪CANTAR] *vt* to slap.

abogacía /aβoɣa'θia/ *sf*: **estudia abogacía** she is studying to be a lawyer.

abogado, -da /aβo'ɣaðo -ða/ *sm/f* **1.** (*Jur*) lawyer. **2.** (*intercesor*) advocate; (*fam*: *intermediario*) defender: **tú no te metas de abogado suyo** don't try to defend him.
abogado, -da de oficio *sm/f*: *lawyer appointed by the court to represent the defendant.*
abogado defensor *sm*, **abogada defensora** *sf* defence lawyer.
abogado, -da del diablo *sm/f* devil's advocate.
abogado, -da del Estado *sm/f* public prosecutor.
abogado, -da laboralista *sm/f*: *lawyer specializing in labour law.*

abogar /aβo'ɣar/ [➪pagar] *vi* **1.** (*interceder*) to plead: **aboga** *por* **mí para que me acepten** put in a good word for me so that they'll take me. **2.** (*propugnar*): **abogan** *por* **la construcción de más viviendas** they advocate the building of more homes.

abolengo /aβo'leŋgo/ *sm* lineage, ancestry: **proviene de una familia de rancio abolengo** she comes from a family of ancient lineage.

abolición /aβoli'θjon/ *sf* abolition.

abolicionismo /aβoliθjo'nizmo/ *sm* abolitionism.

abolicionista /aβoliθjo'nista/ *adj*, *sm/f* abolitionist.

abolir /aβo'lir/ [➪PARTIR] *vt* to abolish: **en muchos países se ha abolido la pena de muerte** the death penalty has been abolished in many countries.

abollado, -da /aβo'ʎaðo -ða/ *adj* dented.

abollar /aβo'ʎar/ [➪CANTAR] *vt* to dent.
abollarse *v prnl* to become dented: **se ha abollado la puerta delantera** the front door has got dented.

abombado, -da /aβom'baðo -ða/ *adj* **1.** (*curvado*) convex. **2.** (*Amér L*: *aturdido*) dazed.

abombar /aβom'bar/ [➪CANTAR] *vt* to make convex.
abombarse *v prnl* **1.** (*combarse*) to become bent: **esta sartén se ha abombado** this frying pan has been bent out of shape. **2.** (*Amér L*: *descomponerse*) to rot, to go off: **se ha abombado la carne** the meat has gone off. **3.** (*Amér L*: *achisparse*) to get merry ✱ drunk.

abominable /aβomi'naβle/ *adj* abominable.

abominación /aβomina'θjon/ *sf* abomination.

abominar /aβomi'nar/ [➪CANTAR] *vt* to detest: **abomina la mentira** she detests lies.
♦*vi*: **abomino** *de* **este tipo de ideas** I detest this kind of idea.

abonado, -da /aβo'naðo -ða/ **I** *adj* **1.** (*pagado*) paid. **2.** (*fertilizado*) fertilized.
II *sm/f* (*suscrito*) subscriber.

abonar /aβo'nar/ [➪CANTAR] *vt* **1.** (*fertilizar*) to fertilize. **2.** (*pagar*) to pay: **le abonaron una buena cantidad como indemnización** she was paid a large sum in compensation. **3.** (*suscribir*) to subscribe; (*comprarle un abono a*) to buy a season ticket for.
abonarse *v prnl* (*a una publicación*) to subscribe, to take out a subscription: **se abonaron** *a* **una revista médica** they took out a subscription to a medical journal; (*a conciertos, partidos*) to buy a season ticket.

abono /a'βono/ *sm* **1.** (*acción de abonar*) spreading of manure, fertilizing. **2.** (*fertilizante*) fertilizer. **3.** (*pago*) payment. **4.** (*suscripción*) subscription. **5.** (*pase de temporada*) season ticket: **me he sacado un abono** *para* **la piscina** I've bought a season ticket for the swimming pool.

abordaje /aβor'ðaxe/ *sm* boarding ● **¡al abordaje!** stand by for boarding!

abordar /aβor'ðar/ [➪CANTAR] *vt* **1.** (*un navío*) to board. **2.** (*a alguien*) to approach: **lo abordé en mal momento** I approached him at a bad moment. **3.** (*un problema*) to tackle, to approach: **hay que abordar el problema con toda energía** we must tackle the problem energetically.

aborigen /aβo'rixen/ **I** *adj* indigenous, native.
II *sm/f* native.

aborrecer /aβorre'θer/ [➪agradecer] *vt* to hate, to detest.

aborrecible /aβorre'θiβle/ *adj* hateful, detestable.

aborrecimiento /aβorreθi'mjento/ *sm* hate, loathing.

aborregado, -da /aβorre'ɣaðo -ða/ *adj* unthinking, sheeplike.

aborregarse /aβorre'ɣarse/ [➪pagar] *v prnl* to follow the crowd (*in a sheep-like way*).

abortar /aβor'tar/ [➪CANTAR] *vi* **1.** (*Med*: *por causas naturales*) to have a miscarriage, to miscarry; (: *intencionalmente*) to have an abortion. **2.** (*fracasar, frustrarse*) to fail: **el golpe de estado abortó a las pocas horas** the coup d'état failed after a few hours.
♦*vt* (*frustrar, interrumpir*) to foil: **la policía abortó el atraco** the police foiled the raid.

abortista /aβor'tista/ *adj*, *sm/f* abortionist.

abortivo, -va /aβor'tiβo -βa/ *adj* abortive.

aborto /a'βorto/ *sm* **1.** (*Med*: *natural*) miscarriage; (: *intencionado*) abortion. **2.** (*fam*: *engendro, monstruo*) freak.

abotagado, -da /aβota'ɣaðo -ða/ *adj* ➪abotargado

abotagarse /aβota'ɣarse/ [➪pagar] *v prnl* ➪abotargarse

abotargado, -da /aβotar'ɣaðo -ða/ *adj* **1.** (*hinchado*) swollen, bloated: **al salir del hospital estaba como abotargada** when she came out of hospital she seemed bloated. **2.** (*cansado, cargado*) befuddled: **tengo la cabeza como abotargada** I can't think straight.

abotargarse /aβotar'ɣarse/ [➪pagar] *v prnl* **1.** (*hincharse*) to swell (up), to become bloated. **2.** (*atontarse*) to be unable to think straight.

abotonar /aβoto'nar/ [➪CANTAR] *vt* to button (up).
abotonarse *v prnl* to do one's buttons up: **se abotonó la chaqueta** she buttoned up her cardigan.

abovedado, -da /aβoβe'ðaðo -ða/ *adj* vaulted, domed.

abovedar /aβoβe'dar/ [➪CANTAR] *vt* to vault.

abracadabra /aβraka'ðaβra/ *sm* abracadabra.

abrasado, -da /aβra'saðo -ða/ *adj* burnt.

abrasador, -dora /aβrasa'ðor -'ðora/ *adj* burning: **lo consumía una pasión abrasadora** he was consumed by a burning passion; **hacía un sol abrasador** it was scorching hot.

abrasar /aβra'sar/ [➪CANTAR] *vt* to burn: **la plancha le abrasó la mano** he burnt his hand on the iron.
♦*vi* to burn: **esta sopa abrasa** this soup is burning hot.
abrasarse *v prnl* **1.** (*quemarse*) to get burnt. **2.** (*a causa de un sentimiento*) to burn: **se abrasa** *en* **deseos de venganza** he's burning with a desire for revenge.

abrasión /aβra'sjon/ *sf* abrasion.

abrasivo, -va /aβra'siβo -βa/ **I** *adj* abrasive.
II abrasivo *sm* abrasive.

abrazadera /aβraθa'ðera/ *sf* brace, clamp.

abrazar /aβra'θar/ [⇨cazar] *vt* **1.** (*con los brazos*) to embrace, to hug. **2.** (*rodear*): **el Tajo abraza la ciudad de Toledo** the River Tagus nearly encircles Toledo. **3.** (*una fe, una ideología*) to embrace: **abrazó la religión católica** she embraced the Catholic faith.

abrazarse *v prnl* to hug one other, to embrace.

abrazo /a'βraθo/ *sm* **1.** (*con los brazos: formal*) embrace; (*: menos formal*) hug. **2.** (*en correspondencia: gen*): **hasta la próxima, un abrazo, Lidia** see you soon, love from, Lidia; (*: algo más formal*): **hasta pronto, un abrazo** I look forward to seeing you soon, best wishes.

abrebotellas /aβrebo'teʎas/ *sm inv* bottle opener.

abrecartas /aβre'kartas/ *sm inv* paperknife, letter-opener.

abrelatas /aβre'latas/ *sm inv* can-opener, (*GB*) tin-opener.

abrevadero /aβreβa'ðero/ *sm* (*en una granja*) trough; (*en un río, un lago*) watering place.

abrevar /aβre'βar/ [⇨CANTAR] *vt* to water, to give water to.

♦ *vi* (*animales*) to drink.

abreviado, -da /aβre'βjaðo -ða/ *adj* **1.** (*gen*) shortened. **2.** (*palabra*) abbreviated; (*texto*) abridged.

abreviar /aβre'βjar/ [⇨CAMBIAR] *vt* (*gen*) to shorten; (*una palabra*) to abbreviate; (*un texto*) to abridge.

♦ *vi* to hurry: **abrevia o llegaremos tarde** hurry (up) or we'll be late.

abreviatura /aβreβja'tura/ *sf* abbreviation.

abridor /aβri'ðor/ *sm* opener.

abrigado, -da /aβri'ɣaðo -ða/ *adj* **1.** (*con ropa*) wrapped up. **2.** (*lugar*) sheltered: **nos refugiamos en una cueva abrigada del viento** we took refuge in a cave sheltered from the wind. **3.** (*Arg, Urug: ropa*) warm.

abrigador, -dora /aβri'ɣaðor -ðora/ *adj* (*Amér L: ropa*) warm.

abrigar /aβri'ɣar/ [⇨pagar] *vt* **1.** (*con ropa*) to wrap up. **2.** (*una idea, un pensamiento*) to entertain, (*GB*) to harbour, (*US*) to harbor: **a pesar de todo, aún abriga esperanzas** despite everything, he still has hope.

♦ *vi*: **esta cazadora no abriga nada** this jacket isn't at all warm.

abrigarse *v prnl* to wrap oneself up.

abrigo /a'βriɣo/ *sm* **1.** (*prenda*) coat, overcoat ● **tienes que llevar ropa de abrigo** you must take warm clothes with you. **2.** (*defensa, protección*) shelter: **nos pusimos** *al* **abrigo** *de* **los árboles** we took shelter under the trees; **ha vuelto a casa,** *al* **abrigo** *de* **su familia** he's gone back home, to the protection of his family ● **te lo aviso, es un tipo de abrigo** I warn you, he's a nasty character.

abril /a'βril/ **I** *sm* April ● **en abril, aguas mil** April is a wet month. ⇨febrero

II abriles *sm pl*: **una joven de quince abriles** a young girl of fifteen.

abrillantador, -dora /aβriʎanta'ðor -'ðora/ **I** *adj* polishing.

II abrillantador *sm* polish.

abrillantar /aβriʎan'tar/ [⇨CANTAR] *vt* to polish.

abrir /a'βrir/ [⇨PARTIR; *past participle* **abierto**] *vt* **1.** (*gen*) to open: **abran los libros** *por* **la página veinte** open your books at page twenty; **van a volver a abrir la frontera** they're going to reopen the border; **tiene que abrir una cuenta** you must open an account; (*un grifo*) to turn on; (*con llave*) to unlock: **intentó abrir pero la llave se había quedado atascada** he tried to unlock the door but the key had got stuck. **2.** (*construir*) to build: **han abierto un túnel bajo la bahía** they've made * dug a tunnel under the bay. **3.** (*comillas, paréntesis, etc.*) to open. **4.** (*iniciar*) to start, to open: **el presidente abrió la sesión** the president opened the session; **el paseo me ha abierto el apetito** the walk has given me an appetite. **5.** (*ir a la cabeza de*) to lead, to head: **los jefes de los sindicatos abrían la marcha** the union leaders led the march.

abrirse *v prnl* **1.** (*gen*) to open: **esta caja se abre así** this box opens like this; **se le ha vuelto a abrir la herida** his wound has opened up again. **2.** (*iniciarse*) to start: **la conferencia se abrió** *con* **un discurso del director** the conference began with a speech from the director; **se me ha abierto el apetito con el ejercicio** all that exercise has made me hungry; **el plazo de matrícula se abre el uno de septiembre** enrolment begins on the first of September. **3.** (*sincerarse*) to open up: **se abrió a mí después de un rato** he opened up to me after a while. **4.** (*estar orientado*) to open, to look: **la terraza se abre** *a* **un hermoso jardín** the balcony opens onto a beautiful garden. **5.** (*ofrecerse*): **se les han abierto nuevas posibilidades** new possibilities have opened up for them. **6.** (*fam: irse*) to leave, to go: **yo me abro a las once** I'll leave at eleven.

abrochar /aβro'tʃar/ [⇨CANTAR] *vt* (*la ropa*) to button up; (*los botones, la cremallera*) to do up; (*el cinturón*) to fasten.

abrocharse *v prnl* (*ropa*) to button up; (*botones, cremallera*) to do up; (*cinturón, prenda*) to fasten: **se abrocha por detrás** it fastens at the back.

abrogar /aβro'ɣar/ [⇨pagar] *vt* (*frml*) to repeal.

abrojo /a'βroxo/ *sm* thistle.

abroncar /aβroŋ'kar/ [⇨sacar] *vt* **1.** (*fam: regañar*) to tell off, to scold. **2.** (*abuchear*) to boo: **el público abroncó a los actores** the audience booed the actors.

abrótano /a'βrotano/ *sm* southernwood.

abrumador, -dora /aβruma'ðor -'ðora/ *adj* overwhelming: **obtuvieron una victoria abrumadora** they won an overwhelming victory.

abrumar /aβru'mar/ [⇨CANTAR] *vt* **1.** (*agobiar*) to overwhelm, to weigh down: **la abrumaban las preocupaciones** she was weighed down with worry. **2.** (*azorar*) to embarrass: **sus elogios la abrumaban** his praise embarrassed her.

abrumarse *v prnl* **1.** (*agobiarse*) to become overwhelmed, to be weighed down. **2.** (*azorarse*) to be embarrassed.

abrupto, -ta /a'βrupto -ta/ *adj* **1.** (*terreno*) rugged, rough. **2.** (*personalidad*) abrupt: **tiene un carácter muy abrupto** he's very abrupt.

absceso /aβs'θeso/ *sm* abscess.

abscisa /aβs'θisa/ *sf* abscissa.

absentismo /aβsen'tizmo/ *sm* **1.** (*de trabajadores*) absenteeism. **2.** (*de terratenientes*) *the problem of absentee landlords*.

ábside /'aβsiðe/ *sm* apse.

absolución /aβsolu'θjon/ *sf* **1.** (*Relig*) absolution. **2.** (*Jur*) acquittal.

absolutamente /aβsoluta'mente/ *adv* absolutely: **es absolutamente necesario** it's absolutely vital.

absolutismo /aβsolu'tizmo/ *sm* absolutism.

absolutista /aβsolu'tista/ *adj, sm/f* absolutist.

absoluto, -ta /aβso'luto -ta/ *adj* absolute: **en la cueva la obscuridad era absoluta** in the cave there was absolute darkness • **"¿Te he molestado?" "No, en absoluto."** "Did I disturb you?" "No, not in the least."

absolver /aβsol'βer/ [⇨volver; *past participle* **absuelto**] *vt* **1.** (*Relig*) to absolve. **2.** (*Jur*) to acquit.

absorbente /aβsor'βente/ *adj* **1.** (*que absorbe líquido*) absorbent. **2.** (*que lleva tiempo*) demanding: **su trabajo es muy absorbente** she has a very demanding job. **3.** (*persona*) domineering, overbearing: **mi madre fue siempre muy absorbente** my mother was always very domineering.

absorber /aβsor'βer/ [⇨TEMER] *vt* **1.** (*un gas, un líquido*) to absorb. **2.** (*captar el interés de*) to engross, to absorb: **la tele lo absorbe completamente** he gets totally engrossed in the television. **3.** (*consumir*) to use up, to take up: **la casa absorbe buena parte de mis ingresos** the house takes up a large part of my income. **4.** (*anexionar*) to take over: **la empresa fue absorbida por una multinacional** the company was taken over by a multinational.

absorción /aβsor'θjon/ *sf* **1.** (*gen*) absorption. **2.** (*Fin*): **se ha incrementado la producción desde la absorción** production has increased since the takeover.

absorto, -ta /aβ'sorto -ta/ *adj* engrossed, absorbed: **está absorta** *en* **su trabajo** she's engrossed in her work; **estaba absorto** *en* **mis pensamientos** I was lost in thought.

abstemio, -mia /aβs'temjo -mja/ **I** *adj* teetotal, abstemious.
II *sm/f* teetotaller.

abstención /aβsten'θjon/ *sf* abstention.

abstenerse /aβste'nerse/ [⇨tener] *v prnl* (*gen*) to refrain: **me abstuve** *de* **participar** I refrained from taking part; (*de votar*) to abstain: **los verdes se abstuvieron** the Green Party abstained; **creo que me voy a abstener en las próximas elecciones** I'm thinking of not voting in the next elections.

abstinencia /aβsti'nenθja/ *sf* abstinence.

abstracción /aβstrak'θjon/ *sf* **1.** (*gen*) abstraction. **2.** (*Artes*) abstract art.

abstracto, -ta /aβs'trakto -ta/ *adj* abstract: **esto no se puede discutir** *en* **abstracto, dame algún ejemplo** this can't be discussed in abstract terms, give me an example.

abstraer /aβstra'er/ [⇨traer] *vt* to abstract.
abstraerse *v prnl* **1.** (*aislarse*) to become lost in thought. **2.** (*ignorar*): **no conseguía abstraerse** *del* **ruido de la calle** he was unable to shut himself off from the noise in the street.

abstuve /aβs'tuβe/ *and other forms with* ***abstuv-*** ⇨ abstener

absuelvo /aβ'swelβo/ *and other forms with* ***absuelv-*** ⇨ absolver

absurdo, -da /aβ'surðo -ða/ **I** *adj* ludicrous, absurd: **es una actitud completamente absurda** it's a completely ludicrous * absurd attitude.
II absurdo *sm* absurdity: **lo que dice no es más que un absurdo** what he's saying is simply absurd.

abubilla /aβu'βiʎa/ *sf* hoopoe.

abuchear /aβutʃe'ar/ [⇨CANTAR] *vt* to boo, to jeer.

abucheo /aβu'tʃeo/ *sm* booing, jeering: **cuando salió al escenario, empezó el abucheo** the booing began when she came on stage.

abuela /a'βwela/ *sf* **1.** (*pariente*) grandmother • **¿tú no tienes abuela, verdad?** you don't mind singing your own praises, do you? • **¡éramos pocos y parió la abuela!** that was the last straw! **2.** (*fam*: *anciana*) old woman.

abuelo /a'βwelo/ **I** *sm* **1.** (*gen*) grandparent; (*hombre*) grandfather. **2.** (*fam*: *persona mayor*) old person: **la plaza estaba llena de abuelos** the square was full of old people; (*: hombre mayor*) old man.
II abuelos *sm pl* **1.** (*abuelo y abuela*) grandparents *pl*. **2.** (*antepasados*) ancestors *pl*.

abuhardillado, -da /aβwarði'ʎaðo -ða/ *adj*: **la habitación tenía el techo abuhardillado** the room had a sloping ceiling.

abulense /aβu'lense/ **I** *adj* of * from Ávila.
II *sm/f* native * inhabitant of Ávila.

abulia /a'βulja/ *sf* apathy.

abúlico, -ca /a'βuliko -ka/ *adj*: *suffering from a loss of will power.*

abultado, -da /aβul'taðo -ða/ *adj* **1.** (*hinchado*) swollen. **2.** (*grande*) massive: **consiguieron una abultada victoria** they scored a massive victory.

abultamiento /aβulta'mjento/ *sm* **1.** (*hinchazón*) swelling. **2.** (*protuberancia*) bump, lump.

abultar /aβul'tar/ [⇨CANTAR] *vt* **1.** (*aumentar, engrosar*) to enlarge. **2.** (*exagerar*) to exaggerate, to blow up: **la prensa abultó la gravedad del accidente** the press exaggerated * blew up the seriousness of the accident. ♦ *vi* to be bulky, to take up a lot of room: **esta máquina de escribir no abulta nada** this typewriter takes up hardly any room.

abundancia /aβun'danθja/ *sf* abundance • **mis primos nadan en la abundancia** my cousins are rolling in money.

abundante /aβun'dante/ *adj* plentiful, abundant.

abundar /aβun'dar/ [⇨CANTAR] *vi* **1.** (*haber en gran cantidad*) to abound, to be many: **en Valencia abundan los naranjos** there are many orange trees in Valencia; **en esta época abundan las naranjas** oranges are plentiful at this time of year. **2.** (*frml*: *profundizar*): **no quiso abundar** *en* **el tema** she didn't want to go into the subject in any detail.

aburguesado, -da /aβurɣe'saðo -ða/ *adj*: **lo encontré muy aburguesado** I found he had become terribly bourgeois.

aburguesarse /aβurɣe'sarse/ [⇨CANTAR] *v prnl* to become middle class.

aburrido, -da /aβu'rriðo -ða/ **I** *adj* **1.** (*que aburre*) boring: **es una película muy aburrida** it's a very boring film. **2.** (*que se aburre*) bored. **3.** (*harto*) fed up: **me fui a casa, aburrida** *de* **esperar** fed up with waiting, I went home.
II *sm/f* bore: **¡es una aburrida!** she's such a bore!

aburrimiento /aβurri'mjento/ *sm* boredom: **¡qué aburrimiento!** what a bore!

aburrir /aβu'rrir/ [⇨PARTIR] *vt* to bore: **la tele me aburre** television bores me.
aburrirse *v prnl* to get bored.

abusar /aβu'sar/ [⇨CANTAR] *vi* **1.** (*excederse*) to do something to excess: **abusa** *del* **tabaco** he smokes too much. **2.** (*explotar*) to abuse, to exploit: **abusa** *de* **su poder** she abuses her power. **3.** (*aprovecharse*) to take advantage of: **abusaban** *de* **su generosidad** they used to take advantage of his generosity. **4.** (*sexualmente*) to abuse.

abuso /a'βuso/ *sm* abuse: **me pareció un abuso de confianza** it seemed to me a breach of confidence.
abusos deshonestos *sm pl* indecent assault.
abusos sexuales *sm pl* sexual abuse.

abusón, -sona /aβu'son -'sona/ (*fam*) **I** *adj* bullying.
II *sm/f* bully.

abyección /aβjek'θjon/ *sf* wretchedness.

abyecto, -ta /aˈβjekto -ta/ *adj* abject, wretched.

a/c. *pronounced* /a ˈkwenta/ (*abbreviation of* **a cuenta**) on account.

a. C. ➪ a. de C.

acá /aˈka/ *adv* **1.** (*de lugar*) here: **¡ven acá!** come here! ● **siempre anda de acá para allá** he's always wandering about. **2.** (*de tiempo*): **no la he visto** *del* **verano acá** I haven't seen her since the summer.

acabado, -da /akaˈβaðo -ða/ **I** *adj* **1.** (*terminado*) finished, over. **2.** (*persona*) finished: **como político está acabado** his career as a politician is over; (*objeto*) worn-out.

II acabado *sm* finish: **este coche tiene un acabado estupendo** this car has a fantastic finish.

acabar /akaˈβar/ [➪ CANTAR] *vt* to finish: **¡acaba tu trabajo!** finish your work!; **no has acabado la sopa** you haven't finished your soup.

♦ *vi* **1.** (*gen*) to finish, to end: **la cosa acabará mal** this is going to end badly; **los barrotes acaban** *en* **punta** the railings have pointed ends. **2.** (*hace escasos momentos*) to have just: **acabo** *de* **llegar a casa** I've just arrived home; **acabábamos** *de* **verla** we had just seen her. **3.** (*aniquilar, destruir*) to put an end to: **acabaron** *con* **nuestras esperanzas** they put an end to our hopes. **4.** (*suceder finalmente*) to end up: **acabó lloviendo aquella tarde** it ended up raining that evening; **acabaron** *por* **reñir** they ended up quarrelling. **5.** (*fam*: *para expresar sorpresa*): **¡acabáramos!** come off it!

acabarse *v prnl* **1.** (*actividad*) to finish, to end, to come to an end: **las clases se acaban esta semana** lessons finish this week. **2.** (*producto, dinero*): **se ha acabado el azúcar** we've run out of sugar; **el dinero se nos acabó enseguida** we soon ran out of money ● **¡se acabó lo que se daba!** that's it!

acabose /akaˈβose/ *sm* (*fam*: *algo malo*): **eso ya sería el acabose** that really would be the last straw; (*: algo bueno*): **¡fue el acabose!** it was great!

acacia /aˈkaθja/ *sf* acacia.

academia /akaˈðemja/ *sf* **1.** (*institución*) academy: **la Real Academia Española** the Spanish Royal Academy. **2.** (*escuela, colegio*) school, academy.

academia de choferes *sf* (*Amér L*) driving school.

academia de idiomas *sf* language school.

academia de manejo *sf* (*Amér L*) driving school.

academia militar *sf* military academy.

académico, -ca /akaˈðemiko -ka/ **I** *adj* academic: **lo más importante es el historial académico** the most important thing is his academic record.

II *sm/f* member of an academy, academician.

acaecer /akaeˈθer/ [➪ agradecer] *vi [used only in the third person]* to occur, to happen.

acallar /akaˈʎar/ [➪ CANTAR] *vt* **1.** (*un ruido*) to quieten; (*una protesta*) to stifle: **intentaron acallar las protestas de los ciudadanos** they attempted to stifle popular protest. **2.** (*el ánimo, la conciencia*) to ease, to soothe: **lo hace para acallar su conciencia** he does it to ease his conscience.

acalorado, -da /akaloˈraðo -ða/ *adj* **1.** (*con calor*) hot: **llegué al sexto piso muy acalorado** I got to the sixth floor all hot and sweaty. **2.** (*exaltado: persona*) worked up; (*: discusión*) heated: **se produjo una discusión muy acalorada** there was a very heated discussion.

acalorar /akaloˈrar/ [➪ CANTAR] *vt* to heat up, to warm up.

acalorarse *v prnl* **1.** (*tener calor*) to get hot ✱ warm. **2.** (*excitarse*) to get worked up: **se acalora por nada** he gets worked up about the slightest thing; **se acaloró discutiendo con él** she got quite heated with him.

acampada /akamˈpaða/ *sf* camping (*not on organized campsite*): **este fin de semana nos vamos de acampada** we're going camping this week-end.

acampanado, -da /akampaˈnaðo -ða/ *adj* **1.** (*gen*) bell-shaped. **2.** (*falda*) flared; (*pantalones*) bell-bottomed.

acampar /akamˈpar/ [➪ CANTAR] *vi* to camp.

acanalado, -da /akanaˈlaðo -ða/ *adj* (*gen*) grooved; (*tejidos*) ribbed; (*columna*) fluted.

acanaladura /akanalaˈðura/ *sf* **1.** (*gen*) groove. **2.** (*Arquit*) fluting.

acantilado /akantiˈlaðo/ *sm* cliff.

acanto /aˈkanto/ *sm* acanthus.

acantonar /akantoˈnar/ [➪ CANTAR] *vt* (*Mil*) to station.

acaparador, -dora /akaparaˈðor -ˈðora/ **I** *adj* **1.** (*que acumula*) hoarding. **2.** (*que monopoliza*) monopolizing: **es muy acaparadora, nadie puede usar el ordenador cuando está ella** she really monopolizes the computer; no one can use it when she's around.

II *sm/f* **1.** (*acumulador*) hoarder. **2.** (*monopolizador*): **es un acaparador, no le deja los juguetes a su hermano** he's very selfish; he doesn't let his brother touch his toys.

acaparar /akapaˈrar/ [➪ CANTAR] *vt* **1.** (*acumular*) to hoard, to stock up on. **2.** (*apropiarse de*) to take, to corner: **las atletas rusas acapararon todas las medallas** the Russian athletes took all the medals. **3.** (*monopolizar*) to monopolize: **su última película acaparó el interés de la crítica** her latest film monopolized the critics' interest.

acaramelado, -da /akarameˈlaðo -ða/ *adj* **1.** (*persona*): **una pareja muy acaramelada** a couple with eyes only for each other. **2.** (*voz*) sugary.

acariciar /akariˈθjar/ [➪ CAMBIAR] *vt* **1.** (*dar caricias: gen*) to caress, to fondle; (*: a un perro, un gato*) to stroke. **2.** (*una idea*) to toy with: **acariciaba la idea de viajar a Japón** he was toying with the idea of travelling to Japan.

acariciarse *v prnl* to caress one another.

acarrear /akarreˈar/ [➪ CANTAR] *vt* **1.** (*transportar*) to carry, to haul. **2.** (*causar*) to cause, to bring: **su comportamiento le acarreó muchos disgustos** his behaviour caused him a lot of problems.

acartonado, -da /akartoˈnaðo -ða/ *adj* **1.** (*tela, cuero*) stiff. **2.** (*fam*: *piel*) rough: **tiene la piel un poco acartonada** she has rather rough skin.

acartonarse /akartoˈnarse/ [➪ CANTAR] *v prnl* **1.** (*tela, cuero*) to become stiff. **2.** (*piel*) to become wizened.

acaso /aˈkaso/ *adv* maybe, perhaps: **acaso llueva esta tarde** maybe it'll rain this evening; **¿acaso crees que no digo la verdad?** perhaps you think I'm not telling the truth? ● **llévate el paraguas, por si acaso** take your umbrella, just in case ● **si acaso**: **si acaso llama, dile que no voy a tardar** if she should phone, tell her I won't be long; **"¿De verdad no quieres nada?" "Si acaso, un poco de fruta."** "Are you sure you don't want anything?" "Perhaps just some fruit."

acatamiento /akataˈmjento/ *sm* observance, respect: **debemos exigir el acatamiento de las normas** we must insist on observance of the rules.

acatar /akaˈtar/ [➪ CANTAR] *vt* **1.** (*obedecer*) to obey, to observe. **2.** (*Amér C, Col, Ven*: *darse cuenta de*) to notice.

acatarrado, -da /akataˈrraðo -ða/ *adj*: **¿estás acatarrada?** do you have a cold?

acatarrarse /akata'rrarse/ [➪ CANTAR] *v prnl* to catch a cold.

acaudalado, -da /akauða'laðo -ða/ *adj* well-off, affluent.

acaudillar /akauði'ʎar/ [➪ CANTAR] *vt* to lead.

acceder /akθe'ðer/ [➪ TEMER] *vi* **1.** (*transigir*) to agree, to accede: **accedimos** *a* **sus peticiones** we agreed to their requests. **2.** (*entrar*) to enter: **se accede** *por* **la puerta trasera** the way in is through the back door. **3.** (*obtener*) to attain, to reach: **dos años más tarde accedió** *a* **la cátedra de inglés** two years later she obtained a professorship in English. **4.** (*Inform*) to access: **nadie más puede acceder** *a* **ese archivo** nobody else can access that file.

accesible /akθe'siβle/ *adj* **1.** (*alcanzable, comprensible*) accesible. **2.** (*persona*) approachable.

accésit /ak'θesit/ *sm inv* consolation prize.

acceso /ak'θeso/ *sm* **1.** (*entrada*) access: **tiene acceso** *a* **todas las zonas** it has easy access to all areas; **el acceso** *por* **el norte es muy difícil** access from the North is very difficult. **2.** (*camino, carretera*) approach: **se establecieron controles policiales en todos los accesos** *a* **Madrid** there were police road blocks on all the approach roads to Madrid. **3.** (*Med*) fit, bout: **tuvo un acceso de fiebre durante la noche** he had a bout of fever during the night.

accesorio, -ria /akθe'sorjo -rja/ **I** *adj* supplementary, extra.

II accesorio *sm* **1.** (*al vestir*) accessory. **2.** (*de una máquina, un aparato*) attachment, accessory: **se vende con varios accesorios** it comes with several attachments.

accidentado, -da /akθiðen'taðo -ða/ **I** *adj* **1.** (*persona*) injured. **2.** (*viaje, etc.*) troubled: **tuvimos unas vacaciones muy accidentadas** we had many mishaps on our holiday. **3.** (*terreno: abrupto*) uneven, rough; (*: montañoso*) hilly.

II *sm/f* casualty, injured person.

accidental /akθiðen'tal/ *adj* **1.** (*secundario*) incidental. **2.** (*casual*) chance: **fue un encuentro accidental** we met by chance, it was a chance encounter * meeting.

accidentarse /akθiðen'tarse/ [➪ CANTAR] *v prnl* to have an accident.

accidente /akθi'ðente/ *sm* **1.** (*incidente, percance*) accident. **2.** (*casualidad*) chance: **lo descubrí** *por* **accidente** I found out by chance * by accident. **3.** (*Geog*) feature: **¿cuáles son los principales accidentes geográficos del país?** what are the country's main geographical features?

accidente de tráfico *sm* road accident.

accidente laboral *sm* industrial accident.

acción /ak'θjon/ *sf* **1.** (*gen*) action: **nunca lo tuve por un hombre de acción** I never thought of him as a man of action; **estudiaron la acción del ácido** *sobre* **el hierro** they studied the action of acid on iron; **entrarán en acción al amanecer** they'll go into action at dawn; **vimos una película de acción** we saw an action movie; **ésta ha sido mi buena acción del día** that was my good deed for the day; **se han incrementado las acciones terroristas** there has been an increase in terrorist activity. **2.** (*Fin*) share. **3.** (*Jur*) action, lawsuit.

acción civil *sf* civil action, lawsuit.

acción de armas, acción de guerra *sf* military action.

acción penal *sf* trial.

accionar /akθjo'nar/ [➪ CANTAR] *vt* (*deliberadamente*) to activate, to work: **para accionar el mecanismo...** to activate the mechanism...; (*accidentalmente*): **sin darme cuenta accioné la alarma** I set off the alarm by accident.

accionariado /akθjona'rjaðo/ *sm* shareholders *pl.*

accionista /akθjo'nista/ *sm/f* shareholder.

acebo /a'θeβo/ *sm* (*planta*) holly bush; (*árbol*) holly tree.

acechar /aθe'tʃar/ [➪ CANTAR] *vt* **1.** (*estar a la espera de*) to lie in wait for: **el león acechaba** *a* **la cebra** the lion was lying in wait for the zebra. **2.** (*amenazar*) to threaten: **nuevos peligros acechaban** *a* **la expedición** the expedition was threatened by a new kind of danger.

acecho /a'θetʃo/ *sm* watching, watch: **la policía estaba** *al* **acecho por si cometían un error** the police were watching them, waiting for them to make a mistake.

aceite /a'θeite/ *sm* (*para cocinar, de coche, etc.*) oil.

aceite de colza *sm* rape-seed oil.

aceite de girasol *sm* sunflower oil.

aceite de maíz *sm* corn oil.

aceite de oliva *sm* olive oil.

aceite de ricino *sm* castor oil.

aceitera /aθei'tera/ *sf* **1.** (*de mesa*) olive-oil bottle (*in cruet*). **2.** (*de uso industrial*) oilcan.

aceitero, -ra /aθei'tero -ra/ *adj* oil (*relating to olive oil, sunflower oil etc.*): **la industria aceitera** the oil industry.

aceitoso, -sa /aθei'toso -sa/ *adj* **1.** (*con demasiado aceite*) oily: **el pescado que nos pusieron estaba muy aceitoso** the fish they gave us was very oily. **2.** (*manchado de aceite*) oily: **tengo las manos aceitosas** my hands are oily.

aceituna /aθei'tuna/ *sf* olive.

aceituna rellena *sf* stuffed olive.

aceitunado, -da /aθeitu'naðo -ða/ *adj* olive-coloured: **un joven de piel aceitunada** a young man with olive-coloured skin.

aceitunero, -ra /aθeitu'nero -ra/ **I** *adj* olive: **la industria aceitunera** the olive industry.

II *sm/f* (*recogedor de aceitunas*) olive picker.

aceleración /aθelera'θjon/ *sf* acceleration.

acelerador, -dora /aθelera'ðor -'ðora/ **I** *adj* accelerating.

II acelerador *sm* (*Auto*) accelerator.

acelerar /aθele'rar/ [➪ CANTAR] *vt* to speed up: **aceleramos el paso** we quickened our pace; **la amenaza de lluvia aceleró los preparativos** the threat of rain speeded up the preparations.

♦*vi* **1.** (*en un vehículo*) to accelerate: **intenta no acelerar en las curvas** try not to accelerate on bends. **2.** (*darse prisa*) to hurry up: **acelera o no llegaremos a tiempo** hurry up or we won't arrive in time.

acelerarse *v prnl* to hurry.

acelerón /aθele'ron/ *sm*: *sudden increase in speed*: **dio un súbito acelerón** he accelerated suddenly.

acelga /a'θelɣa/ *sf* chard.

acémila /a'θemila/ *sf* **1.** (*Zool*) mule. **2.** (*fam: persona bruta*) oaf.

acento /a'θento/ *sm* **1.** (*forma de hablar*) accent: **tiene acento del sur** he has a Southern accent. **2.** (*tilde*) accent: **esta palabra lleva acento** this word has an accent. **3.** (*énfasis*) stress, emphasis: **el acento recae en la última sílaba** the stress falls on the last syllable • **puso el acento en la reforma educativa** he emphasized education(al) reform.

acentuación /aθentwa'θjon/ *sf* (*Ling*) accentuation.

acentuar /aθen'twar/ [➪actuar] *vt* **1.** (*Ling: con acento*) to accentuate; (*: con énfasis*) to stress. **2.** (*resaltar*) to emphasize, to accentuate: **el vestido acentuaba su buen tipo** the dress accentuated her good figure.
acentuarse *v prnl* to become more marked: **la división entre pobres y ricos se ha acentuado** the divide between rich and poor has become more marked.

acepción /aθep'θjon/ *sf* (*Ling*) sense, meaning.

aceptación /aθepta'θjon/ *sf* **1.** (*gen*) acceptance: **pronunció su discurso de aceptación** he gave his acceptance speech. **2.** (*buena acogida*) (popular) approval: **la obra ha tenido mucha aceptación** the play has been very well received; **su propuesta tuvo una gran aceptación** his proposal had a very favourable reception.

aceptar /aθep'tar/ [➪CANTAR] *vt* to accept: **aceptaron el cambio de horario** they accepted the change of timetable; **aceptó el despido sin rechistar** he accepted his dismissal without complaint; **¿te han aceptado el artículo?** have they accepted your article?

acequia /a'θekja/ *sf* irrigation ditch.

acera /a'θera/ *sf* (*GB*) pavement, (*US*) sidewalk.

acerado, -da /aθe'raðo -ða/ *adj* **1.** (*de acero*) steel. **2.** (*agresivo*) biting, scathing: **el entrenador hizo una acerada crítica de la actuación de los jugadores** the manager made a scathing criticism of the players' performance.

acerbo, -ba /a'θerβo -βa/ *adj* **1.** (*amargo*) sour. **2.** (*despiadado*) scathing: **la obra recibió críticas acerbas** the play received scathing reviews.

acerca de /a'θerka ðe/ *prep* on, about: **escribió un artículo acerca del medio ambiente** he wrote an article on * about the environment.

acercamiento /aθerka'mjento/ *sm* **1.** (*gen*) approach. **2.** (*de posturas*) drawing (closer) together, rapprochement: **se ha producido un acercamiento de las partes** the two sides have drawn closer together.

acercar /aθer'kar/ [➪sacar] *vt* **1.** (*aproximar*) to bring near: **acerca tu silla** *a* **la mesa** bring * draw your chair up to the table; **acércame el pan, por favor** pass me the bread, please. **2.** (*fam: llevar*) to give a lift to: **voy en esa dirección, ¿quieres que te acerque?** I'm going in that direction, do you want (me to give you) a lift?
acercarse *v prnl* **1.** (*aproximarse*) to approach, to go up, to come up: **se le acercaron varios periodistas** several journalists came up to him * went up to him. **2.** (*ir a un sitio*) to go to: **si tengo tiempo, me acercaré** *a* **su casa** if I have time, I'll drop round to his house.

acerería /aθere'ria/ *sf* steelworks *n inv*.

acero /a'θero/ *sm* steel.
acero inoxidable *sm* stainless steel.

acérrimo, -ma /a'θerrimo -ma/ *adj* **1.** (*defensor*) staunch: **es un acérrimo defensor de la libertad de expresión** he's a staunch defender of freedom of expression. **2.** (*detractor*) bitter: **desde entonces ha sido su adversario más acérrimo** since then he has been her bitterest enemy.

acertado, -da /aθer'taðo -ða/ *adj* (*persona*): **estuvo muy acertado en todo lo que dijo** everything he said was exactly right; (*comentario*): **fue un comentario muy acertado** it was a very appropriate remark.

acertante /aθer'tante/ **I** *adj* winning.
II *sm/f* winner: **cada uno de los acertantes cobrará un millón de pesetas** each of the winners * each winner will receive one million pesetas.

acertar /aθer'tar/ [➪pensar] *vt* **1.** (*dar con*) to get (right): **acertó la respuesta** she got the answer right. **2.** (*adivinar*) to guess: **a ver si aciertas lo que me ha costado** see if you can guess how much I paid for it.
♦ *vi* **1.** (*en el blanco*) to hit the mark: **acertó** *en* **la diana** he got a bull's eye; (*en una decisión*) to make the right decision: **creo que has acertado al elegir esa carrera** I think you made the right decision when you chose that course. **2.** (*adivinar*) to guess. **3.** (*con un lugar*): **acertó** *con* **la calle** he found the (right) street. **4.** (*suceder por casualidad*) to happen to: **un policía acertó a pasar por allí** a policeman happened to pass by.

acertijo /aθer'tixo/ *sm* riddle.

acervo /a'θerβo/ *sm* heritage: **el acervo cultural de España** Spain's cultural heritage.

acetileno /aθeti'leno/ *sm* acetylene.

acetona /aθe'tona/ *sf* acetone.

achacar /atʃa'kar/ [➪sacar] *vt* to attribute, to put down to: **achacaron el fracaso** *a* **su falta de experiencia** they put their failure down to (their) lack of experience.

achacoso, -sa /atʃa'koso -sa/ *adj* infirm.

achantar /atʃan'tar/ [➪CANTAR] *vt* (*fam*) to scare.
achantarse *v prnl* (*fam*) **1.** (*asustarse*) to be scared. **2.** (*callarse*) to keep quiet.

achaparrado, -da /atʃapa'rraðo -ða/ *adj* squat, short.

achaque /a'tʃake/ *sm* ailment: **se encuentra bien, aparte de los achaques propios de la vejez** he's well, apart from the usual ailments of old age.

achatado, -da /atʃa'taðo -ða/ *adj* flattened.

achicar /atʃi'kar/ [➪sacar] *vt* **1.** (*reducir el tamaño de*) to make smaller. **2.** (*Náut: agua*) to bail (out); (*Dep*): **pasaron el último cuarto de hora achicando balones** they spent the last quarter of an hour (of the match) defending. **3.** (*intimidar*) to intimidate.
achicarse *v prnl* to be intimidated: **se achica** *con* **los que tienen más fuerza que él** he's intimidated by anyone stronger than him.

achicharrar /atʃitʃa'rrar/ [➪CANTAR] *vt* to burn.
achicharrarse *v prnl* to roast: **en esta oficina te achicharras** it's roasting (hot) in this office.

achicoria /atʃi'korja/ *sf* chicory.

achinado, -da /atʃi'naðo -ða/ *adj* oriental (*in appearance*): **tiene los ojos achinados** he has slanting eyes.

achís /a'tʃis/ *excl* atishoo.

achispado, -da /atʃis'paðo -ða/ *adj* tipsy.

achisparse /atʃis'parse/ [➪CANTAR] *v prnl* to get tipsy.

achuchado, -da /atʃu'tʃaðo -ða/ *adj* (*fam*) difficult: **la vida está muy achuchada** it's a hard life.

achuchar /atʃu'tʃar/ [➪CANTAR] *vt* (*fam*) **1.** (*presionar*) to press: **lleva tres días achuchándome para que firme el contrato** he's been pressing me for three days to sign the contract. **2.** (*azuzar: a una persona*) to set against: **achuchaba a su hija** *contra* **el marido** she set her daughter against her husband; (*: a un animal*) to set on. **3.** (*abrazar*) to hug (*hard*).

achuchón /atʃu'tʃon/ *sm* (*fam*) **1.** (*empujón*) shove. **2.** (*arrechucho*): **si comes tanto, te va a dar un achuchón** if you eat too much you'll make yourself sick.

achulado, -da /atʃu'laðo -ða/ *adj* **1.** (*insolente*) insolent. **2.** (*presumido*) bigheaded.

aciago, -ga /a'θjaɣo -ɣa/ *adj* fateful: **el aciago día del accidente** the fateful day of the accident.

acicalado, -da /aθika'laðo -ða/ *adj* smart: **¿adónde**

vas tan acicalado? where are you going so smartly dressed?

acicalar /aθika'lar/ [➪ CANTAR] *vt* to smarten up.

acicalarse *v prnl* to get dressed up.

acicate /aθi'kate/ *sm* **1.** (*espuela*) spur. **2.** (*estímulo*) incentive: **necesitaba un acicate para seguir estudiando** he needed an incentive to continue studying.

acidez /aθi'ðeθ/ *sf* **1.** (*de sabor*) sourness. **2.** (*de una sustancia química*) acidity. **3.** (*also* **acidez de estómago**) (*Med*) heartburn.

ácido, -da /'aθiðo -ða/ **I** *adj* **1.** (*sabor*) acid. **2.** (*carácter, comentario, etc.*) harsh, acid: **tiene un sentido del humor muy ácido** he has a very acid sense of humour.

II ácido *sm* (*Quím*) acid.

ácido acético *sm* acetic acid.

ácido nítrico *sm* nitric acid.

ácido nucleico *sm* nucleic acid.

ácido sulfúrico *sm* sulphuric acid.

acientífico, -ca /aθjen'tifiko- ka/ *adj* unscientific.

acierto /a'θjerto/ **I** *and other forms with* **aciert-** ➪ acertar **II** *sm* **1.** (*respuesta correcta*) correct answer. **2.** (*buena idea*) good idea: **fue todo un acierto** it was a really good idea. **3.** (*habilidad*) skill: **resolvió el problema con acierto** he solved the problem very skilfully.

aclamación /aklama'θjon/ *sf* acclamation: **fue elegido** *por* **aclamación** he was elected by acclamation.

aclamar /akla'mar/ [➪ CANTAR] *vt* to acclaim: **lo aclamaron como líder del grupo** he was acclaimed as leader of the group.

aclaración /aklara'θjon/ *sf* clarification.

aclarado /akla'raðo/ *sm* rinse.

aclarar /akla'rar/ [➪ CANTAR] *vt* **1.** (*con una sustancia química*) to lighten: **le aclaran el pelo con camomila** she has her hair lightened with camomile; (*con agua*) to rinse: **aclaré la ropa** I rinsed the clothes. **2.** (*un concepto*) to make clear, to clarify: **no aclaró lo que quería decir** she didn't make (it) clear what she meant; **me gustaría que aclarásemos este punto...** I'd like us to clear this point up.... **3.** (*la voz*): **va bien para aclarar la voz** it's good for making your voice clearer.

♦ *v impers* to clear up: **si aclara, iremos de excursión** if it clears up, we'll go out (for a drive).

aclararse *v prnl* **1.** (*pelo, etc.*) to turn lighter. **2.** (*enterarse*): **no me aclaro** *con* **este ejercicio** I don't understand this exercise. **3.** (*la voz*) to clear: **se aclaró la voz y empezó a leer** she cleared her throat and began to read. **4.** (*decidirse*) to make up one's mind: **a ver si se aclara** it's time he made up his mind. **5.** (*Meteo*) to clear up.

aclimatar /aklima'tar/ [➪ CANTAR] *vt* (*GB*) to acclimatize, (*US*) to acclimate.

aclimatarse *v prnl* (*GB*) to become acclimatized, (*US*) to become acclimated: **se aclimató rápidamente** *a* **su nuevo entorno** she acclimatized herself quickly to her new surroundings.

acné /ak'ne/ *sm* acne.

ACNUR /ak'nur/ *sm* (*abbreviation of* **Alto Comisionado de las Naciones Unidas para los Refugiados**) UNHCR (United Nations High Commission for Refugees).

acobardar /akoβar'ðar/ [➪ CANTAR] *vt* to intimidate.

acobardarse *v prnl* to be frightened: **se acobarda fácilmente** he gets frightened very easily.

acogedor, -dora /akoxe'ðor -'ðora/ *adj* (*persona, ambiente*) welcoming, friendly; (*lugar*) (*GB*) cosy, (*US*) cozy.

acoger /ako'xer/ [➪ proteger] *vt* **1.** (*recibir: con entusiasmo*) to welcome: **el público los acogió con un aplauso** the crowd welcomed them with a round of applause; (*: con indiferencia*) to receive: **lo acogieron fríamente** he was received coldly ✱ given a cold reception. **2.** (*amparar*) to take in: **acogen** *a* **niños abandonados** they take in orphaned children. **3.** (*aceptar*) to agree to: **acogieron rápidamente la idea** they quickly agreed to the idea.

acogerse *v prnl* (*ampararse*) to seek shelter: **se acogieron** *a* **la ley de refugiados** they sought the protection of the law relating to refugees.

acogida /ako'xiða/ *sf* **1.** (*de una persona*) welcome: **nos dispensaron una calurosa acogida** they gave us a warm welcome. **2.** (*de una obra, un concepto*) reception: **la película tuvo muy buena acogida** the movie was well received.

acogido, -da /ako'xiðo -ða/ *adj*: **las personas acogidas en este centro...** the people this centre takes care of....

acolchado, -da /akol'tʃaðo -ða/ **I** *adj* quilted.

II acolchado *sm* (*Arg*) quilt.

acolchar /akol'tʃar/ [➪ CANTAR] *vt* to quilt.

acólito /a'kolito/ *sm* **1.** (*Relig*) acolyte, server. **2.** (*seguidor*) minion: **siempre iba rodeado de sus acólitos** he always went around surrounded by his minions.

acometer /akome'ter/ [➪ TEMER] *vt* **1.** (*agredir*) to attack. **2.** (*un trabajo, una acción*) to take on, to undertake: **acometió la empresa con mucho entusiasmo** he took on the venture enthusiastically. **3.** (*deseo, sensación*): **me acometió una profunda sensación de tristeza** I suddenly felt very sad; **lo acometieron las dudas** he was overcome by doubt.

acometida /akome'tiða/ *sf* (*embestida*) attack.

acomodado, -da /akomo'ðaðo -ða/ *adj* well-off, wealthy: **es de una familia acomodada** he is from a well-off family.

acomodador /akomoða'ðor/ *sm* usher.

acomodadora /akomoða'ðora/ *sf* usherette.

acomodar /akomo'ðar/ [➪ CANTAR] *vt* **1.** (*en una vivienda*) to accommodate: **no tenían suficientes habitaciones para acomodarlos a todos** they didn't have enough rooms to accommodate everyone. **2.** (*reconciliar*) to accommodate: **tratamos de acomodar todos los criterios** we tried to accommodate everyone's point of view. **3.** (*proporcionar empleo a*) to give a job to: **la acomodaron en la empresa del tío** she was given a job in her uncle's company. **4.** (*Amér L: fam, recomendar*) to pull strings for: **acomodó a todos sus hijos en el ministerio** he used his connections to get jobs for all of his children at the ministry.

acomodarse *v prnl* **1.** (*colocarse*) to install oneself: **se acomodó en el primer asiento** she sat down in the first seat. **2.** (*acostumbrarse*) to get used to: **le costó acomodarse** *al* **nuevo colegio** he found it hard to get used to his new school.

acomodaticio, -cia /akomoða'tiθjo -θja/ *adj* **1.** (*adaptable*) flexible. **2.** (*conformista*) easy-going: **es una persona muy acomodaticia** he's a very easy-going person.

acomodo /ako'moðo/ *sm* **1.** (*ocupación*): **encontró acomodo en una compañía de seguros** he found a job in an insurance company. **2.** (*alojamiento*): **encontró acomodo en un hotel de la ciudad** he found accommodation in a hotel in the city. **3.** (*posición cómoda*): **no encontraba acomodo y no se podía dormir** she couldn't get comfortable to get to sleep. **4.** (*Amér L: fam, sistema de recomendaciones*): **en este**

país todo se consigue por acomodo in this country you only get things by pulling some strings; (*: recomendación*): **consiguió el puesto por acomodo** she got the job because she had friends in the right places.

acompañado, -da /akompa'ɲaðo -ða/ *adj* accompanied: **iba bien acompañado** he was in good company.

acompañamiento /akompaɲa'mjento/ *sm* **1.** (*gen*) accompaniment: **con acompañamiento** *de* **piano** with piano accompaniment. **2.** (*comitiva*) escort.

acompañante /akompa'ɲante/ *sm/f* companion: **no conocíamos a su acompañante** we didn't know the person he was with.

acompañar /akompa'ɲar/ [⇨ CANTAR] *vt* **1.** (*gen*) to accompany: **me acompañó** *a* **la estación** he accompanied me to the station; **te acompañaré hasta la puerta** I'll see you to the door; **espera que te acompaño** wait, I'll come with you; **la lluvia nos acompañó durante todas las vacaciones** we had rain all through the holidays; **acompañó la carne con puré y verduras** she served the meat with mashed potato and greens; **su antiguo profesor la acompañó** *al* **piano** her old teacher accompanied her on the piano • **la acompaño en el sentimiento** please accept my condolences. **2.** (*hacer compañía a*) to keep company: **la radio te acompaña mucho cuando estás solo** the radio is good company when you're alone. **3.** (*incluir*) to enclose: **le acompaño el informe solicitado** I enclose the report you requested.

acompañarse *v prnl* to accompany oneself: **se acompañó** *con* **la guitarra** he accompanied himself on the guitar.

acompasado, -da /akompa'saðo -ða/ *adj* (*melodía*) regular, rhythmic; (*voz, andar*) slow.

acompasar /akompa'sar/ [⇨ CANTAR] *vt* **1.** (*Mús*) to keep time with. **2.** (*coordinar*) to coordinate: **al final, lograron acompasar la marcha del trabajo en las dos secciones** they finally managed to get both departments working at the same rate.

acomplejado, -da /akomple'xaðo -ða/ *adj*: *suffering from a complex*: **está acomplejado porque no sabe nadar** he has a complex about not being able to swim.

acomplejar /akomple'xar/ [⇨ CANTAR] *vt* to give a complex to.

acomplejarse *v prnl* to develop a complex: **si se lo repites tanto va a acomplejarse** if you keep saying that to him he'll develop a complex.

acondicionado, -da /akondiθjo'naðo -ða/ *adj* equipped: **la casa está muy bien acondicionada** *para* **este clima** the house is very well-equipped for (coping with) this climate.

acondicionador /akondiθjona'ðor/ *sm* conditioner.

acondicionador de aire *sm* air-conditioner.

acondicionar /akondiθjo'nar/ [⇨ CANTAR] *vt* to fit out: **acondicionaron una clase para utilizarla como biblioteca** they fitted a classroom out as a library.

acongojado, -da /akoŋgo'xaðo -ða/ *adj* distressed, upset: **se sentía muy acongojado** he was very upset.

acongojar /akoŋgo'xar/ [⇨ CANTAR] *vt* to distress, to upset.

acongojarse *v prnl* to become distressed.

aconsejable /akonse'xaβle/ *adj* advisable: **es aconsejable no viajar a ese país de momento** it is advisable * you are advised not to visit that country for the time being; **no es aconsejable beber más de la cuenta** it's not advisable to drink to excess.

aconsejar /akonse'xar/ [⇨ CANTAR] *vt* **1.** (*dar consejo a*) to advise: **te aconsejo la máxima prudencia** I advise you to exercise maximum caution; **me aconsejó que comprara uno nuevo** he advised me to buy a new one; **le aconsejé que no lo hiciera** I advised him against it. **2.** (*sugerir*): **el estado de las carreteras aconsejaba prudencia** the state of the roads made caution most advisable.

acontecer /akonte'θer/ [⇨ agradecer] *vi [only used in the third person]* to happen, to occur: **el desastre aconteció unos días más tarde** the disaster occurred a few days later.

acontecimiento /akonteθi'mjento/ *sm* event: **la llegada del hombre a la Luna fue un gran acontecimiento** man's first moon landing was a great event.

acopiar /ako'pjar/ [⇨ CAMBIAR] *vt* to gather together, to get in: **acopiamos provisiones para el fin de semana** we got supplies in for the weekend.

acoplamiento /akopla'mjento/ *sm* **1.** (*Tec*) fitting together, coupling. **2.** (*de una nave espacial*) docking.

acoplar /ako'plar/ [⇨ CANTAR] *vt* **1.** (*Tec*) to fit together: **acopló la rueda** *a* **su eje** he fitted the wheel onto the axle. **2.** (*animales*) to mate. **3.** (*una nave espacial*) to dock.

acoplarse *v prnl* **1.** (*Tec*) to join, to fit together: **estas piezas se acoplan a la perfección** these pieces fit together perfectly. **2.** (*nave espacial*) to dock. **3.** (*persona: gen*) to fit in: **se ha acoplado enseguida** *al* **equipo** he has fitted in with the team very quickly; (*: en un trabajo*): **nos acoplamos muy bien** we work well together; (*: en una pareja*): **se acoplan muy bien** they're well-suited.

acoquinar /akoki'nar/ [⇨ CANTAR] *vt* (*fam*) to frighten.

acorazado, -da /akora'θaðo -ða/ **I** *adj* (*GB*) armoured, (*US*) armored: **la segunda división acorazada** the second armoured division.

II acorazado *sm* battleship.

acordado, -da /akor'ðaðo -ða/ *adj* agreed.

acordar /akor'ðar/ [⇨ contar] *vt* to agree, to decide on: **acordaron reunirse nuevamente** they agreed * decided to meet again.

acordarse *v prnl* to remember: **no me acordé** *de* **llamarla** I didn't remember to telephone her • **¡como no pares, te vas a acordar!** if you don't stop, you'll be sorry!

acorde /a'korðe/ **I** *adj*: **lo que hizo era acorde** *con* **lo que pensaba** what he did was in accordance with his beliefs.

II *sm* (*Mús*) chord.

acordeón /akorðe'on/ *sm* accordion.

acordonar /akorðo'nar/ [⇨ CANTAR] *vt* **1.** (*un zapato, etc.*) to lace up. **2.** (*un lugar*) to cordon off: **la policía acordonó la zona** the police cordoned off the area.

acorralado, -da /akorra'laðo -ða/ *adj* cornered: **todos me atacaron de tal manera, que me sentí acorralado** everyone was attacking me so much that I felt cornered.

acorralar /akorra'lar/ [⇨ CANTAR] *vt* **1.** (*a una persona: gen*): **la policía los acorraló en un callejón sin salida** the police trapped them in a dead end; (*: en una discusión*) to corner: **la acorraló y no supo qué contestarle** he backed her into a corner and she didn't know how to reply. **2.** (*ganado*) to round up.

acortar /akor'tar/ [⇨ CANTAR] *vt* to shorten, to make shorter: **¿quiere que le acorte las mangas?** would you like me to shorten the sleeves for you?

♦ *vi* to take a short cut: **por este camino acortamos** this is a short cut.

acortarse *v prnl* to become shorter: **los días han empezado a acortarse** the days have started getting shorter.

acosar /ako'sar/ [➪ CANTAR] *vt* **1.** (*perseguir*) to pursue: **dejó la ciudad porque lo acosaban los acreedores** he left town because he was being hounded by his creditors. **2.** (*molestar*) to give no peace to, to pester: **los periodistas acosaban al futbolista** *con* **sus preguntas** the journalists pestered the footballer with questions. **3.** (*sexualmente*) to sexually harass.

acoso /a'koso/ *sm* **1.** (*persecución*) pursuit. **2.** (*molestia*) harassment: **no pudo escapar del acoso de sus admiradores** he couldn't escape from his pestering fans.

acoso sexual *sm* sexual harassment.

acostar /akos'tar/ [➪ contar] *vt* **1.** (*en la cama*) to put to bed. **2.** (*Náut*) to bring alongside.

acostarse *v prnl* to go to bed: **ya es hora de que te acuestes** it's time you went to bed.

acostumbrado, -da /akostum'braðo -ða/ *adj* **1.** (*habituado*): **está acostumbrado** *a* **levantarse pronto** he's used * accustomed to getting up early; **no está acostumbrado** *al* **trabajo duro** he's not used to hard work • **lo tienes mal acostumbrado** you're spoiling him. **2.** (*normal*) usual: **se citaron en el lugar acostumbrado** they agreed to meet in the usual place.

acostumbrar /akostum'brar/ [➪ CANTAR] *vt* (*habituar*) to accustom: **la tienes que acostumbrar** *a* **que coma de todo** you should get her used to * accustomed to eating all kinds of food.

♦ *vi [followed by infinitive]* to be in the habit of: **acostumbra** *a* **levantarse temprano** he's in the habit of getting up early, he usually gets up early.

acostumbrarse *v prnl* to become accustomed: **no me acostumbro** *al* **frío** I can't get accustomed to * used to the cold.

acotación /akota'θjon/ *sf* (*en una obra de teatro*) stage direction.

acotar /ako'tar/ [➪ CANTAR] *vt* **1.** (*un terreno*) to mark (out) the boundary of: **acotaron la finca** they marked (out) the boundary of the estate. **2.** (*un problema*) to define: **primero es preciso acotar el problema** first of all the problem must be defined.

acre /'akre/ **I** *adj* **1.** (*al gusto*) tart, sour; (*al olfato*) acrid. **2.** (*carácter*) acid; (*comentario*) biting.
II *sm* (*Medidas*) acre.

acrecentar /akreθen'tar/ [➪ pensar] *vt* to increase: **aquello contribuyó a acrecentar su fortuna** that helped to increase his wealth.

acreditación /akreðita'θjon/ *sf* accreditation.

acreditado, -da /akreði'taðo -ða/ *adj* **1.** (*periodista, embajador*) accredited. **2.** (*famoso*) reputable: **la trató un médico muy acreditado** she was treated by a highly reputable doctor.

acreditar /akreði'tar/ [➪ CANTAR] *vt* **1.** (*demostrar*) to be proof of: **lo que hizo acredita su bondad** what he did was proof of his good nature. **2.** (*dar fama a*) to establish: **esa novela lo acreditó como un gran escritor** that novel established him as a great writer. **3.** (*dar autorización a*) to accredit: **el gobierno lo ha acreditado como embajador** the government has accredited him as ambassador.

acreditarse *v prnl* to become established: **una marca se acredita con buenos productos** a brand establishes its reputation with good products.

acreedor, -dora /akree'ðor -'ðora/ **I** *adj* worthy, deserving: **se hizo acreedor** *de* **nuestra confianza** he proved himself worthy * deserving of our confidence.
II *sm/f* creditor.

acribillar /akriβi'ʎar/ [➪ CANTAR] *vt* **1.** (*con balas*): **lo acribillaron** *a* **balazos** he was riddled with bullets; (*con picaduras*): **los mosquitos los acribillaban por la noche** they were bitten all over by mosquitos in the night. **2.** (*importunar*): **la acribillaron** *a* **preguntas** they pestered her with questions.

acrílico, -ca /a'kriliko -ka/ **I** *adj* acrylic.
II acrílico *sm* acrylic.

acristalar /akrista'lar/ [➪ CANTAR] *vt* to glaze (*windows*).

acritud /akri'tuð/ *sf* **1.** (*de sabor*) sourness; (*de olor*) acridness. **2.** (*de carácter*) bitterness; (*de un comentario*) acrimony.

acrobacia /akro'βaθja/ *sf* acrobatics [lleva el verbo en singular o plural].

acróbata /a'kroβata/ *sm/f* acrobat.

acrobático, -ca /akro'βatiko -ka/ *adj* acrobatic.

acrónimo /a'kronimo/ *sm* (*Ling*) acronym.

acta /'akta/ *sf* **1.** (*de una reunión*) minutes *pl*: **el secretario levantó acta de la reunión** the secretary took the minutes of the meeting • **quiero que esto conste en acta** I want this to be put on record. **2.** (*documento oficial*) certificate.

acta de diputado *sf*: *certification of a candidate's election to parliament.*

acta de nacimiento *sf* (*Méx*) birth certificate.

acta notarial *sf*: *document certified by a notary.*

actitud /akti'tuð/ *sf* **1.** (*forma de ser*) attitude: **no conseguirás nada con esa actitud** you won't get anywhere with that attitude. **2.** (*posición*) position, posture: **estaba en actitud de ataque** he was poised to attack.

activar /akti'βar/ [➪ CANTAR] *vt* **1.** (*accionar*) to activate: **se cree que activaron la bomba a distancia** it's believed that they set the bomb off by remote control. **2.** (*estimular*) to stimulate: **el gobierno debe tratar de activar la economía** the government must try to stimulate the economy; **es bueno para activar la circulación de la sangre** it's good for stimulating your circulation.

actividad /aktiβi'ðað/ *sf* **1.** (*gen*) activity: **un volcán** *en* **actividad** an active volcano; **interrumpió su actividad política/profesional a raíz del accidente** she gave up her political/professional career after the accident. **2.** (*ejercicio*) activity: **ahora vamos a hacer unas actividades de geografía** now we're going to do some geography exercises.

activismo /akti'βizmo/ *sm* activism.

activista /akti'βista/ *sm/f* (political) activist.

activo, -va /ak'tiβo -βa/ **I** *adj* active: **es un miembro muy activo de la comisión** he's a very active member of the committee; **¿todavía está** *en* **activo?** (*en el ejército*) is he still on active service?; (*en otras profesiones*) does he still work?
II activo *sm* assets *pl*.

activo disponible *sm* liquid assets *pl*.

acto /'akto/ *sm* **1.** (*gen*) act: **fue un acto muy generoso** it was a very generous act • **acto seguido se procedió a la entrega de premios** immediately afterwards the awards were presented • **vino en el acto** he came right away * immediately • **hacer acto de presencia**: **el presidente no hizo acto de presencia en los funerales** the president did not attend the funeral; **el director hizo acto de presencia al final de la reunión** the director made a brief appearance at the end of the meeting. **2.** (*de una obra teatral*) act: **Acto II, Escena 1ª** Act II, Scene 1. **3.** (*acontecimiento público*) (public) ceremony: **hay que asistir al acto de etiqueta** formal dress must be worn at the ceremony.

acto de clausura *sm* closing ceremony.
acto de guerra *sm* act of war.
acto de inauguración *sm* opening ceremony.
acto reflejo *sm* reflex action.

actor /ak'tor/ *sm* actor.

actriz /ak'triθ/ *sf* [**actrices**] actress.

actuación /aktwa'θjon/ *sf* **1.** (*en una actividad deportiva, musical, artística, etc.*) performance: **la actuación del equipo fue bastante decepcionante** the team's performance was pretty disappointing; **...con las actuaciones de Los Incorregibles y Maruja Moreno** ...and Los Incorregibles y Maruja Moreno will be performing. **2.** (*intervención*) intervention: **se salvó gracias a la rápida actuación de la policía** he was saved thanks to the swift intervention of the police.

actual /ak'twal/ **I** *adj* **1.** (*del momento*) present, current: **en las actuales circunstancias parece imposible...** in the present * current circumstances it seems impossible.... **2.** (*moderno*) modern: **es un coche de diseño muy actual** it's a car with a very modern * up-to-date design.
II *sm* (*frml*) present month: **el quince del actual** the fifteenth of this month.

actualidad /aktwali'ðað/ *sf* **1.** (*tiempo actual*) present time: **en la actualidad la gente va menos al cine** people go less often to the cinema nowadays; **en la actualidad reside en el extrajero** at present he's living abroad; **las noticias de actualidad** the latest news • **el ciclismo está de actualidad** cycling is very much in the news. **2.** (*vigencia*) relevance: **es una obra que todavía tiene actualidad** it is a play which is still relevant today. **3.** (*Medios*) current affairs *pl*: **un programa de actualidad** a current affairs programme.

actualizar /aktwali'θar/ [⇨ cazar] *vt* to bring up to date, to update: **tenemos que actualizar los datos** we must update our data.

actualmente /aktwal'mente/ *adv* **1.** (*en nuestros días*) nowadays. **2.** (*ahora*) at the moment, currently.

actuar /ak'twar/ [⇨ table: actuar] *vi* **1.** (*comportarse*) to behave: **actuó** *con* **mucha prudencia** he behaved very wisely. **2.** (*ejercer*) to act: **ella actuará** *de* **defensora** she will act as the defence lawyer. **3.** (*producir un efecto*) to work: **actuó como amortiguador** it acted as a buffer; **ese gas actúa** *sobre* **los metales** that gas acts on metals. **4.** (*en una película, una función*) to appear: **nunca ha actuado en Londres** he's never appeared on the London stage.

actuar

INDICATIVE	SUBJUNCTIVE
Present	**Present**
actúo	actúe
actúas	actúes
actúa	actúe
actuamos	actuemos
actuáis	actuéis
actúan	actúen

IMPERATIVE

(tú) actúa	(usted) actúe
(vosotros) actuad	(ustedes) actúen

For the rest of the tenses ⇨ CANTAR (in appendix)

acuarela /akwa'rela/ *sf* (*Artes*) (*GB*) watercolour, (*US*) watercolor.

acuario /a'kwarjo/ **I** *sm* **1.** (*pecera*) fish tank; (*edificio, instalaciones*) aquarium. **2.** (*also* **Acuario**) (*constelación, signo del zodiaco*) Aquarius; (*Amér L*): **soy de Acuario** I'm an Aquarius * Aquarian.
II *sm/f inv* (*persona*) Aquarius, Aquarian: **soy acuario** I'm an Aquarius * Aquarian; **va a ser una semana muy buena para los acuario** it's going to be a very good week for Aquarians.

acuartelamiento /akwartela'mjento/ *sm* (*edificio*) barracks *n inv*; (*acción*) confinement to barracks.

acuartelar /akwarte'lar/ [⇨ CANTAR] *vt* to confine to barracks.

acuático, -ca /a'kwatiko -ka/ *adj* water, aquatic: **los deportes acuáticos** water sports.

acuchillar /akutʃi'ʎar/ [⇨ CANTAR] *vt* to stab, to knife.

acuciante /aku'θjante/ *adj* pressing: **sentía la necesidad acuciante de salir de la casa** I felt a pressing need to get out of the house.

acuciar /aku'θjar/ [⇨ CAMBIAR] *vt* to press: **el tiempo nos acucia** we are very pressed for time; **sus padres lo acuciaban para que encontrara trabajo** his parents were pressing him to find a job.

acudir /aku'ðir/ [⇨ PARTIR] *vi* **1.** (*a un lugar*) to come: **no acudió a la entrevista que teníamos acordada** he didn't come to the meeting we had arranged. **2.** (*en busca de ayuda*): **tuvo que acudir al diccionario para resolver la duda** she had to turn to the dictionary to settle her doubt; **no tengo a quién acudir** I have no one to turn to; **acudí a Pedro para pedirle un favor** I went to Pedro to ask him a favour. **3.** (*venir a la memoria*) to come.

acueducto /akwe'ðukto/ *sm* aqueduct.

acuerdo /a'kwerðo/ **I** *and other forms with* **acuerd-** ⇨ acordar
II *sm* agreement: **tras muchas discusiones llegaron a un acuerdo** they reached an agreement after much discussion; **estaban** *de* **acuerdo** *en* **que aquello era lo mejor** they were agreed * in agreement that that was best; **no actuaron** *de* **acuerdo** *con* **el contrato** they did not act in accordance with the contract • **"Te veo a la salida." "De acuerdo."** "I'll see you when you come out." "Okay."

acuesto /a'kwesto/ *and other forms with* **acuest-** ⇨ acostar

acumulador, -dora /akumula'ðor -'ðora/ **I** *adj* accumulative.
II acumulador *sm* (*Tec*) storage battery.

acumular /akumu'lar/ [⇨ CANTAR] *vt* to accumulate: **acumuló muchos datos** she collected a lot of information; **su obsesión es acumular riqueza** he is obsessed with amassing a fortune.
acumularse *v prnl* to accumulate: **durante la huelga la basura se acumulaba en las calles** during the strike the rubbish piled up in the streets.

acunar /aku'nar/ [⇨ CANTAR] *vt* (*a un niño*) to rock.

acuñar /aku'ɲar/ [⇨ CANTAR] *vt* **1.** (*monedas*) to mint. **2.** (*Ling*) to coin: **es un término que se acuñó en los años ochenta** it's a term which was coined in the eighties.

acuoso, -sa /a'kwoso -sa/ *adj* watery.

acupuntura /akupun'tura/ *sf* acupuncture.

acurrucarse /akurru'karse/ [⇨ sacar] *v prnl* to curl up.

acusación /akusa'θjon/ *sf* **1.** (*gen*) accusation: **las acusaciones de fraude eran falsas** the accusations of fraud were untrue; (*Jur*) charge. **2.** (*personas que* *acusan*) prosecution: **la acusación tiene la palabra** the prosecution may now state its case.

acusado, -da /aku'saðo -ða/ **I** *adj* **1.** (*Jur*) accused: **estaba acusado** *de* **narcotráfico** he was accused of drug trafficking. **2.** (*acentuado*) marked: **tiene una tendencia muy acusada a echarles la culpa a los demás** he has a very marked tendency to put the blame on others.
II *sm/f* (*Jur*: *uno*) accused, defendant; (*: varios*) accused *pl*, defendants *pl*.

acusador, -dora /akusa'ðor -'ðora/ **I** *adj* accusing.
II *sm/f* accuser.

acusar /aku'sar/ [⇨CANTAR] *vt* **1.** (*gen*) to accuse: **la prensa lo acusó** *de* **apropiarse de fondos indebidamente** the press accused him of misappropriating funds; **acabó acusando a sus compañeros** he ended up accusing his colleagues; **todos los indicios la acusan** everything points to her guilt. **2.** (*Jur*) to charge: **lo han acusado** *de* **asesinato** he has been charged with murder. **3.** (*manifestar*) to show: **acusaba el cansancio de las últimas semanas** his tiredness from the last few weeks was showing. **4.** (*hacer constar*) to acknowledge: **acusaron recibo de mi carta** they acknowledged receipt of my letter.

acusativo /akusa'tiβo/ *sm* (*Ling*) accusative.

acuse /a'kuse/ *sm*: **acuse de recibo** acknowledgement of receipt.

acusica /aku'sika/ *adj*, *sm/f* (*fam*) telltale.

acusón, -sona /aku'son -'sona/ *adj*, *sm/f* (*fam*) telltale.

acústica /a'kustika/ *sf* **1.** (*Ling*, *Fís*) acoustics [lleva el verbo en singular]. **2.** (*Mús*) acoustics *pl*.

acústico, -ca /a'kustiko -ka/ *adj* acoustic.

Adán /a'ðan/ *sm* Adam.

adaptable /aðap'taβle/ *adj* (*persona*) adaptable; (*aparato*) versatile.

adaptación /aðapta'θjon/ *sf* adaptation.

adaptador, -dora /aðapta'ðor -'ðora/ **I** *sm/f* (*persona*) adaptor.
II adaptador *sm* (*aparato*) adaptor.

adaptar /aðap'tar/ [⇨CANTAR] *vt* **1.** (*Tec*, *Lit*) to adapt: **adaptó el motor para que funcionase con batería** he adapted the motor to work on batteries. **2.** (*las costumbres*) to adapt, to adjust. **3.** (*un lugar*): **adaptaron la habitación para poder usarla como despacho** they converted the room so that it could be used as an office.

adaptarse *v prnl* to adapt (oneself), to adjust: **se ha adaptado muy bien** *al* **nuevo horario** he has adapted ∗ adjusted very well to the new timetable.

a. de C. *pronounced* /'antes de 'kristo/ (*abbreviation of* **antes de Cristo**) BC (before Christ).

adecentar /aðeθen'tar/ [⇨CANTAR] *vt* to tidy up, to clean up: **no he tenido tiempo siquiera de adecentar la habitación** I haven't even had time to tidy up the room.

adecuado, -da /aðe'kwaðo -ða/ *adj* suitable, appropriate: **no llevaba un vestido adecuado** *para* **la ocasión** she wasn't wearing a dress appropriate to ∗ suitable for the occasion; **no creo que sea la persona adecuada** *para* **el puesto** I don't think she is the right person for the post.

adecuar /aðe'kwar/ [⇨actuar] *vt* to adapt: **adecuaron el programa** *a* **nuestras necesidades** they adapted the program to our needs.

adecuarse *v prnl* to be right: **su experiencia se adecúa** *al* **nuevo cargo** her experience is right for the new post.

adefesio /aðe'fesjo/ *sm* (*fam*) **1.** (*persona*) freak: **con esa ropa vas hecha un adefesio** you look a real freak ∗ sight in those clothes. **2.** (*objeto*) monstrosity: **el cuadro era un adefesio** the painting was a monstrosity.

a. de J.C. *pronounced* /'antes de xesu'kristo/ (*abbreviation of* **antes de Jesucristo**) BC (before Christ).

adelantado, -da /aðelan'taðo -ða/ *adj* **1.** (*desarrollado*) advanced: **este tipo de investigación está muy adelantado** this kind of research is very advanced; **las obras del puente ya van muy adelantadas** the building work on the bridge is well advanced. **2.** (*destacado*): **su hijo va muy adelantado en el colegio** their son is doing very well in school. **3.** (*en el tiempo*): **tienes el reloj adelantado** your watch is fast; **va muy adelantado** *con* **su trabajo** he's well ahead with his work • **pagamos el alquiler por adelantado** we paid the rent in advance.

adelantamiento /aðelanta'mjento/ *sm* (*GB*) overtaking manoeuvre, (*US*) passing maneuver: **hizo un adelantamiento peligroso** he overtook dangerously.

adelantar /aðelan'tar/ [⇨CANTAR] *vt* **1.** (*avanzar*) to move forward, to advance: **adelanta las fichas dos casillas** move the counters forward (by) two squares; **adelantaron la fecha de los exámenes** they advanced ∗ brought forward the date of the exams. **2.** (*anticipar*) to pay in advance: **le pedí que me adelantara la paga** I asked her to pay me my wages in advance. **3.** (*sobrepasar*) to overtake, to pass: **adelantó a tres corredores** he overtook three runners; **ha adelantado a los demás en inglés** she's overtaken the rest in English. **4.** (*un reloj*) to put forward: **este fin de semana hay que adelantar la hora** the clocks go forward this weekend. **5.** (*conseguir*) to achieve, to gain: **¿qué adelantas con eso?** what do you hope to achieve by (doing) that?
♦*vi* **1.** (*reloj*) to be fast, to gain time. **2.** (*progresar*) to make progress: **ha adelantado mucho en pocos días** she's made a lot of progress in just a few days.

adelantarse *v prnl* **1.** (*avanzarse*) to go ahead: **se adelantó para sacar las entradas** he went (on) ahead to buy the tickets. **2.** (*anticiparse*) to be early: **este año se ha adelantado el frío** the cold weather has come early this year; **quería pagar yo pero se me adelantó** I wanted to pay but she got in before me. **3.** (*reloj*) to be fast, to gain time.

adelante /aðe'lante/ **I** *adv* **1.** (*de lugar*): **dio un paso adelante** he took a step forward; **no podemos seguir adelante** we can't go any further; **el hotel está carretera adelante** the hotel is further down the road; **si sigue adelante, llegará pronto al pueblo** if you carry on, you'll soon reach the village. **2.** (*de tiempo*): *en* **adelante iré al trabajo andando** from now on I'm going to walk to work; **es probable que más adelante le suban el sueldo** she'll probably get a pay rise later on. **3.** (*salir, sacar, llevar*): **logró sacar el negocio adelante** he managed to make a success of the business; **hizo todo lo que pudo para sacar el proyecto adelante** he did everything he could to keep the project alive; **sacó adelante a sus hijos sin la ayuda de nadie** she brought her children up without anyone's help.
II *excl* **1.** (*para hacer entrar a alguien*): **¡adelante!** come in! **2.** (*para animar a alguien*) come on: **¡adelante, chicos!** come on, lads, (keep going)!

adelanto /aðe'lanto/ *sm* **1.** (*dinero*) advance: **tuve que pedir un adelanto para llegar a fin de mes** I had to ask for an advance (on my salary) to get to the end of the month. **2.** (*progreso*) advance: **la ciencia experimentó muchos adelantos en el siglo XIX** there were many advances in science in the nineteenth century.

adelfa /a'ðelfa/ *sf* oleander.

adelgazamiento /aðelɣaθa'mjento/ *sm* slimming.

adelgazar /aðelɣa'θar/ [➪cazar] *vt* to lose: **adelgazó tres kilos en un mes** she lost three kilos in a month. ♦ *vi* to lose weight, to slim: **me ha dicho el médico que tengo que adelgazar** my doctor told me that I have to lose weight.

ademán /aðe'man/ **I** *sm* (*con la mano*) gesture: **nos hizo un ademán para que saliéramos** he gestured to us to leave; (*con el cuerpo*) movement, move: **hizo ademán de levantarse** he moved as if to get up.
II ademanes *sm pl* manners *pl*: **tiene unos ademanes muy poco educados** her manners are appalling.

además /aðe'mas/ *adv* as well, besides: **llegamos tarde y, además, cansados** we arrived late, and tired as well; **además** *de* **inteligente es muy trabajadora** as well as intelligent, she is also very hard-working.

adentrarse /aðen'trarse/ [➪CANTAR] *v prnl* **1.** (*entrar*) to go deep into: **nos adentramos** *en* **el bosque** we went deep into the woods. **2.** (*en un problema, un tema*) to go into: **no quiero adentrarme mucho** *en* **el asunto** I don't want to go into the matter too deeply.

adentro /a'ðentro/ **I** *adv* inside: **los demás han pasado adentro** the others have gone inside; **la navegación es más difícil mar adentro** navigation is more difficult out at sea; **viajaban tierra adentro** they journeyed inland.
II *excl* go in, get inside.
III adentros *sm pl*: **no dije nada, pero para mis adentros pensé que se equivocaba** I didn't say anything but deep down I thought he was making a mistake.

adepto, -ta /a'ðepto -ta/ **I** *adj*: **siempre fue muy adepto** *al* **régimen** he was always an ardent supporter of the régime.
II *sm/f* supporter, follower: **sus ideas han conseguido muchos adeptos** his ideas have won him a lot of supporters.

aderezar /aðere'θar/ [➪cazar] *vt* **1.** (*Culin*: *gen*) to season; (*: una ensalada*) to dress. **2.** (*darle interés a*): **aderezó la conferencia** *con* **varias anécdotas** he livened up his lecture with various anecdotes.
aderezarse *v prnl* (*frml*: *ponerse elegante*) to dress up.

aderezo /aðe'reθo/ *sm* **1.** (*Culin*: *gen*) seasoning; (*: para ensaladas*) dressing. **2.** (*adorno*) decoration; (*joyas*) (*GB*) jewellery, (*US*) jewelry ● **en el libro cuenta la verdad sin aderezos** in the book he tells the plain (unadorned) truth.

adeudar /aðeu'ðar/ [➪CANTAR] *vt* **1.** (*deber*) to owe: **le adeudaba cuatro mil pesetas** I owed her four thousand pesetas. **2.** (*en contabilidad*) to enter as a debit item.

adeudo /a'ðeuðo/ *sm* debit.

adherencia /aðe'renθja/ *sf* **1.** (*adhesión*) adherence. **2.** (*cualidad o condición*) adhesiveness. **3.** (*de neumáticos*) grip.

adherente /aðe'rente/ **I** *adj* adherent, adhesive.
II *sm* adhesive.

adherir /aðe'rir/ [➪sentir] *vt* to stick.
♦ *vi* to stick.
adherirse *v prnl* **1.** (*a una superficie*) to stick, to adhere: **esta pintura no se adhiere bien** *a* **las paredes** this paint doesn't stick to the walls very well. **2.** (*a una idea, una opinión*) to back: **me adhiero** *a* **lo dicho por el presidente** I back what the chairman said. **3.** (*a una organización*) to become a member: **se adhirió** *al* **Partido Comunista en los años veinte** he joined the Communist Party in the twenties.

adhesión /aðe'sjon/ *sf* **1.** (*adherencia*) adhesion. **2.** (*apoyo*) support: **recibimos muchas llamadas de adhesión** we received many telephone calls of support.

adhesivo, -va /aðe'siβo -βa/ **I** *adj* adhesive.
II adhesivo *sm* adhesive.

adicción /aðik'θjon/ *sf* addiction: **es bien sabido que el tabaco crea adicción** it's a well-known fact that tobacco is addictive.

adición /aði'θjon/ *sf* addition.

adicional /aðiθjo'nal/ *adj* additional: **al final del contrato hay dos cláusulas adicionales** there are two additional clauses at the end of the contract.

adicto, -ta /a'ðikto -ta/ **I** *adj* **1.** (*a la droga*) addicted; (*fam*) **es adicto** *al* **chocolate** he's addicted to chocolate. **2.** (*seguidor*): **es adicto** *a* **la causa nacionalista** he's a supporter of the nationalist cause.
II *sm/f* **1.** (*a la droga*) addict. **2.** (*seguidor*) supporter, follower.

adiestrado, -da /aðjes'traðo -ða/ *adj* trained.

adiestramiento /aðjestra'mjento/ *sm* training: **primero tienen unas semanas de adiestramiento** first of all they have several weeks of training.

adiestrar /aðjes'trar/ [➪CANTAR] *vt* to train: **lo primero que hacemos es adiestrarlos** *en* **el manejo de la máquina** the first thing we do is train them how to use the machine.

adinerado, -da /aðine'raðo -ða/ **I** *adj* wealthy, affluent.
II *sm/f* wealthy person.

adiós /a'ðjos/ **I** *sm* goodbye: **¿no vas a decirme adiós?** aren't you going to say goodbye (to me)?; **dijo adiós con la mano** he waved goodbye ● **aquello supuso el adiós a su infancia** that meant the end of her childhood.
II *excl* **1.** (*al despedirse*) goodbye, bye; (*al cruzarse con alguien*) hello. **2.** (*de contrariedad*): **¡adiós! se me han olvidado las entradas** oh, no! I've forgotten the tickets!

aditivo, -va /aði'tiβo -βa/ **I** *adj* additive.
II aditivo *sm* additive.

adivinación /aðiβina'θjon/ *sf* divination, fortune-telling.

adivinador, -dora /aðiβina'ðor -'ðora/ *sm/f* fortune-teller.

adivinanza /aðiβi'nanθa/ *sf* riddle.

adivinar /aðiβi'nar/ [➪CANTAR] *vt* **1.** (*acertar: un nombre*) to guess: **¡adivina quién me ha llamado!** guess who's phoned me; (*: un acertijo*) to solve: **¿no adivinas quién soy?** can't you work out who I am? **2.** (*predecir*) to foretell, to forecast.
adivinarse *v prnl* to be visible: **a lo lejos se adivinaban las luces de la ciudad** in the distance the city lights could be seen.

adivino, -na /aði'βino -na/ *sm/f* fortune-teller.

adjetivar /aðxeti'βar/ [➪CANTAR] *vt* **1.** (*calificar*) to describe. **2.** (*Ling*) to use as an adjective.

adjetivo, -va /aðxe'tiβo -βa/ **I** *adj* adjectival.
II adjetivo *sm* adjective.

adjudicación /aðxuðika'θjon/ *sf* award: **hubo irregularidades en la adjudicación de las obras** there were irregularities in the award of the contracts for the work.

adjudicar /aðxuði'kar/ [⇨sacar] *vt* to award: **adjudicaron las obras a una empresa extranjera** the contract was awarded to a foreign company.

adjudicarse *v prnl* **1.** (*apropiarse de*) to take for oneself: **pretende adjudicarse todo el mérito** she is trying to take all the credit (for herself). **2.** (*Dep*): **el equipo italiano se adjudicó la victoria** the Italian team won.

adjudicatario, -ria /aðxuðika'tarjo -rja/ **I** *adj*: **la empresa adjudicataria** the successful bidder.
II *sm/f* (*en una licitación*) successful bidder.

adjuntar /aðxun'tar/ [⇨CANTAR] *vt* to enclose: **hay que adjuntar una foto** *al* **impreso de la matrícula** a photograph should be enclosed with the registration form.

adjunto, -ta /að'xunto -ta/ **I** *adj* **1.** (*anexo*) enclosed: **le envío carta con factura adjunta** I am sending you a letter with the invoice enclosed. **2.** (*ayudante*) assistant.
II *sm/f* assistant.
III adjunto *adv*: **adjunto le remito/envío...** please find enclosed....

adlátere /að'latere/ *sm* henchman.

administración /aðministra'θjon/ *sf* **1.** (*gen*) administration. **2.** (*lugar*) administrative office: **la administración está en el tercer piso** the administrative office is on the third floor. **3.** (*de una empresa*) management. **4.** (*gobierno*) government, (*US*) administration: **se van a querellar contra la administración** they are going to bring a lawsuit against the government; (*instituciones*) authorities *pl*.

administración central *sf* central government.
administración de lotería *sf* lottery office.
administración local *sf* local government.
administración pública *sf* civil service (*either national or regional*).

administrador, -dora /aðministra'ðor -'ðora/ *sm/f* administrator.

administrador, -dora de fincas *sm/f* land agent.

administrar /aðminis'trar/ [⇨CANTAR] *vt* **1.** (*gen*) to administer: **se expresaron dudas sobre su capacidad para administrar justicia** doubts were raised as to his competence to administer justice. **2.** (*una empresa, una finca*) to manage, to run: **administra la empresa con firmeza** she manages * runs the company with a firm hand. **3.** (*frml*: *un medicamento*) to give, to administer: **le administraron un sedante** he was given a sedative. **4.** (*racionar*) to ration: **tenemos que administrar el azúcar que nos queda** we must ration the sugar that we have left.

administrarse *v prnl* to manage one's finances: **no saben administrarse bien** they're not very good at managing their finances.

administrativo, -va /aðministra'tiβo -βa/ **I** *adj* administrative.
II *sm/f* administrative assistant.

admirable /aðmi'raβle/ *adj* admirable.

admiración /aðmira'θjon/ *sf* admiration: **siento una gran admiración** *por* **él** I have a lot of admiration for him.

admirador, -dora /aðmira'ðor -'ðora/ *sm/f* admirer.

admirar /aðmi'rar/ [⇨CANTAR] *vt* **1.** (*apreciar*) to admire: **admiro su entusiasmo** I admire her enthusiasm. **2.** (*asombrar*) to amaze, to surprise: **me admiró su caradura** his shamelessness amazed me.

admirarse *v prnl* to be amazed: **me admiro** *de* **su paciencia** I'm amazed by their patience.

admisible /aðmi'siβle/ *adj* **1.** (*argumentos, pruebas*) admissible. **2.** (*actuación, comportamiento*) acceptable: **teniendo en cuenta que hubo un atasco, su retraso es admisible** considering that there was a traffic jam, his late arrival can be excused.

admisión /aðmi'sjon/ *sf* admission: **reservado el derecho de admisión** the management reserves the right to refuse admission; **ha terminado el plazo de admisión de solicitudes** the deadline for the acceptance of applications has passed.

admitir /aðmi'tir/ [⇨PARTIR] *vt* **1.** (*reconocer*) to admit: **admito que me equivoqué** I admit that I made a mistake. **2.** (*tolerar*) to allow, to tolerate: **no voy a admitir ese comportamiento** I will not tolerate that behaviour. **3.** (*aceptar*) to admit, to accept: **lo admitieron como socio** he was accepted as a member of the club. **4.** (*tener capacidad de*) to hold: **el depósito admite cincuenta litros** the tank holds fifty litres.

admón. *pronounced* /aðministra'θjon/ (*abbreviation of* **administración**) administration: **admón. de lotería** lottery office.

admonición /aðmoni'θjon/ *sf* (*frml*) **1.** (*advertencia*) warning. **2.** (*reprimenda*) telling-off.

ADN /aðe'ene/ *sm* (*abbreviation of* **ácido desoxirribonucleico**) DNA (deoxyribonucleic acid).

adobado, -da /aðo'βaðo -ða/ *adj* (*Culin*) marinated.

adobar /aðo'βar/ [⇨CANTAR] *vt* (*Culin*) to marinate.

adobe /a'ðoβe/ *sm* adobe.

adobo /a'ðoβo/ *sm* **1.** (*caldo*) marinade. **2.** (*proceso*) marinating.

adocenado, -da /aðoθe'naðo -ða/ *adj* common, ordinary.

adoctrinar /aðoktri'nar/ [⇨CANTAR] *vt* (*frml*: *en sentido positivo*) to instruct; (: *en sentido negativo*) to indoctrinate.

adolecer /aðole'θer/ [⇨agradecer] *vi* to suffer: **sus escritos adolecen** *de* **falta de claridad** his writing suffers from a lack of clarity.

adolescencia /aðoles'θenθja/ *sf* adolescence.

adolescente /aðoles'θente/ **I** *adj* adolescent: **está pasando por la típica fase de rebelión adolescente** she's going through the typical phase of teenage rebellion; **todavía son adolescentes** they're still adolescents * teenagers.
II *sm/f* adolescent, teenager: **encontraron a los dos adolescentes que se habían fugado de sus casas** they found the two teenagers who had run away from home; **son problemas típicos de adolescentes** they are typical teenage problems.

adonde /a'ðonde/ *adv relativo* where: **ése es el pueblo adonde vamos** that's the village where we're going, that's the village we're going to.

adónde /a'ðonde/ *adv interrogativo* where: **¿adónde vas?** where are you going?; **"Me voy de vacaciones." "¿Adónde?"** "I'm going on holiday." "Where to?"; **no nos quiso decir adónde iba** she didn't want to tell us where she was going.

adondequiera /aðonde'kjera/ *adv* wherever: **triunfará adondequiera que vaya** she'll succeed wherever she goes.

adopción /aðop'θjon/ *sf* adoption.

adoptar /aðop'tar/ [⇨CANTAR] *vt* (*una actitud, a un niño*) to adopt: **han adoptado la forma de vida norteamericana** they have adopted the American way of life.

adoptivo, -va /aðop'tiβo -βa/ *adj* (*padres*) adoptive; (*hijos*) adopted; (*lugar*): **la considero mi patria adoptiva** I look on it as my country of adoption.

adoquín /aðo'kin/ *sm* **1.** (*en la calle*) cobble(stone). **2.** (*fam: zoquete*) blockhead.

adoquinado, -da /aðoki'naðo -ða/ **I** *adj* cobbled.
II adoquinado *sm* cobblestones *pl*, cobbles *pl*.

adoquinar /aðoki'nar/ [⇨CANTAR] *vt* to lay cobblestones on.

adorable /aðo'raβle/ *adj* adorable.

adoración /aðora'θjon/ *sf* **1.** (*alabanza*) worship. **2.** (*pasión*) adoration: **siente adoración** *por* **los animales** he adores animals.

adorar /aðo'rar/ [⇨CANTAR] *vt* **1.** (*rendir culto a*) to worship. **2.** (*sentir un gran cariño por*) to adore, to love: **adoro el verano** I love the summer.

adormecer /aðorme'θer/ [⇨agradecer] *vt* **1.** (*dar sueño a*) to make sleepy, to send to sleep: **el calor me adormece** hot weather makes me sleepy. **2.** (*hacer disminuir la sensibilidad de*): **un medicamento que adormece los sentidos** a medicine that dulls the senses.
adormecerse *v prnl* **1.** (*persona*) to doze off. **2.** (*brazo, pierna, etc.*) to go to sleep.

adormidera /aðormi'ðera/ *sf* poppy.

adormilarse /aðormi'larse/ [⇨CANTAR] *v prnl* to doze.

adornar /aðor'nar/ [⇨CANTAR] *vt* to decorate: **compró unas flores para adornar el salón** she bought some flowers to decorate the living room • **la naturaleza la adornó con muchas virtudes** nature blessed her with many virtues.

adorno /a'ðorno/ *sm* (*en una estantería, una repisa, etc.*) ornament; (*en un vestido, un árbol de Navidad, etc.*) decoration; (*para un pastel, etc.*) garnish.

adosado, -da /aðo'saðo -ða/ *adj* attached, joined: **viven en un chalé adosado** they live in a terraced house * (*US*) row house.

adosar /aðo'sar/ [⇨CANTAR] *vt* to attach: **hay que adosar la estantería** *a* **la pared** the shelf must be attached to the wall; **adosaron un garaje** *a* **la casa** they built a garage onto the house.

adquiero /að'kjero/ *and other forms with* ***adquier-*** ⇨adquirir

adquirir /aðki'rir/ [⇨table: adquirir] *vt* **1.** (*gen*) to acquire: **ha adquirido madurez** he has become more mature. **2.** (*frml: comprar*) to buy, to purchase: **adquieren las materias primas en Indonesia** they purchase the raw materials in Indonesia.

adquirir

INDICATIVE	SUBJUNCTIVE
Present	**Present**
adquiero	adquiera
adquieres	adquieras
adquiere	adquiera
adquirimos	adquiramos
adquirís	adquiráis
adquieren	adquieran

IMPERATIVE	
(tú) adquiere	(usted) adquiera
(vosotros) adquirid	(ustedes) adquieran

For the rest of the tenses ⇨ PARTIR (in appendix)

adquisición /aðkisi'θjon/ *sf* **1.** (*gen*) acquisition. **2.** (*cosa comprada*) buy: **ese piso me parece una estupenda adquisición** I think that apartment is an excellent buy; (*acción de comprar*) purchase, purchasing.

adrede /a'ðreðe/ *adv* on purpose, deliberately: **¡me has empujado adrede!** you pushed me on purpose!

adrenalina /aðrena'lina/ *sf* adrenalin.

Adriático /adri'atiko/ *sm*: **el (mar) Adriático** the Adriatic (Sea).

adscribir /aðskri'βir/ [⇨PARTIR; *past participle* **adscrito**] *vt* **1.** (*a un puesto*) to appoint: **la han adscrito** *al* **departamento de ventas** she's been appointed to the sales department. **2.** (*a una corriente*) to ascribe: **la mayoría de los críticos adscriben esta obra** *al* **movimiento surrealista** most critics ascribe this work to the surrealist movement.
adscribirse *v prnl* to join: **muchos se adscribieron** *a* **las filas derechistas** many people joined the ranks of the right-wing.

aduana /a'ðwana/ *sf* **1.** (*oficina*) customs: **pasamos por la aduana sin problemas** we went through customs without any problems; (*edificio*) customs house. **2.** (*impuesto*) (customs) duty: **este producto no paga aduana** no duty is payable on this product.

aduanero, -ra /aðwa'nero -ra/ **I** *adj* customs *pl*: **hubo que hacer unos trámites aduaneros** they had to go through some customs procedures.
II *sm/f* customs officer.

aducir /aðu'θir/ [⇨conducir] *vt* to cite: **adujo en su defensa su corta edad** in her defence, he cited her extreme youth.

adueñarse /aðwe'ɲarse/ [⇨CANTAR] *v prnl* **1.** (*apropiarse*) to take possession: **se adueñó** *de* **las tierras de su vecino** he took possession of his neighbour's land. **2.** (*dominar*) to overcome: **el pánico se adueñó** *de* **él** he was overcome by panic.

aduje /a'ðuxe/ *and other forms with* ***aduj-*** ⇨aducir

adulación /aðula'θjon/ *sf* adulation.

adulador, -dora /aðula'ðor -'ðora/ **I** *adj*: **es muy adulador** he's always crawling to people.
II *sm/f*: **no soporto a los aduladores** I can't stand people who are always paying you empty compliments.

adular /aðu'lar/ [⇨CANTAR] *vt* to flatter.

adulón, -lona /aðu'lon -'lona/ (*Arg, Urug*) **I** *adj*: **es muy adulón** he's always crawling to people.
II *sm/f*: **no soporto a los adulones** I can't stand people who are always paying you empty compliments.

adulteración /aðultera'θjon/ *sf* adulteration.

adulterado, -da /aðulte'raðo -ða/ *adj* adulterated.

adulterar /aðulte'rar/ [⇨CANTAR] *vt* to adulterate.

adulterio /aðul'terjo/ *sm* adultery.

adúltero, -ra /a'ðultero -ra/ **I** *adj* adulterous.
II *sm/f* (*esposo*) adulterer; (*esposa*) adulteress.

adulto, -ta /a'ðulto -ta/ **I** *adj* (*persona*) adult, grown-up: **ya tiene opiniones verdaderamente adultas** she already has really adult opinions; (*animal*) adult, fully grown.
II *sm/f* (*persona*) adult, grown-up; (*animal*) adult.

adusto, -ta /a'ðusto -ta/ *adj* **1.** (*persona*) stern, sullen. **2.** (*estilo*) austere.

advenedizo, -za /aðβene'ðiθo -θa/ **I** *adj* upstart.
II *sm/f* upstart.

advenimiento /aðβeni'mjento/ *sm* coming, advent: **celebraban el advenimiento de la democracia** *al* **país** they celebrated the advent * coming of democracy to the country; **se cumplen veinte años de su**

advenimiento *al* **trono** it is twenty years since his accession to the throne.

adverbial /aðβer'βjal/ *adj* adverbial.

adverbio /að'βerβjo/ *sm* adverb.

adversario, -ria /aðβer'sarjo -rja/ **I** *adj* opposing. **II** *sm/f* adversary, opponent.

adversidad /aðβersi'ðað/ *sf* **1.** (*gen*) adversity. **2.** (*infortunio, desgracia*) misfortune, difficulty: **tuvieron que hacer frente a muchas adversidades** they had to face up to many difficulties.

adverso, -sa /að'βerso -sa/ *adj* adverse, unfavourable: **lo logró a pesar de las condiciones adversas** he managed it despite adverse conditions.

advertencia /aðβer'tenθja/ *sf* warning.

advertido, -da /aðβer'tiðo -ða/ *adj* warned: **¡quedas advertido!** you've been warned!

advertir /aðβer'tir/ [⇨sentir] *vt* **1.** (*percibir*) to notice: **advertieron la presencia de unos extraños** they noticed (that) there were some strangers there. **2.** (*avisar*) to warn: **ya te lo habían advertido** you had been warned about it; **le advierto que la próxima vez no lo toleraré** I'm warning you: I won't stand for it again • **te advierto que no me apetece mucho** mind you, I don't really feel like it.

adviento /að'βjento/ *sm* Advent.

advierto /að'βjerto/ *and other forms with* **adviert-** ⇨ advertir

adyacente /aðja'θente/ *adj* adjacent: **su habitación era adyacente** *a* **la mía** her bedroom was adjacent to mine.

aéreo, -rea /a'ereo -rea/ *adj* **1.** (*Av*) air: **hay huelga de controladores aéreos** the air-traffic controllers are on strike. **2.** (*desde el aire*) aerial: **una fotografía aérea** an aerial photograph.

aerobic /ae'roβik/ *sm* aerobics [lleva el verbo en singular].

aerobús /aero'βus/ *sm* Airbus®.

aeroclub /aero'kluβ/ *sm* flying club.

aerodeslizador /aeroðesliθa'ðor/ *sm* hovercraft.

aerodinámica /aeroði'namika/ *sf* aerodynamics [lleva el verbo en singular].

aerodinámico, -ca /aeroði'namiko -ka/ *adj* (*gen*) aerodynamic; (*línea, forma*) streamlined.

aeródromo /ae'roðromo/ *sm* (*GB*) aerodrome, (*US*) airdrome.

aeroespacial /aeroespa'θjal/ *adj* aerospace.

aerofaro /aero'faro/ *sm* (*Av*) beacon.

aerolínea /aero'linea/ *sf* airline.

aeromodelismo /aeromoðe'lizmo/ *sm* model aeroplane making.

aeromoza /aero'moθa/ *sf* (*Amér L*) flight attendant, air hostess.

aeronáutica /aero'nautika/ *sf* aeronautics [lleva el verbo en singular].

aeronáutico, -ca /aero'nautiko -ka/ *adj* aeronautical.

aeronaval /aerona'βal/ *adj* air-sea.

aeronave /aero'naβe/ *sf* aircraft *n inv.*

aeroplano /aero'plano/ *sm* (*GB*) aeroplane, (*US*) airplane.

aeropuerto /aero'pwerto/ *sm* airport.

aerosol /aero'sol/ *sm* aerosol.

aeróstato /ae'rostato/, **aerostato** /aeros'tato/ *sm* (*globo*) hot-air balloon; (*dirigible*) airship.

aerotaxi /aero'taksi/ *sm* taxiplane.

a/f. *pronounced* /a fa'βor/ (*abbreviation of* **a favor**) (*GB*) in favour, (*US*) in favor.

afabilidad /afaβili'ðað/ *sf* affability.

afable /a'faβle/ *adj* affable, pleasant.

afamado, -da /afa'maðo -ða/ *adj* famous.

afamar /afa'mar/ [⇨CANTAR] *vt* to make famous.

afán /a'fan/ *sm* **1.** (*interés*) effort: **pone mucho afán en todo lo que hace** she puts a lot of effort into everything she does. **2.** (*anhelo*) desire: **su mayor afán es viajar por todo el mundo** her greatest desire is to travel the world; **en su afán** *de* **terminarlo a tiempo, cometió muchos errores** in her desire to finish it on time, she made a lot of mistakes. **3.** (*tribulación*): **ya no se sentía con fuerzas para hacer frente a los afanes de la vida** he no longer felt up to dealing with the trials and tribulations of life.

afanador, -dora /afana'ðor -'ðora/ *sm/f* (*Méx*) cleaner.

afanar /afa'nar/ [⇨CANTAR] *vt* (*fam*) to steal, to pinch.

afanarse *v prnl* to work hard, to make a big effort: **se afana** *por* **agradar a la gente** he makes a big effort to please people.

afanoso, -sa /afa'noso -sa/ *adj* enthusiastic.

afear /afe'ar/ [⇨CANTAR] *vt* **1.** (*hacer feo a*): **ese peinado la afea** that hairstyle makes her look awful. **2.** (*reprochar*) to criticize: **los profesores le afearon su conducta** his teachers criticized him for behaving so badly.

afearse *v prnl*: **la fruta se afea cuando está muy madura** when fruit is overripe it becomes unappealing; **se afea si lo lavas demasiado a menudo** if you wash it too often it doesn't look so nice ✱ it loses its condition.

afección /afek'θjon/ *sf* (*Med*) condition: **padece una afección del corazón** he suffers from a heart condition.

afectación /afekta'θjon/ *sf* affectation.

afectado, -da /afek'taðo -ða/ **I** *adj* **1.** (*perjudicado*) affected: **es una de las zonas más afectadas** it's one of the most severely affected areas. **2.** (*apenado*) upset: **estaba muy afectado** *por* **la enfermedad de su amigo** he was very upset by his friend's illness. **3.** (*amanerado*) affected.

II *sm/f*: **los afectados** *por* **la sequía recibieron indemnizaciones** compensation was given to those affected by the drought.

afectar /afek'tar/ [⇨CANTAR] *vt* **1.** (*incumbir*) to affect: **la medida afecta** *a* **los jubilados** the measure affects pensioners. **2.** (*conmover*) to upset: **nos afectó mucho la noticia** we were very upset by the news. **3.** (*frml: fingir*) to pretend: **afectaron desconocimiento de las normas** they pretended not to know the rules. **4.** (*perjudicar*) to damage: **una riada afectó a los campos de los alrededores** floods damaged the fields in the surrounding area.

afectividad /afektiβi'ðað/ *sf* sensitivity.

afectivo, -va /afek'tiβo -βa/ *adj* **1.** (*carencias, problemas*) emotional. **2.** (*persona*) affectionate.

afecto, -ta /a'fekto -ta/ **I** *adj* (*frml*): **eran afectos** *a* **la misma causa** they supported the same cause.

II afecto *sm* affection, fondness: **todos le tienen mucho afecto** everyone is very fond of him.

afectuoso, -sa /afek'twoso -sa/ *adj* affectionate.

afeitado /afei'taðo/ *sm* shave.

afeitadora /afeita'ðora/ *sf* electric razor ✱ shaver.

afeitar /afei'tar/ [⇨CANTAR] *vt* **1.** (*rasurar: gen*) to shave; (*: por completo*) to shave off. **2.** (*Tauro*) *to file down (the horns of a bull).*

afeitarse *v prnl* (*gen*) to shave, to have a shave; (*por* *completo*) to shave off: **se afeitó el bigote** he shaved off his moustache.

afeite /a'feite/ *sm* make-up.

afeminado, -da /afemi'naðo -ða/ *adj* effeminate.

afeminamiento /afemina'mjento/ *sm* effeminacy.

aferrar /afe'rrar/ [⇨ CANTAR] *vt* to seize.

aferrarse *v prnl* **1.** (*a algo*) to cling: **intentó aferrarse** *a* **las barras** he tried to cling to the bars. **2.** (*a alguien*): **se aferró** *a* **su familia al quedarse sin trabajo** she clung to her family for support when she lost her job; (*a una idea*): **sigue aferrado a sus ideas** he still clings to his old ideas; **seguía aferrada a la idea de que...** she was still convinced that...; **se aferraba a la esperanza de que ella volvería** he still clung to the hope that she would come back.

affaire /a'fer/ *sm* (extramarital) affair.

afianzamiento /afjanθa'mjento/ *sm* strengthening, reinforcement.

afianzar /afjan'θar/ [⇨ cazar] *vt* **1.** (*un mueble, una pared, un edificio*) to strengthen, to reinforce: **afianzó la mesa con cola y clavos** he strengthened the table with glue and nails. **2.** (*los pies*): **afianzó los pies** *en* **el suelo para no caerse** she planted her feet firmly on the floor so as not to fall. **3.** (*una opinión*) to confirm.

afianzarse *v prnl* (*consolidarse*) to be consolidated: **la posición de la empresa en el mercado se ha afianzado** the company's position in the market has been consolidated.

afición /afi'θjon/ *sf* **1.** (*inclinación*): **tiene gran afición** *por* **la pintura** she's very fond of painting. **2.** (*hobby*) interest: **su principal afición es la fotografía** his main interest is photography. **3. la afición** the fans *pl*: **la afición vitoreaba como loca** the fans were cheering wildly.

aficionado, -da /afiθjo'naðo -ða/ **I** *adj* **1.** (*que tiene afición*): **es muy aficionada** *a* **la escalada** she's a very keen climber; **mi hermano es aficionado** *al* **rugby** my brother is a rugby enthusiast. **2.** (*no profesional*) amateur.
II *sm/f* **1.** (*entusiasta*) enthusiast, buff: **es un paraíso para los aficionados** *a* **la música** it's a music lovers' paradise. **2.** (*no profesional*) amateur.

aficionar /afiθjo'nar/ [⇨ CANTAR] *vt* to interest: **tratan de aficionarlos** *a* **la música desde el primer curso** they try to get them interested in music from the first year onwards.

aficionarse *v prnl* to become interested: **se aficionó** *a* **la música clásica en la universidad** he became very interested in classical music at university.

áfido /'afiðo/ *sm* aphid.

afilado, -da /afi'laðo -ða/ *adj* **1.** (*cortante*) sharp; (*con punta*) pointed. **2.** (*mordaz*) sharp.

afilador, -dora /afila'ðor -'ðora/ **I** *adj* sharpening: **una máquina afiladora** a (knife, etc.) sharpener.
II *sm/f* knife grinder, sharpener.

afilalápices /afila'lapiθes/ *sm inv* pencil sharpener.

afilar /afi'lar/ [⇨ CANTAR] *vt* to sharpen.

afilarse *v prnl* **1.** (*adelgazar*) to become thinner: **se le ha afilado la cara** his face has become thinner. **2.** (*Bol, Méx, Urug: prepararse*) to get ready.

afiliación /afilja'θjon/ *sf* affiliation.

afiliado, -da /afi'ljaðo -ða/ **I** *adj* affiliated: **asistieron representantes de todas las empresas afiliadas** representatives of all the affiliated companies attended.
II *sm/f* member.

afiliar /afi'ljar/ [⇨ CAMBIAR] *vt* to enrol.

afiliarse *v prnl* to become a member, to join: **se afilió** *al* **sindicato** he became a member of the union.

afín /a'fin/ *adj* **1.** (*parecido*) similar: **en realidad, no tenemos gustos afines** in fact, we don't have very similar tastes. **2.** (*relacionado*) related: **están experimentando con esteroides y otros productos afines** they are experimenting with steroids and other related products.

afinador, -dora /afina'ðor -'ðora/ *sm/f* (*Mús*) tuner.

afinar /afi'nar/ [⇨ CANTAR] *vt* **1.** (*Mús*) to tune. **2.** (*mejorar*) to improve, to fine-tune: **todavía tenemos que afinar algunos detalles** we still have to fine-tune some details. **3.** (*un metal*) to refine.

afincarse /afiŋ'karse/ [⇨ sacar] *v prnl* to settle: **nos afincamos** *en* **Pamplona por la universidad** we settled in Pamplona because of the university.

afinidad /afini'ðað/ *sf* affinity: **existe una gran afinidad entre ellos** they feel real affinity for one another.

afirmación /afirma'θjon/ *sf* **1.** (*aseveración*) affirmation: **cuando le preguntaron si lo sabía, contestó con una afirmación** when they asked him if he knew, he answered that he did. **2.** (*consolidación*) strengthening.

afirmar /afir'mar/ [⇨ CANTAR] *vt* **1.** (*asegurar*) to affirm, to state: **afirma que vio al acusado la noche del crimen** he affirms that he saw the accused on the night of the crime; **el niño afirma que vio al ladrón** the boy says he saw the thief. **2.** (*consolidar*) to strengthen: **afirmaron los muros con unos puntales** they strengthened the walls with props.
♦ *vi* (*decir que sí*): **afirmó con la cabeza** he nodded (in agreement).

afirmarse *v prnl*: **se afirmó** *en* **lo que había dicho antes** he stood by what he had said previously.

afirmativo, -va /afirma'tiβo -βa/ *adj* affirmative.

aflautado, -da /aflau'taðo -ða/ *adj*: **tiene la voz aflautada** he's got a very high-pitched voice.

aflicción /aflik'θjon/ *sf* sorrow, sadness.

afligido, -da /afli'xiðo -ða/ *adj* heartbroken: **estaba afligida** *por* **el fracaso de su proyecto** she was heartbroken over * at the failure of her project.

afligir /afli'xir/ [⇨ surgir] *vt* to upset: **la muerte de su padre la afligió profundamente** she was heartbroken at her father's death.

afligirse *v prnl* to be upset * distressed: **se afligió mucho** *por* **su partida** he was very upset when she left.

aflojar /aflo'xar/ [⇨ CANTAR] *vt* **1.** (*desapretar*) to loosen, to slacken. **2.** (*fam: dinero*) to pay up: **¡venga, afloja la pasta que me debes!** come on, give me that money you owe me!
♦ *vi* (*ceder*) to abate, to weaken: **la tormenta aflojó de madrugada** the storm abated in the early hours of the morning; **la fiebre ha aflojado un poco** his temperature has gone down a little.

aflojarse *v prnl* to work loose: **se ha aflojado la soga** the rope has worked loose.

aflorar /aflo'rar/ [⇨ CANTAR] *vi* to appear, to emerge: **un líquido negruzco afloraba** *a* **la superficie** a dark liquid appeared on the surface; **en el grupo empezaron a aflorar enfrentamientos** signs of conflict began to appear in the group; **dejó aflorar sus sentimientos** he let his feelings show.

afluencia /aflu'enθja/ *sf* **1.** (*concurrencia*) influx: **se vieron desbordados por la afluencia de votantes** they couldn't cope with the influx of voters. **2.** (*abundancia*) abundance.

afluente /a'flwente/ *sm* tributary.

afluir /aflu'ir/ [➪huir] *vi* to flow: **el público afluía** *al* **estadio** the crowd was flooding into the stadium.

afonía /afo'nia/ *sf* loss of voice.

afónico, -ca /a'foniko -ka/ *adj* suffering from loss of voice: **se quedó afónica de tanto gritar** she lost her voice from shouting so much.

aforismo /afo'rizmo/ *sm* aphorism.

aforo /a'foro/ *sm* capacity: **la sala tiene un aforo de mil personas** the hall can seat a thousand people.

afortunadamente /afortunaða'mente/ *adv* fortunately.

afortunado, -da /afortu'naðo -ða/ **I** *adj* **1.** (*persona*) fortunate, lucky. **2.** (*suceso*) happy: **fue una afortunada coincidencia** it was a happy coincidence. **3.** (*comentario*) appropriate: **terminó el discurso con una frase afortunada** she finished her speech with some appropriate words.
II *sm/f* lucky person: **¿así que te casas?, ¿quién es el afortunado?** so you're getting married? who's the lucky man?

afrancesado, -da /afranθe'saðo -ða/ **I** *adj* Frenchified.
II *sm/f* Frenchified person.

afrenta /a'frenta/ *sf* (*frml*) affront.

afrentar /afren'tar/ [➪CANTAR] *vt* (*frml*) to affront, to offend.
afrentarse *v prnl* (*frml*) to feel affronted ✱ offended.

África /'afrika/ *sf [takes the definite article* **el**] Africa.

africano, -na /afri'kano -na/ *adj, sm/f* African.

afrikáner /afri'kaner/ *sm/f* Afrikaner.

afroamericano, -na /afroameri'kano -na/ *adj, sm/f* Afro-American.

afrodisiaco, -ca /afroði'sjako -ka/, **afrodisíaco, -ca** /afrodi'siako -ka/ **I** *adj* aphrodisiac.
II afrodisiaco, afrodisíaco *sm* aphrodisiac.

afrontar /afron'tar/ [➪CANTAR] *vt* **1.** (*al enemigo*) to confront. **2.** (*una dificultad*) to face (up to): **afrontó el problema con mucha decisión** he faced (up to) the problem resolutely.

afuera /a'fwera/ **I** *adv* **1.** (*gen*) outside: **vete afuera** go outside; **te espero afuera** I'll wait for you outside; **tienes que coserlo por la parte de afuera** you'll have to sew it on the outside. **2.** (*Arg, Urug*: *el campo*): **nos vamos para afuera este fin de semana** we're going out to the country this weekend.
II las afueras *sf pl* the outskirts *pl*: **viven en las afueras de Madrid** they live on the outskirts of Madrid.

afuereño, -ña /afwe'reɲo -ɲa/ (*Amér L*) **I** *adj* (*de otro pueblo o ciudad*) strange; (*de otro país*) foreign.
II *sm/f* (*de otro pueblo o ciudad*) stranger, outsider; (*de otro país*) foreigner.

agachadiza /aɣatʃa'ðiθa/ *sf* (*pájaro*) snipe.

agachar /aɣa'tʃar/ [➪CANTAR] *vt* (*la cabeza: gen*) to lower; (*: para rezar, mostrar respeto*) to bow.
agacharse *v prnl* **1.** (*para recoger algo*) to bend down: **se agachó para recoger el lápiz** he bent down to pick up the pencil. **2.** (*acuclillarse*) to crouch down, to squat: **se agachó detrás de las cajas para que no lo vieran** he crouched down behind the boxes so as not to be seen.

agalla /a'ɣaʎa/ **I** *sf* (*Zool*: *branquia*) gill.
II agallas *sf pl* guts *pl*: **nadie tuvo agallas** *para* **decírselo al jefe** no one had the guts to tell the boss; **es un chico** *con* **agallas** he has guts.

agalludo, -da /aɣa'ʎuðo/ *adj* (*Amér L*) plucky, brave.

agarrada /aɣa'rraða/ *sf* (*fam*) dust-up, to-do.

agarradera /aɣarra'ðera/ *sf* handle • **tiene buenas agarraderas** she has friends in high places.

agarradero /aɣarra'ðero/ *sm* (*asidero*) handle.

agarrado, -da /aɣa'rraðo -ða/ **I** *adj* **1.** (*fam*: *tacaño*) mean, stingy. **2.** (*baile*): **un baile agarrado** a slow dance.
II *sm/f* miser.
III agarrado *sm* slow dance.

agarrar /aɣa'rrar/ [➪CANTAR] *vt* **1.** (*asir*) to grab: **agarró el cuchillo** she grabbed the knife; (*sujetar*) to hold: **agárralo** *del* **asa** hold it by the handle; **lo tengo bien agarrado** I'm holding it tightly • **no hay por dónde agarrarlo** I can't make head or tail of it. **2.** (*atrapar, pillar*) to catch: **agarraron a los ladrones a la salida del banco** they caught the robbers as they were leaving the bank; (*Amér L*): **he agarrado un catarro** I've caught a cold; (*Amér L*): **¿crees que podremos agarrar el tren de las dos?** do you think we'll make (it for) the two o'clock train? **3.** (*Amér L*: *velocidad*) to pick up; (*: confianza*): **con el tiempo fue agarrando confianza en sí misma** she gradually became more self-confident. **4.** (*Arg, Chi, Urug*: *una transmisión*) to receive, to pick up.
♦*vi* **1.** (*echar raíces*) to take root: **esta planta ha agarrado muy bien** this plant has rooted well. **2.** (*fam*: *para expresar una acción repentina, sorprendente*): **cuando nos disponíamos a comer, agarró y se marchó** we were about to eat when suddenly he upped and left; **agarró y lo tiró todo a la basura** she went and threw it all in the dustbin. **3.** (*Amér L*: *por un camino, en una dirección*): **agarramos** *por* **Avenida Italia** we went down Avenida Italia; **agarramos** *para* **la costa** we headed for the coast.
agarrarse *v prnl* **1.** (*asirse*) to hold on: **se agarró** *a* ✱ *de* **la cuerda** he held on to the rope • **agárrate (bien): han despedido a Ramón** prepare yourself for a shock: Ramón's been fired • **se agarra a ✱ de lo que sea con tal de no reconocer que se ha equivocado** he'll use any excuse rather than admit that he's made a mistake. **2.** (*pegarse*) to stick: **vigila que no se agarre el arroz** see that the rice doesn't stick. **3.** (*Amér L*: *pillar*): **le dije que no y se agarró una rabieta** I said no and he threw a tantrum; **se agarró una borrachera monumental** he got tremendously drunk; **me agarré una infección de garganta** I got a throat infection. **4. agarrársela ✱ agarrárselas con alguien** (*Amér L*): **¿por qué todo el mundo se la(s) agarra conmigo?** why is everybody always picking on me?; **está de mal humor y se la(s) agarra con los hijos** she's in a bad mood and she's taking it out on the children.

agarre /a'ɣarre/ *sm* (*Auto*): **estos neumáticos tienen muy buen agarre** these tyres have perfect roadholding.

agarrotado, -da /aɣarro'taðo -ða/ *adj* **1.** (*músculo*) stiff. **2.** (*mecanismo*) seized up.

agarrotamiento /aɣarrota'mjento/ *sm*: **el agarrotamiento de un músculo de la pierna no lo dejaba andar** a muscle in his leg became so stiff that he couldn't walk.

agarrotar /aɣarro'tar/ [➪CANTAR] *vt* (*GB*) to paralyse, (*US*) to paralyze: **el miedo la agarrotaba** she was paralysed with fear.
agarrotarse *v prnl* **1.** (*músculo*) to stiffen: **después de tantas horas se me habían agarrotado las piernas** after so many hours my legs had stiffened up. **2.** (*paralizarse*) (*GB*) to be paralysed, (*US*) to be paralyzed. **3.** (*mecanismo*) to seize up.

agasajar /aɣasa'xar/ [⇨ CANTAR] *vt* (*GB*) to honour, (*US*) to honor: **nos agasajaron** *con* **un magnífico banquete** they held a magnificent banquet in our honour; **agasajaron** *con* **flores a los visitantes** they showered the visitors with flowers; **fue agasajado por todos los ciudadanos** he was given a royal welcome by all the townspeople.

agasajo /aɣa'saxo/ *sm*: **la sorprendió el agasajo del que fue objeto** she was surprised at the assiduous attention she received.

ágata /'aɣata/ *sf* agate.

agavilladora /aɣaβiʎa'ðora/ *sf* (*Agr*) binder.

agavillar /aɣaβi'ʎar/ [⇨ CANTAR] *vt* (*Agr*) to bind.

agazaparse /aɣaθa'parse/ [⇨ CANTAR] *v prnl* to duck down, to hide: **se agazapó detrás de una roca** he hid behind a rock.

agencia /a'xenθja/ *sf* **1.** (*oficina*) agency. **2.** (*sucursal*) branch, office.
agencia de colocaciones *sf* employment agency.
agencia de prensa *sf* news agency.
agencia de publicidad *sf* advertising agency.
agencia de viajes *sf* travel agency, travel agent's.
agencia inmobiliaria *sf* (*GB*) estate agent's, (*US*) real estate office.

agenciarse /axen'θjarse/ [⇨ CAMBIAR] *v prnl* to get hold of: **no sé cómo, se agenció un coche** I don't know how, but he got hold of a car ● **se las agenció para convencer a sus clientes** he managed to persuade his customers.

agenda /a'xenda/ *sf* **1.** (*librito*) diary. **2.** (*programa*) schedule, agenda: **el presidente tenía una agenda muy apretada** the president had a very hectic schedule.
agenda del día *sf* agenda.

agente /a'xente/ **I** *sm* agent: **son agentes muy importantes** *para* **el desarrollo de las plantas** these are very important agents in plant growth.
II *sm/f* **1.** (*de organismo, artistas, etc.*) agent. **2.** (*de policía, tráfico*) (police) officer: **perdone, agente, ¿puedo aparcar aquí?** excuse me, officer, may I park here?
agente de bolsa *sm/f* stockbroker.
agente de policía *sm/f* police officer.
agente de tráfico *sm/f* (*hombre*) traffic policeman; (*mujer*) traffic policewoman.
agente secreto, -ta *sm/f* secret agent.

agigantado, -da /axɪɣan'taðo -ða/ *adj* enormous, great: **en los últimos años el país ha avanzado a pasos agigantados** in recent years the country has made great progress ✱ enormous strides.

agigantar /axiɣan'tar/ [⇨ CANTAR] *vt* to enlarge.

ágil /'axil/ *adj* **1.** (*persona, mente, movimiento*) agile, nimble. **2.** (*estilo*) lively.

agilidad /axili'ðað/ *sf* agility: **se subió al árbol con una agilidad pasmosa** she climbed the tree with amazing agility.

agilización /axiliθa'θjon/ *sf* speeding-up: **piden la agilización de los procesos de adopción** there are calls for the adoption process to be speeded up.

agilizar /axili'θar/ [⇨ GAZAR] *vt* to speed up.

agitación /axita'θjon/ *sf* **1.** (*Pol*) agitation, unrest: **la noticia causó una gran agitación en el país** the news caused much unrest in the country. **2.** (*del mar*) roughness, choppiness.

agitado, -da /axi'taðo -ða/ *adj* **1.** (*nervioso*) agitated, upset. **2.** (*ocupado*) hectic: **lleva una vida muy agitada** he leads a very hectic life. **3.** (*mar*) rough, choppy.

agitador, -dora /axita'ðor -'ðora/ **I** *adj* (*que provoca problemas*) disruptive.
II *sm/f* agitator.
III agitador *sm* (*Quím*) agitator.

agitanado, -da /axita'naðo -ða/ *adj* gypsy-like.

agitar /axi'tar/ [⇨ CANTAR] *vt* **1.** (*un árbol, un frasco*) to shake: **agítese antes de usarlo** shake before use; (*una bandera, un pañuelo, los brazos*) to wave. **2.** (*excitar*) to rouse, to stir (up): **sus discursos agitaban los ánimos de la gente** he stirred up people's emotions with his speeches. **3.** (*preocupar*) to upset.
agitarse *v prnl* **1.** (*persona*) to become agitated, to get worked up: **no te agites, enseguida vienen** don't get worked up, they're coming soon. **2.** (*el mar*) to get rough ✱ choppy.

aglomeración /aɣlomera'θjon/ *sf* **1.** (*muchedumbre*) crowd: **le ponen nervioso las aglomeraciones** crowds make him nervous. **2.** (*acción*) agglomeration.

aglomerado /aɣlome'raðo/ *sm* chipboard.

aglomerar /aɣlome'rar/ [⇨ CANTAR] *vt* **1.** (*amontonar*) to gather (together). **2.** (*unir*) to bind.
aglomerarse *v prnl* to gather: **una multitud se aglomeraba a la puerta de la sala** a crowd was gathering at the entrance to the hall.

aglutinante /aɣluti'nante/ *adj*: **una sustancia aglutinante** a binding substance.

aglutinar /aɣluti'nar/ [⇨ CANTAR] *vt* **1.** (*pegar*) to stick ✱ bind together. **2.** (*conjugar*) to combine, to draw together: **sólo lo conseguiremos si aglutinamos nuestros esfuerzos** we'll only manage it if we combine our efforts.

agnosticismo /aɣnosti'θizmo/ *sm* agnosticism.

agnóstico, -ca /aɣ'nostiko -ka/ *adj, sm/f* agnostic.

agobiado, -da /aɣo'βjaðo -ða/ *adj* overwhelmed: **últimamente estoy muy agobiado** *de* **trabajo** I've been snowed under with work recently; **está agobiada** *de* **problemas** she's got a lot of problems.

agobiante /aɣo'βjante/ *adj* **1.** (*lugar, calor*) oppressive. **2.** (*responsabilidad, tarea*) overwhelming, unbearable. **3.** (*persona*) tiresome: **es francamente agobiante** he's very tiresome.

agobiar /aɣo'βjar/ [⇨ CAMBIAR] *vt* **1.** (*físicamente*): **nos agobiaba el calor** we found the heat very oppressive; **me agobian los jerséis de cuello alto** polo-necked sweaters make me feel uncomfortable. **2.** (*psicológicamente*) to get down: **me agobia pensar en todo lo que me queda por hacer** it gets me down to think of everything I still have to do; **me agobia estar encerrado en casa todo el día** it gets me down being in the house all day; **no me agobies** stop hassling me.
agobiarse *v prnl* to feel overwhelmed: **me agobio sólo de pensar en la mudanza** I feel overwhelmed just thinking about the move to our new house.

agobio /a'ɣoβjo/ *sm* **1.** (*malestar*) discomfort: **los lugares cerrados me producen agobio** enclosed spaces make me feel uncomfortable. **2.** (*preocupación*) nightmare, bore: **¡qué agobio! me faltan todavía cinco temas por estudiar** what a nightmare! I still have five topics to revise.

agolparse /aɣol'parse/ [⇨ CANTAR] *v prnl* **1.** (*problemas, ideas*) to come one after another: **los problemas se me agolpaban** I had one problem after another. **2.** (*gente*) to crowd ✱ throng (round): **el público se agolpaba a la salida del teatro** people crowded round the theatre exit.

agonía /aɣo'nia/ **I** *sf* **1.** (*estado terminal*) death throes

pl, agony (*suffered in death*): **sufrió una lenta agonía** he suffered a slow, painful death • **algunos pensadores se lamentan de la agonía de nuestra cultura** some intellectuals lament the demise of our culture. **2.** (*padecimiento*) anguish: **es una agonía no saber lo que les ha pasado** not knowing what has happened to them is a source of real anguish.
II agonías *sm/f inv* (*fam*): **tu hermano es un agonías** your brother is always full of gloom and doom.

agonizante /aɣoni'θante/ *adj* dying.

agonizar /aɣoni'θar/ [➪cazar] *vi* **1.** (*estar muriéndose*) to be dying: **el enfermo está agonizando** the patient is dying. **2.** (*frml*: *estar acabándose*) to be ending.

agorero, -ra /aɣo'rero -ra/ **I** *adj* (*fam*) gloomy: **no seas agorero** don't be such a prophet of doom.
II *sm/f* prophet of doom.

agostar /aɣos'tar/ [➪CANTAR] *vt* to scorch.
agostarse *v prnl* to wilt.

agosto /a'ɣosto/ *sm* August • **este invierno las estaciones de esquí han hecho su agosto** ski resorts have made a fortune this winter. ➪febrero

agotado, -da /aɣo'taðo -ða/ *adj* **1.** (*fatigado*) worn-out, exhausted. **2.** (*incapaz de dar fruto*) impoverished; (*terminado*) exhausted: **las reservas ya están agotadas** supplies are already exhausted. **3.** (*todo vendido: localidades*) sold out; (*: libro*) out of print: **su autobiografía está agotada** her autobiography is out of print; (*: mercancías*) out of stock.

agotador, -dora /aɣota'ðor -'ðora/ *adj* exhausting.

agotamiento /aɣota'mjento/ *sm* exhaustion.
agotamiento físico *sm* severe exhaustion.

agotar /aɣo'tar/ [➪CANTAR] *vt* **1.** (*fatigar*) to exhaust, to wear out: **subir andando me agota** I get exhausted going up on foot; **tu madre me agota** your mother wears me out. **2.** (*vender todo*) to sell out of; (*terminar*) to exhaust, to use up: **agotaron las provisiones en tres días** they used up their supplies in three days; **es una persona que le agota la paciencia a cualquiera** he's enough to exhaust anyone's patience.
agotarse *v prnl* **1.** (*fatigarse*) to become exhausted, to get worn out. **2.** (*localidades, libros, existencias*) to sell out: **la primera edición se agotó en cuestión de horas** the first edition sold out in a matter of hours; (*paciencia, provisiones*) to run out: **se me está agotando la paciencia** my patience is running out.

agraciado, -da /aɣra'θjaðo -ða/ **I** *adj* **1.** (*guapo*) nice-looking: **Eva salió muy agraciada en la foto** Eva looked very nice in the photo. **2.** (*ganador*) winning: **el número agraciado es el...** the winning number is....
II *sm/f* winner.

agraciar /aɣra'θjar/ [➪CAMBIAR] *vt* **1.** (*favorecer*) to be becoming, to make more attractive: **la agraciaba mucho el peinado** her hairstyle was very becoming. **2.** (*premiar*) to award a prize to: **han sido agraciadas las siguientes personas...** the following people have been awarded a prize....

agradable /aɣra'ðaβle/ *adj* pleasant, nice: **no es muy agradable que lo despierten a uno a estas horas** it's not very nice being woken at this time of night.

agradar /aɣra'ðar/ [➪CANTAR] *vi*: **no le agrada recibir visitas** she doesn't like having visitors.

agradecer /aɣraðe'θer/ [➪table: agradecer] *vt* **1.** (*dar gracias por*) to thank: **nos agradeció el regalo** he thanked us for the present; **se lo agradezco mucho** I am very grateful to you. **2.** (*sentirse agradecido por*) to appreciate: **agradecieron mucho su invitación** they greatly appreciated getting your invitation. **3.** (*apreciar*): **los árboles agradecen la lluvia** rain is good for the trees.

agradecer

INDICATIVE	SUBJUNCTIVE
Present	**Present**
agradezco	agradezca
agradeces	agradezcas
agradece	agradezca
agradecemos	agradezcamos
agradecéis	agradezcáis
agradecen	agradezcan

IMPERATIVE	
(tú) agradece	(usted) agradezca
(vosotros) agradeced	(ustedes) agradezcan

For the rest of the tenses ➪ TEMER (in appendix)

agradecido, -da /aɣraðe'θiðo -ða/ *adj* **1.** (*persona*) grateful. **2.** (*terreno*): **es un terreno muy agradecido** this land repays the effort you put into it.

agradecimiento /aɣraðeθi'mjento/ **I** *sm* gratitude: **quisiera expresar mi sincero agradecimiento a...** I would like to express my sincere thanks to....
II agradecimientos *sm pl* (*en un libro*) acknowledgements *pl*.

agradezco /aɣra'ðeθko/ *and other forms with* **agradezc-** ➪agradecer

agrado /a'ɣraðo/ *sm* delight, pleasure: **recibió la noticia** *con* **agrado** he was delighted to hear the news; **ayudaba a su madre** *con* **agrado** she gladly helped her mother; **parece que no fue** *de* **su agrado** it seems it wasn't to her liking.

agrandar /aɣran'dar/ [➪CANTAR] *vt* **1.** (*engrandecer*) to make larger * bigger. **2.** (*exagerar*) to exaggerate: **agrandaron la importancia del suceso** they exaggerated the importance of the event.
agrandarse *v prnl* to become larger * bigger.

agrario, -ria /a'ɣrarjo -rja/ *adj* **1.** (*relativo a la tierra*) land, agrarian: **la política de reforma agraria** land reform policy. **2.** (*relativo a la agricultura*) agricultural: **es un lugar rico en productos agrarios** it's a place rich in agricultural products.

agravante /aɣra'βante/ **I** *adj* aggravating.
II *sf [sometimes masculine]* **1.** (*gen*) aggravating factor. **2.** (*Jur*) aggravating circumstance.

agravar /aɣra'βar/ [➪CANTAR] *vt* to aggravate, to make worse: **la falta de agua agravó la situación** the situation was made worse by the lack of water.
agravarse *v prnl* to worsen: **el paciente se agravó después de la operación** the patient's condition worsened after the operation.

agraviar /aɣra'βjar/ [➪CAMBIAR] *vt* to offend.

agravio /a'ɣraβjo/ *sm* **1.** (*gen*) (*GB*) offence, (*US*) offense. **2.** (*Jur*) grievance.
agravio comparativo *sm* unfair treatment.

agredir /aɣre'ðir/ [➪PARTIR] *vt* to attack: **lo detuvieron por agredir a un policía** he was arrested for attacking a police officer.

agregado, -da /aɣre'ɣaðo -ða/ *sm/f* **1.** (*de universidad*) (*GB*) senior lecturer, (*US*) associate professor; (*de escuela secundaria*) (junior) secondary school teacher. **2.** (*funcionario de embajada*) attaché.
agregado, -da cultural *sm/f* cultural attaché.

agregado, -da militar *sm/f* military attaché.
agregaduría /aɣreɣaðu'ria/ *sf* (*cargo de diplomático*) post of attaché; (*oficina*) attaché's office.
agregar /aɣre'ɣar/ [➪pagar] *vt* to add: **no tengo nada más que agregar** *a* **lo que ya he dicho** I have nothing further to add to what I have already said.
agregarse *v prnl* to join: **se agregó** *a* **la excursión a última hora** he joined the trip at the last minute.
agresión /aɣre'sjon/ *sf* (*gen*) aggression: **un pacto de no agresión** a non-aggression pact; (*acto*) attack: **le sacó la tarjeta roja por agresión al portero** he showed him the red card for his foul on the goal-keeper.
agresividad /aɣresiβi'ðað/ *sf* aggressiveness.
agresivo, -va /aɣre'siβo -βa/ *adj* aggressive: **tiene fama de ser un vendedor agresivo** he's famous for being an aggressive salesman.
agresor, -sora /aɣre'sor -'sora/ **I** *adj*: **se van a tomar medidas contra las naciones agresoras** measures will be taken against the aggressor countries.
II *sm/f* aggressor.
agreste /a'ɣreste/ *adj* **1.** (*terreno*) rough, rugged. **2.** (*persona*) uncouth, rough.
agriar /a'ɣrjar/ [➪ansiar] *vt* **1.** (*la leche, el vino*) to turn sour. **2.** (*el carácter*) to make bitter: **tantos disgustos acabaron agriándole el carácter** all the awful things that had happened made her very bitter.
agriarse *v prnl* to go off.
agrícola /a'ɣrikola/ *adj* agricultural: **se vende maquinaria agrícola** agricultural * farm machinery for sale.
agricultor, -tora /aɣrikul'tor -'tora/ *sm/f* farmer.
agricultura /aɣrikul'tura/ *sf* agriculture, farming.
agridulce /aɣri'ðulθe/ *adj* (*naranjas, pomelos*) bittersweet; (*salsa*) sweet-and-sour.
agrietar /aɣrje'tar/ [➪CANTAR] *vt* (*una pared, una roca*) to crack; (*los labios, las manos*) to chap.
agrietarse *v prnl* (*pared, roca*) to crack; (*labios, manos*) to become chapped: **se le agrietaron los labios** her lips became chapped.
agrimensor, -sora /aɣrimen'sor -'sora/ *sm/f* land-surveyor.
agrio, -gria /'aɣrjo -ɣrja/ **I** *adj* (*Culin*) sour: **tiene un carácter muy agrio** he is very sour-natured.
II agrio *sm* citrus fruit.
agrónomo, -ma /a'ɣronomo -ma/ **I** *adj* farming, agricultural.
II *sm/f* agronomist, agricultural engineer.
agropecuario, -ria /aɣrope'kwarjo -rja/ *adj* agricultural (*covering crop cultivation and livestock breeding*).
agrupación /aɣrupa'θjon/ *sf* **1.** (*acción*) grouping (together). **2.** (*grupo*) association: **la agrupación excursionista de Madrid** the Madrid hiking association. **3.** (*unidad militar*) special unit.
agrupamiento /aɣrupa'mjento/ *sm* grouping (together).
agrupar /aɣru'par/ [➪CANTAR] *vt* to put into groups, to group: **agrupó las fichas por temas** she grouped the index cards by subject.
agruparse *v prnl* to form a group, to gather together.
agua /'aɣwa/ **I** *sf* [takes *el* or *un* in singular] **1.** (*gen*) water • **hacer agua**: **el barco hacía agua** the ship was sinking; **el negocio hacía agua** the business was going under • **está más claro que el agua** it's crystal clear • **se parecen como dos gotas de agua** they're as alike as two peas in a pod • **nos vino como agua de mayo** it was a godsend * blessing • **estamos con el agua al cuello** we're up to our necks in it • **finalmente las aguas volvieron a su cauce** things finally returned to normal • **lo que está haciendo es tratar de llevar el agua a su molino** what he's trying to do is look after his own interests • **es agua pasada** that's history now • **agua pasada no mueve molino** it's no good crying over spilt milk. **2.** (*lluvia*) rain: **esta tarde va a caer agua** it's going to rain this afternoon.
II aguas *sf pl* **1.** (*en un tejado*): **una casa con el tejado de dos aguas** a house with a double pitched roof. **2.** (*Med*): **ha roto aguas** her waters have broken.
agua bendita *sf* holy water.
agua con gas *sf* sparkling (mineral) water.
agua de borrajas *sf*: **se habló mucho de construir otra carretera, pero al final todo quedó en agua de borrajas** there was a lot of talk about building a new road, but in the end nothing came of it.
agua de colonia *sf* eau de Cologne.
agua dulce *sf* fresh water.
agua mineral *sf* mineral water.
agua oxigenada *sf* hydrogen peroxide.
agua potable *sf* drinking water.
agua salada *sf* salt water.
agua sin gas *sf* still (mineral) water.
agua tónica *sf* tonic water.
aguas abajo/arriba *loc adv* downstream/upstream.
aguas jurisdiccionales *sf pl* territorial waters *pl.*
aguas medicinales *sf pl* spa water.
aguas menores *sf pl* (*fam*) pee.
aguas residuales *sf pl* sewage, effluent.
aguas termales *sf pl* thermal springs *pl.*
aguas territoriales *sf pl* territorial waters *pl.*
aguacate /aɣwa'kate/ *sm* avocado.
aguacero /aɣwa'θero/ *sm* downpour.
aguachirle /aɣwa'tʃirle/ *sm * sf* dishwater.
aguada /a'ɣwaða/ *sf* **1.** (*lugar con agua*) watering hole. **2.** (*reserva de agua*) water supply. **3.** (*Artes*) gouache.
aguador, -dora /aɣwa'ðor -'ðora/ *sm/f* (*persona: que transporta agua*) water carrier; (*: que vende agua*) water seller.
aguafiestas /aɣwa'fjestas/ *sm/f inv* spoilsport, killjoy.
aguafuerte /aɣwa'fwerte/ *sm* (*Artes*) etching.
aguamanil /aɣwama'nil/ *sm* (*palangana*) large bowl; (*jarrón*) pitcher.
aguamarina /aɣwama'rina/ *sf* aquamarine.
aguanieve /aɣwa'njeβe/ *sf* sleet.
aguantaderas /aɣwanta'ðeras/ *sf pl* (*fam*) patience.
aguantar /aɣwan'tar/ [➪CANTAR] *vt* **1.** (*sostener*) to support, to take: **la estantería no va a aguantar el peso** the shelf won't take the weight. **2.** (*contener*) to hold: **aguantó la respiración** she held her breath. **3.** (*un comportamiento, a una persona*) to tolerate, to stand: **no la aguanto** I can't stand her; **aguantó muchas impertinencias** he put up with a lot of rudeness. **4.** (*un dolor, una contrariedad*) to put up with, to take: **Mercedes no aguanta el calor** Mercedes can't take the heat.
♦*vi* **1.** (*en el tiempo*) to last (out): **no creo que este coche aguante mucho** I don't think this car will last very long. **2.** (*tentación*) to hold out: **no pude aguantar y me lo comí** I couldn't hold out so I ate it. **3.** (*sufrir*): **no aguanta nada** he has no stamina * powers of endurance.
aguantarse *v prnl* **1.** (*conformarse*) to resign oneself: **no está contenta en el trabajo, pero tendrá que**

aguantarse she's not happy in her job, but she'll just have to put up with it. **2.** (*dominarse*) to control oneself: **se aguantó y no dijo nada** he controlled himself and said nothing.

aguante /a'ɣwante/ *sm* **1.** (*paciencia*) patience. **2.** (*resistencia física*) stamina, endurance.

aguar /a'ɣwar/ [➪ averiguar] *vt* **1.** (*mezclar con agua*) to water down. **2.** (*estropear*) to spoil: **con el mal tiempo se les aguó la excursión** the weather was so bad it spoiled their trip.

aguardar /aɣwar'ðar/ [➪ CANTAR] *vt* to await, to wait for: **aguardamos con impaciencia su veredicto** we are impatiently awaiting his decision.
♦ *vi* to wait.

aguardiente /aɣwar'djente/ *sm*: *a type of strong spirit.*

aguarrás /aɣwa'rras/ *sm* turpentine, turps [lleva el verbo en singular].

aguatero, -ra /aɣwa'tero -ra/ *sm/f* (*Amér L*) ➪ aguador

agudeza /aɣu'ðeθa/ *sf* **1.** (*de visión*) sharpness. **2.** (*de un comentario*) perceptiveness: **es popular por la agudeza de sus comentarios** he is popular because his comments are so perceptive.

agudizar /aɣuði'θar/ [➪ cazar] *vt* **1.** (*hacer más agudo*) to make sharper, to sharpen. **2.** (*agravar*) to make worse, to intensify: **la crisis económica agudizó el problema del paro** the recession worsened the problem of unemployment.
agudizarse *v prnl* to worsen, to get worse: **se agudizó la enfermedad** the illness worsened.

agudo, -da /a'ɣuðo -ða/ **I** *adj* **1.** (*objeto*) sharp. **2.** (*sentido*) sharp, keen: **tiene una vista muy aguda** she has very keen eyesight. **3.** (*dolor, dolencia*) acute, sharp. **4.** (*mente*) sharp, keen; (*persona, idea, etc.*) sharp, witty. **5.** (*Mús*: *nota*) high, high-pitched; (*: sonido*) shrill, piercing: **tiene una voz muy aguda** she has a very shrill voice. **6.** (*ángulo*) acute. **7.** (*acento*) acute; (*palabra*) *stressed on the last syllable (for example* **amor***).*
II agudo *sm* (*nota*) high note.

agüero /a'ɣwero/ *sm* omen.

aguerrido, -da /aɣe'rriðo -ða/ *adj* **1.** (*valiente*) courageous, brave. **2.** (*ejercitado en la guerra*) war-hardened.

aguijada /aɣi'xaða/ *sf* (*Agr*) (cattle) prod.

aguijón /aɣi'xon/ *sm* **1.** (*de insecto*) sting. **2.** (*estímulo*) incentive.

aguijonear /aɣixone'ar/ [➪ CANTAR] *vt* to spur (on): **la aguijoneaba la ambición** she was spurred on by ambition.

águila /'aɣila/ *sf* [takes ***el*** or ***un*** in singular] eagle • (*Méx*) **¿águila o sol?** heads or tails?
águila imperial *sf* imperial eagle.
águila real *sf* golden eagle.

aguileño, -ña /aɣi'leɲo -ɲa/ *adj* aquiline.

aguilucho /aɣi'lutʃo/ *sm* (*cría del águila*) eaglet.

aguinaldo /aɣi'naldo/ *sm* (*regalo*) Christmas present; (*dinero*) Christmas bonus.

aguja /a'ɣuxa/ **I** *sf* **1.** (*hipodérmica, de costura, de tocadiscos*) needle; (*de hacer punto*) (knitting) needle; (*de adorno*) pin; (*de reloj*) hand; (*de velocímetro, etc.*) needle, pointer • **es como buscar una aguja en un pajar** it's like looking for a needle in a haystack. **2.** (*en un edificio*) spire.
II agujas *sf pl* **1.** (*de vías*) (*GB*) points *pl*, (*US*) switch: **hubo un fallo en el cambio de agujas** there was a points failure. **2.** (*Culin*) ribs *pl*.

agujereado, -da /aɣuxere'aðo -ða/ *adj*: **está un poco agujereado** it has a few holes in it; **estaba muy agujereado** it was full of holes.

agujerear /aɣuxere'ar/ [➪ CANTAR] *vt* to make holes in.
agujerearse *v prnl* to become holey: **los calcetines se han agujereado en el talón** the socks have gone holey at the heel.

agujero /aɣu'xero/ *sm* **1.** (*abertura*) hole. **2.** (*Fin*: *pérdida*) amount missing: **la empresa tiene un agujero de varios millones de pesetas** there are several million pesetas missing from the company accounts.
agujero negro *sm* black hole.

agujeta /aɣu'xeta/ **I** *sf* (*Méx*) shoelace, shoestring.
II agujetas *sf pl*: **ayer jugué al fútbol y hoy tengo agujetas** I played football yesterday and today I ache all over; **¡tengo unas agujetas horrorosas en las piernas!** my legs are so stiff!

agustino, -na /aɣus'tino -na/ *adj, sm/f* Augustinian.

aguzar /aɣu'θar/ [➪ cazar] *vt* **1.** (*sacar punta a*) to sharpen. **2.** (*esforzar*) to strain: **agucé el oído para ver si oía lo que decían** I strained my ears to try to hear what they were saying.

ah /a/ *excl* oh.

ahí /a'i/ *adv* **1.** (*a ese lugar, en ese lugar*) there: **está ahí** it's there, there it is • **ahí donde lo ves es el dueño de tres tiendas** believe it or not he owns three shops • **ahí es nada** that's not bad, is it? **2. por ahí**: **ése que va por ahí es el novio de mi hermana** that guy you see over there is my sister's boyfriend; **hemos estado toda la tarde por ahí** we've been out and about all afternoon; **siempre está por ahí con sus amigos** he's always out somewhere with his friends; **se han ido por ahí** they have gone that way • **¡vete por ahí!** get lost! **3.** (*equivalente a* **en eso** *o* **eso**): **ahí está el problema** that's the problem • **de ahí se demuestra que no traía buenas intenciones** that proves that his intentions weren't honourable. **4. de ahí que** so: **no nos ofrecieron buenas condiciones, de ahí que no aceptáramos** they didn't offer us good conditions, so we didn't accept.

ahijada /ai'xaða/ *sf* goddaughter.

ahijado /ai'xaðo/ *sm* (*gen*) godchild (*pl* godchildren); (*hombre*) godson.

ahínco /a'iŋko/ *sm*: **estudió** *con* **ahínco** he studied very hard.

ahíto, -ta /a'ito -ta/ *adj* **1.** (*de comer*) very full. **2.** (*fastidiado*) fed up.

ahogado, -da /ao'ɣaðo -ða/ **I** *adj* **1.** (*persona: en el agua*) drowned: **murió ahogado** he drowned. **2.** (*lugar*) stuffy: **la habitación quedó muy ahogada con tantos muebles** the room was very stuffy with so much furniture in it.
II *sm/f* drowned person: **la lancha de la Cruz Roja sacó a un ahogado** the Red Cross boat picked up the body of a drowned man.

ahogar /ao'ɣar/ [➪ pagar] *vt* **1.** (*asfixiar: gen*): **me apretó tanto el cuello que casi me ahoga** he squeezed my neck so tightly that I was nearly choking; (*: en el agua*) to drown. **2.** (*Auto*) to flood. **3.** (*apagar*) to choke, to put out: **no pongas tanta leña o vas a ahogar el fuego** don't put so much wood on the fire, you'll put it out. **4.** (*suprimir*) to stifle: **el gobierno no consiguió ahogar las protestas** the government did not succeed in stifling the protests.
ahogarse *v prnl* **1.** (*asfixiarse: gen*) to suffocate: **me estoy ahogando con tanto humo** I'm suffocating in this smoky atmosphere; (*: en el agua*) to drown. **2.** (*carburador*) to flood.

ahogo /a'oɣo/ *sm* **1.** (*al respirar*) difficulty in breathing: **la tos le producía ahogo** he found it difficult to breathe because of his cough. **2.** (*angustia*): **me gusta hacer las cosas sin ahogos de tiempo** I like doing things without the pressure of deadlines. **3.** (*de dinero*): **vivimos sin lujos pero sin ahogos** we don't live in luxury, but we have no money worries.

ahondar /aon'dar/ [⇨ CANTAR] *vt* to deepen, to make deeper.
♦*vi*: **no ahondó** *en* **el tema** he didn't go into the subject very deeply.

ahora /a'ora/ **I** *adv* **1.** (*en este instante*) now: **ahora no llueve** it isn't raining now; **¿ahora vienes con ésas?** and now you're bringing that up, are you?; **ahora que lo dices, es verdad** that's true, now that you mention it; **ahora sí que me lo creo** now I do believe it. **2.** (*dentro de un poco*): **ahora voy** I'm just coming; **ahora mismo salgo de casa** I'm leaving right now. **3.** (*hace unos instantes*) just now: **acaba de llegar ahora** she has just arrived. **4.** (*precedido de preposición*): *hasta* **ahora no ha habido ninguna queja** up to now * so far there haven't been any complaints; **¡***hasta* **ahora!** see you soon!; *por* **ahora tendrás que conformarte** you'll have to put up with it for the time being; *de* **ahora en adelante** * *desde* **ahora lo haremos así** from now on we'll do it this way.
II *conj* **1.** (*sin embargo*) on the other hand, however: **vino tarde; ahora, trajo un buen regalo** he was late; however, he did bring a nice present. **2. ahora bien * que** but, however: **la casa me gusta, ahora que la encuentro cara** I like the house, but I think it's expensive.

ahorcado, -da /aor'kaðo -ða/ **I** *adj* hanged.
II *sm/f* hanged person.

ahorcar /aor'kar/ [⇨ sacar] *vt* to hang.
ahorcarse *v prnl* to hang oneself: **se ahorcó en su celda** he hanged * hung himself in his cell.

ahorita /ao'rita/ *adv* (*Amér L: fam*) ⇨ ahora **I**

ahorrador, -dora /aorra'ðor -'ðora/ **I** *adj* thrifty, careful with money.
II *sm/f* thrifty person.

ahorrar /ao'rrar/ [⇨ CANTAR] *vt* to save: **ahorra la mitad de lo que gana** he saves half of what he earns; **hacemos lo posible para ahorrarle disgustos** as far as possible we try to spare her any unpleasantness; **lo hacen para ahorrar energía** they do it in order to save energy.
ahorrarse *v prnl* to save oneself: **paga la multa y ahórrate más problemas** pay the fine and save yourself more problems.

ahorrativo, -va /aorra'tiβo -βa/ *adj* thrifty, careful with money.

ahorro /a'orro/ **I** *sm* saving: **van a introducir medidas para incentivar el ahorro** measures will be introduced to encourage saving; **así conseguimos un importante ahorro de energía eléctrica** this way we can make a considerable saving in electricity.
II ahorros *sm pl* (*dinero*) savings *pl*: **se compró una bicicleta con sus ahorros** she bought a bike with her savings.

ahuecar /awe'kar/ [⇨ sacar] *vt* **1.** (*dejar hueco*) to hollow out; (*formar un hueco*): **ahuecó las manos para recoger un poco de agua** he cupped his hands together to collect some water. **2.** (*el pelo*) to fluff out. **3.** (*una almohada*) to plump up. **4.** (*la voz*) to deepen.
♦*vi* (*fam*) to leave, to beat it: **ahuequé en cuanto pude** I beat it as soon as I could.
ahuecarse *v prnl* (*fam*) to put on airs (and graces).

ahumado, -da /au'maðo -ða/ *adj* **1.** (*alimentos*) smoked. **2.** (*cristal*) smoked, tinted.

ahumar /au'mar/ [⇨ CANTAR] *vt* **1.** (*alimentos*) to smoke. **2.** (*cristales*) to tint, to smoke. **3.** (*la ropa, un sitio*) to fill with smoke: **de estar al lado de la hoguera se nos ahumó la ropa** our clothes became all smoky from being beside the bonfire.

ahuyentar /aujen'tar/ [⇨ CANTAR] *vt* **1.** (*hacer huir a*) to scare * frighten away. **2.** (*desechar*): **no podía ahuyentar aquellos malos pensamientos** he couldn't get rid of those disturbing thoughts.

airado, -da /ai'raðo -ða/ *adj* furious, irate.

aire /'aire/ **I** *sm* **1.** (*gen*) air: **¿te apetece salir a tomar el aire?** do you fancy going out for a bit of fresh air?; **la fiesta se celebró** *al* **aire libre** the party took place out of doors • **no se puede vivir del aire** you can't live on fresh air alone • **aquí estoy más a mi aire** I have more freedom here • **de momento la decisión está en el aire** the decision is still up in the air for the time being • **prefiero hacerlo a mi aire** I prefer to do it in my own way • **¡aire!** (*¡lárgate!*) clear off!; (*¡date prisa!*) get a move on! **2.** (*en radio, televisión*): **estamos en el aire** we're on the air. **3.** (*viento: gen*) wind: **hoy hace mucho aire** it's very windy today; (*: dentro de una casa*) (*GB*) draught, (*US*) draft: **aquí dentro corre mucho aire** there's a terrible draught in here • **le dio un aire** he got a stiff neck. **4.** (*apariencia*) air, look: **tiene un aire** *a* **su padre** he looks like his father. **5.** (*Mús*) air.
II aires *sm pl* **1.** (*actitud pretenciosa*): **no soporto sus aires de suficiencia** I can't stand her superior airs; **hay que ver los aires de refinado que se da** he puts on such airs and graces; **¡vaya aires que tiene la hermana de Elena!** Elena's sister is really full of herself! **2.** (*lugar*): **decidimos cambiar de aires** we decided to have a change of scene. **3.** (*tiempos*): **corren malos aires para el teatro** these are difficult times for the theatre.
aire acondicionado *sm* air conditioning.
aire comprimido *sm* compressed air.

airear /aire'ar/ [⇨ CANTAR] *vt* **1.** (*ventilar*) to air. **2.** (*divulgar*) to publicize: **un periódico aireó el escándalo** a newspaper publicized the (story of the) scandal; **le encanta airear sus opiniones** he loves airing his opinions.
airearse *v prnl* to get some fresh air: **te vendrá bien airearte un poco** it will do you good to get a bit of fresh air.

airoso, -sa /ai'roso -sa/ *adj* **1.** (*garboso*) graceful. **2.** (*bien parado*) successful: **ha salido airoso de todas las pruebas** he's been successful in all the tests.

aislado, -da /ais'laðo -ða/ *adj* **1.** (*gen*) isolated: **se han dado algunos casos aislados de la enfermedad** there have been some isolated cases of the disease. **2.** (*cable, etc.*) insulated.

aislamiento /aisla'mjento/ *sm* **1.** (*de una persona, un país, etc.*) isolation. **2.** (*de un cable, una pared*) insulation.

aislar /ais'lar/ [⇨ table: aislar] *vt* **1.** (*a una persona, un animal*) to isolate: **la sordera que padece la ha aislado mucho** her deafness has cut her off a lot from other people. **2.** (*Quím: un elemento*) to isolate. **3.** (*Tec*) to insulate.
aislarse *v prnl* to isolate oneself, to cut oneself off: **se fue aislando** *de* **sus compañeros** she gradually isolated herself from her classmates.

aislar	
INDICATIVE	SUBJUNCTIVE
Present aíslo aíslas aísla aislamos aisláis aíslan	**Present** aísle aísles aísle aislemos aisléis aíslen
IMPERATIVE	
(tú) aísla (vosotros) aislad	(usted) aísle (ustedes) aíslen
For the rest of the tenses ⇨ CANTAR (in appendix)	

ajá /a'xa/ *excl* good.

ajado, -da /a'xaðo -ða/ *adj* **1.** (*objeto, prenda*) shabby, worn. **2.** (*persona*) old-looking: **está muy ajada para la edad que tiene** she looks a lot older than she really is.

ajar /a'xar/ [⇨CANTAR] *vt* **1.** (*un objeto, una prenda*) to wear out. **2.** (*a una persona*) to age.

ajarse *v prnl* to age, to begin to look old: **con los años se le ha ajado el rostro** with the passing years his face has begun to look old.

ajardinar /axardi'nar/ [⇨CANTAR] *vt* to landscape: **el ayuntamiento ha ajardinado muchas plazas públicas** the council has landscaped many public squares.

ajedrecista /axeðre'θista/ *sm/f* chess player.

ajedrez /axe'ðreθ/ *sm* chess.

ajedrezado, -da /axeðre'θaðo -ða/ *adj* (*GB*) chequered, (*US*) checkered.

ajeno, -na /a'xeno -na/ *adj* **1.** (*que pertenece a otro*): **le gusta meterse en la vida ajena** he loves poking his nose into other people's lives; **tienes que respetar más las cosas ajenas** you must have more respect for other people's things • **rogamos disculpen estas molestias ajenas a nuestra voluntad** we apologize for the inconvenience: this is caused by circumstances beyond our control. **2.** (*ignorante*) unaware: **se presentó en la oficina ajeno** *a* **lo que había sucedido en su ausencia** he turned up at the office unaware of what had happened in his absence. **3.** (*extraño*) strange: **es una situación que no me resulta del todo ajena** it is a situation which is not altogether unfamiliar to me; (*en letrero*): **prohibida la entrada a toda persona ajena a la obra** no entry to unauthorized persons.

ajetreado, -da /axetre'aðo -ða/ *adj* hectic, busy.

ajetreo /axe'treo/ *sm* activity: **en esta oficina hay un continuo ajetreo** this office is a hive of activity.

ají /a'xi/ *sm* [**ajís** * **ajíes**] (*Amér L: pimiento picante*) chilli; (*Arg, Urug: pimiento no picante*) pepper (*vegetable*).

ajo /'axo/ *sm* garlic: **tráeme un par de ajos, por favor** bring me a couple of bulbs * heads of garlic, please • **sus padres estaban en el ajo** his parents were in on the secret • **el director también estaba metido en el ajo** the director was also mixed up in it • **quien se pica, ajos come** no one takes offence without good reason.

ajo blanco *sm*: *seasoning made of garlic, bread, salt, water, oil and vinegar.*

ajorca /a'xorka/ *sf* bracelet.

ajuar /a'xwar/ *sm* **1.** (*mobiliario*) furniture and fittings *pl*. **2.** (*de una novia*) trousseau.

ajuntar /axun'tar/ [⇨CANTAR] *vt* (*fam*) to be friends with: **ahora no te ajunto** I'm not your friend any more.

ajuntarse *v prnl* (*fam*) to live together (*as a couple*).

ajustado, -da /axus'taðo -ða/ *adj* **1.** (*apretado*) tight-fitting, narrow: **llevaba una falda muy ajustada** she was wearing a very tight-fitting skirt. **2.** (*justo*) reasonable: **me pareció un precio muy ajustado** I thought it was a very reasonable price.

ajustador, -dora /axusta'ðor -'ðora/ *sm/f* fitter.

ajustar /axus'tar/ [⇨CANTAR] *vt* **1.** (*un instrumento*) to adjust: **ajustó la lente** he adjusted the lens. **2.** (*adaptar*) to adapt, to adjust: **hay que ajustar los gastos** *a* **los ingresos** expenditure must be adjusted to one's income.

♦ *vi* to fit: **esta tapa no ajusta bien** this lid doesn't fit properly.

ajustarse *v prnl* **1.** (*prenda*) to fit: **el cinturón se ajusta perfectamente** the belt fits perfectly. **2.** (*ceñirse*): **se ajustaron** *a* **las reglas** they kept to the rules.

ajuste /a'xuste/ *sm* **1.** (*de una máquina, un instrumento*) adjustment: **le hemos hecho algunos ajustes al motor** we've made some adjustments to the engine. **2.** (*económico*) settling, settlement.

ajuste de cuentas *sm pl*: **la policía sospecha que la causa del asesinato fue un ajuste de cuentas** the police suspect the murder was a case of old scores being settled.

ajusticiamiento /axustiθja'mjento/ *sm* execution.

ajusticiar /axusti'θjar/ [⇨CAMBIAR] *vt* to execute.

al /al/ *contraction of* ***a*** *and* ***el*** **1.** (*gen*) ⇨a **2.** (*seguido de infinitivo*): **al verlo, traté de esconderme** when I saw him, I tried to hide • **los invitados estarán al llegar** the guests must be about to arrive • **al parecer, ya se conocen** apparently they have already met.

ala /'ala/ **I** *sf* [takes ***el*** or ***un*** in singular] **1.** (*de un pájaro, un avión*) wing • **¡ahueca el ala!** beat it! • **quieren cortarle las alas al secretario del partido** they want to clip the party secretary's wings • **está un poco tocado del ala** he's a bit crazy • **son diez mil del ala** they cost ten thousand pesetas. **2.** (*de un partido político*) wing: **el ala izquierda** the left wing. **3.** (*de un sombrero*) brim. **4.** (*de un tejado*) eaves *pl*. **5.** (*en baloncesto*) winger, wing.

II *excl* ⇨hala

ala delta *sf* (*deporte*) hang-gliding; (*aparato*) hang-glider.

alabanza /ala'βanθa/ *sf* praise.

alabar /ala'βar/ [⇨CANTAR] *vt* to praise • **¡alabado sea Dios!** good grief!

alabarse *v prnl* to boast, to brag: **siempre se alaba** *de* **su fuerza ante los demás** he's always bragging about his strength in front of other people.

alabastrino, -na /alaβas'trino -na/ *adj* alabaster.

alabastro /ala'βastro/ *sm* alabaster.

alabear /alaβe'ar/ [⇨CANTAR] *vt* to warp.

alabearse *v prnl* to become warped, to warp.

alacena /ala'θena/ *sf* (food) cupboard.

alacrán /ala'kran/ *sm* scorpion.

alado, -da /a'laðo -ða/ *adj* winged.

alambicar /alambi'kar/ [⇨sacar] *vt* to distil.

alambique /alam'bike/ *sm* still (*for distilling*).

alambrada /alam'braða/ *sf* wire fence.

alambre /a'lambre/ *sm* wire.
alambre de espino *sm* barbed wire.
alameda /ala'meða/ *sf* **1.** (*Bot*) poplar grove. **2.** (*paseo arbolado*) boulevard, avenue.
álamo /'alamo/ *sm* poplar.
alano /a'lano/ *sm* mastiff.
alarde /a'larðe/ *sm* show: **hizo alarde de sus conocimientos** she demonstrated her knowledge.
alardear /alarðe'ar/ [⇨CANTAR] *vi* to brag: **alardea** *de* **valiente** he brags about his bravery.
alargadera /alarɣa'ðera/ *sf* extension cable ✻ lead.
alargado, -da /alar'ɣaðo -ða/ *adj* long, elongated.
alargador /alarɣa'ðor/ *sm* extension cable ✻ lead.
alargar /alar'ɣar/ [⇨pagar] *vt* **1.** (*gen*) to lengthen: **le pidió a la modista que le alargara un poco la falda** she asked the dressmaker to lengthen her skirt a little; (*un plazo de tiempo*) to extend, to prolong: **alargaron su estancia en la playa** they prolonged their stay at the seaside. **2.** (*el brazo*) to stretch (out). **3.** (*alcanzar*) to pass, to hand: **le alargó el vinagre** he passed her the vinegar.
alargarse *v prnl* **1.** (*gen*) to get longer: **la visita se alargó tres días** the visit was prolonged by three days. **2.** (*enrollarse*) to go on and on, to be long-winded: **se alarga en las cartas de forma exagerada** he goes on and on in his letters.
alarido /ala'riðo/ *sm* howl, shriek.
alarma /a'larma/ *sf* **1.** (*inquietud*) alarm: **la alarma cundió en la población** alarm spread through the population. **2.** (*aparato*) alarm: **¿has conectado la alarma?** have you switched the alarm on?
alarma antirrobo *sf* burglar alarm.
alarmante /alar'mante/ *adj* alarming.
alarmar /alar'mar/ [⇨CANTAR] *vt* to alarm.
alarmarse *v prnl* to become alarmed.
alarmista /alar'mista/ *adj, sm/f* alarmist.
Alaska /a'laska/ *sf* Alaska.
alavés, -vesa /ala'βes -'βesa/ **I** *adj* of ✻ from Álava. **II** *sm/f* native ✻ inhabitant of Álava.
alazán, -zana /ala'θan -'θana/ (*Zool*) *adj, sm/f* sorrel.
alba /'alβa/ *sf* [takes ***el*** or ***un*** in singular] (*amanecer*) dawn, daybreak: **llegamos** *al* **alba** we arrived at dawn.
albacea /alβa'θea/ *sm/f* (*Jur*) executor.
albacetense /alβaθe'tense/, **albaceteño, -ña** /alβaθe'teɲo -ɲa/ **I** *adj* of ✻ from Albacete. **II** *sm/f* native ✻ inhabitant of Albacete.
albahaca /alβa'aka/ *sf* basil.
albanés, -nesa /alβa'nes -'nesa/ **I** *adj, sm/f* Albanian. **II albanés** *sm* (*idioma*) Albanian.
Albania /al'βanja/ *sf* Albania.
albañal /alβa'ɲal/ *sm* **1.** (*cloaca*) sewer. **2.** (*pocilga*) mess, dump.
albañil /alβa'ɲil/ *sm/f* (*gen*) building ✻ construction worker; (*que pone ladrillos*) bricklayer.
albarán /alβa'ran/ *sm* delivery note.
albarda /al'βarða/ *sf* packsaddle.
albardear /alβarðe'ar/ [⇨CANTAR] *vt* (*Amér C*) to annoy.
albardón /alβar'ðon/ *sm* (*Amér L*) *raised land in lake or flooded area*.
albaricoque /alβarı'koke/ *sm* apricot.
albaricoquero /alβarıko'kero/ *sm* apricot tree.
albatros /al'βatros/ *sm inv* albatross.
albedrío /alβe'ðrio/ *sm* (free) will: **quiso hacerlo según su libre albedrío** he wanted to do it in his own way.
alberca /al'βerka/ *sf* **1.** (*Agr: depósito*) reservoir. **2.** (*Méx: piscina*) swimming pool.
albérchigo /al'βertʃiɣo/ *sm* **1.** (*variedad de melocotón*) *kind of peach*. **2.** (*albaricoque*) apricot.
alberchiguero /alβertʃi'ɣero/ *sm* **1.** (*variedad de melocotonero*) (*kind of*) peach tree. **2.** (*albaricoquero*) apricot tree.
albergar /alβer'ɣar/ [⇨pagar] *vt* **1.** (*hospedar*) to accommodate, to put up: **lo albergamos en la habitación de invitados** we put him up in the guest room. **2.** (*contener*) to house: **el complejo alberga un cine y un teatro** the complex houses a cinema and a theatre. **3.** (*una idea, un sentimiento*) to nurture, (*GB*) to harbour, (*US*) to harbor: **albergaba un profundo rencor** he harboured feelings of deep resentment.
albergarse *v prnl* to stay: **se albergaron en una pensión barata** they stayed in a cheap guest house.
albergue /al'βerɣe/ *sm* **1.** (*alojamiento*) accommodation, shelter: **le dieron albergue en su casa** they provided him with accommodation in their house. **2.** (*residencia*) hostel.
albergue juvenil *sm* youth hostel.
albino, -na /al'βino -na/ *adj, sm/f* albino.
albis /'alβis/ **in albis** *loc adv*: **me lo explicó, pero me quedé in albis** she explained it to me, but I didn't understand a word.
albo, -ba /'alβo -βa/ *adj* (*frml*) white.
albóndiga /al'βondiɣa/, **albondiguilla** /alβondi'ɣiʎa/ *sf* meatball.
albor /al'βor/ **I** *sm* dawn light. **II albores** *sm pl* dawn: **la guerra ha existido desde los albores de la humanidad** war has existed since the dawn of humanity.
alborada /alβo'raða/ *sf* dawn, daybreak.
alborear /alβore'ar/ *v impers* to dawn: **alboreaba cuando llegamos al campamento** day was dawning as we reached the camp.
albornoz /alβor'noθ/ *sm* [**albornoces**] bathrobe.
alborotador, -dora /alβorota'ðor -'ðora/ **I** *adj* **1.** (*ruidoso*) rowdy, noisy. **2.** (*agitador*) troublemaking. **II** *sm/f* troublemaker: **la policía arrestó a varios de los alborotadores** the police arrested several of the troublemakers.
alborotar /alβoro'tar/ [⇨CANTAR] *vt* (*excitar, soliviantar*) to stir up, to upset: **ha alborotado a toda la clase** he's stirred up the whole class.
alborotarse *v prnl* **1.** (*agitarse*) to become excited, to get worked up: **los chiquillos se alborotan enseguida** little children get excited easily. **2.** (*soliviantarse*) to riot: **los internos se han alborotado** the inmates have rioted.
alboroto /alβo'roto/ **I** *sm* **1.** (*bullicio*) noise, racket. **2.** (*tumulto*) uproar. **II alborotos** *sm pl* (*Amér C*) popcorn.
alborozar /alβoro'θar/ [⇨cazar] *vt* to delight: **el resultado alborozó a todo el mundo** the result delighted everybody.
alborozarse *v prnl* to be delighted.
alborozo /alβo'roθo/ *sm* (*frml*) delight, joy.
albricias /al'βriθjas/ *excl* (*frml*) great.
albufera /alβu'fera/ *sf* salt water lagoon.
álbum /'alβum/ *sm* [**álbumes**] **1.** (*para fotos, sellos*) album. **2.** (*disco*) album.
albumen /al'βumen/ *sm* (*Bot*) albumen.
albúmina /al'βumina/ *sf* (*Biol*) albumen.

alcachofa /alka'tʃofa/ *sf* **1.** (*vegetal*) artichoke. **2.** (*de una ducha*) shower head; (*de una regadera*) rose.

alcahuete, -ta /alka'wete -ta/ *sm/f* **1.** (*proxeneta: hombre*) pimp, procurer; (*: mujer*) procuress. **2.** (*fam: casamentero*) matchmaker. **3.** (*fam: murmurador*) gossip, busybody.

alcaide /al'kaiðe/ *sm* (*GB*) prison governor, (*US*) jail * prison warden.

alcaldada /alkal'daða/ *sf* arbitrary act.

alcalde /al'kalde/ *sm* mayor.

alcaldesa /alkal'desa/ *sf* **1.** (*mujer alcalde*) mayoress, mayor. **2.** (*esposa del alcalde*) mayor's wife.

alcaldía /alkal'dia/ *sf* **1.** (*cargo*) mayoralty. **2.** (*edificio, sede*) mayor's office.

alcalino, -na /alka'lino -na/ *adj* alkaline.

alcaloide /alka'loiðe/ *sm* alkaloid.

alcance /al'kanθe/ **I** *sm* **1.** (*gen*) reach: **no lo deje** *al* **alcance de los niños** keep it out of the children's reach; **el nido estaba** *al* **alcance de la vista** the nest was visible; **un análisis detallado está fuera del alcance de este ensayo** a detailed analysis is beyond the scope of this essay • **ese coche no está a nuestro alcance** that car is beyond our means. **2.** (*de armas, radio*) range: **el cañón tiene un alcance de veinte kilómetros** the gun has a range of twenty kilometres. **3.** (*importancia*): **tendrá consecuencias de gran alcance** it'll have far-reaching consequences; **se desconoce el alcance del daño** the extent of the damage is unknown.

II alcances *sm pl* intelligence: **es persona de pocos alcances** he's not very intelligent.

alcancía /alkan'θia/ *sf* **1.** (*hucha*) money box. **2.** (*Amér L: para limosnas*) poor box.

alcanfor /alkan'for/ *sm* camphor: **puso bolas de alcanfor en el armario** she put some mothballs in the wardrobe.

alcantarilla /alkanta'riʎa/ *sf* **1.** (*cloaca*) sewer, drain. **2.** (*desagüe*) drain (*in the gutter*).

alcantarillado /alkantari'ʎaðo/ *sm* sewers *pl*, drains *pl*.

alcanzable /alkan'θaβle/ *adj* accessible, within reach.

alcanzar /alkan'θar/ [⇨cazar] *vt* **1.** (*gen*) to reach: **alcanzó la cima de la montaña** she reached the top of the mountain. **2.** (*flecha, disparo*) to hit: **el disparo lo alcanzó en el pecho** the bullet hit him in the chest. **3.** (*pillar*) to catch up with: **corre, a ver si lo alcanzas** hurry up, see if you can catch up with him. **4.** (*dar*) to pass: **alcánzame el libro** pass me the book. **5.** (*obtener*) to achieve, to obtain: **sólo alcanzó el éxito en los últimos años de su vida** she only achieved success in the last years of her life; **al final alcanzó el puesto que tanto ambicionaba** in the end she obtained the post she was longing for so much. **6.** (*afectar*): **el escándalo alcanzaba a personas con cargos muy importantes** the scandal extended to people in high positions.

♦*vi* **1.** (*llegar: a un sitio*) to reach: **no alcanza** *al* **picaporte** she can't reach the handle; (*: a hacer algo*) to manage: **no alcancé** *a* **oír lo que decían** I didn't manage to hear what they were saying. **2.** (*bastar*) to be enough, to suffice: **no nos alcanza** *con* **el sueldo** our salary is not enough to live on.

alcaparra /alka'parra/ *sf* (*planta, fruto*) caper.

alcaraván /alkara'βan/ *sm* stone curlew.

alcatraz /alka'traθ/ *sm* [**alcatraces**] gannet.

alcaucil /alkau'θil/ *sm* (*Arg, Urug*) artichoke.

alcayata /alka'jata/ *sf* hook.

alcazaba /alka'θaβa/ *sf* Muslim citadel (*usually within walled city*).

alcázar /al'kaθar/ *sm* **1.** (*fortaleza*) fortress. **2.** (*palacio*) Muslim palace.

alce /'alθe/ *sm* (*europeo o asiático*) elk; (*norteamericano*) moose.

alcista /al'θista/ *adj* (*precios, mercado*) upward: **hay una tendencia alcista en el mercado** the market is showing an upward trend; (*bolsa*) bullish, bouyant.

alcoba /al'koβa/ *sf* bedroom.

alcohol /alko'ol/ *sm* **1.** (*bebida*) alcohol: **le hicieron la prueba del alcohol** he was breathalyzed; **bebidas sin alcohol** non-alcoholic drinks. **2.** (*Quím*) alcohol.

alcohólico, -ca /alko'oliko -ka/ *adj, sm/f* alcoholic: **es un centro para la rehabilitación de alcohólicos** it's a centre for the rehabilitation of alcoholics.

alcoholímetro /alkoo'limetro/ *sm* (*GB*) Breathalyzer®, (*US*) drunkometer.

alcoholismo /alkoo'lizmo/ *sm* alcoholism.

alcornoque /alkor'noke/ *sm* **1.** (*árbol*) cork oak. **2.** (*fam: persona*) blockhead.

alcorzar /alkor'θar/ [⇨cazar] *vt* (*Culin: un pastel*) to ice.

alcotán /alko'tan/ *sm* (*Zool*) hobby.

alcurnia /al'kurnja/ *sf* (noble) lineage: **se codea con gente de alcurnia** she rubs shoulders with people of noble lineage.

aldaba /al'daβa/ *sf* (door) knocker.

aldabón /alda'βon/ *sm* (large) door knocker.

aldabonazo /aldaβo'naθo/ *sm* knock (*using the door knocker*).

aldea /al'dea/ *sf* (small) village, hamlet.

aldeano, -na /alde'ano -na/ **I** *adj* **1.** (*de pueblo*) village. **2.** (*burdo, tosco*) rustic, coarse.

II *sm/f* villager.

ale /'ale/ *excl* ⇨hala

aleación /alea'θjon/ *sf* alloy.

alear /ale'ar/ [⇨CANTAR] *vt* to alloy.

aleatorio, -ria /alea'torjo -rja/ *adj* (*resultado*) unpredictable: **que te acepten o no es muy aleatorio** whether they accept you or not is far from certain; (*muestra*) random: **una muestra aleatoria** a random sample.

aleccionador, -dora /alekθjona'ðor -'ðora/ *adj* **1.** (*que sirve de ejemplo*) instructive. **2.** (*que sirve de escarmiento*) exemplary: **les impuso un castigo aleccionador** she gave them a punishment which taught them a lesson.

aleccionar /alekθjo'nar/ [⇨CANTAR] *vt* **1.** (*enseñar*) to instruct, to teach. **2.** (*corregir, escarmentar*) to teach a lesson to: **los castigó para aleccionarlos** he punished them to teach them a lesson.

aledaño, -ña /ale'ðaɲo -ɲa/ **I** *adj* nearby, adjacent: **la inundación afectó a la Plaza Mayor y a las calles aledañas** the flood affected the main square and the nearby streets.

II aledaños *sm pl* surrounding area, environs *pl*: **visitamos el barrio medieval y sus aledaños** we visited the medieval quarter and the surrounding area.

alegación /aleɣa'θjon/ *sf* allegation, claim.

alegar /ale'ɣar/ [⇨pagar] *vt*: **alegaba su falta de experiencia para justificar el error** she pointed to her lack of experience in order to justify the mistake; **cuando le preguntaron por qué no había venido,**

alegó que estaba enferma when she was asked why she had not come she claimed that she was ill.
♦ *vi* (*Amér L: disputar*) to argue.

alegato /ale'ɣato/ *sm* 1. (*Jur: argumentación*) *document submitted to the court containing arguments for or against the case.* 2. (*Amér L: discusión*) argument.

alegoría /aleɣo'ria/ *sf* allegory.

alegórico, -ca /ale'ɣoriko -ka/ *adj* allegorical.

alegrar /ale'ɣrar/ [➪ CANTAR] *vt* 1. (*contentar*) to make happy, to make glad: **les alegró mucho que asistieras** they were very glad that you went. 2. (*animar*) to brighten up, to cheer up: **las flores alegran mucho la casa** flowers really brighten up the house.

alegrarse *v prnl* 1. (*estar feliz*) to be happy, to be glad: **me alegro** *de* **verte** I'm very glad to see you; **¡alégrate!** cheer up! 2. (*fam: emborracharse*) to get tipsy.

alegre /a'leɣre/ *adj* 1. (*feliz*) happy, cheerful: **me pareció que estaba muy alegre** she looked very happy to me; **es un niño muy alegre** he's a very happy child; **nos dieron una alegre noticia** they told us some good news. 2. (*color*) bright; (*habitación*) light; (*melodía*) lively, cheerful. 3. (*fam: borracho*) merry. 4. (*fam: insensato*) careless, irresponsible: **es muy alegre con el dinero** he's very careless with his money.

alegremente /aleɣre'mente/ *adv* 1. (*con alegría*) happily. 2. (*descuidadamente*) carelessly: **gastan el dinero muy alegremente** they spend money carelessly.

alegría /ale'ɣria/ *sf* 1. (*dicha*) happiness, joy: **tuve una gran alegría cuando me lo dijo** I was overjoyed when she told me; **¡qué alegría tan grande!** how marvellous! 2. (*insensatez*) irresponsibility: **no tenías que haber actuado con esa alegría** you shouldn't have acted so irresponsibly.

alegro /a'leɣro/ *sm* allegro.

alegrón /ale'ɣron/ *sm* (*fam*) thrill: **su visita me dio un alegrón** I was thrilled by her visit.

alejado, -da /ale'xaðo -ða/ *adj* remote, faraway.

alejamiento /alexa'mjento/ *sm* estrangement: **después de su muerte se produjo un alejamiento** *entre* **sus hijos** after her death her children became estranged from each other.

alejar /ale'xar/ [➪ CANTAR] *vt* 1. (*apartar*) to move away: **aléjalo de la pared** move it away from the wall. 2. (*ahuyentar*) to get rid of: **no consigo alejarlo de mi pensamiento** I can't get it out of my mind.

alejarse *v prnl* to move away, to go away: **no te alejes** don't go away.

alelado, -da /ale'laðo -ða/ *adj* mesmerized: **se queda alelado viendo la tele** he just sits mesmerized watching television.

alelar /ale'lar/ [➪ CANTAR] *vt* to mesmerize.

alelarse *v prnl* to become moronic: **si ves tanta tele te vas a alelar** you'll become a complete moron watching so much television.

aleluya /ale'luja/ I *sm [sometimes feminine]* hallelujah.
II *excl* hallelujah.

alemán, -mana /ale'man -'mana/ I *adj, sm/f* German.
II **alemán** *sm* (*idioma*) German.

Alemania /ale'manja/ *sf* Germany.

alentador, -dora /alenta'ðor -'ðora/ *adj* encouraging: **lo que dijo fue muy poco alentador** what he said wasn't very encouraging.

alentar /alen'tar/ [➪ pensar] *vt* 1. (*animar*) to encourage: **su entrenador la alentó a que siguiera compitiendo** her coach encouraged her to go on competing. 2. (*esperanzas, etc.*) (*GB*) to harbour, (*US*) to harbor.
♦ *vi* to shelter, to live (on): **la esperanza aún alentaba en su corazón** hope lived on in her heart.

alerce /a'lerθe/ *sm* larch.

alergia /a'lerxja/ *sf* 1. (*Med*) allergy. 2. (*fam: aversión*) dislike: **tiene alergia** *a* **la física** he can't stand physics.

alérgico, -ca /a'lerxiko -ka/ I *adj* 1. (*Med*) allergic: **es alérgico** *al* **polen** he's allergic to pollen. 2. (*fam: reacio*) lazy: **es alérgica** *al* **trabajo** she has an aversion to work.
II *sm/f* person with allergy: **los alérgicos lo pasan muy mal en primavera** people with allergies have a bad time in spring.

alero /a'lero/ *sm* eaves *pl.*

alerón /ale'ron/ *sm* 1. (*Av*) flap. 2. (*Auto*) spoiler.

alerta /a'lerta/ I *adj* alert: **no parece que estén muy alerta * alertas** they don't seem very alert.
II *sf [sometimes masculine]* (*situación*) alert: **las tropas están en estado de alerta** the troops are on the alert; (*señal*) alarm: **vio el fuego y dio la alerta** she saw the fire and raised the alarm.
III *adv* alert: **debemos permanecer alerta** we must be on the alert.
IV *excl* look out.

alerta roja *sf* red alert.

alertar /aler'tar/ [➪ CANTAR] *vt* to alert, to warn: **alertaron a la población** *sobre* **un posible huracán** they alerted the public to the possibility of a hurricane.

alertarse *v prnl* to become alert: **la policía se alertó ante los acontecimientos** the police went on the alert following these incidents.

aleta /a'leta/ *sf* 1. (*de un pez*) fin; (*de una foca*) flipper. 2. (*para nadar*) flipper. 3. (*en un coche*) (*GB*) wing, (*US*) fender. 4. (*de una hélice, un timón, etc.*) blade.

aletargado, -da /aletar'ɣaðo -ða/ *adj* drowsy, lethargic.

aletargar /aletar'ɣar/ [➪ pagar] *vt* to make lethargic: **las comilonas me aletargan** big meals make me sleepy.

aletargarse *v prnl* to become lethargic.

aletear /alete'ar/ [➪ CANTAR] *vi* (*pájaro*) to flutter * flap its wings.

aleteo /ale'teo/ *sm* (*de pájaro*) fluttering of wings.

alevín /ale'βin/ *sm* 1. (*pez*) young fish (*pl* fry * young fishes). 2. (*persona*) beginner, (*US*) greenhorn: **los alevines no pueden participar en el torneo** beginners cannot compete in the championship.

alevosía /aleβo'sia/ *sf* premeditation: **fue acusado de asesinato con premeditación y alevosía** he was accused of deliberate premeditated murder.

alfa /'alfa/ *sf* [takes ***el*** or ***un*** in singular] alpha.

alfabético, -ca /alfa'βetiko -ka/ *adj* alphabetical: **puso los títulos en orden alfabético** she placed the titles in alphabetical order.

alfabetización /alfaβetiθa'θjon/ *sf* 1. (*acción*) literacy teaching: **el gobierno trabaja en la alfabetización de zonas atrasadas** the government is working to improve literacy in underdeveloped regions. 2. (*estado*) literacy: **los países en vías de desarrollo tienen problemas de alfabetización** developing countries have literacy problems.

alfabetizar /alfaβeti'θar/ [➪ cazar] *vt* 1. (*educar*) to teach to read and write. 2. (*ordenar*) to put in alphabetical order.

alfabeto /alfa'βeto/ *sm* 1. (*abecedario*) alphabet. 2. (*código*) language.

alfabeto morse *sm* Morse code.

alfalfa /al'falfa/ *sf* alfalfa.

alfanje /al'faŋxe/ *sm* scimitar.

alfar /al'far/ *sm* pottery (*workshop*).

alfarería /alfare'ria/ *sf* **1.** (*técnica, taller*) pottery. **2.** (*tienda*) pottery shop.

alfarero, -ra /alfa'rero -ra/ *sm/f* potter.

alféizar /al'feiθar/ *sm* windowsill, window ledge.

alfeñique /alfe'ɲike/ *sm* weakling: **no me da miedo ese alfeñique** I'm not scared of that weakling.

alférez /al'fereθ/ *sm* [**alféreces**] second lieutenant.

alfil /al'fil/ *sm* (*en ajedrez*) bishop.

alfiler /alfi'ler/ *sm* **1.** (*en costura*) pin • **en el polideportivo no cabía ni un alfiler** the sports centre was packed out. **2.** (*joya*) brooch; (*de corbata*) tiepin.
alfiler de gancho *sm* (*Amér S*) safety pin.

alfiletero /alfile'tero/ *sm* (*estuche*) pin box; (*almohadilla*) pincushion.

alfombra /al'fombra/ *sf* **1.** (*gen*) carpet; (*de tamaño pequeño*) rug; (*Amér L: de pared a pared*) fitted carpet. **2.** (*capa*): **una alfombra de nieve cubría las calles** the streets were carpeted with snow.

alfombrado, -da /alfom'braðo -ða/ *adj* carpeted.

alfombrar /alfom'brar/ [➪ CANTAR] *vt* to carpet.

alfombrilla /alfom'briʎa/ *sf* mat.

alforja /al'forxa/ *sf* saddlebag.

alga /'alɣa/ *sf* [takes ***el*** or ***un*** in singular] (*Bot*) alga (*pl* algae); (*de mar*) seaweed.

algarabía /alɣara'βia/ *sf* racket, hubbub.

algarada /alɣa'raða/ *sf* **1.** (*jaleo*) din, racket. **2.** (*disturbio*) fray, disturbance.

algarroba /alɣa'rroβa/ *sf* carob.

algarrobo /alɣa'rroβo/ *sm* carob tree.

algazara /alɣa'θara/ *sf* din, commotion.

álgebra /'alxeβra/ *sf* algebra.

algebraico, -ca /alxe'βraiko -ka/ *adj* algebraic.

álgido, -da /'alxiðo -ða/ *adj*: **llegamos en el punto álgido de la discusión** we arrived when the argument was at its height.

algo /'alɣo/ **I** *pron indefinido* **1.** (*gen: en oraciones afirmativas*) something: **anda, come algo** come on, eat something; **llévate algo de abrigo** take something to keep you warm; **es abogada o algo así** she's a lawyer or something like that • **me pagaron sólo dos mil pesetas, pero algo es algo** they only paid me two thousand pesetas, but that's better than nothing • **como suspenda me va a dar algo** if I don't pass the exam I'll go mad; (*: en oraciones interrogativas*) anything: **¿le has dicho algo?** have you told her anything?; **¿te pasa algo?** is there something ∗ anything wrong? **2.** (*poco, poca cantidad*) some, a little: **aunque he gastado mucho dinero, todavía tengo algo** although I spent a lot of money I still have some left; **¿te queda algo *de* dinero?** have you any money left?
II *adv* rather, a little: **estaba algo cansado** I was rather tired.

algodón /alɣo'ðon/ *sm* cotton • **se crió entre algodones** he had a pampered childhood.
algodón de azúcar *sm* (*GB*) candyfloss, (*US*) cotton candy.
algodón en rama *sm* raw cotton.

algodonero, -ra /alɣoðo'nero -ra/ **I** *adj*: **la cosecha algodonera** the cotton harvest.
II algodonero *sm* cotton plant.

alguacil /alɣwa'θil/ *sm* **1.** (*Jur*) bailiff. **2.** (*Arg, Urug: insecto*) dragonfly.

alguien /'alɣjen/ *pron indefinido* **1.** (*gen: en oraciones afirmativas*) somebody, someone: **me lo dijo alguien** somebody told me; **sé que había alguien en la casa** I know there was somebody in the house; (*: en oraciones interrogativas*) anybody, anyone: **¿viste a alguien?** did you see anyone?; **¿había alguien cuando llegaste?** was anybody there when you arrived? **2.** (*persona de importancia*) somebody (important): **se cree que es alguien en la empresa** she thinks she's really somebody in the company.

algún /al'ɣun/ *adj indefinido* [form of ***alguno*** used before masculine singular nouns] ➪ alguno

alguno, -na /al'ɣuno -na/ **I** *adj indefinido* [shortened to ***algún*** before masculine singular nouns] **1.** (*en oraciones afirmativas*) some: **por favor, tráeme alguna revista** bring me some magazines please; **algunos espectadores empezaron a silbar** some spectators started whistling; **habrá sido algún niño** it must have been a ∗ some kid. **2.** (*en oraciones interrogativas*) any: **¿has visto alguna película suya?** have you seen any of her films?; **¿tienes algún motivo para no venir?** have you any reason for not coming? **3.** (*en oraciones negativas*) [always follows the noun]: **su reacción no me gustó en modo alguno** I didn't like their reaction at all; **no hemos recibido reclamación alguna** we haven't received any complaints. **4.** (*bastante*) some, considerable: **es un asunto de alguna importancia** it is a matter of some importance.
II *pron indefinido* **1.** (*en singular*) somebody, someone: **si llamas, alguno vendrá** if you phone, somebody will come • **siempre hay alguno que otro que se opone** there's always somebody who isn't in favour. **2.** (*en plural*) some (people): **a algunos les da miedo ir en avión** some (people) are scared of flying.

alhaja /a'laxa/ *sf* **1.** (*joya*) (*GB*) piece of jewellery, (*US*) piece of jewelry. **2.** (*persona*) treasure • **¡menuda alhaja!** she's quite a character!

alharaca /ala'raka/ *sf* fuss: **no hace falta que hagas tantas alharacas** there's no need to make such a fuss.

alhelí /ale'li/ *sm* [**alhelíes** ∗ **alhelís**] wallflower, stock.

alheña /a'leɲa/ *sf* **1.** (*arbusto*) privet. **2.** (*tinte*) henna.

aliado, -da /a'ljaðo -ða/ **I** *adj* allied.
II *sm/f* ally.

alianza /a'ljanθa/ *sf* **1.** (*entre países, etc.*) alliance. **2.** (*anillo de boda*) wedding ring, (*US*) wedding band.

aliar /a'ljar/ [➪ ansiar] *vt* to ally.
aliarse *v prnl* to become allied, to form an alliance: **España e Inglaterra se aliaron contra Napoleón** Spain and England formed an alliance against Napoleon.

alias /'aljas/ *adv, sm inv* alias.

alicaído, -da /alika'iðo -ða/ *adj* depressed, down (in the mouth): **parece muy alicaída últimamente** she's been very down lately.

alicantino, -na /alikan'tino -na/ **I** *adj* of ∗ from Alicante.
II *sm/f* native ∗ inhabitant of Alicante.

alicatado, -da /alika'taðo -ða/ **I** *adj* tiled.
II alicatado *sm* tiling: **el alicatado de la cocina llega hasta el techo** the tiling in the kitchen goes up to the ceiling.

alicatar /alika'tar/ [➪ CANTAR] *vt* to tile.

alicate /ali'kate/ *sm*, **alicates** /ali'kates/ *sm pl* **1.** (*Tec*) pliers *pl*. **2.** (*Arg, Urug: cortaúñas*) nail clippers *pl*.

aliciente /ali'θjente/ *sm* **1.** (*estímulo*) incentive: **ganar la carrera fue un aliciente para seguir entrenándose** winning the race acted as an incentive to keep on training. **2.** (*atractivo*) attraction: **tiene el aliciente añadido de ser barato** it has the added attraction of being cheap.

alienación /aljena'θjon/ *sf* alienation.

alienar /alje'nar/ [⇨ CANTAR] *vt* to alienate.
alienarse *v prnl* to become alienated.
alienígena /alje'nixena/ *adj, sm/f* alien.
aliento /a'ljento/ *sm* **1.** (*respiración*) breath: **empañó el espejo con el aliento** he misted up the mirror with his breath; **llegamos sin aliento** we were out of breath when we got there. **2.** (*estímulo*) encouragement: **sus palabras me dieron aliento para continuar** what she said encouraged me to continue.
aligátor /ali'ɣator/ *sm* alligator.
aligerar /alixe'rar/ [⇨ CANTAR] *vt* **1.** (*quitar peso a*) to make lighter, to lighten: **tienes que aligerar esta maleta** you must make this suitcase lighter. **2.** (*mitigar*) to relieve. **3.** (*acelerar*) to quicken, to speed up: **¡aligera el paso!** hurry up!
♦ *vi* to hurry (up): **¡aligera o llegarás tarde!** ¡hurry up or you'll be late!
aligerarse *v prnl* to remove, to take off: **se aligeraron** *de* **ropa por el calor** they took some clothes off because it was so warm.
alijo /a'lixo/ *sm* consignment (*of contraband*): **descubrieron un alijo de heroína** they found a consignment of heroine.
alimaña /ali'maɲa/ *sf* **1.** (*Agr, Zool*) predator (*such as fox, wolf, etc. which kills livestock*). **2.** (*fam: persona*): **es una alimaña** he's an unscrupulous scoundrel.
alimentación /alimenta'θjon/ *sf* **1.** (*nutrición*) feeding: **¿quién se encarga de la alimentación de los animales?** who's in charge of feeding the animals? **2.** (*dieta*) diet, nourishment: **una alimentación equilibrada** a balanced diet.
alimentar /alimen'tar/ [⇨ CANTAR] *vt* **1.** (*dar de comer a*) to feed: **lo alimentan a base de papillas** they feed him with baby food; (*sustentar*) to sustain, to support: **no me llega ni para alimentar a mi familia** I don't even earn enough to support my family. **2.** (*una máquina, un aparato*) to fuel; (*una caldera, un horno*) to stoke. **3.** (*fomentar*) to foster, to encourage: **sus continuas críticas alimentaban el descontento** their constant criticism fostered discontent.
♦ *vi* to nourish: **la leche alimenta mucho** milk is very nourishing.
alimentarse *v prnl* to feed: **el oso panda se alimenta sobre todo** *de* **bambú** pandas feed mainly on bamboo.
alimentario, -ria /alimen'tarjo -rja/ *adj*: **la industria alimentaria** the food industry.
alimenticio, -cia /alimen'tiθjo -θja/ *adj* **1.** (*relativo a comida*) food: **los productos alimenticios están sometidos a controles rigurosos** food products undergo very strict checks. **2.** (*nutritivo*) nutritious.
alimento /ali'mento/ *sm* **1.** (*comida*) food: **lávate las manos antes de tocar los alimentos** wash your hands before handling food. **2.** (*valor nutritivo*) nourishment: **los pasteles no tienen mucho alimento** cakes don't contain much nourishment. **3.** (*estímulo*) encouragement, stimulus: **el odio es alimento de discordia** hatred fuels discord.
alimentos naturales *sm pl* health foods *pl*.
alimoche /ali'motʃe/ *sm* Egyptian vulture.
alimón /ali'mon/ **al alimón** *loc adv* together: **hicieron una exposición al alimón** they held a joint exhibition.
alineación /alinea'θjon/ *sf* **1.** (*gen*) alignment, lining-up. **2.** (*Dep*) line-up: **el seleccionador dio a conocer la alineación** the team manager announced the line-up.
alineado, -da /aline'aðo -ða/ *adj* **1.** (*Pol*) aligned: **los países no alineados** the non-aligned countries. **2.** (*ordenados en fila*) straight, in line: **han puesto una serie de pilares alineados** they've put up a straight row of pillars.
alinear /aline'ar/ [⇨ CANTAR] *vt* **1.** (*poner en línea*) to line up: **alinearon a los niños para la foto** they lined the children up for the photo. **2.** (*Dep*) to line up.
alinearse *v prnl* **1.** (*ponerse en línea*) to line up. **2.** (*tomar partido*) to align oneself, to become aligned: **el nuevo gobierno se alineó** *con* **los países occidentales** the new government aligned itself with Western countries.
aliñar /ali'ɲar/ [⇨ CANTAR] *vt* to dress (*salads*).
aliño /a'liɲo/ *sm* dressing (*for salad*).
alioli /a'ljoli/ *sm* garlic mayonnaise.
alisar /ali'sar/ [⇨ CANTAR] *vt* **1.** (*gen*) to smooth. **2.** (*cabello*) to straighten.
alisarse *v prnl* to straighten.
alisio /a'lisjo/ *sm* trade wind.
aliso /a'liso/ *sm* alder.
alistamiento /alista'mjento/ *sm* (*Mil: acción de alistarse*) enlistment; (*: acción de alistar*) recruitment.
alistar /alis'tar/ [⇨ CANTAR] *vt* (*Mil*) to recruit.
alistarse *v prnl* (*Mil*) to enlist, to join (up): **se alistó** *en* **la marina** he enlisted in the navy.
aliteración /alitera'θjon/ *sf* alliteration.
aliviadero /aliβja'ðero/ *sm* spillway.
aliviar /ali'βjar/ [⇨ CAMBIAR] *vt* **1.** (*mitigar*) to relieve, to ease: **la aspirina me alivió la jaqueca** the aspirin eased my migraine. **2.** (*descargar*) to lighten, to make lighter.
aliviarse *v prnl* to get better, to diminish: **¿se te ha aliviado el dolor de muelas?** is your toothache any better?
alivio /a'liβjo/ *sm* relief: **¡qué alivio!** what a relief!; **sentí un gran alivio cuando me lo dijeron** I was greatly relieved when they told me ● **me di un golpe de alivio** I gave myself a nasty knock.
aljibe /al'xiβe/ *sm* **1.** (*depósito*) cistern. **2.** (*pozo*) well.
allá /a'ʎa/ *adv* **1.** (*ese lugar*) over there, there: **no sé allá cómo será** I don't know what it's like over there; **se han ido** *por* **allá** they've gone that way; **ahora vamos** *para* **allá** we'll be over straight away; **vivo un poco más allá** I live a bit further away; **viven más allá** *del* **hospital** they live beyond the hospital ● **el más allá** the other world ● **se pasa el día de acá para allá** he spends all day coming and going ● **¡allá cuidados, a mí no me afecta!** I couldn't care less, it doesn't affect me! ● **¡allá se las componga!** that's his problem! ● **¡allá tú, te vas a poner como una sopa!** suit yourself, you'll get soaking wet! ● **la comida no estaba muy allá** the food wasn't up to much. **2.** (*tiempo pasado*): **lo compramos allá** *por* **los años sesenta** we bought it back in the sixties.
allanamiento /aʎana'mjento/ *sm* **1.** (*del terreno*) flattening, levelling (out). **2.** (*Amér L: Jur*) raid (*by police, security forces*).
allanamiento de morada *sm* (*Jur*) unlawful entry.
allanar /aʎa'nar/ [⇨ CANTAR] *vt* **1.** (*alisar*) to flatten, to level (out). **2.** (*obstáculos*) to overcome: **los representantes de las dos empresas se reunieron para allanar el terreno** the delegates from both companies met in order to prepare the ground. **3.** (*Jur*) to break into: **lo detuvieron por allanar varias viviendas** he was arrested for breaking into several houses. **4.** (*Amér L: policía, fuerzas armadas*) to raid.
allegado, -da /aʎe'ɣaðo -ða/ **I** *adj* close: **estaban sus amigos más allegados** her closest friends were there;

según fuentes allegadas *a* la presidencia... according to sources close to the president....
II *sm/f* (*amigo*) close friend; (*pariente*) relative: **sólo invitó a los allegados** he only invited close friends and relatives.

allegarse /aʎe'garse/ [➪pagar] *v prnl* to conform, to agree.

allí /a'ʎi/ *adv* **1.** (*referido a un lugar*) there: **estuve allí toda la tarde** I was there all evening; **¿qué tienes allí arriba?** what do you have up there?; **íbamos hacia allí cuando la vimos** we were on our way there when we saw her • **allí donde va, la arma** wherever he goes, there's trouble. **2.** (*referido a tiempo*) then: **hasta allí todo iba bien** until then all was going well.

alma /'alma/ *sf* [takes ***el*** or ***un*** in singular] soul: **no había un alma en la oficina** there wasn't a soul in the office • **cuando lo supe, se me cayó el alma a los pies** when I found out, my heart sank • **se largaron como alma que lleva el diablo** they went off in a tearing hurry • **te lo agradezco en el alma** I thank you from the bottom of my heart • **siento en el alma no poder ayudarte** I'm truly sorry that I can't help you • **tengo el alma en vilo * en un hilo porque no han llamado** I'm very worried because they haven't called • **aquellas imágenes le llegaron al alma** he was deeply moved by those pictures • **¡no puedo con mi alma!** I'm completely exhausted! • **Marisa era el alma del equipo** Marisa was the key member of the team.

alma de cántaro *sm/f* (*fam*) simple soul: **Maite, hija, eres un alma de cántaro** dear Maite, you're such a simple soul.

alma de Dios *sm/f*: **Elena es un alma de Dios** Elena is a really good person.

alma en pena *sm/f* lost soul: **va por ahí como un alma en pena** he wanders about like a lost soul.

almas gemelas *sf pl* kindred spirits *pl.*

almacén /alma'θen/ **I** *sm* **1.** (*depósito*) warehouse. **2.** (*Arg, Chi, Urug: de comestibles*) (*GB*) grocer's, grocery shop, (*US*) grocery store.
II **almacenes** *sm pl* store: **han abierto unos almacenes enfrente de casa** they've opened a new store just across the street.

almacenaje /almaθe'naxe/ *sm* **1.** (*acción*) storage. **2.** (*precio*) storage charges *pl.*

almacenamiento /almaθena'mjento/ *sm* storage.

almacenar /almaθe'nar/ [➪CANTAR] *vt* **1.** (*en un almacén, en un ordenador*) to store. **2.** (*reunir*) to accumulate, to build up: **con el tiempo almacenó una variopinta colección de obras de arte** over the years he built up a diverse collection of works of art.

almacenista /almaθe'nista/ *sm/f* **1.** (*dueño de un almacén*) warehouse owner. **2.** (*mayorista*) wholesaler.

almanaque /alma'nake/ *sm* (*con información sobre estaciones, astros, etc.*) almanac; (*sólo calendario*) calendar.

almazara /alma'θara/ *sf* mill for making olive oil.

almeja /al'mexa/ *sf* clam.

almena /al'mena/ **I** *sf* merlon.
II **almenas** *sf pl* battlements *pl.*

almendra /al'mendra/ *sf* almond.

almendra garapiñada * garrapiñada *sf* sugared almond, praline.

almendrado, -da /almen'draðo -ða/ **I** *adj* almond-shaped: **era morena y tenía los ojos almendrados** she had brown hair and almond-shaped eyes.
II **almendrado** *sm*: *ice cream with chocolate and almonds.*

almendro /al'mendro/ *sm* almond tree.

almendruco /almen'druko/ *sm* green * unripe almond.

almeriense /alme'rjense/ **I** *adj* of * from Almería.
II *sm/f* native * inhabitant of Almería.

almiar /al'mjar/ *sm* haystack, hayrick.

almíbar /al'miβar/ *sm* syrup.

almibarado, -da /almiβa'raðo -ða/ *adj* **1.** (*sabor*) syrupy. **2.** (*comportamiento, voz*) sickly-sweet.

almibarar /almiβa'rar/ [➪CANTAR] *vt* **1.** (*Culin*) to cover in syrup. **2.** (*suavizar*): **almibaró su crítica** she tried to sweeten her words of criticism.

almidón /almi'ðon/ *sm* starch.

almidonado, -da /almiðo'naðo -ða/ **I** *adj* starched.
II **almidonado** *sm* (*acción*) starching.

almidonar /almiðo'nar/ [➪CANTAR] *vt* to starch.

alminar /almi'nar/ *sm* minaret.

almirantazgo /almiran'taθɣo/ *sm* admiralty.

almirante /almi'rante/ *sm* admiral.

almirez /almi'reθ/ *sm* [**almireces**] (*Culin*) (small) mortar.

almizcle /al'miθkle/ *sm* musk.

almohada /almo'aða/ *sf* pillow • **antes de decidirme, quiero consultarlo con la almohada** before making up my mind I'd like to sleep on it.

almohadilla /almoa'ðiʎa/ *sf* **1.** (*cojín*) (small) cushion (*especially those hired by spectators at sporting events*). **2.** (*de costura*) pincushion.

almohadillado, -da /almoaði'ʎaðo -ða/ *adj* padded.

almohadón /almoa'ðon/ *sm* big cushion.

almorrana /almo'rrana/ *sf* (*Med*) piles *pl*: **tiene almorranas** he has piles.

almorzar /almor'θar/ [➪forzar] *vi* **1.** (*al mediodía*) to have lunch. **2.** (*a media mañana*) to have a mid-morning snack. **3.** (*al levantarse*) to have breakfast.
♦*vt* **1.** (*al mediodía*) to have for lunch: **almorzó un bocadillo** he had * ate a sandwich for lunch. **2.** (*a media mañana*) to have for a mid-morning snack. **3.** (*al levantarse*) to have for breakfast.

almuecín /almwe'θin/, **almuédano** /al'mweðano/ *sm* muezzin.

almuerzo /al'mwerθo/ **I** *and other forms with* ***almuerz-*** ➪almorzar
II *sm* **1.** (*al mediodía*) lunch. **2.** (*a media mañana*) mid-morning snack. **3.** (*poco después de levantarse*) breakfast.

alocado, -da /alo'kaðo -ða/ **I** *adj* **1.** (*persona*) irresponsible, thoughtless: **actúa siempre de forma alocada** she always behaves thoughtlessly. **2.** (*idea, comportamiento*) crazy, harebrained.
II *sm/f* heedless person, scatterbrain.

alocución /aloku'θjon/ *sf* address, speech: **el director les dirigió una alocución el primer día del curso** the principal addressed them on the first day of term.

alojamiento /aloxa'mjento/ *sm* accommodation, (*US*) accommodations *pl*: **ellos se ocuparon del alojamiento de los niños** they sorted out accommodation for the children.

alojar /alo'xar/ [➪CANTAR] *vt* to accommodate, to put up: **alojaron a sus amigos en el cuarto de invitados** they put their friends up in the spare room.

alojarse *v prnl* **1.** (*albergarse*) to stay: **me alojé en un hotel** I stayed at * in a hotel. **2.** (*introducirse*) to lodge: **la bala se le ha alojado en el abdomen** the bullet has lodged in his abdomen.

alondra /a'londra/ *sf* lark.

alpaca /al'paka/ *sf* **1.** (*animal, tejido*) alpaca. **2.** (*aleación*) nickel silver, German silver.

alpargata /alpar'ɣata/ *sf* espadrille (*rope-soled sandal or canvas shoe*).

Alpes /'alpes/ *sm pl*: **los Alpes** the Alps *pl*.

alpinismo /alpi'nizmo/ *sm* climbing, mountaineering.

alpinista /alpi'nista/ *sm/f* climber, mountaineer.

alpino, -na /al'pino -na/ *adj* Alpine, alpine.

alpiste /al'piste/ *sm* birdseed.

alquería /alke'ria/ *sf* farmhouse, farmstead.

alquilado, -da /alki'laðo -ða/ *adj* (*gen*) hired: **vinieron en un coche alquilado** they came in a hired car; (*vivienda*) rented.

alquilar /alki'lar/ [⇨ CANTAR] *vt* **1.** (*usuario: gen*) to hire: **tuvimos que alquilar un camión** we had to hire a truck; (*: una vivienda*) to rent: **todos los veranos alquilamos un apartamento en la costa** we rent an apartment by the sea every summer. **2.** (*propietario: gen*) to hire (out): **se alquilan bicicletas** bicycles for hire; (*: una vivienda*) to let, to rent (out): **en lugar de vender la casa, se la alquilamos a unos amigos** instead of selling the house we let it to some friends.

alquiler /alki'ler/ *sm* **1.** (*gen*) hire: **me cobraron cinco mil pesetas por el alquiler de las bicicletas** they charged me five thousand pesetas for the hire of * for hiring the bikes; **coches** *de* **alquiler** car hire * (*US*) rental; (*de una vivienda*) renting. **2.** (*dinero*) rent: **pagamos un alquiler muy bajo** we pay very little rent.

alquimia /al'kimja/ *sf* alchemy.

alquimista /alki'mista/ *sm/f* alchemist.

alquitrán /alki'tran/ *sm* tar.

alquitranar /alkitra'nar/ [⇨ CANTAR] *vt* to tar.

alrededor /alrreðe'ðor/ **I** *adv* round (about): **la fuente tiene alrededor muchos árboles** the fountain is surrounded by many trees.

II alrededor de *prep* **1.** (*rodeando*) around, round: **se sentaron alrededor de la hoguera** they sat round the bonfire. **2.** (*más o menos*) around, about: **cuesta alrededor de mil pesetas** it costs around one thousand pesetas; **tiene alrededor de cuarenta años** she's about forty.

III los alrededores *sm pl* the surrounding area.

alta /'alta/ **I** *sf* [takes ***el*** or ***un*** in singular] **1.** (*ingreso en un cuerpo, asociación*) enrolment: **me di** *de* **alta en el club** I enrolled in the club; **se ha dado** *de* **alta como trabajador autónomo** he has registered as self-employed. **2.** (*Med: notificación de estar recuperado*) discharge: **me dieron** *de* **alta a los tres días** I was discharged three days later; (*: documento*) *certificate stating employee's fitness for work*: **le llevé el alta a mi jefe** I took the certificate stating I was fit for work to my boss.

II *adj* ⇨ alto

altanería /altane'ria/ *sf* haughtiness, arrogance.

altanero, -ra /alta'nero -ra/ *adj* haughty, arrogant.

altar /al'tar/ *sm* altar.

altavoz /alta'βoθ/ *sm* [**altavoces**] (*para anunciar*) loudspeaker; (*en un aparato de música*) speaker.

alteración /altera'θjon/ *sf* **1.** (*modificación*) alteration, change. **2.** (*inquietud*) agitation, distress: **su enfermedad causó una gran alteración en la familia** her illness greatly upset the family.

alteración del orden público *sf* breach * disturbance of the peace.

alterado, -da /alte'raðo -ða/ *adj* (*inquieto*) agitated, distressed; (*irritado*) upset, angry.

alterar /alte'rar/ [⇨ CANTAR] *vt* **1.** (*modificar*) to alter, to change: **su visita alteró mis planes** his visit changed my plans. **2.** (*inquietar*) to worry, to upset: **la noticia lo alteró mucho** the news really worried him. **3.** (*irritar*) to bother. **4.** (*estropear*) to make something go bad: **el calor altera muchos alimentos** the heat makes many foods go bad.

alterarse *v prnl* **1.** (*modificarse*) to be altered, to change. **2.** (*inquietarse*) to become worried * agitated: **como tardaba, su madre empezó a alterarse** as she was late, her mother started to get worried. **3.** (*irritarse*) to be upset: **no te alteres** don't lose your temper. **4.** (*Culin: estropearse*) to go bad, to go off.

altercado /alter'kaðo/ *sm* quarrel.

alternador /alterna'ðor/ *sm* alternator.

alternancia /alter'nanθja/ *sf* alternation.

alternar /alter'nar/ [⇨ CANTAR] *vt* to alternate: **es una actriz a la que le gusta alternar el cine con el teatro** she's an actress who likes alternating film and theatre work.

♦ *vi* to mix, to socialize: **alterno** *con* **personas muy distintas** I mix with all kinds of people.

alternarse *v prnl* to take turns, to alternate: **se alternan para darle el biberón al niño** they take (it in) turns to feed the baby.

alternativa /alterna'tiβa/ *sf* **1.** (*gen*) alternative, option: **tenía ante mí la alternativa de tomarlo o dejarlo** I had the option of taking it or leaving it; **no tuve más alternativa que seguir** I had no alternative but to continue; **se decidió por la primera alternativa** she went for the first option. **2.** (*Pol*) political alternative. **3.** (*Tauro*) *ceremony at which an apprentice qualifies as a fully-fledged bullfighter*.

alternativo, -va /alterna'tiβo -βa/ *adj* alternative.

alterno, -na /al'terno -na/ *adj* **1.** (*gen*) alternate: **sólo trabaja en días alternos** she only works every other day. **2.** (*corriente*) alternating.

alteza /al'teθa/ *sf* (*tratamiento*) Highness: **Su Alteza Real el Príncipe de Asturias** His Royal Highness the Prince of Asturias.

altibajos /alti'βaxos/ *sm pl* ups and downs *pl*: **experimentó muchos altibajos en su vida** he suffered many ups and downs in his life.

altillo /al'tiʎo/ *sm* **1.** (*habitación*) attic room. **2.** (*en un armario*) *cupboard above a built-in wardrobe*.

altímetro /al'timetro/ *sm* altimeter.

altiplanicie /altipla'niθje/ *sf*, **altiplano** /alti'plano/ *sm* high plateau.

altísimo, -ma /al'tisimo -ma/ **I** *adj* very high, very tall.

II el Altísimo *sm* the Almighty.

altisonante /altiso'nante/ *adj* high-flown, grandiloquent.

altitud /alti'tuð/ *sf* (*gen*) height; (*Av, Geog*) altitude.

altivez /alti'βeθ/ *sf* haughtiness, arrogance.

altivo, -va /al'tiβo -βa/ *adj* haughty, arrogant.

alto, -ta /'alto -ta/ **I** *adj* **1.** (*gen*) high: **una habitación de techos altos** a room with a high ceiling; **pagó un precio muy alto** he paid a very high price; **la reacción se produce a altas temperaturas** the reaction occurs at high temperatures; **pertenece a un grupo de alto riesgo** he belongs to a high-risk group; **sacó la nota más alta** she got the highest mark; **un producto de alta calidad** a high-quality product • **lleva muy alta la cabeza** she has nothing to be ashamed of • **le pasa por alto todos sus errores** she overlooks all his mistakes • **llegaron a altas horas de la madrugada** they arrived in the early hours of the morning. **2.** (*persona, objeto*) tall: **una estantería muy alta** a very tall bookcase; **el niño más alto de la clase** the tallest boy in the class. **3.** (*de nivel*) top: **colócalo en el estante más alto** put it on the top shelf; **ha llegado a lo más alto en su profesión** he has reached the top * the peak of his profession; **en lo alto de la montaña** at the top of the mountain; **ponla más alta para que no lleguen los niños** put it higher up so the children can't reach it • **por todo lo alto**: **viven por todo lo alto** they live in the lap of luxury; **lo celebraron por todo lo alto** they celebrated in grand style. **4.** (*Geog, Pol, Sociol*) upper: **el Alto Nilo** the Upper Nile. **5.** (*sonido*) loud: **no pongas la radio tan alta** don't put the radio on so loud; **no quiso decirlo en voz alta** she didn't want to say it out loud; (*frecuencia, nota*) high: **no le llega la voz a las notas altas** he can't reach the high notes.

II alto *sm* **1.** (*altura*) height: **el árbol mide ocho metros** *de* **alto** the tree is eight metres tall. **2.** (*colina*) hill: **nos subimos a un alto para ver el paisaje** we climbed a hill to see the scenery; **los Altos del Golán** the Golan Heights. **3.** (*parada*) halt, stop: **hicimos un alto en el camino** we stopped * made a stop along the way; **un soldado les dio el alto** a soldier ordered them to stop.

III alto *adv* **1.** (*volar*) high (up): **pueden volar muy alto** they can fly very high. **2.** (*hablar, sonar*) loud, loudly: **no hables tan alto** don't talk so loudly * loud.

IV alto *excl* halt, stop • **¡alto el fuego!** hold your fire!

alta fidelidad *sf* high fidelity.

alta mar *sf*: **cuando llegaron a alta mar el tiempo había empeorado** when they reached the open sea the weather had worsened.

alta tecnología *sf* high technology.

alta traición *sf* high treason.

Alto Alemán *sm* (*Ling*) High German.

alto cargo *sm* (*posición*) top-ranking position; (*persona*) high-ranking official.

alto el fuego *sm* cease-fire: **acordaron un alto el fuego** they agreed a cease-fire.

alto horno *sm* (*gen*) blast furnace; (*para acero*) steelworks.

altoparlante /altopar'lante/ *sm* (*Amér L*) loudspeaker.

altozano /alto'θano/ *sm* hillock.

altramuz /altra'muθ/ *sm* [**altramuces**] lupin.

altruismo /altru'izmo/ *sm* altruism.

altruista /altru'ista/ **I** *adj* altruistic.

II *sm/f* altruist.

altura /al'tura/ **I** *sf* **1.** (*medida, altitud*) height: **me olvidé de medir la altura** I forgot to measure the height; **un edificio de veinte metros** *de* **altura** a building twenty metres high; **el avión empezó a perder altura** the plane started to lose height * altitude. **2.** (*nivel*) level: **¿*a* qué altura de la calle Aragón vives?** how far along Aragón Street do you live? **3.** (*mérito*) merit: **la obra no tiene ninguna altura literaria** the work has no literary merit * value.

II de altura *loc adj* (*Náut*) deep-sea.

III alturas *sf pl* **1. las alturas** (*paraíso*) heaven; (*fam*: *superioridad*): **esperamos una orden de las alturas** we are awaiting orders from above. **2.** (*en el tiempo*): ***a* estas alturas no se puede hacer nada** it's too late to do anything at this stage.

IV a la altura de *loc adv* **1.** (*en el espacio*): **vivo en la Gran Vía, a la altura de la calle Muntaner** I live in the Gran Vía, near Muntaner Street; **recibió un balazo a la altura del corazón** he suffered a gunshot wound in (the region of) the heart. **2.** (*en nivel*): **estamos a la altura de nuestros competidores** we're on the same level as our competitors. **3.** (*en una situación*): **no estuvo a la altura de lo que se esperaba de él** he didn't live up to what was expected of him • **supo estar a la altura de las circunstancias** she rose to the occasion.

alubia /a'luβja/ *sf* bean.

alucinación /aluθina'θjon/ *sf* hallucination.

alucinante /aluθi'nante/ *adj* **1.** (*Med*) hallucinatory. **2.** (*fam*: *asombroso*) great, brilliant.

alucinar /aluθi'nar/ [➪ CANTAR] *vi* **1.** (*sufrir alucinaciones*) to suffer from * to have hallucinations, to hallucinate: **la fiebre lo hacía alucinar** the fever made him hallucinate. **2.** (*fam*: *dejar fascinado*) to be amazed: **alucinamos** *con* **la cantidad de discos que tenía** we were amazed at how many records she had; **vive en una casa que alucinas** he lives in a fabulous * an unbelievable house.

♦*vt* (*fam*: *entusiasmar*): **me alucinan los coches deportivos** I'm crazy about sports cars.

alucine /alu'θine/ *sm* (*fam*): **¡es de alucine!** it's incredible!

alucinógeno, -na /aluθi'noxeno -na/ **I** *adj* hallucinogenic.

II alucinógeno *sm* hallucinogen, hallucinogenic drug.

alud /a'luð/ *sm* **1.** (*de nieve*) avalanche. **2.** (*gran cantidad*): **recibieron un alud de felicitaciones** they were inundated by messages of congratulation.

aludido, -da /alu'ðiðo -ða/ *adj* (*en un documento*) above-mentioned, aforementioned; (*al hablar*): **lo repetí varias veces, pero no se dio por aludido** I repeated it several times, but he didn't take the hint.

aludir /alu'ðir/ [➪ PARTIR] *vi* to refer, to make reference: **no sé si alude *a* mí** I don't know if she's referring to me; **aludieron *a* su estancia en Gales** they mentioned their stay in Wales.

alumbrado, -da /alum'braðo -ða/ **I** *adj* lit: **tuvimos que pasar por unas calles mal alumbradas** we had to walk along some badly lit streets.

II alumbrado *sm* **1.** (*gen*) lighting (system): **hubo una avería en el alumbrado y toda la calle se quedó a oscuras** the lighting failed and the whole street was left in darkness. **2.** (*de un vehículo*) lights *pl*.

alumbrado público *sm* street lighting.

alumbramiento /alumbra'mjento/ *sm* (*parto*) childbirth.

alumbrar /alum'brar/ [➪ CANTAR] *vt* **1.** (*dar luz*) to light (up), to illuminate: **cuatro enormes focos alumbraban la fachada del castillo** four huge floodlights illuminated the front of the castle; (*poner luz*) to light: **van a alumbrar el pasaje que hay detrás de la casa** they're going to install lights * lighting in the alley behind the house. **2.** (*enseñar*) to enlighten. **3.** (*parir*) to give birth to.

♦*vi* **1.** (*dar luz*) to give light: **esta bombilla alumbra muy poco** this bulb doesn't give (out) much light. **2.** (*parir*) to give birth.

alumbrarse *v prnl* (*fam*) to get slightly drunk * merry.

aluminio /alu'minjo/ *sm* (*GB*) aluminium, (*US*) aluminum.

alumnado /alum'naðo/ *sm* (*en primaria*) pupils *pl*; (*en secundaria, en la universidad*) students *pl*.

alumno, -na /a'lumno -na/ *sm/f* (*en primaria*) pupil; (*en secundaria, en la universidad*) student.

alumna externa *sf* day girl.

alumna interna *sf* boarder.
alumno externo *sm* day boy.
alumno interno *sm* boarder.
alusión /alu'sjon/ *sf* mention, allusion: **el artículo hace alusión *a* sus problemas económicos** the article alludes to his financial problems.
alusivo, -va /alu'siβo -βa/ *adj* allusive: **hizo unos comentarios alusivos *a* la decoración de la casa** she made some remarks about how their house was decorated.
aluvión /alu'βjon/ *sm* **1.** (*de agua*) flood. **2.** (*de otras cosas*): **recibió un aluvión de telegramas** he was inundated with telegrams; **la atosigaron con un aluvión de preguntas** they overwhelmed her with an avalanche of questions; **los acogió con un aluvión de insultos** he greeted them with a shower of insults.
alveolo /alβe'olo/, **alvéolo** /al'βeolo/ *sm* alveolus.
alza /'alθa/ *sf* [takes ***el*** or ***un*** in singular] **1.** (*gen*) increase, rise: **echó la culpa al alza incesante de los precios** she blamed the constant rise in prices • **la afición a la vela está en alza** interest in sailing is increasing * on the increase • **jugó al alza y obtuvo grandes beneficios** he speculated when the market was rising and made a huge profit. **2.** (*de un arma*) sight.
alzacuello /alθa'kweʎo/ *sm* clerical collar, dog-collar.
alzada /al'θaða/ *sf* (*de un caballo, una mula*) height (*at the withers*).
alzado, -da /al'θaðo -ða/ **I** *adj* **1.** (*levantado*) raised. **2.** (*precio*) fixed: **haré el trabajo por un tanto alzado** I will do the work for a fixed price. **3.** (*sublevado*) rebellious. **4.** (*Méx: engreído*) conceited, arrogant.
II alzado *sm* **1.** (*Arquit*) elevation. **2.** (*Mil, Pol*) rebel.
alzamiento /alθa'mjento/ *sm* uprising.
alzar /al'θar/ [➪ cazar] *vt* **1.** (*el telón, la voz, etc.*) to raise: **que alcen el brazo los que estén a favor** all those in favour raise your hands; **ni alzó los ojos cuando entré** he didn't even look up when I came in. **2.** (*un edificio, un monumento, etc.*) to build, to put up: **alzaron un edificio de veinte pisos** they put up a twenty storey building. **3.** (*sublevar*) to stir up. **4.** (*algo puesto*) to remove: **alzaron el campamento a primera hora de la mañana** they struck camp at dawn.
alzarse *v prnl* **1.** (*levantarse*) to rise: **se alzó el telón** the curtain rose; **se alzó del suelo** he got up from the ground • **se alzó de hombros** he shrugged his shoulders. **2.** (*destacarse*) to stand (out): **en la plaza se alzaba un monumento en honor de un héroe local** a monument to a local hero stood in the square. **3.** (*sublevarse*) to rebel, to rise up: **los campesinos se alzaron en armas contra el rey** the peasants rose up in arms against the king. **4.** (*lograr*): **se alzaron *con* la victoria** they won, they snatched victory.
ama /'ama/ *sf* [takes ***el*** or ***un*** in singular] **1.** (*señora*) mistress. **2.** (*propietaria*) owner. **3.** (*criada*) housekeeper.
ama de casa *sf* housewife.
ama de cría *sf* wet nurse.
ama de llaves *sf* housekeeper.
amabilidad /amaβili'ðað/ *sf* kindness: **tuvo la amabilidad de llamar para disculparse** he was good enough to phone in order to apologize.
amable /a'maβle/ *adj* kind: **fue muy amable de su parte enviar las flores** it was kind * thoughtful of them to send the flowers; **firme aquí y aquí, si es usted tan amable** sign here and here, if you'd be so kind.
amado, -da /a'maðo -ða/ **I** *adj* beloved, dear.
II *sm/f* beloved, sweetheart.
amadrinar /amaðri'nar/ [➪ CANTAR] *vt* to act as godmother to.
amaestrado, -da /amaes'traðo -ða/ *adj* (*animal*) trained.
amaestramiento /amaestra'mjento/ *sm* training.
amaestrar /amaes'trar/ [➪ CANTAR] *vt* (*a un animal*) to train.
amagar /ama'ɣar/ [➪ pagar] *vt* to make as if to: **amagó un saludo** she made as if to say hello; **amagó un golpe** he made a threatening gesture.
♦*vi* to threaten: **amagaba tormenta** a storm was threatening.
amago /a'maɣo/ *sm* (*de hacer algo*): **hizo amago de agarrarlo** he made as if to grab it; (*de enfermedad*): **tuvo un amago de infarto** he had a minor heart attack.
amainar /amai'nar/ [➪ CANTAR] *vi* (*lluvia, tormenta*) to ease up * off, to clear (up): **esperaré hasta que amaine** I'll wait until it clears up; (*viento*) to die down, to drop.
amalgama /amal'ɣama/ *sf* amalgam: **el país es una amalgama de razas y culturas** the country is a mixture of races and cultures.
amalgamar /amalɣa'mar/ [➪ CANTAR] *vt* to amalgamate.
amalgamarse *v prnl* to amalgamate.
amamantar /amaman'tar/ [➪ CANTAR] *vt* (*mujer*) to breast-feed; (*animal*) to suckle.
amanecer /amane'θer/ **I** *sm* dawn, daybreak: **se fueron *al* amanecer** they left at dawn.
II [➪ agradecer] *v impers* to dawn: **cuando nos levantamos, todavía no había amanecido** when we got up dawn had not yet broken.
♦*vi* **1.** (*en un lugar*): **amanecimos en Londres** we were in London at dawn. **2.** (*en un estado*): **amanecí con fiebre** I woke up with a temperature; **amaneció muerta** she died during the night.
amanerado, -da /amane'raðo -ða/ *adj* **1.** (*sin naturalidad*) affected, mannered. **2.** (*afeminado*) effeminate.
amansar /aman'sar/ [➪ CANTAR] *vt* **1.** (*a un animal*) to quieten: **la música amansa a las fieras** music soothes wild beasts. **2.** (*a una persona*) to mellow: **tenía mucho genio en su juventud, pero la vida lo ha amansado** he had a quick temper in his youth, but he's mellowed now.
amante /a'mante/ **I** *adj* **1.** (*aficionado*) fond: **soy poco amante *de* la música moderna** I'm not very fond of modern music. **2.** (*que ama*) loving.
II *sm/f* lover: **se descubrió que tenía una amante** they found out he had a lover; **buenas noticias para los amantes de la música...** good news for music-lovers....
amañado, -da /ama'ɲaðo -ða/ *adj* **1.** (*falseado*) fixed: **el partido estaba amañado** the game was fixed * rigged. **2.** (*mañoso*) (*GB*) skilful, (*US*) skillful.
amañar /ama'ɲar/ [➪ CANTAR] *vt* **1.** (*unas elecciones, una competición*) to fix, to rig: **amañaron el partido** they fixed * rigged the game. **2.** (*las cuentas*) to falsify.
amañarse *v prnl*: **amañárselas** (*fam*): **se las amañó para hacerles creer que era hijo de nobles** he managed to make them believe he was the son of nobility.
amaño /a'maɲo/ *sm* ruse, dodge.
amapola /ama'pola/ *sf* poppy.
amar /a'mar/ [➪ CANTAR] *vt* to love.

amarse *v prnl* to love each other.
amarar /ama'rar/ [⇨ CANTAR] *vi* ⇨ amerizar
amargado, -da /amar'ɣaðo -ða/ **I** *adj* (*persona*) bitter, embittered.
II *sm/f* embittered person.
amargar /amar'ɣar/ [⇨ pagar] *vt* **1.** (*entristecer*) to embitter, to make bitter: **aquel fracaso la amargó** that failure made her bitter. **2.** (*arruinar*): **nos amargó la cena** he spoilt * ruined our dinner; **le amargó la vida a su mujer** he made his wife's life a misery.
amargarse *v prnl* to become embittered: **no te amargues** *por* **el suspenso** don't be bitter about failing the exam.
amargo, -ga /a'marɣo -ɣa/ *adj* bitter: **permanecieron juntos en los momentos más amargos** they stayed together even when things were really difficult.
amargor /amar'ɣor/ *sm* (*sabor*) bitterness.
amargura /amar'ɣura/ *sf* bitterness: **el fracaso de la obra le produjo una gran amargura** the failure of the play made him very bitter.
amarillear /amariʎe'ar/ [⇨ CANTAR] *vi* to turn yellow: **amarillean ya las hojas de los árboles** the leaves on the trees are changing colour already.
amarillento, -ta /amari'ʎento -ta/ *adj* yellowish.
amarillo, -lla /ama'riʎo -ʎa/ **I** *adj* yellow: **se puso amarillo y vomitó** he turned pale and was sick.
II amarillo *sm* yellow.
amarillo limón *sm, adj inv* lemon.
amarra /a'marra/ *sf* mooring rope: **soltaron amarras** they cast off.
amarradero /amarra'ðero/ *sm* (*Náut*) **1.** (*poste*) *bollard or ring for mooring a boat.* **2.** (*sitio: para una barca*) mooring; (*: para un barco*) berth.
amarrar /ama'rrar/ [⇨ CANTAR] *vt* (*atar*) to tie; (*Náut*) to moor, to tie up.
amasar /ama'sar/ [⇨ CANTAR] *vt* **1.** (*el pan*) to knead. **2.** (*el cemento*) to mix. **3.** (*una fortuna*) to amass.
amasijo /ama'sixo/ *sm* (*fam*) **1.** (*de objetos*) jumble. **2.** (*de ideas*) hotchpotch, mishmash.
amateur /ama'ter/ *adj, sm/f* amateur.
amatista /ama'tista/ *sf* amethyst.
amatorio, -ria /ama'torjo -rja/ *adj* love.
amazona /ama'θona/ *sf* **1.** (*jineta*) (female) rider, horsewoman. **2.** (*mitológica*) Amazon.
Amazonas /ama'θonas/ *sm*: **el Amazonas** the Amazon.
amazónico, -ca /ama'θoniko -ka/ *adj* Amazonian.
ambages /am'baxes/ **sin ambages** *loc adv* frankly, bluntly: **le dije sin ambages que no estaba de acuerdo con lo que había hecho** I told him straight out * in plain language that I didn't agree with what he'd done.
ámbar /'ambar/ *sm* amber.
ambición /ambi'θjon/ *sf* ambition: **es un hombre sin ambiciones** he's not a very ambitious man.
ambicionar /ambiθjo'nar/ [⇨ CANTAR] *vt* to have as an ambition, to long to: **ambicionaba ser jugador profesional** his ambition was to be a professional player.
ambicioso, -sa /ambi'θjoso -sa/ **I** *adj* ambitious.
II *sm/f* ambitious person.
ambientación /ambjenta'θjon/ *sf* setting (*of a play, film, novel*): **lo mejor de la serie es su ambientación** the best thing about the series is its setting.
ambientador /ambjenta'ðor/ *sm* air-freshener.
ambiental /ambjen'tal/ *adj* **1.** (*factor, circunstancia*) environmental; (*humedad, temperatura*): **la humedad ambiental suele superar el setenta por ciento** humidity is usually over seventy per cent. **2.** (*de fondo*) background: **tenían música ambiental** background music was playing.
ambientar /ambjen'tar/ [⇨ CANTAR] *vt* **1.** (*crear ambiente en*) to create an atmosphere at: **una orquesta ambientaba la fiesta** there was a band playing at the party. **2.** (*enmarcar*) to set (*a play, film, story*): **la película estaba ambientada en la época victoriana** the film was set in Victorian times. **3.** (*acostumbrar*) to settle someone in: **se celebró una recepción para ambientar a los recién llegados** a reception was held to help the newcomers settle in.
ambientarse *v prnl* to settle in: **se ambientó pronto en el nuevo barrio** she soon settled down in * felt at home in her new neighbourhood.
ambiente /am'bjente/ *sm* **1.** (*atmósfera*) atmosphere: **había humedad en el ambiente** the atmosphere was humid; **en la reunión el ambiente era muy tenso** the atmosphere was very tense at the meeting. **2.** (*animación*) atmosphere: **en la fiesta había mucho ambiente** there was a great atmosphere at the party. **3.** (*medio*) environment: **los animales se desarrollan mejor en su propio ambiente** animals thrive better in their natural environment * habitat; **no era un ambiente propicio para el desarrollo de la ciencia** conditions were not favourable for the development of science; **me apetece un cambio de ambiente** I fancy a change of scene. **4.** (*círculo*) milieu, circle: **la noticia causó un gran revuelo en los ambientes teatrales** the news caused a great stir in theatrical circles.
ambigüedad /ambiɣwe'ðað/ *sf* ambiguity.
ambiguo, -gua /am'biɣwo -ɣwa/ *adj* ambiguous.
ámbito /'ambito/ *sm* **1.** (*extensión*): **tienen sucursales en todo el ámbito nacional** they have branches all over the country; **trabaja en una emisora de ámbito local** she works for a local radio station. **2.** (*medio*) sphere, circles *pl*: **es un producto bien conocido en el ámbito industrial** it's a well-known product in industrial circles; **es una autora muy conocida en el ámbito escolar** she's a very well-known educational author.
ambivalencia /ambiβa'lenθja/ *sf* ambivalence.
ambivalente /ambiβa'lente/ *adj* ambivalent.
ambos, -bas /'ambos -bas/ *adj* both: **los ganadores son Tomás Rodríguez y Carmen Alonso, ambos residentes en Madrid** the winners are Tomás Rodríguez and Carmen Alonso, both from Madrid.
ambulancia /ambu'lanθja/ *sf* ambulance.
ambulante /ambu'lante/ *adj* (*GB*) travelling, (*US*) traveling: **en la plaza se instaló un circo ambulante** a travelling circus set up in the square.
ambulatorio /ambula'torjo/ *sm* (*en un hospital*) outpatients' department; (*fuera de hospital*) (*GB*) (doctor's) surgery, (*US*) doctor's office.
ameba /a'meβa/ *sf* (*GB*) amoeba, (*US*) ameba.
amedrentar /ameðren'tar/ [⇨ CANTAR] *vt* to scare, to terrify.
amedrentarse *v prnl* to be scared * terrified: **no se amedrentaba** *por* **nada** nothing scared her.
amén /a'men/ **I** *sm* (*Relig*) amen • **dijo amén a todo** she agreed to everything • **nos zampamos la cena en un decir amén** we gobbled our supper in no time * in two shakes.
II amén de *conj* (*frml*) **1.** (*además de*) in addition to: **fue astrólogo y poeta amén de estadista** in addition to being a statesman he was an astrologer and poet.

2. (*con la excepción de*) except for.

amenaza /ame'naθa/ *sf* threat.

amenazador, -dora /amenaθa'ðor -'ðora/ *adj* threatening.

amenazar /amena'θar/ [⇨cazar] *vt* **1.** (*intimidar*) to threaten: **un grupo terrorista lo amenazó** *de* **muerte** a terrorist group threatened to kill him; **los amenacé** *con* **dejar de comprar sus productos** I threatened to stop buying their products. **2.** (*dar señales de*) to threaten: **amenaza tormenta** there's a storm threatening; **la casa amenaza ruina** the house is in danger of falling down.
♦ *vi* to threaten.

amenizar /ameni'θar/ [⇨cazar] *vt*: **amenizó la velada contando anécdotas de su último viaje** she entertained us for the whole evening recounting anecdotes from her last journey.

ameno, -na /a'meno -na/ *adj* **1.** (*libro, película, espectáculo*) entertaining; (*clase, conferencia*) enjoyable: **las clases de inglés son muy amenas** my English lessons are very enjoyable. **2.** (*persona*): **como conferenciante es muy amena** she's a very entertaining speaker.

América /a'merika/ **I** *sf* (*el continente*) America, the Americas *pl*; (*Hispanoamérica*) Latin America; (*los Estados Unidos*) America.
II las Américas *sf pl* the Americas *pl* ● **se fue a hacer las Américas** he went off to seek his fortune (in the Americas).
América Central *sf* Central America.
América del Norte *sf* North America.
América del Sur *sf* South America.

americana /ameri'kana/ *sf* jacket: **llevaba americana y corbata** he was wearing a jacket and tie.

americanismo /amerika'nizmo/ *sm* Spanish American word * expression.

americanista /amerika'nista/ *adj, sm/f* Americanist.

americano, -na /ameri'kano -na/ **I** *adj* **1.** (*de las Américas*) American (*of * from the American continent as a whole*): **una cumbre de países americanos** a summit of American nations. **2.** (*de Estados Unidos*) American ● (*Amér L*) **¿pagamos a la americana?** let's split the bill. **3.** (*de Latinoamérica*) Latin American.
II *sm/f* **1.** (*de las Américas*) American (*native * inhabitant of the American continent as a whole*). **2.** (*de Estados Unidos*) American.

amerindio, -dia /ame'rindjo -dja/ *adj, sm/f* American Indian.

amerizar /ameri'θar/ [⇨cazar] *vi* (*hidroavión*) to touch down; (*cápsula espacial*) to splash down.

ametralladora /ametraʎa'ðora/ *sf* (heavy) machine gun.

ametrallar /ametra'ʎar/ [⇨CANTAR] *vt* to machine-gun.

amianto /a'mjanto/ *sm* asbestos.

amigable /ami'ɣaβle/ *adj* friendly: **la nuestra fue una separación amigable** we parted amicably * on friendly terms.

amígdala /a'miɣðala/ *sf* tonsil.

amigdalitis /amiɣða'litis/ *sf inv* tonsillitis.

amigo, -ga /a'miɣo -ɣa/ **I** *adj* **1.** (*amistoso*) friendly: **necesitaba oír una voz amiga** I needed to hear a friendly voice ● **tuvimos nuestras diferencias, pero al final quedamos tan amigos** we had our differences but we remained friends; (*que tiene amistad*): **soy muy amigo suyo** I'm a close * very good friend of his. **2.** (*aficionado*) fond: **es muy amigo** *de* **hacer bromas** he's very fond of * he loves playing jokes.
II *sm/f* friend: **se hicieron amigos en el colegio** they became friends at school.

amigote /ami'ɣote/ *sm* (*fam*) pal, crony: **se pasa el día en el bar jugando a cartas con sus amigotes** he spends all day in the bar playing cards with his pals * cronies.

amiguete /ami'ɣete/ *sm* (*fam*) friend: **fui con unos amiguetes** I went with some of my friends.

amiguismo /ami'ɣizmo/ *sm*: *preferential treatment given to friends.*

amilanado, -da /amila'naðo -ða/ *adj* **1.** (*asustado*) frightened, intimidated. **2.** (*desalentado*) discouraged, daunted.

amilanar /amila'nar/ [⇨CANTAR] *vt* **1.** (*producir miedo a*) to frighten, to intimidate: **no te dejes amilanar por sus amenazas** don't let his threats intimidate you. **2.** (*desalentar*) to discourage, to daunt.
amilanarse *v prnl* **1.** (*sentir miedo*) to feel * be frightened. **2.** (*desalentarse*) to be discouraged, to lose heart: **lo que me gusta de él es que no se amilana por nada** what I like about him is that he lets nothing discourage him.

aminoácido /amino'aθiðo/ *sm* amino acid.

aminorar /amino'rar/ [⇨CANTAR] *vt* to decrease, to reduce: **a la entrada del pueblo aminoró la marcha** he slowed down as he approached the village.

amistad /amis'tað/ **I** *sf* friendship: **trabé amistad** *con* **él durante mi estancia en Londres** I made friends with him during my stay in London.
II amistades *sf pl* **1.** (*amigos*) friends *pl*: **invitó a todas sus amistades** she invited all her friends. **2.** (*conocidos influyentes*) friends in the right places *pl*: **encontró trabajo enseguida gracias a sus amistades** he found a job very quickly because he knew people in the right places.

amistoso, -sa /amis'toso -sa/ *adj* friendly.

amnesia /am'nesja/ *sf* amnesia.

amnésico, -ca /am'nesiko -ka/ **I** *adj* amnesic.
II *sm/f* amnesiac.

amnistía /amnis'tia/ *sf* amnesty: **el nuevo gobierno concedió la amnistía a los presos políticos** the new government granted an amnesty to political prisoners.
Amnistía Internacional *sf* Amnesty International.

amnistiar /amnis'tjar/ [⇨ansiar] *vt* to grant an amnesty to.

amo /'amo/ *sm* **1.** (*señor*) master ● **en cuanto llegó, se hizo el amo de la situación** as soon as he arrived he took control of the situation. **2.** (*propietario*) owner: **de eso mejor que hable con el amo de la finca** you'd better talk to the owner of the farm about that.

amodorrado, -da /amoðo'rraðo -ða/ *adj* drowsy, sleepy.

amodorrar /amoðo'rrar/ [⇨CANTAR] *vt* to send to sleep, to make drowsy * sleepy.
amodorrarse *v prnl* to become drowsy * sleepy: **después de comer siempre se amodorra un poco** he always dozes off for a while after a meal.

amohinarse /amoi'narse/ [⇨CANTAR] *v prnl* to sulk, to get cross.

amolar /amo'lar/ [⇨contar] *vt* **1.** (*afilar*) to sharpen. **2.** (*fam: fastidiar*) to annoy: **¡pues estamos amolados!** oh no, that's all we needed!
amolarse *v prnl* (*fam*): **si no te gusta, te amuelas** if you don't like it, you'll just have to lump it.

amoldable /amol'daβle/ *adj* adaptable: **buscamos una persona que sea amoldable** we're looking for someone adaptable.

amoldar /amol'dar/ [⇨CANTAR] *vt* to adapt: **hay que amoldar el reglamento** *a* **las nuevas disposiciones** the rules need to be brought into line with the new legislation.

amoldarse *v prnl* **1.** (*tener forma adecuada*) to fit. **2.** (*acostumbrarse*) to become adapted, to adapt oneself: **se amoldó pronto** *a* **la vida de casado** he soon adapted to married life.

amonestación /amonesta'θjon/ **I** *sf* **1.** (*reprimenda*) reprimand. **2.** (*en fútbol*) booking.
II amonestaciones *sf pl* (*anuncio de boda*) banns *pl*.

amonestar /amones'tar/ [⇨CANTAR] *vt* **1.** (*reñir*) to reprimand: **lo amonestaron por llegar tarde** he was reprimanded for arriving late. **2.** (*en fútbol*) to show the yellow card to.

amoniaco /amo'njako/, **amoníaco** /amo'niako/ *sm* ammonia.

amontillado /amonti'ʎaðo/ *sm* amontillado (*medium dry sherry*).

amontonado, -da /amonto'naðo -ða/ *adj* (*cajas, libros*) piled up; (*fam: personas*): **vivían todos amontonados** they all lived on top of one another.

amontonar /amonto'nar/ [⇨CANTAR] *vt* **1.** (*apilar*) to pile up. **2.** (*acumular*) to gather together: **pasó su vida amontonando riquezas** she spent her life accumulating wealth.

amontonarse *v prnl* **1.** (*apilarse*) to pile up: **los libros iban amontonándose en un rincón** the books were piling up in a corner. **2.** (*acumularse: gente*) to crowd in, to pack in: **la gente se amontona en las rebajas** people come to the sales in crowds; (*: problemas*): **se me amontonaron las desgracias** for me, it was one misfortune after another.

amor /a'mor/ *sm* **1.** (*gen*) love: **su amor** *por* **la pintura…** his love for painting…; **preparó el libro con gran amor** he put his heart and soul into writing the book • **mi hijo es muy inteligente, y esto no es amor de madre…** my son is very intelligent and I'm not just saying that because I'm his mother… • **no piensa hacerlo por amor al arte** he won't just do it out of the goodness of his heart • **¿vas a parar, por el amor de Dios?** will you stop it, for goodness' sake? • **te ayudaré de mil amores** I'll gladly help you • **hicieron el amor** they made love • **se sentaron al amor de la lumbre** they sat by the fireside. **2.** (*persona, cosa*) love: **ella fue el gran amor de su vida** she was the great love in his life; **su único amor es su trabajo** her one love (in life) is her work.

amor platónico *sm* platonic love.

amor propio *sm* pride: **el amor propio no le permitía abandonar** his pride wouldn't let him give up.

amoral /amo'ral/ *adj* amoral.

amoratado, -da /amora'taðo -ða/ *adj* **1.** (*a causa del frío*) blue with cold. **2.** (*a causa de un golpe*) bruised.

amoratarse /amora'tarse/ [⇨CANTAR] *v prnl* **1.** (*a causa del frío*) to turn blue. **2.** (*a causa de un golpe*) to bruise.

amordazar /amorða'θar/ [⇨cazar] *vt* (*a un animal*) to muzzle; (*a una persona*) to gag, to put a gag on: **la prensa se siente amordazada por el régimen** the press feels gagged * silenced by the régime.

amorfo, -fa /a'morfo -fa/ *adj* amorphous.

amorío /amo'rio/ *sm* affair, fling.

amoroso, -sa /amo'roso -sa/ *adj* loving.

amortajar /amorta'xar/ [⇨CANTAR] *vt* to wrap in a shroud.

amortiguación /amortigwa'θjon/ *sf* **1.** (*en un vehículo*) suspension. **2.** (*disminución: de un golpe*) cushioning; (*: de un ruido*) muffling; (*: de una luz*) dimming.

amortiguador, -dora /amortiɣwa'ðor -'ðora/ **I** *adj* (*de un golpe*) cushioning; (*de un ruido*) muffling.
II amortiguador *sm* shock absorber.

amortiguar /amorti'ɣwar/ [⇨averiguar] *vt* (*un golpe*) to cushion, to soften; (*un ruido*) to muffle; (*una luz*) to dim.

amortización /amortiθa'θjon/ *sf* **1.** (*de una deuda, un préstamo, del dinero invertido*) repayment. **2.** (*pérdida de valor*) depreciation.

amortizar /amorti'θar/ [⇨cazar] *vt* **1.** (*un préstamo, una hipoteca*) to repay, to pay off: **es conveniente que amortices pronto la hipoteca** you would be well advised to pay off * repay your mortgage as soon as possible. **2.** (*el dinero invertido*) to recoup: **en un año amortizó su inversión** in one year he had recouped his investment; **una familia numerosa amortiza pronto un lavavajillas** in a large family a dishwasher pays for itself very quickly.

amotinado, -da /amoti'naðo -ða/ **I** *adj* (*en un barco*) mutinous; (*en una prisión*) rioting.
II *sm/f* (*en un barco*) mutineer; (*en una prisión*) rioter.

amotinar /amoti'nar/ [⇨CANTAR] *vt* (*en un barco*) to incite to mutiny; (*en una prisión*) to incite to riot.

amotinarse *v prnl* (*en un barco*) to mutiny: **la tripulación se amotinó** *contra* **el capitán** the crew mutinied against the captain; (*en una prisión*) to riot.

amparar /ampa'rar/ [⇨CANTAR] *vt* to protect: **la ley lo ampara** he is protected by the law.

ampararse *v prnl* **1.** (*en un edificio*) to shelter: **se amparó bajo un puente** she sheltered * took shelter under a bridge. **2.** (*valerse*): **se ampara** *en* **su buena suerte** he's relying on his good luck.

amparo /am'paro/ *sm* (*resguardo*) shelter: **este centro da amparo a niños abandonados** this centre is a shelter for abandoned children; **vive** *al* **amparo** *de* **unos parientes ricos** she is in the care of some rich relatives.

amperímetro /ampe'rimetro/ *sm* ammeter.

amperio /am'perjo/ *sm* amp.

ampliación /amplja'θjon/ *sf* (*de una fotografía*) enlargement; (*de un edificio*) extension; (*de capital*) increase; (*de poderes, competencias*) extension.

ampliadora /amplja'dora/ *sf* enlarger (*in photography*).

ampliar /am'pljar/ [⇨ansiar] *vt* **1.** (*una imagen*) to enlarge. **2.** (*un edificio*) to extend: **tienen que ampliar el Palacio de Congresos** the Palacio de Congresos must be extended * made bigger. **3.** (*Fin*) to increase: **ampliaron el capital** *a* **cien millones de dólares** they increased the capital to a hundred million dollars. **4.** (*poderes, competencias*) to extend.

amplificador, -dora /amplifika'ðor -'ðora/ **I** *adj* (*de sonido*) amplifying.
II amplificador *sm* amplifier.

amplificar /amplifi'kar/ [⇨sacar] *vt* (*un sonido*) to amplify.

amplio, -plia /'ampljo -plja/ *adj* **1.** (*espacioso*) large, spacious; (*holgado*) loose. **2.** (*extenso*) broad: **tienen una amplia gama de productos** they have a broad range of products; **hay una amplia representación social** there are representatives from all sectors of society. **3.** (*con mucha diferencia*) large: **obtuvieron una amplia mayoría** they won by a large majority.

amplitud /ampli'tuð/ *sf* **1.** (*de un lugar*) size, spaciousness. **2.** (*de un proyecto, etc.*) scope: **me sorprendió la amplitud de sus conocimientos** I was surprised at the extent of her knowledge.

amplitud de miras *sf* broadmindedness.

ampolla /am'poʎa/ *sf* **1.** (*Med*) blister • **sus comentarios levantaron ampollas** her comments annoyed a lot of people. **2.** (*botellita: redondeada*) small flask; (*: para inyecciones*) ampoule.

ampollarse /ampo'ʎarse/ [⇨ CANTAR] *v prnl* to blister.

ampolleta /ampo'ʎeta/ *sf* (*Chi*) light bulb.

ampuloso, -sa /ampu'loso -sa/ *adj* pompous.

amputación /amputa'θjon/ *sf* amputation.

amputar /ampu'tar/ [⇨ CANTAR] *vt* to amputate.

amueblado, -da /amwe'βlaðo -ða/ *adj* furnished: **han alquilado un piso amueblado** they have rented a furnished flat.

amueblar /amwe'βlar/ [⇨ CANTAR] *vt* to furnish: **piso sin amueblar** unfurnished flat.

amuermar /amwer'mar/ [⇨ CANTAR] *vt* **1.** (*fam: aburrir*) to bore: **sus clases me amuerman** his lessons bore me stiff. **2.** (*adormecer*) to make drowsy * sleepy.

amuleto /amu'leto/ *sm* charm.

amuleto de la suerte *sm* lucky charm.

amurallado, -da /amura'ʎaðo -ða/ *adj* walled.

amurallar /amura'ʎar/ [⇨ CANTAR] *vt* to surround with a (defensive) wall.

anacardo /ana'karðo/ *sm* (*fruto*) cashew nut; (*árbol*) cashew tree.

anaconda /ana'konda/ *sf* anaconda.

anacoreta /anako'reta/ *sm/f* hermit.

anacrónico, -ca /ana'kroniko -ka/ *adj* anachronistic.

anacronismo /anakro'nizmo/ *sm* anachronism.

ánade /'anaðe/ *sm* (*frml*) duck.

anagrama /ana'ɣrama/ *sm* **1.** (*Ling*) anagram. **2.** (*logotipo*) logo.

anal /a'nal/ *adj* anal.

anales /a'nales/ *sm pl* annals *pl*.

analfabetismo /analfaβe'tizmo/ *sm* illiteracy.

analfabeto, -ta /analfa'βeto -ta/ **I** *adj* illiterate: **es analfabeto** he cannot read or write, he is illiterate.
II *sm/f* illiterate (person).

analgésico, -ca /anal'xesiko -ka/ **I** *adj* painkilling, analgesic.
II analgésico *sm* painkiller, analgesic.

análisis /a'nalisis/ *sm inv* **1.** (*Quím*) analysis: **hicieron un análisis del agua** they tested the water. **2.** (*Med*) test: **le hicieron una serie de análisis** she underwent a series of tests.

análisis de mercado *sm inv* market research.

análisis de orina *sm inv* urine test.

análisis de sangre *sm inv* blood test.

analista /ana'lista/ *sm/f* analyst.

analítico, -ca /ana'litiko -ka/ *adj* analytical, analytic.

analizar /anali'θar/ [⇨ cazar] *vt* (*gen*) (*GB*) to analyse, (*US*) to analyze; (*la sangre, la orina*) to test.

analogía /analo'xia/ *sf* (*frml: paralelismo*) analogy; (*: punto en común*) similarity.

analógico, -ca /ana'loxiko -ka/ *adj* (*GB*) analogue, (*US*) analog: **un reloj analógico** an analogue watch.

análogo, -ga /a'naloɣo -ɣa/ *adj* analogous, similar.

ananá /ana'na/ *sm* [*pl* **ananás** * **ananaes**] (*Arg, Urug*) pineapple.

anaquel /ana'kel/ *sm* shelf.

anaranjado, -da /anaraŋ'xaðo -ða/ *adj* orange: **una corbata anaranjada** an orange tie.

anarquía /anar'kia/ *sf* anarchy.

anárquico, -ca /a'narkiko -ka/ *adj* anarchic.

anarquismo /anar'kizmo/ *sm* anarchism.

anatema /ana'tema/ *sm* anathema.

anatomía /anato'mia/ *sf* anatomy.

anatómico, -ca /ana'tomiko -ka/ *adj* anatomical.

anca /'aŋka/ *sf* [takes ***el*** or ***un*** in singular] haunch.

ancas de rana *sf pl* (*Culin*) frogs' legs *pl*.

anchas /'antʃas/ *sf pl* • **allí se sentía a sus anchas** she felt at home there.

ancho, -cha /'antʃo -tʃa/ **I** *adj* (*gen*) wide, broad: **es una calle muy ancha** it's a very wide street • **nos engañó y se quedó tan ancho** he lied to us and showed no signs of remorse whatsoever; (*referido a una prenda*): **el abrigo le queda ancho** the coat is too wide * big for him; **se llevan los pantalones anchos** baggy trousers are in fashion.
II ancho *sm* width, breadth: **la tabla tiene un metro** *de* **ancho** the board is a metre wide; **mídelo** *a lo* **ancho** measure it widthways.

anchoa /an'tʃoa/ *sf* (cured) anchovy.

anchura /an'tʃura/ *sf* width.

ancianidad /anθjani'ðað/ *sf* old age.

anciano, -na /an'θjano -na/ **I** *adj* old: **la abuela es muy anciana y no puede vivir sola** grandmother is very old and can't live on her own.
II *sm/f* (*gen*) old person: **organiza excursiones para los ancianos del pueblo** she organizes outings for the old people in the village; (*hombre*) old man; (*mujer*) old woman.

ancla /'aŋkla/ *sf* [takes ***el*** or ***un*** in singular] anchor: **echamos anclas en una cala** we dropped anchor in a bay; **el barco levará anclas a las seis** the ship will weigh anchor at six.

anclaje /aŋ'klaxe/ *sm* anchorage.

anclar /aŋ'klar/ [⇨ CANTAR] *vt/i* to anchor.

anda /'anda/ **I** *excl* (*fam*) **1.** (*de sorpresa*) goodness: **¡anda, si se ha comido todo el pastel!** good grief! he's eaten the whole cake!; (*de admiración*) wow: **¡anda, qué elegante estás!** wow, you're looking smart! **2.** (*de incredulidad*): **¡anda (ya)!** come off it! **3.** (*de ánimo, al pedir algo*) go on: **¡anda, que ya te queda poco!** come * go on, you're nearly there!; **¡anda, di que sí!** go on, say yes! **4.** (*de reproche*): **¡anda, que se fastidie!** let him stew!
II *imperative of* ⇨ andar

andadas /an'daðas/ *sf pl* (*fam*) (bad) old ways *pl* • **había dejado de beber, pero ya ha vuelto a las andadas** he'd stopped drinking, but he's gone back to his old ways.

andaderas /anda'ðeras/ *sf pl* baby-walker.

andador, -dora /anda'ðor -'ðora/ **I** *adj* (*que anda mucho*): **mi hermano es muy andador** my brother is a great one for walking.
II andador *sm* (*para niño: aparato*) baby walker; (*: tirantes*) reins *pl*.

andadura /anda'ðura/ *sf*: **el proyecto comenzó su andadura ahora hace dos años** the project got off the ground * started up two years ago.

ándale /'andale/ *excl* (*Méx: fam*) **1.** (*vamos*) come on, go on. **2.** (*date prisa*) hurry up, get a move on.

Andalucía /andalu'θia/ *sf* Andalusia.

andaluz, -luza /anda'luθ -luθa/ *adj, sm/f* [**andaluces -zas**] Andalusian.

andamiaje /anda'mjaxe/ *sm* scaffolding.

andamio /an'damjo/ *sm* scaffolding.

andanada /anda'naða/ *sf* **1.** (*descarga*) broadside. **2.** (*Tauro*) *covered terraces in a bullring*. **3.** (*de balcones*) line.

andante /an'dante/ *sm* (*Mús*) andante.

andanza /an'danθa/ *sf* adventure: **nos contó sus andanzas** *por* **México** she told us about her adventures in Mexico.

andar /an'dar/ **I** *sm* walk: **la reconocí por los andares * por su andar** I recognized her by the way she walked * by her walk.

II [➪table: andar] *vi* **1.** (*caminar*) to walk: **fuimos andando** we walked there * we went on foot. **2.** (*funcionar*) to work: **el reloj no anda bien** the clock is not working properly; **el coche no anda** the car won't start; (*moverse*) to go: **hay que ver qué despacio anda este coche** oh, this car is so slow! **3.** (*estar, hallarse*) to be: **¿cómo andas?** how are you?; **no anda nada bien** she's not at all well; **¿cómo andas** *del* **estómago?** how's your stomach?; **andan mal** *de* **dinero** they're short of money; **¿cómo andas** *de* **tiempo?** how are you off for time?; **¿qué andas haciendo?** what have you been up to?; **el libro anda por ahí** the book is there somewhere; **andaba** *tras* **el empleo** he was after the job. **4.** (*curiosear*) to rummage: **lo pillé andando** *en* **tus cajones** I caught him rummaging through your drawers. **5. andar por** (*estar cerca de*): **andará por los cuarenta** he must be about forty; **ese coche anda por los dos millones** that car costs about two million (pesetas). **6.** (*Amér L: montar*): **no sabe andar** *en* **bicicleta/***a* **caballo** he can't ride a bike/a horse; **salimos a andar** *en* **bicicleta/***a* **caballo** we went cycling/horse-riding. **7. anda** (*Amér S*) * **andá** (*Arg, Urug*) *[used as the singular imperative of* ***ir*** *instead of* ***ve****]* go: **anda arriba y me traes el suéter** go upstairs and fetch my sweater; **anda** *a* **la cocina** go to the kitchen; **anda** *a* **ver qué quiere** go and see what she wants • **¡anda a saber con qué nos va a salir ahora!** heaven knows what she's going to come out with next.

♦*vt* **1.** (*recorrer a pie*) to walk: **anduvimos todo el camino** we walked all the way. **2.** (*Amér C: llevar*): **andaba mi chaqueta nueva** I was wearing my new jacket; **andaba el rifle** he had his rifle with him.

andarse *v prnl* **1. andarse con** (*obrar con*): **ándate con cuidado** be careful; **no te andes con miramientos y díselo directamente** don't beat about the bush: tell him straight out; **no te andes con cumplidos** don't stand on ceremony. **2. andarse en** (*hurgarse*) to pick: **deja de andarte en la herida** stop picking (at) your wound. **3. ándate** (*Amér S*) * **andate** (*Arg, Urug*) *[used as the singular imperative of* ***irse*** *instead of* ***vete****]* go: **ándate antes de que lleguen** go before they arrive; **ándate** *de* **aquí** go away.

andar

INDICATIVE	SUBJUNCTIVE
Preterite	**Imperfect**
anduve	anduviera *or* anduviese
anduviste	anduvieras *or* anduvieses
anduvo	anduviera *or* anduviese
anduvimos	anduviéramos *or* anduviésemos
anduvisteis	anduvierais *or* anduvieseis
anduvieron	anduvieran *or* anduviesen

For the rest of the tenses ➪ CANTAR (in appendix)

andariego, -ga /anda'rjeɣo -ɣa/ *adj*: **es muy andariego** he's a great one for walking.

andas /'andas/ *sf pl* (*Relig*) portable platform (*used to carry images of saints*).

ándele /'andele/ *excl* (*Méx: fam*) ➪ ándale

andén /an'den/ *sm* **1.** (*en una estación*) platform. **2.** (*Amér C, Col: en la calle*) (*GB*) pavement, (*US*) sidewalk.

Andes /'andes/ *sm pl*: **los Andes** the Andes *pl.*

andinismo /andi'nizmo/ *sm* (*Amér L*) mountaineering, climbing.

andino, -na /an'dino -na/ *adj, sm/f* Andean.

Andorra /an'dorra/ *sf* Andorra.

andorrano, -na /ando'rrano -na/ *adj, sm/f* Andorran.

andrajo /an'draxo/ *sm* (*pedazo de ropa*) rag, tatter; (*fam: prenda*) rag: **siempre va vestido con andrajos** he's always dressed in rags.

andrajoso, -sa /andra'xoso -sa/ **I** *adj* ragged.

II *sm/f* tramp.

androide /an'droiðe/ *sm* android.

andurrial /andu'rrjal/ *sm* deserted place: **no se veía un alma por aquellos andurriales** there wasn't a soul to be seen in all that wilderness.

anduve /an'ðuβe/ *and other forms with* ***anduv-*** ➪ andar

anea /a'nea/ *sf* bulrush.

anécdota /a'nekðota/ *sf* anecdote.

anecdótico, -ca /anek'dotiko -ka/ *adj* anecdotal: **su relato tiene un valor puramente anecdótico** his story is purely anecdotal.

anegar /ane'ɣar/ [➪pagar] *vt* to flood.

anegarse *v prnl* to flood, to become flooded.

anejo, -ja /a'nexo -xa/ **I** *adj* attached: **construyeron un gimnasio anejo** *a* **la escuela** they built a gymnasium on to the school.

II anejo *sm* (*GB*) annexe, (*US*) annex.

anemia /a'nemja/ *sf* (*GB*) anaemia, (*US*) anemia.

anémico, -ca /a'nemiko -ka/ **I** *adj* (*GB*) anaemic, (*US*) anemic.

II *sm/f* person suffering from (*GB*) anaemia * (*US*) anemia.

anémona /a'nemona/ *sf* anemone.

anémona de mar *sf* sea anemone.

anestesia /anes'tesja/ *sf* (*GB*) anaesthesia, (*US*) anesthesia.

anestesia general *sf* general (*GB*) anaesthesia * (*US*) anesthesia.

anestesia local *sf* local (*GB*) anaesthesia * (*US*) anesthesia.

anestesiar /aneste'sjar/ [➪CAMBIAR] *vt* (*GB*) to anaesthetize, (*US*) to anesthetize.

anestésico, -ca /anes'tesiko -ka/ **I** *adj* (*GB*) anaesthetic, (*US*) anesthetic.

II anestésico *sm* (*GB*) anaesthetic, (*US*) anesthetic.

anestesiólogo, -ga /aneste'sjoloɣo -ɣa/, **anestesista** /aneste'sista/ *sm/f* (*GB*) anaesthetist, (*US*) anesthetist.

anexar /anek'sar/ [➪CANTAR] *vt* (*tierras*) to annex.

anexión /anek'sjon/ *sf* annexation.

anexionar /aneksjo'nar/ [➪CANTAR] *vt* to annex.

anexionarse *v prnl* to annex: **Alemania se anexionó parte de Checoslovaquia en 1938** Germany annexed part of Czechosolovakia in 1938.

anexo, -xa /a'nekso -ksa/ **I** *adj*: **la cena fue en un comedor anexo** *a* **la sala** dinner was served in a dining room next to the hall.

II anexo *sm* **1.** (*edificio*) (*GB*) annexe, (*US*) annex. **2.** (*en un libro*) appendix. **3.** (*Chi: Telec*) extension.

anfeta /an'feta/ *sf* (*fam*) amphetamine.
anfetamina /anfeta'mina/ *sf* amphetamine.
anfibio, -bia /an'fiβjo -βja/ **I** *adj* amphibious.
II anfibio *sm* amphibian.
anfiteatro /anfite'atro/ *sm* **1.** (*Hist*) (*GB*) amphitheatre, (*US*) amphitheater. **2.** (*en un cine, un teatro*) (*GB*) circle, (*US*) balcony.
anfitrión /anfi'trjon/ *sm* host.
anfitriona /anfi'trjona/ *sf* hostess.
ánfora /'anfora/ *sf* [takes ***el*** or ***un*** in singular] amphora.
ángel /'aŋxel/ *sm* **1.** (*ser celestial*) angel; (*fam: persona*): **fue un ángel, me ayudó en todo** he was an absolute angel, helping me with everything. **2.** (*fam: simpatía*) kindness: **es una persona con ángel** she has a very nice manner.
ángel de la guarda *sm* guardian angel.
angelical /aŋxeli'kal/ *adj* angelic.
angina /aŋ'xina/ **I** *sf* (*Anat: fam*) tonsil.
II anginas *sf pl* (*inflamación de las amígdalas*) tonsillitis; (*dolor de garganta*) a sore throat.
angina de pecho *sf* angina (pectoris).
anglicanismo /aŋglika'nizmo/ *sm* Anglicanism.
anglicano, -na /aŋgli'kano -na/ *adj, sm/f* Anglican.
anglicismo /aŋgli'θizmo/ *sm* Anglicism.
anglófilo, -la /aŋ'glofilo -la/ *adj, sm/f* Anglophile.
anglófono, -na /aŋ'glofono -na/ **I** *adj* English-speaking.
II *sm/f* English speaker.
anglosajón, -jona /aŋglosa'xon -'xona/ **I** *adj* **1.** (*Hist*) Anglo-Saxon. **2.** (*en la actualidad*): **el sistema judicial anglosajón** the legal system in the English-speaking world.
II *sm/f* **1.** (*Hist*) Anglo-Saxon. **2.** (*en la actualidad*) person from the English-speaking world.
angora /aŋ'gora/ *sf* angora.
angosto, -ta /aŋ'gosto -ta/ *adj* narrow.
anguila /aŋ'gila/ *sf* eel.
angula /aŋ'gula/ *sf* young eel, elver.
ángulo /'aŋgulo/ *sm* **1.** (*en geometría*) angle: **estas dos líneas forman un ángulo de cuarenta y cinco grados** these two lines meet at a forty-five degree angle * an angle of forty-five degrees. **2.** (*punto de vista*) viewpoint: **lo analizamos desde distintos ángulos** we looked at it from different viewpoints * angles. **3.** (*de un edificio, una habitación*) corner.
ángulo recto *sm* right angle.
anguloso, -sa /aŋgu'loso -sa/ *adj* angular: **tiene la cara delgada y de facciones angulosas** she has a thin face with sharp * angular features.
angustia /aŋ'gustja/ *sf* **1.** (*gran inquietud*) anguish, distress: **pasó horas de angustia hasta que su hijo salió del quirófano** she went through hours of anguish waiting for her son to come out of the operating theatre. **2.** (*preocupación*) anxiety: **no podré olvidar la angustia de las últimas semanas** I'll never forget the anxiety of the last few weeks. **3.** (*fam: nerviosismo*) nervousness: **siento angustia cada vez que tengo que presentarme a un examen oral** I feel sick with nerves every time I have an oral exam.
angustiado, -da /aŋgus'tjaðo -ða/ *adj* **1.** (*muy inquieto*) distressed, anguished: **recibieron una llamada de los angustiados padres** they had a call from the distressed parents. **2.** (*preocupado*) anxious. **3.** (*fam: nervioso*) nervous: **estaba angustiado porque se acercaban los exámenes** he was getting nervous because the exams were approaching.
angustiar /aŋgus'tjar/ [➪ CAMBIAR] *vt* **1.** (*inquietar, turbar*) to distress, to upset: **la angustia ver la situación en la que se encuentran** it distresses * upsets her to see the situation they are in. **2.** (*preocupar*) to make anxious, to worry: **la angustiaba la posibilidad de que apresaran a su marido** the possibility of her husband being taken prisoner made her extremely anxious.
angustiarse *v prnl* **1.** (*sentir gran inquietud*) to be very distressed: **se angustiaba porque no podía obtener alimentos para sus hijos** she was very distressed because she couldn't get food for her children. **2.** (*preocuparse*) to get (very) anxious: **se angustia pensando que no será capaz de cumplir con su cometido** he's getting very anxious about not being able to fulfil his obligations. **3.** (*fam: ponerse nervioso*) to get worked up: **se angustia cada vez que tiene que hablar en público** she gets very worked up every time she has to speak in public.
angustioso, -sa /aŋgus'tjoso -sa/ *adj* (*que provoca gran inquietud*) distressing, upsetting: **la espera de noticias se hizo angustiosa** waiting for news became very distressing; (*preocupante*) worrying.
anhelante /ane'lante/ *adj* (*mirada*) longing; (*actitud*): **esperaba anhelante la llegada de la primavera** she eagerly looked forward to the arrival of spring.
anhelar /ane'lar/ [➪ CANTAR] *vt* to long for: **anhelaba fama y riquezas** he longed for fame and wealth.
anhelo /a'nelo/ *sm* longing, burning desire.
anhídrido /a'niðriðo/ *sm* anhydride.
anidar /ani'ðar/ [➪ CANTAR] *vi* **1.** (*aves*) to nest. **2.** (*un sentimiento*): **el odio que anidaba *en* su corazón** the hatred that filled her heart.
anilla /a'niʎa/ **I** *sf* **1.** (*gen*) ring: **un bloc de anillas** a ring binder; (*para cortinas*) (curtain) ring. **2.** (*para abrir una lata de bebida*) tab.
II anillas *sf pl* (*en gimnasia*) rings *pl*.
anillo /a'niʎo/ *sm* **1.** (*gen*) ring: **los anillos de Saturno eran muy visibles** Saturn's rings could be clearly seen • **por fregar suelos no se te van a caer los anillos** you're not debasing yourself by scrubbing floors • **tu regalo nos vino como anillo al dedo** your present was just what we wanted. **2.** (*de un insecto*) segment; (*de una serpiente*) coil.
anillo de boda *sm* wedding ring, (*US*) wedding band.
anillo de compromiso *sm* engagement ring.
ánima /'anima/ *sf* [takes ***el*** or ***un*** in singular] **1.** (*alma*) soul. **2.** (*de cañón, fusil*) bore.
animación /anima'θjon/ *sf* **1.** (*actividad*) (lively) activity: **había mucha animación en las carreras** there was a very lively atmosphere at the races. **2.** (*entretenimiento*): **la animación de la fiesta corrió a cargo de un grupo latino** a Latin band was given the job of making the party go with a swing. **3.** (*en cine*) animation.
animado, -da /ani'maðo -ða/ *adj* **1.** (*persona*) cheerful: **no lo encontré muy animado** I didn't find him very cheerful * in very good spirits. **2.** (*fiesta, lugar*) lively: **la cena estuvo muy animada** it was a very lively dinner.
animador, -dora /anima'ðor -'ðora/ *sm/f* **1.** (*Dep*) cheerleader. **2.** (*also* **animador, -dora cultural**) (*de actividades, viajes*) activity organizer. **3.** (*de espectáculos*) compere.
animadversión /animaðβer'sjon/ *sf* animosity.
animal /ani'mal/ **I** *adj* **1.** (*Zool*) animal. **2.** (*persona: bruto*): **¡qué animal! casi me tumba...** what a brute! he nearly knocked me over...; **¡qué animal! ¡mira**

que irse al fútbol el día del entierro! he's so callous! he's gone to the football on the day of the funeral!; (*: ignorante*): **¡pero qué animal eres!** you're so stupid * ignorant!; **¡qué animal! ¡mira que comerse las gambas con la cáscara y todo!** can you believe his ignorance, eating the prawns shells and all!; (*: para enfatizar*): **¡qué animal! ¡mira que terminarlo en un día!** what a dynamo! she finished it all in a day!; **¡qué animal, comerse dos pollos!** fancy eating two whole chickens!

II *sm* **1.** (*Zool*) animal. **2.** (*persona: bruto*) brute; (*: ignorante*) ignorant * stupid person; (*: para enfatizar*): **es un animal, ¡mira que leérsela en un día!** he must be superhuman, reading the whole thing in one day • **es un animal de costumbres** he is a creature of habit.

animalada /anima'laða/ *sf* (*fam: acto*) stupid thing to do: **me pareció una animalada que se comiera los ocho pasteles** I thought it was stupid of him to eat all eight cakes; (*: dicho*) stupid thing to say: **no soltó más que animaladas** everything he said was completely stupid.

animar /ani'mar/ [➪ CANTAR] *vt* **1.** (*dar ánimo a*) to cheer up: **no consiguieron animarlo** they didn't succeed in cheering him up. **2.** (*motivar*) to encourage: **me animaron** *a* **que estudiara alemán** they encouraged me to study German. **3.** (*una reunión social*) to liven up.

animarse *v prnl* **1.** (*alegrarse: persona*) to cheer up; (*: reunión social*) to liven up: **la cena se animó cuando llegó Eduardo** the dinner party livened up when Eduardo arrived. **2.** (*a hacer algo*) to decide: **no se animó** *a* **venir con nosotros** he decided not to come with us; **vamos a la playa, ¿te animas?** we're off to the seaside, do you want to come?

ánimo /'animo/ **I** *sm* **1.** (*humor, talante*): **no sé qué podemos hacer para levantarle el ánimo** I don't know what we can do to cheer him up; **cuando volví a verla, su estado de ánimo había mejorado** when I saw her again, her mood had improved; **el entrenador trató de tranquilizar los ánimos** the coach tried to calm everyone down. **2.** (*empuje*): **no tengo ánimos para seguir** I don't have the heart to carry on • **me dieron ánimos para que continuara** they encouraged me to continue. **3.** (*voluntad*) intention: **creo que lo dijo sin ánimo de ofender** I think he said it without meaning to offend.

II *excl* come on: **¡ánimo, Fernando, ya queda poco!** come on, Fernando, you're nearly there!

animosidad /animosi'ðað/ *sf* animosity.

animoso, -sa /ani'moso -sa/ *adj* resolute.

aniñado, -da /ani'ɲaðo -ða/ *adj* (*voz, cara*) childish.

aniquilación /anikila'θjon/, **aniquilamiento** /anikila'mjento/ *sf* total destruction, annihilation.

aniquilar /aniki'lar/ [➪ CANTAR] *vt* (*a seres vivos*) to annihilate, to wipe out; (*un lugar*) to destroy utterly.

anís /a'nis/ *sm* **1.** (*planta*) anise; (*semilla*) aniseed. **2.** (*licor*) anisette. **3.** (*dulce*) aniseed ball.

aniversario /aniβer'sarjo/ *sm* anniversary.

aniversario de bodas *sm* wedding anniversary.

ano /'ano/ *sm* anus.

anoche /a'notʃe/ *adv* (*temprano*) yesterday evening; (*tarde*) last night: **anoche me despertó el niño cuatro veces** the baby woke me up four times last night.

anochecer /anotʃe'θer/ **I** *sm* nightfall, dusk.

II [➪ agradecer] *v impers* to get dark: **ahora ya anochece muy tarde** it's getting dark very late now.

♦ *vi* (*frml*): **anochecí en Tordesillas** I was in Tordesillas at nightfall * when it got dark.

anochecido /anotʃe'θiðo/ *adv* (*frml*) dark: **era anochecido cuando volvimos** it was dark when we got back.

anodino, -na /ano'ðino -na/ *adj* dull: **es un espectáculo de lo más anodino** it's an extremely dull show.

anomalía /anoma'lia/ *sf* anomaly, irregularity.

anómalo, -la /a'nomalo -la/ *adj* anomalous, irregular.

anonadado, -da /anona'ðaðo -ða/ *adj* stunned, stupefied: **la noticia nos dejó anonadados** we were stunned by the news.

anonadar /anona'ðar/ [➪ CANTAR] *vt* **1.** (*abrumar*) to overwhelm. **2.** (*impresionar, sorprender*) to amaze, to astonish: **la actuación del equilibrista anonadó al público** the tightrope walker's act amazed the audience.

anonimato /anoni'mato/ *sm* anonymity: **el benefactor del hospital prefirió permanecer en el anonimato** the hospital's benefactor preferred to remain anonymous.

anónimo, -ma /a'nonimo -ma/ **I** *adj* (*autor, obra*) anonymous.

II anónimo *sm* **1.** (*obra literaria, etc.*) anonymous work. **2.** (*carta*) anonymous letter: **lleva meses recibiendo anónimos con amenazas** she's been receiving anonymous threatening letters for months. **3.** (*anonimato*) anonymity.

anorak /ano'rak/ *sm* [**anoraks**] anorak.

anorexia /ano'reksja/ *sf* anorexia (nervosa).

anormal /anor'mal/ **I** *adj* **1.** (*poco corriente*) abnormal: **experimentó un crecimiento anormal para su edad** the amount she grew was abnormal * not normal for her age. **2.** (*raro, extraño*) strange, odd: **su desinterés me pareció anormal** I found his lack of interest odd * strange. **3.** (*fam: deficiente mental*) mentally handicapped.

II *sm/f* (*fam*) mentally handicapped person.

anormalidad /anormali'ðað/ *sf* (*gen*) abnormality; (*retraso mental*) mental handicap.

anotación /anota'θjon/ *sf* note: **las anotaciones al texto son de lo más informativo** the textual notes are most informative; **tomó algunas anotaciones de lo que dijo el guía** he made some notes on what the guide said.

anotar /ano'tar/ [➪ CANTAR] *vt* **1.** (*escribir*) to make a note of: **lo anotó en su agenda** he made a note of it in his diary. **2.** (*Fin: en contabilidad*) to record. **3.** (*Dep: marcar*) to score: **anotó otra canasta** he scored another basket.

anotarse *v prnl* to notch up: **nuestro equipo se anotó la victoria** our team won * notched up a win.

anquilosado, -da /aŋkilo'saðo -ða/ *adj* **1.** (*Med*) (*GB*) paralysed, (*US*) paralyzed: **tiene las piernas anquilosadas** *por* **la artritis** her legs are paralysed by arthritis. **2.** (*estancado*): **el país tiene unas estructuras sociales anquilosadas** the country's social structures are atrophied.

anquilosar /aŋkilo'sar/ [➪ CANTAR] *vt* (*Med*) (*GB*) to paralyse, (*US*) to paralyze.

anquilosarse *v prnl* **1.** (*Med*) (*GB*) to become paralysed, (*US*) to become paralyzed. **2.** (*estancarse*): **las instituciones judiciales del país se anquilosaron** the country's legal institutions atrophied.

ansia /'ansja/ *sf* [takes ***el*** or ***un*** in singular] **1.** (*anhelo*) burning desire: **nunca tuvo ansia** *de* **riquezas** he never desired * craved wealth. 2. (*desasosiego*) anxiety: **esperaba con ansia las noticias del hospital** he was anxiously waiting for news from the hospital.

ansiar /an'sjar/ [⇨table: ansiar] *vt* to long for: **ansiaba volver a su país** she was longing to return to her home country; **el tan ansiado armisticio** the longed-for armistice.

ansiar	
INDICATIVE	SUBJUNCTIVE
Present ansío ansías ansía ansiamos ansiáis ansían	**Present** ansíe ansíes ansíe ansiemos ansiéis ansíen
IMPERATIVE	
(tú) ansía (vosotros) ansiad	(usted) ansíe (ustedes) ansíen
For the rest of the tenses ⇨ CANTAR (in appendix)	

ansiedad /ansje'ðað/ *sf* anxiety: **padece de depresiones acompañadas de ansiedad** she suffers from depression and attacks of anxiety; **los refugiados esperan con ansiedad la llegada de alimentos** the refugees are anxiously awaiting the arrival of food supplies.

ansioso, -sa /an'sjoso -sa/ *adj* 1. (*anhelante*): **estaba ansioso** *por* **que llegara el verano** he was longing for the arrival of summer. 2. (*agitado, inquieto*) anxious: **estaba ansioso** *por* **saber la nota del examen de inglés** he was anxious to find out his marks in the English exam.

antagónico, -ca /anta'ɣoniko -ka/ *adj* diametrically opposed.

antagonismo /antaɣo'nizmo/ *sm* antagonism.

antagonista /antaɣo'nista/ *sm/f* (*Lit*) antagonist.

antaño /an'taɲo/ *adv* in the old days: **los coches de antaño eran mucho menos seguros** in the old days cars were much less safe.

antártico, -ca /an'tartiko -ka/ **I** *adj* antarctic: **el océano (Glacial) Antártico** the Antarctic Ocean.
II el Antártico *sm* the Antarctic Ocean.

Antártida /an'tartiða/ *sf*: **la Antártida** Antarctica.

ante /'ante/ **I** *sm* 1. (*animal: europeo o asiático*) elk; (*: norteamericano*) moose. 2. (*tipo de piel*) suede: **llevaba una cazadora de ante** he was wearing a suede jacket.
II *prep* 1. (*una persona*) before, in the presence of: **tuvo el placer de actuar ante el rey** he had the pleasure of performing in the presence of * before the king; **el sorteo se hará ante notario** the draw will take place in the presence of a notary. 2. (*una situación*) in the face of: **ante su inesperada reacción, decidí no continuar** faced with his unexpected reaction, I decided not to go on; **nada pude hacer ante su insistencia** given her persistence there was nothing I could do.

anteanoche /antea'notʃe/ *adv* the night before last.

anteayer /antea'jer/ *adv* the day before yesterday.

antebrazo /ante'βraθo/ *sm* forearm.

antecámara /ante'kamara/ *sf* anteroom.

antecedente /anteθe'dente/ **I** *adj* previous, preceding.
II *sm* (*Ling, Mat*) antecedent.
III antecedentes *sm pl* 1. (*de un acontecimiento*): **hay que tener en cuenta los antecedentes de la guerra** you have to bear in mind what the background to the war was • **no puedo opinar, no estoy en antecedentes** I can't express an opinion, I don't have all the relevant information • **ponme en antecedentes** would you fill me in, please? 2. (*also* **antecedentes penales**) (*Jur*) criminal record.

anteceder /anteθe'ðer/ [⇨TEMER] *vt* to precede.

antecesor, -sora /anteθe'sor -'sora/ *sm/f* 1. (*en un cargo, un trabajo*) predecessor. 2. (*en una familia*) ancestor: **muchos de sus antecesores eran italianos** many of her ancestors were Italian.

antedicho, -cha /ante'ðitʃo -tʃa/ *adj* (*frml*) above-mentioned, aforementioned.

antediluviano, -na /anteðilu'βjano -na/ *adj* (*fam*) prehistoric: **tienen un coche antediluviano** they have a prehistoric * an ancient car.

antelación /antela'θjon/ *sf* notice: **no nos avisaron** *con* **la debida antelación** they didn't give us enough (advance) notice; **es mejor comprar las entradas** *con* **antelación** it's better to buy the tickets in advance.

antemano /ante'mano/ **de antemano** *loc adv* beforehand: **el jefe lo sabía de antemano** the boss knew beforehand.

antena /an'tena/ *sf* 1. (*de radio, televisión*) aerial, antenna • **este programa lleva diez años en antena** this programme has been on the air for ten years. 2. (*Zool*) antenna • **Julia siempre está con la antena puesta** Julia always keeps her ears open.
antena parabólica *sf* satellite dish.

anteojeras /anteo'xeras/ *sf pl* blinkers *pl*.

anteojo /ante'oxo/ **I** *sm* telescope.
II anteojos *sm pl* 1. (*gafas*) glasses *pl*: **usa anteojos** he wears glasses. 2. (*prismáticos*) binoculars *pl*.

antepasado, -da /antepa'saðo -ða/ *sm/f* ancestor.

antepecho /ante'petʃo/ *sm* (*alféizar*) sill, ledge; (*barandilla*) rail.

antepenúltimo, -ma /antepe'nultimo -ma/ *adj* second to last, antepenultimate.

anteponer /antepo'ner/ [⇨poner; *past participle* **antepuesto**] *vt* 1. (*poner delante*) to put in front of: **antepuso** *a* **cada cantidad las iniciales del vendedor** he wrote the salesperson's initials in front of all the amounts. 2. (*preferir*) to give priority to: **antepuso los estudios** *a* **la diversión** he gave his studies priority over going out and having fun.
anteponerse *v prnl* to go before, to come before: **en inglés el adjetivo se antepone** *al* **sustantivo** in English the adjective goes * comes before the noun.

anteproyecto /antepro'jekto/ *sm* 1. (*estudio previo*) first draft. 2. (*also* **anteproyecto de ley**) (*Jur*) draft bill.

anterior /ante'rjor/ *adj* 1. (*de tiempo*) previous: **habían comprado la casa el año anterior** they had bought the house the previous year * the year before. 2. (*de lugar*) front: **se sienta en la mesa anterior** *a* **la mía** he sits at the table in front of mine.

antes /'antes/ **I** *adv* 1. (*de lugar*): **está antes** *del* **cruce** it's before the crossroads. 2. (*de tiempo: con anterioridad*) before: **antes** *de* **irse cerraron todas las ventanas** before they went they closed all the windows; **guárdalo antes** *de que* **se te olvide** put it away before you forget; **ella había llegado antes** she had arrived earlier; **terminaron mucho antes** *que* **yo**

they finished long before I did • **hazlo lo antes posible** do it as soon as possible; (*: en el pasado*) in the past: **antes esto se hacía a mano** in the past, this was done by hand. **3.** (*de preferencia*): **prefiero quedarme en casa antes** *que* **ir con ella** I'd rather * I'd sooner stay at home than go with her.

II *adj* previous: **lo compré el día antes** I bought it the previous day * the day before.

III antes bien *conj* (*frml*) on the contrary: **no apruebo su conducta; antes bien, la considero abominable** I don't approve of his behaviour; on the contrary I think it's appalling.

antes de anoche *loc adv* the night before last.

antes de ayer *loc adv* the day before yesterday.

antesala /ante'sala/ *sf* anteroom.

antiadherente /antjade'rente/ *adj* non-stick.

antiaéreo, -rea /antia'ereo -rea/ *adj* anti-aircraft.

antibalas /anti'βalas/ *adj inv* bulletproof.

antibiótico, -ca /anti'βjotiko -ka/ **I** *adj* antibiotic.

II antibiótico *sm* antibiotic.

anticiclón /antiθi'klon/ *sm* anticyclone.

anticipación /antiθipa'θjon/ *sf* advance: **hizo los preparativos del viaje** *con* **mucha anticipación** he prepared for his journey well in advance.

anticipado, -da /antiθi'paðo -ða/ *adj* (*elecciones, jubilación*) early; (*pago*): **exigen el pago anticipado de los billetes** they ask you to pay for the tickets in advance • **hay que pagar por anticipado** you have to pay in advance.

anticipar /antiθi'par/ [➪ CANTAR] *vt* **1.** (*adelantar*) to bring forward: **tuvieron que anticipar las elecciones** the elections had to be brought forward. **2.** (*pagar por anticipado*) to pay in advance: **me han anticipado la paga de este mes** they've paid me this month's salary in advance. **3.** (*publicar por anticipado*): **este domingo anticipamos en exclusiva un capítulo** this Sunday we exclusively publish one of the chapters.

anticiparse *v prnl* **1.** (*adelantarse*) to do something first: **quería pagar la cuenta, pero yo me anticipé** he wanted to pay the bill, but I beat him to it. **2.** (*ocurrir temprano*) to come early: **este año el invierno se ha anticipado** winter has come early this year • **fue un autor que se anticipó a su tiempo** he was an author ahead of his time.

anticipo /anti'θipo/ *sm* **1.** (*anticipación*) hint: **las agencias dieron un anticipo de la noticia** the news agencies gave a hint of the forthcoming item. **2.** (*de salario*) advance: **le pedí un anticipo al jefe** I asked my boss for an advance.

anticonceptivo, -va /antikonθep'tiβo -βa/ **I** *adj* contraceptive.

II anticonceptivo *sm* contraceptive.

anticongelante /antikoŋxe'lante/ *adj, sm* antifreeze.

anticonstitucional /antikonstituθjo'nal/ *adj* unconstitutional.

anticuado, -da /anti'kwaðo -ða/ **I** *adj* old-fashioned: **los muebles son un poco anticuados** the furniture is rather old-fashioned; **es muy anticuada, no le gusta que las chicas lleven pantalones** she's very old-fashioned: she doesn't like girls wearing trousers.

II *sm/f* (*fam*) old fogey.

anticuario, -ria /anti'kwarjo -rja/ *sm/f* (*experto*) antiquarian, expert on antiques; (*vendedor*) antique dealer.

anticuerpo /anti'kwerpo/ *sm* antibody.

antidisturbios /antiðis'turβjos/ **I** *adj inv* riot: **la policía antidisturbios** the riot police.

II *sm pl* riot police: **tuvieron que intervenir los antidisturbios** the riot police had to move in.

antídoto /an'tiðoto/ *sm* antidote: **el deporte es un buen antídoto** *contra* **las depresiones** sport is a good antidote to * for depression.

antier /an'tjer/ *adv* (*Amér L*) ➪ anteayer

antiestético, -ca /anties'tetiko -ka/ *adj* unsightly, ugly.

antifaz /anti'faθ/ *sm* [**antifaces**] mask.

antigualla /anti'ɣwaʎa/ *sf* (*fam*) old relic: **en el desván no hay más que antiguallas** there's nothing but old junk in the loft.

antiguamente /antiɣwa'mente/ *adv* formerly, years ago.

antigüedad /anti'ɣweðað/ *sf* **1.** (*de tiempo: gen*) (great) age, antiquity: **aún no se ha confirmado su antigüedad** its age still has to be confirmed; **tiene una antigüedad de quinientos años** it is five hundred years old; (*: en un trabajo*): **es el empleado de más antigüedad** he's the longest serving employee; **tiene doce años de antigüedad en la empresa** she's been with the firm for twelve years. **2.** (*Artes: mueble, pintura, etc.*) antique: **es un coleccionista de antigüedades** he's a collector of antiques. **3. la Antigüedad** (*Hist*) Antiquity.

antiguo, -gua /an'tiɣwo -ɣwa/ **I** *adj* **1.** (*viejo*) ancient, old: **es una antigua tradición de mi país** it's an ancient tradition in my country • **todavía lo elaboran a la antigua** they still make it (in) the traditional way • **educan a sus hijos a la antigua** they educate their children in the old-fashioned way • **este problema viene de antiguo** this is an age-old problem. **2.** (*anterior*) former: **era ministro en el antiguo gobierno** he was a minister in the former government. **3.** (*anticuado*) old-fashioned: **me gustan las canciones antiguas** I like old-fashioned songs. **4.** (*en un trabajo*) senior: **Carmen es la más antigua en la oficina** Carmen is the most senior person in the office.

II antiguos *sm pl* ancients *pl*.

antihéroe /anti'eroe/ *sm* antihero.

antillano, -na /anti'ʎano -na/ **I** *adj* of the West Indies.

II *sm/f* inhabitant of the West Indies (*especially of those islands which are former Spanish colonies*).

Antillas /an'tiʎas/ *sf pl*: **las Antillas** the West Indies *pl* (*especially those islands which are former Spanish colonies*).

antílope /an'tilope/ *sm* antelope.

antinatural /antinatu'ral/ *adj* unnatural.

antioxidante /antioksi'dante/ **I** *adj* (*para metales*) anti-rust.

II *sm* anti-rusting agent.

antiparras /anti'parras/ *sf pl* (*fam*) specs *pl*.

antipatía /antipa'tia/ *sf* dislike, antipathy: **les tiene mucha antipatía** *a* **sus vecinos** she really dislikes her neighbours; **le ha cogido antipatía** *a* **la física** he's taken a dislike to Physics.

antipático, -ca /anti'patiko -ka/ **I** *adj* **1.** (*poco amable*) unfriendly: **me cayó muy antipático** I didn't like him at all. **2.** (*tarea*) annoying: **es un trabajo muy antipático** it's an annoying job.

II *sm/f*: **María es una antipática** Maria is really unfriendly.

antípoda /an'tipoða/ **I** *adj, sm/f* antipodean.

II antípodas *sf pl* antipodes *pl* • **su opinión está en**

las antípodas de la mía her opinion is diametrically opposed to mine.

antiquísimo, -ma /anti'kisimo -ma/ *adj* ancient, very old.

antirreglamentario, -ria /antirreɣlamen'tarjo -rja/ *adj*: **le hizo al defensa una entrada antirreglamentaria** he made an illegal tackle against the defender.

antirrobo /anti'rroβo/ **I** *adj* antitheft.
II *sm* antitheft device: **el antirrobo del coche se ha estropeado** the antitheft device in the car has broken.

antisemita /antise'mita/ **I** *adj* anti-Semitic.
II *sm/f* anti-Semite.

antisemítico, -ca /antise'mitiko -ka/ *adj* anti-Semitic.

antisemitismo /antisemi'tizmo/ *sm* anti-Semitism.

antiséptico, -ca /anti'septiko -ka/ **I** *adj* antiseptic.
II antiséptico *sm* antiseptic.

antítesis /an'titesis/ *sf inv* **1.** (*Ling*) antithesis. **2.** (*lo opuesto*): **este chico es la antítesis de su hermano** this boy is the complete opposite of his brother.

antitetánica /antite'tanika/ *sf* tetanus vaccine.

antitetánico, -ca /antite'taniko -ka/ *adj* tetanus: **les pusieron la vacuna antitetánica** they were vaccinated against tetanus.

antitético, -ca /anti'tetiko -ka/ *adj* antithetical.

antojadizo, -za /antoxa'ðiθo -θa/ *adj* capricious.

antojarse /anto'xarse/ [➪ CANTAR] *v prnl* **1.** (*apetecer*): **se le antojó dar un paseo** he suddenly felt like going for a walk. **2.** (*frml: dar la impresión de ser*): **los árboles se le antojaban siluetas de monstruos** the trees looked like monsters to him.

antojo /an'toxo/ *sm* **1.** (*capricho: gen*) whim, urge: **tuvo un antojo y se compró una moto** she had a sudden whim and bought a motorbike; (*: durante el embarazo*) craving. **2.** (*en la piel*) birthmark.

antología /antolo'xia/ *sf* anthology ● **el protagonista tuvo una actuación de antología** the star gave an outstanding performance.

antónimo, -ma /an'tonimo -ma/ **I** *adj* antonymous.
II antónimo *sm* antonym.

antonomasia /antono'masja/ **por antonomasia** *loc adv* par excellence: **el tango es el baile argentino por antonomasia** the tango is the Argentinian dance par excellence.

antorcha /an'tortʃa/ *sf* **1.** (*fuego*) torch (*of fire*). **2.** (*principio*) guiding light.

antracita /antra'θita/ *sf* anthracite.

antro /'antro/ *sm* dive, dump: **frecuentaba todos los antros de la ciudad** he used to visit every dive in town; **¿cómo puedes vivir en este antro?** how can you live in this dump?

antropófago, -ga /antro'pofaɣo -ɣa/ **I** *adj* cannibalistic, anthropophagous.
II *sm/f* cannibal.

antropología /antropolo'xia/ *sf* anthropology.

antropológico, -ca /antropo'loxiko -ka/ *adj* anthropological.

antropólogo, -ga /antro'poloɣo -ɣa/ *sm/f* anthropologist.

anual /a'nwal/ *adj* **1.** (*que sucede cada año*) annual, yearly: **celebraron la fiesta anual de la empresa** they held the company's annual party. **2.** (*que dura un año*) one-year: **me han hecho un contrato anual** I've been given a one-year contract; **le pagan tres millones de pesetas anuales** he's paid three million pesetas a year ✽ per annum.

anualidad /anwali'ðað/ *sf* annuity, annual payment.

anuario /a'nwarjo/ *sm* (*revista anual*) yearbook; (*guía*) directory for the year ahead.

anudar /anu'ðar/ [➪ CANTAR] *vt* **1.** (*hacer un nudo a*) to knot, to tie: **le anudó a su hijo los cordones de los zapatos** he tied his son's shoelaces. **2.** (*una amistad, un vínculo*) to strengthen, to cement: **aquello sirvió para anudar su amistad** that incident helped to cement their friendship.
anudarse *v prnl* (*los cordones*) to tie, to do up; (*la corbata*) to tie.

anulación /anula'θjon/ *sf* (*de un matrimonio*) annulment; (*de un contrato*) cancellation; (*de una ley*) repeal.

anular /anu'lar/ **I** *adj* (*con forma de anillo*) ring-shaped.
II *sm* (*Anat*) ring finger.
III [➪ CANTAR] *vt* **1.** (*un matrimonio*) to annul: **quieren que les anulen el matrimonio** they want to have their marriage annulled; (*un pedido, un contrato*) to cancel: **he anulado el pedido que hice ayer** I've cancelled the order I placed yesterday; (*una norma*) to revoke; (*un gol*) to disallow: **fue injusto que el árbitro anulara el gol** it wasn't fair that the referee disallowed the goal. **2.** (*un efecto*) to cancel out: **esta sustancia anula el efecto de la otra** this substance cancels out the effect of the other one. **3.** (*a una persona*) to keep a tight rein on: **es un jefe que anula a sus empleados** he is a manager who allows his staff very little freedom.

anunciación /anunθja'θjon/ *sf* (*Relig*) Annunciation: **mañana es el día de la Anunciación** tomorrow is the Feast of the Annunciation.

anunciar /anun'θjar/ [➪ CAMBIAR] *vt* **1.** (*publicar, notificar*) to announce: **anunció su boda durante la cena** she announced her wedding during the meal; **le anunciaron la llegada de sus invitados** he was told that his guests had arrived. **2.** (*un producto*) to advertise: **ese perfume lo anuncian en la tele** that perfume is advertised on television. **3.** (*pronosticar*) to herald, to be a sign of: **estas flores anuncian la llegada de la primavera** these flowers herald the arrival of spring; **la llegada de las cigüeñas anuncia buen tiempo** the arrival of the storks is a sign of good weather to come.
anunciarse *v prnl* **1.** (*noticia*) to be announced. **2.** (*empresa*) to advertise (oneself): **la empresa se anuncia en radio y televisión** the firm advertises on radio and television; (*producto*) to be advertised.

anuncio /a'nunθjo/ *sm* **1.** (*noticia*) announcement: **el anuncio de su dimisión causó una gran sorpresa** the announcement of her resignation came as a great surprise. **2.** (*señal*) sign: **los ladridos del perro eran anuncio de que alguien venía** the dog's barking was a sign that someone was coming. **3.** (*de publicidad: gen*) advertisement: **siempre lee los anuncios de trabajo del periódico** he always reads the job advertisements in the newspaper; (*: en televisión, radio*) commercial, advertisement: **en estas fechas hay muchos anuncios de juguetes** at this time of the year there are many advertisements for toys; **¿por qué no llamas cuando den los anuncios?** why don't you phone during the adverts? **4.** (*letrero*) poster, bill: **se enteró del concierto por un anuncio que vio en la calle** she found out about the concert through a poster she saw in the street.
anuncio publicitario *sm* (*gen*) advertisement; (*en radio o televisión*) commercial, advertisement.
anuncios por palabras *sm pl* classified advertisements *pl*.

anverso /am'βerso/ *sm* obverse, face (*of coin, medal*).

anzuelo /an'θwelo/ *sm* **1.** (*en pesca*) fish hook: **una**

trucha de dos kilos mordió el anzuelo a trout weighing two kilos took the bait • **creo que ha mordido el anzuelo** I think he's fallen for it • **nadie tragó el anzuelo** nobody swallowed * took the bait • **no pienses que voy a caer * picar en el anzuelo** don't think I'm going to fall for that. **2.** (*reclamo*) lure, bait: **aumentaron las ventas con el anzuelo de los premios** they increased sales with the lure of prizes.

añada /a'ɲaða/ *sf* (*de vino*) vintage.

añadido, -da /aɲa'ðiðo -ða/ **I** *adj* added: **las partes añadidas estropean el edificio** the parts that have been added on ruin the building.
II añadido *sm* addition: **como quedaba corto, le pusimos un añadido** because it was too short, we added on an extra piece.

añadidura /aɲaði'ðura/ **por añadidura** *loc adv* in addition, what is more: **llegó tarde y, por añadidura, no traía los documentos** he was late and, what's more, he did not bring the documents.

añadir /aɲa'ðir/ [⇨ PARTIR] *vt* to add: **añadió un poco de sal** *a* **la comida** she added a little salt to the food; **no tengo que añadir nada** *a* **lo que he dicho** I don't have to add anything to what I've said.

añejo, -ja /a'ɲexo -xa/ *adj* **1.** (*antiguo*) old. **2.** (*vino*) mature.

añicos /a'ɲikos/ *sm pl* pieces *pl*, bits *pl*: **la taza se hizo añicos** the cup smashed into tiny pieces • **el partido de tenis me ha dejado hecha añicos** the tennis match has tired me out • **cuando lo dejó su novia, se quedó hecho añicos** he went to pieces * fell apart when his girlfriend left him.

añil /a'ɲil/ **I** *adj inv* indigo.
II *sm* **1.** (*color*) indigo. **2.** (*arbusto*) indigo plant.

año /'aɲo/ **I** *sm* year: **van a la playa todos los años** they go to the seaside every year; **acabó sus estudios el año pasado** she finished her studies last year; **se conocieron en los años treinta** they met in the thirties; **leí ese libro hace años** I read that book years ago; **las previsiones para el año entrante son más bien sombrías** the forecasts for the coming year are rather gloomy; **ha cambiado mucho en los últimos años** she has changed a lot in recent years • **esa canción es del año de la pera** that song's as old as the hills • **Pepa está de buen año** Pepa's well-rounded.
II años *sm pl* age: **tiene un peso normal para sus años** her weight is normal for her age; **¿cuántos años tiene tu hermana?** how old is your sister?; **tiene diez años** he is ten (years old * years of age) • **es una mujer entrada en años** she's getting on (in years) • **tiene la manía de quitarse años** he has a habit of lying about his age.
año bisiesto *sm* leap year.
año escolar *sm* school year.
año fiscal *sm* tax year.
año luz *sm* [**años luz**] light year.
Año Nuevo *sm* New Year: **¡feliz Año (Nuevo)!** happy New Year!
año sabático *sm* sabbatical year.

añoranza /aɲo'ranθa/ *sf* yearning, longing: **siente añoranza** *de* **su juventud** he feels a yearning for his youth.

añorar /aɲo'rar/ [⇨ CANTAR] *vt* **1.** (*tiempos pasados*) to think longingly of: **añora esos tiempos** he looks back longingly on those times. **2.** (*un lugar*) to be homesick for: **añora mucho su ciudad** she's homesick (for her home town); (*a una persona*) to miss.

aorta /a'orta/ *sf* aorta.

apabullante /apaβu'ʎante/ *adj* (*victoria*) overwhelming.

apabullar /apaβu'ʎar/ [⇨ CANTAR] *vt* (*fam*) to floor, to overwhelm: **me apabulló con sus conocimientos sobre arte** he floored me with his knowledge of art.

apacentar /apaθen'tar/ [⇨ pensar] *vt* (*cuidar*) to tend, to watch (over); (*dar pasto a*) to feed, to put (out) to graze.

apache /a'patʃe/ *adj, sm/f* Apache.

apacible /apa'θiβle/ *adj* (*persona*) mild, placid; (*tiempo, mar*) calm: **después de la tormenta quedó una tarde apacible** after the storm the afternoon turned out calm.

apaciguar /apaθi'ɣwar/ [⇨ averiguar] *vt* to pacify, to mollify: **cuando se enfada tanto no hay quien la apacigüe** when she gets this angry, nobody can pacify her.
apaciguarse *v prnl* to calm down: **este niño sólo se apacigua escuchando música** this child only calms down when he's listening to music.

apadrinar /apaðri'nar/ [⇨ CANTAR] *vt* **1.** (*en un bautizo*) to act as godfather to. **2.** (*en un duelo*) to be a second to. **3.** (*patrocinar*) to sponsor: **apadrinó a muchos artistas noveles** he sponsored many new artists.

apagado, -da /apa'ɣaðo -ða/ *adj* **1.** (*desconectado*) (switched) off: **deja la radio apagada** leave the radio off. **2.** (*fuego*) out, extinguished: **esa colilla no está bien apagada** that cigarette butt isn't completely out. **3.** (*color*) dull: **esos colores tan apagados no te favorecen** those dull colours don't suit you. **4.** (*desanimado*) down, listless: **hoy te encuentro un poco apagada** I think you're a bit down today.

apagar /apa'ɣar/ [⇨ pagar] *vt* **1.** (*una luz, un aparato, un motor*) to turn off, to switch off: **no te olvides de apagar las luces** don't forget to turn the lights off; **si quieres puedes apagar el calentador** if you want to, you can switch off the heater • **si no vas a atender a razones, apaga y vámonos** if you won't listen to reason let's just forget it. **2.** (*el fuego*) to put out, to extinguish: **consiguieron apagar el incendio** they managed to extinguish the fire. **3.** (*un sentimiento*) to dampen, to extinguish: **pensaba que nada apagaría su amor por ella** he thought nothing could dampen his love for her.
apagarse *v prnl* **1.** (*fuego, luz*) to go out: **de repente se apagaron las luces** suddenly the lights went out; (*aparato*) to go off; (*motor*) to stop, to cut out. **2.** (*sentimiento*) to diminish, to fade: **con el tiempo se apagaron sus deseos de venganza** her thirst for vengeance diminished as time went by. **3.** (*voz*) to tail off: **su voz se fue apagando poco a poco** his voice gradually tailed off.

apagón /apa'ɣon/ *sm* (*GB*) power cut, (*US*) outage.

apaisado, -da /apai'saðo -ða/ *adj* **1.** (*cuadro, foto, etc.*) rectangular. **2.** (*Inform: formato*) in landscape.

apalabrar /apala'βrar/ [⇨ CANTAR] *vt* to agree verbally: **he apalabrado un apartamento para el verano** I've made a verbal agreement on an apartment for the summer.

apalancar /apalaŋ'kar/ [⇨ sacar] *vt* to lever: **entraron en la casa apalancando la puerta** they got into the house by levering the door open.
apalancarse *v prnl* (*fam: en un sitio*): **se apalancó en el sofá toda la tarde** he didn't move from the sofa all afternoon; **vino a tomar café y se apalancó en casa hasta la hora de cenar** he came for a coffee and we couldn't get rid of him until dinner time.

apalear /apale'ar/ [⇨ CANTAR] *vt* **1.** (*golpear*) to beat: **lo**

apalearon y le quitaron el dinero they beat him and took his money. **2.** (*Agr*: *árboles*) to hit, to knock: **apalearon el árbol para que cayeran las aceitunas** they hit the branches of the tree with sticks to knock the olives down.

apañado, -da /apa'ɲaðo -ða/ *adj* **1.** (*arreglado*) (neat and) tidy, clean: **ya tengo la casa apañada** I've already tidied the house. **2.** (*habilidoso*) handy, (*GB*) skilful, (*US*) skillful: **es muy apañada** *para* **hacerse ropa** she's very handy at making her own clothes. **3.** (*amañado*) fixed, arranged: **se descubrió que el combate estaba apañado** they found out that the (boxing) match was a fix. **4.** (*fam*: *aviado*) in for a shock * surprise: **está apañada si piensa que lo voy a hacer** if she thinks I'm going to do it she's in for a big surprise * shock; **"El coche no estará listo hasta el jueves." "¡Pues estamos apañados...!"** "The car won't be ready until Thursday." "In that case, we're in real trouble!"

apañar /apa'ɲar/ [➪ CANTAR] *vt* **1.** (*reparar*) to repair, to mend. **2.** (*arreglar*) to tidy (up): **aún me queda por apañar la cocina** I still have to tidy the kitchen. **3.** (*amañar*) to rig, to arrange: **el asesino apañó todo para que pareciera un suicidio** the murderer arranged everything to make it look like suicide. **4.** (*Amér S*: *encubrir*) to cover up for.

apañarse *v prnl* to manage: **¿cómo te las apañas** *para* **hacer tantas cosas?** how do you manage to do so many things?; **con uno me apaño** I'll manage with just one.

apaño /a'paɲo/ *sm* **1.** (*reparación*) (temporary) repair: **es sólo un apaño que no durará mucho tiempo** it's just a temporary repair which won't last long. **2.** (*engaño*) fix: **el resultado del combate fue un apaño** the fight was a fix. **3.** (*arreglo*) arrangement: **tiene un apaño con la empresa para pagar menos impuestos** he's got an arrangement with the company so that he pays less tax.

apapacho /apa'patʃo/ *sm* (*Amér C, Méx*: *fam*) cuddle.

aparador /apara'ðor/ *sm* **1.** (*mueble*) sideboard, dresser. **2.** (*Méx*: *de una tienda*) shop window.

aparato /apa'rato/ *sm* **1.** (*utensilio*) instrument, device: **tiene un aparato para pelar zanahorias** he has a device that peels carrots. **2.** (*radio, televisión*) set: **se pasa el día enfrente del aparato de televisión** she spends the whole day in front of the television (set); (*teléfono*) phone: **¿quieres colgar el aparato de una vez?** will you put the phone down once and for all?; (*avión*) aircraft: **el aparato está dotado de cuatro salidas de emergencia** the aircraft has four emergency exits. **3.** (*Biol*) system. **4.** (*Dep, Pol*) apparatus *n inv*: **hay una crisis en el aparato del partido** the party apparatus is in crisis. **5.** (*pompa*) pomp, ostentation: **le gusta rodearse de mucho aparato** he likes to surround himself with great pomp.

aparato circulatorio *sm* circulatory system.

aparato digestivo *sm* digestive system.

aparato reproductor *sm* reproductive system.

aparato respiratorio *sm* respiratory system.

aparatoso, -sa /apara'toso -sa/ *adj* **1.** (*ostentoso*) showy, flashy: **iba vestida de forma muy aparatosa** she was very flashily dressed. **2.** (*espectacular*) spectacular: **no pasó nada, pero el accidente fue muy aparatoso** it wasn't serious, but the accident was really spectacular.

aparcamiento /aparka'mjento/ *sm* **1.** (*maniobra*) parking: **hizo un aparcamiento en batería** she parked diagonally to the kerb. **2.** (*lugar: para muchos coches*) (*GB*) car park, (*US*) parking lot: **no quedaba ningún sitio en el aparcamiento** there was no space left in the car park; (*: para un coche*) parking space: **es difícil encontrar aparcamiento a esta hora** it's difficult to find anywhere to park at this time.

aparcar /apar'kar/ [➪ sacar] *vt* **1.** (*un vehículo*) to park: **he aparcado el coche en la puerta de casa** I've parked the car just outside the house. **2.** (*fam*: *posponer*) to put off, to postpone: **ha aparcado las clases de inglés hasta octubre** he's put off the English lessons until October.

apareamiento /aparea'mjento/ *sm* mating.

aparear /apare'ar/ [➪ CANTAR] *vt* to mate.

aparearse *v prnl* to mate.

aparecer /apare'θer/ [➪ agradecer] *vi* **1.** (*gen*) to appear: **un coche apareció en la distancia** a car appeared in the distance; **la luna apareció detrás de las montañas** the moon appeared behind the mountains; (*figurar*) to be (included): **su nombre no aparecía en la lista** his name wasn't on the list. **2.** (*algo extraviado*) to turn up: **todavía no ha aparecido la sortija** the ring hasn't turned up yet. **3.** (*acudir*) to show * turn up: **apareció en la fiesta sin previo aviso** he showed up at the party without warning. **4.** (*lanzarse al mercado*) to come out: **su última novela apareció el mes pasado** her latest novel came out last month.

aparecerse *v prnl* to appear: **decía que se le había aparecido el espíritu de su padre** he said that his father's ghost had appeared to him.

aparecido, -da /apare'θiðo -ða/ *sm/f* ghost.

aparejado, -da /apare'xaðo -ða/ *adj*: **esa decisión lleva aparejado un gran riesgo** that decision entails great risk.

aparejador, -dora /aparexa'ðor -'ðora/ *sm/f* assistant architect.

aparejar /apare'xar/ [➪ CANTAR] *vt* **1.** (*disponer*) to prepare, to get ready. **2.** (*una caballería*) to saddle (up). **3.** (*un buque*) to rig out.

aparejo /apa'rexo/ *sm* **1.** (*utensilios*) equipment. **2.** (*de una caballería*) harness. **3.** (*de un buque*) rig.

aparejos de pesca *sm pl* fishing tackle.

aparentar /aparen'tar/ [➪ CANTAR] *vt* **1.** (*fingir*) to pretend, to feign: **aparentó sorpresa cuando se lo dije** she feigned surprise when I told her. **2.** (*representar*) to look, to appear: **aparenta más años de los que tiene** he looks older than he is.

♦ *vi* (*presumir*) to show off, to put on airs: **les encanta aparentar** they love putting on airs.

aparente /apa'rente/ *adj* **1.** (*falso*) supposed, apparent: **no va a engañar a nadie con su aparente bondad** she won't fool anyone with her apparent kindness. **2.** (*manifiesto*) apparent, obvious: **no tenía motivo aparente para enfadarse** he had no apparent reason for getting angry. **3.** (*fam*: *bonito*) lovely, nice: **tienen una casa muy aparente** they have a very nice house.

aparición /apari'θjon/ *sf* **1.** (*acción*) appearance: **todo eso lo desmiente en un libro de próxima aparición** she denies it all in a book which is coming out soon. **2.** (*visión*) apparition: **me dijo que tuvo una aparición** he told me he had seen an apparition.

apariencia /apa'rjenθja/ *sf* **1.** (*aspecto*) appearance: **esa tarta tiene una apariencia estupenda** that cake looks fantastic; **no olvides que las apariencias engañan** don't forget that appearances can be deceptive; **tiene toda la apariencia de que va a llover** it looks very much as if it's going to rain. **2.** (*que parece* *lo que no es*) (outward) show: **su riqueza no era más que apariencia** her wealth was mere show.

apartado, **-da** /apar'taðo -ða/ **I** *adj* **1.** (*de una actividad*) retired, withdrawn: **desde los años setenta vive apartado de la música** since the seventies he has had nothing to do with the music world. **2.** (*lugar*) isolated, remote: **buscaron un lugar apartado para charlar** they looked for an isolated spot to have a chat.
II apartado *sm* section: **lean el apartado número cuatro** read section four.
apartado de correos *sm* PO Box.

apartamento /aparta'mento/ *sm* apartment, (*GB*) flat.

apartar /apar'tar/ [⇨ CANTAR] *vt* **1.** (*separar*) to separate, to put aside ✻ to one side: **apartamos la fruta podrida** we put the rotten fruit to one side; **he apartado unos cuantos para ti** I've put a few aside for you; **apartó a unos chicos que estaban pegándose** he separated some boys who were fighting; **intentó apartarlo de su familia** she tried to keep him away from his family. **2.** (*mover: algo*) to remove, to move away: **aparta el sillón de la ventana** move the armchair away from the window; (*: a alguien*): **me apartó de un empujón y entró** he pushed me out of the way and went in.
apartarse *v prnl* **1.** (*separarse*) to leave: **nunca se apartó de sus amigos** he never left his friends. **2.** (*quitarse*) to go away, to move over: **¡apártate de mi vista!** get out of my sight! **3.** (*desviarse*) to wander, to stray: **no te apartes** *del* **tema** don't wander off ✻ stray from the subject.

aparte /a'parte/ **I** *adj inv* **1.** (*separado*) separate: **María comió en una mesa aparte** María ate at a separate table. **2.** (*insólito*) special, different: **ese hombre es un caso aparte** that man is a special case.
II *sm* aside: **el protagonista lo dice en un aparte** the main character says this in an aside.
III *adv* **1.** (*a distancia*) apart: **se mantuvo aparte** she stood apart (from the others). **2.** (*a un lado*) aside: **pon esas cartas aparte** put those letters aside; **prefiero mantenerme aparte en vuestra discusión** I prefer to stay out of your argument. **3.** (*separadamente*) separately: **envuélvamelo aparte, por favor** wrap it up separately, please.
IV aparte de *prep* **1.** (*a excepción de*) except for, apart from: **no se quedó nadie aparte de nosotros** nobody stayed apart from us. **2.** (*además de*) besides, as well as: **aparte de inteligente es muy buena deportista** besides being clever she's also a very good sportswoman.

apasionado, **-da** /apasjo'naðo -ða/ **I** *adj* passionate, enthusiastic: **era una apasionada defensora de los derechos humanos** she was a passionate defender of human rights.
II *sm/f* enthusiast: **es un apasionado** *del* **teatro** he's a real theatre lover.

apasionante /apasjo'nante/ *adj* thrilling, exciting.

apasionar /apasjo'nar/ [⇨ CANTAR] *vi*: **le apasiona la ópera** he loves opera; **es un periodo histórico que me apasiona** it's a period of history which fascinates me.
apasionarse *v prnl* **1.** (*aficionarse*) to become keen, to become a fan: **se ha apasionado** *con* **el ajedrez** she has become a real chess fan ✻ she has become very keen on chess. **2.** (*exaltarse*) to get worked up: **cuando habla de política, se apasiona mucho** he gets very worked up when he talks about politics.

apatía /apa'tia/ *sf* apathy.

apático, **-ca** /a'patiko -ka/ **I** *adj* apathetic.
II *sm/f* apathetic person.

apátrida /a'patriða/ **I** *adj* stateless.
II *sm/f* stateless person.

apeadero /apea'ðero/ *sm* (*GB*) halt (*on railway*), (*US*) whistle stop.

apear /ape'ar/ [⇨ CANTAR] *vt* (*fam: convencer*) to dissuade, to put off: **no consiguieron apearlo** *de* **sus intenciones** they couldn't dissuade him from his plans.
apearse *v prnl* **1.** (*bajarse: de un coche*) to get out; (*: de un tren, un autobús*) to get off: **me apeo en la próxima parada** I'm getting off at the next stop. **2.** (*fam: retractarse*) to renounce: **no quiso apearse** *de* **sus opiniones** he refused to change his opinions.

apechugar /apetʃu'ɣar/ [⇨ pagar] *vi* (*fam*): **ahora tienes que apechugar** *con* **las consecuencias** now you must face up to the consequences; **siempre apechuga** *con* **todo el trabajo de la casa** she always takes on all the work around the house.

apedrear /apeðre'ar/ [⇨ CANTAR] *vt* **1.** (*tirar piedras a*) to throw stones at: **unos gamberros apedrearon el escaparate** some hooligans threw stones at the shop window. **2.** (*matar a pedradas*) to stone (*to death*).
♦ *v impers* (*Meteo: granizar*) to hail.

apego /a'peɣo/ *sm* affection, fondness: **tengo mucho apego** *por* **esta casa** I am very fond of this house.

apelación /apela'θjon/ *sf* (*Jur*) appeal.

apelar /ape'lar/ [⇨ CANTAR] *vi* **1.** (*Jur*) to appeal. **2.** (*a alguien o algo*) to appeal: **apelé** *a* **nuestra amistad para que me ayudara** I appealed to him as a friend so as to obtain his help; **apelé** *a* **su bondad** I appealed to her generous nature.

apelativo, **-va** /apela'tiβo -βa/ **I** *adj* appellative.
II apelativo *sm* **1.** (*Ling*) appellative. **2.** (*sobrenombre*) name: **Pablo, al que se conocía con el apelativo de...** Pablo, who was known as.... **3.** (*Amér L: apellido*) surname, family name.

apellidarse /apeʎi'ðarse/ [⇨ CANTAR] *v prnl* to have as a surname: **no me acuerdo de cómo se apellida** I can't remember what her surname is.

apellido /ape'ʎiðo/ *sm* surname, name: **¿cuál era su apellido de soltera?** what was her maiden name?

apelmazarse /apelma'θarse/ [⇨ cazar] *v prnl* (*Culin*) to go lumpy: **se ha apelmazado la sal** the salt has gone lumpy.

apelotonarse /apeloto'narse/ [⇨ CANTAR] *v prnl* to crowd ✻ bunch together: **la gente se apelotonó a la salida del concierto** people crowded together on their way out of the concert.

apenado, **-da** /ape'naðo -ða/ *adj* **1.** (*triste*) sad. **2.** (*Amér L: avergonzado*) embarrassed.

apenar /ape'nar/ [⇨ CANTAR] *vt* **1.** (*poner triste*) to sadden, to make sad: **me apena que no puedan venir con nosotros** I'm sorry (that) they cannot come with us. **2.** (*Amér L: dar vergüenza*) to embarrass: **me apenaría contarte lo que me pasa** I'd be embarrassed to tell you what's wrong with me.
apenarse *v prnl* **1.** (*sentir pena*) to become sad: **se apenó mucho cuando se lo conté** she became very sad when I told her. **2.** (*Amér L: sentir vergüenza*) to become embarrassed.

apenas /a'penas/ *adv* **1.** (*escasamente*) hardly, scarcely: **ha llamado hace apenas cinco minutos** he called just five minutes ago; **últimamente apenas come** she's been eating hardly anything lately. **2.** (*en el momento en que*) as soon as: **apenas llegó al trabajo, le dieron la noticia** as soon as she got to work they told her the news.

apencar /apeŋ'kar/ [⇨ sacar] *vi* (*fam*) ⇨ apechugar

apéndice /a'pendiθe/ *sm* (*Anat, Lit*) appendix.

apendicitis /apendi'θitis/ *sf inv* appendicitis.

apercibir /aperθi'βir/ [➪PARTIR] *vt* **1.** (*amonestar*) to give a warning to: **el profesor lo apercibió por haber copiado** the teacher gave him a warning because he had been copying. **2.** (*advertir*) to warn: **nos apercibieron** *del* **mal estado de la carretera** they warned us about the bad state of the road.
apercibirse *v prnl* (*darse cuenta*) to notice, to realize: **no se apercibió** *de* **la situación** he didn't realize what the situation was.

apergaminado, -da /aperɣami'naðo -ða/ *adj* (*cutis*) shrivelled (up).

aperitivo /aperi'tiβo/ *sm* (*tapa*) appetizer; (*bebida*) aperitif: **¿quedamos el domingo para tomar el aperitivo?** shall we meet for an aperitif on Sunday?

aperos /a'peros/ *sm pl* **1.** (*also* **aperos de labranza**) (*Agr*) farming implements *pl*. **2.** (*utensilios en general*) tools *pl*, equipment.

aperreado, -da /aperre'aðo -ða/ *adj* miserable, wretched: **ese pobre hombre lleva una vida aperreada** that poor man has a wretched life.

apertura /aper'tura/ *sf* **1.** (*inauguración*) opening: **el lunes que viene se celebrará la apertura del curso** the beginning of the academic year is next Monday. **2.** (*de un país, régimen*) opening-up, liberalization: **la apertura del régimen favoreció la economía** the liberalization of the regime helped the economic situation.

apesadumbrado, -da /apesaðum'braðo -ða/ *adj* troubled, upset: **estaba apesadumbrado por tener que irse de la ciudad** he was upset at having to leave the city.

apesadumbrar /apesaðum'brar/ [➪CANTAR] *vt* to make sad, to sadden.

apestado, -da /apes'taðo -ða/ *adj* **1.** (*con la peste*) infected with plague. **2.** (*fam*: *abarrotado*) teeming, overrun: **el mercado estaba apestado** *de* **gente** the market was teeming with people.

apestar /apes'tar/ [➪CANTAR] *vi* to stink, to reek: **el vagón apestaba** *a* **sudor** the coach stank of sweat.

apestoso, -sa /apes'toso -sa/ *adj* stinking, reeking: **aquella sustancia tenía un olor apestoso** that stuff had an awful smell.

apetecer /apete'θer/ [➪agradecer] *vi*: **no me apetece salir** I don't feel like going out; **¿te apetece comer algo?** do you fancy a bite to eat?

apetecible /apete'θiβle/ *adj* (*gen*) attractive: **es un viaje muy apetecible** it's a very attractive journey; (*comida*) tempting.

apetito /ape'tito/ *sm* appetite: **tanto trabajar me ha abierto el apetito** all that hard work has given me an appetite; **los disgustos me hacen perder el apetito** when I have problems I lose my appetite.

apetitoso, -sa /apeti'toso -sa/ *adj* delicious, appetizing: **esta carne tiene un aspecto apetitoso** this meat looks delicious.

apiadarse /apja'ðarse/ [➪CANTAR] *v prnl* to take pity: **se apiadó** *de* **su desdicha** she took pity on him in his misfortune.

ápice /'apiθe/ *sm* **1.** (*de la lengua*) apex. **2.** (*cantidad pequeña*) ounce: **no tiene un ápice de tonto** he's not stupid at all.

apicultor, -tora /apikul'tor -'tora/ *sm/f* beekeeper.

apicultura /apikul'tura/ *sf* beekeeping.

apilar /api'lar/ [➪CANTAR] *vt* to pile up: **apiló los libros encima de la mesa** he piled the books up on top of the table.

apiñarse /api'ɲarse/ [➪CANTAR] *v prnl* to crowd ✱ press together: **la gente se apiñaba para ver el desfile** the people crowded together to see the parade.

apio /'apjo/ *sm* celery.

apisonadora /apisona'ðora/ *sf* steamroller.

apisonar /apiso'nar/ [➪CANTAR] *vt* to roll.

aplacar /apla'kar/ [➪sacar] *vt* (*a una persona*) to calm (down), to placate; (*el hambre*) to satisfy; (*la sed*) to quench.
aplacarse *v prnl* to calm (down).

aplanar /apla'nar/ [➪CANTAR] *vt* **1.** (*allanar*) to level, to flatten. **2.** (*fam*: *abatir*) to wear out, to get down: **este calor aplana a cualquiera** this heat is enough to wear anyone out.
aplanarse *v prnl* (*fam*) to get depressed, to lose heart.

aplastante /aplas'tante/ *adj* (*victoria*) overwhelming: **obtuvieron una victoria aplastante** they won an overwhelming victory; (*derrota*) crushing.

aplastar /aplas'tar/ [➪CANTAR] *vt* **1.** (*estrujar*) to crush, to flatten. **2.** (*fam*: *derrotar*) to floor, to overwhelm: **lo aplastó con sus argumentos** she floored him with her arguments.

aplatanar /aplata'nar/ [➪CANTAR] *vt* (*fam*) to wear out.
aplatanarse *v prnl* (*fam*) to become listless.

aplaudir /aplau'ðir/ [➪PARTIR] *vt* **1.** (*ovacionar*) to applaud, to clap: **lo aplaudieron durante diez minutos** they applauded him for ten minutes. **2.** (*elogiar*) to applaud: **aplaudo tu decisión** I applaud your decision.
♦*vi* to applaud, to clap: **el público aplaudió a rabiar** the audience clapped enthusiastically.

aplauso /a'plauso/ *sm* applause: **recibieron los aplausos del público** they accepted the audience's applause; **el equipo fue acogido con un gran aplauso** the team was welcomed with a big round of applause.

aplazamiento /aplaθa'mjento/ *sm* (*gen*) postponement: **se quejaron por el aplazamiento de la excursión** they complained about the trip being postponed; (*de una reunión, un proceso*) adjournment; (*de un pago*) deferment.

aplazar /apla'θar/ [➪cazar] *vt* **1.** (*posponer: gen*) to postpone, to put off: **han aplazado el recital** the concert has been put off; (*: una reunión, un proceso*) to adjourn; (*: un pago*) to defer. **2.** (*Arg, Urug: a un estudiante*) to fail.

aplicación /aplika'θjon/ *sf* **1.** (*gen*) application: **la madera tiene muchas aplicaciones** wood has many applications ✱ uses. **2.** (*parche*) patch: **lleva una chaqueta con aplicaciones de cuero** she wears a jacket with leather patches.

aplicado, -da /apli'kaðo -ða/ *adj* **1.** (*estudiante, trabajador*) hard-working: **nunca fue un estudiante muy aplicado** he never was a very hard-working student. **2.** (*ciencia*) applied: **está estudiando física aplicada** she's studying applied physics.

aplicar /apli'kar/ [➪sacar] *vt* **1.** (*poner*) to apply: **aplicaron a la puerta dos capas de pintura** they applied two coats of paint to the door. **2.** (*emplear*) to use, to apply: **en estos casos siempre aplico el mismo remedio** in such cases I always use the same remedy.
aplicarse *v prnl* **1.** (*emplearse*) to apply: **no se puede aplicar en este caso** it cannot be applied ✱ it does not apply in this case. **2.** (*esmerarse*) to apply oneself: **se aplicó mucho** *en* **sus estudios** she really applied herself to her studies.

aplique /a'plike/ *sm* **1.** (*de luz*) wall light. **2.** (*parche*) patch: **el abrigo tiene unos apliques de cuero en las mangas** the coat has leather patches on the sleeves.

aplomo /a'plomo/ *sm* self-possession, composure: **actuó con mucho aplomo** she acted with great self-possession.

apocado, -da /apo'kaðo -ða/ *adj* shy, timid.

apocalipsis /apoka'lipsis/ *sm* apocalypse.

apocarse /apo'karse/ [➪ sacar] *v prnl* to feel intimidated: **se apocaba** *ante* **desconocidos** he felt intimidated by strangers.

apócope /a'pokope/ *sf* (*Ling*) apocopation, apocope.

apócrifo, -fa /a'pokrifo -fa/ *adj* apocryphal.

apodar /apo'ðar/ [➪ CANTAR] *vt* to nickname.

apoderado, -da /apoðe'raðo -ða/ *sm/f* (*de un torero, un cantante*) manager, agent; (*Jur*) proxy.

apoderar /apoðe'rar/ [➪ CANTAR] *vt* to authorize.

apoderarse *v prnl* **1.** (*apropiarse*) to take possession * control: **se apoderó** *de* **toda la herencia** he took possession of the entire inheritance. **2.** (*dominar*) to take hold * possession: **el miedo se había apoderado** *de* **él** fear had taken hold of him.

apodo /a'poðo/ *sm* nickname.

apogeo /apo'xeo/ *sm* peak, height: **el escándalo alcanzó su apogeo durante las elecciones** the scandal reached its height during the election; **está ahora en su apogeo** he's now at his peak; **en sus años de apogeo era una tenista excelente** in her heyday she was an excellent tennis player.

apolillarse /apoli'ʎarse/ [➪ CANTAR] *v prnl* to become moth-eaten.

apolítico, -ca /apo'litiko -ka/ *adj* apolitical.

apología /apolo'xia/ *sf* (*GB*) defence, (*US*) defense: **hizo una apología** *de* **los derechos de los animales** she spoke in defence of animal rights.

apoltronarse /apoltro'narse/ [➪ CANTAR] *v prnl* **1.** (*acomodarse*) to settle (down): **se apoltronó en el sofá y se puso a leer** he settled down on the sofa and began to read. **2.** (*fam: hacerse perezoso*) to become lazy: **no te apoltrones y haz deporte** don't be so lazy, take up a sport. **3.** (*en un cargo*) to settle oneself: **se ha apoltronado en la dirección y no hay quien lo mueva** he's firmly settled in a managerial position, and there's no moving him.

apoplejía /apople'xia/ *sf* apoplexy.

apoquinar /apoki'nar/ [➪ CANTAR] (*fam*) *vt* to pay (up): **me pidió que apoquinara otros diez mil** he asked me to pay another ten thousand.

♦*vi* to pay up: **no quiso apoquinar** she didn't want to pay up.

aporrear /aporre'ar/ [➪ CANTAR] *vt* to thump, to hammer: **tuve que aporrear la puerta para que me oyeran** I had to hammer on the door to be heard.

aportación /aporta'θjon/ *sf* contribution.

aportar /apor'tar/ [➪ CANTAR] *vt* **1.** (*contribuir con*) to contribute, to bring: **cada uno aportó lo que pudo para comprar el regalo** everyone contributed whatever they could to buy the present. **2.** (*añadir*) to provide: **su declaración no aportó nada nuevo** her statement didn't provide any new information.

aposentar /aposen'tar/ [➪ CANTAR] *vt* to put up, to accommodate.

aposentarse *v prnl* (*fam*): **se aposentó en nuestra casa y estuvo dos meses con nosotros** he installed himself in our house for two months.

aposento /apo'sento/ *sm* **1.** (*habitación*) room: **se retiró a sus aposentos** she retired to her rooms. **2.** (*alojamiento*) accommodation, (*US*) accommodations *pl*: **unos familiares le dieron aposento en su casa** some relations let him stay in their house.

aposición /aposi'θjon/ *sf* (*Ling*) apposition.

apósito /a'posito/ *sm* (*Med*) compress.

aposta /a'posta/ *adv* on purpose, deliberately: **no lo hizo aposta** she didn't do it on purpose.

apostar /apos'tar/ *vt* **1.** [➪ contar] (*una cantidad de dinero*) to bet: **apuesto lo que quieras** *a que* **llegará tarde** I bet you anything (you like) he'll arrive late. **2.** [➪ CANTAR] (*emplazar*) to place, to station: **apostaron a un policía** *en* **cada salida** a policeman was stationed at each exit.

♦*vi* [➪ contar] **1.** (*afirmar algo, jugar dinero*) to bet: **apuesto** *a que* **se ha quedado dormido** I bet he's overslept; **apostamos** *por* **ese caballo** we bet on that horse. **2.** (*considerar muy importante*): **hoy las empresas apuestan** *por* **la investigación** companies today consider research to be vital.

apostarse *v prnl* **1.** [➪ contar] (*una cantidad de dinero*) to bet: **¿nos apostamos algo?** do you want a bet?; **no va a venir, ¿qué te apuestas?** I bet she's not coming. **2.** [➪ CANTAR] (*emplazarse*) to place * station oneself.

apostilla /apos'tiʎa/ *sf* note (*explaining a text*).

apóstol /a'postol/ *sm* **1.** (*Relig*) apostle. **2.** (*propagador*) advocate, champion.

apostolado /aposto'laðo/ *sm* apostolate.

apostólico, -ca /apos'toliko -ka/ *adj* apostolic.

apóstrofo /a'postrofo/ *sm* (*Ling*) apostrophe.

apoteósico, -ca /apote'osiko -ka/ *adj* tremendous: **su última película tuvo una acogida apoteósica** her latest film had a tremendous reception.

apoteosis /apote'osis/ *sf* climax: **los fuegos artificiales fueron la apoteosis final de la fiesta** the fireworks provided the grand climax to the party.

apoyar /apo'jar/ [➪ CANTAR] *vt* **1.** (*recostar*) to rest, to lean: **apoya la bici** *en* **la pared** lean your bike against the wall; **apoyó la cabeza** *en* **la almohada** she rested her head on the pillow. **2.** (*fundar*) to base: **¿***en* **qué apoyas tu suposición?** on what do you base your supposition? **3.** (*respaldar*) to support, to back: **me apoyaron siempre que los necesité** they always supported me when I needed them; **apoyaré tu candidatura** I'll back your candidacy.

apoyarse *v prnl* **1.** (*recostarse: en algo*) to lean: **se apoyó** *en* **su bastón** he leaned on his walking stick; (*: en una persona*) to rely: **se apoya mucho** *en* **su hermano** he relies a lot on his brother. **2.** (*fundarse*) to be based: *en* **eso precisamente se apoyan mis sospechas** that is exactly what my suspicions are based on.

apoyo /a'pojo/ *sm* support: **los pilares sirven de apoyo a las vigas** the pillars act as supports for the beams; **su propuesta contó con el apoyo de todos** the proposal had everybody's support.

apreciable /apre'θjaβle/ *adj* **1.** (*considerable*) considerable: **hay una diferencia apreciable de calidad** there's a considerable difference in quality. **2.** (*perceptible*) noticeable, appreciable: **el cambio de actitud apenas era apreciable** the change in his attitude was barely noticeable. **3.** (*meritorio*) laudable, praiseworthy: **sus esfuerzos me parecen muy apreciables** I find his efforts most laudable.

apreciación /apreθja'θjon/ *sf* appreciation.

apreciar /apre'θjar/ [➪ CAMBIAR] *vt* **1.** (*valorar*) to appreciate, to value: **todos apreciamos su labor** we all appreciate her work. **2.** (*amar, querer*) to be fond of: **es**

una persona a la que aprecio mucho he is someone I'm very fond of. **3.** (*observar*) to understand: **apreció muy bien de qué se trataba** he understood very well what it was about.
♦*vi* to observe, to notice: **he apreciado** *en* **él un cambio de actitud** I have noticed a change in his attitude.

apreciarse *v prnl* **1.** (*percibirse*) *[only used in the third person]* to be observed. **2.** (*Fin*) to rise in value, to appreciate: **la peseta se ha apreciado** *frente al* **dólar** the peseta has risen against the dollar.

aprecio /a'preθjo/ *sm* liking, esteem: **siento un gran aprecio por ellos** I like them a lot.

aprehender /apreen'der/ [➪TEMER] *vt* to seize: **la policia aprehendió un alijo de droga** the police seized a consignment of drugs.

apremiante /apre'mjante/ *adj* overwhelming, compelling.

apremiar /apre'mjar/ [➪CAMBIAR] *vt* to press, to urge: **el banco me apremia** *para* **que devuelva el préstamo** the bank is pressing me to repay the loan.
♦*vi* to press: **no te detengas, el tiempo apremia** don't stop, time is short.

apremio /a'premjo/ *sm* urgency.

aprender /apren'der/ [➪TEMER] *vt/i* to learn: **aprendí inglés en el colegio** I learnt English at school; **aprendió** *a* **nadar a los seis años** he learnt how to swim when he was six; **¡nunca aprenderás!** you'll never learn!

aprenderse *v prnl* to learn: **se lo ha aprendido de memoria** she has learnt it (off) by heart.

aprendiz, -diza /apren'diθ -diθa/ *sm/f* [**aprendices -zas**] trainee, apprentice: **está de aprendiz con un ebanista** he's apprenticed to a cabinet maker.

aprendizaje /aprendi'θaxe/ *sm* **1.** (*acto de aprender*) learning. **2.** (*de empleo, profesión*) apprenticeship.

aprensión /apren'sjon/ *sf* **1.** (*prevención, recelo: gen*) apprehension: **entró a su despacho con cierta aprensión** he went to her office rather apprehensively; **le da aprensión bañarse después de comer** she's afraid to swim after a meal; (*: en cuestiones de higiene*): **le daba un poco de aprensión usar la toalla de otro** he was rather squeamish about using somebody else's towel. **2.** (*idea infundada*) figment of one's imagination, groundless suspicion: **eso son aprensiones tuyas** you're just imagining it.

aprensivo, -va /apren'siβo -βa/ *adj* **1.** (*gen*): **es muy aprensivo** he's very apprehensive by nature; **es muy aprensivo e inmediatamente piensa que es cáncer** he worries a lot about his health and he immediately thinks it's cancer; **no seas tan aprensiva, no les va a pasar nada** don't worry, they are going to be all right. **2.** (*en cuestiones de higiene*): **no creo que lo pruebe, es muy aprensiva** I don't think she'll try it, she's very finicky.

apresamiento /apresa'mjento/ *sm* capture, seizure: **los guardacostas procedieron al apresamiento del barco** the coastguard went ahead and seized the vessel.

apresar /apre'sar/ [➪CANTAR] *vt* to capture, to seize.

aprestar /apres'tar/ [➪CANTAR] *vt* to make * get ready, to prepare.

aprestarse *v prnl* to be about to: **se aprestaba** *a* **salir cuando sonó el teléfono** he was just about to leave when the phone rang.

apresurado, -da /apresu'raðo -ða/ *adj* hasty: **fue una decisión apresurada** it was a hasty decision.

apresurar /apresu'rar/ [➪CANTAR] *vt* to hurry.

apresurarse *v prnl* to hurry up: **apresúrate o llegaremos tarde** hurry up, or we'll be late; **¡no te apresures!** take your time!

apretado, -da /apre'taðo -ða/ *adj* **1.** (*ceñido*) tight: **lleva unos pantalones muy apretados** he wears very tight trousers. **2.** (*en un lugar*) cramped, crowded together: **estamos bastante apretados en esa clase** we're pretty cramped in that class. **3.** (*activo*) busy: **tuve una semana de lo más apretada** I had a very busy week. **4.** (*complicado*) difficult, tricky: **perdió el trabajo y está en una situación apretada** she lost her job so things are difficult.

apretar /apre'tar/ [➪pensar] *vt* **1.** (*con el dedo*) to press: **tienes que apretar ese botón** you have to press that button; **apretó el gatillo** he pulled the trigger. **2.** (*un nudo, una tuerca, un cinturón*) to tighten: **aprieta este tornillo** tighten this screw. **3.** (*comprimir*) to squeeze: **apriétalos para que quepan todos** squeeze them in so they'll all fit; **apretó al niño entre sus brazos** he hugged the baby in his arms. **4.** (*fam: exigir*) to push hard: **el profesor de francés nos aprieta mucho** the French teacher pushes us hard. **5.** (*activar*) to hurry up, to speed up: **tuvimos que apretar el paso** we had to speed up.
♦*vi* **1.** (*ropa, calzado*) to be too tight: **estos vaqueros me aprietan** these jeans are too tight for me. **2.** (*calor*) to intensify, to get worse: **cada minuto apretaba más el calor** it was getting hotter by the minute.

apretarse *v prnl* to crowd * squeeze together: **si nos apretamos, cabremos todos** if we squeeze together there'll be room for us all.

apretón /apre'ton/ *sm* **1.** (*apretujón*) crush: **ya estoy harto de los apretones en el metro** I'm sick of getting squashed in the (*GB*) underground * (*US*) subway. **2.** (*fam: esfuerzo*) extra effort.

apretón de manos *sm* handshake.

apretujar /apretu'xar/ [➪CANTAR] *vt* (*fam*) to cram, to squeeze: **apretujó la ropa en el cajón** she crammed the clothes into the drawer.

apretujarse *v prnl* (*fam*) to squash * squeeze together.

apretujón /apretu'xon/ *sm* (*fam*) crush.

apretura /apre'tura/ *sf* **1.** (*de gente*) crush. **2.** (*privación*) hardship: **después de la guerra pasaron muchas apreturas** they suffered a lot of hardships after the war.

aprieto /a'prjeto/ **I** *and other forms with* **apriet-** ➪ apretar
II *sm* tight corner, difficult situation: **su pregunta me puso en un aprieto** her question put me in a tight corner; **creo que María está en un aprieto** I think María is in a difficult situation.

aprisa /a'prisa/ *adv* quickly.

aprisco /a'prisko/ *sm* (*Agr*) (*GB*) fold, (*US*) pen.

aprisionar /aprisjo'nar/ [➪CANTAR] *vt* to trap.

aprobación /aproβa'θjon/ *sf* approval: **cuentas con mi aprobación** you have my approval.

aprobado, -da /apro'βaðo -ða/ **I** *adj* approved.
II aprobado *sm* (*Educ*) pass: **he sacado un aprobado en biología** I have passed in Biology; **no aprobado** fail.

aprobar /apro'βar/ [➪contar] *vt* **1.** (*aceptar*) to approve: **han aprobado el proyecto de la autopista** the motorway project has been approved. **2.** (*respaldar*) to approve of: **no apruebo su conducta** I don't approve of her conduct. **3.** (*un examen, una ley*) to pass: **aprobó todas las asignaturas** she passed all her subjects.
♦*vi* to pass.

apropiado, -da /apro'pjaðo -ða/ *adj* appropriate, suitable.

apropiarse /apro'pjarse/ [⇨CAMBIAR] *v prnl* (*Jur*: *de una propiedad*) to appropriate; (*fam*: *de otra cosa*) to take: **se apropió** *de* **la mejor litera** she took the best bunk (for herself).

aprovechable /aproβe'tʃaβle/ *adj* usable: **no lo tires, todavía es aprovechable** don't throw it away, it can still be used.

aprovechado, -da /aproβe'tʃaðo -ða/ **I** *adj* **1.** (*dinero, tiempo*) well used: **la sala de estar no estaba aprovechada** the living room wasn't used to its best advantage. **2.** (*persona*) scrounging.
II *sm/f* scrounger, sponger: **ten cuidado con él que es un aprovechado** be careful of him, he's a scrounger.

aprovechar /aproβe'tʃar/ [⇨CANTAR] *vt* **1.** (*el tiempo*) to make the most of, to take advantage of: **aprovecho los fines de semana para ir al monte** I take advantage of weekends to go up to the mountains. **2.** (*objetos, materiales*) to find a use for, to make good use of: **quédatelo si lo vas a aprovechar** keep it if you can find any use for it.
♦*vi* (*ser de utilidad*) to be of use: **no le aprovecharon mucho las clases de inglés** those English lessons were of little use to him ● **¡que aproveche!** enjoy your meal!
aprovecharse *v prnl* to take advantage: **se aprovechó** *de* **él y luego lo dejó** she took advantage of him and then left him; **aprovéchate** *de* **las circunstancias y compra un piso** make the most of the present circumstances and buy a flat.

aprovisionar /aproβisjo'nar/ [⇨CANTAR] *vt* to provide, to supply: **un helicóptero aprovisionó** *de* **víveres a la tropa** a helicopter provided the troops with supplies.
aprovisionarse *v prnl* to stock up: **se aprovisionaron** *de* **todo lo que necesitaban en la tienda del pueblo** they stocked up with everything they needed at the village shop.

aproximación /aproksima'θjon/ *sf* **1.** (*Mat*) approximation ● **no lo has adivinado ni por aproximación** you're nowhere near right. **2.** (*de personas, puntos de vista*) drawing (closer) together; (*Pol*) rapprochement: **se ha producido una aproximación de los dos bloques** there's been a rapprochement between the two blocs. **3.** (*en lotería*) *small prize for numbers close to the winning one.*

aproximado, -da /aproksi'maðo -ða/ *adj* (*gen*) approximate; (*estimación*) rough: **dime la hora aproximada a la que llegarás** tell me roughly * approximately what time you'll arrive.

aproximar /aproksi'mar/ [⇨CANTAR] *vt* to bring closer: **este libro nos aproxima** *al* **mundo del cine** this book gives us a better understanding of the world of cinema.
aproximarse *v prnl* **1.** (*a un lugar*) to come closer: **se aproximaron** *al* **fuego** they drew closer to the fire. **2.** (*en el tiempo*) to approach: **se aproxima el otoño** autumn is coming; **se aproximaba la fecha del examen** the exam date was drawing near.

apruebo /a'prweβo/ *and other forms with* ***aprueb-*** ⇨aprobar

aptdo. *pronounced* /a'partaðo/ (*abbreviation of* **apartado**): **aptdo. de correos** PO Box.

aptitud /apti'tuð/ *sf* **1.** (*habilidad*) aptitude, ability: **no tengo aptitudes** *para* **la música** I have no aptitude for music; **superó las pruebas de aptitud** she passed the aptitude tests. **2.** (*adecuación*) suitability: **no demostró tener aptitudes** *para* **desempeñar ese trabajo** he turned out not to be suitable for the job.

apto, -ta /'apto -ta/ **I** *adj* **1.** (*capacitado*) capable: **lo declararon apto** *para* **el servicio militar** he was declared fit for military service. **2.** (*apropiado*) suitable: **la película no es apta** *para* **menores** the movie is not suitable for children; **este alimento no es apto** *para* **el consumo humano** this food is not fit for human consumption.
II apto *sm* (*Educ*) pass.

apuesta /a'pwesta/ *sf* bet: **hicieron una apuesta a ver quién terminaba antes** they had a bet on who would be the first to finish.

apuesto, -ta /a'pwesto -ta/ *adj* handsome.

apuntado, -da /apun'taðo -ða/ *adj* **1.** (*escrito*) written down: **lo tengo apuntado en algún sitio** I have it written down somewhere. **2.** (*en forma de punta*) pointed.

apuntador, -dora /apunta'ðor -'ðora/ *sm/f* prompter ● **al final de la película muere hasta el apuntador** at the end of the movie absolutely everybody gets killed.

apuntalar /apunta'lar/ [⇨CANTAR] *vt* **1.** (*una pared*) to shore up; (*un techo*) to prop. **2.** (*un argumento*) to back up.

apuntar /apun'tar/ [⇨CANTAR] *vi* **1.** (*con un arma*) to aim (at): **apuntó a los empleados** *con* **un revólver** he aimed * pointed a revolver at the staff; (*con el dedo*) to point (at): **¡no apuntes a la gente** *con* **el dedo!** don't point at people! **2.** (*en el teatro*) to prompt; (*en un examen*) to whisper the answers to: **la pillaron apuntándole a una compañera en el examen** she was caught whispering the answers to a classmate during the exam. **3.** (*día*) to begin to appear, to show: **apuntaba el día cuando salimos** it was starting to get light as we left.
♦*vt* **1.** (*tomar nota de*) to note down: **espera que apunte tu teléfono** wait while I make a note of your telephone number. **2.** (*inscribir*) to enrol: **apunté a mi hija** *a* **clases de natación** I put my daughter's name down for swimming lessons. **3.** (*indicar*) to point out: **el director apuntó la necesidad de construir un nuevo gimnasio** the principal pointed out the need for a new gymnasium.
apuntarse *v prnl* **1.** (*inscribirse*) to join, to enrol: **me he apuntado** *a* **un curso de cocina** I've enrolled on a cookery course; **¿te has apuntado** *para* **la excursión?** have you put your name down for the trip? **2.** (*un éxito*) to notch up: **el equipo visitante se apuntó otra victoria** the visiting team notched up another win.

apunte /a'punte/ **I** *sm* sketch: **el artista hizo un apunte del paisaje** the artist made a sketch of the landscape.
II apuntes *sm pl* notes *pl*: **¿puedes dejarme los apuntes de la clase de ayer?** can I borrow your notes from yesterday's lesson?

apuntillar /apunti'ʎar/ [⇨CANTAR] *vt* (*Tauro*) to kill (*a bull*).

apuñalar /apuɲa'lar/ [⇨CANTAR] *vt* to stab.

apurado, -da /apu'raðo -ða/ *adj* **1.** (*de trabajo*) busy: **no podré salir porque estoy muy apurada** I won't be able to go out because I'm very busy. **2.** (*con prisa*) in a hurry: **salieron muy apurados sin decir nada** they rushed out without saying a word; **estaba * andaba apurado** *de* **tiempo** I was pushed for time. **3.** (*económicamente*) short of money: **estamos muy apurados** *de* **dinero** we're rather hard up. **4.** (*azo-*

rado) embarrassed: **estaba tan apurada que no sabía qué decir** she was so embarrassed that she didn't know what to say. **5.** (*peligroso*) difficult: **el alpinista se encontraba en una situación muy apurada** the climber was in a great difficulties.

apurar /apu'rar/ [➪ CANTAR] *vt* **1.** (*acabar*) to finish off: **apuraron sus vasos y salieron** they drained their glasses and left. **2.** (*meter prisa*) to hurry (up * along), to rush: **nos apuró para que termináramos** she made us hurry up and finish. **3.** (*presionar*) to press: **si me apuras, diría que fue intencionado** if pressed, I'd say it was deliberate. **4.** (*avergonzar*) to embarrass: **me apura contarte lo que me pasa** I'm embarrassed to tell you what's wrong with me.

apurarse *v prnl* **1.** (*darse prisa*) to hurry up: **apúrate o perderemos el autobús** hurry up or we'll miss the bus. **2.** (*inquietarse*) to worry: **no se apure, que no es nada** don't worry, it's nothing serious.

apuro /a'puro/ **I** *sm* **1.** (*aprieto*) difficult situation: **se encuentra en un apuro** he's in a difficult situation * a tight spot. **2.** (*azoramiento*) embarrassment: **¡qué apuro!** how embarrassing!; **me da apuro entrar sola** I don't like to go in on my own.

II apuros *sm pl* difficulties *pl*, hardships *pl*: **cuando vino a vivir aquí, pasó muchos apuros económicos** when he came to live here he was very short of money; **pasé muchos apuros para terminarlo a tiempo** I had a job to get it finished on time.

aquejar /ake'xar/ [➪ CANTAR] *vt [only used in the third person]* to afflict: **le aqueja una extraña dolencia** she suffers from a strange complaint.

aquel, aquella /a'kel, a'keʎa/ [*pl* **aquellos -llas**] **I** *adj demostrativo* that: **dame aquel libro, por favor** give me that book over there, please; **en aquella época nadie se daba cuenta del peligro** nobody was aware of the danger in those days.

II *pron demostrativo* ➪ aquél

aquél, aquélla /a'kel, a'keʎa/ *pron demostrativo* [*pl* **aquéllos -llas**] **1.** (*gen*) that one: **¿conoces a aquél?** do you know that man over there? **2.** (*uno de los ya mencionados*): **Juan y Pablo empezaron al mismo tiempo; éste fracasó, aquél triunfó** Juan and Pablo started at the same time; the latter failed but the former succeeded.

aquelarre /ake'larre/ *sm* witches' Sabbath.

aquello /a'keʎo/ *pron demostrativo* that: **aquello fue muy comentado** that affair * business was talked about a great deal.

aquellos, -llas /a'keʎos -ʎas/ **I** *adj demostrativo* those: **aquellas tiendas que hemos pasado son nuevas** those shops we passed are new. ➪ aquel, aquella

II *pron demostrativo* ➪ aquéllos

aquéllos, -llas /a'keʎos -ʎas/ *pron demostrativo* those (ones): **una de aquéllas es mía** one of those is mine. ➪ aquél, aquélla

aquí /a'ki/ *adv* **1.** (*en este lugar*) here: **¿qué estás haciendo aquí?** what are you doing here?; **tú no eres de aquí, ¿verdad?** you're not from (around) here, are you?; **vienen** *hacia* **aquí** they are coming this way; **pasen ustedes** *por* **aquí, por favor** come this way, please; **nunca había venido** *por* **aquí** I had never been this way before; **hace calor aquí dentro** it's warm in here; **estaba aquí mismo hace un minuto** he was here just a minute ago; **póngalo aquí mismo** just put it here; **aquí tiene el cambio, señora** here is your change, madam • **anduvimos de aquí para allá buscando un zapatero** we went all over the place looking for a shoe repair shop • **de aquí que no dijera nada** this is why I didn't say anything. **2.** (*ahora*) now: **hasta aquí todo ha ido bien** so far * up till now everything has gone well; **hasta aquí el boletín de noticias** that's the end of the news • **de aquí en adelante tendrás que arreglártelas solo** from now on you will have to manage on your own; (*entonces*) then, at this * that point: **aquí se produjo un silencio** at that point everybody went quiet.

aquietar /akje'tar/ [➪ CANTAR] *vt* to calm (down).

ara /'ara/ *sf* [takes ***el*** or ***un*** in singular] (*Hist*) (sacrificial) altar • **lo sacrificaron todo en aras de la libertad** they sacrificed everything for the sake of freedom.

árabe /'araβe/ **I** *adj* (*país, música, costumbres*) Arab; (*cultura, idioma, arte*) Arabic.

II *sm/f* (*persona*) Arab.

III *sm* (*idioma*) Arabic.

arabesco /ara'βesko/ *sm* arabesque.

Arabia /a'raβja/ *sf* (*Hist*) Arabia.

Arabia Saudí, Arabia Saudita *sf* Saudi Arabia.

arábigo, -ga /a'raβiγo -γa/ **I** *adj* (*arte, idioma, número*) Arabic; (*península*) Arabian.

II arábigo *sm* (*idioma*) Arabic.

arácnido /a'rakniðo/ *sm* arachnid.

arado /a'raðo/ *sm* (*GB*) plough, (*US*) plow.

arador /ara'ðor/ *sm* (*GB*) ploughman, (*US*) plowman.

Aragón /ara'γon/ *sm* Aragon.

aragonés, -nesa /araγo'nes -'nesa/ *adj, sm/f* Aragonese.

arancel /aran'θel/ *sm* tariff, (customs) duty.

arándano /a'randano/ *sm* (*fruto*) bilberry, blueberry; (*planta*) bilberry * blueberry bush.

arandela /aran'dela/ *sf* (*Tec*) washer.

araña /a'raɲa/ *sf* **1.** (*Zool*) spider. **2.** (*lámpara*) chandelier.

arañar /ara'ɲar/ [➪ CANTAR] *vt* **1.** (*hacer una herida, una raya a*) to scratch: **arañamos la pared al mover los muebles** we scratched the wall when we moved the furniture. **2.** (*conseguir*) to scrape together: **arañó todo el dinero que pudo** he scraped together all the money he could; **arañaron un punto** they managed to get one point.

arañarse *v prnl* to scratch (oneself): **se arañó las piernas** *con* **los matorrales** she scratched her legs on the bushes.

arañazo /ara'ɲaθo/ *sm* scratch.

arar /a'rar/ [➪ CANTAR] *vt* (*GB*) to plough, (*US*) to plow.

araucano, -na /arau'kano -na/ *adj, sm/f* Araucanian.

arbitraje /arβi'traxe/ *sm* **1.** (*Dep*: *gen*) refereeing; (*: en tenis, béisbol, críquet*) umpiring. **2.** (*Pol, Jur*: *mediación*) arbitration.

arbitral /arβi'tral/ *adj* **1.** (*Dep*: *gen*) by * of the referee: **el trío arbitral** the referee and both linesmen; (*: en tenis, críquet*) by * of the umpire. **2.** (*Jur, Pol*: *de mediación*) by arbitration.

arbitrar /arβi'trar/ [➪ CANTAR] *vt* **1.** (*en boxeo, fútbol, etc.*) to referee; (*en tenis, béisbol, críquet*) to umpire. **2.** (*en un conflicto*) to arbitrate. **3.** (*destinar*) to allocate: **el gobierno ha arbitrado fondos para la construcción de nuevas carreteras** the government has allocated funds to build new roads.

♦*vi* **1.** (*en boxeo, fútbol, etc.*) to referee; (*en tenis, béisbol, críquet*) to umpire: **arbitró de forma neutral** he was an impartial referee/umpire. **2.** (*en un conflicto*) to arbitrate.

arbitrario, -ria /arβi'trarjo -rja/ *adj* arbitrary: **su despido fue una decisión arbitraria** her dismissal was an arbitrary decision.

arbitrio /ar'βitrjo/ *sm* **1.** (*facultad de decidir*) (free) will. **2.** (*Jur*: *decisión*) judgement, decision: **lo dejamos a su arbitrio** we leave it to your discretion.

árbitro, -tra /'arβitro -tra/ *sm/f* **1.** (*Dep*: *gen*) referee; (*: en tenis, béisbol, críquet*) umpire. **2.** (*en un conflicto*) arbitrator. **3.** (*persona influyente*): **está considerado un árbitro de la moda** he's looked upon as a leader of fashion.

árbol /'arβol/ *sm* **1.** (*Bot*) tree • **los árboles no dejan ver el bosque** you can't see the wood for the trees • **quien a buen árbol se arrima buena sombra le cobija** it pays to be in with the right people. **2.** (*Tec*: *eje*) shaft. **3.** (*Ling, Mat*) tree diagram.

árbol de Navidad *sm* Christmas tree.

árbol genealógico *sm* family tree.

arbolado, -da /arβo'laðo -ða/ **I** *adj* wooded.

II arbolado *sm* wood: **en esa zona hay mil hectáreas de arbolado** that area has a thousand acres of woodland.

arboladura /arβola'ðura/ *sf* masts and spars (*of ship*).

arboleda /arβo'leða/ *sf* wood: **no te metas en la arboleda** don't go into the wood.

arbóreo, -rea /ar'βoreo -rea/ *adj* arboreal.

arbusto /ar'βusto/ *sm* bush, shrub.

arca /'arka/ *sf* [takes ***el*** or ***un*** in singular] **1.** (*baúl*) chest. **2.** (*para dinero*) coffer: **la mayor parte del dinero va a engrosar las arcas del Estado** most of the money goes to fill the State's coffers.

Arca de la Alianza *sf* Ark of the Covenant.

Arca de Noé *sf* Noah's Ark.

arcas públicas *sf pl* public funds *pl*.

arcada /ar'kaða/ *sf* **1.** (*soportales*) arcade; (*en un puente*) arch. **2.** (*Med*) retching: **el olor le daba arcadas** the stench made him retch.

arcaico, -ca /ar'kaiko -ka/ *adj* archaic.

arcaísmo /arka'izmo/ *sm* archaism.

arcángel /ar'kaŋxel/ *sm* archangel.

arce /'arθe/ *sm* maple.

arcén /ar'θen/ *sm* (*de carretera*) verge; (*de autopista*) (*GB*) hard shoulder, (*US*) berm.

archipiélago /artʃi'pjelaɣo/ *sm* archipelago.

archivador, -dora /artʃiβa'ðor -'ðora/ **I** *sm/f* (*persona*) archivist.

II archivador *sm* (*mueble*) filing cabinet; (*portafolio*) file.

archivar /artʃi'βar/ [➪ CANTAR] *vt* **1.** (*guardar, clasificar*) to file. **2.** (*dar por terminado*) to consider closed: **la policía archivó ese caso hace años** the police closed the file on that case years ago; **propuso que archivaran el asunto** she proposed that they shelve the matter. **3.** (*Inform*) to save.

archivero, -ra /artʃi'βero -ra/ *sm/f* archivist.

archivo /ar'tʃiβo/ *sm* **1.** (*lugar*) archives *pl*: **trabaja en los archivos de la biblioteca** she works in the library archives. **2.** (*mueble*) filing cabinet: **el informe está en el archivo en la letra B** the report is in the filing cabinet under (the letter) B. **3.** (*documentación*) file: **su trabajo consiste en mantener los archivos al día** his task is to keep the files up-to-date; **consultaron los archivos de la empresa** they consulted the company's archives. **4.** (*Inform*) file.

arcilla /ar'θiʎa/ *sf* clay.

arcilloso, -sa /arθi'ʎoso -sa/ *adj* clayey.

arcipreste /arθi'preste/ *sm* archpriest.

arco /'arko/ *sm* **1.** (*Arquit*) arch. **2.** (*para flechas, de un violín*) bow. **3.** (*Mat*) arc. **4.** (*Amér L*: *Dep*) goal.

arco iris *sm* rainbow.

arcón /ar'kon/ *sm* large chest.

arder /ar'ðer/ [➪ TEMER] *vi* to burn: **el edificio ardió durante toda la noche** the building burned throughout the night; **¡no lo toques, está ardiendo!** don't touch it, it's burning hot!; **vimos un coche ardiendo en la calle** we saw a car in flames in the street; **me arde la garganta** my throat is burning • **está que arde porque le han robado** he's furious because he has been robbed • **la cosa está que arde** things are hotting up.

ardid /ar'ðið/ *sm* trick, ruse.

ardiente /ar'ðjente/ *adj* **1.** (*muy caliente, muy intenso*) burning: **hacía un sol ardiente** the sun was blazing down; **le entró un deseo ardiente de ir allí** he had a burning desire to go there. **2.** (*apasionado*) passionate: **ha heredado el temperamento ardiente de su madre** she has inherited her mother's passionate nature.

ardilla /ar'ðiʎa/ *sf* squirrel.

ardor /ar'ðor/ *sm* **1.** (*sensación de calor*) burning (feeling). **2.** (*apasionamiento*) (*GB*) fervour, (*US*) fervor: **lucharon con ardor** they fought fiercely; **defendió con ardor sus ideas** he fervently * passionately defended his ideas.

ardor de estómago *sm* heartburn.

ardoroso, -sa /arðo'roso -sa/ *adj* **1.** (*ardiente*) burning: **el enfermo tenía la frente ardorosa** the patient's forehead was burning hot. **2.** (*apasionado*) passionate, fervent.

arduo, -dua /'arðwo -ðwa/ *adj* arduous, hard.

área /'area/ *sf* [takes ***el*** or ***un*** in singular] **1.** (*espacio, zona*) area: **es un fenómeno típico del área mediterránea** it is a phenomenon typical of the Mediterranean area; **aquí se ve el área *de* bajas presiones** here you can see the area of low pressure. **2.** (*de conocimiento*) field, sphere: **es el encargado del área *de* ciencias** he's in charge of science. **3.** (*Mat*: *superficie*) area; (*: medida*) one hundred square metres. **4.** (*also* **área de castigo**) (*Dep*) penalty area.

área de servicio *sf* service area.

área metropolitana *sf* metropolitan area.

arena /a'rena/ *sf* **1.** (*materia*) sand. **2.** (*de circo romano*) arena. **3.** (*Tauro*) arena.

arenas movedizas *sf pl* quicksand.

arenal /are'nal/ *sm*: *large expanse of sand.*

arenga /a'reŋga/ *sf* harangue: **el coronel dirigió una arenga a su tropa** the colonel harangued his troops.

arengar /areŋ'gar/ [➪ pagar] *vt* to harangue.

arenisca /are'niska/ *sf* sandstone.

arenoso, -sa /are'noso -sa/ *adj* sandy.

arenque /a'reŋke/ *sm* herring *n inv*.

arenque ahumado *sm* kipper.

arete /a'rete/ *sm* (*Amér L*) earring.

argamasa /arɣa'masa/ *sf* mortar.

Argelia /ar'xelja/ *sf* Algeria.

argelino, -na /arxe'lino -na/ *adj, sm/f* Algerian.

Argentina /arxen'tina/ *sf*: **(la) Argentina** Argentina.

argentino, -na /arxen'tino -na/ (*Geog*) **I** *adj* Argentinian, Argentine.

II *sm/f* Argentinian.

argolla /ar'ɣoʎa/ *sf* large (iron) ring: **la cadena está sujeta a la pared con una argolla** the chain is attached to the wall by a ring.

argot /ar'ɣot/ *sm* **[argots]** (*de una profesión*) jargon; (*de un grupo social*) slang.

argucia /ar'ɣuθja/ *sf* **1.** (*truco*) trick: **utilizó todo tipo de argucias para despistar a sus perseguidores** she used all kinds of tricks to throw her pursuers off the track. **2.** (*argumento falso*) fallacy: **los convenció** *con* **argucias** he convinced them using a false argument.

argüir /aryu'ir/ [⇨huir] *vt* **1.** (*exponer argumentos*) to argue: **arguyeron razones poco convincentes** they offered unconvincing excuses. **2.** (*inferir*) to deduce: **de aquí se arguye su culpabilidad** on the basis of this we may deduce his guilt.

♦*vi* to argue: **la oposición arguyó** *en contra de* **la medida** the opposition argued against the measure.

argumentación /aryumenta'θjon/ *sf* argument, arguments *pl*: **su argumentación fue muy convincente** her argument was very convincing.

argumental /aryumen'tal/ *adj*: **todas sus novelas siguen una línea argumental parecida** all her novels have similar plots * storylines.

argumentar /aryumen'tar/ [⇨CANTAR] *vt/i* to argue.

argumento /aryu'mento/ *sm* **1.** (*de un libro, una película, etc.*) plot. **2.** (*para convencer*) argument.

aria /'arja/ *sf* [takes ***el*** or ***un*** in singular] aria.

árido, -da /'ariðo -ða/ **I** *adj* **1.** (*Meteo*) arid. **2.** (*difícil*) dry, dull: **es una asignatura muy árida** it's a very dry subject.

II áridos *sm pl* (*Agr, Culin*) dry goods *pl* (*grains, legumes and rice*).

aries /'arjes/ **I** *sm* (*also* **Aries**) (*constelación, signo del zodiaco*) Aries; (*Amér L*): **soy** *de* **Aries** I'm an Aries.

II *sm/f inv* (*persona*) Aries: **soy Aries** I'm an Aries; **va a ser una buena semana para los aries** it's going to be a very good week for Aries.

ariete /a'rjete/ *sm* **1.** (*tronco*) battering ram. **2.** (*fam: en fútbol*) centre forward.

ario, -ria /'arjo -rja/ *adj, sm/f* Aryan.

arisco, -ca /a'risko -ka/ *adj* (*persona*) unsociable, unfriendly; (*animal*) unfriendly.

arista /a'rista/ *sf* **1.** (*en geometría*) edge. **2.** (*Geog*) ridge. **3.** (*dificultad*) difficulty ● **todavía hemos de limar algunas aristas** we still have to sort out a few difficulties * problems.

aristocracia /aristo'kraθja/ *sf* aristocracy.

aristócrata /aris'tokrata/ *sm/f* aristocrat.

aristocrático, -ca /aristo'kratiko -ka/ *adj* aristocratic.

aritmética /arit'metika/ *sf* arithmetic.

aritmético, -ca /arit'metiko -ka/ *adj* arithmetical.

arlequín /arle'kin/ *sm* (*Lit*) Harlequin.

arma /'arma/ *sf* [takes ***el*** or ***un*** in singular] **1.** (*objeto*) weapon, arm: **¡presenten armas!** present arms!; **todo el pueblo se alzó en armas** the whole village rose up in arms * took up arms ● **pasaron por las armas a los sublevados** they shot the rebels ● **el embargo resultó ser un arma de doble filo** the embargo proved to be a double-edged sword ● **es una chica de armas tomar** she's a girl to be reckoned with. **2.** (*Mil: sección del ejército*) branch: **el arma de infantería** the infantry.

arma blanca *sf* weapon with a blade (*knife, sword, etc.*).

arma de fuego *sf* firearm.

arma química *sf* chemical weapon.

armas nucleares *sf pl* nuclear weapons *pl*.

armada /ar'maða/ *sf* **1.** (*marina*) navy: **la armada (de guerra) chilena** the Chilean Navy. **2.** (*flota*) fleet; (*Hist*): **la Armada Invencible** the Spanish Armada.

armadillo /arma'ðiʎo/ *sm* armadillo.

armado, -da /ar'maðo -ða/ *adj* armed: **los ladrones iban armados** the robbers were armed.

armador, -dora /arma'ðor -'ðora/ *sm/f* shipowner.

armadura /arma'ðura/ *sf* **1.** (*Hist*) (*GB*) (suit of) armour, (*US*) (suit of) armor. **2.** (*estructura*) frame: **lleva unas gafas** *de* **armadura metálica** he wears glasses with metal frames.

armamento /arma'mento/ *sm* (*conjunto de armas*) arms *pl*, armaments *pl*: **el armamento de la tropa era escaso y viejo** the troops were scantily equipped with old weapons.

armar /ar'mar/ [⇨CANTAR] *vt* **1.** (*proporcionar armas*) to arm: **el gobernador ordenó armar a la población civil** the governor ordered the arming of the civilian population; (*preparar para la guerra*): **armaron un ejército** they set up an army. **2.** (*cargar*) to load: **explicó cómo armar el fusil** he explained how to load the rifle. **3.** (*montar*) to assemble, to put together: **no pudimos armar la tienda por culpa del viento** we couldn't put up * pitch the tent because of the wind. **4.** (*fam: causar*) to cause: **el accidente armó un atasco tremendo** the accident caused a huge traffic jam; **armaron una buena bronca al salir de la discoteca** they made quite a racket as they left the disco.

armarse *v prnl* **1.** (*proveerse: de armas*) to arm (oneself): **los campesinos se armaron para defender el pueblo** the villagers armed themselves to defend the village; (*: de otra cosa*) to provide * equip oneself: **nos armamos** *de* **botas y chubasqueros para salir** we equipped ourselves with boots and waterproofs to go out. **2.** (*tomar una actitud*): **me armé** *de* **valor para comunicarles la noticia** I plucked up courage to break the news to them; **lo único que puedes hacer es armarte** *de* **paciencia** all you can do is summon up all your patience. **3.** (*ocurrir*) to break out: **se armó una buena pelea** a tremendous fight broke out.

armario /ar'marjo/ *sm* **1.** (*gen*) cupboard. **2.** (*ropero*) wardrobe.

armario empotrado *sm* built-in wardrobe/cupboard, (*US*) closet.

armatoste /arma'toste/ *sm* (*fam*) piece of old junk.

armazón /arma'θon/ *sm* * *sf* **1.** (*estructura*) frame, framework. **2.** (*Arquit*) shell.

armería /arme'ria/ *sf* **1.** (*museo*) weapons museum, (*GB*) armoury, (*US*) armory. **2.** (*comercio*) gunshop.

armero, -ra /ar'mero -ra/ *sm/f* gunsmith.

armiño /ar'miɲo/ *sm* **1.** (*animal: de pelaje blanco*) ermine; (*: de pelaje pardo*) stoat. **2.** (*piel*) ermine.

armisticio /armis'tiθjo/ *sm* armistice.

armonía /armo'nia/ *sf* harmony.

armónica /ar'monika/ *sf* harmonica.

armónico, -ca /ar'moniko -ka/ *adj* harmonic.

armonioso, -sa /armo'njoso -sa/ *adj* harmonious.

armonizar /armoni'θar/ [⇨cazar] *vt* **1.** (*Mús*) to harmonize. **2.** (*colores*) to blend, to combine: **el artista ha sabido armonizar muy bien los colores** the artist has succeeded in combining the colours very well. **3.** (*puntos de vista*) to reconcile: **intentamos armonizar las diversas opiniones** we tried to reconcile differing opinions.

♦*vi* to blend: **estos colores armonizan muy bien** these colours go very well together.

arnés /ar'nes/ **I** *sm* (*de alpinista*) harness.

II arneses *sm pl* (*de caballo*) harness.

aro /'aro/ *sm* **1.** (*anillo*) ring; (*pendiente*) hoop (earring). **2.** (*de domador, para jugar*) hoop ● **no me quedó más remedio que pasar * entrar por el aro** there was nothing I could do but give in.

aroma /a'roma/ *sm* (*de comida recién hecha*) smell, aroma; (*de flor, perfume*) fragrance; (*del vino*) bouquet.

aromático, -ca /aro'matiko -ka/ *adj* aromatic, scented.
aromatizar /aromati'θar/ [⇨cazar] *vt* to perfume, to scent.
arpa /'arpa/ *sf* [takes ***el*** or ***un*** in singular] harp.
arpía /ar'pia/ *sf* **1.** (*en mitología*) harpy. **2.** (*fam*: *mujer*) old hag.
arpillera /arpi'ʎera/ *sf* sacking (*fabric*).
arpista /ar'pista/ *sm/f* harpist.
arpón /ar'pon/ *sm* harpoon.
arponear /arpone'ar/ [⇨CANTAR] *vt* to harpoon.
arquear /arke'ar/ [⇨CANTAR] *vt* to bend, to arch: **el gato arqueó el lomo** the cat arched its back.
arquearse *v prnl* to curve, to bend.
arqueología /arkeolo'xia/ *sf* archaeology.
arqueólogo, -ga /arke'oloɣo -ɣa/ *sm/f* archaeologist.
arquero, -ra /ar'kero -ra/ *sm/f* **1.** (*Mil, Dep*) archer. **2.** (*Amér L*: *en fútbol*) goalkeeper.
arquitecto, -ta /arki'tekto -ta/ *sm/f* architect.
arquitectura /arkitek'tura/ *sf* architecture.
arrabal /arra'βal/ *sm*: *poor district on the outskirts of a town*: **se crió en los arrabales** she was brought up in a poor area on the edge of town.
arrabalero, -ra /arraβa'lero -ra/ *adj* vulgar, coarse.
arraigado, -da /arrai'ɣaðo -ða/ *adj* **1.** (*costumbre, vicio*) deep-rooted: **la costumbre de la siesta está muy arraigada** taking a siesta is a deep-rooted custom. **2.** (*en un lugar*) well established: **está muy arraigada en este país** she has put down her roots in this country.
arraigar /arrai'ɣar/ [⇨pagar] *vi* (*una planta, una costumbre*) to take root: **todavía no ha arraigado** *en* **este chico el hábito de estudiar** this boy has not yet got into the way of studying.
arraigo /a'rraiɣo/ *sm*: **en este país los carnavales tienen mucho arraigo** there is a long-established carnival tradition in this country.
arramblar /arram'blar/ [⇨CANTAR] *vi* (*fam*) to make off: **arrambló** *con* **el dinero que su madre guardaba** he made off with ✱ took the money his mother was saving.
arrancar /arraŋ'kar/ [⇨sacar] *vt* **1.** (*extraer*: *gen*) to extract, to pull out: **me arrancaron la muela sin anestesia** I had my tooth taken out without anaesthetic; **arrancaron todos los cables** they pulled all the cables out; **finalmente le arranqué la verdad** in the end, I managed to get the truth out of her; (: *una planta*) to uproot. **2.** (*quitar*) to snatch: **me arrancaron el bolso de un tirón** I had my handbag snatched. **3.** (*apartar*) to drag away: **no conseguí arrancarlo** *del* **tabaco** I couldn't make him stop smoking. **4.** (*Auto*: *encender*) to start (up).
♦*vi* **1.** (*Auto*) to start: **la camioneta no arranca** the van won't start. **2.** (*comenzar*) to begin: **la carretera arranca** *de* **la plaza mayor** the road starts at the main square; **esta obsesión arranca** *de* **su infancia** this obsession dates back to his childhood.
arranque /a'rraŋke/ *sm* **1.** (*de un vehículo*) starting: **lo que falla es el arranque** there's a problem with the starter (motor). **2.** (*de una persona*: *energía*) drive, energy: **carece de arranque para dirigir el negocio** he lacks the drive to run the business; (: *impulso*) fit: **me regaló su pluma en un arranque de generosidad** he gave me his pen in a fit of generosity.
arras /'arras/ *sf pl*: *thirteen coins that the bridegroom gives the bride during a Catholic wedding*.
arrasar /arra'sar/ [⇨CANTAR] *vt* (*destruir*) to devastate: **el incendio arrasó el bosque** the fire devastated the forest; (*allanar*) to flatten, to raze (to the ground): **el huracán arrasó los platanales** the hurricane flattened the banana plantations.
♦*vi* **1.** (*en deporte*) to score a runaway victory: **los corredores africanos arrasaron en las finales** the African runners swept the board in the finals. **2.** (*en política*) to win a landslide victory: **en las últimas elecciones arrasaron** they won a landslide victory in the last elections.
arrastrado, -da /arras'traðo -ða/ *adj* miserable, pathetic: **lleva una vida arrastrada** he leads a miserable life.
arrastrar /arras'trar/ [⇨CANTAR] *vt* **1.** (*tirar de*) to pull, to drag: **arrastré el saco hasta la puerta** I dragged the sack over to the door; **la corriente casi nos arrastra** the current nearly carried us away; **¡no arrastres los pies al andar!** don't drag your feet when you walk! **2.** (*tener desde hace tiempo*): **arrastra la enfermedad desde que era niña** she's had the illness since she was a child. **3.** (*atraer*) to carry along: **es un político que arrastra** *a* **las masas** he's a politician who attracts a lot of public support; **se deja arrastrar por sus amigos** he allows his friends to lead him on. **4.** (*provocar*) to lead to: **su dimisión arrastró la de varios colaboradores** his resignation brought that of several of his colleagues in its wake. **5.** (*al hablar*): **arrastraba las palabras** he was slurring his words.
♦*vi* **1.** (*rozar el suelo*) to trail (on the ground): **la cortina arrastra** the curtain is dragging on the ground. **2.** (*en cartas*) to lead.
arrastrarse *v prnl* **1.** (*en el suelo*) to crawl: **el crío está sucio de arrastrarse** *por* **el suelo** the child is dirty from crawling around on the ground. **2.** (*humillarse*): **es humillante cómo se arrastra** *ante* **su jefe** it's degrading how he grovels to his boss.
arrastre /a'rrastre/ *sm* **1.** (*acción*) dragging • **la fiesta de anoche me dejó para el arrastre** I was shattered after last night's party. **2.** (*en una pista de esquí*) drag lift.
arre /'arre/ *excl* gee up.
arrea /a'rrea/ *excl* (*fam*) you're joking, get away.
arrear /arre'ar/ [⇨CANTAR] *vt* **1.** (*a animales*: *con la voz*) to gee up, to urge on; (: *a golpes*) to drive. **2.** (*fam*: *un golpe*) to deal, to give: **le arreó una torta** she slapped him.
♦*vi* to hurry (up): **como no arrees, nos quedaremos los últimos** if you don't hurry up we'll be last.
arrebatar /arreβa'tar/ [⇨CANTAR] *vt* **1.** (*quitar*) to snatch: **el defensa le arrebató la pelota** the defender snatched the ball away from him. **2.** (*atraer*) to mesmerize: **es un líder que arrebata a las masas** he is a leader who can hold the crowds spellbound. **3.** (*provocar admiración en*) to win over: **su dedicación nos arrebató** we were won over by his dedication.
arrebato /arre'βato/ *sm* **1.** (*reacción*) fit: **me insultó en un arrebato de furia** he insulted me in a fit of rage. **2.** (*explosión de ira*) outburst: **otro arrebato como ése y te echo de la clase** another outburst like that and I'll throw you out of the classroom.
arrebujar /arreβu'xar/ [⇨CANTAR] *vt* to crumple up, to crease.
arrebujarse *v prnl* to wrap oneself (up): **me arrebujé en una manta** I wrapped myself in a blanket.
arrechucho /arre'tʃutʃo/ *sm* (*Med*: *fam*): **le dio un arrechucho, pero ya se encuentra mejor** he had a bad turn, but he's over it now.
arreciar /arre'θjar/ [⇨CAMBIAR] *vi* (*Meteo*) to get stronger, to increase: **arreciaba el temporal** the storm was getting more violent.

arrecife /arre'θife/ *sm* reef.

arredrar /arre'ðrar/ [⇨CANTAR] *vt* to scare, to frighten.
arredrarse *v prnl* to be scared, to be frightened: **no se arredra** *ante* **nada** nothing scares him.

arreglado, -da /arre'ɣlaðo -ða/ *adj* **1.** (*en regla*) settled: **el problema ya está arreglado** the problem has already been sorted out • **¡pues estamos arreglados!** now we've really gone and done it! • **vas arreglado si piensas que te van a hacer caso** you're in for a big surprise if you think they're going to listen to you. **2.** (*en orden*) tidy: **su casa siempre está muy arreglada** their house is always very tidy. **3.** (*en funcionamiento*) mended, repaired: **todavía no está arreglado** it hasn't been mended yet. **4.** (*elegante*) well turned-out, smart: **vino muy arreglada** she came looking very smart.

arreglar /arre'ɣlar/ [⇨CANTAR] *vt* **1.** (*poner en regla, solucionar*) to sort out: **¿has arreglado ya lo del visado?** have you sorted out the visa yet?; **el problema del tráfico no hay quien lo arregle** the traffic problem seems insoluble. **2.** (*ordenar*) to tidy (up): **antes de irte arregla la habitación** tidy (up) your room before you leave. **3.** (*reparar*) to mend, to repair: **tenemos que arreglar el televisor** we must get the television repaired. **4.** (*poner más elegante*) to get ready: **voy a arreglar a los niños para salir** I'm going to get the children ready to go out. **5.** (*fam: reñir*): **¡ya te arreglará tu padre cuando llegues a casa!** your father will sort you out when you get home!
arreglarse *v prnl* **1.** (*solucionarse*) to turn out all right: **al final, todo se arregló** everything turned out all right ✱ sorted itself out in the end. **2.** (*ponerse más elegante*) to get ready: **está arreglándose** she's getting ready. **3.** (*apañarse*) to manage: **me arreglo** *con* **un litro de leche** I can manage with one litre of milk. **4. arreglárselas**: **siempre se las arregla para llegar tarde** he always manages to arrive late.

arreglo /a'rreɣlo/ **I** *sm* **1.** (*reparación*) repair: **la casa sólo necesita unos cuantos arreglos** the house only needs a few repairs. **2.** (*solución*) answer, solution: **su problema no tiene arreglo** there is no solution to his problem • **Luis no tiene arreglo** Luis is a hopeless case. **3.** (*aseo*) getting (oneself) ready: **dedica más de una hora a su arreglo personal** he takes more than an hour to get himself ready. **4.** (*acuerdo*) agreement: **se resolvió** *con* **arreglo** *a* **la ley** it was settled in accordance with the law • **viven con arreglo a sus posibilidades** they live within their means.
II arreglos *sm pl* (*Mús*) arrangement.
arreglo de cuentas *sm* tit-for-tat ✱ revenge killing.

arrellanarse /arreʎa'narse/ [⇨CANTAR] *v prnl* to sit back comfortably.

arremangar /arremaŋ'gar/ [⇨pagar] *vt* ⇨remangar

arremeter /arreme'ter/ [⇨TEMER] *vi* (*físicamente*) to charge: **el toro arremetió** *contra* **el caballo** the bull charged the horse; (*en un artículo, una entrevista, etc.*): **arremetió** *contra* **sus críticos** she launched a furious attack on her critics.

arremetida /arreme'tiða/ *sf* attack, charge.

arremolinamiento /arremolina'mjento/ *sm* **1.** (*de agua*) eddy. **2.** (*de gente*): **había un arremolinamiento de gente en la entrada** there was a bustling crowd of people at the entrance.

arremolinarse /arremoli'narse/ [⇨CANTAR] *v prnl* **1.** (*agua*) to swirl, to eddy; (*hojas, papeles*) to swirl about, to whirl around. **2.** (*amontonarse*) to crowd (together): **una multitud de curiosos se arremolinaba a la entrada del teatro** a crowd of onlookers was clustered at the entrance to the theatre.

arrendador, -dora /arrenda'ðor -'ðora/ *sm/f* (*frml: hombre*) landlord, lessor; (*: mujer*) landlady, lessor.

arrendamiento /arrenda'mjento -ta/ *sm* (*frml*) lease, rental.

arrendar /arren'dar/ [⇨pensar] *vt* (*frml*) **1.** (*el usuario*) to rent. **2.** (*el propietario*) to rent (out), to let.

arrendatario, -ria /arrenda'tarjo -rja/ *sm/f* (*frml*) tenant, leaseholder.

arreos /a'rreos/ *sm pl* **1.** (*de caballo*) harness. **2.** (*complementos*) gear.

arrepentimiento /arrepenti'mjento/ *sm* (*gen*) regret; (*Relig*) repentance.

arrepentirse /arrepen'tirse/ [⇨sentir] *v prnl* **1.** (*sentir pesar*) to feel regret: **se arrepintió** *de* **lo que había hecho** he regretted what he had done; (*Relig*) to repent. **2.** (*retractarse*) to change one's mind: **luego se arrepintió y no lo hizo** then she changed her mind and didn't do it.

arrepiento /arre'pjento/ *and other forms with* ***arrepient-*** ⇨arrepentirse

arrestar /arres'tar/ [⇨CANTAR] *vt* to arrest.

arresto /a'rresto/ **I** *sm* arrest.
II arrestos *sm pl* (*fam*) courage: **tuvo arrestos para meterse solo en la cueva** he had the courage ✱ guts to go into the cave alone.
arresto domiciliario *sm* house arrest.

arriar /a'rrjar/ [⇨ansiar] *vt* (*las velas, una bandera*) to lower, to strike.

arriate /arrja'te/ *sm* (*para plantas*) border.

arriba /a'rriβa/ **I** *adv* **1.** (*dirección: gen*) up, upwards: **el pueblo está río arriba** the village is upstream; **todo el camino es cuesta arriba** it's uphill all the way; **todas estas casas cuestan de veinte millones** *para* **arriba** all these houses cost twenty million and above; (*: en una casa*): **me voy arriba** I'm going upstairs. **2.** (*situación: gen*) above, up: **el pueblo está arriba, en la montaña** the village is up there, in the mountains; **más arriba, en el otro estante** higher up, on the other shelf • **limpió la habitación de arriba abajo** he cleaned the room from top to bottom; (*: en una casa*): **hay nuevos vecinos en el piso de arriba** some new people have moved in on the floor above; **tiene su despacho arriba, en el último piso** his study is upstairs, on the top floor; (*: en un escrito*): **como he dicho más arriba...** as I have said above....
II *excl*: **¡arriba, que ya es hora de levantarse!** come on, it's time to get up!

arribar /arri'βar/ [⇨CANTAR] *vi* to arrive in ✱ reach a port, to put in at a port.

arribista /arri'βista/ **I** *adj* social-climbing.
II *sm/f* social climber, arriviste.

arriendo /a'rrjendo/ *sm* (*frml*) lease, rent: **tomó** *en* **arriendo una oficina en el centro de la ciudad** he leased ✱ rented an office in the centre of town.

arriero /a'rrjero/ *sm* mule driver, muleteer.

arriesgado, -da /arrjez'ɣaðo -ða/ *adj* (*acción*) dangerous, risky; (*persona*) daring.

arriesgar /arrjez'ɣar/ [⇨pagar] *vt* **1.** (*gen*) to risk: **arriesgó su vida para salvar a los niños** she risked her life to save the children. **2.** (*una explicación*) to venture, to offer: **varios asistentes arriesgaron hipótesis** several of those present ventured a theory.
arriesgarse *v prnl* to take risks ✱ a risk: **te arriesgas** *a* **perder el puesto** you risk losing your job; **no**

quiero arriesgarme *a* **que lo descubran** I don't want to run the risk of them finding out.

arrimar /arri'mar/ [➪ CANTAR] *vt* to bring * move closer: **arrimó su silla a la mía** he brought his chair closer to mine.

arrimarse *v prnl* **1.** (*acercarse*) to go * come closer: **no te arrimes tanto** don't come so close. **2.** (*agregarse*) to attach oneself: **se nos arrimó el primer día y no hubo forma de sacárnoslo de encima** he latched onto us on the first day and we couldn't get rid of him.

arrimo /a'rrimo/ *sm* protection • **se enriqueció al arrimo del régimen** he got rich under the regime.

arrinconar /arriŋko'nar/ [➪ CANTAR] *vt* **1.** (*un objeto*) to put * leave in a corner. **2.** (*a una persona: rodear*) to corner: **la policía arrinconó al delincuente** the police cornered the criminal; (*: marginar*) to leave on the sidelines. **3.** (*una práctica*) to take over from: **el vapor arrinconó la navegación a vela** steam took over from sailing as the main form of transport.

arroba /a'rroβa/ *sf* (*unidad de peso*) *11.5 kilogrammes.*

arrobar /arro'βar/ [➪ CANTAR] *vt* to fascinate.

arrobarse *v prnl* to be fascinated.

arrodillarse /arroði'ʎarse/ [➪ CANTAR] *v prnl* to kneel down.

arrogancia /arro'ɣanθja/ *sf* arrogance.

arrogante /arro'ɣante/ *adj* arrogant.

arrogarse /arro'ɣarse/ [➪ pagar] *v prnl* (*el poder, la autoridad*) to assume.

arrojadizo, -za /arroxa'ðiθo -θa/ *adj*: **utilizaban las ciruelas como armas arrojadizas** they used the plums as missiles.

arrojado, -da /arro'xaðo -ða/ *adj* daring, fearless.

arrojar /arro'xar/ [➪ CANTAR] *vt* **1.** (*lanzar*) to throw: **le arrojó el balón** *a* **la cara** she threw the ball at his face; **está prohibido arrojar basuras en la calle** the dumping of rubbish in the street is prohibited. **2.** (*expulsar*) to throw out: **lo arrojaron** *de* **la sala por su mala conducta** he was thrown out of the room because of his bad behaviour. **3.** (*Fin, Mat: ofrecer*) to give, to produce: **la encuesta arrojó un resultado inesperado** the survey produced * came up with an unexpected result; **esta información arroja nueva luz sobre el asunto** this information sheds new light on the matter.

♦ *vi* (*fam*: *vomitar*) to be sick, to throw up.

arrojarse *v prnl* **1.** (*uno mismo*) to throw oneself: **se arrojó desde un quinto piso** she threw herself from the fifth floor of a building. **2.** (*sobre alguien*) to pounce: **se arrojaron** *sobre* **él** they all pounced on him.

arrojo /a'rroxo/ *sm* courage, daring: **hay que tener mucho arrojo para hacer eso** it takes a lot of courage to do that.

arrollador, -dora /arroʎa'ðor -'ðora/ *adj* (*fenómeno*) devastating: **un viento arrollador destruyó la aldea** a devastating wind destroyed the village; (*victoria*) sweeping, overwhelming; (*éxito*) resounding; (*característica*): **tiene una personalidad arrolladora** her personality overwhelms you.

arrollar /arro'ʎar/ [➪ CANTAR] *vt* **1.** (*liar*) to roll up. **2.** (*arrasar: río*) to carry off; (*: viento*): **el vendaval arrolló varios árboles** the gale uprooted several trees. **3.** (*coche, tren*) to hit: **el camión arrolló al ciclista** the truck hit the cyclist. **4.** (*ganar*) to thrash: **en el segundo partido nos arrollaron** they thrashed * hammered us in the second match; (*tener mucho éxito*): **el cantante arrolló en su última gira** on his latest tour the singer took the public by storm.

arropar /arro'par/ [➪ CANTAR] *vt* **1.** (*con ropa*) to wrap up; (*en la cama*) to tuck in: **arropó a la niña y le dio las buenas noches** she tucked her daughter in and said good night. **2.** (*proteger*) to protect: **su familia lo arropa demasiado** his family overprotects him.

arroparse *v prnl*: **sintió frío y se arropó un poco** he felt cold and wrapped the blankets more closely round himself.

arroyo /a'rrojo/ *sm* **1.** (*río*) stream. **2.** (*en una calle*) gutter • **ellos la sacaron del arroyo** they rescued her from the gutter.

arroz /a'rroθ/ *sm* [**arroces**] rice.

arroz a la cubana *sm*: *fried egg on boiled rice in a tomato sauce.*

arroz a la milanesa *sm* (*Arg, Urug*) risotto.

arroz blanco *sm* boiled rice.

arroz con leche *sm* rice pudding.

arroz integral *sm* brown rice.

arruga /a'rruɣa/ *sf* **1.** (*de una persona*) wrinkle. **2.** (*en papel, ropa*) crease: **llevas la chaqueta llena de arrugas** your jacket is all creased * very crumpled.

arrugar /arru'ɣar/ [➪ pagar] *vt* **1.** (*la cara*) to wrinkle: **arrugó la nariz porque olía mal** she wrinkled up her nose at the nasty smell. **2.** (*un papel, una prenda*) to crease: **ten cuidado de no arrugar este papel** be careful not to crease this piece of paper.

arrugarse *v prnl* **1.** (*piel*) to get wrinkled, to get lined; (*tejidos*) to crease: **se le arrugó mucho el vestido** her dress got badly creased * crumpled. **2.** (*fam*: *apocarse*) to get scared: **se arrugó y no dijo todo lo que pensaba** he got cold feet and didn't say what was on his mind.

arruinar /arrwi'nar/ [➪ CANTAR] *vt* to ruin: **la caída del precio de las acciones arruinó a muchas personas** the fall in share prices ruined many people; **la bebida arruinó su vida** drinking ruined his life; **si viene va a arruinar la fiesta** if he comes, he's going to ruin * spoil the party.

arruinarse *v prnl* to be ruined.

arrullar /arru'ʎar/ [➪ CANTAR] *vt* **1.** (*un pájaro a otro*) to coo at. **2.** (*a un niño*) to lull (to sleep): **arrulló al bebé para que se durmiera** she lulled the baby to sleep.

arrullo /a'rruʎo/ *sm* **1.** (*de pájaros*) cooing. **2.** (*canto*) lullaby: **se adormeció** *al* **arrullo de las olas** she was lulled to sleep by the sound of the waves.

arrumaco /arru'mako/ *sm*: **le hizo un arrumaco al bebé** he tickled the baby.

arrumbar /arrum'bar/ [➪ CANTAR] *vt* to put away: **arrumbaron los muebles viejos** they put the old furniture away.

arsenal /arse'nal/ *sm* **1.** (*Mil*) arsenal. **2.** (*Náut*) dockyard. **3.** (*gran cantidad*) large quantity: **tiene un arsenal de herramientas** he has a large collection of tools • **este libro es un arsenal de información** this book is a mine of information.

arsénico /ar'seniko/ *sm* arsenic.

art. *pronounced* /ar'tikulo/ (*abbreviation of* **artículo**) art. (article).

arte /'arte/ *sm* [*usually feminine in plural*] **1.** (*gen*) art: **el arte egipcio** Egyptian art • **ella no tuvo arte ni parte en el asunto** she had nothing to do with it • **lo hizo por amor al arte** she did it for the sheer love of it • **desapareció por arte de magia * de birlibirloque** it disappeared as if by magic. **2.** (*destreza*) skill: **¡qué arte tiene** *para* **cocinar!** he's a really skilled cook! **3.** (*astucia*) craftiness: **empleó todas sus artes para conseguirlo** he managed to get it by being very crafty.

arte abstracto *sm* abstract art.

artes de pesca *sfpl* fishing equipment.
artes plásticas *sfpl* visual * plastic arts *pl.*
artefacto /arte'fakto/ *sm* device: **un especialista desactivó el artefacto explosivo** a bomb disposal expert defused the explosive device.
arteria /ar'terja/ *sf* (*Anat*) artery • **todas las arterias de la ciudad estaban bloqueadas** all the town's main streets were blocked by traffic.
arterial /arte'rjal/ *adj* arterial.
arterioesclerosis /arterjoeskle'rosis/, **arteriosclerosis** /arterjoskle'rosis/ *sf inv* arteriosclerosis, hardening of the arteries.
artesa /ar'tesa/ *sf*: *wooden tray for kneading dough or mixing cement.*
artesanado /artesa'naðo/ *sm* craftsmen *pl.*
artesanal /artesa'nal/ *adj*: **está hecho con métodos artesanales** it's made * crafted in the traditional way; **la industria artesanal** the craft industry.
artesanía /artesa'nia/ *sf* **1.** (*actividad*) traditional arts and crafts *pl*: **estuvimos mirando mantelerías de artesanía** we were looking at traditional, handmade table linen. **2.** (*objeto*) handcrafted item.
artesano, -na /arte'sano -na/ **I** *adj* handcrafted, handmade.
II *sm/f* craftsman: **pertenece a una familia de artesanos** he comes from a family of craftsmen.
artesonado, -da /arteso'naðo -ða/ **I** *adj* coffered.
II artesonado *sm* coffered ceiling.
ártico, -ca /'artiko -ka/ **I** *adj* Arctic: **el océano Glacial Ártico** the Arctic Ocean.
II el Ártico *sm* the Arctic.
articulación /artikula'θjon/ *sf* **1.** (*Anat, Med, Tec*) joint: **tiene una lesión en la articulación de la rodilla** he's injured his knee. **2.** (*Ling*) articulation.
articulado, -da /artiku'laðo -ða/ **I** *adj* (*Anat, Tec*) articulated.
II articulado *sm*: *the articles comprising a law, statute, treaty, etc.*
articular /artiku'lar/ [⇨ CANTAR] *vt* **1.** (*Ling, Tec*) to articulate: **estaba tan nerviosa que no podía articular palabra** she was so nervous that she couldn't get a word out. **2.** (*organizar*) to put together: **tardaron dos semanas en articular el plan** it took them two weeks to put the plan together.
articulista /artiku'lista/ *sm/f* columnist.
artículo /ar'tikulo/ *sm* **1.** (*Jur, Ling*) article. **2.** (*en una revista, un periódico*) article; (*estudio académico*) paper. **3.** (*producto*) product: **importan artículos de lujo** they import luxury products * goods.
artículo de fe *sm* article of faith.
artículo de fondo *sm* editorial, leader.
artículo de primera necesidad *sm* basic commodity.
artículo definido *sm* definite article.
artículo indefinido *sm* indefinite article.
artículos de consumo *sm pl* consumer goods *pl.*
artífice /ar'tifiθe/ *sm/f* **1.** (*creador*) architect: **fue el artífice de la unidad italiana** he was the architect of a united Italy; **fue la artífice** *del* **acuerdo** she made the agreement possible. **2.** (*artesano: hombre*) craftsman, artist; (*: mujer*) craftswoman, artist.
artificial /artifi'θjal/ *adj* artificial.
artificiero /artifi'θjero/ *sm* (*Mil*) explosives expert (*especially in the field of bomb disposal*).
artificio /arti'fiθjo/ *sm* **1.** (*artefacto*) device. **2.** (*artimaña*) piece of cunning: **usó un artificio para que no lo descubrieran** he used a piece of cunning * a cunning trick to avoid being discovered. **3.** (*afectación*) falseness: **habla con demasiado artificio** she has a very false * affected way of speaking.
artillería /artiʎe'ria/ *sf* artillery.
artillero /arti'ʎero/ *sm* artilleryman, gunner.
artilugio /arti'luxjo/ *sm* gadget.
artimaña /arti'maɲa/ *sf* trick: **de nada te servirán tus artimañas** your (little) tricks won't do you any good.
artista /ar'tista/ *sm* artist: **siempre ha querido ser artista de cine** he's always wanted to be a 'movie actor.
artista invitado, -da *sm/f* guest star: **esta noche nuestro artista invitado es...** our guest star tonight is....
artístico, -ca /ar'tistiko -ka/ *adj* **1.** (*gen*) artistic. **2.** (*estético*) beautiful.
artritis /ar'tritis/ *sf inv* arthritis.
artrópodo /ar'tropoðo/ *sm* arthropod.
artrosis /ar'trosis/ *sf inv*: *degenerative disease affecting the joints.*
arveja /ar'βexa/ *sf* (*Amér S*) pea.
arzobispal /arθoβis'pal/ *adj* of * relating to an archbishop: **el palacio arzobispal** the archbishop's palace.
arzobispo /arθo'βispo/ *sm* archbishop.
as /as/ *sm* **1.** (*en dados, naipes*) ace. **2.** (*persona*) ace: **Luis es un as** *del* **ajedrez** Luis is an ace chess player * is ace at chess.
asa /'asa/ *sf* [takes ***el*** or ***un*** in singular] handle.
asado, -da /a'saðo -ða/ **I** *adj* **1.** (*carne*) roast: **hoy tenemos cordero asado para comer** it's roast lamb for lunch today; (*cacahuetes, castañas*) roasted; (*manzana, patata*) baked. **2.** (*fam: acalorado*): **estoy asado** I'm roasting * boiling.
II asado *sm* **1.** (*gen*) roast: **su especialidad es el asado** roasts are their speciality. **2.** (*Arg, Chi, Urug: comida, fiesta*) barbecue: **¿quién va a hacer el asado?** who's going to be in charge of the barbecue?; **nos invitaron a un asado** they invited us to a barbecue.
asador /asa'ðor/ *sm* **1.** (*para asar: gen*) rotating spit; (*: varilla*) skewer. **2.** (*restaurante*) *restaurant specializing in roast meat.*
asadura /asa'ðura/ *sf* (*Culin*) offal.
asalariado, -da /asala'rjaðo -ða/ **I** *adj* wage-earning: **en esta casa todos somos trabajadores asalariados** in this household we all earn a fixed salary * wage.
II *sm/f* wage earner.
asaltante /asal'tante/ **I** *adj* attacking.
II *sm/f* (*persona: que ataca*) attacker; (*: que roba*) robber, raider: **la policía sólo atrapó a uno de los asaltantes del banco** the police only caught one of the bank robbers.
asaltar /asal'tar/ [⇨ CANTAR] *vt* **1.** (*una ciudad, una posición enemiga*) to attack; (*a una persona*) to attack, to assault: **la asaltaron y le quitaron todo el dinero** they attacked her and took all her money; (*un banco, una tienda*) to rob, to raid: **ayer asaltaron el banco de la esquina** the bank on the corner was raided yesterday. **2.** (*pensamiento, idea*): **me asaltó la idea de escribir un cuento** I was struck by the idea of writing a story; **de repente me asaltaron las dudas** I was suddenly assailed by doubts.
asalto /a'salto/ *sm* **1.** (*del ejército*) attack; (*para robar*) robbery, raid. **2.** (*en boxeo*) round; (*en esgrima*) bout.
asamblea /asam'blea/ *sf* (*Pol*) assembly.
asamblea general *sf* (*de un organismo*) general assembly; (*de accionistas*) general meeting.
asar /a'sar/ [⇨ CANTAR] *vt* **1.** (*carne: en el horno*) to roast;

(*: en una parrilla*) to grill, to chargrill, (*US*) to broil; (*una manzana, una patata*) to bake. **2.** (*fam: abrumar*) to plague: **ese profesor nos asa** *a* **deberes** that teacher's always piling homework on us.

asarse *v prnl* (*fam*) to roast: **te vas a asar con tanta ropa** you'll be roasting with all those clothes on.

ascendencia /asθen'denθja/ *sf* **1.** (*linaje*) ancestry, descent: **eligieron a un presidente de ascendencia irlandesa** they voted in a president of Irish descent; (*antepasados*) ancestors *pl*: **entre su ascendencia había varios músicos** there were several musicians among his ancestors. **2.** (*influjo*) influence: **tiene gran ascendencia** *sobre* **el resto de su familia** he has a huge influence on the rest of his family.

ascendente /asθen'dente/ *adj* ascending.

ascender /asθen'der/ [⇨tender] *vi* **1.** (*temperatura*) to rise. **2.** (*a un lugar*) to go up, to ascend. **3.** (*a un cargo, un puesto*) to rise: **en unos años ascendió** *al* **puesto de directora** she rose to the post of director in a matter of years; (*al trono*) to ascend: **ascendió** *al* **trono cuando tenía quince años** she ascended (to) the throne when she was fifteen; (*Dep: de categoría*) to be promoted. **4.** (*a una cantidad*) to add up: **la cena ascendió** *a* **treinta mil pesetas** the dinner added up to ✻ came to thirty thousand pesetas.

♦ *vt* to promote: **la ascenderán antes de que acabe el año** she will be promoted before the end of the year.

ascendiente /asθen'djente/ **I** *sm/f* ancestor.

II *sm* influence: **su tutor tiene mucho ascendiente** *sobre* **ella** her tutor has a lot of influence over her.

ascensión /asθen'sjon/ *sf* **1.** (*escalada*) ascent: **ya están preparados para la ascensión** they are now ready for the ascent. **2.** (*de un monarca*) accession. **3. la Ascension** (*Relig*) the Ascension.

ascenso /as'θenso/ *sm* **1.** (*subida*) ascent: **el ascenso fue muy difícil** the ascent was very difficult. **2.** (*promoción*) promotion: **enhorabuena por tu ascenso** congratulations on your promotion.

ascensor /asθen'sor/ *sm* (*GB*) lift, (*US*) elevator.

ascensorista /asθenso'rista/ *sm/f* (*GB*) lift attendant, (*US*) elevator operator.

asceta /as'θeta/ *sm/f* ascetic.

ascético, -ca /as'θetiko -ka/ *adj, sm/f* ascetic.

asciendo /as'θjendo/ *and other forms with* ***asciend-*** ⇨ascender

asco /'asko/ *sm* **1.** (*repulsión*) disgust, revulsion: **me dan mucho asco las cucarachas** I think cockroaches are disgusting; **da asco ver tanta suciedad por las calles** it's revolting to see so much filth in the streets; **¡qué asco!** how revolting! • **¿cómo puedes hacer ascos a una oferta tan interesante?** how can you turn your nose up at such an attractive offer? • **estuvimos en casa muertos de asco toda la tarde** we sat at home all afternoon, bored to death. **2.** (*cosa: sucia*) disgusting mess: **tiene la casa hecha un asco** her house is in a disgusting state; (*: estropeada, vieja*) wreck: **esta máquina es un asco** this machine is a wreck; (*: horrible*): **¡qué asco de tiempo!** what filthy weather! **3.** (*persona: sucia*): **vino del partido hecho un asco** he got back from the match in a filthy state; (*: deprimida*): **llevo una temporada hecha un asco** I've been feeling quite low recently.

ascua /'askwa/ *sf* [takes ***el*** or ***un*** in singular] hot coal • **sabe arrimar el ascua a su sardina** he knows how to look after number one • **dímelo que estoy en ✻ sobre ascuas** tell me: I'm dying to know • **me tuvieron en ✻ sobre ascuas dos semanas** they kept me on tenterhooks for two weeks.

asear /ase'ar/ [⇨CANTAR] *vt* (*limpiar*) to clean up.

asearse *v prnl* (*lavarse*) to wash, to have a wash.

asechanza /ase'tʃanθa/ *sf* scheme: **fue víctima de las asechanzas de sus propios compañeros** he was a victim of his colleagues' machinations.

asediar /ase'ðjar/ [⇨CAMBIAR] *vt* **1.** (*Mil*) to besiege, to lay siege to. **2.** (*a alguien*): **después del combate los periodistas asediaron al campeón** after the fight, the champion was besieged by reporters.

asedio /a'seðjo/ *sm* **1.** (*Mil*) siege: **el asedio de la ciudad duró cinco meses** the siege of the city lasted five months. **2.** (*persecución*): **el cantante sufrió el asedio de la prensa durante meses** the singer was hounded by the press for months.

asegurado, -da /aseɣu'raðo -ða/ **I** *adj* **1.** (*Fin, Jur*) insured: **todos sus empleados están asegurados** all his employees are insured; **¿está asegurado** *contra* **incendios?** is it insured against fire? **2.** (*garantizado*) assured: **tiene el fracaso asegurado** he is certain to fail.

II *sm/f* insured person: **es un beneficio del que disfrutan todos los asegurados** all policy holders receive this benefit.

asegurador, -dora /aseɣura'ðor -'ðora/ **I** *adj*: **los gastos se cargarán a la compañía aseguradora** the insurance company will be liable for the expenses.

II *sm/f* insurer.

asegurar /aseɣu'rar/ [⇨CANTAR] *vt* **1.** (*afianzar*) to secure: **asegura bien todos los tornillos** tighten up all the screws. **2.** (*afirmar*) to assure: **te aseguro que es verdad** I can assure you it is true. **3.** (*garantizar*) to guarantee: **nadie puede asegurar el éxito del libro** nobody can guarantee that the book will be a success. **4.** (*un coche, una vivienda, etc.*) to insure: **aseguró el coche a todo riesgo** she took out comprehensive insurance on her car; (*a un trabajador*): **no me aseguraron** they didn't pay my Social Security contributions.

asegurarse *v prnl* **1.** (*cerciorarse*) to ensure, to make sure: **asegúrate** *de* **cerrar bien todas las puertas** make sure that you lock all the doors properly. **2.** (*hacerse un seguro*) to insure oneself, to take out insurance.

asemejarse /aseme'xarse/ [⇨CANTAR] *v prnl* (*en aspecto*) to look like, to resemble: **se asemeja mucho** *a* **su hermano** he looks very like his brother; (*en forma de ser*) to be similar.

asentamiento /asenta'mjento/ *sm* settlement.

asentar /asen'tar/ [⇨pensar] *vt* **1.** (*consolidar*) to consolidate. **2.** (*establecer*) to set up, to situate: **asentaron sus tiendas cerca del río** they set up their tents close to the river. **3.** (*estabilizar*) to settle: **esta manzanilla te asentará el estómago** this camomile tea will settle your stomach. **4.** (*en contabilidad*) to enter.

asentarse *v prnl* **1.** (*estar situado*) to be situated: **el pueblo se asienta al pie de la montaña** the village is situated at the foot of the mountain. **2.** (*instalarse*) to settle: **se asentaron en las regiones más fértiles del país** they settled in the most fertile regions of the country.

asentir /asen'tir/ [⇨sentir] *vi* **1.** (*estar de acuerdo*) to agree, to assent: **todos asintieron** *a* **mi propuesta** everybody agreed to my proposal. **2.** (*con la cabeza*) to nod: **asintió sin decir palabra** she nodded without saying a word.

aseo /a'seo/ *sm* **1.** (*acción*) cleaning: **todos contribuían al aseo de la casa** they all did their share of the cleaning ✻ housework; (*efecto*) cleanliness. **2.** (*retrete*) toilet, (*US*) washroom.

aséptico, -ca /a'septiko -ka/ *adj* **1.** (*Med*) aseptic. **2.** (*desapasionado*) dispassionate, cold: **pronunció un discurso aséptico** she made a dispassionate speech.

asequible /ase'kiβle/ *adj* **1.** (*de precio*) affordable: **esa tienda tiene unos precios bastante asequibles** that shop has quite reasonable prices. **2.** (*de contenido*) accessible: **es un libro asequible para cualquiera** the book is easily accessible.

aserradero /aserra'ðero/ *sm* sawmill.

aserrar /ase'rrar/ [➪ pensar] *vt* to saw.

aserrín /ase'rrin/ *sm* sawdust.

asesinar /asesi'nar/ [➪ CANTAR] *vt* (*gen*) to murder; (*a un personaje importante*) to assassinate.

asesinato /asesi'nato/ *sm* (*gen*) murder; (*de un personaje importante*) assassination.

asesino, -na /ase'sino -na/ **I** *adj* murderous: **me lanzó una mirada asesina** he gave me a murderous look; **la policía ha descubierto el arma asesina** the police have discovered the murder weapon.
II *sm/f* (*gen*) murderer, killer; (*profesional*) assassin.
asesino, -na a sueldo *sm/f* hired killer.

asesor, -sora /ase'sor -'sora/ **I** *adj* advisory, consultative.
II *sm/f* consultant, adviser: **voy a consultarlo con un asesor fiscal** I'm going to see a tax consultant about it.
asesor, -sora de imagen *sm/f* image consultant.

asesoramiento /asesora'mjento/ *sm* (*acto de aconsejar*) giving advice; (*consejos*) advice.

asesorar /aseso'rar/ [➪ CANTAR] *vt* **1.** (*aconsejar*) to advise: **lo asesoraron** *sobre* **cómo llevar a cabo la compra** they advised him on how to negotiate the purchase. **2.** (*como profesión*) to act as a consultant to.
asesorarse *v prnl* to take advice: **se asesoró** *con* **un especialista en la materia** he took professional advice from a specialist in the subject.

asesoría /aseso'ria/ *sf* **1.** (*profesión*) consultancy. **2.** (*despacho*) consultant's (office).
asesoría fiscal *sf* lawyer's office (*specializing in tax matters*).

asestar /ases'tar/ [➪ CANTAR] *vt* to give: **le asestó una bofetada** she gave him a slap; **me asestó un golpe en la cabeza** he hit me on the head; **uno de los asaltantes le asestó un puñetazo/una patada** one of the robbers punched/kicked him; **le asestaron varias puñaladas** he was stabbed several times.

aseverar /aseβe'rar/ [➪ CANTAR] *vt* (*frml*) to affirm.

asexuado, -da /asek'swaðo -ða/ *adj* sexless.

asexual /asek'swal/ *adj* asexual.

asfaltar /asfal'tar/ [➪ CANTAR] *vt* to tarmac, to surface: **ya era hora de que asfaltaran este camino** it was high time this road was surfaced.

asfalto /as'falto/ *sm* tarmac, asphalt.

asfixia /as'fiksja/ *sf* (*Med*) asphyxia, suffocation: **¡qué asfixia, abre esa ventana!** it's stifling in here: open the window!

asfixiante /asfik'sjante/ *adj* (*Med*) asphyxiating, suffocating: **anoche hizo un calor asfixiante** it was stiflingly hot last night.

asfixiar /asfik'sjar/ [➪ CAMBIAR] *vt* (*Med*) to asphyxiate, to suffocate.
asfixiarse *v prnl* to asphyxiate, to suffocate.

así /a'si/ **I** *adv* **1.** (*de esta manera*) like this, this way: **¿por qué no lo haces así?** why don't you do it like this?; **era así** *de* **grande** it was this big; **usted estaba allí, ¿no es así?** you were there, weren't you?; **¡muy bien, así se hace!** good! that's the way (to do it)! • **serán las tres o así** it must be three o'clock or something like that • **el examen me salió así así** the exam went so-so • **tómate tu tiempo, no quiero que lo decidas así como así** take your time: I don't want you to decide just like that. **2.** (*ojalá*): **¡así te mueras!** I wish you would drop dead!
II *adj* (*de esa forma*) like that, such: **no te puedes fiar de gente así** you can't rely on people like that, you can't rely on such people; (*de esta forma*) like this, such: **con comidas así, no me extraña que engorde** I'm not surprised he puts on weight eating meals like this.
III *conj* **1.** (*aunque*) even though: **no lo haré así me maten** even though they might kill me, I won't do it. **2. así que, así pues** so, therefore: **ya me he disculpado, así que cállate** I have already apologized, so just shut up. **3. así como** just as: **así como a ti te gustaría hacerlo, a los demás también** just as you would like to do it, so would everyone else. **4.** (*por eso*): **no tiene cuidado y así le pasa lo que le pasa** he's not careful: that's why those things happen to him.

Asia /'asja/ *sf [takes the definite article* **el***]* Asia: **viven en Asia** they live in Asia; **el Asia septentrional** North Asia.

asiático, -ca /a'sjatiko -ka/ *adj, sm/f* Asian.

asiduo, -dua /a'siðwo -ðwa/ **I** *adj* regular: **soy un oyente asiduo de este programa** I'm a regular listener of this programme.
II *sm/f* (*a una reunión*) regular attender: **es uno de los asiduos** *a* **la tertulia** he attends the group meetings regularly; (*a un local*) regular (customer).

asiento /a'sjento/ *sm* **1.** (*silla*) seat: **iba en el asiento delantero del coche** she was travelling in the front seat of the car; (*frml*) **tomen asiento, por favor** sit down, please. **2.** (*en contabilidad*) entry.

asignación /asiɣna'θjon/ *sf* **1.** (*entrega*) allocation: **luego pasamos a la asignación de tareas** then we went on to allocate the tasks to people. **2.** (*de dinero: gen*) allowance: **su asignación semanal es de tres mil pesetas** her weekly allowance is three thousand pesetas; (*: a niños*) allowance, (*GB*) pocket money.

asignar /asiɣ'nar/ [➪ CANTAR] *vt* **1.** (*adjudicar*) to assign, to allocate: **le asignaron una tarea muy pesada** she was allocated a very boring job. **2.** (*adscribir*) to assign: **creo que la van a asignar** *a* **otro departamento** I think she will be assigned to another department.

asignatura /asiɣna'tura/ *sf* (*Educ*) subject.
asignatura pendiente *sf*: **le quedaron cuatro asignaturas pendientes en junio** he failed four subjects in June; **pasó a segundo con dos asignaturas pendientes de primero** he carried two subjects from first year into second year.

asilado, -da /asi'laðo -da/ *sm/f* **1.** (*Pol*) refugee. **2.** (*Sociol*) inmate of an institution.

asilar /asi'lar/ [➪ CANTAR] *vt* (*Pol*) to give asylum to.
asilarse *v prnl* (*Pol*) to seek asylum.

asilo /a'silo/ *sm* **1.** (*Pol*) (political) asylum: **ha pedido asilo en la embajada de Alemania** he has asked the German embassy for asylum. **2.** (*de beneficencia*) residential home (*run by a charity*). **3.** (*hospedaje*) shelter: **le dieron asilo al viajero** they gave the traveller a bed for the night.

asimétrico, -ca /asi'metriko -ka/ *adj* asymmetric, asymmetrical.

asimilación /asimila'θjon/ *sf* assimilation.

asimilar /asimi'lar/ [➪ CANTAR] *vt* to assimilate, to take in: **todavía no he asimilado la noticia** I haven't taken in ∗ assimilated the news yet; **de nada te sirve estudiar si no asimilas los conceptos** it's useless studying if you don't assimilate the ideas.

asimilarse *v prnl* to be assimilated.

asimismo /asi'mizmo/ *adv (frml)* also: **fue un buen escritor y asimismo un destacado político** he was a good writer and also an outstanding politician; **asimismo, la teoría prueba que...** moreover ∗ furthermore, the theory proves that....

asir /a'sir/ [➪ table: asir] *vt* to grab, to seize: **lo asió *de* la manga** she grabbed him by the sleeve.

asirse *v prnl* to grab hold, to seize: **se asió *a* la cuerda** he grabbed hold of the rope.

asir	
INDICATIVE	SUBJUNCTIVE
Present	**Present**
asgo	asga
ases	asgas
ase	asga
asimos	asgamos
asís	asgáis
asen	asgan
For the rest of the tenses ➪ PARTIR (in appendix)	

asistencia /asis'tenθja/ *sf* **1.** *(auxilio)* assistance, help: **este centro presta asistencia a las personas que no tienen casa** this centre helps the homeless; **esa herida requiere asistencia médica** that wound requires medical attention. **2.** *(concurrencia)* attendance: **se espera la asistencia de personas muy importantes** some very important people are expected to attend; **no pudo justificar esa falta de asistencia *al* trabajo** she couldn't explain her absence from work; **se celebró con nutrida asistencia** it took place in front of a large audience.

asistencia médica *sf (gen)* health care; *(a un herido, un enfermo)* medical attention.

asistencia social *sf* social work.

asistenta /asis'tenta/ *sf* cleaning lady.

asistente /asis'tente/ **I** *adj*: **se dirigió a las personas asistentes** she addressed the audience.
II asistentes *sm pl* people present *pl*: **los asistentes empezaron a quejarse por el retraso** those present started complaining about the delay.

asistente social *sm/f* social worker.

asistir /asis'tir/ [➪ PARTIR] *vt* **1.** *(ayudar)* to assist, to help. **2.** *(Med)*: **la asistió en el parto un famoso ginecólogo** a famous gynaecologist attended her delivery. **3.** *(Jur)*: **al acusado lo asiste el derecho de permanecer en silencio** the defendant has the right to remain silent.
♦*vi* to attend: **asiste *a* clase con regularidad** she attends the classes regularly; **asistirán *a* la fiesta unas quince personas** there will be about fifteen people at the party.

asma /'azma/ *sf* [takes ***el*** or ***un*** in singular] asthma: **tiene un asma terrible** he has terrible asthma.

asmático, -ca /az'matiko -ka/ *adj, sm/f* asthmatic.

asno, -na /'azno -na/ *sm/f* **1.** *(animal)* ass, donkey. **2.** *(fam: persona)* silly ass.

asociación /asoθja'θjon/ *sf* association.

asociado, -da /aso'θjaðo -ða/ **I** *adj* associated.
II *sm/f (de una asociación)* member; *(en un negocio)* partner.

asociar /aso'θjar/ [➪ CAMBIAR] *vt* to associate, to link: **asocio la nieve *a* ∗ *con* la Navidad** I associate snow with Christmas.

asociarse *v prnl* **1.** *(relacionarse)* to be associated, to be linked: **generalmente, la artritis se asocia *a* ∗ *con* los problemas de circulación** usually arthritis is linked to circulatory problems. **2.** *(a un club, un grupo)* to join: **ella también se ha asociado *al* club** she has also joined the club. **3.** *(para hacer negocios)* to go into partnership: **se asociaron para montar una tienda** they went into partnership to run a shop.

asocio /a'soθjo/ **en asocio** *loc adv (Amér L)* in association.

asolar /aso'lar/ [➪ CANTAR] *vt* to devastate: **el vendaval asoló varios pueblos de la costa** the gale devastated several coastal villages.

asomar /aso'mar/ [➪ CANTAR] *vt (sacar)* to put ∗ stick out: **asomó la cabeza pero no vio nada** she put her head out but couldn't see anything.
♦*vi (surgir)* to appear: **cuando se levantó, el sol asomaba por el horizonte** as he got up the sun was just appearing on the horizon.

asomarse *v prnl* **1.** *(sacar el cuerpo)* to lean out: **no te asomes *a* la ventana** don't lean out of the window. **2.** *(mirar)* to look out. **3.** *(fam: aparecer)*: **no se ha asomado por aquí desde entonces** he hasn't been seen here since then.

asombrado, -da /asom'braðo -ða/ *adj* astonished, amazed: **su respuesta me dejó asombrado** his answer amazed me.

asombrar /asom'brar/ [➪ CANTAR] *vt* to astonish, to amaze: **me asombra que haya gente así** I'm amazed that there can be people like that.

asombrarse *v prnl* to be astonished, to be amazed: **se asombró cuando conoció los resultados** she was astonished at the results.

asombro /a'sombro/ *sm* astonishment, amazement.

asombroso, -sa /asom'broso -sa/ *adj* astonishing, amazing: **el resultado ha sido asombroso** the result has been amazing.

asomo /a'somo/ *sm* hint, sign: **se advierte un asomo de mejoría económica** a hint of economic upturn can be detected ● **yo no me quedo en casa ni por asomo** there's no way I'm staying at home.

asorocharse /asoro'tʃarse/ [➪ CANTAR] *v prnl (Amér S)* **1.** *(Med)* to get altitude sickness. **2.** *(ruborizarse)* to blush.

aspa /'aspa/ *sf* [takes ***el*** or ***un*** in singular] **1.** *(forma)* X-shape: **dispuso los palos en forma de aspa** he arranged the sticks in the shape of an X. **2.** *(de molino)* sail; *(de ventilador)* blade.

aspar /as'par/ [➪ CANTAR] *vt* ● **¡que me aspen si lo entiendo!** I'm damned if I understand it!

aspaviento /aspa'βjento/ *sm*: **cuando nos vio, empezó a hacer aspavientos** when he saw us he started to gesticulate wildly.

aspecto /as'pekto/ *sm* **1.** *(apariencia)* look, appearance: **la comida tiene un aspecto estupendo** the meal looks wonderful; **¿recuerdas qué aspecto tenía?** can you remember what she looked like?; **cuando lo vi, no tenía muy buen aspecto** he didn't look very well when I saw him. **2.** *(matiz, faceta)* aspect: **olvidas un aspecto del problema** you're forgetting one aspect of the problem; **las cosas no les van bien en el aspecto económico** financially, things are not going well for them.

aspereza /aspe'reθa/ *sf* **1.** *(de una superficie)* roughness ● **nos reunimos para limar asperezas** we met to smooth things over. **2.** (*de una voz, un sonido*) harshness. **3.** (*de carácter*): **me contestó con aspereza** he answered me in a bad-tempered way.

áspero, -ra /'aspero -ra/ *adj* **1.** (*superficie*) rough. **2.** (*voz, sonido*) harsh: **tiene una voz áspera y molesta** he has a harsh, irritating voice. **3.** (*fruto*) sour, acid. **4.** (*carácter*) bad-tempered: **tiene un carácter áspero, pero es muy buena persona** he's bad-tempered, but he's a very good person.

aspersión /asper'sjon/ *sf* sprinkling: **utilizan un sistema de riego** *por* **aspersión** they use a sprinkler system for watering the crops.

aspersor /asper'sor/ *sm* sprinkler.

áspid /'aspið/ *sm* (*Zool*) asp.

aspiración /aspira'θjon/ *sf* **1.** (*de aire*) inhalation. **2.** (*Ling*) aspiration. **3.** (*deseo*) wish, ambition: **una de sus aspiraciones es aprender a tocar el piano** one of his ambitions is to learn to play the piano.

aspirador /aspira'ðor/ *sm* ⇨ aspiradora

aspiradora /aspira'ðora/ *sf* vacuum cleaner, (*GB*) hoover®: **¿has pasado la aspiradora en los dormitorios?** have you vacuumed * hoovered the bedrooms?

aspirante /aspi'rante/ *sm/f* **1.** (*a un título, un trono*) pretender. **2.** (*a un cargo, un empleo*) candidate: **van a entrevistar a todos los aspirantes el lunes** all the candidates will be interviewed on Monday.

aspirar /aspi'rar/ [⇨ CANTAR] *vt* **1.** (*aire*) to inhale, to breathe (in): **es una delicia aspirar este aire tan puro** it's lovely to breathe such fresh air. **2.** (*otras sustancias*) to suck in * up. **3.** (*un sonido*) to aspirate. ♦ *vi* (*pretender*) to aspire: **aspira** *a* **ser ingeniero de caminos** he wants to become a civil engineer.

aspirina /aspi'rina/ *sf* aspirin.

asquear /aske'ar/ [⇨ CANTAR] *vt* to disgust, to revolt: **me asquean los sitios tan sucios como éste** dirty places like this disgust me; **me asquea la manera como adula a los jefes** the way he sucks up to his bosses makes me sick.

asquerosidad /askerosi'ðað/ *sf*: **esta comida es una asquerosidad** this food is absolutely revolting.

asqueroso, -sa /aske'roso -sa/ **I** *adj* **1.** (*sucio*) filthy. **2.** (*repulsivo*) disgusting, revolting: **la sopa tenía un aspecto asqueroso** the soup looked revolting; **es un tío asqueroso** he's a horrible man. **3.** (*Amér L: malo*) rotten, mean: **préstaselo, no seas asqueroso** lend it to him, don't be so rotten.
II *sm/f* (*persona repulsiva*) filthy swine.

asta /'asta/ *sf* [takes ***el*** or ***un*** in singular] **1.** (*de una bandera*) flagpole: **la bandera estaba a media asta** the flag was at half mast. **2.** (*de un animal*) horn.

astado, -da /as'taðo -ða/ **I** *adj* horned.
II astado *sm* bull.

asterisco /aste'risko/ *sm* asterisk.

asteroide /aste'roiðe/ *sm* asteroid.

astigmatismo /astiɣma'tizmo/ *sm* astigmatism.

astilla /as'tiʎa/ **I** *sf* (*trozo de madera*) chip, splinter: **hizo astillas la silla y la echó al fuego** he chopped the chair up and put it on the fire.
II astillas *sf pl* (*para prender fuego*) kindling.

astillero /asti'ʎero/ *sm* (*lugar*) shipyard; (*empresa*) shipbuilder.

astracán /astra'kan/ *sm* astrakhan.

astral /as'tral/ *adj* (*Astron*) astral.

astringente /astriŋ'xente/ **I** *adj* astringent.
II *sm* remedy for (*GB*) diarrhoea * (*US*) diarrhea.

astro /'astro/ *sm* **1.** (*Astron: cuerpo celeste*) heavenly body; (*: estrella*) star. **2.** (*persona*) star: **fue un astro del cine mudo** he was a star of the silent screen.

astrofísica /astro'fisika/ *sf* astrophysics [lleva el verbo en singular].

astrología /astrolo'xia/ *sf* astrology.

astrólogo, -ga /as'troloɣo -ɣa/ *sm/f* astrologer.

astronauta /astro'nauta/ *sm/f* astronaut.

astronáutica /astro'nautika/ *sf* astronautics [lleva el verbo en singular].

astronave /astro'naβe/ *sf* spaceship.

astronomía /astrono'mia/ *sf* astronomy.

astronómico, -ca /astro'nomiko -ka/ *adj* astronomical • **nos pidieron un precio astronómico** they charged us an astronomical price.

astrónomo, -ma /as'tronomo/ *sm/f* astronomer.

astucia /as'tuθja/ *sf* cunning: **para ganar en ese juego se necesita un poco de astucia** you need cunning to win at that game.

asturiano, -na /astu'rjano -na/ **I** *adj* of * from Asturias.
II *sm/f* native * inhabitant of Asturias, Asturian.

Asturias /as'turjas/ *sf* Asturias.

astuto, -ta /as'tuto -ta/ *adj* (*que se da cuenta*) astute, shrewd: **es muy astuto y se dio cuenta enseguida** he was astute enough to realize straight away; (*que engaña*) cunning.

asueto /a'sweto/ *sm* time off: **me tomé un día** *de* **asueto** I took a day off.

asumir /asu'mir/ [⇨ PARTIR] *vt* **1.** (*hacerse cargo de*) to assume: **asumió la dirección de la compañía** he assumed control of the company; **el nuevo presidente asumirá sus funciones en mayo** the new president will take office in May; **ha asumido mucha responsabilidad** she's taken on a lot of responsibility. **2.** (*aceptar*) to come to terms with: **tienes que asumir ese fracaso y seguir adelante** you have to come to terms with that failure and carry on.

asunceño, -ña /asun'θeɲo -ɲa/ **I** *adj* of * from Asunción.
II *sm/f* native * inhabitant of Asunción.

asunto /a'sunto/ *sm* **1.** (*negocio, ocupación*) affair: **está muy ocupada con sus asuntos** she's very busy with her own affairs. **2.** (*cuestión, tema*) issue, matter: **es un asunto muy grave** it is a very serious issue; **tenemos que hablar de un asunto muy importante** we have to talk about a very important matter • **lo que yo haga no es asunto tuyo** what I do is none of your business • **lo haces porque lo digo yo y asunto concluido * terminado** you do it because I say so and that's all there is to it.

Asuntos Exteriores *sm pl* Foreign Affairs *pl*.

asustadizo, -za /asusta'ðiθo -θa/ *adj* jumpy.

asustar /asus'tar/ [⇨ CANTAR] *vt* to frighten, to scare: **la asustan las tormentas** she is scared of thunderstorms.

asustarse *v prnl* to get a fright, to be scared: **me asusté cuando oí aquellos ruidos** I was scared when I heard those noises.

atacar /ata'kar/ [⇨ sacar] *vt* to attack: **atacaron al enemigo por sorpresa** they launched a surprise attack on the enemy; **los críticos atacaron la obra despiadadamente** the critics mercilessly attacked the play; **el virus le atacó el hígado** the virus attacked her liver.

atado, -da /a'taðo -ða/ **I** *adj* **1.** (*anudado*) tied: **ese cordón no está bien atado** that shoelace is not

properly tied. **2.** (*ocupado*): **el negocio lo tiene muy atado** he's very tied up with * in the business.
II atado *sm* bundle.

atadura /ata'ðura/ *sf* **1.** (*ligadura*) bond: **el prisionero consiguió desprenderse de sus ataduras** the prisoner managed to free himself from his bonds. **2.** (*vínculo: familiar*) tie; (*: en una relación*) string: **tenían una relación sin ataduras** they had a no-strings-attached relationship.

atajar /ata'xar/ [⇨ CANTAR] *vt* **1.** (*cortarle el paso a*) to cut off: **la policía atajó a los ladrones a la salida del pueblo** the police cut the robbers off on the road out of the village. **2.** (*detener*) to stop: **no podían atajar la hemorragia** they were unable to stop the bleeding; **los bomberos consiguieron atajar el fuego** the firemen managed to stop the fire spreading. **3.** (*Amér L: atrapar*) to catch: **le tiré el libro pero no lo atajó** I threw him the book but he didn't catch it.
♦ *vi* to take a shortcut: **seguro que han atajado** *por* **el bosque** I bet they've taken a shortcut through the woods.

atajo /a'taxo/ *sm* **1.** (*camino*) short cut: **me sé un atajo para ir a la charca** I know a short cut to the pond. **2.** (*conjunto*) bunch: **son todos un atajo de ladrones** they're all a bunch of thieves.

atalaya /ata'laja/ *sf* (*torre*) watchtower; (*lugar elevado*) vantage point: **la colina es una atalaya perfecta para ver el mar** the hill makes a perfect vantage point for looking at the sea.

atañer /ata'ɲer/ [⇨ TEMER] *vi*: **esto sólo (les) atañe a las personas que se van a examinar** this only concerns people who are sitting the exam • **a nosotros no nos atañe** it has nothing to do with us.

ataque /a'take/ *sm* attack: **están preparados para el ataque** they are ready to attack; **cuando lo vea, le va a dar un ataque de envidia** when he sees it, he will be green with envy.
ataque al corazón *sm* heart attack.
ataque de nervios *sm* hysterical outburst.
ataque de risa *sm* fit of giggles.

atar /a'tar/ [⇨ CANTAR] *vt* **1.** (*amarrar*) to tie: **atamos el equipaje a la baca del coche** we tied the luggage onto the roof rack of the car. **2.** (*quitar libertad a*) to tie (down): **sus hijos pequeños los atan mucho** they are very tied (down) by their young children.
atarse *v prnl* to tie, to do up: **átate los zapatos** do up your shoelaces.

atarazana /atara'θana/ *sf* shipyard.

atardecer /atarðe'θer/ **I** *sm* dusk, nightfall.
II [⇨ agradecer] *v impers* to get dark.

atareado, -da /atare'aðo -ða/ *adj* busy: **últimamente ha estado muy atareada** she has been very busy lately.

atascar /atas'kar/ [⇨ sacar] *vt* to block.
atascarse *v prnl* **1.** (*obstruirse*) to get blocked: **se ha atascado la cañería** the pipe is blocked. **2.** (*encajarse*) to get stuck: **se le atascó la llave en la cerradura** his key got stuck in the lock. **3.** (*al hablar, pensar*) to go blank, to have a mental block: **se atascó en el examen y no fue capaz de acabarlo** he had a mental block in the exam and couldn't finish.

atasco /a'tasko/ *sm* (*de coches*) traffic jam: **llegó tarde a causa del atasco** she was late because of the traffic jam.

ataúd /ata'uð/ *sm* coffin, (*US*) casket.

ataviar /ata'βjar/ [⇨ ansiar] *vt* **1.** (*acicalar*) to dress up. **2.** (*decorar*) to decorate.
ataviarse *v prnl*: **se atavió con sus mejores ropas para ir a la boda** he put his best clothes on to go to the wedding.

atávico, -ca /a'taβiko -ka/ *adj* atavistic.

atavío /ata'βio/ *sm* dress, attire: **llevaba un curioso atavío** she was strangely dressed.

ateísmo /ate'izmo/ *sm* atheism.

atemorizar /atemori'θar/ [⇨ cazar] *vt* to frighten: **tenía atemorizados a todos los vecinos** all his neighbours went in fear of him.
atemorizarse *v prnl* to get frightened, to get scared: **se atemoriza** *por* **todo** he gets frightened by everything.

atemperar /atempe'rar/ [⇨ CANTAR] *vt* to temper: **los años habían atemperado su carácter violento** the years had tempered his violent nature.

Atenas /a'tenas/ *sf* Athens.

atenazar /atena'θar/ [⇨ cazar] *vt* **1.** (*aferrar*) to clutch, to grasp: **el portero atenazó con sus manos el balón** the goalkeeper grasped the ball with his hands. **2.** (*paralizar*) to grip, to seize: **el miedo lo atenazaba y le impedía echar a correr** he was seized with fear and couldn't run away. **3.** (*atormentar*) to torment: **lo atenazan los recuerdos** his memories torment him.

atención /aten'θjon/ **I** *sf* **1.** (*interés*) attention: **nunca prestaba atención en clase** she never paid attention in class • **si te pones ese vestido, llamarás la atención** you'll attract attention wearing that dress • **le llamaron la atención por llegar tarde** he was told off for arriving late • **me llama la atención que no haya venido todavía** I think it's strange that he hasn't come yet • **a la atención de Laura Gregorio** for the attention of Laura Gregorio. **2.** (*cortesía*) kindness: **tuvo la atención** *de* **enviarme flores por mi cumpleaños** he was kind enough to send me flowers for my birthday; **nos colmaron de atenciones** they overwhelmed us with their hospitality.
II *excl* **1.** (*pidiendo que se atienda*): **¡atención, por favor!** may I have your attention please? **2.** (*advirtiendo*) look out.

atender /aten'der/ [⇨ tender] *vt* **1.** (*un deseo, un ruego*) to heed: **afortunadamente atendieron mi petición** luckily they heeded my request. **2.** (*una obligación*) to meet. **3.** (*a alguien*) to look after: **lo atendieron muy bien cuando estuvo en el hospital** he was very well looked after in hospital; **¿puedes atender a estos clientes, por favor?** will you attend to these customers, please?
♦ *vi* to pay attention: **no atiende en clase** he doesn't pay attention in class; **no atiende** *a* **razones** he won't listen to reason.

ateneo /ate'neo/ *sm* (*institución*) learned society; (*edificio*) building housing a learned society.

atenerse /ate'nerse/ [⇨ tener] *v prnl* **1.** (*someterse*) to abide: **tuvo que atenerse** *al* **reglamento** he had to abide by the rules; **el soldado ha de atenerse** *a* **las órdenes que recibe** a soldier must obey the orders he receives. **2.** (*aceptar*): **haz lo que quieras, pero atente** *a* **las consecuencias** do whatever you want, but on your own head be it! • **con este gobierno no sabe uno a qué atenerse** with this government, one doesn't know where one stands.

atentado /aten'taðo/ *sm* **1.** (*ataque*) attack, assault: **se ha producido un nuevo atentado terrorista** there's been another terrorist attack; **sufrió varios atentados** there were several attempts on his life. **2.** (*atropello*) outrage: **los incendios provocados son un atentado** *contra* **la naturaleza** arson constitutes an outrage against nature.

atentamente /atenta'mente/ *adv* **1.** (*escuchar*) attentively; (*examinar*) carefully. **2.** (*en una carta*): **le saluda atentamente** yours faithfully.

atentar /aten'tar/ [➪CANTAR] *vi* **1.** (*atacar, amenazar*): **atentaron** *contra* **la vida del presidente** there was an attempt on the president's life; **lo que hizo atentaba** *contra* **la seguridad nacional** what he did was a threat to national security. **2.** (*perjudicar*): **el tabaco atenta** *contra* **su salud** tobacco * smoking can damage your health.

atento, -ta /a'tento -ta/ *adj* **1.** (*concentrado*) attentive: **permanecieron atentos** *a* **sus palabras** they listened attentively to what she had to say. **2.** (*considerado, educado*) obliging, polite: **estuvieron muy atentas** *con* **nosotras** they were very obliging (to us).

atenuante /ate'nwante/ (*Jur*) **I** *adj* extenuating.
II atenuantes *sfpl* extenuating circumstances *pl*.

atenuar /ate'nwar/ [➪actuar] *vt* **1.** (*gen*) to lessen. **2.** (*Jur*) to mitigate, to attenuate.

ateo, -tea /a'teo -tea/ **I** *adj* atheistic.
II *sm/f* atheist.

aterciopelado, -da /aterθjope'laðo -ða/ *adj* (*material*) velvety; (*voz*) silky.

aterido, -da /ate'riðo -ða/ *adj* frozen stiff, numb: **se quedó aterida esperando el autobús** she went numb with cold waiting for the bus.

aterrar /ate'rrar/ [➪CANTAR] *vt* to terrify.

aterrizaje /aterri'θaxe/ *sm* (*Av*) landing.
aterrizaje forzoso *sm* (*por una emergencia*) emergency landing; (*de forma violenta*) crash-landing.

aterrizar /aterri'θar/ [➪cazar] *vi* (*Av*) to land; (*fam: persona*): **se cayó y aterrizó en un charco** he fell over and landed in a puddle.

aterrorizar /aterrori'θar/ [➪cazar] *vt* **1.** (*aterrar*) to terrify: **las serpientes me aterrorizan** I am terrified by snakes. **2.** (*terroristas, tropas*) to terrorize.

atesorar /ateso'rar/ [➪CANTAR] *vt* **1.** (*dinero, riqueza: reunir*) to amass, to accumulate: **atesoró una gran fortuna a lo largo de su vida** she amassed a huge fortune during her life; (*: acaparar*) to hoard, to store up. **2.** (*cualidades*) to possess.

atestado, -da /ates'taðo -ða/ **I** *adj* packed, teeming: **el mercado estaba atestado** *de* **gente** the market was packed with people.
II atestado *sm* (*Jur*) official report * statement: **la policía levantó un atestado del accidente** the police officer drew up a report on the accident.

atestar /ates'tar/ [➪CANTAR] *vt* **1.** (*llenar*) to pack out: **los aficionados atestaban el campo de fútbol** the football ground was packed out with fans. **2.** (*Jur: atestiguar*) to testify.

atestiguar /atesti'ɣwar/ [➪averiguar] *vi* (*Jur*) to testify, to give evidence: **atestiguó ante el tribunal** she gave evidence in court.
♦ *vt* **1.** (*Jur*) to testify. **2.** (*dar prueba de*): **estas ruinas atestiguan la ocupación romana** these ruins bear witness to the Roman occupation.

atiborrar /atiβo'rrar/ [➪CANTAR] *vt* to fill up, to cram: **hemos atiborrado el armario** *de* **ropa** we have crammed the wardrobe full of clothes.
atiborrarse *v prnl* (*fam*) to stuff oneself, to feed one's face: **se atiborró** *de* **pasteles** he stuffed himself with cakes.

ático /'atiko/ *sm* **1.** (*último piso*) top floor. **2.** (*apartamento*) top floor apartment, penthouse: **nos hemos mudado a un ático** we've moved into a penthouse flat. **3.** (*buhardilla*) attic.

atiendo /a'tjendo/ *and other forms with* ***atiend-*** ➪ atender

atildado, -da /atil'daðo -ða/ *adj* dapper.

atinado, -da /ati'naðo -ða/ *adj* sensible: **hizo un comentario muy atinado** she made a very sensible comment; **estuvo muy atinado en todo lo que dijo** everything he said was very sensible; **no me parece muy atinado decírselo ahora** I don't think it's very appropriate to tell him now.

atinar /ati'nar/ [➪CANTAR] *vi*: **atinó** *en* **el blanco** he hit the target; **no atinaba** *a* **enhebrar la aguja** she couldn't thread the needle; **atinaron** *con* **la calle a la primera** they managed to find the street at the first attempt; **no atinaban** *con* **la respuesta correcta** they didn't seem able to get the right answer.

atípico, -ca /a'tipiko -ka/ *adj* atypical.

atisbar /atis'βar/ [➪CANTAR] *vt* **1.** (*divisar*) to discern, to make out: **atisbaron una figura a lo lejos** they could make out a figure in the distance. **2.** (*detectar*): **se pueden atisbar indicios de una recuperación económica** there are signs of an economic recovery. **3.** (*mirar*) to peer at.
♦ *vi* to peer: **atisbó** *por* **el ojo de la cerradura** he peered through the keyhole.

atizador /atiθa'ðor/ *sm* poker (*for the fire*).

atizar /ati'θar/ **I** [➪cazar] *vt* **1.** (*el fuego*) to stoke, to poke; (*discordias, pasiones*) to stir up, to rouse: **con sus palabras atizó la discusión** what he said stirred up the argument. **2.** (*fam: propinar*) to give: **le atizaron una buena paliza** he was given a sound beating.
♦ *vi* (*fam: golpear*) to beat up: **le atizaron de lo lindo** they beat him up good and proper.
II atiza *excl*: **¡atiza!** goodness me!

Atlántico /at'lantiko/ *sm*: **el (océano) Atlántico** the Atlantic (Ocean).

atlántico, -ca /at'lantiko -ka/ *adj* (*Geog, Meteo*) Atlantic.

atlas /'atlas/ *sm inv* atlas.

atleta /at'leta/ *sm/f* athlete.

atlético, -ca /at'letiko -ka/ *adj* athletic.

atletismo /atle'tizmo/ *sm* athletics [lleva el verbo en singular].

atmósfera /at'mosfera/ *sf* (*del planeta, de un lugar*) atmosphere: **en la clase se respira una atmósfera de compañerismo** there is a good friendly atmosphere in the classroom.

atmosférico, -ca /atmos'feriko -ka/ *adj* (*Meteo*) atmospheric.

atolladero /atoʎa'ðero/ *sm* jam, tight corner: **tuve que mentir para salir del atolladero** I had to lie to get out of that jam.

atolón /ato'lon/ *sm* atoll.

atolondrado, -da /atolon'draðo -ða/ *adj* scatterbrained: **es tan atolondrada que no sabe en qué día vive** she's such a scatterbrain she doesn't know what day of the week it is.

atolondrar /atolon'drar/ [➪CANTAR] *vt*: **no me atolondres, por favor** don't fluster me please.
atolondrarse *v prnl*: **no te atolondres, tenemos tiempo de sobra** don't get flustered, we have plenty of time.

atómico, -ca /a'tomiko -ka/ *adj* atomic.

atomizador /atomiθa'ðor/ *sm* (*gen*) spray; (*para perfume*) atomizer.

átomo /'atomo/ *sm* (*Quím*) atom • **no tiene ni un átomo de malicia** there isn't a trace of malice in her.

atónito, -ta /a'tonito -ta/ *adj* astounded, amazed: **su respuesta me dejó atónito** I was amazed by his answer.

átono, -na /'atono -na/ *adj* (*Ling*) unstressed, unaccented.

atontado, -da /aton'taðo -ða/ *adj* **1.** (*bobo*) silly. **2.** (*atónito*) dazed, stunned: **un golpe en la cabeza me dejó atontada** a bang on the head dazed me.

atorar /ato'rar/ [➪ CANTAR] *vt* to obstruct, to block up.
atorarse *v prnl* **1.** (*obstruirse*) to become blocked up, to get choked. **2.** (*al hablar*) to become tongue-tied, to trip over one's tongue.

atormentar /atormen'tar/ [➪ CANTAR] *vt* **1.** (*martirizar*) to torture. **2.** (*angustiar*) to torment: **me atormentaba la duda** I was tormented by doubt.
atormentarse *v prnl* to torment oneself.

atornillar /atorni'ʎar/ [➪ CANTAR] *vt* (*gen*) to screw down: **atorníllalo bien** screw it down properly; (*a una pared*) to screw (on); (*piezas de un objeto*) to screw together.

atosigar /atosi'ɣar/ [➪ pagar] *vt* to pester, to harass: **me atosigaron** *a* **preguntas** they kept pestering me with questions.

atracadero /atraka'ðero/ *sm* landing stage, jetty.

atracador, -dora /atraka'ðor -'ðora/ *sm/f* (*de bancos*) robber, raider; (*callejero*) mugger.

atracar /atra'kar/ [➪ sacar] *vt* **1.** (*Náut*) to tie up, to moor. **2.** (*asaltar: un banco*) to hold up, to raid: **atracaron el banco y huyeron a pie** they held up the bank and escaped on foot; (*: a una persona*) to mug, to hold up: **me han atracado dos veces** I have been mugged twice.
♦*vi* to moor, to tie up: **atracamos en un pequeño embarcadero** we moored at a small jetty.
atracarse *v prnl* (*fam*) to stuff oneself: **se atracó** *de* **pasteles** he stuffed himself with cakes.

atracción /atrak'θjon/ *sf* **1.** (*acción*) attraction. **2.** (*en una feria*) attraction, amusement.

atraco /a'trako/ *sm* (*robo*) robbery, hold-up ● **¿diez mil pesetas? ¡eso es un atraco!** ten thousand pesetas? that's daylight robbery!
atraco a mano armada *sm* armed robbery.

atracón /atra'kon/ *sm* (*fam*) **1.** (*de comer*) blowout: **nos dimos un atracón** *de* **marisco** we pigged out on seafood. **2.** (*de trabajar*): **se dio un atracón** *de* **estudiar antes de los exámenes finales** she studied really hard before the final exams.

atractivo, -va /atrak'tiβo -βa/ **I** *adj* attractive.
II atractivo *sm* appeal, attraction: **ése es su mayor atractivo** that is his most appealing quality; **no le encuentro ningún atractivo a la idea** I don't find the idea at all appealing; **es un lugar sin ningún atractivo** it's not a very attractive place.

atraer /atra'er/ [➪ traer] *vt* **1.** (*gen*) to attract: **el clima atrae a muchos visitantes** the climate attracts many visitors; **su modo de hablar atrae a la gente** people find his way of speaking attractive. **2.** (*ocasionar*) to draw: **su egoísmo le atrajo la antipatía de todos** her selfishness won her universal dislike.

atragantarse /atraɣan'tarse/ [➪ CANTAR] *v prnl* **1.** (*sentir ahogo*) to choke: **se atragantó** *con* **un hueso de pollo** a chicken bone got stuck in her throat. **2.** (*fam: sentir antipatía*): **se me ha atragantado la Biología** I can't stand Biology any more. **3.** (*fam: sentir vergüenza*): **cuando le tocaba hablar a ella, se atragantó** when it was her turn to speak, she got tongue-tied.

atraigo /a'traigo/ *and other forms with* ***atraig-*** ➪ atraer

atrancar /atraŋ'kar/ [➪ sacar] *vt* **1.** (*cerrar: con tranca*) to bar; (*: con cerrojo*) to bolt. **2.** (*atascar*) to block up, to obstruct.
atrancarse *v prnl* to become blocked up: **se ha atrancado el desagüe** the drain's blocked.

atrapar /atra'par/ [➪ CANTAR] *vt* **1.** (*a un fugitivo*) to catch, to capture: **la policía atrapó al criminal** the police caught the criminal; (*a un animal*) to trap. **2.** (*un constipado*) to catch.

atrás /a'tras/ **I** *adv* **1.** (*en el espacio: posición*): **Miguel se sentó atrás con el niño** Miguel sat in the back with the baby; **está más atrás** it's further back; **se fueron atrás** ✱ **a la parte de atrás** they went to the back; **Ana se quedó atrás en la carrera** Ana fell behind in the race; (*: movimiento*) backwards: **échate** *para* **atrás, por favor** move backwards please; **no mires** *para* ✱ *hacia* **atrás** don't look back. **2.** (*en el tiempo*): **estuvieron recordando aventuras de años atrás** they were recalling adventures of years gone by; **nos conocimos meses atrás** we met months ago; **esta costumbre viene de muy atrás** this custom dates back a long way.
II *excl* get back.

atrasado, -da /atra'saðo -ða/ *adj* **1.** (*en estudios, trabajo*) behind: **está un poco atrasado en sus estudios** he's a bit behind in his studies; (*en desarrollo*) backward: **es una región bastante atrasada** it's quite a backward region. **2.** (*reloj*) slow: **este despertador está atrasado** this alarm clock is slow. **3.** (*antiguo*) old: **tiró todas las revistas atrasadas** he threw away all the old magazines.

atrasar /atra'sar/ [➪ CANTAR] *vt* **1.** (*aplazar*) to put off, to postpone: **han atrasado su llegada** they have postponed their arrival. **2.** (*un reloj*) to put back.
♦*vi* (*reloj*) to run slow: **mi despertador atrasa** my alarm clock is (running) slow.
atrasarse *v prnl* **1.** (*demorarse*) to be late: **este año se ha atrasado la cosecha** the harvest is late this year; **el tren se atrasó diez minutos** the train was ten minutes late. **2.** (*reloj*) to run slow: **mi reloj se atrasa un minuto cada día** my watch loses a minute every day. **3.** (*rezagarse*) to fall behind: **este mes se han atrasado con los pagos** they've fallen behind with their payments this month.

atraso /a'traso/ **I** *sm* **1.** (*de un país, en mentalidad*) backwardness: **no utilizar máquinas para este trabajo es un atraso** it's a bit primitive not to use machines for this work. **2.** (*retraso*) delay.
II atrasos *sm pl* (*de un salario*) back pay: **todavía no nos han pagado los atrasos** we haven't received our back pay yet.

atravesar /atraβe'sar/ [➪ pensar] *vt* **1.** (*perforar*) to go through, to pierce: **el clavo atravesó el tablero** the nail went through the board. **2.** (*cruzar*) to cross: **el río atraviesa la región de norte a sur** the river runs through the region from north to south. **3.** (*pasar por*) to go through: **sus relaciones están atravesando un buen momento** their relationship is going through a good phase; **la bala atravesó el muro** the bullet went through the wall. **4.** (*colocar*): **atravesaron unos troncos en la carretera** they laid tree trunks across the road.
atravesarse *v prnl* **1.** (*interponerse*): **se nos atravesó un coche en la carretera** a car pulled in sharply in front of us. **2.** (*resultar odioso*): **se me ha atravesado el profesor de química** I can't stand the chemistry teacher.

atravieso /atra'βjeso/ *and other forms with* ***atravies-*** ➪ atravesar

atrayente /atra'jente/ *adj* attractive.

atreverse /atre'βerse/ [➪ TEMER] *v prnl* to dare: **no me**

atreví *a* **saltar** I didn't dare jump; **se atrevieron** *a* **insultarme** they dared to insult me; **¿a que no te atreves?** I bet you wouldn't dare.

atrevido, -da /atre'βiðo -ða/ *adj* **1.** (*arriesgado*) audacious, daring. **2.** (*fresco*) impudent, cheeky.

atrevimiento /atreβi'mjento/ *sm* **1.** (*osadía*) audacity, daring. **2.** (*descaro*) cheek: **¡qué atrevimiento, preguntarme la edad!** what a cheek, asking me my age!

atribución /atriβu'θjon/ *sf* **1.** (*acción*) attribution. **2.** (*autoridad*) authority: **actuó en virtud de sus atribuciones** he acted by virtue of his authority; (*responsabilidad*) responsibility.

atribuir /atriβu'ir/ [➪ huir] *vt* **1.** (*a alguien*) to attribute: **han atribuido la obra** *a* **Lope de Vega** the play has been attributed to Lope de Vega. **2.** (*a algo*): **atribuyó el accidente** *a* **un fallo mecánico** he put the accident down to a mechanical failure.

atribuirse *v prnl* to claim (for oneself): **se atribuyó el mérito del proyecto** he claimed all the credit for the plan.

atribular /atriβu'lar/ [➪ CANTAR] *vt* to afflict.

atributo /atri'βuto/ *sm* attribute: **la prudencia es atributo de los sabios** prudence is an attribute of the wise.

atril /a'tril/ *sm* (*para libros: de pie*) lectern; (*: en un escritorio*) bookrest; (*para partitura*) music stand.

atrincherar /atrintʃe'rar/ [➪ CANTAR] *vt* to fortify with trenches.

atrincherarse *v prnl* **1.** (*Mil*) to dig in, to entrench oneself. **2.** (*en una actitud*): **se atrincheró en su silencio** she took refuge in silence.

atrio /'atrio/ *sm* (*patio*) inner courtyard (*surrounded by cloisters*); (*pórtico*) portico, porch.

atrocidad /atroθi'ðað/ *sf* **1.** (*hecho atroz*) atrocity. **2.** (*fam: tontería*): **dijo muchas atrocidades** he said a lot of stupid things.

atrofia /a'trofja/ *sf* atrophy.

atrofiarse /atro'fjarse/ [➪ CAMBIAR] *v prnl* to atrophy.

atronador, -dora /atrona'ðor -'ðora/ *adj* deafening, thunderous.

atropellado, -da /atrope'ʎaðo -ða/ *adj* hasty.

atropellar /atrope'ʎar/ [➪ CANTAR] *vt* **1.** (*Auto*) to run over, to knock down: **casi atropellan a un perro** they nearly ran over a dog. **2.** (*empujar*) to (push and) shove: **¡oiga, sin atropellar!** hey, there's no need to shove!

atropellarse *v prnl* (*al hablar*) to gabble.

atropello /atro'peʎo/ *sm* **1.** (*Auto*): **en esa calle ya ha habido cinco atropellos** five people have already been run over in that street. **2.** (*injusticia*) violation, abuse: **los vecinos lo consideraron un atropello de sus derechos** the people of the neighbourhood saw it as a violation of their rights.

atroz /a'troθ/ *adj* [**atroces**] **1.** (*horrible*) atrocious, appalling: **nos sirvieron una comida atroz** they served us an appalling meal; (*cruel*) heinous: **fue condenado por un crimen atroz** he was found guilty of a heinous crime. **2.** (*fam: tremendo*) tremendous: **su última película fue un éxito atroz** his last film was an enormous success.

ATS /ate'ese/ *sm/f* (*en España*) (*abbreviation of* **ayudante técnico sanitario**) nurse.

atuendo /a'twendo/ *sm* attire.

atufar /atu'far/ [➪ CANTAR] *vt* to asphyxiate, to choke: **me estás atufando con ese cigarrillo** you're choking me with that cigarette.

♦*vi* **1.** (*apestar*) to reek, to stink: **esa bolsa atufa** that bag reeks. **2.** (*ponerse de manifiesto*): **ese libro atufa** *a* **propaganda** that book smacks of propaganda.

atufarse *v prnl* to be overcome (*by fumes, bad smell*).

atún /a'tun/ *sm* (*Zool*) tuna, tunny fish; (*Culin*) tuna (fish).

aturdir /atur'ðir/ [➪ PARTIR] *vt* **1.** (*golpe*) to daze, to stun: **el golpe lo aturdió durante unos minutos** the blow dazed him for a few minutes; (*impresión*) to bewilder, to take aback: **la noticia nos aturdió** we were taken aback by the news. **2.** (*molestar*) to disturb: **sus gritos me aturdían** their shouting was disturbing me.

aturdirse *v prnl* (*turbarse*) to be taken aback * amazed: **se aturdió al ver tanta gente** he was taken aback when he saw so many people.

aturullar /aturu'ʎar/, **aturrullar** /aturru'ʎar/ [➪ CANTAR] *vt* (*fam*) to fluster, to confuse.

aturullarse, aturrullarse *v prnl* (*fam*) to get flustered * confused: **siempre me aturullo cuando hablo en público** I always get flustered when I speak in public.

atusarse /atu'sarse/ [➪ CANTAR] *v prnl* (*el pelo, el bigote*) to smooth (down).

audacia /au'ðaθja/ *sf* daring, audacity.

audaz /au'ðaθ/ *adj* [**audaces**] **1.** (*valiente*) daring, audacious. **2.** (*descarado*) impudent, cheeky.

audición /auði'θjon/ *sf* **1.** (*acción de oír*) hearing. **2.** (*Mús*) concert. **3.** (*en teatro, cine*) audition: **¿te van a hacer una audición?** are they going to give you an audition?

audiencia /au'ðjenθja/ *sf* **1.** (*recepción*) audience: **el soberano les concedió una audiencia** the sovereign granted them an audience. **2.** (*espectadores, oyentes, etc.*) audience: **es el programa radiofónico de mayor audiencia** it's the radio programme with the biggest audience. **3.** (*Jur: tribunal, edificio*) law court; (*: sesión*) hearing.

audífono /au'ðifono/ *sm* hearing aid.

audiovisual /auðjoβi'swal/ *adj* audiovisual.

auditar /audi'tar/ [➪ CANTAR] *vt* to audit.

auditivo, -va /auði'tiβo -βa/ *adj* auditory.

auditor, -tora /audi'tor -'tora/ *sm/f* auditor.

auditoría /auðito'ria/ *sf* audit.

auditorio /auði'torjo/ *sm* **1.** (*oyentes*) audience. **2.** (*local*) auditorium.

auge /'auxe/ *sm* **1.** (*apogeo*) pinnacle, peak: **estaba en el auge de su carrera cuando se retiró** he was at the peak of his career when he retired. **2.** (*relevancia*) importance: **la informática ha cobrado auge en los últimos años** computers have become very important over the last few years.

augurar /auɣu'rar/ [➪ CANTAR] *vt* (*persona*) to predict, to foretell; (*indicio*) to augur: **el cielo auguraba mal tiempo** the sky augured bad weather.

augurio /au'ɣurjo/ *sm* omen, sign.

aula /'aula/ *sf* [takes ***el*** or ***un*** in singular] (*de colegio*) classroom; (*de universidad*) lecture theatre * room.

aulaga /au'laɣa/ *sf* gorse.

aullar /au'ʎar/ [➪ aunar] *vi* to howl.

aullido /au'ʎiðo/ *sm* howl.

aumentar /aumen'tar/ [➪ CANTAR] *vt* **1.** (*de tamaño*) to magnify: **puede aumentar las imágenes cien veces** images can be magnified up to one hundred times. **2.** (*de número*) to increase: **no saben qué hacer para aumentar las ventas** they don't know what to do to increase sales; **la fábrica ha aumentado su producción** the factory has increased production.

♦*vi* **1.** (*gen*) to increase: **sus preocupaciones aumentaban día a día** his worries increased day to day; **el mal tiempo hizo que aumentaran sus problemas** the bad weather added to their difficulties. **2.** (*en peso, cantidad*) to rise: **las ventas aumentaron** *en* **un diez por ciento el año pasado** sales rose by ten per cent last year; **ha aumentado** *de* **peso** he's put on weight.

aumentativo, -va /aumenta'tiβo -βa/ (*Ling*) **I** *adj* augmentative.
II aumentativo *sm* augmentative (word).

aumento /au'mento/ *sm* increase: **el problema del desempleo va** *en* **aumento** unemployment is becoming more and more of a problem.
aumento de sueldo *sm* pay increase, (*GB*) pay rise, (*US*) raise.

aun /aun/ *adv* even: **aun los más preparados suspendieron** even those who had worked the hardest failed; **aun así, creo que debes aceptar la proposición** even so, I think you must accept the proposal; **lo esperamos, aun cuando sospechábamos que no iba a venir** we waited for him, even though we suspected he wouldn't come.

aún /a'un/ *adv* **1.** (*en frases afirmativas*) still: **si no hubiera sido por eso, aún vivirían aquí** if it hadn't been for that, they would still be living here; **¿aún estás aquí?** are you still here? **2.** (*en frases negativas o hipotéticas*) yet, still: **aún no han llegado** they haven't arrived yet, they still haven't arrived; **¿aún no han llamado?** haven't they phoned yet?; (*más enfático*) have they *still* not phoned?; **"¿Te ha escrito?" "Aún no."** "Has he written to you?" "Not yet." **3.** (*para expresar oposición*) still: **hago todo su trabajo y aún se queja** I do all his work and he still complains. **4.** (*intensificador*) even: **es aún más rico que su hermano** he's even richer than his brother.

aunar /au'nar/ [➪table: aunar] *vt* to join: **aunaron sus esfuerzos para terminar el trabajo** they joined forces to finish the work.
aunarse *v prnl* to join together, to unite.

aunar	
INDICATIVE	SUBJUNCTIVE
Present aúno aúnas aúna aunamos aunáis aúnan	**Present** aúne aúnes aúne aunemos aunéis aúnen
IMPERATIVE	
(tú) aúna (vosotros) aunad	(usted) aúne (ustedes) aúnen
For the rest of the tenses ➪ CANTAR (in appendix)	

aunque /'auŋke/ *conj* (*seguido de indicativo*) although, even though: **aunque insistimos, no quiso venir con nosotros** although we tried to insist he refused to come with us; (*seguido de subjuntivo*) even if: **aunque esté enfermo, iré a tu fiesta** even if I'm sick, I'll come to your party.

aúpa /a'upa/ **I** *excl* up you get, come on, get up.
II de aúpa *loc adj*: **pilló un constipado de aúpa** he caught a terrible cold; **tienen dos hijos que son de aúpa** they have two children who are a real handful.

aupar /au'par/ [➪aunar] *vt* **1.** (*alzar*) to help up. **2.** (*ensalzar*) to help along: **los premios que obtuvo la auparon en su profesión** the awards she won helped her to progress in her career.

aura /'aura/ *sf* [takes ***el*** or ***un*** in singular] **1.** (*irradiación*) aura. **2.** (*tipo de buitre*) buzzard.

aureola /aure'ola/, **auréola** /au'reola/ *sf* **1.** (*Relig*) halo ● **el experimento estaba rodeado por una aureola de misterio** the experiment was shrouded in mystery. **2.** (*fama*) fame: **iba envuelto en una aureola de sabio** he had a reputation for great wisdom.

aurícula /au'rikula/ *sf* auricle.

auricular /auriku'lar/ **I** *adj* auricular.
II *sm* (*de teléfono*) receiver, handset.
III auriculares *sm pl* headphones *pl*, earphones *pl*.

aurora /au'rora/ *sf* **1.** (*alba, principio*) dawn. **2.** (*Meteo*): **la aurora boreal/austral** the aurora borealis/australis, the northern/southern lights.

auscultar /auskul'tar/ [➪CANTAR] *vt* (*Med*) to auscultate, to sound (*the chest using a stethoscope*).

ausencia /au'senθja/ *sf* **1.** (*gen*) absence: **se hizo cargo del equipo durante mi ausencia** he was in charge of the team during my absence ● **la policía brillaba por su ausencia en la manifestación** the police were conspicuous by their absence at the demonstration. **2.** (*falta*) lack, absence.

ausentarse /ausen'tarse/ [➪CANTAR] *v prnl* to leave, to go away: **el capitán se ausentó del campo unos minutos** the captain left the pitch for a few minutes.

ausente /au'sente/ **I** *adj* **1.** (*de un lugar*) absent: **estará ausente** *de* **la oficina una semana** he will not be in the office for a week. **2.** (*abstraído*) in a dream: **tenía aspecto de estar ausente** he looked as if he was in a world of his own; **tenía la mirada ausente** she looked vacant.
II *sm/f* absentee: **los ausentes tendrán que justificar su falta** the absentees will have to explain their non-attendance.

ausentismo /ausen'tizmo/ *sm* (*Amér L*) ➪ absentismo

auspiciar /auspi'θjar/ [➪CAMBIAR] *vt* (*Amér L*) to sponsor.

auspicio /aus'piθjo/ **I** *sm* auspice: **la exposición se celebró** *bajo* **los auspicios de la corona** the exhibition was held under the auspices of the crown.
II auspicios *sm pl* signs *pl*, omens *pl*: **el torneo empezó con buenos auspicios para el equipo** the competition started auspiciously for the team.

austeridad /austeri'ðað/ *sf* (*de decoración, comportamiento*) austerity: **las medidas de austeridad no han dado los resultados esperados** the austerity measures have not produced the results it was hoped they would.

austero, -ra /aus'tero -ra/ *adj* austere.

austral /aus'tral/ *adj* southern.

Australasia /austra'lasja/ *sf* Australasia.

Australia /aus'tralja/ *sf* Australia.

australiano, -na /austra'ljano -na/ *adj, sm/f* Australian.

Austria /'austrja/ *sf* Austria.

austriaco, -ca /aus'trjako -ka/, **austríaco, -ca** /aus'triako -ka/ *adj, sm/f* Austrian.

autenticidad /autentiθi'ðað/ *sf* authenticity.

auténtico, -ca /au'tentiko -ka/ *adj* authentic, real: **lleva un anillo de diamantes auténticos** she's wearing a real diamond ring; **es un auténtico campeón** he's a real champion; **¿es un Goya auténtico?** is it a genuine ✱ an authentic Goya?

auto /'auto/ *sm* **1.** (*coche*) car. **2.** (*decisión judicial*) judicial decision (*subject to confirmation*).
auto de procesamiento *sm* committal.
auto sport *sm* (*Arg, Urug*) sports car.
autobiografía /autoβjoɣra'fia/ *sf* autobiography.
autobiográfico, -ca /autoβjo'ɣrafiko -ka/ *adj* autobiographical.
autobús /auto'βus/ *sm* bus.
autocar /auto'kar/ *sm* (*Auto*) coach.
autocomplacencia /autokompla'θenθja/ *sf* complacency.
autocontrol /autokon'trol/ *sm* self-control.
autocrítica /auto'kritika/ *sf* self-criticism.
autóctono, -na /au'toktono -na/ *adj* indigenous, native.
autodeterminación /autoðetermina'θjon/ *sf* self-determination.
autodidacta /autoði'ðakta/ **I** *adj* self-taught: **es un pianista autodidacta** he is a self-taught pianist.
II *sm/f* self-taught person.
autodominio /autoðo'minjo/ *sm* self-control.
autoedición /autoeði'θjon/ *sf* desktop publishing.
autoescuela /autoes'kwela/ *sf* driving school, (*GB*) school of motoring.
autoestop /autoes'top/ *sm* ➪ auto-stop
autoestopista /autoesto'pista/ *sm/f* hitch-hiker.
autoevaluación /autoeβalwa'θjon/ *sf* self-assessment.
autógrafo, -fa /au'toɣrafo -fa/ **I** *adj* handwritten.
II autógrafo *sm* autograph.
automático, -ca /auto'matiko -ka/ **I** *adj* automatic.
II automático *sm* press stud.
automatización /automatiθa'θjon/ *sf* automation.
automatizar /automati'θar/ [➪ cazar] *vt* to automate.
automóvil /auto'moβil/ *sm* (*coche*) car; (*frml: vehículo*) motor vehicle.
automovilismo /automoβi'lizmo/ *sm* driving, motoring.
automovilista /automoβi'lista/ *sm/f* driver, motorist.
autonomía /autono'mia/ *sf* **1.** (*autogobierno*) autonomy: **la empresa no tiene autonomía económica** the company does not enjoy financial autonomy. **2.** (*Pol: en España*) autonomous region: **Galicia es una de las diecisiete autonomías españolas** Galicia is one of Spain's seventeen autonomous regions.
autonomía de vuelo *sf* (*Av*) range.
autonómico, -ca /auto'nomiko -ka/ *adj* autonomous.
autónomo, -ma /au'tonomo -ma/ *adj* **1.** (*Pol*) autonomous. **2.** (*trabajador*) self-employed.
autopista /auto'pista/ *sf* (*GB*) motorway, (*US*) highway, freeway.
autopista de cuota *sf* (*Méx*) ➪ autopista de peaje
autopista de la información *sf* (*Telec*) information highway.
autopista de peaje *sf* motorway (*on which tolls are paid*), (*US*) turnpike.
autopsia /au'topsja/ *sf* postmortem (examination), autopsy.
autor, -tora /au'tor -'tora/ *sm/f* **1.** (*escritor*) author, writer; (*artista*) artist: **el autor del cuadro ha capturado muy bien la tensión** the artist has captured the tension very successfully. **2.** (*inspirador*): **el autor de la idea nunca la vio puesta en práctica** the person who invented the idea never saw it put into practice. **3.** (*de un crimen*) perpetrator.
autoridad /autori'ðað/ *sf* authority: **tiene muy poca autoridad** *sobre* **sus empleados** he has little authority over his employees; **al acto asistieron las autoridades** the ceremony was attended by the authorities; **su padre es una autoridad** *en* **medicina** her father is an authority on Medicine; **nadie discute su autoridad** *en* **arte** nobody questions his knowledge of art.
autoritario, -ria /autori'tarjo -rja/ *adj, sm/f* authoritarian.
autorización /autoriθa'θjon/ *sf* authorization, permission.
autorizar /autori'θar/ [➪ cazar] *vt* **1.** (*dar derecho*) to authorize: **su puesto no le autoriza** *a* **tomar esa decisión** his position does not give him the authority to take that decision; (*permitir*) to allow, to give permission for: **no autorizaron la manifestación** they didn't allow the demonstration to take place. **2.** (*Jur*) to validate.
autorretrato /autorre'trato/ *sm* self-portrait.
autoservicio /autoser'βiθjo/ *sm* (*comercio*) self-service store, supermarket; (*restaurante*) self-service restaurant.
auto-stop, autostop /autoes'top/ *sm* hitchhiking: **volvimos al campamento haciendo auto-stop** we hitched a lift * hitchhiked back to the camp.
autosuficiencia /autosufi'θjenθja/ *sf* self-sufficiency.
autovía /auto'βia/ *sf* (*GB*) dual carriageway, (*US*) divided highway.
auxiliar /auksi'ljar/ **I** *adj* **1.** (*complementario*) auxiliary. **2.** (*ayudante*) assistant.
II *sm/f* (*ayudante*) assistant.
III *sm* (*Ling*) auxiliary.
IV [➪ CAMBIAR] *vt* to give aid to, to assist.
auxiliar de vuelo *sm/f* (*gen*) flight attendant; (*hombre*) steward; (*mujer*) stewardess.
auxilio /auk'siljo/ **I** *sm* aid, assistance: **fuimos** *en* **su auxilio** we went to his aid; **nos prestaron auxilio otros montañeros** some other climbers came to our assistance; **llevamos en el coche un botiquín de primeros auxilios** we have a first aid kit in the car.
II *excl*: **¡auxilio!** help!
aval /a'βal/ *sm* guarantee: **le pidieron un aval al solicitar el crédito** they requested a guarantee when he asked for the loan.
avalancha /aβa'lantʃa/ *sf* avalanche • **recibieron una avalancha de cartas** they received an avalanche of letters.
avalar /aβa'lar/ [➪ CANTAR] *vt* **1.** (*Fin*) to guarantee. **2.** (*respaldar*): **la avalan sus diez años de experiencia** she has ten years of experience behind her.
avance /a'βanθe/ *sm* **1.** (*progreso*) advance: **el avance de la ciencia nos afecta a todos** the advance of science affects us all; **el defensa paró el avance del delantero** the defender blocked the centre forward's advance. **2.** (*de una película*) trailer.
avance informativo *sm* (*noticiario breve*) news bulletin; (*flash informativo*) news flash.
avanzadilla /aβanθa'ðiʎa/ *sf* advance party, reconnaissance patrol.
avanzado, -da /aβan'θaðo -ða/ *adj* advanced: **necesita ayuda a causa de su avanzada edad** he needs help because of his advanced years; **las obras están muy avanzadas** the work is far advanced; **su hija está muy avanzada** *en* **lectura** your daughter is very advanced in reading; **es un hombre de ideas avanzadas** he's a man with progressive * advanced ideas.
avanzar /aβan'θar/ [➪ cazar] *vt* to move forward, to advance: **avance el pie izquierdo** move your left foot forwards.

♦*vi* **1.** (*ir hacia adelante*) to move forward, to advance: **los corredores avanzaron hacia la meta** the runners approached the finishing line. **2.** (*progresar*) to make progress, to advance: **lleva meses estudiando inglés, pero ha avanzando muy poco** she has been studying English for months, but she has made very little progress.

avaricia /aβa'riθja/ *sf* avarice, meanness ● **la avaricia rompe el saco** if you're too avaricious you'll end up with nothing ● **es feo con avaricia** he's really ugly.

avaricioso, -sa /aβari'θjoso -sa/ *adj* avaricious, mean.

avaro, -ra /a'βaro -ra/ **I** *adj* avaricious, mean. **II** *sm/f* miser.

avasallador, -dora /aβasaʎa'ðor -'ðora/ *adj* overwhelming.

avasallar /aβasa'ʎar/ [⇨ CANTAR] *vt* to tyrannize, to intimidate.

♦*vi*: **no lo aguanto, va por la vida avasallando** I can't stand him, he's always trampling on other people.

avatares /aβa'tares/ *sm pl* ups and downs *pl*, vicissitudes *pl*: **por avatares de la vida nunca regresó a su ciudad natal** what with one thing and another he never returned to his home town.

Avda. *pronounced* /aβe'niða/ (*abbreviation of* **Avenida**) Ave. (Avenue).

AVE /'aβe/ *sm* (*abbreviation of* **(tren de) alta velocidad español**) Spanish high-speed train.

ave /'aβe/ *sf* [takes ***el*** or ***un*** in singular] bird.

ave de corral *sf* domestic fowl.

ave de rapiña *sf* **1.** (*Zool*) bird of prey. **2.** (*fam*: *persona*) shark: **trabaja para dos socios que son verdaderas aves de rapiña** she works for two partners who are a real pair of sharks.

ave nocturna *sf* **1.** (*Zool*) nightjar, night hawk. **2.** (*fam*: *persona*): **es un ave nocturna** she's a real night owl * hawk.

ave rapaz *sf* bird of prey.

ave María /'aβe ma'ria/ *excl*: **¡ave María Purísima, que no le haya pasado nada!** goodness me! I hope nothing has happened to him.

avecinarse /aβeθi'narse/ [⇨ CANTAR] *v prnl* to approach, to come closer: **se avecinan tormentas** there are storms approaching.

avejentar /aβexen'tar/ [⇨ CANTAR] *vt* to age: **la enfermedad lo había avejentado mucho** the illness had aged him greatly.

avejentarse *v prnl* to age.

avellana /aβe'ʎana/ *sf* hazelnut.

avellano /aβe'ʎano/ *sm* hazel.

avemaría /aβema'ria/ *sf* [takes ***el*** or ***un*** in singular] Hail Mary.

avena /a'βena/ *sf* oats *pl*.

avenencia /aβe'nenθja/ *sf* agreement, compromise.

avenida /aβe'niða/ *sf* **1.** (*paseo*) avenue. **2.** (*de un río*) flood.

avenido, -da /aβe'niðo -ða/ *adj*: **es una familia muy bien avenida** they are a very united family; **están muy mal/bien avenidos** they don't get on/they get on very well with each other.

avenir /aβe'nir/ [⇨ venir] *vt* to reconcile: **el juez de paz avino a los contendientes** the justice of the peace reconciled the litigants.

avenirse *v prnl* **1.** (*entenderse*) to get on well: **no se avienen para nada** they don't get on well at all. **2.** (*acomodarse*) to be prepared: **se aviene *a* lo que le mandes hacer** he's prepared to do whatever you tell him; **su padre no se aviene *a* razones** his father won't listen to reason.

aventajado, -da /aβenta'xaðo -ða/ *adj* exceptional, outstanding.

aventajar /aβenta'xar/ [⇨ CANTAR] *vt* to be ahead of: **en matemáticas aventaja a todos los demás** she's ahead of everyone else in maths; **aventajaba al resto de competidores por diez puntos** he was ten points ahead of the other competitors.

aventar /aβen'tar/ [⇨ pensar] *vt* **1.** (*cereales*) to winnow. **2.** (*dispersar el viento*) to blow away.

aventón /aβen'ton/ *sm* (*Méx*) lift, ride.

aventura /aβen'tura/ *sf* **1.** (*gen*) adventure: **corrimos muchas aventuras** we had many adventures together. **2.** (*amorosa*) affair, fling.

aventurado, -da /aβentu'raðo -ða/ *adj* risky: **me parece un poco aventurado afirmar que...** I think that it would be going a little too far to state that....

aventurar /aβentu'rar/ [⇨ CANTAR] *vt* **1.** (*arriesgar*) to risk. **2.** (*exponer*) to venture, to offer: **aventuró una respuesta poco convincente** she ventured a rather unconvincing reply.

aventurarse *v prnl* to venture, to dare: **nos aventuramos *a* cruzar el río** we ventured to cross the river.

aventurero, -ra /aβentu'rero -ra/ **I** *adj* adventurous. **II** *sm/f* adventurer.

avergonzado, -da /aβerɣon'θaðo -ða/ *adj* ashamed, embarrassed: **deberías sentirte avergonzado** you ought to be ashamed.

avergonzar /aβerɣon'θar/ [⇨ forzar] *vt* **1.** (*dar vergüenza a*): **me avergüenza lo que he hecho** I'm ashamed at * of * by what I've done. **2.** (*hacer pasar vergüenza a*) to embarrass: **me avergonzó delante de mis amigos** he embarrassed me in front of my friends.

avergonzarse *v prnl* (*sentir vergüenza*) to be * feel ashamed: **se avergüenza *de* lo que ha hecho** she's ashamed of what she has done.

avergüenzo /aβer'ɣwenθo/ *and other forms with* ***avergüenz-*** ⇨ avergonzar

avería /aβe'ria/ *sf* **1.** (*de una máquina*) failure, fault: **ha habido una avería en la central eléctrica** there's been a fault at the power station. **2.** (*de un automóvil*) breakdown: **tuvieron una avería nada más salir** they had a breakdown just after setting out.

averiado, -da /aβe'rjaðo -ða/ *adj* (*máquina*) broken, out of order; (*automóvil*) broken-down.

averiar /aβe'rjar/ [⇨ ansiar] *vt* (*una máquina*) to damage; (*un automóvil*) to cause to break down: **le dejé el coche y me lo ha averiado** I lent him my car and thanks to him it's broken down.

averiarse *v prnl* to break down: **se ha averiado el aire acondicionado** the air conditioning has broken down.

averiguaciones /aβeriɣwa'θjones/ *sf pl* (*investigaciones*) investigations *pl*: **hicieron averiguaciones para descubrir dónde había estado** they carried out investigations to find out where he had been.

averiguar /aβeri'ɣwar/ [⇨ table: averiguar] *vt* to find out: **tendrás que averiguar qué pasó** you must find out what happened.

aversión /aβer'sjon/ *sf* aversion.

avestruz /aβes'truθ/ *sm [sometimes feminine]* [*pl* **avestruces**] ostrich.

avezado, -da /aβe'θaðo -ða/ *adj* experienced: **es un conductor avezado** he's an experienced driver.

aviación /aβja'θjon/ *sf* (*civil*) aviation; (*militar*) air force.

averiguar	
INDICATIVE	
Present	**Preterite**
averiguo	averigüé
averiguas	averiguaste
averigua	averiguó
averiguamos	averiguamos
averiguáis	averiguasteis
averiguan	averiguaron
SUBJUNCTIVE	
Present	
averigüe	averigüemos
averigües	averigüéis
averigüe	averigüen
IMPERATIVE	
(tú) averigua	(usted) averigüe
(vosotros) averiguad	(ustedes) averigüen
For the rest of the tenses ➪ CANTAR (in appendix)	

aviado, -da /a'βjaðo -ða/ *adj* prepared, ready • **estás aviado si piensas que vas a salirte con la tuya** you're sadly mistaken if you think you're going to get your own way • **¡estamos aviados! se ha estropeado el horno** now we're in trouble! the oven's broken.

aviador, -dora /aβja'ðor -'ðora/ *sm/f* (*civil*) pilot, aviator; (*militar*) (air force) pilot.

aviar /a'βjar/ [➪ansiar] *vt* (*fam*) **1.** (*un sitio*) to tidy up. **2.** (*a alguien*) to get ready: **todavía tengo que aviar a los niños** I still have to get the children ready.

aviarse *v prnl* (*fam*) to get ready.

avicultura /aβikul'tura/ *sf* poultry farming.

avidez /aβi'ðeθ/ *sf* (*afán: gen*) eagerness; (*: de comida, poder*) greed: **comía** *con* **avidez** she ate greedily.

ávido, -da /'aβiðo -ða/ *adj* avid, eager: **ávido** *de* **conocimientos, se pasaba horas y horas estudiando** eager to learn, he would study for hours on end.

aviejar /aβje'xar/ [➪CANTAR] *vt* ➪ avejentar

avinagrar /aβina'ɣrar/ [➪CANTAR] *vt* to turn sour.

avinagrarse *v prnl* **1.** (*vino*) to turn sour. **2.** (*persona*) to become bitter: **se le ha avinagrado el carácter desde que la despidieron** she's become very bitter since she lost her job.

avío /a'βio/ **I** *sm* **1.** (*acción*) tidying (up). **2.** (*servicio*) use, service: **este paraguas todavía me hace buen avío** this umbrella still does a good job.
II avíos *sm pl* (*fam*) equipment, kit: **pásame los avíos de coser** pass me my sewing kit.

avión /a'βjon/ *sm* plane, (*GB*) aeroplane, (*US*) airplane: **vamos a ir** *en* **avión** we are going to fly there; **¿a qué hora sale tu avión?** what time does your plane leave?

avión a reacción *sm* jet (plane).

avioneta /aβjo'neta/ *sf* light aircraft.

avisado, -da /aβi'saðo -ða/ *adj* **1.** (*advertido*) warned: **ya estaba avisado de lo que podía ocurrirle** he had already been warned about what might happen to him. **2.** (*espabilado*) shrewd, canny.

avisar /aβi'sar/ [➪CANTAR] *vt* **1.** (*llamar la atención*) to warn: **te aviso que así no vas a aprobar el examen** I'm warning you: you won't pass the exam if you carry on like this. **2.** (*anunciar*) to tell, to inform: **el portero avisó que iban a cortar el agua** the porter told us that the water was going to be cut off; **nos tiene que avisar con antelación** you must tell us in advance; **avísame cuando estés listo, por favor** let me know when you're ready, please. **3.** (*llamar*) to send for, to call for: **tuvimos que avisar al médico** we had to send for the doctor.

aviso /a'βiso/ *sm* **1.** (*advertencia*) warning: **se presentaron en casa sin previo aviso** they turned up unannounced at our house • **lo vi porque ya estaba sobre aviso** I saw it only because I was already on the lookout for it • **la pusimos sobre aviso** we warned ✻ told her about it. **2.** (*comunicación*) notice: **pusieron el aviso en el tablón de anuncios** they put the notice up on the notice board. **3.** (*Amér L: en publicidad*) advertisement.

avispa /a'βispa/ *sf* wasp.

avispado, -da /aβis'paðo -ða/ *adj* sharp, quick-witted.

avispero /aβis'pero/ *sm* **1.** (*enjambre*) swarm of wasps; (*nido*) wasps' nest. **2.** (*embrollo*) hornet's nest.

avistar /aβis'tar/ [➪CANTAR] *vt* to glimpse, to catch sight of.

avitaminosis /aβitami'nosis/ *sf inv* (*Med*) vitamin deficiency.

avituallamiento /aβitwaʎa'mjento/ *sm* providing with provisions.

avituallar /aβitwa'ʎar/ [➪CANTAR] *vt* to provide with food.

avivar /aβi'βar/ [➪CANTAR] *vt* **1.** (*echar leña a*) to stoke up; (*aventar*) to fan: **avivé las llamas con el periódico** I fanned the flames with the newspaper. **2.** (*acelerar*) to quicken: **avivaron la marcha** they quickened their pace; (*intensificar*) to intensify: **el calor de la hoguera le avivó los colores de la cara** the heat of the bonfire heightened her colour. **3.** (*estimular*) to stimulate: **avivó recuerdos de su infancia** it awoke ✻ revived memories of his childhood.

avivarse *v prnl* to liven up: **la reunión se avivó cuando llegaron** the meeting livened up when they arrived.

avizor /aβi'θor/ *adj* ➪ ojo

avutarda /aβu'tarða/ *sf* great bustard.

axial /ak'sjal/ *adj* axial.

axila /ak'sila/ *sf* armpit.

axioma /ak'sjoma/ *sm* axiom.

ay /ai/ **I** *excl* (*de preocupación, lamento*) oh: **¡ay, creía que lo había perdido!** oh, I thought I'd lost it!; **¡ay, qué desgraciado soy!** oh, poor me!; (*de dolor*) ow, ouch; (*de amenaza*) woe betide: **¡ay** *de* **ti como no lo acabes a tiempo!** woe betide you if you don't finish it on time!; (*al suspirar*) aah.
II *sm* [**ayes**] (*suspiro*) sigh • **ya estoy harto de tus ayes y quejas** I'm sick of all your complaining.

aya /'aja/ *sf* [takes ***el*** or ***un*** in singular] (*niñera*) nanny.

ayer /a'jer/ **I** *adv* **1.** (*el día anterior a hoy*) yesterday: **la vi ayer por la mañana/por la tarde** I saw her yesterday morning/afternoon. **2.** (*antiguamente*) formerly: **cosas que ayer eran inimaginables hoy están a la orden del día** things which were formerly unthinkable are now quite commonplace.
II *sm* past: **todo esto pertenece al ayer** this all belongs in the past.

ayo /'ajo/ *sm* private tutor.

ayuda /a'juða/ *sf* help, assistance: **lo logramos gracias a su ayuda** it was thanks to their help that we managed it; **para esto tendrás que prestarme tu**

ayuda you'll have to give me a hand with this; **nadie acudió** *en* **su ayuda** nobody came to their assistance.
ayuda de cámara *sm* valet.
ayuda económica *sf* (*a un negocio, a estudiantes*) financial help; (*a un país*) financial aid.
ayudante /aju'ðante/ *sm/f* (*gen*) assistant; (*Mil*) adjutant.
ayudar /aju'ðar/ [➪CANTAR] *vt* to help: **ayúdame** *a* **mover el armario** help me to move the wardrobe.
ayudarse *v prnl* to help onself: **trepó ayudándose** *con* **los pies** she scrambled up using her feet.
ayunar /aju'nar/ [➪CANTAR] *vi* to fast.
ayunas /a'junas/ **en ayunas** *loc adv*: **tengo que ir al hospital en ayunas** I mustn't eat before I go to the hospital; **no tomes estas pastillas en ayunas** don't take these tablets on an empty stomach • **la verdad es que me he quedado en ayunas** to be honest, I didn't understand a thing.
ayuno /a'juno/ *sm* (*acción de ayunar*) fasting: **en esa época celebran el mes de ayuno** during that time they fast for a month; **guardaban ayuno un día a la semana** they fasted one day a week.
ayuntamiento /ajunta'mjento/ *sm* **1.** (*institución*) town * city council. **2.** (*edificio*) (*GB*) town hall, (*US*) city hall.
azabache /aθa'βatʃe/ *sm* (*Geol*) jet: **tiene los ojos negros como el azabache** her eyes are jet-black.
azada /a'θaða/ *sf* hoe.
azadón /aθa'ðon/ *sm* (wide) hoe.
azafata /aθa'fata/ *sf* (*en un avión*) air hostess, (female) flight attendant; (*de congresos, ferias*) hostess; (*de un programa televisivo*) assistant.
azafrán /aθa'fran/ *sm* saffron.
azafrán de primavera *sm* crocus.
azahar /aθa'ar/ *sm* (*del naranjo*) orange blossom; (*del limonero*) lemon blossom.
azalea /aθa'lea/ *sf* azalea.
azar /a'θar/ *sm* **1.** (*suerte*) fate, chance: **el azar hizo que volviéramos a encontrarnos meses después** fate brought us back together months later; **encontramos el sitio** *por* **puro azar** we found the place by pure chance • **dije un número al azar y acerté** I said a number at random and got it right. **2.** (*frml*: *imprevisto, infortunio*) mishap, misfortune.
azarar /aθa'rar/ [➪CANTAR] *vt* ➪ azorar
azaroso, -sa /aθa'roso -sa/ *adj* (*lleno de percances*) eventful: **tuvo una vida muy azarosa** he had a very eventful life; (*peligroso*) hazardous, risky.
azogar /aθo'ɣar/ [➪pagar] *vt* to silver (*a mirror*).
azogue /a'θoɣe/ *sm* (*de un espejo*) mercury.
azor /a'θor/ *sm* goshawk.
azoramiento /aθora'mjento/ *sm* embarrassment.
azorar /aθo'rar/ [➪CANTAR] *vt* to embarrass.
azorarse *v prnl* to be * feel embarrassed.
azotador /aθota'ðor/ *sm* (*Méx*) caterpillar.
azotaina /aθo'taina/ *sf* spanking.
azotar /aθo'tar/ [➪CANTAR] *vt* **1.** (*con la mano*) to spank, to smack; (*con un látigo*) to whip. **2.** (*enfermedad, hambre*) to grip. **3.** (*elementos*) to lash, to buffet: **una serie de tormentas azotó la costa** the coast was lashed by a series of storms.
azote /a'θote/ *sm* **1.** (*con la mano*) smack, slap; (*con un látigo*) lash. **2.** (*desgracia*) scourge: **la sequía es el azote del país** drought is the bane of this country.
azotea /aθo'tea/ *sf* **1.** (*tejado llano*) flat roof. **2.** (*fam*: *cabeza*) head • **este tío anda * está mal de la azotea** this guy is crazy.
azteca /aθ'teka/ *adj, sm/f* Aztec.
azúcar /a'θukar/ *sm* * *sf* *[sometimes used with the masculine article and the feminine form of the adjective]* sugar: **nos queda muy poca * poco azúcar** we've got very little sugar left; **el azúcar está barato * barata** sugar is cheap.
azúcar blanco *sm* white * refined sugar.
azúcar blanquilla *sm* * *sf* white * refined sugar.
azúcar de caña *sm* cane sugar.
azúcar extrafino *sm* caster sugar.
azúcar glas *sm* icing sugar.
azúcar glaseado *sm* icing.
azúcar lustre *sm* caster sugar.
azúcar morena *sf*, **azúcar moreno** *sm* brown sugar.
azucarar /aθuka'rar/ [➪CANTAR] *vt* to sugar, to add sugar to.
azucarera /aθuka'rera/ *sf* sugar refinery.
azucarero, -ra /aθuka'rero -ra/ **I** *adj* sugar: **la remolacha es una planta azucarera** beet is a sugar-yielding plant.
II azucarero *sm* sugar bowl.
azucarillo /aθuka'riʎo/ *sm* sugar lump.
azucena /aθu'θena/ *sf* white * Madonna lily.
azufre /a'θufre/ *sm* (*GB*) sulphur, (*US*) sulfur.
azul /a'θul/ *adj, sm* blue.
azul celeste, **azul cielo** *sm, adj inv* azure, sky blue.
azul marino *sm, adj inv* navy blue.
azul turquesa *sm, adj inv* turquoise.
azulado, -da /aθu'laðo -ða/ *adj* bluish.
azulejo /aθu'lexo/ *sm* **1.** (*baldosa*) glazed tile. **2.** (*pájaro*) bluebird.
azulón, -lona /aθu'lon -'lona/ **I** *adj* royal blue.
II azulón *sm* royal blue.
azuzar /aθu'θar/ [➪cazar] *vt* **1.** (*a perros*): **azuzó a los perros para que nos atacaran** he set the dogs on us. **2.** (*a personas*) to egg on.

B

B, b /be/ *sf* (*letra*) B, b.

baba /ˈbaβa/ *sf* **1.** (*de persona*) spittle; (*de bebé*) dribble, drool • **se le cae la baba con su nieta** he dotes on his granddaughter • **el vecino de arriba tiene muy mala baba** our upstairs neighbour is just downright nasty. **2.** (*de babosa, caracol*) slime; (*de perro*) drool, slobber.

babear /baβeˈar/ [⇨ CANTAR] *vi* (*niño*) to dribble; (*perro*) to slobber.

babero /baˈβero/ *sm* bib.

babi /ˈbaβi/ *sm* (*fam*) smock, child's overall.

Babia /ˈbaβja/ *sf* • **¡despierta, que estás en Babia!** wake up, you're miles away!

bable /ˈbaβle/ *sm*: *dialect spoken in Asturias.*

babor /baˈβor/ *sm* port: **¡virar** *a* **babor!** turn to port!

babosa /baˈβosa/ *sf* slug.

babosear /baβoseˈar/ [⇨ CANTAR] *vt* to slobber over.

baboso, -sa /baˈβoso -sa/ **I** *adj* **1.** (*niño*) dribbly: **es una niña muy babosa** she dribbles all the time. **2.** (*Amér L*: *tonto*) silly, foolish.
II *sm/f* (*Amér L*) idiot, fool.

babucha /baˈβutʃa/ *sf* slipper.

babuino /baˈβwino/ *sm* baboon.

baca /ˈbaka/ *sf* roof ∗ luggage rack.

bacalao /bakaˈlao/ *sm* cod *n inv* • **en esa familia quien corta el bacalao es la madre** the mother is the one who gives the orders in that family • **¡te conozco, bacalao!** I know what your little game is!

bacanal /bakaˈnal/ *sf* (*fig*) orgy.

bache /ˈbatʃe/ *sm* **1.** (*en un camino*) pothole: **el coche iba dando tumbos con tanto bache** the car went jolting along from pothole to pothole. **2.** (*en el aire*) air pocket. **3.** (*mal momento*) bad patch: **el equipo está atravesando un bache** the team is going through a bad patch; **el bache económico ha hecho perder su empleo a mucha gente** the (current) bad economic situation has led to many people losing their jobs.

bachicha /baˈtʃitʃa/ **I** *sm/f* (*Arg, Chi, Urug*: *!!*) Italian immigrant.
II *sf* (*Méx*: *colilla*) (cigarette) butt, cigarette end.
III bachichas *sf pl* (*Méx*: *residuos*) dregs *pl*.

bachiller /batʃiˈʎer/ **I** *sm/f*: *person who has obtained the* ⇨ bachillerato
II *sm* (*fam*) ⇨ bachillerato

bachillerato /batʃiʎeˈrato/ *sm*: *certificate of secondary education.*

bacilo /baˈθilo/ *sm* bacillus.

bacín /baˈθin/ *sm* chamberpot.

bacon /ˈbeɪkon/ *sm* bacon.

bacteria /bakˈterja/ *sf* bacterium (*pl* bacteria).

bacteriológico, -ca /bakterjoˈloxiko -ka/ *adj* bacteriological.

báculo /ˈbakulo/ *sm* **1.** (*de obispo*) crosier, crozier. **2.** (*apoyo*) comfort and support: **su hija fue el báculo de su vejez** his daughter was his comfort and support in his old age.

badajo /baˈðaxo/ *sm* clapper.

badajocense /baðaxoˈθense/, **badajoceño, -ña** /baðaxoˈθeɲo -ɲa/ **I** *adj* of ∗ from Badajoz.
II *sm/f* native ∗ inhabitant of Badajoz.

badana /baˈðana/ *sf* sheepskin • **como te portes mal te voy a zurrar la badana** you'd better behave yourself or I'll give you a good hiding.

badén /baˈðen/ *sm* **1.** (*en el terreno*) gully. **2.** (*para encauzar agua*) ford (*for flash floods*).

bádminton /ˈbaðminton/ *sm* badminton.

bafle /ˈbafle/ *sm* loudspeaker, speaker.

bagaje /baˈɣaxe/ *sm* • **tiene un gran bagaje cultural** he has a wealth of (knowledge and) experience.

bagatela /baɣaˈtela/ *sf* **1.** (*cosa de poco valor*) *item of little value*: **se gastó todo el dinero en bagatelas** she spent all the money on things of little value; **le regalaron una bagatela** they gave him a little something as a present. **2.** (*asunto sin importancia*) minor matter: **ésas son puras bagatelas** those are minor matters.

bah /ba/ *excl* bah: **¡bah! no me lo creo** bah! I don't believe that.

bahía /baˈia/ *sf* bay.

bailaor, -ora /bailaˈor -ˈora/ *sm/f* flamenco dancer.

bailar /baiˈlar/ [⇨ CANTAR] *vt* to dance: **baila flamenco de maravilla** she dances flamenco very well.
♦ *vi* **1.** (*danzar*) to dance: **todos los sábados por la noche van a bailar** every Saturday evening they go dancing • **pobre, siempre le toca bailar con la más fea** poor guy, he always seems to get the worst of it • **ésa es otra que tal baila** she's just as bad (*as someone else*) • **que me quiten lo bailado** whatever happens now I've done what I wanted to • **baila al son que le tocan** he does exactly what he's told to do. **2.** (*mesa, silla*) to wobble: **no cuelgues nada ahí porque ese clavo está bailando** don't hang anything there because that nail is loose ∗ wobbly. **3.** (*prenda*) to be too big: **la ropa de su hermano le baila** his brother's clothes are too big for him. **4.** (*letra, número*): **le bailaron los números y me dio el teléfono equivocado** he got the numbers mixed ∗ muddled up and gave me the wrong phone number.

bailarín, -rina /bailaˈrin -ˈrina/ **I** *adj*: *who is good at* ∗ *likes dancing*: **ha salido muy bailarín** he's turned out to be a very good dancer.
II *sm/f* dancer.

baile /ˈbaile/ *sm* **1.** (*actividad*) dancing: **el baile no se le da muy bien** she's not very good at dancing ∗ not a very good dancer. **2.** (*estilo*) dance: **es un baile mexicano** it's a Mexican dance; **me gusta más el baile tradicional** I prefer traditional dance. **3.** (*fiesta*) dance; (*de etiqueta*) ball.

baile de disfraces *sm* fancy-dress ball.

baile de San Vito *sm* St Vitus's dance.

bailón, -lona /baiˈlon -ˈlona/ *adj*: *fond of dancing*: **mi**

prima es muy bailona my cousin loves dancing ✻ is very fond of dancing.

bailotear /bailote'ar/ [➪CANTAR] *vi* (*fam*) to dance about.

baja /'baxa/ *sf* **1.** (*descenso*) fall, drop: **este mes ha habido una baja en el precio del petróleo** there has been a fall in the price of oil this month; **el gráfico muestra una tendencia a la baja** the graph shows a downward trend ● **jugó a la baja** he made investments, expecting a fall in prices. **2.** (*retirada: de un trabajo*): **ha causado baja** *por* **jubilación** he has retired; (*: de una asociación*): **me di** *de* **baja en el club** I resigned from the club. **3.** (*despido*): **dieron** *de* **baja al gerente** they dismissed ✻ fired the manager; (*expulsión*): **como no pagaba las cuotas, me dieron** *de* **baja** as I was not paying my dues, my membership was cancelled. **4.** (*parte médico*) sickness certificate: **¿ha traído usted la baja?** have you brought your sickness certificate ✻ sick note?; (*ausencia por enfermedad*): **Ignacio ha estado** *de* **baja una semana** Ignacio has been off sick for a week; **estoy cubriendo una baja por maternidad** I'm doing the job of someone who is on maternity leave. **5.** (*en combate*) casualty: **sufrimos numerosas bajas** we suffered many casualties.

bajada /ba'xaða/ *sf* **1.** (*caída, descenso*) drop, fall: **se ha producido una bajada de las temperaturas** there has been a drop in temperature, temperatures have fallen. **2.** (*camino hacia abajo*): **me lo contó todo durante la bajada** she told me everything on the way down; **la bajada es peor que la subida** the descent is worse than the ascent.

bajada de bandera *sf* (*en un taxi*) minimum fare.

bajamar /baxa'mar/ *sf* low tide.

bajar /ba'xar/ [➪CANTAR] *vi* **1.** (*ir: si el hablante está arriba*) to go down: **bajaron antes que nosotros** they went down ahead of us; **ahora mismo bajo** I'll be right down; (*: si el hablante está abajo*) to come down: **estamos esperando a que bajen** we're waiting for them to come down. **2.** (*marea*) to ebb. **3.** (*temperatura: gen*) to go down, to fall: **parece que está bajando la temperatura** the temperature seems to be going down ✻ falling; **le ha bajado la fiebre** her temperature has gone down; (*: repentinamente*) to drop; (*precios: gen*) to come down: **el precio de los ordenadores ha bajado** the price of computers has come down; (*: repentinamente*) to fall. **4.** (*de un coche*) to get out: **bajó** *del* **coche con dificultad** he got out of the car with difficulty; (*de un autobús, un tren*) to get off: **todos bajaron** *del* **tren** everyone got off the train. **5.** (*de categoría*) to go down: **el equipo bajó a la tercera división** the team went down ✻ was relegated to the third division.

♦*vt* **1.** (*una cuesta, las escaleras: si el hablante está abajo*) to come down; (*: si el hablante está arriba*) to go down: **bajó las escaleras corriendo y entró en mi despacho** she ran down the stairs and came into my office. **2.** (*llevar abajo*) to take down: **baja la basura** take the rubbish down; (*traer abajo*) to bring down: **bájame las gafas** bring my glasses down; **bajé las maletas** *del* **desván** I got ✻ brought the cases down from the attic. **3.** (*mover hacia abajo*) to lower: **bajó la cabeza y siguió leyendo el periódico** he lowered his head and went on reading the paper; **baja la persiana, por favor** could you lower the blind ✻ let the blind down, please. **4.** (*hacer descender: los precios, la temperatura, etc.*) to lower: **han bajado los precios de todos sus productos** they've lowered the prices of all their products; (*: el volumen, la radio, etc.*) to turn down; (*: la voz*) to lower: **bajó la voz para que no lo oyera su hermano** she lowered her voice so that her brother wouldn't hear; **baja un poco la voz, por favor** could you keep your voice down, please?

bajarse *v prnl* **1.** (*descender*) to get down: **¡me quiero bajar** *de* **aquí!** I want to get down!; **¡bájate** *de* **allí!** come down from there!; **se bajó** *de* **la bicicleta** she got off her bike. **2.** (*salir: de un coche*) to get out; (*: de un autobús, un tren*) to get off: **me bajo en la próxima parada** I'm getting off at the next stop. **3.** (*los pantalones*) to drop: **se bajó la cremallera** she undid her zip.

bajel /ba'xel/ *sm* (*frml*) vessel.

bajeza /ba'xeθa/ *sf* mean thing to do: **avergonzarlo delante de todos fue una bajeza** embarrassing him in front of everyone was a very mean thing to do.

bajinis /ba'xinis/ **por lo bajinis** *loc adv* (*fam*) quietly: **se lo contó por lo bajinis** he told her on the quiet.

bajío /ba'xio/ *sm* **1.** (*en el mar, un río*) shallows *pl*. **2.** (*Amér L: tierras bajas*) low-lying land.

bajista /ba'xista/ *sm/f* **1.** (*Mús*) bass player. **2.** (*Fin*) bear.

bajo, -ja /'baxo -xa/ **I** *adj* **1.** (*persona, escalera*) short, small: **es un poco bajo para su edad** he is a bit short for his age; **la escalera es demasiado baja** the ladder is too short; **se sentaron en un banco bajo** they sat down on a low bench. **2.** (*cantidad, situación*) low: **es un alimento bajo** *en* **calorías** it is a low-calorie food; **está muy bajo de moral** he's very down at the moment; **lo compró** *a* **bajo precio** he bought it cheaply; **ha sacado unas notas muy bajas** she got very low marks ✻ grades; **es temporada baja** it's the low season; **hay nubes bajas sobre el valle** there are low clouds over the valley; **entró con la cabeza baja** she came in, head bowed. **3.** (*voz, sonido*) low, soft: **me lo dijo en voz baja** she told (it to) me in a low voice ● **andaba cotilleando por lo bajo** she was going around spreading gossip. **4.** (*Mús*) bass. **5.** (*nivel*) low, lower: **las clases bajas** the lower classes; **el Bajo Nilo** the Lower Nile; **la Baja Edad Media** the Late Middle Ages; **eso es lo más bajo a lo que se puede caer** one couldn't sink any lower than that; **sólo venden productos de baja calidad** they only sell low-grade products. **6.** (*forma de actuar*) contemptible: **su comportamiento fue bajo y ruin** her behaviour was contemptible and mean.

II bajo *sm* **1.** (*also* **bajos** *sm pl*) (*de un edificio*) (*GB*) ground floor, (*US*) first floor: **en el bajo ✻ los bajos del edificio hay una zapatería** there is a shoeshop on the ground floor. **2.** (*de una prenda*) hem: **se te ha descosido el bajo de la falda** the hem of your skirt has come unstitched ✻ undone. **3.** (*instrumento, voz*) bass; (*músico*) bass player.

III bajos *sm pl* lower part, the underneath: **los bajos del coche están sucios** the underneath of the car is dirty.

IV bajo *adv* **1.** (*de altura*) low: **está demasiado bajo** it is too low. **2.** (*referido a un sonido*) softly, quietly: **habla más bajo** keep your voice down.

V bajo *prep* under: **nos refugiamos bajo el puente** we took shelter under the bridge; **caminaban bajo la lluvia** they were walking along in the rain; **bajo la dinastía de los Borbones...** under the Bourbon dynasty... ● **aceptó dinero bajo cuerda ✻ mano** he accepted a secret payment.

bajo cero *loc adv* below zero.

bajo fianza *adv* on bail.

bajos fondos *sm pl* the underworld.

bajón /ba'xon/ *sm* sharp drop: **se produjo un bajón de**

las temperaturas there was a sharp drop in temperature; **este trimestre ha pegado un bajón en los estudios** he has fallen way behind in his work this term; **tras la muerte de su mujer dio un enorme bajón** he went into a (physical and mental) decline after his wife's death.

bajorrelieve /baxorreˈljeβe/ *sm* bas-relief.

bala /ˈbala/ *sf* **1.** (*proyectil*) bullet • **salió como una bala** he rushed out. **2.** (*paquete*) bale. **3.** (*Amér L*: *Dep, en lanzamiento*) shot.

bala perdida I *sf* (*disparo*) stray bullet.
II *sm* (*fam*: *libertino*) waster.

balacera /balaˈθera/ *sf* (*Amér L*) shoot-out, shooting.

balada /baˈlaða/ *sf* ballad.

baladí /balaˈði/ *adj* [**baladíes** ✻ **baladís**] trivial, minor: **no voy a discutir por un asunto tan baladí** I am not going to argue over such a trivial ✻ minor matter.

balance /baˈlanθe/ *sm* **1.** (*Fin*: *activo y pasivo*) balance sheet; (*: resultado*) balance. **2.** (*de víctimas*) total number. **3.** (*valoración*) review: **el último día de clase hicimos balance del trimestre** on the last day we reviewed the whole term's work.

balancear /balanθeˈar/ [➪ CANTAR] *vt* to rock: **al niño hay que balancearlo un poco para que se duerma** you have to rock the baby for a while before he'll go to sleep.

balancearse *v prnl* to move to and fro: **la barca se balanceaba mucho con las olas** the boat was rolling to and fro on the waves.

balancín /balanˈθin/ *sm* **1.** (*asiento*) rocking chair; (*con toldo*) (covered) swinging seat. **2.** (*columpio*) seesaw. **3.** (*de acróbata*) balancing pole.

balandra /baˈlandra/ *sf* (single-masted) yacht.

balandro /baˈlandro/ *sm* (small single-masted) yacht.

balanza /baˈlanθa/ *sf* scales *pl*, balance • **al final la balanza se inclinó a su favor** in the end the scale(s) tipped in his favour.

balanza comercial *sf* balance of trade.

balanza de pagos *sf* balance of payments.

balanza romana *sf* portable balance.

balar /baˈlar/ [➪ CANTAR] *vi* to bleat.

balasto /baˈlasto/ *sm* (*para ferrocarriles*) ballast.

balaustrada /balausˈtraða/ *sf* balustrade.

balazo /baˈlaθo/ *sm* **1.** (*tiro*) shot: **le pegaron un balazo en la pierna** he was shot in the leg. **2.** (*herida*) bullet wound.

balboa /balˈβoa/ *sm* balboa (*national currency of Panama*).

balbucear /balβuθeˈar/ [➪ CANTAR] *vt/i* **1.** (*niño*) to babble. **2.** (*persona nerviosa*) to gabble: **balbuceó unas palabras que no se entendían** he gabbled a few words incomprehensibly.

balbuceo /balβuˈθeo/ *sm* **1.** (*de un niño*) babbling. **2.** (*de una persona nerviosa*) gabbling.

balbucir /balβuˈθir/ [➪ PARTIR] *vt/i* ➪ balbucear

Balcanes /balˈkanes/ *sm pl*: **los Balcanes** the Balkans *pl*.

balcánico, -ca /balˈkaniko -ka/ *adj* Balkan.

balcón /balˈkon/ *sm* balcony: **se asomó al balcón para ver lo que sucedía** she leaned ✻ looked over the balcony to see what was happening.

balconada /balkoˈnaða/ *sf* row of balconies.

balda /ˈbalda/ *sf* shelf.

baldado, -da /balˈdaðo -ða/ *adj* (*fam*) **1.** (*dolorido*) bruised (and battered), badly beaten: **le dieron tal paliza que le dejaron baldado** they beat him up so badly he couldn't move. **2.** (*agotado*) worn out: **llegó a casa baldada después de la clase de aerobic** she was worn out when she got home after the aerobics class.

balde /ˈbalde/ *sm* bucket • **me temo que has hecho un esfuerzo en balde** I'm afraid all your effort has been in vain ✻ for nothing • **mucha gente entró al partido de balde** a lot of people got into the match without paying.

baldío, -día /balˈdio -ˈdia/ **I** *adj* **1.** (*terreno*) uncultivated. **2.** (*inútil*) useless: **el esfuerzo no resultó del todo baldío** the effort wasn't entirely useless ✻ wasted.
II baldío *sm* **1.** (*yermo*) barren land; (*terreno sin cultivar*) uncultivated land. **2.** (*Arg, Urug*: *solar*) building site.

baldosa /balˈdosa/ *sf* (*en casa*) floor tile; (*en la calle*) paving stone.

baldosín /baldoˈsin/ *sm* small wall tile.

balear /baleˈar/ **I** *adj* Balearic.
II *sm/f* native ✻ inhabitant of the Balearic Islands.
III [➪ CANTAR] *vt* (*Amér L*) to shoot at.

Baleares /baleˈares/ *sf pl*: **las (islas) Baleares** the Balearic Islands *pl*, the Balearics *pl*.

balido /baˈliðo/ *sm* (*uno*) bleat; (*continuado*) bleating.

balín /baˈlin/ *sm* (*bala de poco calibre*) (small calibre) bullet; (*de un arma de aire comprimido*) pellet.

balística /baˈlistika/ *sf* ballistics [lleva el verbo en singular].

baliza /baˈliθa/ *sf* **1.** (*para aviones*) beacon (*for lighting the runway*). **2.** (*para barcos*) buoy.

ballena /baˈʎena/ *sf* **1.** (*Zool*) whale • **se ha puesto como una ballena** he has put on a lot of weight. **2.** (*de lencería*) whalebone.

ballenato /baʎeˈnato/ *sm* whale calf (*pl* whale calves).

ballenero, -ra /baʎeˈnero -ra/ **I** *adj* whaling: **la industria ballenera** the whaling industry.
II ballenero *sm* **1.** (*barco*) whaler, whaling ship. **2.** (*persona*) whaler.

ballesta /baˈʎesta/ *sf* **1.** (*arma*) crossbow. **2.** (*resorte*) spring.

ballet /baˈle/ *sm* ballet.

balneario /balneˈarjo/ *sm* spa.

balompié /balomˈpje/ *sm* football.

balón /baˈlon/ *sm* (*pelota*) football.

balón de oxígeno *sm* **1.** (*Med*) oxygen cylinder. **2.** (*ayuda*) lifeline.

baloncesto /balonˈθesto/ *sm* basketball.

balonmano /balonˈmano/ *sm* handball.

balonvolea /balomβoˈlea/ *sm* volleyball.

balsa /ˈbalsa/ *sf* **1.** (*embarcación*) raft. **2.** (*charca*) pond • **el mar estaba como una balsa de aceite** the sea was as calm as a millpond • **la reunión fue una balsa de aceite** the meeting was quiet and uneventful.

balsámico, -ca /balˈsamiko -ka/ *adj* soothing.

bálsamo /ˈbalsamo/ *sm* **1.** (*Med*) balsam. **2.** (*alivio*) comfort: **su apoyo fue un bálsamo para mí** I took great comfort from her support.

Báltico /ˈbaltiko/ *sm*: **el (mar) Báltico** the Baltic (Sea).

baluarte /baˈlwarte/ *sm* **1.** (*Mil*) bastion. **2.** (*defensa*): **es un baluarte de las virtudes tradicionales** he is a staunch defender of traditional values; **la provincia fue un baluarte del republicanismo** the province was a stronghold of Republicanism.

bamba /ˈbamba/ *sf* (*Mús*) *Latin American dance and music.*

bambalina /bambaˈlina/ *sf* (*en el teatro*) *painted scenery on stage.*

bambolearse /bamboleˈarse/ [➪ CANTAR] *v prnl* **1.** (*al *andar, mecido por el viento)* to swing; *(embarcación)* to roll. **2.** *(mueble)* to wobble.

bambú /bam'bu/ *sm* [**bambúes** ✻ **bambús**] bamboo.

banal /ba'nal/ *adj* lacking substance, banal: **hizo un comentario tan banal que lo ignoré** he made such a banal remark that I ignored it.

banana /ba'nana/ *sf* *(planta)* banana tree; *(fruto)* banana.

bananero, -ra /bana'nero -ra/ **I** *adj* banana: **una plantación bananera** a banana plantation.
II bananero *sm* *(árbol)* banana tree.

banano /ba'nano/ *sm* ⇨ banana

banasta /ba'nasta/ *sf* large basket.

banca /'baŋka/ *sf* **1.** *(banco)* bank: **Banca Rius** (the) Rius Bank. **2.** *(bancos en conjunto)* (the) banks *pl*: **la banca ha manifestado su apoyo al gobierno** the banks have declared their support for the government; **se ha convocado una huelga en el sector de la banca** a bank strike has been called; **los empleados de banca tienen muy buen horario de trabajo** bank employees have very good working hours. **3.** *(en un casino)* bank • **hizo saltar la banca** he broke the bank. **4.** *(Arg, Urug: Pol)* seat.

bancada /baŋ'kaða/ *sf* *(Arg, Urug: Pol)* *the seats of deputies of the same party.*

bancal /baŋ'kal/ *sm* *(Agr)* terrace *(on hillside)*.

bancario, -ria /baŋ'karjo -rja/ *adj* bank: **un préstamo bancario** a bank loan.

bancarrota /baŋka'rrota/ *sf* bankruptcy: **como sigas así, llevarás a la compañía a la bancarrota** if you carry on like this, you'll bankrupt ✻ ruin the company.

banco /'baŋko/ *sm* **1.** *(Fin)* bank: **ingresó el dinero en el banco** she deposited the money in the bank ✻ paid the money into the bank; **el Banco Mundial** the World Bank. **2.** *(Med: de órganos, semen, etc.)* bank. **3.** *(en un parque)* bench; *(en una iglesia)* pew; *(en un taller)* workbench. **4.** *(en el mar, un río)* sandbank, shoal. **5.** *(de peces)* shoal.
banco de arena *sm* sandbank.
banco de crédito *sm* credit bank.
banco de datos *sm* data bank.
banco de pruebas *sm* test-bed.
banco de sangre *sm* blood bank.

banda /'banda/ *sf* **1.** *(cinta)* sash: **le impusieron la banda del colegio** he was awarded the school sash; *(para transportar)* conveyor belt. **2.** *(raya ancha)* stripe, band: **la camiseta lleva una banda horizontal roja** the shirt has a horizontal red stripe. **3.** *(parte lateral)* side: **está en la banda derecha del río** it is on the right bank of the river • **se cerró en banda y no hizo caso de nuestros consejos** he dug his heels in and ignored our advice • **¡cuando le coja por banda se va a enterar!** just wait till I get my hands on him! **4.** *(en fútbol)* touchline; *(en billar)* cushion. **5.** *(grupo: de criminales)* gang: **la policía detuvo al jefe de la banda** the police arrested the gangleader; *(: de músicos)* band: **toca en una banda de rock** she plays in a rock band; *(: de aves)* flock.
banda de frecuencia *sf* frequency band.
banda sonora *sf* soundtrack.

bandada /ban'daða/ *sf* *(de aves)* flock.

bandazo /ban'daθo/ *sm* lurch: **salió del bar dando bandazos** he lurched out of the bar.

bandeja /ban'dexa/ *sf* tray • **se lo pusieron en bandeja** they handed it to him on a plate.

bandera /ban'dera/ *sf* flag: **juró bandera** he swore allegiance to the flag; *(de un regimento)* colours *pl* • **nos preparó una comida de bandera** he cooked an excellent meal for us • **el estadio estaba lleno hasta la bandera** the stadium was packed to overflowing.
bandera blanca *sf* white flag.
bandera negra *sf* pirate flag.

banderilla /bande'riʎa/ *sf* **1.** *(Tauro)* banderilla *(short decorated lance placed in the bull's neck)*. **2.** *(Culin: en España) appetizer of olive, onion, gherkin, etc., on a cocktail stick.*

banderillero /banderi'ʎero/ *sm* *(Tauro)* banderillero *(bullfighter who uses a* **banderilla***)* ⇨ banderilla **1**

banderín /bande'rin/ *sm* **1.** *(bandera triangular)* pennant. **2.** *(soldado guía)* scout.

bandido, -da /ban'diðo -ða/ *sm/f* **1.** *(delincuente)* bandit. **2.** *(fam: granuja)* crook: **el muy bandido ha intentado timarme otra vez** that crook has tried to cheat me again.

bando /'bando/ *sm* **1.** *(Pol: grupo de personas)* faction: **luchó en el bando perdedor** he fought on ✻ was on the losing side. **2.** *(edicto)* proclamation, edict.

bandolera /bando'lera/ *sf* *(correa)* Sam Brown belt • **llevaba el bolso en bandolera** he carried ✻ had the bag slung across his chest.

bandolerismo /bandole'rizmo/ *sm* banditry.

bandolero, -ra /bando'lero -ra/ *sm/f* bandit.

bandurria /ban'durrja/ *sf*: *small, lute-like instrument with twelve strings.*

banjo /'baŋxo/ *sm* banjo.

banquero, -ra /baŋ'kero -ra/ *sm/f* banker.

banqueta /baŋ'keta/ *sf* **1.** *(para sentarse)* stool; *(para los pies)* footstool. **2.** *(Méx: acera)* *(GB)* pavement, *(US)* sidewalk.

banquete /baŋ'kete/ *sm* banquet: **nos dimos un gran banquete para celebrar la victoria** we celebrated the win with a huge dinner.
banquete de boda *sm* wedding breakfast.

banquillo /baŋ'kiʎo/ *sm* **1.** *(Jur)* dock: **todas las miradas se dirigían al banquillo de los acusados** all eyes were on the prisoner(s) in the dock. **2.** *(Dep)* (substitutes') bench.

banquisa /baŋ'kisa/ *sf* ice field.

bañadera /baɲa'ðera/ *sf* *(Arg, Urug)* *(GB)* bath, *(US)* bathtub.

bañador /baɲa'ðor/ *sm* *(gen)* swimsuit; *(de hombre)* swimming trunks *pl*; *(de mujer)* swimming costume.

bañar /ba'ɲar/ [⇨ CANTAR] *vt* **1.** *(a un niño, un enfermo)* to bath: **tengo que bañar al niño** I've got to bath the baby ✻ give the baby a bath. **2.** *(comida)* to cover: **bañó los bizcochos** *en* **miel** he covered the cakes in honey. **3.** *(un objeto)* to coat: **compró una sortija bañada** *en* **oro** she bought a gold-plated ✻ gilt ring. **4.** *(frml: tocar, iluminar)* to bathe: **el Mediterráneo baña la costa valenciana** the Valencian coast is bathed by the Mediterranean sea.
bañarse *v prnl* **1.** *(en una bañera)* to have ✻ take a bath; *(Amér L: ducharse)* to have a shower. **2.** *(en el mar, en una piscina)* to go swimming, to have a swim: **¡vamos a bañarnos!** let's have a swim!; **prohibido bañarse** *en* **el lago** no bathing ✻ swimming in the lake.

bañera /ba'ɲera/ *sf* *(GB)* bath, *(US)* bathtub.

bañista /ba'ɲista/ *sm/f* **1.** *(en una piscina)* swimmer; *(en el mar)* bather. **2.** *(socorrista)* lifeguard.

baño /'baɲo/ **I** *sm* **1.** *(en una bañera)* bath: **me di un baño** I had ✻ took a bath. **2.** *(en una piscina, en el mar)* swim: **se fue a dar un baño** she went for a swim • **el**

equipo rival nos dio un buen baño the other team thrashed us. **3.** (*habitación*) bathroom: **una casa con dos baños** a house with two bathrooms; **¿dónde están los baños, por favor?** where are the toilets, please? **4.** (*bañera*) (*GB*) bath, (*US*) bathtub. **5.** (*capa fina: de azúcar*) coating: **el pastel tiene un baño de chocolate** the cake is coated in chocolate; (*: de metal*) plating: **un baño de plata** a plating of silver.
II baños *sm pl* spa.
baño de sangre *sm* bloodbath.
baño María *sm* (*gen*) bain marie, double boiler: **calentar la salsa** *al* **baño María** heat up the sauce in a bain marie * double boiler.
baños de vapor *sm pl* steam baths *pl*.
baquelita /bake'lita/ *sf* Bakelite.
bar /bar/ *sm* bar.
barahúnda /bara'unda/ *sf* din: **se armó una gran barahúnda** there was a terrible din.
baraja /ba'raxa/ *sf* **1.** (*de naipes*) deck * pack of cards • **siempre juega con dos barajas** he's always playing a double game. **2.** (*conjunto*) range, variety.
barajar /bara'xar/ [➪ CANTAR] *vt* **1.** (*naipes*) to shuffle. **2.** (*considerar*) to consider: **barajé las distintas posibilidades y decidí irme** after considering all the options I decided to leave. **3.** (*usar*): **siempre baraja muchos datos en sus clases** he always makes use of a lot of data in his lectures. **4.** (*Arg, Chi, Urug*: *atajar*) to catch.
baranda /ba'randa/ *sf* (*en una terraza, un balcón*) handrail; (*en una escalera*) handrail, banister.
barandal /baran'dal/ *sm* **1.** (*en una terraza, un balcón*) handrail; (*en una escalera*) handrail, banister. **2.** (*listón*) banister support.
barandilla /baran'diʎa/ *sf* (*en una terraza, un balcón*) handrail; (*en una escalera*) banister.
baratija /bara'tixa/ *sf* trinket: **lo compré en un puesto de baratijas** I bought it at a stall where they were selling trinkets * knick-knacks.
baratillo /bara'tiʎo/ *sm* **1.** (*conjunto de objetos*) cheap goods *pl*. **2.** (*puesto*) junk stall; (*tienda*) junk shop; (*lugar fijo*) flea market.
barato, -ta /ba'rato -ta/ **I** *adj* cheap, inexpensive: **en esta temporada las naranjas están baratas** oranges are cheap at this time of year.
II barato *adv* cheaply, cheap: **lo conseguí muy barato** I got it very cheaply; **este supermercado vende barato** this is a cheap * an inexpensive supermarket.
baraúnda /bara'unda/ *sf* ➪ barahúnda
barba /'barβa/ *sf* **1.** (*pelo*) beard: **se está dejando barba** he's growing a beard • **tocamos a mil pesetas por barba** it's one thousand pesetas each * a head • **su hija se le sube a las barbas** his daughter doesn't have the slightest respect for him • **lo hicieron en sus propias barbas** they did it right under his nose • **se burló del director en sus propias barbas** he laughed in the headmaster's face • (*Méx*) **sólo te está haciendo la barba** she's just buttering you up. **2.** (*de aves*) wattle.
barbacoa /barβa'koa/ *sf* barbecue.
barbaridad /barβari'ðað/ *sf* **1.** (*acto*) atrocity: **durante su reinado se cometieron muchas barbaridades** during their reign many atrocities * acts of cruelty were committed • **¿cien mil pesetas? ¡qué barbaridad!** a hundred thousand pesetas? that's outrageous! **2.** (*afirmación tonta*) piece of nonsense: **dijo una barbaridad** what he said was nonsense. **3.** (*imprudencia*): **es una barbaridad conducir tan deprisa** it's sheer madness to drive so fast. **4.** (*fam*: *para intensificar*): **comen una barbaridad** they eat a tremendous amount; **le cuesta una barbaridad ponerse a estudiar** she finds it very hard to get down to her school work; **gastó una barbaridad en las rebajas** she spent a fortune in the sales.
barbarie /bar'βarje/ *sf* **1.** (*incultura*) ignorance, backwardness. **2.** (*vandalismo*) savagery: **los hinchas dieron muestras de su barbarie** the fans showed just how savage they could be.
barbarismo /barβa'rizmo/ *sm* (*Ling*) loan word.
bárbaro, -ra /'barβaro -ra/ **I** *adj* **1.** (*Hist*) barbarian. **2.** (*brutal*) brutal, cruel: **lo sometieron a bárbaras torturas** he was brutally tortured. **3.** (*grosero*) uncouth, gross. **4.** (*fam*: *atrevido*) daring: **¡qué bárbaro, cómo se ha tirado desde el trampolín!** how daring of him, diving off the high board like that! **5.** (*fam*: *muy grande*): **tengo un sueño bárbaro** I'm very sleepy!; **hace un frío bárbaro** it's absolutely freezing. **6.** (*fam*: *muy bueno*) fantastic, tremendous: **estoy leyendo un libro bárbaro** I'm reading a fantastic book.
II *sm/f* **1.** (*Hist*) barbarian. **2.** (*grosero*) savage: **se portó como un bárbaro en la mesa** he behaved like a savage at the table.
III bárbaro *adv* (*fam*) marvellously, terrifically: **lo pasamos bárbaro en la fiesta** we had a marvellous * great time at the party.
barbecho /bar'βetʃo/ *sm* fallow land: **este terreno está** *en* **barbecho** this land is lying fallow * has been left to lie fallow.
barbería /barβe'ria/ *sf* (*GB*) barber's (shop), (*US*) barbershop.
barbero /bar'βero/ *sm* barber.
barbilampiño /barβilam'piɲo/ *adj* smooth-cheeked.
barbilla /bar'βiʎa/ *sf* chin.
barbitúrico /barβi'turiko/ *sm* barbiturate.
barbo /'barβo/ *sm* barbel.
barbudo, -da /bar'βuðo -ða/ *adj* bearded: **es muy barbudo** he has a thick, bushy beard.
barca /'barka/ *sf* (small) boat.
barca de remos *sf* rowing boat, (*US*) rowboat.
Barça /'barsa/ *sm*: **el Barça** (*fam*) Barcelona Football Club.
barcaza /bar'kaθa/ *sf* barge.
Barcelona /barθe'lona/ *sf* Barcelona.
barcelonés, -nesa /barθelo'nes -'nesa/ **I** *adj* of * from Barcelona.
II *sm/f* native * inhabitant of Barcelona.
barco /'barko/ *sm* (*gen*) boat; (*grande*) ship: **hicimos el viaje** *en* **barco** we travelled * went by ship.
barco de pasajeros *sm* passenger ship.
barco de vapor *sm* steamer.
barco de vela *sm* sailing ship.
bardo /'barðo/ *sm* bard.
baremo /ba'remo/ *sm* standard, (set of) criteria: **deberían utilizar el mismo baremo para juzgar a todos los candidatos** they should judge all the candidates by the same standard * set of criteria.
bario /'barjo/ *sm* barium.
barítono /ba'ritono/ *sm* (*persona, voz*) baritone.
barlovento /barlo'βento/ *sm* (*Náut*) windward (side).
barman /'barman/ *sm* [**barmans**] barman (*pl* barmen).
barniz /bar'niθ/ *sm* [**barnices**] **1.** (*para madera*) varnish; (*para cerámica*) glaze. **2.** (*de cultura, refinamiento, etc.*) veneer: **sólo tiene un barniz de cultura** he only has a thin veneer of culture.

barnizar /barni'θar/ [➪cazar] *vt* (*madera*) to varnish; (*cerámica*) to glaze.

barómetro /ba'rometro/ *sm* barometer.

barón /ba'ron/ *sm* **1.** (*persona de la nobleza*) baron. **2.** (*hombre poderoso: en economía*) baron: **los barones de la droga controlan el norte del país** the drug barons control the north of the country; (*: en política*) chief.

baronesa /baro'nesa/ *sf* baroness.

barquera /bar'kera/ *sf* boatwoman.

barquero /bar'kero/ *sm* boatman.

barquillo /bar'kiʎo/ *sm* wafer.

barra /'barra/ *sf* **1.** (*de metal*) bar. **2.** (*de pan*) loaf; (*de turrón*) slab, bar. **3.** (*en un bar*) bar: **tomamos unas cervezas en la barra** we had a few beers (up) at the bar. **4.** (*de gimnasia*) bar. **5.** (*Arg, Urug: grupo de amigos*) crowd, group.
barra de labios *sf* lipstick.

barrabasada /barraβa'saða/ *sf* (*fam*) **1.** (*acción injusta*) nasty trick: **lo que le han hecho es una barrabasada** that was a nasty trick they played on him. **2.** (*travesura*) (piece of) mischief: **vigila al niño, no vaya a hacer alguna barrabasada** see that he doesn't get up to any mischief.

barraca /ba'rraka/ *sf* **1.** (*chabola*) shack; (*en Valencia*) *in rural areas, traditional thatched cottage*. **2.** (*de feria*) stand * stall (*in a fair*). **3.** (*Amér L: almacén de materiales*) builders' yard; (*: almacén de madera*) timber yard.

barracón /barra'kon/ *sm* accommodation block.

barranca /ba'rraŋka/ *sf* ➪ barranco

barranco /ba'rraŋko/ *sm* (*precipicio*) precipice; (*cauce hondo*) ravine.

barrena /ba'rrena/ *sf* **1.** (*pequeña*) gimlet; (*grande*) drill. **2.** (*Av*): **el avión entró** *en* **barrena** the plane went into a tailspin.

barrendero, -ra /barren'dero -ra/ *sm/f* street * road sweeper.

barreno /ba'rreno/ *sm* **1.** (*herramienta*) large drill. **2.** (*agujero*) borehole. **3.** (*cartucho*) explosive charge.

barreño /ba'rreɲo/ *sm* washing-up bowl.

barrer /ba'rrer/ [➪TEMER] *vt* **1.** (*limpiar*) to sweep: **tengo que barrer el suelo de la cocina** I have to sweep the kitchen floor; **llevaba un vestido tan largo que iba barriendo el suelo** her dress was so long it trailed on the ground • **barrieron la zona en busca de los fugitivos** they combed the area for the fugitives. **2.** (*fam: derrotar*) to thrash: **nos barrieron** they thrashed us.
♦*vi* **1.** (*limpiar*) to sweep • **se nota que el árbitro barre para casa** the referee is obviously biased. **2.** (*llevarse*): **los primeros que llegaron barrieron** *con* **todas las existencias** the first to arrive took all the supplies; **Alemania barrió** *con* **todas las medallas** Germany made a clean sweep of the medals. **3.** (*fam: ganar*): **los atletas chinos barrieron** *en* **todas las disciplinas** the Chinese athletes won in all of the events.

barrera /ba'rrera/ *sf* **1.** (*cercado*) barrier: **había una barrera que impedía el paso** there was a barrier in the way; (*impedimento*): **entre ellos existe la barrera del idioma** there is a language barrier between them. **2.** (*Tauro: valla*) fence (*around the inside of a bull-ring*); (*: asientos*) front row of seats • **es muy fácil ver los toros desde la barrera** it's very easy to sit on the sidelines and pass judgement on others.
barrera del sonido *sf* sound barrier.

barriada /ba'rrjaða/ *sf* district, (*GB*) neighbourhood, (*US*) neighborhood.

barrica /ba'rrika/ *sf* barrel (*of medium size*).

barricada /barri'kaða/ *sf* barricade.

barriga /ba'rriɣa/ *sf* stomach: **me duele la barriga** I have stomachache; **Eduardo ha echado barriga desde que se casó** Eduardo has developed a paunch since he got married • **mi ayudante se pasó la tarde rascándose la barriga** my assistant spent the afternoon doing absolutely nothing.

barrigón, -gona /barri'ɣon -ɣona/ *adj* potbellied.

barrigudo, -da /barri'ɣuðo -ða/ *adj* potbellied.

barril /ba'rril/ *sm* (*de vino, petróleo*) barrel; (*de cerveza*) keg.

barrio /'barrjo/ *sm* district, (*GB*) neighbourhood, (*US*) neighborhood: **viven en un barrio del centro de Madrid** they live in a central district of Madrid; **visitamos el barrio judío de la ciudad** we visited the Jewish quarter of the city • **tuve una indigestión que casi me manda al otro barrio** I had such bad indigestion that I thought I was going to die.
barrio chino *sm* (*fig*) red-light district.
barrios bajos *sm pl* poorer areas *pl* (*of a city*).

barriobajero, -ra /barrjoβa'xero -ra/ *adj* (*fam: ordinario*) vulgar, coarse: **tiene una forma de hablar muy barriobajera** she speaks in a very vulgar * coarse way.

barrizal /barri'θal/ *sm* bog, quagmire.

barro /'barro/ *sm* **1.** (*fango*) mud. **2.** (*arcilla*) clay: **un cacharro de barro** an earthenware pot.

barroco, -ca /ba'rroko -ka/ **I** *adj* baroque.
II el Barroco *sm* the Baroque period.

barrote /ba'rrote/ *sm* (*barra gruesa*) bar; (*para sostener o reforzar*) crosspiece.

barruntar /barrun'tar/ [➪CANTAR] *vt* **1.** (*sospechar*) to suspect: **barrunto que has pillado un buen resfriado** I think you've caught a bad cold. **2.** (*presentir*) to sense: **los caballos barruntaban el peligro** the horses sensed the danger.

bartola /bar'tola/ **a la bartola** *loc adv* (*fam*): **me he pasado la tarde tumbada a la bartola escuchando música** I have spent the afternoon lounging around, listening to music; **todo lo hace a la bartola** she has a very sloppy way of doing things.

bártulos /'bartulos/ *sm pl* (*fam*) things *pl*, stuff: **vamos a liar los bártulos para marcharnos** let's get all our things together ready to go.

barullo /ba'ruʎo/ *sm* row, racket: **los alumnos estuvieron armando barullo durante la clase** the students were making a row during the class; **se armó mucho barullo en la entrada del teatro** there was a lot of noise and confusion at the entrance to the theatre • **tiene juguetes a barullo** he has tons of toys.

basar /ba'sar/ [➪CANTAR] *vt* to base: **basa su teoría** *en* **su propia experiencia** he bases his theory on personal experience.
basarse *v prnl* to base oneself: **para decidir la calificación, el profesor se basó** *en* **sus trabajos de clase** the teacher awarded the marks on the basis of their classwork; **¿***en* **qué te basas para negarlo?** what is the basis of your refusal?

basca /'baska/ *sf* **1.** (*náusea*) nausea: **me produce bascas** it makes me feel sick. **2.** (*fam: grupo de gente*) crowd, gang: **salimos a dar una vuelta con toda la basca** we went for a drive round with the gang.

báscula /'baskula/ *sf* scales *pl*.

base /'base/ **I** *sf* **1.** (*Arquit*) base. **2.** (*fundamento*) ba-

sis: **es la base de su filosofía** it's the basis of his philosophy; **el problema es que carece de base en matemáticas** the problem is that he doesn't have a good grounding in mathematics; **no hay base para afirmar que ella haya robado el dinero** there are no grounds for saying that it was she who stole the money; **sólo conseguirás aprobar** *a* **base** *de* **esfuerzo** the only way you are going to pass is by working hard; **vamos a partir de la base de que no tenemos dinero** let's start by assuming that we have no money • **llovió todo el día a base de bien** it rained and rained all day long. **3.** (*Mat, Quím*) base. **4.** (*Mil: instalaciones*) base.
II *sm/f* (*en baloncesto*) captain.
III bases *sf pl* **1.** (*de un concurso*) rules *pl*: **para concursar es necesario leer las bases de la competición** in order to take part you need to read the rules of the competition. **2. las bases** (*Pol*) the grass roots.
base de datos *sf* database.

básico, -ca /'basiko -ka/ *adj* **1.** (*fundamental*) basic: **tiene unos conocimientos básicos de mecánica** he knows some basic mechanics; **el pan es un alimento básico en muchas sociedades** bread is a basic item of food in many societies. **2.** (*Quím*) basic.

basílica /ba'silika/ *sf* basilica.

basilisco /basi'lisko/ *sm* basilisk • **mi padre se puso hecho un basilisco porque llegué tarde** my father was furious with me * extremely cross with me for arriving late.

básquetbol /'basketbol/ *sm* (*Amér L*) basketball.

bastante /bas'tante/ **I** *adj* **1.** (*suficiente*) enough: **tenemos bastante azúcar** *para* **la tarta** we have enough sugar for the cake; **no hay bastantes vasos de plástico** *para* **la fiesta** there aren't enough plastic glasses for the party. **2.** (*mucho*) quite a lot of: **gana bastante dinero** she earns quite a lot of money; **le tengo bastante miedo** I'm really quite afraid of him; **bastantes personas se opusieron** quite a lot of people were against it.
II *adv* **1.** (*suficiente*) enough: **su problema es que no entrena bastante** his problem is that he doesn't train enough. **2.** (*por encima de la media*) quite, fairly: **parece bastante inteligente** he seems quite intelligent.
III bastantes *pron* **1.** (*suficientes*) enough: **tenemos bastantes** we have enough. **2.** (*muchos*) quite a lot: **"¿Viste algún animal interesante en el parque nacional?" "Sí, vi bastantes."** "Did you see any interesting animals in the national park?" "Yes, I saw quite a few."

bastar /bas'tar/ [⇨ CANTAR] *vi* to be enough: *con* **diez mil pesetas nos bastará** ten thousand pesetas will be enough (for us); **¡basta!** that's enough!; **¡basta** *de* **quejas!** that's enough complaining!; **basta que le mandes hacer una cosa** *para* **que haga lo contrario** you only have to tell her to do something for her to do exactly the opposite; **basta** *con* **tener paciencia para hacer el puzzle** all you need is patience to be able to solve the puzzle.
bastarse *v prnl* to be able to manage: **se bastan solos para hacerlo** they can do it on their own.

bastardilla /bastar'diʎa/ *sf* italics *pl*: **el nombre del autor aparece** *en* **bastardilla** the name of the author appears in italics.

bastardo, -da /bas'tarðo -ða/ **I** *adj* illegitimate.
II *sm/f* illegitimate child.

bastidor /basti'ðor/ *sm* **1.** (*armazón*) frame. **2.** (*en teatro*) wing • **la decisión se tomó finalmente entre bastidores** the decision was finally taken behind closed doors.

bastión /bas'tjon/ *sm* bastion.

basto, -ta /'basto -ta/ **I** *adj* **1.** (*tejido*) rough, coarse; (*madera*) rough. **2.** (*comportamiento, persona*) coarse, vulgar: **tiene una forma muy basta de hablar** he has a very coarse way of speaking; **¡no seas tan basto!** don't be so vulgar * rude!
II bastos *sm pl: suit in Spanish playing cards* (*equivalent to clubs*).

bastón /bas'ton/ *sm* **1.** (*para apoyarse*) walking stick. **2.** (*de esquiar*) ski pole. **3.** (*insignia de mando*) staff of office.

basura /ba'sura/ *sf* refuse, (*GB*) rubbish, (*US*) garbage: **tira esas cajas** *a* **la basura** throw those boxes away; **el libro era una basura** the book was a load of rubbish.

basural /basu'ral/ *sm* (*Amér L*) (*GB*) rubbish dump, (*US*) garbage dump.

basurero, -ra /basu'rero -ra/ **I** *sm/f* (*GB*) rubbish collector, (*US*) garbage collector.
II basurero *sm* (*vertedero*) (*GB*) rubbish dump, tip, (*US*) garbage dump.

bata /'bata/ *sf* (*de casa*) dressing gown; (*de artista, peluquero*) overall; (*de dentista, médico*) white coat.
bata de baño *sf* (*Amér L*) bathrobe.

batacazo /bata'kaθo/ *sm* (*fam*) bump: **se pegó un batacazo al bajar del autobús** he fell flat on his face as he got off the bus • **algún día se va a pegar el batacazo** one of these days he's going to come a cropper.

batalla /ba'taʎa/ *sf* battle, fight: **sostuvieron una dura batalla por el primer puesto** they battled it out for first place; **libró una gran batalla consigo mismo hasta decidirse** he really struggled with his conscience before coming to a decision • **para trabajar en el jardín se pone ropa de batalla** she wears her old clothes for gardening.
batalla campal *sf* pitched battle.

batallón /bata'ʎon/ *sm* battalion.

batata /ba'tata/ *sf* (*GB*) sweet potato, (*US*) yam.

bate /'bate/ *sm* (*Dep*) bat.

batería /bate'ria/ **I** *sf* **1.** (*Mil*) (gun) battery. **2.** (*Auto*) battery. **3.** (*Mús: en una orquesta*) percussion; (*: en un grupo musical*) drums *pl*. **4.** (*en un teatro*) footlights *pl*. **5.** (*Auto*): **me resulta mucho más fácil aparcar** *en* **batería** I find it much easier to park at an angle to the kerb.
II *sm/f* (*Mús*) drummer.
batería de cocina *sf* pots and pans *pl*.

batiburrillo /batiβu'riʎo/ *sm* jumble, hotchpotch: **el artículo es un batiburrillo de ideas inconexas** the article is a jumble of unrelated ideas.

batida /ba'tiða/ *sf* **1.** (*en caza*) beating. **2.** (*Mil: reconocimiento*) reconnaissance; (*: registro*) search: **la guardia civil dio una batida en busca del avión perdido** the civil guard carried out a search for the missing aircraft.

batido, -da /ba'tiðo -ða/ **I** *adj* **1.** (*huevo*) beaten; (*nata*) whipped. **2.** (*superficie*): **juega mejor en tierra batida** he plays better on clay.
II batido *sm* milk shake.

batidor /bati'ðor/ *sm* whisk.

batidora /bati'ðora/ *sf* (food) mixer, blender.

batín /ba'tin/ *sm* smoking jacket.

batir /ba'tir/ [⇨ PARTIR] *vt* **1.** (*golpear*) to beat: **las olas batían los acantilados** the waves were crashing against the cliffs; (*un metal*) to hammer. **2.** (*las alas*) to flap, to beat. **3.** (*huevos, una mezcla*) to beat; (*nata*) to whip. **4.** (*derrotar*) to beat, to defeat: **batieron al equipo visitante con facilidad** they beat the visiting team easily. **5.** (*Dep*: *marca*) to break: **el atleta ha batido su propia marca** the athlete has broken his own record. **6.** (*una zona: buscando*) to search; (*: cuando se caza*) to beat for.

batirse *v prnl*: **la película termina con los dos actores principales batiéndose** *en* **duelo** the film ends with the two main characters fighting a duel.

Batuecas /ba'twekas/ *sf pl* • **no te vi pasar, estaba en las Batuecas** I didn't see you pass by, I was miles away.

baturro, -rra /ba'turro -rra/ *sm/f*: *native of rural Aragon.*

batuta /ba'tuta/ *sf* baton • **su esposa lleva la batuta en el negocio** his wife is in charge of the business.

baúl /ba'ul/ *sm* trunk.

bautismo /bau'tizmo/ *sm* baptism.

bautizar /bauti'θar/ [➪cazar] *vt* **1.** (*administrar el bautismo a*) to baptize. **2.** (*poner un nombre: a un niño*): **lo bautizaron con el nombre de Carlos** they christened him Carlos; **a los pocos días de conocerla ya la habían bautizado Doña Angustias** a few days after meeting her they were already calling her Mrs Worrier; (*: a un objeto*) to name, to christen: **bautizaron el barco** *con* **el nombre de su pueblo** they named the boat after their village. **3.** (*fam*: *el vino*) to water down: **yo diría que este vino está bautizado** if you ask me this wine has been watered down.

bautizo /bau'tiθo/ *sm* (*acto de poner nombre*) christening.

baya /'baja/ *sf* (*Bot*) berry.

bayeta /ba'jeta/ *sf* (*gen*) cloth; (*en la cocina*) dishcloth.

bayoneta /bajo'neta/ *sf* bayonet.

baza /'baθa/ *sf* (*en un juego de cartas*) trick • **meter baza**: **intentó meter baza en la conversación** he tried to butt in on our conversation; **nunca me dejan meter baza** they never let me get a word in edgeways.

bazar /ba'θar/ *sm* bazaar.

bazo /'baθo/ *sm* spleen.

bazofia /ba'θofja/ *sf* **1.** (*comida*) pigswill: **nos sirvieron una bazofia** the food they gave us was disgusting. **2.** (*libro, programa, etc.*): **escribe pura bazofia** he only writes rubbish.

bazuca /ba'θuka/ *sf* bazooka.

be /be/ *sf*: *name of the letter B.*

be larga *sf* (*Amér L*) *name of the letter B.*

beatificar /beatifi'kar/ [➪sacar] *vt* to beatify.

beato, -ta /be'ato -ta/ **I** *adj* (*pío*) devout; (*santurrón*) sanctimonious.

II *sm/f* **1.** (*devoto*): **un grupo de beatas se encarga del cuidado de la capilla** the chapel is looked after by some very devout * pious women. **2.** (*Relig*: *beatificado*) beatified person.

beba /'beβa/ *sf* (*Amér L*) baby girl.

bebé /be'βe/, (*Amér L*) **bebe** /'beβe/ *sm* baby.

bebedero /beβe'ðero/ *sm* (*en una jaula*) water dish; (*para ganado*) watering place.

bebedor, -dora /beβe'ðor -'ðora/ **I** *adj*: **era muy bebedor** he was a heavy drinker.

II *sm/f* heavy drinker.

beber /be'βer/ [➪TEMER] *vi* **1.** (*gen*) to drink: **no bebas más, por favor** please don't drink any more. **2.** (*brindar*) to drink (a toast): **bebimos** *a* **la salud de los anfitriones** we drank (a toast) to the health of our hosts.

♦*vt* to drink • **los presentes bebían las palabras de su líder** the audience drank in their leader's words.

beberse *v prnl* to drink: **se bebieron una botella de vino entre los dos** they drank a bottle of wine between the two of them; **nos lo bebimos todo** we drank it all (up).

bebida /be'βiða/ *sf* drink: **venden todo tipo de bebidas** they sell all kinds of drinks * beverages; **se dio a la bebida a consecuencia de ello** he started drinking as a result of it.

bebido, -da /be'βiðo -ða/ *adj* (*borracho*) drunk; (*achispado*) tipsy.

beca /'beka/ *sf* (*gen*) grant; (*ofrecida por un colegio privado*) scholarship.

becado, -da /be'kaðo -ða/ **I** *adj*: **fui a Estados Unidos becada por la Fundación Smith** I went to the United States on a scholarship from the Smith Foundation.

II *sm/f* (*Amér L*) ➪becario

becario, -ria /be'karjo -rja/ *sm/f* (*gen*) recipient of a grant; (*en un colegio privado*) scholar.

becerro /be'θerro/ *sm* calf (*which is under two years old*).

bechamel /betʃa'mel/ *sf* white sauce.

bedel /be'ðel/ *sm* (*GB*) caretaker, (*US*) janitor.

beduino, -na /be'ðwino -na/ *adj, sm/f* Bedouin.

begonia /be'ɣonja/ *sf* begonia.

beige, beis /'beis/ *adj inv, sm* beige: **dos camisas de color beige** two beige shirts.

béisbol /'beisβol/, (*Méx*) **beisbol** /beis'βol/ *sm* baseball.

Belén /be'len/ *sm* Bethlehem.

belén /be'len/ *sm* **1.** (*de Navidad*) crib, Nativity scene. **2.** (*fam*: *barullo*) trouble: **siempre se está metiendo en belenes** he is always getting into trouble.

belga /'belɣa/ *adj, sm/f* Belgian.

Bélgica /'belxika/ *sf* Belgium.

Belice /be'liθe/ *sm* Belize.

beliceño, -ña /beli'θeɲo -ɲa/ *adj, sm/f* Belizean.

bélico, -ca /'beliko -ka/ *adj* (*preparativos*) for war; (*conflicto*): **la zona ha conocido muchos conflictos bélicos** there have been many wars in the area.

belicoso, -sa /beli'koso -sa/ *adj* (*guerrero*) warlike; (*pendenciero*) aggressive, argumentative.

beligerante /belixe'rante/ **I** *adj* **1.** (*Mil*) warring: **los países beligerantes no llegaron a un acuerdo** the warring countries did not reach an agreement. **2.** (*belicoso, combativo*) aggressive, belligerent: **adoptaron una actitud beligerante contra el alcalde** they adopted a belligerent attitude towards the mayor.

II *sm/f* (*Mil*) warring party.

bellaco, -ca /be'ʎako -ka/ **I** *adj* (*canalla*) wicked.

II *sm/f* villain.

belleza /be'ʎeθa/ *sf* (*cualidad, persona*) beauty: **era un lugar de una belleza extraordinaria** it was an extraordinarily beautiful place.

bello, -lla /'beʎo -ʎa/ *adj* **1.** (*hermoso*) beautiful. **2.** (*bondadoso*): **fue un bello gesto** it was a noble gesture on their part; **es una bella persona** he is a very good person. **3.** (*Educ*): **está estudiando bellas artes** she's studying fine arts.

bellota /be'ʎota/ *sf* acorn.

bemol /be'mol/ (*Mús*) **I** *adj* flat: **sol bemol** G flat.

II *sm* flat • **esta tarea tiene bemoles** this is a really tricky job • **tiene bemoles que me pidas más dinero**

it's pretty rich for you to be asking me for more money!

bencina /ben'θina/ *sf* (*Chi*) (*GB*) petrol, (*US*) gasoline.

bencinera /benθi'nera/ *sf* (*Chi*) (*GB*) petrol station, (*US*) gas station.

bendecir /bende'θir/ [➪ table: bendecir] *vt* to bless.

bendecir	
INDICATIVE	
Future	**Conditional**
bendeciré	bendeciría
bendecirás	bendecirías
bendecirá	bendeciría
bendeciremos	bendeciríamos
bendeciréis	bendeciríais
bendecirán	bendecirían
IMPERATIVE	
(tú) bendice	(usted) bendiga
(vosotros) bendecid	(ustedes) bendigan
PAST PARTICIPLE	
bendecido	
For the rest of the tenses ➪ **decir**	

bendición /bendi'θjon/ *sf* blessing: **la lluvia ha sido una bendición** the rain has been a godsend.

bendigo /ben'ðigo/ *and other forms with* ***bendig-*** ➪ bendecir

bendito, -ta /ben'dito -ta/ **I** *adj* **1.** (*Relig*: *persona, santo*) blessed; (*fam*) **¡bendito sea Dios!** thank goodness! **2.** (*afortunado*) lucky: **bendito tú que vives en el campo** lucky you living in the country.
II *sm/f* **1.** (*persona buena*) good person: **¡es una bendita!** she is such a good person!; **el bebé durmió toda la noche como un bendito** the baby slept soundly through the night. **2.** (*infeliz*) gullible person: **el bendito de tu hermano se lo creyó** your gullible brother believed it.

benefactor, -tora /benefak'tor -'tora/ *sm/f* benefactor.

beneficencia /benefi'θenθja/ *sf* charity: **vivió muchos años de la beneficencia** he lived on charity for many years.

beneficiar /benefi'θjar/ [➪ CAMBIAR] *vt* to benefit: **un nuevo garaje beneficiaría a toda la comunidad** a new garage would benefit the whole community.
beneficiarse *v prnl* to benefit: **la empresa se benefició** *de* **la subida de precios** the company benefited from the price rise.

beneficiario, -ria /benefi'θjarjo -rja/ *sm/f* beneficiary.

beneficio /bene'fiθjo/ *sm* **1.** (*favor*) benefit, advantage: **preparó la conferencia a fondo** *en* **beneficio** *de* **los asistentes** she prepared the lecture thoroughly, which was of great benefit to her audience; **te conviene estudiar** *en* **beneficio propio** it is to your own advantage * in your own interests to study. **2.** (*Fin*: *ganancia*) profit: **sacaron dos millones** *de* **beneficio** they made a profit of two million; **en un año el negocio dará beneficios** the business will be profitable in a year.

beneficioso, -sa /benefi'θjoso -sa/ *adj* beneficial: **andar es beneficioso** *para* **la salud** walking is beneficial * good for your health.

benéfico, -ca /be'nefiko -ka/ *adj* **1.** (*organización*) charitable: **hay una función benéfica esta noche** there is a charity function on tonight. **2.** (*efecto*) beneficial, good: **tuvo una influencia benéfica sobre sus hijos** he had a good influence on his children.

Benemérita /bene'merita/ *sf* Spanish Civil Guard.

beneplácito /bene'plaθito/ *sm* approval: **organizó la exposición** *con* **el beneplácito del director** she organized the exhibition with her boss's approval.

benevolencia /beneβo'lenθja/ *sf* kindness, benevolence.

benevolente /beneβo'lente/ *adj* kind, benevolent.

benévolo, -la /be'neβolo -la/ *adj* benevolent, kind: **se mostró benévolo** *con* **ella** he was very kind to her.

bengala /beŋ'ɣala/ *sf* (*Mil*) flare; (*tipo de fuego artificial*) sparkler.

benigno, -na /be'niɣno -na/ *adj* **1.** (*benévolo*) lenient: **fue benigna** *con* **él** she was lenient with him. **2.** (*clima*) mild: **hemos tenido un invierno benigno** we have had a mild winter. **3.** (*Med*) benign.

benjamín, -na /beŋxa'min -'mina/ *sm/f* youngest child.

beodo, -da /be'oðo -ða/ **I** *adj* drunk.
II *sm/f* drunkard.

berberecho /berβe'retʃo/ *sm* cockle.

bereber /bere'βer/ *adj, sm/f* Berber.

berenjena /bereŋ'xena/ *sf* eggplant, (*GB*) aubergine.

berenjenal /bereŋxe'nal/ *sm* **1.** (*Agr*) field of eggplants, (*GB*) field of aubergines. **2.** (*enredo*): **estoy metido en un buen berenjenal** I've got myself into a terrible jam.

Berlín /ber'lin/ *sm* Berlin.

berlina /ber'lina/ *sf* **1.** (*coche de caballos*) berlin. **2.** (*Auto*) (*GB*) saloon car, (*US*) sedan.

bermellón /berme'ʎon/ *sm* vermilion.

Bermudas /ber'muðas/ *sf pl*: **las (islas) Bermudas** Bermuda.

bermudas /ber'muðas/ *sf pl* bermudas *pl*, Bermuda shorts *pl*.

berrear /berre'ar/ [➪ CANTAR] *vi* **1.** (*animal*) to bellow. **2.** (*fam*: *niño*) to howl: **se puso a berrear porque no le compré lo que quería** he began howling because I didn't buy him what he wanted; (*: adulto*) to yell: **un grupo de borrachos se puso a berrear en la calle** a group of drunkards in the street started yelling and shouting.

berrido /be'rriðo/ *sm* **1.** (*de animal: uno*) bellow; (*: sonido continuo*) bellowing. **2.** (*fam*: *de persona*): **¿no sabes hablar sin dar berridos?** can't you talk without shouting?

berrinche /be'rrintʃe/ *sm* (*fam*) **1.** (*pataleta*) (temper) tantrum: **coge berrinches por nada** he throws a tantrum over the slightest thing. **2.** (*enfado*): **se llevó un berrinche al saber que no había ganado** he was furious when he found out that he hadn't won.

berro /'berro/ *sm* watercress.

berza /'berθa/ *sf* cabbage.

berzotas /ber'θotas/ *sm/f inv* (*fam*) stupid idiot.

besamel /besa'mel/ *sf* white sauce.

besar /be'sar/ [➪ CANTAR] *vt* to kiss: **cuando nos presentaron, me besó la mano** when we were introduced, he kissed my hand; **la besé** *en* **la mejilla al despedirme** I kissed her on the cheek when I said goodbye.
besarse *v prnl* to kiss (one another).

beso /'beso/ *sm* kiss • **su abuela se lo comió a besos** his grandmother smothered him with kisses.

bestia /'bestja/ **I** *sf* (*animal*) beast.

II *sm/f (fam)* **1.** (*persona bruta*) brute: **me has hecho daño, eres un bestia** you hurt me, you brute! • **es una mala bestia** he's a bully boy * rough. **2.** (*persona poco inteligente*) dunce. **3.** (*genio*) genius: **Juan es un bestia** *en* **matemáticas** Juan is a genius at mathematics.

III *adj (fam)* **1.** (*poco inteligente*) stupid, dense: **no me extraña que dijera eso, ¡es tan bestia!** I'm not surprised he said that, he's so stupid. **2.** (*ordinario*) rude, boorish.

bestial /bes'tjal/ *adj* **1.** (*brutal*) bestial. **2.** (*fam: muy grande*) huge, tremendous: **hizo un esfuerzo bestial para aprobar ese examen** she made a huge * tremendous effort to pass that exam; (*: muy bueno*) marvellous, fantastic: **hemos tenido unas vacaciones bestiales** we've had a marvellous holiday.

bestialidad /bestjali'ðað/ *sf* **1.** (*atrocidad*) atrocity. **2.** (*insensatez*) stupidity: **me parece una bestialidad que vayas a clase con fiebre** I think it's very stupid to go to school with a temperature. **3.** (*cantidad enorme*) large amount: **has preparado una bestialidad de comida** you've made loads * tons of food.

besucón, -cona /besu'kon -'kona/ **I** *adj* fond of kissing: **la tía Marta es muy besucona** Aunt Marta is very fond of kissing people.

II *sm/f*: **este niño es un besucón** this little boy is very fond of kissing people.

besugo /be'suɣo/ *sm* **1.** (*pez*) sea bream. **2.** (*fam: persona*) idiot: **¡no seas besugo!** don't be an idiot!

besuquear /besuke'ar/ [➪ CANTAR] *vt* to cover with kisses, to slobber over.

besuquearse *v prnl* to kiss and cuddle: **siempre que los veo se están besuqueando** whenever I see them they're kissing and cuddling.

Bética /'betika/ *sf* Andalusia.

bético, -ca /'betiko -ka/ *adj, sm/f* Andalusian.

betún /be'tun/ *sm* **1.** (*Quím*) bitumen. **2.** (*para zapatos*) shoe polish • **quedó a la altura del betún** he created a very bad impression • **lo dejó a la altura del betún** she completely slated him.

biberón /biβe'ron/ *sm* feeding bottle.

Biblia, biblia /'biβlja/ *sf* bible: **esta obra es la biblia de los cinéfilos** this book is the movie buff's bible.

bíblico, -ca /'biβliko -ka/ *adj* biblical.

bibliobús /biβljo'bus/ *sm* mobile library.

bibliófilo, -la /bi'βljofilo -la/ *sm/f* booklover.

bibliografía /biβljoɣra'fia/ *sf* bibliography.

biblioteca /biβljo'teka/ *sf* **1.** (*lugar, conjunto de libros*) library: **con el tiempo, consiguió reunir una buena biblioteca** over the years, she accumulated a good library * collection of books. **2.** (*mueble*) bookcase.

bibliotecario, -ria /biβljote'karjo -rja/ *sm/f* librarian.

bicameral /bikame'ral/ *adj* (*Pol*) bicameral, consisting of two chambers.

bicarbonato /bikarβo'nato/ *sm* bicarbonate.

bicarbonato de sodio, bicarbonato sódico *sm* (*Quím*) sodium bicarbonate; (*Culin*) bicarbonate of soda, (*US*) baking soda.

bicéfalo, -la /βi'θefalo -la/ *adj* two-headed.

bíceps /'biθeps/ *sm inv* biceps *n inv*.

bicha /'bitʃa/ *sf (fam)* snake.

bichicome /bitʃi'kome/ *sm/f (Arg, Urug: fam)* tramp.

bicho /'bitʃo/ *sm* **1.** (*insecto*) insect: **me ha picado un bicho en la pierna** an insect stung me on the leg; (*animal*) animal: **tienen perros, gatos y muchos otros bichos** they have dogs, cats and many other animals. **2.** (*travieso*) brat: **su hijo es un bicho** his son is a little brat; (*malvado*) unpleasant person: **aléjate de él, es un bicho** keep away from him, he's a very unpleasant person.

bicho raro *sm*: **es un bicho raro** she's very strange * weird.

bicho viviente *sm*: **critica a todo bicho viviente** he criticizes everybody under the sun; **a esas horas no quedaba en la calle bicho viviente** at that hour there wasn't a living soul in the street.

bichoco, -ca /bi'tʃoko -ka/ *adj* (*Amér C, Arg, Chi, Urug: fam*) old and useless, past it.

bici /'biθi/ *sf* (*short for* **bicicleta**) (*fam*) bike.

bicicleta /biθi'kleta/ *sf* bicycle.

bicicleta de montaña *sf* mountain bike.

bicoca /bi'koka/ *sf (fam)* **1.** (*cosa barata*) bargain: **al final lo compré porque era una bicoca** in the end I bought it because it was a bargain * a snip. **2.** (*chollo*) simple task, cinch: **ese trabajo es una bicoca** that job's a cinch * a piece of cake.

bicolor /biko'lor/ *adj* (*GB*) two-colour, (*US*) two-color.

bidé /bi'ðe/ *sm* bidet.

bidón /bi'ðon/ *sm* drum: **ese camión transporta bidones de petróleo** that truck is carrying oil drums.

biela /'bjela/ *sf* connecting rod.

bien /bjen/ **I** *adv* **1.** (*correctamente*) well: **habla muy bien inglés** he speaks English very well, his English is very good; **canta muy bien** she sings very well; **no se portó bien** he didn't behave well; **¿me has entendido bien?** are you sure you've understood me properly?; **hiciste bien en decírmelo** you were right to tell me; (*favorablemente*): **habla muy bien de ti** he speaks very well * highly of you. **2.** (*referido a un resultado*) correct, right: **las cifras están todas bien** the figures are all correct. **3.** (*referido al aspecto*): **la casa está muy bien** it's a nice house; **este dibujo te ha salido muy bien** it's a very good drawing. **4.** (*referido a un estado*) well: **¿tus padres están bien?** are your parents well?; **tuve la gripe, pero ya estoy bien** I had flu, but I'm all right now; **estamos bien aquí** we're fine here. **5.** (*agradablemente*) pleasant, nice: **olía muy bien** it smelt very nice. **6.** (*mucho*) well: **abrígate bien** wrap up well; **bien vale la pena intentarlo** it's well worth trying; **yo bien querría ir, pero no puedo** I'd really like to go, but I can't; **ya está bien, ¡silencio!** that's (quite) enough, be quiet • **¡bien que te lo dije!** I told you so! • **¡bien de sal que tenía el bacalao!** the cod was too salty! **7.** (*muy*) very: **viven en una casa bien grande** they live in a very large house; **el agua tiene que estar bien caliente** the water has to be very hot. **8.** (*gustosamente*) gladly, willingly: **bien lo haría si pudiera** I'd gladly do it if I could; (*sin dificultad*) easily: **bien puedo venir a buscarte mañana** I can easily come and pick you up tomorrow; **se le dan muy bien los crucigramas** he's very good at crosswords. **9.** (*de acuerdo*) all right then: **bien, reconozco que estaba equivocado** well all right, I admit I was wrong; **dijo que bien, que ya nos acompañará** she said she'll come with us after all.

II *excl* great: **"Iré contigo." "¡Bien!"** "I'll go with you." "That's great!"

III *adj inv* well-off: **viven en un barrio de gente bien** they live in a well-to-do neighbourhood.

IV *sm* **1.** (*lo bueno, correcto*) good: **aún no es capaz de distinguir entre el bien y el mal** he still doesn't know the difference between good and evil • **te aseguro que es una persona de bien** I assure you she's perfectly trustworthy. **2.** (*beneficio, ventaja*) good, benefit: **se lo dije por su propio bien** I told him for his own good; **lo hizo por el bien de su familia** she did it for the good of her family; **dejar ese trabajo fue un bien para él** leaving that job was good for him; **marchándose nos hizo un bien a todos** he did us all a favour when he left • **tuvieron a bien invitarnos a cenar** they were kind enough to invite us to dinner • **ahora está a bien con nosotros** now he gets on fine with us. **3.** (*Educ*) *mark between 60% and 70%.*

V bienes *sm pl* **1.** (*mercancías*) goods *pl.* **2.** (*propiedades*) assets *pl*: **un abogado administra sus bienes** a lawyer manages his assets.

VI bien... bien... *conj* either... or...: **pienso ir, bien sea este año, bien sea el que viene** I intend to go either this year or next.

bienes de consumo *sm pl* consumer goods *pl.*

bienes de equipo, **bienes de producción** *sm pl* capital goods *pl.*

bienes gananciales *sm pl* common property (*of a married couple*).

bienes inmuebles, **bienes raíces** *sm pl* real estate.

bienal /bje'nal/ **I** *adj* (*cada dos años*) biennial, every two years; (*que dura dos años*) two-year.

II *sf* biennial (exhibition).

bienaventurado, **-da** /bjenaβentu'raðo -ða/ *adj* **1.** (*dichoso*) fortunate: **¡bienaventurados los que nunca tienen problemas de dinero!** fortunate are they who are never short of money! **2.** (*Relig*) blessed.

bienestar /bjenes'tar/ *sm* comfort: **sólo le preocupa su propio bienestar** all he cares about is his own well-being; **gozan de un considerable bienestar económico** they are quite well-off financially.

bienhechor, **-chora** /bjene'tʃor -'tʃora/ **I** *adj* benevolent, generous.

II *sm/f* (*hombre*) benefactor; (*mujer*) benefactress.

bienio /'bjenjo/ *sm* two-year period.

bienvenida /bjembβe'niða/ *sf* welcome: **fuimos a darles la bienvenida** we went to welcome * greet them.

bienvenido, **-da** /bjembβe'niðo -ða/ *adj* welcome: **¡bienvenido a casa!** welcome home!; **aquí siempre eres bienvenido** you're always welcome here.

bies /bjes/ **al bies** *loc adv*: **esta falda está cortada al bies** this skirt is cut on the bias.

bifásico, **-ca** /bi'fasiko -ka/ *adj* two-phase.

bife /'bife/ *sm* (*Arg, Chi, Urug*) **1.** (*carne*) steak. **2.** (*fam: bofetón*) hard slap.

bífido, **-da** /'bifiðo -ða/ *adj* (*Zool*) forked: **las serpientes tienen la lengua bífida** snakes have forked tongues.

bifocal /bifo'kal/ *adj* bifocal.

bifurcación /bifurka'θjon/ *sf* fork (*in river, road*): **al llegar a la bifurcación, ve hacia la derecha** when you get to the fork in the road, bear right.

bifurcarse /bifur'karse/ [⇨ sacar] *v prnl* (*camino, río*) to fork; (*vía férrea*) to branch.

bigamia /bi'ɣamja/ *sf* bigamy.

bígamo, **-ma** /'biɣamo -ma/ **I** *adj* bigamous.

II *sm/f* bigamist.

bígaro /'biɣaro/ *sm* winkle.

bigote /bi'ɣote/ *sm* **1.** (*de hombre*) (*GB*) moustache, (*US*) mustache: **tendrías que dejarte bigote** you should grow a moustache • **hace un frío de bigotes** it's absolutely freezing. **2.** (*de animales*) whiskers *pl.*

bigotudo, **-da** /biɣo'tuðo -ða/ *adj*: *with a big moustache.*

bigudí /biɣu'ði/ *sm* [**bigudíes** * **bigudís**] roller (*for hair*).

bikini /bi'kini/ *sm* bikini.

bilateral /bilate'ral/ *adj* bilateral.

bilbaíno, **-na** /bilβa'ino -na/ **I** *adj* of * from Bilbao.

II *sm/f* native * inhabitant of Bilbao.

biliar /bi'ljar/ *adj* biliary.

bilingüe /bi'liŋgwe/ *adj* bilingual.

bilingüismo /biliŋ'ɣwizmo/ *sm* bilingualism.

bilis /'bilis/ *sf inv* bile • **tuve que tragar bilis para no darle un puñetazo** it was as much as I could do not to punch him.

billar /bi'ʎar/ **I** *sm* billiards [lleva el verbo en singular].

II billares *sm pl* billiard hall.

billar americano *sm* pool.

billete /bi'ʎete/ *sm* **1.** (*gen*) ticket: **no quedan billetes para la sesión de la tarde** there are no tickets left for the afternoon show; **nos han llegado los billetes de avión** our plane tickets have arrived; **es la primera vez que compro un billete de lotería** this is the first time I've bought a lottery ticket. **2.** (*de dinero*) (*GB*) note, (*US*) bill: **me dio un billete de cinco mil pesetas** she gave me a five thousand peseta note.

billete de ida *sm* one-way ticket.

billete de ida y vuelta *sm* (*GB*) return ticket, (*US*) round-trip ticket.

billete sencillo *sm* single ticket.

billetera /biʎe'tera/ *sf*, **billetero** /biʎe'tero/ *sm* wallet, (*US*) billfold.

billón /bi'ʎon/ *sm* trillion (*a million million*).

bimensual /bimen'swal/ *adj* twice-monthly.

bimestral /bimes'tral/ *adj* **1.** (*cada dos meses*) bimonthly: **una revista bimestral** a bimonthly magazine (*appearing every two months*). **2.** (*que dura dos meses*) two-month.

bimestre /bi'mestre/ *sm* two-month period.

bimotor /bimo'tor/ **I** *adj* twin-engined.

II *sm* twin-engined plane.

binario, **-ria** /bi'narjo -rja/ *adj* binary.

bingo /'biŋgo/ *sm* **1.** (*juego*) bingo. **2.** (*local*) bingo hall.

binomio /bi'nomjo/ *sm* binomial.

biodegradable /bjoðeɣra'ðaβle/ *adj* biodegradable.

biofísica /bjo'fisika/ *sf* biophysics [lleva el verbo en singular].

biografía /bjoɣra'fia/ *sf* biography.

biográfico, **-ca** /bjo'ɣrafiko -ka/ *adj* biographical.

biógrafo, **-fa** /'bjoɣrafo -fa/ *sm/f* biographer.

biología /bjolo'xia/ *sf* biology.

biológico, **-ca** /bjo'loxiko -ka/ *adj* biological.

biólogo, **-ga** /'bjoloɣo -ɣa/ *sm/f* biologist.

biombo /'bjombo/ *sm* folding screen.

biopsia /'bjopsja/ *sf* biopsy.

bioquímica /bjo'kimika/ *sf* biochemistry.

biorritmo /bjo'rritmo/ *sm* biorhythm.

biosfera /bjos'fera/ *sf* biosphere.

bipartidismo /biparti'ðizmo/ *sm* two-party system.

bípedo /'bipeðo/ *sm* biped.

biplano /bi'plano/ *sm* biplane.

biquini /bi'kini/ *sm* bikini.

birlar /bir'lar/ [⇨ CANTAR] *vt* (*fam*) to pinch: **es la segunda vez que me birlan la raqueta** this is the second time my racquet has been pinched * nicked.

birlibirloque /birlibir'loke/ *sm* • **desapareció por arte de birlibirloque** it disappeared as if by magic.

Birmania /bir'manja/ *sf* Burma.

birome /bi'rome/ *sf* (*Arg, Urug*) ballpoint pen.

birrete /bi'rrete/ *sm* mortarboard.

birria /'birrja/ **I** *sf* **1.** (*porquería*) rubbish, trash: **estos apuntes son una birria** these notes are complete

rubbish. **2.** (*fam*: *mamarracho*) (terrible) sight: **tu prima va hecha una birria** your cousin looks a sight.
II *sm/f* (*debilucho*) wimp: **no me asustan las amenazas de ese birria** that wimp's threats don't scare me.

biruji /biˈruji/ *sm* (*fam*) *chilly weather or wind*: **abrígate bien, hace mucho biruji** wrap up well, it's chilly outside.

bis /bis/ **I** *adj* (*en direcciones*): **dirígete al número 20 bis** write to number 20 A.
II *adv* (*Mús*: *con la letra*) bis, twice.
III *sm* (*Mús*: *en un recital, etc.*) encore: **recibieron tantos aplausos que dieron dos bises** they received so much applause that they gave two encores.

bisabuela /bisaˈbwela/ *sf* great-grandmother.

bisabuelo /bisaˈbwelo/ **I** *sm* great-grandfather.
II bisabuelos *sm pl* great-grandparents *pl*.

bisagra /biˈsaɣra/ *sf* hinge.

bisbisear /bisbiseˈar/ [➪ CANTAR] *vt* (*fam*) to murmur: **le bisbiseó algo** *al* **oído** she whispered something in his ear.

bisectriz /bisekˈtriθ/ *sf* [**bisectrices**] bisector, bisectrix.

bisexual /bisekˈswal/ *adj, sm/f* bisexual.

bisiesto /biˈsjesto/ *adj* ➪ año

bisílabo, -ba /biˈsilaβo -βa/ *adj* two-syllable word, disyllabic.

bisnieta /bizˈnjeta/ *sf* great-granddaughter.

bisnieto /bizˈnjeto/ **I** *sm* great-grandson.
II bisnietos *sm pl* great-grandchildren *pl*.

bisojo, -ja /biˈsoxo -xa/ *adj* (*fam*) cross-eyed.

bisonte /biˈsonte/ *sm* bison *n inv*, buffalo.

bisoñé /bisoˈɲe/ *sm* toupee.

bistec /bisˈtek/ *sm* [**bistecs**] steak.

bisturí /bistuˈri/ *sm* [**bisturíes** * **bisturís**] scalpel.

bisutería /bisuteˈria/ *sf* (*GB*) costume jewellery, (*US*) costume jewelry: **no son de verdad, son** *de* **bisutería** they're not real, they're just paste.

bit /bit/ *sm* (*Inform*) bit.

bíter /ˈbiter/ *sm* bitters *pl* (*bitter-tasting non-alcoholic aperitif*).

bizantino, -na /biθanˈtino -na/ **I** *adj* **1.** (*de Bizancio*) Byzantine. **2.** (*discusión*) hair-splitting: **se enredaron en una discusión bizantina** they got embroiled in a hair-splitting argument.
II *sm/f* Byzantine.

bizco, -ca /ˈbiθko -ka/ (*fam*) **I** *adj* cross-eyed.
II *sm/f* cross-eyed person.

bizcocho /biθˈkotʃo/ *sm* sponge cake.

biznieta /biθnjˈeta/ *sf* ➪ bisnieta

biznieto /biθnjˈeto/ *sm* ➪ bisnieto

bizquera /biθˈkera/ *sf* (*fam*) squint.

blanca /ˈblaŋka/ *sf* **1.** (*Mús*) minim, (*US*) half note. **2.** (*fam*: *dinero*): **esta semana estoy sin blanca** I'm completely broke this week. ➪ blanco

blanco, -ca /ˈblaŋko -ka/ **I** *adj* **1.** (*color*) white: **llevaba una falda blanca** she was wearing a white skirt; **el vino blanco me gusta muy frío** I like white wine to be very cold. **2.** (*referido a la piel*) white: **es de raza blanca** she's white; **es muy blanca** she has very fair skin; **estás muy blanco, ¿te encuentras bien?** you're looking very pale, do you feel all right?
II *sm/f* (*de raza*: *gen*) white person; (*: hombre*) white man; (*: mujer*) white woman.
III blanco *sm* **1.** (*color*) white. **2.** (*objetivo*) target: **los niños jugaban a tirar dardos al blanco** the children were throwing darts at the target * playing darts; **dio en el blanco** he hit the target • **has dado en el blanco** you've hit the nail on the head • **se convirtió en el blanco de todas las miradas** he became the centre of attention.
IV en blanco *loc adv* (*papel*): **entregó el examen en blanco** he handed in a blank exam paper; (*persona*): **me quedé en blanco y no pude responder a sus preguntas** my mind went blank and I couldn't answer their questions.
blanco del ojo *sm* white of the eye.

blancura /blaŋˈkura/ *sf* whiteness.

blancuzco, -ca /blaŋˈkuθko -ka/ *adj* whitish.

blandengue /blanˈdeŋge/ (*fam*) **I** *adj* wimpish, spineless: **no seas tan blandengue, sólo es una araña** don't be so wimpish, it's only a spider.
II *sm/f* **1.** (*persona sin resistencia*) wimp: **eres un blandengue, ¡sólo hemos hecho tres kilómetros!** don't be such a wimp, we've only done three kilometres! **2.** (*persona sin personalidad*) spineless person: **eres un blandengue, todos te faltan el respeto** you're so spineless, nobody shows you any respect.

blandir /blanˈdir/ [➪ abolir] *vt* to brandish: **el caballero blandió su espada** the knight brandished his sword.

blando, -da /ˈblando -da/ **I** *adj* **1.** (*esponjoso*) soft: **me gustan las almohadas blandas** I like soft pillows. **2.** (*débil*) weak, puny: **es demasiado blando para jugar al rugby** he's too puny to play rugby. **3.** (*indulgente*) soft: **es muy blando** *con* **sus alumnos** he is very easy-going * soft with his students.
II *sm/f* **1.** (*débil*) weakling. **2.** (*indulgente*) spineless person: **es una blanda, no le tienen ningún respeto** she's so spineless, they don't respect her at all.

blandura /blanˈdura/ *sf* softness.

blanquear /blaŋkeˈar/ [➪ CANTAR] *vt* **1.** (*poner blanco*) to whiten: **suele blanquear la ropa con lejía** she usually bleaches the clothes; (*con cal*) to whitewash: **blanquearon la fachada de la casa** they whitewashed the front of the house. **2.** (*dinero*) to launder.
♦ *vi* to turn white * grey: **tiene treinta años, pero el pelo ya le blanquea** he's only thirty but he's already going grey.

blanquecino, -na /blaŋkeˈθino -na/ *adj* whitish.

blasfemar /blasfeˈmar/ [➪ CANTAR] *vi* to blaspheme.

blasfemia /blasˈfemja/ *sf* blasphemy.

blasfemo, -ma /blasˈfemo -ma/ **I** *adj* blasphemous.
II *sm/f* blasphemer.

blasón /blaˈson/ *sm* **1.** (*heráldica: tratado*) heraldry; (*: emblema*) (heraldic) device; (*: escudo*) coat of arms. **2.** (*orgullo*) glory, (*GB*) honour, (*US*) honor.

bledo /ˈbleðo/ *sm* • **me importa un bledo lo que piense** I couldn't care less what she thinks.

blindado, -da /blinˈdaðo -ða/ *adj* (*unidad militar, vehículo*) (*GB*) armoured, (*US*) armored: **transportaron el dinero en un coche blindado** the money was transported in an armoured car; **tienen una puerta blindada en su casa** their house has a reinforced door; (*Tec*) shielded.

blindaje /blinˈdaxe/ *sm* **1.** (*Mil*) (*GB*) armour (plating), (*US*) armor (plating). **2.** (*Tec*) shield.

blindar /blinˈdar/ [➪ CANTAR] *vt* **1.** (*GB*) to armour(-plate), (*US*) to armor(-plate). **2.** (*Tec*) to shield.

bloc /blok/ *sm* [**blocs**] notebook, notepad.

blonda /ˈblonda/ *sf* blonde lace.

bloque /ˈbloke/ *sm* **1.** (*gen*) block: **¿para qué son esos bloques de madera?** what are those blocks of wood for?; **enfrente de su casa hay un enorme bloque de pisos** opposite his house there's a huge apartment block. **2.** (*Mil, Pol*) bloc. **3. en bloque** *loc adv* en bloc • **expulsó a toda la clase en bloque** she sent the entire class out of the room.

bloquear /bloke'ar/ [➪ CANTAR] *vt* **1.** (*paralizar*) to block: **bloquearon el avance del enemigo** they blocked the enemy's advance; **el gobierno ha bloqueado las negociaciones** the government has frozen negotiations; **una avalancha de llamadas bloqueó las líneas** an avalanche of calls jammed the telephone lines. **2.** (*incomunicar*) to cut off: **la aldea quedó bloqueada por la ventisca** the village was cut off by the blizzard; (*Mil*) to blockade: **los guerrilleros bloquearon la entrada del valle** the guerrillas blockaded the entrance to the valley.

bloqueo /blo'keo/ *sm* (*de una ciudad*) siege; (*de un puerto*) blockade: **el bloqueo económico está destruyendo el país** the economic sanctions are destroying the country.

blues /blus/ *sm inv* blues *pl*.

blusa /'blusa/ *sf* blouse.

blusón /blu'son/ *sm* smock.

boa /'boa/ *sf* boa.

boato /bo'ato/ *sm* ostentation: **la corte era famosa por su boato** the court was renowned for its pomp and show.

bobada /bo'βaða/ *sf* **1.** (*hecho*) stupid thing to do: **hizo una bobada dejando aquel trabajo** it was stupid of him to leave that job. **2.** (*dicho*) piece of nonsense: **lo que dices es una bobada** you're talking nonsense.

bobalicón, -cona /boβali'kon -'kona/ **I** *adj* **1.** (*tonto*) silly, stupid: **tuvo una actitud bobalicona e irresponsable** her attitude was silly and irresponsible. **2.** (*inocente*) naive, gullible: **¡eres más bobalicón, te han engañado otra vez!** you're so gullible, you've been taken in again!

II *sm/f* **1.** (*tonto*) idiot, fool. **2.** (*ingenuo*): **siempre ha sido una bobalicona** she's always been very naive * gullible.

bobina /bo'βina/ *sf* **1.** (*de hilo, película*) reel; (*de alambre, cinta magnetofónica*) spool. **2.** (*Tec*) coil.

bobina de encendido *sf* (*Auto*) ignition coil.

bobo, -ba /'boβo -βa/ **I** *adj* **1.** (*tonto*) silly, stupid: **¡no seas bobo!** don't be silly! **2.** (*inocente*) naive: **es tan bobo que se cree todo lo que le cuentan** he's so naive he believes everything he's told.

II *sm/f* **1.** (*tonto*) fool, idiot. **2.** (*ingenuo*) naive person.

boca /'boka/ *sf* **1.** (*Anat*) mouth: **estaba boca abajo/arriba en el jardín** he was lying on his stomach/on his back in the garden; **dejó la foto boca abajo/arriba sobre la mesa** she left the photo face down/up on the table; **puse el balde boca abajo/arriba** I turned the bucket upside down/the right way up • **me salió todo a pedir de boca** everything went like a dream * just as I'd hoped • **tomamos un aperitivo para ir abriendo * haciendo boca** we had an apéritif to sharpen our appetites • **es difícil mantener cuatro bocas con tan poco dinero** it's hard to feed four mouths with so little money • **el asunto anda de boca en boca** everyone's talking about the affair • **si no tienes cuidado, te meterás en la boca del lobo** unless you're careful, you'll find yourself in hot water • **estaba oscuro como boca de lobo** it was pitch dark • **se ofreció a ayudarla, pero lo dijo con la boca chica * pequeña** he offered to help her without really meaning it • **amenazó con quejarse al director pero era todo de boca (para fuera)** she threatened to complain to the manager but it was all talk • **habló por boca de su hermano** he echoed his brother's words • **no tienes ni idea, cállate la boca** you haven't a clue, keep your mouth shut • **se me hacía la boca agua** my mouth was watering • **no abrió la boca * no dijo esta boca es mía** she didn't say a word • **me lo has quitado de la boca** you've taken the words right out of my mouth • **su reacción me dejó con la boca abierta** his reaction left me flabbergasted • **a ése le han tapado la boca** he's been told to keep his mouth shut. **2.** (*de una cueva, un túnel, etc.*) entrance: **lo capturaron en la boca del túnel** he was captured at the entrance * mouth of the tunnel; (*de un arma de fuego*) muzzle: **la boca del fusil aún estaba caliente** the rifle's muzzle was still warm. **3.** (*referido al vino*) taste: **este vino tiene buena boca** this wine tastes very good. **4.** (*de un crustáceo*) claw.

boca a boca *sm* mouth-to-mouth resuscitation: **tuvo que hacerle el boca a boca** she had to give him mouth-to-mouth resuscitation * the kiss of life.

boca de incendios *sf* fire hydrant.

boca de metro *sf* underground railway station entrance.

boca de riego *sf* (*Agr*) hydrant.

boca del estómago *sf* upper part of the stomach.

bocacalle /boka'kaʎe/ *sf* (*cruce*) *junction of a side street and a main road*: **gire a la derecha en la tercera bocacalle** turn right into the third side street; (*calle lateral*) side street: **está en una de las bocacalles** it's down one of the side streets.

bocadillo /boka'ðiʎo/ *sm* **1.** (*sándwich*) sandwich. **2.** (*Amér L: canapé*) canapé. **3.** (*Col: tipo de pastel*) guava jelly cake. **4.** (*en un cómic*) (speech) bubble, (speech) balloon.

bocadito /boka'ðito/ *sm* (*Amér L: canapé*) canapé.

bocado /bo'kaðo/ *sm* **1.** (*porción de comida*) mouthful: **déjame que pruebe un bocado** let me try a mouthful • **salió de casa con el bocado en la boca** he left home straight after eating; (*refrigerio*) snack: **vamos a tomar un bocado** let's go and have a snack • **lleva todo el día sin probar bocado** she hasn't had a bite to eat all day. **2.** (*dentellada*) bite: **el perro le dio un bocado** the dog bit her. **3.** (*parte de la brida*) bit.

bocado de Adán *sm* Adam's apple.

bocajarro /boka'xarro/ **a bocajarro** *loc adv*: **le disparó a bocajarro** he shot him at point-blank range; **le preguntó a bocajarro si tenía un lío amoroso** she asked him point-blank if he was having an affair.

bocamanga /boka'maŋga/ *sf* cuff (*of shirt, jacket*).

bocanada /boka'naða/ *sf* **1.** (*de humo, viento*) puff: **la chimenea despedía bocanadas de humo** billows of smoke were coming from the fireplace; **aspiró una bocanada de aire fresco** he breathed in the fresh air; (*de líquido*) mouthful. **2.** (*de personas*) crowd: **del cine salían bocanadas de gente** people were streaming out of the cinema.

bocata /bo'kata/ *sm* (*fam*) sandwich.

bocazas /bo'kaθas/ *sm/f inv* (*fam*) loudmouth, bigmouth: **¡eres un bocazas!** you're such a loudmouth * bigmouth!

boceras /bo'θeras/ *sm/f inv* (*fam*) bigmouth, loudmouth.

boceto /bo'θeto/ *sm* (*dibujo*) sketch: **hizo un boceto de la máquina en cinco minutos** she drew a sketch of the machine in five minutes.

boche /'botʃe/ *sm* (*Chi, Perú: follón*) uproar; (*: pelea*) brawl.

bochinche /bo'tʃintʃe/ *sm* (*jaleo*) uproar; (*discusión*) row: **¡menudos bochinches le arma su padre**

cuando llega tarde! he gets a terrific telling-off from his father when he comes home late!

bochorno /bo'tʃorno/ *sm* **1.** (*viento*) *hot summer breeze*; (*calor*) sultry weather: **¡qué bochorno hacía aquel día!** the weather was so sultry that day! **2.** (*sentimiento*) embarrassment: **fue un bochorno perder de esa manera** it was embarrassing to lose like that; **¡qué bochorno pasé al darme cuenta!** I was so embarrassed when I realized!

bochornoso, -sa /botʃor'noso -sa/ *adj* **1.** (*tiempo*) close, sultry: **hacía un calor bochornoso** it was stiflingly hot. **2.** (*vergonzoso*) embarrassing.

bocina /bo'θina/ *sf* **1.** (*de coche*) horn: **tocó la bocina al doblar la esquina** she blew her horn as she turned the corner. **2.** (*megáfono*) megaphone.

bocinazo /boθi'naθo/ *sm* **1.** (*de coche*) toot, honk: **dales un bocinazo** toot your horn at them. **2.** (*fam*: *grito*) bellow: **dio un bocinazo a ver si se callaban los niños** he bellowed at the children to try to make them shut up; **¡menudo bocinazo nos pegó!** she really shouted at us.

bocio /'boθjo/ *sm* (*GB*) goitre, (*US*) goiter.

boda /'boða/ *sf* wedding.

bodas de diamante *sf pl* diamond wedding.

bodas de oro *sf pl* golden wedding.

bodas de plata *sf pl* silver wedding.

bodega /bo'ðeɣa/ *sf* **1.** (*sótano*) (wine) cellar. **2.** (*establecimiento*) wine shop. **3.** (*de un barco*) hold. **4.** (*Amér L*: *tienda*) grocery store.

bodegón /boðe'ɣon/ *sm* **1.** (*en pintura*) still life. **2.** (*mesón*) (traditional) restaurant.

bodeguero, -ra /boðe'ɣero -ra/ *sm/f* **1.** (*fabricante de vino*) wine producer. **2.** (*en tienda de vinos*) wineshop owner. **3.** (*Amér L*: *tendero*) grocer.

bodorrio /bo'ðorrjo/ *sm* (*fam*) *expensive and tastelessly showy wedding.*

bodrio /'boðrjo/ *sm* **1.** (*comistrajo*) bad food, swill: **no sé cómo pude comerme aquel bodrio** I don't know how I managed to eat that swill. **2.** (*chapuza*) rubbish: **esa película me pareció un bodrio** I thought that film was rubbish.

body /'boði/ *sm* **1.** (*prenda interior: ceñida*) body; (*: holgada*) teddy. **2.** (*de gimnasia*) leotard.

bóer /'boer/ *adj, sm/f* [**bóers**] Boer.

bofe /'bofe/ *sm* (*fam*) lung • **tuvo que echar el bofe para terminarlo a tiempo** she had to go flat out to get it done in time.

bofetada /bofe'taða/ *sf* **1.** (*en la cara*) slap (*on face, cheek*): **le dio una bofetada** she slapped his face • **tus hijos se están dando de bofetadas** your children are having a fight • **esa falda y esa chaqueta se dan de bofetadas** that skirt clashes with that jacket. **2.** (*fam*: *golpe*): **se han dado una bofetada con el coche** they've crashed the car.

bofetón /bofe'ton/ *sm* (*fam*) hard slap (*on the face*).

bofia /'bofja/ *sf* (*!!*) cops *pl*, police *pl*: **de repente llegó la bofia** suddenly the cops arrived.

boga /'boɣa/ *sf* vogue • **esa música estuvo en boga en los años sesenta** that music was fashionable * in vogue in the sixties.

bogar /bo'ɣar/ [➪ pagar] *vi* (*remar*) to row; (*navegar*) to sail.

bogavante /boɣa'βante/ *sm* lobster.

bohardilla /boar'ðiʎa/ *sf* ➪ buhardilla

bohemio, -mia /bo'emjo -mja/ *adj, sm/f* Bohemian.

boicot /boi'kot/ *sm* [**boicots**] boycott.

boicotear /boikote'ar/ [➪ CANTAR] *vt* to boycott.

boina /'boina/ *sf* beret.

boj /box/ *sm* (*arbusto*) box tree * bush; (*madera*) boxwood.

bol /bol/ *sm* bowl: **les regalamos unos boles de porcelana** we gave them a set of china bowls as a present.

bola /'bola/ *sf* **1.** (*esfera*) ball • **hoy no doy pie con bola** I can't do a thing right today • **está hecho una bola** he's got very fat • **va siempre a su bola y no se mete con nadie** she always does her own thing and keeps out of other people's way • (*Arg, Urug*) **está loca por Javier, pero él no le da bola** she's crazy about Javier, but he completely ignores her. **2.** (*fam*: *embuste*) lie, fib: **le conté una bola y se la creyó** I told him a fib and he believed it. **3.** (*Méx*: *grupo*): **son todos una bola de ladrones** they're a bunch of thieves.

bola de cristal *sf* crystal ball.

bola de naftalina *sf* mothball.

bola de nieve *sf* snowball.

bolada /bo'laða/ *sf* (*fam*) **1.** (*Amér C, Méx*: *embuste*) lie, fib. **2.** (*Arg, Urug*: *ocasión*): **aproveché la bolada y me fui con ellos** I made the most of the opportunity and I went with them.

bolchevique /boltʃe'βike/ *adj, sm/f* Bolshevik.

boleadoras /bolea'ðoras/ *sf pl* (*Amér S*) bolas *pl*.

bolear /bole'ar/ [➪ CANTAR] *vt* **1.** (*Amér S*: *ganado*) *to round up using bolas.* **2.** (*Méx*: *calzado*) to polish.

bolera /bo'lera/ *sf* bowling alley.

bolero, -ra /bo'lero -ra/ **I** *adj* (*fam*) lying: **no seas bolera y di la verdad** stop telling lies and give me the truth.

II *sm/f* **1.** (*fam*: *mentiroso*) liar. **2.** (*Méx*: *limpiabotas*) shoeshine.

III bolero *sm* **1.** (*Mús*) bolero. **2.** (*chaqueta*) bolero (jacket).

boleta /bo'leta/ *sf* **1.** (*resguardo*) ticket • **le ha dado boleta a su novio** she's given her boyfriend the push. **2.** (*also* **boleta de calificaciones**) (*Méx*: *Educ*) report card.

boleta electoral *sf* (*Amér L*) ballot paper.

boletín /bole'tin/ *sm* **1.** (*en radio, televisión; hoja informativa*) bulletin. **2.** (*papeleta*) form: **rellenó un boletín de suscripción** she filled in a subscription form.

boleto /bo'leto/ *sm* **1.** (*de un sorteo*) ticket: **fuimos a cobrar el boleto premiado** we went to cash in our winning ticket; (*de quinielas*) (pools) coupon. **2.** (*Amér L*: *Transp, billete*) ticket • (*Méx*) **te estás sacando boleto** I'm warning you.

boli /'boli/ *sm* (*short for* **bolígrafo**) (*fam*) ballpoint (pen).

boliche /bo'litʃe/ *sm* **1.** (*bola pequeña*) *small ball used in bowls and boules.* **2.** (*Arg, Chi, Urug*: *fam, bar*) bar; (*: tienda*) small shop.

bólido /'boliðo/ *sm* racing car; (*fam*): **¡vaya bólido se ha comprado!** that's a fantastic car he's bought! • **pasó a mi lado como un bólido** she went by me like lightning.

bolígrafo /bo'liɣrafo/ *sm* ballpoint (pen).

bolillo /bo'liʎo/ *sm* (*Méx*: *Culin*) roll.

bolívar /bo'liβar/ *sm* bolivar (*national currency of Venezuela*).

Bolivia /bo'liβja/ *sf* Bolivia.

boliviano, -na /boli'βjano -na/ **I** *adj, sm/f* Bolivian.

II boliviano *sm* boliviano (*national currency of Bolivia*).

bollo /'boʎo/ *sm* **1.** (*tipo de dulce*) bun; (*producto de* *bollería*) pastry; (*panecillo*) bread roll. **2.** (*abolladura*) dent: **te han hecho un bollo en el coche** someone has dented your car. **3.** (*jaleo*) confusion, mix-up: **¡menudo bollo se armó con esos papeles!** there was such a mix-up over those papers!

bolo /'bolo/ **I** *sm* **1.** (*Juegos*) pin (*in tenpin bowling*), skittle. **2.** (*Méx*: *recuerdo*) souvenir (*given to people attending a christening*).
II bolos *sm pl* tenpin bowling, tenpins *pl*: **todos los domingos van a jugar a los bolos** every Sunday they go bowling.

bolsa /'bolsa/ *sf* **1.** (*gen*) bag: **me olvidé de comprar bolsas de basura** I forgot to buy rubbish bags; **le regalamos una bolsa de viaje** we gave him a travel bag as a present; **tenía bolsas debajo de los ojos** she had bags under her eyes • **sólo le interesa tener bien llena la bolsa** all he's interested in is filling his own pockets • **¡la bolsa o la vida!** your money or your life! **2.** (*Méx*: *bolso de mujer*) (*GB*) handbag, (*US*) purse. **3.** (*pliegue*) bulge: **quedaron algunas bolsas en la pared** there were still a few air-bubbles left on the wall. **4.** (*also* **Bolsa**) (*Fin*) stock exchange. **5.** (*Méx*: *Indum*) pocket.
bolsa de aseo *sf* toiletries bag, (*GB*) sponge bag.
bolsa de dormir *sf* (*Arg, Urug*) sleeping bag.
bolsa de estudios *sf* educational grant.
bolsa de la compra *sf* **1.** (*objeto*) shopping bag. **2.** (*Fin*: *artículos esenciales*) weekly shopping basket, basic necessities *pl*: **cada vez está más cara la bolsa de la compra** the weekly shopping basket gets more and more expensive.
bolsa de plástico *sf* plastic bag.
bolsa de red *sf* string bag.
bolsa de trabajo *sf*: *register of jobs and qualified workers*.

bolsear /bolse'ar/ [⇨ CANTAR] *vt* (*Amér C, Méx*): **lo bolsearon** he had his pocket picked.

bolsillo /bol'siʎo/ *sm* **1.** (*de ropa*) pocket: **se guardó la cartera en el bolsillo** she put her purse in her pocket; **me he comprado un diccionario de bolsillo** I've bought a pocket dictionary • **ha conseguido meterse a sus profesores en el bolsillo** he's managed to get his teachers on his side. **2.** (*dinero*) funds *pl*: **lo tuve que pagar de mi bolsillo** I had to pay for it out of my own pocket • **le cuesta mucho rascarse el bolsillo** he hates paying out money.

bolsista /bol'sista/ *sm/f* (*Méx*) pickpocket.

bolso /'bolso/ *sm* (*GB*) handbag, (*US*) purse.

boludo, -da /bo'luðo -ða/ (*Amér L*: *!!*) **I** *adj*: **¡qué boludo!** what a jerk!
II *sm/f* jerk.

bomba /'bomba/ **I** *sf* **1.** (*para líquidos, aire*) pump. **2.** (*Mil*) bomb • **la dimisión del primer ministro fue una bomba** the prime minister's resignation was a real bombshell. **3.** (*Chi, Col, Ven*: *gasolinera*) (*GB*) petrol station, (*US*) gas station.
II *adj inv* (*fam*: *sorprendente*) unexpected, surprising: **su divorcio fue una noticia bomba** the news of their divorce caused a sensation.
III *adv* (*fam*) fantastically: **lo pasamos bomba durante las vacaciones** we had a fantastic time * a whale of a time during the holidays.
bomba de neutrones *sf* neutron bomb.
bomba de relojería *sf* time bomb.
bomba incendiaria *sf* incendiary bomb.

bombacha /bom'batʃa/ *sf*, **bombachas** /bom'batʃas/ *sf pl* (*Arg, Urug*: *prenda interior*) panties *pl*, (*GB*) knickers *pl*, (*US*) underpants *pl*.

bombacho /bom'batʃo/ *sm*, **bombachos** /bom'batʃos/ *sm pl* (*GB*) baggy trousers *pl*, (*US*) baggy pants *pl*.

bombardear /bombarðe'ar/ [⇨ CANTAR] *vt* **1.** (*Mil*: *desde aviones*) to bomb; (*: con artillería*) to shell, to bombard: **nos bombardearon** *a* **preguntas** they bombarded us with questions. **2.** (*Fís*) to bombard.

bombardeo /bombar'ðeo/ *sm* **1.** (*Mil*: *desde aviones*) bombing (*: de artillería*) bombardment • **ése se apunta a un bombardeo** he's game for anything. **2.** (*Fís*) bombardment.

bombardero, -ra /bombar'ðero -ra/ **I** *adj* bombing.
II bombardero *sm* **1.** (*Av*) bomber. **2.** (*Hist, Mil*: *persona*) bombardier.

bombazo /bom'baθo/ *sm* (bomb) explosion, blast • **la publicación de las cartas ha sido un bombazo** the publication of the letters has caused a huge stir * upset.

bombero, -ra /bom'bero -ra/ *sm/f* (*gen*) firefighter; (*hombre*) fireman; (*mujer*) firewoman.

bombilla /bom'biʎa/ *sf* **1.** (*de luz*) (light) bulb. **2.** (*Arg, Urug*: *para beber mate*) *metal drinking straw*.

bombillo /bom'biʎo/ *sf* (*Amér C, Col, Cuba, Ven*) light bulb.

bombín /bom'bin/ *sm* (*GB*) bowler (hat), (*US*) derby.

bombita /bom'bita/ *sf* (*Arg, Urug*) light bulb.

bombo /'bombo/ *sm* **1.** (*Mús*: *instrumento*) bass drum; (*: músico*) bass drummer • **anunciaron su compromiso a bombo y platillo** they announced their engagement in a blaze of publicity • **a pesar de todo el bombo que le dieron, la película no vale nada** in spite of all the hype, it's not a very good movie • **se da mucho bombo** she's always blowing her own trumpet. **2.** (*en un sorteo*) lottery drum * tub.

bombón /bom'bon/ *sm* **1.** (*dulce*) chocolate. **2.** (*fam*: *mujer agraciada*) stunner: **es un auténtico bombón** she's a real stunner.

bombona /bom'bona/ *sf* cylinder.
bombona de butano *sf* butane gas cylinder.
bombona de oxígeno *sf* oxygen cylinder.

bombonería /bombone'ria/ *sf* confectioner's shop, (*GB*) sweet shop, (*US*) candy store.

bonachón, -chona /bona'tʃon -'tʃona/ **I** *adj* good-natured.
II *sm/f* good-natured person.

bonaerense /bonae'rense/ **I** *adj* of * from Buenos Aires.
II *sm/f* native * inhabitant of Buenos Aires.

bonanza /bo'nanθa/ *sf* **1.** (*Meteo, Náut*) fair weather: **la bonanza hizo muy agradable la travesía** the calm weather made the crossing very enjoyable. **2.** (*bienestar*) prosperity: **fueron años de bonanza para el sector agrícola** those were prosperous years for the farming community.

bondad /bon'dað/ *sf* **1.** (*generosidad, honradez*) goodness. **2.** (*cortesía*) kindness: **tenga la bondad** *de* **decírselo al señor Suárez** would you please tell Mr Suárez.

bondadoso, -sa /bonda'ðoso -sa/ *adj* kind.

boniato /bo'njato/ *sm* sweet potato.

bonificación /bonifika'θjon/ *sf* **1.** (*descuento*) discount, rebate. **2.** (*gratificación*) bonus; (*Dep*) bonus points *pl*.

bonito, -ta /bo'nito -ta/ **I** *adj* **1.** (*lindo*) nice, pretty: **tienen una casa muy bonita en el campo** they have a very nice house in the country; **el encaje queda muy bonito** the lace looks very pretty; **¡qué bonito!** that's beautiful * lovely!; **¿te parece bonito lo que acabas de hacer?** are you proud of what you've just done? **2.** (*considerable*): **le pagaron una bonita suma**

de dinero they paid him a tidy sum; **tiene un bonito sueldo** she's on a good salary.

II bonito *sm* (*pez*) bonito, tunafish.

III bonito *adv* (*Amér L*) well: **¡que te vaya bonito!** good luck!

bonito en escabeche *sm*: *tuna with vinegar and spices.*

bono /'bono/ *sm* **1.** (*vale*) voucher. **2.** (*pase*) season ticket: **resulta más económico utilizar un bono mensual** it works out cheaper to use a monthly season ticket. **3.** (*Fin*) bond: **hemos invertido el dinero en bonos del estado** we have invested our money in government bonds.

bonsai /'bonsai/ *sm* bonsai.

boñiga /bo'ɲiɣa/ *sf*, **boñigo** /bo'ɲiɣo/ *sm* (*de vaca*) cowpat.

boom /bum/ *sm* (*Fin*) boom: **se ha producido un boom económico** there has been an economic boom.

boquera /bo'kera/ *sf* **1.** (*Agr*) sluice. **2.** (*Med*) lip sore.

boquerón /boke'ron/ *sm* (fresh) anchovy.

boquete /bo'kete/ *sm* (*paso*) gap: **pasamos por un boquete entre dos rocas** we squeezed through a gap between two rocks; (*brecha*) hole: **el torpedo abrió un boquete en el casco del barco** the torpedo made a hole in the ship's hull.

boquiabierto, -ta /bokja'βjerto -ta/ *adj* amazed, open-mouthed with amazement: **dejó al público boquiabierto** she left the audience open-mouthed with amazement.

boquilla /bo'kiʎa/ *sf* **1.** (*para cigarrillos*) cigar ✱ cigarette holder; (*de una pipa*) mouthpiece. **2.** (*parte de un cigarrillo*) filter tip. **3.** (*Mús*) mouthpiece • **me invitó, pero sólo de boquilla** he went through the motions of inviting me. **4.** (*Tec*) nozzle.

borbónico, -ca /bor'βoniko -ka/ *adj* Bourbon.

borbotear /borbote'ar/ [⇨CANTAR] *vi* (*manantial*) to bubble; (*río*) to burble.

borbotón /borβo'ton/ *sm* bubbling • **la sangre brotaba de su herida a borbotones** blood was gushing from his wound • **la emoción le hacía hablar a borbotones** she gabbled in her excitement.

borda /'borða/ *sf* (*Náut*) gunwale • **ha tirado por la borda su carrera** he's thrown up his career.

bordada /bor'ðaða/ *sf* (*Náut*) tack.

bordado, -da /bor'ðaðo -ða/ **I** *adj* **1.** (*cosido*) embroidered. **2.** (*sin fallos*) perfect: **el ejercicio le salió bordado** her exercise turned out perfectly.

II bordado *sm* embroidery.

bordar /bor'ðar/ [⇨CANTAR] *vt* **1.** (*coser*) to embroider: **ha bordado sus iniciales a mano en la blusa** she has hand-embroidered her initials on her blouse. **2.** (*hacer muy bien*): **el protagonista bordó su papel** the lead player gave an impeccable performance.

borde /'borðe/ **I** *sm* (*de una taza, un vaso*) rim; (*de una carretera, una mesa*) edge; (*de una prenda*) hem; (*del mar*) shore • **estamos al borde de la ruina** we're on the brink of ruin • **su jefe está al borde de un ataque de nervios** his boss is on the verge of a nervous breakdown • **estuvo al borde de la muerte** he was at death's door.

II *sm/f* (*fam*) nasty person.

III *adj* (*fam*): **no te pongas borde conmigo** don't get awkward ✱ (*GB*) stroppy with me.

bordear /borðe'ar/ [⇨CANTAR] *vt* **1.** (*rodear*) to go round, to skirt: **bordeamos el lago** we went round the edge of the lake; (*estar al borde*): **una fila de casas bordeaba la carretera** a row of houses bordered the road. **2.** (*acercarse*) to be close to: **mi padre bordea los setenta años** my father's close to seventy; **su extravagancia bordea la locura** his eccentricity borders on madness.

bordillo /bor'ðiʎo/ *sm* (*GB*) kerb, (*US*) curb.

bordo /'borðo/ **a bordo** *loc adv* (*Náut*) on board: **el almirante está a bordo del portaaviones** the admiral is on board the aircraft carrier.

borla /'borla/ *sf* **1.** (*adorno*) tassel. **2.** (*para cosméticos*) powder puff.

borne /'borne/ *sm* (*Tec*) terminal.

borrachera /borra'tʃera/ *sf*: **pilló una borrachera tremenda** he got tremendously drunk.

borracho, -cha /bo'rratʃo -tʃa/ **I** *adj* **1.** (*ebrio*) drunk. **2.** (*excitado*) overcome: **estaba completamente borracho** *de* **ira** he was absolutely wild with anger. **3.** (*Culin*: *bizcocho*) *containing alcohol.*

II *sm/f* drunkard, drunk.

borrador /borra'ðor/ *sm* **1.** (*escrito*) draft: **¿has leído el borrador del contrato?** have you read the draft contract? **2.** (*para una pizarra*) (chalk)board rubber, duster.

borrar /bo'rrar/ [⇨CANTAR] *vt* **1.** (*un texto: con una goma, un borrador*) to rub out, to erase; (*: tachando*) to cross out; (*la pizarra*) to clean. **2.** (*Inform*) to delete. **3.** (*un suceso*) to wipe out, to erase: **no logro borrar su imagen de mi memoria** I can't wipe her image from my memory.

borrarse *v prnl* **1.** (*texto*) to be erased. **2.** (*suceso*) to be wiped out: **eso no se borra fácilmente de la memoria** you can't easily wipe that out of your mind. **3.** (*de un grupo, una asociación*) to resign: **se borró del equipo** she dropped out of the team.

borrasca /bo'rraska/ *sf* (*Meteo*: *depresión*) depression, area of low pressure; (*: tormenta*) storm.

borrascoso, -sa /borras'koso -sa/ *adj* **1.** (*Meteo*) stormy. **2.** (*turbulento*) tempestuous, stormy: **al público le atraía su borrascoso pasado** people were interested in his stormy past.

borrego, -ga /bo'rreɣo -ɣa/ **I** *sm/f* **1.** (*Agr*) young sheep (*up to two years old*). **2.** (*fam*: *persona simple*) dope, simpleton.

II *adj* (*fam*) dim, dense.

borrico, -ca /bo'rriko -ka/ **I** *sm/f* **1.** (*Zool*) donkey. **2.** (*fam*: *persona poco inteligente*) blockhead, thickhead; (*: persona terca*) stubborn person.

II *adj* (*fam*: *de poca inteligencia*) dim; (*: terco*) stubborn, pigheaded: **se puso borrico y no quiso comerse el puré** he started being stubborn and wouldn't eat his mashed potato.

borrón /bo'rron/ *sm* **1.** (*de tinta*) blot • **hicimos borrón y cuenta nueva** we started all over again. **2.** (*deshonra*) blemish, blot: **esto es un borrón** *en* **tu historial** this is a blot on your record.

borroso, -sa /bo'rroso -sa/ *adj* blurred: **lo veo todo borroso** everything looks blurred; **la carta estaba borrosa y no se entendía** the letter was blurred and illegible; **tengo un recuerdo borroso de aquellos años** I have only a vague recollection of those years.

Bosnia /'bosnja/ *sf* (*also* **Bosnia Herzegovina**) Bosnia, Bosnia-Hercegovina.

bosque /'boske/ *sm* (*pequeño*) wood; (*grande*) forest: **nos perdimos en el bosque** we got lost in the woods; **vi un ciervo en la espesura del bosque** I saw a deer in the depths of the forest.

bosquejo /bos'kexo/ *sm* **1.** (*Artes*: *de una pintura*) sketch; (*de un escrito*) draft. **2.** (*plan, proyecto*) outline.

bostezar /boste'θar/ [⇨cazar] *vi* to yawn: **los asisten-**

tes bostezaban *de* **aburrimiento** those attending were yawning with boredom.

bostezo /bos'teθo/ *sm* yawn.

bota /'bota/ *sf* 1. (*calzado*) boot • **colgó las botas al final de la temporada** he hung up his boots at the end of the season • **ponerse las botas: el día de Navidad nos pusimos las botas** we stuffed ourselves on Christmas Day; **se ha puesto las botas a costa del contribuyente** he has feathered his nest at the taxpayer's expense; **durante los años de bonanza económica se pusieron las botas** during the boom years of the economy they made a lot of money. 2. (*para vino*) wineskin.

bota de agua * de goma * de lluvia *sf* wellington (boot).

bota de caña alta *sf* knee-length boot.

bota de media caña *sf* ankle boot.

botadura /bota'ðura/ *sf* (*Náut*) launching.

botamanga /bota'maŋga/ *sf* (*Arg, Urug*) cuff (*of shirt*).

botánica /bo'tanika/ *sf* botany.

botánico, -ca /bo'taniko -ka/ **I** *adj* botanic, botanical. **II** *sm/f* botanist.

botar /bo'tar/ [⇨ CANTAR] *vt* 1. (*una pelota*) to bounce: **el portero botó el balón antes de sacar** the goalkeeper bounced the ball before kicking it out. 2. (*Náut*) to launch. 3. (*fam*: *expulsar*) to throw out: **lo han botado del equipo** he's been thrown out of the team. 4. (*Amér L*: *tirar*) to throw away * out.

♦ *vi* 1. (*pelota*) to bounce: **este balón apenas bota** this ball doesn't bounce very well. 2. (*persona*) to jump: **se pusieron a botar de alegría** they started to jump for joy.

botarate /bota'rate/ *sm/f* (*fam*) (*GB*) loony, (*US*) screwball.

bote /'bote/ *sm* 1. (*recipiente: de vidrio*) jar; (*: de hojalata*) can, (*GB*) tin • **la tienes en el bote** you have her eating out of your hand. 2. (*para dinero*) *container for tips in bar or restaurant* • **llevan toda su vida chupando del bote** they've been on the make all their lives. 3. (*entre amigos*) kitty: **nos quedan tres mil pesetas de bote** we have three thousand pesetas left in the kitty. 4. (*en un sorteo*) jackpot. 5. (*Náut*) boat. 6. (*de una pelota*) bounce; (*dado por una persona*) jump: **se puso a dar botes** *de* **alegría** he started to jump for joy • **se dieron el bote antes de que llegase la policía** they took to their heels before the police arrived • **el bar estaba de bote en bote** the bar was packed with people.

bote de humo *sm* smoke bomb.

bote de la basura *sm* (*Méx*) (*GB*) dustbin, (*US*) trash can.

bote de salvamento, bote salvavidas *sm* lifeboat.

botella /bo'teʎa/ *sf* bottle.

botellero /bote'ʎero/ *sm* rack (*for bottles*).

botica /bo'tika/ *sf* (*frml*) pharmacy, (*GB*) chemist's (shop) • **aquí hay de todo, como en botica** you'll find everything you can think of here.

boticario, -ria /boti'karjo -rja/ *sm/f* (*frml*) pharmacist, (*GB*) (dispensing) chemist.

botijo /bo'tixo/ *sm*: *earthenware jug which keeps water cool.*

botín /bo'tin/ *sm* 1. (*calzado*) ankle boot. 2. (*de un delito*) booty, haul: **los atracadores huyeron con el botín** the robbers fled with their haul.

botiquín /boti'kin/ *sm* (*lugar*) first aid centre; (*armario*) medicine cabinet; (*estuche*) first aid kit.

botón /bo'ton/ **I** *sm* 1. (*de una prenda, un aparato*) button: **pulse el botón de la derecha** press the button on the right. 2. (*en una planta*) bud.
II botones *sm inv* bellboy.

botón de muestra *sm* sample (*of merchandise*) • **sirva como botón de muestra el siguiente ejemplo...** the following example will serve as an illustration.

bóveda /'boβeða/ *sf* (*Arquit*) vault.

bóveda celeste *sf* firmament, sky.

bovino, -na /bo'βino -na/ *adj* bovine: **el ganado bovino** cattle.

box /boks/ *sm* [**boxes**] 1. (*en automovilismo*) pits *pl*. 2. (*para un caballo*) stall. 3. (*Amér L*: *boxeo*) boxing.

boxeador /boksea'ðor/ *sm* (*Dep*) boxer.

boxear /bokse'ar/ [⇨ CANTAR] *vi* to box.

boxeo /bok'seo/ *sm* boxing.

boya /'boja/ *sf* 1. (*Náut*) buoy. 2. (*en una caña de pescar*) float.

boyante /bo'jante/ *adj* thriving, successful: **su posición económica es boyante** financially, they are thriving.

bozal /bo'θal/ *sm* muzzle.

bozo /'boθo/ *sm*: *fuzz or down on upper lip.*

braga /'braɣa/ *sf*, **bragas** /'braɣas/ *sf pl* 1. (*ropa interior de mujer*) panties *pl*, (*GB*) knickers *pl*, (*US*) underpants *pl* • **nos pillaron en bragas con sus preguntas** their questions caught us completely unprepared. 2. (*de biquini*) bikini bottoms *pl*. 3. (*de niño pequeño*) over pants *pl*.

braguero /bra'ɣero/ *sm* (*Med*) truss.

bragueta /bra'ɣeta/ *sf* (*del pantalón*) fly, flies *pl*.

braille /'braiʎe/ *sm* Braille.

bramante /bra'mante/ *sm* string.

bramar /bra'mar/ [⇨ CANTAR] *vi* 1. (*vaca*) to low; (*toro*) to bellow. 2. (*persona, viento*) to roar.

bramido /bra'miðo/ *sm* 1. (*de una vaca*) lowing; (*de un toro*) bellow: **se oían unos bramidos** you could hear bellowing. 2. (*de una persona*) roar, yell: **se puso a dar bramidos** he started roaring * yelling. 3. (*del viento, del mar*) roaring.

branquia /'braŋkja/ *sf* gill.

brasa /'brasa/ *sf* 1. (*ascua*) ember. 2. (*Culin*): **tomamos unas costillas** *a la* **brasa** we had barbecued spare ribs.

brasero /bra'sero/ *sm* brazier (*placed under table for warmth*).

Brasil /bra'sil/ *sm* Brazil.

brasileño, -ña /brasi'leɲo -ɲa/ *adj, sm/f* Brazilian.

bravas /'braβas/ *sf pl* • **los sacaron de allí a * por las bravas** they were forcibly removed.

bravata /bra'βata/ *sf* 1. (*amenaza*) threat: **sus bravatas ya no me inquietan** his threats no longer worry me. 2. (*bravuconería*) boast: **sus bravatas son de todos conocidas** everyone's familiar with his bragging * boasting.

bravío /bra'βio/ *sm* (*de un toro*) ferocity.

bravo, -va /'braβo -βa/ **I** *adj* 1. (*valeroso*) brave. 2. (*animal*) wild: **tienen una ganadería de toros bravos** they breed fighting bulls. 3. (*mar*) rough.
II bravo *excl* bravo.

bravucón, -cona /braβu'kon -'kona/ (*fam*) **I** *adj* swaggering.
II *sm/f* braggart.

bravura /bra'βura/ *sf* (*valentía*) bravery.

braza /'braθa/ *sf* 1. (*en natación*) breaststroke: **¿sabes nadar** *a* **braza?** can you swim * do breaststroke? 2. (*Náut*) *nautical measurement: 1.6718m.*

brazada /bra'θaða/ *sf* **1.** (*en natación o remo*) stroke. **2.** (*cantidad*) armful.

brazalete /braθa'lete/ *sm* **1.** (*pulsera*) bracelet. **2.** (*distintivo*) armband.

brazo /'braθo/ **I** *sm* **1.** (*Anat*) arm: **llevaba a un bebé** *en* **brazos** she was carrying a baby in her arms; **entraron a la fiesta cogidos del brazo** they walked into the party arm in arm; **nos recibieron con los brazos abiertos** they received us with open arms ● **¿cómo puedes quedarte con los brazos cruzados?** how can you sit back and do nothing? ● **no te cruces de brazos** don't just stand there doing nothing ● **no daré mi brazo a torcer en este asunto** I am not going to give in over this ● **es el brazo derecho del presidente** he's the president's right-hand man ● **lucharon a brazo partido para defender sus derechos** they fought tooth and nail to defend their rights. **2.** (*de un asiento, una balanza*) arm; (*de una lámpara, un candelabro*) branch; (*de una grúa, un micrófono*) boom. **3.** (*de un río*) branch. **4.** (*poder*) power: **nada resiste al brazo del dictador** the dictator's power is all-pervading.
II brazos *sm pl* (*trabajadores*) hands *pl*, workers *pl*.
brazo armado *sm* (*fig*) armed wing.
brazo de gitano *sm* (*Culin*) Swiss roll, (*US*) jelly roll.
brazo de mar *sm* (*Geog*) inlet.

brea /'brea/ *sf* (*gen*) tar; (*para embarcaciones*) pitch.

brebaje /bre'βaxe/ *sm* concoction.

brecha /'bretʃa/ *sf* **1.** (*en una pared*) opening, hole; (*Mil*) breach ● **el jugador nuevo estuvo en la brecha durante todo el partido** the new player was in the thick of it throughout the match. **2.** (*herida*) gash.

brécol /'brekol/ *sm* broccoli.

bregar /bre'ɣar/ [➪pagar] *vi* **1.** (*trabajar*) to slave, to slog away: **se pasó la vida bregando para sacar adelante a su familia** he slaved away all his life to support his family. **2.** (*afrontar*) to struggle: **es un trabajo en el que tiene que bregar** *con* **muchos problemas** he has to deal with a lot of problems in his job. **3.** (*pelear*) to quarrel: **no estoy dispuesto a bregar contigo** I don't want to quarrel with you.

brete /'brete/ *sm* tight spot: **su indiscreción nos ha puesto en un brete** his tactless behaviour has put us in a difficult situation.

breva /'breβa/ *sf* **1.** (*fruto*) early fig ● **¡no caerá esa breva!** no such luck! **2.** (*Amér L*: *tabaco*) chewing tobacco.

breve /'breβe/ *adj* brief, short: **su intervención fue muy breve** his speech was very brief; **tendrá noticias nuestras** *en* **breve** you will hear from us shortly; **llevaba una blusa escotada y una breve falda de tela vaquera** she was wearing a low-cut blouse and a very short denim skirt.

brevedad /breβe'ðað/ *sf* **1.** (*de tiempo*) brevity: **póngase en contacto con nosotros** *con* **la mayor brevedad posible** please contact us at your earliest convenience. **2.** (*de extensión*) conciseness: **contesten a las preguntas con la mayor brevedad** make your answers as brief * concise as possible.

breviario /bre'βjarjo/ *sm* (*Relig*) breviary.

brezo /'breθo/ *sm* (*Bot*) briar, tree heath.

bribón, -bona /bri'βon -'βona/ **I** *adj* rascally.
II *sm/f* rascal.

bricolaje /briko'laxe/ *sm* do-it-yourself.

brida /'briða/ *sf* bridle.

brigada /bri'ɣaða/ **I** *sf* (*Mil*) brigade; (*de salvamento, de obreros*) squad.
II *sm* (*Mil*) sergeant major.

brillante /bri'ʎante/ **I** *adj* **1.** (*luz*) bright, brilliant; (*ojos, diamante*) sparkling; (*metal*) gleaming. **2.** (*actuación*) brilliant: **el abogado tuvo una actuación brillante** the lawyer gave a brilliant performance.
II *sm* diamond: **le regaló un anillo de brillantes** he gave her a diamond ring.

brillantina /briʎan'tina/ *sf* hair cream.

brillar /bri'ʎar/ [➪CANTAR] *vi* **1.** (*luz, sol*) to shine; (*estrella*) to twinkle; (*ojos, diamante*) to sparkle; (*metal*) to gleam; (*superficie mojada*) to glisten. **2.** (*persona, hecho*) to stand out: **ese chico brilla** *por* **su agudeza** that boy stands out because of his sharpness.

brillo /'briʎo/ *sm* (*gen*) shine: **les sacó brillo a los zapatos** he polished his shoes; **con el tiempo, perdió el brillo** in the course of time it became tarnished; (*de una luz, del sol*) brightness; (*de una estrella*) twinkling; (*de los ojos, de un diamante*) sparkle; (*de una superficie pintada/pulida*) gloss; (*del pelo*) sheen.

brincar /briŋ'kar/ [➪sacar] *vi* (*persona*) to jump: **brincó** *de* **alegría al vernos** he jumped for joy when he saw us; (*animal*) to frolic: **los potrillos brincaban por el prado** the colts frolicked about in the meadow.

brinco /'briŋko/ *sm* jump: **se puso a dar brincos** *de* **alegría** she started jumping for joy; **pegué un brinco al oír la puerta** I jumped when I heard the door.

brindar /brin'dar/ [➪CANTAR] *vi* to drink a toast: **¡brindo** *por* **tu futuro como actor!** here's to * I drink to your future as an actor!; **brindemos** *a* **la salud de los recién casados** let us drink a toast to the newlyweds.
♦*vt* **1.** (*ofrecer*) to provide, to offer: **me brindó la oportunidad de viajar** it provided me with a chance to travel; **nos brindaron una cálida acogida** they gave us a warm welcome. **2.** (*Tauro*: *dedicar*) to dedicate.
brindarse *v prnl* to offer oneself: **se brindó a ser nuestro guía** he offered to be our guide.

brindis /'brindis/ *sm inv* toast: **quiero proponer un brindis** I'd like to propose a toast.

brío /'brio/ *sm* **1.** (*determinación*) determination: **empezaron el trabajo con mucho brío** they began work with great determination; **tocaron con mucho brío** they played with great gusto. **2.** (*fuerza*) drive, force: **el toro embistió con mucho brío** the bull charged ferociously.

brisa /'brisa/ *sf* breeze.

brisca /'briska/ *sf*: *card game played in Spanish-speaking countries.*

británico, -ca /bri'taniko -ka/ **I** *adj* British.
II *sm/f* Briton: **los británicos** the British, British people.

brizna /'briθna/ *sf* **1.** (*de hierba*) blade. **2.** (*porción*) bit, scrap: **no nos queda ni (una) brizna de pan** we haven't a scrap of bread left.

broca /'broka/ *sf* bit (*for drill*).

brocado /bro'kaðo/ *sm* brocade.

brocal /bro'kal/ *sm* curb (*of well*).

brocha /'brotʃa/ *sf* paintbrush, brush (*for housepainting*) ● **las suyas son pinturas de brocha gorda** his paintings are very crude.
brocha de afeitar *sf* shaving brush.

brochazo /bro'tʃaθo/ *sm* brush stroke.

broche /'brotʃe/ *sm* **1.** (*para cerrar: gen*) fastener; (*: de un collar*) clasp. **2.** (*adorno*) brooch ● **la película española puso el broche de oro al festival de cine**

the Spanish film provided a magnificent finale to the movie festival. **3.** (*Amér L*: *para el pelo*) slide. **4.** (*Arg, Urug*: *para tender ropa*) (*GB*) clothes peg, (*US*) clothes pin.

broche de presión *sm* press stud.

brocheta /bro'tʃeta/ *sf* (*varilla*) skewer; (*plato*) kebab.

brócoli /'brokoli/, **bróculi** /'brokuli/ *sm* broccoli.

broma /'broma/ *sf* **1.** (*burla*) joke: **lo dije** *en* **broma** I was (only) joking; **no se le puede hacer una broma** he can't take a joke; **nos gastaron una broma por teléfono** somebody played a joke on us over the telephone; **¡no estoy** *para* **bromas!** I'm not in the mood for joking!; **se lo toma todo** *a* **broma** she doesn't take anything seriously; **no puedes tomarte** *a* **broma tus estudios** you must take your studies seriously; **¿estás** *de* **broma?** are you kidding? • **¡ni en broma!** no way! you must be joking! • **eso no se dice ni en broma** that's not very funny. **2.** (*en sentido irónico*): **la broma del viaje nos salió por un dineral** that little trip cost us a fortune.

broma pesada *sf* malicious practical joke.

bromear /brome'ar/ [⇨ CANTAR] *vi* to joke: **¡estarás bromeando!** you must be joking!

bromista /bro'mista/ **I** *adj*: *fond of joking and pranks*: **Juan es muy bromista** Juan's a real joker.
II *sm/f* joker: **Fernando es un bromista** Fernando is always pulling your leg.

bromuro /bro'muro/ *sm* (*Quím*) bromide.

bronca /'broŋka/ *sf* **1.** (*disputa*) row, quarrel: **están buscando bronca** they're trying to pick a quarrel. **2.** (*regañina*) telling-off: **su padre le echó una * la bronca** *por* **llegar tarde** his father told him off for being late. **3.** (*abucheo*) booing, jeering: **el público despidió a los actores con una bronca impresionante** the audience booed the actors right off the stage.

bronce /'bronθe/ *sm* **1.** (*aleación*) bronze. **2.** (*escultura*) bronze sculpture, bronze: **hay una exposición de bronces egipcios** there is an exhibition of Egyptian bronze statues.

bronceado, -da /bronθe'aðo -ða/ **I** *adj* (*color*) bronze; (*piel*) bronzed, suntanned.
II bronceado *sm* (*de la piel*) (sun)tan.

bronceador, -dora /bronθea'ðor -'ðora/ **I** *adj* tanning.
II bronceador *sm* suntan lotion.

broncear /bronθe'ar/ [⇨ CANTAR] *vt* to tan: **el sol le había bronceado la cara** the sun had tanned her face.

broncearse *v prnl* to get a suntan.

bronco, -ca /'broŋko -ka/ *adj* **1.** (*sonido*) harsh; (*voz*) hoarse. **2.** (*de mal genio*) brusque, curt: **le contestó de forma bronca** he gave her a curt reply.

bronquio /'broŋkjo/ *sm* (*Anat*) bronchial tube.

bronquitis /broŋ'kitis/ *sf inv* bronchitis.

brotar /bro'tar/ [⇨ CANTAR] *vi* **1.** (*planta*) to sprout, to come up: **ya está brotando el trigo** the wheat is already sprouting; **la flor del cerezo brota en marzo** cherry blossom comes out in March. **2.** (*líquido*) to well up: **por entre las rocas brotaba un manantial** a spring welled up between the rocks. **3.** (*idea, sentimiento*) to appear, to take shape.

brote /'brote/ *sm* **1.** (*Bot*: *bulto*) bud; (: *tallo*) shoot. **2.** (*aparición*) outbreak: **los médicos temían un brote de meningitis** doctors feared an outbreak of meningitis; **se ha producido un nuevo brote de violencia** there has been a new outbreak of violence.

bruces /'bruθes/ **de bruces** *loc adv*: **se cayó de bruces** he fell flat on his face; **me di de bruces con Ana en la calle** I bumped into Ana in the street.

bruja /'bruxa/ *sf* **1.** (*hechicera*) witch. **2.** (*fam*: *mujer vieja*) hag; (: *mujer con mal carácter*) witch.

brujería /bruxe'ria/ *sf* witchcraft.

brujo /'bruxo/ *sm* **1.** (*hechicero*) wizard. **2.** (*de pueblos primitivos*) witch doctor.

brújula /'bruxula/ *sf* compass.

bruma /'bruma/ *sf* mist.

brumoso, -sa /bru'moso -sa/ *adj* misty.

bruñir /bru'ɲir/ [⇨ mullir] *vt* to polish.

brusco, -ca /'brusko -ka/ *adj* **1.** (*súbito*) sudden: **hizo un movimiento brusco y tiró el jarrón al suelo** with a sudden movement he knocked the vase to the floor. **2.** (*descortés*) abrupt: **tiene unos modales muy bruscos** his manner is very abrupt.

Bruselas /bru'selas/ *sf* Brussels.

brusquedad /bruske'ðað/ *sf* **1.** (*de un acontecimiento, un movimiento*) suddenness. **2.** (*de modales, de una persona*) abruptness.

brutal /bru'tal/ *adj* **1.** (*persona*) brutal, vicious. **2.** (*grande*) huge, colossal; (*intenso*) dreadful: **tengo un dolor de muelas brutal** I've got dreadful toothache. **3.** (*estupendo*) terrific: **fue una fiesta brutal** it was a terrific party.

brutalidad /brutali'ðað/ *sf* **1.** (*cualidad*) brutality, viciousness. **2.** (*acción*) brutal act.

bruto, -ta /'bruto -ta/ **I** *adj* **1.** (*persona: tonto*) stupid; (: *bestia*) rough; (: *ordinario*) uncouth • **es más bruto que un arado** he's as common as muck. **2.** (*piedra preciosa*) uncut. **3.** (*peso*) gross. **4.** (*beneficio, sueldo*) gross: **gana cuatro millones de pesetas brutas** he earns four million pesetas gross.
II bruto *sm* (*animal*) beast.
III *sm/f* **1.** (*necio*) dunce. **2.** (*bestia*) brute. **3.** (*patán*) lout.

bucal /bu'kal/ *adj* (of the) mouth.

buceador, -dora /buθea'ðor -'ðora/ *sm/f* diver.

bucear /buθe'ar/ [⇨ CANTAR] *vi* **1.** (*en el fondo del mar*) to dive: **buceaban en busca de perlas** they were diving for pearls. **2.** (*cerca de la superficie: gen*) to swim underwater: **me puedo hacer un largo buceando** I can swim a length underwater; (: *con un tubo para respirar*) to snorkel.

buche /'butʃe/ *sm* **1.** (*de ave*) crop. **2.** (*fam*: *estómago*) stomach. **3.** (*Méx*: *fam, boca*) mouth.

bucle /'bukle/ *sm* curl.

budín /bu'ðin/ *sm* pudding (*sweet or savoury*).

budismo /bu'ðizmo/ *sm* Buddhism.

budista /bu'ðista/ *adj*, *sm/f* Buddhist.

buen /bwen/ *adj* *[form of* ***bueno*** *used before masculine singular nouns]* ⇨ bueno

buena /'bwena/ **I** *sf* (*fam*) mess: **te has metido en una buena** you've got yourself in a real mess.
II buenas *sf pl*: **pídeselo ahora que está** *de* **buenas** ask her now while she is in a good mood • **de buenas a primeras se puso a llover** all of a sudden it started raining • **¿y se fue así, por las buenas?** so, he upped and went, just like that? • **lo vas a hacer, por las buenas o por las malas** you're going to do it whether you like it or not • **intentaré solucionarlo por las buenas** I'll try to sort it out amicably.
III buenas *excl* hello.

buenamente /bwena'mente/ *adv*: **lo haré como buenamente pueda** I'll do it as well as I can * to the best of my ability.

buenamoza /bwena'moθa/ *adj* (*Amér L*: *mujer*) handsome, attractive.

buenaventura /bwenaβen'tura/ *sf* (*suerte*) good luck; (*adivinación*) fortune: **me echó la buenaventura** she told my fortune.

buenazo, -za /bwe'naθo -θa/ **I** *adj* good-natured, easy-going.
II *sm/f* good-natured * easy-going person.

buenmozo /bwem'moθo/ *adj* (*Amér L*) handsome.

bueno, -na /'bweno -na/ **I** *adj [shortened to* **buen** *before masculine singular nouns]* **1.** (*gen*) good: **nunca fui buen estudiante** I was never a good student; **no es una película muy buena** it isn't a very good movie; **nos contó un chiste muy bueno** she told us a very good joke; **es muy bueno** *para* **hacer crucigramas** he's very good at crosswords; (*oportuno*) good: **no es un momento muy bueno para darle la noticia** this isn't a very good moment to break the news to him; (*saludable*): **no es bueno comer mucho chocolate** it's not good for you to eat a lot of chocolate; (*amable*) good, kind: **seguro que te ayuda, ¡es tan buena!** I'm sure she'll help you, she's so kind • **de buena gana le diría que no** I'd be only too glad to tell him no. **2.** (*grato*) good, nice: **la sopa estaba muy buena** the soup was very nice. **3.** (*con buena salud*) well: **no salgas hasta que te pongas bueno** don't go out until you're well again. **4.** (*Meteo*) good, nice: **hizo muy buen tiempo * un tiempo muy bueno toda la semana** the weather was good all week. **5.** (*grande, intenso*): **cayó una buena nevada** there was a good * considerable fall of snow; **¡buen catarro se ha cogido!** he's caught a terrible * the most awful cold. **6.** (*fam*: *atractivo*) good-looking: **el profesor de gimnasia está muy bueno** the gym teacher is really good-looking.
II *sm/f* **1.** (*bonachón*): **el bueno de Fernando** good old Fernando. **2.** (*en una película*) good guy: **en las películas siempre ganan los buenos** the good guys always win in the movies.
III bueno *adv* all right: **"¿Quieres venir?" "Bueno."** "Do you want to come?" "All right."; **bueno, ya te cansarás** all right, you'll soon get tired • **estaría bueno que no me admitieran** it would be just great if they didn't let me in.
IV bueno *excl* **1.** (*gen*) right: **¡bueno! ¡vale ya de discusiones!** right! that's enough talk! **2.** (*Méx*: *al contestar el teléfono*): **¿bueno?** hello?

buey /bwei/ *sm* ox (*pl* oxen), bullock.
buey de mar *sm* crab.

búfalo /'bufalo/ *sm* buffalo.

bufanda /bu'fanda/ *sf* scarf.

bufar /bu'far/ [➪ CANTAR] *vi* **1.** (*animal*) to snort. **2.** (*fig*: *persona*) to fume: **llegó bufando porque el tren se había retrasado** she came in fuming because her train had been delayed.

bufé /bu'fe/ *sm* buffet.

bufete /bu'fete/ *sm* lawyer's office.

bufido /bu'fiðo/ *sm* **1.** (*de un animal*) snort. **2.** (*de una persona*): **sólo le pregunté, y me soltó un bufido** all I did was ask a question and he bit my head off.

bufo, -fa /'bufo -fa/ *adj* comic.

bufón /bu'fon/ *sm* (*persona ridícula*) buffoon; (*Hist*) jester.

buganvilla /buɣan'βiʎa/ *sf* bougainvillea.

buhardilla /buar'ðiʎa/ *sf* (*habitación*) attic; (*ventana*) dormer window.

búho /'buo/ *sm* owl.

buhonero, -ra /buo'nero -ra/ *sm/f* street seller.

buitre /'bwitre/ *sm* **1.** (*ave*) vulture. **2.** (*fam*: *persona*) greedy person.

bujía /bu'xia/ *sf* **1.** (*de cera*) candle. **2.** (*de un motor*) spark plug.

bula /'bula/ *sf* (papal) bull.

bulbo /'bulβo/ *sm* (*Bot*) bulb.

buldog /bul'dog/ *sm* [**buldogs**] bulldog.

buldozer /bul'doθer/ *sm* [**buldozers**] bulldozer.

bulerías /bule'rias/ *sf pl*: *Andalusian song and dance.*

bulevar /bule'βar/ *sm* boulevard.

Bulgaria /bul'ɣarja/ *sf* Bulgaria.

búlgaro, -ra /'bulɣaro -ra/ **I** *adj, sm/f* Bulgarian.
II búlgaro *sm* (*idioma*) Bulgarian.

bulimia /bu'limja/ *sf* bulimia.

bulla /'buʎa/ *sf* noise, uproar: **¿quién está armando tanta bulla?** who's making all that noise?

bullanga /bu'ʎaŋga/ *sf* noise, uproar.

bullanguero, -ra /buʎaŋ'gero -ra/ **I** *adj* (*fiesta, reunión*) lively; (*mercado*) animated.
II *sm/f* lively person.

bulldog /bul'dog/ *sm* [**bulldogs**] bulldog.

bulldozer /bul'doθer/ *sm* [**bulldozers**] bulldozer.

bullicio /bu'ʎiθjo/ *sm* **1.** (*voces y risas*) hubbub. **2.** (*de una ciudad*) hustle and bustle.

bullicioso, -sa /buʎi'θjoso -sa/ *adj* **1.** (*calle, persona*) noisy. **2.** (*ciudad, mercado*) bustling, busy.

bullir /bu'ʎir/ [➪ mullir] *vi* **1.** (*líquidos*) to bubble. **2.** (*tener movimiento*): **la plaza bullía de gente** the square was bustling with people. **3.** (*ideas, pensamientos*) to come rushing: **en cuanto empieza a escribir, le bullen las ideas** when he begins to write, ideas come rushing into his head.

bulo /'bulo/ *sm* untrue story.

bulto /'bulto/ *sm* **1.** (*protuberancia*) lump, bulge: **¿qué será ese bulto que tiene en el bolsillo de la camisa?** what could that bulge in his shirt pocket be? **2.** (*de equipaje*) piece of luggage: **no sé cómo puedes viajar con tantos bultos** I don't know how you can travel with so much luggage; (*paquete*) package: **por favor, deje los bultos en el suelo** leave the packages on the floor please. **3.** (*masa, volumen*) bulk: **quiero muebles de poco bulto** I want furniture which isn't too bulky • **di una cifra a bulto** I gave a random figure * a figure chosen at random • **cometió un error de bulto** he made a really big mistake • **siempre se las arregla para escurrir el bulto** he always manages to get out of doing his duty. **4.** (*hinchazón*) swelling; (*quiste*) lump. **5.** (*objeto poco visible*) form, shape: **vi un bulto en la oscuridad** I saw an indistinct shape in the darkness.

bumerán, bumerang /bume'ran/ *sm* boomerang.

bungalow /'buŋgalo/ *sm* bungalow.

búnker, bunker /'buŋker/ *sm* **1.** (*Mil*) bunker. **2.** (*en golf*) bunker.

buñuelo /bu'ɲwelo/ *sm*: *sweet or savoury fritter in the shape of a ball.*

BUP /bup/ *sm* (*en España*) (*abbreviation of* **Bachillerato Unificado Polivalente**) *certificate of general secondary education.*

buque /'buke/ *sm* ship.
buque cisterna *sm* tanker.
buque de guerra *sm* warship.
buque escuela *sm* training ship.
buque insignia *sm* flagship.

buqué /bu'ke/ *sm* (*Culin*) bouquet.

burbuja /bur'βuxa/ *sf* bubble.

burbujear /burβuxe'ar/ [➪ CANTAR] *vi* to bubble.
burdel /bur'ðel/ *sm* brothel.
burdeos /bur'ðeos/ **I** *sm inv* **1.** (*vino*) Bordeaux. **2.** (*color*) burgundy (red), maroon.
II *adj inv* burgundy, maroon: **una camisa burdeos** a maroon shirt.
burdo, -da /'burðo -ða/ *adj* **1.** (*materia*) rough. **2.** (*persona*) gross, coarse.
burgalés, -lesa /burɣa'les -'lesa/ **I** *adj* of * from Burgos.
II *sm/f* native * inhabitant of Burgos.
burgués, -guesa /bur'ɣes -'ɣesa/ **I** *adj* (*gen*) middle class; (*en sentido negativo*) bourgeois.
II *sm/f* (*gen*) member of the middle classes; (*en sentido negativo*) bourgeois person.
burguesía /burɣe'sia/ *sf* (*clase media: gen*) middle classes *pl*; (*: en sentido negativo*) bourgeoisie.
buril /bu'ril/ *sm* burin.
burla /'burla/ *sf* **1.** (*para ridiculizar*): **no soporto que me hagan burla** I can't bear being made fun of; **le hacen burla al profesor en cuanto se da la vuelta** they make fun of the teacher as soon as he turns his back. **2.** (*para reírse*) joke: **sus burlas ya no me hacen gracia** I don't find his jokes funny any more. **3.** (*desconsideración*): **me pareció una burla que nos trataran así** the way they treated us was a joke.
burladero /burla'ðero/ *sm*: *bullfighter's shelter in bullring.*
burlar /bur'lar/ [➪ CANTAR] *vt* (*engañar*) to outwit; (*eludir*): **lograron burlar a la policía** they managed to give the police the slip.
burlarse *v prnl* **1.** (*engañar*): **se burló *de* nosotros haciéndonos creer que tenía el capital** he tricked us into believing he had the money. **2.** (*reírse*) to make fun: **se burla *de* todo** he makes fun of everything; **no te burles *de* sus consejos** don't mock his advice.
burlesco, -ca /bur'lesko -ka/ *adj* **1.** (*gen*) funny: **habló en tono burlesco** he spoke in a funny voice. **2.** (*Lit*) burlesque.
burlete /bur'lete/ *sm* draught excluder.
burlón, -lona /bur'lon -'lona/ **I** *adj* mocking.
II *sm/f* mocking, disrespectful person.
buró /bu'ro/ *sm* **1.** (*mueble*) roll-top desk. **2.** (*comité*) executive committee.
burocracia /buro'kraθja/ *sf* bureaucracy.
burócrata /bu'rokrata/ *sm/f* bureaucrat.
burocrático, -ca /buro'kratiko -ka/ *adj* bureaucratic.
burrada /bu'rraða/ *sf* **1.** (*disparate*) piece of nonsense: **¡qué burradas dijo!** what nonsense he talked! **2.** (*imprudencia*) stupid thing to do: **no hagas burradas, te harás daño** don't be so stupid, you'll hurt yourself. **3.** (*gran cantidad*): **me has puesto una burrada de comida** you've given me an enormous helping; **nos hicimos una burrada de kilómetros** we covered a terrific number of kilometres.
burro, -rra /'burro -rra/ **I** *adj* **1.** (*tonto*) stupid, thick: **pero qué burra es, no se entera de nada** she's so thick, she doesn't know a thing. **2.** (*bruto*) brutish, rough: **¡eres más burro, me has hecho daño!** you're so rough, you've hurt me!
II *sm/f* **1.** (*Zool*) donkey • **trabaja como un burro** he slaves away • **por mucho que insistas, no se va a bajar del burro** however much you keep on at him, he's not going to back down • **sin gafas no veo tres encima de un burro** without my glasses I'm as blind as a bat. **2.** (*tonto*) dunce, thick person. **3.** (*bruto*) oaf.
bursátil /bur'satil/ *adj* (of the) stock exchange.
bus /bus/ *sm* bus.
busca /'buska/ **I** *sf* search, hunt: **la niebla dificultó la busca del montañero** the fog hindered the search for the mountaineer; **salieron *en* busca *de* ellos** they went out to look * search for them.
II *sm inv* (*fam*) pager, bleeper.
buscapersonas /buskaper'sonas/ *sm inv* pager, bleeper.
buscapiés /buska'pjes/ *sm inv* jumping jack.
buscapleitos /buska'pleitos/ *sm/f inv* (*fam*) troublemaker.
buscar /bus'kar/ [➪ sacar] *vt* **1.** (*gen*) to look for: **llevan meses buscando casa** they've been looking for a house for months; **tengo que buscar la cartera** I have to look for my wallet; **¿lo has buscado en el diccionario?** have you looked it up in the dictionary? **2.** (*ir a recoger*) to meet, to pick up: **fueron a buscarme al aeropuerto** they went to meet me * pick me up at the airport.
buscarse *v prnl*: **tú te buscaste los problemas** you've brought your problems on yourself • **vas a tener que buscarte la vida** you're going to have to stand on your own two feet.
buscavidas /buska'βiðas/ *sm/f inv*: **no creo que tenga problemas económicos, siempre ha sido un buscavidas** I don't think he can have any financial difficulties, he's never had any problems making money.
buseca /bu'seka/ *sf* (*Arg, Urug*) *stew made with tripe, beans, etc.*
búsqueda /'buskeða/ *sf* search.
busto /'busto/ *sm* (*Anat, Artes*) bust.
butaca /bu'taka/ *sf* **1.** (*mueble*) armchair. **2.** (*en un cine, un teatro*) seat.
butaca de patio, butaca de platea *sf* seat in the stalls.
butacón /buta'kon/ *sm* armchair.
butano /bu'tano/ *sm* butane (gas).
butifarra /buti'farra/ *sf*: *a type of sausage from Catalonia.*
buzo /'buθo/ *sm* **1.** (*submarinista*) diver. **2.** (*mono*) (*GB*) overalls *pl*, (*US*) coveralls *pl*; (*Dep*) tracksuit.
buzón /bu'θon/ *sm* (*GB*) letter box, (*US*) mailbox.
byte /bait/ *sm* byte.

C

C, c /θe/ *sf* (*letra*) C, c.
C 1. *pronounced* /θen'tiɣraðo/ (*abbreviation of* **centígrado**) C (Centigrade). 2. *pronounced* /'θelsjus/ (*abbreviation of* **Celsius**) C (Celsius).
C/ *pronounced* /'kaʎe/ (*abbreviation of* **calle**) St (street).
c/ 1. *pronounced* /'kaʎe/ (*abbreviation of* **calle**) St (street). 2. *pronounced* /'kwenta/ (*abbreviation of* **cuenta**) a/c (account). 3. *pronounced* /'karɣo/ (*abbreviation of* **cargo**) freight.
c. *pronounced* /ka'pitulo/ (*abbreviation of* **capítulo**) ch. (chapter).
C.ª *pronounced* /kompa'ɲia/ (*abbreviation of* **compañía**) Co. (company).
cabal /ka'βal/ **I** *adj* **1.** (*recto*) upright: **el director es un hombre justo y cabal** the manager is a very fair man. **2.** (*preciso*) accurate: **hizo las cuentas cabales de lo que se había gastado** he drew up accurate accounts of what had been spent.
II cabales *sm pl* • **Pedro no está en sus cabales** Pedro is out of his mind.
cábala /'kaβala/ *sf* **1.** (*Relig*) cabbala. **2.** (*conjetura*) guess: **se pasa la vida haciendo cábalas** *sobre* **las intenciones de su jefe** he spends the whole time trying to work out what his boss is going to do. **3.** (*intriga*) intrigue: **siempre está metido en cábalas y maquinaciones** he's always plotting and scheming.
cabalgadura /kaβalɣa'ðura/ *sf* steed.
cabalgar /kaβal'ɣar/ [➪ pagar] *vt/i* to ride.
cabalgata /kaβal'ɣata/ *sf* mounted parade, cavalcade: **cada cinco de enero se celebra la cabalgata de los Reyes Magos** the procession of the Three Wise Men takes place on the fifth of January every year.
caballa /ka'βaʎa/ *sf* mackerel.
caballeresco, -ca /kaβaʎe'resko -ka/ *adj* **1.** (*en modales*) gentlemanly, chivalrous. **2.** (*Hist*) chivalric.
caballería /kaβaʎe'ria/ *sf* **1.** (*Mil*) cavalry: **hoy en día el cuerpo de caballería utiliza vehículos blindados** nowadays the cavalry (corps) use armoured vehicles. **2.** (*caballo, mula, etc.*) mount. **3.** (*Hist*) chivalry.
caballería andante *sf* knight errantry.
caballeriza /kaβaʎe'riθa/ *sf* stable.
caballerizo /kaβaʎe'riθo/ *sm* stable hand, groom.
caballero /kaβa'ʎero/ *sm* **1.** (*señor*) gentleman (*pl* gentlemen): **Juan es todo un caballero** Juan is a real gentleman; **¡caballeros, por favor!** gentlemen, please! **2.** (*fórmula de tratamiento*): **¿qué desea, caballero?** can I help you, sir? **3.** (*varón*): **la sección de caballeros está en la tercera planta** the menswear section is on the third floor. **4.** (*Hist*) knight.
caballero andante *sm* knight errant.
caballeroso, -sa /kaβaʎe'roso -sa/ *adj* gentlemanly.
caballete /kaβa'ʎete/ *sm* **1.** (*Artes*) easel. **2.** (*para sostener algo*) trestle: **dos caballetes soportaban la mesa para la cena al aire libre** the table for the open air dinner was supported on two trestles. **3.** (*Arquit: de un tejado*) ridge. **4.** (*Anat*) bridge (*of the nose*).
caballista /kaβa'ʎista/ *sm/f* (*jinete*) skilled rider; (*entendido*) expert on horses.
caballito /kaβa'ʎito/ **I** *sm* pony.
II caballitos *sm pl* merry-go-round: **nos subimos a los caballitos** we had a ride on the merry-go-round.
caballito de mar *sm* seahorse.
caballito del diablo *sm* dragonfly.
caballo /ka'βaʎo/ *sm* **1.** (*Zool*) horse: **fueron** *a* **caballo hasta el rancho** they went to the ranch on horseback • **a caballo regalado no le mires el dentado** don't look a gift horse in the mouth • **le dieron una dosis de caballo** they gave him a massive dose • **su estilo está a caballo entre el jazz y el blues** his style lies somewhere between jazz and blues • **redactó el informe a mata caballo** he dashed off the report. **2.** (*en la baraja*) queen (*in a Spanish deck of cards*): **tengo dos sietes y un caballo** I have two sevens and a queen. **3.** (*en ajedrez*) knight. **4.** (*aparato de gimnasia*) (vaulting) horse: **se cayó al saltar el caballo** she fell while vaulting the horse. **5.** (*!!: droga*) heroin.
caballo de batalla *sm* **1.** (*especialidad*) forte: **el derecho administrativo es su caballo de batalla** administrative law is his forte. **2.** (*dificultad*) chief difficulty: **el caballo de batalla del gobierno es reducir el desempleo** the government's most difficult problem is to reduce unemployment; **la política arancelaria europea es el caballo de batalla de las negociaciones** the European policy on trade tariffs is the sticking point in the negotiations.
caballo de fuerza *sm* horsepower.
caballo de vapor *sm* horsepower: **tiene un motor de veinte caballos de vapor** it has a twenty horsepower engine.
cabalmente /kaβal'mente/ *adv* exactly.
cabaña /ka'βaɲa/ *sf* **1.** (*choza*) hut, cabin. **2.** (*Agr*) livestock: **la cabaña de ovejas ha disminuido en la Meseta** the sheep population of the Meseta has fallen. **3.** (*Arg, Urug: rancho*) farm, cattle ranch.
cabaré /kaβa're/, **cabaret** /kaβa'ret/ *sm* [**cabarets**] cabaret.
cabás /ka'βas/ *sm* satchel, school bag.
cabe /'kaβe/ *prep* (*frml*) near, next to.
cabecear /kaβeθe'ar/ [➪ CANTAR] *vi* **1.** (*mover la cabeza: gen*): **el caballo cabeceaba todo el tiempo** the horse kept tossing its head all the time; (*: cuando se duerme*): **a media película ya estaba cabeceando** halfway through the film he was already nodding off. **2.** (*en fútbol*) to head (the ball): **Gómez cabeceó** *a* **puerta** Gómez headed the ball towards goal. **3.** (*Náut*) to pitch: **el buque cabeceaba de forma alarmante** the ship was pitching and tossing alarmingly. **4.** (*vehículo*) to lurch: **la carreta cabeceó** *hacia* **la derecha** the cart lurched to the right.

cabeceo /kaβe'θeo/ *sm* **1.** (*de la cabeza*) shake of the head; (*al dormir*) nod. **2.** (*de un caballo*) toss (*of the head*). **3.** (*Náut*) pitching and tossing. **4.** (*de un vehículo*) lurching.

cabecera /kaβe'θera/ *sf* **1.** (*gen*) head: **el ministro se sentó en la cabecera de la mesa** the Minister sat down at the head of the table; (*de una cama*) headboard. **2.** (*de un periódico*) masthead, flag; (*de un impreso*) head. **3.** (*de una línea de autobús*): **cogió el autobús en la cabecera de la línea** he got on the bus at the terminus. **4.** (*de un río*) source: **siguieron el río hasta llegar a su cabecera** they followed the river until they reached its source * its headwaters. **5.** (*lugar principal*) *administrative centre of a district.*

cabecero /kaβe'θero/ *sm* (*de una cama*) headboard.

cabecilla /kaβe'θiʎa/ *sm/f* ringleader.

cabellera /kaβe'ʎera/ *sf* **1.** (*pelo*) head of hair: **tiene una magnífica cabellera** she has a magnificent head of hair. **2.** (*Astron*) tail (*of a comet*).

cabello /ka'βeʎo/ *sm* hair: **tiene el cabello rubio** she is blonde * she has blonde hair; **encontré un cabello rubio en la solapa de su americana** I found a blonde hair on the lapel of his jacket.

cabello de ángel *sm*: *sweet made of pumpkin and spun sugar.*

caber /ka'βer/ [⇨table: caber] *vi* **1.** (*encajar*) to fit: **no cabe** *en* **esa caja** it doesn't fit in that box; **ya no caben más personas** there is no room for anyone else; **no caben más libros** *en* **la estantería** there is no room for any more books on the bookshelf ● **estaba tan contento que no cabía en sí** he was beside himself with joy. **2.** (*pasar*) to fit * go through: **la escalera no cabe** *por* **esa ventana** the ladder won't go through that window. **3.** (*corresponder*): **me cupo la suerte de entregar los premios** it fell to me to hand out the prizes; **me cupo el honor de mostrarles el edificio** I had the honour of showing them round the building. **4.** (*ser posible*) to be possible: **los jardines son más bonitos que el palacio, si cabe** the gardens are, if anything, nicer than the palace. **5.** (*Mat*): **nueve entre dos cabe** *a* **cuatro y me llevo una** nine divided by two gives four and one over.

caber

INDICATIVE

Present	Preterite
quepo	cupe
cabes	cupiste
cabe	cupo
cabemos	cupimos
cabéis	cupisteis
caben	cupieron
Future	**Conditional**
cabré	cabría
cabrás	cabrías
cabrá	cabría
cabremos	cabríamos
cabréis	cabríais
cabrán	cabrían

SUBJUNCTIVE

Present	Imperfect
quepa	cupiera *or* cupiese
quepas	cupieras *or* cupieses
quepa	cupiera *or* cupiese
quepamos	cupiéramos *or* cupiésemos
quepáis	cupierais *or* cupieseis
quepan	cupieran *or* cupiesen

For the rest of the tenses ⇨ TEMER (in appendix)

cabestrillo /kaβes'triʎo/ *sm* sling: **tuvo el brazo** *en* **cabestrillo durante un mes** he had his arm in a sling for a month.

cabestro /ka'βestro/ *sm* **1.** (*cuerda*) halter. **2.** (*Zool*) leading ox (*used to lead bulls*).

cabeza /ka'βeθa/ *sf* **1.** (*Agr, Anat*) head: **tienen mil cabezas de ganado en su finca** they have a thousand head of cattle on their farm; **cuando lo reñían, se limitaba a bajar * doblar la cabeza** whenever he was told off he would just hang his head ● **toca a cien pesetas por cabeza** it costs one hundred pesetas per head ● **si el equipo no gana, van a rodar cabezas** if the team doesn't win, heads will roll ● **subirse a la cabeza**: **se le ha subido el vino a la cabeza** the wine has gone to his head; **se le ha subido el éxito a la cabeza** (his) success has gone to his head ● **el negocio no levanta cabeza** business is poor * bad. **2.** (*mente*) brain: **procura actuar con la cabeza** try to use your head ● **tengo muy mala cabeza para las fechas** I have a terrible memory for dates ● **no te rompas * te quiebres * te estrujes la cabeza intentando encontrar una solución** don't rack your brains trying to find the answer ● **no me cabe en la cabeza lo que ha hecho** I can't believe what he has done ● **ni se me pasó por la cabeza** it didn't even occur to me ● **no me entra en la cabeza por qué lo hizo** I can't understand why he did it ● **estoy muy ocupado, así que no me calientes la cabeza** I'm very busy, stop bothering me ● **durante las rebajas siempre andamos * vamos de cabeza en la tienda** we always get snowed under with work at the store during the sales ● **cálmate, no pierdas la cabeza** calm down, don't lose your temper ● **ya tiene edad de sentar la cabeza** it's time he thought about settling down. **3.** (*parte superior o delantera*): **se ha roto la cabeza del alfiler** the head of the pin has broken off; **los delegados del sindicato iban** *a* **la cabeza *** *en* **cabeza** *de* **la manifestación** the trade union leaders were leading the demonstration. **4.** (*primera posición*): **Alemania va** *a* **la cabeza *** *en* **cabeza** *de* **la clasificación** Germany is at the top of the table; (*dirección*): **su hijo está** *a* **la cabeza** *del* **negocio** his son is in charge of the company.

cabeza abajo *loc adv* upside down.

cabeza cuadrada *sm/f* (*fam*) stubborn * pigheaded person.

cabeza de ajo *sf* bulb of garlic.

cabeza de chorlito *sm/f* (*fam*) scatterbrain.

cabeza de familia *sm/f* head of the family.

cabeza de partido *sf* (*Jur*) *administrative centre of a district.*

cabeza de serie *sm/f* seeded player, seed.

cabeza de turco *sm/f* scapegoat.

cabeza rapada *sm/f* skinhead.

cabezada /kaβe'θaða/ *sf* **1.** (*golpe*) head butt ● **se daba de cabezadas contra la pared** he was very annoyed with himself. **2.** (*inclinación de la cabeza*) nod: **tenía tanto sueño que iba dando cabezadas en el autobús** he was so tired, he kept nodding off on the bus.

cabezal /kaβe'θal/ *sm* **1.** (*de una cama*) headboard; (*reposacabezas*) headrest. **2.** (*de una máquina, una maquinilla de afeitar*) head; (*de un tocadiscos*) cartridge.

cabezazo /kaβe'θaθo/ *sm* **1.** (*golpe*): **me di un cabezazo en el marco de la puerta** I hit my head on the door frame ● **se daba de cabezazos contra la pared** he was very angry with himself. **2.** (*en fútbol*) header.

cabezón, -zona /kaβe'θon -'θona/ *adj* **1.** (*de cabeza grande*) with a large head. **2.** (*fam*: *tozudo*) pigheaded, stubborn. **3.** (*vino*) rough: **en ese bar sirven un vino cabezón** they serve really rough wine in that bar.

cabezonada /kaβeθo'naða/, **cabezonería** /kaβeθone'ria/ *sf* (*fam*) pigheadedness, stubbornness.

cabezota /kaβe'θota/ **I** *adj* (*fam*) pigheaded, stubborn.
II *sf* **1.** (*fam*: *tozudo*) pigheaded person. **2.** (*Anat*) large head.

cabezudo, -da /kaβe'θuðo -ða/ **I** *adj* **1.** (*de cabeza grande*) with a large head: **mis coliflores nunca llegan a ser muy cabezudas** my cauliflowers never have large heads. **2.** (*fam*: *tozudo*) pig-headed, stubborn.
II cabezudo *sm*: *carnival effigy with grotesque head.*

cabezuela /kaβe'θwela/ *sf* **1.** (*Culin*) *type of coarse flour*. **2.** (*Bot*) (flower) head: **corté las cabezuelas muertas de las flores** I cut the dead heads off the flowers.

cabida /ka'βiða/ *sf* space, room: **el colegio da cabida a dos mil alumnos** the school takes two thousand students; **el teatro tiene poca cabida** the theatre holds very few people; **el depósito tiene una cabida de quinientos litros** the container has a capacity of five hundred litres; **no conozco la cabida de su finca** I don't know how large his farm is.

cabildo /ka'βildo/ *sm* **1.** (*de una catedral*) chapter; (*Pol*) Council. **2.** (*lugar*) Council chamber.

cabina /ka'βina/ *sf* **1.** (*de un teleférico, un ascensor*) cabin. **2.** (*de un camión*) cab. **3.** (*also* **cabina de mando**) (*Av*) cockpit. **4.** (*also* **cabina de pasajeros**) (*Av*) cabin. **5.** (*en la playa*) beach hut; (*en un gimnasio*) cubicle. **6.** (*also* **cabina telefónica * de teléfono**) (*Telec*) telephone box * booth.
cabina de proyección *sf* projection room.
cabina electoral *sf* polling booth.

cabizbajo, -ja /kaβiθ'baxo -xa/ *adj* crestfallen: **iba muy cabizbajo** he was very downcast * depressed.

cable /'kaβle/ *sm* **1.** (*soga*) cable ● **fue él quien me echó un cable cuando lo necesitaba** it was he who lent * gave me a helping hand when I most needed it. **2.** (*en aparatos eléctricos*) lead, wire. **3.** (*Telec*) cable.

cabo /'kaβo/ **I** *sm* **1.** (*de un objeto*) end ● **leí la revista de cabo a rabo** I read the magazine from cover to cover ● **en aquel momento no até cabos** at the time I didn't put two and two together ● **volví a verlo al cabo de seis meses** I saw * met him again six months later ● **volvimos a vernos al cabo de mucho tiempo** we met again after a long time ● **llevó a cabo lo que se había propuesto** he carried out the task he had set himself ● **al fin y al cabo todavía eres joven** after all * when all is said and done you are still young ● **estoy al cabo de la calle** I know all about it. **2.** (*parte pequeña*): **sólo les quedaba un cabo de vela para alumbrarse** the only light they had was the stub of a candle. **3.** (*de lana*) ply. **4.** (*Geog*) cape: **rodearon el cabo de Buena Esperanza** they rounded the Cape of Good Hope.
II *sm/f* (*Mil*) corporal; (*de policía*) sergeant.
cabo primero *sm/f* lance corporal.
cabo suelto *sm* loose end: **en esta investigación quedan muchos cabos sueltos** there are many loose ends to tie up in this investigation.

cabotaje /kaβo'taxe/ *sm* (*Náut*) coastal shipping, cabotage.

cabra /'kaβra/ *sf* goat ● **Juan está como una cabra * está más loco que una cabra** Juan is crazy * nuts.
cabra montés *sf* mountain goat.

cabré /ka'βre/ *and other forms with* **cabr-** ➪ caber

cabrear /kaβre'ar/ [➪ CANTAR] *vt* (*fam*) to make furious, to drive mad: **esto de que llegue siempre tarde me cabrea** this business of him always arriving late drives me mad.
cabrearse *v prnl* (*fam*) to lose one's temper: **cuando se lo dije, se cabreó** when I told him he went up the wall * blew his top.

cabreo /ka'βreo/ *sm* (*fam*): **¡qué cabreo pilló!** he got into a terrible temper!

cabrero, -ra /ka'βrero -ra/ *sm/f* goatherd.

cabrío, -bría /ka'βrio -'βria/ *adj* goat. ➪ macho

cabriola /ka'βrjola/ *sf* (*de una persona*) skip: **se puso a hacer cabriolas** he started skipping about; (*de un caballo*) prance.

cabritilla /kaβri'tiʎa/ *sf* kid: **llevaba unos guantes de cabritilla** she was wearing a pair of kid gloves.

cabrito /ka'βrito/ *sm* **1.** (*Zool*) kid (*young goat*). **2.** (*!!*) bastard.

cabrón, -brona /ka'βron -'βrona/ **I cabrón** *sm* (*Zool*) billy goat.
II *sm/f* (*!!*) bastard.

caca /'kaka/ *sf* (*fam*) **1.** (*gen*): **hace tres días que no hago caca** I haven't been to the toilet for the last three days; (*en lenguaje infantil*) pooh-pooh: **mamá, tengo ganas de hacer caca** mum, I need to have a poo; **¡caca!** don't touch! **2.** (*algo mal hecho*): **han presentado una caca de plan** they have put forward a really useless plan.

cacahuate /kaka'wate/ *sm* (*Méx*) ➪ cacahuete

cacahuete /kaka'wete/ *sm* (*planta*) groundnut, peanut; (*alimento*) peanut.

cacao /ka'kao/ *sm* **1.** (*árbol*) cacao (tree); (*polvo*) cocoa. **2.** (*para los labios*) lipsalve. **3.** (*escándalo*) uproar: **menudo cacao se armó cuando dijeron que se habían terminado las entradas** there was a terrific uproar when they said there were no tickets left.
cacao mental *sm*: **tengo un cacao mental** I'm totally confused.

cacarear /kakare'ar/ [➪ CANTAR] *vi* (*gallo*) to crow; (*gallina*) to cackle.
♦ *vt* (*fam*: *pregonar*): **enseguida cacarea cualquier cosa que le dices** whatever you tell him he spreads it around straight away; **lo poco que hace lo cacarea mucho** he makes a lot of fuss about the little he does.

cacatúa /kaka'tua/ *sf* cockatoo.

cacé /ka'θe/ *and other forms with* **cac-** ➪ cazar

cacereño, -ña /kaθe'reɲo -ɲa/ **I** *adj* of * from Cáceres.
II *sm/f* native * inhabitant of Cáceres.

cacería /kaθe'ria/ *sf* (*actividad*) hunting; (*grupo de personas*) hunting party; (*piezas cazadas*) (the) bag, (the) kill.

cacerola /kaθe'rola/ *sf* (*sólo para la encimera*) saucepan; (*que se puede usar en el horno*) casserole.

cacha /'katʃa/ *sf* **1.** (*de un revólver, cuchillo*) handle. **2.** (*!!*: *trasero*) buttock ● **está metido en ese asunto hasta las cachas** he's in this up to his eyeballs. **3.** (*Amér L*: *cuerno*) horn. ➪ cachas

cachada /ka'tʃaða/ *sf* (*Arg, Urug*: *broma*) joke: **nos pasamos la tarde haciendo cachadas por teléfono** we spent the afternoon phoning people as a joke.

cachalote /katʃa'lote/ *sm* sperm whale.

cachar /ka'tʃar/ [➪CANTAR] *vt* **1.** (*Amér L*: *pillar*) to catch: **lo caché andando en tus cajones** I caught him going through your drawers. **2.** (*Arg, Urug*: *tomarle el pelo a*): **no le hagas caso, te está cachando** take no notice of him, he's just pulling your leg; **¡me estás cachando!** you're joking!

cacharro /ka'tʃarro/ *sm* **1.** (*de cocina*) (earthenware) pot. **2.** (*fam*: *objeto inútil*) piece of junk: **tenemos la casa llena de cacharros** the house is full of junk. **3.** (*fam*: *vehículo viejo*) banger, jalopy.

cachas /'katʃas/ (*fam*) **I** *adj inv* (*musculoso*) muscly: **está cachas** he is very muscly.
II *sm/f inv* (*hombre*) muscleman; (*mujer*) musclewoman: **su novio está hecho un cachas** her boyfriend's a real muscleman.

cachaza /ka'tʃaθa/ *sf* **1.** (*fam*: *flema*) laid-back attitude: **tu hermano tiene demasiada cachaza** your brother is too laid-back. **2.** (*aguardiente*) *(sugar) cane spirit*.

cachear /katʃe'ar/ [➪CANTAR] *vt* to frisk.

cachemir /katʃe'mir/ *sm* cashmere.

cacheo /ka'tʃeo/ *sm* frisking.

cachetada /katʃe'taða/ *sf* slap: **me dio una cachetada** he slapped me on the face.

cachete /ka'tʃete/ *sm* **1.** (*bofetada*) slap: **me dio un cachete** he slapped me on the face. **2.** (*mejilla*) (fat) cheek.

cachiporra /katʃi'porra/ *sf* (*de policía*) truncheon, (*US*) nightstick.

cachivache /katʃi'βatʃe/ *sm* piece of junk: **hay tantos cachivaches en el garaje que no cabe el coche** there is so much junk in the garage that there's no room for the car.

cacho /'katʃo/ *sm* **1.** (*pedazo*) piece: **todo lo que comió fue un cacho de pan** the only thing he ate was a (little) bit of bread ● **¡vaya cacho de inútil está hecho!** he's absolutely no use at all! **2.** (*Arg, Urug*: *de bananas*) bunch. **3.** (*Amér L*: *cuerno*) horn. **4.** (*Arg, Chi, Urug*: *cubilete*) shaker (*for dice*).

cachondearse /katʃonde'arse/ [➪CANTAR] *v prnl* (*fam*) to make fun, (*GB*) to take the mickey: *de* **mí no se cachondea nadie** no one is going to take the mickey out of me.

cachondeo /katʃon'deo/ *sm* (*fam*) **1.** (*diversión*) joke: **menudo cachondeo se traen a costa suya** they're always having a laugh at his expense. **2.** (*juerga*) good time: **se fue** *de* **cachondeo con sus amigos** he went out for a good time with his friends.

cachondo, -da /ka'tʃondo -da/ *adj* **1.** (*fam*: *gracioso*) funny. **2.** (*!!*: *sexual*) horny.

cachorro, -rra /ka'tʃorro -rra/ *sm/f* (*de un perro*) puppy; (*de otro animal*) cub.

cachupín, -pina /katʃu'pin -'pina/ *sm/f* ➪ gachupín

cacique /ka'θike/ *sm* **1.** (*de una tribu*) chief. **2.** (*Pol*) local (political) boss: **entre tres caciques decidieron el resultado de las elecciones** the result of the elections was decided by three party bosses. **3.** (*déspota*) petty tyrant.

caciquismo /kaθi'kizmo/ *sm* (*Pol*) *oppressive rule by local party bosses*.

caco /'kako/ *sm* (*fam*) thief: **los cacos se llevaron todos los objetos de valor** the thieves made off with everything there was of value.

cacofonía /kakofo'nia/ *sf* cacophony.

cacto /'kakto/ *sm*, **cactus** /'kaktus/ *sm inv* cactus.

cacumen /ka'kumen/ *sm* (*fam*) brains *pl*: **no te rompas el cacumen tratando de entenderlo** don't spend too long trying to work it out.

cada /'kaða/ *adj* **1.** (*para designar relación entre dos series*) each: **cada alumno recibió un libro** each pupil was given a book; **el documento fue aprobado por cada uno de los asistentes** the paper was approved by every one of the people present ● **¿cada cuánto vas a verlos?** how often do you go to see them? **2.** (*para designar elementos de una serie*) every: **cada día voy a la piscina** I go to the swimming pool every day; **tres de cada cuatro personas entrevistadas están en contra** three out of every four people interviewed are against it; **que cada cual * cada uno se pague lo suyo** let everyone pay for themselves; **cada vez que nos vemos, discutimos** we argue every time we meet ● **se pone enfermo cada dos por tres** he is ill every other day ● **cada vez**: **cada vez lo hace mejor** he's getting better and better at it; **cada vez más gente elige este tipo de combustible** more and more people are choosing this kind of fuel. **3.** (*para intensificar*): **¡tiene cada ocurrencia!** he comes up with the most amazing ideas!; **¡se pone cada sombrero!** she wears some incredible hats!

cadalso /ka'ðalso/ *sm* scaffold.

cadáver /ka'ðaβer/ *sm* corpse.

cadavérico, -ca /kaða'βeriko -ka/ *adj* cadaverous: **me impresionó la palidez cadavérica de su rostro** I was shocked by the deathly pallor of his face.

cadena /ka'ðena/ *sf* **1.** (*gen*) chain: **llevaba una cadena de oro** he was wearing a gold chain; **tira de la cadena cuando termines** flush the toilet when you finish; (*conjunto*): **es el dueño de una cadena de supermercados** he owns a chain of supermarkets; (*sucesión*): **estuve involucrado en la cadena de acontecimientos que condujeron a su muerte** I was involved in the chain of events which led to his death; (*Quím*): **es una molécula formada por una cadena de átomos de carbono** it's a molecule formed by a chain of carbon atoms. **2.** (*humana: gen*): **los encargados del orden en la manifestación formaron una cadena** the stewards at the demonstration formed a human chain; (*: de presos*) chain gang. **3.** (*Telec*: *red de emisoras*) network; (*: canal*) (television) channel: **en la primera cadena dan una película** there is a film on Channel 1.

cadena de fabricación *sf* production line.

cadena de montaje *sf* assembly line.

cadena de montañas *sf* mountain range.

cadena de música, **cadena de sonido**, **cadena musical** *sf* hi-fi (system).

cadena perpetua *sf* life imprisonment.

cadeneta /kaðe'neta/ *sf* (*de labor*) chain stitch; (*de papel*) paper chain.

cadera /ka'ðera/ *sf* hip.

cadete /ka'ðete/ *sm* **1.** (*Mil*) cadet. **2.** (*Arg, Urug*: *aprendiz*) apprentice.

caducar /kaðu'kar/ [➪sacar] *vi* **1.** (*periodo de tiempo*) to run out, to lapse: **el plazo para reclamar caduca** *dentro de* **tres semanas** the period in which claims may be made lapses in three weeks; (*costumbre*) to fall into disuse; (*permiso, documento*) to expire: **este permiso caduca** *a* **los dos años** this permit expires after two years. **2.** (*alimento*) to exceed its shelf life.

caducidad /kaðuθi'ðað/ *sf* (*de un plazo*) expiry; (*de un producto*) shelf life.

caduco, -ca /ka'ðuko -ka/ *adj* **1.** (*envejecido*) senile. **2.** (*anticuado*) outdated: **es una persona de ideas caducas** her ideas are outdated.

caer /ka'er/ [➪table: caer] *vi* **1.** (*gen*) to fall: **cayó** *desde* **el quinto piso y murió en el acto** he fell from the fifth floor and was killed instantly; **cayó de espaldas** he fell flat on his back; **dejó caer la carta para que yo la recogiera** she dropped the letter so that I would pick it up • **durante la conversación dejó caer que...** in the course of the conversation he let drop that... • **robarle a sus propios padres es ya caer muy bajo** stealing from your own parents is sinking very low. **2.** (*lluvia, nieve, etc.*): **caía una lluvia muy fina** there was a fine drizzle; **caía un aguacero cuando salimos** it was pouring (with rain) when we left. **3.** (*precios, cotizaciones, temperatura*) to fall: **el precio de la vivienda ha caído este año** house prices have fallen this year. **4.** (*combatientes*) to fall: **miles de soldados cayeron en la batalla por la capital** thousands of soldiers fell in the battle for the capital; (*gobierno, dictadura*) to fall: **el gobierno cayó tras la votación** the government fell after the vote; **después de que cayera el Imperio, hubo un periodo de desorden** after the fall of the Empire there was a period of upheaval. **5.** (*ser detenido*): **en la redada no cayó ningún pez gordo** not a single important person was caught in the raid. **6.** (*en determinado estado o situación*): **después de las vacaciones, caí enfermo** I fell ill after the holidays; **aquel día cayó en cama y no se volvió a levantar** on that day he took to his bed and never got up again; **la expresión ha caído** *en* **desuso** the expression has fallen into disuse. **7.** (*en una trampa*) to fall: **cayeron** *en* **la trampa que les habían tendido** they fell into the trap that had been set for them; (*en un error*): **cayó** *en* **el error de subestimarla** he made the mistake of underestimating her • **nos contó un dramón y todos caímos como angelitos** he told us a sob story, and we all fell for it. **8.** (*expresando el efecto causado por algo*): **la noticia cayó como una bomba** the news broke like a bombshell; **la noticia me cayó fatal** I was really upset by the news; **me cayó muy mal que no me lo hubiera dicho** I was really upset that he hadn't told me; **las comidas picantes no me caen bien** spicy food doesn't agree with me; **me cae muy mal la gente arrogante** I can't stand arrogant people; **su marido no me cayó bien** I didn't take to her husband. **9.** (*cortinas, tela*) to hang; (*ropa*): **esa chaqueta te cae muy bien** that jacket fits you very well. **10.** (*fecha, día festivo*) to fall: **mi cumpleaños cae** *en* **viernes** my birthday falls on a Friday. **11.** (*hablando de partes del día*): **al caer la noche * la tarde el aire refrescó** at dusk the air cooled down. **12.** (*fam*: *llegar*): **mis primos están** *al* **caer** my cousins will be here any minute now; **a eso de las siete, me dejaré caer por tu casa** I'll drop by your house around seven o'clock; (*Amér L*): **más tarde cayó Rodolfo con su familia** later on Rodolfo turned up with his family. **13.** (*abalanzarse*): **la leona cayó** *sobre* **su presa** the lioness pounced on her prey; **los guerrilleros cayeron** *sobre* **el poblado al amanecer** the guerrillas launched a surprise attack on the village at dawn. **14.** (*estar situado*) to be: **eso cae** *por* **Vallecas** it's over in the Vallecas area. **15.** (*darse cuenta*): **¡ah! ¡ahora caigo!** ah! now I get it!; (*recordar*): **lo guardé, pero no caigo dónde** I put it away, but I can't remember where. **16.** (*tocar*): **en el examen me cayó una pregunta sobre un tema que no había preparado** in the exam I had to answer a question on a topic I hadn't studied; **este año el premio gordo ha caído** *en* **Barcelona** this year the jackpot was won in Barcelona; **¡le cae cada trabajito!** he gets lumbered with all the horrible jobs!; **le cayeron veinte años** he was given twenty years (as a prison sentence).

caer	
INDICATIVE	
Present	**Preterite**
caigo	caí
caes	caíste
cae	cayó
caemos	caímos
caéis	caísteis
caen	cayeron
SUBJUNCTIVE	
Present	**Imperfect**
caiga	cayera *or* cayese
caigas	cayeras *or* cayeses
caiga	cayera *or* cayese
caigamos	cayéramos *or* cayésemos
caigáis	cayerais *or* cayeseis
caigan	cayeran *or* cayesen
PRESENT PARTICIPLE	
cayendo	
For the rest of the tenses ➪ TEMER (in appendix)	

caerse *v prnl* **1.** (*gen*) to fall: **el libro se cayó** *al* **suelo** the book fell to the floor; **se cayó** *a* **la piscina** he fell into the swimming pool; **se cayó** *por* **las escaleras** he fell down the stairs; **tropezó y se cayó** he tripped and fell (over); **que no se te caiga** don't drop it; **se me cayó y se rompió** I dropped it and it broke. **2.** (*desprenderse, soltarse*) to fall out: **a Juan se le está cayendo el pelo** Juan is losing his hair; **se le ha caído el primer diente** he's lost his first tooth.

café /ka'fe/ **I** *sm* **1.** (*planta, bebida*) coffee: **un café con leche y uno solo, por favor** a white coffee and a black coffee, please. **2.** (*cafetería*) cafe, coffee shop. **3.** (*fam*: *humor*): **hoy está** *de* **buen/mal café** he's in a good/bad mood today. **4.** (*Amér C, Chi, Méx*: *color*) brown.
II *adj inv* (*Amér C, Chi, Méx*: *color*) brown.
café cantante *sm* review bar.
café con hielo *sm* iced coffee.
café cortado *sm*: *an espresso coffee with a little milk.*
café exprés *sm* espresso.
café instantáneo *sm* instant coffee.
café molido *sm* ground coffee.
café teatro *sm* café théâtre.

cafeína /kafe'ina/ *sf* caffeine.

cafetal /kafe'tal/ *sm* coffee plantation.

cafetera /kafe'tera/ *sf* **1.** (*para servir café*) coffeepot. **2.** (*para preparar café: eléctrica, con filtro*) coffee maker; (*: de rosca*) (Italian-style) coffee maker; (*: con émbolo*) cafetière; (*: de bar*) espresso coffee machine. **3.** (*fam*: *vehículo viejo*): **¿ése es tu coche? ¡menuda cafetera!** is that your car? what an old banger!
cafetera exprés *sf* espresso coffee machine.

cafetería /kafete'ria/ *sf* cafe, coffee shop.

cafetero, -ra /kafe'tero -ra/ **I** *adj* **1.** (*del café*): **la industria cafetera es muy importante en Colombia** the coffee industry is very important in Colombia. **2.** (*bebedor de café*) coffee-drinking: **soy muy cafetero** I love (drinking) coffee.
II *sm/f* (*trabajador*) coffee worker; (*productor*) coffee planter.

cafeto /ka'feto/ *sm* coffee tree.

cafre /'kafre/ I *adj* 1. (*Geog*) Kaffir. 2. (*bárbaro*) thuggish.
II *sm/f* 1. (*Geog*) Kaffir. 2. (*bárbaro*) thug.

cagada /ka'ɣaða/ *sf* (*fam*) 1. (*excremento*) droppings *pl*. 2. (*error*) stupid mistake: **menuda cagada no acordarte de su nombre** you really put your foot in it by forgetting his name; (*algo mal hecho*) botched job.

cagado, -da /ka'ɣaðo -ða/ (*fam*) I *adj* chicken: **está cagado** he's scared out of his wits.
II *sm/f* (*cobarde*) chicken.

cagalera /kaɣa'lera/ *sf* (*fam*) 1. (*diarrea*) the runs *pl*, (*GB*) diarrhoea, (*US*) diarrhea. 2. (*miedo*): **me entró cagalera al oír esos ruidos** I was frightened out of my wits when I heard those noises.

cagueta /ka'ɣeta/ (*fam*) I *adj* chicken: **no seas cagueta** don't be such a chicken.
II *sm/f* (*cobarde*) chicken.

caída /ka'iða/ *sf* 1. (*gen*) fall: **tras la caída del Imperio Romano hubo una época de desorden** there was a period of upheaval after the fall of the Roman Empire; **el precio del azúcar experimentó una fuerte caída** there was a big fall in the price of sugar. 2. (*atardecer*): **la caída de la tarde es la mejor hora para pasear** the evening is the best time to go for a walk; (*anochecer*): *a* **la caída** *de* **la noche empezó a refrescar** as night fell * at nightfall the temperature dropped. 3. (*pendiente*) drop, slope: **la montaña presenta una acusada caída** the mountain descends very steeply. 4. (*salto de agua*) waterfall. 5. (*en tejidos*): **estas cortinas tienen mucha caída** these curtains hang well. 6. (*ocurrencia*) witty comment: **hay que ver qué caídas tiene** you wouldn't believe the comments he comes out with.
caída libre *sf* free fall.

caído, -da /ka'iðo -ða/ I *adj* 1. (*gen*) fallen: **había un árbol caído** *en* **la carretera** there was a fallen tree in the road. 2. (*Mil*): **un soldado caído** *en* **combate** a soldier who fell in combat. 3. (*abatido*) despondent, downcast: **últimamente veo a Matías muy caído** Matías seems to have been very despondent lately. 4. (*de hombros*): **es caído** *de* **hombros** he has drooping shoulders.
II **los caídos** *sm pl* (*en combate*) the fallen: **los Reyes visitaron el monumento a los caídos** the King and Queen visited the War Memorial.

caimán /kai'man/ *sm* cayman.

Caín /ka'in/ *sm* Cain • **pasé las de Caín** I had a terrible time.

caja /'kaxa/ *sf* 1. (*gen*) box. 2. (*ataúd*) coffin, (*US*) casket. 3. (*tambor*) drum; (*de piano*) soundboard; (*de guitarra, violín*) soundbox • **me echó de su oficina con cajas destempladas** he threw me out of his office (*in a fury*). 4. (*en tipografía*) case; (*de reloj*) case. 5. (*Fin*: *en un banco, un organismo oficial, etc.*) cashier's desk: **pase a cobrar por caja** go to the cashier's desk to get the money; (*: en una tienda*) cash desk: **pase a pagar por caja, por favor** please pay at the cash desk; (*: en un supermercado*) checkout; (*: dinero*): **hoy hemos hecho buena caja** our takings have been very good today. 6. (*also* **caja de recluta * de reclutamiento**) (*Mil*) recruitment office: **una vez que se entra en caja hace falta un permiso para viajar al extranjero** once you've been called up for military service you need a permit to travel abroad.
caja de ahorros *sf* savings bank.
caja de cambios *sf* gearbox.
caja de caudales *sf* safe.
caja de fusibles *sf* fuse box.
caja de música *sf* music box.
caja fuerte *sf* safe, strongbox.
caja negra *sf* (*Av*) black box.
caja registradora *sf* (*Fin*) till, cash register.
caja torácica *sf* rib cage, thorax.

cajero, -ra /ka'xero -ra/ *sm/f* cashier.
cajero automático *sm* cash dispenser.

cajeta /ka'xeta/ *sf* (*Méx*) *sweet spread eaten on bread, cakes, etc.*

cajetilla /kaxe'tiʎa/ *sf* (*GB*) packet * (*US*) pack of cigarettes.

cajista /ka'xista/ *sm/f* typesetter.

cajón /ka'xon/ *sm* 1. (*en un mueble*) drawer • **es de cajón que no va a hacerlo gratis** it's obvious he isn't going to do it free. 2. (*caja grande*) crate. 3. (*puesto*) kiosk: **tenía un cajón en la Gran Vía** he had a kiosk on the Gran Vía. 4. (*en carreras de caballos*) starting stall. 5. (*Amér L*: *cañada*) ravine. 6. (*Arg, Chi, Urug*: *ataúd*) coffin, (*US*) casket.
cajón de sastre *sm* (*fig*) rag bag.

cajonera /kaxo'nera/ *sf* (*mueble*) chest of drawers; (*de un escritorio*) drawer (*of desk*).

cal I *pronounced* /kalo'ria/ (*abbreviation of* **caloría**) cal. (calorie).
II /kal/ *sf* lime: **le dio una capa de cal a la fachada** he gave the façade a coat of whitewash • **el local estaba cerrado a cal y canto** the premises were locked and barred • **nuestro equipo es así: da una de cal y otra de arena** that's the way it is with our team, they win some and they lose some.
cal apagada *sf* slaked lime.
cal viva *sf* quicklime.

cala /'kala/ *sf* 1. (*bahía pequeña*) cove, bay. 2. (*de un buque*) hold. 3. (*cata*) sample: **¿me da una cala para probar el melón?** could you give me a slice so that I can try the melon? 4. (*Bot*) arum lily. 5. (*Med*) suppository. 6. (*fam*: *peseta*) peseta.

calabacín /kalaβa'θin/ *sm* 1. (*fruto pequeño*) (*GB*) courgette, (*US*) zucchini; (*fruto grande*) marrow, squash. 2. (*fam*: *persona*) fool, (*GB*) clot.

calabaza /kala'βaθa/ *sf* (*fruto*) pumpkin • **le dieron calabazas en todas las asignaturas** he failed all his subjects • **Elena le dio calabazas a Pedro** Elena ditched Pedro * gave Pedro the push.

calabobos /kala'βoβos/ *sm inv* (*fam*) drizzle: **durante todo el día cayó un tenaz calabobos** it was drizzling steadily all day.

calabozo /kala'βoθo/ *sm* (*mazmorra*) dungeon; (*celda*) cell.

calada /ka'laða/ *sf* puff: **le di dos caladas al cigarrillo y lo apagué** I had two puffs of the cigarette and put it out.

caladero /kala'ðero/ *sm* fishing grounds *pl*.

calado, -da /ka'laðo -ða/ I *adj* 1. (*mojado*) soaked • **llegué a casa calado hasta los huesos** I arrived home wet through. 2. (*con agujeros*) holey: **se ha comprado un jersey calado** he's bought himself a sweater with a holey pattern.
II **calado** *sm* 1. (*en costura*) openwork. 2. (*Náut*: *profundidad*) depth of water: **es un puerto de poco calado** it's a shallow-water port; (*: parte sumergida*) draught: **el calado de este buque es...** this ship's draught is....

calafatear /kalafate'ar/ [⇨ CANTAR] *vt* to caulk.

calamar /kala'mar/ *sm* squid: **pedimos calamares en su tinta** we ordered squid cooked in its own ink.

calambre /ka'lambre/ *sm* **1.** (*muscular*) cramp: **me dio un calambre en la pierna mientras nadaba** I got cramp in my leg while I was swimming. **2.** (*eléctrico*) electric shock: **me dio un calambre al tocar el enchufe** I got a shock * an electric shock when I touched the socket.
calamidad /kalami'ðað/ *sf* **1.** (*desgracia*) disaster, misfortune: **últimamente ha sufrido muchas calamidades** she's had a series of disasters lately. **2.** (*fam: persona*) disaster: **es una calamidad** he's a (complete) disaster; (*: cosa*) botched job.
calandria /ka'landrja/ *sf* (*pájaro*) lark.
calaña /ka'laɲa/ *sf* (*fam*) character: **se juntó con gente** *de* **mala calaña** he got in with some very undesirable people.
calar /ka'lar/ [➪CANTAR] *vt* **1.** (*penetrar en*) to soak (through): **el agua caló la ropa** the water soaked the clothes. **2.** (*atravesar*) to pierce: **caló una tabla con el taladro** he drilled a hole through a plank. **3.** (*una sandía, un melón*): **calé el melón pero lo encontré demasiado dulce** I cut off a slice of the melon to taste but it was too sweet for me. **4.** (*fam: a una persona*) to see through: **lo tengo calado desde el primer día** I saw through him from the first day; **enseguida la calé** I sized her up straight away. **5.** (*un sombrero, un gorro*): **le caló el gorro a su hijo porque hacía frío** she put her son's cap on his head because of the cold. **6.** (*una bayoneta*) to fix: **calaron las bayonetas y saltaron de las trincheras** they fixed bayonets and leapt out of the trenches.
♦*vi* **1.** (*dejar pasar el agua*) to let the water in * through: **esta tela cala** this cloth is not waterproof. **2.** (*argumentos, ideas*): **sus argumentos calaron** *en* **el auditorio** his arguments took root among the audience; **sus ideas están calando poco a poco** their ideas are gradually becoming accepted. **3.** (*embarcación*) to draw.
calarse *v prnl* **1.** (*ponerse*) to pull on: **se caló el sombrero hasta las cejas** he pulled his hat down firmly on his head. **2.** (*mojarse*): **se caló hasta los huesos** he got soaked to the skin. **3.** (*automóvil*) to stall: **el coche se caló en la cuesta** the car stalled going up the hill.
calato, -ta /ka'lato -ta/ *adj* (*Chi, Perú*) naked.
calavera /kala'βera/ **I** *sf* **1.** (*Anat*) skull. **2.** (*Méx: Auto*) back light, (*US*) taillight.
II *adj inv, sm* (*fam: persona*): **de joven, era muy calavera** when he was young he used to live it up.
calaverada /kalaβe'raða/ *sf* prank, escapade.
calcado, -da /kal'kaðo -ða/ *adj* **1.** (*copiado*) copied. **2.** (*idéntico*) identical: **este ejemplo es calcado** *al* **del otro diccionario** this example is identical to the one in the other dictionary; **es calcada a su abuela** she's the spitting image of her grandmother.
calcamonía /kalkamo'nia/ *sf* ➪ calcomanía
calcañar /kalka'ɲar/ *sm* heel.
calcar /kal'kar/ [➪sacar] *vt* **1.** (*copiar dibujo*) to trace. **2.** (*imitar*) to copy: **el autor calcó la escena** *de* **otra obra** the playwright copied the scene from another play.
calcáreo, -rea /kal'kareo -rea/ *adj* chalky.
calce /'kalθe/ *sm* **1.** (*objeto*) wedge, chock. **2.** (*Amér C, Méx: pie de documento*) foot * bottom (*of a page*).
calceta /kal'θeta/ *sf* knitting: **se pasa el día haciendo calceta** she spends her day knitting.
calcetín /kalθe'tɪn/ *sm* sock.
calcificación /kalθifika'θjon/ *sf* calcification.
calcificar /kalθifi'kar/ [➪sacar] *vt* to calcify.
calcificarse *v prnl* to calcify.
calcinar /kalθi'nar/ [➪CANTAR] *vt* **1.** (*quemar*) to burn: **el fuego calcinó el bosque** the fire reduced the forest to ashes. **2.** (*reducir a cal viva*) to calcify.
calcio /'kalθjo/ *sm* calcium.
calco /'kalko/ *sm* **1.** (*de un documento*) (carbon) copy; (*de un dibujo*) tracing • **esta situación es un calco de lo sucedido el año pasado** this situation is a re-run of what happened last year. **2.** (*Ling*) loan word, calque.
calcomanía /kalkoma'nia/ *sf* (*pegatina*) transfer.
calculador, -dora /kalkula'ðor -'ðora/ *adj* calculating: **es frío y calculador** he is cold and calculating.
calculadora /kalkula'ðora/ *sf* calculator.
calcular /kalku'lar/ [➪CANTAR] *vt* **1.** (*resolver*) to calculate, to work out: **calculó mentalmente lo que costaba** he worked out in his head what it cost. **2.** (*conjeturar*) to guess: **calculo que tendrá unos treinta años** I guess * I'd say that she must be around thirty.
cálculo /'kalkulo/ *sm* **1.** (*gen*) calculation: *según* **mis cálculos, faltan tres meses** according to my calculations * by my reckoning, there are three months left. **2.** (*estimación*) estimate: **he hecho un cálculo aproximado de lo que cuesta** I have made a rough estimate of the cost. **3.** (*Mat*) calculus.
cálculo biliar *sm* gallstone.
cálculo de probabilidades *sm* probability theory.
cálculo mental *sm* mental arithmetic.
cálculo renal *sm* kidney stone.
caldear /kalde'ar/ [➪CANTAR] *vt* **1.** (*calentar*) to warm (up): **la estufa caldeó en seguida la habitación** the heater warmed the room up straight away. **2.** (*provocar una reacción*): **la intervención de su abogado caldeó los ánimos** his lawyer's intervention provoked a heated reaction.
caldearse *v prnl* **1.** (*calentarse*) to warm up: **la casa es pequeña y se caldea en seguida** the house is small and warms up in no time at all. **2.** (*provocar reacción*) to become heated: **cuando intervino el acusado, se caldearon los ánimos** when the defendant spoke there was a heated reaction.
caldera /kal'dera/ *sf* **1.** (*para cocer*) (large) saucepan: **puse la caldera en el fuego** I put the saucepan on the ring; (*Urug: para hervir agua*) kettle. **2.** (*para agua caliente, vapor*) boiler.
calderas de Pedro Botero *sf pl*: **las calderas de Pedro Botero** (*fam*) Hell.
calderero, -ra /kalde'rero -ra/ *sm/f* boilermaker.
caldereta /kalde'reta/ *sf* (*guiso de cordero*) lamb stew; (*guiso de pescado*) fish stew.
calderilla /kalde'riʎa/ *sf* small change: **sólo me queda un poco de calderilla** I've only some small change left.
caldero /kal'dero/ *sm* (*GB*) cauldron, (*US*) caldron.
caldillo /kal'diʎo/ *sm* (*Méx*) stew (*of minced beef in spicy sauce*).
caldo /'kaldo/ *sm* **1.** (*líquido que queda al hervir verduras, etc.*) stock; (*sopa*) clear soup, broth: **sólo tomé un caldo de verduras** I only had some vegetable soup; **no me gustan las lentejas con mucho caldo** I don't like lentil soup to be too watery • **la nueva ley les hace el caldo gordo a los especuladores** the new law is a speculators' charter • **lo puso a caldo** (*lo reprendió*) he gave him a roasting; (*habló mal de él*) he pulled him to pieces. **2.** (*vino*) wine: **la Rioja es famosa por sus caldos** the Rioja region is famous for its wines.
caldo de cultivo *sm* **1.** (*Biol*) culture medium. **2.** (*am-*

biente propicio) breeding ground: **el desempleo es un caldo de cultivo** *para* **la delincuencia** unemployment creates a breeding ground for crime.

calé /ka'le/ *adj, sm/f* gypsy, gipsy.

calefacción /kalefak'θjon/ *sf* heating.

calefacción central *sf* central heating (*for whole apartment block*).

calefacción individual *sf* central heating (*for individual apartment or house*).

calefactor, -tora /kalefak'tor -'tora/ **I** *sm/f* (*persona*) heating engineer.

II calefactor *sm* (*aparato*) heater, electric fire.

caleidoscopio /kaleiðo'skopjo/ *sm* kaleidoscope.

calendario /kalen'darjo/ *sm* **1.** (*almanaque*) calendar. **2.** (*agenda*) schedule, timetable: **no se está cumpliendo el calendario de las obras** the work is not being kept to schedule; **ya se ha publicado el calendario escolar** *para* **el próximo curso** the timetable for the next academic year has already been published.

calentador /kalenta'ðor/ *sm* **1.** (*de agua*) (water) heater. **2.** (*de pierna*) legwarmer.

calentamiento /kalenta'mjento/ *sm* **1.** (*gen*) increase in temperature. **2.** (*Dep*) warm-up.

calentar /kalen'tar/ [➪pensar] *vt* **1.** (*caldear*) to heat (up): **calentó la comida en el microondas** he heated up the food in the microwave. **2.** (*exaltar*) : **el incidente calentó los ánimos** the incident caused a huge stir. **3.** (*pegar*): **su padre le calentó las orejas por travieso** his father boxed his ears for being naughty. ♦*vi* **1.** (*caldear*): **era muy temprano, pero el sol ya calentaba** it was early, but the sun was already strong. **2.** (*Dep*) to warm up.

calentarse *v prnl* **1.** (*caldearse*) to get warm: **nos calentamos a la lumbre** we warmed ourselves at the hearth. **2.** (*exaltarse*) to become lively: **cuando se sacó el tema, se calentaron los ánimos** when the subject came up things got heated. **3.** (*apasionarse*) to get heated: **cuando habla del gobierno, se calienta** when he talks about the government, he gets very heated ✻ worked up. **4.** (*Amér L: enfadarse*): **se calienta** *por* **nada** he loses his temper very easily.

calentón /kalen'ton/ *sm* (*fam*): **el motor sufrió un calentón** the engine overheated.

calentura /kalen'tura/ *sf* **1.** (*fiebre*) fever, high temperature. **2.** (*ampolla*) mouth sore.

calenturiento, -ta /kalentu'rjento -ta/ *adj* **1.** (*febril*) feverish: **se despertó calenturiento** he woke up feeling feverish. **2.** (*obseso*): **tiene una mente calenturienta** he's always thinking about sex.

calera /ka'lera/ *sf* **1.** (*cantera*) limestone quarry. **2.** (*horno*) lime kiln.

calesa /ka'lesa/ *sf* buggy (*horse-drawn carriage*).

caleta /ka'leta/ *sf* small bay, cove.

calibrar /kali'βrar/ [➪CANTAR] *vt* **1.** (*un arma*) to calibrate. **2.** (*valorar*) to gauge: **calibró detenidamente los pros y los contras de la propuesta** he carefully weighed up the advantages and disadvantages of the offer.

calibre /ka'liβre/ *sm* **1.** (*de un arma, una bala, un tubo*) bore, (*GB*) calibre, (*US*) caliber. **2.** (*importancia*): **un error de ese calibre es imperdonable** a mistake of such magnitude is unforgivable.

calidad /kali'ðað/ *sf* **1.** (*categoría*) quality: **toda su ropa es** *de* **calidad** all her clothes are (of) good quality; **este vino es** *de* **primera calidad** this is a first class wine; **es barato porque es** *de* **mala calidad** it's cheap because it's poor quality. **2.** (*condición*) capacity: **asistió a la recepción en su calidad de cónsul** he attended the reception in his capacity as consul. **3.** (*tipo*) variety.

cálido, -da /'kaliðo -ða/ *adj* warm: **soplaba un viento cálido** there was a warm wind; **los esperaba un cálido recibimiento** a warm welcome awaited them; **le gustan los colores cálidos** she likes warm colours.

calidoscopio /kaliðo'skopjo/ *sm* kaleidoscope.

calientaplatos /kaljenta'platos/ *sm inv* (*en la cocina*) hotplate; (*en la mesa*) plate warmer.

caliente /ka'ljente/ *adj* **1.** (*temperatura*) hot: **la sopa está demasiado caliente** the soup is too hot ● **lo dijo sin pensar, en caliente** he said it without thinking, in the heat of the moment. **2.** (*vestido, habitación*) warm. **3.** (*discusión*) heated: **fue una reunión muy caliente** it was a very heated meeting.

caliento /ka'ljento/ *and other forms with* ***calient-*** ➪ calentar

califa /ka'lifa/ *sm* caliph.

califato /kali'fato/ *sm* caliphate.

calificación /kalifika'θjon/ *sf* **1.** (*juicio*) assessment, evaluation: **no merece otra calificación** that's the only way to describe him. **2.** (*valoración*) grade, mark: **pasó sus exámenes con muy buenas calificaciones** she passed her exams with very good grades.

calificado, -da /kalifi'kaðo -ða/ *adj* **1.** (*acreditado*) reputable, respected: **es una persona calificada en su especialidad** he's an authority in his field. **2.** (*apto*) suitable; (*cualificado*) qualified: **es persona calificada para este trabajo** he's qualified for this job.

calificar /kalifi'kar/ [➪sacar] *vt* **1.** (*valorar*) to rate: **calificaría esta película como muy buena** I would rate this a very good film; **los que la conocen la califican de honrada** those who know her describe her as an honest person; **calificaron de excelente su actuación** his performance was judged to be ✻ rated excellent. **2.** (*evaluar*) to mark, to grade: **calificó todos los exámenes con notas muy bajas** he gave all of the exam papers a low mark. **3.** (*Ling*) to qualify.

calificativo, -va /kalifika'tiβo -βa/ **I** *adj* (*Ling*) qualifying.

II calificativo *sm* epithet: **empleó calificativos muy duros contra el gobierno** he used very strong words against the government.

California /kali'fornja/ *sf* California.

californiano, -na /kalifor'njano -na/ *adj, sm/f* Californian.

caligrafía /kaliɣra'fia/ *sf* **1.** (*Artes*) calligraphy. **2.** (*escritura*) handwriting.

calima /ka'lima/, **calina** /ka'lina/ *sf* haze, mist.

cáliz /'kaliθ/ *sm* **[cálices]** **1.** (*Relig*) chalice. **2.** (*Bot*) calyx.

caliza /ka'liθa/ *sf* limestone.

calizo, -za /ka'liθo -θa/ *adj* (*formación*) lime; (*sustancia*) limy.

callada /ka'ʎaða/ *sf* ● **preferí darle la callada por respuesta** I chose not to answer her.

calladamente /kaʎaða'mente/ *adv* quietly.

callado, -da /ka'ʎaðo -ða/ *adj* **1.** (*silencioso*) quiet, silent: **estaban tan callados que se podía oír el vuelo de una mosca** they were so quiet, you could have heard a pin drop. **2.** (*reservado*) quiet, reserved: **es un chico muy callado** he's a very quiet boy; **¡qué callado se lo tenía!** he kept it very quiet!

callar /ka'ʎar/ [➪CANTAR] *vi* **1.** (*guardar silencio*) to stay

silent: **a veces es preferible callar** sometimes it's better not to say anything. **2.** (*cesar un ruido*) to become silent: **si no callas, no se puede oír la radio** if you don't keep quiet, nobody will be able to hear the radio; **súbitamente callaron los gritos** suddenly the shouting stopped; **¡tú, a callar!** you be quiet!
♦ *vt* to keep to oneself: **he callado muchas cosas para no perjudicarlo** I've kept a lot of things quiet so as not to harm him.

callarse *v prnl* **1.** (*guardar silencio*) to stay silent: **no me gustó, pero preferí callarme** I didn't like it, but I thought it better to keep quiet; **cuando hablan los expertos es mejor callarse** when the experts are speaking, it's better not to say anything. **2.** (*cesar un ruido*) to become silent: **todos se callaron** everybody stopped talking.

calle /'kaʎe/ *sf* **1.** (*vía pública*) street: **no he pisado la calle en todo el día** I haven't been out all day • **no le quedó más remedio que echar * tirar por la calle de en medio** there was nothing for it but to take desperate measures • **mi hijo me trae * me lleva por la calle de la amargura** my son makes my life hell • **el cierre de la empresa dejó en la calle a docenas de trabajadores** the closure of the firm put dozens of workers out of a job • **cuando empezó a beber, lo echaron a la calle** when he began to drink he was fired * sacked • **al final su mujer lo puso de patitas en la calle** in the end his wife threw him out • **el pueblo se echó a la calle** the people took to the streets • **de joven se las llevaba a todas de calle** he was a real ladykiller as a young man • **ganó de calle * se llevó el premio de calle** he won easily. **2.** (*gente, público*): **toda la calle se enteró de sus problemas** the whole street heard about his problems • **sintoniza con el lenguaje de la calle** he's in tune with the man in the street • **la policía tuvo que abrirles calle** the police had to clear a way through the crowd for them to pass. **3.** (*en atletismo, natación*) lane; (*en golf*) fairway.

calle cortada *sf* (*Arg, Urug*) cul-de-sac.

calle de doble sentido *sf* two-way street.

calle de sentido único *sf* one-way street.

calle Mayor *sf* (*GB*) High Street, (*US*) Main Street.

calle sin salida *sf* cul-de-sac.

calleja /ka'ʎexa/ *sf* narrow street, alleyway.

callejear /kaʎexe'ar/ [➪ CANTAR] *vi* **1.** (*deambular*) to walk (about) the streets: **para conocer una ciudad, no hay como callejear** *por* **ella** the best way of getting to know a city is to walk about the streets. **2.** (*estar en la calle*) to hang about the streets: **no hacen más que callejear** *por* **el barrio** they just hang about the streets of the neighbourhood.

callejero, -ra /kaʎe'xero -ra/ **I** *adj* **1.** (*en la calle*) street: **fuimos testigos de una pelea callejera** we witnessed a street fight. **2.** (*persona*): **es muy callejero** he's very fond of street life. **3.** (*perro, gato*) stray.
II callejero *sm* street guide.

callejón /kaʎe'xon/ *sm* **1.** (*pasaje*) alley, alleyway. **2.** (*Tauro*) *space between the inner barrier and the stand at a bullring*.

callejón sin salida *sm* **1.** (*calle cerrada*) cul-de-sac, dead end. **2.** (*situación desesperada*) dead end, impasse: **las negociaciones han llegado a un callejón sin salida** the negotiations have reached a dead end.

callicida /kaʎi'θiða/ *sm* corn cure.

callista /ka'ʎista/ *sm/f* (*GB*) chiropodist, (*US*) podiatrist.

callo /'kaʎo/ **I** *sm* **1.** (*en el pie*) corn; (*en la mano*) callus • **es un trabajo en el que hay que dar el callo** it's back-breaking work. **2.** (*fam: persona fea*): **es un callo** she's very ugly.
II callos *sm pl* (*Culin*) tripe: **son muy famosos los callos a la madrileña** tripe in the Madrid style is a very well-known dish.

callosidad /kaʎosi'ðað/ *sf* (*callo*) callus.

calloso, -sa /ka'ʎoso -sa/ *adj* horny.

calma /'kalma/ *sf* **1.** (*Meteo*) calm (weather): **después de la tormenta, llegó la calma** after the storm, there was calm; **la epidemia entró en un periodo de calma** the epidemic stopped spreading. **2.** (*tranquilidad*) peace: **cuando se marcharon de casa, volvió la calma** when they left home, peace returned; (*paciencia*) patience: **tómatelo con calma** you must be patient. **3.** (*pachorra*) calmness, relaxed attitude: **se lo toma todo con demasiada calma** he's too relaxed about everything.

calma chicha *sf* (*Náut*) dead calm.

calmante /kal'mante/ **I** *adj* soothing.
II *sm* painkiller, sedative: **se tomó un calmante** he took a painkiller * sedative.

calmar /kal'mar/ [➪ CANTAR] *vt* **1.** (*aliviar*) to relieve: **tomó unas pastillas para calmar el dolor** she took some tablets to relieve the pain. **2.** (*sosegar*) to calm: **trató de calmar a la multitud** he tried to calm the crowd.

calmarse *v prnl* **1.** (*tranquilizarse*) to calm down: **le costó calmarse** it took him a while to calm down. **2.** (*Meteo*) to abate: **después de la tormenta el viento se calmó** after the storm the wind dropped.

calmo, -ma /'kalmo -ma/ *adj* calm, tranquil.

calmoso, -sa /kal'moso -sa/ *adj* **1.** (*en calma*) calm. **2.** (*persona*) relaxed.

caló /ka'lo/ *sm* gypsy * gipsy language.

calor /ka'lor/ *sm* **1.** (*energía*) heat: **hace calor** it's hot; **esta chaqueta me da calor** I'm too hot in this jacket • **contó viejas historias al calor de la lumbre** she told fireside stories • **me senté delante del fuego para entrar en calor** I sat in front of the fire to get warm. **2.** (*cariño*) warmth: **fue extraordinario el calor con que nos acogieron** the warmth of their welcome was quite extraordinary. **3.** (*apasionamiento*) heat, (*GB*) ardour, (*US*) ardor: **discutieron con gran calor los detalles del proyecto** they argued heatedly over the details of the project.

calor específico *sm* specific heat.

caloría /kalo'ria/ *sf* calorie.

calórico, -ca /ka'loriko -ka/ *adj* calorific.

calorífero, -ra /kalo'rifero -ra/ *adj* heat-producing, heat-emitting.

calorífico, -ca /kalo'rifiko -ka/ *adj* calorific.

calumnia /ka'lumnja/ *sf* **1.** (*falsedad*) calumny, falsehood. **2.** (*Jur: hablada*) slander; (*: escrita*) libel.

calumniador, -dora /kalumnja'ðor -'ðora/ **I** *adj* **1.** (*falso*) calumnious, false. **2.** (*Jur: difamatorio*) defamatory.
II *sm/f* **1.** (*mentiroso*) liar. **2.** (*Jur: por palabras*) slanderer; (*: por escrito*) libeller.

calumniar /kalum'njar/ [➪ CAMBIAR] *vt* **1.** (*acusar en falso*) to falsely accuse. **2.** (*Jur: difamar de palabra*) to slander, to defame.

calurosamente /kalurosa'mente/ *adv* warmly.

caluroso, -sa /kalu'roso -sa/ *adj* warm: **fue una tarde calurosa para el mes de marzo** it was a warm afternoon for March; **le dieron una calurosa acogida** she was given a warm welcome.

calva /ˈkalβa/ *sf* **1.** (*en la cabeza*) bald patch. **2.** (*en un tejido, una alfombra*) bare * bald patch. **3.** (*en un bosque*) clearing. **4.** (*mujer*) bald woman.

calvario /kalˈβarjo/ *sm* **1.** (*Relig: lugar*) Calvary; (*: Vía Crucis*) Stations of the Cross *pl.* **2.** (*suplicio*): **sus padres pasaron un calvario** her parents went through hell.

calvicie /kalˈβiθje/ *sf* baldness.

calvinismo /kalβiˈnizmo/ *sm* Calvinism.

calvinista /kalβiˈnısta/ *adj* Calvinist.

calvo, -va /ˈkalβo -βa/ **I** *adj* (*sin pelo*) bald; (*sin vegetación*) bare • **¡ni tanto ni tan calvo!** there's no need to go to the other extreme.
II calvo *sm* bald man.

calzada /kalˈθaða/ *sf* **1.** (*Hist: carretera*) paved road. **2.** (*de una calle*) road; (*de una autopista*) carriageway.

calzado, -da /kalˈθaðo -ða/ **I** *adj* **1.** (*con zapatos*) wearing shoes: **siempre va muy bien calzado** he always wears good quality shoes. **2.** (*animal*): **ganó la yegua calzada de blanco** the mare with the white socks won.
II calzado *sm* footwear.

calzador /kalθaˈðor/ *sm* shoehorn • **no entra ni con calzador** there's no way it will fit in.

calzar /kalˈθar/ [⇨cazar] *vt* **1.** (*llevar*) to wear: **en invierno suele calzar botas de felpa** she usually wears fur boots in winter; **calzo un cuarenta** I take size forty (shoes). **2.** (*ponerle zapatos a*) to put shoes on: **¿las calzas mientras yo me visto?** can you put the girls' shoes on while I get dressed? **3.** (*adquirir calzado para*): **en esta zapatería calzo a toda la familia** I buy shoes for all the family in this shoe shop; **el sueldo no me alcanza para vestirlos y calzarlos** I don't earn enough to buy clothes and shoes for them. **4.** (*poner una cuña bajo: gen*): **calcé la mesa** I put a wedge under the table leg; (*: un vehículo*): **usaron ladrillos para calzarlo** they used bricks to chock the wheels.
calzarse *v prnl* **1.** (*ponerse*) to put on: **se calzó unas sandalias** he put on a pair of sandals. **2.** (*ponerse los zapatos*) to put one's shoes on: **cálzate que nos vamos** get * put your shoes on, we're leaving. **3.** (*proporcionarse calzado*): **se viste y se calza a costa de la empresa** the company pays for his clothing and footwear. **4.** (*fam: conseguir*) to (manage to) get, (*GB*) to wangle: **no tardó en calzarse el puesto de gerente** it didn't take him long to get the manager's job.

calzas /ˈkalθas/ *sf pl* (*Arg, Chi, Urug: mallas*) leggings *pl.*

calzo /ˈkalθo/ **I** *sm* (*gen*) wedge; (*bajo una rueda*) chock.
II calzos *sm pl* (*de caballo*) socks *pl.*

calzón /kalˈθon/ **I** *sm* (*pantalón corto*) shorts *pl*: **lucían camiseta roja y calzón blanco** they were wearing red jerseys and white shorts.
II calzones *sm pl* (*Amér L: prenda interior femenina*) panties *pl*, (*GB*) knickers *pl*, (*US*) underpants *pl.*

calzonazos /kalθoˈnaθos/ *sm inv* (*fam*) henpecked husband.

calzoncillo /kalθonˈθiʎo/ *sm*, **calzoncillos** /kalθonˈθiʎos/ *sm pl* (*GB*) underpants *pl*, (*US*) shorts *pl.*

cama /ˈkama/ *sf* **1.** (*lecho*) bed: **haz la cama antes de irte** make your bed before you go; **cayó** *en* **cama con cuarenta de fiebre** he fell ill with a temperature of forty degrees; **guarda cama** * **está** *en* **cama con gripe hace tres días** he has been in bed with flu for three days • **sus enemigos en el partido le hicieron la cama para que no saliera elegido** his enemies in the party fixed it so that he would not be elected. **2.** (*en establos*) bedding.
cama de dos plazas *sf* (*Amér L*) double bed.
cama de matrimonio *sf* double bed.
cama de una plaza *sf* (*Amér L*) single bed.
cama elástica *sf* trampoline.
cama individual *sf* single bed.
cama matrimonial *sf* double bed.
cama nido *sf*: *set of two beds, one sliding beneath the other for storage.*
cama solar *sf* sunbed.
cama turca *sf* divan.

camada /kaˈmaða/ *sf* **1.** (*Zool*) litter: **la loba amamantaba a su camada** the she-wolf suckled her litter. **2.** (*fam: cuadrilla*) gang: **los asaltó una camada de bandidos** they were attacked by a gang of bandits.

camafeo /kamaˈfeo/ *sm* cameo.

camaleón /kamaleˈon/ *sm* chameleon.

camaleónico, -ca /kamaleˈoniko -ka/ *adj* chameleon-like.

cámara /ˈkamara/ **I** *sf* **1.** (*de fotografía, cine, televisión*) camera: **repitieron el gol** *a* * *en* **cámara lenta** they showed the goal again in slow motion. **2.** (*aposento*) chamber: **visitaron la cámara real** they visited the royal chamber. **3.** (*Tec: pieza hueca*) chamber. **4.** (*de un neumático*) inner tube; (*de un fusil*) chamber. **5.** (*Anat: cavidad*) cavity. **6.** (*asamblea legislativa, corporación*) chamber: **éstas son normas aprobadas por la cámara de comercio** these rules have been approved by the chamber of commerce.
II *sm/f* cameraman.
cámara acorazada *sf* vault.
cámara alta *sf* (*Pol*) upper House.
cámara baja *sf* (*Pol*) lower House.
cámara cinematográfica *sf* cine camera.
cámara de aire *sf* air chamber.
Cámara de (los) Diputados *sf* Chamber of Deputies.
cámara de gas *sf* gas chamber.
Cámara de Senadores *sf* (*en algunos países*) Senate.
cámara de televisión *sf* television camera.
cámara de vídeo *sf* video camera.
cámara fotográfica *sf* camera.
cámara frigorífica *sf* cold store.
cámara mortuoria *sf* chapel of rest.
cámara nupcial *sf* bridal suite.

camarada /kamaˈraða/ *sm/f* **1.** (*Pol*) comrade. **2.** (*de colegio*) schoolmate, school friend; (*de trabajo*) colleague.

camaradería /kamaraðeˈria/ *sf* (*en ejército, partido político*) comradeship; (*entre amigos*) friendship, camaraderie.

camarera /kamaˈrera/ *sf* **1.** (*en un restaurante*) waitress; (*en un bar*) barmaid. **2.** (*de una reina*) lady-in-waiting. **3.** (*en un hotel*) maid.

camarero /kamaˈrero/ *sm* (*en un restaurante*) waiter; (*en un bar*) barman; (*en un barco*) steward.

camarilla /kamaˈriʎa/ *sf* clique: **una camarilla de asesores toma todas las decisiones** a small group of consultants takes the decisions.

camarón /kamaˈron/ *sm* prawn.

camarote /kamaˈrote/ *sm* (*Náut*) cabin.

camastro /kaˈmastro/ *sm* rickety old bed.

cambalache /kambaˈlatʃe/ *sm* swap.

cambiante /kamˈbjante/ **I** *adj* variable, changeable: **en este país hace un tiempo muy cambiante** the weather in this country is very changeable.
II cambiantes *sm pl* ever-changing (*GB*) colours * (*US*) colors *pl.*

cambiar /kam'bjar/ [➪table: CAMBIAR *in appendix*] *vt* **1.** (*gen*) to change: **cambié la bombilla que se había fundido** I changed the bulb that had fused. **2.** (*trocar*) to exchange, to swap: **cambié la cama de matrimonio** *por* **dos camas turcas** I exchanged * swapped the double bed for two divans; **cambiaron unas miradas muy significativas** they exchanged meaningful glances; **me gusta más el tuyo, ¡te lo cambio!** I prefer yours, I'll swap with you * let's swap! **3.** (*trasladar*) to move: **cambiamos a Javier** *de* **habitación** we moved Javier to a different room. **4.** (*moneda*) to change: **cambié un billete de mil (pesetas)** I changed a thousand-peseta note; **cambié pesetas** *en* * *a* **liras** I changed pesetas into lira.

♦*vi* **1.** (*gen*) to change: **cambió** *de* **parecer de la noche a la mañana** she changed her mind overnight; **el tiempo cambió súbitamente** the weather changed suddenly; **ha cambiado mucho** it has changed a lot. **2.** (*Auto*) to change: **cambió** *a* **segunda sin pisar el freno** he changed into second gear without braking. **3.** (*dirección del viento*) to change.

cambiarse *v prnl* **1.** (*de ropa*) to change, to get changed. **2.** (*de vivienda*) to move: **ya se han cambiado** *de* **casa tres veces** they've already moved house three times.

cambiazo /kam'bjaθo/ *sm* **1.** (*cambio*) big change: **¡qué cambiazo ha dado Nieves!** Nieves has changed so much! **2.** (*fam*: *estafa*) swap, switch: **le dieron el cambiazo** they switched them (*tickets*, *cards*, *etc.*).

cambio /'kambjo/ *sm* **1.** (*gen*) change: **se van a producir cambios en la empresa** there are going to be changes in the company • **a las primeras de cambio, dejó su trabajo** he left his job at the first chance he got • **a ella le gusta viajar; yo, en cambio, prefiero quedarme en casa** she likes travelling; I, on the other hand, prefer to stay at home. **2.** (*trueque*) exchange: **tuvieron un cambio de impresiones sobre la marcha del proyecto** they exchanged views on the progress of the project; **le ofrecieron inmunidad** *a* **cambio** *de* **su testimonio** he was offered immunity in exchange for his evidence. **3.** (*en la bolsa*) price: **el escándalo afectó el cambio de las acciones** the scandal affected the share price; (*de divisas*) exchange rate: **el cambio del dólar ha sufrido muchas oscilaciones** the exchange rate of the dollar has been very erratic. **4.** (*vuelta*) change: **se ha equivocado al darme el cambio** you've given me the wrong change; (*calderilla*) small change: **no tengo cambio** I don't have any change. **5.** (*en la vía férrea*) (*GB*) points *pl*, (*US*) switch. **6.** (*Auto*) (*GB*) gear change, (*US*) gear-shift.

cambio de marchas *sm* (*GB*) gear change, (*US*) gear-shift.

cambio de rasante *sm* brow of a hill.

cambista /kam'bista/ *sm/f* moneychanger.

Camboya /kam'boja/ *sf* Cambodia.

camboyano, -na /kambo'jano -na/ *adj*, *sm/f* Cambodian.

cambur /kam'bur/ *sm* (*Ven*) banana.

camelar /kame'lar/ [➪CANTAR] *vt* (*fam*) **1.** (*convencer adulando*) to win over: **cameló a su padre para que le comprara un coche** he talked his father into buying him a car. **2.** (*galantear*) to flirt with.

camelarse *v prnl* (*fam*): **intenta camelarse a sus padres para que lo dejen ir de viaje** he's trying to talk his parents into letting him go away.

camelia /ka'melja/ *sf* (*Bot*) camellia.

camellero, -ra /kame'ʎero -ra/ *sm/f* camel-driver.

camello, -lla /ka'meʎo -ʎa/ *sm/f* **1.** (*animal*) camel. **2.** (*!!*: *traficante*) drug pusher.

camelo /ka'melo/ *sm* **1.** (*fam*: *engañifa*) con, rip-off: **no me vengas con camelos** don't try to con me. **2.** (*noticia falsa*) cock-and-bull story: **la mitad de lo que publica esta revista son camelos** half of what is published in this magazine is pure fiction.

camerino /kame'rino/ *sm* (*en un teatro*) dressing room.

camilla /ka'miʎa/ *sf* **1.** (*para llevar enfermos*) stretcher. **2.** (*en la consulta*) (examining) couch.

camillero, -ra /kami'ʎero -ra/ *sm/f* (*gen*) stretcher bearer; (*en un hospital*) porter.

caminante /kami'nante/ *sm/f* walker.

caminar /kami'nar/ [➪CANTAR] *vi* **1.** (*pasear*) to walk: **fuimos caminando** we walked. **2.** (*frml*: *avanzar*): **el sol caminaba hacia su ocaso** the sun was going down.

♦*vt* to walk: **caminamos varios kilómetros** we walked several kilometres.

caminata /kami'nata/ *sf* long walk, hike.

camino /ka'mino/ *sm* **1.** (*senda*) path, track • **se abrió camino en la vida a base de esfuerzo** he made his way in life through hard work • **este chico va por el mal camino** this boy is going astray • **va por el buen camino** he is on the right track • **decidimos ir cada uno por nuestro camino** we decided to go our own ways. **2.** (*itinerario*) way: **hicimos una parada a mitad de * a medio camino** we stopped half-way there; **no conozco el camino** I don't know the way • **su casa me pilla de camino** his house is on my way • **llevar camino**: **este asunto lleva camino de no acabarse nunca** this looks as though it's going to go on for ever; **lleva camino de convertirse en presidente** he's well on the way to becoming president. **3.** (*viaje*) journey: **nos pusimos** *en* **camino de buena mañana** we set off early. **4.** (*modo*) way: **ése no es el camino de conseguirlo** that's not the way to get it.

camino de cabras *sm* steep path.

camino de herradura *sm* bridle track.

camino de rosas *sm* bed of roses.

camino de Santiago *sm*: **el camino de Santiago** **1.** (*Hist*) the Pilgrims' Way to Santiago (de Compostela). **2.** (*Astron*) the Milky Way.

camino forestal *sm* forest track.

camino vecinal *sm* unclassified road.

camión /ka'mjon/ *sm* **1.** (*de mercancías*) truck, (*GB*) lorry. **2.** (*Méx*: *de pasajeros*) bus.

camión articulado *sm* (*GB*) articulated lorry, (*US*) semitrailer.

camión cisterna *sm* tanker.

camionero, -ra /kamjo'nero -ra/ *sm/f* **1.** (*de un camión*) truck driver, (*GB*) lorry driver. **2.** (*Méx*: *de un autobús*) bus driver.

camioneta /kamjo'neta/ *sf* **1.** (*furgoneta*) van; (*camión pequeño*) pick-up truck. **2.** (*Amér L*: *coche familiar*) (*GB*) estate (car), (*US*) station wagon.

camisa /ka'misa/ *sf* **1.** (*de vestir*) shirt: **nos recibió en mangas de camisa** he received us in his shirt sleeves • **perdió hasta la camisa** he lost everything • **tantos gastos terminaron por dejarlo en camisa** all the expense left him very short of money • **no le llegaba la camisa al cuerpo** he was scared to death • **no te metas en camisa de once varas** don't try to sort out other people's problems • **ahora es socialista, pero ha cambiado varias veces de camisa** these days he's a Socialist, but he has switched allegiance several times. **2.** (*de una pieza mecánica*) shield; (*de un apa-*

rato de iluminación) shade. **3.** (*de un libro*) (dust) jacket. **4.** (*de un reptil*) slough.
camisa de dormir *sf* nightshirt.
camisa de fuerza *sf* straitjacket.

camisería /kamise'ria/ *sf* (*donde venden camisas*) (*GB*) *shop* ✱ (*US*) *store selling shirts*; (*donde se confeccionan camisas*) shirt-maker's establishment.

camisero, -ra /kami'sero -ra/ **I** *adj*: **llevaba una blusa camisera** she was wearing a (woman's) shirt.
II *sm/f* (*persona*) shirt maker.
III camisero *sm* (*blusa*) woman's shirt.

camiseta /kami'seta/ *sf* (*de ropa interior*) (*GB*) vest, (*US*) undershirt; (*de vestir*) T-shirt; (*de deporte*) shirt, jersey • **perdieron, pero sudaron la camiseta** they lost, but they tried very hard.

camisón /kami'son/ *sm* nightgown, nightdress.

camomila /kamo'mila/ *sf* camomile.

camorra /ka'morra/ *sf* (*fam*) row: **vinieron con ganas de armar camorra** they came looking for a fight.

camorrista /kamo'rrista/ **I** *adj* troublemaking.
II *sm/f* troublemaker.

campal /kam'pal/ *adj* ⇨ batalla

campamento /kampa'mento/ *sm* (*gen*) camp: **los niños pasaron un mes en un campamento de verano** the children spent a month at a summer camp; **no hay suficiente comida para todo el campamento** there is not enough food to feed the whole camp.

campana /kam'pana/ *sf* bell: **¿por quién doblan las campanas?** for whom are the bells tolling? • **tú has oído campanas y no sabes dónde** you've only got half the story • **todavía no se pueden echar las campanas al vuelo** we still can't tell the world about it ✱ shout it from the rooftops • **hizo campana** (*GB*) he skived off school, (*US*) he played hooky.
campana de buzo *sf* diving bell.
campana extractora *sf* extractor hood.

campanada /kampa'naða/ *sf* **1.** (*sonido*) stroke (*of a bell*): **el reloj de la torre dio doce campanadas** the tower clock struck twelve. **2.** (*bombazo*) sensation: **cuando dejó el trabajo, dio la campanada** there was a terrific furore when he left his job.

campanario /kampa'narjo/ *sm* bell tower, belfry.

campanazo /kampa'naθo/ *sm* ⇨ campanada **2**

campanearse /kampane'arse/ [⇨ CANTAR] *v prnl* to reel.

campanilla /kampa'niʎa/ *sf* **1.** (*campana pequeña*) small bell • **es un club para gente de (muchas) campanillas** it is a club for very important people. **2.** (*úvula*) uvula. **3.** (*flor*) harebell.

campante /kam'pante/ *adj* **1.** (*tranquilo*) unperturbed: **la despidieron y se quedó tan campante** they fired her but she was not bothered at all. **2.** (*satisfecho*) pleased: **iba tan campante con su sombrero nuevo** she was so pleased with her new hat.

campaña /kam'paɲa/ *sf* **1.** (*gen*) campaign: **la campaña** *contra* **el exceso de velocidad ha tenido mucho éxito** the campaign against speeding has been very successful; **la campaña disparó el número de ventas** the publicity campaign sent sales rocketing ✱ soaring. **2.** (*Mil*) campaign.
campaña electoral *sf* election campaign.
campaña publicitaria *sf* advertising ✱ publicity campaign.

campar /kam'par/ [⇨ CANTAR] *vi* **1.** (*merodear*) to wander. **2.** (*acampar*) to camp.

campechano, -na /kampe'tʃano -na/ *adj* (*llano*) straightforward; (*cordial*) genial.

campeón, -ona /kampe'on -'ona/ *sm/f* champion.

campeonato /kampeo'nato/ *sm* **1.** (*torneo*) championship • **ganó un premio de campeonato** she won a huge prize • **es un pesado de campeonato** he's a total bore. **2.** (*título*) title: **ganó el campeonato europeo de marcha** he won the European Walking Championships.

campera /kam'pera/ **I** *sf* (*Arg, Chi, Urug*) (bomber) jacket.
II camperas *sf pl* cowboy boots *pl*.

campero, -ra /kam'pero -ra/ *adj* country: **organizaron una fiesta campera** they organized an open-air party in the country.

campesino, -na /kampe'sino -na/ **I** *adj* rural: **se marchó porque no le gustaba la vida campesina** he left because he didn't like rural ✱ country life.
II *sm/f* peasant.

campestre /kam'pestre/ *adj* (in the) country: **fueron a una merienda campestre** they went on a picnic in the country.

camping /'kampin/ *sm* **1.** (*lugar*) campsite: **estuvimos en un camping que tenía piscina** we stayed at a campsite which had a swimming pool. **2.** (*actividad*) camping: **en verano fuimos de camping** last summer we went camping.

campiña /kam'piɲa/ *sf* (*campo*) countryside; (*terreno de cultivo*) area of agricultural land (*usually flat and extensive*).

campista /kam'pista/ *sm/f* camper.

campo /'kampo/ *sm* **1.** (*zona rural*) country, countryside: **en los años cincuenta hubo una fuerte emigración del campo a las ciudades** in the fifties there was a big shift in population from the country to the cities; **siempre veraneamos en el campo** we always spend the summer in the countryside • **huyeron campo a través** they ran away across the fields. **2.** (*de cultivo*) field. **3.** (*de deportes*) field, ground; (*de fútbol, rugby, etc.*) pitch, field • **ganaron en campo contrario** they won away from home; (*de golf*) course. **4.** (*ámbito*) field: **siempre ha trabajado en el campo de...** he's always worked in the field of...; **ampliaron el campo de la investigación** they widened the scope of the research.
campo de aterrizaje *sm* landing strip.
campo de concentración *sm* concentration camp.
campo de minas *sm* minefield.
campo visual *sm* field of vision.

campus /'kampus/ *sm inv* campus.

can /kan/ *sm* dog.

cana /'kana/ *sf* **1.** (*Anat*) white hair: **le están saliendo canas** she's going grey • **ya peina canas** he's old now • **de vez en cuando le gusta echar una cana al aire** every now and again he likes to let his hair down. **2.** (*Amér S*: *fam, cárcel*) slammer.

Canadá /kana'ða/ *sm* Canada.

canadiense /kana'ðjense/ *adj, sm/f* Canadian.

canal /ka'nal/ *sm* **1.** (*Geog*) channel: **el canal de la Mancha** the (English) Channel; (*construido artificialmente*) canal: **el canal de Panamá** the Panama Canal. **2.** (*de televisión*) channel. **3.** (*de riego*) channel. **4.** (*conducto*): **presentó una protesta a través de los canales oficiales** she made a complaint through the official channels. **5.** (*Anat*) canal, duct. **6.** (*also* **canal de desagüe**) (*para el agua*) gutter. **7.** (*res muerta*): **pesa doscientos kilos** *en* **canal** it weighs two hundred kilos with the offal removed • **lo abrieron en canal** they slit it open.

canalizar /kanali'θar/ [⇨cazar] *vt* **1.** (*una corriente de agua*) to channel. **2.** (*un sentimiento*) to direct: **el partido trata de canalizar las frustraciones sociales** the party is seeking to give expression to social discontent. **3.** (*fondos, recursos*) to channel.

canalla /ka'naʎa/ **I** *sm/f* rogue, swine.
II *sf* scum, riffraff: **la canalla disfruta con historias sensacionalistas** the riffraff love sensational news items.

canallada /kana'ʎaða/ *sf*: **lo que le hizo fue una canallada** what he did to her was a low-down, dirty trick.

canalón /kana'lon/ *sm* (*Arquit*) gutter.

canapé /kana'pe/ *sm* **1.** (*bocadillito*) canapé. **2.** (*diván*) couch.

Canarias /ka'narjas/ *sfpl*: **las (islas) Canarias** the Canary Islands *pl*, the Canaries *pl*.

canario, -ria /ka'narjo -rja/ **I** *adj* of * from the Canary Islands.
II *sm/f* **1.** (*de Canarias*) native * inhabitant of the Canary Islands. **2.** (*pájaro*) canary.

canasta /ka'nasta/ *sf* **1.** (*de mimbre, de baloncesto*) basket. **2.** (*Juegos*) canasta.

canastilla /kanas'tiʎa/ *sf* **1.** (*cestillo*) small basket. **2.** (*de bebé*) baby clothes *pl*.

canasto /ka'nasto/ **I** *sm* big basket.
II canastos *excl* good God.

cancela /kan'θela/ *sf* wrought-iron gate.

cancelar /kanθe'lar/ [⇨CANTAR] *vt* **1.** (*anular, suspender*) to cancel: **canceló el contrato con su club** he cancelled the contract with his club; **se han cancelado todos los vuelos internacionales** all international flights have been cancelled. **2.** (*saldar*) to pay off: **antes de marcharse, canceló todas sus deudas** before leaving he paid off all his debts.

cáncer /'kanθer/ **I** *sm* **1.** (*enfermedad*) cancer. **2.** (*also* **Cáncer**) (*constelación, signo del zodiaco*) Cancer; (*Amér L*): **soy** *de* **Cáncer** I'm Cancer * a Cancerian.
II *sm/f inv* (*persona*) Cancer, Cancerian: **soy cáncer** I'm Cancer * a Cancerian; **va a ser una buena semana para los cáncer** it's going to be a very good week for Cancers.

cancerbero /kanθer'βero/ *sm* (*Dep*) goalkeeper.

cancerígeno, -na /kanθe'rixeno -na/ *adj* carcinogenic.

canceroso, -sa /kanθe'roso -sa/ *adj* cancerous.

cancha /'kantʃa/ *sf* (*de baloncesto*) court; (*de fútbol*) pitch, field; (*Amér L: de tenis, squash*) court.

canciller /kanθi'ʎer/ *sm/f* **1.** (*jefe de gobierno*) chancellor. **2.** (*en embajadas, consulados*) chancellor. **3.** (*Amér L: ministro de Asuntos Exteriores*) foreign minister.

cancillería /kanθiʎe'ria/ *sf* chancellery, chancery.

canción /kan'θjon/ *sf* **1.** (*Mús*) song. **2.** (*Lit*) ballad: **una colección de canciones medievales** a collection of medieval ballads. **3.** (*pretexto*) excuse: **no me vengas con canciones** I don't want to hear any of your excuses; **¡ya estamos con la misma canción!** here we go with the same old story!
canción de cuna *sf* lullaby.

cancionero /kanθjo'nero/ *sm* **1.** (*Mús*) songbook. **2.** (*Lit*) book of poetry.

candado /kan'daðo/ *sm* padlock.

candeal /kande'al/ *adj*: **han aprobado la subida del pan candeal** the increase in the cost of white bread has been approved.

candela /kan'dela/ *sf* **1.** (*vela*) candle. **2.** (*fam: azotaina*): **los otros niños le daban candela * atizaban candela a la primera de cambio** the other kids used to beat him up for no reason at all.

candelabro /kande'laβro/ *sm* candelabra.

candelero /kande'lero/ *sm* candlestick • **después de tantos años, sigue en el candelero** after all these years, he is still in the limelight • **el tema de la nueva planta sigue en el candelero** the new plant is still a burning issue.

candente /kan'dente/ *adj* **1.** (*metal, pieza*) red-hot. **2.** (*de actualidad*) burning: **su discurso tocó los temas más candentes** her speech dealt with the most burning issues.

candidato, -ta /kandi'ðato -ta/ *sm/f* **1.** (*a un cargo, premio*) candidate: **hay cinco candidatos** *al* **Nobel** there are five candidates for the Nobel prize. **2.** (*a un empleo*) applicant: **ha habido cientos de candidatos** *al* * *para* **el puesto de contable** there have been hundreds of applicants for the position of accountant.

candidatura /kandiða'tura/ *sf* **1.** (*candidatos*): **los socialistas presentan una candidatura formada por treinta personas** the socialist party is putting forward a list of thirty candidates. **2.** (*aspiración a un cargo*) candidature: **estoy muy satisfecho de haber presentado mi candidatura** I'm very pleased to have put myself forward as a candidate.

candidez /kandi'ðeθ/ *sf* simplicity, naturalness: **todo el mundo se siente atraído por ella, tal es su candidez** everybody is attracted to her, she has such a natural personality.

cándido, -da /'kandiðo -ða/ **I** *adj* innocent, guileless.
II *sm/f* innocent: **Alberto es un cándido, ¡se cree todo lo que le dicen!** Alberto is so innocent, he believes anything he's told!

candil /kan'dil/ *sm* **1.** (*lámpara de aceite*) oil lamp. **2.** (*Méx: lámpara de techo*) chandelier.

candilejas /kandi'lexas/ *sfpl* (*en un teatro*) footlights *pl*.

candor /kan'dor/ *sm* innocence, guilelessness.

candoroso, -sa /kando'roso -sa/ *adj* innocent.

canela /ka'nela/ *sf* **1.** (*Culin*) cinnamon. **2.** (*fam: algo excelente*): **su última película es canela fina** her latest film is superb.
canela en polvo *sf* ground cinnamon.
canela en rama *sf* cinnamon in sticks.

canelo, -la /ka'nelo -la/ **I** *adj* **1.** (*color*) cinnamon-coloured: **le regalaron un cachorrito canelo * de color canela** he was given a light brown puppy. **2.** (*fam: tonto*) silly.
II canelo *sm* (*fam*) fool • **¡me estás hartando, tanto hacer el canelo!** I'm getting fed up with all your fooling around!

canelón /kane'lon/ *sm* **1.** (*Culin*) piece of cannelloni: **comimos canelones** we had cannelloni. **2.** (*tubería*) gutter (*on a roof*).

canesú /kane'su/ *sm* [**canesúes * canesús**] (*en costura*) yoke.

cangilón /kaŋxi'lon/ *sm* (*de una noria, draga*) bucket.

cangrejo /kaŋ'grexo/ *sm* (*de mar*) crab; (*de río*) crayfish.

canguelo /kaŋ'gelo/ *sm* (*fam*): **yo ahí no entro, me da mucho canguelo** I'm not going in there, it gives me the creeps.

canguro /kaŋ'guro/ **I** *sm* (*Zool*) kangaroo.

II *sm/f* (*fam: para niños*) baby-sitter: **los niños se quedaron con la canguro** the children stayed with the baby-sitter; **hace de canguro para los vecinos de al lado** she baby-sits for the people next door.

caníbal /ka'niβal/ *adj, sm/f* **1.** (*antropófago*) cannibal. **2.** (*fam: bruto*) animal: **su hermano se porta como un caníbal** her brother behaves like a wild animal.

canibalismo /kaniβa'lizmo/ *sm* cannibalism.

canica /ka'nika/ *sf* marble: **estaban jugando a las canicas** they were playing marbles.

caniche /ka'nitʃe/ *sm/f* poodle.

canícula /ka'nikula/ *sf*: **estábamos en plena canícula y no se podía pisar la calle** the summer was at its hottest and you couldn't step out of the house.

canijo, -ja /ka'nixo -xa/ (*fam*) **I** *adj* weak, puny. **II** *sm/f* weakling: **ese tío no me da miedo, es un canijo** I'm not scared of that guy, he's a little weakling.

canilla /ka'niʎa/ *sf* **1.** (*espinilla*) shin, shinbone. **2.** (*de una máquina de coser*) spool. **3.** (*espita*) spout. **4.** (*Arg, Urug: grifo*) (*GB*) tap, (*US*) faucet.

canino, -na /ka'nino -na/ **I** *adj* canine. **II canino** *sm* canine (tooth): **los carnívoros suelen tener los caninos muy desarrollados** carnivores generally have very well-developed canines.

canje /'kaŋxe/ *sm* exchange: **el canje de prisioneros tuvo lugar a las seis de la mañana** the exchange of prisoners took place at six o'clock this morning.

canjeable /kaŋxe'aβle/ *adj* exchangeable: **el periódico regala unos vales canjeables por entradas de cine** the newspaper is giving away vouchers which can be exchanged for cinema tickets.

canjear /kaŋxe'ar/ [➪ CANTAR] *vt* to exchange: **se negaron a canjear a los rehenes** they refused to exchange the hostages.

cannabis /'kannaβis/ *sm inv* cannabis.

cano, -na /'kano -na/ *adj* white, grey: **su pelo cano le confiere un aire respetable** his grey hair gives him an air of respectability.

canoa /ka'noa/ *sf* canoe.

canódromo /ka'noðromo/ *sm* dogtrack.

canon /'kanon/ *sm* **1.** (*norma*) rule: **vas a tener que hacerlo como mandan los cánones** you'll have to do it in accordance with the correct procedures. **2.** (*Artes, Mús, Relig*) canon. **3.** (*Fin*) royalty: **en el puente hay que pagar un canon de tránsito** you have to pay a toll to cross the bridge.

canónico, -ca /ka'noniko -ka/ *adj* canonical.

canónigo /ka'noniɣo/ *sm* (*clérigo*) canon.

canonización /kanoniθa'θjon/ *sf* canonization.

canonizar /kanoni'θar/ [➪ cazar] *vt* to canonize.

canoso, -sa /ka'noso -sa/ *adj* white-haired, grey-haired.

cansado, -da /kan'saðo -ða/ *adj* **1.** (*fatigado*) tired: **te he dicho que estoy cansado** *de* **esperar** I've told you I'm tired of waiting. **2.** (*agotador*) tiring: **me da pereza ir, es un viaje muy cansado** I can't be bothered to go, it's a very tiring journey.

cansancio /kan'sanθjo/ *sm* tiredness: **no puedo más, estoy muerto de cansancio** I can't go on any longer, I'm exhausted.

cansar /kan'sar/ [➪ CANTAR] *vt* to tire, to tire out: **me cansa un montón tener que subir al quinto piso** having to go up to the fifth floor really tires me out.

cansarse *v prnl* to get tired, to tire: **los niños pronto se cansan** *de* **los juguetes nuevos** children soon get tired of new toys; **te vas a cansar** *con* **tantas novelas policíacas** you're going to get tired of reading so many detective novels.

cansino, -na /kan'sino -na/ *adj* weary: **oía sus pasos cansinos subiendo las escaleras** she could hear his weary footsteps coming up the stairs.

Cantabria /kan'taβrja/ *sf* Cantabria.

cantábrico, -ca /kan'taβriko -ka/ *adj* Cantabrian.

cántabro, -bra /'kantaβro -βra/ *adj, sm/f* Cantabrian.

cantamañanas /kantama'ɲanas/ *sm/f inv* unreliable person: **seguro que lo hace a medias, es un cantamañanas** you can bet he won't do it properly, he's so unreliable.

cantante /kan'tante/ *sm/f* singer.

cantaor, -ora /kanta'or -'ora/ *sm/f* Flamenco singer.

cantar /kan'tar/ **I** [➪ table: CANTAR *in appendix*] *vt* **1.** (*gente, pájaros, insectos, etc.*) to sing: **por favor, cántanos una canción** sing us a song, please. **2.** (*fam: confesar*) to confess: **el detenido cantó todos sus crímenes** the prisoner confessed all his crimes. **3.** (*alabar*) to praise, to sing the praises of: **no hace más que cantar las bellezas de su país** she does nothing but praise her country's beauty. **4.** (*fam: enumerar*) to call out: **se tiraba media hora cantando los nombres de los alumnos** she used to spend half an hour calling the register. **5.** (*en naipes, bingo, etc.*) to call: **¡he cantado tres líneas en menos de una hora!** I've managed to get three lines in less than an hour!

♦*vi* **1.** (*gente, pájaros, insectos, etc.*) to sing. **2.** (*fam: confesar*) to sing, to squeal. **3.** (*para alabar*): **el autor canta a su amada en su última obra** the writer sings the praises of his sweetheart in his latest work. **4.** (*fam: oler*) to stink: **¡cómo te cantan los pies!** your feet stink! **5.** (*fam: llamar la atención*) to attract attention: **lleva un sombrero que canta a la legua** she's wearing a hat you could spot a mile away.

II *sm* poem • **si no quieres decírmelo, eso ya es otro cantar** if you won't tell me, that's another story.

cantar de gesta *sm* epic poem.

cántara /'kantara/ *sf* pitcher, jug.

cantarín, -rina /kanta'rin -'rina/ *adj* (*persona*) fond of singing; (*voz*) singsong.

cántaro /'kantaro/ *sm* pitcher, jug • **estuvo lloviendo a cántaros todo el día** it was raining cats and dogs all day long • **tanto va el cántaro a la fuente (que al final se rompe)** if you push your luck too far, something's bound to go wrong.

cantautor, -tora /kantau'tor -'tora/ *sm/f* singer-songwriter.

cante /'kante/ *sm* **1.** (*acción de cantar*): **decidió dedicarse al cante** he decided to become a professional flamenco singer • **con ese abrigo vas dando el cante** in that coat you'll stand out a mile. **2.** (*género*) song: **la historia del cante español** the history of Spanish song.

cante jondo *sm*: *type of Andalusian folksinging.*

cantera /kan'tera/ *sf* **1.** (*de piedra, etc.*) quarry. **2.** (*fuente, origen*) source of supply: **el Atlético se nutre de la cantera local** Atlético draws most of its players from the local junior teams.

cantero /kan'tero/ *sm* **1.** (*picapedrero*) quarryman; (*artesano*) stonemason. **2.** (*Arg, Urug: para legumbres*) vegetable patch; (*: para flores*) flowerbed.

cántico /'kantiko/ *sm* canticle.

cantidad /kanti'ðað/ **I** *sf* **1.** (*parte, número no especificado*) quantity, amount. **2.** (*abundancia*) lots *pl*: **¡recibieron cantidad** *de* **quejas!** they received loads of

complaints! **3.** (*de dinero*) sum, amount: **hay que pagar una cantidad a cuenta** you have to make a down payment * a payment in advance. **4.** (*cifra*) figure: **escribió varias cantidades en la pizarra** he wrote several figures on the board.
II *adv* (*fam*: *mucho*) a lot: **nos reímos cantidad** we had a really good laugh; **llovió** *en* **cantidad** it rained a lot.

cantiga /kan'tiɣa/, **cántiga** /'kantiɣa/ *sf* medieval poem.

cantimplora /kantim'plora/ *sf* water bottle, canteen.

cantina /kan'tina/ *sf* (*gen*) bar; (*en un cuartel*) mess.

cantinela /kanti'nela/ *sf* (*fam*) refrain: **¡tú siempre con la misma cantinela!** you always come up with the same old story!

cantinera /kanti'nera/ *sf* barmaid.

cantinero /kanti'nero/ *sm* barman.

canto /'kanto/ *sm* **1.** (*acción, arte de cantar*) singing: **el canto de los pájaros** the singing of the birds; **se le da muy bien el canto** she's very good at singing. **2.** (*canción*) chant; (*poema*): **entonaron un canto fúnebre** they sang a funeral hymn; (*parte de un poema*) canto. **3.** (*extremidad*) edge, rim: **se dio un golpe con el canto de la mesa** she hurt herself on the edge of the table; **pon las carpetas** *de* **canto** stand the folders on end • **ya se sabe: encontrarme con ella, discusión al canto** as soon as we're together we start arguing • **me faltó el canto de un duro para perder el tren** I caught the train by the skin of my teeth. **4.** (*de un cuchillo, un sable*) back. **5.** (*piedra*) stone • **si tan sólo aprobaras, te podrías dar con un canto en los dientes** you'll be lucky even to scrape a pass.
canto de cisne *sm* (*fig*) swan song.
canto gregoriano *sm* Gregorian chant.
canto rodado *sm* boulder.

cantón /kan'ton/ *sm* canton.

cantor, -tora /kan'tor -'tora/ **I** *adj* singing: **un pájaro cantor** a song bird.
II *sm/f* (*de flamenco*) singer.

canturrear /kanturre'ar/ [➪ CANTAR] *vt/i* to hum.

cánula /'kanula/ *sf* (*Med*) catheter.

canutas /ka'nutas/ *sf pl* • **durante la sequía las pasamos canutas** times were very hard during the drought.

canuto /ka'nuto/ *sm* **1.** (*tubo*) cardboard tube, poster tube. **2.** (*!!*: *porro*) joint.

caña /'kaɲa/ *sf* **1.** (*Bot*: *de bambú, etc.*) cane; (*: planta*) reed: **las orillas del río están plagadas de caña** the river banks are choked with reeds • **¡este coche puede, métele caña!** this car can really move, put your foot down * step on the gas! • **como te chives, te voy a meter * dar caña** if you tell anyone, I'll give you a good hiding. **2.** (*Anat*: *hueso largo*) long bone; (*: tuétano*) bone marrow. **3.** (*de bota, media, etc.*) leg: **las botas de caña alta son muy incómodas** long boots are very uncomfortable. **4.** (*vaso*) long glass. **5.** (*de cerveza*) beer: **¿me puede poner tres cañas?** three beers, please. **6.** (*fuste*) shaft (*of a pillar*).
caña de azúcar *sf* sugar cane.
caña de pescar *sf* fishing rod.

cañada /ka'ɲada/ *sf* (*camino para ganado*) cattle trail; (*quebrada*) ravine.

cañamazo /kaɲa'maθo/ *sm* (*tejido para bordar*) canvas; (*tela tosca*) burlap.

cáñamo /'kaɲamo/ *sm* (*planta, tejido*) hemp.

cañamón /kaɲa'mon/ *sm* hemp seed.

cañaveral /kaɲave'ral/ *sm* reedbed.

cañería /kaɲe'ria/ *sf* (*tubo*) pipe; (*serie de tubos*) pipes *pl*.

cañí /ka'ɲi/ *adj* gypsy: **la España cañí** *stereotyped Spain (with guitars, Flamenco music, etc.)*.

cañizo /ka'ɲiθo/ *sm* cane matting: **han cubierto el aparcamiento con un cañizo** they've put a cane roof over the car park.

caño /'kaɲo/ *sm* **1.** (*tubo*) tube, pipe. **2.** (*en una fuente*) jet. **3.** (*Perú*: *grifo*) (*GB*) tap, (*US*) faucet.
caño de escape *sm* (*Arg, Urug*: *Auto*) exhaust (pipe).

cañón /ka'ɲon/ **I** *sm* **1.** (*tubo*) tube, pipe: **el cañón de la chimenea no tira bien** the chimney is not drawing properly. **2.** (*de un arma de fuego*) barrel: **iba armado con una escopeta de dos cañones** he was armed with a double-barrelled shotgun. **3.** (*de artillería*) cannon, (field) gun • **en este negocio hay que estar al pie del cañón todo el tiempo** in this business you have to keep hard at it all the time. **4.** (*de una pluma*) quill. **5.** (*Geog*) canyon.
II *adj inv* (*fam*: *acontecimiento*): **fue una fiesta cañón** it was a fabulous party; (*: persona*): **¡mi vecina está cañón!** my next door neighbour is stunning!

cañonazo /kaɲo'naθo/ *sm* **1.** (*Mil*) artillery shot; (*Hist*) cannon shot. **2.** (*fam*: *en fútbol*) powerful shot. **3.** (*fam*: *noticia inesperada*) bombshell: **nos soltaron el cañonazo sin tan siquiera dar los buenos días** they dropped the bombshell on us without even saying good morning.

caoba /ka'oβa/ **I** *sf* **1.** (*árbol, madera*) mahogany. **2.** (*color*) (the colour of) mahogany.
II *adj inv* mahogany: **se ha dado reflejos caoba en el pelo** she's had mahogany tints put in her hair.

caos /'kaos/ *sm inv* chaos: **la oficina era un caos** the office was in complete chaos.

caótico, -ca /ka'otiko -ka/ *adj* chaotic.

cap. *pronounced* /ka'pitulo/ (*abbreviation of* **capítulo**) ch. (chapter).

capa /'kapa/ *sf* **1.** (*prenda*) cloak, cape; (*Tauro*) bullfighter's cape: **oculta su orgullo bajo una capa de humildad** she hides her pride under a cloak of humility • **tuvo mucho éxito durante una temporada, pero ahora está * va de capa caída** he was highly successful for a while, but now he's losing popularity • **a pesar de todo, Luis la sigue defendiendo a capa y espada** in spite of everything, Luis still defends her to the hilt • **véndelo si quieres, cada uno hace de su capa un sayo** sell it if you want to, you're free to do as you please. **2.** (*revestimiento*) coat: **hay que esperar unas ocho horas hasta que se seque la primera capa** you have to wait about eight hours for the first coat to dry. **3.** (*estrato*) layer: **le encantan esas galletas con dos capas de chocolate** he loves those biscuits with two layers of chocolate. **4.** (*Sociol*) level: **esta medida llegará a todas las capas de la sociedad** this measure will affect all levels of society.
capa de ozono *sf* ozone layer.

capacho /ka'patʃo/ *sm* (large) wicker basket.

capacidad /kapaθi'ðað/ *sf* **1.** (*de un recipiente, un lugar*) capacity: **un auditorio con una capacidad de doscientas plazas** an auditorium with a seating capacity of two hundred. **2.** (*aptitud*) ability: **tiene gran capacidad para los negocios** she has a very good head for business.

capacitado, -da /kapaθi'taðo -ða/ *adj*: **¿tú crees que está capacitada** *para* **hacer el trabajo?** do you think she is sufficiently competent * has the ability to do the job?; **no lo veo capacitado** *para* **dirigir la empresa** in my opinion he's not qualified to run the company.

capacitar /kapaθi'tar/ [⇨CANTAR] *vt* to qualify: **su título lo capacita** *para* **enseñar** his diploma qualifies him to teach.

capar /ka'par/ [⇨CANTAR] *vt* to castrate.

caparazón /kapara'θon/ *sm* (*Zool*) shell.

capataz /kapa'taθ/ *sm* [**capataces**] foreman.

capaz /ka'paθ/ *adj* [**capaces**] **1.** (*que puede*) capable: **es capaz** *de* **decir cualquier cosa** she's capable of saying anything; **es una película capaz** *de* **aburrir a cualquiera** it's a film that anyone would find boring; (*que se atreve*): **¡no serás capaz** *de* **decírselo!** you wouldn't dare to tell them, would you? **2.** (*apto*) able, competent: **ha sido siempre una empleada muy capaz** she has always been a very competent employee; **es una joven muy capaz** she's a very competent * capable young woman.

capazo /ka'paθo/ *sm* (*gen*) (large) wicker basket; (*para bebés*) Moses basket.

capcioso, -sa /kap'θjoso -sa/ *adj* cunning: **no se arredró ante las capciosas preguntas del director** he wasn't put off by the director's cunning questions.

capea /ka'pea/ *sf* bullfight with young bulls (*for amateur bullfighters*).

capear /kape'ar/ [⇨CANTAR] *vt* **1.** (*Tauro*) to play (*the bull by using the cape*). **2.** (*Náut*) to ride out, to weather.

capellán /kape'ʎan/ *sm* chaplain.

capellanía /kapeʎa'nia/ *sf* chaplaincy.

caperuza /kape'ruθa/ *sf* (*de un abrigo, una máquina*) hood; (*de un bolígrafo*) top, cap.

capicúa /kapi'kua/ *sm* reversible number.

capilar /kapi'lar/ **I** *adj* **1.** (*del cabello*) (of the) hair: **use esta loción capilar dos veces por semana** use this hair lotion twice a week. **2.** (*tubo, vena*) capillary.
II *sm* (*vaso sanguíneo*) capillary.

capilla /ka'piʎa/ *sf* **1.** (*Relig*) chapel: **no pudimos visitar la capilla del palacio** we couldn't visit the palace chapel ● **ya está en capilla, empieza los exámenes mañana** he's all keyed up, his exams start tomorrow. **2.** (*Mús*) choir: **dirigió la capilla de la catedral más de cinco años** he conducted the cathedral choir for over five years.

capilla ardiente *sf* chapel of rest.

capirotazo /kapiro'taθo/ *sm* flip, flick.

capirote /kapi'rote/ *sm* hood.

capital /kapi'tal/ **I** *adj* **1.** (*fundamental*) prime, primary: **el factor tiempo es de capital importancia** the time factor is of prime importance; **los precios fueron un tema capital** prices were a matter of primary concern. **2.** (*letra*) capital.
II *sm* **1.** (*Fin*) capital: **se abandonó el proyecto por falta de capital** the project was abandoned through lack of capital. **2.** (*Pol*): **el poder político estaba en manos del gran capital** political power was in the hands of big business.
III *sf* (*ciudad*) capital (city): **todavía no se ha hecho a la vida en la capital** he hasn't got used to life in the capital yet; **la gente de la capital no nos entiende** people from the capital don't understand us; **Jaén es la capital mundial del aceite de oliva** Jaén is the world's olive oil capital.

capital de provincia *sf* provincial capital.

capitalino, -na /kapita'lino -na/ (*Amér L*) **I** *adj* of * from the capital.
II *sm/f*: **los capitalinos no nos entienden** people from the capital don't understand us.

capitalismo /kapita'lizmo/ *sm* capitalism.

capitalista /kapita'lista/ **I** *adj* capitalist.
II *sm/f* capitalist ● **¡venga tú pagas, que eres el capitalista!** you're paying, you're the one with all the money!

capitalizar /kapitali'θar/ [⇨cazar] *vt* **1.** (*Fin*) to capitalize. **2.** (*aprovechar*) to capitalize on, to take advantage of: **supieron capitalizar los errores del contrario** they were able to capitalize on * take advantage of their opponents' mistakes.

capitán, -tana /kapi'tan -'tana/ *sm/f* **1.** (*jefe*) captain: **es la capitana del equipo de baloncesto** she's the captain of the basketball team. **2.** (*Mil, Náut*) captain.

capitán, -tana de corbeta *sm/f* lieutenant commander.

capitán, -tana de fragata *sm/f* commander.

capitán, -tana general *sm/f* captain general.

capitanear /kapitane'ar/ [⇨CANTAR] *vt* (*gen*) to lead; (*Mil*) to command.

capitel /kapi'tel/ *sm* (*Arquit*) capital.

capitoné /kapito'ne/ *sm* removal van.

capitoste /kapi'toste/ *sm* (*fam*) chief, boss.

capitulación /kapitula'θjon/ *sf* (*Mil*) capitulation, surrender.

capitulaciones matrimoniales *sfpl* marriage settlement.

capitular /kapitu'lar/ **I** *adj* (*Relig*) (of the) chapter.
II [⇨CANTAR] *vi* **1.** (*rendirse*) to capitulate, to surrender. **2.** (*pactar*) to make an agreement.

capítulo /ka'pitulo/ *sm* **1.** (*de un libro*) chapter; (*de una serie*) episode: **me perdí el último capítulo de la serie** I missed the last episode of the series. **2.** (*asunto*) subject ● **eso que dices de los ordenadores, es capítulo aparte** what you say about computers is quite a different matter. **3.** (*Relig*) chapter ● **si no cambia de actitud, vamos a tener que llamarlo a capítulo** if he doesn't change his attitude, he'll have to be called to account.

capó /ka'po/ *sm* (*Auto*) (*GB*) bonnet, (*US*) hood.

capón /ka'pon/ *sm* **1.** (*pollo*) capon. **2.** (*golpe en la cabeza*) rap on the head.

caporal /kapo'ral/ *sm* foreman.

capota /ka'pota/ *sf* (*de un coche*) roof, (*GB*) hood, (*US*) top; (*de un cochecito, un coche de caballos, etc.*) hood.

capotazo /kapo'taθo/ *sm* pass (*made by the bullfighter with the cape*).

capote /ka'pote/ *sm* **1.** (*abrigo*) long cloak; (*Mil*) greatcoat. **2.** (*Tauro*) bullfighter's cape ● **Chus siempre está dispuesto a echarte un capote** Chus is always ready to give you a helping hand.

capricho /ka'pritʃo/ *sm* **1.** (*deseo*) craving: **tengo capricho** *de* **chocolate** I have a craving for some chocolate. **2.** (*objeto*) whim: **este sillón fue un capricho de mi esposa** this armchair was a whim of my wife's; **mi marido lo compró** *por* **capricho** my husband bought it on (an) impulse.

caprichoso, -sa /kapri'tʃoso -sa/ *adj* capricious.

capricornio /kapri'kornjo/ **I** *sm* (*also* **Capricornio**) (*constelación, signo del zodiaco*) Capricorn; (*Amér L*): **soy** *de* **Capricornio** I'm a Capricorn.
II *sm/f inv* (*persona*) Capricorn: **soy capricornio** I'm a Capricorn; **va a ser una buena semana para los capricornio** it's going to be a good week for Capricorns.

cápsula /'kapsula/ *sf* capsule.

captar /kap'tar/ [⇨CANTAR] *vt* **1.** (*percibir, recibir*): **aquí no captamos la BBC** we can't pick up * receive the BBC here. **2.** (*entender*) to grasp: **no captó la importancia de lo que le dije** he didn't understand the importance of what I said. **3.** (*atraer*) to attract: **trató, sin éxito, de captar nuestra atención** she tried unsuccessfully to attract our attention.

captarse *v prnl* to win over: **se captó a los alumnos en menos de una semana** she won the pupils over in less than a week.

captura /kap'tura/ *sf* (*de un buque, una ciudad*) capture, seizure; (*de una persona*) arrest.

capturar /kaptu'rar/ [⇨CANTAR] *vt* **1.** (*apresar*) to capture, to arrest. **2.** (*cazar, pescar*) to catch. **3.** (*reflejar*) to capture: **el libro captura muy bien el espíritu de la época** the book captures the spirit of the time very well.

capucha /ka'putʃa/ *sf* (*Indum*) hood.

capuchino, -na /kapu'tʃino -na/ **I** *adj, sm/f* (*Relig*) Capuchin.

II capuchino *sm* (*coffee*) capuccino.

capuchón /kapu'tʃon/ *sm* **1.** (*capucha*) (large) hood. **2.** (*de un bolígrafo*) top, cap.

capullo /ka'puʎo/ *sm* **1.** (*de un insecto*) cocoon. **2.** (*de una planta*) bud.

caqui /'kaki/ *adj inv, sm* khaki.

cara /'kara/ *sf* **1.** (*rostro*) face: **el profesor la puso cara** *a* **la pared** the teacher made her stand facing the wall; **está buscando apoyos** *de* **cara** *a* **las elecciones** she's looking for support with a view to the election • **no quiso decírmelo a la cara** he wouldn't tell me to my face • **el portero tenía cara de pocos amigos** the doorman looked very unfriendly • **lo hago a cara descubierta, para que no me puedan reprochar nada** I do it openly, so that there can be no comeback • **se me cayó la cara de vergüenza cuando me pillaron copiando** I nearly died of shame when I was caught copying • **desde el accidente, no lo miran a la cara** they've refused to speak to him ever since the accident • **¿te crees que te lo van a dar por tu cara bonita?** do you think they'll let you have it just because you ask them nicely? • **partir * romper la cara**: **por poco le parten * rompen la cara** they nearly smashed his face in; **si vuelves a hacerlo, es que te parto * rompo la cara** if you ever do that again, I'll give you such a good hiding... • **esta vez no voy a sacar la cara por ti delante del jefe** I'm not going to stick my neck out for you in front of the boss this time • **esto no va a quedar así, ya nos veremos las caras** this is not the end of it, you haven't seen the last of me • **ya es hora de lavarle un poco la cara a esta cocina** it's time this kitchen was cleaned up • **lo que más me revienta es que nadie se atreva a plantarle cara** what really gets me down is that nobody dares to stand up to her • **su esposa le echaba en cara que hubiera renunciado al ascenso** his wife never let him forget that he had turned down the promotion • **esto es lo que hay, ¡y no quiero caras largas!** this is all there is, so cut out the long faces! • **disputaron el partido a cara de perro** it was a bitterly fought match. **2.** (*aspecto*) look, appearance: **este asado tiene muy buena cara** this roast looks really good • **¿viste a Sonia? ¡tenía muy buena/mala cara!** did you see Sonia! she looked great/awful! • **hay que poner al mal tiempo buena cara** you must put a brave face on it • **puso mala cara cuando le di la noticia** she pulled a face when I gave her the news. **3.** (*descaro*) nerve, cheek: **todavía no sé como tuvo la cara de pedírmelo** I still don't know how he could have the nerve to ask me • **sube y díselo, sólo tienes que echarle cara** go on up and tell him, just take your courage in both hands. **4.** (*Arquit*) front, façade. **5.** (*en geometría*) face. **6.** (*lado de un objeto plano*) side: **sólo se puede escribir en una cara de la hoja** you can only write on one side of the paper. **7.** (*de una moneda*) heads *pl*: **¿cara o cruz?** heads or tails? • **tuvimos que decidirlo a cara o cruz** we had to toss for it • **lo echamos a cara y cruz y nos tocó elegir primero** we tossed for it and we got first choice.

cara dura *sf* ⇨ caradura

carabela /kara'βela/ *sf* caravel.

carabina /kara'βina/ *sf* **1.** (*arma*) carbine. **2.** (*fam*: *acompañante*) chaperone: **en los años cuarenta las parejas tenían que salir con carabina** in the forties unmarried couples had to go out with a chaperone.

carabinero, -ra /karaβi'nero -ra/ **I** *sm/f* (*en Italia, Chile, etc.*) police officer: **los carabineros** the police.

II carabinero *sm* (*Zool*) prawn.

cárabo /'karaβo/ *sm* tawny owl.

caracol /kara'kol/ **I** *sm* **1.** (*Zool*) snail. **2.** (*Anat*) cochlea. **3.** (*rizo de pelo*) kiss-curl.

II caracoles *excl* good lord: **¡caracoles, nos han visto!** blast (it), they've seen us!

caracola /kara'kola/ *sf* conch.

carácter /ka'rakter/ *sm* [*pl* **caracteres** /karak'teres/] **1.** (*personalidad*) character: **son hermanos, pero tienen caracteres completamente distintos** they're brothers, but they're completely different in character. **2.** (*índole*) nature: **se trata de una reunión con carácter oficial** the meeting is of an official nature. **3.** (*particularidad*) characteristic: **aún no están muy claros sus caracteres biológicos** its biological characteristics are not clear yet. **4.** (*Inform*: *letra*) character.

característica /karakte'ristika/ *sf* **1.** (*gen*) characteristic. **2.** (*Arg, Urug*: *de teléfono*) code, (*GB*) dialling code.

característico, -ca /karakte'ristiko -ka/ *adj* characteristic: **es la actitud característica de los adolescentes** it's the typical teenage attitude.

caracterizar /karakteri'θar/ [⇨cazar] *vt* to characterize.

caracterizarse *v prnl* **1.** (*definirse*) to be characterized: **este gobierno se caracteriza** *por* **una total falta de decisión** this government is characterized by its total lack of decisiveness. **2.** (*vestirse*) to dress: **se caracterizó** *de* **don Juan** he dressed as Don Juan.

caradura /kara'ðura/ **I** *adj* cheeky.

II *sm/f* cheeky person.

III *sf* (*also* **cara dura**) cheek: **¡fíjate lo que dijo! ¡tendrá cara dura!** can you believe what she said? she's got a cheek!

carajillo /kara'xiʎo/ *sm* (*fam*) *coffee with a dash of brandy*.

caramba /ka'ramba/ *excl* good grief, gosh.

carámbano /ka'rambano/ *sm* icicle.

carambola /karam'bola/ *sf* **1.** (*en el billar*) cannon. **2.** (*fam*: *casualidad*) chance, coincidence: **me la encontré ayer por pura carambola** I met her yesterday purely by chance. **3.** (*Méx*: *Auto*) multiple car crash, pile-up.

caramelo /kara'melo/ *sm* **1.** (*dulce*) (*GB*) sweet, (*US*) candy. **2.** (*azúcar derretido*) caramel • **tenemos la obra a punto de caramelo** we're nearly ready to put the play on.

carantoña /karan'toɲa/ *sf*: **tú sigue con tus carantoñas, pero no vas al cine** you can be as sweet to me as you like, but you aren't going to the cinema.

caraqueño, -ña /kara'keɲo -ɲa/ **I** *adj* of ∗ from Caracas.

II *sm/f* native ∗ inhabitant of Caracas.

carátula /ka'ratula/ *sf* (*de libro*) cover; (*de disco*) sleeve.

caravana /kara'βana/ *sf* **1.** (*en el desierto*) caravan; (*de coches*) tailback: **a la vuelta de las vacaciones se forman caravanas** at the end of the holidays huge tailbacks build up. **2.** (*roulotte*) (*GB*) caravan, (*US*) trailer.

caray /ka'rai/ *excl* good grief.

carbohidrato /karβoi'ðrato/ *sm* carbohydrate.

carbón /kar'βon/ *sm* **1.** (*Geol*) coal. **2.** (*carboncillo*) charcoal: **le hizo un retrato** *al* **carbón** she did a portrait of him in charcoal.

carbón vegetal *sm* charcoal.

carboncillo /karβon'θiʎo/ *sm* (*Artes*) charcoal.

carbonera /karβo'nera/ *sf* (*gen*) coal store; (*habitación en el sótano*) coal cellar.

carbonería /karβone'ria/ *sf* coal yard.

carbonero, -ra /karβo'nero -ra/ *sm/f* (*repartidor*) coalman; (*empresario*) coal merchant.

carbónico, -ca /kar'βoniko -ka/ *adj* carbonic.

carbonilla /karβo'niʎa/ *sf* (*polvo de carbón*) coaldust; (*ceniza*) cinder.

carbonizar /karβoni'θar/ [⇨cazar] *vt* to carbonize, to reduce to charcoal: **murieron carbonizados** they were burnt to death.

carbonizarse *v prnl* to be burned to ashes: **en el incendio se carbonizaron cientos de pinos** hundreds of pine trees were burned to ashes in the fire.

carbono /kar'βono/ *sm* carbon.

carburador /karβura'ðor/ *sm* (*GB*) carburettor, (*US*) carburetor.

carburante /karβu'rante/ *sm* fuel.

carburar /karβu'rar/ [⇨CANTAR] *vi* (*Auto*) to fire • **hoy estoy que no carburo** I'm not firing on all cylinders today.

carburo /kar'βuro/ *sm* carbide.

carca /'karka/ (*fam*) **I** *adj* narrow-minded; (*Pol*) reactionary.

II *sm/f* (*gen*) narrow-minded person; (*Pol*) reactionary.

carcaj /kar'kax/ *sm* quiver (*for arrows*).

carcajada /karka'xaða/ *sf* peal of laughter, guffaw: **es el tipo de película con la que te ríes** *a* **carcajadas** it's the kind of film that makes you laugh your head off; **cuando vi la cara que puso, no pude evitar soltar una carcajada** when I saw his expression I couldn't help bursting out laughing.

carcajearse /karkaxe'arse/ [⇨CANTAR] *v prnl* **1.** (*reírse*) to laugh heartily. **2.** (*burlarse*): **no sé cómo puede aguantar que todo el mundo se carcajee** *de* **él** I don't know how he can stand everybody taking the mickey out of him.

carcamal /karka'mal/ (*fam*) **I** *adj* old-fashioned.

II *sm/f* (old) fogey.

cárcava /'karkaβa/ *sf* gully.

cárcel /'karθel/ *sf* jail, prison.

carcelario, -ria /karθe'larjo -rja/ *adj*: **el ambiente carcelario lo convirtió en un criminal** the prison environment made a criminal of him.

carcelero, -ra /karθe'lero -ra/ *sm/f* jailer.

carcinoma /karθi'noma/ *sm* carcinoma.

carcoma /kar'koma/ *sf* woodworm: **esta mesa está toda comida por la carcoma** this table is riddled with woodworm.

carcomer /karko'mer/ [⇨TEMER] *vt* **1.** (*la madera*) to eat away. **2.** (*la salud, la paciencia*) to undermine, to eat away at: **la envidia la carcome** she's eaten up by envy.

carcomerse *v prnl* to be eaten away: **se carcomía pensando que no la había ayudado lo suficiente** he was eaten up with remorse at the thought that he hadn't helped her enough.

carda /'karða/ *sf* **1.** (*máquina*) teasel. **2.** (*acción*) carding.

cardar /kar'ðar/ [⇨CANTAR] *vt* (*fibras*) to card; (*el pelo*) to backcomb.

cardarse *v prnl* to backcomb one's hair.

cardenal /karðe'nal/ *sm* **1.** (*Relig*) cardinal. **2.** (*Med*) bruise.

cárdeno, -na /'karðeno -na/ *adj* purple, violet.

cardiaco, -ca /kar'ðjako -ka/, **cardíaco, -ca** /kar'ðiako -ka/ **I** *adj* **1.** (*Med*) cardiac, (of the) heart: **le han diagnosticado una lesión cardiaca** he's been diagnosed as having a heart condition. **2.** (*nervioso*) nervous: **cuando llegan los exámenes se pone cardiaco** at exam time he becomes a bundle of nerves.

II *sm/f* (*persona*) heart case.

cardinal /karði'nal/ *adj* cardinal.

cardiología /karðjolo'xia/ *sf* cardiology.

cardiólogo, -ga /kar'ðjoloɣo -ɣa/ *sm/f* cardiologist, heart specialist.

cardiopatía /karðjopa'tia/ *sf* heart disease.

cardo /'karðo/ *sm* **1.** (*Bot*) thistle. **2.** (*fam: persona antipática*) horrible person: **no me saludó, pero siempre ha sido un cardo** she didn't say hello to me, but she has always been very unfriendly. **3.** (*fam: persona fea*) very ugly person.

carear /kare'ar/ [⇨CANTAR] *vt* (*Jur*) *to cross-examine two or more people at the same time* (*to establish the facts*).

carecer /kare'θer/ [⇨agradecer] *vi*: **carecían** *de* **la experiencia necesaria** they lacked the necessary experience; **lo que dijo carecía** *de* **todo sentido** what he said was totally devoid of meaning; **es un tema que carece** *de* **interés para la mayoría de la gente** it's a subject of no interest to most people.

carencia /ka'renθja/ *sf* shortage, lack: **la carencia de materias primas provocó...** the shortage of raw materials caused....

carente /ka'rente/ *adj* lacking: **encontré la película carente** *de* **interés** I found the film lacking in interest.

careo /ka'reo/ *sm* (*Jur*) *confrontation between the accused and witnesses before a judge* (*in order to establish the facts*).

carero, -ra /ka'rero -ra/ **I** *adj* expensive, dear.

II *sm/f*: **¡el frutero de la esquina es un carero de mucho cuidado!** the local greengrocer always rips you off!

carestía /kares'tia/ *sf* **1.** (*precio alto*) high price ∗ cost: **la carestía de la vida nos decidió a dejar el país** the high cost of living made us decide to leave the country. **2.** (*escasez*) shortage: **hay una tremenda carestía de agua en la región** there's a terrible water shortage in the area.

careta /ka'reta/ *sf* mask • **ya es hora de que alguien le quite la careta** it's time somebody showed her up for what she is.

careto /ka'reto/ *sm* (*fam: rostro*) face.

carey /ka'rei/ *sm* **1.** (*Zool*) hawkbill turtle. **2.** (*material*) tortoiseshell.

carga /ˈkarɣa/ *sf* **1.** (*acción de cargar*) loading: **cinco personas realizan la carga cada mañana** five people do the loading every morning. **2.** (*cargamento*) cargo, load. **3.** (*Arquit*) weight: **las columnas sostienen la carga del techo** the columns support the weight of the roof. **4.** (*recambio*) refill: **tengo que comprar una carga para la pluma** I have to buy a refill for my fountain pen. **5.** (*explosivo*) charge: **¡cómo iba a disparar, si no tenía la carga!** how could it go off, there was no charge in it! **6.** (*de caballería, policía*) charge: **la policía realizó una carga contra los manifestantes** the police charged the demonstrators. **7.** (*responsabilidad*) burden: **quería trabajar y no ser una carga** *para* **la familia** he wanted to work and not be a burden on his family; **el jefe de contabilidad lleva la carga de las cuentas de toda la empresa** the chief accountant is responsible for the accounts of the whole company. **8.** (*Fin*) tax, charge. **9.** (*Fís, Quím*) charge: **los electrones tienen carga negativa** electrons have a negative charge.

carga fiscal *sf* tax burden: **los empresarios dicen no poder soportar más cargas fiscales** businessmen claim that they cannot bear an increased tax burden.

cargadero /karɣaˈðero/ *sm* loading bay.

cargado, -da /karˈɣaðo -ða/ *adj* **1.** (*lleno: gen*) loaded: **llevábamos el maletero cargado hasta los topes** the boot of the car was full to overflowing; (*fam: de tonterías, dinero, etc.*): **está cargado de manías** he's very fussy; **al parecer está cargado de dinero** apparently he's loaded (with money). **2.** (*tiempo*) sultry, heavy: **el domingo amaneció muy cargado y no fuimos de excursión** on Sunday morning the weather was sultry so we didn't go out; (*ambiente*) stuffy, stifling: **abre la ventana, hay un ambiente muy cargado** open the window, it's very stuffy in here. **3.** (*embotado*): **no puedo concentrarme de tan cargada que tengo la cabeza** my head's in such a muddle, I just can't concentrate. **4.** (*bebido*) drunk: **me parece que éste viene cargado** I think this one's pretty drunk. **5.** (*concentrado*) strong: **le gusta el café muy cargado** he likes his coffee very strong. **6.** (*fam: apretado*): **tienen un programa muy cargado** they have a heavy schedule.

cargado -da de espaldas, cargado -da de hombros *adj* round-shouldered.

cargador, -dora /karɣaˈðor -ˈðora/ **I** *sm/f* (*persona*) loader: **antes trabajó de cargador en el puerto** he used to work as a docker.

II cargador *sm* **1.** (*de un arma de fuego*) magazine. **2.** (*de baterías*) battery charger.

cargamento /karɣaˈmento/ *sm* (*gen*) load; (*en tren*) freight.

cargante /karˈɣante/ *adj* (*fam*) boring, tedious: **¡no conozco persona más cargante!** he's the most boring person I've ever met.

cargar /karˈɣar/ [➪ pagar] *vt* **1.** (*llenar: un vehículo, un barco*) to load: **¿ya has cargado la furgoneta?** have you loaded the van?; (*meter: cajas, maletas, mercancías*) to load: **cargaron las maletas** *en* **el coche** they loaded the cases into the car; (*poner peso sobre*): **no cargues demasiado el estante** don't overload the shelf; (*Arg, Urug: Auto*): **paramos para cargar nafta** we stopped to fill up with petrol. **2.** (*endilgar*) to lumber with: **a mí me han cargado la mochila más pesada** I've been lumbered with the heaviest rucksack. **3.** (*un arma de fuego, una cámara*) to load: **me olvidé de cargar la pluma** I forgot to refill my pen. **4.** (*una batería*) to charge. **5.** (*recargar*): **¡cómo han cargado la oficina** *de* **muebles!** they've crammed the office with furniture!; **llegó cargado** *de* **paquetes** he arrived laden with parcels. **6.** (*con impuestos*) to tax: **han anunciado que van a cargar ciertas importaciones** it's been announced that some imports will be taxed; (*cobrar*) to charge: **tenemos que cargar los gastos de transporte** *a* **los clientes** we have to charge customers for the freight. **7.** (*fam: molestar*) to annoy: **su cháchara me carga un montón** his constant talking drives me mad. **8.** (*fam: congestionar*): **el ambiente del bar me cargó la cabeza** the atmosphere in the bar gave me a thick head. **9.** (*Arg, Urug: fam, tomarle el pelo a*) to tease: **¡me estás cargando!** you're pulling my leg!

♦ *vi* **1.** (*arremeter*) to charge: **la policía cargó** *contra* **los manifestantes** the police charged (against) the demonstrators. **2.** (*Arquit*) to rest: **todo el peso carga** *sobre* **un pilar central** all the weight rests on a central pillar. **3.** (*con un peso*): **yo cargué** *con* **la maleta todo el camino** I carried the suitcase all the way; (*con gastos, responsabilidad*): **¿quién carga** *con* **los gastos?** who's going to take care of the expenses?; **yo no quiero cargar** *con* **esa responsabilidad** I don't want to take that responsibility.

cargarse *v prnl* (*fam*) **1.** (*llenarse*): **mírala, veintidós años y ya se ha cargado** *de* **hijos** look at her, twenty two years old and she's already got lots of kids; **se han cargado** *de* **deudas** they have burdened themselves with debts. **2.** (*romper*) to break: **¿quién se ha cargado la tele?** who's broken the television? **3.** (*fam: asesinar*) to kill: **la mafia se ha cargado a un juez en Nueva York** the Mafia have killed a judge in New York. **4.** (*congestionarse*): **en esta oficina enseguida se te carga la cabeza** in this office you get a thick head in no time. **5. cargársela** ✻ **cargárselas**: **¡te las vas a cargar si llegas tarde!** you'll be in trouble if you're late!

cargo /ˈkarɣo/ *sm* **1.** (*empleo*) post, position: **tiene el cargo de redactor jefe** he holds the post of chief editor; **ocupa un alto cargo de la administración** she has a top job in the government. **2.** (*custodia*) charge: **sus padres no quieren dejarlo** *a* **cargo** *del* **negocio** his parents don't want to leave him in charge of the business; **el director se va a hacer cargo** *de* **las clases de física** the headmaster is going to take over physics lessons ● **espero que te hagas cargo de la situación** I hope you understand the situation. **3.** (*Jur: acusación*) charge: **hay tres cargos** *contra* **el acusado** there are three charges against the defendant.

cargo de conciencia *sm* guilty conscience: **tengo cargo de conciencia por lo que sucedió** I've got a guilty conscience about what happened; **imagínate que le hubiera pasado algo, ¡menudo cargo de conciencia!** imagine if something had happened to her, I would have had it on my conscience forever.

carguero /karˈɣero/ *sm* (*Náut*) freighter; (*Av*) transport plane.

cari /ˈkari/ *adj* (*Arg, Chi, Urug*) grey.

cariacontecido, -da /karjakonteˈθiðo -ða/ *adj* downcast: **lleva tres días callado y cariacontecido** he's been quiet and downcast for the last three days.

cariar /kaˈrjar/ [➪ CAMBIAR] *vt* (*dientes*) to rot, to cause to decay.

cariarse *v prnl* to decay.

Caribe /kaˈriβe/ *sm*: **el Caribe** the Caribbean.

caribeño, -ña /kariˈβeɲo -ɲa/ *adj, sm/f* Caribbean.

caribú /kariˈβu/ *sm* (*Zool*) caribou.

caricatura /karika'tura/ I *sf* caricature.
II **caricaturas** *sf pl* cartoons *pl*, comic strips *pl*.
caricaturizar /karikaturi'θar/ [⇨ cazar] *vt* to caricature.
caricia /ka'riθja/ *sf* caress, stroke.
caridad /kari'ðað/ *sf* charity: **tiene que vivir de la caridad** he has to live on charity • **la caridad bien entendida empieza por uno mismo** * (*Amér L*) **por casa** charity begins at home.
caries /'karjes/ *sf inv* tooth decay.
carillón /kari'ʎon/ *sm* carillon.
cariño /ka'riɲo/ *sm* **1.** (*afecto*) love, affection: **era simpatiquísimo, enseguida le cogimos * tomamos cariño** he was very nice, we took to him at once. **2.** (*esmero*) care: **lo ha hecho con todo el cariño** she has made it with a great deal of loving care. **3.** (*apelativo*) darling: **dame un beso, cariño** give me a kiss, darling.
cariñoso, -sa /kari'ɲoso -sa/ *adj* loving, affectionate.
carioca /ka'rjoka/ I *adj* of * from Rio de Janeiro.
II *sm/f* native * inhabitant of Rio de Janeiro.
carisma /ka'rizma/ *sm* charisma.
carismático, -ca /kariz'matiko -ka/ *adj* charismatic.
caritativo, -va /karita'tiβo -βa/ *adj* charitable.
cariz /ka'riθ/ *sm* aspect, look: **por el cariz que tomaron las cosas, supe que iba a haber pelea** from the way things were going I knew there would be a fight.
carlinga /kar'liŋga/ *sf* cockpit.
carmelita /karme'lita/ *adj, sm/f* (*Relig*) Carmelite.
carmelito, -ta /karme'lito -ta/ (*Col*) I *adj* (*color*) brown.
II **carmelito** *sm* brown.
carmesí /karme'si/ *adj, sm* [**carmesíes * carmesís**] crimson.
carmín /kar'min/ *sm* **1.** (*color*) carmine. **2.** (*pintalabios*) lipstick.
carnada /kar'naða/ *sf* bait.
carnal /kar'nal/ *adj* **1.** (*Relig*) carnal, of the flesh. **2.** (*de parentesco*) first: **es mi prima carnal** she's my first cousin.
carnaval /karna'βal/ *sm* carnival: **¿cuándo empiezan los carnavales?** when does carnival begin?
carnaza /kar'naθa/ *sf* bait.
carne /'karne/ *sf* **1.** (*Anat*) flesh • **tenía toda la espalda en carne viva** his back was completely raw • **está metida * entrada en carnes** she's rather plump • **sólo de pensarlo se me pone carne de gallina** just thinking about it gives me gooseflesh • **tienes que perdonarlo, es de carne y hueso** you have to forgive him, he's only human. **2.** (*de un animal*) meat: **casi nunca como carne** I rarely eat meat • **a finales de curso hay que poner toda la carne en el asador** at the end of the year you have to give it everything you've got; (*de fruta*) flesh: **la carne de los melocotones se estropea fácilmente** the flesh bruises very easily on peaches. **3.** (*Relig*) flesh: **en su sermón condenó los placeres de la carne** in his sermon he condemned the pleasures of the flesh.
carne de cañón *sf* cannon fodder.
carne molida *sf* (*Amér L*) minced meat.
carne picada *sf* minced meat.
carné /kar'ne/ *sm* card.
carné de conducir *sm* (*GB*) driving licence, (*US*) driver's license.
carné de estudiante *sm* student card.
carné de identidad *sm* identity card.
carné de manejar *sm* (*Amér L*) ⇨ carné de conducir
carnero /kar'nero/ *sm* ram.
carnet /kar'net/ *sm* ⇨ carné
carnicería /karniθe'ria/ *sf* **1.** (*negocio*) butcher's. **2.** (*matanza*) carnage, slaughter.
carnicero, -ra /karni'θero -ra/ I *adj* (*carnívoro*) carnivorous.
II *sm/f* (*persona que vende carne*) butcher • **más que un cirujano es un carnicero** he's not a surgeon, he's a butcher!
cárnico, -ca /'karniko -ka/ *adj*: **tiene una empresa de productos cárnicos** she owns a meat products company.
carnívoro, -ra /kar'niβoro -ra/ I *adj* carnivorous.
II *sm/f* carnivore.
carnoso, -sa /kar'noso -sa/ *adj* fleshy.
caro, -ra /'karo -ra/ I *adj* **1.** (*de precio elevado*) expensive, dear: **es un sitio muy caro** it's a very expensive place • **hombre, Luis, ¡qué caro te vendes!** Luis, where've you been hiding yourself all this time? **2.** (*frml*: *estimado*) dear: **¡mi caro amigo, cuánto deseaba verlo a usted!** my dear friend, I've been looking forward to seeing you so much!
II **caro** *adv*: **todo lo venden muy caro** everything is very expensive there; **pagó muy caro su error** he paid dearly for his mistake.
carota /ka'rota/ (*fam*) I *adj* insolent, cheeky.
II *sm/f* cheeky person.
carótida /ka'rotiða/ *sf* (*Anat*) carotid.
carozo /ka'roθo/ *sm* (*Arg, Chi, Urug*: *de una aceituna, un durazno, etc.*) stone, (*US*) pit.
carpa /'karpa/ *sf* **1.** (*Zool*) carp *n inv*. **2.** (*toldo*: *gen*) marquee; (*: de circo*) big top. **3.** (*Amér L*: *tienda de campaña*) tent.
carpeta /kar'peta/ *sf* folder.
carpeta de anillas, (*Amér L*) **carpeta de argollas** *sf* ring binder.
carpetazo /karpe'taθo/ *sm* • **han decidido dar carpetazo al proyecto** they've decided to shelve the project.
carpintería /karpinte'ria/ *sf* **1.** (*actividad*) carpentry. **2.** (*taller*) carpenter's * joiner's workshop.
carpintero, -ra /karpin'tero -ra/ *sm/f* carpenter, joiner.
carraca /ka'rraka/ *sf* **1.** (*instrumento*) rattle. **2.** (*fam*: *cosa vieja*) load of junk: **esta moto es una carraca, ¡ya se ha vuelto a estropear!** this bike is a pile of junk, it's broken down again!
carraspear /karraspe'ar/ [⇨ CANTAR] *vi* to clear one's throat.
carraspera /karras'pera/ *sf* hoarseness.
carrera /ka'rrera/ *sf* **1.** (*Dep*) race: **va a participar en una carrera de fondo** he's taking part in a distance race; **¿quieres que vayamos a las carreras el domingo?** shall we go to the races on Sunday? • **tuvieron que terminarlo a la carrera** they had to finish it in a hurry. **2.** (*recorrido*) journey: **la carrera en taxi me costó dos mil pesetas** the cab ride cost me two thousand pesetas. **3.** (*en la universidad*) course, university studies *pl*: **está haciendo la carrera de químicas** she's studying chemistry at university. **4.** (*actividad profesional*) career: **ha abandonado su carrera de actor** he's given up his acting career • **quiere hacer carrera en la televisión** he wants a career in television • **ya lo verás, con ese chaval no van a hacer carrera** you wait and see, they're not going to make much out of that kid. **5.** (*en las medias*) run, (*GB*) ladder. **6.** (*en el nombre de calles*) street.
carrera armamentista, carrera de armamentos *sf* arms race.

carrera de caballos *sf* horse race: **le encantan las carreras de caballos** he loves horse racing.
carrera de galgos *sf* greyhound race: **es aficionado a las carreras de galgos** he's a big fan of greyhound racing.
carrera de obstáculos *sf* obstacle race.
carrera de relevos *sf* relay (race).
carrera diplomática *sf* diplomatic career.
carrera pedestre *sf* walking/running race.
carrera técnica *sf* technical degree (course).

carrerilla /karre'riʎa/ **I** *sf* run-up: **tomó * cogió carrerilla antes de saltar** she took a good run-up before jumping.
II de carrerilla *loc adv* (*fam*): **¡nos tenemos que aprender todos los nombres de carrerilla!** we have to learn all the names parrot fashion!; **lo soltó de carrerilla** she reeled it off.

carreta /ka'rreta/ *sf* cart.

carretada /karre'taða/ *sf* **1.** (*carga*) cartload. **2.** (*fam: gran cantidad*) heap: **en el trastero hay una carretada de porquería** there's a heap of rubbish in the boxroom.

carrete /ka'rrete/ *sm* **1.** (*de hilo*) reel, bobbin; (*de caña de pescar*) reel. **2.** (*de fotos*) roll (*of film*).

carretera /karre'tera/ *sf* road • **¿ya lo tienes todo?; pues, hala, carretera y manta** have you got everything? well then, off you go.
carretera comarcal *sf* minor road.
carretera de circunvalación *sf* (*GB*) ring road, (*US*) beltway.
carretera de cuota *sf* (*Méx*) toll road, (*US*) turnpike.
carretera nacional *sf* main road, (*US*) interstate.

carretero /karre'tero/ *sm* carter • **¡fuma como un carretero!** he smokes like a chimney!

carretilla /karre'tiʎa/ *sf* wheelbarrow • **¡me sabía la lección de carretilla!** I knew the lesson off by heart!
carretilla elevadora (de horquilla) *sf* forklift truck.

carricoche /karri'kotʃe/ *sm* **1.** (*carro*) covered wagon. **2.** (*fam: carraca*) jalopy, (*GB*) old banger.

carril /ka'rril/ *sm* **1.** (*de ferrocarriles*) rail. **2.** (*de carretera*) lane.
carril bus *sm* bus lane.
carril lateral *sm* (parallel) service road (*beside large avenue, etc.*).

carrillo /ka'rriʎo/ *sm* cheek.

carrito /ka'rrito/ *sm* (*GB*) trolley, (*US*) cart (*at supermarket, airport*).

carro /'karro/ *sm* **1.** (*carreta*) cart • **¡para el carro y dilo más despacio!** calm down and say it slowly! • **el árbitro tuvo que aguantar carros y carretas** the referee had to put up with a lot of abuse. **2.** (*Amér L: automóvil*) car. **3.** (*en un supermercado, un aeropuerto*) (*GB*) trolley, (*US*) cart. **4.** (*carga*) cartload: **hemos sacado tres carros de escombro** we've taken out three cartloads of rubble. **5.** (*de una máquina de escribir*) carriage; (*para diapositivas*) carousel.
carro de asalto, carro de combate *sm* tank.

carrocería /karroθe'ria/ *sf* (*Auto*) body, bodywork.

carromato /karro'mato/ *sm* covered wagon.

carroña /ka'rroɲa/ *sf* carrion.

carroñero, -ra /karro'ɲero -ra/ **I** *adj* carrion-eating.
II *sm/f* scavenger.

carroza /ka'rroθa/ **I** *sf* (*de caballos*) carriage; (*de desfile*) float; (*Arg, Perú, Urug: coche fúnebre*) hearse.
II *sm/f* (*fam: viejo*) old fogey: **¡calla, carroza, tienes ideas del siglo pasado!** shut up you old fogey, you sound like my grandfather!
III *adj* (*fam*) old-fashioned.

carruaje /ka'rrwaxe/ *sm* carriage, coach.

carta /'karta/ *sf* **1.** (*misiva*) letter • **el director me ha dado carta blanca en este tema** the manager has given me carte blanche in this matter • **si no lo resuelven pronto, voy a tener que tomar cartas en el asunto** if they don't come to an agreement soon, I'll have to intervene • **es honrada a carta cabal** she's as honest as the day is long. **2.** (*naipe*) card • **¿quieres que te eche las cartas?** do you want me to tell your fortune? • **para triunfar, tienes que jugar bien tus cartas** to be successful you have to play your cards right • **no te lo juegues todo a una carta** don't put all your eggs in one basket • **vamos a poner nuestras cartas sobre la mesa** let's put our cards on the table • **ahora sí que no sé a qué carta quedarme** now I really don't know what to do. **3.** (*menú*) menu: **cenamos a la carta** we ate à la carte. **4.** (*Geog, Náut*) chart: **se subastaron unas cartas de navegación del siglo XVI** they auctioned some sixteenth century navigation charts.
carta abierta *sf* open letter.
carta bomba *sf* letter bomb.
carta de ajuste *sf* test card (*on television*).
carta de naturaleza *sf* naturalization papers *pl*.
carta de presentación *sf* letter of introduction.
carta de recomendación *sf* letter of recommendation.
carta magna *sf* constitution.
carta verde *sf* (*Auto*) green card.
cartas credenciales *sf pl* credentials *pl*.

cartabón /karta'βon/ *sm* (*Mat*) set square.

cartagenero, -ra /kartaxe'nero -ra/ **I** *adj* of * from Cartagena.
II *sm/f* native * inhabitant of Cartagena.

cartaginés, -nesa /kartaxi'nes -'nesa/ *adj, sm/f* (*Hist*) Carthaginian.

cartapacio /karta'paθjo/ *sm* folder.

cartearse /karte'arse/ [➪ CANTAR] *v prnl* to exchange letters.

cartel /kar'tel/ *sm* **1.** (*póster*) poster • **prohibido fijar carteles** post no bills • **hacía años que esta obra no estaba en cartel** it was several years since this play had been put on; (*letrero*) sign. **2.** (*reputación*) reputation: **es una cantante de mucho cartel** she's a singer of great repute.

cártel /'kartel/ *sm* (*Fin*) cartel.

cartelera /karte'lera/ *sf* (*en cines*) billboard, (*GB*) hoarding; (*sección de un periódico, etc.*) listings *pl*.

cárter /'karter/ *sm* (*Auto: cubierta rígida*) housing; (*: depósito de lubricante*) sump.

cartera /kar'tera/ *sf* **1.** (*mujer*) (*GB*) postwoman, (*US*) mail carrier. **2.** (*para dinero: de caballero*) wallet, (*US*) billfold; (*: de señora*) (money) purse. **3.** (*Amér S: bolso*) (*GB*) handbag, (*US*) purse. **4.** (*para libros*) school bag, satchel. **5.** (*Pol*) portfolio: **ha ocupado en dos ocasiones la cartera de Obras Públicas** he's been the Minister for Public Works twice. **6.** (*Fin*) client list: **buscan un agente de seguros con una buena cartera previa** they're looking for an insurance agent with a strong client list • **tienen un nuevo proyecto en cartera** they're planning a new project.

carterista /karte'rista/ *sm/f* pickpocket.

cartero /kar'tero/ *sm* (*GB*) postman, (*US*) mailman.

cartílago /kar'tilaɣo/ *sm* cartilage.

cartilla /kar'tiʎa/ *sf* (*libro*) reader • **te van a leer la cartilla por llegar tarde** you're going to get a good telling-off for being late; (*libreta*) notebook.
cartilla de ahorros *sf* savings book.

cartilla de racionamiento *sf* ration book.
cartilla militar *sf* military record.
cartografía /kartoɣra'fia/ *sf* cartography.
cartógrafo, -fa /kar'toɣrafo -fa/ *sm/f* cartographer.
cartón /kar'ton/ *sm* (*material*) cardboard; (*recipiente*) carton, box: **¿puedes comprar dos cartones de huevos?** could you buy two boxes of eggs?
cartón de tabaco *sm* carton * box of cigarettes (*containing ten packets*).
cartón piedra *sm* papier-mâché.
cartuchera /kartu'tʃera/ *sf* **1.** (*caja*) cartridge holder; (*cinto*) cartridge belt. **2.** (*Arg, Urug*: *para lápices*) pencil case.
cartucho /kar'tutʃo/ *sm* **1.** (*munición*) cartridge • **con esto he quemado mi último cartucho** with this I have played my last card. **2.** (*recambio*) cartridge: **tengo que poner un cartucho nuevo en la pluma** I have to put a new cartridge in my fountain pen.
cartuja /kar'tuxa/ *sf* (*orden*) Carthusian order; (*edificio*) Carthusian monastery.
cartujo /kar'tuxo/ *sm* (*Relig*) Carthusian monk • **lleva una vida de cartujo** he lives a reclusive life.
cartulina /kartu'lina/ *sf* card (*stiff paper*).
casa /'kasa/ *sf* **1.** (*edificio*) house • **tuve que salir porque se me caía la casa encima** I had to go out because I couldn't bear being in the house any longer • **en la boda de la hija tiraron la casa por la ventana** they spared no expense over their daughter's wedding • **me molesta que llegue y actúe como Pedro por su casa** it annoys me that she comes here and behaves as if she owns the place • **¡les tenía que salir mal, empezaron la casa por el tejado!** it was bound to go wrong, they put the cart before the horse! • **el uno por el otro la casa sin barrer** each of us thought the other was going to do it. **2.** (*hogar*) home: **aquí estás en tu casa** treat the place as if it were your own home; **en casa nos gustan mucho los dulces** we like sweets in our house • **hay que hacer lo posible para que todo quede en casa** we must do everything we can to keep this a secret • **hombre, como solución para andar por casa ya vale** well, that's good enough for what we want it for. **3.** (*Dep*) home: **este domingo el Atlético juega** *en* **casa** this Sunday Atlético are playing at home. **4.** (*estirpe*) house: **siempre ha pertenecido a la casa de Alba** it's always belonged to the House of Alba. **5.** (*establecimiento comercial*) establishment: **casa fundada en 1901** established 1901 • **no me deben nada, invita la casa** there's no need to pay, it's on the house.
casa consistorial *sf* town hall.
casa de campo *sf* country house.
casa de citas *sf* brothel.
casa de empeños *sf* pawnshop.
casa de huéspedes *sf* guesthouse.
casa de socorro *sf* first aid centre.
casa discográfica *sf* record company.
casa matriz *sf* parent company, head office.
casa real *sf* royal family.
casa solariega *sf* ancestral home.
casaca /ka'saka/ *sf* (*Hist*) long coat.
casación /kasa'θjon/ *sf* (*Jur*) cassation, annulment (*by a higher court*).
casadero, -ra /kasa'ðero -ra/ *adj* of marrying age.
casado, -da /ka'saðo -ða/ **I** *adj* married: **está casado pero no tiene hijos** he's married but has no children.
II *sm/f* married person.
casamentero, -ra /kasamen'tero -ra/ **I** *adj* matchmaking.
II *sm/f* matchmaker.
casamiento /kasa'mjento/ *sm* wedding.
casar /ka'sar/ [⇨ CANTAR] *vt* **1.** (*desposar*) to marry: **los casó un tío de la novia** the bride's uncle married them; **tenía obsesión con casar a las dos hijas** she was intent on marrying off her two daughters. **2.** (*concordar*) to match: **tienes que casar las salidas** *con* **las entradas** you have to match your expenditure to your income.
♦*vi* to match, to go (together): **estas dos piezas no casan** these two pieces don't match * go together; **la camisa no casa** *con* **el pantalón** the shirt doesn't go with the trousers.
casarse *v prnl* to marry, to get married: **se casaron** *por* **la iglesia** they had a church wedding * got married in church.
cascabel /kaska'βel/ *sm* **1.** (*campanilla*) bell • **¿quién le pone el cascabel al gato?** who's going to have the guts to do it? **2.** (*de una serpiente*) rattle. **3.** (*fam*: *persona*) cheerful person: **mi hija pequeña es un cascabel** my youngest daughter is a ray of sunshine.
cascada /kas'kaða/ *sf* waterfall, cascade.
cascado, -da /kas'kaðo -ða/ *adj* (*persona, objeto*) worn-out: **esta lavadora está ya muy cascada** this washing machine is on its last legs; (*voz*) harsh, cracked.
cascajo /kas'kaxo/ *sm* rubble • **el director está hecho un cascajo** the headmaster is a complete wreck.
cascanueces /kaska'nweθes/ *sm inv* nutcracker.
cascar /kas'kar/ [⇨ sacar] *vt* **1.** (*romper: gen*) to crack; (*: nueces*) to shell. **2.** (*Arg, Urug*: *desportillar*) to chip.
♦*vi* (*fam*) **1.** (*pegar*) to hit: **casi le cascan** he nearly got his head kicked in. **2.** (*hablar*) to chat, to gas: **se pasan las tardes cascando y fumando** they spend the evenings chatting and smoking. **3.** (*fallecer*) to snuff it: **estuvo a punto de cascar después del accidente** he nearly snuffed it after the accident.
cascarse *v prnl* (*Arg, Urug*: *pintura, loza*) to chip.
cáscara /'kaskara/ **I** *sf* (*de fruta*) peel, skin; (*de un huevo, una nuez, etc.*) shell • **tienes que acabarlo hoy ¡y no hay más cáscaras!** you have to finish it today, and that's all there is to it!
II *excl* good heavens: **no te pongas así, cáscaras** for heaven's sake, there's no need to be like that!
cascarón /kaska'ron/ *sm* eggshell • **me atendió un médico recién salido del cascarón** the doctor who saw me was still wet behind the ears.
cascarrabias /kaska'rraβjas/ (*fam*) **I** *adj inv* bad-tempered.
II *sm/f inv* bad-tempered person.
casco /'kasko/ **I** *sm* **1.** (*para la cabeza*) helmet. **2.** (*botella*) empty bottle: **tenemos que recoger todos los cascos** we must collect up all the empty bottles. **3.** (*de un barco*) hull. **4.** (*pezuña*) hoof (*pl* hooves). **5.** (*de una ciudad*): **el casco histórico * antiguo** the Old City; **han prohibido el tráfico en todo el casco urbano** cars have been banned from the town centre. **6.** (*fragmento*) broken piece, fragment.
II cascos *sm pl* (*fam*) **1.** (*auriculares*) headphones *pl*. **2.** (*cabeza*): **cómpralo y no te calientes * rompas más los cascos** buy it and don't worry yourself about it any more • **es un poco ligera de cascos** she's a bit flighty.
cascos azules *sm pl* blue berets *pl* (*soldiers serving with the United Nations*).
cascote /kas'kote/ *sm*: **quedó sepultado bajo los cascotes** he was buried under the rubble.

caserío /kase'rio/ *sm* **1.** (*aldea*) hamlet. **2.** (*granja*) farmhouse.

casero, -ra /ka'sero -ra/ **I** *adj* **1.** (*hecho en casa*) home-made: **siempre me ha gustado más la comida casera** I've always preferred home cooking. **2.** (*hogareño*) home-loving. **3.** (*árbitro*) biased.
II *sm/f* **1.** (*propietario: hombre*) landlord; (*: mujer*) landlady. **2.** (*cuidador*) caretaker.

caseta /ka'seta/ *sf* **1.** (*casa pequeña*) hut. **2.** (*para bañistas*) beach hut; (*en fútbol*): **a la media hora de partido lo mandaron * enviaron a la caseta** he was sent off half an hour into the match. **3.** (*tenderete, puesto*) stand, stall. **4.** (*de perro*) kennel.

casete /ka'sete/ *sm, sf* ➪ cassette

casetera /kase'tera/ *sf* (*Amér L*) cassette player.

casi /'kasi/ *adv* **1.** (*gen*) nearly, almost: **hace casi un año que nos vimos** it's nearly a year since we last saw each other; **me ha costado casi dos millones de pesetas** it has cost me almost two million pesetas; **casi me mata** he (very) nearly killed me; **casi la atropellan** she was nearly run over by a car. **2.** (*seguido de adverbio negativo*) hardly: **no salimos casi nunca** we hardly ever * almost never go out ● **quieren que venga a trabajar el sábado... ¡casi nada!** they want me to come in to work on Saturday, would you believe it?

casilla /ka'siʎa/ *sf* **1.** (*para cartas, etc.*) pigeonhole ● **tengo un compañero que me saca de mis casillas** one of my colleagues gets on my nerves. **2.** (*de un impreso*) box. **3.** (*en papel cuadriculado*) square.
casilla de correo *sf* (*Arg, Chi, Urug*) PO Box.
casilla electoral *sf* polling booth.

casillero /kasi'ʎero/ *sm* **1.** (*para cartas, etc.*) pigeonholes *pl.* **2.** (*Dep*) scoreboard. **3.** (*Méx: en gimnasio*) cubicle.

casino /ka'sino/ *sm* **1.** (*asociación*) social club. **2.** (*de juego*) casino.

caso /'kaso/ *sm* **1.** (*suceso, circunstancia*) case: **se produjeron varios casos de violencia** there were several cases of violence; **en caso de que no vayas a venir, llámame** if you're not going to come, call me; **en último caso, pueden venir en autobús** as a last resort, they can come by bus ● **lo que has dicho no viene al caso** what you've said is irrelevant * beside the point ● **hacer caso**: **no le hagas caso, él no tiene ni idea** don't pay any attention to him, he hasn't got a clue; **nunca me hace caso** she never listens to me ● **hacer caso omiso**: **hizo caso omiso de sus consejos** he took no notice of her advice; **está harto de que le hagan caso omiso** he's fed up with being ignored. **2.** (*Med*) case: **se han producido cinco casos de cólera** there have been five cases of cholera ● **su hijo es un caso** her son's a real case * character. **3.** (*asunto*) affair: **tuvo que dimitir por el caso de las corrupciones** she had to resign because of the corruption affair.
caso clínico *sm* clinical case.
caso de conciencia *sm* question of conscience.
caso perdido *sm* hopeless case: **es un caso perdido** he's a hopeless case.

casona /ka'sona/ *sf* (*en la ciudad*) large town house; (*en el campo*) manor house.

caspa /'kaspa/ *sf* dandruff.

cáspita /'kaspita/ *excl* goodness gracious.

casquete /kas'kete/ *sm* skullcap.
casquete glaciar *sm* icecap.
casquete polar *sm* polar icecap.

casquillo /kas'kiʎo/ *sm* **1.** (*de bala*) case. **2.** (*de bombilla*) fitting.

casquivano, -na /kaski'βano -na/ **I** *adj* (*alocado*) scatterbrained.
II casquivana *sf* loose woman.

cassette /ka'set/ **I** *sm* (*aparato*) cassette player, tape recorder.
II *sf* (*cinta magnetofónica*) cassette, tape.

casta /'kasta/ *sf* **1.** (*Zool: raza*) breed. **2.** (*ascendencia*) lineage ● **¡de casta le viene al galgo!** it runs in the family! **3.** (*clase social*) caste.

castaña /kas'taɲa/ *sf* **1.** (*Bot*) chestnut ● **yo no te pienso sacar las castañas del fuego** I'm not going to get you out of the fix you've got yourself into. **2.** (*fam: tortazo*): **¡se resbaló y se metió una castaña!** he slipped and really hurt himself; **como no calles, te voy a dar una castaña** if you won't be quiet, you'll get a smack ● **y ahora me suspenden también las ciencias, ¡toma castaña!** and now I've failed science too, isn't that just great! **3.** (*fam: borrachera*): **se agarró una castaña** he got completely drunk.
castaña pilonga *sf* dried chestnut.

castañazo /kasta'ɲaθo/ *sm* (*fam*) **1.** (*de coches*) crash. **2.** (*golpe*) thump, whack.

castañero, -ra /kasta'ɲero -ra/ *sm/f* chestnut seller.

castañetear /kastaɲete'ar/ [➪ CANTAR] *vi*: **le castañeteaban los dientes** her teeth were chattering.

castaño /kas'taɲo/ **I** *sm* **1.** (*Bot*) chestnut (tree). **2.** (*color*) chestnut-brown ● **su insolencia pasa de castaño oscuro** their insolence is quite outrageous.
II *adj inv* chestnut-brown: **tiene el pelo castaño** he's got brown hair.

castañuela /kasta'ɲwela/ *sf* castanet ● **cuando abrí el paquete me puse más contento que unas castañuelas** when I opened the parcel I was thrilled to bits.

castellano, -na /kaste'ʎano -na/ **I** *adj, sm/f* Castilian.
II castellano *sm* (*idioma*) Castilian, Spanish.

castellonense /kasteʎo'nense/ **I** *adj* of * from Castellón de la Plana.
II *sm/f* native * inhabitant of Castellón de la Plana.

casticismo /kasti'θizmo/ *sm*: *attachment to cultural, social and, especially, linguistic traditions.*

castidad /kasti'ðað/ *sf* chastity.

castigar /kasti'ɣar/ [➪ pagar] *vt* to punish: **la castigué por contestarme de malas maneras** I punished her for answering back; **se castigaba con siete años de cárcel** it used to be punishable by seven years imprisonment.

castigo /kas'tiɣo/ *sm* punishment.
castigo corporal *sm* corporal punishment.
castigo ejemplar *sm* exemplary punishment.

Castilla /kas'tiʎa/ *sf* Castile.

castillo /kas'tiʎo/ *sm* castle ● **es la típica persona que se pasa la vida haciendo castillos en el aire** he's the kind of person who spends half his life building castles in the air.
castillo de fuegos artificiales *sm* firework set piece.
castillo de popa *sm* aftercastle.
castillo de proa *sm* forecastle.

castizo, -za /kas'tiθo -θa/ *adj* pure, traditional: **habla un español muy castizo** he speaks a very pure form of Spanish.

casto, -ta /'kasto -ta/ *adj* chaste.

castor /kas'tor/ *sm* beaver.

castración /kastra'θjon/ *sf* castration.

castrar /kas'trar/ [➪ CANTAR] *vt* to castrate.

castrense /kas'trense/ *adj* military: **no pudo acos-**

tumbrarse a la vida castrense he couldn't get used to military life.

casual /ka'swal/ I *adj* chance, accidental: **ha sido un encuentro totalmente casual** it was purely accidental * by chance that we met.
II *sm* • **llámame si vas a Londres por un casual** phone me if by any chance you go to London.

casualidad /kaswali'ðað/ *sf* **1.** (*suceso imprevisto*) chance: **lo supe por casualidad** I found out quite by chance. **2.** (*combinación de circunstancias*) coincidence: **¡qué casualidad, venir a cenar al mismo restaurante!** what a coincidence, coming to the same restaurant for dinner!

casualmente /kaswal'mente/ *adv* by chance.

casulla /ka'suʎa/ *sf* (*Relig*) chasuble.

cata /'kata/ *sm* **1.** (*acción*) tasting: **nos invitó a la cata de su vino** he invited us to taste his wine. **2.** (*porción*) sample: **tomé una cata de ese vino** I sampled that wine.

cataclismo /kata'klizmo/ *sm* cataclysm.

catacumbas /kata'kumbas/ *sf pl* catacombs *pl*.

catador, -dora /kata'ðor -'ðora/ *sm/f* (wine) taster.

catafalco /kata'falko/ *sm* catafalque.

catafaros /kata'faros/ *sm inv* **1.** (*en un coche, una bicicleta*) reflector. **2.** (*en la carretera*) Cat's-eye®.

catalán, -lana /kata'lan -'lana/ I *adj, sm/f* Catalan.
II **catalán** *sm* (*idioma*) Catalan.

catalanismo /katala'nizmo/ *sm* **1.** (*Ling*) Catalan word * expression. **2.** (*Pol*) Catalan nationalism.

catalanista /katala'nista/ (*Pol*) I *adj* of * relating to Catalan nationalism: **son bien conocidas sus posturas catalanistas** his pro-Catalonia standpoint is well known.
II *sm/f* Catalan nationalist.

catalejo /kata'lexo/ *sm* small telescope.

catalizador, -dora /kataliθa'ðor -'ðora/ I *adj* catalytic.
II **catalizador** *sm* **1.** (*sustancia*) catalyst; (*Auto*) catalytic converter. **2.** (*persona*) driving force: **fue el catalizador del equipo** he was the driving force in the team.

catalogar /katalo'ɣar/ [➪pagar] *vt* **1.** (*inventariar*) to catalogue, to classify: **catalogó en fichas sus libros** he catalogued his books on index cards. **2.** (*considerar*) to consider: **está catalogado como uno de los mejores médicos en su especialidad** he's considered to be one of the best doctors in his field; **lo catalogan como prudente** he's considered to be a careful person.

catálogo /ka'taloɣo/ *sm* (*GB*) catalogue, (*US*) catalog.

Cataluña /kata'luɲa/ *sf* Catalonia.

catamarán /katama'ran/ *sm* catamaran.

cataplasma /kata'plazma/ *sf* **1.** (*Med*) poultice. **2.** (*fam: pesado*) bore: **qué cataplasma es tu primo** what a bore your cousin is.

catapulta /kata'pulta/ *sf* catapult.

catapultar /katapul'tar/ [➪CANTAR] *vt* to catapult: **una sola película la catapultó** *a* **la fama** a single movie catapulted her to fame.

catar /ka'tar/ [➪CANTAR] *vt* **1.** (*comida, bebida*) to taste. **2.** (*una sensación*) to experience: **cambió en cuanto cató el triunfo** he changed the moment he tasted success.

catarata /kata'rata/ *sf* **1.** (*cascada*) waterfall: **visitamos las cataratas Victoria** we visited the Victoria Falls. **2.** (*del ojo*) cataract.

catarro /ka'tarro/ *sm* (*Med*) cold.

catastro /ka'tastro/ *sm* (*censo*) (*GB*) land registry, (*US*) land office.

catástrofe /ka'tastrofe/ *sf* **1.** (*desastre*) disaster, catastrophe: **las inundaciones fueron una catástrofe para la zona** the floods were a catastrophe for the area; **la catástrofe aérea se cobró más de doscientas vidas** more than two hundred people died in the air disaster; **la muerte de su familia fue una gran catástrofe** the death of his family was a catastrophe. **2.** (*fam: calamidad*) disaster: **la reforma escolar es una catástrofe** the changes to the educational system are a disaster.

catastrófico, -ca /katas'trofiko -ka/ *adj* catastrophic, disastrous.

catastrofista /katastro'fista/ *adj, sm/f* alarmist: **sus previsiones son muy catastrofistas** his forecasts are very alarmist.

catavinos /kata'βinos/ *sm/f inv* (*persona*) wine taster.

catchup /'katʃup/ *sm* ketchup, (*US*) catsup.

cate /'kate/ *sm* (*fam*) **1.** (*golpe*) slap. **2.** (*suspenso*) fail: **sacó cuatro cates** he failed four subjects.

catear /kate'ar/ [➪CANTAR] *vt* **1.** (*Educ: fam*) to fail: **le catearon el inglés** they failed him in English. **2.** (*Méx: registrar*) to search.

catecismo /kate'θizmo/ *sm* (*Relig*) catechism.

cátedra /'kateðra/ *sf* **1.** (*puesto: en una universidad*) chair, professorship: **es el titular de la cátedra de Metafísica** he holds the chair in Metaphysics; (*: en una escuela secundaria*): **finalmente consiguió la cátedra de Ciencias** at last she became the senior science teacher * head of the science department • **sus estudios sentaron cátedra** his work constituted a major breakthrough • **siempre habla ex cátedra * cáthedra** he's always making very authoritative statements. **2.** (*departamento*) department.

catedral /kate'ðral/ *sf* cathedral • **es una verdad como una catedral** it's quite obviously true.

catedrático, -ca /kate'ðratiko -ka/ *sm/f* (*de universidad*) professor; (*de escuela secundaria*) senior teacher.

categoría /kateɣo'ria/ *sf* **1.** (*grupo, clase*) class, category: **es un restaurante de primera categoría** it's a top class restaurant; **en la playa se mezcla gente de todas las categorías sociales** people of all social backgrounds come together on the beach; **la nueva decoración le da más categoría a la entrada** the new decor makes the entrance look more impressive. **2.** (*grado, jerarquía*) level, division: **se proclamó campeón de la categoría sénior** he became champion at the senior level * of the senior division; **ascendió de categoría profesional** he went up a grade. **3.** (*importancia*) importance: **le ofrecieron un puesto de categoría** he was offered an important post.

categórico, -ca /kate'ɣoriko -ka/ *adj* categorical: **sus órdenes fueron categóricas** his orders were categorical; **su respuesta fue un no categórico** her answer was an emphatic no.

catequesis /kate'kesis/ *sf inv* catechesis: **cada sábado mis hijos asisten a las clases de catequesis** my children go to religious instruction classes every Saturday.

catequista /kate'kista/ *sm/f* catechist.

catequizar /kateki'θar/ [➪cazar] *vt* to catechize.

caterva /ka'terβa/ *sf* **1.** (*de personas*) crowd: **una caterva de chicos armaba jaleo** a horde of children was making a din. **2.** (*de cosas*) mass: **una caterva de**

trastos estaba desparramada en el suelo masses of junk were strewn across the floor.

cateto, -ta /ka'teto -ta/ **I** *sm/f* yokel.
II cateto *sm* (*Mat*) cathetus.

cátodo /'katoðo/ *sm* (*Fís*) cathode.

catolicismo /katoli'θizmo/ *sm* Catholicism.

católico, -ca /ka'toliko -ka/ *adj, sm/f* (*Relig*) Catholic • **no estoy muy católico** I don't feel very well.

catorce /ka'torθe/ **I** *adj* (*cardinal*) fourteen; (*ordinal*) fourteenth. ➪ doce
II *sm* **1.** (*cardinal*) fourteen: **la guerra del catorce** the 1914-1918 War; (*ordinal*) fourteenth. ➪ doce **2.** (*en las quinielas*): **sacó un catorce** she won the pools.

catorceavo, -va /katorθe'aβo -βa/ **I** *adj* fourteenth.
II catorceavo *sm* (*parte*) fourteenth.

catorzavo, -va /kator'θaβo -βa/ *adj*, **catorzavo** *sm* ➪ catorceavo

catre /'katre/ *sm* (camp) bed, (*US*) cot.

cauce /'kauθe/ *sm* **1.** (*de un río*) river bed. **2.** (*para el cultivo*) channel: **abrió un cauce para llevar agua al sembrado** he dug a channel to take water to the field. **3.** (*fam: procedimiento*) procedure: **siguieron los cauces reglamentarios** they went through the proper channels.

caucho /'kautʃo/ *sm* rubber (*substance*).

caudal /kau'ðal/ *sm* **1.** (*de un río*) rate of flow. **2.** (*de bienes, información*) wealth: **unas inversiones afortunadas multiplicaron su caudal** some well-placed investments increased his wealth several times; **me asombró el caudal de datos acumulados** I was astonished at the wealth of information that had been gathered.

caudaloso, -sa /kauða'loso -sa/ *adj* (*río*) full of water.

caudillo /kau'ðiʎo/ *sm* chief, leader.

causa /'kausa/ *sf* **1.** (*origen*) cause, origin: **la causa de la epidemia fue un virus** the epidemic was caused by a virus. **2.** (*motivo*) motive, reason: **tengo una buena causa para hablar** I've good reason to speak; **llegó tarde** *a* **causa** *del* **atasco** he was late because of the traffic jam. **3.** (*empresa, ideal*) cause: **abrazó la causa democrática** he embraced the cause of democracy; **trabajadores y patronos hicieron causa común para salvar la empresa** management and workers joined forces to save the company. **4.** (*Jur*) trial: **la causa quedó vista para sentencia** the trial ended pending sentencing by the judge.

causante /kau'sante/ **I** *adj*: **no se ha podido determinar el hecho causante** it has not been possible to establish the cause.
II *sm/f* cause: **el mal tiempo fue el causante de que no fuéramos** the reason we didn't go was the bad weather.

causar /kau'sar/ [➪ CANTAR] *vt* to cause: **el novio de la hija les causó muy buena impresión** their daughter's boyfriend made a very good impression on them.

cáustico, -ca /'kaustiko -ka/ *adj* **1.** (*Quím*) caustic. **2.** (*irónico, agresivo*): **tiene un sentido del humor cáustico** he has a caustic ✱ an acid sense of humour; **hizo un comentario muy cáustico** she made a very biting ✱ caustic comment.

cautela /kau'tela/ *sf* caution: **abrió la puerta con mucha cautela** he opened the door very cautiously.

cautelar /kaute'lar/ *adj* precautionary.

cauteloso, -sa /kaute'loso -sa/ *adj* cautious.

cauterizar /kauteri'θar/ [➪ cazar] *vt* (*Med*) to cauterize.

cautivar /kauti'βar/ [➪ CANTAR] *vt* **1.** (*aprisionar*) to capture, to take prisoner. **2.** (*fascinar*) to captivate, to enthral: **el espectáculo cautivó al público** the show enthralled the audience.

cautiverio /kauti'βerjo/ *sm* captivity, imprisonment.

cautividad /kautiβi'ðað/ *sf* captivity: **en el zoo los animales viven en cautividad** animals live in captivity at the zoo.

cautivo, -va /kau'tiβo -βa/ **I** *adj* **1.** (*preso*) captive. **2.** (*de una emoción*): **lo tenía cautivo la belleza del lugar** the beauty of the spot enthralled him.
II *sm/f* captive.

cauto, -ta /'kauto -ta/ *adj* cautious.

cava /'kaβa/ **I** *sf* (*bodega*) (wine) cellar.
II *sm*: *type of Spanish sparkling wine.*

cavar /ka'βar/ [➪ CANTAR] *vt/i* to dig.

caverna /ka'βerna/ *sf* cave.

cavernícola /kaβer'nikola/ **I** *sm/f* **1.** (*Hist*) cave dweller. **2.** (*fam: reaccionario*) reactionary, backwoodsman.
II *adj* (*fam: reaccionario*) reactionary.

cavernoso, -sa /kaβer'noso -sa/ *adj* (*voz, sonido*) deep.

caviar /ka'βjar/ *sm* caviar.

cavidad /kaβi'ðað/ *sf* cavity.

cavilación /kaβila'θjon/ *sf* deep thought.

cavilar /kaβi'lar/ [➪ CANTAR] *vi* to think deeply, to brood.

cayado /ka'jaðo/ *sm* (*de pastor, obispo*) crook.

cayo /'kajo/ *sm* (*Geog*) key.

caza /'kaθa/ **I** *sf* **1.** (*cacería*) hunting: **ayer salimos de caza** we went hunting yesterday • **lleva meses a la caza de una exclusiva** he has spent months trying to get a scoop • **finalmente le dieron caza** in the end he was trapped. **2.** (*animales*) game.
II *sm* fighter (plane).
caza furtiva *sf* poaching.
caza mayor *sf* big game.
caza menor *sf* small game.

cazabombardero /kaθabombar'ðero/ *sm* fighter-bomber.

cazador, -dora /kaθa'ðor -'ðora/ **I** *adj* hunting.
II *sm/f* hunter.
III cazador *sm* (*Mil*) light infantryman.
cazador furtivo *sm*, **cazadora furtiva** *sf* poacher.

cazadora /kaθa'ðora/ *sf* (bomber) jacket.
cazadora de piel *sf* leather jacket.

cazalla /ka'θaʎa/ *sf*: *type of alcoholic spirit.*

cazar /ka'θar/ [➪ table: cazar] *vt* **1.** (*batir*) to hunt: **cazaron tres docenas de perdices** they shot three dozen partridges. **2.** (*pillar*) to catch, to trap: **lo cacé comiéndose mis chocolatinas** I caught him eating my chocolate; **al final cazó marido** she finally found herself a husband. **3.** (*captar*) to understand, to grasp: **los espectadores cazaron enseguida la intención**

cazar	
INDICATIVE	SUBJUNCTIVE
Preterite	**Present**
cacé	cace
cazaste	caces
cazó	cace
cazamos	cacemos
cazasteis	cacéis
cazaron	cacen
For the rest of the tenses ➪ CANTAR (in appendix)	

del humorista the audience immediately understood the comedian's meaning.

cazasubmarinos /kaθasubma'rinos/ *sm inv* submarine chaser.

cazatalentos /kaθata'lentos/ *sm/f inv* (*de ejecutivos, etc.*) headhunter; (*de deportistas*) talent scout.

cazatorpedero /kaθatorpe'ðero/ *sm* torpedo-boat destroyer.

cazo /'kaθo/ *sm* **1.** (*cacerola*) saucepan. **2.** (*cucharón*) ladle.

cazuela /ka'θwela/ *sf* (*sólo para poner al fuego*) saucepan; (*que se puede usar en el horno*) casserole: **comimos pollo** *a la* **cazuela** we had chicken casserole.

cazurro, -rra /ka'θurro -rra/ **I** *adj* dour, unforthcoming.
II *sm/f* dour * unforthcoming person.

c/c *pronounced* /'kwenta ko'rrjente/ (*abbreviation of* **cuenta corriente**) c/a (current account).

c.c. *pronounced* /θen'timetros 'kubikos/ (*abbreviation of* **centímetros cúbicos**) c.c. (cubic centimetres).

CC. OO. *pronounced* /komi'sjones o'βreras/ (*en España*) (*abbreviation of* **Comisiones Obreras**) *Spanish trade union.*

CD /θe'ðe/ *[but often pronounced in its full form]* *sm* (*abbreviation of* **compact disc * disco compacto**) CD (compact disc).

CD-ROM /θeðe'rrom/ *sm* CD-ROM.

c/d *pronounced* /eŋ 'kasa ðe/ (*abbreviation of* **en casa de**) c/o (care of).

CE /θe'e/ *sf* (*abbreviation of* **Comunidad Europea**) EC (European Community).

ce /θe/ *sf*: *name of the letter C* • **lo explicó ce por ce** he explained it point by point • **por ce o por be no consigo verlo** what with one thing and another I haven't managed to see him.

cebada /θe'βaða/ *sf* barley.

cebador /θeβa'ðor/ *sm* (*Arg, Urug*: *Auto*) choke.

cebar /θe'βar/ [➪ CANTAR] *vt* **1.** (*un animal*) to feed (up), to fatten; (*a una persona*) to feed (up): **tu madre te está cebando** your mother is feeding you up. **2.** (*un anzuelo, una trampa*) to bait. **3.** (*Tec*): **para cebar la caldera hay que echar bastante leña** to keep the boiler stoked up you need plenty of firewood. **4.** (*desconfianza, etc.*) to sow: **sus declaraciones cebaron el odio entre los dos países** his statements sowed hatred between the two countries. **5.** (*Arg, Urug*: *el mate*) to brew.

cebarse *v prnl* **1.** (*atracarse*) to gorge oneself: **nos cebamos como cerdos** we ate like pigs. **2.** (*ensañarse*): **se cebó** *en* **el recién llegado** he took it out on the new arrival; **se cebó** *con* **los que habían llegado tarde** he had a go at the people who had arrived late.

cebo /'θeβo/ *sm* bait, lure: **utilizaron el descuento como cebo para que la gente comprara más** they used the discount as an incentive for people to buy more.

cebolla /θe'βoʎa/ *sf* **1.** (*Culin*) onion. **2.** (*de narciso, tulipán, etc.*) bulb.

cebolleta /θeβo'ʎeta/ *sf* (*GB*) spring onion, (*US*) green onion, scallion.

cebollino /θeβo'ʎino/ *sm* **1.** (*Bot*) chive. **2.** (*persona torpe*) dunce.

cebra /'θeβra/ *sf* zebra.

cebú /θe'βu/ *sm* [**cebúes**] zebu.

cecear /θeθe'ar/ [➪ CANTAR] *vi* **1.** (*Med*) to lisp. **2.** (*Ling*) *to pronounce* /s/ *as* /θ/ *in Spanish.*

ceceo /θe'θeo/ *sm* **1.** (*Med*) lisp. **2.** (*Ling*) *pronunciation of* /s/ *as* /θ/ *in Spanish.*

cecina /θe'θina/ *sf* salt meat.

ceda /'θeða/ **I** *imperative of* ➪ ceder
II *sm*: **se saltó un ceda el paso** he ignored a (*GB*) give way * (*US*) yield sign.

cedazo /θe'ðaθo/ *sm* **1.** (*criba*) sieve. **2.** (*red de pesca*) large fishing net.

ceder /θe'ðer/ [➪ TEMER] *vt* **1.** (*dejar*) to yield, to give up: **le cedió la iniciativa a su oponente** he allowed his opponent to take the initiative; **le cedió el asiento a una señora mayor** he gave up his seat to an old lady • (*Auto*) **ceda el paso** (*GB*) give way, (*US*) yield. **2.** (*transferir*): **cedió los derechos de autor a una organización benéfica** he made over his royalties to a charity; **nos han cedido un local muy céntrico** we've been given very centrally located premises.
♦ *vi* **1.** (*acceder*) to give way: **al final, cedió** *a* **mis súplicas** in the end he gave way to my pleading; (*transigir*): **es así: nunca cede** he's like that: he never compromises. **2.** (*disminuir*) to stop: **la tormenta no cedió hasta el día siguiente** the storm did not stop until the next day; **cuando se despertó la fiebre había cedido** when she woke her temperature had gone down. **3.** (*aflojarse*) to give out: **los muelles del sofá cedieron** the springs of the sofa gave out. **4.** (*romperse*): **una de las vigas cedió y el techo se vino abajo** one of the beams gave way and the ceiling caved in.

cedilla /θe'ðiʎa/ *sf* cedilla.

cedro /'θeðro/ *sm* cedar.

cédula /'θeðula/ *sf* **1.** (*prueba de una deuda*) bond: **firmó la cédula hipotecaria** he signed the mortgage agreement. **2.** (*also* **cédula de identidad**) (*Amér L*: *documento de identificación*) identity card.

céfiro /'θefiro/ *sm* (*viento*) zephyr.

cegar /θe'ɣar/ [➪ regar] *vt* **1.** (*privar de vista*) to blind: **la cegó el resplandor** she was blinded * dazzled by the brightness; (*ofuscar*): **la cegó la ambición** she was blinded by ambition. **2.** (*tapar*) to fill: **cegaron el boquete** they filled in the hole.
♦ *vi* (*quedarse ciego*) to become blind: **cegó a causa de la diabetes** diabetes left him blind; (*ofuscar*): **a veces la codicia ciega** sometimes people are blinded by their own greed.

cegarse *v prnl* **1.** (*ofuscarse*) to be blinded: **se cegó** *de* **rabia** he was blinded by rage. **2.** (*bloquearse*) to become blocked: **el pozo se cegó** the well silted up.

cegato, -ta /θe'ɣato -ta/ (*fam*) **I** *adj* short-sighted.
II *sm/f* short-sighted person.

ceguera /θe'ɣera/ *sf* blindness.

ceilandés, -desa /θeilan'des -'desa/ *adj, sm/f* Ceylonese, Sri Lankan.

ceja /'θexa/ *sf* **1.** (*Anat*) eyebrow • **se le ha metido entre ceja y ceja ir a Nueva Zelanda** she's got it into her head that she wants to go to New Zealand • **frunció las cejas pero no dijo nada** he frowned but he didn't say anything • **estoy hasta las cejas de tu hermano** I'm fed up of your brother • **está metido hasta las cejas en un asunto muy feo** he's deeply involved in a very shady deal • **sacó sobresaliente porque se quemó las cejas** he got an excellent because he studied very hard • **tiene a Juan entre ceja y ceja** she can't stand Juan. **2.** (*de un instrumento de cuerda*) bridge.

cejar /θe'xar/ [➪ CANTAR] *vi* to give up: **no cejó hasta conseguir lo que quería** she didn't give up until she got what she wanted.

cejijunto, **-ta** /θexi'xunto -ta/ *adj* **1.** (*con las cejas juntas*): **es cejijunto** his eyebrows meet in the middle. **2.** (*que frunce el ceño*) frowning.

celada /θe'laða/ *sf* (*emboscada*) ambush; (*artimaña*) trap.

celador, **-dora** /θela'ðor -'ðora/ *sm/f* (*de colegio*) (*GB*) caretaker, (*US*) janitor; (*de prisión*) warder; (*de hospital*) security guard; (*de museo*) custodian.

celda /'θelda/ *sf* cell.

celdilla /θel'diʎa/ *sf* cell (*of a beehive*).

celebración /θeleβra'θjon/ *sf*: **nos lo pasamos muy bien en la celebración de su boda** we had a very good time at their wedding; **las celebraciones duraron tres días** the celebrations lasted three days.

celebrar /θele'βrar/ [➪ CANTAR] *vt* **1.** (*conmemorar*) to celebrate: **celebraron con una cena el premio** they celebrated the prize with a dinner; **celebraron su puesta en libertad** they celebrated his release. **2.** (*efectuar*) to hold: **celebran hoy su reunión semanal** they are holding their weekly meeting today. **3.** (*Relig*: *oficiar*) to celebrate. **4.** (*alegrarse*) to be glad at * about: **celebro tu éxito** I am very pleased about your success. **5.** (*reír*) to laugh at: **siempre le celebran las gracias** they always laugh at his jokes. **6.** (*elogiar*) to praise: **todos celebraron su elegancia** everybody said how elegant she looked.
♦*vi* (*Relig*: *oficiar*) to say mass: **el obispo celebra una vez al mes** the bishop says mass once a month.
celebrarse *v prnl* **1.** (*conmemorarse*) to be celebrated: **el cinco de mayo se celebra nuestro aniversario de boda** our wedding anniversary is on the fifth of May. **2.** (*efectuarse*) to be held, to take place: **el banquete se celebró en un hotel** the banquet took place * was held in a hotel.

célebre /'θeleβre/ *adj* famous, well-known.

celebridad /θeleβri'ðað/ *sf* **1.** (*fama*) fame: **alcanzó algo de celebridad en los años setenta** he became quite famous in the seventies. **2.** (*persona famosa*) celebrity: **se convirtió en una celebridad de la noche a la mañana** he became a celebrity overnight.

celeridad /θeleri'ðað/ *sf* speed.

celeste /θe'leste/ **I** *adj* **1.** (*celestial*) heavenly. **2.** (*color*) pale blue.
II *sm* (*color*) pale blue.

celestial /θeles'tjal/ *adj* (*Relig*) celestial, heavenly.

celibato /θeli'βato/ *sm* celibacy.

célibe /'θeliβe/ *adj, sm/f* celibate.

celo /'θelo/ **I** *sm* **1.** (*esmero, fervor*) zeal. **2.** (*Biol*): **está** *en* **celo** (*mamífero pequeño*) she is on heat; (*mamífero grande*) she is in season. **3.** (*cinta adhesiva*) (*GB*) Sellotape®, (*US*) Scotch® tape.
II celos *sm pl* jealousy: **tiene celos** *de* **su mujer/compañero** he's jealous of his wife/colleague.

celofán /θelo'fan/ *sm* Cellophane®.

celosía /θelo'sia/ *sf* (*de madera*) lattice; (*de hierro*) grille.

celoso, **-sa** /θe'loso -sa/ **I** *adj* **1.** (*cumplidor*) conscientious: **es muy celoso en el cumplimiento de sus tareas** he's very conscientious in carrying out his duties. **2.** (*receloso, envidioso*) jealous: **está celoso** *de* **Juan porque lo han ascendido** he's jealous of Juan because he has been promoted.
II *sm/f* jealous person.

celta /'θelta/ **I** *adj* Celtic.
II *sm/f* Celt.
III *sm* (*idioma*) Celtic.

celtibero, **-ra** /θelti'βero -ra/, **celtíbero**, **-ra** /θel'tiβero -ra/ *adj, sm/f* Celtiberian (Spanish).

céltico, **-ca** /'θeltiko -ka/ *adj* Celtic.

célula /'θelula/ *sf* cell.
célula fotoeléctrica *sf* photoelectric cell.

celular /θelu'lar/ *adj* cellular.

celulitis /θelu'litis/ *sf inv* cellulite.

celuloide /θelu'loiðe/ *sm* **1.** (*Quím*) celluloid. **2.** (*cine*) cinema: **es una estrella del celuloide** she is a star of the silver screen.

celulosa /θelu'losa/ *sf* cellulose.

cementerio /θemen'terjo/ *sm* cemetery.
cementerio de coches *sm* (*Auto*) scrap yard.

cemento /θe'mento/ *sm* cement.
cemento armado *sm* reinforced concrete.

cena /'θena/ *sf* (*ligera, informal*) supper; (*completa, formal*) dinner.
cena de trabajo *sf* working dinner.

cenagal /θena'ɣal/ *sm* **1.** (*lugar lleno de barro*) quagmire. **2.** (*asunto difícil*) morass, quagmire.

cenar /θe'nar/ [➪ CANTAR] *vi* (*informalmente, ligeramente*) to have supper; (*formalmente, abundantemente*) to have dinner, to dine.
♦*vt* to have for supper, to have for dinner: **cenamos tortilla de patatas** we had a potato omelette for supper.

cencerro /θen'θerro/ *sm* cowbell ● **Juan está como un cencerro** Juan is nuts.

cenicero /θeni'θero/ *sm* ashtray.

ceniciento, **-ta** /θeni'θjento -ta/ *adj* ashen.

cenit /θe'nit/ *sm* **1.** (*Astron*) zenith. **2.** (*punto culminante*): **está** *en* **el cenit de su poder** she's at the height of her power.

ceniza /θe'niθa/ **I** *sf* ash.
II cenizas *sf pl* (*restos*) ashes *pl*: **esparcieron sus cenizas al viento** they cast his ashes to the winds ● **redujeron la ciudad a cenizas** the city was reduced to ashes.

cenizo, **-za** /θe'niθo -θa/ **I** *adj* **1.** (*grisáceo*) ash-coloured. **2.** (*gafe*) jinxed.
II cenizo *sm* jinx.

censar /θen'sar/ [➪ CANTAR] *vi* to take * conduct a census.
♦*vt* to take a census of: **el gobierno censó a los habitantes del país** the government took a census of the inhabitants of the country.

censo /'θenso/ *sm* **1.** (*padrón*) census. **2.** (*impuesto*) tax.
censo de población, **censo demográfico** *sm* census.
censo electoral *sm* (*GB*) electoral roll, (*US*) voter list.

censor /θen'sor/ *sm* **1.** (*de libros, películas, etc.*) censor. **2.** (*crítico*) critic: **no le faltaron censores** he did not lack for critics.
censor jurado de cuentas *sm* (*Fin*) certified public auditor.

censura /θen'sura/ *sf* **1.** (*actividad*) censorship: **en esa época había mucha censura** at that time there was a lot of censorship; (*organismo*) censors *pl*: **dieron una versión de la película cortada por la censura** they showed a censored version of the movie. **2.** (*desaprobación*) censure: **su propuesta recibió la censura del resto de la junta** his proposal met with strong disapproval from the rest of the committee.

censurable /θensu'raβle/ *adj* deplorable: **su comportamiento fue censurable** his behaviour was deplorable.

censurar /θensu'rar/ [➪ CANTAR] *vt* **1.** (*Pol*) to censor.

2. (*reprender*) to condemn: **censuró su falta de responsabilidad** she condemned their irresponsibility.

centauro /θen'tauro/ *sm* centaur.

centavo, -va /θen'taβo -βa/ **I** *adj* hundredth.
II centavo *sm* (*Amér L*) cent.

centella /θen'teʎa/ *sf* **1.** (*rayo*) lightning ● **acudió rápido como una centella** he came as quick as a flash. **2.** (*pavesa*) spark.

centellear /θenteʎe'ar/ [➪ CANTAR] *vi* (*gen*) to sparkle; (*estrellas*) to twinkle; (*joyas*) to gleam; (*acero*) to glint.

centena /θen'tena/ *sf* hundred: **una centena** *de* **personas** a hundred people.

centenar /θente'nar/ *sm* hundred: **acudieron centenares** *de* **personas** hundreds of people came; **vinieron** *a* **centenares** they came by the hundred.

centenario, -ria /θente'narjo -rja/ **I** *adj* hundred-year-old.
II centenario *sm* centenary, (*US*) centennial: **en 1992 se celebraron las fiestas del quinto centenario** in 1992 the quincentenary celebrations took place.

centeno /θen'teno/ *sm* rye.

centésima /θen'tesima/ *sf* hundredth: **una centésima de segundo** a hundredth of a second.

centésimo, -ma /θen'tesimo -ma/ **I** *adj* hundredth.
II centésimo *sm* hundredth: **quedó el centésimo de la clasificación general** he finished in one hundredth position overall.

centígrado, -da /θen'tiγraðo -ða/ *adj* centigrade.

centigramo /θenti'γramo/ *sm* centigram.

centilitro /θenti'litro/ *sm* (*GB*) centilitre, (*US*) centiliter.

centímetro /θen'timetro/ *sm* **1.** (*unidad de medida*) (*GB*) centimetre, (*US*) centimeter. **2.** (*Arg, Urug*: *cinta métrica*) tape measure.

céntimo, -ma /'θentimo -ma/ **I** *adj* hundredth.
II céntimo *sm* cent.

centinela /θenti'nela/ *sm/f* **1.** (*guardia*) sentry. **2.** (*vigilante*) guard, watchman.

centollo /θen'toʎo/ *sm*, **centolla** /θen'toʎa/ *sf* spider crab.

centrado, -da /θen'traðo -ða/ *adj* **1.** (*bien colocado*) correctly positioned; (*en posición central*) (*GB*) centred, (*US*) centered. **2.** (*persona: equilibrado*) well-balanced, well-adjusted: **es una chica muy centrada** she's a very well-balanced girl; **no está muy centrado en su trabajo** he's not very settled in his job.

central /θen'tral/ **I** *adj* central.
II *sm* (*en fútbol*) (*GB*) centre back ∗ half, (*US*) center back ∗ half.
III *sf* **1.** (*de energía*) power station, (*US*) powerhouse: **los vecinos protestaron contra la construcción de una central eléctrica** the residents protested against the building of a power station. **2.** (*oficina principal*) head office, headquarters *pl*: **trabaja en la oficina central del banco** she works at the bank's head office.
central nuclear *sf* nuclear power station.
central telefónica *sf* telephone exchange.

centralismo /θentra'lizmo/ *sm* centralism.

centralita /θentra'lita/ *sf* (*also* **centralita telefónica**) switchboard.

centralizar /θentrali'θar/ [➪ cazar] *vt* to centralize.

centrar /θen'trar/ [➪ CANTAR] *vt* **1.** (*gen*) (*GB*) to centre, (*US*) to center: **centró la obra en el personaje de María** she centred the novel around the character of María. **2.** (*concentrar*) to concentrate; (*Mil*): **centraron sobre el objetivo los disparos** they concentrated their fire on the target; **centró sus esfuerzos en conseguir el ascenso** he concentrated all his efforts on getting promotion; **centró la atención de todo el auditorio** he held the attention of the whole audience. **3.** (*en fútbol*) to cross (*the ball*). **4.** (*darle equilibrio a*): **el cambio de aires la ha centrado** the change of scene has settled her down.
♦ *vi* (*en fútbol*): **Gómez centró y López marcó de cabeza** Gómez centred the ball and López scored with a header.
centrarse *v prnl* (*acostumbrarse*): **todavía no se ha centrado en su nuevo puesto** he still hasn't got used to his new job; **se ha centrado mucho desde la última vez que lo vi** he's settled down a lot since I last saw him.

céntrico, -ca /'θentriko -ka/ *adj* central: **viven en un sitio muy céntrico** they live in a very central location.

centrifugador, -dora /θentrifuγa'ðor -'ðora/ **I** *adj* centrifugal.
II centrifugador *sm* centrifuge.

centrifugadora /θentrifuγa'ðora/ *sf* spin dryer, spin drier.

centrifugar /θentrifu'γar/ [➪ pagar] *vt* to spin.

centrífugo, -ga /θen'trifuγo -γa/ *adj* centrifugal.

centro /'θentro/ *sm* **1.** (*gen*) (*GB*) centre, (*US*) center; (*punto de atracción*): **el bebé es el centro de la familia** the baby is the centre of the family's attention; **la casa de Vicente era el centro de atracción para muchos jóvenes escritores** Vicente's house was the focal point for many young writers. **2.** (*parte central: gen*) middle, (*GB*) centre, (*US*) center: **viven en el centro de España** they live in the centre of Spain; **chocó contra la isla peatonal en el centro de la calzada** he crashed into the traffic island in the middle of the road; (*: de una ciudad*): **fuimos a las tiendas del centro** we went shopping in the centre of town. **3.** (*de una actividad*): **visitaron los principales centros industriales del país** they visited the main industrial areas of the country. **4.** (*institución*) (*GB*) centre, (*US*) center: **lo eligieron presidente del centro cultural** he was elected chairman of the cultural centre. **5.** (*Pol*): **milita en un partido de centro** he's active in one of the centre parties. **6.** (*en fútbol*) cross: **remató el centro a gol** he put the cross into the net.
centro comercial *sm* shopping mall, (*GB*) shopping centre.
centro de gravedad *sm* (*GB*) centre ∗ (*US*) center of gravity.
centro de mesa *sm* (*GB*) centrepiece, (*US*) centerpiece.
centro docente *sm* educational institution.
centro izquierda *sm* (*Pol*): **es un partido de centro izquierda** it's a centre-left party.
centro urbano *sm* (*GB*) town centre, (*US*) center of town.

centroafricano, -na /θentroafri'kano -na/ **I** *adj* of ∗ from Central Africa.
II *sm/f* native ∗ inhabitant of Central Africa.

Centroamérica /θentroa'merika/ *sf* Central America.

centroamericano, -na /θentroameri'kano -na/ **I** *adj* of ∗ from Central America.
II *sm/f* native ∗ inhabitant of Central America.

centrocampista /θentrokam'pista/ *sm/f* midfield player, midfielder.

centroeuropeo, -pea /θentroeuro'peo -pea/ **I** *adj* of ∗ from Central Europe.
II *sm/f* Central European.

centuria /θen'turja/ *sf* century.

centurión /θentu'rjon/ *sm* centurion.

ceñido, -da /θe'ɲiðo -ða/ *adj* tight, tight-fitting.

ceñir /θe'ɲir/ [➪table: ceñir] *vt*: **le ciñó la cintura** he put his arm round her waist; **la chaqueta le ceñía la cintura** his jacket was tight round his waist.

ceñirse *v prnl* **1.** (*ponerse*) to put on: **se ciñó la espada** he fastened on his sword. **2.** (*atenerse*): **se ciñó** *al* **presupuesto que tenía** he stuck to the available budget; **se ciñó** *a* **explicar lo que había sucedido** she limited herself to explaining what had happened.

ceñir

INDICATIVE	
Present	**Preterite**
ciño	ceñí
ciñes	ceñiste
ciñe	ciñó
ceñimos	ceñimos
ceñís	ceñisteis
ciñen	ciñeron
SUBJUNCTIVE	
Present	**Imperfect**
ciña	ciñera *or* ciñese
ciñas	ciñeras *or* ciñeses
ciña	ciñera *or* ciñese
ciñamos	ciñéramos *or* ciñésemos
ciñáis	ciñerais *or* ciñeseis
ciñan	ciñeran *or* ciñesen
IMPERATIVE	
(tú) ciñe	(usted) ciña
(vosotros) ceñid	(ustedes) ciñan
PRESENT PARTICIPLE	
ciñendo	

For the rest of the tenses ➪ PARTIR (in appendix)

ceño /'θeɲo/ *sm* • **cuando se lo dije, frunció el ceño** when I told him, he frowned.

cepa /'θepa/ *sf* **1.** (*de un árbol*) stump; (*de una vid*) stock. **2.** (*casta*): **es un vino de pura cepa** it's a very good wine • **es un español de pura cepa** he's Spanish to the core.

cepillar /θepi'ʎar/ [➪CANTAR] *vt* **1.** (*limpiar, peinar*) to brush. **2.** (*en carpintería*) to plane. **3.** (*fam*: *en un juego*): **los cepilló a todos al póker** he beat them all at poker. **4.** (*fam*: *suspender*): **la cepillaron en todas las asignaturas** she failed in every subject.

cepillarse *v prnl* **1.** (*limpiarse, peinarse*): **se cepilló el pelo antes de acostarse** she brushed her hair before going to bed. **2.** (*fam*: *cargarse*) to wipe out: **se cepilló a todos sus enemigos** he wiped out all his enemies. **3.** (*fam*: *terminar*) to polish off: **se cepilló el trabajo en un día** he polished off the job in one day.

cepillo /θe'piʎo/ *sm* **1.** (*para limpiar, peinar*) brush. **2.** (*en carpintería*) plane. **3.** (*para limosnas*) alms box.

cepillo de dientes *sm* toothbrush.

cepo /'θepo/ *sm* **1.** (*trampa*) trap. **2.** (*para coches*) (wheel) clamp. **3.** (*para presos*) stocks *pl*.

ceporro, -rra /θe'porro -rra/ (*fam*) **I** *adj* stupid, (*GB*) thick.
II *sm/f* dunce.

cera /'θera/ *sf* **1.** (*gen*) wax • **se quedó más blanco que la cera al verla** he turned as white as a sheet when he saw her • **no hay más cera que la que arde** these are the best we have. **2.** (*de abejas*) beeswax. **3.** (*de los oídos*) earwax.

cera depiladora *sf* depilatory wax.

cerámica /θe'ramika/ *sf* **1.** (*artesanía*) pottery, ceramics *pl*: **nos gusta mucho la cerámica típica de esta región** we really like the local traditional pottery. **2.** (*objeto*) pot: **compramos unas cerámicas muy bonitas** we bought some very nice pots.

ceramista /θera'mista/ *sm/f* potter.

cerbatana /θerβa'tana/ *sf* blowpipe.

cerca /'θerka/ **I** *sf* (*de madera, alambre*) fence; (*de piedra, ladrillos*) wall.
II *adv* **1.** (*próximo*) near, close: **mi colegio está muy cerca** *de* **casa** I live very near to the school; **Zaragoza y Huesca están muy cerca** Saragossa and Huesca are very near each other. **2.** (*casi*) almost, nearly: **nos costó cerca** *de* **diez mil pesetas** it cost us nearly ten thousand pesetas • **¡estuvimos cerca de estrellarnos contra un árbol!** we very nearly crashed into a tree!

cercado /θer'kaðo/ *sm* **1.** (*lugar*) enclosed space. **2.** (*valla: de madera, alambre*) fence; (*: de piedra, ladrillos*) wall.

cercanía /θerka'nia/ **I** *sf* (*proximidad*) proximity.
II cercanías *sf pl* **1.** (*alrededores*) surroundings *pl*, vicinity: **tienen un chalé en las cercanías del río** they have a house near the river. **2.** (*Transp*): **los trenes de cercanías salen de otra estación** the local trains leave from a different station.

cercano, -na /θer'kano -na/ *adj* **1.** (*lugar*) nearby. **2.** (*persona*) close: **una fuente cercana** *al* **presidente** a source close to the president.

cercar /θer'kar/ [➪sacar] *vt* **1.** (*vallar*) to fence in; (*separar con una valla*) to fence off. **2.** (*una fortaleza, una ciudad*) to besiege, to surround.

cercenar /θerθe'nar/ [➪CANTAR] *vt* **1.** (*amputar*) to amputate. **2.** (*reducir*) to diminish: **protestó porque la orden cercenaba sus derechos** he complained because the order diminished his rights.

cerciorar /θerθjo'rar/ [➪CANTAR] *vt* to assure.

cerciorarse *v prnl* **1.** (*comprobar*) to check, to make sure: **me cercioré de que se habían ido todos** I checked that they'd all left. **2.** (*asegurarse*): **cerciórate de que todas las ventanas están cerradas** make sure that all the windows are closed.

cerco /'θerko/ *sm* **1.** (*círculo*) circle, ring: **tienes un cerco de chocolate en la boca** you've got a ring of chocolate around your mouth. **2.** (*asedio*) siege. **3.** (*de una puerta, una ventana*) frame: **mira, no has limpiado el cerco de la ventana** look, you didn't clean the window-frame.

cerda /'θerða/ *sf* **1.** (*de un cepillo*) bristle: **prefiero un cepillo de cerdas duras** I prefer a hard brush. **2.** (*de un caballo, un cerdo*) bristle. ➪cerdo

cerdada /θer'ðaða/ *sf* (*fam*: *jugarreta*) dirty trick: **ya me ha hecho varias cerdadas** he's already played several dirty tricks on me.

cerdo, -da /'θerðo -ða/ **I** *sm/f* **1.** (*Zool*: *gen*) pig; (*: macho*) hog; (*: hembra*) sow. **2.** (*fam*: *persona sucia*) (filthy) pig. **3.** (*fam*: *persona despreciable*) pig, swine.
II *adj* (*fam*) **1.** (*sucio*) filthy: **es muy cerdo** he has filthy habits. **2.** (*despreciable*) gross: **es la persona más cerda que he conocido en mi vida** he's the grossest person I've ever met.

III cerdo *sm* (*carne*) pork: **le han prohibido comer cerdo** she's been told not to eat pork.
cerdo agridulce *sm* sweet and sour pork.
cereal /θere'al/ **I** *adj, sm* cereal.
II cereales *sm pl* (breakfast) cereal: **vamos, termínate los cereales** come on, finish your cereal.
cerebelo /θere'βelo/ *sm* (*Anat*) cerebellum.
cerebral /θere'βral/ *adj* **1.** (*del cerebro*) cerebral, (of the) brain: **le han diagnosticado un tumor cerebral** he's been diagnosed as having a brain tumor. **2.** (*calculador*) calculating, dispassionate.
cerebro /θe'reβro/ *sm* **1.** (*Anat*) brain. **2.** (*inteligencia*) brains *pl*: **lo entenderá pronto, con el cerebro que tiene** she'll pick it up quickly, she's got brains • **me exprimí el cerebro, pero no di con la solución** I racked my brains but I couldn't find the solution. **3.** (*cabecilla*) brains, leader: **han detenido al cerebro de la organización** they've arrested the brains behind the organization.
cerebro electrónico *sm* computer.
cerebro gris *sm* brains *pl*: **¿quién es el cerebro gris del proyecto?** who's the brains behind the project?
ceremonia /θere'monja/ *sf* **1.** (*acto*) ceremony: **la ceremonia se celebrará en la catedral** the ceremony will take place in the cathedral. **2.** (*solemnidad*) pomp, ceremony: **la dueña de la casa nos recibió con gran ceremonia** the owner of the house received us with great ceremony.
ceremonial /θeremo'njal/ *adj, sm* ceremonial.
ceremonioso, -sa /θeremo'njoso -sa/ *adj* ceremonious, formal.
cereza /θe'reθa/ *sf* cherry.
cerezo /θe'reθo/ *sm* cherry tree.
cerilla /θe'riʎa/ *sf* match: **cómprame una caja de cerillas** buy me a box of matches.
cerillo /θe'riʎo/ *sm* (*Amér C, Méx*) match: **una caja de cerillos** a box of matches.
cerner /θer'ner/ [➪tender] *vt* (*cribar*) to sift.
cernerse *v prnl* to loom: **una guerra se cierne sobre el país** war is looming over the country.
cernícalo /θer'nikalo/ *sm* **1.** (*Zool*) kestrel. **2.** (*fam: hombre ignorante*) blockhead.
cernir /θer'nir/ [➪discernir] *vt* ➪cerner
cero /'θero/ *sm* **1.** (*Mat*) zero, naught • **tienes que empezar otra vez de cero** you have to start again from scratch • **no puedo ir al cine, estoy a cero** I can't go to the cinema, I don't have any money • **el director es un cero a la izquierda, nadie le hace caso** the manager is hopeless, nobody pays any attention to him. **2.** (*Dep*) nothing, nil: **el resultado fue tres a cero** the result was three nothing * nil.
cerrado, -da /θe'rraðo -ða/ *adj* **1.** (*no abierto*) shut, closed: **cerrado por vacaciones** closed for the holidays. **2.** (*acento*) broad: **no le entendí nada porque hablaba con un acento andaluz muy cerrado** I didn't understand a word he said because he spoke with a very broad Andalusian accent. **3.** (*Ling*): **hay vocales abiertas y cerradas** there are open and closed vowels. **4.** (*curva*) sharp, tight. **5.** (*barba*) thick, bushy. **6.** (*de ideas fijas*) narrow-minded. **7.** (*introvertido*) reserved. **8.** (*obtuso*) dim, stupid.
cerradura /θerra'ðura/ *sf* lock.
cerrajería /θerraxe'ria/ *sf* locksmith's shop.
cerrajero, -ra /θerra'xero -ra/ *sm/f* locksmith.
cerrar /θe'rrar/ [➪pensar] *vt* **1.** (*una puerta, un cajón, los ojos*) to shut, to close • **¡te digo que cierres el pico * la boca!** I've told you to shut up! **2.** (*con llave*) to lock: **acuérdate de cerrar la puerta con llave** remember to lock the door. **3.** (*un camino, el acceso*) to block: **unas notas bajas me cerraron el acceso a medicina** low grades prevented me (from) getting into medical school. **4.** (*un grifo, un radiador*) to turn off. **5.** (*un sobre*) to seal; (*una cremallera*) to zip (up), to fasten (up); (*los puños*) to clench. **6.** (*una empresa*) to close down; (*una cuenta bancaria*) to close. **7.** (*una conversación, un acto*) to bring to an end: **el acto fue cerrado por el alcalde** the mayor closed the proceedings. **8.** (*un desfile, una marcha*): **una banda cerraba el desfile** a band brought up the rear of the procession.
♦*vi* **1.** (*puerta, cajón*) to shut, to close: **esta ventana no cierra bien** this window doesn't close properly. **2.** (*quebrar*) to fold: **la empresa cerró por falta de fondos** the firm folded because of lack of funds. **3.** (*cicatrizar*) to heal.
cerrarse *v prnl* **1.** (*puerta, cajón*) to shut, to close: **ese cajón no se cierra fácilmente** that drawer doesn't close easily. **2.** (*apiñarse*) to crowd together: **el público se cerró en torno al ganador** the spectators crowded (together) around the winner. **3.** (*terminarse*) to come to an end: **se ha cerrado el plazo de admisión** the closing date for admissions has passed. **4.** (*oponerse*) to close one's mind: **se ha cerrado** *a* **todo tipo de negociación** he's closed his mind to any kind of negotiation.
cerrazón /θerra'θon/ *sf* **1.** (*obstinación*) obstinacy. **2.** (*torpeza*) stupidity.
cerril /θe'rril/ *adj* headstrong.
cerro /'θerro/ *sm* hill • **¿por qué te tienes que ir siempre por los cerros de Úbeda?** why do you always have to go off at a tangent?
cerrojo /θe'rroxo/ *sm* bolt: **no te olvides de echar el cerrojo** don't forget to bolt the door.
certamen /θer'tamen/ *sm* competition, contest.
certero, -ra /θer'tero -ra/ *adj* (*disparo, comentario*) accurate: **mi hermano es un tirador certero** my brother is a very good shot.
certeza /θer'teθa/ *sf* certainty: **tengo la certeza de que decía la verdad** I'm certain that he was telling the truth; **tenga la certeza de que haré todo lo posible** rest assured that I'll do everything I can.
certidumbre /θerti'ðumbre/ *sf* certainty.
certificado, -da /θertifi'kaðo -ða/ **I** *adj* (*correo*) registered: **hay una carta certificada para ti** there's a registered letter for you.
II certificado *sm* (*documento*) certificate.
certificar /θertifi'kar/ [➪sacar] *vt* **1.** (*autentificar*) to certify, to guarantee: **el notario certificó que la escritura era auténtica** the notary certified the deed as genuine. **2.** (*una carta, un paquete*) to register.
cerumen /θe'rumen/ *sm* earwax.
cerval /θer'βal/ *adj*: **pasé un miedo cerval** I was in a blind panic.
cervato /θer'βato/ *sm* (*Zool*) fawn.
cervecería /θerβeθe'ria/ *sf* **1.** (*establecimiento*) pub, bar. **2.** (*fábrica*) brewery.
cerveza /θer'βeθa/ *sf* beer.
cerveza amarga *sf* bitter.
cerveza de barril *sf* draught beer.
cerveza negra *sf* stout.
cerveza rubia *sf* lager.
cervical /θerβi'kal/ **I** *adj* (of the) neck.
II *sf* cervical vertebra: **se rompió dos cervicales** she broke two vertebrae in her neck.
cérvido, -da /'θerβiðo -ða/ (*Zool*) **I** *adj* cervid.

II cérvido *sm* cervid.
cerviz /θer'βiθ/ *sf* [**cervices**] nape of the neck.
cesante /θe'sante/ **I** *adj* redundant.
II *sm/f*: *redundant civil servant.*
cesar /θe'sar/ [⇨ CANTAR] *vi* **1.** (*acabar*) to stop, to cease: **ha cesado** *de* **llover** it's stopped raining. **2.** (*dimitir*) to resign: **el director ha cesado** *en* **sus funciones** the director has resigned.
cesárea /θe'sarea/ *sf* (*GB*) Caesarean (section), (*US*) Cesarean (section).
cese /'θese/ *sm* **1.** (*de un puesto, un trabajo*) resignation: **le pidieron el cese** he was asked to resign. **2.** (*de una actividad*) cessation, suspension: **se ha acordado un cese de las hostilidades** they have agreed on a cessation of hostilities.
cese del fuego *sm* (*Amér L*) cease-fire.
cesio /'θesjo/ *sm* (*GB*) caesium, (*US*) cesium.
cesión /θe'sjon/ *sf* cession.
césped /'θespeð/ *sm* grass, lawn: **prohibido pisar el césped** keep off the grass.
cesta /'θesta/ *sf* basket.
cesta de la compra *sf* family shopping bill: **la cesta de la compra media ha subido el seis por ciento** the average family's shopping bill has increased by six per cent.
cesta de Navidad *sf* Christmas hamper.
cestería /θeste'ria/ *sf* **1.** (*material*) wickerwork. **2.** (*arte*) basketmaking. **3.** (*taller, negocio*) basket shop.
cesto /'θesto/ *sm* basket.
cetáceo, -cea /θe'taθeo -θea/ **I** *adj* cetacean.
II cetáceo *sm* cetacean.
cetrería /θetre'ria/ *sf* falconry, hawking.
cetrino, -na /θe'trino -na/ *adj* sallow.
cetro /'θetro/ *sm* (*GB*) sceptre, (*US*) scepter.
ceutí /θeu'ti/ [**ceutíes** * **ceutís**] **I** *adj* of * from Ceuta.
II *sm/f* native * inhabitant of Ceuta.
cf., cfr. *pronounced* /'konfer/ (*Latin abbreviation meaning* **compárese** * **cotéjese**) cf. (*compare*).
chabacano, -na /tʃaβa'kano -na/ **I** *adj* (*persona*) common, vulgar; (*película*) tasteless; (*música, decoración, etc.*) tacky; (*broma*) in poor taste.
II chabacano *sm* (*Méx*: *albaricoque*) apricot.
chabola /tʃa'βola/ *sf* shack: **vivían en un barrio de chabolas** they lived in a shanty town.
chabolismo /tʃaβo'lizmo/ *sm* **las autoridades quieren eliminar el chabolismo** the authorities want to get rid of the shanty towns.
chacal /tʃa'kal/ *sm* jackal.
chacha /'tʃatʃa/ *sf* (*fam*) **1.** (*sirvienta*) maid. **2.** (*niñera*) nanny.
chachachá, cha-cha-chá /tʃatʃa'tʃa/ *sm* cha-cha-cha.
cháchara /'tʃatʃara/ *sf* (*fam*) chatting, talking: **se pasaron toda la tarde** *de* **cháchara** they spent the whole evening talking.
chachi /'tʃatʃi/ (*fam*) **I** *adj* brilliant, great: **vimos una película chachi** we saw a brilliant movie.
II *adv*: **lo pasé chachi** I had a fantastic time.
chacolí /tʃako'li/ *sm* [**chacolíes** * **chacolís**] *light, dry wine made in the Basque Country, Cantabria and Chile.*
chacota /tʃa'kota/ *sf* (*fam*): **han estado toda la tarde** *de* **chacota** they've been joking around all evening.
chacra /'tʃakra/ *sf* (*Amér S*) farm, smallholding.
chafar /tʃa'far/ [⇨ CANTAR] *vt* **1.** (*aplastar*) to squash, to crush. **2.** (*fastidiar*) to spoil, to ruin: **el aumento de los impuestos le chafó los planes** the increase in taxes ruined his plans. **3.** (*desengañar*) to disappoint.
chafarse *v prnl* **1.** (*aplastarse*) to get squashed, to get crushed. **2.** (*fastidiarse*) to be ruined: **se le han chafado todos los planes** all his plans have been ruined.
chaflán /tʃa'flan/ *sm* chamfer.
chal /tʃal/ *sm* shawl.
chalado, -da /tʃa'laðo -ða/ *adj* (*fam*) **1.** (*loco*) nuts, (*GB*) crackers. **2.** (*pirrado*): **está chalado** *por* **Marta** he's crazy about Marta.
chaladura /tʃala'ðura/ *sf* (*fam*): **tiene chaladura** *por* **las motos** he's crazy about * obsessed with motorbikes.
chalé /tʃa'le/ *sm* **1.** (*en el campo*) house (*in the country*). **2.** (*en una urbanización: sin adosar*) detached house; (*: adosado*) terraced house; (*: pareado*) semi-detached house.
chaleco /tʃa'leko/ *sm* (*de un traje*) (*GB*) waistcoat, (*US*) vest; (*de punto*) sleeveless pullover.
chaleco antibalas *sm* bulletproof vest.
chaleco de fuerza *sm* (*Arg, Chi, Urug*) straitjacket.
chaleco salvavidas *sm* life jacket.
chalet /tʃa'let/ *sm* ⇨ chalé
chalota /tʃa'lota/ *sf* shallot.
chalupa /tʃa'lupa/ **I** *sf* boat, launch.
II *adj* (*fam*) nuts.
chamaca /tʃa'maka/ *sf* (*Amér C, Méx*: *chica*) girl, lass.
chamaco /tʃa'mako/ *sm* (*Amér C, Méx*: *chico*) boy, lad.
chamarilero, -ra /tʃamari'lero -ra/ *sm/f* dealer in second-hand goods.
chamarra /tʃa'marra/ *sf* (*cazadora de cuero*) leather jacket; (*zamarra*) sheepskin jacket.
chamba /'tʃamba/ *sf* (*Méx*: *fam*) job.
chambelán /tʃambe'lan/ *sm* chamberlain.
chambergo /tʃam'berɣo/ *sm* jacket.
chamizo /tʃa'miθo/ *sm* thatched hut.
champán /tʃam'pan/, **champaña** /tʃam'paɲa/ *sm* champagne.
champiñón /tʃampi'ɲon/ *sm* mushroom.
champú /tʃam'pu/ *sm* [**champúes** * **champús**] shampoo.
chamuscar /tʃamus'kar/ [⇨ sacar] *vt* to scorch.
chamuscarse *v prnl* to get scorched.
chamusquina /tʃamus'kina/ *sf* scorching • **esta llamada me huele a chamusquina** there's something fishy about this call.
chancha /'tʃantʃa/ *sf* (*Amér L*: *cerda*) sow.
chanchi /'tʃantʃi/ *adj, adv* (*fam*) ⇨ chachi
chancho, -cha /'tʃantʃo -tʃa/ **I** *sm/f* (*Amér L*) **1.** (*cerdo*) pig • (*Arg, Urug*) **si ganan las elecciones, me como un chancho crudo** if they win the elections, I'll eat my hat. **2.** (*fam*: *persona sucia*) (filthy) pig.
II *adj* (*fam*) filthy.
chanchullo /tʃan'tʃuʎo/ *sm* (*fam*) fiddle, swindle: **hicieron un chanchullo para que cobrara sin trabajar** they fiddled it so that he could get paid without working.
chancla /'tʃaŋkla/, **chancleta** /tʃaŋ'kleta/ *sf* flip-flop.
chancro /'tʃaŋkro/ *sm* chancre.
chándal /'tʃandal/ *sm* tracksuit.
changador, -dora /tʃanɣa'ðor -'ðora/ *sm/f* (*Arg, Urug*) **1.** (*en un aeropuerto, una estación*) porter. **2.** (*trabajador portuario*) docker, stevedore.
chanquete /tʃaŋ'kete/ *sm* whitebait.
chantaje /tʃan'taxe/ *sm* blackmail: **estuvo haciendo chantaje a su jefe** he was blackmailing his boss.

chantajear /tʃantaxe'ar/ [➪ CANTAR] *vt* to blackmail.

chantajista /tʃanta'xista/ *sm/f* blackmailer.

chanza /'tʃanθa/ *sf* joke: **¡vale ya de chanzas y a trabajar en serio!** that's enough fun and games, let's get on with the job!

chao /tʃao/ *excl* (*Amér L*) bye.

chapa /'tʃapa/ **I** *sf* **1.** (*de metal*) sheet, plate; (*de madera*) panel, sheet. **2.** (*de una botella*) bottle top, (*US*) cap. **3.** (*ficha*) tag. **4.** (*insignia*) (*GB*) badge, (*US*) button.
II chapas *sfpl*: *racing game played with bottle tops.*

chapado, -da /tʃa'paðo -ða/ *adj* (*con metal*) plated; (*con madera*) veneered ● **mi padre está chapado a la antigua** my dad is very old-fashioned.

chapar /tʃa'par/ [➪ CANTAR] *vt* (*con metal*) to plate; (*con madera*) to veneer.
♦ *vi* (*fam*) to study hard: **tuve que chapar todo el fin de semana** I had to spend the whole weekend studying.

chaparro, -rra /tʃa'parro -rra/ **I** *adj* short, squat.
II *sm/f* short ✱ squat person.

chaparrón /tʃapa'rron/ *sm* **1.** (*aguacero*) heavy shower, downpour. **2.** (*fam*: *bronca*) telling-off: **¡menudo chaparrón nos cayó por no acabar a tiempo!** we got a good telling-off for not finishing on time!

chapela /tʃa'pela/ *sf* beret.

chapista /tʃa'pista/ *sm/f* panel beater.

chapitel /tʃapi'tel/ *sm* (*de una columna*) capital; (*de una torre*) spire.

chapotear /tʃapote'ar/ [➪ CANTAR] *vi* to splash (about).

chapucero, -ra /tʃapu'θero -ra/ **I** *adj* (*persona*) amateurish, bungling; (*trabajo*) amateurish, shoddy.
II *sm/f* bungler, amateur.

chapurrear /tʃapurre'ar/ [➪ CANTAR] *vt*: **chapurreaba el inglés, pero casi no se le entendía** he could just about speak English but was very hard to understand.

chapuza /tʃa'puθa/ *sf* (*trabajo mal hecho*) botched job, amateurish job; (*trabajo ocasional*) odd job: **de vez en cuando le sale alguna chapuza** he does the occasional odd job.

chapuzón /tʃapu'θon/ *sm* (*acto de zambullirse*) dive; (*baño*) quick swim, dip: **¿vienes a darte un chapuzón?** do you fancy a dip?

chaqué /tʃa'ke/ *sm* morning coat.

chaqueta /tʃa'keta/ *sf* (*de punto*) cardigan; (*americana*) jacket ● **después de las elecciones volvió a cambiar de chaqueta** he switched allegiance yet again after the election.

chaquetero, -ra /tʃake'tero -ra/ *adj, sm/f* (*fam*) turncoat.

chaquetilla /tʃake'tiʎa/ *sf* (*gen*) short jacket; (*de torero*) bullfighter's jacket.

chaquetón /tʃake'ton/ *sm* short coat.

charadas /tʃa'raðas/ *sfpl* charades [lleva el verbo en singular].

charanga /tʃa'raŋga/ *sf* brass band.

charca /'tʃarka/ *sf* pond, pool.

charco /'tʃarko/ *sm* puddle ● **por fin se decidieron y cruzaron el charco** in the end, they made up their minds and went to America.

charcutería /tʃarkute'ria/ *sf* delicatessen.

charla /'tʃarla/ *sf* **1.** (*entre amigos, etc.*) talk, chat. **2.** (*conferencia*) talk, lecture: **¿vas a ir a la charla del profesor Ochoa?** will you be going to Professor Ochoa's talk?

charlar /tʃar'lar/ [➪ CANTAR] *vi* to talk, to chat.

charlatán, -tana /tʃarla'tan -'tana/ **I** *adj* (*hablador*) talkative.
II *sm/f* **1.** (*hablador*) chatterbox. **2.** (*embaucador*) charlatan, conman.

charlestón /tʃarles'ton/ *sm* charleston.

charloteo /tʃarlo'teo/ *sm* (*fam*) chattering.

charol /tʃa'rol/ *sm* patent leather: **ya no se llevan los zapatos de charol** patent leather shoes are no longer fashionable.

charretera /tʃarre'tera/ *sf* (*Mil*) epaulette.

charro, -rra /'tʃarro -rra/ **I** *adj* (*de mal gusto*) gaudy, flashy.
II charro *sm* (*Méx*) *horseman* (*who wears traditional dress*).

chárter /'tʃarter/ **I** *adj inv* charter: **es un vuelo chárter** it's a charter flight.
II *sm inv* charter flight: **vamos en un chárter desde Vitoria** we're taking a charter flight from Vitoria.

chascarrillo /tʃaska'rriʎo/ *sm* (*fam*) amusing story.

chasco /'tʃasko/ *sm* disappointment: **se llevó un chasco al no ser admitida en el equipo** she was very disappointed not to be included in the team.

chasis /'tʃasis/ *sm* **1.** (*Auto*) chassis *n inv.* **2.** (*de una cámara de fotos*) plate holder.

chasquear /tʃaske'ar/ [➪ CANTAR] *vt* (*la lengua*) to click; (*los dedos*) to snap; (*un látigo*) to crack.
♦ *vi* to crack: **los palos chasqueaban cuando los partíamos** the sticks cracked noisily when we broke them.

chasquido /tʃas'kiðo/ *sm* (*de madera, de un látigo*) crack; (*de los dedos*) snap; (*de la lengua*) click.

chata /'tʃata/ *sf* (*Amér L*) bedpan.

chatarra /tʃa'tarra/ *sf* **1.** (*desechos*) scrap metal. **2.** (*fam*: *objeto viejo*): **esta lavadora es una chatarra** this washing machine is a pile of junk. **3.** (*fam*: *calderilla*) small change.

chatarrero, -ra /tʃata'rrero -ra/ *sm/f* scrap merchant.

chato, -ta /'tʃato -ta/ **I** *adj* (*nariz*) snub; (*persona*) snub-nosed; (*objeto*) low, squat: **no me gusta este jarrón, es un poco chato** I don't like this vase, it's a bit squat.
II *sm/f* **1.** (*de nariz chata*) snub-nosed person. **2.** (*fam*: *apelativo*) love: **¡hasta luego, chata!** see you later, love!
III chato *sm* (*vaso*) (small) glass: **solíamos ir de chatos juntos** we used to go out for a drink together.

chau /tʃau/ *excl* (*Amér L*) bye.

chaucha /'tʃautʃa/ *sf* (*Arg, Urug*) green bean.

chaval /tʃa'βal/ *sm* (*fam*) **1.** (*chico*) boy. **2.** (*hombre joven*) young man: **se ha casado con un chaval muy majo** she's married a very nice young man.

chavala /tʃa'βala/ *sf* (*fam*) **1.** (*chica*) girl. **2.** (*mujer joven*) young woman: **se ha casado con una chavala muy maja** he's married a very nice young woman.

chaveta /tʃa'βeta/ *sf* pin ● **mi abuelo está chaveta ✱ mal de la chaveta** my grandad's got a screw loose ● **cuando lo despidieron, Felipe perdió la chaveta** Felipe went crazy when he lost his job.

chavo /'tʃaβo/ *sm* (*fam*): **quería venir, pero está sin un chavo** he wanted to come, but he's flat broke.

che /tʃe/ **I** *sf*: *name of the letter Ch in Spanish.*
II *excl* (*Arg, Urug*) **1.** (*para llamar la atención*) hey. **2.** (*usado como apelativo o como muletilla*) [*often untranslated*]: **¡cuidado con lo que decís, che!** watch what you say, buddy ✱ pal!; **¡tanto tiempo sin verte, che!** goodness me, it's been a long time!; **¿pero vos**

qué te creés, che?, ¿que me sobra la plata? are you serious? do you think I'm made of money?

checar /tʃe'kar/ [➪ sacar] *vt/i* (*Méx*) ➪ chequear

checo, -ca /'tʃeko -ka/ **I** *adj, sm/f* Czech.
II checo *sm* (*idioma*) Czech.

checoeslovaco, -ca, checoslovaco, -ca /tʃeko(e) slo'βako -ka/ *adj, sm/f* Czechoslovakian, Czech.

chef /tʃef/ *sm* chef.

chelín /tʃe'lin/ *sm* shilling.

chelo /'tʃelo/ **I** *sm* (*instrumento*) cello.
II *sm/f* (*intérprete*) cellist, cello.

chepa /'tʃepa/ *sf* (*Anat: fam*) hump.

cheque /'tʃeke/ *sm* (*GB*) cheque, (*US*) check: **tengo que ir al banco a cobrar un cheque** I must go to the bank to cash a cheque.
cheque al portador *sm* bearer (*GB*) cheque ∗ (*US*) check.
cheque de viajero *sm* (*GB*) traveller's cheque, (*US*) traveler's check.
cheque nominativo *sm*: *cheque in favour of a named person.*
cheque regalo *sm* gift token ∗ voucher.
cheque sin fondos *sm* (*GB*) dishonoured cheque, (*US*) dishonored check.

chequear /tʃeke'ar/ [➪ CANTAR] (*Amér L*) *vt* **1.** (*revisar*) to check: **¿me puede chequear los frenos?** can you check the brakes for me? **2.** (*corroborar*) to check: **chequeó los nombres** *con* **los de la lista** she checked the names against the list.
♦ *vi* to check: **sólo quería chequear** I only wanted to check.

chequeo /tʃe'keo/ *sm* (*Med*) checkup.

chequera /tʃe'kera/ *sf* (*Amér L*) (*GB*) cheque book, (*US*) checkbook.

chéster /'tʃester/ *sm* [**chéster ∗ chésteres**] Cheshire cheese.

chic /tʃik/ *adj* chic.

chica /'tʃika/ *sf* **1.** (*muchacha*) girl. **2.** (*apelativo*): **mira, chica, si no te gusta te quedas en casa** look here, if you don't like it stay at home. **3.** (*criada*) maid.

chicano, -na /tʃi'kano -na/ *adj, sm/f* chicano.

chicarrón, -rrona /tʃika'rron -'rrona/ *sm/f* (*fam: chico*) strong lad; (*: chica*) big lass.

chicha /'tʃitʃa/ *sf* **1.** (*fam: carne*) meat. **2.** (*Amér L: bebida*) maize liquor ● **¡no es ni chicha ni limonada!** it's neither one thing nor the other!

chícharo /'tʃitʃaro/ *sm* (*Amér C, Méx*) pea.

chicharra /tʃi'tʃarra/ *sf* **1.** (*Zool*) cicada. **2.** (*timbre*) buzzer.

chicharro /tʃi'tʃarro/ *sm* horse mackerel.

chichón /tʃi'tʃon/ *sm* bump, lump (*on the head*).

chichonera /tʃitʃo'nera/ *sf* (*para niños*) padded cap; (*Dep*) helmet.

chicle /'tʃikle/ *sm* chewing gum.

chico, -ca /'tʃiko -ka/ **I** *adj* small, little.
II chico *sm* **1.** (*muchacho*) boy. **2.** (*apelativo*): **mira, chico, no vengas si no quieres** look, pal, don't come if you don't want to.

chicuelina /tʃikwe'lina/ *sf* (*Tauro*) pass (*leading the bull with the cape*).

chiflado, -da /tʃi'flaðo -ða/ (*fam*) **I** *adj* mad, nuts: **está chiflado** *por* **una compañera de clase** he's mad about a girl in his class.
II *sm/f* lunatic, madman.

chiflar /tʃi'flar/ [➪ CANTAR] *vi* **1.** (*con la boca*) to whistle; (*con un silbato*) to blow. **2.** (*fam: gustar*): **me chifla el chocolate** I love chocolate.

chiflarse *v prnl* (*fam: pirrarse*): **se chifló por completo** *por* **Samuel** she fell for Samuel.

chiflido /tʃi'fliðo/ *sm* (*silbido*) whistle; (*silbar*) whistling: **¡me están cansando ya tus chiflidos!** I'm getting tired of your whistling!

chiflo /'tʃiflo/ *sm* whistle.

chihuahua /tʃi'wawa/ *sm* chihuahua.

chií /tʃi'i/, **chiíta** /tʃi'ita/ *adj, sm/f* Shiite.

chilaba /tʃi'laβa/ *sf* jellaba.

Chile /'tʃile/ *sm* Chile.

chile /'tʃile/ *sm* (*picante*) chilli (pepper); (*Méx: no picante*) pepper.

chileno, -na /tʃi'leno -na/ *adj, sm/f* Chilean.

chillar /tʃi'ʎar/ [➪ CANTAR] *vi* **1.** (*persona: gen*) to scream, to bawl: **se pusieron a chillar aterrorizados** they started screaming in panic; (*: hablar alto*) to shout: **no hace falta que chilles** there's no need to shout; (*: reñir*): **ya verás, en casa me van a chillar** you wait, I'm sure to get a telling-off at home. **2.** (*pájaro*) to screech; (*ratón*) to squeak; (*cerdo*) to squeal.

chillido /tʃi'ʎiðo/ *sm* (*de una persona*) scream, bawl; (*de un cerdo*) squeal; (*de un ratón*) squeak; (*de un pájaro*) screech.

chillón, -llona /tʃi'ʎon -'ʎona/ **I** *adj* **1.** (*ruido*) strident; (*voz*) shrill. **2.** (*prenda, color*) lurid, garish: **siempre lleva corbatas chillonas** he always wears garish ties.
II *sm/f* loud ∗ noisy person.

chimenea /tʃime'nea/ *sf* **1.** (*de una casa, una fábrica*) chimney; (*de un barco*) funnel. **2.** (*hogar*) fireplace.
chimenea de ventilación *sf* air shaft.

chimpancé /tʃimpan'θe/ *sm* chimpanzee.

China /'tʃina/ *sf*: **(la) China** China.

china /'tʃina/ *sf* **1.** (*piedra*) pebble, small stone ● **¡otra vez me ha tocado la china!** I've been lumbered again! **2.** (*porcelana*) china.

chinchar /tʃin'tʃar/ [➪ CANTAR] *vt* (*fam*) to pester, to annoy: **¡deja de chinchar a tu hermano!** stop pestering your brother!
chincharse *v prnl* (*fam*): **si no te gusta, te chinchas** if you don't like it, you can lump it.

chinche /'tʃintʃe/ **I** *sm* **1.** (*Zool*) bedbug ● **durante la epidemia la gente caía ∗ moría como chinches** during the epidemic people were dropping like flies. **2.** (*Chi, Perú: chincheta*) (*GB*) drawing pin, (*US*) thumbtack.
II *sf* (*Amér L: chincheta*) (*GB*) drawing pin, (*US*) thumbtack.
III *sm/f* (*fam: persona fastidiosa*) pain: **el chinche de Juan no me deja en paz** Juan is a pain in the neck, he never leaves me alone; (*: persona quisquillosa*): **la chinche de Marta puso mil reparos** Marta, who's really fussy, came up with loads of objections.
IV *adj* (*fam*): **no seas tan chinche** (*fastidioso*) don't be such a pain; (*quisquilloso*) don't be so pernickety ∗ fussy.

chincheta /tʃin'tʃeta/ *sf* (*GB*) drawing pin, (*US*) thumbtack.

chinchilla /tʃin'tʃiʎa/ *sf* chinchilla.

chinchín /tʃin'tʃin/ *excl* (*fam*) cheers: **¡por nosotros, chinchín!** here's to us, cheers!

chino, -na /'tʃino -na/ **I** *adj* **1.** (*de China*) Chinese. **2.** (*Amér S: indio o mestizo*) *Indian or of mixed parentage*. **3.** (*Méx: con rizos*) curly.
II *sm/f* **1.** (*de China*) Chinese *n inv* ● **ya te han vuelto a engañar como a un chino** you've been taken for a

ride again. **2.** (*Amér S*: *indio o mestizo*) *Indian or person of mixed parentage.*

III chino *sm* **1.** (*idioma*) Chinese • **las instrucciones me sonaban a chino** the instructions were double Dutch to me. **2.** (*Méx*: *rizo*) curl; (*: rulo*) curler, roller.

chip /tʃip/ *sm* (*Inform*) chip.

chipén /tʃi'pen/ (*fam*) **I** *adj inv* brilliant, great.

II *adv*: **el domingo lo pasamos chipén** we had a great time on Sunday.

chipirón /tʃipi'ron/ *sm* baby squid.

Chipre /'tʃipre/ *sm* Cyprus.

chipriota /tʃi'prjota/ *adj*, *sm/f* Cypriot.

chiquero /tʃi'kero/ *sm* (*Amér L*) pigsty.

chiquillada /tʃiki'ʎaða/ *sf* childish thing to do.

chiquillo, -lla /tʃi'kiʎo -ʎa/ *sm/f* kid, child.

chiquito, -ta /tʃi'kito -ta/ *adj* tiny, very small • **el fiscal no se anduvo con chiquitas** the public prosecutor didn't waste time on niceties.

chirigota /tʃiri'ɣota/ *sf* joke: **parece estar siempre** *de* **chirigota** he never seems to take anything seriously.

chirimbolo /tʃirim'bolo/ *sm* (*fam*) thingumajig.

chirimía /tʃiri'mia/ *sf* hornpipe (*instrument*).

chirimoya /tʃiri'moja/ *sf* custard apple, (*US*) cherimoya.

chirimoyo /tʃiri'mojo/ *sm* custard apple tree.

chiringuito /tʃiriŋ'gɪto/ *sm* (open air) drinks and snacks stall.

chiripa /tʃi'ripa/ *sf*: **no perdimos el avión** *de* * *por* **chiripa** it was pure luck we didn't miss the plane; **acertó** *de* * *por* **chiripa** she got it right through sheer luck.

chirla /'tʃirla/ *sf* clam.

chirlo /'tʃirlo/ *sm* (*tajo, cuchillada*) slash; (*cicatriz*) scar.

chirona /tʃi'rona/ *sf* (*fam*) slammer: **estuvo tres años en chirona** she spent three years behind bars * inside.

chirriar /tʃirrj'ar/ [➪ansiar] *vi* (*puerta, gozne*) to creak; (*frenos*) to screech, to squeal.

chirrido /tʃi'rriðo/ *sm* (*de una puerta, un gozne*) creak, creaking; (*de los frenos*) screech, screeching.

chis, chist /tʃis/ *excl* sh, hush.

chisme /'tʃizme/ *sm* **1.** (*murmuración*): **no me interesa escuchar tus chismes** I'm not interested in listening to your gossip; **se pasa el día contando chismes del vecindario** she spends her life gossiping about the neighbours. **2.** (*fam*: *trasto*) thing: **tiene la habitación llena de chismes** his room is full of odds and ends. **3.** (*artilugio*) gadget: **¿cómo funciona este chisme?** how does this gadget * thing work?

chismorrear /tʃizmorre'ar/ [➪CANTAR] *vi* (*fam*) to gossip.

chismorreo /tʃizmo'rreo/ *sm* (*fam*) piece of gossip.

chismoso, -sa /tʃiz'moso -sa/ (*fam*) **I** *adj* gossipy: **no me gusta la gente chismosa** I don't like gossipy people * people who gossip.

II *sm/f* gossip: **a chismoso no le gana nadie** he's the champion when it comes to gossiping.

chispa /'tʃispa/ **I** *sf* **1.** (*eléctrica, de fuego*) spark: **salían chispas de la chimenea** sparks were coming out of the chimney • **se fue echando chispas** he was very annoyed when he left. **2.** (*gota*) droplet: **caían unas chispas** it was spitting (with rain). **3.** (*pizca*): **echa una chispa de sal** add a pinch of salt. **4.** (*gracia*) wit: **ese actor tiene chispa** that actor is very witty.

II *adj* (*fam*: *bebido*) merry: **se puso un poco chispa** he got quite merry.

chispazo /tʃis'paθo/ *sm* **1.** (*de fuego, electricidad*) spark. **2.** (*hecho desencadenante*) catalyst: **fue el chispazo que provocó la sublevación** it was what touched off the revolt. **3.** (*ocurrencia*) flash: **dio con la solución gracias a un chispazo de ingenio** he hit on the solution by a flash of inspiration.

chispear /tʃispe'ar/ [➪CANTAR] *vi* **1.** (*chisporrotear*) to throw out sparks: **el fuego de la chimenea chispeaba** the fire in the hearth was throwing out sparks. **2.** (*ojos*) to flash: **sus ojos chispeaban** her eyes flashed (angrily).

♦*v impers* (*Meteo*) to spit: **empezó a chispear** it started to spit (with rain).

chisporrotear /tʃisporrote'ar/ [➪CANTAR] *vi* (*fam*) to throw out sparks.

chistar /tʃɪs'tar/ [➪CANTAR] *vi* (*fam*) to speak: **no chistó en toda la tarde** he didn't say a word all afternoon • **lo aceptó sin chistar** he agreed to it without a murmur.

chiste /'tʃiste/ *sm* **1.** (*broma*) joke: **nos contó un chiste muy divertido** he told us a very funny joke; **se lo toma todo** *a* **chiste** she takes it all very lightheartedly • **tendría chiste que me echaran a mí la culpa** it would be the last straw if they put the blame on me. **2.** (*dibujo*) cartoon.

chiste verde *sm* dirty joke.

chistera /tʃis'tera/ *sf* top hat.

chistoso, -sa /tʃis'toso -sa/ **I** *adj* amusing, funny: **el marido de Consuelo es muy chistoso** Consuelo's husband is very amusing; **es chistoso lo que nos sucedió** it's funny what happened to us.

II *sm/f* joker: **nunca falta un chistoso** there's always (at least) one joker.

chita /'tʃita/ *sf* • **a la chita callando, se salió con la suya** quietly and without fuss he got his own way.

chitón /tʃi'ton/ *excl* silence, hush.

chivarse /tʃi'βarse/ [➪CANTAR] *v prnl* (*fam*) to tell: **se chivó** *de* **lo que había hecho su compañero** he told on his class mate; **se chivó a la policía** he informed the police.

chivatazo /tʃiβa'taθo/ *sm* tip-off.

chivato, -ta /tʃi'βato -ta/ **I** *adj* (*fam*): **no seas chivato** don't tell tales.

II *sm/f* (*fam*: *niño*) telltale; (*: adulto*) informer, (*GB*) grass.

III chivato *sm* (*dispositivo*) warning device.

chivo, -va /'tʃiβo -βa/ *sm/f* (*Zool*) kid • **está como una chiva** he's crazy * nuts.

chivo expiatorio *sm* scapegoat.

chocante /tʃo'kante/ *adj* **1.** (*extraño*) strange: **es chocante que no haya llamado todavía** it's strange she hasn't phoned yet. **2.** (*sorprendente*) astonishing: **resulta chocante que mantenga ese tren de vida** it's amazing * astonishing that he can afford that kind of lifestyle. **3.** (*Méx*: *odioso*) hateful: **es chocante** he's so unpleasant.

chocar /tʃo'kar/ [➪sacar] *vi* **1.** (*colisionar*) to crash: **el autobús chocó** *contra* **un árbol** the bus crashed into a tree; **chocó** *con* **la mesa** he bumped into the table. **2.** (*enfrentarse*) to clash: **sus puntos de vista chocan constantemente** they are constantly at odds with each other; **suele chocar** *con* **sus compañeros de equipo** he's often involved in clashes with his teammates. **3.** (*sorprender*) to surprise: **me choca que no haya llegado todavía** I'm surprised he hasn't arrived yet; **me chocó su comportamiento** I found his behaviour very surprising.

♦*vt* **1.** (*al brindar*): **choca ese vaso** let's drink to that.

2. (*las manos*): • **choca esos cinco** * **chócala** let's shake on it.

chocarrero, -ra /tʃoka'rrero -ra/ *adj* gross, coarse.

chochear /tʃotʃe'ar/ [➪ CANTAR] *vi* **1.** (*por la edad*) to be in one's dotage: **la abuela ya chochea** grandma's in her dotage now. **2.** (*por cariño*): **chochea** *por* **sus nietos** she dotes on her grandchildren.

chochera /tʃo'tʃera/, **chochez** /tʃo'tʃeθ/ *sf* senility.

chocho, -cha /'tʃotʃo -tʃa/ *adj* (*fam*) **1.** (*senil*) gaga, senile. **2.** (*embobado*): **está chocho** *con* **sus nietas** he dotes on his granddaughters.

choclo /'tʃoklo/ *sm* (*Amér S*) **1.** (*granos*) (*GB*) maize, sweetcorn, (*US*) corn. **2.** (*mazorca*) corncob.

chocolate /tʃoko'late/ *sm* **1.** (*dulce*) chocolate • **esto es el chocolate del loro** you don't make much of a saving like this. **2.** (*bebida*) cocoa • **las cosas claras y el chocolate espeso** let's speak plainly. **3.** (*!!: droga*) hashish.

chocolatería /tʃokolate'ria/ *sf* **1.** (*establecimiento*) *café serving cocoa*. **2.** (*fábrica*) chocolate factory.

chocolatero, -ra /tʃokola'tero -ra/ **I** *adj* fond of chocolate.
II *sm/f* chocolate maker.

chocolatina /tʃokola'tina/ *sf* chocolate bar.

chófer /'tʃofer/, (*Amér L*) **chofer** /tʃo'fer/ *sm* (*gen*) driver; (*de limusina*) chauffeur.

chollo /'tʃoʎo/ *sm* (*fam*) **1.** (*bicoca*) cushy job: **menudo chollo el trabajo que le han ofrecido** he has been offered a very cushy job. **2.** (*ganga*) bargain: **por ese precio es un chollo** it's a bargain at that price.

cholo, -la /'tʃolo -la/ (*Amér L*) **I** *adj*: *of mixed European and Indian blood*.
II *sm/f* mestizo (*person of mixed European and Indian blood*).

chompa /'tʃompa/ *sf* (*Amér S: suéter*) sweater, pullover; (*: sudadera*) sweatshirt.

chongo /'tʃoŋgo/ *sm* (*Méx*) bun (*in hair*).

chopo /'tʃopo/ *sm* poplar (tree).

choque /'tʃoke/ *sm* **1.** (*colisión*) crash. **2.** (*disputa, pelea*) clash. **3.** (*impresión*) shock: **fue un choque emocional recibir la noticia** it was a shock when I heard the news.

choricear /tʃoriθe'ar/, **chorizar** /tʃori'θar/ [➪ CANTAR] *vt* (*fam*) to pinch, to steal.

chorizo, -za /tʃo'riθo -θa/ **I chorizo** *sm*: *highly spiced pork sausage (similar to salami)*.
II *sm/f* (*fam*) thief: **lo despidieron por chorizo** he was fired for thieving.

chorlito /tʃor'lito/ *sm* (*Zool*) plover.

chorra /'tʃorra/ (*fam*) **I** *adj*: **¡no seas chorra!** don't be such an idiot!
II *sm/f* idiot: **deja de hacer el chorra** stop playing the fool.
III *sf* luck: **¡qué chorra tienes!** you have all the luck!

chorrada /tʃo'rraða/ *sf* (*fam*) **1.** (*tontería*) nonsense: **¡no digas chorradas!** don't talk nonsense * rubbish. **2.** (*bagatela*) trinket: **se gasta un dineral en chorradas** he spends a fortune on worthless bits and pieces.

chorrear /tʃorre'ar/ [➪ CANTAR] *vi* (*salir a chorro*) to gush; (*gotear*) to drip: **el grifo chorreaba** the tap was dripping; **llegó chorreando** he arrived dripping wet.
♦ *vt* **1.** (*un líquido*) to flow with: **la herida chorreaba sangre** the wound was oozing (with) blood. **2.** (*Amér L: manchar*): **chorreó la alfombra** *de* **café** he spilt coffee on the rug.
chorrearse *v prnl* (*Amér L*) to get dirty: **cuidado, no te chorrees** don't get * spill food all over yourself.

chorreo /tʃo'rreo/ *sm* **1.** (*de un líquido: con fuerza*) jet; (*: goteo*) drip: **me distrae el chorreo del grifo** the dripping tap is very distracting. **2.** (*de recursos*) drain: **los gastos de mis hijos son un continuo chorreo de dinero** the money my children spend is a continuous drain on my finances.

chorro /'tʃorro/ *sm* **1.** (*de líquido*) jet; (*de gas*) stream: **el agua salía** *a* **chorros** water was pouring out • **bebimos a chorro** we drank straight from the tap • **tiene la casa como los chorros del oro** she keeps the house spotless * like a new pin. **2.** (*abundancia*) stream: **soltó un chorro de insultos** he let out a string of insults; **lo soltó con un chorro de voz** he said it in a very loud voice.

chotearse /tʃote'arse/ [➪ CANTAR] *v prnl* (*fam*) to make fun: **en la oficina de reclamaciones se chotearon** *de* **él** they laughed at him in the complaints office.

chotis /'tʃotis/ *sm inv*: *traditional dance of Madrid*.

choto, -ta /'tʃoto -ta/ *sm/f* **1.** (*ternera*) sucking calf. **2.** (*cabrito*) kid • **tu prima está como una chota** your cousin's off her rocker.

chovinismo /tʃoβi'nizmo/ *sm* chauvinism.

chovinista /tʃoβi'nista/ **I** *adj* chauvinistic.
II *sm/f* chauvinist.

choza /'tʃoθa/ *sf* hut.

christmas /'krismas/ *sm inv* Christmas card.

chubasco /tʃu'βasko/ *sm* (*Meteo*) (heavy) shower, downpour: **el tiempo estará nuboso con chubascos** the weather will be cloudy with showers.

chubasquero /tʃuβas'kero/ *sm* (light) raincoat.

chuchería /tʃutʃe'ria/ *sf* **1.** (*bagatela*) knick-knack: **les he comprado una chuchería a los niños** I've bought the children a little something. **2.** (*alimento ligero*) (sweet or savoury) snack: **no tomes tantas chucherías antes de comer** don't eat so much snack food before meals.

chucho, -cha /'tʃutʃo -tʃa/ *sm/f* (*fam*) (mongrel) dog.

chucho de frío /'tʃutʃo de 'frio/ *sm* (*Arg, Urug: escalofrío*) shiver • **me dan chuchos de frío de sólo pensarlo** just thinking about it sends shivers down my spine.

chuchurrido, -da /tʃutʃu'rriðo -ða/ *adj* (*fam*) **1.** (*marchito*) withered: **las flores están muy chuchurridas** the flowers are way past their best. **2.** (*decaído*) down: **estuvo toda la mañana chuchurrido** he was very down all morning.

chueco, -ca /'tʃweko -ka/ *adj* (*Amér L*) crooked.

chufa /'tʃufa/ *sf* **1.** (*planta*) chufa; (*fruto*) tiger nut. **2.** (*fam: bofetada*) slap, smack: **o te callas o te doy una chufa** shut up or you'll get a slap.

chufla /'tʃufla/ *sf* (*fam*) joke: **déjate de chuflas** stop fooling about, stop playing the fool.

chulada /tʃu'laða/ *sf* (*fam*): **este encendedor es una chulada** this lighter is really nice.

chulapo, -pa /tʃu'lapo -pa/ *sm/f* **1.** (*presumido*) bigmouth. **2.** (*madrileño*) *working-class Madrilenian*.

chulapón, -pona /tʃula'pon -'pona/ *sm/f* ➪ chulapo

chulear /tʃule'ar/ [➪ CANTAR] *vi* (*fam: presumir*) to brag: **chuleaba** *de* **sus conquistas amorosas** he used to brag about his conquests.
♦ *vt* (*fam: vivir a costa de*) to live off.
chulearse *v prnl* (*fam*) **1.** (*burlarse*): **se chulea** *de* **sus padres** he (just) laughs at * ridicules his parents. **2.** (*jactarse*) to brag: **fue con su moto para chulearse** he went on his bike to show off.

chulería /tʃule'ria/ *sf* **1.** (*bravuconada*) bravado: **a pesar de toda su chulería, se achicó a la hora de la**

verdad in spite of all his big talk, he chickened out when it came to it. **2.** (*descaro*) insolence: **hay que ver la chulería que tiene** his cheek has to be seen to be believed.

chuleta /tʃu'leta/ **I** *adj* (*fam*) bigheaded: **es muy chuleta** he's very bigheaded.
II *sm/f* bighead.
III *sf* **1.** (*Culin*) chop, cutlet. **2.** (*Educ: fam*) crib.

chulo, -la /'tʃulo -la/ (*fam*) **I** *adj* **1.** (*insolente*) cocky: **no te pongas chulo conmigo** don't get cocky with me. **2.** (*presumido*): **iba muy chulo con su traje nuevo** he was very pleased with himself in his new suit. **3.** (*bonito*) super: **¡qué pluma tan chula!** what a super pen!
II chulo *sm* **1.** (*de prostitutas*) pimp. **2.** (*insolente*): **se comporta como un chulo** he's really cocky.

chumbera /tʃum'bera/ *sf* (*Bot*) prickly pear (*plant*).

chumbo /'tʃumbo/ *adj* ➪ higo

chunga /'tʃuŋga/ *sf* (*fam*) joke: **se lo toma todo** *a* **chunga** he treats everything as a joke.

chungo, -ga /'tʃuŋgo -ga/ *adj* (*fam*) **1.** (*enfermo*): **estoy un poco chungo** I'm not feeling very well. **2.** (*difícil*) tough: **fue un examen muy chungo** it was a very tough exam.

chupa /'tʃupa/ *sf* (*fam*) (sports) jacket ● **lo puso como chupa de dómine** she gave him a tremendous telling-off.

chupa-chups® /tʃupa'tʃups/ *sm* lollipop.

chupada /tʃu'paða/ *sf* (*a un líquido*) suck; (*a un cigarrillo*) drag: **le dio un par de chupadas al cigarrillo y lo apagó** he took a couple of puffs ✱ drags on the cigarette and put it out.

chupado, -da /tʃu'paðo -ða/ *adj* **1.** (*caramelo*): **¿quién ha dejado un caramelo chupado en la mesa?** who's left a half-eaten sweet on the table? **2.** (*fam: delgado*) thin: **la enfermedad lo ha dejado muy chupado** the illness has left him looking very emaciated; **es ése, el de la cara chupada** that's him, the one with the gaunt face. **3.** (*fam: fácil*): **el examen estaba chupado** the exam was a piece of cake.

chupar /tʃu'par/ [➪ CANTAR] *vt* **1.** (*succionar*) to suck: **se puso a chupar un caramelo** she began to suck a sweet. **2.** (*absorber*) to suck up, to absorb: **esta planta chupa mucha agua** this plant absorbs a lot of water. **3.** (*fam: quitar*): **le han chupado hasta el último céntimo** they've fleeced him right down to the last penny. **4.** (*fam: sacar provecho de*): **tiene un cargo en el que chupa cuanto quiere** he has a job which lets him make a lot of money on the side.
♦ *vi* **1.** (*succionar*) to suck. **2.** (*sacar provecho*): **en este país todo el que puede chupa** in this country everyone who can is on the make. **3.** (*Dep: fam, ser individualista*): **es bueno, pero chupa mucho** he's good, but he tries to do it all by himself. **4.** (*Amér L: fam*) to drink: **estuvo chupando toda la noche** he was boozing all night.
chuparse *v prnl* **1.** (*adelgazar*) to lose weight. **2.** (*fam: soportar*) to put up with: **se chupó veinte años de cárcel** he endured twenty years in jail ● **¡chúpate esa!** put that in your pipe and smoke it!

chupatintas /tʃupa'tintas/ *sm/f inv* (*fam*) penpusher.

chupe /'tʃupe/ *sm* (*Amér L*) spicy soup (*made with fish, potatoes, peppers, etc.*).

chupeta /tʃu'peta/ *sf* ➪ chupete

chupete /tʃu'pete/ *sm* **1.** (*de bebé*) (*GB*) dummy, (*US*) pacifier. **2.** (*de un biberón*) (*GB*) teat, (*US*) nipple.

chupinazo /tʃupi'naθo/ *sm* **1.** (*cohete*) rocket: **las fiestas comenzaron con un chupinazo** the celebrations began with an inaugural rocket. **2.** (*fam: en fútbol*) fierce shot: **marcó de un chupinazo** he slammed the ball into the net.

chupito /tʃu'pito/ *sm* (*gen*) drop; (*de vino*) small glass of wine.

chupón /tʃu'pon/ *sm* (*Amér L: chupete*) (*GB*) dummy, (*US*) pacifier.

churra /'tʃurra/ *sf* (*fam*) good luck: **me salió así** *de* **pura churra** it turned out that way by sheer good luck.

churrasco /tʃu'rrasko/ *sm* (*gen*) steak; (*a la parrilla*) barbecued steak.
churrasco de cuadril *sm* (*Arg, Urug*) rump steak.

churrera /tʃu'rrera/ *sf*: *machine for making* ➪ churros

churrería /tʃurre'ria/ *sf*: *shop selling* ➪ churros

churrero, -ra /tʃu'rrero -ra/ **I** *adj* (*fam: suertudo*) lucky.
II *sm/f*: *maker/seller of* ➪ churros

churrete /tʃu'rrete/, **churretón** /tʃurre'ton/ *sm* stain: **se llenó de churretes bebiendo chocolate** he was drinking chocolate and got it all over himself.

churro /'tʃurro/ *sm* **1.** (*Culin*) *deep-fried twist of sweet batter eaten hot* ● **¡vete a freír churros!** get lost! **2.** (*fam: birria*) mess, botch: **esta traducción es un churro** this translation is a complete mess. **3.** (*fam: suerte*) good luck: **lo encontré** *por* **puro churro** I found it by sheer good luck. **4.** (*Amér S: persona guapa*) good looker: **su novia es un churro bárbaro** his girlfriend is fantastically good-looking ✱ is a real stunner.

chusco, -ca /'tʃusko -ka/ **I** *adj* funny: **me pasó una cosa chusca...** something funny happened to me....
II chusco *sm* slice of bread.

chusma /'tʃuzma/ *sf* riffraff.

chut /tʃut/ *sm* (*Dep*) shot.

chutar /tʃu'tar/ [➪ CANTAR] *vi* (*Dep*) to shoot ● **te doy uno y vas que chutas** I'll give you one and that'll be your lot.
chutarse *v prnl* (*!!: drogas*) to shoot up.

chute /'tʃute/ *sm* (*!!: de drogas*) fix.

chutear /tʃute'ar/ [➪ CANTAR] *vi* (*Arg, Chi, Urug: Dep*) to shoot.

CIA /θia/ *sf* (*en EE. UU.*) **la CIA** the CIA.

Cía. *pronounced* /kompa'ɲia/ (*abbreviation of* **compañía**) Co. (company).

cianuro /θja'nuro/ *sm* cyanide.

ciática /'θjatika/ *sf* sciatica.

ciático, -ca /'θjatiko -ka/ *adj* sciatic.

cicatero, -ra /θika'tero -ra/ *adj* stingy.

cicatriz /θika'triθ/ *sf* [**cicatrices**] scar.

cicatrización /θikatriθa'θjon/ *sf* healing.

cicatrizar /θikatri'θar/ [➪ cazar] *vt/i* to heal.
cicatrizarse *v prnl* to heal, to form scar tissue.

cicerone /θiθe'rone/ *sm/f* guide.

cíclicamente /'θiklikamente/ *adv* cyclically.

cíclico, -ca /'θikliko -ka/ *adj* cyclical, cyclic.

ciclismo /θi'klizmo/ *sm* (*Dep*) cycling.

ciclista /θi'klista/ **I** *adj* cycling: **la vuelta ciclista a España** the round-Spain cycling race.
II *sm/f* cyclist.

ciclo /'θiklo/ *sm* **1.** (*gen*) cycle: **el ciclo anual** the annual cycle of the seasons. **2.** (*periodo*) era: **supuso el inicio de un nuevo ciclo histórico** it ushered in a new era ✱ age in history. **3.** (*de películas, etc.*) season: **ha empezado un ciclo de películas italianas** a season of Italian films has started; (*de conferencias*) series *n inv*.

ciclocross /θiklo'kros/ *sm* cyclo-cross.
ciclomotor /θiklomo'tor/ *sm* moped.
ciclón /θi'klon/ *sm* cyclone.
cíclope /'θiklope/ *sm* Cyclops.
ciclostil /θiklos'til/, **ciclostilo** /θiklos'tilo/ *sm* cyclostyle ✻ duplicating machine.
cicuta /θi'kuta/ *sf* hemlock.
cidra /'θiðra/ *sf* (*Bot*) citron.
cidro /'θiðro/ *sm* citron tree.
ciego, **-ga** /'θjeɣo -ɣa/ **I** *adj* **1.** (*Med*) blind: **se quedó ciego en un accidente** he went blind after an accident • **está ciega para los defectos de sus hijos** she is blind to her children's faults • **estaba ciego de ira** he was blind with rage • **avanzamos a ciegas** we went forward blindly ✻ without being able to see • **se metió en el asunto a ciegas** he got involved in the matter without knowing the consequences • **en el banquete se puso ciego** at the reception he ate and drank until he was bursting. **2.** (*pozo, conducto, etc.*) blocked (up). **3.** (*fe, obediencia, etc.*) blind, unquestioning: **tenía una confianza ciega en él** she had a blind confidence in him.
II *sm/f* blind person: **la organización nacional de ciegos organiza un sorteo diario** the national blind people's organization organizes a daily lottery; **en el país de los ciegos, el tuerto es rey** in the kingdom of the blind, the one-eyed man is king.
III ciego *sm* (*Anat*) (*GB*) caecum, (*US*) cecum.
cielo /'θjelo/ **I** *sm* **1.** (*firmamento*) sky: **el cielo estaba despejado** the sky was clear • **en cuestión de minutos se vino el cielo abajo** it was pouring down in a matter of minutes • **explotan una mina a cielo abierto** they're working an opencast mine • **viven al cielo raso** they live out in the open • **es como escupir al cielo** it'll come back and hit you in the face • **apareció como llovido del cielo** he just turned up out of the blue • **removí cielo y tierra, pero no conseguí solucionarlo** I did everything I could but I didn't manage to solve it • **cuando me ofrecieron el puesto, vi el cielo abierto** ✻ **los cielos abiertos** when I was offered the job, I thought it was my big chance. **2.** (*paraíso*) heaven: **los justos ganarán el cielo** the just will enter the kingdom of heaven • **nos vino como llovido del cielo** it was a godsend • **tanta pobreza clama al cielo** all this poverty is crying out to heaven • **estoy en el (séptimo) cielo** I'm in seventh heaven • **pongo al cielo por testigo de mi inocencia** God is my witness that I'm innocent. **3.** (*Anat*): **se clavó una espina en el cielo de la boca** a fishbone got stuck in the roof of his mouth. **4.** (*persona: gen*): **tu hermana es un cielo** your sister is an angel; (*: apelativo*): **¿qué quieres, cielo?** what do you want, darling?
II cielos *excl* good heavens: **¡cielos! de la que nos hemos librado...** good heavens! that was a narrow escape.
cielo raso *sm* ceiling.
ciempiés /θjem'pjes/ *sm inv* centipede.
cien /θjen/ **I** *adj* (*cardinal*) hundred; (*ordinal*) hundredth.
II *sm* a ✻ one hundred: **el cien por ciento de las personas consultadas...** one hundred per cent of those surveyed... • **es cien por cien japonés** it's one hundred per cent Japanese • **es una costumbre cien por cien española** it's a very Spanish custom • **me puso a cien** he made me very angry.
ciénaga /'θjenaɣa/ *sf* bog, swamp.
ciencia /'θjenθja/ *sf* **1.** (*disciplina, asignatura*) science: **se le dan muy bien las ciencias** she's very good at science ✻ the sciences. **2.** (*destreza*) knowledge: **esto tiene poca ciencia** ✻ **no tiene ciencia** there's no mystery about this • **no lo sé a ciencia cierta** I am not absolutely sure.
ciencia ficción *sf* science fiction.
ciencia infusa *sf* innate knowledge.
ciencias de la información *sf pl* media studies *pl.*
ciencias empresariales *sf pl* business studies *pl.*
ciencias exactas *sf pl* mathematics and logic *pl.*
ciencias naturales *sf pl* natural sciences *pl.*
ciencias ocultas *sf pl* the occult.
ciencias políticas *sf pl* political science.
ciencias puras *sf pl* pure science.
cieno /'θjeno/ *sm* silt, mud.
científicamente /θjen'tifikamente/ *adv* scientifically.
científico, **-ca** /θjen'tifiko -ka/ **I** *adj* scientific.
II *sm/f* scientist.
ciento /'θjento/ **I** *adj* (*cardinal*) one hundred: **ciento cincuenta pesetas** a ✻ one hundred and fifty pesetas.
II *sm* **1.** (*cardinal*) (one) hundred: **el ciento once** number one hundred and eleven; **había cientos de pájaros** there were hundreds of birds; **vinieron** *a* **cientos** they came in their hundreds • **en la playa éramos ciento y la madre** the whole world and his wife were on the beach. **2.** (*en porcentaje*): **el diez por ciento** ten per cent • **no estoy seguro ciento por ciento** I'm not one hundred per cent sure • **es argentino ciento por ciento** he's Argentinian through and through.
cierne /'θjerne/ **en cierne** ✻ **ciernes** *loc adv*: **es un premio Nobel en ciernes** she's a future Nobel prize winner.
cierre /'θjerre/ *sm* **1.** (*clausura*) closing, closure. **2.** (*de un bolso, una prenda*) fastener; (*de una maleta, una caja*) lock • **el dueño del bar echó el cierre a la una** the bar owner closed for the day at one o'clock. **3.** (*en televisión, radio*) close-down; (*en prensa*): **se desconocía al cierre de la edición el número de víctimas** the number of victims remained unknown when this edition went to press.
cierre de cremallera *sm* (*GB*) zip, (*US*) zipper.
cierre de seguridad *sm* safety chain.
cierre metálico *sm* shutter.
cierre patronal *sm* lockout.
cierre relámpago *sm* (*Arg, Chi, Perú, Urug*) (*GB*) zip (fastener), (*US*) zipper.
cierro /'θjerro/ *and other forms with* **cierr-** ⇨ cerrar
cierto, **-ta** /'θjerto -ta/ **I** *adj* **1.** (*correcto*) true, correct: **no es cierto** it isn't true; **estaba en lo cierto** she was right; **lo cierto es que...** the truth is that... • **ten por cierto que lo conseguirá** rest assured that he will get it • **¿se sabe por cierto?** is it known for certain? • **por cierto, ¿cómo te llamas?** by the way, what's your name? **2.** (*un poco de*) some: **tengo ciertos temores** I have some fears; **sus declaraciones produjeron cierto asombro** his statements caused a certain amount of ✻ some surprise. **3.** (*un, una*): **cierto caballero...** a certain gentleman....
II cierto *adv* of course: **cierto; pero entonces no lo sabía** true ✻ of course, but I didn't know at the time.
ciervo, **-va** /'θjerβo -βa/ *sm/f* (*gen*) deer *n inv*; (*macho*) stag; (*hembra*) hind.
ciervo volante *sm* stag beetle.
cierzo /'θjerθo/ *sm* north wind.
cifra /'θifra/ *sf* **1.** (*dígito*) digit, figure: **un número de tres cifras** a three-figure number. **2.** (*número*) figure, number: **no me cuadran las cifras** the figures don't

add up; **es imposible saber la cifra exacta de negocios ilegales** it's impossible to know the precise figures for illegal trade • **barajar cifras: todavía están barajando cifras para ver si sería rentable** they're still playing about with figures * numbers to see if it would be profitable; **se barajan cifras astronómicas** they're talking about astronomical figures.

cifrado, -da /θi'fraðo -ða/ *adj* coded.

cifrar /θi'frar/ [⇨CANTAR] *vt* **1.** (*codificar*) to encode. **2.** (*resumir, basar*) to place: **cifro todas mis esperanzas** *en* **ello** I'm placing * putting all my hopes on it.

cifrarse *v prnl* to be placed, to rest: **todas sus esperanzas se cifraban** *en* **la obtención de aquel contrato** all their hopes rested * were placed on winning that contract.

cigala /θi'ɣala/ *sf* Norway lobster.

cigarra /θi'ɣarra/ *sf* cicada.

cigarrera /θiɣa'rrera/ *sf* **1.** (*vendedora*) cigarette seller. **2.** (*Amér L: pitillera*) cigarette case.

cigarrillo /θiɣa'rriʎo/ *sm* cigarette.

cigarrillo con filtro *sm* filter cigarette.

cigarrillo mentolado *sm* mentholated cigarette.

cigarro /θi'ɣarro/ *sm* (*puro*) cigar; (*pitillo*) cigarette.

cigoto /θi'ɣoto/ *sm* zygote.

cigüeña /θi'ɣweɲa/ *sf* stork • **estoy esperando a la cigüeña** I'm pregnant.

cigüeñal /θiɣwe'ɲal/ *sm* crankshaft.

cilantro /θi'lantro/ *sm* coriander.

cilindrada /θilin'draða/ *sf* cylinder capacity.

cilíndrico, -ca /θi'lindriko -ka/ *adj* cylindrical.

cilindro /θi'lindro/ *sm* cylinder.

cima /'θima/ *sf* summit • **le dio cima al proyecto** he successfully completed the project.

címbalo /'θimbalo/ *sm* cymbal.

cimentar /θimen'tar/ [⇨CANTAR] *vt* **1.** (*un edificio*) to lay the foundations of * for. **2.** (*una relación*) to strengthen.

cimero, -ra /θi'mero -ra/ *adj* **1.** (*más alto*) highest. **2.** (*renombrado*): **es una de la obras cimeras de la literatura universal** it is one of the foremost works of world literature.

cimientos /θi'mjentos/ *sm pl* **1.** (*de un edificio*) foundations *pl.* **2.** (*de una relación*) basis: **la reunión estableció los cimientos de su relación futura** the meeting established the basis of their future relationship.

cimitarra /θimi'tarra/ *sf* scimitar.

cinc /θiŋk/ *sm* **[cines]** zinc.

cincel /θin'θel/ *sm* chisel.

cincelar /θinθe'lar/ [⇨CANTAR] *vt* to chisel.

cincha /'θintʃa/ *sf* saddle strap.

cinco /'θiŋko/ **I** *adj* (*cardinal*) five; (*ordinal*) fifth. ⇨doce

II *sm* (*cardinal*) five • **¡venga * choca esos cinco!** let's shake hands on it! • **estoy sin cinco** I haven't a bean; (*ordinal*) fifth. ⇨doce

III las cinco *sf pl* (*hora*) five o'clock. ⇨doce

cincuenta /θiŋ'kwenta/ **I** *adj* (*cardinal*) fifty; (*ordinal*) fiftieth: **los años cincuenta** the fifties. ⇨doce

II *sm* (*cardinal*) fifty. ⇨doce

cincuentavo, -va /θiŋkwen'taβo -βa/ **I** *adj* fiftieth.

II cincuentavo *sm* (*parte*) fiftieth.

cincuentena /θiŋkwen'tena/ *sf* (set of) fifty.

cincuentenario /θiŋkwente'narjo/ *sm* fiftieth anniversary.

cincuentón, -tona /θiŋkwen'ton -'tona/ **I** *adj* fiftyish.

II *sm/f* (*fam*) person in her/his fifties.

cine /'θine/ *sm* **1.** (*industria, arte, etc.*) cinema • **vive en una casa de cine** she lives in an absolute palace. **2.** (*local*) (*GB*) cinema, (*US*) movie theater • **voy al cine cada semana** I go to the cinema * the movies every week.

cine de arte y ensayo *sm* avant-garde cinema.

cine de estreno *sm* first-run cinema.

cine fórum *sm*: *showing of a film with discussion afterwards.*

cine mudo *sm* silent movies *pl.*

cine sonoro *sm* talkies *pl.*

cineasta /θine'asta/ *sm/f* film * movie director.

cineclub /θine'klub/ *sm* **[cineclubs, cineclubes]** film society.

cinematografía /θinematoɣra'fia/ *sf* cinematography.

cinematógrafo /θinema'toɣrafo/ *sm* film projector.

cinético, -ca /θi'netiko -ka/ *adj* kinetic.

cingalés, -lesa /θiŋga'les -'lesa/ **I** *adj, sm/f* Singhalese.

II cingalés *sm* (*idioma*) Singhalese.

cíngaro, -ra /'θiŋgaro -ra/ *adj, sm/f* gypsy (*especially from Eastern and Central Europe*).

cínico, -ca /'θiniko -ka/ **I** *adj* cynical.

II *sm/f* cynic.

cinismo /θi'nizmo/ *sm* cynicism.

cinta /'θinta/ *sf* **1.** (*para el pelo*) band; (*para adornos, máquinas de escribir, etc.*) ribbon. **2.** (*para grabar*) tape, cassette; (*de cine*) film.

cinta adhesiva *sf* adhesive tape.

cinta aislante *sf* insulating tape.

cinta de vídeo, (*Amér L*) **cinta de video** *sf* videotape.

cinta magnética *sf* magnetic tape.

cinta métrica *sf* tape measure.

cinta perforada *sf* punched tape.

cinta transportadora *sf* conveyor belt.

cinta virgen *sf* blank tape.

cinto /'θinto/ *sm* belt.

cintura /θin'tura/ *sf* waist • **su padre lo metió en cintura** his father made him toe the line.

cinturón /θintu'ron/ *sm* belt • **este año nos hemos tenido que apretar el cinturón** we've had to tighten our belts this year.

cinturón de seguridad *sm* seat belt, safety belt.

cinturón industrial *sm* industrial belt.

ciño /'θiɲo/ *and other forms with* **ciñ-** ⇨ceñir

ciprés /θi'pres/ *sm* cypress.

circense /θir'θense/ *adj* circus.

circo /'θirko/ *sm* **1.** (*con payasos, trapecistas, etc.*) circus; (*Hist*) arena. **2.** (*Geog*) cirque.

circo glaciar *sm* corrie.

circuito /θir'kwito/ *sm* **1.** (*eléctrico*) circuit. **2.** (*de carreras*) circuit. **3.** (*recorrido*) tour: **este verano vamos a hacer un circuito por los Países Bajos** this summer we're going touring around the Netherlands.

circuito cerrado *sm* (*gen*) closed circuit; (*de televisión*) closed-circuit television.

circuito integrado *sm* integrated circuit.

circulación /θirkula'θjon/ *sf* **1.** (*gen*) circulation: **esta moneda está fuera de circulación** this coin is no longer in circulation; **pusieron en circulación un nuevo modelo** a new model was launched; **retiraron de la circulación el viejo modelo** the old model was withdrawn. **2.** (*tráfico*) traffic.

circulación de la sangre *sf* circulation.

circulación rodada *sf* vehicular traffic.

circular /θirku'lar/ **I** *adj, sf* circular.

II [⇨CANTAR] *vi* **1.** (*gen*) to circulate; (*líquido*) to flow;

(*personas*) to move about: **un guardia hacía circular a la gente** a policeman was moving people on • **¡circulen, por favor!** move along, please! • **circule por la izquierda/derecha** keep to your left/right. **2.** (*autobús, tren*) to run: **este autobús circula de lunes a sábado** this bus runs from Monday to Saturday; (*rumor, noticia*) to go round. **3.** (*Auto*) to drive: **en este país se circula por la derecha/izquierda** we drive on the right/left in this country.

circulatorio, -ria /θirkula'torjo -rja/ *adj* **1.** (*Med*) circulatory. **2.** (*Auto*) traffic: **cada día se produce un caos circulatorio a las horas punta** every day there are traffic jams during the rush hour.

círculo /'θirkulo/ *sm* **1.** (*gen*) circle: **es una persona muy conocida en los círculos financieros** he's a very well-known figure in financial circles. **2.** (*asociación*) club; (*lugar de reunión*) clubhouse.

círculo polar antártico *sm* Antarctic Circle.

círculo polar ártico *sm* Arctic Circle.

círculo vicioso *sm* vicious circle.

circuncidar /θirkunθi'ðar/ [➪ CANTAR] *vt* to circumcise.

circuncisión /θirkunθi'sjon/ *sf* circumcision.

circundante /θirkun'dante/ *adj* surrounding: **acude a la fiesta mucha gente de los pueblos circundantes** many people from the surrounding villages come to the festival.

circundar /θirkun'dar/ [➪ CANTAR] *vt* to surround.

circunferencia /θirkunfe'renθja/ *sf* circumference.

circunloquio /θirkun'lokjo/ *sm* circumlocution.

circunnavegar /θirkunnaβe'ɣar/ [➪ pagar] *vt* to circumnavigate.

circunscribir /θirkunskri'βir/ [➪ PARTIR; *past participle* **circunscrito**] *vt* **1.** (*reducir*) to confine: **circunscribió sus respuestas a preguntas sobre el proyecto** he only answered questions on the project. **2.** (*Mat*) to circumscribe.

circunscribirse *v prnl* to confine oneself.

circunscripción /θirkunskrip'θjon/ *sf* district.

circunscripción electoral *sf* constituency.

circunscrito, -ta /θirkuns'krito -ta/ **I** *past participle of* ➪ circunscribir

II *adj* circumscribed.

circunspecto, -ta /θirkuns'pekto -ta/ *adj* reserved.

circunstancia /θirkuns'tanθja/ *sf* circumstance • **puso cara de circunstancias** he adopted a suitably serious expression.

circunstancia agravante *sf* (*Jur*) aggravating circumstance.

circunstancia atenuante *sf* (*Jur*) extenuating circumstance.

circunstancia eximente *sf* (*Jur*) *evidence which acquits the accused.*

circunstancial /θirkunstan'θjal/ *adj* (*accidental*) casual.

circunvalación /θirkumbala'θjon/ *sf* (*GB*) ring road, (*US*) beltway.

circunvalar /θirkumba'lar/ [➪ CANTAR] *vt* to bypass: **una carretera circunvala el valle** a road runs along (the side of) the valley.

cirílico, -ca /θi'riliko -ka/ *adj* Cyrillic.

cirio /'θirjo/ *sm* **1.** (*vela*) (wax) candle. **2.** (*jaleo*) uproar: **se armó un gran cirio** a terrific uproar broke out.

cirro /'θirro/ *sm* cirrus.

cirrosis /θi'rrosis/ *sf inv* cirrhosis.

ciruela /θi'rwela/ *sf* plum.

ciruela claudia *sf* greengage.

ciruela pasa *sf* prune.

ciruelo /θi'rwelo/ *sm* plum tree.

cirugía /θiru'xia/ *sf* surgery.

cirugía estética *sf* cosmetic surgery.

cirugía plástica *sf* plastic surgery.

cirujano, -na /θiru'xano -na/ *sm/f* surgeon.

cisco /'θisko/ *sm* **1.** (*carbón*) charcoal • **este libro está hecho cisco** this book has been ruined. **2.** (*fam: alboroto*) row: **sus padres tenían un cisco tremendo** his parents were having the most terrible row.

cisma /'θizma/ *sm* **1.** (*Relig*) schism. **2.** (*Pol*) split.

cisne /'θizne/ *sm* swan.

cisterciense /θister'θjense/ *adj* Cistercian.

cisterna /θis'terna/ *sf* **1.** (*de un retrete*) cistern. **2.** (*para almacenaje*) tank.

cistitis /θis'titis/ *sf inv* cystitis.

cita /'θita/ *sf* **1.** (*con una persona: gen*) appointment: **tengo una cita con el señor Oliveras** I have an appointment with Mr Oliveras; **concertaron una cita** they arranged a meeting; (*: con novio, novia*) date: **tenía una cita con Ángeles** he had a date with Ángeles • **en la conferencia se dieron cita cien profesores de idiomas** a hundred language teachers met at the conference. **2.** (*Lit: referencia*) quotation.

citación /θita'θjon/ *sf* (*Jur*) summons.

citar /θi'tar/ [➪ CANTAR] *vt* **1.** (*convocar*) to make an appointment with: **me han citado a las cuatro de la tarde** I was given an appointment for four o'clock in the afternoon. **2.** (*hacer referencia a*) to quote: **le encanta citar a los clásicos** she loves quoting the classics. **3.** (*Jur*) to summons.

citarse *v prnl* to arrange to meet: **se han citado de nuevo para el año que viene** they've arranged to meet again next year.

cítara /'θitara/ *sf* zither.

citología /θitolo'xia/ *sf* (*gen*) cytology; (*de las células del cuello del útero*) cervical smear.

citoplasma /θito'plazma/ *sm* cytoplasm.

cítrico, -ca /'θitriko -ka/ **I** *adj* citric, citrus.

II cítrico *sm* citrus fruit: **exportan miles de toneladas de cítricos** they export thousands of tons of citrus fruits.

ciudad /θju'ðað/ *sf* town, city: **Richmond, ciudad hermanada con Santiago** Richmond, twinned with Santiago.

Ciudad Condal *sf*: **la Ciudad Condal** Barcelona.

Ciudad de México *sf* Mexico City.

Ciudad del Vaticano *sf*: **(la) Ciudad del Vaticano** the Vatican City.

ciudad dormitorio *sf* dormitory town, (*US*) dormitory.

ciudad jardín *sf* garden city.

ciudad perdida *sf* (*Méx*) shantytown.

ciudad satélite *sf* satellite town.

ciudad universitaria *sf* university campus.

ciudadanía /θjuðaða'nia/ *sf* **1.** (*nacionalidad*) citizenship. **2.** (*población*) people, population: **la ciudadanía acude a las urnas dentro de un mes** the people will go to the polls in a month's time.

ciudadano, -na /θjuða'ðano -na/ **I** *adj* civic: **pienso hacer uso de mis derechos ciudadanos** I intend to make use of my civic rights * my rights as a citizen.

II *sm/f* citizen • **sería difícil de entender para el ciudadano de a pie** the man in the street would find it difficult to understand.

ciudadela /θjuða'ðela/ *sf* citadel.

ciudadrealeño, -ña /θjuðaðrrea'leɲo -ɲa/ **I** *adj* of * from Ciudad Real.

II *sm/f* native * inhabitant of Ciudad Real.

cívico, -ca /'θiβiko -ka/ *adj* civic.
civil /θi'βil/ **I** *adj* (*población*) civilian; (*derecho, aviación, etc.*) civil: **se casaron por lo civil** (*GB*) they were married in a registry office, (*US*) they were married in a civil ceremony.
II *sm/f* civilian.
III *sm* (*fam: guardia civil*) *member of the Spanish civil guard.*
civilización /θiβiliθa'θjon/ *sf* civilization.
civilizado, -da /θiβili'θaðo -ða/ *adj* civilized.
civilizar /θiβili'θar/ [➪cazar] *vt* to civilize.
civilizarse *v prnl* to become civilized: **este chico se ha civilizado últimamente** this boy has become much more civilized lately.
civismo /θi'βizmo/ *sm* civic duty.
cizaña /θi'θaɲa/ *sf* (*discordia*) discord ● **¡ya vale de meter * sembrar cizaña!** just stop stirring up trouble!
cl *pronounced* /θenti'litro/ (*abbreviation of* **centilitro**) (*GB*) centilitre, (*US*) centiliter.
clamar /kla'mar/ [➪CANTAR] *vi* to cry out, (*GB*) to clamour, (*US*) to clamor.
♦ *vt* to cry out for, (*GB*) to clamour for, (*US*) to clamor for: **la multitud clamaba venganza** the crowd was crying out for revenge.
clamor /kla'mor/ *sm* (*GB*) clamour, (*US*) clamor.
clamoroso, -sa /klamo'roso -sa/ *adj* noisy: **la obra fue un éxito clamoroso** the play was a resounding success.
clan /klan/ *sm* **1.** (*tribu*) clan. **2.** (*banda criminal*) gang: **han cogido a tres miembros del clan de la coca** three members of the cocaine gang have been arrested.
clandestinidad /klandestini'ðað/ *sf* secrecy: **un partido político que se creó en la clandestinidad** a political party that began as an underground movement.
clandestino, -na /klandes'tino -na/ *adj* clandestine, secret.
claqué /kla'ke/ *sm* tap dancing.
clara /'klara/ *sf* **1.** (*de huevo*) (egg) white. **2.** (*fam: cerveza con gaseosa*) shandy.
claraboya /klara'βoja/ *sf* skylight.
claramente /klara'mente/ *adv* clearly: **estaba todo muy claramente explicado** it was all clearly explained.
clarear /klare'ar/ [➪CANTAR] *v impers* (*amanecer*) to dawn: **ya clarea la mañana** dawn is already breaking; (*disiparse las nubes*) to clear up.
clarete /kla'rete/ *adj, sm* rosé.
claridad /klari'ðað/ *sf* **1.** (*de luz*) brightness, clarity. **2.** (*de pensamiento, texto*) clarity, clearness.
clarificar /klarifi'kar/ [➪sacar] *vt* to clarify.
clarificarse *v prnl* to become clear, to be cleared up: **finalmente se clarificó el asunto** in the end the whole thing was cleared up.
clarín /kla'rin/ *sm* bugle.
clarinete /klari'nete/ **I** *sm* (*instrumento*) clarinet.
II *sm/f* (*intérprete*) clarinettist, clarinet.
clarividencia /klariβi'ðenθja/ *sf* **1.** (*de pensamiento*) lucidity. **2.** (*adivinación*) clairvoyance.
clarividente /klariβi'ðente/ **I** *adj* lucid.
II *sm/f* clairvoyant.
claro, -ra /'klaro -ra/ **I** *adj* **1.** (*inteligible*) clear: **es un razonamiento muy claro** it's a very clear explanation. **2.** (*agua, cristal*) clear, transparent. **3.** (*luminoso*) bright. **4.** (*color*) light: **tiene los ojos azul claro** she has light blue eyes; (*cielo*) clear, unclouded. **5.** (*líquido*) thin.
II claro *sm* **1.** (*espacio*) break, space: **merendamos en un claro del bosque** we had a picnic in a clearing in the wood. **2.** (*en el cielo*) break in the clouds: **habrá nubes y claros** it will be cloudy with sunny periods.
III claro *adv* clearly: **¿por qué no hablas claro?** why can't you speak clearly?; **lo explica todo muy claro** he explains everything very clearly.
IV a las claras *loc adv*: **te lo voy a decir a las claras** I am going to tell you quite clearly * openly.
V claro *excl* of course: **¡claro que me han invitado!** of course I've been invited!; **"¿Me puedes llevar?" "Claro que sí."** "Could you give me a lift?" "Of course."; **"¿Se lo dijiste?" "¡Claro que no!"** "Did you tell them?" "Certainly not!"
claroscuro /klaros'kuro/ *sm* chiaroscuro.
clase /'klase/ *sf* **1.** (*grupo social, categoría*) class: **viaja en primera clase** he travels first class. **2.** (*tipo*) kind, sort: **nunca me ha gustado esa clase de gente** I have never liked that kind of person. **3.** (*aula*) classroom; (*grupo de estudiantes*) class: **tengo una clase de veinticinco niños** I have a class of twenty-five children. **4.** (*lección: gen*) class, lesson: **a las once tengo una clase de inglés** I have an English lesson at eleven; (*: en la universidad*) lecture. **5.** (*fam: distinción*) style: **Marina tiene mucha clase** Marina has got style.
clase alta *sf* upper class: **un barrio de clase alta** an upper-class neighbourhood.
clase media *sf* middle class.
clase nocturna *sf* evening class.
clase preferente *sf* (*en avión*) club class; (*en tren*) first class.
clase trabajadora *sf* working class: **proviene de una familia de clase trabajadora** she comes from a working-class family.
clase turista *sf* economy (class).
clasicismo /klasi'θizmo/ *sm* classicism.
clásico, -ca /'klasiko -ka/ **I** *adj* **1.** (*arte, música, literatura*) classical. **2.** (*característico*) classic, typical: **es la clásica foto de colegio** it's the typical school photograph. **3.** (*tradicional*): **es muy clásico en el vestir** he dresses very conservatively.
II clásico *sm* (*Artes*) classic.
clasificación /klasifika'θjon/ *sf* **1.** (*acción*) classification. **2.** (*Dep*) table: **ocupan el quinto puesto en la clasificación** they're fifth in the league table.
clasificador, -dora /klasifika'ðor -'ðora/ **I** *adj* classifying.
II clasificador *sm* filing cabinet.
clasificar /klasifi'kar/ [➪sacar] *vt* to classify.
clasificarse *v prnl* (*Dep: seguir en una competición*) to qualify: **se clasificaron para los cuartos de final** they qualified for * got through to the quarter finals; (*: ocupar una posición*): **se clasificaron terceros en el torneo** they came third in the competition.
clasista /kla'sista/ **I** *adj* snobbish.
II *sm/f* snob.
claudicar /klauði'kar/ [➪sacar] *vi* to give in.
claustro /'klaustro/ *sm* **1.** (*Arquit*) cloister. **2.** (*Educ: profesorado*) (*GB*) staff, (*US*) faculty. **3.** (*reunión*) staff meeting: **no te olvides del claustro de las cuatro** don't forget there's a staff meeting at four.
claustro materno *sm* womb.
claustrofobia /klaustro'foβja/ *sf* claustrophobia: **sufre de claustrofobia** she's claustrophobic.

claustrofóbico, -ca /klaustro'foβiko -ka/ *adj* (*lugar*) claustrophobic.

cláusula /'klausula/ *sf* (*Jur, Ling*) clause.

clausura /klau'sura/ *sf* **1.** (*gen*) closure, closing: **la ceremonia de clausura es el sábado** the closing ceremony is on Saturday. **2.** (*Relig*) cloister.

clausurar /klausu'rar/ [⇨ CANTAR] *vt* **1.** (*un acto*) to close: **el alcalde clausurará el encuentro por la tarde** the mayor will close the congress in the evening. **2.** (*Jur: un establecimiento*) to close (down).

clavado, -da /kla'βaðo -ða/ *adj* **1.** (*con clavos*) studded with nails. **2.** (*fam: inmóvil*) fixed: **me pasé todo el desfile clavado a la ventana** I was glued to the window for the whole parade. **3.** (*fam: idéntico*) identical: **es clavado** *a* **su madre** he's the spitting image of his mother. **4.** (*fam: preciso*): **son quinientas pesetas clavadas** it's exactly five hundred pesetas.

clavar /kla'βar/ [⇨ CANTAR] *vt* **1.** (*un clavo*) to bang in, to hammer in; (*un objeto, usando clavos*) to nail. **2.** (*un arma blanca*) to stab: **le clavaron un cuchillo** he was stabbed with a knife. **3.** (*fam: estafar*) to sting, to fleece: **me han clavado en el taller** they've ripped me off at the garage. **4.** (*fijar*) to fix: **clavó la mirada en su hijo** he fixed his eyes on his son.

clavarse *v prnl*: **se clavó una espina** he pricked himself on a thorn; **me clavé el destornillador** I stuck the screwdriver into my hand/leg.

clave /'klaβe/ **I** *sf* **1.** (*código*) code: **recibió una carta en clave** he received a letter in code. **2.** (*solución*) key, clue: **no dimos con la clave del asunto** we didn't find the key to the problem. **3.** (*Mús: tono*) key; (*: signo*) clef. **II** *adj inv* key: **éste es el factor clave** this is the key factor.

clavel /kla'βel/ *sm* carnation.

clavicémbalo /klaβi'θembalo/ *sm* harpsichord.

clavicordio /klaβi'kordjo/ *sm* clavichord.

clavícula /kla'βikula/ *sf* clavicle, collarbone.

clavija /kla'βixa/ *sf* (*Mús, Tec*) peg • **ese chico necesita que le aprieten las clavijas** it's about time somebody made that boy toe the line.

clavo /'klaβo/ *sm* **1.** (*en carpintería, etc.*) nail • **¡has dado en el clavo!** you've hit the nail on the head! • **me agarraría a un clavo ardiendo para salir del atolladero** I'd try anything to get myself out of this jam • **llegamos a las siete como un clavo** we got there at seven on the dot • **un clavo saca otro clavo** a new misfortune makes you forget the previous one. **2.** (*Culin*) clove.

claxon /'klakson/ *sm* horn.

clemencia /kle'menθja/ *sf* mercy, clemency: **el juez actuó con clemencia** the judge exercised clemency.

clemente /kle'mente/ *adj* merciful, clement.

clementina /klemen'tina/ *sf* clementine.

cleptómano, -na /klep'tomano -na/ *adj, sm/f* kleptomaniac.

clerical /kleri'kal/ *adj* (*Relig*) clerical.

clériga /'kleriɣa/ *sf* clergywoman.

clérigo /'kleriɣo/ *sm* clergyman.

clero /'klero/ *sm* clergy: **el clero está en contra** the clergy are against it.

cliché /kli'tʃe/ *sm* **1.** (*en fotografía*) negative. **2.** (*tópico*) cliché.

cliente, -ta /'kljente -ta/ *sm/f* customer, client.

clientela /kljen'tela/ *sf* customers *pl*, clientele.

clima /'klima/ *sm* **1.** (*de una región*) climate. **2.** (*ambiente*) atmosphere: **el clima de la reunión era jovial** the atmosphere at the meeting was friendly.

climático, -ca /kli'matiko -ka/ *adj* climatic.

climatizar /klimati'θar/ [⇨ cazar] *vt* to air-condition.

climatología /klimatolo'xia/ *sf* climatology.

clímax /'klimaks/ *sm inv* climax.

clínica /'klinika/ *sf* private hospital.

clínico, -ca /'kliniko -ka/ **I** *adj* clinical. **II** *sm/f* clinician.

clip /klip/ *sm* paperclip.

clítoris /'klitoris/ *sm inv* clitoris.

cloaca /klo'aka/ *sf* sewer.

clon /klon/ *sm* clone.

clonación /klona'θjon/ *sf* cloning.

clonar /klo'nar/ [⇨ CANTAR] *vt* to clone.

clorhídrico, -ca /klo'riðriko -ka/ *adj* hydrochloric.

cloro /'kloro/ *sm* chlorine.

clorofila /kloro'fila/ *sf* chlorophyll.

cloroformo /kloro'formo/ *sm* chloroform.

cloruro /klo'ruro/ *sm* chloride.

closet /'kloset/ *sm* (*Amér L*) built-in wardrobe.

club /klub/ *sm* [**clubs** ✱ **clubes**] club.

club náutico *sm* sailing club.

clueca /'klweka/ **I** *adj* broody. **II** *sf* broody hen.

cm *pronounced* /θen'timetro/ (*abbreviation of* **centímetro**) cm (*GB* centimetre, *US* centimeter).

CNT /θeene'te/ *sf* (*en España*) (*abbreviation of* **Confederación Nacional de Trabajadores**) *Spanish trade union.*

coacción /koak'θjon/ *sf* coercion: **le hicieron decir que sí con coacciones** he was made to agree to it under duress.

coaccionar /koakθjo'nar/ [⇨ CANTAR] *vt* to coerce, to compel.

coadjutor /koaðxu'tor/ *sm* curate.

coagulación /koaɣula'θjon/ *sf* coagulation.

coagular /koaɣu'lar/ [⇨ CANTAR] *vt* (*la sangre*) to coagulate, to clot; (*la leche*) to curdle.

coagularse *v prnl* (*sangre*) to clot; (*leche*) to curdle.

coágulo /ko'aɣulo/ *sm* clot.

coalición /koali'θjon/ *sf* coalition.

coartada /koar'taða/ *sf* alibi.

coartar /koar'tar/ [⇨ CANTAR] *vt* to restrict, to inhibit: **la presencia de gente mayor la coartaba** she was inhibited by the presence of older people.

coautor, -tora /koau'tor -'tora/ *sm/f* **1.** (*Lit*) co-author. **2.** (*cómplice*) co-perpetrator: **la condenaron como coautora del delito** she was convicted for her part in the crime.

coba /'koβa/ *sf* (*fam*) soft-soaping, flattery: **mira cómo le da coba a la jefa** just look at the way she soft-soaps the boss.

cobarde /ko'βarðe/ **I** *adj*: **no quiso dar la cara, lo que fue una actitud cobarde** he didn't want to face up to it, which was very cowardly. **II** *sm/f* coward.

cobardía /koβar'ðia/ *sf* cowardice.

cobaya /ko'βaja/ *sm/f*, **cobayo** /ko'βajo/ *sm* (*Zool*) guinea pig • **sirvió de cobaya en el experimento** he was used as a guinea pig for the experiment.

cobertizo /koβer'tiθo/ *sm* shed.

cobertor /koβer'tor/ *sm* (*cubrecama*) bedspread; (*manta*) blanket.

cobertura /koβer'tura/ *sf* **1.** (*que cubre, protege*) cover. **2.** (*de información*) coverage: **treinta técnicos garantizarán la cobertura informativa** thirty technicians will ensure full news coverage.

cobija /ko'βixa/ *sf* (*Amér L*) blanket.
cobija eléctrica *sf* (*Amér L*) electric blanket.
cobijar /koβi'xar/ [⇨ CANTAR] *vt* (*guarecer*) to shelter.
cobijarse *v prnl* to take shelter: **nos cobijamos** *de* **la lluvia en un cobertizo** we took shelter from the rain in a shed.
cobijo /ko'βixo/ *sm* (*refugio, protección*) shelter: **unos amigos les dieron cobijo** some friends gave them shelter.
cobista /ko'βista/ *sm/f* soft-soaper, toady.
cobra /'koβra/ *sf* cobra.
cobrador, -dora /koβra'ðor -'ðora/ *sm/f* (*en el autobús*) bus conductor; (*a domicilio*) collector (*of subscriptions, dues, etc.*).
cobrador, -dora de morosos *sm/f* debt collector.
cobrar /ko'βrar/ [⇨ CANTAR] *vt* **1.** (*exigir como pago: por un servicio, un producto*) to charge: **me han cobrado siete mil pesetas** *por* **cortarme el pelo** they've charged me seven thousand pesetas for a haircut; **los cafés no se los cobro** I won't charge you for the coffees; **ha venido la casera a cobrarnos el alquiler** the landlady has come to collect the rent; **le tengo que cobrar el dinero que me debe** I must ask him for the money he owes me; (*recibir*) to be paid: **cuando cobre lo que me deben, te lo compraré** when I'm paid what I'm owed, I'll buy it for you; **aún no hemos cobrado el sueldo de junio** we still haven't been paid our salary for June; (*un cheque*) to cash: **llégate al banco y cóbrame este cheque** go to the bank and cash this cheque for me. **2.** (*aliento*) to get: **nos tuvimos que parar para cobrar aliento** we had to stop to get our breath back; (*fama*): **cobró fama en muy poco tiempo** it became famous very quickly. **3.** (*la caza*) to retrieve. **4.** (*una cuerda, un cabo*) to reel in. **5.** (*Amér L: en fútbol*): **cobró la falta** he took the free kick.
♦*vi* **1.** (*exigir dinero*): **no me cobró** he didn't charge me anything; **¿me cobra, por favor?** I'd like to pay now, please; (*recibir dinero*) to be paid: **cobramos el último día del mes** we get paid on the last day of the month. **2.** (*fam: recibir un sopapo*) to get a slap: **si no obedeces, vas a cobrar** if you don't do as you're told, you're going to get a slap.
cobrarse *v prnl* **1.** (*dinero*) to take, to collect: **cóbrese de la caja** take it out of the petty cash; **¿se cobra los cafés, por favor?** I'd like to pay for the coffees, please. **2.** (*víctimas*) to claim: **el terremoto se cobró muchas vidas** the earthquake claimed many lives.
cobre /'koβre/ *sm* copper.
cobrizo, -za /ko'βriθo -θa/ *adj* (*GB*) copper-coloured, (*US*) copper-colored.
cobro /'koβro/ *sm* collection, payment • **operadora, quiero hacer una llamada a cobro revertido** operator, I want to make a (*GB*) reverse charge call * (*US*) collect call.
coca /'koka/ *sf* **1.** (*Bot*) coca. **2.** (*cocaína*) cocaine. **3.** (*fam: refresco*) Coke®, Coca-Cola®.
cocaína /koka'ina/ *sf* cocaine.
cocainómano, -na /kokai'nomano -na/ *sm/f* cocaine addict.
cocción /kok'θjon/ *sf* **1.** (*de alimentos*) cooking. **2.** (*en alfarería*) baking, firing.
cocear /koθe'ar/ [⇨ CANTAR] *vi* to kick: **no te acerques a esa mula, tiene tendencia a cocear** don't go near that mule, it's likely to kick out.
cocer /ko'θer/ [⇨ table: cocer] *vt* (*Culin: gen*) to cook; (*: en agua*) to boil; (*: en un horno*) to bake.
♦*vi* (*hervir*) to boil.
cocerse *v prnl* **1.** (*Culin: gen*) to be cooked; (*: en agua*) to be boiled; (*: en un horno*) to be baked. **2.** (*fam: tramarse*) to be going on: **en esta oficina se está cociendo algo** there's something going on in this office. **3.** (*fam: pasar calor*) to roast: **abre la ventana, que nos vamos a cocer** open the window, we're going to roast.

cocer	
INDICATIVE	SUBJUNCTIVE
Present	**Present**
cuezo	cueza
cueces	cuezas
cuece	cueza
cocemos	cozamos
cocéis	cozáis
cuecen	cuezan
IMPERATIVE	
(tú) cuece	(usted) cueza
(vosotros) coced	(ustedes) cuezan
For the rest of the tenses ⇨ TEMER (in appendix)	

cochambre /ko'tʃambre/ *sf* grime, muck.
cochambroso, -sa /kotʃam'broso -sa/ *adj* filthy.
coche /'kotʃe/ *sm* **1.** (*Auto*) car: **lo más cómodo será ir** *en* **coche** the easiest thing will be to go by car. **2.** (*de tren*) (*GB*) coach, carriage, (*US*) car: **tengo reserva: coche siete, asiento once** I have a reserved seat: coach seven, seat eleven; (*de caballos*) carriage. **3.** (*de niño*) (*GB*) pram, (*US*) baby carriage.
coche blindado *sm* (*GB*) armoured car, (*US*) armored car.
coche bomba *sm* car bomb.
coche cama *sm* [**coches cama**] sleeping car, sleeper.
coche celular *sm* police van.
coche de carreras *sm* racing car.
coche de cinco puertas *sm* hatchback (*with five doors*).
coche de tres puertas *sm* hatchback (*with three doors*).
coche familiar *sm* (*GB*) estate (car), (*US*) station wagon.
coche fúnebre *sm* hearse.
coche patrulla *sm* [**coches patrulla**] patrol * squad car.
coche restaurante *sm* [**coches restaurante**] dining car.
cochera /ko'tʃera/ *sf* (*de coches*) garage; (*de autobuses*) bus garage * depot.
cochero /ko'tʃero/ *sm* coachman.
cochinada /kotʃi'naða/ *sf* **1.** (*fam: cosa sucia*) dirty thing (*to do or say*): **¡deja de decir cochinadas!** stop that foul talk! **2.** (*jugarreta*) dirty trick.
cochinillo /kotʃi'niʎo/ *sm* sucking pig.
cochino, -na /ko'tʃino -na/ **I** *sm/f* **1.** (*Zool*) pig. **2.** (*fam: persona sucia*) dirty little monkey, mucky pup.
II *adj* (*fam: sucio*) dirty.
cocido, -da /ko'θiðo -ða/ **I** *adj* (*Culin: gen*) boiled; (*Amér L: hecho*) done: **poco cocido, por favor** rare, please.
II cocido *sm* (*Culin*) type of stew.
cociente /ko'θjente/ *sm* (*Mat*) quotient: **el cociente de dividir diez por dos es cinco** the result of dividing ten by two is five.

cocina /ko'θina/ *sf* **1.** (*lugar*) kitchen; (*aparato*) cooker: **prefiero las cocinas de gas** I prefer gas cookers. **2.** (*arte culinario*) cuisine, cooking: **la cocina italiana es muy popular** Italian cuisine * cooking is extremely popular.

cocinar /koθi'nar/ [➪ CANTAR] *vt/i* to cook.

cocinero, -ra /koθi'nero -ra/ *sm/f* cook: **es muy buena cocinera** she's a very good cook.

coco /'koko/ *sm* **1.** (*Bot*) coconut. **2.** (*fam: cabeza*) nut: **¡venga hombre, usa el coco!** come on, use your brains! • **¿ya te han vuelto a comer el coco?** have they been trying to persuade you again? • **no te comas el coco, no merece la pena** don't rack your brains, it's not worth it • **¡estoy hasta el coco de tus tonterías!** I'm fed up with your stupid behaviour! **3.** (*fam: persona fea*) ugly person. **4.** (*hombre del saco*) bogeyman: **vete a la cama, o viene el coco y te lleva** go to bed, or the bogeyman will come to take you away.

cocodrilo /koko'ðrilo/ *sm* crocodile.

cocorota /koko'rota/ *sf* (*fam*) nut, head.

cocotero /koko'tero/ *sm* coconut palm.

cóctel /'koktel/, **coctel** /kok'tel/ *sm* (*bebida*) cocktail; (*fiesta*) cocktail party.

cóctel de mariscos *sm* seafood cocktail.

cóctel Molotov *sm* Molotov cocktail, petrol bomb.

codazo /ko'ðaθo/ *sm*: **me dio un codazo** she elbowed me; **se abrió paso a codazos y se puso primero en la cola** he elbowed his way to the front of the queue.

codear /koðe'ar/ [➪ CANTAR] *vt* to elbow: **la codeó para despertarla** he elbowed her to wake her up.

codearse *v prnl* to rub shoulders: **se codea con los ricos y famosos** she rubs shoulders with the rich and famous.

codeína /koðe'ina/ *sf* codeine.

codera /ko'ðera/ *sf* elbow patch.

códice /'koðiθe/ *sm* (*Hist, Lit*) codex.

codicia /ko'ðiθja/ *sf* greed.

codiciar /koði'θjar/ [➪ CAMBIAR] *vt* to covet.

codicioso, -sa /koði'θjoso -sa/ **I** *adj* greedy. **II** *sm/f* greedy person.

codificar /koðifi'kar/ [➪ sacar] *vt* **1.** (*Jur*) to codify. **2.** (*mensajes*) to encode, to code.

código /'koðiɣo/ *sm* (*gen*) code.

código civil *sm* civil code.

código de la circulación *sm* highway code.

código penal *sm* penal code.

código postal *sm* (*GB*) postcode, (*US*) zip code.

codo /'koðo/ *sm* **1.** (*Anat*) elbow • **iban codo con codo** they were side by side • **creo que ha estado empinando el codo** I think she's been drinking • **vas a tener que hincar los codos los días que quedan** you'll have to study hard for the few days that are left • **habla por los codos** he talks nonstop. **2.** (*de una tubería*) bend.

codo de tenista *sm* (*Med*) tennis elbow.

codorniz /koðor'niθ/ *sf* [**codornices**] quail.

coeficiente /koefi'θjente/ *sm* **1.** (*Mat*) coefficient. **2.** (*grado*) rate: **tiene un coeficiente intelectual muy alto** she has a very high IQ (intelligence quotient).

coercitivo, -va /koerθi'tiβo -βa/ *adj* coercive.

coetáneo, -nea /koe'taneo -nea/ *adj, sm/f* contemporary.

coexistencia /koeksis'tenθja/ *sf* coexistence.

coexistir /koeksis'tir/ [➪ PARTIR] *vi* to coexist: **el partido socialista coexiste perfectamente** *con* **los partidos de la derecha** the socialist party coexists with the parties of the right without difficulty.

cofia /'kofja/ *sf* cap (*worn by nurse or maid*).

cofrade /ko'fraðe/ *sm/f* **1.** (*de una organización religiosa: hombre*) brother; (*: mujer*) sister. **2.** (*de un gremio*) member.

cofradía /kofra'ðia/ *sf* **1.** (*hermandad religiosa*) brotherhood. **2.** (*gremio*) association.

cofre /'kofre/ *sm* trunk, chest.

cogedor /koxe'ðor/ *sm* shovel.

coger /ko'xer/ [➪ proteger] *[this verb is avoided in many Latin American countries where* **agarrar** *or* **tomar** *are preferred]* *vt* **1.** (*asir, agarrar*) to take: **cogió a la niña en brazos** she took the girl in her arms; **¿me coges esto un momento?** can you hold this for me for a second?; **la cogió** *de* **la mano** he took her by the hand • **este problema no hay por dónde cogerlo** this is a difficult problem to get to grips with; (*apoderarse de*) to pinch, to take: **siempre coge mis cosas** he is always pinching * taking my things. **2.** (*una calle, un camino*) to take • **cogió las de Villadiego** he beat it, he cleared off. **3.** (*un tren, un taxi, etc.*) to take: **cogí el autobús en el aeropuerto** I caught * took the bus at the airport. **4.** (*recibir, aceptar*): **quise devolverle el dinero, pero no me lo cogió** I tried to give her back the money but she wouldn't take it; **no sé cómo cogerá la noticia** I don't know how she will take the news; **cogió un trabajo por las tardes** she took an evening job; **voy a llamar a la peluquería a ver si me pueden coger esta tarde** I'm going to phone the hairdresser's to see if they can fit me in this afternoon. **5.** (*contratar*) to take on: **he cogido a otro dependiente para la tienda** I've taken on another assistant at the shop. **6.** (*ocupar*) to take up: **coge toda la habitación** it takes up the whole room. **7.** (*emprender*): **cogió el curso con mucho entusiasmo** she began the course very enthusiastically. **8.** (*recoger*) to pick up: **cogí el papel que se le había caído** I picked up the piece of paper she had dropped; **ya han terminado de coger la aceituna** they have already finished picking the olives. **9.** (*adquirir: una costumbre*) to pick up: **en el ejército cogió malas costumbres** he picked up bad habits while he was in the army; (*: velocidad*) to pick up, to gather: **el tren fue cogiendo velocidad** the train gradually picked up speed; (*: un sentimiento*): **le he cogido manía** I've taken a dislike to him; **después del accidente le cogió miedo a conducir** after the accident he became nervous about driving • **la ha cogido conmigo** he's got it in for me. **10.** (*atrapar: gen*) to catch: **cogieron a los responsables en cuestión de horas** they caught the people responsible in a matter of hours; **tarde o temprano los inspectores cogen a los que defraudan a Hacienda** sooner or later the inspectors catch up with people who don't pay their taxes; (*: una enfermedad, una borrachera*): **cogí un catarro** I caught a cold; **cogió frío esperando** he caught a chill while he was waiting; **cogió una borrachera** he got drunk • **la cogió buena** she got really drunk * stoned; (*sorprender*) to catch: **que no te vuelva a coger** *en* **una mentira** don't let me catch you lying again; **me coges en un mal momento** you've caught me at a bad moment; (*alcanzar*) to catch up with: **la cogí cerca de su casa** I caught up with her near her house. **11.** (*atropellar*) to run over: **la cogió una moto** she was knocked down by a motorbike; (*Tauro*) to gore. **12.** (*captar*) to catch: **no cogí ni una palabra de lo que dijo** I didn't catch a single word of what he said. **13.** (*Amér L: !!*) to have sex with.

♦*vi* **1.** (*por un camino*): **podemos coger** *por* **Lope de Rueda** we could go up Lope de Rueda (Street); **si cogemos** *por* **aquí evitamos pasar por el centro** if we go this way we'll avoid the centre. **2.** (*fam: caber*) to fit: **no cogemos todos en el coche** there isn't room for all of us in the car. **3.** (*referido a la distancia*): **la oficina me coge bastante lejos** I have a long way to go to get to the office. **4.** (*fam: para anunciar una acción*): **entonces coge y le dice...** then she goes and tells him...; **si no me gusta, cojo y me voy** if I don't like it, I'm off. **5.** (*Amér L: !!*) to have sex.

cogerse *v prnl* **1.** (*agarrarse*): **se cogió** *de* **mi brazo** she took my arm; (*tomarse*): **se cogieron** *de* **la mano** they took one another by the hand. **2.** (*recogerse*): **se cogió el pelo en una coleta** she put her hair in a ponytail.

cogida /ko'xiða/ *sf* goring: **el diestro sufrió una grave cogida** the bullfighter was gored very badly.

cogido, -da /ko'xiðo -ða/ *adj* **1.** (*agarrado*): **iban cogidos de la mano** they were walking along hand-in-hand ✻ holding hands. **2.** (*atrapado*) trapped: **lo tenemos bien cogido** he is well and truly trapped.

cogollo /ko'ɣoʎo/ *sm* **1.** (*Culin*) heart ● **éste es el cogollo del asunto** this is the heart of the matter. **2.** (*Bot*) shoot. **3.** (*élite*) the cream: **asistió el cogollo de la sociedad madrileña** the cream of Madrid society was there.

cogorza /ko'ɣorθa/ *sf* (*fam*): **pillé una buena cogorza** I got stoned ✻ plastered.

cogote /ko'ɣote/ *sm* nape of the neck.

cohabitar /koaβi'tar/ [➪ CANTAR] *vi* to live together.

cohecho /ko'etʃo/ *sm* bribery.

coherencia /koe'renθja/ *sf* **1.** (*gen*) coherence: **no tenía ninguna coherencia** it was totally lacking in coherence; **había mucha coherencia entre sus palabras y sus actos** there was great consistency between what she said and what she did. **2.** (*Fís*) cohesion.

coherente /koe'rente/ *adj* (*argumentación*) coherent; (*persona*) consistent: **a pesar de los reveses se ha mantenido coherente** *con* **sus principios** in spite of the setbacks she has remained faithful to her principles.

cohesión /koe'sjon/ *sf* cohesion.

cohete /ko'ete/ *sm* rocket.

cohete espacial *sm* (space) rocket.

cohibido, -da /koi'βiðo -ða/ *adj* inhibited, self-conscious.

cohibir /koi'βir/ [➪ prohibir] *vt* to inhibit: **le cohíbe hablar en público** public speaking makes him feel inhibited ✻ self-conscious.

cohibirse *v prnl* to be inhibited.

COI /koi/ *sm* (*abbreviation of* **Comité Olímpico Internacional**) IOC (International Olympic Committee).

coima /'koima/ *sf* (*Amér S: fam*) **1.** (*dinero*) bribe. **2.** (*corrupción*) bribery.

coincidencia /koinθi'ðenθja/ *sf* **1.** (*gen*) coincidence. **2.** (*acuerdo*) agreement: **en coincidencia con lo establecido en...** in agreement with what is stated in....

coincidir /koinθi'ðir/ [➪ PARTIR] *vi* **1.** (*en un lugar*) to be in the same place at the same time: **coincidieron** *en* **la fiesta** they met each other at the party; **coincideron** *en* **la universidad** they were at the university at the same time; (*en el tiempo*) to coincide: **su viaje coincidió** *con* **el mío** his trip coincided with mine. **2.** (*estar de acuerdo*): **coincidimos** *en* **los gustos** we have the same likes and dislikes; **sus gustos coinciden** their tastes coincide. **3.** (*ajustar*) to fit in: **coincide** *con* **lo que sabemos de él** it fits in with what we know about him.

coito /'koito/ *sm* coitus.

cojear /koxe'ar/ [➪ CANTAR] *vi* **1.** (*renquear*) to limp: **el caballo cojea de una pata** the horse is lame in one leg. **2.** (*mueble*) to wobble. **3.** (*ser flojo*) to be weak: **cojea en matemáticas** he is weak in mathematics.

cojera /ko'xera/ *sf* (*de persona*) limp: **tiene una ligera cojera** he has a slight limp; (*de animal*) lameness: **su caballo tiene una cojera** his horse is lame.

cojín /ko'xin/ *sm* cushion.

cojinete /koxi'nete/ *sm* (*Auto, Tec*) bearing.

cojo, -ja /'koxo -xa/ **I** *adj* **1.** (*persona, animal*) lame: **está cojo por una caída** he's limping because of a fall he had; (*mueble*) wobbly, unstable. **2.** (*incompleto*) lacking: **el último párrafo queda cojo** the last paragraph seems lacking.

II *sm/f* (*persona*) lame person.

III *and other forms with* **coj-** ➪ coger

cojonudo, -da /koxo'nuðo -ða/ *adj* (*!!*) fabulous.

col /kol/ *sf* cabbage.

col de Bruselas *sf* brussels sprout.

col rizada *sf* curly kale.

Col., col. *pronounced* /kolek'θjon/ (*abbreviation of* **colección**) collection.

col. *pronounced* /ko'lumna/ (*abbreviation of* **columna**) col. (column).

cola /'kola/ *sf* **1.** (*de un animal, un avión, un cometa*) tail ● **este asunto va a traer cola** this matter is going to have serious consequences ● **es la pescadilla que se muerde la cola** it's a catch-22 situation. **2.** (*de un vestido*) train. **3.** (*fila*) (*GB*) queue, (*US*) line: **guardó cola** ✻ **hizo cola durante dos horas** she was queuing for two hours, (*US*) she was standing in line for two hours; **se puso** *a* **la cola** he joined the queue; **¡póngase** *a* **la cola!** get in the queue! **4.** (*final*) bottom: **el Atlético va a la cola de la clasificación** Atlético is at the bottom of the league table; **la cafetería está en el vagón de cola** the buffet is in the last coach. **5.** (*bebida*) cola. **6.** (*pegamento*) glue ● **esto no pega ni con cola** this just doesn't make sense.

cola de caballo *sf* **1.** (*planta*) horsetail. **2.** (*de pelo*) ponytail.

colaboración /kolaβora'θjon/ *sf* (*gen*) collaboration; (*en la prensa*) contribution.

colaboracionista /kolaβoraθjo'nista/ *sm/f* (*Pol*) collaborator.

colaborador, -dora /kolaβora'ðor -'ðora/ **I** *adj* collaborating.

II *sm/f* (*gen*) helper, assistant; (*en la prensa*) contributor; (*en una enciclopedia*) consultant; (*trabajador en casa*) freelancer.

colaborar /kolaβo'rar/ [➪ CANTAR] *vi* (*gen*) to help: **si todos colaboramos podríamos terminarlo esta noche** if we all work together we could get it finished tonight; (*en la prensa*) to contribute: **colabora** *en* **El Globo** she writes for ✻ contributes to El Globo; (*en una enciclopedia*) to act as a consultant for, to write for.

colación /kola'θjon/ *sf* **1.** (*tentempié*) light meal. **2.** (*comparación*) comparison ● **siempre trae** ✻ **saca a colación ese tema** he always brings up that subject.

colada /ko'laða/ *sf* **1.** (*lavado de ropa*) laundry, washing: **hago la colada una vez a la semana** I do the laundry once a week; **tenemos que tender la colada**

we must hang out the washing. **2.** (*de lava*) outflow. **3.** (*desfiladero*) (narrow, difficult) pass.

colado, -da /ko'laðo -ða/ *adj* **1.** (*líquido*) filtered; (*hierro*) cast. **2.** (*fam*: *persona*) (madly) in love: **está colado** *por* **Lola** he's mad about Lola.

colador /kola'ðor/ *sm* (*gen*) sieve; (*para té, café*) strainer • **lo dejaron como un colador** (*a balazos*) they riddled him with bullets, (*a navajazos*) they stabbed him repeatedly.

colapsar /kolap'sar/ [⇨CANTAR] *vt* (*paralizar*) to bring to a standstill: **las nevadas colapsaron el tráfico** the snow falls brought the traffic to a standstill.

colapso /ko'lapso/ *sm* **1.** (*Med*) collapse. **2.** (*de tránsito*) (total) traffic jam, (*US*) gridlock. **3.** (*disminución*) crash: **se produjo un fuerte colapso en el número de ventas** the number of sales plummeted.

colar /ko'lar/ [⇨contar] *vt* **1.** (*líquido*) to strain. **2.** (*fam*: *pasar*) to pass off: **coló una entrada del día anterior** he managed to get in using a ticket from the previous day; (*: hacer entrar*): **colaron el vídeo por la aduana** they got the video through customs • **le han colado un gol** they've pulled the wool over his eyes.
♦*vi* (*fam*: *ser creído*) to be believed, to wash: **su explicación no coló** his explanation didn't wash.

colarse *v prnl* **1.** (*introducirse*) to come in: **la luz se colaba por la rendija** the light came in through the crack. **2.** (*fam*: *en un espectáculo, fiesta*) to manage to get in: **se coló en el concierto** he got into the concert without paying; **nos colamos en la fiesta** we gatecrashed the party. **3.** (*fam*: *saltarse la cola*) (*GB*) to jump the queue, (*US*) to cut the line. **4.** (*fam*: *equivocarse*) to make a mistake: **te has colado** you're completely wrong. **5.** (*fam*: *enamorarse*) to fall in love: **se coló** *por* **la vecina de al lado** he fell in love with his next-door neighbour.

colateral /kolate'ral/ *adj* collateral.

colcha /'koltʃa/ *sf* bedspread.

colchón /kol'tʃon/ *sm* mattress.

colchón de aire *sm* air cushion.

colchón hinchable, **colchón neumático** *sm* (*de camping*) air mattress.

colchoneta /koltʃo'neta/ *sf* (*de camping*) camping mat; (*de playa*) air mattress.

colchoneta neumática *sf* air mattress, Lilo®.

cole /'kole/ *sm* (*short for* **colegio**) (*fam*) school.

colear /kole'ar/ [⇨CANTAR] *vi* **1.** (*perro*) to wag its tail; (*caballo, vaca*) to flick its tail • **está vivito y coleando** he's alive and kicking. **2.** (*durar*) to persist: **la polémica todavía colea** the controversy continues.

colección /kolek'θjon/ *sf* collection.

coleccionar /kolekθjo'nar/ [⇨CANTAR] *vt* to collect.

coleccionista /kolekθjo'nista/ *sm/f* collector.

colecta /ko'lekta/ *sf* collection (of money): **se efectuó una colecta para la Cruz Roja** a collection was taken for the Red Cross.

colectivero, -ra /kolekti'βero -ra/ *sm/f* (*Arg*) bus driver.

colectividad /kolektiβi'ðað/ *sf* community.

colectivo, -va /kolek'tiβo -βa/ **I** *adj* (*gen*) collective; (*transporte*) public.
II colectivo *sm* **1.** (*grupo*) association: **el colectivo de médicos se ha pronunciado en contra** the doctors' association has declared itself against. **2.** (*Amér L*: *microbús*) (mini)bus; (*Arg, Urug*: *autobús*) bus.

colector /kolek'tor/ *sm* sewer.

colega /ko'leɣa/ *sm/f* **1.** (*de profesión*) colleague. **2.** (*fam*: *amigo*) pal.

colegiado, -da /kole'xjaðo -ða/ **I** *adj* **1.** (*en una asociación*) registered (in a college): **es un médico colegiado** he's registered with the college of physicians. **2.** (*compartido*) collective: **la dirección colegiada de la empresa** the collective management of the company.
II *sm/f* (*árbitro*) referee.

colegial, -giala /kole'xjal -'xjala/ **I** *adj* school.
II *sm/f* pupil, student.

colegiarse /kole'xjarse/ [⇨CAMBIAR] *v prnl* to join a professional association.

colegio /ko'lexjo/ *sm* **1.** (*escuela, instituto*) school. **2.** (*agrupación profesional*) college.

colegio de pago *sm* fee-paying school.

colegio electoral *sm* polling station.

colegio mayor *sm* (*GB*) hall of residence, (*US*) dormitory.

colegio mixto *sm* co-educational school.

colegio universitario *sm*: *college attached to a university running partial degree programmes.*

cólera /'kolera/ **I** *sf* anger, rage: **su padre montó en cólera** his father got very angry.
II *sm* cholera.

colérico, -ca /ko'leriko -ka/ *adj* (*enfadado*) furious; (*irascible*) bad-tempered.

colesterol /koleste'rol/ *sm* cholesterol.

coleta /ko'leta/ *sf* ponytail • **el diestro se cortó la coleta** the bullfighter retired from the ring.

coletazo /kole'taθo/ *sm* **1.** (*de perro, caballo*) flick (of the tail); (*de pez*) flap (of the tail). **2.** (*última manifestación*) death throe: **estamos asistiendo a los últimos coletazos del régimen** we are witnessing the final death throes of the regime.

coletilla /kole'tiʎa/ *sf*: *word or phrase used when pausing in speech such as* **pues, pues nada,** *etc.*.

coleto /ko'leto/ *sm* • **se echó otra cerveza al coleto** he threw back * polished off another beer • **se echó la novela al coleto en dos días** she devoured the novel in two days.

colgado, -da /kol'ɣaðo -ða/ *adj* **1.** (*suspendido*) hanging: **tiene toda su ropa colgada en el armario** all her clothes are hanging in the wardrobe • **se pasa el día colgada del teléfono** she spends the whole day on the telephone. **2.** (*fam*: *pendiente*): **le han quedado tres asignaturas colgadas** he has to resit three subjects. **3.** (*fam*: *frustrado*): **se llevó el coche y me dejó colgado** she took the car and left me stranded * high and dry; **me quedé colgado todo el fin de semana** I was left with nothing to do for the whole weekend • **desde que lo dejó su mujer está * se ha quedado muy colgado** since his wife left him he's been very lonely. **4.** (*pendiente*): **está totalmente colgado** *de* **su belleza** he's completely obsessed by her beauty.

colgador /kolɣa'ðor/ *sm* peg.

colgadura /kolɣa'ðura/ *sf* (*adorno*) hanging.

colgajo /kol'ɣaxo/ *sm* **1.** (*de ropa*) *piece hanging down*. **2.** (*de fruta*) bunch.

colgante /kol'ɣante/ **I** *adj* (*Arquit*: *gen*) hanging; (*: puente*) suspension.
II *sm* pendant.

colgar /kol'ɣar/ [⇨table: colgar] *vt* **1.** (*gen*) to hang (up): **colgó las camisas en el armario** he hung up the shirts in the wardrobe; **ha colgado el cuadro en el recibidor** she has hung the picture in the hall. **2.** (*ahorcar*) to hang. **3.** (*atribuir*) to pin: **le colgaron el robo** they pinned the robbery on him; **le han colgado el sambenito de intolerante** he's been saddled with a reputation for being intolerant.

colgar

INDICATIVE

Present	Preterite
cuelgo	colgué
cuelgas	colgaste
cuelga	colgó
colgamos	colgamos
colgáis	colgasteis
cuelgan	colgaron

SUBJUNCTIVE

Present	
cuelgue	colguemos
cuelgues	colguéis
cuelgue	cuelguen

IMPERATIVE

(tú) cuelga	(usted) cuelgue
(vosotros) colgad	(ustedes) cuelguen

For the rest of the tenses ⇨ CANTAR (in appendix)

4. (*para expresar el final de una actividad*) to give up: **colgó los estudios a mitad de carrera** she gave up her studies halfway through her university career • (*Dep*) **colgó las botas en 1986** he hung up his boots in 1986. **5.** (*el teléfono*) to put down: **colgó el auricular** she put down the receiver. **6.** (*suspender*) to fail: **le han colgado tres asignaturas** they've failed him in three subjects.
♦ *vi* **1.** (*tela, etc.*) to hang: **el tapiz colgaba** *de* **la pared** the tapestry was hanging on the wall; **la bandera colgaba** *del* **mástil** the flag was hanging from the mast. **2.** (*Telec*) to hang up, to ring off: **no cuelgue, por favor** hold the line, please.

colgarse *v prnl* **1.** (*ahorcarse*) to hang oneself: **se colgó de las barras de la ventana** he hanged himself from the bars of the window. **2.** (*!!: engancharse*) to become a drug addict.

colgué /kol'ɣe/ *and other forms with* **colg-** ⇨ colgar

colibrí /koli'βri/ *sm* humming bird.

cólico /'koliko/ *sm* (*Med*) colic.

coliflor /koli'flor/ *sf* cauliflower.

colilla /ko'liʎa/ *sf* (cigarette) butt.

colina /ko'lina/ *sf* hill.

colindante /kolin'dante/ *adj* adjoining: **compró la finca colindante** *con* **la suya** she bought the estate adjoining his.

colirio /ko'lirjo/ *sm* eye drops *pl*.

colisión /koli'sjon/ *sf* **1.** (*choque*) crash, collision: **la colisión entre los dos camiones paralizó el tráfico** the collision between the two trucks brought traffic to a standstill. **2.** (*enfrentamiento*) clash: **se produjo una colisión entre partidarios de uno y otro bando** there was a clash between supporters of both factions.

colisionar /kolisjo'nar/ [⇨ CANTAR] *vi* **1.** (*chocar*) to crash, to collide: **el autobús colisionó** *contra* **una farola** the bus crashed into ✻ collided with a lamp-post. **2.** (*enfrentarse*) to clash: **su postura colisiona con la línea del partido** his position clashes with the party line.

colista /ko'lista/ (*Dep*) **I** *adj* last: **el equipo colista** the bottom team in the league.
II *sm* (*equipo*): **el líder perdió frente al colista** the league leaders lost to the bottom team; (*ciclista*): **es el colista** he's in last place.

collado /ko'ʎaðo/ *sm* (*cerro*) hill; (*puerto de montaña*) mountain pass.

collage /ko'la:ʒ/ *sm* collage.

collar /ko'ʎar/ *sm* **1.** (*de perlas, cuentas, etc.*) necklace. **2.** (*para perro*) collar.

colmado, -da /kol'maðo -ða/ **I** *adj*: **añadir una cucharada colmada de azúcar** add one heaped tablespoon of sugar.
II colmado *sm* (*en algunas regiones españolas*) (*GB*) grocer's, grocery shop, (*US*) grocery store.

colmar /kol'mar/ [⇨ CANTAR] *vt* **1.** (*llenar*) to fill (to the top): **no colmes las copas** don't fill the glasses right to the top. **2.** (*satisfacer*) to fulfil: **participar en el campeonato colmaba todas sus ilusiones** taking part in the championship was the culmination of all his ambitions. **3.** (*dar*) to heap: **lo colmaron** *de* **atenciones** every attention was lavished on him.

colmena /kol'mena/ *sf* **1.** (*de abejas*) beehive. **2.** (*de personas*): **el barrio donde viven es una colmena humana** the area where they live is like a warren.

colmillo /kol'miʎo/ *sm* (*de persona, mamífero*) canine tooth; (*de carnívoro*) fang; (*de elefante*) tusk • **cuando se le provoca, enseña los colmillos** he turns nasty when provoked.

colmo /'kolmo/ *sm* height, epitome: **ese vestido es el colmo del mal gusto** this dress is the epitome of bad taste; **esa chica es el colmo de la incompetencia** this girl is incompetence personified; **¡tu hermano es el colmo!** your brother is the limit!; **¡es el colmo de la mala suerte!** this really is bad luck! • **para colmo se le averió el coche** to cap it all her car broke down.

colocación /koloka'θjon/ *sf* **1.** (*acción*) placing, positioning: **muchos dirigentes locales asistieron a la colocación de la primera piedra** many local leaders attended the laying of the foundation stone. **2.** (*posición*) position: **cambió la colocación de los muebles** she changed the arrangement of the furniture. **3.** (*empleo*) post, job: **encontró una colocación como vendedora** she found a job as a salesperson.

colocado, -da /kolo'kaðo -ða/ *adj* **1.** (*puesto*) placed: **lleva la peluca mal colocada** her wig is not on properly. **2.** (*empleado*) employed: **está colocada en una caja de ahorros** she has a job in a savings bank. **3.** (*!!: bebido, drogado*) stoned.

colocar /kolo'kar/ [⇨ sacar] *vt* **1.** (*poner*) to put: **colocó los libros en la estantería** he put the books on the shelves. **2.** (*emplear*) to obtain work ✻ a job for: **colocó a su sobrino en el ministerio** he got his nephew a job in the ministry. **3.** (*invertir*) to place, to invest: **colocó todos sus ahorros en acciones de la compañía** he invested all his savings in shares in the company. **4.** (*casar*) to marry off: **su marido estaba obsesionado con colocar a las hijas** her husband was desperate to marry off their daughters.

colocarse *v prnl* **1.** (*ponerse*) to find (oneself) a place, to put oneself: **cada uno se colocó donde pudo** everyone found himself a place wherever he could. **2.** (*encontrar empleo*) to find a job: **se colocó** *de* **recepcionista** she found a job as a receptionist. **3.** (*!!: embriagarse, drogarse*) to get high ✻ stoned.

colofón /kolo'fon/ *sm* **1.** (*de un libro, etc.*) bibliographical details *pl* (*at the end of the publication*). **2.** (*remate*): **como colofón actuó un conjunto musical** a band rounded off the programme; **recibió el**

premio como colofón a su carrera he was awarded the prize as the culmination of his career.

Colombia /ko'lombja/ *sf* Colombia.

colombiano, -na /kolom'bjano -na/ *adj, sm/f* Colombian.

colon /'kolon/ *sm* (*Anat*) colon.

colón /ko'lon/ *sm* colón (*national currency of Costa Rica and El Salvador*).

colonia /ko'lonja/ *sf* **1.** (*Biol, Pol*) colony. **2.** (*comunidad*) community, colony: **en Argentina hay una gran colonia italiana** there is a large Italian community in Argentina. **3.** (*de viviendas*) housing development: **vivimos en una colonia de chalés pareados** we live on a development of semi-detached houses; (*Méx*: *barrio*) residential district. **4.** (*campamento*) summer camp: **este verano mi hija va a ir de colonias** my daughter is going to a summer camp this year. **5.** (*perfume*) cologne.

colonial /kolo'njal/ *adj* colonial.

colonialismo /kolonja'lizmo/ *sm* colonialism.

colonización /koloniθa'θjon/ *sf* colonization.

colonizador, -dora /koloniθa'ðor -'ðora/ **I** *adj* colonizing.

II *sm/f* colonist, settler.

colonizar /koloni'θar/ [➪ cazar] *vt* to colonize, to settle.

colono /ko'lono/ *sm* **1.** (*de una colonia*) colonist, settler. **2.** (*labrador*) tenant farmer.

coloquial /kolo'kjal/ *adj* colloquial.

coloquio /ko'lokjo/ *sm* **1.** (*conversación*) conversation. **2.** (*debate*) discussion, colloquium: **en la primera cadena hay un coloquio sobre el medio ambiente** there is a debate * discussion about the environment on channel one.

color /ko'lor/ **I** *sm* **1.** (*gen*) (*GB*) colour, (*US*) color: **es de color blanco** it's white; **en sus cuadros destaca el uso del color** he shows a striking use of colour in his paintings; **mezcló los colores en la paleta** she mixed the colours on her palette; **ahora la revista se publica** *a* **todo color** the magazine is now published in full colour; **ésa fue su primera película** *en* **color** that was his first movie in colour • **de color de rosa**: **lo ve todo de color de rosa** he sees everything through rose-tinted spectacles; **nos lo pintó de color de rosa** he described it to us in glowing colours • **cuando le dieron la noticia, mudó * cambió de color** when he was told the news, he paled * went white • **con tanto piropo, se puso de mil colores** all the compliments she received made her blush • **el profesor le sacó los colores a la cara** the teacher made him go red with shame • **hay varias escenas subidas de color** there are a number of rather steamy scenes. **2.** (*referido a la piel*): **la población es mayoritariamente** *de* **color** the majority of the population is black. **3.** (*ideología*) persuasion: **participaron en el acto políticos sin distinción de color** politicians of all persuasions took part in the ceremony. **4.** (*carácter, aspecto*) aspect, hue: **nos presentó el futuro con colores muy sombríos** he painted a gloomy picture of the future. **5.** (*viveza, interés*) liveliness: **la fiesta tuvo mucho color** it was a very lively party • **el partido no tuvo color** it was a very boring match • **su presencia le dio color a la velada** her presence livened up the evening.

II colores *sm pl* (*Dep*): **defendió los colores de su equipo** he played for his team; **los colores nacionales** the national colours.

coloración /kolora'θjon/ *sf* (*GB*) colouring, (*US*) coloring.

colorado, -da /kolo'raðo -ða/ **I** *adj* **1.** (*color*) red • **se puso colorado** he blushed * he went red. **2.** (*Méx*: *chiste, etc.*) dirty, rude.

II colorado *sm* (*color*) red.

colorante /kolo'rante/ *adj, sm* (*GB*) colouring, (*US*) coloring.

colorear /kolore'ar/ [➪ CANTAR] *vt* (*GB*) to colour (in), (*US*) to color (in): **los niños colorearon los dibujos** the children (*GB*) coloured * (*US*) colored in the drawings.

♦ *vi* to take on (*a colour*): **los frutos ya coloreaban** the fruit was already turning * going red.

colorearse *v prnl*: **el agua se coloreó** *de* **rojo** the water went * turned red.

colorete /kolo'rete/ *sm* blusher, rouge.

colorido /kolo'riðo/ *sm* **1.** (*coloración*) (*GB*) colouring, (*US*) coloring: **el cuadro tiene un colorido brillante** the painting is coloured very brightly. **2.** (*animación*) (*GB*) colour, (*US*) color: **es un país que tiene mucho colorido** it's a country with a lot of local colour; **el desfile tuvo mucho colorido** it was a very colourful parade.

colosal /kolo'sal/ *adj* **1.** (*gigantesco*) colossal, huge. **2.** (*magnífico*) splendid: **Gómez estuvo colosal** Gómez played splendidly.

coloso /ko'loso/ *sm* **1.** (*estatua*) colossus. **2.** (*persona*): **Miguel Ángel es un coloso del Renacimiento** Michelangelo is a major figure of the Renaissance.

columna /ko'lumna/ *sf* (*gen*) column: **los soldados desfilaron en columna de a cuatro** the soldiers paraded in columns four abreast; **del cigarrillo ascendía una columna de humo** a spiral of smoke rose from the cigarette; **se divisaba una columna de humo donde se había producido el accidente** a column of smoke was visible where the accident had occurred; **para el concierto se utilizaron cuatro columnas de altavoces** four loudspeaker stacks were used at the concert.

columna vertebral *sf* **1.** (*Anat*) spine. **2.** (*elemento central*): **Gómez es la columna vertebral del equipo** Gómez is the backbone of the team.

columnata /kolum'nata/ *sf* colonnade.

columnista /kolum'nista/ *sm/f* columnist.

columpiar /kolum'pjar/ [➪ CAMBIAR] *vt* to swing.

columpiarse *v prnl* **1.** (*en unos columpios*) to play on a swing. **2.** (*en una silla, etc.*) to rock, to swing.

columpio /ko'lumpjo/ **I** *sm* swing.

II columpios *sm pl* playground.

colza /'kolθa/ *sf* (*Bot*) rape.

coma /'koma/ **I** *sf* **1.** (*Ling, Mús*) comma • **lo recitó sin faltar una coma** he recited it without making a single mistake. **2.** (*Mat*) point: **el doce coma cinco por ciento** twelve point five per cent.

II *sm* coma: **el enfermo cayó en un coma profundo** the patient went into a deep coma.

coma decimal *sf* decimal point.

comadre /ko'maðre/ *sf* **1.** (*vecina*) (*GB*) neighbour, (*US*) neighbor. **2.** (*fam*: *mujer murmuradora*) gossip: **las comadres del pueblo la criticaron mucho** the village gossips criticized her a lot.

comadreja /koma'ðrexa/ *sf* weasel.

comadreo /koma'ðreo/ *sm* gossiping: **se pasa la vida de comadreo** she is always gossiping.

comadrona /koma'ðrona/ *sf* midwife.

comandancia /koman'danθja/ *sf* **1.** (*grado, empleo*) rank of major. **2.** (*división*) *area controlled by a com-*

manding officer. **3.** *(edificio) commanding officer's headquarters.*

comandante /koman'dante/ *sm/f* **1.** *(Mil: gen)* major; *(: de un puesto, un buque de guerra)* commanding officer. **2.** *(de un avión)* pilot, captain.

comandante en jefe, comandante general *sm/f* commander-in-chief.

comandar /koman'dar/ [➪CANTAR] *vt (Mil)* to command.

comandita /koman'dita/ *sf* ● **hicieron el ejercicio en comandita** they did the exercise as a group.

comando /ko'mando/ *sm* **1.** *(soldado)* commando; *(grupo)* commando unit: **el atentado fue obra de un comando terrorista** the outrage was committed by a terrorist unit. **2.** *(Inform)* command.

comarca /ko'marka/ *sf* area, district.

comarcal /komar'kal/ *adj* (of the) district, local.

comatoso, -sa /koma'toso -sa/ *adj* comatose.

comba /'komba/ *sf* skipping rope: **se pusieron a saltar** *a* **la comba** they started skipping ● **en esta profesión no se puede perder comba** in this business you can't afford to miss any opportunity.

combar /kom'bar/ [➪CANTAR] *vt* to warp.

combarse *v prnl* to warp, to sag.

combate /kom'bate/ *sm* **1.** *(pelea)* fight: **fui a ver un combate de boxeo** I went to see a boxing match. **2.** *(Mil)* combat: **murió** *en* **combate** he was killed in combat; **ha habido feroces combates cerca de la capital** there has been fierce fighting around the capital.

combatiente /komba'tjente/ **I** *adj* fighting.

II *sm/f* combatant: **combatientes y no combatientes fueron ejecutados sin distinción** combatants and non-combatants alike were executed.

combatir /komba'tir/ [➪PARTIR] *vi* to fight: **combatieron** *contra* **los invasores** they fought (against) the invaders; **combatió toda su vida** *por* **sus ideales** she fought all her life for her ideals.

♦*vt* to fight (against), to combat: **hicieron todo lo posible para combatir la epidemia** they did everything possible to fight the epidemic; **toda su vida ha combatido la intolerancia** all her life she has fought * combatted intolerance.

combatirse *v prnl* to fight.

combativo, -va /komba'tiβo -βa/ *adj* combative, aggressive: **tiene un espíritu combativo** he has an aggressive nature.

combi /'kombi/ *sf (Amér L)* minibus.

combinación /kombina'θjon/ *sf* **1.** *(mezcla, clave)* combination: **la combinación de hidrógeno y oxígeno produce agua** the combination of hydrogen and oxygen produces water; **qué combinación de colores tan acertada** what a good combination of colours; **se me ha olvidado la combinación de la caja fuerte** I've forgotten the combination for the safe; **la combinación ganadora esta semana es la siguiente...** this week's winning combination is as follows.... **2.** *(arreglo)* arrangement: **ideó una combinación para organizar el trabajo** he worked out a scheme to organize the work. **3.** *(Transp: enlace)* connection: **desde casa tengo muy buena combinación/una combinación muy mala para ir al trabajo** I have very good/very poor connections for getting to work. **4.** *(debajo del vestido)* slip, petticoat; *(debajo de la falda)* underskirt. **5.** *(en fútbol, etc.)* move.

combinada /kombi'naða/ *sf (Dep)* combined event.

combinado, -da /kombi'naðo -ða/ **I** *adj* combined.

II combinado *sm* **1.** *(mezcla)* mixture. **2.** *(bebida)* cocktail. **3.** *(equipo)* team: **el combinado nacional se impuso en la tanda de penaltis** the national team won on penalties.

combinar /kombi'nar/ [➪CANTAR] *vt* **1.** *(mezclar)* to combine, to mix. **2.** *(armonizar)* to combine, to match: **combina muy bien los colores al vestir** the way she dresses shows good colour sense; **combina el estudio con el trabajo** he manages to combine studying with work.

♦*vi (en fútbol)* to combine.

combinarse *v prnl*: **se combinan** *para* **no hacerse la competencia** they have come to an arrangement to avoid competing with each other.

combustible /kombus'tiβle/ **I** *adj* combustible.

II *sm* fuel.

combustión /kombus'tjon/ *sf* combustion.

comecocos /kome'kokos/ *sm inv (fam)* **1.** *(cosa que absorbe)*: **este problema es un comecocos** this problem is a real brainteaser. **2.** *(persona)*: **no se le puede hacer caso, es un comecocos** don't pay any attention to him, he's just trying to get round you. **3.** *(Juegos)* Pac-Man®.

comedero /kome'ðero/ *sm* *(recipiente)* trough; *(sitio)* feeding place.

comedia /ko'meðja/ *sf* **1.** *(obra, película, género)* comedy; *(obra de teatro: gen)* play; *(: cómica)* comedy. **2.** *(fam: fingimiento)*: **su enfermedad fue una comedia** his illness was all an act ● **no hagas tanta comedia** don't put on such an act.

comedia de capa y espada *sf* cloak and dagger drama.

comedia de enredo *sf* farce.

comediante, -ta /kome'ðjante -ta/ *sm/f* **1.** *(hombre)* actor; *(mujer)* actress. **2.** *(farsante)* fraud, charlatan.

comedido, -da /kome'ðiðo -ða/ *adj* restrained: **fue muy comedido** *en* **sus declaraciones** he was very restrained in his comments.

comediógrafo, -fa /kome'ðjoɣrafo -fa/ *sm/f* playwright.

comedirse /kome'ðirse/ [➪pedir] *v prnl* to restrain oneself: **se comidió en sus palabras** he was restrained in what he said.

comedor, -dora /kome'ðor -'ðora/ **I** *adj*: **son muy comedores** they're big eaters.

II comedor *sm* **1.** *(habitación: en una casa, un colegio, un hotel)* dining room; *(: en una empresa)* canteen. **2.** *(mobiliario) matching dining table and chairs*: **compramos un comedor de nogal** we bought a walnut dining table and chairs.

comencé /komen'θe/ *first person singular of the preterite tense of* ➪ comenzar

comensal /komen'sal/ *sm/f* table companion: **los comensales dieron buena cuenta de la cena** the assembled company duly dispatched the meal.

comentar /komen'tar/ [➪CANTAR] *vt* **1.** *(interpretar)* to comment on, to make comments on: **comentamos unos poemas en clase** we commented on some poems in class; *(explicar)*: **el guía iba comentando lo que veían** the guide gave a running commentary on what they saw. **2.** *(discutir)* to discuss: **nos limitamos a comentar lo que había sucedido** we confined ourselves to discussing what had happened.

comentario /komen'tarjo/ **I** *sm* **1.** *(opinión)* comment, remark: **sus comentarios suelen ser acertados** his comments are usually accurate. **2.** *(escrito)* commentary.

II comentarios *sm pl (habladurías)* gossip: **su com-**

portamiento dio lugar a todo tipo de comentarios his behaviour gave rise to all sorts of gossip.

comentario de texto *sm* (*Educ*) analysis, commentary (*on a text*).

comentarista /komenta'rista/ *sm/f* commentator.

comenzar /komen'θar/ [➪table: comenzar] *vt* to begin, to start.

♦*vi* to begin, to start: **comenzó explicando...** she began by explaining...; **mañana comienza el curso escolar** the school year starts tomorrow ● **¡ya comenzamos!** here we go again!

♦**comenzar a** *v aux* (*seguido de infinitivo*) to begin, to start: **comenzó a llover** it started ∗ began to rain.

comenzar

INDICATIVE

Present	Preterite
comienzo	comencé
comienzas	comenzaste
comienza	comenzó
comenzamos	comenzamos
comenzáis	comenzasteis
comienzan	comenzaron

SUBJUNCTIVE

Present	
comience	comencemos
comiences	comencéis
comience	comiencen

IMPERATIVE

(tú) comienza	(usted) comience
(vosotros) comenzad	(ustedes) comiencen

For the rest of the tenses ➪ CANTAR (in appendix)

comer /ko'mer/ [➪TEMER] *vt* **1.** (*alimentarse de: gen*) to eat: **comimos cochinillo** we ate sucking pig; (*: como almuerzo/cena*) to eat (*for lunch/dinner*): **este mediodía he comido sardinas a la plancha** I had grilled sardines for lunch today ● **sin comerlo ni beberlo se vio metida en ese lío** though it had nothing to do with her she found herself caught up in that messy affair ● **se lo comieron (vivo) los mosquitos** he was eaten alive by mosquitos ● **el jefe se lo va a comer vivo** the boss is going to skin him alive. **2.** (*gastar*) to wear away: **el agua (se) come la piedra** water wears away stone; **los frecuentes lavados han acabado por comer(se) los colores de esta blusa** frequent washing has caused the colours of this blouse to fade; (*destruir*): **(se) lo comen los celos** he is eaten up with jealousy. **3.** (*empequeñecer*) to make smaller: **la barba (se) te come la cara** your beard makes your face look smaller. **4.** (*en ajedrez, damas, etc.*) to take: **me comí su reina** I took his queen.

♦*vi* (*alimentarse*) to eat: **se pasa la vida comiendo** he is always eating; **les he echado de comer a las bestias** I've fed the animals; (*almorzar, cenar*) to eat lunch/dinner: **¿ya has comido?** have you eaten yet?, have you had lunch/dinner yet? ● **Carmen es de buen comer** Carmen has a good appetite ● **a ése hay que echarle de comer aparte** he has to be treated as a special case ● **es así: ni come ni deja comer** that's the way he is: he won't do it but he won't let anyone else do it instead.

comerse *v prnl* **1.** (*alimentarse de*) to eat: **se comió un pollo entero** he ate ∗ devoured a whole chicken; **se comía las uñas presa de la inquietud** he was biting his nails with worry. **2.** (*despilfarrar*) to blow: **se comió la herencia en unos meses** he blew the inheritance in a matter of months. **3.** (*omitir*) to miss out: **se ha comido dos líneas del texto** he's missed out two lines of the text; **se come las eses al hablar** she doesn't pronounce her s's when she speaks. **4.** (*anular*): **la primera actriz se comió a sus compañeros de reparto** the leading lady outclassed the rest of the cast.

comercial /komer'θjal/ *adj* commercial, business.

comercializar /komerθjali'θar/ [➪cazar] *vt* to market.

comerciante /komer'θjante/ **I** *adj* money-minded: **triunfará, siempre ha sido muy comerciante** she'll succeed, she has always been very money-minded.

II *sm/f* shopkeeper, (*US*) storekeeper.

comerciar /komer'θjar/ [➪CAMBIAR] *vi* to trade, to do business: **los países africanos comercian mucho** *en* **materias primas** African countries trade a great deal in raw materials; **nunca me ha gustado comerciar** *con* **ellos** I have never liked doing business with them.

comercio /ko'merθjo/ *sm* **1.** (*actividad*) commerce, trade: **la crisis ha provocado un descenso del comercio internacional** the crisis has caused a decline in international trade. **2.** (*establecimiento*) shop, (*US*) store: **han abierto dos comercios nuevos en la plaza** they've opened two new shops in the square.

comestible /komes'tiβle/ **I** *adj* edible.

II comestibles *sm pl* food, foodstuffs *pl.*

cometa /ko'meta/ **I** *sm* (*Astron*) comet.

II *sf* (*para jugar*) kite.

cometer /kome'ter/ [➪TEMER] *vt* **1.** (*una falta, un error*) to make. **2.** (*un delito*) to commit.

cometido /kome'tiðo/ *sm* **1.** (*misión*) assignment: **su cometido era reducir los gastos** his assignment was to reduce costs. **2.** (*deber*) duty: **esto forma parte de mi cometido** this is part of my duties.

comezón /kome'θon/ *sm* **1.** (*picor*) itch, irritation. **2.** (*inquietud*) restlessness, anxiety: **antes de los exámenes, el comezón no la dejaba dormir** before the exams she was so anxious ∗ worried she couldn't sleep.

cómic /'komik/ *sm* [**cómics**] comic.

comicidad /komiθi'ðað/ *sf* (*GB*) humour, (*US*) humor: **no veía la comicidad de la situación** he couldn't see the funny side of the situation.

comicios /ko'miθjos/ *sm pl* elections *pl.*

cómico, -ca /'komiko -ka/ **I** *adj* **1.** (*de la comedia*) comic: **no soy muy aficionado al teatro cómico** I'm not very keen on comedy; **fue la actriz cómica más famosa de la época** she was the most famous comic actress of the time. **2.** (*gracioso*) funny.

II *sm/f* (*hombre*) actor; (*mujer*) actress (*especially a comedian/comedienne*).

comida /ko'miða/ *sf* **1.** (*alimento*) food. **2.** (*acto: gen*) meal: **aquí lo más normal es hacer tres comidas al día** here most people have three meals a day; (*: al mediodía*) lunch; (*: Amér L: por la noche*) dinner.

comida casera *sf* home cooking.

comida de negocios *sf* working lunch.

comida para llevar *sf* (*GB*) takeaway food, (*US*) takeout.

comidilla /komi'ðiʎa/ *sf* (*fam*) (subject of) gossip: **han sido la comidilla del barrio últimamente** they've been the talk of the town lately.

comienzo /ko'mjenθo/ **I** *and other forms with* **comienz-** ⇨ comenzar
II *sm* beginning: **el cambio se produjo** *a* **comienzos** *de* **siglo** the change came about at the beginning of the century.
comillas /ko'miʎas/ *sf pl* inverted commas *pl*: *entre* **comillas** in inverted commas.
comilón, -lona /komi'lon -'lona/ **I** *adj*: **es muy comilón** he has a big appetite.
II *sm/f* glutton.
comilona /komi'lona/ *sf (fam)* big meal, blowout.
comino /ko'mino/ *sm* **1.** *(Bot)* cumin, cummin ● **haz lo que quieras, me importa un comino** do what you want, I couldn't care less. **2.** *(fam: niño)* little chap: **mira al comino, cómo quiere llegar a la mesa** look at the little chap trying to reach the table.
comisaría /komisa'ria/ *sf* police station.
comisario, -ria /komi'sarjo -rja/ *sm/f* **1.** *(de policía)* police superintendent. **2.** *(delegado)* commissioner, organizer: **lo han nombrado comisario de la exposición** he's been put in overall charge of the exhibition. **3.** *(de la UE)* commissioner.
comisión /komi'sjon/ *sf* **1.** *(porcentaje)* commission: **trabaja con una comisión del cinco por ciento** she earns commission at five percent. **2.** *(junta)* committee: **ya no pertenece a la comisión organizadora** she's no longer on the organizing committee. **3.** *(encargo)*: **lo trasladaron** *en* **comisión a nuestra oficina en Alemania por un mes** he was seconded to our office in Germany for a month.
Comisión Europea *sf*: **la Comisión Europea** the European Commission.
comisión permanente *sf* standing commitee.
comisura /komi'sura/ *sf (Anat)* corner: **tengo una grieta en la comisura de los labios** I have a sore in the corner of my mouth.
comité /komi'te/ *sm* committee.
comitiva /komi'tiβa/ *sf* retinue.
como /'komo/ **I** *conj* **1.** *(conforme)* as: **lo hice como me dijeron** I did it as they told me to; **hazlo como quieras** do it however you like; **como puede comprobarse...** as you can see.... **2.** *(para introducir ejemplos)* such as: **algunos animales, como el perro y el gato...** some animals, such as the dog and the cat.... **3.** *(comparando)*: **anda como su madre** she walks in the same way as her mother, she walks just like her mother. **4.** *(si)* if: **como no me lo digas, me voy** if you don't tell me, I'll leave. **5.** *(porque)* as, since: **como no me llamaste, me fui** since * as you didn't phone me, I went out. **6.** *(que)* that: **verás como te lo pasas muy bien** you'll see, you're going to have a good time. **7. como que** as if: **oyó como que llovía** it sounded to him as if it were raining. **8. como si** as if: **nos trata como si fuéramos niños** he treats us as if we were children.
II *adv (aproximadamente)* about: **llegaré como en diez minutos** I'll be there in about ten minutes.
III *prep (en calidad de)* as: **asistió a la recepción como alcalde** he attended the reception (in his capacity) as mayor.
cómo /'komo/ **I** *adv interrogativo* **1.** *(de qué manera)* how: **¿cómo te llamas?** what's your name? ● **¿a cómo está la ternera?** how much is the veal? **2.** *(por qué)*: **¿cómo no lo compras?** why don't you buy it?; **no sé cómo me aguanto** I don't know why I put up with it. **3.** *(fam: al no entender algo)*: **¿cómo?** what? * sorry?
II *adv exclamativo* **1.** *(gen)* how: **¡cómo me gustó el concierto!** how I enjoyed the concert! I really enjoyed the concert! **2. cómo no** of course: **"¿Me puedes llevar a la estación?" "¡Cómo no!"** "Could you give me a lift to the station?" "But of course!"
III *excl* my goodness.
cómoda /'komoða/ *sf* chest of drawers, *(US)* bureau.
comodidad /komoði'ðað/ *sf* comfort.
comodín /komo'ðin/ *sm* **1.** *(en la baraja)* joker. **2.** *(persona)*: **en la oficina me tienen de comodín** I do all sorts of different jobs in the office. **3.** *(Inform)* wild card.
cómodo, -da /'komoðo -ða/ **I** *adj* **1.** *(confortable)* comfortable. **2.** *(fácil)* convenient: **le es más cómodo ir en tren** the train is more convenient for her. **3.** *(fam: perezoso)* lazy: **hago la cena todos los días, porque Laura es tan cómoda** I make the supper every day, because Laura is so lazy.
II *sm/f* lazybones *n inv.*
comodón, -dona /komo'ðon -'ðona/ *(fam)* **I** *adj* lazy.
II *sm/f* lazybones.
comoquiera, como quiera /komo'kjera/ **comoquiera que** *conj* **1.** *(de cualquier modo)* however: **comoquiera que vayan, llegarán tarde** however they go, they're going to be late. **2.** *(dado que)* since: **comoquiera que tenían algo de dinero, pudieron...** since they had some money they were able....
compact disc /'kompak dis/ *sm* compact disc.
compactar /kompak'tar/ [⇨ CANTAR] *vt* to compress.
compacto, -ta /kom'pakto -ta/ **I** *adj (denso)* compact.
II compacto *sm (disco)* compact disc.
compadecer /kompaðe'θer/ [⇨ agradecer] *vt* to pity: **compadezco** *a* **la pobre que se case con él** I pity the poor girl who marries him; **¿te tocó ella de profesora? ¡te compadezco!** is she going to be your teacher? I feel sorry for you.
compadecerse *v prnl* to have * take pity: **se compadece** *de* **todos los que sufren** he takes pity on all those who suffer.
compadre /kom'paðre/ *sm (fam)* friend, pal.
compaginar /kompaxi'nar/ [⇨ CANTAR] *vt*: **durante años compaginó el estudio con el trabajo** for many years she studied and held down a job at the same time; **tiene que compaginar el trabajo con los hijos** she has to work and look after her children.
compaginarse *v prnl* to be compatible.
compañerismo /kompaɲe'rizmo/ *sm* companionship.
compañero, -ra /kompa'ɲero -ra/ *sm/f* **1.** *(camarada)* colleague: **voy a hacer un viaje con unos compañeros de trabajo** I'm going on a trip with some colleagues * friends from work; **fue compañera mía en la universidad** she was at university with me. **2.** *(pareja)* partner. **3.** *(de un calcetín, un pendiente, etc.)* other one *(of a pair)*: **tengo un calcetín pero me falta el compañero** I have one sock, but I can't find the other one.
compañía /kompa'ɲia/ *sf* **1.** *(de acompañar)* company: **vuelvo más tarde, no sabía que tenías compañía** I'll come back later, I didn't know you had company * visitors; **la radio es la única compañía que tengo** the radio is the only company I have; **pasaron el fin de semana** *en* **compañía** *de* **sus abuelos** they spent the weekend with * in the company of their grandparents. **2.** *(empresa, agrupación)* company: **las compañías de seguros están perdiendo mucho dinero** insurance companies are losing a lot of money; **es una compañía de teatro de aficionados** it's an amateur theatre company. **3.** *(de soldados)* company.
comparable /kompa'raβle/ *adj* comparable: **tu caso**

no es comparable *con* **el suyo** your case isn't comparable to theirs; **la situación no era comparable** *a* **las precedentes** the situation wasn't comparable to previous ones.

comparación /kompara'θjon/ *sf* comparison: **me gusta mucho más la verde,** *sin* **comparación** I much prefer the green one, there's no comparison; *en* **comparación** *con* **su hermana, Eduardo parece bajo** Eduardo looks small in comparison with his sister.

comparar /kompa'rar/ [➪ CANTAR] *vt* to compare.

comparativo, -va /kompara'tiβo -βa/ **I** *adj* comparative.
II comparativo *sm* comparative.

comparecer /kompare'θer/ [➪ agradecer] *vi* to appear: **tiene que comparecer** *ante* **el juez el viernes** she has to appear before the judge on Friday.

comparsa /kom'parsa/ **I** *sm/f* **1.** (*en una obra de teatro, una película*) extra. **2.** (*persona sin poder*): **a pesar del cargo, es un mero comparsa en la empresa** despite his position, he doesn't really hold any power in the company.
II *sf* **1.** (*conjunto de extras*) extras *pl.* **2.** (*en un carnaval*) *group of musicians and singers (wearing fancy dress).*

compartimentar /kompartimen'tar/ [➪ CANTAR] *vt* to compartmentalize.

compartimento /komparti'mento/ *sm* compartment.
compartimento estanco *sm* (*Náut*) watertight compartment • **el gobierno local y el nacional funcionan como compartimentos estancos** there's absolutely no communication between local and national government.

compartimiento /komparti'mjento/ *sm* ➪ compartimento

compartir /kompar'tir/ [➪ PARTIR] *vt* to share.

compás /kom'pas/ *sm* **1.** (*para dibujar*) compasses *pl.* **2.** (*Mús*: *gen*) time, measure: **se movían** *al* **compás** *de* **la música** they moved in time to the music; (*: ritmo*) beat; (*: división*) bar. **3.** (*Náut*) compass.

compasión /kompa'sjon/ *sf* compassion, pity.

compasivo, -va /kompa'siβo -βa/ *adj* compassionate.

compatibilidad /kompatiβili'ðað/ *sf* compatibility.

compatible /kompa'tiβle/ *adj* compatible: **mi ordenador no es compatible** my computer isn't compatible; **su horario de trabajo no es compatible** *con* **las clases** her working hours aren't compatible with going to the classes.

compatriota /kompa'trjota/ *sm/f* (*hombre*) (fellow) countryman; (*mujer*) (fellow) countrywoman.

compendiar /kompen'djar/ [➪ CAMBIAR] *vt* **1.** (*un libro, un texto*) to summarize, to abridge. **2.** (*una idea, un problema*) to encapsulate.

compendio /kom'pendjo/ *sm* summary.

compenetración /kompenetra'θjon/ *sf* mutual understanding: **había una gran compenetración entre los dos hermanos** the two brothers understood each other perfectly.

compenetrarse /kompene'trarse/ [➪ CANTAR] *v prnl* to understand each other ✱ one another: **un entrenador y su equipo tienen que compenetrarse muy bien** a coach and his team must have a very good mutual understanding.

compensación /kompensa'θjon/ *sf* compensation: **no aceptó el dinero que le ofrecían** *en* **compensación** he did not accept the money he was offered in ✱ as compensation.

compensar /kompen'sar/ [➪ CANTAR] *vt* **1.** (*equilibrar*) to make up for: **la feliz estancia compensó el largo viaje** the pleasant stay made up for the long journey; **te compensará madrugar** it will be well worth your while to get up early. **2.** (*indemnizar*) to compensate, to indemnify: **el seguro compensó a los dañados por el incendio** the insurance company compensated the victims of the fire. **3.** (*un cheque*) to clear.
♦ *vi* to be worthwhile: **este tipo de trabajo no compensa** this kind of work is not worthwhile ✱ is not worth it.
compensarse *v prnl* to be compensated for: **la pérdida de un mes se compensa** *con* **la ganancia de otro** the loss made in one month is compensated for by the profit made in another.

competencia /kompe'tenθja/ *sf* **1.** (*rivalidad*) competition: **han presentado denuncia por competencia desleal** they have lodged a complaint alleging unfair competition. **2.** (*oposición*) competition: **se ha pasado a la competencia** he's joined our competitors; **la competencia acaba de sacar un nuevo modelo** the competition have ✱ has just brought out a new model. **3.** (*jurisdicción: gen*) responsibility: **la limpieza de las calles es competencia del ayuntamiento** the cleaning of the streets falls within the responsibilities of the town council; **no era** *de* **su competencia** it didn't fall within his sphere of responsibility; (*: legal, territorial*) jurisdiction. **4.** (*aptitud*) ability, competence: **nadie duda de su competencia como redactor** nobody doubts his competence as an editor. **5.** (*Amér L: deportiva, de poesía, etc.*) competition.

competente /kompe'tente/ *adj* **1.** (*autorizado*) competent: **el tribunal se declaró competente en el asunto** the court declared itself competent to deal with the case. **2.** (*experto*) competent, able.

competer /kompe'ter/ [➪ TEMER] *vi* (*Jur*): **compete al juez emitir sentencia** sentencing is the responsibility of the judge.

competición /kompeti'θjon/ *sf* competition.

competidor, -dora /kompeti'ðor -'ðora/ **I** *adj* competing.
II *sm/f* competitor: **la empresa no puede ignorar a sus competidores** the firm can't ignore its competitors ✱ the competition.

competir /kompe'tir/ [➪ pedir] *vi* (*contender*) to compete: **tres novelistas competían** *por* **el primer premio** three novelists were competing for the first prize; **tiene que competir** *con* **las mejores tenistas del mundo** she has to compete against the best tennis players in the world.

competitividad /kompetitiβi'ðað/ *sf* competitiveness.

competitivo, -va /kompeti'tiβo -βa/ *adj* competitive.

compilación /kompila'θjon/ *sf* compilation.

compilar /kompi'lar/ [➪ CANTAR] *vt* to compile.

compinche /kom'pintʃe/ *sm/f* (*fam*) **1.** (*de fechorías*) accomplice. **2.** (*amigo*) pal, buddy.

compito /kom'pito/ *and other forms with* **compit-** ➪ competir

complacencia /kompla'θenθja/ *sf* **1.** (*placer*) satisfaction: **hablaba con complacencia de sus éxitos** he spoke about his successes with satisfaction. **2.** (*tolerancia*) indulgence: **trata a su hijo con demasiada complacencia** she's too indulgent towards her son.

complacer /kompla'θer/ [➪ agradecer] *vt* to please: **complacer a toda la familia durante las vacaciones se ha vuelto un verdadero problema** pleasing the whole family during the holidays has become a real problem.

complacerse *v prnl* to take pleasure: **se complacía** *en* **escuchar a sus hijos** he took pleasure in listening to his children.

complaciente /kompla'θjente/ *adj* obliging.

complejidad /komplexi'ðað/ *sf* complexity.

complejo, **-ja** /kom'plexo -xa/ **I** *adj* complex, complicated.

II complejo *sm* (*Arquit, Med*) complex: **parece tener un complejo de culpabilidad** he seems to have a guilt complex; **tiene un poco de complejo por lo gorda que está** she's got a bit of a complex about her weight; **han rechazado la construcción de un complejo hotelero** the plan for the construction of a hotel complex has been rejected.

complejo de Edipo *sm* Oedipus complex.

complejo de inferioridad *sm* inferiority complex.

complejo de superioridad *sm* superiority complex.

complementar /komplemen'tar/ [➪ CANTAR] *vt* to complement.

complementarse *v prnl* to complement one another.

complementario, **-ria** /komplemen'tarjo -rja/ *adj* complementary.

complemento /komple'mento/ *sm* **1.** (*añadido: gen*) complement: **un buen vino blanco sería el complemento ideal para este plato** a good white wine would make the ideal complement to this dish; (*: del vestir*) accessory. **2.** (*Ling*: *de un sustantivo*) complement; (*: de un verbo*) object.

complemento circunstancial *sm* adverbial adjunct.

complemento directo *sm* direct object.

complemento indirecto *sm* indirect object.

completamente /kompleta'mente/ *adv* completely.

completar /komple'tar/ [➪ CANTAR] *vt* to complete: **sólo le queda un curso para completar sus estudios** she only has one year left to complete her studies.

completo, **-ta** /kom'pleto -ta/ *adj* **1.** (*entero*) complete, whole: **vino la familia** *al* **completo** the whole family came; **se me había olvidado** *por* **completo** it had gone out of my mind completely. **2.** (*lleno*) full: **el autobús está completo** the bus is full; **el hotel estaba** *al* **completo** the hotel was full.

complexión /komplek'sjon/ *sf* build: **Roberto es de complexión robusta** Roberto is strongly-built.

complicación /komplika'θjon/ *sf* complication: **tiene el don de meterse en complicaciones** he has a talent for getting into complicated situations.

complicado, **-da** /kompli'kaðo -ða/ *adj* **1.** (*difícil*) complicated. **2.** (*involucrado*) involved.

complicar /kompli'kar/ [➪ sacar] *vt* **1.** (*dificultar*) to complicate: **no nos compliques la vida** don't make life difficult for us. **2.** (*involucrar*) to involve: **el ladrón complicó a otros** *en* **el robo** the thief involved others in the robbery.

complicarse *v prnl* to become complicated • **dile que no se complique demasiado la vida** tell him not to make life too difficult for himself.

cómplice /'kompliθe/ *sm/f* accomplice.

complicidad /kompliθi'ðað/ *sf* complicity.

compló, **complot** /kom'plo(t)/ *sm* [**complós** ✻ **complots**] plot, conspiracy.

componenda /kompo'nenða/ *sf* deal, fix: **permaneció en el poder a base de componendas con los partidos minoritarios** he stayed in power through political horsetrading with the minority parties.

componente /kompo'nente/ **I** *adj* component.

II *sm/f* (*miembro*) member: **me presentó a todos los componentes del equipo** he introduced me to all the members of the team.

III *sm* (*pieza, elemento*) component.

componer /kompo'ner/ [➪ poner; *past participle* **compuesto**] *vt* **1.** (*formar*) to form, to make up: **el bufete lo componían tres abogados** the law firm was made up of three lawyers; **tienes que componer una frase con estas cuatro palabras** you have to make up a sentence using these four words. **2.** (*Lit, Mús*) to compose: **compuso la sinfonía en un año** he composed the symphony in a year. **3.** (*arreglar*) to fix, to mend: **quiero que me compongan este sillón** I want to have this armchair mended. **4.** (*fam*: *mejorar*) to settle: **una manzanilla te compondría el estómago** a cup of camomile tea would settle your stomach. **5.** (*en tipografía*) to compose, to set.

componerse *v prnl* **1.** (*estar formado*) to consist, to be made up: **el aparato se compone** *de* **cuatro partes** the machine consists of four parts. **2.** (*escribirse*) to be composed: **en el siglo XVIII se compusieron muchas óperas** many operas were composed in the 18th century. **3. componérselas**: **ya se lo avisé, ahora se las tendrá que componer solo** I warned him, now he'll have to manage on his own.

comportamiento /komporta'mjento/ *sm* conduct, (*GB*) behaviour, (*US*) behavior.

comportar /kompor'tar/ [➪ CANTAR] *vt* to involve: **el cargo comportaba obligaciones** the post involved ✻ carried obligations.

comportarse *v prnl* to behave: **los controles no se comportan como debieran** the controls aren't working as they should; **se sabe comportar** he knows how to behave.

composición /komposi'θjon/ *sf* (*gen*) composition; (*en tipografía*) typesetting.

composición de lugar *sf*: **antes de decidirme, me tengo que hacer una composición de lugar** before I can decide, I need to get a balanced view of the situation; **enseguida se hizo una composición de lugar** he sized up the situation straight away.

compositor, **-tora** /komposi'tor -'tora/ *sm/f* composer.

compostelano, **-na** /komposte'lano -na/ **I** *adj* of ✻ from Santiago de Compostela.

II *sm/f* native ✻ inhabitant of Santiago de Compostela.

compostura /kompos'tura/ *sf* composure: **jamás pierde la compostura** he never loses his composure.

compota /kom'pota/ *sf* compote, stewed fruit.

compra /'kompra/ *sf* **1.** (*lo comprado*): **fue una buena compra** it was a good purchase ✻ buy; **llevaba la compra en un carrito** he had his shopping ✻ purchases in a trolley. **2.** (*actividad*): **odio tener que ir** *de* **compras los sábados** I hate having to go shopping on Saturdays; **hace la compra cada día** she does the (food) shopping every day.

comprador, **-dora** /kompra'ðor -'ðora/ *sm/f* buyer, purchaser.

comprar /kom'prar/ [➪ CANTAR] *vt* **1.** (*adquirir*) to buy: **¿qué tipo de juguetes compramos** *para* **los niños?** what kind of toys shall we buy for the children?; **le compré un atlas** I bought him an atlas, I bought an atlas for him; **¿qué le has comprado** *a* **tu padre?** what have you bought (for) your father?; **le compré la bicicleta** *a* **un compañero** I bought the bicycle from a colleague at work. **2.** (*sobornar*) to bribe, to buy off: **la familia del acusado intentó comprar** *al* **juez** the family of the accused tried to bribe the judge.

compraventa /kompra'βenta/ *sf* dealing, buying and

selling: **se dedica a la compraventa de coches usados** he buys and sells second-hand cars, he's a second-hand car dealer.

comprender /kompren'der/ [⇨TEMER] *vt* **1.** (*entender*) to understand: **se comprende muy bien que rechazara la oferta** it is easy to understand why she rejected the offer. **2.** (*abarcar*) to comprise, to include: **la región comprende cien pueblos** the region comprises a hundred villages.

comprenderse *v prnl* to understand each other.

comprensible /kompren'siβle/ *adj* understandable.

comprensión /kompren'sjon/ *sf* understanding.

comprensivo, -va /kompren'siβo -βa/ *adj* understanding.

compresa /kom'presa/ *sf* **1.** (*paño higiénico*) (*GB*) sanitary towel, (*US*) sanitary napkin. **2.** (*apósito*) compress.

compresor /kompre'sor/ *sm* compressor.

comprimido /kompri'miðo/ *sm* tablet.

comprimir /kompri'mir/ [⇨PARTIR] *vt* to compress.

comprimirse *v prnl* **1.** (*cosas*) to become compressed. **2.** (*personas*) to squeeze together * up: **si se comprimen, cabrán todos en el coche** if you squeeze up, you'll all fit into the car.

comprobable /kompro'βaβle/ *adj* verifiable.

comprobación /komproβa'θjon/ *sf* verification, checking.

comprobante /kompro'βante/ *sm* receipt, supporting document: **para recuperar los gastos, tengo que guardar los comprobantes** in order to have my expenses reimbursed, I have to keep the receipts.

comprobar /kompro'βar/ [⇨contar] *vt* **1.** (*revisar*) to check: **comprobó los frenos antes de salir de viaje** she checked the brakes before starting the journey. **2.** (*ratificar*) to confirm: **comprobó las cifras otra vez antes de presentarlas al jefe** she rechecked the figures before giving them to her boss.

comprometedor, -dora /kompromete'ðor -'ðora/ **I** *adj* (*documentos, cartas*) compromising; (*persona*) troublemaking: **siempre fue un empleado muy comprometedor** he was always a difficult employee. **II** *sm/f* troublemaker.

comprometer /komprome'ter/ [⇨TEMER] *vt* **1.** (*implicar*) to compromise, to involve: **sus declaraciones comprometieron a otras personas** his statements compromised other people. **2.** (*poner en peligro*) to jeopardize, to put at risk: **su inexperiencia comprometió el éxito de la operación** his inexperience jeopardized * put at risk the success of the operation. **3.** (*responsabilizar*) to bind, to oblige: **el contrato me compromete a trabajar dos años en la empresa** the contract binds me to work for the company for two years.

comprometerse *v prnl* **1.** (*arriesgarse*) to compromise oneself: **se comprometieron mucho para ayudarnos** they risked a great deal in helping us. **2.** (*responsabilizarse*) to commit oneself: **se ha comprometido a acabar en tres días** he's committed himself to finishing in three days. **3.** (*prometerse*) to get engaged: **se han comprometido y se quieren casar este año** they've got engaged and want to get married this year.

comprometido, -da /komprome'tiðo -ða/ *adj* **1.** (*arriesgado*) at risk. **2.** (*delicado*) difficult, awkward: **lo de su ascenso es un asunto muy comprometido** the question of his promotion is very awkward. **3.** (*prometido*) engaged: **están comprometidos desde hace tres meses** they have been engaged for three months.

compromiso /kompro'miso/ *sm* **1.** (*promesa*) obligation: **lo tuve que hacer** *por* **compromiso** I had to do it out of a sense of obligation; (*en anuncios*): **ése es nuestro compromiso de calidad** that is our guarantee of quality. **2.** (*cita*) appointment, engagement: **no me será posible asistir debido a un compromiso anterior** I will not be able to attend because of a prior engagement; **esta tarde no tengo ningún compromiso** I'm free this evening. **3.** (*de boda*) engagement: **van a anunciar su compromiso el sábado** their engagement will be announced on Saturday. **4.** (*apuro*) difficult situation: **me pones en un compromiso** you're putting me in an awkward position. **5.** (*arreglo*) agreement, compromise: **la dirección llegó a un compromiso con los sindicatos** the management reached a compromise with the unions.

compruebo /kom'prwebo/ *and other forms with* ***comprueb-*** ⇨comprobar

compuerta /kom'pwerta/ *sf* sluice, floodgate.

compuesto, -ta /kom'pwesto -ta/ **I** *past participle of* ⇨componer
II *adj* **1.** (*complejo*) compound: **el participio pasado sirve para formar los tiempos compuestos** the past participle is used to form compound tenses. **2.** (*arreglado*) ready: **ya estoy compuesto, podemos irnos** I'm ready, we can go ● **...y cuando ya estaba todo listo, Pilar se echa para atrás y me deja compuesta y sin novio...** ...and then, just when everything was ready, Pilar backed out and left me all dressed up with nowhere to go....
III compuesto *sm* compound.

compungido, -da /kompuŋ'xiðo -ða/ *adj* contrite.

computación /komputa'θjon/ *sf* (*Amér L*) computing.

computador /komputa'ðor/ *sm*, **computadora** /komputa'ðora/ *sf* computer.

computar /kompu'tar/ [⇨CANTAR] *vt* to compute, to calculate: **en caso de empate los goles en campo contrario se computan por dos** if there's a draw away goals count double.

computarizar /komputari'θar/, **computerizar** /komputeri'θar/ [⇨cazar] *vt* to computerize.

cómputo /'komputo/ *sm* computation, calculation.

comulgar /komul'ɣar/ [⇨pagar] *vi* **1.** (*Relig*) to receive Holy Communion. **2.** (*en ideas, sentimientos*): **no comulgan** *con* **mi forma de pensar** they don't agree with my way of thinking.

común /ko'mun/ *adj* **1.** (*frecuente, ordinario*) common: **hoy día, es muy común tener lavadora** nowadays it's very common to have a washing-machine; **nos dieron un vino de lo más común** they gave us a very ordinary wine ● **por lo común, los clientes prefieren no venir los sábados** generally, customers prefer not to come on Saturdays ● **el común de los mortales * de las gentes quiere vivir en paz** most people just want to live in peace. **2.** (*colectivo*) shared, communal: **las dos facultades tienen una biblioteca común** the two faculties share the same library ● **estas casas tienen una piscina en común** these houses have a communal swimming pool. **3.** (*Ling*) common: **hay nombres propios y comunes** there are proper nouns and common nouns.

comuna /ko'muna/ *sf* **1.** (*comunidad*) commune. **2.** (*Amér L*: *municipio*) municipality, municipal district; (*: autoridad municipal*) local council.

comunal /komu'nal/ *adj* **1.** (*de la comunidad*) communal. **2.** (*Amér L*: *del municipio*) municipal.

comunicación /komunika'θjon/ **I** *sf* **1.** (*gen*) communication. **2.** (*aviso o nota oficial*) communiqué.

3. (*medio de contacto*) link, connection: **el túnel es la única comunicación entre los dos valles** the tunnel is the only link between the two valleys.
II **comunicaciones** *sf pl* (*transportes, teléfonos*) communications *pl*: **se han cortado las comunicaciones entre Cantabria y el resto de España** communications between Cantabria and the rest of Spain have been cut.
comunicación de masas *sf* mass communications *pl.*

comunicado, -da /komuni'kaðo -ða/ I *adj*: **las dos ciudades están muy bien comunicadas** the two cities have very good communications.
II **comunicado** *sm* communiqué.
comunicado de prensa *sm* press release.

comunicar /komuni'kar/ [⇨sacar] *vt* 1. (*dar información sobre*) to inform: **nos acaban de comunicar el resultado de la votación** we have just been informed * notified of the result of the vote; **lamento tener que comunicarle que...** I regret to have to inform you that.... 2. (*transmitir*): **les comunicó su entusiasmo a los demás** he infected the others with his enthusiasm. 3. (*conectar*) to connect: **decidieron comunicar la sala con el dormitorio** they decided to put in a communicating door between the sitting room and the bedroom.
♦*vi* 1. (*con alguien*) to communicate: **es un político que comunica** *con* **la gente** he's a politician who can communicate with * get across to people. 2. (*con un sitio*): **este lago comunica** *con* **el mar** this lake is connected to the sea. 3. (*cuando se llama por teléfono*) to be engaged, to be busy: **he probado cien veces, pero siempre comunica** I've tried hundreds of times, but it's always engaged * busy.
comunicarse *v prnl* 1. (*una información*): **se comunica a todos los vecinos que...** residents are hereby informed that.... 2. (*estar unidos*) to be linked: **las dos casas se comunican** the two houses are linked.

comunicativo, -va /komunika'tiβo -βa/ *adj* communicative.

comunidad /komuni'ðað/ *sf* community.
comunidad autónoma *sf* (*en España*) autonomous region.
comunidad de bienes *sf* co-ownership.

comunión /komu'njon/ *sf* 1. (*vinculación*) communion. 2. (*Relig*) Holy Communion.

comunismo /komu'nizmo/ *sm* communism.

comunista /komu'nista/ *adj, sm/f* communist.

comunitario, -ria /komuni'tarjo -rja/ *adj* 1. (*de la comunidad*) of * relating to the community. 2. (*de la CE*) of * relating to the EC.

con /kon/ I *prep* 1. (*para indicar compañía*) with: **ha salido de paseo con su novia** he's gone out for a walk with his girlfriend; **sírvalo con una ensalda mixta** serve it with a mixed salad; **merendaron pan con mantequilla** they had bread and butter for tea; (*para indicar característica*) with: **una casa con tres cuartos de baño** a house with three bathrooms; (*para indicar contenido*) with: **se encontró una cartera con dinero** she found a wallet with money in it; (*para indicar relación*): **está casada con mi primo** she's married to my cousin; **está relacionado con lo que te dije ayer** it's related to what I told you yesterday. 2. (*para indicar medio, instrumento*): **tienes que cortarlo con un cuchillo** you have to cut it with a knife; **con llorar no vas a arreglar nada** crying won't get you anywhere; **con que vengas por la tarde es suficiente** if you just come along in the afternoon, that will be fine; (*para indicar modo*): **me trataron con mucho cariño** they treated me with a lot of affection; **lo hizo con mucho cuidado** she did it very carefully. 3. (*para indicar razón, causa*): **quedó muy contenta con el regalo** she was very happy with the present; **me quedé helada con la noticia** I was shocked by the news. 4. (*a pesar de*) in spite of: **con lo alta que es y no se le da bien el baloncesto** in spite of being so tall she's not very good at basketball. 5. **con tal de** in order to: **con tal de encontrar trabajo, haría cualquier cosa** I would do anything to find a job.
II **con tal de que** *conj*: **con tal de que no me molesten a mí, que hagan lo que quieran** as long as they don't bother me they can do whatever they like.

conato /ko'nato/ *sm* 1. (*intentona*) attempt. 2. (*inicio*) beginnings *pl*: **los bomberos apagaron un conato de incendio** the fire brigade extinguished the beginnings of a fire.

concatenación /koŋkatena'θjon/ *sf* concatenation.

concatenar /koŋkate'nar/ [⇨CANTAR] *vt* to concatenate, to link together.
concatenarse *v prnl* to concatenate, to link together.

concavidad /koŋkaβi'ðað/ *sf* concavity.

cóncavo, -va /'koŋkaβo -βa/ *adj* concave.

concebir /konθe'βir/ [⇨pedir] *vt* 1. (*una idea, un hijo*) to conceive. 2. (*esperanzas, sentimientos*) to have, to build up: **cuando salió del coma, empezamos a concebir esperanzas** when he came out of the coma, we started to build up our hopes. 3. (*comprender*) to understand: **no concibo que no te guste viajar** I can't understand you not liking travelling.
♦*vi* to conceive.

conceder /konθe'ðer/ [⇨TEMER] *vt* 1. (*otorgar: gen*) to grant, to concede; (*: un premio, una beca*) to award; (*: un préstamo*) to give: **no le concedieron el préstamo** he was refused the loan. 2. (*admitir*) to admit: **concedo que tenía razón** I admit she was right.

concejal, -jala /konθe'xal -'xala/ *sm/f* (*GB*) (town) councillor, (*US*) councilor.

concejo /kon'θexo/ *sm* town/city council.

concelebrar /konθele'βrar/ [⇨CANTAR] *vt* to celebrate jointly.

concentración /konθentra'θjon/ *sf* 1. (*gen*) concentration. 2. (*de manifestantes*) rally, meeting: **hubo una concentración de manifestantes en la plaza** there was a (mass) demonstration in the square.

concentrado, -da /konθen'traðo -ða/ I *adj* (*gen*) concentrated; (*personas*) assembled.
II **concentrado** *sm* concentrate.

concentrar /konθen'trar/ [⇨CANTAR] *vt* to concentrate.
concentrarse *v prnl* to concentrate: **no puedo concentrarme** *en* **mis estudios** I can't concentrate on my studies.

concéntrico, -ca /kon'θentriko -ka/ *adj* concentric.

concepción /konθep'θjon/ *sf* conception.

concepto /kon'θepto/ *sm* 1. (*idea*) concept, idea: **el concepto de justicia ha cambiado a lo largo de la historia** the concept of justice has changed in the course of history; **tiene un concepto claro de sus derechos** she has a clear idea of her rights. 2. (*juicio*) opinion, view: **tengo muy buen concepto de Pilar** I have a high opinion of Pilar. 3. (*calidad, aspecto*): **no le permiten salir** *bajo* **ningún concepto** they don't let him out under any circumstances. 4. (*en una factura*) item.

conceptuar /konθep'twar/ [⇨actuar] *vt* to think of, to consider.

concerniente /konθer'njente/ *adj* concerning: **trataron problemas concernientes *a* la educación** they dealt with problems concerning education.

concernir /konθer'nir/ [⇨discernir] *vi* **1.** (*atañer*): **a mí no me concierne decidir** it's not my responsibility to decide. **2.** (*afectar*): **no es un problema que me concierna** it isn't a problem that concerns ✻ affects me.

concertar /konθer'tar/ [⇨pensar] *vt* **1.** (*armonizar*) to coordinate: **concertamos nuestros esfuerzos para lograr el objetivo** we coordinated our efforts to achieve our goal. **2.** (*un precio*) to agree (on). **3.** (*una cita, una reunión*) to arrange: **concertaron la reunión para las tres** they agreed to hold the meeting at three. **4.** (*Mús*) to harmonize.

♦*vi* **1.** (*coincidir*) to tally, to agree: **concierta *con* la información que tenemos** it tallies with the information we have. **2.** (*en gramática*) to agree: **el nombre y el adjetivo conciertan en género y número** the noun and the adjective agree in gender and number.

concertina /konθer'tina/ *sf* concertina.

concertista /konθer'tista/ *sm/f* (*Mús*) soloist.

concesión /konθe'sjon/ *sf* **1.** (*en negociaciones*) concession: **ya hemos hecho demasiadas concesiones** we've already made too many concessions. **2.** (*contrato*) franchise: **tienen la concesión de una línea de autobuses** they have the franchise to run a bus route; **tienen la concesión de esta marca** they are the dealers for this brand.

concesionario, -ria /konθesjo'narjo -rja/ **I** *adj* concessionary.

II *sm/f* (*de un contrato: de explotación*) franchise holder; (*: de distribución*) dealer.

concha /'kontʃa/ *sf* **1.** (*Zool*) shell • **es la típica persona siempre metida en su concha** he's a very withdrawn kind of person. **2.** (*materia*) tortoiseshell. **3.** (*en teatro*) prompt box.

concha marina *sf* seashell.

conchabarse /kontʃa'βarse/ [⇨CANTAR] *v prnl* **1.** (*para hacer algo*) to scheme: **se conchabaron para no ir a clase** they hatched a little scheme so as not to go to school. **2.** (*contra alguien*) to gang up: **se han conchabado *contra* el entrenador** they've ganged up on the coach.

concibo /kon'θiβo/ *and other forms with* **concib-** ⇨concebir

conciencia /kon'θjenθja/ *sf* **1.** (*facultad moral*) conscience: **tengo la conciencia tranquila** my conscience is clear; **no tiene conciencia** he is completely unscrupulous • **hicieron un trabajo a conciencia** they made a very careful job of it • **en conciencia debo confesar que mentí a mis compañeros** I have to confess that I lied to my colleagues • **le remordía la conciencia** his conscience was troubling him. **2.** (*percepción*) consciousness, awareness: **no tiene conciencia de lo que está sucediendo** he is quite unaware of what is happening • **tomó conciencia de los problemas del medio ambiente** he became aware of environmental issues.

concienciar /konθjen'θjar/ [⇨CAMBIAR] *vt* to make aware ✻ conscious: **lo concienció *de* la necesidad de combatir la crueldad contra los animales** she made him aware of the need to fight cruelty to animals.

concienciarse *v prnl* to become aware ✻ conscious: **se concienció *del* problema** she became conscious of the problem.

concientizar /konθjenti'θar/ [⇨cazar] *vt* ⇨concienciar

concienzudo, -da /konθjen'θuðo -ða/ *adj* conscientious.

concierto /kon'θjerto/ *sm* **1.** (*Mús: función*) concert; (*: composición*) concerto. **2.** (*trato*) agreement: **finalmente los dos países llegaron a un concierto** in the end the two countries reached an agreement.

conciliábulo /konθi'ljaβulo/ *sm* secret meeting.

conciliación /konθilja'θjon/ *sf* conciliation, reconciliation.

conciliador, -dora /konθilja'ðor -'ðora/ *adj* conciliatory: **acudió a la cumbre con espíritu conciliador** he went to the summit with a conciliatory attitude.

conciliar /konθi'ljar/ **I** *adj* (*Relig*) (of the) council.

II [⇨CAMBIAR] *vt* (*poner de acuerdo, armonizar*) to reconcile: **lograron conciliar a los rivales** they succeeded in reconciling the rivals; **no podía conciliar la idea del aborto *con* su fe religiosa** she couldn't reconcile abortion with her religious faith • **me costó conciliar el sueño** I found it difficult to go to sleep.

conciliarse *v prnl* to come to an agreement.

concilio /kon'θiljo/ *sm* (*Relig*) council.

concisión /konθi'sjon/ *sf* concision: **expuso sus ideas con concisión** she put forward her ideas concisely.

conciso, -sa /kon'θiso -sa/ *adj* concise, brief.

conciudadano, -na /konθjuða'ðano -na/ *sm/f* fellow citizen.

cónclave /'koŋklaβe/ *sm* (*Relig*) conclave.

concluir /koŋklu'ir/ [⇨huir] *vt* **1.** (*acabar*) to finish: **concluyó su intervención con unas palabras de agradecimiento a sus colaboradores** he finished his speech by thanking his assistants. **2.** (*deducir*) to conclude: **el juez concluyó que el acusado era inocente** the judge concluded that the accused was innocent.

♦*vi* to finish, to end: **el curso concluye en el mes de junio** the course ends ✻ finishes in June; **concluyó *por* aceptar nuestra propuesta** she ended up by accepting our proposal.

concluirse *v prnl* to finish.

conclusión /koŋklu'sjon/ *sf* **1.** (*término*) conclusion: **habrá que esperar a la conclusión del estudio para tener elementos de juicio** we'll have to wait till the end of the investigation in order to have a basis for judgement. **2.** (*resolución, determinación*) conclusion: **discutieron durante horas pero no se llegó a ninguna conclusión** they discussed the matter for hours without coming to any conclusion; **llegué a la conclusión de que me estaba mintiendo** I came to the conclusion that he was lying to me • **en conclusión**: **lo que saqué en conclusión es que estaban interesados en el proyecto** I concluded that they were interested in the project; **en conclusión, que hemos de gastar menos** to sum up, we must spend less.

concluso, -sa /koŋ'kluso -sa/ *adj* finished, closed.

concluyente /koŋklu'jente/ *adj* categoric: **fue concluyente en sus juicios** he voiced his opinions in a manner that brooked no opposition.

concordancia /koŋkor'ðanθja/ *sf* (*Ling*) agreement.

concordar /koŋkor'ðar/ [⇨contar] *vi* (*gen*) to agree: **sus opiniones concuerdan *con* las mías** his opinions agree with mine; (*Ling*): **el sustantivo y el adjetivo concuerdan *en* género y número** the noun and the adjective agree in gender and number.

concordato /koŋkor'ðato/ *sm* concordat.

concordia /koŋ'korðja/ *sf* concord, harmony: **en esta**

familia reina la concordia harmony reigns in this family.

concreción /koŋkre'θjon/ *sf* **1.** (*precisión*) preciseness, clarity: **escribe con mucha concreción** she writes with great clarity. **2.** (*Geol, Med*) concretion.

concretamente /koŋkreta'mente/ *adv* (*específicamente*) specifically: **se refirió concretamente al caso de su mujer** he referred specifically to his wife's case; (*precisamente*) exactly: **no sé a qué se refiere concretamente** I don't know what exactly he's referring to.

concretar /koŋkre'tar/ [⇨ CANTAR] *vt* **1.** (*acordar*) to fix, to firm up: **concretamos la fecha de la reunión** we fixed the date of the meeting. **2.** (*resumir*) to sum up: **concretó su pensamiento en su último ensayo** he summed up his ideas in his last essay.

concretarse *v prnl* to confine oneself, to limit oneself: **se concretó** *al* **problema de la economía** he confined himself to the problem of the economy.

concreto, -ta /koŋ'kreto -ta/ **I** *adj* **1.** (*preciso*) concrete: **no existen datos concretos** there is no hard information • **no hemos decidido nada en concreto** we haven't taken any firm decision. **2.** (*determinado*) specific, particular: **busco un disco concreto** I'm looking for a specific record.

II concreto *sm* (*Amér L*) concrete.

concubina /koŋku'βina/ *sf* concubine, common-law wife.

concurrencia /koŋku'rrenθja/ *sf* **1.** (*audiencia*) audience: **la concurrencia aplaudió a rabiar** the audience applauded to the echo. **2.** (*simultaneidad*) simultaneous occurrence: **la concurrencia de estos factores nos perjudicó** the simultaneous occurrence of these factors proved detrimental to us. **3.** (*en economía*) competition.

concurrido, -da /koŋku'rriðo -ða/ *adj* (*lugar*) crowded: **el parque estaba muy concurrido a aquella hora** there were a lot of people in the park at that time of day; (*función*) well attended.

concurrir /koŋku'rrir/ [⇨ PARTIR] *vi* **1.** (*converger: personas, vías, etc.*) to converge, to meet: **en él concurren todas las cualidades necesarias para el cargo** he embodies all the qualities required for the post; (*: líneas*) to meet. **2.** (*contribuir*) to contribute: *al* **éxito de la película concurrieron varios factores** several factors contributed to the film's success. **3.** (*asistir*) to attend: **todos los que concurrieron** *a* **la fiesta eran amigos míos** all the people who attended the party were friends of mine. **4.** (*presentarse*) to compete: **más de cien autores concurrieron** *al* **premio** more than a hundred authors competed for the prize.

concursante /koŋkur'sante/ *sm/f* **1.** (*en un concurso, una competición*) contestant. **2.** (*en unas oposiciones*) candidate (*for a post by public examinations*).

concursar /koŋkur'sar/ [⇨ CANTAR] *vi* **1.** (*en competición, prueba*) to compete. **2.** (*en oposiciones*) to be a candidate (*for a post by public examination*).

concurso /koŋ'kurso/ *sm* **1.** (*competición: gen*) competition, contest: **se presentó a un concurso de belleza** she took part in a beauty contest; (*: en televisión, radio*) quiz. **2.** (*oposiciones*) public examination (*for civil service employment*); (*de propuestas*) tender: **han salido a concurso las obras en el puerto** the building work in the port has been put out to tender. **3.** (*conjunción*) coincidence: **triunfó por un concurso de casualidades** she owes her success to a series of coincidences. **4.** (*ayuda*) help: **con el concurso de los amigos salió del apuro** with the help of his friends he overcame his problem.

condado /kon'daðo/ *sm* **1.** (*Geog*) county. **2.** (*título*) earldom.

condal /kon'dal/ *adj* of ∗ relating to a count.

conde /'konde/ *sm* (*británico*) earl; (*de otro país*) count.

condecoración /kondekora'θjon/ *sf* decoration, medal.

condecorar /kondeko'rar/ [⇨ CANTAR] *vt* to decorate.

condena /kon'dena/ *sf* **1.** (*sentencia*) sentence, conviction: **el juez le impuso una condena de cinco años** the judge sentenced him to five years' imprisonment; **está cumpliendo condena en la prisión Modelo** he's serving out his sentence in the Modelo prison. **2.** (*rechazo*) condemnation: **todos los partidos expresaron su condena** *al* **atentado** all the political parties condemned the terrorist outrage.

condenación /kondena'θjon/ *sf* damnation.

condenado, -da /konde'naðo -ða/ **I** *adj* **1.** (*Jur*) convicted. **2.** (*forzado*) doomed: **este proyecto está condenado** *al* **fracaso** this project is doomed to failure; **se vio condenado** *a* **quedarse sin vacaciones** he found himself condemned to going without a holiday. **3.** (*Relig*) damned. **4.** (*fam: endiablado*) wretched, blasted: **este condenado cuello me aprieta** this wretched collar is too tight.

II *sm/f* **1.** (*reo*) convicted criminal, convict • **trabaja como un condenado** he works like one possessed. **2.** (*Relig*) damned person: **los condenados** the damned. **3.** (*endiablado*) wretch: **el condenado no se está quieto** the wretch won't keep still.

condenado, -da a muerte *sm/f: prisoner who has been condemned to death.*

condenar /konde'nar/ [⇨ CANTAR] *vt* **1.** (*castigar*) to condemn, to sentence: **lo condenaron** *a* **muerte** he was condemned ∗ sentenced to death; **el juez lo condenó** *a* **seis años de prisión** the judge sentenced him to six years in jail; **la lesión la condenó** *a* **pasar un mes en cama** the injury forced her to spend a month in bed. **2.** (*censurar*) to condemn: **la comisión investigadora condenó las violaciones de los derechos humanos** the investigating committee condemned the human rights violations.

condenarse *v prnl* (*Relig*) to be damned.

condensación /kondensa'θjon/ *sf* condensation.

condensar /konden'sar/ [⇨ CANTAR] *vt* (*líquidos, textos*) to condense.

condensarse *v prnl* (*Fís*) to condense.

condesa /kon'desa/ *sf* countess.

condescendencia /kondesθen'denθja/ *sf* **1.** (*en sentido positivo*) consideration: **nos trató con una gran condescendencia durante los días que estuvimos con él** he treated us with great consideration while we were with him. **2.** (*en sentido negativo*): **nos trata con mucha condescendencia** he treats us in a very condescending manner.

condescender /kondesθen'der/ [⇨ tender] *vi* **1.** (*en sentido positivo*): **condescendió** *con* **la propuesta para darnos gusto** he accepted the proposal to please us. **2.** (*en sentido negativo*): **condescendió** *a* **aceptar nuestra invitación** she condescended to accept our invitation.

condescendiente /kondesθen'djente/ *adj* **1.** (*en sentido positivo*) accommodating: **es una persona muy condescendiente** he's a very accommodating person; **es demasiado condescendiente** *con* **sus hijos** he's too indulgent with his children. **2.** (*en sentido negativo*): **nos trata a todos de manera condescendiente** he treats us all very condescendingly.

condición /kondi'θjon/ **I** *sf* **1.** (*naturaleza*) condition, nature: **la condición humana** the human condition; (*carácter*): **es** *de* **buena/mala condición** she's a good/ bad person. **2.** (*estado*) condition, state: **este pescado está** *en* **malas condiciones** this fish is bad * is not in a fit condition to eat; **no está** *en* **condiciones** *de* **ayudarme** he is not in a position to help me; **no está** *en* **condiciones** *de* **desplazarse** he is not in a fit state to go anywhere. **3.** (*posición*) status: **por su condición** *de* **extranjero tenía más dificultad para encontrar trabajo** being a foreigner he had more difficulty finding work; **es** *de* **condición humilde** he comes from a humble background; **es una persona** *de* **condición** he has an aristocratic background. **4.** (*requisito: gen*) condition: **puso muchas condiciones antes de aceptar el empleo** he laid down a lot of conditions before accepting the job; **los atracadores aceptaron una rendición sin condiciones** the robbers agreed to give themselves up unconditionally; **te lo explicaré** *a* **condición** *de* **que no se lo digas a nadie** I will tell you about it on condition that * providing you do not tell anyone else; (*: en un contrato*) condition, term: **según las condiciones del contrato nos corresponde dar un mes de aviso** according to the terms of the contract we must give one month's notice.

II condiciones *sfpl* **1.** (*talento*) talent: **tiene condiciones** *para* **el dibujo** she has a talent for drawing. **2.** (*circunstancias*) conditions *pl*: **las condiciones de trabajo son muy malas * duras** the working conditions are very bad.

condición sine qua non *sf* essential condition, sine qua non.

condicional /kondiθjo'nal/ **I** *adj* conditional.
II *sm* (*tiempo verbal*) conditional (tense).

condicionar /kondiθjo'nar/ [⇨CANTAR] *vt* **1.** (*supeditar*) to make conditional: **condicionó su apoyo** *al* **resultado del informe** he made his support conditional on the findings of the report. **2.** (*influir en*) to condition: **el clima condiciona nuestra forma de vida** the climate conditions our way of life.

condimentación /kondimenta'θjon/ *sf* seasoning.

condimentar /kondimen'tar/ [⇨CANTAR] *vt* to season.

condimento /kondi'mento/ *sm* seasoning.

condolencia /kondo'lenθja/ *sf* condolence, sympathy: **expresaron su condolencia a la viuda** they gave their condolences to the widow.

condolerse /kondo'lerse/ [⇨mover] *v prnl* to feel pity: **se conduelen** *de* **los sufrimientos de los refugiados** they feel pity for the suffering of the refugees.

condón /kon'don/ *sm* condom.

cóndor /'kondor/ *sm* condor.

conducción /konduk'θjon/ *sf* **1.** (*de un vehículo*) driving. **2.** (*canalización*): **la conducción eléctrica** the wiring, the trunking; **la conducción de agua** the water pipes.

conducir /kondu'θir/ [⇨table: conducir] *vt* **1.** (*llevar: a gente*) to take, to show: **el acomodador los condujo** *a* **sus butacas** the usher showed them to their seats; (*: gas, electricidad*) to carry, to conduct; (*un vehículo*) to drive. **2.** (*dirigir*) to lead: **condujo a sus tropas a muchas victorias** he led his troops to many victories; **el esfuerzo los condujo** *al* **éxito** the effort brought them success; **conduce la empresa con mucha profesionalidad** he manages the company very professionally.

♦*vi* **1.** (*Auto*) to drive: **aprendió a conducir el año pasado** he learned to drive last year. **2.** (*dirigir*): **lamentarse no conduce** *a* **nada** complaining doesn't get you anywhere; **¿***a* **qué nos conduce tal actitud?** where will that kind of attitude get us?

conducirse *v prnl* to conduct oneself: **se conduce siempre** *con* **una exquisita educación** he always conducts himself impeccably.

conducir			
INDICATIVE			
Present		**Preterite**	
conduzco		conduje	
conduces		condujiste	
conduce		condujo	
conducimos		condujimos	
conducís		condujisteis	
conducen		condujeron	
SUBJUNCTIVE			
Present	**Imperfect**		
conduzca	condujera *or* condujese		
conduzcas	condujeras *or* condujeses		
conduzca	condujera *or* condujese		
conduzcamos	condujéramos *or* condujésemos		
conduzcáis	condujerais *or* condujeseis		
conduzcan	condujeran *or* condujesen		
IMPERATIVE			
(tú) conduce		(usted) conduzca	
(vosotros) conducid		(ustedes) conduzcan	
For the rest of the tenses ⇨ PARTIR (in appendix)			

conducta /kon'dukta/ *sf* conduct, (*GB*) behaviour, (*US*) behavior: **no es una conducta digna de un oficial** it is not conduct * behaviour befitting an officer; **lo expulsaron de la escuela por mala conducta** he was expelled from school for bad behaviour.

conducto /kon'dukto/ *sm* **1.** (*de líquidos*) pipe, tube. **2.** (*Anat*) duct. **3.** (*procedimiento*) channel: **presentó la solicitud** *por* **conducto oficial** she filed the application through the official channels; **le hizo llegar el informe** *por* **conducto** *de* **su secretaria** she sent him the report through * via his secretary.

conductor, -tora /konduk'tor -'tora/ **I** *adj* conductive.
II *sm/f* **1.** (*de un vehículo*) driver. **2.** (*de masas*) leader: **era un hábil conductor de masas** he was a great popular leader.
III conductor *sm* (*Fís*) conductor.

conduje /kon'duxe/ *and other forms with* ***conduj-*** ⇨conducir

conduzco /kon'duθko/ *and other forms with* ***conduzc-*** ⇨conducir

conectar /konek'tar/ [⇨CANTAR] *vt* to connect (up): **conectó la manguera** *al* **grifo** he connected the hose to the tap; **este cruce conecta dos importantes vías férreas** this junction connects two important railway lines; **hay que conectar estos cables** you have to connect up these wires.

♦*vi* **1.** (*ponerse en comunicación*) to communicate, to link up: **vamos a conectar vía satélite** *con* **nuestro enviado especial** we are going to join our special correspondent by satellite link. **2.** (*fam: sintonizar*) to be in tune: **no conecta** *con* **las preocupaciones de sus alumnos** he is not in tune with his students' problems.

conejera /kone'xera/ *sf* **1.** (*madriguera*) (rabbit) warren; (*lugar para criar conejos*) hutch. **2.** (*fam: lugar pequeño*) poky hole: **vivían en una auténtica conejera** they were living in a teeming slum.

conejero, -ra /kone'xero -ra/ **I** *adj* rabbit-hunting. **II** *sm/f* rabbit keeper.

conejillo /kone'xiʎo/ *sm* small rabbit.

conejillo de Indias *sm* guinea pig: **vamos a ser los conejillos de Indias del nuevo sistema** we're going to be the guinea pigs for the new system.

conejo, -ja /ko'nexo -xa/ *sm/f* rabbit.

conexión /konek'sjon/ *sf* **1.** (*enlace*) connection: **tendremos varias conexiones en directo a lo largo del programa** we'll be getting a number of live reports during the programme. **2.** (*relación*) relationship, connection: **tiene muy buenas conexiones** *entre* **la clase política** he has very good contacts in political circles.

confabulación /konfaβula'θjon/ *sf* conspiracy.

confabularse /konfaβu'larse/ [⇨ CANTAR] *v prnl* to plot, to conspire: **diversas circunstancias se confabularon para arruinarlos** a number of circumstances conspired to ruin them; **se confabuló** *con* **el enemigo** he hatched a plot with the enemy.

confección /konfek'θjon/ *sf* **1.** (*elaboración*) preparation, creation: **la confección del presupuesto ha llevado seis meses** the preparation of the budget has taken six months. **2.** (*en costura*) dressmaking: **la industria de la confección ha pasado por una época de crisis** the clothing industry has gone through a period of crisis; **se compró un traje de confección** he bought a ready-to-wear suit * an off-the-peg suit.

confeccionar /konfekθjo'nar/ [⇨ CANTAR] *vt* (*un vestido, un traje*) to make (up); (*una lista*) to draw up; (*un plato*) to prepare.

confederación /konfeðera'θjon/ *sf* confederation.

confederado, -da /konfeðe'raðo -ða/ *adj, sm/f* confederate.

conferencia /konfe'renθja/ *sf* **1.** (*charla*) lecture, talk: **dio una conferencia** *sobre* **los problemas del medio ambiente** he gave a lecture on the problems of the environment. **2.** (*de teléfono*) long-distance call: **puso una conferencia** *con* **Madrid** she made a long-distance call to Madrid. **3.** (*reunión*) conference, meeting: **en junio se celebrará una conferencia sobre desarme en Lisboa** in June there will be a conference on disarmament in Lisbon.

conferencia de prensa *sf* press conference.

conferenciante /konferen'θjante/ *sm/f* (*gen*) speaker; (*Educ*) lecturer.

conferir /konfe'rir/ [⇨ sentir] *vt* **1.** (*un honor, etc.*) to confer, to bestow; (*una facultad, un derecho*) to grant: **le han conferido amplios poderes** he has been granted very wide powers. **2.** (*atribuir*) to give: **su presencia le confirió importancia al acto** his presence leant weight to the ceremony.

confesar /konfe'sar/ [⇨ pensar] *vt* **1.** (*gen*) to confess: **confesó su participación en el crimen** he confessed (to) his part in the crime; **confesó que la quería** he confessed that he loved her; **confieso que pasé miedo en muchos momentos** I have to confess that I was frightened on many occasions. **2.** (*Relig*) to hear the confession of: **lo confesó el obispo** the bishop heard his confession.

♦ *vi* to confess: **el acusado no ha confesado todavía** the accused has not confessed yet • **confesó de plano** * **de pleno** he made a full confession.

confesarse *v prnl* **1.** (*reconocerse*) to make a confession: **se confesó culpable del asesinato** he confessed to the murder. **2.** (*Relig*): **se confiesa todos los sábados** he goes to confession every Saturday.

confesión /konfe'sjon/ *sf* **1.** (*gen, sacramento*) confession. **2.** (*fe*) faith: **la confesión católica** the Catholic faith.

confesional /konfesjo'nal/ *adj* denominational.

confesionario /konfesjo'narjo/, **confesonario** /konfeso'narjo/ *sm* confessional (box).

confeso, -sa /kon'feso -sa/ *adj* self-confessed.

confesor /konfe'sor/ *sm* confessor.

confeti /kon'feti/ *sm*, **confetis** /kon'fetis/ *sm pl* confetti.

confiado, -da /kon'fjaðo -ða/ *adj* **1.** (*poco desconfiado*) trusting, unsuspecting: **no se puede ser tan confiado** you can't afford to be so trusting. **2.** (*esperanzado*) confident: **está confiado en que todo saldrá bien** she's confident that everything will turn out well; (*seguro de sí mismo*): **actuaba muy confiado** he displayed great self-confidence.

confianza /kon'fjanθa/ *sf* **1.** (*en algo, en alguien*) trust, confidence: **puso su confianza** *en* **mí** he trusted me, he put his confidence in me; **tengo confianza** *en* **que aprobaré** I am confident that I am going to pass; **ocupa un puesto de confianza en la empresa** he holds a position of trust in the company • **es un empleado de (toda) confianza** he's a (completely) trustworthy employee. **2.** (*en uno mismo*) (self-)confidence: **actuó con mucha confianza** he behaved with great self-confidence; **nos perdió el exceso de confianza** overconfidence was our downfall. **3.** (*en el trato*) familiarity: **entre amigos hay confianza** friends can be relaxed with one another; **tengo mucha confianza** *con* **Luis** I am on very familiar terms with Luis; **se toma demasiadas confianzas** *con* **la gente** she takes too many liberties with people; *en* **confianza te puedo decir que estamos al borde de la quiebra** I can tell you in confidence that we are on the verge of bankruptcy.

confiar /kon'fjar/ [⇨ ansiar] *vi* **1.** (*tener fe*): **confiaba** *en* **la suerte** he trusted to luck; **confiaba** *en* **sus posibilidades** she had faith in her capabilities. **2.** (*fiarse*) to trust: **no confían** *en* **él** they don't trust him.

♦ *vt* **1.** (*tener confianza en*): **confiaba que todo el mundo viniera** he was confident that everyone would come. **2.** (*encomendar*) to entrust: **confió el cuidado de los niños a su madre** he entrusted his mother with the care of the children; **confió la dirección de la empresa a su sobrino** he put the management of the company in the hands of his nephew. **3.** (*explicar*) to confide: **me confió sus preocupaciones** he confided his worries to me.

confiarse *v prnl* **1.** (*explicar problemas, confidencias*) to confide: **no tiene nadie** *a* **quien confiarse** he has no one to confide in. **2.** (*encomendarse*) to entrust oneself: **se confió** *en* **manos de su médico** she put herself in the hands of her doctor. **3.** (*descuidarse*) to become overconfident: **se confió y acabó perdiendo el partido** he got overconfident and lost the match.

confidencia /konfi'ðenθja/ *sf* secret, confidence.

confidencial /konfiðen'θjal/ *adj* confidential.

confidencialidad /konfiðenθjali'ðað/ *sf* confidentiality.

confidente /konfi'ðente/ *sm/f* **1.** (*receptor de secretos*) confidant; (*receptora de secretos*) confidante. **2.** (*soplón*) informer.

confieso /kon'fjeso/ *and other forms with* ***confies-*** ⇨ confesar

configuración /konfiɣura'θjon/ *sf* 1. (*aspecto*) layout: **la configuración del terreno** the lie of the land. 2. (*Tec*) configuration.

configurar /konfiɣu'rar/ [➪ CANTAR] *vt* (*dar forma a*) to shape: **las experiencias configuran el carácter** experience shapes one's character.

configurarse *v prnl* 1. (*formarse*) to be formed * shaped: **el carácter se configura con el tiempo** one's character is moulded by time. 2. (*perfilarse*): **se configura como vencedor en las elecciones del domingo** he looks like being the victor in Sunday's elections.

confín /kon'fin/ *sm* 1. (*horizonte*) edge, border: **se distinguía un pueblecito en los confines del valle** you could see a small village on the edge of the valley; (*zona extrema*): **la noticia se divulgó en todos los confines del imperio** the news was made known in the farthest corners of the empire. 2. (*frontera*) border: **viven en los confines de España y Francia** they live on the borders of Spain and France.

confinado, -da /konfi'naðo -ða/ *adj* confined.

confinamiento /konfina'mjento/ *sm* confinement.

confinar /konfi'nar/ [➪ CANTAR] *vt* (*encerrar*) to lock away * up: **lo han confinado en una celda de castigo** he's been locked up in a punishment cell; (*desterrar*) to exile: **lo confinaron en una isla desierta** he was exiled to a desert island.
♦ *vi* to border: **su extraña conducta confina** *con* **la locura** his strange behaviour borders * verges on madness.

confinarse *v prnl* to shut oneself away * up.

confirmación /konfirma'θjon/ *sf* confirmation.

confirmar /konfir'mar/ [➪ CANTAR] *vt* 1. (*corroborar*) to confirm: **la prensa confirmó la noticia** the press confirmed the news; **su extraño comportamiento confirma mis temores** her strange behaviour confirms my fears; **el juez confirmó la sentencia** the judge confirmed the sentence • **la excepción confirma la regla** the exception proves the rule. 2. (*en un cargo, puesto*) to confirm: **después de un periodo de prueba la confirmaron en su puesto** after a probationary period, she was confirmed in her post. 3. (*Relig*) to confirm.

confirmarse *v prnl* 1. (*reafirmarse*) to be confirmed: **se confirmaron nuestras sospechas** our suspicions were confirmed. 2. (*Relig*) to receive confirmation, to be confirmed.

confiscar /konfis'kar/ [➪ sacar] *vt* to confiscate: **Hacienda le ha confiscado el piso** the tax authorities have expropriated his flat; **confiscaron el camión cargado de contrabando** the truck loaded with contraband was impounded.

confite /kon'fite/ *sm* sweet, (*US*) candy.

confitería /konfite'ria/ *sf* 1. (*bombonería*) (*GB*) sweet shop, (*US*) candy store. 2. (*Amér L*) café.

confitura /konfi'tura/ *sf* jam.

conflagración /konflaɣra'θjon/ *sf* war, conflict.

conflictivo, -va /konflik'tiβo -βa/ *adj* 1. (*problemático*) controversial: **el punto más conflictivo del nuevo reglamento...** the most controversial aspect of the new regulation.... 2. (*difícil*) of conflict: **vivimos en una época muy conflictiva** we live in an era of conflict.

conflicto /kon'flikto/ *sm* 1. (*disputa*) clash, conflict: **hay un conflicto de intereses** *entre* **los exportadores y los importadores** there is a conflict of interests between the exporters and the importers; **el conflicto** *entre* **las dos comunidades étnicas parece no tener solución** there appears to be no solution to the conflict between the two ethnic communities. 2. (*dificultad*) problem, dilemma: **el conflicto en el que se encuentra el gobierno es éste...** the government's dilemma is as follows....

conflicto generacional *sm* (*Sociol*) generation gap.

confluencia /kon'flwenθja/ *sf* (*de ríos*) confluence; (*de calles*) meeting point, junction.

confluir /konflu'ir/ [➪ huir] *vi*: **todos los participantes en el desfile confluyeron en la plaza** all the participants in the parade converged on the square; **los dos ríos confluyen al sur de la ciudad** the two rivers meet to the south of the city.

conformar /konfor'mar/ [➪ CANTAR] *vt* 1. (*ajustar*) to bring into line. 2. (*dar forma a*) to shape: **experiencias como ésta conforman el carácter** experiences of this kind shape your personality. 3. (*un cheque, un documento*) to approve: **el cheque está sin conformar** (payment of) the cheque has not been approved * authorized.
♦ *vi* (*ajustar*) to be in line with: **no conforma** *con* **el ideario de la escuela** it is out of line with the school's philosophy • **es de buen conformar** he's an easy-going person.

conformarse *v prnl* 1. (*ajustarse*) to comply: **este proyecto no se conforma** *a* **las leyes existentes** this project does not comply with existing legislation. 2. (*resignarse*) to resign oneself: **se conforma** *con* **su situación** he is resigned to his lot.

conforme /kon'forme/ **I** *adj* 1. (*acorde*) in accordance: **obtuvo una calificación conforme** *a* **su trabajo** his grade reflected the amount of work he'd put in. 2. (*contento*) satisfied: **sus disculpas no nos dejaron muy conformes** we weren't very satisfied with his excuses; (*de acuerdo*): **¿conforme?** agreed?; **no estoy conforme** I don't agree.
II *conj* 1. (*según*) as: **hicimos el trabajo conforme lo habían mandado** we did the job as they had instructed. 2. (*a medida que*): **entraban en clase conforme iban llegando** they came into the classroom as they arrived.
III conforme a *prep* in accordance with: **se construyó conforme a lo planeado** it was built in accordance with what had been planned.
IV *sm* approval: **puso el conforme a la factura** he approved payment of the invoice.

conformidad /konformi'ðað/ *sf* 1. (*consenso*) agreement: **hubo conformidad entre todos los representantes** there was general agreement among all the representatives. 2. (*consentimiento*) approval: **dio su conformidad al proyecto** he gave his approval to the project. 3. (*resignación*) stoicism, resignation: **recibió la noticia con conformidad** he took the news stoically * with resignation.

conformismo /konfor'mizmo/ *sm* conformity.

conformista /konfor'mista/ *adj, sm/f* conformist.

confort /kon'for/ *sm* [**conforts**] comfort.

confortable /konfor'taβle/ *adj* comfortable.

confortar /konfor'tar/ [➪ CANTAR] *vt* 1. (*dar fuerza a*) to give strength: **este caldo te confortará** this broth will give you strength. 2. (*consolar*) to comfort: **trató de confortar a su amigo con palabras de ánimo** she tried to comfort her friend with words of encouragement.

confortarse *v prnl* to console * comfort oneself: **se conforta pensando que algún día cambiará su suerte** she comforts herself with the thought that one day her luck will change.

confraternizar /konfraterni'θar/ [➪ cazar] *vi* (*en sen-*

tido positivo) to get to know each other: **en el campamento confraternizaron chicos de muchos países** in the camp young people from many countries were able to get to know each other; (*en sentido negativo*) to fraternize.

confrontación /konfronta'θjon/ *sf* **1.** (*Mil*) confrontation. **2.** (*comparación*) comparison.

confrontar /konfron'tar/ [⇨ CANTAR] *vt* **1.** (*comparar*) to compare: **al confrontar las dos versiones se descubren las semejanzas** when you compare the two versions you can see the similarities. **2.** (*Jur*) to cross-examine (*witnesses in each other's presence*): **el juez confrontó a los testigos con el acusado** the judge brought together the witnesses and the accused for cross-examination. **3.** (*una dificultad, un problema*) to face (up to).

confundir /konfun'dir/ [⇨ PARTIR] *vt* **1.** (*una cosa por otra*) to mistake: **te había confundido** *con* **tu hermano** I had mistaken you for your brother. **2.** (*embarullar*) to confuse: **lo que ha dicho confunde todavía más las cosas** what he said confuses things even more. **3.** (*azorar*) to embarrass: **tantas felicitaciones acabaron por confundirme** I was embarrassed at receiving the congratulations of so many people.

confundirse *v prnl* **1.** (*equivocarse: gen*) to make a mistake: **se confundió** *de* **casa** he got the wrong house; **con estas instrucciones es imposible confundirse** with these instructions it's impossible to go wrong; (*: por teléfono*): **lo siento, se ha confundido** sorry, you have the wrong number. **2.** (*mezclarse*): **se confundieron entre la muchedumbre** they mingled with the crowd. **3.** (*azorarse*) to become embarrassed: **se confundió con tantos elogios** he was embarrassed by so much praise.

confusamente /konfusa'mente/ *adv* in a confused way.

confusión /konfu'sjon/ *sf* **1.** (*error*) mistake, confusion: **lo siento, se ha producido una terrible confusión** I am sorry, there has been the most terrible mistake ✻ confusion. **2.** (*desbarajuste*) confusion: **aprovechó la confusión reinante para escabullirse** he took advantage of the prevailing confusion to make his escape. **3.** (*desconcierto*) embarrassment: **no salía de su confusión** he was unable to overcome his embarrassment.

confuso, -sa /kon'fuso -sa/ *adj* **1.** (*complicado*) confused: **de la manera que lo explicas suena muy confuso** the way you explain it, it sounds very confusing. **2.** (*borroso*) blurred: **con la niebla todo se veía confuso** in the fog everything was blurred. **3.** (*desconcertado*) bewildered: **el comportamiento de su hermana la dejó confusa** her sister's behaviour left her feeling bewildered.

conga /'koŋga/ *sf* conga.

congelación /koŋxela'θjon/ *sf* **1.** (*de líquidos, alimentos*) freezing. **2.** (*Med*) frostbite. **3.** (*de tarifas, sueldos*) freeze.

congelado, -da /koŋxe'laðo -ða/ **I** *adj* (*helado*) frozen; (*con síntomas de congelación*) frostbitten.
II congelados *sm pl* frozen food (section).

congelador /koŋxela'ðor/ *sm* (*compartimento de frigorífico*) freezer compartment; (*aparato*) freezer.

congelar /koŋxe'lar/ [⇨ CANTAR] *vt* **1.** (*líquidos, alimentos, precios*) to freeze: **Hacienda ha congelado su cuenta bancaria** the tax inspectorate has frozen his bank account. **2.** (*Med*) to cause frostbite in: **el frío le congeló los dedos** the cold gave him ✻ caused frostbite in his fingers.

congelarse *v prnl* **1.** (*líquidos, alimentos*) to freeze: **el agua del pilón se congeló** the water in the trough froze; **cierra la ventana que me congelo** shut the window, I'm freezing. **2.** (*Med*) to get frostbite.

congénere /koŋ'xenere/ *sm/f* crony: **apareció en el bar con sus congéneres** he appeared in the bar with his cronies.

congeniar /koŋxe'njar/ [⇨ CAMBIAR] *vi* to get on (well): **congenió enseguida** *con* **sus nuevos compañeros** he immediately made friends with his new classmates.

congénito, -ta /koŋ'xenito -ta/ *adj* congenital.

congestión /koŋxes'tjon/ *sf* (*gen*) congestion.

congestionar /koŋxestjo'nar/ [⇨ CANTAR] *vt* (*Med*) to congest.

congestionarse *v prnl* to become congested.

conglomerado /koŋglome'raðo/ *sm* **1.** (*roca, material*) conglomerate. **2.** (*cúmulo*): **hemos de resolver un conglomerado de asuntos** we have a whole load of things to sort out. **3.** (*Fin: de empresas*) conglomerate.

conglomerar /koŋglome'rar/ [⇨ CANTAR] *vt* to conglomerate.

congoja /koŋ'goxa/ *sf* grief: **la muerte de su amiga le produjo una gran congoja** her friend's death affected her deeply.

congraciarse /koŋgra'θjarse/ [⇨ CAMBIAR] *v prnl* to ingratiate oneself: **supo congraciarse** *con* **sus superiores** he managed to ingratiate himself with his superiors.

congratular /koŋgratu'lar/ [⇨ CANTAR] *vt* : **nos congratula saber que le concedieron el premio** we were delighted to learn that you were awarded the prize.

congratularse *v prnl*: **se congratulaban de su éxito** they were congratulating themselves on their success.

congregación /koŋgreɣa'θjon/ *sf* **1.** (*asamblea*) gathering. **2.** (*sociedad*) brotherhood; (*Relig*) congregation.

congregar /koŋgre'ɣar/ [⇨ pagar] *vt* to bring together: **el accidente congregó a muchos curiosos** the accident attracted many curious onlookers.

congregarse *v prnl* to congregate.

congresista /koŋgre'sista/ *sm/f* delegate (*at congress or conference*).

congreso /koŋ'greso/ *sm* **1.** (*convención*) conference: **asistió a un congreso de medicina en Barcelona** he attended a medical conference in Barcelona. **2.** (*conferencia*) conference, congress: **en 1815 se celebró el Congreso de Viena** the Congress of Vienna took place in 1815. **3.** (*Pol: en Estados Unidos*) Congress.

Congreso de los Diputados *sm* Chamber of Deputies.

congrio /'koŋgrjo/ *sm* conger (eel).

congruencia /koŋ'grwenθja/ *sf*: **es patente la falta de congruencia** *entre* **sus palabras y sus actos** there's a clear discrepancy between his words and his actions.

congruente /koŋ'grwente/ *adj* in keeping: **lo que ha hecho es congruente** *con* **su forma de pensar** what he has done is in keeping with his way of thinking.

cónico, -ca /'koniko -ka/ *adj* conical, conic.

conífera /ko'nifera/ *sf* conifer.

conífero, -ra /ko'nifero -ra/ *adj* coniferous.

conjetura /koŋxe'tura/ *sf*: **no podemos basarnos sólo en conjeturas** we can't just use guesswork as our basis; **todo eso no son más que conjeturas** that's pure conjecture, they're just guesses.

conjugación /koŋxuɣa'θjon/ *sf* conjugation.

conjugar /koŋxu'ɣar/ [⇨ pagar] *vt* **1.** (*Ling*) to conjugate. **2.** (*combinar*) to bring together, to combine: **la novela conjuga diferentes estilos literarios** the novel brings together different literary styles.

conjunción /koŋxun'θjon/ *sf* **1.** (*Ling*) conjunction. **2.** (*coincidencia*): **una conjunción de circunstancias propició su ascenso al poder** a fortuitous combination of circumstances assisted his rise to power.

conjuntamente /koŋxunta'mente/ *adv* jointly.

conjuntiva /koŋxun'tiβa/ *sf* (*Anat*) conjunctiva.

conjuntivitis /koŋxunti'βitis/ *sf inv* conjunctivitis.

conjuntivo, -va /koŋxun'tiβo -βa/ *adj* **1.** (*Med*) conjunctival. **2.** (*Ling*) conjunctive.

conjunto, -ta /koŋ'xunto -ta/ **I** *adj* combined, joint: **se pudo hacer gracias al esfuerzo conjunto de los dos países** it was made possible by the combined efforts of the two countries.

II conjunto *sm* **1.** (*agrupación*) collection, group. **2.** (*totalidad*) whole: **la película,** *en* **conjunto, me gustó** all in all, I liked the film. **3.** (*de ropa*) (matching) outfit: **llevaba un conjunto de blusa y falda** she was wearing a matching blouse and skirt. **4.** (*Mús*) group, band. **5.** (*Mat*) set.

conjura /koŋ'xura/, **conjuración** /koŋxura'θjon/ *sf* conspiracy.

conjurar /koŋxu'rar/ [⇨ CANTAR] *vi* to conspire.

♦ *vt* **1.** (*demonios*) to exorcise. **2.** (*temores, peligros*) to ward off.

conjurarse *v prnl* to conspire: **se conjuraron para derrocar al rey** they conspired to overthrow the king.

conjuro /koŋ'xuro/ *sm* **1.** (*fórmula mágica*) spell. **2.** (*mención*): *al* **conjuro** *de* **su nombre todos callaron** at the (very) mention of his name they all fell silent.

conllevar /konʎe'βar/ [⇨ CANTAR] *vt* **1.** (*implicar*) to involve, to entail: **estudiar siempre conlleva algún esfuerzo** studying always involves ✱ entails a certain amount of effort. **2.** (*aguantar*) to bear: **aprendió a conllevar su enfermedad sin protestar** he learned to bear his illness without complaint.

conmemoración /kommemora'θjon/ *sf* commemoration: **se celebró un acto** *en* **conmemoración** *de* **la fundación del colegio** they held a service in commemoration of the foundation of the school.

conmemorar /kommemo'rar/ [⇨ CANTAR] *vt* to commemorate.

conmemorativo, -va /kommemora'tiβo -βa/ *adj* commemorative.

conmigo /kom'miɣo/ *pron* with me: **vino conmigo al cine** she came with me to the cinema; **estoy satisfecho conmigo mismo** I'm pleased with myself.

conmiseración /kommisera'θjon/ *sf* commiseration.

conmoción /kommo'θjon/ *sf* commotion, consternation: **la noticia causó una gran conmoción** the news caused great consternation.

conmoción cerebral *sf* concussion.

conmocionar /kommoθjo'nar/ [⇨ CANTAR] *vt* **1.** (*gen*) to affect deeply: **aquella noticia conmocionó a todo el pueblo** the whole village was deeply affected by that piece of news. **2.** (*Med*) to concuss.

conmovedor, -dora /kommoβe'ðor -'ðora/ *adj* moving, poignant: **la entrega de Paula a su hijo enfermo resultaba conmovedora** Paula's dedication to her ailing son was deeply moving.

conmover /kommo'βer/ [⇨ mover] *vt* **1.** (*emocionar*) to move: **la conmovió el llanto del niño** she was moved by the child crying. **2.** (*un edificio*) to shake: **el terremoto conmovió los cimientos** the earthquake shook the foundations.

conmoverse *v prnl* to be moved, to be affected: **se conmueve** *ante* **la miseria** he is deeply moved by poverty.

conmuevo /kom'mweβo/ *and other forms with* ***conmuev-*** ⇨ conmover

conmutación /kommuta'θjon/ *sf* commutation.

conmutador /kommuta'ðor/ *sm* **1.** (*eléctrico*) switch. **2.** (*Amér L: centralita*) switchboard.

conmutar /kommu'tar/ [⇨ CANTAR] *vt* (*Jur*) to commute: **le conmutaron la pena de muerte** *por* **cadena perpetua** his death sentence was commuted to life imprisonment.

conmutativo, -va /kommuta'tiβo -βa/ *adj* commutative.

connivencia /konni'βenθja/ *sf* connivance, collusion: **el ladrón actuó** *en* **connivencia** *con* **alguien de la casa** the thief acted in collusion with someone in the house.

connotación /konnota'θjon/ *sf* connotation.

connotar /konno'tar/ [⇨ CANTAR] *vt* to connote.

cono /'kono/ *sm* cone.

Cono Sur *sm*: **el Cono Sur** *the countries of southern South America: Argentina, Uruguay, Chile and Paraguay.*

conocedor, -dora /konoθe'ðor -'ðora/ **I** *adj* expert.

II *sm/f* expert: **se precia de ser un buen conocedor de vinos** he prides himself on being a connoisseur of wines ✱ a wine expert; **para el conocedor, esto no presenta dificultad alguna** to an expert this presents no difficulties at all.

conocer /kono'θer/ [⇨ agradecer] *vt* **1.** (*gen*) to know: **no conozco bien el tema** I don't know the subject very well; **conozco a Juan desde hace años** I've known Juan for many years; **al profesor López lo conozco sólo de oídas** I only know Professor López by repute ● **darse a conocer: hoy se dará a conocer el presupuesto para el próximo año fiscal** the budget for the next financial year will be announced today; **se dio a conocer con una novela sobre el mundo de las finanzas** he came to prominence with a novel about the world of finance. **2.** (*por primera vez*) to meet: **ayer conocí al nuevo jefe de personal** yesterday I met the new head of personnel. **3.** (*reconocer*) to recognize: **lo conocí por la forma de caminar** I recognized him by the way he walks; (*advertir*) to notice: **conocí por su expresión que algo malo había sucedido** I knew at once from his expression that something awful had happened.

conocerse *v prnl* **1.** (*por primera vez*) to meet: **se conocieron en una fiesta** they met at a party. **2.** (*desde hace tiempo: dos o más personas*) to know each other: **se conocen desde hace muchos años** they have known each other for many years; **todos nos conocemos desde hace años** we have all known each other for many years; (*: a uno mismo*) to know oneself: **me conozco y sé que no sirvo para el trabajo de oficina** I know myself and I know that I am not cut out for office work. **3.** (*notarse*) *[only used in the third person]*: **se conoce que las cosas no le van bien** it seems that things are not going well for him.

conocido, -da /kono'θiðo -ða/ **I** *adj* well-known.

II *sm/f* acquaintance: **me encontré con unos conocidos** I bumped into some acquaintances.

conocimiento /konoθi'mjento/ **I** *sm* **1.** (*de los hechos*) knowledge: **habla con/sin conocimiento de causa**

he is speaking with/without a full knowledge of the situation • **llegó a mi conocimiento que el gobierno pensaba cerrar la fábrica** it came to my attention * I found out that the government was considering closing the factory. **2.** (*entendimiento*) understanding: **tiene el suficiente conocimiento para saber que lo que ha hecho está mal** he knows enough to realize that what he has done is wrong. **3.** (*Med*) consciousness: **perdió el conocimiento a causa del golpe** he lost consciousness as a result of the blow.

II conocimientos *sm pl* knowledge: **se valorarán los conocimientos de inglés** a knowledge of English would be an advantage.

conocimientos generales *sm pl* general knowledge: **el candidato ha de tener conocimientos generales de economía** the candidate should have a good general knowledge of economics.

conozco /ko'noθko/ *and other forms with* ***conozc-*** ➪ conocer

conque /'koŋke/ *conj* so: **no quiero ver a nadie, conque vete** I don't want to see anybody, so go away; **¿conque te has comprado otro coche?** so you've bought another car?

conquense /koŋ'kense/ **I** *adj* of * from Cuenca.
II *sm/f* native * inhabitant of Cuenca.

conquista /koŋ'kista/ *sf* conquest.

conquistador, -dora /koŋkista'ðor -'ðora/ **I** *adj* conquering.
II *sm/f* (*Mil: gen*) conqueror; (*: de América*) conquistador (*Cortés, Pizarro and their followers*).
III conquistador *sm* (*fam*) womanizer.

conquistar /koŋkis'tar/ [➪ CANTAR] *vt* **1.** (*Mil*) to conquer. **2.** (*una posición*) to achieve: **conquistó una buena posición social** he achieved a good position in society; (*a una persona*): **ha conquistado a su padre para que le preste el coche** she has won her father over to lending her the car; **la conquistó a base de atenciones** he won her affection with assiduous attention.

consabido, -da /konsa'βiðo -ða/ *adj* **1.** (*conocido*) well-known: **repitió lo ya consabido** he said the same old things (that he usually says). **2.** (*habitual*) usual: **se celebró el consabido cóctel** there was the usual cocktail party.

consagración /konsaɣra'θjon/ *sf* **1.** (*Relig*) consecration. **2.** (*fama*) recognition: **aquella película supuso su consagración** that film brought him to prominence * won him recognition (*as an actor, a director, etc.*).

consagrado, -da /konsa'ɣraðo -ða/ *adj* **1.** (*Relig*) consecrated. **2.** (*famoso*): **es un artista consagrado** he's a well-known * an established artist.

consagrar /konsa'ɣrar/ [➪ CANTAR] *vt* **1.** (*Relig*) to consecrate. **2.** (*dedicar*) to devote: **consagró su vida al estudio** she devoted her life to study. **3.** (*dar fama a*) to establish: **su última novela la consagró como escritora** her last novel established her reputation as an author.

consanguíneo, -nea /konsaŋ'gineo -nea/ **I** *adj* blood-related.
II *sm/f* blood relation * relative.

consanguinidad /konsaŋgini'ðað/ *sf* blood relationship, consanguinity.

consciencia /kons'θjenθja/ *sf* (*frml*) ➪ conciencia

consciente /kons'θjente/ *adj* **1.** (*sabedor*) aware: **era consciente *del* peligro que la amenazaba** she was aware of the danger threatening her. **2.** (*Med: lúcido*) conscious: **el enfermo estaba consciente** the patient was conscious. **3.** (*sensato*) sensible, responsible: **es un niño muy consciente para su edad** he's a very responsible child for his age.

conscripción /konskrip'θjon/ *sf* (*Amér L*) conscription, (*US*) the draft.

conscripto /kon'skripto/ *sm* (*Amér L*) conscript.

consecución /konseku'θjon/ *sf* achievement: **para él, la consecución de los objetivos de ventas es lo único que importa** all that matters to him is achieving * meeting the sales targets.

consecuencia /konse'kwenθja/ *sf* **1.** (*efecto*) consequence, result: **la consecuencia de su decisión fue que perdió el empleo** the consequence of his decision was that he lost his job; **lo tuvieron que operar *a* consecuencia *del* accidente** as a result of the accident he had to have an operation; *en* **consecuencia, tenemos que rechazar su petición** we must therefore refuse your request. **2.** (*congruencia*) consistency: **siempre actuó *en* consecuencia *con* sus principios** he always acted according to his principles.

consecuente /konse'kwente/ *adj* **1.** (*congruente*) consistent: **el jefe no es consecuente *con* su manera de pensar** the boss's actions aren't consistent with his beliefs. **2.** (*subsiguiente*) consequent, resulting: **suspendieron la carrera, con el consecuente escándalo** the race was cancelled, with (all) the fuss that that entailed.

consecutivo, -va /konseku'tiβo -βa/ *adj* consecutive: **han ganado tres partidos consecutivos** they've won three matches in a row * three consecutive matches.

conseguir /konse'ɣir/ [➪ seguir] *vt* **1.** (*una cosa*) to (manage to) get, to obtain: **consiguió un buen piso** he managed to get a good apartment. **2.** (*un objetivo*) to achieve: **consiguió las mejores notas de toda la clase** he achieved the best marks in the whole class. **3.** (*seguido de infinitivo*) to succeed in, to manage to: **así no vas a conseguir convencerme** you won't succeed in convincing me that way; **conseguimos librarnos de ellos** we managed to get rid of them.

consejero, -ra /konse'xero -ra/ *sm/f* **1.** (*asesor*) adviser: **el presidente está reunido con sus consejeros** the president is in a meeting with his advisers. **2.** (*miembro de un consejo*) member (*of a company board*). **3.** (*Pol: en España*) minister (*of a regional government*): **han destituido al consejero de Hacienda** the regional finance minister has been removed from office.

consejero delegado *sm*, **consejera delegada** *sf* managing director.

consejo /kon'sexo/ *sm* **1.** (*recomendación*) piece of advice: **te voy a dar un consejo...** I'll give you a piece of advice...; **nunca escucha los consejos de los demás** he never listens to other people's advice. **2.** (*de gobierno*) council; (*de una empresa*) board: **el consejo decidió no continuar con las inversiones** the board decided to halt investment. **3.** (*reunión*) meeting (*of a board, council*): **no puedo asistir al consejo de esta tarde** I can't attend this afternoon's (board) meeting.

consejo de administración *sm* board of directors.

consejo de guerra *sm* court martial.

consejo de ministros *sm* cabinet meeting.

consenso /kon'senso/ *sm* consensus, general agreement: **el gobierno busca el consenso para su política exterior** the government is seeking consensus for its foreign policy.

consentido, -da /konsen'tiðo -ða/ **I** *adj* spoilt: **tienen a su hijo muy consentido** they've spoilt their son terribly.

II *sm/f* spoilt child: **sus hijos fueron siempre unos consentidos** their children were always spoilt brats.

consentimiento /konsenti'mjento/ *sm* consent, agreement: **nunca daré mi consentimiento** *a* **tal propuesta** I shall never agree to such a proposal.

consentir /konsen'tir/ [⇨sentir] *vt* **1.** (*permitir*) to allow, to permit: **no me consienten que llegue a casa tarde** I'm not allowed to come home late. **2.** (*malcriar*) to spoil: **es el típico padre que consiente a sus hijos** he's the kind of father who spoils his children.
♦*vi* to agree: **consentimos** *en* **que se quedaran un día más** we agreed to let them stay one day longer; **consintió** *en* **ayudarnos a regañadientes** he reluctantly agreed to help us.

conserje /kon'serxe/ *sm* **1.** (*en un edificio público*) porter, (*GB*) caretaker, (*US*) janitor. **2.** (*en un bloque de pisos*) doorman.

conserjería /konserxe'ria/ *sf* porter's office ∗ lodge.

conserva /kon'serβa/ *sf* **1.** (*de fruta, verdura*) preserve. **2.** (*comida en lata*) canned ∗ (*GB*) tinned food: **no me gustan las alubias** *en* **conserva** I don't like tinned beans.

conservación /konserβa'θjon/ *sf* **1.** (*de alimentos*) preservation. **2.** (*de especies, hábitats*) conservation. **3.** (*de edificios, etc.*) upkeep, maintenance: **la conservación de los monumentos es competencia del ayuntamiento** the upkeep of monuments is the town hall's responsibility.
conservación del medio ambiente *sf* (*Ecol*) environmental protection.

conservador, -dora /konserβa'ðor -'ðora/ **I** *adj* conservative.
II *sm/f* **1.** (*en política*) Conservative. **2.** (*de un museo*) curator.

conservadurismo /konserβaðu'rizmo/ *sm* conservatism.

conservante /konser'βante/ *sm* preservative.

conservar /konser'βar/ [⇨CANTAR] *vt* **1.** (*alimentos*) to preserve. **2.** (*edificios, monumentos*) to maintain, to keep: **están intentando conservar los edificios antiguos tal como eran** they're trying to keep the old buildings just as they were. **3.** (*guardar*) to keep: **conservo todas sus cartas** I keep all his letters. **4.** (*contener*) to hold: **el monasterio conserva una magnífica colección de pintura** the monastery houses a magnificent collection of paintings.
conservarse *v prnl* to keep: **la fruta se conserva mejor en cámaras frigoríficas** fruit keeps better in cold storage; **se conserva muy bien para su edad** he looks good for his age.

conservatorio /konserβa'torjo/ *sm* conservatory.

considerable /konsiðe'raβle/ *adj* considerable.

consideración /konsiðera'θjon/ *sf* **1.** (*observación*) consideration: **hay que tenerlo ∗ tomarlo todo** *en* **consideración** you have to take everything into consideration ∗ account • **ha sufrido heridas de consideración** he has been seriously injured. **2.** (*estima*) regard: **lo tengo** *en* **gran consideración** I have a very high regard for him. **3.** (*respeto*) consideration: **trata a sus empleados con mucha consideración** she shows great consideration toward her staff; **no sacamos el tema** *en* **consideración** *a* **su madre** out of consideration for his mother we didn't talk about the subject.

considerado, -da /konsiðe'raðo -ða/ *adj* **1.** (*estimado*) highly regarded, held in high regard: **es una vecina muy bien considerada** she's very highly regarded in the community. **2.** (*atento*) considerate.

considerar /konsiðe'rar/ [⇨CANTAR] *vt* **1.** (*reflexionar sdore*) to consider: **tienes que considerar las ventajas y los inconvenientes** you have to consider the advantages and the disadvantages. **2.** (*juzgar*) to consider, to regard: **la considero una solución no viable** I consider it an unworkable solution; **no la considero capacitada** I do not consider her qualified; **la considero una amiga** I regard her ∗ think of her as a friend.

consigna /kon'siɣna/ *sf* **1.** (*orden*) order: **se dio la consigna de ir a la huelga** the order was given to (come out on) strike. **2.** (*en estaciones*) (*GB*) left-luggage office, (*US*) baggage room: **dejamos las maletas en consigna** we left the cases in the left-luggage office. **3.** (*en una manifestación*) slogan.

consignar /konsiɣ'nar/ [⇨CANTAR] *vt* **1.** (*dinero*) to allocate: **consignaron doscientos millones para la construcción del nuevo puente** they allocated two hundred million pesetas to build the new bridge. **2.** (*frml*: *anotar*) to record: **consigne su nombre al dorso** write your name overleaf. **3.** (*depositar en consigna*) to leave in the (*GB*) left-luggage office ∗ (*US*) baggage room. **4.** (*frml*: *mercancías*) to consign.

consigo /kon'siɣo/ **I** *and other forms with* ***consig-*** ⇨conseguir
II *pron* **1.** (*de hombre*) with him: **trajo consigo los papeles** he brought the papers with him • **le dijeron que entrara, pero no las tenía todas consigo** he was told to go in, but he was a bit dubious. **2.** (*de mujer*) with her: **Lola estaba hablando consigo misma** Lola was talking to herself. **3.** (*plural*) with them.

consiguiente /konsi'ɣjente/ *adj* consequent: **recibió la noticia con la consiguiente alegría** he received the news with the delight one would expect • **por consiguiente, decidimos no ir** therefore ∗ in consequence, we decided not to go.

consistencia /konsis'tenθja/ *sf* consistency.

consistente /konsis'tente/ *adj* **1.** (*que consiste*) consisting: **un premio consistente** *en* **una colección de libros** a prize consisting of a collection of books. **2.** (*compacto*) stiff, thick.

consistir /konsis'tir/ [⇨PARTIR] *vi* **1.** (*constar*) to consist: **consiste** *en* **un tablero y veinte fichas** it consists of a board and twenty counters. **2.** (*radicar*) to lie: **su atractivo consiste** *en* **la facilidad de su manejo** its attraction is that it is easy to use.

consola /kon'sola/ *sf* **1.** (*mueble*) occasional table. **2.** (*Inform, Tec*) console.

consolación /konsola'θjon/ *sf* consolation.

consolar /konso'lar/ [⇨contar] *vt* to console: **trató de consolar a la afligida familia** she tried to console ∗ comfort the bereaved family.
consolarse *v prnl* to console oneself, to take comfort: **se consuela** *con* **sus recuerdos** he takes comfort in his memories.

consolidación /konsoliða'θjon/ *sf* consolidation.

consolidar /konsoli'ðar/ [⇨CANTAR] *vt* to consolidate: **aquello sirvió para consolidar la relación entre los dos países** that had the effect of strengthening ∗ consolidating relations between the two countries.
consolidarse *v prnl* to consolidate.

consomé /konso'me/ *sm* broth, consommé.

consonancia /konso'nanθja/ *sf* relationship: **su trabajo no está** *en* **consonancia** *con* **su capacidad** his work does not reflect his ability.

consonante /konso'nante/ *adj, sf* consonant.

consorcio /kon'sorθjo/ *sm* consortium: **han formado un consorcio para explotar los yacimientos de**

carbón a consortium has been formed to exploit the coal deposits.

consorte /kon'sorte/ **I** *adj* consort: **es el príncipe consorte de Mónaco** he is the prince consort of Monaco.
II *sm/f* consort.

conspicuo, -cua /kons'pikwo -kwa/ *adj* prominent.

conspiración /konspira'θjon/ *sf* conspiracy, plot.

conspirador, -dora /konspira'ðor -'ðora/ *sm/f* conspirator.

conspirar /konspi'rar/ [➪ CANTAR] *vi* to plot.

constancia /kons'tanθja/ *sf* **1.** (*empeño*) perseverance: **la constancia la llevó al triunfo** her perseverance brought her success. **2.** (*certidumbre*) proof: **tengo constancia de que es cierto lo que dice** I have proof * evidence that what she says is true; **para dejar constancia de su resolución...** to prove his resoluteness....

constante /kons'tante/ **I** *adj* **1.** (*sin cambios*) constant, consistent: **es un jugador muy constante** he is a very consistent player. **2.** (*perseverante*) persevering.
II *sf* constant.

constantemente /konstante'mente/ *adv* constantly.

constar /kons'tar/ [➪ CANTAR] *vi* **1.** (*figurar*) to appear, to be present: **en la ficha constan sus datos** her details appear on the card; **quisiera hacer constar que...** I should like to put it on record that.... **2.** (*ser sabido*): **me consta que tiene dinero** I'm certain that he has money; (*quedar constancia*): **pero que conste que no fue culpa mía** but I'd like it to be known that it wasn't my fault; **que conste que se lo advertimos** I have to say that we did warn you about it. **3.** (*componerse*) to consist: **el curso consta** *de* **tres partes** the course consists of three parts.

constatación /konstata'θjon/ *sf* corroboration, checking.

constatar /konsta'tar/ [➪ CANTAR] *vt* to verify: **entonces pudo constatar que le habían mentido** that was when he saw that they had lied to him.

constelación /konstela'θjon/ *sf* constellation.

consternación /konsterna'θjon/ *sf* consternation.

consternado, -da /konster'naðo -ða/ *adj* dismayed.

consternar /konster'nar/ [➪ CANTAR] *vt*: **los resultados de los exámenes consternaron a sus padres** his exam results filled his parents with consternation * dismay; **la noticia de su muerte nos consternó a todos** we were all saddened to hear of his death.
consternarse *v prnl*: **se consternó mucho cuando lo supo** she was very sad when she found out.

constipado, -da /konsti'paðo -ða/ (*Med*) **I** *adj*: **estoy constipado** I have a cold.
II constipado *sm* cold.

constiparse /konsti'parse/ [➪ CANTAR] *v prnl* to catch a cold.

constitución /konstitu'θjon/ *sf* constitution: **siempre fue una chica de constitución robusta** she always had a strong constitution; **según la Constitución española...** according to the Spanish Constitution....

constitucional /konstituθjo'nal/ *adj* constitutional.

constituir /konstitu'ir/ [➪ huir] *vt* **1.** (*componer*) to comprise, to make up: **la urbanización la constituyen quince bloques de viviendas** the housing development is made up of fifteen apartment blocks. **2.** (*representar*) to constitute: **el dinero en esta cuenta constituye todo su capital** the money in this account constitutes all his capital. **3.** (*establecer*) to set up: **ha constituido una sociedad para comercializar los productos de la región** he has set up a company to market the region's produce.
constituirse *v prnl* **1.** (*establecerse*) to be set up: **la empresa se constituyó hace sesenta años** the firm was set up sixty years ago. **2.** (*erigirse*): **se constituyó** *en* **defensora de los intereses del pueblo** she took on the task of defending the interests of the village.

constituyente /konstitu'jente/ **I** *adj* (*Pol*) constituent.
II *sm* (*Ling, Tec*) constituent.

constreñir /konstre'ɲir/ [➪ ceñir] *vt* **1.** (*obligar*) to force: **sus acreedores los constriñieron a pagar sus deudas** their creditors forced them to pay off their debts. **2.** (*limitar*) to restrict: **la carencia de capital constriñe sus planes** lack of funds restricts * limits their plans.

constriño /kons'triɲo/ *and other forms with* ***constriñ-*** ➪ constreñir

construcción /konstruk'θjon/ *sf* **1.** (*gen*) construction: **la carretera todavía está** *en* **construcción** the road is still under construction. **2.** (*edificio*) building. **3.** (*industria*): **trabaja en la construcción** he works in the building industry.

constructivo, -va /konstruk'tiβo -βa/ *adj* constructive: **nunca hace sugerencias constructivas** she never makes any constructive suggestions.

constructor, -tora /konstruk'tor -'tora/ **I** *adj* building: **trabaja en una empresa constructora** she works for a building company.
II *sm/f* builder.

construir /konstru'ir/ [➪ huir] *vt* to build: **los romanos construyeron calzadas por toda Europa** the Romans built roads throughout Europe; **la catedral fue construida en el siglo XIII** the cathedral was built in the thirteenth century.

consuegra /kon'sweɣra/ *sf*: **mi consuegra** (*la madre de mi yerno*) my son-in-law's mother; (*la madre de mi nuera*) my daughter-in-law's mother.

consuegro /kon'sweɣro/ **I** *sm*: **mi consuegro** (*el padre de mi yerno*) my son-in-law's father; (*el padre de mi nuera*) my daughter-in-law's father.
II consuegros *sm pl*: **mis consuegros** (*los padres de mi yerno*) my son-in-law's parents; (*los padres de mi nuera*) my daughter-in-law's parents.

consuelo /kon'swelo/ *sm* consolation, comfort: **trató de dar consuelo a la afligida viuda** she tried to console the bereaved widow.

cónsul /'konsul/ *sm/f* consul.

consulado /konsu'laðo/ *sm* **1.** (*sede*) consulate: **los visados sólo se pueden obtener en el consulado** visas can only be obtained at the consulate. **2.** (*puesto*) consulship.

consulta /kon'sulta/ *sf* **1.** (*pregunta*) query, question: **¿puedo hacerte una consulta?** could I ask you something?; **si tiene alguna consulta que hacer, diríjase a información** if you have any queries, go to information. **2.** (*discusión*): **tras muchas consultas decidieron hacerlo así** after a lot of consultation they decided to do it this way. **3.** (*Med: instalaciones*) (*GB*) surgery, (*US*) doctor's office: **tienes que estar en la consulta a las tres** you have to be at the surgery at three; (*: habitación*) consulting room: **en su consulta sólo tiene una mesa y una camilla** he has nothing but a desk and an examining couch in his consulting room; (*: visita*): **el médico pasa consulta de cuatro a siete** the doctor's surgery is from four to seven.

consultado, -da /konsul'taðo -ða/ *adj*: **el sesenta por ciento de las personas consultadas opinaba**

que... sixty per cent of those surveyed were of the opinion that....

consultar /konsul'tar/ [⇨ CANTAR] *vt* **1.** (*a alguien*) to consult: **consultó a varios expertos en el tema** she consulted a number of experts in the field; (*algo*): **debe usted consultarlo** *con* **su asesor jurídico** you must consult your legal adviser about it. **2.** (*libros, periódicos, ficheros*) to consult: **tuve que consultar varias enciclopedias** I had to consult several encyclopedias; (*datos, palabras, etc.*) to look up: **consultó varias palabras** *en* **el diccionario** she looked several words up in the dictionary.
♦ *vi* to consult.

consultorio /konsul'torjo/ *sm* **1.** (*Med: instalaciones*) (*GB*) surgery, (*US*) doctor's office: **ha puesto un consultorio en el centro** she's opened a surgery in the centre of town; (*: habitación*) consulting room: **puede pasar al consultorio** you can go through to the consulting room. **2.** (*asesoría*) consultant's office (*for legal, commercial, etc. matters*). **3.** (*en periódico, revista*) readers' advice column.
consultorio sentimental *sm* (*en radio*) advice phone-in (*for lonely hearts*); (*en una revista*) lonely hearts column.

consumado, -da /konsu'maðo -ða/ *adj* **1.** (*llevado a cabo*) finished. **2.** (*magistral*) consummate, accomplished: **es un consumado acuarelista** he's a consummate watercolourist.

consumar /konsu'mar/ [⇨ CANTAR] *vt* **1.** (*un acuerdo, un contrato*) to execute; (*el matrimonio*) to consummate. **2.** (*un delito*) to carry out.

consumición /konsumi'θjon/ *sf* **1.** (*gen*) consumption. **2.** (*en bar, restaurante*) drink: **consumición mínima mil pesetas** minimum charge: one thousand pesetas.

consumidor, -dora /konsumi'ðor -'ðora/ **I** *adj* consuming: **los países consumidores de petróleo** oil-importing countries.
II *sm/f* consumer.

consumir /konsu'mir/ [⇨ PARTIR] *vt* **1.** (*un producto, un alimento*) to consume: **los españoles consumen miles de toneladas de pescado al año** the Spanish consume thousands of tons of fish each year; **este coche consume demasiada gasolina** this car uses too much petrol; **consumir preferentemente antes de...** best before.... **2.** (*destruir*) to destroy: **el incendio consumió muchas hectáreas de bosque** the fire destroyed many hectares of woodland. **3.** (*angustiar*) to overwhelm: **la pena por la muerte de su hijo lo consumía** he was overwhelmed * consumed by grief after his son's death. **4.** (*irritar*) to infuriate: **me consume la falta de decisión de tu hermano** your brother's indecisiveness drives me to distraction.
consumirse *v prnl* **1.** (*producto, alimento*) to be consumed, to be used (up). **2.** (*debilitarse*) to waste away: **se está consumiendo** *con* **la enfermedad** she is wasting away with the illness. **3.** (*angustiarse*) to be eaten up, to be consumed: **se consume** *de* **celos** he's eaten up with jealousy.

consumismo /konsu'mizmo/ *sm* consumerism.

consumo /kon'sumo/ *sm* consumption.

contabilidad /kontaβili'ðað/ *sf* **1.** (*disciplina*) accountancy, book-keeping. **2.** (*de una empresa*) accounts *pl*: **lleva la contabilidad en Tapix S.A.** he does the accounts at Tapix S.A.
contabilidad por partida doble *sf* double-entry book-keeping.

contabilizar /kontaβili'θar/ [⇨ cazar] *vt* **1.** (*contar*) to count (up). **2.** (*registrar*) to enter (up) in the accounts.

contable /kon'taβle/ **I** *adj* countable.
II *sm/f* accountant, book-keeper.

contactar /kontak'tar/ [⇨ CANTAR] *vi* to make contact: **no he podido contactar** *con* **la oficina** I haven't been able to contact the office.

contacto /kon'takto/ *sm* **1.** (*proximidad, relación*) contact: **se enfría rápidamente al contacto** *con* **el agua** it cools very quickly on contact with water; **luego perdimos el contacto** after that we lost touch (with each other); **todavía nos mantenemos** *en* **contacto** we still keep in touch (with each other); **no conseguí ponerme** *en* **contacto** *con* **él** I didn't manage to contact him. **2.** (*conocido*) contact: **tiene buenos contactos en el ministerio** he has good contacts in the ministry. **3.** (*Auto*) ignition.

contado, -da /kon'taðo -ða/ **I** *adj* (*no frecuente*) rare: **voy al cine en contadas ocasiones** I rarely go to the cinema; (*para expresar poca cantidad*): **tiene los días contados** her days are numbered.
II al contado *loc adv*: *in a lump sum (rather than in instalments)*: **pagamos la tele al contado** we paid for the television outright.

contador /konta'ðor/ *sm* meter.
contador de la luz *sm* electricity meter.
contador del agua *sm* water meter.
contador del gas *sm* gas meter.
contador público *sm*, **contadora pública** *sf* (*Amér L: persona*) (*GB*) chartered accountant, (*US*) certified public accountant.

contagiar /konta'xjar/ [⇨ CAMBIAR] *vt* **1.** (*Med: una enfermedad*): **me has contagiado la gripe** you've given me your flu; (*: a una persona*): **contagió a varias personas sin saberlo** she infected a number of people without realizing; **le contagió el sarampión** she gave him measles. **2.** (*una emoción*) to infect: **contagió su entusiasmo a todo el grupo** the whole group was infected by her enthusiasm.
contagiarse *v prnl* (*Med: persona*) to become infected: **se contagiaron en el extranjero** they became infected abroad; (*: enfermedad*) to be contagious: **la enfermedad se contagia con gran facilidad** the disease is highly contagious.

contagio /kon'taxjo/ *sm* infection.

contagioso, -sa /konta'xjoso -sa/ *adj* **1.** (*Med*) contagious, infectious. **2.** (*pegadizo*) catching, infectious: **tiene una risa contagiosa** she has an infectious laugh.

contaminación /kontamina'θjon/ *sf* **1.** (*gen*) contamination. **2.** (*del medio ambiente*) pollution: **la contaminación ambiental afecta a la mayoría de las capitales europeas** environmental pollution affects most European capitals.
contaminación acústica *sf* noise pollution.

contaminar /kontami'nar/ [⇨ CANTAR] *vt* **1.** (*el medio ambiente*) to pollute: **las aguas residuales han contaminado el río** the sewage has polluted the river. **2.** (*corromper*) to corrupt: **esas ideas están contaminando las costumbres de los jóvenes** such ideas are having a corrupting influence on the young.
contaminarse *v prnl* **1.** (*Ecol*) to become polluted * contaminated: **los ríos se contaminan** *con* **los vertidos industriales** rivers are becoming polluted with industrial waste. **2.** (*corromperse*) to be corrupted: **se contaminó** *de* **las ideas de sus amigos** he was corrupted by his friends' ideas.

contante /kon'tante/ *adj* in cash • **tenemos que pagar en dinero contante y sonante** we have to pay cash down * in cash.

contar /kon'tar/ [⇨table: contar] *vt* **1.** (*enumerar*) to count: **tienes que contar a todos los que entren** you must count everyone who comes in. **2.** (*relatar*) to tell: **estuvo toda la tarde contándonos anécdotas** she spent the whole evening telling us stories ● **¡hola! ¿qué me cuentas (de tu vida)?** hi! what's new? **3.** (*considerar*) to consider (as), to count (as): **lo cuento** *entre* **los más listos de la clase** I consider him one of the cleverest in the class; **cuento a los dos pequeños como uno sólo para la cena** I'm counting the two children as one for dinner. **4.** (*tener*) to be: **contaba treinta años cuando la conocí** she was thirty when I met her.
♦*vi* **1.** (*enumerar*) to count: **ya sabe contar hasta cincuenta** she can already count up to fifty. **2.** (*importar*) to count, to be important: **lo que cuenta es la intención** it's the thought that counts; **los errores menores no cuentan** minor errors are not important. **3.** (*valer*) to count: **come tanto que cuenta** *por* **dos** he eats so much that he counts as two (people). **4.** (*tener en cuenta*) to take into account: **no conté** *con* **que ellos también iban a venir** I didn't allow for them coming as well. **5.** (*confiar*) to count: **cuento** *con* **tu ayuda para terminarlo** I am counting on your help to finish it.

contar	
INDICATIVE	SUBJUNCTIVE
Present cuento cuentas cuenta contamos contáis cuentan	**Present** cuente cuentes cuente contemos contéis cuenten
IMPERATIVE	
(tú) cuenta (vosotros) contad	(usted) cuente (ustedes) cuenten
For the rest of the tenses ⇨ CANTAR (in appendix)	

contemplación /kontempla'θjon/ **I** *sf* contemplation.
II contemplaciones *sfpl*: **no podemos andarnos con contemplaciones** we can't afford to be sentimental about it; **lo despidieron sin (más) contemplaciones** they fired him without compunction.

contemplar /kontem'plar/ [⇨CANTAR] *vt* **1.** (*mirar*) to look at. **2.** (*considerar*) to consider, to contemplate: **está contemplando la posibilidad de emigrar a América** she's considering ✻ contemplating the possibility of emigrating to America. **3.** (*tener en cuenta*) to provide for: **la ley no contempla casos como éste** the law does not provide for this type of situation. **4.** (*mimar*) to spoil.

contemporáneo, -nea /kontempo'raneo -nea/ *adj, sm/f* contemporary.

contemporizar /kontempori'θar/ [⇨cazar] *vi* to compromise.

contencioso, -sa /konten'θjoso -sa/ *adj* under litigation.

contender /konten'der/ [⇨tender] *vi* **1.** (*frml*: *luchar*) to fight. **2.** (*competir*) to contend, to compete: **va a contender** *por* **el título de campeón** he's going to compete for the championship.

contendiente /konten'djente/ **I** *adj* contending.
II *sm/f* contender, contestant.

contenedor /kontene'ðor/ *sm* **1.** (*para transporte*) container. **2.** (*para escombros*) skip. **3.** (*para vidrio*) bottle bank.

contener /konte'ner/ [⇨tener] *vt* **1.** (*tener dentro*) to contain, to hold: **la caja contiene medicamentos** the box contains medicines; **las botellas contienen un litro y medio** the bottles hold ✻ contain a litre and a half. **2.** (*refrenar*) to restrain, to control: **tienes que contener tu mal humor** you must control your (bad) temper.
contenerse *v prnl* to control oneself: **me contuve y no le dije lo que pensaba de él** I controlled myself and didn't tell him what I thought of him; **se contuvo para no llorar** she kept a hold of herself so as not to cry.

contenido, -da /konte'niðo -ða/ **I** *adj* contained.
II contenido *sm* content, contents *pl*.

contento, -ta /kon'tento -ta/ **I** *adj* happy, pleased: **estoy muy contento** *con* **los resultados** I'm very happy ✻ pleased with the results.
II contento *sm* satisfaction, pleasure: **no podía disimular su contento** he could not conceal his pleasure.

contertulio, -lia /konter'tuljo -lja/ *sm/f* (*en una fiesta*) fellow guest (*at a social gathering*); (*en una tertulia televisiva*) fellow participant ✻ guest.

contestación /kontesta'θjon/ *sf* answer, reply.

contestador /kontesta'ðor/ *sm* (*also* **contestador automático**) answering machine.

contestar /kontes'tar/ [⇨CANTAR] *vt* **1.** (*dar respuesta a*) to answer: **contestó** *(a)* **todas nuestras preguntas** he answered all our questions; **contesté su carta el mismo día que la recibí** I answered her letter the day I received it. **2.** (*criticar*) to contest, to question: **sus propuestas han sido contestadas por la oposición** her proposals have been contested by the opposition.
♦*vi* **1.** (*dar respuesta*) to answer: **no contestan** there's no answer; **no le contestes así** *a* **tu madre** don't talk to your mother like that. **2.** (*contradecir*) to answer back: **la castigaron por contestar** she was punished for answering back.

contestatario, -ria /kontesta'tarjo -rja/ **I** *adj* rebellious, anti-establishment.
II *sm/f* rebel, non-conformist.

contexto /kon'teksto/ *sm* context: **reprodujeron sus declaraciones fuera de contexto** he was quoted out of context.

contextura /konteks'tura/ *sf* **1.** (*de un tejido*) weave. **2.** (*de una persona*) build.

contienda /kon'tjenda/ *sf* **1.** (*guerra*) conflict: **muchos países se vieron envueltos en la contienda** many countries were drawn into the conflict. **2.** (*disputa*) confrontation.

contigo /kon'tiɣo/ *pron* with you: **¿quieres que vaya contigo?** do you want me to go with you?; **trata de ser consecuente contigo mismo** try to be faithful to your principles.

contiguo, -gua /kon'tiɣwo -ɣwa/ *adj* adjoining: **dormimos en habitaciones contiguas** we slept in adjoining rooms; **su terreno es contiguo** *a* **nuestro jardín** his land adjoins our garden.

continencia /konti'nenθja/ *sf* **1.** (*gen*) moderation. **2.** (*sexual*) continence.

continental /kontinen'tal/ *adj* continental: **Estrasburgo tiene clima continental** Strasbourg has a continental climate.

continente /konti'nente/ *sm* **1.** (*Geog*) continent. **2.** (*recipiente*) container.

contingencia /kontiŋ'xenθja/ *sf* contingency: **esta contigencia retrasaría el final de las obras** such an eventuality would delay completion of the work.

contingente /kontiŋ'xente/ **I** *adj* contingent.
II *sm* **1.** (*Mil*) contingent: **el país posee un gran contingente de tropas** the country has a large contingent of troops. **2.** (*Fin*) quota.

continuación /kontinwa'θjon/ *sf* continuation • **a continuación pasaron a los ruegos y preguntas** next * then they went on to any other business.

continuar /konti'nwar/ [⇨actuar] *vt* to continue, to carry on: **no pudo continuar los estudios porque se murió su padre** he was unable to continue his studies because his father died.
♦ *vi* to continue, to carry on: **voy a continuar** *con* **las clases hasta junio** I will continue teaching until June; **la finca continúa hasta el río** the estate continues down to the river; **Ramón continúa en aquel colegio** Ramón's still at that school; **continuó nevando** it carried on snowing.

continuidad /kontinwi'ðað/ *sf* continuity.

continuo, -nua /kon'tinwo -nwa/ *adj* **1.** (*ininterrumpido*) continuous: **produce un sonido continuo muy molesto** it makes a continuous noise that's very annoying. **2.** (*frecuente*) constant: **no aguanto los continuos atascos de tráfico** I can't stand the constant traffic jams; **se lamenta** *de* **continuo** he's constantly complaining.

contonearse /kontone'arse/ [⇨CANTAR] *v prnl* (*un hombre*) to swagger; (*una mujer*) *to walk moving one's hips exaggeratedly*.

contorno /kon'torno/ *sm* **1.** (*perímetro*) outline: **tienes que marcar más el contorno** you must make the outline clearer. **2.** (*alrededores*) surrounding area: **a la feria iba gente de todo el contorno** people from the whole area went to the fair.

contorsión /kontor'sjon/ *sf* contortion.

contorsionarse /kontorsjo'narse/ [⇨CANTAR] *v prnl* to contort oneself, to writhe: **se contorsionaba en el suelo** he was writhing on the floor.

contorsionista /kontorsjo'nista/ *sm/f* contortionist.

contra /'kontra/ **I** *prep* against: **el domingo jugamos contra ellos** we're playing (against) them on Sunday; **apoya la escalera contra la pared** lean the ladder against the wall; **hay que tomar medidas contra la corrupción** measures must be taken against corruption; **votaron** *en* **contra** they voted against; **estaba** *en* **contra** *del* **aborto** he was opposed to * against abortion.
II *sf* **1.** (*Pol*: *grupo contrarrevolucionario*) contra. **2.** (*fam*: *contraria*): **lo que más le molesta es que le lleven la contra** what really upsets him is when somebody disagrees with him.
III los contras *sm pl*: **estuvo sopesando los pros y los contras del plan** she was weighing up the pros and cons of the plan.

contraatacar /kontraata'kar/ [⇨sacar] *vt/i* to counterattack.

contraataque /kontraa'take/ *sm* counterattack.

contrabajo /kontra'baxo/ *sm* **1.** (*instrumento*) double bass. **2.** (*intérprete*) double bass player. **3.** (*voz*) (deep) bass.

contrabandear /kontraβande'ar/ [⇨CANTAR] *vt* to smuggle.

contrabandista /kontraβan'dista/ *sm/f* smuggler.

contrabando /kontra'βando/ *sm* **1.** (*acción*) smuggling: **los detuvieron por hacer contrabando de tabaco** they were arrested for smuggling cigarettes; **llevaba el coche lleno de licores de contrabando** his car was full of contraband * smuggled liquor. **2.** (*productos*) contraband, smuggled goods *pl*.

contrabarrera /kontraβa'rrera/ *sf*: *second row of seats in a bullring*.

contracción /kontrak'θjon/ *sf* (*gen*) contraction.

contracepción /kontraθep'θjon/ *sf* contraception.

contrachapado /kontratʃa'paðo/, **contrachapeado** /kontratʃape'aðo/ *sm* plywood.

contracorriente /kontrako'rrjente/ *sf* countercurrent • **es muy propio de él ir a contracorriente** it's just like him to swim against the tide.

contracultura /kontrakul'tura/ *sf* counterculture.

contradecir /kontrade'θir/ [⇨decir; *past participle* **contradicho**] *vt* **1.** (*rebatir*) to contradict: **nadie se atrevió a contradecirlo** nobody dared to contradict him. **2.** (*oponerse a*) to go against, to contradict: **su actuación contradice todo lo que había defendido hasta ahora** what he has done goes against everything he has previously stood for.
contradecirse *v prnl* to contradict oneself: **se contradice a cada paso** he contradicts himself at every turn.

contradicción /kontraðik'θjon/ *sf* contradiction: **había una contradicción** *entre* **las dos instrucciones** the two instructions were contradictory.

contradictorio, -ria /kontraðik'torjo -rja/ *adj* contradictory.

contradigo /kontra'diɣo/ *and other forms with* ***contradig-*** ⇨contradecir

contraer /kontra'er/ [⇨traer] *vt* **1.** (*reducir el volumen de*) to make contract: **las bajas temperaturas contraen los metales** low temperatures make metals contract. **2.** (*una enfermedad*) to contract: **contrajo una rara enfermedad en su viaje al Amazonas** he contracted a rare disease on his trip to the Amazon. **3.** (*una deuda*) to incur. **4.** (*matrimonio*): **contrajo matrimonio a los veinte años** she married when she was twenty.
contraerse *v prnl* to contract, to shrink.

contraespionaje /kontraespjo'naxe/ *sm* counterespionage.

contrafuerte /kontra'fwerte/ *sm* buttress.

contrahecho, -cha /kontra'etʃo -tʃa/ **I** *adj* deformed, twisted.
II *sm/f* deformed person.

contraindicación /kontraindika'θjon/ *sf* (*Med*) contraindication (*on medication*).

contralmirante /kontralmi'rante/ *sm* rear admiral.

contralto /kon'tralto/ **I** *sf* (*cantante*) contralto.
II *sm* (*voz*) contralto.

contraluz /kontra'luθ/ *sm* [**contraluces**]: **una imagen de la montaña** *a* **contraluz** a view of the mountain with the light behind it.

contramaestre /kontrama'estre/ *sm* warrant officer.

contraofensiva /kontraofen'siβa/ *sf* counteroffensive.

contraorden /kontra'orðen/ *sf* countercommand.

contrapartida /kontrapar'tiða/ *sf* compensating factor: **trabaja mucho, pero tiene la contrapartida de un buen sueldo** she works hard, but she has the compensation of a good salary.

contrapelo /kontra'pelo/ **a contrapelo** *loc adv* **1.** (*a la fuerza*): **estudia a contrapelo** he studies because he has to. **2.** (*contra la opinión general*): **siempre que interviene lo hace a contrapelo** every time he contributes to the discussion he goes against the general consensus.

contrapeso /kontra'peso/ *sm* counterweight.

contrapié /kontra'pje/ **a contrapié** *loc adv*: **pilló a la defensa a contrapié y marcó** he wrong-footed the defenders and scored.

contraponer /kontrapo'ner/ [➪poner; *past participle* **contrapuesto**] *vt* **1.** (*comparar*) to contrast: **es muy revelador contraponer los estilos de los dos autores** it is very revealing to contrast the styles of the two authors. **2.** (*enfrentar*): **contrapuso una nueva teoría** *a* **la opinión dominante** he put forward a new theory running counter to prevailing opinion.

contraponerse *v prnl* to be opposed: **sus deseos se contraponen** *a* **sus intereses** her desires conflict with her interests.

contraportada /kontrapor'taða/ *sf* (*última página*) back page (*of a book or magazine*); (*que lleva datos bibliográficos*) title verso (*of a book*).

contraproducente /kontraproðu'θente/ *adj* counterproductive: **sus esfuerzos tuvieron resultados contraproducentes** her efforts were counterproductive.

contrapropuesta /kontrapro'pwesta/ *sf* counterproposal.

contrapuesto, -ta /kontra'pwesto -ta/ *adj* clashing: **su hermana y él tienen gustos contrapuestos** he and his sister have very different tastes.

contrapunto /kontra'punto/ *sm* **1.** (*Mús*) counterpoint. **2.** (*Amér L: competición poética*) *competition between guitarists or verse singers* (*who demonstrate their virtuosity*).

contraria /kon'trarja/ *sf* • **le gusta llevarme la contraria** he likes to contradict me • **dije que sí por no llevarle la contraria** I said yes to humour him. ➪contrario

contrariado, -da /kontra'rjaðo -ða/ *adj* upset, annoyed: **estaba muy contrariado por lo ocurrido** he was very annoyed about what had happened.

contrariar /kontra'rjar/ [➪ansiar] *vt* **1.** (*contradecir*) to go against, to take the opposite view to: **me contraría en todo** he goes against me in everything. **2.** (*disgustar*) to upset: **lo que dijo la contrarió mucho** what he said greatly upset her; **lo haré por no contrariarte** I'll do it because I don't want to upset you.

contrariedad /kontrarje'ðað/ *sf* **1.** (*problema*) setback: **fue una contrariedad que se pusiera a llover** it didn't help that it started raining. **2.** (*descontento*) annoyance: **no pude ocultar mi contrariedad cuando volvió a pedírmelo** I couldn't hide my annoyance * irritation when she asked me for it again.

contrario, -ria /kon'trarjo -rja/ **I** *adj* **1.** (*opuesto*) opposed: **es contrario** *a* **la legalización del juego** he's opposed to * he's against the legalization of gambling. **2.** (*perjudicial*) contrary: **esa decisión es contraria** *a* **tus propios intereses** that decision is not in your interest * runs contrary to your interests.
II *sm/f* (*Dep*) opponent.
III contrario *sm* **1. el contrario**: *al* * *por* **el contrario, me pareció muy interesante** on the contrary, I found it very interesting. **2. lo contrario**: **es lo contrario de lo que me esperaba** it's the opposite of what I was expecting • **todo lo contrario, es muy barato** on the contrary * far from it, it's very cheap • **necesitamos dinero, de lo contrario tendremos que cerrar** we need money, otherwise we'll have to close.

contrarreforma /kontrarre'forma/ *sf* (*Relig*) Counter-Reformation.

contrarrestar /kontrarres'tar/ [➪CANTAR] *vt* to counteract: **trataron de contrarrestar las consecuencias del escándalo** they tried to counteract the consequences of the scandal.

contrasentido /kontrasen'tiðo/ *sm* contradiction, nonsense: **es un contrasentido que quiera adelgazar y que coma tantos dulces** it's nonsensical * a nonsense that she should want to lose weight and yet still be eating all those sweets.

contraseña /kontra'seɲa/ *sf* **1.** (*señal*) secret sign. **2.** (*Mil*) password.

contrastar /kontras'tar/ [➪CANTAR] *vt* **1.** (*verificar*) to test: **el profesor quiso contrastar los conocimientos de los alumnos** the teacher wanted to test the pupils' knowledge. **2.** (*pesas, medidas*) to check. **3.** (*oro, plata*) to hallmark.
♦ *vi* to be in contrast: **su altura contrastaba** *con* **la de su amigo** his height contrasted with that of his friend.

contraste /kon'traste/ *sm* contrast: **hay un gran contraste** *entre* **las costumbres de los dos países** there is a great difference between the customs of the two countries.

contrata /kon'trata/ *sf* (*Fin*) contract (*with public body*).

contratación /kontrata'θjon/ *sf* **1.** (*de personal*) hiring, employment. **2.** (*transacciones pactadas*): **el volumen de contratación** the volume of trading.

contratar /kontra'tar/ [➪CANTAR] *vt* **1.** (*un servicio, etc.*) to enter into an agreement for. **2.** (*a un empleado*) to employ, to take on: **han contratado a un nuevo delantero centro** they've signed (up) a new centre forward.

contratiempo /kontra'tjempo/ *sm* setback, mishap: **me surgió un contratiempo y no pude llamarte** I had a mishap * a minor accident and was not able to ring you.

contratista /kontra'tista/ *sm/f* contractor.

contratista de obras *sm/f* building contractor.

contrato /kon'trato/ *sm* contract.

contrato de alquiler *sm* rental agreement.

contrato de compraventa *sm* contract to buy and sell.

contravenir /kontraβe'nir/ [➪venir] *vt* (*Jur*) to contravene: **tal procedimiento contraviene las leyes vigentes** such a procedure contravenes * is in contravention of current legislation.

contraventana /kontraβen'tana/ *sf* shutter.

contrayente /kontra'jente/ **I** *adj* contracting.
II *sm/f* contracting party (*in a marriage*).

contribución /kontriβu'θjon/ *sf* **1.** (*aportación: gen*) contribution • **tuvo que poner a contribución toda su experiencia para solucionar el problema** he had to draw on all his experience to solve the problem; (*: económica*) donation. **2.** (*also* **contribución territorial**) (*impuesto*) land tax. **3.** (*also* **contribución urbana**) (*impuesto municipal*) municipal * local taxes *pl*.

contribuir /kontriβu'ir/ [➪huir] *vi* **1.** (*gen*) to contribute, to help: **contribuyeron** *al* **éxito de la fiesta** they contributed to the success of the party; **el viento contribuyó** *a* **que se extendiera el fuego** the wind was a contributory factor to the spread of the fire; **contribuyó** *con* **una donación a la campaña contra el cáncer** he made a donation to the campaign against cancer. **2.** (*al fisco*) to pay taxes.

contribuyente /kontriβu'jente/ **I** *adj* taxpaying.

II *sm/f* taxpayer.

contrición /kontri'θjon/ *sf* contrition.

contrincante /kontriŋ'kante/ *sm/f* opponent, adversary.

control /kon'trol/ *sm* **1.** (*gen*) control: **aunque se ha jubilado, mantiene el control de la empresa** although he's retired, he keeps control of the company; **lleva el control de los alumnos que faltan a clase** he keeps a check of which pupils miss class; **el conductor perdió el control del coche** the driver lost control of his car. **2.** (*lugar*) checkpoint: **montaron controles en los accesos a las autopistas** they set up checkpoints at the entrances to the motorways.

control antidopaje, control antidoping *sm* drug test (*in a sporting event*).

control de (la) natalidad *sm* birth control.

control de pasaportes *sm* passport control: **había una cola en el control de pasaportes** there was a queue at passport control.

control policial *sm* (police) checkpoint * roadblock.

control remoto *sm* remote control.

controlador, -dora /kontrola'ðor -'ðora/ **I** *adj* control. **II** *sm/f* controller.

controlador aéreo *sm*, **controladora aérea** *sf* air traffic controller.

controlar /kontro'lar/ [⇨CANTAR] *vt* **1.** (*dominar*) to control: **debes controlar tus nervios** you must control your nerves. **2.** (*inspeccionar*) to check: **unos técnicos controlan la calidad de la producción** technicians check the quality of the output.

controlarse *v prnl* to control oneself.

controversia /kontro'βersja/ *sf* controversy.

controvertido, -da /kontroβer'tiðo -ða/ *adj* controversial.

contumaz /kontu'maθ/ *adj* [**contumaces**] stubborn: **era contumaz en sus equivocaciones** she stubbornly held to her mistaken views.

contundente /kontun'dente/ *adj* **1.** (*objeto*) heavy. **2.** (*concluyente*) convincing, conclusive: **aportó pruebas contundentes de su inocencia** he provided conclusive proof of his innocence; **fue un triunfo contundente** it was an overwhelming victory.

contusión /kontu'sjon/ *sf* contusion, bruise.

convalecencia /kombale'θenθja/ *sf* convalescence.

convalecer /kombale'θer/ [⇨agradecer] *vi* to convalesce, to recover: **convaleció** *de* **su enfermedad durante dos semanas** he spent two weeks convalescing from his illness.

convaleciente /kombale'θjente/ *adj, sm/f* convalescent.

convalidación /kombaliða'θjon/ *sf* (*de estudios*) accreditation; (*de un documento*) validation.

convalidar /kombali'ðar/ [⇨CANTAR] *vt* (*estudios*) to accredit; (*un documento*) to validate.

convencer /komben'θer/ [⇨table: convencer] *vt* **1.** (*persuadir*) to convince, to persuade: **la convencí de que no tenía razón** I convinced her that she was wrong; **lo convencí para que continuara estudiando** I persuaded him to continue his studies. **2.** (*gustar*): **es bonito, pero el color no me convence** it's nice, but I'm not sure about the colour; **no me convence este cuadro** I am not sure I like this picture; **hay algo en ella que no acaba de convencerme** there's something about her that doesn't seem right.

convencerse *v prnl* (*persuadirse*) to convince oneself: **se convenció** *de* **que era lo mejor que podía hacer** he convinced himself that it was the best thing he could do; (*asegurarse*) to be sure: **quiero convencerme** *de* **que no olvido nada** I want to be sure I don't forget anything.

convencer	
INDICATIVE	SUBJUNCTIVE
Present convenzo convences convence convencemos convencéis convencen	**Present** convenza convenzas convenza convenzamos convenzáis convenzan
IMPERATIVE	
(tú) convence (vosotros) convenced	(usted) convenza (ustedes) convenzan
For the rest of the tenses ⇨ TEMER (in appendix)	

convencido, -da /komben'θiðo -ða/ *adj* convinced, sure: **no parece estar muy convencido** *de* **lo que quiere hacer** he doesn't seem to be very sure about what he wants to do; **"¿Crees que vendrá?" "Estoy convencido."** "Do you think he'll come?" "I'm sure * convinced of it."

convencimiento /kombenθi'mjento/ *sm* conviction: **tengo el convencimiento** *de* **que conseguirás lo que te propones** I'm convinced that you'll achieve what you intend to.

convención /komben'θjon/ *sf* **1.** (*acuerdo, práctica admitida*) convention. **2.** (*asamblea*) convention, assembly.

convencional /kombenθjo'nal/ *adj* conventional.

convencionalismo /kombenθjona'lizmo/ *sm* convention: **los convencionalismos sociales** social conventions.

convenido, -da /kombe'niðo -ða/ *adj* agreed: **pagué el precio convenido** I paid the agreed price.

conveniencia /kombe'njenθja/ *sf* **1.** (*utilidad*) advisability, usefulness: **le hizo ver la conveniencia de utilizar crema solar** she made him see that it was a good idea to use sun cream. **2.** (*interés*) benefit: **actúa únicamente por su propia conveniencia** he acts solely for his own benefit.

conveniente /kombe'njente/ *adj* **1.** (*apropiado*) appropriate, fitting: **no es el momento más conveniente para hablar de esto** it's not the best time to talk about this. **2.** (*beneficioso*) good: **es conveniente comer fruta** eating fruit is good for you. **3.** (*aconsejable*) advisable: **es conveniente que sepas...** it's advisable * a good idea for you to know....

convenio /kom'benjo/ *sm* agreement.

convenio colectivo *sm* collective agreement.

convenir /kombe'nir/ [⇨venir] *vi* **1.** (*ponerse de acuerdo*) to agree: **convinimos** *en* **vernos al día siguiente** we agreed to see each other the following day • **sueldo a convenir** salary negotiable. **2.** (*ser adecuado*): **conviene insistir en que...** it is appropriate to insist that...; (*ser aconsejable*) to be advisable: **te conviene hacer ejercicio** you need to do some exercise.

♦ *vt* to agree (on): **convinieron un precio** they agreed a price.

convento /kom'bento/ *sm* (*de religiosas*) convent, nunnery; (*de religiosos*) monastery.

convenzo /kom'benθo/ *and other forms with* **convenz-** ➪ convencer

convergencia /komber'xenθja/ *sf* **1.** (*de líneas, vías, tendencias, etc.*) convergence. **2.** (*de opiniones*) agreement, convergence.

converger /komber'xer/ [➪proteger] *vi* **1.** (*calles, líneas*) to converge, to meet. **2.** (*opiniones, intereses, etc.*): **es necesario hacer converger los intereses de todos** we need to reconcile the interests of all those involved.

convergir /komber'xir/ [➪surgir] *vi* ➪ converger

conversación /kombersa'θjon/ **I** *sf* conversation, talk: **mantuvimos una larga conversación** we had a long talk • **si le das conversación, no te la sacarás de encima en toda la mañana** if you give her an excuse to start talking, you won't be able to get rid of her all morning • **trabé conversación con él en el tren** I struck up a conversation with him in the train • **cambiando de conversación...** to change the subject....
II *sfpl* (*Pol*) talks *pl*: **se han roto las conversaciones entre los dos grupos** talks between the two groups have been broken off.

conversador, -dora /kombersa'ðor -'ðora/ **I** *adj* talkative, chatty.
II *sm/f* talker.

conversar /komber'sar/ [➪CANTAR] *vi* (*hablar*) to talk; (*charlar*) to chat.

conversión /komber'sjon/ *sf* conversion.

converso, -sa /kom'berso -sa/ (*Relig*) **I** *adj* converted.
II *sm/f* convert.

convertible /komber'tiβle/ **I** *adj* convertible.
II *sm* (*Auto*) convertible.

convertir /komber'tir/ [➪sentir] *vt* **1.** (*cambiar*) to change, to convert: **convirtió el agua** *en* **vino** he changed the water into wine. **2.** (*hacer*) to turn: **la lotería lo convirtió** *en* **millonario** the lottery turned him into * made him a millionaire. **3.** (*Relig*) to convert: **trató de convertirme** *al* **Islam** he tried to convert me to Islam.
convertirse *v prnl* **1.** (*hacerse*): **su sueño se convirtió** *en* **realidad** her dream became reality. **2.** (*Relig*) to convert: **se convirtió** *al* **catolicismo** he converted to Catholicism.

convexo, -xa /kom'bekso -ksa/ *adj* convex.

convicción /kombik'θjon/ **I** *sf* conviction: **aseguró con mucha convicción que...** he declared with great conviction that...; **tengo la convicción de que va a salir bien** I'm convinced it is going to be all right.
II convicciones *sfpl* beliefs *pl*, convictions *pl*: **va en contra de mis convicciones** it goes against my beliefs.

convicto, -ta /kom'bikto -ta/ *adj* convicted: **un reo convicto** a convicted criminal.

convidado, -da /kombi'ðaðo -ða/ **I** *adj* invited.
II *sm/f* (*frml*) guest: **recibió a todos los convidados personalmente** she personally welcomed every guest • **asistió a la cena como convidada de piedra** she went to the dinner party, but never said a word.

convidar /kombi'ðar/ [➪CANTAR] *vt* (*invitar: gen*) to invite: **la convidamos** *a* **cenar** we invited her to dinner; (*Arg, Chi, Urug*) **me convidó** *con* **torta** she offered me a piece of cake; (*: cuando se paga por ello*): **salgamos a cenar, yo te convido** let's go out for dinner, I'll treat you.
♦ *vi* (*animar*) to encourage, to be conducive to: **el buen tiempo convidaba** *a* **pasear** the good weather made you feel like going out for a walk.
convidarse *v prnl* to invite oneself: **se convidó** *a* **cenar en casa de sus tíos** he invited himself to dinner at his aunt and uncle's.

convierto /kom'bjerto/ *and other forms with* **conviert-** ➪ convertir

convincente /kombin'θente/ *adj* convincing: **sus excusas no fueron muy convincentes** his apology was not very convincing.

convite /kom'bite/ *sm* (*fam*) meal (*attended by a number of guests*): **¿dónde fue el convite?** where was the meal held?

convivencia /kombi'βenθja/ *sf* life together.

convivir /kombi'βir/ [➪PARTIR] *vi* **1.** (*vivir juntos*) to live together: **es muy difícil convivir** *con* **él** he's very difficult to live with. **2.** (*coexistir*) to coexist: **en el partido conviven tendencias muy diversas** very different tendencies coexist within the party.

convocar /kombo'kar/ [➪sacar] *vt* **1.** (*a alguien*) to call together, to summon: **convocó a sus asesores** she called together her advisers. **2.** (*un examen, un concurso*) to announce; (*elecciones, una reunión, un referéndum*) to call: **han convocado elecciones para octubre** elections have been called for October.

convocatoria /komboka'torja/ *sf* **1.** (*llamamiento*) notification: **recibió la convocatoria el día antes de la reunión** he received the notification the day before the meeting; (*anuncio*) (public) announcement: **se ha publicado la convocatoria para el concurso de novela** the details of the novel competition have been announced. **2.** (*Educ: examen*) examination: **aprobó la asignatura en la convocatoria de septiembre** he passed the subject in the September examinations.

convoy /kom'boi/ *sm* [**convoyes**] **1.** (*de barcos, camiones*) convoy. **2.** (*tren*) train.

convulsión /kombul'sjon/ *sf* **1.** (*espasmo*) convulsion. **2.** (*agitación*) upheaval, unrest: **la noticia provocó una convulsión en la ciudad** the news caused unrest in the city.

convulsivo, -va /kombul'siβo -βa/ *adj* convulsive.

conyugal /konju'ɣal/ *adj* conjugal, marital: **abandonó el domicilio conyugal** she left the marital home.

cónyuge /'konjuxe/ *sm/f* spouse: **ante la ley, los dos cónyuges tienen los mismos derechos** under law both spouses have the same rights.

coña /'koɲa/ *sf* (*!!*) joke: **lo dice** *en* **coña** he's joking • **¡eso, ni de coña!** no way!

coñac /ko'ɲak/ *sm* [**coñacs**] brandy, cognac.

cooperación /koopera'θjon/ *sf* cooperation: **montaron una obra de teatro** *en* **cooperación** *con* **la escuela** they produced a play in cooperation with the school.

cooperar /koope'rar/ [➪CANTAR] *vi* to cooperate: **mucha gente ha cooperado** *en* **el proyecto** many people have cooperated on the project; **no cooperó** *con* **nosotros** she didn't cooperate with us.

cooperativa /koopera'tiβa/ *sf* (*Fin*) cooperative.

cooperativista /kooperati'βista/ *sm/f* member of a cooperative.

cooperativo, -va /koopera'tiβo -βa/ *adj* cooperative.

coordenada /koorðe'naða/ *sf* coordinate.

coordinación /koorðina'θjon/ *sf* coordination.

coordinado, -da /koorði'naðo -ða/ *adj* coordinated.

coordinador, -dora /koorðina'ðor -'ðora/ **I** *adj* coordinating, organizing.

II *sm/f* coordinator: **Pilar Martínez es la coordinadora de la conferencia** Pilar Martínez is the conference coordinator * organizer.

coordinadora /koorðina'ðora/ *sf* coordinating committee: **la coordinadora de centros de enseñanza** the coordinating committee for teaching centres.

coordinar /koorði'nar/ [⇨CANTAR] *vt* to coordinate: **coordina el trabajo de los distintos departamentos** she coordinates the work of the various departments; **coordinaron todos sus esfuerzos** they coordinated all their efforts.

copa /'kopa/ **I** *sf* **1.** (*vaso con pie*) glass (*with stem*) • **salieron a tomar unas copas** they went out for a drink • **llevaba una copa de más** he had had too much to drink. **2.** (*trofeo*) cup: **la final de la copa de Europa** the final of the European Cup. **3.** (*de un árbol*) top; (*de un sombrero*) crown.
II copas *sf pl*: *suit in Spanish playing cards* (*equivalent to hearts*).

copar /ko'par/ [⇨CANTAR] *vt* to take: **nuestros atletas coparon las tres primeras plazas** our athletes took the first three places.

copartícipe /kopar'tiθipe/ *sm/f* partner.

cópec /'kopek/ *sm* [**cópecs**] (*Fin*) kopeck.

Copenhague /kope'naɣe/ *sm* Copenhagen.

copeo /ko'peo/ *sm* (*fam*): **fuimos** *de* **copeo** we went out for a drink.

copete /ko'pete/ *sm* • **es una dama de alto copete** she's a well-born lady.

copia /'kopja/ *sf* copy.
copia de seguridad *sf* (*Inform*) backup (copy).
copia impresa *sf* (*Inform*) printout, hard copy.

copiar /ko'pjar/ [⇨CAMBIAR] *vt* **1.** (*transcribir: gen*) to copy down; (*: en un examen*) to copy: **copió todas las respuestas de su compañero** she copied all the answers from her classmate. **2.** (*imitar*) to copy.
♦ *vi* (*en un examen*) to copy: **la pillaron copiando** she was caught copying.

copiloto /kopi'loto/ *sm/f* (*Av*) co-pilot; (*Auto*) co-driver.

copioso, -sa /ko'pjoso -sa/ *adj* abundant, plentiful: **cayó una nevada copiosa** there was a heavy snowfall.

copista /ko'pista/ *sm/f* copyist.

copla /'kopla/ *sf* (*Lit*) verse; (*Mús*) popular song • **siempre viene con la misma copla** it's always the same old story • **su noviazgo anda en coplas** everyone is talking about their engagement.

copo /'kopo/ *sm* flake.
copo de algodón *sm* ball of cotton.
copo de nieve *sm* snowflake.
copos de avena *sm pl* rolled oats *pl*.
copos de maíz *sm pl* cornflakes *pl*.

coproducción /koproðuk'θjon/ *sf* coproduction.

copropietario, -ria /kopropje'tarjo -rja/ *sm/f* joint owner.

coprotagonista /koprotaɣo'nista/ *sm/f* co-star.

coprotagonizar /koprotaɣoni'θar/ [⇨cazar] *vt* to co-star in.

cópula /'kopula/ *sf* **1.** (*coito*) (act of) copulation. **2.** (*Ling*) copula.

copular /kopu'lar/ [⇨CANTAR] *vi* to copulate.

copulativo, -va /kopula'tiβo -βa/ *adj* copulative.

coquetear /kokete'ar/ [⇨CANTAR] *vi* (*con una persona, una idea*) to flirt: **en su juventud coqueteó con el anarquismo** she flirted with anarchism in her youth.

coqueteo /koke'teo/ *sm* flirtation.

coquetería /kokete'ria/ *sf* flirtatiousness.

coqueto, -ta /ko'keto -ta/ **I** *adj* **1.** (*presumido*) vain. **2.** (*agradable*) nice: **la habitación quedó muy coqueta** the room looked really nice.
II *sm/f* vain person: **es un coqueto** he's very vain.

coraje /ko'raxe/ *sm* **1.** (*valor*) courage: **no tuvo el coraje de decírselo a la cara** she didn't have the courage to say it to his face. **2.** (*fam: cara*) cheek: **encima tuvo el coraje de pedirme dinero** he even had the cheek to ask me for money. **3.** (*rabia*): **me da coraje que la gente llegue tarde** it infuriates me when people arrive late.

coral /ko'ral/ **I** *adj* choral.
II *sm* **1.** (*Zool*) coral. **2.** (*composición musical*) choral, chorale.
III *sf* choir, (*US*) chorale.

Corán /ko'ran/ *sm* Koran.

coraza /ko'raθa/ *sf* **1.** (*armadura*) cuirass. **2.** (*de un animal*) shell.

corazón /kora'θon/ **I** *sm* **1.** (*órgano*) heart: **padece del corazón** he suffers from heart trouble * has a heart condition; **lo operaron a corazón abierto** he had open-heart surgery • **me abrió su corazón** he poured his heart out to me • **no tiene corazón** he's quite heartless; **su padre tiene el corazón de oro** his father has a heart of gold • **tiene un gran corazón** she is very kind-hearted • **María es todo corazón** María is very warm-hearted • **viendo esas imágenes se te encoge el corazón** watching pictures like that is heartbreaking • **me partió * rompió el corazón** it broke my heart • **te lo confieso con el corazón en la mano** I admit it to you openly • **me alegré de todo corazón** I was extremely happy • **su forma de conducir me puso el corazón en un puño** his driving terrified me • **no me cabía el corazón en el pecho** I was worried sick • **me lo decía el corazón** I had a premonition, I could feel it in my bones • **me dice el corazón que nos va a salir bien** I know deep down that it's going to be all right. **2.** (*centro*) heart, core: **vive en pleno corazón de la ciudad** she lives right in the heart of the city. **3.** (*fam: apelativo*) sweetheart. **4.** (*dedo*) middle finger.
II corazones *sm pl* (*palo de la baraja*) hearts *pl*.

corazonada /koraθo'naða/ *sf* hunch: **tuve la corazonada de que vendrías** I had a hunch that you would come.

corbata /kor'βata/ *sf* (*Indum*) tie, (*US*) necktie.

corbeta /kor'βeta/ *sf* corvette.

Córcega /'korθeɣa/ *sf* Corsica.

corcel /kor'θel/ *sm* (*Lit*) steed.

corchea /kor'tʃea/ *sf* (*Mús*) quaver, (*US*) eighth note.

corchero, -ra /kor'tʃero -ra/ *adj* cork: **la industria corchera** the cork industry.

corchete /kor'tʃete/ *sm* **1.** (*broche*) fastener. **2.** (*Ling*) square bracket.

corcho /'kortʃo/ *sm* (*material, de una botella*) cork; (*de pesca, flotador*) float.

córcholis /'kortʃolis/ *excl* gosh.

cordel /kor'ðel/ *sm* string, cord • **el barrio estaba trazado a cordel** the streets of the quarter were laid out in straight lines.

corderito /korðe'rito/ *sm* (*Arg, Urug*) sheepskin.

cordero, -ra /kor'ðero -ra/ *sm/f* lamb.
cordero lechal *sm* suckling lamb.

cordial /kor'ðjal/ *adj* (*gen*) friendly; (*en correspondencia*): **un cordial saludo** with best wishes.

cordialidad /korðjali'ðað/ *sf* friendliness: **me trató con mucha cordialidad** he was very friendly to me.

cordillera /korði'ʎera/ *sf* (*Geog*) mountain range, chain of mountains: **la Cordillera de los Andes** the Andes; **la Cordillera del Himalaya** the Himalayas; **la Cordillera Cantábrica** the Cantabrian Mountains.

Córdoba /'korðoβa/ *sf* Cordova, Córdoba.

córdoba /'kordoβa/ *sm* cordoba (*national currency of Nicaragua*).

cordobán /korðo'βan/ *sm* Cordovan (*goat's leather*).

cordobés, -besa /korðo'βes -'βesa/ **I** *adj* of ✻ from Córdoba.
II *sm/f* native ✻ inhabitant of Córdoba.

cordón /kor'ðon/ *sm* **1.** (*gen*) cord, string; (*de zapato*) shoelace, shoestring; (*de teléfono, plancha, etc.*) cable, flex, (*US*) electric cord. **2.** (*de personas*) cordon.
cordón policial *sm* police cordon.
cordón umbilical *sm* umbilical cord.

cordura /kor'ðura/ *sf* **1.** (*Med*) sanity: **murió sin recuperar la cordura** she died without regaining her sanity. **2.** (*prudencia*) good sense: **obró con mucha cordura** she behaved very sensibly.

Corea /ko'rea/ *sf* Korea.
Corea del Norte/del Sur *sf* North/South Korea.

coreano, -na /kore'ano -na/ **I** *adj, sm/f* Korean.
II coreano *sm* (*idioma*) Korean.

corear /kore'ar/ [➪ CANTAR] *vt* to sing in chorus: **el público coreó varias canciones del grupo** the audience sang along with several of the group's songs.

coreografía /koreoɣra'fia/ *sf* choreography.

coreográfico, -ca /koreo'ɣrafiko -ka/ *adj* choreographic.

coreógrafo, -fa /kore'oɣrafo -fa/ *sm/f* choreographer.

corinto /ko'rinto/ *adj inv, sm* maroon (colour).

corista /ko'rista/ *sf* chorus girl.

cormorán /kormo'ran/ *sm* cormorant.

cornada /kor'naða/ *sf* (*Tauro*) goring • **más cornadas da el hambre** things could be a lot worse.

cornamenta /korna'menta/ *sf* (*gen*) horns *pl*; (*de ciervo*) antlers *pl*.

córnea /'kornea/ *sf* cornea.

cornear /korne'ar/ [➪ CANTAR] *vt* to gore.

corneja /kor'nexa/ *sf* (*Zool*) (small) crow.

córneo, -nea /'korneo -nea/ *adj* horny, corneous.

córner /'korner/ *sm* [**córners, córneres**] (*Dep*) corner: **sacó el córner** he took the corner.

corneta /kor'neta/ **I** *sf* (*instrumento*) bugle.
II *sm/f* (*intérprete*) bugler.

cornetín /korne'tin/ **I** *sm* (*instrumento*) cornet.
II *sm/f* (*intérprete*) cornet, cornet player.

cornisa /kor'nisa/ *sf* (*Arquit*) cornice.
Cornisa Cantábrica *sf*: **la Cornisa Cantábrica** the Cantabrian Coast.

coro /'koro/ *sm* **1.** (*Arquit, Mús*) choir. **2.** (*en ópera, obra de teatro, etc.*) chorus • **lo repitieron a coro** they repeated it in chorus • **los aduladores de siempre le hicieron coro** the usual sycophants agreed with him.

corola /ko'rola/ *sf* (*Bot*) corolla.

corolario /koro'larjo/ *sm* corollary.

corona /ko'rona/ *sf* **1.** (*gen*) crown: **la Corona española** the Spanish Crown. **2.** (*aureola*) halo. **3.** (*de los dientes*) crown. **4.** (*de flores*) wreath. **5.** (*Fin*: *moneda*) crown.

coronación /korona'θjon/ *sf* **1.** (*acción*) coronation. **2.** (*momento culminante*) climax.

coronar /koro'nar/ [➪ CANTAR] *vt* **1.** (*ceñir una corona a*) to crown: **lo coronaron rey en 1807** he was crowned king in 1807. **2.** (*una empresa*): **la victoria coronó su esfuerzo** their efforts were crowned with victory; **coronaron el Everest** they reached the summit of Everest. **3.** (*estar en la parte superior de*) to be at the top of: **una escultura coronaba la fachada** a sculpture topped off the façade. **4.** (*en ajedrez*) to queen; (*en damas*) to crown.

coronario, -ria /koro'narjo -rja/ *adj* coronary.

coronel /koro'nel/ *sm* colonel.

coronilla /koro'niʎa/ *sf* (*Anat*) crown (*of the head*) • **estoy hasta la coronilla de su comportamiento** I'm fed up (to the back teeth) with his behaviour.

corpiño /kor'piɲo/ *sm* bodice.

corporación /korpora'θjon/ *sf* **1.** (*organismo*) corporation. **2.** (*asociación profesional*) association, college.
corporación municipal *sf* municipal corporation.

corporal /korpo'ral/ *adj* corporal, (of the) body.

corporativista /korporati'βista/ *adj* corporativist: **se les ha criticado por mantener actitudes corporativistas** they have been accused of maintaining corporativist attitudes.

corporativo, -va /korpora'tiβo -βa/ *adj* corporative.

corpóreo, -rea /kor'poreo -rea/ *adj* bodily.

corpulencia /korpu'lenθja/ *sf* corpulence.

corpulento, -ta /korpu'lento -ta/ *adj* (*persona*) stocky.

Corpus /'korpus/ *sm* Corpus Christi.

corpúsculo /kor'puskulo/ *sm* (*Biol*) corpuscle.

corral /ko'rral/ *sm* **1.** (*para animales*) farmyard. **2.** (*Amér L*: *para niños*) playpen.

correa /ko'rrea/ *sf* **1.** (*de una cámara, etc.*) strap; (*de un reloj*) (*GB*) watch strap, (*US*) watchband; (*de un pantalón*) belt; (*de un perro*) lead, leash. **2.** (*Tec*) belt. **3.** (*fam*: *aguante*) stamina, staying power: **para dar clase a niños pequeños hay que tener bastante correa** if you are going to teach small children you need plenty of stamina.

correaje /korre'axe/ *sm* **1.** (*en una máquina*) belts *pl*. **2.** (*en un uniforme*) belts *pl*.

corrección /korrek'θjon/ *sf* **1.** (*enmienda*) correction: **el autor hizo muchísimas correcciones en las pruebas** the author made numerous corrections to the proofs. **2.** (*educación*) correctness: **se comportó con mucha corrección** he behaved very correctly.
corrección de pruebas *sf* proofreading.

correccional /korrekθjo'nal/ **I** *adj* corrective.
II *sm* reformatory, remand home.

correctamente /korrekta'mente/ *adv* **1.** (*exactamente*) accurately. **2.** (*con cortesía*) politely. **3.** (*sin errores*) correctly: **habla inglés correctamente** she speaks fluent English.

correctivo, -va /korrek'tiβo -βa/ **I** *adj* corrective.
II correctivo *sm* corrective.

correcto, -ta /ko'rrekto -ta/ *adj* **1.** (*sin error*) correct: **me parece correcto tu razonamiento** your reasoning seems correct to me. **2.** (*facciones*) regular. **3.** (*educado*) correct, polite: **es muy correcta, da gusto trabajar con ella** she's very polite, it's a pleasure to work with her.

corrector, -tora /korrek'tor -'tora/ **I** *adj* corrective.
II *sm/f* proofreader.
corrector, -tora de estilo *sm/f* copy editor.
corrector, -tora de pruebas *sm/f* proofreader.
corrector ortográfico *sm* (*Inform*) spelling checker.
corrector tipográfico *sm*, **correctora tipográfica** *sf* proofreader.

corredera /korre'ðera/ *sf*: **instalaron una puerta** *de* **corredera** they had a sliding door installed.

corredizo, -za /korre'ðiθo -θa/ *adj* sliding.

corredor, -dora /korre'ðor -'ðora/ **I** *sm/f* **1.** (*Dep*) runner. **2.** (*de fincas*) land agent, (*US*) realtor; (*de bolsa*) stockbroker.
II corredor *sm* (*Arquit*) corridor, passage.
corredor, -dora de apuestas *sm/f* bookmaker.
corredor, -dora de bolsa *sm/f* stockbroker.
corredor, -dora de fondo *sm/f* distance runner.
corredor, -dora de valores *sm/f* stockbroker.

corregir /korre'xir/ [➪regir] *vt* **1.** (*errores, defectos*) to correct: **lleva un aparato para corregir la dentadura** she wears a brace to correct her teeth. **2.** (*Educ*) to mark; (*un texto*) to proofread. **3.** (*reñir*) to correct: **su madre la corrige constantemente** her mother corrects her all the time.
corregirse *v prnl* **1.** (*persona*) to mend one's ways: **si no se corrige, va a acabar muy mal** if he doesn't mend his ways he will come to a bad end. **2.** (*Med: defecto*) to correct itself: **se le ha corregido la miopía** her short-sightedness has corrected itself.

correlación /korrela'θjon/ *sf* correlation: **¿existe una correlación** *entre* **los videojuegos y la violencia?** is there a correlation between video games and violence?

correlativo, -va /korrela'tiβo -βa/ *adj* correlative: **dos, tres y cuatro son números correlativos** two, three and four are correlative numbers.

correligionario, -ria /korrelixjo'narjo -rja/ *sm/f* **1.** (*Relig*) fellow believer. **2.** (*Pol*) fellow supporter.

correo /ko'rreo/ *sm* **1.** (*forma de comunicación, conjunto de cartas*) (*GB*) post, (*US*) mail: **me lo van a mandar** *por* **correo** they're sending it to me by post; **¿has echado la carta** *al* **correo?** have you posted the letter? **2. Correos** [*never used with an article*] * (*Amér L*) **el correo** (*organismo, edificio*) Post Office: **si vas a Correos** * (*Amér L*) **si vas al correo, échame esta carta** if you're going to the Post Office, post this letter for me. **3.** (*Hist*) messenger.
correo aéreo *sm* airmail.
correo certificado *sm* (*GB*) registered post, (*US*) certified mail.
correo electrónico *sm* electronic mail, E-mail.

correoso, -sa /korre'oso -sa/ *adj* **1.** (*sustancia*) flexible, pliable. **2.** (*alimento*) tough: **esta carne está un poco correosa** this meat is a bit tough.

correr /ko'rrer/ [➪TEMER] *vi* **1.** (*avanzar rápido: gen*) to run: **tuvo que correr para alcanzar el autobús** he had to run to catch the bus; **este coche corre mucho** this car goes very fast; (*: como ejercicio, deporte*) to run, to jog: **han salido a correr** they've gone out jogging. **2.** (*darse prisa*) to hurry: **corre, tienes que terminarlo hoy mismo** hurry up, you have to finish it today; **en cuanto se enteró, corrió a decírselo a su madre** as soon as she heard, she ran to tell her mother • **fuimos a todo correr, pero llegamos tarde** we went as fast as we could, but we got there late • **el que no corre vuela: en este gobierno el que no corre, vuela** they're all as bad as each other in this government; **espabila, porque aquí el que no corre vuela** you'll have to be on your toes because people are very quick off the mark here. **3.** (*extenderse*) to run: **mi calle corre paralela a Donoso Cortés** the street I live on runs parallel to Donoso Cortés. **4.** (*transcurrir*) to pass, to go by: **corría el mes de noviembre cuando llegó** it was already November when he arrived; **con el correr de los años te vas haciendo más tolerante** as the years go by you become more tolerant • **cuando estás de vacaciones las horas corren que vuelan** time flies when you're on holiday. **5.** (*aplicarse, tener vigencia*): **el alquiler empieza a correr el día veinte** we have to start paying rent from the twentieth. **6.** (*rumor, noticia*) to spread: **el rumor corrió por toda la ciudad** the rumour spread throughout the town; **corre la voz** * **corren rumores de que va a dimitir** it is rumoured that he is going to resign. **7.** (*agua, río*) to flow: **corrió mucha sangre** a lot of blood was shed; (*viento*) to blow: **corría un viento frío** there was a cold wind blowing • **déjalo correr, peores cosas han pasado** let it ride, worse things have happened. **8.** (*con un gasto: gen*): **¿quién corre** *con* **los gastos?** who's taking care of the expenses?; (*: atribuyendo responsabilidad*): **los gastos de envío corren** *por* **cuenta del cliente** postage charges are to be paid by the customer; **eso corre** *por* **mi cuenta** * *a* **mi cargo** I'll take care of that.
♦ *vt* **1.** (*mover: un mueble*) to move: **corre esas sillas hacia la pared** move those chairs over to the wall; **si te queda apretada, le puedes correr el botón** if it's too tight for you, you can move the button; (*: una cortina*) to pull, to draw (*open or shut*): **no pudimos entrar porque habían corrido el cerrojo** we couldn't get in because the door had been bolted. **2.** (*el maratón*) to run • **su sueño es poder correr mundo** his dream is to travel the world. **3.** (*un riesgo*) to run: **corres el riesgo de perder el empleo** you run the risk of losing your job; **se les aconsejó que no corrieran riesgos** they were advised not to take any risks; **ponlo en un sitio donde no corra peligro** put it somewhere safe.
correrse *v prnl* **1.** (*para hacer sitio*) to move up: **córrete un poco, que no quepo** move up a bit, there's no room for me. **2.** (*colores*) to run: **lávalo con agua fría para que no se corran los colores** wash it in cold water so that the colours don't run.

correría /korre'ria/ **I** *sf* raid.
II correrías *sf pl* escapades *pl*: **nos estuvo contando sus correrías de universitario** he was telling us all about his escapades as a student.

correspondencia /korrespon'denθja/ *sf* **1.** (*gen*) correspondence: **este concepto no tiene correspondencia en nuestro sistema jurídico** this concept has no equivalent in our legal system. **2.** (*correo*) correspondence, mail: **estoy haciendo un curso** *por* **correspondencia** I'm doing a correspondence course; **mantuvieron correspondencia durante muchos años** they wrote to each other for many years. **3.** (*Transp*) connection (*on the underground*): **en la estación de Sol hay correspondencia con tres líneas** at Sol station there are connections with three lines.

corresponder /korrespon'der/ [➪TEMER] *vi* **1.** (*concordar*) to correspond: **este significado corresponde** *a* **otra palabra** this meaning corresponds to * belongs to another word. **2.** (*recompensar*) to repay: **¿cómo podríamos corresponder** *a* **lo que ha hecho por nosotros?** how can we repay what she has done for us? **3.** (*pertenecer*) to belong to: **nos corresponde parte de la herencia** part of the inheritance belongs to us * is our due. **4.** (*atañer*) to be one's concern: **la limpieza me correspondió a mí** the cleaning was my responsibility; **le corresponde a él pedir disculpas** it's up to him to apologize. **5.** (*frml: en un sentimiento*): **él la amaba, pero ella no le correspondía** he loved loved her but she did not reciprocate.

corresponderse *v prnl* (*ajustarse*) to agree: **las dos declaraciones no se corresponden** the two statements do not agree; **los recibos no se corresponden** *con* **tus gastos** the receipts don't agree * tally with your expenses.

correspondiente /korrespon'djente/ *adj* **1.** (*pertinente*) corresponding: **era enero y hacía el frío correspondiente** it was January and was as cold as one would expect; **venían con las instrucciones correspondientes** they came with the relevant instructions. **2.** (*adecuado*) due: **le dio a cada uno su parte correspondiente** she gave everyone their due share.

corresponsal /korrespon'sal/ *sm/f* correspondent.

corretear /korrete'ar/ [⇨CANTAR] *vi* to run about.

correveidile /korreβei'ðile/, **correvedile** /korreβe'ðile/ *sm/f* gossip.

corrida /ko'rriða/ *sf* **1.** (*carrera*) run: **ve a buscar a tu hermana** *de* **una corrida** quickly, go and get your sister • **recita la tabla de multiplicar de corrida** she can say her multiplication tables off by heart. **2.** (*also* **corrida de toros**) (*Tauro*) bullfight.

corrido, -da /ko'rriðo -ða/ **I** *adj* **1.** (*seguido*) continuous: **en el tercer piso hay un balcón corrido** there is a continuous balcony all along the third floor. **2.** (*abochornado*) embarrassed: **quedó todo corrido cuando descubrimos su mentira** he was very embarrassed when we found out he'd been lying. **3.** (*fam*: *avezado*): **presume de hombre corrido** he likes to think he is a man of the world.
II corrido *sm* (*Méx*, *Ven*) ballad.

corriente /ko'rrjente/ **I** *adj* **1.** (*normal*) ordinary: **nos dieron un vino corriente** we were given an ordinary wine • **llevaba un vestido corriente y moliente** she was wearing a very ordinary dress. **2.** (*frecuente*) common: **la malaria es algo corriente en los trópicos** malaria is common in the Tropics. **3.** (*mes, año*) current, present: **el once del mes corriente** the eleventh of this month. **4.** (*agua*) running. **5. al corriente** (*informado*): **por favor, tenme al corriente** please keep me informed; **es muy importante que me pongas al corriente** it's very important that you bring me up to date; **el director está al corriente** *de* **todo** the manager is in the know about everything that's going on.
II *sf* **1.** (*de un río, en el mar*) current: **la corriente lleva los residuos río abajo** the current takes the waste materials downriver • **sólo tienes que llevarle * seguirle la corriente** you just have to humour her. **2.** (*de aire*) (*GB*) draught, (*US*) draft. **3.** (*tendencia*) trend: **aparecieron nuevas corrientes artísticas** new artistic trends emerged • **se caracteriza por ir siempre contra la corriente** it is typical of her to always go against the tide. **4.** (*eléctrica*) current.
corriente alterna *sf* alternating current.
corriente continua *sf* direct current.
corriente marina *sf* ocean current.

corrijo /ko'rrixo/ *and other forms with* **corrij-** ⇨corregir

corrillo /ko'rriʎo/ *sm*: small group (*of people talking*): **algunos se quedaron en corrillos comentando el examen** some of them stayed behind in small groups discussing the exam.

corrimiento /korri'mjento/ *sm* (*also* **corrimiento de tierras**) landslide, landslip.

corro /'korro/ *sm* **1.** (*de personas, objetos*) ring, circle: **tienes que poner las sillas en corro** you have to put the chairs in a circle • **hicieron corro alrededor del profesor** they gathered around the teacher. **2.** (*also* **corro de la patata**) (*juego*) (*GB*) ring-a-ring o'roses, (*US*) ring-around-a-rosy.

corroboración /korroβora'θjon/ *sf* corroboration.

corroborar /korroβo'rar/ [⇨CANTAR] *vt* to corroborate.

corroer /korro'er/ [⇨roer] *vt* **1.** (*Fís, Quím*) to corrode; (*Geol*) to erode, to wear away. **2.** (*a una persona*) to consume, to eat away: **la corroían los celos** she was consumed by jealousy.
corroerse *v prnl* **1.** (*Fís, Quím*: *metal*) to become corroded; (*Geol*: *roca*) to erode, to be worn away: **la pared se corroe con el agua** the wall is being worn away by the water. **2.** (*persona*) to be eaten up: **se corroía de envidia** he was eaten up with envy.

corromper /korrom'per/ [⇨TEMER] *vt* **1.** (*comida*) to rot. **2.** (*a otra persona*) to corrupt: **fue acusado de corromper a menores** he was accused of corrupting minors. **3.** (*Ling*) to corrupt: **la jerga informática está corrompiendo el idioma** computer jargon is corrupting the language. **4.** (*sobornar*) to bribe: **se dejó corromper por los narcotraficantes** he succumbed to bribes from the drug traffickers.
corromperse *v prnl* **1.** (*comida*) to rot; (*agua, aire*) to stagnate: **el agua del estanque se ha corrompido** the water in the pond has stagnated. **2.** (*persona*) to become corrupted: **con los años, se corrompió con el poder** over the years power corrupted him.

corrosión /korro'sjon/ *sf* **1.** (*de metales*) corrosion. **2.** (*de rocas*) erosion.

corrosivo, -va /korro'siβo -βa/ *adj* **1.** (*cáustico*) corrosive. **2.** (*incisivo*) caustic: **estaba harto de su corrosiva ironía** he was fed up with her caustic wit.

corrupción /korrup'θjon/ *sf* **1.** (*putrefacción*) decay. **2.** (*de personas*) corruption: **por desgracia, hay mucha corrupción** unfortunately, there's a great deal of corruption.
corrupción de menores *sf* corruption of minors.

corrupto, -ta /ko'rrupto -ta/ *adj* corrupt.

corruptor, -tora /korrup'tor -'tora/ **I** *adj* corrupting.
II *sm/f* corrupter.

corrusco /ko'rrusko/ *sm* crust of bread.

corsario, -ria /kor'sarjo -rja/ **I** *adj* privateer.
II *sm/f* corsair, privateer.

corsé /kor'se/ *sm* corset.

corsetería /korsete'ria/ *sf*: *corset shop.*

corso, -sa /'korso -sa/ *adj, sm/f* Corsican.

cortacésped /korta'θespeð/ *sm* [sometimes feminine] lawnmower.

cortacircuitos /kortaθir'kwitos/ *sm inv* circuit breaker.

cortado, -da /kor'taðo -ða/ **I** *past participle of* ⇨cortar
II *adj* **1.** (*fam*: *apocado*) shy: **cuando le dije hola se quedó cortado** when I said hello to him, he was overcome with shyness. **2.** (*café*) *with a dash of milk.* **3.** (*pasado*) sour, off: **este batido está cortado** this milkshake is off.
III *sm/f* shy person: **es una cortada** she's a very shy person.
IV cortado *sm*: *an espresso coffee with a dash of milk.*

cortadura /korta'ðura/ *sf* **1.** (*corte*) cut. **2.** (*Geol*) ravine.

cortafuego /korta'fweɣo/ *sm* firebreak.

cortante /kor'tante/ *adj* **1.** (*que corta*) cutting. **2.** (*modales*) brusque, sharp: **me saludó de una manera muy cortante** he greeted me very brusquely.

cortapisa /korta'pisa/ *sf* restriction, limitation: **me pusieron tantas cortapisas que decidí no ir** so many obstacles were put in my way that I decided not to go.

cortaplumas /korta'plumas/ *sm inv* penknife.

cortar /kor'tar/ [⇨ CANTAR] *vt* **1.** (*partir: gen*) to cut: **lo cortó** *con* **las tijeras** she cut it with the scissors; (*: el pelo*) to cut: **mi hermana me cortó el pelo** my sister cut my hair; (*: un árbol*) to cut down; (*: el césped*) to mow. **2.** (*cercenar*) to cut off: **la sierra le cortó el dedo** the saw cut his finger off; **le cortaron la cabeza** they cut his head off, he was beheaded. **3.** (*una prenda*) to cut out: **tengo que cortar las mangas** I need to cut out the sleeves. **4.** (*dividir*) to divide: **el río corta la región** *en* **dos zonas** the river divides the region into two areas. **5.** (*bloquear*) to cut off: **el enemigo nos cortó la retirada** the enemy cut off our retreat. **6.** (*interrumpir: el suministro*) to cut off: **¿crees que nos cortarán el teléfono?** do you think they'll cut off * disconnect the telephone?; (*: una relación*): **han decidido cortar su relación** they've decided to split up. **7.** (*eliminar*) to cut (out): **cortaron las escenas más desagradables** the most unpleasant scenes were cut (out); **tenemos que cortar de raíz este tipo de cosas** we must root out this kind of thing.
♦*vi* **1.** (*partir*) to cut: **este cuchillo no corta bien** this knife doesn't cut very well • **cuando ocurre algo así, hay que cortar por lo sano** when something like that happens, drastic measures have to be taken. **2.** (*en juegos de naipes*) to cut. **3.** (*atajar*) to take a short cut: **se puede cortar por el parque** you can take a short cut through the park.

cortarse *v prnl* **1.** (*el pelo, las uñas*) to cut: **córtate las uñas** cut your nails; **¿dónde te cortas el pelo?** where do you have your hair cut?; **yo misma me corto el pelo** I cut my own hair. **2.** (*herirse*) to cut oneself: **me corté** *con* **el cuchillo** I cut myself with the knife. **3.** (*interrumpirse*): **se ha cortado la comunicación** I've been cut off. **4.** (*agrietarse*) to chap: **se me cortaron los labios por el frío** my lips got chapped in the cold. **5.** (*descomponerse: mayonesa*) to curdle; (*: leche*) to go off * sour. **6.** (*fam: por timidez*) to become embarrassed: **se corta cuando tiene que hablar en público** he gets embarrassed when he has to talk in public.

cortaúñas /korta'uɲas/ *sm inv* nail clippers *pl.*

corte /'korte/ **I** *sm* **1.** (*resultado de cortar*) cut: **se hizo un corte en la mano** he cut his hand. **2.** (*filo*) cutting edge. **3.** (*en costura*): **quiere aprender corte y confección** she wants to learn dressmaking. **4.** (*de una prenda*) cut: **siempre lleva trajes de corte impecable** he always wears beautifully cut suits. **5.** (*largo*) length. **6.** (*estilo*) style: **es una composición de corte modernista** it's a composition in the modernist style. **7.** (*réplica*) rude reply: **hombre, tampoco tenías por qué darle ese corte** hey, there was no need to be so rude to her • **se volvió y les hizo un corte de mangas** he turned round and gave them the V-sign. **8.** (*apuro*) embarrassment: **me daba corte entrar a verla** I felt embarrassed about going in to see her.
II *sf* **1.** (*real, imperial*) court. **2.** (*Amér L: Jur, tribunal*) court.

corte de digestión *sm* stomach cramp.

Corte Suprema (de Justicia) *sf* (*Amér L*) Supreme Court.

cortedad /korte'ðað/ *sf* **1.** (*de tamaño*) smallness; (*de tiempo*) shortness. **2.** (*timidez*) shyness.

cortejar /korte'xar/ [⇨ CANTAR] *vt* to court.

cortejo /kor'texo/ *sm* (*de un rey*) entourage.

cortejo fúnebre *sm* funeral cortege.

Cortes /'kortes/ *sf pl*: **las Cortes** (*en España*) the Parliament.

cortés /kor'tes/ *adj* polite • **lo cortés no quita lo valiente** you can be polite without getting pushed around.

cortesano, -na /korte'sano -na/ **I** *adj* (of the) court.
II *sm/f* courtier.

cortesía /korte'sia/ *sf* politeness, courtesy: **las bebidas son cortesía de la casa** the drinks are courtesy of the management; **tenemos que hacerles una visita de cortesía** we must pay them a courtesy visit.

corteza /kor'teθa/ *sf* **1.** (*de un árbol*) bark. **2.** (*del queso, de un melón*) rind; (*del pan*) crust.

cortijo /kor'tixo/ *sm* farm and farmhouse (*especially in Andalusia*).

cortina /kor'tina/ *sf* curtain, (*US*) drape: **corre las cortinas, hace mucho sol** draw the curtains, it's too bright.

cortina de fuego *sf* barrage (*of gunfire*).

cortina de hierro *sf* (*Amér L*) Iron Curtain.

cortina de humo *sf* smoke screen.

cortisona /korti'sona/ *sf* cortisone.

corto, -ta /'korto -ta/ **I** *adj* **1.** (*de longitud*) short: **estos pantalones me están cortos** these trousers are too short for me. **2.** (*de tiempo*) short: **el día se me hizo muy corto** the day passed very quickly for me • **tendrán que aceptar a la corta o la larga** they'll have to agree sooner or later. **3.** (*escaso*): **andamos muy cortos** *de* **tiempo** we're very short of time * pressed for time • **creí que nos gastaríamos unas diez mil pesetas, pero me quedé corto** I thought we would spend about ten thousand pesetas, but I underestimated. **4.** (*fam: tonto*) dim, dumb • **se fue a comprar un coche, ni corto ni perezoso** he went out to buy a car, without a moment's hesitation * without further ado.
II corto *sm* short movie, (*GB*) short (film).

corto, -ta de vista I *adj* short-sighted.
II *sm/f* short-sighted person.

cortocircuito /kortoθir'kwito/ *sm* short circuit.

cortometraje /kortome'traxe/ *sm* short movie, (*GB*) short (film).

Coruña /ko'ruɲa/ *sf*: **La Coruña** Corunna.

coruñés, -ñesa /koru'ɲes -'ɲesa/ **I** *adj* of * from La Coruña.
II *sm/f* native * inhabitant of La Coruña.

corva /'korβa/ *sf* (*Anat*) back of the knee.

corvejón /korβe'xon/ *sm* (*de cuadrúpedo*) hock.

corvo, -va /'korβo -βa/ **I** *adj* curved, bent.
II *sf* back of the knee.

corzo, -za /'korθo -θa/ *sm/f* (*macho*) roebuck; (*hembra*) roe (deer).

cosa /'kosa/ *sf* **1.** (*gen*) thing: **sube tus cosas al dormitorio** take your things up to your bedroom; **las cosas iban bien** things were going well; **son cosas de chicos** it's kids' stuff • **por unas cosas o por otras siempre tengo que hacer la cena** one way or another, I always end up having to get the dinner • **tuve que decirle cuatro cosas** I had to tell her a few home truths • **me ha sacado la lengua, ¡habráse visto cosa igual!** he stuck his tongue out at me, can you believe it? • **me dijo que sale con otra como si tal cosa** he told me he's going out with someone else, as if it were the most natural thing in the world • **no te preocupes, eso es cosa mía** don't worry, I'll take care of that • **hace frío, será cosa de ponerse el abrigo** it's cold, we'll have to put on our coats • **como quien**

no quiere la cosa ya tiene una cadena de supermercados he's built up a chain of supermarkets just like that. 2. (*referido a tiempo*): **volveremos en cosa de una hora** we'll be back in about an hour. 3. (*quehacer*) thing: **tengo muchas cosas que hacer** I have a lot of things to do. 4. (*en frases negativas*) nothing, not a thing: **no hay cosa peor que el hambre** there's nothing worse than hunger.

cosaco, -ca /ko'sako -ka/ *sm/f* Cossack • **no quiero salir con ellos, beben como cosacos** I don't want to go out with them, all they do is drink.

coscorrón /kosko'rron/ *sm* blow (*on the head*): **me di un coscorrón al bajarme del coche** I banged my head as I got out of the car.

cosecha /ko'setʃa/ *sf* 1. (*recolección*) harvest; (*época*) harvest time • **¿esto lo has añadido tú de tu propia cosecha?** is this something you've added off your own bat? 2. (*añada*) vintage: **la cosecha del 63** the 1963 vintage.

cosechadora /kosetʃa'ðora/ *sf* (combine) harvester.

cosechar /kose'tʃar/ [⇨ CANTAR] *vt* 1. (*Agr*) to harvest. 2. (*granjearse*): **cosechó muchas enemistades en sus tiempos de director** he made a lot of enemies in his days as director.

cosecharse *v prnl* to be harvested: **el trigo se cosecha en septiembre** the wheat is harvested in September.

coser /ko'ser/ [⇨ TEMER] *vt* 1. (*una prenda*) to sew; (*un botón*) to sew on. 2. (*una herida*) to stitch (up). 3. (*con grapas*) to staple. 4. (*acribillar*): **lo cosieron *a* puñaladas** he was stabbed repeatedly.
♦*vi* to sew • **el examen fue coser y cantar** the exam was a piece of cake.

cosido /ko'siðo/ *sm* (*acción*) sewing.

cosmética /koz'metika/ *sf* cosmetics *pl*.

cosmético, -ca /koz'metiko -ka/ **I** *adj* cosmetic.
II cosmético *sm* cosmetic.

cósmico, -ca /'kozmiko -ka/ *adj* cosmic.

cosmología /kozmolo'xia/ *sf* cosmology.

cosmonauta /kozmo'nauta/ *sm/f* cosmonaut.

cosmopolita /kozmopo'lita/ *adj, sm/f* cosmopolitan.

cosmos /'kozmos/ *sm inv* cosmos.

coso /'koso/ *sm* (*frml*) bullring.

cosque /'koske/ *sm* (*fam*) blow (*on the head*).

cosquillas /kos'kiʎas/ *sf pl* tickling: **tengo muchas cosquillas** I'm very ticklish; **le hacía cosquillas** it was tickling him • **no hacía más que buscarme las cosquillas** he just kept trying to annoy me all the time.

cosquilleo /koski'ʎeo/ *sm* tickling.

costa /'kosta/ **I** *sf* 1. (*litoral*) coast: **nos gusta ir de vacaciones a la costa** we like to go to the coast * seaside for our holidays; **apenas se divisaba la costa** we could barely see the coastline. 2. (*coste*) cost, price • **lo conseguimos a costa de mucho esfuerzo** we managed it with a great deal of effort • **tengo que terminarlo hoy a toda costa** I've got to finish it today at all costs • **vive a costa de sus padres** he lives off his parents.
II costas *sf pl* (*Jur*) costs *pl*.

Costa Rica /'kosta 'rrika/ *sf* Costa Rica.

costado /kos'taðo/ *sm* side: **le dolía el costado** she had a pain in her side; **déjalo sobre la mesa *de* costado** put it on the table on its side • **Christine es inglesa por los cuatro costados** Christine is English through and through.

costal /kos'tal/ *sm* sack.

costalada /kosta'laða/ *sf* (*fam*) injury (*to one's back or side*): **me di una costalada** I fell on my back.

costalazo /kosta'laθo/ *sm* ⇨ costalada

costanera /kosta'nera/ *sf* (*Arg, Chi, Urug*) esplanade.

costar /kos'tar/ [⇨ contar] *vi* 1. (*dinero*): **¿cuánto cuestan esos zapatos?** how much are those shoes?, how much do those shoes cost?; **cuestan diez mil pesetas** they are * cost ten thousand pesetas. 2. (*precisar esfuerzo*): **me cuesta mucho concentrarme** I find it very difficult to concentrate • **lo voy a hacer cueste lo que cueste** I'm going to do it whatever the cost. 3. (*causar perjuicio*): **su amistad me costó muchos disgustos** her friendship caused me a lot of upsets • **tu indiferencia te va a costar muy cara** your lack of interest is going to cost you very dearly. 4. (*tiempo*): **me ha costado dos horas llegar aquí** it's taken me two hours to get here.

costarricense /kostarri'θense/ *adj, sm/f* Costa Rican.

costarriqueño, -ña /kostarri'keɲo -ɲa/ *adj, sm/f* Costa Rican.

coste /'koste/ *sm* cost: **los compramos a precio de coste** we bought them at cost price.

coste de la vida *sm* cost of living.

costear /koste'ar/ [⇨ CANTAR] *vt* to pay for: **mi padre costeó mis estudios** my father paid for my studies.

costearse *v prnl* to pay one's way: **se costea los estudios universitarios** he's paying his own way at university.

costero, -ra /kos'tero -ra/ *adj* coastal: **viven en un pueblo costero** they live in a town on the coast.

costilla /kos'tiʎa/ **I** *sf* 1. (*Anat*) rib. 2. (*Culin*) chop. 3. (*fam: media naranja*) wife, other half.
II costillas *sf pl* back • **todo el trabajo cayó sobre mis costillas** I had to do all the work • **te van a medir las costillas** they're going to give you a good hiding.

costipado, -da /kosti'paðo -ða/ *adj*, **costipado** *sm* ⇨ constipado

costiparse /kosti'parse/ [⇨ CANTAR] *v prnl* ⇨ constiparse

costo /'kosto/ *sm* 1. ⇨ coste 2. (*!!: hachís*) dope.

costoso, -sa /kos'toso -sa/ *adj* 1. (*caro*) expensive, dear. 2. (*complicado*) hard.

costra /'kostra/ *sf* 1. (*corteza*) crust. 2. (*Med*) scab.

costumbre /kos'tumbre/ *sf* 1. (*hábito*) habit: **tengo la costumbre de madrugar** I usually get up early • **ven el lunes como de costumbre** come on Monday, as usual. 2. (*tradición*) custom, way: **hay que respetar las costumbres de otros pueblos** we must respect other peoples' customs.

costura /kos'tura/ *sf* 1. (*labor*) sewing. 2. (*serie de puntadas*) seam: **se me ha descosido la costura de la falda** the seam of my skirt has come undone. 3. (*oficio*) dressmaking: **tiene una empresa de alta costura** he runs a haute couture business.

costurera /kostu'rera/ *sf* seamstress.

costurero /kostu'rero/ *sm* (*cesto*) sewing basket; (*mueble*) sewing box.

cota /'kota/ *sf* 1. (*altitud*) height above sea level. 2. (*nivel*) level: **la inflación alcanzó cotas históricas** inflation reached an all-time high.

cota de malla *sf* coat of mail.

cotarro /ko'tarro/ *sm* (*fam*) 1. (*fiesta*): **en cuanto pusieron música se animó el cotarro** when they put the music on the party really got going. 2. (*asunto*): **¿quién maneja el cotarro?** who's in charge here? * who's running this show?

cotejar /kote'xar/ [⇨ CANTAR] *vt* to compare.

cotidiano, -na /koti'ðjano -na/ *adj* everyday: **odia la monotonía de la vida cotidiana** he hates the monotony of everyday life.

cotilla /ko'tiʎa/ *sm/f (fam)* gossip, busybody.

cotillear /kotiʎe'ar/ [⇨CANTAR] *vi (fam)* to gossip: **le encanta cotillear** *de* **los demás** she loves gossiping about other people.

cotillón /koti'ʎon/ *sm* party, celebration (*especially at New Year*).

cotización /kotiθa'θjon/ *sf* **1.** (*de una moneda*) rate of exchange; (*de materias primas*) price; (*de acciones*) share price, quoted price. **2.** (*a una asociación, un club*) subscription, membership fee; (*a la seguridad social*) contribution.

cotizar /koti'θar/ [⇨cazar] *vt* to quote.
♦*vi* **1.** (*en bolsa*) to be quoted: **esta empresa no cotiza en bolsa** this company is not quoted on the stock exchange ✻ this is not a quoted company. **2.** (*a un club*) to pay subscriptions; (*a la seguridad social*) to pay contributions: **llevo cotizando a la Seguridad Social seis años** I've been paying social security contributions for six years.

cotizarse *v prnl* **1.** (*Fin*) to sell: **sus acciones se cotizan** *a* **tres mil pesetas** their shares are selling at three thousand pesetas. **2.** (*valorarse*): **un buen vendedor se cotiza mucho** a good salesman is highly valued ✻ is a valuable asset.

coto /'koto/ *sm* nature reserve ● **hay que poner coto a la violencia** violence must be stopped.

coto de caza *sm* game preserve.

cotorra /ko'torra/ *sf* **1.** (*Zool*) parrot. **2.** (*fam: persona*) chatterbox: **es una cotorra** she's a real chatterbox.

cotorrear /kotorre'ar/ [⇨CANTAR] *vi (fam)* to chatter.

COU /kou/ *sm* (*en España*) (*abbreviation of* **Curso de Orientación Universitaria**) *pre-university year and course.*

covacha /ko'βatʃa/ *sf* **1.** (*cueva*) cave. **2.** (*fam: cuchitril*) hovel, hut.

coyote /ko'jote/ *sm* coyote.

coyuntura /kojun'tura/ *sf* **1.** (*situación*) situation: **es una consecuencia de la coyuntura económica** it is a result of the economic situation; **aprovechó la coyuntura para pedírmelo** she made the most of the opportunity to ask me. **2.** (*Anat*) joint.

coz /koθ/ *sf* [**coces**] kick (*as from horse, mule*) ● **en el colegio te trataban a coces** in school they treated you like dirt.

C.P. *pronounced* /'koðiɣo pos'tal/ (*abbreviation of* **código postal**) (*GB*) postcode, (*US*) zip code.

crac /krak/ *sm* **1.** (*sonido*) crack. **2.** (*Fin*) crash: **el crac del 29** the (Wall Street) Crash (*of 1929*).

crack /krak/ *sm* (*droga*) crack.

cráneo /'kraneo/ *sm* (*Anat*) cranium, skull.

crápula /'krapula/ *sm* rake.

craso, -sa /'kraso -sa/ *adj* crass: **cometimos un craso error y pagamos por ello** we made a horrendous mistake and we're paying for it.

cráter /'krater/ *sm* crater.

creación /krea'θjon/ *sf* creation.

creador, -dora /krea'ðor -'ðora/ **I** *adj* creative.
II Creador *sm* Creator.

crear /kre'ar/ [⇨CANTAR] *vt* **1.** (*hacer existir*) to create, to make: **crearon muchos puestos de trabajo** they created many jobs. **2.** (*fundar*) to found: **el museo fue creado en 1985** the museum was founded in 1985.

crearse *v prnl* to make for oneself: **te creas tus propios problemas** you create ✻ make problems for yourself.

creatividad /kreatiβi'ðað/ *sf* creativity.

creativo, -va /krea'tiβo -βa/ *adj* creative.

crecer /kre'θer/ [⇨agradecer] *vi* **1.** (*desarrollarse*) to grow: **¡cuánto has crecido en estos meses!** how you have grown in the last few months! **2.** (*aumentar*) to grow: **está creciendo el interés por la ópera** there is a growing interest in opera. **3.** (*un río, la marea*) to rise: **el río creció a causa de las lluvias** the river swelled as a result of the rain.

crecerse *v prnl* to grow in confidence: **el equipo se creció con los aplausos del público** the team grew in confidence as the crowd cheered them on.

creces /'kreθes/ *sf pl* ● **ha pagado su error con creces** she's paid for her mistake many times over.

crecida /kre'θiða/ *sf* flood (*of river*).

crecido, -da /kre'θiðo -ða/ *adj* **1.** (*abundante*) large: **tuvimos un crecido número de quejas** we had a large number of complaints. **2.** (*persona*) grown-up. **3.** (*río*) swollen.

creciente /kre'θjente/ *adj* **1.** (*que crece*) growing. **2.** (*fase lunar*): **la luna está en cuarto creciente** the moon is in the first quarter.

crecimiento /kreθi'mjento/ *sm* growth.

crecimiento natural, crecimiento vegetativo *sm* natural growth (*of population*).

credencial /kreðen'θjal/ **I** *adj*: **mañana presenta sus cartas credenciales al presidente** he is presenting his credentials to the president tomorrow.
II *sf* credentials *pl*, documents *pl*: **¿me puede enseñar su credencial?** may I see your documents?

credibilidad /kreðiβili'ðað/ *sf* credibility.

crédito /'kreðito/ **I** *sm* **1.** (*Fin: préstamo*) loan: **nos concedieron un crédito a una tasa de interés muy favorable** we were given a loan at a very favourable rate of interest; (*: capacidad de pedir prestado, forma de pago*) credit: **tiene crédito en varios bancos** he has credit ✻ credit facilities at several banks; **compramos el coche** *a* **crédito** we bought the car on credit. **2.** (*credibilidad*) credit, credence: **no puedo dar crédito a mis ojos** I can't believe my eyes; **no daba crédito a lo que oía** he couldn't believe what he was hearing. **3.** (*prestigio*) reputation.
II créditos *sm pl* (*de una película*) credits *pl*.

credo /'kreðo/ *sm* **1.** (*Relig*) Creed. **2.** (*ideología*) creed, credo.

crédulo, -la /'kreðulo -la/ **I** *adj* gullible, credulous.
II *sm/f* gullible ✻ credulous person.

creencia /kre'enθja/ *sf* belief: **no haré nada contrario a mis creencias** I won't do anything which goes against my beliefs.

creer /kre'er/ [⇨leer] *vt* **1.** (*aceptar por verdadero*) to believe: **te creo** I believe you ● **¡ya lo creo!** absolutely! ✻ I agree! **2.** (*suponer*) to think: **creo que mañana hay huelga de trenes** I think there's a rail strike tomorrow; **creo que sí** I think so; **creo que no** I don't think so ● **no creas, no es tan fácil** well, it's not that easy you know.
♦*vi* **1.** (*Relig: profesar*) to believe, to be a believer: **los cristianos creen** *en* **la resurrección** Christians believe in the Resurrection. **2.** (*confiar*): **no creo** *en* **los políticos** I don't trust politicians.

creerse *v prnl* **1.** (*aceptar por verdadero*) to believe: **se lo cree todo** she believes everything; **no te creas todo lo que dicen** don't believe everything they say. **2.** (*suponerse*) to think oneself: **se cree muy listo** he thinks he's so clever • **pero, ¿qué se ha creído?** just who does he think he is?

creíble /kre'ible/ *adj* believable, credible.

creído, -da /kre'iðo -ða/ *adj* (*fam*) bigheaded: **no me cae bien porque es muy creído** I don't like him because he's very bigheaded.

crema /'krema/ **I** *sf* **1.** (*de leche y de huevos*) custard; (*de la leche*) cream. **2.** (*sopa*) cream: **voy a hacer una crema de espárragos** I'm going to make cream of asparagus soup. **3.** (*en cosmética, medicina*) cream. **4.** (*betún*) shoe polish. **5.** (*élite*) cream: **a su boda asistió la crema de la sociedad** the cream of society attended their wedding.
II *adj inv* (*color*) cream.

crema catalana *sf*: *dessert consisting of a custard-like base with a layer of burnt sugar.*

crema de afeitar *sf* shaving cream.

crema doble *sf* (*Arg, Urug*) double cream.

crema pastelera *sf* confectioner's custard, crème pâtissière.

cremación /krema'θjon/ *sf* cremation.

cremallera /krema'ʎera/ *sf* (*GB*) zip, (*US*) zipper.

crematorio /krema'torjo/ *sm* (*de cadáveres*) (*GB*) crematorium, (*US*) crematory; (*de basuras*) incinerator.

cremoso, -sa /kre'moso -sa/ *adj* creamy.

crepa /'krepa/ *sf* (*Méx*) pancake.

crepé /kre'pe/ *sm* (*tejido*) crepe.

crêpe, crepe /'krepe/ *sf* (*Culin*) crêpe, pancake.

crepitar /krepi'tar/ [➪CANTAR] *vi* (*al arder*) to crackle; (*al freírse*) to sizzle.

crepuscular /krepusku'lar/ *adj* twilight.

crepúsculo /kre'puskulo/ *sm* twilight, dusk.

crescendo /kres'θendo/ *sm* crescendo.

crespo, -pa /'krespo -pa/ *adj* curly.

crespón /kres'pon/ *sm* black ribbon (*as a sign of mourning*).

cresta /'kresta/ *sf* **1.** (*de plumas*) crest; (*carnosa*) comb. **2.** (*de una montaña*) crest, top. **3.** (*de una ola*) crest • **se separaron cuando estaban en la cresta de la ola** they split up while they were at the height of their success.

Creta /'kreta/ *sf* Crete.

cretino, -na /kre'tino -na/ **I** *adj* cretinous.
II *sm/f* cretin.

cretona /kre'tona/ *sf* cretonne.

creyente /kre'jente/ *sm/f* believer: **para un no creyente es difícil de entender** for a non-believer it's difficult to understand.

cría /'kria/ *sf* **1.** (*crianza*) breeding: **se dedica a la cría de caballos** she breeds horses (for a living). **2.** (*cachorro*): **todas sus crías han muerto** all her young have died; **la perra tuvo siete crías** the bitch had seven puppies.

criada /'krjaða/ *sf* maid, servant.

criadero /krja'ðero/ *sm* **1.** (*Zool*) breeding place: **un criadero de truchas** a trout farm; **un criadero de mejillones** a mussel bed. **2.** (*Bot*) nursery.

criadilla /krja'ðiʎa/ *sf* (*Culin*) testicle (*of bull, ram*).

criado, -da /'krjaðo -ða/ **I** *adj* **1.** (*persona: crecido*) grown-up: **tus hijos ya están criados** your children are grown-up now; (*: educado*): **es un jovencito bien/mal criado** he's a well/badly behaved boy. **2.** (*animal*) reared, raised.
II criado *sm* servant.

crianza /'krjanθa/ *sf* **1.** (*de animales*) breeding: **se dedica a la crianza de pollos** he's a chicken farmer. **2.** (*de bebés*) nursing. **3.** (*educación*) upbringing: **su buena crianza se deja notar** you can tell he's been well brought up.

criar /krjar/ [➪ansiar] *vt* **1.** (*amamantar*) to nurse. **2.** (*cuidar, educar*) to bring up: **lo criaron unos tíos** he was brought up by an aunt and uncle. **3.** (*animales*) to breed; (*plantas*) to cultivate, to grow. **4.** (*producir*) to have, to grow: **¿los gatos crían pulgas?** do fleas live on cats? **5.** (*el vino*) to make.

criarse *v prnl* to grow up: **el niño se criaba sano y fuerte** the child was growing up healthy and strong.

criatura /krja'tura/ *sf* **1.** (*ser vivo*) creature. **2.** (*niño*) baby, child.

criba /'kriβa/ *sf* **1.** (*instrumento*) sieve • **habrá que pasar todos estos datos por la criba** we'll have to sieve ✱ sift through all this data. **2.** (*selección*): **el examen de inglés es la primera criba** the English exam is the first filter (*for selecting the best candidates*).

cribar /kri'βar/ [➪CANTAR] *vt* (*grano, minerales*) to sieve.

crimen /'krimen/ *sm* **1.** (*delito*) crime; (*asesinato*) murder. **2.** (*disparate*) crime: **es un crimen no salir con este sol** it would be a crime to stay inside when it's so sunny.

criminal /krimi'nal/ *adj, sm/f* criminal: **fue acusado de varias acciones criminales** he was accused of several criminal acts ✱ offences; **es la criminal más buscada del país** she's the most wanted criminal in the country.

criminalidad /kriminali'ðað/ *sf* (*cualidad*) criminality; (*conjunto de crímenes*) crime: **hay una gran preocupación por el aumento de la criminalidad** there is great concern about the rise in crime.

criminalista /krimina'lista/ **I** *adj* criminal.
II *sm/f* **1.** (*abogado*) criminal lawyer. **2.** (*estudioso*) criminologist.

criminología /kriminolo'xia/ *sf* criminology.

crin /krin/ *sf* mane.

crío, -a /'krio -a/ *sm/f* **1.** (*niño*) child (*pl* children). **2.** (*fam: persona infantil*) childish person: **se comporta como un crío** he behaves like a child.

criollo, -lla /'krjoʎo -ʎa/ **I** *adj* **1.** (*persona*) *born in Latin America, descended from Europeans.* **2.** (*costumbre, comida*) local (*as opposed to European*).
II *sm/f*: *person born in Latin America, descended from Europeans.*

cripta /'kripta/ *sf* crypt.

críptico, -ca /'kriptiko -ka/ *adj* cryptic.

críquet /'kriket/ *sm* (*Dep*) cricket.

crisálida /kri'saliða/ *sf* chrysalis.

crisantemo /krisan'temo/ *sm* chrysanthemum.

crisis /'krisis/ *sf inv* **1.** (*problema*) crisis: **el país está sufriendo una crisis económica** the country is undergoing an economic crisis ✱ a recession. **2.** (*en una enfermedad*) attack: **le sobrevino una crisis por la noche** he had an attack during the night.

crisis de gobierno *sf inv* cabinet crisis.

crisis nerviosa *sf inv* nervous breakdown.

crisma /'krizma/ *sf* (*fam: cabeza*) head: **te vas a romper la crisma** you'll break your neck.

crismas /'krizmas/ *sm inv* Christmas card.

crispación /krispa'θjon/ *sf* tenseness: **dio un golpe en la mesa en un momento de crispación** he banged the table in agitation.

crispar /kris'par/ [➪CANTAR] *vt* **1.** (*músculos, el rostro, etc.*) to tense. **2.** (*fam: irritar*) to annoy: **me crispa que**

te metas con tu hermano it annoys me when you pick quarrels with your brother.

crisparse *v prnl* **1.** (*músculos, rostro, etc.*) to tense up, to tighten: **su rostro se crispó** her face became tense. **2.** (*fam: irritarse*) to become annoyed: **se crispó al oír la noticia** he got really annoyed when he heard the news.

cristal /kris'tal/ *sm* **1.** (*mineral*) crystal. **2.** (*vidrio: gen*) glass: **un jarrón de cristal** a glass vase; (*: de calidad fina*) crystal. **3.** (*de gafas*) lens; (*de ventana*) pane: **la explosión rompió todos los cristales** the explosion broke all the windows; (*pedacito*) piece of glass: **el suelo estaba lleno de cristales rotos** the floor was covered with (pieces of) broken glass.

cristal de cuarzo *sm* quartz crystal.

cristal de roca *sm* rock crystal.

cristal líquido *sm* liquid crystal.

cristalera /krista'lera/ *sf* **1.** (*ventanal*) window; (*puerta*) French windows *pl.* **2.** (*armario*) display cabinet.

cristalería /kristale'ria/ *sf* **1.** (*fábrica*) glassworks *n inv*; (*tienda*) glassware shop. **2.** (*juego*) set of glasses and jugs.

cristalero, -ra /krista'lero -ra/ *sm/f* glazier.

cristalino, -na /krista'lino -na/ **I** *adj* transparent, (crystal) clear: **un arroyo de aguas cristalinas** a stream of clear water.

II cristalino *sm* (*Anat*) lens.

cristalización /kristaliθa'θjon/ *sf* **1.** (*Quím*) crystallization. **2.** (*concreción*) synthesis: **este libro es la cristalización de las investigaciones de muchos años** this book brings together many years' research.

cristalizar /kristali'θar/ [⇨cazar] *vi* **1.** (*Quím*) to crystallize. **2.** (*concretar*) to crystallize: **las conversaciones cristalizaron en un tratado de cooperación** the talks crystallized into a cooperation treaty.

cristalizarse *v prnl* (*Quím*) to crystallize.

cristiandad /kristjani'ðað/ *sf* Christendom.

cristianismo /kristja'nizmo/ *sm* Christianity.

cristianizar /kristjani'θar/ [⇨cazar] *vt* to convert to Christianity.

cristiano, -na /kris'tjano -na/ **I** *adj, sm/f* Christian.

II cristiano *sm* (*fam: persona en general*): **no hay cristiano que lo aguante** no one can stand ✱ put up with him.

III en cristiano *loc adv* (*fam*): **habla en cristiano** explain it clearly; **aquí nadie habla en cristiano** no one speaks our language here.

Cristo /'kristo/ *sm* (*Relig*) Christ ● **se armó un Cristo** there was a terrific fuss ● **se armó ✱ fue la de Dios es Cristo** there was complete uproar ● **le sienta el sombrero como a un Cristo dos pistolas** the hat looks really odd on her ● **se compró una casa donde Cristo dio las tres voces ✱ donde Cristo perdió el gorro** he bought himself a house in the back of beyond ● **lo dejaron hecho un Cristo** they left him looking a very sorry sight ● **eso no lo conoce ni Cristo (que lo fundó)** no one knows that ● **aquí tiene que pagar todo Cristo** every mother's son has to pay here.

criterio /kri'terjo/ *sm* **1.** (*norma*) guideline, criterion (*pl* criteria): **todavía no se han establecido unos criterios claros** clear guidelines ✱ standards have not yet been laid down. **2.** (*discernimiento*) judgement: **es una persona con criterio** she has sound judgement ● **lo dejo a tu criterio** I leave it up to you ✱ it's at your discretion. **3.** (*parecer*) opinion: **según el criterio del árbitro fue penalty** in the referee's eyes it was a penalty.

crítica /'kritika/ *sf* **1.** (*censura*) criticism: **no soporta la crítica** he can't take criticism; **recibió muchas críticas** she received a lot of criticism. **2.** (*reseña*) review: **ha recibido muy buenas críticas** it has had very good reviews; (*actividad*) reporting: **se ocupa de la crítica deportiva** he does the sports reports; (*conjunto de críticos*) critics *pl*: **la crítica ha alabado sus cuadros** the critics have praised her paintings.

criticar /kriti'kar/ [⇨sacar] *vt* **1.** (*desaprobar*) to criticize: **siempre anda criticando a los vecinos** he's always criticizing the neighbours. **2.** (*juzgar*) to review: **criticó la novela con tino** she made a sound criticism of the novel.

♦*vi* to criticize: **se pasa la vida criticando** she's always criticizing.

crítico, -ca /'kritiko -ka/ **I** *adj* critical: **llegó en el momento crítico** he arrived at the critical moment; **el estado del paciente es crítico** the patient's condition is critical.

II *sm/f* critic.

criticón, -cona /kriti'kon -'kona/ (*fam*) **I** *adj* fault-finding: **es muy criticona** she's always finding fault with people.

II *sm/f* fault-finder.

Croacia /kro'aθja/ *sf* Croatia.

croar /kro'ar/ [⇨CANTAR] *vi* to croak.

croata /kro'ata/ **I** *adj, sm/f* Croat, Croatian.

II *sm* (*dialecto*) Croat.

crocante /kro'kante/ **I** *adj* (*Arg, Urug: crujiente*) crisp, crispy.

II *sm*: *ice cream with a covering of toasted almonds.*

crocanti /kro'kanti/ *sm* ⇨crocante **II**

croché /kro'tʃe/ *sm* crochet: (*Amér L*) **tejer a croché** to crochet.

croissant /krua'san/ *sm* croissant.

crol /krol/ *sm* (*estilo de natación*) crawl.

cromado, -da /kro'maðo -ða/ *adj* chrome, chromium.

cromático, -ca /kro'matiko -ka/ *adj* chromatic.

cromo /'kromo/ *sm* **1.** (*metal*) chrome, chromium. **2.** (*estampa*) picture card, sticker ● **iba hecho un cromo** he looked a real picture.

cromosoma /kromo'soma/ *sm* chromosome.

crónica /'kronika/ *sf* **1.** (*relato*) account; (*Hist*) chronicle. **2.** (*en un periódico*) feature; (*en radio y televisión*) (on-the-spot) report.

crónica de sucesos *sf*: *pages of a newspaper covering crime, accidents, etc.*

crónico, -ca /'kroniko -ka/ *adj* (*enfermedad*) chronic; (*mal, vicio*) endemic: **la corrupción es un mal crónico de este país** corruption is endemic in this country.

cronista /kro'nista/ *sm/f* (*de periódico*) feature writer, columnist; (*de crónicas históricas*) chronicler.

cronista deportivo -va *sm/f* (*en la prensa*) sports reporter; (*en la radio*) (sports) commentator.

crono /'krono/ *sm* (*Dep*) time.

cronología /kronolo'xia/ *sf* chronology.

cronológico, -ca /krono'loxiko -ka/ *adj* chronological.

cronometraje /kronome'traxe/ *sm* time keeping.

cronometrar /kronome'trar/ [⇨CANTAR] *vt* to time.

cronómetro /kro'nometro/ *sm* stopwatch.

croqueta /kro'keta/ *sf* (*Culin*) croquette (*made with fish or chicken*).

croquis /'krokis/ *sm inv* sketch.

cross /kros/ *sm* cross country.

cruasán /krwa'san/ *sm* croissant.

cruce /'kruθe/ *sm* **1.** (*gen*) crossing; (*de caminos, carreteras, etc.*) crossroads; (*de peatones*) (*GB*) pedestrian crossing, (*US*) crosswalk. **2.** (*Telec*) crossed line: **había un cruce en la línea** we had a crossed line. **3.** (*mezcla*) cross: **el mulo es un cruce** *de* **yegua y asno** a mule is a cross between a mare and an ass.
cruce peatonal *sm* (*Amér L*) (*GB*) pedestrian crossing, (*US*) crosswalk.

crucero /kru'θero/ *sm* **1.** (*viaje*) cruise: **hicimos un crucero por el Adriático** we went on a cruise in the Adriatic. **2.** (*buque*) cruiser. **3.** (*Arquit*) transept. **4.** (*Méx*: *de carreteras*) crossroads; (*: de trenes*) (*GB*) level crossing, (*US*) grade crossing.

crucial /kru'θjal/ *adj* crucial, critical.

crucificar /kruθifi'kar/ [➪sacar] *vt* (*clavar en una cruz*) to crucify; (*fig*: *molestar*) to torture: **los mosquitos nos crucificaron** the mosquitos made our lives unbearable.

crucifijo /kruθi'fixo/ *sm* crucifix.

crucifixión /kruθifik'sjon/ *sf* crucifixion.

crucigrama /kruθi'ɣrama/ *sm* crossword (puzzle).

cruda /'kruða/ *sf* (*Méx*) hangover.

crudeza /kru'ðeθa/ *sf* **1.** (*lo duro*) harshness: **no estábamos preparados para la crudeza del clima** we were not prepared for the harshness of the climate. **2.** (*brusquedad*) bluntness: **habla con crudeza** he speaks very bluntly.

crudo, -da /'kruðo -ða/ **I** *adj* **1.** (*sin cocer*) raw; (*insuficientemente cocido*) undercooked; (*sin madurar*) unripe; (*tejidos, etc.*) unprocessed: **una chaqueta de seda natural cruda** a jacket made of raw natural silk; (*petróleo*) crude • **lo tienes crudo** you're going to find it difficult. **2.** (*tiempo, clima*) harsh. **3.** (*duro*): **es una novela muy cruda** it's a very earthy novel. **4.** (*color*) natural, unbleached.
II crudo *sm* (*petróleo sin refinar*) crude (oil).

cruel /krwel/ *adj* cruel: **era cruel** *con* **sus hijos** he was cruel to his children.

crueldad /krwel'ðað/ *sf* cruelty.

cruento, -ta /'krwento -ta/ *adj* bloody: **fue una batalla muy cruenta** it was an extremely bloody battle.

crujido /kru'xiðo/ *sm* (*de madera*) creaking; (*de papel, seda*) crackling; (*al comer, de grava*) crunching; (*de los dientes*) grinding.

crujiente /kru'xjente/ *adj* (*alimento*) crunchy; (*papel, seda*) rustling, crackly.

crujir /kru'xir/ [➪PARTIR] *vi* (*madera, muebles*) to creak; (*papel, seda*) to rustle; (*alimentos, grava*) to crunch; (*dientes*) to grind; (*objeto al arder*) to crackle.

crupier /kru'pjer/ *sm/f* croupier.

crustáceo /krus'taθeo/ *sm* crustacean.

cruz /kruθ/ *sf* [**cruces**] **1.** (*gen*) cross • **Juan y yo hicimos cruz y raya** Juan and I stopped seeing each other • **se puso con los brazos en cruz** he stood with his arms outstretched • **se hizo cruces de que saliéramos ilesos del accidente** she was amazed that we emerged unhurt from the accident. **2.** (*sufrimiento*) burden, cross: **esa enfermedad es una cruz para ella** that illness is a terrible burden for her. **3.** (*de una moneda*) tails *pl*.
cruz gamada *sf* swastika.
Cruz Roja *sf* Red Cross.

cruzada /kru'θaða/ *sf* **1.** (*Hist*) crusade. **2.** (*campaña*) campaign: **toda su vida ha sido una cruzada contra el analfabetismo** she has been campaigning against illiteracy all her life.

cruzado, -da /kru'θaðo -ða/ **I** *adj* **1.** (*gen*) crossed: **el canal está cruzado por varios puentes** the canal is crossed by several bridges; (*brazos*) folded. **2.** (*atravesado*) across: **había un tronco cruzado en el camino** there was a tree trunk across the road. **3.** (*animal*) crossbred. **4.** (*prenda de vestir*) double-breasted.
II cruzado *sm* (*Hist*) crusader.

cruzar /kru'θar/ [➪cazar] *vt* **1.** (*gen*) to cross: **crucé la calle** I crossed the street; **crucé el río a nado** I swam across the river; **una cicatriz le cruzaba la frente** he had a scar across his forehead; **en ese punto el río cruza el pueblo** that's where the river passes through ∗ cuts through the village; **cruzó las piernas** he crossed his legs; (*brazos*) to fold • **le cruzó la cara** she slapped his face. **2.** (*animales, plantas*) to cross. **3.** (*intercambiar*) to exchange: **apenas tuvieron tiempo para cruzar unas palabras** they hardly had time to exchange a few words.
♦ *vi* to cross.
cruzarse *v prnl* **1.** (*gen*) to cross: **los dos senderos se cruzan cerca del río** the two paths cross near the river; **se cruzó** *de* **piernas** she crossed her legs; **me crucé de brazos** I folded my arms. **2.** (*encontrarse*) to meet, to run into: **me crucé** *con* **un amigo en la Gran Vía** I ran into a friend on the Gran Vía • **en esa época María se cruzó en mi vida** at around that time María came into ∗ entered my life.

cta. *pronounced* /'kwenta/ (*abbreviation of* **cuenta**) a/c (account).

cta. cte. *pronounced* /'kwenta ko'rrjente/ (*abbreviation of* **cuenta corriente**) c/a (current account).

Cte. *pronounced* /koman'dante/ (*abbreviation of* **comandante**) ➪comandante

cte. *pronounced* /ko'rrjente/ (*abbreviation of* **corriente**) of the current month ∗ year.

ctra. *pronounced* /karre'tera/ (*abbreviation of* **carretera**) Rd (road).

cts. *pronounced* /'θentimos/ (*abbreviation of* **céntimos**) cts (cents).

cu /ku/ *sf*: *name of the letter Q.*

c/u *pronounced* /'kaða 'uno/ (*abbreviation of* **cada uno**) each one.

cuaderno /kwa'ðerno/ *sm* exercise book, notebook.
cuaderno de bitácora *sm* logbook.

cuadra /'kwaðra/ *sf* **1.** (*caballeriza*) stable. **2.** (*fam*: *lugar sucio*) pigsty: **tiene la habitación hecha una cuadra** his room is like a pigsty. **3.** (*Amér L*: *de casas*) block.

cuadrado, -da /kwa'ðraðo -ða/ **I** *adj* **1.** (*forma*) square; (*Mat*): **un kilómetro cuadrado** a square kilometre. **2.** (*macizo*) thickset: **se ha puesto cuadrado** he's become very stocky ∗ thickset. **3.** (*mentalidad*) inflexible: **tiene la cabeza cuadrada** he's very set in his ways.
II cuadrado *sm* (*polígono*) square; (*en aritmética*): **nueve es el cuadrado de tres** nine is three squared ∗ nine is the square of three; **veinticinco es el resultado de elevar cinco** *al* **cuadrado** twenty-five is the product of squaring five.

cuadragésimo, -ma /kwaðra'xesimo -ma/ **I** *adj* fortieth.
II *sm/f* (*en orden*) fortieth.
III cuadragésimo *sm* (*parte*) fortieth.

cuadrante /kwa'ðrante/ *sm* quadrant.

cuadrar /kwa'ðrar/ [➪CANTAR] *vt* (*Mat*) to square; (*cuentas*) to balance: **cuadrar el debe y el haber** to make the debits and the credits balance.
♦ *vi* **1.** (*cuentas*) to balance: **las cuentas no cuadran** the accounts don't balance. **2.** (*ajustarse*): **su entona-**

ción no cuadraba *con* **lo que leía** her intonation didn't fit what she was reading; **le cuadra ese empleo** that job suits him.

cuadrarse *v prnl* **1.** (*Mil: ponerse firme*) to stand to attention. **2.** (*mostrarse firme*) to stand firm: **si no te cuadras los alumnos no te van a hacer caso** if you don't stand firm the pupils won't respect you.

cuadratura /kwaðra'tura/ *sf* (*Mat*) quadrature • **la cuadratura del círculo** squaring the circle * attempting the impossible.

cuádriceps /'kwaðriθeps/ *sm inv* (*Anat*) quadriceps *n inv*.

cuadrícula /kwa'ðrikula/ *sf* squares *pl*: **papel de cuadrícula** squared paper.

cuadriculado, -da /kwaðriku'laðo -ða/ *adj* squared: **una hoja de papel cuadriculado** a piece of squared paper.

cuadricular /kwaðriku'lar/ **I** *adj* squared.
II [➪ CANTAR] *vt* to square.

cuadrilátero, -ra /kwaðri'latero -ra/ **I** *adj* quadrilateral.
II cuadrilátero *sm* **1.** (*Mat*) quadrilateral. **2.** (*en boxeo*) (boxing) ring.

cuadrilla /kwa'ðriʎa/ *sf* **1.** (*gen*) group; (*de trabajadores*) gang; (*de malhechores*) gang. **2.** (*Tauro*) *bullfighter's support team*.

cuadro /'kwaðro/ *sm* **1.** (*figura*) square; (*en tela*): **una chaqueta a cuadros** a check * checked jacket. **2.** (*Artes*) painting. **3.** (*en una obra de teatro*) scene; (*imagen*): **después del accidente el cuadro era terrible** after the accident it was a terrible scene. **4.** (*Lit*) description: **esta novela es un cuadro de costumbres del Madrid actual** this novel is a portrait of life in Madrid today. **5.** (*de una ventana, una bicicleta*) frame. **6.** (*esquema*) table, graph. **7.** (*Tec*) panel. **8.** (*conjunto de personal*) staff; (*en el ejército*) cadre • **estamos * nos hemos quedado en cuadro** we're short of staff.

cuadro clínico *sm* (*Med*) medical profile.
cuadro de distribución *sm* (*Tec*) switchboard.
cuadro de mandos *sm* (*Tec*) control panel.
cuadro sinóptico *sm* diagram, table.
cuadros medios *sm pl* middle management.

cuadrúpedo /kwa'ðrupeðo/ *sm* quadruped.

cuádruple /'kwaðruple/ *adj*, *sm* quadruple.

cuádruplo, -pla /'kwaðruplo -pla/ **I** *adj* quadruple.
II cuádruplo *sm* quadruple.

cuajada /kwa'xaða/ *sf* curds *pl*.

cuajado, -da /kwa'xaðo -ða/ *adj* **1.** (*leche*) curdled. **2.** (*lleno*) full: **el equipo de baloncesto de la universidad estaba cuajado de figuras** the university's basketball team was full of outstanding players.

cuajar /kwa'xar/ [➪ CANTAR] *vt* **1.** (*la leche*) to curdle. **2.** (*llenar*) to cover: **cuajaron la fachada de flores** they covered the façade with flowers.
♦*vi* **1.** (*leche*) to curdle; (*nieve*) to settle. **2.** (*ser aceptado*) to come to something: **la idea no cuajó** the idea didn't gain acceptance; **sus propuestas han cuajado** her proposals have been well-received.

cuajarse *v prnl* **1.** (*leche*) to curdle. **2.** (*llenarse*) to fill.

cuajo /'kwaxo/ *sm* (*fam: pachorra*) calmness: **tiene un cuajo que me desespera** he's so laid-back it drives me mad • **el viento arrancó el árbol de cuajo** the wind tore the tree out by the roots.

cual /kwal/ [**cuales**] **I** *pron relativo* **1.** (*con artículo: persona*) who, whom: **la persona con la cual hablaste es el director** the person with whom you spoke is the manager; (*: cosa*) which: **se compró un coche nuevo lo cual me sorprendió** she bought a new car which surprised me. **2.** (*sin artículo*): **sea cual sea su postura, hay que seguir adelante con el plan** whatever his attitude (may be), the plan must go ahead.
II *conj* like: **estaban quietos cual estatuas** they stood as still as statues • **se muestra tal cual es en cualquier situación** he's always very natural regardless of the circumstances.
III *adv*: **lo insultaron y se quedó tal cual** they insulted him but he took no notice • **los dos son a cual mejor** there's nothing to choose between the two of them.

cuál /kwal/ [**cuáles**] **I** *pron interrogativo* which (one): **¿cuál hiciste al final?** which one did you do in the end?; **¿cuál de estos dos lápices es tuyo?** which of these two pencils is yours?
II *pron indefinido*: **todos ayudaron, cuál más, cuál menos, al éxito de la función** everyone contributed in some way to the success of the performance.
III a cuál *loc adv*: **son tres hermanos a cuál más trabajador** all three brothers are very hard-working.

cualidad /kwali'ðað/ *sf* quality.

cualificado, -da /kwalifi'kaðo -ða/ *adj* (*personal*) qualified; (*mano de obra*) skilled.

cualitativo, -va /kwalita'tiβo -βa/ *adj* qualitative.

cualquier /kwal'kjer/ *adj indefinido [always used before a noun]* [*pl* **cualesquier**] any: **me conformaría con cualquier trabajo** I would be happy to have any job.

cualquiera /kwal'kjera/ **I** *adj indefinido [always used after a noun]* [*pl* **cualesquiera**] **1.** (*impreciso*) any: **un alumno cualquiera** any pupil. **2.** (*poco importante*) ordinary: **no es una persona cualquiera** she's not just anybody.
II *pron indefinido* **1.** (*persona*) anybody: **está al alcance de cualquiera** anybody can do it; **cualquiera que haya estado allí sabe lo aburrido que es ese sitio** anyone who has been there knows how boring that place is; **¡qué complicado! ¡cualquiera lo entiende!** it's so complicated! no one can understand this! **2.** (*cosa*) any, any one: **cualquiera me sirve** any one will do for me.
III *sm/f* nobody: **yo no soy un cualquiera para tratarme así** I'm not just a nobody to be treated in that way.
IV *sf* (*fam*): **es una cualquiera** she's a tart.

cuan /kwan/ *adv* as: **resbaló y cayó cuan largo era** he slipped and fell flat on the ground.

cuán /kwan/ *adv interrogativo* (*frml*) how: **¡cuán diferente es hoy todo!** how different everything is today!

cuando /'kwando/ **I** *conj* **1.** (*de tiempo*) when: **cuando él venga, me iré yo** I'll leave when he comes; **apenas habíamos abierto la puerta cuando se puso a llover** no sooner had we opened the door than it started raining. **2.** (*de condición o causa*) if, since: **cuando lo dice, será verdad** if he says so, it must be true; **cuando lo dice, tendrá una razón** if he says so, he must have a reason. **3.** (*concesiva*): **no hablaría aun cuando le diesen dinero** he wouldn't talk even if they paid him.
II *prep* during: **cuando la guerra, pasamos mucha hambre** during the war, we often went hungry.
III *adv* • **cuando más * cuando mucho nos costará cinco mil pesetas** it will cost us five thousand pesetas at the most • **cuando menos * cuando poco tardará una hora** it'll take him * he'll take at least an hour

• **de cuando en cuando se pasa por aquí** he comes around from time to time * every now and again.

cuándo /'kwando/ I *adv interrogativo* when: **¿cuándo vas a venir?** when are you coming?
II *sm*: **dime el cómo y el cuándo** tell me how and when.

cuantía /kwan'tia/ *sf* 1. (*cantidad*) amount, size: **se ignora la cuantía de los daños que causó el fuego** the extent of the damage caused by the fire is unknown. 2. (*importancia*) importance: **un asunto de mayor/menor cuantía** a matter of greater/lesser importance.

cuantificar /kwantifi'kar/ [⇨ sacar] *vt* to quantify.

cuantioso, -sa /kwan'tjoso -sa/ *adj* substantial, large: **como recompensa le dieron una cuantiosa suma de dinero** as a reward he was given a large * substantial sum of money.

cuantitativo, -va /kwantita'tiβo -βa/ *adj* quantitative.

cuanto, -ta /'kwanto -ta/ I *adj relativo*: **leía cuantos libros caían en sus manos** she read all the books that came her way.
II *pron relativo* everything: **le dije cuanto sabía** I told him everything I knew.
III **cuanto** *adv relativo* as much as: **comimos cuanto quisimos** we ate as much as we wanted.
IV *adj indefinido* a few (of them): **compré unos cuantos libros** I bought a few books.
V *pron indefinido* a few (of them): **sólo hojeé unos cuantos** I only leafed through a few (of them).
VI **cuanto** *adv* 1. (*de tiempo*): **ven cuanto antes** come as soon as possible; **cuanto antes mejor** the sooner the better. 2. (*de cantidad*): **cuanta más gente venga, mejor** the more people who come, the better.
VII **cuanto** *conj* 1. (*de cantidad*) the more: **cuanto más se tiene, más se desea** the more you have, the more you want. 2. **en cuanto** (*de tiempo*) as soon as: **saldré en cuanto me arregle** I'll go out as soon as I'm ready. 3. **por cuanto** (*de causa*) because: **su trabajo es muy meritorio por cuanto es el primero en este campo** his work is highly praiseworthy because it is the first in this field.
VIII **en cuanto** *prep* 1. (*en calidad de*): **en cuanto sujeto del país tiene derecho a...** as a citizen of the country she has the right to.... 2. (*por lo que toca a*): **en cuanto *a* su pregunta...** regarding * as regards your question....
IX **cuanto** *sm* (*Fís*) quantum.

cuánto, -ta /'kwanto -ta/ I *adj & pron interrogativo* 1. (*incontable*) how much: **¿cuánto es?** how much is it?; **¿a cuánto está el kilo de merluza?** how much is a kilo of hake? 2. (*contable*) how many: **¿cuántos son?** how many of you are there?; **¿cuántos has comprado?** how many have you bought?; **¿cuánta gente vino?** how many people came?
II *adj exclamativo*: **¡cuánta gente!** what a lot of people!; **¡cuántos coches!** what a lot of cars!; **¡cuánto tiempo ha pasado!** it's been such a long time since then!
III **cuánto** *adv exclamativo*: **hay que ver cuánto fumas** you smoke an awful lot; **¡cuánto te quiero!** I love you so much!

cuáquero, -ra /'kwakero -ra/ *adj, sm/f* Quaker.

cuarenta /kwa'renta/ I *adj* (*cardinal*) forty; (*ordinal*) fortieth: **los años cuarenta** the forties. ⇨ doce
II *sm* (*cardinal*) forty • **hasta el cuarenta de mayo no te quites el sayo** don't put your winter clothes away until the end of May. ⇨ doce
III **las cuarenta** *sf pl* • **le canté las cuarenta** I gave him a piece of my mind.

cuarentavo, -va /kwaren'taβo -βa/ I *adj* fortieth. ⇨ doce
II **cuarentavo** *sm* (*parte*) fortieth.

cuarentena /kwaren'tena/ *sf* 1. (*cuarenta unidades*) (set of) forty. 2. (*Med*) quarantine • **pusieron la noticia en cuarentena a la espera de confirmación** they held the story back while they awaited confirmation.

cuarentón, -tona /kwaren'ton -'tona/ I *adj* fortyish.
II *sm/f* person in his/her forties.

cuaresma /kwa'rezma/ *sf* Lent.

cuarta /'kwarta/ *sf* 1. (*en orden*) fourth. 2. (*Auto*: *marcha*) fourth (gear). 3. (*Mús*): **cuarta mayor/menor** major/minor fourth.

cuartear /kwarte'ar/ [⇨ CANTAR] *vt* to quarter, to cut into quarters.
cuartearse *v prnl* to crack, to split.

cuartel /kwar'tel/ *sm* 1. (*Mil*) barracks *n inv*. 2. (*tregua*) quarter: **fue una lucha sin cuartel** it was a fight with no quarter given • **la enfermedad no daba cuartel** the illness didn't give him a moment's peace.
cuartel general *sm* (military) headquarters [lleva el verbo en singular o plural].
cuarteles de invierno *sm pl* winter quarters *pl*.

cuartelillo /kwarte'liʎo/ *sm* (*de la guardia civil española*) police station (*with family living quarters attached*).

cuarteto /kwar'teto/ *sm* quartet.
cuarteto de cuerdas *sm* string quartet.

cuartilla /kwar'tiʎa/ *sf*: *A5 sheet of paper*.

cuarto, -ta /'kwarto -ta/ I *adj* fourth. ⇨ sexto
II **cuarto** *sm* 1. (*en orden*) fourth; (*parte*) quarter, fourth. ⇨ sexto 2. (*de hora*) quarter: **un cuarto de hora** a quarter of an hour; **las dos y cuarto** quarter past two; **las dos menos cuarto** quarter to two; (*de un total*): **un cuarto de kilo** a quarter of a kilo, two hundred and fifty grammes • **nos alojamos en un hotel de tres al cuarto** we stayed in a rather shabby hotel • **llevaba un chaquetón tres cuartos** he was wearing a three-quarter length jacket • **es tres cuartos de lo mismo** it's six of one and half a dozen of the other. 3. (*de un animal*): **el cuarto delantero/trasero** shoulder/hindquarter. 4. (*habitación*) room. 5. (*fam*: *dinero*) money: **estoy sin un cuarto** I haven't got a bean; **le pagan cuatro cuartos** he earns peanuts.
cuarto creciente *sm* first quarter (*of the moon*).
cuarto de aseo *sm* toilet.
cuarto de baño *sm* bathroom.
cuarto de estar *sm* living room.
cuarto de huéspedes *sm* guest room.
cuarto de los invitados *sm* guest room.
cuarto de luna *sm* quarter of the moon.
cuarto menguante *sm* last quarter (*of the moon*).
cuarto trastero *sm* boxroom.
cuartos de final *sm pl* quarterfinals *pl*.

cuartucho /kwar'tutʃo/ *sm* (*fam*) cramped room.

cuarzo /'kwarθo/ *sm* quartz.

cuate, -ta /'kwate -ta/ *sm/f* (*Méx*) 1. (*mellizo*) twin. 2. (*fam*: *camarada*) pal, buddy.

cuatrero, -ra /kwa'trero -ra/ *sm/f* rustler.

cuatrillizo, -za /kwatri'ʎiθo -θa/ *sm/f* quadruplet.

cuatrimotor /kwatrimo'tor/ *sm* four-engined aeroplane.

cuatro /'kwatro/ I *adj* 1. (*cardinal*) four: **los cuatro puntos cardinales** the four points of the compass * cardinal points; (*ordinal*) fourth. ➪doce **2.** (*pocos*): **convocaron una reunión, pero estábamos cuatro** they called a meeting but there were only a handful of us there.

II *sm* (*cardinal*) four ● **a más de cuatro se les va a caer el pelo** a lot of people are going to be in trouble ● **llegué hecho un cuatro** when I arrived I was as stiff as a board; (*ordinal*) fourth. ➪doce

III las cuatro *sf pl* (*hora*) four o'clock. ➪doce

cuatrocientos, -tas /kwatro'θjentos -tas/ **I** *adj* (*cardinal*) four hundred; (*ordinal*) four hundredth. ➪doscientos

II el/la cuatrocientos *sm/f* (*ordinal*) four hundredth. ➪doscientos

III el cuatrocientos *sm* (*número*) (the number) four hundred.

Cuba /'kuβa/ *sf* Cuba.

cuba /'kuβa/ *sf* cask, barrel ● **está como una cuba** he's as drunk as a lord.

cubalibre /kuβa'liβre/ *sm*: *drink of gin or rum and cola.*

cubano, -na /ku'βano -na/ *adj, sm/f* Cuban.

cubata /ku'βata/ *sm* (*fam*) *drink of gin or rum and cola.*

cubertería /kuβerte'ria/ *sf* canteen (of cutlery): **podríamos utilizar la cubertería de plata** we could use the silver cutlery.

cubeta /ku'βeta/ *sf* **1.** (*de laboratorio*) dish. **2.** (*de barómetro*) bulb. **3.** (*en un frigorífico*) tray. **4.** (*Méx*: *cubo*) bucket.

cúbico, -ca /'kuβiko -ka/ *adj* cubic.

cubículo /ku'βikulo/ *sm* cubicle.

cubierta /ku'βjerta/ *sf* **1.** (*gen*) cover. **2.** (*de una rueda*) (*GB*) tyre, (*US*) tire. **3.** (*Náut*) deck.

cubierto, -ta /ku'βjerto -ta/ **I** *past participle of* ➪cubrir

II *adj* **1.** (*gen*) covered: **la mesa estaba cubierta de papeles** the table was covered with papers; **todos los gastos están cubiertos** all the expenses are covered; **hoy tendremos cielos cubiertos** the sky will be overcast today; (*piscina, pista*) indoor: **en el hotel hay una piscina cubierta** there is an indoor swimming pool in the hotel. **2.** (*vacante, plaza*): **la plaza todavía no está cubierta** the position hasn't been filled yet.

III cubierto *sm* **1.** (*servicio de mesa*) place setting: **pon dos cubiertos más en la mesa** set two more places at the table; (*utensilio*) piece of cutlery: **¿dónde guardas los cubiertos?** where do you keep the cutlery?; (*menú del día*) set menu: **sirven un cubierto de tres mil pesetas** they have a set menu at three thousand pesetas; (*ración*): **ha encargado doscientos cubiertos para su boda** she has ordered food for two hundred for her wedding; **cuesta dos mil pesetas por cubierto** it costs two thousand pesetas per ✱ a head. **2.** (*techumbre*) roof ● **como llovía se pusieron a cubierto** as it was raining they took shelter.

cubil /ku'βil/ *sm* den.

cubilete /kuβi'lete/ *sm* **1.** (*Culin*) (*GB*) mould, (*US*) mold. **2.** (*de dados*) shaker (*for dice*).

cubismo /ku'βizmo/ *sm* Cubism.

cubista /ku'βista/ *adj, sm/f* Cubist.

cubito /ku'βito/ *sm* (*also* **cubito de hielo**) ice cube.

cúbito /'kuβito/ *sm* (*Anat*) ulna.

cubo /'kuβo/ *sm* **1.** (*balde*) bucket. **2.** (*Auto*: *de una rueda*) hub. **3.** (*Mat*: *potencia*) cube: **ocho es el resultado de elevar dos** *al* **cubo** eight is the product of cubing two. **4.** (*figura geométrica*) cube. **5.** (*con letras, números*) brick.

cubo de la basura *sm* (*GB*) rubbish bin, (*US*) trash can.

cubrecama /kuβre'kama/ *sm* bedspread.

cubrir /ku'βrir/ [➪PARTIR; *past participle* **cubierto**] *vt* **1.** (*tapar*) to cover: **cubrieron el cadáver** *con* **una manta** they covered the body with a blanket; **cubrió el sofá** *con* **una funda** she put a cover on the sofa; (*ocultar*) to hide: **las nubes cubrían el sol** the sun was hidden by clouds; *con* **esa actitud intenta cubrir su falta de seguridad en sí mismo** he tries to hide his insecurity by putting on that attitude. **2.** (*proteger*): **dos tiradores cubrieron al sargento** two marksmen kept the sergeant covered; **la póliza sólo lo cubría** *contra* **incendios** the policy only covered it against fire. **3.** (*abarcar*): **el curso cubre muchos temas** the course covers many topics. **4.** (*Medios*) to cover: **una multitud de periodistas cubrió la visita real** a horde of journalists covered the royal visit. **5.** (*recorrer*) to cover, to travel: **cubrimos veinte kilómetros en un día de marcha** we covered twenty kilometres in a day's walking; **hay dos autobuses que cubren este trayecto** there are two buses which cover this route. **6.** (*Arquit*: *una casa*) to put a roof on, to roof. **7.** (*llenar: una vacante*) to fill: **todavía no se ha cubierto la plaza de conserje** the caretaker's post hasn't yet been filled; (*: de insultos, besos, etc.*): **la cubrió** *de* **insultos/elogios** he heaped insults/praise on her; **cubrió al niño** *de* **besos** she smothered the child with kisses. **8.** (*alcanzar para*) to cover: **lo recaudado ni siquiera cubre los gastos** the takings don't even cover the expenses; **apenas gana lo suficiente para cubrir sus necesidades mínimas** he hardly earns enough to cover his most basic needs. **9.** (*Zool*) to cover.

♦*vi* (*en el agua*): **quédate aquí donde no cubre** stay here where you are within your depth; **no me atrevo a ir donde cubre** I'm afraid to go out of my depth.

cubrirse *v prnl* **1.** (*taparse*) to cover oneself: **se cubrió** *con* **la sábana cuando él entró** she covered herself (up) with the sheet when he came in; **se cubrió hasta la cabeza** *con* **la manta** he pulled the blanket up to his chin. **2.** (*llenarse*): **las calles se cubrieron** *de* **nieve** the streets became covered with snow; **el cielo se cubrió** *de* **nubes** the sky clouded over. **3.** (*ponerse el sombrero*) to put one's hat on. **4.** (*protegerse*) to shield: **levantó los brazos para cubrirse la cara** he put his arms up to shield his face; **de esa forma se cubrió** *contra* **todo contratiempo posible** in that way she covered herself against all eventualities. **5.** (*nublarse*) to cloud over.

cucaracha /kuka'ratʃa/ *sf* **1.** (*Zool*) cockroach. **2.** (*Méx*: *coche de tranvía*) *second car of a double tram* ✱ (*US*) *streetcar.*

cuchara /ku'tʃara/ *sf* (*cubierto*) spoon; (*cucharada*) spoonful ● **se lo tuve que meter con cuchara** I had to explain it to him in words of one syllable ● **siempre tiene que meter (su) cuchara** she always has to stick her oar in.

cuchara de madera, cuchara de palo *sf* wooden spoon.

cucharada /kutʃa'raða/ *sf* spoonful.

cucharadita /kutʃara'ðita/ *sf* teaspoonful.

cucharilla /kutʃa'riʎa/ *sf* teaspoon.

cucharilla de café *sf* coffee spoon.

cucharón /kutʃa'ron/ *sm* ladle.

cucheta /ku'tʃeta/ *sf* (*Arg, Urug*: *litera*) bunk.

cuchichear /kutʃitʃe'ar/ [➪CANTAR] *vi* to whisper.

cuchicheo /kutʃi'tʃeo/ *sm* whispering.

cuchilla /ku'tʃiʎa/ *sf* blade.

cuchilla de afeitar *sf* razor blade.

cuchillada /kutʃi'ʎaða/ *sf*, **cuchillazo** /kutʃi'ʎaθo/ *sm* (*herida*) stab wound; (*acción*): **le dieron una cuchillada * un cuchillazo en la barriga** he was stabbed in the stomach.

cuchillo /ku'tʃiʎo/ *sm* knife (*pl* knives) • **pasaron a cuchillo a los cabecillas** the ringleaders were put to death.

cuchillo de monte *sm* hunting knife.

cuchitril /kutʃi'tril/ *sm* (*fam*: *habitación*) hole; (*: vivienda*) hovel.

cuclillas /ku'kliʎas/ **en cuclillas** *loc adv*: **se puso en cuclillas** he crouched down.

cuco, -ca /'kuko -ka/ **I** *adj* (*fam*) pretty, lovely: **tiene una casa muy cuca** she has a lovely house.

II cuco *sm* **1.** (*Zool*) cuckoo. **2.** (*Arg, Chi, Urug*: *hombre del saco*) bogeyman.

cucurucho /kuku'rutʃo/ *sm* **1.** (*de papel*) paper bag (*in shape of a cone*); (*de helado*) ice-cream cone. **2.** (*gorro*) pointed hood.

cuece /'kweθe/ *and other forms with* **cuec-** ⇨ cocer

cuelgo /'kwelgo/ *and other forms with* **cuelg-** ⇨ colgar

cuello /'kweʎo/ *sm* **1.** (*de persona, animal*) neck: **amenazó con cortarles el cuello** he threatened to cut their throats • **me apuesto * juego el cuello a que no viene** I bet my life he's not coming • **está hasta el cuello de deudas** she's up to her eyes in debt. **2.** (*de blusa, camisa, etc.*) collar: **un jersey de cuello cisne** a polo neck sweater; **un jersey de cuello en pico** a V-neck * V-necked sweater. **3.** (*de una botella*) neck.

cuenca /'kweŋka/ *sf* **1.** (*de los ojos*) socket. **2.** (*de un río*) basin: **la cuenca del Ebro** the basin of the River Ebro. **3.** (*Geol*: *de minerales*): **la cuenca hullera del Ruhr es la más importante de Europa** the Ruhr coalfields are the biggest in Europe.

cuenco /'kweŋko/ *sm* **1.** (*bol*) earthenware bowl. **2.** (*oquedad*) hollow: **tuve que beber en el cuenco de la mano** I had to drink from my cupped hand.

cuenta /'kwenta/ *sf* **1.** (*Mat*: *operación*) sum; (*: recuento*) count: **perdí la cuenta de sus años** I lost count of his age; **llevaba la cuenta de las entradas que había vendido** she kept a tally of how many tickets she had sold • **había bebido más de la cuenta** he'd had too much to drink • **lo hizo a la cuenta de la vieja** she counted it up on her fingers. **2.** (*Med*): **sale de cuentas el día dos** she's due to give birth on the second. **3.** (*factura*) (*GB*) bill, (*US*) check: **¿me trae la cuenta, por favor?** could I have the bill please?; **luego arreglaré las cuentas contigo** I'll settle up with you later • **las bebidas corren de mi cuenta** the drinks are on me • **dimos veinte mil pesetas a cuenta** we put down twenty thousand pesetas on account • **algún día te ajustaré las cuentas** one day I'll get even with you • **un día tendrá que rendir cuentas por lo que ha hecho** one day he'll have to account for what he has done • **no quiero cuentas con ellos** I don't want to have anything to do with them • **trae cuenta comprarlo en las rebajas** it's cheaper to buy it in the sales • **vive a cuenta de sus padres** he lives off his parents. **4.** (*de un banco*) account: **¿me puede dar su número de cuenta?** can you give me your account number?; (*en contabilidad*): **¿quién te lleva las cuentas?** who keeps the books for you? **5.** (*abalorio*) bead: **le regaló un collar de cuentas** he gave her a bead necklace. **6.** (*consideración, atención*): • **caer en la cuenta: ahora que caigo en la cuenta, me debes treinta libras** now I think about it, you owe me thirty pounds; **cayó en la cuenta de que su cartera había desaparecido** he realized that his wallet had disappeared • **¿te das cuenta de lo tarde que es?** do you realize how late it is? • **habrá que tener en cuenta todas las posibilidades** we must bear in mind all the possibilities • **en resumidas cuentas, no sirvió para nada** the long and the short of it was that it was no good • **decidí hacerlo por mi cuenta y riesgo** I decided to do it at my own expense.

cuenta atrás *sf* countdown.

cuenta corriente *sf* current account, (*US*) checking account.

cuenta de ahorros *sf* savings account.

cuenta de pérdidas y ganancias *sf* profit and loss account.

cuentagotas /kwenta'ɣotas/ *sm inv* dropper • **nos daban la información con cuentagotas** they gave us the information bit by bit.

cuentakilómetros /kwentaki'lometros/ *sm inv* (*de distancia*) milometer; (*velocímetro*) speedometer.

cuentarrevoluciones /kwentarreβolu'θjones/ *sm inv* rev counter.

cuentista /kwen'tista/ **I** *adj* **1.** (*mentiroso*): **es muy cuentista** he's always lying. **2.** (*exagerado*): **anda, no seas cuentista y levántate** come on, stop playacting and get up.

II *sm/f* **1.** (*autor de cuentos*) short story writer. **2.** (*exagerado*): **es un cuentista, seguro que no tiene nada** he's always putting it on, I bet there's nothing wrong with him.

cuento /'kwento/ **I** *and other forms with* **cuent-** ⇨ contar

II *sm* **1.** (*Lit*: *para niños*) tale, story; (*: narración corta*) short story: **ese comentario no viene a cuento** that comment is irrelevant • **es el cuento de la lechera** it's wishful thinking • **este proyecto es el cuento de nunca acabar** this project goes on and on • **ha vivido del cuento toda la vida** she's managed to live off other people all her life. **2.** (*fam*: *mentira*) lie. **3.** (*fam*: *chisme*) • **¿ya has ido con el cuento a mamá?** have you been telling tales to Mum?

cuento chino *sm* (*fam*) tall story.

cuento de hadas *sm* fairy tale: **todo salió como en un cuento de hadas** it had a fairy-tale ending.

cuerda /'kwerða/ *sf* **1.** (*soga*) rope; (*cordel*) string • **le ha estado dando dinero bajo cuerda** she's been giving him money under the counter • **tenían al gobierno contra las cuerdas** they had the government on the ropes. **2.** (*Mús*) string: **la sección de cuerda** the strings. **3.** (*de un reloj, un mecanismo*) spring: **le compramos un patito *de* cuerda** we bought him a clockwork duck • **no te olvides de darle cuerda al reloj** don't forget to wind the clock up • **tener cuerda para rato: este coche tiene cuerda para rato** this car's got some life in it yet; **cuando empieza a hablar, tiene cuerda para rato** when he starts talking, he never stops. **4.** (*de circunferencia*) chord.

cuerda de saltar *sf* skipping rope.

cuerda floja *sf* tightrope.

cuerdas vocales *sf pl* vocal cords *pl*.

cuerdo, -da /'kwerðo -ða/ **I** *adj* (*persona*) sane; (*consejo, recomendación*) sensible.

II *sm/f* sane person.

cuerear /kwere'ar/ [⇨ CANTAR] *vt* **1.** (*Amér L*: *un animal*) to skin. **2.** (*Arg, Chi, Urug*: *a una persona*): **estuvieron toda la tarde cuereando a las amigas** they spent the afternoon ripping their friends to shreds.

cueriza /kwe'riθa/ *sf* (*Amér L*) beating.

cuernito /kwer'nito/ *sm* (*Méx*) croissant.

cuerno /'kwerno/ *sm* **1.** (*Zool*) horn; (*de ciervo*) antler

• **ha mandado a su novio al cuerno** she's given her boyfriend the push • **me importa un cuerno lo que diga** I couldn't care less what she says • **se enteró de que le estaba poniendo los cuernos** he found out that she was being unfaithful to him • **me rompí los cuernos para nada** I worked myself into the ground for nothing • **esta sopa sabe a cuerno quemado** this soup tastes disgusting • **¡y un cuerno!** rubbish! **2.** (*Mús*) horn.

cuero /'kwero/ *sm* **1.** (*de animal*) skin • **estaba en cueros * cueros vivos** he was stark naked • (*Arg, Chi, Urug*) **estuvieron toda la tarde sacándole el cuero a las amigas** they spend the whole afternoon ripping their friends to shreds • (*Arg, Chi, Urug*) **no le da el cuero** he's not up to it. **2.** (*piel curtida*) leather: **quiero una cazadora de cuero** I want a leather jacket. **3.** (*recipiente*) wineskin. **4.** (*Dep*) football.

cuero cabelludo *sm* scalp.

cuero de chancho *sm* (*Amér L*) pig skin.

cuerpo /'kwerpo/ *sm* **1.** (*Anat*) body • **no hace día para salir a cuerpo** it's too cold to go out without a coat • **tuvo que defenderse a cuerpo descubierto** he had to defend himself unarmed • **fue una lucha cuerpo a cuerpo** it was hand-to-hand combat • **está dedicada al deporte en cuerpo y alma** she's totally devoted to sport • **en casa de su madre vive a cuerpo de rey** he lives like a king at his mother's house; (*tronco*) trunk: **le hizo un retrato de medio cuerpo** he painted a half portrait of her; (*tipo*) figure. **2.** (*cadáver*) corpse • **se va a celebrar un funeral de cuerpo presente** a funeral mass is going to be held. **3.** (*colectividad*) body; (*Mil*) corps. **4.** (*parte más importante*) body: **el autor recoge su cuerpo de doctrina en este volumen** the author draws together the essentials of his teaching in this volume; **los capítulos VI a XII forman el cuerpo del libro** chapters VI to XII constitute the main body of the book. **5.** (*Quím*) substance; (*Fís*) body • **nuestro proyecto está empezando a tomar cuerpo** our project is starting to take shape. **6.** (*parte, sección*) section: **la fachada está dividida en tres cuerpos** the façade is divided into three sections. **7.** (*de vestido*) bodice. **8.** (*de papel, tejido*) weight: **es una tela de mucho cuerpo para un vestido de verano** this material is too heavy for a summer dress; (*de líquidos*) thickness; (*del vino*) body: **me gustan los vinos de mucho cuerpo** I like full-bodied wines.

cuerpo celeste *sm* heavenly body.

cuerpo de bomberos *sm* (*GB*) fire brigade, (*US*) fire department.

cuerpo de ejército *sm* army corps.

cuerpo del delito *sm* (*Jur*) evidence.

cuerpo diplomático *sm* diplomatic corps.

cuervo /'kwerβo/ *sm* raven • **ya sabes, cría cuervos (y te sacarán los ojos)** well, there's loyalty and gratitude for you!

cuesta /'kwesta/ **I** *and other forms with* ***cuest-*** ➪ costar

II *sf* slope • **llevaba a uno de los heridos a cuestas** he was carrying one of the injured on his back.

cuesta abajo *loc adv* downhill.

cuesta arriba *loc adv* uphill • **el cambio de trabajo se le hizo muy cuesta arriba** she found it very hard going when she changed jobs.

cuesta de enero *sf*: *post-Christmas belt tightening.*

cuestación /kwesta'θjon/ *sf* charity collection.

cuestión /kwes'tjon/ *sf* **1.** (*asunto*) question, matter: **trataron la cuestión de los horarios** they talked about timetabling • **es cuestión de horas** it's a matter of hours • **ése no es el coche en cuestión** that's not the car in question • **terminaremos la obra en cuestión de días** we'll finish the work in a matter of days • **no tienen problemas en cuestión de dinero** as far as money goes they have no problems • **si empieza a llover, será cuestión de irse** if it starts raining, we'll have to leave • **hacer un puzzle es cuestión de paciencia** doing a jigsaw is just a question of patience. **2.** (*pregunta*) question: **hay que responder las cuestiones de la última página** you have to answer the questions on the last page.

cuestión de forma *sf* technicality.

cuestionable /kwestjo'naβle/ *adj* questionable.

cuestionar /kwestjo'nar/ [➪ CANTAR] *vt* to question.

cuestionario /kwestjo'narjo/ *sm* questionnaire.

cuete /'kwete/ **I** *sm* (*Amér L*) rocket (*firework*).

II al cuete *loc adv* (*Arg, Urug*: *fam*): **hicimos todo el trabajo al cuete** all the work we did was for nothing.

cueva /'kweβa/ *sf* cave • **no vayas allí, es una cueva de ladrones** don't go there, they're a bunch of crooks.

cuezo /'kweθo/ *and other forms with* ***cuez-*** ➪ cocer

cuidado, -da /kwi'ðaðo -ða/ **I** *adj* cared for: **tienen el jardín muy cuidado** their garden is very well cared for * looked after.

II cuidado *sm* **1.** (*atención*) care: **envuelve el jarrón con cuidado** wrap the vase with care. **2.** (*preocupación*) worry: **no tengas cuidado, te llamo cuando llegue** don't worry, I'll phone you when I arrive • **se dio un golpe de cuidado en la cabeza** she gave her head a real bang • **pierde cuidado, ya se las arreglará** don't worry, he'll manage • **¡allá cuidados, no es asunto mío!** what do I care? it's nothing to do with me • **les trae * tiene sin cuidado** they're not in the least concerned. **3.** (*vigilancia*) care: **¿quién se encarga del cuidado del enfermo?** who's looking after the patient? • **el guarda está al cuidado de la villa** the warden looks after the villa.

III cuidado *excl* be careful, watch out • **cuidado con el perro** beware of the dog.

cuidados intensivos *sm pl* intensive care: **está en cuidados intensivos** he's in intensive care.

cuidador, -dora /kwiða'ðor -'ðora/ *sm/f* **1.** (*de animales*) handler. **2.** (*Dep*) fitness coach.

cuidadoso, -sa /kwiða'ðoso -sa/ *adj* careful.

cuidar /kwi'ðar/ [➪ CANTAR] *vt* **1.** (*gen*) to look after: **tuvo que cuidar a su madre** he had to look after his mother. **2.** (*la presentación, los detalles*): **cuidaba mucho la presentación de sus propuestas** she took great care over the presentation of his proposals.

♦*vi* to make sure, to ensure: **cuidó** *de* **que nadie se enterara** she made sure that nobody found out.

cuidarse *v prnl* **1.** (*de la propia salud*) to look after oneself: **¡cuídate!** look after yourself!; (*de alguien*) to look after: **¿quién se va a cuidar** *de* **los niños?** who is going to look after the children? **2.** (*ocuparse*): **cuídate** *de* **tus asuntos** mind your own business.

culantro /ku'lantro/ *sm* coriander.

culata /ku'lata/ *sf* **1.** (*Mil*) butt (*of rifle*). **2.** (*Auto*) cylinder head.

culatazo /kula'taθo/ *sm* (*golpe al disparar*) recoil; (*golpe con la culata*): **uno de los atracadores le dio un culatazo** one of his attackers hit him with the butt of his rifle.

culebra /ku'leβra/ *sf* snake.

culebrilla /kule'briʎa/ *sf* (*Med*) shingles [lleva el verbo en singular].

culebrón /kule'βron/ *sm* (television) soap opera.

culera /ku'lera/ *sf* (*parche*) patch (*on seat of trousers*).

culín /ku'lin/ *sm* (*fam*) drop: **échame un culín** give me just a drop.

culinario, -ria /kuli'narjo -rja/ *adj* culinary.

culminación /kulmina'θjon/ *sf* climax, high point: **la culminación del concierto fue la actuación de todos los coros juntos** the climax of the concert was all the choirs singing together.

culminante /kulmi'nante/ *adj*: **la fuga de los presos es el momento culminante de la película** the climax of the movie is when the prisoners escape.

culminar /kulmi'nar/ [➪ CANTAR] *vi* **1.** (*alcanzar la perfección*) to reach a climax, to peak. **2.** (*concluir*) to end, to culminate: **los juegos culminaron** *con* **un desfile de los participantes** the games culminated in a parade of the participants.

culo /'kulo/ *sm* **1.** (*fam*: *trasero*) bottom ● **su marcha nos dejó con el culo al aire** her departure put us in a difficult position ● **lo siento mucho, pero te tienes que mojar el culo** I'm sorry, but you'll just have to make up your mind ● **mi marido es un culo de mal asiento** my husband doesn't like to stay in one place long. **2.** (*fam*: *de un recipiente*) bottom.

culón, -lona /ku'lon -'lona/ *adj* (*fam*) big-bottomed.

culpa /'kulpa/ *sf* **1.** (*culpabilidad*) blame: **ella es la que tiene la culpa** she's the one who is to blame; **no me eches la culpa a mí** don't (try to) put the blame on me; **no ha sido mi culpa** it wasn't my fault ● **a este pobre desgraciado siempre le cargan las culpas** this poor soul is always blamed for everything. **2.** (*Jur*) guilt.

culpabilidad /kulpaβili'ðað/ *sf* guilt.

culpable /kul'paβle/ **I** *adj* guilty.
II *sm/f* culprit: **nunca admitió que él fuera el culpable** he never admitted that he was the culprit ✻ the guilty party.

culpar /kul'par/ [➪ CANTAR] *vt* to blame: **lo culparon** *del* **robo** he was accused of the robbery; **no te culpo** *por* **ello** I don't blame you for that.

cultivado, -da /kulti'βaðo -ða/ *adj* **1.** (*Agr*) cultivated. **2.** (*educado*) cultured.

cultivador, -dora /kultiβa'ðor -'ðora/ *sm/f* farmer, grower.

cultivar /kulti'βar/ [➪ CANTAR] *vt* **1.** (*gen*) to cultivate, to grow: **cultivan principalmente maíz y verduras** they grow mainly maize and vegetables; **cultivó la amistad de personas influyentes** he cultivated the friendship of influential people. **2.** (*practicar*) to play: **cultiva la música desde los seis años** she's been playing music since she was six. **3.** (*Biol*) to culture.

cultivo /kul'tiβo/ *sm* **1.** (*acción de cultivar*) farming: **se dedica al cultivo de cítricos** he is a citrus fruit farmer. **2.** (*producto*) crop: **el arroz es el principal cultivo en China** rice is the main crop in China. **3.** (*Biol*) culture.

cultivo de regadío/secano *sm* irrigation/dry farming.

culto, -ta /'kulto -ta/ **I** *adj* **1.** (*persona*) cultured, well-educated. **2.** (*palabra*) formal.
II culto *sm* **1.** (*religión*) cult: **me atraen mucho los cultos orientales** I'm very interested in Oriental cults. **2.** (*devoción*) worship: **la Constitución garantiza la libertad de culto** the Constitution guarantees freedom of worship; **en nuestros días se rinde demasiado culto** *a* **la juventud** nowadays too much value is placed on youth.

cultura /kul'tura/ *sf* culture: **la cultura árabe tuvo mucha influencia en España** Arab culture had a great influence in Spain.

cultura física *sf* physical education.

cultura general *sf* general knowledge.

cultural /kultu'ral/ *adj* cultural.

culturismo /kultu'rizmo/ *sm* body building.

cumbia /'kumbja/ *sf*: *Colombian dance and music.*

cumbre /'kumbre/ *sf* **1.** (*de una montaña*) summit. **2.** (*Pol*) summit (conference): **el tratado se firmó en la cumbre de Madrid** the treaty was signed at the Madrid summit. **3.** (*punto álgido*) peak, high point: **se encuentra en la cumbre de su carrera deportiva** she's at the peak of her sporting career.

cumpleaños /kumple'aɲos/ *sm inv* birthday: **¡feliz cumpleaños!** happy birthday!

cumplido, -da /kum'pliðo -ða/ **I** *adj* **1.** (*terminado: gen*) finished, completed: **volvió cumplidos cinco días** he came back at the end of five days; (*: misión*) accomplished. **2.** (*atento*) correct: **me mandó una felicitación, siempre ha sido muy cumplido** he sent me a card, he's always been very correct.
II cumplido *sm* courtesy: **nos recibieron con muchos cumplidos** they received us with many expressions of courtesy ● **no te andes con cumplidos** don't stand on ceremony ● **no lo hagas por cumplido** don't do it just to be polite.

cumplidor, -dora /kumpli'ðor -'ðora/ *adj* reliable, dependable.

cumplimentar /kumplimen'tar/ [➪ CANTAR] *vt* **1.** (*visitar*) to pay a formal visit to ✻ a courtesy call on; (*felicitar*) to congratulate. **2.** (*cumplir*) to complete.

cumplimiento /kumpli'mjento/ *sm* (*GB*) fulfilment, (*US*) fulfillment: **es muy concienzuda en el cumplimiento** *de* **sus obligaciones** she's very conscientious in the fulfilment of her duties.

cumplir /kum'plir/ [➪ PARTIR] *vt* **1.** (*ejecutar*) to carry out: **tiene que aprender a cumplir órdenes** he has to learn to carry out orders; (*Jur*): **está cumpliendo condena en Alcalá-Meco** she's serving her sentence in Alcalá-Meco. **2.** (*años*): **mañana cumple quince años** she'll be fifteen tomorrow; **cuando cumplió dieciocho años, se compró un coche** when she turned eighteen, she bought a car ● **¡que cumplas muchos más!** many happy returns!
♦ *vi* **1.** (*ejecutar*) to carry out: **cumplí** *con* **mi deber** I carried out my duty. **2.** (*quedar bien*) to keep up appearances: **fui a la boda** *por* **cumplir** I went to the wedding to keep up appearances. **3.** (*finalizar el plazo*): **mi hermana cumple esta semana** my sister's baby is due this week.

cumplirse *v prnl* **1.** (*un plazo*) to expire: **mañana se cumple el plazo dado por la ONU** the time limit set by the UN expires tomorrow. **2.** (*hacerse realidad*) to be fulfilled, to come true: **finalmente, se ha cumplido su deseo** at last, his wish has been fulfilled.

cúmulo /'kumulo/ *sm* **1.** (*de papeles, cosas*) pile; (*de dificultades, problemas*) weight, burden: **se desanimó ante tal cúmulo de dificultades** he felt weighed down by the weight of so many problems. **2.** (*Meteo*) cumulus.

cuna /'kuna/ *sf* **1.** (*mueble*) cradle, crib. **2.** (*origen*) cradle, beginning: **Grecia fue la cuna de la cultura occidental** Greece was the cradle of Western culture; (*patria*) birthplace: **Génova fue la cuna de Cristóbal Colón** Genoa was the birthplace of Christopher Columbus. **3.** (*linaje*) stock: **se tiene por dama de alta cuna** she acts as if she were nobility.

cundir /kun'dir/ [➪ PARTIR] *vi* **1.** (*propagarse*) to spread: **cundió el pánico en todo el estadio** panic spread throughout the stadium. **2.** (*dar de sí*) to go far, to go a long way: **la mañana me ha cundido mucho** I got a lot done this morning; **este pan no va a cundir mucho para seis** this bread won't go far between six.

cuneta /ku'neta/ *sf* ditch.

cuña /'kuɲa/ *sf* **1.** (*calce*) wedge. **2.** (*Med*) bedpan. **3.** (*Méx*: *persona*) contact • **tiene buenas cuñas** he has good contacts * connections.

cuñada /ku'ɲaða/ *sf* (*esposa del hermano, hermana del esposo*) sister-in-law; (*esposa del cuñado*) brother-in-law's wife.

cuñado /ku'ɲaðo/ **I** *sm* (*esposo de la hermana, hermano del esposo*) brother-in-law; (*esposo de la cuñada*) sister-in-law's husband.

II cuñados *sm pl* (*gen*) brothers and sisters in-law *pl*; (*una pareja*) brother-in-law and his wife *pl*, sister-in-law and her husband *pl*.

cuño /'kuɲo/ *sm* die, stamp • **ésta es una expresión de nuevo cuño** this is a newly-coined expression.

cuota /'kwota/ *sf* **1.** (*de un club, una asociación*) membership fee; (*Amér L*: *de un colegio*) monthly school fees *pl*; (*: de una compra*) (*GB*) instalment, (*US*) installment: **cómprelo en cómodas cuotas mensuales** you can buy in easy monthly (*GB*) instalments * (*US*) installments. **2.** (*parte*) share: **la empresa tiene una importante cuota del mercado de...** the firm has an important share of the market in....

cupe /'kupe/ *and other forms with* ***cup-*** ➪ caber

cupé /ku'pe/ *sm* coupé.

cuplé /ku'ple/ *sm*: *comic song*.

cupletista /kuple'tista/ *sf*: *singer of a* ➪ cuplé

cupo /'kupo/ *sm* **1.** (*cuota*) quota. **2.** (*número máximo de estudiantes*): **fueron a matricularse, pero ya estaba completo el cupo** they went to enrol, but there were no places left. **3.** (*Méx*: *cabida*): **la escuela tiene cupo para dos mil estudiantes** the school can take up to two thousand students; **el depósito tiene cupo para quinientos litros** the tank holds up to five hundred litres. **4.** (*Amér L*: *Auto*) seat.

cupón /ku'pon/ *sm* **1.** (*de sorteo*) ticket. **2.** (*de promoción*) coupon, voucher.

cúpula /'kupula/ *sf* **1.** (*Arquit*) dome. **2.** (*de una organización*) leadership: **la cúpula del partido se reunió para planear la campaña electoral** the party chiefs met to plan the election campaign.

cura /'kura/ **I** *sf* (*Med*) cure: **esta enfermedad no tiene cura** there is no cure for this disease.

II *sm* priest.

cura párroco *sm* parish priest.

curación /kura'θjon/ *sf* (*tratamiento*) cure; (*de herida*) treatment.

curado, -da /ku'raðo -ða/ *adj* **1.** (*Med*: *gen*) cured; (*: herida*) healed. **2.** (*carne, pescado*) cured; (*queso*) mature. **3.** (*acostumbrado*): **está curado de espanto** nothing surprises him, he's seen it all.

curandero, -ra /kuran'dero -ra/ *sm/f* healer.

curar /ku'rar/ [➪ CANTAR] *vt* **1.** (*Med*) to cure; (*una herida*) to treat. **2.** (*carne, pescado*) to cure; (*queso*) to mature; (*pieles*) to tan; (*madera*) to season.

♦ *vi* (*reponerse*) to recover.

curarse *v prnl* (*Med*: *reponerse*) to recover; (*: una herida*) to heal.

curare /ku'rare/ *sm* curare, curari.

curda /'kurða/ *sf* (*fam*) drunkenness.

curia /'kurja/ *sf* **1.** (*Jur*) Bar. **2.** (*also* **curia romana**) (*Relig*) Curia.

curiosamente /kurjosa'mente/ *adv* oddly, strangely: **curiosamente, no te vi** oddly enough, I didn't see you.

curiosear /kurjose'ar/ [➪ CANTAR] *vi* **1.** (*fisgonear*) to pry. **2.** (*echar un vistazo*) to look round: **estuvimos curioseando en las tiendas del centro** we were looking round the shops in the city centre.

curiosidad /kurjosi'ðað/ *sf* **1.** (*interés*) interest: **no tenía ninguna curiosidad** *por* **conocer nuestras costumbres** he had no interest in learning our customs; (*indiscreción*) curiosity: **tengo curiosidad** *por* **saber de qué hablaban** I am curious to know what they were talking about. **2.** (*rareza*) curiosity, oddity: **tienen cabezas reducidas y otras curiosidades** they have shrunken heads and other curiosities. **3.** (*limpieza*) cleanliness.

curioso, -sa /ku'rjoso -sa/ **I** *adj* **1.** (*indiscreto*) curious, nosy: **lo que más me molesta es que sea tan curioso** what really annoys me is that he's so nosy. **2.** (*raro*) strange, odd: **lo curioso del caso es que...** the strange thing about this is that.... **3.** (*interesante*) interesting. **4.** (*limpio*) neat, tidy: **tiene la habitación muy curiosa** she keeps her room very tidy.

II *sm/f* **1.** (*mirón*) onlooker: **enseguida se formó un grupo de curiosos** immediately a crowd of onlookers gathered. **2.** (*metomentodo*) nosy parker, busybody: **ya sabes que es un curioso** you know he's a busybody.

curita® /ku'rita/ *sf* (*Amér L*) BandAid®, (*GB*) plaster, Elastoplast®.

currante /ku'rrante/ *sm/f* (*fam*) worker.

currar /ku'rrar/ [➪ CANTAR] (*fam*) *vi* to work.

♦ *vt* to hit: **como no te calles te voy a currar** if you don't shut your mouth I'll beat you up.

curre /'kurre/ *sm* ➪ curro

currículo /ku'rrikulo/, **currículum** /ku'rrikulum/ *sm* [**currículos**] (*GB*) curriculum vitae, CV, (*US*) résumé.

currículum vitae /ku'rrikulum bi'tae/ *sm* (*GB*) curriculum vitae, CV, (*US*) résumé.

curro /'kurro/ *sm* (*fam*) work: **un curro** a job.

curry /'kurri/ *sm* curry: **pedí pollo** *al* **curry** I ordered curried chicken.

cursar /kur'sar/ [➪ CANTAR] *vt* **1.** (*estudiar*) to study: **cursa tercero de medicina** she is in the third year of medical school. **2.** (*un telegrama*) to send; (*una petición*) to present; (*un documento*) to process. **3.** (*una orden*) to give: **¿quién cursó estas instrucciones?** who gave these instructions?

cursi /'kursi/ (*fam*) **I** *adj* pretentious: **su madre es muy cursi** her mother is very pretentious * affected.

II *sm/f* pretentious * affected person.

cursilada /kursi'laða/ *sf* (*fam*) **1.** (*acción, dicho*) pretentious action * comment. **2.** (*objeto*) kitsch object.

cursillo /kur'siʎo/ *sm* (*curso de corta duración*) (short) course; (*serie de conferencias*) series of lectures.

cursiva /kur'siβa/ *sf* italics *pl*: **quiero todos los títulos en cursiva** I want all the titles in italics.

cursivo, -va /kur'siβo -βa/ *adj* italic.

curso /'kurso/ *sm* **1.** (*evolución, trayectoria*) course: **el sol sigue su curso de este a oeste** the sun follows its course from East to West; **seguimos el curso del río hasta el valle** we followed the course of the river down to the valley; **la enfermedad sigue su curso normal** the illness is following its (normal) course • **decidieron dar curso a la petición** they decided to process the request. **2.** (*de tiempo*): **las cosas cambiaron en el curso de una semana** over the course of a week things changed; **tiene que estar acabado en el mes** *en* **curso** it has to be finished within the current month. **3.** (*año académico*) academic year: **el curso empieza el 5 de septiembre** the academic year starts on 5 September; (*nivel*) year: **voy a empezar el tercer curso** I'm going to start my third year (of the course). **4.** (*de estudios*) course (of studies): **está haciendo un curso acelerado de italiano** she's doing a crash course in Italian. **5.** (*Fin*: *circulación*): **los billetes de cien pesetas ya no son de curso legal** one hundred peseta notes are no longer legal tender.

cursor /kur'sor/ *sm* cursor.

curtido, -da /kur'tiðo -ða/ **I** *adj* **1.** (*piel de animal*) tanned. **2.** (*bronceado*) tanned; (*por la intemperie*) weather-beaten. **3.** (*experimentado*) hardened.
II curtido *sm* tanning (*of leather*).

curtidor, -dora /kurti'ðor -ðora/ *sm/f* tanner.

curtir /kur'tir/ [⇨ PARTIR] *vt* **1.** (*piel, cuero*) to tan: **para curtir la piel se usan productos químicos** chemicals are used in the tanning of leather. **2.** (*encallecer*) to harden: **esas experiencias lo curtieron** he was hardened by those experiences.

curva /'kurβa/ *sf* **1.** (*línea*) curve: **esta curva representa la evolución de las ventas** this curve represents our sales figures. **2.** (*en la carretera*) bend: **conduce despacio, hay unas curvas muy cerradas** drive slowly, there are some very sharp bends • (*Méx*) **nos agarraron en curva con sus preguntas** their questions caught us completely unprepared.

curva de nivel *sf* (*Geog*) contour line.

curvar /kur'βar/ [⇨ CANTAR] *vt* to curve.

curvarse *v prnl* to curve: **los estantes se han curvado** *con* **el peso** the shelves have become bowed under the weight.

curvo, -va /'kurβo -βa/ *adj* curved.

cuscurro /kus'kurro/ *sm*: *the end of a stick of bread.*

cuscús /kus'kus/ *sm* couscous.

cúspide /'kuspiðe/ *sf* **1.** (*Geog*) summit, peak. **2.** (*de una figura geométrica*) apex. **3.** (*punto álgido*) peak: **estaba en la cúspide de su carrera** she was at the peak of her career.

custodia /kus'toðja/ *sf* **1.** (*cuidado*) custody: **el juez le dio la custodia de los hijos** the judge gave her custody of the children; **estaban bajo la custodia del tribunal** they were in the custody of the court. **2.** (*Relig*) monstrance.

custodiar /kusto'ðjar/ [⇨ CAMBIAR] *vt* (*vigilar*) to guard; (*proteger*) to protect.

cutáneo, -nea /ku'taneo -nea/ *adj* skin: **tiene una enfermedad cutánea** he has a skin disease.

cutícula /ku'tikula/ *sf* cuticle.

cutis /'kutis/ *sm* complexion, skin.

cutre /'kutre/ *adj* (*fam*) seedy: **fuimos a un bar super cutre** we went to a really seedy bar.

cuyo, -ya /'kujo -ja/ *adj relativo*: **Fernando, a cuyos padres conocimos ayer, es muy amable** Fernando, whose parents we met yesterday, is very nice; **dice que vendrá el sábado, en cuyo caso saldremos a cenar fuera** she says she's coming on Saturday, in which case we'll go out for dinner.

cuzqueño, -ña /kuθ'keɲo -ɲa/ **I** *adj* of ✱ from Cuzco.
II *sm/f* native ✱ inhabitant of Cuzco.

CV I *pronounced* /ka'βaʎo de ba'por/ (*abbreviation of* **caballo de vapor ✱ fuerza**) HP (horsepower).
II *pronounced* /ku'rrikulum bi'tae/ (*abbreviation of* **currículum vitae**) CV (curriculum vitae).

D

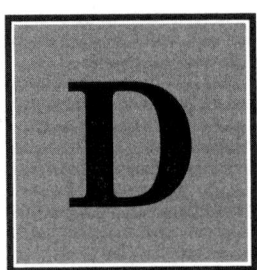

D, d /de/ *sf* (*letra*) D, d.

D. *pronounced* /don/ (*abbreviation of* **Don**) ⇨ don **I**

D.ª *pronounced* /'doɲa/ (*abbreviation of* **Doña**) ⇨ doña

dabuten /da'βuten/, **dabuti** /da'βuti/ (*fam*) **I** *adj* great: **me he comprado unos pantalones dabuten** I've bought a great pair of trousers.
II *adv*: **me lo paso dabuten los fines de semana** I have a great time at weekends.

dactilar /dakti'lar/ *adj* ⇨ huella

dádiva /'daðiβa/ *sf* (*frml*) gift, present: **pensó que podría conquistarla con sus dádivas** he thought that he could win her over with gifts.

dadivoso, -sa /daði'βoso -sa/ *adj* (*frml*) generous, open-handed: **¡qué persona tan dadivosa!** what a generous person!

dado, -da /'daðo -ða/ **I** *past participle of* ⇨ dar
II *adj* **1.** (*determinado*): **sólo me gusta la ópera en momentos dados** I only like listening to opera at certain times; **en un momento dado cojo mis cosas y me marcho** I could take my things and leave at any moment. **2.** (*inclinado, propenso*): **es muy dado** *a* **levantar la voz cuando se enfada** he is very given to raising his voice when he is angry; **no es muy dada** *a* **hacer regalos** she does not often give presents. **3.** (*fam*: *arreglado*): **con el nuevo profesor vamos a ir dados** we'll have to watch our step with the new teacher.
III dado que *conj* (*ya que*) since: **dado que sabes cómo funciona, hazlo tú** since you know how it works, do it yourself.
IV dado *sm* (*para jugar*) dice *n inv*, die.
V dados *sm pl* (*juego*) dice: **se pasaron la tarde jugando** *a* **los dados** they spent the evening playing dice.

daga /'daɣa/ *sf* dagger.

dalia /'dalja/ *sf* dahlia.

dálmata /'dalmata/ *adj, sm/f* (*Zool*) Dalmatian.

daltoniano, -na /dalto'njano -na/, **daltónico, -ca** /dal'toniko -ka/ **I** *adj* (*GB*) colour-blind, (*US*) color-blind.
II *sm/f* (*GB*) colour-blind person, (*US*) color-blind person.

daltonismo /dalto'nizmo/ *sm* (*GB*) colour blindness, (*US*) color blindness.

dama /'dama/ **I** *sf* **1.** (*señora*) lady: **se comportó como una dama** she conducted herself like a lady; **damas y caballeros...** ladies and gentlemen...; (*Amér L*: *en la* *puerta de un baño*): **Damas** Ladies. **2.** (*frml*: *enamorada*) beloved. **3.** (*also* **dama de honor**) (*al servicio de una reina*) lady-in-waiting; (*en una boda*) bridesmaid. **4.** (*en ajedrez*) queen; (*en damas*) king.

II damas *sf pl* (*Juegos*) (*GB*) draughts, (*US*) checkers [llevan el verbo en singular].

damasco /da'masko/ *sm* **1.** (*tejido*) damask. **2.** (*Arg, Chi, Urug*: *albaricoque*) apricot.

damnificado, -da /damnifi'kaðo -ða/ **I** *adj* (*personas*) injured; (*lugares*) affected: **enviaron ayuda a las zonas damnificadas** help was sent to the affected areas.

II *sm/f* affected person: **hubo cientos de damnificados** *por* **el terremoto** hundreds of people were affected by the earthquake.

dandi /'dandi/ *sm* dandy.

danés, -nesa /da'nes -'nesa/ **I** *adj* Danish.

II *sm/f* Dane: **los daneses** the Danish, Danes.

III danés *sm* (*idioma*) Danish.

dantesco, -ca /dan'tesko -ka/ *adj* horrific, shocking: **fue un espectáculo dantesco** it was a horrific sight.

danza /'danθa/ **I** *sf* (*baile, arte de bailar*) dance: **quiere estudiar danza** she wants to study dance; **aprendí una danza nueva** I learnt a new dance.

II en danza *loc adv* **1.** (*en actividad*): **siempre está en danza** he's constantly on the go. **2.** (*de actualidad*): **otra vez está en danza el tema de la pesca** the fishing issue has come up again.

danzar /dan'θar/ [⇨ cazar] *vt* (*frml*) to dance.

♦*vi* **1.** (*frml*: *bailar*) to dance. **2.** (*fam*: *moverse*) to fidget: **¡estáte quieto y deja de danzar!** keep still and stop fidgeting about!

dañar /da'ɲar/ [⇨ CANTAR] *vt* **1.** (*herir*) to harm, to hurt: **trabajar muchas horas en el ordenador puede dañar la vista** working for a long time at a computer can damage your eyesight. **2.** (*estropear*) to damage: **el roce constante ha dañado el pavimento** the surface has been damaged by constant wear and tear.

dañarse *v prnl* **1.** (*herirse*): **se dañó un tobillo haciendo gimnasia** she hurt her ankle while exercising. **2.** (*estropearse*) to get damaged.

dañino, -na /da'ɲino -na/ *adj* harmful, damaging: **fumar es dañino** *para* **la salud** smoking is harmful * damaging to your health.

daño /'daɲo/ *sm* **1.** (*a una persona*) harm: **me hice daño al caerme** I hurt myself when I fell; **me hizo daño que dijera esas cosas** it hurt me that he should say those things. **2.** (*a una cosa*) damage: **el seguro pagará los daños del accidente** the insurance will pay for the damage caused by the accident.

dar /dar/ [⇨ table: dar] *vt* **1.** (*gen*) to give: **nos dio la dirección** she gave us the address; **dale el dinero** give her the money; **dáselo** give it to her; **dales algo** *de* **beber** give them something to drink; **me dieron permiso para salir** they gave me permission to go out; **¿me da una lata de sardinas?** could I have a tin of sardines?; **dame la mano para cruzar** hold my hand to cross the road • **tú, como profesor, tienes que dar (el) ejemplo** as a teacher, you have to set an example • **dadas las circunstancias, es lo mejor que podemos hacer** given the circumstances, it's the best we can do • **me dio la tarde con sus quejas** he ruined my afternoon with his complaining • **nos dio a entender que teníamos que irnos** she told us in a roundabout way that we had to leave • **ya han dado a conocer los resultados** the results have already been made public • **donde las dan las toman** two can play at that game • **se la da a su novia** he cheats on his girlfriend. **2.** (*regalar*) to give: **¿me lo das?** will you give it to me?, can I have it?; **tuvimos que dar los cachorros** we had to give the puppies away • **tenemos comida para dar y tomar** we have more than enough food. **3.** (*un golpe*) to give: **¡mira que te doy una bofetada!** stop it, or I'll give you a slap!; **¡no des golpes en la mesa!** stop banging on the table!; **le dio un puñetazo en la cara** he punched him in the face • **esta mañana no doy ni una** I can't seem to do anything right this morning. **4.** (*un grito*): **dio un grito de dolor** he yelled * screamed with pain. **5.** (*un paseo*): **me voy a dar una vuelta con la bici** I'm going for a ride on my bike; **nos llevó a dar una vuelta en su coche** she took us for a ride in her car; **¿vamos a dar un paseo por el río?** shall we go for a walk along the river? **6.** (*causar: gen*) to give: **sus hijos le están dando muchos problemas** his children are giving him a lot of trouble; **el alcohol me da acidez** alcohol gives me heartburn; **me dio mucho trabajo arreglarlo** it was hard work repairing it; (*: tratándose de sentimientos*): **le da mucho miedo la oscuridad** he's very afraid of the dark; **me da pena que te vayas** I'm sorry you're leaving; **¡qué alegría me da verte de nuevo!** I'm so glad to see you again!; **¿no te da rabia que se salga con la suya?** doesn't it make you angry that she should get her own way?; **da gusto verlos tan contentos** it's nice to see them looking so happy. **7.** (*considerar*) to consider: **dieron el asunto** *por* **concluido** they considered the matter to be closed; **tras una búsqueda infructuosa, los dieron** *por* **muertos** after a fruitless search, they were given up for dead; **como es la primera vez, te lo voy a dar por bueno** as it's the first time, I won't count it as a mistake. **8.** (*comunicar: una orden, un consejo*) to give: **le di tu recado** I gave him your message; **tengo que ir a verlos para darles el pésame** I must go and give them my condolences; **exijo que se me dé una explicación** I demand an explanation • **ni siquiera dio los buenos días/las gracias** he didn't even say good morning/thank you. **9.** (*impartir*): **da clases de geografía en un instituto** she teaches geography at a secondary school; (*recibir clases de*): **doy francés dos veces a la semana** I have French twice a week. **10.** (*importancia*) to attach: **le da mucha importancia a su aspecto** he attaches a great deal of importance to his appearance; **le estás dando demasiada importancia al asunto** you're making too much of the whole thing. **11.** (*cartas*) to deal. **12.** (*ofrecer: una fiesta*) to have, to hold: **voy a dar una fiesta para celebrarlo** I'm going to have a party to celebrate it; (*: un espectáculo*): **¿qué dan en el Palafox?** what's on at the Palafox?; **esta noche dan una película muy buena en la tele** there's a very good film on television tonight. **13.** (*la hora*) to strike: **el reloj dio la una** the clock struck one. **14.** (*producir*): **la oveja da leche y lana** sheep produce milk and wool; **este tipo de negocio da más pérdidas que ganancias** you tend to lose money in this type of business. **15.** (*encender*) to switch on, to turn on: **¿te importa dar la luz?** would you mind switching the light on? **16.** (*aplicar, poner*) to apply: **hay que darle una mano de pintura a esta puerta** this door needs a coat of paint; **le dieron una inyección** they gave her an injection.

♦*vi* **1.** (*alcanzar*) to be enough: **su salario no da** *para* **vivir** his salary is not enough to live on; **cien pesetas dan** *para* **poco** a hundred pesetas doesn't go very far • **no da más de sí** she can't do any more • **el pobre no da para más** what more can you expect from him, poor thing? **2.** (*restándole importancia a algo*): **da**

igual * **da lo mismo** it makes no difference; **me da igual** I don't mind; **¡qué más da!** what does it matter?, what difference does it make?; **tanto da que vengan como que no vengan** it makes no difference whether they come or not. **3.** (*pegar*): **la bala le dio** *en* **el hombro** the bullet hit her in the shoulder; **es tan alto que da** *con* **la cabeza en el techo** he's so tall his head touches the ceiling • **su respuesta dio en el blanco** * **en el clavo** his answer hit the nail on the head • **¡mira que se lo he dicho de veces, y él dale que dale** * **dale que te pego!** I've told him several times already, but he just carries right on! **4.** (*sobrevenir*): **le dio un ataque al corazón** he had a heart attack; **me dio un terrible dolor de cabeza** I got a terrible headache; **me dio hambre/sed** I got hungry/thirsty; **a veces me dan ganas de matarla** sometimes I could kill her; **pregúntale tú, a mí me da no sé qué** you ask him, I don't like to • **ahora le ha dado por levantarse a las cinco de la mañana** now she's taken to getting up at five o'clock in the morning. **5.** (*de comer, beber*): **nos dieron** *de* **comer y** *de* **beber** they gave us something to eat and drink; **voy a darles** *de* **comer a los niños** I'm going to feed the children. **6.** (*en juegos de naipes*) to deal: **te toca dar a ti** it's your turn to deal. **7. dar a** (*estar orientado hacia*) to overlook: **las ventanas dan al parque** the windows overlook the park; (*comunicar con*): **esta puerta da al comedor** this door leads into the dining room. **8. dar con** (*encontrar*) to find: **finalmente, pudimos dar con él** eventually, we managed to find him.

darse *v prnl* **1.** (*entregarse*) to devote oneself: **se da completamente** *a* **sus amigos** he is totally devoted to his friends; **se ha dado** *a* **la mala vida** she's got into bad ways; **se dio** *a* **la bebida** he started drinking. **2.** (*ocurrir*) to happen: **se dio un curioso fenómeno** a strange thing happened; **es raro que se dé una coincidencia de ese tipo** it's strange for such a coincidence to happen. **3.** (*pegarse*): **¡te vas a dar un porrazo!** you'll hurt yourself!; **se dio un golpe** *con* **el coche de delante** he ran into the car in front; **se dio de narices** *contra* **la pared** he walked straight into the wall. **4.** (*considerarse*): **no puedes darte** *por* **satisfecho con tan poco** you cannot be satisfied with so little; **no me daré** *por* **vencido hasta conseguirlo** I won't give up until I get it. **dárselas: se las da de listo** he thinks he's clever. **5.** (*agrandarse*) to stretch: **este jersey se ha dado (de sí)** this jumper has stretched.

dar

INDICATIVE

Present	Preterite
doy	di
das	diste
da	dio
damos	dimos
dais	disteis
dan	dieron

SUBJUNCTIVE

Imperfect	
diera *or* diese	diéramos *or* diésemos
dieras *or* dieses	dierais *or* dieseis
diera *or* diese	dieran *or* diesen

For the rest of the tenses ➪ CANTAR (in appendix)

6. (*referido a la facilidad para realizar una actividad*): **se le dan muy bien/mal los deportes** she's really good/bad at sport; **a mí no se me da muy bien el bricolaje** I'm not very good at DIY.

dardo /'darðo/ **I** *sm* **1.** (*para jugar, tirar con cerbatana*) dart; (*lanza pequeña*) small spear. **2.** (*puya*) wounding remark: **sus palabras eran dardos envenenados** his words were very wounding * hurtful.
II dardos *sm pl* darts [lleva el verbo en singular].

dársena /'darsena/ *sf* dock.

datar /da'tar/ [➪ CANTAR] *vt* to date, to put a date on: **dató los documentos antes de archivarlos** she put a date on the documents before filing them.
♦*vi* (*remontarse a*) to date from, to date back to: **el puente data** *del* **siglo III** the bridge dates from * back to the third century.

dátil /'datil/ *sm* **1.** (*fruto*) date. **2.** (*fam: dedo*) finger: **¡haz el favor de no comer con los dátiles!** would you please not eat with your fingers!

datilera /dati'lera/ *sf* date palm.

dativo /da'tiβo/ *sm* (*Ling*) dative.

dato /'dato/ *sm* **1.** (*información*) fact: **me faltan datos para opinar** I don't have enough facts to form an opinion. **2.** (*Inform, Mat: singular*) datum; (*: plural*) data: **los datos del problema son los siguientes...** the facts relating to the problem are as follows....
datos personales *sm pl* personal details *pl*, particulars *pl*.

d.C. ➪ d. de C.

dcha. *pronounced* /de'retʃa/ (*abbreviation of* **derecha**) right.

d. de C. *pronounced* /des'pwes de 'kristo/ (*abbreviation of* **después de Cristo**) AD (anno Domini).

de /de/ **I** *sf*: *name of the letter D.*
II *prep [**de** followed by **el** becomes **del**]* **1.** (*para expresar contenido, material; en complemento nominal*) of: **la ciudad de Madrid** the city of Madrid; **¿puedes comprar una botella de leche?** could you buy a bottle of milk?; **se ha comprado una cazadora de cuero** she has bought a leather jacket; **esta blusa está hecha de seda** this blouse is made of silk. **2.** (*para expresar posesión*): **ésa es la moto de mi hermano** that's my brother's motorbike; **ahí está la casa de mis primos** that's my cousins' house over there. **3.** (*para indicar edad*): **era un hombre de cuarenta años** he was a man of forty * a forty-year-old man. **4.** (*para indicar naturaleza*): **Andrés es de temperamento débil** Andrés is rather weak; **necesito unos zapatos de vestir** I need some formal shoes. **5.** (*para describir*): **¿ves a aquel chico de gafas?** do you see that boy with the glasses?; **se lo di al hombre de la camisa roja** I gave it to the man in the red shirt. **6.** (*para indicar autoría*) by: **es una pieza de Schubert** it's a piece by Schubert. **7.** (*para indicar agente*) by: **vino acompañado de su amiga** he came with his girlfriend, he was accompanied by his girlfriend. **8.** (*partitivo*) of: **uno de sus hijos es pianista** one of his sons is a pianist; **dos de cada tres asistentes eran mujeres** two out of every three people attending were women; (*con superlativo*) in: **es el más alto del colegio** he's the tallest boy in the school. **9.** (*para comparar cantidades*) than: **éramos más de veinte** there were more than twenty of us. **10.** (*para indicar asunto*) on, about: **tengo muchos libros de arte** I have lots of books on art * art books; **tengo una clase de ballet a las cinco** I have a ballet lesson at five. **11.** (*en calidad de*) as: **ahora trabaja de taxista** now he's working as a taxi-driver. **12.** (*para expresar

lugar, origen) from: **acabo de llegar de Barcelona** I've just arrived from Barcelona; **es de Sevilla** he's from Seville; **de La Coruña a Santander hay más de trescientos kilómetros** it's more than three hundred kilometres from La Coruña to Santander. **13.** (*para expresar tiempo*) from: **la clase es de cinco *a* ocho** the class is from five to eight; **hay una catedral del siglo XVI** there is a sixteenth-century cathedral there; **esta semana trabajo de día** this week I am on the day shift. **14.** (*para expresar modo*): **mi casa está pintada de blanco** my house is painted white; **bébete el jarabe de un trago** drink your medicine in one go. **15.** (*para expresar causa*) of: **miles de personas mueren diariamente de hambre** thousands of people die of starvation every day. **16.** (*antes de un infinitivo*) if: **de haber sabido eso, no hubiera venido** if I had known that, I wouldn't have come.

dé /de/ *first* ✻ *third person singular of present subjunctive of* ➪ dar

deambular /deambu'lar/ [➪ CANTAR] *vi* to stroll, to wander: **pasamos todo el día deambulando *por* la ciudad** we spent the whole day wandering around the city.

deambulatorio /deambula'torjo/ *sm* (*Arquit*) ambulatory.

debajo /de'βaxo/ **I** *adv* below, underneath: **el suyo es el *de* debajo** his is the one below ✻ underneath; **vivimos en un alto y por debajo pasa una carretera** we live on a hill and the road runs below it.

II debajo de *loc adv* **1.** (*un lugar*) under: **el gato está debajo de la mesa** the cat is under the table; **firme debajo de la línea de puntos** sign below ✻ beneath the dotted line. **2.** (*en categoría*) below: **está *por* debajo de mí en antigüedad** he is below me in seniority.

debate /de'βate/ *sm* debate, discussion: **el asunto fue sometido *a* debate** the matter was put to debate ✻ discussion.

debatir /deβa'tir/ [➪ PARTIR] *vt* to debate: **hoy debatirán el proyecto de ley** today they will debate the bill.

debatirse *v prnl*: **se debatía *entre* la vida y la muerte** she was fighting for her life.

debe /'deβe/ *sm* (*Fin*) debit.

deber /de'βer/ **I** *sm* duty, obligation: **cumplió con su deber** he did his duty.

II deberes *sm pl* homework: **tengo que hacer los deberes** I have to do my homework.

III [➪ TEMER] *vt* **1.** (*tener que: en presente y futuro*) must, to have to: **debes ir al colegio** you have to go to school, you must go to school; **deberás pedir perdón** you will have to apologize; (*: en condicional*) should, ought to: **debería hacer un esfuerzo** he should ✻ ought to make the effort; (*: en pasado*) should have, ought to have: **debía haberme avisado** she should have ✻ ought to have warned me. **2.** (*dinero, favor, etc.*) to owe: **¿cuánto dinero le debes?** how much money do you owe him?; **te debo una explicación** I owe you an explanation.

♦**deber de** *v aux* (*suposición*) must: **debe de estar en casa** he must be at home.

deberse *v prnl* **1.** (*tener por causa*) to be due to: **todo se debió *a* un malentendido** it was all due to a misunderstanding. **2.** (*estar obligado*): **cada cual se debe *a* sus obligaciones** everybody must put their own obligations first.

debido, -da /de'βiðo -ða/ **I** *adj* proper, due: **trata mis discos con el debido cuidado** please treat my records with due care; **se lo diré a su debido tiempo** I'll tell him when the time is right; **hazlo como es debido** do it properly.

II debido a *prep* because of: **lo castigaron debido a su mal comportamiento** he was punished because of ✻ on account of his bad behaviour.

débil /'deβil/ **I** *adj* **1.** (*de salud*) weak: **tiene una salud bastante débil** his health is rather weak ✻ poor; (*de carácter*): **es demasiado débil *con* sus hijos** he's too soft on his children. **2.** (*de intensidad*): **una luz muy débil** a very faint light.

II *sm/f* weak person.

debilidad /deβili'ðað/ *sf* **1.** (*física, de carácter*) weakness, feebleness: **la debilidad lo tuvo en cama durante semanas** he was so weak that he was in bed for weeks. **2.** (*afición*) weakness: **tengo debilidad *por* los caramelos** I have a weakness for sweets; **tiene debilidad *por* su nieta** he has a soft spot for his granddaughter.

debilitar /deβili'tar/ [➪ CANTAR] *vt* to weaken, to debilitate: **la fiebre lo ha debilitado mucho** he's been badly weakened by the fever.

debilitarse *v prnl* to weaken: **sus músculos se han debilitado** her muscles have become weak.

debilucho, -cha /deβi'lutʃo -tʃa/ **I** *adj* spineless, weedy.

II *sm/f* weakling.

debut /de'βut/ *sm* [**debuts**] debut.

debutar /deβu'tar/ [➪ CANTAR] *vi* to make one's debut: **debutó *en* la Scala de Milán** he made his debut at la Scala in Milan.

década /'dekaða/ *sf* decade.

decadencia /deka'ðenθja/ *sf* **1.** (*moral, económica*) decadence. **2.** (*declive*) decline: **la decadencia de su imperio comenzó a finales de siglo**.

decadente /deka'ðente/ *adj* decadent.

decaer /deka'er/ [➪ caer] *vi* to decline, to go into a decline: **el negocio del disco ha decaído en el último año** the record business has gone into decline in the last year.

decaído, -da /deka'iðo -ða/ *adj* **1.** (*físicamente*) weak. **2.** (*de ánimo*) depressed, crestfallen: **está un poco decaído *por* su suspenso en inglés** he's feeling a bit depressed about failing in English.

decalcificar /dekalθifi'kar/ [➪ sacar] *vt* ➪ descalcificar

decálogo /de'kaloγo/ *sm* decalogue.

decano, -na /de'kano -na/ *sm/f* **1.** (*de universidad*) dean. **2.** (*de un grupo: hombre*) doyen: **es el decano de los periodistas españoles** he is the doyen of Spanish journalism; (*: mujer*) doyenne.

decantar /dekan'tar/ [➪ CANTAR] *vt* to decant.

decantarse *v prnl* to be inclined towards: **me decanto *por* la primera opción** I'm inclined towards the first option.

decapitar /dekapi'tar/ [➪ CANTAR] *vt* to behead, to decapitate.

decatlón /deka'tlon/ *sm* decathlon.

deceleración /deθelera'θjon/ *sf* deceleration.

decena /de'θena/ *sf* ten: **había decenas de personas** there were dozens of people.

decencia /de'θenθja/ *sf* decency.

decenio /de'θenjo/ *sm* decade, ten-year period.

decente /de'θente/ *adj* **1.** (*moral*) decent, respectable: **siempre fue muy decente** he always behaved very decently ✻ respectably. **2.** (*satisfactorio*) decent, good: **le dio al camarero una propina bastante decente** she gave the waiter a pretty good tip; **tiene un currículum bastante decente** she has quite a good

CV. **3.** (*ordenado*) tidy: **nunca tiene la habitación decente** his bedroom is never tidy.

decepción /deθep'θjon/ *sf* disappointment: **fue una decepción que no vinieras** it was disappointing that you didn't come.

decepcionante /deθepθjo'nante/ *adj* disappointing.

decepcionar /deθepθjo'nar/ [⇨ CANTAR] *vt* to disappoint: **la película me decepcionó** I found the film disappointing.

dechado /de'tʃaðo/ *sm* model, example: **ese hombre es un dechado de virtudes** that man is a paragon of virtue.

decibelio /deθi'βeljo/ *sm* decibel.

decidido, -da /deθi'ðiðo -ða/ *adj* **1.** (*a hacer algo*) determined: **estamos decididos** *a* **hacer lo que digas** we are determined to do whatever you say. **2.** (*persona*) decisive, firm: **es una persona decidida** he is a decisive person.

decidir /deθi'ðir/ [⇨ PARTIR] *vt* **1.** (*tomar la decisión de*) to decide: **decidió venir con nosotros** she decided to come with us. **2.** (*determinar*) to decide, to determine: **el gol que decidió el partido** the goal that decided the match. **3.** (*impulsar*) to make someone decide: **¿qué te decidió a ir?** what made you decide to go?

decidirse *v prnl* **1.** (*determinarse*) to decide: **se decidió que la cena la pagaríamos a medias** it was decided that we would go halves on the dinner; **me decidí** *por* **el rojo** I chose the red one. **2.** (*animarse*): **no se ha decidido aún** she still hasn't made up her mind; **me he decidido** *a* **estudiar alemán** I have decided to study German.

décima /'deθima/ *sf* **1.** (*en orden*) tenth. **2.** (*de tiempo*) tenth: **ganó** *por* **una décima** he won by a tenth of a second. **3.** (*de fiebre*) tenth of a degree: **sólo tiene unas décimas** he only has a slight fever ∗ temperature.

decimal /deθi'mal/ *adj, sm* decimal.

décimo, -ma /'deθimo -ma/ **I** *adj* tenth. ⇨ sexto

II décimo *sm* **1.** (*en orden, parte*) tenth. ⇨ sexto **2.** (*de lotería*) *each of the ten part shares into which a lottery ticket is divided.*

decimoctavo, -va /deθimok'taβo -βa/ **I** *adj* eighteenth. ⇨ sexto

II *sm/f* (*en orden*) eighteenth. ⇨ sexto

decimocuarto, -ta /deθimo'kwarto -ta/ **I** *adj* fourteenth. ⇨ sexto

II *sm/f* (*en orden*) fourteenth. ⇨ sexto

decimonónico, -ca /deθimo'noniko -ka/ *adj* **1.** (*del siglo XIX*) nineteenth-century: **le interesa la pintura decimonónica** she's interested in nineteenth-century painting. **2.** (*anticuado*) outdated: **tiene unas ideas decimonónicas** she has some very outdated ideas.

decimonono, -na /deθimo'nono -na/ *adj, sm/f* ⇨ decimonoveno

decimonoveno, -na /deθimono'βeno -na/ **I** *adj* nineteenth. ⇨ sexto

II *sm/f* (*en orden*) nineteenth. ⇨ sexto

decimoquinto, -ta /deθimo'kinto -ta/ **I** *adj* fifteenth. ⇨ sexto

II *sm/f* (*en orden*) fifteenth. ⇨ sexto

decimoséptimo, -ma /deθimo'septimo -ma/ **I** *adj* seventeenth. ⇨ sexto

II *sm/f* (*en orden*) seventeenth. ⇨ sexto

decimosexto, -ta /deθimo'seksto -ta/ **I** *adj* sixteenth. ⇨ sexto

II *sm/f* (*en orden*) sixteenth. ⇨ sexto

decimotercer /deθimoter'θer/ *adj [form of* ***decimotercero*** *used before masculine singular nouns]* ⇨ decimotercero

decimotercero, -ra /deθimoter'θero -ra/ **I** *adj [shortened to* ***decimotercer*** *before masculine singular nouns]* thirteenth. ⇨ sexto

II *sm/f* (*en orden*) thirteenth. ⇨ sexto

decir /de'θir/ **I** *sm* saying • **no te ofendas, es sólo un decir** don't take offence, it's just a manner of speaking.

II [⇨ table: decir; *past participle* **dicho**] *vt* **1.** (*comunicar información: cuando no hay complemento personal*) to say: **dijo una tontería** she said something very stupid; **hasta la vista, dijo, y siguió trabajando** see you soon, he said, and went on working; **lo dijo delante del director** he said it in front of the headmaster; **el letrero dice...** the sign says...; **ha dicho que vengas ahora mismo** he said you were to come right away; **dilo otra vez** say it again; **le preguntaron si era suyo y dijo que sí/no** they asked him if it was his and he said it was/it wasn't; **no dijo nada al respecto** he didn't say anything about it • **esta tarea es, por así decirlo, una diversión, no un trabajo** this task is, in a manner of speaking, more like fun than work • **¡quién lo diría!** who would have thought it! • **...es decir, tienen que seguir siempre el mismo orden** ...that is (to say), they must always go in the same order • **invitaron a doscientas personas, que ya es decir** just think, they invited two hundred people • **ni que decir tiene que iremos a la fiesta** it goes without saying that we're going to the party • **le preocupa demasiado el qué dirán** he worries too much about what people will say • **su comportamiento dio mucho que decir** her behaviour gave rise to a lot of gossip • **me pareció muy antipático, dicho sea de paso** incidentally, I thought he was very unpleasant • **¡no me digas!** you don't say! • **¡y que lo digas!** you can say that again! • **no es muy responsable que digamos** she's not exactly responsible • **fue dicho y hecho** it was no sooner said than done. **2.** (*comunicar información: cuando hay complemento personal*) to tell: **¿qué te dijo?** what did he tell you?, what did he say to you?; **te he dicho la verdad** I have told you the truth; **dile al señor Romero que es imposible** tell Mr Romero that it's impossible; **díselo ahora mismo** tell him right away; **me dijo que te dijera...** she told me to tell you...; **haz lo que te digo** do as I say • **no es de fiar, te lo digo yo** I am telling you, he is not to be trusted. **3.** (*una mentira, la verdad*) to tell: **no digas mentiras** don't tell lies; **dije la verdad** I told the truth. **4.** (*indicar*) to say: **su expresión lo decía todo** the expression on her face said it all; **su esfuerzo dice mucho a su favor** the effort he put in says a lot about him. **5.** (*significar*) to mean: **somos cuatro, digo, cinco** there are four of us, I mean five; **¿qué quiere decir "profilaxis"?** what does "profilaxis" mean?; **¿entiendes lo que te quiero decir?** do you understand what I mean? **6.** (*apodar*) to call: **le dicen "el melenas"** he's known as ∗ they call him "el melenas"

♦ *vi* (*por teléfono*): **¡diga!** ∗ **¡dígame!** hello?

decirse *v prnl* **1.** (*a uno mismo*) to say to oneself: **viendo aquello, me dije...** when I saw that, I said to myself... • **ella sabe lo que se dice** she knows what she's talking about. **2.** (*palabra, frase*) *[only used in the third person]*: **¿cómo se dice "peluquero" en alemán?** how do you say "hairdresser" in German?; **no se dice "fuistes" sino "fuiste"** you should't say "fuistes", it's "fuiste"; **¡eso no se dice!** you mustn't say that! **3.** (*ser*

decir	
INDICATIVE	
Present	**Preterite**
digo	dije
dices	dijiste
dice	dijo
decimos	dijimos
decís	dijisteis
dicen	dijeron
Future	**Conditional**
diré	diría
dirás	dirías
dirá	diría
diremos	diríamos
diréis	diríais
dirán	dirían
SUBJUNCTIVE	
Present	**Imperfect**
diga	dijera *or* dijese
digas	dijeras *or* dijeses
diga	dijera *or* dijese
digamos	dijéramos *or* dijésemos
digáis	dijerais *or* dijeseis
digan	dijeran *or* dijesen
IMPERATIVE	
(tú) di	(usted) diga
(vosotros) decid	(ustedes) digan
PRESENT PARTICIPLE	
diciendo	
PAST PARTICIPLE	
dicho	
For the rest of the tenses ➪ PARTIR (in appendix)	

noticia) *[only used in the third person]*: **se dice que es drogadicto** they say ✻ people say he's a drug addict; **se dice que ha descendido el consumo de vino** wine consumption is said to have decreased.

decisión /deθi'sjon/ *sf* **1.** (*de hacer algo*) decision: **a todos nos sorprendió su decisión** we were all surprised by her decision. **2.** (*de carácter*) determination, decisiveness: **resolvió el problema con decisión** he solved the problem decisively.

decisivo, **-va** /deθi'siβo -βa/ *adj* decisive.

declaración /deklara'θjon/ *sf* **1.** (*de independencia, guerra*) declaration. **2.** (*a los medios públicos*) comment: **se negó a hacer declaraciones a la prensa** he refused to make any comment to the press. **3.** (*Jur*) statement ● **prestó declaración en el juicio** she testified in court.

declaración de la renta *sf* tax return.

declaración jurada *sf* sworn statement, affidavit.

declarar /dekla'rar/ [➪CANTAR] *vt* **1.** (*manifestar*) to declare: **nunca había declarado su interés por la política** he had never declared his interest in politics. **2.** (*Jur: culpable, inocente*) to find: **lo declararon inocente** he was found innocent ✻ not guilty; (*: atestiguar*) to testify. **3.** (*bienes*) to declare: **los ciudadanos deben declarar sus bienes a Hacienda** all citizens must declare their assets to the tax authorities.

♦*vi* (*Jur*) to testify: **fue llamado a declarar** he was called to testify.

declararse *v prnl* **1.** (*manifestarse*) to declare oneself: **se declaró** *en contra del/a favor del* **aborto** she declared herself against/in favour of abortion. **2.** (*culpable, inocente*) to plead. **3.** (*epidemia*) to break out: **se ha declarado una epidemia de gripe** a flu epidemic has broken out. **4.** (*a una persona*) to declare one's love for: **Juan se me declaró en una fiesta** Juan told me he loved me at a party.

declinación /deklina'θjon/ *sf* (*Ling*) declension.

declinar /dekli'nar/ [➪CANTAR] *vi* **1.** (*disminuir*) to decline, to decrease: **en los últimos años su fama ha declinado** in the last few years his fame has decreased. **2.** (*frml: aproximarse a su fin*): **la tarde declinaba cuando llegamos** evening was drawing in ✻ to a close when we arrived.

♦*vt* **1.** (*rehusar*) to decline, to refuse: **decliné su invitación** I refused her invitation. **2.** (*Ling*) to decline.

declive /de'kliβe/ *sm* **1.** (*inclinación*) slope. **2.** (*decadencia*) decline.

decodificador /dekoðifika'ðor/ *sm* decoder.

decodificar /dekoðifi'kar/ [➪sacar] *vt* to decode.

decolar /de'kolar/ [➪CANTAR] *vi* (*Amér L*) to take off.

decolorar /dekolo'rar/ [➪CANTAR] *vt, v prnl* ➪decolorar

decomiso /deko'miso/ *sm* seizure, confiscation.

decoración /dekora'θjon/ *sf* **1.** (*actividad: gen*): **sólo nos falta terminar la decoración** we just need to finish decorating the house; (*: hecha por profesionales*) interior design. **2.** (*aspecto: gen*): **no me gusta la decoración de su casa** I don't like the way their house is decorated; (*: de un restaurante, un hotel*) décor.

decorado, **-da** /deko'raðo -ða/ **I** *adj* decorated: **esta casa está decorada con mucho gusto** this house is very tastefully decorated.

II decorado *sm* (*de teatro*) set.

decorador, **-dora** /dekora'ðor -'ðora/ *sm/f* (*de casas*) interior designer; (*de cine, teatro*) set designer.

decorar /deko'rar/ [➪CANTAR] *vt* **1.** (*una habitación, una casa: gen*) to decorate: **decoraron el salón con esculturas y cuadros modernos** they decorated the living room with modern sculptures and paintings; (*: profesionalmente*) to carry out the interior design of: **le hemos encargado que nos decore la casa** we've asked him to do the interior design of the house. **2.** (*adornar: un pastel, una manualidad*) to decorate; (*: un lugar*) to adorn: **un cuadro de Miró decoraba el salón** a picture by Miró adorned the room.

decorativo, **-va** /dekora'tiβo -βa/ *adj* **1.** (*ornamental*) decorative, ornamental. **2.** (*irrelevante*): **su papel era puramente decorativo** he played a purely decorative role.

decoro /de'koro/ *sm* **1.** (*corrección*) propriety, decorum: **se comportó con mucho decoro** he behaved with complete propriety. **2.** (*respeto*) respect: **trata a todo el mundo con decoro** she treats everyone with respect. **3.** (*decencia*) decency: **no tiene ningún decoro en la forma de vestir** the way she dresses is quite indecent.

decrecer /dekre'θer/ [➪agradecer] *vi* to decrease.

decreciente /dekre'θjente/ *adj* decreasing.

decrépito, **-ta** /de'krepito -ta/ *adj* decrepit.

decretar /dekre'tar/ [⇨CANTAR] *vt* (*ordenar*) to decree: **el gobierno decretó un día de luto oficial** the government decreed a day of official mourning; (*Jur*): **el juez decretó la libertad del detenido** the judge ordered the prisoner to be set free.

decreto /de'kreto/ *sm* decree.

decreto ley *sm* order in council.

dedal /de'ðal/ *sm* thimble.

dedicación /deðika'θjon/ *sf* dedication, devotion: **este trabajo requiere dedicación exclusiva** this is a full-time job.

dedicado, -da /deði'kaðo -ða/ *adj* dedicated: **el libro está dedicado** *al* **padre del autor** the book is dedicated to the author's father.

dedicar /deði'kar/ [⇨sacar] *vt* **1.** (*emplear*) to devote: **dedica una hora diaria** *a* **estudiar griego** she spends an hour a day studying Greek. **2.** (*ofrendar*) to dedicate: **han dedicado la nueva iglesia** *a* **San Antonio** the new church has been dedicated to Saint Anthony. **3.** (*una obra*) to dedicate: **dedicó el libro** *a* **su maestro** he dedicated the book to his teacher.

dedicarse *v prnl* **1.** (*entregarse*) to devote oneself: **se dedica por entero a su familia** he is totally devoted to his family. **2.** (*a una ocupación*): **¿a qué se dedica tu novia?** what does your girlfriend do (for a living)? • **¡dedícate a tus asuntos!** mind your own business!

dedicatoria /deðika'torja/ *sf* (*en un libro, una foto*) dedication.

dedillo /de'ðiʎo/ **al dedillo** *loc adv*: **me sé la asignatura al dedillo** I know the subject inside out.

dedo /'deðo/ *sm* **1.** (*de la mano*) finger; (*del pie*) toe • **te vas a pillar los dedos** you're going to get your fingers burnt • **la comida estaba para chuparse los dedos** the food was delicious • **no creas que me chupo el dedo** you must think I was born yesterday • **su comentario puso el dedo en la llaga** his comment hit a raw nerve • **fui a Barcelona a dedo** I hitched a lift * hitchhiked to Barcelona • **el nuevo director fue nombrado a dedo** the new director got the job because of his contacts. **2.** (*medida*): **voy a subirle el bajo un dedo** I'm going to take the hem up a bit • **este chico no tiene dos dedos de frente** he just doesn't think (at all).

dedo anular *sm* ring * third finger.

dedo corazón *sm* middle finger.

dedo gordo *sm* (*de la mano*) thumb; (*del pie*) big toe.

dedo índice *sm* index finger.

dedo medio *sm* middle finger.

dedo meñique *sm* little finger.

dedo pulgar *sm* (*de la mano*) thumb.

deducción /deðuk'θjon/ *sf* deduction.

deducir /deðu'θir/ [⇨conducir] *vt* **1.** (*razonar*) to deduce, to work out: **es fácil deducir el resultado** it's easy to work out the result. **2.** (*descontar*) to deduct: **del total tenemos que deducir los gastos** we have to deduct the expenses from the total.

deducirse *v prnl* **1.** (*derivarse*) to be deduced: **de estas cifras se deduce que...** from these figures one can see that.... **2.** (*descontarse*) to be deducted: **los gastos se deducen al final** expenses are deducted at the end.

defecar /defe'kar/ [⇨sacar] *vi* to defecate.

defecto /de'fekto/ *sm* **1.** (*de persona: físico*) defect: **tiene un defecto de pronunciación** she has a speech defect affecting her pronunciation; **tiene un defecto físico muy serio** he has a very serious physical handicap ; (*: de carácter*) fault, shortcoming: **su único defecto es ser un poco vago** his only shortcoming is that he's rather lazy. **2.** (*de objeto*) defect, fault: **venden ropa con defectos de fábrica** they sell clothes which are factory seconds.

defectuoso, -sa /defek'twoso -sa/ *adj* faulty, defective.

defender /defen'der/ [⇨tender] *vt* (*gen*) to defend: **¿quién la va a defender en el juicio?** who is going to defend her in the trial?; **se propuso defender el honor de la familia** he took it upon himself to defend the family honour; **tuvo que defender sus ideas** she had to defend her ideas.

defenderse *v prnl* **1.** (*protegerse*) to defend oneself: **tuvo que defenderse** *de* **esa acusación** he had to defend himself against that accusation. **2.** (*fam: manejarse*) to get by: **mi inglés no es perfecto, pero me defiendo** my English isn't perfect, but I can get by.

defensa /de'fensa/ **I** *sf* **1.** (*protección*) (*GB*) defence, (*US*) defense: **Luis salió en mi defensa** Luis came out in my defence • **luchó en defensa propia** he fought back in self-defence. **2.** (*Jur*) defending lawyer * counsel. **3.** (*Auto*) (*GB*) bumper, (*US*) fender. **4.** (*Dep: conjunto de jugadores*) defence.

II *sm/f* (*Dep: jugador*) defender: **el defensa despejó el balón** the defender cleared the ball.

III defensas *sf pl* (*Med*) (*GB*) defences *pl*, (*US*) defenses *pl*.

defensivo, -va /defen'siβo -βa/ *adj* defensive: **siempre está** *a* **la defensiva** she's always on the defensive.

defensor, -sora /defen'sor -'sora/ **I** *adj* defending.

II *sm/f* **1.** (*protector*) defender; (*de una causa, idea*) supporter, advocate: **es un defensor** *de* **la libertad religiosa** he is an advocate of religious freedom. **2.** (*abogado*) defending counsel.

defensor del pueblo *sm* ombudsman, (*GB*) Parliamentary Commissioner.

deferencia /defe'renθja/ *sf* **1.** (*respeto*) deference: **sólo asistí** *por* **deferencia** *a* **mi madre** I only attended out of deference to my mother. **2.** (*cortesía*): **tuvo la deferencia** *de* **invitarme a cenar** she had the courtesy to invite me to dinner.

deferente /defe'rente/ *adj* (*frml*) deferential.

deficiencia /defi'θjenθja/ *sf* **1.** (*imperfección*) defect: **salvando algunas deficiencias técnicas, la película es buena** except for a few technical weaknesses, it is a good film. **2.** (*Med*) handicap: **su hija padece una deficiencia psíquica** his daughter is mentally handicapped.

deficiente /defi'θjente/ **I** *adj* deficient.

II deficiente *sm* (*also* **muy deficiente**) (*Educ*) fail (*mark below 40%*).

deficiente mental, deficiente psíquico, -ca *sm/f* mentally handicapped person.

déficit /'defiθit/ *sm* **[déficits]** (*Fin*) deficit; (*falta*) shortage: **hay un déficit** *de* **hospitales en la región** there is a shortage of hospitals in the area.

defiendo /de'fjendo/ *and other forms with* ***defiend-*** ⇨defender

definición /defini'θjon/ *sf* definition: **las piedras preciosas son valiosas** *por* **definición** precious jewels are, by definition, valuable.

definir /defi'nir/ [⇨PARTIR] *vt* to define: **define el concepto de "autodeterminación"** define the concept of "self-determination"

definirse *v prnl*: **no se definió políticamente** he didn't state his political views; **aún no se han definido por ninguna de las soluciones propuestas** they still haven't come down in favour of any of the proposed solutions.

definitivo, -va /defini'tiβo -βa/ *adj* definitive • **en**

definitiva, ¿yo qué tengo que hacer? to sum up, what have I got to do?

deflación /defla'θjon/ *sf* (*Fin*) deflation.

deforestación /deforesta'θjon/ *sf* deforestation.

deforestar /defores'tar/ [⇨ CANTAR] *vt* to deforest.

deformación /deforma'θjon/ *sf* deformation.

deformación profesional *sf*: *tendency to view something from one's own professional standpoint.*

deformar /defor'mar/ [⇨ CANTAR] *vt* **1.** (*una parte del cuerpo, un objeto*) to deform. **2.** (*información, noticias*) to distort.

deformarse *v prnl* (*parte del cuerpo, objeto*) to become deformed.

deforme /de'forme/ (*Med*) **I** *adj* deformed. **II** *sm/f* deformed person.

deformidad /deformi'ðað/ *sf* (*Med*) deformity.

defraudar /defrau'ðar/ [⇨ CANTAR] *vt* **1.** (*decepcionar*) to disappoint: **la excursión me defraudó mucho** I was very disappointed by ✱ with the trip. **2.** (*Fin*) to defraud, to cheat: **lo acusaron de defraudar a Hacienda** he was accused of evading tax.

defunción /defun'θjon/ **I** *sf* (*muerte*) death. **II defunciones** *sf pl* (*en periódico*) deaths *pl.*

degenerado, -da /dexene'raðo -ða/ *adj, sm/f* degenerate.

degenerar /dexene'rar/ [⇨ CANTAR] *vi* **1.** (*empeorar*) to degenerate: **la discusión degeneró** *en* **una pelea** the argument degenerated into a fight. **2.** (*una especie*) to degenerate.

degollar /deɣo'ʎar/ [⇨ contar] *vt* to cut ✱ slit the throat of.

degradación /degraða'θjon/ *sf* degradation.

degradar /deɣra'ðar/ [⇨ CANTAR] *vt* **1.** (*de un cargo*) to demote: **lo degradaron** *de* **sargento** *a* **cabo** he was demoted from sergeant to corporal. **2.** (*deteriorar*) to degrade: **el tráfico degrada el ambiente** traffic is detrimental to the environment. **3.** (*humillar*) to degrade: **su comportamiento lo degrada** he degrades himself by behaving like that.

degradarse *v prnl* to degrade ✱ demean oneself.

degustación /deɣusta'θjon/ *sf* tasting, sampling: **fui a una degustación de vinos chilenos** I went to a tasting of Chilean wines.

degustar /deɣus'tar/ [⇨ CANTAR] *vt* (*frml*) to taste, to sample.

dehesa /de'esa/ *sf* meadowland.

deidad /dei'ðað/ *sf* deity.

dejadez /dexa'ðeθ/ *sf* **1.** (*descuido: gen*) carelessness, negligence: **le salió mal** *por* **dejadez** it came out wrong because of his carelessness; (*: del aspecto personal*) neglect: **no entiendo por qué viste con tanta dejadez** I don't know why he dresses so sloppily. **2.** (*desgana*) laziness.

dejado, -da /de'xaðo -ða/ **I** *adj* **1.** (*en el aspecto personal*) untidy: **no conozco a otra persona tan dejada** I've never known anyone so untidy ✱ sloppy. **2.** (*vago*) lazy. **II** *sm/f* untidy person.

dejar /de'xar/ [⇨ CANTAR] *vt* **1.** (*en un sitio: gen*) to leave: **deja la maleta aquí** leave your case here; **¿dónde habré dejado mi agenda?** I wonder where I've left my diary; (*: a un pasajero*) to drop off: **¿te va bien si te dejo en la esquina?** is it all right if I drop you off at the corner? **2.** (*abandonar: a una persona*) to leave: **su novia lo ha dejado** his girlfriend has left him; (*: una actividad, una costumbre*): **he dejado el tabaco** I've given up smoking; **¿has dejado las clases de inglés?** have you stopped going to your English classes?; **había dejado el trabajo** she had left her job; (*: sin terminar*) to leave: **dejemos esta discusión para otro momento** let's leave this discussion for another time; **dejó medio examen sin hacer** he only did half the exam paper ● **dejamos la tarea por imposible** we gave the job up because it was impossible. **3.** (*en un estado*) to leave: **dejó la luz encendida** she left the light on; **dejémoslo en paz** let's leave him alone; **le dejé la cena hecha** I left dinner ready for her; **déjalo todo como estaba** leave everything as it was; **me dejas helada** you amaze me. **4.** (*reservar, guardar*) to leave: **déjame un poco de sopa** leave some soup for me; (*hacer*): **¿me dejas un sitio?** can you make room for me? ● **ese restaurante deja mucho que desear** that restaurant leaves a lot to be desired. **5.** (*en herencia*) to leave: **dejó toda su fortuna** *a* **su hija** she left her entire fortune to her daughter. **6.** (*en préstamo*) to lend: **me dejó unas cintas estupendas** he lent me some great tapes; **¿me dejas el diccionario?** can I borrow your dictionary? **7.** (*irse de*) to leave: **dejé la casa de mis padres a los veinte años** I left (my parents') home when I was twenty. **8.** (*un beneficio*) to earn: **el negocio deja buenas ganancias** the business earns good profits. **9.** (*permitirle a*) to let: **déjame ir** let me go; **sus padres no lo dejan fumar** his parents don't let him smoke ✱ allow him to smoke; (*permitir*): **no dejes que se vaya sin hablar conmigo** don't let her go before she has a word with me.

♦ *vi* (*gen*): **¿cuándo dejaste** *de* **fumar?** when did you stop ✱ give up smoking?; **he dejado** *de* **verla** I have stopped seeing her; **nunca deja** *de* **entrar a saludarme cuando viene a la oficina** he never fails to say hello when he comes to the office; **no deja** *de* **sorprenderme que no hayan llamado** I'm still quite surprised they haven't phoned; (*en recomendaciones*): **no dejes** *de* **visitarnos** be sure to visit us.

dejarse *v prnl* **1.** (*permitir que*) to let oneself: **no te dejes engañar por las apariencias** don't be deceived by appearances; **el perro se dejó acariciar** the dog let itself be patted; **no se dejó convencer** he would not be convinced; **se deja llevar por sus amigos** she is easily led by her friends. **2.** (*barba, el pelo largo*): **se ha dejado barba** he's grown a beard; **quiero dejarme el pelo largo** I want to grow my hair long. **3.** (*olvidarse*) to forget: **me he dejado tu libro en casa** I've forgotten ✱ left your book at home. **4.** (*abandonarse*) to neglect oneself, to let oneself go: **se ha dejado mucho** she's really let herself go. **5.** (*terminar*): **¡déjate** *de* **bromas!** stop messing about!; **déjate** *de* **cumplidos** please don't stand on ceremony.

deje /'dexe/, **dejo** /'dexo/ *sm* slight accent: **tiene un deje andaluz** she has a slight Andalusian accent.

del /del/ *contraction of* ***de*** *and* ***el*** ⇨ de

delantal /delan'tal/ *sm* apron.

delante /de'lante/ **I** *adv* **1.** (*en la parte delantera*): **el vestido tiene una cremallera delante** the dress has a zip at the front; **será mejor que entres** *por* **delante** you'd better come in through the front entrance. **2.** (*puesto anterior*) ahead, before: **había mucha gente delante en la cola** there were many people ahead of us in the queue; **fue** *por* **delante toda la carrera** she was ahead ✱ in front for the entire race. **3.** (*en el tiempo*) ahead: **tenemos toda la tarde** *por* **delante** we have the whole afternoon ahead of us.

II delante de *prep* **1.** (*en orden, lugar*) in front of: **han puesto unos tiestos delante de la casa** they've put some flowerpots in front of the house; **había tres**

personas delante de mí there were three people in front of me. **2.** (*en presencia de*) in front of: **nunca discuten delante de los niños** they never argue in front of the children.

delantera /delan'tera/ *sf* **1.** (*parte*) front, front part: **la delantera del autobús** the front * front part of the bus. **2.** (*ventaja*) lead: **Juan lleva la delantera** Juan is in the lead; **nos tomaron la delantera y publicaron su libro antes** they beat us to it and published their book before us. **3.** (*en fútbol*) forward line.

delantero, -ra /delan'tero -ra/ **I** *adj* front: **tuvieron que cambiar las ruedas delanteras** they had to change the front wheels.
II *sm/f* (*en fútbol*) forward: **jugaba como * de delantero** he used to play as a forward.
III delantero *sm* (*de un vestido*) front.
delantero, -ra centro *sm/f* (*en fútbol*) centre forward.

delatar /dela'tar/ [⇨CANTAR] *vt* **1.** (*acusar*) to betray: **lo delató uno de sus cómplices** he was betrayed by one of his accomplices * one of his accomplices informed on him. **2.** (*mostrar*) to reveal, to betray: **su expresión delataba miedo** her expression betrayed fear.
delatarse *v prnl* to give oneself away: **se delató** *con* **su sonrisa** her smile betrayed her * gave her away.

delator, -tora /dela'tor -'tora/ *sm/f* informer.

delco /'delko/ *sm* (*Auto*) distributor.

delegación /deleɣa'θjon/ *sf* **1.** (*designación*) delegation: **lo hago** *por* **delegación** I have been delegated * authorized to do it. **2.** (*comisión*) delegation: **el representante de la delegación española tomó la palabra** the representative of the Spanish delegation took the floor; **enviaron una delegación a la alcaldía** they sent a deputation to the town hall. **3.** (*de un ministerio*) *local office of a government department*: **trabaja en la delegación de Hacienda** he works in the local tax office; (*de una empresa*) branch office. **4.** (*Méx*: *comisaría de policía*) police station.

delegado, -da /dele'ɣaðo -ða/ **I** *adj* delegated.
II *sm/f* **1.** (*de un grupo*) representative: **lo eligieron delegado de curso** he was chosen as course representative; **se entrevistaron con el delegado del gobierno** they met with the government representative. **2.** (*de ventas*) representative, salesperson.

delegar /dele'ɣar/ [⇨pagar] *vt* to delegate: **delega algunas tareas** *en* **su ayudante** she delegates some jobs to her assistant; **delegó** *en* **mí toda la responsabilidad** he gave me complete responsibility.

deleitar /delei'tar/ [⇨CANTAR] *vt* to delight.
deleitarse *v prnl* to take delight: **se deleitaba** *con* * **viendo el paisaje** she took great delight in the landscape.

deleite /de'leite/ *sm* delight, pleasure: **escuchaba** *con* **deleite** she listened with delight.

deletrear /deletre'ar/ [⇨CANTAR] *vt* to spell: **¿puede deletrearlo?** could you spell it?

deleznable /deleθ'naβle/ *adj* (*despreciable*) contemptible: **sus excusas eran deleznables** his excuses were contemptible * beneath contempt.

delfín /del'fin/ *sm* dolphin.

delgado, -da /del'ɣaðo -ða/ **I** *adj* **1.** (*flaco*) thin: **se quedó muy delgado tras la enfermedad** he was very thin after his illness; (*espigado*) slender: **es alta y delgada** she's tall and slender. **2.** (*fino*) thin, fine: **utilizó unas láminas muy delgadas** she used very fine sheets (of metal).
II *sm/f* (*persona: flaca*) thin person; (*: espigada*) slender person.

deliberación /delibera'θjon/ *sf* deliberation.

deliberado, -da /deliβe'raðo -ða/ *adj* deliberate: **fue una omisión deliberada** it was a deliberate omission.

deliberar /deliβe'rar/ [⇨CANTAR] *vi* to deliberate, to think it over.

delicadeza /delika'ðeθa/ *sf* **1.** (*finura*) delicacy, refinement: **el bordado es** *de* **una gran delicadeza** the embroidery is very delicate. **2.** (*cortesía*) courtesy: **tuvo la delicadeza** *de* **llamarme** she had the courtesy to call me; (*tacto*) tactfulness: **¡qué falta de delicadeza!** how tactless!

delicado, -da /deli'kaðo -ða/ *adj* **1.** (*frágil*) fragile: **esos vasos son muy delicados** those glasses are very fragile. **2.** (*enfermizo*) delicate: **siempre ha tenido el estómago delicado** he has always had a delicate stomach. **3.** (*susceptible*) sensitive; (*quisquilloso*) fussy, finicky: **es muy delicado** *con* **las comidas** he is very fussy about his food. **4.** (*problemático, difícil*) delicate: **es una cuestión muy delicada** it's a very delicate matter. **5.** (*suave*) delicate: **tiene unas facciones muy delicadas** she has very delicate features. **6.** (*cortés*) polite, courteous: **es de modales delicados** he is very polite * courteous. **7.** (*frml*: *exquisito*) delicious, tasty. **8.** (*color*): **los colores de esta falda son muy delicados** the colours in this skirt are liable to fade; **el blanco es un color muy delicado** white shows the dirt.

delicia /de'liθja/ *sf* **1.** (*placer*) delight • **hace las delicias de su madre** he's his mother's pride and joy. **2.** (*causa del placer*): **esta tarta es una delicia** this cake is delicious; **el concierto fue una delicia** the concert was quite delightful.

delicioso, -sa /deli'θjoso -sa/ *adj* delicious.

delictivo, -va /delik'tiβo -βa/ *adj* criminal.

delimitar /delimi'tar/ [⇨CANTAR] *vt* **1.** (*definir*) to define: **delimitamos las tareas de cada uno** we defined the tasks each person was to undertake. **2.** (*un terreno*) to mark the boundaries of, to demarcate.

delincuencia /deliŋ'kwenθja/ *sf* crime, criminality.
delincuencia juvenil *sf* juvenile delinquency.

delincuente /deliŋ'kwente/ *adj*, *sm/f* criminal.

delineante /deline'ante/ *sm/f* (*hombre*) (*GB*) draughtsman, (*US*) draftsman; (*mujer*) (*GB*) draughtswoman, (*US*) draftswoman.

delinear /deline'ar/ [⇨CANTAR] *vt* to draw the outlines of.
delinearse *v prnl* to take shape: **poco a poco, el proyecto se va delineando** the project is taking shape bit by bit.

delinquir /deliŋ'kir/ [⇨table: delinquir] *vi* to commit a crime.

delirar /deli'rar/ [⇨CANTAR] *vi* **1.** (*alucinar*) to be delirious, to rave: **el paciente comenzó a delirar** the patient became delirious. **2.** (*decir disparates*) to talk nonsense: **¡tú deliras!** you're talking nonsense!

delirio /de'lirjo/ *sm* **1.** (*trastorno mental*) delirium • **el chocolate me gusta con delirio** I adore chocolate. **2.** (*disparate*) nonsense.
delirios de grandeza *sm pl* delusions *pl* of grandeur.

delito /de'lito/ *sm* **1.** (*de mayor importancia*) crime; (*de menor importancia*) (*GB*) offence, (*US*) offense: **cometió un delito** he committed a crime * an offence. **2.** (*fechoría*) outrage: **es un delito lo que te hicieron** what they did to you is outrageous.

delta /'delta/ *sm* delta.

demacrado, -da /dema'kraðo -ða/ *adj* emaciated.

demagogia /dema'ɣoxja/ *sf* demagogy.

delinquir

INDICATIVE	SUBJUNCTIVE
Present	**Present**
delinco	delinca
delinques	delincas
delinque	delinca
delinquimos	delincamos
delinquís	delincáis
delinquen	delincan

IMPERATIVE

(tú) delinque	(usted) delinca
(vosotros) delinquid	(ustedes) delincan

For the rest of the tenses ➪ PARTIR (in appendix)

demagógico, -ca /demaˈɣoxiko -ka/ *adj* demagogic.

demagogo, -ga /demaˈɣoɣo -ɣa/ *sm/f* demagogue.

demanda /deˈmanda/ *sf* **1.** (*petición*) request, demand: **no atendieron nuestras demandas salariales** our wage demands went unheeded. **2.** (*búsqueda*) search: **acudieron a la fábrica en demanda *de* trabajo** they went to the factory looking for work. **3.** (*Fin*) demand: **hay una gran demanda *del* producto** there is great demand for the product. **4.** (*Jur*) lawsuit: **presentó demanda de calumnia *contra* él** she sued him for defamation of character.

demandante /demanˈdante/ *sm/f* plaintiff.

demandar /demanˈdar/ [➪CANTAR] *vt* **1.** (*Jur*) to sue: **lo demandó *por* calumnia** she sued him for defamation of character. **2.** (*frml: pedir*) to demand.

demarcación /demarkaˈθjon/ *sf* demarcation.

demarcar /demarˈkar/ [➪sacar] *vt* to mark the boundaries of, to demarcate.

demás /deˈmas/ **I** *adj* rest of, remaining: **los demás niños tuvieron clase normal** the rest of the children had normal lessons; **tíos, abuelos y demás parientes** aunts, uncles, grandparents and other relatives.
II *pron* **1.** (*otras cosas*): **lo demás no es interesante** the rest is not interesting • **es por demás que le supliques** it's useless begging him • **estoy algo cansado, pero por lo demás, estoy bien** I'm a bit tired but, apart from that, I'm fine * but otherwise I feel fine. **2.** (*otras personas*): **se preocupa mucho por los demás** he cares a lot about other people.

demasía /demaˈsia/ *sf*: **tomado *en* demasía no es bueno** taken in excess it is not good for you.

demasiado, -da /demaˈsjaðo -ða/ **I** *adj* **1.** (*incontable*) too much: **has puesto demasiado aceite** you've put too much oil in. **2.** (*contable*) too many: **hay demasiadas personas aquí** there are too many people here.
II *pron* **1.** (*incontable*) too much: **hay demasiado** there is too much; **le has echado demasiado** you've put too much in. **2.** (*contable*) too many: **has traído demasiadas** you've brought too many.
III demasiado *adv* too (much): **es demasiado caro** it's too expensive; **se queja demasiado** he complains too much.
IV demasiado *adj inv* (*fam*) great: **¡esta chica es demasiado!** this girl is great!

demencia /deˈmenθja/ *sf* madness.
demencia senil *sf* senile dementia.

demencial /demenˈθjal/ *adj* **1.** (*de locos*) insane. **2.** (*fam: disparatado*) ridiculous, absurd: **es demencial que se hayan comprado un coche nuevo** it's ridiculous * absurd that they should buy a new car; (*: desproporcionado*) outrageous: **ese precio me parece demencial** that price seems outrageous to me.

demente /deˈmente/ **I** *adj* insane, demented.
II *sm/f* insane person.

democracia /demoˈkraθja/ *sf* democracy.

demócrata /deˈmokrata/ *sm/f* democrat.

democrático, -ca /demoˈkratiko -ka/ *adj* democratic.

demografía /demoɣraˈfia/ *sf* demography.

demográfico, -ca /demoˈɣrafiko -ka/ *adj* demographic: **en los últimos treinta años se ha producido una explosión demográfica** in the last thirty years there has been a population explosion.

demoler /demoˈler/ [➪mover] *vt* **1.** (*un edificio*) to demolish, to pull down. **2.** (*una teoría*) to demolish.

demolición /demoliˈθjon/ *sf* demolition.

demonio /deˈmonjo/ **I** *sm* devil, demon • **¡ese niño tiene el demonio metido en el cuerpo!** ¡that child is a wicked little devil! • **olía a demonios** it stank • **se lo llevaban los demonios** he was hopping mad • **¡al demonio con tu dinero!** to hell with your money! • **¿cómo demonios vas a llegar hasta aquí?** how on earth are you going to get here?
II *excl* for goodness' sake: **¡demonios, deja ya de chillar!** for goodness' sake, stop screaming!

demora /deˈmora/ *sf* delay.

demorar /demoˈrar/ [➪CANTAR] *vt* to delay: **la orquesta demoró su presentación** the orchestra delayed its performance.
demorarse *v prnl* **1.** (*retrasarse*) to be delayed: **la apertura se demoró más de dos horas** the opening was delayed for more than two hours. **2.** (*pararse*) to linger: **se demoró mirando los escaparates** she lingered on window shopping.

demostración /demostraˈθjon/ *sf* show: **una demostración de cariño** a show of affection.

demostrar /demosˈtrar/ [➪contar] *vt* **1.** (*mostrar*) to demonstrate, to show: **demostró cómo funcionaba el aparato** he demonstrated how the machine worked; **eso demuestra lo bien educado que es** that shows (just) how polite he is. **2.** (*probar*) to prove: **demostró su inocencia** she proved her innocence.

demostrativo, -va /demostraˈtiβo -βa/ *adj* (*Ling*) demonstrative.

demudar /demuˈðar/ [➪CANTAR] *vt* (*el color de la cara*) to change.
demudarse *v prnl*: **se le demudó el rostro cuando vio a los heridos** his face went white when he saw the injured people.

denegar /deneˈɣar/ [➪regar] *vt* to refuse: **les denegaron el permiso de construcción** they were refused planning permission.

dengue /ˈdeŋge/ *sm* fussiness: **deja de hacer dengues y bébetelo** stop being so fussy and drink up.

denigrante /deniˈɣrante/ *adj* (*trato*) degrading, demeaning: **es denigrante cómo lo tratan** the way they treat him is degrading; (*comportamiento*): **me parece denigrante que hable así de su mujer** the way he talks about his wife is disgraceful.

denigrar /deniˈɣrar/ [➪CANTAR] *vt* (*hablar mal de*) to denigrate.

denodado, -da /denoˈðaðo -ða/ *adj* **1.** (*enérgico: persona*) staunch: **es un denodado defensor de los derechos humanos** he's a staunch defender of human rights; (*: esfuerzo*) determined. **2.** (*valeroso*) courageous: **fue un denodado militar** he was a courageous soldier.

denominación /denomina'θjon/ *sf* **1.** (*acto*) naming. **2.** (*nombre, título*) denomination, name: **tales animales reciben la denominación de anfibios** such animals are known as amphibians.
denominación de origen *sf* guarantee of origin (*in wine production*).

denominador, -dora /denomina'ðor -'ðora/ **I** *adj* denominative.
II denominador *sm* (*Mat*) denominator.

denominar /denomi'nar/ [⇨CANTAR] *vt* to name, to designate.
denominarse *v prnl* to be called.

denostar /denos'tar/ [⇨contar] *vt* (*frml*) to insult.

denotar /deno'tar/ [⇨CANTAR] *vt* **1.** (*indicar*) to indicate: **sus ojeras denotaban fatiga** the rings under her eyes were a sign of fatigue. **2.** (*expresar*) to denote.

densidad /densi'ðað/ *sf* **1.** (*Fís*) density. **2.** (*espesura*) thickness.
densidad de población *sf* population density.

denso, -sa /'denso -sa/ *adj* **1.** (*Quím*) dense; (*espeso*) thick, dense: **una densa niebla le impedía ver la carretera** thick * dense fog made it impossible for her to see the road. **2.** (*de contenido*) heavy: **su discurso fue bastante denso** his speech was pretty heavy.

dentado, -da /den'taðo -ða/ *adj* (*cuchillo*) serrated.

dentadura /denta'ðura/ *sf* teeth *pl*, set of teeth.
dentadura postiza *sf* false teeth *pl*, dentures *pl*.

dental /den'tal/ **I** *adj* dental.
II *sf* (*Ling*) dental consonant.

dentellada /dente'ʎaða/ *sf* (*mordisco*) bite; (*marca*) bite (mark).

dentera /den'tera/ *sf* **1.** (*grima*): **ese ruido me produce dentera** that noise sets my teeth on edge. **2.** (*fam*: *envidia*): **le da dentera que yo tenga coche** she is very envious because I have a car.

dentición /denti'θjon/ *sf* (*proceso*) teething; (*dientes*) teeth *pl*: **la segunda dentición no está completa hasta...** the second set of teeth is not complete until....

dentífrico, -ca /den'tifriko -ka/ **I** *adj* ⇨pasta
II dentífrico *sm* toothpaste.

dentista /den'tista/ *sm/f* dentist: **tengo que ir al dentista** I must go to the dentist's.

dentón, -tona /den'ton -'tona/ (*fam*) **I** *adj* toothy.
II *sm/f* toothy person.

dentro /'dentro/ **I** *adv* **1.** (*de un edificio*) inside, indoors: **está dentro preparando la cena** she's indoors * inside, cooking dinner. **2.** (*de un recipiente, fruto*) inside: *por* **dentro es muy blando** it's very soft inside; **hay un papel dentro** there is a piece of paper inside. **3.** (*de una persona*): **la felicitación me salió** *de* * *desde* **dentro** I congratulated him * her from the bottom of my heart; *por* **dentro estaba decepcionado** deep down he was disappointed.
II dentro de *prep* **1.** (*un lugar*) inside: **dentro de la estación hay varios restaurantes** there are several restaurants inside the station building. **2.** (*un límite*): **te voy a ayudar dentro de lo posible** I'll do everything possible to help you; **dentro de lo que cabe es un buen resultado** it's not a bad result under the circumstances. **3.** (*un periodo de tiempo*): **dentro de tres días es la fiesta** the party is in three days' time; **dentro de poco será su cumpleaños** it will soon be her birthday.

dentudo, -da /den'tuðo -ða/ *adj, sm/f* (*fam*) ⇨dentón

denuesto /de'nwesto/ *sm* (*frml*) insult.

denuncia /de'nunθja/ *sf* (*Jur*) **1.** (*en la comisaría*) formal complaint: **puso una denuncia** *contra* **su vecino en la comisaría** she made a formal complaint against her neighbour at the police station; **presentó una denuncia porque le habían robado el coche** she reported the theft of her car to the police; (*en el juzgado*): **presentó una denuncia** *contra* **el periódico por difamación** he began legal action against the newspaper for defamation; **puso una denuncia** *contra* **su ex socio** he pressed charges against his former partner. **2.** (*escrito*) statement: **firmó la denuncia** he signed the statement.

denunciar /denun'θjar/ [⇨CAMBIAR] *vt* **1.** (*dar parte de*) to report: **denunció el robo a la policía** he reported the theft to the police; **denunció a su vecino** he made a formal complaint against his neighbour; **los denunció por incumplimiento de contrato** he began proceedings against them for breach of contract; **denunció a su ex socio** she pressed charges against her former partner. **2.** (*hacer público*) to denounce: **la prensa denunció la malversación de fondos** the press denounced the misappropriation of funds. **3.** (*delatar*) to betray: **su acento denuncia su origen** her accent betrays her background.

deparar /depa'rar/ [⇨CANTAR] *vt* to bring: **el viaje nos deparó muchas sorpresas** the trip brought us many surprises; **es imposible saber lo que el destino nos depara** it is impossible to know what fate has in store for us.

departamento /departa'mento/ *sm* **1.** (*división territorial*) department. **2.** (*de una empresa, universidad*) department. **3.** (*compartimento*) compartment. **4.** (*Amér L*: *apartamento*) apartment, (*GB*) flat.

departir /depar'tir/ [⇨PARTIR] *vi* (*frml*) to talk: **estuvieron departiendo durante más de tres horas** they were talking for more than three hours.

depauperar /depaupe'rar/ [⇨CANTAR] *vt* **1.** (*empobrecer*) to impoverish. **2.** (*Med*) to weaken.

dependencia /depen'denθja/ *sf* **1.** (*subordinación*) dependence; (*adicción*) dependency, dependence: **superó su dependencia del alcohol** he overcame his dependence on alcohol. **2.** (*departamento*) section: **trabajamos en el mismo edificio, pero en distintas dependencias** we work in the same building, but in different sections. **3.** (*habitación*) room.

depender /depen'der/ [⇨TEMER] *vi* to depend: **la economía del país depende** *de* **las exportaciones** the country's economy depends on exports; **no sé, depende** I don't know, it depends • **depende de él** it's up to him.

dependienta /depen'djenta/ *sf* saleswoman, shop assistant.

dependiente /depen'djente/ **I** *adj* dependent: **esta sucursal es dependiente** *de* **la central** this branch is dependent on the main office.
II *sm* salesman, shop assistant.

depilar /depi'lar/ [⇨CANTAR] *vt* (*gen*) to remove hair from; (*cejas*) to pluck.
depilarse *v prnl* to remove (body) hair: **se depiló las piernas con cera** she waxed her legs.

depilatorio, -ria /depila'torjo -ja/ **I** *adj* hair-removing.
II depilatorio *sm* hair remover.

deplorable /deplo'raβle/ *adj* deplorable, very bad.

deplorar /deplo'rar/ [⇨CANTAR] *vt* (*frml*: *gen*) to regret: **dijo que deploraba haber mentido** he said he deeply regretted having lied; (*: un acto violento*) to deplore: **deploramos la pérdida de vidas** we deplore the loss of life.

deponer /depo'ner/ [➪poner; *past participle* **depuesto**] *vt* **1.** (*destituir: gen*) to remove from office: **depusieron al gobernador** *de* **su cargo** they removed the governor from office; (*: a un monarca, presidente*) to depose, to overthrow. **2.** (*abandonar*) to put down: **los sublevados se comprometieron a deponer las armas** the rebel troops agreed to lay down their arms.
♦*vi* (*testificar*) to testify.

deportación /deporta'θjon/ *sf* deportation.

deportado, -da /depor'taðo -ða/ **I** *adj* deported.
II *sm/f* deportee.

deportar /depor'tar/ [➪CANTAR] *vt* to deport.

deporte /de'porte/ *sm* sport: **hago mucho deporte** I do a lot of sport • **no lo hago por deporte** I don't do it just for fun.
deporte acuático *sm* water sport.
deporte de invierno *sm* winter sport.
deporte náutico *sm* sailing and boating.

deportista /depor'tista/ **I** *sm/f* (*hombre*) sportsman; (*mujer*) sportswoman.
II *adj* sporty.

deportividad /deportiβi'ðað/ *sf* sportsmanship.

deportivo, -va /depor'tiβo -βa/ **I** *adj* **1.** (*gen*) sports: **hace anuncios para una marca de ropa deportiva** she does advertisements for a sportswear company. **2.** (*actitud*) sporting, sportsmanlike.
II deportivo *sm* (*Auto*) sports car.

deposición /deposi'θjon/ *sf* **1.** (*destitución: gen*) removal from office: **el escándalo acabó con la deposición del globernador** the scandal resulted in the governor being removed from office; (*: de un monarca, gobierno*) overthrow. **2.** (*defecación*) defecation.

depositar /deposi'tar/ [➪CANTAR] *vt* **1.** (*ingresar*) to deposit: **depositó el dinero en el banco** he deposited the money in the bank. **2.** (*colocar*) to put: **depositaron al herido en una camilla** they put the injured man on a stretcher; **depositó su confianza en el médico** she put her trust in the doctor.
depositarse *v prnl* to settle.

depositario, -ria /deposi'tarjo -rja/ *sm/f* **1.** (*de bienes*) depository. **2.** (*de secretos*) repository. **3.** (*tesorero*) treasurer.

depósito /de'posito/ *sm* **1.** (*de dinero*) deposit. **2.** (*almacén*) store; (*Mil*) arsenal. **3.** (*de gasolina, agua*) tank: **el depósito de gasolina está vacío** the petrol tank is empty. **4.** (*de rocas*) deposit.

depravado, -da /depra'βaðo -ða/ **I** *adj* depraved.
II *sm/f* depraved person.

depravar /depra'βar/ [➪CANTAR] *vt* to deprave, to corrupt.
depravarse *v prnl* to become depraved.

depre /'depre/ (*fam*) **I** *adj* (*short for* **deprimido -da**) depressed, low: **está depre** he's feeling low * down.
II *sf* (*short for* **depresión**) depression, downer: **tiene la depre** she's on a downer.

depreciación /depreθja'θjon/ *sf* depreciation.

depreciar /depre'θjar/ [➪CAMBIAR] *vt* to depreciate, to reduce the value of.
depreciarse *v prnl* to depreciate, to lose value: **el peso se ha depreciado** the peso has gone down in value.

depredación /depreða'θjon/ *sf* (*pillaje*) looting.

depredador, -dora /depreða'ðor -'ðora/ **I** *adj* **1.** (*Zool*) predatory. **2.** (*saqueador*) pillaging.
II depredador *sm* (*Zool*) predator.

depredar /depre'ðar/ [➪CANTAR] *vt* **1.** (*cazar*) to prey on. **2.** (*saquear*) to loot: **invadieron y depredaron la ciudad** they invaded and looted the town.

depresión /depre'sjon/ *sf* **1.** (*decaimiento*) depression. **2.** (*hoyo*) hollow, depression. **3.** (*recesión*) depression, recession: **la gran depresión de los años treinta** the Great Depression in the thirties.
depresión atmosférica *sf* depression, low pressure system.
depresión nerviosa *sf* nervous breakdown.

depresivo, -va /depre'siβo -βa/ *adj* depressing.

depresor, /depre'sor/ *sm* (*Med*) depressant.

deprimente /depri'mente/ *adj* depressing.

deprimir /depri'mir/ [➪PARTIR] *vt* **1.** (*entristecer*) to depress: **el mal tiempo la deprime** bad weather depresses her. **2.** (*empobrecer*) to impoverish: **la sequía deprimió la región** the drought impoverished the region.
deprimirse *v prnl* to get * become depressed.

deprisa, de prisa /de'prisa/ *adv* quickly.

depuesto /de'pwesto/ *past participle of* ➪deponer

depurador, -dora /depura'ðor -'ðora/ *adj* purifying.

depuradora /depura'dora/ *sf* (*planta*) water-treatment plant; (*máquina*) (water) purifier.

depurar /depu'rar/ [➪CANTAR] *vt* **1.** (*quitar impurezas a*) to purify; (*perfeccionar*) to refine. **2.** (*Pol*) to purge.

derecha /de'retʃa/ *sf* **1.** (*mano*) right hand; (*pierna*) right leg. **2.** (*lado*) right: **gire** *a* **la derecha** turn to the right; **está** *a* **la derecha** it's on the right-hand side; (*Mil*) **¡derecha!** right turn! • **no haces nada a derechas** you can't do anything right. **3.** (*Pol*) right: **la derecha ganó las elecciones** the right won the elections; **es de derechas** he has right-wing views.

derechazo /dere'tʃaθo/ *sm* **1.** (*en boxeo*) right. **2.** (*Tauro*) *a right-handed pass with the cape.*

derechista /dere'tʃista/ **I** *adj* right-wing.
II *sm/f* right-winger.

derecho, -cha /de'retʃo -tʃa/ **I** *adj* **1.** (*lado*) right: **me duele el pie derecho** my right foot is hurting. **2.** (*recto*) straight, upright: **puso derecha la señal** he put the sign upright.
II *adv* straight: **me fui derecho a casa** I went straight home.
III derecho *sm* **1.** (*leyes, carrera universitaria*) law: **decidió estudiar Derecho** she decided to study law; *en* **derecho, esa herencia te corresponde** in law, that inheritance is yours. **2.** (*justicia*): **no hay derecho a que nos paguen tan poco** it's not right that we get paid so little • **¡no hay derecho!** it's not fair! **3.** (*a hacer algo*) right: **tienes el derecho** *a* **quejarte** you have a right to complain; **las mujeres consiguieron el derecho** *al* **voto** women gained the right to vote; **tu edad no te da derecho** *a* **hablarme así** your age doesn't give you the right to talk to me like that; **estás** *en* **tu derecho de pensar lo que quieras** you are within your rights to think whatever you want • **reservados todos los derechos** all rights reserved. **4.** (*de ropa*) right side: **¿éste es el derecho o el revés?** is this the right side or the wrong side?
IV derechos *sm pl* taxes *pl*, duties *pl*.
derecho de admisión *sm*: *right to refuse/grant admission.*
derecho laboral *sm* (*GB*) labour law, (*US*) labor law.
derecho penal *sm* criminal law.
derecho político *sm* constitutional law.
derechos arancelarios *sm pl* customs duties *pl*.
derechos de aduana *sm pl* customs duties *pl*.
derechos de autor *sm pl* royalties *pl*.
derechos de matrícula *sm pl* registration fees *pl*.

derechos humanos *sm pl* human rights *pl*.
derechos reales *sm pl*: *rights of possession or property*.
deriva /de'riβa/ *sf* drift • **el barco iba a la deriva** the ship was adrift * was drifting.
derivación /deriβa'θjon/ *sf* **1.** (*desarrollo*) derivation. **2.** (*Ling, Mat*) derivation.
derivada /deri'βaða/ *sf* (*Mat*) derivative.
derivado, -da /deri'βaðo -ða/ **I** *adj* derived.
II derivado *sm* (*Ling, Quím*) derivative.
derivar /deri'βar/ [⇨ CANTAR] *vi* **1.** (*originarse*) to stem: **su estado deriva** *de* **un trastorno psíquico** his condition stems from a mental disorder. **2.** (*Náut*) to drift. **3.** (*Ling*) to derive: **"incapaz" deriva** *de* **"capaz"** "incapaz" is derived from "capaz" **4.** (*cambiar*): **la conversación derivó** *hacia* **otros temas** the conversation moved on to other subjects.
♦ *vt* (*dirigir*) to steer: **derivó la conversación** *hacia* **su terreno** she steered the conversation towards her own field of expertise.
dermatología /dermatolo'xia/ *sf* (*Med*) dermatology.
dermis /'dermis/ *sf inv* (*Anat*) dermis.
derogar /dero'ɣar/ [⇨ pagar] *vt* (*una ley, un decreto*) to repeal.
derramamiento /derrama'mjento/ *sm* spillage.
derramamiento de sangre *sm* bloodshed.
derramar /derra'mar/ [⇨ CANTAR] *vt* **1.** (*verter*) to spill: **derramé el café sobre el mantel** I spilt the coffee over the tablecloth; (*lágrimas*) to shed; (*sangre*): **derramó mucha sangre** he lost a lot of blood. **2.** (*otorgar*) to give out: **antes de las elecciones derramó favores entre los votantes** before the elections he gave out favours to many voters.
derramarse *v prnl* to spill: **se derramó** *por* **toda la hoja** it spilt all over the sheet of paper.
derrame /de'rrame/ *sm* **1.** (*derramamiento*) spillage. **2.** (*pérdida*) leakage. **3.** (*Med: de sangre*) bleeding.
derrame cerebral *sm* (*Med*) (*GB*) brain haemorrhage, (*US*) brain hemorrhage.
derrapar /derra'par/ [⇨ CANTAR] *vi* to skid.
derrape /de'rrape/ *sm* skid.
derrengar /derreŋ'gar/ [⇨ pagar] *vt* to wear out: **el esfuerzo nos derrengó** the effort wore us out.
derretido, -da /derre'tiðo -ða/ *adj* **1.** (*fundido*) melted. **2.** (*fam: enamorado*): **está derretido** *por* **ella** he's mad about her.
derretir /derre'tir/ [⇨ pedir] *vt* (*fundir: gen*) to melt (down); (*: la nieve, el hielo*) to thaw, to melt.
derretirse *v prnl* **1.** (*fundirse: gen*) to melt (down); (*: nieve, hielo*) to thaw. **2.** (*fam: estar enamorado*): **se derrite** *por* **ella** he is mad * crazy about her.
derribar /derri'βar/ [⇨ CANTAR] *vt* **1.** (*demoler*) to pull down, to demolish: **derribaron el bloque de viviendas** they pulled down the block of flats. **2.** (*a una persona*) to knock down: **lo derribó de un puñetazo** she knocked him down with a single punch; (*aviones*) to shoot down: **cinco aviones fueron derribados** five aircraft were shot down. **3.** (*derrocar*) to overthrow, to bring down: **los amotinados derribaron al presidente** the rebels overthrew the president.
derribo /de'rriβo/ *sm* demolition.
derrito /de'rrito/ *and other forms with* **derrit-** ⇨ derretir
derrocar /derro'kar/ [⇨ sacar] *vt* (*Pol*) to overthrow, to bring down.
derrochador, -dora /derrotʃa'ðor -'ðora/ **I** *adj* wasteful.
II *sm/f* (*gen*) waster; (*de dinero*) spendthrift.
derrochar /derro'tʃar/ [⇨ CANTAR] *vt* **1.** (*despilfarrar*) to squander, to waste: **derrocha el dinero** *en* **tonterías** he squanders his money on worthless junk. **2.** (*rebosar*) to brim with: **derrochaban felicidad** they were brimming with happiness.
derroche /de'rrotʃe/ *sm* **1.** (*despilfarro*) waste. **2.** (*abundancia*) abundance: **hizo un gran derroche** *de* **energías** he put everything he had into it.
derrota /de'rrota/ *sf* **1.** (*pérdida*) defeat; (*fracaso*) failure. **2.** (*Náut*) course.
derrotado, -da /derro'taðo -ða/ *adj* **1.** (*vencido*) defeated. **2.** (*fam: agotado*) worn out, whacked: **estoy derrotada** I'm worn out * whacked.
derrotar /derro'tar/ [⇨ CANTAR] *vt* (*Mil*) to defeat; (*Dep*) to beat: **fuimos derrotados** we were beaten.
derrotero /derro'tero/ *sm* **1.** (*rumbo*) course. **2.** (*orientación*) direction: **su hijo va por otros derroteros** his son is going in a different direction.
derrotismo /derro'tizmo/ *sm* defeatism.
derrotista /derro'tista/ *adj, sm/f* defeatist.
derruido, -da /de'rrwiðo -ða/ *adj* ruined.
derruir /derru'ir/ [⇨ huir] *vt* to demolish.
derrumbamiento /derrumba'mjento/ *sm* **1.** (*hundimiento*) collapse. **2.** (*de un imperio, de una dinastía*) collapse.
derrumbar /derrum'bar/ [⇨ CANTAR] *vt* **1.** (*demoler*) to demolish. **2.** (*hacer caer*) to knock to the ground * floor, to floor: **lo derrumbó de un puñetazo** he floored him with a punch.
derrumbarse *v prnl* **1.** (*desplomarse*) to collapse: **el edificio puede derrumbarse en cualquier momento** the building could collapse at any moment. **2.** (*abatirse*) to break down: **cuando se lo dijeron, se derrumbó** when he was told, he broke down.
derrumbe /de'rrumbe/ *sm* ⇨ derrumbamiento
desabastecido, -da /desaβaste'θiðo -ða/ *adj*: *without stocks * supplies*: **el país quedó desabastecido** *de* **trigo** there were no supplies of wheat left in the country.
desabastecimiento /desaβasteθi'mjento/ *sm* shortage.
desaborido, -da /desaβo'riðo -ða/ **I** *adj* **1.** (*insípido*) tasteless. **2.** (*fam: soso*) dull and boring.
II *sm/f* (*fam*) dull and boring person, dullard.
desabotonar /desaβoto'nar/ [⇨ CANTAR] *vt* to unbutton.
desabotonarse *v prnl* (*voluntariamente*) to unbutton; (*involuntariamente*) to come undone.
desabrido, -da /desa'βriðo -ða/ *adj* **1.** (*Culin*) tasteless. **2.** (*tiempo*) unpleasant. **3.** (*persona*) surly.
desabrigado, -da /desaβri'ɣaðo -ða/ *adj* not warmly dressed: **vas muy desabrigada** you're not wearing warm enough clothes.
desabrigar /desaβri'ɣar/ [⇨ pagar] *vt* to remove the clothing of.
desabrigarse *v prnl* (*de ropa*) to take off clothing: **no te desabrigues** don't take off too many clothes; (*en la cama*) to throw off the bedclothes.
desabrochar /desaβro'tʃar/ [⇨ CANTAR] *vt* (*desabotonar*) to unbutton; (*desatar*) to undo, to unfasten.
desabrocharse *v prnl* (*voluntariamente*) to undo, to unbutton; (*involuntariamente*) to come undone: **se me ha desabrochado la blusa** my blouse has come undone.
desacato /desa'kato/ *sm* **1.** (*falta de respeto*) disrespect. **2.** (*Jur*) contempt.
desacato a la autoridad *sm* (*Jur*) *contempt of state authority*.

desacato al tribunal *sm* (*Jur*) contempt of court.

desacelerar /desaθele'rar/ [⇨ CANTAR] *vt* to slow down.

desacertado, -da /desaθer'taðo -ða/ *adj* **1.** (*equivocado*) mistaken, wrong. **2.** (*inapropiado*) inappropriate.

desacierto /desa'θjerto/ *sm* **1.** (*hecho*) mistake: **fue un desacierto elegir estos tonos** this colour scheme was a bad choice. **2.** (*dicho*) unfortunate remark.

desaconsejado, -da /desakonse'xaðo -ða/ *adj* unadvisable: **está desaconsejado el uso prolongado de este medicamento** the prolonged use of this medication is not advised.

desaconsejar /desakonse'xar/ [⇨ CANTAR] *vt* to advise against: **le desaconsejaron el traslado** she was advised against the transfer.

desacorde /desa'korðe/ *adj* **1.** (*discrepante*) conflicting. **2.** (*Mús*) discordant.

desacostumbrado, -da /desakostum'braðo -ða/ *adj* unaccustomed: **su desacostumbrado silencio me sorprendió** his unaccustomed silence took me by surprise.

desacreditar /desakreði'tar/ [⇨ CANTAR] *vt* to discredit: **las acusaciones de corrupción han desacreditado al gobierno** accusations of corruption have discredited the government.

desactivar /desakti'βar/ [⇨ CANTAR] *vt* (*una bomba*) to defuse, to deactivate.

desacuerdo /desa'kwerðo/ *sm* disagreement: **las dos partes estaban** *en* **desacuerdo** there was disagreement between the two parties.

desafecto, -ta /desa'fekto -ta/ **I** *adj* **1.** (*disidente*) opposed. **2.** (*despegado*) distant.
II desafecto *sm* lack of affection.

desafiar /desa'fjar/ [⇨ ansiar] *vt* **1.** (*retar*) to challenge: **me desafió** *a* **una carrera** he challenged me to a race. **2.** (*enfrentarse a*) to face up to: **tuvieron que desafiar los peligros del desierto** they had to face up to the dangers of the desert.

desafinar /desafi'nar/ [⇨ CANTAR] *vi* **1.** (*Mús*) to be out of tune. **2.** (*fam*: *hablar a destiempo*) to speak out of turn.

desafío /desa'fio/ *sm* **1.** (*reto*) challenge. **2.** (*combate*) duel.

desaforado, -da /desafo'raðo -ða/ *adj* **1.** (*desmedido*) boundless: **tiene una ambición desaforada** she has boundless ambition. **2.** (*desenfrenado*) wild, uncontrolled: **los gritos desaforados del público ahogaban su voz** the wild shouts of the crowd drowned out her voice.

desafortunado, -da /desafortu'naðo -ða/ *adj* **1.** (*desgraciado*) unlucky: **es una persona muy desafortunada** he is a very unlucky person. **2.** (*inoportuno*) inopportune, unfortunate: **su comentario fue bastante desafortunado** his remark was rather unfortunate.

desafuero /desa'fwero/ *sm* outrage.

desagradar /desaɣra'ðar/ [⇨ CANTAR] *vi*: **le desagrada tener que madrugar** she doesn't like having to get up early; **me desagradan sus modales** I don't like his manners.

desagradecido, -da /desaɣraðe'θiðo -ða/ **I** *adj* ungrateful.
II *sm/f* ungrateful person.

desagrado /desa'ɣraðo/ *sm* displeasure.

desagraviar /desaɣra'βjar/ [⇨ CAMBIAR] *vt* **1.** (*una ofensa*) to make amends for, to atone for. **2.** (*indemnizar*) to compensate for.

desaguadero /desaɣwa'ðero/ *sm* drain.

desaguar /desa'ɣwar/ [⇨ averiguar] *vt* to drain: **desaguaron el pantano** they drained the reservoir.
♦ *vi* **1.** (*vaciarse*) to drain (off). **2.** (*desembocar*) to flow: **allí el afluente desagua** *en* **el río** the tributary flows into the river there.

desagüe /de'saɣwe/ *sm* **1.** (*acción*) drainage. **2.** (*cañería*) drainpipe.

desaguisado /desaɣi'saðo/ *sm* (*fam*): **mira el desaguisado que me hicieron en la cocina** look at the mess they made in the kitchen; **si los dejas solos te pueden hacer cualquier desaguisado** goodness knows what kind of a mess they'll make if they're left on their own.

desahogado, -da /desao'ɣaðo -ða/ *adj* **1.** (*ancho*) roomy. **2.** (*acomodado*) comfortable: **gozan de una posición económica desahogada** they are comfortably off.

desahogar /desao'ɣar/ [⇨ pagar] *vt* **1.** (*desfogar*) to vent: **desahogó su ira a base de gritos** he vented his anger by yelling and shouting. **2.** (*despejar*) to clear: **introdujeron un carril de autobús para desahogar el tráfico** a bus lane was introduced to ease the traffic flow.

desahogarse *v prnl* **1.** (*desfogarse*) to vent one's anger. **2.** (*hacer confidencias*) to unburden oneself: **me desahogué** *con* **ella** I unburdened myself to her.

desahogo /desa'oɣo/ *sm* **1.** (*alivio*) relief: **¡qué desahogo!** what a relief!; **le sirve de desahogo hablar conmigo** he can get things off his chest talking to me. **2.** (*económico*) comfort, ease. **3.** (*de espacio*) spaciousness: **nos mudamos para vivir con más desahogo** we moved so that we could have more room.

desahuciar /desau'θjar/ [⇨ CAMBIAR] *vt* **1.** (*Med*) to declare to be terminally ill: **los médicos la desahuciaron** the doctors declared that she was terminally ill. **2.** (*desalojar*) to evict: **lo desahuciaron** *por* **no pagar el alquiler** he was evicted for not paying the rent.

desairado, -da /desai'raðo -ða/ *adj* **1.** (*menospreciado*) snubbed, slighted. **2.** (*deslucido*) uncomfortable, awkward: **nos dejó en una posición desairada** he left us in an uncomfortable situation.

desairar /desai'rar/ [⇨ CANTAR] *vt* to snub, to slight: **fui para no desairarlo** I went because I didn't want him to feel slighted.

desaire /de'saire/ *sm* snub, slight: **me pareció un desaire que no viniese a la fiesta** I felt she was snubbing me by not coming to the party.

desajustar /desaxus'tar/ [⇨ CANTAR] *vt* **1.** (*Tec*) to loosen: **desajusté la tuerca** I loosened the nut. **2.** (*alterar*) to throw out, to upset: **tu llegada desajusta todos mis planes** your arrival upsets all my plans.

desalar /desa'lar/ [⇨ CANTAR] *vt* (*Culin*) to desalt, to remove the salt from.

desalentador, -dora /desalenta'ðor -'ðora/ *adj* discouraging.

desalentar /desalen'tar/ [⇨ pensar] *vt* to discourage, to dishearten.

desalentarse *v prnl* to get discouraged.

desaliñado, -da /desali'ɲaðo -ða/ *adj* scruffy, dishevelled: **tenía un aspecto muy desaliñado** she looked very scruffy.

desaliño /desa'liɲo/ *sm* scruffiness.

desalmado, -da /desal'maðo -ða/ **I** *adj* heartless, pitiless.
II *sm/f* heartless person, brute.

desalojar /desalo'xar/ [⇨ CANTAR] *vt* **1.** (*evacuar*) to clear, to evacuate: **hay que desalojar la zona** the area must be cleared of people; **los bomberos desalojaron el edificio** the fire brigade evacuated the building. **2.** (*desahuciar*) to evict. **3.** (*irse*) to leave, to vacate: **desalojaremos la casa el próximo lunes** we will be vacating the premises next Monday.

desalojo /desa'lo'xo/ *sm* **1.** (*evacuación*) evacuation. **2.** (*desahucio*) eviction.

desamparado, -da /desampa'raðo -ða/ **I** *adj* **1.** (*persona*) abandoned, (*GB*) defenceless, (*US*) defenseless. **2.** (*lugar*) unprotected.
II *sm/f* defenceless person.

desamparo /desam'paro/ *sm* **1.** (*de una persona*) (*GB*) defencelessness, (*US*) defenselessness. **2.** (*de un lugar*) lack of protection.

desandar /desan'dar/ [⇨ andar] *vt* to go back over • **me había dejado la cartera y tuve que desandar lo andado** I'd left my wallet behind and had to retrace my steps.

desangelado, -da /desaŋxe'laðo -ða/ *adj* (*discurso, obra*) uninspiring; (*persona*) devoid of charm; (*lugar*): **tienen la casa muy desangelada** their house is quite bare and characterless.

desangrar /desaŋ'grar/ [⇨ CANTAR] *vt* **1.** (*Med*) to bleed: **murió desangrada** she bled to death. **2.** (*arruinar*) to ruin, to impoverish: **la guerra está desangrando el país** the war is ruining the country; **nos están desangrando** *a* **impuestos** they're bleeding us dry with their taxes.
desangrarse *v prnl* to lose a lot of blood, to bleed heavily: **se desangró antes de que llegara la ambulancia** he bled to death before the ambulance could get there.

desanimado, -da /desani'maðo -ða/ *adj* **1.** (*abatido*) dejected, down (in the mouth): **te encuentro muy desanimado** you seem very down. **2.** (*aburrido*) dull, dreary: **la reunión estuvo muy desanimada** it was a very dull meeting.

desanimar /desani'mar/ [⇨ CANTAR] *vt* **1.** (*quitar entusiasmo a*) to discourage. **2.** (*desmoralizar*) to depress, to dishearten.
desanimarse *v prnl* to become discouraged, to lose heart: **me desanimé y no lo terminé** I lost heart and didn't finish it.

desánimo /de'sanimo/ *sm* low spirits *pl*, dejection.

desapacible /desapa'θiβle/ *adj* unpleasant, awful: **¡qué tiempo tan desapacible!** what awful weather!

desaparecer /desapare'θer/ [⇨ agradecer] *vi* to disappear, to vanish: **me han desaparecido las llaves del coche** my car keys have disappeared • **ha desaparecido de la faz de la tierra** he's disappeared off the face of the earth.

desaparecido, -da /desapare'θiðo -ða/ **I** *adj* **1.** (*perdido*) missing. **2.** (*frml*: *fallecido*) late: **la desaparecida fundadora de la sociedad** the late founder of the society. **3.** (*organización*) defunct.
II *sm/f* missing person.

desaparición /desapari'θjon/ *sf* disappearance.

desapasionado, -da /desapasjo'naðo -ða/ *adj* dispassionate, uninvolved.

desapego /desa'peɣo/ *sm* lack of affection, aloofness: **muestra un gran desapego hacia su familia** he displays very little affection towards his family.

desapercibido, -da /desaperθi'βiðo -ða/ *adj* **1.** (*no notado*) unnoticed: **preferiría pasar desapercibido** I'd rather go unnoticed. **2.** (*no preparado*) unprepared.

desaprensivo, -va /desapren'siβo -βa/ **I** *adj* unscrupulous.
II *sm/f* unscrupulous person, scoundrel: **la timaron unos desaprensivos** she was swindled by some complete scoundrels.

desaprobar /desapro'βar/ [⇨ contar] *vt* to disapprove of: **no puedo por menos de desaprobar tu conducta** I must disapprove of your behaviour.

desaprovechar /desaproβe'tʃar/ [⇨ CANTAR] *vt* **1.** (*malgastar*) to waste: **así desaprovechas mucha tela** you waste a lot of material doing it that way. **2.** (*no aprovechar*): **desaprovechó la oportunidad que tenía de aprender alemán** she did not take advantage of the opportunity she had to learn German; **no deberías desaprovechar una oportunidad semejante** you shouldn't let such an opportunity pass you by.

desarmar /desar'mar/ [⇨ CANTAR] *vt* **1.** (*Mil*) to disarm. **2.** (*un objeto, un aparato*) to dismantle, to take to pieces: **¿desarmarás el puzle cuando lo acabes?** will you take the jigsaw puzzle to pieces when you finish it?; **desarmó la caja de cambios en un par de horas** he stripped the gearbox down in a couple of hours. **3.** (*aplacar*) to disarm, to win over: **me desarmó su sonrisa** I was disarmed by her smile.

desarme /de'sarme/ *sm* (*Mil*) disarmament.
desarme nuclear *sm* nuclear disarmament.

desarraigado, -da /desarrai'ɣaðo -ða/ *adj* uprooted, rootless.

desarrapado, -da /desarra'paðo -ða/ *adj, sm/f* ⇨ desharrapado

desarreglar /desarre'ɣlar/ [⇨ CANTAR] *vt* **1.** (*revolver*) to make a mess of: **mis sobrinos desarreglaron toda la casa** my nephews made a mess throughout the house. **2.** (*alterar*) to upset: **comer entre horas me desarregla el estómago** eating between meals upsets my stomach; **esta tormenta nos ha desarreglado los planes** this storm has upset ✱ spoilt our plans.

desarrollado, -da /desarro'ʎaðo -ða/ *adj* developed: **está muy desarrollada para su edad** she's very well-developed for her age.

desarrollar /desarro'ʎar/ [⇨ CANTAR] *vt* **1.** (*gen*) to develop: **leer desarrolla la memoria** reading develops your memory. **2.** (*exponer*) to explain, to set out: **lo entenderé si lo desarrollas** I'll understand it if you explain it (in more detail). **3.** (*Mat*: *un problema*) to work out; (*: una ecuación*) to solve. **4.** (*ejecutar*) to undertake, to be involved in: **en el campamento los chicos desarrollan todo tipo de actividades** the boys take part in all kinds of activities at the camp.
desarrollarse *v prnl* **1.** (*ocurrir*): **el congreso se desarrolló con normalidad** the conference went off without a hitch; **la novela se desarrolla en París** the novel is set in Paris. **2.** (*aumentar*) to develop: **el uso de la energía solar está desarrollándose lentamente** the use of solar energy is developing slowly. **3.** (*desplegarse*) to unfold: **por la forma en la que se desarrolla la trama...** the way the plot unfolds....

desarrollo /desa'rroʎo/ *sm* **1.** (*progreso: gen*) development: **el desarrollo de un niño** a child's development; (*: económico*) development, growth: **concedieron ayudas para el desarrollo de las zonas más atrasadas** aid was granted for the development of the most backward areas. **2.** (*Mat*: *de un problema*) working out.

desarropar /desarro'par/ [⇨ CANTAR] *vt*: **no desarropes al niño** don't pull the baby's bedclothes back.
desarroparse *v prnl* **1.** (*desabrigarse*) to undress, to

take off (one's) clothes. **2.** (*destaparse*) to throw off the bedclothes: **le eché una manta porque se había desarropado** I put a blanket over him because he'd thrown off the bedclothes.

desarticular /desartiku'lar/ [➪CANTAR] *vt* **1.** (*una organización, un grupo*) to break up: **la policía desarticuló una banda terrorista** the police broke up a terrorist gang. **2.** (*un hueso*) to dislocate, to put out. **3.** (*desarmar*) to dismantle, to take to pieces.

desarticularse *v prnl* (*Med*) to become dislocated.

desaseado, -da /desase'aðo -ða/ **I** *adj* scruffy, untidy. **II** *sm/f* scruff, scruffy person.

desasosiego /desaso'sjeɣo/ *sm* anxiety, unease.

desastrado, -da /desas'traðo -ða/ **I** *adj* scruffy, untidy.

II *sm/f* scruff, scruffy person.

desastre /de'sastre/ *sm* **1.** (*catástrofe*) disaster: **el desastre causó daños irreparables** the disaster caused irreparable damage. **2.** (*fam*: *fracaso*): **la entrevista fue un desastre** the interview was a disaster. **3.** (*fam*: *persona*): **¡eres un desastre!** you're hopeless!

desastroso, -sa /desas'troso -sa/ *adj* disastrous.

desatar /desa'tar/ [➪CANTAR] *vt* **1.** (*un nudo*) to untie, to undo: **¿puedes desatar esta cuerda?** can you untie this rope?; (*a un perro*) to let off the leash. **2.** (*provocar*) to unleash: **el retraso desató el enfado de los pasajeros** the delay unleashed * provoked the anger of the passengers; **el vino le desató la lengua** the wine loosened his tongue.

desatarse *v prnl* **1.** (*cuerda*) to come untied * undone; (*perro*) to get loose. **2.** (*tormenta*) to break out: **se desató una tormenta** a storm broke out. **3.** (*en insultos, acusaciones*): **se desató** *en* **acusaciones contra sus padres** he let loose a stream of accusations against his parents.

desatascador /desataska'ðor/ *sm* plunger.

desatascar /desatas'kar/ [➪sacar] *vt* to unblock, to clear: **no puedo desatascar el fregadero** I can't unblock the sink.

desatender /desaten'der/ [➪tender] *vt* **1.** (*descuidar*) to neglect: **la acusaron de desatender sus tareas** she was accused of neglecting her duties. **2.** (*desoír*) to pay no attention to, to ignore: **desatendió por completo todos mis consejos** he paid absolutely no attention to my advice.

desatento, -ta /desa'tento -ta/ *adj* **1.** (*grosero*) discourteous, impolite. **2.** (*distraído*) inattentive.

desatino /desa'tino/ *sm* **1.** (*error*) blunder: **obraron con desatino, como siempre** as usual they managed to make a blunder; (*desacierto*) act of stupidity: **fue un desatino salir sin abrigo** it was stupid to go out without a coat on. **2.** (*despropósito*) silly remark: **¡calla ya, no dices más que desatinos!** shut up, you're just talking nonsense!

desatornillador /desatorniʎa'ðor/ *sm* screwdriver.

desatornillar /desatorni'ʎar/ [➪CANTAR] *vt* to unscrew.

desatrancar /desatraŋ'kar/ [➪sacar] *vt* **1.** (*una puerta cerrada: con cerrojo*) to unbolt; (*: con tranca*) to unbar. **2.** (*un desagüe, etc.*) to unblock, to clear.

desautorizar /desautori'θar/ [➪cazar] *vt* **1.** (*prohibir*) to forbid, to ban: **el gobierno desautorizó la huelga** the government declared the strike illegal. **2.** (*quitar autoridad a*) to refute: **el ministro desautorizó las declaraciones del portavoz** the minister refuted the spokesman's statements. **3.** (*desprestigiar*) to discredit: **esa conducta lo desautoriza** such behaviour discredits him. **4.** (*negar*) to deny: **los rumores sobre su enfermedad han sido desautorizados** the rumours about his illness have been denied.

desavenencia /desaβe'nenθja/ *sf* disagreement, row.

desayunar /desaju'nar/ [➪CANTAR] *vi* to have breakfast.

♦*vt* to have for breakfast, to breakfast on: **sólo desayuna un café** all she has for breakfast is a cup of coffee.

desayunarse *v prnl* **1.** (*frml*: *tomar desayuno*) to have breakfast: **se desayunó** *con* **unas tostadas** she had some toast for breakfast. **2.** (*fam*: *enterarse*): **¿ahora te desayunas?** have you only just found out?

desayuno /desa'juno/ *sm* breakfast.

desazón /desa'θon/ *sf* **1.** (*desasosiego*) uneasiness: **le da mucha desazón que vuelva tan tarde** her coming home so late makes him very uneasy. **2.** (*malestar*) discomfort.

desbancar /desβaŋ'kar/ [➪sacar] *vt* **1.** (*de un cargo*) to oust, to displace: **lo desbancó** *en* **la dirección de la empresa** he ousted him from the company's board of directors; **la desbancó** *de* **su puesto una rival más joven** she was displaced from her post by a younger rival. **2.** (*en juegos de azar*) to clean out.

desbandada /desβan'daða/ *sf*: **la lluvia ocasionó una desbandada general** everyone ran for it when it started raining; **salieron corriendo** *en* **desbandada** they all ran off in different directions.

desbandarse /desβan'darse/ [➪CANTAR] *v prnl* to scatter, to disperse.

desbarajuste /desβara'xuste/ *sm* **1.** (*en un lugar*) mess, disorder: **¡menudo desbarajuste!** what a mess! **2.** (*en una situación*) mess, confusion: **la mitad del personal está de vacaciones y ¡hay un desbarajuste!** half of the staff are away on holiday and it's a complete mess!

desbaratar /desβara'tar/ [➪CANTAR] *vt* to spoil, to ruin: **su dimisión desbarató nuestros proyectos** his resignation spoilt our plans.

desbarrar /desβa'rrar/ [➪CANTAR] *vi* (*decir disparates*) to talk nonsense, to rant (on).

desbloquear /desβloke'ar/ [➪CANTAR] *vt* **1.** (*un camino*) to unblock; (*las comunicaciones*) to restore. **2.** (*una cuenta*) to unfreeze. **3.** (*Mil*) to raise the blockade on.

desbocarse /desβo'karse/ [➪sacar] *v prnl* **1.** (*cuello*) to stretch: **se le desbocó el cuello del jersey** the collar of her sweater stretched. **2.** (*caballo*) to bolt. **3.** (*persona*) to get carried away: **me desboqué y ya no sabía lo que decía** I got carried away and didn't know what I was saying.

desbordamiento /desβorða'mjento/ *sm*: **el desbordamiento del río dejó sin vivienda a muchas personas** many people were left homeless when the river burst its banks.

desbordante /desβor'ðante/ *adj* (*emociones*) uncontrolled.

desbordar /desβor'ðar/ [➪CANTAR] *vt* **1.** (*un cauce, un recipiente*) to overflow: **el río desbordó su cauce** the river overflowed its banks; **las aguas desbordaron la presa** the water flooded over the dam. **2.** (*superar*) to go beyond, to exceed: **el problema desborda mis conocimientos** the problem is beyond my competence; **tiene tantas cosas que hacer que lo desbordan** he has so much to do that he's overwhelmed.

desbordarse *v prnl* **1.** (*cauce*) to overflow: **el río se ha desbordado** the river has burst its banks. **2.** (*de emociones*) to burst, to brim: **se le desbordaba el**

corazón *de* **felicidad** her heart was bursting ✻ brimming with happiness.

desbrozar /desβro'θar/ [➪cazar] *vt* (*un campo*) to clear of weeds; (*un sendero*) to clear.

descabellado, -da /deskaβe'ʎaðo -ða/ *adj* ridiculous, ludicrous: **siempre está sugiriendo ideas descabelladas** he is always making ridiculous suggestions.

descacharrar /deskatʃa'rrar/ [➪CANTAR] *vt* ➪ escacharrar

descafeinado, -da /deskafei'naðo -ða/ *adj* **1.** (*café*) decaffeinated. **2.** (*fam: falto de autenticidad*) watered-down: **ese grupo hace un rock descafeinado** that band plays a kind of watered-down rock music.

descalabrar /deskala'βrar/ [➪CANTAR] *vt* **1.** (*herir*) to hit (*on the head*): **un gamberro descalabró al árbitro** *de* **un botellazo** a hooligan hit the referee over the head with a bottle. **2.** (*perjudicar*) to damage.

descalabrarse *v prnl* to hurt oneself (*especially one's head*).

descalabro /deska'laβro/ *sm* disaster: **se retiró de la política tras el descalabro electoral** he retired from politics following his electoral disaster; **sufrieron numerosos descalabros en el curso del año** they suffered many setbacks during the year.

descalcificación /deskalθifika'θjon/ *sf* decalcification.

descalcificar /deskalθifi'kar/ [➪sacar] *vt* to decalcify.

descalcificarse *v prnl* to become decalcified.

descalificar /deskalifi'kar/ [➪sacar] *vt* **1.** (*desacreditar*) to discredit: **su comportamiento la descalificó ante sus compañeros** her behaviour discredited her in front of her colleagues. **2.** (*Dep: eliminar*) to disqualify: **descalificaron a varios corredores** several runners were disqualified.

descalzar /deskal'θar/ [➪cazar] *vt* to remove (*footwear*): **descalzó a los niños** he took the children's shoes off.

descalzarse *v prnl* to take one's shoes off: **se descalzó para no manchar el parqué** he removed his shoes so as not to dirty the parquet.

descalzo, -za /des'kalθo -θa/ *adj* **1.** (*sin calzado*) barefoot(ed): **iba descalzo por la calle** he was walking barefoot along the street ● **¡cuando se casaron no estaban descalzos!** they weren't exactly penniless when they got married! **2.** (*Relig*) barefoot, discalced.

descamar /deska'mar/ [➪CANTAR] *vt* (*el pescado*) to scale.

descamarse *v prnl* (*Med: la piel*) to flake off.

descambiar /deskam'bjar/ [➪CAMBIAR] *vt* (*una compra: cambiar*) to exchange; (*: devolver*) to return.

descaminado, -da /deskami'naðo -ða/ *adj* mistaken, misguided: **está descaminado si piensa que lo hice yo** he is mistaken if he thinks that I did it; **la investigación está descaminada** the investigation is on the wrong track.

descamisado, -da /deskami'saðo -ða/ **I** *adj* **1.** (*sin camisa*) shirtless. **2.** (*fam: desharrapado*) wretched, destitute.

II *sm/f* (*fam*) poor wretch.

descampado /deskam'paðo/ *sm* (patch of) waste ground, (*US*) vacant lot: **me da miedo atravesar de noche ese descampado** I'm afraid to cross that patch of waste ground at night.

descansar /deskan'sar/ [➪CANTAR] *vi* **1.** (*de una actividad*) to rest, to have a rest: **necesita descansar** he needs to rest; **descansamos diez minutos** we had a ten minute rest. **2.** (*delegar*) to rely: **sé que puedo descansar** *en* **ti** I know I can count ✻ rely on you. **3.** (*dormir*) to sleep: **no descanso bien por las noches** I am not sleeping well at night. **4.** (*Agr: un campo*) to lie fallow. **5.** (*yacer*) to lie, to rest: **sus restos descansan en Segovia** her mortal remains lie in Segovia. **6.** (*Arquit: estar apoyado*) to be supported: **el arco descansa** *sobre* **dos columnas** the arch is supported by two columns. **7.** (*fundarse*) to be based: **su teoría descansa** *en* **los últimos descubrimientos** his theory is based on the latest discoveries.

♦*vt* **1.** (*apoyar*) to rest: **descansó la cabeza sobre el cojín** he rested his head on the cushion. **2.** (*aliviar*) to soothe: **este colirio sirve para descansar la vista** these eye drops soothe tired eyes.

descansillo /deskan'siʎo/ *sm* (*Arquit*) landing (*in between floors*).

descanso /des'kanso/ *sm* **1.** (*de una actividad*) rest, repose; (*de un trabajo*) leave: **me tomaré una semana de descanso** I'll take a week's leave. **2.** (*pausa*) break, rest: **trabaja sin descanso** she works without a break. **3.** (*desahogo*) relief: **es un descanso saber que todo ha salido bien** it's a relief to know that everything has turned out well. **4.** (*Dep*) interval, half-time; (*en un teatro*) interval, intermission.

descapotable /deskapo'taβle/ *adj, sm* (*Auto*) convertible.

descarado, -da /deska'raðo -ða/ **I** *adj* brazen: **sólo una persona muy descarada podría hacerlo** only a very brazen person could do it.

II *sm/f* brazen person.

descarga /des'karɣa/ *sf* **1.** (*de mercancías*) unloading: **nada más llegar el camión se efectuó la descarga** the unloading took place as soon as the truck arrived. **2.** (*disparos*) volley. **3.** (*de corriente eléctrica*) discharge.

descargar /deskar'ɣar/ [➪pagar] *vt* **1.** (*mercancías*) to unload: **había varias personas descargando el camión** there were several people unloading the truck. **2.** (*desahogar*) to relieve, to free: **me descargó** *de* **un montón de trabajo** he relieved me of a lot of work. **3.** (*una pistola: disparar*) to fire, to discharge; (*: quitar la munición a*) to unload. **4.** (*una corriente eléctrica*) to discharge; (*una batería*) to run down. **5.** (*un golpe*) to deal: **descargó un golpe sobre la pared** he thumped the wall. **6.** (*la ira, etc.*) to vent, to take out: **no descargues** *sobre* **mí tu mal humor** don't take your bad temper out on me.

descargarse *v prnl* **1.** (*de obligaciones*): **siempre trata de descargarse** *de* **sus obligaciones** she always tries to get out of her obligations; (*de acusaciones*) to clear oneself. **2.** (*batería, pila*) to go flat.

descaro /des'karo/ *sm* nerve, cheek: **tuvo el descaro de pedir más** she had the nerve to ask for more.

descarozado, -da /deskaro'θado -da/ *adj* (*Arg, Chi, Urug: sin hueso*) pitted.

descarriado, -da /deska'rrjaðo -ða/ *adj* (*persona*) astray: **andaba un poco descarriada** she had gone astray rather.

descarriarse /deska'rrjarse/ [➪ansiar] *v prnl* (*persona*) to go astray.

descarrilamiento /deskarrila'mjento/ *sm* derailment.

descarrilar /deskarri'lar/ [➪CANTAR] *vi* to be derailed, to go off the rails.

descartar /deskar'tar/ [➪CANTAR] *vt* to rule out, to reject: **descartamos esa posibilidad** we ruled out that possibility.

descartarse *v prnl* (*en naipes*) to discard: **se decartó** *del* **siete** he discarded the seven.

descascarillarse /deskaskariʎ'arse/ [➪CANTAR] *v prnl* (*loza*) to chip; (*pintura, barniz*) to flake off.

descastado, -da /deskas'taðo -ða/ **I** *adj* distant: **es muy descastado** *con* **su familia** he's very distant towards his family.
II *sm/f* loner (*especially one who cuts or shuns family ties*).

descendencia /desθen'denθja/ *sf* descendants *pl*: **murió sin dejar descendencia** he died without leaving any descendants.

descendente /desθen'dente/ *adj* descending.

descender /desθen'der/ [➪tender] *vi* **1.** (*ir hacia abajo*) to go down, to descend: **descendimos al sótano** we went down to the basement; **el globo descendió lentamente** the balloon descended slowly. **2.** (*temperatura, precios, nivel*) to fall, to drop. **3.** (*salir: de un tren, autobús*) to get off; (*: de un coche*) to get out: **cuando descendió** *del* **tren/***de* **la limusina...** when she got off the train/out of the limousine.... **4.** (*profesionalmente*): **al cambiar de empresa descendió** *de* **categoría** when he moved to a different company he took a demotion; **el equipo local ha descendido a segunda** the local team has gone down to * has been relegated to the second division. **5.** (*proceder*) to be descended: **desciende** *de* **una familia de abogados** he comes from a family of lawyers.
♦*vt* **1.** (*de un lugar elevado*) to bring down: **descendieron al herido del andamio** they brought the injured man down from the scaffolding. **2.** (*en una clasificación*) to go down, to drop: **descendió un puesto en la clasificación** he went down one place in the ranking.

descendiente /desθen'djente/ *sm/f* descendant.

descenso /des'θenso/ *sm* **1.** (*gen*) descent: **el esquiador austriaco comenzó el descenso** the Austrian skier began his descent. **2.** (*de producción*) downturn, drop; (*de calidad*) decline. **3.** (*de temperatura, precio*) drop, fall. **4.** (*Dep: de categoría*) relegation. **5.** (*en esquí*) downhill (race); (*en piragüismo*) white water canoeing.

descentrado, -da /desθen'traðo -ða/ *adj* **1.** (*aparato*) off-centre, crooked. **2.** (*persona*) disorientated.

descentralizar /desθentrali'θar/ [➪cazar] *vt* to decentralize.

descentrar /desθen'trar/ [➪CANTAR] *vt* **1.** (*un objeto*) to move off-centre: **al mover el cuadro lo descentró** when he moved the picture he left it lopsided. **2.** (*despistar*) to throw (off-balance): **su llegada me descentró** his arrival threw me off balance.

descerrajar /desθerra'xar/ [➪CANTAR] *vt* (*una puerta*) to break open * down; (*una cerradura*) to force.

desciendo /des'θjendo/ *and other forms with* ***desciend-*** ➪descender

descifrar /desθi'frar/ [➪CANTAR] *vt* **1.** (*descodificar*) to decipher, to decode: **no consiguieron descifrar el mensaje** they were unable to decode the message. **2.** (*un enigma*) to solve: **nadie pudo descifrar el misterio** nobody could solve the mystery.

desclavar /deskla'βar/ [➪CANTAR] *vt* (*un clavo, una chincheta*) to remove; (*un objeto clavado*) to remove the nails from.

descocado, -da /desko'kaðo -ða/ *adj* daring: **llevaba un vestido muy descocado** she was wearing a very daring dress.

descodificador /deskoðifika'ðor/ *sm* decoder.

descodificar /deskoðifi'kar/ [➪sacar] *vt* to decode.

descolgar /deskol'ɣar/ [➪colgar] *vt* **1.** (*un abrigo, un cuadro, etc.*) to take down, to unhook: **descolgó el cuadro de la pared** she took the picture down from the wall. **2.** (*deslizar*) to let down, to lower: **descolgaron los muebles por la ventana de arriba** they lowered the furniture down through the upstairs window. **3.** (*el teléfono: gen*) to pick up: **iba a descolgar el teléfono en este momento para llamarte** I was just about to pick up the phone to call you; (*: desconectar*) to leave off the hook: **descolgué el teléfono para no recibir llamadas** I left the phone off the hook to stop any calls coming through.
descolgarse *v prnl* **1.** (*deslizarse*) to let oneself down, to lower oneself. **2.** (*fam: ir a un lugar*) to turn up, to show up: **hace tiempo que no se descuelga** *por* **aquí** he hasn't turned up here for a while. **3.** (*fam: decir, hacer algo inesperado*): **se descolgó** *con* **un regalo** he unexpectedly bought me a present; **¿ahora te descuelgas** *con que* **no quieres ir?** now you suddenly tell me you don't want to go? **4.** (*rezagarse*) to fall behind: **se descolgó** *del* **grupo de cabeza** he fell behind the leading group.

descollar /desko'ʎar/ [➪contar] *vi* **1.** (*distinguirse*) to stand out: **descuella** *entre* **sus compañeros** she stands out among her colleagues. **2.** (*ser más alto*) to tower.

descolocar /deskolo'kar/ [➪sacar] *vt* to disturb, to make a mess of.

descolonización /deskoloniθa'θjon/ *sf* decolonization.

descolorar /deskolo'rar/ [➪CANTAR] *vt* to fade.
descolorarse *v prnl* to fade: **se descoloró de tanto lavarlo** it faded from being washed so many times.

descolorido, -da /deskolo'riðo -ða/ *adj* faded, (*GB*) discoloured, (*US*) discolored.

descompasado, -da /deskompa'saðo -ða/ *adj* **1.** (*desmedido*) disproportionate. **2.** (*Mús: fuera de ritmo*) out of time: **iba descompasado** *con* **el ritmo de la música** he was out of time with the music. **3.** (*forma de andar*) unsteady.

descompensar /deskompen'sar/ [➪CANTAR] *vt* (*Tec*) to unbalance.
descompensarse *v prnl* to become unbalanced: **se ha descompensado la balanza** the scales aren't properly balanced.

descomponer /deskompo'ner/ [➪poner; *past participle* **descompuesto**] *vt* **1.** (*dividir*) to split, to break up: **un prisma descompone la luz** a prism breaks up the light. **2.** (*desarreglar*) to make a mess of, to turn upside down: **cuando llega del colegio, descompone toda la casa** when he gets home from school, he turns the whole house upside down. **3.** (*pudrir*) to rot. **4.** (*irritar*) to irritate: **esa chica me descompone** that girl gets on my nerves.
descomponerse *v prnl* **1.** (*pudrirse: gen*) to rot: **la carne se había descompuesto** the meat had gone rotten; (*: un cadáver*) to decompose. **2.** (*irritarse*) to lose one's temper, to get annoyed: **se descompone cada vez que alguien le hace esa pregunta** he loses his temper every time someone asks him that question. **3.** (*desarreglarse*) to get into a mess: **se te va a descomponer el peinado** your hairdo is going to get into a mess. **4.** (*estómago*) to get upset; (*Amér L: persona*) to feel unwell: **se descompuso durante la ceremonia** she felt unwell during the ceremony. **5.** (*Amér L: estropearse*) to break down: **esta aspiradora se descompone cada dos por tres** this vacuum cleaner is always breaking down.

descomposición /deskomposi'θjon/ *sf* **1.** (*ruptura*) break-up, separation: **la descomposición del grupo se produjo en 1982** the break-up of the group occurred in 1982. **2.** (*putrefacción: gen*) rotting; (*: de un cadáver*) decomposition. **3.** (*Med*) (*GB*) diarrhoea, (*US*) diarrhea.

descompresión /deskompre'sjon/ *sf* decompression.

descompuesto, -ta /deskom'pwesto -ta/ **I** *past participle of* ➪ descomponer

II *adj* **1.** (*carne, comida*) rotten; (*cadáver*) decomposed. **2.** (*rostro*) contorted, twisted: **tenía la cara descompuesta** *de* **dolor** her face was contorted with pain. **3.** (*Med: con diarrea*): **estoy descompuesto (del estómago)** I have (*GB*) diarrhoea * (*US*) diarrhea; (*Amér L: Med, indispuesto*) unwell: **no pudo asistir por encontrarse descompuesto** he couldn't come because he was feeling unwell. **4.** (*Amér L: máquina*) broken, out of order: **tengo el auto descompuesto** my car isn't working. **5.** (*Amér L: borracho*) drunk.

descomunal /deskomu'nal/ *adj* enormous, huge.

desconcertante /deskonθer'tante/ *adj* disconcerting.

desconcertar /deskonθer'tar/ [➪pensar] *vt* (*confundir*) to baffle: **me desconciertan sus idas y venidas** her comings and goings baffle me; **su declaración desconcertó al juez** his statement puzzled the judge; (*sorprender*) to disconcert: **Gómez desconcertó a su rival con su saque** Gómez disconcerted his rival with his service.

desconcertarse *v prnl* (*confundirse*) to become confused: **me desconcerté y no pude seguir respondiendo** I got confused and was unable to give any more answers.

desconchar /deskon'tʃar/ [➪CANTAR] *vt* (*una pared*) to cause to flake; (*la loza*) to chip.

desconcharse *v prnl* (*pared*) to flake, to peel: **se está desconchando la pared** the paint is flaking off the wall; (*loza*) to become chipped, to chip.

desconchón /deskon'tʃon/ *sm* (*en la pared*) bare patch: **la pintura de la puerta está llena de desconchones** all the paint is flaking off the door; (*en la loza*) chip.

desconcierto /deskon'θjerto/ **I** *and other forms with* ***desconciert-*** ➪ desconcertar

II *sm* **1.** (*confusión*) bewilderment, confusion: **la noticia produjo un gran desconcierto** the news threw everyone into confusion. **2.** (*desorden*) chaos, disorder: **en la oficina reinaba el desconcierto** chaos * disorder reigned in the office.

desconectar /deskonek'tar/ [➪CANTAR] *vt* **1.** (*apagar*) to switch off: **un termostato desconecta el radiador** a thermostat switches off the radiator. **2.** (*inutilizar*) to disconnect, to cut off: **nos desconectaron el teléfono** our phone was disconnected.

♦*vi* (*fam: relajarse*) to switch off: **a veces me cuesta desconectar** *del* **trabajo** sometimes I find it hard to switch off after work.

desconectarse *v prnl* **1.** (*apagarse*) to switch off: **la calefacción se desconecta sola** the heating system switches itself off. **2.** (*perder contacto*) to lose touch: **me desconecté** *de* **mis amigos por culpa del trabajo** I lost touch with my friends because of my work.

desconfiado, -da /deskon'fjaðo -ða/ **I** *adj* distrustful, wary: **no seas tan desconfiado** don't be so distrustful.

II *sm/f* distrustful person, wary person.

desconfianza /deskon'fjanθa/ *sf* distrust, wariness.

desconfiar /deskon'fjar/ [➪ansiar] *vi* to be suspicious, to be distrustful: **desconfía** *de* **todo el mundo** she doesn't trust anyone.

descongelar /deskoŋxe'lar/ [➪CANTAR] *vt* to defrost.

descongelarse *v prnl* to defrost, to thaw (out): **tardará unas doce horas en descongelarse** it will take about twelve hours to thaw.

descongestionar /deskoŋxestjo'nar/ [➪CANTAR] *vt* **1.** (*la nariz, el pecho*) to clear: **estas gotas son para descongestionar la nariz** these drops are for clearing your nose. **2.** (*una calle, el tráfico*) to relieve congestion in: **son medidas para descongestionar el centro de la ciudad** these are measures for relieving congestion in the city centre.

descongestionarse *v prnl* (*Med*) to clear, to become decongested: **se me descongestionó el pecho en seguida** my chest cleared in no time.

desconocer /deskono'θer/ [➪agradecer] *vt* **1.** (*ignorar*): **desconozco la respuesta** I don't know the answer; **fingió desconocer su nombre** she pretended not to know his name. **2.** (*no reconocer*) to fail to recognize: **al regresar desconocía mi propio barrio** when I returned I didn't recognize my own neighbourhood.

desconocido, -da /deskono'θiðo -ða/ **I** *adj* **1.** (*no conocido*) unknown: **es un pintor desconocido** he is an unknown painter; **tenía un sabor desconocido** it had an unfamiliar taste. **2.** (*muy cambiado*) unrecognizable: **últimamente estás desconocido** you've changed a lot lately.

II *sm/f* stranger.

desconocimiento /deskonoθi'mjento/ *sm* lack of knowledge, ignorance.

desconsideración /deskonsiðera'θjon/ *sf* inconsiderateness: **nos trataron con la mayor desconsideración** we were treated with a total lack of consideration.

desconsiderado, -da /deskonsiðe'raðo -ða/ **I** *adj* inconsiderate, thoughtless.

II *sm/f* inconsiderate person, thoughtless person: **es un desconsiderado** he has no consideration (for other people).

desconsolado, -da /deskonso'laðo -ða/ *adj* disconsolate, inconsolable.

desconsuelo /deskon'swelo/ *sm* distress, grief: **lloraba con desconsuelo** she wept disconsolately.

descontado, -da /deskon'taðo -ða/ *adj* • **lo daba por descontado** I took it for granted • **¡por descontado!** of course!

descontaminar /deskontami'nar/ [➪CANTAR] *vt* to decontaminate.

descontar /deskon'tar/ [➪contar] *vt* **1.** (*del sueldo*) to deduct: **me descontaron parte del sueldo** they deducted part of my wages; (*del precio*) to give a discount of: **le descontaron el diez por ciento** they gave him a ten per cent discount. **2.** (*no contar*) to leave out, to exclude: **trabajo ocho horas, descontando la hora de la comida** I work eight hours, not counting * not including the lunch hour.

descontento, -ta /deskon'tento -ta/ **I** *adj* unhappy, discontented: **está descontento** *con* **el examen** he's unhappy about the exam.

II *sm/f* discontented person.

III descontento *sm* unhappiness, discontent: **no me dijo el motivo de su descontento** she didn't tell me the reason for her unhappiness; **la medida va a provocar el descontento** the measure will spark off discontent.

descontrol /deskon'trol/ *sm* **1.** (*falta de control*) lack of control. **2.** (*fam: jaleo*) chaos: **cuando ella no viene, la oficina es un descontrol** the office is chaos whenever she's not there.

descontrolado, -da /deskontro'laðo -ða/ *adj* uncontrollable: **esos niños están descontrolados** those boys are uncontrollable.

desconvocar /deskombo'kar/ [⇨ sacar] *vt* to cancel, to call off: **han desconvocado la huelga** they have called off the strike.

descorazonado, -da /deskoraθo'naðo -ða/ *adj* discouraged, disheartened.

descorazonador, -dora /deskoraθona'ðor -'ðora/ *adj* disheartening, discouraging.

descorazonar /deskoraθo'nar/ [⇨ CANTAR] *vt* to dishearten.

descorazonarse *v prnl* to become disheartened.

descorchar /deskor'tʃar/ [⇨ CANTAR] *vt* to uncork: **¡descorchemos unas botellas para celebrarlo!** let's open some bottles to celebrate!

descornarse /deskor'narse/ [⇨ contar] *v prnl (fam)* **1.** (*trabajar duro*) to slave away, to work one's guts out. **2.** (*esforzarse mentalmente*) to rack one's brains. **3.** (*golpearse*) to do oneself a nasty injury.

descorrer /desko'rrer/ [⇨ TEMER] *vt* to pull back: **descorrió las cortinas** she drew the curtains (open).

descortés /deskor'tes/ *adj* impolite, discourteous.

descortesía /deskorte'sia/ *sf* impoliteness, discourtesy: **sería una descortesía marcharse tan pronto** it would be impolite to leave so early.

descoser /desko'ser/ [⇨ TEMER] *vt* to unpick.

descoserse *v prnl* to come unstitched ✻ undone: **se le descosió el bajo de los pantalones** the hem of his trousers came unstitched.

descosido, -da /desko'siðo -ða/ **I** *adj* unstitched.
II descosido *sm*: **tienes un descosido en la falda** your skirt's coming unstitiched.
III *sm/f (fam)*: **habla como una descosida** she never stops talking; **corría como un descosido** he was running like a madman.

descoyuntarse /deskojun'tarse/ [⇨ CANTAR] *v prnl (Med)* to become dislocated.

descrédito /des'kreðito/ *sm* discredit, disrepute.

descreído, -da /deskre'iðo -ða/ **I** *adj* unbelieving.
II *sm/f* non-believer, unbeliever.

descremado, -da /deskre'maðo -ða/ *adj* (*leche*) skimmed; (*yogur*) low-fat.

describir /deskri'βir/ [⇨ PARTIR; *past participle* **descrito**] *vt* **1.** (*detallar*) to describe. **2.** (*recorrer*) to trace: **la Tierra describe una elipse alrededor del Sol** the Earth traces an ellipse around the Sun.

descripción /deskrip'θjon/ *sf* description.

descriptivo, -va /deskrip'tiβo -βa/ *adj* descriptive.

descrito, -ta /des'krito -ta/ **I** *past participle of* ⇨ describir
II *adj* described: **está descrito** *con* **todo detalle** it's described in every detail.

descuajaringar /deskwaxariŋ'gar/, **descuajeringar** /deskwaxeriŋ'gar/ [⇨ pagar] *vt (fam: romper)* to break (up), to pull apart.

descuajaringarse, descuajeringarse *v prnl (fam)* **1.** (*romperse*) to break, to fall apart. **2.** (*desternillarse*) to fall about laughing: **nos descuajaringábamos (de risa)** *con* **sus chistes** we fell about laughing at his jokes. **3.** (*agotarse*) to become exhausted.

descuartizar /deskwarti'θar/ [⇨ cazar] *vt* to carve up, to cut up.

descubierto, -ta /desku'βjerto -ta/ **I** *past participle of* ⇨ descubrir
II *adj* **1.** (*hallado*) discovered: **los fragmentos descubiertos fueron enviados al museo** the fragments that had been discovered were sent to the museum. **2.** (*sin cubrir*) open, uncovered: **viajaban en una limusina descubierta** they were travelling in an open-topped car. **3.** (*despejado*) clear: **el cielo está descubierto** the sky is clear.
III descubierto *sm* overdraft, deficit: **tengo un descubierto en mi cuenta** my account is overdrawn; **¿estás** *en* **descubierto?** are you overdrawn?
IV al descubierto *loc adv* **1.** (*a la intemperie*) in the open (air): **durmieron al descubierto** they slept out in the open. **2.** (*en claro*): **pusieron las cosas al descubierto** they got things out in the open; **su falta de honradez quedó al descubierto** his dishonesty was exposed.

descubridor, -dora /deskuβri'ðor -'ðora/ *sm/f* discoverer.

descubrimiento /deskuβri'mjento/ *sm* discovery.

descubrir /desku'βrir/ [⇨ PARTIR; *past participle* **descubierto**] *vt* **1.** (*encontrar*) to discover, to find: **no consiguieron descubrir dónde lo guardaba** they didn't manage to find out where he kept it; (*hallar algo desconocido*) to discover: **descubrieron la isla en 1494** the island was discovered in 1494. **2.** (*inventar*) to discover: **descubrió la vacuna contra la polio** he discovered the anti-polio vaccine. **3.** (*averiguar*) to discover, to find out: **menos mal que descubrimos sus intenciones** it's a good thing we discovered his intentions. **4.** (*destapar*) to uncover, to expose (to view): **esa herida no debe descubrirse** that wound must be kept covered; **descubrió la placa conmemorativa** she unveiled the commemorative plaque. **5.** (*revelar*) to give away, to reveal: **descubrió el secreto** she gave the secret away.

descubrirse *v prnl* **1.** (*la cabeza*): **se descubrió (la cabeza)** he removed his hat • **me descubro ante su fuerza de voluntad** I take my hat off to her willpower. **2.** (*mostrarse*) to reveal oneself; (*traicionarse*) to give oneself away. **3.** (*hacerse público*) to come to light: **se han descubierto todos sus negocios sucios** all their dirty dealings have come to light.

descuento /des'kwento/ **I** *and other forms with* **descuent-** ⇨ descontar
II *sm* discount, reduction: **¿te hicieron descuento?** did they give you a discount?; **me lo vendieron** *con* **descuento** they sold it to me at a discount.

descuidado, -da /deskwi'ðaðo -ða/ *adj* **1.** (*poco cuidado*) untidy: **tiene el pelo muy descuidado** she has very untidy hair; **el jardín está bastante descuidado** the garden is very uncared-for. **2.** (*despreocupado*) careless: **es bastante descuidado** *con* **sus cosas** he's pretty careless with his things. **3.** (*distraído*) preoccupied: **estaba descuidado y se me pasó la hora del examen** I was preoccupied and clean forgot the time of the exam.

descuidar /deskwi'ðar/ [⇨ CANTAR] *vt* to neglect: **nunca descuida sus estudios** she never neglects her studies.
♦ *vi*: **descuida, ya lo haré yo** don't worry, I'll do it.

descuidarse *v prnl* **1.** (*despreocuparse*): **si te descuidas, perderás el tren** if you're not careful, you'll miss the train. **2.** (*en el aspecto personal*) to let oneself go: **se ha descuidado mucho últimamente** he's let himself go a lot recently.

descuido /des'kwiðo/ *sm* **1.** (*falta de atención*) oversight, mistake: **por un descuido no los envié a tiempo** because of an oversight I didn't send them in time. **2.** (*negligencia*): **en un momento de descuido el niño salió corriendo** while my attention was distracted the boy ran out; **se lo dije en un momento de**

descuido I told her in an unguarded moment. **3.** (*desaseo*) untidiness.

desde /'dezðe/ **I** *prep* **1.** (*de lugar*) from: **vinieron en coche desde Londres** they came from London by car; **desde mi ventana veo el mar** I can see the sea from my window. **2.** (*de tiempo: sin especificar el término*) since: **no lo veo desde entonces** I haven't seen him since then; **desde que va a la universidad ha cambiado mucho** he's changed a lot since he started at university; **viven en esa casa desde hace un año** they have been living in that house for a year; **desde ahora quiere que la llamen Harris** from now on she wants to be known as Harris; (*: especificando el término*) from: **estará aquí desde las dos hasta las cuatro** she'll be here from two o'clock until four. **3.** (*hablando de una gama*) from: **venden de todo, desde muebles hasta ropa interior** they sell everything, from furniture to underclothes; **asignaturas que van desde el francés hasta la ecología** subjects ranging from French to ecology.

II desde luego *loc adv* **1.** (*por supuesto*) of course; (*sin duda*): **desde luego es el más simpático** he's easily the nicest one. **2.** (*para expresar contrariedad*): **mira que no saludarme; desde luego...** she didn't even say hello, I don't know....

desdecir /dezðe'θir/ [⇨decir; *past participle* **desdicho**] *vi* **1.** (*desentonar*) to clash: **unos zapatos tan viejos desdicen** *con* **este traje** those old shoes don't go with this suit. **2.** (*desmerecer*) to fail to live up to expectations.

desdecirse *v prnl* to take back one's words: **se desdijo** *de* **su primera declaración** he went back on his first statement.

desdén /dez'ðen/ *sm* disdain, contempt: **nos trató con desdén** she treated us disdainfully.

desdeñar /dezðe'ɲar/ [⇨CANTAR] *vt* to scorn: **desdeñaron todos nuestros consejos** they scorned all our advice.

desdeñoso, -sa /dezðe'ɲoso -sa/ *adj* (*mirada*) scornful; (*comentario*) scornful, scathing.

desdibujarse /dezðiβu'xarse/ [⇨CANTAR] *v prnl* to become blurred.

desdicha /dez'ðitʃa/ *sf* misfortune.

desdichado, -da /dezði'tʃaðo -ða/ **I** *adj* unlucky, unfortunate.

II *sm/f* poor thing, unfortunate.

desdoblar /dezðo'βlar/ [⇨CANTAR] *vt* (*un papel, una tela*) to unfold: **desdobló la servilleta** he unfolded his napkin; (*un alambre, el metal*) to straighten (out).

desdoblarse *v prnl* to split (in two), to divide ● **no me atosigues, no puedo desdoblarme** stop pestering me, I can't be in two places at once ● **el actor se desdoblaba en dos personajes** the actor played two different characters.

deseable /dese'aβle/ *adj* good, nice: **sería deseable que el parque estuviera más limpio** it would be nice if the park were cleaner.

desear /dese'ar/ [⇨CANTAR] *vt* **1.** (*al expresar deseo*) to wish: **le deseo buena suerte** I wish you good luck. **2.** (*querer*) to want: **deseaba viajar por el mundo** she wanted to travel the world; **todo el mundo desea ser feliz** everyone wants to be happy; **estoy deseando conocerlo** I'm really looking forward to meeting him; **deseaba que llegaran las vacaciones** I couldn't wait for the holidays ● **este hotel deja mucho que desear** this hotel leaves a lot to be desired. **3.** (*al hacer una petición*): **deseo ver al señor Pérez** I would like to see Mr Pérez; **¿qué desea?** may I help you?

desecar /dese'kar/ [⇨sacar] *vt* (*gen*) to dry up; (*un pantano, un estanque*) to drain.

desecarse *v prnl* to dry up.

desechable /dese'tʃaβle/ *adj* disposable.

desechar /dese'tʃar/ [⇨CANTAR] *vt* **1.** (*abandonar*) to give up, to drop: **desechó la idea del viaje** he gave up the idea of the trip. **2.** (*rechazar*) to turn down, to reject: **no deseches su propuesta** don't turn down their offer. **3.** (*deshacerse de*) to throw out * away.

desecho /de'setʃo/ **I** *sm* **1.** (*sobra*) waste: **se dedican a comprar materiales de desecho** they deal in waste materials. **2.** (*escoria*): **eran el desecho de la sociedad** they were the dregs of society.

II desechos *sm pl* (*residuos*) waste: **se dedican al reciclaje de desechos industriales** they recycle industrial waste; (*basura*) waste, (*GB*) rubbish, (*US*) garbage.

desechos radioactivos *sm pl* radioactive waste.

desembarazarse /desembara'θarse/ [⇨cazar] *v prnl* to free oneself: **no pudimos desembarazarnos** *de* **ella** we were unable to get rid of her.

desembarcar /desembar'kar/ [⇨sacar] *vt* (*a pasajeros*) to land, to put ashore; (*un cargamento*) to unload, to offload.

♦*vi* (*pasajeros*) to disembark, to go ashore: **desembarcaron en Lisboa** they disembarked in Lisbon.

desembarco /desem'barko/ *sm* disembarkation.

desembocadura /desemboka'ðura/ *sf* (*de un río*) mouth; (*de una alcantarilla, un canal*) outlet.

desembocar /desembo'kar/ [⇨sacar] *vi* **1.** (*río*) to flow: **el Duero desemboca** *en* **el Atlántico** the Douro flows into the Atlantic. **2.** (*carretera, calle*): **la avenida desemboca** *en* **la plaza** the avenue opens onto the square; **esta calle desemboca** *en* **la Gran Vía** this street comes out on the Gran Vía. **3.** (*terminar*) to end, to result: **puede desembocar** *en* **una ruptura definitiva** it may end in a final break-up; **su amistad desembocó** *en* **noviazgo** their friendship led to their engagement.

desembolsar /desembol'sar/ [⇨CANTAR] *vt* to pay (out): **tuvieron que desembolsar cincuenta mil pesetas de indemnización** they had to pay out fifty thousand pesetas in compensation.

desembolso /desem'bolso/ *sm* payment, outlay: **me supuso un desembolso de cien mil pesetas** it meant me having to pay out a hundred thousand pesetas.

desembragar /desembra'ɣar/ [⇨pagar] *vi* (*Auto*) to release the clutch (*by pressing down the pedal*).

desembuchar /desembu'tʃar/ [⇨CANTAR] (*fam*) *vi*: **¿quieres desembuchar de una vez?** are you going to tell us, for goodness' sake?; **¿qué te dijo? ¡desembucha!** what did he say to you? spit it out!

♦*vt* to spill the beans about.

desempacar /desempa'kar/ [⇨sacar] *vt* (*Amér L*) to unpack (*a suitcase*).

desempaquetar /desempake'tar/ [⇨CANTAR] *vt* to unwrap.

desemparejado, -da /desempare'xaðo -ða/ *adj* (*zapato, calcetín*) odd.

desempatar /desempa'tar/ [⇨CANTAR] *vi* (*Dep*) to break the tie.

♦*vt* to decide (*a game, contest, etc.*): **jugaron otro partido para desempatar la eliminatoria** they played another match to decide the outcome of the tie.

desempate /desem'pate/ *sm* (*gen*) tie-breaker; (*en fútbol*) replay; (*en golf*) play-off.

desempeñar /desempe'ɲar/ [⇨CANTAR] *vt* **1.** (*un*

puesto) to hold, to occupy: **desempeña el puesto de coordinador** he holds the post of coordinator. **2.** (*una función*) to carry out, to fulfil: **desempeñó la función de mediador en el conflicto** he acted as mediator in the dispute; **una de las funciones que desempeña el hígado es...** one of the functions carried out by the liver is...; (*una tarea*) to carry out: **desempeña su trabajo a la perfección** she does her job perfectly. **3.** (*un papel*) to play: **desempeñó un papel destacado en la resolución del conflicto** she played a prominent role in solving the conflict. **4.** (*de una casa de empeños*) to redeem, to recover: **por fin he podido desempeñar mi reloj de oro** at last I've managed to redeem my gold watch.

desempeñarse *v prnl* **1.** (*Fin*) to clear one's debts. **2.** (*Amér L: rendir*) to perform: **se está desempeñando muy bien en el puesto** she's performing very well in her post.

desempeño /desem'peɲo/ *sm* **1.** (*de una tarea, una función*) discharge, carrying out: **siempre destacó en el desempeño de sus funciones** he always excelled in the discharge of his duties. **2.** (*Amér L: rendimiento*) performance.

desempleado, -da /desemple'aðo -ða/ **I** *adj* unemployed, out of work.
II *sm/f* unemployed person: **el número de desempleados está aumentando** the number of unemployed is increasing.

desempleo /desem'pleo/ *sm* unemployment.

desencadenar /deseŋkaðe'nar/ [➪CANTAR] *vt* **1.** (*quitar las cadenas a*) to unchain. **2.** (*causar*) to unleash, to spark (off): **la medida desencadenó numerosas protestas** the measure sparked off numerous protests; **la sequía desencadenó muchos problemas** the drought gave rise to many problems.

desencadenarse *v prnl* (*originarse*) to break out: **se desencadenó una revuelta** a revolt broke out; **se desencadenó un temporal** a storm broke.

desencajado, -da /deseŋka'xaðo -ða/ *adj* **1.** (*mecanismo*) disconnected; (*hueso, miembro*) out of joint. **2.** (*deformado*) contorted, twisted: **tenía la cara desencajada** *por* **el dolor** his face was contorted with pain.

desencajar /deseŋka'xar/ [➪CANTAR] *vt* to free: **no puedo desencajar la puerta** I can't get the door to open.

desencajarse *v prnl* (*el rostro*) to become contorted.

desencaminado, -da /deseŋkami'naðo -ða/ *adj* ➪descaminado

desencantar /deseŋkan'tar/ [➪CANTAR] *vt* **1.** (*desilusionar*) to disillusion, to disenchant. **2.** (*romper el hechizo de*) to break the spell on.

desencanto /deseŋ'kanto/ *sm* disillusionment, disenchantment.

desenchufar /desentʃu'far/ [➪CANTAR] *vt* to unplug.

desencuadernarse /deseŋkwaðer'narse/ [➪CANTAR] *v prnl* to come unbound.

desenfadado, -da /desenfa'ðaðo -ða/ *adj* **1.** (*carácter*) carefree, uninhibited. **2.** (*ropa*) casual: **iba vestido de forma muy desenfadada** he was wearing very casual clothes.

desenfado /desen'faðo/ *sm* ease.

desenfocar /desenfo'kar/ [➪sacar] *vt* (*en cine, fotografía*) to put out of focus.

desenfrenado, -da /desenfre'naðo -ða/ *adj* **1.** (*comportamiento*) uncontrolled, wild. **2.** (*sentimientos*) unbridled, unrestrained.

desenfreno /desen'freno/ *sm* lack of self-control, lack of restraint.

desenfundar /desenfun'dar/ [➪CANTAR] *vt* to draw, to pull out: **desenfundaron las pistolas** they drew their guns.

desenganchar /deseŋgan'tʃar/ [➪CANTAR] *vt* **1.** (*un vagón*) to uncouple; (*caballos*) to unhitch. **2.** (*de un clavo u objeto parecido*) to free, to unhook.

desengancharse *v prnl* **1.** (*soltarse*) to come uncoupled, to come loose. **2.** (*fam: deshabituarse*) to come off (*drugs*).

desengañado, -da /deseŋga'ɲaðo -ða/ *adj* disillusioned.

desengañar /deseŋga'ɲar/ [➪CANTAR] *vt* **1.** (*hacer ver*) to disabuse: **pronto lo desengañaron sus compañeros** his colleagues soon disabused him * opened his eyes to the truth. **2.** (*desilusionar*) to disillusion.

desengañarse *v prnl* **1.** (*ver la realidad*) to face facts: **desengáñate, no vendrá** why don't you face facts? he isn't coming. **2.** (*desilusionarse*) to become disillusioned: **se desengañó** *de* **su trabajo** he became disillusioned with his job.

desengaño /deseŋ'gaɲo/ *sm* disappointment: **se llevó * sufrió un desengaño** *con* **ella** he was disappointed in her; **ha sufrido muchos desengaños amorosos** she has had many disappointments in her love life.

desengrasar /deseŋgra'sar/ [➪CANTAR] *vt* to remove the grease from.

desenlace /desen'laθe/ *sm* **1.** (*resultado*) outcome, result. **2.** (*final*) ending.

desenlazar /desenla'θar/ [➪cazar] *vt* to untie, to undo.

desenlazarse *v prnl* **1.** (*soltarse*) to come undone. **2.** (*resolverse*) to end.

desenmarañar /desenmara'ɲar/ [➪CANTAR] *vt* **1.** (*desenredar*) to untangle: **desenmaráñame el pelo** will you untangle my hair for me? **2.** (*un misterio*) to solve: **desenmarañó el caso** he solved the case; (*una dificultad*) to solve, to sort out.

desenmascarar /desenmaska'rar/ [➪CANTAR] *vt* **1.** (*quitar la máscara a*) to unmask. **2.** (*revelar*) to expose, to uncover: **prepararon una trampa para desenmascarar al ladrón** they set a trap to expose the thief; **desenmascararon al culpable** the identity of the culprit was revealed.

desenmascararse *v prnl* (*quitarse una máscara*) to take off one's mask.

desenredar /desenrre'ðar/ [➪CANTAR] *vt* **1.** (*desenmarañar*) to untangle: **trató de desenredarle el pelo a la niña** she tried to untangle the little girl's hair. **2.** (*aclarar*) to clear up: **desenredó una cuestión muy difícil** he cleared up a very difficult matter.

desenredarse *v prnl* to disentangle oneself: **lo que quería era desenredarse** *del* **asunto** what he wanted was to disentangle himself from the whole business.

desenrollar /desenrro'ʎar/ [➪CANTAR] *vt* (*un papel*) to unroll; (*una persiana*) to let down; (*un hilo*) to unwind; (*un cable*) to uncoil.

desenroscar /desenrros'kar/ [➪sacar] *vt* to unscrew.

desenroscarse *v prnl* **1.** (*desatornillarse*) to become unscrewed, to work loose: **el tapón se ha desenroscado** the cap has come unscrewed. **2.** (*extenderse*) to uncoil: **la serpiente se desenroscó** the snake uncoiled (itself).

desentenderse /desenten'derse/ [➪tender] *v prnl* **1.** (*de una responsabilidad*): **se desentendió** *de* **la educación de sus hijos** he neglected his children's upbringing; **se desentendió** *de* **sus obligaciones** he shirked his duties. **2.** (*fingir desconocimiento*) to feign ignorance: **se desentendió** *del* **tema y cambió de conversación** he pretended not to know anything about it and changed the subject.

desentendido, -da /desenten'diðo -ða/ *sm/f*: **cuando le pregunté, se hizo el desentendido** when I asked him he pretended not to know anything about it.

desenterrar /desente'rrar/ [➪pensar] *vt* **1.** (*un cadáver*) to disinter, to dig up; (*un objeto*) to dig up, to unearth: **desenterraron un mosaico romano** they unearthed a Roman mosaic. **2.** (*un recuerdo*): **la visita le hizo desenterrar recuerdos de su niñez** the visit brought back memories of her childhood.

desentierro /desen'tjerro/ *and other forms with* ***desentierr-*** ➪desenterrar

desentonar /desento'nar/ [➪CANTAR] *vi* **1.** (*desafinar*) to be out of tune. **2.** (*no combinar*) to clash: **el color de la corbata desentona** *con* **el del traje** the colour of his tie clashes with that of his suit. **3.** (*contrastar desagradablemente*) to be out of place: **fue a la fiesta en chándal y desentonó** he wore a tracksuit to the party and looked really out of place.

desentrañar /desentra'ɲar/ [➪CANTAR] *vt* (*un misterio, un problema*) to get to the bottom of.

desentrenado, -da /desentre'naðo -ða/ *adj* **1.** (*Dep*) out of training. **2.** (*deshabituado*) out of practice * (*US*) practise: **estoy desentrenado** *con* **la cocina** I am out of practice with cooking.

desentumecer /desentume'θer/ [➪agradecer] *vt* (*los músculos*) to loosen up: **desentumecieron los músculos antes del partido** they loosened up before the match; **se bajó del coche para desentumecer las piernas** he got out of the car to stretch his legs.

desentumecerse *v prnl*: **movía los brazos y los pies para desentumecerse** he moved his arms and feet to try to relieve the stiffness in his body.

desenvainar /desembai'nar/ [➪CANTAR] *vt* (*una espada, un cuchillo*) to draw, to unsheathe; (*las uñas*) to put out, to bare.

desenvoltura /desembol'tura/ *sf* **1.** (*agilidad*) ease, grace: **se movía** *con* **desenvoltura** she moved gracefully. **2.** (*facilidad*) ease: **aunque es nuevo en la empresa, se mueve** *con* **desenvoltura** although he is new to the firm, he takes it all in his stride. **3.** (*soltura*) assurance, confidence: **habla en público** *con* **gran desenvoltura** she speaks very confidently in public.

desenvolver /desembol'βer/ [➪volver; *past participle* **desenvuelto**] *vt* to unwrap.

desenvolverse *v prnl* **1.** (*desempaquetarse*) to come unwrapped. **2.** (*transcurrir*): **el plan se desenvolvió sin incidentes** the plan went smoothly; **la salida de vehículos se desenvuelve con normalidad** the exodus of traffic is proceeding normally. **3.** (*arreglárselas*) to manage: **se desenvuelve bien en el trabajo** he manages very well at work.

desenvuelto, -ta /desem'bwelto -ta/ **I** *past participle of* ➪desenvolver

II *adj* **1.** (*desempaquetado*) unwrapped. **2.** (*natural*) easy-going: **tiene un carácter desenvuelto** she's very easy-going. **3.** (*confiado*) confident, assured: **es un niño muy desenvuelto para su edad** he is a very self-confident child for his age.

desenvuelvo /desem'bwelβo/ *and other forms with* ***desenvuelv-*** ➪desenvolver

deseo /de'seo/ *sm* **1.** (*aspiración*) wish: **ojalá se cumplan tus deseos** I hope your wishes come true; **es mi deseo que mi fortuna se dedique a la lucha contra el cáncer** I wish my fortune to be used in the fight against cancer; **mi deseo es aprobar en junio** I am hoping to pass in June ● **con mis mejores deseos** with best wishes. **2.** (*anhelo*) desire: **el deseo de triunfo lo inspiró durante toda su vida** the desire to win inspired him throughout his life ● **ardía en deseos de verla** he was longing to see her.

deseoso, -sa /dese'oso -sa/ *adj* eager: **está deseosa** *de* **verte** she is eager to see you.

desequilibrado, -da /desekili'βraðo -ða/ **I** *adj* **1.** (*desnivelado*) unbalanced. **2.** (*Med*) (mentally) unbalanced * unstable.

II *sm/f* mentally ill person.

desequilibrar /desekili'βrar/ [➪CANTAR] *vt* **1.** (*hacer perder el equilibrio*) to unbalance: **el peso desequilibró la barca** the weight unbalanced the boat. **2.** (*hacer perder el juicio*) to unhinge: **sus obsesiones acabaron por desequilibrarlo** his obsessions finally unhinged him.

desequilibrarse *v prnl* **1.** (*desnivelarse*) to lose one's balance: **la gimnasta se desequilibró y cayó al suelo** the gymnast lost her balance and fell to the floor. **2.** (*Med*) to become unhinged, to become unbalanced.

desequilibrio /deseki'liβrjo/ *sm* **1.** (*gen*) lack of balance. **2.** (*de la economía*) imbalance.

desequilibrio mental *sm* (*Med*) mental imbalance.

desertar /deser'tar/ [➪CANTAR] *vi* **1.** (*Mil*) to desert. **2.** (*irse*) to leave: **desertó** *del* **partido** he left the party.

desértico, -ca /de'sertiko -ka/ *adj* **1.** (*árido*) desert, desert-like: **el clima de esta región es desértico** this region has a desert climate. **2.** (*despoblado*) deserted.

desertización /desertiθa'θjon/ *sf* desertification.

desertor, -tora /deser'tor -'tora/ *sm/f* deserter.

desesperación /desespera'θjon/ *sf* **1.** (*pesimismo total*) despair: **cuando murió su hijo, la desesperación se apoderó de ella** when her son died she was plunged into despair; (*impulso de hacer algo extremo*) desperation: **en su desesperación empeñó las joyas de la familia** in her desperation she pawned the family jewellery. **2.** (*causa de enfado*): **es una desesperación lo mal que funciona todo** it's very frustrating the way nothing works properly.

desesperada /desespe'raða/ *sf* ● **actuó a la desesperada** he acted out of * in desperation.

desesperado, -da /desespe'raðo -ða/ *adj* **1.** (*persona, situación*) desperate: **su situación es cada vez más desesperada** his situation is getting more and more desperate; **está desesperada porque hace meses que no la llama** she's in despair because it's months since he called her. **2.** (*exasperado*) exasperated: **su conducta me tiene desesperado** I find his behaviour very trying.

desesperante /desespe'rante/ *adj* trying, exasperating: **el tráfico en esta zona es desesperante** the traffic in this area is exasperating.

desesperanzar /desesperan'θar/ [➪cazar] *vt* to deprive of hope: **el resultado lo desesperanzó por completo** the result left him feeling desperate.

desesperanzarse *v prnl* to despair, to give up hope.

desesperar /desespe'rar/ [➪CANTAR] *vt* to exasperate: **nos desesperaba lo lento que era** we were exasperated by his slowness; **me desespera ver cómo pierdes el tiempo** I cannot stand the way you waste your time.

♦ *vi* to give up hope: **desespero** *de* **conseguir ninguna ayuda oficial** I've given up hope of getting any official help.

desesperarse *v prnl* **1.** (*perder la esperanza*) to give up hope: **se desespera fácilmente** he gives up easily. **2.** (*impacientarse*) to get impatient: **no te desesperes, llegarán de un momento a otro** don't get impatient, they'll be here any minute now.

desespero /deses'pero/ *sm* (*Amér L*) despair, lack of hope.

desestabilizar /desestaβili'θar/ [➪cazar] *vt* to destabilize.

desestimar /desesti'mar/ [➪CANTAR] *vt* **1.** (*rechazar*) to refuse, to turn down: **desestimó su propuesta** he refused their proposal; **el juez desestimó su petición** the judge turned down his request. **2.** (*menospreciar*) to be scornful of: **desestimó las posibilidades del equipo contrario** he thought little of the opposing team's chances.

desfachatez /desfatʃa'teθ/ *sf* nerve, cheek: **tuvo la desfachatez** *de* **llamarme** he had the nerve to phone me.

desfalcar /desfal'kar/ [➪sacar] *vt* to embezzle.

desfalco /des'falko/ *sm* (*Fin*) embezzlement: **el cajero hizo un desfalco de varios millones de pesetas** the cashier embezzled several million pesetas.

desfallecer /desfaʎe'θer/ [➪agradecer] *vi* **1.** (*perder fuerza*) to lose strength: **desfalleció antes de llegar a la meta** his strength flagged before he reached the finishing line. **2.** (*desmayarse*) to faint, to pass out: **desfalleció** *de* **calor** he passed out because of the heat. **3.** (*desanimarse*) to give up: **el público animó al equipo sin desfallecer** the crowd cheered the team on without flagging.

desfallecido, -da /desfaʎe'θiðo -ða/ *adj* **1.** (*agotado*) exhausted; (*débil*) weakened. **2.** (*desmayado*) faint.

desfallecimiento /desfaʎeθi'mjento/ *sm* **1.** (*flojera*) weakness. **2.** (*desmayo*) faintness.

desfasado, -da /desfa'saðo -ða/ *adj* **1.** (*antiguo*) outdated: **esta máquina está desfasada** this machine is outdated. **2.** (*persona*): **estás desfasado** you're behind the times.

desfase /des'fase/ *sm* difference, disparity: **hay un gran desfase** *entre* **lo que ganan y lo que gastan** there is a huge difference between what they earn and what they spend.

desfavorable /desfaβo'raβle/ *adj* (*GB*) unfavourable, (*US*) unfavorable.

desfavorecer /desfaβore'θer/ [➪agradecer] *vt* **1.** (*perjudicar*) to work to the disadvantage of: **esta ley desfavorece a los extranjeros** this law works to the disadvantage of foreigners. **2.** (*sentar mal*): **esa falda me desfavorece** that skirt doesn't suit me.

desfigurado, -da /desfiɣu'raðo -ða/ *adj* **1.** (*miembro*) deformed; (*rostro*) disfigured: **el accidente lo dejó desfigurado** the accident left him disfigured. **2.** (*imagen*) blurred. **3.** (*tergiversado*) distorted: **ése es un relato muy desfigurado de los hechos** that's a very distorted account of events.

desfigurar /desfiɣu'rar/ [➪CANTAR] *vt* **1.** (*un miembro*) to deform; (*el rostro*) to disfigure: **el accidente le desfiguró la cara** the accident disfigured his face. **2.** (*difuminar*) to blur. **3.** (*disimular*) to disguise, to cover up: **trató de desfigurar su propósito** he tried to cover up his intentions. **4.** (*tergiversar*) to distort: **el acusado desfiguró los hechos** the defendant distorted the facts.

desfiladero /desfila'ðero/ *sm* narrow mountain pass.

desfilar /desfi'lar/ [➪CANTAR] *vi* **1.** (*marchar: gen*) to parade: **los atletas desfilaron en el estadio** the athletes paraded * marched round the stadium; (*: en formación*) to march in formation: **las tropas desfilaron** *ante* **el general** the troops marched past the general. **2.** (*pasar*): **desfiló todo tipo de gente** *por* **la exposición** all sorts of people passed through * visited the exhibition; **los manifestantes desfilaron** *ante* **el palacio** the demonstrators passed in front of the palace. **3.** (*salirse*) to file out: **el público desfiló después de la película** the audience filed out after the film.

desfile /des'file/ *sm* **1.** (*gen*) parade. **2.** (*Mil*) parade, march past.

desfile de modelos *sm* fashion parade * show.

desfogar /desfo'ɣar/ [➪pagar] *vt* to give vent to: **desfogó su mal humor** *en* **un amigo** he vented his bad temper on a friend.

desfogarse *v prnl* to let off steam: **se desfogó hablando** she was able to let off some steam by talking.

desfondar /desfon'dar/ [➪CANTAR] *vt* **1.** (*romper el fondo de*) to knock the bottom out of. **2.** (*Náut*) to hole. **3.** (*agotar*) to wear out: **dio un acelerón que desfondó a sus competidores** he put on a spurt which left the other competitors trailing.

desfondarse *v prnl* **1.** (*romperse el fondo*) to fall through: **la silla se había desfondado** the seat of the chair had fallen through; **se le desfondó la bolsa con la compra** the bottom fell out of her bag because of the shopping. **2.** (*Náut*) to be holed. **3.** (*agotarse*) to run out of steam: **se desfondó a mitad de la carrera** he ran out of steam halfway through the race.

desforestación /desforesta'θjon/ *sf* deforestation.

desforestar /desfores'tar/ [➪CANTAR] *vt* to deforest.

desgaire /dez'ɣaire/ *sm*: **camina** *con* **desgaire** he walks in an ungainly way; **se viste** *al* **desgaire** he doesn't care how he dresses.

desgajar /dezɣa'xar/ [➪CANTAR] *vt* **1.** (*una rama*) to break off; (*una página*) to tear out, to rip out. **2.** (*una persona*) to tear away.

desgajarse *v prnl* **1.** (*rama*) to be * get broken off. **2.** (*persona*) to wrench oneself away.

desgana /dez'ɣana/ *sf* (*falta: de apetito*) lack of appetite; (*: de interés*) apathy, lack of interest; (*: de entusiasmo*) unwillingness, reluctance: **me ayudó, aunque** *con* * *a* **desgana** she helped me, although reluctantly.

desganado, -da /dezɣa'naðo -ða/ *adj* **1.** (*sin apetito*) lacking appetite: **estoy un poco desganado** I've lost my appetite. **2.** (*sin interés*) apathetic, listless: **estoy desganado, no quiero hacer nada** I feel listless, I don't want to do anything.

desgañitarse /dezɣaɲi'tarse/ [➪CANTAR] *v prnl* (*fam*) to yell, to shout oneself hoarse: **se desgañitó animando a su equipo** he cheered his team on until he was hoarse.

desgarbado, -da /dezɣar'βaðo -ða/ *adj* ungainly.

desgarrado, -da /dezɣa'rraðo -ða/ *adj* **1.** (*rasgado*) tattered, ragged. **2.** (*voz*) piercing: **cantó con voz desgarrada** she sang in a piercing voice.

desgarrador, -dora /dezɣarra'ðor -'ðora/ *adj* (*historia*) heart-rending; (*grito*): **se oyó un grito desgarrador** we heard a bloodcurdling scream.

desgarrar /dezɣa'rrar/ [➪CANTAR] *vt* **1.** (*rasgar*) to tear, to rip. **2.** (*el corazón*) to break.

desgarrarse *v prnl* **1.** (*rasgarse*) to tear, to rip: **se le desgarró la manga** his sleeve ripped. **2.** (*el corazón*) to break: **sentí que se me desgarraba el corazón** I felt as if my heart was breaking.

desgarro /dez'ɣarro/ *sm* rip, tear: **tenía un desgarro muscular** he had a torn muscle.

desgarrón /dezɣa'rron/ *sm* rip, (large) tear.

desgastar /dezɣas'tar/ [➪ CANTAR] *vt* **1.** (*Geol*) to erode: **el agua desgasta las rocas** the water erodes the rocks. **2.** (*gastar*) to wear out: **desgastó los zapatos de tanto andar** she walked so much that she wore her shoes out.

desgastarse *v prnl* **1.** (*gastarse*) to wear out: **se me han desgastado las suelas de las botas** the soles of my boots have worn out. **2.** (*en un cargo, un puesto*) to wear oneself out: **el ministro se desgastó en pocos meses** the minister wore himself out in a matter of months.

desglosar /dezɣlo'sar/ [➪ CANTAR] *vt* to break down: **el profesor desglosó la lección** *en* **varios temas** the teacher broke the lesson down into several different subject headings.

desglose /dez'ɣlose/ *sm* breakdown: **necesitamos un desglose de los costos** we need a breakdown of the costs.

desgobierno /dezɣo'βjerno/ *sm* **1.** (*falta de gobierno*) anarchy; (*mal gobierno*) misgovernment. **2.** (*desorganización*) mismanagement.

desgracia /dez'ɣraθja/ *sf* **1.** (*fatalidad*) tragedy: **la enfermedad del padre fue una desgracia para todos** their father's illness was a tragedy for all of them; **sólo tenía veinte años... ¡qué desgracia!** she was only twenty, what a tragedy!; (*mala suerte*) misfortune: **tuvo la desgracia** *de* **romperse una pierna** she was unfortunate enough to break a leg • **las desgracias nunca vienen solas** it never rains but it pours • **para mayor desgracia no llegó a tiempo** to make matters worse he didn't arrive on time • **por desgracia no vino** unfortunately he didn't come. **2.** (*mala situación*): **lo ayudó** *en* **su desgracia** she helped him to get through that difficult time • **el actor cayó en desgracia con el público** the actor fell out of favour with the public. **3.** (*fam*: *persona*): **eres una desgracia** you're useless!

desgracias personales *sf pl* casualties *pl.*

desgraciado, -da /dezɣra'θjaðo -ða/ **I** *adj* **1.** (*desdichado*) unfortunate, unlucky: **sufrió un desgraciado accidente** he had an unfortunate accident; (*desacertado*) wrong: **fue una decisión desgraciada** it was the wrong decision. **2.** (*infeliz*) unhappy: **ha tenido una vida muy desgraciada** she has had a very unhappy life.

II *sm/f* **1.** (*persona desdichada*) unfortunate (person), wretch: **es un pobre desgraciado** he's a poor wretch. **2.** (*canalla*) crook.

desgraciar /dezɣra'θjar/ [➪ CAMBIAR] *vt* **1.** (*romper*) to break: **vas a desgraciar la tele** you'll break the television; (*estropear*) to damage, to ruin: **desgració la planta de tanto regarla** she damaged the plant by overwatering it. **2.** (*dañar gravemente*) to seriously injure: **lo desgraciaron a golpes** he was severely beaten up.

desgraciarse *v prnl* (*estropearse*) to be ruined: **se le desgraciaron los planes** his plans fell through.

desgranar /dezɣra'nar/ [➪ CANTAR] *vt* **1.** (*sacar el grano de: gen*) to remove the grain from; (*: el trigo*) to thresh; (*: las habas*) to shell. **2.** (*explicar con detalle*) to spell out, to list: **fue desgranando las ventajas que tenía** she listed all its advantages.

desgravable /dezɣra'βaβle/ *adj* tax-deductible.

desgravación /dezɣraβa'θjon/ *sf* (tax) deduction, (tax) relief.

desgravación de impuestos, desgravación fiscal *sf* tax reduction, tax relief.

desgravar /dezɣra'βar/ [➪ CANTAR] *vt*: **la compra de una vivienda desgrava impuestos** the purchase of a house attracts tax relief.

♦ *vi* to qualify for tax relief: **los gastos hospitalarios ya no desgravan** hospital expenses no longer qualify for tax relief.

desgreñado, -da /dezɣre'ɲaðo -ða/ *adj* dishevelled, tousled.

desgreñar /dezɣre'ɲar/ [➪ CANTAR] *vt* to dishevel, to ruffle.

desgreñarse *v prnl* to untidy one's hair.

desguace /dez'ɣwaθe/ *sm* **1.** (*acción*) scrapping, breaking up. **2.** (*lugar*) scrap yard, breaker's yard.

desguarnecer /dezɣwarne'θer/ [➪ agradecer] *vt* **1.** (*desproteger*) to leave defenceless. **2.** (*un caballo*) to unharness. **3.** (*quitar piezas de*) to strip.

desguazar /dezɣwa'θar/ [➪ cazar] *vt* (*Auto, Náut*) to break up, to scrap.

deshabillé /desaβi'ʎe/ *sm* negligée, negligee.

deshabitado, -da /desaβi'taðo -ða/ *adj* (*edificio*) unoccupied; (*pueblo*) uninhabited.

deshabitar /desaβi'tar/ [➪ CANTAR] *vt* **1.** (*una casa*) to move out of, to vacate. **2.** (*una ciudad*) to leave: **deshabitaron el pueblo a finales del siglo pasado** the village became uninhabited at the end of the last century.

deshabituar /desaβi'twar/ [➪ actuar] *vt* (*de droga, tabaco*) to break the habit; (*de una costumbre*) to break of the habit.

deshabituarse *v prnl* (*de droga, tabaco*) to break one's habit: **se deshabituó** *del* **tabaco** he gave up smoking; (*de una costumbre*) to get out of the habit.

deshacer /desa'θer/ [➪ HACER; *past participle* **deshecho**] *vt* **1.** (*un paquete, un nudo*) to undo; (*una costura*) to unpick; (*un rompecabezas*) to break up; (*una cama*) to strip: **deshizo la maleta** she unpacked her suitcase • **tuvimos que deshacer el camino andado** we had to retrace our steps. **2.** (*disolver*) to dissolve; (*derretir*) to melt. **3.** (*destruir*): **el vendaval deshizo la casa** the gale destroyed the house; **deshicieron al enemigo** they crushed the enemy; (*romper, desarmar*) to break: **deshace todos los juguetes que le compro** he breaks all the toys I buy him. **4.** (*un acuerdo, un trato*) to break.

♦ *vi* • **la que hace y deshace en esta casa es Carmen** Carmen is the one who makes all the decisions in this house.

deshacerse *v prnl* **1.** (*nudo, costura*) to come undone: **se te ha deshecho el moño** your bun has come undone. **2.** (*disolverse*) to dissolve; (*derretirse*) to melt: **estas galletas se deshacen en la boca** these cookies melt in your mouth. **3.** (*desintegrarse: organización*) to break up. **4.** (*persona: anímicamente*) to go to pieces: **se deshizo al oír la noticia** he went to pieces when he heard the news. **5. deshacerse de** (*desembarazarse de*) to get rid of: **se deshizo de él** she got rid of him; **no me quiero deshacer de esto, era de mi padre** I don't want to part with this, it was my father's. **6. deshacerse en** (*prodigarse en*): **se deshizo en alabanzas** he praised them to the skies; **se deshicieron en atenciones** they went out of their way to be hospitable; **se deshizo en lágrimas** he cried his heart out. **7. deshacerse por** (*desvivirse por*): **se deshace por ella** he's mad about her; **se deshace por complacer a su madre** she'll go to any lengths to please her mother.

desharrapado, **-da** /desarra'paðo -ða/ **I** *adj* ragged, scruffy.
II *sm/f* scruffy person.

deshecho, **-cha** /de'setʃo -tʃa/ **I** *past participle of* ➪ deshacer
II *adj* **1.** (*paquete, nudo*) undone; (*cama*) unmade. **2.** (*disuelto*) dissolved; (*derretido*) melted. **3.** (*estropeado*) broken. **4.** (*por una tragedia*) devastated: **está deshecho** *por* **la muerte de su madre** he is devastated by his mother's death. **5.** (*rendido*) exhausted, worn out: **llegué a casa deshecho** I was exhausted when I arrived home.

deshelar /dese'lar/ [➪pensar] *vt* (*la nieve*) to melt; (*un congelador*) to defrost; (*un parabrisas*) (*GB*) to de-ice, (*US*) to defrost.
deshelarse *v prnl* to thaw, to melt.

desheredado, **-da** /desere'ðaðo -ða/ **I** *adj* **1.** (*Jur*) disinherited. **2.** (*marginado*) deprived, underprivileged.
II *sm/f* underprivileged person: **tratan de socorrer a los desheredados** they try to help the underprivileged.

desheredar /desere'ðar/ [➪CANTAR] *vt* to disinherit.

deshidratación /desiðrata'θjon/ *sf* dehydration.

deshidratar /desiðra'tar/ [➪CANTAR] *vt* to dehydrate.
deshidratarse *v prnl* to become dehydrated.

deshielo /de'sjelo/ *sm* thaw.

deshilachado, **-da** /desila'tʃaðo -ða/ *adj* frayed.

deshilachar /desila'tʃar/ [➪CANTAR] *vt* to fray.
deshilacharse *v prnl* to fray, to become frayed.

deshilar /desi'lar/ [➪CANTAR] *vt* to fray.

deshilvanado, **-da** /desilβa'naðo -ða/ *adj* **1.** (*prenda*) untacked. **2.** (*texto, pensamiento*) disjointed: **su discurso fue deshilvanado** his speech was disjointed.

deshilvanar /desilβa'nar/ [➪CANTAR] *vt* to take the tacking out of.

deshinchado, **-da** /desin'tʃaðo -ða/ *adj* (*neumático*) flat; (*balón*) deflated.

deshinchar /desin'tʃar/ [➪CANTAR] *vt* **1.** (*desinflar*) to deflate, to let down. **2.** (*Med*) to reduce the swelling in.
deshincharse *v prnl* **1.** (*desinflarse*) to go down: **se deshinchó una rueda** one of the tyres went down. **2.** (*Med*): **la rodilla todavía no se me ha deshinchado** the swelling in my knee still hasn't gone down. **3.** (*desanimarse*) to lose heart, to become disheartened. **4.** (*perder la vanidad*) to come down to earth: **vino con muchos humos, pero se deshinchó enseguida** he came with big ideas, but soon came down to earth.

deshipotecar /desipote'kar/ [➪sacar] *vt* to pay off the mortgage on.

deshojar /deso'xar/ [➪CANTAR] *vt* **1.** (*una flor: de los pétalos*) to pull the petals off; (*: de las hojas*) to pull the leaves off. **2.** (*un libro*) to tear the pages out of.
deshojarse *v prnl* (*árbol*) to shed its leaves.

deshollinador, **-dora** /desoʎina'ðor -'ðora/ *sm/f* chimney sweep.

deshollinar /desoʎi'nar/ [➪CANTAR] *vt* (*una chimenea*) to sweep.

deshonesto, **-ta** /deso'nesto -ta/ *adj* **1.** (*no honrado*) dishonest. **2.** (*indecente*) indecent, lewd: **lo acusaron de hacer proposiciones deshonestas** he was accused of making indecent suggestions.

deshonor /deso'nor/ *sm* (*GB*) dishonour, (*US*) dishonor.

deshonra /de'sonra/ *sf* **1.** (*deshonor*) (*GB*) dishonour, (*US*) dishonor. **2.** (*vergüenza*) disgrace: **trabajar en eso no es ninguna deshonra** doing that kind of work is no disgrace.

deshonrar /deson'rar/ [➪CANTAR] *vt* (*GB*) to dishonour, (*US*) to dishonor.

deshora /de'sora/ **a deshora** ✻ **deshoras** *loc adv* at odd times: **todo lo hace a deshoras** he does everything at odd times; **si comes a deshoras, luego no tendrás apetito** if you eat between meals you'll have no appetite later.

deshuesadero /deswesa'ðero/ *sm* (*Méx*: *Auto*) scrap yard, breaker's yard.

deshuesar /deswe'sar/ [➪CANTAR] *vt* **1.** (*la carne*) to bone; (*una aceituna, una fruta*) to pit, to remove the stone from. **2.** (*Méx*: *un automóvil*) to break up, to scrap.

deshumanizar /desumani'θar/ [➪cazar] *vt* to dehumanize.

desidia /de'siðja/ *sf* (*falta de: cuidado*) lack of care, neglect: **viste** *con* **desidia** he does not care about his clothes; (*: interés*) apathy: **no lo terminé por pura desidia** I didn't finish it out of sheer apathy; (*: energía*) lethargy, laziness.

desierto, **-ta** /de'sjerto -ta/ **I** *adj* **1.** (*despoblado*) deserted, uninhabited: **una isla desierta** a desert island. **2.** (*vacío*) deserted: **la discoteca estaba desierta** the disco was deserted. **3.** (*sin adjudicar*) void: **el premio quedó desierto** the prize was declared void.
II desierto *sm* desert ● **es como clamar** ✻ **predicar en el desierto** it's just a waste of breath.

designación /desiγna'θjon/ *sf* **1.** (*para un cargo*) appointment: **todavía no se ha producido la designación del nuevo director general** the new managing director hasn't been appointed yet. **2.** (*denominación*) name: **no hay designación oficial para eso** there is no official name for that.

designar /desiγ'nar/ [➪CANTAR] *vt* **1.** (*nombrar*) to designate, to appoint: **lo designaron** *para* **aquel trabajo** he was appointed to do that job; **Adriano lo designó** *como* **su sucesor** Hadrian designated him his successor. **2.** (*representar*) to represent: **la "h" designa la altura del triángulo** "h" represents the height of the triangle. **3.** (*llamar*) to call: **se las designa** *con* **su nombre latino** they are called by their Latin name. **4.** (*una fecha, un lugar*) to fix: **designaron fecha para la reunión** they fixed a date for the meeting.

designio /de'siγnjo/ *sm* intention.

desigual /desi'γwal/ *adj* **1.** (*no igual*) unequal: **repartió las monedas en dos montones desiguales** she divided the coins into two unequal piles; **el reparto fue muy desigual** the distribution was very unequal. **2.** (*con altibajos*) variable: **la calidad de sus películas es muy desigual** the quality of her films is very variable. **3.** (*terreno*) uneven, rough. **4.** (*Meteo*: *variable*) changeable.

desigualar /desiγwa'lar/ [➪CANTAR] *vt* **1.** (*diferenciar*) to make unequal. **2.** (*desempatar*): **el último gol desigualó el marcador** the final goal decided the match.
desigualarse *v prnl* **1.** (*diferenciarse*) to become unequal. **2.** (*desempatarse*): **en el último minuto se desigualó el marcador** the tie was broken in the last minute.

desigualdad /desiγwal'dað/ *sf* **1.** (*injusticia*) inequality: **durante toda su vida luchó contra las desigualdades sociales** throughout her life she fought against social inequality. **2.** (*diferencia*) difference: **hay desigualdad de opiniones sobre el tema** opinions differ over the subject. **3.** (*desnivel*) unevenness, roughness: **lijaron la madera para eliminar las desigualdades** they sanded the wood to make it smooth.

desilusión /desilu'sjon/ *sf* disappointment, disillusionment: **fue una gran desilusión que no quisiera ir a la universidad** I was greatly disappointed that she did not want to go to university; **me llevé una desilusión** *con* **esa película** I was disappointed by that film.

desilusionar /desilusjo'nar/ [⇨CANTAR] *vt* **1.** (*decepcionar*) to disappoint: **el libro me desilusionó** I was disappointed with the book. **2.** (*desengañar*) to disillusion: **siento desilusionarte, pero es un estafador** I hate to disillusion you, but he is a con man.

desilusionarse *v prnl* **1.** (*llevarse una decepción*) to be disappointed. **2.** (*perder la ilusión*) to become disillusioned.

desinencia /desi'nenθja/ *sf* (*Ling*) ending.

desinfección /desinfek'θjon/ *sf* disinfection.

desinfectante /desinfek'tante/ *adj, sm* disinfectant.

desinfectar /desinfek'tar/ [⇨CANTAR] *vt* to disinfect.

desinflamar /desinfla'mar/ [⇨CANTAR] *vt* to reduce the inflammation of.

desinflamarse *v prnl*: **se me desinflamó la mejilla** my cheek became less inflamed.

desinflar /desin'flar/ [⇨CANTAR] *vt* **1.** (*deshinchar*) to let the air out of, to deflate: **desinfló el neumático** he let the air out of the tyre. **2.** (*fam*: *desanimar*) to dishearten: **aquello lo desinfló del todo** he was completely disheartened by that.

desinflarse *v prnl* **1.** (*deshincharse*) to go down, to deflate: **la rueda se desinfló** the tyre went down. **2.** (*fam*: *desanimarse*) to lose heart: **en el último momento se desinfló** he lost heart at the last moment.

desinformado, -da /desinfor'maðo -ða/ *adj* (*no informado*) uninformed; (*mal informado*) misinformed.

desinformar /desinfor'mar/ [⇨CANTAR] *vt* to misinform, to give misleading information to.

desinhibirse /desini'βirse/ [⇨PARTIR] *v prnl* to lose one's inhibitions.

desintegración /desinteγra'θjon/ *sf* disintegration, break-up.

desintegración nuclear *sf* (*Fís*) nuclear fission.

desintegrar /desinte'γrar/ [⇨CANTAR] *vt* **1.** (*separar*) to break up, to cause the break-up of: **la corrupción ha desintegrado el partido** corruption has caused the break-up of the party. **2.** (*el átomo*) to split.

desintegrarse *v prnl* **1.** (*deshacerse*) to disintegrate. **2.** (*separarse*) to break up: **el equipo se desintegró en poco tiempo** the team broke up after a short time. **3.** (*átomo*) to split.

desinterés /desinte'res/ *sm* **1.** (*apatía*) lack of interest, disinterest: **fracasó en sus exámenes por desinterés** she failed her exams because of her lack of interest. **2.** (*altruismo*) unselfishness, selflessness: **actúa movido por el desinterés** he's acting unselfishly.

desinteresado, -da /desintere'saðo -ða/ *adj* unselfish: **lo hizo de manera totalmente desinteresada** he did it without expecting anything in return.

desintoxicar /desintoksi'kar/ [⇨sacar] *vt* to detoxify.

desintoxicarse *v prnl* (*de drogas*) to come off drugs; (*de alcohol*) to dry out.

desistir /desis'tir/ [⇨PARTIR] *vi* **1.** (*renunciar*): **desistió** *de* **escalar la montaña** he gave up climbing the mountain. **2.** (*de un derecho*): **desistió** *de* **su derecho a la herencia** he renounced * waived his right to the inheritance.

deslavazado, -da /deslaβa'θaðo -ða/ *adj* disjointed: **sus ideas parecían un tanto deslavazadas** his ideas seemed rather disjointed.

desleal /desle'al/ *adj* disloyal.

deslealtad /desleal'tað/ *sf* disloyalty.

deslenguado, -da /desleŋ'gwaðo -ða/ *adj* (*desvergonzado*) insolent; (*mal hablado*) foul-mouthed.

desliar /des'ljar/ [⇨ansiar] *vt* (*desatar*) to untie, to undo: **deslió su hatillo** she untied her bundle; (*desenvolver*) to unwrap: **deslió el regalo** he unwrapped the present.

desliarse *v prnl* to come undone, to come untied.

desligar /desli'γar/ [⇨pagar] *vt* **1.** (*desatar*) to untie, to unfasten. **2.** (*separar*) to separate: **desligó ese punto** *del* **tema que trataban** he considered that point separately. **3.** (*eximir*) to release, to free: **lo desligó** *de* **la palabra dada** she released him from his promise.

desligarse *v prnl* **1.** (*desatarse: cosa*) to come untied, to come unfastened; (*: persona*) to untie oneself: **se desligó** *de* **las ataduras** he untied his bonds; **se desligó** *de* **sus obligaciones** he got out of his duties. **2.** (*independizarse*) to sever one's connections: **se desligó** *de* **la empresa** she severed her connections with the company.

deslindar /deslin'dar/ [⇨CANTAR] *vt* **1.** (*un terreno*) to establish the boundaries of. **2.** (*definir*) to outline, to set out: **deslindó las funciones de su cargo** he outlined the responsibilities of his post.

desliz /des'liθ/ *sm* [**deslices**] **1.** (*traspié*) slip. **2.** (*desacierto*) slip: **cometió un desliz durante la entrevista** he slipped up during the interview. **3.** (*lapso moral*) indiscretion: **son deslices de juventud** they are just youthful indiscretions.

deslizar /desli'θar/ [⇨cazar] *vt* **1.** (*mover*) to slide: **deslizó la mano por la barandilla de la escalera** he slid his hand along the banister. **2.** (*dar*)to slip: **le deslizó un sobre con dinero** she slipped him an envelope containing money. **3.** (*insinuar*) to slip: **deslizó algunos comentarios** *en* **la conversación** she slipped some remarks into the conversation.

deslizarse *v prnl* **1.** (*resbalar*) to slide: **se deslizó** *por* **el tobogán** he slid down the slide; **los patinadores se deslizaban** *sobre* **el hielo** the skaters glided across the ice. **2.** (*arrastrarse*) to slither. **3.** (*fam*: *salir*) to slip out: **se deslizó aprovechando la oscuridad** taking advantage of the darkness he slipped out; (*: entrar*): **se deslizó** *en* **la habitación** he slipped into the room.

deslomar /deslo'mar/ [⇨CANTAR] *vt* **1.** (*derrengar*) to break the back of: **la carga deslomó a la mula** the load broke the mule's back. **2.** (*agotar*) to wear out, to exhaust: **el trabajo lo deslomó** the job wore him out. **3.** (*zurrar*) to beat: **unos gamberros lo deslomaron** he was beaten up by some hooligans.

deslomarse *v prnl* to wear oneself out: **se desloma trabajando** he works himself to death.

deslucido, -da /deslu'θiðo -ða/ *adj* **1.** (*descolorido*) faded: **las cortinas ya están deslucidas** the curtains are already faded. **2.** (*mediocre*) dull, unexciting: **su actuación estuvo deslucida** his performance was rather unexciting; **las fiestas estuvieron deslucidas a causa de la lluvia** the rain detracted greatly from the success of the celebrations.

deslucir /deslu'θir/ [⇨lucir] *vt* **1.** (*un objeto*) to take the shine off, to tarnish: **el tiempo deslució mi cadena** with time, my chain became tarnished; (*un vestido, unas cortinas, etc.*) to fade: **el sol deslució el vestido**

the sun faded the dress. **2.** (*un acontecimiento*) to mar, to detract from: **los problemas técnicos deslucieron la obra** the play was marred by technical problems; **la lluvia deslució el espectáculo** the rain spoiled the show. **3.** (*el buen nombre*) to tarnish: **ese comentario deslució su reputación** that remark tarnished her reputation.

deslucirse *v prnl* (*objeto*) to lose its shine, to become dull; (*vestido, cortinas, etc.*) to fade.

deslumbramiento /deslumbra'mjento/ *sm* (*acción*) dazzling; (*efecto*) dazzle.

deslumbrante /deslum'brante/ *adj* dazzling.

deslumbrar /deslum'brar/ [➪CANTAR] *vt* to dazzle: **el sol me deslumbra** the sun is dazzling me • **deslumbró a todos con sus juegos de magia** he dazzled everyone with his magic tricks.

deslustrar /deslus'trar/ [➪CANTAR] *vt* **1.** (*un objeto*) to dull. **2.** (*el buen nombre*) to tarnish.

desmadrado, -da /dezma'ðraðo -ða/ *adj* (*fam*) unruly, wild.

desmadrarse /dezma'ðrarse/ [➪CANTAR] *v prnl* (*fam: desenfrenarse*) to get out of control, to go wild: **se desmadró en la fiesta** she went wild at the party.

desmadre /dez'maðre/ *sm* (*fam*) **1.** (*descontrol*) chaos: **el funcionamiento de esa empresa es el desmadre** that company's operations are chaotic ✱ a shambles; **cuando apareció en la puerta del hotel, aquello fue el desmadre** when she appeared at the hotel entrance chaos broke out. **2.** (*fam: juerga*) rave-up, wild party.

desmán /dez'man/ *sm* **1.** (*exceso*) excess: **los manifestantes cometieron muchos desmanes** the demonstrators' behaviour got very out of hand. **2.** (*atropello*): **durante la dictadura se cometieron muchos desmanes** during the dictatorship there was much abuse of authority.

desmandarse /dezman'darse/ [➪CANTAR] *v prnl* (*rebelarse*) to get out of control; (*portarse mal*) to misbehave: **si se desmanda, dímelo** tell me if he misbehaves; (*desmadrarse*) to go wild: **Carlos se desmandó en la fiesta** Carlos went wild at the party.

desmano /dez'mano/ **a desmano** *loc adv* out of the way: **tu casa me cae a desmano** your house is a bit out of the way for me.

desmantelar /dezmante'lar/ [➪CANTAR] *vt* (*una estructura*) to dismantle; (*un edificio*) to empty, to strip.

desmañado, -da /dezma'ɲaðo -ða/ *adj* clumsy.

desmaquillador, -dora /dezmakiʎa'ðor -'ðora/ **I** *adj*: **una loción desmaquilladora** a make-up removing lotion.
II desmaquillador *sm* make-up remover.

desmaquillarse /dezmaki'ʎarse/ [➪CANTAR] *v prnl* to remove one's make-up.

desmarcarse /dezmar'karse/ [➪sacar] *v prnl* **1.** (*Dep*) to get into an unmarked position. **2.** (*apartarse*) to disassociate oneself: **se ha desmarcado** *del* **punto de vista oficial** he has disassociated himself from the official position.

desmayado, -da /dezma'jaðo -ða/ *adj* **1.** (*inconsciente*) unconscious: **cayó desmayado** he fainted. **2.** (*pálido*) pale: **estaba pintado de un rosa desmayado** it was painted pale pink.

desmayar /dezma'jar/ [➪CANTAR] *vi* to lose heart: **no desmayó** *en* **la búsqueda** he carried on searching without losing heart.

desmayarse *v prnl* (*Med*) to faint, to pass out: **se desmayó** *de* **hambre** he fainted from hunger.

desmayo /dez'majo/ *sm* **1.** (*mareo*) faint: **sufrió un desmayo** she fainted. **2.** (*desánimo*) listlessness: **habló con desmayo** he spoke listlessly.

desmedido, -da /dezme'ðiðo -ða/ *adj* huge: **tiene unas ambiciones desmedidas** she's extremely ambitious; **tiene un apetito desmedido** he's got an enormous appetite.

desmedirse /dezme'ðirse/ [➪pedir] *v prnl* to go too far: **se desmidió** *en* **sus palabras** he went too far in what he said.

desmejorado, -da /dezmexo'raðo -ða/ *adj* **1.** (*con menos salud*) worse: **desde la operación se le ve muy desmejorado** he looks a lot worse since the operation. **2.** (*menos atractivo*) less attractive: **está bastante desmejorado** he has lost his looks.

desmejorar /dezmexo'rar/ [➪CANTAR] *vt* **1.** (*Med*): **este clima la desmejora** this climate is bad for her health. **2.** (*deteriorar*) to spoil.
♦ *vi* (*Med*) to get worse, to worsen: **en las últimas semanas ha desmejorado mucho** he has got much worse in the last few weeks.

desmejorarse *v prnl* (*Med*) to get worse, to worsen.

desmelenarse /dezmele'narse/ [➪CANTAR] *v prnl* **1.** (*despeinarse*): **llegó toda desmelenada** her hair was in a mess when she arrived. **2.** (*fam: desmandarse*) to let one's hair down: **los fines de semana se desmelena** he lets his hair down at weekends.

desmembrar /dezmem'brar/ [➪pensar] *vt* **1.** (*mutilar*) to dismember. **2.** (*dividir*) to break up, to split.

desmembrarse *v prnl* to break up: **el imperio se desmembró** the empire broke up.

desmemoriado, -da /dezmemo'rjaðo -ða/ **I** *adj* forgetful.
II *sm/f* forgetful person.

desmentir /dezmen'tir/ [➪sentir] *vt* **1.** (*negar*) to deny: **un portavoz de la familia desmintió la noticia** a spokesman for the family denied the news report. **2.** (*decir lo contrario de*) to contradict: **los hechos desmintieron sus palabras** the facts contradicted what he said.

desmenuzar /dezmenu'θar/ [➪cazar] *vt* **1.** (*gen*) to break up into small pieces; (*el pan*) to crumble; (*el pescado*) to flake. **2.** (*analizar*) (*GB*) to analyse thoroughly, (*US*) to analyze thoroughly: **desmenuzó el poema verso a verso** he analysed the poem line by line.

desmerecer /dezmere'θer/ [➪agradecer] *vi* **1.** (*perder atractivo*): **la habitación desmerece mucho con ese sofá tan feo** that ugly sofa detracts greatly from the room; **esa chaqueta desmerece con vaqueros** that jacket does not look as nice if you wear it with jeans. **2.** (*en comparaciones*) to compare unfavourably: **mi sueldo no desmerece** *del* **suyo** my salary does not compare unfavourably with ✱ to his.

desmesurado, -da /dezmesu'raðo -ða/ *adj* enormous, excessive: **tiene un apetito desmesurado** he has an enormous appetite.

desmigajar /dezmiɣa'xar/ [➪CANTAR] *vt* to crumble.

desmigar /dezmi'ɣar/ [➪pagar] *vt* to crumble.

desmilitarización /desmilitariθa'θjon/ *sf* demilitarization.

desmilitarizar /dezmilitari'θar/ [➪cazar] *vt* to demilitarize.

desmirriado, -da /dezmi'rrjaðo -ða/ *adj* ➪esmirriado

desmitificar /dezmitifi'kar/ [➪sacar] *vt* to demythologize.

desmontable /dezmon'taβle/ *adj* collapsible: **trajo**

una silla desmontable she brought a collapsible chair; **este mueble es fácilmente desmontable** this piece of furniture is easy to dismantle.

desmontar /dezmon'tar/ [➪CANTAR] *vt* **1.** (*un mueble, una máquina*) to dismantle, to take to pieces; (*un motor*) to strip; (*una tienda de campaña*) to take down. **2.** (*un arma*) to put the safety catch on. **3.** (*rebatir*) to take to pieces: **desmontó la teoría de su rival** he took his opponent's theory to pieces.
♦*vi* (*de un caballo*) to dismount: **no pudo desmontar** *del* **caballo** he couldn't dismount from * get off his horse; (*de un coche*) to get out; (*de un tren, un autobús*) to get off: **desmontó** *del* **autobús** he got off the bus.
desmontarse *v prnl* (*de un caballo*) to dismount; (*de un coche*) to get out; (*de un tren, un autobús*) to get off.

desmoralizar /dezmorali'θar/ [➪cazar] *vt* to dishearten, to demoralize: **su indecisión desmoraliza a cualquiera** his indecisiveness is enough to dishearten anyone.
desmoralizarse *v prnl* to become demoralized: **se desmoralizó al recibir notas tan bajas** he became very demoralized when he received such low grades.

desmoronar /dezmoro'nar/ [➪CANTAR] *vt* **1.** (*gen*) to destroy gradually; (*una roca*) to erode, to wear away. **2.** (*a una persona*): **la noticia la desmoronó** she went to pieces when she heard the news.
desmoronarse *v prnl* **1.** (*edificio*) to crumble, to fall apart: **la casa se desmoronó** the house crumbled. **2.** (*persona*): **se desmoronó tras la muerte de su madre** he fell apart after his mother died; (*institución*) to collapse: **en esa época se desmoronó el imperio** at that time the empire collapsed.

desmovilización /dezmoβiliθa'θjon/ *sf* demobilization.

desmovilizar /dezmoβili'θar/ [➪cazar] *vt* to demobilize.

desnacionalizar /deznaθjonali'θar/ [➪cazar] *vt* to privatize.

desnatado, -da /dezna'taðo -ða/ *adj* (*leche*) skimmed; (*yogur*) low-fat.

desnatar /dezna'tar/ [➪CANTAR] *vt* (*descremar*) to skim.

desnaturalizado, -da /deznaturali'θaðo -ða/ *adj* **1.** (*adulterado*) denatured. **2.** (*descastado*): **una madre desnaturalizada** a cold, unnatural mother. **3.** (*privado de nacionalidad*) stateless.

desnivel /dezni'βel/ *sm* **1.** (*desequilibrio*) gap, difference: **hay un gran desnivel** *entre* **las regiones ricas y pobres del país** there is a big gap between the rich and the poor regions of the country. **2.** (*del terreno*) difference in height: *entre* **la carretera y el campo hay un desnivel de tres metros** there is a difference of three metres between the level of the road and the field.

desnivelar /dezniβe'lar/ [➪CANTAR] *vt* **1.** (*una superficie*) to make uneven; (*una situación*): **un gol en el último minuto desniveló el marcador** a last-minute goal broke the deadlock. **2.** (*desequilibrar*) to throw out of balance.

desnucar /deznu'kar/ [➪sacar] *vt* to break someone's neck.
desnucarse *v prnl* to break one's neck.

desnudar /deznu'ðar/ [➪CANTAR] *vt* to undress, to strip.
desnudarse *v prnl* (*persona*) to get undressed, to take one's clothes off; (*árbol*): **el árbol se desnudó** *de* **hojas** the tree lost all its leaves.

desnudez /deznu'ðeθ/ *sf* nudity, nakedness.

desnudismo /deznu'ðizmo/ *sm* nudism, naturism.

desnudista /deznu'ðista/ *adj, sm/f* nudist.

desnudo, -da /dez'nuðo -ða/ **I** *adj* **1.** (*cuerpo*) naked, nude: **el niño estaba desnudo** the child was naked; (*hombros, pies*) bare • **me presentó la verdad desnuda** he presented me with the plain truth • **se mostró al desnudo** he showed his true self. **2.** (*vacío*) bare: **las habitaciones estaban desnudas** the rooms were bare.
II desnudo *sm* (*Artes*) nude.

desnutrición /deznutri'θjon/ *sf* malnutrition.

desnutrido, -da /deznu'triðo -ða/ *adj* malnourished.

desobedecer /desoβeðe'θer/ [➪agradecer] *vt* (*una orden, a una persona*) to disobey.
♦*vi* to disobey: **lo castigaron por desobedecer** he was punished for disobeying.

desobediencia /desoβe'ðjenθja/ *sf* disobedience.

desobediente /desoβe'ðjente/ **I** *adj* disobedient.
II *sm/f* disobedient person.

desocupado, -da /desoku'paðo -da/ *adj* free, vacant: **aquí hay una mesa desocupada** there is a free table here.

desocupar /desoku'par/ [➪CANTAR] *vt* **1.** (*desalojar*) to vacate: **los huéspedes desocuparon la habitación** the guests vacated the room. **2.** (*vaciar*) to empty: **desocupa el cajón del armario** empty the cupboard drawer.

desodorante /desoðo'rante/ *sm* deodorant.

desoír /deso'ir/ [➪oír] *vt* to ignore, to take no notice of: **eso te pasa por desoír mis consejos** that's what happens when you ignore my advice.

desolación /desola'θjon/ *sf* **1.** (*ruina*) desolation. **2.** (*angustia*) grief.

desolador, -dora /desola'ðor -'ðora/ *adj* **1.** (*devastador*) devastating: **los efectos del vendaval fueron desoladores** the effects of the gale were devastating. **2.** (*desgarrador*) grievous, extremely painful.

desolar /deso'lar/ [➪contar] *vt* **1.** (*arrasar*) to devastate: **la tormenta desoló la región** the storm devastated the region. **2.** (*afligir*) to devastate: **me desoló la noticia** I was devastated by the news.
desolarse *v prnl* to be devastated.

desollar /deso'ʎar/ [➪contar] *vt* **1.** (*despellejar*) to skin. **2.** (*criticar*) to pull to pieces • **lo desollaron vivo en la reunión** they pulled him to pieces at the meeting.

desorbitado, -da /desorβi'taðo -ða/ *adj* **1.** (*precio*) exorbitant: **todo lo que venden tiene unos precios desorbitados** everything they sell is at exorbitant prices. **2.** (*ojos*): **me miró con los ojos desorbitados** she looked at me wide-eyed.

desorbitar /desorβi'tar/ [➪CANTAR] *vt* to get out of proportion: **estamos desorbitando el asunto** we're getting this all out of proportion.
desorbitarse *v prnl* (*fam*) to shoot up: **se desorbitaron los precios** prices shot up.

desorden /de'sorðen/ **I** *sm* disorder, mess: **¡qué desorden hay en el armario!** what a mess the wardrobe is in!; **mi escritorio se encuentra** *en* **completo desorden** my desk is in complete disorder.
II desórdenes *sm pl* **1.** (*disturbios*) disturbances *pl*: **hubo muchos desórdenes callejeros** there were a lot of disturbances in the streets. **2.** (*abusos*) excesses *pl*: **los desórdenes lo hicieron enfermar** his excessive lifestyle was the cause of his illness.
desórdenes gástricos *sm pl* stomach upsets *pl*.

desordenado, -da /desorðe'naðo -ða/ *adj* **1.** (*en desorden*) untidy: **es muy desordenado** he's a very untidy person; **dejaron el apartamento todo des-**

ordenado they left the apartment in a real mess. **2.** (*irregular*) chaotic: **lleva una vida muy desordenada** he leads a very chaotic life.

desordenar /desorðe'nar/ [➪CANTAR] *vt* (*un lugar*) to mess up, to make untidy; (*algo que va en orden*) to put out of order: **me desordenó todos los papeles** she mixed up the order of my papers.

desordenarse *v prnl* (*lugar*) to become untidy; (*algo que va en orden*) to get out of order: **las hojas se han desordenado** the papers have got out of order * all mixed up.

desorganización /desorɣaniθa'θjon/ *sf* lack of organization, disorganization.

desorganizado, -da /desorɣani'θaðo -ða/ *adj* disorganized.

desorganizar /desorɣani'θar/ [➪cazar] *vt* to disrupt.

desorientación /desorjenta'θjon/ *sf* disorientation, confusion.

desorientado, -da /desorjen'taðo -ða/ *adj* **1.** (*extraviado*) disorientated, lost. **2.** (*confuso*) confused: **sus palabras me dejaron algo desorientado** I was left somewhat confused by what she said.

desorientar /desorjen'tar/ [➪CANTAR] *vt* **1.** (*extraviar*) to disorientate, to disorient. **2.** (*confundir*) to confuse: **las informaciones contradictorias desorientaron a la opinión pública** the contradictory reports confused people.

desorientarse *v prnl* **1.** (*extraviarse*) to get lost, to lose one's bearings: **se desorientó camino del hotel** she got lost on the way to the hotel. **2.** (*turbarse*) to get confused: **me desorienté al verlo** I got all confused when I saw him.

desovar /deso'βar/ [➪CANTAR] *vi* (*peces*) to spawn; (*insectos, anfibios*) to lay eggs.

desoxidar /desoksi'ðar/ [➪CANTAR] *vt* **1.** (*quitar óxido a*) to remove the rust from. **2.** (*Quím*) to deoxidize.

despabilado, -da /despaβi'laðo -ða/ *adj* ➪espabilado

despabilar /despaβi'lar/ [➪CANTAR] *vt/i* ➪espabilar

despachar /despa'tʃar/ [➪CANTAR] *vt* **1.** (*concluir*) to complete, to finish (off): **despachó pronto el trabajo** she quickly finished off the work. **2.** (*solucionar*) to resolve: **despachó el problema** he resolved the problem. **3.** (*discutir*) to deal with, to discuss: **tengo que despachar varios asuntos** *con* **el ministro** I have to discuss a few matters with the minister. **4.** (*en un comercio: atender*) to serve: **me despachó un dependiente muy amable** a very nice shop assistant served me; (*: vender*): **me despachó tres entradas** he issued me with three tickets. **5.** (*enviar*) to send, to dispatch: **despachó a un mensajero** she sent a courier; (*arreglar*): **despachó la correspondencia** he dealt with the mail. **6.** (*fam*: *echar*) to fire: **despacharon a cinco empleados** they fired five employees. **7.** (*fam*: *zamparse*) to eat: **despachó medio pollo** he ate * polished off half a chicken. **8.** (*fam*: *matar*) to bump off, to waste.

♦*vi* **1.** (*reunirse*) to meet: **el presidente despachó** *con* **sus ministros** the president held a meeting with his ministers. **2.** (*fam*: *darse prisa*) to hurry up: **despacha, que nos esperan** hurry up, they're waiting for us. **3.** (*en un comercio*) to serve.

despacharse *v prnl* **1.** (*desembarazarse*) to free oneself: **se despachó** *de* **ese asunto** he extricated himself from the whole business. **2.** (*fam*: *hablar sin rodeos*) to speak one's mind: **se despachó a gusto** *con* **él** she told him exactly what she thought.

despacho /des'patʃo/ *sm* **1.** (*venta*) sale. **2.** (*oficina: gen*) office: **vamos a pasar a mi despacho** let's go into my office; (*: en casa*) study. **3.** (*establecimiento*) shop: **está de empleado en un despacho de pan** he works in a baker's (shop); **trabaja en el despacho de billetes de la estación** she works in the ticket office at the station. **4.** (*comunicación oficial*) dispatch, communiqué: **enviaron un despacho al embajador** they sent a communiqué to the ambassador. **5.** (*noticia*) communication: **la agencia recibió un despacho telegráfico** the agency received a telegram; **según un despacho de la agencia EFE...** according to a report from the EFE agency.... **6.** (*Mil*: *cargo*) commission: **le entregaron el despacho de teniente** he was given a lieutenant's commission.

despachurrar /despatʃu'rrar/ [➪CANTAR] *vt* to crush, to squash.

despachurrarse *v prnl* to get crushed, to get squashed.

despacio /des'paθjo/ **I** *adv* **1.** (*lentamente*) slowly: **si vamos tan despacio, no llegaremos a tiempo** if we go this slowly, we won't get there in time. **2.** (*Amér L*: *en voz baja*) quietly: **despacio, no se vaya a despertar** quiet, don't wake him!

II *excl* take it easy.

despampanante /despampa'nante/ *adj* (*fam*) amazing: **llegó en un coche despampanante** he turned up in the most amazing car.

despanzurrar /despanθu'rrar/ [➪CANTAR] *vt* (*fam*: *despachurrar*) to crush, to squash.

despanzurrarse *v prnl* (*fam*) to get crushed, to get squashed.

desparejado, -da /despare'xaðo -ða/ *adj* (*calcetín, guante*) odd.

desparejar /despare'xar/ [➪CANTAR] *vt* to separate, to split up.

desparejarse *v prnl* to separate, to become separated.

desparejo, -ja /despa'rexo -xa/ *adj* **1.** (*sin pareja*) odd. **2.** (*Amér L*: *desigual*) uneven.

desparpajo /despar'paxo/ *sm* self-confidence: **cuenta las cosas con desparpajo** she explains things with great self-confidence.

desparramar /desparra'mar/ [➪CANTAR] *vt* **1.** (*dispersar*) to spread out: **desparramó los papeles** *por* **la mesa** she spread the papers out on the table; **había ropa desparramada** *por* **toda la habitación** there were clothes scattered all over the room. **2.** (*derramar*) to spill: **el niño desparramó la leche** the boy spilt the milk.

desparramarse *v prnl* **1.** (*dispersarse*) to spread out: **el ganado se desparramó** *por* **el prado** the cattle spread out across the meadow. **2.** (*derramarse*) to spill.

despatarrarse /despata'rrarse/ [➪CANTAR] *v prnl* (*fam*) to sprawl: **se despatarró sobre el sillón** he sprawled in the armchair • **se despatarró de risa** he fell about laughing.

despavorido, -da /despaβo'riðo -ða/ *adj* terrified: **huyó despavorido** he fled in terror.

despecho /des'petʃo/ *sm* resentment: **no me felicitó** *por* **despecho** he didn't congratulate me out of resentment • **a despecho de la opinión de todos, abandonó su trabajo** in defiance of what everyone thought, he gave up his job.

despechugado, -da /despetʃu'ɣaðo -ða/ *adj* (*fam*): **iba muy despechugada** she was showing a lot of cleavage.

despechugarse /despetʃu'ɣarse/ [➪pagar] *v prnl* (*fam*: *hombre*) to bare one's chest; (*: mujer*) to show one's cleavage, to reveal one's bosom.

despectivo, **-va** /despek'tiβo -βa/ *adj* **1.** (*gen*) contemptuous. **2.** (*Ling*) pejorative, derogatory.

despedazar /despeða'θar/ [➪cazar] *vt* to tear apart: **los críticos despedazaron su obra** the critics tore his play apart.

despedazarse *v prnl* to break up: **el barco se despedazó contra las rocas** the ship broke up on the rocks; **a uno se le despedaza el alma ante tanta miseria** it breaks your heart to see so much suffering.

despedida /despe'ðiða/ *sf* **1.** (*adiós*) goodbye: **las despedidas siempre son tristes** saying goodbye is always sad; **fue una despedida muy emotiva** it was a very emotional farewell; **dieron una despedida sonada al equipo local** the local team was given a tremendous send-off. **2.** (*fiesta*) farewell party. **3.** (*en una carta*) closing formula: **¿qué despedida uso en una carta formal?** what closing formula should I use for a formal letter?

despedida de soltera *sf* hen party.

despedida de soltero *sf* stag party.

despedir /despe'ðir/ [➪pedir] *vt* **1.** (*decir adiós a*) to say goodbye to: **despedimos a los últimos invitados a las once** we said goodbye to the last guests at eleven; **vamos a la estación para despedir a Jorge** we're going to the station to see Jorge off; **despidieron el año con una fiesta por todo lo alto** they saw the (old) year out with a tremendous party; **despidió el taxi** he paid off the taxi. **2.** (*de un trabajo*) to fire, to sack: **han despedido a todos los trabajadores** the whole work force has been fired. **3.** (*emanar*) to give off: **la poción despedía un olor insoportable** the potion gave off a terrible smell; **el sol despide luz y calor** the sun gives out * emits light and heat. **4.** (*arrojar*) to dash: **el oleaje lo despidió** *contra* **las rocas** the surge of the waves dashed him onto the rocks.

despedirse *v prnl* **1.** (*decir adiós*) to say goodbye: **me despedí** *de* **él con enorme tristeza** I said goodbye to him with great sadness • **se despidió a la francesa** he left without saying goodbye. **2.** (*de un trabajo*) to hand in one's notice, to resign: **me despedí porque no había quien trabajara allí** I handed in my notice because the working conditions were terrible. **3.** (*fam*: *olvidarse*) to forget: **despídete** *del* **aumento de sueldo** you can forget about the pay rise.

despegado, **-da** /despe'ɣaðo -ða/ *adj* **1.** (*separado*) unstuck: **muchos pósters estaban medio despegados** many of the posters were half unstuck. **2.** (*persona*) unaffectionate, distant: **es tan despegado que nunca llama a su madre** he's so lacking in affection that he never rings his mother.

despegar /despe'ɣar/ [➪pagar] *vt* to unstick.
♦*vi* (*Av*) to take off.

despegarse *v prnl* **1.** (*desprenderse*) to come unstuck: **las tapas han vuelto a despegarse** the cover has come off again. **2.** (*distanciarse*): **con el tiempo me fui despegando** *de* **ellos** as time went by I saw less and less of them; **no se despega** *de* **su madre** he sticks very close to his mother. **3.** (*en una carrera*) to pull away: **se despegó** *del* **pelotón a dos kilómetros de la meta** he pulled ahead of the pack two kilometres from the finishing line.

despegue /des'peɣe/ *sm* (*Av*, *Fin*) takeoff: **el despegue español comenzó ya en los años cincuenta** Spain began to take off financially in the fifties.

despeinado, **-da** /despei'naðo -ða/ *adj* dishevelled.

despeinar /despei'nar/ [➪CANTAR] *vt* to make (hair) untidy.

despeinarse *v prnl* to get one's hair untidy.

despejado, **-da** /despe'xaðo -ða/ *adj* **1.** (*habitación, lugar*) spacious. **2.** (*cielo*) clear: **los cielos estarán hoy despejados en general** generally clear skies are expected today. **3.** (*espabilado*) wide awake, bright.

despejar /despe'xar/ [➪CANTAR] *vt* **1.** (*vaciar*) to clear: **¡despejen el local!** everybody clear * leave the premises! **2.** (*esclarecer*) to clear up: **por fin hemos despejado todas las dudas** we've finally cleared up all doubts. **3.** (*Mat*: *una incógnita*) to work out the value of. **4.** (*Dep*: *el balón*) to clear: **el portero despejó el balón** the goalkeeper cleared (the ball).

despejarse *v prnl* **1.** (*aclararse*) to become clear: **con el tiempo se despejaron las dudas** eventually all the doubts were cleared up. **2.** (*cielo*) to clear: **el cielo se despejó por la mañana** the sky cleared during the morning. **3.** (*espabilarse*) to clear one's mind: **me fui a dar un paseo para despejarme** I went for a walk to clear my mind.

despeje /des'pexe/ *sm* (*Dep*) clearance.

despellejar /despeʎe'xar/ [➪CANTAR] *vt* **1.** (*desollar*) to skin. **2.** (*fam*: *criticar duramente*) to tear to pieces: **en sus artículos despelleja a la clase política** in his articles he tears the politicians to pieces.

despelucharse /despelu'tʃarse/ [➪CANTAR] *v prnl* (*GB*) to moult, (*US*) to molt.

despenalización /despenaliθa'θjon/ *sf* legalization, decriminalization: **la despenalización del aborto causó una gran polémica** the legalization of abortion was the cause of much controversy.

despenalizar /despenali'θar/ [➪cazar] *vt* to legalize, to decriminalize.

despensa /des'pensa/ *sf* **1.** (*habitación*) pantry, larder. **2.** (*provisiones*) provisions *pl*: **tiene despensa para tres meses** she has enough provisions for three months.

despeñadero /despeɲa'ðero/ *sm* cliff (*inland*).

despeñar /despe'ɲar/ [➪CANTAR] *vt* to throw off a cliff.

despeñarse *v prnl* to go over a cliff: **el camión se despeñó** the truck went over a cliff.

desperdiciado, **-da** /desperði'θjaðo -ða/ *adj* wasted: **ha sido una hora totalmente desperdiciada** it's been a completely wasted hour.

desperdiciar /desperði'θjar/ [➪CAMBIAR] *vt* to waste: **estás desperdiciando el tiempo con ese chico** you're wasting your time with that boy; **¿cómo pudiste desperdiciar una oportunidad así?** how could you throw away an opportunity like that?

desperdicio /desper'ðiθjo/ **I** *sm* waste • **te recomiendo este cursillo, no tiene desperdicio** I can recommend this course to you, it is excellent • **es feo y, encima, antipático ¡no tiene desperdicio!** not only is he ugly, he's unpleasant, there's no getting away from it!

II desperdicios *sm pl* leftovers *pl*: **echa todos los desperdicios a la basura** throw all the leftovers in the bin.

desperdigar /desperði'ɣar/ [➪pagar] *vt* to scatter.

desperdigarse *v prnl* to scatter: **las ovejas se desperdigaron** *por* **la ladera** the sheep scattered all over the hillside.

desperezarse /despere'θarse/ [➪cazar] *v prnl* to stretch.

desperfecto /desper'fekto/ *sm* **1.** (*ligero daño*) damage: **a pesar del viento, la antena no sufrió desperfectos** despite the high winds, the aerial was not damaged. **2.** (*pequeño defecto*) flaw, defect: **aparte de uno o dos desperfectos, está como nuevo** apart from one or two slight defects, it's as good as new; **lo**

compré más barato porque tiene un desperfecto I got it cheaper because it is flawed.

despersonalizar /despersonali'θar/ [⇨cazar] *vt* to depersonalize: **despersonalicemos la discusión, por favor** let's mention no names in this discussion, please.

despersonalizarse *v prnl*: **el trato con el cliente en los grandes almacenes se ha despersonalizado** the way customers are treated in department stores has lost the personal touch.

despertador /desperta'ðor/ *sm* alarm clock.

despertar /desper'tar/ **I** *sm* awakening: **el despertar de la ciencia** the first awakenings of science.
II [⇨pensar] *vt* **1.** (*del sueño*) to wake (up), to awaken: **lo despertó el ruido de los vecinos** he was woken by the noise his neighbours were making. **2.** (*un sentimiento*) to arouse: **el paisaje despertó en él viejos recuerdos** the landscape brought back old memories. **3.** (*provocar*): **el libro despertó un gran interés** the book caused ∗ made a great stir; **el ejercicio me despierta el apetito** exercise gives me an appetite.
♦*vi* **1.** (*del sueño*) to wake (up): **despertó sobresaltado** he woke up with a start. **2.** (*espabilar*) to buck one's ideas up: **como no despiertes, te quedarás atrás** if you don't buck your ideas up, you'll be left behind.

despertarse *v prnl* to wake (up), to awaken.

despiadado, -da /despja'ðaðo -ða/ *adj* merciless, pitiless.

despido /des'piðo/ **I** *and other forms with* **despid-** ⇨ despedir
II *sm* dismissal.

despido improcedente *sm* unfair ∗ wrongful dismissal.

despido libre *sm* dismissal without penalty (*for the employer*).

despierto, -ta /des'pjerto -ta/ **I** *and other forms with* **despiert-** ⇨ despertar
II *adj* **1.** (*no dormido*) awake. **2.** (*listo*) sharp, bright: **es un niño muy despierto** he's a very bright kid.

despilfarrador, -dora /despilfarra'ðor -'ðora/ *adj, sm/f* spendthrift.

despilfarrar /despilfa'rrar/ [⇨CANTAR] *vt* (*el dinero, una herencia*) to squander, to waste: **despilfarró el dinero** *en* **el juego** he squandered ∗ wasted the money on gambling; (*recursos*) to waste.

despilfarro /despil'farro/ *sm* waste: **ir a un hotel tan caro me parece un despilfarro** going to such an expensive hotel seems a waste to me; **la empresa se fue a pique porque hubo muchos despilfarros** the business went under because there was so much wastage.

despintar /despin'tar/ [⇨CANTAR] *vt* **1.** (*quitar la pintura de*) to strip the paint off. **2.** (*los hechos*) to disguise: **su narración despinta los hechos** his account disguises the facts.

despintarse *v prnl* to fade.

despistado, -da /despis'taðo -ða/ **I** *adj* **1.** (*distraído*) absent-minded. **2.** (*confundido*) confused: **la policía estaba completamente despistada** the police were totally confused.
II *sm/f* absent-minded person ● **nos ha visto, pero se hace la despistada** she's seen us, but she's pretending she hasn't.

despistar /despis'tar/ [⇨CANTAR] *vt* **1.** (*a un perseguidor*) to shake off: **no pude despistarlos** I didn't manage to shake them off. **2.** (*confundir*) to confuse: **lo que dijo me despistó** what she said confused me; **la señal era poco clara y nos despistó** as the sign wasn't very clear we went the wrong way.

despistarse *v prnl* **1.** (*desorientarse*) to get lost: **se despistó por las callejuelas del bazar** she got lost in the alleys around the bazaar. **2.** (*distraerse*) to get distracted: **nos despistamos un momento y perdimos el autobús** we got distracted for a moment and missed the bus. **3.** (*olvidarse*) to forget: **me despisté y al final no se lo dije** it slipped my mind and I ended up not telling her.

despiste /des'piste/ *sm* **1.** (*distracción*) absent-mindedness: **¡menudo despiste que lleva!** that's very absent-minded of him! **2.** (*error involuntario*) slip: **perdona el despiste** sorry for making a mistake.

desplante /des'plante/ *sm*: **lo saludé, pero me hizo un desplante** I greeted him, but he snubbed me; **vaya un desplante, abandonar la ceremonia** that was a real slap in the face, him walking out of the ceremony like that.

desplazado, -da /despla'θaðo -ða/ **I** *adj* (*gen*) out of place: **me siento totalmente desplazado en mi nuevo trabajo** I feel completely out of place in my new job; (*Pol*) displaced.
II *sm/f* (*Pol*) displaced person.

desplazamiento /desplaθa'mjento/ *sm* **1.** (*gen*) movement: **se ha producido un desplazamiento de votos a la derecha** there has been a shift in votes to the right. **2.** (*viaje*) journey, trip: **lo peor de este trabajo es el desplazamiento diario** the worst thing about this job is the journey I have to make each day. **3.** (*de un barco*) displacement.

desplazar /despla'θar/ [⇨cazar] *vt* **1.** (*mover*) to move: **hubo que desplazarlo un poco hacia atrás** it was necessary to move it back a little. **2.** (*relegar*) to take the place of, to displace: **hasta ahora nadie la ha desplazado de la primera posición** so far, no one has been able to displace her from her leading position. **3.** (*barco*) to displace.

desplazarse *v prnl* **1.** (*viajar*) to travel: **para ir al colegio tiene que desplazarse desde muy lejos** she has to travel a long way to get to school. **2.** (*opinión*) to swing: **el voto se desplazó** *hacia* **la derecha** the vote swung to the right.

desplegar /desple'ɣar/ [⇨regar] *vt* **1.** (*desdoblar: gen*) to unfold: **desplegó el mapa** he unfolded the map; (*: las alas*) to spread. **2.** (*una cualidad*) to use: **desplegó todo su ingenio para convencernos** he used all his inventiveness to win us over. **3.** (*Mil*) to deploy.

desplegarse *v prnl* **1.** (*desdoblarse*) to unfold. **2.** (*Mil*) to deploy.

despliegue /des'pljeɣe/ *sm* **1.** (*Mil*) deployment. **2.** (*alarde*) display, show.

desplomarse /desplo'marse/ [⇨CANTAR] *v prnl* **1.** (*derrumbarse, desmayarse*) to collapse: **varios edificios se desplomaron durante el terremoto** several buildings collapsed during the earthquake; **el boxeador se desplomó al recibir el golpe** the boxer collapsed when he took the blow; **su imperio se desplomó con la recesión** his empire collapsed as a result of the recession. **2.** (*caer a plomo*) to plunge: **el río se desploma en la cascada** the river plunges over the waterfall.

desplumar /desplu'mar/ [⇨CANTAR] *vt* **1.** (*un pollo, un pavo, etc.*) to pluck. **2.** (*fam: quitar el dinero a*) to clean out: **me han desplumado jugando a las cartas** they've cleaned me out playing cards.

despoblación /despoβla'θjon/ *sf* depopulation.

despoblación forestal *sf* deforestation.

despoblado, **-da** /despo'βlaðo -ða/ I *adj* deserted, uninhabited: **el valle llevaba años despoblado** the valley had been uninhabited for years.
II **despoblado** *sm* uninhabited area: **la antigua ciudad es ahora un despoblado** the old city is now uninhabited.

despoblar /despo'βlar/ [⇨contar] *vt* 1. (*deshabitar*) to depopulate: **las guerras despoblaron la región** the wars left the region depopulated. 2. (*despojar*) to clear: **el incendio despobló la zona** *de* **árboles** the fire cleared the area of trees, the fire deforested the area.
despoblarse *v prnl* to become depopulated: **la emigración hizo que pueblos enteros se despoblaran** emigration left entire villages uninhabited.

despojar /despo'xar/ [⇨CANTAR] *vt* to strip: **lo despojaron** *de* **todo su poder** he was stripped of all his powers; **despojaron el palacio** *de* **sus cuadros** they stripped the palace of its paintings.
despojarse *v prnl* 1. (*de ropa*) to take off. 2. (*de poderes, bienes*) to relinquish: **se despojó** *de* **parte de sus bienes** he relinquished some of his possessions. 3. (*de sentimientos*) to free oneself: **se despojó** *de* **todos sus prejuicios** he freed himself of all his prejudices.

despojo /des'poxo/ I *sm* 1. (*expoliación*) plundering, plunder. 2. (*botín*) plunder, loot.
II **despojos** *sm pl* 1. (*de comida*) leftovers *pl*: **cuando llegamos sólo quedaban los despojos** when we arrived there were only some leftovers. 2. (*de un animal*) offal; (*de una persona*) remains *pl*. 3. (*escombros*) rubble.

despolitizar /despoliti'θar/ [⇨cazar] *vt* to depoliticize.

desportillar /desporti'ʎar/ [⇨CANTAR] *vt* to chip: **desportilló la taza sin querer** he accidentally chipped the cup.
desportillarse *v prnl* to get chipped: **fue una pena que el jarrón se desportillara** it was a shame that the vase got chipped.

desposar /despo'sar/ [⇨CANTAR] *vt* (*frml*: *casar*) to wed, to marry: **el obispo desposó a los príncipes** the bishop married the prince and princess.
desposarse *v prnl* (*frml*) to wed.

desposeer /despose'er/ [⇨leer] *vt* 1. (*Jur*) to dispossess, to deprive: **la desposeyó** *de* **la herencia** he deprived her of her inheritance. 2. (*de un puesto*) to oust, to remove: **lo desposeyeron** *de* **la comandancia** he was ousted ✱ removed from his position of command.
desposeerse *v prnl* to give up, to renounce: **se desposeyó** *de* **todos sus bienes** he renounced all his possessions.

desposeído, **-da** /despose'iðo -ða/ I *adj* deprived: **repentinamente, me vi desposeído** *de* **mi trabajo** all of a sudden, I found myself without a job.
II **los desposeídos** *sm pl* the have-nots *pl*, the dispossessed *pl*.

desposorios /despo'sorjos/ *sm pl* 1. (*matrimonio*) marriage. 2. (*frml*: *compromiso público*) engagement.

déspota /'despota/ *sm/f* (*Pol*) despot, tyrant: **es un déspota con sus empleados** he tyrannizes his employees.

despótico, **-ca** /des'potiko -ka/ *adj* despotic.

despotismo /despo'tizmo/ *sm* despotism.

despotricar /despotri'kar/ [⇨sacar] *vi* (*fam*) to rant and rave: **siempre estaba despotricando** *contra* **el gobierno** he was always ranting against the government.

despreciable /despre'θjaβle/ *adj* 1. (*que merece desprecio*) contemptible, despicable: **es una persona despreciable** he's a despicable person; (*sin valor*) worthless: **es una obra completamente despreciable** it's a completely worthless piece of work. 2. (*inapreciable*) negligible: **se trata de una cantidad despreciable** it's a negligible amount.

despreciar /despre'θjar/ [⇨CAMBIAR] *vt* 1. (*menospreciar*) to despise, to hold in contempt: **despreciaba a los que eran menos listos que él** he held those less clever than himself in contempt. 2. (*subestimar*) to underestimate: **no desprecies tu valía** don't underestimate what you're worth. 3. (*no aceptar*) to reject: **despreciaron el proyecto** they rejected the project. 4. (*reírse de*) to make light of, to shrug off: **desprecia las dificultades** he makes light of the difficulties.
despreciarse *v prnl* to despise oneself: **me desprecio por lo que hice** I despise myself for what I did.

despreciativo, **-va** /despreθja'tiβo -βa/ *adj* 1. (*desdeñoso*) scornful: **¡qué despreciativa eres** *con* **ella!** you're very scornful of her! 2. (*cínico*) derogatory: **me molestan sus comentarios despreciativos** I dislike her derogatory remarks.

desprecio /des'preθjo/ *sm* 1. (*menosprecio*) contempt: **la trata con mucho desprecio** he treats her with contempt; **sentía desprecio** *por* **ellos** she despised them. 2. (*ofensa*) snub: **nos hizo un desprecio** he snubbed us.

desprender /despren'der/ [⇨TEMER] *vt* 1. (*separar*) to remove, to detach. 2. (*emanar*) to give off: **el congelador desprendía un fuerte olor a podrido** there was a strong smell of something rotten coming from the freezer; **el olor que desprendían las rosas era maravilloso** the roses gave off a wonderful fragrance.
desprenderse *v prnl* 1. (*separarse*) to come off: **se me ha desprendido la suela del zapato** the sole of my shoe has come off. 2. (*emanar*): *del* **invernadero se desprendía un olor muy agradable** a very pleasant smell came from the greenhouse. 3. (*donar*): **se desprendió** *de* **todo su dinero** he gave away all his money. 4. (*deducirse*) to infer: **¿qué se desprende de todo esto?** what can be inferred from all this?; **esto es lo que se desprende de las investigaciones realizadas** this is what emerges from the research that's been carried out.

desprendido, **-da** /despren'diðo -ða/ *adj* 1. (*suelto*) loose: **tienes los botones de la camisa desprendidos** your shirt buttons are loose. 2. (*generoso*) generous.

desprendimiento /desprendi'mjento/ *sm* 1. (*Geol*): **peligro de desprendimientos de roca** danger: falling rocks. 2. (*generosidad*) generosity.
desprendimiento de retina *sm* detachment of the retina.
desprendimiento de tierra *sm* landslide.

despreocupación /despreokupa'θjon/ *sf* 1. (*falta de interés*) lack of concern, unconcern: **mostró total despreocupación** *por* **la suerte de su hijo** he showed a complete lack of concern for his son's fate. 2. (*falta de atención*) carelessness, sloppiness: **su despreocupación** *por* **el trabajo es intolerable** her carelessness in her work is unacceptable.

despreocupado, **-da** /despreoku'paðo -ða/ *adj* 1. (*sin preocupaciones*) unconcerned: **me tiene completamente despreocupado** I'm quite unconcerned about it ✱ I'm not at all concerned about it. 2. (*sin interés*) indifferent: **se ha vuelto muy despreocupado** *con* **sus estudios** he has become very indifferent towards his studies. 3. (*negligente*) careless: **no seas tan despreocupado** *con* **tus cosas** don't be so careless with your things.

despreocuparse /despreoku'parse/ [⇨CANTAR] *v prnl* 1. (*relajarse*): **el médico le recomendó despreocuparse** *de* **todo** the doctor advised him not to worry about anything. 2. (*descuidarse*): **se despreocupó** *del* **negocio** she neglected the business; **se despreocupa totalmente** *de* **los problemas domésticos** he shows no interest in domestic problems; **me he despreocupado** *del* **tema** I've become quite detached from the subject.

desprestigiar /desprestí'xjar/ [⇨CAMBIAR] *vt* to discredit: **el escándalo ha desprestigiado al partido** the scandal has discredited the party; **aquel incidente la desprestigió mucho** that incident did much damage to her image.

desprestigiarse *v prnl* to become discredited: **esa marca se ha desprestigiado mucho** that brand has lost much of its good reputation.

desprestigio /despres'tixjo/ *sm* loss of prestige.

desprevenido, -da /despreβe'niðo -ða/ *adj* unprepared: **me pilló completamente desprevenido** he caught me completely unprepared.

desprolijo, -ja /despro'lixo -xa/ *adj* (*Arg, Urug*) untidy.

desproporción /despropor'θjon/ *sf* disproportion, disparity: **hubo una gran desproporción entre el coste de la campaña y los resultados** the cost of the campaign was disproportionate to its impact.

desproporcionado, -da /desproporθjo'naðo -ða/ *adj* out of proportion: **el tamaño de la cabeza está desproporcionado** *con* **el del cuerpo** the size of the head is out of proportion to the body; **fue alabado de manera desproporcionada** he was praised out of all proportion.

despropósito /despro'posito/ *sm* stupidity: **la compra del coche fue un despropósito** buying that car was a stupid thing to do; **lo que has dicho no es más que un despropósito** what you just said is nonsense.

desproteger /desprote'xer/ [⇨proteger] *vt* to leave unprotected.

desprotegido, -da /desprote'xiðo -ða/ *adj* (*Mil: de un ataque*) unprotected, (*GB*) defenceless, (*US*) defenseless; (*de injusticias*): **la nueva ley deja a los niños aún más desprotegidos** the new law leaves children even more vulnerable.

desprovisto, -ta /despro'βisto -ta/ *adj* devoid, lacking: **la obra está desprovista** *de* **toda originalidad** the play is totally devoid of ∗ lacking in originality.

después /des'pwes/ **I** *adv* 1. (*en el tiempo: más tarde*) later, afterwards: **estudió y después salió** he did some studying and afterwards he went out; **se casaron un año después** they got married a year later; (*: entonces*) then, next: **¿qué sucedió después?** what happened then ∗ next?; (*en una sucesión*): **después te toca a ti** then it's your turn. 2. (*en el espacio*): **...y después está el banco** ...and then you come to the bank.

II después de *prep* 1. (*en el tiempo*) after: **después de las vacaciones cuesta volver al colegio** it's a real effort going back to school after the holidays; (*en una sucesión*) after: **mi nombre viene después del tuyo en la lista** my name comes after yours on the list • **después de todo, no es mal chico** all in all, he's not a bad sort. 2. (*en el espacio*) after: **mi casa está justo después del puente** my house is just after the bridge.

III después (de) que *conj* after: **hazlo después de que yo haya terminado** do it after ∗ when I've finished.

despuntar /despun'tar/ [⇨CANTAR] *vt* (*quitarle la punta a*) to break the point of.

♦*vi* 1. (*clarear*) to break: **despuntaba el alba cuando terminé en el trabajo** day was just breaking as I finished work. 2. (*brotar*) to sprout: **los capullos despuntan ya** the buds are already opening (out). 3. (*sobresalir*) to stand out, to excel: **despunta** *entre* **sus compañeros de clase** she stands out amongst her classmates.

despuntarse *v prnl* to break its point.

desquiciar /deski'θjar/ [⇨CAMBIAR] *vt* 1. (*desencajar*) to unhinge. 2. (*perturbar*): **los exámenes la desquician** she goes out of her mind when she has to do exams. 3. (*enloquecer*) to derange, to unbalance.

desquiciarse *v prnl* 1. (*desgoznarse*) to come off the hinges. 2. (*trastornarse*) to go awry: **los planes se desquiciaron** the plans went awry. 3. (*enloquecerse*) to become unhinged.

desquicio /des'kiθjo/ *sm* (*Arg, Urug*) mess, shambles.

desquitar /deski'tar/ [⇨CANTAR] *vt* to compensate for.

desquitarse *v prnl* 1. (*compensar*) to make up for: **con ese premio se desquitó** *de* **sus fracasos anteriores** by winning that prize he made up for his previous failures. 2. (*vengarse*) to get one's own back, to take revenge: **me hizo una faena, pero algún día me desquitaré** he played a dirty trick on me, but I'll get my own back one day.

desquite /des'kite/ *sm* revenge: **se tomó el desquite** *de* **las humillaciones que había recibido** she took her revenge for the humiliations she had suffered.

desriñonar /desriɲo'nar/ [⇨CANTAR] *vt* (*fam*) to wear out: **el esfuerzo me desriñonó** the effort wore me out.

desriñonarse *v prnl* (*fam*) to wear oneself out.

destacado, -da /desta'kaðo -ða/ *adj* 1. (*excelente*) outstanding: **fue una destacada victoria** it was an outstanding victory. 2. (*ilustre*) prominent: **ha fallecido un destacado miembro del gobierno** a prominent member of the government has died.

destacar /desta'kar/ [⇨sacar] *vt* 1. (*señalar*) to emphasize: **el profesor destacó los puntos principales de la lección** the teacher emphasized the main points of the lesson. 2. (*enviar*) to dispatch, to detail: **el gobierno destacó tropas al lugar de los disturbios** the government dispatched troops to the area of the disturbances.

♦*vi* to stand out, to be prominent.

destacarse *v prnl* to stand out: **en el lienzo se destaca la figura de Cristo** in the painting the figure of Christ stands out; **se destaca** *por* **su inteligencia** she stands out because of her intelligence.

destajo /des'taxo/ *sm* piecework: **trabajamos** *a* **destajo** we do piecework.

destapar /desta'par/ [⇨CANTAR] *vt* 1. (*abrir: una caja*) to take the top off, to open; (*: un frasco, una cazuela*) to take the lid off; (*: una botella*) to open. 2. (*desarropar*) to uncover. 3. (*descubrir*) to uncover: **destaparon un negocio ilegal** they uncovered an illegal business.

destaparse *v prnl* 1. (*desarroparse*) to become uncovered: **se resfrió por destaparse en la cama** he caught a cold because the bedclothes slipped off him in the night. 2. (*fam: revelar*): **se destapó** *con* **que estaba divorciado** he came out with the fact that he was divorced.

destape /des'tape/ *sm* nudity: **ha actuado en varias peliculas de destape** she has acted in several movies with nude scenes.

destaponar /destapo'nar/ [⇨CANTAR] *vt* to unblock.

destartalado, -da /destarta'laðo -ða/ *adj* (*casa*) tumbledown, dilapidated: **viven en una casa muy destartalada** they live in a tumbledown house; (*coche*) battered, clapped out.

destellar /deste'ʎar/ [➪CANTAR] *vi* (*estrella*) to twinkle; (*foco, luz*) to shine.

destello /des'teʎo/ *sm* **1.** (*de luz*) gleam; (*de una estrella*) twinkle; (*de fuegos artificiales, un relámpago*) flash. **2.** (*de lucidez*) glimmer; (*de inteligencia*) spark; (*de inspiración*) flash: **todavía quedaba un destello de esperanza** there was still a glimmer of hope.

destemplado, -da /destem'plaðo -ða/ *adj* **1.** (*Med*): **está un poco destemplada** she's a bit off-colour. **2.** (*susceptible*) irritable. **3.** (*Meteo*) unpleasant. **4.** (*instrumento musical*) out of tune.

destemplar /destem'plar/ [➪CANTAR] *vt* **1.** (*Med*) to make ill * unwell: **estar en plena corriente me ha destemplado** sitting in the draught has made me ill. **2.** (*alterar*) to disrupt: **destempló la reunión con su falta de tacto** he upset the meeting with his tactlessness. **3.** (*un instrumento musical*) to put out of tune.

destemplarse *v prnl* **1.** (*Med*) to become unwell. **2.** (*enfurecerse*) to lose one's temper: **se destempló y empezó a chillarnos** he lost his temper and began to shout at us.

destensar /desten'sar/ [➪CANTAR] *vt* to slacken (off).

destensarse *v prnl* to go slack, to slacken: **el cable del freno se ha destensado** the brake cable has slackened.

desteñir /deste'ɲir/ [➪ceñir] *vt* **1.** (*descolorar*) to fade: **el sol ha desteñido el toldo** the sun has faded the awning. **2.** (*manchar*) to stain: **el vestido destiñó toda la colada de rojo** the dress stained all the washing red.

♦*vi* (*color, prenda*) to run: **¿esta chaqueta destiñe?** does this jacket run?; **lo he lavado tanto que ha desteñido** I've washed it so much that it has faded.

desteñirse *v prnl* to fade: **la camisa se destiñó al lavarla** the shirt faded in the wash.

desternillarse /desterni'ʎarse/ [➪CANTAR] *v prnl* (*fam*) to laugh one's head off, to fall about laughing: **me desternillaba** *de* **risa cuando me lo contó** I split my sides laughing when he told me.

desterrar /deste'rrar/ [➪pensar] *vt* **1.** (*exiliar*) to exile: **desterraron al general rebelde** the rebel general was exiled * sent into exile. **2.** (*desechar: un pensamiento*) to dismiss, to reject: **tuvo que desterrar esa idea** he had to reject that idea; (*: una costumbre*) to abandon: **la moda actual ha desterrado el uso del sombrero** modern fashion dictates that hats are no longer worn.

destetar /deste'tar/ [➪CANTAR] *vt* to wean.

destiempo /des'tjempo/ **a destiempo** *loc adv* **1.** (*inoportunamente*) at the wrong moment: **siempre dice las cosas a destiempo** she always says things at the wrong moment. **2.** (*tarde*) late: **pagó la renta a destiempo** he was late in paying the rent.

destierro /des'tjerro/ *sm* exile: **vivió muchos años en el destierro** she spent many years in exile.

destilación /destila'θjon/ *sf* distillation.

destilado, -da /desti'laðo -ða/ *adj* distilled.

destilador, -dora /destila'ðor -'ðora/ **I** *adj* distilling. **II** *sm/f* (*persona*) distiller.

III destilador *sm* (*aparato*) still.

destilar /desti'lar/ [➪CANTAR] *vt* **1.** (*alambicar*) to distil. **2.** (*exudar*) to ooze: **el jamón destila grasa** the ham is oozing grease. **3.** (*denotar*) to reveal: **la carta destilaba odio** the letter was full of hatred.

♦*vi* (*alcohol*) to filter through.

destilería /destile'ria/ *sf* distillery.

destinar /desti'nar/ [➪CANTAR] *vt* **1.** (*dedicar*) to give over, to set aside: **destinaron esa habitación** *para* **los niños** they gave that room over to the children; **destinaron parte del presupuesto** *a* **la compra de materia prima** part of the budget was allotted to * set aside for the purchase of raw materials. **2.** (*asignar*) to appoint: **la destinaron** *a* **la oficina de Cuenca** she was appointed * posted to the Cuenca office.

destinatario, -ria /destina'tarjo -rja/ *sm/f* addressee.

destino /des'tino/ *sm* **1.** (*de un tren, un avión*) destination: **el avión** *con* **destino** *a* **Madrid tiene retraso** the plane to Madrid has been delayed; **tomó el barco** *con* **destino** *a* **Mallorca** she boarded the boat bound for Majorca. **2.** (*fatalidad*) fate, destiny: **el destino hizo que se conocieran y se hicieran amigos** fate decided that they should meet and become friends. **3.** (*de un militar, un diplomático*) post, posting: **le dieron como destino Bilbao** he was posted to Bilbao. **4.** (*finalidad*): **carne** *con* **destino** *a* **la alimentación** meat intended for consumption; **recogían ropa** *con* **destino** *a* **las zonas damnificadas** they were collecting clothing for the disaster areas.

destiño /des'tiɲo/ *and other forms with* **destiñ-** ➪ desteñir

destitución /destitu'θjon/ *sf* dismissal.

destituir /destitu'ir/ [➪huir] *vt* to dismiss: **lo destituyeron por incompetente** he was dismissed for incompetence.

destornillador /destorniʎa'ðor/ *sm* screwdriver.

destornillar /destorni'ʎar/ [➪CANTAR] *vt* to unscrew.

destreza /des'treθa/ *sf* skill, dexterity: **realizó el salto con mucha destreza** he performed the jump very skilfully.

destripador /destripa'ðor/ *sm*: **Jack el destripador** Jack the Ripper.

destripar /destri'par/ [➪CANTAR] *vt* **1.** (*a una persona, un animal*) to disembowel. **2.** (*un objeto*) to take to pieces, to pull apart: **destripó el reloj para ver el mecanismo** he took the clock to pieces to look at the mechanism; **el perro nos ha destripado el sofá** the dog has pulled the insides out of the sofa.

destronar /destro'nar/ [➪CANTAR] *vt* **1.** (*Pol*) to dethrone: **Luis XVI fue destronado en 1789** Louis XVI was dethroned in 1789. **2.** (*quitar de una posición de ventaja*) to push aside, to eclipse: **una presentadora nueva destronó a todas las veteranas** a new presenter eclipsed all the old ones.

destrozado, -da /destro'θaðo -ða/ *adj* **1.** (*edificio*) demolished, destroyed: **quedó completamente destrozado** it was totally demolished; (*aparato, máquina*) wrecked: **el coche quedó destrozado en el accidente** the car was wrecked in the accident; (*bota, chaqueta, etc.*) ruined. **2.** (*persona: agotada*) worn-out: **estoy destrozado** I'm worn-out; (*: triste*) devastated: **estamos todos destrozados** *por* **lo ocurrido** we are all devastated by what has happened.

destrozar /destro'θar/ [➪cazar] *vt* **1.** (*destruir*) to destroy: **la bomba destrozó la embajada** the bomb destroyed the embassy; **los niños ya han destrozado el sofá nuevo** the children have already wrecked the new sofa; (*echar a perder*) to ruin: **la granizada destrozó la cosecha** the hailstorm ruined the harvest; **ese ruido me está destrozando los nervios** that noise is getting on my nerves; **las peleas destrozan la convivencia familiar** arguments destroy family life. **2.** (*rasgar*) to tear to shreds: **le destrozaron la camisa** they tore his shirt to shreds. **3.** (*fam: a un enemigo*) to slaughter, to crush: **des-**

trozaron al equipo contrario they slaughtered the other team. **4.** (*afligir*) to devastate: **la destrozó la muerte de su amiga** she was devastated by her friend's death.

destrozarse *v prnl* **1.** (*romperse*) to be destroyed. **2.** (*afligirse*): **se me destroza el alma al verlo en ese estado** it breaks my heart to see him in that condition.

destrozo /des'troθo/ *sm* destruction, damage: **el terremoto produjo graves destrozos** the earthquake caused a lot of damage ✱ destruction.

destrozón, -zona /destro'θon -'θona/ *adj* (*fam*) destructive: **es un niño muy destrozón** he's a very destructive child.

destrucción /destruk'θjon/ *sf* destruction.

destructor, -tora /destruk'tor -'tora/ **I** *adj* destructive. **II destructor** *sm* (*Náut*) destroyer.

destruir /destru'ir/ [➪huir] *vt* **1.** (*gen*) to destroy: **el terremoto destruyó numerosos edificios** the earthquake destroyed many buildings; **estamos destruyendo el equilibrio ecológico** we're destroying the ecological balance. **2.** (*un proyecto, un plan*) to ruin, to wreck: **han destruido mis planes** they've ruined ✱ wrecked my plans.

desunión /desu'njon/ *sf* lack of unity, disunity: **la desunión dentro del sindicato obrero causó el fracaso de la huelga** the lack of unity within the trade union caused the strike to fail.

desunir /desu'nir/ [➪PARTIR] *vt* **1.** (*separar*) to separate. **2.** (*causar división entre*) to cause a rift between/among: **el testamento desunió a los hermanos** the will caused a rift between the brothers.

desunirse *v prnl* to come apart: **se han desunido las hojas del libro** the pages of the book have come apart.

desusado, -da /desu'saðo -ða/ *adj* (*anormal*) unusual.

desuso /de'suso/ *sm* disuse: **es una palabra** *en* **desuso** it's an outdated ✱ obsolete word; **se trata de una costumbre que ha caído** *en* **desuso** it is a custom which has fallen into disuse.

desvaído, -da /desβa'iðo -ða/ *adj* **1.** (*color*) faded: **el vestido era de un rosa desvaído** the dress was a faded pink; (*imagen*) blurred: **una figura desvaída** a blurred shape. **2.** (*obra*) dull: **me pareció un discurso desvaído** I thought it was a very dull speech.

desvalido, -da /desβa'liðo -ða/ **I** *adj* destitute: **en ese asilo recogen a ancianos desvalidos** they take in destitute old people at that shelter.
II *sm/f* destitute person.
III los desvalidos *sm pl* the destitute *pl*.

desvalijar /desβali'xar/ [➪CANTAR] *vt* (*a una persona*) to rob: **lo desvalijaron en la calle** he was robbed in the street; (*una casa, un local*) (*GB*) to burgle, (*US*) to burglarize: **desvalijaron la casa mientras ellos estaban de viaje** while they were away burglars took all their valuables from the house.

desvalorización /desβaloriθa'θjon/ *sf* devaluation.

desvalorizar /desβalori'θar/ [➪cazar] *vt* to devalue.

desvalorizarse *v prnl* (*Fin*) to go down in value: **el oro se ha desvalorizado en los últimos años** gold has gone down in value in the last few years.

desván /des'βan/ *sm* loft, attic.

desvanecerse /desβane'θerse/ [➪agradecer] *v prnl* **1.** (*esfumarse*) to vanish, to disappear: **se desvanecieron todos mis temores** all my fears vanished; **la niebla se desvaneció y empezó a lucir el sol** the fog cleared and the sun began to shine. **2.** (*Med*) to faint: **se desvaneció** *del* **agotamiento** she fainted from exhaustion.

desvanecimiento /desβaneθi'mjento/ *sm* (*Med*) faint: **sufrió un desvanecimiento** she fainted.

desvariar /desβa'rjar/ [➪ansiar] *vi* **1.** (*Med*) to be delirious, to rave: **la fiebre lo hacía desvariar** the fever was making him delirious. **2.** (*fam*: *decir disparates*) to talk nonsense: **no le hagas ni caso, que desvaría** don't pay any attention to him, he's talking nonsense.

desvarío /desβa'rio/ *sm* **1.** (*locura*) delirium: **mencionó algunos nombres en su desvarío** she mentioned some names in her delirium. **2.** (*desatino*) foolish remark: **cuando bebe, no dice más que desvaríos** he talks nothing but nonsense when he drinks.

desvelar /desβe'lar/ [➪CANTAR] *vt* **1.** (*quitar el sueño a*) to keep awake: **el té me desveló** the tea kept me awake. **2.** (*descubrir*) to reveal, to uncover: **el artículo desvela muchos de los secretos de la organización** the article reveals many of the organization's secrets.

desvelarse *v prnl* **1.** (*perder el sueño*) to stay awake: **me puse a leer y me desvelé** I started reading and couldn't get to sleep afterwards. **2.** (*esmerarse*) to do everything one can: **se desvela** *por* **sus hijos** she does everything she can for her children.

desvelo /des'βelo/ **I** *sm* (*insomnio*) insomnia.
II desvelos *sm pl* **1.** (*empeño*): **se consiguió gracias a sus desvelos** it was achieved thanks to her efforts. **2.** (*cuidados*) care: **gracias a sus desvelos me recuperé de la enfermedad** thanks to her care, I recovered from the illness.

desvencijado, -da /desβenθi'xaðo -ða/ *adj* dilapidated, rickety: **sólo había un par de sillas y un sillón desvencijado** there were only a couple of chairs and a dilapidated old armchair.

desventaja /desβen'taxa/ *sf* disadvantage, drawback: **la casa tiene la desventaja de ser muy pequeña** the house has the drawback of being very small • **estaba en desventaja con respecto a los otros alumnos** he was at a disadvantage compared to the other students.

desventura /desβen'tura/ *sf* (*frml*) misfortune: **¡qué desventura la mía!** how unlucky I am!

desventurado, -da /desβentu'raðo -ða/ **I** *adj* unfortunate: **no le gusta que le recuerden aquel episodio desventurado** he doesn't like to be reminded of that unfortunate episode.
II *sm/f* unfortunate (person).

desvergonzado, -da /desβerɣon'θaðo -ða/ **I** *adj* **1.** (*impúdico*) brazen, shameless: **¡qué chica tan desvergonzada, aparecer con semejante vestido!** the brazen hussy, showing up in a dress like that! **2.** (*descarado*) rude, cheeky: **no seas tan desvergonzado** *con* **tus superiores** don't be so rude to your superiors.
II *sm/f* **1.** (*persona impúdica*) brazen ✱ shameless person. **2.** (*persona descarada*) cheeky person.

desvergüenza /desβer'ɣwenθa/ *sf* **1.** (*descaro*) cheek, nerve: **tuvo la desvergüenza de pedirme dinero** he had the nerve to ask me for money. **2.** (*indecencia: dicha*) impudent remark; (*: hecha*) impudence.

desvestir /desβes'tir/ [➪pedir] *vt* to undress: **desvistió al bebé para bañarlo** she undressed the baby to give him a bath.

desvestirse *v prnl* to undress (oneself), to get undressed: **se desvistió y se metió en la cama** he undressed and got into bed.

desviación /desβja'θjon/ *sf* **1.** (*anomalía*) deviation. **2.** (*Transp*) detour: **tomamos una desviación para**

evitar el atasco we took a detour to avoid the traffic jam.

desviación de la columna vertebral *sf* (*Med*) curvature of the spine.

desviar /des'βjar/ [➪ansiar] *vt* **1.** (*gen*): **el vendaval desvió el barco** the gale blew the ship off course; **desvió su atención hacia otros temas** he turned his attention to other topics; (*un río, el tráfico*) to divert; (*un balón, un golpe*) to deflect; (*la conversación*) to change: **desvió el tema para evitar confrontaciones** he changed the subject so as to avoid any clashes of opinion; **desvió la mirada** he looked away. **2.** (*a una persona*): **las malas compañías lo desviaron** *del* **buen camino** he was led astray by the bad company he kept; **lograron desviarla** *de* **su propósito** they managed to divert her from her purpose.

desviarse *v prnl* **1.** (*barco, avión*) to go off course. **2.** (*de un trayecto*) to make a detour: **se desviaron** *de* **su camino para visitar una iglesia románica** they made a detour to visit a Romanesque church; (*de un tema*) to go * stray off the point: **no te desvíes** *del* **tema** don't go off the point; (*de una meta, un objetivo*): **se desvió** *de* **su plan inicial** she deviated from her initial plan.

desvincular /desβiŋku'lar/ [➪CANTAR] *vt* to detach.

desvincularse *v prnl* to break contact: **se desvinculó** *de* **sus antiguos amigos** she broke all contact with her old friends.

desvío /des'βio/ *sm* **1.** (*cambio de dirección*) diversion: **desvío por obras** diversion: road works. **2.** (*carretera secundaria*) turn-off: **tomamos el segundo desvío** we took the second turn-off.

desvirtuar /desβir'twar/ [➪actuar] *vt* **1.** (*restar calidad de*) to detract from: **las malas condiciones atmosféricas desvirtuaron el espectáculo** the poor atmospheric conditions detracted from the show. **2.** (*descalificar*) to detract from: **estos resultados no desvirtúan la importancia de su trabajo anterior** these results do not detract from the importance of her previous work.

desvivirse /desβi'βirse/ [➪PARTIR] *v prnl* to devote oneself: **se desvive** *por* **sus hijos** she lives only for her children.

detall /de'tal/ **al detall** *loc adv* retail: **ventas al por mayor y al detall** wholesale and retail sales.

detalladamente /detaʎaða'mente/ *adv* in detail: **me lo contó todo detalladamente** he told me everything in great detail.

detallado, -da /deta'ʎaðo -ða/ *adj* detailed, thorough: **quiero un informe detallado de lo sucedido** I want a detailed report on the incident.

detallar /deta'ʎar/ [➪CANTAR] *vt* **1.** (*relatar con detalle*) to give a detailed account of: **el testigo detalló todo lo sucedido** the witness gave a detailed account of what had happened. **2.** (*dar los detalles de*) to detail: **las condiciones se detallan al reverso** the conditions are detailed overleaf.

detalle /de'taʎe/ *sm* **1.** (*pormenor*) detail: **pidió detalles** *sobre* **el viaje** he asked for details of the trip; **todavía quedan algunos detalles por resolver** there are still some details to be sorted out; **no vamos a entrar en detalles** we won't go into detail; **no me interesan los detalles técnicos** I'm not interested in the technicalities • **se sabe la obra en detalle** he knows the play inside out • **estudió el plano en detalle** she studied the map carefully • **contó la película con (todo) detalle** he told the story of the film in great detail. **2.** (*complemento*): **el vestido pide algún detalle alegre** the dress needs something extra to brighten it up. **3.** (*atención*): **tuvo el detalle de ir a buscarlo al aeropuerto** she was kind enough to go and meet him at the airport; **le compró un detalle por su cumpleaños** he bought her a little something for her birthday. **4.** (*Artes*: *fragmento*) detail: **detalle de Las Meninas de Velázquez** detail from Las Meninas by Velázquez.

detallista /deta'ʎista/ **I** *adj* **1.** (*minucioso*) perfectionist. **2.** (*atento*) considerate, thoughtful: **es tan detallista que sale a fumar al balcón** he's so considerate that he goes out on the balcony to smoke.
II *sm/f* retailer.

detección /detek'θjon/ *sf* detection.

detectar /detek'tar/ [➪CANTAR] *vt* to detect: **el radar detectó la presencia de un avión** the radar detected the presence of an aircraft; **el niño detecta la tensión reinante** the boy can sense the tension in the air.

detective /detek'tiβe/ *sm/f* detective.

detective privado, -da *sm/f* private detective, private investigator.

detectivesco, -ca /detekti'βesko -ka/ *adj* detective: **una novela detectivesca** a detective novel.

detector, -tora /detek'tor -'tora/ *sm/f* detector.

detector de mentiras *sm* lie detector.

detector de metales *sm* metal detector.

detector de minas *sm* mine detector.

detención /deten'θjon/ *sf* **1.** (*interrupción*) stoppage. **2.** (*detenimiento*): **estudió con detención las diferentes posibilidades** she considered the different possibilities very carefully. **3.** (*captura*) arrest: **a continuación se procedió a la detención de los sospechosos** the next step was to arrest the suspects.

detención ilegal *sf* wrongful arrest.

detener /dete'ner/ [➪tener] *vt* **1.** (*parar*) to stop: **detuvo el coche delante de la entrada** he stopped the car in front of the entrance. **2.** (*demorar*) to hold up: **no lo detengo más** I won't keep you any longer. **3.** (*capturar*) to arrest: **la policía detuvo a varios sospechosos** the police arrested several suspects.

detenerse *v prnl* **1.** (*pararse*) to stop: **se detuvo frente al cine** he stopped in front of the cinema; **antes de decir nada, deténte y piénsatelo** before you say anything, stop and think about it. **2.** (*entretenerse*) to stay on: **me detuve hablando con un amigo** I stayed on talking to a friend; **nos detuvimos viendo los escaparates** we spent some time window-shopping.

detenido, -da /dete'niðo -ða/ **I** *adj* **1.** (*parado*) stopped: **los coches detenidos en el peaje** the cars which were stopped at the toll booth; **los coches detenidos a causa del accidente** the cars held up by the accident. **2.** (*capturado*) under arrest: **queda usted detenido** you are under arrest. **3.** (*esmerado*) careful: **elegí tras un detenido análisis de las distintas posibilidades** I made my choice after careful consideration of the different possibilities.
II *sm/f* arrested person: **el detenido pasó la noche en la comisaría** the arrested man spent the night at the police station.

detenimiento /deteni'mjento/ *sm* care: **lee las preguntas con detenimiento** read the questions carefully.

detergente /deter'xente/ *adj, sm* detergent.

deteriorado, -da /deterjo'raðo -ða/ *adj* damaged: **las mercancías han llegado deterioradas** the goods have arrived damaged; **su relación está totalmente deteriorada** their relationship is in ruins.

deteriorar /deterjo'rar/ [➪CANTAR] *vt* to wear out: **el**

uso continuo ha deteriorado el motor constant use has caused the engine to wear.

deteriorarse *v prnl* **1.** (*dañarse*) to wear out: **la maquinaria se deteriora con los años** machinery wears out over the years. **2.** (*estropearse*) to deteriorate: **su salud se deteriora día a día** his health is deteriorating daily; **nuestras relaciones se han deteriorado** our relationship has worsened.

deterioro /dete'rjoro/ *sm* **1.** (*desgaste*) wear. **2.** (*empeoramiento*) deterioration: **no se tendrá en cuenta el deterioro normal debido al uso** normal wear and tear will not be taken into account.

determinación /determina'θjon/ *sf* **1.** (*medida*) decision: **tomó la determinación** *de* **irse** she decided to leave. **2.** (*resolución*) determination: **gracias a su determinación se salvó la empresa** the company was saved thanks to his determination.

determinado, -da /determi'naðo -ða/ *adj* **1.** (*fijado*) fixed, set: **no hay un plazo determinado para presentar solicitudes** there is no fixed * set deadline for sending in applications; **aún no tiene determinado adónde irá de vacaciones** she still hasn't decided where to go on holiday. **2.** (*persona*) determined. **3.** (*Ling*: *artículo*) definite.

determinante /determi'nante/ **I** *adj* (*decisivo*) determining, deciding: **las drogas fueron la causa determinante de su muerte** drugs were the determining factor in his death.
II *sm* (*Ling*) determiner.

determinar /determi'nar/ [⇨ CANTAR] *vt* **1.** (*concretar*) to set, to fix: **aún no hemos determinado la fecha de la reunión** we still haven't fixed the date of the meeting. **2.** (*averiguar*) to determine: **la investigación pretende determinar la causa de lo sucedido** the investigation seeks to determine the cause of what happened; (*Mat*) to determine, to calculate: **determine la raíz cuadrada de nueve** calculate the square root of nine. **3.** (*establecer*) to indicate, to stipulate: **así lo determina el reglamento del hotel** this is what the hotel regulations stipulate. **4.** (*decidir*) to decide: **el médico determinó que había que operar al enfermo** the doctor decided (that) they should operate on the patient. **5.** (*influir, provocar*) to determine: **el clima determina el tipo de vegetación en un lugar** climate determines the type of vegetation that grows in a particular place. **6.** (*Jur*: *sentenciar*) to rule: **el juez determinó su libertad bajo fianza** the judge ruled that he be released on bail.

determinarse *v prnl* to make one's mind up, to decide: **no se determinaba a salir** she couldn't decide whether to go out.

determinativo, -va /determina'tiβo -βa/ *adj* (*Ling*) determinative.

detestable /detes'taβle/ *adj* detestable.

detestar /detes'tar/ [⇨ CANTAR] *vt* to hate, to detest.

detonación /detona'θjon/ *sf* (*acto*) detonation; (*resultado*) explosion: **la detonación de la bomba se oyó desde muy lejos** the bomb blast could be heard a long way away.

detonador /detona'ðor/ *sm* detonator.

detonante /deto'nante/ *sm* (*Tec*) detonator • **el veredicto del jurado fue el detonante de los disturbios** the jury's verdict triggered (off) the riots.

detractor, -tora /detrak'tor -'tora/ *sm/f* detractor: **a pesar del éxito tiene muchos detractores** despite her success she has many detractors; **los detractores del régimen huyeron o fueron encarcelados** the critics of the regime either fled or were imprisoned.

detrás /de'tras/ **I** *adv* **1.** (*en la parte posterior*) at the back: **detrás tiene el precio** the price is on the back • **lo critican por detrás** they criticize him behind his back. **2.** (*a continuación*) then, afterwards: **primero iban los perros, detrás los cazadores** first came the hounds, then the hunters. **3.** (*insistiendo*): **siempre me está detrás para que me compre un coche** she's always on to me to buy a car.
II detrás de *prep* **1.** (*en posición*) behind, (*US*) in back of: **se sentaron detrás de nosotras** they sat behind us; **salió de detrás de la puerta** he came out from behind the door; **el jardín está detrás de la casa** the garden is at the back of the house. **2.** (*en orden*) after: **vete tu primero y yo voy detrás de ti** you go first and I'll follow. **3.** (*en interés*): **siempre está detrás de mí para que me apunte** she's always on at me to join.

detrimento /detri'mento/ *sm*: **eso va** *en* **detrimento** *de* **tu reputación** this is to the detriment of * is detrimental to your reputation.

detrito /de'trito/ *sm* (*Biol*) detritus.

detritus /de'tritus/ *sm inv* ⇨ detrito

deuda /'deuða/ *sf* **1.** (*económica*) debt: **estaba cargado de deudas** he was burdened with debt * debts; **tengo una deuda de mil pesetas** I owe a thousand pesetas. **2.** (*obligación moral*): **estoy** *en* **deuda** *con* **ellos** I am indebted to them • **lo prometido es deuda** a promise is a promise.

deuda del Estado *sf* public debt.

deuda exterior *sf* foreign debt.

deuda pública *sf* public debt.

deudor, -dora /deu'ðor -'ðora/ **I** *adj* debtor: **países deudores** debtor countries.
II *sm/f* debtor.

devaluación /deβalwa'θjon/ *sf* devaluation.

devaluar /deβa'lwar/ [⇨ actuar] *vt* to devalue: **el gobierno ha devaluado el peso** the government has devalued the peso.

devaluarse *v prnl* to devalue: **el peso se ha devaluado** the peso has been devalued.

devanar /deβa'nar/ [⇨ CANTAR] *vt* (*Tec*: *un alambre*) to coil; (*una madeja*) to wind.

devanarse *v prnl* • **me devané los sesos pensando cómo hacerlo** I racked my brains trying to find a way of doing it.

devaneo /deβa'neo/ *sm* **1.** (*amorío*) fling: **tuvo un devaneo durante el verano** he had a fling during the summer. **2.** (*distracción, entretenimiento vano*) aimless distraction: **déjate de devaneos y ponte a trabajar** stop wasting time and get on with your work.

devastador, -dora /deβasta'ðor -'ðora/ *adj* **1.** (*en sentido negativo*) devastating: **el temporal tuvo un efecto devastador** the storm had a devastating effect. **2.** (*en sentido positivo*): **la obra tuvo un éxito devastador** the play was a smash hit.

devastar /deβas'tar/ [⇨ CANTAR] *vt* to devastate: **un terremoto devastó la ciudad** an earthquake devastated the city.

devengado, -da /deβeŋ'gaðo -ða/ *adj* (*Fin*: *intereses*) earned, accrued.

devengar /deβeŋ'gar/ [⇨ pagar] *vt* (*un salario, intereses*) to earn.

devenir /deβe'nir/ **I** *sm* passing: **el devenir del tiempo** the passing of time.
II [⇨ venir] *vi* **1.** (*llegar a ser*) to become: **devino** *en* **un gran pianista** he became a great pianist. **2.** (*suceder*) to happen.

devoción /deβo'θjon/ *sf* **1.** (*Relig*) devotion: **le tengo especial devoción** *a* **San Antonio** I have a particular devotion to Saint Anthony. **2.** (*por alguien*) devotion: **tiene devoción** *por* **su hermana pequeña** he's devoted to his younger sister; (*por algo*) passion: **siente una verdadera devoción** *por* **la lectura** she has a real passion for reading.

devocionario /deβoθjo'narjo/ *sm* prayer book.

devolución /deβolu'θjon/ *sf* (*gen*) return; (*de dinero*) refund: **los clientes que no estén satisfechos pueden exigir la devolución del importe** unsatisfied customers have the right to request a refund; **en rebajas no se admiten devoluciones** no refunds can be given on sale items.

devolver /deβol'βer/ [⇨volver; *past participle* **devuelto**] *vt* **1.** (*retornar: gen*) to return, to give back: **devolví el paraguas que me habían prestado** I returned * gave back the umbrella that I had borrowed; **le devolvieron el guión porque era demasiado largo** they sent his script back because it was too long; **la tenista devolvió la pelota con fuerza** the tennis player returned the ball with a powerful shot • **le estoy devolviendo el feo que me hizo** I'm paying him back for what he did to me; (*: una compra*) to take back, to return: **fui a la tienda a devolver los pantalones** I went to the shop to return the trousers; (*: dinero*) to refund: **me devolvieron el dinero** they refunded me the money, they gave me a refund; **el camarero le devolvió doscientas pesetas** the waiter gave her two hundred pesetas change. **2.** (*restituir*) to restore: **el trabajo le ha devuelto la confianza en sí mismo** his job has restored his self-confidence. **3.** (*fam: vomitar*) to throw up: **el bebé devolvió la papilla** the baby threw up his food.

♦*vi* (*en tenis*): **devolvía con gran precisión** his returns were very accurate.

devolverse *v prnl* (*Amér L*) to return: **me devolví** *a* **mi tierra** I returned to my native land.

devorador, **-dora** /deβora'ðor -'ðora/ *adj* devouring • **tengo un hambre devoradora** I'm ravenous.

devorar /deβo'rar/ [⇨CANTAR] *vt* **1.** (*la presa*) to devour, to eat up; (*la comida*) to wolf (down): **devoró el bocadillo en unos segundos** she wolfed the sandwich in seconds; (*un libro*) to devour: **mi hijo no lee libros, los devora** my son doesn't read books, he devours them. **2.** (*consumir*) to devour: **las llamas devoraron el bosque** the flames consumed * devoured the forest; **lo devora la envidia** he's eaten up with envy.

devoto, **-ta** /de'βoto -ta/ **I** *adj* **1.** (*Relig*) devout: **es muy devota** *de* **la Virgen** she has a special devotion to the Virgin Mary. **2.** (*aficionado*): **no soy muy devoto** *de* **ese compositor** I am not very fond of * keen on that composer; **es devota de los toros** she's very keen on bullfighting.

II *sm/f* **1.** (*Relig*) devout believer. **2.** (*aficionado*) devotee, fan.

devuelta /de'βwelta/ *sf* (*Col, P. Rico, Rep Dom*) change.

devuelto, **-ta** /de'βwelto -ta/ *adj* returned: **nos ha llegado una carta devuelta** we have received a returned letter.

devuelvo /de'βwelβo/ *and other forms with* ***devuelv-*** ⇨devolver

DF /de'efe/ (*en Méx*) (*abbreviation of* **Distrito Federal**) Federal District.

DGT /dexe'te/ *sf* (*en España*) (*abbreviation of* **Dirección General de Tráfico**) Department of Road Transport.

di /di/ **I** *first person of the preterite tense of* ⇨dar

II *imperative of* ⇨decir

día /'dia/ *sm* **1.** (*gen*) day: **quedan sólo dos días** there are only two days left; **el día dos de abril** the second of April; **¡buenos días!** * **¡buen día!** good morning!; **me dio los buenos días y se marchó** he wished me a good day and left; **¿a qué día estamos?** what day is it today?; **¿qué día del mes es hoy?** what's the date today?; **¡qué buen día hace!** what a nice day!; **voy a trabajar todos los días** I go to work every day; **nos traen la leche un día sí y otro no** we have milk delivered every other day; **es la misma rutina día tras día** it's the same routine, day in day out • **llegará de un día a otro** it will be here any day now • **en su día** (*en el futuro*): **recibirás el pedido en su día** your order will arrive in due course; (*en el pasado*): **la cuenta se pagó en su día** the bill was paid when it was due * on its due date • **hoy no es mi día** it's not my day today • **Juan tiene los días contados en la empresa** Juan's days with the company are numbered • **cómprate la pulsera, un día es un día** go on and buy yourself the bracelet, today's a special day • **al día**: **recogen el correo tres veces al día** they collect the mail three times a day; **viven al día** they live from hand to mouth; **estamos al día en los pagos** we're up to date with the payments; **hay que estar al día en tecnología** it's important to keep up to date with technology; **me puso al día de lo que había pasado en mi ausencia** he brought me up to date with what had been happening while I was away • **hoy en día los jóvenes tienen más libertad** nowadays young people have more freedom • **los huevos son del día** the eggs are fresh • **es el hombre del día** he's the man of the moment • **un día de éstos te van a pillar** one of these days they're going to catch up with you • **el día de mañana serás todo un ingeniero** you'll be a brilliant engineer someday • **el día menos pensado, te ascienden** one of these days, when you least expect it, they'll give you promotion • **es bueno a días** he has his good days • **mi novio me dejó, pero ¡tal día hará un año!** my boyfriend left me, but I couldn't care less! • **esta cola va a durar hasta el día del Juicio** this queue seems to go on for ever. • (*Arg, Chi, Urug*) **lo veo día por medio** I see him every other day. **2.** (*horas de claridad*) daytime, daylight: **ya es** *de* **día** it's morning already; **hicimos el viaje** *de* **día** we travelled during the day; **les desvalijaron la casa** *en* **pleno día** the house was burgled in broad daylight • **con la llegada del nuevo gerente la situación cambió como del día a la noche** with the arrival of the new manager the situation changed overnight • **funciona día y noche** it operates twenty four hours a day.

día azul *sm* (*en trenes*) blue day (*when fares are lower*).

día D *sm* D-day.

día de diario *sm* weekday.

día de difuntos *sm* All Souls' Day.

día de entresemana *sm* weekday.

día de fiesta *sm* public holiday.

Día de la Hispanidad *sm* Columbus Day (*12 October*).

día de la madre *sm* Mother's Day.

día de labor *sm* working day.

día de los enamorados *sm* (St) Valentine's Day.

Día de los Inocentes *sm*: *similar to April Fools' Day (28 December).*

día de paga *sm* payday.

día de precepto *sm* (*Relig*) holy day of obligation.

día de Reyes *sm* Epiphany, Twelfth Night.

día del Juicio Final *sm* Judgement Day, Day of Judgement.

día del padre *sm* Father's Day.

día feriado *sm* (*Amér L*) public holiday.
día festivo *sm* public holiday.
día hábil, día laborable *sm* working day: **hay diez días hábiles para presentar recurso** there are ten working days in which to lodge an appeal.
día lectivo *sm* school day.
día libre *sm* day off: **se tomó el día libre** he took the day off.

diabetes /dja'βetes/ *sf inv* diabetes.

diabético, -ca /dja'βetiko -ka/ *adj, sm/f* diabetic.

diabla /'djaβla/ *sf* she-devil.

diablesa /dja'βlesa/ *sf* (*fam*) she-devil.

diablillo /dja'βliʎo/ *sm* (*fam*) little devil: **estás hecho un diablillo** you're such a little devil.

diablo /'djaβlo/ **I** *sm* **1.** (*demonio*) devil, demon • **esto sabe a diablos** this tastes awful • **este pimiento pica como un diablo** this pepper is extremely hot • **la herencia se la llevó el diablo** the inheritance disappeared into thin air • **se lo llevan los diablos cuando mencionan a su ex socio** he goes up the wall at the mention of his former business partner • **es un pobre diablo** he's a wretched specimen • **¡que se vaya al diablo!** to hell with him! **2.** (*fam*: *niño travieso*) little devil • **tiene el diablo en el cuerpo** he's a little devil. **3.** (*persona astuta*) crafty devil: **es un diablo evadiendo impuestos** he's a crafty devil when it comes to evading taxes.
II *excl* damned: **¡diablo** *de* **silla!** damned chair!

diabluras /dja'βluras/ *sf pl* (*fam*) mischief, (*GB*) monkey tricks *pl*, (*US*) monkeyshines *pl*: **¡mira que haces diabluras!** you're always up to mischief!

diabólico, -ca /dja'βoliko -ka/ *adj* **1.** (*perverso*) fiendishly cunning, diabolical: **trazó un plan diabólico** she came up with a fiendishly cunning plan. **2.** (*difícil*) fiendishly difficult: **se trata de un problema de solución diabólica** it's a fiendishly difficult problem to solve.

diaconisa /djako'nisa/ *sf* deaconess.

diácono /'djakono/ *sm* deacon.

diadema /dja'ðema/ *sf* **1.** (*para recoger el pelo*) Alice band. **2.** (*corona*) tiara.

diáfano, -na /'djafano -na/ *adj* **1.** (*Fís*) diaphanous, transparent. **2.** (*irreprochable*) impeccable: **su comportamiento fue diáfano** his behaviour was beyond reproach.

diafragma /dja'fraɣma/ *sm* **1.** (*Anat, Med*) diaphragm. **2.** (*de una cámara fotográfica*) diaphragm.

diagnosis /djaɣ'nosis/ *sf inv* diagnosis.

diagnosticar /djaɣnosti'kar/ [➪sacar] *vt* to diagnose: **le han diagnosticado cáncer** he has been diagnosed as having cancer.

diagnóstico /djaɣ'nostiko/ *sm* diagnosis: **el médico dio su diagnóstico** the doctor gave his diagnosis; **todavía es pronto para emitir un diagnóstico** it is still too early to make a diagnosis.

diagonal /djaɣo'nal/ *adj, sf* (*Mat*) diagonal: **la diagonal de un cuadrado** the diagonal of a square; **la calle cruza la avenida** *en* **diagonal** the street crosses the avenue diagonally.

diagrama /dja'ɣrama/ *sm* diagram: **el diagrama muestra cómo se relacionan entre sí las células** the diagram shows how the cells are interconnected.
diagrama de flujo *sm* flow chart.

dial /'djal/ *sm* dial.

dialéctica /dja'lektika/ *sf* dialectic.

dialecto /dja'lekto/ *sm* dialect.

diálisis /'djalisis/ *sf inv* dialysis.

dialogar /djalo'ɣar/ [➪pagar] *vi* to talk, to have a conversation: **dialogar** *con* **ellos es imposible** it is impossible to have a conversation with them.

diálogo /'djaloɣo/ *sm* **1.** (*en literatura*) (*GB*) dialogue, (*US*) dialog. **2.** (*conversación*) discussion. **3.** (*en negociaciones*) talks *pl*, (*GB*) dialogue, (*US*) dialog.
diálogo de sordos *sm*: **fue un diálogo de sordos** nobody listened to what anybody else was saying.

diamante /dja'mante/ **I** *sm* (*Geol*) diamond.
II diamantes *sm pl* (*palo de la baraja*) diamonds *pl*.
diamante (en) bruto *sm* **1.** (*joya*) uncut diamond. **2.** (*persona*) rough diamond.

diametralmente /djametral'mente/ *adv* diametrically: **su teoría es diametralmente opuesta a la mía** her theory is diametrically opposed to mine; **es diametralmente opuesto a su hermano** he's the complete opposite of his brother.

diámetro /'djametro/ *sm* diameter.

diana /'djana/ *sf* **1.** (*Mil*) reveille: **tocaron diana a las siete** reveille was sounded at seven o'clock. **2.** (*Dep*) bull's-eye: **dio en la diana** he hit the bull's-eye; **hizo diana** she got a bull's-eye.

diantre /'djantre/, **diantres** /'djantres/ *excl* (*fam*) hell: **¿qué diantre quieres?** what the hell do you want?

diapasón /djapa'son/ *sm* **1.** (*de una voz*) range, diapason. **2.** (*instrumento*) tuning fork.

diapositiva /djaposi'tiβa/ *sf* slide, transparency.

diario, -ria /'djarjo -rja/ **I** *adj* daily: **tengo una clase diaria de conducir** I have a driving lesson every day; **con esto te llegará para tus gastos diarios** this will provide for your daily expenses; **iba vestida con la ropa** *de* **diario** she was wearing her everyday clothes; **viene** *a* **diario** he comes daily ✻ every day.
II diario *sm* **1.** (*periódico*) (daily) newspaper: **venía en el diario de la mañana/tarde** it was in the morning/evening newspaper. **2.** (*agenda*) diary: **cada noche anota en su diario lo que ha hecho** every night he writes down what he has done in his diary; (*cuaderno de viaje*) journal.
diario de a bordo, diario de navegación *sm* captain's log.
diario de sesiones *sm* daily report of parliamentary proceedings.
diario hablado *sm* radio news (bulletin).

diarrea /dja'rrea/ *sf* (*GB*) diarrhoea, (*US*) diarrhea.
diarrea mental *sf* (*fam*) muddled thoughts *pl*: **tiene una diarrea mental increíble** his thoughts are in a terrible muddle.

diatriba /dja'triβa/ *sf* diatribe, attack: **lanzó una tremenda diatriba** *contra* **los responsables** she launched a fierce attack on those responsible.

dibujante /diβu'xante/ *sm/f* **1.** (*gen*) drawer; (*de dibujos animados*) cartoonist. **2.** (*Tec*: *hombre*) (*GB*) draughtsman, (*US*) draftsman; (*: mujer*) (*GB*) draughtswoman, (*US*) draftswoman.

dibujar /diβu'xar/ [➪CANTAR] *vt* **1.** (*Artes*) to draw, to sketch. **2.** (*describir*) to outline: **dibujó la situación en pocas palabras** in a few words she outlined the situation.
dibujarse *v prnl* to appear: **empezaban a dibujarse unas arrugas en su cara** wrinkles were beginning to appear on his face.

dibujo /di'βuxo/ *sm* **1.** (*disciplina*) art (*specifically drawing*): **estudia dibujo en una academia** she goes to drawing classes at an academy. **2.** (*figura*) drawing, sketch: **hizo un dibujo de la casa** he did a drawing of the house. **3.** (*estampado*) pattern, design: **la tela**

tiene un dibujo de flores the cloth has a flowered pattern. **4.** (*de un neumático*) tread.
dibujo artístico *sm* drawing.
dibujo lineal *sm* (*Tec*) technical drawing, (*GB*) draughtsmanship, (*US*) draftsmanship.
dibujos animados *sm pl* cartoons *pl* (*on television, etc.*).
dicción /dik'θjon/ *sf* **1.** (*manera de pronunciar*) diction. **2.** (*manera de hablar*) speech.
diccionario /dikθjo'narjo/ *sm* dictionary.
diccionario de sinónimos *sm* thesaurus.
dice /'diθe/ *and other forms with* **dic-** ⇨ decir
dicha /'ditʃa/ *sf* **1.** (*felicidad*) happiness: **es una dicha tenerte aquí** we're so happy to have you here. **2.** (*suerte*) luck • **nunca es tarde si la dicha es buena** better late than never.
dicharachero, -ra /ditʃara'tʃero -ra/ *adj* funny.
dicho, -cha /'ditʃo -tʃa/ **I** *past participle of* ⇨ decir • **¡bien dicho!** well said! • **fue dicho y hecho** it was no sooner said than done • **dicho de otro modo, no me da la gana** in other words, I don't feel like it • **se lo ordené, mejor dicho, se lo rogué** I ordered him, or rather, I begged him • **en el Reino Unido no existe una constitución escrita propiamente dicha** strictly speaking, the United Kingdom does not have a written constitution.
II *adj* the aforesaid: **dicho partido se fundó en 1978** this party * the aforesaid party was founded in 1978.
III dicho *sm* **1.** (*refrán*) saying • **del dicho al hecho va un trecho** there's a big difference between saying something and actually doing it. **2.** (*ocurrencia*) witty remark.
dichoso, -sa /di'tʃoso -sa/ *adj* **1.** (*afortunado*) happy: **se sentía dichoso** he felt happy • **hombre, ¡dichosos los ojos!** hello stranger, this is a nice surprise! **2.** (*fam*: *maldito*) blessed: **¡deja de tocar la dichosa trompeta!** stop playing that blessed trumpet!
diciembre /di'θjembre/ *sm* December. ⇨ febrero
dicotomía /dikoto'mia/ *sf* (*frml*) dichotomy.
dictado /dik'taðo/ **I** *sm* dictation: **no ha tenido ninguna falta en el dictado** she did a faultless dictation; **lo copiamos** *al* **dictado** we took it down word for word.
II dictados *sm pl* dictates *pl*: **siguió los dictados de su corazón** he followed the dictates of his heart.
dictador, -dora /dikta'ðor -'ðora/ *sm/f* dictator.
dictadura /dikta'ðura/ *sf* dictatorship.
dictáfono® /dik'tafono/ *sm* Dictaphone®.
dictamen /dik'tamen/ *sm* verdict, judgement: **no se pusieron de acuerdo en su dictamen** they could not agree on their verdict.
dictaminar /diktami'nar/ [⇨ CANTAR] *vi* (*juez*) to pass judgement; (*médico*) to give a medical opinion.
♦ *vt*: **el médico dictaminó que la enfermedad no era grave** it was the doctor's opinion that the illness was not serious; **el forense dictaminó que había fallecido de un ataque cardiaco** the forensic scientist concluded that she had died of a heart attack.
dictar /dik'tar/ [⇨ CANTAR] *vt* **1.** (*un texto*) to dictate: **dictó el contenido de la carta** she dictated the contents of the letter. **2.** (*una ley, una norma, un fallo*) to pass: **el juez dictó sentencia** the judge passed sentence. **3.** (*sugerir*) to tell: **hizo lo que le dictó la conciencia** he did what his conscience told him. **4.** (*una conferencia, una charla*) to give, to deliver: **el catedrático dictó un ciclo de conferencias** the professor gave a course of lectures.
♦ *vi* (*Educ*) to dictate.
dictatorial /diktato'rjal/ *adj* dictatorial.
didáctica /di'ðaktika/ *sf* (*Educ*) pedagogy.
didáctico, -ca /di'ðaktiko -ka/ *adj* **1.** (*educativo*) didactic, educational. **2.** (*relativo a la enseñanza*) teaching, pedagogical.
diecinueve /djeθi'nweβe/ **I** *adj* (*cardinal*) nineteen; (*ordinal*) nineteenth. ⇨ doce
II *sm* (*cardinal*) nineteen; (*ordinal*) nineteenth. ⇨ doce
diecinueveavo, -va /djeθinweβe'aβo -βa/ **I** *adj* nineteenth.
II diecinueveavo *sm* (*parte*) nineteenth.
dieciochavo, -va /djeθjo'tʃaβo -βa/ *adj*, **dieciochavo** *sm* ⇨ dieciochoavo
dieciochesco, -ca /djeθjo'tʃesko -ka/ *adj* eighteenth century: **el estilo dieciochesco** the eighteenth century style.
dieciocho /dje'θjotʃo/ **I** *adj* (*cardinal*) eighteen; (*ordinal*) eighteenth. ⇨ doce
II *sm* (*cardinal*) eighteen; (*ordinal*) eighteenth. ⇨ doce
dieciochoavo, -va /djeθjotʃo'aβo -βa/ **I** *adj* eighteenth.
II dieciochoavo *sm* (*parte*) eighteenth.
dieciséis /djeθi'seis/ **I** *adj* (*cardinal*) sixteen; (*ordinal*) sixteenth. ⇨ doce
II *sm* (*cardinal*) sixteen; (*ordinal*) sixteenth. ⇨ doce
dieciseisavo, -va /djeθisei'saβo -βa/ **I** *adj* sixteenth.
II diesiseisavo *sm* (*parte*) sixteenth.
dieciseisavos de final *sm pl* (*Dep*) *two rounds before quarter finals*.
diecisiete /djeθi'sjete/ **I** *adj* (*cardinal*) seventeen; (*ordinal*) seventeenth. ⇨ doce
II *sm* (*cardinal*) seventeen; (*ordinal*) seventeenth. ⇨ doce
diecisieteavo, -va /djeθisjete'aβo -βa/ **I** *adj* seventeenth.
II diecisieteavo *sm* (*parte*) seventeenth.
diente /'djente/ *sm* **1.** (*Anat*) tooth (*pl* teeth) • **se armó hasta los dientes** he armed himself to the teeth • **parecía apocada, pero ya ha empezado a enseñar los dientes** she seemed rather timid but now she's started standing up for herself • **estaba que echaba los dientes** she was absolutely furious • **de dientes afuera lo promete todo** he promises everything without meaning a word of it • **maldijo entre dientes** he cursed under his breath • **tengo ganas de hincarle el diente a ese problema** I feel like really getting my teeth into that problem • **se me pusieron los dientes largos cuando vi su coche nuevo** I was green with envy when I saw her new car • **tiene buen diente** he has a good appetite. **2.** (*de mecanismo*) cog; (*de sierra*) tooth.
diente de ajo *sm* clove of garlic.
diente de leche *sm* milk tooth.
diente de león *sm* dandelion.
dientes postizos *sm pl* false teeth *pl*.
diéresis /'djeresis/ *sf inv* (*Ling*) diaeresis.
Diesel, diesel /'djesel/ *sm* (*Auto*): **un motor Diesel** a diesel engine; **la versión Diesel es más barata** the diesel version is cheaper; **se han comprado un diesel** they've bought a diesel (car).
diestra /'djestra/ *sf* right hand • (*Amér L*) **empezó a repartir golpes a diestra y siniestra** he started hitting out in all directions.
diestro, -tra /'djestro -tra/ **I** *adj* **1.** (*frml*: *derecho*) right • **se puso a dar bofetadas a diestro y siniestro** he

began lashing out at all and sundry. **2.** (*que utiliza la mano derecha*) right-handed. **3.** (*hábil*) (*GB*) skilful, (*US*) skillful: **es muy diestra** *en* **el manejo del ordenador** she is very skilful at using the computer.
II *sm/f* (*persona que utiliza la mano derecha*) right-handed person.
III diestro *sm* (*torero*) bullfighter.

dieta /'djeta/ **I** *sf* **1.** (*Culin*) diet: **sigue una dieta muy equilibrada** he is on a very balanced diet; **estoy** *a* **dieta** I'm on a diet; **una dieta con pocas calorías** a low-calorie diet. **2.** (*asamblea*) assembly: **fue convocada una dieta extraordinaria** a special assembly was called.
II dietas *sf pl* (*Fin*) expenses *pl*: **aún no le han pagado las dietas** he hasn't been paid his expenses yet.

dietario /dje'tarjo/ *sm* accounts book.

dietética /dje'tetika/ *sf* dietetics [lleva el verbo en singular].

diez /djeθ/ **I** *adj* (*cardinal*) ten; (*ordinal*) tenth. ➪ doce
II *sm* (*cardinal*) ten; (*ordinal*) tenth. ➪ doce
III las diez *sf pl* (*hora*) ten o'clock. ➪ doce

diezmar /djeθ'mar/ [➪ CANTAR] *vt* to decimate: **las plagas han diezmado la cosecha** pests have decimated the harvest.

diezmilésimo, -ma /djeθmi'lesimo -ma/ **I** *adj* ten thousandth.
II diezmilésimo *sm* ten-thousandth.

difamación /difama'θjon/ *sf* (*Jur*: *gen*) defamation; (*: oral*) slander; (*: por escrito*) libel.

difamar /difa'mar/ [➪ CANTAR] *vt* (*Jur*: *oralmente*) to slander; (*: por escrito*) to libel.

diferencia /dife'renθja/ *sf* **1.** (*desigualdad*) difference: **hay una diferencia** *de* **edad entre los dos** there is a difference in age between them; **Luis,** *a* **diferencia** *de* **su hermano, es estudioso** Luis, unlike his brother, works hard at school. **2.** (*desacuerdo*) difference, disagreement: **finalmente hemos resuelto nuestras diferencias** we have finally resolved our differences • **tuvimos una ligera diferencia de opinión** we had a minor disagreement.

diferencial /diferen'θjal/ **I** *adj* **1.** (*distintivo*) distinctive, distinguishing: **el rasgo diferencial de esa especie es la cola** the tail is the distinguishing feature of that species. **2.** (*Mat*) differential.
II *sm* (*Auto*) differential.

diferenciar /diferen'θjar/ [➪ CAMBIAR] *vt* **1.** (*distinguir*) to distinguish: **ya sabe diferenciar las letras** he's already able to distinguish the letters of the alphabet. **2.** (*hacer diferente*) to make different, to differentiate: **los diferencia el tamaño** the size is what makes them different.
diferenciarse *v prnl* **1.** (*ser distinto*) to differ: **sólo se diferencian** *en* **el color** they only differ in colour. **2.** (*sobresalir*) to stand out: **se diferencia** *por* **su talento** he stands out because of his talent.

diferente /dife'rente/ **I** *adj* different: **las dos casas eran muy diferentes** the two houses were very different (from each other); **mi bicicleta es diferente** *a * de* **la tuya** my bicycle is different from yours.
II *adv* differently, different: **su voz sonaba diferente** her voice sounded different.

diferido, -da /dife'riðo -ða/ *adj* (*Medios*): **la ceremonia se emitió** *en* **diferido** they broadcast a recording of the ceremony.

diferir /dife'rir/ [➪ sentir] *vt* (*aplazar*) to put off, to defer: **difirió el viaje** *para* **el verano** he put off the trip until the summer.
♦ *vi* (*ser diferente*) to differ, to be different: **la teoría difiere mucho** *de* **la práctica** theory is very different from practice.

difícil /di'fiθil/ *adj* **1.** (*de solución*) difficult, hard: **es un problema difícil** *de* **solucionar** it's a difficult problem to solve. **2.** (*de carácter*) difficult, awkward: **mi padre es una persona muy difícil** my father is a very difficult person. **3.** (*improbable*) unlikely: **es difícil que se termine en lo que queda de año** it's unlikely to be finished this year.

difícilmente /di'fiθilmente/ *adv* scarcely, hardly: **difícilmente se va a poder acabar a tiempo** we're unlikely to finish it on time; **difícilmente van a creer los votantes las promesas del partido** the voters are hardly going to believe the party's promises.

dificultad /difikul'tað/ *sf* **1.** (*complejidad*) difficulty: **la dificultad de este ejercicio está en la coordinación** the difficulty in this exercise lies in proper coordination. **2.** (*obstáculo*): **nos pusieron muchas dificultades** *para* **casarnos** they made it very difficult for us to get married. **3.** (*problema*) trouble, difficulty: **tuvo dificultades en la aduana** he had some trouble at customs; **no tuvo ninguna dificultad** *en* **entenderlo** she had no difficulty (in) understanding it; **al principio de montar el negocio pasaron muchas dificultades** initially they had a lot of problems setting up the business.

dificultar /difikul'tar/ [➪ CANTAR] *vt* to make difficult: **las condiciones atmosféricas dificultaban la circulación** the weather conditions made driving difficult; **en vez de mejorar la situación, la dificultaba** instead of improving the situation, he was making it more difficult.

dificultoso, -sa /difikul'toso -sa/ *adj* difficult, hard.

difiero /di'fjero/ *and other forms with* ***difier-*** ➪ diferir

difteria /dif'terja/ *sf* diphtheria.

difuminar /difumi'nar/ [➪ CANTAR] *vt* to blur.
difuminarse *v prnl* to fade: **su imagen se fue difuminando con el tiempo** her image gradually faded with time.

difundir /difun'dir/ [➪ PARTIR] *vt* **1.** (*la luz*) to diffuse. **2.** (*un rumor, un conocimiento*) to spread.
difundirse *v prnl* **1.** (*luz*) to be diffused. **2.** (*noticia, conocimiento*) to spread: **la noticia de su divorcio se difundió muy rápidamente** the news of their divorce spread very quickly.

difunto, -ta /di'funto -ta/ **I** *adj* late, deceased: **se levantó un monumento al difunto alcalde** a monument was erected to the memory of the late mayor.
II *sm/f* deceased person.

difusión /difu'sjon/ *sf* **1.** (*de la luz, del calor*) diffusion. **2.** (*de información, de un rumor*) spreading: **la difusión de la noticia provocó un escándalo** there was a scandal when the news got out.

difuso, -sa /di'fuso -sa/ *adj* **1.** (*luz*) diffuse; (*imagen*) blurred: **la imagen se ve difusa** the picture is quite blurred. **2.** (*discurso, escrito*) vague: **tengo una idea bastante difusa del asunto** I've only a vague idea of what's involved.

diga /'diɣa/ *and other forms with* ***dig-*** ➪ decir

digerir /dixe'rir/ [➪ sentir] *vt* **1.** (*hacer la digestión de*) to digest. **2.** (*aceptar*) to take, to get over: **no digirió muy bien la derrota** she didn't take the defeat very well; (*asimilar*) to take in, to digest: **le costó mucho digerir el libro** he found the book difficult to digest.

digestión /dixes'tjon/ *sf* digestion.

digestivo, -va /dixes'tiβo -βa/ **I** *adj* digestive.
II digestivo *sm* digestif.

digiero /di'xjero/ *and other forms with* **digier-** ➪ digerir

digital /dixi'tal/ *adj* **1.** (*de los dedos*) finger, digital. **2.** (*Tec*) digital: **un reloj digital** a digital watch.

dígito /'dixito/ *sm* (*Mat*) digit.

dignarse /diɣ'narse/ [➪ CANTAR] *v prnl* to condescend, to deign: **no se dignó** *(a)* **contestarme** he didn't deign to answer me.

dignatario, -ria /diɣna'tarjo -rja/ *sm/f* dignitary.

dignidad /diɣni'ðað/ *sf* **1.** (*cualidad*) dignity. **2.** (*importancia*) importance: **está a tono con la dignidad del puesto** it is in accordance with the importance of the position. **3.** (*cargo*) office; (*título*) rank: **alcanzó la dignidad de arzobispo** he achieved the rank of archbishop. **4.** (*persona en el cargo*) dignitary: **es una dignidad eclesiástica** he is a church dignitary.

dignificar /diɣnifi'kar/ [➪ sacar] *vt* to dignify.

digno, -na /'diɣno -na/ *adj* **1.** (*merecedor*) worthy: **es digno** *de* **respeto/desprecio** he is worthy of respect/contempt; **es una persona digna** *de* **confianza** she is a trustworthy person; **hay otro aspecto que me parece digno** *de* **mención** there's a further aspect that I think it important to mention. **2.** (*honorable*) decent: **tiene un comportamiento digno** he always behaves in an upright manner. **3.** (*apropiado*) fitting: **le impusieron un digno castigo** he was given a fitting punishment. **4.** (*suficiente*) decent, reasonable: **recibe un sueldo digno** he is on a reasonable salary.

digo /'diɣo/ *and other forms with* **dig-** ➪ decir

digresión /diɣre'sjon/ *sf* digression: **hizo una digresión para aclarar ese punto** he digressed in order to clarify that point.

dije /'dixe/ *and other forms with* **dij-** ➪ decir

dilación /dila'θjon/ *sf* delay: **las obras empezaron sin más dilación** work began without further delay.

dilapidar /dilapi'ðar/ [➪ CANTAR] *vt* to squander, to fritter away: **dilapidó su fortuna** he squandered his fortune.

dilatación /dilata'θjon/ *sf* **1.** (*gen*) dilation, widening. **2.** (*de metales, gases*) expansion.

dilatado, -da /dila'taðo -ða/ *adj* **1.** (*agrandado*): **tiene las pupilas dilatadas a causa de las gotas** his pupils are dilated because of the eye drops. **2.** (*frml: extenso*) long: **pronunció un dilatado discurso** he made a long, drawn-out speech.

dilatar /dila'tar/ [➪ CANTAR] *vt* **1.** (*Med*) to dilate: **las gotas le dilataron las pupilas** the drops dilated his pupils. **2.** (*Fís: aumentar el tamaño de*) to expand: **en verano el calor dilata las vías del tren** in summer, the heat makes the railway tracks expand. **3.** (*alargar*) to prolong, to extend: **dilataron su estancia al máximo** they prolonged * extended their stay as much as they could. **4.** (*demorar*) to delay.

dilatarse *v prnl* **1.** (*Med*) to dilate: **se le dilataron las pupilas** her pupils dilated. **2.** (*agrandarse*) to expand. **3.** (*alargarse*) to go on: **la reunión se dilató hasta las dos** the meeting went on until two o'clock. **4.** (*demorarse*) to be delayed: **la respuesta se dilató varios días** the reply was delayed for several days.

dilema /di'lema/ *sm* dilemma: **estoy en el dilema de si invitarlo o no** I'm in a dilemma about whether to invite him or not.

diletante /dile'tante/ *sm/f* dilettante.

diligencia /dili'xenθja/ *sf* **1.** (*prontitud e interés*) diligence: **terminó su trabajo con gran diligencia** she finished the work very diligently. **2.** (*trámite*): **hizo unas diligencias en el banco** he attended to some business at the bank. **3.** (*Jur*) procedure: **el juez instruyó las diligencias** the judge instituted proceedings. **4.** (*nota oficial*) dispatch. **5.** (*Transp*) stagecoach.

diligente /dili'xente/ *adj* diligent.

dilucidar /diluθi'ðar/ [➪ CANTAR] *vt* to clarify, to clear up: **dilucidaron todas nuestras dudas** they cleared up all our doubts.

diluido, -da /di'lwiðo -ða/ *adj* diluted.

diluir /dilu'ir/ [➪ huir] *vt* (*un líquido: gen*) to dilute; (*: la pintura*) to thin: **diluyó la pintura con aguarrás** he thinned the paint with turpentine.

diluirse *v prnl* (*cuerpo sólido*) to dissolve.

diluviar /dilu'βjar/ [➪ CAMBIAR] *v impers* to pour (with rain): **está diluviando** it's pouring (with rain).

diluvio /di'luβjo/ *sm* **1.** (*Meteo*) flood. **2. el Diluvio (Universal)** the Flood. **3.** (*gran cantidad*) deluge: **recibió un diluvio de regalos** she was deluged with gifts.

dimanar /dima'nar/ [➪ CANTAR] *vi*: **la orden dimana** *de* **la dirección** the order comes from (the) management.

dimensión /dimen'sjon/ *sf* **1.** (*Mat*) dimension, size. **2.** (*aspecto*) aspect, side: **debemos considerar la dimensión humana del problema** we must consider the human aspect of the problem. **3.** (*trascendencia*) significance: **fue una catástrofe de grandes dimensiones** it was a major catastrophe; **hubo un terremoto de enormes dimensiones** there was a massive earthquake.

dimensional /dimensjo'nal/ *adj* dimensional.

dimensionar /dimensjo'nar/ [➪ CANTAR] *vt* **1.** (*medir*) to measure, to take the measurements of. **2.** (*evaluar*) to evaluate.

dimes y diretes /'dimes i ði'retes/ *sm pl* squabbling: **siempre andaban** *con * en* **dimes y diretes** they were always squabbling.

diminutivo, -va /diminu'tiβo -βa/ **I** *adj* diminutive. **II diminutivo** *sm* diminutive.

diminuto, -ta /dimi'nuto -ta/ *adj* minute.

dimisión /dimi'sjon/ *sf* resignation: **presentó su dimisión** he handed in his resignation.

dimisionario, -ria /dimisjo'narjo -rja/ **I** *adj* outgoing. **II** *sm/f* person resigning.

dimitir /dimi'tir/ [➪ PARTIR] *vi* to resign: **dimitió** *de* **su cargo** he resigned from his job.

Dinamarca /dina'marka/ *sf* Denmark.

dinámica /di'namika/ *sf* dynamics [lleva el verbo en singular].

dinámico, -ca /di'namiko -ka/ *adj* dynamic.

dinamismo /dina'mizmo/ *sm* dynamism.

dinamita /dina'mita/ *sf* dynamite.

dinamitar /dinami'tar/ [➪ CANTAR] *vt* to dynamite, to blow up (with dynamite).

dinamitero, -ra /dinami'tero -ra/ *sm/f* dynamiter, explosives expert.

dinamo /di'namo/, **dínamo** /'dinamo/ *sf* dynamo.

dinastía /dinas'tia/ *sf* dynasty.

dineral /dine'ral/ *sm* fortune: **la casa nos costó un dineral** the house cost us a fortune.

dinero /di'nero/ *sm* money: **no me queda dinero francés** I have no French money * currency left; **cómpralo, el dinero es lo de menos** go on, buy it, the money isn't important; **es una persona** *de* **dinero** she is a wealthy woman • **anda bien de dinero** he's quite well-off • **ando * estoy mal de dinero** I'm short of money.

dinero contante, dinero contante y sonante *sm* cash.

dinero en efectivo *sm* cash.

dinero suelto *sm* loose change.
dinosaurio /dino'saurjo/ *sm* dinosaur.
dintel /din'tel/ *sm* lintel.
diñar /di'ɲar/ [⇨ CANTAR] *vt*: **diñarla** (*fam*) to kick the bucket, to die: **en la película la diñaron todos** in the film they all died.
dio /djo/ *third person singular of the preterite tense of* ⇨ dar
diócesis /'djoθesis/ *sf inv* diocese.
dioptría /djop'tria/ *sf* (*GB*) dioptre, (*US*) diopter: **¿cuántas dioptrías tienes?** what's your prescription for your glasses?
dios /djos/ *sm* **1.** (*ser sobrenatural*) god: **Marte era el dios de la guerra** Mars was the god of war • **todo dios vino a la fiesta** absolutely everyone came to the party. **2. Dios** (*en las religiones monoteístas*) God • **ande** ∗ **vaya con Dios** goodbye (and God bless) • **si Dios quiere** ∗ **Dios mediante** God willing • **¡sabe Dios cuándo volverá!** goodness knows when he'll come back! • **este sitio está dejado de la mano de Dios** this is a god-forsaken place • **lo hizo como Dios le dio a entender** he did it as well as he could • **como Dios manda**: **¡hazlo como Dios manda!** do it properly!; **cómprate un abrigo como Dios manda** buy yourself a decent ∗ proper coat; **a ver cuándo hacemos una comida como Dios manda** we should have a proper meal some time; • **lo hizo a la buena de Dios** (*GB*) she did it any old how, (*US*) she did it any which way • **le costó Dios y ayuda aprobar el examen** he really struggled to pass the exam • **vive como Dios** he lives like a king • **quedó como Dios con las flores** he made a great impression by bringing the flowers • **Dios los cría y ellos se juntan** birds of a feather flock together • **te digo que está mal, y si no que venga Dios y lo vea** I'm telling you it's wrong, it's patently obvious • **se metió en el negocio sin encomendarse a Dios ni al diablo** he started the business without knowing the first thing about it • **ni Dios**: **no se presentó ni Dios** not a soul turned up; **no se ofreció a ayudarme ni Dios** not a soul lifted a finger to help me • **con ese premio lo vino Dios a ver** he really landed on his feet winning that prize • **¡Dios mío!** oh my goodness! • **¡por Dios!** for goodness' sake! • **¡válgame Dios!** ∗ **¡vaya por Dios!** good heavens!
diosa /'djosa/ *sf* goddess.
dióxido /'djoksiðo/ *sm* dioxide.
dióxido de carbono *sm* carbon dioxide.
diploma /di'ploma/ *sm* diploma.
diplomacia /diplo'maθja/ *sf* diplomacy.
diplomado, -da /diplo'maðo -ða/ **I** *adj* qualified, trained.
II *sm/f* **1.** (*en una profesión*) *person who holds a diploma.* **2.** (*en España*: *en la universidad*) graduate (*of a three-year course*).
diplomarse /diplo'marse/ [⇨ CANTAR] *v prnl* **1.** (*en una profesión*) to qualify. **2.** (*en España*: *en la universidad*) to graduate (*after a three-year course*).
diplomático, -ca /diplo'matiko -ka/ **I** *adj* **1.** (*Pol*) diplomatic: **tiene un cargo diplomático** he holds a diplomatic post. **2.** (*discreto*) tactful, diplomatic: **dio una respuesta muy diplomática** he gave a very tactful answer.
II *sm/f* diplomat.
diplomatura /diploma'tura/ *sf* **1.** (*título*) degree (*after a three-year university course*). **2.** (*carrera universitaria*) degree course.
diptongo /dip'toŋgo/ *sm* diphthong.
diputación /diputa'θjon/ *sf* delegation.
diputación provincial *sf*: *provincial government and its offices.*
diputado, -da /dipu'taðo -ða/ *sm/f* deputy (*member of the lower chamber of Parliament*): **es diputada a Cortes** *por* **Palencia** she's one of the deputies representing Palencia in the Cortes.
dique /'dike/ *sm* (*Náut*: *muro*) dyke, embankment • (*Arg, Urug*) **se da dique con que el hijo es neurólogo** she likes to brag about the fact that her son is a neurologist.
dique de contención *sm* dam.
dique seco *sm* dry dock • **el delantero centro estuvo seis meses en el dique seco** the centre forward was out of action for six months.
diré /di're/ *and other forms with* **dir-** ⇨ decir
dirección /direk'θjon/ *sf* **1.** (*mando: gen*): **le encargaron la dirección del proyecto** he was put in charge of the project; (*: de un colegio*) principalship, (*GB*) headship: **ocupó la dirección del colegio muchos años** she was head of the school for many years. **2.** (*directiva: de una empresa*) management; (*: de un partido, sindicato*) leadership: **hubo cambios en la dirección del partido** there were changes to the party leadership. **3.** (*en cine, teatro*) direction: **la dirección de la película estuvo a cargo de Saura** the film was directed by Saura. **4.** (*trayectoria*) direction: **va** *en* **dirección norte** it is travelling in a northerly direction; (*destino*) destination: **un tren** *con* **dirección** *a* **París** a Paris-bound train; **iba** *en* **dirección** *a* **su casa** she was going home ∗ heading homewards. **5.** (*señas*) address: **dame la dirección de Carlos, por favor** could you give me Carlos's address, please? **6.** (*de un vehículo*) steering.
dirección asistida *sf* power steering.
direccional /direkθjo'nal/ *sm* (*Méx*: *Auto*) indicator.
directa /di'rekta/ *sf* top gear: **metió la directa** he changed into top gear.
directamente /direkta'mente/ *adv* (*sin rodeos*) directly; (*inmediatamente*) straight away.
directiva /direk'tiβa/ **I** *sf* (*de una empresa*) board of directors; (*de un club*) committee.
II directivas *sf pl* (*normas*) rulings *pl*, rules *pl*: **siguieron las directivas marcadas** they followed the prescribed rules.
directivo, -va /direk'tiβo -βa/ **I** *adj* managing: **la junta directiva convocó una reunión** the board of directors called a meeting.
II *sm/f* (*gerente*) manager; (*miembro de la junta directiva*) director, member of the board.
directo, -ta /di'rekto -ta/ **I** *adj* **1.** (*gen*) direct: **no hay vuelos directos** there are no direct flights; **hay un tren directo** there's a direct ∗ through train; **desciende por línea directa de Cristóbal Colón** he's a direct descendant of Christopher Columbus; **dame una respuesta directa** give me a direct ∗ straight answer. **2.** (*persona, forma de actuar*) forthright: **María es muy directa** María is very forthright.
II directo *sm* **1.** (*Transp*) direct ∗ through train. **2.** (*en boxeo*) straight punch. **3.** (*en televisión*) live broadcasting: **es un programa** *en* **directo** it's a live programme.
director, -tora /direk'tor -'tora/ *sm/f* **1.** (*gen*) director; (*de un banco, un hotel*) manager; (*de una empresa: hombre*) chairman; (*: mujer*) chairwoman; (*de un periódico*) editor; (*de un colegio: gen*) principal; (*: hombre*) (*GB*) head(master); (*: mujer*) (*GB*) head (mistress); (*de una universidad*) principal; (*de una

prisión) (*GB*) governor, (*US*) warden. **2.** (*de cine, teatro*) director.

director, -tora de escena *sm/f* (*en teatro*) stage manager.

director, -tora de orquesta *sm/f* (*Mús*) conductor.

director ejecutivo, directora ejecutiva *sm/f* managing director.

directorio /direk'torjo/ *sm* **1.** (*reglamento*) guidelines *pl*, directives *pl*. **2.** (*guía, lista*) directory: **lo encontró en el directorio de empresas españolas** he found it in the directory of Spanish businesses. **3.** (*junta directiva*) governing body. **4.** (*Inform*) directory.

directriz /direk'triθ/ *sf* [**directrices**] (*norma*) ruling, directive; (*recomendación*) guideline: **siguieron las directrices marcadas por el gobierno** they followed the guidelines set out by the government.

dirigente /diri'xente/ **I** *adj* managing: **tiene una posición dirigente en la empresa** she has a management post in the company.

II *sm/f* (*de un partido, un sindicato*) leader; (*de una empresa*) manager.

dirigible /diri'xiβle/ *sm* airship.

dirigir /diri'xir/ [➪surgir] *vt* **1.** (*una actuación, un comentario, una campaña*) to aim, to direct: **van a dirigir la campaña *a* personas de alto poder adquisitivo** the campaign is going to be aimed at people with high purchasing power; **no me dirige la palabra** she doesn't talk to me. **2.** (*una empresa*) to manage; (*un negocio, un colegio*) to run; (*un periódico, una revista*) to edit; (*un partido*) to lead: **tres personas dirigen el partido** the party is led by three people; **dirigió el país con mano dura** he ruled the country with a firm hand. **3.** (*una película, una obra de teatro*) to direct; (*una orquesta*) to conduct. **4.** (*conducir*) to steer: **dirigió el coche hacia la izquierda** he steered the car to the left. **5.** (*una carta*) to address; (*una mirada, la vista*): **me dirigió una mirada asesina** she gave me a murderous look; **dirigió la vista al cielo** he looked heavenwards. **6.** (*concentrar*) to concentrate, to channel: **dirigió sus esfuerzos *a* aprobar los exámenes** she concentrated her efforts on passing the exams.

dirigirse *v prnl* **1.** (*a un lugar*) to go: **me dirijo *a* Bilbao** I'm going to Bilbao, I'm heading for Bilbao. **2.** (*por escrito*) to write: **para más información, diríjase *a* la administración** for more information, apply to the management. **3.** (*oralmente*) to speak: **no se dirigió *a* mí en toda la noche** he didn't speak to me all evening; **se dirigió *a* mí con quejas** she brought her complaints to me; **el general se dirigió *a* las tropas** the general addressed the troops. **4.** (*concentrarse*) to be concentrated: **todos sus esfuerzos se dirigen *a* aprender francés** all his efforts are concentrated on learning French.

dirimir /diri'mir/ [➪PARTIR] *vt* (*solucionar*) to resolve: **dirimimos nuestras diferencias** we resolved our differences.

discapacitado, -da /diskapaθi'taðo -ða/ **I** *adj* disabled.

II *sm/f* handicapped person.

discernimiento /disθerni'mjento/ *sm* judgement, discernment: **un niño carece de discernimiento para diferenciar entre el bien y el mal** a child lacks the judgement to tell the difference between good and evil.

discernir /disθer'nir/ [➪table: discernir] *vt* to discern, to tell: **es difícil discernir la verdad y la mentira en su declaración** it is difficult to tell the truth from lies in his statement.

discernir	
INDICATIVE	SUBJUNCTIVE
Present discierno disciernes discierne discernimos discernís disciernen	**Present** discierna disciernas discierna discernamos discernáis disciernan
IMPERATIVE	
(tú) discierne (vosotros) discernid	(usted) discierna (ustedes) disciernan
For the rest of the tenses ➪ PARTIR (in appendix)	

disciplina /disθi'plina/ *sf* **1.** (*actitud, conducta*) discipline. **2.** (*Educ*) subject, discipline. **3.** (*Dep*) discipline, event: **Gómez ganó en la disciplina de descenso** Gómez won the downhill event.

disciplina de voto *sf* party discipline.

disciplinado, -da /disθipli'naðo -ða/ *adj* disciplined.

disciplinar /disθipli'nar/ [➪CANTAR] *vt* to discipline, to instil discipline in: **no ha sabido disciplinar a sus alumnos** he has been unable to discipline his pupils.

disciplinario, -ria /disθipli'narjo -rja/ *adj* disciplinary.

discípulo, -la /dis'θipulo -la/ *sm/f* **1.** (*alumno*) pupil, student. **2.** (*seguidor*) follower; (*Relig*) disciple.

disc-jockey /dis 'jokei/ *sm/f* disc jockey, DJ.

disco /'disko/ **I** *sm* **1.** (*gen*) (*GB*) disc, (*US*) disk. **2.** (*Mús*) record • **nos colocó otra vez el disco de siempre** he came out with the same old boring story again. **3.** (*Inform*) disk. **4.** (*Dep*) discus. **5.** (*semáforo*) (traffic) light: **se pasó un disco *en* rojo** he went through a red light; (*señal circular*) circular road sign: **hay un disco de prohibido aparcar** there is a no parking sign. **6.** (*de teléfono*) dial. **7.** (*Anat*) (*GB*) disc, (*US*) disk.

II *sf* (*fam: discoteca*) disco.

disco compacto *sm* compact disc.

disco compacto interactivo *sm* interactive compact disc.

disco duro *sm* hard disk.

disco flexible *sm* floppy disk.

disco magnético *sm* magnetic disk.

disco óptico *sm* optical disk.

discografía /diskoɣra'fia/ *sf* collection of records: **tiene toda su discografía** she has all his records.

díscolo, -la /'diskolo -la/ **I** *adj* rebellious.

II *sm/f* rebel.

disconforme /diskon'forme/ *adj* in disagreement: **se mostró disconforme *con* la decisión** he expressed disagreement with the decision.

disconformidad /diskonformi'ðað/ *sf* disagreement.

discontinuidad /diskontinwi'ðað/ *sf* lack of continuity, irregularity.

discontinuo, -nua /diskon'tinwo -nwa/ *adj* (*gen*) discontinuous, intermittent: **cruzó la línea discontinua de la carretera** he crossed the broken line in the road; (*asistencia*) irregular.

discordancia /diskor'ðanθja/ *sf* (*desacuerdo, discrepancia*) disagreement, difference: **había discordancias *entre* las informaciones de los distintos**

periódicos the reports in various newspapers did not concur (with each other); (*falta de coherencia*) lack of coherence: **hay discordancia** *entre* **los dos actos de la obra** there is a lack of coherence between the two acts of the play.

discordante /diskor'ðante/ *adj* discordant: **su comportamiento fue la nota discordante en la velada** his behaviour was the only discordant aspect of the evening.

discordar /diskor'ðar/ [➪contar] *vi* **1.** (*personas*) to disagree, to differ: **nuestras opiniones discordaban** our opinions differed. **2.** (*colores*) to clash. **3.** (*Mús*) to be out of tune.

discordia /dis'korðja/ *sf* discord: **entre los vecinos reina la discordia** there is discord among the neighbours.

discoteca /disko'teka/ *sf* **1.** (*local*) disco. **2.** (*colección*) record collection.

discreción /diskre'θjon/ *sf* discretion: **llevó el caso con mucha discreción** he handled the case very discreetly • **lo dejo a tu discreción** I leave it to your discretion • **había comida a discreción** there was plenty of food.

discrecional /diskreθjo'nal/ *adj* discretional: **la asistencia es discrecional** attendance is discretional.

discrepancia /diskre'panθja/ *sf* **1.** (*desavenencia*) disagreement, difference of opinion: **hay bastantes discrepancias** *entre* **los dos** they have quite a few differences of opinion. **2.** (*divergencia*) discrepancy, difference: **a veces hay discrepancias** *en* **la emisión de las noticias** there are sometimes discrepancies between different news broadcasts.

discrepar /diskre'par/ [➪CANTAR] *vi* **1.** (*oponerse*) to disagree: **discrepo** *de* **él en este tema** I disagree with him on this matter. **2.** (*diferenciarse*) to be different, to differ: **las dos versiones discrepan en muchos aspectos** the two versions differ in many aspects.

discreto, -ta /dis'kreto -ta/ *adj* **1.** (*prudente*) discreet: **te prometo que seré discreta** I promise you I'll be discreet. **2.** (*regular*) average, run-of-the-mill: **fue un partido muy discreto** it was a very average match. **3.** (*modesto*) modest: **tiene un sueldo bastante discreto** he earns a rather modest salary. **4.** (*color, vestido*) sober: **siempre viste con colores discretos** she always wears rather sober colours.

discriminación /diskrimina'θjon/ *sf* discrimination.

discriminar /diskrimi'nar/ [➪CANTAR] *vt* **1.** (*marginar*) to discriminate against: **la ley no debería discriminar a nadie** the law should not discriminate against anybody; **la mujer sigue siendo discriminada en el mundo laboral** women are still discriminated against in the world of work. **2.** (*distinguir*) to distinguish: **hay que discriminar lo bueno** *de* **lo malo** it is important to distinguish good from evil.

disculpa /dis'kulpa/ *sf* **1.** (*pretexto*) excuse: **me dio una disculpa inverosímil** he gave me an unlikely excuse. **2.** (*perdón*) apology: **vino a pedirme disculpas** she came to apologize to me.

disculpar /diskul'par/ [➪CANTAR] *vt* **1.** (*perdonar*) to forgive: **no puedo disculpar su comportamiento** I cannot forgive his behaviour. **2.** (*pedir perdón*) to apologize for: **discúlpame** *ante* **Carlos** give my apologies to Carlos.
♦*vi*: **disculpe, ¿puedo pasar?** excuse me, may I come in?; **disculpe, ¿lo he pisado?** I'm sorry, did I tread on your foot?

disculparse *v prnl* to apologize: **se disculpó** *por* **haberla hecho esperar** he apologized for making her wait.

discurrir /disku'rrir/ [➪PARTIR] *vi* **1.** (*fluir*) to run: **el río discurre** *por* **el valle** the river runs through the valley. **2.** (*transcurrir*) to pass (by), to go by: **el año discurrió sin novedad** the year went by uneventfully. **3.** (*pensar*) to think: **tuvo que discurrir bastante para resolver el problema** she had to think hard to solve the problem.
♦*vt* (*idear*) to think up: **constantemente está discurriendo nuevas estrategias** she's constantly thinking up new strategies.

discursivo, -va /diskur'siβo -βa/ *adj* reflective, thoughtful: **es de temperamento discursivo** he is thoughtful by nature.

discurso /dis'kurso/ *sm* **1.** (*disertación*) speech: **el director pronunció un discurso** the headmaster made a speech. **2.** (*razonamiento*) discourse: **perdió el hilo del discurso** she lost the thread of what was being said. **3.** (*frml: conjunto de ideas*) discourse: **el discurso feminista** feminist reasoning. **4.** (*transcurso*) course: **el discurso inalterable del tiempo** the inexorable march of time.

discusión /disku'sjon/ *sf* **1.** (*debate*) discussion, debate: **después de la conferencia hubo una discusión** *sobre* **el tema** after the lecture there was a debate about it; **me parece que es algo que no admite discusión** I think it's undeniable. **2.** (*riña*) argument: **tuve una discusión** *con* **Carmen por una tontería** I had an argument with Carmen about something stupid.

discutible /disku'tiβle/ *adj* arguable, debatable: **eso de que hubieran accedido es discutible** it is arguable whether they would have agreed.

discutir /disku'tir/ [➪PARTIR] *vt* **1.** (*debatir*) to discuss: **discutieron las enmiendas propuestas** they discussed the proposed amendments. **2.** (*objetar*) to dispute, to question: **no discutas mis instrucciones** don't question my instructions; **es verdad, así que no me lo discutas** it's the truth, so don't contradict me.
♦*vi* **1.** (*debatir*) to have a discussion: **discutimos** *de* * *sobre* **poesía** we had a discussion about poetry. **2.** (*reñir*) to argue: **discutieron** *por* **una bobada** they argued about some silly little thing.

disecar /dise'kar/ [➪sacar] *vt* **1.** (*animales*) to stuff. **2.** (*flores*) to dry: **diseca plantas para su colección** he dries plants for his collection. **3.** (*Med*) to dissect: **disecaron un cadáver en la clase de anatomía** they dissected a corpse in the anatomy class.

disección /disek'θjon/ *sf* **1.** (*Bot, Med*) dissection. **2.** (*de un asunto*) detailed analysis: **hizo una disección del problema** he made a detailed analysis of the problem.

diseccionar /disekθjo'nar/ [➪CANTAR] *vt* to dissect.

diseminar /disemi'nar/ [➪CANTAR] *vt* to spread, to scatter: **el viento diseminó las semillas** the wind scattered the seeds.

diseminarse *v prnl* to spread: **esas ideas se diseminaron por toda Europa** those ideas spread throughout Europe.

disensión /disen'sjon/ *sf* disagreement: **hubo disensiones en la directiva** there was disagreement within the management.

disentería /disente'ria/ *sf* dysentery.

disentir /disen'tir/ [➪sentir] *vi* to disagree: **disentimos** *en* **política** we disagree about politics; **disiento** *de* **tu opinión** I do not share your opinion; **disentían** *sobre* **el precio** they argued about the price.

diseñador, -dora /diseɲa'ðor -'ðora/ *sm/f* designer.
diseñar /dise'ɲar/ [➪ CANTAR] *vt* to design.
diseño /di'seɲo/ *sm* design.
diseño gráfico *sm* graphic design.
diseño industrial *sm* industrial design.
disertación /diserta'θjon/ *sf* talk, paper.
disertar /diser'tar/ [➪ CANTAR] *vi* to speak, to lecture: **disertó** *sobre* **arte** he spoke about art.
disforme /dis'forme/ *adj, sm/f* ➪ deforme
disfraz /dis'fraθ/ *sm* **[disfraces] 1.** (*para no ser reconocido*) disguise ● **sus bromas eran un disfraz de sus preocupaciones** she joked to hide her worries. **2.** (*para fiesta, carnaval*) fancy dress (costume): **se puso un disfraz de hada madrina** she dressed up as a fairy godmother ● **bajo el disfraz de amigo se escondía un traidor** behind the cloak of friendship lurked a traitor.
disfrazado, -da /disfra'θaðo -ða/ *adj* (*para no ser reconocido*) disguised; (*para carnaval, fiesta*) dressed-up, in fancy dress.
disfrazar /disfra'θar/ [➪ cazar] *vt* **1.** (*para carnaval*) to dress up: **la disfrazaron** *de* **Caperucita Roja** they dressed her up as Red Riding Hood; (*para ocultar personalidad*) to disguise. **2.** (*disimular*) to hide, to cover up: **con su risa intentaba disfrazar sus sentimientos** she tried to cover up her feelings by laughing.
disfrazarse *v prnl* (*para carnaval*) to dress up: **se disfrazó** *de* **Cenicienta** she dressed up as Cinderella; (*para ocultar personalidad*) to disguise oneself.
disfrutar /disfru'tar/ [➪ CANTAR] *vi* **1.** (*gozar*) to enjoy oneself: **disfrutó en la piscina** she enjoyed herself at the swimming pool. **2.** (*poseer*): **disfruta** *de* **una posición económica muy desahogada** he enjoys a very comfortable financial situation.
♦*vt* to enjoy: **heredó la casa y la disfrutó largos años** he inherited the house and enjoyed the use of it for many years.
disgregación /dizɣreɣa'θjon/ *sf* disintegration.
disgregar /dizɣre'ɣar/ [➪ pagar] *vt* (*a unas personas*) to disperse: **la policía disgregó a los manifestantes** the police dispersed the demonstrators.
disgregarse *v prnl* to break up: **el grupo se disgregó al terminar la carrera** the group broke up when they graduated.
disgustado, -da /dizɣus'taðo -ða/ *adj* **1.** (*enfadado*) upset, annoyed: **está muy disgustada** *con* **él** she's very annoyed with him. **2.** (*apenado*) unhappy, upset: **están muy disgustados** *por* **la enfermedad de su hijo** they are very upset about their son's illness.
disgustar /dizɣus'tar/ [➪ CANTAR] *vi* **1.** (*apenar*): **le disgustó que no lo felicitaran** he was upset because they didn't congratulate him. **2.** (*desagradar*): **me disgusta el sabor de la medicina** I don't like the taste of the medicine.
disgustarse *v prnl* **1.** (*sentirse apenado*) to be upset: **se disgustó al descubrir lo que habías hecho** he was upset when he found out what you had done. **2.** (*reñir*) to quarrel: **se disgustó** *con* **ella** he quarrelled with her.
disgusto /diz'ɣusto/ *sm* **1.** (*disputa*) quarrel: **tuve un disgusto** *con* **mi hermano** I quarrelled with my brother. **2.** (*problema, preocupación*) misfortune: **si conduces así tendrás un disgusto** if you drive like that you'll regret it ● **no gano para disgustos** it's just one disaster after another ● **me vas a matar a disgustos** you'll be the death of me. **3.** (*amargura, pena*): **su muerte le dio un gran disgusto** she was very upset ✻ distressed when he died; **se llevó un gran disgusto** *por* **perder el reloj** she was very upset ✻ distressed at losing her watch ● **¡qué disgusto!** how awful! ● **estoy a disgusto aquí** I feel ill at ease here ● **vino pero a disgusto** he came, but only reluctantly ● **la hicieron sentirse a disgusto** they made her feel uncomfortable.
disidencia /disi'ðenθja/ *sf* dissidence.
disidente /disi'ðente/ *adj, sm/f* dissident.
disidir /disi'ðir/ [➪ PARTIR] *vi* to disagree.
disimulación /disimula'θjon/ *sf* (*GB*) pretence, (*US*) pretense.
disimulado, -da /disimu'laðo -ða/ *adj* **1.** (*encubierto*) hidden. **2.** ● (*persona*) **me vio pero se hizo el disimulado** he pretended he hadn't seen me.
disimular /disimu'lar/ [➪ CANTAR] *vt* (*ocultar*) to hide: **disimuló el llanto** he hid his tears.
♦*vi* (*fingir*) to pretend: **disimula y haz que no lo ves** just pretend you haven't seen him.
disimulo /disi'mulo/ *sm*: **lo miraba** *con* **disimulo** she was stealing looks at him; **entró** *con* **disimulo** he sneaked in.
disipación /disipa'θjon/ *sf* dissipation.
disipado, -da /disi'paðo -ða/ *adj* dissipated: **lleva una vida muy disipada** he leads a life of dissipation.
disipar /disi'par/ [➪ CANTAR] *vt* **1.** (*el humo, la niebla*) to disperse, to dissipate; (*una duda, un miedo*) to dispel: **disipó sus dudas** she dispelled all his doubts. **2.** (*derrochar*) to squander: **disipó su fortuna en juergas** he squandered his fortune on wild living.
disiparse *v prnl* (*esfumarse*) to vanish, to dissipate: **las nubes se disiparon** the clouds vanished; **al leer la carta todas sus dudas se disiparon** all his doubts vanished as soon as he read the letter.
dislate /dis'late/ *sm* piece of nonsense: **jamás he oído dislate semejante** I never heard such nonsense.
dislexia /dis'leksja/ *sf* dyslexia.
disléxico, -ca /dis'leksiko -ka/ **I** *adj* dyslexic.
II *sm/f* dyslexic (person).
dislocar /dislo'kar/ [➪ sacar] *vt* **1.** (*desarticular*) to dislocate: **la caída le dislocó el tobillo** he dislocated his ankle when he fell. **2.** (*alterar*) to distort, to twist: **dislocó sus declaraciones** she twisted his words.
dislocarse *v prnl* to dislocate: **se le dislocó el hombro** he dislocated his shoulder.
disloque /dis'loke/ *sm* (*fam*) chaos ● **el último día de clase fue el disloque** the last day of term was utter chaos.
disminución /dizminu'θjon/ *sf* decrease, fall: **la tasa de natalidad va** *en* **disminución** the birth rate is falling.
disminución física *sf* physical handicap.
disminución psíquica *sf* mental handicap.
disminuido, -da /dizmi'nwiðo -ða/ **I** *adj* (*Med*) disabled, physically handicapped.
II *sm/f* (*Med*) disabled person, physically handicapped person.
disminuido físico, disminuida física *sm/f* (*Med*) disabled person.
disminuido psíquico, disminuida psíquica *sm/f* (*Med*) mentally handicapped person.
disminuir /dizminu'ir/ [➪ huir] *vt* to reduce, to decrease: **disminuyó la velocidad** she reduced her speed.
♦*vi* (*viento*) to drop; (*lluvia, presión*) to ease off; (*cantidad, velocidad*) to decrease: **el número de estudiantes extranjeros ha disminuido este año** the number of foreign students has dropped this year.

disociación /disoθja'θjon/ *sf* dissociation.
disociar /diso'θjar/ [➪CAMBIAR] *vt* to separate.
disociarse *v prnl* to dissociate oneself.
disolubilidad /disoluβili'ðað/ *sf* solubility.
disoluble /diso'luβle/ *adj* soluble.
disolución /disolu'θjon/ *sf* **1.** (*acción*) dissolution, dissolving. **2.** (*mezcla*) solution: **una disolución de agua con sal** a salt solution in water. **3.** (*del parlamento*) dissolution; (*de un matrimonio*) annulment. **4.** (*frml: relajación*): **se produjo una disolución de las costumbres** society descended into decadence.
disoluto, -ta /diso'luto -ta/ **I** *adj* dissolute, debauched. **II** *sm/f* debauched person.
disolvente /disol'βente/ *sm* solvent.
disolver /disol'βer/ [➪volver; *past participle* **disuelto**] *vt* **1.** (*diluir*) to dissolve. **2.** (*un grupo*) to dissolve: **el Parlamento fue disuelto** Parliament was dissolved; (*un matrimonio*) to annul; (*una reunión*) to break up: **la policía disolvió la manifestación** the police broke up the demonstration.
disolverse *v prnl* **1.** (*diluirse*) to dissolve. **2.** (*grupo*) to be dissolved; (*matrimonio*) to be annulled; (*reunión*) to break up: **al terminar su recorrido, la manifestación se disolvió** the protest march broke up at the end of the route.
disonante /diso'nante/ *adj* (*Mús*) discordant.
disonar /diso'nar/ [➪contar] *vi* to be out of tune: **sus opiniones disonaron en la reunión** his views were out of tune with those of the rest of the meeting.
dispar /dis'par/ *adj* dissimilar, different: **tenemos gustos muy dispares** we have very dissimilar tastes.
disparadero /dispara'ðero/ *sm* ● **me puso en el disparadero** he made me lose my temper.
disparado, -da /dispa'raðo -ða/ *adj* very fast ● **salió/entró disparado** he shot out/in ● **se fue disparado** he ran off at top speed.
disparador /dispara'ðor/ *sm* **1.** (*de un arma*) trigger. **2.** (*de una cámara fotográfica*) shutter release.
disparar /dispa'rar/ [➪CANTAR] *vt* (*un arma*) to fire: **disparó la escopeta dos veces** he fired the shotgun twice; (*una flecha*) to shoot.
♦*vi* **1.** (*con un arma*) to fire: **¡no dispare!** don't fire ✱ shoot! hold your fire!; **¡están disparando** *contra* **nosotros!** they are firing at us! **2.** (*en fútbol*) to shoot: **el delantero disparó** *a* **puerta** the striker shot (at goal).
dispararse *v prnl* **1.** (*arma*) to go off: **la pistola se disparó** the gun went off. **2.** (*mecanismo*): **se dispara solo** it switches itself on/off. **3.** (*precios*) to shoot up, to rocket: **el precio de la vivienda se ha disparado** house prices have rocketed. **4.** (*enfadarse*) to lose one's temper: **se dispara si le chillas** he loses his temper if you shout at him. **5.** (*desmadrarse*) to run wild: **a veces se le dispara la imaginación** sometimes her imagination runs wild.
disparatado, -da /dispara'taðo -ða/ *adj* ridiculous, absurd: **tuvo una idea disparatada** he had a ridiculous idea.
disparate /dispa'rate/ *sm* **1.** (*desatino*) piece of nonsense: **¡deja de decir disparates!** stop talking nonsense!; **su respuesta fue un disparate** he gave a really stupid answer. **2.** (*error*) stupid idea, mistake: **fue un disparate comprarlo** buying it was a big mistake; **beber así es un disparate** it's ridiculous to drink so much. **3.** (*de dinero*) fortune: **ese coche cuesta un disparate** that car costs a fortune; (*de comida, bebida*) huge amount: **ha comido un disparate** he has eaten a huge amount.
disparejo, -ja /dispa'rexo -xa/ *adj* (*Amér L: desigual*) uneven.
disparo /dis'paro/ *sm* (*Dep, Mil*) shot.
dispendio /dis'pendjo/ *sm* huge waste (*of money*).
dispensa /dis'pensa/ *sf* dispensation.
dispensar /dispen'sar/ [➪CANTAR] *vt* **1.** (*dar*) to give: **nos dispensó una cálida acogida** he gave us a warm welcome. **2.** (*eximir*) to let off: **me dispensó** *de* **un duro trabajo** he let me off doing a hard job. **3.** (*excusar*) to forgive: **espero que me dispensen** *por* **haber llegado tarde** I hope you will forgive me for arriving late.
dispensario /dispen'sarjo/ *sm* outpatients' (clinic).
dispersar /disper'sar/ [➪CANTAR] *vt* **1.** (*esparcir*) to scatter: **el viento dispersó las hojas** the wind scattered the leaves; **dispersó su energía** *en* **varios proyectos** she dissipated her energy on several projects at once. **2.** (*a personas*) to disperse, to break up: **la policía dispersó a los manifestantes** the police dispersed the demonstrators. **3.** (*Mil*) to rout. **4.** (*eliminar*) to dispel: **dispersó mis sospechas** he dispelled my suspicions.
dispersarse *v prnl* **1.** (*separarse*) to disperse: **los manifestantes se dispersaron** the demonstrators dispersed; **llegaron en grupo y después se dispersaron** they arrived together and then split up. **2.** (*esparcirse*) to disperse, to scatter. **3.** (*eliminarse*) to vanish, to disappear: **se dispersaron mis dudas** my doubts vanished.
disperso, -sa /dis'perso -sa/ *adj* **1.** (*separado*) dispersed: **sus obras están dispersas en varios museos** his works are dispersed among several museums. **2.** (*desparramado*) scattered: **sus juguetes estaban dispersos por toda la casa** his toys were scattered throughout the house.
displicencia /displi'θenθja/ *sf* (*desdén*) disdain, coldness: **lo recibió** *con* **displicencia** she received him coldly; (*indiferencia*) indifference.
displicente /displi'θente/ *adj* (*desdeñoso*) disdainful; (*sin interés, entusiasmo*) indifferent.
disponer /dispo'ner/ [➪poner; *past participle* **dispuesto**] *vt* **1.** (*colocar*) to arrange, to place: **dispuso las sillas en fila** he arranged the chairs in a row. **2.** (*preparar*) to prepare, to get ready: **dispuso la mesa para la cena** he set the table for dinner; **dispusieron la sala para recibir a los invitados** they got the room ready to receive the guests. **3.** (*establecer*) to stipulate, to decree: **el gobierno dispuso nuevas medidas** the government decreed new measures; **la ley dispone que...** the law stipulates that....
♦*vi* **1.** (*de tiempo*): **dispongo** *de* **tiempo suficiente** I have enough time. **2.** (*hacer uso*): **dispón** *de* **todo en la casa** make use of everything in the house.
disponerse *v prnl* **1.** (*colocarse*) to position oneself, to place oneself: **se dispusieron en fila** they positioned themselves in a line. **2.** (*estar a punto de*): **me disponía** *a* **salir** I was just about to go out.
disponibilidad /disponiβili'ðað/ **I** *sf* availability. **II disponibilidades** *sf pl* (*Fin*) assets *pl.*
disponible /dispo'niβle/ *adj* available: **no estoy disponible hasta el lunes** I'm not available until Monday; **usamos todo el espacio disponible** we used all the available space.
disposición /disposi'θjon/ *sf* **1.** (*forma de colocar*) arrangement: **cambió la disposición de la sala** she changed the arrangement of the furniture. **2.** (*servicio*) disposal: **mi casa está** *a* **tu disposición** my house is at your disposal; **tengo que estar** *a* **la disposición** *de*

mis alumnos I have to be available to my pupils; **el detenido pasó** *a* **disposición judicial** the arrested man was brought before the judge. **3.** (*ley*) law; (*norma*) regulation: **esa disposición continúa vigente** that regulation is still in force; **la última disposición del fallecido** the dead man's last will and testament. **4.** (*estado: anímico*) mood, frame of mind: **lo encontramos** *en* **buena disposición** we found him in a good mood; (*: físico*) condition, state: **no está** *en* **disposición de viajar** he's in no state to travel. **5.** (*aptitud, talento*) aptitude: **tiene disposición** *para* **la electrónica** she has an aptitude for electronics.

dispositivo /disposi'tiβo/ *sm* **1.** (*mecanismo*) device: **es un dispositivo antirrobo** it's an antitheft device. **2.** (*plan*) operation: **la policía estableció un dispositivo de seguridad** the police mounted a security operation.

dispuesto, -ta /dis'pwesto -ta/ **I** *past participle of* ➪ disponer

II *adj* **1.** (*preparado*) ready: **la sala de juntas ya está dispuesta** the board room is ready now. **2.** (*determinado*) determined: **está dispuesto** *a* **dejar su país para siempre** he is determined to leave his country forever. **3.** (*capaz*) able, capable: **es una joven muy dispuesta** she is a very capable young woman. **4.** (*inclinado*) willing: **está bien/mal dispuesto** *para* **el trabajo** he is willing/unwilling to work; **no estoy dispuesto** *a* **pasarme todo el sábado en casa** I'm not prepared to stay at home all day Saturday.

disputa /dis'puta/ *sf* **1.** (*polémica*) dispute, argument. **2.** (*riña*) argument, disagreement: **la disputa** *entre* **las dos familias ha durado años** the disagreement between the two families has been going on for years.

disputar /dispu'tar/ [➪ CANTAR] *vt* (*competir por*) to compete in, to play in: **el Barcelona y el Madrid van a disputar nuevamente la final** Barcelona and Madrid are playing each other in the final again.
♦*vi* **1.** (*competir*) to compete: **disputaban** *por* **el mismo puesto** they were competing for the same job. **2.** (*discutir*) to argue.

disputarse *v prnl* (*una herencia*) to fight over: **se disputan la herencia** they are fighting over the inheritance; (*un puesto*) to compete for: **dos aspirantes se disputan la plaza** there are two candidates competing for the post; (*un título*): **el Atlético y el Rácing se disputan el título** Atlético and Rácing are the contenders for the title.

disquete, diskette /dis'kete/ *sm* (*Inform*) floppy disk, diskette.

disquetera /diske'tera/ *sf* (*Inform*) disk drive.

disquisición /diskisi'θjon/ *sf* digression: **¡no malgastes el tiempo en disquisiciones!** don't waste time! keep to the point!; **el conferenciante se perdió en disquisiciones** the lecturer went completely off the point.

distancia /dis'tanθja/ *sf* **1.** (*trayecto*) distance: **hay poca distancia** *entre* **nuestras casas** our houses are not far away; **lo siguió** *a* **cierta distancia** she followed him at a distance • **es amable, pero guarda las distancias** he's nice but he keeps his distance • **prefiero mantenerlos a distancia** I prefer to keep them at arm's length • **nuestro objetivo es acortar distancias con nuestros competidores** our aim is to close the gap between us and our competitors. **2.** (*desigualdad*) difference: **entre la calidad de uno y otro hay una gran distancia** there is a big difference in quality between the two. **3.** (*alejamiento*) gulf: **la distancia entre nosotros se hace cada día más evidente** the gulf between us gets wider every day.

distanciamiento /distanθja'mjento/ *sm* distancing.

distanciar /distan'θjar/ [➪ CAMBIAR] *vt* **1.** (*dejar un espacio entre*) to spread out, to space out. **2.** (*a una persona*): **sus nuevas ideas políticas la distanciaron de sus amigos** her new political ideas distanced her from her friends.

distanciarse *v prnl* **1.** (*alejarse*) to move away: **se distanció** *del* **pelotón** he pulled away from the rest of the pack. **2.** (*de una persona*) to grow apart: **se distanció** *de* **sus padres** he grew away from his parents. **3.** (*de un asunto*) to distance oneself, to disassociate oneself: **se distanció** *del* **asunto para evitar responsabilidades** she distanced herself from the issue in order to avoid responsibility.

distante /dis'tante/ *adj* **1.** (*alejado*) distant, far: **está algo distante** *del* **centro** it's quite far from the centre. **2.** (*altivo*) distant: **se mostró muy distante con nosotros** she was very distant towards us.

distar /dis'tar/ [➪ CANTAR] *vi* **1.** (*encontrarse a*): **el pueblo dista varios kilómetros** *de* **aquí** the village is several kilometres from here. **2.** (*diferir*): **dista mucho** *de* **la verdad** it is far from the truth.

distender /disten'der/ [➪ tender] *vt* **1.** (*una situación*) to ease: **su presencia distendió la tirantez** his presence eased the tension. **2.** (*un músculo*) to pull, to cause to swell.

distenderse *v prnl* to ease: **han comenzado a distenderse las relaciones iglesia-estado** relations between church and state have started to ease.

distinción /distin'θjon/ *sf* **1.** (*diferenciación*) distinction: **no tengo clara la distinción entre "ser" y "estar"** I'm not clear on the difference between "ser" and "estar"; **todos sin distinción pueden conseguir una beca** everyone, without exception, can obtain a grant; **nos trató a todos sin distinción** he treated us all the same. **2.** (*honor*) (*GB*) honour, (*US*) honor: **el gobierno le otorgó una distinción** she was honoured by the government. **3.** (*elegancia*) elegance: **iba vestida con distinción** she was elegantly dressed.

distingo /dis'tiŋgo/ *and other forms with* ***disting-*** ➪ distinguir

distinguido, -da /distiŋ'giðo -ða/ *adj* **1.** (*diferenciado*) distinguished: **las acepciones están distinguidas en el artículo** the meanings are clearly distinguished in the article. **2.** (*elegante, refinado*) distinguished, refined: **es un señor de modales distinguidos** he is a gentleman with the most distinguished manners; **la recuerdo como una señora muy distinguida** I remember her as a very refined lady. **3.** (*eminente*) distinguished: **es un cirujano muy distinguido** he is a very distinguished surgeon.

distinguir /distiŋ'gir/ [➪ table: distinguir] *vt* **1.** (*discernir*) to distinguish: **marqué mis libros para distinguirlos** *de* **los de mis compañeros de clase** I marked my books to distinguish them from those of my classmates; **no puedo distinguir a los mellizos** I can't tell the twins apart. **2.** (*ver*) to see, to make out: **ya distingo el mar** I can already see the sea. **3.** (*caracterizar*) to distinguish, to set apart: **el habla distingue al ser humano** man is distinguished by the power of speech. **4.** (*elegir*) to single out: **la distinguieron** *para* **un ascenso** she was singled out for a promotion. **5.** (*honrar*) (*GB*) to honour, (*US*) to honor: **lo distinguieron** *por* **sus servicios a la sociedad** he was honoured for his service to the community.

distinguir	
INDICATIVE	SUBJUNCTIVE
Present distingo distingues distingue distinguimos distinguís distinguen	**Present** distinga distingas distinga distingamos distingáis distingan
IMPERATIVE	
(tú) distingue (vosotros) distinguid	(usted) distinga (ustedes) distingan
For the rest of the tenses ⇨ PARTIR (in appendix)	

♦ *vi* (*dar distinción*): **es un cargo que distingue** it is a prestigious post.

distinguirse *v prnl* **1.** (*reconocerse*) to be distinguished: **su cartera se distingue fácilmente** *por* **el tamaño** his briefcase can be easily distinguished by its size. **2.** (*diferenciarse*) to stand out: **en su obra se distinguen dos temas** two distinct themes stand out in his work. **3.** (*verse*) to be visible: **ya puede distinguirse la aguja de la catedral** you can see the spire of the cathedral now. **4.** (*caracterizarse*) to be known, to be renowned: **se distingue** *por* **su integridad** she is known for her honesty.

distintivo, -va /distin'tiβo -βa/ **I** *adj* (*diferenciador*) distinctive, distinguishing: **el rasgo distintivo de esta flor es el color** the distinguishing feature of this flower is its colour.

II distintivo *sm* **1.** (*insignia*) badge: **el vigilante lleva un distintivo en la solapa** the guard wears a badge on his lapel. **2.** (*característica*) hallmark: **el distintivo de nuestra empresa es la calidad** quality is the hallmark of our company.

distinto, -ta /dis'tinto -ta/ *adj* **1.** (*en singular*) different: **hoy lleva un vestido distinto** *al* ✱ *del* **de ayer** today she's wearing a different dress from the one she wore yesterday. **2.** (*en plural: diferentes*) different: **estos problemas tienen soluciones distintas** these problems have different solutions; (*: varios*) several: **hay distintas formas de nadar** there are several ways of swimming.

distorsión /distor'sjon/ *sf* **1.** (*alteración*) distortion: **es una distorsión de los hechos** it is a distortion of the facts. **2.** (*Med: frml*) pull: **sufrió una distorsión muscular en el último partido** he pulled a muscle in the last match.

distorsionar /distorsjo'nar/ [⇨CANTAR] *vt* to distort: **este espejo distorsiona la imagen** this mirror distorts your reflection; **el periodista distorsionó mis palabras** the reporter twisted my words.

distracción /distrak'θjon/ *sf* **1.** (*entretenimiento*) entertainment: **no hay muchas distracciones en el pueblo** there is not much in the way of entertainment in the village. **2.** (*despiste*): **se escapó en un momento de distracción del guarda** while the guard was distracted he slipped away.

distraer /distra'er/ [⇨traer] *vt* **1.** (*amenizar*) to entertain: **menos mal que Javier nos distrajo con anécdotas de sus vacaciones** it's just as well that Javier kept us entertained with anecdotes about his holiday. **2.** (*despistar*) to distract: **prohibido distraer al conductor** do not distract the driver.

distraerse *v prnl* **1.** (*divertirse*) to amuse oneself, to entertain oneself: **se distrae** *con* **cualquier cosa** he can amuse himself very easily. **2.** (*perder la concentración*) to get distracted: **se distrae enseguida** he's distracted by the slightest thing.

distraído, -da /distra'iðo -ða/ *adj* **1.** (*despistado*) absent-minded: **es demasiado distraído para ocuparse de la caja registradora** he's too absent-minded to work on the cash register. **2.** (*entretenido*) entertaining: **es una película muy distraída** it's a very entertaining movie.

distraigo /dis'traiɣo/ *and other forms with* ***distraig-*** ⇨distraer

distribución /distriβu'θjon/ *sf* **1.** (*gen*) distribution; (*reparto*) delivery. **2.** (*de una vivienda, un edificio*) layout. **3.** (*Auto*) transmission.

distribuidor, -dora /distriβwi'ðor -'ðora/ **I** *adj* distributing.

II distribuidor *sm* **1.** (*hombre*) distributor. **2.** (*Auto*) distributor.

distribuidor automático *sm* vending machine.

distribuidora /distriβwi'ðora/ *sf* (*empresa, mujer*) distributor: **es una distribuidora de libros** it's a book distribution company.

distribuir /distriβu'ir/ [⇨huir] *vt* **1.** (*repartir*) to distribute: **distribuyeron los folletos** *entre* **la gente que esperaba en la cola** they distributed the leaflets among the people waiting in the queue; **distribuyó los libros** *entre* **los alumnos** she handed the books out to the pupils. **2.** (*comercializar*) to distribute. **3.** (*colocar*) to arrange, to set out: **distribuyó los muebles de otra forma** she arranged ✱ set out the furniture in a different way.

distribuirse *v prnl* **1.** (*repartirse*) to divide, to split (up): **hay que distribuirse** *en* **grupos** we have to split up into groups. **2.** (*colocarse*): **se distribuyeron** *a* **ambos lados de la iglesia** they went to sit on both sides of the church.

distributivo, -va /distriβu'tiβo -βa/ *adj* distributive.

distrito /dis'trito/ *sm* district.

Distrito Federal *sm* (*en Méx*) Federal District.

distrito postal *sm* postal district.

distrofia /dis'trofja/ *sf* dystrophy.

distrofia muscular *sf* muscular dystrophy.

disturbio /dis'turβjo/ *sm* riot: **los disturbios raciales aumentaron al anochecer** the race riots intensified at nightfall.

disuadir /diswa'ðir/ [⇨PARTIR] *vt* to dissuade: **la disuadí** *de* **sus disparatados planes** I dissuaded her from ✱ talked her out of her crazy plans.

disuasión /diswa'sjon/ *sf* dissuasion.

disuasión nuclear *sf* nuclear deterrence.

disuelvo /di'swelβo/ *and other forms with* ***disuelv-*** ⇨disolver

disyuntiva /disjun'tiβa/ *sf* (*elección*) choice; (*apuro*) dilemma: **está** *ante* **la disyuntiva de irse o quedarse** he is faced with the dilemma of staying or going.

diu, DIU /dju/ *sm inv* (*abbreviation of* **dispositivo intrauterino**) IUD (intrauterine device).

diuresis /dju'resis/ *sf inv* diuresis.

diurético, -ca /dju'retiko -ka/ *adj, sm/f* diuretic.

diurno, -na /'djurno -na/ *adj* **1.** (*de día*) day: **hay clases diurnas y nocturnas** there are classes during the day and in the evening. **2.** (*planta, animal*) diurnal.

diva /ˈdiβa/ *sf* (*gen*) star; (*en ópera*) prima donna, diva ● **esa mujer va de diva** she's really full of herself.

divagar /diβaˈɣar/ [➪pagar] *vi* **1.** (*desviarse*) to digress: **¡deja de divagar y vete al grano!** stop rambling and get to the point! **2.** (*deambular*) to wander: **estuvo divagando** *por* **las calles del centro de la ciudad** he was wandering around the streets in the city centre.

diván /diˈβan/ *sm* divan, couch.

divergencia /diβerˈxenθja/ *sf* **1.** (*bifurcación*) fork. **2.** (*desacuerdo*) difference, disagreement: **hay una divergencia** *en* **los datos** there is a discrepancy in the data.

divergir /diβerˈxir/ [➪surgir] *vi* **1.** (*apartarse*) to diverge. **2.** (*discrepar*) to disagree: **divergimos** *en* **todo** we disagree about everything; **divergían** *en* **sus aficiones** they had different interests.

diversidad /diβersiˈðað/ *sf* **1.** (*diferencia*) diversity: **hay diversidad de opiniones al respecto** opinions vary on the subject. **2.** (*variedad*) variety: **hay una gran diversidad de visitantes** we get a wide variety of visitors.

diversificar /diβersifiˈkar/ [➪sacar] *vt* to diversify: **el supermercado ha diversificado su oferta** the supermarket has widened its range of products.

diversificarse *v prnl* to become wider in scope: **las publicaciones de la editorial se han diversificado** the publishing house's publications have become wider in scope.

diversión /diβerˈsjon/ *sf* **1.** (*distracción*) fun, amusement: **tienes la diversión asegurada** fun is guaranteed; **pinta por diversión** she paints for fun. **2.** (*pasatiempo*) pastime: **el teatro es su diversión preferida** going to the theatre is his favourite pastime.

diverso, -sa /diˈβerso -sa/ *adj* **1.** (*en singular: variado*) diverse, varied; (*: diferente*) different. **2.** (*en plural: varios*) several, various: **presentó diversos proyectos** he put forward several projects; (*: diferentes*) different.

divertido, -da /diβerˈtiðo -ða/ *adj* **1.** (*gracioso*) funny, amusing: **vimos un programa muy divertido en la tele** we watched a very funny television programme; **Ignacio es muy divertido** Ignacio is very amusing. **2.** (*entretenido*) entertaining: **es un juego divertido** it's an entertaining game.

divertir /diβerˈtir/ [➪sentir] *vt* **1.** (*entretener*) to entertain, to amuse: **no sé cómo vamos a divertir a los niños** I don't know how we are going to keep the children amused. **2.** (*distraer*) to divert, to distract.

divertirse *v prnl* to enjoy oneself: **me divertí mucho en la fiesta** I really enjoyed myself at the party; **¡diviértete!** * **¡que te diviertas!** have fun! * have a good time!

dividendo /diβiˈðendo/ *sm* dividend.

dividir /diβiˈðir/ [➪PARTIR] *vt* **1.** (*en partes*) to divide: **dividió el pastel** *en* **cuatro porciones** he divided the cake into four portions; **dividimos el trabajo** *en* **cuatro partes** we divided the work up into four parts. **2.** (*a un grupo de personas*): **la propuesta dividió al partido** the proposal divided the party; **la noticia dividió a los vecinos** the news divided the neighbours. **3.** (*Mat*) to divide: **ocho dividido** *entre* **dos son cuatro** eight divided by two is four.
♦*vi* to divide.

dividirse *v prnl* to divide: **se dividieron la tarea** *entre* **los tres** they divided the job between the three of them; **se dividieron** *en* **tres grupos** they divided into three groups.

divierto /diˈβjerto/ *and other forms with* **diviert-** ➪divertir

divieso /diˈβjeso/ *sm* (*Med*) boil.

divinizar /diβiniˈθar/ [➪cazar] *vt* **1.** (*Relig*) to deify. **2.** (*ensalzar*) to idolize.

divino, -na /diˈβino -na/ *adj* **1.** (*Relig*) divine. **2.** (*maravilloso*) lovely, gorgeous.

divisa /diˈβisa/ *sf* **1.** (*Fin*) currency: **la divisa francesa se devaluó** the French franc was devalued; **hay que pagar en divisas** you have to pay in convertible * hard currency; **hubo muchos altibajos en el mercado de divisas** the foreign exchange market was fluctuating greatly. **2.** (*insignia*) badge, insignia: **llevaba la divisa de comandante** he wore a major's insignia; (*distintivo*) mark: **el toro llevaba la divisa de su ganadería en el lomo** on its back the bull bore the mark of its ranch. **3.** (*lema*) motto: **en el escudo se leía la divisa...** on the shield was the motto....

divisar /diβiˈsar/ [➪CANTAR] *vt* to make out: **podíamos divisar la isla en la lejanía** we could make out the island in the distance.

divisarse *v prnl* to be visible: **desde allí se divisaba el castillo** you could see the castle from there.

división /diβiˈsjon/ *sf* **1.** (*Dep, Mat, Mil*) division: **hubo problemas con la división de la herencia** the division * dividing up of the inheritance caused problems; **¿cuántas divisiones tiene el enemigo?** how many divisions does the enemy have?; **el Barcelona siempre ha estado en la primera división** Barcelona has always been in the first division; **trabaja en la división de comercio exterior del banco** she works in the bank's foreign trade department. **2.** (*desavenencia*) disagreement: **se produjo una división de opiniones entre los jueces** the judges were divided in their opinions.

división de honor *sf* (*Dep*) premier division.

divisor, -sora /diβiˈsor -ˈsora/ **I** *adj* dividing.
II divisor *sm* (*Mat*) divisor.

divo /ˈdiβo/ *sm* (*actor, cantante*) star ● **ese hombre va de divo** he's so full of himself.

divorciado, -da /diβorˈθjaðo -ða/ **I** *adj* divorced: **está divorciada** she's divorced.
II *sm/f* divorcee.

divorciar /diβorˈθjar/ [➪CAMBIAR] *vt* **1.** (*Jur*) to divorce: **el juez los divorció** the judge granted them a divorce. **2.** (*ideas*) to divorce, to separate.

divorciarse *v prnl* (*Jur*) to get divorced, to divorce: **se divorció** *de* **su tercer marido** she got divorced from * divorced her third husband; **se divorciaron cuando yo tenía diez años** they got divorced when I was ten.

divorcio /diˈβorθjo/ *sm* **1.** (*Jur*) divorce: **solicitó el divorcio a su marido** she asked her husband for a divorce. **2.** (*desavenencia*) split: **el divorcio** *entre* **los dos grupos fue total** the split between the two groups was absolute.

divulgación /diβulɣaˈθjon/ *sf* **1.** (*propagación*): **su libro tuvo una gran divulgación** her book was widely read; **la divulgación de los planes gubernamentales provocó una ola de protestas** the disclosure of the government's plans sparked a wave of protest. **2.** (*de conocimientos*): **es un libro de divulgación científica** it's a popular science book.

divulgar /diβulˈɣar/ [➪pagar] *vt* (*dar a conocer*) to make known, to reveal: **no quiero que divulgues el secreto** I don't want you to reveal the secret; (*difundir*) to broadcast, to spread: **la radio divulgó la noticia** the news was broadcast on the radio.

divulgarse *v prnl* (*darse a conocer*) to become known, to be revealed: **el secreto se divulgó** the secret was revealed.

DNI /deeneˈi/ *sm* (*en España*) (*abbreviation of* **Documento Nacional de Identidad**) national identity card.

do /do/ *sm* [**does**] (*Mús*) C, doh.

do de pecho *sm* **1.** (*Mús*) high C. **2.** (*máximo esfuerzo*): **a la hora de la verdad dio el do de pecho** when it really mattered, he did his very best.

doberman /ˈdoβerman/ *sm/f* [**dobermans**] Doberman.

dobladillo /doβlaˈðiʎo/ *sm* hem.

doblado, -da /doˈβlaðo -ða/ *adj* **1.** (*agotado*) exhausted, worn-out: **quedé doblado** *de* **cortar leña** I was exhausted from chopping firewood. **2.** (*película*) dubbed: **vimos la versión doblada** we saw the dubbed version.

doblaje /doˈblaxe/ *sm* (*en cine, televisión*) dubbing.

doblar /doˈβlar/ [⇨ CANTAR] *vt* **1.** (*multiplicar por dos*) to double: **doblaron su salario** they doubled her salary; (*tener el doble de*) to be twice as (*big, rich, etc.*) as: **su marido le dobla la edad** her husband is twice as old as she is ✱ her husband is twice her age. **2.** (*ropa, toallas*) to fold (up): **dobló todas las camisas** he folded (up) all the shirts. **3.** (*curvar*) to bend: **el viento doblaba los árboles** the wind bent the trees. **4.** (*girar*) to go round, to turn: **doble la esquina y siga todo recto** turn the corner and carry straight on. **5.** (*una película*) to dub: **normalmente doblan las películas extranjeras** foreign films are usually dubbed. **6.** (*sustituir*) to double for: **dobla al protagonista en las escenas peligrosas** he doubles for the star in the dangerous scenes. **7.** (*Dep*) to lap: **lo dobló en la última recta** he lapped him on the final straight.
♦*vi* **1.** (*girar*) to turn: **dobla** *a* **la derecha cuando llegues al semáforo** turn right when you reach the traffic lights. **2.** (*campana*) to toll: **las campanas doblan** *a* **muerto** the bells are sounding the death knell.

doblarse *v prnl* **1.** (*curvarse*) to bend. **2.** (*frml: ceder*) to give in.

doble /ˈdoβle/ **I** *adj* **1.** (*duplo*) double: **queremos una habitación doble, por favor** we'd like a double room, please; **han puesto doble cristal** they've installed double glazing; **¿me pone un whisky doble?** can I have a double whisky, please? **2.** (*hipócrita*) two-faced: **es un tipo doble, no puedes confiar en él** he's really two-faced, you can't trust him.
II *sm* **1.** (*cantidad*): **necesito el doble que tú** I need twice as much as you do; **este año las vacaciones nos costarán el doble** this year our holidays will be twice as expensive; **su finca es el doble de grande que la nuestra** his estate is twice as big as ours. **2.** (*réplica*) duplicate, copy: **me hice un doble de la llave** I had a duplicate key made.
III *sm/f* **1.** (*especialista: hombre*) stunt man; (*: mujer*) stunt woman. **2.** (*persona muy parecida a otra*) double: **es el mismísimo doble** *de* **Manolo** he's the spitting image of Manolo.
IV dobles *sm pl* **1.** (*en baloncesto*) double dribble. **2.** (*en tenis*) doubles *pl*.

doble acristalamiento *sm* double glazing.

doble crema *sf* (*Méx*) double cream.

doble nacionalidad *sf* dual nationality.

doblegar /doβleˈɣar/ [⇨ pagar] *vt* **1.** (*someter*) to humble: **le gusta doblegar a la gente** he likes to keep people under his thumb. **2.** (*derrotar*) to defeat: **doblegó a su rival** she defeated her rival.

doblegarse *v prnl* to give in, to capitulate: **se les acusó de doblegarse** *ante* **los capos de la droga** they were accused of capitulating to the drug barons.

doblete /doˈβlete/ *sm* (*Dep*) double win: **consiguieron el doblete la temporada anterior** they were top of the league and won the cup the previous season.

doblez /doˈβleθ/ [**dobleces**] **I** *sm* (*pliegue*) fold.
II *sf* (*hipocresía*) duplicity: **es una persona sin doblez** she is a straightforward person.

doce /ˈdoθe/ **I** *adj* **1.** (*cardinal: gen*) twelve: **cuesta doce pesetas** it costs twelve pesetas; **iba a doce kilómetros por hora** he was going at twelve kilometres per hour; **tiene doce años** she's twelve (years old); **estamos a doce grados** the temperature is twelve degrees; **se leyó los doce capítulos** she read all twelve chapters; (*: cuando hay un elemento omitido*): **los doce se rompieron** all twelve (of them) broke; **las doce suspendieron** the twelve of them failed. **2.** (*ordinal*) twelfth: **el siglo XII** (*el siglo doce*) the 12th ✱ twelfth century; **Juan XII** (*Juan doce*) John XII (*John the twelfth*); **llegó en el puesto doce** he came twelfth; **el día doce de cada mes** on the twelfth (day) of every month; **el capítulo doce** chapter twelve; **en la página doce** on page twelve.
II *sm* **1.** (*cardinal*) twelve: **¡el doce!** number twelve!; **una subida del doce por ciento** a twelve per cent increase; **doce más tres son quince** twelve plus three is ✱ makes fifteen. **2.** (*ordinal*) twelfth: **el doce de febrero** the twelfth of February; **tiene lugar el doce de marzo** it takes place on the twelfth of March; **hoy estamos** *a* **(día) doce** today is the twelfth; **soy el doce en la lista de espera** I'm twelfth on the waiting list.
III las doce *sf pl* (*hora*) twelve o'clock: **son las doce** it's twelve o'clock; **nos vemos** *a* **las doce** I'll see you at twelve.

doceavo, -va /doθeˈaβo -βa/ **I** *adj* twelfth.
II doceavo *sm* (*parte*) twelfth.

docena /doˈθena/ *sf* dozen: **una docena** *de* **huevos, por favor** a dozen eggs, please ● **vendrán a docenas** they'll come in droves.

docencia /doˈθenθja/ *sf* teaching: **ejerció la docencia durante muchos años** she taught for many years.

docente /doˈθente/ **I** *adj* (*educativo*) teaching: **el personal docente está mal pagado** the teaching staff are badly paid.
II *sm/f* (*en colegio*) teacher; (*en universidad*) lecturer.

dócil /ˈdoθil/ *adj* (*obediente*) obedient; (*tranquilo*) docile.

docto, -ta /ˈdokto -ta/ **I** *adj* learned, knowledgeable: **era muy docto** *en* **astronomía** he was very knowledgeable about astronomy.
II *sm/f* learned ✱ erudite person.

doctor, -tora /dokˈtor -ˈtora/ *sm/f* (*Educ, Med*) doctor: **el doctor le tomó la tensión** the doctor took his blood pressure; **me va a atender el doctor Cajal** Doctor Cajal is going to see me; **es doctora** *en* **derecho** she is a Doctor of Law.

doctor honoris causa *sm/f* honorary doctor.

doctorado /doktoˈraðo/ *sm* doctorate: **está haciendo el doctorado** he's doing a doctorate; **tiene un doctorado en Derecho** he has a PhD in Law.

doctoral /doktoˈral/ *adj* **1.** (*Educ*) doctoral. **2.** (*pedante*) pedantic: **no soporto su tono doctoral** I can't stand her pedantic way of speaking.

doctorarse /doktoˈrarse/ [⇨ CANTAR] *v prnl* to take one's doctorate: **se doctoró** *en* **psicología** he took a doctorate in psychology.

doctrina /dokˈtrina/ *sf* doctrine.

doctrinario, -ria /doktri'narjo -rja/ *adj, sm/f* doctrinaire.

documentación /dokumenta'θjon/ *sf* **1.** (*gen*) documentation. **2.** (*expediente*) file, records *pl*: **la documentación** *sobre* **el caso está incompleta** the records on the case are incomplete. **3.** (*credencial*) papers *pl*, documents *pl*: **nos pidieron la documentación en el control** they asked to see our papers at the checkpoint.

documentado, -da /dokumen'taðo -ða/ *adj* **1.** (*demostrado*) documented: **son hechos documentados** these are documented facts. **2.** (*informado*) informed: **es una persona muy documentada** he is a very well-informed person.

documental /dokumen'tal/ *adj, sm* documentary.

documentar /dokumen'tar/ [⇨CANTAR] *vt* **1.** (*demostrar*) to document: **tienes que documentar tu afirmación** you have to provide documentary evidence for your statement. **2.** (*informar*) to brief, to inform: **nos documentaron acerca de los peligros** we were briefed about the dangers.

documentarse *v prnl* to gather information, to do research: **el autor del informe no se documentó lo suficiente** the author of the report did not do enough research.

documento /doku'mento/ *sm* **1.** (*escrito*) document. **2.** (*prueba, testimonio*) contemporary record: **la película es un buen documento de la época** the film is a good contemporary record of the era.

documento nacional de identidad *sm* national identity card.

dogal /do'ɣal/ *sm* **1.** (*de caballerías*) halter. **2.** (*de condenado*) hangman's noose.

dogma /'doɣma/ *sm* dogma.

dogmático, -ca /doɣ'matiko -ka/ **I** *adj* dogmatic. **II** *sm/f* dogmatic person: **es un dogmático** he's very dogmatic.

dogmatismo /doɣma'tizmo/ *sm* dogmatism.

dogo, -ga /'doɣo -ɣa/ *sm/f* (*Zool*) Great Dane.

dólar /'dolar/ *sm* dollar.

dolencia /do'lenθja/ *sf* complaint: **siempre está hablando de sus dolencias** he's always talking about his aches and pains.

doler /do'ler/ [⇨mover] *vi* **1.** (*hacer daño*) to hurt: **me duele la garganta** my throat hurts; **le duelen las muelas** he's got toothache; **le dolía la barriga** she had stomachache; **me pusieron una inyección que dolía mucho** they gave me an injection that really hurt ● **¡ahí (le) duele!** so that's the problem! **2.** (*apenar*) to sadden, to hurt: **me duele tu respuesta** your answer saddens me.

dolerse *v prnl* **1.** (*sentir daño*) to be in pain: **se dolía** *del* **golpe** he was in pain because of the blow. **2.** (*protestar*) to complain: **se dolió** *del* **trato recibido** she complained about the treatment she had received. **3.** (*arrepentirse*) to be sorry: **ahora se duele** *de* **su mal comportamiento** now he is sorry for his bad behaviour. **4.** (*frml*: *compadecerse*) to feel sorry.

dolido, -da /do'liðo -ða/ *adj* hurt: **todavía estoy * me siento dolido** I still feel hurt.

dolor /do'lor/ *sm* **1.** (*Med*: *malestar*) ache, pain: **tengo dolor** *de* **espalda/estómago** I've got backache/stomachache ● **ya tiene dolores** her contractions have started. **2.** (*tristeza*) sorrow: **le causó dolor la noticia** he was sad to hear the news. **3.** (*fam*: *persona*): **este hombre es un dolor** he's a real pain in the neck.

dolorido, -da /dolo'riðo -ða/ *adj* **1.** (*lastimado*) sore: **tengo el brazo dolorido** my arm hurts. **2.** (*entristecido*) saddened: **está dolorido** *por* **el comportamiento de su familia** he is saddened by his family's behaviour.

dolorosa /dolo'rosa/ *sf* **1. la Dolorosa** (*Relig*) Our Lady of Sorrows. **2.** (*fam*: *en restaurante*) bill: **¿quién va a pagar la dolorosa?** who's going to pay the bill?

doloroso, -sa /dolo'roso -sa/ *adj* **1.** (*herida, lesión*) painful. **2.** (*situación*) distressing.

doma /'doma/ *sf* (*Arg, Urug*) rodeo (*typical of the R. Plate region*).

domador, -dora /doma'ðor -'ðora/ *sm/f* tamer.

domador, -dora de leones *sm/f* lion tamer.

domar /do'mar/ [⇨CANTAR] *vt* **1.** (*a un animal*) to tame: **todavía no está domado** it is not tame yet; **domó al caballo** he broke the horse in. **2.** (*a una persona*) to control: **es imposible domar a esta niña** no one can control this child. **3.** (*unos zapatos*) to break in.

domeñar /dome'ɲar/ [⇨CANTAR] *vt* (*frml*) to subdue.

domesticar /domesti'kar/ [⇨sacar] *vt* (*animales: acostumbrar al hombre*) to domesticate, to tame; (*: educar*) to train.

doméstico, -ca /do'mestiko -ka/ **I** *adj* **1.** (*de casa*) domestic: **se necesita servicio doméstico** domestic help required; **no le gustan las tareas * faenas domésticas** she doesn't like housework; **tengo demasiados gastos domésticos** my household expenses are too high. **2.** (*animal*): **el perro es un animal doméstico** the dog is a domestic animal; **tenemos dos animales domésticos** we have two pets. **II** *sm/f* servant.

domiciliación /domiθilia'θjon/ *sf* (*de recibos*) *payment by direct debit*; (*de la nómina*) *payment by bank transfer*.

domiciliar /domiθi'ljar/ [⇨CAMBIAR] *vt* (*un recibo*) to pay by direct debit: **deseo domiciliar todos mis pagos en el banco** I would like to pay all my bills by direct debit on my bank; (*la nómina*) to pay by bank transfer.

domiciliarse *v prnl* to take up residence: **se domicilió** *en* **Salamanca** he took up residence in Salamanca.

domicilio /domi'θiljo/ *sm* **1.** (*casa*) home, residence: **mi oficina está en mi domicilio particular** my office is at my home. **2.** (*dirección: de una persona*) address: **escriba nombre y domilicio** write down your name and address; (*: de una empresa*) registered address.

dominación /domina'θjon/ *sf* domination.

dominante /domi'nante/ *adj* **1.** (*predominante*) predominant: **el color dominante aquí es el rojo** the predominant colour here is red; **la tendencia dominante es el pelo largo** the current trend is to have long hair. **2.** (*mandón*) domineering: **es muy dominante** he is very domineering.

dominar /domi'nar/ [⇨CANTAR] *vt* **1.** (*a alguien*) to dominate: **la madre lo domina** his mother dominates him. **2.** (*una materia*) to have a good grasp of: **domina el tema** he has a good grasp of the subject; (*un idioma*) to have a good command of: **domina el inglés** she has a good command of English. **3.** (*sofocar*) to contain, to control: **los bomberos dominaron el incendio** the firemen brought the fire under control; **tuvo que dominar la irritación que sentía** she had to control her irritation. **4.** (*abarcar*) to dominate: **el monte domina todo el valle** the mountain dominates the entire valley. **5.** (*destacar en*): **el color rojo domina el cuadro** red is the predominant colour in the picture. ♦ *vi* **1.** (*destacar*) to stand out, to be predominant: **en el cuadro domina el color rojo** the colour red is predominant in the picture. **2.** (*prevalecer*) to prevail:

su opinión dominó *sobre* **la de los otros** her opinion prevailed over that of the others.

dominarse *v prnl* to control oneself.

domingo /do'miŋgo/ *sm* Sunday. ⇨ lunes

Domingo de Ramos *sm* Palm Sunday.

dominguero, -ra /domiŋ'gero -gera/ *sm/f* (*fam*) day-tripper: **los días de fiesta la playa se llena de domingueros** when there's a holiday the beach is always full of day-trippers.

dominical /domini'kal/ **I** *adj* Sunday: **nunca faltó a la misa dominical** she never missed Sunday mass.
II *sm* **1.** (*periódico*) Sunday newspaper. **2.** (*suplemento*) Sunday supplement.

dominicano, -na /domini'kano -na/ *adj, sm/f* (*Geog*) Dominican.

dominico, -ca /domi'niko -ka/, (*Amér L*) **domínico -ca** /do'miniko -ka/ *adj, sm/f* (*Relig*) Dominican.

dominio /do'minjo/ *sm* **1.** (*autoridad*) authority, power: **ejerce un gran dominio** *sobre* **toda su familia** he exerts great authority over his family. **2.** (*territorio*) lands *pl*: **poseía grandes dominios heredados de su familia** he owned large estates which he had inherited from his family; **los antiguos dominios británicos** the former British colonies. **3.** (*conocimiento*) mastery: **su dominio de las matemáticas es indudable** his mastery of mathematics is beyond doubt • **su divorcio es ya del dominio público** their divorce is now public knowledge. **4.** (*campo, esfera*) sphere, scope: **la magia queda fuera del dominio de la ciencia** magic lies outside the scope of science.

dominó /domi'no/ *sm* **1.** (*juego*) dominoes [lleva el verbo en singular]. **2.** (*conjunto de fichas*) set of dominoes.

don /don/ *sm* **I** *[without article]* (*also* **Don**) **1.** (*delante de nombre de pila y apellido*) Mr: **le presento a don José Martínez** may I introduce you to Mr José Martínez?; (*delante de nombre de pila*) Don: **don José ya no vive aquí** Don José * Mr Martínez doesn't live here any longer. **2.** (*en correspondencia*): **Sr. don Pedro Fernández** Mr Pedro Fernández. **3.** (*fam: que tiene una cualidad*): **no admite ni un simple error: es don perfecto** he won't put up with a single mistake: he is a real perfectionist.
II *[with article]* **1.** (*habilidad*) gift, talent: **tiene un don especial** *para* **el dibujo** she has a special talent for drawing; **tiene el don de ponerme nerviosa** he has a gift for making me feel nervous • **Luis tiene el don de la ubicuidad** Luis has the knack of being everywhere at once • **mi hermano tiene el don de la oportunidad** my brother is a master of bad timing. **2.** (*obsequio*) gift, present • **tiene una voz que es un don del cielo** she has a heavenly voice.

don de gentes *sm*: **tiene mucho don de gentes** she has a very good way with people.

don nadie *sm*: **no le hagas caso; es un don nadie** take no notice of him: he's a nobody.

donación /dona'θjon/ *sf* donation.

donante /do'nante/ *sm/f* donor.

donante de sangre *sm/f* blood donor: **mi hermano es donante de sangre** my brother is a blood donor.

donar /do'nar/ [⇨ CANTAR] *vt* **1.** (*regalar*) to donate, to give: **donó el cuadro al pueblo español** he donated the painting to the Spanish people. **2.** (*sangre*) to give: **va al hospital a donar sangre una vez al mes** once a month he goes to the hospital to give blood; (*un órgano*) to donate.

donativo /dona'tiβo/ *sm* donation.

doncella /don'θeʎa/ *sf* **1.** (*Lit*) maiden. **2.** (*criada*) maid.

donde /'donde/ **I** *adv relativo* **1.** (*de lugar*) where: **ésta es la casa donde vivía antes de casarme** this is the house where I lived before I got married; **la caja donde se guardaba ha desaparecido** the box in which it was kept has disappeared; **donde vivimos nosotros no hay apenas tráfico** where we live there's hardly any traffic • **donde fueres haz como * lo que vieres** when in Rome do as the Romans (do). **2. de donde** (*para indicar procedencia*) from which: **puso el libro en el estante de donde lo había sacado** she put the book back on the shelf she'd taken it from; (*para indicar deducción*) so, from which: **al día siguiente no tenía fiebre, de donde deduje que estaba mejor** the following day she didn't have a temperature, from which I concluded that she was better.
II *conj* where: **ponlo donde quieras** put it wherever you like.
III *prep* (*fam: en casa de*): **ayer estuvimos donde la abuela** we were at my grandmother's yesterday.

dónde /'donde/ **I** *adv interrogativo* where: **no sé dónde está** I don't know where it is; **¿de dónde eres?** where do you come from?, where are you from?; **¿por dónde se va a tu casa?** which is the way to your house?
II *adv exclamativo*: **¡dónde se ha visto tal cosa!** where on earth did you get that from?

dondequiera /donde'kjera/ *adv* wherever: **lo encontraré dondequiera que se esconda** I'll find him wherever he may hide; **va dondequiera que su hermano** he goes wherever his brother goes.

donjuán, don Juan /doŋ'xwan/ *sm* womanizer.

donostiarra /donos'tjarra/ **I** *adj* of * from San Sebastián.
II *sm/f* native * inhabitant of San Sebastián.

dónut /'donut/ *sm* doughnut, (*US*) donut.

doña, Doña /'doɲa/ *sf [never used with an article]* **1.** (*delante de nombre de pila y apellido*) Mrs: **le presento a doña Rosa García** may I introduce you to Mrs Rosa García?; (*delante de nombre de pila*) Doña: **doña Rosa no se encuentra bien** Doña Rosa * Mrs García is not feeling very well. **2.** (*en correspondencia*): **Sra. doña María López** Mrs María López. **3.** (*fam: que tiene una cualidad*): **siempre está alardeando de todo: es doña presunción** she is always boasting about everything: she is Mrs Bighead.

dopar /do'par/ [⇨ CANTAR] *vt* to give drugs to.

doparse *v prnl* (*Dep*) to take drugs (*to improve one's performance*).

doping /'dopiŋ/ *sm* (*Dep*) drug-taking (*to improve one's performance*).

doquier /do'kjer/ **por doquier** *loc adv* everywhere: **encontraron este tipo de problemas por doquier** they found this kind of problem everywhere.

dorada /do'raða/ *sf* gilt head bream.

dorado, -da /do'raðo -ða/ **I** *adj* **1.** (*color*) gold, golden: **no me gustan los marcos dorados** I don't like gold picture frames. **2.** (*glorioso*) golden: **la época dorada del clasicismo fue el siglo XVIII** the golden age of classicism was the eighteenth century.
II dorado *sm* **1.** (*baño de oro*) gilt finish: **este reloj ha perdido todo el dorado** this watch has lost its gilt finish. **2.** (*Arg, Urug: pez*) dorado (*salmon-like fish*).

dorar /do'rar/ [⇨ CANTAR] *vt* **1.** (*objetos*) to gild. **2.** (*alimentos*) to brown: **dora esas croquetas un poco más, por favor** brown those croquettes a little bit more, please. **3.** (*atenuar*) to soften the effect of: **no me dores la noticia** tell me the news straight.

dorarse *v prnl* (*Culin*) to brown: **sofreír la cebolla hasta que se dore** lightly fry the onion until it is golden brown.

dormido, -da /dor'miðo -ða/ *adj* **1.** (*durmiendo*) asleep: **no hagas ruido, el niño está dormido** be quiet, the baby's asleep. **2.** (*soñoliento*) sleepy: **anoche salí y hoy estoy completamente dormido** I went out last night and feel very sleepy today • **¿estás dormido o qué?** are you daft or what?

dormilón, -lona /dormi'lon -'lona/ (*fam*) **I** *adj* sleepy.
II *sm/f* sleepyhead.

dormir /dor'mir/ [⇨table: dormir] *vi* (*gen*) to sleep: **tengo ganas de dormir, me voy a la cama** I feel sleepy, I'm going to bed; (*en un sitio*) to sleep, to spend the night: **ayer dormí en casa de mis abuelos** yesterday I slept * spent the night at my grandparents' house.
♦*vt* **1.** (*la siesta*): **nunca duermo la siesta** I never have a nap in the afternoon. **2.** (*hacer que alguien duerma*) to get (to go) to sleep: **no hay forma de dormir a este niño** I just can't get this child (to go) to sleep; (*anestesiar*) to put out, (*GB*) to anaesthetize, (*US*) to anesthetize : **sólo te van a dormir una hora** they are only going to put you out for an hour.

dormirse *v prnl* **1.** (*persona*) to fall asleep: **la conferencia fue tan aburrida que casi me duermo** the lecture was so boring that I almost fell asleep • **para triunfar no te puedes dormir en los laureles** if you want to get ahead you can't afford to rest on your laurels. **2.** (*brazo, pierna, etc.*): **se le durmió el pie** her foot went to sleep.

dormitar /dormi'tar/ [⇨CANTAR] *vi* to doze: **he estado toda la tarde dormitando** I've been dozing the whole afternoon.

dormir

INDICATIVE

Present	Preterite
duermo	dormí
duermes	dormiste
duerme	durmió
dormimos	dormimos
dormís	dormisteis
duermen	durmieron

SUBJUNCTIVE

Present	Imperfect
duerma	durmiera *or* durmiese
duermas	durmieras *or* durmieses
duerma	durmiera *or* durmiese
durmamos	durmiéramos *or* durmiésemos
durmáis	durmierais *or* durmieseis
duerman	durmieran *or* durmiesen

IMPERATIVE

(tú) duerme	(usted) duerma
(vosotros) dormid	(ustedes) duerman

PRESENT PARTICIPLE

durmiendo

For the rest of the tenses ⇨ PARTIR (in appendix)

dormitorio /dormi'torjo/ *sm* **1.** (*habitación: con una o dos camas*) bedroom; (*: con muchas camas*) dormitory. **2.** (*mobiliario*) bedroom suite.

dorsal /dor'sal/ **I** *adj* dorsal.
II *sm* (*Dep*): **Juan llevaba el dorsal número dos** Juan was wearing the number two jersey.

dorso /'dorso/ *sm* back, reverse side: **véanse las instrucciones** *al* **dorso** see overleaf for instructions; **el dorso de la mano** the back of the hand.

dos /dos/ **I** *adj* (*cardinal*) two; (*ordinal*) second. ⇨doce
II *sm* **1.** (*cardinal*) two: **se lo comieron entre los dos** they ate it between them; **"¿Cuál te gusta?" "Me gustan los dos."** "Which one do you like?" "I like both of them." • **me lo encuentro (a) cada dos por tres** I keep bumping into him • **lo acabó en un dos por tres** she finished it in the twinkling of an eye • **entraron de dos en dos** they went in two by two • **está clarísimo, como dos y dos son cuatro** it's as clear as daylight. ⇨doce **2.** (*ordinal*) second. ⇨doce
III las dos *sf pl* (*hora*) two o'clock. ⇨doce

doscientos, -tas /dos'θjentos -tas/ **I** *adj* **1.** (*cardinal: gen*) two hundred: **cuesta doscientas pesetas** it costs two hundred pesetas; **iba a doscientos kilómetros por hora** he was going at two hundred kilometres per hour; (*: cuando hay un elemento omitido*): **deme las mil y quédese las doscientas** give me the thousand (pesetas) and you keep the two hundred. **2.** (*ordinal*) two hundredth: **llegó en el puesto doscientos** he came two hundredth; **en la página doscientos** on page two hundred.
II el/la doscientos *sm/f* (*ordinal*) two hundredth: **soy el doscientos en la lista de espera** I'm two hundredth on the waiting list.
III el doscientos *sm* (*número*) (the number) two hundred: **¡el doscientos!** two hundred!

dosel /do'sel/ *sm* canopy.

dosificar /dosifi'kar/ [⇨sacar] *vt* to specify a dose of.

dosificarse *v prnl*: **si quieres acabar la maratón, tendrás que dosificarte las fuerzas** if you want to be able to finish the marathon, you'll have to pace yourself.

dosis /'dosis/ *sf inv* dose: **con él, se necesita una buena dosis de paciencia** you need a fair amount of patience to deal with him.

dossier /do'sjer/ *sm* dossier.

dotación /dota'θjon/ *sf* **1.** (*contenido*) amount awarded: **la dotación del premio era de seis millones de pesetas** the prize was worth six million pesetas. **2.** (*plantilla*) staff; (*tripulación*) crew.

dotado, -da /do'taðo -ða/ *adj* **1.** (*apto*) gifted: **Pablo está realmente dotado** *para* **la música** Pablo is a really gifted musician * has a real gift for music. **2.** (*provisto*) equipped: **la casa estaba dotada** *de* **todo tipo de comodidades** the house was equipped with every modern convenience; **estaba dotada** *de* **gran inteligencia** she was highly intelligent.

dotar /do'tar/ [⇨CANTAR] *vt* **1.** (*otorgar*) to endow, to provide: **la naturaleza dotó a los hombres** *de* **la capacidad de pensar** nature endowed man with the ability to think; **no están dispuestos a dotarnos** *del* **personal necesario** they are not prepared to provide us with the necessary staff. **2.** (*con dinero*): **han dotado el proyecto** *con* **un millón de pesetas** the project has been assigned a million pesetas. **3.** (*a una mujer casadera*): **su padre la dotó** *con* **la mitad de todos sus bienes** her father gave her half his fortune as a dowry.

dote /'dote/ **I** *sf* dowry.
II dotes *sfpl* talent: **tiene grandes dotes** *para* **la música** he has a great musical talent; **tiene dotes** *de* **mando** she has leadership qualities.
doy /doi/ *first person singular of the present tense of* ➪ dar
dozavo, -va /do'θaβo -βa/ *adj*, **dozavo** *sm* ➪ doceavo
DP *pronounced* /dis'trito pos'tal/ (*abbreviation of* **distrito postal**) postal district.
dpt., dpto. *pronounced* /departa'mento/ (*abbreviation of* **departamento**) dept. (department).
Dr. *pronounced* /dok'tor/ (*abbreviation of* **doctor**) ➪ doctor
Dra. *pronounced* /dok'tora/ (*abbreviation of* **doctora**) ➪ doctor
draga /'draɣa/ *sf* dredger.
dragaminas /draɣa'minas/ *sm inv* minesweeper.
dragar /dra'ɣar/ [➪ pagar] *vt* to dredge.
dragón /dra'ɣon/ *sm* dragon.
drama /'drama/ *sm* **1.** (*en teatro: género*) drama; (*: obra*) play: **"Hamlet" es uno de los dramas más famosos de Shakespeare** "Hamlet" is one of Shakespeare's most famous plays. **2.** (*desgracia*) catastrophe: **que su padre se quedara sin trabajo fue un drama para la familia** the father losing his job had a traumatic effect on the family ● **han hecho un drama del robo de la bicicleta** they've made a huge drama out of the theft of the bicycle.
dramático, -ca /dra'matiko -ka/ *adj* dramatic ● **¡no seas dramático! todo llegará a buen fin** don't be so melodramatic! everything will be all right in the end.
dramatismo /drama'tizmo/ *sm* dramatic nature: **me impresionó el dramatismo de su historia** the dramatic nature of his story caused quite an impression on me ● **¡cómo te gusta el dramatismo, no fue para tanto!** you just love to overdramatize everything; it wasn't as bad as that!
dramatizar /dramati'θar/ [➪ cazar] *vt* to dramatize.
dramaturgo, -ga /drama'turɣo -ɣa/ *sm/f* playwright, dramatist.
dramón /dra'mon/ *sm* (*fam*) melodrama ● **nos contó un dramón de los suyos** he told us one of his sob stories.
drástico, -ca /'drastiko -ka/ *adj* drastic: **el gobierno ha adoptado medidas drásticas contra el tráfico de drogas** the government has adopted drastic measures against drug trafficking.
drenaje /dre'naxe/ *sm* **1.** (*Tec*) drainage. **2.** (*de una herida: procedimiento*) drainage; (*: tubo*) drainage tube, catheter.
drenar /dre'nar/ [➪ CANTAR] *vt* to drain.
driblar /dri'βlar/ [➪ CANTAR] *vt* (*Dep*): **dribló a tres defensas** he dribbled the ball past three defenders.
♦*vi* to dribble: **dribló y chutó a puerta** he dribbled past the defender and shot at goal.
dril /dril/ *sm* drill (*fabric*).
droga /'droɣa/ *sf* **1.** (*Med, Sociol*) drug ● **el poder es su droga** power is a drug for her. **2.** (*Méx: fam*) debt.
droga blanda *sf* soft drug.
droga dura *sf* hard drug.
drogadicción /droɣaðik'θjon/ *sf* drug addiction.
drogadicto, -ta /droɣa'ðikto -ta/ **I** *adj* addicted to drugs.
II *sm/f* drug addict.
drogar /dro'ɣar/ [➪ pagar] *vt* to drug.
drogarse *v prnl* to take drugs.
droguería /droɣe'ria/ *sf* **1.** (*en España*) *shop selling toiletries and products for cleaning and decorating the home*. **2.** (*Amér L: farmacia*) pharmacy, (*GB*) chemist's (shop).
dromedario /drome'ðarjo/ *sm* dromedary.
dubitativo, -va /duβita'tiβo -βa/ *adj* doubtful.
Dublín /du'βlin/ *sm* Dublin.
dublinés, -nesa /duβli'nes -'nesa/ **I** *adj* of ∗ from Dublin.
II *sm/f* Dubliner.
ducado /du'kaðo/ *sm* (*territorio, título*) dukedom.
ducha /'dutʃa/ *sf* shower: **me di una ducha** I had a shower ● **las noticias fueron una ducha de agua fría** the news came as a real shock.
ducharse /du'tʃarse/ [➪ CANTAR] *v prnl* to have ∗ take a shower, to shower: **se ducha dos veces al día** he has two showers every day; **voy a ducharme** I'm going to have ∗ take a shower.
ducho, -cha /'dutʃo -tʃa/ *adj* (*frml*) knowledgeable: **pregúntale a Raúl, que es muy ducho** *en* **la materia** ask Raúl, he's very knowledgeable about it.
dúctil /'duktil/ *adj* **1.** (*persona*) easily influenced: **tu hermano tiene un carácter muy dúctil** your brother is very easily influenced. **2.** (*metal*) ductile.
duda /'duða/ *sf* **1.** (*gen*) doubt: **no me cabe ninguna duda** *de* **que nos dijo toda la verdad** I am in no doubt that he told us the whole truth; **tu respuesta no me saca de dudas** your reply still leaves my questions unanswered; **por fin salió de dudas** in the end he overcame his doubts; **su inocencia está** *fuera de* **toda duda** his innocence is beyond all doubt; **lo demostraron sin lugar a duda** they proved it beyond all doubt; **ésta es, sin duda alguna, su novela más importante** this is, without question, her most important novel; **"No crees que alguien lo indujo a actuar así?" "Sin duda."** "Don't you think someone forced him to do that?" "I'm sure you're right."; **la autenticidad del documento está todavía** *en* **duda** the authenticity of the document is still in doubt; **no voy a poner** *en* **duda tus palabras** I am not going to call into question what you said. **2.** (*pregunta*) query: **al final me pueden preguntar las dudas que tengan** at the end you can ask me about any queries you may have.
dudar /du'ðar/ [➪ CANTAR] *vt* to doubt: **"¿Vas a salir el sábado?" "Lo dudo."** "Are you going out on Saturday?" "I doubt it."; **dudo mucho que me inviten** I very much doubt whether I'll be invited.
♦*vi* **1.** (*vacilar*) to try to decide: **estoy dudando** *entre* **ciencias y letras** I'm trying to decide between science and the arts. **2.** (*recelar*): **su comportamiento me hace dudar** *de* **ella** her behaviour makes me distrust her ∗ makes me suspicious of her.
dudoso, -sa /du'ðoso -sa/ *adj* **1.** (*inseguro*) unsure, uncertain: **estoy dudoso** *sobre* **cómo actuar** I'm unsure ∗ uncertain as to how I should act. **2.** (*cuestionable*) dubious, questionable: **su prosa es de dudosa calidad literaria** his prose is of dubious literary quality; **tu interpretación de los hechos es muy dudosa** your interpretation of the facts is very questionable.
duela /'dwela/ *sf* stave (*of a barrel*).
duele /'dwele/ *and other forms with* **duel-** ➪ doler
duelo /'dwelo/ *sm* **1.** (*enfrentamiento*) duel: **se batieron** *en* **duelo** they fought a duel; **se enfrentaron** *en* **un duelo a muerte** they fought each other in a duel to the death. **2.** (*luto*) mourning: **está** *de* **duelo por la muerte de un familiar** she's in mourning for a relative. **3.** (*cortejo fúnebre*) mourners *pl*: **el duelo acompañó al féretro hasta el cementerio** the mour-

ners accompanied the coffin to the cemetery. **4.** (*pena*) sorrow, grief.

duende /ˈdwende/ *sm* **1.** (*criatura*) elf, pixie. **2.** (*encanto*) charm, magic: **ese sitio tiene duende** that place has a certain magical charm.

dueño, -ña /ˈdweɲo -ɲa/ *sm/f* **1.** (*propietario: gen*) owner: **el perro mordió a su dueño** the dog bit its owner; (*: de vivienda alquilada: hombre*) landlord; (*: mujer*) landlady; (*: de tierras*) landowner: **la dueña de estas tierras vive en la capital** the owner of this land lives in the capital. **2.** (*persona en control*): **nada más llegar al poder se hizo dueño de la situación** as soon as he came to power, he took command of the situation • **eres muy dueña de hacer lo que quieras** you are (quite) free to do whatever you like • **hasta en las situaciones más difíciles es dueña de sí misma** even in the most difficult situations she is always fully in control of herself.

duermo /ˈdwermo/ *and other forms with* ***duerm-*** ➪ dormir

dulce /ˈdulθe/ **I** *adj* **1.** (*con sabor a azúcar*) sweet: **este pastel está demasiado dulce para mi gusto** this cake is too sweet for my liking; **me apetece más algo dulce** I'd rather have something sweet. **2.** (*agua*) fresh: **la trucha es un pez de agua dulce** the trout is a freshwater fish. **3.** (*carácter, persona*) sweet, gentle: **es una persona muy dulce** she is a very sweet person. **4.** (*voz*) sweet: **tiene una voz muy dulce** she has a very sweet voice.

II *sm* **1.** (*producto de repostería*) cake: **me encanta tomarme un dulce después de comer** I like to have a cake after lunch. **2.** (*caramelo*) (*GB*) sweet, (*US*) candy. **3.** (*Arg, Urug: mermelada*) jam.

dulce de leche *sm* (*Arg, Urug*) *sweet spread eaten on bread, cakes, etc.*

dulce de membrillo *sm* quince jelly.

dulzaina /dulˈθaina/ *sf*: *traditional wind instrument, similar to an oboe.*

dulzura /dulˈθura/ *sf* sweetness.

duna /ˈduna/ *sf* (sand) dune.

dúo /ˈduo/ *sm* **1.** (*Mús*) duet. **2.** (*dos personas*) duo • **Paloma y María siempre responden a dúo** Paloma and María always answer together.

duodécimo, -ma /dwoˈðeθimo -ma/ **I** *adj* twelfth. ➪ sexto

II *sm/f* (*en orden*) twelfth: **fue el duodécimo en la carrera** he came twelfth in the race. ➪ sexto

III duodécimo *sm* (*parte*) twelfth.

duodeno /dwoˈðeno/ *sm* duodenum.

dúplex /ˈdupleks/ *sm inv* apartment on two floors, (*US*) duplex.

duplicado, -da /dupliˈkaðo -ða/ **I** *adj* duplicate: **presenta las facturas** *por* **duplicado** submit your invoices in duplicate.

II duplicado *sm* (*copia*) duplicate, copy: **hay que entregar original y duplicado** both the original and a duplicate * copy must be handed in.

duplicar /dupliˈkar/ [➪ sacar] *vt* **1.** (*reproducir*) to duplicate, to copy: **me han pedido que duplique estos documentos** I've been asked to duplicate * copy these documents. **2.** (*aumentar al doble*) to double: **este año he duplicado mi colección de sellos** this year I have doubled my stamp collection.

duplicarse *v prnl* to double: **en poco tiempo se han duplicado sus ganancias** their profits have doubled in a short period of time.

duplicidad /dupliθiˈðað/ *sf* duplicity.

duque /ˈduke/ *sm* duke.

duquesa /duˈkesa/ *sf* duchess.

duración /duraˈθjon/ *sf* duration, length of time: **su reinado tuvo una duración de seis años** his reign lasted for six years; **he comprado unas pilas de larga duración** I've bought some long-life batteries.

duradero, -ra /duraˈðero -ra/ *adj* **1.** (*amistad, relación*) lasting. **2.** (*ropa, zapatos*) hard-wearing.

durante /duˈrante/ *prep* **1.** (*al hablar del momento en que se produce*) during: **durante el verano la visité a menudo** I visited her often during * in the summer. **2.** (*al hablar del periodo completo*) for: **fuimos compañeros durante todo ese curso** we were classmates for the whole of that school year.

durar /duˈrar/ [➪ CANTAR] *vi* to last: **la clase dura dos horas** the lesson lasts (for) two hours; **este abrigo me ha durado cinco inviernos** this coat has lasted me five winters.

durazno /duˈraθno/ *sm* (*Amér L*) peach.

dureza /duˈreθa/ *sf* **1.** (*de un metal, una piedra, etc.*) hardness: **emplean diamantes por su dureza** they use diamonds because they are so hard. **2.** (*de una persona, un tratamiento*) harshness, severity: **el profesor de latín trataba a sus alumnos con dureza** the Latin teacher was harsh * severe with his pupils. **3.** (*en la piel*) patch of hard skin, callus: **tengo una dureza en el talón** I have a patch of hard skin * a callus on my heel.

durmiente /durˈmjente/ *sm* (*GB*) (railway) sleeper, (*US*) (railroad) tie * crosstie.

durmió /durˈmjo/ *and other forms with* ***durm-*** ➪ dormir

duro, -ra /ˈduro -ra/ **I** *adj* **1.** (*gen*) hard: **el acero es una aleación muy dura** steel is a very hard alloy; (*carne*) tough. **2.** (*difícil*) hard, tough: **tiene un trabajo bastante duro** he has quite a hard * tough job; **pasamos una época dura después de la guerra** we went through hard times after the war; **fue un partido muy duro** it was a very tough match • **hay que estar a las duras y a las maduras** you have to learn to take the rough with the smooth. **3.** (*resistente: objeto*) robust, tough: **este coche es muy duro, tiene veinte años y aún funciona** this is a very tough car; it's twenty years old and it's still going; (*: persona*) strong, resilient. **4.** (*violento*): **encontré la película muy dura para mi gusto** the movie was too harrowing for me. **5.** (*insensible*) hard, harsh: **el jurado fue muy duro** *con* **él** the jury was very harsh with him.

II *sm/f* (*hombre*) hard guy; (*mujer*) hard woman.

III duro *sm* (*en España*) *five-peseta coin* • **no tengo ni un duro** I'm completely broke • **la avería de la tele es lo que me faltaba para el duro** the television breaking down was all I needed.

IV duro *adv* hard: **vas a tener que estudiar duro** you'll have to study hard.

duro, -ra de oído *adj* hard of hearing.

E

E, e /e/ *sf* (*letra*) E, e.

E *pronounced* /'este/ (*abbreviation of* **Este**) E (East).

e /e/ *conj* [*used instead of* **y** *before words beginning* **i-**, **hi-**, *but not initial* **hie-**] and: **habla español e inglés** she speaks Spanish and English; **vimos jirafas e hipopótamos** we saw giraffes and hippopotamuses.

ea /'ea/ *excl* **1.** (*para expresar resolución*) that's it: **te digo que no, ¡ea!** I've said no and that's it! **2.** (*para dar ánimo*) come on: **¡ea!, que ya llegamos** come on, we're nearly there.

ebanista /eβa'nista/ *sm/f* cabinet-maker.

ébano /'eβano/ *sm* ebony.

ebrio, -bria /'eβrjo -βrja/ *adj* **1.** (*bebido*) drunk, inebriated. **2.** (*exaltado*) overcome: **estaba ebria** *de* **felicidad** she was overcome with happiness; **estaba ebrio** *de* **ira** he was blind with rage.

ebullición /eβuʎi'θjon/ *sf* **1.** (*cocción*) boiling: **el punto de ebullición del agua es cien grados** the boiling point of water is one hundred degrees. **2.** (*agitación*) excitement: **había ebullición en el estadio** there was great excitement inside the stadium.

eccema /ek'θema/ *sm* (*Med*) eczema.

echado, -da /e'tʃaðo -ða/ *adj* lying: **lo encontramos echado** *en* **el sofá** we found him lying on the sofa.

echar /e'tʃar/ [⇨ CANTAR] *vt* **1.** (*expulsar: gen*) to throw out: **lo echó** *de* **su casa** she threw him out of her house; (*: de un colegio, etc.*) to expel, to throw out: **la van a echar** *del* **colegio** she's going to be expelled from ✻ thrown out of school; (*: del trabajo*) to fire, to sack: **los echaron a todos** they were all fired ✻ sacked; **cuando me echaron** *de* **Gomasi, me fui a trabajar a Lumpex** when I was fired from Gomasi, I went to work for Lumpex. **2.** (*arrojar, tirar*): **echó una moneda** *a* **la fuente** he threw a coin into the fountain; **echó las sobras** *a* **la basura** she threw out the leftovers; **echó la carta (***al* **buzón)** she posted the letter; **el niño me echó los brazos** *al* **cuello** the boy threw his arms around my neck • **echaron el edificio abajo** the building was pulled down ✻ demolished • **su partida echó por tierra nuestros planes** his departure ruined our plans. **3.** (*mover*): **echó la cabeza hacia atrás** he tipped his head back; **echa la mesa un poquito para atrás** push the table back a little. **4.** (*poner*) to put: **¿le has echado azúcar?** have you put sugar in it?; **eché el freno de mano** I put the handbrake on; **échale agua al estofado** add some water to the stew; **le eché una manta** *a* **los hombros** I put a blanket around her shoulders; **echó el cerrojo** she bolted the door; **cerró el cajón y le echó la llave** she closed the drawer and locked it. **5.** (*de comer*): **¿les has echado de comer a las gallinas?** have you fed the chickens?; (*fam: servir: comida, bebida*) to serve, to give: **me has echado demasiado** you've given me too much; **échale un poco de café** pour him out some coffee; **échate más si quieres** help yourself to more if you like. **6.** (*dedicar*) to spend: **echa muchas horas en el trabajo** she spends a lot of time working ✻ at work. **7.** (*despedir*): **el motor echaba humo** there was smoke coming from the engine. **8.** (*desarrollar*): **aún no ha echado raíces aquí** he still hasn't put down roots here; **está echando barriga** he's developing a paunch; **está echando los dientes** she's teething. **9.** (*dar*): **les echó una bendición** he gave them his blessing; **nos echó una maldición** he swore at us; **nos echó un sermón** she gave us a ticking off. **10.** (*fam: años de cárcel*): **le echaron veinte años de cárcel** he was put in prison for twenty years. **11.** (*fam: proyectar*) to put on, to show: **esta noche echan una buena película en la tele** there's a good film on television tonight; **¿qué echan en el Trocadero?** what's on at the Trocadero? **12.** (*jugar*) to play: **¿echamos una partida?** shall we play ✻ have a game? • **lo echamos a suertes y me tocó a mí hacerlo** we drew lots and I had to do it. **13.** (*calcular*) to guess: **¿cuántos años le echas?** how old do you think she is?; **yo le echo unos veinte años** I would guess he's about twenty; **"¿Cuánto te parece que tardaremos?" "Échale unas siete semanas."** "How long do you think it will take us?" "We're talking about roughly seven weeks." • **se puso a echar cuentas** she started to work it out. **14.** (*seguido de ciertos sustantivos que indican lo realizado*): **eché una cabezada** I dozed off (for a moment); **échales una miradita a los niños** have a quick look at the children; **echa la siesta todas las tardes** he has a nap ✻ snooze after lunch every afternoon. **15.** (*en falta o de menos: a alguien*): **¡si supiera cómo la echo de menos!** if she only knew how much I miss her!; **te voy a echar muchísimo en falta** I'm going to miss you terribly; (*: algo*): **no echó la cartera en falta** ✻ **no echó de menos la cartera hasta que fue a pagar** she did not miss her purse until she went to pay.
♦ *vi* to go: **los bomberos echaron calle arriba** the firefighters made their way up the street; **echaron** *por* **aquí** they went this way.
♦ **echar a** [*followed by infinitive*] *v aux* **1.** (*empezar a*): **echó a correr** she started to run; **el águila echó a volar** the eagle flew off ✻ away. **2. echar a perder** ⇨ perder *vi* **4**

echarse *v prnl* **1.** (*tenderse*) to lie down: **¿por qué no te echas un rato?** why don't you lie down for a while? **2.** (*tirarse*): **se echó** *al* **agua** she jumped into the water; **se echó hacia adelante** he threw himself forward; **el borracho se le echó encima** the drunk threw himself on her • **se echó a la bebida** he took to drink. **3.** (*moverse*) to move: **nos echamos a un lado para que pudiera pasar** we moved to one side to let her through • **echarse atrás**: **a última hora se echó atrás** he backed out at the last minute; **le prometiste que irías, ahora no puedes echarte atrás** you promised him you would go, you can't cry off now. **4.** (*ponerse*): **se echó un abrigo a los hombros y salió corriendo** she threw a coat over her shoulders and rushed out; **no te eches tanto perfume** don't put on so much perfume; **cuando se lo dije, se echó las manos a la cabeza** when I told him he threw his hands up in horror • **se las echa de culto** he likes to think he's cultured. 5. (*conseguir*): **se ha echado novia** he's got himself a girlfriend.

♦**echarse a** [followed by infinitive] *v aux* 1. (*empezar a*): **se echó a reír/a llorar** she burst out laughing/crying. 2. **echarse a perder** ➪ perder *vi* 4

echarpe /e'tʃarpe/ *sm* stole.

eclecticismo /eklekti'θizmo/ *sm* eclecticism.

ecléctico, -ca /e'klektiko -ka/ *adj, sm/f* eclectic.

eclesial /ekle'sjal/ *adj* ecclesiastical, church: **las reformas eclesiales** ecclesiastical * church reforms.

eclesiástico, -ca /ekle'sjastiko -ka/ I *adj* ecclesiastical, church: **la jerarquía eclesiástica** the church hierarchy.

II **eclesiástico** *sm* clergyman.

eclipsar /eklip'sar/ [➪ CANTAR] *vt* 1. (*Astron*) to eclipse: **la Luna eclipsó** *al* **Sol** the moon eclipsed the sun. 2. (*deslucir*) to outshine, to put in the shade: **eclipsó** *al* **resto de participantes** he put the rest of the participants in the shade.

eclipsarse *v prnl* 1. (*Astron*) to be eclipsed. 2. (*declinar*) to decline: **se fue eclipsando después de su primera novela** he started to go downhill after his first novel. 3. (*desaparecer*) to vanish: **se eclipsó** *de* **la fiesta** he vanished from the party.

eclipse /e'klipse/ *sm* eclipse.

eclosión /eklo'sjon/ *sf* 1. (*Zool: nacimiento*) hatching; (*Bot: brote*) sprouting. 2. (*surgimiento*) emergence: **la eclosión del ecologismo se ha producido en los últimos veinte años** the emergence of green politics has come about in the last twenty years.

eco /'eko/ *sm* 1. (*de un sonido*) echo. 2. (*de un acontecimiento*): **esa novela tuvo mucho eco** that novel caused a great stir; **los periodistas se hicieron eco del suceso** journalists made much of the incident; **ese acontecimiento tuvo eco internacional** that event aroused worldwide interest.

ecos de sociedad *sm pl* society news (*in newspaper*).

ecografía /ekoɣra'fia/ *sf* (*Med*) (ultrasound) scan.

ecógrafo /e'koɣrafo/ *sm* (ultrasound) scanner.

ecología /ekolo'xia/ *sf* ecology.

ecológico, -ca /eko'loxiko -ka/ *adj* ecological: **el accidente causó un desastre ecológico** the accident caused an environmental disaster.

ecologismo /ekolo'xizmo/ *sm* environmentalism, conservationism.

ecologista /ekolo'xista/ I *adj* ecological: **es miembro de una organización ecologista** he belongs to an ecological * a green organization.

II *sm/f* ecologist.

ecólogo, -ga /e'koloɣo -ɣa/ *sm/f* ecologist.

economato /ekono'mato/ *sm* discount store (*for employees, military personnel, etc.*).

economía /ekono'mia/ *sf* 1. (*finanzas*) economy: **un país con una economía de tipo capitalista** a country with a capitalist economy; **la compra de este coche ha dejado mi economía temblando** buying this car has left my finances in a terrible state. 2. (*Educ: materia*) economics [lleva el verbo en singular]: **la asignatura más difícil es (la) economía** economics is the most difficult subject. 3. (*ahorro*) economy, saving: **hicieron muchas economías para llegar a fin de mes** they had to economize to get through the month.

economía de mercado *sf* market economy.

economía doméstica *sf* housekeeping: **Carmen lleva la economía doméstica** Carmen is in charge of the housekeeping.

economía nacional *sf* domestic economy.

economía sumergida *sf* black economy.

económicas /eko'nomikas/ *sf pl* (*Educ*) economics [lleva el verbo en singular]: **estudió económicas** she studied economics.

económico, -ca /eko'nomiko -ka/ *adj* 1. (*gen*) economic: **tienen graves problemas económicos** they have severe economic problems. 2. (*ahorrador*) thrifty: **es una persona muy económica** he's a very thrifty person. 3. (*coche, camión*) economical; (*restaurante, hotel*) cheap.

economista /ekono'mista/ *sm/f* economist.

economizar /ekonomi'θar/ [➪ cazar] *vt* 1. (*ahorrar*) to save, to economize on: **escribió por las dos caras para economizar papel** he wrote on both sides to save paper; **este dispositivo permite economizar combustible** this device enables you to economize on fuel. 2. (*reservar*) to use sparingly: **sabe economizar sus fuerzas** she's good at keeping her energy in reserve.

♦*vi* to economize, to save money: **encienden la calefacción sólo dos horas al día para economizar** they only have the heating on for two hours a day in order to save money.

ecosistema /ekosis'tema/ *sm* ecosystem.

ectoplasma /ekto'plazma/ *sm* ectoplasm.

ecu, ECU /'eku/ *sm* Ecu, European Currency Unit.

ecuación /ekwa'θjon/ *sf* equation: **resolvió el sistema de ecuaciones** he solved the set of equations.

ecuación de segundo grado *sf* (*Mat*) quadratic equation.

Ecuador /ekwa'ðor/ *sm* Ecuador.

ecuador /ekwa'ðor/ *sm* 1. (*Geog*) equator. 2. (*Educ*) halfway point: **ya hemos pasado el ecuador del curso escolar** we're already more than halfway through the school year; **los estudiantes celebraron el paso del ecuador** the students celebrated the halfway point in their degree course.

ecualizador /ekwaliθa'ðor/ *sm* graphic equalizer.

ecuánime /e'kwanime/ *adj* 1. (*sereno*) calm: **Luisa es de temperamento ecuánime** Luisa has a calm temperament. 2. (*imparcial*) unprejudiced, impartial: **su valoración fue ecuánime** his assessment was fair.

ecuanimidad /ekwanimi'ðað/ *sf* 1. (*serenidad*) composure, imperturbability: **habló con ecuanimidad** he spoke calmly. 2. (*imparcialidad*) impartiality: **juzgó con ecuanimidad** she made an impartial * unprejudiced judgement.

ecuatorial /ekwato'rjal/ *adj* equatorial.

ecuatoriano, -na /ekwato'rjano -na/ *adj, sm/f* Ecuadorian, Ecuadoran.

ecuestre /e'kwestre/ *adj* equestrian.

ecuménico, -ca /eku'meniko -ka/ *adj* ecumenical.

ecumenismo /ekume'nizmo/ *sm* ecumenicism.

eczema /ek'θema/ *sm* (*Med*) eczema.

edad /e'ðað/ *sf* 1. (*de una persona*) age: **¿qué edad tiene?** how old is she?; **¿qué edad me echas?** how old do you think I am?; **ya tienes edad de entenderlo** you're old enough now to understand it; **no representa la edad que tiene** he doesn't look his age; **tiene un nieto** *de* **corta edad** she has a grandson of tender years • **ya está en edad de merecer** she's now of marriageable age. 2. (*periodo*) age.

edad de jubilación *sf* retirement age.

edad de la punzada *sf* (*Méx: fam*) ➪ edad del pavo

edad de oro *sf*: **la Edad de Oro** the Golden Age; **la edad de oro del cine** the golden age of the cinema.
edad del pavo *sf (fam)*: **está en la edad del pavo** she's at * going through an awkward age (*referring to someone in adolescence*).
Edad Media *sf*: **la Edad Media** the Middle Ages *pl*.
edema /e'ðema/ *sm* (*GB*) oedema, (*US*) edema.
edén /e'ðen/ *sm* **1.** (*Relig*) Eden. **2.** (*fam: lugar agradable*) paradise.
edición /eði'θjon/ **I** *sf* **1.** (*de un libro: tirada*) run: **imprimieron una edición de tres mil ejemplares** they printed a run of three thousand copies; **va ya por la octava edición** it has been reprinted seven times; (*: nueva versión*) edition: **la segunda edición contenía muchos menos errores** the second edition had far fewer mistakes; (*: publicación*) publication: **preparó la edición de la correspondencia de Baroja** she edited Baroja's correspondence for publication; **edición a cargo de Manuel Gómez** edited by Manuel Gómez. **2.** (*de sellos*) issue: **es una edición especial con motivo de los Juegos Olímpicos** it's a special issue to commemorate the Olympic Games. **3.** (*de un festival, una competición*): **tuvo lugar la quinta edición del festival** the festival was celebrated * held for the fifth time.
II ediciones *sf pl*: **Ediciones Martínez** Martínez Publications.
edición anotada *sf* annotated text.
edición de bolsillo *sf* pocket edition.
edición en rústica *sf* paperback edition.
edición pirata *sf* pirate edition.
edicto /e'ðikto/ *sm* edict.
edificable /eðifi'kaβle/ *adj* available for building on: **en Madrid queda muy poco suelo edificable** in Madrid there is very little land available for development.
edificación /eðifika'θjon/ *sf* (*Arquit*) building, construction.
edificante /eðifi'kante/ *adj* edifying: **su conversación no es nada edificante** his conversation is not very edifying.
edificar /eðifi'kar/ [⇨sacar] *vt* **1.** (*Arquit*) to build, to construct. **2.** (*ennoblecer*) to edify.
edificio /eði'fiθjo/ *sm* building.
edil, -dila /e'ðil -'ðila/ *sm/f* (*Pol*) (town/city) councillor.
Edimburgo /eðim'burɣo/ *sm* Edinburgh.
editar /eði'tar/ [⇨CANTAR] *vt* **1.** (*un periódico*) to publish; (*un disco*) to release. **2.** (*Inform, Medios*) to edit.
editor, -tora /eði'tor -'tora/ **I** *adj* publishing: **dirige una empresa editora** he runs a publishing company.
II *sm/f* (*gen*) publisher; (*a cargo de un texto*) editor.
editorial /eðito'rjal/ **I** *adj* publishing: **conoce el mundo editorial** he's familiar with the field of publishing.
II *sf* publishing house * company: **trabajo en una editorial** I work for a publishing house * company.
III *sm* (*de un periódico*) editorial, leader: **el editorial de ABC criticaba la política del gobierno** ABC's editorial * leader criticized the government's policy.
edredón /eðre'ðon/ *sm* quilt.
edredón nórdico *sm* duvet.
educación /eðuka'θjon/ *sf* **1.** (*instrucción*) education: **hizo grandes sacrificios para pagarse una educación** he made great sacrifices to pay for his own education; **se ocupó personalmente de la educación de sus hijos** she took charge of her children's education herself. **2.** (*modales*) manners *pl*: **no tiene educación** he has no manners; **¡qué falta de educación!** how rude!; **se le nota que ha recibido una buena educación** you can tell he has been properly brought up; **es de mala educación hablar de esa manera** it's rude to speak like that.
educación especial *sf* special needs education.
educación física *sf* physical education.
educación superior *sf* higher education.
educado, -da /eðu'kaðo -ða/ *adj* well-mannered, polite.
educador, -dora /eðuka'ðor -'ðora/ **I** *adj* educative.
II *sm/f (frml)* teacher.
educar /eðu'kar/ [⇨sacar] *vt* **1.** (*enseñar*) to educate, to teach: **fui educada** *en* **un colegio privado** I was educated at a private school. **2.** (*criar*) to bring up, to educate: **lo educaron como futuro rey** he was brought up to be a king. **3.** (*entrenar*) to train: **a fuerza de escuchar ópera se le ha educado el oído** by listening to opera he has acquired a trained ear.
educarse *v prnl* to be educated: **se educó en un colegio religioso** he was educated at a religious school.
educativo, -va /eðuka'tiβo -βa/ *adj* educational: **es un programa muy educativo** it's a very educational programme; **quieren cambiar el sistema educativo** they want to change the education system; **emplean métodos educativos muy modernos** they use very modern teaching methods.
edulcorado, -da /eðulko'raðo -ða/ *adj* rosy • **tiene una visión edulcorada de la realidad** he has a rosy view of reality.
edulcorante /eðulko'rante/ *sm* sweetener.
edulcorar /eðulko'rar/ [⇨CANTAR] *vt* to sweeten.
EE. UU. *pronounced* /es'taðos u'niðos/ *sm pl* (*abbreviation of* **Estados Unidos**) USA (United States of America), US (United States).
Efe /'efe/ *sf [never used with an article]* Spanish news agency.
efe /'efe/ *sf*: *name of the letter F*.
efectismo /efek'tizmo/ *sm* (*de una obra artística*) striking effect; (*de un discurso, una actuación*) dramatic effect.
efectista /efek'tista/ *adj* for effect: **utiliza recursos puramente efectistas** he uses devices just for effect.
efectivamente /efektiβa'mente/ *adv*: **lo pedimos por la mañana y, efectivamente, lo entregaron aquella misma tarde** we ordered it in the morning and, sure enough, they delivered it that same afternoon; **efectivamente, es la mejor jugadora del equipo** indeed, she's the best player on the team; **"¿Así que llegó a tiempo?" "Efectivamente."** "So he arrived on time?" "That's right."
efectivo, -va /efek'tiβo -βa/ **I** *adj* **1.** (*eficaz*) effective: **es un remedio efectivo** it's an effective remedy. **2.** (*operativo*): **no será efectivo hasta el próximo año** it will not come into effect until next year • **hacer efectivo**: **no pudieron hacernos efectivo el cheque** they couldn't cash our cheque for us; **¿cuándo piensan hacer efectivos los cambios?** when do they intend to carry out the changes?
II efectivo *sm* (*Fin*) cash, ready money: **me pagaron en efectivo** they paid me in cash.
III efectivos *sm pl* (*Mil*) forces *pl*: **desplegaron los efectivos en la zona** they deployed the forces in the area; (*en una empresa*) staff, personnel.
efecto /e'fekto/ **I** *sm* **1.** (*consecuencia*) effect, result: **la dilatación de la puerta fue efecto del calor** the door expanded as a result of the heat; **la medicina no me**

hizo efecto the medicine had no effect on me; **el plan no surtió efecto** the plan didn't work; **dieron efecto inmediato al decreto** they implemented the decree immediately • **en efecto, eran ocho personas** that's right, there were eight people • **¡en efecto!** yes, indeed! • **se ha cambiado esta ley con efecto desde el primero de abril** this law has been changed with effect from the first of April • **llevó a efecto el plan** he put the plan into effect. **2.** (*propósito*) aim: *a* **tal efecto deberán presentar la documentación el...** to that end the documents must be submitted by...; *a* **efectos** *de* **contabilidad el regalo se consideró gasto de representación** for accounting purposes the gift was regarded as an entertainment expense. **3.** (*impacto*) impression: **el suceso no me causó * hizo ningún efecto** the event made no impression on me. **4.** (*en tenis, fútbol*) spin: **sacó con mucho efecto** he put plenty of spin on his serve; **Carlos chutó la pelota con efecto** Carlos curled the ball. **5.** (*Fin*) bill.

II efectos *sm pl* **1.** (*pertenencias*) belongings *pl*, effects *pl*: **se llevó sus efectos personales** he took his personal belongings with him. **2.** (*géneros*) stock: **traspasaron la tienda con efectos** they sold off the shop complete with stock.

efecto invernadero *sm* greenhouse effect.

efecto secundario *sm* side effect.

efectos especiales *sm pl* special effects *pl*.

efectos sonoros *sm pl* sound effects *pl*.

efectuar /efek'twar/ [➪actuar] *vt* to carry out, to perform: **efectuó tres disparos** he fired three shots.

efectuarse *v prnl* (*producirse*) to occur, to take place: **la operación se efectuó en menos de tres horas** the operation was carried out in less than three hours.

efeméride /efe'meriðe/ **I** *sf*: *anniversary of an important event.*

II efemérides *sf pl* (*en un periódico*) *list of important anniversaries for a particular day.*

efervescencia /eferβes'θenθja/ *sf* **1.** (*de un líquido*) effervescence. **2.** (*agitación*) excitement: **se respiraba un ambiente de efervescencia electoral** election fever was in the air.

efervescente /eferβes'θente/ *adj* (*líquido*) effervescent: **las bebidas efervescentes me sientan mal** fizzy drinks upset my stomach; **sólo les quedaban aspirinas efervescentes** all they had left was soluble aspirins.

eficacia /efi'kaθja/ *sf* (*de un producto, una medida*) effectiveness: **la eficacia de estas pastillas está demostrada** the effectiveness of these tablets is proven; (*de una persona, un mecanismo*) efficiency: **la eficacia de este sistema no está demostrada** the efficiency of this system is still not proven.

eficaz /efi'kaθ/ *adj* [**eficaces**] (*persona, mecanismo*) efficient: **es muy eficaz** *en* **el trabajo** she is very efficient at her work; (*producto*) effective: **es un medicamento eficaz** *contra* **la gripe** it's an effective remedy against flu.

eficiencia /efi'θjenθja/ *sf* efficiency.

eficiente /efi'θjente/ *adj* efficient.

efigie /e'fixje/ *sf* (*en un monumento*) effigy; (*en una moneda*) image.

efímero, -ra /e'fimero -ra/ *adj* **1.** (*vida, acontecimiento*) ephemeral, brief. **2.** (*ser vivo, emoción*) short-lived.

efluvio /e'fluβjo/ *sm* emanation: **emanaba del lugar un efluvio desagradable** an unpleasant smell emanated from the place.

efusión /efu'sjon/ *sf* **1.** (*derrame*) gush: **sufrió una herida con gran efusión de sangre** the injury he suffered caused a great loss of blood. **2.** (*afecto*) affection: **nos recibió con mucha efusión** he welcomed us very warmly.

efusividad /efusiβi'ðað/ *sf* effusiveness.

efusivo, -va /efu'siβo -βa/ *adj* affectionate, effusive: **me dio un efusivo abrazo** he gave me an affectionate hug.

EGB /exe'βe/ *sf* (*Educ*: *en España*) (*abbreviation of* **Educación General Básica**) *course of studies for children aged six to fourteen.*

Egeo /e'xeo/ *sm*: **el mar Egeo** the Aegean Sea.

egipcio, -cia /e'xipθjo -θja/ *adj, sm/f* Egyptian.

Egipto /e'xipto/ *sm* Egypt.

ego /'eɣo/ *sm* ego.

egocéntrico, -ca /eɣo'θentriko -ka/ *adj* egocentric.

egocentrismo /eɣoθen'trizmo/ *sm* egocentricity.

egoísmo /eɣo'izmo/ *sm* selfishness.

egoísta /eɣo'ista/ **I** *adj* selfish, egoistic.

II *sm/f* selfish person, egoist.

ególatra /e'ɣolatra/ **I** *adj* narcissistic, self-worshipping.

II *sm/f* narcissist.

egolatría /eɣola'tria/ *sf* narcissism, self-worship.

egregio, -gia /e'ɣrexjo -xja/ *adj* (*frml*) illustrious, eminent: **es un egregio personaje** he's an eminent figure.

egresar /eɣre'sar/ [➪CANTAR] *vi* (*Amér L*: *del colegio*) to leave school; (*: de la universidad*) to graduate.

eh /e/ *excl* **1.** (*para llamar la atención*) hey: **¡eh, sal de ahí!** hey, get out of there! **2.** (*para hacer una advertencia*) all right, OK: **tienes que acabarlo hoy, ¿eh?** you've got to finish it today, OK? **3.** (*en frases interrogativas*): **¿vendrás, eh?** you're coming, aren't you?

Eire /'eire/ *sm* Eire.

ej. *pronounced* /e'xemplo/ (*abbreviation of* **ejemplo**) e.g. (for example).

eje /'exe/ *sm* **1.** (*de una máquina*) shaft; (*de un coche*) axle: **se ha roto el eje delantero/trasero** the front/rear axle is broken. **2.** (*Mat, Pol*) axis: **el Eje Berlín-Roma** the Berlin-Rome Axis. **3.** (*elemento más importante*): **los salarios fueron el eje de las negociaciones** wages were the central issue in the negotiations; **éste es el eje de su argumento** this is the crux of his argument.

ejecución /exeku'θjon/ *sf* **1.** (*realización*) implementation, execution: **la ejecución del proyecto fue más difícil de lo que se esperaba** the project was more difficult to implement than they expected. **2.** (*de una pieza musical*) performance: **la ejecución de la obra fue un desastre** the performance of the piece was a disaster; **su ejecución del último movimiento fue excelente** his interpretation of the last movement was superb. **3.** (*ajusticiamiento*) execution: **su ejecución fue injusta** his execution was unjust. **4.** (*Jur*: *de bienes*) seizure (*of property*).

ejecutar /exeku'tar/ [➪CANTAR] *vt* **1.** (*realizar*) to carry out, to execute: **ejecutó las órdenes que le habían dado** he carried out the orders he had been given; (*Jur*: *una sentencia*) to carry out, to execute. **2.** (*Mús*) to perform, to play: **ejecutó la pieza con maestría** he played the piece magnificently. **3.** (*a un condenado*) to execute: **fue ejecutado por traición** he was executed for treason.

ejecutiva /exeku'tiβa/ *sf* leadership, management: **lo decidió la ejecutiva del partido** the party leadership took the decision.

ejecutivo, -va /exeku'tiβo -βa/ **I** *adj* executive: **de eso se encarga el consejo ejecutivo** the executive council takes care of that.
II *sm/f* (*Fin*) executive: **trabaja como ejecutivo en una multinacional** he works as an executive with a multinational.
III el ejecutivo *sm* (*Pol*) the executive.

ejem /e'xem/ *excl* ahem.

ejemplar /exem'plar/ **I** *adj* exemplary, model: **la suya fue una conducta ejemplar** her conduct was exemplary; **es un profesor ejemplar** he's a model teacher.
II *sm* **1.** (*de un libro, una revista*) copy: **compré un ejemplar de su último libro** I bought a copy of his latest book. **2.** (*Bot, Zool*) specimen.

ejemplaridad /exemplari'ðað/ *sf*: **alabaron la ejemplaridad de su conducta** they praised his exemplary conduct.

ejemplificar /exemplifi'kar/ [➪sacar] *vt* to exemplify, to illustrate (*using examples*).

ejemplo /e'xemplo/ *sm* example: **siguió el ejemplo de sus padres** he followed his parents' example; **dio un mal ejemplo a sus compañeros de clase** he set a bad example to the other students; **aquí hay muchos errores, por ejemplo éste** there are many mistakes here, this one for example; **me sirvió de ejemplo su actitud** her attitude was an example to me.

ejercer /exer'θer/ [➪convencer] *vt* **1.** (*la abogacía, la medicina*) (*GB*) to practise, (*US*) to practice: **ejerce la medicina** she practises medicine. **2.** (*una influencia, un poder*) to exert: **ejercía un gran poder sobre sus alumnos** he exerted great power over his pupils. **3.** (*un derecho, una facultad*) to exercise, to use: **ejerció el derecho a votar** he exercised his right to vote.
♦*vi*: **ejerce** *de* ∗ *como* **maestra** she works as a teacher, she is a working teacher; **ejerce** *de* ∗ *como* **abogada** she is a practising lawyer, she practises as a lawyer.

ejercicio /exer'θiθjo/ *sm* **1.** (*físico*) exercise: **hago ejercicio para adelgazar** I exercise ∗ do exercises to lose weight. **2.** (*desempeño*) (*GB*) practice, (*US*) practise: **en el ejercicio de su profesión se había encontrado con casos parecidos** in the course of his career he had come across similar cases • **todavía es médico en ejercicio** he is still a practising doctor. **3.** (*Educ: tarea*) exercise: **hay que hacer los ejercicios de la lección** you have to do the exercises on the lesson; (*: examen*) test: **hay un ejercicio oral y otro escrito** there's an oral test and a written one. **4.** (*also* **ejercicio económico**) (*Fin*) financial year: **en el pasado ejercicio se obtuvieron importantes beneficios** substantial profits were made last financial year.
ejercicios espirituales *sm pl* (*Relig*) retreat.

ejercitar /exerθi'tar/ [➪CANTAR] *vt* **1.** (*un derecho, una facultad*) to exercise, to put to use: **ejercitó sus cualidades de orador** he put his skills as an orator to use. **2.** (*un arte, un oficio*) (*GB*) to practise, (*US*) to practice. **3.** (*entrenar*) to train: **de esta forma ejercito la memoria** this way I train my memory.
ejercitarse *v prnl* (*Dep: entrenarse*) to train, (*GB*) to practise, (*US*) to practice: **se ejercita a diario** *en* **el tiro con arco** he practises archery daily; (*Mil*) to drill.

ejército /e'xerθito/ *sm* (*Mil*) army: **mi hermano está en el ejército** my brother is in the army.
Ejército de Salvación *sm* Salvation Army.
ejército de tierra *sm* army.
ejército del aire *sm* air force.

ejote /e'xote/ *sm* (*Amér C, Méx*) green bean.

el /el/ *art def m* [*pl* **los**] **1.** (*con sustantivos masculinos en singular*) the: **¿dónde has dejado el coche?** where have you left the car? **2.** (*se omite en inglés*) [*not translated in English*]: **el señor López no vino** Mr López didn't come; **el Coronel Briñas intentó un golpe de estado** Colonel Briñas attempted a coup d'état; **¿dónde dejaste el mío?** where did you leave mine?; **vendrá el lunes que viene** she'll come next Monday; **el Perú de hoy es muy diferente** modern Peru is very different; **¿cómo que no te gusta el pescado?** what do you mean you don't like fish?; **el comer antes de nadar es peligroso** eating before having a swim is dangerous. **3.** (*se traduce por posesivo*) [*translated by a possessive*]: **me duele el brazo** my arm is hurting. **4.** (*seguido de adjetivo*) the (...) one: **pásame el pequeño** give me the small one. **5. el de** (*persona*): **el del piso de abajo me ayudó a subir las maletas** the man from the apartment downstairs helped me to carry up my suitcases; (*objeto, medio, lugar*): **mi ordenador funciona, pero el de María no** my computer works, but María's doesn't; **vendré en el de las nueve** I'll come on the nine o'clock (one). **6. el que** (*persona*): **tu padre es el que lo sabe** your father is the one who knows; (*objeto, medio, lugar*): **llévate el que quieras** take whichever one you want.

él /el/ *pron personal* **1.** (*sujeto: persona*) he: **él me necesita** he needs me; **ella no lo sabe, pero él sí** she doesn't know, but he does; (*: animal, cosa*) it: **dispararon, pero él siguió avanzando hacia ellos** they fired, but it kept coming towards them. **2.** (*complemento: persona*) him: **estoy con él** I'm with him; **¡es él!** it's him; **dáselo a él** give it to him; **es para él** it's for him; **hablaron sobre él** they talked about him; **lo hago por él** I do it for him; (*: animal, cosa*) it: **ya conoces el problema, ahora piensa en él** now you know the problem, think about it. **3. de él** his: **esto es de él** this is his • **es cosa de él** that's his problem.

elaboración /elaβora'θjon/ *sf* **1.** (*fabricación*) manufacture: **esta mermelada es** *de* **elaboración casera** this jam is home-made. **2.** (*desarrollo, formación*) development, elaboration.

elaborado, -da /elaβo'raðo -ða/ *adj* **1.** (*manufacturado*) manufactured, made: **está elaborado** *en* **España** it's made ∗ produced in Spain. **2.** (*trabajado con esmero*) elaborate: **es un diseño muy elaborado** it's a very elaborate design.

elaborar /elaβo'rar/ [➪CANTAR] *vt* **1.** (*confeccionar: gen*) to manufacture, to make: **esta fábrica elabora tres toneladas diarias de pasta** this factory manufactures ∗ produces three tonnes of pasta each day; (*: un guiso*) to prepare; (*: cerveza*) to brew. **2.** (*un plan*) to work out, to draw up: **han elaborado un nuevo plan de enseñanza** a new education plan has been drawn up.

elasticidad /elastiθi'ðað/ *sf* elasticity: **este ejercicio mantiene la elasticidad del cuerpo** this exercise keeps the body supple.

elástico, -ca /e'lastiko -ka/ **I** *adj* **1.** (*materiales*) elastic: **esos pantalones son elásticos** those trousers are elastic ∗ stretchy. **2.** (*acomodaticio*) flexible: **siguen unas normas muy elásticas** they follow very flexible rules.
II elástico *sm* elastic.

ele /'ele/ **I** *sf*: *name of the letter L.*
II *excl* **1.** (*para expresar asentimiento*) that's right, exactly: **¡ele! lo que yo decía** exactly! just what I was saying. **2.** (*para animar*) come on: **¡ele ahí!** well done!; **¡ele mi niña!** good girl!

elección /elek'θjon/ **I** *sf* **1.** (*selección*) choice: **la elección de color resultó complicada** choosing ∗ the choice of a colour turned out to be complicated; **lo dejó a mi elección** he left it up to me; (*alternativa*) option: **no me quedó otra elección** I had no other option ∗ choice. **2.** (*votación*) election: **se procedió a la elección de un nuevo secretario** they went on to elect a new secretary.
II elecciones *sfpl* (*Pol*) elections *pl*: **se presentó a las elecciones municipales** he stood ∗ ran in the local elections.
elecciones autonómicas *sfpl* (*en España*) *regional parliamentary elections.*
elecciones generales *sfpl* general election: **el presidente ha convocado elecciones generales** the president has called a general election.

electivo, -va /elek'tiβo -βa/ *adj* elective.

electo, -ta /e'lekto -ta/ *adj* elect: **la presidenta electa pronunció un discurso** the president elect gave a speech.

elector, -tora /elek'tor -'tora/ *sm/f* (*Pol*) voter.

electorado /elekto'raðo/ *sm* electorate.

electoral /elekto'ral/ *adj* (*sistema, censo*) electoral; (*discurso, campaña, propaganda*) election: **la campaña electoral fue durísima** the election campaign was very hard fought.

electoralismo /elektora'lizmo/ *sm* electioneering.

electoralista /elektora'lista/ *adj* electioneering: **un discurso electoralista** an electioneering speech.

electricidad /elektriθi'ðað/ *sf* electricity.

electricista /elektri'θista/ *sm/f* electrician.

eléctrico, -ca /e'lektriko -ka/ *adj* **1.** (*aparato*) electric: **compramos una cocina eléctrica** we bought an electric cooker. **2.** (*en aplicaciones técnicas o académicas*) electrical: **se especializó en ingeniería eléctrica** she specialized in electrical engineering.

electrificar /elektrifi'kar/ [➪sacar] *vt* to electrify: **electrificaron la cerca** they electrified the fence.

electrizar /elektri'θar/ [➪cazar] *vt* to electrify: **su discurso electrizó a la multitud** his speech electrified the crowd.

electro /e'lektro/ *sm* (*short for* **electrocardiograma**) ECG.

electrocardiograma /elektrokarðjo'ɣrama/ *sm* electrocardiogram.

electrochoque /elektro'tʃoke/ *sm* electroshock therapy.

electrocución /elektroku'θjon/ *sf* electrocution.

electrocutar /elektroku'tar/ [➪CANTAR] *vt* to electrocute.
electrocutarse *v prnl* to be electrocuted: **casi se electrocuta al tocar el enchufe** he nearly electrocuted himself when he touched the socket.

electrodinámica /elektroði'namika/ *sf* electrodynamics [lleva el verbo en singular].

electrodo /elek'troðo/ *sm* electrode.

electrodoméstico /elektroðo'mestiko/ *sm* (electrical) appliance.

electroencefalograma /elektroenθefalo'ɣrama/ *sm* (*Med*) brain scan, electroencephalogram.

electroimán /elektroi'man/ *sm* electromagnet.

electrólisis /elek'trolisis/, **electrolisis** /elektro'lisis/ *sf* electrolysis.

electrólito /elek'trolito/, **electrolito** /elektro'lito/ *sm* electrolyte.

electromagnético, -ca /elektromaɣ'netiko -ka/ *adj* electromagnetic.

electromagnetismo /elektromaɣne'tizmo/ *sm* electromagnetism.

electrón /elek'tron/ *sm* electron.

electrónica /elek'tronika/ *sf* electronics [lleva el verbo en singular].

electrónico, -ca /elek'troniko -ka/ *adj* electronic.

electroshock /elektro'tʃok/ *sm* ➪electrochoque

elefanta /ele'fanta/ *sf* female ∗ cow elephant.
elefanta marina *sf* female ∗ cow elephant seal.

elefante /ele'fante/ *sm* elephant • **andaba por allí como un elefante en una cristalería** he was charging around like a bull in a china shop.
elefante marino *sm* elephant seal.

elegancia /ele'ɣanθja/ *sf* **1.** (*en el vestir, al escribir*) elegance: **destaca por su elegancia** she stands out because of her elegance. **2.** (*de movimientos*) elegance, gracefulness; (*de modales*) refinement.

elegante /ele'ɣante/ *adj* **1.** (*vestido, restaurante*) elegant, smart: **iba muy elegante con su sombrero** she looked very elegant ∗ smart in her hat; **es el barrio más elegante de la ciudad** it is the smartest ∗ most up-market area of the city. **2.** (*andares, movimientos*) elegant, graceful; (*modales*) refined.

elegía /ele'xia/ *sf* (*Lit*) elegy.

elegiaco, -ca /ele'xjako -ka/, **elegíaco, -ca** /ele'xiako -ka/ *adj* **1.** (*de elegía*) elegiac. **2.** (*frml: lastimero*): **habló con un tono elegiaco** he spoke in a plaintive tone.

elegido, -da /ele'xiðo -ða/ **I** *adj* **1.** (*escogido*) chosen. **2.** (*electo*) elected: **el candidato elegido juró el cargo** the elected candidate was sworn into office.
II *sm/f*: **no fue el elegido** he wasn't the one chosen; **es un lujo sólo al alcance de unos pocos elegidos** it's a luxury that only a select few can enjoy.

elegir /ele'xir/ [➪regir] *vt* **1.** (*escoger*) to choose: **eligió el más grande** she chose the biggest one. **2.** (*en una votación*) to elect: **eligieron al delegado por votación** they elected their representative.

elemental /elemen'tal/ *adj* **1.** (*básico*) basic, fundamental: **saludar es una norma elemental de cortesía** saying hello to people is one of the basic rules of politeness. **2.** (*sencillo*) elementary, very simple: **lo que dijo es muy elemental** what he said was elementary ∗ very simple.

elemento /ele'mento/ **I** *sm* **1.** (*factor, dato, aspecto*) element: **los viajes han sido un elemento fundamental en su educación** travel has been an important factor ∗ element in her education. **2.** (*Quím*) element. **3.** (*de una máquina, un motor*) component, part; (*de un conjunto*) piece. **4.** (*medio natural*) habitat, element: **brinda la oportunidad de ver a los animales en su elemento** it gives you the opportunity to see the animals in their natural habitat • **estaba en su elemento** he was in his element. **5.** (*fam: persona*) person, individual: **¡se junta con cada elemento!** he mixes with some strange people!; **menudo elemento está hecho** he's quite a handful!
II los elementos *sm pl* (*Meteo*) the elements *pl*: **era una lucha constante contra los elementos** it was a constant battle against the elements.
elementos de juicio *sm pl* facts *pl*: **no tengo suficientes elementos de juicio para opinar** I don't know enough about it to give an opinion.

elenco /e'leŋko/ *sm* (*de personalidades*): **a la ceremonia asistió un elenco de personalidades del mundo del deporte** a large number of sports personalities attended the ceremony; (*de artistas*) cast: **la obra ha**

reunido a un gran elenco de artistas an impressive cast has been brought together in this play.

elepé /ele'pe/ *sm* (*disco*) LP.

elevación /eleβa'θjon/ *sf* **1.** (*ascenso*) rise. **2.** (*altitud*) elevation: **una elevación del terreno** a rise in ground level. **3.** (*sublimidad*) elevated nature, loftiness.

elevado, -da /ele'βaðo -ða/ *adj* **1.** (*alto*) high: **ha alcanzado una posición elevada en la empresa** she has reached a high position in the company. **2.** (*sublime*) elevated, noble. **3.** (*sentimiento, pensamiento*) noble. **4.** (*Mat*) raised: **esa cantidad, elevada** *al* **cuadrado/a la quinta potencia...** that figure, squared/ raised to the power of five....

elevador, -dora /eleβa'ðor -'ðora/ **I** *adj* elevating, lifting.

II elevador *sm* (*Amér L: para mercancías*) hoist; (*: para personas*) (*GB*) lift, (*US*) elevator.

elevalunas /eleβa'lunas/ *sm inv: mechanism for opening and closing car windows.*

elevalunas eléctricos *sm pl* electric windows *pl.*

elevar /ele'βar/ [➪ CANTAR] *vt* **1.** (*levantar*) to lift, to raise: **elevaron la mercancía con la grúa** they lifted the goods with the crane. **2.** (*aumentar*) to raise. **3.** (*Mat*) to raise: **eleva esta cifra** *a* **la sexta potencia** raise this figure to the power of six. **4.** (*promover*) to promote: **lo elevaron** *al* **cargo de director adjunto** he was promoted to (the post of) assistant manager. **5.** (*frml: presentar*) to submit: **elevó una instancia a la autoridad competente** he submitted an application to the competent authority.

elevarse *v prnl* **1.** (*ascender*) to rise: **el humo se elevaba** *hasta* **el cielo** the smoke rose up to the sky. **2.** (*erguirse*): **en el centro de la ciudad se eleva la catedral** the cathedral towers over the city centre. **3.** (*incrementarse*) to rise: **la tarifa se ha elevado mucho** the prices have risen * gone up a lot; **¿*a* cuánto se elevan los costes?** how much do the expenses amount * come to?

elfo /'elfo/ *sm* elf (*pl* elves).

elidir /eli'ðir/ [➪ PARTIR] *vt* (*Ling*) to elide.

elidirse *v prnl* (*Ling*) to elide, to be elided.

elijo /e'lixo/ *and other forms with* ***elij-*** ➪ elegir

eliminación /elimina'θjon/ *sf* elimination.

eliminador, -dora /elimina'ðor -'ðora/ **I** *adj* eliminating.

II *sm/f* eliminator.

eliminar /elimi'nar/ [➪ CANTAR] *vt* **1.** (*gen*) to eliminate: **eliminaron a varios concursantes** several contestants were eliminated; **ahora podemos eliminar esa posibilidad** now we can rule out that possibility. **2.** (*expulsar*) to get rid of, to eliminate: **así el organismo elimina muchas toxinas** in this way the organism gets rid of * eliminates many toxins. **3.** (*Mat*) to cancel. **4.** (*fam: matar*) to do away with, to kill: **lo eliminaron de un disparo** they killed him with one shot.

eliminatoria /elimina'torja/ *sf* (*Dep: de una carrera*) heat; (*: de un concurso*) qualifying round.

eliminatorio, -ria /elimina'torjo -rja/ *adj* qualifying: **hay tres pruebas eliminatorias** there are three rounds of qualifying tests.

elipse /e'lipse/ *sf* ellipse.

elipsis /e'lipsis/ *sf inv* ellipsis.

elíptico, -ca /e'liptiko -ka/ *adj* elliptic, elliptical.

élite /'elite/, **elite** /e'lite/ *sf* élite.

elitismo /eli'tizmo/ *sm* elitism.

elitista /eli'tista/ *adj* elitist.

elixir /elik'sir/ *sm* elixir.

ella /'eʎa/ *pron personal* **1.** (*sujeto: persona*) she: **ella no vino** she didn't come; (*: animal, cosa*) it: **traté de quitarle el collar, pero ella no dejaba de moverse** I tried to take its collar off, but it wouldn't keep still. **2.** (*complemento: persona*) her: **está con ella** he is with her; **¡es ella!** it's her!; **está aquí por ella** he is here because of her; (*: animal, cosa*) it: **no queremos la alfombra, pero no sabemos qué hacer con ella** we don't want the carpet but we don't know what to do with it. **3. de ella** hers: **este libro es de ella** this book is hers • **es cosa de ella** that's her problem.

ellas /'eʎas/ *pron personal* ➪ ellos

elle /'eʎe/ *sf: name of the digraph Ll.*

ello /'eʎo/ *pron personal* it: **todo ello no condujo a nada** the whole thing led nowhere; **¡vamos a ello!** let's get on with it! • **¡a por ello!** go for it!

ellos /'eʎos/, **ellas** /'eʎas/ *pron personal* **1.** (*sujeto*) they: **ellas no vendrán** they won't come. **2.** (*complemento*) them: **vivo con ellos** I live with them; **¡son ellos!** it's them!; **lo hago por ellos** I'm doing it for them. **3. de ellos, de ellas** theirs: **este trozo es de ellos** this piece is theirs • **no es cosa de ellos** it doesn't concern them.

elocución /eloku'θjon/ *sf* elocution.

elocuencia /elo'kwenθja/ *sf* eloquence: **consiguió persuadirlos con su elocuencia** he managed to persuade them with his eloquent way of speaking.

elocuente /elo'kwente/ *adj* eloquent: **su mirada era muy elocuente** her expression was very eloquent * said more than mere words could.

elogiable /elo'xjaβle/ *adj* praiseworthy.

elogiar /elo'xjar/ [➪ CAMBIAR] *vt* to praise.

elogio /e'loxjo/ *sm* praise: **dedicaron muchos elogios a su último libro** they warmly praised her last book.

elogiosamente /eloxjosa'mente/ *adv* admiringly: **siempre habla elogiosamente de su hermana** he always speaks admiringly of his sister.

elogioso, -sa /elo'xjoso -sa/ *adj* **1.** (*digno de elogio*) praiseworthy: **llevó a cabo una elogiosa labor** he carried out a praiseworthy task. **2.** (*que elogia*) approving, complimentary: **hizo comentarios muy elogiosos sobre ella** he made very complimentary remarks about her.

elote /e'lote/ *sm* (*Méx*) **1.** (*granos*) (*GB*) maize, sweetcorn, (*US*) corn. **2.** (*mazorca*) corncob.

elucidar /eluθi'ðar/ [➪ CANTAR] *vt* (*frml*) to clarify: **no hemos conseguido elucidar la cuestión** we haven't managed to clarify the matter.

elucubración /elukuβra'θjon/ *sf* **1.** (*reflexión*) deep thought. **2.** (*divagación, fantasía*): **siempre está perdiendo el tiempo en elucubraciones** he's always wasting time on abstractions.

elucubrar /eluku'βrar/ [➪ CANTAR] *vi* **1.** (*meditar*) to think long and hard. **2.** (*divagar*) to ramble.

eludir /elu'ðir/ [➪ PARTIR] *vt* **1.** (*una dificultad*) to avoid: **eludió toda responsabilidad** he avoided all responsibility; (*una obligación*) to get out of, to evade. **2.** (*esquivar*) to dodge, to avoid: **eludió a la policía** he dodged * avoided the police.

elusivo, -va /elu'siβo -βa/ *adj* evasive.

emanación /emana'θjon/ *sf* emanation.

emanar /ema'nar/ [➪ CANTAR] *vi* **1.** (*olor, gas*) to emanate: **unos gases emanaban** *del* **pantano** gases were emanating * coming from the marsh. **2.** (*problema, dificultad, etc.*) to stem: **sus problemas emanan** *de* **la**

falta de confianza en sí mismo his problems come * stem from a lack of self-confidence.

emancipación /emanθipa'θjon/ *sf* (*de una persona*) emancipation, freeing; (*de los hijos*) legal independence; (*de un país*) liberation.

emancipado, -da /emanθi'paðo -ða/ *adj* (*esclavo*) emancipated, freed; (*hijo*) legally independent; (*mujer, país, actitud*) liberated.

emancipar /emanθi'par/ [⇨CANTAR] *vt* (*a un esclavo*) to emancipate, to free.

emanciparse *v prnl* (*esclavo*) to gain one's freedom; (*mujer*) to become emancipated: **la mujer se ha emancipado en la segunda mitad del siglo XX** women have become emancipated in the second half of the twentieth century; (*hijos*) to become legally independent.

embadurnar /embaður'nar/ [⇨CANTAR] *vt* to smear: **embadurnó el eje *de* grasa** he smeared the axle with grease.

embadurnarse *v prnl* to get covered: **se embadurnó *de* barro** she got covered in mud.

embajada /emba'xaða/ *sf* **1.** (*edificio*) embassy: **trabaja en la embajada sueca** she works at the Swedish embassy. **2.** (*cargo*) ambassadorship: **le dieron la embajada en Francia** he was given the post of ambassador in France. **3.** (*mensaje*) official communication: **recibió una embajada que proponía un nuevo plan de paz** he received an official letter proposing a new peace plan; (*fam*) **¡con buena embajada me vinieron!** they came to me with a most unwelcome proposal!

embajador /embaxa'ðor/ *sm* ambassador.

embajadora /embaxa'ðora/ *sf* **1.** (*diplomática*) ambassador. **2.** (*esposa del embajador*) ambassador's wife.

embalador, -dora /embala'ðor -'ðora/ *sm/f* packer.

embalaje /emba'laxe/ *sm* packing.

embalar /emba'lar/ [⇨CANTAR] *vt* (*envolver*) to wrap: **embalaron el paquete** they wrapped the parcel (up); (*empaquetar*) to pack.

embalarse *v prnl* (*fam*) **1.** (*aumentar velocidad*) to speed up: **no dejes que el coche se embale** don't let the car gain too much speed. **2.** (*precipitarse*) to get ahead of oneself: **se embala hablando** he talks really quickly; **ya la verás, no te embales** you'll see her soon, don't be in such a rush.

embaldosado /embaldo'saðo/ *sm* **1.** (*acción*) tiling: **el embaldosado nos costó una fortuna** the tiling cost us a fortune. **2.** (*suelo*) tiled floor: **el embaldosado es muy decorativo** the tiled floor is very decorative * pretty.

embaldosar /embaldo'sar/ [⇨CANTAR] *vt* to tile (*a floor*).

embalsadero /embalsa'ðero/ *sm* marsh, swamp.

embalsamador, -dora /embalsama'ðor -'ðora/ *sm/f* embalmer.

embalsamar /embalsa'mar/ [⇨CANTAR] *vt* to embalm.

embalsar /embal'sar/ [⇨CANTAR] *vt* to dam (up).

embalsarse *v prnl* to collect.

embalse /em'balse/ *sm* **1.** (*acción*) damming (up). **2.** (*lago artificial*) reservoir.

embancarse /embaŋ'karse/ [⇨sacar] *v prnl* (*Náut*) to run aground.

embarazada /embara'θaða/ *sf* pregnant woman.

embarazado, -da /embara'θaðo -ða/ *adj* **1.** (*preñada*) pregnant. **2.** (*avergonzado*) embarrassed.

embarazar /embara'θar/ [⇨cazar] *vt* **1.** (*Biol*) to make pregnant. **2.** (*frml*: *avergonzar*) to embarrass: **sus comentarios la embarazaron** their remarks embarrassed her. **3.** (*estorbar*) to hinder: **la mochila embarazaba su marcha** the rucksack hindered him as he walked.

embarazarse *v prnl* to get embarrassed, to feel awkward: **se embaraza en su presencia** he gets embarrassed * feels awkward when she is around.

embarazo /emba'raθo/ *sm* **1.** (*Biol*) pregnancy: **siguió trabajando durante el embarazo** she continued to work during her pregnancy. **2.** (*apuro*) embarrassment, shyness: **sintió un gran embarazo por tener que hablar en público** he felt very embarrassed * he was very shy because he had to speak in public. **3.** (*dificultad*) obstacle.

embarazoso, -sa /embara'θoso -sa/ *adj* embarrassing: **nos pilló en una situación muy embarazosa** he caught us in an embarrassing * awkward situation.

embarcación /embarka'θjon/ *sf* **1.** (*barco*) boat, (small) vessel. **2.** (*acción*) embarkation.

embarcadero /embarka'ðero/ *sm* pier, quay.

embarcar /embar'kar/ [⇨sacar] *vt* **1.** (*a personas*) to take on; (*mercancías*) to load. **2.** (*implicar*) to involve: **lo embarcaron *en* un asunto muy arriesgado** they got him involved in a very risky deal.

embarcarse *v prnl* **1.** (*en un barco*) to embark, to go on board; (*en un avión*) to board. **2.** (*implicarse*) to get involved: **me embarqué *en* un negocio poco claro** I got involved in a shady affair.

embargar /embar'ɣar/ [⇨pagar] *vt* **1.** (*Jur*: *bienes*) to seize. **2.** (*llenar*) to fill: **lo embargaba la alegría** he was filled with joy; **la embargaba la emoción y no podía hablar** she was so overcome she couldn't speak.

embargo /em'barɣo/ **I** *sm* **1.** (*Jur*) seizure (*of assets*). **2.** (*Fin, Pol*) embargo: **la ONU decretó un embargo** the UN ordered an embargo.

II sin embargo *conj* ⇨sin

embarque /em'barke/ *sm* (*de personas*) boarding: **se me ha perdido la tarjeta de embarque** I've lost my boarding pass; (*de mercancía*) loading.

embarrado, -da /emba'rraðo -ða/ *adj* muddy.

embarrancar /embarraŋ'kar/ [⇨sacar] *vi* (*barco*) to run aground; (*ballena, delfín*) to get stranded * beached; (*camión, coche*) to get stuck.

embarrancarse *v prnl* (*fam*: *tener dificultades*) to get stuck: **se embarrancó con las mates** she got really stuck in maths.

embarrar /emba'rrar/ [⇨CANTAR] *vt* to smear with mud.

embarrarse *v prnl* to get covered in mud.

embarullado, -da /embaru'ʎaðo -ða/ *adj* messy.

embarullar /embaru'ʎar/ [⇨CANTAR] *vt* (*fam*) to mess up, to bungle: **no embarulles más las cosas** don't make matters any worse.

embate /em'bate/ *sm* (*del viento*) battering; (*del mar*) crashing, pounding.

embaucador, -dora /embauka'ðor -'ðora/ **I** *adj* swindling, deceitful.

II *sm/f* swindler, con man: **los políticos no son más que unos embaucadores** politicians are just con men.

embaucar /embau'kar/ [⇨sacar] *vt* to deceive, to take in: **nos embaucó con sus promesas** he took us in with his promises.

embeber /embe'βer/ [⇨TEMER] *vt* **1.** (*absorber*) to absorb: **pon una esponja para que embeba el agua** put a sponge there to absorb * soak up the water. **2.** (*empotrar*) to insert, to put in: **embebieron el radiador *en***

el hueco de la pared they inserted ∗ put the radiator into the recess in the wall. **3.** (*en costura*) to gather in. ♦*vi* (*encoger*) to shrink: **puede que esta tela embeba en el primer lavado** this material may shrink the first time it is washed.

embeberse *v prnl* to become absorbed: **se embebió** *en* **el programa** she became absorbed in the programme.

embebido, -da /embeˈβiðo -ða/ *adj* absorbed: **estaba embebido** *en* **el libro** he was absorbed ∗ engrossed in the book.

embeleco /embeˈleko/ *sm* (*Amér L*) cheating (*using flattery*): **se lo ganó con sus embelecos** she won him over by deceitful means.

embelesado, -da /embeleˈsaðo -ða/ *adj* entranced, spellbound: **escuchó embelesado la narración de mis aventuras** he listened spellbound to the story of my adventures.

embelesar /embeleˈsar/ [➪CANTAR] *vt* to enchant: **su belleza embelesó a todos los presentes** everyone there was enchanted ∗ entranced by her beauty.

embelesarse *v prnl* to be entranced ∗ enchanted.

embeleso /embeˈleso/ *sm* enchantment, fascination.

embellecedor, -dora /embeʎeθeˈðor -ˈðora/ **I** *adj*: **una crema embellecedora** a beauty cream.
II embellecedor *sm* (*en un coche, un mueble, etc.*) decorative trim.

embellecer /embeʎeˈθer/ [➪agradecer] *vt* to make (more) beautiful: **la luz vespertina embellecía la ciudad** the evening light made the city look beautiful.

emberrenchinarse /emberrentʃiˈnarse/, **emberrincharse** /emberrinˈtʃarse/ [➪CANTAR] *v prnl* (*fam*) to fly into a rage.

embestida /embesˈtiða/ *sf* **1.** (*Tauro*) charge (*of a bull*). **2.** (*ataque*) charge, attack.

embestir /embesˈtir/ [➪pedir] *vt* to charge at: **el toro nos embistió** the bull charged at us.
♦*vi* **1.** (*animal*) to charge: **el toro embistió con fuerza** the bull charged furiously. **2.** (*personas*) to attack, to charge: **la policía embistió** *contra* **los manifestantes** the police charged (at) the demonstrators; **las olas embestían** *contra* **el acantilado** the waves battered the cliff.

embetunar /embetuˈnar/ [➪CANTAR] *vt* (*los zapatos*) to cover with polish.

emblandecer /emblandeˈθer/ [➪agradecer] *vt* to soften.

emblandecerse *v prnl* to be moved ∗ touched.

emblanquecer /emblaŋkeˈθer/ [➪agradecer] *vt* to make white, to whiten.

emblanquecerse *v prnl* to go ∗ turn white: **se le ha emblanquecido el pelo desde la última vez que lo vi** his hair has gone white since I last saw him.

emblema /emˈblema/ *sm* emblem.

emblemático, -ca /embleˈmatiko -ka/ *adj* emblematic: **cada pabellón muestra lo más emblemático de su país** each stand displays the most characteristic things about its country.

embobado, -da /emboˈβaðo -ða/ *adj* fascinated: **no te quedes ahí embobado; haz algo** don't just stand there gaping: do something.

embobar /emboˈβar/ [➪CANTAR] *vt* to mesmerize: **la actuación de los payasos embobó a los niños** the children were mesmerized by the clowns' performance.

embobarse *v prnl* to be mesmerized: **se emboba** *con* **la tele** he forgets everything else when he's watching television.

embocadura /embokaˈðura/ *sf* **1.** (*de un puerto*) mouth; (*de un canal*) *point where a canal joins the sea, a river or a lake*. **2.** (*Mús*) mouthpiece.

embocar /emboˈkar/ [➪sacar] *vt* **1.** (*entrar en*) to go into: **los coches embocaron el túnel** the cars went into the tunnel. **2.** (*en golf*) to hole: **embocó la pelota** *en* **el hoyo** he holed the ball; (*en billar*) to pot.

embolado, -da /emboˈlaðo -ða/ **I** *adj* (*Tauro*): **luego salió un toro embolado** then a bull came out, with protectors on its horns.
II embolado *sm* **1.** (*Tauro*) *bull with protectors on its horns*. **2.** (*papel secundario*) minor role, bit part. **3.** (*fam*: *mentira*) fib. **4.** (*fam*: *aprieto*) mess: **en menudo embolado me has metido** this is a fine mess you've got me into.

embolar /emboˈlar/ [➪CANTAR] *vt* **1.** (*Tauro*: *los cuernos*) *to put protectors on*; (: *a un toro*) *to put protectors on the horns of*. **2.** (*Col*: *los zapatos*) to polish.
♦*vi* (*Arg, Urug*: *fam, fastidiar*): **me embola tener que ir al colegio los sábados** it's a real drag to have to go to school on Saturdays.

embole /emˈbole/ *sm* (*Arg, Urug*: *fam*) pain in the neck, drag.

embolia /emˈbolja/ *sf* embolism.

émbolo /ˈembolo/ *sm* **1.** (*de jeringa*) plunger. **2.** (*de motor*) piston.

embolsarse /embolˈsarse/ [➪CANTAR] *v prnl* to make: **en el bingo se embolsó una buena cantidad** he made ∗ won quite a lot of money at bingo.

emboquillado, -da /embokiˈʎaðo -ða/ *adj* filter-tipped.

emborrachar /emborraˈtʃar/ [➪CANTAR] *vt* **1.** (*a una persona*) to make drunk: **me querían emborrachar** they wanted to get me drunk. **2.** (*un pastel, un bizcocho*) to add alcoholic drink to.

emborracharse *v prnl* to get drunk: **me emborraché** *con* **la sangría** I got drunk on the sangria.

emborrascarse /emborrasˈkarse/ [➪sacar] *v prnl* to become stormy.

emborronar /emborroˈnar/ [➪CANTAR] *vt* **1.** (*manchar*) to smudge: **emborronó la carta** she smudged the letter. **2.** (*garabatear*) to scribble, to dash off.

emborronarse *v prnl* to smudge.

emboscada /embosˈkaða/ *sf* ambush: **nos tendieron una emboscada** they laid ∗ set an ambush for us.

emboscar /embosˈkar/ [➪sacar] *vt* to place in ambush.

emboscarse *v prnl* **1.** (*para atacar*) to lie in ambush. **2.** (*para esconderse*) to hide away (*in woods, undergrowth or mountains*): **el fugitivo se emboscó en la sierra** the fugitive hid away in the mountains.

embotado, -da /emboˈtaðo -ða/ *adj* (*de comer mucho*) bloated; (*por el ambiente cargado*): **tenía la cabeza embotada** his brain felt numb.

embotar /emboˈtar/ [➪CANTAR] *vt* to numb: **pasar tantas horas con el ordenador te embota la cabeza** spending so many hours on the computer numbs the brain.

embotarse *v prnl* to become numb.

embotellado, -da /emboteˈʎaðo -ða/ **I** *adj* bottled: **venden la leche embotellada** the milk is sold in bottles.
II embotellado *sm* bottling: **el embotellado se lleva a cabo en la central lechera** bottling is carried out in the dairy plant.

embotellamiento /emboteʎaˈmjento/ *sm* **1.** (*embotellado*) bottling. **2.** (*Transp*) traffic jam.

embotellar /emboteˈʎar/ [➪CANTAR] *vt* to bottle.

embozar /embo'θar/ [➪cazar] *vt* (*tapar la cara a*) to muffle.
embozarse *v prnl* (*taparse la cara*) to muffle oneself up: **se embozó** *con* **la bufanda** she muffled herself up in her scarf.
embozo /em'boθo/ *sm* **1.** (*de una sábana*) *part of the sheet that turns down over the blankets.* **2.** (*del rostro*) *part of an outer garment pulled up to cover the face.*
embragar /embra'ɣar/ [➪pagar] *vi* to engage the clutch (*by letting out the pedal*).
embrague /em'braɣe/ *sm* clutch.
embravecer /embraβe'θer/ [➪agradecer] *vt* to enrage.
embravecerse *v prnl* to become enraged: **el toro se embraveció** the bull became enraged • **el mar se ha embravecido** the sea has become rough.
embrear /embre'ar/ [➪CANTAR] *vt* to tar.
embriagado, -da /embrja'ɣaðo -ða/ *adj* intoxicated, under the influence of alcohol.
embriagador, -dora /embrjaɣa'ðor -'ðora/ *adj* (*perfume, aroma*) heady.
embriagar /embrja'ɣar/ [➪pagar] *vt* **1.** (*emborrachar*) to intoxicate, to make drunk: **el vino lo embriagó** the wine made him drunk. **2.** (*deleitar*): **la velocidad lo embriagaba** the speed made him feel heady.
embriagarse *v prnl* **1.** (*emborracharse*) to get drunk. **2.** (*deleitarse*) to feel heady.
embriaguez /embrja'ɣeθ/ *sf* intoxication, drunkenness.
embridar /embri'ðar/ [➪CANTAR] *vt* to bridle.
embrión /em'brjon/ *sm* **1.** (*Biol*) embryo. **2.** (*germen, origen*) beginnings *pl*, origin: **aquellas notas fueron el embrión de la novela** those notes were the beginnings of the novel.
embrionario, -ria /embrjo'narjo -rja/ *adj* **1.** (*Biol*) embryonic. **2.** (*en fase inicial*): **el proyecto está en estado embrionario** the project is at the embryonic stage.
embrollado, -da /embro'ʎaðo -ða/ *adj* muddled.
embrollar /embro'ʎar/ [➪CANTAR] *vt* to muddle.
embrollarse *v prnl* to get muddled: **esta historia cada vez se embrolla más** this story is getting more and more muddled.
embrollo /em'broʎo/ *sm* muddle: **está metido en un buen embrollo** he has got himself into a terrible muddle.
embromar /embro'mar/ [➪CANTAR] *vt* **1.** (*tomar el pelo a*) to play a joke on. **2.** (*engañar*) to deceive, to fool. **3.** (*Amér L: incordiar*) to annoy.
embrujado, -da /embru'xaðo -ða/ *adj* (*persona*) bewitched, under a spell; (*lugar*) haunted.
embrujar /embru'xar/ [➪CANTAR] *vt* to bewitch, to cast a spell on: **sus ojos embrujaban a quienes la miraban** her eyes bewitched all who looked at her.
embrujo /em'bruxo/ *sm* spell: **todos los visitantes sienten el embrujo de la Alhambra** all visitors come under the spell of the Alhambra.
embrutecer /embrute'θer/ [➪agradecer] *vt* to brutalize: **la guerra los embruteció** the war brutalized them.
embrutecerse *v prnl* to become brutalized.
embuchado /embu'tʃaðo/ *sm* (*embutido*) minced pork sausage.
embuchar /embu'tʃar/ [➪CANTAR] *vt* **1.** (*Culin*) to stuff. **2.** (*cebar*) to force-feed. **3.** (*fam: comer*) to bolt (down).
embudo /em'buðo/ *sm* funnel.
embuste /em'buste/ *sm* lie.
embustero, -ra /embus'tero -ra/ **I** *adj* lying.
II *sm/f* liar.
embutido /embu'tiðo/ *sm*: *type of salami sausage.*
embutir /embu'tir/ [➪PARTIR] *vt* **1.** (*Culin*) to make. **2.** (*meter apretando*) to stuff: **embutió el cojín** *en* **la funda** he stuffed the cushion into the cover.
eme /'eme/ *sf*: *name of the letter M.*
emergencia /emer'xenθja/ *sf* **1.** (*urgencia*) emergency: **en caso de emergencia, llámame** call me if there's an emergency. **2.** (*acción*) emergence, appearance.
emerger /emer'xer/ [➪proteger] *vi* to emerge: **el casco del galeón emergió a la superficie** the hull of the galleon rose to the surface.
emigración /emiɣra'θjon/ *sf* (*de personas*) emigration; (*de animales*) migration.
emigrado, -da /emi'ɣraðo -ða/ *sm/f* **1.** (*emigrante*) emigrant. **2.** (*Pol*) émigré.
emigrante /emi'ɣrante/ *adj, sm/f* emigrant.
emigrar /emi'ɣrar/ [➪CANTAR] *vi* **1.** (*Pol, Sociol*) to emigrate. **2.** (*aves*) to migrate. **3.** (*temporalmente*) *to go to another place for work*: **emigraron a Francia para la vendimia** they went to France to work on the grape-harvest.
eminencia /emi'nenθja/ *sf* **1.** (*terreno*) hill, prominent position. **2.** (*persona*) leading figure: **es una eminencia** *en* **matemáticas** he is an eminent * leading mathematician. **3.** (*also* **Eminencia**) (*Relig*): **Su Eminencia llegará a las ocho** His Eminence will arrive at eight.
eminente /emi'nente/ *adj* (*insigne*) eminent, leading: **es un médico eminente** he's an eminent doctor.
emirato /emi'rato/ *sm* emirate.
Emiratos Árabes Unidos *sm pl* United Arab Emirates *pl.*
emisario, -ria /emi'sarjo -rja/ *sm/f* emissary.
emisión /emi'sjon/ *sf* **1.** (*Fís, Quím*) emission. **2.** (*transmisión*) broadcasting; (*programa*) broadcast, (*GB*) programme, (*US*) program: **intentaremos darles más noticias antes del cierre de la emisión** we shall try to give you more news before closedown. **3.** (*de monedas, sellos, bonos*) issue: **la última emisión de sellos se ha agotado** the latest issue of stamps has * is sold out.
emisión deportiva *sf* sports programme.
emisión en directo *sf* live transmission * broadcast.
emisión pública *sf* (*Fin*) public issue.
emisor, -sora /emi'sor -'sora/ **I** *adj* **1.** (*Medios*) transmitting: **se ha producido una avería en nuestro centro emisor en Murcia** a breakdown has occurred at our transmitting centre in Murcia. **2.** (*Fin*) issuing: **el banco emisor cobra un porcentaje** the issuing bank charges a percentage.
II *sm/f* (*Ling*) speaker.
III emisor *sm* **1.** (*Medios*) transmitter. **2.** (*Fin*) issuer.
emisora /emi'sora/ *sf* (*de radio*) radio station; (*de televisión*) television station.
emisora pirata *sf* pirate radio station.
emitir /emi'tir/ [➪PARTIR] *vt* **1.** (*calor, humo, luz*) to emit, to give off: **los astros emiten luz y calor** stars emit light and heat. **2.** (*transmitir*) to broadcast. **3.** (*un grito, un mugido, etc.*) to utter: **emitió un gemido** he groaned * uttered a groan. **4.** (*monedas, sellos, valores*) to issue: **el banco emitió nuevas acciones** the bank issued new shares. **5.** (*una opinión, un juicio*) to express: **emitió su opinión sobre las nuevas reglas** he expressed his opinion of the new rules.
♦ *vi* to broadcast.

emoción /emo'θjon/ *sf* **1.** (*sentimiento*) emotion. **2.** (*excitación*) excitement, thrill: **¡qué emoción!** how exciting!

emocionado, -da /emoθjo'naðo -ða/ *adj* (deeply) moved: **recibió emocionado la ovación del público** he was deeply moved by the ovation he received from the audience; **pronunció unas emocionadas palabras de agradecimiento** he made an emotional speech thanking them.

emocionante /emoθjo'nante/ *adj* **1.** (*conmovedor*) moving. **2.** (*excitante*) exciting: **la escena final es muy emocionante** the final scene is thrilling ∗ very exciting.

emocionar /emoθjo'nar/ [➪ CANTAR] *vt* **1.** (*conmover*) to move: **sus palabras me emocionaron** her words moved me. **2.** (*excitar*) to excite: **me emociona ir a un sitio tan lejano** I find it exciting going to such a faraway place.

emocionarse *v prnl* **1.** (*conmoverse*) to become upset: **se emocionó al despedirse de sus compañeros** she got upset when she said goodbye to her friends. **2.** (*excitarse*) to become excited.

emoliente /emo'ljente/ (*Med*) **I** *adj* emollient. **II** *sm* emollient, soothing cream.

emolumento /emolu'mento/ *sm* (*frml*) emolument.

emotividad /emotiβi'ðað/ *sf*: **la presencia de la viuda añadía emotividad al acto** the presence of his widow made the occasion all the more charged with emotion.

emotivo, -va /emo'tiβo -βa/ *adj* **1.** (*persona*) emotional. **2.** (*situación*) moving. **3.** (*palabras*) emotive, moving.

empacar /empa'kar/ [➪ sacar] *vt* (*empaquetar: gen*) to pack; (*: paja*) to bale.
♦ *vi* (*Amér L: hacer las maletas*) to pack.

empachado, -da /empa'tʃaðo -ða/ *adj*: **estoy empachado** I have an upset stomach (*from eating too much*).

empachar /empa'tʃar/ [➪ CANTAR] *vt* **1.** (*indigestar*) to give an upset stomach: **el chocolate me ha empachado** the chocolate has given me an upset stomach (*because I ate too much*). **2.** (*cansar*) to bore: **me empachan sus bromas** I'm bored ∗ sick of his jokes. **3.** (*apurar*) to embarrass: **no le empacha hablar de lo que no sabe** talking about a subject he knows nothing about doesn't bother him.

empacharse *v prnl* **1.** (*indigestarse*) to have ∗ get an upset stomach: **se empachó** *de* **pasteles** he got an upset stomach from eating cakes. **2.** (*avergonzarse*) to get embarrassed, to be shy: **no se empacha** *de* **decir lo que piensa** he isn't shy about expressing his opinions.

empacho /em'patʃo/ *sm* **1.** (*de comida*) upset stomach (*from eating too much*). **2.** (*vergüenza*) embarrassment: **no tuvo empacho** *en* **ir así** she didn't feel embarrassed about going like that; **dilo sin empacho** don't be embarrassed ∗ shy about telling us.

empadronarse /empaðro'narse/ [➪ CANTAR] *v prnl* to register (*with local authorities as a resident and voter*): **se empadronó en Bilbao** he registered as a resident and voter in Bilbao.

empalagar /empala'ɣar/ [➪ pagar] *vt* **1.** (*comida*): **este tipo de tarta me empalaga mucho** I find this type of cake too rich. **2.** (*molestar*) to irritate: **me empalaga su forma de hablar** the gushing way she talks is intensely irritating.
♦ *vi* (*molestar*): **tanta amabilidad empalaga** their over friendliness is cloying.

empalago /empa'laɣo/ *sm* **1.** (*empacho*): **¿que se comió tres de esos pasteles? ¡qué empalago!** she ate three of those cakes? that must have been really sickly! **2.** (*fastidio*): **es que siempre está dándote besos, ¡qué empalago!** she's always giving out kisses, she's just too much!

empalagoso, -sa /empala'ɣoso -sa/ *adj* **1.** (*Culin*) sickly sweet, over-rich. **2.** (*persona*) sickly sweet: **es muy empalagoso** he's rather sickly sweet; (*forma de ser*) cloying.

empalar /empa'lar/ [➪ CANTAR] *vt* to impale.

empalidecer /empaliðe'θer/ [➪ agradecer] *vi* ➪ palidecer

empalizada /empali'θaða/ *sf* (wooden) fence.

empalmar /empal'mar/ [➪ CANTAR] *vt* **1.** (*piezas*) to join (up ∗ together); (*alambres, cuerdas*) to splice; (*cables eléctricos*) to join: **hay que empalmar los dos cables** the two wires have to be joined. **2.** (*acciones, razonamientos*): **empalmaba una idea** *con* **la otra** he linked one idea up with the other; **empalma un cigarro** *con* **otro** he smokes one cigarette after another, he chain-smokes. **3.** (*Dep*) to volley.
♦ *vi* **1.** (*unir*) to connect: **la carretera empalma** *con* **la autopista** the road connects with ∗ joins up with the motorway; **este tren empalma** *con* **el de Irún** this train connects with the one from Irún. **2.** (*estar relacionado*) to be related: **esto empalma** *con* **lo que he dicho antes** this is related to what I said before. **3.** (*seguir*) to follow on: **un suceso empalmó** *con* **otro** one event followed on from another.

empalme /em'palme/ *sm* **1.** (*de cables eléctricos*) connection: **tengo que hacer un empalme** I must connect the two cables; (*en carpintería*) joint; (*de alambre, cuerda*) splice. **2.** (*de carreteras*) junction, intersection; (*de líneas de ferrocarril*) junction.

empanada /empa'naða/ *sf* pie.

empanada mental *sf* (*fam*) muddle: **tiene una empanada mental impresionante** he's terribly muddled.

empanadilla /empana'ðiʎa/ *sf* pasty, turnover.

empanado, -da /empa'naðo -ða/ *adj* breaded, covered in breadcrumbs.

empantanado, -da /empanta'naðo -ða/ *adj* **1.** (*anegado*) flooded. **2.** (*fam: estancado*) bogged down: **me dejó empantanado** he left me in the lurch. **3.** (*fam: desordenado*) untidy: **tengo la casa empantanada** my house is in a mess.

empantanar /empanta'nar/ [➪ CANTAR] *vt* **1.** (*un terreno*) to flood. **2.** (*una obra, un proyecto, etc.*) to bring to a halt: **la falta de fondos ha empantanado los trabajos de construcción** lack of funds has brought building work to a halt.

empantanarse *v prnl* **1.** (*terreno*) to become flooded. **2.** (*obra, proyecto, etc.*) to come to a halt: **la investigación se ha empantanado** the investigation has come to a halt.

empañado, -da /empa'ɲaðo -ða/ *adj* **1.** (*ventana, espejo, etc.*) steamed up: **tengo las gafas empañadas** my glasses are all steamed up. **2.** (*ojos*) misty: **tenía los ojos empañados por las lágrimas** his eyes were misty with tears. **3.** (*voz*) faltering. **4.** (*buen nombre*) sullied, tarnished: **el rumor dejó empañada su reputación** the rumour sullied ∗ tarnished his reputation.

empañar /empa'ɲar/ [➪ CANTAR] *vt* **1.** (*un cristal, un espejo, etc.*) to steam up, to mist: **el vapor empañó los cristales** the steam misted the windows. **2.** (*la reputación*) to sully, to tarnish: **las murmuraciones no lograron empañar su prestigio** the rumours failed to tarnish his reputation.

empañarse *v prnl* **1.** (*ventana, espejo, etc.*) to steam up, to mist over: **se me empañaron las gafas** my glasses steamed up. **2.** (*los ojos*) to fill with tears. **3.** (*la voz*) to falter: **los aplausos hicieron que se le empañara la voz** affected by the applause, he spoke in a faltering voice. **4.** (*reputación*) to become sullied * tarnished.

empapado, -da /empa'paðo -ða/ *adj* soaked: **llegó con la ropa empapada** he arrived in soaking wet clothes.

empapar /empa'par/ [⇨ CANTAR] *vt* **1.** (*mojar*) to soak, to drench: **la lluvia le empapó la ropa** the rain soaked her clothes. **2.** (*absorber*) to soak up: **empapar el bizcocho en almíbar** soak the sponge in syrup.

empaparse *v prnl* **1.** (*mojarse*) to get soaked * drenched: **se empapó de arriba a abajo** he got thoroughly soaked * drenched. **2.** (*Culin*) to soak: **se empapa el pan** *en* **leche** the bread is left to soak in milk. **3.** (*de ideas, conocimiento*): **querían empaparse** *de* **la atmósfera de la ciudad** they wanted to soak up the atmosphere of the city; **el viajero de paso no llega a empaparse** *de* **la cultura del lugar** the passing visitor will be unable fully to absorb the local culture; **en la universidad se empapó** *de* **las filosofías orientales** at university she immersed herself in Eastern philosophy.

empapelado /empape'laðo/ *sm* **1.** (*actividad*) wallpapering. **2.** (*papel*) wallpaper.

empapelar /empape'lar/ [⇨ CANTAR] *vt* **1.** (*con papel pintado*) to wallpaper: **empapelaron la habitación** *de* **azul** they put up blue wallpaper in the room. **2.** (*fam: abrir una investigación sobre*) to investigate: **empapelaron a varios directivos** several directors were investigated.

empapuzar /empapu'θar/ [⇨ cazar] *vt* (*fam: a personas*) to stuff (*with food*); (*: a animales*) to feed up.

empapuzarse *v prnl* (*fam*) to stuff oneself.

empaque /em'pake/ *sm* **1.** (*porte distinguido*) distinction: **es una casa de mucho empaque** it's a house of great distinction. **2.** (*arrogancia*) hauteur, arrogance. **3.** (*Amér L: insolencia*) impudence.

empaquetador, -dora /empaketa'ðor -'ðora/ *sm/f* packer.

empaquetar /empake'tar/ [⇨ CANTAR] *vt* **1.** (*embalar*) to wrap (up), to pack (up): **empaquetaron todo** they wrapped * packed everything up. **2.** (*estrujar*) to squeeze in, to squash in: **nos empaquetaron a todos en el mismo coche** they squeezed us all into the same car. **3.** (*Mil: fam, castigar*) to punish.

emparedado /empare'ðaðo/ *sm* sandwich.

emparedar /empare'ðar/ [⇨ CANTAR] *vt* to wall in.

emparejar /empare'xar/ [⇨ CANTAR] *vt* **1.** (*formar parejas: de personas*) to pair off * up: **emparejamos a los niños para el baile** we paired up the children for the dance; (*: de cosas*) to put into pairs: **empareja las cartas** put these cards into pairs. **2.** (*nivelar*) to make level: **emparejó los platillos de la balanza** he levelled up the pans of the scales.

♦*vi* **1.** (*casar*) to make a pair, to match: **esta carta empareja** *con* **ésa** this card makes a pair with that one. **2.** (*igualar*) to draw level, to catch up: **el ciclista emparejó** *con* **su rival** the cyclist caught up with his rival.

emparejarse *v prnl* **1.** (*formar pareja*) to pair off * up: **Ana y Miguel se emparejaron para el juego** Ana and Miguel paired up for the game. **2.** (*Méx: proveerse de*) to get hold of.

emparentado, -da /emparen'taðo -ða/ *adj* related • **está muy bien emparentada** she belongs to a very influential family.

emparentar /emparen'tar/ [⇨ CANTAR] *vi* **1.** (*contraer parentesco*) to become related (*by marriage*): **emparentó** *con* **la familia más influyente de la ciudad** he married into the most influential family in town. **2.** (*tener relación*) to be related: **esta lengua está emparentada** *con* **el árabe** this language is related to Arabic.

emparrado /empa'rraðo/ *sm* (*conjunto de parras*) (*GB*) vine arbour, (*US*) vine arbor; (*armazón*) vine trellis.

empastar /empas'tar/ [⇨ CANTAR] *vt* **1.** (*una muela*) to fill: **el dentista me empastó cuatro muelas** the dentist put fillings in four of my teeth. **2.** (*un libro*) to bind.

empaste /em'paste/ *sm* **1.** (*de muelas*) filling. **2.** (*de libros*) binding.

empatar /empa'tar/ [⇨ CANTAR] *vi* **1.** (*Dep: obtener igual resultado*) to draw, to tie: **empataron** *a* **cinco** *con* **el Laredo** they drew five all against Laredo; (*: igualar*) to equalize: **el Rácing empató en el último minuto** Rácing equalized in the last minute. **2.** (*Pol*) to tie: **los dos candidatos empataron** the two candidates obtained the same number of votes.

empate /em'pate/ *sm* **1.** (*Dep*) draw, tie: **el partido terminó en empate** the match ended in a draw; **aquél fue el gol del empate** that goal was the equalizer. **2.** (*Pol*) tie.

empavonarse /empaβo'narse/ [⇨ CANTAR] *v prnl* (*Amér L: acicalarse*) to get dressed up.

empecinarse /empeθi'narse/ [⇨ CANTAR] *v prnl* to insist: **se empecinó** *en* **ir al cine** she insisted on going to the cinema.

empedernido, -da /empeðer'niðo -ða/ *adj* hardened: **es un bebedor empedernido** he's a hardened drinker.

empedrado, -da /empe'ðraðo -ða/ **I** *adj* **1.** (*adoquinado*) cobbled. **2.** (*encapotado*) cloudy.

II empedrado *sm* (*pavimento*) cobblestones *pl*, cobbles *pl*.

empedrar /empe'ðrar/ [⇨ pensar] *vt* to cobble.

empeine /em'peine/ *sm* instep.

empellón /empe'ʎon/ *sm* push, shove: **lo sacó del bar** *a* **empellones** he shoved him out of the bar; **se abrió paso** *a* **empellones** he elbowed his way through.

empelotarse /empelo'tarse/ [⇨ CANTAR] *v prnl* **1.** (*Amér L: desnudarse*) to undress, to strip (off). **2.** (*Méx: fam, enamorarse*) to fall (madly) in love.

empeñado, -da /empe'ɲaðo -ða/ *adj* **1.** (*endeudado*) in debt: **estoy empeñada hasta las cejas** I'm up to my ears in debt. **2.** (*en casa de empeños*) in pawn, in hock. **3.** (*decidido*) determined: **está empeñado** *en* **jugar** he's determined to play. **4.** (*discusión, riña*) heated.

empeñar /empe'ɲar/ [⇨ CANTAR] *vt* **1.** (*dejar en prenda*) to pawn, (*US*) to hock: **tuvo que empeñar las joyas** she had to pawn her jewels. **2.** (*consagrar*) to dedicate: **empeñó su vida** *en* **ese proyecto** she dedicated her life to that project.

empeñarse *v prnl* **1.** (*endeudarse*) to get into debt: **se empeñó** *con* **los bancos** he got into debt with the banks • **se empeñó hasta las orejas** he got himself up to his ears in debt. **2.** (*obstinarse*) to insist: **se empeñó** *en* **ir en tren** she insisted on going by train.

empeño /em'peɲo/ *sm* **1.** (*para conseguir dinero*) pawn. **2.** (*deseo*) desire: **tiene mucho empeño** *por* **aprender** she has a great desire to learn; **¡qué empeño** *en* **que se lo diga!** he's so insistent that I tell him! **3.** (*esfuerzo*) effort: **pone gran empeño** *en* **todo lo que hace** he throws himself wholeheartedly into everything he does.

empeoramiento /empeora'mjento/ *sm* worsening, deterioration.

empeorar /empeo'rar/ [➪CANTAR] *vt* to make worse, to worsen: **en lugar de ayudar ha empeorado las cosas** instead of helping, she has made matters worse. ♦*vi* to get worse, to deteriorate: **su salud ha empeorado** his health has deteriorated * worsened.

empequeñecer /empekeɲe'θer/ [➪agradecer] *vt*: **la noticia de su enfermedad empequeñeció el resto de sus problemas** the news of his illness made all the other problems seem less important.

empequeñecimiento /empekeɲeθi'mjento/ *sm* reduction, diminution.

emperador /empera'ðor/ *sm* **1.** (*soberano*) emperor. **2.** (*Zool*) swordfish.

emperatriz /empera'triθ/ *sf* [**emperatrices**] empress.

emperejilar /emperexi'lar/ [➪CANTAR] *vt* (*fam*) to dress up.

emperejilarse *v prnl* (*fam*) to get dressed up.

emperifollado, -da /emperifo'ʎaðo -ða/ *adj* (*fam*) dressed up, dolled up.

emperifollar /emperifo'ʎar/ [➪CANTAR] *vt* (*fam*) to dress up, to doll up.

emperifollarse *v prnl* (*fam*) to get dressed up, to get dolled up: **pasaron tres horas emperifollándose para la fiesta** they spent three hours getting dolled up for the party.

empero /em'pero/ *conj* (*frml*) nevertheless.

emperramiento /emperra'mjento/ *sm* stubbornness.

emperrarse /empe'rrarse/ [➪CANTAR] *v prnl* (*fam*): **se emperró *en* ir al cine** he stubbornly insisted on going to the movies.

empezar /empe'θar/ [➪comenzar] *vt* to begin, to start: **he empezado la novela que me prestaste** I have begun the book you lent me.
♦*vi* to begin, to start: **empezó explicando…** she began by explaining…; **no empieza hasta octubre** it doesn't start until October; **ahora los nombres que empiezan con la letra "b"** now the names beginning with "b"; **para empezar, no tenemos dinero** to begin with, we have no money • **por algo hay que empezar** you have to start somewhere • **¡ya empezamos!** here we go again!
♦**empezar a** *v aux* **1.** (*seguido de infinitivo*) to begin, to start: **empezó a cantar** he started * began to sing. **2.** (*seguido de un sustantivo*): **empezó a tortas con todos** he began to hit out at everyone; **empezó a tiros** he started firing in all directions.

empiece /em'pjeθe/ *sm* (*fam*) beginning, start.

empiezo /em'pjeθo/ **I** *and other forms with* **empiez-** ➪empezar
II *sm* (*Amér L*) beginning, start.

empinado, -da /empi'naðo -ða/ *adj* **1.** (*camino, calle, cuesta*) steep. **2.** (*soberbio*) haughty, proud.

empinar /empi'nar/ [➪CANTAR] *vt* **1.** (*levantar*) to lift (up): **empinó al niño para que viera mejor** she lifted the child up so that he could see better. **2.** (*una botella, un vaso, etc.*) to tip (up): **empinó la jarra para beber** she tipped the pitcher up to drink from it.

empinarse *v prnl* **1.** (*persona*) to stand on tiptoe: **se empinó para ver mejor** she stood on tiptoe so that she could see better. **2.** (*caballos*) to rear up.

empingorotado, -da /empiŋgoro'taðo -ða/ *adj* upper-crust: **era una reunión de damas empingorotadas** it was a meeting of upper-crust ladies.

empírico, -ca /em'piriko -ka/ *adj* empirical.

empirismo /empi'rizmo/ *sm* empiricism.

empitonar /empito'nar/ [➪CANTAR] *vt* (*Tauro*) to gore.

empizarrado /empiθa'rraðo/ *sm* slate roof.

empizarrar /empiθa'rrar/ [➪CANTAR] *vt* to roof with slate.

emplasto /em'plasto/ *sm* **1.** (*cataplasma*) poultice. **2.** (*fam*: *guisote*) mush: **¡qué emplasto de guiso!** what a revolting stew! **3.** (*fam*: *chapuza*) botched job. **4.** (*fam*: *achacoso*) sickly person: **está hecho un emplasto** he's very sickly.

emplazamiento /emplaθa'mjento/ *sm* **1.** (*situación*) location, position: **necesitamos conocer el emplazamiento de sus tropas** we need to know the position of their troops. **2.** (*Jur*) summons.

emplazar /empla'θar/ [➪cazar] *vt* **1.** (*convocar*) to call together, to summon: **los científicos han sido emplazados para otra conferencia en otoño** scientists have been called together for another conference in the autumn. **2.** (*Jur*) to summons. **3.** (*situar*) to locate, to site: **emplazaron el hospital en el extrarradio** they chose a site on the outskirts for the hospital.

empleado, -da /emple'aðo -ða/ **I** *adj* employed • **lo doy por bien empleado** I think I put it to good use • **te está bien empleado** it serves you right!
II *sm/f* (*gen*) employee; (*en un banco*) clerk.

empleada de hogar *sf* (*asistenta*) daily; (*interna*) maid.

empleado, -da de tienda *sm/f* (*Amér L*) shop assistant.

emplear /emple'ar/ [➪CANTAR] *vt* **1.** (*utilizar*) to use: **empleaba una caja para guardar las fotos** she used a box to keep her photos in. **2.** (*el tiempo*) to spend, to devote: **empleó mucho tiempo *en* construirse la casa** he spent a lot of time building his house; (*dinero*): **no saben *en* qué emplear el dinero** they don't know what to do with their money. **3.** (*dar trabajo a*) to employ: **la fábrica empleaba a quinientas personas** the factory used to employ five hundred workers; **me ha empleado en su taller** he's given me a job in his workshop.

emplearse *v prnl* (*usarse*) to be used: **ese término se emplea equivocadamente** that term is used incorrectly.

empleo /em'pleo/ *sm* **1.** (*uso*) use: **aquí viene explicado el modo de empleo** here are the instructions (for use). **2.** (*trabajo*) job: **tiene un empleo bien pagado** he has a well-paid job; **el objetivo principal del gobierno es la creación de empleo** the government's main objective is to create employment.

emplomado /emplo'maðo/ *sm* **1.** (*de los tejados*) lead roofing. **2.** (*de las ventanas*) leading.

emplomadura /emploma'ðura/ *sf* (*Arg, Urug*: *de muelas*) filling.

emplomar /emplo'mar/ [➪CANTAR] *vt* (*Arg, Urug*: *muelas*) to fill.

emplumar /emplu'mar/ [➪CANTAR] *vi* **1.** (*echar plumas*) to grow feathers, to fledge. **2.** (*Amér L*: *fam, huir*) to run away.
♦*vt* (*fam*: *a alguien*): **me parece que te han emplumado** you're for it now.

empobrecer /empoβre'θer/ [➪agradecer] *vt* to reduce to poverty, to impoverish.

empobrecerse *v prnl* to become poor, to become impoverished.

empobrecimiento /empoβreθi'mjento/ *sm* impoverishment.

empollado, -da /empo'ʎaðo -ða/ *adj* (*fam*) well-informed, well up: **está muy empollado *en* noticias de actualidad** he's well up on current affairs.

empollar /empo'ʎar/ [➪CANTAR] *vt* **1.** (*los huevos*) to sit on, to incubate. **2.** (*fam*: *estudiar mucho*) to bone up on, (*GB*) to swot (up on): **tengo que empollar geografía** I have to bone up on geography.

empollarse *v prnl* (*fam: estudiar mucho*) to bone up on, (*GB*) to swot (up on): **se empolló todas las asignaturas** she boned up on every subject.

empollón, -llona /empo'ʎon -'ʎona/ (*fam*) **I** *adj* studious.
II *sm/f* studious person, (*GB*) swot, (*US*) grind.

empolvado, -da /empol'βaðo -ða/ *adj* dusty.

empolvarse /empol'βar/ [➪CANTAR] *v prnl* **1.** (*con maquillaje*) to powder (*one's face, nose, cheeks*): **se empolvó la cara** she powdered her face. **2.** (*con polvo*) to get dusty: **se empolvó de no usarlo** it got dusty through lack of use.

emponzoñamiento /emponθoɲa'mjento/ *sm* poisoning.

emponzoñar /emponθo'ɲar/ [➪CANTAR] *vt* **1.** (*envenenar*) to poison. **2.** (*destruir, estropear*) to ruin, to destroy: **la envidia emponzoñó su amistad** envy destroyed their friendship.

emporcar /empor'kar/ [➪trocar] *vt* to dirty, to mess up: **emporcó toda la cocina** he messed up the whole kitchen.

emporcarse *v prnl* to become filthy, to get oneself dirty.

emporio /em'porjo/ *sm* **1.** (*lugar de importancia: comercial*) (*GB*) trading centre, (*US*) trading center; (*: cultural, científica, etc.*) (*GB*) centre, (*US*) center. **2.** (*Amér L: almacén*) department store.

emporrado, -da /empo'rraðo -ða/ *adj* (*!!*) high (*on marijuana*).

empotrar /empo'trar/ [➪CANTAR] *vt* to fit, to build in: **empotraron los armarios en la pared** they built the wardrobes into the wall.

empotrarse *v prnl* (*fam*) to crash: **el camión se empotró en la pared** the truck crashed into the wall.

emprendedor, -dora /emprende'ðor -'ðora/ *adj* enterprising.

emprender /empren'der/ [➪TEMER] *vt* **1.** (*una tarea*) to take on, to undertake: **emprendieron una empresa muy arriesgada** they took on a very risky job ● **emprenderla con**: **la emprendieron con Carlos** they had a go at Carlos; **la emprendieron a golpes con nosotros** they started hitting us. **2.** (*un viaje*) to set off on: **emprendieron viaje muy temprano** they set off (on their journey) very early; **emprendió el retorno a casa** he set off homewards.

empreñar /empre'ɲar/ [➪CANTAR] *vt* (*fam*) to annoy: **¡deja de empreñarme!** stop annoying me!

empresa /em'presa/ *sf* **1.** (*compañía*) company, firm: **trabaja en una empresa constructora** he works for a construction company. **2.** (*tarea difícil*) task, undertaking: **no es empresa fácil convencerlo** it's no easy task to convince him.

empresariado /empresa'rjaðo/ *sm* (*empresarios*) employers *pl*.

empresarial /empresa'rjal/ *adj* managerial: **no tiene dotes empresariales** he does not have managerial abilities; **estudia ciencias empresariales** she's studying business management.

empresario, -ria /empre'sarjo -rja/ *sm/f* (*dueño de una empresa*) employer: **los empresarios no accedieron a las peticiones de los sindicatos** the employers did not agree to the union demands; **varios empresarios vascos han iniciado...** a number of Basque businessmen have begun....

empréstito /em'prestito/ *sm* loan.

empujar /empu'xar/ [➪CANTAR] *vt* **1.** (*mover por fuerza*) to push: **tuve que empujar el coche** I had to push the car. **2.** (*animar*) to make, to drive: **su amor propio la empujó a estudiar** her pride drove her to her study. ♦ *vi* to push: **¡deja de empujar!** stop pushing!

empuje /em'puxe/ *sm* **1.** (*acción*) push, thrust. **2.** (*energía, decisión*) initiative: **le falta un poco de empuje** he is rather lacking in initiative ● **no es una persona de empuje** he doesn't have much drive.

empujón /empu'xon/ *sm* **1.** (*golpe*) push, shove: **subió al autobús *a* empujones** he shoved his way onto the bus; **se abrió paso *a* empujones** he pushed his way through. **2.** (*adelanto*): **ayer le di un buen empujón al mural, así que pronto lo terminaré** I worked really hard on the mural yesterday so I'll soon finish it ● **avanza a empujones** he's progressing in fits and starts.

empuñadura /empuɲa'ðura/ *sf* **1.** (*de una daga, una espada*) hilt. **2.** (*de una herramienta*) handle.

empuñar /empu'ɲar/ [➪CANTAR] *vt* (*un arma*) to brandish: **empuñaba un palo en actitud amenazadora** he was brandishing a stick in a menacing manner; (*una herramienta*) to hold.

emú /e'mu/ *sm* [**emúes** ✻ **emús**] emu.

emulación /emula'θjon/ *sf* emulation.

emulador, -dora /emula'ðor -'ðora/ *adj* emulative.

emular /emu'lar/ [➪CANTAR] *vt* to emulate.

émulo, -la /'emulo -la/ *sm/f* emulator.

emulsión /emul'sjon/ *sf* (*Quím*) emulsion.

emulsionar /emulsjo'nar/ [➪CANTAR] *vt* to emulsify.

en /en/ **I** *prep* **1.** (*para indicar lugar: gen*) in, at: **vive en Málaga** she lives in Málaga; **no le va muy bien en el colegio** he's not doing very well at school; **me parece que no están en casa** I don't think they're at home; **se la encontraron en el aeropuerto** they met her at the airport; **¿no lo ves, allí en la playa?** can't you see him, there on the beach?; **pasan los fines de semana en la playa** they spend the weekends at the beach; **la vi en la puerta** I saw her at the door; (*: dentro de*) in: **mételo en el cajón** put it in the drawer; (*: sobre*) on: **mi cartera está en esa mesa** my wallet is on that table. **2.** (*para indicar movimiento o transformación*) into: **entró en el bar** she went into the bar; **se rompió en cuatro piezas** it broke into four pieces. **3.** (*de tiempo: gen*) in: **la línea se inauguró en 1992** the line opened in 1992; **en diez segundos me termino de arreglar** I'll be ready in ten seconds; **mi cumpleaños cae en jueves** my birthday is on a Thursday; **en aquel momento llamaron a la puerta** at that moment somebody knocked at the door; **llegará de hoy en quince días** he'll arrive two weeks from today; **tardó tres horas en llegar** it took her three hours to get here; (*Amér L: la mañana, la tarde, la noche*): **vino en la mañana** she came in the morning. **4.** (*para indicar medio de transporte*) by: **hemos venido en coche** we've come by car; **no podemos permitirnos ir en avión** we can't afford to fly. **5.** (*para indicar modo, manera*) in: **el partido terminó en empate** the match finished in a draw; **las instrucciones están sólo en inglés** the instructions are only in English; **no te enfades, lo he dicho en broma** don't get annoyed, I was joking; **me gusta el verde en particular** I particularly like the green one; **lo conozco en el hablar** I recognize him from ✻ by his way of speaking; **¿en qué estás pensando?** what are you thinking about?; **piensa en mí** think of me. **6.** (*para indicar precio*) at: **lo valoraron en diez millones de pesetas** they valued it at ten million pesetas. **7.** (*para indicar*

materia, tema) in: **no creen en Dios** they don't believe in God; **trabaja en la construcción** she works in the construction industry; **siempre ha destacado en historia** she's always been good at history; **que opinen los expertos en el tema** let the experts on the subject give their opinion.
II en seguida *loc adv* ➪ enseguida

enagua /e'naɣwa/ *sf*, **enaguas** /e'naɣwas/ *sf pl* petticoat, slip.

enajenación /enaxena'θjon/ *sf* **1.** (*Jur*) transfer. **2.** (*also* **enajenación mental**) (*Med*) insanity. **3.** (*embelesamiento*) rapture.

enajenado, -da /enaxe'naðo -ða/ *adj* insane.

enajenar /enaxe'nar/ [➪ CANTAR] *vt* **1.** (*una propiedad*) to transfer. **2.** (*trastornar*) to drive insane. **3.** (*quitar*): **su mal carácter le enajenó la amistad de sus compañeros** his bad temper cost him his colleagues' friendship.
enajenarse *v prnl* (*volverse loco*) to go mad.

enaltecer /enalte'θer/ [➪ agradecer] *vt* **1.** (*engrandecer*) to do credit (to): **ese gesto lo enaltece** that gesture does him credit. **2.** (*elogiar*) to praise: **enalteció a sus profesores** he praised his teachers.

enamoradizo, -za /enamora'ðiθo -θa/ *adj*: **mi hermana es muy enamoradiza** my sister is always falling in love.

enamorado, -da /enamo'raðo -ða/ **I** *adj* in love: **está enamorada** *de* **él** she's in love with him.
II *sm/f* **1.** (*compañero, pareja*): **¿dónde está tu enamorado?** where is your boyfriend? **2.** (*aficionado*) buff: **es un enamorado del tango** he's mad about the tango.

enamoramiento /enamora'mjento/ *sm*: **tiene tal enamoramiento que está alelado** he is so much in love that he's in a daze.

enamorar /enamo'rar/ [➪ CANTAR] *vt* to capture the heart of: **la enamoró a base de atenciones y regalos** he won her heart with constant attention and gifts.
enamorarse *v prnl* to fall in love: **se enamoró** *de* **él** she fell in love with him; **se enamoró** *de* **aquel pueblecito** he fell in love with that village.

enamoriscarse /enamoris'karse/ [➪ sacar] *v prnl* (*fam*): **se enamoriscó** *de* **ella** he took a fancy to her.

enano, -na /e'nano -na/ **I** *adj* **1.** (*Med*) dwarf. **2.** (*fam: muy pequeño*): **viven en un apartamento enano** they live in a tiny flat.
II *sm/f* dwarf • **disfruté como un enano** I really enjoyed myself.

enarbolar /enarβo'lar/ [➪ CANTAR] *vt* **1.** (*una bandera: alzar*) to hoist, to raise: **enarboló el estandarte** he hoisted the flag; (*: agitar*) to wave. **2.** (*un arma, un bastón*) to brandish: **enarboló la espada** *contra* **él** she brandished the sword at him. **3.** (*adoptar*) to adopt, to take up: **enarbolaron la bandera de la revolución** they took up the cause of the revolution.

enarcar /enar'kar/ [➪ sacar] *vt* to raise, to arch: **enarcó las cejas sorprendido** he raised his eyebrows in surprise.

enardecedor, -dora /enarðeθe'ðor -'ðora/ *adj* rousing, stirring.

enardecer /enarðe'θer/ [➪ agradecer] *vt* **1.** (*ánimos*) to arouse. **2.** (*a una persona*) to whip up, to inflame: **su discurso enardeció** *al* **público** her speech whipped up the audience.
enardecerse *v prnl* (*enfervorizarse*) to get excited.

enarenar /enare'nar/ [➪ CANTAR] *vt* to cover with sand.

encabestrar /eŋkaβes'trar/ [➪ CANTAR] *vt* to put a halter on.

encabezamiento /eŋkaβeθa'mjento/ *sm* heading.

encabezar /eŋkaβe'θar/ [➪ cazar] *vt* **1.** (*un escrito*) to head: **¿quién encabeza la lista de candidatos?** who heads the list of candidates?; **encabeza cada capítulo con una cita de Vallejo** he starts off each chapter with a quotation from Vallejo. **2.** (*una revuelta, una manifestación*) to lead. **3.** (*Dep*) to lead: **el equipo ruso encabezaba la clasificación** the Russian team was top of the table.

encabritarse /eŋkaβri'tarse/ [➪ CANTAR] *v prnl* **1.** (*caballo*) to rear up. **2.** (*enfadarse mucho*) to get very angry.

encadenado, -da /eŋkaðe'naðo -ða/ *adj* chained.

encadenamiento /eŋkaðena'mjento/ *sm* **1.** (*de ideas*) linking, stringing together. **2.** (*Quím*) chaining.

encadenar /eŋkaðe'nar/ [➪ CANTAR] *vt* **1.** (*con cadenas*) to chain (up): **encadenó** *al* **perro** he chained up the dog. **2.** (*retener*) to tie, to keep chained: **mi trabajo me encadena** *al* **ordenador** my job keeps me chained to the computer. **3.** (*datos, conceptos*) to make the connection between, to link up: **encadenó todos los hechos** he made the connection between all the facts.
encadenarse *v prnl* to follow one after the other: **las desgracias se encadenaban unas** *a* **otras** one misfortune followed another.

encajar /eŋka'xar/ [➪ CANTAR] *vt* **1.** (*acoplar*) to fit, to slot: **encajaron la ventana** *en* **el marco** they fitted the window into the frame. **2.** (*asimilar*) to take, to react to: **encajó bien la noticia** he took the news well. **3.** (*fam: atizar*) to deal: **le encajó un golpe** he dealt him a blow. **4.** (*fam: endilgar*) to subject to: **le encajó un sermón de una hora** she subjected him to an hour-long tirade. **5.** (*aguantar*) to take, to put up with: **no supo encajar la broma** he couldn't take the joke. **6.** (*un gol*) to let through * in: **sólo ha encajado diez goles en lo que llevamos de temporada** he has only let in ten goals so far this season.
♦ *vi* **1.** (*acoplarse*) to fit: **no encaja bien** it doesn't fit very well. **2.** (*coincidir*) to tally, to fit (in): **tu versión no encaja** *con* **la mía** your version doesn't tally with mine. **3.** (*adaptarse*) to fit in, to settle: **encajó bien** *con* **sus compañeros** he fitted in well among his classmates.
encajarse *v prnl* **1.** (*acoplarse*) to fit. **2.** (*ponerse*) to put on (*firmly*): **se encajó la gorra** he jammed his cap on his head. **3.** (*Amér L: Auto*) to get stuck.

encaje /eŋ'kaxe/ *sm* (*puntilla*) lace: **le regalamos un mantel de encaje blanco** we gave him a white lace tablecloth.

encajonar /eŋkaxo'nar/ [➪ CANTAR] *vt* to box in: **me encajonó y luego no podía salir** he boxed me in and I couldn't get out.
encajonarse *v prnl* **1.** (*quedar atrapado*) to get boxed in. **2.** (*río*): **cien metros más arriba el río se encajona** *entre* **los peñascos** a hundred metres upstream the river runs through a narrow gorge.

encalado /eŋka'laðo/ *sm* whitewashing.

encalar /eŋka'lar/ [➪ CANTAR] *vt* to whitewash.

encalladura /eŋkaʎa'ðura/ *sf* (*Náut*) running aground, beaching.

encallar /eŋka'ʎar/ [➪ CANTAR] *vi* to run aground, to beach.

encallecerse /eŋkaʎe'θerse/ [➪ agradecer] *v prnl* **1.** (*manos, pies*) to become hardened * callused. **2.** (*insensibilizarse*) to become hardened: **su corazón**

se encalleció con el tiempo as time went by his heart hardened.

encalmarse /eŋkal'marse/ [⇨CANTAR] *v prnl* (*mar*) to calm, to become calm; (*viento*) to drop.

encamar /eŋka'mar/ [⇨CANTAR] *vt* (*Med*) to send to bed.
encamarse *v prnl* (*meterse en cama*) to take to one's bed.

encaminado, -da /eŋkami'naðo -ða/ *adj* aimed: **está encaminado** *a* **resolver la inflación** it's aimed at solving the problem of inflation • **estás * vas bien/mal encaminado** you're on the right/wrong track.

encaminar /eŋkami'nar/ [⇨CANTAR] *vt* **1.** (*a un lugar*) to direct: **lo encaminó** *a* * *hacia* **su casa** she showed him the way home. **2.** (*Educ*: *encauzar*) to guide, to direct: **encaminó a sus hijos** *hacia* **el estudio** she guided her children along the path of study; **encaminaron sus esfuerzos** *a* **mejorar en inglés** they channelled their efforts into improving their English.
encaminarse *v prnl* (*a un lugar*) to set off: **se encaminó** *a* * *hacia* **la playa** she set off for the beach.

encandilado, -da /eŋkandi'laðo -ða/ *adj* gaping: **se quedó encandilado** he stood gaping (in amazement).

encandilar /eŋkandi'lar/ [⇨CANTAR] *vt* **1.** (*Amér L*: *deslumbrar*) to dazzle: **los faros del otro camión lo encandilaron** the lights of the other truck dazzled him. **2.** (*fascinar*) to captivate, to fascinate: **encandiló a los niños** *con* **unos trucos de magia** he captivated the children with some magic tricks. **3.** (*embaucar*) to take in, to dupe: **lo encandiló** *con* **palabras bonitas** she took him in with fine words.
encandilarse *v prnl* **1.** (*enamorarse*) to fall in love. **2.** (*encenderse*) to shine: **se le encandilaron los ojos** *con* **el vino** her eyes were shining with the wine.

encanecer /eŋkane'θer/ [⇨agradecer] *vi* **1.** (*el pelo*) to turn grey * gray. **2.** (*envejecer*) to grow old.
encanecerse *v prnl* (*el pelo*) to turn grey * gray: **se le encaneció el pelo** his hair turned grey.

encanijado, -da /eŋkani'xaðo -ða/ *adj* weak, puny.

encantado, -da /eŋkan'taðo -ða/ *adj* **1.** (*hechizado*) enchanted; (*habitado por fantasmas*) haunted: **es un castillo encantado** it's a haunted castle. **2.** (*contento*) pleased, delighted: **encantado (***de* **conocerla/lo)** pleased to meet you; **está encantada** *con* **el trabajo** she's delighted with her job • **por mí, encantada** that's fine by me.

encantador, -dora /eŋkanta'ðor -'ðora/ **I** *adj* delightful, charming: **es una persona encantadora** he is a charming person.
II *sm/f* magician: **es un encantador de serpientes** he's a snake charmer.

encantamiento /eŋkanta'mjento/ *sm* (*acción*) enchantment; (*efecto*) spell.

encantar /eŋkan'tar/ [⇨CANTAR] *vt* (*embrujar*) to put a spell on, to bewitch.
♦*vi* (*gustar mucho*): **me encanta bailar** I love dancing; **le encantó que lo visitaras** he was delighted by your visit.

encanto /eŋ'kanto/ **I** *sm* **1.** (*magia*) magic: **sucedió como** *por* **encanto** it happened as if by magic. **2.** (*atractivo*) charm: **el encanto del paisaje** the charm of the scenery. **3.** (*maravilla*) treasure, delight: **este niño es un encanto** he's a delightful child. **4.** (*cariño*) love, darling.
II encantos *sm pl* charms *pl*: **estaba dotada de muchos encantos** she was very attractive.

encañar /eŋka'ɲar/ [⇨CANTAR] *vt* **1.** (*las plantas*) to stake, to train. **2.** (*el agua*) to pipe.

encañonar /eŋkaɲo'nar/ [⇨CANTAR] *vt* to aim at, to point at.

encapotado, -da /eŋkapo'taðo -ða/ *adj* cloudy, overcast.

encapotarse /eŋkapo'tarse/ [⇨CANTAR] *v prnl* to cloud over, to become overcast: **el cielo se está encapotando** the sky * it is clouding over.

encaprichamiento /eŋkapritʃa'mjento/ *sm* (*antojo*) whim; (*enamoramiento*) infatuation.

encapricharse /eŋkapri'tʃarse/ [⇨CANTAR] *v prnl* **1.** (*antojarse*): **se ha encaprichado** *de* **este cuadro** she's taken a fancy to this painting; **se encaprichó** *con* **comprar un perro** he set his heart on buying a dog. **2.** (*enamorarse*): **se encaprichó** *con* * *de* **ella** he developed a crush on her.

encapuchado, -da /eŋkapu'tʃaðo -ða/ **I** *adj* masked, hooded: **en la procesión iban muchos jóvenes encapuchados** there were many young people wearing hoods in the procession.
II *sm/f* masked person, hooded person: **lo asaltaron unos encapuchados** he was attacked by masked men.

encapuchar /eŋkapu'tʃar/ [⇨CANTAR] *vt* to put a hood on.
encapucharse *v prnl* to put a hood on.

encarado, -da /eŋka'raðo -ða/ *adj*: **había unos individuos mal encarados** there were some nasty-looking people there.

encaramar /eŋkara'mar/ [⇨CANTAR] *vt* **1.** (*subir*) to lift (up). **2.** (*ascender*) to take, to raise.
encaramarse *v prnl* **1.** (*subirse*) to climb: **se encaramó** *al* **tejado** he climbed onto the roof. **2.** (*ascender en rango*) to rise: **se encaramó** *a* **la presidencia** he rose to the position of president.

encarar /eŋka'rar/ [⇨CANTAR] *vt* to face (up to): **encaró el problema** he faced up to the problem.
encararse *v prnl* to face up to, to confront: **se encaró** *al* **problema** she faced up to the problem; **se encaró** *con* **el jefe y casi la despiden** she confronted the boss and nearly got fired.

encarcelación /eŋkarθela'θjon/ *sf*, **encarcelamiento** /eŋkarθela'mjento/ *sm* imprisonment.

encarcelar /eŋkarθe'lar/ [⇨CANTAR] *vt* to imprison, to put in prison.

encarecer /eŋkare'θer/ [⇨agradecer] *vt* **1.** (*hacer más caro*) to make more expensive; (*subir el precio de*) to increase the price of. **2.** (*frml*: *ensalzar*) to praise, to extol: **encareció sus métodos de enseñanza** she praised his teaching methods. **3.** (*frml*: *rogar*) to urge: **me encareció repetidamente que lo visitara** he repeatedly urged me to visit him.
encarecerse *v prnl* to become more expensive: **todo se encarece** everything's becoming more expensive.

encarecidamente /eŋkareθiða'mente/ *adv* earnestly.

encarecimiento /eŋkareθi'mjento/ *sm* **1.** (*de productos, servicios*) increase in cost: **el encarecimiento de las materias primas** the increase in the cost of raw materials. **2.** (*frml*: *elogio*) praise. **3.** (*frml*: *empeño*) insistence: **me lo rogó** *con* **encarecimiento** he asked me insistently.

encargado, -da /eŋkar'ɣaðo -ða/ **I** *adj* in charge: **es el que está encargado** *de* **la seguridad** he's the person in charge of security.
II *sm/f* **1.** (*responsable*) person in charge. **2.** (*en una tienda, un restaurante*) manager.

encargar /eŋkar'ɣar/ [⇨pagar] *vt* **1.** (*encomendar*) to entrust: **me encargó que los avisara** he entrusted me with notifying them; **les encargué la vigilancia del edificio** I put them in charge of guarding the building.

2. (*hacer un pedido de*) to order: **encargó flores** *en* **la tienda** she ordered flowers from the shop. **3.** (*pedir un trabajo a alguien*) to commission: **le encargaron un reportaje fotográfico** he was commissioned to undertake a photo-report.

encargarse *v prnl* to take charge, to be in charge: **yo me encargo** *de* **la comida** I'm in charge of the cooking; **se encargó** *de* **los niños** he took care of the children.

encargo /eŋ'karɣo/ **I** *sm* **1.** (*servicio*): **hice su encargo lo mejor que pude** I did what she asked me as best as I could; **¿vas al ayuntamiento? ¿te importa que te haga un encargo?** are you going to the town hall? would you mind doing something for me? **2.** (*en comercio*) order: **hizo varios encargos** she placed several orders • **está hecho de encargo** it's made to order • **es como hecho de encargo * ni hecho de encargo** it's ideal.

II de encargo *loc adj* (*Amér L*) pregnant: **está de encargo** she is pregnant.

encariñado, -da /eŋkari'ɲaðo -ða/ *adj* attached, fond: **está encariñado** *con* **el juguete** he's very fond of the toy; **estoy encariñada** *con* **él** I'm very attached to him.

encariñarse /eŋkari'ɲarse/ [➪ CANTAR] *v prnl*: **se encariñó** *con* **ella** he became fond of her.

encarnación /eŋkarna'θjon/ *sf* **1.** (*Relig*) incarnation. **2.** (*representación*) embodiment, image.

encarnado, -da /eŋkar'naðo -ða/ **I** *adj* **1.** (*personificado*) incarnate: **es el diablo encarnado** he is the devil incarnate. **2.** (*rojo*) red: **llevaba carmín encarnado** she was wearing red lipstick • **se puso encarnado** he went red.

II encarnado *sm* red.

encarnar /eŋkar'nar/ [➪ CANTAR] *vi* **1.** (*Relig*) to become incarnate. **2.** (*cicatrizar*) to heal: **la herida encarna bien** the wound is healing well.

♦*vt* **1.** (*una idea*) to personify, to embody: **ese personaje encarna la bondad** that character personifies kindness. **2.** (*un papel*) to play, to take the part of: **encarnó el papel de Casanova** he played the part of Casanova.

encarnarse *v prnl* (*Relig*) to become incarnate.

encarnizado, -da /eŋkarni'θaðo -ða/ *adj* fierce, fearsome: **tras una lucha encarnizada consiguió la custodia de los hijos** after a fierce fight he got custody of the children.

encarnizar /eŋkarni'θar/ [➪ cazar] *vt* to make more brutal.

encarnizarse *v prnl* to act mercilessly: **se encarnizó** *con* **el más débil** he dealt mercilessly with the weakest one.

encarrilar /eŋkarri'lar/ [➪ CANTAR] *vt* **1.** (*un tren*) to put (back) on the rails. **2.** (*encauzar*) to guide, to point in the right direction: **trató de encarrilar a su hijo para que fuera arquitecto** he tried to point his son in the direction of a career in architecture; **encarriló bien/mal el asunto** he got off to a good/bad start • **no vas mal encarrilado** you're on the right lines.

encartarse /eŋkar'tarse/ [➪ CANTAR] *v prnl* (*en naipes*) to pick up a card.

encarte /eŋ'karte/ *sm* (*en naipes*) lead.

encasillado, -da /eŋkasi'ʎaðo -ða/ *adj* typecast: **está encasillado en papeles de malo** he's become typecast as a villain.

encasillar /eŋkasi'ʎar/ [➪ CANTAR] *vt* (*gen*) to label, to brand: **la encasillaron** *como* **mala estudiante** she was branded a poor student; (*a actores*) to typecast: **la encasillaron** *en* **papeles de mala** she became typecast in the role of the evil woman.

encasquetar /eŋkaske'tar/ [➪ CANTAR] *vt* **1.** (*una boina, un sombrero*) to put on: **le encasquetó el sombrero** she placed his hat firmly on his head. **2.** (*un discurso, un sermón*) to subject to: **nos encasquetó un rollo de discurso** he subjected us to such a boring speech. **3.** (*una tarea*) to foist: **le encasquetó el trabajito a Rosa** he foisted the job onto Rosa. **4.** (*un golpe, un tortazo*) to deal: **le encasquetó un golpe** he dealt him a blow.

encasquetarse *v prnl* to put on: **se encasquetó la boina** he crammed the beret onto his head.

encasquillamiento /eŋkaskiʎa'mjento/ *sm* (*de un arma, un mecanismo*) jamming.

encasquillarse /eŋkaski'ʎarse/ [➪ CANTAR] *v prnl* **1.** (*arma, mecanismo*) to jam: **se le encasquilló la escopeta** his shotgun jammed. **2.** (*fam: al hablar*) to get stuck: **se encasquilló varias veces durante el discurso** he got stuck several times during the speech.

encausar /eŋkau'sar/ [➪ CANTAR] *vt* to prosecute: **encausaron a los responsables** those responsible were prosecuted.

encauzar /eŋkau'θar/ [➪ cazar] *vt* **1.** (*una corriente de agua*) to channel. **2.** (*dirigir*) to steer, to direct: **encauzó la conversación hacia el tema del salario** she steered the conversation round to the subject of wages.

encauzarse *v prnl* to return to normal: **la situación ha vuelto a encauzarse** the situation has returned to normal.

encéfalo /en'θefalo/ *sm* brain.

encefalograma /enθefalo'ɣrama/ *sm* encephalogram.

encendedor /enθende'ðor/ *sm* lighter.

encender /enθen'der/ [➪ tender] *vt* **1.** (*un fuego, un cigarrillo, una vela*) to light: **encendimos una hoguera para calentarnos** we lit a fire to keep warm; (*un fósforo*) to strike, to light. **2.** (*la luz, un aparato eléctrico*) to turn on, to switch on: **¡no enciendas ahora la radio!** don't turn the radio on now! **3.** (*exaltar*) to arouse, to stir up: **aquella respuesta encendió su ira** that reply aroused his anger.

encenderse *v prnl* **1.** (*luz, aparato eléctrico*) to come on. **2.** (*ruborizarse*) to go red, to blush.

encendido, -da /enθen'diðo -ða/ **I** *adj* **1.** (*fuego*) alight, burning: **¿todavía está encendido el fuego?** is the fire still burning?; (*cigarrillo, vela*) alight, lit. **2.** (*aparato eléctrico*) switched on, on: **¿está encendida la calefacción?** is the heating (switched) on?; **te dejaste la luz encendida** you left the light on. **3.** (*rojo*) glowing. **4.** (*cara*) red, flushed: **tenía el rostro encendido de la emoción** his face was flushed with excitement. **5.** (*discurso*) fiery; (*discusión*) heated.

II encendido *sm* (*de un vehículo*) ignition: **creo que es un problema del encendido** I think there's something wrong with the ignition.

encerado, -da /enθe'raðo -ða/ **I** *adj* polished: **esta máquina deja el suelo muy bien encerado** this machine makes a good job of polishing the floor.

II encerado *sm* blackboard: **copió los ejemplos del encerado** he copied the examples from the blackboard.

encerar /enθe'rar/ [➪ CANTAR] *vt* to polish.

encerrar /enθe'rrar/ [➪ pensar] *vt* **1.** (*a propósito*) to shut up * away, to lock up * away: **lo encerraron** *en*

una habitación vacía he was shut up in an empty room; **la encerraron** *en* **el manicomio** they shut her away in the lunatic asylum; (*sin querer*) to shut in, to lock in: **se marchó con las llaves y nos dejó encerrados** *en* **la oficina** she went off with the keys and left us shut in the office. **2.** (*guardar*) to lock away: **encerró los papeles en un lugar seguro** he locked the papers (away) in a safe place. **3.** (*contener*) to contain: **sus palabras encerraban gran sabiduría** his words contained much wisdom; (*entrañar*) to involve, to imply: **esa decisión encierra muchos problemas** that decision involves many problems.

encerrarse *v prnl* **1.** (*en un lugar*) to shut oneself up * away * off: **cuando llegan los exámenes, se encierra en casa** when the exams are on she shuts herself away at home. **2.** (*en uno mismo*) to become withdrawn: **tras la muerte de su hijo se encerró** *en* **sí misma** after the death of her son, she became very withdrawn.

encerrona /enθe'rrona/ *sf* trap: **le han tendido una encerrona** they have set a trap for him.

encestar /enθes'tar/ [⇨CANTAR] *vt/i* to score (*in basketball*): **tiré el papel a la papelera y encesté** I threw the paper at the wastepaper basket and got it in.

enceste /en'θeste/ *sm* basket (*scoring points*).

enchapado, -da /entʃa'paðo -ða/ *adj* (*con metal*) plated; (*con madera*) veneered.

encharcado, -da /entʃar'kaðo -ða/ *adj* **1.** (*campo, prado*) flooded. **2.** (*órgano, cavidad*): **tenía los pulmones encharcados** his lungs were full of fluid.

encharcar /entʃar'kar/ [⇨sacar] *vt* (*inundar*) to flood: **la lluvia encharcó el campo** rain flooded the pitch.

encharcarse *v prnl* **1.** (*campo, prado*) to become flooded. **2.** (*órgano, cavidad*) to be filled with fluid.

enchilada /entʃi'laða/ *sf* (*en la comida mexicana*) enchilada (*corn tortilla with spicy filling*).

enchilado, -da /entʃi'laðo -ða/ **I** *adj* (*Méx*) **1.** (*condimentado con chile*) seasoned with chilli. **2.** (*rojo intenso*) bright red. **3.** (*colérico*) furious.
II enchilado *sm* (*Méx*) *dish cooked with chilli sauce.*

enchilar /entʃi'lar/ [⇨CANTAR] *vt* (*Méx*) to season with chilli.

enchinar /entʃi'nar/ [⇨CANTAR] *vt* (*Méx*) to curl.

enchinarse *v prnl* (*Méx*) to curl.

enchufar /entʃu'far/ [⇨CANTAR] *vt* **1.** (*a una toma de corriente*) to plug in: **¿puedes enchufar la plancha, por favor?** could you plug in the iron, please? **2.** (*fam: encender*) to turn on: **enchufa la tele** turn on the television. **3.** (*fam: recomendar*) to pull strings for: **enchufó a todos sus hijos** he used his connections to get jobs for all of his children; **consiguió el empleo porque su tío lo enchufó** he got the job because his uncle pulled strings for him.

enchufarse *v prnl* (*fam*): **consiguió enchufarse en el banco** she managed to get herself a job in the bank through her connections.

enchufe /en'tʃufe/ *sm* **1.** (*hembra*) socket, power point: **ten cuidado, no metas los dedos en el enchufe** be careful, don't stick your fingers in the socket; (*macho*) plug: **tienes que ponerle un enchufe a la batidora** you have to put a plug on the blender. **2.** (*fam: recomendación*) connections *pl*, useful contact: **necesitaría un enchufe para entrar en la empresa** he would need connections to get into the company, he would need to pull some strings to get into the company; **la contrataron por enchufe** she was employed because she had friends in the right places; (*trato favorable*): **mi madre le tiene enchufe a mi hermana** my sister is my mother's favourite.

enchufismo /entʃu'fizmo/ *sm* string-pulling.

encía /en'θia/ *sf* (*Anat*) gum.

encíclica /en'θiklika/ *sf* encyclical.

enciclopedia /enθiklo'peðja/ *sf* encyclopedia.

enciclopédico, -ca /enθiklo'peðiko -ka/ *adj* encyclopedic.

enciendo /en'θjendo/ *and other forms with* **enciend-** ⇨encender

encierro /en'θjerro/ **I** *and other forms with* **encierr-** ⇨encerrar
II *sm* **1.** (*involuntario*) confinement: **tras varios días de encierro...** after several days in confinement...; (*voluntario*) sit-in: **Ana participó en el encierro de los estudiantes** Ana took part in the student sit-in. **2.** (*Tauro*) *stampede of bulls through the streets* (*especially during the San Fermín festival in Pamplona*).

encima /en'θima/ *adv* **1.** (*arriba*) above: **vivimos encima** *de* **una tienda** we live above a shop; *por* **encima pasan unas tuberías** there are some pipes which pass overhead • **sólo he mirado por encima las revistas que me dejaste** I've only skimmed through the magazines that you lent me. **2.** (*sobre*) on, on top: **el pastel tenía una capa de nata** *por* **encima** the cake had a layer of cream on top; **tenía varios libros encima** *de* **la mesa** he had several books on the table; **el gato se subió encima** *del* **armario** the cat climbed up on top of the wardrobe • **¿llevas algo de dinero encima?** have you got any money on you? • **tiene mucha responsabilidad encima** she bears great responsibility • **se ha quitado un peso de encima** this has taken a load off his mind • **¿cómo conseguiste quitarte de encima al pesado de Juan?** how did you manage to get rid of that old bore Juan? **3.** (*además*) what's more: **hace frío y encima está lloviendo** it's cold, and what's more, it's raining. **4.** (*para colmo*): **tiene todo lo que quiere y encima se queja** she has everything she wants and she still complains. **5.** (*de categoría, importancia*) above, over: **en la empresa hay muchos** *por* **encima** *de* **mí** there are many people senior to me in the company; **la felicidad está** *por* **encima** *del* **dinero** happiness is more important than money; **esto está** *por* **encima** *de* **tus posibilidades** this is beyond your means. **6.** (*muy cerca*): **ya tenemos las vacaciones encima** the holidays are almost upon us; **tiene a la policía encima** the police are closing in on him. **7.** (*vigilando*): **su jefe está siempre encima** *de* **ellos** their boss is always on top of them.

encimera /enθi'mera/ *sf* worktop.

encina /en'θina/ *sf* holm oak, ilex.

encinta /en'θinta/ *adj* pregnant.

encizañar /enθiθa'ɲar/ [⇨CANTAR] *vt* to cause trouble between/among.
♦ *vi* to cause trouble.

enclaustrarse /eŋklaus'trarse/ [⇨CANTAR] *v prnl* (*encerrarse*) to shut oneself away: **se ha enclaustrado y no quiere ver a nadie** he's shut himself away and refuses to see anybody.

enclavado, -da /eŋkla'βaðo -ða/ *adj* situated, located: **es un pueblecito enclavado en la sierra** it's a small village situated in the mountains.

enclave /eŋ'klaβe/ *sm* enclave.

enclenque /eŋ'kleŋke/ **I** *adj* (*debilucho*) weak, puny; (*flaco*) skinny, scraggy.
II *sm/f* (*debilucho*) weakling, puny person; (*flaco*) skinny person.

encoger /eŋko'xer/ [➪proteger] *vi* (*ropa*) to shrink: **si lo lavas con agua caliente, encogerá** if you wash it in hot water, it'll shrink.
♦*vt* **1.** (*una parte del cuerpo*): **no encojas el cuello, que quiero ver como te queda** lift your head up, I want to see how you look. **2.** (*fam*: *a una persona*) to intimidate, to scare.
encogerse *v prnl* **1.** (*ropa*) to shrink. **2.** (*cuerpo*) to curl up: **se encogía** *de* **frío** she curled up because of the cold; **cuando le pregunté se limitó a encogerse de hombros** when I asked him he just shrugged his shoulders. **3.** (*fam*: *acobardarse*) to be intimidated: **no te encojas y contéstale** don't be intimidated, answer him.

encolar /eŋko'lar/ [➪CANTAR] *vt* to glue: **hay que encolar el respaldo de esta silla** we have to glue the back of this chair.

encolerizar /eŋkoleri'θar/ [➪cazar] *vt* to madden, to infuriate: **me encoleriza su falta de responsabilidad** his irresponsibility maddens me.
encolerizarse *v prnl* to get angry, to lose one's temper.

encomendar /eŋkomen'dar/ [➪pensar] *vt* to entrust: **le encomendaron el cuidado de los niños** she was entrusted with looking after the children.
encomendarse *v prnl* to entrust oneself: **se encomendó** *a* **Dios** she put herself in God's care.

encomiable /eŋko'mjaβle/ *adj* laudable, praiseworthy.

encomiar /eŋko'mjar/ [➪CAMBIAR] *vt* to praise.

encomienda /eŋko'mjenda/ *sf* **1.** (*labor, tarea*) assignment, task. **2.** (*Amér L*: *paquete*) packet, parcel.

encomio /eŋ'komjo/ *sm* (*frml*) praise: **su generosidad es digna de encomio** his generosity is praiseworthy.

enconado, -da /enko'naðo -ða/ *adj* **1.** (*lucha*) fierce: **mantuvieron una enconada lucha por el poder** they fought a fierce battle for power. **2.** (*discusión*) fierce, heated: **sostuvieron una enconada discusión sobre política** they had a heated argument about politics.

enconar /eŋko'nar/ [➪CANTAR] *vt* **1.** (*una discusión*): **su intervención enconó la disputa sobre la ley de educación** his contribution made the debate on the education act even more heated; **la falta de acuerdo ha enconado los ánimos** the lack of agreement has caused more ill feeling between them. **2.** (*a una persona*) to anger.
enconarse *v prnl* (*discusión*) to become heated.

encono /eŋ'kono/ *sm* resentment, ill-will.

encontradizo, -za /eŋkontra'ðiθo -θa/ *sm/f* ● **me hice el encontradizo** I pretended that it was a chance meeting.

encontrado, -da /eŋkon'traðo -ða/ *adj* opposed, conflicting: **tienen intereses encontrados** they have conflicting interests; **tenía sentimientos encontrados** *hacia* **su antiguo novio** she had mixed feelings towards her ex-boyfriend.

encontrar /eŋkon'trar/ [➪contar] *vt* **1.** (*hallar*) to find: **tengo que encontrar ese papel** I must find that piece of paper; **entré en su habitación y lo encontré llorando** I went into his room and found him crying. **2.** (*juzgar*) to find: **encontró la novela bastante aburrida** he found the novel pretty boring; **encontramos la película muy divertida** we thought the movie was very funny; **a Luis lo encuentro muy cambiado** I think Luis has changed a lot. **3.** (*topar*) to meet (with), to encounter: **encontraron muchas dificultades en la investigación** they encountered many difficulties during the investigation.
encontrarse *v prnl* **1.** (*hallar*) to find, to come across: **me encontré mil pesetas en el suelo** I came across a thousand pesetas on the floor ● **ahorra un poco cada mes y, al final, eso que te encuentras** put a little aside every month and before you know it you'll have a tidy sum saved. **2.** (*toparse*) to run into, to encounter: **se encontró** *con* **problemas financieros** he ran into financial difficulties. **3.** (*con una persona*) to meet: **nos encontramos camino del médico** we met on the way to the doctor's; **se encontró** *a* ✱ *con* **su profesor en el cine** he bumped into his teacher in the cinema. **4.** (*Mat*: *planos, rectas*) to intersect, to meet. **5.** (*vehículos*) to collide. **6.** (*estar*) to be: **se encuentra fuera de casa** she's away from home. **7.** (*sentirse*) to feel: **no nos encontrábamos a gusto** we didn't feel comfortable; **¿cómo te encuentras hoy?** how are you feeling today? **8.** (*coincidir*) to agree, to coincide. **9.** (*descubrir*) to find (out): **llegué a casa y me encontré con que se había marchado** I arrived home to find that she'd left.

encontronazo /eŋkontro'naθo/ *sm* **1.** (*colisión*) crash. **2.** (*disputa*) clash: **se produjo un encontronazo entre varios líderes del partido** there was a clash between several members of the party leadership.

encopetado, -da /eŋkope'taðo -ða/ *adj* **1.** (*de alta clase social, categoría*) upper-crust, upper-class. **2.** (*acicalado*) dressed up, dolled up: **vino a la boda toda encopetada** she came to the wedding dressed up to the nines.

encorajinar /eŋkoraxi'nar/ [➪CANTAR] *vt* (*fam*) to drive crazy: **sus continuas mentiras lo encorajinan** her continual lying is driving him crazy.
encorajinarse *v prnl* (*fam*) to go mad (with rage), to blow one's top.

encorvado, -da /eŋkor'βaðo -ða/ *adj* bowed, stooping: **una anciana encorvada cruzaba la calle** an old lady with a stoop was crossing the street.

encorvar /eŋkor'βar/ [➪CANTAR] *vt* to bend.
encorvarse *v prnl* to stoop, to bend: **se había encorvado mucho con la edad** he had become more and more stooped with age.

encrespado, -da /eŋkres'paðo -ða/ *adj* **1.** (*pelo: rizado*) curly; (*: tieso*) standing on end. **2.** (*mar*) choppy. **3.** (*persona*) furious; (*ánimos*): **los ánimos estaban encrespados** feelings were running high.

encrespar /eŋkres'par/ [➪CANTAR] *vt* **1.** (*el mar*) to make choppy. **2.** (*irritar*) to madden, to infuriate: **¡tu actitud me encrespa los nervios!** your attitude gets on my nerves!
encresparse *v prnl* **1.** (*pelo*) to curl. **2.** (*mar*) to become choppy. **3.** (*persona*) to get angry; (*ánimos*) to run high: **los ánimos se encresparon durante el debate** feelings ran high during the debate.

encrucijada /eŋkruθi'xaða/ *sf* **1.** (*de caminos*) (*GB*) crossroads, (*US*) crossroad: **la región es una encrucijada de pueblos y culturas** the region is a crossroads for different peoples and cultures. **2.** (*dilema*) crossroads: **en aquel momento mi vida se encontraba en una encrucijada** at that time I faced a crossroads in my life.

encuadernación /eŋkwaðerna'θjon/ *sf* (*acción*) bookbinding; (*pastas*) binding.
encuadernación en rústica *sf* paperback binding.
encuadernación en tela *sf* cloth binding.

encuadernar /eŋkwaðer'nar/ [➪CANTAR] *vt* to bind (*a book, magazine*).

encuadrar /eŋkwa'ðrar/ [⇨CANTAR] *vt* **1.** (*con una cámara*): **asegúrate de que lo has encuadrado bien** make sure you've got it in the centre of the picture; (*en un marco*) to frame. **2.** (*en un grupo, una tendencia*) to place, to include: **algunos críticos lo encuadran en el realismo** some critics include him among the realists.
encuadrarse *v prnl* to be set: **la narración se encuadra en el periodo de entreguerras** the story is set in the period between the wars.

encuadre /eŋ'kwaðre/ *sm* **1.** (*acción*) framing. **2.** (*plano*) frame: **desde más lejos conseguirás un mayor encuadre** you'll fit more into the frame from further away.

encubierto, -ta /eŋku'βjerto -ta/ **I** *past participle of* ⇨encubrir
II *adj* **1.** (*crítica*) veiled: **me pareció percibir una crítica encubierta** I thought I detected a veiled criticism. **2.** (*negocio*) shady: **se sospecha que está metida en negocios encubiertos** she's believed to be mixed up in shady deals.

encubridor, -dora /eŋkuβri'ðor -'ðora/ *sm/f*: **la ley castiga tanto a los delincuentes como a sus encubridores** the law punishes both the criminals and those who aid and abet them.

encubrimiento /eŋkuβri'mjento/ *sm* **1.** (*ocultamiento*) concealment. **2.** (*Jur*) aiding and abetting.

encubrir /eŋku'βrir/ [⇨PARTIR; *past participle* **encubierto**] *vt* (*gen*) to conceal: **encubrió sus intenciones hasta el último momento** he concealed his intentions until the last moment; (*Jur*: *un delito*) to cover up; (*: a un delincuente*) to aid and abet: **la pena por encubrir a un delincuente es muy severa** the penalty for aiding and abetting a criminal is very severe.

encuentro /eŋ'kwentro/ **I** *and other forms with* ***encuentr-*** ⇨encontrar
II *sm* **1.** (*acto*) meeting, encounter: **fue un encuentro casual** it was a chance meeting; **en vez de esperar en casa, le salí al encuentro** instead of waiting at home, I went out to meet him. **2.** (*partido*) game, match: **nuestro equipo ganó el encuentro de ida** our team won the away match.

encuesta /eŋ'kwesta/ *sf* survey, (opinion) poll: **realizaron una encuesta** *entre* **la población escolar** they carried out a survey among schoolchildren; **van a hacer una encuesta** *sobre* **el consumo de tabaco** they are going to do a survey on smoking.

encuestar /eŋkwes'tar/ [⇨CANTAR] *vt* to survey, to poll.

encumbrar /eŋkum'brar/ [⇨CANTAR] *vt* **1.** (*elevar*) to elevate, to raise up: **aquel disco lo encumbró a la fama** that record made him famous. **2.** (*ensalzar*) to idolize, to set on a pedestal.

encurtidos /eŋkur'tiðos/ *sm pl* pickles *pl*.

endeble /en'deβle/ *adj* feeble, weak.

endémico, -ca /en'demiko -ka/ *adj* (*enfermedades, plantas*) endemic; (*circunstancias*) deep-rooted: **el desempleo es un mal endémico de la región** unemployment is a deep-rooted problem in the area.

endemoniado, -da /endemo'njaðo -ða/ *adj* **1.** (*Relig*) possessed. **2.** (*fam*: *molesto, fastidioso*) wretched, awful: **no consiguió resolver el endemoniado problema** she couldn't solve the wretched problem.

enderezar /endere'θar/ [⇨cazar] *vt* **1.** (*poner recto*) to straighten out: **tenemos que enderezar el alambre** we have to straighten out the wire; **¡endereza la espalda!** stand up straight! **2.** (*encauzar*) to put right, to sort out: **consiguió enderezar el negocio** she managed to sort the business out; **¡a este joven lo voy a enderezar yo!** I'm going to sort this young man out!
enderezarse *v prnl* **1.** (*ponerse recto*) to straighten up. **2.** (*encauzarse*): **el negocio se enderezó milagrosamente** miraculously the business sorted itself out.

endeudamiento /endeuða'mjento/ *sm* indebtedness.

endeudar /endeu'ðar/ [⇨CANTAR] *vt* to drive into debt: **lo único que consiguió fue endeudar más al país** the only thing he achieved was to plunge the country deeper into debt.
endeudarse *v prnl* to get into debt: **me he endeudado** *con* **el banco** I've got into debt with the bank.

endiablado, -da /endja'βlaðo -ða/ *adj* ⇨endemoniado

endibia /en'diβja/ *sf* endive.

endilgar /endil'ɣar/ [⇨pagar] *vt* (*fam*) **1.** (*una tarea*) to lumber with: **le endilgaron el trabajo que nadie quería** he was lumbered with the work nobody else wanted. **2.** (*un sermón, una película*) to subject to: **me endilgó un discurso de dos horas** he subjected me to a two-hour lecture. **3.** (*un golpe*): **le endilgó un puñetazo en el estómago** she punched him in the stomach.

endiñar /endi'ɲar/ [⇨CANTAR] *vt* (*fam*) **1.** (*un golpe*): **le endiñó una bofetada** she slapped him. **2.** (*una tarea*) to lumber with: **nos endiñaron la limpieza de la cocina** we got lumbered with cleaning the kitchen.

endiosar /endjo'sar/ [⇨CANTAR] *vt* to idolize.
endiosarse *v prnl* to get bigheaded.

endivia /en'diβja/ *sf* endive.

endocrino, -na /endo'krino -na/ **I** *adj* endocrine.
II *sm/f* (*fam*) endocrinologist.

endocrinología /endokrinolo'xia/ *sf* endocrinology.

endomingarse /endomiŋ'garse/ [⇨pagar] *v prnl* to put on one's best clothes ✻ one's Sunday best.

endosar /endo'sar/ [⇨CANTAR] *vt* **1.** (*un cheque, una letra de cambio*) to endorse. **2.** (*endilgar*) to lumber with: **me han endosado a los niños esta tarde** they've lumbered me with the children this afternoon.

endoso /en'doso/ *sm* endorsement.

endrina /en'drina/ *sf* sloe.

endrino /en'drino/ *sm* blackthorn, sloe.

endulzar /endul'θar/ [⇨cazar] *vt* **1.** (*edulcorar*) to sweeten. **2.** (*aliviar*) to make more bearable, to make better: **los hijos endulzaron su vejez** his children made his old age more bearable.

endurecer /endure'θer/ [⇨agradecer] *vt* **1.** (*una materia*) to harden, to make hard. **2.** (*los músculos*): **el ejercicio endurece la musculatura** exercise strengthens the muscles. **3.** (*el carácter, a una persona*) to toughen: **tanto sufrimiento la ha endurecido** she's become much tougher as a result of all that she has suffered.
endurecerse *v prnl* **1.** (*materia*) to harden, to go hard. **2.** (*carácter, persona*) to become hardened, to become tougher: **se endureció mucho trabajando en el hospital** he became very hardened through working at the hospital.

ene /'ene/ *sf*: *name of the letter N.*

enea /e'nea/ *sf* bulrush.

enebro /e'neβro/ *sm* juniper.

enema /e'nema/ *sm* enema.

enemigo, -ga /ene'miɣo -ɣa/ **I** *adj* enemy, hostile: **las fuerzas enemigas atacaron por sorpresa** the enemy forces launched a surprise attack; **estaban rodeados de naciones enemigas** they were surrounded by hostile nations; **es enemigo** *de* **la violencia** he's opposed to violence; **Paula es enemiga** *de* **las fiestas** Paula hates parties.

II *sm/f* enemy: **nunca ha tenido enemigos** she has never had any enemies.

enemistad /enemis'tað/ *sf* enmity, hostility.

enemistar /enemis'tar/ [➪CANTAR] *vt* to make enemies of, to cause a rift between: **los enemistó el dinero** money caused a rift between them.

enemistarse *v prnl* to become enemies, to fall out: **aquello hizo que se enemistara** *con* **su familia** because of that he fell out with his family.

energético, -ca /ener'xetiko -ka/ *adj* energy: **su política energética** their energy policy.

energía /ener'xia/ *sf* energy: **aún le quedaron energías para llegar a la meta** she still had the energy to make it to the finishing line; **golpeó la mesa** *con* **energía** he pounded ∗ banged the table.

energía alternativa *sf* alternative energy.

energía eólica *sf* wind power.

energía hidraúlica *sf* hydraulic power.

energía hidroeléctrica *sf* hydroelectric power.

energía nuclear *sf* nuclear power.

energía solar *sf* solar power.

enérgico, -ca /e'nerxiko -ka/ *adj* energetic: **se dirigió a nosotros en tono enérgico** she spoke to us emphatically; **la situación requiere medidas enérgicas** the situation calls for strong measures.

energúmeno, -na /ener'ɣumeno -na/ *sm/f* (*fam*) madman: **se puso como un energúmeno cuando se dio cuenta** he went mad with rage when he found out.

enero /e'nero/ *sm* January. ➪febrero

enervante /ener'bante/ *adj* annoying: **es enervante tener que esperar tanto** it's really annoying to have to wait such a long time.

enervar /ener'βar/ [➪CANTAR] *vt* (*fam*) to exasperate, to get on one's nerves: **me enerva cuando se pone así** he gets on my nerves when he behaves like that.

enésimo, -ma /e'nesimo -ma/ *adj* **1.** (*Mat*) nth: **un número elevado a la enésima potencia** a number raised to the nth power. **2.** (*fam: milésima*) umpteenth, hundredth: **¡es la enésima vez que le digo que se esté quieto!** that's the hundredth time I've told him to keep still!

enfadado, -da /enfa'ðaðo -ða/ *adj* angry, mad: **¿sigues enfadado** *con* **ella?** are you still angry with ∗ mad at her?

enfadar /enfa'ðar/ [➪CANTAR] *vt* to make angry, to anger: **si vuelves tarde, enfadarás a tu padre** if you come back late, you'll make your father angry.

enfadarse *v prnl* **1.** (*enojarse*) to get angry: **se enfadó** *con* **ella** he got angry with her. **2.** (*enemistarse*) to fall out: **se enfadó** *con* **ellos y no ha vuelto a hablarles** he fell out with them and has not spoken to them since.

enfado /en'faðo/ *sm* anger, annoyance: **¡qué enfado tenía cuando llegamos!** she was really angry when we arrived!; **todavía no se le ha pasado el enfado** she's still angry.

énfasis /'enfasis/ *sm inv* emphasis, stress: **hay que poner mayor énfasis** *en* **la lucha contra el paro** we need to place more emphasis on the battle against unemployment.

enfático, -ca /en'fatiko -ka/ *adj* emphatic.

enfatizar /enfati'θar/ [➪cazar] *vt* to emphasize, to stress.

enfermar /enfer'mar/ [➪CANTAR] *vi* to fall ill: **enfermó** *de* **cáncer** she contracted cancer.

♦*vt* **1.** (*poner enfermo a*) to make ill: **el exceso de trabajo te va a enfermar** you're going to make yourself ill by overworking. **2.** (*fam: disgustar*) to make sick: **me enferma su egoísmo** his selfishness makes me sick.

enfermarse *v prnl* (*Amér L*) to fall ∗ get ill.

enfermedad /enferme'ðað/ *sf* **1.** (*hecho de estar enfermo*) illness: **está de baja por enfermedad** he's off work sick; (*mal, afección*) disease, illness: **es una enfermedad hereditaria** it's a hereditary disease. **2.** (*de una colectividad, una sociedad*) ill, disease: **la avaricia es la gran enfermedad de nuestros días** greed is the great ill of our time.

enfermería /enferme'ria/ *sf* **1.** (*en un internado, un cuartel, etc.*) infirmary, sickbay. **2.** (*estudios*) nursing.

enfermero, -ra /enfer'mero -ra/ *sm/f* nurse.

enfermizo, -za /enfer'miθo -θa/ *adj* sickly.

enfermo, -ma /en'fermo -ma/ **I** *adj* (*persona, animal*) ill, sick: **si no comes, te vas a poner enfermo** if you don't eat, you'll fall ill; **está enferma** *de* **gravedad** she's seriously ill; (*tejido, órgano*) diseased.

II *sm/f* (*persona no sana*) ill person, sick person; (*paciente*) patient: **no me gusta la manera como trata a sus enfermos** I don't like the way he treats his patients.

enfermo, -ma terminal *sm/f* terminally ill patient.

enfervorizar /enferβori'θar/ [➪cazar] *vt* to whip up, to stir (up).

enfilar /enfi'lar/ [➪CANTAR] *vt* **1.** (*ir por*) to take, to set off along: **enfiló la carretera de Burgos** he set off along the Burgos road. **2.** (*apuntar*) to aim, to point: **enfilaron sus armas hacia el blanco** they aimed their weapons at the target.

♦*vi*: **el barco enfiló** *hacia* **el puerto** the vessel headed for port.

enflaquecer /enflake'θer/ [➪agradecer] *vi* to grow thin.

enfocar /enfo'kar/ [➪sacar] *vt* **1.** (*una imagen*) to focus, to get into focus: **enfócalo bien antes de hacer la foto** get it in focus properly before you take the photo; (*una cámara, unos prismáticos*) to focus. **2.** (*con una luz*) to shine: **enfoca la linterna hacia aquí** shine the torch over here. **3.** (*un asunto, un tema, etc.*) to consider, to approach: **hay varias formas de enfocar el problema** there are several ways to approach the problem.

enfoque /en'foke/ *sm* **1.** (*en cine, fotografía: acción*) focusing; (*: efecto*) focus. **2.** (*de un asunto, un tema, etc.*) angle, viewpoint.

enfrascarse /enfras'karse/ [➪sacar] *v prnl* to become absorbed: **se había enfrascado tanto** *en* **la lectura que no oyó el timbre** he had become so absorbed in what he was reading that he didn't hear the bell.

enfrentamiento /enfrenta'mjento/ *sm* confrontation, clash.

enfrentar /enfren'tar/ [➪CANTAR] *vt* to set against each other: **su egoísmo los ha enfrentado** their selfishness has set them against each other.

enfrentarse *v prnl* **1.** (*oponerse*): **no te enfrentes** *con* **él y todo irá mejor** don't oppose him and things will improve. **2.** (*afrontar*) to face, to confront: **se enfrentó** *a* **toda clase de peligros** she faced all kinds of dangers. **3.** (*a un rival, un enemigo*) to clash, to face: **los dos ejércitos se enfrentaron en esta llanura** the two armies clashed on this plain; **hoy el Atlético se enfrenta** *con* **el United** Atlético meet ∗ play United today.

enfrente /en'frente/ *adv* opposite: **el colegio está enfrente** *del* **parque** the school is opposite the park; **vive en la casa** *de* **enfrente** she lives in the house opposite.

enfriamiento /enfrja'mjento/ *sm* **1.** (*acción*) cooling. **2.** (*resfriado*) cold.

enfriar /en'frjar/ [➪ansiar] *vt* **1.** (*bajar la temperatura de*) to cool, to chill: **¿has puesto a enfriar las bebidas?** have you put the drinks in to cool? **2.** (*sentimientos*) to cool: **aquello enfrió sus relaciones** that caused a cooling in their relationship.
♦*vi* (*bajar la temperatura*): **este frigorífico ya no enfría** this fridge doesn't keep things cool any more.
enfriarse *v prnl* **1.** (*ligeramente*) to cool down: **deja que se enfríe un poco** let it cool down a little; (*completamente*) to go cold: **se ha enfriado el café** the coffee has gone cold. **2.** (*sentimientos, relaciones, ánimos*) to cool (down * off): **su pasión se enfrió al cabo de unos meses** their passion cooled after a few months. **3.** (*acatarrarse*) to catch a cold.

enfundar /enfun'dar/ [➪CANTAR] *vt* (*una espada*) to sheathe.
enfundarse *v prnl*: **se enfundó su cazadora de cuero y salió** she pulled on her leather jacket and went out; **se enfundó unos guantes de piel** she put on a pair of leather gloves and went out.

enfurecer /enfure'θer/ [➪agradecer] *vt* to madden, to infuriate.
enfurecerse *v prnl* to lose one's temper, to fly into a rage: **se enfureció** *con* **ellos injustamente** she lost her temper with them for no good reason.

enfurecido, -da /enfure'θiðo -ða/ *adj* furious, enraged.

enfurruñarse /enfurru'ɲarse/ [➪CANTAR] *v prnl* (*fam*) to sulk, to turn sulky: **se enfurruñó y se fue a su habitación** he got into a sulk and went off to his room.

engalanar /eŋgala'nar/ [➪CANTAR] *vt* to decorate, to deck out.
engalanarse *v prnl* to dress up.

enganchar /eŋgan'tʃar/ [➪CANTAR] *vt* **1.** (*con un clavo u objeto parecido*) to hook: **hay que engancharla** *a* **esa argolla** you have to hook it onto that ring. **2.** (*un animal de tiro*) to harness: **enganchó el caballo** *a* **la carreta** he harnessed the horse up to the cart; (*vagones de tren*) to couple: **engancharon los vagones** *a* **la locomotora** they coupled the carriages to the engine. **3.** (*fam: agarrar*) to grab: **me enganchó** *del* **brazo** she grabbed me by the arm. **4.** (*fam: atraer*) to catch: **parece que ha conseguido engancharlo** it looks as though she's hooked him.
engancharse *v prnl* **1.** (*en un clavo u objeto parecido*): **la cadena se engancha en esta argolla metálica** the chain hooks onto this metal ring. **2.** (*quedar prendido*) to catch: **se me enganchó la manga en la manilla de la puerta** my sleeve caught * got caught on the door handle. **3.** (*hacerse un enganchón en*) to snag: **se me engancharon las medias con la esquina de la mesa** I snagged my tights on the corner of the table. **4.** (*fam: a una droga*) to become addicted, to get hooked.

enganche /eŋ'gantʃe/ *sm* **1.** (*de piezas, remolques*) hooking up. **2.** (*de trenes*) coupling. **3.** (*de animales de tiro*) harnessing, hitching up.

enganchón /eŋgan'tʃon/ *sm* snag.

engañabobos /eŋgaɲa'βoβos/ (*fam*) **I** *sm/f inv* con artist, (confidence) trickster.
II *sm inv* con, (confidence) trick: **este producto es un engañabobos** this product is a con.

engañar /eŋga'ɲar/ [➪CANTAR] *vt* **1.** (*confundir*) to deceive, to fool: **me engañó su apariencia** I was fooled by her appearance; **consiguió engañar a todos sus compañeros** he managed to take in all of his friends; **engañamos el hambre con unas galletas** we staved off our hunger with some biscuits; **ese anuncio engañó a mucha gente** that advertisement misled a lot of people. **2.** (*estafar*) to cheat, to trick: **te han engañado** you've been tricked * cheated. **3.** (*ser infiel a*) to be unfaithful to: **engaña a su marido** she's being unfaithful to her husband.
♦*vi* to be deceptive: **las apariencias engañan** appearances can be deceptive.
engañarse *v prnl* **1.** (*no aceptar la verdad*) to fool oneself, to deceive oneself: **prefiere engañarse a afrontar el problema** he'd rather go on fooling himself than face up to the problem. **2.** (*equivocarse*) to be mistaken, to be wrong: **si no me engaño, fue hace dos meses** if I'm not mistaken, it was two months ago.

engañifa /eŋga'ɲifa/ *sf* (*fam*) con, rip-off.

engaño /eŋ'gaɲo/ *sm* **1.** (*mentira*) deception, lie: **sus promesas son un engaño** her promises are nothing but lies; **el engaño fue descubierto** the deception was brought to light. **2.** (*falsa impresión*): **sería mejor decirle que no lo han aceptado y sacarlo del engaño** it would be better to tell him that he hasn't been accepted and stop him building up false hopes; **vivía en el engaño** he was living in a dream world. **3.** (*artimaña*) trick: **todo lo consiguió a base de engaños** he obtained it all by trickery * deceit ● **si lo haces, luego no te llames a engaño** if you do it, don't complain later that you were duped.

engañoso, -sa /eŋga'ɲoso -sa/ *adj* deceitful: **intentó convencera con palabras engañosas** he tried to persuade her with deceitful words.

engarzar /eŋgar'θar/ [➪cazar] *vt* **1.** (*cuentas, perlas*) to thread; (*una piedra preciosa*) to set, to mount. **2.** (*ideas, palabras*) to link (up), to string together: **engarzó un tema con otro sin relación aparente** he linked together apparently unrelated topics.

engastar /eŋgas'tar/ [➪CANTAR] *vt* to set, to mount.

engatusar /eŋgatu'sar/ [➪CANTAR] *vt* (*fam*) to win over, to get round: **se dejó engatusar por sus promesas de dinero fácil** he let himself be won over by their promises of easy money.

engendrar /eŋxen'drar/ [➪CANTAR] *vt* **1.** (*procrear*) to engender. **2.** (*causar*) to engender, to give rise to: **la codicia engendra muchos males** greed gives rise to many evils.

engendro /eŋ'xendro/ *sm* **1.** (*animal, persona*) freak. **2.** (*obra de arte, arquitectónica*) monstrosity.

englobar /eŋglo'βar/ [➪CANTAR] *vt* (*comprender*) to include: **una obra que engloba todos sus artículos periodísticos** a work that includes all his newspaper articles; **la federación engloba a todas las asociaciones regionales** the federation brings together all the regional associations.

engolfarse /eŋgol'farse/ [➪CANTAR] *v prnl* to become absorbed.

engolosinar /eŋgolosi'nar/ [➪CANTAR] *vt* (*fam*) to lure: **lo engolosinaron** *con* **la promesa de una recompensa** they lured him with the promise of a reward.
engolosinarse *v prnl* (*fam*): **se engolosinó** *con* **el juego** he got hooked on gambling.

engomar /eŋgo'mar/ [➪CANTAR] *vt* to glue, to put glue * gum on.

engominado, -da /eŋgomi'naðo -ða/ *adj* slicked down: **llevaba el pelo engominado** his hair was slicked down.

engominar /eŋgomi'nar/ [➪CANTAR] *vt* to put hair gel on.

engordar /eŋgor'ðar/ [➪CANTAR] *vt* **1.** (*hacer ganar peso*) to fatten (up): **antes de la matanza engordan a**

los cerdos they fatten (up) the pigs before slaughtering them; **la inactividad me engorda** I'm getting fat through lack of exercise. **2.** (*fam: hacer crecer*): **ese negocio engordó su cuenta** that deal swelled his bank account; **para engordar las cifras incluyeron también a los no residentes** to inflate the figures they also included the non-residents.

♦*vi* **1.** (*ganar peso*) to put on weight: **engordé durante las vacaciones** I put on weight over the holidays. **2.** (*causar gordura*) to be fattening: **el azúcar engorda** sugar is fattening.

engorde /eŋ'gorðe/ *sm* (*Agr*) fattening up.

engorro /eŋ'gorro/ *sm* nuisance, drag: **este horario es un engorro** this timetable is a drag ✱ pain.

engorroso, -sa /eŋgo'rroso -sa/ *adj* **1.** (*molesto*) trying: **limpiar la piscina es muy engorroso** cleaning the swimming pool is a real chore. **2.** (*embarazoso*) awkward.

engrampadora /eŋgrampa'ðora/ *sf* (*Arg, Urug*) stapler.

engrampar /eŋgram'par/ [➪ CANTAR] *vt* (*Arg, Urug*) to staple.

engranaje /eŋgra'naxe/ *sm* **1.** (*acción*) gearing. **2.** (*mecanismo: gen*) gears *pl*; (*: de un reloj*) movement: **se puso en marcha el engranaje del partido** the party machinery went into action.

engranar /eŋgra'nar/ [➪ CANTAR] *vi* **1.** (*Tec*) to mesh, to engage: **la cadena engrana** *con* **un piñón** the chain engages (with) a pinion. **2.** (*conceptos*) to link in: **este argumento engrana** *con* **el siguiente** this argument links in with the following one.

♦*vt* **1.** (*Tec*) to engage, to mesh. **2.** (*conceptos*) to link (together), to relate: **engranó las ideas del discurso de forma convincente** she linked the ideas in the speech together very convincingly.

engrandecer /eŋgrande'θer/ [➪ agradecer] *vt* **1.** (*agrandar*) to increase, to enlarge: **aquel triunfo engrandeció su fama** that success increased his fame. **2.** (*hacer más noble a*) to increase the stature of, to exalt: **aquel gesto lo engrandeció ante sus compañeros** that gesture increased his stature in the eyes of his colleagues.

engrandecerse *v prnl* to increase, to become larger: **su fortuna se engrandeció** his fortune increased.

engrandecimiento /eŋgrandeθi'mjento/ *sm* **1.** (*ampliación*) enlargement, increase in size. **2.** (*enaltecimiento*) increase in stature.

engrapadora /eŋgrapa'ðora/ *sf* (*Amér L*) stapler.

engrasado, -da /eŋgra'saðo -ða/ **I** *adj* (*gen*) oiled, lubricated; (*vehículo*) greased.

II engrasado *sm* (*gen*) oiling, lubrication; (*de un vehículo*) greasing.

engrasar /eŋgra'sar/ [➪ CANTAR] *vt* **1.** (*lubricar: gen*) to oil, to lubricate: **engrasó los goznes para que dejaran de hacer ruido** she oiled the hinges to stop them squeaking; (*: un vehículo*) to grease. **2.** (*manchar*) to make ✱ get greasy.

engrase /eŋ'grase/ *sm* **1.** (*de piezas, de una maquinaria*) lubrication, oiling; (*de un vehículo*) greasing. **2.** (*materia*) lubricant.

engreído, -da /eŋgre'iðo -ða/ *adj* conceited, arrogant.

engreimiento /eŋgrei'mjento/ *sm* conceit, arrogance.

engreírse /eŋgre'irse/ [➪ reír] *v prnl* to become conceited, to put on airs: **se ha engreído desde que salió en la tele** she has become very conceited since she appeared on television.

engrescarse /eŋgres'karse/ [➪ sacar] *v prnl* to get embroiled: **se engrescaron** *en* **una discusión** they got embroiled in an argument.

engrosar /eŋgro'sar/ [➪ CANTAR] *vt* (*aumentar*) to swell, to increase: **pasaron a engrosar las filas del ejército rebelde** they went to swell the ranks of the rebel army; **engrosó su fortuna** he increased his fortune.

engrosarse *v prnl* **1.** (*aumentar de tamaño*) to increase in size, to become larger. **2.** (*cantidad*) to increase, to grow: **su fortuna se engrosó** his fortune grew.

engrudo /eŋ'gruðo/ *sm* paste, glue.

engruesar /eŋgrwe'sar/ [➪ CANTAR] *vt* ➪ engrosar

enguantado, -da /eŋgwan'taðo -ða/ *adj* (*persona*) wearing gloves; (*mano*) gloved.

enguarrar /eŋgwa'rrar/ [➪ CANTAR] *vt* (*fam*) to get dirty, to make a mess of.

engullir /eŋgu'ʎir/ [➪ mullir] *vt* to swallow, to wolf down: **engulló el bocadillo en un santiamén** she wolfed the sandwich down in no time.

engullirse *v prnl* to swallow, to wolf down.

enharinar /enari'nar/ [➪ CANTAR] *vt* to coat in flour: **enharina el pescado antes de freírlo** coat the fish in flour before frying it.

enhebrar /ene'βrar/ [➪ CANTAR] *vt* **1.** (*una aguja*) to thread. **2.** (*temas, ideas*) to connect.

enhiesto, -ta /e'njesto -ta/ *adj* (*frml*) erect, upright.

enhorabuena /enora'βwena/ *sf* congratulations *pl*: **¡enhorabuena!** congratulations!; **le dimos la enhorabuena** *por* **haber ganado la carrera** we congratulated him on winning the race ● **estoy de enhorabuena, me han ascendido** I have good reason to celebrate: I've been promoted.

enigma /e'niɣma/ *sm* enigma.

enigmático, -ca /eniɣ'matiko -ka/ *adj* enigmatic.

enjabonar /eŋxaβo'nar/ [➪ CANTAR] *vt* **1.** (*con jabón*) to soap: **le enjabonó la espalda** she soaped his back for him. **2.** (*fam: adular*) to butter up: **siempre está enjabonando al jefe** he's always buttering his boss up.

enjaezar /eŋxae'θar/ [➪ cazar] *vt* to harness (*with ornamental trappings for special occasion*).

enjalbegar /eŋxalβe'ɣar/ [➪ pagar] *vt* to whitewash.

enjambre /eŋ'xambre/ *sm* **1.** (*de abejas, avispas*) swarm. **2.** (*de gente*) crowd, swarm: **estaba rodeado por un enjambre de admiradores** he was surrounded by a swarm of admirers.

enjaretar /eŋxare'tar/ [➪ CANTAR] *vt* **1.** (*una cinta, un cordón*) to thread (*through hem of garment*). **2.** (*fam: soltar*) to reel off: **nos enjaretó un sermón interminable** she gave us a lengthy lecture.

enjaular /eŋxau'lar/ [➪ CANTAR] *vt* **1.** (*un animal*) to put in a cage, to cage. **2.** (*fam: a una persona*) to lock up, to put in jail.

enjoyado, -da /eŋxo'jaðo -ða/ *adj* decked out in jewels, bejewelled.

enjoyar /eŋxo'jar/ [➪ CANTAR] *vt* to put jewellery on, to bejewel.

enjoyarse *v prnl* to deck oneself out in jewellery.

enjuagado /eŋxwa'ɣaðo/ *sm* rinse, rinsing.

enjuagar /eŋxwa'ɣar/ [➪ pagar] *vt* to rinse: **enjuaga esos platos, todavía tienen jabón** rinse those plates, they are still soapy; **enjuaga los vasos antes de usarlos** rinse the glasses before you use them.

enjuagarse *v prnl* **1.** (*la boca*) to rinse out: **se enjuagó la boca** she rinsed her mouth out. **2.** (*Amér L: las manos, el pelo*) to rinse.

enjuague /eŋ'xwaɣe/ *sm* **1.** (*acción*) rinse, rinsing. **2.** (*elixir bucal*) mouthwash.

enjugar /eŋxu'ɣar/ [⇨pagar] *vt* 1. (*una mancha*) to wipe off; (*un líquido*) to mop up: **enjugó el vino que se había derramado con una bayeta** he mopped up the spilt wine with a dishcloth; (*la sangre, las lágrimas*) to wipe away: **le enjugó el sudor con un pañuelo** she wiped away the sweat for him with a handkerchief. 2. (*una deuda, un déficit*) to clear: **todavía no han enjugado las pérdidas del año anterior** they still haven't made up for last year's losses.
enjugarse *v prnl* to wipe away: **se enjugó el sudor de la frente con un pañuelo** he wiped the sweat from his brow with a handkerchief.

enjuiciamiento /eŋxwiθja'mjento/ *sm* 1. (*proceso*) trial. 2. (*análisis*) assessment, judgement.

enjuiciar /eŋxwi'θjar/ [⇨CAMBIAR] *vt* 1. (*Jur*) to institute proceedings against. 2. (*analizar*) to judge, to pass judgement on: **no se puede enjuiciar a las personas sin conocerlas** you can't pass judgement on people unless you know them.

enjundia /eŋ'xundja/ *sf* depth, substance: **una novela de mucha enjundia** a novel with a lot of substance to it.

enjuto, -ta /eŋ'xuto -ta/ *adj* lean.

enlace /en'laθe/ *sm* 1. (*vínculo, unión*) link, connection. 2. (*Transp*) connection. 3. (*frml: boda*) wedding: **se ha hecho público el próximo enlace** *entre*... the forthcoming wedding has been announced of.... 4. (*persona*) link, go-between: **actuó como enlace entre los diversos grupos** he liaised between the different groups.
enlace sindical *sm/f* (*GB*) shop steward, (*US*) union delegate.

enladrillado, -da /enlaðri'ʎaðo -ða/ I *adj* paved with bricks: **hay un patio con suelo enladrillado** there's a yard with brick paving.
II **enladrillado** *sm* brick paving.

enladrillar /enlaðri'ʎar/ [⇨CANTAR] *vt* to pave with bricks.

enlatado, -da /enla'taðo -ða/ I *adj* (*comida*) canned, (*GB*) tinned: **sólo ponen música enlatada** they only play canned music.
II **enlatado** *sm* canning.

enlatar /enla'tar/ [⇨CANTAR] *vt* to can, (*GB*) to tin.

enlazar /enla'θar/ [⇨cazar] *vt* 1. (*atar*) to tie together: **enlazaron los palos con una cuerda** they tied the poles together with rope. 2. (*unir*) to link (up), to relate: **enlazó un ejemplo con otro** he linked one example up with another.
♦*vi* 1. (*unirse*) to be linked, to be connected. 2. (*Transp*) to connect: **este tren enlaza** *con* **el que va a Santiago de Compostela** this train connects with the one to Santiago de Compostela.

enlodar /enlo'ðar/ [⇨CANTAR] *vt* 1. (*embarrar*) to splash with mud, to get muddy. 2. (*desacreditar*) to blacken, to malign: **pretendían enlodar su buen nombre** they wanted to blacken his name.
enlodarse *v prnl* to get muddy.

enloquecedor, -dora /enlokeθe'ðor -'ðora/ *adj* maddening.

enloquecer /enloke'θer/ [⇨agradecer] *vt* 1. (*trastornar*) to drive crazy: **la soledad lo enloqueció** the solitude drove him crazy; **este ruido me enloquece** this noise is driving me crazy. 2. (*encantar*): **el chocolate me enloquece** I'm crazy about chocolate.
♦*vi* to go crazy: **enloqueció** *de* **pena** he went crazy with grief.
enloquecerse *v prnl* to go crazy, to lose one's mind.

enloquecimiento /enlokeθi'mjento/ *sm* insanity.

enlosar /enlo'sar/ [⇨CANTAR] *vt* to pave with tiles.

enlucido /enlu'θiðo/ *sm* plaster.

enlucir /enlu'θir/ [⇨lucir] *vt* to plaster.

enlutado, -da /enlu'taðo -ða/ *adj* in mourning.

enlutar /enlu'tar/ [⇨CANTAR] *vt* (*consternar*) to cast a pall over: **esa desgracia enlutó las fiestas** that mishap cast a pall over the festivities.
enlutarse *v prnl* (*vestirse de luto*) to dress in mourning; (*ponerse de luto*) to go into mourning.

enmaderar /emmaðe'rar/ [⇨CANTAR] *vt* (*una pared, el techo*) to panel; (*el suelo*) to board.

enmadrado, -da /emma'ðraðo -ða/ *adj* too attached to one's mother: **está muy enmadrado** he's too much of a mother's boy.

enmadrarse /emma'ðrarse/ [⇨CANTAR] *v prnl* to get ✱ become too attached to one's mother.

enmantecar /emmante'kar/ [⇨sacar] *vt* (*Arg, Urug: el pan*) to butter; (*: un molde, una fuente de horno*) to grease.

enmarañado, -da /emmara'ɲaðo -ða/ *adj* confused, mixed-up: **el asunto está muy enmarañado** the whole affair's very confused.

enmarañar /emmara'ɲar/ [⇨CANTAR] *vt* 1. (*el pelo*) to tangle (up): **el viento le enmarañó los cabellos** the wind tangled her hair. 2. (*embrollar*) to complicate, to muddle: **su declaración enmarañó aún más el asunto** her statement complicated matters even more.
enmarañarse *v prnl* 1. (*cabello*) to become tangled, to get in a tangle. 2. (*embrollarse*) to get complicated: **el argumento de la película cada vez se enmaraña más** the plot of the film gets more and more complicated ✱ involved.

enmarcar /emmar'kar/ [⇨sacar] *vt* 1. (*un cuadro, una fotografía*) to frame: **enmarcó la pintura** he framed the painting. 2. (*en unas circunstancias*) to set: **hay que enmarcar la medida** *en* **el contexto del nuevo clima económico** the measure has to be set in the context of the new economic climate.
enmarcarse *v prnl* to belong, to lie: **su obra se enmarca** *dentro del* ✱ *en* **el realismo** his work belongs to the realist movement.

enmascarado, -da /emmaska'raðo -ða/ I *adj* masked. II *sm/f* person in a mask, masked person.

enmascarar /emmaska'rar/ [⇨CANTAR] *vt* to mask, to conceal: **trataba de enmascarar sus numerosos defectos** she tried to conceal her many defects.
enmascararse *v prnl* to put on a mask.

enmasillar /emmasi'ʎar/ [⇨CANTAR] *vt* to putty.

enmendar /emmen'dar/ [⇨pensar] *vt* 1. (*rectificar*) to put right, to correct: **trato de enmendar sus equivocaciones** he tried to put right his mistakes. 2. (*un estatuto, un texto*) to amend: **enmendaron la ley** they amended the law.
enmendarse *v prnl* to turn over a new leaf, to mend one's ways: **prometió enmendarse** he promised to turn over a new leaf.

enmienda /em'mjenda/ *sf* 1. (*corrección*) correction • **este niño no tiene enmienda** this child is a hopeless case • **hizo propósito de enmienda** he resolved to mend his ways. 2. (*a un estatuto, un texto*) amendment: **la oposición presentó varias enmiendas a la ley** the opposition put forward several amendments to the law.

enmohecer /emmoe'θer/ [⇨agradecer] *vt* 1. (*Biol*) (*GB*) to make mouldy, (*US*) to make moldy. 2. (*oxidar*) to make rusty, to rust.

enmohecerse *v prnl* **1.** (*Biol*) (*GB*) to go mouldy, (*US*) to go moldy. **2.** (*oxidarse*) to rust.

enmohecido, -da /emmoe'θiðo -ða/ *adj* **1.** (*Biol*) mildewed, (*GB*) mouldy, (*US*) moldy. **2.** (*oxidado*) rusty.

enmoquetado, -da /emmoke'taðo -ða/ *adj* carpeted.

enmoquetar /emmoke'tar/ [⇨CANTAR] *vt* to carpet (*with fitted carpeting*).

enmudecer /emmuðe'θer/ [⇨agradecer] *vi* **1.** (*no poder hablar*) to be struck dumb: **enmudeció** *de* **la impresión** she was so shocked she was struck dumb. **2.** (*callar*) to fall silent: **de pronto los pájaros enmudecieron** suddenly the birds fell silent.
♦*vt* (*hacer callar*) to silence: **el miedo enmudeció todas las protestas** fear silenced all protest.

ennegrecer /enneɣre'θer/ [⇨agradecer] *vt* to blacken, to make black.

ennegrecerse *v prnl* to turn * go black: **el cielo se ennegreció** the sky blackened * went black.

ennoblecer /ennoβle'θer/ [⇨agradecer] *vt* **1.** (*otorgar título nobiliario a*) to ennoble. **2.** (*enaltecer*) to be a credit to: **esa actitud te ennoblece** your attitude does you credit. **3.** (*adornar*) to embellish.

enojadizo, -za /enoxa'ðiθo -θa/ *adj* touchy, irritable.

enojado, -da /eno'xaðo -ða/ *adj* angry.

enojar /eno'xar/ [⇨CANTAR] *vt* to anger, to annoy: **su decisión me enojó mucho** their decision made me very angry; **tener que esperar me enoja mucho** having to wait irritates me enormously.

enojarse *v prnl* to get angry: **se enoja** *por* **cualquier tontería** he gets angry over the smallest thing.

enojo /e'noxo/ *sm* anger, annoyance: **creció su enojo** *contra* **mí** his anger at me grew; **todavía no se le ha pasado el enojo** she's still angry.

enojoso, -sa /eno'xoso -sa/ *adj* **1.** (*molesto*) annoying. **2.** (*engorroso*) tedious, trying: **las tareas de la casa siempre me han resultado muy enojosas** I have always found housework very tedious.

enorgullecer /enorɣuʎe'θer/ [⇨agradecer] *vt* to fill with pride, to make proud: **nos enorgullece que nuestro hijo sea tan buen estudiante** it makes us proud that our son is such a good student.

enorgullecerse *v prnl* to be proud: **se enorgullece** *de* **haber triunfado gracias a su propio esfuerzo** he's proud to have succeeded by his own efforts.

enorme /e'norme/ *adj* **1.** (*muy grande*) enormous, immense: **Australia es un país enorme** Australia is an immense country. **2.** (*excesivo*) tremendous: **hace un calor enorme** it's tremendously hot; **tuvo un despiste enorme** he made a terrible mistake. **3.** (*fam: excepcional*) outstanding, exceptional: **estuvo enorme** she was outstanding.

enormidad /enormi'ðað/ *sf* **1.** (*gran tamaño*) immensity, enormousness; (*gran cantidad*) enormous * vast amount: **había una enormidad de regalos** there were a huge number of presents • **me costó una enormidad convencerlo** I had a tremendous job persuading him • **me gusta una enormidad** I like it enormously * tremendously. **2.** (*gran maldad*) monstrousness, enormity: **reconoció la enormidad de su crimen** he admitted the enormity of his crime.

enquistarse /eŋkis'tarse/ [⇨CANTAR] *v prnl* to develop into a cyst.

enrabiar /enrra'βjar/ [⇨CAMBIAR] *vt*: **no hagas enrabiar a tu padre** don't make your dad lose his temper; **no hagas enrabiar al perro** don't tease * torment the dog.

enrabiarse *v prnl* to lose one's temper: **se enrabia cuando pierde** he loses his temper when he loses.

enraizado, -da /enrrai'θaðo -ða/ *adj* **1.** (*planta*) rooted. **2.** (*costumbre, tradición*) established.

enraizar /enrrai'θar/ *vi*, **enraizarse** /enrrai'θarse/ *v prnl* [⇨table: enraizar] **1.** (*planta*) to take root. **2.** (*persona*) to put down roots, to settle. **3.** (*costumbre*) to take hold, to catch on.

enraizar

INDICATIVE

Present	Preterite
enraízo	enraicé
enraízas	enraizaste
enraíza	enraizó
enraizamos	enraizamos
enraizáis	enraizasteis
enraízan	enraizaron

SUBJUNCTIVE

Present	
enraíce	enraicemos
enraíces	enraicéis
enraíce	enraícen

IMPERATIVE

(tú) enraíza	(usted) enraíce
(vosotros) enraizad	(ustedes) enraícen

For the rest of the tenses ⇨ CANTAR (in appendix)

enrarecer /enrrare'θer/ [⇨agradecer] *vt* **1.** (*Quím*) to rarefy. **2.** (*contaminar*) to pollute, to foul: **el humo del tabaco enrareció el aire** the cigarette smoke made the air foul. **3.** (*una situación, una relación*): **la pelea por la casa enrareció sus relaciones** the quarrel over the house put a strain on their relationship.

enrarecerse *v prnl* **1.** (*el aire*) to become rarefied: **a gran altura se enrarece la atmósfera** the air becomes rarefied * thin at high altitudes. **2.** (*situación, relación*) to become strained: **después de aquel incidente el ambiente en la oficina se enrareció** the atmosphere in the office became strained * tense after that incident.

enrarecido, -da /enrrare'θiðo -ða/ *adj* **1.** (*aire*) rarefied. **2.** (*ambiente*): **allí se respiraba un ambiente enrarecido** the atmosphere there was rather strained * tense; **siempre se ha movido en el ambiente enrarecido del mundo diplomático** he has always moved in the rarefied atmosphere of the diplomatic world.

enrarecimiento /enrrareθi'mjento/ *sm* **1.** (*del aire*) rarefaction. **2.** (*de las relaciones*) deterioration, tension.

enrasar /enrra'sar/ [⇨CANTAR] *vt* to make even, to level off.

enredadera /enrreða'ðera/ *sf* creeper, climbing plant.

enredador, -dora /enrreða'ðor -'ðora/ **I** *adj* troublemaking.
II *sm/f* troublemaker.

enredar /enrre'ðar/ [⇨CANTAR] *vt* **1.** (*un hilo, el pelo, etc.*) to tangle. **2.** (*complicar*) to complicate: **su intervención enredó todavía más el asunto** her intervention complicated things even more. **3.** (*involucrar*) to involve, to mix up: **lo enredaron en el robo** they got him mixed up in the robbery. **4.** (*confundir*): **me**

enredó para que comprara el coche he got me to buy the car.

♦ *vi* **1.** (*hacer travesuras*) to get up to mischief: **estuvieron toda la tarde enredando** they spent the whole afternoon getting up to mischief. **2.** (*toquetear*) to fiddle (about): **deja de enredar** *con* **el tocadiscos** stop fiddling (about) with the record player.

enredarse *v prnl* **1.** (*hilo, pelo, etc.*) to get entangled, to get caught up: **se me ha enredado el pie** *con* **el cable** I've got my foot caught in the cable. **2.** (*complicarse*) to become complicated: **el asunto se enredó aún más** the matter became even more complicated. **3.** (*involucrarse*) to become involved, to get mixed up: **no te enredes** *en* **ese negocio** don't get mixed up in that business. **4.** (*embarullarse*) to get into a muddle, to get confused. **5.** (*empezar a pelear*) to start to fight: **se enredaron** *a* **golpes** they came to blows. **6.** (*fam*: *tener un lío*) to have an affair: **se enredó** *con* **un compañero de trabajo** she had an affair with someone from work.

enredo /en'rreðo/ *sm* **1.** (*de hilos, en el pelo, etc.*) tangle. **2.** (*complicación*) mess, mix-up: **¡en buen enredo se ha metido tu amigo!** your friend has got himself into a fine mess!; **siempre anda metido en enredos de dinero** he's always in some kind of money trouble. **3.** (*en una obra de teatro, una película*): **se trata de una comedia de enredo** it's a comedy of errors. **4.** (*lío amoroso*) (love) affair.

enrejado /enrre'xaðo/ *sm* **1.** (*verja*) fence, railings *pl.* **2.** (*de una ventana*) grille. **3.** (*para una enredadera*) trellis.

enrejar /enrre'xar/ [➪ CANTAR] *vt* (*un terreno*) to put railings around; (*una ventana*) to fit iron bars * a grille to.

enrevesado, **-da** /enrreβe'saðo -ða/ *adj* complex, complicated: **dio una explicación muy enrevesada** he gave a very complex explanation; **el asunto está muy enrevesado** the matter is very complicated.

enriquecer /enrrike'θer/ [➪ agradecer] *vt* **1.** (*proporcionar riqueza a*) to make rich, to enrich: **el turismo enriqueció la región** tourism brought prosperity * wealth to the area. **2.** (*mejorar, aumentar*) to improve: **leía mucho para enriquecer sus conocimientos** she read a great deal to improve her knowledge.

enriquecerse *v prnl* to get rich: **se enriqueció a costa de otros** she got rich at other people's expense.

enriquecimiento /enrrikeθi'mjento/ *sm* enrichment.

enristrar /enrris'trar/ [➪ CANTAR] *vt* (*ajos, cebollas*) to string (together), to hang on a string.

enrocar /enrro'kar/ [➪ sacar] *vi* (*en ajedrez*) to castle.

♦ *vt*: **enrocó el rey** she castled.

enrojecer /enrroxe'θer/ [➪ agradecer] *vt* **1.** (*poner rojo: gen*) to turn red; (*: el hierro*) to make red-hot. **2.** (*causar vergüenza a*) to make blush.

♦ *vi* (*de vergüenza*) to blush, to go red; (*de ira*) to go red.

enrojecerse *v prnl* **1.** (*ponerse rojo: gen*) to go red; (*: hierro*) to become red-hot. **2.** (*sentir vergüenza*) to blush, to go red.

enrojecimiento /enrroxeθi'mjento/ *sm* (*gen*) reddening; (*de una persona*) blushing.

enrolar /enrro'lar/ [➪ CANTAR] *vt* **1.** (*inscribir*) (*GB*) to enrol, (*US*) to enroll. **2.** (*Mil: alistar*) to enlist.

enrolarse *v prnl* **1.** (*inscribirse*) (*GB*) to enrol, (*US*) to enroll. **2.** (*Mil: alistarse*) to join up, to enlist: **se enroló** *en* **la marina** he enlisted in * joined the Navy.

enrollado, **-da** /enrro'ʎaðo -ða/ *adj* **1.** (*papel, persiana, manta*) rolled (up); (*soga, cable*) coiled; (*hilo, alambre*) wound. **2.** (*fam*: *en una conversación*) carried away, engrossed: **estaba tan enrollada hablando por teléfono que no se dio cuenta** she was so busy on the phone that she didn't notice. **3.** (*fam*: *unido sentimentalmente*): **está enrollada** *con* **Carlos** she has a thing going with Carlos. **4.** (*fam*: *estupendo*) cool: **es una profesora muy enrollada** she's a really cool teacher.

enrollar /enrro'ʎar/ [➪ CANTAR] *vt* **1.** (*una persiana, una alfombra, un papel*) to roll (up); (*una soga, un cable*) to coil; (*una cuerda, un alambre*) to wind. **2.** (*fam*: *a una persona*) to take in: **no dejes que te enrolle** don't be taken in by him.

♦ *vi* (*fam*: *gustar*): **me enrolla un montón esta música** I really like this music.

enrollarse *v prnl* (*fam*) **1.** (*al hablar*) to talk non-stop, to go on and on; (*al escribir*): **siempre se enrolla contando cosas del trabajo** she always writes pages about things at work. **2.** (*tener relaciones*) to have an affair: **se enrolló** *con* **una compañera de trabajo** he had an affair with a colleague. **3.** (*comportarse: gen*): **se enrolla muy bien/muy mal** he's a really cool/uncool guy; (*: bien*): **se enrolló y nos dejó pasar gratis** he was really cool about it and let us in free; **¡va, enróllate!** go on, be a sport.

enronquecer /enrroŋke'θer/ [➪ agradecer] *vi* to go hoarse, to lose one's voice: **enronqueció** *de* **tanto gritar** she went hoarse from shouting so much.

enronquecerse *v prnl* to go hoarse.

enroque /en'rroke/ *sm* castling.

enroscar /enrros'kar/ [➪ sacar] *vt* **1.** (*un hilo, una cuerda*) to wind; (*un cable*) to coil. **2.** (*un tornillo*) to screw in, to tighten; (*un tapón*) to screw on.

enroscarse *v prnl* **1.** (*hilo, cuerda*) to wind; (*cable*) to coil. **2.** (*serpiente*) to coil.

ensaimada /ensai'maða/ *sf*: *spiral-shaped puff pastry cake.*

ensalada /ensa'laða/ *sf* salad.

ensalada de frutas *sf* fruit salad.

ensalada de tiros *sf* (*fam*) shoot-out.

ensaladera /ensala'ðera/ *sf* salad bowl.

ensaladilla /ensala'ðiʎa/ *sf* (*also* **ensaladilla rusa**) Russian salad.

ensalmo /en'salmo/ *sm* spell ● **desapareció como por ensalmo** she disappeared as if by magic.

ensalzar /ensal'θar/ [➪ cazar] *vt* **1.** (*alabar*) to praise: **ensalzó la tarea que estaban llevando a cabo** she praised their work. **2.** (*ennoblecer*) to do credit to: **su comportamiento lo ensalza** his behaviour does him credit.

ensamblador, **-dora** /ensambla'ðor -'ðora/ **I** *adj* assembly: **una planta ensambladora** an assembly plant.

II *sm/f* assembly worker.

ensamblar /ensam'blar/ [➪ CANTAR] *vt* to assemble.

ensanchamiento /ensantʃa'mjento/ *sm* widening: **están trabajando en el ensanchamiento de la carretera** they're widening the road.

ensanchar /ensan'tʃar/ [➪ CANTAR] *vt* (*agrandar*) to widen, to broaden: **ensancharon la carretera** they widened the road; **habrá que ensanchar la entrada** the entrance will have to be made wider; **se matriculó en el curso para ensanchar sus conocimientos** he enrolled on the course to broaden his knowledge; **la modista ensanchó el vestido** the dressmaker let the dress out.

ensancharse *v prnl* to get wider, to broaden out: **el río se ensancha cerca del puente** the river gets wider near the bridge.

ensanche /en'santʃe/ *sm* **1.** (*agrandamiento: gen*) widening, broadening; (*: de una ciudad*) expansion, development. **2.** (*zona nueva*) new town (*added on to the old part of a city*).

ensangrentado, -da /ensaŋgren'taðo -ða/ *adj* bloodstained.

ensangrentar /ensaŋgren'tar/ [➪pensar] *vt* to stain with blood.

ensangrentarse *v prnl* to get covered in blood: **se le había ensangrentado la venda** his bandage had got bloodstained.

ensañamiento /ensaɲa'mjento/ *sm* cruelty, mercilessness.

ensañarse /ensa'ɲarse/ [➪CANTAR] *v prnl* to show no mercy: **se ensañó** *con* **su víctima** he showed no mercy towards his victim.

ensartar /ensar'tar/ [➪CANTAR] *vt* **1.** (*cuentas*) to string together; (*carne*) to skewer: **ensartó el pollo** *con* **el asador** she skewered the chicken on the spit. **2.** (*empalmar*) to reel off: **ensartaba un disparate tras otro** he reeled off one piece of nonsense after another.

ensayar /ensa'jar/ [➪CANTAR] *vt* **1.** (*una obra de teatro*) to rehearse: **ensayaron la obra a conciencia** they rehearsed the play very carefully; (*una pieza musical*) (*GB*) to practise, (*US*) to practice. **2.** (*experimentar*) to test, to try out: **están ensayando una vacuna contra la meningitis** they are testing a vaccine against meningitis; **primero ensayaron la vacuna** *con* **animales** the vaccine was tested on animals first.

♦*vi* (*para una obra de teatro*) to rehearse: **estuvieron ensayando dos meses** they were rehearsing for two months; (*para una pieza musical*) (*GB*) to practise, (*US*) to practice.

ensayo /en'sajo/ *sm* **1.** (*de una obra, una película*) rehearsal; (*Mús*) (*GB*) practice, (*US*) practise. **2.** (*experimento*) experiment, test: **lo hicimos a modo de ensayo** we did it as an experiment. **3.** (*Lit*) essay. **4.** (*en rugby*) try.

ensayo general *sm* dress rehearsal.

enseguida, en seguida /ense'ɣiða/ *adv* straight away, immediately: **dijo que volvería enseguida** she said she'd be back straight away; **enseguida nos dimos cuenta del error** we noticed the mistake immediately.

ensenada /ense'naða/ *sf* cove, inlet.

enseña /en'seɲa/ *sf* ensign.

enseñanza /ense'ɲanθa/ *sf* **1.** (*educación*) education; (*docencia*) teaching: **lleva muchos años en la enseñanza** he's been teaching for many years. **2.** (*conocimiento*) teaching: **sacó valiosas enseñanzas de aquella experiencia** he learnt a great deal from that experience.

Enseñanza General Básica *sf* (*en España*) *course of studies for children aged six to fourteen.*

enseñanza primaria *sf* primary education, (*US*) elementary education.

enseñanza secundaria *sf* secondary education, (*US*) high school (education).

enseñanza superior *sf* tertiary ∗ higher education.

enseñar /ense'ɲar/ [➪CANTAR] *vt* **1.** (*una asignatura, una técnica*) to teach: **enseña inglés en una academia** she teaches English in a language school; **me enseñó a leer mi madre** my mother taught me to read ● **eso te enseñará a no ser tan mentiroso** that will teach you not to tell so many lies. **2.** (*mostrar*) to show: **me enseñó las fotos de las vacaciones** he showed me his holiday photos; **al reírse enseña un diente roto** when he laughs you can see he has a broken tooth; **nos enseñó por dónde se iba** she showed us the way.

enseñorearse /enseɲore'arse/ [➪CANTAR] *v prnl* to take over: **se enseñoreó** *de* **la casa** he took over the house; **se ha enseñoreado** *del* **teléfono** he's monopolized the telephone.

enseres /en'seres/ *sm pl* **1.** (*pertenencias*) belongings *pl*, possessions *pl*. **2.** (*herramientas, equipo*) equipment.

ensillar /ensi'ʎar/ [➪CANTAR] *vt* to saddle.

ensimismado, -da /ensimiz'maðo -ða/ *adj* engrossed, far away: **se pasa horas ensimismado** *en* **sus pensamientos** he spends hours engrossed in his own thoughts.

ensimismamiento /ensimizma'mjento/ *sm* absorption, reverie.

ensimismarse /ensimiz'marse/ [➪CANTAR] *v prnl* to become absorbed, to lose oneself: **se ensimismó** *en* **la lectura** she became absorbed ∗ engrossed in her reading.

ensoberbecer /ensoβerβe'θer/ [➪agradecer] *vt* to make arrogant: **el poder lo ensoberbeció** power made him arrogant.

ensoberbecerse *v prnl* (*volverse soberbio*) to become arrogant.

ensombrecer /ensombre'θer/ [➪agradecer] *vt* **1.** (*oscurecer*) to darken: **las nubes ensombrecieron el cielo** the clouds darkened the sky. **2.** (*apenar*) to overshadow: **el accidente ensombreció el final de sus vacaciones** the accident cast a shadow over the end of their holidays.

ensombrecerse *v prnl* **1.** (*oscurecerse*) to darken: **el cielo se ensombreció** the sky darkened. **2.** (*apenarse*) to be saddened: **se ensombreció** *con* **la noticia** he was saddened by the news.

ensoñación /ensoɲa'θjon/ *sf* daydream ● **¡ni por ensoñación!** not on your life!

ensoñar /enso'ɲar/ [➪contar] *vi* to daydream, to fantasize.

ensordecedor, -dora /ensorðeθe'ðor -'ðora/ *adj* deafening.

ensordecer /ensorðe'θer/ [➪agradecer] *vt* **1.** (*dejar sordo*) to deafen: **el estallido la ensordeció** the explosion deafened her. **2.** (*atenuar*) to muffle: **los muros ensordecían sus voces** the walls muffled their voices.

♦*vi* to go deaf: **ensordeció a causa de la explosión** she went deaf as a result of the explosion.

ensortijado, -da /ensorti'xaðo -ða/ *adj* (*pelo*) curled.

ensortijarse /ensorti'xarse/ [➪CANTAR] *v prnl* (*pelo*) to curl.

ensuciar /ensu'θjar/ [➪CAMBIAR] *vt* **1.** (*manchar*) to get ∗ make dirty. **2.** (*mancillar*) to tarnish: **pretenden ensuciar su buen nombre** they want to tarnish his reputation.

ensuciarse *v prnl* to get dirty: **se ensució el vestido jugando** she got her dress dirty when she was playing; **¡no te ensucies!** don't get yourself dirty!

ensueño /en'sweɲo/ *sm* fantasy, (day)dream ● **fue un viaje de ensueño** it was a dream trip ● **¡ni por ensueño!** not on your life!

entablar /enta'βlar/ [➪CANTAR] *vt* (*una amistad, una conversación*) to strike up: **entabló amistad con el portero del edificio** he struck up a friendship with the porter of the building; (*relaciones*) to establish; (*un proceso judicial, un diálogo*) to start: **entablaron**

negociaciones con la oposición they started negotiations with the opposition.
♦ *vi* (*Amér L*) to draw, to tie.

entablillado, -da /entaβli'ʎaðo -ða/ *adj* (*Med*): **llevaba el brazo entablillado** her arm was in a splint.

entablillar /entaβli'ʎar/ [➪ CANTAR] *vt* to put in a splint.

entallado, -da /enta'ʎaðo -ða/ *adj* fitted (*clothes*).

entallar /enta'ʎar/ [➪ CANTAR] *vt* to take in (*clothes*).

entarimado /entari'maðo/ *sm* wooden floor.

ente /'ente/ *sm* **1.** (*ser*) being. **2.** (*organismo*) organization, entity.

entendederas /entende'ðeras/ *sf pl* (*fam*) brains *pl*, grey matter • **tiene buenas entendederas** she's quick on the uptake • **es algo corto de entendederas** he's a bit dense.

entendedor, -dora /entende'ðor -'ðora/ *sm/f* • **a buen entendedor pocas palabras bastan** a wise person does not need to be told twice.

entender /enten'der/ **I** [➪ tender] *vt* **1.** (*comprender*) to understand: **no entiendo la pregunta** I don't understand the question; **lo entendí mal** I misunderstood it; **hazle entender que no es posible** make him understand that it's not possible • **me dio a entender que no volverían** he gave me to understand that they wouldn't return • **dieron a entender que no se haría** they implied ∗ hinted that it wouldn't be done • **no entiendo ni palabra ∗ ni jota** I don't understand a thing ∗ a word. **2.** (*opinar*) to think, to believe: **entiendo que deberías disculparte** I think you should apologize. **3.** (*deducir*) to understand: **¿debo entender que te marchas?** am I to understand you are leaving?
♦ *vi* **1.** (*comprender*) to understand: **ya entiendo: no me lo quieres decir** now I understand, you don't want to tell me. **2.** (*saber*) to know about: **¿entiendes** *de* **coches?** do you know anything about cars? **3.** (*querer decir*) to mean: **¿qué entiendes** *por* **"mucho dinero"?** what do you mean by "a lot of money"? **4.** (*Jur*): **el juez que entiende** *en* **los casos de divorcio** the judge who hears the divorce cases.

entenderse *v prnl* **1.** (*comprenderse*) to be meant: **¿qué se entiende por trabajo intensivo?** what is meant by intensive labour? • **deja, yo me entiendo** it's all right, I know what I'm doing • **allá te entiendas con eso** that's your problem. **2.** (*con alguien*) to get on: **se entienden a la perfección** they get on like a house on fire • **si no cambias de comportamiento, te las entenderás conmigo** if you don't mend your ways, you'll have to reckon with me. **3.** (*fam*: *tener un lío amoroso*) to have an affair.
II *sm* mind, way of thinking: **a mi entender, no obraste bien** to my way of thinking, you did not do the right thing.

entendido, -da /enten'diðo -ða/ **I** *adj* **1.** (*comprendido*) understood: **tengo entendido que piensa emigrar** I understand ∗ gather she plans to emigrate. **2.** (*persona*) knowledgeable: **es muy entendido** *en* **electrónica** he knows a lot about electronics.
II *sm/f* expert: **los entendidos** *en* **la materia no se ponen de acuerdo** the experts on the subject can't agree.

entendimiento /entendi'mjento/ *sm* **1.** (*comprensión*) intelligence, understanding: **son fenómenos que escapan a nuestro entendimiento** they are phenomena that are beyond our understanding. **2.** (*sentido común*) judgement: **la rabia le nubló el entendimiento** anger clouded his judgement. **3.** (*acuerdo*) understanding: **es posible que las dos comunidades lleguen a un entendimiento** it is possible that the two communities may come to an understanding.

entente /en'tente/ *sf* accord, agreement.

enteradillo, -lla /entera'ðiʎo -ʎa/ *sm/f* (*fam*) know-all, smartypants [lleva el verbo en singular].

enterado, -da /ente'raðo -ða/ **I** *adj* **1.** (*que sabe algo*): **ya está enterada** she already knows; **está enterado** *de* **todo** he knows all about it; **ya estoy enterada** *de* **que vienes a pasar unos días** I already know that you're coming to spend a few days here • **no se dio por enterado** he pretended not to have heard. **2.** (*que domina una materia*) knowledgeable: **está muy enterado** *de* **política** he's knows a lot about politics.
II *sm/f* **1.** (*experto*) expert: **de eso que opinen los enterados** let the experts decide on that. **2.** (*fam*: *sabelotodo*) know-all: **va** *de* **enterado por la vida** he thinks he knows all the answers.

enterarse /ente'rarse/ [➪ CANTAR] *v prnl* **1.** (*informarse*) to find out, to hear about: **me enteré** *del* **accidente por los periódicos** I found out about the accident through the papers; **se ha enterado** *de* **que te marchas** he's heard you're leaving • **¡te vas a enterar si no lo haces!** you'll be for it if you don't do it! • **¡para que te enteres, no voy a ir!** well I'm not going, so there! **2.** (*comprender*) to understand, to grasp: **no se enteró** *de* **nada** she didn't understand a thing; **¡entérate bien** *de* **lo que voy a decirte!** pay attention to what I'm going to tell you! **3.** (*darse cuenta*) to realize: **no se enteró** *de* **lo que pasaba** he didn't realize what was going on.

entereza /ente'reθa/ *sf* **1.** (*serenidad*) composure, calmness: **encajó la noticia con entereza** he took the news calmly ∗ with great composure. **2.** (*fortaleza*) strength of character: **mostró gran entereza en los momentos difíciles** she showed great strength of character when things were difficult.

enternecedor, -dora /enterneθe'ðor -'ðora/ *adj* moving, poignant.

enternecer /enterne'θer/ [➪ agradecer] *vt* (*conmover*) to move to pity: **la última escena siempre enternece al público** the final scene always moves the audience; **sus lágrimas lo enternecieron** her tears moved him to pity.

enternecerse *v prnl* (*conmoverse*) to be moved: **se enterneció** *con* **las imágenes** she was moved by the pictures; (*ablandarse*): **se enterneció cuando vio lo arrepentida que estaba** he relented when he saw how sorry she was.

entero, -ra /en'tero -ra/ **I** *adj* **1.** (*completo*) whole: **se comió la tarta entera** she ate the whole cake • **dediqué el mes de mayo por entero a preparar los exámenes** I spent all of ∗ the whole of May preparing for the exams. **2.** (*sin daño*) intact, undamaged: **la mesa llegó entera** the table arrived undamaged. **3.** (*sereno*) composed: **se mostró muy entero en el funeral** he was very composed at the funeral. **4.** (*de carácter*) honest, steady. **5.** (*Mat*) whole.
II entero *sm* **1.** (*Mat*) whole number. **2.** (*Fin*: *en la bolsa*) point: **las acciones bajaron un entero** shares dropped (by) one point.

enterrador, -dora /enterra'ðor -'ðora/ *sm/f* gravedigger.

enterramiento /enterra'mjento/ *sm* burial.

enterrar /ente'rrar/ [➪ pensar] *vt* **1.** (*sepultar*) to bury. **2.** (*relegar al olvido*) to bury, to forget: **trató de enterrar todos aquellos recuerdos** he tried to bury all those memories. **3.** (*sobrevivir*) to outlive, to bury:

ha enterrado a todos sus amigos he's outlived all his friends.

enterrarse *v prnl* to cut oneself off: **se está enterrando en vida** he's cutting himself off from the world.

entidad /enti'ðað/ *sf* **1.** (*organismo*) organization, entity; (*empresa*) firm, company: **una entidad bancaria subvenciona el proyecto** a bank is subsidizing the project. **2.** (*trascendencia*) importance, significance: **ocupémonos de asuntos** *de* **mayor entidad** let's deal with more important matters.

entidad financiera *sf* financial institution.

entiendo /en'tjendo/ *and other forms with* ***entiend-*** ➪ entender

entierro /en'tjerro/ **I** *and other forms with* ***entierr-*** ➪ enterrar

II *sm* (*acción*) burial; (*ceremonia*) funeral: **mucha gente asistió al entierro** many people attended the funeral.

entlo. *pronounced* /entre'swelo/ (*abbreviation of* **entresuelo**) ➪ entresuelo

entoldado /entol'daðo/ *sm* **1.** (*toldo*) awning. **2.** (*para fiestas*) marquee.

entoldar /entol'dar/ [➪ CANTAR] *vt* to put an awning over.

entoldarse *v prnl* (*Meteo*) to cloud over.

entomología /entomolo'xia/ *sf* entomology.

entonación /entona'θjon/ *sf* intonation.

entonado, -da /ento'naðo -ða/ *adj* **1.** (*Mús*) in tune. **2.** (*fam*: *bebido*) tipsy, merry: **iba bastante entonado** he was pretty tipsy.

entonar /ento'nar/ [➪ CANTAR] *vt* **1.** (*Mús*: *una nota, la voz*) to pitch; (*: una canción*) to sing; (*: un salmo, una oración, etc.*) to intone. **2.** (*fam*: *reanimar*) to revive, to perk up: **un poco de café te entonará** some coffee will perk you up. **3.** (*fam*: *achispar*) to make tipsy: **tanto vino me está entonando** all this wine is making me tipsy.

♦ *vi* **1.** (*Mús*) to sing in tune: **no consigue entonar** he can't keep in tune. **2.** (*combinar*) to go, to match: **la corbata no entona** *con* **el traje** the tie doesn't go with the suit.

entonarse *v prnl* (*fam*) to get tipsy: **se entonó** *con* **un par de copas** he got tipsy after a couple of drinks.

entonces /en'tonθes/ *adv* **1.** (*referido al tiempo*) then, at that time: **me enteré entonces de lo sucedido** it was then that I found out what had happened; **entonces yo tendría diez años** I must have been ten at the time; **así era entonces** that's the way it used to be; **era nieto del entonces presidente** he was a grandson of the then president; **las costumbres de entonces eran diferentes** customs were different in those days; **hasta entonces no se había preocupado** up until then he hadn't worried ● **por aquel entonces todavía vivíamos en Toledo** we were still living in Toledo at that time ● **en aquel entonces no se hablaba de esas cosas** in those days people didn't talk about things like that. **2.** (*consecutivo*) then: **¿qué vas a hacer, entonces?** so, what are you going to do?, what are you going to do then?; **si vas a estar a disgusto, entonces no vengas** if you're going to feel ill at ease, then don't come.

entontecer /entonte'θer/ [➪ agradecer] *vt* to befuddle.

entontecerse *v prnl* to lose one's mind: **te vas a entontecer con tanta tele** your mind will go if you watch so much television.

entorchado /entor'tʃaðo/ *sm* (*galón*) braid.

entornar /entor'nar/ [➪ CANTAR] *vt* **1.** (*una puerta, una ventana*) to leave ajar ✻ half-open. **2.** (*los ojos*) to half-close, to narrow.

entorno /en'torno/ *sm* environment.

entorno familiar *sm* family circle ✻ group.

entorno social *sm* social environment.

entorpecer /entorpe'θer/ [➪ agradecer] *vt* **1.** (*dificultar: el paso*) to obstruct: **el camión entorpecía el tráfico** the lorry was obstructing the traffic; **sus peticiones entorpecían el proceso** their requests were hindering the process. **2.** (*físicamente*) to hinder; (*mentalmente*) to dull.

entrada /en'traða/ *sf* **1.** (*acción*) entry, entrance: **hizo una entrada triunfal** he made a triumphant entrance; **prohibida la entrada** no entry ✻ keep out; **su entrada pasó desapercibida** no one noticed him come in. **2.** (*admisión*) admission: **hemos de celebrar tu entrada** *en* **el club** we must celebrate your admission to the club. **3.** (*lugar de acceso: gen*) entrance, way in: **¿dónde está la entrada?** where's the entrance ✻ the way in?; (*: a una cueva, un túnel*) mouth, entrance; (*: a una ciudad*) **había embotellamientos en todas las entradas a Madrid** there were traffic jams on all the main roads into Madrid. **4.** (*vestíbulo*) (entrance) hall: **compró un espejo para la entrada** he bought a mirror for the hall. **5.** (*para el cine, el teatro, etc.*) ticket: **¿has comprado las entradas?** have you bought the tickets?; **¿hay que pagar entrada?** is there an entrance fee? **6.** (*asistencia*) audience, house: **hubo una entrada muy pobre** the audience was very small. **7.** (*recaudación*) takings *pl*, receipts *pl*: **se recaudó una entrada de cien mil pesetas** the takings were one hundred thousand pesetas. **8.** (*desembolso inicial*) deposit: **pagamos la entrada del piso** we paid the deposit on the apartment; **venta de pisos sin entrada** apartments for sale: no deposit (required). **9.** (*de pelo*): **es joven, pero ya tiene entradas** he's young but his hair is already receding. **10.** (*Culin*) starter, first course: **como entrada pedimos tomates rellenos** we ordered stuffed tomatoes for our first course. **11.** (*principio: de un libro, un discurso*) opening, beginning; (*: en el tiempo*) start, beginning: **la entrada del verano fue fría** the start of summer was cold ● **de entrada nos dijo que no** at the beginning he said no. **12.** (*de un diccionario*) entry. **13.** (*en fútbol*) tackle: **fue una entrada durísima** it was a very hard tackle.

entrada principal *sf* main entrance.

entrado, -da /en'traðo -ða/ *adj*: **está entrado** *en* **años** he's getting on (in years); **era una señora entrada** *en* **carnes** she was a stout woman; **no empezó a hacer buen tiempo hasta bien entrado mayo** the weather didn't improve until well into May.

entramado /entra'maðo/ *sm* frame.

entramparse /entram'parse/ [➪ CANTAR] *v prnl* (*fam*: *contraer deudas*) to get into debt: **se entramparon para comprar la casa** they got into debt to buy the house.

entrante /en'trante/ **I** *adj* **1.** (*mes, semana, etc.*) next: **iremos la semana entrante** we'll go next week. **2.** (*presidente, oficial*) incoming.

II *sm* **1.** (*Geog*) inlet. **2.** (*Culin*) first course.

entraña /en'traɲa/ **I** *sf* essence, core: **la entraña del asunto no fue discutida** the most important aspect of the matter was not discussed.

II entrañas *sf pl* **1.** (*Anat*) entrails *pl* ● **echó (hasta) las entrañas** he was violently sick ● **les sacó las entrañas a sus padres para darse la buena vida** he bled his parents dry so that he could live it up.

2. (*sentimientos*) feelings *pl* • **no tiene entrañas** he has no feelings • **una mujer sin entrañas** a callous woman • **tiene malas entrañas** he is a bad * wicked man. 3. (*interior*) innermost * furthest part: **extraen piedras preciosas de las entrañas de la tierra** they extract precious stones from the bowels of the earth.

entrañable /entra'ɲaβle/ *adj* 1. (*amistad*) deep, close. 2. (*amigo*) dear. 3. (*recuerdo*) fond: **guardo entrañables recuerdos de aquella época** I have fond memories of those days.

entrañar /entra'ɲar/ [➪ CANTAR] *vt* to entail, to involve: **esta operación no entraña ningún riesgo** there is no risk involved in this operation.

entrar /en'trar/ [➪ CANTAR] *vi* 1. (*en una habitación, un edificio: si el hablante está fuera*) to go in: **llame antes de entrar** knock before you go in; **estaba dormido cuando entré** *en* * *a* **su habitación** he was asleep when I went into his room; (*: si el hablante está dentro*) to come in: **entra, estoy solo** come in, I'm on my own; **estaba viendo la tele cuando entraron** *en* **el salón** * **entraron** *al* **salón** I was watching television when they came into the lounge • **yo ni entro ni salgo en esa cuestión** that's nothing to do with me; (*en un país*): **entraron** *en* **el país** * **entraron** *al* **país por la sierra** they came into * entered the country over the mountains. 2. (*meterse*): **me entró arena** *en* **un ojo** I got some sand in my eye; **abre la puerta para que entre un poco de aire** open the door to let some air in. 3. (*en una situación, un estado*): **hemos entrado** *en* **una época de crisis** we have entered a period of crisis; **entró** *en* **coma** he went into a coma; (*en un tema*): **no quiero entrar** *en* **ese tema** I don't want to go into that subject. 4. (*en una organización, un grupo*): **entró** *de* **dependienta a los dieciocho años** she started as a shop assistant when she was eighteen; **es difícil entrar** *en* **esa empresa** it's difficult to get a job in that company; **entró** *en* **nuestra asociación hace dos meses** she joined our association two months ago; **para entrar** *en* **el instituto hay que aprobar un examen** to get into the institute you have to pass an exam. 5. (*comenzar*) to begin: **dentro de dos semanas entrará el verano** summer begins in two weeks. 6. (*en música*) to come in: **los violines no entraron a tiempo** the violins didn't come in on time; (*en teatro*) to come on, to enter: **después entra don Juan** then Don Juan comes on. 7. (*haber*): **¿cuántas naranjas entran** *en* **un kilo?** how many oranges are there * do you get in a kilo?; (*estar incluido*): **el desayuno entra** *en* **el precio** breakfast is included in the price; **aquello no entraba** *en* **nuestros planes** that didn't enter into our plans. 8. (*caber*): **el sofá no va a entrar aquí** the sofa won't fit in here; **estoy lleno, no me entra nada más** I'm full up, I can't eat any more; **estos pantalones no me entran** I can't get into these trousers. 9. (*sobrevenir: emoción, deseo*): **le entraron ganas de llorar** he felt like crying; **le entra miedo cuando lo piensa** he gets scared when he thinks about it. 10. (*fam: concepto, asignatura*): **se lo he explicado mil veces pero no le entra** I've explained it to him a thousand times but he can't get it into his head; **no le entra el latín** he can't get the hang of Latin • **no me entra en la cabeza** I can't understand it. 11. (*fam: alimento, bebida*) to go down: **este vino entra muy bien** this wine goes down very nicely. 12. **entrarle a alguien** (*abordarlo*) to tackle somebody; **¿cómo le entramos al jefe?** how should we tackle the boss?; **el defensa le entró por detrás y lo lesionó** the defender tackled him from behind and injured him.
♦*vt* (*en una habitación, un edificio: si el hablante está fuera*) to take in: **entró las sillas** he took the chairs in; (*: si el hablante está dentro*) to bring in: **entra la ropa que está lloviendo** bring the washing in, it's raining.

entre /'entre/ **I** *prep* 1. (*dos cosas, personas*) between: **esa calle está entre Sol y Callao** that street is between Sol and Callao; **estaba apretujado entre su padre y su madre** he was squeezed between his father and his mother; **llamará entre las nueve y las diez** he'll phone between nine and ten (o'clock). 2. (*varias cosas, personas*): **se encontraba entre los finalistas** she was among * amongst the finalists; **vi algo entre los árboles** I saw something amongst the trees; **lo compramos entre los cuatro** we bought it between the four of us; **repartió los caramelos entre los niños** she shared out the sweets among the children; **entre todos los que vi, fue el que más me gustó** of all the ones I saw, it was the one I liked best of all; **entre otras cosas, dijo que había que aumentar la producción** amongst other things, he said that production had to be increased. 3. (*para expresar la idea de intermedio*): **es entre rojo y rosa** it's a reddish pink; **estaba entre enfadada y preocupada** she was half angry, half worried. 4. (*de reciprocidad*): **existe mucha confianza entre ellas** they are very close. 5. (*al contar*): **entre todos éramos doscientos** all together there were two hundred of us.
II entre tanto *loc adv* ➪ entretanto

entreabierto, -ta /entrea'βjerto -ta/ **I** *past participle of* ➪ entreabrir
II *adj* (*gen*) half-open: **se quedó dormido con la boca entreabierta** he fell asleep with his mouth half-open; (*puerta, ventana*) ajar, half-open.

entreabrir /entrea'βrir/ [➪ PARTIR; *past participle* **entreabierto**] *vt* to half-open.

entreacto /entre'akto/ *sm* intermission, interval.

entrecano, -na /entre'kano -na/ *adj* greying, graying.

entrecomillado, -da /entrekomi'ʎaðo -ða/ **I** *adj* in inverted commas.
II entrecomillado *sm* text in inverted commas.

entrecortado, -da /entrekor'taðo -ða/ *adj* halting, faltering: **pidió ayuda con voz entrecortada** he asked for help in a faltering voice.

entrecot /entre'kot/ *sm* entrecôte, ribsteak.

entrecruzar /entrekru'θar/ [➪ cazar] *vt* to interweave, to intertwine.
entrecruzarse *v prnl* to interweave, to intertwine.

entredicho /entre'ðitʃo/ **en entredicho** *loc adv* in doubt, in question: **no quiero poner su honradez en entredicho** I am not questioning your honesty; **han puesto mis palabras en entredicho** they are calling into question what I said; **puso en entredicho su fama de persona honrada** it cast doubt on his reputation for honesty.

entrega /en'treɣa/ *sf* 1. (*acto*) handing over: **nos hizo entrega** *de* **las llaves** she handed the keys over to us; (*reparto*) delivery: **la entrega se efectuará dentro de dos días** delivery will take place in two days. 2. (*ceremonia*) presentation, awarding: **¿viste la entrega de los Oscar?** did you watch the Oscar awards ceremony?; **la entrega de premios se celebró en un hotel** the presentation of the awards took place at a hotel. 3. (*sacrificio, servicio*) dedication, devotion: **mostraba una gran entrega** *a* **su trabajo** she showed great devotion to her work. 4. (*parte de una obra*) part, (*GB*) instalment, (*US*) installment: **la próxima entrega es el martes que viene** the next instalment comes out on Tuesday.

entregar /entre'ɣar/ [➪pagar] *vt* **1.** (*gen*) to give, to hand over: **me entregó unos libros para ella** he gave me some books for her; **nos han entregado las llaves del piso** they've given us * they've handed over the keys to the apartment; (*mercancías, el correo*) to deliver; (*ejercicios, trabajos, etc.*) to submit, to hand in. **2.** (*a la policía, las autoridades*) to hand over, to turn in: **sus cómplices lo entregaron a la policía** his accomplices turned him in to the police.

entregarse *v prnl* **1.** (*darse*) to dedicate oneself, to devote oneself: **se entrega totalmente** *a* **su familia** he is completely devoted to his family. **2.** (*a un vicio, una pasión*) to give oneself over, to abandon oneself: **se entregó** *al* **juego** she gave herself over to gambling. **3.** (*a la policía, las autoridades*) to turn oneself in, to give oneself up.

entreguerras /entre'ɣerras/ **de entreguerras** *loc adj* interwar: **un pintor del periodo de entreguerras** a painter from the interwar period.

entrelazar /entrela'θar/ [➪cazar] *vt* to interweave, to intertwine.

entremedias /entre'meðjas/ *adv* **1.** (*de tiempo*) in between, in the meantime: **desayuné a las ocho y cené a las diez, y no había tomado nada entremedias** I had breakfast at eight and dinner at ten, and I hadn't had anything in between. **2.** (*de lugar*): **el prado estaba repleto de margaritas, con algunas amapolas entremedias** the meadow was full of daisies with some poppies amongst them.

entremés /entre'mes/ *sm* **1.** (*Culin*) hors d'oeuvre. **2.** (*obra breve*) interlude, comic sketch.

entremeterse /entreme'terse/ [➪TEMER] *v prnl* ➪ entrometerse

entremetido, -da /entreme'tiðo -ða/ *adj, sm/f* ➪ entrometido

entremezclar /entremeθ'klar/ [➪CANTAR] *vt* to mix together, to intermingle.

entremezclarse *v prnl* to intermingle: **en la obra se entremezclan realidad y fantasía** reality and fantasy intermingle in the play.

entrenador, -dora /entrena'ðor -'ðora/ *sm/f* trainer, coach.

entrenamiento /entrena'mjento/ *sm* (*Dep*) training.

entrenar /entre'nar/ [➪CANTAR] (*Dep*) *vt* to coach, to train: **entrenó al equipo del colegio durante muchos años** she coached the school team for many years.

♦*vi* to train: **entrena tres veces por semana** he trains three times a week.

entrenarse *v prnl* to train.

entrepierna /entre'pjerna/ *sf* crotch, crutch.

entreplanta /entre'planta/ *sf* mezzanine.

entresacar /entresa'kar/ [➪sacar] *vt* to pick out, to extract: **entresacó unos ejemplos del texto** she picked out some examples from the text.

entresijos /entre'sixos/ *sm pl* inner workings *pl*, ins and outs *pl*: **conoce muy bien los entresijos del negocio** he knows all the ins and outs of the business.

entresuelo /entre'swelo/ *sm* **1.** (*entreplanta*) mezzanine. **2.** (*primer piso*) (*GB*) first floor, (*US*) second floor.

entretanto, entre tanto /entre'tanto/ *adv* meanwhile, in the meantime: **entretanto, los viajeros habían llegado al hotel** in the meantime, the travellers had arrived at the hotel.

entretejer /entrete'xer/ [➪TEMER] *vt* (*gen*) to intermingle; (*en una tela*) to interweave.

entretela /entre'tela/ **I** *sf* interlining.

II entretelas *sf pl* (*fam*): **hijo de mis entretelas** my dear child; **le llegó a lo más hondo de sus entretelas** it cut him to the quick.

entretener /entrete'ner/ [➪tener] *vt* **1.** (*divertir*) to amuse, to entertain: **la entretuvo enseñándole unas fotos** he kept her amused by showing her some photographs. **2.** (*retrasar*) to hold up, to delay: **me entretuvo su llamada** his call delayed me; **bueno, no te entretengo más** well, I won't hold you up * keep you.

entretenerse *v prnl* **1.** (*divertirse*) to amuse oneself: **se entretiene** *con* **cualquier cosa** he amuses himself very easily; **nos entretuvimos charlando mientras esperábamos** we chatted to while away the time as we waited. **2.** (*retrasarse*) to get held up, to get delayed: **se entretuvo y perdió el tren** she was * got held up and missed the train.

entretenido, -da /entrete'niðo -ða/ *adj* entertaining, enjoyable.

entretenimiento /entreteni'mjento/ *sm* entertainment, amusement: **coser es un entretenimiento para ella** sewing keeps her amused; **no tengo que hacerlo, pero me sirve de entretenimiento** I don't have to do it, but it keeps me amused.

entretiempo /entre'tjempo/ *sm* (*periodo entre invierno y verano*): **se compró una chaqueta de entretiempo** she bought a light spring/autumn jacket.

entrever /entre'βer/ [➪ver] *vt* **1.** (*atisbar*) to glimpse, to catch a glimpse of: **entrevió un grupo de gente a lo lejos** he glimpsed a group of people in the distance. **2.** (*presentir*) to guess: **entrevimos sus intenciones desde el principio** we guessed his intentions from the start.

entreverar /entreβe'rar/ [➪CANTAR] *vt* (*Arg, Chi, Urug*) to mix up: **me entreveró los papeles** he mixed my papers up; **a mí no me entreveres** *en* **tus asuntos** don't involve me in your affairs.

entrevero /entre'βero/ *sm* (*Arg, Chi, Urug*) muddle.

entrevista /entre'βista/ *sf* **1.** (*en la radio, de trabajo*) interview: **tengo dos entrevistas la semana que viene** I have two (job) interviews next week. **2.** (*reunión*) meeting.

entrevistar /entreβis'tar/ [➪CANTAR] *vt* to interview.

entrevistarse *v prnl* to meet, to have a meeting: **se entrevistaron** *con* **el primer ministro** they had a meeting with the prime minister.

entristecer /entriste'θer/ [➪agradecer] *vt* to sadden, to make sad: **su respuesta me entristeció mucho** his answer saddened me greatly.

entristecerse *v prnl* to grow sad, to become sad: **se entristecía al pensar en su país en guerra** he grew sad at the thought of his war-torn country.

entrometerse /entrome'terse/ [➪TEMER] *v prnl* to interfere, to meddle: **le gusta entrometerse** *en* **la vida de los demás** he likes meddling in everybody else's lives.

entrometido, -da /entrome'tiðo -ða/ **I** *adj* nosy, interfering.

II *sm/f* busybody.

entromparse /entrom'parse/ [➪CANTAR] *v prnl* (*fam*) to get drunk, to get plastered.

entroncar /entroŋ'kar/ [➪sacar] *vi* to be connected, to be related: **sus antepasados entroncan** *con* **la nobleza** her ancestors are related to nobility; **su obra entronca** *con* **el romanticismo** her work has links with Romanticism.

entronizar /entroni'θar/ [➪cazar] *vt* **1.** (*a un rey*) to enthrone. 2. (*encumbrar*) **fueron entronizados como héroes** they were put on a pedestal.

entronque /en'troŋke/ *sm* (*Méx*) road junction.

entuerto /en'twerto/ *sm* (*frml*) wrong, injustice: **hubo que deshacer aquel entuerto** they had to right that wrong * injustice.

entumecerse /entume'θerse/ [⇨agradecer] *v prnl* to go numb, to go to sleep: **se me han entumecido las piernas** my legs have gone numb.

entumecido, -da /entume'θiðo -ða/ *adj* numb.

enturbiar /entur'βjar/ [⇨CAMBIAR] *vt* 1. (*un líquido*) to make cloudy, to cloud. 2. (*un sentimiento, una relación*) to spoil, to cast a shadow over: **aquel incidente enturbió su amistad** that incident cast a shadow over their friendship.

enturbiarse *v prnl* 1. (*líquido*) to go cloudy, to turn cloudy: **se ha enturbiado el agua de la piscina** the water in the swimming pool has turned cloudy. 2. (*complicarse*) to become complicated: **la investigación se iba enturbiando más y más** the investigation was getting more and more complicated.

entusiasmar /entusjaz'mar/ [⇨CANTAR] *vt* (*provocar entusiasmo en*): **no conseguí entusiasmarlo con la idea** I couldn't raise any enthusiasm in him for the idea.

♦*vi* 1. (*provocar entusiasmo*): **le entusiasmó la idea** she was very enthusiastic about * keen on the idea. 2. (*gustar mucho*): **me entusiasma el arte renacentista** I love Renaissance art.

entusiasmarse *v prnl* 1. (*con una idea*): **se entusiasmó cuando se lo dije** he was very enthusiastic when I told him about it. 2. (*con una actividad, una afición*): **se entusiasma** *con* **las motos** he's mad about motorbikes.

entusiasmo /entu'sjazmo/ *sm* 1. (*afán, empeño*) enthusiasm: **está trabajando con mucho entusiasmo** he's working with great enthusiasm. 2. (*excitación*): **la noticia despertó un enorme entusiasmo** the news caused great excitement.

entusiasta /entu'sjasta/ **I** *adj* enthusiastic, (*GB*) keen. **II** *sm/f* (*aficionado*) enthusiast: **es un entusiasta** *de* **las carreras de caballos** he is a horseracing enthusiast, he loves horseracing; **es un entusiasta** *del* **rock** he's a rock fan.

enumeración /enumera'θjon/ *sf* list, enumeration: **hizo una enumeración de todos los inconvenientes** she listed * enumerated all the problems.

enumerar /enume'rar/ [⇨CANTAR] *vt* to list, to enumerate: **enumeró todos mis errores** he enumerated all my mistakes.

enunciado /enun'θjaðo/ *sm* wording, formulation.

enunciar /enun'θjar/ [⇨CAMBIAR] *vt* 1. (*un problema, un teorema*) to set out. 2. (*una idea*) to state: **enunció varios aspectos del proyecto** she outlined several aspects of the project.

envainar /embai'nar/ [⇨CANTAR] *vt* to sheathe.

envalentonarse /embalento'narse/ [⇨CANTAR] *v prnl*: **se envalentona** *ante* * *con* **los más débiles** he acts daring * brave in front of the weaker ones; **como nadie le decía nada, se envalentonó** as nobody said anything, he got more and more daring.

envanecer /embane'θer/ [⇨agradecer] *vt* to make conceited, to make vain: **el éxito lo ha envanecido** success has made him conceited.

envanecerse *v prnl* to become conceited, to become vain.

envasado /emba'saðo/ *sm* (*en botella*) bottling; (*en lata*) canning, (*GB*) tinning; (*en paquete*) packing.

envasar /emba'sar/ [⇨CANTAR] *vt* (*en botella*) to bottle; (*en lata*) to can, (*GB*) to tin; (*en paquete*) to pack: **para conservarlo fresco lo envasan al vacío** it is vacuum-packed to keep it fresh.

envase /em'base/ *sm* (*recipiente*) container; (*botella*): **tenemos que llevar los envases a la tienda** we have to return the empties to the shop.

envase de cartón *sm* carton.

envase de plástico *sm* plastic container.

envase no retornable *sm* non-returnable container.

envejecer /embexe'θer/ [⇨agradecer] *vi* to grow old, to age.

♦*vt* 1. (*a una persona*) to age, to make look old: **tanto sufrimiento lo ha envejecido** all that suffering has aged him. 2. (*el vino*) to age, to mature.

envejecimiento /embexeθi'mjento/ *sm* ageing.

envenenamiento /embenena'mjento/ *sm* poisoning.

envenenar /embene'nar/ [⇨CANTAR] *vt* to poison.

envenenarse *v prnl* to be poisoned: **se envenenó comiendo setas** the toadstools she ate poisoned her.

envergadura /emberɣa'ðura/ *sf* 1. (*de un ave, un avión*) wingspan. 2. (*magnitud*) importance, significance: **es un problema de mucha envergadura** it is a problem of great importance.

envés /em'bes/ *sm* (*de una tela*) wrong side, back; (*de una página*) reverse, back.

enviado, -da /em'bjaðo -ða/ *sm/f* envoy.

enviado, -da especial *sm/f* special correspondent.

enviar /em'bjar/ [⇨ansiar] *vt* to send: **envió el paquete por correo** he sent the parcel by post; **me envían el dinero semanalmente** they send me the money weekly; **lo envió al mercado a comprar fruta** she sent him to the market to buy some fruit.

enviciar /embi'θjar/ [⇨CAMBIAR] *vt* to corrupt, to lead astray.

enviciarse *v prnl* to become addicted, to get hooked: **se envició** *con* **el tabaco** she became addicted to tobacco; **se ha enviciado** *con* **el ordenador y no lo suelta** he's got hooked on the computer and won't leave it alone.

envidar /embi'ðar/ [⇨CANTAR] *vt/i* (*Juegos*) to bet.

envidia /em'biðja/ *sf* envy: **su bici es la envidia de la clase** his bike is the envy of the class; **tiene envidia** *de* **su hermano pequeño** he's jealous of his little brother • **se va a morir de envidia cuando lo vea** she'll be green with envy when she sees it.

envidiable /embi'ðjaβle/ *adj* enviable.

envidiar /embi'ðjar/ [⇨CAMBIAR] *vt* to envy, to grudge, to begrudge: **envidia su popularidad** she begrudges him his popularity, she's envious of his popularity • **tú no tienes nada que envidiarle** you're just as good as he is.

envidioso, -sa /embi'ðjoso -sa/ **I** *adj* envious. **II** *sm/f* envious person.

envilecer /embile'θer/ [⇨agradecer] *vt* to degrade, (*GB*) to dishonour, (*US*) to dishonor: **la traición envilece a quien la comete** treachery degrades the person who commits it.

envilecerse *v prnl* to degrade oneself, to lower oneself.

envío /em'bio/ *sm* 1. (*acto*) dispatch, sending: **hicieron el envío por correo** they sent * dispatched it by post. 2. (*mercancías*) consignment, shipment: **el envío no llegó a tiempo** the consignment did not arrive on time.

envío contra reembolso *sm* cash on delivery.

envite /em'bite/ *sm* 1. (*Juegos: cartas*) bet. 2. (*empellón*) shove, push: **le dio tal envite a la mesa que la tiró al suelo** he gave the table such a shove that he knocked it over • **lo consiguió al primer envite** she did it at the first attempt.

enviudar /embju'ðar/ [⇨CANTAR] *vi* (*hombre*) to be widowed, to become a widower: **enviudó a los treinta años** he was widowed at the age of thirty; (*mujer*) to be widowed, to become a widow.

envoltorio /embol'torjo/ *sm* **1.** (*paquete*) bundle: **hizo un envoltorio con sus cosas** she wrapped her stuff into a bundle. **2.** (*de un regalo*) wrapping; (*de un caramelo*) wrapper.

envoltura /embol'tura/ *sf* **1.** (*de papel*) wrapping, wrapper. **2.** (*capa*) layer.

envolver /embol'βer/ [⇨volver; *past participle* **envuelto**] *vt* **1.** (*un paquete, un regalo*) to wrap (up): **pasó toda la noche envolviendo los regalos** she spent the whole night wrapping the presents; (*a una persona*) to wrap (up): **envolvió al niño en una manta** she wrapped the baby in a blanket. **2.** (*niebla*) to envelop, to shroud. **3.** (*contener*) to imply, to carry: **sus palabras parecían envolver un cierto reproche** her words seemed to imply a degree of reproach. **4.** (*involucrar*) to involve: **trataron de envolverlo en el asunto** they tried to involve him in the affair.

envolverse *v prnl* to wrap oneself (up): **se envolvió** *en* **una manta y se durmió** he wrapped himself up in a blanket and fell asleep.

envuelto, -ta /em'bwelto -ta/ **I** *past participle of* ⇨envolver

II *adj* **1.** (*paquete, regalo*) wrapped. **2.** (*por la niebla, el humo*) shrouded. **3.** (*involucrado*) caught up in, involved: **se vio envuelto en un caso de tráfico de drogas** he found himself involved in a drug trafficking case.

envuelvo /em'bwelβo/ *and other forms with* ***envuelv-*** ⇨envolver

enyesar /enje'sar/ [⇨CANTAR] *vt* **1.** (*una pared*) to plaster. **2.** (*un brazo, una pierna*) to put in plaster: **le han enyesado el brazo** they've put her arm in plaster.

enzarzarse /enθar'θarse/ [⇨cazar] *v prnl* to get caught up, to get embroiled: **nos enzarzamos en una terrible discusión** we got embroiled in a terrible argument.

enzima /en'θima/ *sf* enzyme.

eñe /'eɲe/ *sf*: *name of the letter Ñ.*

eólico, -ca /e'oliko -ka/ *adj* (of the) wind: **la energía eólica** wind power.

épica /'epika/ *sf* epic poetry.

epicentro /epi'θentro/ *sm* (*GB*) epicentre, (*US*) epicenter.

épico, -ca /'epiko -ka/ *adj* **1.** (*poema*) epic. **2.** (*grandioso*) epic, heroic.

epidemia /epi'ðemja/ *sf* epidemic.

epidémico, -ca /epi'ðemiko -ka/ *adj* epidemic.

epidermis /epi'ðermis/ *sf* epidermis.

epifanía, Epifanía /epifa'nia/ *sf* Epiphany.

epígrafe /e'piɣrafe/ *sm* **1.** (*encabezamiento*) heading. **2.** (*cita: en un escrito*) epigraph; (*: en una placa*) inscription, epigraph.

epilepsia /epi'lepsja/ *sf* epilepsy.

epiléptico, -ca /epi'leptiko -ka/ *adj, sm/f* epileptic.

epílogo /e'piloɣo/ *sm* **1.** (*en un libro*) epilogue. **2.** (*de un acontecimiento*) ending: **la boda tuvo un triste epílogo** the wedding had a sad ending.

episcopado /episko'paðo/ *sm* episcopate.

episcopal /episko'pal/ *adj* episcopal.

episódico, -ca /epi'soðiko -ka/ *adj* episodic.

episodio /epi'soðjo/ *sm* **1.** (*parte*) episode, part: **la serie tiene veinte episodios** the series has twenty episodes. **2.** (*acontecimiento*) episode: **es un importante episodio de la historia de España** it is an important episode in Spanish history; **es un episodio que preferiría olvidar** it's an incident * episode that I would prefer to forget.

epístola /e'pistola/ *sf* (*frml*) epistle.

epistolario /episto'larjo/ *sm* collected letters *pl.*

epitafio /epi'tafjo/ *sm* epitaph.

epíteto /e'piteto/ *sm* epithet.

época /'epoka/ *sf* **1.** (*en la historia*) period, age: **una época de grandes descubrimientos** an age * a period of great discoveries; **data de la época de Felipe II** it dates back to the time of Philip II; **solía hacerlo** *en* **mi época de estudiante** I used to do it in my student days; *en* **aquella época no nos dábamos cuenta del peligro** in those days * at that time we weren't aware of the danger; **se disfrazó con un traje** *de* **época** he dressed up in period costume • **hacer época**: **fue un fracaso de los que hacen época** it was an epoch-making failure; **la minifalda hizo época en los años sesenta** the miniskirt had a huge impact during the sixties. **2.** (*del año*) season, time: **pronto llegará la época de la siembra** the sowing season will soon be here.

epopeya /epo'peja/ *sf* **1.** (*poema*) epic poem. **2.** (*acción difícil*) saga: **la mudanza fue toda una epopeya** the move was quite a saga.

equidad /eki'ðað/ *sf* equity, fairness: **repartieron los premios** *con* **equidad** they awarded the prizes fairly.

equidistante /ekiðis'tante/ *adj* equidistant.

equidistar /ekiðis'tar/ [⇨CANTAR] *vi* to be equidistant.

equilátero, -ra /eki'latero -ra/ **I** *adj* equilateral.

II equilátero *sm* equilateral.

equilibrado, -da /ekili'βraðo -ða/ *adj* **1.** (*persona*) well-balanced. **2.** (*fuerzas, contrincantes*) well-matched: **los dos equipos están muy equilibrados** both sides are very evenly matched.

equilibrar /ekili'βrar/ [⇨CANTAR] *vt* to balance: **añadí más peso para equilibrar la balanza** I added more weight to make the scales balance.

equilibrio /eki'liβrjo/ *sm* **1.** (*estabilidad*) balance: **perdí el equilibrio y me caí** I lost my balance and fell • **tuvo que hacer equilibrios para contentar a todos** she had to do a balancing act to keep everybody happy; (*Fís*) equilibrium. **2.** (*ecuanimidad*) composure, poise.

equilibrista /ekili'βrista/ *sm/f* tightrope walker.

equino, -na /e'kino -na/ *adj* equine.

equinoccio /eki'nokθjo/ *sm* equinox.

equipaje /eki'paxe/ *sm* luggage, baggage: **tardé cinco minutos en hacer el equipaje** it took me five minutes to do the packing.

equipaje de mano *sm* hand luggage.

equipamiento /ekipa'mjento/ *sm* **1.** (*material: de una empresa, etc.*) equipment; (*: de un automóvil*) features *pl.* **2.** (*acción*): **tenemos todo lo necesario para el equipamiento de sus oficinas/de su cocina** we have everything you need to fully equip your offices/kitchen.

equipar /eki'par/ [⇨CANTAR] *vt* (*una casa, una oficina*) to equip: **equiparon la casa** *con* **todo lo necesario** they equipped the house with everything they needed; (*a una persona*) to equip: **los habían equipado muy bien para la excursión** they had been very well equipped for the outing; (*un barco*) to fit out.

equiparse *v prnl* to equip oneself, to kit oneself out: **se equipó** *con* ✻ *de* **ropa adecuada para esquiar** she kitted herself out with proper clothing for skiing.

equiparable /ekipa'raβle/ *adj* comparable.

equiparar /ekipa'rar/ [➪ CANTAR] *vt* (*comparar*) to compare, to liken: **lo equiparó** *al* **descubrimiento de la imprenta** she compared it to the discovery of the printing press.

equipararse *v prnl*: **su obra se equipara** *a* **la de Cervantes** his work ranks alongside that of Cervantes.

equipo /e'kipo/ *sm* **1.** (*de personas*) team: **juego en el equipo de rugby** I play for the rugby team; **el profesor nos dividió en equipos** the teacher divided us into teams; **forma parte del equipo que está elaborando la obra** she's one of the team working on the book ● **éste es un trabajo que hay que hacer en equipo** we need to tackle this job as a team. **2.** (*de útiles*): **me he comprado un equipo de alpinismo** I've bought myself some climbing equipment ● **otra equivocación y nos caemos con todo el equipo** one more mistake and we'll all be sunk.

equipo de música *sm* hi-fi, music system.

equipo de rescate *sm* rescue team.

equipo local *sm* home team.

equipo visitante *sm* visiting ✻ away team.

equis /'ekis/ *sf inv* **1.** (*Ling*) *name of the letter X* ● (*Méx*) **por equis o por ye no lo hizo** for one reason or another, he didn't do it. **2.** (*Mat*) x (number).

equitación /ekita'θjon/ *sf* (*GB*) horse-riding, (*US*) horseback riding.

equitativo, -va /ekita'tiβo -βa/ *adj* fair, equitable.

equivalencia /ekiβa'lenθja/ *sf* equivalence.

equivalente /ekiβa'lente/ *adj, sm* equivalent: **le dieron el equivalente en dinero** he was given the equivalent (amount) in cash.

equivaler /ekiβa'ler/ [➪ valer] *vi* **1.** (*valer igual*) to be equivalent, to be equal: **equivale** *a* **un millón de pesetas de ahora** it's equivalent to one million pesetas in today's money. **2.** (*significar*): **equivaldría** *a* **confesarse culpable** it would amount to an admission of guilt, it would be as good as admitting that he's guilty.

equivocación /ekiβoka'θjon/ *sf* mistake, error: **te he llamado** *por* **equivocación** I dialled your number by mistake.

equivocado, -da /ekiβo'kaðo -ða/ *adj* **1.** (*persona*) wrong, mistaken: **estás muy equivocado si crees que no me importa** you're quite wrong if you think I don't care. **2.** (*respuesta, información*) wrong: **me diste la dirección equivocada** you gave me the wrong address.

equivocar /ekiβo'kar/ [➪ sacar] *vt* **1.** (*errar*) to get wrong: **equivocó todas las respuestas** he got all the answers wrong. **2.** (*confundir*): **si no te callas, me vas a equivocar** if you don't stop talking, you're going to make me make a mistake.

equivocarse *v prnl* to make a mistake, to go wrong: **nos equivocamos** *de* **casa** we got the wrong house; **me equivoqué** *de* **número** I dialled the wrong number.

equívoco, -ca /e'kiβoko -ka/ **I** *adj* ambiguous, misleading: **me dio una respuesta equívoca** her answer was ambiguous.
II equívoco *sm* misunderstanding: **habla claro y no habrá equívocos** say what you mean and there won't be any misunderstandings.

era /'era/ **I** *and other forms with* **er-** ➪ ser
II *sf* **1.** (*periodo*) era, age: **vivimos en la era de la tecnología** we live in the age of technology. **2.** (*Agr*) threshing floor.

era cristiana *sf* Christian era: **en el año 30 de la era cristiana** in 30 AD.

era glacial *sf* ice age.

erario /e'rarjo/ *sm* treasury.

erección /erek'θjon/ *sf* **1.** (*de un edificio, un monumento*) erection. **2.** (*del pene*) erection.

eréctil /e'rektil/ *adj* erectile.

erecto, -ta /e'rekto -ta/ *adj* **1.** (*gen*) upright, erect. **2.** (*pene*) erect.

eremita /ere'mita/ *sm* hermit, recluse.

erguir /er'ɣir/ [➪ table: erguir] *vt* to raise (up), to lift (up): **¡yergue la cabeza!** lift your head up!

erguirse *v prnl* **1.** (*persona*) to straighten up, to stand up straight. **2.** (*edificio*) to stand: **la casa se yergue sobre la colina** the house stands on the hill.

erguir

INDICATIVE

Present	Preterite
irgo *or* yergo	erguí
irgues *or* yergues	erguiste
irgue *or* yergue	irguió
erguimos	erguimos
erguís	erguisteis
irguen *or* yerguen	irguieron

SUBJUNCTIVE

Present	Imperfect
irga *or* yerga	irguiera *or* irguiese
irgas *or* yergas	irguieras *or* irguieses
irga *or* yerga	irguiera *or* irguiese
irgamos *or* yergamos	irguiéramos *or* irguiésemos
irgáis *or* yergáis	irguierais *or* irguieseis
irgan *or* yergan	irguieran *or* irguiesen

IMPERATIVE

(tú) irgue *or* yergue	(usted) irga *or* yerga
(vosotros) erguid	(ustedes) irgan *or* yergan

PRESENT PARTICIPLE

irguiendo

For the rest of the tenses ➪ PARTIR (in appendix)

erial /e'rjal/ *sm* wasteland.

erigir /eri'xir/ [➪ surgir] *vt* **1.** (*un monumento*) to erect; (*un edificio*) to build, to erect: **erigieron una ciudad allí** they built a city there. **2.** (*a una persona*) to place, to install.

erigirse *v prnl* to place oneself: **se erigió** *en* **cabecilla de la expedición** he placed himself at the head of the expedition.

erizar /eri'θar/ [➪ cazar] *vt* to make stand on end.

erizarse *v prnl* to stand on end: **se le erizó el cabello** his hair stood on end.

erizo /e'riθo/ *sm* hedgehog.

erizo de mar *sm* sea urchin.

ermita /er'mita/ *sf* small church (*in the country*).

ermitaño, -ña /ermi'taɲo -ɲa/ **I** *sm/f* (*Relig*) hermit.
II ermitaño *sm* (*Zool*) hermit crab.

erosión /ero'sjon/ *sf* **1.** (*Ecol, Geol*) erosion. **2.** (*Med*) graze.

erosionar /erosjo'nar/ [⇨ CANTAR] *vt* **1.** (*Ecol, Geol*) to erode: **el viento y la lluvia han erosionado la roca** the wind and rain have eroded the rock. **2.** (*desprestigiar*) to tarnish, to detract from: **este escándalo ha erosionado la figura del primer ministro** this scandal has tarnished the prime minister's image.

erosionarse *v prnl* (*Ecol, Geol*) to become eroded, to erode.

erosivo, -va /ero'siβo -βa/ *adj* erosive.

erótico, -ca /e'rotiko -ka/ *adj* erotic.

erotismo /ero'tizmo/ *sm* eroticism.

errabundo, -da /erra'βundo -da/ *adj* wandering.

erradicación /erraðika'θjon/ *sf* eradication.

erradicar /erraði'kar/ [⇨ sacar] *vt* to eradicate, to eliminate: **en ese país han erradicado la rabia** rabies has been eradicated ✻ eliminated in that country.

errado, -da /e'rraðo -ða/ *adj* **1.** (*persona*) mistaken, wrong; (*respuesta*) wrong. **2.** (*tiro, golpe*) missed.

errante /e'rrante/ *adj* wandering.

errar /e'rrar/ [⇨ table: errar] *vt* **1.** (*una respuesta, un cálculo*) to get wrong: **deben de haber errado el camino** they must have gone the wrong way. **2.** (*el blanco*) to miss; (*un tiro, un golpe*): **erró el golpe de revés** he missed the backhand shot.
♦ *vi* **1.** (*equivocarse*) to be wrong ✻ mistaken, to make a mistake: **reconoció que había errado al confiar en él** she admitted that she had been wrong to trust him; **erró** *en* **su juicio** he made an error of judgement. **2.** (*deambular*) to wander: **iban errando** *por* **las calles de la ciudad** they were wandering around the city streets.

errar

INDICATIVE	SUBJUNCTIVE
Present	**Present**
yerro	yerre
yerras	yerres
yerra	yerre
erramos	erremos
erráis	erréis
yerran	yerren

IMPERATIVE	
(tú) yerra	(usted) yerre
(vosotros) errad	(ustedes) yerren

For the rest of the tenses ⇨ CANTAR (in appendix)

errata /e'rrata/ *sf* misprint.

errático, -ca /e'rratiko -ka/ *adj* erratic.

erre /'erre/ *sf*: *name of the letter R* • **le dije que no y él erre que erre** I said no but he kept on and on (at me).

erróneo, -nea /e'rroneo -nea/ *adj* incorrect, wrong: **su planteamiento es erróneo** his approach is incorrect ✻ wrong.

error /e'rror/ *sm* mistake, error: **fue un error salir de viaje con ese tiempo** it was a mistake to set out in that weather; **han incurrido en graves errores** they have made serious mistakes ✻ errors.

error de bulto *sm* (major) blunder: **cometió varios errores de bulto** she made several major blunders.

error de imprenta *sm* misprint.

error judicial *sm* miscarriage of justice.

error tipográfico *sm* misprint.

eructar /eruk'tar/ [⇨ CANTAR] *vi* to belch.

eructo /e'rukto/ *sm* belch.

erudición /eruði'θjon/ *sf* erudition, learning.

erudito, -ta /eru'ðito -ta/ **I** *adj* erudite, learned. **II** *sm/f* scholar, learned person.

erupción /erup'θjon/ *sf* **1.** (*Geol*) eruption: **el volcán entró** *en* **erupción** the volcano erupted. **2.** (*Med*) rash: **le salió una erupción por todo el cuerpo** he came out in a rash all over his body.

es /es/ *third person singular of the present tense of* ⇨ ser

esa /'esa/ *adj demostrativo* ⇨ ese, esa

ésa /'esa/ *pron demostrativo* ⇨ ése, ésa

esbeltez /esβel'teθ/ *sf* slenderness.

esbelto, -ta /es'βelto -ta/ *adj* slender.

esbirro /es'βirro/ *sm* **1.** (*sicario*) (paid) thug. **2.** (*Hist*) bailiff.

esbozar /esβo'θar/ [⇨ cazar] *vt* **1.** (*un dibujo*) to sketch. **2.** (*un proyecto*) to outline, to sketch out: **en el discurso esbozó sus ideas** he sketched out his ideas in his speech • **esbozó una sonrisa** she gave a weak ✻ half-hearted smile.

esbozo /es'βoθo/ *sm* **1.** (*dibujo*) sketch. **2.** (*borrador*) rough draft. **3.** (*esquema*) outline: **hizo un esbozo de su próximo libro** she described the outline of her next book.

escabechar /eskaβe'tʃar/ [⇨ CANTAR] *vt* **1.** (*el pescado*) to pickle. **2.** (*Educ: fam*) to fail: **el profesor escabechó a la mitad de la clase** the teacher failed half the class.

escabeche /eska'βetʃe/ *sm* marinade, pickle.

escabechina /eskaβe'tʃina/ *sf* (*fam*) **1.** (*matanza*) massacre, bloodbath: **la película terminó con una escabechina** the film ended in a massacre. **2.** (*Educ*): **en la última prueba hicieron una escabechina** they failed nearly everybody in the last test.

escabel /es'kaβel/ *sm* footstool.

escabroso, -sa /eska'βroso -sa/ *adj* **1.** (*terreno*) rough, uneven. **2.** (*tema*) distasteful: **es un asunto muy escabroso** it is a most distasteful matter; (*imagen, historia, película*) lurid: **la revista está llena de fotografías escabrosas** the magazine is full of lurid pictures.

escabullirse /eskaβu'ʎirse/ [⇨ mullir] *v prnl* **1.** (*escurrirse*): **el pez se me escabulló** *entre* **los dedos** the fish slipped through my fingers. **2.** (*escaparse*) to disappear, to melt away: **el ladrón se escabulló** *entre* **la multitud** the thief disappeared into ✻ melted into the crowd; **siempre que hay trabajo se escabulle** whenever there's work to be done, he disappears ✻ makes himself scarce; **se escabulló antes del final de la reunión** she sneaked away before the end of the meeting.

escacharrar /eskatʃa'rrar/ [⇨ CANTAR] *vt* (*fam*) to break: **escacharró la lavadora** he broke the washing machine.

escacharrarse *v prnl* (*fam*) to break down: **ya ha vuelto a escacharrarse el coche** the car's broken down again.

escafandra /eska'fandra/ *sf* (*de submarinista*) diving helmet; (*de astronauta*) space helmet.

escafandra autónoma *sf* scuba equipment.

escai, escay /es'kai/ *sm* imitation leather.

escala /es'kala/ *sf* **1.** (*escalera de mano*) ladder. **2.** (*baremo*) scale. **3.** (*Mús*) scale. **4.** (*proporción*) scale: **no está dibujado** *a* **escala** it is not drawn to scale; **se llevó a cabo una encuesta a escala nacional** a nationwide survey was carried out; **el plan se llevó a cabo a menor escala** the plan was implemented on a smaller * a less elaborate scale. **5.** (*Náut*) port of call: **muchos barcos hacen escala** *en* **Gibraltar** many ships call at Gibraltar; (*Av*) stopover: **el avión hizo escala** *en* **Madrid** the plane stopped over in Madrid; **es un vuelo sin escalas** it's a non-stop flight.

escala de cuerda *sf* rope ladder.

escala de valores *sf*: **no es algo importante en su escala de valores** it's not one of the things he finds important in life; **tenemos diferentes escalas de valores** we have different standards.

escala técnica *sf* (*Av*) refuelling stop.

escalada /eska'laðа/ *sf* **1.** (*Dep*) climb. **2.** (*aumento*) increase: **se produjo una escalada de violencia** there was an increase in violence; **el gobierno no pudo contener la escalada de los precios** the government was unable to hold back the rise * increase in prices.

escalada en roca *sf* (*Dep*) rock climbing.

escalador, -dora /eskala'ðor -'ðora/ *sm/f* climber.

escalafón /eskala'fon/ *sm* **1.** (*de empleados*) hierarchy (*of a company, department*): **ha subido** *en* **el escalafón** she has been promoted. **2.** (*de sueldos*) wage scale, salary scale. **3.** (*de datos*) table: **ocupan el primer lugar del escalafón mundial en producción de coches** they head the world car production rankings.

escalar /eska'lar/ [⇨ CANTAR] *vt* **1.** (*en alpinismo, ciclismo*) to climb. **2.** (*social, profesionalmente*) to climb, to move up: **el equipo escaló varias posiciones en la clasificación** the team moved several places up the league; **escaló socialmente gracias a su mujer** his wife helped him to climb up the social ladder.

escaldado, -da /eskal'daðo -ða/ *adj* scalded ● **salió escaldada de ese asunto** she got her fingers burnt over that.

escaldar /eskal'dar/ [⇨ CANTAR] *vt* to scald.

escaldarse *v prnl* to scald oneself: **me escaldé con el aceite** I scalded myself with the oil.

escalera /eska'lera/ *sf* **1.** (*also* **escaleras** *sf pl*) (*de un edificio*) stairs *pl*, staircase: **tuve que subirlo por la escalera** I had to carry it up the stairs; **cayó escaleras abajo** she fell down the stairs. **2.** (*also* **escalera de mano**) (*portátil*) ladder. **3.** (*en naipes*) run.

escalera de caracol *sf* spiral staircase.

escalera de cuerda *sf* rope ladder.

escalera de incendios *sf* fire escape.

escalera de nudos *sf* rope ladder.

escalera de tijera *sf* stepladder.

escalera mecánica *sf* escalator.

escalerilla /eskale'riʎa/ *sf* (*Náut*) gangway; (*Av*) steps *pl*.

escalfado, -da /eskal'faðo -ða/ *adj* poached.

escalfar /eskal'far/ [⇨ CANTAR] *vt* to poach (*an egg*).

escalinata /eskali'nata/ *sf* flight of steps.

escalofriante /eskalo'frjante/ *adj* horrifying: **la película tenía algunas escenas escalofriantes** the film contained some horrifying * chilling scenes; **un grito escalofriante** a bloodcurdling cry.

escalofrío /eskalo'frio/ *sm* **1.** (*de frío, fiebre*) shiver: **cuando se abrió la puerta, sentí un escalofrío** when the door opened I shivered; **la fiebre le producía escalofríos** his fever made him shiver. **2.** (*de terror*) shudder: **la escena le produjo escalofríos** the scene made him shudder.

escalón /eska'lon/ *sm* **1.** (*peldaño: gen*) step: **ojo con el escalón** mind the step; (*: de una escalera portátil*) rung. **2.** (*puesto*) grade, step: **ascendió un escalón en la empresa** he went up a grade within the company. **3.** (*etapa, nivel*) step: **esta especie representa el primer escalón del proceso evolutivo** this species represents the first step on the evolutionary ladder.

escalonado, -da /eskalo'naðo -ða/ *adj* **1.** (*en forma de escalón*) terraced. **2.** (*gradual*) staggered, step by step: **el precio de los coches ha subido de manera escalonada** car prices have risen gradually. **3.** (*en peluquería*) layered.

escalonar /eskalo'nar/ [⇨ CANTAR] *vt* **1.** (*en el tiempo*) to stagger. **2.** (*en el espacio*) to place at intervals.

escalope /eska'lope/ *sm* escalope.

escalope a la milanesa *sm* (beef) escalope.

escalpelo /eskal'pelo/ *sm* lancet.

escama /es'kama/ *sf* **1.** (*Bot, Zool*) scale. **2.** (*de jabón, en la piel*) flake: **compró jabón en escamas** he bought soap flakes; **la alergia le produjo escamas en la piel** the allergy made her skin flake.

escamado, -da /eska'maðo -ða/ *adj* (*fam*) suspicious: **tanto cumplido me tiene escamado** all these compliments are making me suspicious.

escamar /eska'mar/ [⇨ CANTAR] *vt* **1.** (*quitar escamas a*) to scale, to remove the scales from. **2.** (*fam: causar desconfianza a*) to make suspicious: **con tanto secreto vas a escamar a tu madre** all this secrecy is going to make your mother suspicious.

escamarse *v prnl* (*fam*) to become suspicious: **me escamé al ver que no llegaba** I became suspicious when he didn't turn up.

escamoso, -sa /eska'moso -sa/ *adj* **1.** (*pez, reptil*) scaly. **2.** (*piel de una persona*) flaky, dry.

escamotear /eskamote'ar/ [⇨ CANTAR] *vt* (*no proporcionar: información*) to withhold; (*: algo de primera necesidad*): **le escamoteaban hasta el pan** they even deprived him of bread.

escampar /eskam'par/ [⇨ CANTAR] *v impers* to stop raining, to clear up.

escanciar /eskan'θjar/ [⇨ CAMBIAR] *vt* (*frml*) to pour.

escandalera /eskanda'lera/ *sf* noise, racket: **menuda escandalera armó** he made quite a racket.

escandalizar /eskandali'θar/ [⇨ cazar] *vt* to shock, to scandalize: **me escandalizaron sus comentarios** her remarks shocked me.
♦ *vi* to kick up a racket, to make a terrific noise.

escandalizarse *v prnl* to be shocked: **se escandaliza fácilmente** he's easily shocked.

escándalo /es'kandalo/ *sm* **1.** (*jaleo*) racket: **le trajeron la sopa fría y armó un escándalo** she made a scene when they served her soup cold. **2.** (*controversia*) uproar, (*GB*) furore, (*US*) furor: **sus declaraciones originaron un escándalo** his statements caused uproar * a furore. **3.** (*algo contrario a la moral*): **¡es un escándalo!** it's outrageous * a scandal!; **sus escándalos eran la comidilla del pueblo** his scandalous behaviour was the talk of the village.

escandaloso, -sa /eskanda'loso -sa/ *adj* **1.** (*bullicioso*) noisy, rowdy: **no seas tan escandaloso** don't be so noisy. **2.** (*vergonzoso*) scandalous, shameful: **el dinero se despilfarró de una forma escandalosa** the money was wasted in a scandalous manner; **lleva una vida escandalosa** she leads a life of scandal.

Escandinavia /eskandi'naβja/ *sf* Scandinavia.

escandinavo, -va /eskandi'naβo -βa/ *adj, sm/f* Scandinavian.

escáner /es'kaner/ *sm* [**escaners**] (*Med*) **1.** (*aparato*) scanner. **2.** (*prueba*) scan.

escaño /es'kaɲo/ *sm* **1.** (*en el parlamento*) seat: **los verdes ganaron seis escaños** the Greens won six seats. **2.** (*banco*) bench.

escapada /eska'paða/ *sf* **1.** (*evasión: gen*) escape; (*: de la cárcel*) break-out, escape: **un grupo de presos estaba planeando la escapada** a group of convicts were planning to break out. **2.** (*viaje breve*) short trip, break: **hizo una escapada al campo** he made a short trip to the country • **vete a la tienda de una escapada** run over to the shop as quickly as you can. **3.** (*en ciclismo*) breakaway.

escapar /eska'par/ [➪CANTAR] *vi* **1.** (*huir*) to escape, to run away: **el preso escapó** *de* **la cárcel** the prisoner escaped from jail; **dejó escapar un suspiro** she let out a sigh. **2.** (*escabullirse*) to slip out: **escapó por la puerta trasera** he slipped out through the back door. **3.** (*librarse*): **escapó por poco** she had a narrow escape; **escapó por poco** *de* **ser atropellado** he was very nearly run over. **4.** (*sobrepasar, superar*): **este caso escapa a mi responsabilidad** this case is outside * beyond my jurisdiction.

escaparse *v prnl* **1.** (*huir*) to escape, to flee: **se escapó corriendo** she ran away. **2.** (*escabullirse*) to slip away: **se escapó** *de* **la fiesta** she slipped away from the party. **3.** (*librarse*) to escape, to avoid: **me escapé** *de* **pagar una multa** I escaped having to pay a fine • **nos escapamos de una buena** we narrowly avoided a disaster • **se escapó por los pelos** it was a close shave. **4.** (*escurrirse*): **se le escapó la pelota** he dropped the ball; **se le escapó la oportunidad de hacer un buen negocio** she missed out on the chance of doing a good deal. **5.** (*autobús, tren*): **se me escapó el tren** I missed the train. **6.** (*concepto*): **se me escapa lo que quiere decir** what he's trying to say is beyond me • **no se le escapa que debe hacerlo** he's perfectly aware that he has to do it. **7.** (*gas, líquido*) to leak. **8.** (*secreto*): **se me escapó delante de mis padres que sales con Carlos** I let it slip in front of my parents that you're going out with Carlos; (*la risa*): **se le escapó la risa al verlo** she couldn't help laughing when she saw him.

escaparate /eskapa'rate/ *sm* **1.** (*de una tienda*) shop window: **vamos a mirar escaparates** we're going window-shopping. **2.** (*Amér L: armario: gen*) cupboard; (*: con puertas de cristal*) display cabinet; (*: para ropa*) wardrobe.

escaparatista /eskapara'tista/ *sm/f* window dresser.

escapatoria /eskapa'torja/ *sf* **1.** (*fuga*) escape, getaway. **2.** (*solución*) solution, way out: **no tienen escapatoria** there's no way out for them.

escape /es'kape/ *sm* **1.** (*huida*) escape, getaway • **vete a escape si no quieres perder el tren** you'd better hurry if you don't want to miss the train. **2.** (*de gas, líquido*) leak. **3.** (*Auto*) exhaust.

escaquearse /eskake'arse/ [➪CANTAR] *v prnl* (*fam*): **siempre se escaquea** *de* **sus obligaciones** he's always shirking his duties.

escarabajo /eskara'βaxo/ *sm* beetle.

escarabajo de la patata *sm* Colorado beetle, potato beetle.

escarabajo pelotero *sm* dung beetle.

escaramujo /eskara'muxo/ *sm* (*arbusto*) dog rose, wild rose; (*fruto*) rosehip.

escaramuza /eskara'muθa/ *sf* **1.** (*combate*) skirmish. **2.** (*enfrentamiento, discusión*) difference of opinion: **la pelea no pasó de simple escaramuza** the argument was just a simple difference of opinion.

escarapela /eskara'pela/ *sf* rosette.

escarbadientes /eskarβa'ðjentes/ *sm inv* toothpick.

escarbar /eskar'βar/ [➪CANTAR] *vt* **1.** (*la tierra*) to scratch (in), to dig around in: **encontró la moneda escarbando el suelo** he found the coin by scratching in the ground. **2.** (*la lumbre*) to poke. **3.** (*un asunto*) to delve into, to dig into.

♦*vi* **1.** (*en la tierra*) to scratch around: **la gallina escarbaba** *en* **la arena** the hen scratched around in the earth. **2.** (*en un asunto*) to delve, to dig: **los periodistas han escarbado** *en* **su pasado** journalists have dug into her past.

escarbarse *v prnl* to pick: **se escarbaba los dientes con un palillo** he was picking his teeth with a toothpick.

escarcela /eskar'θela/ *sf* pouch.

escarceos /eskar'θeos/ *sm pl* **1.** (*tentativas*) attempts *pl*, forays *pl*: **no tuvo éxito en sus escarceos literarios** he was unsuccessful in his forays into literature. **2.** (*líos amorosos*) flings *pl*, affairs *pl*: **se le atribuyen innumerables escarceos amorosos** he's said to have had countless affairs. **3.** (*divagaciones*) ramblings *pl*: **se perdió en escarceos filosóficos** he went into philosophical ramblings.

escarcha /es'kartʃa/ *sf* frost.

escarchado, -da /eskar'tʃaðo -ða/ *adj* **1.** (*Meteo*) frosty. **2.** (*fruta*) candied, crystallized.

escarchar /eskar'tʃar/ [➪CANTAR] *vi* (*Meteo*): **anoche escarchó** there was a frost last night.

♦*vt* (*pasteles*) (*GB*) to ice, (*US*) to frost; (*frutas*) to crystallize.

escarda /es'karða/ *sf* **1.** (*acción*) weeding, hoeing. **2.** (*herramienta*) (weeding) hoe.

escardar /eskar'ðar/ [➪CANTAR] *vt* **1.** (*arrancar malas hierbas de*) to weed. **2.** (*cribar*) to separate out.

escarlata /eskar'lata/ *adj inv, sm* scarlet.

escarlatina /eskarla'tina/ *sf* scarlet fever, scarlatina.

escarmentar /eskarmen'tar/ [➪pensar] *vt* to teach a lesson to: **te voy a escarmentar por lo que has hecho** I'm going to teach you a lesson for what you've done.

♦*vi* to learn one's lesson: **escarmentó al ver lo que le pasó a su amigo** she learnt her lesson when she saw what happened to her friend; **no escarmienta** he never learns.

escarmiento /eskar'mjento/ **I** *and other forms with* ***escarmient-*** ➪escarmentar

II *sm* lesson: **el suspenso le sirvió de escarmiento** failing the exam taught him a lesson.

escarnecer /eskarne'θer/ [➪agradecer] *vt* (*frml*) to jeer at, to mock.

escarnio /es'karnjo/ *sm* (*frml*) mockery, derision.

escarola /eska'rola/ *sf* (curly) endive.

escarpado, -da /eskar'paðo -ða/ *adj* sheer, steep.

escarpia /es'karpja/ *sf* hook.

escasamente /eskasa'mente/ *adv* **1.** (*apenas*) scarcely, hardly: **escasamente gano para vivir** I scarcely earn enough to live on. **2.** (*solamente*) only, barely: **llegué hace escasamente dos días** I only arrived two days ago.

escasear /eskase'ar/ [➪CANTAR] *vi* to be scarce, to be in short supply: **este año escasean los tomates** tomatoes are in short supply this year.

escasez /eska'seθ/ *sf* [**escaseces**] **1.** (*insuficiencia*) shortage, scarcity: **la escasez** *de* **alimentos obligó a racionarlos** the shortage of food made rationing necessary. **2.** (*pobreza*) poverty: **pasaron de la escasez a la riqueza** they went from rags to riches.

escaso, -sa /es'kaso -sa/ *adj* **1.** (*limitado*) scarce:

contaba con escasos medios para realizar la película he only had limited resources to make the film; **tienen escasa confianza en su capacidad** they have little faith in her ability; **asistió un escaso número de personas** only a few people attended. **2.** (*falto*) lacking, short: **ando escasa** *de* **dinero** I'm short of money. **3.** (*apenas*): **pesaba dos kilos escasos** it weighed a mere two kilos; **llevaba un mes escaso en la empresa cuando presentó su dimisión** she'd scarcely been with the company a month when she resigned.

escatimar /eskati'mar/ [➪ CANTAR] *vt* to be mean with, to skimp on: **¡cómo escatima el dinero!** he's so mean * stingy with his money!; **en la oficina nos escatiman hasta el papel** in the office they are even mean with the paper • **no escatimó esfuerzos para que fuera una ocasión memorable** she spared no effort to make it a memorable occasion.

escayola /eska'jola/ *sf* **1.** (*material*) plaster. **2.** (*para lesiones*) plaster cast: **no me quitan la escayola hasta el lunes** my plaster's not coming off until Monday.

escayolar /eskajo'lar/ [➪ CANTAR] *vt* to put in plaster: **tuvieron que escayolarme el brazo** I had to have my arm put in plaster.

escena /es'θena/ *sf* **1.** (*secuencia*) scene: **es una escena muy cómica** it's a very funny scene; **durante el incendio se vivieron escenas de gran nerviosismo** there were scenes of hysteria during the blaze • **me montó una escena en el restaurante** he caused a scene in the restaurant. **2.** (*lugar*) scene: **visitaron la escena del crimen** they visited the scene of the crime; **se retiró de la escena política** she retired from politics • **desapareció de escena** he dropped out of sight. **3.** (*escenario*) stage: **todos los actores salieron a escena** the whole cast came on stage; **entró en escena en el segundo acto** he went on stage in the second act; **pusieron en escena "Fuenteovejuna"** they staged "Fuenteovejuna".

escenario /esθe'narjo/ *sm* **1.** (*de teatro*) stage; (*de cine*) set. **2.** (*lugar, ambiente*) scene, setting: **esta ciudad fue el escenario de una importante batalla** this city was the scene of an important battle; **el encuentro tuvo por escenario una cafetería** the meeting took place in a café.

escénico, -ca /es'θeniko -ka/ *adj*: *relating to the stage.*

escenografía /esθenoɣra'fia/ *sf* **1.** (*en el teatro*) stage design; (*en el cine*) set design. **2.** (*decorados*) set.

escenógrafo, -fa /esθe'noɣrafo -fa/ *sm/f* (*en teatro*) stage designer; (*en cine*) set designer.

escepticismo /esθepti'θizmo/ *sm* (*GB*) scepticism, (*US*) skepticism.

escéptico, -ca /es'θeptiko -ka/ **I** *adj* (*GB*) sceptical, (*US*) skeptical.
II *sm/f* (*GB*) sceptic, (*US*) skeptic.

escindir /esθin'dir/ [➪ PARTIR] *vt* to divide, to split.
escindirse *v prnl* **1.** (*fragmentarse*) to split: **la secta se escindió** *en* **dos grupos** the sect split into two groups. **2.** (*segregarse*) to break away: **el grupo más progresista se escindió** *del* **partido** the more progressive group broke away from the party.

escisión /esθi'sjon/ *sf* **1.** (*fragmentación*) split: **provocó la escisión del partido** it caused a split in the party. **2.** (*segregación*) break: **su escisión del grupo fue muy criticada** his break with * split from the group was severely criticized. **3.** (*Biol, Fís*) fission.

esclarecedor, -dora /esklareθe'ðor -'ðora/ *adj* illuminating, informative.

esclarecer /esklare'θer/ [➪ agradecer] *vt* (*un misterio*) to clear up; (*un acontecimiento*) to throw light on: **están tratando de esclarecer las causas del accidente** they are trying to throw some light on what caused the accident.

esclarecimiento /esklareθi'mjento/ *sm* clarification.

esclava /es'klaβa/ *sf* **1.** (*mujer*) (female) slave. **2.** (*pulsera*) bangle.

esclavitud /esklaβi'tuð/ *sf* slavery.

esclavizar /esklaβi'θar/ [➪ cazar] *vt* **1.** (*sojuzgar*) to enslave. **2.** (*limitar*) to tie down, to restrict: **tener un perro te esclaviza** having a dog ties you down.

esclavo, -va /es'klaβo -βa/ *adj, sm/f* slave: **es un esclavo** *de* **la moda** he's a slave to fashion.

esclerosis /eskle'rosis/ *sf inv* sclerosis.

esclusa /es'klusa/ *sf* lock.

escoba /es'koβa/ *sf* broom, brush: **pásale la escoba al recibidor** sweep the hall • **no vendieron ni una escoba** (*no vendieron nada*) they didn't sell a thing; (*fracasaron*) things went disastrously for them.

escobilla /esko'βiʎa/ *sf* **1.** (*Hogar*) small broom * brush. **2.** (*de limpiaparabrisas*) wiper blade.

escocedura /eskoθe'ðura/ *sf* sore, sore spot: **la mochila me produjo una escocedura** I got a sore spot where the rucksack rubbed.

escocer /esko'θer/ [➪ cocer] *vi* **1.** (*picar*) to smart, to sting: **me escuece la herida** the wound smarts * stings. **2.** (*doler*) to hurt, to upset: **le escocía que lo ignoraran** it hurt him to be ignored.
escocerse *v prnl* to become sore.

escocés, -cesa /esko'θes -'θesa/ **I** *adj* **1.** (*gen*) Scottish: **un whisky escocés** a Scotch (whisky). **2.** (*tela*) tartan, plaid: **una tela de cuadros escoceses** a cloth with a tartan design.
II *sm/f* (*gen*) Scot; (*hombre*) Scotsman; (*mujer*) Scotswoman: **los escoceses** the Scottish, the Scots.

Escocia /es'koθja/ *sf* Scotland.

escoger /esko'xer/ [➪ proteger] *vt/i* to choose, to select: **escogió el que más le gustaba** she chose the one she liked best; **puesta a escoger, prefiero éste** given the choice, I prefer this one; **tienes que escoger** *entre* **estos dos** you have to choose between these two.

escogido, -da /esko'xiðo -ða/ *adj* chosen, selected.

escolanía /eskola'nia/ *sf* children's (church) choir.

escolar /esko'lar/ **I** *adj* school: **el año escolar dura nueve meses** the school year lasts nine months; **durante las vacaciones escolares los vecinos pueden utilizar las instalaciones** during the school holidays local people can use the facilities.
II *sm/f* (*gen*) pupil, student; (*niño*) schoolboy; (*niña*) schoolgirl.

escolaridad /eskolari'ðað/ *sf* education, schooling: **la escolaridad obligatoria** compulsory education.

escolarizar /eskolari'θar/ [➪ cazar] *vt* to educate, to provide with an education: **en esta región aún hay niños sin escolarizar** there are still children who receive no education in this region.

escolástico, -ca /esko'lastiko -ka/ *adj* scholastic.

escollera /esko'ʎera/ *sf* breakwater.

escollo /es'koʎo/ *sm* **1.** (*roca*) reef, rock (*partially submerged*). **2.** (*obstáculo*) obstacle, pitfall: **tuvieron que superar muchos escollos** they had to overcome many obstacles.

escolopendra /eskolo'pendra/ *sf* centipede.

escolta /es'kolta/ **I** *sf* escort: **dieron escolta al presidente** they escorted the president.

II *sm/f* bodyguard: **el juez viajaba con un escolta** the judge was accompanied by a bodyguard.

escoltar /eskol'tar/ [⇨ CANTAR] *vt* to escort: **escoltaron el féretro hasta el cementerio** they escorted * accompanied the coffin as far as the cemetery.

escombro /es'kombro/ *sm*, **escombros** /es'kombros/ *sm pl* rubble, debris: **estaba enterrado bajo los escombros** he was buried beneath the rubble.

esconder /eskon'der/ [⇨ TEMER] *vt* to hide, to conceal: **escondió el dinero** she hid the money.

esconderse *v prnl* to hide: **se escondió** *de* **su hermana** he hid from his sister.

escondidas /eskon'diðas/ **I** *sf pl* (*Amér L*: *juego*) hide-and-seek.

II a escondidas *loc adv* furtively, surreptitiously: **salió de la habitación a escondidas** he left the room without being seen; **lo hizo a escondidas de los demás** she did it without the others' knowledge.

escondite /eskon'dite/ *sm* **1.** (*lugar*) hiding place. **2.** (*Juegos*) hide-and-seek: **estuvieron jugando al escondite** they were playing hide-and-seek.

escondrijo /eskon'drixo/ *sm* (*gen*) hiding place: **descubrieron el escondrijo de las joyas** they discovered where the jewels were hidden; (*de delincuentes*) hide-out.

escopeta /esko'peta/ *sf* shotgun.

escopeta de aire comprimido *sf* air rifle * gun.

escopeta de cañones recortados *sf* sawn-off shotgun.

escopeta de dos cañones *sf* double-barrelled shotgun.

escopetado, -da /eskope'taðo -ða/ *adj* ⇨ escopeteado

escopetazo /eskope'taθo/ *sm* **1.** (*disparo*) shot (*from a shotgun*). **2.** (*herida*) shotgun wound. **3.** (*fam*: *noticia desagradable*) shock, bombshell: **el diagnóstico del médico fue como un escopetazo** the doctor's diagnosis came as a terrible shock * was a bombshell.

escopeteado, -da /eskopete'aðo -ða/ *adj* • **iba escopeteada** she was going like a bat out of hell • **salió escopeteado de clase** he shot out of the classroom.

escoplo /es'koplo/ *sm* chisel.

escorar /esko'rar/ [⇨ CANTAR] *vt* (*Náut*) to prop up.

♦*vi* (*Náut*) to list: **la lancha escoraba** *a* **estribor** the launch was listing to starboard.

escorbuto /eskor'βuto/ *sm* scurvy.

escoria /es'korja/ *sf* **1.** (*de los hornos*) slag. **2.** (*personas*): **eran la escoria del barrio** they were the scum of the neighbourhood; **la escoria de la sociedad** the dregs of society.

escorpio /es'korpjo/, **escorpión** /eskor'pjon/ **I** *sm* (*also* **Escorpio**) (*constelación, signo del zodiaco*) Scorpio; (*Amér L*): **soy** *de* **Escorpio** I'm a Scorpio.

II *sm/f inv* (*persona*) Scorpio: **soy escorpio** I'm a Scorpio; **va a ser una buena semana para los escorpio** it's going to be a good week for Scorpios.

escorpión /eskor'pjon/ *sm* scorpion.

escorzo /es'korθo/ *sm* (*Artes*) foreshortening.

escotado, -da /esko'taðo -ða/ *adj* low-cut, low-necked • **vas demasiado escotada** your dress is too low-cut.

escotar /esko'tar/ [⇨ CANTAR] *vt*: **le dije que me lo escotara más** I told her to give it a lower neckline.

♦*vi* (*fam*) to split the cost: **escotamos** *entre* **todos** we split the cost between us all.

escote /es'kote/ *sm* **1.** (*de una prenda*) neckline. **2.** (*del cuerpo*) bosom. **3.** (*de dinero*): **siempre vamos** *a* **escote** we always split the bill.

escotilla /esko'tiʎa/ *sf* (*Náut*) hatch.

escotillón /eskoti'ʎon/ *sm* trap door.

escozor /esko'θor/ *sm* **1.** (*picazón*) stinging: **noto escozor en los ojos** my eyes are stinging. **2.** (*resentimiento*) hurt feelings *pl*, bitterness.

escriba /es'kriβa/ *sm* scribe.

escribanía /eskriβa'nia/ *sf* **1.** (*para escritorio*) desk set, writing set. **2.** (*Arg*, *Urug*: *despacho*) notary's office; (*: profesión*) profession of notary; (*: estudios*): **estudiaba escribanía** he was studying to be a notary.

escribano, -na /eskri'βano -na/ *sm/f* **1.** (*Hist*) scribe. **2.** (*Arg*, *Urug*) notary.

escribir /eskri'βir/ [⇨ PARTIR; *past participle* **escrito**] *vt* to write: **ha escrito varias novelas** she has written several novels; **escribo las cartas a mano** I write my letters by hand.

♦*vi* **1.** (*gen*) to write: **escribe muy mal para la edad que tiene** he writes very badly for his age; **está escribiendo** *a* **máquina** she's typing. **2.** (*referido a la ortografía*): **en algunos países lo escriben** *con* **"y"** in some countries they spell it with a "y"

escribirse *v prnl* **1.** (*mantener correspondencia*) to write to each other: **se escriben diariamente** they write to each other every day; **me escribo** *con* **un chico holandés** I correspond with a Dutch boy. **2.** (*de acuerdo con la ortografía*) *[only used in the third person]* to spell: **¿cómo se escribe tu nombre?** how do you spell your name?

escrito, -ta /es'krito -ta/ **I** *past participle of* ⇨ escribir

II *adj* written: **la carta está escrita** *a* **mano** the letter is written by hand * handwritten; **está escrito** *a* **máquina** it's typed; **hizo una declaración** *por* **escrito** he gave a written statement; **preséntamelo** *por* **escrito** let me have it in writing * in black and white • **estaba escrito que triunfaría** he was destined for success.

III escrito *sm* piece of writing: **su cultura se refleja en sus escritos** her culture is reflected in her writings; **sacaron a la luz varios escritos inéditos** they unearthed a number of unpublished works.

escritor, -tora /eskri'tor -'tora/ *sm/f* writer.

escritorio /eskri'torjo/ *sm* **1.** (*mesa*) writing desk; (*buró*) bureau. **2.** (*despacho*) office: **venden artículos de escritorio** they sell writing materials/stationery.

escritura /eskri'tura/ **I** *sf* **1.** (*forma de comunicación*) writing. **2.** (*grafía*) alphabet, script: **los rusos utilizan la escritura cirílica** the Russians use the Cyrillic alphabet. **3.** (*caligrafía*) handwriting: **tiene una escritura muy clara** her handwriting is very clear. **4.** (*Jur*) deed: **firmó las escrituras de propiedad** she signed the title deeds.

II las Escrituras *sf pl* (*Relig*) the Scriptures *pl*.

escriturar /eskritu'rar/ [⇨ CANTAR] *vt* (*un contrato, un hecho*) to formalize; (*una propiedad*) to register: **escrituramos la casa a nombre de mi mujer** we registered the house in my wife's name.

escroto /es'kroto/ *sm* scrotum.

escrúpulo /es'krupulo/ *sm* **1.** (*reparo*) scruple, qualm: **es una persona sin escrúpulos** he has no scruples, he's completely unscrupulous; **no tuvo ningún escrúpulo** *en* **aceptar el dinero** he had no qualms about accepting the money. **2.** (*repugnancia*) fussiness. **3.** (*meticulosidad*) conscientiousness, scrupulousness: **cumplió con escrúpulo el encargo** he carried out the assignment scrupulously.

escrupulosidad /eskrupulosi'ðað/ *sf* scrupulousness.

escrupuloso, -sa /eskrupu'loso -sa/ *adj* **1.** (*honrado*) scrupulous. **2.** (*cuidadoso*) meticulous, conscientious. **3.** (*melindroso*) particular: **es muy escrupuloso a la**

hora de comer he's very particular when it comes to eating.

escrutar /eskru'tar/ [⇨ CANTAR] *vt* **1.** (*examinar*) to scrutinize. **2.** (*Pol*: *contar*) to count: **falta por escrutar la mitad de los votos** half of the votes have still to be counted.

escrutinio /eskru'tinjo/ *sm* count (*of votes*): **a continuación se va a proceder al escrutinio** the votes will now be counted.

escuadra /es'kwaðra/ *sf* **1.** (*de dibujo*) set square; (*en carpintería*) square: **hay que cortar la pieza** *a* **escuadra** the piece has to be cut at right angles. **2.** (*Mil*: *patrulla*) squad; (*Náut*) squadron.

escuadrilla /eskwa'ðriʎa/ *sf* (*de barcos*) squadron; (*de aviones*) flight.

escuadrón /eskwa'ðron/ *sm* squadron.

escuálido, -da /es'kwaliðo -ða/ *adj* emaciated, skinny.

escualo /es'kwalo/ *sm* dogfish.

escucha /es'kutʃa/ *sf* listening: **nos mantendremos** *a* **la escucha** we'll continue to listen out.

escucha telefónica *sf* telephone tapping.

escuchar /esku'tʃar/ [⇨ CANTAR] *vt* to listen to: **¡déjame escuchar las noticias!** let me listen to the news!; **eso te pasa por no escuchar mis consejos** that's what happens when you don't listen to my advice.
♦ *vi* to listen: **estaba escuchando detrás de la puerta** she was listening behind the door.

escucharse *v prnl*: **me parece que le gusta escucharse** I think he likes the sound of his own voice.

escuchimizado, -da /eskutʃimi'θaðo -ða/ *adj* (*fam*) scrawny.

escudarse /esku'ðarse/ [⇨ CANTAR] *v prnl* to shield ∗ protect oneself: **se escudó** *en* **sus ocupaciones para no asistir** he used his chores as an excuse for not attending.

escudería /eskuðe'ria/ *sf* motor-racing team.

escudero /esku'ðero/ *sm* (*Hist*) squire.

escudilla /esku'ðiʎa/ *sf* bowl (*for soup, broth*).

escudo /es'kuðo/ *sm* **1.** (*arma*) shield. **2.** (*insignia*) badge, crest. **3.** (*also* **escudo de armas**) coat of arms. **4.** (*moneda*) escudo.

escudriñar /eskuðri'ɲar/ [⇨ CANTAR] *vt* **1.** (*el cielo, el horizonte*) to scan. **2.** (*el pasado de una persona*) to investigate, to delve ∗ inquire into.

escuela /es'kwela/ *sf* **1.** (*gen*) school: **va a la escuela en autobús** she goes to school by bus. **2.** (*ideología, tendencia*) school: **un pintor de la escuela italiana** a painter of the Italian school. **3.** (*formación*) training: **tiene madera de actor, pero le falta escuela** he has potential as an actor, but he needs training.

escuela de enseñanza primaria *sf* primary school, (*US*) elementary school, grade school.

escuela de formación profesional *sf* technical college.

escuela de idiomas *sf* language school.

escuela primaria *sf* ⇨ escuela de enseñanza primaria

escuela privada *sf* private school.

escuela pública *sf* (*GB*) state school, (*US*) public school.

escuelante /eskwe'lante/ *sm/f* **1.** (*Col, Méx, Ven*: *colegial*) pupil. **2.** (*Méx*: *maestro*) teacher.

escueto, -ta /es'kweto -ta/ *adj* (*lenguaje*) concise, succinct: **su respuesta fue clara y escueta** his answer was clear and succinct; (*obra de arte, diseño*) plain.

escuincle /es'kwiŋkle/ *sm* (*Méx*) boy.

esculpir /eskul'pir/ [⇨ PARTIR] *vt* to sculpt: **esculpió el busto** *en* **mármol** she sculpted the bust in marble.

escultor, -tora /eskul'tor -'tora/ *sm/f* sculptor.

escultura /eskul'tura/ *sf* sculpture.

escultural /eskultu'ral/ *adj* sculptural.

escupidera /eskupi'ðera/ *sf* **1.** (*para escupir*) spittoon. **2.** (*Amér L*: *orinal*) chamber pot.

escupir /esku'pir/ [⇨ PARTIR] *vi* to spit.
♦ *vt* to spit out: **escupió el chicle** she spat out her chewing gum; **el volcán escupía lava y fuego** the volcano was spewing out lava and flames.

escupitajo /eskupi'taxo/ *sm* (*fam*) spit.

escurreplatos /eskurre'platos/ *sm inv* plate rack.

escurridero /eskurri'ðero/ *sm* draining board.

escurridizo, -za /eskurri'ðiθo -θa/ *adj* **1.** (*resbaladizo*) slippery. **2.** (*persona*) elusive: **hace tiempo que la policía anda detrás de él, pero es muy escurridizo** the police have been after him for a long time, but he's very difficult to catch.

escurrido, -da /esku'rriðo -ða/ *adj* **1.** (*seco*) drained: **esta pasta no está bien escurrida** this pasta hasn't been drained properly. **2.** (*estrecho*) thin: **es un poco escurrido** *de* **hombros** he's a bit narrow-shouldered.

escurridor /eskurri'ðor/ *sm* (*para verdura, pasta*) colander; (*para secar*) plate rack.

escurrir /esku'rrir/ [⇨ PARTIR] *vt* **1.** (*verdura, pasta*) to drain. **2.** (*un plato*) to drain; (*una prenda*) to wring out: **escurre bien el jersey antes de tenderlo** wring the sweater out well before hanging it up.
♦ *vi*: **ponla ahí para que escurra** put it there so that it can drain.

escurrirse *v prnl* **1.** (*resbalarse*) to slip (out): **se me escurrió** *de* **las manos** it slipped out of my hands. **2.** (*esfumarse*) to slip away: **otra vez ha conseguido escurrirse** she's managed to slip away again.

esdrújulo, -la /ez'ðruxulo -la/ *adj* (*palabra*) *stressed on the antepenultimate syllable* (*for example:* **rápido**).

ese /'ese/ *sf* (*Ling*) *name of the letter S* • **el camino avanzaba haciendo eses** the path twisted and turned • **estaba tan bebido que iba haciendo eses** he was so drunk that he couldn't walk straight.

ese, esa /'ese, 'esa/ [*pl* **esos, esas**] **I** *adj demostrativo* that: **mira ese edificio** look at that building; **no quiero saber nada del hombre ese** I want nothing to do with that guy. ⇨ esos, esas
II *pron demostrativo* ⇨ ése

ése, ésa /'ese, 'esa/ *pron demostrativo* [*pl* **ésos, ésas**] that (one): **dame ése que está ahí encima** give me that one up there; **no me gusta la pinta que tiene ése** I don't like the look of him (over there).

esencia /e'senθja/ *sf* essence.

esencial /esen'θjal/ *adj* essential: **lo esencial es que estén bien** the main thing is that they are well.

esfera /es'fera/ *sf* **1.** (*gen*) sphere, globe: **la esfera terráquea** (the) Earth. **2.** (*de un reloj*) face; (*de un indicador*) dial. **3.** (*campo de acción*) sphere, field: **no está dentro de su esfera de influencia** it's not within his sphere of influence; (*grupo social*): **tiene amigos en las altas esferas** he has friends in high places.

esférico, -ca /es'feriko -ka/ **I** *adj* spherical.
II esférico *sm* (*fam*: *en fútbol*) ball.

esfinge /es'fiŋxe/ *sf* sphinx.

esforzado, -da /esfor'θaðo -ða/ *adj* **1.** (*trabajador*) hard-working. **2.** (*frml*: *valeroso*) brave.

esforzar /esfor'θar/ [⇨ forzar] *vt* to strain: **eso le pasa por esforzar tanto la vista** that's because she's straining her eyes so much.

esforzarse *v prnl* to make an effort, to exert yourself: **tienes que esforzarte más** you have to make a bigger effort.

esfuerzo /es'fwerθo/ **I** *and other forms with* **esfuerz-** ➪ esforzar
II *sm* effort: **hicieron un gran esfuerzo** they made a big effort; **le ha dicho el médico que no haga esfuerzos** the doctor has told him not to exert himself.

esfumarse /esfu'marse/ [➪ CANTAR] *v prnl* **1.** (*desaparecer*): **el barco se esfumó en el horizonte** the ship disappeared over the horizon. **2.** (*fam: irse*) to disappear: **cuando me quise dar cuenta, se habían esfumado** before I realized it, they had disappeared * vanished.

esgrima /ez'ɣrima/ *sf* fencing.

esgrimir /ezɣri'mir/ [➪ PARTIR] *vt* **1.** (*un arma*) to brandish: **esgrimió la espada en actitud de ataque** he brandished the sword menacingly. **2.** (*una idea, una opinión*) to propose, to put forward: **los argumentos que esgrimía no convencieron a nadie** the arguments she put forward did not convince anybody.

esguince /ez'ɣinθe/ *sm* sprain: **tiene un esguince** *en* **el tobillo** she has a sprained ankle.

eslabón /esla'βon/ *sm* link: **es el eslabón que faltaba** it's the missing link.

eslálom /es'lalom/, **eslalon** /es'lalon/ *sm* slalom.

eslavo, -va /es'laβo -βa/ **I** *adj* Slavic.
II *sm/f* Slav.

eslogan /es'loɣan/ *sm* [**eslóganes**] slogan.

eslora /es'lora/ *sf* (*Náut*) length: **tiene diez metros** *de* **eslora** it is ten metres in length.

esmaltar /ezmal'tar/ [➪ CANTAR] *vt* to enamel.

esmalte /ez'malte/ *sm* **1.** (*barniz*) enamel. **2.** (*also* **esmalte de uñas**) (*cosmético*) nail polish.

esmerado, -da /ezme'raðo -ða/ *adj* **1.** (*hecho con cuidado*) neatly * carefully done. **2.** (*cuidadoso*) painstaking, conscientious.

esmeralda /ezme'ralda/ *sf* emerald.

esmerarse /ezme'rarse/ [➪ CANTAR] *v prnl* to take great care: **se esmeró al redactar la carta** she took great care * great pains over the letter.

esmero /ez'mero/ *sm* **1.** (*meticulosidad*) care: **preparó el banquete** *con* **gran esmero** she prepared the banquet with great care. **2.** (*pulcritud*) neatness.

esmirriado, -da /ezmi'rrjaðo -ða/ *adj* (*fam*) scrawny.

esmoquin /ez'mokin/ *sm* [**esmóquines**] (*GB*) dinner jacket, (*US*) tuxedo.

esnifar /ezni'far/ [➪ CANTAR] *vt* (*pegamento*) to sniff; (*cocaína*) to snort, to sniff.

esnob /ez'nob/ [**esnobs**] **I** *adj* snobbish.
II *sm/f* snob.

esnobismo /esno'βizmo/ *sm* snobbery.

esnórquel /es'norkel/ *sm* snorkel.

eso /'eso/ *pron demostrativo* that: **¿quién te dijo eso?** who told you that?; **hace mucho tiempo de eso** all that happened a long time ago; **por eso no vinieron** that's why they didn't come • **¡eso es!** that's it! • **¡nada de eso!** not a bit of it! • **¿y eso?** why's that? • **eso digo yo** I quite agree • **llegará a eso de las doce** he will be here at about twelve o'clock • **ganó sin problemas, y eso que no estaba en forma** he won easily, even though he wasn't fully fit • **¡y eso que no tenía ganas de comer!** and she wasn't even hungry! • **eso sí: ...eso sí, cuando se trata de divertirse es siempre el primero** ...and yet, when it comes to having fun he's always first in the queue; **...eso sí, es muy amigo de hacer favores** ...having said that, he's always ready to do you a favour.

esófago /e'sofaɣo/ *sm* (*GB*) oesophagus, (*US*) esophagus.

esos, esas /'esos, 'esas/ **I** *adj demostrativo* those: **esos zapatos son míos** those shoes are mine. ➪ ese, esa
II *pron demostrativo* ➪ ésos

ésos, ésas /'esos, 'esas/ *pron demostrativo* those (ones): **prueba uno de ésos, son estupendos** try one of those, they're very good • **¿ahora me vienes con ésas?** so now you choose to bring that up? • **me ofrecí a devolverle el dinero con intereses, pero ni por ésas** I offered to return the money to him with interest, but all to no avail. ➪ ése, ésa

esotérico, -ca /eso'teriko -ka/ *adj* esoteric.

espabilado, -da /espaβi'laðo -ða/ *adj* **1.** (*inteligente*) bright, clever: **es muy espabilada** she's very bright. **2.** (*avispado*) quick-witted, shrewd: **era muy espabilado** *para* **los negocios** he was a very shrewd businessman; (*fam*) **¡míralo qué espabilado! ¿y los demás qué?** he's quick off the mark! what about everybody else?

espabilar /espaβi'lar/ [➪ CANTAR] *vt* to wake up: **el café me espabila** coffee wakes me up.
♦*vi* **1.** (*andar listo*): **si no espabilas, no vas a encontrar trabajo** if you don't get your act together you won't find any work. **2.** (*darse prisa*) to hurry (up), to get a move on: **espabila, que es para hoy** hurry up, we don't have all day.

espabilarse *v prnl* **1.** (*despertarse*) to wake up. **2.** (*andar listo*) to sort oneself out: **como no te espabiles, te quitarán el puesto** if you don't pull your socks up you'll lose your job. **3.** (*darse prisa*) to hurry (up): **espabílate o llegaremos tarde** hurry up * get a move on or we'll be late.

espachurrar /espatʃu'rrar/ [➪ CANTAR] *vt* ➪ despachurrar

espaciador /espaθja'ðor/ *sm* space-bar.

espacial /espa'θjal/ *adj* **1.** (*Mat*) spatial. **2.** (*Astron*) space: **la carrera espacial** the space race.

espaciar /espa'θjar/ [➪ CAMBIAR] *vt* to space out.

espacio /es'paθjo/ *sm* **1.** (*Astron*) space: **la exploración del espacio** space exploration. **2.** (*en una habitación, un armario, etc.*) room, space: **nos va a faltar espacio** we're going to be short of room * space; (*en un texto: entre palabras*) space; (*: entre líneas*): **lo escribió** *a* **un espacio** he typed it in single-spacing. **3.** (*en el tiempo*) space, period: **tenían que acabarlo** *en* **el espacio** *de* **dos meses** they had to finish it within two months. **4.** (*programa*) programme, (*US*) program: **presenta un espacio deportivo** he presents a sports programme.

espacio aéreo *sm* air space.

espacio vital *sm* living space.

espacioso, -sa /espa'θjoso -sa/ *adj* roomy, spacious.

espada /es'paða/ **I** *sf* sword • **estamos entre la espada y la pared** we're between the devil and the deep blue sea.
II espadas *sf pl*: *suit in Spanish playing cards* (*equivalent to spades*).

espadachín /espaða'tʃin/ *sm* swordsman.

espagueti /espa'ɣeti/ *sm* piece of spaghetti: **estos espaguetis están buenísimos** this spaghetti is delicious.

espalda /es'palda/ *sf* **1.** (*Anat*) back: **se echó el saco** *a* **la espalda** * *a* **las espaldas** he put the sack over his shoulder; **es un poco cargada** *de* **espaldas** she's a bit round-shouldered; **lo atacaron** *por* **la espalda** he was attacked from behind; **sólo la vi** *de* **espaldas** I only saw her from behind • **fuma a espaldas de sus padres** he smokes behind his parents' back • **sus amigos le dieron * volvieron la espalda** her friends gave her the cold shoulder • **tú, por si acaso, cúbrete * guárdate las espaldas** watch your back, just in case • **cuando te lo cuente, te vas a caer de espaldas** when I tell you, you'll be flabbergasted • **tiene una cara dura que tira de espaldas** he's incredibly cheeky. **2.** (*estilo de natación*) backstroke.

espalda mojada *sm/f* wetback (*illegal Mexican immigrant to the USA*).

espaldarazo /espalda'raθo/ *sm* **1.** (*golpe*) slap on the back. **2.** (*reconocimiento*) recognition: **aquel premio fue el espaldarazo definitivo** that prize was the ultimate recognition of his status; (*impulso*) boost: **la reacción de la crítica le dio un gran espaldarazo** *a* **su carrera** the critics' reaction was a great boost to her career.

espaldera /espal'dera/ **I** *sf* (*para plantas*) espalier, trellis.

II espalderas *sf pl* (*Dep*) wall bars *pl*.

espantada /espan'taða/ *sf*: **hubo espantada general cuando llegó la policía** everybody took to their heels when the police arrived.

espantajo /espan'taxo/ *sm* **1.** (*espantapájaros*) scarecrow. **2.** (*fam*: *cosa, persona*) (terrible) sight: **iba hecho un espantajo con ese traje** he looked a sight in that suit.

espantapájaros /espanta'paxaros/ *sm inv* scarecrow.

espantar /espan'tar/ [⇨ CANTAR] *vt* **1.** (*aterrar*) to scare, to frighten: **me espanta la oscuridad** I'm scared of the dark. **2.** (*hacer huir*) to frighten off, to scare away: **el disparo espantó a los animales** the shot scared away the animals. **3.** (*fam*: *desagradar*): **la espanta la idea de que la trasladen allí** she hates the idea of being transferred there.

espantarse *v prnl* **1.** (*asustarse*) to become scared * frightened. **2.** (*fam*: *sorprenderse*) to be amazed.

espanto /es'panto/ *sm* **1.** (*pánico*) fright. **2.** (*fam*: *desagrado*) dislike: **le produce espanto ir de compras** he hates going shopping. **3.** (*fam*: *cosa, persona*): **¡qué espanto** *de* **película!** what an appalling film!; **había una cola** *de* **espanto** there was a dreadful queue. **4.** (*Amér L*: *fantasma*) ghost.

espantoso, -sa /espan'toso -sa/ *adj* **1.** (*horrible*) dreadful, terrible: **fue un crimen espantoso** it was a terrible crime; **siempre dan unos programas espantosos** they always make dreadful programmes; **ha sido un año espantoso para el turismo** it has been a dreadful year for the tourist industry. **2.** (*para enfatizar*): **hacía un frío espantoso** it was terribly cold; **tenía un hambre espantosa** I was starving; **tenía unas ganas espantosas de irse a su casa** she was dying to go home.

España /es'paɲa/ *sf* Spain.

español, -ñola /espa'ɲol -'ɲola/ **I** *adj* Spanish.

II *sm/f* Spaniard: **los españoles** the Spanish, Spaniards.

III español *sm* (*idioma*) Spanish.

españolada /espaɲo'laða/ *sf*: *something typically but exaggeratedly Spanish.*

españolizar /espaɲoli'θar/ [⇨ cazar] *vt* (*una palabra, una costumbre*) to make Spanish.

españolizarse *v prnl* to become like the Spanish.

esparadrapo /espara'ðrapo/ *sm* (*GB*) sticking plaster, (*US*) adhesive tape.

esparcimiento /esparθi'mjento/ *sm* relaxation: **necesita esparcimiento después del trabajo** she needs to relax after work.

esparcir /espar'θir/ [⇨ zurcir] *vt* **1.** (*dispersar*) to scatter. **2.** (*difundir*) to spread.

esparcirse *v prnl* **1.** (*dispersarse*) to scatter. **2.** (*difundirse*) to spread: **en poco tiempo se esparció el rumor** the rumour spread in no time. **3.** (*distraerse*) to enjoy oneself: **se fue al cine para esparcirse un rato** he went to the cinema to get away from work for a while.

espárrago /es'parraɣo/ *sm* asparagus • **está como un espárrago** she's as thin as a rake • **¡vete a freír espárragos!** get lost! • **lo mandé a freír espárragos** I sent him packing.

espárrago triguero *sm* wild asparagus.

esparto /es'parto/ *sm* esparto grass.

espasmo /es'pazmo/ *sm* spasm.

espatarrarse /espata'rrarse/ [⇨ CANTAR] *v prnl* ⇨ despatarrarse

espátula /es'patula/ *sf* (*gen*) spatula; (*en pintura*) palette knife.

especia /es'peθja/ *sf* spice.

especial /espe'θjal/ *adj* **1.** (*singular*) special: **le dieron un trato especial** she received special treatment; **necesitas una sierra especial** you need a special saw • **me gusta ése en especial** I especially * particularly like that one. **2.** (*melindroso*) fussy: **es muy especial** *para* **las comidas** he's very fussy about his food.

especialidad /espeθjali'ðað/ *sf* speciality, specialty: **ésta es la especialidad de la casa** this is our speciality; **su especialidad es la física nuclear** her specialized field * speciality is nuclear physics.

especialista /espeθja'lista/ *sm/f* **1.** (*experto*) specialist. **2.** (*en una película: hombre*) stunt man; (*: mujer*) stunt woman.

especialización /espeθjaliθa'θjon/ *sf* specialization.

especializarse /espeθjali'θarse/ [⇨ cazar] *v prnl* to specialize: **se especializó** *en* **enfermedades de la piel** she specialized in skin diseases.

especie /es'peθje/ *sf* **1.** (*Biol*) species *n inv*. **2.** (*tipo*) kind, sort: **está hecho** *de* **una especie de terciopelo** it's made of a kind * sort of velvet. **3.** (*género*): **les pagaron** *en* **especies** they paid them in kind.

especiero /espe'θjero/ *sm* spice rack.

especificación /espeθifika'θjon/ *sf* specification.

especificar /espeθifi'kar/ [⇨ sacar] *vt* to specify.

específico, -ca /espe'θifiko -ka/ **I** *adj* specific.

II específico *sm* (*Med*) specific.

espécimen /es'peθimen/ *sm* [*pl* **especímenes** /espe'θimenes/] specimen: **ese caballo es un espécimen perfecto** that horse is a perfect specimen.

espectacular /espektaku'lar/ *adj* spectacular.

espectáculo /espek'takulo/ *sm* **1.** (*cabaret, teatro, etc.*) show: **después de cenar fueron a un espectáculo** after dinner they went to a show. **2.** (*visión agradable*): **verlos jugar era todo un espectáculo** it was a pleasure to watch them play. **3.** (*escándalo*) spectacle: **dio un espectáculo** he made a spectacle of himself.

espectador, -dora /espekta'ðor -'ðora/ *sm/f* **1.** (*en un cine, un teatro*) member of the audience: **sólo había doscientos espectadores** there were only two hundred people in the audience; **los espectadores se pusieron en pie para aplaudir** the audience stood up and applauded; (*en un estadio*) spectator; (*de televisión*) viewer. **2.** (*observador*) onlooker: **estaba allí como mero espectador** he was there just as an observer.

espectro /es'pektro/ *sm* **1.** (*aparición*) ghost, (*GB*) spectre, (*US*) specter: **está tan delgado que parece un espectro** he's so thin he looks like a ghost. **2.** (*Fís*) spectrum. **3.** (*gama*) range: **es un antibiótico de amplio espectro** it's a broad-spectrum antibiotic; **los extremos opuestos del espectro político** the opposite ends of the political spectrum; **los asistentes representan un amplio espectro de opinión** the people present represent a broad range of opinions.

especulación /espekula'θjon/ *sf* speculation.

especulador, -dora /espekula'ðor -'ðora/ *sm/f* speculator.

especular /espeku'lar/ [➪ CANTAR] *vi* **1.** (*reflexionar*) to speculate, to reflect: **los expertos especulaban** *sobre* **una posible subida de los intereses bancarios** the experts were speculating about the banks raising their interest rates. **2.** (*Fin*) to speculate: **se enriqueció especulando** *en* **bolsa** he got rich by speculating on the stock exchange.

especulativo, -va /espekula'tiβo -βa/ *adj* speculative.

espejismo /espe'xizmo/ *sm* **1.** (*ilusión óptica*) mirage. **2.** (*falsa apariencia*) illusion.

espejo /es'pexo/ *sm* **1.** (*gen*) mirror. **2.** (*reflejo*): **sus novelas son un espejo de la sociedad de su tiempo** his novels reflect the society he lived in.

espejo lateral *sm* wing mirror.

espejo retrovisor *sm* rear-view mirror.

espeleología /espeleolo'xia/ *sf* potholing.

espeleólogo, -ga /espele'oloγo -γa/ *sm/f* potholer.

espeluznante /espeluθ'nante/ *adj* terrifying, hair-raising.

espera /es'pera/ *sf* wait: **estamos** *a* **la espera** * *en* **espera de nuevas instrucciones** we are awaiting fresh instructions.

esperanza /espe'ranθa/ *sf* hope: **tiene esperanzas** *de* **conseguir ese empleo** he has hopes of getting that job; **no pierdas la esperanza** don't despair * don't give up hope; **lo hizo con la esperanza** *de* **que lo ascendieran** he did it in the hope of being promoted • **la esperanza es lo último que se pierde** you must never give up hope.

esperanza de vida *sf* life expectancy.

esperanzador, -dora /esperanθa'ðor -'ðora/ *adj* encouraging: **el resultado es muy esperanzador** the result is very encouraging.

esperar /espe'rar/ [➪ CANTAR] *vt* **1.** (*a alguien*) to wait for: **te estuvimos esperando toda la tarde** we were waiting for you all evening. **2.** (*aguardar*) to await: **nos esperaba un otoño frío y lluvioso** a cold rainy autumn awaited us. **3.** (*un bebé*) to expect. **4.** (*algo probable*) to expect: **no me lo esperaba** I wasn't expecting that. **5.** (*desear*) to hope: **espero que te den el trabajo** I hope they give you the job; **espero aprobar el examen** I hope to pass the exam.
♦ *vi* **1.** (*en un lugar o a que algo suceda*) to wait: **estuve esperando media hora** I was waiting for half an hour; **esperaron** *a* **que dejara de llover** they waited for the rain to stop; **la reacción de Exteriores no se hizo esperar** the Foreign Ministry's reaction was not slow in coming • **si creen que voy a ir, pueden esperar sentados** if they think I'm going, they can think again. **2.** (*imaginar*): **no lo hizo como yo esperaba** he didn't do it the way I was expecting; **tal y como son, era de esperar que llegaran tarde** knowing what they're like, it's not surprising they were late.

esperarse *v prnl* to expect: **no me esperaba que reaccionara así** I didn't expect him to react like this.

esperma /es'perma/ *sm* [*sometimes feminine*] sperm.

espermatozoide /espermato'θoiðe/, **espermatozoo** /espermato'θoo/ *sm* sperm, spermatozoon.

espermicida /espermi'θiða/ **I** *adj* spermicidal. **II** *sm* spermicide.

esperpéntico, -ca /esper'pentiko -ka/ *adj* grotesque, dreadful.

esperpento /esper'pento/ *sm* sight: **con esa ropa iba hecha un esperpento** she looked a terrible sight in those clothes.

espesar /espe'sar/ [➪ CANTAR] *vt* to thicken.

espesarse *v prnl* to become denser * thicker, to thicken: **la sopa se ha espesado un poco** the soup has thickened a little; **allí se espesaba la vegetación** the vegetation grew more thickly there.

espeso, -sa /es'peso -sa/ *adj* **1.** (*gen*) thick: **nos pusieron una sopa muy espesa** they gave us a very thick soup; (*neblina, vegetación*) dense. **2.** (*libro, obra*) dense. **3.** (*fam*: *persona*): **hoy estoy un poco espeso** I can't think properly today.

espesor /espe'sor/ *sm* thickness: **tiene cinco centímetros** *de* **espesor** it's five centimetres thick.

espesura /espe'sura/ *sf* **1.** (*grosor*) thickness. **2.** (*vegetación*) thicket, dense vegetation.

espetar /espe'tar/ [➪ CANTAR] *vt* (*frml*: *decir*): **¿y a ti qué te importa?, le espetó** what's it got to do with you?, she said.

espía /es'pia/ *sm/f* spy.

espiar /es'pjar/ [➪ ansiar] *vt* to spy on, to keep watch on.

espichar /espi'tʃar/ [➪ CANTAR] *vi* (*fam*) to die, to kick the bucket: **la espichó poco después** he kicked the bucket shortly after.

espicharse *v prnl* (*Méx*: *fam*) **1.** (*adelgazar*) to slim. **2.** (*avergonzarse*) to feel ashamed.

espiedo /es'pjeðo/ *sm* (*Arg, Chi, Urug*) (roasting) spit.

espiga /es'piγa/ *sf* **1.** (*de cereal*) ear (*of wheat, etc.*). **2.** (*en tejidos*) herringbone pattern.

espigado, -da /espi'γaðo -ða/ *adj* tall and slim.

espigar /espi'γar/ [➪ pagar] *vt* (*Agr*) to glean.

espigarse *v prnl*: **se está espigando mucho últimamente** she's grown tall and slimmed down a lot lately.

espigón /espi'γon/ *sm* breakwater, sea wall.

espiguilla /espi'γiʎa/ *sf* herringbone pattern.

espina /es'pina/ *sf* **1.** (*de una planta*) thorn: **me he clavado una espina en un dedo** I've got a thorn in my finger; (*de un pez*) bone. **2.** (*frustración*): **por fin se ha sacado la espina** he's got rid of the problem at last • **me da mala espina** I don't like the look of it.

espina bífida *sf* spina bifida.

espina dorsal *sf* spine, backbone.

espinaca /espi'naka/ *sf* piece of spinach: **espinacas con jamón** spinach with ham.

espinazo /espi'naθo/ *sm* (*Anat*) spine, backbone • **no tuvo más remedio que doblar el espinazo** he had no alternative but to eat humble pie.

espinilla /espi'niʎa/ *sf* **1.** (*de la pierna*) shin. **2.** (*en la piel*) blackhead.

espinillera /espini'ʎera/ *sf* shin pad.

espino /es'pino/ *sm* **1.** (*Bot*) hawthorn. **2.** (*alambre*) barbed wire.

espinoso, -sa /espi'noso -sa/ *adj* thorny, prickly: **se trata de un asunto bastante espinoso** it's quite a thorny business.

espionaje /espjo'naxe/ *sm* espionage, spying.

espionaje industrial *sm* industrial espionage.

espiración /espira'θjon/ *sf* exhalation, breathing out.

espiral /espi'ral/ *adj, sf* spiral.

espirar /espi'rar/ [⇨ CANTAR] *vt* to exhale, to breathe out.
♦ *vi* to exhale, to breathe out.

espiritismo /espiri'tizmo/ *sm* spiritualism.

espíritu /es'piritu/ *sm* **1.** (*alma*) spirit, soul. **2.** (*fantasma*) spirit, ghost. **3.** (*ánimo, energía*) spirit: **es una persona de mucho espíritu** he has a great deal of spirit. **4.** (*esencia, naturaleza*) spirit, essence: **refleja muy bien el espíritu de la época** it faithfully reflects the spirit of the age; **era una mujer de espíritu abierto** she was a woman with an open mind; **hay que comprender el espíritu de la ley** it is important to understand the spirit of the law.
espíritu de equipo *sm* team spirit.
espíritu maligno *sm* evil spirit.
Espíritu Santo *sm* Holy Spirit * Ghost.

espiritual /espiri'twal/ **I** *adj* (*Relig*) spiritual.
II *sm* (*Mús*) spiritual.

espiritualidad /espiritwali'ðað/ *sf* spirituality.

espiritualismo /espiritwa'lizmo/ *sm* spiritualism.

espita /es'pita/ *sf* (*GB*) tap, (*US*) faucet.

esplendidez /esplendi'ðeθ/ *sf* [**esplendideces**] **1.** (*grandeza*) magnificence, (*GB*) splendour, (*US*) splendor. **2.** (*generosidad*) generosity, lavishness.

espléndido, -da /es'plendiðo -ða/ *adj* **1.** (*estupendo*) splendid, magnificent: **hace un tiempo espléndido** the weather is splendid. **2.** (*generoso*) generous: **es muy espléndido** *con* **los amigos** he is very generous to his friends.

esplendor /esplen'dor/ *sm* **1.** (*grandeza*) magnificence, (*GB*) splendour, (*US*) splendor: **organizaban fiestas de un gran esplendor** they used to throw magnificent parties. **2.** (*apogeo*): **está en su momento** *de* **esplendor** she is at the height of her powers.

esplendoroso, -sa /esplendo'roso -sa/ *adj* **1.** (*brillante*) brilliant. **2.** (*grandioso*) magnificent.

espliego /es'pljeɣo/ *sm* (*Bot*) lavender.

espolear /espole'ar/ [⇨ CANTAR] *vt* **1.** (*a un caballo*) to spur on. **2.** (*a una persona*) to encourage: **la posibilidad de conseguir una beca la espoleó a estudiar más** the chance of getting a scholarship encouraged her to study harder.

espoleta /espo'leta/ *sf* **1.** (*Mil*) fuse. **2.** (*de un ave*) wishbone.

espolio /es'poljo/ *sm* plundering, pillage.

espolón /espo'lon/ *sm* **1.** (*malecón*) sea wall. **2.** (*de un gallo*) spur. **3.** (*Geog*) spur.

espolvorear /espolβore'ar/ [⇨ CANTAR] *vt* to sprinkle: **espolvoreó canela** *sobre* **el arroz con leche** she sprinkled cinnamon on the rice pudding; **espolvoree la tarta** *con* **azúcar** dust the cake with sugar.

esponja /es'poŋxa/ *sf* sponge ● **bebe como una esponja** he drinks like a fish.

esponjarse /espoŋ'xarse/ [⇨ CANTAR] *v prnl* **1.** (*masa*) to swell: **la masa se esponja al freírla** the dough swells when it is fried. **2.** (*material*) to become fluffy. **3.** (*persona*) to swell with pride.

esponjoso, -sa /espoŋ'xoso -sa/ *adj* (*lana, almohada*) soft, fluffy; (*pan*) spongy, soft; (*tierra*) soft.

esponsales /espon'sales/ *sm pl* (*frml*) betrothal.

espontaneidad /espontanei'ðað/ *sf* spontaneity: **actúa con mucha espontaneidad** she behaves in a natural * spontaneous manner.

espontáneo, -nea /espon'taneo -nea/ **I** *adj* **1.** (*combustión*) spontaneous. **2.** (*oferta, reacción*) spontaneous. **3.** (*persona*) spontaneous, unaffected.
II *sm/f* (*Tauro*) *member of the crowd who joins in a bullfight.*

espora /es'pora/ *sf* spore.

esporádico, -ca /espo'raðiko -ka/ *adj* sporadic: **nos vemos de forma esporádica** we see each other sporadically * from time to time.

esposa /es'posa/ **I** *sf* wife.
II esposas *sf pl* handcuffs *pl*: **le pusieron las esposas** they handcuffed him.

esposado, -da /espo'saðo -ða/ *adj* handcuffed.

esposar /espo'sar/ [⇨ CANTAR] *vt* to handcuff.

esposo /es'poso/ *sm* husband.

esprintar /esprin'tar/ [⇨ CANTAR] *vi* (*Dep*) to sprint.

espuela /es'pwela/ *sf* spur.

espuerta /es'pwerta/ *sf* basket ● **gana dinero a espuertas** she earns lots of money.

espulgar /espul'ɣar/ [⇨ pagar] *vt* (*de piojos*) to delouse; (*de pulgas*) to get rid of fleas.

espuma /es'puma/ *sf* **1.** (*material*) foam. **2.** (*de las olas*) surf, foam; (*de la cerveza*) froth, head; (*del jabón*) lather, foam ● **el negocio ha crecido como la espuma** his business has boomed. **3.** (*del caldo*) froth.
espuma de afeitar *sf* shaving foam.
espuma de baño *sf* bath foam, bubble bath.
espuma de mar *sf* meerschaum.

espumadera /espuma'ðera/ *sf* skimmer.

espumar /espu'mar/ [⇨ CANTAR] *vt* (*quitar espuma de*) to skim.

espumarajo /espuma'raxo/ *sm* froth ● **estaba que echaba espumarajos por la boca** he was furious.

espumoso, -sa /espu'moso -sa/ **I** *adj* (*baño*) bubbly, foamy; (*jabón*) which lathers easily; (*vino*) sparkling; (*cerveza*) frothy; (*mar*) foaming.
II espumoso *sm* sparkling wine.

espúreo, -rea /es'pureo -rea/, **espurio, -ria** /es'purjo -rja/ *adj* **1.** (*hijo, descendencia*) illegitimate. **2.** (*razonamiento, afirmación*) spurious.

esputo /es'puto/ *sm* sputum.

esqueje /es'kexe/ *sm* (*Bot*) cutting.

esquela /es'kela/ *sf* **1.** (*also* **esquela mortuoria**) (*comunicación de fallecimiento*) death announcement (*in newspaper or on card*). **2.** (*frml*: *nota breve*) note, brief letter.

esquelético, -ca /eske'letiko -ka/ *adj* **1.** (*Anat*) skeletal. **2.** (*fam*: *muy delgado*) skinny: **ese pobre gato está esquelético** that poor cat is like a skeleton.

esqueleto /eske'leto/ *sm* **1.** (*Anat*) skeleton ● **se pasaron toda la fiesta moviendo * meneando el esqueleto** they spent the whole party dancing ● **está hecho un esqueleto** he's as thin as a rake. **2.** (*armazón*) framework.

esquema /es'kema/ *sm* **1.** (*croquis*) diagram, plan. **2.** (*resumen*) outline, summary: **preparó un esquema** *con* **los puntos que iba a desarrollar** she drew up a summary of the points she was going to develop; **el entrenador dio a conocer su esquema de juego** the coach outlined his game plan.

esquemático, -ca /eske'matiko -ka/ *adj* **1.** (*en forma de croquis*) diagrammatic. **2.** (*resumido*) simplified.

esquematizar /eskemati'θar/ [⇨ cazar] *vt* to outline, to summarize.

esquí /es'ki/ *sm* **1.** (*actividad*) skiing: **en invierno practicamos el esquí** in winter we go skiing. **2.** [**esquíes * esquís**] (*tabla*) ski.
esquí acuático *sm* water-skiing.
esquí alpino *sm* alpine skiing.
esquí de fondo *sm* cross-country skiing.

esquiador, -dora /eskja'ðor -'ðora/ *sm/f* skier.

esquiar /es'kjar/ [⇨ansiar] *vi* to ski: **esquía muy bien** he's a very good skier.

esquila /es'kila/ *sf* **1.** (*de animales*) shearing. **2.** (*campana pequeña*) (small) bell.

esquilar /eski'lar/ [⇨CANTAR] *vt* **1.** (*a un animal*) to shear. **2.** (*fam*: *a una persona*): **el primer día me esquilaron** on the first day all my hair was shorn off.

esquileo /eski'leo/ *sm* (sheep)shearing.

esquilmar /eskil'mar/ [⇨CANTAR] *vt* **1.** (*un recurso*) to exhaust. **2.** (*fam*: *a una persona*) to fleece: **estuvo jugando a las cartas y lo esquilmaron** he was playing cards and got fleeced.

esquimal /eski'mal/ **I** *adj, sm/f* Eskimo.
II *sm* (*idioma*) Eskimo.

esquina /es'kina/ *sf* **1.** (*gen*) corner: **hemos puesto la mesa** *en* **una esquina de la habitación** we've put the table in a corner of the room; **lo verás al doblar la esquina** you'll see it when you turn the corner; **la farmacia hace esquina** *con* **una tienda de muebles** the chemist's is on one side of the corner and a furniture shop is on the other • **un buen trabajo no se encuentra a la vuelta de la esquina** good jobs aren't just waiting for you round the corner. **2.** (*Dep*): **sacó de esquina** he took the corner.

esquinado, -da /eski'naðo -ða/ *adj* **1.** (*no recto*) across the corner. **2.** (*persona*) difficult, tetchy.

esquinazo /eski'naθo/ *sm* • **les dio esquinazo a sus acreedores** he gave his creditors the slip • **Jorge también estaba en la fiesta, pero le di el esquinazo** Jorge was also at the party but I managed to avoid him.

esquinera /eski'nera/ *sf* corner cupboard.

esquirla /es'kirla/ *sf* splinter.

esquirol /eski'rol/ *sm/f* strikebreaker, blackleg.

esquivar /eski'βar/ [⇨CANTAR] *vt* **1.** (*un obstáculo, un golpe*) to dodge: **esquivó el golpe** he dodged the blow. **2.** (*a una persona*) to avoid, to dodge: **trató de esquivarme** she tried to avoid me.

esquivo, -va /es'kiβo -βa/ *adj* unsociable.

esquizofrenia /eskiθo'frenja/ *sf* schizophrenia.

esquizofrénico, -ca /eskiθo'freniko -ka/ *adj, sm/f* schizophrenic.

esquizoide /eski'θoiðe/ *adj, sm/f* schizoid.

esta /'esta/ *adj demostrativo* ⇨ este -ta

ésta /'esta/ *pron demostrativo* ⇨ éste -ta

estabilidad /estaβili'ðað/ *sf* stability.

estabilización /estaβiliθa'θjon/ *sf* stabilization.

estabilizador, -dora /estaβiliθa'ðor -'ðora/ **I** *adj* stabilizing.
II estabilizador *sm* stabilizer.

estabilizar /estaβili'θar/ [⇨cazar] *vt* to stabilize.
estabilizarse *v prnl* to become stable: **zarparemos cuando se estabilice el tiempo** we'll set sail when the weather becomes more settled.

estable /es'taβle/ *adj* (*situación*) stable: **el país necesita un gobierno estable** the country needs stable government; **tiene un trabajo estable** she's got a steady job; (*clientela*): **tenemos una clientela estable** we have a number of regular customers.

establecer /estaβle'θer/ [⇨agradecer] *vt* **1.** (*una relación, un hecho*) to establish: **establecieron la hora del accidente** they established the time of the accident. **2.** (*una comisión, un control policial*) to set up: **establecieron dos nuevas sucursales** two new branches were set up. **3.** (*un sistema*) to put in place: **el director estableció el nuevo horario** the headmaster put the new timetable in place. **4.** (*una normativa*) to lay down, to state: **la ley establece que...** the law states that.... **5.** (*un récord*) to set: **estableció un nuevo récord mundial** he set a new world record.
establecerse *v prnl* **1.** (*en un lugar*) to settle: **se estableció** *en* **París** he settled in Paris. **2.** (*en un negocio, una profesión*) to set up: **se estableció** *como* **veterinario** he set himself up as a vet; **se estableció por su (propia) cuenta** she set up in business on her own.

establecimiento /estaβleθi'mjento/ *sm* **1.** (*acción*) establishing, setting-up. **2.** (*local*) establishment: **hay muchos establecimientos comerciales** there are many shops and businesses. **3.** (*colonia*) settlement.

establo /es'taβlo/ *sm* (*para ganado*) cattle shed.

estaca /es'taka/ *sf* **1.** (*palo puntiagudo: gen*) stake, post; (*: de una tienda de campaña*) (tent) peg. **2.** (*palo grueso*) big stick.

estacada /esta'kaða/ *sf* stockade • **me dejó en la estacada** he left me in the lurch • **el negocio fracasó y me quedé en la estacada** the business collapsed leaving me high and dry.

estacazo /esta'kaθo/ *sm* (*con un palo*): **le dio un estacazo** he hit him with a stick; (*con otra cosa*) bang: **¡qué estacazo se dio!** he gave himself such a bang!

estación /esta'θjon/ *sf* **1.** (*del año, temporada*) season: **la estación de las lluvias empieza en octubre** the rainy season begins in October. **2.** (*de tren, metro, autobús*) station. **3.** (*Relig*) station.
estación de esquí *sf* ski resort.
estación de invierno *sf* winter sports resort.
estación de servicio *sf* service station.
estación de televisión *sf* television station.
estación depuradora *sf* sewage works.
estación espacial *sf* space station.
estación meteorológica *sf* weather station.
estación terminal *sf* terminus.

estacional /estaθjo'nal/ *adj* seasonal.

estacionamiento /estaθjona'mjento/ *sm* **1.** (*Auto*: *acción*) parking; (*: lugar*) (*GB*) car park, (*US*) parking lot. **2.** (*de una situación*) stabilizing. **3.** (*de tropas*) stationing.

estacionar /estaθjo'nar/ [⇨CANTAR] *vt/i* to park.
estacionarse *v prnl* **1.** (*Auto*) to park. **2.** (*proceso*) to stabilize: **la fiebre se estacionó** the patient's temperature stabilized; **la caída de la peseta se ha estacionado** the fall of the peseta has levelled off.

estacionario, -ria /estaθjo'narjo -rja/ *adj* stationary, unchanged: **el estado del enfermo continúa estacionario** the patient's condition remains unchanged.

estadía /esta'ðia/ *sf* **1.** (*estancia*) stay. **2.** (*Náut*) stay in port.

estadio /es'taðjo/ *sm* **1.** (*recinto deportivo*) stadium: **el estadio Olímpico de Barcelona** Barcelona's Olympic Stadium; **el estadio del F.C. Bellavista** the Bellavista Football Stadium. **2.** (*etapa*) stage.

estadista /esta'ðista/ *sm/f* (*político*) statesman; (*política*) stateswoman.

estadística /esta'ðistika/ *sf* **1.** (*cifra*) statistic. **2.** (*ciencia*) statistics [lleva el verbo en singular].

estadístico, -ca /esta'ðistiko -ka/ **I** *adj* statistical.
II *sm/f* (*especialista en estadística*) statistician.

estado /es'taðo/ *sm* **1.** (*situación*) condition: **el estado del paciente es crítico** the patient's condition is critical; **el pescado está** *en* **mal estado** the fish is off • **está en estado de buena esperanza** she is expecting (a baby) • **se quedó en estado** she got pregnant. **2.** (*Fís*) state. **3.** (*Pol*) state: **el tema se convirtió**

en una cuestión de estado the subject became a state issue; **varios Estados de la federación se sublevaron** several States in the federation rebelled. **4.** (*condición social*) status, rank: **dejó el estado religioso** he left the church. **5.** (*Hist*) estate: **el estado llano** the third estate.

estado civil *sm* marital status.

estado de alerta *sm* state of alert.

estado de ánimo *sm* state of mind.

estado de * del bienestar *sm* welfare state.

estado de cuentas *sm* statement of accounts.

estado de derecho *sm* state governed by law.

estado de emergencia, estado de excepción *sm* state of emergency.

estado de guerra *sm* state of war.

estado de salud *sm* (state of) health.

estado de sitio *sm* state of siege.

Estado Mayor *sm* (*Mil*) general staff (in the field).

Estado Mayor General *sm* (*Mil*) general staff (HQ).

estado policial *sm* police state.

Estados Unidos /es'taðos u'niðos/ *sm* United States (of America): **Estados Unidos se opone * los Estados Unidos se oponen** the United States is * are against it, America is against it; **los Estados Unidos de América** the United States of America.

Estados Unidos Mexicanos /es'taðos u'niðos mexi'kanos/ *sm pl* (*frml*) United States of Mexico.

estadounidense /estaðouni'ðense/ **I** *adj* (North) American: **unos soldados estadounidenses** some United States * American soldiers.
II *sm/f* (North) American, United States citizen.

estafa /es'tafa/ *sf* swindle, con.

estafador, -dora /estafa'ðor -'ðora/ *sm/f* swindler, con man.

estafar /esta'far/ [⇨ CANTAR] *vt* to swindle, to defraud: **estafaron cientos de millones** *al* **estado** they defrauded the state of hundreds of millions; **intentó estafarme** he tried to swindle me; **los estafaron** *en* **el precio** they were cheated over the price.

estafeta /esta'feta/ *sf* (*also* **estafeta de correos**) (*GB*) sub-post office, (*US*) branch of the post office.

estalactita /estalak'tita/ *sf* stalactite.

estalagmita /estalaɣ'mita/ *sf* stalagmite.

estallar /esta'ʎar/ [⇨ CANTAR] *vi* **1.** (*bomba*) to explode, to go off: **hizo estallar la bomba justo cuando pasaba el coche** he set the bomb off just as the car was passing; (*rueda, globo, etc.*) to burst: **estallaron las dos ruedas delanteras** the two front tyres burst; (*cristal*) to shatter; (*volcán*) to erupt • **el día menos pensado esta situación estallará** this situation will blow up when we least expect it. **2.** (*revolución, guerra, enfermedad*) to break out. **3.** (*en risa, llanto*) to burst: **estalló** *en* **carcajadas/***en* **llanto** he burst out laughing/into tears.

estallido /esta'ʎiðo/ *sm* **1.** (*de una bomba, un cohete*) explosion, bang; (*de un neumático*) blowout; (*de un látigo*) crack. **2.** (*de una revolución, una enfermedad*) outbreak: **coincidió con el estallido de la guerra** it happened at the same time as the outbreak of the war.

estambre /es'tambre/ *sm* **1.** (*Bot*) stamen. **2.** (*hilo, tela*) worsted.

estamento /esta'mento/ *sm* (*clase social*) class; (*grupo profesional*) profession: **el estamento médico** the medical profession; **cuentan con apoyos en el estamento militar** they have some support among the military.

estameña /esta'meɲa/ *sf* serge.

estampa /es'tampa/ *sf* **1.** (*lámina*) illustration. **2.** (*Relig*) religious print. **3.** (*aspecto*) appearance: **ese animal tiene muy buena estampa** that's a fine-looking animal • **es la viva estampa de su madre** she's the very image of her mother. **4.** (*imprenta*): **dieron la obra a la estampa** they sent the book to the printer's. **5.** (*escena*) scene: **es una estampa típica de Madrid** it is a typical Madrid scene.

estampación /estampa'θjon/ *sf* printing.

estampado, -da /estam'paðo -ða/ **I** *adj* (*libro, placa*) printed; (*tela*) print: **un vestido estampado** a print dress • **lleva estampado el sello de la familia** he has all the family traits.
II estampado *sm* **1.** (*de una tela*) print: **es un estampado muy llamativo** it's a very striking print. **2.** (*estampación*) printing: **una nueva técnica de estampado** a new printing technique.

estampar /estam'par/ [⇨ CANTAR] *vt* **1.** (*un libro, una tela*) to print. **2.** (*una firma*): **estampó su firma al pie del escrito** she signed at the bottom of the document. **3.** (*dejar impreso*) to imprint • **trataban de estampar el sello de la escuela en todos sus alumnos** they tried to leave the mark of the school on all their pupils. **4.** (*arrojar*) to hurl: **estampó el cacharro** *contra* **la pared** he hurled the pot against the wall. **5.** (*fam: un beso*) to plant: **le estampó dos besos en la mejilla** she planted two kisses on his cheek; (*: una bofetada, un golpe*) to land.

estamparse *v prnl* **1.** (*imprimirse*) to be imprinted, to be engraved: **sus palabras se estamparon** *en* **mi memoria** her words became engraved on my memory. **2.** (*chocar*) to crash: **el coche se estampó** *contra* **un árbol** the car crashed into a tree.

estampida /estam'piða/ *sf* **1.** (*de ganado*) stampede • **salió de estampida** she went off at top speed. **2.** (*estallido*) bang.

estampido /estam'piðo/ *sm* bang: **dio un estampido enorme** it went off with an enormous bang.

estampilla /estam'piʎa/ *sf* **1.** (*sello de caucho*) rubber stamp. **2.** (*Amér L: de correos*) (postage) stamp.

estampillar /estampi'ʎar/ [⇨ CANTAR] *vt* **1.** (*con un sello de caucho*) to rubber-stamp. **2.** (*Amér L: para enviar por el correo*) to put a stamp on.

estampita /estam'pita/ *sf* small religious print.

estancado, -da /estaŋ'kaðo -ða/ *adj* **1.** (*agua*) stagnant. **2.** (*trabajo, proyecto, etc.*): **las obras están estancadas** the work is at a standstill; **las negociaciones estaban estancadas** the negotiations were deadlocked. **3.** (*persona*): **se ha quedado algo estancado** he has failed to move with the times.

estancamiento /estaŋka'mjento/ *sm* **1.** (*de agua*) stagnation. **2.** (*de un proceso, en una profesión*) standstill; (*en una negociación*) deadlock.

estancar /estaŋ'kar/ [⇨ sacar] *vt* **1.** (*el agua*) to stop the flow of. **2.** (*un proceso, un trámite*) to hold up.

estancarse *v prnl* **1.** (*agua*) to stagnate. **2.** (*proceso*): **las negociaciones se habían estancado** the negotiations had reached deadlock. **3.** (*persona*) to get bogged down: **se estancó** *en* **sus estudios** she got bogged down in her studies.

estancia /es'tanθja/ *sf* **1.** (*permanencia*) stay: **su estancia** *en* **el extranjero fue corta** his stay abroad was a short one. **2.** (*habitación*) room. **3.** (*Arg, Urug: hacienda*) ranch.

estanciero, -ra /estan'θjero -ra/ *sm/f* (*Arg, Urug*) rancher, (cattle) farmer.

estanco /es'taŋko/ *sm* tobacconist's (*also selling government and postage stamps*).

estándar /es'tandar/ **I** *adj* standard: **necesitas un**

clavo de medida estándar you need a standard size nail.

II *sm* standard: **tienen un estándar de vida muy alto** they have a very high standard of living.

estandarizar /estandari'θar/ [⇨cazar] *vt* to standardize.

estandarte /estan'darte/ *sm* standard, banner.

estanque /es'taŋke/ *sm* pond.

estanquero, -ra /estaŋ'kero -ra/ *sm/f* tobacconist.

estante /es'tante/ *sm* shelf.

estantería /estante'ria/ *sf* (*para libros*) bookcase; (*para botellas, adornos*) (set of) shelves.

estaño /es'taɲo/ *sm* (*metal*) tin.

estar /es'tar/ [⇨table: ESTAR *in appendix*] *vi* **1.** (*en un lugar*) *[indicating place]* to be: **estuve** *en* **casa todo el día** I was at home all day; **está** *en* **Londres** he is in London; **está** *a* **doscientos kilómetros de Segovia** it's two hundred kilometres from Segovia; **¿está María?** (*al llamar por teléfono*) could I speak to María, please?; (*al presentarse en un sitio*) is María in? **2.** (*en un estado transitorio: gen*) *[indicating temporary state]* to be: **¿cómo estás?** how are you?; **estoy contento** I'm happy; **está** *de* **buen/mal humor** she's in a good/bad mood; **¡qué sucio está esto!** isn't this dirty!; **estás preciosa** you look lovely; **está** *con* **fiebre** he has a temperature; **será muy amable pero conmigo estuvo antipática** she may be very nice but she was unfriendly to me; **está** *de* **tres meses** she's three months pregnant; **está** *que* **no puede más/***que* **echa chispas** he's absolutely exhausted/furious; (*: con el énfasis en el resultado de un cambio, de un proceso*): **la pequeña está altísima** the little one has grown incredibly tall; **no la vas a reconocer, está muy vieja/delgada/canosa** you won't recognize her, she's aged a lot/she's lost a lot of weight/she's gone very grey; **está muerto** he's dead • **yo ya no estoy para esos trotes** I'm not up to all that rushing around any more. **3.** (*en determinada posición, situación*) *[indicating specific location, state]* to be: **estaba tumbado** *en* **la arena/sentado** *en* **la cama** he was lying on the sand/sitting on the bed; **está** *en* **paro** he is unemployed; **está** *de* **viaje** she's away on a trip; **estamos** *de* **vacaciones** we're on holiday; **estamos** *de* **reformas** we're having some building work done; **está** *de* **traductor en Bruselas** he's working as a translator in Brussels; **los chicos están** *de* **exámenes** the children are in the middle of their exams; **estoy** *sin* **comer desde esta mañana** I haven't eaten anything since this morning; **estoy** *a* **tu disposición** I'm at your disposal; **estábamos** *a* **treinta grados** it was thirty degrees • **no estaría de más que nos dieras una explicación** an explanation wouldn't go amiss • **están a matar** they're at daggers drawn • **está a mal con todos sus compañeros** he's on bad terms with all his colleagues • **¿estamos?** agreed? * ok? * all right? • **ya que estamos en ello, ¿por qué no pintamos también el techo?** since we're already painting, why don't we do the ceiling too? **4.** (*en determinada compañía*) *[indicating specific company]* to be: **estaré** *con* **los vendedores toda la mañana** I'll be with the sales people all morning. **5.** (*a determinado precio*) *[indicating specific price]*: **el kilo está** *a* **mil pesetas** a kilo costs a thousand pesetas; **¿***a* **cuánto están las peras?** how much are the pears? **6.** (*para referirse al estado civil*) *[indicating civil status]* to be: **¿todavía está soltero?** is he still single?; **está casada** *con* **mi primo** she's married to my cousin. **7.** (*estar listo*) *[indicating readiness]*: **ya estoy** I'm ready; **tengo que terminar el índice y ya está** I've got to write the index and that's it (finished); **el arroz todavía no está** the rice isn't cooked yet; **¿estará** *para* **el lunes?** will it be ready by Monday? **8.** (*seguido de* **bien, mal***: de salud*) *[indicating: state of health]* to be: **no está bien** he isn't well; (*: de calidad*) *[: quality]* to be: **esta redacción está muy bien** this essay is very good; **la película no estuvo mal** the film wasn't bad; (*: expresando un juicio moral*) *[: moral judgement]* to be: **lo que has hecho está bien/mal** what you did was right/wrong • **ya está bien, gracias** that's enough, thank you • **te estuvo bien, por envidioso** you got what you deserved for being so jealous • **está bien** ok * all right. **9.** (*radicar*) *[indicating where a quality resides]* to lie: **la ventaja está** *en* **el precio** the advantage lies in the price; **la gracia está** *en* **prepararlo sin que lo sepan** the good part is preparing it without them knowing. **10.** (*en expresiones de tiempo*) *[in expressions of time]* to be: **¿***a* **cuántos estamos?** what date is it today?; **estamos** *a* **miércoles y todavía no ha contestado** it's Wednesday and she hasn't replied yet; **estamos** *en* **junio y sigue haciendo frío** it's June and it's still cold. **11.** (*sentar*) *[indicating suitability]* to be: **te está un poco estrecho/largo** it's a bit tight/long on you. **12.** (*suponer*) *[indicating supposition]*: **estoy** *en* **que no se dio cuenta** I don't suppose she realized. **13.** (*ocuparse*) *[indicating involvement]*: **estoy** *en* **ello** I'm working on it; **Rosa está** *en* **todo** Rosa thinks of everything. **14.** (*para expresar una función*) *[indicating function]*: **las sillas están** *para* **que te sientes** the chairs are there for you to sit on; *para* **eso estamos, señora** that's what we're here for, madam. **15. estar para** (*encontrarse a punto de*) *[indicating that something is about to happen]*: **está para llover** it looks as it's going to rain. **16. estar por** (*para expresar que algo no se ha hecho*) *[indicating that something has not been done]*: **estas sábanas están por planchar** these sheets haven't been ironed yet; **la cama está por hacer** the bed is still unmade • **eso está por ver** that remains to be seen. **17. estar por** (*para expresar inclinación, tentación*) *[indicating inclination]*: **estoy por comprarlo** I feel tempted to buy it. **18.** (*para expresar opinión*) *[indicating a point of view]*: **están por la democracia** they're for * in favour of democracy; **yo estoy por que lo sometamos a votación** I am for putting it to the vote; (*Amér L*): **parece que está por llover** it looks as though it's going to rain; **estoy por empezar a estudiar** I'm about to start my studies; **estuve por decírselo, pero...** I nearly told him but....

♦*v aux* **1.** (*en los tiempos continuos, seguido del gerundio*) *[used to form the continuous tenses: followed by the present participle]*: **¿qué estás haciendo?** what are you doing?; **estuve leyendo** *hasta* **muy tarde** I was reading until very late. **2.** (*en la voz pasiva, seguido del participio pasado*) *[used to form the passive. Note:* ***ser*** *is more usual]*: **el congreso estuvo coordinado por un catedrático** the conference was organized by a lecturer.

estarse *v prnl* **1.** (*en una situación*) to keep: **se estuvo callado** he kept quiet; **estáte quieto** keep still. **2.** (*en un lugar, con alguien*) to be: **me estuve toda la tarde** *con* **ella** I was with her all afternoon.

estárter /es'tarter/ *sm* (*Auto*) choke.

estatal /esta'tal/ *adj* state: **es un organismo estatal** it's a state organization.

estático, -ca /es'tatiko -ka/ *adj* static.

estatua /es'tatwa/ *sf* statue.

estatura /esta'tura/ *sf* height, stature: **mido 1,70 m** *de*

estatura I'm 1.70m tall; **¿cuál es su estatura?** how tall are you? • **es una mujer de gran estatura moral** she is a woman of great moral stature.

estatus /es'tatus/ *sm inv* status.

estatutario, **-ria** /estatu'tarjo -rja/ *adj* statutory.

estatuto /esta'tuto/ *sm* **1.** (*Jur*) statute: **el estatuto de los trabajadores** the workers' statute. **2.** (*de una sociedad*) rules *pl*.

estatuto de autonomía *sm* (*en España*) local constitution (*granted to autonomous regions*).

este /'este/ **I** *sm* **1.** (*Geog*) east: **vivo** *al* **este** *de* **Santander** I live to the east of Santander. **2.** (*viento*) easterly. **3.** (*also* **Este**) (*referido a Europa*) the East: **estuvieron viajando por varios países del Este** they travelled round several Eastern European countries.
II *adj inv* (*gen*) east, eastern: **la fachada este** the east façade; (*dirección*) easterly: **el carril en dirección este** the eastbound lane.

este, **-ta** /'este -ta/ [*pl* **estos -tas**] **I** *adj demostrativo* this: **este libro es muy bueno** this book is very good; **esta casa fue construida hace doscientos años** this house was built two hundred years ago; **¿qué se ha creído el niño este?** who does this boy think he is?
II *pron demostrativo* ➪ éste -ta

esté /es'te/ *and other forms with* **est-** ➪ estar

éste, **-ta** /'este -ta/ *pron demostrativo* [*pl* **éstos -tas**] this one: **prefiero éste** I prefer this one; **es ésta** this is the one; **se cruzó con Carmen, pero ésta lo ignoró** he ran into Carmen, but she ignored him.

estela /es'tela/ *sf* **1.** (*Náut*) wake. **2.** (*Astron*) tail. **3.** (*de un avión*) (*GB*) vapour trail, (*US*) vapor trail. **4.** (*impresión, rastro*) trail: **su paso por el pueblo dejó una estela de simpatía** they made an excellent impression when they passed through the village.

estelar /este'lar/ *adj* **1.** (*Astron*) stellar. **2.** (*principal*) star: **con Paul Newman en el papel estelar** starring Paul Newman; **la película tenía un reparto estelar** the movie had an all-star cast; (*crucial*): **fue un momento estelar de la historia** it was a key moment in history.

estenotipia /esteno'tipja/ *sf* **1.** (*técnica*) stenotypy. **2.** (*máquina*) Stenotype®.

estenotipista /estenoti'pista/ *sm/f* stenotypist.

estentóreo, **-rea** /esten'toreo -rea/ *adj* booming: **su voz estentórea se oía desde la calle** his booming voice could be heard from the street.

estepa /es'tepa/ *sf* steppe.

estepario, **-ria** /este'parjo -rja/ *adj* steppe: **un clima estepario** a steppe climate.

estera /es'tera/ *sf* **1.** (*tejido*) rush matting. **2.** (*alfombra*) rush mat; (*de playa*) beach mat.

estercolero /esterko'lero/ *sm* **1.** (*Agr*) dung heap. **2.** (*fam*: *lugar sucio*): **el patio es un estercolero** the yard is absolutely filthy.

estéreo /es'tereo/ **I** *adj* stereo.
II *sm* **1.** (*técnica*) stereo: **emite** *en* **estéreo** it broadcasts in stereo. **2.** (*fam*: *equipo*) stereo (system).

estereofonía /estereofo'nia/ *sf* ➪ estéreo **II,1**

estereofónico, **-ca** /estereo'foniko -ka/ *adj* stereophonic, stereo.

estereotipado, **-da** /estereoti'paðo -ða/ *adj* stereotyped: **su artículo está lleno de frases estereotipadas** his article is full of clichés ✱ stereotyped phrases.

estereotipar /estereoti'par/ [➪ CANTAR] *vt* to stereotype.

estereotipo /estereo'tipo/ *sm* stereotype.

estéril /es'teril/ *adj* **1.** (*persona, animal, planta*) sterile, infertile; (*terreno*) infertile, barren: **es una tierra estéril** it's barren land. **2.** (*instrumental médico, venda*) sterile. **3.** (*inútil*) in vain, futile: **todos nuestros esfuerzos fueron estériles** all our efforts were in vain.

esterilidad /esterili'ðað/ *sf* **1.** (*de una persona, un animal, una planta*) sterility, infertility; (*de un terreno*) barrenness, infertility. **2.** (*inutilidad*) futility.

esterilización /esteriliθa'θjon/ *sf* sterilization.

esterilizar /esterili'θar/ [➪ cazar] *vt* to sterilize.

esterilla /este'riʎa/ *sf* **1.** (*tejido*) rush matting. **2.** (*estera*) mat; (*de playa*) beach mat.

esterlina /ester'lina/ *adj* sterling: **cambié el dinero a libras esterlinas** I changed my money into pounds (sterling).

esternón /ester'non/ *sm* sternum, breastbone.

estertor /ester'tor/ *sm* (*frml*) death rattle.

esteta /es'teta/ *sm/f* (*GB*) aesthete, (*US*) esthete.

estética /es'tetika/ *sf* **1.** (*disciplina*) (*GB*) aesthetics, (*US*) esthetics [llevan el verbo en singular]. **2.** (*apariencia*) appearance.

esteticismo /esteti'θizmo/ *sm* (*GB*) aestheticism, (*US*) estheticism.

esteticista /esteti'θista/ *sm/f* beautician.

estético, **-ca** /es'tetiko -ka/ *adj* **1.** (*Artes*) (*GB*) aesthetic, (*US*) esthetic. **2.** (*bonito*) beautiful: **no es muy estético** it's not a thing of great beauty.

estetoscopio /estetos'kopjo/ *sm* stethoscope.

estevado, **-da** /este'βado -ða/ *adj* bandy-legged.

esthéticienne /esteti'θjen/ *sf* beautician.

estibador, **-dora** /estiβaðor -'ðora/ *sm/f* docker, stevedore.

estibar /esti'βar/ [➪ CANTAR] *vt* to load.

estiércol /es'tjerkol/ *sm* (*excremento*) dung; (*abono*) manure.

estigma /es'tiɣma/ *sm* **1.** (*en una planta*) stigma. **2.** (*motivo de deshonra*) stigma.

estigmatizar /estiɣmati'θar/ [➪ cazar] *vt* (*Relig*) to stigmatize.

estilarse /esti'larse/ [➪ CANTAR] *v prnl* to be in fashion: **ahora se estila mucho la ropa ancha** baggy clothes are very much in fashion; **las peticiones de mano ya no se estilan** formal proposals of marriage are no longer the fashion.

estilete /esti'lete/ *sm* stiletto (*knife*).

estilista /esti'lista/ *sm/f* (*escritor, peluquero*) stylist; (*de moda, decoración*) designer.

estilística /esti'listika/ *sf* (*Ling*) stylistics [lleva el verbo en singular].

estilístico, **-ca** /esti'listiko -ka/ *adj* stylistic.

estilizar /estili'θar/ [➪ cazar] *vt* **1.** (*al representar artísticamente*) to stylize. **2.** (*adelgazar*): **aquel traje negro estilizaba su figura** that black suit made her look slimmer.

estilo /es'tilo/ *sm* **1.** (*de hacer algo, de vestir*) style: **un cuento** *al* **estilo** *de* **Borges** a short story in the style of Borges; **tiene mucho estilo** she's very stylish • **por el estilo**: **pagaron cien mil pesetas o algo por el estilo** they paid one hundred thousand pesetas or something like that; **en esa otra tienda venden cosas por el estilo** in that other shop they sell similar things. **2.** (*en natación*) stroke. **3.** (*en una planta*) style.

estilo de vida *sm* life style.

estilo directo *sm* direct speech.

estilo indirecto *sm* reported ✱ indirect speech.

estilo pecho *sm* (*Amér L*: *en natación*) breaststroke.

estilográfica /estilo'ɣrafika/ *sf* fountain pen.

estiloso, -sa /esti'loso -sa/ *adj* stylish: **es muy estiloso** he's a very stylish man.

estima /es'tima/ *sf* esteem.

estimable /esti'maβle/ *adj* 1. (*cualidad*) praiseworthy: **su fuerza de voluntad es muy estimable** her willpower is very praiseworthy. 2. (*cantidad*) considerable: **le ofrecieron una estimable suma de dinero** he was offered a considerable sum of money.

estimación /estima'θjon/ *sf* 1. (*juicio*) evaluation. 2. (*cálculo*): **hicimos una estimación** *de* **los gastos** we estimated the expenses.

estimado, -da /esti'maðo -ða/ *adj* 1. (*apreciado: gen*) esteemed; (*: en cartas*) Dear: **Estimada Sra. González:...** Dear Mrs González,.... 2. (*calculado*) estimated.

estimar /esti'mar/ [➪CANTAR] *vt* 1. (*apreciar*) to hold in high regard: **estiman mucho su profesionalidad** they hold her professionalism in high regard. 2. (*calcular*) to estimate: **estimo que puede tener unos siete metros de largo** I estimate ✻ guess that it must be about seven metres long. 3. (*juzgar*) to think: **no lo ha estimado conveniente** she did not think it advisable.

estimarse *v prnl* to be estimated: **los daños se estiman** *en* **millones de pesetas** the damage is estimated at millions of pesetas.

estimativo, -va /estima'tiβo -βa/ *adj* approximate, rough.

estimulante /estimu'lante/ I *adj* stimulating: **el café tiene un efecto estimulante** coffee has a stimulating effect.
II *sm* stimulant: **el médico le ha recetado un estimulante** the doctor has prescribed a stimulant for him.

estimular /estimu'lar/ [➪CANTAR] *vt* 1. (*activar*) to stimulate: **estimula el crecimiento del cabello** it stimulates hair growth; **la publicidad estimuló las ventas** the advertising stimulated sales. 2. (*animar*) to encourage: **el premio lo estimuló** *a* **seguir escribiendo** the award encouraged him to continue writing.

estímulo /es'timulo/ *sm* 1. (*algo que provoca una respuesta*) stimulus. 2. (*incentivo*): **hace falta ofrecer estímulos** *para* **la inversión** incentives are needed to encourage investment; **los resultados fueron un estímulo** *para* **continuar trabajando** the results were a stimulus to carry on working.

estío /es'tio/ *sm* (*Lit*) summer.

estipendio /esti'pendjo/ *sm* (*frml*) payment, fee.

estipulación /estipula'θjon/ *sf* (*condición*) stipulation, condition.

estipular /estipu'lar/ [➪CANTAR] *vt* to stipulate.

estirado, -da /esti'raðo -ða/ *adj* 1. (*extendido*) stretched. 2. (*arrogante*) snooty, stuck-up.

estirar /esti'rar/ [➪CANTAR] *vt* 1. (*extender*) to stretch; (*alisar*) to smooth out: **ayúdame a estirar el mantel** help me to smooth out the tablecloth. 2. (*hacer durar*) to spin out: **tiene que estirar su dinero para pagarse las clases** she has to spin her money out to pay for her lessons.
♦*vi* (*fam: tirar*) to pull: **estira** *de* **la cuerda por ese lado** pull the string in that direction.

estirarse *v prnl* 1. (*en un sitio*) to stretch out: **se estiró en el sofá** she stretched out on the sofa. 2. (*alisarse*): **se ha estirado el pelo** she has had her hair straightened. 3. (*fam: crecer*) to shoot up: **se ha estirado mucho desde la última vez que lo vi** he has shot up since last time I saw him.

estirón /esti'ron/ *sm* 1. (*tirón*) pull, tug: **me dio un estirón** *del* **pelo** he pulled ✻ tugged my hair. 2. (*crecimiento*): **¡menudo estirón ha dado en poco tiempo!** she has shot up in no time!

estirpe /es'tirpe/ *sf* (*linaje*) stock.

estival /esti'βal/ *adj* summer: **es típico de la época estival** it's typical in summertime.

esto /'esto/ *pron demostrativo* this: **¿qué es esto?** what's this?; **esto que acabas de contarnos es increíble** what you have just told us is unbelievable • **a todo esto, ¿quién llamó antes?** by the way, who was on the phone earlier? • **en esto llegó la policía** at this point the police arrived • **es rubia, esto es, tiene el pelo claro** she is blonde, I mean ✻ that is, she has fair hair • **esto de la excursión me parece interesante** this idea of a trip is an interesting one.

estocada /esto'kaða/ *sf* 1. (*golpe*) thrust. 2. (*herida*) stab wound.

Estocolmo /esto'kolmo/ *sm* Stockholm.

estofa /es'tofa/ *sf* (*frml*) class: **es gente** *de* **baja estofa** they are low-class people.

estofado, -da /esto'faðo -ða/ I *adj* stewed.
II **estofado** *sm* stew.

estoicismo /estoi'θizmo/ *sm* stoicism.

estoico, -ca /es'toiko -ka/ I *adj* stoic, stoical.
II *sm/f* stoic.

estola /es'tola/ *sf* stole.

estomacal /estoma'kal/ I *adj* stomach: **padece de trastornos estomacales** he suffers from stomach upsets.
II *sm*: *medicine for stomach disorders.*

estómago /es'tomaɣo/ *sm* stomach: **me duele el estómago** I have a stomach ache • **se necesita estómago para hacer algo semejante** you need a strong stomach to do something like that • **ese olor me revuelve el estómago** that smell turns my stomach.

Estonia /es'tonja/ *sf* Estonia.

estoniano, -na /esto'njano -na/, **estonio, -nia** /es'tonjo -nja/ I *adj, sm/f* Estonian.
II **estoniano** *sm* (*idioma*) Estonian.

estopa /es'topa/ *sf* (*tela*) burlap; (*fibra*) tow.

estoperol /estope'rol/ *sm* (*Col*) Cat's-eye®.

estoque /es'toke/ *sm* (*en esgrima*) rapier; (*Tauro*) (narrow) sword (*used in bullfighting*).

estor /es'tor/ *sm* roller blind.

estorbar /estor'βar/ [➪CANTAR] *vt* 1. (*dificultar*) to hinder: **trataron de estorbar nuestros planes** they tried to hinder our plans. 2. (*molestar: algo*) to be in the way: **llévate esto porque me estorba** take this away, it's in the way; (*: alguien*) to disturb, to bother: **¡no estorbes a tu padre cuando trabaja!** don't disturb your father while he's working!
♦*vi* (*algo, alguien*) to be ✻ get in the way: **me voy porque no quiero estorbar** I'm going because I don't want to get in the way.

estorbo /es'torβo/ *sm* 1. (*molestia*) hindrance: **es más un estorbo que una ayuda** he's more of a hindrance than a help; **me fui porque no quería ser un estorbo** I left because I didn't want to get in the way; **quiero tirarlo porque es un estorbo** I want to get rid of it because it's in the way. 2. (*obstáculo*) obstacle.

estornino /estor'nino/ *sm* starling.

estornudar /estornu'ðar/ [➪CANTAR] *vi* to sneeze.

estornudo /estor'nuðo/ *sm* sneeze.

estos, -tas /'estos -tas/ I *adj demostrativo* these: **estos**

zapatos me vienen grandes these shoes are too big for me. ➪ este -ta
II *pron demostrativo* ➪ éstos -tas

éstos, -tas /'estos -tas/ *pron demostrativo* these ones: **me pondré éstos porque son muy cómodos** I'll wear these (ones) because they are very comfortable • **estábamos en éstas cuando llegó Juan** just then Juan arrived. ➪ éste -ta

estoy /es'toi/ *first person singular of the present tense of* ➪ estar

estrabismo /estra'βizmo/ *sm* squint: **tiene estrabismo** he has a squint.

estrado /es'traðo/ **I** *sm (gen)* platform, rostrum: **subió al estrado para recoger el premio** he went up onto the platform to collect his prize; *(Jur)* (witness) stand: **subió al estrado** she took the stand.
II estrados *sm pl (Jur)* law courts *pl.*

estrafalario, -ria /estrafa'larjo -rja/ *adj (persona, comportamiento)* eccentric, outlandish; *(ropa)* outlandish: **llevaba una falda muy estrafalaria** she was wearing an outlandish skirt.

estragón /estra'ɣon/ *sm* tarragon.

estragos /es'traɣos/ *sm pl* destruction, havoc: **las inundaciones causaron estragos** the floods caused havoc; **las acusaciones hicieron estragos** *en* **su reputación** the accusations damaged his reputation greatly • **el rock hizo estragos en los años sesenta** rock music made a massive impact in the sixties.

estrambótico, -ca /estram'botiko -ka/ *adj (fam)* outlandish, eccentric.

estrangulación /estraŋgula'θjon/ *sf* strangulation.

estrangulador, -dora /estraŋgula'ðor -'ðora/ *sm/f* strangler.

estrangular /estraŋgu'lar/ [➪ CANTAR] *vt* to strangle.
estrangularse *v prnl* to kill oneself by strangulation.

estraperlista /estraper'lista/ *sm/f* black marketeer.

estraperlo /estra'perlo/ *sm* black market.

Estrasburgo /estras'βurɣo/ *sm* Strasbourg.

estratagema /estrata'xema/ *sf* stratagem.

estratega /estra'teɣa/ *sm/f* strategist.

estrategia /estra'texja/ *sf* strategy: **el entrenador planeó una nueva estrategia** the coach planned a new strategy.

estratégico, -ca /estra'texiko -ka/ *adj* strategic.

estratificación /estratifika'θjon/ *sf* stratification.

estrato /es'trato/ *sm* **1.** *(Geol)* stratum. **2.** *(Sociol: nivel)*: **pertenecen a otro estrato social** they belong to a different social stratum ✻ class. **3.** *(nube)* stratus.

estratosfera /estratos'fera/ *sf* stratosphere.

estraza /es'traθa/ *sf* rag.

estrechamiento /estretʃa'mjento/ *sm* **1.** *(de una calle)* narrowing. **2.** *(de una amistad, una relación)* strengthening.

estrechar /estre'tʃar/ [➪ CANTAR] *vt* **1.** *(reducir la anchura de: gen)* to narrow; *(: una prenda)* to take in: **me estrecharon la chaqueta** they took my jacket in. **2.** *(una amistad, una relación)* to strengthen. **3.** *(la mano)* to shake: **le estreché la mano** I shook his hand; *(con los brazos)*: **la estrechó** *entre* **sus brazos** he hugged her ✻ gave her a hug.
estrecharse *v prnl* **1.** *(reducirse la anchura)* to narrow, to become narrower: **la calle se estrecha al final** the street narrows ✻ becomes narrower at the end. **2.** *(amistad, lazos)* to strengthen, to get stronger. **3.** *(la mano)* to shake: **después del partido se estrecharon la mano** after the match they shook hands. **4.** *(apretarse)* to squeeze together ✻ up: **éramos tantos que tuvimos que estrecharnos** there were so many of us that we had to squeeze up.

estrechez /estre'tʃeθ/ *sf* [**estrecheces**] **1.** *(física)* narrowness. **2.** *(económica)* hardship: **están pasando muchas estrecheces** they're having a very difficult time (financially). **3.** *(de ideas)* narrowness (of outlook): **su estrechez de miras hizo que perdiera esa oportunidad** her lack of vision made her miss that opportunity.

estrecho, -cha /es'tretʃo -tʃa/ **I** *adj* **1.** *(angosto)* narrow. **2.** *(ropa, zapatos)* tight: **este vestido me queda demasiado estrecho** this dress is too tight for me. **3.** *(en un lugar)* squashed: **vamos a ir un poco estrechos en el coche** it'll be a bit of a squash in the car. **4.** *(relación)* close, intimate: **tenían una relación muy estrecha** they were very close. **5.** *(mentalidad)* narrow-minded, hidebound.
II estrecho *sm (Geog)* strait, straits *pl*: **el Estrecho de Gibraltar** the Straits of Gibraltar.

estrella /es'treʎa/ *sf* **1.** *(Astron)* star • **me di un golpe que vi las estrellas** I hit myself so hard I saw stars • **ese tío tiene buena/mala estrella** that guy is lucky/unlucky. **2.** *(en cine, teatro, deportes)* star: **es la estrella del equipo** he is the team's star player.
estrella de David *sf* Star of David.
estrella de mar *sf* starfish.
estrella fugaz *sf* [**estrellas fugaces**] shooting star.
estrella polar *sf* Pole Star.

estrellado, -da /estre'ʎaðo -ða/ *adj* **1.** *(lleno de estrellas)* starry, full of stars. **2.** *(en forma de estrella)* star-shaped.

estrellar /estre'ʎar/ [➪ CANTAR] *vt* to smash: **estrelló el plato** *contra* **el suelo** she smashed the plate on the floor.
estrellarse *v prnl* **1.** *(Auto, Av: chocar)* to crash: **se estrellaron** *contra* **un árbol** they crashed into a tree; **se estrelló** *con* **la moto** he had a crash on his motorbike. **2.** *(fam: sufrir un revés)*: **con aquel negocio nos estrellamos** we were really up against it when that business failed.

estrellato /estre'ʎato/ *sm* stardom.

estremecer /estreme'θer/ [➪ agradecer] *vt*: **aquellos gritos nos estremecieron** those shouts made us shudder ✻ tremble.
♦*vi*: **la explosión hizo estremecer el edificio** the explosion made the building shake.
estremecerse *v prnl (gen)* to shake, to tremble: **la tierra se estremeció a causa del terremoto** the ground shook in the earthquake; *(de emoción, frío)*: **se estremecía** *de* **frío** he was shivering with cold; **se estremecía pensando lo que podía haberles pasado** he shuddered at the thought of what might have happened to them.

estrenar /estre'nar/ [➪ CANTAR] *vt* **1.** *(ropa)* to wear for the first time: **mira, estreno zapatos** look, I'm wearing new shoes; *(un coche, muebles)* to use for the first time. **2.** *(una obra de teatro)* to perform for the first time. **3.** *(una película: por primera vez)* to show for the first time; *(: en un lugar)* to release: **no se estrenará aquí hasta octubre** it will not be released here until October.
estrenarse *v prnl* to make one's debut: **se estrenó** *como* **cantante profesional** he made his debut as a professional singer.

estreno /es'treno/ *sm* **1.** *(de una obra de teatro)* first performance, opening night. **2.** *(de una película: primera proyección)* premiere: **acudió al estreno** he went to the premiere; *(: en un lugar)* release: **han**

pospuesto la fecha de su estreno en España the date of its release in Spain has been postponed; (*en la cartelera de un periódico*): **estrenos** new releases. **3.** (*de una persona*) debut, first appearance.

estreñido, -da /estreˈɲiðo -ða/ *adj* constipated.

estreñimiento /estreɲiˈmjento/ *sm* constipation.

estreñir /estreˈɲir/ [➪ceñir] *vt* to constipate, to make constipated.
♦*vi* to cause constipation.

estrépito /esˈtrepito/ *sm* din, racket: **las latas se cayeron** *con* **gran estrépito** the cans clattered ✻ crashed down.

estrepitoso, -sa /estrepiˈtoso -sa/ *adj* **1.** (*ruido*) deafening. **2.** (*fracaso*) spectacular: **tuvo un fracaso estrepitoso** he failed spectacularly; **sufrieron una derrota estrepitosa** they suffered a crushing defeat; (*fam: éxito*) resounding.

estreptococo /estreptoˈkoko/ *sm* streptococcus.

estrés /esˈtres/ *sm* stress.

estresado, -da /estreˈsaðo -ða/ *adj*: **está muy estresado** he's under a lot of stress.

estresante /estreˈsante/ *adj* stressful.

estría /esˈtria/ *sf* (*en la piel*) stretch mark.

estribación /estriβaˈθjon/ *sf* (*Geog*) spur: **viven en las estribaciones de los Andes** they live in the foothills of the Andes.

estribar /estriˈβar/ [➪CANTAR] *vi* **1.** (*descansar*) to rest. **2.** (*basarse*) to lie: **su éxito estriba** *en* **su sencillez** its success lies in its simplicity.

estribillo /estriˈβiʎo/ *sm* (*Lit*) refrain; (*Mús*) refrain, chorus.

estribo /esˈtriβo/ *sm* **1.** (*de un jinete*) stirrup ● **me hizo perder los estribos** he made me lose my temper. **2.** (*en una motocicleta*) footrest. **3.** (*en tren, metro*) step.

estribor /estriˈβor/ *sm* starboard: **divisaron una isla** *a* **estribor** they saw an island to starboard.

estricto, -ta /esˈtrikto -ta/ *adj* strict.

estridente /estriˈðente/ *adj* **1.** (*sonido*) strident. **2.** (*color*) loud, garish.

estriñe /esˈtriɲe/ *and other forms with* **estriñ-** ➪estreñir

estrofa /esˈtrofa/ *sf* stanza, verse.

estropajo /estroˈpaxo/ *sm* scourer.

estropajoso, -sa /estropaˈxoso -sa/ *adj* **1.** (*pelo*) straw-like. **2.** (*fam: forma de hablar*): **hoy tengo la lengua estropajosa y no me salen las palabras** I can't get my words out at all today.

estropear /estropeˈar/ [➪CANTAR] *vt* **1.** (*dañar*) to damage. **2.** (*deslucir, malograr*) to spoil, to ruin: **la lluvia estropeó nuestros planes** the rain spoilt our plans.
estropearse *v prnl* **1.** (*objeto*) to break down: **se nos ha estropeado la televisión** our television has broken down. **2.** (*comida*) to go bad: **la carne se ha estropeado** the meat has gone bad; (*cosecha*) to be spoiled, to be damaged. **3.** (*plan, proyecto*) to fall through: **al final se estropeó la excursión** in the end the trip fell through.

estropicio /estroˈpiθjo/ *sm* mess: **mira el estropicio que han hecho** look at the mess they have made.

estructura /estrukˈtura/ *sf* **1.** (*organización*) structure: **la estructura del libro es muy sencilla** the structure of the book is very simple. **2.** (*armazón*) frame, framework: **el edificio tiene una estructura de acero** the building has a steel frame.

estructurar /estruktuˈrar/ [➪CANTAR] *vt* to structure.

estruendo /esˈtrwendo/ *sm* (*ruido*) din, racket.

estrujar /estruˈxar/ [➪CANTAR] *vt* **1.** (*exprimir*) to squeeze: **estruja bien la naranja** squeeze the orange well; (*un trapo*) to wring out. **2.** (*apretar*) to crush: **estrujó el papel y lo tiró** he crumpled up the piece of paper and threw it away; (*abrazar*) to hug. **3.** (*fam: explotar*) to exploit: **en el trabajo los estrujan a base de bien** they're being thoroughly exploited at work.

estuario /esˈtwarjo/ *sm* estuary.

estuche /esˈtutʃe/ *sm* (*gen*) case; (*para lápices, bolígrafos*) pencil case.

estuco /esˈtuko/ *sm* stucco.

estudiado, -da /estuˈðjaðo -ða/ *adj* **1.** (*tema, idea*) studied. **2.** (*gesto, movimiento*) affected.

estudiante /estuˈðjante/ *sm/f* student.

estudiantil /estuðjanˈtil/ *adj* student: **una huelga estudiantil** a student strike.

estudiantina /estuðjanˈtina/ *sf* student band.

estudiar /estuˈðjar/ [➪CAMBIAR] *vt* **1.** (*una asignatura, un tema*) to study: **estudia derecho** he's studying law; **tienes que estudiar la lección de mañana** you must study ✻ prepare tomorrow's lesson. **2.** (*pensar*) to look into: **estamos estudiando la posibilidad de comprar otro coche** we're looking into the possibility of buying another car. **3.** (*observar*) to examine: **estudió cuidadosamente la situación antes de decidirse** she examined the situation carefully before making up her mind.
♦*vi* to study: **estudiaron** *en* **la misma universidad** they studied at ✻ went to the same university.

estudio /esˈtuðjo/ **I** *sm* **1.** (*acto, proceso*) study: **es un tema que requiere mucho estudio** it's a subject that requires a great deal of study. **2.** (*trabajo*) study: **publicó un estudio** *sobre* **Lorca** he published a study of Lorca; (*investigación*): **está haciendo un estudio** *sobre* **la Guerra Civil** she is doing some research on the Civil War. **3.** (*apartamento*) (*GB*) studio flat, (*US*) studio apartment: **alquilaron un estudio** they rented a studio flat. **4.** (*habitación para estudiar*) study. **5.** (*de un pintor, un escultor, etc.*) studio. **6.** (*de cine, televisión, radio*) studio.
II estudios *sm pl* (*disciplina, carrera*) studies *pl*, education: **se ha propuesto acabar sus estudios** she is determined to finish her education ● **no pudieron dar estudios a sus hijos** they couldn't afford to pay for their children's education ● **quieren una persona que tenga estudios** they are looking for somebody with a degree.
estudio de mercado *sm* market research.
estudio de viabilidad *sm* feasibility study.

estudioso, -sa /estuˈðjoso -sa/ *adj* studious, hard-working.

estufa /esˈtufa/ *sf* **1.** (*para calentar*) stove, heater. **2.** (*Méx: para cocinar*) cooker, oven.
estufa eléctrica *sf* electric fire.

estupefaciente /estupefaˈθjente/ *sm* narcotic.

estupefacto, -ta /estupeˈfakto -ta/ *adj* astonished, speechless: **me quedé estupefacto** I was speechless.

estupendo, -da /estuˈpendo -da/ *adj* wonderful, (*GB*) marvellous, (*US*) marvelous: **¡estupendo!** that's wonderful!

estupidez /estupiˈðeθ/ *sf* [**estupideces**] **1.** (*cualidad*) stupidity. **2.** (*acción, comentario*) stupid thing: **hice una estupidez confiando en ti** it was stupid of me to trust you.

estúpido, -da /esˈtupiðo -ða/ **I** *adj* stupid.
II *sm/f* stupid person.

estupor /estuˈpor/ *sm* **1.** (*asombro*) astonishment, amazement: **todos los presentes lo escuchaban** *con*

estupor everybody listened to him in astonishment ✻ amazement. **2.** (*Med*) stupor.

esturión /estu'rjon/ *sm* sturgeon.

estuve /es'tuβe/ *and other forms with* **estuv-** ➪ estar

esvástica /es'βastika/ *sf* swastika.

ETA /'eta/ *sf* (*abbreviation of* **Euskadi Ta Askatasuna [Patria Vasca y Libertad]**) ETA (*Basque nationalist organization*).

etapa /e'tapa/ *sf* **1.** (*fase*) stage, phase: **está atravesando una etapa difícil** he is going through a difficult stage ✻ phase. **2.** (*tramo*) leg, stage: **la última etapa del viaje fue muy dura** the last leg of the journey was very hard.

etarra /e'tarra/ **I** *adj* of ETA.
II *sm/f* member of ETA.

etc. *pronounced* /et'θetera/ (*abbreviation of* **etcétera**) etc. (etcetera).

etcétera /et'θetera/ *sm* etcetera: **...y un largo etcétera de artículos periodísticos** ...and many, many newspaper articles.

éter /'eter/ *sm* ether.

etéreo, -rea /e'tereo -rea/ *adj* ethereal.

eternidad /eterni'ðað/ *sf* eternity: **tardamos una eternidad en llegar** we took ages ✻ an eternity to get there.

eternizarse /eterni'θarse/ [➪ cazar] *v prnl* to take ages: **la decisión se está eternizando** it's taking ages to reach a decision.

eterno, -na /e'terno -na/ *adj* eternal ● **la película se me hizo eterna** I thought the film was never going to end.

ética /'etika/ *sf* ethics *pl*: **es una cuestión de ética** it is a question of ethics; **la ética médica** medical ethics.

etílico, -ca /e'tiliko -ka/ *adj* (*Quím*) ethylic ● **llegó a casa en estado etílico** he came home drunk.

etimología /etimolo'xia/ *sf* etymology.

etimológico, -ca /etimo'loxiko -ka/ *adj* etymological.

etíope /e'tiope/ *adj, sm/f* Ethiopian.

Etiopía /etjo'pia/ *sf* Ethiopia.

etiqueta /eti'keta/ *sf* **1.** (*con información*) label; (*con el precio*) price tag ✻ ticket: **en la etiqueta viene el precio** the price is written on the tag. **2.** (*conjunto de reglas*) etiquette: **la etiqueta de palacio** palace etiquette ● **hay que ir vestido de etiqueta** formal dress must be worn.

etiquetar /etike'tar/ [➪ CANTAR] *vt* to label: **tiene la costumbre de etiquetar a la gente** he is in the habit of labelling people.

etnia /'etnja/ *sf* ethnic group.

étnico, -ca /'etniko -ka/ *adj* ethnic.

etnología /etnolo'xia/ *sf* ethnology.

etnológico, -ca /etno'loxiko -ka/ *adj* ethnological.

E.U.A. *pronounced* /es'taðos u'niðos de a'merika/ *sm pl* (*abbreviation of* **Estados Unidos de América**) USA (United States of America).

eucalipto /euka'lipto/ *sm* eucalyptus.

eucaristía /eukaris'tia/ *sf* Eucharist.

eufemismo /eufe'mizmo/ *sm* euphemism.

euforia /eu'forja/ *sf* euphoria.

eufórico, -ca /eu'foriko -ka/ *adj* euphoric: **estaban eufóricos** *por* **la victoria de su equipo** they were euphoric at their team's victory.

eunuco /eu'nuko/ *sm* eunuch.

eurócrata /eu'rokrata/ *sm/f* Eurocrat.

eurodiputado, -da /euroðipu'taðo -ða/ *sm/f* Euro-MP, member of the European Parliament.

Europa /eu'ropa/ *sf* Europe.

europeo, -pea /euro'peo -pea/ *adj, sm/f* European: **los horarios de comida españoles son muy diferentes de los europeos** Spanish meal times are very different from those in the rest of Europe.

Euskadi /eus'kaði/ *sm* the Basque Country.

euskera, eusquera /eus'kera/ **I** *adj* Basque.
II *sm* (*idioma*) Basque.

eutanasia /euta'nasja/ *sf* euthanasia.

evacuación /eβa'kwaθjon/ *sf* evacuation.

evacuar /eβa'kwar/ [➪ actuar] *vt* (*desalojar*) to evacuate: **evacuaron la zona afectada por las inundaciones** the flooded area was evacuated.
♦ *vi* (*defecar*) to have a bowel movement.

evadir /eβa'ðir/ [➪ PARTIR] *vt* **1.** (*eludir: gen*) to avoid: **intentó evadir la pregunta** she tried to avoid the question; (*: una responsabilidad*) to shirk. **2.** (*Fin: impuestos*): **los multaron por evadir impuestos** they were fined for tax evasion; (*: divisas*): **lo acusaron de evadir divisas** he was accused of breaking exchange control regulations.

evadirse *v prnl* **1.** (*fugarse*) to escape: **anoche se evadieron dos presos** two prisoners escaped last night. **2.** (*entretenerse*): **la lectura le sirve para evadirse** reading is an escape for her.

evaluación /eβalwa'θjon/ *sf* **1.** (*estimación*) evaluation, assessment. **2.** (*Educ*) set of exams (*approximately every two months as part of continuous assessment*): **esta evaluación he sacado muy buenas notas** I got very good marks in the recent exams.

evaluar /eβa'lwar/ [➪ actuar] *vt* to assess: **el profesor evaluó los trabajos de los alumnos** the teacher assessed his pupils' essays.

evanescente /eβanes'θente/ *adj* (*frml*) fading.

evangélico, -ca /eβaŋ'xeliko -ka/ *adj* evangelical.

evangelio /eβaŋ'xeljo/ *sm* gospel: **el Evangelio de San Mateo** Saint Matthew's Gospel.

evangelista /eβaŋxe'lista/ *sm* evangelist.

evangelizar /eβaŋxeli'θar/ [➪ cazar] *vt* to evangelize.

evaporación /eβapora'θjon/ *sf* evaporation.

evaporar /eβapo'rar/ [➪ CANTAR] *vt* to evaporate.

evaporarse *v prnl* **1.** (*Fís*) to evaporate. **2.** (*fam: desaparecer*) to vanish, to disappear: **unas horas más tarde descubrieron que se había evaporado** some hours later they discovered that he had disappeared.

evasión /eβa'sjon/ *sf* **1.** (*fuga*) escape, flight. **2.** (*entretenimiento*): **sólo va al cine para ver películas** *de* **evasión** she only goes to the movies to see escapist films.

evasión de capital *sf* flight of capital.

evasión de impuestos, evasión fiscal *sf* tax evasion.

evasiva /eβa'siβa/ *sf* evasive reply: **me contestó con evasivas** he gave me an evasive reply.

evasivo, -va /eβa'siβo -βa/ *adj* evasive: **realizó una maniobra evasiva para escapar de sus perseguidores** by taking evasive action he was able to escape his pursuers; **me dio una respuesta evasiva** he gave me an evasive reply.

evento /e'βento/ *sm* **1.** (*suceso imprevisto*) unforeseen circumstance. **2.** (*acontecimiento social*) event: **el festival de cine es el evento más importante de la temporada** the film festival is the most important event of the season.

eventual /eβen'twal/ **I** *adj* **1.** (*temporal*) temporary: **tengo un trabajo eventual** I have a temporary job. **2.** (*fortuito*): **en caso de un eventual fallo de la red...** if the network ever broke down....

II *sm/f* temporary worker.

eventualidad /eβentwali'ðað/ *sf* **1.** (*provisionalidad*) temporary status. **2.** (*circunstancia*) chance, circumstance: **dijo que, si se retrasaba** *por* **cualquier eventualidad, avisaría** he said that, if by any chance he was delayed, he would let us know.

evidencia /eβi'ðenθja/ *sf* **1.** (*cualidad*) obviousness: **su falta de honradez quedó** *en* **evidencia** his dishonesty was shown up • **poner en evidencia: me puso en evidencia** he showed me up; **no te pongas en evidencia** don't show yourself up. **2.** (*hecho evidente*) certainty, fact. **3.** (*prueba*) proof, evidence.

evidenciar /eβiðen'θjar/ [⇨ CAMBIAR] *vt* to demonstrate, to make clear: **la nueva derrota evidencia su mala preparación** the latest defeat demonstrates how badly prepared they were.

evidente /eβi'ðente/ **I** *adj* obvious, clear: **es evidente que si no riegas las plantas se secarán** it's obvious that if you don't water the plants they'll dry up.
II *adv* (*fam*): **"¿Vas a aceptar?" "Evidente."** "Are you going to accept?" "Obviously."

evitar /eβi'tar/ [⇨ CANTAR] *vt* **1.** (*eludir*) to avoid: **salimos pronto para evitar las caravanas** we set out early to avoid the traffic jams. **2.** (*ahorrar*) to save, to spare: **me evitó el engorro de hacerlo** he saved me the bother of doing it; **quiero evitarle más preocupaciones** I want to spare her any further worries. **3.** (*prevenir*) to prevent: **lo sujetó para evitar que cayera** he held onto him to prevent him from falling; **una importante medida para evitar accidentes es...** an important measure in preventing accidents is.... **4.** (*rehuir*) to avoid: **evitó mi mirada** she avoided my gaze.
evitarse *v prnl* to avoid each other * one another: **tratan de evitarse** they try to avoid one another.

evocación /eβoka'θjon/ *sf* evocation.

evocador, -dora /eβoka'ðor -'ðora/ *adj* evocative.

evocar /eβo'kar/ [⇨ sacar] *vt* (*acordarse de*) to recall: **el encuentro le hizo evocar los días de su juventud** the meeting made him recall the days of his youth; (*traer el recuerdo de*) to evoke: **un perfume que evoca...** a perfume which evokes....

evolución /eβolu'θjon/ **I** *sf* **1.** (*Biol*) evolution. **2.** (*cambio gradual, transformación*) development, evolution.
II evoluciones *sfpl* **1.** (*Dep*) movements *pl*: **el público siguió atentamente las evoluciones de la gimnasta** the crowd followed the gymnast's movements closely. **2.** (*Mil*) (*GB*) manoeuvres *pl*, (*US*) maneuvers *pl*.

evolucionar /eβoluθjo'nar/ [⇨ CANTAR] *vi* **1.** (*Biol*) to evolve. **2.** (*progresar*) to develop, to evolve: **sus ideas han evolucionado mucho** their ideas have developed considerably; **esta técnica ha evolucionado mucho en los últimos diez años** this technique has advanced significantly in the last ten years; **el enfermo ha evolucionado favorablemente** the patient has made satisfactory progress.

evolucionismo /eβoluθjo'nizmo/ *sm* evolutionism, the theory of evolution.

evolucionista /eβoluθjo'nista/ *adj, sm/f* evolutionist.

ex, ex- /eks/ **I** *pref* former, ex-: **el ex ministro ha publicado un libro de memorias** the former minister has published a book of memoirs.
II *sm/f inv* (*fam*: *antiguo esposo, novio*) ex: **no me hablo con mi ex** I'm not on speaking terms with my ex (*husband or boyfriend, wife or girlfriend*).

exabrupto /eksa'βrupto/ *sm* cutting remark: **contestó con un exabrupto** he replied cuttingly.

exacerbación /eksaθerβa'θjon/ *sf* (*agudización*) aggravation, exacerbation.

exacerbante /eksaθer'βante/ *adj* (*que exaspera*) exasperating, infuriating.

exacerbar /eksaθer'βar/ [⇨ CANTAR] *vt* **1.** (*enfadar*) to irritate, to exasperate: **su flema me exacerba** I find his calmness exasperating. **2.** (*agudizar*) to exacerbate, to make worse: **su presencia exacerbó los ánimos** his presence made matters worse.

exactitud /eksakti'tuð/ *sf* (*de algo muy preciso*) exactness, precision: **dime** *con* **exactitud a qué hora sale el tren** tell me precisely what time the train leaves; (*de algo sin error*) accuracy: **nadie cuestionó la exactitud de las cifras** nobody questioned the accuracy of the figures.

exacto, -ta /ek'sakto -ta/ *adj* **1.** (*con precisión*) exact, precise: **este paquete pesa cinco kilos exactos** this parcel weights exactly five kilos • **para ser exacto, tres y medio** to be exact * absolutely precise, three and a half • **¡exacto!** exactly! **2.** (*sin error*) accurate: **lo que ha dicho no es del todo exacto** what she has said is not entirely accurate. **3.** (*igual*): **estos dos bolígrafos son exactos** these two pens are exactly alike.

ex aequo /eksa'ekwo/ *loc adv*: **las dos novelas ganaron el premio ex aequo** the two novels shared the prize.

exageración /eksaxera'θjon/ *sf* exaggeration: **¿diez mil pesetas? ¡es una exageración!** ten thousand pesetas? that's far too much!

exagerado, -da /eksaxe'raðo -ða/ **I** *adj* excessive, exaggerated: **le cobraron un precio exagerado** she was charged an excessive amount; **mi madre es muy exagerada** my mother always exaggerates; **la historia que contó era un poco exagerada** the story he told was rather far-fetched.
II *sm/f*: **es una exagerada** she always exaggerates.

exagerar /eksaxe'rar/ [⇨ CANTAR] *vt* to exaggerate: **la prensa exageró la noticia** the press exaggerated the story • **creo que estás exagerando la nota** I think you're exaggerating.
♦ *vi* to exaggerate: **¡no exageres!** don't exaggerate!

exaltación /eksalta'θjon/ *sf* **1.** (*frml*: *elogio*) praise: **el discurso fue una exaltación de los valores tradicionales** the speech was a hymn to traditional values. **2.** (*excitación*): **su exaltación era manifiesta** they were obviously excited.

exaltado, -da /eksal'taðo -ða/ **I** *adj* **1.** (*persona: temporalmente*) (over)excited, worked up: **estaba demasiado exaltado para hablar** he was too excited to talk; (*: permanentemente*) hot-headed, excitable. **2.** (*discusión*) impassioned, heated: **se produjo una exaltada discusión** there was a heated * an impassioned discussion • **los ánimos están muy exaltados** feelings are running high.
II *sm/f* (*fam*: *persona violenta*) hothead: **un grupo de exaltados destrozó varios escaparates** a group of hotheads broke several shop windows.

exaltar /eksal'tar/ [⇨ CANTAR] *vt* **1.** (*excitar*) to excite, to work up: **sus palabras exaltaron al público** his words worked up the audience. **2.** (*alabar*) to extol, to praise. **3.** (*frml*: *al trono*) to elevate, to raise.
exaltarse *v prnl* to get worked up, to get carried away: **se exalta enseguida** he gets worked up very quickly.

examen /ek'samen/ *sm* **1.** (*Educ*) examination, exam: **hicimos * tuvimos un examen el viernes** we did * sat an exam on Friday; **no me presenté al examen** I didn't take the exam. **2.** (*Med*) examination: **le hicieron un examen médico** they gave her a medical

examination. **3.** (*observación*) inspection, study: **hizo un examen detenido de la situación de la empresa** she made a careful study of the state of the firm; **sometieron la nueva propuesta a examen** they submitted the new proposal for expert examination.
examen de conducir *sm* driving test.
examen de ingreso *sm* entrance exam.
examen de manejar *sm* (*Amér L*) driving test.
examen de suficiencia *sm* proficiency test * exam.
examen psicotécnico *sm* ➪ test psicotécnico

examinador, **-dora** /eksamina'ðor -'ðora/ **I** *adj* examining.
II *sm/f* examiner.

examinar /eksami'nar/ [➪ CANTAR] *vt* **1.** (*Educ, Med*) to examine: **deberías hacerte examinar la vista** you should have your eyes tested. **2.** (*considerar*) to consider: **examinaré tu oferta** I'll consider your offer. **3.** (*inspeccionar*) to examine: **examinó detenidamente los documentos** he carefully examined the documents.
examinarse *v prnl* to sit an examination: **me examiné** *de* **todas las asignaturas en junio** I sat exams in all my subjects in June.

exangüe /ek'saŋgwe/ *adj* (*frml*: *sin fuerzas*) exhausted, drained.

exánime /ek'sanime/ *adj* (*frml*) **1.** (*sin vida*) dead. **2.** (*sin fuerzas*) exhausted, drained.

exasperación /eksaspera'θjon/ *sf* exasperation.

exasperante /eksaspe'rante/ *adj* exasperating.

exasperar /eksaspe'rar/ [➪ CANTAR] *vt* to exasperate.
exasperarse *v prnl* to become exasperated.

Exc.ª *pronounced* /eksθe'lenθja/ (*abbreviation of* **Excelencia**) Excellency.

excarcelación /ekskarθela'θjon/ *sf* release (*from prison*).

excarcelar /ekskarθe'lar/ [➪ CANTAR] *vt* to release (*from prison*).

ex cáthedra /eks'kateðra/ *loc adv* ➪ cátedra

excavación /ekskaβa'θjon/ *sf* (*acción*) excavation, digging; (*recinto arqueológico*) dig, excavation.

excavador, **-dora** /ekskaβa'ðor -'ðora/ **I** *adj* excavating, digging.
II *sm/f* (*persona*) excavator, digger.

excavadora /ekskaβa'ðora/ *sf* (*Tec*) (mechanical) digger.

excavar /ekska'βar/ [➪ CANTAR] *vt* to dig, to excavate.

excedencia /eksθe'ðenθja/ *sf* (extended) leave of absence: **pidió la excedencia por un año** he asked for a year's leave of absence.

excedente /eksθe'ðente/ **I** *adj* **1.** (*de más*) surplus. **2.** (*trabajador*) on leave.
II *sm* surplus.
excedente de cupo *sm*: *person exempted from military service because recruiting requirements have been met.*

exceder /eksθe'ðer/ [➪ TEMER] *vt* **1.** (*en cantidad, calidad*) to exceed, to surpass: **el gasto excedió el presupuesto acordado** expenditure exceeded the agreed budget; **excedía** *en* **dos kilos el peso permitido** it was two kilos over the weight allowance; **no creo que exceda los veinte kilos** I don't think it's over twenty kilos. **2.** (*en autoridad*) to go beyond: **dar aquel permiso excedía sus competencias** by giving his permission he overstepped his authority.
♦ *vi*: **no debe exceder** *de* **dos metros** it should not be over two metres in length.
excederse *v prnl* **1.** (*propasarse*) to go too far, to go overboard: **se excedió** *en* **el regalo** he went overboard with the present; **se excede** *en* **sus funciones * atribuciones** he is exceeding his authority. **2.** (*poner demasiado*): **se excedió** *con* **la sal** he overdid it with the salt.

excelencia /eksθe'lenθja/ *sf* **1.** (*cualidad*) excellence • **"El Quijote" es la novela española por excelencia** "Don Quixote" is the Spanish novel par excellence. **2.** (*also* **Excelencia**) (*título*) excellency: **Su Excelencia el embajador** His Excellency the Ambassador.

excelente /eksθe'lente/ *adj* excellent: **hacen unos pasteles excelentes** they make excellent cakes.

excelentísimo, **-ma** /eksθelen'tisimo -ma/ *adj*: *formal term of respect*: **el excelentísimo señor alcalde** His Worship the Mayor; **el Excelentísimo ayuntamiento de Granada** Granada City Council.

excelso, **-sa** /eks'θelso -sa/ *adj* (*frml*: *persona*) eminent; (*: obra*) sublime.

excentricidad /eksθentriθi'ðað/ *sf* eccentricity.

excéntrico, **-ca** /eks'θentriko -ka/ *adj*, *sm/f* eccentric: **tus tíos son unos excéntricos** both your aunt and uncle are eccentrics.

excepción /eksθep'θjon/ *sf* exception: **hizo una excepción** *con* **ella** he made an exception for her; **es una obra** *de* **excepción** it's an exceptional work; **contestó todas las preguntas** *con* * *a* **excepción de la última** she answered all the questions except for the last one • **la excepción confirma la regla** the exception proves the rule.

excepcional /eksθepθjo'nal/ *adj* **1.** (*excelente*) exceptional: **ayer pusieron una película excepcional** they showed an exceptional film yesterday. **2.** (*anormal*) unusual, exceptional: **es excepcional que llueva tantos días seguidos** it's unusual for it to rain for so many days on end.

excepto /eks'θepto/ *prep* except, apart from: **vale para todo excepto** *para* **ayudarme con la casa** he's good at everything except helping me around the house; **todos han pagado excepto tú** everyone has paid apart from you.

exceptuar /eksθep'twar/ [➪ actuar] *vt* **1.** (*gen*) to exclude, to except: **exceptuando algunos días en enero, el invierno pasado hizo mucho frío** except for a few days in January, last winter was very cold. **2.** (*de una obligación, un castigo*) to exempt from.

exceso /eks'θeso/ *sm* **1.** (*gen*) excess, surplus: **come** *con* * *en* **exceso** she eats too much; **no pudieron aceptar el encargo debido al exceso** *de* **trabajo** they couldn't accept the job because they had too much work on. **2.** (*abuso*) excess: **se cometieron muchos excesos** many excesses were committed.
exceso de equipaje *sm* excess luggage * baggage.
exceso de peso *sm* excess * extra weight.
exceso de velocidad *sm* speeding: **me multaron por exceso de velocidad** I was fined for speeding.

excitable /eksθi'taβle/ *adj* excitable, temperamental.

excitación /eksθita'θjon/ *sf* agitation, excitement.

excitante /eksθi'tante/ **I** *adj* **1.** (*gen*) exciting: **fue un partido muy excitante** it was a very exciting match. **2.** (*Med*) stimulating: **el café es una bebida excitante** coffee is a stimulating drink.
II *sm* (*Med*) stimulant.

excitar /eksθi'tar/ [➪ CANTAR] *vt* **1.** (*poner nervioso, impaciente, etc.*) to work up, to excite: **no excites a los niños** don't excite the children; **la decisión del árbitro excitó los ánimos del público** the referee's decision angered the spectators. **2.** (*Med*) to stimulate: **el café lo excita y luego no puede dormir** coffee stimulates him and then he can't sleep. **3.** (*intensificar*) to arouse, to stimulate: **lo que dijo excitó mi curiosidad** what she said aroused my curiosity.

excitarse *v prnl* to get excited, to get worked up.

exclamación /eksklama'θjon/ *sf* exclamation: **lanzó una exclamación de alegría** she gave a shout of joy.

exclamar /ekskla'mar/ [⇨ CANTAR] *vt/i* to exclaim.

exclamativo, **-va** /eksklama'tiβo -βa/ *adj* exclamatory.

excluir /eksklu'ir/ [⇨ huir] *vt* **1.** (*dejar fuera*) to exclude, to leave out * off: **lo excluyeron** *de* **la lista de candidatos** they left him off the list of candidates; **si excluyes a los colaboradores, sólo somos tres** not including the freelancers, there are only three of us. **2.** (*rechazar*) to rule out: **no se puede excluir esa posibilidad** we cannot rule out that possibility.

excluirse *v prnl* to be mutually exclusive: **esas dos soluciones se excluyen** those two solutions are mutually exclusive.

exclusión /eksklu'sjon/ *sf* exclusion • **todas sus obras, sin exclusión, son buenas** all her works, without exception, are good • **con exclusión de los delegados catalanes todo el mundo votó a favor** apart from the Catalan delegates, everybody voted in favour.

exclusiva /eksklu'siβa/ *sf* **1.** (*monopolio*) exclusive rights *pl*: **nos concedieron la exclusiva del producto** they gave us exclusive rights to the product. **2.** (*Medios*) exclusive story: **tienen la exclusiva de su divorcio** they have the exclusive story of their divorce.

exclusive /eksklu'siβe/ *adv* exclusive.

exclusividad /eksklusiβi'ðað/ *sf* exclusiveness.

exclusivo, **-va** /eksklu'siβo -βa/ *adj* **1.** (*único*) sole: **fue con el fin exclusivo de ver a sus abuelos** she went for the sole purpose of seeing her grandparents. **2.** (*selecto*) exclusive, select: **viven en una de las zonas más exclusivas de Madrid** they live in one of Madrid's most exclusive neighbourhoods.

Excmo., **Excma.** *pronounced* /eksθelen'tisimo -ma/ ⇨ excelentísimo

excombatiente /ekskomba'tjente/ *sm/f* (*GB*) (*hombre*) ex-serviceman; (*mujer*) ex-servicewoman, (*US*) veteran.

excomulgado, **-da** /ekskomul'ɣaðo -ða/ *adj* excommunicated.

excomulgar /ekskomul'ɣar/ [⇨ pagar] *vt* to excommunicate.

excomunión /ekskomu'njon/ *sf* excommunication.

excrecencia /ekskre'θenθja/, **excrescencia** /ekskres'θenθja/ *sf* excrescence.

excremento /ekskre'mento/ *sm* excrement.

excretar /ekskre'tar/ [⇨ CANTAR] *vt/i* (*frml*) to excrete.

excretor, **-tora** /ekskre'tor -'tora/ *adj* excretory.

exculpación /ekskulpa'θjon/ *sf* (*gen*) exoneration; (*Jur*) acquittal.

exculpar /ekskul'par/ [⇨ CANTAR] *vt* (*gen*) to exonerate; (*Jur*) to acquit: **el juez la exculpó** *de* **todos los cargos** the judge acquitted her on all the charges.

excursión /ekskur'sjon/ *sf* **1.** (*gen*) trip, excursion: **fuimos** *de* **excursión a la montaña** we went on a trip to the mountains. **2.** (*a pie*) hike.

excursionismo /ekskursjo'nizmo/ *sm* hiking.

excursionista /ekskursjo'nista/ *sm/f* (*en viaje organizado*) (day) tripper; (*a pie*) hiker.

excusa /eks'kusa/ **I** *sf* (*pretexto*) excuse: **puso la excusa** *de* **que tenía que estudiar** she made the excuse that she had to study; **no me vengas ahora** *con* **excusas** don't make excuses; *con* **la excusa** *de* **su enfermedad nunca hace nada** he uses his illness as an excuse * as justification for never doing anything. **II excusas** *sf pl* (*disculpas*) apologies *pl*: **presentó sus excusas** *por* **lo sucedido** he apologized for what had happened.

excusado, **-da** /eksku'saðo -ða/ **I** *adj* **1.** (*perdonado*) forgiven: **quedas excusado, pero que sea la última vez** you're forgiven, but don't let it happen again. **2.** (*exento*) exempt, excused: **está excusada** *de* **asistir a mis clases** she's excused from (attending) my lessons. **3.** (*frml*: *innecesario*) needless, unnecessary: **excusado es decir que no lo creí** it goes without saying that I didn't believe it.
II excusado *sm* lavatory, (*GB*) toilet, (*US*) bathroom.

excusar /eksku'sar/ [⇨ CANTAR] *vt* **1.** (*disculpar*) to excuse: **excusó su retraso diciendo que se debía al tráfico** she excused him for being late saying that the traffic was to blame. **2.** (*perdonar*) to forgive: **has de excusarla, está muy nerviosa estos días** you must forgive her, she's been under a lot of stress recently. **3.** (*eximir*) to save, to spare: **la lluvia los excusó** *de* **tener que ir** the rain saved them from having to go. **4.** (*frml*: *ser innecesario*): **excuso decir cuánto me molestaba** there's no need for me to say how annoying it was.

excusarse *v prnl* **1.** (*pedir disculpas*) to apologize: **se excusó** *por* **su conducta** he apologized for his behaviour. **2.** (*de hacer algo*) to excuse oneself: **se excusó** *de* **acudir a la cita** she excused herself from the appointment.

execrable /ekse'kraβle/ *adj* deplorable, contemptible.

execrar /ekse'krar/ [⇨ CANTAR] *vt* to deplore, to condemn.

exención /eksen'θjon/ *sf* exemption.

exención de impuestos *sf* tax exemption.

exento, **-ta** /ek'sento -ta/ *adj* **1.** (*libre*) exempt, free: **está exento** *de* **impuestos** it's tax-free; **está exenta** *de* **cualquier preocupación** she doesn't have a care in the world; **se trata de un relato no exento** *de* **ironía** it is an account which is not without irony. **2.** (*dispensado*): **estoy exento** *de* **gimnasia** I'm excused physical education; **quedó exento** *del* **servicio militar** he was exempted from military service.

exequias /ek'sekjas/ *sf pl* (*frml*) funeral rites *pl*.

exfoliar /eksfo'ljar/ [⇨ CAMBIAR] *vt* to exfoliate.

exhalación /eksala'θjon/ *sf* (*emanación*) exhalation • **pasó como una exhalación** she shot past.

exhalar /eksa'lar/ [⇨ CANTAR] *vt* **1.** (*aire*) to exhale, to breathe out; (*un suspiro, un gemido*) to give, to utter. **2.** (*un gas, un olor*) to give off.

exhaustivo, **-va** /eksaus'tiβo -βa/ *adj* exhaustive: **realizó un estudio exhaustivo** *de* **la flora en la región** he carried out an exhaustive study of the region's flora.

exhausto, **-ta** /ek'sausto -ta/ *adj* exhausted.

exhibición /eksiβi'θjon/ *sf* **1.** (*espectáculo*) demonstration: **asistimos a una exhibición de karate** we went to a karate demonstration. **2.** (*de una película*) screening, showing.

exhibicionismo /eksiβiθjo'nizmo/ *sm* **1.** (*gen*) exhibitionism: **me molestan sus ansias de exhibicionismo** his constant desire to show off annoys me. **2.** (*de carácter obsceno*) indecent exposure.

exhibir /eksi'βir/ [⇨ PARTIR] *vt* **1.** (*presentar*) to exhibit, to show: **los escaparates exhiben ya la moda de otoño** the autumn fashions are already on show in the store windows. **2.** (*lucir*) to show off: **no pierde ocasión de exhibir sus dotes** he never misses an opportunity to show off his talents.

exhibirse *v prnl* **1.** (*película*) to be screened, to be shown: **la película se exhibe en varios cines** the film is being shown in several cinemas. **2.** (*persona*) to show off: **le gusta exhibirse** he likes to show off.

exhortación /eksorta'θjon/ *sf* exhortation, plea.

exhortar /eksor'tar/ [⇨ CANTAR] *vt* to urge, to exhort: **me exhortó** *a* **seguir su ejemplo** she urged me to follow her example.

exhumación /eksuma'θjon/ *sf* exhumation.

exhumar /eksu'mar/ [⇨ CANTAR] *vt* to exhume.

exigencia /eksi'xenθja/ *sf* **1.** (*cualidad*): **todos conocen su exigencia a la hora de corregir** everyone knows how rigorous she is when it comes to marking. **2.** (*demanda*) demand: **una de las exigencias de los secuestradorses fue...** one of the kidnappers' demands was...; **¡vaya exigencias que tiene!** he's so hard to please! **3.** (*requerimiento*): **tuvo que hacerlo por exigencias del guión** he had to do it because the script demanded it.

exigente /eksi'xente/ *adj* demanding, exacting: **nuestro profesor de inglés es muy exigente** our English teacher is very demanding; **es muy exigente** *con* **las comidas** he is very choosy about his food.

exigir /eksi'xir/ [⇨ surgir] *vt* **1.** (*pedir*) to demand, to insist (on): **les exigió el pago del alquiler** he demanded they pay the rent; **exige que te lo cambien por otro** insist they give you another one in exchange; **para entrar te exigen ser miembro** they demand that you be a member before they let you in. **2.** (*necesitar*) to require: **esta planta exige muchos cuidados** this plant requires a lot of care; **aprender idiomas exige mucho tiempo** learning a language requires a lot of time. **3.** (*con adverbios como* **mucho, poco**): **este profesor les exige mucho** this teacher asks a lot of them * is very demanding.

exiguo, -gua /ek'siɣwo -ɣwa/ *adj* **1.** (*pequeño*) tiny: **viven en un piso de dimensiones exiguas** they live in a cramped little flat. **2.** (*reducido*) (*GB*) meagre, (*US*) meager: **tiene un sueldo exiguo** he earns a very low salary.

exiliado, -da /eksi'ljaðo -ða/ **I** *adj* exiled, in exile. **II** *sm/f* exile.

exiliar /eksi'ljar/ [⇨ CAMBIAR] *vt* to exile.

exiliarse *v prnl* to go into exile: **se exilió** *en* * *a* **París** he went into exile in Paris.

exilio /ek'siljo/ *sm* exile: **vive** *en* **el exilio** she lives in exile.

eximente /eksi'mente/ *sf* (*Jur*) *evidence which acquits the accused.*

eximio, -mia /ek'simjo -mja/ *adj* (*frml*) eminent, distinguished.

eximir /eksi'mir/ [⇨ PARTIR] *vt* to exempt, to absolve: **su edad lo exime** *de* **ciertas obligaciones** his age absolves him from certain obligations.

eximirse *v prnl* to excuse oneself: **me eximo** *de* **toda responsabilidad** I disclaim all responsibility.

existencia /eksis'tenθja/ *sf* **1.** (*realidad*) existence: **no estamos seguros de su existencia** we're not convinced of its existence. **2.** (*vida*) existence, life: **tuvo una existencia muy desgraciada** she had a most unfortunate life • **me está amargando la existencia** he is making my life a misery • **la lucha por la existencia** the struggle for survival. **3.** (*Fin*): **vendieron todas las existencias** they sold off their entire stock; **lo tenemos** *en* **existencia** we have it in stock.

existencial /eksisten'θjal/ *adj* existential.

existencialismo /eksistenθja'lizmo/ *sm* existentialism.

existencialista /eksistenθja'lista/ *adj, sm/f* existentialist.

existente /eksis'tente/ *adj* existing, present: **la situación existente no puede continuar por mucho más tiempo** the present situation cannot continue for much longer.

existir /eksis'tir/ [⇨ PARTIR] *vi* **1.** (*tener existencia*) to exist, to be in existence. **2.** (*haber*) to be, to exist: **existen posibilidades de un acuerdo** there is the possibility of an agreement.

exitazo /eksi'taθo/ *sm* (*fam*) big success.

éxito /'eksito/ *sm* success: **el libro tuvo mucho éxito** the book was a great success; **la obra ha sido todo un éxito** the play has been a great success; **tiene mucho éxito** *con* **los hombres** she's very successful with men; **nuestro experimento no tuvo éxito** our experiment was unsuccessful; **la operación se llevó a cabo** *con* **éxito** the operation was carried out successfully.

éxito de taquilla *sm* box-office hit.

éxito de ventas *sm* best seller.

exitoso, -sa /eksi'toso/ *adj* successful: **después de su exitosa gira por Europa...** after their successful tour round Europe....

éxodo /'eksoðo/ *sm* exodus: **ha comenzado el gran éxodo de las vacaciones** the mass exodus of the holiday season has begun.

exonerar /eksone'rar/ [⇨ CANTAR] *vt* (*de una obligación, una responsabilidad*) to exonerate: **fue exonerada** *de* **toda culpa** she was exonerated of all blame; (*de un cargo*): **fue exonerado** *de* **su cargo** he was removed from his post.

exorbitante /eksorβi'tante/ *adj* exorbitant: **pagamos un precio exorbitante** we paid an exorbitant price.

exorcismo /eksor'θizmo/ *sm* exorcism.

exorcista /eksor'θista/ *sm/f* exorcist.

exorcizar /eksorθi'θar/ [⇨ cazar] *vt* to exorcize.

exótico, -ca /ek'sotiko -ka/ *adj* exotic.

exotismo /ekso'tizmo/ *sm* exoticism.

expandir /ekspan'dir/ [⇨ PARTIR] *vt* **1.** (*Fís*) to expand. **2.** (*difundir*) to spread: **expandieron la noticia con rapidez** they quickly spread the news.

expandirse *v prnl* **1.** (*Fís*) to expand. **2.** (*difundirse*) to spread: **se expandió la noticia de que iban a cerrar la fábrica** the news spread that the factory was to close.

expansión /ekspan'sjon/ *sf* **1.** (*de un gas*) expansion. **2.** (*de la economía, de un lugar*) growth, expansion: **la expansión económica** economic growth. **3.** (*de una idea, una noticia*) spread. **4.** (*entretenimiento*) recreation, relaxation: **necesitaba unas horas de expansión** she needed a few hours' relaxation; (*desahogo*): **hablar contigo me sirve de expansión** talking to you is a way of unburdening myself.

expansionarse /ekspansjo'narse/ [⇨ CANTAR] *v prnl* **1.** (*dilatarse*) to expand. **2.** (*desahogarse*) to unburden oneself: **se expansionó hablando de sus problemas** he unburdened himself by talking about his problems. **3.** (*entretenerse*) to relax, to unwind: **se expansiona viendo la tele** he relaxes by watching television.

expansionismo /ekspansjo'nizmo/ *sm* expansionism.

expansionista /ekspansjo'nista/ *adj* expansionist.

expansivo, -va /ekspan'siβo -βa/ *adj* **1.** (*Fís*) expansive: **la onda expansiva destrozó varias ventanas**

the blast broke several windows. **2.** (*comunicativo*) open, communicative.

expatriación /ekspatria'θjon/ *sf* expatriation.

expatriado, -da /ekspa'trjaðo -ða/ *adj, sm/f* expatriate.

expatriarse /ekspa'trjarse/ [➪ansiar] *v prnl* (*emigrar*) to emigrate; (*exiliarse*) to go into exile.

expectación /ekspekta'θjon/ *sf* excitement: **la visita del Rey despertó una gran expectación** the King's visit generated much excitement.

expectante /ekspek'tante/ *adj* expectant: **aguardaban expectantes la llegada de noticias** they waited for more news expectantly * with expectation.

expectativa /ekspekta'tiβa/ *sf* prospect: **tiene buenas expectativas** *de* **encontrar trabajo** she has good prospects of finding work • **estoy a la expectativa de que me llamen** I'm waiting for them to phone me.

expectoración /ekspektora'θjon/ *sf* **1.** (*acción*) expectoration. **2.** (*secreción*) phlegm.

expedición /ekspedi'θjon/ *sf* **1.** (*viaje*) expedition: **participó en una expedición científica a la Antártida** she took part in a scientific expedition to Antarctica; (*personas*) expedition: **la expedición llegó allí dos días más tarde** the expedition got there two days later. **2.** (*tramitación*) issuing, issue: **se encargan de la expedición de pasaportes** they are in charge of issuing passports. **3.** (*envío*) shipping, dispatch.

expedicionario, -ria /ekspeðiθjo'narjo -rja/ **I** *adj* expeditionary.
II *sm/f* expedition member.

expedidor, -dora /ekspeði'ðor -'ðora/ **I** *adj* **1.** (*que tramita*) issuing. **2.** (*que envía*) sending.
II *sm/f* (*remitente*) sender.

expedientar /ekspeðjen'tar/ [➪CANTAR] *vt* (*a una empresa*) to open a file on; (*a un empleado*) to take disciplinary action against.

expediente /ekspe'ðjente/ *sm* **1.** (*documentación*) file, dossier: **instruyeron un expediente** *sobre* **la construcción de la presa** they prepared a dossier on the building of the dam • **estuvo allí unas horas para cubrir el expediente** he just put in the hours so that there could be no complaint against him. **2.** (*investigación*) investigation: **le abrieron expediente** they started investigating him. **3.** (*frml: medio*): **es fácil que, en casos así, se recurra al expediente de despedir a muchos trabajadores** in cases like these, it's easy to resort to firing many workers.
expediente académico *sm* school record.
expediente de crisis *sm*: *process by which companies in financial difficulty may dismiss staff.*

expedir /ekspe'ðir/ [➪pedir] *vt* **1.** (*un pasaporte, un documento*) to issue: **le expidieron una partida de nacimiento** they issued him with a birth certificate. **2.** (*un paquete*) to send; (*mercancías*) to dispatch.

expeditivo, -va /ekspeði'tiβo -βa/ *adj* decisive: **es un jugador muy expeditivo** he's a no-nonsense player.

expeler /ekspe'ler/ [➪TEMER] *vt* to give off, to emit.

expendedor, -dora /ekspende'ðor -'ðora/ **I** *adj* (*máquina*) dispensing, vending.
II *sm/f* (*persona*) seller.
III expendedor *sm* (*máquina*) vending machine.

expendeduría /ekspendeðu'ria/ *sf* (*frml*) tobacconist's (*also selling government and postage stamps*).

expender /ekspen'der/ [➪TEMER] *vt* (*frml*) to sell, to retail.

expensas /eks'pensas/ **a expensas de** *loc adv*: **vive a expensas de sus padres** he lives at his parents' expense; **triunfó a expensas de sus ideales** he became successful at the expense of his ideals.

experiencia /ekspe'rjenθja/ *sf* **1.** (*gen*) experience: **vivió la experiencia de viajar en globo** he experienced what it was to fly in a balloon; **te lo digo** *por* **experiencia** I'm speaking from experience; **tiene mucha experiencia** *en* **traducción** she is a very experienced translator; **necesito una secretaria** *con* **experiencia** I need an experienced secretary. **2.** (*experimento*) experiment.

experimentación /eksperimenta'θjon/ *sf* experimentation, testing: **está en fase de experimentación** it's at the experimental stage.

experimentado, -da /eksperimen'taðo -ða/ *adj* **1.** (*con experiencia*) experienced. **2.** (*probado*) tested.

experimental /eksperimen'tal/ *adj* experimental.

experimentar /eksperimen'tar/ [➪CANTAR] *vt* **1.** (*probar*) to test: **lo experimentaron** *con* **cobayas** they tested it on guinea pigs. **2.** (*sentir*) to experience, to feel: **allí experimenté lo que era el miedo** it was there that I experienced true fear. **3.** (*sufrir: una transformación*) to undergo: **el paciente ha experimentado una mejoría** the patient's condition has improved; (*: un crecimiento, una crisis*) to undergo, to go through: **el partido experimentó momentos de crisis** the party went through times of crisis; **la ciudad experimentó un gran crecimiento** the city underwent a period of considerable growth.
♦*vi* (*hacer experimentos*) to experiment: **le gusta experimentar** *con* **materiales diferentes** she likes to experiment with different materials.

experimento /eksperi'mento/ *sm* experiment.

experto, -ta /eks'perto -ta/ *adj, sm/f* expert: **es un experto** *en* **antigüedades** he's an expert on antiques.

expiación /ekspja'θjon/ *sf* expiation, atonement.

expiar /eks'pjar/ [➪ansiar] *vt* to expiate, to atone for: **el ladrón tuvo que expiar su culpa en la cárcel** the thief had to pay for his crime in prison.

expiración /ekspira'θjon/ *sf* expiry: **comprueba la fecha de expiración** check the expiry date.

expirar /ekspi'rar/ [➪CANTAR] *vi* **1.** (*plazo*) to expire, to run out. **2.** (*persona*) to pass away, to expire.

explanada /ekspla'naða/ *sf* flat * levelled area.

explayarse /ekspla'jarse/ [➪CANTAR] *v prnl* **1.** (*extenderse*) to talk/write at length: **se explayó contando anécdotas de su juventud** she talked at length about her childhood; **no te explayes demasiado** don't go into too much detail. **2.** (*desahogarse*) to unburden oneself: **se explayó** *con* **su amiga** she unburdened herself to her friend. **3.** (*distraerse*) to enjoy oneself, to have fun: **llevó a los niños al parque para que se explayaran** he took the children to the park so they could enjoy themselves.

explicable /ekspli'kaβle/ *adj* understandable: **es explicable si se tiene en cuenta su falta de experiencia** it's understandable if you consider his lack of experience.

explicación /eksplika'θjon/ *sf* **1.** (*exposición*) explanation: **estaba atento a las explicaciones del profesor** he listened carefully to what the teacher had to say. **2.** (*aclaración*) explanation, reason: **no nos dieron ninguna explicación** *por* **el retraso** they gave us no explanation for the delay; **se fue sin dar explicaciones** she left without giving a reason; **no tengo que dar explicaciones a nadie** I don't have to justify myself to anybody.

explicar /ekspli'kar/ [➪sacar] *vt* to explain: **¿me podrías explicar esto?** could you explain this to me?;

el profesor explicó cómo hacerlo the teacher explained how to do it; **eso explica que la cosecha se haya retrasado** that explains why the harvest is late.

explicarse *v prnl* 1. (*hacerse entender*) to explain oneself, to make oneself understood: **se explicaba con dificultad** she couldn't explain herself very well; **no sé si me explico** I don't know if I'm making myself clear. 2. (*concebir*) to understand: **no me explico por qué lo hizo** I don't understand why he did it.

explicativo, -va /eksplika'tiβo -βa/ *adj* explanatory.

explícito, -ta /eks'pliθito -ta/ *adj* explicit.

exploración /eksplora'θjon/ *sf* 1. (*gen*) exploration: **las exploraciones petrolíferas no dieron ningún resultado** the oil exploration was unsuccessful. 2. (*de un enfermo*) examination. 3. (*Mil*) reconnaissance. 4. (*con un radar*) scan.

exploración ultrasónica *sf* ultrasound scan.

explorador, -dora /eksplora'ðor -'ðora/ I *adj* (*gen*) exploratory; (*Mil*) reconnaissance: **una misión exploradora** a reconnaissance mission.
II *sm/f* 1. (*adulto*) explorer. 2. (*niño*) scout; (*niña*) (*GB*) girl guide, (*US*) girl scout.

explorar /eksplo'rar/ [➪ CANTAR] *vt* 1. (*gen*) to explore ● **antes de comprometerme me gustaría explorar el terreno** before committing myself I'd like to see how the land lies. 2. (*Geol*) to prospect, to explore: **están explorando el terreno en busca de petróleo** they are prospecting for oil in the area. 3. (*Mil*) (*GB*) to reconnoitre, (*US*) to reconnoiter. 4. (*un órgano, una herida*) to explore; (*a un enfermo*) to examine.

exploratorio, -ria /eksplora'torjo -rja/ *adj* exploratory.

explosión /eksplo'sjon/ *sf* 1. (*estallido*) explosion, blast: **la explosión no provocó víctimas** no one was hurt in the explosion; **una bomba hizo explosión en el centro de la ciudad** a bomb exploded in the city centre. 2. (*arrebato*) outburst: **al conocerse los resultados se produjo una explosión de alegría** when the results became known there was a general outburst of joy. 3. (*desarrollo rápido*) boom, explosion: **en los años sesenta se produjo una explosión urbanística** in the sixties there was an urban development boom.

explosión demográfica *sf* population explosion.

explosionar /eksplosjo'nar/ [➪ CANTAR] *vt/i* to explode, to blow up.

explosivo, -va /eksplo'siβo -βa/ I *adj* 1. (*gen*) explosive: **publicaron una noticia explosiva** they published an explosive news item; **es una combinación explosiva** it's an explosive mixture; **acudió a la fiesta acompañado de una rubia explosiva** he went to the party in the company of a stunning blonde. 2. (*en fonética*) plosive.
II **explosivo** *sm* explosive.

explotación /eksplota'θjon/ *sf* 1. (*de tierras*) farming, cultivation; (*de una mina*) working. 2. (*de una persona*) exploitation.

explotación agrícola *sf* (*lugar*) farm.

explotación de recursos naturales *sf* use of natural resources.

explotación forestal *sf* (*actividad*) forestry; (*lugar*) plantation (*of trees*).

explotación minera *sf* (*actividad*) mining; (*lugar*) mine.

explotador, -dora /eksplota'ðor -'ðora/ *sm/f* exploiter.

explotar /eksplo'tar/ [➪ CANTAR] *vt* 1. (*recursos naturales*) to exploit; (*una plantación, una granja, una mina*) to work. 2. (*una situación, a una persona*) to exploit, to take advantage of: **explota su amistad con el jefe** he takes advantage of his friendship with the boss.
♦ *vi* 1. (*bomba*) to go off, to explode. 2. (*persona*) to explode: **explotó *de* rabia** he exploded with rage.

expoliación /ekspolja'θjon/ *sf* plundering, pillage.

expoliar /ekspo'ljar/ [➪ CAMBIAR] *vt* to plunder, to pillage.

expolio /eks'poljo/ *sm* plundering, pillage.

exponente /ekspo'nente/ I *sm/f* exponent: **es el máximo exponente de la música pop española** he's the chief exponent of Spanish pop music.
II *sm* (*Mat*) exponent, power.

exponer /ekspo'ner/ [➪ poner; *past participle* **expuesto**] *vt* 1. (*presentar, exhibir*) to display, to exhibit: **expusieron los trofeos en la sala** they displayed the trophies in the hall; **expuso su colección privada** she exhibited her private collection. 2. (*Tec: a la luz, a una radiación*) to expose. 3. (*una argumentación*) to expound: **expuso sus razones claramente** he expounded his reasons clearly; (*una lección, una teoría*) to explain; (*una propuesta*) to set out. 4. (*arriesgar*) to risk, to endanger: **expuso la vida para rescatarlos** he endangered his life to rescue them; **expuso demasiado dinero** he risked too much money.
♦ *vi* to exhibit: **hace mucho que no expone en esta galería** it's a long time since she has had an exhibition at this gallery.

exponerse *v prnl* to expose oneself: **se expuso demasiado rato *al* sol** he exposed himself to the sun for too long; **se expuso *a* perderlo todo** he risked losing everything.

exportación /eksporta'θjon/ *sf* export: **hubo un gran aumento de las exportaciones** there was a big increase in exports.

exportador, -dora /eksporta'ðor -'ðora/ I *adj* exporting: **los países exportadores de petróleo** the oil-exporting countries.
II *sm/f* exporter.

exportar /ekspor'tar/ [➪ CANTAR] *vt* to export.

exposición /eksposi'θjon/ *sf* 1. (*de cuadros, esculturas*) display, exhibition: **hizo una exposición de sus cuadros** he put on an exhibition of his paintings. 2. (*de un tema, un asunto, etc.*) account, explanation: **el fiscal hizo una breve exposición de los hechos** the attorney gave a brief account of the facts. 3. (*a la luz, a la intemperie*) exposure.

exposición rural *sf* (*Arg, Urug*) agricultural show.

exposición universal *sf* world (trade) fair.

expósito, -ta /eks'posito -ta/ (*frml*) I *adj* abandoned.
II *sm/f* foundling.

expositor, -tora /eksposi'tor -'tora/ I *adj* exhibiting.
II *sm/f* (*persona*) exhibitor.
III **expositor** *sm* (*mueble*) display stand, showcase.

exprés /eks'pres/ I *adj inv* express.
II *sm inv* 1. (*café*) espresso. 2. (*tren*) express.

expresamente /ekspresa'mente/ *adv* 1. (*específicamente*) specifically, expressly: **me lo han prohibido expresamente** they've expressly forbidden me to have it. 2. (*adrede*) on purpose, deliberately: **lo ha hecho expresamente** she's done it deliberately * on purpose.

expresar /ekspre'sar/ [➪ CANTAR] *vt* 1. (*manifestar*) to express. 2. (*mostrar*) to convey: **su mirada expresaba agradecimiento** her look conveyed gratitude.

expresarse *v prnl* 1. (*comunicarse*) to express oneself: **se expresa mal *en* inglés** she expresses herself badly in English. 2. (*exponerse*) to be stated: **los motivos**

principales se expresan arriba the main reasons are stated above.

expresión /ekspre'sjon/ *sf* **1.** (*gen*) expression: **por la expresión de su cara nos dimos cuenta de que no le había gustado** we realized from the expression on his face that he hadn't liked it ● **redujo el prólogo a la mínima expresión** he reduced the prologue to its smallest possible extent. **2.** (*Ling*) expression: **en español tenemos una expresión equivalente** we have a similar expression in Spanish.

expresión algebraica *sf* algebraic expression.

expresión corporal *sf* expression through movement.

expresionismo /ekspresjo'nizmo/ *sm* expressionism.

expresionista /ekspresjo'nista/ *adj, sm/f* expressionist.

expresividad /ekspresiβi'ðað/ *sf* expressiveness.

expresivo, -va /ekspre'siβo -βa/ *adj* **1.** (*afectuoso*) affectionate, warm-hearted: **no es muy expresiva** she doesn't let her feelings show. **2.** (*elocuente*) expressive: **tiene unos ojos muy expresivos** she has very expressive eyes.

expreso, -sa /eks'preso -sa/ **I** *adj* **1.** (*dicho explícitamente*) clearly stated: **las condiciones estaban expresas** *en* **el contrato** the conditions were clearly stated in the contract; **fue clausurado por orden expresa del ayuntamiento** it was closed on the express orders of the town hall; **fui con el fin expreso de hablar con él** I went with the express purpose of talking to him. **2.** (*tren*) express.
II expreso *sm* (*tren*) express.
III expreso *adv* on purpose, deliberately: **lo hace expreso para molestarte** she does it on purpose to annoy you.

exprimidor /eksprimi'ðor/ *sm* juice extractor, (fruit) squeezer.

exprimir /ekspri'mir/ [➪ PARTIR] *vt* **1.** (*fruta*) to squeeze. **2.** (*fam: a una persona*) to exploit: **el jefe los exprime** their boss exploits them.

ex profeso /ekspro'feso/ *loc adv* **1.** (*específicamente*) specifically, expressly: **hizo el viaje ex profeso para hablarle** she made the trip specifically to speak to him. **2.** (*a propósito*) on purpose: **lo dejó caer ex profeso** he dropped it on purpose.

expropiación /ekspropja'θjon/ *sf* expropriation.

expropiar /ekspro'pjar/ [➪ CAMBIAR] *vt* to expropriate.

expuesto, -ta /eks'pwesto -ta/ **I** *past participle of* ➪ exponer
II *adj* **1.** (*objeto, obra*) on show, on display: **los cuadros están expuestos en el museo provincial** the paintings are on show at the provincial museum. **2.** (*expresado*) stated: **según lo expuesto con anterioridad...** as stated previously.... **3.** (*para expresar falta de protección*) exposed: **está expuesto** *a* **las inclemencias del tiempo** it is exposed to the elements. **4.** (*peligroso*) dangerous, risky: **es más expuesto conducir de noche** driving at night is more risky.

expulsar /ekspul'sar/ [➪ CANTAR] *vt* **1.** (*a una persona: gen*) to throw out, to expel; (*: del colegio*) to expel; (*: de la universidad*) to expel, (*GB*) to send down; (*: del terreno de juego*) to send off. **2.** (*humo, un gas*) to emit, to give off. **3.** (*aire*): **expulse el aire lentamente** breathe out slowly.

expulsión /ekspul'sjon/ *sf* **1.** (*de una persona: gen*) expulsion: **en 1492 se decretó la expulsión de los judíos** *de* **España** the expulsion of the Jews from Spain was decreed in 1492; **el incidente terminó con su expulsión** *del* **colegio** the affair ended with his expulsion from the school; (*: de la universidad*) expulsion, (*GB*) sending down; (*: del terreno de juego*) sending off. **2.** (*de aire, humo, etc.*) expulsion.

expulsor, -sora /ekspul'sor -'sora/ **I** *adj* ejecting.
II expulsor *sm* ejector.

expurgar /ekspur'ɣar/ [➪ pagar] *vt* to expurgate.

exquisitez /ekskisi'teθ/ *sf* [**exquisiteces**] **1.** (*gen*) exquisiteness. **2.** (*comida*) delicacy: **es un restaurante modesto, no pidas exquisiteces** this is a cheap restaurant, don't ask for anything fancy.

exquisito, -ta /ekski'sito -ta/ *adj* **1.** (*muy refinado*) refined, exquisite: **tiene un gusto exquisito para vestir** she has refined taste in clothes; **la decoración es exquisita** the décor is exquisite. **2.** (*de sabor muy agradable*) delicious: **la comida estaba exquisita** the meal was delicious.

extasiado, -da /eksta'sjaðo -ða/ *adj* in ecstasy: **se quedó extasiado al verla** he was in ecstasy when he saw her.

extasiarse /eksta'sjarse/ [➪ ansiar] *v prnl* to become ecstatic, to go into raptures: **se extasió** *con* **el concierto** she went into raptures over the concert.

éxtasis /'ekstasis/ *sm inv* ecstasy, rapture.

extemporáneo, -nea /ekstempo'raneo -nea/ *adj* **1.** (*Meteo*) unseasonable. **2.** (*inadecuado*) untimely, unfortunate: **hizo una observación extemporánea** he made an unfortunate remark.

extender /eksten'der/ [➪ tender] *vt* **1.** (*en el tiempo*) to extend: **le han extendido el permiso** *por* **una semana más** his permit has been extended for another week. **2.** (*en el espacio: una sábana, un mantel*) to spread out: **extendió el mantel** he spread out the tablecloth; (*: la mano*) to stretch out: **le extendí la mano** I stretched out my hand to her. **3.** (*untar*) to spread: **extendió la mantequilla** *en* **el pan** she spread the butter on the bread. **4.** (*escribir: un contrato*) to draw up; (*: un cheque, un recibo*) to make out: **me extendió un cheque por valor de cien mil pesetas** she made me out a cheque for one hundred thousand pesetas.

extenderse *v prnl* **1.** (*ocupar*) to stretch (out): **su finca se extiende** *hasta* **el río** his farm stretches down to the river. **2.** (*desparramarse*) to spread (out): **la mancha se extendió** *por* **el suelo** the stain spread across the floor; (*divulgarse*) to spread: **la noticia se extendió rápidamente** the news spread quickly. **3.** (*echarse*) to lie down: **se extendió** *en* **el sofá** he lay down on the sofa. **4.** (*durar*) to last: **la época de lluvias se extiende** *hasta* **octubre** the rainy season lasts until October. **5.** (*explayarse*) to go into detail: **no te extiendas** *en* **pormenores** don't go into detail.

extendido, -da /eksten'diðo -ða/ *adj* **1.** (*brazo*) outstretched; (*mapa*) spread out. **2.** (*costumbre, uso*) widespread: **es una costumbre muy extendida** it's a very widespread custom; **es el analgésico más extendido** it's the most commonly used painkiller.

extensible /eksten'siβle/ *adj* extendible ● **quiero hacer extensible mi felicitación a los miembros del equipo técnico** I should like to extend my congratulations to the technical staff.

extensión /eksten'sjon/ *sf* **1.** (*gen*) extension: **¿me pone con la extensión diez, por favor?** could I have extension ten please? ● **por extensión, significa también "lugar desordenado"** by extension, it also means "untidy place" ● **es un artista en toda la extensión de la palabra** he's an artist in every sense of the word. **2.** (*superficie*) area: **ocupa una gran**

extensión de terreno it takes up a large area of land. **3.** (*duración*) length, duration.

extensivo, -va /eksten'siβo -βa/ *adj* applicable: **esta norma se hace extensiva** *a* **todos los empleados** this regulation applies to all employees.

extenso, -sa /eks'tenso -sa/ *adj* **1.** (*de superficie*) extensive, vast. **2.** (*de longitud, profundidad*) long, lengthy: **escribió un libro muy extenso** she wrote a very lengthy book • **trató el tema por extenso** she dealt with the subject in detail.

extensor, -sora /eksten'sor -'sora/ **I** *adj* extending. **II extensor** *sm* chest expander.

extenuación /ekstenwa'θjon/ *sf* exhaustion.

extenuado, -da /ekste'nwaðo -ða/ *adj* exhausted.

extenuar /ekste'nwar/ [➪ actuar] *vt* to exhaust.

extenuarse *v prnl* to become exhausted, to wear oneself out.

exterior /ekste'rjor/ **I** *adj* **1.** (*externo: gen*) exterior, outer: **su aspecto exterior es bueno** its external appearance is good; (*: piso, habitación*) *overlooking the street rather than the inner courtyard.* **2.** (*extranjero*) foreign: **está a cargo de la política exterior** he's in charge of foreign policy.
II *sm* **1.** (*parte externa*) outside, exterior: **arreglaron el exterior del edificio** they repaired the outside of the building. **2.** (*aspecto*) exterior, (outward) appearance: **su exterior bondadoso esconde mucha maldad** his kind appearance conceals great wickedness. **3.** (*extranjero*) abroad: **las noticias del exterior llegan con retraso** news from overseas arrives late.
III *sm/f* (*en fútbol*) wing, winger: **jugaba de exterior derecho** he played right wing.
IV exteriores *sm pl* **1.** (*de una película*) location shots, exteriors *pl*: **los exteriores se rodarán en Santander** the location shots will be filmed in Santander. **2. Exteriores** (*Pol: gen*) Foreign Ministry; (*: en GB*) the Foreign Office; (*: en EE. UU.*) the State Department.

exterioridad /eksterjori'ðað/ *sf* outward appearance, external appearance.

exteriorización /eksterjoriθa'θjon/ *sf* manifestation, expression.

exteriorizar /eksterjori'θar/ [➪ cazar] *vt* to show, to reveal: **nunca exterioriza sus sentimientos** he never allows his feelings to show.

exteriormente /eksterjor'mente/ *adv* **1.** (*por fuera*) outwardly, on the outside: **exteriormente, el edificio parecía viejo** outwardly the building looked old. **2.** (*en apariencia*) apparently, outwardly: **estaba sereno sólo exteriormente** he was only outwardly calm.

exterminación /ekstermina'θjon/ *sf* extermination.

exterminador, -dora /ekstermina'ðor -'ðora/ **I** *adj* exterminating.
II *sm/f* exterminator.

exterminar /ekstermi'nar/ [➪ CANTAR] *vt* to exterminate, to wipe out.

exterminio /ekster'minjo/ *sm* extermination.

externo, -na /eks'terno -na/ **I** *adj* **1.** (*exterior*) external, outward: **su apariencia externa es la de un hombre tranquilo** his outward appearance is that of a calm man; **medicamento para * de uso externo** medicine for external use only. **2.** (*Educ*) day: **alumnos externos** day pupils. **3.** (*al referirse al extranjero*) foreign: **la deuda externa se ha triplicado** foreign debt has tripled.
II *sm/f* (*Educ*) day pupil.

extiendo /eks'tjendo/ *and other forms with* ***extiend-*** ➪ extender

extinción /ekstin'θjon/ *sf* **1.** (*gen*) extinction: **es una especie en peligro de extinción** it is a species in danger of extinction. **2.** (*de un fuego*): **trabajaron toda la noche en la extinción del fuego** they worked all night to put out the fire.

extinguir /ekstiŋ'ɣir/ [➪ distinguir] *vt* **1.** (*a una especie*) to exterminate, to wipe out. **2.** (*un fuego*) to put out, to extinguish.

extinguirse *v prnl* **1.** (*especie*) to become extinct, to die out. **2.** (*fuego*) to go out. **3.** (*plazo*) to expire, to run out. **4.** (*movimiento artístico, filosófico*) to come to an end.

extintor /ekstin'tor/ *sm* fire extinguisher.

extirpación /ekstirpa'θjon/ *sf* **1.** (*Med*) extraction, removal. **2.** (*erradicación*) elimination.

extirpar /ekstir'par/ [➪ CANTAR] *vt* **1.** (*un órgano, un tumor*) to remove: **le extirparon el riñón derecho** they removed his right kidney; (*una muela*) to extract. **2.** (*un mal social*) to stamp out, to eliminate: **el gobierno se comprometió a extirpar la corrupción** the government undertook to stamp out corruption.

extorsión /ekstor'sjon/ *sf* (*delito*) extortion.

extra /'ekstra/ **I** *adj* **1.** (*excelente*) outstanding: **es un jamón de calidad extra** it's a ham of the best quality. **2.** (*adicional*) extra: **todos los empleados reciben dos pagas extras** all of the employees receive two bonus payments.
II *sm/f* (*en una película*) extra: **intervinieron más de mil extras en esa escena** there were more than one thousand extras in that scene.
III *sm* **1.** (*cobro adicional*) bonus: **aparte del sueldo cobra varios extras** as well as her wages she gets a number of bonuses; (*gasto adicional*) additional expense: **últimamente hemos tenido varios extras** lately we've had several (unforeseen) additional expenses. **2.** (*de comida*): **me salió más caro porque pedí un extra** it worked out more expensive because I ordered a dish that wasn't on the set menu.

extracción /ekstrak'θjon/ *sf* **1.** (*Geol, Med*) extraction. **2.** (*en lotería*) draw. **3.** (*origen social*) origin, extraction: **es de extracción humilde** he is of humble extraction.

extractar /ekstrak'tar/ [➪ CANTAR] *vt* to summarize.

extracto /eks'trakto/ *sm* **1.** (*síntesis*) summary: **todos los periódicos publicaron un extracto del discurso** all the newspapers printed a summary of the speech. **2.** (*fragmento*) extract: **el periódico ha publicado varios extractos de su novela** the local newspaper has published several extracts from his novel. **3.** (*sustancia concentrada*) extract.

extracto de cuenta *sm* bank statement.

extractor /ekstrak'tor/ *sm* extractor.

extractor de humos *sm* extractor fan.

extradición /ekstraði'θjon/ *sf* extradition.

extraditar /ekstraði'tar/ [➪ CANTAR] *vt* to extradite.

extraer /ekstra'er/ [➪ traer] *vt* **1.** (*gen*) to extract: **el mosto se extrae** *de* **las uvas** must is extracted from grapes; **tuvieron que extraerle varias muelas** they had to extract * take out several of his back teeth; **el médico le extrajo la bala** the doctor took the bullet out of him. **2.** (*una conclusión*) to come to, to reach: **no extrajo ninguna conclusión** he didn't come to any conclusion.

extraescolar /ekstraesko'lar/ *adj* extracurricular: **este colegio ofrece muchas actividades extraescolares** this school offers many extracurricular activities.

extrafino, **-na** /ekstra'fino -na/ *adj* best quality, superfine.

extraigo /eks'traiɣo/ *and other forms with* ***extraig-*** ⇨ extraer

extralimitarse /ekstralimi'tarse/ [⇨ CANTAR] *v prnl* to go too far: **se extralimitó** *en* **la forma de decirlo** he overstepped the mark in the way he said it.

extramuros /ekstra'muros/ *adv* outside the city.

extranjería /ekstraŋxe'ria/ *sf* foreign * alien status: **la ley de extranjería ha provocado mucha polémica** the law on the status of aliens has caused much controversy.

extranjero, **-ra** /ekstraŋ'xero -ra/ **I** *adj* foreign: **fue elegida la mejor película extranjera** it was voted the best foreign film.
II *sm/f* (*persona*) foreigner.
III el extranjero *sm* abroad, overseas: **están de vacaciones en el extranjero** they're on holiday abroad.

extranjis /eks'traŋxis/ **de extranjis** *loc adv* (*fam*) on the sly, in secret: **lo hizo de extranjis** she did it on the sly.

extrañar /ekstra'ɲar/ [⇨ CANTAR] *vt* **1.** (*producir sorpresa*) to surprise: **me extraña que no te haya dicho nada** it surprises me that he hasn't said anything to you; **me extrañó no verlo** I was surprised not to see him. **2.** (*añorar*) to miss: **extraña a sus padres** she misses her parents; **extraña su país** she misses her homeland.
extrañarse *v prnl* to be surprised: **no te extrañes si te multan** don't be surprised if they fine you.

extrañeza /ekstra'ɲeθa/ *sf* surprise: **le producía extrañeza que no lo hubieran invitado** he was surprised that they hadn't invited him.

extraño, **-ña** /eks'traɲo -ɲa/ **I** *adj* **1.** (*raro*) strange, odd: **es extraño que todavía haga tanto frío** it's strange that it should still be so cold. **2.** (*ajeno*) outside: **es mejor no discutirlo delante de personas extrañas** it's better not to discuss it in front of outsiders; (*Med*) foreign.
II *sm/f* stranger: **nunca le abro la puerta a extraños** I never open the door to strangers • **su decisión sorprendió a propios y extraños** their decision surprised friends and strangers alike.
III extraño *sm*: **el balón hizo un extraño** the ball bounced in an unexpected way.

extraoficial /ekstraofi'θjal/ *adj* unofficial: **la versión extraoficial es que el presidente ha sufrido una recaída** unofficially * off the record, the president has suffered a relapse.

extraordinario, **-ria** /ekstraorði'narjo -rja/ **I** *adj* **1.** (*gen*) extraordinary, unusual: **no tiene nada de extraordinario que sacara tan buenas notas** there is nothing unusual about her getting such good marks. **2.** (*estupendo*) outstanding, exceptional: **se trata de una obra extraordinaria** it's an outstanding play. **3.** (*periódico, sorteo, etc.*) special: **compré un décimo para el sorteo extraordinario de Navidad** I bought a ticket for the special Christmas lottery. **4.** (*por añadidura*) extra, additional: **recibo dos pagas extraordinarias al año** I'm paid two bonuses a year.
II extraordinario *sm* **1.** (*gen*): **el domingo hicieron un extraordinario y fueron a comer a un restaurante** on Sunday they did something out of the ordinary and went out to a restaurant to eat. **2.** (*Medios*) special (issue): **esta semana publican un extraordinario de verano** this week they publish a summer special.

extrapolar /ekstrapo'lar/ [⇨ CANTAR] *vt* to extrapolate: **no se puede extrapolar ese resultado a partir de los datos que tenemos** you can't extrapolate that result from the data we have.

extrarradio /ekstra'rraðjo/ *sm*: *area outside the city boundaries*: **viven en el extrarradio** they live just outside the city proper.

extraterrestre /ekstrate'rrestre/ **I** *adj* extraterrestrial.
II *sm/f* alien, extraterrestrial.

extraterritorial /ekstraterrito'rjal/ *adj* extraterritorial.

extravagancia /ekstraβa'ɣanθja/ *sf* **1.** (*cualidad*) outrageousness. **2.** (*cosa, acción*) outrageous act.

extravagante /ekstraβa'ɣante/ *adj* (*comportamiento*) outrageous, extravagant; (*persona, atuendo, etc.*) outlandish, flamboyant.

extravertido, **-da** /ekstraβer'tiðo -ða/ *adj, sm/f* extrovert.

extraviado, **-da** /ekstra'βjaðo -ða/ *adj* (*persona*) lost, missing; (*objeto*) mislaid, missing; (*animal*) stray.

extraviar /ekstra'βjar/ [⇨ ansiar] *vt* (*un objeto*) to misplace, to mislay.
extraviarse *v prnl* **1.** (*persona*) to get lost, to lose one's way. **2.** (*objeto*) to go astray, to be mislaid: **la carta debe de haberse extraviado** the letter must have gone astray.

extravío /ekstra'βio/ *sm* **1.** (*de un objeto*) loss. **2.** (*de la conducta*) misdeed, (*GB*) misdemeanour, (*US*) misdemeanor: **fue uno de sus extravíos de juventud** it was a youthful misdemeanour.

extremado, **-da** /ekstre'maðo -ða/ *adj* **1.** (*excesivo*) great, exceptional: **para ese trabajo hay que poner un cuidado extremado** exceptional care is needed for that work. **2.** (*exagerado*) extreme: **el invierno es extremado en esta región** the winters are extreme in this region; **iba muy extremada** she looked stunning.

Extremadura /ekstrema'ðura/ *sf* Extremadura.

extremar /ekstre'mar/ [⇨ CANTAR] *vt* to take * carry to extremes: **la policía extremó las precauciones** the police carried the precautions to extremes.
extremarse *v prnl* to take great pains: **se extremó** *en* **la presentación del trabajo** he took great pains over the presentation of the work.

extremaunción /ekstremaun'θjon/ *sf* last rites *pl*.

extremeño, **-ña** /ekstre'meɲo -ɲa/ **I** *adj* of * from Extremadura.
II *sm/f* native * inhabitant of Extremadura.

extremidad /ekstremi'ðað/ *sf* **1.** (*de una barra, un palo*) end. **2.** (*Anat*) extremity.

extremismo /ekstre'mizmo/ *sm* extremism.

extremista /ekstre'mista/ *adj, sm/f* extremist.

extremo, **-ma** /eks'tremo -ma/ **I** *adj* **1.** (*lejano*) far. **2.** (*radical*) extreme: **adoptó una posición extrema** he took up an extreme position. **3.** (*máximo*) utmost, extreme: **condujo con extremo cuidado** she drove with the utmost care.
II extremo *sm* **1.** (*al principio o al final*) end: **la tienda estaba** *al* **otro extremo** *de* **la calle** the shop was at the other end of the street; **va * pasa** *de* **un extremo** *a* **otro** he goes from one extreme to the other • **los extremos se tocan** the two extremes have more in common than you might expect • **en último extremo podemos anular el acuerdo** as a last resort we can cancel the agreement. **2.** (*referido a una actitud*) point: **llegó al extremo de no saludarnos** he got to the point of no longer acknowledging us • **lo cuidas en extremo** you take too much care of him. **3.** (*punto*)

point, item: **repasaron cada extremo del contrato** they went over every item in the contract.
III extremo *sm/f* (*en fútbol*) wing.
Extremo Oriente *sm* **el Extremo Oriente** the Far East.

extrovertido, -da /ekstroβer'tiðo -ða/ *adj, sm/f* extrovert.

exuberancia /eksuβe'ranθja/ *sf* (*de la vegetación*) lushness; (*de una persona*) exuberance.

exuberante /eksuβe'rante/ *adj* (*vegetación*) lush; (*persona*) exuberant.

exudar /eksu'ðar/ [⇨ CANTAR] *vt/i* to exude: **exuda confianza** he exudes confidence.

exultante /eksul'tante/ *adj* exultant.

eyaculación /ejakula'θjon/ *sf* ejaculation.

eyacular /ejaku'lar/ [⇨ CANTAR] *vi* to ejaculate.

eyección /ejek'θjon/ *sf* ejection.

eyectar /ejek'tar/ [⇨ CANTAR] *vt* to eject.
eyectarse *v prnl* to eject.

eyector /ejek'tor/ *sm* ejector.

F

F, f /'efe/ *sf* (*letra*) F, f.

fa /fa/ *sm inv* (*Mús*) F, fah.

fabada /fa'βaða/ *sf*: *stew made of beans and pork typical of Asturias.*

fábrica /'faβrika/ *sf* **1.** (*factoría*) factory. **2.** (*Arquit*): **un muro de fábrica** a wall of bricks and mortar.
fábrica de cerveza *sf* brewery.
fábrica de papel *sf* paper mill.

fabricación /faβrika'θjon/ *sf* manufacturing: **el proceso de fabricación es muy complejo** the manufacturing process is very complicated; **es un artefacto de fabricación casera** it's a home-made product.
fabricación en serie *sf* mass production.

fabricante /faβri'kante/ *sm/f* manufacturer.

fabricar /faβri'kar/ [⇨ sacar] *vt* to manufacture, to make: **fabrican piezas de repuesto para automóviles** they manufacture * make spare parts for cars; **lo fabrican en serie** it is mass-produced.

fábula /'faβula/ *sf* **1.** (*Lit*) fable. **2.** (*patraña*) story: **anda siempre contando fábulas** he's always making things up.

fabuloso, -sa /faβu'loso -sa/ *adj* **1.** (*estupendo*) fabulous: **hace un día fabuloso** it's a fabulous day. **2.** (*imaginario*) fictitious.

facción /fak'θjon/ **I** *sf* (*bando, grupo*) faction: **la facción conservadora del partido se opuso** the conservative faction in the party was against it.
II facciones *sf pl* (*de la cara*) features *pl*.

faceta /fa'θeta/ *sf* **1.** (*de una persona, un asunto*) side: **no te conocía esa faceta de actor** I didn't know you had a theatrical side to you. **2.** (*de una piedra preciosa*) facet.

facha /'fatʃa/ (*fam*) **I** *sf* **1.** (*apariencia*) look: **no me gustó su facha** I didn't like the look of him. **2.** (*persona o cosa fea*) sight: **iba hecho una facha** he looked a real sight.
II *adj, sm/f* (*Pol*) fascist.

fachada /fa'tʃaða/ *sf* **1.** (*Arquit*) façade. **2.** (*fam*: *apariencia*) show: **no son tan ricos, todo es fachada** they're not all that rich, it's all show.

facial /fa'θjal/ *adj* facial.

fácil /'faθil/ **I** *adj* **1.** (*sencillo*) easy: **encontrar el camino fue fácil** it was easy to find the way; **aquí es fácil perderse** it's easy to get lost here. **2.** (*probable*) likely: **es fácil que llueva hoy** it's likely to rain today.

3. (*dócil, sociable*) easy-going: **es una persona muy fácil** *de* **trato** she's a very easy-going person.
II *adv* easily: **eso se dice fácil** that's easily said * easy to say.

facilidad /faθili'ðað/ *sf* 1. (*sencillez*) ease: **lo resolvió con toda facilidad** she solved it with ease; **me admira la facilidad con la que hace amigos** I'm amazed at how easily he makes friends. 2. (*disposición*): **tiene facilidad** *para* **las matemáticas** mathematics comes easily to him; **no tiene facilidad** *de* **palabra** she doesn't express herself well.
facilidades de pago *sf pl* credit terms *pl*.

facilitar /faθili'tar/ [⇨ CANTAR] *vt* 1. (*hacer más fácil*) to make easier: **esta máquina facilita el trabajo** this machine makes the work easier. 2. (*suministrar*) to provide, to supply: **nos facilitaron los materiales necesarios** they provided * supplied us with the necessary materials.

factible /fak'tiβle/ *adj* feasible.

fáctico, -ca /'faktiko -ka/ *adj* (*frml*) factual.

factor /fak'tor/ *sm* 1. (*aspecto, condición*) factor: **fue un factor decisivo** *de* **su éxito** it was a decisive factor in his success. 2. (*Mat*) factor.

factoría /fakto'ria/ *sf* factory.

factual /fak'twal/ *adj* factual.

factura /fak'tura/ *sf* 1. (*Fin*) invoice, bill: **el fontanero le presentó la factura de la reparación** the plumber billed him * sent him the bill for the repairs • **haz lo que quieras, pero la vida te pasará factura** do whatever you like, but you'll be called to account in the end. 2. (*frml*: *hechura*): **se trata de una pieza de excelente factura** it's an excellent piece of workmanship. 3. (*Arg, Urug*: *bollos*) *pastries, croissants, etc.*

facturación /faktura'θjon/ *sf* 1. (*Fin*) volume of sales, turnover. 2. (*de equipaje: en un aeropuerto*) check-in; (*: en una estación, un puerto*) registration.

facturar /faktu'rar/ [⇨ CANTAR] *vt* 1. (*Fin*) to invoice. 2. (*equipaje: en un aeropuerto*) to check in; (*: en una estación, un puerto*) to register.

facultad /fakul'tað/ *sf* 1. (*capacidad*) faculty: **todavía está en plena posesión de sus facultades** he's still in possession of all his faculties. 2. (*aptitud, habilidad*) ability: **tiene grandes facultades** *para* **la música** she has great musical ability. 3. (*poder*) authority, power: **el cargo no le da facultad** *para* **tomar ese tipo de decisión** his position doesn't give him the authority * the power to take that kind of decision. 4. (*de la universidad*) faculty: **estudia en la facultad de Filosofía y Letras** he is a student in the Faculty of Arts.
facultades mentales *sf pl* mental faculties *pl*.

facultar /fakul'tar/ [⇨ CANTAR] *vt* to authorize: **este carné faculta a los socios** *para* **entrar en la piscina** this pass authorizes * allows members to use the swimming pool.

facultativo, -va /fakulta'tiβo -βa/ I *adj* 1. (*opcional*) optional: **el examen es facultativo** the exam is optional. 2. (*del médico*) medical: **dejó el tabaco por prescripción facultativa** he gave up smoking on doctor's orders.
II *sm/f* doctor.

faena /fa'ena/ *sf* 1. (*labor*): **las faenas del campo** farm work; **las faenas de la casa** the household chores; **hoy tengo mucha faena** I have a lot of work today; **¡menuda faena tener que limpiar los retretes!** what a job, having to clean the toilets! 2. (*Tauro*) passes *pl* (*with cape carried out by bullfighter*). 3. (*jugarreta*) dirty trick: **me hizo una mala faena** he played a dirty trick on me; (*acción perjudicial*): **¡menuda faena me hicieron! se fueron sin dejarme las llaves** they left me in a real fix! they went without leaving me the keys.

faenar /fae'nar/ [⇨ CANTAR] *vi* (*pescar*) to fish; (*trabajar en el campo*) to work (*on a farm*).

fagot /fa'ɣot/ I *sm* (*instrumento*) bassoon.
II *sm/f* (*intérprete*) bassoonist, bassoon.

faisán /fai'san/ *sm* pheasant.

faja /'faxa/ *sf* 1. (*prenda interior*) girdle. 2. (*de militar, eclesiástico*) sash. 3. (*de terreno*) strip, belt.

fajín /fa'xin/ *sm* sash.

fajo /'faxo/ *sm* (*de papeles, sobres*) bundle, sheaf; (*de billetes*) wad.

falacia /fa'laθja/ *sf* fallacy.

falange /fa'laŋxe/ *sf* 1. (*Anat*) phalanx, phalange. 2. **la Falange** (*Hist*) *extreme right-wing political party in Spain.*

falaz /fa'laθ/ *adj* [**falaces**] (*frml*) false.

falda /'falda/ I *sf* 1. (*de vestir*) skirt • **todavía está pegado a las faldas de su madre** he's still very dependent on his mother. 2. (*parte del cuerpo*) lap: **la niña estaba sentada en la falda de su madre** the girl was sitting in her mother's lap. 3. (*Geog*: *de una montaña*) lower slopes *pl*. 4. (*de carne*) brisket.
II **faldas** *sf pl* 1. (*de una mesa*) overhanging tablecloth. 2. (*fam*: *mujeres*): **se crió** *entre* **faldas** he grew up surrounded by women.
falda escocesa *sf* (*tradicional de hombre*) kilt; (*de mujer*) tartan skirt.
falda pantalón *sf* culottes *pl*.

faldón /fal'don/ *sm* (*de una camisa, una chaqueta, etc.*) tail; (*de bebé*) shawl.

fálico, -ca /'faliko -ka/ *adj* phallic.

falla /'faʎa/ I *sf* 1. (*falta, tara*) defect, fault. 2. (*Geol*) fault. 3. (*muñeco*) *papier mâché model paraded and later burnt in the streets of Valencia on St Joseph's day.*
II **las Fallas** *sf pl*: *St Joseph's day festival in Valencia.*

fallar /fa'ʎar/ [⇨ CANTAR] *vt* 1. (*errar*): **falló el tiro** his shot missed, he missed; **falló dos de las tres preguntas** she got two of the three questions wrong. 2. (*defraudar*) to let down, to fail: **me falló cuando lo necesitaba** he let me down * failed me when I needed him. 3. (*un premio*) to award: **los premios se fallan el sábado** the prizes will be awarded on Saturday.
♦ *vi* 1. (*persona, memoria, mecanismo*) to fail: **fallé** *en* **tres preguntas** I failed on three questions; **a veces la alarma falla** sometimes the alarm fails to go off. 2. (*flaquear*) to give way: **le fallaron las piernas** his legs gave way. 3. (*Jur*) to pass judgement, to find: **el tribunal falló** *en* **su favor/contra** the court found in his favour/against him.

fallecer /faʎe'θer/ [⇨ agradecer] *vi* to die.

fallecimiento /faʎeθi'mjento/ *sm* death.

fallero, -ra /fa'ʎero -ra/ I *adj*: *of the* ***Fallas***. ⇨ falla II
II *sm/f* 1. (*fabricante*) *person who makes* ***fallas*** ⇨ falla I,3. 2. (*participante*) *person who takes part in the* ***Fallas*** ⇨ falla II.

fallido, -da /fa'ʎiðo -ða/ *adj* unsuccessful: **lo consiguió tras varios intentos fallidos** he got it after several unsuccessful attempts; **fue un golpe (de estado) fallido** it was an unsuccessful coup (d'état).

fallo /'faʎo/ *sm* 1. (*equivocación*) mistake: **fue un fallo no avisarlos** it was a mistake not to warn them; **tuvo dos fallos en el dictado** she had two mistakes in her dictation. 2. (*Tec*) fault: **tuvo que retirarse por un**

fallo del motor he had to abandon the race because of engine failure. **3.** (*Jur*) ruling, decision.

falluto, -ta /fa'ʎuto -ta/ (*Arg, Urug*) **I** *adj* two-faced.
II *sm/f* two-faced person.

falo /'falo/ *sm* phallus.

falsear /false'ar/ [⇨ CANTAR] *vt* to distort: **han falseado su declaración** they've distorted her statement.

falsedad /false'ðað/ *sf* **1.** (*cualidad: de lo dicho*) falseness; (*: de una persona*) falseness, hypocrisy. **2.** (*embuste*) lie.

falsete /fal'sete/ *sm* falsetto.

falsificación /falsifika'θjon/ *sf* **1.** (*acción*) forgery, forging. **2.** (*cosa falsificada*) fake, forgery: **el cuadro resultó ser una falsificación** the picture turned out to be a fake * forgery.

falsificador, -dora /falsifika'ðor -'ðora/ *sm/f* (*de arte, documentos*) forger; (*de dinero*) counterfeiter.

falsificar /falsifi'kar/ [⇨ sacar] *vt* (*cuadro, documento, firma*) to fake, to forge; (*dinero*) to counterfeit.

falso, -sa /'falso -sa/ **I** *adj* **1.** (*no verdadero: nombre, alarma*) false: **fue una falsa alarma** it was a false alarm; (*: noticia, afirmación*) untrue: **¡eso es falso!** that's not true!; **¿verdadero o falso?** true or false? • **declaró en falso** he perjured himself • **pisar en falso**: **pisó en falso y se cayó** he lost his footing and fell; **pisó en falso al meterse en ese asunto** he made a mistake when he got involved in that affair. **2.** (*falsificado: cuadro, documento*) forged; (*: dinero*) counterfeit, fake. **3.** (*insincero: persona*) insincere: **no soporto que sea tan falsa** I can't bear her insincerity; (*: sonrisa, modestia*) false, insincere.
II *sm/f* (*persona*): **es un falso** he is totally insincere.

falta /'falta/ *sf* **1.** (*privación, ausencia*) lack: **las plantas se murieron por falta *de* agua** the plants died through lack of water; (*escasez*) shortage: **hay falta *de* personal** there's a shortage of staff. **2. hacer falta** (*ser necesario*): **te hace falta un diccionario** you need a dictionary; **no hace falta que vengas** there's no need for you to come; **¿hace falta pagarlo ahora mismo?** do we have to pay for it right now? **3.** (*a una cita, un lugar*) absence: **no creo que se note tu falta** I don't think your absence will be noticed; **tienes que ir *sin* falta** you must be there without fail • **eché en falta a mis amigos** I missed my friends • **echó en falta varios libros** she noticed that several books were missing. **4.** (*imperfección*) fault, defect: **esta tela tiene una falta** this fabric has a fault • **le pone faltas a todo** he finds fault with everything. **5.** (*equivocación*) mistake: **cometió varias faltas *de* ortografía** he made several spelling mistakes. **6.** (*acción censurable*) failing, fault: **debes perdonar sus faltas** you must forgive his faults. **7.** (*Jur*) (*GB*) misdemeanour, (*US*) misdemeanor. **8.** (*en fútbol*) foul: **le hicieron falta** they committed a foul on him; **sacó la falta** he took the free kick; (*en tenis*) fault.

falta personal *sf* (*en baloncesto*) personal foul.

faltar /fal'tar/ [⇨ CANTAR] *vi* **1.** (*no haber*) to be lacking: **le falta interés** he is lacking in * he lacks interest; (*no haber suficiente*): **al guiso le falta sal** the stew needs more salt; **faltan dos sillas** we need two more chairs • **ahora se pincha una rueda, lo que faltaba** now I have a puncture, that's all I needed! **2.** (*haber desaparecido*) to be missing: **falta el libro de latín** the Latin book is missing. **3.** (*quedar: tiempo*) to remain: **faltan varias semanas *para* el examen** there are still several weeks (remaining * left) until the exam; **¿te falta mucho?** will you be long?; (*: cantidad*) to remain, to be left: **¿cuántos kilómetros faltan?** how many kilometres are left * are there still to go?; **faltó poco para que se cayera** he almost fell down; **¿qué falta por comprar?** what else do we need to buy? • **"¿Me dejas un momento el periódico?" "No faltaba * faltaría más."** "Can I have a look at your paper?" "Of course!" • **pues claro que van a devolverme ustedes el dinero, ¡no faltaba * faltaría más!** of course you're going to give me a refund, there can be no question about it! **4.** (*no acudir: a una cita*) to miss: **¿sabes por qué faltó a la reunión?** do you know why she missed the meeting?; (*: a un lugar*): **faltaron dos de los invitados** two of the guests didn't turn up; (*estar ausente*): **hace tres días que falta *de* casa** she's been missing from home for three days • **no sé qué hará cuando falten sus padres** I don't know what he'll do when his parents aren't around any more. **5.** (*insultar*) to be rude: **¡sin faltar!** don't be rude! **6.** (*no cumplir*) to fail: **faltó *a* su promesa** he broke his promise; **nunca faltaría *a* sus obligaciones** she would never fail to meet her commitments.

falto, -ta /'falto -ta/ *adj* lacking: **la habitación está falta *de* luz** the room lacks light; **está falto *de* cariño** he's in need of love.

faltón, -tona /fal'ton -'tona/ (*fam*) **I** *adj* disrespectful, rude: **lo castigaron por faltón** he was punished for being rude.
II *sm/f* rude * disrespectful person.

fama /'fama/ *sf* **1.** (*popularidad*) fame: **alcanzó gran fama como pintor** he achieved great fame as a painter; **es un cantante *de* fama** he's a famous * well-known singer. **2.** (*reputación*) reputation: **sus productos tienen muy buena/mala fama** their products have a good/bad name * reputation; **tenía fama *de* conquistador** he had the reputation of being a womanizer.

famélico, -ca /fa'meliko -ka/ *adj* (*hambriento*) starving; (*excesivamente delgado*) half-starved.

familia /fa'milja/ *sf* **1.** (*gen*) family: **se reunió toda la familia** the whole family got together; **es de muy buena familia** she comes from a good family • **en familia: lo celebraron en familia** the celebration was a private affair; **no seas tímido, estamos en familia** don't be shy, you're among friends; **estábamos en familia en el cine** there was only a handful of us at the cinema. **2.** (*hijos*) children: **tiene mucha familia** he has a lot of children.

familia monoparental *sf* single-parent family.

familia numerosa *sf* large family.

familiar /fami'ljar/ **I** *adj* **1.** (*gen*) (of the) family: **fue una reunión familiar** it was a family reunion; **el envase familiar sale más barato** the family(-size) pack works out cheaper. **2.** (*sencillo*) informal: **nos dieron un trato familiar** they treated us informally. **3.** (*conocido*) familiar: **su cara me es familiar** his face is familiar.
II *sm* relative: **me presentó a varios familiares suyos** he introduced me to several of his relatives.

familiaridad /familjari'ðað/ *sf* familiarity: **no le gusta que la traten con demasiada familiaridad** she doesn't like to be treated too familiarly.

familiarizar /familjari'θar/ [⇨ cazar] *vt* to familiarize.

familiarizarse *v prnl* (*con una persona*) to get to know; (*con un proceso, un aparato*) to familiarize oneself: **debe familiarizarse *con* las reglas** he must familiarize himself with the rules.

famoso, -sa /fa'moso -sa/ **I** *adj* famous.
II *sm/f* famous person.

fan /fan/ *sm/f* [**fans**] (*Dep, Mús*) fan.

fanático, **-ca** /fa'natiko -ka/ **I** *adj* fanatical.
II *sm/f* fanatic.

fanatismo /fana'tizmo/ *sm* fanaticism.

fandango /fan'daŋgo/ *sm* **1.** (*Mús*) fandango. **2.** (*fam: jarana*) row.

fanega /fa'neɣa/ *sf* **1.** (*de volumen*) *22.5 litres* (*55.5 litres in some regions*). **2.** (*de superficie*) *0.64 hectares*.

fanfarria /fan'farrja/ *sf* fanfare.

fanfarrón, **-rrona** /fanfa'rron -'rrona/ (*fam*) **I** *adj*: **es un tipo muy fanfarrón** (*al hablar*) he's always boasting; (*al actuar*) he's such a show-off.
II *sm/f* (*al hablar*) boaster, show-off; (*al actuar*) show-off.

fanfarronada /fanfarro'naða/ *sf* (*cosa dicha*) boast: **estoy harto de sus fanfarronadas** I'm sick of his boasting; (*acción*) showing-off.

fanfarronear /fanfarrone'ar/ [⇨ CANTAR] *vi* (*fam: al hablar*) to boast, to show off; (*: al actuar*) to show off.

fango /'faŋgo/ *sm* mud.

fantasear /fantase'ar/ [⇨ CANTAR] *vi* to daydream.

fantasía /fanta'sia/ *sf* **1.** (*Lit*) fantasy: **vive de fantasías** he lives in a fantasy world. **2.** (*referido a un adorno, una prenda*): **llevaba joyas de fantasía** she was wearing costume jewellery.

fantasioso, **-sa** /fanta'sjoso -sa/ **I** *adj*: **es muy fantasioso** he's always fantasizing.
II *sm/f* person who fantasizes a lot.

fantasma /fan'tazma/ **I** *sm* **1.** (*espíritu*) ghost, phantom. **2.** (*fam: presuntuoso*) bighead: **es un fantasma** he's so bigheaded.
II *adj* **1.** (*ciudad*): **una ciudad fantasma** a ghost town. **2.** (*fam: presuntuoso*) bigheaded.

fantasmagórico, **-ca** /fantazma'ɣoriko -ka/ *adj* ghostly.

fantástico, **-ca** /fan'tastiko -ka/ *adj* **1.** (*imaginario*) fantastic. **2.** (*muy bueno*) fantastic, very good.

fantoche /fan'totʃe/ *sm* ridiculous sight.

farándula /fa'randula/ *sf* (*GB*) theatre, (*US*) theater: **desde pequeño le atrajo el mundo de la farándula** ever since he was a boy he was drawn to the stage.

faraón /fara'on/ *sm* pharaoh.

faraónico, **-ca** /fara'oniko -ka/ *adj* **1.** (*Hist*) pharaonic. **2.** (*de mucha envergadura*): **era una tarea faraónica** it was a massive undertaking.

fardar /far'ðar/ [⇨ CANTAR] *vi* (*fam*) **1.** (*presumir*) to show off: **le gusta fardar** *con* **las chicas** he likes to show off in front of the girls. **2.** (*para indicar que queda bien*) to be cool: **¡cómo fardan esas gafas!** those glasses are so cool!

fardo /'farðo/ *sm* bundle.

farfullar /farfu'ʎar/ [⇨ CANTAR] *vt* to gabble: **azorado, farfulló una excusa** embarrassed, he gabbled an excuse.

faringe /fa'riŋxe/ *sf* pharynx.

faringitis /fariŋ'xitis/ *sf inv* pharyngitis.

fariseo, **-sea** /fari'seo -sea/ **I** *adj* hypocritical.
II *sm/f* hypocrite.

farmacéutico, **-ca** /farma'θeutiko -ka/ **I** *adj* pharmaceutical.
II *sm/f* pharmacist, (*GB*) chemist, (*US*) druggist.

farmacia /far'maθja/ *sf* **1.** (*disciplina*) pharmacy. **2.** (*tienda*) pharmacy, (*GB*) chemist's.
farmacia de guardia *sf* duty chemist.

fármaco /'farmako/ *sm* medicine.

farmacología /farmakolo'xia/ *sf* pharmacology.

farmacólogo, **-ga** /farma'koloɣo -ɣa/ *sm/f* pharmacologist.

faro /'faro/ *sm* **1.** (*para barcos*) lighthouse. **2.** (*de un automóvil, una motocicleta, etc.*) headlight, headlamp. **3.** (*persona*): **él fue nuestro faro y guía** he was our guiding light.
faro antiniebla *sm* fog lamp.

farol /fa'rol/ *sm* **1.** (*luz de mano*) lantern. **2.** (*luz en el exterior de una casa*) outside light. **3.** (*farola*) streetlamp, streetlight. **4.** (*fam: en juego de naipes*) bluff; (*: dicho incierto*): **siempre está echándose faroles** he's full of hot air.

farola /fa'rola/ *sf* streetlamp, streetlight.

farolear /farole'ar/ [⇨ CANTAR] *vi* to show off.

farolero, **-ra** /faro'lero -ra/ (*fam*) **I** *adj*: **¡mira que es farolero!** he's full of hot air!
II *sm/f* show-off.

farolillo /faro'liʎo/ *sm* Chinese lantern.
farolillo rojo *sm* (*Dep: fam*) bottom team (*in a league*).

farra /'farra/ *sf* • **esta noche nos vamos de farra** tonight we're going to paint the town red.

fárrago /'farraɣo/ *sm* mass, jumble: **nos dio un fárrago de instrucciones que no entendimos** he gave us a mass of instructions which we didn't understand.

farragoso, **-sa** /farra'ɣoso -sa/ *adj* muddled, confused: **estaba escrito en un estilo farragoso** it was written in a muddled style.

farruco, **-ca** /fa'rruko -ka/ *adj* (*fam*) cheeky, cocky: **lo castigaron por ponerse farruco** he was punished for being cheeky * cocky.

farsa /'farsa/ *sf* **1.** (*en teatro*) farce. **2.** (*montaje*): **las elecciones fueron una farsa** the elections were a farce.

farsante /far'sante/ **I** *adj* deceitful.
II *sm/f* impostor, fraud: **resultó que el médico era un farsante** it turned out that the doctor was an impostor.

fas /fas/ **por fas o por nefas** *loc adv* (*fam*) for one reason or another: **por fas o por nefas, nunca paga** for one reason or another, he never pays.

fascículo /fas'θikulo/ *sm* issue (*of a book published in instalments*).

fascinación /fasθina'θjon/ *sf* fascination.

fascinante /fasθi'nante/ *adj* fascinating.

fascinar /fasθi'nar/ [⇨ CANTAR] *vt* **1.** (*atraer la atención de*) to fascinate, to captivate. **2.** (*gustar mucho*): **le fascinan las películas de aventuras** he absolutely loves adventure films.

fascismo /fas'θizmo/ *sm* fascism.

fascista /fas'θista/ *adj, sm/f* fascist.

fase /'fase/ *sf* **1.** (*gen*) phase, stage: **han pasado a la segunda fase del campeonato** they have gone through to the second stage of the championship. **2.** (*Astrol, Fís*) phase.

fastidiar /fasti'ðjar/ [⇨ CAMBIAR] *vt* **1.** (*molestar*) to disturb, to bother: **tu madre está ocupada, no la fastidies** your mother is busy, don't disturb her • **¡no me fastidies!** (*para expresar molestia*) don't bother me!; (*para expresar sorpresa*) you're joking! • **hoy estoy fastidiado** today I'm feeling under the weather. **2.** (*echar a perder*) to spoil, to ruin: **la lluvia fastidió la excursión** the rain spoiled * ruined the outing; **habló cuando no debía y fastidió el plan** he said something when he shouldn't have done and ruined the plan.
♦*vi*: **le fastidia que ella se salga siempre con la suya** it annoys him that she always gets her own way;

me fastidia hacer siempre lo mismo it irks me to have to do the same thing all the time.

fastidiarse *v prnl* **1.** (*aguantarse*): **fue culpa tuya, así que te fastidias** it was your fault, so you'll just have to grin and bear it; **tuvo que fastidiarse** he just had to grit his teeth. **2.** (*echarse a perder*) to be spoiled * ruined. **3.** (*averiarse*) to go wrong: **el ordenador se ha fastidiado** the computer has gone wrong.

fastidio /fas'tiðjo/ *sm* **1.** (*disgusto, molestia*) nuisance: **es un fastidio tener que salir a estas horas** it's a nuisance having to go out at this time. **2.** (*hastío*) boredom: **¡qué fastidio estar sin hacer nada!** it's so boring not having anything to do!

fastidioso, -sa /fasti'ðjoso -sa/ *adj* annoying, irritating: **¡qué ruido tan fastidioso!** what an annoying * irritating noise!

fastos /'fastos/ *sm pl* (*celebraciones*) celebrations *pl*: **se gastaron mucho dinero en los fastos del centenario** they spent a lot of money on the centenary celebrations.

fastuoso, -sa /fas'twoso -sa/ *adj* splendid, sumptuous: **el palacio tiene unos salones fastuosos** the palace has some splendid * sumptuous apartments.

fatal /fa'tal/ **I** *adj* **1.** (*mortal*) fatal: **el golpe fue fatal** the blow was fatal; **la historia tuvo un desenlace fatal** the story ended in death. **2.** (*frml: inevitable*) inevitable. **3.** (*muy malo*) awful, terrible: **podría tener consecuencias fatales** it could have terrible consequences.

II *adv* (*gen*) very badly: **lo hicieron fatal** they did it very badly; **me cae fatal** I can't stand her; (*pasar, sonar*): **lo pasamos fatal** we had an awful time; (*sentirse*): **me encuentro fatal** I feel really ill.

fatalidad /fatali'ðað/ *sf* **1.** (*adversidad*) misfortune: **tuvo la fatalidad** *de* **caerse muy cerca de la meta** she had the misfortune to fall very near the finishing line. **2.** (*destino*) fate, destiny: **no se puede luchar contra la fatalidad** one cannot fight against fate.

fatídico, -ca /fa'tiðiko -ka/ *adj* fateful.

fatiga /fa'tiɣa/ **I** *sf* (*cansancio*) fatigue, tiredness.

II fatigas *sf pl* (*dificultades*) difficulties *pl*, trouble: **pasó muchas fatigas** *para* **terminar la carrera** he had great difficulty in finishing his degree.

fatigar /fati'ɣar/ [➪ pagar] *vt* to tire.

fatigarse *v prnl* to get tired: **últimamente se fatiga enseguida** recently he has been getting tired very quickly; **se fatiga cuando sube las escaleras** he gets out of breath when he goes up stairs.

fatuo, -tua /'fatwo -twa/ *adj* conceited.

fauces /'fauθes/ *sf pl* (*Zool*) mouth, jaws *pl*.

fauna /'fauna/ *sf* fauna.

favor /fa'βor/ *sm* **1.** (*servicio*) (*GB*) favour, (*US*) favor: **me ha hecho muchos favores** he's done me a lot of favours; **¿me puedes hacer un favor?** could you do me a favour?; **haga el favor** *de* **venir** would you be so kind as to come?; **lo hizo** *en* **favor de la causa** he did it for the cause; **por favor** please; (*Méx*): **¿favor de atenderme, señorita?** could you help me please? **2.** (*apoyo, confianza*) support: **goza del favor del presidente** he has the support of the president; **tiene el público** *a* **su favor** he has the public on his side; **es un punto** *a* **su favor** it's a point in her favour; **estoy** *a* **favor de la propuesta** I'm in favour of the proposal • **navegaban a favor de la corriente** they were sailing with the current.

favorable /faβo'raβle/ *adj* **1.** (*positivo*) (*GB*) favourable, (*US*) favorable: **no me merece una opinión muy favorable** I don't think very highly of it; **salimos a navegar con viento favorable** we went out sailing with the wind behind us. **2.** (*partidario*): **se mostró favorable** *a* **entablar negociaciones** he was in favour of starting talks.

favorecer /faβore'θer/ [➪ agradecer] *vt* **1.** (*beneficiar*) (*GB*) to favour, (*US*) to favor: **el viento favoreció a los ciclistas** the wind was in the cyclists' favour. **2.** (*sentar bien*) to suit: **el rojo te favorece** red suits you.

favoritismo /faβori'tizmo/ *sm* (*GB*) favouritism, (*US*) favoritism.

favorito, -ta /faβo'rito -ta/ *adj, sm/f* (*GB*) favourite, (*US*) favorite.

fax /faks/ *sm inv* fax.

faz /faθ/ *sf* **1.** (*rostro*) face • **parecía que había desaparecido de la faz de la tierra** he seemed to have disappeared off the face of the earth. **2.** (*de una moneda*) obverse.

FBI /efeβe'i/ *sm* (*en EE. UU.*) **el FBI** the FBI.

fe /fe/ *sf* **1.** (*Relig*) faith: **es uno de los principios de la fe islámica** it's one of the principles of the Islamic faith; **tiene mucha fe** *en* **los adelantos médicos** he has a lot of faith in modern medicine • **lo hizo de buena/mala fe** she did it in good/bad faith. **2.** (*testimonio*): **dio fe** *de* **su lealtad** he testified to her loyalty; (*Jur*): **doy fe** *de* **que es cierto** I declare it to be true.

fe de bautismo *sf* certificate of baptism.

fe de erratas *sf* errata *pl*.

fe de vida *sf*: *documentary proof that a person is living.*

fealdad /feal'dað/ *sf* ugliness.

febrero /fe'βrero/ *sm* February: **empezó** *en* **febrero** it started in February; **van a venir a primeros/finales de febrero** they're coming at the beginning/end of February; **su cumpleaños es el catorce de febrero** her birthday is on the fourteenth of February; **la conocí** *en* **febrero de este año/del año pasado** I met her in February this/last year; **nos mudamos el febrero que viene** we're moving house next February.

febril /fe'βril/ *adj* **1.** (*con fiebre*) feverish. **2.** (*actividad*) hectic: **en la oficina había una actividad febril** the office was hectic * was a hive of activity.

fecha /'fetʃa/ *sf* **1.** (*gen*) date: **la carta venía sin fecha** the letter didn't have a date on it; **no recuerdo la fecha de su cumpleaños** I can't remember the date of his birthday; **¿han fijado la fecha de la boda?** have they fixed a date for the wedding? **2.** (*momento actual*): **hasta la fecha no sabemos nada de ellos** so far we haven't heard from them; **vino el año pasado por estas fechas** she came around this time last year.

fecha de caducidad *sf* use-by date: **fecha de caducidad: 12.09.96** use by: 12.09.96.

fecha de nacimiento *sf* date of birth.

fecha límite *sf* deadline: **la fecha límite** *para* **presentarla es el diez de abril** the deadline for submitting it is the tenth of April.

fecha tope *sf* (*fam*) deadline.

fechar /fe'tʃar/ [➪ CANTAR] *vt* **1.** (*poner fecha en*) to date, to put the date on. **2.** (*datar*) to date: **fecharon la escultura** *en* **el siglo III a. C.** the sculpture was dated as being from the third century BC.

fechoría /fetʃo'ria/ *sf* **1.** (*mala acción*) misdeed, (*GB*) misdemeanour, (*US*) misdemeanor: **sus fechorías dieron con él en la cárcel** his misdeeds landed him in prison. **2.** (*travesura*) piece of mischief.

fécula /'fekula/ *sf* starch.

fecundación /fekunda'θjon/ *sf* fertilization.

fecundación artificial *sf* artificial insemination.

fecundación in vitro *sf* in vitro fertilization.

fecundar /fekun'dar/ [➪ CANTAR] *vt* (*Biol*) to fertilize.
fecundidad /fekundi'ðað/ *sf* **1.** (*capacidad de reproducción*) fertility. **2.** (*Artes, Lit*) productiveness.
fecundo, -da /fe'kundo -da/ *adj* **1.** (*fértil*) fertile. **2.** (*productivo*) prolific: **es un pintor muy fecundo** he's a very prolific painter.
federación /feðera'θjon/ *sf* federation.
federal /feðe'ral/ *adj* federal.
federalismo /feðera'lizmo/ *sm* federalism.
federarse /feðe'rarse/ [➪ CANTAR] *v prnl* **1.** (*naciones, estados*) to federate. **2.** (*equipo de fútbol*) to join a federation.
fehaciente /fea'θjente/ *adj* (*frml*: *prueba, documento*) irrefutable; (*: dato, información*) proven.
felicidad /feliθi'ðað/ **I** *sf* happiness.
II felicidades *sf pl* (*en cumpleaños*) happy birthday; (*enhorabuena*) congratulations *pl*.
felicitación /feliθita'θjon/ *sf* **1.** (*acción*) congratulation: **recibió muchas felicitaciones** she received many messages of congratulation. **2.** (*tarjeta*) greetings card.
felicitar /feliθi'tar/ [➪ CANTAR] *vt* **1.** (*dar la enhorabuena*) to congratulate: **lo felicitaron** *por* **su éxito** they congratulated him on his success; **me felicitó** *por* **la cena** he complimented me on the dinner. **2.** (*por cumpleaños, festividad, etc.*): **felicítalo** *por* **su cumpleaños** wish him a happy birthday from me; **tengo que ir a felicitarles las Pascuas** I must go and wish them a Merry Christmas.
feligrés, -gresa /feli'ɣres -'ɣresa/ *sm/f* parishioner.
felino, -na /fe'lino -na/ **I** *adj* feline.
II felino *sm* feline.
feliz /fe'liθ/ *adj* [**felices**] **1.** (*dichoso*) happy: **nos desearon una feliz estancia** they wished us a happy * pleasant stay; **¡feliz Año Nuevo!** Happy New Year!; **¡feliz Navidad!** Happy * Merry Christmas! **2.** (*afortunado*) good: **tuvo la feliz ocurrencia de...** he had the good idea of....
felpa /'felpa/ *sf* plush.
felpudo /fel'puðo/ *sm* doormat ● (*Arg, Urug*) **dejó a todos sus compañeros a la altura de un felpudo** he was way ahead of all his classmates.
femenino, -na /feme'nino -na/ **I** *adj* **1.** (*Biol*) female: **el sexo femenino** the female sex. **2.** (*forma de actuar, persona*) feminine. **3.** (*ropa, revista, equipo*) women's: **hoy empiezan las pruebas de la categoría femenina** the heats for the women's events begin today. **4.** (*Ling*) feminine.
II femenino *sm* (*Ling*) feminine.
feminismo /femi'nizmo/ *sm* feminism.
feminista /femi'nista/ *adj, sm/f* feminist.
fémur /'femur/ *sm* femur, thighbone.
fenicio, -cia /fe'niθjo -θja/ *adj, sm/f* Phoenician.
fenomenal /fenome'nal/ **I** *adj* wonderful, great: **hace un día fenomenal** it's a wonderful day; **es un profesor fenomenal** he's a great teacher.
II *adv* very well: **lo hicieron fenomenal** they did it really well; **lo pasamos fenomenal** we had a fantastic time.
fenómeno /fe'nomeno/ **I** *sm* **1.** (*de la naturaleza*) phenomenon. **2.** (*persona o animal monstruoso*) freak of nature. **3.** (*persona sobresaliente*) prodigy: **es un fenómeno del tenis** she is a tennis prodigy.
II *adj inv* fantastic, superb: **es un jugador fenómeno** he's a superb player.
III *adv* really well, superbly: **juega fenómeno** he plays superbly.
feo, -a /'feo -a/ **I** *adj* **1.** (*sin atractivo físico*) ugly: **viven en una casa muy fea** they live in a very unattractive house. **2.** (*desagradable*) nasty: **el tiempo se está poniendo feo** the weather is turning nasty; **tuvo un detalle muy feo conmigo** he behaved very badly towards me; **la situación empezó a ponerse fea** things began to get unpleasant; **estuvo metido en un asunto bastante feo** he was involved in some dubious business; **es muy feo decir mentiras** it's not nice to tell lies.
II *sm/f* ugly * unattractive person.
III feo *sm* ● **me hizo un feo** he behaved very badly towards me.
féretro /'feretro/ *sm* coffin, (*US*) casket.
feria /'ferja/ *sf* **1.** (*comercial, de atracciones*) fair: **fue a la feria del libro** she went to the book fair. **2.** (*Méx: dinero suelto*) change. **3.** (*Arg, Chi, Perú, Urug: mercado al aire libre*) (street) market.
feria agrícola *sf* agricultural show.
feria de muestras *sf* trade fair.
ferial /fe'rjal/ *adj, sm* fair: **no se puede aparcar en el recinto ferial** parking is not allowed in the fairground.
feriante /fe'rjante/ *sm/f* (*en un mercado*) stallholder; (*en una feria de muestras*) exhibitor.
fermentación /fermenta'θjon/ *sf* fermentation.
fermentar /fermen'tar/ [➪ CANTAR] *vi* to ferment.
fermento /fer'mento/ *sm* **1.** (*Quím*) ferment. **2.** (*causa*): **la subida de los precios fue el fermento de la rebelión** it was the rise in prices that sparked off the rebellion.
ferocidad /feroθi'ðað/ *sf* ferocity.
feroz /fe'roθ/ *adj* [**feroces**] ferocious, fierce: **fue un ataque feroz** it was a ferocious attack ● **tengo un hambre feroz** I'm ravenous.
férreo, -rrea /'ferreo -rrea/ *adj* **1.** (*de hierro*) ferrous. **2.** (*del ferrocarril*) rail, (*GB*) railway, (*US*) railroad: **la línea férrea pasa muy cerca** the railway line passes close by. **3.** (*duro, firme*) iron: **tiene una voluntad férrea** she has a will of iron; **les imponen una disciplina férrea** they impose strict discipline upon them.
ferretería /ferrete'ria/ *sf* **1.** (*establecimiento*) hardware store, (*GB*) ironmonger's. **2.** (*productos*) hardware, (*GB*) ironmongery.
ferretero, -ra /ferre'tero -ra/ *sm/f* hardware dealer, (*GB*) ironmonger.
ferrocarril /ferroka'rril/ *sm* (*GB*) railway, (*US*) railroad.
ferroviario, -ria /ferro'βjarjo -rja/ **I** *adj* rail, (*GB*) railway, (*US*) railroad: **la huelga ferroviaria** the rail * railway strike.
II *sm/f* (*GB*) railway worker, (*US*) railroad worker.
ferry /'feri/ *sm* [**ferries**] ferry.
fértil /'fertil/ *adj* fertile.
fertilidad /fertili'ðað/ *sf* fertility.
fertilizante /fertili'θante/ **I** *adj* fertilizing.
II *sm* fertilizer.
fertilizar /fertili'θar/ [➪ cazar] *vt* to fertilize.
ferviente /fer'βjente/ *adj* ardent, fervent: **soy un ferviente admirador suyo** I'm an ardent admirer of hers.
fervor /fer'βor/ *sm* (*GB*) fervour, (*US*) fervor.
festejar /feste'xar/ [➪ CANTAR] *vt* **1.** (*celebrar*) to celebrate: **salieron a cenar para festejar su cumpleaños** they dined out to celebrate her birthday. **2.** (*frml: cortejar*) to court.

festejo /fes'texo/ *sm* festivity, celebration: **tenemos que preparar el programa de festejos** we must organize the programme of festivities.
festín /fes'tin/ *sm* feast, banquet.
festival /festi'βal/ *sm* festival.
festival de cine *sm* film festival.
festividad /festiβi'ðað/ *sf* (*gen*) festivity; (*religiosa*) feast.
festivo, -va /fes'tiβo -βa/ **I** *adj* **1.** (*día*): **el próximo viernes es festivo** next Friday is a public holiday. **2.** (*ambiente*) festive: **se respiraba un ambiente festivo** there was a festive atmosphere.
II festivo *sm* public holiday (*sometimes also Sunday*): **no abren los festivos** they don't open on public holidays and Sundays; **cerrado domingos y festivos** closed on Sundays and public holidays.
festón /fes'ton/ *sm* festoon.
feta /'feta/ *sf* (*Arg, Urug*: *de fiambre*) slice.
fetal /fe'tal/ *adj* (*GB*) foetal, (*US*) fetal.
fetén /fe'ten/ (*fam*) **I** *adj* great, fantastic: **fue una fiesta fetén** it was a fantastic party.
II *adv*: **lo pasamos fetén** we had a great time.
fetiche /fe'titʃe/ *sm* fetish.
fetichismo /feti'tʃizmo/ *sm* fetishism.
fetichista /feti'tʃista/ **I** *adj* fetishistic.
II *sm/f* fetishist.
fétido, -da /'fetiðo -ða/ *adj* foul-smelling, fetid: **la bolsa despedía un olor fétido** the bag gave off a fetid smell * a foul smell.
feto /'feto/ *sm* **1.** (*embrión*) (*GB*) foetus, (*US*) fetus. **2.** (*fam*: *persona fea*): **su hermano es un feto** his brother is hideously ugly.
feudal /feu'ðal/ *adj* feudal.
feudalismo /feuða'lizmo/ *sm* feudalism.
fez /feθ/ *sm* [**feces**] fez.
FF. AA. *pronounced* /'fwerθas ar'maðas/ (*abbreviation of* **Fuerzas Armadas**) Armed Forces.
FF. CC. *pronounced* /ferroka'rriles/ (*abbreviation of* **ferrocarriles**) (*GB*) railway, (*US*) railroad.
fiable /'fjaβle/ *adj* **1.** (*información*) reliable: **estos datos no son fiables** this data is unreliable. **2.** (*maquinaria*) dependable, reliable.
fiado /'fjaðo/ **de fiado** *loc adv*: **en esa tienda puedo comprar de fiado** in that shop I can buy on credit.
fiador, -dora /fja'ðor -'ðora/ *sm/f* guarantor.
fiambre /'fjambre/ *sm* **1.** (*alimento*) cold meat * cut. **2.** (*fam*: *muerto*) corpse, stiff.
fiambrera /fjam'brera/ *sf* (*para ir de excursión, para guardar*) food container; (*para ir a trabajar*) lunch box.
fiambrería /fjambre'ria/ *sf* (*Arg, Chi, Urug*) delicatessen.
fianza /'fjanθa/ *sf* **1.** (*Jur*) bail: **lo han dejado en libertad** *bajo* **fianza** he's been released on bail. **2.** (*depósito*) deposit: **el casero nos pidió una fianza** the landlord asked us for a deposit.
fiar /fjar/ [➪ansiar] *vi* **1.** (*en una tienda*) to give credit: **ya no le fían** they don't give him credit any longer. **2.** (*avalar, garantizar*) to vouch for: **yo le fío, puedes darle otra oportunidad** I'll vouch for him, you can give him another chance. **3.** (*confiar*) to trust: **no es una persona** *de* **fiar** he's not somebody you can trust.
♦ *vt* (*una compra*) to sell on credit.
fiarse *v prnl* to trust: **no me fiaba** *de* **él** I didn't trust him.
fiasco /'fjasko/ *sm* fiasco.
fibra /'fiβra/ *sf* (*GB*) fibre, (*US*) fiber: **tiene que comer mucha fibra** she has to eat a lot of food containing fibre • **lo que dijiste tocó su fibra sensible** what you said struck a chord in him.
fibra de vidrio *sf* (*GB*) fibreglass, glass fibre, (*US*) fiberglass, glass fiber.
fibra óptica *sf* (*GB*) optical fibre, (*US*) optical fiber.
fibroso, -sa /fi'βroso -sa/ *adj* fibrous.
ficción /fik'θjon/ *sf* **1.** (*Lit*) fiction. **2.** (*cosa inventada*): **eso de que tiene otra casa es pura ficción** all that about having another house is pure fiction.
ficha /'fitʃa/ *sf* **1.** (*en juegos de mesa*) counter; (*de dominó*) domino. **2.** (*para apostar*) chip; (*para telefonear*) token; (*de guardarropa*) ticket, number. **3.** (*para anotar*) index card. **4.** (*en el colegio*) exercise sheet.
ficha policial *sf* police record.
ficha técnica *sf* **1.** (*de un automóvil, una máquina*) technical specification(s). **2.** (*de una película*) *details of actors, directors, production, etc.*
fichaje /fi'tʃaxe/ *sm* **1.** (*Dep*: *acción, jugador*) signing: **fue un buen fichaje** *para* **el equipo** he proved to be a good signing for the team. **2.** (*fam*: *empleado*): **fue un gran fichaje** *para* **la empresa** she turned out to be a real asset to the company.
fichar /fi'tʃar/ [➪CANTAR] *vt* **1.** (*registrar*) to open a file on: **la policía ya los había fichado** the police already had files on them. **2.** (*a un deportista*) to sign (up); (*fam*: *a un empleado*) to hire, to take on: **lo fichó una multinacional** he was hired by a multinational. **3.** (*fam*: *calar*): **enseguida la fiché** I sized her up straightaway.
♦ *vi* **1.** (*en el trabajo: al entrar*) to clock in * on; (*: al salir*) to clock out * off. **2.** (*Dep*) to sign up: **fichó** *por* **un equipo italiano** he signed up for an Italian team.
fichero /fi'tʃero/ *sm* **1.** (*mueble*) filing cabinet; (*caja*) card index. **2.** (*Inform*) file.
ficticio, -cia /fik'tiθjo -θja/ *adj* fictitious.
ficus /'fikus/ *sm inv* rubber plant.
fidedigno, -na /fiðe'ðiγno -na/ *adj* trustworthy, reliable: **lo sabemos de fuentes fidedignas** we have it from reliable sources.
fideicomisario, -ria /fiðeikomi'sarjo -rja/ *sm/f* trustee.
fideicomiso /fideiko'miso/ *sm* trusteeship.
fidelidad /fiðeli'ðað/ *sf* **1.** (*lealtad*) fidelity. **2.** (*precisión*) accuracy.
fideo /fi'ðeo/ *sm* noodle • **se quedó como un fideo** she was as thin as a rake.
fiduciario, -ria /fiðu'θjarjo -rja/ **I** *adj* fiduciary.
II *sm/f* trustee, fiduciary.
fiebre /'fjeβre/ *sf* **1.** (*Med*: *temperatura*) fever: **tenía fiebre** he had a temperature. **2.** (*fam*: *agitación*) fever: **ya ha empezado la fiebre de las navidades** the Christmas rush has already begun; (*: afición*) craze, bug: **le ha dado la fiebre** *de* **las motos** she's been bitten by the motorbike bug.
fiebre amarilla *sf* yellow fever.
fiebre del heno *sf* hay fever.
fiel /fjel/ **I** *adj* **1.** (*a pareja, ideas*) faithful: **es fiel** *a* **sus principios** she is faithful to her principles; **es un amigo fiel** he is a loyal friend. **2.** (*al original*) accurate, faithful: **era una fiel imitación de las joyas** it was an accurate replica of the jewels.
II *sm/f* believer: **asistieron miles de fieles** thousands of believers attended.
III *sm* (*de una balanza*) needle.
fieltro /'fjeltro/ *sm* felt.

fiera /'fjera/ **I** *sf* (*bestia*) beast, wild animal • **cuando se lo dije, se puso hecho una fiera** when I told him, he went wild (with anger).
II *sm/f* (*fam*) ace: **es un fiera nadando** he's a fantastic swimmer.

fiero, -ra /'fjero -ra/ *adj* **1.** (*animal*) fierce, ferocious. **2.** (*intenso*) fierce, intense: **se enzarzaron en una fiera discusión** they got into a fierce argument.

fierro /'fjerro/ *sm* **1.** (*Amér L: hierro*) iron. **2.** (*Méx: calderilla*) small change.

fiesta /'fjesta/ **I** *sf* **1.** (*reunión*) party: **organizaron una fiesta de despedida** they organized a farewell party. **2.** (*día libre*) day off, holiday: **el lunes hice fiesta** I took the day off on Monday; (*festividad nacional, local*) public holiday: **el día 19 de marzo es fiesta** the 19th of March is a public holiday; **el lunes que viene es fiesta** next Monday is a holiday. **3.** (*religiosa*) festival, feast.
II fiestas *sf pl* **1.** (*festejos*) festivities *pl*, celebrations *pl*: **se conocieron en las fiestas de San Mateo** they met during the Saint Matthew's Day celebrations • **lo siento, no estoy para fiestas** sorry, I'm not in the mood for jokes. **2.** (*Navidad*) Christmas (holidays): **¿dónde vas a pasar las fiestas?** where are you going to spend Christmas?; **¡felices fiestas!** happy * merry Christmas! **3.** (*hechas por una persona*): **por más fiestas que me hagas no vas a convencerme** you won't win me over however nice you are to me; (*hechas por un perro*) fuss: **el perro se puso a hacerle fiestas** the dog started making a fuss of him.
fiesta de disfraces *sf* fancy-dress party.
fiesta de guardar *sf* holy day of obligation.
fiesta mayor *sf*: *a town or village's main annual festival.*
fiesta nacional *sf* **1.** (*día festivo*) public holiday. **2.** (*Tauro*) bullfighting.

figura /fi'ɣura/ **I** *sf* **1.** (*forma exterior, imagen*) figure: **tiene una figura muy bonita** she has a very nice figure; **estaba decorado con figuras humanas** it was adorned with human figures. **2.** (*persona destacada*) figure: **es una de las grandes figuras de la política mexicana** he's one of the most important figures in Mexican politics. **3.** (*en geometría*) figure. **4.** (*en naipes*) (*GB*) picture card, (*US*) face card.
II *sm* (*fam*) whizz, ace: **es un figura** *para* **los negocios** he's a whizz at business.

figuración /fiɣura'θjon/ *sf* imagination: **son figuraciones tuyas** it's just your imagination.

figurado, -da /fiɣu'raðo -ða/ *adj* figurative: **lo dije en sentido figurado** I meant it figuratively.

figurante /fiɣu'rante/ *sm/f* extra (*in a play, film*).

figurar /fiɣu'rar/ [➪ CANTAR] *vi* **1.** (*estar*) to be, to appear: **ese libro no figura** *en* **la lista** that book is not on the list. **2.** (*ser centro de atención*) to stand out, to be seen: **le encanta figurar** he loves to be seen.
♦ *vt* (*simbolizar*) to represent: **los decorados figuraban un antiguo castillo** the set represented an old castle.
figurarse *v prnl* to suppose, to imagine: **me figuro que estará en casa** I imagine she's at home; **¡figúrate qué problema!** just imagine the problem!

figurín /fiɣu'rin/ *sm* **1.** (*de moda: diseño*) sketch; (*: revista*) fashion magazine. **2.** (*dandi*): **con ese traje iba hecho un figurín** he looked extremely smart in that suit.

figurón /fiɣu'ron/ *sm* show-off, attention-seeker.

fijación /fixa'θjon/ *sf* **1.** (*obsesión*) fixation, obsession: **tiene verdadera fijación** *por* **los coches** he has a real obsession with cars. **2.** (*acción*) fixing.

fijador /fixa'ðor/ *sm* **1.** (*gomina*) hair gel; (*Amér L: laca*) hair spray. **2.** (*en fotografía*) fixer; (*en pintura*) fixative.

fijar /fi'xar/ [➪ CANTAR] *vt* **1.** (*asegurar*) to fix, to attach: **hay que fijar la estantería** *a* **la pared** the shelves must be fixed to the wall. **2.** (*dirigir: la atención*) to concentrate; (*: la mirada*) to fix: **fijó sus ojos** *en* **mí** she stared at me. **3.** (*establecer*) to establish: **fijaron su residencia en Londres** they took up residence in London. **4.** (*precisar*) to set, to fix: **aún no han fijado la fecha** they still haven't set the date.
fijarse *v prnl* **1.** (*notar*) to notice: **no me había fijado** *en* **que llevaba una pulsera nueva** I hadn't noticed that she was wearing a new bracelet; **me fijo mucho** *en* **estas cosas** I notice these things. **2.** (*prestar atención*) to pay attention: **comete tantos errores porque no se fija** he makes so many mistakes because he doesn't pay attention; **fíjate bien** *en* **lo que te dicen** listen carefully to what they tell you; **¡fíjate lo que me dijo!** did you hear what she said to me! **3.** (*un objetivo*) to set: **se fijó esa meta** she set herself that target.

fijo, -ja /'fixo -xa/ **I** *adj* **1.** (*sujeto*) fixed, attached: **está fijo** *a* * *en* **la pared** it is fixed to the wall. **2.** (*establecido de forma definitiva: gen*) fixed, regular: **no tiene horario fijo** she doesn't have a fixed timetable; **no tiene hora fija de llegar a casa** he doesn't have to be home by a certain time; **no tiene novia fija** he doesn't have a regular * steady girlfriend; **todavía no tienen residencia fija** they still don't have a permanent address; (*: trabajo*) permanent: **tiene un trabajo fijo** she has a permanent job; **no está fijo** he's not a permanent member of staff. **3.** (*atención, mirada, etc.*) fixed: **tenía la mirada fija** *en* **el suelo** he was staring at the floor. **4.** (*clientela*) regular: **somos clientes fijos de esa tienda** we are regular customers at that shop.
II fijo *adv* (*fam*) definitely, for sure: **fijo que ha sido ella** it was definitely her.

fila /'fila/ **I** *sf* **1.** (*línea*) line: **pusieron a los niños** *en* **fila** they lined the children up. **2.** (*de asientos*) row: **nos dieron la fila segunda** we were given the second row • **siempre tiene que estar en primera fila** he always has to be at the centre of things. **3.** (*fam: manía*) dislike: **el jefe me tiene fila** the boss doesn't like me, the boss has got it in for me.
II filas *sf pl* **1.** (*Mil*) ranks *pl*: **lo llamaron a filas** he was (*GB*) called up * (*US*) drafted • **cerraron filas en torno al primer ministro** they closed ranks around the Prime Minister. **2.** (*de una organización*) ranks *pl*: **milita en las filas conservadoras** he's a member of the Conservative Party.
fila india *sf* single * Indian file.

filamento /fila'mento/ *sm* filament.

filantropía /filantro'pia/ *sf* philanthropy.

filántropo, -pa /fi'lantropo -pa/ *sm/f* philanthropist.

filarmónica /filar'monika/ *sf* philharmonic orchestra.

filarmónico, -ca /filar'moniko -ka/ *adj* philharmonic.

filatelia /fila'telja/ *sf* stamp-collecting, philately.

filatélico, -ca /fila'teliko -ka/ *adj* stamp-collecting, philatelic: **una revista filatélica** a stamp-collecting magazine.

filete /fi'lete/ *sm* **1.** (*de carne, pescado*) fillet: **filete de ternera** veal steak; **filete de merluza** fillet of hake. **2.** (*en un libro, una prenda*) border.

filiación /filja'θjon/ *sf* **1.** (*identificación*) personal details *pl*: **a todas las personas les piden la filiación** everybody is asked for their personal details.

2. (*adscripción*) sympathies *pl*: **todos conocemos su filiación política** we all know his political sympathies.

filial /fiˈljal/ **I** *adj* **1.** (*de hijo*) filial: **sentía por ella un amor filial** he felt filial love towards her. **2.** (*delegación*) subsidiary.
II *sf* subsidiary: **han abierto una filial en Escocia** they've opened a subsidiary in Scotland.

filigrana /filiˈɣrana/ *sf* **1.** (*en joyería*) filigree. **2.** (*en un billete*) watermark. **3.** (*con una pelota*) complicated move • **tuvo que hacer filigranas para llegar a tiempo** he had to work miracles to get there on time.

filípica /fiˈlipika/ *sf* (*frml*) diatribe.

Filipinas /filiˈpinas/ *sfpl*: **las (islas) Filipinas** the Philippines.

filipino, -na /filiˈpino -na/ *adj, sm/f* Filipino.

filisteo, -tea /filisˈteo -tea/ *adj, sm/f* Philistine.

filmar /filˈmar/ [➪ CANTAR] *vt/i* to film.

filme /ˈfilme/ *sm* movie, (*GB*) film.

filmina /filˈmina/ *sf* slide, transparency.

filmografía /filmoɣraˈfia/ *sf* filmography, list * repertoire of films.

filmoteca /filmoˈteka/ *sf* (*archivo*) (*GB*) film library, (*US*) movie library: **hay un ciclo de cine japonés en la filmoteca nacional** the national film library is showing a season of Japanese films.

filo /ˈfilo/ *sm* **1.** (*de un cuchillo*) (cutting) edge: **se cortó con el filo de la navaja** she cut herself on the blade of the knife • **salí de casa al filo de las cinco** I left home at about five o'clock. **2.** (*Méx*: *hambre*) hunger.

filología /filoloˈxia/ *sf* philology: **Filología Inglesa** English Language and Literature.

filólogo, -ga /fiˈloloɣo -ɣa/ *sm/f* philologist.

filón /fiˈlon/ *sm* **1.** (*Geol*) seam, vein: **encontraron un filón de oro** they found a seam of gold. **2.** (*negocio provechoso*): **ese negocio ha resultado ser un filón** that business has turned out to be a real gold mine.

filosofar /filosoˈfar/ [➪ CANTAR] *vi* to philosophize.

filosofía /filosoˈfia/ *sf* philosophy • **no es capaz de tomarse las cosas con filosofía** he is incapable of taking things philosophically.

filosófico, -ca /filoˈsofiko -ka/ *adj* philosophical: **tienes que adoptar una actitud más filosófica** you must take things more calmly * philosophically.

filósofo, -fa /fiˈlosofo -fa/ *sm/f* philosopher.

filtración /filtraˈθjon/ *sf* **1.** (*de líquido*) filtration. **2.** (*de una noticia*) leak.

filtrar /filˈtrar/ [➪ CANTAR] *vt* **1.** (*un líquido*) to filter. **2.** (*una noticia*) to leak.
filtrarse *v prnl* **1.** (*líquido*) to filter: **el agua se filtró** *por* **el techo** the water leaked through the roof. **2.** (*noticia*) to leak out: **la noticia se ha filtrado** *a* **la prensa** the news has leaked out to the press.

filtro /ˈfiltro/ *sm* filter: **compró un filtro para la pantalla del ordenador** she bought a filter for the computer screen.

fin /fin/ *sm* **1.** (*gen*) end: **volverá** *a* **fin** *de* **mes** she'll be back at the end of the month; **debió de ser** *a* **fines** *de* **diciembre** it must have been at the end of December; *al* * *por* **fin conseguí comunicar con él** I finally managed to get in touch with him • **a fin de cuentas, lo pasamos bien** at the end of the day, we had a good time • **al fin y al cabo es buena persona** when all is said and done, he's a nice person • **ya es hora de que des fin a esta situación** it's about time you put an end to this situation • **¡en fin! ¿qué le vamos a hacer?** well, what can we do about it? **2.** (*finalidad*) objective, aim: **su único fin era aprobar los exámenes** her sole aim was to pass the exams; **pagó** *a* **fin** *de* **evitarse mayores problemas** she paid in order to avoid further problems; **le eché una mano con el fin de que acabara antes** I gave him a hand so he could finish sooner.
fin de año *sm* New Year's Eve.
fin de fiesta *sm* grand finale.
fin de semana *sm* weekend: **que pases un buen fin de semana** have a good weekend.

finado, -da /fiˈnaðo -ða/ *sm/f* deceased.

final /fiˈnal/ **I** *adj* final, last: **el número final fue estupendo** the last act was fantastic; **está estudiando para los exámenes finales** he is studying for his final exams * finals.
II *sm* end: **la película tiene un final feliz** the film has a happy ending; *al* **final volvió a su país** in the end she returned to her country; **nos vamos de vacaciones** *a* **finales** *de* **agosto** we are going on holiday at the end of August.
III *sf* final: **pasaron a la final** they went through to the final.

finalidad /finaliˈðað/ *sf* purpose, objective.

finalista /finaˈlista/ **I** *adj* competing in the final: **mañana se enfrentan los equipos finalistas** the teams competing in the final meet tomorrow.
II *sm/f* finalist.

finalizar /finaliˈθar/ [➪ cazar] *vt/i* to finish, to end.

financiación /finanθjaˈθjon/ *sf* financing, finance: **hay que resolver los problemas de financiación** the problems relating to financing must be resolved.

financiar /finanˈθjar/ [➪ CAMBIAR] *vt* to finance, to back: **fue financiado por varios bancos** it was financed by several banks.

financiera /finanˈθjera/ *sf* finance company * house.

financiero, -ra /finanˈθjero -ra/ **I** *adj* financial.
II *sm/f* financier.

finanzas /fiˈnanθas/ *sfpl* finances *pl*.

finca /ˈfiŋka/ *sf* **1.** (*tierras*) estate. **2.** (*edificio*) property. **3.** (*casa de recreo*) country house * cottage.

finés, -nesa /fiˈnes -ˈnesa/ *adj, sm/f*, **finés** *sm* ➪ finlandés

fingir /fiŋˈxir/ [➪ surgir] *vt* to pretend, to feign: **fingió que se encontraba enfermo** he pretended he was sick; **fingieron sorpresa** they feigned surprise.
fingirse *v prnl* to pretend to be: **se fingió ofendida** she pretended to be offended.

finiquito /finiˈkito/ *sm* (*cantidad*) settlement.

finito, -ta /fiˈnito -ta/ *adj* finite.

finlandés, -desa /finlanˈdes -ˈdesa/ **I** *adj* Finnish.
II *sm/f* Finn: **los finlandeses** the Finnish, the Finns.
III finlandés *sm* (*idioma*) Finnish.

Finlandia /finˈlandja/ *sf* Finland.

fino, -na /ˈfino -na/ **I** *adj* **1.** (*delgado*) thin: **la manta era demasiado fina** the blanket was too thin. **2.** (*refinado: persona*) polite, well-bred; (*: cosa*) fine, elegant: **llevaba un vestido de lo más fino** she wore a most elegant dress. **3.** (*suave*) soft: **tiene una piel muy fina** she has very soft skin. **4.** (*agudo*) acute: **tiene un oído bastante fino** he has a very acute sense of hearing; **fue una respuesta muy fina** it was a very smart reply. **5.** (*oro, plata, etc.*) pure: **son unos pendientes de oro fino** they are pure gold earrings.
II fino *sm* fino (*dry sherry*).

finolis /fiˈnolis/ (*fam*) **I** *adj inv* affected.
II *sm/f inv* affected person.

finta /ˈfinta/ *sf* (*Dep*) feint.

finura /fi'nura/ *sf* **1.** (*de un acabado, un trabajo*) fineness, quality. **2.** (*de modales*) refinement. **3.** (*de los sentidos*) acuteness: **¡qué finura de oído!** what an acute sense of hearing! **4.** (*del ingenio*) sharpness: **destacaba por la finura de su ironía** he stood out because of his subtle irony.

fiordo /'fjorðo/ *sm* fjord, fiord.

firma /'firma/ *sf* **1.** (*de una persona*) signature ● **aquel discurso llevaba su firma** that speech bore his mark * stamp; (*de un acuerdo, un tratado, etc.*) signing: **asistieron a la firma del acuerdo** they were present at the signing of the agreement. **2.** (*compañía*) firm, company.

firmamento /firma'mento/ *sm* firmament.

firmante /fir'mante/ *adj, sm/f* signatory: **el texto lo suscriben los abajo firmantes** the text is endorsed by the undersigned.

firmar /fir'mar/ [⇨CANTAR] *vt* to sign: **firmó un contrato de tres años** she signed a three-year contract. ♦*vi* to sign: **firme aquí, por favor** sign here, please; **firmó por tres años en el equipo** he signed up with the team for three years ● **firmaría por tener su trabajo** I'd be happy to have his job.

firme /'firme/ **I** *adj* **1.** (*resistente*) strong, firm: **los estantes tienen que quedar bien firmes** the shelves need to be made very firm ● **aún no han hecho el pedido en firme** they haven't yet placed a firm order. **2.** (*sentimientos*) firm: **les une una firme amistad** a firm friendship binds them together; **se mantuvo firme en sus opiniones** he stood firm in his opinions.
II *sm* road surface, roadway: **el firme estaba muy resbaladizo** the road surface was very slippery.
III *adv* (*also* **de firme**) hard: **trabajó (de) firme y lo consiguió** she worked hard and achieved it.
IV firmes *excl* (*Mil*) attention.

firmeza /fir'meθa/ *sf* firmness: **defendió su postura con firmeza** she steadfastly defended her viewpoint.

fiscal /fis'kal/ **I** *adj* **1.** (*relativo a impuestos*) tax, fiscal: **no sé nada de asuntos fiscales** I know nothing about tax matters. **2.** (*Jur*) prosecuting: **eso es competencia del ministerio fiscal** that's a matter for the state prosecuting attorney.
II *sm/f* public prosecutor.

fiscalía /fiska'lia/ *sf* public prosecutor's office.

fiscalizar /fiskali'θar/ [⇨cazar] *vt* to control (*spending*).

fisco /'fisko/ *sm* tax authorities *pl*, (*GB*) Inland Revenue, (*US*) Internal Revenue.

fisgar /fiz'ɣar/ [⇨pagar] *vi* to snoop: **¿qué haces fisgando** *en* **mis cajones?** what are you doing snooping around in my drawers?

fisgón, -gona /fiz'ɣon -'ɣona/ **I** *adj* nosy.
II *sm/f* snooper, nosy person.

fisgonear /fizɣone'ar/ [⇨CANTAR] *vi* to snoop.

física /'fisika/ *sf* physics [lleva el verbo en singular].

físico, -ca /'fisiko -ka/ **I** *adj* physical.
II *sm/f* (*persona*) physicist.
III físico *sm* (*aspecto*) physique.

fisiología /fisjolo'xia/ *sf* physiology.

fisiológico, -ca /fisjo'loxiko -ka/ *adj* (*Anat*) physiological.

fisiólogo, -ga /fi'sjoloɣo -ɣa/ *sm/f* physiologist.

fisión /fi'sjon/ *sf* fission.
fisión nuclear *sf* nuclear fission.

fisioterapeuta /fisjotera'peuta/ *sm/f* physiotherapist.

fisioterapia /fisjote'rapja/ *sf* physiotherapy.

fisonomía /fisono'mia/ *sf* physiognomy, appearance.

fisonomista /fisono'mista/ *sm/f*: **no soy buen fisonomista** I'm not very good at remembering faces.

fisura /fi'sura/ *sf* fissure, crack: **su relación tiene ya demasiadas fisuras** there are too many cracks in their relationship as it is.

fláccido, -da /'flakθiðo -ða/, **flácido, -da** /'flaθiðo -ða/ *adj* flaccid.

flaco, -ca /'flako -ka/ **I** *adj* skinny, thin ● **les hizo un flaco favor** instead of helping he caused them more problems ● **su punto flaco es el inglés** English is her weak point.
II *sm/f* thin person.

flagelación /flaxela'θjon/ *sf* flagellation, whipping.

flagelar /flaxe'lar/ [⇨CANTAR] *vt* to flagellate, to whip.

flagelo /fla'xelo/ *sm* **1.** (*látigo*) whip, scourge. **2.** (*desgracia*) affliction, scourge.

flagrante /fla'ɣrante/ *adj* flagrant, gross: **es una flagrante negligencia por parte del ayuntamiento** the council is guilty of gross negligence; **lo pillaron** *en* **flagrante delito** he was caught red-handed.

flamante /fla'mante/ *adj* **1.** (*espléndido*) radiant: **la novia apareció flamante** the bride was radiant. **2.** (*reciente: objeto*) brand-new: **lo vi pasar en su flamante coche** I saw him go by in his brand-new car; (*: persona*) new: **entrevistaron al flamante campeón** they interviewed the new champion.

flambear /flambe'ar/ [⇨CANTAR] *vt* to flambé.

flamear /flame'ar/ [⇨CANTAR] *vi* **1.** (*arder*) to blaze, to burn. **2.** (*bandera, tela, etc.*) to flap, to flutter: **su vestido flameaba al viento** her dress was flapping in the wind.

flamenco, -ca /fla'meŋko -ka/ **I** *adj* **1.** (*de Flandes*) Flemish. **2.** (*Mús*) flamenco: **le gusta el baile flamenco** he likes flamenco dancing. **3.** (*fam: insolente*) cheeky, insolent: **se puso flamenca y la castigué** she got cheeky so I punished her.
II *sm/f* (*Geog*) Fleming.
III flamenco *sm* **1.** (*Mús*) flamenco. **2.** (*idioma*) Flemish. **3.** (*ave*) flamingo.

flan /flan/ *sm* crème caramel ● **llegó a casa hecho * como un flan** he was a nervous wreck when he got home.

flanco /'flaŋko/ *sm* flank.

flanquear /flaŋke'ar/ [⇨CANTAR] *vt* to flank: **hileras de árboles flanqueaban la calle** the street was flanked by rows of trees.

flaquear /flake'ar/ [⇨CANTAR] *vi* **1.** (*debilitarse*): **le flaqueaban las fuerzas** his strength was flagging; (*perder ánimo*): **le flaqueó la fuerza de voluntad** he lost heart, he lost the will to go on. **2.** (*flojear*) to be weak: **flaquea** *en* **matemáticas y física** she's weak in maths and physics.

flaqueza /fla'keθa/ *sf* **1.** (*delgadez*) skinniness, thinness. **2.** (*debilidad física, moral*) weakness, frailty.

flash /flas/ *sm* [**flashes**] flash: **esta cámara tiene flash incorporado** this camera has a built-in flash.

flato /'flato/ *sm* **1.** (*gases*) flatulence, (*GB*) wind, (*US*) gas: **dejé de correr porque me dio flato** I stopped running because I got a stitch. **2.** (*Amér L: tristeza*) sadness, melancholy.

flatulencia /flatu'lenθja/ *sf* flatulence.

flauta /'flauta/ **I** *sf* (*instrumento*) flute.
II *sm* (*intérprete*) flute, flautist, (*US*) flutist.
flauta de pico, flauta dulce *sf* recorder.

flautín /flau'tin/ **I** *sm* (*instrumento*) piccolo.
II *sm/f* (*intérprete*) piccolo player.

flautista /flau'tista/ *sm/f* flautist, (*US*) flutist.

flecha /'fletʃa/ *sf* **1.** (*dardo*) arrow ● **vino como una flecha** she was there like a shot. **2.** (*para indicar una dirección*) arrow: **esa flecha indica la salida** that arrow shows the way to the exit. **3.** (*de un campanario, una torre, etc.*) spire.

flechazo /fle'tʃaθo/ *sm* **1.** (*herida de flecha*) arrow wound. **2.** (*amor repentino*) love at first sight: **aquello fue un verdadero flechazo** it was truly love at first sight.

fleco /'fleko/ *sm* **1.** (*de alfombra, cortinas, etc.*) fringe. **2.** (*en ropa: adorno*) tassel; (*: borde desgastado*) frayed edge. **3.** (*fam: de un asunto*): **todavía quedan algunos flecos sueltos** there are still some loose ends (to tie up).

flema /'flema/ *sf* **1.** (*mucosidad*) phlegm. **2.** (*serenidad*) phlegm, sang-froid: **hay que tener flema para reaccionar así** you have to be very phlegmatic to react like that. **3.** (*lentitud*) slowness: **¡lo hace todo con una flema!** he's so slow over everything he does!

flemático, -ca /fle'matiko -ka/ *adj* phlegmatic, imperturbable.

flemón /fle'mon/ *sm* gumboil.

flequillo /fle'kiʎo/ *sm* (*GB*) fringe, (*US*) bangs *pl*.

fletar /fle'tar/ [➪ CANTAR] *vt* to charter, to hire: **fletaron un avión para los seguidores** a plane was chartered for the supporters.

flete /'flete/ *sm* **1.** (*en transportes: precio*) freightage, haulage; (*: cargamento*) cargo, freight. **2.** (*Arg, Col, Urug: caballo*) fast horse.

flexibilidad /fleksiβili'ðað/ *sf* flexibility.

flexible /flek'siβle/ *adj* flexible.

flexión /flek'sjon/ *sf* **1.** (*gen*) bend; (*en gimnasia*) (*GB*) press-up, (*US*) push-up. **2.** (*Ling*) inflection.

flexionar /fleksjo'nar/ [➪ CANTAR] *vt* (*un músculo*) to flex; (*las piernas, la cintura*) to bend: **hay que flexionar la cintura** you have to bend (from the waist).

flexo /'flekso/ *sm* adjustable reading lamp, Anglepoise® lamp.

flipar /fli'par/ [➪ CANTAR] *vi* (*fam*): **me flipa** it freaks me out.

flirtear /flirte'ar/ [➪ CANTAR] *vi* to flirt.

flojear /floxe'ar/ [➪ CANTAR] *vi*: **su trabajo ha empezado a flojear últimamente** her work has started to go downhill recently; **las ventas han flojeado este mes** sales have fallen off this month.

flojera /flo'xera/ *sf* (*fam*) lethargy: **tengo flojera** I'm feeling really lazy.

flojo, -ja /'floxo -xa/ *adj* **1.** (*poco sujeto*) loose: **la bombilla está floja** the light bulb is loose. **2.** (*poco fuerte*) weak: **me gusta el café flojo** I like weak coffee. **3.** (*mediocre*) poor: **su examen estaba muy flojo** he did not do very well in the exam. **4.** (*Amér L: perezoso*) lazy; (*: cobarde*) cowardly.

flor /flor/ *sf* **1.** (*Bot: gen*) flower; (*: de un árbol frutal*) blossom: **los almendros estaban** *en* **flor** the almond trees were in flower ✻ blossom ● **está en la flor de la edad ✻ de la vida** she's in the prime of life ● **su éxito fue flor de un día** his success was a flash in the pan ● **tengo los nervios a flor de piel** I'm really on edge. **2. la flor** (*lo más selecto*) the cream: **sólo se trata con la flor de la sociedad** he only socializes with the cream of society ✻ the elite. **3.** (*piropo*) compliment: **siempre les está echando flores** he's always paying them compliments. **4. flor de** (*Arg, Urug: intensificador*): **gana flor de sueldo** he gets a huge ✻ terrific salary; **el padre le dio flor de paliza** his father gave him a terrific beating.

flor de lis *sf* fleur-de-lis.

flor y nata *sf* cream: **la flor y nata de la sociedad** the cream of society.

flora /'flora/ *sf* flora.

floración /flora'θjon/ *sf* (*acción*) flowering; (*época*) flowering time.

floral /flo'ral/ *adj* floral.

floreado, -da /flore'aðo -ða/ *adj* flowery.

florecer /flore'θer/ [➪ agradecer] *vi* **1.** (*Bot: gen*) to flower, to bloom; (*: árbol frutal*) to blossom: **los cerezos florecen muy pronto** cherry trees blossom very early. **2.** (*prosperar*) to flourish: **el negocio floreció después de las reformas** the business flourished after the reorganization.

floreciente /flore'θjente/ *adj* thriving, flourishing: **la tienda es hoy un negocio floreciente** these days the shop is a thriving business.

florecimiento /floreθi'mjento/ *sm* **1.** (*de plantas*) flowering. **2.** (*de una civilización*) prospering; (*de las artes*) flourishing.

florero /flo'rero/ *sm* vase.

florete /flo'rete/ *sm* (*en esgrima*) foil.

floricultura /florikul'tura/ *sf* flower growing.

florido, -da /flo'riðo -ða/ *adj* **1.** (*jardín*) full of flowers; (*tapicería*) flowery ● **acudió lo más florido de la sociedad** it was attended by the cream of society. **2.** (*estilo, lenguaje*) flowery, florid.

florín /flo'rin/ *sm* (*moneda*) guilder.

florista /flo'rista/ *sm/f* florist.

floristería /floriste'ria/ *sf* florist's (shop).

florituras /flori'turas/ *sf pl* **1.** (*en libros, ropa, etc.*) excessive ornamentation. **2.** (*en estilo, lenguaje*) floweriness: **déjate de florituras y dinos que pasó** cut the flowery language and tell us what happened.

flota /'flota/ *sf* fleet.

flotación /flota'θjon/ *sf* flotation, floating.

flotador /flota'ðor/ *sm* **1.** (*para nadar: en la cintura*) rubber ring; (*: en el brazo*) armband; (*: pieza rectangular*) float. **2.** (*Náut: para hacer flotar*) float. **3.** (*de cisterna*) ballcock.

flotante /flo'tante/ *adj* floating.

flotar /flo'tar/ [➪ CANTAR] *vi* **1.** (*en un fluido*) to float ● **un cierto nerviosismo flotaba en el aire** there was a certain tenseness in the air. **2.** (*bandera, tela, etc.*) to flutter, to flap.

flote /'flote/ **a flote** *loc adv*: **pusieron la barca a flote** they set the boat afloat ● **la empresa salió a flote** the company got out of its difficulties ● **salieron a flote sus negocios sucios** his dirty dealings came to light.

fluctuación /fluktwa'θjon/ *sf* fluctuation.

fluctuar /fluk'twar/ [➪ actuar] *vi* to fluctuate.

fluidez /flwi'ðeθ/ *sf* **1.** (*cualidad física*) fluidity. **2.** (*facilidad, soltura, etc.*) fluency: **habla inglés con mucha fluidez** she speaks English fluently.

fluido, -da /'flwiðo -ða/ **I** *adj* **1.** (*sustancia*) fluid. **2.** (*circulación*) free-flowing. **3.** (*lenguaje*) fluent.
II fluido *sm* **1.** (*Fís*) fluid. **2.** (*also* **fluido eléctrico**) (*fam: corriente*) power: **me temo que han cortado el fluido** I'm afraid we've been cut off.

fluir /flu'ir/ [➪ huir] *vi* to flow.

flujo /'fluxo/ *sm* **1.** (*Fís*) flow, flux. **2.** (*de la marea*) incoming tide: **el flujo y el reflujo de la marea** the ebb and flow of the tide. **3.** (*de ideas, personas*) flow, stream: **hubo un enorme flujo de inmigrantes** there was a huge in-flow of immigrants. **4.** (*Med*) flow: **el flujo menstrual** the menstrual flow.

flúor /'fluor/ *sm* (*tipo de gas*) fluorine; (*en pasta de dientes*) fluoride.

fluorescente /flwores'θente/ *adj* fluorescent.

fluvial /flu'βjal/ *adj* fluvial, river: **las aguas fluviales** the river water.

FMI /efeeme'i/ *[but often pronounced in its full form]* *sm* (*abbreviation of* **Fondo Monetario Internacional**) IMF (International Monetary Fund).

fobia /'foβja/ *sf* **1.** (*Med*) phobia: **les tiene fobia** *a* **los gatos** he has a phobia about cats. **2.** (*fam*: *manía*) dislike.

foca /'foka/ *sf* **1.** (*animal*) seal. **2.** (*fam*: *persona*): **se ha puesto como una foca** she's got really fat.

focal /fo'kal/ *adj* focal.

focha /'fotʃa/ *sf* (*Zool*) coot.

foco /'foko/ *sm* **1.** (*en óptica, fotografía*) focus. **2.** (*núcleo*) focal point: **las basuras son focos** *de* **infección** garbage is a focal point for infection. **3.** (*luz: en teatro*) spotlight; (*: en un monumento*) floodlight. **4.** (*Méx*: *farola*) streetlamp; (*: bombilla*) light bulb.

fofo, -fa /'fofo -fa/ *adj* (*fam*) flabby.

fogata /fo'ɣata/ *sf* (*gen*) fire; (*en festejos, celebraciones*) bonfire.

fogón /fo'ɣon/ *sm* **1.** (*hogar*) hearth; (*cocina*) stove, range. **2.** (*de una caldera*) firebox. **3.** (*Amér L*: *fogata*) bonfire.

fogonazo /foɣo'naθo/ *sm* flash, flare.

fogoso, -sa /fo'ɣoso -sa/ *adj* spirited.

fogueo /fo'ɣeo/ *sm*: **hicieron prácticas con balas de fogueo** they practised with blank ammunition.

foie-gras /fwa'ɣras/ *sm* (*de ganso*) foie gras; (*de otro animal*) liver pâté.

foja /'foxa/ *sf*: **foja de servicio** (*Amér L*) service record.

folclore /fol'klore/ *sm* folklore.

folclórica /fol'klorika/ *sf* (*fam*) singer of traditional Spanish music.

folclórico, -ca /fol'kloriko -ka/ *adj* traditional, folk.

folio /'foljo/ *sm* sheet of paper.

folk /folk/ *sm* (*Mús*) folk, folk music.

folklore /fol'klore/ *sm* folklore.

folklórico, -ca /fol'kloriko -ka/ *adj* ➪ folclórico

follaje /fo'ʎaxe/ *sm* foliage.

folletín /foʎe'tin/ *sm* **1.** (*en un periódico*) newspaper serial. **2.** (*melodrama*) melodrama • **te cuenta su vida y parece un folletín** she tells you her life story and it's just one dramatic story after another.

folleto /fo'ʎeto/ *sm* (*en forma de hoja suelta o plegada*) leaflet; (*en forma de revista*) brochure; (*en forma de cuaderno*) booklet; (*de contenido político*) pamphlet.

follón /fo'ʎon/ *sm* **1.** (*bronca*) fuss, rumpus: **no me sorprendería que armase un follón** I wouldn't be surprised if he kicked up a fuss. **2.** (*lío, barullo*) hubbub: **se armó un follón tremendo a la entrada del teatro** there was an incredible hubbub at the entrance to the theatre. **3.** (*confusión*): **me armé un follón con las reglas** I got all mixed up about the rules.

fomentar /fomen'tar/ [➪ CANTAR] *vt* to promote, to foster.

fomento /fo'mento/ *sm* promotion, fostering.

fonda /'fonda/ *sf* **1.** (*frml*: *de hospedaje*) inn. **2.** (*restaurante*) cheap restaurant.

fondeadero /fondea'ðero/ *sm* (*lugar*) anchorage.

fondear /fonde'ar/ [➪ CANTAR] *vt/i* to anchor.

fondearse *v prnl* (*Amér L*) to get rich.

fondillos /fon'diʎos/ *sm pl* seat (*of trousers*).

fondista /fon'dista/ *sm/f* long-distance runner.

fondo /'fondo/ *sm* **1.** (*parte más profunda: gen*) bottom: **el fondo del vaso está sucio** the bottom of the glass is dirty; (*: del mar, de un río*) bed, bottom: **los restos yacen en el fondo** *del* **mar** the remains are lying at the bottom of the sea • **la crisis ha tocado fondo** the recession has bottomed out • **debemos llegar al fondo del problema** we must get to the bottom of the problem • **en lo que dijo había un fondo de resentimiento** there was an undercurrent of resentment in what he said • **en el fondo no es malo** basically, he's not a bad person. **2.** (*profundidad*) depth: **la piscina tiene poco fondo** the pool isn't very deep; **los cajones tienen quince centímetros** *de* **fondo** the drawers are fifteen centimetres deep • **trataron el tema a fondo** they looked at the issue in depth. **3.** (*extremo: de una habitación, un vehículo*) back; (*: de un pasillo*) end: **hay un espejo** *al* **fondo** *del* **pasillo** there's a mirror at the end of the corridor. **4.** (*de una pintura, un relato*) background: **pintó figuras negras** *sobre* **fondo blanco** she painted black figures on a white background; **la novela se desarrolla** *sobre* **un fondo de misterio** the novel unfolds against a backdrop of mystery. **5.** (*contenido*) content. **6.** (*de personalidad*) nature: **esa chica tiene buen fondo** she is a good-natured girl. **7.** (*Fin*: *gen*) fund: **fondo** *para* **reparar el tejado de la iglesia** fund for repair of the church roof; **se han quedado sin fondos** they've run out of funds • **hay que pagar una fianza a fondo perdido** a non-returnable deposit must be paid; (*: entre amigos*) kitty: **¿cuánto nos queda de fondo?** how much have we got left in the kitty? **8.** (*de una biblioteca, un museo, etc.*) collection. **9.** (*Dep*) distance: **tomó parte en las pruebas** *de* **fondo** she took part in the long-distance events. **10.** (*resistencia física*) stamina.

fondo común *sm* kitty.

fondo de reptiles *sm* slush fund.

fondos públicos *sm pl* public money ✱ funds.

fondos reservados *sm pl* secret funds *pl*.

fondue /fon'du, fon'di/ *sf* fondue.

fonema /fo'nema/ *sm* phoneme.

fonendoscopio /fonendos'kopjo/ *sm* stethoscope.

fonética /fo'netika/ *sf* phonetics [lleva el verbo en singular].

fonético, -ca /fo'netiko -ka/ *adj* phonetic.

fónico, -ca /'foniko -ka/ *adj* phonic.

fonología /fonolo'xia/ *sf* phonology.

fonoteca /fono'teka/ *sf* (*Mús*) record library.

fontanería /fontane'ria/ *sf* plumbing.

fontanero, -ra /fonta'nero -ra/ *sm/f* plumber.

footing /'futiŋ/ *sm* jogging: **¿quieres que vayamos a hacer footing?** shall we go jogging?

forajido, -da /fora'xiðo -ða/ *sm/f* outlaw.

foráneo, -nea /fo'raneo -nea/ *adj* foreign.

forastero, -ra /foras'tero -ra/ **I** *adj* (*de otro país*) foreign; (*de otra región*) outside.
II *sm/f* (*persona: de otro país*) foreigner; (*: de otra región*) outsider: **los domingos el pueblo se llena de forasteros** on Sundays the village fills up with visitors.

forcejear /forθexe'ar/ [➪ CANTAR] *vi* to struggle: **forcejeó para soltarse** she struggled to free herself.

forcejeo /forθe'xeo/ *sm* struggle.

fórceps /'forθeps/ *sm inv* forceps *pl*.

forense /fo'rense/ **I** *adj* forensic.

II *sm/f* forensic scientist.

forestal /fores'tal/ *adj* forest: **un incendio forestal** a forest fire.

forja /'forxa/ *sf* (*taller*) forge; (*proceso*) forging.

forjado /for'xaðo/ *sm* (*Arquit*) framework (*of a building*).

forjar /for'xar/ [⇨ CANTAR] *vt* **1.** (*metales*) to forge. **2.** (*ilusiones, porvenir, etc.*) to create, to build: **tienes que trabajar mucho si quieres forjarte un futuro** you'll have to work hard if you want to build a future for yourself.

forjarse *v prnl* to create, to build up: **se había forjado demasiadas ilusiones** he had built up too many false hopes.

forma /'forma/ **I** *sf* **1.** (*apariencia*) form, shape: **tiene forma redonda** it's round (in shape); **es un edificio** *en* **forma** *de* **cruz** it's a building in the form of a cross • **todavía hay que darle forma al plan** the details of the plan still have to be worked on. **2.** (*modo*) way: **tiene una extraña forma** *de* **hablar** he has a strange way of talking; **no hubo forma** *de* **arreglarlo** there was no way we could fix it • **ponlo de forma que no se caiga** put it up so that it won't fall over • **tenemos que ir de todas formas** we have to go anyway. **3.** (*condición física*) shape, form: **está** *en* **buena forma** he's very fit ✻ in good shape. **4.** (*de una obra escrita*) form. **5.** (*Relig*) host.

II formas *sf pl* social conventions *pl* • **lo único que quiere es guardar las formas** he's only interested in keeping up appearances.

forma de pago *sf* method of payment.

forma de ser *sf* character: **es su forma de ser** that's just the way he is; **tiene una forma de ser muy especial** she's a bit difficult.

formación /forma'θjon/ *sf* **1.** (*gen*) formation. **2.** (*educación: en un colegio*) education: **su formación se llevó a cabo en los mejores colegios** she was educated in the best schools; (*: para una profesión*) training. **3.** (*Mil*) formation.

formación profesional *sf* vocational training.

formal /for'mal/ *adj* **1.** (*lenguaje, ropa, situación*) formal. **2.** (*referido al comportamiento*): **estuvo muy formal** he was quite well-behaved. **3.** (*de fiar*) reliable: **es muy formal** she's very reliable; **es una empresa muy formal** it is a very reliable firm. **4.** (*relación*) serious: **no es una relación formal** it isn't a serious relationship. **5.** (*relativo a la forma*) formal: **un análisis formal** a formal analysis.

formalidad /formali'ðað/ *sf* **1.** (*cortesía*) formality: **no te andes con formalidades** don't be so formal. **2.** (*fiabilidad*) reliability: **tienen muy poca formalidad** they're not at all reliable. **3.** (*requisito*) formality.

formalizar /formali'θar/ [⇨ cazar] *vt* **1.** (*hacer oficial*) to make official, to regularize: **por fin han formalizado su situación** at last they have regularized their position. **2.** (*Jur*) to formalize.

formalizarse *v prnl* to settle down.

formar /for'mar/ [⇨ CANTAR] *vt* **1.** (*dar forma a*) to form: **los niños formaron un círculo** the children formed ✻ made a circle; **para formar el plural se añade una "s"** to form the plural add an "s". **2.** (*crear*) to form: **el partido vencedor tiene que formar gobierno** the winning party has to form a government. **3.** (*constituir*) to make up: **formaban el núcleo central del equipo** they made up the nucleus of the team. **4.** (*educar*) to bring up: **la formaron** *en* **la fe cristiana** she was brought up in the Christian faith; (*entrenar*) to train: **se preocupan de formar al personal** they take care to train the staff.

♦*vi* (*Mil*) to fall in: **el capitán dio la orden para que formaran** the captain gave the order to fall in.

formarse *v prnl* **1.** (*crearse*) to form: **no tuvo tiempo de formarse una opinión** she didn't have time to form an opinion; **se ha formado hielo** ice has formed. **2.** (*educarse: en un colegio, una universidad*) to be educated: **se formó en la universidad de Salamanca** she was educated at Salamanca University; (*: en una profesión*) to be trained.

formatear /formate'ar/ [⇨ CANTAR] *vt* (*Inform*) to format.

formativo, -va /forma'tiβo -βa/ *adj* formative.

formato /for'mato/ *sm* format.

formica® /for'mika/, **fórmica®** /'formika/ *sf* Formica®.

formidable /formi'ðaβle/ *adj* **1.** (*maravilloso*) wonderful, great: **es una persona formidable** he's a wonderful person. **2.** (*muy grande*) huge, enormous: **el problema alcanzó proporciones formidables** the problem grew to enormous proportions.

formol /for'mol/ *sm* formalin.

fórmula /'formula/ *sf* **1.** (*Mat, Quím*) formula. **2.** (*arreglo*) solution: **se llegó a una fórmula de compromiso** a compromise solution was reached; (*método*) formula: **una fórmula para garantizar la paz** a formula for peace.

fórmula uno *sf* Formula One.

formular /formu'lar/ [⇨ CANTAR] *vt* **1.** (*en matemáticas, física, etc.*) to formulate. **2.** (*una petición*) to make; (*un deseo*) to express.

formulario /formu'larjo/ *sm* (*impreso*) form: **te mostraré cómo se rellena el formulario** I'll show you how to fill in the form.

fornicar /forni'kar/ [⇨ sacar] *vi* to fornicate.

fornido, -da /for'niðo -ða/ *adj* well-built, hefty.

foro /'foro/ *sm* **1.** (*Hist*) forum. **2.** (*coloquio, debate*) debate: **celebraron un foro** *sobre* **literatura contemporánea** they held a debate on contemporary literature. **3.** (*en un teatro*) back of the stage.

forofo, -fa /fo'rofo -fa/ *sm/f* supporter, fan.

forraje /fo'rraxe/ *sm* fodder.

forrar /fo'rrar/ [⇨ CANTAR] *vt* **1.** (*por fuera, por encima*) to cover: **forré todos los libros** I covered all my books; (*por dentro*) to line: **está forrado** *de* **seda azul** it's lined with blue silk. **2.** (*fam: apalear*): **lo forraron** *a* **golpes** they beat him up.

forrarse *v prnl* (*fam*) to make a fortune: **puso una joyería y se está forrando** he opened a jewellery shop and is making a fortune.

forro /'forro/ *sm* (*exterior*) cover; (*interior*) lining • **no se parecen ni por el forro** they don't look at all similar.

fortachón, -chona /forta'tʃon -'tʃona/ *adj* strong, well-built.

fortalecer /fortale'θer/ [⇨ agradecer] *vt* to strengthen, to make stronger.

fortalecerse *v prnl* to become stronger.

fortaleza /forta'leθa/ *sf* **1.** (*fuerza*) strength. **2.** (*entereza*) fortitude: **sufrió las adversidades** *con* **fortaleza** he bore his troubles with fortitude. **3.** (*Arquit*) fortress.

fortificación /fortifika'θjon/ *sf* fortification.

fortificar /fortifi'kar/ [⇨ sacar] *vt* (*Mil*) to fortify.

fortín /for'tin/ *sm* small fort.

fortuito, -ta /for'twito -ta/ *adj* fortuitous, chance.

fortuna /for'tuna/ *sf* **1.** (*suerte*) luck, fortune: **tuvo muy mala fortuna** he was very unlucky. **2.** (*buena suerte*) (good) luck: **fue una fortuna encontrarte** meeting you was a stroke of (good) luck ● **no les ha ocurrido nada por fortuna** fortunately, nothing has happened to them. **3.** (*aceptación*) success: **su propuesta no tuvo demasiada fortuna** her proposal was not very successful. **4.** (*riqueza*) fortune: **gana una fortuna** she earns a fortune.

forúnculo /fo'ruŋkulo/ *sm* (*Med*) boil.

forzado, -da /for'θaðo -ða/ *adj* **1.** (*no natural*) forced: **tiene una sonrisa forzada** he has a forced smile. **2.** (*forzoso*) compulsory: **lo condenaron a trabajos forzados** he was condemned to hard labour.

forzar /for'θar/ [➪table: forzar] *vt* **1.** (*a hacer algo*) to force: **lo forzaron** *para que* **dimitiera** he was forced to resign. **2.** (*abrir a la fuerza: gen*) to force: **forzaron la cerradura** they forced the lock; (*: una puerta*) to force open. **3.** (*sexualmente*) to rape.

forzoso, -sa /for'θoso -sa/ *adj* compulsory, obligatory: **para aprobar es forzoso que entregue ese trabajo** to pass he must give in that piece of work.

forzudo, -da /for'θuðo -ða/ **I** *adj* strong, strapping.
II *sm/f* strong person.

fosa /'fosa/ *sf* **1.** (*agujero*) hole, pit. **2.** (*tumba*) grave ● **se está cavando su propia fosa** he's digging his own grave. **3.** (*oceánica*) trench; (*terrestre*) trough. **4.** (*Anat*) cavity. **5.** (*Arg, Urug: de mecánico*) pit.
fosa séptica *sf* septic tank.
fosas nasales *sf pl* nostrils *pl*.

fosfato /fos'fato/ *sm* phosphate.

fosforescente /fosfores'θente/ *adj* phosphorescent.

fósforo /'fosforo/ *sm* **1.** (*Quím*) phosphorus. **2.** (*cerilla*) match.

fósil /'fosil/ **I** *adj* fossilized.
II *sm* fossil.

fosilizarse /fosili'θarse/ [➪cazar] *v prnl* to become fossilized.

foso /'foso/ *sm* **1.** (*hoyo*) ditch, hole. **2.** (*de un teatro*) (orchestra) pit. **3.** (*de un castillo*) moat. **4.** (*de mecánico*) pit.

foto /'foto/ *sf* (*fam*) photo, picture: **¿hiciste muchas fotos?** did you take many photos?

fotocopia /foto'kopja/ *sf* photocopy.

fotocopiadora /fotokopja'ðora/ *sf* photocopier.

fotocopiar /fotoko'pjar/ [➪CAMBIAR] *vt* to photocopy.

fotogénico, -ca /foto'xeniko -ka/ *adj* photogenic.

fotografía /fotoɣra'fia/ *sf* (*técnica*) photography; (*imagen*) photograph: **una fotografía** *en* **blanco y negro/***en* **color** a black and white/colour photograph; **le sacaron una fotografía recibiendo el trofeo** she was photographed receiving the trophy.

fotografiar /fotoɣra'fjar/ [➪ansiar] *vt* to photograph.

fotográfico, -ca /foto'ɣrafiko -ka/ *adj* photographic.

fotógrafo, -fa /fo'toɣrafo -fa/ *sm/f* photographer.

fotomatón /fotoma'ton/ *sm* photo booth.

fotómetro /fo'tometro/ *sm* light meter.

fotomontaje /fotomon'taxe/ *sm* photomontage.

fotón /fo'ton/ *sm* (*Fís*) photon.

fotonovela /fotono'βela/ *sf* photostory.

fotosíntesis /foto'sintesis/ *sf inv* photosynthesis.

fototeca /foto'teka/ *sf* photograph library.

frac /frak/ *sm* [**fracs** ✱ **fraques**] dress coat, tails *pl*.

fracasado, -da /fraka'saðo -ða/ **I** *adj* failed, unsuccessful.
II *sm/f* failure: **soy un fracasado** I'm a failure.

fracasar /fraka'sar/ [➪CANTAR] *vi* to fail: **nuestro plan ha fracasado** our plan has failed; **fracasaron** *en* **su intento de convencer al juez de...** they failed ✱ were unsuccessful in their attempt to convince the judge that....

forzar

INDICATIVE	
Present	**Preterite**
fuerzo	forcé
fuerzas	forzaste
fuerza	forzó
forzamos	forzamos
forzáis	forzasteis
fuerzan	forzaron
SUBJUNCTIVE	
Present	
fuerce	forcemos
fuerces	forcéis
fuerce	fuercen
IMPERATIVE	
(tú) fuerza	(usted) fuerce
(vosotros) forzad	(ustedes) fuercen

For the rest of the tenses ➪ CANTAR (in appendix)

fracaso /fra'kaso/ *sm* failure.

fracción /frak'θjon/ *sf* **1.** (*parte*) fraction: **el proceso dura fracciones de segundo** the process lasts (for) fractions of a second. **2.** (*Mat*) fraction.

fraccionar /frakθjo'nar/ [➪CANTAR] *vt* to divide, to split: **fraccionó el pago** *en* **tres mensualidades** he divided the payment into three monthly instalments.
fraccionarse *v prnl* to divide, to split.

fractura /frak'tura/ *sf* (*Med*) fracture: **no tenía ninguna fractura** he had no broken bones.

fracturar /fraktu'rar/ [➪CANTAR] *vt* to fracture, to break.
fracturarse *v prnl* to fracture, to break.

fragancia /fra'ɣanθja/ *sf* fragrance.

fraganti /fra'ɣanti/ **in fraganti** *loc adv* red-handed: **lo atraparon in fraganti** he was caught red-handed.

fragata /fra'ɣata/ *sf* frigate.

frágil /'fraxil/ *adj* **1.** (*objeto, situación*) fragile. **2.** (*persona: de carácter*) weak; (*: de salud*) frail: **tiene una salud muy frágil** her health is very delicate.

fragmentar /fraɣmen'tar/ [➪CANTAR] *vt* to fragment, to break into fragments.
fragmentarse *v prnl* (*objeto*) to break into pieces, to fragment; (*territorio*) to break up.

fragmentario, -ria /fraɣmen'tarjo -rja/ *adj* fragmentary.

fragmento /fraɣ'mento/ *sm* fragment, piece.

fragor /fra'ɣor/ *sm* (*GB*) clamour, (*US*) clamor.

fragua /'fraɣwa/ *sf* forge.

fraguar /fra'ɣwar/ [➪averiguar] *vt* **1.** (*metales*) to forge. **2.** (*una mentira*) to fabricate, to concoct; (*un plan*) to hatch: **se estaba fraguando un golpe de estado** a coup d'état was being plotted.
♦*vi* **1.** (*cal, cemento, etc.*) to harden, to set. **2.** (*idea, plan, etc.*) to be successful, to succeed: **su propuesta no fraguó** their proposal was unsuccessful.

fraile /'fraile/ *sm* friar.

frailecillo /fraile'θiʎo/ *sm* puffin.

frambuesa /fram'bwesa/ *sf* raspberry.

francés, -cesa /fran'θes -'θesa/ I *adj* French.
II *sm/f* (*hombre*) Frenchman; (*mujer*) Frenchwoman: **los franceses** the French; **había unos franceses en el tren** there were some French people on the train.
III **francés** *sm* (*idioma*) French.

Francia /'franθja/ *sf* France.

franciscano, -na /franθis'kano -na/ *adj, sm/f* Franciscan.

francmasón, -sona /fraŋkma'son -'sona/ *sm/f* freemason, mason.

francmasonería /fraŋkmasone'ria/ *sf* freemasonry.

franco, -ca /'fraŋko -ka/ I *adj* **1.** (*sincero*) frank, sincere: **fue muy franco** *con* **ella** he was very frank with her. **2.** (*cordial*) cordial: **nos ofreció un trato franco** she treated us cordially. **3.** (*evidente*) notable, clear: **ha habido una franca mejoría** there's been a notable improvement. **4.** (*sin impuestos*) free: **es una zona franca** it's a tax-free area.
II **franco** *sm* (*moneda*) franc.

francófilo, -la /fraŋ'kofilo -la/ *adj, sm/f* francophile.

francófono, -na /fraŋ'kofono -na/ I *adj* French-speaking, francophone.
II *sm/f* French speaker.

francotirador, -dora /fraŋkotira'ðor -'ðora/ *sm/f* sniper, sharpshooter.

franela /fra'nela/ *sf* **1.** (*tela*) flannel. **2.** (*Arg, Urug: trapo*) duster.

franja /'fraŋxa/ *sf* (*banda*) strip, band: **pintaron una franja amarilla** they painted a yellow strip; (*de tierra*) strip.

franquear /fraŋke'ar/ [➪CANTAR] *vt* **1.** (*traspasar*) to pass (through), to cross (over): **franquearon las líneas enemigas** they crossed enemy lines. **2.** (*una carta, un paquete, etc.*) to stamp, to frank.

franqueo /fraŋ'keo/ *sm* postage.

franqueza /fraŋ'keθa/ *sf* frankness: **le hablé** *con* **franqueza** I talked to him frankly.

franquicia /fraŋ'kiθja/ *sf* **1.** (*exención*) exemption. **2.** (*de un negocio*) franchise.

franquismo /fraŋ'kizmo/ *sm* (*Hist: en España*) the Franco era (*in Spain*); (*: ideología*) Francoism.

franquista /fraŋ'kista/ *adj, sm/f* (*Hist*) Francoist: **la era franquista** the Franco era.

frasco /'frasko/ *sm* (small) bottle.

frase /'frase/ *sf* (*Ling: oración*) sentence; (*: expresión*) expression, phrase.
frase hecha *sf* set phrase.

fraternal /frater'nal/ *adj* fraternal, brotherly.

fraternidad /fraterni'ðað/ *sf* fraternity, brotherhood.

fraternizar /fraterni'θar/ [➪cazar] *vi* to get on well.

fraterno, -na /fra'terno -na/ *adj* fraternal, brotherly.

fraude /'frauðe/ *sm* fraud.

fraudulento, -ta /frauðu'lento -ta/ *adj* fraudulent.

fray /frai/ *sm* brother: **Fray Antonio** Brother Antonio.

frazada /fra'θaða/ *sf* (*Amér L*) blanket.
frazada eléctrica *sf* (*Amér L*) electric blanket.

frecuencia /fre'kwenθja/ *sf* frequency: **me llama** *con* **frecuencia** he calls me frequently.
frecuencia modulada *sf* frequency modulation.

frecuentar /frekwen'tar/ [➪CANTAR] *vt* to visit (frequently), to frequent.

frecuente /fre'kwente/ *adj* **1.** (*que ocurre a menudo*) frequent: **sus visitas son frecuentes** his visits are frequent. **2.** (*habitual*) common, usual: **en España es frecuente cenar después de las nueve** in Spain it is common to have supper after nine o'clock.

freezer /'friser/ *sm* (*Amér L*) freezer, deep freeze.

fregadero /freɣa'ðero/ *sm* sink.

fregado, -da /fre'ɣaðo -ða/ I *adj* (*Amér L*) **1.** (*difícil*) difficult, tricky: **me hicieron unas preguntas bien fregadas** they asked me some very difficult * tricky questions. **2.** (*fastidioso*) annoying: **es un niño muy fregado** he's a very annoying child.
II **fregado** *sm* **1.** (*del suelo*) cleaning, mopping. **2.** (*fam: discusión, pelea*) fight, argument: **se armó un fregado** a fight broke out. **3.** (*fam: lío*) mess: **nos ha metido en un buen fregado** he's got us into a real mess. **4.** (*Amér L: molestia, fastidio*) pain (in the neck), nuisance: **es un fregado lo de solicitar el permiso** it's a pain in the neck having to apply for the permit.

fregar /fre'ɣar/ [➪regar] *vt* **1.** (*restregar*) to scrub. **2.** (*limpiar: el suelo*) to mop, to clean; (*: los platos*) to wash: **fregué los platos** I did the dishes * (*GB*) washing-up. **3.** (*Amér L: fam, fastidiar*) to bother, to pester: **está constantemente fregándome con que todavía no le he pagado** he's always pestering me because I haven't paid him yet; (*: estropear*) to spoil, to ruin.
♦ *vi* **1.** (*lavar los platos*) to do the dishes, (*GB*) to do the washing-up. **2.** (*Amér L: dar la lata*): **déjate ya de fregar** stop being a nuisance.
fregarse *v prnl* (*Amér L: fam*) **1.** (*fastidiarse*): **si no vas, la que te friegas eres tú** if you don't go, it'll be your loss. **2.** (*estropearse*) to be spoiled * ruined: **se fregó la fiesta porque empezó a llover** the party was spoiled because it started raining.

fregón /fre'ɣon/ *sm* (*Arg, Urug*) dishcloth.

fregona /fre'ɣona/ *sf* **1.** (*para fregar*) mop. **2.** (*fam: criada*) cleaner.

freidora /frei'ðora/ *sf* deep-fat fryer.

freiduría /freiðu'ria/ *sf*: *bar serving fried food, especially fish.*

freír /fre'ir/ [➪reír; *past participle* **frito**] *vt* **1.** (*alimentos*) to fry. **2.** (*fam: a tiros*) to gun down; (*: a picotazos, preguntas*) to plague, to torment: **los mosquitos me frieron a picotazos** the mosquitoes ate me alive.
freírse *v prnl* **1.** (*Culin*) to fry. **2.** (*fam: de calor*) to roast: **aquí, en verano, te fríes** you roast here in summer.

fréjol /'frexol/ *sm* (*Amér L*) bean.

frenar /fre'nar/ [➪CANTAR] *vi* to brake: **frenó antes de la curva** she braked before the bend.
♦ *vt* **1.** (*un vehículo*) to brake. **2.** (*un deseo, un impulso*) to curb, to restrain: **debes frenar tus gastos** you must curb your spending.
frenarse *v prnl* to restrain oneself.

frenazo /fre'naθo/ *sm* sudden braking: **tuvo que pegar un frenazo** he had to stand on the brakes.

frenesí /frene'si/ *sm* frenzy.

frenético, -ca /fre'netiko -ka/ *adj* **1.** (*exaltado*) frenzied, frenetic. **2.** (*furioso*) furious, mad: **se puso frenético** he went mad.

freno /'freno/ *sm* **1.** (*de un vehículo*) brake. **2.** (*de una caballería*) bit. **3.** (*impedimento*) curb, check: **prometieron poner freno** *a* **la corrupción** they promised to put a stop to corruption.
freno de mano *sm* handbrake.
frenos hidráulicos *sm pl* hydraulic brakes *pl.*

frente /'frente/ I *sf* forehead, brow • **lo puedo decir con la frente muy alta** I can say it with my head held high • **por fin, estaban frente a frente** at last, they were face to face.
II *sm* **1.** (*parte de delante*) front: **dio un paso** *al* **frente** she took a step forward; **iba** *al* **frente de la comitiva**

he was at the head of the retinue; **los trenes chocaron** *de* **frente** the trains crashed head on; **me lo encontré** *de* **frente** we suddenly found ourselves face to face; **el gimnasio está frente** *por* **frente** *a* **mi casa** the gym is right opposite my house • **aborda las dificultades de frente** he faces difficulties head on • **tienes que hacer frente a tus problemas** you have to face up to your problems. **2.** (*de un edificio*) front, façade. **3.** (*Mil*) front, front line. **4.** (*Pol*: *coalición*) front. **5.** (*Meteo*) front: **se aproxima un frente frío/cálido** there is a cold/warm front approaching.
III frente a *prep* **1.** (*enfrente de*) opposite, facing: **está frente a la farmacia** it's opposite the pharmacy. **2.** (*ante*) faced with, confronted with: **estoy frente a un dilema** I'm faced with a dilemma.

fresa /'fresa/ **I** *sf* **1.** (*fruto*) strawberry; (*planta*) strawberry plant. **2.** (*herramienta*) cutter; (*de un dentista*) drill.
II *sm* (*color*) strawberry (colour).
III *adj inv* strawberry.

fresca /'freska/ *sf* **1.** (*de la madrugada/del atardecer*) cool (of the morning/evening): **llegamos por la mañana, con la fresca** we arrived in the cool of the early morning; **me gusta cenar fuera, con la fresca** I like to have supper outside, in the cool of the evening. **2.** (*fam*: *insolencia*): **le soltó cuatro frescas** she told him exactly what she thought of him.

frescachón, -chona /freska'tʃon -'tʃona/ (*fam*) **I** *adj* healthy, robust.
II *sm/f* healthy person.

frescales /fres'kales/ *sm/f inv* (*fam*) cheeky monkey.

fresco, -ca /'fresko -ka/ **I** *adj* **1.** (*tiempo*) cool, fresh; (*agua*) cold: **¿me puedes dar un vaso de agua fresca?** could you give me a glass of cold water, please? **2.** (*tela, ropa*) light, cool. **3.** (*comida*) fresh: **deberías comer más fruta fresca** you should eat more fresh fruit. **4.** (*reciente*) fresh, new: **ha traído noticias frescas** he's brought fresh news; **no tocar, pintura fresca** wet paint (do not touch). **5.** (*descansado, lozano*) fresh: **después de la carrera se encontraba todavía fresco** after the race he was still feeling fresh; **conserva fresca su belleza** her beauty is undiminished • **estás tú fresco si crees que va a hacerlo** you have another think coming if you believe he'll do it. **6.** (*descarado*) cheeky: **se quedó tan fresco después de la regañina** he was just as cheeky after his telling-off.
II *sm/f* (*persona descarada*): **¡es una fresca, se ha llevado lo mejor!** the cheeky devil has taken the best part!
III fresco *sm* **1.** (*Meteo*) cool air: **hoy hace bastante fresco** it's quite cool today; **salió a tomar el fresco** she went out for some fresh air; **sentémonos aquí,** *al* **fresco** let's sit here, in the cool • **le trae al fresco lo que yo piense** he couldn't care less what I think. **2.** (*Artes*) fresco. **3.** (*Amér L*: *refresco*) cool drink.

frescor /fres'kor/ *sm* coolness, freshness.

frescura /fres'kura/ *sf* **1.** (*de la temperatura*) coolness, freshness; (*del agua*) coolness. **2.** (*de alimentos*) freshness. **3.** (*descaro*) cheek, nerve: **tuvo la frescura** *de* **pedirme dinero** he had the nerve to ask me for money.

fresno /'frezno/ *sm* (*Bot*) ash (tree).

fresón /fre'son/ *sm* (large) strawberry.

frialdad /frjal'dað/ *sf* **1.** (*frío, indiferencia*) coldness. **2.** (*sangre fría*) coolness, sang-froid: **actuó con frialdad** he acted coolly.

fricción /frik'θjon/ *sf* **1.** (*rozamiento*) friction. **2.** (*frotación*) rub, rubbing. **3.** (*enfrentamiento*) friction: **hubo bastantes fricciones entre ellos durante el viaje** there was a lot of friction between them on their trip.

friccionar /frikθjo'nar/ [➪ CANTAR] *vt* to rub.

fríe /'frie/ *and other forms with* ***frí-*** ✱ ***frí-*** ➪ freír

friega /'frjeɣa/ *sf* **1.** (*acción*) rub, rubbing: **se dio unas friegas de alcohol en el tobillo** he rubbed some alcohol onto his ankle. **2.** (*Amér L*: *fastidio*) nuisance. **3.** (*Méx, Perú, P. Rico*: *reprimenda*) telling-off, scolding.

friegaplatos /frjeɣa'platos/ **I** *sm inv* (*electrodoméstico*) dishwasher.
II *sm/f inv* (*persona*) dishwasher.

friego /'frjeɣo/ *and other forms with* ***frieg-*** ➪ fregar

frígido, -da /'frixiðo -ða/ *adj* (*frml*) frigid.

frigorífico, -ca /friɣo'rifiko -ka/ **I** *adj* refrigerated: **una cámara frigorífica** a cold store.
II frigorífico *sm* refrigerator, (*GB*) fridge.

frijol /fri'xol/, **fríjol** /'frixol/ *sm* (*Amér L*) bean • **así me gano los frijoles** that's how I earn a living.
frijol blanco *sm* (*Amér L*) butter bean.

frío, -a /'frio -a/ **I** *adj* **1.** (*gen*) cold. **2.** (*poco cordial*) cold, indifferent: **nos dispensó un trato frío** he treated us very coldly; **el público estuvo muy frío** the audience was very unresponsive; **las estaciones de autobuses son lugares muy fríos** bus stations are very unwelcoming places. **3.** (*sereno*) cool: **se mantuvo frío ante el peligro** he kept cool in the face of danger • **las amenazas lo dejaron frío** the threats didn't bother him. **4.** (*impresionado*): **me quedé frío cuando me lo dijeron** I was shocked when I was told. **5.** (*color*) cold.
II frío *sm* (*Meteo*) cold: **hoy hace mucho frío** it's very cold today; **¿tienes frío?** are you cold?; **he estado paseando y he cogido frío** I've been for a walk and I'm chilled to the bone • **así, en frío, no se me ocurre nada** I can't think of anything off the top of my head • **mañana, en frío, lo veremos más claro** tomorrow, in the cold light of day, we'll see things clearer.
III frío *first person singular of the present tense of* ➪ freír

friolera /frjo'lera/ *sf* (*fam*) large amount: **pagué la friolera de cien mil pesetas** I paid the princely sum of one hundred thousand pesetas.

friolero, -ra /frjo'lero -ra/ **I** *adj* sensitive to the cold: **es muy friolero** he feels the cold a lot.
II *sm/f* person who feels the cold.

frisar /fri'sar/ [➪ CANTAR] *vt* to be getting on for: **su abuela frisaba los setenta** her grandmother was getting on for seventy.
♦ *vi* to be getting on: **frisaba** *en* **los cuarenta** he was getting on for forty.

friso /'friso/ *sm* frieze.

fritada /fri'taða/ *sf*: *dish of chopped fried vegetables.*

fritanga /fri'taŋga/ *sf* (*Culin*) *greasy, fried food.*

frito, -ta /'frito -ta/ **I** *past participle of* ➪ freír
II *adj* **1.** (*Culin*) fried • **me tiene frito** I'm really fed up with him. **2.** (*fam*: *dormido*) fast asleep: **se quedó frita en el sofá** she fell fast asleep on the sofa.
III frito *sm* fried food.

frivolidad /friβoli'ðað/ *sf* (*cualidad*) frivolity; (*acción*) frivolous thing to do.

frívolo, -la /'friβolo -la/ **I** *adj* frivolous.
II *sm/f* frivolous person.

frondoso, -sa /fron'doso -sa/ *adj* leafy.

frontal /fron'tal/ *adj* **1.** (*Anat*) frontal. **2.** (*choque*) head-on; (*enfrentamiento*) head-on, head-to-head: **fue**

un choque frontal de opiniones it was a head-on difference of opinion.

frontera /fron'tera/ *sf* (*Geog*) border, frontier.

fronterizo, -za /fronte'riθo -θa/ *adj* **1.** (*en la frontera*) border, frontier: **llegamos al puesto fronterizo** we reached the border post. **2.** (*colindante*) (*GB*) neighbouring, (*US*) neighboring: **Chile es fronterizo** *con* **Argentina** Chile shares a border with Argentina.

frontón /fron'ton/ *sm* **1.** (*Dep*: *cancha*) pelota court; (*: juego*) pelota (*Basque ball game played on a walled court*). **2.** (*Arquit*) pediment.

frotar /fro'tar/ [➪CANTAR] *vt* to rub.

frotarse *v prnl* to rub.

frotis /'frotis/ *sm inv* (*muestra*) swab.

frotis cervical *sm inv* (*citología*) cervical smear.

fructífero, -ra /fruk'tifero -ra/ *adj* (*productivo*) fruitful, profitable: **fue una jornada muy fructífera** it was a very fruitful day.

fructificar /fruktifi'kar/ [➪sacar] *vi* (*producir*) to be fruitful, to bear fruit: **nuestros esfuerzos han fructificado** our efforts have borne fruit.

frugal /fru'ɣal/ *adj* frugal.

fruición /frwi'θjon/ *sf* enjoyment, pleasure.

frunce /'frunθe/ *sm* (*pliegue*) gather.

fruncido, -da /frun'θiðo -ða/ *adj* **1.** (*ceño*): **tenía el ceño fruncido** she was frowning. **2.** (*tela, prenda*) gathered.

fruncir /frun'θir/ [➪zurcir] *vt* **1.** (*el ceño*): **su madre frunció el ceño cuando se lo dijo** her mother frowned when she told her. **2.** (*una tela*) to gather.

fruslería /frusle'ria/ *sf* **1.** (*cosa de poco valor*) *item of little value*. **2.** (*cosa sin importancia*) mere trifle: **no te enfades por esa fruslería** don't get angry about such a silly little thing.

frustrante /frus'trante/ *adj* frustrating.

frustrar /frus'trar/ [➪CANTAR] *vt* **1.** (*malograr*) to thwart: **la policía frustró el robo** the police thwarted the robbery. **2.** (*desilusionar*) to frustrate.

frustrarse *v prnl* **1.** (*fracasar*) to come to nothing: **nuestros planes se han frustrado** our plans have come to nothing. **2.** (*desilusionarse*) to get frustrated: **en cuanto las cosas no salen como quiere, se frustra** he gets frustrated very quickly when things don't work out as he wants them to.

fruta /'fruta/ *sf* fruit.

fruta confitada *sf* crystallized fruit.

fruta del tiempo *sf* fruit in season.

fruta prohibida *sf* forbidden fruit.

frutal /fru'tal/ **I** *adj* fruit-bearing, fruit.

II *sm* fruit tree.

frutería /frute'ria/ *sf* (*puesto*) fruit stall; (*tienda*) fruiterer's (*sometimes also selling vegetables*).

frutero, -ra /fru'tero -ra/ **I** *sm/f* fruiterer, fruit seller.

II frutero *sm* (*utensilio*) fruit bowl.

frutilla /fru'tiʎa/ *sf* (*Arg, Chi, Urug*) strawberry.

fruto /'fruto/ *sm* **1.** (*de una planta*) fruit; (*de la tierra*) yield, crop: **los campos no dieron el fruto esperado** the fields didn't give the expected yield. **2.** (*resultado*) result, fruit: **el libro es fruto de años de trabajo** the book is the result of years of work; **sus pesquisas no dieron fruto** his inquiries were fruitless.

fruto prohibido *sm* forbidden fruit.

frutos secos *sm pl* nuts *pl*.

fu /fu/ **ni fu ni fa** *loc adv* (*fam*): **"¿Te gustan las manzanas?" "Ni fu ni fa."** "Do you like apples?" "They're all right."

fucsia /'fuksja/ **I** *sf* fuchsia.

II *adj inv, sm* (*color*) fuchsia.

fue /fwe/ **I** *third person singular of the preterite tense of* ➪ir

II *third person singular of the preterite tense of* ➪ser

fuego /'fweɣo/ **I** *sm* **1.** (*gen*) fire: **se calentaron con un fuego de leña** they warmed themselves up with a wood fire; **los bomberos lograron apagar el fuego** the firemen managed to put out the fire; **le prendió * pegó fuego** he set fire to it • **a mí me parece que estás jugando con fuego** it seems to me that you're playing with fire. **2.** (*para fumar*) light: **¿tienes fuego?** do you have a light? **3.** (*disparo*) fire: **abrieron fuego** *contra* **el enemigo** they opened fire on the enemy. **4.** (*de cocina*) ring: **cocer media hora** *a* **fuego lento** cook for half an hour on a low heat. **5.** (*frml*: *apasionamiento*) fire, passion: **discutía con el fuego propio de la juventud** he argued with youthful passion.

II fuegos *sm pl* (*also* **fuegos artificiales**) fireworks *pl*.

fuego cruzado *sm* crossfire.

fuel /'fuel/, **fuel-oil** /fwe'loil/ *sm* fuel oil.

fuelle /'fweʎe/ *sm* **1.** (*para fuego, acordeón, órgano*) bellows *pl*; (*de una gaita*) bag. **2.** (*fam*: *capacidad pulmonar*) lung capacity, puff: **es un corredor con mucho fuelle** he's a runner with great staying power.

fuente /'fwente/ *sf* **1.** (*decorativa*) fountain; (*para beber*) drinking fountain; (*manantial*) spring. **2.** (*para comida*) serving dish, platter. **3.** (*origen*) source: **la fuente de la noticia no era muy fiable** the source of the news wasn't very reliable; **tú has sido la fuente de nuestras desdichas** you have been the source of our misfortunes.

fuera /'fwera/ **I** *and other forms with* ***fuer-*** ➪ir

II *and other forms with* ***fuer-*** ➪ser

III *adv* **1.** (*al/en el exterior*) outside, out: **el coche está fuera** the car is outside; **lo vimos** *por* **fuera** we saw it from the outside * we saw the outside; *por* **fuera parecía normal** outwardly he looked (quite) normal • **es de fuera** she's not a local person. **2.** (*en otra parte*) away: **me temo que está fuera hasta el lunes** I'm afraid she's away until Monday.

IV fuera de *prep* **1.** (*un lugar*): **lo sacamos fuera de la casa** we got it out of the house. **2.** (*más allá de*): **presentó la solicitud fuera de plazo** she sent the application after the deadline; **está fuera de mi alcance** it's beyond my reach • **lo dejó fuera de combate en el primer asalto** he put him out of the fight in the first round • **se puso fuera de sí** she went berserk • **es un coche fuera de serie** this car is out of this world. **3.** (*aparte de*) apart from: **fuera de ti, nadie lo sabe** apart from you, nobody knows.

V *excl* out, get out.

fuera de serie *sm/f*: **es un fuera de serie** he's one in a million.

fueraborda /fwera'βorða/ **I** *adj* outboard.

II *sm* *[sometimes feminine]* (*motor*) outboard (motor); (*embarcación*) outboard.

fuero /'fwero/ *sm* **1.** (*privilegio*) right, privilege • **volvió por sus fueros y ganó el torneo** he returned to form and won the tournament. **2.** (*Hist*) charter.

fuero interno *sm* heart of hearts: **en su fuero interno, se arrepiente** in his heart of hearts, he's sorry.

fuerte /'fwerte/ **I** *adj* **1.** (*gen*) strong: **tienes que ser fuerte** you must be strong; **le recetaron unas pastillas muy fuertes** they prescribed him some very strong tablets. **2.** (*voz, ruido*) loud: **tenían la tele demasiado fuerte** they had the television turned up too loud. **3.** (*abundante*) heavy: **es mejor no conducir después de una comida fuerte** it's best not to drive

after a heavy meal. **4.** (*experto*) good: **está fuerte** *en* **química** he's good at chemistry. **5.** (*impactante, violento*) violent: **cortaron las escenas más fuertes** they cut out the most violent scenes; **sentía fuertes dolores** she was in severe pain. **6.** (*malsonante*) strong, rude: **usó un lenguaje muy fuerte** he used rather strong language.
II *sm* **1.** (*especialidad*) strong point, forte: **su fuerte no son los números** numbers are not his strong point. **2.** (*fortificación*) fort.
III *adv* **1.** (*intensamente*): **sujétalo fuerte** hold it tight; **habla más fuerte** speak louder. **2.** (*mucho*): **no me gusta desayunar fuerte** I don't like to eat much * a lot for breakfast.

fuerza /'fwerθa/ *sf* **1.** (*potencia*) strength: **tiene mucha fuerza** he's very strong; **pararon a recuperar fuerzas** they stopped to get their strength back; **el viento soplaba con fuerza** the wind was blowing hard; **gritó con todas sus fuerzas** he shouted at the top of his voice; **lo consiguieron** *a* **fuerza** *de* **trabajo** they achieved it by hard work • **lo hicimos por fuerza de costumbre** we did it from force of habit • **tiene que hacerse así por fuerza** it has to be done this way (by necessity) • **a ése se le va la fuerza por la boca** he's all talk • **sacó fuerzas de flaqueza y terminó la carrera** he made one last effort to finish the race. **2.** (*violencia física*) force: **no es aconsejable hacer uso de la fuerza** it's not advisable to use force; **lo echaron** *a la* **fuerza** they threw him out forcibly. **3.** (*Mil, Pol*) force.
fuerza bruta *sf* brute force.
fuerza de gravedad *sf* force of gravity.
fuerza de voluntad *sf* willpower.
fuerza mayor *sf* (*gen*) overriding reason: **rompió su promesa, pero lo hizo por una fuerza mayor** he broke his promise but only because he was forced to; (*Jur: frml*) force majeure.
fuerza pública *sf* police force.
fuerzas armadas *sf pl* armed forces *pl*, the services *pl*.

fuerzo /'fwerθo/ *and other forms with* ***fuerz-*** ➪ forzar

fuese /'fwese/ **I** *and other forms with* ***fues-*** ➪ ir
II *and other forms with* ***fues-*** ➪ ser.

fuete /'fwete/ *sm* (*Amér L*) whip.

fuga /'fuɣa/ *sf* **1.** (*de un preso*) escape, flight: **los presos preparaban la fuga** the prisoners were preparing their escape; **pusieron en fuga a los ladrones** they put the robbers to flight; **al llegar la policía, se dio a la fuga** he fled when the police arrived. **2.** (*de un líquido, un gas*) leak: **la cañería tiene una fuga** there's a leak in the pipe. **3.** (*Mús*) fugue.
fuga de capitales *sf* flight of capital.
fuga de cerebros *sf* brain drain.
fuga de divisas *sf* flight of capital.

fugacidad /fuɣaθi'ðað/ *sf* transitory nature.

fugarse /fu'ɣarse/ [➪pagar] *v prnl* (*gen*) to flee, to escape; (*con alguien*) to run off: **su mujer se fugó** *con* **su mejor amigo** his wife ran off with his best friend.

fugaz /fu'ɣaθ/ *adj* [**fugaces**] brief, fleeting: **su éxito fue fugaz** his success was brief.

fugitivo, -va /fuxi'tiβo -βa/ **I** *adj* fleeing, fugitive.
II *sm/f* fugitive.

fui /fwi/ **I** *and other forms with* ***fui-*** ➪ ir
II *and other forms with* ***fui-*** ➪ ser

fulana /fu'lana/ *sf* **1.** (*sustituyendo el nombre*) so-and-so: **entra y pregunta por fulana** go in and ask for so-and-so; **siempre está igual: que si fulana de tal dijo esto, fulana de cual hizo lo otro...** he's always the same: so-and-so said this and so-and-so did that.... **2.** (*!!: prostituta*) prostitute, (*GB*) tart, (*US*) hooker.

fulano /fu'lano/ *sm* **1.** (*sustituyendo el nombre*) so-and-so: **entra y pregunta por fulano** go in and ask for so-and-so; **siempre está igual: que si fulano de tal dijo esto, fulano de cual hizo lo otro...** he's always the same: so-and-so said this and so-and-so did that.... **2.** (*fam: tipo*) guy, (*GB*) bloke: **el fulano aquel me quería engañar** that guy was trying to trick me.

fular /fu'lar/ *sm* scarf.

fulero, -ra /fu'lero -ra/ (*fam*) **I** *adj* **1.** (*mentiroso*) lying; (*tramposo*) cheating: **nunca voy a esa tienda, son muy fuleros** I never go to that shop, they're a bunch of crooks. **2.** (*de poca calidad*) poor.
II *sm/f* (*mentiroso*) liar; (*tramposo*) crook, swindler.

fulgor /ful'ɣor/ *sm* glow, shine.

fulgurante /fulɣu'rante/ *adj* **1.** (*brillante*) shining. **2.** (*espectacular*) brilliant, glittering: **tuvo una fulgurante carrera** she had a glittering career.

fullero, -ra /fu'ʎero -ra/ (*fam*) **I** *adj* cheating, double-crossing.
II *sm/f* (*gen*) cheat; (*en naipes*) cardsharp.

fulminante /fulmi'nante/ **I** *adj* **1.** (*mirada*) withering. **2.** (*inmediato*) immediate, instantaneous: **el efecto es fulminante** it takes effect immediately.
II *sm* fuse, detonator.

fulminar /fulmi'nar/ [➪CANTAR] *vt*: **lo fulminó de un tiro** she shot him dead • **la fulminó con la mirada** he looked at her witheringly.

fúlmine /'fulmine/ *sm/f* (*Arg, Urug: fam*) jinx.

fumadero /fuma'ðero/ *sm* smoking room.

fumador, -dora /fuma'ðor -'ðora/ *sm/f* smoker: **¿en la sección de fumadores o de no fumadores?** smoking or non smoking?; **también puede afectar a los no fumadores** it can also affect non-smokers.

fumar /fu'mar/ [➪CANTAR] *vt/i* to smoke: **fuma tabaco de importación** she smokes foreign cigarettes; **fuma demasiado** he smokes too much; **prohibido fumar** no smoking.
fumarse *v prnl* **1.** (*el tabaco*) to smoke: **se fuma un paquete diario** she smokes a packet of cigarettes a day. **2.** (*fam: el dinero*) to blow, to fritter away: **se fumó el sueldo en un fin de semana** he blew his wages in one weekend. **3.** (*fam: una obligación, una tarea*) to skip: **me voy a fumar la reunión** I'm going to skip the meeting.

fumigar /fumi'ɣar/ [➪pagar] *vt* (*un edificio*) to fumigate; (*un terreno*) to spray.

función /fun'θjon/ *sf* **1.** (*finalidad*) function: **la función de esta máquina es cortar el papel** the function of this machine is to cut the paper. **2.** (*cargo, empleo, etc.*) duty: **desempeña las funciones de director** he carries out the duties of manager • **está de presidente en funciones** she is acting chairperson • **el sueldo está en función de la responsabilidad** the salary is in accordance with the level of responsibility. **3.** (*de teatro, circo, etc.*) performance, show: **fuimos a la función de noche** we went to the evening performance. **4.** (*Ling, Mat*) function.

funcional /funθjo'nal/ *adj* functional.

funcionamiento /funθjona'mjento/ *sm* operation: **es imprescindible conocer el funcionamiento de esta máquina** it's essential to know how this machine operates; **¿cómo se pone en funcionamiento?** how do you get it to work?

funcionar /funθjo'nar/ [➪CANTAR] *vi* **1.** (*máquina*) to operate, to function: **no funciona** it's out of order. **2.** (*persona, cosa*) to work: **nuestro plan no ha fun-**

cionado our plan hasn't worked.

funcionario, -ria /funθjo'narjo -rja/ *sm/f* (*en la administración*) civil servant: **un alto funcionario de la embajada** a high-ranking embassy official; (*en la enseñanza, en correos, etc.*) government employee.
funcionario, -ria de prisiones *sm/f* prison officer.

funda /'funda/ *sf* (*gen*) cover; (*de unas gafas*) case; (*de una almohada*) pillowcase; (*de una pistola*) holster; (*de un paraguas, un cuchillo*) sheath.

fundación /funda'θjon/ *sf* foundation.

fundado, -da /fun'daðo -ða/ *adj* well-founded: **tengo sospechas fundadas** I have well-founded suspicions.

fundador, -dora /funda'ðor -'ðora/ *sm/f* founder.

fundamental /fundamen'tal/ *adj* fundamental, basic.

fundamentar /fundamen'tar/ [➪CANTAR] *vt* to base: **fundamenta su teoría** *en* **esos datos** he bases his theory on that data.
fundamentarse *v prnl* **1.** (*edificio*) to stand, to be based. **2.** (*idea, relación*) to be based: **su relación se fundamenta** *en* **la comprensión mutua** their relationship is based on mutual understanding.

fundamento /funda'mento/ **I** *sm* **1.** (*principio*) basis, foundation: **el fundamento de la religión es la fe** the basis of religion is faith; **tu queja carece de fundamento** your complaint is unfounded * without foundation. **2.** (*fam*: *sensatez*) (common) sense: **no tiene fundamento** he has no sense.
II fundamentos *sm pl* **1.** (*cimientos*) foundations *pl*. **2.** (*principios básicos*) principles *pl*.

fundar /fun'dar/ [➪CANTAR] *vt* **1.** (*un lugar, un negocio*) to found, to establish: **la empresa fue fundada por su abuelo** the company was founded by her grandfather. **2.** (*Arquit*) to base, to stand. **3.** (*afirmación*) to base.
fundarse *v prnl* to be based * founded: **¿*en* qué te fundas para afirmar eso?** what are you basing that statement on?

fundición /fundi'θjon/ *sf* **1.** (*acción*) casting, smelting. **2.** (*fábrica, taller*) foundry.

fundido, -da /fun'diðo -ða/ **I** *adj* (*metal*) molten.
II fundido *sm* **1.** (*acción*) smelting. **2.** (*en cine*) fade-in.

fundillos /fun'diʎos/ *sm pl* (*Amér S*) seat (*of trousers*).

fundir /fun'dir/ [➪PARTIR] *vt* **1.** (*minerales*) to smelt; (*metales*) to melt. **2.** (*una estatua*) to cast: **fundió una estatua** *en* **bronce** she cast a statue in bronze. **3.** (*los plomos*) to blow; (*una bombilla*) to fuse. **4.** (*fusionar*) to unite, to bring together.
fundirse *v prnl* **1.** (*plomos*) to blow: **se fundieron los plomos** the fuses blew; (*bombilla*) to fuse, to burn out: **se ha fundido la bombilla** the bulb has burnt out. **2.** (*fusionarse*) to merge: **los distintos grupos de trabajo se fundieron** *en* **uno** the various working groups merged into one. **3.** (*fam*: *gastar*) to blow, to squander: **se fundió la herencia en un año** he squandered his inheritance in a year. **4.** (*Amér L: fam, arruinarse*) to be ruined.

fúnebre /'funeβre/ *adj* **1.** (*de los difuntos*) funeral: **la marcha fúnebre** the funeral march. **2.** (*sombrío: música, rostro*) funereal, mournful; (*: color, lugar, pensamiento*) gloomy.

funeral /fune'ral/ **I** *adj* funeral: **la misa funeral** the funeral mass.
II *sm* (*also* **funerales** *sm pl*) funeral.

funerala /fune'rala/ **a la funerala** *loc adv* (*fam*): **un ojo a la funerala** a black eye.

funeraria /fune'rarja/ *sf* undertaker's, (*GB*) funeral parlour, (*US*) funeral home.

funerario, -ria /fune'rarjo -rja/ *adj* funeral: **una pira funeraria** a funeral pyre.

funesto, -ta /fu'nesto -ta/ *adj* ill-fated.

funicular /funiku'lar/ *sm* (*ferrocarril*) funicular (railway); (*aéreo*) cable railway.

furgón /fur'ɣon/ *sm* **1.** (*Auto*) van. **2.** (*en un tren: para mercancías*) (*GB*) goods wagon, (*US*) boxcar; (*: para equipaje*) (*GB*) luggage van, (*US*) baggage car.

furgoneta /furɣo'neta/ *sf* (small) van.

furia /'furja/ *sf* **1.** (*cólera, ira*) fury, rage: **se puso hecho una furia** he flew into a rage. **2.** (*energía, fuerza*) force.

furibundo, -da /furi'βundo -da/ *adj* furious, livid.

furioso, -sa /fu'rjoso -sa/ *adj* furious, livid.

furor /fu'ror/ *sm* **1.** (*furia*) fury, rage. **2.** (*afición*) passion: **esa moda causó furor** that style really caught on ● **la minifalda va a hacer furor este año** the miniskirt will be all the rage this year.

furtivo, -va /fur'tiβo -βa/ **I** *adj* furtive: **le dirigió una mirada furtiva** he looked at her furtively; **la caza y pesca furtivas son castigadas por la ley** poaching for game and fish is punishable by law.
II *sm/f* poacher.

furúnculo /fu'ruŋkulo/ *sm* boil.

fuselaje /fuse'laxe/ *sm* fuselage.

fusible /fu'siβle/ *sm* fuse.

fusil /fu'sil/ *sm* rifle.
fusil submarino *sm* harpoon gun.

fusilamiento /fusila'mjento/ *sm* execution (*by firing squad*).

fusilar /fusi'lar/ [➪CANTAR] *vt* **1.** (*Mil*) to execute (*by firing squad*): **los fusilaron al amanecer** they were shot at dawn (by firing squad). **2.** (*fam*: *copiar*) to plagiarize: **fusiló párrafos enteros de otro libro** he copied whole paragraphs from another book.

fusión /fu'sjon/ *sf* **1.** (*de metal, plástico, etc.*) melting, fusion; (*de hielo, nieve, etc.*) melting, thawing. **2.** (*de empresas*) amalgamation, merger.
fusión nuclear *sf* nuclear fusion.

fusionar /fusjo'nar/ [➪CANTAR] *vt* to amalgamate, to merge.
fusionarse *v prnl* to be amalgamated * merged.

fusta /'fusta/ *sf* (riding) crop, whip.

fuste /'fuste/ *sm* **1.** (*de una columna*) shaft. **2.** (*importancia*) importance, consequence: **es una empresaria** *de* **fuste** she's an important businesswoman.

fustigar /fusti'ɣar/ [➪pagar] *vt* **1.** (*con un látigo*) to whip. **2.** (*reprender*) to reprimand, to censure.

futbito /fut'βito/ *sm* (*fam*) five-a-side football.

fútbol /'futβol/, (*Amér C, Méx*) **futbol** /fut'βol/ *sm* football, soccer.
fútbol americano *sm* American football.
fútbol-sala *sm* five-a-side football.

futbolín® /futβo'lin/ *sm* table football.

futbolista /futβo'lista/ *sm/f* footballer, soccer player.

fútil /'futil/ *adj* unimportant, trivial.

futurista /futu'rista/ *adj* futuristic.

futuro, -ra /fu'turo -ra/ **I** *adj* future.
II futuro *sm* **1.** (*gen*) future: **ha elegido una profesión** *con* **futuro** she's chosen a profession with a future. **2.** (*tiempo verbal*) future (tense).
III *sm/f* (*fam*: *novio*) fiancé; (*: novia*) fiancée: **no conozco a su futura** I don't know his fiancée.

futurólogo, -ga /futu'roloɣo -ɣa/ *sm/f* futurologist.

G

G, **g** /xe/ *sf* (*letra*) G, g.
g *pronounced* /'gramo/ (*abbreviation of* **gramo**) g (gram).
gabacho, **-cha** /ga'βatʃo -tʃa/ (*!!*) **I** *adj* French. **II** *sm/f* (*hombre*) Frenchman; (*mujer*) Frenchwoman: **los gabachos** the French.
gabán /ga'βan/ *sm* overcoat.
gabardina /gaβar'ðina/ *sf* **1.** (*abrigo*) raincoat, (*GB*) mackintosh. **2.** (*tela*) gabardine.
gabarra /ga'βarra/ *sf* (*para descargar*) lighter; (*para transportar*) barge.
gabinete /gaβi'nete/ *sm* **1.** (*en una casa*) study; (*de un médico*) consulting room, (*GB*) surgery; (*de investigación*) laboratory. **2.** (*Pol*) cabinet.
gacela /ga'θela/ *sf* gazelle.
gaceta /ga'θeta/ *sf* **1.** (*publicación*) gazette. **2.** (*fam: persona*) gossip: **es la gaceta del colegio** he's the school gossip.
gacetillero, **-ra** /gaθeti'ʎero -ra/ *sm/f* (*fam*) hack, journalist.
gachas /'gatʃas/ *sfpl*: *dish made with flour cooked in water, often with seasoning or honey.*
gachí /ga'tʃi/ *sf* (*fam*) girl, woman (*pl* women).
gacho, **-cha** /'gatʃo -tʃa/ *adj* bowed: **salió con la cabeza gacha** he left with his head bowed.
gachó /ga'tʃo/ *sm* (*fam*) guy.
gachupín, **-pina** /gatʃu'pin -'pina/ *sm/f* (*Méx: fam*) Spaniard.
gaditano, **-na** /gaði'tano -na/ **I** *adj* of * from Cádiz. **II** *sm/f* native * inhabitant of Cádiz.
gaélico, **-ca** /ga'eliko -ka/ **I** *adj* gaelic. **II** **gaélico** *sm* (*idioma*) Gaelic.
gafar /ga'far/ [⇨ CANTAR] *vt* (*fam*) to jinx: **deja de decir que va a llover porque vas a gafar la excursión** stop saying it's going to rain, otherwise you'll put a jinx on the trip.
gafas /'gafas/ *sfpl* **1.** (*para ver*) glasses *pl*, spectacles *pl*: **lleva gafas** she wears glasses. **2.** (*de protección, para deportes*) goggles *pl*.
gafas de sol *sfpl* sunglasses *pl*.
gafe /'gafe/ (*fam*) **I** *adj* jinxed. **II** *sm/f* jinx.
gaita /'gaita/ *sf* **1.** (*Mús*) bagpipes *pl*. **2.** (*fam: cosa fastidiosa*) nuisance, drag: **es una gaita tener que madrugar** it's a real drag having to get up early.
gaitero, **-ra** /gai'tero -ra/ *sm/f* piper.
gajes /'gaxes/ *sm pl* • **no tener un horario fijo son gajes del oficio** not having a fixed timetable is one of the drawbacks of the job.
gajo /'gaxo/ *sm* **1.** (*de naranja*) segment; (*de uvas*) cluster. **2.** (*Arg, Urug: esqueje*) cutting.
gala /'gala/ *sf* **1.** (*vestido elegante*) finery, best clothes *pl*: **se puso sus mejores galas** she put on her best clothes. **2.** (*fiesta*): **se celebró una cena** ***de*** **gala en el palacio real** a banquet was held at the royal palace; (*ceremonia*) ceremony: **muchas personalidades del cine asistieron a la gala de los Oscar** a large number of movie personalities attended the Oscar awards ceremony. **3.** (*actuación*) show. **4.** (*motivo de orgullo*): • **tiene a gala no mentir jamás** she prides herself on never lying • **hizo gala de su sentido del humor** he made a show of having a sense of humour.
galáctico, **-ca** /ga'laktiko -ka/ *adj* galactic.
galán /ga'lan/ *sm* **1.** (*hombre atractivo*) handsome man. **2.** (*en teatro, cine*) male star * idol.
galante /ga'lante/ *adj* gallant.
galantear /galante'ar/ [⇨ CANTAR] *vt* to woo.
galantería /galante'ria/ *sf* **1.** (*cortesía*) attentiveness: **tuvo la galantería de acompañarla** he was such a gentleman, he went with her. **2.** (*palabras galantes*) compliment.
galápago /ga'lapaɣo/ *sm* turtle.
Galápagos /ga'lapaɣos/ *sfpl*: **las (islas) Galápagos** the Galapagos Islands *pl*.
galardón /galar'ðon/ *sm* **1.** (*premio*) prize, award. **2.** (*recompensa*) reward.
galardonar /galarðo'nar/ [⇨ CANTAR] *vt* (*dar un premio a*) to award a prize to: **galardonaron su película en Cannes** her movie was awarded a prize at the Cannes film festival; (*dar una condecoración a*) to decorate.
galaxia /ga'laksja/ *sf* galaxy.
galbana /gal'βana/ *sf* (*fam*) laziness.
galeno /ga'leno/ *sm* (*fam*) doctor.
galeón /gale'on/ *sm* galleon.
galeote /gale'ote/ *sm* galley slave.
galera /ga'lera/ *sf* **1.** (*embarcación*) galley • **lo condenaron a galeras** he was sent to the galleys. **2.** (*Amér C, Méx: cobertizo*) shed. **3.** (*Arg, Chi, Urug: sombrero*) top hat.
galería /gale'ria/ **I** *sf* **1.** (*habitación*) *light room overlooking a courtyard at the back of an apartment or house*; (*pasillo*) gallery. **2.** (*de arte*) gallery. **3.** (*en un teatro*) gallery, balcony • **escribe para la galería** he writes for the masses. **4.** (*túnel*) gallery. **II** **galerías** *sfpl* shopping mall, (*GB*) shopping centre.
galerna /ga'lerna/ *sf* (*Meteo*) *strong northwesterly wind on the North coast of Spain.*
Gales /'gales/ *sm* Wales.
galés, **-lesa** /ga'les -'lesa/ **I** *adj* Welsh. **II** *sm/f* (*hombre*) Welshman; (*mujer*) Welshwoman: **los galeses** the Welsh. **III** **galés** *sm* (*idioma*) Welsh.
galgo /'galɣo/ *sm* greyhound • **¡échale un galgo!** there's no chance of catching it/him now!
Galicia /ga'liθja/ *sf* Galicia.
galimatías /galima'tias/ *sm inv* (*fam*) gibberish: **estas instrucciones son un galimatías** these instructions are pure gibberish.
gallardía /gaʎar'ðia/ *sf* **1.** (*buena presencia*) poise. **2.** (*valentía*) bravery, gallantry.
gallardo, **-da** /ga'ʎarðo -ða/ *adj* **1.** (*de buena presencia*) poised. **2.** (*valiente*) brave, gallant.

gallego, **-ga** /ga'ʎeɣo -ɣa/ **I** *adj* **1.** (*de Galicia*) Galician. **2.** (*Amér L: fam, español*) Spanish.
II *sm/f* **1.** (*persona de Galicia*) Galician. **2.** (*Amér L: fam, español*) Spaniard.
III gallego *sm* (*idioma*) Galician.

galleta /ga'ʎeta/ *sf* **1.** (*dulce*) (*GB*) biscuit, (*US*) cookie. **2.** (*fam: bofetada*) slap: **¡te voy a dar una galleta!** I'll slap you!

gallina /ga'ʎina/ **I** *sf* (*ave*) hen, chicken ● **siempre se acuesta con las gallinas** he always goes to bed early ● **me encontraba como gallina en corral ajeno** I felt like a fish out of water ● **mató la gallina de los huevos de oro** he killed the goose that lays the golden eggs.
II *sm/f* (*persona*) chicken, coward.
III *adj* cowardly, chicken.
gallina ciega *sf* blind man's buff.
gallina clueca *sf* broody hen.
gallina ponedora *sf* laying hen.

gallinazo /gaʎi'naθo/ *sm* (*Amér L*) vulture, turkey buzzard.

gallinero /gaʎi'nero/ *sm* **1.** (*cobertizo*) henhouse. **2.** (*fam: lugar ruidoso*) bedlam: **aquella clase parecía un gallinero** the class was in uproar. **3.** (*fam: en un teatro*) the gods *pl*.

gallineta /gaʎi'neta/ *sf* **1.** (*Zool*) coot. **2.** (*Amér L: pintada*) guinea fowl.

gallito, **-ta** /ga'ʎito -ta/ (*fam*) **I** *adj* cocky: **se puso un poco gallito conmigo** he was quite cocky with me.
II gallito *sm* show-off: **Luis es el gallito de la clase** Luis is the class show-off.

gallo /'gaʎo/ *sm* **1.** (*ave*) cock, (*US*) rooster ● **lo preparó en menos que canta un gallo** she got it ready in a flash ● **si hubiera estudiado más, otro gallo le cantara** had he studied harder it would have been a different story. **2.** (*pez*) John Dory. **3.** (*persona*) ➪ gallito **4.** (*al cantar*) flat note: **el tenor soltó un gallo** the tenor sang a flat note. **5.** (*en boxeo*) bantamweight, bantam.
gallo de pelea *sm* fighting cock.

galo, **-la** /'galo -la/ **I** *adj* (*Hist*) Gallic; (*frml: en la actualidad*) French: **el presidente galo se entrevistó con el Rey** the French president had an interview with the King.
II *sm/f* Gaul.

galón /ga'lon/ *sm* **1.** (*de un militar*) stripe. **2.** (*medida*) gallon.

galopada /galo'paða/ *sf* gallop.

galopante /galo'pante/ *adj* galloping: **sufre un cáncer galopante** she has a rapidly developing cancer; **el país está sumido en una crisis económica galopante** the country is stuck in a worsening recession.

galopar /galo'par/ [➪ CANTAR] *vi* to gallop.

galope /ga'lope/ *sm* gallop: **fue** *a* **galope tendido** he went at full gallop.

galpón /gal'pon/ *sm* (*Arg, Urug*) shed.

galvanizar /galβani'θar/ [➪ cazar] *vt* **1.** (*Fís*) to galvanize. **2.** (*estimular*) to stimulate, to stir up: **sus propuestas han galvanizado a la opinión pública** her proposals have stirred up public opinion.

gama /'gama/ *sf* **1.** (*de colores, opiniones*) range: **el miniescolar completará nuestra gama de diccionarios** the pocket school dictionary will complete our range; **nos mostró una gama de azules** he showed us a (whole) range of different blues. **2.** (*Mús*) scale.

gamba /'gamba/ *sf* **1.** (*Zool*) prawn. **2.** (*fam: pierna*) leg ● **como de costumbre, metió la gamba** as usual, he put his foot in it.

gamberrada /gambe'rraða/ *sf* (act of) hooliganism: **los sábados se juntan para hacer gamberradas** on Saturdays they get together to cause trouble.

gamberro, **-rra** /gam'berro -rra/ **I** *adj* thuggish.
II *sm/f* hooligan, vandal: **unos gamberros destrozaron el escaparate** some hooligans smashed the shop window.

gambeta /gam'beta/ *sf* (*Amér L: en fútbol*) dribble.

gambito /gam'bito/ *sm* (*en ajedrez*) gambit.

gamo /'gamo/ *sm* fallow deer.

gamulán® /gamu'lan/ *sm* (*Arg, Urug: chaqueta*) sheepskin jacket; (*: abrigo*) sheepskin coat.

gamuza /ga'muθa/ *sf* **1.** (*animal, piel*) chamois. **2.** (*paño para limpiar*) chamois * shammy leather, shammy. **3.** (*piel curtida*) suede.

gana /'gana/ *sf* **1.** (*deseo*): **tengo ganas** *de* **ir al cine** I feel like going to the cinema; **tengo muchas ganas** *de* **verla** I really want to see her; **me entraron * me dieron ganas** *de* **ir a verlos** it made me want to visit them ● **me quedé con las ganas de conocerlo** I didn't manage to meet him ● **se me han quitado las ganas de ir** I don't feel like going now ● **por ganas que no quede** it's not for want of trying ● **haz lo que te dé la gana** do whatever you like ● **no me ayudó porque no le dio la (real) gana** he didn't help me because he just didn't feel like it ● **de buena gana me iría a la playa** given half the chance, I'd go to the beach ● **me lo prestó de mala gana** he lent it to me very reluctantly ● **la película es mala con ganas** the film is really bad ● **muchos criminales le tienen ganas** there are a lot of criminals who have it in for him. **2.** (*apetito*) appetite: **no comas más si no tienes ganas** don't eat any more if you're not hungry. **3.** (*interés*) willingness, keenness: **siempre estudia** *con* **ganas** he's always keen to study.

ganadería /ganaðe'ria/ *sf* **1.** (*cría de ganado*) cattle breeding. **2.** (*conjunto de ganado*) livestock: **la ganadería argentina** Argentinian livestock.

ganadero, **-ra** /gana'ðero -ra/ **I** *adj* cattle-breeding.
II *sm/f* cattle breeder.

ganado /ga'naðo/ *sm* (*gen*) livestock; (*vacas*) cattle *pl*.
ganado bovino *sm* cattle *pl*.
ganado bravo *sm*: *bulls bred specifically for bullfighting.*
ganado lanar, **ganado ovino** *sm* sheep *n inv*.
ganado porcino *sm* pigs *pl*, swine *pl*.
ganado vacuno *sm* cattle *pl*.

ganador, **-dora** /gana'ðor -'ðora/ **I** *adj* winning.
II *sm/f* winner.

ganancia /ga'nanθja/ *sf* **1.** (*gen*) gain ● **no te arriendo la ganancia si no cambias de actitud** I wouldn't like to be in your shoes if you don't change your attitude. **2.** (*Fin*) profit: **el año pasado aumentaron sus ganancias** last year they increased their profits.

ganar /ga'nar/ [➪ CANTAR] *vt* **1.** (*un concurso, una competición, una apuesta, una batalla, las elecciones*) to win: **ganó el primer premio** he won first prize; **le gané cuatro partidas seguidas** I beat him four times in a row; (*una oposición*) to pass: **ganó las oposiciones de judicatura** he passed the competitive exams to become a judge. **2.** (*dinero: trabajando*) to earn: **gana un dineral** he earns a fortune; (*: en un negocio*) to make: **ganó dos millones cuando vendió las acciones** she made two million when she sold her shares; (*: en juegos de azar*) to win: **ganaron un montón de dinero jugando a la ruleta** they won lots of money playing roulette. **3.** (*conseguir: gen*) to gain: **no ganas nada con lamentarte** you gain nothing by grumbling about it; **con eso no ganamos nada** that will get us nowhere; (*: apoyo*) to win: **ganó el apoyo de sus colegas** she won the support of her colleagues. **4.** (*frml*: *llegar a*) to reach, to arrive at: **ganaron la orilla a nado** they swam ashore; **ganaron la frontera a medianoche** they reached the border at midnight. **5.** (*tiempo*): **con la nueva autopista ganas casi una hora** you save almost an hour on the new highway; **tú ve vistiéndote para ganar tiempo** (you) start getting dressed to save some time; (*espacio*): **si quitas este mueble, ganarás espacio** you'll have more space ✻ room if you move this piece of furniture. ♦*vi* **1.** (*vencer: cuando no hay complemento personal*) to win: **¿quién ganó?** who won?; **ganó sin esforzarse demasiado** she won without too much effort; (*: cuando hay complemento personal*): **les ganamos dos a cero** we beat them two nil; **siempre me gana** *al* **ajedrez** he always beats me at chess; **nadie le gana** *en* **simpatía** no one is more charming than her; **a tozudo no le gana nadie** when it comes to being stubborn, there's no one like him. **2. salir ganando** ⇨salir **16**. **3.** (*mejorar: de aspecto*): **ha ganado muchísimo con ese corte de pelo** he looks much better with that haircut; **con la práctica fue ganando** *en* **destreza** with practice she became more and more skilful; **la ciudad ha ganado** *en* **importancia** the town has become more important. **4.** (*Méx*: *en determinada dirección*): **para salir de la ciudad debes ganar** *por* **la derecha** to leave the city you have to bear right.

ganarse *v prnl* **1.** (*el sustento*) to earn: **se gana la vida como puede** he makes ✻ earns a living as best he can. **2.** (*merecerse: un descanso*) to earn (oneself): **te has ganado unas vacaciones** you've earned (yourself) a holiday; **se ganó una reprimenda por llegar tarde todos los días** he earned himself a good telling-off for arriving late every day. **3.** (*conquistarse: el respeto, el afecto*) to gain, to win: **se ganó el cariño del público** he won the public's affection; (*: a una persona*) to win over: **se ganó a toda la familia** she won over the whole family.

ganchillo /gan'tʃiʎo/ *sm* **1.** (*aguja*) crochet hook. **2.** (*labor*) crochet: **hizo una preciosa colcha** *de* **ganchillo** she made a lovely crocheted bedspread; **después de comer, hace ganchillo** she does some crochet after lunch.

gancho /'gantʃo/ *sm* **1.** (*instrumento curvo*) hook: **colgó la ropa** *en* **un gancho** he hung the clothes on a hook ● **le echó el gancho en la universidad** he won her heart while they were at university. **2.** (*fam*: *encanto*) charm: **no es guapo, pero tiene gancho** he's not good-looking, but he has a certain charm. **3.** (*cosa que atrae*) lure: **es un buen gancho para que la gente compre un producto** it is a good way of getting people to buy a product; (*persona que atrae*): **utilizaba a un niño como gancho** she used a child to inspire pity. **4.** (*en boxeo*) hook; (*en baloncesto*) hook shot. **5.** (*Amér L: para el pelo*) hairpin. **6.** (*Col, Ven: para la ropa*) (*GB*) clothes peg, (*US*) clothespin.

gandul, -dula /gan'dul -dula/ (*fam*) **I** *adj* lazy. **II** *sm/f* slacker.

gandulear /gandule'ar/ [⇨CANTAR] *vi* to loaf about, to idle around.

ganga /'gaŋga/ *sf* bargain: **lo compramos a precio de ganga** we bought it at a bargain price.

ganglio /'gaŋgljo/ *sm* node.

gangoso, -sa /gaŋ'goso -sa/ *adj* (*voz*) nasal; (*persona*): **es un poco gangoso** his voice is a bit nasal.

gangrena /gaŋ'grena/ *sf* gangrene.

gángster /'gaŋster/ *sm* [**gángsters**] gangster.

ganguear /gaŋge'ar/ [⇨CANTAR] *vi* to speak in a nasal voice.

gansada /gan'saða/ *sf* (*fam*: *para hacer reír*): **sus gansadas nos hicieron reír mucho** her antics had us in fits of laughter; (*: cosa poco seria*) prank: **llamarnos a estas horas es otra gansada suya** calling us at this hour is another one of his pranks.

ganso, -sa /'ganso -sa/ *sm/f* **1.** (*Zool*: *gen*) goose (*pl* geese); (*: macho*) gander. **2.** (*fam*: *tonto*) fool: **siempre está haciendo el ganso** he's always playing the fool.

ganzúa /gan'θua/ *sf* picklock.

gañote /ga'ɲote/ *sm* (*fam*) throat: **se echó** *al* **gañote todo el vaso de limonada** she gulped down the whole glass of lemonade.

garabatear /garaβate'ar/ [⇨CANTAR] *vt* to scribble, to scrawl: **garabateó su firma al pie del documento** he scribbled his signature at the bottom of the document. ♦*vi* to doodle.

garabato /gara'βato/ *sm* (*de niño*) scribble: **se entretuvo haciendo garabatos en un cuaderno** she amused herself by scribbling in an exercise book; (*de adulto: gen*) doodle; (*: algo poco legible*) scrawl: **este garabato es la firma** this scrawl is the signature.

garaje /ga'raxe/ *sm* (*parking, taller*) garage.

garantía /garan'tia/ *sf* **1.** (*palabra*) guarantee, assurance: **me dio su garantía** *de* **que se efectuará el pago** he assured me (that) the payment will be made. **2.** (*respaldo*) security: **ofrecieron la casa como garantía para obtener el préstamo** they offered the house as security for the loan. **3.** (*de una compra*) warranty, guarantee: **el televisor tiene garantía** *por* **dos años** the television set has a two-year warranty; **¿está** *en* **garantía?** is it under guarantee? **4.** (*confianza*): **compraron el reloj en una tienda** *de* **garantía** they bought the watch in a reputable shop.

garantizar /garanti'θar/ [⇨cazar] *vt* **1.** (*asegurar*) to guarantee: **el gobierno garantiza que se construirán más viviendas** the government guarantees that more housing will be built; (*a una persona*) to assure: **me garantizó que estaría arreglado en una hora** he assured me that it would be ready in an hour. **2.** (*una compra*) to guarantee: **garantizan todos sus productos durante dos años** they guarantee all their products for two years.

garapiña /gara'piɲa/ *sf* (*Ant, Méx*) *cold drink made with pineapple skin, water and sugar*.

garapiñado, -da /garapi'ɲaðo -ða/ *adj* ⇨garrapiñado

garapiñar /garapi'ɲar/ [⇨CANTAR] *vt* ⇨garrapiñar

garbanzo /gar'βanθo/ *sm* chickpea.

garbanzo negro *sm* (*fig*) black sheep.

garbeo /gar'βeo/ *sm* (*fam*) stroll: **salimos a dar un garbeo** we went for a stroll.

garbo /'garβo/ *sm* gracefulness, grace: **tiene mucho garbo al andar** she has a very graceful way of walking.

garboso, -sa /gar'βoso -sa/ *adj* graceful.

gardenia /gar'ðenja/ *sf* gardenia.

garduña /gar'ðuɲa/ *sf* (*Zool*) marten.

garete /ga'rete/ *sm* ● **la empresa se fue al garete** the company collapsed.

garfio /'garfjo/ *sm* (meat) hook.

gargajo /gar'ɣaxo/ *sm* phlegm.

garganta /gar'ɣanta/ *sf* **1.** (*Anat*) throat: **tiene dolor**

de garganta she has a sore throat; **se abrigó la garganta con una bufanda** he wrapped a scarf around his neck • **lo tengo atravesado en la garganta** I really can't stand him. **2.** (*voz*) singing voice. **3.** (*entre dos montañas*) gorge.

gargantilla /garɣan'tiʎa/ *sf* choker.

gárgaras /'garɣaras/ *sf pl* gargling: **el dentista le dijo que hiciera gárgaras** the dentist told him to gargle • **lo mandé a hacer gárgaras** I got rid of him.

gárgola /'garɣola/ *sf* gargoyle.

garita /ga'rita/ *sf* **1.** (*de centinela*) sentry box. **2.** (*de portero*) porter's lodge.

garito /ga'rito/ *sm* **1.** (*casa de juego*) gambling den. **2.** (*tugurio*) dive.

garra /'garra/ **I** *sf* **1.** (*de un animal: gen*) claw; (*: de un pájaro*) talon. **2.** (*fam: de una persona*) paw: **¡aparta las garras de ahí!** get your paws off! **3.** (*atractivo*) charisma: **es un político que tiene mucha garra** he's a very charismatic politician; **el montaje tiene mucha garra** the way it has been staged is very impressive.

II garras *sf pl* clutches *pl*: **cayó en las garras de su enemigo** he fell into the clutches of his enemy.

garrafa /ga'rrafa/ *sf* **1.** (*vasija*) *large container for wine, oil or water*: **me parece que esta ginebra es** *de* **garrafa** this doesn't taste like good quality gin to me. **2.** (*Arg, Urug: de gas*) cylinder.

garrafal /garra'fal/ *adj* monumental, huge: **cometió un error garrafal en el examen** he made a monumental mistake in the exam.

garrafalmente /garrafal'mente/ *adv* terribly: **jugaron garrafalmente mal** they played terribly.

garrapata /garra'pata/ *sf* (*Zool*) tick.

garrapiñado, -da /garrapi'ɲaðo -ða/ *adj* coated in sugar.

garrapiñar /garrapi'ɲar/ [⇨ CANTAR] *vt* (*Culin*) to coat in sugar.

garrocha /ga'rrotʃa/ *sf* (*Amér L: pértiga*) pole (*used in pole vaulting*).

garronear /garrone'ar/ [⇨ CANTAR] *vt/i* ⇨ gorrear

garrotazo /garro'taθo/ *sm* blow (*with a club*) • **aquí, al que protesta, garrotazo y tente tieso** anyone who complains here is dealt with very severely.

garrote /ga'rrote/ *sm* **1.** (*palo*) club. **2.** (*also* **garrote vil**) (*para ajusticiar*) garrotte: **dieron garrote a los condenados** the condemned men were garrotted.

garúa /ga'rua/ *sf* (*Amér L: llovizna*) drizzle.

garza /'garθa/ *sf* heron.

garzo, -za /'garθo -θa/ *adj* (*ojos*) blue.

gas /gas/ **I** *sm* **1.** (*gen*) gas: **esta cocina funciona con gas** this is a gas cooker. **2.** (*de un mechero*) lighter fuel. **3.** (*en un coche*): **dale más gas** step on it! • **a todo gas**: **nos fuimos a todo gas** we drove off at top speed; **está trabajando a todo gas** he's working flat out • **ganó jugando a medio gas** she won the game without exerting herself.

II gases *sm pl* wind, (*US*) gas.

gas butano *sm* butane gas.

gas ciudad *sm* gas (*piped to the consumer*).

gas lacrimógeno *sm* tear gas.

gas natural *sm* natural gas.

gases nobles *sm pl* (*Quím*) noble gases *pl*.

gasa /'gasa/ *sf* **1.** (*para un vestido*) chiffon. **2.** (*para una herida*) gauze; (*para un bebé*) (*GB*) muslin nappy, (*US*) muslin diaper.

gaseosa /gase'osa/ *sf* lemonade (*clear, fizzy drink*).

gaseoso, -sa /gase'oso -sa/ *adj* gaseous.

gasoducto /gaso'ðukto/ *sm* gas pipeline.

gasoil /ga'soil/, **gasóleo** /ga'soleo/ *sm* diesel (oil).

gasolina /gaso'lina/ *sf* (*GB*) petrol, (*US*) gas, gasoline: **paramos a echar gasolina** we stopped for petrol.

gasolina normal *sf* (*GB*) two-star (petrol), (*US*) regular (gasoline).

gasolina sin plomo *sf* unleaded petrol.

gasolina súper *sf* (*GB*) four-star (petrol), (*US*) super (gasoline).

gasolinera /gasoli'nera/ *sf* (*GB*) petrol station, (*US*) gas station.

gastado, -da /gas'taðo -ða/ *adj* **1.** (*acabado*) finished, empty: **este tubo de pegamento ya está gastado** this tube of glue is empty. **2.** (*ropa, zapatos*) worn-out; (*idea, argumento*) well-worn: **esa excusa está ya muy gastada** that's a well-worn excuse. **3.** (*persona*) drained: **la encontré muy gastada** she was physically drained ✻ exhausted.

gastador, -dora /gasta'ðor -'ðora/ **I** *adj* extravagant: **es muy gastador** he's very extravagant.

II *sm/f* spendthrift.

III gastador *sm* (*Mil*) sapper.

gastar /gas'tar/ [⇨ CANTAR] *vt* **1.** (*dinero*) to spend: **gastamos un dineral renovando la casa** we spent a fortune redecorating the house. **2.** (*combustible, energía*) to use, to consume: **este coche gasta mucha gasolina** this car uses a lot of petrol. **3.** (*terminar*) to use up: **¿has gastado toda la leña?** have you used up all the firewood? **4.** (*ropa*) to wear out: **ha gastado la suela de los zapatos** he has worn out the soles of his shoes. **5.** (*usar*) to wear: **¿qué colonia gastas?** what kind of eau de cologne do you use?; **¿qué número gasta?** what size do you take? **6.** (*una característica personal*): **gasta muy mal genio** he has a very bad temper • **ya sabes cómo las gasta el abuelo** you know what grandad is like. **7.** (*broma*) to play: **siempre está gastando bromas** he is always playing jokes on people; (*cumplido*) to pay.

♦ *vi* to spend: **gastamos mucho en las vacaciones** we spent a lot during the holidays; **parece que si no gasta, no está contento** it seems that he's not happy if he isn't spending money.

gastarse *v prnl* **1.** (*dinero*) to spend. **2.** (*combustible, energía*) to use up. **3.** (*terminarse*) to run out: **se ha gastado el café** we've run out of coffee. **4.** (*ropa*) to wear out. **5.** (*una característica personal*): **hay que ver los humos que se gasta** she really thinks she's something special; **¡vaya un mal genio que se gasta!** he's extraordinarily bad tempered!

gasto /'gasto/ **I** *sm* **1.** (*de dinero*) expense: **nos ocasionó mucho gasto** it caused us a great deal of expense. **2.** (*de energía, combustible*) consumption. **3.** (*esfuerzo*): **aunque perdió, su equipo hizo el gasto** although they lost, his team did most of the work; **Juan hizo todo el gasto de la conversación** Juan was the one who kept the conversation going.

II gastos *sm pl* (*gen*) expenses *pl*: **esta cuenta es para los gastos de la casa** this account is for household expenses; **este mes hemos tenido más gastos que de costumbre** this month we've had more outgoings than usual; **apenas ganaron para cubrir gastos** they barely made enough to cover their expenses • **el primer premio es un viaje al Caribe con todos los gastos pagados** the first prize is an all-expenses-paid trip to the Caribbean • **el padre de la novia corrió con los gastos de la boda** the bride's father paid for the wedding; (*de mantenimiento, explotación, etc.*): **los gastos de reparación ascendieron a**

varios millones de pesetas the cost of repairs ran into millions of pesetas; **están tratando de reducir los gastos** they are trying to reduce spending.

gasto público *sm* public spending.

gastos de comunidad *sm pl*: *money paid by residents of a building for maintenance and upkeep.*

gastos de envío *sm pl* postage and packing.

gastos de representación *sm pl* expenses *pl* (*for entertaining clients, etc.*).

gastos generales *sm pl* overheads *pl.*

gástrico, -ca /'gastriko -ka/ *adj* gastric.

gastritis /gas'tritis/ *sf inv* gastritis.

gastroenteritis /gastroente'ritis/ *sf inv* gastroenteritis.

gastronomía /gastrono'mia/ *sf* gastronomy.

gastrónomo, -ma /gas'tronomo -ma/ *sm/f* gourmet.

gata /'gata/ **I** *sf* **1.** (*Zool*) female cat, she-cat. **2.** (*Méx*: *sirvienta*) maid. **3.** (*Chi, Perú*: *de un automóvil*) jack.
II a gatas *loc adv* **1.** (*de rodillas*) on all fours: **se puso a gatas para buscar el pendiente** she got down on all fours to look for the earring; **la niña fue a gatas a la cocina** the little girl crawled into the kitchen. **2.** (*Arg, Urug*: *apenas*): **a gatas me alcanzó para el boleto** I only just had enough money for the ticket; (*: por los pelos*): **se salvaron a gatas de que los agarraran** they escaped capture by the skin of their teeth.

gatear /gate'ar/ [➪CANTAR] *vi* **1.** (*andar a gatas*) to crawl. **2.** (*por un muro, árbol*) to climb.

gatera /ga'tera/ *sf* cat door, cat flap.

gatillo /ga'tiʎo/ *sm* trigger.

gato /'gato/ *sm* **1.** (*Zool*: *gen*) cat; (*: macho*) tomcat ● **al final sólo vinieron cuatro gatos** in the end only a handful of people came ● **en la tienda nos dieron gato por liebre** they pulled a fast one on us in the shop ● **en seguida sospeché que había gato encerrado** I smelt a rat straightaway ● **es gato viejo** he's an old hand ● **al final, una empresa japonesa se llevó el gato al agua** in the end a Japanese company beat us to it ● **gato escaldado del agua fría huye** once bitten, twice shy. **2.** (*para levantar peso*) jack. **3.** (*Méx*: *sirviente*) servant.

gato montés *sm* wildcat.

gauchada /gau'tʃaða/ *sf* (*Arg, Chi, Urug*: *fam*) good turn.

gaucho, -cha /'gautʃo -tʃa/ **I** *adj* **1.** (*costumbres, utensilios*) gaucho. **2.** (*Arg, Urug*: *fam, dispuesto a hacer favores*) kind.
II gaucho *sm* gaucho.

gaveta /ga'βeta/ *sf* drawer.

gavilán /gaβi'lan/ *sm* sparrow hawk.

gavilla /ga'βiʎa/ *sf* (*de espigas*) sheaf; (*de ramas*) bundle.

gaviota /ga'βjota/ *sf* seagull, gull.

gay /gai/ **I** *adj inv* gay.
II *sm* [*pl* **gay** ✱ **gays**] gay (man).

gazapo /ga'θapo/ *sm* **1.** (*conejo*) young rabbit. **2.** (*al escribir*) mistake, misprint; (*al hablar*) slip of the tongue.

gazmoño, -ña /gaθ'moɲo -ɲa/ **I** *adj* prudish, priggish.
II *sm/f* prude, prig.

gaznate /gaθ'nate/ *sm* (*fam*) throat: **se echó un vaso de whisky al gaznate** he tossed back a glass of whisky.

gazpacho /gaθ'patʃo/ *sm* gazpacho (*type of cold vegetable soup*).

gazuza /ga'θuθa/ *sf* (*fam*) hunger: **tengo una gazuza...** I am so hungry....

GB /xe'βe/ (*abbreviation of* **Gran Bretaña**) GB (Great Britain).

ge /xe/ *sf*: *name of the letter G.*

géiser /'xeiser/ *sm* [**géiseres**] geyser.

gel /xel/ *sm* **1.** (*pasta*) gel. **2.** (*also* **gel de baño**) (*para ducha*) shower gel; (*para baño*) bubble bath.

gelatina /xela'tina/ *sf* **1.** (*sustancia*) gelatin. **2.** (*como postre*) (*GB*) jelly, (*US*) Jell-O®; (*como condimento*) jelly.

gélido, -da /'xeliðo -ða/ *adj* **1.** (*muy frío*) icy, freezing: **soplaba un viento gélido del norte** an icy wind was blowing from the north. **2.** (*poco afectuoso*) cold: **nos dedicó una mirada gélida** she gave us a cold look.

gema /'xema/ *sf* gem.

gemelo, -la /xe'melo -la/ **I** *adj, sm/f* identical twin: **son hermanas gemelas** they are (identical) twin sisters; **ha dado a luz gemelos** she has given birth to (identical) twins.
II gemelo *sm* (*Anat*) (large) calf muscle, gastrocnemius.
III gemelos *sm pl* **1.** (*para el puño de una camisa*) cuff links *pl.* **2.** (*prismáticos*) binoculars *pl.*

gemido /xe'miðo/ *sm* groan, moan.

géminis /'xeminis/ **I** *sm* (*also* **Géminis**) (*constelación, signo del zodiaco*) Gemini; (*Amér L*): **soy** *de* **Géminis** I'm a Gemini.
II *sm/f inv* (*persona*) Gemini: **soy géminis** I'm a Gemini; **va a ser una buena semana para los géminis** it's going to be a very good week for Geminis.

gemir /xe'mir/ [➪pedir] *vi* to groan, to moan.

gen /xen/ *sm* gene.

gendarme /xen'darme/ *sm* gendarme.

genealogía /xenealo'xia/ *sf* genealogy.

generación /xenera'θjon/ *sf* **1.** (*Inform, Sociol*) generation: **nuestra familia posee estas tierras desde hace cinco generaciones** our family has owned this land for five generations; **una nueva generación de ordenadores** a new generation of computers. **2.** (*Lit*) generation: **la generación del 27** the Generation of 1927 (*a literary and artistic group*). **3.** (*producción*) generation: **este aparato sirve para la generación de electricidad** this machine is used to generate electricity.

generacional /xeneraθjo'nal/ *adj* generational: **en la reunión salieron a relucir las diferencias generacionales** differences caused by the generation gap came to light at the meeting.

generador, -dora /xenera'ðor -'ðora/ **I** *adj* generating.
II generador *sm* generator.

general /xene'ral/ **I** *adj* **1.** (*gen*) general: **dio una respuesta muy general** he gave a very general reply; **nos lo describió en términos generales** she described it to us in general terms; *en* **general, la reunión fue interesante** on the whole, the meeting was interesting; **el verano aquí es** *por lo* **general muy agradable** summer is usually very pleasant here. **2.** (*compartido por muchos*): **la opinión general era que se había equivocado** the general opinion was that he was wrong; **el profesor de dibujo dio el aprobado general** the drawing teacher gave everyone a pass; **se refirió a todos** *en* **general** she referred to everyone in general. **3.** (*principal*) main: **nos salimos de la carretera general** we left the main road.
II *sm/f* (*Mil*) general.

generalidad /xenerali'ðað/ *sf* **1.** (*de personas*) majority: **cuenta con el apoyo de la generalidad de la población** he has the support of the majority of the population. **2.** (*vaguedad*) generality: **contestó generalidades** he only answered in general terms. **3.** (*Pol: en España*) ➪ Generalitat

Generalitat /dʒenerali'tat/ *sf* (*en España*) *autonomous government of Catalonia/Valencia.*

generalización /xeneraliθa'θjon/ *sf* generalization: **no se puede hacer generalizaciones de ese tipo** you can't make generalizations of that sort.

generalizado, -da /xenerali'θaðo -ða/ *adj* widespread: **el uso de los anticonceptivos está muy generalizado** the use of contraceptives is very widespread.

generalizar /xenerali'θar/ [➪cazar] *vt* to generalize: **no se puede generalizar** one cannot generalize.

generalizarse *v prnl* (*costumbre, actividad*) to become common, to become widespread: **se ha generalizado el interés por los idiomas** interest in languages has become widespread.

generar /xene'rar/ [➪CANTAR] *vt* to generate.

genérico, -ca /xe'neriko -ka/ *adj* generic.

género /'xenero/ *sm* **1.** (*Biol*) genus: **el género humano** mankind, humankind. **2.** (*tipo*) kind, type: **no le hagas ese género de preguntas** don't ask him that kind of question; **al final se cansó de aquel género de vida** in the end she got tired of that sort of life. **3.** (*en una tienda*) goods *pl*: **colocó el género en las estanterías** she placed the goods on the shelves. **4.** (*tejido*) material, fabric: **¿de qué género son las cortinas?** what material are the curtains made of? **5.** (*Ling*) gender. **6.** (*Lit*) genre.

género chico *sm* (*Mús*) *genre of short light opera and comedy.*

géneros de punto *sm pl* knitwear.

generosidad /xenerosi'ðað/ *sf* generosity.

generoso, -sa /xene'roso -sa/ *adj* **1.** (*desprendido, abundante*) generous: **fueron muy generosos** *con* **él** they were very generous to him; **nos sirvieron unas raciones muy generosas** they gave us very generous portions. **2.** (*productivo*) fertile, productive: **esta tierra es extremadamente generosa** this land is extremely fertile. **3.** (*vino*) full-bodied.

Génesis /'xenesis/ *sm* Genesis.

génesis /'xenesis/ *sf inv* genesis, origin.

genética /xe'netika/ *sf* genetics [lleva el verbo en singular].

genético, -ca /xe'netiko -ka/ *adj* genetic.

genial /xe'njal/ **I** *adj* **1.** (*de mucho talento*) brilliant, outstanding. **2.** (*fam: muy bueno*) great, brilliant: **tuvo una idea genial** she had a brilliant idea.
II *adv* (*fam*) brilliantly: **lo pasamos genial** we had a great time.

genialidad /xenjali'ðað/ *sf* genius: **eso fue una verdadera genialidad** that was a real stroke of genius.

genio /'xenjo/ *sm* **1.** (*forma de ser: de un individuo*) nature, temperament: **tiene el genio de su madre** she has her mother's temperament; (*: de una comunidad*) spirit, nature: **el genio mexicano** the Mexican national character. **2.** (*mal carácter*) (bad) temper: **tiene un genio que no hay quien lo aguante** he has an unbearable temper. **3.** (*estado de ánimo*) mood: **hoy está** *de* **mal genio** he's in a bad mood today. **4.** (*artista, pensador*) genius: **fue un genio de la literatura** he was a literary genius; **¡tu hermano es un genio!** your brother is a genius! **5.** (*duende*) genie.

genital /xeni'tal/ **I** *adj* genital.
II genitales *sm pl* genitals *pl.*

genitivo /xeni'tiβo/ *sm* (*Ling*) genitive.

genocida /xeno'θiða/ *sm/f*: *person guilty of genocide.*

genocidio /xeno'θiðjo/ *sm* genocide.

gente /'xente/ *sf* **1.** (*conjunto de personas*) people *pl*: **¿había mucha gente?** were there many people?; **aquí vive la gente de dinero** this is where the rich people live. **2.** (*grupo concreto*) people *pl*, folk *pl*: **me parecieron una gente muy amable** they seemed to be very pleasant people; **he quedado con una gente para ir a cenar** I've arranged to meet some people for dinner. **3.** (*fam: persona*): **Luis es buena gente** Luis is a good sort; (*Méx*): **fui a cenar con una gente de la oficina** I went out to have dinner with someone from the office. **4.** (*fam: familia*) family, (*US*) folks *pl*: **está deseando ver a su gente** she's looking forward to seeing her family.

gente bien *sf* well-off people *pl.*

gente de bien *sf* decent folk *pl.*

gente guapa *sf* beautiful people *pl.*

gente menuda *sf* (*fam*) children *pl*, kids *pl.*

gentil /xen'til/ *adj* kind.

gentileza /xenti'leθa/ *sf* **1.** (*amabilidad*) kindness, goodness: **tuvo la gentileza de cederle el asiento** she was kind enough to give him her seat. **2.** (*cortesía*) courtesy: **este obsequio es una gentileza de la casa** this gift comes courtesy of the management.

gentío /xen'tio/ *sm* crowd: **¡no te puedes imaginar el gentío que había!** you wouldn't believe how crowded it was!

gentuza /xen'tuθa/ *sf* rabble, scum: **son gentuza** they're scum ✱ the lowest of the low.

genuflexión /xenuflek'sjon/ *sf* genuflexion.

genuino, -na /xe'nwino -na/ *adj* genuine, authentic: **una muestra genuina de arte popular** a genuine example of popular art; **el genuino sabor del café** the real taste of coffee.

geografía /xeoɣra'fia/ *sf* **1.** (*ciencia*) geography. **2.** (*territorio*) territory: **hay ejemplos de esta corriente artística en toda la geografía nacional** examples of this artistic trend are to be found all over the country.

geográfico, -ca /xeo'ɣrafiko -ka/ *adj* geographical, geographic.

geógrafo, -fa /xe'oɣrafo -fa/ *sm/f* geographer.

geología /xeolo'xia/ *sf* geology.

geológico, -ca /xeo'loxiko -ka/ *adj* geological.

geólogo, -ga /xe'oloɣo -ɣa/ *sm/f* geologist.

geometría /xeome'tria/ *sf* geometry.

geométrico, -ca /xeo'metriko -ka/ *adj* geometrical, geometric.

geopolítica /xeopo'litika/ *sf* geopolitics [lleva el verbo en singular].

Georgia /xe'orxja/ *sf* Georgia.

georgiano, -na /xeor'xjano -na/ **I** *adj, sm/f* Georgian.
II georgiano *sm* (*idioma*) Georgian.

geranio /xe'ranjo/ *sm* geranium.

gerente /xe'rente/ *sm/f* manager.

geriatra /xe'rjatra/ *sm/f* geriatrician.

geriatría /xerja'tria/ *sf* geriatrics [lleva el verbo en singular].

gerifalte /xeri'falte/ *sm* (*fam*) bigwig, bigshot: **en ese hotel se alojaron los gerifaltes del Comité Olímpico** that's the hotel where the bigwigs on the Olympic Committee stayed.

germánico, -ca /xer'maniko -ka/ **I** *adj* germanic.
II germánico *sm* Germanic.

germano, -na /xer'mano -na/ *adj* (*frml*) German.

germen /'xermen/ *sm* **1.** (*Biol, Med*) germ. **2.** (*origen*) origin, root: **su afición a la música fue el germen de su amistad** their friendship originated from a mutual liking for music.

germinar /xermi'nar/ [⇨CANTAR] *vi* (*planta, idea*) to germinate.

gerundense /xerun'dense/ **I** *adj* of ∗ from Gerona.
II *sm/f* native ∗ inhabitant of Gerona.

gerundio /xe'rundjo/ *sm* present participle • **andando, que es gerundio** come on, let's go!

gesta /'xesta/ *sf* exploit, feat.

gestación /xesta'θjon/ *sf* **1.** (*de un animal*) gestation; (*de una mujer*) pregnancy: **a las mujeres les recomiendan que no fumen durante la gestación** women are advised not to smoke during pregnancy. **2.** (*de un producto, una obra*) planning: **su última novela todavía está en periodo de gestación** his latest novel is still at the planning stage.

gestarse /xes'tarse/ [⇨CANTAR] *v prnl* (*conspiración, crisis*) to brew; (*proyecto*) to take shape; (*movimiento artístico*) to grow; (*idea*) to develop.

gesticular /xestiku'lar/ [⇨CANTAR] *vi* to gesticulate.

gestión /xes'tjon/ *sf* **1.** (*trámite*) step: **hemos hecho las gestiones necesarias** *para* **conseguir el permiso** we've taken all the necessary steps to obtain the permit; (*para resolver algo*): **están haciendo gestiones** *para* **conseguir un alto el fuego** they're working to achieve a cease-fire. **2.** (*de una empresa, un negocio*) management, running: **ella lleva la gestión de la fábrica** she's in charge of running the factory.

gestionar /xestjo'nar/ [⇨CANTAR] *vt* **1.** (*hacer los trámites para*) to arrange: **sus padres gestionaron el cambio de colegio** his parents arranged a change of school; **están gestionando el permiso de obra** they are taking steps to obtain planning permission; **están gestionando la ampliación de la Unión Europea** they are working to bring about the enlargement of the European Union. **2.** (*un negocio*) to manage, to run: **el hijo del dueño se encarga de gestionar la tienda** the owner's son is managing the shop.

gesto /'xesto/ *sm* **1.** (*con la cara*) expression: **cuando probó la comida, puso un gesto de asco** an expression of disgust came over her face when she tasted the food; **torció el gesto al verme** he looked displeased when he saw me; (*con la cabeza*) nod: **le hizo un gesto con la cabeza a su secretario** she nodded to her secretary; (*con la mano*) gesture, wave: **el árbitro hizo gestos para que acudieran los camilleros** the referee gestured to the stretcher bearers to come over • **he hecho un mal gesto y ahora me duele la muñeca** I moved my wrist awkwardly and now it hurts. **2.** (*acto*) gesture: **fue un gesto muy noble** it was a very noble gesture.

gestor, -tora /xes'tor -'tora/ **I** *adj* managing.
II *sm/f* (*also* **gestor administrativo/gestora administrativa**) agent, representative (*for a third party in administrative matters*).

gestoría /xesto'ria/ *sf*: *administrative representative's office* ⇨ gestor

giba /'xiβa/ *sf* (*joroba*) hump.

gibón /xi'βon/ *sm* gibbon.

Gibraltar /xiβral'tar/ *sm* Gibraltar.

gibraltareño, -ña /xiβralta'reɲo -ɲa/ **I** *adj* of ∗ from Gibraltar.
II *sm/f* Gibraltarian.

giganta /xi'ɣanta/ *sf* giantess.

gigante /xi'ɣante/ **I** *sm* **1.** (*de cuento, persona alta*) giant. **2.** (*persona que destaca*) giant, prominent figure: **es un gigante de la música** he's a prominent figure in the music world. **3.** (*figura*) *giant effigy featuring in carnivals and festivals*.
II *adj* gigantic, giant: **compró una sandía gigante** she bought a giant watermelon.

gigantesco, -ca /xiɣan'tesko -ka/ *adj* gigantic.

gijonense /xixo'nense/, **gijonés, -nesa** /xixo'nes -'nesa/ **I** *adj* of ∗ from Gijón.
II *sm/f* native ∗ inhabitant of Gijón.

gil /xil/, **gila** /'xila/ *sm/f* (*Arg, Chi, Urug: fam*) fool, stupid person.

gilipollas /xili'poʎas/ (*!!*) **I** *adj inv*: **¡qué gilipollas!** what a jerk!
II *sm/f inv* jerk.

gimnasia /xim'nasja/ *sf* **1.** (*actividad*) gymnastics [lleva el verbo en singular]; (*ejercicios*) exercises *pl*: **cada mañana hace un poco de gimnasia** he does some exercises every morning • **no hay que confundir la gimnasia con la magnesia** let's just make sure we don't get ourselves confused. **2.** (*fam: en el colegio*) gym, physical education.
gimnasia rítmica *sf* rhythmic gymnastics [lleva el verbo en singular].

gimnasio /xim'nasjo/ *sm* gym, gymnasium.

gimnasta /xim'nasta/ *sm/f* gymnast.

gimo /'ximo/ *and other forms with* ***gim-*** ⇨ gemir

gimotear /ximote'ar/ [⇨CANTAR] *vi* to snivel, to whine.

gin tonic /dʒin'tonik/ *sm*: **un gin tonic** a gin and tonic.

gincana /xi:ŋ'kana/ *sf* obstacle race.

Ginebra /xi'neβra/ *sf* Geneva.

ginebra /xi'neβra/ *sf* gin.

ginecología /xinekolo'xia/ *sf* (*GB*) gynaecology, (*US*) gynecology.

ginecólogo, -ga /xine'koloɣo -ɣa/ *sm/f* (*GB*) gynaecologist, (*US*) gynecologist.

gira /'xira/ *sf* tour: **hicieron una gira turística por Italia** they went on a tour of Italy ∗ they toured round Italy; **la Compañía de Teatro Nacional está** *de* **gira** the National Theatre Company is on tour.

girar /xi'rar/ [⇨CANTAR] *vi* **1.** (*planeta, rueda, tiovivo*) to go round, to revolve: **la Tierra gira** *alrededor del* **Sol** the Earth revolves around the Sun; (*centrifugadora, peonza*) to spin; (*aspas de molino, hélice*) to rotate, to gyrate. **2.** (*torcer*) to turn: **el coche giró a la derecha** the car turned right. **3.** (*tratar*): **la reunión girará** *en torno al* **presupuesto anual** the meeting will deal with the annual budget.
♦ *vt* **1.** (*una llave, el pomo de una puerta*) to turn: **a continuación, haga girar la llave** after that, turn the key. **2.** (*dinero*) to remit, to send: **nos giraron la cantidad que quedaba pendiente** they remitted us the balance owed.

girasol /xira'sol/ *sm* sunflower.

giro /'xiro/ *sm* **1.** (*de un coche*) turn: **el coche dio un giro repentino a la derecha** the car made a sudden turn to the right. **2.** (*also* **giro postal**) (*por correo*) money order, postal order; (*por telégrafo*) *telegraphic money order*. **3.** (*de una conversación, un asunto*) turn: **la conversación tomó un giro inesperado** the conversation took an unexpected turn. **4.** (*expresión*) expression: **utiliza muchos giros propios de Andalucía** he uses many Andalusian expressions.

giroscopio /xiro'skopjo/ *sm* gyroscope.

gis /xis/ *sm* (*Méx*) chalk: **un gis** a piece of chalk.

gitanería /xitane'ria/ *sf* **1.** (*gitanos*) gypsy community, gypsies *pl*. **2.** (*fam: mala pasada*) dirty trick: **hay**

que ver la de gitanerías que me ha hecho you wouldn't believe the dirty tricks he's played on me.

gitano, -na /xi'tano -na/ *adj, sm/f* gypsy, gipsy.

glaciación /glaθja'θjon/ *sf* glaciation.

glacial /gla'θjal/ *adj* **1.** (*zona*) glacial. **2.** (*temperatura, viento*) freezing, icy: **hacía un frío glacial** it was freezing cold. **3.** (*actitud*) icy, cold: **me dirigió una mirada glacial** he gave me a cold look.

glaciar /gla'θjar/ *sm* glacier.

gladiador /glaðja'ðor/ *sm* gladiator.

gladiolo /gla'ðjolo/ *sm* gladiolus (*pl* gladioli).

glamour /gla'mur/ *sm* (*GB*) glamour, (*US*) glamor.

glándula /'glandula/ *sf* gland.

glándula pituitaria *sf* pituitary (gland).

glándulas lagrimales *sf pl* lacrimal glands *pl*.

glaseado, -da /glase'aðo -ða/ *adj* (*Culin*) glazed.

glasear /glase'ar/ [⇨ CANTAR] *vt* (*Culin*) to glaze.

glaucoma /glau'koma/ *sm* glaucoma.

glicerina /gliθe'rina/ *sf* glycerine, glycerin.

global /glo'βal/ *adj* **1.** (*visión, juicio*) overall, global; (*presupuesto, suma*) total. **2.** (*Educ*): **a final de curso hicimos un examen global** at the end of the course we were examined on the whole year's work.

globo /'gloβo/ *sm* **1.** (*para volar, de niños*) balloon. **2.** (*also* **globo terráqueo**) (*planeta, mapa*) globe. **3.** (*de una lámpara*) (glass globe) lampshade. **4.** (*en tenis*) lob.

globo aerostático *sm* hot-air balloon.

globo ocular *sm* eyeball.

globo sonda *sm* weather balloon.

glóbulo /'globulo/ *sm* globule.

glóbulo blanco *sm* white (blood) cell.

glóbulo rojo *sm* red (blood) cell.

gloria /'glorja/ *sf* **1.** (*cielo*) heaven • **aquí estoy en la gloria** I'm in paradise here • **este pastel sabe a gloria** this cake tastes heavenly • **su madre, que en gloria esté...** his mother, God rest her soul.... **2.** (*placer, satisfacción*) pleasure, delight: **daba gloria verlo después de las vacaciones** it was a pleasure to see him after his holiday. **3.** (*fama*) glory, renown • **se cubrió de gloria** (*literalmente*) she covered herself with glory; (*irónicamente*) she made a fool of herself. **4.** (*personaje famoso*) great figure: **Velázquez es una de las glorias nacionales de España** Velázquez is one of Spain's great figures. **5.** (*acción famosa*) achievement: **le gusta recordar sus glorias pasadas** she likes to recall her past achievements.

glorieta /glo'rjeta/ *sf* **1.** (*Auto*) (*GB*) roundabout, (*US*) (traffic) circle. **2.** (*en un jardín*) (*GB*) arbour, (*US*) arbor. **3.** (*plaza*) *small square in a garden or park.*

glorificar /glorifi'kar/ [⇨ sacar] *vt* to glorify.

glorioso, -sa /glo'rjoso -sa/ *adj* glorious.

glosa /'glosa/ *sf* (*de un texto*) commentary; (*de una palabra, un fragmento*) gloss.

glosar /glo'sar/ [⇨ CANTAR] *vt* (*un texto*) to comment on; (*una palabra, un fragmento*) to gloss.

glosario /glo'sarjo/ *sm* glossary.

glotón, -tona /glo'ton -'tona/ **I** *adj* greedy, gluttonous. **II** *sm/f* glutton.

glotonería /glotone'ria/ *sf* greed, gluttony.

glucosa /glu'kosa/ *sf* glucose.

glúteo, -tea /'gluteo -tea/ **I** *adj* gluteal. **II glúteo** *sm* gluteus.

gnomo /'nomo/ *sm* gnome.

gobernación /goβerna'θjon/ *sf* (*de un territorio*) government.

gobernador, -dora /goβerna'ðor -'ðora/ *sm/f* governor: **el gobernador del Banco de España** the governor of the Bank of Spain.

gobernador, -dora civil *sm/f* civil governor (*responsible for public order*).

gobernador, -dora militar *sm/f* military governor (*army officer responsible for military matters at provincial level*).

gobernanta /goβer'nanta/ *sf* **1.** (*de un hotel*) head housekeeper. **2.** (*fam*: *mujer dominante*): **su mujer es una gobernanta** his wife is very bossy. **3.** (*Amér L*: *institutriz*) governess.

gobernante /goβer'nante/ **I** *adj* ruling. **II** *sm/f* ruler: **en la democracia, la gente elige a los gobernantes** in a democratic system, the people choose who they are to be governed by.

gobernar /goβer'nar/ [⇨ pensar] *vt* **1.** (*una nación*) to govern: **gobernó el país durante casi cuarenta años** he ruled the country for almost forty years; (*una empresa, una casa*) to run. **2.** (*a una persona*) to dominate: **a ese hombre lo gobierna su mujer** that man is dominated by his wife. **3.** (*un barco*) to steer. ♦ *vi* **1.** (*en una nación*) to govern. **2.** (*Náut*) to steer.

gobernarse *v prnl* to manage one's own affairs: **ya tiene edad para poder gobernarse** she's old enough to manage her own affairs.

gobierno /go'βjerno/ **I** *and other forms with* ***gobiern-*** ⇨ gobernar
II *sm* **1.** (*institución*) government: **el gobierno quiere subir los impuestos** the government wants to raise taxes; (*grupo de personas*): **todo el gobierno asistió al acto** all the members of the government were present. **2.** (*acción: de un territorio, una empresa, una casa, etc.*) running: **no estaba capacitado para el gobierno de la nación** he was not fit to run the country; **le encomendaron el gobierno de la expedición** she was put in charge of the expedition. **3.** (*Náut*: *control*) steering.

gobierno civil *sm* **1.** (*tipo de gobierno*) civilian government. **2.** (*institución*) civil government; (*edificio*) *offices of the* ⇨ gobernador civil.

gobierno militar *sm* **1.** (*tipo de gobierno*) military government. **2.** (*institución*) military government; (*edificio*) *offices of the* ⇨ gobernador militar.

goce /'goθe/ *sm* pleasure: **contemplar tanta belleza es un goce** *para* **el espíritu** it is a pleasure to the soul to contemplate such beauty.

godo, -da /'goðo -ða/ **I** *adj* (*de los godos*) Gothic. **II** *sm/f* Goth.

gofio /'gofjo/ *sm* (*Amér L*) toasted maize meal.

gogó /go'ɣo/ *sf* nightclub dancer.

gol /gol/ *sm* (*Dep*) goal: **ganaron por dos goles a cero** they won by two goals to nil; **metió un gol de cabeza** she scored with a header; **marcó tres goles en la segunda parte** he scored a hat trick in the second half • **meterle un gol a alguien**: **menudo gol te han metido** they really fooled you; **les han metido un gol a sus competidores** they've put one over on their rivals.

gol en contra *sm* (*Arg, Chi, Urug*) own goal.

gol en propia puerta *sm* own goal.

goleada /gole'aða/ *sf*: **nos metieron una goleada** they beat us by many goals.

golear /gole'ar/ [⇨ CANTAR] *vt*: **para clasificarse necesitaban golear al equipo maltés** to qualify they needed to beat the Maltese team by several goals.

goleta /go'leta/ *sf* schooner.

golf /golf/ *sm* golf.

golfa /'golfa/ *sf* **1.** (*!!*: *fresca*) slut, hussy. **2.** (*fam*:

vividora): **es una golfa, se pasa la vida en la calle** she's a good-for-nothing, she's always hanging around the streets.

golfante /gol'fante/ *sm/f* (*fam*): **es un golfante que se pasa la vida de juerga** he's a good-for-nothing who is only interested in having a good time.

golfillo, -lla /gol'fiʎo -ʎa/ *sm/f* (*fam*) street kid, urchin.

golfista /gol'fista/ *sm/f* golfer.

golfo, -fa /'golfo -fa/ **I** *adj* (*vividor*): **¡qué golfo eres, cada vez que llamo me dicen que estás de copas!** what a good-for-nothing you are! every time I phone they tell me that you're out drinking; (*bribón*): **¡el muy golfo trató de estafarme!** the scoundrel tried to trick me!; (*travieso*): **¿pero has visto qué golfo es este niño?** have you seen how naughty this little boy is?

II golfo *sm* **1.** (*vividor*): **es un golfo, se pasa la vida en la calle** he's a good-for-nothing, he's always hanging around the streets. **2.** (*Geog*) gulf.

golfo de Vizcaya *sm* the Bay of Biscay.

golfo Pérsico *sm* the Persian Gulf.

gollete /go'ʎete/ *sm* (*de una botella, una garrafa*) neck.

golondrina /golon'drina/ *sf* (*pájaro*) swallow.

golosina /golo'sina/ *sf* (*dulce*) (*GB*) sweet, (*US*) candy: **no es bueno comer tantas golosinas** it isn't good for you to eat so many sweets.

goloso, -sa /go'loso -sa/ **I** *adj* **1.** (*aficionado a los dulces*): **Luisa es muy golosa** Luisa has a sweet tooth. **2.** (*fam*: *apetecible*) attractive: **el premio de este concurso es muy goloso** the prize in this competition is very attractive.

II *sm/f*: **Mario es un goloso** Mario has a sweet tooth.

golpe /'golpe/ *sm* **1.** (*choque: gen*) blow: **me he dado un golpe en la rodilla** I've hit my knee; **tiene un golpe en el tobillo, pero jugará** he has an ankle injury, but he will play; (*: en la carretera*) collision, crash: **se dieron un golpe con el coche, pero no les pasó nada** they crashed the car, but they were unhurt • **a golpe de**: **lo construí yo solito, a golpe de martillo** I built it all by myself, with hammer and nails; **solucionó todos los problemas a golpe de talonario** he solved all the problems with money • **lo despidieron porque no daba * pegaba ni golpe** he was fired because he never did any work • **decidió cambiar de trabajo de golpe y porrazo** she decided overnight to change jobs • **de golpe**: **se bebió la botella de golpe** she drained the bottle in one go; **no le des la noticia de golpe** don't spring the news on him. **2.** (*con los puños*) punch: **le propinó un golpe en el estómago** she punched him in the stomach. **3.** (*en la puerta: gen*) knock; (*: fuerte*) thump, bang. **4.** (*ruido*) bang: **se oían a lo lejos unos golpes** banging noises could be heard in the distance. **5.** (*infortunio, impresión fuerte*) blow: **todavía no se ha repuesto de ese golpe** he still hasn't got over that blow; **la noticia de su despido será un golpe para ella** the news of his dismissal will be a blow to her. **6.** (*robo*) robbery: **planeaban dar un golpe en una joyería** they were planning to raid a jeweller's. **7.** (*dicho, situación*) moment: **su última novela tiene golpes muy divertidos** his latest novel is very funny in parts. **8.** (*Med*: *ataque*) fit: **le dio un golpe de tos** she had a coughing fit. **9.** (*Mil, Pol*) coup.

golpe bajo *sm* **1.** (*en boxeo*) blow below the belt. **2.** (*fam*: *mala jugada*) dirty trick.

golpe de castigo *sm* (*en rugby*) penalty.

golpe de corriente *sm* (*Amér L*) electric shock.

golpe de efecto *sm* dramatic event.

golpe de estado *sm* coup d'état.

golpe de mano *sm* raid.

golpe de suerte *sm* stroke of luck.

golpe de vista *sm* glance: **me di cuenta al primer golpe de vista** I spotted it immediately.

golpe paralelo *sm* (*en tenis*) passing shot.

golpear /golpe'ar/ [⇨CANTAR] *vt* (*gen*) to hit: **la pelota la golpeó *en* la nuca** the ball hit her on the back of the neck; (*con los puños*) to punch; (*una puerta, una mesa*) to bang on: **alguien estaba golpeando la pared** someone was banging on the wall.

♦ *vi* (*dar un golpe*) to hit: **la pelota golpeó *en* la pared** the ball hit the wall; (*con los puños*) to punch.

golpearse *v prnl* to hit, to bang: **al caer se golpeó *en* la cabeza** when she fell she hit * banged her head.

golpetear /golpete'ar/ [⇨CANTAR] *vi* to bang: **la ventana estaba mal cerrada y no dejaba de golpetear** the window wasn't shut properly and kept banging (in the wind).

golpista /gol'pista/ **I** *adj*: **una intentona golpista** an attempted coup * a coup attempt.

II *sm/f*: *person in favour of, or who takes part in, a coup.*

golpiza /gol'piθa/ *sf* (*Amér L*) beating.

goma /'goma/ *sf* **1.** (*sustancia: gen*) gum; (*: caucho*) rubber: **zapatos con suela de goma** rubber-soled shoes; **se puso unos guantes de goma** he put on some rubber gloves. **2.** (*para pegar*) glue, gum: **pegó las fotos en el álbum con goma** she stuck the photos in the album with glue. **3.** (*para sujetar*) rubber band: **se recogió el pelo con una goma** she tied her hair back with a rubber band; (*en costura*) elastic. **4.** (*also* **goma de borrar**) (*GB*) rubber, (*US*) eraser. **5.** (*Arg, Urug*: *neumático*) (*GB*) tyre, (*US*) tire.

goma arábiga *sf* gum arabic.

goma de mascar *sf* chewing gum.

goma 2, goma dos *sf* plastic explosive.

gomaespuma /gomaes'puma/ *sf* foam rubber.

gomero /go'mero/ *sm* (*Amér L*) rubber plant.

gomina /go'mina/ *sf* hair gel.

gomita /go'mita/ *sf* (*Arg, Urug*) elastic band.

góndola /'gondola/ *sf* **1.** (*barca*) gondola. **2.** (*Arg, Urug*: *en un supermercado*) aisle.

gondolero /gondo'lero/ *sm* gondolier.

gong /goŋ/, **gongo** /'goŋgo/ *sm* gong.

gorda /'gorða/ *sf* (*fam*: *dinero*): **estoy sin gorda** I'm (stony) broke. ⇨gordo

gordinflón, -flona /gorðin'flon -'flona/ *adj* (*fam*) fat, chubby: **es un bebé un poco gordinflón** he's a rather chubby baby.

gordo, -da /'gorðo -ða/ **I** *adj* **1.** (*obeso*) fat, overweight: **está más gordo que la última vez que lo vi** he is fatter than he was the last time I saw him; **se ha puesto muy gorda, ¿verdad?** she's got very fat, hasn't she?; **compró un pollo bien gordo** she bought a nice plump chicken • **caer gordo/gorda**: **su novio me cae gordo** I don't like her boyfriend at all; **aquel comentario me cayó gordo** that comment annoyed me. **2.** (*grueso*) thick: **se puso el jersey más gordo que tenía** he put on the thickest sweater he had. **3.** (*fam*: *grande*) big: **tiene un problema gordo** she has a big * serious problem.

II *sm/f* fat person • **no se ve ni gorda** you can't see a thing in here • **¡aquí se va a armar la gorda!** all hell is going to break loose here!

III gordo *sm* first prize (*in a lottery*), jackpot: **les tocó el gordo** they won first prize.

gordura /gor'ðura/ *sf* fatness: **su gordura se debe a los nervios** he's overweight because of his nerves.

gorgojo /gor'ɣoxo/ *sm* weevil.

gorgorito /gorɣo'rito/ *sm* (*fam*) trill.

gorila /go'rila/ *sm* **1.** (*animal*) gorilla. **2.** (*fam*: *guardaespaldas*) bodyguard.

gorjear /gorxe'ar/ [⇨ CANTAR] *vi* (*pájaro*) to chirp; (*niño*) to gurgle.

gorjeo /gor'xeo/ *sm* (*de un pájaro: un solo sonido*) chirp; (*: canto continuo*) chirping; (*de un niño: un solo sonido*) gurgle; (*: sonido continuo*) gurgling.

gorra /'gorra/ *sf* cap (*generally with a peak*) ● **de gorra**: **el taquillero lo dejó pasar de gorra** the ticket clerk let him in free; **comieron de gorra** they got a free meal ● **este examen lo apruebas con la gorra** you'll pass this exam with no trouble.

gorra de baño *sf* (*Arg*, *Méx*, *Urug*) swimming cap.

gorra de plato *sf* peaked cap (*worn by army and police officers*).

gorrear /gorre'ar/ [⇨ CANTAR] *vt/i* to scrounge: **siempre está gorreando cigarrillos a todo el mundo** she's always scrounging cigarettes off everybody.

gorrino, -na /go'rrino -na/ **I** *sm/f* **1.** (*Zool*: *gen*) pig; (*: macho*) boar; (*: hembra*) sow. **2.** (*fam*: *persona sucia*) (filthy) pig.
II *adj* (*fam*) dirty, filthy: **¡no seas gorrino y lávate las manos antes de comer!** don't be so dirty! wash your hands before you eat!

gorrión /go'rrjon/ *sm* sparrow.

gorro /'gorro/ *sm* (*gen*) cap (*without a peak*); (*de un bebé*) bonnet; (*de lana, papel, piel*) hat ● **¡estoy hasta el gorro de él!** I'm fed up of him!

gorro de baño *sm* swimming cap.

gorro de lana *sm* (*GB*) woolly hat, (*US*) wooly hat.

gorro de papel *sm* paper hat.

gorro de piel *sm* fur hat.

gorrón, -rrona /go'rron -'rrona/ **I** *adj* scrounging.
II *sm/f* scrounger.

gorronear /gorrone'ar/ [⇨ CANTAR] *vt/i* ⇨ gorrear

gota /'gota/ **I** *sf* **1.** (*de líquido*) drop: **le caían gotas de sudor por la cara** beads of sweat rolled down his face; **cayeron cuatro gotas** it rained a little; **no queda ni gota de leche** there isn't a drop of milk left ● **ni gota**: **no queda ni gota de pan** there's no bread left at all; **no tengo ni gota de hambre** I am not at all hungry ● **sudar la gota gorda**: **sudaron la gota gorda para ganar el partido** they played their hearts out to win the match; **tuve que sudar la gota gorda para aprobar esa asignatura** I had to sweat blood to pass that subject ● **aquello fue la gota que colmó el vaso** that was the last straw. **2.** (*enfermedad*) gout.
II gotas *sf pl* (*medicamento*) drops *pl*: **el médico le ha recetado unas gotas para los oídos** the doctor has prescribed her some eardrops.

gota a gota (*Med*) **I** *loc adv*: **recibe alimentación gota a gota** she's being drip-fed. **II** *sm* drip.

gota fría *sf* cold front.

gotear /gote'ar/ [⇨ CANTAR] *vi* to drip: **ese grifo gotea, ciérralo bien** that tap drips, make sure you turn it off properly.
♦ *v impers* (*Meteo*) to spit (with rain): **había empezado a gotear** it had started spitting (with rain).

goteo /go'teo/ *sm* (*de agua*) dripping.

gotera /go'tera/ **I** *sf* (*grieta*) leak: **hay una gotera en el techo de la cocina** there's water leaking through the kitchen ceiling; (*señal*) water stain.
II goteras *sf pl* **1.** (*fam*: *dolencias*) aches and pains *pl*: **la pobre abuela está llena de goteras** poor grandma is full of aches and pains. **2.** (*Amér L*: *de una población*) outskirts *pl*.

gotero /go'tero/ *sm* **1.** (*gota a gota*) drip. **2.** (*Amér L*: *cuentagotas*) dropper.

gótico, -ca /'gotiko -ka/ **I** *adj* Gothic: **una catedral gótica** a Gothic cathedral.
II gótico *sm* Gothic.

gozada /go'θaða/ *sf* (*fam*): **es una gozada quedarse un rato más en la cama por las mañanas** it's great to be able to stay in bed a little longer in the morning.

gozar /go'θar/ [⇨ cazar] *vi* **1.** (*pasarlo bien*): **gozaba viendo a los niños abrir los regalos de Navidad** she enjoyed seeing the children open their Christmas presents ● **la gozaron de lo lindo jugando al fútbol** they had a great time playing soccer. **2.** (*disponer*): **gozan** *de* **una buena posición social** they have ✱ enjoy a good position in society.

gozne /'goθne/ *sm* hinge.

gozo /'goθo/ *sm* pleasure, joy: **sentí un gozo enorme cuando me comunicaron la noticia** I was very pleased when I was told the news ● **Marta no cabía en sí de gozo** Marta was overjoyed.

gozoso, -sa /go'θoso -sa/ *adj* **1.** (*feliz*) happy, delighted: **se la veía gozosa hablando de sus planes** she looked so happy as she talked about her plans. **2.** (*que da gozo*) joyful, happy.

grabación /graβa'θjon/ *sf* (*Mús*) recording: **tengo la grabación de ese concierto** I have the recording of that concert; **sufrió un desmayo durante la grabación** he fainted during the recording session.

grabado /gra'βaðo/ *sm* (*técnica*) engraving; (*estampa*) print.

grabador /graβa'ðor/ *sm* **1.** (*hombre*) engraver. **2.** (*Amér L*: *magnetófono*) tape recorder.

grabadora /graβa'ðora/ *sf* **1.** (*mujer*) engraver. **2.** (*magnetófono*) tape recorder.

grabar /gra'βar/ [⇨ CANTAR] *vt* **1.** (*en una superficie, una plancha*) to engrave: **pedí que grabaran su nombre** *en* **la pulsera** I asked for her name to be engraved on the bracelet. **2.** (*sonidos, imágenes*) to record: **¿podrías grabarme este disco, por favor?** could you tape this record for me, please?

grabarse *v prnl* **1.** (*sonidos, imágenes*) to record: **la película no se ha grabado** the film has not recorded. **2.** (*en pensamiento*) to be engraved, to be etched: **se le grabaron aquellas palabras** *en* **la memoria** those words became etched on his memory.

gracejo /gra'θexo/ *sm* wit: **se expresaba con mucho gracejo** she was speaking very wittily.

gracia /'graθja/ **I** *sf* **1.** (*humor*): **la historia que contó tenía mucha gracia** the story he told was very funny; **me hizo gracia su forma de expresarse** I found the way she spoke amusing; (*chispa*) wit: **tiene mucha gracia contando las cosas** he is a very witty storyteller; (*ironía*): **tiene gracia que ahora sea él el que se queja** it's funny ✱ ironic that he should be the one complaining now ● **¡menuda gracia!, se ha ido la luz** terrific! there's been a power cut. **2.** (*cosa divertida*): **todos le reían las gracias al niño** everyone laughed at the little boy's antics; (*cosa que enfada*) nuisance: **es una gracia que tengamos que volver** it's such a nuisance having to go back. **3.** (*salero*): **canta con gracia** she has a delightful way of singing. **4.** (*elegancia*) grace: **caminaba con gracia** she walked gracefully. **5.** (*Jur*: *perdón*) pardon. **6.** (*Relig*) grace: **rey por la gracia de Dios** king by the grace of God ● **si le caes en gracia, te ayudará** if he takes a liking to you, he'll help you.
II gracias *sf pl* thanks *pl*, thank you: **muchas gracias** *por* **todo** thank you very much for everything; **le di**

las gracias I thanked him; **gracias** *a* **Dios, todo está solucionado** everything has been sorted out, thank goodness; **lo conseguí gracias** *a* **su ayuda** I got it thanks to his help.

grácil /'graθil/ *adj* (*figura, movimiento*) graceful.

gracioso, -sa /gra'θjoso -sa/ **I** *adj* **1.** (*que hace reír*) amusing, funny: **nos explicó una historia muy graciosa** she told us a very funny story; (*curioso*): **es gracioso que nos hayan destinado al mismo sitio** it's funny that we've been sent to the same place. **2.** (*salado*) cute: **¡qué niña tan graciosa!** what a cute little girl! **3.** (*atractivo*) pleasant, nice: **tiene una cara muy graciosa** she has a very pleasant face.
II *sm/f* (*bromista*) joker: **algún gracioso me ha escondido las llaves del coche** some joker has hidden my car keys.

grada /'graða/ **I** *sf* **1.** (*de asientos*) tier. **2.** (*Náut*) slipway.
II gradas *sfpl* terraces *pl*: **las gradas del estadio estaban abarrotadas de gente** the stadium terraces were packed with people.

gradería /graðe'ria/ *sf* stands *pl*.

graderío /graðe'rio/ *sm* **1.** (*gradas*) terraces *pl*. **2.** (*público*) spectators *pl*: **el graderío estalló en una ovación** the spectators burst into applause.

grado /'graðo/ *sm* **1.** (*unidad de medida, nivel, intensidad*) degree: **estábamos a treinta grados** it was thirty degrees; **un ángulo de noventa grados** an angle of ninety degrees; **su grado de entusiasmo es sorprendente** the level of his enthusiasm is surprising; **en mayor o menor grado, a todos nos gustan las comodidades** to a greater or lesser extent, we all like our creature comforts • **me resulta antipático en grado sumo** I find him an extremely unpleasant character. **2.** (*estadio*) stage: **el trabajo se encuentra en un grado bastante avanzado** the work is at quite an advanced stage. **3.** (*Educ*) (*GB*) year (*of primary school*), (*US*) grade. **4.** (*Amér L: título universitario*) degree. **5.** (*Mil: graduación*) rank. **6.** (*voluntad*): **nos ayudó de buen/mal grado** she helped us willingly/reluctantly.
grado Celsius *sm* degree Celsius.
grado centígrado *sm* degree Centigrade.
grado Fahrenheit *sm* degree Fahrenheit.

graduable /gra'ðwaβle/ *adj* adjustable.

graduación /graðwa'θjon/ *sf* **1.** (*de unas gafas*) prescription: **tengo que ir a revisar la graduación de estas gafas** I must have the prescription checked on these glasses. **2.** (*cantidad de alcohol*): **este vino tiene una graduación muy alta** this wine has a very high alcohol content; **este licor tiene una graduación del cuarenta por ciento** the alcoholic content of this liqueur is forty per cent by volume. **3.** (*Mil*) rank. **4.** (*en la universidad*) graduation: **toda su familia asistió a la ceremonia de graduación** her entire family attended the graduation ceremony.

graduado, -da /gra'ðwaðo -ða/ **I** *adj* **1.** (*gafas*): **tiene que llevar gafas de sol graduadas** she has to wear prescription sunglasses. **2.** (*estudiante*) graduate.
II *sm/f* graduate: **becas para graduados** grants for graduate students.
graduado escolar *sm* (*en España*) *qualification at fourteen years of age on successful completion of compulsory education.*

gradual /gra'ðwal/ *adj* gradual: **se prevé un descenso gradual de las temperaturas** a gradual drop in temperature is expected.

graduar /gra'ðwar/ [⇨CANTAR] *vt* **1.** (*un aparato*) to adjust: **todavía no he aprendido a graduar la calefacción** I haven't learnt how to regulate the heating yet. **2.** (*un esfuerzo, una actividad*) to pace: **graduó muy bien su ritmo de carrera** she paced herself very well in the race. **3.** (*un termómetro*) to graduate, to calibrate; (*un licor*) to grade; (*la vista*) to test: **el doctor está graduando la vista a un paciente** the doctor is testing a patient's eyesight.
graduarse *v prnl* **1.** (*aparato*) to be adjusted: **esta plancha puede graduarse** you can regulate the heat of this iron. **2.** (*Med: vista*): **nunca se ha graduado la vista** she has never had her eyes tested. **3.** (*de la universidad*) to graduate: **se graduó** *en* **Historia** he graduated in History.

graffiti /gra'fiti/ *sm inv* graffiti.

grafía /gra'fia/ *sf* **1.** (*forma de escribir*) spelling: **hay distintas grafías de este apellido** there are different spellings of this surname. **2.** (*lenguaje escrito*) system of writing.

gráfica /'grafika/ *sf* graph.

gráfico, -ca /'grafiko -ka/ **I** *adj* (*diseño, descripción*) graphic.
II gráfico *sm* graph: **el gráfico muestra un aumento de la inflación en los últimos meses** the graph shows a rise in inflation in the last few months.
III gráficos *sm pl* (*Inform*) graphics *pl*.
gráfico de sectores, gráfico de tarta *sm* pie chart.

grafito /gra'fito/ *sm* graphite.

grafología /grafolo'xia/ *sf* graphology.

gragea /gra'xea/ *sf* tablet, pill.

grajo, -ja /'graxo -xa/ *sm/f* rook.

Gral., gral. *pronounced* /xene'ral/ (*abbreviation of* **General**) Gen. (General).

gramática /gra'matika/ *sf* grammar.

gramatical /gramati'kal/ *adj* grammatical.

gramático, -ca /gra'matiko -ka/ *sm/f* grammarian.

gramo /'gramo/ *sm* gram.

gramófono /gra'mofono/ *sm* gramophone, (*US*) phonograph.

gramola /gra'mola/ *sf* **1.** (*portátil*) portable gramophone. **2.** (*en bares*) jukebox.

grampa /'grampa/ *sf* (*Arg, Urug*) staple.

gran /gran/ *adj* [*form of* **grande** *before singular nouns*] **1.** (*en tamaño, cantidad, importancia*) ⇨grande **2.** (*en algunos nombres*) great, grand: **el Gran Cañón (del Colorado)** the Grand Canyon; **la Gran Muralla de China** the Great Wall of China.
Gran Bretaña *sf* Britain [más común en lenguaje hablado], Great Britain [más formal].

grana /'grana/ **I** *adj* (*color*) crimson.
II *sf* crimson • **se puso como la grana** he blushed.

granada /gra'naða/ *sf* **1.** (*fruto*) pomegranate. **2.** (*Mil: de mano*) (hand) grenade; (*: de mortero*) shell.

granadilla /grana'ðiʎa/ *sf* passion fruit.

granadina /grana'ðina/ *sf* (*refresco*) grenadine.

granadino, -na /grana'ðino -na/ **I** *adj* of ∗ from Granada.
II *sm/f* native ∗ inhabitant of Granada.

granado, -da /gra'naðo -ða/ **I** *adj* (*principal*): **al concierto asistió lo más granado de la ciudad** all the important people of the town attended the concert.
II granado *sm* pomegranate tree.

granar /gra'nar/ [⇨CANTAR] *vi* (*Agr*) to seed, to go to seed: **las lechugas han granado** the lettuces have gone to seed.

granate /gra'nate/ *adj, sm* maroon.

grande /'grande/ **I** *adj* [*shortened to* **gran** *before singular* *nouns]* **1.** (*en tamaño*) big, large: **viven en una casa bastante grande** they live in quite a large house; **su casa es mucho más grande que la nuestra** their house is much bigger than ours; **se quedó con el más grande** he kept the largest one; **estos zapatos me van grandes** these shoes are too big for me; **tiene un defecto muy grande...** (*cosa*) it has one major drawback...; (*persona*) he has one major flaw.... **2.** (*en cantidad*) large: **un gran número de personas visitó la exposición** a large number of people visited the exhibition; **un número bastante grande de sus compañeros de partido se opone** quite a large number of her fellow party members are opposed to it. **3.** (*en importancia, intensidad*) great: **es uno de los más grandes pintores europeos** he's one of the greatest European painters; **es un gran amigo** he's a great friend; **es un gran placer para mí anunciar...** it is a great pleasure for me to announce...; **le entraron grandes deseos de reír** he felt a strong urge to laugh • **ayer nos lo pasamos en grande** we had a great time yesterday • **vive a lo grande** she lives in style; (*en sentido irónico*): **es que es grande: tener tres coches en la casa y acabar yendo en autobús** it's terrific! we own three cars and we end up going by bus! **4.** (*fam*: *en edad*) grown-up: **cuando sea grande, trabajará con su padre** when he's grown-up, he'll work with his father.

II *sm/f* (*fam*) **1.** (*adulto*) adult, grown-up. **2. el/la grande** (*el mayor*) the oldest, the eldest: **éste es el grande** this is the oldest * eldest one; **de sus dos hijas, la grande ya va al colegio** the elder of their two daughters is now at school.

III *sm* (*also* **grande de España**) grandee (*member of the Spanish nobility*).

grandes almacenes *sm pl* department store: **trabaja en unos grandes almacenes** she works in a department store.

grandeza /gran'deθa/ *sf* **1.** (*de tamaño*) size, largeness. **2.** (*de importancia*) greatness: **sus contemporáneos no reconocieron la grandeza de su obra** her contemporaries did not appreciate the greatness of her work. **3.** (*de comportamiento*) generosity: **admiro su grandeza de corazón** I admire her generosity of spirit.

grandilocuencia /grandilo'kwenθja/ *sf* grandiloquence, pomposity.

grandilocuente /grandilo'kwente/ *adj* pompous.

grandioso, -sa /gran'djoso -sa/ *adj* **1.** (*muy grande*) large, big. **2.** (*magnífico*) impressive: **desde aquel lugar se contemplaba un paisaje grandioso** from that spot you had an impressive view of the landscape.

granel /gra'nel/ **a granel** *loc adv* **1.** (*no empaquetado*): **prefiero comprar las lentejas a granel** I prefer to buy lentils loose; **venden el aceite a granel** they sell cooking oil by the litre. **2.** (*fam*: *en cantidad*): **hubo quejas a granel** there were loads of complaints.

granero /gra'nero/ *sm* granary, barn.

granito /gra'nito/ *sm* granite.

granito de arena *sm* ⇨ grano de arena

granizada /grani'θaða/ *sf* **1.** (*Meteo*) hailstorm. **2.** (*de insultos, objetos*) hail, shower.

granizado /grani'θaðo/ *sm*: *crushed ice drink flavoured with coffee or lemon.*

granizar /grani'θar/ [⇨cazar] *v impers* to hail: **está granizando** it's hailing.

granizo /gra'niθo/ *sm* hail.

granja /'graŋxa/ *sf* farm.

granja avícola *sf* poultry farm.

granjear /graŋxe'ar/ [⇨CANTAR] *vt* (*la simpatía, el cariño*) to win, to earn; (*la animosidad*): **sus comentarios le granjearon la antipatía de sus compañeros** her comments caused her colleagues to dislike her.

granjearse *v prnl* (*la simpatía, el cariño*) to win, to earn; (*la animosidad*): **se ha granjeado muchas enemistades** he has made many enemies.

granjero, -ra /graŋ'xero -ra/ *sm/f* farmer.

grano /'grano/ *sm* **1.** (*semilla, trozo pequeño*) grain: **granos de café** coffee beans • **déjate de preámbulos y vamos al grano** stop beating about the bush and get to the point • **la última prueba sirvió para separar el grano de la paja** the final test separated the sheep from the goats. **2.** (*en fotografía*) grain. **3.** (*en la piel*) spot, pimple.

grano de arena *sm* (*aportación*) small contribution: **todos aportaron su grano de arena para que fuera un éxito** everyone helped in his or her own way to make it a success.

granuja /gra'nuxa/ *sm/f* **1.** (*pillo*) rascal: **¡granuja! ¿dónde te has escondido?** where are you hiding, you little rascal? **2.** (*bribón*) crook, swindler: **¡qué granuja! se fugó con el dinero** what a crook! he ran off with the money.

granulado, -da /granu'laðo -ða/ *adj* (*café, azúcar*) granulated.

gránulo /'granulo/ *sm* granule.

granuloso, -sa /granu'loso -sa/ *adj* grainy.

grapa /'grapa/ *sf* staple.

grapadora /grapa'ðora/ *sf* stapler.

grapar /gra'par/ [⇨CANTAR] *vt* to staple.

grasa /'grasa/ *sf* **1.** (*para engrasar*) grease: **me he manchado las manos de grasa** I've got grease all over my hands. **2.** (*de persona, animal*) fat: **esta comida tiene mucha grasa** this food is very fatty; (*en el pelo, la piel*) grease.

grasiento, -ta /gra'sjento -ta/ *adj* greasy.

graso, -sa /'graso -sa/ *adj* (*carne*) fatty; (*pelo, piel*) greasy.

gratificación /gratifika'θjon/ *sf* **1.** (*recompensa*) reward: **se dará una gratificación a la persona que lo encuentre** there will be a reward for the person who finds it. **2.** (*dinero extra*) bonus: **recibió una gratificación por el magnífico trabajo que había realizado** she was given a bonus for the splendid work that she had done.

gratificador, -dora /gratifika'ðor -'ðora/ *adj* gratifying, rewarding.

gratificante /gratifi'kante/ *adj* rewarding, gratifying: **es un trabajo difícil, pero gratificante** it's a difficult but rewarding job.

gratificar /gratifi'kar/ [⇨sacar] *vt* **1.** (*con dinero*) to reward: **la familia gratificará a quien dé información sobre su paradero** the family will reward anyone who can provide information on her whereabouts. **2.** (*complacer*) to gratify.

♦*vi*: **siempre gratifica charlar con los amigos** it's always a pleasure to talk to one's friends.

gratinado, -da /grati'naðo -ða/ *adj* au gratin.

gratinar /grati'nar/ [⇨CANTAR] *vt* to cook au gratin.

gratis /'gratis/ *adv, adj inv* free: **el concierto es gratis** the concert is free; **la oferta incluye dos entradas gratis** the offer includes two free tickets.

gratitud /grati'tuð/ *sf* gratitude.

grato, -ta /'grato -ta/ *adj* (*persona, situación, noticia*) pleasant; (*visita*) enjoyable: **su visita fue muy grata para nosotros** we all enjoyed her visit; (*en un escrito*):

me es grato comunicarle que… I am pleased to inform you that….

gratuito, -ta /gra'twito -ta/ *adj* **1.** (*que no cuesta dinero*) free (of charge): **la entrada al museo es gratuita** entrance to the museum is free of charge. **2.** (*innecesario*) gratuitous: **la violencia en esta película es totalmente gratuita** the violence in this film is gratuitous; (*sin fundamento*) unfounded: **sus sospechas eran gratuitas** his suspicions were unfounded.

grava /'graβa/ *sf* (*piedras pequeñas*) gravel: **un camino de grava conducía a la casa** a gravel path led to the house; (*piedra machacada*) aggregate, crushed stone.

gravamen /gra'βamen/ *sm* (*tributo*) tax; (*sobre un inmueble, un capital*) charge.

gravar /gra'βar/ [⇨CANTAR] *vt* (*imponer un tributo en: gen*) to tax; (*: una propiedad*) to impose a charge on.

grave /'graβe/ **I** *adj* **1.** (*situación, aspecto, tono*) serious, grave: **cometió un error muy grave** he made a very serious mistake; **habló en un tono grave** he spoke in a grave voice; (*estilo*) solemn. **2.** (*enfermedad*) serious: **está muy grave** he is seriously ill. **3.** (*sonido*) low; (*voz*) deep. **4.** (*palabra*) *with the stress on the penultimate syllable.*
II *sm* (*sonido*) low note.

gravedad /graβe'ðað/ *sf* **1.** (*Fís*) gravity. **2.** (*al hablar, actuar*) seriousness. **3.** (*de una situación, enfermedad*) seriousness: **me hizo ver la gravedad del asunto** she made me see how serious the matter was.

gravilla /gra'βiʎa/ *sf* fine gravel.

gravitación /graβita'θjon/ *sf* gravitation.

gravitar /graβi'tar/ [⇨CANTAR] *vi* **1.** (*planetas*) to gravitate. **2.** (*peso*) to rest: **el techo gravita** *sobre* **unas columnas** the ceiling rests on columns; (*responsabilidad, trabajo*): *sobre* **ella gravita la organización del congreso** the organization of the convention has fallen to * rests with her. **3.** (*un peligro*) to hang, to loom: **el peligro de un terremoto gravita** *sobre* **toda la zona** the risk of an earthquake hangs over the whole area.

gravoso, -sa /gra'βoso -sa/ *adj* expensive, costly: **resulta demasiado gravoso mantener dos viviendas** the upkeep of two houses is too costly.

graznar /graθ'nar/ [⇨CANTAR] *vi* (*gen*) to squawk; (*cuervo*) to caw; (*ganso*) to honk; (*pato*) to quack.

graznido /graθ'niðo/ *sm* (*gen*) squawk: **en vez de cantar lo que hace es lanzar graznidos** he squawks rather than sings; (*de un cuervo*) caw; (*de un ganso*) honk; (*de un pato*) quack: **los graznidos del pato asustaron al bebé** the quacking of the duck frightened the baby.

Grecia /'greθja/ *sf* Greece.

gregario, -ria /gre'ɣarjo -rja/ *adj* **1.** (*animales*) gregarious. **2.** (*sin personalidad*): **tiene un espíritu gregario** he has no initiative.

gremio /'gremjo/ *sm* **1.** (*en la Edad Media*) guild; (*en la actualidad*): **la crisis está afectando sobre todo al gremio de hostelería** the recession is particularly affecting the hotel industry * trade; **está muy bien considerada entre la gente del gremio** she is highly regarded by those in her profession. **2.** (*Arg, Chi, Urug: sindicato*) trade union. **3.** (*fam: grupo*) brigade: **es del gremio de los no fumadores** she belongs to the no-smoking brigade.

greña /'greɲa/ *sf*: **¡péinate esas greñas!** comb that untidy mop of yours! • **andan a la greña todo el día** they're at each other's throats all day long.

gres /gres/ *sm* stoneware.

gresca /'greska/ *sf* **1.** (*pelea*) argument, row: **¡menuda gresca tienen los vecinos de al lado!** the next-door neighbours are having a terrific row! **2.** (*jaleo*) racket, noise: **¿quién está armando gresca?** who's making all that racket?

griego, -ga /'grjeɣo -ɣa/ **I** *adj, sm/f* Greek.
II griego *sm* (*idioma*) Greek.

grieta /'grjeta/ *sf* **1.** (*en una superficie*) crack: **han salido unas grietas en el techo** some cracks have appeared in the ceiling. **2.** (*en la piel*) crack.

grifería /grife'ria/ *sf* (*GB*) taps *pl*, (*US*) faucets *pl*: **la grifería del baño es de bronce** the taps in the bathroom are made of bronze.

grifo /'grifo/ *sm* **1.** (*para líquido*) (*GB*) tap, (*US*) faucet: **abre/cierra el grifo del agua fría** turn the cold tap on/off. **2.** (*Perú: gasolinera*) (*GB*) petrol station, (*US*) gas station. **3.** (*animal fabuloso*) griffin.

grill /gril/ *sm* grill, (*US*) broiler.

grillado, -da /gri'ʎaðo -ða/ (*fam*) **I** *adj* crazy.
II *sm/f* crazy person, nut.

grillete /gri'ʎete/ *sm* shackle.

grillo, -lla /'griʎo -ʎa/ *sm/f* (*insecto*) cricket.

grima /'grima/ *sf* **1.** (*disgusto*) displeasure: **me da grima que te gastes tanto dinero** it annoys me to see you wasting so much money. **2.** (*dentera*): **le da grima escribir en la pizarra** writing on the blackboard sets her teeth on edge.

gringo, -ga /'griŋgo -ga/ (*Amér L: fam*) **I** *adj* (*de Estados Unidos*) Yankee, American; (*extranjero*) foreign.
II *sm/f* (*estadounidense*) Yankee, American; (*extranjero*) foreigner.

gripa /'gripa/ *sf* (*Col, Méx*) flu, influenza.

gripe /'gripe/ *sf* flu, influenza: **tiene la gripe * está con (la) gripe** she has (the) flu.

griposo, -sa /gri'poso -sa/ *adj*: **estoy griposo** I have (the) flu.

gris /gris/ **I** *adj* **1.** (*color*) grey. **2.** (*apagado*) dull, grey: **amaneció un día gris** a grey day dawned. **3.** (*corriente*) mundane, dull: **llevaba una vida gris y aburrida** she led a dull and boring life.
II *sm* (*color*) grey.

gris marengo *sm, adj inv* dark grey.

gris perla *sm, adj inv* pearl grey.

grisáceo, -cea /gri'saθeo -θea/ *adj* greyish.

gritar /gri'tar/ [⇨CANTAR] *vt/i* to shout: **se puso a gritar para pedir auxilio** he started shouting for help; **no hace falta que me grites** there's no need to shout at me.

griterío /grite'rio/ *sm* shouting: **el griterío del público era ensordecedor** the shouting from the crowd was deafening.

grito /'grito/ *sm* shout: **se oyó un grito** a shout was heard; **dio un grito al pincharse** she yelled when she pricked herself • **estaban discutiendo a grito limpio * pelado** they were arguing at the tops of their voices • **estas paredes están pidiendo a gritos una mano de pintura** these walls are crying out for a coat of paint • **cuando se lo conté, puso el grito en el cielo** when I told him, he went wild • **este vídeo es el último grito** this is the last word in videos • **iba vestida al último grito** she was dressed in the latest fashion.

groenlandés, -desa /groenlan'des -'desa/ **I** *adj* of * from Greenland.
II *sm/f* Greenlander.

Groenlandia /groen'landja/ *sf* Greenland.

grogui /'groɣi/ *adj* (*en boxeo*) groggy; (*atontado*) half-awake, half-asleep: **por las mañanas estoy grogui hasta que me tomo un café** in the morning I'm only half-awake until I have a coffee.

grosella /gro'seʎa/ *sf* redcurrant.
grosella negra *sf* blackcurrant.

grosería /grose'ria/ *sf* **1.** (*cualidad*) rudeness. **2.** (*comentario*) rude remark: **me respondió una grosería** he gave me a rude reply.

grosero, -ra /gro'sero -ra/ **I** *adj* rude: **su comportamiento fue muy grosero** he behaved very rudely.
II *sm/f* rude person: **la dependienta es una grosera** the assistant is extremely rude.

grosor /gro'sor/ *sm* thickness: **tiene un grosor** *de* **dos centímetros** it is two centimetres thick.

grosso modo /'groso 'moðo/ *loc adv* approximately, roughly: **costará, grosso modo, unos dos millones de pesetas** it will cost roughly two million pesetas.

grotesco, -ca /gro'tesko -ka/ *adj* grotesque: **tenía un aspecto grotesco** her appearance was grotesque.

grúa /'grua/ *sf* **1.** (*en construcción*) crane. **2.** (*para vehículos*) (*GB*) breakdown truck, (*US*) tow truck: **su coche estaba aparcado en un sitio donde está prohibido y se lo llevó la grúa** his car was parked illegally and it was towed away.

grueso, -sa /'grweso -sa/ **I** *adj* **1.** (*persona*) fat: **su madre está bastante gruesa** his mother is quite fat. **2.** (*tela, objeto*) thick: **necesito un hilo más grueso para coser esto** I need a thicker thread to sew this. **3.** (*grande*) large, substantial: **pagó una gruesa suma de dinero** he paid a large sum of money.
II grueso *sm* **1.** (*espesor*) thickness: **midieron el grueso de la pared** they measured the thickness of the wall. **2.** (*parte más numerosa*) (main) body: **tres ciclistas se separaron del grueso del pelotón** three cyclists broke away from the pack.

grulla /'gruʎa/ *sf* (*pájaro*) crane.

grumete /gru'mete/ *sm* ship's boy.

grumo /'grumo/ *sm* lump: **este puré tiene muchos grumos** this purée is very lumpy.

gruñido /gru'ɲiðo/ *sm* (*de un cerdo*) grunt; (*de un perro, un oso*) growl.

gruñir /gru'ɲir/ [⇨ mullir] *vi* **1.** (*emitir sonido: cerdo*) to grunt; (*: perro, oso*) to growl. **2.** (*fam: quejarse*) to grumble, to moan: **se pasa la vida gruñendo** he's always grumbling.

gruñón, -ñona /gru'ɲon -'ɲona/ (*fam*) **I** *adj* grumpy: **¡no seas tan gruñona!** don't be so grumpy!
II *sm/f* grumbler, moaner.

grupa /'grupa/ *sf* (*de caballería*) hindquarters *pl*, rump.

grupo /'grupo/ *sm* **1.** (*de gente, objetos*) group: **invitó a un grupo de amigos** she invited a group of friends. **2.** (*also* **grupo musical**) (*Mús*) group, band: **toca en un grupo de rock** he plays in a rock band.
grupo de presión *sm* pressure group, lobby.
grupo electrógeno *sm* (auxiliary) generator.
grupo sanguíneo *sm* blood group.

grupúsculo /gru'puskulo/ *sm* faction, splinter group.

gruta /'gruta/ *sf* (*natural*) cave; (*hecha artificialmente*) grotto.

guaca /'gwaka/ *sf* (*Ant, Bol, C. Rica, Ven: hucha*) money box, piggy bank.

guacamayo /gwaka'majo/ *sm* macaw.

guacamol /gwaka'mol/, **guacamole** /gwaka'mole/ *sm* (*Culin*) guacamole (*avocado paste/dip*).

guachimán /gwatʃi'man/ *sm* (*Amér L*) watchman.

guacho, -cha /'gwatʃo -tʃa/ (*Amér S*) **I** *adj* (*huérfano*) orphaned; (*ilegítimo*) illegitimate.
II *sm/f* (*huérfano*) orphan; (*hijo ilegítimo*) illegitimate child.

guadalajarense /gwaðalaxa'rense/ **I** *adj* of ✻ from Guadalajara (Mexico).
II *sm/f* native ✻ inhabitant of Guadalajara (Mexico).

guadalajareño, -ña /gwaðalaxa'reɲo -ɲa/ **I** *adj* of ✻ from Guadalajara (Spain).
II *sm/f* native ✻ inhabitant of Guadalajara (Spain).

guadaña /gwa'ðaɲa/ *sf* scythe.

guagua /'gwaɣwa/ *sf* **1.** (*Ant: autobús*) bus. **2.** (*Bol, Chi, Perú: bebé*) baby.

guajolote /gwaxo'lote/ *sm* (*Méx*) turkey.

gualda /'gwalda/ *sm* (*frml*) yellow.

gualdo, -da /'gwaldo -da/ *adj* (*frml*) yellow: **la bandera de España es roja y gualda** the Spanish flag is red and yellow.

guano /'gwano/ *sm* (*de las aves marinas*) guano; (*Amér L: de cualquier animal*) dung.

guantada /gwan'taða/ *sf* slap.

guantazo /gwan'taθo/ *sm* **1.** (*tortazo*) slap. **2.** (*fam: golpe*) bump, bang: **se dieron un guantazo con el coche** they had a bump in the car.

guante /'gwante/ *sm* glove • **colgó los guantes el año pasado** he gave up boxing last year • **la policía echó el guante al ladrón** the police captured the thief • **después de aquella reprimenda se quedó como un guante** ✻ **se quedó más suave que un guante** after that telling-off she was as sweet as can be.

guantelete /gwante'lete/ *sm* gauntlet.

guantera /gwan'tera/ *sf* glove compartment.

guaperas /gwa'peras/ (*fam*) **I** *adj inv* (*hombre*) good-looking, handsome: **está saliendo con un chico muy guaperas** she's going out with a really good-looking boy.
II *sm inv* good-looker, looker.

guapo, -pa /'gwapo -pa/ **I** *adj* **1.** (*gen: hombre*) handsome, good-looking; (*: mujer*) pretty, attractive; (*en la forma de vestir*): **Laura iba muy guapa** Laura was looking very smart. **2.** (*fam: estupendo*) great, fantastic: **¡qué chaqueta tan guapa!** what a great jacket!
II *sm/f* **1.** (*referido al físico*): **es el guapo/la guapa de la clase** he's the most handsome boy/she's the prettiest girl in the class. **2.** (*fam: el que hace algo*): **¿y quién va a ser el guapo que se lo diga?** who is the brave soul who is going to tell him?; **si estropeamos el coche, a ver luego quién es el guapo que lo arregla** if we damage the car, just who do you think is going to mend it? **3.** (*apelativo: positivo*) (*GB*) love, (*US*) honey: **¿qué quieres, guapa?** what would you like, love?; (*: negativo*): **oye, guapo, ¿qué te has creído?** just a minute you, who do you think you are?

guapura /gwa'pura/ *sf* good looks *pl*.

guarango, -ga /gwa'raŋgo -ga/ (*Arg, Chi, Urug*) *adj, sm/f* ⇨ guaso

guaraní /gwara'ni/ **I** *adj, sm/f* [**guaraníes, guaranís**] Guarani.
II *sm* **1.** (*idioma*) Guarani. **2.** (*moneda*) guarani (*national currency of Paraguay*).

guarapo /gwa'rapo/ *sm* (*Amér L*) sugar-cane juice.

guarda /'gwarða/ *sm/f* **1.** (*gen*) guard; (*en un parque*) keeper: **el guarda del parque no deja pasar a nadie** the park-keeper won't let anyone in. **2.** (*Arg, Urug: de un tren*) guard; (*: de un ómnibus*) bus conductor.
guarda jurado *sm/f* security guard.

guardabarros /gwarða'βarros/ *sm inv* mudguard.

guardabosque /gwarða'βoske/ *sm/f*, **guardabosques** /gwarða'βoskes/ *sm/f inv* forest ranger.

guardacoches /gwarða'kotʃes/ *sm/f inv* parking attendant.

guardacostas /gwarða'kostas/ **I** *sm inv* (*barco*) coastguard boat.
II *sm/f inv* (*persona*) coastguard.

guardaespaldas /gwarðaes'paldas/ *sm/f inv* bodyguard.

guardagujas /gwarða'guxas/ *sm/f inv* (*GB*) signalworker, (*US*) (*hombre*) switchman, (*mujer*) switchwoman.

guardameta /gwarða'meta/ *sm/f* goalkeeper.

guardamuebles /gwarða'mweβles/ *sm inv* furniture warehouse.

guardapolvo /gwarða'polβo/ *sm* **1.** (*bata*) overall; (*delantal*) apron. **2.** (*Chi: zócalo*) skirting board.

guardar /gwar'ðar/ [⇨ CANTAR] *vt* **1.** (*vigilar*) to guard: **el perro guarda la casa** the dog guards the house. **2.** (*poner en un lugar*) to put away: **guarda la ropa** *en* **el armario** put your clothes away in the wardrobe; **guardó las gafas** *en* **el estuche** she put her glasses in their case. **3.** (*tener en un lugar*) to keep: **lo guarda** *en* **su despacho** he keeps it in his office; **¿puedes guardarme estos libros?** can you look after these books for me? **4.** (*ahorrar*) to save, to put aside: **guardó parte del dinero por si surgían imprevistos** he saved part of the money for a rainy day. **5.** (*un sentimiento*) to (still) have, to retain: **guarda un buen recuerdo de aquella experiencia** she still has pleasant memories of that experience; **todavía le guardo cariño** I still feel affection towards her; (*una actitud*): **el público guardó un minuto de silencio** the audience observed a minute's silence. **6.** (*reservar*) to save, to keep: **te he guardado un sitio** I've kept a seat for you. **7.** (*cumplir*) to keep, (*GB*) to fulfil, (*US*) to fulfill: **hay que guardar lo que se promete** you must keep your promises. **8.** (*datos*) to save.

guardarse *v prnl* **1.** (*poner en un lugar*) to put (away): **se lo guardó** *en* **la cartera** he put it in his wallet. **2.** (*callarse*) to keep to oneself: **preferiría guardarme mi opinión** I'd prefer to keep my opinion to myself. **3.** (*evitar*) to refrain: **me guardé** *de* **llevarle la contraria** I refrained from contradicting him; **yo, en tu lugar, me guardaría** *de* **hacerlo** I'd avoid doing that if I were you. **4. guardársela**: **se la guardan desde entonces** they've held it against him ever since.

guardarropa /gwarða'rropa/ **I** *sm* **1.** (*habitación*) cloakroom. **2.** (*armario, vestuario*) wardrobe: **cada temporada renueva su guardarropa** she renews her wardrobe every season.
II *sm/f* (*persona*) cloakroom attendant.

guardarropía /gwarðarro'pia/ *sf* **1.** (*vestuario*) wardrobe and props *pl*. **2.** (*habitación*) wardrobe and props department.

guardería /gwarðe'ria/ *sf* (*also* **guardería infantil**) day nursery, crèche.

guardia /'gwarðja/ **I** *sm/f* (*vigilante, soldado*) guard; (*policía*) police officer.
II *sf* **1.** (*acción de vigilar*) guard, watch: **hay un policía** *de* **guardia en la puerta** there's a policeman on guard at the gate; **se turnaron para hacer guardia** they took it in turns to keep watch. **2.** (*protección*) guard: **el boxeador descuidó la guardia** the boxer dropped his guard • **bajó la guardia y perdió la partida** she lowered her guard and lost the game • **no sé por qué últimamente está en guardia conmigo** I don't know why he's being so defensive towards me these days • **nos puso en guardia sobre el problema** she alerted us to the problem. **3.** (*turno*) duty: **está** *de* **guardia en el hospital** she's on duty at the hospital; **tuvieron que llamar al médico** *de* **guardia** they had to phone the doctor who was on call. **4.** (*grupo armado*) guard.

guardia civil (*en España*) **I** *sf* (*cuerpo*) Civil Guard (*police force responsible for patrolling rural, coastal and border areas and roads*).
II *sm/f* (*persona*) civil guard (*police officer responsible for patrolling rural, coastal and border areas and roads*).

guardia municipal I *sf* (*cuerpo*) (local) police.
II *sm/f* (*agente*) ⇨ guardia urbano

guardia urbana *sf* (*cuerpo*) (local) police.

guardia urbano *sm/f* (*agente*) (local) police officer (*mainly responsible for traffic and minor offences*).

guardián, -diana /gwar'ðjan -'ðjana/ *sm/f* **1.** (*de un lugar*) guard. **2.** (*de una idea*) guardian: **se ha autoproclamado guardián de las buenas costumbres** he has proclaimed himself the guardian of good manners.

guarecer /gware'θer/ [⇨ agradecer] *vt* to protect, to shelter.

guarecerse *v prnl* to shelter, to take shelter: **se metieron en una cueva para guarecerse** *de* **la lluvia** they went into a cave to take shelter from the rain.

guarida /gwa'riða/ *sf* **1.** (*de animales*) lair, den. **2.** (*de delincuentes*) hide-out, hideaway: **la policía descubrió la guarida de los ladrones** the police discovered the thieves' hide-out.

guarismo /gwa'rizmo/ *sm* figure, number.

guarnecer /gwarne'θer/ [⇨ agradecer] *vt* (*proteger*) to protect: **las tropas que guarnecían la ciudad** the troops protecting the city.

guarnición /gwarni'θjon/ *sf* **1.** (*soldados*) garrison: **la guarnición desfiló ante el general** the garrison marched past the general. **2.** (*Culin: gen*) side dish: **carne con una guarnición de guisantes** meat with a side dish of peas; (*: poco abundante*) garnish. **3.** (*en una joya*) mount, setting: **la sortija tiene una guarnición de platino** the ring has a platinum setting.

guarrada /gwa'rraða/ *sf* (*fam*) **1.** (*porquería*): **no hagas guarradas con la comida** stop doing disgusting things with your food. **2.** (*acción injusta*) dirty trick: **fue una guarrada que no le renovaran el contrato** it was a dirty trick not to renew his contract. **3.** (*acción/dicho indecente*): **no publican más que guarradas** they publish nothing but filth; **¡qué guarrada!** that's disgusting!

guarrería /gwarre'ria/ *sf* (*fam*) ⇨ guarrada

guarro, -rra /'gwarro -rra/ **I** *sm/f* **1.** (*Zool: gen*) pig; (*: macho*) hog; (*: hembra*) sow. **2.** (*fam: persona sucia*) (filthy) pig: **siempre va hecho un guarro** he's always really dirty. **3.** (*fam: persona despreciable*) pig, swine.
II *adj* (*fam*) **1.** (*sucio*) filthy: **es muy guarro** he has filthy habits. **2.** (*despreciable*) disgusting.

guasa /'gwasa/ *sf* (*fam*) mockery: **le preguntó** *con* **guasa si los pantalones que llevaba eran de su abuelo** she jokingly asked him whether the trousers he had on were his grandfather's; **¡déjate de guasa!** stop joking!; **lo dijo** *de* **guasa** he was joking; **¿estás** *de* **guasa?** are you joking?

guasearse /gwase'arse/ [⇨ CANTAR] *v prnl* (*burlarse*) to make fun: **¡no te guasees** *de* **mí!** stop making fun of me!

guaso, -sa /'gwaso -sa/ (*Arg, Chi, Urug*) **I** *adj* rude, gross.
II *sm/f* rude person, boor: **es un guaso, siempre contesta con una grosería** he's such a boor, he

always gives a rude reply; **no los invito más, son unos guasos que no saben comportarse en una fiesta** I won't invite them again, they're so gross, they don't know how to behave at a party.

guasón, -sona /gwa'son -'sona/ **I** *adj* fond of joking: **no le hagas caso, es muy guasón** take no notice of him, he's always teasing ✻ joking.
II *sm/f* joker: **Eduardo es el guasón de la familia** Eduardo is the joker of the family.

guata /'gwata/ *sf* padding.

guateado, -da /gwate'aðo -ða/ *adj* padded.

Guatemala /gwate'mala/ *sf* Guatemala.

guatemalteco, -ca /gwatemal'teko -ka/ *adj, sm/f* Guatemalan.

guateque /gwa'teke/ *sm* (*fiesta*) party.

guau /gwau/ *excl* (*de admiración*) wow: **¡guau, qué cochazo!** wow, what a fantastic car!; (*del perro*) bow-wow, woof.

guay /gwai/ (*fam*) **I** *adj inv* great, cool: **¡qué música tan guay!** what great music!
II *adv*: **lo pasamos guay** we had a great time.

guayaba /gwa'jaβa/ *sf* **1.** (*fruto*) guava. **2.** (*conserva*) guava jelly. **3.** (*Amér C, Ven*: *embuste*) lie.

guayabera /gwaja'βera/ *sf* (*chaqueta*) *man's short lightweight jacket*; (*camisa*) *man's lightweight, loose-fitting shirt*.

guayabo /gwa'jaβo/ *sm* guava tree.

gubernamental /guβernamen'tal/, **gubernativo, -va** /guβerna'tiβo -βa/ *adj* governmental, government: **fue un error de la política gubernamental** it was a government policy error.

gubia /'guβja/ *sf* gouge.

guepardo /ge'parðo/ *sm* cheetah.

güero, -ra /'gwero -ra/ (*Méx*) **I** *adj* (*pelo*) blond(e), fair; (*persona*) blond(e), fair-haired.
II *sm/f* (*persona*) blond(e).

guerra /'gerra/ *sf* war: **le declararon la guerra al país vecino** they declared war on the neighbouring country; **todo el continente estaba** *en* **guerra** the whole continent was at war; **la guerra** *contra* **la pobreza** the war against poverty • **entró un grupo de jóvenes que iban buscando guerra** a group of youngsters came in looking for trouble • **dar guerra**: **este coche me está dando mucha guerra** this car is giving me a lot of problems; **tiene dos hijos pequeños que le dan mucha guerra** he has two young sons who are a real handful • **este bolso es de antes de la guerra** I've had this bag for ages • **algunos periódicos le tienen declarada la guerra** some newspapers clearly have it in for him.
guerra bacteriológica *sf* germ warfare.
guerra civil *sf* civil war.
guerra de guerrillas *sf* guerrilla warfare.
guerra de nervios *sf* war of nerves.
guerra de precios *sf* price war.
guerra fría *sf* cold war.
guerra mundial *sf* World War: **la Primera Guerra Mundial** the First World War, World War I.

guerrear /gerre'ar/ [➪ CANTAR] *vi* **1.** (*Mil*) to wage war: **se pasaban la vida guerreando** they were at war with each other all the time. **2.** (*fam*: *con los niños, etc.*) to battle.

guerrera /ge'rrera/ *sf* (*Mil*) tunic (*of uniform*).

guerrero, -ra /ge'rrero -ra/ **I** *adj* warlike: **es un pueblo muy guerrero** they are a very warlike people.
II *sm/f* warrior.

guerrilla /ge'rriʎa/ *sf* (*grupo armado*) guerrilla band; (*conjunto de grupos*) guerrilla organization.

guerrillero, -ra /gerri'ʎero -ra/ *sm/f* guerrilla fighter.

gueto /'geto/ *sm* ghetto.

güey /gwei/ *sm* (*Amér C, Méx*) pal, buddy.

guía /'gia/ **I** *sm/f* (*de grupo*) guide: **un guía nos enseñó el palacio** a guide showed us round the palace.
II *sf* **1.** (*pauta*) guide: **sus consejos me sirvieron de guía** his advice gave me some guidance. **2.** (*libro o folleto informativo*) guide; (*listín de teléfonos*) telephone directory, phone book; (*callejero*) street map. **3.** (*palo, caña*) stake. **4.** (*raíl*) guide, runner: **la persiana se ha salido de su guía** the blind has come out of its runners.
guía turístico *sm/f* tour guide.

guiar /gjar/ [➪ ansiar] *vt* **1.** (*mostrar el camino*) to guide: **un señor los guió hasta la calle que buscaban** a man showed them the way to the street they were looking for. **2.** (*un coche*) to drive; (*un avión*) to pilot; (*un barco*) to steer; (*una bicicleta*) to ride.
guiarse *v prnl* to guide oneself: **nos guiamos** *por* **la brújula** we guided ourselves by the compass; **se guió** *por* **su instinto** she followed her instinct.

guijarro /gi'xarro/ *sm* pebble.

guillado, -da /gi'ʎaðo -ða/ (*fam*) **I** *adj* crazy, nuts.
II *sm/f* nut.

guillotina /giʎo'tina/ *sf* guillotine.

güinche /'gwintʃe/ *sm* (*Arg, Chi, Urug*) hoist.

guinda /'ginda/ *sf* **1.** (*fruto*) morello cherry. **2.** (*fam*: *colofón*) finishing touch: **los fuegos artificiales pusieron la guinda a las fiestas** the fireworks were the finale of the celebrations.

guindilla /gin'diʎa/ *sf* chilli (pepper).

guineano, -na /gine'ano -na/ *adj, sm/f* Guinean.

guineo /gi'neo/ *sm* (*Amér L*) banana.

guiñapo /gi'ɲapo/ *sm* **1.** (*prenda*) rag: **la chaqueta se ha quedado hecha un guiñapo** my jacket looks like an old rag. **2.** (*persona débil*) wreck: **ha tenido la gripe y está hecho un guiñapo** he's had flu and is feeling very weak • **pobrecillo, tampoco se merece que lo pongas como un guiñapo** the poor thing, there's no need to be so unpleasant about him.

guiñar /gi'ɲar/ [➪ CANTAR] *vt* **1.** (*un ojo*) to wink: **le guiñó un ojo** he winked at her. **2.** (*los dos ojos*) to squint: **me parece que necesitas gafas porque guiñas los ojos cuando estás viendo la tele** I think you need glasses because you squint when you're watching television.

guiño /'giɲo/ *sm* wink: **le hizo un guiño de complicidad** she winked at him conspiratorially.

guiñol /gi'ɲol/ *sm* puppet show.

guión /gi'on/ *sm* **1.** (*sinopsis*) outline: **preparó un guión para dar la conferencia** he prepared an outline of the lecture he was going to give. **2.** (*de una película, un programa*) script. **3.** (*signo ortográfico: entre palabras, a final de línea*) hyphen; (*: en diálogos, entre números, para indicar pausa*) dash.
guión largo *sm* dash (*punctuation mark preceding speech*).

guionista /gio'nista/ *sm/f* scriptwriter.

guipar /gi'par/ [➪ CANTAR] *vt* (*fam*) to see: **desde aquí no guipo nada** I can't see a thing from here.

guipuzcoano, -na /gipuθko'ano -na/ **I** *adj* of ✻ from the Basque Country.
II *sm/f* native ✻ inhabitant of the Basque Country.

guiri /'giri/ *sm/f* (*fam*) foreigner.

guirigay /giri'gai/ *sm* [**guirigáis** ✻ **guirigayes**] racket, din: **¡menudo guirigay hay en el patio a la hora del recreo!** you should hear the din in the playground at break time!

guirlache /gir'latʃe/ *sm*: *sweet made of toasted almonds and caramel.*

guirnalda /gir'nalda/ *sf* garland.

guisa /'gisa/ *sf* (*frml*) manner, fashion: **iba vestido de tal guisa que lo confundieron con el rey** he was dressed in such a fashion that he was mistaken for the king • **usaba un palo a guisa de bastón** he used a wooden stick as a cane.

guisado, -da /gi'saðo -ða/ **I** *adj* stewed: **de primer plato hay carne guisada con patatas** for the first course there is stewed meat with potatoes.
II guisado *sm* stew: **el guisado de ternera estaba delicioso** the beef stew was delicious.

guisante /gi'sante/ *sm* pea.

guisar /gi'sar/ [⇨ CANTAR] *vt* to stew, to cook.
♦ *vi* to cook: **tu madre guisa muy bien** your mother is a very good cook.
guisarse *v prnl* (*fam*) to prepare, to cook up: **se lo guisaron entre ellos** they cooked it up between them • **ya sabes cómo es: "yo me lo guiso, yo me lo como"** you know how he is, always saying he can manage without anyone's help.

guiso /'giso/ *sm* stew: **preparó un guiso de pescado** he cooked a fish stew.

güisqui /'gwiski/ *sm* (*de Escocia*) whisky; (*de Kentucky, Irlanda*) whiskey.

guita /'gita/ *sf* (*fam: dinero*) cash, money.

guitarra /gi'tarra/ **I** *sf* (*instrumento*) guitar.
II *sm/f* (*intérprete*) guitarist.
guitarra acústica *sf* acoustic guitar.
guitarra eléctrica *sf* electric guitar.

guitarrista /gita'rrista/ *sm/f* guitarist.

güito /'gwito/ *sm* (*Bot*) stone (*of apricots etc.*).

gula /'gula/ *sf* greed, gluttony.

guripa /gu'ripa/ *sm* (*fam*) cop.

gurú /gu'ru/ *sm* guru.

gusa /'gusa/ *sf* (*fam*) hunger: **tengo mucha gusa** I'm starving.

gusanillo /gusa'niʎo/ *sm* little worm • **tomamos una tapa para matar el gusanillo** we had a snack to keep us going • **le picó * entró el gusanillo de viajar** she caught the travel bug • **el gusanillo de la conciencia no lo dejará tranquilo** his conscience won't stop nagging him.

gusano /gu'sano/ *sm* **1.** (*gen*) worm; (*de mariposa*) caterpillar; (*en materia descompuesta*) maggot. **2.** (*persona: poco noble*) worm; (*: poco importante*) nobody.
gusano de seda *sm* silkworm.

gustar /gus'tar/ [⇨ CANTAR] *vi* **1.** (*gen*): **no le gusta la comida picante** he doesn't like spicy food; **a Charo le gusta mucho cantar** Charo loves singing; **no me gustó** I didn't like it; **me gusta que sea tan sincero** I'm glad he is so sincere. **2.** (*seguido de la preposición **de***) to enjoy, to like: **gusta *de* darse importancia** she likes putting on airs. **3.** (*fórmula de cortesía*): **"Que aproveche." "Gracias, si gusta..."** "Enjoy your meal." "Thank you."; **estamos tomando una ensalada; ¿gusta?** we're having a salad; would you like to join us? • **cuando usted guste** whenever you wish.
gustarse *v prnl* to like each other: **se han gustado desde el primer día** they've liked each other from the very first.

gustazo /gus'taθo/ *sm* (*fam*) great pleasure: **es un gustazo no tener que madrugar** it's great not to have to get up early; **me voy a dar el gustazo de decirle lo que pienso de él** I am going to give myself the pleasure of telling him just what I think of him.

gustillo /gus'tiʎo/ *sm* **1.** (*sabor*) aftertaste: **este vino tiene un gustillo agrio** this wine leaves a sour aftertaste; (*sensación*): **la derrota nos dejó un gustillo amargo** the defeat left a nasty taste in our mouths. **2.** (*satisfacción*) malicious pleasure: **en vacaciones da gustillo ver trabajar a otros** on holiday you get a malicious pleasure out of watching others work.

gusto /'gusto/ *sm* **1.** (*sentido*) taste; (*sabor*) taste, (*GB*) flavour, (*US*) flavor: **noto un gusto amargo en la bebida** this drink has a bitter flavour; **esta sopa no tiene gusto *a* nada** this soup is completely tasteless. **2.** (*satisfacción*) pleasure: **da gusto vivir en un sitio tan bonito** it's delightful to live in such a beautiful place; **estoy muy *a* gusto con ella** I feel very much at ease with her; **comía *con* gusto** he ate heartily; **lo hice por darle gusto** I did it to please him • **darse el gusto**: **nos dimos el gusto de ir al restaurante más caro de Santiago** we treated ourselves to a meal in the most expensive restaurant in Santiago; **me di el gusto de mandarlo a la porra** I gave myself the pleasure of telling him to go to hell • **"¿Me abre la puerta, por favor?" "Con mucho gusto."** "Could you open the door for me, please?" "With pleasure."; (*frml: en presentaciones*): **"¡Mucho gusto! * ¡Tanto gusto!" "El gusto es mío."** "Pleased to meet you." "The pleasure is mine." **3.** (*agrado, afición*) taste, liking: **es un poco recargado para mi gusto** it is rather too overdone for my liking; **comparten los mismos gustos** they share the same tastes • **parece que le ha cogido el gusto al fútbol** he seems to have taken a liking to football • **esto va a gusto del consumidor** that depends on your personal taste • **yo prefiero el rojo, pero eso va a gustos * (*Arg, Chi, Urug*) en gustos** I prefer the red one but it's a question of taste • **añadir sal y pimienta a gusto (del consumidor)** add pepper and salt to taste. **4.** (*deseo*) wish: **si estudia informática, es por su gusto** if he's studying computer science it's because that's what he wants. **5.** (*capacidad de apreciar*) taste: **tiene buen gusto para elegir regalos** he has good taste when it comes to choosing presents; **fue una broma de mal gusto** it was a joke in bad taste • **sobre gustos no hay nada escrito** there's no accounting for taste.

gustoso, -sa /gus'toso -sa/ *adj* **1.** (*de sabor*) tasty. **2.** (*encantado*) glad: **dijo que nos acompañaría muy gustoso** he said he would be glad to come with us.

gutural /gutu'ral/ *adj* guttural.

Guyana /gu'jana/ *sf* Guyana.

guyanés, -nesa /guja'nes -'nesa/ *adj*, *sm/f* Guyanan, Guyanese.

H

H, h /ˈatʃe/ *sf* (*letra*) H, h.

h **1.** *pronounced* /ˈora/ (*abbreviation of* **hora**) hr (hour). **2.** *pronounced* /ˈoras/ (*abbreviation of* **horas**) hrs (hours).

Ha, ha *pronounced* /ekˈtarea/ (*abbreviation of* **hectárea**) ha. (hectare).

ha /a/ *third person singular of the present tense of* ➪ haber

haba /ˈaβa/ *sf* broad bean • **en todas partes cuecen habas** it's the same everywhere • **son habas contadas** (*para expresar escasez de alternativas*) the alternatives are very limited; (*para expresar certidumbre*) it's as sure as sure can be.

Habana /aˈβana/ *sf*: **La Habana** Havana.

habanera /aβaˈnera/ *sf* (*Mús*) *dance and music originally from Cuba.*

habanero, -ra /aβaˈnero -ra/ **I** *adj* of * from Havana. **II** *sm/f* native * inhabitant of Havana.

habano /aˈβano/ *sm* Havana cigar.

haber /aˈβer/ **I** *sm* (*en una cuenta*) credit • **en su haber**: **tiene en su haber la juventud y el entusiasmo** he has youth and enthusiasm in his favour; **ya tiene tres superventas en su haber** she already has three best sellers to her credit.

II haberes *sm pl* **1.** (*bienes*) assets *pl*: **le fueron confiscados todos sus haberes** all his assets were confiscated from him. **2.** (*frml*: *salario*) wages *pl*: **ya le han pagado los haberes correspondientes al mes de abril** he's already been paid (his wages) for the month of April.

III [➪ table: HABER *in appendix*] *v aux* (*en los tiempos compuestos*) to have: **¿ha llegado?** has she arrived?; **no lo había visto** I hadn't seen it; **para entonces ya nos habremos mudado** we will have moved by then; **si me lo hubieras dicho, habría * hubiera ido** if you had told me, I would have gone • **¡haber avisado!** you could have told me!

♦*v impers*: **hay un pájaro/hay dos pájaros en la jaula** there's a bird/there are two birds in the cage; **hubo un concierto/hubo tres conciertos aquí la semana pasada** there was a concert/there were three concerts here last week; **había una persona/había mucha gente esperando** there was one person/there were many people waiting; **mañana habrá una gran manifestación/dos reuniones** there will be a big demonstration/two meetings tomorrow; **¿cuánto hay de aquí a Málaga?** how far is it from here to Málaga?; **es un profesor como los hay pocos** he's a quite exceptional teacher • **es de lo que no hay** he's completely impossible • **hablamos de todo lo habido y por haber** we talked about everything under the sun • **es una mujer hermosa donde las haya** she is a beautiful woman if ever there was one • **¿qué hay?** what's up?, how are things? • **no hay de qué** you're welcome, not at all.

♦**haber de** [*followed by infinitive*] *v aux* **1.** (*tener que*) to have to: **he de irme** I have to go, I must go; **¿por qué he de renunciar a lo que me corresponde?** why should I give up what is rightly mine? **2.** (*expresando conjetura*) must: **ya han de haber llegado** they must have arrived by now; **te has de haber confundido** you must have got mixed up.

♦**haber que** [*followed by infinitive*] *v impers* (*expresando necesidad, obligación*): **hay que reducir el gasto público** public expenditure must be reduced; **hay que apretar este botón/tener paciencia** you have to press this button/be patient; **habrá que ir pensando en buscar un sustituto** we will have to start looking for a replacement; **hubo que desalojar el edificio** the building had to be evacuated • **¡hay que ver!** well I never!

haberse *v prnl*: **habérselas**: **si sigue molestándote, tendrá que habérselas conmigo** if he keeps pestering you, he'll have me to deal with.

habichuela /aβiˈtʃwela/ *sf* bean, kidney bean.

hábil /ˈaβil/ *adj* **1.** (*habilidoso*) skilled, (*GB*) skilful, (*US*) skillful: **es una hábil negociadora** she's a skilful negotiator; **es muy hábil** *para* **los negocios** he's a skilled businessman. **2.** (*ingenioso*) clever. **3.** (*Jur*) working.

habilidad /aβiliˈðað/ *sf* **1.** (*destreza*) skill: **tuvo la habilidad** *de* **contestar sin comprometerse** he was skilful enough to answer without implicating himself; **entre sus habilidades no se cuenta la carpintería** he can't count carpentry amongst his accomplishments. **2.** (*ingeniosidad*) cleverness: **lo ocultó con mucha habilidad** he was very clever about covering it up.

habilidoso, -sa /aβiliˈðoso -sa/ *adj* capable, (*GB*) skilful, (*US*) skilfull.

habilitar /aβiliˈtar/ [➪ CANTAR] *vt* **1.** (*un lugar*): **han habilitado su habitación** *como* **despacho** his room has been made into an office. **2.** (*a alguien*) to authorize: **no está habilitada** *para* **pagar a los empleados** she is not authorized to pay the employees.

habitación /aβitaˈθjon/ *sf* **1.** (*cuarto*) room; (*dormitorio*) bedroom: **hay habitaciones dobles e individuales** there are double and single rooms. **2.** (*acción*) habitation: **hay restos de habitación humana** there is evidence of human habitation.

habitáculo /aβiˈtakulo/ *sm* **1.** (*gen*) dwelling. **2.** (*Auto*) inside, interior.

habitante /aβiˈtante/ *sm/f* inhabitant: **¿cuántos habitantes tiene Granada?** what is the population of Granada?

habitar /aβiˈtar/ [➪ CANTAR] *vt* to inhabit, to live in.
♦*vi* to live: **el león habita** *en* **África** lions live in Africa.

hábitat /ˈaβitat/ *sm* [**hábitats**] **1.** (*gen*) environment. **2.** (*Biol*) habitat.

hábito /ˈaβito/ *sm* **1.** (*rutina*) habit, custom: **tiene el hábito** *de* **llegar cinco minutos tarde** he usually arrives five minutes late; **adquirió el hábito** *de* **practicar cada noche** she got into the habit of practising every night • **el tabaco crea hábito** smoking is addictive. 2. (*Relig*) habit: **tomó los hábitos en 1963** he took holy orders in 1963; **a los pocos meses colgó los hábitos** after a few months he abandoned holy orders • **el hábito no hace al monje** appearances can be deceptive.

habituado, -da /aβi'twaðo -ða/ *adj*: **estoy habituado** *a* **sus salidas de tono** I am used to his inappropriate remarks.

habitual /aβi'twal/ *adj* usual: **a la hora habitual fui a correr al parque** I went running in the park at the usual time.

habituar /aβi'twar/ [➪ actuar] *vt* to accustom.

habituarse *v prnl* to get used to, to become accustomed to: **se habituó** *al* **frío** she got used to the cold.

habla /'aβla/ *sf* [takes ***el*** or ***un*** in singular] 1. (*acción, modo de hablar*): **tiene un habla fluida** he's a very good speaker; **el habla gallega difiere mucho de la andaluza** the Galician way of speaking is very different from that of Andalusia; **los países de habla inglesa** the English-speaking countries • **me puse al habla con él inmediatamente** I got in touch with him at once. 2. (*capacidad*) speech: **recuperó el habla gracias a la operación** he was able to speak again because of the operation.

hablado, -da /a'βlaðo -ða/ *adj* 1. (*gen*) spoken: **me cuesta entender el inglés hablado** I find it difficult to understand spoken English • **es un joven muy bien hablado** he's a very well-spoken young man • **no seas mal hablado** don't use bad language. 2. (*tratado*): **ya lo tenemos hablado** we've already discussed it.

hablador, -dora /aβla'ðor -'ðora/ *adj* 1. (*que habla mucho*) talkative. 2. (*que habla indiscretamente*): **ten cuidado, la gente es muy habladora en este pueblo** be careful, people in this town are dreadful gossips.

habladuría /aβlaðu'ria/ *sf* piece of gossip: **no son más que habladurías** it's just hearsay ✻ talk.

hablar /a'βlar/ [➪ CANTAR] *vi* 1. (*gen*) to speak, to talk: **habla más alto** speak more loudly ✻ speak up; **habló** *con* **convicción** he spoke with conviction; **habla como si estuviera borracho** he's talking as if he were drunk; **no le gusta hablar en público** he doesn't like speaking in public; **estaba hablando solo** he was talking to himself; **¿***en* **qué idioma hablan?** what language are they speaking?; **me habló** *en* **catalán** he spoke to me in Catalan • **los resultados hablan por sí mismos** the results speak for themselves • **todavía no podemos hacer nada, así que es hablar por hablar** we can't do anything yet, so this is talking for the sake of it • **ni hablar**: **"¿Te parece que va a caber aquí?" "Ni hablar, es demasiado ancho."** "Do you think it will fit in here?" "No way. It's too wide."; **de eso, ni hablar** that's completely out of the question; **¡ni hablar!** (*¡no!*) absolutely not! ✻ no way!; (*Méx: no hay nada que hacer*) there's nothing for it. 2. (*conversar*) to talk: **estuvimos hablando toda la noche** we talked all night; **si tú le hablas, a lo mejor cambia de idea** if you talk to him, he might change his mind; **hablé** *con* **el director** I talked to the manager, I spoke to ✻ with the manager; **estaba hablando** *con* **un cliente** she was talking to a customer; *con* **ellos hablamos siempre** *en* **inglés** we always speak to them in English; **hablaban** *por* **señas** they communicated by sign language; (*por teléfono*): **¿podría hablar** *con* **Marta?** could I speak to Marta? 3. (*acerca de alguien o algo: gen*): **no me gusta que nadie vaya por ahí hablando** *de* **nosotros** I don't like people going around talking about us; **habló maravillas** *de* **ti** he spoke very highly of you; **hablaban** *de* **comprar una casa, pero...** they were talking about buying a house, but...; **¿le has hablado** *a* **Gerardo** *del* **asunto?** have you talked to ✻ spoken to Gerardo about it? • **un tres por ciento y no se hable más del asunto** three per cent and that's settled; (*: tratar*): **el capítulo tres habla** *de* **la reforma agraria** chapter three deals with agrarian reform; (*: en una conferencia, un discurso*): **habló** *sobre* ✻ *de* **la situación política en Europa** he spoke ✻ talked about the political situation in Europe. 4. (*confesar, ser indiscreto*): **no hablará aunque lo torturen** he won't talk even if they torture him • **no me hagas hablar, por favor** please, I'd rather not say anything about it. 5. (*criticar*): **sé discreto, que luego la gente habla** be discreet or people will talk • **su comportamiento dio mucho que hablar** his behaviour certainly gave people something to talk about. 6. (*usando determinado tratamiento*): **después de todos estos años sigue hablándome** *de* **usted** after all these years, he still addresses me as "usted".
♦ *vt* 1. (*un idioma*) to speak: **habla inglés y alemán** she speaks English and German. 2. (*tratar*) to talk about, to discuss: **eso ya lo hemos hablado** we've already talked about that ✻ discussed that; **háblalo** *con* **él** talk it over with him.

hablarse *v prnl* 1. (*con alguien*) to speak (to each other): **sólo nos hemos hablado un par de veces** we've only spoken (to each other) on a couple of occasions; **hace años que no se hablan** they have not been on speaking terms for years. 2. (*rumorearse*) [*only used in the third person*]: **se habla** *de* **construir una central nuclear en la zona** there is talk of building a nuclear power station in the area. 3. (*en letreros*) [*only used in the third person*]: **se habla español** Spanish spoken.

habré /a'βre/ *and other forms with* ***habr-*** ➪ haber

hacendado, -da /aθen'daðo -ða/ **I** *adj* landed. **II** *sm/f* landowner.

hacer /a'θer/ [➪ table: HACER *in appendix*] *vt* 1. (*crear, fabricar: un vestido, un mueble*) to make: **están haciendo una película** they are making a film; (*: un nudo*) to tie: **haz un nudo en el pañuelo** tie a knot in your handkerchief; **¿me he hecho bien el nudo de la corbata?** have I tied my tie properly?; (*: un dibujo*) to draw; (*: una casa*) to build • **lo dejó todo a medio hacer** she left everything half-finished. 2. (*Culin: preparar*) to make: **hizo un pastel** she made a cake; **esta noche voy a hacer macarrones** I'm going to make macaroni tonight. 3. (*arreglar, ordenar*): **no has hecho la cama** you haven't made your bed; **tengo que hacer la maleta** I have to pack my case; **me he hecho las uñas** I've had my nails done. 4. (*conseguir*) to make: **hizo dinero en el mercado inmobiliario** she made money on the property market; **han hecho muchos amigos allí** they've made a lot of friends there. 5. (*refiriéndose a actividades, actos*) to do: **¿qué vas a hacer mañana?** what are you going to do tomorrow?; **haz lo que quieras** do what you want; **no hay nada que podamos hacer** there's nothing we can do; **eso no se hace** you just don't do that kind of thing; **siempre ha querido hacer teatro/cine** he's always wanted to work in the theatre/in cinema • **¡la has hecho buena!** you've really done it this time! • **¿qué le vamos a hacer?** ✻ **¿qué se le va a hacer?** there's nothing we can do about it • **ha estado haciendo de las suyas** he's been up to his old tricks, he's been at it again • **¡bien hecho!** well done! • **no hagas el tonto/el payaso** stop playing the fool/clowning around. **6.** (*sustituyendo a un antecedente*) to do: **pinta bien pero tú lo haces mejor** she paints well but you do it better; **"Se lo contaré a Lourdes." "Te pido que no lo hagas."** "I'll tell Lourdes." "Please don't." **7.** (*realizar, llevar a cabo: un milagro*) to perform; (*: un favor*) to do; (*: los deberes*) to do; (*: un regalo*) to give: **hacen un trabajo muy duro** they do a very difficult job; **hicimos un viaje de varios meses** we went on a trip for several months; **les hicimos una visita** we paid them a visit; **hizo una pregunta muy difícil** she asked a very difficult question; **hizo un gesto que molestó al público** he made a gesture which offended the audience; **hace el papel de criada** she plays the maid. **8.** (*ocasionar, producir*): **no hagas tanto ruido** don't make so much noise; **¡me has hecho daño!** you've hurt me!; **hicieron presión para que reconsiderara su postura** they put pressure on him to reconsider his position; **esa actitud no te hace ningún bien** that attitude won't get you anywhere; (*Amér L*): **tómate esto que te hará bien** drink this, it'll do you good. **9.** (*fam: hablando de necesidades fisiológicas*): **voy a hacer pis * pipí** I'm going for a pee; **hace tres días que no hago caca** I haven't been to the toilet for three days. **10.** (*suponer*) *[in the imperfect]*: **te hacía en Madrid** I thought you were in Madrid; **lo hacía más joven** I thought he was younger. **11.** (*cumplir*): **hoy hago treinta años** I'm thirty today. **12.** (*Mat*) to make: **dos y dos hacen cuatro** two and two makes four; **éste es el que hace veinte** this one brings it up to twenty; (*en orden numérico*) to be: **tú haces el tercero de la lista** you are the third on the list. **13.** (*expresando un resultado: gen*): **me hizo muy feliz** it made me very happy; **la barba te hace mayor** your beard makes you look older; **hizo *de* ella una estrella** he turned her into a star; (*: seguido de infinitivo*): **no me hagas reír** don't make me laugh; **la noticia hizo subir los precios** the news caused a rise in prices; **me hizo trabajar mucho/repetir el ejercicio** he made me work very hard/repeat the exercise; **nos hizo pasar** she showed us in; **hicimos arreglar el tejado** we had the roof mended; **hice retapizar el sofá** I had the sofa reupholstered; (*: seguido de* ***que + subjuntivo***) to make: **esto hizo que cambiáramos de opinión** this made us change our minds. **14.** (*en televisión*) to show: **esta noche hacen una película de terror** there is a horror film on tonight.

♦*vi* **1.** (*actuar*): **has hecho bien *en* venir a verme** you did the right thing in coming to see me; **¿cómo haces para que obedezcan?** how do you get them to do as they're told?; **tú déjame hacer a mí** you leave it to me; **hizo** *como que* **no había oído** he pretended he hadn't heard; **haz** *como si* **no te interesara** behave as if you weren't interested ● **su hermano es quien hace y deshace** it's his brother who calls the shots. **2.** (*fam: apetecer*): **¿te hace una cerveza?** would you like a beer? **3. hacer a** (*tener relación con*): **por lo que hace a ese asunto...** as far as that is concerned.... **4. hacer de** (*interpretar el papel de*) to play the role of: **hace de Pedro Crespo** he plays the role of Pedro Crespo; (*ejercer la función de*): **la torre hace de pararrayos** the tower acts as a lightning conductor; **tuve que hacer de enfermero** I had to act as nurse.

♦*v impers* **1.** (*en expresiones de tiempo*): **llegué hace dos meses** I arrived two months ago; **hace una hora que espero** I've been waiting for an hour; **hace dos días que no la veo** I haven't seen her for two days. **2.** (*hablando de condiciones atmosféricas*): **hace frío/calor** it's cold/hot; **hace buen/mal tiempo** the weather is nice/bad; **hace sol** it's sunny; **hace viento** it's windy.

hacerse *v prnl* **1.** (*a sí mismo*): **me estoy haciendo un vestido** I'm making myself a dress; **al caer me hice un chichón** when I fell over I gave myself a bump on the head; (*cuando la acción es realizada por otra persona*): **se ha hecho la permanente** she's had a perm; **se va a hacer un chequeo** she's going to have a checkup; **se hizo una casa en la montaña** she had a house built in the mountains; (*seguido de infinitivo*): **se hizo hacer un traje a la medida** he had a suit made to measure; **el profesor no se hace respetar** the teacher doesn't know how to gain respect; **le encanta hacerse esperar** she loves to keep people waiting. **2.** (*comida*) to cook: **el guiso se está haciendo** the stew is cooking; (*té*) to brew. **3.** (*volverse*) to become: **al final se hicieron amigos** they became friends in the end; **se hizo católico** he became a Catholic. **4.** (*parecer, resultar*): **la espera se me hizo eterna** the wait seemed never-ending; **una conferencia tan larga se hace pesada** such a long lecture becomes boring ● **se me hace que nos mintió** I have a feeling he lied to us. **5.** (*fingirse*): **se hizo el dormido** he pretended he was asleep; **no te hagas el tonto** don't pretend you don't know what I'm talking about. **6.** (*hablando de necesidades fisiológicas*): **se ha hecho pis/caca** he's wet his pants/messed his pants. **7. hacerse a** (*acostumbrarse a*) to get used to: **no me hago al frío** I can't get used to the cold. **8. hacerse con** (*ganar*) to win: **se hizo con el premio** she won the prize; (*ganarse el afecto de*) to win over: **enseguida se hizo con los niños** he won the children over straight away; (*conseguir*): **se hicieron con el control de la empresa** they got control of the company.

hacha /ˈatʃa/ *sf* [takes ***el*** or ***un*** in singular] **1.** (*herramienta*) (*GB*) axe, (*US*) ax ● **parece que ha desenterrado el hacha de guerra** he seems to be on the warpath again ● (*Méx: en fútbol*) **el central sacó el hacha** the centre back started playing rough. **2.** (*fam: persona hábil*) ace: **es un hacha montando en bici** he's an ace bike-rider.

hachazo /aˈtʃaθo/ *sm* (*GB*) axe blow, (*US*) ax blow.

hache /ˈatʃe/ *sf*: *name of the letter H* ● **se despidió o la despidieron, llámale hache** she gave in her notice or she was fired, call it what you like ● **por hache o por be no lo hizo** for one reason or another, he didn't do it.

hachís /aˈtʃis/ *sm* hashish.

hacia /ˈaθja/ *prep* **1.** (*de dirección: gen*) towards, toward: **vino hacia mí** he came towards me; **mi casa está hacia el puerto** my house is over towards the port; **iba hacia mi casa cuando me topé con él** I was on my way home when I ran into him; **este negocio va hacia la ruina** this business is going under; (*: seguido de partícula*) **hacia abajo** down, downward(s); **hacia adelante** forward(s); **hacia allá * allí** that way; **hacia arriba** up, upward(s); **hacia atrás** back, backward(s). **2.** (*para indicar sentimiento*) for: **siente mucho cariño hacia sus padres** he has a great love for his parents. **3.** (*de tiempo*) around (about): **pensamos volver hacia el quince de agosto** we intend to come back around the fifteenth of August.

hacienda /aˈθjenda/ *sf* **1.** (*para ganado*) ranch; (*de cultivo*) (very large) farm, plantation. **2.** (*bienes*) wealth: **acrecentó su hacienda** he increased his personal wealth. **3. Hacienda** *[used without an article]* (*Fin: gen*) the tax authorities; (*: en GB*) Inland Revenue; (*: en EE. UU.*) Internal Revenue.

hacienda pública *sf* (*Fin*) national finances *pl*: **la**

hacienda pública financiará las reparaciones the repairs will be paid for out of public funds.

hacinamiento /aθina'mjento/ *sm* overcrowding.

hacinar /aθi'nar/ [➪CANTAR] *vt* to pile up: **hacinaron los muebles en el desván** they piled up the furniture in the attic.

hacinarse *v prnl*: **la gente se hacinaba** *en* **el vagón** the people squeezed themselves into the carriage.

hada /'aða/ *sf* [takes ***el*** or ***un*** in singular] fairy.

hada madrina *sf* fairy godmother.

hago /'aɣo/ *and other forms with* ***hag-*** ➪hacer

Haití /ai'ti/ *sm* Haiti.

haitiano, -na /ai'tjano -na/ *adj, sm/f* Haitian.

hala /'ala/ *excl* **1.** (*para animar*) keep it up: **¡hala, que ya queda poco!** keep it up ✱ keep going, there's not far to go! **2.** (*para meter prisa*): **hala, muévete, que vas a perder el tren** get moving or you'll miss the train. **3.** (*para expresar desagrado*): **¡hala, qué sucio!** good grief! it's so dirty!; (*para expresar sorpresa*): **¡hala, cómo corre!** just look at him go!; (*para expresar incredulidad*): **¡hala, qué dices!** what on earth are you talking about?

halagador, -dora /alaɣa'ðor -'ðora/ *adj* flattering.

halagar /ala'ɣar/ [➪pagar] *vt* to flatter: **halaga constantemente a su jefe** she's always flattering her boss; **me halaga que me hayan incluido en la lista de nominados** I'm flattered to have been included in the list of nominees.

halago /a'laɣo/ *sm* (*adulación*) flattery; (*comentario*) flattering comment.

halagüeño, -ña /ala'ɣweɲo -ɲa/ *adj* encouraging: **las noticias sobre el enfermo son halagüeñas** the news about the patient is encouraging.

halcón /al'kon/ *sm* falcon.

hale /'ale/ *excl* ➪hala

hálito /'alito/ *sm* breath: **le quedaba un hálito de vida** he was just barely alive.

hallar /a'ʎar/ [➪CANTAR] *vt* **1.** (*encontrar*) to find: **halló oro en el río** he found gold in the river. **2.** (*descubrir*) to discover: **halló el remedio para la enfermedad** she discovered the cure for the illness. **3.** (*averiguar*) to find out: **por fin halló el motivo por el que José se había enfadado** she finally found out why José had got angry.

hallarse *v prnl* to be: **la sede se halla en Madrid** the headquarters is in Madrid.

hallazgo /a'ʎaθɣo/ *sm* **1.** (*acción*) discovery: **informaron a la policía del hallazgo de un cadáver** the police were informed of the discovery of a body. **2.** (*lo encontrado*) find: **fue un auténtico hallazgo** it was a real find.

halo /'alo/ *sm* halo.

halógeno, -na /a'loxeno -na/ **I** *adj* halogenous.
II halógeno *sm* halogen.

halterofilia /altero'filja/ *sf* (*Dep*) weightlifting.

hamaca /a'maka/ *sf* **1.** (*red*) hammock. **2.** (*tumbona*) deck chair. **3.** (*Amér S*: *mecedora*) rocking chair. **4.** (*Arg, Urug*: *columpio*) swing.

hambre /'ambre/ *sf* [takes ***el*** or ***un*** in singular] **1.** (*ganas de comer*) hunger: **¿tienes hambre?** are you hungry? ● **tengo un hambre canina** I'm famished ● **la dueña de la pensión nos mataba de hambre** the landlady at the pension had us on a starvation diet ● **estoy muerto de hambre** I'm starving ● **es un muerto de hambre** he hasn't a penny to his name ● **al menos así se mata el hambre** at least this is one way of warding off hunger pangs ● **es más listo que el hambre** he is as clever as they come ● **se juntaron el hambre con las ganas de comer** (*personas*) they are just as bad as each other; (*circunstancias*) the two alternatives are equally unattractive. **2.** (*falta de alimento*) starvation: **muchos niños se mueren de hambre** many children die of starvation.

hambriento, -ta /am'brjento -ta/ **I** *adj* (*con ganas de comer, falto de alimento*) starving.
II *sm/f* starving person.

hambruna /am'bruna/ *sf* **1.** (*situación de hambre*) famine. **2.** (*Amér L*: *hambre intensa*) hunger.

hamburguesa /ambur'ɣesa/ *sf* (*Culin*) hamburger, burger.

hamburguesa con queso *sf* cheeseburger.

hamburguesa de ternera *sf* beefburger.

hamburguesería /amburɣese'ria/ *sf* (*Culin*) burger bar.

hampa /'ampa/ *sf* [takes ***el*** or ***un*** in singular] underworld: **sus tratos con el mundo del hampa** his dealings with the world of crime.

hampón, -pona /am'pon -'pona/ **I** *adj* thuggish.
II *sm/f* thug.

hámster /'xamster/ *sm* [**hámsters**] hamster.

hándicap /'xandikap/ *sm* [**hándicaps**] (*Dep*) handicap.

hangar /aŋ'gar/ *sm* hangar.

haragán, -gana /ara'ɣan -'ɣana/ **I** *adj* lazy.
II *sm/f* idler.

harapo /a'rapo/ *sm* rag.

hardware /'xarwer/ *sm* (*Inform*) hardware.

haré /a're/ *and other forms with* ***har-*** ➪hacer

harén /a'ren/, **harem** /a'rem/ *sm* harem.

harina /a'rina/ *sf* flour ● **eso es harina de otro costal** that's a different matter altogether.

harina con levadura *sf* (*GB*) self-raising flour, (*US*) self-rising flour.

harina en flor *sf* refined flour.

harina integral *sf* wholemeal flour.

harinoso, -sa /ari'noso -sa/ *adj* floury.

harmonía /armo'nia/ *sf* ➪armonía

hartada /ar'taða/ *sf*: **se dio una hartada** *de* **pasteles** he stuffed himself with cakes.

hartar /ar'tar/ [➪CANTAR] *vt* **1.** (*de comer*): **su tía lo hartaba** *a* **comer** his aunt used to give him all the food he could eat. **2.** (*cansar*) to tire: **me harta tanta palabrería** all this talking tires ✱ wears me out.

hartarse *v prnl* **1.** (*de comer*) to eat one's fill: **se hartó** *de* **queso** he ate his fill of cheese; (*de hacer algo*) to have enough: **se hartaron** *de* **ver museos** they saw so many museums, they couldn't take any more. **2.** (*cansarse*) to tire: **me harté** *de* **aguantar sus bromas** I got tired of putting up with his jokes. **3.** (*satisfacer*): **me voy a hartar** *a* **dormir** I'm going to have a good sleep.

hartazgo /ar'taθɣo/ *sm*: **se dio un hartazgo** *de* **comer** he stuffed himself with food.

harto, -ta /'arto -ta/ **I** *adj* **1.** (*de comida*) full: **quedó harto después de tanta comida** he was full up after so much food. **2.** (*cansado*) fed up: **estoy harto** *de* **este tema** I'm fed up with this subject.
II harto *adv* (*frml*) very: **su intervención fue harto polémica** his speech was very controversial.

hartón /ar'ton/ *sm* (*fam*) bellyful: **me di un hartón** *de* **sardinas** I stuffed myself with sardines.

hartura /ar'tura/ *sf*: **comí hasta la hartura** I ate until I couldn't eat any more ● **¡qué hartura de tiempo, no para de llover!** what terrible weather, it doesn't stop raining!

hasta /'asta/ **I** *prep* **1.** (*de lugar*) as far as: **la finca llega**

hasta la playa the property stretches as far as the beach. **2.** (*de tiempo: gen*) until, till: **faltan tres días hasta la boda** there are three days to go until * till the wedding; (*: en fórmulas de despedida*): **hasta la vista** * **hasta pronto** (I'll) see you soon; **hasta luego** (*para indicar más tarde: cara a cara*) see you later; (*: por teléfono*) speak to you soon; (*adiós*) goodbye. **3.** (*de cantidad*) (up) to: **cierra los ojos y cuenta hasta diez** shut your eyes and count to ten.
II *conj* **1.** (*gen*) until: **trabajó hasta quedar rendido** he worked until he dropped. **2. hasta que** until: **prefiero esperar hasta que lleguen los otros** I would rather wait until the others arrive.
III *adv* even: **te han oído hasta en la calle** you were even heard out in the street.

hastiar /as'tjar/ [➪ansiar] *vt* to bore: **la hastiaba la vida en el pueblo** village life bored her.

hastío /as'tio/ *sm* boredom.

hatajo /a'taxo/ *sm* (*de cosas, personas*) bunch: **menudo hatajo de ladrones** what a bunch of crooks!; (*de animales*) (small) herd.

hatillo /a'tiʎo/ *sm* small bundle.

Hawai /xa'wai/ *sm* Hawaii.

hawaiano, -na /xawa'jano -na/ *adj, sm/f* Hawaiian.

hay /ai/ *present indicative of impersonal verb* ➪ haber

Haya /'aja/ *sf*: **La Haya** The Hague.

haya /'aja/ **I** *and other forms with* ***hay-*** ➪ haber
II *sf* [takes ***el*** or ***un*** in singular] (*árbol*) beech; (*madera*) beech (wood).

haz /aθ/ **I** *imperative of* ➪ hacer
II *sm* **[haces]** **1.** (*de luz*) shaft, beam. **2.** (*de leña, etc.*) bundle.

hazaña /a'θaɲa/ *sf* feat, exploit.

hazmerreír /aθmerre'ir/ *sm* (*fam*) laughing stock: **es el hazmerreír del pueblo** he's the laughing stock of the village.

he /e/ **I** *first person singular of the present tense of* ➪ haber
II *v impers* (*frml*): **he aquí el cuadro más valioso de la colección** here is the most valuable picture in the collection; **heme aquí** here I am.

hebilla /e'βiʎa/ *sf* **1.** (*gen*) buckle. **2.** (*Arg: para el pelo*) slide.

hebra /'eβra/ *sf* **1.** (*textil*) thread. **2.** (*vegetal, animal*) (*GB*) fibre, (*US*) fiber ● **pegué la hebra con uno de los parroquianos** I got talking to one of the regulars. **3.** (*de tabaco*) strand (*of tobacco*). **4.** (*en minería*) seam.

hebreo, -brea /e'βreo -βrea/ **I** *adj, sm/f* Hebrew.
II hebreo *sm* (*idioma*) Hebrew.

hecatombe /eka'tombe/ *sf* catastrophe.

hechicería /etʃiθe'ria/ *sf* **1.** (*práctica*) witchcraft. **2.** (*hechizo*) spell.

hechizar /etʃi'θar/ [➪cazar] *vt* **1.** (*encantar*) to cast a spell on * over, to bewitch. **2.** (*atraer mucho*) to captivate, to enchant: **la hechizó la belleza del paisaje** she was captivated * enchanted by the beauty of the countryside.

hechizo /e'tʃiθo/ *sm* **1.** (*encantamiento*) spell. **2.** (*atractivo*) fascination.

hecho, -cha /'etʃo -tʃa/ **I** *past participle of* ➪ hacer
II *adj* **1.** (*gen*) done. **2.** (*Culin*): **"¿Cómo te gustan los huevos?" "Me gustan bien hechos/poco hechos."** "How do you like your eggs?" "I like them hard-boiled/lightly boiled."; **"¿Cómo te gusta el filete?" "Me gusta poco hecho/muy hecho."** "How do you like your steak?" "I like it rare/well-done." **3.** (*maduro*) mature: **es una persona muy hecha** she is a very mature person. **4.** (*acostumbrado*): **está hecho** *a* **este tipo de situaciones** he's used to this kind of situation; **es un hombre hecho** *a* **todo** he's a man who's used to all kinds of situations.
III hecho *sm* **1.** (*acción*) action: **es un hecho que lo honra** what he has done is very commendable. **2.** (*acontecimiento, dato*) fact: **son hechos históricos irrefutables** they are irrefutable historical facts; **el hecho es que sigue sin funcionar** the fact is that it still isn't working ● **de hecho, acabo de enterarme** as a matter of fact, I have just found out ● **el alquiler no era caro, de hecho era bastante barato** the rent was not expensive, in fact it was quite cheap.
IV hecho *excl* done: **"¿Hacemos un cambio?" "¡Hecho!"** "Shall we swap?" "Done!"

hecho consumado *sm*: **su despido es ya un hecho consumado** his dismissal is a fait accompli.

hecho de armas *sm* (*frml*) battle.

hecho y derecho *adj* **1.** (*crecido*) grown: **tu hija ya es una mujer hecha y derecha** your daughter is a grown woman now. **2.** (*completo*): **un caballero hecho y derecho** a gentleman through and through.

hechura /e'tʃura/ *sf* **1.** (*forma*) physique: **tiene una hechura robusta** he's well built. **2.** (*de ropa*) cut: **me gusta la hechura de esta chaqueta** I like the cut of this jacket.

hectárea /ek'tarea/ *sf* hectare.

heder /e'ðer/ [➪tender] *vi* **1.** (*oler mal*) to stink. **2.** (*fam: cansar*) to pall: **este asunto ya hiede** this subject is beginning to pall.

hediondo, -da /e'ðjondo -da/ *adj* **1.** (*maloliente*) stinking. **2.** (*repugnante*) repulsive.

hedonismo /eðo'nizmo/ *sm* hedonism.

hedor /e'ðor/ *sm* stink, stench.

hegemonía /exemo'nia/ *sf* dominance, hegemony.

helada /e'laða/ *sf* frost.

helada blanca *sf* hoarfrost.

heladera /ela'ðera/ *sf* (*Arg, Chi, Urug*) refrigerator, (*GB*) fridge.

heladero, -ra /ela'ðero -ra/ *sm/f* ice-cream seller * vendor.

helado, -da /e'laðo -ða/ **I** *adj* **1.** (*congelado*) frozen: **cierra la ventana o nos vamos a quedar helados** shut the window or we're going to freeze to death; (*muy frío*): **la comida estaba helada** the food was stone-cold. **2.** (*paralizado*) stunned: **la noticia de su muerte me dejó helado** I was stunned by the news of his death.
II helado *sm* ice cream.

helar /e'lar/ [➪pensar] *vt* **1.** (*congelar*) to freeze: **la baja temperatura heló el lago** the low temperature froze the lake. **2.** (*una planta*) to wither (*because of frost*).
♦*v impers* (*Meteo*) to freeze: **aquí hiela todas las noches** we have a frost here every night.

helarse *v prnl* **1.** (*congelarse*) to freeze: **el agua del radiador se ha helado** the water in the radiator has frozen. **2.** (*planta*): **este año se han helado muchos frutales** this year many of the fruit trees have been damaged by frost. **3.** (*persona*) to freeze to death: **me helé esperándolo en la calle** I froze to death waiting for him in the street; **se me han helado los pies** my feet are freezing; **se me heló la sangre cuando me dieron la noticia** my blood ran cold when I heard the news.

helecho /e'letʃo/ *sm* fern.

hélice /'eliθe/ *sf* **1.** (*de un avión, un barco*) propeller. **2.** (*Anat, Mat*) helix.

helicóptero /eli'koptero/ *sm* helicopter.

helio /'eljo/ *sm* helium.

helipuerto /eli'pwerto/ *sm* (*Av*) heliport.
helvecio, -cia /el'βeθjo -θja/ *adj, sm/f* Helvetian, Swiss.
helvético, -ca /el'βetiko -ka/ *adj, sm/f* ⇨ helvecio
hematíe /ema'tie/ *sm* red blood corpuscle.
hematología /ematolo'xia/ *sf* (*Med*) (*GB*) haematology, (*US*) hematology.
hematoma /ema'toma/ *sm* (*Med*) (*GB*) haematoma, (*US*) hematoma.
hembra /'embra/ *sf* **1.** (*Bot, Zool*) female: **tuvo seis hijos: tres varones y tres hembras** she had six children: three boys and three girls; **la ballena hembra** the female whale. **2.** (*Tec: gen*) female component; (*: en un enchufe*) socket.
hemeroteca /emero'teka/ *sf* newspaper library.
hemiciclo /emi'θiklo/ *sm* **1.** (*semicírculo*) semicircle. **2.** (*en el parlamento*) floor (*in a semicircular forum*).
hemiplejia /emi'plexja/, **hemiplejía** /emiple'xia/ *sf* (*Med*) stroke, hemiplegia.
hemisferio /emis'ferjo/ *sm* hemisphere.
hemofilia /emo'filja/ *sf* (*Med*) (*GB*) haemophilia, (*US*) hemophilia.
hemofílico, -ca /emo'filiko -ka/ *adj, sm/f* (*GB*) haemophiliac, (*US*) hemophiliac.
hemoglobina /emoɣlo'βina/ *sf* (*GB*) haemoglobin, (*US*) hemoglobin.
hemopatía /emopa'tia/ *sf* (*Med*) blood disease.
hemorragia /emo'rraxja/ *sf* (*GB*) haemorrhage, (*US*) hemorrhage.
hemorragia nasal *sf* nosebleed.
hemorroide /emo'rroiðe/ *sf* (*GB*) haemorrhoid, (*US*) hemorrhoid.
henchir /en'tʃir/ [⇨ pedir] *vt*: **estaba henchido** *de* **orgullo** he was swollen with pride.
hender /en'der/ [⇨ tender] *vt* to cut through: **el barco hendía las aguas** the ship cut through the waves.
hendir /en'dir/ [⇨ discernir] *vt* ⇨ hender
henna /'ena/ *sf* henna.
heno /'eno/ *sm* hay.
hepático, -ca /e'patiko -ka/ *adj* hepatic: **una insuficiencia hepática** liver failure.
hepatitis /epa'titis/ *sf inv* hepatitis.
heráldica /e'raldika/ *sf* heraldry.
heraldo /e'raldo/ *sm* herald.
herbáceo, -cea /er'βaθeo -θea/ *adj* herbaceous.
herbario, -ria /er'βarjo -rja/ **I** *adj* herbal.
II herbario *sm* herbarium, dried plant collection.
herbicida /erβi'θiða/ *sm* herbicide, weedkiller.
herbívoro, -ra /er'βiβoro -ra/ **I** *adj* herbivorous.
II *sm/f* herbivore.
herbolario, -ria /erβo'larjo -rja/ **I** *sm/f* (*persona*) herbalist.
II herbolario *sm* (*tienda*) herbalist's (shop).
herboristería /erβoriste'ria/ *sf* herbalist's (shop).
hercio /'erθjo/ *sm* hertz.
hercúleo, -lea /er'kuleo -lea/ *adj* herculean.
heredad /ere'ðað/ *sf* estate (*belonging to one person*).
heredado, -da /ere'ðaðo -ða/ *adj* inherited.
heredar /ere'ðar/ [⇨ CANTAR] *vt* (*Biol, Jur*) to inherit: **heredó una fortuna** she inherited a fortune; **heredó el genio de su madre** she inherited her mother's temperament; **ha heredado toda la ropa de sus hermanos** all his clothes have been handed down to him by his brothers.
heredero, -ra /ere'ðero -ra/ *sm/f* **1.** (*gen*) inheritor; (*de una fortuna: hombre*) heir; (*: mujer*) heiress: **es heredero** *de* **una inmensa fortuna** he's the heir to a huge fortune. **2.** (*derivación*): **el arte romano es heredero** *del* **griego** Roman art derives ✻ is derived from the Greek.
hereditario, -ria /ereði'tarjo -rja/ *adj* (*Biol, Jur*) hereditary.
hereje /e'rexe/ *sm/f* heretic.
herejía /ere'xia/ *sf* **1.** (*Relig*) heresy. **2.** (*fam: disparate*) nonsense: **es una herejía decir que esto es música** it's nonsense to say that this is music.
herencia /e'renθja/ *sf* **1.** (*Jur*) inheritance. **2.** (*Biol*) heredity.
herético, -ca /e'retiko -ka/ *adj* heretical.
herida /e'riða/ *sf* **1.** (*Med*) wound. **2.** (*pesar, sufrimiento*) scar, wound: **nunca se recuperó de las heridas que le causó su fracaso** his failure left him scarred for life.
herido, -da /e'riðo -ða/ **I** *adj* **1.** (*por un arma*) wounded; (*en un accidente*) injured: **había varias personas heridas** there were several injured people; **dos niños resultaron heridos de gravedad** two children were seriously injured. **2.** (*psicológicamente*) wounded, hurt: **se sentía herido** *por* **sus desprecios** he was hurt ✻ wounded by her scornful attitude.
II *sm/f* (*por un arma*) wounded person; (*en un accidente*) casualty, injured person: **trasladaron a los heridos al hospital** the casualties were taken to hospital.
herir /e'rir/ [⇨ sentir] *vt* **1.** (*lesionar: gen*) to injure: **resultó herido en el accidente** he was injured in the accident; (*: con un arma*) to wound: **lo hirieron en Vietnam** he was wounded in Vietnam. **2.** (*apenar, ofender*) to wound, to hurt: **sus críticas la hirieron profundamente** their criticism wounded her deeply. **3.** (*irritar*) to dazzle: **el sol me hiere los ojos** the sun is dazzling me ✻ my eyes.
herirse *v prnl* to injure oneself: **se había herido** *con* **una botella rota** he had cut himself on a broken bottle.
hermafrodita /ermafro'ðita/ *adj, sm/f* hermaphrodite.
hermana /er'mana/ *sf* (*de parentesco, monja*) sister.
hermana gemela *sf* (identical) twin sister.
hermana política *sf* sister-in-law.
hermanado, -da /erma'naðo -ða/ *adj* **1.** (*en un interés*) united. **2.** (*ciudad*) twinned.
hermanar /erma'nar/ [⇨ CANTAR] *vt* **1.** (*conceptos, ideas, etc.*) to unite, to reconcile. **2.** (*dos ciudades*) to twin: **Santiago está hermanada** *con* **Richmond** Santiago is twinned with Richmond.
hermanarse *v prnl* to combine: **en su obra se hermanan ciencia y filosofía** in her works science and philosophy are combined.
hermanastra /erma'nastra/ *sf* **1.** (*sin progenitor común*) stepsister. **2.** (*con progenitor común*) half-sister.
hermanastro /erma'nastro/ *sm* **1.** (*sin progenitor común*) stepbrother. **2.** (*con progenitor común*) half-brother.
hermandad /erman'dað/ *sf* **1.** (*asociación: de hombres*) fraternity, brotherhood; (*: de mujeres*) sisterhood. **2.** (*sentimiento*) brotherhood.
hermano /er'mano/ *sm* (*de parentesco, monje*) brother: **¿tienes algún hermano?** have you any brothers or sisters?; **¿cuántos hermanos tienes?** how many brothers and sisters do you have?; **el hermano Gregorio** Brother Gregorio.
hermano gemelo *sm* (identical) twin brother.
hermano político *sm* brother-in-law.

hermético, -ca /er'metiko -ka/ *adj* **1.** (*cerrado*) airtight, hermetic: **guardan las sobras en unos envases herméticos** they keep the leftovers in airtight containers. **2.** (*inescrutable*) impenetrable, secretive.
hermoso, -sa /er'moso -sa/ *adj* **1.** (*bonito*) beautiful, lovely. **2.** (*fam*: *lozano*) healthy: **¡qué hermoso está el niño!** how healthy * well your baby is looking!
hermosura /ermo'sura/ *sf* (*cualidad*) beauty; (*cosa hermosa*): **¡qué hermosura de flores!** what beautiful flowers!
hernia /'ernja/ *sf* hernia.
hernia de disco, hernia discal *sf* slipped disc.
herniado, -da /er'njaðo -ða/ *adj* ruptured.
herniarse /er'njarse/ [⇨CAMBIAR] *v prnl* to rupture oneself ● **te habrás herniado, ¿no?** you haven't exactly strained yourself, have you?
héroe /'eroe/ *sm* hero.
heroicidad /eroiθi'ðað/ *sf* **1.** (*valentía*) heroism. **2.** (*hazaña*) heroic deed.
heroico, -ca /e'roiko -ka/ *adj* heroic.
heroína /ero'ina/ *sf* **1.** (*mujer*) heroine. **2.** (*droga*) heroin.
heroinómano, -na /eroi'nomano -na/ *sm/f* heroin addict.
heroísmo /ero'izmo/ *sm* heroism.
herpe /'erpe/ *sm*, **herpes** /'erpes/ *sm inv* herpes.
herpes zóster *sm inv* shingles [lleva el verbo en singular].
herradura /erra'ðura/ *sf* horseshoe.
herraje /e'rraxe/ *sm* ironwork.
herramienta /erra'mjenta/ *sf* tool.
herrar /e'rrar/ [⇨pensar] *vt* **1.** (*un caballo*) to shoe. **2.** (*el ganado*) to brand.
herrería /erre'ria/ *sf* (blacksmith's) forge.
herrero, -ra /e'rrero -ra/ *sm/f* blacksmith ● **en casa del herrero cuchillo * cuchara de palo** that's just what you least expected.
herrumbre /e'rrumbre/ *sf* rust.
herrumbroso, -sa /errum'broso -sa/ *adj* rusty.
hertzio /'erθjo/ *sm* hertz.
hervidero /erβi'ðero/ *sm* **1.** (*de gente*) crowd, throng: **el mercado era un auténtico hervidero** the market was seething with people. **2.** (*de actividad*) hotbed. **3.** (*manantial*) spring.
hervir /er'βir/ [⇨sentir] *vi* **1.** (*bullir*) to boil: **ponlo al máximo hasta que empiece a hervir** turn the heat right up until it comes to the boil. **2.** (*rebosar*) to seethe: **la oficina hervía** ***de*** **actividad** the office was a hive of activity. **3.** (*deseos, pasiones*) to seethe: **su respuesta me hizo hervir** ***en*** **cólera** their reply made me seethe (with rage).
♦*vt* to boil: **hierve la leche primero** boil the milk first.
hervor /er'βor/ *sm* **da un hervor a las alcachofas** blanch the artichokes.
heterodoxia /etero'ðoksja/ *sf* heterodoxy, nonconformism.
heterodoxo, -xa /etero'ðokso -ksa/ **I** *adj* heterodox, nonconformist.
II *sm/f* holder of heterodox * nonconformist views.
heterogéneo, -nea /etero'xeneo -nea/ *adj* heterogeneous.
heterosexual /eterosek'swal/ *adj*, *sm/f* heterosexual.
hexagonal /eksaɣo'nal/ *adj* hexagonal.
hexágono /ek'saɣono/ *sm* hexagon.
hez /eθ/ **I** *sf* [**heces**] sediment, dregs *pl*: **son la hez de la sociedad** they are the dregs of society.
II heces *sf pl* (*GB*) faeces *pl*, (*US*) feces *pl*.
hiato /'jato/ *sm* (*Ling*) hiatus.
hibernación /iβerna'θjon/ *sf* hibernation.
hibernar /iβer'nar/ [⇨CANTAR] *vi* to hibernate.
híbrido, -da /'iβriðo -ða/ **I** *adj* hybrid.
II híbrido *sm* hybrid.
hice /'iθe/ *and other forms with* ***hic-*** ⇨hacer
hidalga /i'ðalɣa/ *sf* (*Hist*) noblewoman (*of the lowest rank*).
hidalgo /i'ðalɣo/ *sm* (*Hist*) nobleman (*of the lowest rank*).
hidalguía /iðal'ɣia/ *sf* **1.** (*Hist*) nobility (*of the lowest rank*). **2.** (*generosidad, nobleza*) nobleness, nobility.
hidra /'iðra/ *sf* **1.** (*Zool*) hydra. **2.** (*monstruo*) Hydra.
hidratación /iðrata'θjon/ *sf* (*Quím*) hydration; (*de la piel*) moisturizing.
hidratante /iðra'tante/ *adj* moisturizing.
hidratar /iðra'tar/ [⇨CANTAR] *vt* (*Quím*) to hydrate; (*la piel*) to moisturize.
hidrato /i'ðrato/ *sm* hydrate.
hidrato de carbono *sm* carbohydrate.
hidráulica /i'draulika/ *sf* hydraulics [lleva el verbo en singular].
hidráulico, -ca /i'drauliko -ka/ *adj* hydraulic.
hidroala /iðro'ala/ *sm* hydrofoil.
hidroavión /iðroa'βjon/ *sm* seaplane.
hidrocarburo /iðrokar'βuro/ *sm* hydrocarbon.
hidrocefalia /iðroθe'falja/ *sf* hydrocephaly.
hidroeléctrico, -ca /iðroe'lektriko -ka/ *adj* hydroelectric.
hidrofobia /iðro'foβja/ *sf* rabies [lleva el verbo en singular].
hidrógeno /i'ðroxeno/ *sm* hydrogen.
hidrólisis /i'ðrolisis/ *sf inv* hydrolisis.
hidrología /iðrolo'xia/ *sf* hydrology.
hidrológico, -ca /iðro'loxiko -ka/ *adj* hydrological.
hidroplano /iðro'plano/ *sm* seaplane.
hidroterapia /iðrote'rapja/ *sf* hydrotherapy.
hidróxido /i'ðroksiðo/ *sm* hydroxide.
hiedra /'jeðra/ *sf* ivy.
hiel /jel/ *sf* **1.** (*Anat*) bile. **2.** (*amargura*) bitterness.
hielera /je'lera/ *sf* **1.** (*recipiente*) ice bucket. **2.** (*Chi, Méx*: *nevera*) refrigerator, (*GB*) fridge.
hielo /'jelo/ *sm* ice ● **sugirió que nos presentáramos todos para romper el hielo** she suggested that we should all introduce ourselves to break the ice.
hiena /'jena/ *sf* **1.** (*Zool*) hyena. **2.** (*persona cruel*) callous person, brute.
hierba /'jerβa/ *sf* **1.** (*Bot*) grass: **no pisar la hierba** keep off the grass ● **mala hierba nunca muere** the wicked seem to be indestructible. **2.** (*Culin*) herb: **no suelo usar hierbas cuando guiso** I don't normally use herbs in my cooking. **3.** (*!!*: *marihuana*) grass.
hierbabuena /jerβa'βwena/ *sf* mint.
hierbajo /jer'βaxo/ *sm* (*fam*) weed.
hiero /'jero/ *and other forms with* ***hier-*** ⇨herir
hierro /'jerro/ *sm* **1.** (*elemento metálico*) iron: **tiene que tomar alimentos con mucho hierro** she must eat food with plenty of iron ● **mi abuelo tiene una salud de hierro** my grandfather has an iron constitution ● **trató de quitarle hierro al asunto** she tried to play the matter down. **2.** (*para marcar ganado*) brand. **3.** (*en golf*) iron.
hierro colado *sm* cast iron.
hierro forjado *sm* wrought iron.
hierro fundido *sm* cast iron.

hiervo /'jerβo/ *and other forms with* ***hierv-*** ➪ hervir

hígado /'iɣaðo/ *sm* liver ● **¡vengo que echo los hígados con tanto peso!** I'm exhausted from carrying all this weight!

higiene /i'xjene/ *sf* hygiene.

higiene íntima *sf* personal hygiene.

higiénico, -ca /i'xjeniko -ka/ *adj* hygienic.

higienista /ixje'nista/ *sm/f* hygienist.

higo /'iɣo/ *sm* fig ● **nos vemos de higos a brevas** we see each other once in a blue moon ● **este cuaderno está hecho un higo** this note book is in a real state.

higo chumbo *sm* prickly pear.

higuera /i'ɣera/ *sf* fig tree ● **¡escucha, que estás siempre en la higuera!** pay attention! you're always daydreaming!

hija /'ixa/ *sf* **1.** (*gen*) daughter: **soy hija única** I'm an only child. **2.** (*fam*: *apelativo*): **hija, tampoco es para ponerse así** come on, there's no need to be like that. **3.** (*consecuencia*) result: **la osadía es a veces hija de la ignorancia** boldness is often the result of ignorance.

hija adoptiva *sf* adopted daughter.

hija de papá *sf* (little) rich girl.

hija natural *sf* illegitimate daughter.

hija política *sf* daughter-in-law.

hijastra /i'xastra/ *sf* stepdaughter.

hijastro /i'xastro/ **I** *sm* (*chico*) stepson.
II hijastros *sm pl* (*gen*) stepchildren *pl*.

hijo /'ixo/ *sm* **1.** (*gen*) child (*pl* children); (*hombre*) son: **soy hijo único** I am an only child; **no tienen hijos** they have no children ● **tienes que hacerlo, como todo hijo de vecino** you've got to do it, just like every one else. **2.** (*fam*: *apelativo*): **¡mira, hijo, haz lo que quieras!** look, do as you please! **3.** (*consecuencia*) result.

hijo adoptivo *sm* (*gen*) adopted child; (*hombre*) adopted son.

hijo de papá *sm* (*gen*) rich kid; (*chico*) (little) rich boy: **ese colegio está lleno de hijos de papá** that school is full of rich brats.

hijo natural *sm* (*gen*) illegitimate child; (*hombre*) illegitimate son.

hijo político *sm* son-in-law.

hijo pródigo *sm* prodigal son.

hilachos /i'latʃos/ *sm pl* (*Méx*) rags *pl*.

hilado, -da /i'laðo -ða/ **I** *adj* spun.
II hilado *sm* spinning.

hilandero, -ra /ilan'dero -ra/ *sm/f* spinner.

hilar /i'lar/ [➪ CANTAR] *vt* (*en costura*) to spin ● **apenas sabe hilar dos frases** he can hardly string two sentences together.
♦ *vi* ● **eso es hilar muy fino** that's splitting hairs.

hilarante /ila'rante/ *adj* hilarious.

hilaridad /ilari'ðað/ *sf* hilarity.

hilera /i'lera/ *sf* **1.** (*de casas*) row: **viven en esa hilera de casas** they live in that row of houses. **2.** (*de personas, árboles*) line.

hilo /'ilo/ *sm* **1.** (*para coser*) thread ● **su vida pende de un hilo** his life is hanging by a thread. **2.** (*alambre*) wire. **3.** (*pequeña cantidad*) trickle: **apenas salía un hilo de agua** scarcely more than a trickle of water was coming out; **dijo algo en un hilo de voz** she said something in a tiny voice. **4.** (*curso, desarrollo*) thread: **perdí el hilo de la conversación** I lost the thread of the conversation; **he perdido el hilo de lo que estaba diciendo** I've lost my train of thought.

hilo musical *sm* piped music.

hilván /il'βan/ *sm* (*costura*) basting, (*GB*) tacking; (*hilo*) basting thread, (*GB*) tacking thread.

hilvanar /ilβa'nar/ [➪ CANTAR] *vt* **1.** (*en costura*) to baste, (*GB*) to tack. **2.** (*un discurso*) to put together; (*un proyecto*) to draw up.

Himalaya /ima'laja/ *sm*: **el Himalaya** the Himalayas *pl*.

himen /'imen/ *sm* hymen.

himno /'imno/ *sm* **1.** (*gen*) hymn. **2.** (*also* **himno nacional**) (*de un país*) national anthem.

hincapié /iŋka'pje/ *sm*: **hizo hincapié en que lo quería terminado para el domingo** she stressed * was emphatic that she wanted it finished by Sunday.

hincar /iŋ'kar/ [➪ sacar] *vt* to drive: **hincó las estacas** *en* **el suelo** he drove the stakes into the ground ● **se hincaron de rodillas y oraron** they knelt down and prayed.

hincha /'intʃa/ **I** *sm/f* fan, supporter.
II *sf* (*fam*) dislike.

hinchada /in'tʃaða/ *sf* fans *pl*, supporters *pl*.

hinchado, -da /in'tʃaðo -ða/ *adj* **1.** (*inflamado*) swollen: **tenía la cara muy hinchada** his face was very swollen. **2.** (*lleno*) bloated, full: **no quiero más, estoy hinchada** I don't want any more, I'm full. **3.** (*estilo, lenguaje*) pompous.

hinchar /in'tʃar/ [➪ CANTAR] *vt* **1.** (*inflar*) to inflate, to blow up. **2.** (*exagerar*) to blow up, to exaggerate: **los periodistas hincharon la importancia de los sucesos** the press exaggerated the importance of the events.

hincharse *v prnl* **1.** (*inflamarse*) to swell up: **le picó una avispa y se le hinchó la muñeca** a wasp stung him and his wrist swelled up. **2.** (*fam*: *comer demasiado*) to stuff oneself, to overeat.

hinchazón /intʃa'θon/ *sf* swelling.

hindú /in'du/ *adj, sm/f* Hindu.

hinduismo /indu'izmo/ *sm* Hinduism.

hinojo /i'noxo/ **I** *sm* (*Bot*) fennel.
II de hinojos *loc adv* (*frml*): **cayó de hinojos delante del rey** he fell down on his knees in front of the king.

hipar /i'par/ [➪ CANTAR] *vi* to hiccup, to have hiccups.

hipérbaton /i'perβaton/ *sm* hyperbaton.

hipérbola /i'perβola/ *sf* hyperbola.

hipérbole /i'perβole/ *sf* hyperbole.

hiperbólico, -ca /iper'βoliko -ka/ *adj* hyperbolic.

hipermercado /ipermer'kaðo/ *sm* large supermarket (*usually on the outskirts of a town*), (*GB*) hypermarket, superstore.

hipermétrope /iper'metrope/ **I** *adj* long-sighted, far-sighted.
II *sm/f* long-sighted person, far-sighted person.

hipermetropía /ipermetro'pia/ *sf* long-sightedness, far-sightedness.

hipersensible /ipersen'siβle/ *adj* hypersensitive.

hipertensión /iperten'sjon/ *sf* hypertension, high blood pressure.

hípica /'ipika/ *sf* (*salto de obstáculos*) show jumping; (*carreras*) horse racing.

hípico, -ca /'ipiko -ka/ *adj* (*de salto de obstáculos*) (of) show jumping; (*de carreras*) (of) horse racing.

hipnosis /ip'nosis/ *sf inv* hypnosis.

hipnotismo /ipno'tizmo/ *sm* hypnotism.

hipnotizado, -da /ipnoti'θaðo -ða/ *adj* hypnotized: **está hipnotizado** he's been hypnotized.

hipnotizador, -dora /ipnotiθa'ðor -'ðora/ **I** *adj* hypnotic.

II *sm/f* hypnotist.
hipnotizar /ipnoti'θar/ [➪ cazar] *vt* to hypnotize.
hipo /'ipo/ *sm* hiccup: **tiene hipo** he's got hiccups • **se ha comprado un coche que quita el hipo** she's bought herself a car that really takes your breath away.
hipocampo /ipo'kampo/ *sm* sea horse.
hipocondría /ipokon'dria/ *sf* hypochondria.
hipocondriaco, -ca /ipokon'drjako -ka/, **hipocondríaco, -ca** /ipokon'driako -ka/ *adj, sm/f* hypochondriac.
hipocresía /ipokre'sia/ *sf* hypocrisy.
hipócrita /i'pokrita/ I *adj* hypocritical.
II *sm/f* hypocrite.
hipodérmico, -ca /ipo'ðermiko -ka/ *adj* hypodermic.
hipódromo /i'poðromo/ *sm* racecourse, (*US*) racetrack.
hipopótamo /ipo'potamo/ *sm* hippopotamus.
hipoteca /ipo'teka/ *sf* mortgage.
hipotecar /ipote'kar/ [➪ sacar] *vt* **1.** (*Fin*) to mortgage. **2.** (*arriesgar*) to jeopardize: **no quiero hipotecar mi futuro** I don't want to put my future in jeopardy.
hipotensión /ipoten'sjon/ *sf* hypotension, low blood pressure.
hipotenusa /ipote'nusa/ *sf* hypotenuse.
hipotermia /ipo'termja/ *sf* hypothermia.
hipótesis /i'potesis/ *sf inv* hypothesis, theory.
hipotético, -ca /ipo'tetiko -ka/ *adj* hypothetical.
hippie, hippy /'xipi/ *adj, sm/f* [**hippies** /'xipis/] hippie.
hiriente /i'rjente/ *adj* (*comentario*) wounding.
hirsuto, -ta /ir'suto -ta/ *adj* (*frml: pelo*) bristly.
hisopo /i'sopo/ *sm* (*Relig*) aspersorium.
hispalense /ispa'lense/ *adj, sm/f* ➪ sevillano
hispánico, -ca /is'paniko -ka/ *adj* Hispanic.
hispanidad /ispani'ðað/ *sf* **1.** (*carácter*) Spanishness. **2. la hispanidad** (*comunidad de habla española*) the Hispanic world.
hispanismo /ispa'nizmo/ *sm* **1.** (*estudio cultural*) Hispanic studies *pl*. **2.** (*Ling*) Spanish term, Hispanicism.
hispanizar /ispani'θar/ [➪ cazar] *vt* to hispanize.
hispano, -na /is'pano -na/ I *adj* Hispanic (*of Spain and Spanish-speaking America*).
II *sm/f* **1.** (*latinoamericano*) Spanish American. **2.** (*latinoamericano que vive en EE. UU.*) Hispanic.
hispanoamericano, -na /ispanoameri'kano -na/ *adj, sm/f* Spanish American.
hispanoárabe /ispano'araβe/ *adj* Hispano-Arabic.
hispanófilo, -la /ispa'nofilo -la/ *adj, sm/f* Hispanophile.
hispanohablante /ispanoa'βlante/ I *adj* Spanish-speaking.
II *sm/f* Spanish speaker.
histamina /ista'mina/ *sf* histamine.
histerectomía /isterekto'mia/ *sf* hysterectomy.
histeria /is'terja/ *sf* hysteria.
histérico, -ca /is'teriko -ka/ I *adj* hysterical: **¡me pone histérico!** he drives me crazy!
II *sm/f* hysterical person.
histología /istolo'xia/ *sf* histology.
historia /is'torja/ *sf* **1.** (*ciencia histórica*) history: **mis conocimientos de historia son nulos** my knowledge of history is nil; **su descubrimiento hizo historia** her discovery made history • **pasó a la historia como el mejor atleta español** he went down in history as the greatest Spanish athlete • **los trenes de vapor han pasado a la historia** steam trains have passed into history. **2.** (*narración*) story, tale • **¡déjate de historias!** stop beating about the bush! **3.** (*fam: excusa*) tale, excuse: **no me vengas con historias** I don't want to hear any excuses.
historia natural *sf* natural history.
historia universal *sf* world history.
historiador, -dora /istorja'ðor -'ðora/ *sm/f* historian.
historial /isto'rjal/ *sm* **1.** (*currículum*) (*GB*) curriculum vitae, (*US*) résumé. **2.** (*de un paciente*) medical record.
histórico, -ca /is'toriko -ka/ *adj* **1.** (*Hist*) historical. **2.** (*auténtico*) true: **está basado en hechos históricos** it is based on fact ✱ on the truth. **3.** (*trascendente*) historic, memorable: **fue un momento histórico** it was an historic moment.
historieta /isto'rjeta/ *sf* cartoon (*in print*).
histrión /is'trjon/ *sm* **1.** (*actor*) actor. **2.** (*bufón*) clown.
histriónico, -ca /istri'oniko -ka/ *adj* histrionic.
histrionismo /istrjo'nismo/ *sm* histrionics *pl*, dramatics *pl*.
hito /'ito/ *sm* **1.** (*poste*) boundary post ✱ stone • **me miró de hito en hito** he stared at me wide-eyed. **2.** (*suceso importante*) milestone, landmark: **ese viaje marcó un hito en la historia de los viajes espaciales** that voyage was a milestone in the history of space travel.
hizo /'iθo/ *third person singular of the preterite tense of* ➪ hacer
Hnos., hnos. *pronounced* /er'manos/ (*abbreviation of* **hermanos**) Bros. (brothers).
hobby /'xobi/ *sm* [**hobbies** /'xobis/] hobby.
hocico /o'θiko/ *sm* **1.** (*de un perro, un gato*) muzzle; (*de un cerdo*) snout. **2.** (*de una persona*): • **estuvo de hocicos todo el día** he was in a bad mood the whole day • **le gusta meter el hocico en todo** he likes sticking his nose into everything.
hockey /'xokei/ *sm* (*Dep*) hockey.
hockey sobre hielo *sm* ice hockey.
hockey sobre hierba *sm* (*GB*) hockey, (*US*) field hockey.
hockey sobre patines *sm* roller hockey.
hogar /o'ɣar/ *sm* **1.** (*de fuego*) hearth. **2.** (*sitio*) home: **todos los artículos para el hogar están rebajados** all household goods are on special offer. **3.** (*familia*) family: **decidió casarse y fundar un hogar** he decided to get married and start a family. **4.** (*asignatura*) home economics [lleva el verbo en singular].
hogareño, -ña /oɣa'reɲo -ɲa/ *adj* **1.** (*relativo al hogar*) home: **nos gusta hacer vida hogareña** we like the home life. **2.** (*amante del hogar*) home-loving: **mi marido es muy hogareño** my husband is a very home-loving man.
hogaza /o'ɣaθa/ *sf* (large) circular loaf of bread.
hoguera /o'ɣera/ *sf* bonfire.
hoja /'oxa/ *sf* **1.** (*de una planta*) leaf: **una planta de hoja caduca/perenne** a deciduous/an evergreen plant; (*de una flor*) petal • **en su ausencia lo pusieron como hoja de perejil** in his absence they said all sorts of things about him. **2.** (*de papel*) sheet, page: **una hoja en blanco** a blank sheet of paper; **pasen la hoja, por favor** turn to the next page, please. **3.** (*lámina*) sheet. **4.** (*de un cuchillo, una pala*) blade. **5.** (*de una mesa*) leaf; (*de una ventana*) *one window of a pair of double windows*: **una puerta de dos hojas separaba las dos habitaciones** a double door separated the two rooms.
hoja de afeitar *sf* razor blade.
hoja de cálculo *sf* spreadsheet.

hoja de reclamaciones *sf* complaints book: **existe hoja de reclamaciones a disposición de los clientes** a complaints book is available for customers' use.
hoja de ruta *sf* waybill.
hoja de servicios *sf* service record.
hoja informativa *sf* newsletter.
hoja suelta *sf* loose sheet of paper.

hojalata /oxa'lata/ *sf* tin plate.

hojaldre /o'xaldre/ *sm* puff pastry.

hojarasca /oxa'raska/ *sf* (*conjunto de hojas secas*) dead leaves *pl*; (*frondosidad*) foliage.

hojear /oxe'ar/ [➪CANTAR] *vt* to browse * leaf through: **estuve hojeando una revista mientras lo esperaba** I was leafing through a magazine while I was waiting for him.
♦ *vi* (*Amér L*: *Bot*) to shed leaves.

hola /'ola/ *excl* (*al saludar*) hello; (*Amér S*: *al contestar el teléfono*) hello?

Holanda /o'landa/ *sf* Holland.

holandés, -desa /olan'des -'desa/ **I** *adj* Dutch.
II holandés *sm* **1.** (*hombre*) Dutchman: **el Holandés Errante** the Flying Dutchman. **2.** (*idioma*) Dutch.
III los holandeses *sm pl* the Dutch *pl*.

holandesa /olan'desa/ *sf* **1.** (*mujer*) Dutchwoman. **2.** (*hoja*) sheet of paper (*slightly smaller than A4*).

holgado, -da /ol'ɣaðo -ða/ *adj* **1.** (*prenda de vestir*) loose, loose-fitting: **llevaba una blusa holgada** she was wearing a loose-fitting blouse. **2.** (*de espacio*) spacious. **3.** (*de tiempo*): **lo siento, pero hoy no voy muy holgado de tiempo** I'm sorry but I'm rather pressed for time today. **4.** (*de dinero*) comfortably off: **su situación económica es muy holgada** financially, they're comfortably off; **desde que le han subido el sueldo su situación es más holgada** they are better off since his salary was increased.

holgar /ol'ɣar/ [➪colgar] *vi* **1.** (*reposar*) to rest. **2.** (*sobrar*) to be superfluous: **huelga decir que un error así sería imperdonable** it goes without saying that a mistake like that would be unforgivable.

holgazán, -zana /olɣa'θan -'θana/ **I** *adj* lazy.
II *sm/f* idler, loafer.

holgazanear /olɣaθane'ar/ [➪CANTAR] *vi* to laze around: **se pasa el día holgazaneando** he lazes around all day.

holgura /ol'ɣura/ *sf* **1.** (*de una prenda de vestir*) looseness. **2.** (*amplitud*) room (to spare): **cabe** *con* **holgura** there is plenty of room for it; **ganaron** *con* **holgura** they won comfortably. **3.** (*desahogo económico*): **viven** *con* **holgura** they live in comfort.

hollar /o'ʎar/ [➪CANTAR] *vt* to set foot on: **Armstrong fue la primera persona en hollar el suelo lunar** Armstrong was the first person to set foot on the moon.

hollín /o'ʎin/ *sm* soot.

holocausto /olo'kausto/ *sm* holocaust.
holocausto nuclear *sm* nuclear holocaust.

holograma /olo'ɣrama/ *sm* hologram.

hombrada /om'braða/ *sf* (*fam*) manly * valiant deed: **hicieron la hombrada de ganar en campo contrario** they pulled off the feat of winning away from home.

hombre /'ombre/ **I** *sm* **1.** (*especie humana*) man, mankind: **el hombre ya ha llegado a la luna** man * mankind has already reached the moon. **2.** (*individuo de sexo masculino*) man (*pl* men): **sólo venden ropa de hombres** they only sell men's clothing; **pórtate como un hombre** act like a man; **deja que te hable de hombre a hombre** let me talk to you man to man; **tu hijo está hecho todo un hombre** your son is quite grown-up now; **pobre hombre, lo que ha tenido que pasar** poor man, what he's had to go through • **¡hombre al agua!** man overboard! • **el pueblo entero protestó como un solo hombre** the whole village protested as one (man) • **hombre precavido vale por dos** forewarned is forearmed. **3.** (*fam*: *esposo*) husband.
II *excl* **1.** (*para expresar sorpresa*): **¡hombre, qué alegría verte!** well, how nice to see you! **2.** (*para expresar rechazo*): **pero, hombre, ¿no te dije que no lo tocaras?** didn't I tell you not to touch it?; **¡anda * vamos, hombre!** come on, pull the other one! **3.** (*para añadir énfasis*) [*used when addressing men or women*]: **¡que sí, hombre!** of course!; **¡hombre, claro!** no question about it!
hombre anuncio *sm* sandwich man.
hombre de la calle *sm* man in the street.
hombre de las cavernas *sm* caveman.
hombre de mundo *sm* man of the world.
hombre de negocios *sm* businessman.
hombre de paja *sm* front man.
hombre del saco *sm* (*fam*) bogeyman.
hombre lobo *sm* werewolf.
hombre orquesta *sm* one-man band.
hombre rana *sm* frogman.

hombrera /om'brera/ *sf* **1.** (*almohadilla*) shoulder pad. **2.** (*en un uniforme militar*) epaulet.

hombría /om'bria/ *sf* manliness.

hombro /'ombro/ *sm* (*Anat*) shoulder: **se puso la chaqueta** *al* **hombro** he put his jacket over his shoulder; **cuando le pregunté, se encogió de hombros** when I asked him, he shrugged his shoulders; **el torero salió** *a* **hombros de la plaza** the bullfighter was carried out (in triumph) on the shoulders of the crowd • **toda la responsabilidad recae sobre sus hombros** all the responsibility falls on his shoulders • **los otros miembros la miraban por encima del hombro** the other members looked down on her • **en esta empresa todo el mundo tiene que arrimar el hombro** in this company everyone has to work hard.

homenaje /ome'naxe/ *sm* **1.** (*Hist*) homage. **2.** (*demostración de respeto*) tribute: **en su discurso les rindió homenaje a los caídos por la Patria** in his speech he paid tribute to those who died for their country; (*acto público*): **el ayuntamiento organizó un acto de homenaje al premio Nobel** the local authority organized a ceremony in honour of the Nobel Prize winner.

homenajear /omenaxe'ar/ [➪CANTAR] *vt* to pay tribute to.

homeópata /ome'opata/ *sm/f* homeopath.

homeopatía /omeopa'tia/ *sf* (*Med*) homeopathy.

homicida /omi'θiða/ **I** *adj* murder: **todavía no se ha encontrado el arma homicida** the murder weapon has still not been found.
II *sm/f* (*hombre*) murderer; (*mujer*) murderess.

homicidio /omi'θiðjo/ *sm* homicide, manslaughter.

homilía /omi'lia/ *sf* (*Relig*) homily.

homófono, -na /o'mofono -na/ **I** *adj* homophonous.
II homófono *sm* homophone.

homogeneidad /omoxenei'ðað/ *sf* homogeneity.

homogeneizar /omoxenei'θar/ [➪cazar] *vt* (*gen*) to homogenize; (*una norma, una ley*) to make consistent: **su objetivo es homogeneizar la legislación en**

materia de alimentos their aim is to remove inconsistencies in the laws relating to food.

homogéneo, -nea /omo'xeneo -nea/ *adj* homogeneous: **forman un grupo muy homogéneo** they are a group with very uniform views; **la pintura de la pared ha quedado bastante homogénea** the painting has given the wall a very even finish.

homógrafo /o'moɣrafo/ *sm* homograph.

homologación /omoloɣa'θjon/ *sf* **1.** (*de salarios*) parity: **pidieron la homologación de salarios** *entre* **hombres y mujeres** they asked for parity of pay between men and women. **2.** (*Dep*: *de una marca*) (official) recognition: **hacía demasiado viento y no fue posible la homologación de su salto** there was too much wind for it to be possible to recognize his jump officially. **3.** (*Jur*: *de una titulación*) validation.

homologado, -da /omolo'ɣaðo -ða/ *adj* (officially) recognized: **asiste a un centro de estudios homologado** she goes to a government-recognized school; **estos libros de texto están homologados por el ministerio de Educación** these textbooks have been approved by the Ministry of Education.

homologar /omolo'ɣar/ [➪ pagar] *vt* **1.** (*normas, reglamentos*) to standardize: **decidieron homologar el ancho de vía** *con* **el de Europa** they decided to adopt the European standard gauge on the railways. **2.** (*Dep*) to recognize officially. **3.** (*declarar válido*) to validate: **el Ministerio de Educación homologó el título que obtuvo en el extranjero** the Ministry of Education validated the degree she obtained abroad.

homólogo, -ga /o'moloɣo -ɣa/ **I** *adj* equivalent.
II *sm/f* counterpart, opposite number: **el ministro español mantuvo una reunión con su homólogo francés** the Spanish minister held a meeting with his French counterpart.

homónimo /o'monimo/ *sm* homonym.

homosexual /omosek'swal/ *adj, sm/f* homosexual.

homosexualidad /omosekswali'ðað/ *sf* homosexuality.

honda /'onda/ *sf* (*gen*) sling, (*Amér S*: *de niños*) (*GB*) catapult, (*US*) slingshot.

hondo, -da /'ondo -da/ **I** *adj* **1.** (*pozo, río, etc.*) deep: **el río es muy hondo en la parte del centro** the river is very deep in the middle. **2.** (*tristeza, agradecimiento, etc.*) profound, deep: **sintió una pena muy honda cuando se fueron** he was very sad when they left.
II hondo *sm* bottom: **lo encontramos en lo hondo del baúl** we found it at the bottom of the trunk.

hondonada /ondo'naða/ *sf* hollow.

hondura /on'dura/ *sf* depth • **por el momento, no quiero meterme en honduras** I don't want to go into details for the time being • **no tiene la suficiente preparación para meterse en honduras** he hasn't had enough training to tackle the difficult aspects.

Honduras /on'duras/ *sm* Honduras.

hondureño, -ña /ondu'reɲo -ɲa/ *adj, sm/f* Honduran.

honestidad /onesti'ðað/ *sf* **1.** (*integridad*) honesty. **2.** (*decencia*) modesty.

honesto, -ta /o'nesto -ta/ *adj* **1.** (*íntegro*) honest: **es un político honesto** he's an honest politician. **2.** (*decente*) modest.

hongo /'oŋgo/ **I** *sm* (*Bot*: *gen*) fungus; (*: comestible*) mushroom.
II hongos *sm pl* (*Med*) athlete's foot.

honor /o'nor/ **I** *sm* (*GB*) honour, (*US*) honor: **te doy mi palabra de honor** I give you my word of honour; **será un honor para mí acompañarlo** it will be an honour for me to go with you; **su esfuerzo le proporcionó más honor que dinero** her efforts brought her more fame than money • **hizo honor a su reputación** he lived up to his reputation • **en honor a la verdad, hay que reconocer que se merecieron ganar** to be fair, they deserved to win.
II honores *sm pl* (*GB*) honours *pl*, (*US*) honors *pl*: **se le rindieron honores de jefe de estado** he was given the honours due to a head of state • **Luis/Carmen hizo los honores de la casa** Luis acted as host/Carmen acted as hostess • **los invitados le hicieron los honores a la cena** the guests did justice to the meal.

honorable /ono'raβle/ *adj* (*GB*) honourable, (*US*) honorable.

honorario, -ria /ono'rarjo -rja/ **I** *adj* honorary.
II honorarios *sm pl* fees *pl*.

honorífico, -ca /ono'rifiko -ka/ *adj* honorary: **ocupa un cargo honorífico** he has an honorary position.

honra /'onra/ *sf* **1.** (*reputación*) good name, (*GB*) honour, (*US*) honor: **nuestra honra está en juego** our honour is at stake; **ni siquiera pudieron meter un gol para salvar la honra** they were not even capable of scoring a face-saving goal. **2.** (*motivo de orgullo*): **le cupo la honra de ser el primer presidente de la asociación** he had the honour of being the first president of the club • **soy gallego, a mucha honra** I'm from Galicia, and proud of it.
honras fúnebres *sf pl* funeral.

honradez /onra'ðeθ/ *sf* honesty.

honrado, -da /on'raðo -ða/ *adj* **1.** (*íntegro*) honest. **2.** (*halagado*) (*GB*) honoured, (*US*) honored: **me siento muy honrado de haber recibido el premio** I feel very honoured to have received the award.

honrar /on'rar/ [➪ CANTAR] *vt* **1.** (*mostrar respeto a*) to value, (*GB*) to honour, (*US*) to honor: **es una cultura en la que se honra mucho a los ancianos** it's a culture which values the old very highly. **2.** (*ennoblecer*) to be a credit to: **ese comportamiento lo honra** his behaviour is a credit to him • **espero que nos honres con tu presencia** I hope you will honour us with your company.
honrarse *v prnl* to be honoured: **me honro** *de* **que me cuente entre sus amigos** I feel honoured to be counted as one of his friends.

honrilla /on'riʎa/ *sf* (*frml*) pride.

hora /'ora/ *sf* **1.** (*unidad de tiempo*) hour: **me llevó seis horas** it took me six hours; (*momento del día*) time: **¿qué hora es?** what time is it?; **¿*a* qué hora sale el tren?** what time does the train leave?; **es hora de dormir** it's time to go to bed; **hay alguien de guardia** *a* **todas horas** there's someone on duty all the time; **se apuntó** *a* **última hora** he put his name down at the last minute • **éstas no son horas de llegar** this is a fine time to arrive • **llegaron a altas horas de la madrugada** they arrived in the early hours of the morning • **no es bueno comer entre horas** it isn't good to eat between meals • **pasa las horas muertas viendo la tele** he spends his spare time watching television • **tiene que hacer horas, porque de lo contrario no le llegaría para vivir** he has to work overtime, because otherwise he would not be able to make ends meet • **no veo la hora de irme a vivir a otro sitio** I can't wait to go and live somewhere else • **en mala hora decidí hacerle caso** it was a bad day when I decided to follow his advice • **a la hora de la verdad, cambió de parecer** when it came to it, he changed his mind • **ya va siendo hora de que se**

independice it's about time he became independent • **¡a buenas horas (mangas verdes)!** it's about time! **2.** (*cita*) appointment: **me dieron hora** *para* **el martes** I was given an appointment for Tuesday.

hora de comer *sf* **1.** (*al mediodía*) lunch time. **2.** (*Amér L: por la tarde*) dinner time.

hora peninsular *sf*: *standard time in peninsular Spain.*

hora pico *sf* [*pl* **horas pico**] (*Amér L*) rush hour.

hora punta *sf* [*pl* **horas punta**] rush hour.

horas de oficina *sf pl* business hours *pl.*

horas extra, horas extraordinarias *sf pl* overtime.

horadar /ora'ðar/ [➪ CANTAR] *vt* to bore a hole in.

horario, -ria /o'rarjo -rja/ **I** *adj* time: **aún no me he acostumbrado a la diferencia horaria** I'm not used to the time difference yet.

II horario *sm* timetable, (*US*) schedule: **el horario de trabajo es de nueve a cinco** working hours are from nine to five; **este año hago horario de tarde** this year I'm on the evening shift.

horca /'orka/ *sf* **1.** (*para ahorcar*) gallows *n inv.* **2.** (*Agr*) pitchfork.

horcajadas /orka'xaðas/ **a horcajadas** *loc adv* astride: **se sentó a horcajadas en el brazo del sillón** he sat down astride the arm of the armchair.

horchata /or'tʃata/ *sf* (*also* **horchata de chufa**) *cold white drink made from tiger nuts.*

horchatería /ortʃate'ria/ *sf*: *establishment selling* ➪ horchata

horda /'orða/ *sf* (*gen*) horde; (*de delincuentes*) gang.

horizontal /oriθon'tal/ *adj, sf* horizontal.

horizonte /ori'θonte/ *sm* horizon: **el contenido de sus artículos muestra su amplitud de horizontes** the content of his articles shows the breadth of his outlook; **es hora de que ampliemos el horizonte de nuestras exportaciones** it's time that we expanded our export market.

horma /'orma/ *sf* (*gen*) (*GB*) mould, (*US*) mold; (*de zapato*) shoe tree • **en el nuevo jefe Juan ha encontrado ✱ hallado la horma de su zapato** Juan has met his match in the new boss.

hormiga /or'miɣa/ *sf* **1.** (*Zool*) ant. **2.** (*fam*: *persona ahorradora*) saver.

hormigón /ormi'ɣon/ *sm* concrete.

hormigón armado *sm* reinforced concrete.

hormigonera /ormiɣo'nera/ *sf* concrete mixer.

hormigueo /ormi'ɣeo/ *sm* **1.** (*cosquilleo*) pins and needles. **2.** (*nerviosismo*) nervousness: **sintió un hormigueo en el estómago** he felt butterflies in his stomach.

hormiguero /ormi'ɣero/ *sm* **1.** (*Zool*) anthill. **2.** (*fam*: *lugar concurrido*) hive of activity: **el centro comercial era un hormiguero** the commercial centre was a hive of activity.

hormiguita /ormi'ɣita/ *sf* (*persona ahorradora*) saver: **pudieron comprarse la casa porque Miguel es una hormiguita** they were able to buy the house because Miguel is a tremendous saver.

hormona /or'mona/ *sf* hormone.

hormonal /ormo'nal/ *adj* hormonal.

hornacina /orna'θina/ *sf* (*Arquit*) niche.

hornada /or'naða/ *sf* **1.** (*en el horno*) batch. **2.** (*promoción*) batch, crop: **es de la última hornada de licenciados en Derecho** she is one of the latest crop of law graduates.

hornear /orne'ar/ [➪ CANTAR] *vt* (*Arg, Par, Urug*) to bake.

hornillo /or'niʎo/ *sm* **1.** (*gen*) small furnace. **2.** (*de cocina*) (portable) cooker.

hornillo eléctrico *sm* electric ring.

horno /'orno/ *sm* **1.** (*de una cocina*) oven: **preparó un besugo** *al* **horno que estaba riquísimo** he prepared a delicious baked bream • **no está el horno para bollos** this is not a good time. **2.** (*para metales*) furnace; (*para ladrillos, porcelana*) kiln • **en verano mi casa es un horno** in summer my house is like an oven. **3.** (*panadería*) bakery.

horno crematorio *sm* (*GB*) crematorium, (*US*) crematory.

horno microondas *sm* microwave oven.

horóscopo /o'roskopo/ *sm* horoscope.

horquilla /or'kiʎa/ *sf* **1.** (*de pelo*) hairpin. **2.** (*de una bicicleta*) fork. **3.** (*de un teléfono*) cradle. **4.** (*Agr*) pitchfork.

horrendo, -da /o'rrendo -da/ *adj* **1.** (*horripilante*) horrific: **fue un crimen horrendo** it was a horrific crime. **2.** (*feo, malo, etc.*) terrible, dreadful: **fuimos a ver una película horrenda** we went to see a dreadful film.

horrible /o'rriβle/ *adj* **1.** (*horripilante*) horrific: **el incendio fue una horrible tragedia** the fire was a horrific tragedy. **2.** (*malo, feo*) horrible, dreadful: **hizo un tiempo horrible** the weather was dreadful. **3.** (*intenso*) tremendous: **hizo un calor horrible** it was tremendously hot; **tengo unas ganas horribles de verte** I desperately want to see you.

horripilante /orripi'lante/ *adj* hair-raising, horrifying.

horripilar /orripi'lar/ [➪ CANTAR] *vt* to terrify: **me horripila pensar en qué sucedería si los descubrieran** I shudder to think what would happen if they were found out.

horror /o'rror/ **I** *sm* **1.** (*pavor*) horror: **dio un grito de horror** he let out a cry of horror; **da horror pensar en la cantidad de gente que se muere de hambre** it's horrifying to think of the number of people who are dying of hunger • **¡qué horror!** how awful ✱ dreadful! **2.** (*fam*: *aborrecimiento*) horror: **le tengo horror** *a* **la música moderna** I have a horror of ✱ I hate modern music. **3.** (*cosa fea*): **este cuadro es un horror** this painting is atrocious ✱ frightful. **4.** (*fam*: *enormidad*): **costó un horror convencerlo** he took no end of convincing.

II horrores *sm pl*: **contó horrores de su empresa** she told dreadful stories about the company she works for • **me gusta horrores el helado** I'm mad about ice cream.

horroroso, -sa /orro'roso -sa/ *adj* **1.** (*aterrador*) horrifying: **mostraron unas imágenes horrorosas del atentado** horrifying pictures were shown of the assassination. **2.** (*fam*: *muy feo*) hideous, frightful: **se compró una falda horrorosa** she bought herself a hideous ✱ frightful skirt. **3.** (*fam*: *muy malo*) appalling, dreadful: **el viaje de vuelta fue horroroso** the return trip was a nightmare. **4.** (*fam*: *muy grande*) very great: **tengo unas ganas horrorosas de...** I have a tremendous desire to....

hortaliza /horta'liθa/ *sf* vegetable.

hortelano, -na /orte'lano -na/ **I** *adj* vegetable growing. **II** *sm/f* vegetable grower.

hortensia /or'tensja/ *sf* (*Bot*) hydrangea.

hortera /or'tera/ **I** *adj* common, tacky: **son muy horteras** they have very common tastes.

II *sm/f*: **mi hermano es un hortera** my brother has no taste (whatsoever).

horticultor, -tora /ortikul'tor -'tora/ *sm/f* horticulturist.

horticultura /ortikul'tura/ *sf* (*Bot*) horticulture.

hortofrutícola /ortofru'tikola/ *adj* fruit and vegetable: **una empresa hortofrutícola** a fruit-and-vegetable-growing company.

hosco, -ca /'osko -ka/ *adj* (*persona*) sullen.

hospedaje /ospe'ðaxe/ *sm* **1.** (*alojamiento*) accommodation, (*US*) accommodations *pl*: **no encontré hospedaje para la noche** I couldn't find anywhere to stay for the night; **nos ofrecieron hospedaje en su casa** they offered to put us up in their house. **2.** (*coste*) board and lodging *pl*: **el hospedaje no está incluido** board and lodging are not included.

hospedar /ospe'ðar/ [⇨ CANTAR] *vt* (*con pago*) to provide accommodation for; (*sin pago*) to put up.
hospedarse *v prnl* to stay: **se hospedaron** *en* **casa de unos amigos** they stayed with some friends; **se hospedaron** *en* **un hotel en el centro** they stayed in a hotel in the centre of town.

hospedería /ospeðe'ria/ *sf* inn.

hospicio /os'piθjo/ *sm* **1.** (*de niños*) orphanage, children's home. **2.** (*para viajeros*) hospice.

hospital /ospi'tal/ *sm* hospital.
hospital de sangre *sm* field hospital.

hospitalario, -ria /ospita'larjo -rja/ *adj* **1.** (*acogedor*) hospitable, welcoming: **la gente de esta zona es muy hospitalaria** people from this region are very hospitable. **2.** (*Med*) hospital: **después de la operación necesitó cuidados hospitalarios** after the operation he needed further hospital care.

hospitalidad /ospitali'ðað/ *sf* hospitality.

hospitalizar /ospitali'θar/ [⇨ cazar] *vt* to hospitalize: **la hospitalizaron urgentemente** she was rushed to hospital.

hosquedad /oske'ðað/ *sf* sullenness.

hostal /os'tal/ *sm* hotel (*with no star rating*).
hostal residencia *sm*: *type of guesthouse.*

hostelería /ostele'ria/ *sf* (*estudios*) hotel management; (*ramo industrial*) hotel industry.

hostia /'ostja/ **I** *sf* **1.** (*Relig*) Host. **2.** (*!!*: *golpe*) punch; (*: choque*) bump, bash.
II *excl* (*!!*) Jesus Christ.

hostigar /osti'ɣar/ [⇨ pagar] *vt* **1.** (*a animales*) to whip. **2.** (*a personas*) to pester: **su familia la hostigaba para que se pusiera a trabajar** her family was pestering her to find work. **3.** (*Mil*) to harass: **la aviación hostigó a las tropas enemigas** the air force harassed the enemy troops.

hostil /os'til/ *adj* hostile: **se mostraron muy hostiles** *con* **nosotros** they were very hostile to us.

hostilidad /ostili'ðað/ **I** *sf* hostility.
II hostilidades *sf pl* (*Mil*) hostilities *pl*.

hotel /o'tel/ *sm* **1.** (*para huéspedes*) hotel. **2.** (*casa*) detached house (*with garden*).

hotelero, -ra /ote'lero -ra/ **I** *adj* hotel: **la industria hotelera** the hotel industry.
II *sm/f* hotel manager.

hoy /oi/ *adv* **1.** (*este día*) today: *de* **hoy** *en* **adelante voy a estudiar más** as from today I'm going to study more; **por hoy ya es suficiente** that's enough for today. **2.** (*tiempo presente*) nowadays: **hoy** *(en)* **día es más fácil ir a la universidad** nowadays it's easier to go to university • **hoy por hoy el negocio marcha bastante bien** right now the company is doing quite well • **hoy por ti mañana por mí** if you scratch my back, I'll scratch yours.

hoyo /'ojo/ *sm* **1.** (*agujero*) hole: **cavaron un hoyo en el jardín** they dug a hole in the garden; **un campo de golf de dieciocho hoyos** an eighteen-hole golf course. **2.** (*tumba*) grave • **el muerto al hoyo y el vivo al bollo** let the dead be and the living get on with their lives.

hoyuelo /o'jwelo/ *sm* (*Anat*) dimple.

hoz /oθ/ *sf* [**hoces**] (*Agr*) sickle; (*Pol*): **la hoz y el martillo** the hammer and sickle.

HR *pronounced* /os'tal rresi'ðenθja/ (*abbreviation of* **hostal residencia**) *type of guesthouse.*

huachafo, -fa /wa'tʃafo -fa/ *adj* (*Perú*: *fam*) pretentious.

huacho, -cha /'watʃo -tʃa/ *adj, sm/f* (*Amér S*) ⇨ guacho

hube /'uβe/ *and other forms with* ***hub-*** ⇨ haber

hucha /'utʃa/ *sf* money box.

hueco, -ca /'weko -ka/ **I** *adj* **1.** (*vacío: lugar*) hollow: **la pared es hueca** the wall is hollow; (*: contenido, estilo*) empty: **son palabras huecas** they are empty words • **es un cabeza hueca** he's an empty-headed fool. **2.** (*esponjoso*) soft: **le gusta que la almohada quede un poco hueca** he likes a soft pillow. **3.** (*sin apretar*) loose: **esa blusa es para llevarla más bien hueca** that blouse looks better worn loose. **4.** (*vanidoso*) bigheaded: **se puso hueco con tanto elogio** all that praise went to his head. **5.** (*sonido*) hollow.
II hueco *sm* **1.** (*espacio vacío*) hole: **sonaba a hueco** it sounded hollow. **2.** (*sitio libre*) empty space: **me costó encontrar un hueco para aparcar el coche** I had trouble finding a parking space. **3.** (*tiempo libre*): **haz un hueco la semana que viene para venir a verme** make some time next week to come and see me; **tiene varios huecos en el horario** he has several gaps in his timetable.
hueco de escalera *sm* stairwell.
hueco del ascensor *sm* (*GB*) lift shaft, (*US*) elevator shaft.

huecograbado /wekoɣra'βaðo/ *sm* photogravure.

huelga /'welɣa/ **I** *and other forms with* ***huelg-*** ⇨ holgar
II *sf* (*Pol*) strike: **decidieron hacer huelga ∗ ir a la huelga** they decided to go (out) on strike; **se declararon** *en* **huelga** they went on strike; **están** *en* **huelga** they are on strike.
huelga de brazos caídos *sf* sit-down strike.
huelga de celo *sf* work-to-rule.
huelga de hambre *sf* hunger strike.
huelga general *sf* general strike.

huella /'weʎa/ *sf* **1.** (*de una persona*) footprint; (*de un animal, una rueda*) track. **2.** (*vestigio*) mark: **el accidente dejó una profunda huella en mi vida** the accident marked my life.
huella dactilar, huella digital *sf* fingerprint.

huelo /'welo/ *and other forms with* ***huel-*** ⇨ oler

huérfano, -na /'werfano -na/ **I** *adj* **1.** (*sin padres*) orphaned. **2.** (*privado*): **está huérfano** *de* **cariño** he's deprived of love.
II *sm/f* orphan.

huerta /'werta/ *sf* **1.** (*de legumbres y verduras*) fruit and vegetable garden; (*de árboles frutales*) orchard. **2.** (*Agr*: *tierra de regadío*) irrigated agricultural land: **la huerta murciana** the fruit-and-vegetable-growing area of Murcia.

huertano, -na /wer'tano -na/ **I** *adj* of ∗ from the agricultural areas of Eastern Spain.
II *sm/f* native ∗ inhabitant of the agricultural areas of Eastern Spain.

huerto /'werto/ *sm* (*de legumbres y verduras*) fruit and vegetable garden; (*de árboles frutales*) orchard • **se lo llevaron al huerto** they led him up the garden path.

huesillo /we'siʎo/ *sm* (*Chi*) dried peach.
hueso /'weso/ **I** *sm* **1.** (*Anat*) bone • **llegó a casa calada * empapada hasta los huesos** he arrived home soaked to the skin • **está * se ha quedado en los huesos** he's just skin and bones • **le voy a romper los huesos** I'm going to beat him up • **tengo los huesos molidos** I'm completely shattered • **dio con sus huesos en tierra** he went crashing to the ground • **se pasa el día dándole a la sin hueso** she spends the whole day talking. **2.** (*de frutas*) stone, (*US*) pit. **3.** (*fam: cosa difícil*) hard one • **el proyecto ha dado en hueso** the project has come up against a problem; (*: persona difícil*): **nuestro profesor de historia es un hueso** our history master is a hard man • **es un hueso duro de roer** he's a hard nut to crack.
II *adj inv* **1.** (*color*) off-white, cream: **llevaba una chaqueta de color hueso** she was wearing an off-white jacket. **2.** (*difícil*): **esta asignatura es muy hueso** this subject is really tough.
huésped /'wespeð/ **I** *sm/f* (*invitado*) guest; (*en un hotel, una pensión*) guest; (*en una casa de huéspedes, una residencia*) boarder, lodger.
II *sm* (*Biol*) host.
huestes /'westes/ *sfpl* **1.** (*Mil*) army. **2.** (*Pol*) supporters *pl.*
huesudo, -da /we'suðo -ða/ *adj* bony.
hueva /'weβa/ *sf* (*de peces*) roe *n inv.*
huevera /we'βera/ *sf* (*para servir huevos*) eggcup; (*para transportar huevos*) egg box.
huevería /weβe'ria/ *sf* egg shop.
huevo /'weβo/ *sm* **1.** (*gen*) egg: **preparé una tortilla de dos huevos** I made a two-egg omelette • **se parecen como un huevo a una castaña** they are like chalk and cheese • **vino pisando huevos** he arrived at snail's pace • **lo tienes a huevo** you're almost home and dry. **2.** (*!!: para enfatizar*): • **nos costó un huevo** it cost us an arm and a leg • **no tuvo huevos para hacerlo** he didn't have the guts to do it • **¡es que tiene huevos la cosa!** this is outrageous! • **lo tendrá que hacer por huevos** he'll have to do it, like it or not.
huevo al plato *sm* baked egg.
huevo de Colón *sm*: **el huevo de Colón** *something that is not as difficult as it first seemed.*
huevo de Pascua *sm* Easter egg.
huevo duro *sm* hard-boiled egg.
huevo escalfado *sm* poached egg.
huevo estrellado *sm* (*Méx*) fried egg.
huevo frito *sm* fried egg.
huevo pasado por agua *sm* soft-boiled egg.
huevo poché *sm* (*Arg, Urug*) poached egg.
huevos pericos *sm pl* (*Col*) scrambled eggs *pl.*
huevos revueltos *sm pl* scrambled eggs *pl.*
huevón, -vona /we'βon -βona/ (*Amér L: !!*) **I** *adj*: **¡qué huevón!** what a jerk!
II *sm/f* jerk.
huida /u'iða/ *sf* escape.
huidizo, -za /wi'ðiθo -θa/ *adj* **1.** (*tímido*) shy. **2.** (*receloso*) distrustful.
huido, -da /u'iðo -ða/ *adj* fugitive: **detuvieron al recluso huido** the escaped prisoner was arrested.
huincha /'wintʃa/ *sf* (*Bol, Chi, Perú*) **1.** (*cinta: gen*) ribbon; (*: de pelo*) hair band. **2.** (*cinta métrica*) tape measure.
huir /u'ir/ [⇨table: huir] *vi* **1.** (*fugarse*) to flee: **huyó** *del* **país** he fled (from) the country. **2.** (*rehuir*) to avoid: **huye** *de* **los pesados** she avoids bores.
♦*vt* to avoid: **me huye nada más verme** he tries to avoid me whenever he sees me.

huir

INDICATIVE

Present	Preterite
huyo	huí
huyes	huiste
huye	huyó
huimos	huimos
huís	huisteis
huyen	huyeron

SUBJUNCTIVE

Present	Imperfect
huya	huyera *or* huyese
huyas	huyeras *or* huyeses
huya	huyera *or* huyese
huyamos	huyéramos *or* huyésemos
huyáis	huyerais *or* huyeseis
huyan	huyeran *or* huyesen

IMPERATIVE

(tú) huye	(usted) huya
(vosotros) huid	(ustedes) huyan

PRESENT PARTICIPLE

huyendo

For the rest of the tenses ⇨ PARTIR (in appendix)

hule /'ule/ *sm* oilskin.
hule espuma *sm* (*Méx*) foam rubber.
hulla /'uʎa/ *sf* coal.
hullero, -ra /u'ʎero -ra/ *adj* (of) coal.
humanidad /umani'ðað/ **I** *sf* **1.** (*gen*) humanity: **trataron a los prisioneros con humanidad** the prisoners were treated humanely * with humanity; **fue muy importante para toda la humanidad** it was very important for the whole of mankind. **2.** (*fam: gordura*) bulk: **enfundó su humanidad en un mono de trabajo** he covered up his bulk with overalls.
II humanidades *sfpl* (*Educ*) humanities *pl.*
humanismo /uma'nizmo/ *sm* humanism.
humanista /uma'nista/ *adj, sm/f* humanist.
humanístico, -ca /uma'nistiko -ka/ *adj* humanist.
humanitario, -ria /umani'tarjo -rja/ *adj* humanitarian.
humanizar /umani'θar/ [⇨cazar] *vt* to make humane, to humanize.
humanizarse *v prnl* to become more humane: **las condiciones de trabajo se han ido humanizando** working conditions have become more humane.
humano, -na /u'mano -na/ **I** *adj* **1.** (*perteneciente al hombre*) human: **la especie humana** the human race • **es humano equivocarse** it's only human to make mistakes. **2.** (*bondadoso*) humane: **tiene un carácter muy humano** he's a very humane person.
II humano *sm* human being.
humareda /uma'reða/ *sf* cloud of smoke.
humeante /ume'ante/ *adj* (*de humo*) smoky; (*de vapor*) steamy.
humear /ume'ar/ [⇨CANTAR] *vi* (*desprender humo*) to smoke; (*desprender vapor*) to (give off) steam.
humedad /ume'ðað/ *sf* **1.** (*Meteo*) humidity: **hace mucha humedad** it's very humid; (*de un material*)

damp, dampness: **hay manchas de humedad en la pared** there are damp patches on the wall. **2.** (*gotas de vapor*) moisture.

humedad relativa del aire *sf* relative humidity.

humedecer /umeðe'θer/ [➪agradecer] *vt* to wet, to dampen: **humedeció los labios antes de contestar** he licked his lips before answering.

humedecerse *v prnl* to become wet ✱ damp ● **se le humedecieron los ojos** her eyes filled with tears.

húmedo, -da /'umeðo -ða/ *adj* **1.** (*suelo, césped, ropa, casa*) damp: **es un piso muy húmedo** it's a very damp flat; **todavía está un poco húmedo** it's still a bit damp; (*trapo*) moist, damp. **2.** (*clima*) humid: **Singapur es una isla muy húmeda** Singapore is a very humid island.

húmero /'umero/ *sm* humerus.

humidificador /umiðifika'ðor/ *sm* humidifier.

humildad /umil'dað/ *sf* humility.

humilde /u'milde/ *adj* **1.** (*de carácter*) humble: **es famoso, pero humilde** he's famous but quite unassuming. **2.** (*económicamente*) poor: **viven en un barrio muy humilde** they live in quite a poor area; **sus orígenes son humildes** he has humble origins.

humillación /umiʎa'θjon/ *sf* humiliation.

humillante /umi'ʎante/ *adj* humiliating.

humillar /umi'ʎar/ [➪CANTAR] *vt* to humiliate: **una jugadora de quince años la humilló** she suffered a humiliating defeat at the hands of a fifteen-year old player.

humillarse *v prnl* to lower oneself: **se humilló para conseguir el dinero** she lowered herself to obtain the money.

humo /'umo/ **I** *sm* (*gen*) smoke; (*gases*) fumes *pl*; (*vapor*) (*GB*) vapour, (*US*) vapor ● **su fortuna se convirtió en humo en cuestión de meses** his fortune went up in smoke in a matter of months ● **está que echa humo** he's in a foul mood.

II humos *sm pl*: **vaya humos que tiene tu tío** your uncle is really arrogant ● **habrá que hacer algo para que se le bajen los humos** something must be done to bring him down to earth ● **desde que es director se le han subido los humos** since he became manager he's become very bigheaded.

humor /u'mor/ *sm* **1.** (*estado de ánimo*) mood, temper: **estoy de buen/mal humor** I'm in a good/bad mood; **no estoy de humor para ir al cine** I'm not in the mood for going to the movies ● **está de un humor de perros** he's in a foul temper ● **le seguí el humor para evitar una pelea** I humoured him to avoid an argument. **2.** (*gracia*) (*GB*) humour, (*US*) humor: **esta noche dan una película de humor** there's a comedy on tonight; **no tiene sentido del humor** he has no sense of humour.

humor negro *sm* (*GB*) black humour, (*US*) black humor.

humorismo /umo'rizmo/ *sm* **1.** (*sentido del humor*) (*GB*) humour, (*US*) humor. **2.** (*género*) comedy: **es muy conocido en el mundo del humorismo** he's well known in the world of comedy.

humorista /umo'rista/ **I** *adj* humorous.

II *sm/f* (*actor*) comedian; (*escritor*) humorist.

humorista gráfico *sm/f* cartoonist.

humorístico, -ca /umo'ristiko -ka/ *adj* humorous: **la revista trae una página humorística** the magazine has a humour page.

humus /'umus/ *sm inv* humus.

hundido, -da /un'diðo -ða/ *adj* **1.** (*bajo el agua*) sunken: **examinaron el barco hundido con la ayuda de cámaras submarinas** they examined the sunken ship with the help of underwater cameras. **2.** (*deprimido*) depressed: **la muerte de su padre la ha dejado hundida** her father's death has made her very depressed.

hundimiento /undi'mjento/ *sm* **1.** (*de un barco*) sinking: **el hundimiento del Titanic** the sinking of the Titanic. **2.** (*de un edificio, una empresa*) collapse: **la crisis provocó el hundimiento de muchas empresas** the economic crisis caused the collapse of many companies. **3.** (*socavón*) (case of) subsidence.

hundir /un'dir/ [➪PARTIR] *vt* **1.** (*una nave*) to sink: **el torpedo hundió el barco** the torpedo sank the ship. **2.** (*clavar*) to plant: **hundió la sombrilla en la arena** he planted the sunshade in the sand. **3.** (*deformar*) to bend out of shape: **el choque hundió el guardabarros** the mudguard was bent out of shape in the crash. **4.** (*un edificio*) to bring down, to destroy. **5.** (*hacer fracasar*) to destroy: **está decidido a hundir a sus competidores** he's determined to destroy his competitors. **6.** (*abatir*) to devastate: **la noticia lo hundió** the news devastated him.

hundirse *v prnl* **1.** (*nave*) to sink. **2.** (*deformarse*) to be bent out of shape. **3.** (*edificio, negocio*) to collapse: **el techo se hundió** the ceiling collapsed ✱ fell in. **4.** (*quedarse sin ánimo o fuerzas*) to lose heart: **el equipo se hundió en los últimos quince minutos** the team lost heart ✱ gave up in the last fifteen minutes.

húngaro, -ra /'uŋgaro -ra/ **I** *adj, sm/f* Hungarian.

II húngaro *sm* (*idioma*) Hungarian.

Hungría /uŋ'gria/ *sf* Hungary.

huracán /ura'kan/ *sm* hurricane.

huraño, -ña /u'raɲo -ɲa/ *adj* unsociable.

hurgar /ur'ɣar/ [➪pagar] *vi* to rummage: **¿quién te ha dado permiso para hurgar** *en* **mis cosas?** who gave you permission to go through ✱ rummage through my things?

hurgarse *v prnl*: **no te hurgues la nariz** don't pick your nose.

hurón, -rona /u'ron -'rona/ **I** *sm/f* (*fam*) unsociable person.

II hurón *sm* ferret.

hurra /'urra/ *excl* hurray, hurrah.

hurtadillas /urta'ðiʎas/ **a hurtadillas** *loc adv* slyly, on the sly: **se comió el chocolate a hurtadillas** he ate the chocolate on the sly.

hurtar /ur'tar/ [➪CANTAR] *vt* **1.** (*robar*) to pilfer. **2.** (*apartar*) to move out of the way: **hurtó el cuerpo para evitar la embestida** he stepped aside to avoid the charging bull.

hurto /'urto/ *sm* pilfering: **lo denunciaron por hurto** he was accused of pilfering.

husmear /uzme'ar/ [➪CANTAR] *vi* **1.** (*olfatear*) to sniff. **2.** (*fisgonear*) to snoop: **no husmees** *en* **mis papeles** don't you go snooping amongst my papers.

♦ *vt* to scent.

huso /'uso/ *sm* (*de costura*) spindle.

huso horario *sm* time zone.

huy /'ui/ *excl* **1.** (*para expresar dolor*) ouch. **2.** (*para expresar sorpresa*) wow: **¡huy, qué coche tan bonito!** wow, what a beautiful car! **3.** (*para expresar alivio*) phew: **¡huy, menos mal!** phew, thank goodness for that!

huyo /'ujo/ *and other forms with* **huy-** ➪ huir

I

I, i /i/ *sf* **[íes]** (*letra*) I, i.
i griega *sf*: *name of the letter Y.*
i latina *sf*: *name of the letter I.*
iba /ˈiβa/ *and other forms with* ***ib-*** ➪ ir
Iberia /iˈβerja/ *sf* Iberia.
ibérico, -ca /iˈβeriko -ka/ *adj* Iberian: **la Península Ibérica** the Iberian Peninsula.
íbero, -ra /ˈiβero -ra/, **ibero, -ra** /iˈβero -ra/ *adj, sm/f* Iberian.
Iberoamérica /iβeroaˈmerika/ *sf* Latin America (*ex-colonial Spanish and Portuguese territories*).
iberoamericano, -na /iβeroameriˈkano -na/ *adj, sm/f* Latin American. ➪ Iberoamérica
ibicenco, -ca /iβiˈθeŋko -ka/ **I** *adj* of ∗ from Ibiza.
II *sm/f* native ∗ inhabitant of Ibiza.
iceberg /iθeˈβer/ *sm* **[icebergs]** iceberg.
icono /iˈkono/ *sm* icon.
iconoclasta /ikonoˈklasta/ **I** *adj* iconoclastic.
II *sm/f* iconoclast.
ictericia /ikteˈriθja/ *sf* jaundice.
id /ið/ *imperative of* ➪ ir
ida /ˈiða/ *sf*: **a la ida no tuvimos problemas** on the outward journey ∗ on the way there we had no problems; **ha sacado un billete de ida sólo** he has only bought a one-way ticket • **sus idas y venidas me ponen nerviosa** her comings and goings get on my nerves.
idea /iˈðea/ *sf* **1.** (*ocurrencia, noción*) idea: **¡qué buena idea!** what a good idea!; **no me hago a la idea** *de* **trabajar los sábados** I can't get used to the idea of working on Saturdays; **nos formamos una falsa idea** *de* **él** we got the wrong idea about him • **¡a veces tienes ideas de bombero!** you really do have some funny ideas sometimes! **2.** (*conocimiento*) idea: **¿tienes idea** *de* **dónde están?** do you have any idea where they are?; **¡no tengo ni idea!** I haven't a clue!; **tiene mucha idea** *para* **la decoración** he has a good eye for interior design. **3.** (*opinión*) idea: **es una persona de ideas fijas** he's very narrow-minded. **4.** (*plan, proyecto*) idea, intention: **tenía idea** *de* **viajar en tren** I was thinking of travelling by train; **hemos cambiado de idea** we have changed our minds • **hizo el comentario a mala idea** that was a deliberately malicious remark.
ideal /iðeˈal/ *adj, sm* ideal.
idealismo /iðeaˈlizmo/ *sm* idealism.
idealista /iðeaˈlista/ **I** *adj* idealistic.
II *sm/f* idealist.
idealizar /iðealiˈθar/ [➪ cazar] *vt* to idealize.
idear /iðeˈar/ [➪ CANTAR] *vt* **1.** (*un plan, un proyecto*) to think up, to devise: **ideó un sistema perfecto** she thought up ∗ devised a perfect system. **2.** (*una máquina*) to invent.
ideario /iðeˈarjo/ *sm* ideas *pl*, beliefs *pl*: **su ideario político** his political beliefs ∗ ideas.
ídem /ˈiðem/ *pron* ditto: **él es un mentiroso y tú, ídem** he's a liar and so are you.
idéntico, -ca /iˈðentiko -ka/ *adj* identical: **tu hijo es idéntico** *a* **ti** your son looks just like you.
identidad /iðentiˈðað/ *sf* identity.
identificar /iðentifiˈkar/ [➪ sacar] *vt* **1.** (*reconocer la identidad de*) to identify: **identificaron a la víctima** they identified the victim. **2.** (*asociar*) to associate: **ella identifica verano** *con* **playa** she associates summer with the beach.
identificarse *v prnl* **1.** (*darse a conocer*) to identify oneself: **identifíquese, por favor** please show me your papers. **2.** (*simpatizar*) to identify: **se identificó** *con* **la protagonista** she identified with the main character.
ideología /iðeoloˈxia/ *sf* ideology.
ideológico, -ca /iðeoˈloxiko -ka/ *adj* ideological.
idílico, -ca /iˈðiliko -ka/ *adj* idyllic.
idilio /iˈðiljo/ *sm* romance, love affair.
idioma /iˈðjoma/ *sm* language.
idiosincrasia /iðjosiŋˈkrasja/ *sf* (*de una nación*) national character.
idiota /iˈðjota/ **I** *adj* stupid.
II *sm/f* idiot.
ido, -da /ˈiðo -ða/ *adj* **1.** (*despistado*) absent-minded: **estás ido, ¿en qué piensas?** you're miles away, what are you thinking about? **2.** (*fam*: *loco*) crazy.
idolatrar /iðolaˈtrar/ [➪ CANTAR] *vt* **1.** (*Relig*) to worship. **2.** (*a una persona*) to idolize: **idolatra a ese cantante francés** she idolizes that French singer.
ídolo /ˈiðolo/ *sm* idol.
idóneo, -nea /iˈðoneo -nea/ *adj* **1.** (*adecuado*) suitable: **no creo que sea un candidato idóneo** I don't think he is a suitable candidate; **no me parece que éste sea un lugar idóneo** *para* **discutir esto** I don't think this is a suitable place to discuss this. **2.** (*perfecto*) ideal: **es la persona idónea** *para* **este puesto** he is the right person for this job; **es el sitio idóneo** *para* **organizar la fiesta** it's the ideal place to have the party.
iglesia /iˈɣlesja/ *sf* **1.** (*Arquit*) church. **2.** (*institución*) Church: **la Iglesia Anglicana** the Anglican Church; **se casaron por la iglesia** they got married in church ∗ had a church wedding.
iglú /iˈɣlu/ *sm* igloo.
ignífugo, -ga /iɣˈnifuɣo -ɣa/ *adj* fireproof.
ignorancia /iɣnoˈranθja/ *sf* ignorance.
ignorante /iɣnoˈrante/ **I** *adj* ignorant: **¡no seas ignorante!** don't be so ignorant!
II *sm/f* ignorant person.
ignorar /iɣnoˈrar/ [➪ CANTAR] *vt* **1.** (*no saber*) not to know: **ignoraba que estuviera enfermo** I didn't know that he was ill. **2.** (*no hacer caso de*) to ignore: **ignoró la señal de stop** he ignored the stop sign.
igual /iˈɣwal/ **I** *adj* **1.** (*equivalente*) equal: **tres más dos es igual** *a* **cinco** three plus two equals five; **todos somos iguales** *ante* **la ley** we are all equal in the eyes of the law. **2.** (*similar*): **se compró un jersey igual** *que* **el mío** he bought a sweater just like mine; **es igual** *que*

su madre she is just like her mother; **esta caja es igual** *de* **pequeña** this box is just as small; **su hermano era igual** *de* **tonto** his brother was equally stupid • **¡nunca he visto cosa igual!** I've never seen anything like it! **3.** (*indiferente*): **todo le es igual** nothing matters to him; **"¿Prefieres éste?" "Es igual."** "Do you prefer this one?" "I don't mind. ✱ It's all the same to me." **4.** (*en tenis, ping-pong*): **quince/treinta iguales** fifteen/thirty-all.

II *adv* **1.** (*lo mismo*) the same: **"¿Prefieres vino o cerveza?" "Me da igual."** "Would you rather have wine or beer?" "I don't mind. ✱ It's all the same to me."; **da igual, lo podemos hacer mañana** it doesn't matter, we can do it tomorrow; **no tenía muchas ganas de jugar, pero jugué igual** I didn't really feel like playing but I played anyway; *al* **igual** *que* **yo, estudió Biología** she studied biology just as I did. **2.** (*quizás*): **igual no vienen** maybe they won't come; **igual vamos a Marruecos** we may go to Morocco.

III *sm/f* equal: **hablamos de igual** *a* **igual** we spoke on equal terms; **las trataron como** *a* **iguales** they were treated like equals • **nos trataron a todos por igual** we were all treated equally • **el equipo obtuvo un éxito sin igual** the team won an unprecedented victory.

IV *sm* (*Mat*: *signo*) equals sign.

V iguales *sm pl* (*en la lotería*) *ticket sold for the lottery run by* ➪ ONCE.

igualar /iɣwa'lar/ [➪ CANTAR] *vt* **1.** (*uniformar*) to make equal: **igualaron nuestros sueldos** our salaries were made equal; **ha igualado** *en* **altura a su hermano** he is now the same height as his brother; **no pudo igualar a su hermana** she didn't manage to do as well as her sister. **2.** (*allanar*) to level. **3.** (*Dep*: *empatar*) to equalize: **igualó la marca mundial** he equalled the world record.

igualarse *v prnl* to become equal.

igualdad /iɣwal'dað/ *sf* equality: **compiten** *en* **igualdad** *de* **condiciones** they are competing on equal terms.

igualdad de derechos *sf* equal rights *pl.*

igualdad de oportunidades *sf* equal opportunities *pl.*

iguana /i'ɣwana/ *sf* iguana.

ijada /i'xaða/ *sf*, **ijar** /i'xar/ *sm* (*de una mula, etc.*) side.

ikurriña /iku'rriɲa/ *sf*: *flag of the Basque Country.*

ilegal /ile'ɣal/ *adj* illegal.

ilegible /ile'xiβle/ *adj* illegible.

ilegítimo, -ma /ile'xitimo -ma/ *adj* (*hijo*) illegitimate.

ilerdense /iler'dense/ (*frml*) **I** *adj* of ✱ from Lérida.
II *sm/f* native ✱ inhabitant of Lérida.

ileso, -sa /i'leso -sa/ *adj* unhurt, unharmed: **salió ilesa del accidente** she wasn't hurt in the accident.

iletrado, -da /ile'traðo -ða/ *adj, sm/f* illiterate.

ilícito, -ta /i'liθito -ta/ *adj* (*legalmente*) unlawful; (*moralmente*) illicit.

ilimitado, -da /ilimi'taðo -ða/ *adj* unlimited.

Ilmo., Ilma. ➪ ilustrísimo

ilógico, -ca /i'loxiko -ka/ *adj* illogical.

iluminación /ilumina'θjon/ *sf* lighting.

iluminar /ilumi'nar/ [➪ CANTAR] *vt* (*gen*) to light: **varias farolas iluminaban la plaza** the square was lit by a number of street lamps; (*un edificio público*): **unos focos iluminaban el palacio** several floodlights lit up ✱ illuminated the palace; **el castillo está iluminado con focos** the castle is floodlit.
♦ *vi* to give out light: **esta bombilla ilumina poco** this bulb doesn't give out much light.

ilusión /ilu'sjon/ *sf* **1.** (*espejismo, visión*) illusion. **2.** (*esperanza*) hope: **no te hagas ilusiones, hay muchos candidatos** don't build ✱ get your hopes up too much, there are a lot of candidates. **3.** (*sueño*) dream: **volver a su país es la ilusión de su vida** his lifetime's ambition is to return to his native land. **4.** (*alegría*): **me hizo ilusión que llamaran** I was really glad that they called; **me hace mucha ilusión que vengan** I'm really looking forward to their coming. **5.** (*entusiasmo*): **pone mucha ilusión** *en* **su trabajo** she works very enthusiastically.

ilusión óptica *sf* optical illusion.

ilusionar /ilusjo'nar/ [➪ CANTAR] *vt* **1.** (*dar esperanzas a*): **la ilusionaron en vano** they built up her hopes for nothing. **2.** (*entusiasmar*) to excite: **me ilusiona pensar que voy a volver a verla** I'm excited at the thought of seeing her again.

ilusionarse *v prnl* (*sentir esperanzas*) to build up one's hopes.

ilusionismo /ilusjo'nizmo/ *sm* conjuring, magic tricks *pl.*

ilusionista /ilusjo'nista/ *sm/f* conjurer.

iluso, -sa /i'luso -sa/ **I** *adj* (*ingenuo*) naive: **es tan iluso que cree que le van a dar una beca** he's so naive he thinks he'll get a scholarship; (*crédulo*) gullible: **el muy iluso se creyó que el reloj era de oro** he was so gullible he thought it was a gold watch.
II *sm/f* (*ingenuo*) naive person: **eres un iluso si crees que no habrá dificultades** you're very naive if you think there won't be any difficulties; (*crédulo*) gullible person.

ilusorio, -ria /ilu'sorjo -rja/ *adj* unrealistic: **es ilusorio pensar que podemos lograrlo** it's unrealistic to think that we can manage it.

ilustración /ilustra'θjon/ *sf* **1.** (*en un libro, una revista*) picture, illustration. **2.** (*conocimiento*) learning. **3. la Ilustración** (*Hist*) the (Age of) Enlightenment.

ilustrado, -da /ilus'traðo -da/ *adj* **1.** (*con ilustraciones*) illustrated. **2.** (*culto, instruido*) learned.

ilustrador, -dora /ilustra'ðor -'ðora/ *sm/f* illustrator.

ilustrar /ilus'trar/ [➪ CANTAR] *vt* **1.** (*con dibujos, fotos*) to illustrate. **2.** (*con un caso, un ejemplo*) to explain, to illustrate: **lo ilustraré** *con* **un ejemplo** I'll illustrate it with an example. **3.** (*a una persona*) to instruct.

ilustrarse *v prnl* to become more knowledgeable.

ilustrativo, -va /ilustra'tiβo -βa/ *adj* illustrative.

ilustre /i'lustre/ *adj* distinguished, illustrious: **pertenece a una ilustre familia** he belongs to a distinguished family.

ilustrísima /ilus'trisima/ *sf*: **Su Ilustrísima** His Grace.

ilustrísimo, -ma /ilus'trisimo -ma/ *adj*: *formal term of respect*: **el ilustrísimo señor don Ramón Gómez** Mr Ramón Gómez.

imagen /i'maxen/ *sf* **1.** (*en fotografía, física, literatura*) image: **el espejo reflejó su imagen** the mirror reflected her image • **es la viva imagen de su madre** she is the (very ✱ living) image of her mother. **2.** (*en televisión*) picture: **este televisor tiene una imagen perfecta** you get a perfect picture on this television; **las imágenes del atentado eran impresionantes** the pictures of the attack were shocking. **3.** (*en la memoria*) image: **tengo esa imagen grabada en la mente** that image is engraved on my memory. **4.** (*aspecto*) image: **la empresa está intentando mejorar su imagen** the company is trying to improve its image; **cambia de imagen con mucha frecuencia** she's forever changing her image. **5.** (*escultura*) image, sculpture.

imaginación /imaxina'θjon/ *sf* **1.** (*facultad*) imagination: **ni se me pasó por la imaginación** it never crossed my mind. **2.** (*cosa imaginada*): **son imaginaciones tuyas** it's just your (vivid) imagination.

imaginar /imaxi'nar/ [⇨ CANTAR] *vt* **1.** (*suponer*) to imagine: **imagino que vendrán mañana** I imagine ✻ expect they'll come tomorrow. **2.** (*mentalmente*) to imagine: **imagina que estás solo en la oficina y suena la alarma...** try to imagine that you're in the office on your own and the alarm goes off.... **3.** (*inventar*) to invent, to think up: **imaginó un juego muy divertido** he thought up a very enjoyable game.

imaginarse *v prnl* **1.** (*suponer*) to imagine: **me imagino que tendrás hambre** I imagine you must be hungry ✻ expect you're hungry; **"Ha sido un día horrible." "Ya me lo imagino."** "It's been a horrible day." "I can imagine. ✻ I bet it has." **2.** (*mentalmente*) to imagine: **¡imagínate lo difícil que era!** just imagine how difficult it was!; **se imaginó que oía ruidos** she imagined she could hear noises; **no se lo imaginaba tan gordo** she didn't think he would be so fat.

imaginaria /imaxi'narja/ *sf* (*guardia: de reserva*) reserve guard; (*: por la noche*) night guard.

imaginario, -ria /imaxi'narjo -rja/ *adj* imaginary.

imaginativo, -va /imaxina'tiβo -βa/ *adj* imaginative.

imán /i'man/ *sm* magnet.

imbécil /im'beθil/ **I** *adj* stupid.
II *sm/f* idiot.

imberbe /im'berβe/ **I** *adj* smooth-faced: **¿qué se habrán creído estos jóvenes imberbes?** who do these young upstarts think they are?
II *sm* smooth-faced young man.

imborrable /imbo'rraβle/ *adj* (*recuerdo*) unforgettable, lasting.

imbuir /imbu'ir/ [⇨ huir] *vt* (*frml*) to imbue.

imbuirse *v prnl* to become imbued: **se imbuyó** *del* **pensamiento humanista** he became imbued with humanist thinking.

imitación /imita'θjon/ *sf* **1.** (*gen*) imitation: **llevaba joyas** *de* **imitación** she was wearing imitation ✻ costume jewellery. **2.** (*para parodiar*) impersonation, impression: **hizo una estupenda imitación del presidente** he did a wonderful impersonation ✻ impression of the president.

imitador, -dora /imita'ðor -'ðora/ *sm/f* imitator.

imitar /imi'tar/ [⇨ CANTAR] *vt* **1.** (*hacer lo mismo que*) to imitate, to copy: **imita** *en* **todo a su hermano** he imitates ✻ copies everything his brother does. **2.** (*para parodiar: gen*) to mimic, to imitate: **imita muy bien al profesor** he's good at mimicking the teacher; (*: humorista*) to impersonate.

impaciencia /impa'θjenθja/ *sf* impatience.

impacientarse /impaθjen'tarse/ [⇨ CANTAR] *v prnl* to get impatient.

impaciente /impa'θjente/ *adj* impatient: **estaba impaciente** *por* **abrir sus regalos** he couldn't wait to open his presents.

impacto /im'pakto/ *sm* **1.** (*golpe*) impact: **el impacto la dejó inconsciente** she was knocked unconscious by the impact. **2.** (*disparo*): **recibió tres impactos de bala** he was shot three times; (*marca*): **había dos impactos de bala en el muro** there were two bullet holes in the wall. **3.** (*conmoción*) impact: **sus declaraciones causaron un gran impacto** his statements made a great impact.

impago /im'paɣo/ *sm* non-payment, default.

impar /im'par/ (*Mat*) **I** *adj* odd.
II *sm* odd number.

imparcial /impar'θjal/ *adj* impartial, unbiased.

imparcialidad /imparθjali'ðað/ *sf* impartiality.

impartir /impar'tir/ [⇨ PARTIR] *vt* to give: **imparte clases en un instituto** she teaches in a secondary school.

impasible /impa'siβle/ *adj* impassive: **recibió la noticia impasible** he listened impassively as he was told the news.

impasse /im'pas/ *sm* deadlock, impasse.

impávido, -da /im'paβiðo -ða/ *adj* **1.** (*que no tiene miedo*) fearless; (*impasible*) expressionless, impassive: **contempló la escena del accidente impávido** he contemplated the scene of the accident impassively. **2.** (*Amér L: descarado*) insolent.

impecable /impe'kaβle/ *adj* **1.** (*conducta, ejecución*) perfect, impeccable. **2.** (*referido a la forma de vestir*): **iba impecable** she was impeccably dressed. **3.** (*casa, cuarto*) spotless: **tiene la casa impecable** she keeps the house spotless.

impedido, -da /impe'ðiðo -ða/ **I** *adj* disabled, physically handicapped.
II *sm/f* disabled person.

impedimento /impeði'mento/ *sm* (*obstáculo*) obstacle; (*Jur*) (legal) impediment.

impedir /impe'ðir/ [⇨ pedir] *vt* to prevent: **el mal tiempo impidió que fuéramos de excursión** the bad weather prevented ✻ stopped us from going on an outing; **un coche impedía el paso al garaje** a car was blocking the way into the garage.

impenetrable /impene'traβle/ *adj* (*selva, bosque*) impenetrable; (*persona*) inscrutable.

impensable /impen'saβle/ *adj* unthinkable: **su regreso es impensable** it's unthinkable that he should return.

impepinable /impepi'naβle/ *adj* (*fam*) certain, unavoidable: **se tendrá que operar, es impepinable** she'll need an operation, that's for sure.

impepinablemente /impepinaβle'mente/ *adv* (*fam*) definitely.

imperar /impe'rar/ [⇨ CANTAR] *vi* to prevail: **imperaba la ley del más fuerte** the rule of the survival of the fittest prevailed.

imperativo, -va /impera'tiβo -βa/ **I** *adj* imperative, authoritative: **se dirigió a nosotros en tono imperativo** he addressed us in an imperative tone of voice.
II imperativo *sm* (*Ling*) imperative.

imperceptible /imperθep'tiβle/ *adj* imperceptible.

imperdible /imper'ðiβle/ *sm* safety pin.

imperdonable /imperðo'naβle/ *adj* unforgivable: **su comportamiento es imperdonable** her behaviour is unforgivable.

imperecedero, -ra /imppereθe'ðero -ra/ *adj* (*eterno*) immortal, undying: **logró una fama imperecedera** he achieved undying fame.

imperfección /imperfek'θjon/ *sf* **1.** (*defecto*) flaw, defect. **2.** (*falta de perfección*) imperfection.

imperfecto, -ta /imper'fekto -ta/ **I** *adj* **1.** (*defectuoso*) imperfect, flawed. **2.** (*Ling*) imperfect.
II imperfecto *sm* (*Ling*) imperfect (tense).

imperial /impe'rjal/ *adj* imperial.

imperialismo /imperja'lizmo/ *sm* imperialism.

imperialista /imperja'lista/ *adj, sm/f* imperialist.

imperio /im'perjo/ *sm* **1.** (*organización, territorios*) empire • **vale un imperio** she's worth her weight in gold. **2.** (*dominio*) rule: **el imperio de la ley** the rule of law.

imperioso, -sa /impe'rjoso -sa/ *adj* **1.** (*autoritario*) imperious, domineering. **2.** (*vital*) imperative, vital: **era imperioso resolver el asunto** it was imperative * vital that the matter be solved.

impermeable /imperme'aβle/ **I** *adj* waterproof.
II *sm* raincoat.

impersonal /imperso'nal/ *adj* impersonal.

impertérrito, -ta /imper'territo -ta/ *adj* undaunted, unperturbed: **permaneció impertérrito** *ante* **el toro** he was undaunted by the bull.

impertinencia /imperti'nenθja/ *sf* (*cualidad, comportamiento*) impertinence; (*comentario*) rude comment: **se pasó la reunión diciendo impertinencias** he made rude comments throughout the meeting.

impertinente /imperti'nente/ **I** *adj* impertinent, rude.
II *sm/f* impertinent person.

imperturbable /impertur'βaβle/ *adj* (*referido a la forma de ser*) imperturbable, unflappable; (*referido a una situación*): **se mantuvo imperturbable a pesar de las amenazas** she remained unperturbed despite the threats.

ímpetu /'impetu/ *sm* **1.** (*energía*) energy: **comenzó el curso con mucho ímpetu** she started the school year with great energy * enthusiasm. **2.** (*impulso*) impetus: **el veredicto le dio nuevo ímpetu a su campaña** the verdict gave fresh impetus to their campaign. **3.** (*fuerza*) force.

impetuoso, -sa /impe'twoso -sa/ *adj* impetuous.

impido /im'piðo/ *and other forms with* ***impid-*** ⇨ impedir

impío, -pía /im'pio -'pia/ **I** *adj* not religious.
II *sm/f* non-believer.

implacable /impla'kaβle/ *adj* implacable, relentless.

implantar /implan'tar/ [⇨ CANTAR] *vt* **1.** (*establecer*) to introduce: **se ha implantado el uso obligatorio de los cinturones de seguridad** the compulsory use of seatbelts has been introduced. **2.** (*Med*) to implant: **le implantaron una prótesis de cadera** she had a hip-replacement operation.

implementar /implemen'tar/ [⇨ CANTAR] *vt* (*Amér L*) to implement.

implicación /implika'θjon/ *sf* **1.** (*sugerencia*) implication. **2.** (*en un crimen, un atentado*) involvement.

implicar /impli'kar/ [⇨ sacar] *vt* **1.** (*enredar, mezclar*) to involve: **estaba implicado** *en* **el desfalco** he was involved in the embezzlement. **2.** (*significar*) to mean: **para él las vacaciones implicaban descanso** for him holidays meant rest.

implícito, -ta /im'pliθito -ta/ *adj* implicit, implied.

implorar /implo'rar/ [⇨ CANTAR] *vt* to implore, to beg for.

imponderable /imponde'raβle/ **I** *adj* **1.** (*que no se puede precisar*) imponderable. **2.** (*inestimable*) priceless.
II *sm* unforeseeable circumstance.

imponente /impo'nente/ *adj* (*lugar, belleza*) imposing, impressive: **es un edificio imponente** it's an imposing building; (*objeto*) impressive: **se compró un coche imponente** she bought herself a very impressive car; (*persona*) terrific: **estaba imponente** *con* **el traje nuevo** he looked terrific in his new suit.

imponer /impo'ner/ [⇨ poner; *past participle* **impuesto**] *vt* **1.** (*unas ideas, una sanción*) to impose: **impuso su voluntad** he imposed his will; **les impusieron una multa** they were fined; **le impusieron una sanción de tres partidos** he was banned from playing for three matches. **2.** (*una pena*): **le impusieron la pena máxima** he was given the maximum sentence. **3.** (*infundir*): **impone miedo a los empleados** he inspires fear among the staff; **su presencia imponía respeto** her presence commanded respect. **4.** (*dinero*) to deposit.
♦ *vi* to be frightening: **ese perro impone** that's a frightening dog.

imponerse *v prnl* **1.** (*ser necesario*) *[only used in the third person]* to be very important: **se impone que actuemos con rapidez** it's very important that we act quickly. **2.** (*hacerse respetar*) to assert oneself: **imponte más, no dejes que te dé siempre órdenes** you must assert yourself more, don't let him order you about all the time. **3.** (*prevalecer*) to prevail: **la verdad se impuso** the truth prevailed; **el equipo visitante se impuso en la segunda parte** the visiting team dominated in the second half. **4.** (*hacerse común*) to become popular: **esta moda se ha impuesto** *entre* **los jóvenes** this fashion has become popular with young people.

imponible /impo'niβle/ *adj* taxable, subject to tax.

impopular /impopu'lar/ *adj* unpopular.

importación /importa'θjon/ *sf* **1.** (*acción*) import, importation: **han prohibido la importación de carne** the import * importation of meat has been banned; **es un coche de importación** it's an imported car. **2.** (*artículo importado*) import: **el valor de las importaciones ha bajado** the value of imports has fallen.

importador, -dora /importa'ðor -'ðora/ *sm/f* importer.

importancia /impor'tanθja/ *sf* importance: **su ayuda fue de gran importancia** their help was very important; **le dan demasiada importancia al dinero** they attach too much importance to money; **la herida era de bastante importancia** it was quite a serious injury; **le quitó importancia al incidente** she played down the incident • **se dan mucha importancia** they think a lot of themselves.

importante /impor'tante/ *adj* **1.** (*persona, hecho*) important: **es importante para él encontrar trabajo** it's important for him to find work. **2.** (*ganancias, pérdidas, número*) considerable, significant: **la transacción produjo importantes beneficios** the deal yielded considerable profits.

importar /impor'tar/ [⇨ CANTAR] *vi* **1.** (*tener importancia*) to matter: **no importa** it doesn't matter; **no me importa volver más tarde** I don't mind coming back later; **¿le importaría pasar por aquí?** would you mind coming this way?; **eso a ti no te importa** that's none of your business; **¿a quién le importa el resultado?** who cares about the result? • **¡me importa un bledo * pito * rábano!** I couldn't care less! **2.** (*persona*) to be important: **le importan mucho sus amigos** her friends are very important to her.
♦ *vt* (*Fin*) **1.** (*comprar*) to import. **2.** (*costar*) to be worth: **el pedido importa doce mil pesetas** the order is worth twelve thousand pesetas.

importe /im'porte/ *sm* (*Fin*) cost, amount (of money): **han hecho compras** *por* **importe** *de* **cien mil pesetas** they have purchased goods to the value of one hundred thousand pesetas.

importunar /importu'nar/ [⇨ CANTAR] *vt* to bother.
♦ *vi* to intrude.

imposibilidad /imposiβili'ðað/ *sf* impossibility.

imposibilitado, -da /imposiβili'taðo -ða/ *adj* (*Med*) disabled.

imposibilitar /imposiβili'tar/ [⇨ CANTAR] *vt* **1.** (*un acontecimiento*) to make impossible. **2.** (*a una persona*) to render unfit.

imposible /impo'siβle/ **I** *adj* **1.** (*gen*) impossible: **fue**

imposible dar con la solución it was impossible to find the solution; **es imposible que ya hayan llegado** they can't possibly have arrived already. **2.** (*inaguantable*) impossible: **¡esta niña es imposible!** this girl is quite impossible!; **tiene un carácter imposible** he is a very difficult person.

II *sm*: **no me pidas imposibles** don't ask me to do the impossible • **hicimos lo imposible, pero no conseguimos salvarlo** we did all we could, but we were not able to save him.

imposición /imposi'θjon/ *sf* **1.** (*acción*) imposition: **fue una imposición por parte de la empresa** it was something imposed by the company. **2.** (*impuesto*) tax; (*ingreso en una cuenta*) deposit.

impositivo, -va /imposi'tiβo -βa/ *adj* tax: **el sistema impositivo** the tax system.

impostor, -tora /impos'tor -'tora/ *sm/f* impostor.

impotencia /impo'tenθja/ *sf* impotence.

impotente /impo'tente/ **I** *adj* **1.** (*Med*) impotent. **2.** (*incapaz*) powerless: **se sentía impotente para solucionar el problema** he felt powerless to solve the problem.

II *sm* (*Med*) impotent man.

impracticable /imprakti'kaβle/ *adj* **1.** (*plan*) impracticable. **2.** (*carretera, camino*) impassable.

imprecación /impreka'θjon/ *sf* (*frml*) curse.

imprecisión /impreθi'sjon/ *sf* **1.** (*equivocación*) inaccuracy: **el informe está lleno de imprecisiones** the report is full of inaccuracies. **2.** (*cualidad*) inaccuracy, lack of precision.

impreciso, -sa /impre'θiso -sa/ *adj* imprecise, vague.

impregnar /impreɣ'nar/ [⇨ CANTAR] *vt* (*en un líquido*) to impregnate, to soak.

impregnarse *v prnl* **1.** (*de un líquido*) to become impregnated, to become soaked; (*de un olor*) to be filled. **2.** (*de unas ideas*): **se impregnó** *de* **ideas revolucionarias** he absorbed many revolutionary ideas.

imprenta /im'prenta/ *sf* (*técnica*) printing; (*taller*) printing works *n inv*.

imprescindible /impresθin'diβle/ *adj* essential: **es imprescindible que sepas la verdad** it is essential for you to know the truth.

impresentable /impresen'taβle/ **I** *adj* (*referido al aspecto*) unpresentable; (*fam: referido al carácter*) disgraceful.

II *sm/f* (*fam*): **es un impresentable** he's disgraceful.

impresión /impre'sjon/ *sf* **1.** (*efecto, opinión*) impression: **la directora me causó muy buena impresión** the headmistress made a good impression on me; **estuvimos cambiando impresiones sobre el tema** we were comparing notes on the subject; **tengo la impresión de que todo va a salir bien** I have a feeling that everything is going to turn out fine. **2.** (*impacto*) shock: **la noticia me causó impresión** I was shocked by the news; **me dio mucha impresión ver tanta sangre** I was shocked * shaken by the sight of so much blood. **3.** (*de libros, revistas*) printing: **el libro tiene una cuidada impresión** the book is beautifully printed. **4.** (*marca, señal*) impression, imprint.

impresionable /impresio'naβle/ *adj* easily-shocked: **los niños pequeños son muy impresionables** small children get easily upset; **esta película no es para aquellas personas que sean muy impresionables** this film is not for the squeamish.

impresionante /impresjo'nante/ *adj* **1.** (*en sentido negativo*) shocking: **las imágenes del atentado eran impresionantes** the pictures of the terrorist attack were shocking; (*en sentido positivo*) impressive: **fue un logro impresionante** it was an impressive achievement. **2.** (*como cuantificador*): **cometió un error impresionante** he made a huge mistake; **tengo unas ganas impresionantes de que lleguen las vacaciones** I can hardly wait for the holidays.

impresionar /impresjo'nar/ [⇨ CANTAR] *vt* **1.** (*en sentido negativo*) to shock: **me impresionó el aspecto de los enfermos** the appearance of the patients shocked me; (*en sentido positivo*) to impress: **su trabajo me ha impresionado** her work has really impressed me. **2.** (*en fotografía*) to expose.

♦*vi* to impress: **sólo lo hizo para impresionar** he only did it to impress.

impresionarse *v prnl*: **se impresionó cuando la vio tan consumida** he was shocked to see how thin she was.

impresionismo /impresjo'nizmo/ *sm* impressionism.

impresionista /impresjo'nista/ *adj, sm/f* impressionist.

impreso, -sa /im'preso -sa/ **I** *adj* printed.

II impreso *sm* form: **hay que rellenar un impreso de solicitud** you have to fill in an application form.

impresor, -sora /impre'sor -'sora/ *sm/f* (*persona*) printer.

impresora /impre'sora/ *sf* (*máquina*) printer.

impresora de inyección de tinta *sf* ink-jet printer.

impresora (de) láser *sf* laser printer.

impresora de matriz de puntos, impresora matricial *sf* dot-matrix printer.

imprevisible /impreβi'siβle/ *adj* (*suceso*) unpredictable; (*consecuencias*) unforeseeable.

imprevisto, -ta /impre'βisto -ta/ **I** *adj* unexpected.

II imprevisto *sm*: **allí estaremos si no ocurre ningún imprevisto** we'll be there, unless something unexpected happens.

III imprevistos *sm pl* unforeseen expenses *pl*: **no contábamos con estos imprevistos** we hadn't bargained on these expenses.

imprimir /impri'mir/ [⇨ PARTIR; *past participle* **impreso** * **imprimido**] *vt* **1.** (*un libro, un texto*) to print; (*Inform*) to print (out). **2.** (*estilo, carácter*): **imprime a sus novelas un estilo muy irónico** his novels are written in a very ironic style; **una experiencia así imprime carácter** an experience like that leaves its mark. **3.** (*un movimiento*): **le imprimió gran velocidad al camión** he made the truck go very fast. **4.** (*una marca, una huella*) to make.

♦*vi*: **lo llevaron a imprimir** they took it to be printed.

improbable /impro'βaβle/ *adj* improbable, unlikely.

ímprobo, -ba /'improβo -βa/ *adj* (*frml: trabajo, esfuerzo*) strenuous.

improcedente /improθe'ðente/ *adj* **1.** (*comportamiento*) inappropriate. **2.** (*recurso, petición*) out of order, inadmissible: **su despido fue improcedente** he was unfairly dismissed.

improductivo, -va /improðuk'tiβo -βa/ *adj* unproductive.

impronta /im'pronta/ *sf* (*frml*) mark, stamp: **sus obras llevan la impronta de su primer maestro** her paintings are clearly influenced by her first teacher; **dejó su impronta en la organización** she left her imprint * made her mark on the organization.

improperio /impro'perjo/ *sm* insult: **la cubrió de improperios** he hurled insults at her.

impropio, -pia /im'propjo -pja/ *adj* **1.** (*inadecuado*) inappropriate: **hace cosas impropias** *de* **su edad** she behaves inappropriately for someone of her age.

2. (*extraño*) out of character: **ése es un comportamiento impropio** *de* **él** it's out of character for him to behave like that.

improvisación /improβisa'θjon/ *sf* improvisation.

improvisar /improβi'sar/ [➪ CANTAR] *vt/i* to improvise: **improvisó un discurso** he improvised a speech; **juntando unas mesas improvisaron un escenario** by putting some tables together they created a makeshift stage.

improviso /impro'βiso/ **de improviso** *loc adv*: **se presentaron en nuestra casa de improviso** they turned up at our house unexpectedly.

imprudencia /impru'ðenθja/ *sf* imprudence, rashness: **cometió una imprudencia al contarle el secreto** it was very rash of her to tell him the secret.
imprudencia temeraria *sf* criminal negligence.

imprudente /impru'ðente/ **I** *adj* **1.** (*temerario*) careless, reckless: **es muy imprudente conduciendo** he's a very reckless driver. **2.** (*poco aconsejable*) unwise, imprudent: **es imprudente hablarle así a tu jefe** it's unwise to speak to your boss like that.
II *sm/f* reckless person: **¡eres una imprudente!** you're completely reckless!

impúdico, -ca /im'puðiko -ka/ *adj* immodest, indecent.

impuesto, -ta /im'pwesto -ta/ **I** *past participle of* ➪ impo-ner
II *adj* imposed.
III impuesto *sm* (*Fin*) tax.
impuesto al valor agregado *sm* (*Amér L*) value-added tax.
impuesto de lujo *sm* luxury tax.
impuesto de sucesiones *sm* inheritance tax.
impuesto sobre el valor añadido *sm* value-added tax.
impuesto sobre la renta (de las personas físicas) *sm* income tax.

impugnar /impuɣ'nar/ [➪ CANTAR] *vt* to challenge, to contest.

impulsar /impul'sar/ [➪ CANTAR] *vt* **1.** (*empujar*) to propel, to drive forward: **el viento impulsaba la nave** the wind drove the ship forward. **2.** (*las exportaciones, la producción, etc.*) to boost, to stimulate: **la visita del ministro impulsó las relaciones con ese país** the minister's visit boosted relations with that country. **3.** (*a hacer algo*) to drive: **aquello la impulsó a estudiar más** that drove * motivated her to study harder.

impulsivo, -va /impul'siβo -βa/ **I** *adj* impulsive, impetuous.
II *sm/f* impulsive * impetuous person.

impulso /im'pulso/ *sm* **1.** (*estímulo*) boost: **las negociaciones recibieron un nuevo impulso** the negotiations received a further boost. **2.** (*fuerza*) momentum: **el impulso del coche le impidió parar a tiempo** the car's momentum prevented him from stopping in time; **para saltar más, tienes que coger impulso** you need to get some momentum going if you want to jump further. **3.** (*deseo*) impulse, urge: **tuve el impulso de echar a correr** I felt a sudden urge to start running.

impune /im'pune/ *adj* unpunished: **este crimen no va a quedar impune** this crime will not go unpunished.

impureza /impu'reθa/ *sf* impurity.

impuro, -ra /im'puro -ra/ *adj* impure.

imputar /impu'tar/ [➪ CANTAR] *vt* **1.** (*un crimen*): **le imputaron el crimen** he was charged with the crime. **2.** (*un error*) to attribute.

inabordable /inaβor'ðaβle/ *adj* **1.** (*persona*) unapproachable. **2.** (*tema*): **es un tema inabordable sin conocimientos de física** it's a subject you can't understand without a knowledge of physics.

inacabable /inaka'βaβle/ *adj* interminable, never-ending.

inaccesible /inakθe'siβle/ *adj* **1.** (*lugar, concepto*) inaccessible. **2.** (*persona*) unapproachable: **el jefe es inaccesible** the boss is unapproachable.

inaceptable /inaθep'taβle/ *adj* unacceptable.

inactividad /inaktiβi'ðað/ *sf* inactivity.

inactivo, -va /inak'tiβo -βa/ *adj* **1.** (*gen*) inactive: **sufrió una lesión y estuvo dos meses inactivo** he suffered an injury and was out of action for two months. **2.** (*volcán*) dormant.

inadaptado, -da /inaðap'taðo -ða/ **I** *adj* maladjusted.
II *sm/f* social misfit.

inadecuado, -da /inaðe'kwaðo -ða/ *adj* **1.** (*para una ocasión*) inappropriate, unsuitable: **llevaba un traje inadecuado** *para* **una boda** the suit he wore was inappropriate for a wedding. **2.** (*para realizar una función*) unsuitable.

inadmisible /inaðmi'siβle/ *adj* unacceptable.

inadvertido, -da /inaðβer'tiðo -ða/ *adj* unnoticed: **su ausencia pasó inadvertida** his absence went unnoticed.

inagotable /inaɣo'taβle/ *adj* **1.** (*que no se acaba*) inexhaustible: **el petróleo no es una energía inagotable** oil is not an inexhaustible form of energy; **su energía parecía inagotable** she appeared to have unlimited energy. **2.** (*que no se cansa*) tireless.

inaguantable /inaɣwan'taβle/ *adj* unbearable, intolerable.

inalámbrico, -ca /ina'lambriko -ka/ **I** *adj* (*teléfono*) cordless; (*telecomunicaciones*) wireless.
II inalámbrico *sm* cordless phone.

inalcanzable /inalkan'θaβle/ *adj* unattainable.

inalterable /inalte'raβle/ *adj* **1.** (*material, propiedad*) unchanging. **2.** (*persona, expresión*) impassive: **permaneció inalterable** *ante* **los insultos** he remained impassive in the face of the insults; (*característica*) unchanging.

inamovible /inamo'βiβle/ *adj* (*losa, persona*) immovable; (*decisión*) irrevocable.

inanición /inani'θjon/ *sf* starvation.

inanimado, -da /inani'maðo -ða/ *adj* inanimate.

inapelable /inape'laβle/ *adj* **1.** (*Jur*) not open to appeal. **2.** (*victoria*) resounding.

inapetencia /inape'tenθja/ *sf* loss of appetite.

inapetente /inape'tente/ *adj* lacking (in) appetite.

inaplazable /inapla'θaβle/ *adj*: **la operación es inaplazable** the operation cannot be postponed.

inapreciable /inapre'θjaβle/ *adj* **1.** (*imperceptible*) imperceptible. **2.** (*valioso*) invaluable: **agradecemos su inapreciable ayuda** we are grateful for your invaluable help.

inapropiado, -da /inapro'pjaðo -ða/ *adj* unsuitable.

inasequible /inase'kiβle/ *adj* (*precio*) prohibitive.

inaudible /inau'ðiβle/ *adj* inaudible.

inaudito, -ta /inau'ðito -ta/ *adj* **1.** (*asombroso*) unheard-of: **lo que propones es algo inaudito** what you're proposing is unheard-of. **2.** (*en un sentido negativo*): **el trato que nos dieron fue inaudito** we were treated extraordinarily badly.

inauguración /inauɣura'θjon/ *sf* opening, inauguration.

inaugural /inauɣu'ral/ *adj* **1.** (*ceremonia, discurso*) opening, inaugural: **la sesión inaugural es el jueves**

por la mañana the opening session is on Thursday morning. **2.** (*viaje, vuelo*) maiden.

inaugurar /inauɣu'rar/ [➪CANTAR] *vt* to inaugurate, to open: **mañana inauguran la biblioteca** the library is being inaugurated tomorrow.

inca /'iŋka/ *adj, sm/f* Inca.

incaico, -ca /iŋ'kaiko -ka/ *adj* Inca.

incalculable /iŋkalku'laβle/ *adj* incalculable.

incalificable /iŋkalifi'kaβle/ *adj* unspeakable: **su conducta fue incalificable** he behaved unspeakably (badly).

incandescente /iŋkandes'θente/ *adj* incandescent.

incansable /iŋkan'saβle/ *adj* tireless.

incapacidad /iŋkapaθi'ðað/ *sf* **1.** (*gen*) incapability, inability: **su incapacidad para reconocer sus errores** his inability to recognize his mistakes. **2.** (*de tipo físico*) (physical) incapacity: **tiene una incapacidad física** he is physically handicapped; (*de tipo mental*) (mental) incapacity. **3.** (*Jur*) incapacity.

incapacitado, -da /inkapaθi'taðo -ða/ *adj* **1.** (*físicamente*) incapacitated; (*mentalmente*) incapable, unfit. **2.** (*Jur*) incapable, unfit.

incapacitar /iŋkapaθi'tar/ [➪CANTAR] *vt* **1.** (*para practicar un deporte, para pensar*) to incapacitate: **la lesión lo incapacitó** *para* **jugar al fútbol** the injury made him unable to play football. **2.** (*Jur*) to disqualify.

incapaz /iŋka'paθ/ *adj* [**incapaces**] **1.** (*inepto*) incapable, unable: **es incapaz** *de* **aprendérselo** he's incapable of learning it. **2.** (*Jur*) unfit: **fue declarado incapaz** *para* **administrar sus bienes** he was declared unfit to manage his assets.

incautarse /iŋkau'tarse/ [➪CANTAR] *v prnl*: **la policía se incautó** *de* **cien kilos de hachís** the police seized a hundred kilos of hashish.

incauto, -ta /iŋ'kauto -ta/ **I** *adj* **1.** (*confiado*) unsuspecting: **unos desaprensivos se aprovechaban de los visitantes incautos** unscrupulous people used to take advantage of unsuspecting visitors. **2.** (*ingenuo*) naive, gullible: **no seas incauto, ¿no ves que sólo le interesa tu dinero?** don't be so naive, can't you see that he's only interested in your money?
II *sm/f* (*persona confiada*) unsuspecting person; (*ingenuo*) gullible person.

incendiar /inθen'djar/ [➪CAMBIAR] *vt* to burn down: **intentaron incendiar la tienda** they tried to burn the shop down.

incendiarse *v prnl* (*edificio*) to burn down; (*bosque*) to be destroyed by fire.

incendiario, -ria /inθen'djarjo -rja/ **I** *adj* **1.** (*que provoca fuego*) incendiary. **2.** (*que exalta*): **pronunció frases incendiarias** she made some inflammatory remarks.
II *sm/f* arsonist.

incendio /in'θendjo/ *sm* fire: **el incendio se extendió por toda la sierra** the fire spread to all parts of the mountain range.

incendio provocado *sm* arson.

incensario /inθen'sarjo/ *sm* censer.

incentivar /inθenti'βar/ [➪CANTAR] *vt* (*a una persona: gen*) to encourage; (*: económicamente*) to offer incentives to; (*la economía, la creación de empleo*) to boost.

incentivo /inθen'tiβo/ *sm* incentive: **el gobierno ha ofrecido incentivos** *a* **la inversión** the government has offered investment incentives.

incertidumbre /inθerti'ðumbre/ *sf* uncertainty.

incesante /inθe'sante/ *adj* incessant, continuous.

incesto /in'θesto/ *sm* incest.

incestuoso, -sa /inθes'twoso -sa/ *adj* incestuous.

incidencia /inθi'ðenθja/ *sf* **1.** (*suceso*): **estaban comentando las incidencias del partido** they were discussing the highlights of the match. **2.** (*influencia*) influence, effect. **3.** (*frecuencia*) incidence.

incidente /inθi'ðente/ *sm* incident: **provocó un incidente diplomático** it provoked a diplomatic incident; **la reunión estuvo llena de incidentes** the meeting was very eventful.

incidir /inθi'ðir/ [➪PARTIR] *vi* **1.** (*influir*) to have an effect: **la publicidad incidió** *en* **las ventas** advertising had an effect on * influenced sales. **2.** (*incurrir*): **incidí** *en* **el mismo error** I made the same mistake.

incienso /in'θjenso/ *sm* incense.

incierto, -ta /in'θjerto -ta/ *adj* **1.** (*dudoso*) uncertain, doubtful: **el futuro del proyecto es muy incierto** the future of the project is very uncertain. **2.** (*falso*) false, untrue: **su afirmación es totalmente incierta** what he said is totally untrue * false.

incinerar /inθine'rar/ [➪CANTAR] *vt* (*la basura*) to incinerate, to burn; (*un cadáver*) to cremate.

incipiente /inθi'pjente/ *adj* incipient.

incisión /inθi'sjon/ *sf* incision.

incisivo, -va /inθi'siβo -βa/ **I** *adj* incisive: **hizo un comentario incisivo** he made an incisive remark.
II incisivo *sm* incisor.

inciso /in'θiso/ *sm*: **ha hecho un inciso para decir que mañana no vendría** he mentioned, by way of an aside, that he wouldn't be in tomorrow.

incitar /inθi'tar/ [➪CANTAR] *vt* to incite: **la película incita** *a* **la violencia** the film incites people to violence.

inclemencia /iŋkle'menθja/ *sf* (*Meteo*) storminess.

inclemente /iŋkle'mente/ *adj* (*Meteo*) inclement.

inclinación /iŋklina'θjon/ *sf* **1.** (*del cuerpo*) bow; (*de la cabeza*): **nos saludó con una inclinación de cabeza** she greeted us with a nod. **2.** (*pendiente*) inclination, slope: **la inclinación del terreno era mayor de lo que pensaban** the ground sloped more than they thought. **3.** (*afición*) bent: **siente inclinación** *por* **el arte** he has an artistic bent. **4.** (*propensión*) inclination, tendency.

inclinar /iŋkli'nar/ [➪CANTAR] *vt* **1.** (*un objeto*) to tilt, to incline: **inclinaron la estatua para meterla por la puerta** they tilted the statue in order to get it through the door; (*la cabeza*): **inclinó la cabeza a modo de saludo** she greeted us with a nod. **2.** (*inducir*): **esto me inclina** *a* **pensar que...** this makes me think that...; **me siento inclinado** *a* **decirles que no** I'm inclined * I feel inclined to say no.

inclinarse *v prnl* **1.** (*gen*): **me incliné para examinar la flor** I bent to examine the flower; **se inclinó para recogerlo** he bent down to pick it up; (*a modo de reverencia*) to bow. **2.** (*estar predispuesto*) to be inclined: **me inclino** *a* **creerlo** I'm inclined to believe it. **3.** (*sentir preferencia*): **parecía inclinarse** *por* **el amarillo** she seemed to prefer the yellow one.

incluido, -da /iŋklu'iðo -ða/ *adj* included: **el desayuno está incluido** *en* **el precio** breakfast is included in the price.

incluir /iŋklu'ir/ [➪huir] *vt* **1.** (*precio, texto, libro*) to include: **el precio del viaje incluye el hotel** the price of the trip includes hotel accommodation; **incluye biografías y tablas cronológicas** it includes biographies and chronological tables. **2.** (*en un texto, una lista*) to include: **al final no incluí ese capítulo** in the end I didn't include that chapter; **¿quiere que lo incluya** *en* **la lista de espera?** do you want me to put your name on the waiting list?; (*en un envío*) to enclose: **incluyo también la factura** I am also enclosing the invoice.

inclusive /iŋklu'siβe/ *adv* inclusive: **hay que traducir hasta la página seis inclusive** you have to translate up to and including page six.

incluso, -sa /iŋk'luso -sa/ *adv* even: **es difícil incluso para un experto** it's difficult even for an expert; **todos vinieron, incluso su prima** everyone came, even his cousin; **nos invitó a comer incluso** he even invited us to have a meal.

incógnita /iŋ'koɣnita/ *sf* **1.** (*Mat*) unknown (quantity). **2.** (*enigma*): **su paradero es una incógnita** his whereabouts are unknown.

incógnito, -ta /iŋ'koɣnito -ta/ **I** *adj* unknown.
II incógnito *sm* anonymity: **mantuvo el incógnito durante su estancia** he kept his identity a secret during his stay; **el ministro viaja** *de* **incógnito** the minister is travelling incognito.

incoherencia /iŋkoe'renθja/ *sf* **1.** (*cualidad*) incoherence. **2.** (*necedad, tontería*): **dijo muchas incoherencias** he talked a lot of nonsense.

incoherente /iŋkoe'rente/ *adj* incoherent.

incoloro, -ra /iŋko'loro -ra/ *adj* (*GB*) colourless, (*US*) colorless.

incólume /in'kolume/ *adj* (*frml*) **1.** (*sin menoscabo*) unshaken: **su fe en la causa se mantuvo incólume** her faith in the cause was unshaken. **2.** (*sin daño*) unharmed: **salió incólume del accidente** she escaped unharmed from the accident.

incombustible /iŋkombus'tiβle/ *adj* fireproof.

incomestible /iŋkomes'tiβle/, **incomible** /iŋko'miβle/ *adj* inedible, uneatable.

incomodar /iŋkomo'ðar/ [⇨CANTAR] *vt* (*frml*) **1.** (*causar molestia a*) to inconvenience: **¿le incomodaría mucho tener que pasar la noche en un hotel?** would it be a great inconvenience for you to spend the night in a hotel? **2.** (*causar apuro a*) to embarrass: **tus comentarios incomodaron a mi hermana** your remarks embarrassed my sister.
incomodarse *v prnl* **1.** (*apurarse*) to be embarrassed. **2.** (*enfadarse*) to be angry, to be annoyed.

incomodidad /iŋkomoði'ðað/ *sf* **1.** (*falta de comodidad*) uncomfortableness, discomfort. **2.** (*molestia*) inconvenience: **es una incomodidad no tener coche** it's very inconvenient not having a car.

incómodo, -da /iŋ'komoðo -ða/ *adj* **1.** (*prenda, silla*) uncomfortable: **estos zapatos son muy incómodos** these shoes are very uncomfortable. **2.** (*violento*) awkward, embarrassing: **era una situación incómoda** it was an awkward situation. **3.** (*molesto*) inconvenient: **resulta incómodo no tener teléfono** it's inconvenient not having a telephone.

incomparable /iŋkompa'raβle/ *adj* incomparable.

incompatibilidad /iŋkompatiβili'ðað/ *sf* incompatibility.

incompatible /iŋkompa'tiβle/ *adj* incompatible.

incompetencia /iŋkompe'tenθja/ *sf* incompetence.

incompetente /iŋkompe'tente/ **I** *adj* incompetent.
II *sm/f* incompetent (person).

incompleto, -ta /iŋkom'pleto -ta/ *adj* **1.** (*que no está entero*) incomplete: **el juego de café está incompleto** the coffee set is incomplete. **2.** (*que no se ha finalizado*) unfinished, incomplete: **el informe está aún incompleto** the report is still unfinished * incomplete.

incomprensible /iŋkompren'siβle/ *adj* incomprehensible.

incomprensión /iŋkompren'sjon/ *sf* incomprehension, lack of understanding.

incomunicado, -da /iŋkomuni'kaðo -ða/ *adj* **1.** (*lugar*) cut off: **el pueblo quedó incomunicado por la nevada** the village was cut off by the snow. **2.** (*preso*) in solitary confinement.

incomunicar /iŋkomuni'kar/ [⇨sacar] *vt* to put in solitary confinement.

inconcebible /iŋkonθe'βiβle/ *adj* inconceivable.

incondicional /iŋkondiθjo'nal/ **I** *adj* **1.** (*sin condiciones*) unconditional: **tengo el apoyo incondicional de mi familia** I have the unconditional support of my family. **2.** (*sin reservas*) staunch, faithful: **es una seguidora incondicional del Atlético** she is a staunch supporter of Atlético.
II *sm/f* staunch supporter, stalwart: **es un incondicional del equipo** he's a staunch supporter of the team.

inconexo, -xa /iŋko'nekso -ksa/ *adj* incoherent.

inconfesable /iŋkonfe'saβle/ *adj*: **sus deseos eran inconfesables** he could not even bring himself to voice his desires.

inconformista /iŋkonfor'mista/ *sm/f* nonconformist.

inconfundible /iŋkonfun'diβle/ *adj* unmistakable.

incongruencia /iŋkoŋ'grwenθja/ *sf* **1.** (*cualidad*) incongruity. **2.** (*cosa incongruente*): **no dijo más que incongruencias** everything he said was inconsistent.

incongruente /iŋkoŋ'grwente/ *adj* (*incoherente*) inconsistent.

inconmensurable /iŋkommensu'raβle/ *adj* **1.** (*que no se puede medir*) immeasurable. **2.** (*enorme*) immense.

inconsciencia /iŋkons'θjenθja/ *sf* **1.** (*Med*) unconsciousness. **2.** (*imprudencia*) irresponsibility: **¡qué inconsciencia la suya!** how irresponsible!

inconsciente /iŋkons'θjente/ **I** *adj* **1.** (*sin conocimiento*) unconscious. **2.** (*involuntario*) unconscious: **hizo un movimiento inconsciente** she made an unconscious movement. **3.** (*imprudente*) irresponsible: **¡qué inconsciente!, dejar los estudios a estas alturas** how irresponsible to give up his studies at this stage.
II *sm/f* irresponsible person.
III el inconsciente *sm* the unconscious.

inconsecuente /iŋkonse'kwente/ *adj*: **es bastante inconsecuente con sus creencias** he doesn't always act in accordance with his beliefs.

inconsiderado, -da /iŋkonsiðe'raðo -ða/ **I** *adj* inconsiderate.
II *sm/f* inconsiderate person.

inconsistencia /inkonsis'tenθja/ *sf* inconsistency.

inconsistente /iŋkonsis'tente/ *adj* **1.** (*razonamiento*) weak: **sus razonamientos eran bastante inconsistentes** his arguments were rather weak. **2.** (*sustancia, mezcla*) without a uniform consistency.

inconsolable /iŋkonso'laβle/ *adj* inconsolable.

inconstancia /iŋkons'tanθja/ *sf* lack of perseverance.

inconstante /iŋkons'tante/ *adj* lacking perseverance: **es muy inconstante** *en* **sus estudios** he lacks perseverance when it comes to his studies.

inconstitucional /iŋkonstituθjo'nal/ *adj* unconstitutional.

incontable /iŋkon'taβle/ *adj* countless, innumerable.

incontenible /iŋkonte'niβle/ *adj* uncontrollable.

incontinencia /iŋkonti'nenθja/ *sf* incontinence.

incontinente /iŋkonti'nente/ *adj* incontinent.

incontrolable /iŋkontro'laβle/ *adj* uncontrollable.

incontrolado, -da /iŋkontro'laðo -ða/ **I** *adj*: **un grupo incontrolado de seguidores destrozó varios escaparates** a group of fans got out of control and smashed several shop windows.
II *sm/f* troublemaker: **unos incontrolados atacaron al árbitro** some troublemakers attacked the referee.

inconveniencia /iŋkombe'njenθja/ *sf* **1.** (*desventaja*) inconvenience. **2.** (*impertinencia*) tactless remark: **soltó una inconveniencia** he made a tactless remark.

inconveniente /iŋkombe'njente/ **I** *adj* **1.** (*inoportuno*) inconvenient. **2.** (*inapropiado*) inappropriate: **iba vestido de forma inconveniente** he was inappropriately dressed.
II *sm* **1.** (*desventaja*) disadvantage: **tiene más ventajas que inconvenientes** it has more advantages than disadvantages. **2.** (*reparo*) objection: **no nos pusieron ningún inconveniente** they made no objection; **no tenemos ningún inconveniente** *en* **ir** we don't mind going. **3.** (*obstáculo*) problem: **si no surge ningún inconveniente, volveremos en una hora** unless there is a problem, we shall be back in an hour.

incordiar /iŋkor'ðjar/ [➪ CAMBIAR] *vt* to bother, to annoy: **ha estado todo el día incordiándome** he's spent the whole day annoying me.
♦*vi* to be a nuisance: **los mosquitos incordian mucho en verano** mosquitos are a real nuisance in summer.

incordio /iŋ'korðjo/ *sm* nuisance.

incorporado, -da /iŋkorpo'raðo -ða/ *adj* built-in.

incorporar /iŋkorpo'rar/ [➪ CANTAR] *vt* **1.** (*añadir*) to add. **2.** (*a una persona*) to sit up: **incorpórala para que respire mejor** sit her up so that she can breathe better.
incorporarse *v prnl* **1.** (*sentarse*) to sit up: **se incorporó para tomar la medicina** he sat up to take the medicine. **2.** (*a un destino, un grupo, una empresa*): **me incorporo** *a* **mi nuevo puesto el lunes** I start my new job on Monday; **un nuevo especialista se ha incorporado al equipo** a new specialist has joined the team.

incorrección /iŋkorrek'θjon/ *sf* **1.** (*error*) mistake, inaccuracy. **2.** (*descortesía*) discourtesy: **fue una incorrección no decírselo** it was discourteous ✱ rude of him not to tell them.

incorrecto, -ta /iŋko'rrekto -ta/ *adj* **1.** (*erróneo*) wrong, incorrect: **nos dio una dirección incorrecta** he gave us the wrong address. **2.** (*descortés*) rude: **fue muy incorrecto** *con* **las visitas** he was very rude to the visitors.

incorregible /iŋkorre'xiβle/ *adj* incorrigible: **es un perezoso incorregible** he's incorrigibly lazy.

incorruptible /iŋkorrup'tiβle/ *adj* incorruptible.

incorrupto, -ta /iŋko'rrupto -ta/ *adj* uncorrupted.

incredulidad /iŋkreðuli'ðað/ *sf* incredulity.

incrédulo, -la /iŋ'kreðulo -la/ **I** *adj* incredulous: **me miró incrédulo** he looked at me in disbelief.
II *sm/f* (*GB*) sceptic, (*US*) skeptic.

increíble /iŋkre'iβle/ *adj* incredible, unbelievable.

incrementar /iŋkremen'tar/ [➪ CANTAR] *vt* to increase.
incrementarse *v prnl* to increase.

incremento /iŋkre'mento/ *sm* increase, growth: **hubo un incremento** *en* **la población urbana** there was an increase in the urban population; **se produjo un incremento** *en* **las ventas del seis por ciento** sales rose ✱ grew by six per cent.

increpar /iŋkre'par/ [➪ CANTAR] *vt* **1.** (*reñir*) to reprimand, to tell off: **increpó a los alumnos** *por* **su conducta** he reprimanded the pupils for their behaviour. **2.** (*insultar*) to insult: **increparon al árbitro** they shouted abuse at the referee.

incriminar /iŋkrimi'nar/ [➪ CANTAR] *vt* **1.** (*declaraciones, pruebas*) to incriminate: **todas las declaraciones de los testigos la incriminaban** the evidence of all the witnesses incriminated her. **2.** (*inculpar*) to charge.

incruento, -ta /iŋ'krwento -ta/ *adj* bloodless.

incrustación /iŋkrusta'θjon/ *sf* inlay.

incrustar /iŋkrus'tar/ [➪ CANTAR] *vt* (*en artesanía, joyería, etc.*): **con joyas incrustadas** *en* **la tapa** with jewels set into the lid.
incrustarse *v prnl* to become embedded: **la bala se incrustó** *en* **el muro** the bullet embedded itself in the wall.

incubación /iŋkuβa'θjon/ *sf* incubation.

incubadora /iŋkuβa'ðora/ *sf* incubator.

incubar /iŋku'βar/ [➪ CANTAR] *vt* **1.** (*huevos*) to incubate. **2.** (*Med*: *una enfermedad*) to be getting, to be developing: **creo que estoy incubando una gripe** I think I'm getting flu.
incubarse *v prnl* to incubate ● **la revuelta se incubó durante meses** the uprising was secretly planned over a period of months.

incuestionable /iŋkwestjo'naβle/ *adj* unquestionable.

inculcar /iŋkul'kar/ [➪ sacar] *vt* (*GB*) to instil, (*US*) to instill: **inculcó** *en* **sus hijos el amor por la naturaleza** he instilled a love of nature in his children.

inculpar /iŋkul'par/ [➪ CANTAR] *vt* to charge: **no hubo pruebas para inculparla** there was insufficient evidence to charge her.

inculto, -ta /iŋ'kulto -ta/ **I** *adj* uneducated: **por desgracia, son muy incultos** unfortunately, they're very uneducated; **¡pero qué inculto eres!** you're so ignorant!
II *sm/f* uneducated person.

incultura /iŋkul'tura/ *sf* ignorance, lack of culture.

incumbencia /iŋkum'benθja/ *sf* duty, responsibility ● **eso no es de tu incumbencia** that's no concern of yours.

incumbir /iŋkum'bir/ [➪ PARTIR] *vi*: **eso incumbe** *a* **la policía** that is the responsibility of the police.

incumplimiento /iŋkumpli'mjento/ *sm* **1.** (*de un contrato, una promesa, etc.*): **los denunció por incumplimiento** *de* **contrato** he accused them of breach of contract. **2.** (*de una regla*): **la multaron por incumplimiento** *de* **las normas de circulación** she was fined for failing to observe traffic regulations.

incumplir /iŋkum'plir/ [➪ PARTIR] *vt* **1.** (*un contrato, una promesa*) to break. **2.** (*una obligación*) to fail to fulfil; (*una norma*) to fail to observe: **desde el principio incumplió todas las normas** he broke all the rules right from the beginning.

incurable /iŋku'raβle/ *adj* (*Med*) incurable.

incurrir /iŋku'rrir/ [➪ PARTIR] *vi* **1.** (*en una falta*): **incurrió** *en* **varios errores** he committed ✱ made several mistakes. **2.** (*en el odio, la ira*): **incurrieron** *en* **el desprecio de sus amigos** they incurred ✱ earned the disapproval of their friends.

incursión /iŋkur'sjon/ *sf* **1.** (*Mil*) incursion, raid. **2.** (*en un ámbito*) foray: **hizo algunas incursiones** *en* **el**

campo de la poesía he made some forays into the field of poetry.

indagar /inda'ɣar/ [⇨pagar] *vt* (*frml*) to investigate: **están indagando los orígenes de la revuelta** they are investigating the origins of the uprising.

indebidamente /indeβiða'mente/ *adv* **1.** (*castigar, despedir*) unjustly, wrongfully. **2.** (*comportarse*) badly, improperly.

indebido, -da /inde'βiðo -ða/ *adj* wrong: **les cobraron una cantidad indebida** they were charged the wrong amount; **hay una multa por uso indebido de la señal de alarma** there is a fine for the improper * wrongful use of the alarm; **un adelantamiento indebido provocó el accidente** a case of dangerous overtaking caused the accident.

indecente /inde'θente/ *adj* **1.** (*obsceno: gen*) indecent; (*: proposición*) improper: **le hizo una proposición indecente** he made an improper suggestion to her. **2.** (*sucio*) filthy: **el patio está indecente** the courtyard is filthy.

indecisión /indeθi'sjon/ *sf* indecision.

indeciso, -sa /inde'θiso -sa/ **I** *adj* indecisive, irresolute: **está indeciso** *sobre* **a quién votar** he can't decide who to vote for.
II *sm/f* indecisive person.

indefectible /indefek'tiβle/ *adj* (*frml*) inevitable.

indefectiblemente /indefektiβle'mente/ *adj* (*frml*) invariably.

indefenso, -sa /inde'fenso -sa/ *adj* defenceless, helpless.

indefinido, -da /indefi'niðo -ða/ *adj* **1.** (*Ling*) indefinite. **2.** (*sin un límite concreto*) indefinite, unlimited: **le han hecho un contrato por tiempo indefinido** he has been given an unlimited * a permanent contract. **3.** (*impreciso*) indefinable: **había un olor indefinido** there was an indefinable smell.

indeleble /inde'leβle/ *adj* indelible.

indemnización /indemniθa'θjon/ *sf* compensation, indemnity: **tras el accidente le dieron una indemnización** after the accident he was awarded compensation.

indemnizar /indemni'θar/ [⇨cazar] *vt* to compensate, to indemnify: **indemnizaron a las víctimas** *con* **una fuerte suma** the victims were awarded large sums of money in compensation.

independencia /indepen'denθja/ *sf* independence.

independiente /indepen'djente/ *adj* independent: **es hoy una nación independiente** today it is an independent nation; **es muy independiente** she's very independent.

independizar /independi'θar/ [⇨cazar] *vt* to grant independence to.
independizarse *v prnl* (*país*) to gain (its) independence; (*persona*) to become independent.

indescifrable /indesθi'fraβle/ *adj* indecipherable.

indescriptible /indeskrip'tiβle/ *adj* indescribable.

indeseable /indese'aβle/ **I** *adj* undesirable.
II *sm/f* undesirable (person).

indestructible /indestruk'tiβle/ *adj* indestructible.

indeterminación /indetermina'θjon/ *sf* indecision, indecisiveness: **con esa indeterminación nunca llegarás a nada** you're so indecisive you'll never get anywhere.

indeterminado, -da /indetermi'naðo -ða/ *adj* **1.** (*no precisado*) indeterminate: **ha habido un número indeterminado de casos** there has been an indeterminate number of cases. **2.** (*borroso*) imprecise, vague. **3.** (*Ling*) indefinite.

indexar /indek'sar/ [⇨CANTAR] *vt* to index, to index-link.

India /'indja/ *sf*: **(la) India** India.

indiano, -na /in'djano -na/ *sm/f* (*Hist*) *Spaniard returning to Spain having made a fortune in Latin America.*

indicación /indika'θjon/ *sf* **1.** (*consejo*) advice: *por* **indicación del médico dejó de comer grasas** on the doctor's advice he gave up eating fatty foods. **2.** (*instrucción*) instruction: **para ponerlo en marcha sigue las indicaciones del manual** to start it follow the instructions in the manual; **nos dio algunas indicaciones sobre cómo llegar** he gave us instructions on how to get there. **3.** (*señal*) signal: **nos hizo indicaciones de que paráramos** he signalled to us to stop. **4.** (*Med*) piece of information: **¿has leído las indicaciones del medicamento?** have you read the information about the medicine?

indicado, -da /indi'kaðo -ða/ *adj* **1.** (*apropiado*) appropriate, suitable: **llevaba un vestido muy indicado** *para* **la ocasión** she was wearing a dress that was very appropriate for the occasion; **se lo dijo en el momento menos indicado** he told her at the worst possible moment; **no soy la persona más indicada** *para* **juzgar** I'm not the best person to judge. **2.** (*aconsejado*) recommended: **en casos así está indicado el tratamiento con antibióticos** in cases like this, antibiotics are the recommended treatment. **3.** (*fijado*) appointed: **a la hora indicada nos reunimos en el vestíbulo** at the appointed * specified time we met in the lobby.

indicador, -dora /indika'ðor -ðora/ **I** *adj*: **no vi la señal indicadora** I didn't see the sign.
II indicador *sm* **1.** (*dispositivo: gen*) indicator; (*: de una máquina*) dial. **2.** (*indicio*) indicator: **es un indicador** *del* **nivel de contaminación** it's an indicator of the level of pollution.

indicar /indi'kar/ [⇨sacar] *vt* **1.** (*mostrar*) to show, to indicate: **la aguja indicaba que el depósito estaba vacío** the needle indicated that the tank was empty; **su mirada indicaba cansancio** her expression showed that she was tired; **el guardia nos indicó el camino** the policeman showed us the way. **2.** (*hacer señas*) to signal: **el guardia de seguridad nos indicó que paráramos** the security guard signalled (to) us to stop; **giró a la derecha sin indicarlo** he turned right without signalling * indicating. **3.** (*decir*) to tell, to advise: **el médico le indicó que tomara un jarabe** the doctor advised him to take some medicine.

indicativo, -va /indika'tiβo -βa/ **I** *adj* indicative.
II indicativo *sm* (*Ling*) indicative.

índice /'indiθe/ *sm* **1.** (*lista: de contenidos*) index, contents *pl*; (*: de libros*) (*GB*) catalogue, (*US*) catalog. **2.** (*Anat*) forefinger, index finger. **3.** (*en estadística*) index, rate. **4.** (*indicación*) sign, indication: **hablar idiomas es un índice de cultura** speaking languages is a sign of education.
índice alfabético *sm* (alphabetical) index.
índice de audiencia *sm* ratings *pl* (*for television viewers, radio listeners*).
índice de mortalidad *sm* death rate, mortality rate.
índice de natalidad *sm* birth rate.
índice de precios al consumo *sm* retail price index.

indicio /in'diθjo/ *sm* **1.** (*vestigio*) trace, sign: **encontraron indicios** *de* **una civilización anterior** they found traces of a previous civilization. **2.** (*síntoma*) sign: **hay indicios** *de* **que va a haber huelga** there are signs that there's going to be a strike.

Índico /'indiko/ *sm*: **el (océano) Índico** the Indian Ocean.

indiferencia /indife'renθja/ *sf* indifference.

indiferente /indife'rente/ *adj* **1.** (*persona*) indifferent: **es indiferente** *a* **las muestras de cariño** he is indifferent to demonstrations of affection; **cuando le dieron a elegir, se mostró indiferente** when asked to choose, he said he didn't care one way or the other. **2.** (*igual*) immaterial: **puedes ir por ese camino o por el otro, es indiferente** you can take either path, it makes no difference.

indígena /in'dixena/ **I** *adj* indigenous, native: **visitaron una exposición de arte indígena** they went to an exhibition of native art.
II *sm/f* native.

indigencia /indi'xenθja/ *sf* poverty.

indigente /indi'xente/ *adj* poverty-stricken.

indigestarse /indixes'tarse/ [⇨ CANTAR] *v prnl*: **se me indigestó el cocido** the stew gave me indigestion • **se me ha indigestado el nuevo gerente** I can't stand the new manager.

indigestión /indixes'tjon/ *sf* indigestion: **te va a dar una indigestión si comes tan rápido** you'll get indigestion if you eat so quickly.

indigesto, -ta /indi'xesto -ta/ *adj* indigestible.

indignación /indiɣna'θjon/ *sf* indignation, anger.

indignar /indig'nar/ [⇨ CANTAR] *vt* to anger: **me indigna ese tipo de bromas** that kind of joke makes me angry.
indignarse *v prnl* to get indignant.

indigno, -na /in'diɣno -na/ *adj* **1.** (*no merecedor*) unworthy: **dijo que era indigno** *de* **ese honor** he said he was not worthy of that honour. **2.** (*despreciable*) despicable: **su comportamiento me pareció totalmente indigno** I thought his behaviour was quite despicable.

indio, -dia /'indjo -dja/ *adj, sm/f* (*de América, de la India*) Indian • **se pasa el día haciendo el indio** he plays the fool the whole time.

indirecta /indi'rekta/ *sf* (*para que alguien haga algo*) hint, insinuation: **soltó varias indirectas para ver si la invitábamos** she dropped several hints to see if we would invite her; (*crítica velada*) innuendo, veiled criticism: **ya estoy harto de tus indirectas** I'm fed up with your veiled criticism.

indirecto, -ta /indi'rekto -ta/ *adj* indirect.

indisciplina /indisθi'plina/ *sf* indiscipline.

indiscreción /indiskre'θjon/ *sf* **1.** (*algo que revela información*): **fue una indiscreción por su parte decirles dónde estaba** it was indiscreet of him to tell them where she was; **¿cuánto pagas, si no es indiscreción?** how much are you paying, if you don't mind me asking? **2.** (*algo sin tacto*): **me da miedo que diga alguna indiscreción** I'm afraid that she will say something tactless. **3.** (*cualidad*) lack of discretion.

indiscreto, -ta /indis'kreto -ta/ **I** *adj* **1.** (*que cuenta lo que no debería*) indiscreet: **es muy indiscreta** she's very indiscreet. **2.** (*sin tacto*) tactless, indiscreet: **fuiste muy indiscreto preguntándoles eso** it was very tactless of you to ask them that. **3.** (*entrometido*): **no quiero ser indiscreto, pero ¿cuánto les costó?** I don't want to appear nosy, but how much did it cost them?
II *sm/f* (*persona: que cuenta lo que no debería*) indiscreet person; (*: sin tacto*) tactless person.

indiscriminado, -da /indiskrimi'naðo -ða/ *adj* indiscriminate.

indiscutible /indisku'tiβle/ *adj* (*líder, verdad*) indisputable: **quedó como vencedor indiscutible** he emerged the undisputed winner.

indisoluble /indiso'luβle/ *adj* (*amistad, vínculo*) indissoluble.

indispensable /indispen'saβle/ *adj* essential, indispensable.

indisponer /indispo'ner/ [⇨ poner; *past participle* **indispuesto**] *vt* (*enfrentar*): **la indispuso** *contra* **su hermano** he set her against her brother.
indisponerse *v prnl* **1.** (*enfrentarse*) to fall out: **se indispuso** *con* **su familia** he fell out with his family. **2.** (*ponerse enfermo*) to fall ill.

indisposición /indisposi'θjon/ *sf* (slight) illness, indisposition.

indispuesto, -ta /indis'pwesto -ta/ **I** *past participle of* ⇨ indisponer
II *adj* unwell.

indisputable /indispu'taβle/ *adj* indisputable, unquestionable.

indistinguible /indistiŋ'gible/ *adj* indistinguishable.

indistintamente /indistinta'mente/ *adv*: **hablamos en inglés y en español indistintamente** we speak both in English and in Spanish; **directivos y trabajadores indistintamente se sometieron a la prueba** directors and workers without distinction had to take the test.

indistinto, -ta /indis'tinto -ta/ *adj* immaterial: **o el lunes o el martes, me es indistinto** Monday or Tuesday, it's immaterial * it's all the same to me.

individual /indiβi'ðwal/ **I** *adj* **1.** (*habitación, cama*) single: **reservó una habitación individual** he booked a single room. **2.** (*paquete, caja*) individual: **los venden en paquetes individuales** they are sold in individual packets. **3.** (*libertad, atención*) individual: **no se respetan las libertades individuales** the rights of the individual are not respected.
II individuales *sm pl* (*Dep*) singles *pl*: **los individuales masculinos/femeninos** the men's/ladies' singles.

individualidad /indiβiðwali'ðað/ *sf* individuality.

individualismo /indiβiðwa'lizmo/ *sm* individualism.

individualizar /indiβiðwali'θar/ [⇨ cazar] *vi*: **prefiero no individualizar** I prefer not to single anyone out.

individuo, /indi'βiðwo/ *sm* (*persona: gen*): **un individuo de unos cincuenta años se le aproximó** a man of about fifty came up to him; (*: uso despectivo*): **¡hay cada individuo en este barrio!** there are some really unsavoury characters in this neighbourhood.

indivisible /indiβi'siβle/ *adj* indivisible.

indocumentado, -da /indokumen'taðo -ða/ **I** *adj* without proof of identification.
II *sm/f*: *person without proof of identification*.

índole /'indole/ *sf* **1.** (*tipo*) sort, kind: **problemas de diversa índole** problems of various kinds. **2.** (*carácter*) nature, character: **es de índole tranquila** she has a quiet nature.

indolente /indo'lente/ *adj* lazy, indolent.

indomable /indo'maβle/ *adj* **1.** (*animal*) untameable. **2.** (*persona*) uncontrollable. **3.** (*espíritu, orgullo*) indomitable.

indómito, -ta /in'domito -ta/ *adj* **1.** (*animal*) untamed. **2.** (*persona*) indomitable: **es una joven de carácter indómito** she is a young woman with an indomitable spirit.

Indonesia /indo'nesja/ *sf* Indonesia.

indonesio, -sia /indo'nesjo -sja/ **I** *adj, sm/f* Indonesian.

II indonesio *sm* (*idioma*) Indonesian.

inducción /induk'θjon/ *sf* (*Fís, Med*) induction.

inducido, -da /indu'θiðo -ða/ *adj* (*Fís, Med*) induced: **un parto inducido** an induced birth.

inducir /indu'θir/ [⇨conducir] *vt* **1.** (*llevar, conducir*) to lead: **eso la indujo** *a* **pensar que ya se habían marchado** that led her to think that they had already left; **sus palabras me indujeron** *a* **error** what he said misled me. **2.** (*deducir*) to deduce, to infer. **3.** (*Fís*) to induce.

indudable /indu'ðaβle/ *adj* unquestionable, undeniable.

indulgencia /indul'xenθja/ *sf* indulgence, leniency.

indulgente /indul'xente/ *adj* indulgent, lenient: **es muy indulgente** *con* **los defectos ajenos** he is indulgent about other people's failings.

indulto /in'dulto/ *sm* (*Jur*) pardon.

indumentaria /indumen'tarja/ *sf* clothing, clothes *pl*.

industria /in'dustrja/ *sf* **1.** (*Fin*) industry. **2.** (*destreza*) skill, ability.

industria ligera *sf* light industry.

industria pesada *sf* heavy industry.

industrial /indus'trjal/ **I** *adj* industrial.

II *sm/f* industrialist.

industrialización /industrialiθa'θjon/ *sf* industrialization.

industrializar /industrjali'θar/ [⇨cazar] *vt* (*una región, un país*) to industrialize; (*la producción*) to apply industrial techniques to.

industrializarse *v prnl* (*región, país*) to industrialize, to become industrialized; (*producción*) to adopt industrial techniques.

inédito, -ta /i'neðito -ta/ *adj* **1.** (*obra*) unpublished. **2.** (*desconocido*) unknown: **es un tipo de coche inédito en Europa** it's a type of car as yet unknown in Europe.

inefable /ine'faβle/ *adj* (*frml*) indescribable.

ineficacia /inefi'kaθja/ *sf* (*de un método, un remedio*) ineffectiveness; (*de una persona*) inefficiency.

ineficaz /inefi'kaθ/ *adj* [**ineficaces**] (*método, remedio*) ineffective; (*persona*) inefficient.

ineludible /inelu'ðiβle/ *adj* unavoidable: **se trata de un compromiso ineludible** it's an appointment I can't get out of.

INEM /i'nem/ *sm* (*en España*) (*abbreviation of* **Instituto Nacional de Empleo**) *National Employment Office*.

inepto, -ta /i'nepto -ta/ **I** *adj* inept, useless.

II *sm/f* inept person.

inequívoco, -ca /ine'kiβoko -ka/ *adj* unmistakable, unequivocal.

inercia /i'nerθja/ *sf* **1.** (*Fís*) inertia. **2.** (*costumbre*) force of habit: **puso la televisión** *por* **inercia** she switched on the television out of habit.

inerte /i'nerte/ *adj* **1.** (*Fís, Quím*) inert. **2.** (*sin movimiento*) inert, motionless; (*sin vida*) lifeless: **su cuerpo inerte flotaba en el agua** her lifeless body was floating in the water.

inescrutable /ineskru'taβle/ *adj* (*cara, expresión*) inscrutable; (*futuro*) uncertain.

inesperado, -da /inespe'raðo -ða/ *adj* unexpected.

inestable /ines'taβle/ *adj* (*gen*) unstable; (*tiempo*) changeable.

inestimable /inesti'maβle/ *adj* invaluable, inestimable.

inevitable /ineβi'taβle/ *adj* inevitable, unavoidable.

inexacto, -ta /inek'sakto -ta/ *adj* (*no exacto*) inaccurate; (*no verdadero*) untrue: **es inexacto que nos viéramos** it isn't true that we met.

inexcusable /ineksku'saβle/ *adj* **1.** (*injustificable*) inexcusable, unforgivable: **su comportamiento fue inexcusable** his behaviour was inexcusable. **2.** (*inevitable*) unavoidable.

inexistente /ineksis'tente/ *adj* non-existent.

inexorable /inekso'raβle/ *adj* inexorable.

inexperiencia /inekspe'rjenθja/ *sf* inexperience, lack of experience.

inexperto, -ta /ineks'perto -ta/ *adj* inexperienced.

inexplicable /inekspli'kaβle/ *adj* inexplicable.

inexpresivo, -va /inekspre'siβo -βa/ *adj* inexpressive.

inexpugnable /inekspuɣ'naβle/ *adj* impregnable.

infalible /infa'liβle/ *adj* (*persona, remedio*) infallible; (*puntería*) unerring.

infame /in'fame/ **I** *adj* (*despreciable*) despicable: **es una mentira infame** it's a despicable lie; (*muy malo*) awful, dreadful: **ha hecho un día infame** the weather has been dreadful today.

II *sm/f* despicable person.

infamia /in'famja/ *sf*: **fue una infamia que su marido la echara de casa** it was quite unspeakable that her husband should throw her out of the house.

infancia /in'fanθja/ *sf* (*gen*) childhood; (*hasta los cinco o seis años*) infancy.

infanta /in'fanta/ *sf* princess.

infante /in'fante/ *sm* **1.** (*príncipe*) prince. **2.** (*frml*: *niño*) child, infant.

infante de marina *sm* marine.

infantería /infante'ria/ *sf* infantry.

infantil /infan'til/ *adj* **1.** (*relativo a niños*) children's: **un programa infantil** a children's programme; **es especialista en psicología infantil** she's a specialist in child psychology. **2.** (*aniñado*) childlike: **tiene una voz infantil** he has a childlike voice. **3.** (*inmaduro*) childish, infantile: **su comportamiento fue muy infantil** his behaviour was childish * infantile.

infarto /in'farto/ *sm* heart attack: **cuando vio cómo habían dejado la casa, casi le dio un infarto** when she saw how they had left the house she nearly had a heart attack.

infarto de miocardio *sm* (*Med*) heart attack.

infatigable /infati'ɣaβle/ *adj* tireless, untiring.

infección /infek'θjon/ *sf* infection (*of wound, organ*): **tenía una infección de oído** she had an ear infection.

infeccioso, -sa /infek'θjoso -sa/ *adj* infectious.

infectar /infek'tar/ [⇨CANTAR] *vt* to infect.

infectarse *v prnl* to become infected.

infeliz /infe'liθ/ [**infelices**] **I** *adj* **1.** (*desdichado*) unhappy: **fue muy infeliz** she was very unhappy; **tuvo una vida muy infeliz** she had a very unhappy life. **2.** (*fam*: *ingenuo*) simple, naive: **es tan infeliz que se lo creyó** he's so simple that he believed it.

II *sm/f* (*fam*) **1.** (*ingenuo*) simple soul. **2.** (*persona sin carácter*): **es un infeliz que nunca llegará a nada** he's just a poor devil who will never get anywhere in life.

inferior /infe'rjor/ **I** *adj* **1.** (*más bajo respecto a otra cosa*) lower: **se fracturó la mandíbula inferior** he fractured his lower jaw; **pon los libros en el estante inferior** put the books on the bottom shelf; **a la parte inferior del casco le hacía falta una capa de pintura** the lower part of the hull needed painting. **2.** (*referido a una cantidad*) lower: **tiene un número**

inferior *al* **mío** she has a lower number than mine; **el número de socios es inferior** *a* **cincuenta** the number of members is less than * is below fifty. **3.** (*de menor calidad, categoría*) inferior: **venden productos de calidad inferior** they sell products of inferior quality; **se considera inferior** *a* **los demás** she thinks she is inferior to other people.
II *sm/f* inferior.

inferioridad /inferjori'ðað/ *sf* inferiority: **nuestro equipo está** *en* **inferioridad de condiciones** our team is at a disadvantage.

inferir /infe'rir/ [➪sentir] *vt* to infer.
inferirse *v prnl*: *de* **los resultados se infiere que su hipótesis es errónea** from the results we can infer that her hypothesis is incorrect.

infernal /infer'nal/ *adj* awful, infernal: **por fin quitó aquella música infernal** she finally stopped playing that awful * infernal music.

infestado, -da /infes'taðo -ða/ *adj* **1.** (*de bichos*) infested: **la casa estaba infestada** *de* **moscas** the house was infested with flies. **2.** (*de personas*) overrun; (*de cosas*) flooded: **el mercado está infestado** *de* **falsificaciones** the market is flooded with forgeries.

infestar /infes'tar/ [➪CANTAR] *vt* (*bichos*) to infest: **el jardín está infestado de babosas** the garden is infested with slugs; (*personas*): **los turistas infestaban el lugar** the place was full of tourists.

infidelidad /infiðeli'ðað/ *sf* infidelity.

infiel /in'fjel/ **I** *adj* **1.** (*desleal*) unfaithful. **2.** (*Relig*) infidel, unbelieving.
II *sm/f* infidel, non-believer.

infierno /in'fjerno/ *sm* hell ● **está en el quinto infierno** it's in the back of beyond.

infiltrar /infil'trar/ [➪CANTAR] *vt* **1.** (*Pol*) to infiltrate: **el partido estaba infiltrado por miembros de la policía secreta** the party had been infiltrated by members of the secret police; **habían infiltrado a varios de sus agentes en la organización** several agents had been infiltrated into the organization. **2.** (*un líquido*) to infiltrate.
infiltrarse *v prnl* **1.** (*agente*): **se infiltró** *en* **el cuartel general enemigo** she infiltrated the enemy headquarters. **2.** (*líquido*) to seep: **la lluvia se infiltró a través de la pared** the rain seeped in through the wall.

ínfimo, -ma /'infimo -ma/ *adj* (*cantidad*) very small; (*valor*) very little; (*precio*) very low; (*calidad*) very poor: **una tela de calidad ínfima** a material of very poor quality.

infinidad /infini'ðað/ *sf* infinity: **hemos estado aquí infinidad** *de* **veces** we have been here many, many times; **tiene infinidad** *de* **razones para dimitir de su cargo** he has countless * innumerable reasons for resigning.

infinitivo /infini'tiβo/ *sm* (*Ling*) infinitive.

infinito, -ta /infi'nito -ta/ **I** *adj* infinite.
II el infinito *sm* the infinity.
III infinito *adv* (*fam*) extremely, infinitely: **nos alegramos infinito de tu éxito** we are extremely happy about your success.

inflación /infla'θjon/ *sf* inflation.

inflamable /infla'maβle/ *adj* flammable, inflammable.

inflamar /infla'mar/ [➪CANTAR] *vt* **1.** (*Med*) to inflame. **2.** (*prender fuego a*) to set fire to. **3.** (*enardecer*) to stir, to arouse: **su discurso inflamó los ánimos de los oyentes** her speech stirred the passions of the audience.
inflamarse *v prnl* **1.** (*Med*) to become inflamed. **2.** (*prenderse fuego*) to catch fire. **3.** (*enardecerse*) to get excited.

inflar /in'flar/ [➪CANTAR] *vt* **1.** (*con aire*) to inflate, to blow up ● **lo inflaron a tortas** he was beaten up. **2.** (*mediante exageración*) to exaggerate: **inflaron la noticia con afán de alarmar** the news was blown up out of (all) proportion in order to scare people.
inflarse *v prnl* (*fam*) to stuff oneself: **los niños se inflaron** *de* **pasteles** the children stuffed themselves with cakes.

inflexible /inflek'siβle/ *adj* inflexible.

infligir /infli'xir/ [➪surgir] *vt* to inflict.

influencia /in'flwenθja/ *sf* influence: **ejerce mucha influencia** *sobre* **su hermano** she has a lot of influence on * over her brother; **el conductor estaba** *bajo* **la influencia** *del* **alcohol** the driver was under the influence of alcohol; **utilizó sus influencias para conseguirme un trabajo** he used his influence * his contacts to get me a job.

influenciar /inflwen'θjar/ [➪CAMBIAR] *vt* to influence: **se deja influenciar demasiado por su familia** his family has too much influence over him.

influir /influ'ir/ [➪huir] *vt* to influence.
♦*vi*: **mi consejo influyó** *en* **su decisión** my advice influenced his decision.

influjo /in'fluxo/ *sm* influence.

influyente /influ'jente/ *adj* influential.

información /informa'θjon/ *sf* **1.** (*datos*) information: **por el momento carecemos de la información necesaria** at the moment we lack the necessary information; **pidió información** *sobre* **el curso** he asked for information on * about the course. **2.** (*noticias*) news [lleva el verbo en singular]: **a continuación, el resto de la información internacional** and now, the rest of the foreign news. **3.** (*en un aeropuerto, una estación, un centro comercial*) [*never used with an article*] information desk: **voy a preguntar en información** I'll ask at the information desk. **4.** (*de teléfonos*) [*never used with an article*] (*GB*) directory enquiries, (*US*) information.

informador, -dora /informa'ðor -'ðora/ *sm/f* **1.** (*soplón*) informer. **2.** (*periodista*) journalist.

informal /infor'mal/ *adj* **1.** (*sin solemnidad*) informal: **una reunión informal** an informal meeting; **ropa informal** casual clothes. **2.** (*incumplidor*) unreliable, casual: **es muy informal** he's very unreliable.

informar /infor'mar/ [➪CANTAR] *vi* to inform: **nos informaron** *de* **su decisión** we were informed of their decision; **nos informaron** *de* **que el vuelo llegaría con retraso** we were told * informed that the flight would be late; **nos informaron mal** we were misinformed.
♦*vt* to tell, to inform: **allí le informarán dónde tiene que presentar la solicitud** they will tell you there where to hand in your application; **nos complace informarle que ha ganado usted un coche** we are pleased to inform you that you have won a car.
informarse *v prnl* to get information, to find out: **nos informamos** *del* **horario de trenes** we found out about the train times.

informática /infor'matika/ *sf* computing, information science * technology.

informativo, -va /informa'tiβo -βa/ **I** *adj* **1.** (*con información*) informative: **es un libro muy informativo** it's a very informative book. **2.** (*Medios*): **el director de programas informativos** the director of news programmes.
II informativo *sm* news [lleva el verbo en singular].

informatizar /informati'θar/ [⇨ cazar] *vt* to computerize.
informatizarse *v prnl* to become computerized.

informe /in'forme/ **I** *adj* shapeless.
II *sm* report: **presentaron un informe** *sobre* **la situación de la empresa** they presented a report on the state of the company.
III informes *sm pl* references *pl*: **tendremos que pedir informes antes de darle el trabajo** we will have to ask for references before giving him the job.
informe pericial *sm* expert's report.

infortunio /infor'tunjo/ *sm* misfortune.

infracción /infrak'θjon/ *sf* (*de una norma, una ley*) violation, infringement; (*de tráfico*): **cometió varias infracciones (de tráfico)** he committed several traffic offences.

infraestructura /infraestruk'tura/ *sf* infrastructure: **carecen de la infraestructura necesaria** they lack the necessary infrastructure.

infrahumano, -na /infrau'mano -na/ *adj* subhuman: **estaban alojados en condiciones infrahumanas** they were living in subhuman conditions.

infranqueable /infraŋke'aβle/ *adj* **1.** (*barrera, obstáculo*) impassable. **2.** (*dificultad*) insurmountable: **resultó ser una dificultad infranqueable** it proved to be an insurmountable difficulty.

infrarrojo, -ja /infra'rroxo -xa/ *adj* infrared.

infravalorar /infraβalo'rar/ [⇨ CANTAR] *vt* to undervalue.

infrecuente /infre'kwente/ *adj* infrequent.

infringir /infriŋ'xir/ [⇨ surgir] *vt* to infringe, to break.

infructuoso, -sa /infruk'twoso -sa/ *adj* unsuccessful, fruitless.

ínfulas /'infulas/ *sf pl*: **¡vaya unas ínfulas que se da!** he's so big-headed!; **¡qué ínfulas tiene el chico!** he's got such big ideas about himself!

infundado, -da /infun'daðo -ða/ *adj* unfounded, groundless: **tus sospechas son infundadas** your suspicions are unfounded.

infundio /in'fundjo/ *sm* malicious story: **es un infundio decir que acepté dinero de ellos** it's a lie to say that I accepted money from them.

infundir /infun'dir/ [⇨ PARTIR] *vt* to give, (*GB*) to instil, (*US*) to instill: **sus palabras me infundieron esperanza** her words gave me hope.

infusión /infu'sjon/ *sf* infusion: **pidió una infusión de menta** he asked for a peppermint tea.

ingeniar /iŋxe'njar/ [⇨ CAMBIAR] *vt* to come up with, to devise • **se las ingeniaron para entrar sin pagar** they found a way of getting in without paying.

ingeniería /iŋxenje'ria/ *sf* engineering.
ingeniería genética *sf* genetic engineering.

ingeniero, -ra /iŋge'njero -ra/ *sm/f* engineer.
ingeniero agrónomo *sm*, **ingeniera agrónoma** *sf* agronomist.
ingeniero, -ra de caminos, canales y puertos *sm/f* civil engineer.
ingeniero, -ra de montes *sm/f* forestry expert.
ingeniero, -ra de telecomunicaciones *sm/f* telecommunications engineer.

ingenio /iŋ'xenjo/ *sm* **1.** (*talento, inventiva*) ingenuity: **resolvió el problema** *con* **ingenio** she solved the problem very ingeniously • **la pobreza le llevó a aguzar el ingenio** poverty forced him to sharpen his wits. **2.** (*agudeza*) wit: **con su ingenio nos hizo pasar una velada agradable** his witty sense of humour ensured us a pleasant evening. **3.** (*artefacto*) device.

ingenioso, -sa /iŋge'njoso -sa/ *adj* **1.** (*inteligente*) ingenious, intelligent. **2.** (*agudo*) witty.

ingente /iŋ'xente/ *adj* (*frml*: *número, cantidad*) huge; (*: tarea*) massive: **nos enfrentamos a una tarea ingente** we have a massive task ahead of us.

ingenuidad /iŋxenwi'ðað/ *sf* naivety.

ingenuo, -nua /iŋ'xenwo -nwa/ **I** *adj* naive.
II *sm/f* naive person.

ingerir /iŋxe'rir/ [⇨ sentir] *vt* (*frml*) to ingest.

ingestión /iŋxes'tjon/ *sf* (*frml*) ingestion, consumption.

Inglaterra /iŋgla'terra/ *sf* England.

ingle /'iŋgle/ *sf* groin.

inglés, -glesa /iŋ'gles -'glesa/ **I** *adj* (*de Inglaterra*) English; (*por extensión*) British.
II *sm/f* (*hombre*) Englishman; (*mujer*) Englishwoman: **los ingleses** (*de Inglaterra*) the English; (*por extensión*) the British.
III inglés *sm* (*idioma*) English.

ingratitud /iŋgrati'tuð/ *sf* ingratitude.

ingrato, -ta /iŋ'grato -ta/ **I** *adj* **1.** (*persona*) ungrateful. **2.** (*trabajo, tarea: poco agradecido*) thankless: **este trabajo es muy ingrato** this is a thankless job; (*: desagradable*) unpleasant: **me han encomendado la ingrata tarea de darles la noticia** I've been given the unpleasant task of breaking the news to them.
II *sm/f* ungrateful wretch.

ingrediente /iŋgre'ðjente/ *sm* ingredient.

ingresar /iŋgre'sar/ [⇨ CANTAR] *vi* **1.** (*en una organización*) to join: **ingresó** *en* **el ejército** he joined the army; (*en un centro de enseñanza*) to enter: **tuvo que hacer un examen para ingresar** *en* **la facultad de derecho** she had to take an exam to get into Law school; (*Relig*): **ingresó** *en* **una orden religiosa** he/she joined a religious order; **ingresó** *en* **un convento** she went into a convent. **2.** (*en un centro sanitario*): **ingresó cadáver** he was dead on arrival.
♦*vt* **1.** (*Med*) to admit: **la ingresaron** *en* **la clínica ayer** she was admitted to hospital yesterday. **2.** (*dinero*) to deposit, to pay in: **ingresaron sus ahorros** *en* **una cuenta conjunta** they deposited their savings in a joint account.

ingreso /in'greso/ **I** *sm* **1.** (*Educ*) entrance: **suspendió la prueba de ingreso** *a* ∗ *en* **la universidad** she failed the university entrance exam. **2.** (*en un hospital*) admission. **3.** (*de dinero*) deposit.
II ingresos *sm pl* income: **sus ingresos son suficientes para mantener a su familia** her income is sufficient to provide for her family.

inhabilitar /inaβili'tar/ [⇨ CANTAR] *vt* **1.** (*Jur*) to disqualify. **2.** (*Med*: *impedir*) to render incapable.

inhabitable /inaβi'taβle/ *adj* uninhabitable.

inhalar /ina'lar/ [⇨ CANTAR] *vt* to inhale.

inherente /ine'rente/ *adj* inherent, intrinsic: **es una responsabilidad inherente** *a* **su cargo** it is a responsibility that is intrinsic to his position.

inhibir /ini'βir/ [⇨ PARTIR] *vt* (*a una persona*) to inhibit.
inhibirse *v prnl* **1.** (*sentir vergüenza*) to be inhibited. **2.** (*de hacer algo*): **se han inhibido** *de* **sus responsabilidades** they have refused to carry out their responsibilities.

inhóspito, -ta /i'nospito -ta/ *adj* inhospitable.

inhumano, -na /inu'mano -na/ *adj* inhuman: **dieron un trato inhumano a los prisioneros** the prisoners were treated inhumanely.

inhumar /inu'mar/ [⇨ CANTAR] *vt* (*frml*) to bury.

inicial /ini'θjal/ *adj*, *sf* initial.

iniciar /ini'θjar/ [⇨CAMBIAR] *vt* **1.** (*comenzar*) to initiate, to begin. **2.** (*en conocimientos*) to introduce: **su padre la inició** *en* **el conocimiento de la naturaleza** her father introduced her to the world of nature.

iniciarse *v prnl* **1.** (*comenzar*) to begin, to start: **el curso se inicia en septiembre** the course starts in September. **2.** (*en conocimientos*): **se inició** *en* **el conocimiento de los astros** he started to learn about the stars.

iniciativa /iniθja'tiβa/ *sf* initiative: **actuó** *por* **iniciativa propia** he acted on his own initiative; **tomó la iniciativa** he took the initiative; **toda iniciativa será bien acogida** all initiatives will be welcome.

inicio /i'niθjo/ *sm* beginning, start.

inigualable /iniɣwa'laβle/ *adj* unparalleled: **es un escenario inigualable para el desarrollo de las pruebas** this is the best possible setting for carrying out the tests.

ininteligible /ininteli'xiβle/ *adj* unintelligible.

ininterrumpido, -da /ininterrum'piðo -ða/ *adj* uninterrupted.

injertar /iŋxer'tar/ [⇨CANTAR] *vt* (*Bot, Med*) to graft.

injerto /iŋ'xerto/ *sm* (*Bot, Med*) graft.

injuria /iŋ'xurja/ *sf* insult: **varios de los presentes profirieron injurias** *contra* **el presidente** several of those present insulted the president.

injusticia /iŋxus'tiθja/ *sf* injustice.

injusto, -ta /iŋ'xusto -ta/ *adj* unfair, unjust: **estás siendo injusta** *con* **él** you're being unfair * unjust to him.

inmaculado, -da /immaku'laðo -ða/ *adj* immaculate.

Inmaculada Concepción *sf* Immaculate Conception.

inmadurez /immaðu'reθ/ *sf* immaturity.

inmaduro, -ra /imma'ðuro -ra/ *adj* (*fruto*) unripe; (*persona, comportamiento*) immature.

inmaterial /immate'rjal/ *adj* intangible, abstract.

inmediaciones /immeðja'θjones/ *sfpl* surrounding area, vicinity: **el coche apareció en las inmediaciones del estadio** the car was found in the vicinity of the stadium.

inmediato, -ta /imme'ðjato -ta/ *adj* **1.** (*consecutivo*) immediate: **nuestra reacción inmediata fue gritar** our immediate reaction was to shout • **nos dimos cuenta de inmediato** we realized what had happened immediately * straightaway. **2.** (*contiguo*): **vive en la casa inmediata** *a* **la mía** she lives in the house next door to mine.

inmemorial /immemo'rjal/ *adj* immemorial.

inmenso, -sa /i'mmenso -sa/ *adj* immense, enormous: **sentimos una inmensa alegría** we felt immensely happy.

inmerecido, -da /immere'θiðo -ða/ *adj* undeserved.

inmersión /immer'sjon/ *sf* immersion.

inmerso, -sa /i'mmerso -sa/ *adj* immersed: **pasó la tarde inmersa** *en* **la lectura** she spent the afternoon immersed * absorbed in her book; **el país está inmerso** *en* **una crisis económica** the country is in the depths of a recession.

inmigración /immiɣra'θjon/ *sf* immigration.

inmigrante /immi'ɣrante/ *adj, sm/f* immigrant.

inmigrar /immi'ɣrar/ [⇨CANTAR] *vi* to immigrate.

inminente /immi'nente/ *adj* imminent: **el cambio de gobierno es inminente** a change of government is imminent.

inmiscuirse /immisku'irse/ [⇨huir] *v prnl* (*gen*) to interfere: **no quiero que te inmiscuyas en mis asuntos** I don't want you interfering in my affairs; (*en una conversación*) to butt in.

inmobiliaria /immoβi'ljarja/ *sf* **1.** (*de construcción*) property company. **2.** (*de alquiler, compraventa*) (*GB*) estate agency, (*US*) real estate company.

inmolar /immo'lar/ [⇨CANTAR] *vt* to immolate.

inmoral /immo'ral/ *adj* immoral.

inmoralidad /immorali'ðað/ *sf* immorality.

inmortal /immor'tal/ *adj, sm/f* immortal.

inmortalidad /immortali'ðað/ *sf* immortality.

inmóvil /im'moβil/ *adj* still, immobile: **se quedó inmóvil cuando oyó que la puerta se abría** he stood stock-still when he heard the door open.

inmovilizar /immoβili'θar/ [⇨cazar] *vt* **1.** (*un país, a una persona*) to immobilize. **2.** (*Fin: dinero*) to tie up.

inmueble /i'mmweβle/ *sm* building.

inmundicia /immun'diθja/ *sf* (*GB*) rubbish, (*US*) trash: **el suelo estaba lleno de inmundicias** the floor was filthy and covered with rubbish.

inmundo, -da /i'mmundo -da/ *adj* filthy, dirty: **cenamos en un sitio inmundo** we ate in a filthy little place.

inmune /i'mmune/ *adj* immune: **es inmune** *a* **la enfermedad** she is immune to the disease.

inmunidad /immuni'ðað/ *sf* immunity.

inmunizar /immuni'θar/ [⇨cazar] *vt* to immunize.

inmutable /immu'taβle/ *adj* immutable, unchanging.

inmutarse /immu'tarse/ [⇨CANTAR] *v prnl* to react: **ni se inmutó al ver a la policía** he didn't turn a hair when he saw the police; **recibió la noticia sin inmutarse** he received the news impassively.

innato, -ta /in'nato -ta/ *adj* innate, inborn.

innecesario, -ria /inneθe'sarjo -rja/ *adj* unnecessary.

innegable /inne'ɣaβle/ *adj* undeniable.

innovación /innoβa'θjon/ *sf* innovation.

innovador, -dora /innoβa'ðor -'ðora/ **I** *adj* innovative.
II *sm/f* innovator.

innovar /inno'βar/ [⇨CANTAR] *vt*: **se propusieron innovar las técnicas de cultivo** their aim was to introduce new farming techniques.

innumerable /innume'raβle/ *adj* innumerable, countless.

inocencia /ino'θenθja/ *sf* innocence: **le pregunté, con toda la inocencia del mundo, si lo había visto** I asked, in all innocence, if she had seen him.

inocentada /inoθen'taða/ *sf* practical joke (*particularly one played on the* ⇨ Día de los Inocentes).

inocente /ino'θente/ **I** *adj* **1.** (*no culpable*) innocent: **se declaró inocente** he pleaded innocent * not guilty. **2.** (*crédulo*) naive, gullible: **es tan inocente que se lo cree todo** he's so gullible that he believes everything; (*niño*) innocent.
II *sm/f* **1.** (*no culpable*) innocent person. **2.** (*ingenuo*) naive * gullible person.

inocular /inoku'lar/ [⇨CANTAR] *vt* **1.** (*una sustancia*) to inoculate: **les inoculan el virus** they are inoculated with the virus. **2.** (*una idea*) (*GB*) to instil, (*US*) to instill, to inculcate.

inocuo, -cua /i'nokwo -kwa/ *adj* (*frml*) innocuous, harmless.

inodoro, -ra /ino'ðoro -ðora/ **I** *adj* (*GB*) odourless, (*US*) odorless.
II inodoro *sm* toilet.

inofensivo, -va /inofen'siβo -βa/ *adj* (*comentario, persona*) inoffensive, harmless; (*animal*) harmless.

inolvidable /inolβi'ðaβle/ *adj* unforgettable.

inopia /in'opja/ *sf* • **¡estás en la inopia!** you're miles away!

inoportuno, **-na** /inopor'tuno -na/ *adj* **1.** (*visita, encuentro*) untimely: **su visita fue de lo más inoportuna** their visit was most untimely; (*persona*): **¡qué inoportuno eres!** you have no sense of timing! **2.** (*pregunta, comentario*) inappropriate, inopportune: **la pregunta me pareció muy inoportuna** I thought that the question was rather inappropriate; **fue un comentario muy inoportuno** the remark was ill-timed.

inorgánico, **-ca** /inor'ɣaniko -ka/ *adj* inorganic.

inoxidable /inoksi'ðaβle/ *adj* rustproof.

inquebrantable /iŋkeβran'taβle/ *adj* unshakable, unwavering: **tiene una voluntad inquebrantable** she has an unshakable * iron will.

inquietar /iŋkje'tar/ [➪CANTAR] *vt* **1.** (*preocupar*) to worry. **2.** (*poner nervioso*) to make uneasy: **su manera de mirarme me inquietaba** the way he looked at me made me uneasy.

inquietarse *v prnl* to worry, to get worried.

inquieto, **-ta** /iŋ'kjeto -ta/ *adj* **1.** (*preocupado*) worried, uneasy: **estaban inquietos porque su hija no había llamado** they were worried because their daughter hadn't rung. **2.** (*nervioso*) restless: **es muy inquieto, no para ni un momento** he's very restless, he's always on the go. **3.** (*emprendedor*) enterprising.

inquietud /iŋkje'tuð/ *sf* **1.** (*desasosiego*) worry, uneasiness. **2.** (*nerviosismo*) restlessness. **3.** (*interés*): **es una persona con inquietudes** she has a wide range of interests.

inquilino, **-na** /iŋki'lino -na/ *sm/f* tenant.

inquirir /iŋki'rir/ [➪adquirir] *vt* (*frml*) to inquire.

Inquisición /iŋkisi'θjon/ *sf* (*Hist*) **la Inquisición** the (Spanish) Inquisition.

inri /'inri/ *sm* • **para más inri también perdimos el tren** to make things worse we missed the train as well.

insaciable /insa'θjaβle/ *adj* insatiable.

insalubre /insa'luβre/ *adj* unhealthy.

insalvable /insal'βaβle/ *adj* insurmountable: **encontraron dificultades insalvables** they encountered insurmountable difficulties.

insano, **-na** /in'sano -na/ *adj* unhealthy.

insatisfactorio, **-ria** /insatisfak'torjo -rja/ *adj* unsatisfactory.

insatisfecho, **-cha** /insatis'fetʃo -tʃa/ *adj* dissatisfied, unsatisfied.

inscribir /inskri'βir/ [➪PARTIR; *past participle* **inscrito**] *vt* **1.** (*en un curso*) to enrol; (*en una competición*) to enter; (*en un registro*) to register: **al nacer lo inscribieron en la embajada en Buenos Aires** when he was born they registered him at the embassy in Buenos Aires. **2.** (*grabar*) to inscribe. **3.** (*Mat*) to inscribe.

inscribirse *v prnl* (*en un curso*) to enrol; (*en una competición*) to enter: **se han inscrito** *en* **la carrera** they have put their names down for * entered for the race; (*en un registro*) to register.

insecticida /insekti'θiða/ *sm* insecticide.

insecto /in'sekto/ *sm* insect.

inseguridad /inseɣuri'ðað/ *sf* **1.** (*falta de confianza: gen*) insecurity; (*: al andar*) unsteadiness: **caminaba con inseguridad porque todavía estaba débil** he walked unsteadily because he was still weak. **2.** (*falta de estabilidad*) insecurity, lack of security. **3.** (*peligro*) lack of safety: **nos preocupa la inseguridad ciudadana** we are worried by the fact that our streets are not safe.

inseguro, **-ra** /inse'ɣuro -ra/ *adj* **1.** (*persona, trabajo, futuro*) insecure. **2.** (*vehículo, camino, instalación*) unsafe.

inseminación /insemina'θjon/ *sf* insemination.

inseminación artificial *sf* artificial insemination.

insensatez /insensa'teθ/ *sf* [**insensateces**] **1.** (*cualidad*) stupidity, foolishness. **2.** (*hecho*) foolish act: **lo que hiciste fue una gran insensatez** that was a very foolish thing you did; (*dicho*) foolish remark.

insensato, **-ta** /insen'sato -ta/ **I** *adj* foolish, stupid. **II** *sm/f* fool.

insensible /insen'siβle/ *adj* **1.** (*a un sentimiento*) indifferent, insensitive: **es insensible** *al* **sufrimiento de los demás** he is indifferent to other people's suffering. **2.** (*a una sensación física*) without feeling: **la mano le quedó insensible después del accidente** he had no feeling in his hand after the accident.

inseparable /insepa'raβle/ *adj* inseparable: **en el colegio éramos inseparables** at school we were inseparable.

insertar /inser'tar/ [➪CANTAR] *vt* to insert.

inservible /inser'βiβle/ *adj* unusable, unserviceable: **esta radio está inservible** this radio is unusable.

insidioso, **-sa** /insi'ðjoso -sa/ *adj* (*frml*) insidious.

insigne /in'siɣne/ *adj* famous, distinguished.

insignia /in'siɣnja/ *sf* **1.** (*distintivo*) badge. **2.** (*Náut: bandera*) flag.

insignificancia /insiɣnifi'kanθja/ *sf* **1.** (*cualidad*) insignificance. **2.** (*cosa sin importancia*): **no deberías preocuparte por una insignificancia como ésa** you shouldn't worry about such a trivial thing; **no me lo agradezcas, es una insignificancia** you don't need to thank me, it's nothing * it's only a (silly) little thing.

insignificante /insiɣnifi'kante/ *adj* insignificant.

insinceridad /insinθeri'ðað/ *sf* insincerity.

insinuación /insinwa'θjon/ *sf* (*crítica velada*) insinuation: **hizo unas insinuaciones que no me gustaron nada** he made some insinuations which I did not like at all; (*para que alguien haga algo*) hint: **a pesar de sus insinuaciones no la invitamos** in spite of her hints we didn't invite her.

insinuar /insi'nwar/ [➪actuar] *vt* (*dar a entender: gen*) to hint: **insinuó que estaría interesada en el trabajo** she hinted that she would like the job; (*: una crítica*) to insinuate: **¿qué insinúas?** what are you insinuating?

insinuarse *v prnl*: **se me insinuó de la forma más descarada** he very blatantly made a pass at me.

insípido, **-da** /in'sipiðo -ða/ *adj* **1.** (*alimento*) insipid. **2.** (*conversación, libro*) dull, tedious.

insistencia /insis'tenθja/ *sf* insistence: **me lo pidió** *con* **insistencia** she asked me insistently * over and over again.

insistente /insis'tente/ *adj* insistent.

insistir /insis'tir/ [➪PARTIR] *vi* **1.** (*gen*) to insist: **insistió** *en* **que fuéramos a visitarlo** he insisted on our going to visit him; **no insistas, porque no quiero ir** stop going on about it, because I'm not interested in going; **hombre, si insistes...** well, if you insist...; **insistió** *en* **que tenía razón** she insisted she was right; **insistió** *en* **su postura** he emphasized what his position was. **2.** (*en la importancia de algo*): **insistió** *en* **la importancia de llevar casco** she stressed * emphasized the importance of wearing a helmet; **el maestro**

insistió *en* las lecciones difíciles the teacher kept going over the difficult lessons.

insobornable /insoβor'naβle/ *adj* incorruptible.

insociable /inso'θjaβle/ *adj* antisocial, unsociable.

insolación /insola'θjon/ *sf* sunstroke.

insolencia /inso'lenθja/ *sf* **1.** (*actitud*) insolence. **2.** (*dicho insolente*) insolent remark; (*hecho insolente*) insolent act: **no voy a consentir semejante insolencia** I will not tolerate such insolent behaviour.

insolente /inso'lente/ **I** *adj* insolent, defiant.
II *sm/f* insolent person.

insolidario, -ria /insoli'ðarjo -rja/ *adj* unsupportive: **me revientan esas actitudes tan insolidarias** such unsupportive attitudes really annoy me.

insólito, -ta /in'solito -ta/ *adj* unheard-of: **sería insólito que un ministro dimitiera por ese motivo** it would be unheard-of for a minister to resign over something like that; **sería insólito que nevara en abril** it would be most unusual for it to snow in April.

insoluble /inso'luβle/ *adj* insoluble.

insolvencia /insol'βenθja/ *sf* insolvency.

insolvente /isol'βente/ *adj* insolvent.

insomne /in'somne/ **I** *adj*: **pasó insomne toda la noche** he had a sleepless night; **las personas insomnes son propensas a...** people who suffer from insomnia are prone to....
II *sm/f* insomniac.

insomnio /in'somnjo/ *sm* insomnia, sleeplessness.

insondable /inson'daβle/ *adj* unfathomable.

insonorizado, -da /insonori'θaðo -ða/ *adj* soundproof.

insonorizar /insonori'θar/ [⇨cazar] *vt* to soundproof.

insoportable /insopor'taβle/ *adj* unbearable.

insoslayable /insosla'jable/ *adj* (*frml*) unavoidable.

insospechado, -da /insospe'tʃaðo -ða/ *adj* unexpected.

insostenible /insoste'niβle/ *adj* **1.** (*insoportable*) impossible: **hemos llegado a una situación insostenible** the situation has become impossible. **2.** (*indefendible*) untenable.

inspección /inspek'θjon/ *sf* inspection, examination.

inspeccionar /inspekθjo'nar/ [⇨CANTAR] *vt* to inspect, to examine.

inspector, -tora /inspek'tor -'tora/ *sm/f* inspector.
inspector, -tora de Hacienda *sm/f* tax inspector.
inspector, -tora de policía *sm/f* inspector (*in police force*).

inspiración /inspira'θjon/ *sf* **1.** (*para crear*) inspiration: **buscó su inspiración en la Grecia clásica** she looked for inspiration in the Ancient Greeks. **2.** (*aspiración*) inhalation.

inspirar /inspi'rar/ [⇨CANTAR] *vt* **1.** (*infundir*) to inspire: **es una persona que me inspira confianza** he is a person who inspires me with confidence. **2.** (*aspirar*) to inhale, to breathe in.
inspirarse *v prnl* to be inspired: **se inspiró *en* una vieja leyenda** she got her inspiration from an ancient legend.

instalación /instala'θjon/ **I** *sf* (*acción*) installation.
II instalaciones *sfpl* facilities *pl*: **las instalaciones son para uso exclusivo de los residentes** the facilities are for the exclusive use of the residents.
instalación eléctrica *sf* electrical system.
instalaciones deportivas *sfpl* sports facilities *pl*.

instalar /insta'lar/ [⇨CANTAR] *vt* **1.** (*poner y conectar*) to install, to put in: **vinieron a instalarles el teléfono ayer** yesterday they came to install ∗ put in the telephone. **2.** (*poner: algo*) to place, to put: **instalaron una pantalla detrás del escenario** they put a screen behind the stage; (*: a una persona*) to put: **lo instaló en el cuarto de los invitados** she put him in the guest room. **3.** (*abrir*) to open.
instalarse *v prnl* (*persona*): **se instaló en mi despacho** she installed herself in my office; **al volver de Estados Unidos se instalaron en Madrid** after their return from the United States they settled in Madrid; **se instaló como abogado en Valencia** he established himself as a lawyer in Valencia; (*empresa*): **al final decidieron instalarse en Guadalajara** in the end they decided to set up in Guadalajara.

instancia /ins'tanθja/ *sf* **1.** (*petición*) request: **se presentó a las elecciones *a* instancias del partido** he stood for election at the party's request • **en última instancia puede pedir un préstamo** as a last resort you can ask for a loan. **2.** (*solicitud escrita*) written request: **tuvo que presentar una instancia al director** he had to submit a written request to the principal.

instantánea /instan'tanea/ *sf* snapshot.

instantáneo, -nea /instan'taneo -nea/ *adj* **1.** (*inmediato*) immediate, instantaneous: **su reacción fue instantánea** she reacted immediately; (*momentáneo*) momentary: **hubo un resplandor instantáneo** the sky lit up momentarily ∗ for a moment. **2.** (*café*) instant.

instante /ins'tante/ *sm* instant, moment: **ha salido hace un instante** she went out a moment ago; **aceptó *al* instante** she accepted instantly ∗ on the spot; **comimos *en* un instante** we ate very quickly; **lo interrumpían *a* cada instante** they kept interrupting him every two seconds.

instar /ins'tar/ [⇨CANTAR] *vt* to ask, to request: **lo instaron *a* que abandonara el local** they asked him to leave the premises.

instaurar /instau'rar/ [⇨CANTAR] *vt* to establish: **la república fue instaurada *en* 1945** the Republic was established in 1945.
instaurarse *v prnl* to be established.

instigador, -dora /instiɣa'ðor -'ðora/ *sm/f* instigator.

instigar /insti'ɣar/ [⇨pagar] *vt* to incite, to urge: **los instigaron *a* rebelarse** they incited them to rebel.

instintivo, -va /instin'tiβo -βa/ *adj* instinctive.

instinto /ins'tinto/ *sm* instinct: **tiene instinto *para* los negocios** he has a good business sense.

institución /institu'θjon/ *sf* institution • **el concierto del día de Navidad se ha convertido en toda una institución** the Christmas concert has become quite an institution • **su abuelo es una institución en el pueblo** his grandfather is a well-respected figure in the village.

institucionalizar /instituθjonali'θar/ [⇨cazar] *vt* to institutionalize.

instituir /institu'ir/ [⇨huir] *vt* to establish, to set up.

instituto /insti'tuto/ *sm* **1.** (*institución científica, cultural, etc.*) institute. **2.** (*en España: colegio de secundaria*) secondary school ∗ (*US*) high school (*for fourteen to eighteen year-olds; funded by the state*).

institutriz /institu'triθ/ *sf* [**institutrices**] governess.

instrucción /instruk'θjon/ **I** *sf* **1.** (*formación*) education: **es una persona de poca instrucción** he's a person of little education. **2.** (*Mil: práctica*) drill: **lo que más odiaba del servicio militar era la instrucción** the thing he hated most about national service was all the drill; (*: periodo*) military training: **hizo la instrucción en Zaragoza** he did his military training in Zaragoza.
II instrucciones *sfpl* instructions *pl*: **actué**

siguiendo sus instrucciones I acted in accordance with his instructions; **no tengo el libro de instrucciones** I do not have the instruction manual.

instrucción militar *sf* military training.

instruir /instru'ir/ [➪ huir] *vt* **1.** (*a una persona*) to teach, to instruct: **me instruyó** *en* **todo lo relacionado con seguros** she taught me about everything to do with insurance. **2.** (*Jur*): **todavía están instruyendo el expediente** the investigation is still under way * is still being conducted.

instruirse *v prnl* to improve one's mind.

instrumental /instrumen'tal/ **I** *adj* instrumental.
II *sm* instruments *pl*: **no disponen de instrumental quirúrgico** they don't have any surgical instruments.

instrumentar /instrumen'tar/ [➪ CANTAR] *vt* to orchestrate.

instrumentista /instrumen'tista/ *sm/f* (*Mús: intérprete*) instrumentalist; (*: fabricante*) instrument maker.

instrumento /instru'mento/ *sm* instrument.

instrumento de cuerda *sm* string instrument.

instrumento de percusión *sm* percussion instrument.

instrumento de viento *sm* wind instrument.

insubordinación /insuβorðina'θjon/ *sf* insubordination.

insubordinado, -da /insuβorði'naðo -ða/ **I** *adj* insubordinate.
II *sm/f* insubordinate officer * soldier.

insubordinarse /insuβorði'narse/ [➪ CANTAR] *v prnl* to be insubordinate, to refuse to obey orders.

insuficiencia /insufi'θjenθja/ *sf* (*gen*) insufficiency; (*Med*) failure.

insuficiencia cardiaca *sf* heart failure.

insuficiencia renal *sf* kidney failure.

insuficiente /insufi'θjente/ **I** *adj* insufficient.
II *sm* (*Educ*) fail (*mark between 40% and 50%*).

insufrible /insu'friβle/ *adj* unbearable, insufferable.

insular /insu'lar/ **I** *adj* insular.
II *sm/f* islander.

insulina /insu'lina/ *sf* insulin.

insulso, -sa /in'sulso -sa/ *adj* **1.** (*alimento*) insipid. **2.** (*conversación, libro*) dull, tedious; (*persona*) dull.

insultante /insul'tante/ *adj* insulting.

insultar /insul'tar/ [➪ CANTAR] *vt* to insult.

insulto /in'sulto/ *sm* insult.

insumiso, -sa /insu'miso -sa/ **I** *adj* unsubmissive.
II insumiso *sm* (*Mil*) *person who refuses the military and community service options offered to draftees.*

insuperable /insupe'raβle/ *adj* **1.** (*oferta, precio, etc.*) unbeatable. **2.** (*problema, etc.*) insurmountable.

insurgente /insur'xente/ *adj, sm/f* insurgent.

insurrección /insurrek'θjon/ *sf* insurrection.

insurrecto, -ta /insu'rrekto -ta/ *adj, sm/f* rebel.

insustancial /insustan'θjal/ *adj* (*argumento, comida*) insubstantial; (*persona*) insipid.

insustituible /insusti'twiβle/ *adj* irreplaceable.

intachable /inta'tʃaβle/ *adj* irreproachable: **siempre tuvo una conducta intachable** his behaviour was always impeccable.

intacto, -ta /in'takto -ta/ *adj* **1.** (*inalterado*) undamaged, intact: **la mercancía llegó intacta** the merchandise arrived undamaged. **2.** (*sin tocar*) untouched: **dejó su comida intacta** she left her meal untouched.

intangible /intaŋ'xiβle/ *adj* intangible.

integración /inteɣra'θjon/ *sf* integration.

integral /inte'ɣral/ **I** *adj* **1.** (*total*) complete, total. **2.** (*harina, pan*) wholemeal, brown; (*arroz*) brown.
II *sf* (*Mat*) integral.

integrante /inte'ɣrante/ *sm/f* member: **se reunió con los integrantes del equipo** he held a meeting with the team members.

integrar /inte'ɣrar/ [➪ CANTAR] *vt* **1.** (*componer*) to make up, to compose: **el comité lo integran doce personas** the committee is made up of twelve people. **2.** (*Mat*) to integrate.

integrarse *v prnl* to integrate: **no tuvo problemas para integrarse** *en* **el grupo** he had no problem integrating into the group.

integridad /inteɣri'ðað/ *sf* **1.** (*also* **integridad moral**) (*rectitud*) integrity. **2.** (*unidad, totalidad*) integrity.

integridad física *sf*: **ponía en peligro su integridad física** he risked his own safety; **fue acusado de atentar contra su integridad física** he was accused of trying to harm her.

integrismo /inte'ɣrizmo/ *sm* fundamentalism.

integrista /inte'grista/ *adj, sm/f* fundamentalist.

íntegro, -gra /'inteɣro -ɣra/ *adj* **1.** (*completo: gen*) whole, complete: **me devolvió la cantidad íntegra** he paid me back the whole sum; (*: edición*) unabridged; (*: versión*) uncut. **2.** (*honesto*) upright, honest: **es un hombre muy íntegro** he is a very honest man.

intelecto /inte'lekto/ *sm* intellect.

intelectual /intelek'twal/ *adj, sm/f* intellectual.

inteligencia /inteli'xenθja/ *sf* intelligence.

inteligencia artificial *sf* artificial intelligence.

inteligente /inteli'xente/ *adj* intelligent.

inteligible /inteli'xiβle/ *adj* intelligible.

intemperie /intem'perje/ **a la intemperie** *loc adv*: **pasaron la noche a la intemperie** they spent the night outdoors * in the open air.

intempestivo, -va /imtempes'tiβo -βa/ *adj* inconvenient: **me llamó a una hora intempestiva** he rang me at an inconvenient time.

intención /inten'θjon/ *sf* intention: **lo hizo con la intención** *de* **ayudar** he did it with the intention of helping; **tiene intención** *de* **estudiar alemán** she intends to study German; **lo hizo con buena/mala intención** she did it with good intentions/ill will; **la broma tenía mala intención** the joke was meant to be cruel; **no lo dijo** *con* **intención** *de* **ofenderte** he didn't intend to offend you by saying it; **sus palabras tenían una doble intención** her words had a double meaning.

intencionado, -da /intenθjo'naðo -ða/ *adj* deliberate, intentional.

intendencia /inten'denθja/ *sf* (*Mil*) (*GB*) supply corps, (*US*) quartermaster corps.

intendente /inten'dente/ *sm* **1.** (*Mil*) Quartermaster-General. **2.** (*Arg, Chi, Urug: alcalde*) mayor.

intensidad /intensi'ðað/ *sf* (*gen*) intensity; (*del viento*) force.

intensificar /intensifi'kar/ [➪ sacar] *vt* (*la vigilancia, el dolor*) to intensify; (*la producción, el consumo*) to increase, to step up.

intensificarse *v prnl* (*vigilancia*) to be intensified; (*tráfico*) to increase; (*problema*) to worsen, to get worse: **la crisis se ha intensificado en los últimos meses** the crisis has worsened in the last few months.

intensivo, -va /inten'siβo -βa/ *adj* intensive.

intenso, -sa /in'tenso -sa/ *adj* (*gen*) intense; (*dolor*) acute, sharp.

intentar /inten'tar/ [➪ CANTAR] *vt* to try, to attempt:

¿quieres intentarlo tú esta vez? do you want to try this time?; **intenta llegar temprano** try to get there early; **intenta que esto no vuelva a suceder** try to make sure this doesn't happen again.

intento /in'tento/ *sm* attempt: **consiguió hacerlo** *al* **segundo intento** she managed to do it at the second attempt; **durante la noche se produjo un intento** *de* **robo** there was an attempted robbery during the night; **lo hospitalizaron tras un intento** *de* **suicidio** he was taken to hospital after attempting to commit suicide.

intentona /inten'tona/ *sf* **1.** (*intento*) (foolish) attempt. **2.** (*also* **intentona golpista**) (*Pol*): **la intentona golpista fue descubierta a tiempo** the plot to overthrow the government was discovered in time; **tras el fracaso de la intentona golpista...** after the failure of the attempted coup....

intercalar /interka'lar/ [➪ CANTAR] *vt* (*en un texto*) to insert; (*en un discurso*): **intercaló varias anécdotas personales en su discurso** he included several anecdotes in his speech.

intercambiable /interkam'bjaβle/ *adj* interchangeable.

intercambiar /interkam'bjar/ [➪ CAMBIAR] *vt* to exchange: **estuvimos intercambiando ideas** we were exchanging ideas.

intercambiarse *v prnl* to exchange.

intercambio /inter'kambjo/ *sm* exchange: **fui a Richmond** *en* **un intercambio** I went to Richmond on an exchange; **estudiante español busca intercambio** *con* **estudiante inglés interesado en practicar su español** Spanish student seeks English student for Spanish/English conversation practice.

interceder /interθe'ðer/ [➪ TEMER] *vi* to intercede: **intercedió** *por* **nosotros ante el director** she interceded on our behalf with the headmaster.

interceptar /interθep'tar/ [➪ CANTAR] *vt* **1.** (*detener*) to intercept: **el defensa interceptó el pase** the defender intercepted the pass. **2.** (*obstruir*) to block: **una roca interceptaba el paso** a boulder was blocking the way.

intercontinental /interkontinen'tal/ *adj* intercontinental.

interdisciplinar /interðisθipli'nar/ *adj* interdisciplinary.

interés /inte'res/ **I** *sm* **1.** (*importancia*) interest: **hicieron un descubrimiento de gran interés** they made a highly significant discovery. **2.** (*atención*) interest, attention: **no rinde porque no pone el suficiente interés** he isn't doing well because he doesn't show enough interest. **3.** (*curiosidad*) interest: **tengo interés** *por* **conocer ese museo** I'm interested in visiting that museum. **4.** (*afición*) interest, liking: **no tengo ningún interés** *por* **la informática** I'm not at all interested in computers; **entre sus intereses se encuentra también la ornitología** bird watching ranks among her interests. **5.** (*preocupación*) concern: **le estamos muy agradecidos por el interés que ha mostrado** we're very grateful to you for your concern. **6.** (*beneficio*) interest: **lo hizo** *en* **interés de su familia** she did it in the interests of her family. **7.** (*egoísmo*) self-interest: **actuó así** *por* **interés** he acted like that out of self-interest. **8.** (*Fin*) interest: **¿***a* **qué interés te han dado el préstamo?** what is the rate of interest you are being charged on your loan?

II intereses *sm pl* (*Fin*) interests *pl*: **tiene intereses en el extranjero** she has business interests abroad • **hay intereses creados que impiden su legalización** there are vested interests which are preventing its legalization.

interesadamente /interesaða'mente/ *adv* selfishly.

interesado, -da /intere'saðo -ða/ **I** *adj* **1.** (*gen*) interested: **no estaba muy interesada** *en* **la idea** she was not very interested in the idea. **2.** (*aprovechado*) self-interested, self-seeking: **no te fíes de él, es muy interesado** don't trust him, he's only interested in furthering his own ends.

II *sm/f* interested party: **los interesados deben escribir a esta dirección...** anyone who is interested should write to the following address....

interesante /intere'sante/ **I** *adj* interesting.

II *sm/f* • **no te hagas el interesante y cuéntame lo que pasó** stop being so mysterious and tell me what happened.

interesar /intere'sar/ [➪ CANTAR] *vt* to interest: **consiguió interesarlos** *en* **su producto** she managed to interest them in her product.

♦ *vi* **1.** (*motivar interés*) to interest: **le interesa mucho la historia** she is very interested in history; **la política no me interesa mucho** politics don't interest me much. **2.** (*ir bien*): **lo que nos interesaría sería encontrarlo rápido** it would be useful to find it quickly. **3.** (*concernir*): *a* **él no le interesa lo que yo gano** it's none of his business how much I earn.

interesarse *v prnl* **1.** (*tener interés*) to be interested: **¡este chico no se interesa** *por* **nada!** this boy isn't interested in anything! **2.** (*mostrar preocupación*): **llamaron para interesarse** *por* **su salud** they called to ask about his health.

interfaz /inter'faθ/ *sm* ∗ *sf* [**interfaces**] interface.

interferencia /interfe'renθja/ *sf* (*gen*) interference; (*cruce de líneas*) crossed line.

interferir /interfe'rir/ [➪ sentir] *vi* to interfere: **no permitiré que interfieran** *en* **mis asuntos** I won't allow them to interfere in my affairs.

interfiero /inter'fjero/ *and other forms with* ***interfier-*** ➪ interferir

interfono /inter'fono/ *sm* intercom.

ínterin /'interin/ *sm* (*frml*) interim: **en el ínterin se habían cambiado de casa** in the interim ∗ in the meanwhile they had moved house.

interino, -na /inte'rino -na/ **I** *adj*: *filling a government post on a temporary basis.*

II *sm/f* temporary appointee (*to a government post*).

interior /inte'rjor/ **I** *adj* **1.** (*elemento, parte*) inside: **el bolsillo interior está roto** the inside pocket is torn; **la etiqueta está en la parte interior del abrigo** the label is on the inside of the coat. **2.** (*jardín, patio*) interior. **3.** (*piso, habitación*) *overlooking an inner courtyard rather than the street.* **4.** (*nacional*) domestic, internal: **hay que potenciar el comercio interior** domestic trade must be boosted. **5.** (*íntimo*) inner: **nunca alcanzó la paz interior** he never found inner peace.

II *sm* **1.** (*parte de dentro*) inside, interior: **voy a forrar el interior de la caja** I'm going to line the inside of the box; **el interior de la casa era muy oscuro** the interior of the house was very dark. **2.** (*de un país*) interior: **viajaron por el interior** they travelled around the interior. **3.** (*conciencia*): *en* **su interior se sentía culpable** deep down he felt guilty. **4. Interior** (*ministerio*) *[never used with an article]* Ministry of the Interior: **el nuevo equipo de Interior** the new team at the Ministry of the Interior.

III *sm/f* (*en fútbol*) inside forward.

IV interiores *sm pl* (*en cine*) interiors *pl*.

interioridades /interjori'ðaðes/ *sf pl* (*de una persona*) private affairs *pl*: **conocía todas las interioridades de la familia** she knew all the family's private affairs; (*de una entidad*): **conoce todas las interioridades de la empresa** she knows the company's inside story.

interiorismo /interjo'rizmo/ *sm* interior design.

interiorista /interjo'rista/ *sm/f* interior designer.

interjección /interxek'θjon/ *sf* interjection.

interlocutor, -tora /interloku'tor -'tora/ *sm/f* interlocutor: **su interlocutor no dejó de atacarlo** his interlocutor kept up the attack on him.

interludio /inter'luðjo/ *sm* (*Mús*) interlude.

intermediario, -ria /interme'ðjarjo -rja/ **I** *adj* intermediary.
II *sm/f* **1.** (*mediador*) intermediary: **me pidieron que actuara como intermediario** they asked me to act as an intermediary. **2.** (*comerciante*) middleman.

intermedio, -dia /inter'meðjo -ðja/ **I** *adj* intermediate: **se halla en una etapa intermedia** it is at an intermediate stage.
II intermedio *sm* (*descanso*) interval, intermission.

interminable /intermi'naβle/ *adj* interminable, endless.

intermitente /intermi'tente/ **I** *adj* intermittent, off and on: **caía una lluvia intermitente** it was raining intermittently * off and on.
II *sm* (*de un automóvil*) indicator: **puso el intermitente, pero no giró** he indicated, but didn't turn.

internacional /internaθjo'nal/ **I** *adj* international.
II *sm/f* (*jugador*) international.

internado /inter'naðo/ *sm* boarding school.

internar /inter'nar/ [➪ CANTAR] *vt* **1.** (*recluir: gen*) to put, to send: **lo internaron** *en* **un reformatorio** he was put in * sent to a juvenile detention centre; (*: en un campo de concentración*) to intern. **2.** (*hospitalizar*) to admit (*to hospital*), to hospitalize: **no es grave, pero habrá que internarla** it's not serious, but she'll have to go to hospital.
internarse *v prnl*: **se internaron** *en* **la selva** they went deep into the jungle.

interno, -na /in'terno -na/ **I** *adj* internal: **sufrió graves lesiones internas** he had severe internal injuries; **el país se enfrenta a graves problemas internos** the country is facing serious domestic problems.
II *sm/f* **1.** (*en un colegio*) boarder. **2.** (*en una prisión*) inmate, prisoner. **3.** (*médico*) (*GB*) houseman, (*US*) intern: **está de interno** *en* **cirugía** he's a surgical houseman.
III interno *sm* (*Arg, Urug: Telec*) extension.

interpelar /interpe'lar/ [➪ CANTAR] *vt* (*frml*) to question.

interpolar /interpo'lar/ [➪ CANTAR] *vt* (*frml*) to insert: **interpoló unas citas** *en* **el texto** she inserted some quotes into the text.

interponer /interpo'ner/ [➪ poner; *past participle* **interpuesto**] *vt* **1.** (*poner*) to place. **2.** (*Jur*) to lodge: **interpondremos un recurso de apelación** we shall lodge an appeal.
interponerse *v prnl* to place oneself: **se interpuso** *entre* **ellos para que no se pegaran** she placed herself between them to stop them fighting; **eliminó a todos los que se interpusieron** *en* **su camino** he eliminated everybody who stood in his way.

interpretación /interpreta'θjon/ *sf* **1.** (*gen*) interpretation: **todo esto se debe a una mala interpretación** all of this is due to a misunderstanding. **2.** (*actuación, ejecución*) performance: **fue una interpretación magnífica** it was a fantastic performance; **el guión es flojo, pero la interpretación es muy buena** the script is weak but the acting is very good.

interpretar /interpre'tar/ [➪ CANTAR] *vt* **1.** (*gen*) to interpret: **no me interpretes mal** don't misunderstand me, don't get me wrong. **2.** (*una obra, una pieza musical*) to perform: **interpretaron algunas obras de Mozart** they performed some pieces by Mozart; (*un papel*) to play: **interpretaba el papel de Antígona** she was playing the part of Antigone.

intérprete /in'terprete/ *sm/f* **1.** (*actor, músico*) performer: **los intérpretes salieron a saludar al público** the performers came out to take a curtain call; (*cantante*) singer. **2.** (*de idiomas*) interpreter: **trabaja de intérprete** she's an interpreter.

interrogación /interroɣa'θjon/ *sf* (*Ling*) **1.** (*expresión*) question. **2.** (*signo*) question mark.

interrogante /interro'ɣante/ **I** *adj* questioning: **me dirigió una mirada interrogante** she gave me a questioning look.
II *sm* (*Ling*) question mark.
III *sm* * *sf* (*enigma*) unknown quantity: **su futuro es un * una interrogante** his future is uncertain.

interrogar /interro'ɣar/ [➪ pagar] *vt* (*a un detenido*) to question: **la policía interrogó a los detenidos** the police questioned the people under arrest; (*a un espía, un preso político*) to interrogate.

interrogativo, -va /interroɣa'tiβo -βa/ *adj* (*Ling*) interrogative.

interrogatorio /interroɣa'torjo/ *sm* (*a un detenido*) questioning; (*a un espía, un preso político*) interrogation; (*a un testigo*) cross-examination.

interrumpir /interrum'pir/ [➪ PARTIR] *vt* **1.** (*parar, suspender*) to stop, to halt: **el profesor interrumpió la clase y salió a ver qué pasaba** the teacher stopped the class and went out to find out what was going on; **tuvieron que interrumpir las obras de la nueva autopista** they had to stop work on the new motorway; **el servicio de autobuses estuvo interrumpido** *entre* **las once y las doce** bus services were suspended between eleven and twelve o'clock. **2.** (*a alguien que está hablando*) to interrupt: **no me interrumpas, por favor** don't interrupt me, please. **3.** (*obstruir*) to block, to obstruct: **ese camión está interrumpiendo el tráfico** that truck is blocking the traffic. **4.** (*un embarazo*) to terminate.
♦ *vi* to interrupt: **¡no interrumpas!** don't interrupt!

interrupción /interrup'θjon/ *sf* **1.** (*gen*) interruption. **2.** (*de un embarazo*) termination.

interruptor /interrup'tor/ *sm* switch.

intersección /intersek'θjon/ *sf* intersection.

interurbano, -na /interur'βano -na/ *adj* (*llamada*) national; (*transporte*) intercity: **también han subido los precios del transporte interurbano** the cost of intercity travel has also been increased.

intervalo /inter'βalo/ *sm* **1.** (*descanso*) interval, interlude. **2.** (*distancia*): **los árboles están plantados** *a* **intervalos de tres metros** the trees are planted at three-metre intervals.

intervención /interβen'θjon/ *sf* **1.** (*actuación*) intervention: **son partidarios de una política de no intervención** they support a non-interventionist policy. **2.** (*en una conversación, un debate*) contribution: **su intervención fue muy polémica** her contribution to the debate was very controversial. **3.** (*operación*) operation: **le tuvieron que realizar una intervención quirúrgica** they had to operate on him * he had to undergo surgery.

intervenir /interβe'nir/ [➪venir] *vi* **1.** (*tomar parte*) to take part: **no quiso intervenir** *en* **la discusión** he didn't want to take part in the discussion; **la policía intervino** *en* **los trabajos de rescate** the police took part in the rescue operation. **2.** (*interponerse*) to intervene: **tuve que intervenir para que no lo castigaran** I had to intervene to stop him from being punished. **3.** (*actuar*) to perform: **intervino** *en* **más de cincuenta películas** he performed in more than fifty films. **4.** (*influir*) to influence: *en* **mi decisión han intervenido muchos factores** many factors have influenced my decision.
♦*vt* **1.** (*Med*) to operate on: **la han intervenido quirúrgicamente** they have operated on her, she has undergone surgery. **2.** (*un teléfono*) to tap: **la policía intervino su teléfono** the police tapped their phone; (*la correspondencia*) to intercept. **3.** (*bienes, drogas*) to seize; (*una cuenta*) to investigate: **han intervenido su cuenta bancaria** her bank account is under investigation.

interventor, -tora /interβen'tor -'tora/ *sm/f* **1.** (*en unas elecciones*) scrutineer (*appointed by each party*); (*de cuentas*) auditor. **2.** (*revisor*) ticket inspector.

interviú /inter'βju/ *sf* interview (*in the media*).

intestinal /intesti'nal/ *adj* intestinal.

intestino, -na /intes'tino -na/ **I** *adj* (*frml*) internal: **el país, destrozado por las luchas intestinas, no pudo hacer frente a la nueva crisis** the country, torn apart by civil strife, was unable to face up to the new crisis.
II intestino *sm* intestine.
intestino delgado *sm* small intestine.
intestino grueso *sm* large intestine.

intimar /inti'mar/ [➪CANTAR] *vi* to become close: **nunca llegamos a intimar** we never became very close.

intimidación /intimiða'θjon/ *sf* intimidation.

intimidad /intimi'ðað/ **I** *sf* **1.** (*confianza*) intimacy: *entre* **nosotras hay mucha intimidad** we're very close. **2.** (*vida privada*) private life, privacy: **guardaba celosamente su intimidad** she jealously guarded her private life.
II intimidades *sf pl* secrets *pl*: **me cuenta todas sus intimidades** he tells me all his secrets.

intimidar /intimi'ðar/ [➪CANTAR] *vt* to intimidate: **su seriedad intimidaba a los alumnos** his seriousness intimidated the students; **intimidó al cajero con una pistola** he threatened the cashier with a pistol.

íntimo, -ma /'intimo -ma/ **I** *adj* **1.** (*ambiente, relación entre personas, etc.*) intimate. **2.** (*acontecimiento, asunto*) private: **fue una celebración íntima** the party was for family and close friends only; **éstas son cosas muy íntimas** these are very private ✻ personal matters. **3.** (*conexión*) close: **existe una íntima conexión entre los hechos** the events are very closely linked. **4.** (*amigo*) close, intimate: **son íntimos amigos** they are very close friends; **un amigo íntimo del Príncipe** a close friend of the Prince's.
II *sm/f* close friend: **es un íntimo de la familia** he is a close friend of the family.

intolerable /intole'raβle/ *adj* intolerable.

intolerancia /intole'ranθja/ *sf* intolerance.

intolerante /intole'rante/ **I** *adj* intolerant: **es bastante intolerante** *con* **los niños** she is very intolerant with the children.
II *sm/f* intolerant person.

intoxicación /intoksika'θjon/ *sf* poisoning: **las setas le produjeron una intoxicación** the mushrooms gave him food poisoning.
intoxicación alimenticia *sf* food poisoning.

intoxicar /intoksi'kar/ [➪sacar] *vt* to poison.
intoxicarse *v prnl* to be poisoned: **se intoxicó** *con* **mayonesa en mal estado** she got food poisoning from eating mayonnaise that was off.

intranquilidad /intraŋkili'ðað/ *sf* uneasiness, worry.

intranquilizar /intraŋkili'θar/ [➪cazar] *vt* to worry, to make anxious.
intranquilizarse *v prnl* to worry: **se intranquilizó cuando vio que no llegaba** he became worried when she didn't arrive.

intranquilo, -la /intraŋ'kilo -la/ *adj* worried, uneasy: **estaré intranquila hasta que me llames** I'll be worried until you call me.

intransferible /intransfe'riβle/ *adj* non-transferable.

intransigencia /intransi'xenθja/ *sf* intransigence.

intransigente /intransi'xente/ *adj, sm/f* intransigent.

intransitable /intransi'taβle/ *adj* impassable: **las inundaciones dejaron la carretera intransitable** the floods made the road impassable.

intransitivo, -va /intransi'tiβo -βa/ *adj* intransitive.

intrascendente /intrasθen'ðente/ *adj* unimportant: **¡no te pongas así por una cosa tan intrascendente!** don't make a fuss over such an unimportant matter!

intrasferible /intrasfe'riβle/ *adj* ➪intransferible

intratable /intra'taβle/ *adj* impossible to deal with, stubborn: **últimamente está intratable** he's been very stubborn ✻ difficult lately.

intrauterino, -na /intraute'rino -na/ *adj* intrauterine.

intravenoso, -sa /intrave'noso -sa/ *adj* intravenous.

intrépido, -da /in'trepiðo -ða/ *adj* intrepid, daring.

intriga /in'triɣa/ *sf* **1.** (*conspiración*) intrigue: **dimitió a causa de las intrigas dentro de su propio partido** she resigned because of the intrigues within her own party; **me gustan las películas de intriga** I like mystery movies. **2.** (*curiosidad*) curiosity: **tengo intriga** *por* **saber cuál fue el resultado** I'm intrigued ✻ curious to know what the outcome was.

intrigado, -da /intri'ɣaðo -ða/ *adj* intrigued: **me tienes intrigada** *con* **tanto secreto** you've made me very curious ✻ you've intrigued me with all this secrecy; **cuéntame de una vez, me tienes intrigada** tell me, for goodness sake, I'm longing to know.

intrigante /intri'ɣante/ *adj* **1.** (*persona*) scheming: **es una persona muy intrigante** he's a terrible schemer. **2.** (*hecho, película*) intriguing: **es muy intrigante que no haya venido hoy** it's very intriguing that he hasn't come today.

intrigar /intri'ɣar/ [➪pagar] *vt* to intrigue: **la noticia nos intrigó** the news intrigued us.
♦*vi* to plot, to scheme: **alguien ha estado intrigando para que no le dieran el premio** somebody has been scheming to stop her getting the prize.

intrincado, -da /intriŋ'kaðo -ða/ *adj* **1.** (*tema, problema*) complicated, intricate: **es un asunto muy intrincado** it's a very complicated matter. **2.** (*camino*) roundabout: **nos llevaron por un camino muy intrincado** they took us by a very roundabout route.

intríngulis /in'triŋgulis/ *sm inv* (*fam*) (hidden) difficulty: **aunque parezca fácil, tiene su intríngulis** although it might look easy, it has its difficulties.

intrínseco, -ca /in'trinseko -ka/ *adj* (*frml*) intrinsic.

introducción /introðuk'θjon/ *sf* introduction.

introducir /introðu'θir/ [➪conducir] *vt* **1.** (*una cosa en otra*) to insert, to place: **introducir una moneda** *en* **la ranura** insert a coin into the slot. **2.** (*en un mercado*) to introduce: **quieren introducir el producto** *en*

otros mercados they want to introduce the product into other markets. **3.** (*una medida, un sistema*) to introduce, to bring in: **el gobierno introdujo nuevas medidas** the government brought in new measures. **4.** (*en un ambiente*) to introduce: **la introdujo** *en* **el mundillo teatral** he introduced her into the theatrical world. **5.** (*a una afición*) to introduce: **él fue la persona que me introdujo** *a* **la música barroca** he was the person who introduced me to baroque music. **6.** (*en una habitación*) to show in: **la secretaria nos introdujo** *en* **el despacho** the secretary showed us into the office. **7.** (*la confusión, el desconcierto*) to create, to cause.

introducirse *v prnl* **1.** (*en un lugar*) to enter, to get in: **la ventana por la que se introdujeron** the window they got in through; **se introdujo** *en* **la organización** he infiltrated the organization. **2.** (*costumbre, moda*) to be introduced.

intromisión /intromi'sjon/ *sf* interference, intrusion: **no consiente ninguna intromisión en sus asuntos** she doesn't allow any interference in her affairs.

introspección /introspek'θjon/ *sf* introspection.

introvertido, -da /introβer'tiðo -ða/ **I** *adj* introverted. **II** *sm/f* introvert.

intrusión /intru'sjon/ *sf* intrusion.

intruso, -sa /in'truso -sa/ *sm/f* intruder: **se sentía como un intruso** he felt he was intruding.

intuición /intwi'θjon/ *sf* intuition: **tuve la intuición de que iba a salir mal** I had the feeling that it was going to go wrong.

intuir /intu'ir/ [⇨ huir] *vt* to sense: **intuyó que le estaba ocultando algo** she sensed that he was hiding something from her.

intuitivo, -va /intwi'tiβo -βa/ *adj* intuitive.

inundación /inunda'θjon/ *sf* **1.** (*de una casa, un terreno*) flood: **la rotura de la cañería provocó una inundación** the breakage of the water main caused a flood; **hubo inundaciones por toda la costa** there were floods ✻ there was flooding all along the coast. **2.** (*de un mercado*) flooding.

inundar /inun'dar/ [⇨ CANTAR] *vt* **1.** (*de agua*) to flood. **2.** (*de quejas, productos, etc.*) to inundate, to swamp: **nos inundaron** *de* **cartas** we were inundated with letters; **inundaron la ciudad** *de* **anuncios** the town was plastered with posters.

inundarse *v prnl* to be flooded: **se les inundó la casa** their house was flooded.

inusitado, -da /inusi'taðo -ða/ *adj* (*frml*) unusual, singular.

inusual /inu'swal/ *adj* unusual.

inútil /i'nutil/ **I** *adj* **1.** (*que no sirve de nada*) useless, pointless: **es inútil tratar de convencerlo** it's pointless trying to convince him; (*que no sirve para nada*) useless: **tiene la habitación llena de trastos inútiles** his room is full of useless junk. **2.** (*incapacitado*) incapacitated: **se quedó inútil después del accidente** he was incapacitated after the accident. **II** *sm/f* useless ✻ hopeless person: **es un inútil** *para* **las matemáticas** he's useless at mathematics.

inutilizar /inutili'θar/ [⇨ cazar] *vt* to disable, to put out of action: **su primer objetivo fue inutilizar el transmisor** their first objective was to put the transmitter out of action.

invadir /imba'ðir/ [⇨ PARTIR] *vt* **1.** (*Mil*) to invade. **2.** (*inundar*) to overrun: **las malas hierbas invadieron el jardín** weeds overran the garden. **3.** (*apoderarse de*): **los invadía la alegría** they were filled with happiness.

invalidar /imbali'ðar/ [⇨ CANTAR] *vt* to invalidate.

invalidez /imbali'ðeθ/ *sf* disability.

inválido, -da /im'baliðo -ða/ **I** *adj* disabled. **II** *sm/f* disabled person.

invariable /imba'rjaβle/ *adj* invariable.

invasión /imba'sjon/ *sf* invasion.

invasor, -sora /imba'sor -'sora/ **I** *adj* invading. **II** *sm/f* invader.

invencible /imben'θiβle/ *adj* invincible.

invención /imben'θjon/ *sf* **1.** (*descubrimiento*) invention. **2.** (*embuste*) fabrication: **todos pensaron que era otra de sus invenciones** everyone thought it was another of his stories.

inventar /imben'tar/ [⇨ CANTAR] *vt* to invent.

inventarse *v prnl* to make up, to invent: **se inventaron una excusa para no venir** they made up an excuse to avoid coming.

inventario /imben'tarjo/ *sm* (*gen*) inventory: **hizo un inventario de lo que había en la cocina** he drew up an inventory of everything in the kitchen; (*de mercancías*) stocktaking: **han cerrado la tienda para hacer el inventario** they have closed the shop for stocktaking.

inventiva /imben'tiβa/ *sf* inventiveness, creativity.

invento /im'bento/ *sm* invention.

inventor, -tora /imben'tor -'tora/ *sm/f* inventor.

invernadero /imberna'ðero/ *sm* (*gen*) greenhouse; (*de plantas tropicales*) hothouse.

invernal /imber'nal/ *adj* winter, wintry: **soplaba un frío viento invernal** a cold winter wind was blowing; **hacía un frío invernal** it was icy cold.

invernar /imber'nar/ [⇨ CANTAR] *vi* to hibernate.

inverosímil /imbero'simil/ *adj* unlikely, implausible.

inversión /imber'sjon/ *sf* **1.** (*Fin*) investment. **2.** (*de una imagen, un objeto*) inversion.

inversionista /inβersjo'nista/ *sm/f* investor.

inverso, -sa /im'berso -sa/ *adj* **1.** (*orden*) inverse. **2.** (*sentido*) opposite: **le molestaban las luces de los coches que circulaban en sentido inverso** the lights of the oncoming cars bothered her; **es el mismo proceso pero** *a* **la inversa** it's the same process but in reverse.

inversor, -sora /imber'sor -'sora/ *sm/f* investor.

invertebrado, -da /imberte'βraðo -ða/ *adj, sm/f* invertebrate.

invertir /imber'tir/ [⇨ sentir] *vt* **1.** (*dinero*) to invest: **invirtieron** *en* **bolsa** they invested on the stock market. **2.** (*tiempo*) to put in: **le supo mal que no lo llamaran después de haber invertido tantas horas preparándose** he was rather disappointed that they didn't call him after putting in so many hours of preparation. **3.** (*una imagen, un objeto*) to invert; (*el orden, las funciones*) to reverse: **invirtieron el orden de las preguntas** they reversed the order of the questions; **se han invertido los papeles** their roles have been reversed.

investigación /imbestiɣa'θjon/ *sf* **1.** (*policial*) investigation; (*gubernamental, pública*) inquiry. **2.** (*científica*) research.

investigador, -dora /imbestiɣa'ðor -'ðora/ **I** *adj* **1.** (*Jur*): **la comisión investigadora está examinando el caso** the commission of inquiry is examining the case. **2.** (*en ciencia*) research: **recibieron un premio por su gran labor investigadora** they received a prize for their important research (work). **II** *sm/f* researcher.

investigador privado *sm*, **investigadora privada** *sf* private investigator.

investigar /imbesti'ɣar/ [⇨pagar] *vt* **1.** (*tratar de averiguar*) to investigate. **2.** (*estudiar*) to research (into).

inviable /im'bjaβle/ *adj* non-viable.

invicto, -ta /im'bikto -ta/ *adj* unbeaten.

invidente /imbi'ðente/ **I** *adj* blind.
II *sm/f* blind person.

invierno /im'bjerno/ *sm* winter: **pasan el invierno en la costa** they spend the winter on the coast; **emigran al sur** *en* **invierno** they fly south in winter; **estuve allí el invierno pasado** I was there last winter.

invierto /in'βjerto/ *and other forms with* **inviert-** ⇨ invertir

invisible /imbi'siβle/ *adj* invisible.

invitación /imbita'θjon/ *sf* invitation: **acepté su invitación** I accepted his invitation; **enviaron las invitaciones** *de* **la boda** they sent out their wedding invitations.

invitado, -da /imbi'taðo -ða/ **I** *adj* invited: **estoy invitado** *a* **la boda** I've been invited to the wedding.
II *sm/f* guest.

invitar /imbi'tar/ [⇨CANTAR] *vt* **1.** (*convidar: gen*) to invite: **nos han invitado** *a* **una fiesta** we've been invited to a party; **me invitaron** *a* **cenar en su casa** they invited me to dinner at their house; **me ha invitado** *a* **salir esta noche** he's invited me out tonight; **la invitó** *a* **que se sentara** he offered her a seat; (*: cuando se paga por ello*) to treat: **luego nos invitó** *a* **comer en una pizzería** then he treated us to lunch at a pizzeria; **te invito** *a* **un helado** I'll treat you to an ice-cream. **2.** (*pedir*) to ask: **el dueño los invitó** *a* **salir del restaurante** the owner asked them to leave the restaurant.
♦*vi*: **1.** (*convidar*): **yo invito** it's on me **2.** (*animar*): **este tiempo no invita** *a* **salir** this weather doesn't make you want to go out.

invocar /imbo'kar/ [⇨sacar] *vt* to invoke: **invocó nuestra larga amistad para que lo ayudase** he invoked our long friendship to ask me for help.

involucrar /imbolu'krar/ [⇨CANTAR] *vt* to involve: **no me involucres** *en* **eso, es asunto tuyo** don't involve me in that, it's your business; **estaba involucrado** *en* **el robo** he was involved in the robbery.
involucrarse *v prnl* to get involved.

involuntario, -ria /imbolun'tarjo -rja/ *adj* unintentional, involuntary.

invulnerable /imbulne'raβle/ *adj* invulnerable.

inyección /injek'θjon/ *sf* **1.** (*Med, Auto*) injection: **me pusieron una inyección** I was given an injection. **2.** (*de ánimo*): **su llegada al club supuso una inyección de moral** his arrival to the club was a big boost for moral; (*de dinero*): **la empresa necesita una inyección de capital** the company needs an injection of capital.

inyectar /injek'tar/ [⇨CANTAR] *vt* to inject: **le inyectaron morfina** they gave him a morphine injection.

ion, ión /i'on/ *sm* ion.

ir /ir/ [⇨table: IR *in appendix*] *vi* **1.** (*a un lugar: gen*) to go: **voy** *al* **fútbol todos los domingos** I go to a football match every Sunday; **¿este tren va** *a* **Madrid?** is this train going to Madrid?; **aún no va** *al* **colegio** she doesn't go to school yet; **¿adónde vas con tanto equipaje?** where are you off to with so much luggage?; **¡vamos** *a* **la playa!** let's go to the beach!; **ayer fuimos** *al* **teatro** we went to the theatre yesterday; **iremos** *por* **el camino más corto** we'll take the shortest route; **fuimos (a)** *por* **agua a la fuente** we went to the spring to fetch some water; **espera que voy contigo** wait, I'll come ✻ go with you; **me pasé los tres días yendo y viniendo** *de* **un sitio** *a* **otro** I spent the three days going backwards and forwards from one place to another ● **no me metas prisa, a eso iba** don't rush me, I was just getting to that ● **con ese dinero vas que ardes ✻ que chutas ✻ que te matas** that's more than enough money for you; (*: acudir*) to come: **"¡Juan!" "¡Voy!"** "Juan!" "Coming!"; **¡ya va!** I'm coming! ● **no le gusta que le vayan con problemas** he doesn't like people coming to him with their problems. **2.** (*conducir*): **esta calle va** *a* **la plaza mayor** this street leads to the main square. **3.** (*fam*: *para introducir algo inesperado*): **¡...y va y se lo cuenta!** ...and then, would you believe, he goes and tells her! **4.** (*abarcar*): **el artículo va** *de* **la página cien** *al* **final** the article goes from page one hundred to the end; **el periodo que va** *desde... hasta...* the period between... and... ● **este coche es el no va más** this is the ultimate car. **5.** (*encaminarse hacia*): **iba** *para* **médico, pero cambió de idea** he was studying to be a doctor, but he changed his mind; **va** *para* **los treinta** she's pushing thirty ● **la conversación va para largo** the conversation is going to go on for a long time. **6.** (*referido a algo dicho*): **ese comentario iba** *por* **nosotros** that comment was directed at us; **y esto va** *por* **ti también, Manolo** and this includes you, Manolo ● **qué va: "¿Estás cansada?" "¡Qué va!"** "Are you tired?" "Not at all!"; **"Es de color rojo." "¡Qué va! Es naranja."** "It's red." "Nonsense ✻ Rubbish! It's orange." **7.** (*en una posición, un lugar: gen*) to go: **¿dónde van estos papeles?** where do these papers go?; **esa hoja va la última** that sheet goes last; (*: en una clasificación*) to be: **el equipo va en cabeza de la clasificación** the team is at the top of the league. **8.** (*en una etapa de un proceso*): **todavía voy** *por* **el primer capítulo** I'm still on the first chapter; **¿** *por* **dónde vas con la novela?** how far have you got with the novel?; (*Dep*): **"¿Cómo van?" "Cero a cero."** "What's the score?" "No score yet." **9.** (*funcionar*): **el coche va bien** the car is going well; **las cosas van mejor ahora** things are going better now; **¿cómo te va?** how are you?; **¿qué tal te fue** *con* **el jefe?** how did it go with the boss?; **¿cómo te fue** *en* **el examen?** how did your exam go?; **han abierto una tienda y les va muy bien** they've opened a shop and it's doing very well. **10.** (*describiendo: el modo de trasladarse*): **iba como un bólido por la carretera** he was driving along the road like a rocket; **el avión iba casi vacío** the plane was almost empty; **iba cargado de paquetes** he was loaded (down) with parcels; **fuimos de pie todo el camino** we had to stand all the way; (*: la vestimenta, el aspecto*): **iba muy elegante** she was very smartly dressed; **tiene que ir** *de* **uniforme al trabajo** he has to wear a uniform to work; **su hermana es la que va** *de* **rojo** her sister is the one in red; **iremos** *de* **piratas** we'll dress up as pirates; (*: el comportamiento*): **va** *de* **listo** he's trying to be clever ● **va a lo suyo ✻ la suya** he goes his own way ● **¿de qué vas?** who do you think you are? **11.** (*fam*: *tratar*) to be about: **¿***de* **qué va ese libro?** what is that book about? **12.** (*combinar*) to go: **el blanco va (bien)** *con* **todos los colores** white goes (well) with every colour; (*favorecer*) to suit: **ese sombrero no te va** that hat doesn't suit you. **13.** (*indicando conveniencia*): **¿qué día le va bien venir?** which day is it convenient for you to come? ● **el asunto ni me va ni me viene** the subject doesn't interest me at all. **14.** (*referido al tiempo transcurrido*): **en lo que va de semana ✻** (*Amér L*) **de la semana**

apenas hemos trabajado we've hardly done any work so far this week. **15.** (*al enumerar*): **con éste van siete** this is the seventh one; **¡van dos veces que te digo lo mismo!** that's the second time I've told you that! **16.** (*fam: agradar*): **no me van las discotecas** I don't like discos; **no me va su manera de ser** I don't like his manner. **17.** (*fam: apostar*) to bet: **van mil pesetas a que llego primero** I bet you a thousand pesetas that I get there first. ➪vamos, vaya

♦*v aux* **I** (*seguido de* **a + infinitivo**) **1.** (*para indicar futuro*): **vamos a comprar una casa** we're going to buy a house; **¿qué ibas a decir?** what were you going to say?; **no va a ganar** he won't win. **2.** (*para expresar: incertidumbre*): **vamos a ver qué pasa** let's see what happens ● **¡vaya usted a saber!** who knows?; (*: incredulidad, irritación*): **¡no irás a decirme que no!** don't tell me you're going to say no!; **¿por qué le voy a hacer caso?** why should I take any notice of what he says? ● **¡adónde vamos a ir a parar!** what is the world coming to?; (*: inevitabilidad, resignación*): **¡qué iba a contestar la pobre chica!** what could the poor girl be expected to answer! ● **¡qué le vamos a hacer!** what can we do?

II (*seguido de gerundio: expresando un proceso gradual*) *[followed by present participle]*: **ya iba amaneciendo** day was dawning; **poco a poco la fui conociendo** I gradually got to know her; **tú ve vistiéndote** you start getting dressed; **se iban alejando de la orilla** they got further and further away from the shore ● **vamos tirando** we're getting by.

irse *v prnl* **1.** (*marcharse*) to leave: **nos fuimos a las ocho** we left at eight; **se ha ido** *del* **hotel** he's left the hotel; **me voy** *a* **casa** I'm off home; **¡vámonos de aquí!** let's get away from here!; **mañana nos vamos** *de* **vacaciones** we're going on holiday tomorrow. **2.** (*escaparse*): **se le ha ido todo el gas** it has lost all its fizziness. **3.** (*consumirse*): **¡cómo se va el dinero!** money disappears so quickly!; **la mayor parte de mi sueldo se va** *en* **comida y alquiler** most of my salary goes on food and rent. **4.** (*resbalarse*) to slip: **se le fue el cuchillo y se cortó** the knife slipped and she cut herself; **se le fue el pie y se cayó** his foot slipped and he fell ● **el asunto se les ha ido de las manos** the affair has got out of control. **5.** (*olvidarse*): **se me ha ido lo que te iba a decir** I've forgotten what I was going to say. **6.** (*estar muriéndose*) to be dying.

IRA /'ira/ *sm* (*siglas en inglés de* **Ejército Republicano Irlandés**) IRA (Irish Republican Army).

ira /'ira/ *sf* rage, fury.

Irak /i'rak/ *sm* Iraq.

Irán /i'ran/ *sm* Iran.

iraní /ira'ni/ *adj, sm/f* [**iraníes** ✱ **iranís**] Iranian.

iraquí /ira'ki/ *adj, sm/f* [**iraquíes** ✱ **iraquís**] Iraqi.

irascible /iras'θiβle/ *adj* (*frml*) irritable, irascible.

iris /'iris/ *sm* (*del ojo*) iris.

Irlanda /ir'landa/ *sf* Ireland.

Irlanda del Norte *sf* Northern Ireland.

irlandés, -desa /irlan'des -'desa/ **I** *adj* Irish.
II *sm/f* (*hombre*) Irishman; (*mujer*) Irishwoman: **los irlandeses** the Irish.
III irlandés *sm* (*idioma*) Irish (Gaelic).

ironía /iro'nia/ *sf* irony: **una de las ironías de la vida** one of life's ironies.

irónico, -ca /i'roniko -ka/ *adj* ironic.

IRPF /ierrepe'efe/ *sm* (*abbreviation of* **Impuesto sobre la Renta de las Personas Físicas**) income tax.

irracional /irraθjo'nal/ *adj* (*persona, conducta*) irrational.

irradiar /irra'ðjar/ [➪CAMBIAR] *vt* (*luz, una señal, un sentimiento*) to radiate: **su mirada irradiaba alegría** her face radiated happiness.

irrazonable /irraθo'naβle/ *adj* unreasonable.

irreal /irre'al/ *adj* unreal.

irrealizable /irreali'θaβle/ *adj* unfeasible, unrealizable.

irrebatible /irreβa'tiβle/ *adj* irrefutable.

irreconocible /irrekono'θiβle/ *adj* unrecognizable.

irrecuperable /irrekupe'raβle/ *adj* (*inversión, objeto*) irretrievable.

irreemplazable /irreempla'θaβle/ *adj* unreplaceable, irreplaceable.

irreflexivo, -va /irreflek'siβo -βa/ *adj* (*persona*) impetuous; (*conducta*) impulsive, rash.

irrefutable /irrefu'taβle/ *adj* (*idea*) irrefutable; (*argumentación*) unanswerable; (*acusación, prueba*) undeniable.

irregular /irreɣu'lar/ *adj* irregular.

irregularidad /irreɣulari'ðað/ *sf* irregularity.

irrelevante /irrele'βante/ *adj* irrelevant, unimportant: **lo que él piense es totalmente irrelevante** what he thinks is completely irrelevant.

irremediable /irreme'ðjaβle/ *adj* irremediable.

irreparable /irrepa'raβle/ *adj* irreparable.

irrepetible /irrepe'tiβle/ *adj* unique, once-only.

irreprimible /irrepri'miβle/ *adj* irrepressible.

irreprochable /irrepro'tʃaβle/ *adj* irreproachable.

irresistible /irresis'tiβle/ *adj* irresistible.

irresoluto, -ta /irreso'luto -ta/ *adj* indecisive, irresolute.

irrespetuoso, -sa /irrespe'twoso -sa/ *adj* disrespectful.

irrespirable /irrespi'raβle/ *adj* unbreathable.

irresponsabilidad /irresponsa'βiliðað/ *sf* irresponsibility.

irresponsable /irrespon'saβle/ *adj* irresponsible: **fue muy irresponsable por** ✱ **de su parte dejarla sola** it was very irresponsible of him to leave her alone.

irreverente /irreβe'rente/ *adj* irreverent.

irreversible /irreβer'siβle/ *adj* irreversible.

irrevocable /irreβo'kaβle/ *adj* (*frml*) irrevocable.

irrigar /irri'ɣar/ [➪pagar] *vt* to irrigate.

irrisorio, -ria /irri'sorjo -rja/ *adj* ridiculous, derisory: **le pagan un sueldo irrisorio** he's paid a derisory salary.

irritable /irri'taβle/ *adj* irritable.

irritación /irrita'θjon/ *sf* irritation.

irritante /irri'tante/ *adj* irritating.

irritar /irri'tar/ [➪CANTAR] *vt* **1.** (*enfadar*) to irritate, to anger: **me irritan con sus preguntas** they irritate me with their questions. **2.** (*Med*) to irritate.

irritarse *v prnl* **1.** (*enfadarse*) to become irritated ✱ angry. **2.** (*Med*) to become irritated: **se le irritaron los ojos** her eyes became irritated.

irrompible /irrom'piβle/ *adj* unbreakable.

irrumpir /irrum'pir/ [➪PARTIR] *vi* to burst: **la policía irrumpió** *en* **la sala** the police burst into the room.

isla /'isla/ *sf* island, isle: **las Islas Británicas** the British Isles; **las islas del Canal de la Mancha** the Channel Islands.

isla peatonal *sf* (*GB*) traffic island, (*US*) safety island.

islam /is'lam/ *sm* Islam.

islámico, -ca /is'lamiko -ka/ *adj* Islamic.

islandés, -desa /islan'des -'desa/ **I** *adj* Icelandic.
II *sm/f* Icelander.

III islandés *sm* (*idioma*) Icelandic.

Islandia /is'landja/ *sf* Iceland.

isleño, -ña /is'leɲo -ɲa/ **I** *adj* island: **las costumbres isleñas** the island customs.
II *sm/f* islander, island-dweller.

isleta /is'leta/ *sf* (*GB*) traffic island, (*US*) safety island.

islote /is'lote/ *sm* islet.

isobara /iso'βara/ *sf* isobar.

Israel /isra'el/ *sm* Israel.

israelí /israe'li/ *adj, sm/f* Israeli.

israelita /israe'lita/ *adj, sm/f* Israelite.

istmo /'istmo/ *sm* isthmus.

Italia /i'talja/ *sf* Italy.

italiano, -na /ita'ljano -na/ **I** *adj, sm/f* Italian.
II italiano *sm* (*idioma*) Italian.

itinerante /itine'rante/ *adj* itinerant.

itinerario /itine'rarjo/ *sm* itinerary, route: **todos los días hace el mismo itinerario** every day she follows the same route.

ITV /ite'uβe/ *sf* (*abbreviation of* **Inspección Técnica de Vehículos**) (*en España*) *test of roadworthiness.*

IVA /'iβa/ *sm* (*abbreviation of* **impuesto sobre el valor añadido** ✱ *Amér L* **impuesto al valor agregado**) VAT [no lleva artículo] (value-added tax).

izar /i'θar/ [➪ cazar] *vt* (*una bandera*) to raise, to hoist; (*una vela*) to hoist.

izda., izq., izqda. *pronounced* /iθ'kjerða/ (*abbreviation of* **izquierda**) left.

izquierda /iθ'kjerða/ *sf* **1.** (*mano*) left hand: **escribe con la izquierda** he writes with his left hand; (*pierna*) left leg. **2.** (*lado: gen*) left: **tuerza** *a* **la izquierda al final de la calle** turn left at the end of the street; **el coche adelantó** *por* **la izquierda** the car overtook on the left-hand side; (*: en la instrucción militar*): **¡izquierda!** left turn! **3.** (*Pol*) left: **la izquierda ganó las elecciones** the left won the elections; **es de izquierdas** he has left-wing views.

izquierdista /iθkjer'ðista/ **I** *adj* left-wing.
II *sm/f* left-winger.

izquierdo, -da /iθ'kjerðo -ða/ *adj* left: **se lastimó el pie izquierdo** he injured his left foot.

J

J, j /'xota/ *sf* (*letra*) J, j.

ja /xa/ *excl* ha: **¡ja, ja, qué divertido!** ha, ha, that's funny!

jabalí /xaβa'li/ *sm* [**jabalíes** ✱ **jabalís**] (wild) boar.

jabalina /xaβa'lina/ *sf* **1.** (*Zool*) female (wild) boar. **2.** (*Dep*) javelin.

jabato, -ta /xa'βato -ta/ *sm/f* **1.** (*Zool*) young wild boar. **2.** (*fam: persona*): **Eduardo está hecho** ✱ **es un jabato** Eduardo is quite fearless.

jabón /xa'βon/ *sm* soap: **tengo que comprar jabón para la lavadora** I have to buy (washing) powder for the washing machine ● **¡cómo le gusta darle jabón al jefe!** he's always soft-soaping the boss!

jabonar /xaβo'nar/ [➪ CANTAR] *vt* to soap.

jabonera /xaβo'nera/ *sf* soapdish.

jaca /'xaka/ *sf* (*caballo pequeño*) small horse, cob; (*yegua*) mare.

jacal /xa'kal/ *sm* (*Gua, Méx, Ven*) shack, hut.

jacinto /xa'θinto/ *sm* (*Bot*) hyacinth.

jacobeo, -bea /xako'βeo -βea/ *adj* of Saint James: **recorrimos la ruta jacobea** we walked the pilgrims' way (to Santiago de Compostela).

jactancia /xak'tanθja/ *sf* boastfulness, bragging.

jactancioso, -sa /xaktan'θjoso -sa/ *adj* boastful: **es muy jactancioso** he's always boasting ✱ bragging.

jactarse /xak'tarse/ [➪ CANTAR] *v prnl* to boast, to brag: **se jactaba** *de* **sus conquistas amorosas** he used to brag about his conquests.

jade /'xaðe/ *sm* jade.

jadeante /xaðe'ante/ *adj* breathless, panting.

jadear /xaðe'ar/ [➪ CANTAR] *vi* to pant, to gasp: **cuando llegó al último piso, estaba jadeando** when he got to the top floor he was gasping (for breath).

jaguar /xa'ɣwar/ *sm* jaguar.

jalar /xa'lar/ [➪ CANTAR] *vt* (*Amér L: tirar de*) to pull.
♦ *vi* **1.** (*Amér L: tirar de*) to pull: **¡no me jales** *de* **las trenzas!** stop pulling my plaits! **2.** (*Méx: cooperar*): **no jala parejo con los demás** he doesn't pull his weight.
jalarse *v prnl* (*fam*) to wolf down: **¡se ha jalado todas las fresas!** he's wolfed all the strawberries!

jalbegar /xalβe'ɣar/ [➪ pagar] *vt* ➪ enjalbegar

jalea /xa'lea/ *sf* jelly.
jalea real *sf* royal jelly.

jalear /xale'ar/ [➪ CANTAR] *vt* to cheer, to clap and shout: **el público jaleaba a las bailaoras con entusiasmo**

the audience was cheering the flamenco dancers enthusiastically.

jaleo /xa'leo/ *sm* **1.** (*alboroto*) din, racket: **¡qué jaleo están armando!** what a din they're making! **2.** (*lío*): **nos armamos un jaleo con las instrucciones** we got into a real muddle with the instructions.

jalón /xa'lon/ *sm* **1.** (*mojón*) marker stake. **2.** (*hito*) milestone, landmark: **el estreno de esa comedia fue un jalón en su carrera** the opening of that comedy was a milestone ✻ landmark in her career. **3.** (*Amér L: tirón*) pull.

jalonar /xalo'nar/ [⇨CANTAR] *vt* **1.** (*con jalones*) to stake out. **2.** (*de éxitos, fracasos, etc.*) to mark: **su vida privada estuvo jalonada** *de* **fracasos** his private life was marked ✻ punctuated by failures.

Jamaica /xa'maika/ *sf* Jamaica.

jamaicano, -na /xamai'kano -na/ *adj, sm/f* Jamaican.

jamar /xa'mar/ [⇨CANTAR] *vt* (*fam*) to scoff.

jamarse *v prnl* (*fam*) to scoff: **¿quién se ha jamado los pasteles?** who has scoffed the cakes?

jamás /xa'mas/ *adv* never: **¡jamás en mi vida he visto cosa igual!** I have never seen such a thing in all my life!; **no volvieron a verla jamás** they never saw her again ● **y fueron felices por siempre jamás** and they all lived happily ever after.

jamba /'xamba/ *sf* (*de una puerta, una ventana*) jamb.

jamelgo /xa'melɣo/ *sm* (*fam*) nag.

jamón /xa'mon/ *sm* ham ● **¡y un jamón con chorreras!** you must be joking!

jamón de York, jamón en dulce *sm* boiled ham.

jamón serrano *sm* cured ham.

jamona /xa'mona/ (*fam*) **I** *adj* buxom.
II *sf* buxom woman.

Japón /xa'pon/ *sm*: **(el) Japón** Japan.

japonés, -nesa /xapo'nes -'nesa/ **I** *adj, sm/f* Japanese: **los japoneses** the Japanese.
II japonés *sm* (*idioma*) Japanese.

japuta /xa'puta/ *sf* (*pescado*) Ray's bream.

jaque /'xake/ *sm* (*en ajedrez*) check: **le di jaque en diez minutos** I put him in check in ten minutes ● **tuvieron ✻ trajeron a la policía en jaque durante meses** they gave the police problems for months.

jaque mate *sm* (*en ajedrez*) checkmate.

jaqueca /xa'keka/ *sf* headache.

jara /'xara/ *sf* (*Bot*) rockrose.

jarabe /xa'raβe/ *sm* **1.** (*Culin*) syrup. **2.** (*Med*) syrup, medicine (*in liquid form*): **el médico me ha recetado un jarabe para la tos** the doctor has prescribed some cough mixture for me. **3.** (*Méx: Mús*) *a popular Mexican dance.*

jarabe de palo *sm* (*fam*) spanking: **lo que necesita es jarabe de palo** what he needs is a good spanking.

jarana /xa'rana/ *sf* **1.** (*juerga*) spree: **el sábado nos podíamos ir** *de* **jarana** we could go out and have fun on Saturday. **2.** (*pelea*) row: **de pronto se organizó una jarana impresionante** suddenly a massive row broke out. **3.** (*Amér C: Mús*) *a type of dance.* **4.** (*Amér C: deuda*) debt.

jarcia /'xarθja/ *sf* (*Náut*) rigging, ropes *pl.*

jardín /xar'ðin/ *sm* garden.

jardín botánico *sm* botanical gardens *pl.*

jardín de infancia, (*Arg, Urug*) **jardín de infantes,** (*Amér L*) **jardín infantil** *sm* nursery school.

jardinera /xarði'nera/ *sf* **1.** (*mujer*) gardener. **2.** (*para plantas*) window box. **3.** (*Culin*): **de segundo tomé ternera a la jardinera** for my main course I had beef stewed with vegetables. **4.** (*Chi: peto*) dungarees *pl.*

jardinería /xarðine'ria/ *sf* gardening.

jardinero /xarði'nero/ *sm* gardener.

jarra /'xarra/ *sf* jug, (*US*) pitcher: **me voy a tomar una jarra de cerveza** I'm going to have a tankard of beer ● **se me plantó delante con los brazos en jarras** he stood in front of me with his hands on his hips.

jarrear /xarre'ar/ [⇨CANTAR] *v impers* (*fam*) to pour down.

jarro /'xarro/ *sm* **1.** (*recipiente*) jug, (*US*) pitcher. **2.** (*contenido*) jugful, (*US*) pitcherful ● **está lloviendo a jarros** it's bucketing down ● **la noticia me cayó como un jarro de agua fría** the news came as a complete shock.

jarrón /xa'rron/ *sm* vase.

jaspe /'xaspe/ *sm* jasper.

jaspeado, -da /xaspe'aðo -ða/ *adj* mottled, speckled.

Jauja, jauja /'xauxa/ *sf* (*fam*): **¿te has creído que esto es Jauja?** do you think this is a holiday camp? ● **¡esto es Jauja!** this is the life for me!

jaula /'xaula/ *sf* cage: **odio ver a los animales en jaulas** I hate seeing animals in cages.

jauría /xau'ria/ *sf* pack of hunting dogs.

jazmín /xaθ'min/ *sm* jasmine.

jazz /jas/ *sm* jazz.

J.C. *pronounced* /xesu'kristo/ (*abbreviation of* **Jesucristo**) J.C. (Jesus Christ).

je /xe/ *excl* ha: **je, je, muy gracioso** ha, ha, very funny.

jeans /dʒins/ *sm pl* jeans *pl.*

jeep /jip/ *sm* **[jeeps]** jeep.

jefatura /xefa'tura/ *sf* **1.** (*cargo*) leadership: **ocurrió mientras ella ocupaba la jefatura** *del* **partido** it happened while she was leader of the party. **2.** (*oficina, edificio*) head office, headquarters [lleva el verbo en singular o plural]: **la han trasladado a la jefatura** *de* **correos** she's been transferred to the central post office.

jefatura de policía *sf* police headquarters [lleva el verbo en singular o plural].

jefe, -fa /'xefe -fa/ *sm/f* **1.** (*superior*) boss, chief: **nos llevamos muy bien con el jefe** we get on very well with the boss. **2.** (*Pol*) leader: **lo anunció el jefe de la oposición** the leader of the opposition announced it.

jefe, -fa de cocina *sm/f* chef.

jefe, -fa de estación *sm/f* stationmaster.

jefe, -fa de estado *sm/f* head of state.

jefe, -fa de estudios *sm/f* director of studies.

jefe, -fa de personal *sm/f* personnel manager.

Jehová /xeo'βa/ *sm* Jehovah.

jején /xe'xen/ *sm* midge.

jengibre /xeŋ'xiβre/ *sm* ginger.

jeque /'xeke/ *sm* sheik, sheikh.

jerarca /xe'rarka/ *sm/f* chief: **se han reunido los jerarcas del partido** the party chiefs have gathered for a meeting.

jerarquía /xerar'kia/ *sf* **1.** (*escala*) hierarchy. **2.** (*categoría*) rank: **el Papa es ✻ ocupa la más alta jerarquía de la Iglesia católica** the Pope has the highest rank in the Catholic Church.

jerárquico, -ca /xe'rarkiko -ka/ *adj* hierarchic, hierarchical.

jerez /xe'reθ/ *sm* sherry: **me ofreció una copa de jerez** he offered me a (glass of) sherry.

jerezano, -na /xere'θano -na/ **I** *adj* of ✻ from Jerez de la Frontera.
II *sm/f* native ✻ inhabitant of Jerez de la Frontera.

jerga /'xerga/ *sf* (*de un grupo profesional*) jargon: **nunca he entendido bien la jerga legal** I've never understood legal jargon very well; (*de un grupo social*) slang: **los presidiarios tienen una jerga propia** prison inmates have their own slang.

jergón /xer'ɣon/ *sm* straw mattress.

jerigonza /xeri'ɣonθa/ *sf* ➪ jerga

jeringa /xe'riŋga/ *sf* syringe.

jeringa hipodérmica *sf* hypodermic syringe.

jeringar /xeriŋ'gar/ [➪ pagar] *vt* (*fam*) to pester, to annoy: **no me jeringues, que estoy de mal humor** stop pestering me, I'm not in the mood.

jeringuilla /xeriŋ'giʎa/ *sf* syringe.

jeroglífico, -ca /xero'ɣlifiko -ka/ **I** *adj* hieroglyphic.
II jeroglífico *sm* **1.** (*Ling*) hieroglyphic: **transcurrieron siglos antes de que se descifraran los jeroglíficos egipcios** centuries went by before Egyptian hieroglyphics were deciphered. **2.** (*pasatiempo*) rebus.

jersey /xer'sei/ *sm* [**jerséis**] sweater, jumper.

Jerusalén /xerusa'len/ *sm* Jerusalem.

Jesucristo /xesu'kristo/ *sm* Jesus Christ.

jesuita /xe'swita/ *adj, sm* Jesuit.

Jesús /xe'sus/ **I** *sm* Jesus.
II *excl* **1.** (*para expresar sorpresa*) good heavens: **¡Jesús, ya son las diez!** good heavens, it's ten o'clock already! **2.** (*cuando alguien estornuda*) bless you.

jet /jet/ **I** *sm* (*Av*) jet.
II *sf* (*alta sociedad*) jet set: **a la inauguración acudió toda la jet de Madrid** all the Madrid jet set went to the opening.

jet set *sf* ✻ (*Amér L*) *sm* jet set.

jeta /'xeta/ *sf* (*fam*) **1.** (*cara*) mug, face: **no pongas esa jeta, no pasa nada** don't pull a face like that, there's nothing wrong. **2.** (*caradura*) cheek, nerve: **¡qué jeta tiene el tío!** that fellow's got such a cheek!

ji /xi/ *excl*: **¡ji, ji, ji!** hee, hee, hee!

jíbaro, -ra /'xiβaro -ra/ **I** *adj* **1.** (*pueblo*) Jivaro. **2.** (*Amér C, Méx: fam*) peasant-like, rustic.
II *sm/f* **1.** (*indio*) Jivaro. **2.** (*Amér C, Méx: campesino*) peasant.

jibia /'xiβja/ *sf* cuttlefish.

jícara /'xikara/ *sf* small cup.

jicote /xi'kote/ *sm* (*Amér L*) hornet.

jicotera /xiko'tera/ *sf* (*Méx*) **1.** (*nido*) hornets' nest. **2.** (*zumbido*) buzzing of hornets.

jienense, jiennense /xje'nense/ **I** *adj* of ✻ from Jaén.
II *sm/f* native ✻ inhabitant of Jaén.

jijona /xi'xona/ *sm* (*Culin*) (soft) nougat.

jilguero /xil'ɣero/ *sm* (*Zool*) goldfinch.

jineta /xi'neta/ *sf* **1.** (*Zool*) genet. **2.** (*modo de cabalgar*): **montar *a* la jineta parece mucho más difícil** riding with short stirrups seems much more difficult. **3.** (*Amér L: amazona*) horsewoman, (female) rider.

jinete /xi'nete/ *sm* rider, horseman.

jirafa /xi'rafa/ *sf* giraffe.

jirón /xi'ron/ *sm* shred, strip: **la camisa quedó hecha jirones** the shirt was in shreds ✻ tatters.

jitomate /xito'mate/ *sm* (*Méx*) tomato.

jo /xo/ *excl* (*fam*) drat, heck: **¡jo, qué pesado!** drat, what a bore!

jobar /xo'βar/ *excl* (*fam*) goodness, blimey: **¡jobar!, ¡qué cara tiene!** blimey! he's got a nerve!

jocketta /'dʒoketa/ *sf* (*Arg, Urug*) woman jockey.

jockey /'joki/ *sm* jockey.

jocoso, -sa /xo'koso -sa/ *adj* funny, comic.

jofaina /xo'faina/ *sf* washbasin, washbowl.

jogging /'joɣiŋ/ *sm* jogging.

jolgorio /xol'ɣorjo/ *sm* (*fam*): **¡qué jolgorio tuvieron los vecinos anoche!** the neighbours had quite a party last night!

jolín /xo'lin/, **jolines** /xo'lines/ *excl* (*fam*) **1.** (*para expresar sorpresa*) goodness, gosh. **2.** (*para expresar enfado*) blast, drat: **¡jolín, para quieto de una vez!** will you stop it, drat you!

jordano, -na /xor'ðano -na/ *adj, sm/f* Jordanian.

jornada /xor'naða/ **I** *sf* **1.** (*día*) day: **a continuación, las noticias más importantes de la jornada** and now, a summary of the day's main news. **2.** (*duración del trabajo*) working day: **hacemos una jornada de siete horas** we work a seven-hour day; **hacen una jornada de cuarenta horas semanales** they work a forty-hour week. **3.** (*Dep*): **...y ahora, los resultados de la jornada de ayer** ...and here are the scores from yesterday's matches.
II jornadas *sf pl* conference, congress: **XII Jornadas sobre el Románico Gallego** 12th Conference on Galician Romanesque Architecture.

jornada intensiva *sf*: *working day with no long break for lunch.*

jornada laboral *sf* (*de un día*) working day; (*de una semana*) working week.

jornada partida *sf*: *working day with a long break for lunch.*

jornal /xor'nal/ *sm* day's wage.

jornalero, -ra /xorna'lero -ra/ *sm/f* daily-paid worker.

joroba /xo'roβa/ *sf* hump.

jorobar /xoro'βar/ [➪ CANTAR] *vt* (*fam*) **1.** (*molestar*) to annoy: **no me jorobes, tengo que estudiar** stop pestering me, I have to study. **2.** (*romper*) to break: **¿quién me ha jorobado la bici?** who's broken my bike?

josefino, -na /xose'fino -na/ **I** *adj* of ✻ from San José (*Costa Rica*).
II *sm/f* native ✻ inhabitant of San José (*Costa Rica*).

jota /'xota/ *sf* **1.** (*Ling*) *name of the letter J* ● **dijo que no entendía ni jota** he said that he didn't understand a word ● **no sé ni jota de música** I don't know the first thing about music. **2.** (*Mús*) *popular music and dance from several regions in Spain.*

joven /'xoβen/ **I** *adj* **1.** (*en edad*) young: **todavía es joven para esas cosas** he's still very young for that kind of thing. **2.** (*propio de la juventud*): **acaban de lanzar su nueva línea de moda joven** they've just launched their new fashion line for young people.
II *sm/f* (*hombre*) youth, young man; (*mujer*) girl, young woman: **a veces los jóvenes cometen los mismos errores que sus padres** sometimes the young make the same mistakes as their parents.

jovial /xo'βjal/ *adj* cheerful.

jovialidad /xoβjali'ðað/ *sf* joviality, cheerfulness.

joya /'xoja/ *sf* **1.** (*objeto*) piece of (*GB*) jewellery ✻ (*US*) jewelry: **sólo les robaron las joyas** only their jewels were stolen ✻ jewellery was stolen; **la Alhambra es una joya arquitectónica** the Alhambra is an architectural masterpiece. **2.** (*fam: persona*): **este niño es una joya** this boy is a real treasure.

joyería /xoje'ria/ *sf* **1.** (*tienda*) jeweller's, (*GB*) jewellery shop, (*US*) jewelry store. **2.** (*actividad*) jewellery trade.

joyero, -ra /xo'jero -ra/ **I** *sm/f* jeweller.
II joyero *sm* jewel box.

juanete /xwa'nete/ *sm* bunion.

jubilación /xuβila'θjon/ *sf* **1.** (*acto, condición*) retirement: **le falta poco para que le den la jubilación** it's not long before ✻ until he retires. **2.** (*dinero*) pension.

jubilación anticipada *sf* early retirement.

jubilado, -da /xuβiˈlaðo -ða/ **I** *adj* retired. **II** *sm/f* pensioner, (*US*) retiree: **organizan vacaciones especiales para jubilados** they organize special holidays for pensioners.

jubilar /xuβiˈlar/ [➪CANTAR] *vt* **1.** (*retirar*) to retire. **2.** (*fam*: *desechar*) to get rid of: **vamos a tener que jubilar esta lavadora** we'll have to get rid of this washing machine.

jubilarse *v prnl* to retire: **se jubiló** *a* **los sesenta años** she retired at sixty.

jubileo /xuβiˈleo/ *sm* (*Relig*) indulgence.

júbilo /ˈxuβilo/ *sm* jubilation, joy.

jubiloso, -sa /xuβiˈloso -sa/ *adj* jubilant, joyful.

judaísmo /xuðaˈizmo/ *sm* Judaism.

judería /xuðeˈria/ *sf* Jewish quarter.

judía /xuˈðia/ *sf* bean.

judía blanca *sf* haricot bean.

judía pinta *sf* pinto bean, kidney bean.

judía verde *sf* green bean.

judiada /xuˈðjaða/ *sf* (*fam*) dirty trick.

judicial /xuðiˈθjal/ *adj* judicial.

judío, -día /xuˈðio -ˈðia/ **I** *adj* **1.** (*Relig*) Jewish. **2.** (*fam*: *tacaño*) stingy. **II** *sm/f* Jew: **los judíos** the Jewish, Jews.

judo /ˈjuðo/ *sm* judo.

judoka /juˈdoka/ *sm/f* judoist, judoka.

juego /ˈxweɣo/ **I** *and other forms with* **jueg-** ➪jugar **II** *sm* **1.** (*gen*) game: **me parece un juego muy aburrido** I think it's a very boring game; **parece como si todo fuera un juego para él** it's as if everything was just a game for him • **este trabajo va a ser un juego de niños** this job is going to be child's play. **2.** (*en apuestas, casino*) gambling: **perdió su fortuna en el juego** he squandered his fortune on gambling • **entran en juego mucho factores** there are many factors to be taken into consideration • **no olvides que está en juego el prestigio de la empresa** do not forget that the company's reputation is at stake • **hay mucho en juego, así que no te lo tomes a la ligera** there's a lot at stake, so it's not to be taken lightly • **hemos puesto mucho en juego, no podemos permitirnos fracasar** we have risked a great deal, we can't afford to fail. **3.** (*Dep*) game: **ganó el set por seis juegos a dos** he won the set six games to two • **está clarísimo que estaba fuera de juego** he was obviously offside. **4.** (*de herramientas, platos, sábanas*) set: **subastaron un juego de café de Limoges** they auctioned a Limoges coffee service • **esta corbata hace juego con la chaqueta** this tie matches the jacket. **5.** (*plan secreto*) plan, stratagem: **la policía descubrió su juego** the police discovered their plans. **6.** (*movimiento*) ability to move freely: **después del accidente perdió el juego de la rodilla** after the accident he was unable to bend his knee freely. **III Juegos** *sm pl* (*also* **Juegos Olímpicos**) Olympic Games *pl*.

juego de azar *sm* game of chance.

juego de la oca *sm*: *board game similar to snakes and ladders.*

juego de manos *sm* sleight of hand.

juego de palabras *sm* play on words, pun.

juego limpio *sm* fair play.

juego sucio *sm* foul play.

juegos malabares *sm pl* juggling.

juerga /ˈxwerɣa/ *sf*: **el viernes que viene nos vamos a ir de juerga** next Friday night we're going to paint the town red; **esta noche tengo ganas de juerga** I feel like going out on the town tonight • **no estoy para juergas** I don't feel like going out.

juerguista /xwerˈɣista/ **I** *adj* fun-loving. **II** *sm/f* reveller: **es un juerguista** he likes the high-life.

jueves /ˈxweβes/ *sm inv* Thursday • **la película no fue nada del otro jueves** the film was nothing to write home about. ➪lunes

Jueves Santo *sm inv* Maundy Thursday.

juez /xweθ/ *sm/f* [**jueces**] judge • **lo que él diga no vale de mucho, porque es juez y parte** what he says is of no value because he's biased.

juez de instrucción *sm/f* examining magistrate (*with limited powers*).

juez de línea *sm/f* (*en fútbol*) linesman.

juez de paz *sm/f* justice of the peace.

juez de primera instancia *sm/f* examining magistrate.

juez de silla *sm/f* (*en tenis, voleibol*) umpire.

jueza /ˈxweθa/ *sf* ➪juez

jugada /xuˈɣaða/ *sf* **1.** (*gen*) play • **fue una jugada de pizarra** it worked like a set piece; (*en ajedrez*) move: **hizo una jugada perfecta** he made an excellent move. **2.** (*jugarreta*) dirty trick: **no avisarme fue una mala jugada** it was a dirty trick not to warn me.

jugador, -dora /xuɣaˈðor -ˈðora/ *sm/f* **1.** (*competidor, participante*) player: **todos los jugadores se hospedan en el mismo hotel** all the players are staying at the same hotel. **2.** (*de juegos de azar*) gambler: **su padre era un jugador empedernido** her father gambled a lot.

jugar /xuˈɣar/ [➪table: jugar] *vi* **1.** (*gen*) to play: **¿quieres jugar** *con* **la arena?** do you want to play in the sand?; **quiero aprender a jugar** *a* **tenis** ✱ (*Amér L*) **a jugar tenis** I want to learn to play tennis; **España juega mañana** *contra* **México** Spain play Mexico tomorrow; **te toca jugar** it's your turn (to play) • **siempre se caracterizó por jugar limpio/sucio** he was always known for his fair/dirty play. **2.** (*apostar*) to bet: **cada semana juegan** *a* **las quinielas** they do the pools every week. **3.** (*bromear*) to play: **no deberías jugar** *con* **sus sentimientos** you shouldn't play with her emotions.

jugar

INDICATIVE

Present	Preterite
juego	jugué
juegas	jugaste
juega	jugó
jugamos	jugamos
jugáis	jugasteis
juegan	jugaron

SUBJUNCTIVE

Present	
juegue	juguemos
juegues	juguéis
juegue	jueguen

IMPERATIVE

(tú) juega	(usted) juegue
(vosotros) jugad	(ustedes) jueguen

For the rest of the tenses ➪ CANTAR (in appendix)

♦*vt* **1.** (*en deportes, juegos*) to play: **mañana jugamos otro partido** tomorrow we're playing another match. **2.** (*apostar*) to bet: **¿qué te parece jugar mil pesetas al cinco?** shall we put a thousand pesetas on number five? ● **nos la jugó** he pulled a fast one on us ● **nos jugaron una mala pasada** they played a dirty trick on us.

jugarse *v prnl* **1.** (*arriesgarse*) to risk: **se jugó la vida por salvarlo** she risked her life to save him ● **nos jugamos el todo por el todo y tuvimos suerte** we staked everything we had and we were lucky. **2.** (*juego de azar*): **la loto se juega todas las semanas** there's a lottery draw every week.

jugarreta /xuɣa'rreta/ *sf* (*fam*) dirty trick.

juglar /xu'ɣlar/ *sm* (*Hist*) minstrel.

jugo /'xuɣo/ *sm* **1.** (*zumo, líquido*) juice: **añada el jugo de un limón** add the juice of one lemon; **jugo de manzana** apple juice. **2.** (*fam: contenido*) substance: **sus artículos siempre tienen mucho jugo** her articles always have a lot of substance ● **mañana empiezo las vacaciones y pienso sacarles todo el jugo** I start my holidays tomorrow and I'm going to make the most of them.

jugo gástrico *sm* gastric juice.

jugoso, -sa /xu'ɣoso -sa/ *adj* **1.** (*con mucho jugo*) juicy. **2.** (*con mucho contenido*) substantial, meaty.

jugué /xu'ɣe/ *and other forms with* **jugu-** ➪ jugar

juguete /xu'ɣete/ *sm* **1.** (*Juegos*) toy. **2.** (*persona*): **la hija pequeña es el juguete de toda la casa** the youngest daughter is everybody's darling; **era un juguete en manos de la Mafia** he was the Mafia's puppet.

juguetear /xuɣete'ar/ [➪ CANTAR] *vi* to play about: **jugueteaba nervioso** *con* **el cordón mientras hablaba** as he spoke he nervously played with the flex.

juguetón, -tona /xuɣe'ton -'tona/ *adj* playful.

juicio /'xwiθjo/ *sm* **1.** (*entendimiento*) judgement, discernment: **su buen juicio le hizo cambiar de opinión** his good sense made him change his mind ● **me parece que tiene mucho juicio** I think he is very discerning. **2.** (*opinión*) opinion, judgement: *a* **juicio** *de* **sus profesores, es un alumno ejemplar** in the opinion of his teachers, he is an exemplary student. **3.** (*cordura*) reason ● **no podía estar en su sano juicio cuando hizo eso** she can't have been in her right mind when she did that ● **perdió el juicio cuando se murió su mujer** he went mad when his wife died. **4.** (*Jur*) trial. **5.** (*Relig*) judgement.

juicio civil *sm* trial (*in the civil court*).

juicio contencioso-administrativo *sm*: *legal action involving the Civil Service and a private individual or entity.*

juicio criminal *sm* trial (*in the criminal court*).

juicio de valor *sm* value judgement.

Juicio Final *sm* Last Judgement.

juicio penal *sm* trial (*in the criminal court*).

juicioso, -sa /xwi'θjoso -sa/ *adj* sensible.

julepe /xu'lepe/ *sm* **1.** (*naipes*) *type of card game.* **2.** (*Arg, Urug: susto*) fright.

julio /'xuljo/ *sm* **1.** (*mes*) July. ➪ febrero **2.** (*Fís*) joule.

jumbo /'jumbo/ *sm* (*Av*) jumbo jet.

jumento /xu'mento/ *sm* ass, donkey.

jumper /'jumper/ *sm* [*sometimes feminine*] (*Amér L: pichi*) pinafore dress.

junco /'xuŋko/ *sm* (*Bot*) rush.

jungla /'xuŋgla/ *sf* jungle: **la jungla de asfalto** the urban jungle.

junio /'xunjo/ *sm* June. ➪ febrero

júnior /'junjor/ [**júniors**] **I** *adj* junior: **nuestro colegio tiene un equipo en la categoría júnior** our school has a team in the junior category.
II *sm/f* (*Dep*) junior: **los júniors juegan el viernes por la tarde** the juniors are playing on Friday afternoon.

junípero /xu'nipero/ *sm* juniper.

junquillo /xuŋ'kiʎo/ *sm* **1.** (*planta*) jonquil. **2.** (*Arquit*) beading.

junta /'xunta/ *sf* **1.** (*comité*) committee, board: **todo cambio tiene que ser notificado a la junta** the committee must be informed of any change. **2.** (*reunión*) meeting, assembly: **la junta de vecinos es esta tarde** the residents' meeting is this evening. **3.** (*Arquit, Tec*) joint. **4.** (*Mil*) junta.

junta de accionistas *sf* shareholders' meeting.

junta de empresa *sf* works council.

junta directiva *sf* board of directors.

juntar /xun'tar/ [➪ CANTAR] *vt* **1.** (*acercar*) to join, to put together: **juntamos tres mesas para caber todos** we put three tables together to get everyone in. **2.** (*reunir: a personas, animales*) to gather, to bring together: **la idea es juntar a todos los antiguos alumnos para una cena especial** the idea is to bring all the former pupils together for a special dinner; (*: dinero*): **nos ha costado años juntar el dinero** it has taken us years to get the money together.

juntarse *v prnl* **1.** (*reunirse*) to join, to get together: **se juntan todos los sábados a cenar** they get together every Saturday for dinner. **2.** (*calles, ríos*) to meet: **los ríos se juntan dos kilómetros más al sur** the rivers meet ✱ join two kilometres further South. **3.** (*fam: dos amantes*) to set up house together: **se han juntado** they've set up house ✱ moved in together.

junto, -ta /'xunto -ta/ **I** *adj* together: **pide que te den dos butacas juntas** ask for two seats next to each other; **¡nunca había visto tanta gente junta!** I'd never seen so many people in one place!
II junto *adv*: **mi casa está junto** *a* **la estación** my house is next to the station; **el cheque llegó junto** *con* **la carta** the cheque came with the letter; **la escasez de recursos junto** *con* **los problemas técnicos...** the lack of funds together with technical problems....

juntura /xun'tura/ *sf* joint.

Júpiter /'xupiter/ *sm* (*Astron*) Jupiter.

jura /'xura/ *sf* **1.** (*juramento*) oath. **2.** (*ceremonia*) swearing in.

jura de bandera *sf*: *oath of allegiance to the flag.*

jurado, -da /xu'raðo -ða/ **I** *adj* sworn: **tuvo que presentar una declaración jurada** she had to submit a sworn statement ● **¡me la tiene jurada!** he has it in for me!
II jurado *sm* **1.** (*Jur: grupo*) jury; (*: persona*) juror, member of the jury. **2.** (*en concursos, competiciones, etc.*) panel of judges.

juramento /xura'mento/ *sm* **1.** (*promesa*) oath: **le tomaron juramento** the oath was administered to him; **prestó juramento** she took ✱ swore the oath. **2.** (*palabrota*) oath, curse: **cuando lo descubrió, se puso a soltar juramentos** when she found out she started swearing.

jurar /xu'rar/ [➪ CANTAR] *vt* (*prometer: gen*) to swear: **te juro que no volveré a hacerlo** I swear I'll never do it again; (*: un cargo*): **los ministros juraron ayer sus cargos** the ministers were sworn in yesterday.
♦*vi* (*maldecir*) to swear, to curse.

jurarse *v prnl* **1.** (*prometerse*) to swear: **se juraron**

permanecer siempre juntos they swore to stay together forever. **2. jurársela** (*fam*): **se la juró por no haberla ayudado** she swore she'd get her own back on him because he hadn't helped her.

jurel /xu'rel/ *sm* horse mackerel.

jurídico, -ca /xu'riðiko -ka/ *adj* judicial, legal.

jurisdicción /xurizðik'θjon/ *sf* jurisdiction.

jurisprudencia /xurispru'ðenθja/ *sf* jurisprudence.

jurista /xu'rista/ *sm/f* jurist.

justamente /xusta'mente/ *adv* **1.** (*con equidad*) fairly: **creo que se repartió justamente** I think it was shared out fairly. **2.** (*exactamente*) exactly: **tenemos justamente la misma edad** we're exactly the same age. **3.** (*precisamente*) just: **lo dice justamente para molestarme** she says it just to annoy me.

justicia /xus'tiθja/ *sf* justice, fairness: **los jueces están para administrar justicia** judges are there to administer justice • **es de justicia admirar su obra** it is only right to praise her work • **están decididos a tomarse la justicia por su mano** they've decided to take the law into their own hands.

justiciero, -ra /xusti'θjero -ra/ *adj* seeking justice.

justificación /xustifika'θjon/ *sf* justification.

justificado, -da /xustifi'kaðo -ða/ *adj* justified: **fue una maniobra justificada** it was a justified manoeuvre.

justificante /xustifi'kante/ **I** *adj* justifying.
II *sm* (*de un pago*) receipt, supporting document.

justificar /xustifi'kar/ [⇨sacar] *vt* **1.** (*explicar*) to justify. **2.** (*excusar*) to make excuses for: **siempre está tratando de justificar a su hermano** she's always trying to make excuses for her brother.
justificarse *v prnl* to excuse oneself: **se justificó** *por* **no haber asistido** he excused himself for not attending; **es tarde para justificarse** it's too late for excuses.

justo, -ta /'xusto -ta/ **I** *adj* **1.** (*objetivo, imparcial*) fair, just: **me pareció una sentencia justa** I thought it was a fair sentence. **2.** (*exacto*) exact: **tengo el dinero justo para la entrada** I have the exact money for my ticket. **3.** (*preciso*) precise: **la vimos en el momento justo en que llegaba** we saw her at the precise * very moment she arrived. **4.** (*escaso*): **el postre estuvo un poco justo** there was just about enough dessert to go round; **vamos a andar un poco justos** *de* **dinero** we're going to be a bit short of money. **5.** (*apretado*) tight: **esos pantalones te están justos** those trousers are a bit tight for you.
II *sm/f* just person, righteous person • **al final, pagan justos por pecadores** in the end, the innocent pay for the sins of the wicked.
III justo *adv* exactly, precisely: **es justo lo que yo te dije** it's just * exactly as I told you.
justo término medio *sm* happy medium.

juvenil /xuβe'nil/ **I** *adj* youthful, young.
II *sm/f* (*Dep*) youth: **los juveniles entrenan los sábados** the youth team train on Saturdays.

juventud /xuβen'tuð/ **I** *sf* **1.** (*edad*) youth. **2.** (*los jóvenes*) youth [lleva el verbo en singular o plural]: **la juventud actual es mucho más consciente de los problemas sociales** the youth of today is/are much more aware of social problems.
II juventudes *sfpl* youth movement: **se unió a las juventudes nacionalistas** he joined the nationalist youth movement.

juzgado /xuθ'ɣaðo/ *sm* court.
juzgado de guardia *sm* court, police court • **¡estas declaraciones son de juzgado de guardia!** these statements are outrageous!
juzgado de lo social *sm* industrial tribunal: **llevó su caso al juzgado de lo social** she took her case to an industrial tribunal.

juzgar /xuθ'ɣar/ [⇨pagar] *vt* **1.** (*dictaminar*) to judge • **a juzgar por su acento, debe de ser andaluz** judging by his accent, he must be Andalusian • **a juzgar por las apariencias, siguen sin dirigirse la palabra** judging by appearances, they're still not talking to each other. **2.** (*considerar*) to consider: **la juzgo una persona muy capaz** I consider her to be a very capable person; **juzgó oportuno esperar** he thought it would be best to wait.

K

K, k /ka/ *sf (letra)* K, k.
ka /ka/ *sf*: *name of the letter K.*
karate /ka'rate/, **kárate** /'karate/ *sm* karate.
kart /kart/ *sm (Dep)* cart, *(GB)* go-kart.
katiusca /ka'tjuska/ *sf* wellington, Wellington boot.
Kenia /'kenja/ *sf* Kenya.
keniano, -niana /ke'njano -'njana/, **keniata** /ke'njata/ *adj, sm/f* Kenyan.
ketchup /'ketʃup/ *sm* ketchup, *(US)* catsup.
Kg, kg *pronounced* /kilo'ɣramo/ *(abbreviation of* **kilogramo**) kg (kilogram).
kilo /'kilo/ *sm* **1.** *(Medidas)* kilo. **2.** *(fam: gran cantidad)* ton, heap: **lleva kilos de maquillaje** she wears tons of make-up. **3.** *(fam: millón de pesetas)* million pesetas.
kilogramo /kilo'ɣramo/ *sm* kilogram.
kilometraje /kilome'traxe/ *sm*: *distance travelled in kilometres.*
kilométrico, -ca /kilo'metriko -ka/ *adj* **1.** *(Medidas)* kilometric. **2.** *(fam: interminable)* never-ending, endless: **un pasillo kilométrico** a never-ending corridor.
kilómetro /ki'lometro/ *sm (GB)* kilometre, *(US)* kilometer.
kilovatio /kilo'βatjo/ *sm* kilowatt.
kiosco /'kjosko/ *sm* ⇨ quiosco
kiwi /'kiwi/ *sm* **1.** *(pájaro)* kiwi. **2.** *(fruta)* kiwi fruit.
kleenex® /'klineks/ *sm* Kleenex®, *(GB)* tissue.
Km, km *pronounced* /ki'lometro/ *(abbreviation of* **kilómetro**) km (*GB* kilometre, *US* kilometer).
Km/h, km/h *pronounced* /ki'lometros por 'ora/ *(abbreviation of* **kilómetros por hora**) kph (kilometres per hour).
K.O. /'kao/ *(abbreviation of* **knock-out**) **I** *[used as an adjective]* **1.** *(en boxeo)* knocked-out, unconscious: **lo dejó K.O. en el tercer asalto** he knocked him out in the third round. **2.** *(fam: anonadado)* stunned: **con aquella pregunta me dejaron K.O.** that question stunned me.
II *[used as a noun]* *(en boxeo)* knockout: **ganó por K.O.** he won by a knockout.
Kw, kw *pronounced* /kilo'βatjo/ *(abbreviation of* **kilovatio**) kW (kilowatt).

L

L, l /'ele/ *sf (letra)* L, l.
l *pronounced* /'litro/ *(abbreviation of* **litro**) l (*GB* litre, *US* liter).
l. *pronounced* /'liβro/ *(abbreviation of* **libro**) book.
la /la/ **I** *art def f* **1.** *(con sustantivos femeninos en singular)* the: **la casa no tiene ventanas** the house has no windows. **2.** *(se omite en inglés)* *[not translated in English]*: **la señora García no vino** Mrs García didn't come; **visitaron la India** they visited India; **prefiere la sidra a la cerveza** he prefers cider to beer; **la mía es de madera** mine is made of wood; **empieza a la una** it starts at one o'clock. **3.** *(se traduce por posesivo)* *[translated by a possessive]*: **me duele la rodilla** my knee is hurting; **dame la mano** give me your hand; **se quitó el jersey** he took off his sweater. **4.** *(seguido de adjetivo)* the (...) one: **pásame la grande, por favor** pass me the big one, please. **5. la de** *(persona)*: **a la del perro la veo cada día** I see the woman with the dog every day; **¿quién? ¿la de la blusa verde?** who? the one in the green blouse?; **mi novia y la de Alberto son muy buenas amigas** my girlfriend and Alberto's are very good friends; *(objeto, medio, lugar)*: **mi casa está cerca de la de Teresa** my house is close to Teresa's; **la nuestra es la de la piscina** ours is the one with the swimming pool. **6. la que** *(persona)*: **pregúntale a la que te lo vendió** ask the lady ✱ woman who sold it to you; **la que llegue antes que compre las entradas** whoever arrives first should buy the tickets; *(objeto, medio, lugar)*: **¿es la que te regalé?** is it the one I gave you as a present?; **elige la que quieras** choose the one you want; **la tarima en la que estaban se vino abajo** the platform on which they were standing collapsed.
II *pron personal* [femenino] **1.** *(referido a una persona: a ella)* her: **el comentario la sorprendió** the comment surprised her; *(: a usted)* you: **¿la puedo ayudar en algo?** may I help you? **2.** *(referido a un objeto, una idea)* it: **no la he visto** I haven't seen it. **3.** *(con valor expresivo)*: **¡la hemos hecho buena!** now we've done it!
III *sm inv (Mús)* A, la.
laberinto /laβe'rinto/ *sm* maze, labyrinth: **este edificio es un laberinto** this building is a labyrinth ✱ a rabbit warren.
labia /'laβja/ *sf* way with words: **tiene mucha labia y los convenció** he has a way with words and he managed to persuade them.

labial /la'βjal/ *adj, sf* (*Ling*) labial.

labio /'laβjo/ *sm* lip • **no despegó los labios en todo el viaje** she didn't open her mouth once on the journey • **se mordió los labios para no reír** he bit his lip to prevent himself laughing • **tu secreto no saldrá de mis labios** your secret will not pass my lips.
labio leporino *sm* harelip.

labor /la'βor/ *sf* **1.** (*trabajo, actividad*) work: **está haciendo una importante labor de investigación** she's doing some important research; **en lugar de hablar tanto, estáte** *por* **la labor** instead of talking so much, get on with your work. **2.** (*en un impreso*): **profesión: sus labores** occupation: housewife. **3.** (*de costura*) sewing; (*de punto*) knitting; (*de ganchillo*) crochet. **4.** (*Agr*) farm * agricultural work: **se dedican a las labores del campo** they farm for a living; **unos caballos de labor** some workhorses; **las herramientas de labor** farm * agricultural implements.

laborable /laβo'raβle/ **I** *adj* working: **el martes es laborable** Tuesday is a working day.
II *sm* working day: **abren laborables y festivos** they open on working days and on holidays.

laboral /laβo'ral/ *adj* (*GB*) labour, (*US*) labor: **estamos preocupados por la situación laboral** we are worried about the labour situation.

laborar /laβo'rar/ [⇨ CANTAR] *vi* (*frml*) to work.

laboratorio /laβora'torjo/ *sm* laboratory.

laborioso, -sa /laβo'rjoso -sa/ *adj* **1.** (*que necesita mucho trabajo*) arduous: **le encargaron una tarea muy laboriosa** he was given a very arduous task. **2.** (*que trabaja mucho*) industrious, hard-working: **la gente de esta región es muy laboriosa** the people in this area are very hard-working.

laborismo /laβo'rizmo/ *sm* (*Pol*: *en GB*) Labour Movement.

laborista /laβo'rista/ (*Pol*) **I** *adj* (*en GB*) Labour: **está afiliada al Partido Laborista** she is a member of the Labour Party; **un diputado laborista** a Labour MP.
II *sm/f* Labour Party member.

labrador, -dora /laβra'ðor -'ðora/ *sm/f* (*con tierras propias*) farmer; (*empleado por otro*) farm worker.

labrantío, -tía /laβran'tio -'tia/ **I** *adj* arable.
II labrantío *sm* (*gen*) arable land; (*terreno en particular*) plot of arable land.

labranza /la'βranθa/ *sf* farming, working the land: **compraron unas tierras de labranza** they bought some farmland.

labrar /la'βrar/ [⇨ CANTAR] *vt* **1.** (*la piedra, la madera*) to carve; (*el metal*) to work; (*las joyas*) to cut; (*el cuero*) to dress. **2.** (*Agr*) to farm.
labrarse *v prnl* to build (for oneself): **estudia mucho para labrarse un buen porvenir** she's working hard at her studies to build herself a good future.

labriego, -ga /la'βrjeɣo -ɣa/ *sm/f* farm worker.

laca /'laka/ *sf* **1.** (*para muebles*) lacquer. **2.** (*para el pelo*) hair lacquer, hairspray. **3.** (*objeto*) lacquered object.
laca de uñas *sf* (*GB*) nail varnish, (*US*) nail polish.

lacayo /la'kajo/ *sm* (*criado, persona servil*) lackey.

lacio, -cia /'laθjo -θja/ *adj* **1.** (*pelo*) straight. **2.** (*flores*) limp. **3.** (*persona*) weak.

lacón /la'kon/ *sm*: *type of cured ham or bacon.*

lacónico, -ca /la'koniko -ka/ *adj* laconic: **le dio una respuesta lacónica** she gave him a laconic answer.

lacra /'lakra/ *sf* **1.** (*defecto*) curse: **el alcoholismo es una de las lacras de la sociedad** alcoholism is one of the curses of society. **2.** (*Amér L*: *Med*) scab.

lacrar /la'krar/ [⇨ CANTAR] *vt* to seal (*with wax*).

lacrimógeno, -na /lakri'moxeno -na/ *adj* **1.** (*Mil*): **gas lacrimógeno** tear gas. **2.** (*película, escena*) tear-jerking: **es una película muy lacrimógena** the film is a real tear-jerker.

lacrimoso, -sa /lakri'moso -sa/ *adj* (*frml*: *voz, persona*) tearful; (*: ojos*) filled with tears.

lactancia /lak'tanθja/ *sf* (*periodo*) lactation: **contraindicado durante el periodo de lactancia** not to be taken while breast-feeding; **durante la lactancia, los bebes…** while breast-feeding, babies….

lactante /lak'tante/ **I** *adj* unweaned: **todavía está en edad lactante** he has not been weaned yet.
II *sm/f* (*bebé*) unweaned baby: **se cree que no es bueno para el lactante** it is not thought to be good for unweaned babies.

lácteo, -tea /'lakteo -tea/ *adj* dairy: **los médicos aconsejan no abusar de los productos lácteos** doctors recommend that dairy products should not be consumed in excess.

ladeado, -da /laðe'aðo -ða/ *adj* (*objeto que cuelga*) lopsided, askew; (*sombrero, cabeza*) tilted.

ladear /laðe'ar/ [⇨ CANTAR] *vt* **1.** (*un objeto que cuelga*) to tilt. **2.** (*la cabeza*) to tilt, to incline.
ladearse *v prnl* **1.** (*objeto que cuelga*): **ese cuadro se ha ladeado** that picture is crooked * is not hanging straight. **2.** (*el sombrero*) to tip. **3.** (*Av*) to bank: **el avión se ladeó peligrosamente** the plane banked dangerously.

ladera /la'ðera/ *sf* (*de una montaña*) mountainside; (*de una colina*) hillside.

ladino, -na /la'ðino -na/ **I** *adj* (*astuto*) cunning: **es muy ladino y conseguirá lo que se propone** he's very cunning and he'll get what he wants.
II *sm/f* (*en algunos países americanos: indio*) Spanish-speaking Indian; (*: mestizo*) mestizo.
III ladino *sm* (*idioma*) Judeo-Spanish, Sephardic Spanish.

lado /'laðo/ *sm* **1.** (*de una persona, un objeto, una situación, etc.*) side: **se le paralizó el lado izquierdo de la cara** the left side of his face was paralysed; **se situaron a ambos lados de la entrada** they took up position on either side of the entrance; **este cuadrado mide tres centímetros** *de* **lado** this square measures three centimetres on each side; **no se podía aparcar en el lado derecho de la calle** you couldn't park on the right-hand side of the street; **siempre ve el lado bueno de las cosas** he always looks on the bright side; **pero tú, ¿***de* **qué lado estás?** but whose side are you on?; **se puso** *de* **nuestro lado** she took our side; **es andaluz** *por* **el lado de su madre** he's Andalusian on his mother's side; **se sentó a mi lado** she sat down beside me; **háganse a un lado, por favor** move aside please; **se puso el sombrero** *de* **medio lado** he put his hat on at an angle • **va de lado si cree que voy a dejarle dinero** if he thinks I'm going to lend him any money he can think again • **por un lado…, por otro lado…** on (the) one hand…, on the other hand…. **2.** (*lugar*): **vámonos a otro lado** let's go somewhere else; **no lo encuentro por ningún lado** I can't find it anywhere; **me pasé el día yendo** *de* **un lado** *para* **otro** I spent the whole day rushing about. **3.** (*para expresar posición junto a*): **han alquilado el piso de** *al* **lado** they've rented the apartment next door; **viven** *al* **lado** *de* **un parque** they live next to a park; **el colegio está aquí** *al* **lado** the school is nearby • **al lado de su**

predecesor, éste es simpático compared to his predecessor, this one is friendly • **el nuevo director lo dejó de lado** * **a un lado** the new manager passed him over • **sus amigos le dieron de lado** his friends rejected him. **4.** (*dirección*) way: **¿por qué lado se ha ido?** which way did he go?; **después de licenciarnos, cada uno se fue por su lado** after graduating, we each went our separate ways.

ladrar /la'ðrar/ [⇨ CANTAR] *vi* (*perro*) to bark.
♦ *vt* to bark (out): **se puso a ladrar órdenes** he started to bark out orders.

ladrido /la'ðriðo/ *sm* **1.** (*de un perro*) bark. **2.** (*de una persona*) shout.

ladrillo /la'ðriʎo/ *sm* **1.** (*gen*) brick: **estaban construyendo un muro de ladrillo** they were building a brick wall. **2.** (*fam*: *un libro, una película, etc.*): **es un ladrillo** it's very heavy going.

ladrón, -drona /la'ðron -'ðrona/ **I** *sm/f* (*gen*) thief (*pl* thieves), robber; (*de casas*) burglar.
II *adj* thieving: **en esa tienda son muy ladrones** in that shop they're nothing but a bunch of crooks.
III ladrón *sm* two-/three-way adaptor.
ladrón de guante blanco *sm*: *thief who carries out white-collar crimes.*

ladronzuelo, -la /laðron'θwelo -la/ *sm/f* petty thief.

lagartija /laɣar'tixa/ *sf* small lizard.

lagarto, -ta /la'ɣarto -ta/ *sm/f* lizard.

lago /'laɣo/ *sm* lake.

lágrima /'laɣrima/ *sf* **1.** (*al llorar*) tear: **se le saltaron unas lágrimas** tears came to her eyes; **le corrían las lágrimas por las mejillas** tears ran down his cheeks • **se puso a llorar a lágrima viva** he started crying uncontrollably • **aprobar esa asignatura le costó lágrimas** he sweated blood to pass that subject. **2.** (*de una lámpara*) teardrop.
lágrimas de cocodrilo *sf pl* (*fig*) crocodile tears *pl*.

lagrimal /laɣri'mal/ *sm*: *part of the eye near the tear duct.*

lagrimoso, -sa /laɣri'moso -sa/ *adj* (*ojos*) filled with tears.

laguna /la'ɣuna/ *sf* **1.** (*Geog*) lagoon, small lake. **2.** (*en una exposición, una lista*) gap, omission: **su conferencia tuvo muchas lagunas** his lecture failed to cover many aspects * left many questions unanswered; (*en una materia*): **tiene muchas lagunas en matemáticas** his knowledge of maths is very patchy.

laico, -ca /'laiko -ka/ **I** *adj* secular.
II *sm/f* (*hombre*) layman, layperson; (*mujer*) laywoman, layperson.

laísmo /la'izmo/ *sm* (*Ling*) *incorrect use of the pronouns* **la** *and* **las** *as indirect objects instead of* **le** *and* **les**.

lamentable /lamen'taβle/ *adj* **1.** (*que causa pena*) lamentable, pitiful: **la economía se encuentra en un estado lamentable** the economy is in a lamentable * pitiful state; **es muy lamentable, pero ¿qué podemos hacer?** it's most regrettable, but what can we do about it? **2.** (*que causa mala impresión*) appalling, dreadful: **la mercancía llegó en un estado lamentable** the goods arrived in an appalling condition; **es lamentable que se comportaran de esa manera** it's dreadful that they should have behaved like that.

lamentación /lamenta'θjon/ *sf* complaint: **es demasiado tarde para lamentaciones** it's too late now for regrets; **déjate de lamentaciones y haz lo que te dicen** stop complaining and do as you are told.

lamentar /lamen'tar/ [⇨ CANTAR] *vt* (*sentir o expresar pena, arrepentimiento*) to regret, to be sorry about: **lo lamento mucho** I'm very sorry about it; **un día lamentarás no haberme hecho caso** one day you'll be sorry you didn't listen to me; **lamento decirle que no es posible** I regret to tell you that it is not possible.
lamentarse *v prnl* **1.** (*sentir o expresar arrepentimiento*) to regret: **se lamentaba** *de* **no haber estudiado más** he regretted not having studied more. **2.** (*expresar una queja*) to complain: **deja de lamentarte y trata de pensar en una solución** stop complaining and try to think of a solution; **a pesar del dolor, nunca se lamenta** in spite of the pain he never complains.

lamento /la'mento/ *sm* **1.** (*para expresar pena: sonido*) wail; (*: palabras*) lament. **2.** (*para expresar dolor*) wail: **sólo se oían los lamentos de los heridos** all that could be heard was the wailing of the wounded.

lamer /la'mer/ [⇨ TEMER] *vt* to lick.

lametón /lame'ton/ *sm* lick: **su perro nos llenó de lametones nada más vernos** his dog licked us all over as soon as he saw us.

lámina /'lamina/ *sf* **1.** (*de vidrio, madera*) sheet; (*de metal*) sheet, plate. **2.** (*para reproducir un dibujo*) plate. **3.** (*ilustración: en un libro*) illustration, plate; (*: suelta*) print: **compré una lámina de la catedral** I bought a print of the cathedral.

laminar /lami'nar/ [⇨ CANTAR] *vt* **1.** (*cubrir con láminas*) to laminate. **2.** (*reducir a láminas*) to make into sheets.

lámpara /'lampara/ *sf* **1.** (*gen*) lamp. **2.** (*fam*: *mancha*) stain.
lámpara solar *sf* sun lamp.

lamparilla /lampa'riʎa/ *sf* (*en una mesilla de noche, una iglesia*) (small) lamp.

lamparón /lampa'ron/ *sm* (*fam*) (greasy) stain.

lampiño, -ña /lam'piɲo -ɲa/ *adj* smooth-cheeked.

lampista /lam'pista/ *sm/f* [en algunas regiones] plumber.

lamprea /lam'prea/ *sf* lamprey.

lana /'lana/ *sf* **1.** (*de oveja, llama*) wool: **pura lana virgen** pure new wool; **esta lana es muy apreciada en todo el mundo** this wool is highly valued all over the world; **se compró una chaqueta de lana** he bought a woollen jacket • **fue a por lana y salió trasquilado** the result was the opposite of what was expected. **2.** (*Méx*: *fam, dinero*) money.

lance /'lanθe/ **I** *sm* **1.** (*episodio*) episode, incident; (*situación difícil*) tight spot, mess: **y ahora, ¿cómo salimos de este lance?** so, how do we get out of this mess? **2.** (*Tauro*) move: **es uno de los lances más difíciles del toreo** it's one of the most difficult moves in bullfighting.
II de lance *loc adv, loc adj* second-hand: **lo compré en una librería de lance** I bought it in a second-hand bookshop.

lancha /'lantʃa/ *sf* (*barca*) boat; (*con motor*) motorboat, motor launch.
lancha de desembarco *sf* landing craft.
lancha de socorro *sf* lifeboat.
lancha neumática *sf* rubber * inflatable dinghy.
lancha patrullera *sf* patrol boat.
lancha salvavidas *sf* lifeboat.

langosta /laŋ'gosta/ *sf* **1.** (*insecto*) locust. **2.** (*crustáceo*) lobster.

langostino /laŋgos'tino/ *sm* king prawn.

languidecer /laŋgiðe'θer/ [⇨ agradecer] *vi* **1.** (*persona*) to weaken, to languish; (*salud*) to fail. **2.** (*conversación*) to dry up; (*reunión*) to flag: **a partir de las**

once, la fiesta empezó a languidecer after eleven o'clock the party started to flag.

lánguido, -da /'laŋgiðo -ða/ *adj* **1.** (*débil*) listless. **2.** (*sin vida, alegría*) languid: **tenía una mirada lánguida** she had a soulful look.

lanolina /lano'lina/ *sf* lanolin, lanoline.

lanoso, -sa /la'noso -sa/, **lanudo, -da** /la'nuðo -ða/ *adj* **1.** (*que tiene mucha lana*) (*GB*) woolly, (*US*) wooly. **2.** (*que tiene mucho pelo*) furry.

lanza /'lanθa/ *sf* lance, spear • **los soldados estaban (con la) lanza en ristre** the soldiers were ready to attack • **el director rompió lanzas en nuestro favor** the director came out in our defence.

lanzacohetes /lanθako'etes/ *sm inv* rocket launcher.

lanzadera /lanθa'ðera/ *sf* (*also* **lanzadera espacial**) (space) shuttle.

lanzado, -da /lan'θaðo -ða/ *adj* **1.** (*decidido*) determined, strong-willed; (*extrovertido*) self-assured, confident: **aunque no domina el idioma, es muy lanzado y no ha tenido ningún problema** though his command of the language isn't perfect, he's very confident and has had no problems; (*irreflexivo*) hasty, impetuous: **no seas tan lanzado** don't be so impetuous. **2.** (*fam*: *muy rápido*) very fast: **el coche iba lanzado** the car was going very fast.

lanzagranadas /lanθaɣra'naðas/ *sm inv* grenade launcher.

lanzamiento /lanθa'mjento/ *sm* **1.** (*de un cohete, un producto*) launch, launching; (*de un misil*) firing; (*de una bomba*) dropping. **2.** (*de disco, jabalina, martillo*) throw; (*de peso*) put; (*en baloncesto*) throw; (*en béisbol*) pitch; (*en críquet*) delivery.

lanzamiento de bala *sm* (*Amér L*) the shot put.

lanzamiento de disco *sm* the discus.

lanzamiento de jabalina *sm* the javelin.

lanzamiento de martillo *sm* the hammer.

lanzamiento de peso *sm* the shot put.

lanzamisiles /lanθami'siles/ *sm inv* missile launcher.

lanzar /lan'θar/ [⇨cazar] *vt* **1.** (*gen*) to throw: **nos lanzaron piedras** they threw stones at us. **2.** (*un misil*) to launch, to fire; (*una bomba*) to drop; (*una flecha*) to fire, to shoot. **3.** (*el disco, la jabalina, el martillo*) to throw; (*el peso*) to put; (*una pelota: en baloncesto, rugby*) to throw; (*: en béisbol*) to pitch; (*: en críquet*) to bowl. **4.** (*un sonido*) to utter: **lanzó un grito** he cried out; (*un desafío, un mensaje*) to issue: **el público le lanzó insultos** the public hurled abuse at him; **lanzaron muchas acusaciones sin fundamento** they made many unfounded accusations. **5.** (*una mirada*) to give: **me lanzó una mirada de ira** he gave * shot me an angry look. **6.** (*un producto, a un artista*) to launch: **lanzó la moda de las chaquetas sin solapa** she launched the fashion for jackets with no lapels.

lanzarse *v prnl* **1.** (*al agua, al vacío*) to jump, to leap. **2.** (*hacia un sitio*) to rush: **se lanzaron** *hacia* **la salida** they rushed towards the exit; (*sobre algo*) to leap, to throw oneself; (*sobre alguien*) to fling oneself: **los tres niños se le lanzaron** *al* **cuello** the three children flung themselves around her neck. **3.** (*a hacer algo: precipitadamente*) to rush (out), to dash (out); (*: tras vacilación*) to summon up one's courage, to take the plunge: **se lanzó y la sacó a bailar** he summoned up his courage and asked her to dance.

lapa /'lapa/ *sf* (*Zool*) limpet • **Julio se pega como una lapa** Julio clings to people like a limpet.

lapicera /lapi'θera/ *sf* (*Amér S*) **1.** (*pluma*) pen. **2.** (*portaplumas*) pen holder.

lapicera fuente *sf* (*Amér S*) fountain pen.

lapicero /lapi'θero/ *sm* **1.** (*lápiz*) pencil. **2.** (*portaminas*) propelling pencil. **3.** (*Amér S*: *portaplumas*) pen holder.

lápida /'lapiða/ *sf* (*en una tumba*) gravestone, headstone; (*en un nicho*) memorial plaque.

lapidario, -ria /lapi'ðarjo -rja/ *adj* weighty: **siempre habla con un estilo lapidario** he always speaks in an authoritative, unarguable way.

lápiz /'lapiθ/ *sm* [**lápices**] pencil: **dibújalo primero** *a* **lápiz** draw it in pencil first; **le regalaron una caja de lápices de colores** they gave her a box of crayons * a box of (*GB*) coloured * (*US*) colored pencils.

lápiz de cera *sm* wax crayon.

lápiz de labios *sm* lipstick.

lápiz de ojos *sm* eyeliner.

lápiz labial *sm* lipstick.

lápiz óptico *sm* light pen.

lapso /'lapso/ *sm* **1.** (*periodo de tiempo*) period, lapse: **dejó pasar un lapso de varias semanas** she allowed several weeks to elapse. **2.** (*equivocación*) slip.

lapsus /'lapsus/ *sm inv* slip, mistake: **tuve un lapsus y dije que la capital de Dinamarca es Oslo** I made a slip when I said Oslo was the capital of Denmark.

larga /'larɣa/ **I** *sf* • **a la larga se alegrará de haber estudiado** in the long run he'll be glad that he studied hard.

II largas *sf pl* (*fam*) full beam headlights *pl*: **no uses las largas porque deslumbras a los otros conductores** don't use full beam because you'll dazzle other drivers.

largamente /larɣa'mente/ *adv* **1.** (*durante mucho tiempo*) at length, for a long time: **hablamos largamente** we spoke at length. **2.** (*con generosidad*) generously, lavishly: **la recompensaron largamente** they rewarded her generously.

largar /lar'ɣar/ [⇨pagar] *vt* **1.** (*Náut*) to let out, to pay out (*a rope*). **2.** (*fam*: *un golpe*) to give, to deal: **me largó una torta** she gave me a slap. **3.** (*fam*: *una información*): **¡menudo discurso nos largó!** what an endless speech he made us sit through!; **ha largado nuestro secreto** she's let out * let slip our secret. **4.** (*fam*: *algo incómodo*) to palm off: **si compramos otro coche, ¿a quién le vamos a largar éste?** if we buy another car, who can we palm this one off on?; **le largaron un trabajo pesadísimo** they saddled him with a really boring job.

♦ *vi* (*fam*: *hablar*) to chatter (away): **se pasan el día largando** they chatter away all day long.

largarse *v prnl* (*fam*: *irse*) to clear off, to beat it: **se largó** *del* **país** he cleared off out of the country.

largo, -ga /'larɣo -ɣa/ **I** *adj* **1.** (*de longitud, distancia*) long: **necesitamos una tabla larga** we need a long board; **para trayectos largos, prefiero tomar el tren** for long journeys I prefer to take the train • **fue a la cena (vestida) de largo** she wore a long dress to the dinner; (*con demasiada longitud*) too long: **el abrigo te está largo** the coat is too long for you. **2.** (*de tiempo*) long: **es una película bastante larga** it's quite a long film; **nos hizo una larga visita** he paid us a long visit. **3.** (*más de lo expresado*) good: **me puso un kilo largo** he gave me a good * generous kilo; **nos llevó un mes largo** it took us at least a month * a good month. **4.** (*fam*: *alto*) lanky, tall. **5.** (*generoso*) generous. **6. largos** (*muchos*) many: **pasó largos años trabajando en el experimento** she spent many years working on the experiment.

II largo *sm* **1.** (*longitud*) length: **mide el largo de la**

mesa, por favor measure the length of the table, please; **tiene dos metros** *de* **largo** it's two metres long; **necesitas al menos tres largos de tela** you need at least three lengths of fabric • **corta la tela a lo largo** cut the fabric lengthwise • **hubo manifestaciones de protesta a lo largo y a lo ancho del país** there were protest demonstrations all over the country. **2.** (*de una piscina*) length: **nada cuarenta largos cada día** she swims forty lengths (of the pool) every day. **3.** (*fam*: *largometraje*) feature film.

III a lo largo de *prep*: **me encuentro con mucha gente a lo largo del día** I meet a lot of people during the day; **sufrió varios contratiempos a lo largo de su carrera** she suffered a number of setbacks in the course of her career.

IV largo *adv* **1.** (*en el tiempo*) at length: **hablamos largo y tendido del problema** we talked at great length about the problem • **están reunidos y parece que tienen para largo** they're having a meeting and it looks as if it will go on for some time • **sus riñas vienen de largo** their quarrels go back a long way. **2. de largo** (*en el espacio*): **había mucha niebla y nos pasamos de largo** it was very foggy and we went right past the place.

V largo *excl*: **¡largo!** ✻ **¡largo de aquí!** get away from here!

largometraje /larɣome'traxe/ *sm* feature film.

larguero /lar'ɣero/ *sm* **1.** (*de una cama*) side; (*de una puerta*) jamb. **2.** (*Dep*) crossbar.

largueza /lar'ɣeθa/ *sf* generosity.

larguirucho, **-cha** /larɣi'rutʃo -tʃa/ *adj* (*fam*) lanky, tall.

largura /lar'ɣura/ *sf* length.

laringe /la'riŋxe/ *sf* larynx.

laringitis /lariŋ'xitis/ *sf inv* laryngitis.

larva /'larβa/ *sf* larva.

las /las/ **I** *art def fpl* **1.** (*con sustantivos femeninos en plural*) the: **cerré las ventanas** I closed the windows. **2.** (*se omite en inglés*) *[not translated in English]*: **las señoras García y López** Mrs García and Mrs López; **¿te gustan las fresas?** do you like strawberries?; **prefiere las suyas** she prefers her own ✻ hers; **son las nueve** it's nine o'clock. **3.** (*se traduce por posesivo*) *[translated by a possessive]*: **me duelen las piernas** my legs hurt. **4.** (*seguido de adjetivo*) the (...) ones: **pásame sólo las rojas** just give me the red ones. **5. las de** (*personas*): **a las de arriba nunca las oigo** I never hear the women upstairs; **todas trabajan mucho, pero las de esta clase especialmente** all of them work hard, but the ones in this class work particularly hard; (*objetos, medios, lugares*): **pon las de Juan en el dormitorio** put Juan's (ones) in the bedroom. **6. las que** (*personas*): **las que hayan terminado pueden salir** those who have finished may leave; **se lo recomiendan a las que sufren mareos durante el embarazo** it's recommended for women who suffer from sickness during pregnancy; (*objetos, medios, lugares*): **¿son éstas las que no he visto?** are these the ones I haven't seen?

II *pron personal* [femenino] **1.** (*a ellas*) them: **las vi en la fiesta** I saw them at the party; (*a ustedes*) you: **¿quieren que las lleve a la estación?** would you like me to take you to the station? **2.** (*unas cosas*) them: **las compré en Italia** I bought them in Italy. **3.** (*con valor expresivo*): **¡arréglatelas como puedas!** sort it out whichever way you can!

lasaña /la'saɲa/ *sf* lasagne.

lascivo, **-va** /las'θiβo -βa/ *adj* lascivious, lecherous.

láser /'laser/ *sm* laser.

lasitud /lasi'tuð/ *sf* weariness, lassitude.

lástima /'lastima/ *sf* **1.** (*sentimiento*) pity: **nos dio mucha lástima que lo expulsaran** we thought it was very sad that they expelled him; **es una lástima que te tengas que marchar** it's a pity ✻ a shame you have to go; **le tengo lástima** I feel sorry for her; **acepté porque me dio lástima** I accepted because I felt sorry for him. **2.** (*fam*: *estado*): **el paquete llegó hecho una lástima** the parcel arrived in an appalling state.

lastimar /lasti'mar/ [➪ CANTAR] *vt* (*física o emocionalmente*) to hurt: **lo dijo para lastimarlo** she said it to hurt him.

lastimarse *v prnl* to hurt oneself: **se lastimó el brazo** she hurt her arm.

lastimero, **-ra** /lasti'mero -ra/ *adj* mournful: **nos despertó con sus aullidos lastimeros** he woke us with his mournful ✻ plaintive wailing.

lastimoso, **-sa** /lasti'moso -sa/ *adj* **1.** (*que causa lástima*) pitiful, piteous: **su situación es lastimosa** his situation is pitiful. **2.** (*que causa mala impresión*) disgraceful: **dejaron la casa en un estado lastimoso** they left the house in a disgraceful state.

lastre /'lastre/ *sm* **1.** (*en un barco, un globo*) ballast. **2.** (*estorbo*) burden, encumbrance: **es un lastre importante** *para* **la economía nacional** it is a serious burden on the national economy.

lata /'lata/ *sf* **1.** (*de comida*) can, (*GB*) tin: **se mantiene a base de latas** he lives off canned food; **seguro que han usado tomate de lata** they must have used canned tomatoes; (*de bebida*) can: **he traído unas latas de cerveza** I've brought along a few cans of beer. **2.** (*hojalata*) tin plate. **3.** (*fam*: *cosa molesta*) drag, pain (in the neck): **¡qué lata tener que esperar!** it's such a drag having to wait!; **es una lata tener que levantarse tan temprano** it's a nuisance having to get up so early • **deja de dar la lata y come** eat up and stop being a nuisance • **no le des la lata a tu madre** stop pestering your mother.

latazo /la'taθo/ *sm* (*fam*) nuisance: **es un latazo tener que venir cada martes** it's a nuisance having to come every Tuesday.

latente /la'tente/ *adj* latent.

lateral /late'ral/ **I** *adj* side, lateral: **entraron por una de las puertas laterales** they entered through one of the side doors.

II *sm* **1.** (*de un edificio*) side. **2.** (*pasillo: en una iglesia, un teatro*) side ✻ lateral aisle. **3.** (*asientos: en un cine, un teatro*) outer aisle: **sólo quedan butacas en los laterales** the only seats still available are on the outer aisles. **4.** (*de una avenida*) service road.

III *sm/f* (*also* **lateral derecho**) right back; (*also* **lateral izquierdo**) left back.

látex /'lateks/ *sm* latex.

latido /la'tiðo/ *sm* **1.** (*del corazón: cada movimiento*) beat; (*: ritmo*) beating. **2.** (*dolor intermitente*) throbbing.

latifundio /lati'fundjo/ *sm* large estate.

latifundista /latifun'dista/ *sm/f* landowner (*of a large estate*).

latigazo /lati'ɣaθo/ *sm* **1.** (*golpe de látigo*) (whip)lash; (*chasquido*) crack (*of a whip*). **2.** (*dolor*) sharp pain. **3.** (*fam*: *de licor*) swig, slug: **se dio un buen latigazo de ginebra** she took a good swig ✻ slug of gin.

látigo /'latiɣo/ *sm* whip.

latín /la'tin/ *sm* **1.** (*idioma*) Latin • **esa chica sabe mucho latín** she's nobody's fool. **2.** (*fam*: *palabra o* expresión) Latin expression: **soltó algunos latines en su discurso** he came out with several Latin expressions in his speech.

latino, -na /la'tino -na/ **I** *adj* **1.** (*Hist, Ling*) Latin. **2.** (*del sur de Europa, de Latinoamérica*) Latin.
II *sm/f* Latin.

Latinoamérica /latinoa'merika/ *sf* Latin America.

latinoamericano, -na /latinoameri'kano -na/ *adj, sm/f* Latin American.

latir /la'tir/ [➪ PARTIR] *vi* **1.** (*corazón*) to beat. **2.** (*Méx: parecer*): **me late que no van a venir** I have a feeling they are not coming.

latitud /lati'tuð/ **I** *sf* latitude.
II latitudes *sf pl* (*lugar*): **en estas latitudes no estamos acostumbrados a estas cosas** we're not used to this sort of thing in these parts.

latón /la'ton/ *sm* brass.

latoso, -sa /la'toso -sa/ **I** *adj* annoying: **es latoso tener que esperar aquí cada día** it's annoying to have to wait here every day.
II *sm/f* (*persona*) nuisance, pest.

laúd /la'uð/ *sm* lute.

laurel /lau'rel/ **I** *sm* (*árbol*) laurel; (*hoja*) bay: **le puse dos hojas de laurel** I put in two bay leaves.
II laureles *sm pl* (*fama*) success: **cosechó los laureles al final de su carrera** she became very successful at the end of her career • **se ha dormido en los laureles y ha perdido una gran oportunidad** he has rested on his laurels and as a result he's missed a great opportunity.

lava /'laβa/ *sf* lava.

lavabo /la'βaβo/ *sm* **1.** (*pileta*) basin, (*US*) washbowl. **2.** (*en una casa*) lavatory, (*GB*) toilet; (*en lugares públicos*) (*GB*) toilets *pl*, (*US*) rest room.

lavadero /laβa'ðero/ *sm* **1.** (*pila*) sink (*especially for washing laundry*). **2.** (*cuarto*) utility room, laundry (room).

lavado /la'βaðo/ *sm* washing.
lavado de cerebro *sm* brainwashing.
lavado de estómago *sm*: **tuvieron que hacerle un lavado de estómago** they had to pump out his stomach.
lavado en seco *sm* (*Chi, Méx, Perú*) dry-cleaning.

lavadora /laβa'ðora/ *sf* washing machine.

lavanda /la'βanda/ *sf* (*Bot*) lavender.

lavandería /laβande'ria/ *sf* (*con empleados que lavan la ropa*) laundry; (*con lavadoras que funcionan con monedas*) (*GB*) Launderette®, (*US*) Laundromat®.

lavaplatos /laβa'platos/ **I** *sm inv* (*aparato*) (automatic) dishwasher.
II *sm/f inv* (*persona*) dishwasher.

lavar /la'βar/ [➪ CANTAR] *vt* (*gen*) to wash: **voy a lavar el coche** I'm going to wash the car • **le han lavado la cara a la casa** they've given the house a facelift; (*una herida*) to bathe: **lavó la herida** *con* **agua tibia** she bathed the wound with warm water.
♦*vi* **1.** (*hacer la colada*) to do the washing: **lavamos todos los sábados** we do the washing every Saturday; (*Chi, Méx, Perú*): **se tiene que lavar en seco** it has to be dry-cleaned. **2.** (*prenda*) to wash: **esta blusa lava muy bien** this blouse washes well.
lavarse *v prnl* to wash: **se lavó antes de acostarse** she had a wash ∗ she washed before going to bed; **se lavaron las manos antes de comer** they washed their hands before eating • **yo me lavo las manos en este asunto** I wash my hands of this matter.

lavarropas /laβa'rropas/ *sm inv* (*Arg, Urug*) washing machine.

lavativa /laβa'tiβa/ *sf* (*Med*) enema.

lavatorio /laβa'torjo/ *sm* (*Arg, Chi, Urug: pileta*) basin.

lavavajillas /laβaβa'xiʎas/ *sm inv* **1.** (*aparato*) (automatic) dishwasher. **2.** (*jabón*) detergent, (*GB*) washing-up liquid (*for dishwashers*).

lavilisto® /laβi'listo/ *adj inv* (*Arg, Urug*) drip dry.

laxante /lak'sante/ *adj, sm* laxative.

laxo, -xa /'lakso -ksa/ *adj* **1.** (*físicamente*) relaxed. **2.** (*moralmente*) lax.

lazada /la'θaða/ *sf* bow: **se ató los zapatos con doble lazada** he did up his shoes with a double bow.

lazarillo /laθa'riʎo/ *sm*: *person or animal who guides a blind person*: **su hermano le hacía de lazarillo** his brother acted as his guide.

lazo /'laθo/ *sm* **1.** (*decorativo, tipo de nudo*) bow: **se le desató el lazo del zapato** his shoelace came undone. **2.** (*de vaquero*) lasso • **la policía les echó el lazo** the police captured them. **3.** (*corbata*) bow tie. **4.** (*vínculo*) bond, link: **los unen estrechos lazos de amistad** they are united by close bonds of friendship.

Lda. *pronounced* /liθen'θjaða/ (*abbreviation of* **licenciada**) ➪ licenciado **II,1**

Ldo. *pronounced* /liθen'θjaðo/ (*abbreviation of* **licenciado**) ➪ licenciado **II,1**

le /le/ *pron personal* **I** (*complemento indirecto*) **1.** (*a él*) (to) him; (*a ella*) (to) her: **le di el regalo** I gave him/her the present, I gave the present to him/her; **dile que llegaré tarde** tell him/her I'll be late; **le guiñó el ojo** she winked at him; (*a usted*) (to) you: **¿quién le regaló ese anillo?** who gave you that ring?, who gave that ring to you? **2.** (*para él*) (for) him; (*para ella*) (for) her: **le compré un par de zapatillas** I bought him/her a pair of slippers, I bought a pair of slippers for him/her; (*para usted*) (for) you: **¿le llevo las maletas?** can I carry your bags (for you)? **3.** (*con verbos como* **quitar, arrebatar**: *a él*) from him; (*: a ella*) from her: **le quitó la pistola** she took the gun (away) from him/her; (*: a usted*) from you: **¿quién le compró (a usted) el coche?** who bought your car from you? **4.** (*a un objeto*) (to) it: **le dieron un golpe al meterla en la casa** they gave it a knock as they brought it into the house. **5.** (*a un animal*): **¿le has dado de comer?** have you fed it/him/her? **6.** (*usado con el sustantivo*) [used in addition to the noun; not translated in English]: **¿por qué no le preguntas a tu madre** why don't you ask your mother?
II (*Esp: complemento directo*) [*used in the same way as* **lo**] **1.** (*a él*) him: **le vi en la calle** I saw him in the street. **2.** (*a usted*) you: **perdón, ¿le he hecho esperar mucho?** sorry, have I made you wait long?

leal /le'al/ **I** *adj* **1.** (*a un amigo, un superior, una institución*) loyal. **2.** (*animal*) faithful.
II *sm/f* loyal supporter.

lealtad /leal'tað/ *sf* **1.** (*a una institución, una persona*) loyalty. **2.** (*franqueza*) honesty.

lebrel /le'βrel/ *sm* hunting dog.

lección /lek'θjon/ *sf* **1.** (*en el colegio*) lesson: **se perdió la lección de física** he missed the physics lesson • **espero que hayas aprendido la lección** I hope you have learnt your lesson • **espero que te sirva de lección** I hope it will be a lesson to you • **lo escondió para darles una lección a los vecinos** he hid it to teach his neighbours a lesson. **2.** (*en un libro de texto*) lesson, chapter: **la lección dos no entra en el examen** the exam will not cover lesson two.

lección magistral *sf (en acto solemne) lecture given by a guest speaker to begin the academic year.*

lechal /leˈtʃal/ *sm* suckling lamb.

leche /ˈletʃe/ *sf* **1.** (*alimento*) milk: **una vaca de leche** a dairy cow; **un ternero de leche** a suckling calf. **2.** (*para la piel*) lotion, cream: **necesito un bote de leche hidratante** I need a jar of moisturizing cream. **3.** (*fam: humor*): **está de muy mala leche** he's in a very bad mood; **me puso de mala leche** he put me in a bad mood; **tiene muy mala leche** he's a very mean * nasty person. **4.** (*fam: golpe*) knock, bump: **me pegué una leche con la moto** I had a crash on my motorbike. **5.** (*fam: velocidad*): **salimos del cine** *a* **toda leche** we ran out of the cinema as fast as we could go. **6.** (*fam: suerte*) luck: **tuvieron mucha leche** they were very lucky. **7.** (*fam: persona*): **¡realmente, eres la leche!** you're completely impossible!

leche condensada *sf* condensed milk.

leche descremada, **leche desnatada** *sf* skimmed milk, skim milk.

leche en polvo *sf* powdered milk.

leche entera *sf* full-fat milk, whole milk.

leche frita *sf (Culin) dessert made with a fried batter of milk and flour.*

leche merengada *sf: drink made from milk flavoured with cinnamon, sugar and eggwhite.*

leche semidesnatada *sf* semi-skimmed milk.

lechera /leˈtʃera/ *sf* **1.** (*objeto*) milk churn. **2.** (*mujer*) (woman) milk seller.

lechería /letʃeˈria/ *sf* dairy, dairy products shop.

lechero, -ra /leˈtʃero -ra/ **I** *adj* dairy: **una vaca lechera** a dairy cow.
II lechero *sm* milkman.

lecho /ˈletʃo/ *sm* **1.** (*frml: cama*) bed. **2.** (*del mar, de un río, un lago*) bed.

lecho de muerte *sm* deathbed.

lechón, -chona /leˈtʃon -ˈtʃona/ *sm/f* suckling pig.

lechoso, -sa /leˈtʃoso -sa/ *adj* (*parecido a la leche*) milky: **su piel tenía un tono lechoso** his skin was milky-white in colour.

lechuga /leˈtʃuɣa/ *sf* lettuce ● **es más fresco que una lechuga** he has the cheek of the devil.

lechuza /leˈtʃuθa/ *sf* owl.

lectivo, -va /lekˈtiβo -βa/ *adj* (*día*) school: **no era día lectivo** it wasn't a school day; (*horas*) teaching: **de las cuarenta horas de trabajo, veinte son lectivas** twenty of the forty hours that she works are spent teaching.

lector, -tora /lekˈtor -ˈtora/ *sm/f* **1.** (*persona que lee*) reader: **este periódico cuenta con numerosos lectores** this paper has a large readership. **2.** (*Educ*) (language) assistant.

lector de discos compactos *sm* CD player.

lector de microfichas *sm* microfiche reader.

lector de microfilmes *sm* microfilm reader.

lectorado /lektoˈraðo/ *sm* post of language assistant.

lectura /lekˈtura/ *sf* **1.** (*de una obra escrita, un contador*) reading: **es muy aficionada a la lectura** she loves reading. **2.** (*interpretación*) interpretation: **se pueden hacer distintas lecturas de esta novela** several interpretations may be made of this novel; **lo que dijo puede tener varias lecturas** what he said has several possible interpretations. **3.** (*obras leídas o para leer*): **en sus obras se reflejan lecturas clásicas** her works reveal her familiarity with classical literature; **éstas son las lecturas obligatorias** these are the set texts.

leer /leˈer/ [⇨table: leer] *vt/i* to read: **todavía no ha aprendido a leer** he hasn't learnt to read yet; **leyó el poema en voz alta** she read the poem out loud; **me has leído el pensamiento** you have just read my thoughts * mind.

leer	
INDICATIVE	SUBJUNCTIVE
Preterite leí leíste leyó leímos leísteis leyeron	**Imperfect** leyera *or* leyese leyeras *or* leyeses leyera *or* leyese leyéramos *or* leyésemos leyerais *or* leyeseis leyeran *or* leyesen
PRESENT PARTICIPLE	
leyendo	
For the rest of the tenses ⇨ TEMER (in appendix)	

legación /leɣaˈθjon/ *sf* **1.** (*representación*) delegation. **2.** (*sede de representación*) legation; (*embajada*) embassy.

legado /leˈɣaðo/ *sm* (*de bienes, conocimiento*) legacy: **es parte del legado cultural del mundo clásico** it's part of our cultural legacy from the classical world.

legajo /leˈɣaxo/ *sm* (*frml*) file, dossier.

legal /leˈɣal/ *adj* **1.** (*relacionado con la ley*) legal: **me asesora en cuestiones legales** she advises me on legal matters; (*según la ley*) lawful, legal: **según el informe, procedieron de forma legal** according to the report, they acted lawfully. **2.** (*fam: persona*) trustworthy, dependable: **es una chica muy legal** she's a very dependable girl.

legalidad /leɣaliˈðað/ *sf* **1.** (*validez legal*) legality. **2.** (*conjunto de normas*): **la legalidad vigente no contempla este tipo de situación** the law as it stands does not provide for this kind of situation.

legalización /leɣaliθaˈθjon/ *sf* legalization.

legalizar /leɣaliˈθar/ [⇨cazar] *vt* **1.** (*una situación*) to legalize: **tendremos que legalizar nuestra situación** we must make our situation legal * legalize our situation. **2.** (*un documento, una firma*) to authenticate: **legalizó el testamento** *ante* **notario** she had the will authenticated by a notary.

legaña /leˈɣaɲa/ *sf*: **se estaba quitando las legañas de los ojos** she was rubbing the sleep from her eyes.

legar /leˈɣar/ [⇨pagar] *vt* (*frml*) **1.** (*bienes*) to bequeath. **2.** (*conocimientos*) to hand down, to bequeath: **las tradiciones que nuestros antepasados nos legaron** the traditions handed down to us by our ancestors.

legendario, -ria /lexenˈdarjo -rja/ *adj* legendary.

legible /leˈxiβle/ *adj* legible.

legión /leˈxjon/ *sf* **1.** (*Mil*) legion. **2.** (*gran cantidad*) large number: **el pueblo recibe una legión de visitantes cada verano** large numbers of visitors come to the village every summer ● **sus seguidores son legión** his followers are legion.

legionario, -ria /lexjoˈnarjo -rja/ **I** *adj* legionary.
II legionario *sm* legionnaire.

legislación /lexislaˈθjon/ *sf* legislation: **según la legislación internacional...** according to international law....

legislar /lexisˈlar/ [⇨CANTAR] *vi* to legislate.

legislativo, -va /lexisla'tiβo/ *adj* legislative.

legislatura /lexisla'tura/ *sf* **1.** (*de un parlamento: entre elecciones*) term; (*: año parlamentario*) session; (*de un presidente*) term of office. **2.** (*Amér L: asamblea*) legislature.

legitimar /lexiti'mar/ [⇨CANTAR] *vt* **1.** (*una firma*) to authenticate; (*un documento*) to validate; (*una actuación*) to authorize: **el juez legitimó el uso de la fuerza** the judge authorized the use of force. **2.** (*facultar*) to confirm: **su victoria lo legitima como nuevo presidente** his victory confirms him as the new president.

legitimidad /lexitimi'ðað/ *sf* legitimacy.

legítimo, -ma /le'xitimo -ma/ *adj* **1.** (*Jur*) legitimate, lawful: **arrebataron las tierras a sus dueños legítimos** they seized the land from its lawful owners; **está en su legítimo derecho** you are within your rights; **mató al ladrón en legítima defensa** he killed the robber in legitimate self-defence. **2.** (*verdadero*) genuine, real: **es un Picasso legítimo** it's a genuine Picasso.

lego, -ga /'leɣo -ɣa/ *adj* (*frml: sin conocimientos*): **es un hombre lego** *en* **ciencias** he knows nothing about science.

legua /'leɣwa/ *sf* (*Medidas*) league • **se ve a la legua que es una imitación** it sticks out a mile that it's a forgery.

legumbre /le'ɣumbre/ *sf* **1.** (*verde*) vegetable (*in pods*). **2.** (*seca*) pulse.

lehendakari /leenda'kari/ *sm*: *president of the Basque autonomous regional government.*

leído, -da /le'iðo -ða/ *adj* **1.** (*obra*) read: **un libro muy leído** a widely read book. **2.** (*persona*) well-read: **es una mujer muy leída** she's a very well-read woman.

leísmo /le'izmo/ *sm* (*Ling*) *use of the pronoun* **le** *as a direct object instead of* **lo** *or* **la**, *or use of* **les** *instead of* **los** *or* **las**.

lejanía /lexa'nia/ *sf* distance: **se veía una montaña** *en* **la lejanía** a mountain was visible in the distance.

lejano, -na /le'xano -na/ *adj* distant: **llegaron emisarios de países muy lejanos** emissaries arrived from distant lands; **son parientes lejanos** they are distant relatives; **en tiempos lejanos...** long ago....

Lejano Oriente *sm*: **el Lejano Oriente** the Far East.

lejía /le'xia/ *sf* bleach.

lejos /'lexos/ **I** *adv* **1.** (*en el espacio*) far (away): **viven más lejos de lo que pensaba** they live farther away than I expected; **¿está lejos** *de* **aquí?** is it far from here?; **no veo bien** *de* **lejos** I can't see properly from a distance; *a lo* **lejos se veía la catedral** you could see the cathedral in the distance; **llegará lejos como abogado** he will go far as a lawyer; **fue demasiado lejos con sus comentarios** he went too far with his remarks; **lo que dices está muy lejos** *de* **ser verdad** what you are saying is far from true • **mi empresa, sin ir más lejos, se ha visto afectada por la crisis** to take an obvious example, my own company has been affected by the recession. **2.** (*en el tiempo*): **quedan lejos esos tiempos** those times are long gone.
II lejos de *conj* far from: **lejos de obedecer, hizo todo lo contrario** far from obeying, he did the very opposite.

lelo, -la /'lelo -la/ *adj* **1.** (*tonto*) stupid, (*GB*) thick, (*US*) dumb. **2.** (*atontado*) stunned, amazed.

lema /'lema/ *sm* **1.** (*divisa*) motto: **el lema de la casa es que el cliente siempre tiene razón** the establishment's motto is that the customer is always right. **2.** (*Ling*) headword (*in dictionary*).

lempira /lem'pira/ *sm* lempira (*national currency of Honduras*).

lencería /lenθe'ria/ *sf* **1.** (*sábanas, manteles*) linen; (*ropa interior*) lingerie. **2.** (*establecimiento*) linen and lingerie retailer.

lengua /'leŋgwa/ *sf* **1.** (*de una persona, un animal*) tongue: **el muy desvergonzado me sacó la lengua** the cheeky monkey stuck his tongue out at me; **a veces se me traba la lengua** sometimes I get tongue-tied • **si le tiras de la lengua, te lo dirá** if you twist his arm he'll tell you • **se mordió la lengua para no responder** he bit his tongue to stop himself replying • **terminé el ejercicio con la lengua fuera** I was worn out by the time I finished the exercise • **alguien se ha ido de la lengua** someone has let the cat out of the bag • **estuvieron dándole a la lengua hasta las tantas** they were talking away until the early hours • **las malas lenguas aseguran que se han separado** the gossips are saying they have split up • **¡qué lengua más larga tienes!** you're such a bigmouth! • **se le soltó la lengua** he let his tongue run away with him. **2.** (*idioma*) language: **da clases de lengua española** she teaches Spanish; **se expresa en la lengua de la calle** he uses very colloquial expressions. **3.** (*de tierra*) promontory; (*de fuego, glaciar*) tongue.

lengua materna *sf* mother tongue.

lengua viperina *sf*: **cuidado con él: tiene una lengua viperina** watch him, he has a poisonous tongue.

lenguado /leŋ'gwaðo/ *sm* (*pez*) sole.

lenguaje /leŋ'gwaxe/ *sm* **1.** (*sistema de comunicación*) language: **el lenguaje de las abejas** the language of bees; **sólo entienden el lenguaje de la fuerza** force is the only language they understand. **2.** (*estilo*) style, language: **es una palabra que sólo se emplea en el lenguaje literario** it's a word used only in literary language. **3.** (*de ordenadores*) language.

lenguaje corporal *sm* body language.

lengüeta /leŋ'gweta/ *sf* **1.** (*en un instrumento musical*) reed. **2.** (*pieza alargada: gen*) tab; (*: de un zapato*) tongue.

lente /'lente/ **I** *sf* lens.
II lentes *sm pl* (*para ver*) glasses *pl*.

lente de contacto *sf* contact lens: **lleva lentes de contacto** she wears contact lenses.

lenteja /len'texa/ *sf* lentil: **mi madre hace unas lentejas muy buenas** my mother cooks a very tasty lentil dish.

lentejuela /lente'xwela/ *sf* sequin: **un vestido de lentejuelas** a sequined dress.

lentilla /len'tiʎa/ *sf* contact lens.

lentitud /lenti'tuð/ *sf* slowness: **trabaja con una lentitud exasperante** he works maddeningly slowly.

lento, -ta /'lento -ta/ **I** *adj* **1.** (*de velocidad, intelecto*) slow: **es un poco lento** *de* **entendederas** he's a bit slow on the uptake. **2.** (*al cocinar*): **ponga el guiso** *a* **fuego lento** cook the stew over a low heat.
II lento *adv* slowly: **no vayas tan lento** don't go so slowly.

leña /'leɲa/ *sf* **1.** (*para hacer fuego*) firewood • **¡no eches más leña al fuego!** don't make things worse! • **no me gusta hacer leña del árbol caído** I don't like kicking someone when they're down. **2.** (*fam*): **repartió mucha leña en la pelea** he hit a lot of people in the fight.

leñador, -dora /leɲa'ðor -'ðora/ *sm/f* woodcutter, lumberjack.

leñazo /le'ɲaθo/ *sm* (*fam*) knock, bump: **se die-**

ron un leñazo *con* **el coche** they had a crash in the car.

leño /'leɲo/ *sm* **1.** (*tronco*) log • **he dormido como un leño** I slept like a log. **2.** (*fam: zoquete*) blockhead.

leo /'leo/ **I** *sm* (*also* **Leo**) (*constelación, signo del zodiaco*) Leo; (*Amér L*): **soy** *de* **Leo** I'm a Leo.
II *sm/f inv* (*persona*) Leo: **soy leo** I'm a Leo; **éste va a ser un buen año para los leo** it's going to be a good year for Leos.

león /le'on/ *sm* **1.** (*africano*) lion • **no es tan fiero el león como lo pintan** he's not as bad as people say. **2.** (*Amér L: puma*) puma.
león marino *sm* sea lion.

leona /le'ona/ *sf* (*Zool*) lioness • **peleó por sus hijos como una leona** she fought tooth and nail for her children.

leonado, -da /leo'naðo -ða/ *adj* tawny.

leonera /leo'nera/ *sf* **1.** (*jaula*) lion's cage; (*guarida*) lion's den. **2.** (*fam: lugar desordenado*) mess, pigsty: **tienen la habitación hecha una leonera** their bedroom is a complete mess * is like a pigsty.

leonés, -nesa /leo'nes -'nesa/ **I** *adj* of * from León.
II *sm/f* native * inhabitant of León.

leopardo /leo'parðo/ *sm* leopard.

leotardos /leo'tarðos/ *sm pl* (*GB*) woolly tights *pl*, (*US*) pantyhose.

Lepe /'lepe/ *sm* • **sabe más que Lepe** she knows all the answers.

lepra /'lepra/ *sf* leprosy.

leproso, -sa /le'proso -sa/ *sm/f* leper.

lerdo, -da /'lerðo -ða/ *adj* slow-witted, dim.

leridano, -na /leri'ðano -na/ **I** *adj* of * from Lérida.
II *sm/f* native * inhabitant of Lérida.

les /les/ *pron personal* **I** (*complemento indirecto*) **1.** (*a ellos, ellas*) (to) them: **¿qué les dijiste?** what did you tell them, what did you say to them?; **enséñales el camino** show them the way; **les sonrió** she smiled at them; (*a ustedes*) (to) you: **¿les han dado ya la llave?** have they already given you the key?, have they given the key to you already? **2.** (*para ellos, ellas*) (for) them: **les preparé una paella** I cooked a paella for them, I cooked them a paella; (*para ustedes*) (for) you: **no se preocupen, les conseguiré otro ejemplar** don't worry, I'll get another copy for you. **3.** (*con verbos como* **quitar, arrebatar**: *a ellos*) from them: **¿quién les compró la casa?** who bought the house from them?; (: *a ustedes*) from you: **¿por qué les quitaron los pasaportes?** why did they take your passports from you? **4.** (*referido a objetos*) (to) them. **5.** (*referido a animales*): **les dio de comer** he gave them some food. **6.** (*usado con el sustantivo*) [used in addition to the noun; not translated in English] **no les dijo nada a sus padres** she didn't say anything to her parents.
II (*Esp: complemento directo*) [*popularly used instead of* ***los***] **1.** (*a ellos*) them. **2.** (*a ustedes*) you: **¿les puedo ayudar en algo?** can I help you at all?

lesbiana /les'βjana/ *sf* lesbian.

lesbiano, -na /les'βjano -na/ *adj* lesbian.

lesión /le'sjon/ *sf* (*gen*) injury: **está recuperándose de una lesión** he's recovering from an injury; **sufrió una lesión cerebral** he suffered brain damage.

lesionarse /lesjo'narse/ [➪ CANTAR] *v prnl* (*temporalmente*) to injure oneself.

letal /le'tal/ *adj* lethal.

letanía /leta'nia/ *sf* **1.** (*Relig*) litany. **2.** (*lista*): **nos recitó la misma letanía de protestas de siempre** he gave us the usual long list of complaints.

letárgico, -ca /le'tarxiko -ka/ *adj* lethargic.

letargo /le'taryo/ *sm* **1.** (*sopor*) lethargy, drowsiness. **2.** (*hibernación*) hibernation. **3.** (*estancamiento*) stagnation, inactivity: **la industrialización sacó a la región de un letargo de siglos** industrialization brought the area out of centuries of stagnation.

letón, -tona /le'ton -tona/ **I** *adj, sm/f* Latvian.
II letón *sm* (*idioma*) Latvian.

Letonia /le'tonja/ *sf* Latvia.

letra /'letra/ **I** *sf* **1.** (*símbolo*) letter • **al pie de la letra**: **cumplió las órdenes al pie de la letra** he carried out the orders to the letter; **se toma lo que le dices al pie de la letra** he takes everything you say literally • **se ajustó a la letra del reglamento** she stuck strictly to the rules. **2.** (*en correspondencia*): **les puse cuatro letras para decirles cuándo llegaba** I dropped them a line to tell them when I was arriving. **3.** (*caligrafía*) handwriting: **tiene muy mala letra** his handwriting is awful. **4.** (*de una canción*) words *pl*, lyrics *pl*. **5.** (*also* **letra de cambio**) (*Fin*) bill of exchange. **6.** (*en una compra a plazos*): **sólo nos quedan dos letras por pagar** we only have two instalments to pay.
II letras *sf pl* **1.** (*cultura*) education, learning: **un hombre de letras** a man of letters. **2.** (*opuesto a ciencias*) arts *pl*: **estudió una carrera de letras** she did an arts degree.
letra cursiva *sf* italics *pl*.
letra de imprenta *sf* capital letter: **lo anotó en letras de imprenta para evitar confusiones** she wrote it down in capital letters to avoid confusion.
letra de molde *sf* print.
letra mayúscula *sf* capital letter.
letra minúscula *sf* small letter.
letra muerta *sf*: **el acuerdo ha quedado en letra muerta** the agreement is now a dead letter.
letra pequeña *sf* small print.

letrado, -da /le'traðo -ða/ *sm/f* (*frml*) lawyer.

letrero /le'trero/ *sm* sign, notice.
letrero luminoso *sm* neon sign.

letrina /le'trina/ *sf* latrine.

letrista /le'trista/ *sm/f* lyricist.

leucemia /leu'θemja/ *sf* (*GB*) leukaemia, (*US*) leukemia.

leucémico, -ca /leu'θemiko -ka/ *sm/f* (*GB*) leukaemia patient, (*US*) leukemia patient.

levadura /leβa'ðura/ *sf* yeast.
levadura en polvo *sf* baking powder.

levantamiento /leβanta'mjento/ *sm* (*Mil*) uprising.
levantamiento de pesas, levantamiento de pesos *sm* weightlifting.

levantar /leβan'tar/ [➪ CANTAR] *vt* **1.** (*alzar, elevar: gen*) to raise: **levantó la copa para brindar** she raised her glass to propose a toast; **si lo sabes, levanta la mano** if you know it, raise your hand; **no levantó los ojos** *del* **libro** she didn't look up from her book; (: *del suelo*) to pick up: **levanta eso** pick that up; **levantó al niño** she picked up the child; (: *un peso*) to lift: **ayúdame a levantar el sofá** help me to lift the sofa; (: *el ánimo*) to raise: **mis palabras no consiguieron levantarle la moral** what I said didn't succeed in raising his spirits; **no hace falta levantar la voz** there's no need to raise your voice; **levanta la voz, por favor** speak up, please. **2.** (*poner fin a: una prohibición, un asedio*) to lift: **nos han levantado el castigo** we have been let off our punishment. **3.** (*causar, provocar*) to cause: **el libro levantó una fuerte polémica** the book caused a great deal of controversy; **el roce de los zapatos me levantó ampollas** the chafing of my shoes gave me blisters. **4.** (*dar*): **fue acusada de levantar falso testimonio** she was accused of giving false evidence. **5.** (*un edificio, una pared*) to build, to put up: **han levantado un muro en el jardín** they've built * put up a wall in the garden; **quieren levantarle un monumento** they want to erect a monument in * to her memory. **6.** (*quitar, desmontar: la mesa*) to clear; (*: las camas*) to strip; (*: el mantel*) to take off, to remove: **levantaron el campamento al amanecer** they struck camp at dawn; **están levantando todas las calles** all the roads are being dug up. **7.** (*un negocio*): **levantó el negocio sin la ayuda de nadie** he put the business on its feet single-handed.

levantarse *v prnl* **1.** (*de la cama*) to get up: **me levanté a las ocho** I got up at eight o'clock. **2.** (*ponerse de pie*) to stand up, to get up: **no se levanten, por favor** please don't get up; **¡levántate del suelo!** get up off the floor! **3.** (*erigirse*) to stand: **la torre se levanta en medio del pueblo** the tower stands in the middle of the village. **4.** (*un temporal*) to brew; (*viento*) to get up: **al atardecer se levantó un poco de brisa** a light breeze got up at dusk. **5.** (*finalizar*) [*only used in the third person*]: **¿cuando se levanta la veda?** when does the close season end?; **se levanta la sesión** (*en una reunión*) the meeting is adjourned; (*en un tribunal*) the court will adjourn. **6.** (*sublevarse*) to rise up: **el pueblo se levantó** *en* **armas** the people rose up in arms. **7.** (*Arg, Urug: fam, a una chica*) to pick up.

levante /le'βante/ *sm* **1.** (*Geog: este*) East. **2.** (*viento*) east wind, easterly. **3. el Levante** (*de España*) *the region comprising Valencia and Murcia*; (*del Mediterráneo*) *the Eastern Mediterranean region.*

levantino, -na /leβan'tino -na/ **I** *adj* **1.** (*en España*) *of * from the regions of Valencia and Murcia.* **2.** (*del Mediterráneo oriental*) Levantine.
II *sm/f* **1.** (*en España*) *native * inhabitant of the regions of Valencia and Murcia.* **2.** (*del Mediterráneo oriental*) Levantine.

levar /le'βar/ [⇨CANTAR] *vt* (*el ancla*) to weigh.
♦ *vi* to set sail, to weigh anchor.

leve /'leβe/ *adj* **1.** (*liviano*) light; (*delgado, tenue*) thin: **un velo leve** a thin veil; (*sutil, ligero*) delicate, subtle: **tiene un leve sabor a menta** it has a delicate taste of mint; **tengo la leve sospecha de que quieren que nos vayamos** I have a slight suspicion that they want us to go. **2.** (*de poca importancia*) slight, minor: **un herida leve** a slight injury; **una falta leve** a minor offence. **3.** (*llevadero*) bearable: **la charla hizo más leve la espera** the conversation made the waiting more bearable; **¿vas al dentista? ¡que te sea leve!** you're off to the dentist's? well, I hope all goes well!

levita /le'βita/ *sf* frock coat.

levitar /leβi'tar/ [⇨CANTAR] *vi* to levitate.

lexema /lek'sema/ *sm* (*Ling*) lexeme.

léxico, -ca /'leksiko -ka/ **I** *adj* lexical: **la variedad léxica del español** the variety of the Spanish vocabulary.
II léxico *sm* (*frml*) **1.** (*conjunto de palabras*) vocabulary. **2.** (*diccionario*) dictionary.

ley /lei/ *sf* **1.** (*Jur, Pol*) law: **todos los ciudadanos deben cumplir la ley** all citizens must obey the law; **procedieron de acuerdo con la ley** they acted in accordance with the law; **tras un acalorado debate, el parlamento aprobó el proyecto de ley** after a heated debate, the bill was passed by parliament • **en nuestra casa la hospitalidad es ley** hospitality is one of our house rules • **yo no hago las leyes** I don't make the rules • **ganó con todas las de la ley** he won fairly and squarely • **hecha la ley, hecha la trampa** people always find a way round the law. **2.** (*Fís*) law. **3.** (*de un metal noble*) standard fineness.

ley de la gravedad *sf* law of gravity.

ley de la ventaja *sf* (*en fútbol*) advantage rule: **el árbitro aplicó muy bien la ley de la ventaja** the referee played the advantage rule very well.

ley del embudo *sf* (*fam*): **¡hombre, ésa es la ley del embudo!** there's one set of rules for you and another for everyone else!

ley del más fuerte *sf* survival of the fittest.

ley del talión *sf*: **es la ley del talión: ojo por ojo, diente por diente** it's a case of making the punishment fit the crime: an eye for an eye, a tooth for a tooth.

ley marcial *sf* martial law.

ley natural *sf* natural law.

ley seca *sf* (*Hist*) **la ley seca** Prohibition.

leyenda /le'jenda/ *sf* **1.** (*narración*) legend. **2.** (*frml: inscripción*) inscription.

leyó /le'jo/ *and other forms with* **ley-** ⇨leer

liana /'ljana/ *sf* (*Bot*) liana.

liar /ljar/ [⇨ansiar] *vt* **1.** (*un paquete*) to wrap up; (*un cigarrillo*) to roll. **2.** (*a una persona: confundir*) to confuse: **me estás liando con tu explicación** your explanation is confusing me; (*: enredar*) to involve: **no me líes en tus asuntos** don't get me involved in your affairs; **me liaron para que fuera a la fiesta** they persuaded me to go to the party. **3.** (*complicar*) to complicate: **vas a liar más el tema** you're going to complicate matters more.

liarse *v prnl* **1.** (*confundirse*) to get confused: **se lió al leer las instrucciones** she got confused when reading the instructions. **2.** (*complicarse*) to get complicated: **luego el argumento se lió tanto que no había forma de entenderlo** then the plot got so complicated that there was no way you could follow it. **3.** (*fam: empezar*): **se lían** *a* **hablar y no paran** once they start talking they never stop; **se liaron** *a* **puñetazos** they got into a fist fight. **4.** (*en un gasto*): **nos hemos liado** *con* **lo de la hipoteca y vamos muy mal de dinero** we have taken on this mortgage and now we're short of money. **5.** (*en explicaciones*) to get tangled up: **no te líes** *en* **explicaciones y ve al grano** don't get tangled up in explanations, just get to the point. **6.** (*fam: con alguien*): **se liaron** *con* **unos delincuentes** they got mixed up with some criminals; **se ha liado** *con* **uno de sus compañeros** she's having an affair with one of her colleagues.

libanés, -nesa /liβa'nes -'nesa/ *adj, sm/f* Lebanese.

Líbano /'liβano/ *sm*: **el Líbano** (the) Lebanon.

libar /li'βar/ [⇨CANTAR] *vt* (*Zool*) to suck.

libelo /li'βelo/ *sm* defamatory text.

libélula /li'βelula/ *sf* dragonfly.

liberación /liβera'θjon/ *sf* liberation.

liberado, -da /liβe'raðo -ða/ *adj* liberated.

liberal /liβe'ral/ **I** *adj* **1.** (*Pol*) liberal. **2.** (*tolerante*) liberal: **sus padres son muy liberales** his parents are very liberal. **3.** (*generoso*) generous, liberal: **es muy liberal a la hora de dar propinas** she's very generous when it comes to giving tips.
II *sm/f* (*Pol*) liberal.

liberalismo /liβera'lizmo/ *sm* liberalism.

liberalizar /liβerali'θar/ [⇨cazar] *vt* to deregulate, to liberalize.

liberalizarse *v prnl* (*Pol*) to become freer.

liberar /liβe'rar/ [⇨CANTAR] *vt* **1.** (*un lugar, a un pueblo*) to liberate: **las tropas liberaron la capital** the troops

liberated the capital; (*a un detenido*) to free, to release. **2.** (*de un compromiso*) to release. **3.** (*Fís*) to give off.
liberarse *v prnl* to become free: **nunca se liberó** *del* **temor al fracaso** he never freed himself from his fear of failure.

líbero /'liβero/ *sm/f* (*en fútbol*) sweeper.

libérrimo, -ma /li'βerrimo -ma/ *adj* (*frml*: *interpretación, traducción*) very free.

libertad /liβer'tað/ *sf* **1.** (*gen*) freedom, liberty: **puedes hablar** *con* **toda libertad** you can speak quite freely; **lo pusieron** *en* **libertad** he was released * set free; **aquí se pueden ver animales** *en* **libertad** here you can see animals wandering freely. **2.** (*familiaridad*) liberty: **me tomé la libertad** *de* **ir a verlos sin avisar** I took the liberty of going to see them without letting them know beforehand; **se toma usted demasiadas libertades** you take too many liberties.
libertad bajo fianza *sf* release on bail: **lo pusieron** *en* **libertad bajo fianza** he was released on bail.
libertad condicional *sf* parole.
libertad de expresión *sf* freedom of speech.
libertad provisional *sf* release on bail.

libertador, -dora /liβerta'ðor -'ðora/ *sm/f* liberator.

libertinaje /liβerti'naxe/ *sm* immoral behaviour.

libertino, -na /liβer'tino -na/ *adj, sm/f* libertine.

Libia /'liβia/ *sf* Libya.

libidinoso, -sa /liβiði'noso -sa/ *adj* lustful.

libio, -bia /'liβjo -βja/ *adj, sm/f* Libyan.

libra /'liβra/ **I** *sf* **1.** (*moneda, unidad de peso*) pound. **2.** (*also* **Libra**) (*constelación, signo del zodiaco*) Libra; (*Amér L*): **soy** *de* **Libra** I'm a Libra * Libran.
II *sm/f inv* (*persona*) Libra, Libran: **soy libra** I'm a Libra * Libran; **va a ser una buena semana para los libra** it's going to be a good week for Librans.
libra esterlina *sf* pound (sterling).

librado, -da /li'βraðo -ða/ *adj* • **a pesar de todo, salió bien librado en el juicio** despite everything, he fared better in the trial than he had expected • **no te metas o vas a salir mal librado** don't get involved or you'll come off worst.

libramiento /liβra'mjento/ *sm* (*Méx*) bypass.

librar /li'βrar/ [⇨ CANTAR] *vt* **1.** (*de un peligro, una dificultad*) to save: **sus reflejos lo libraron** *del* **choque** his reflexes saved him from crashing • **¡Dios me libre!** heaven forbid! **2.** (*una guerra, una batalla*) to fight: **libraron una dura batalla** they fought a hard battle.
♦ *vi* to be free, to be off: **esta semana libro por las mañanas** I'm free * off every morning this week.
librarse *v prnl*: **se libró** *del* **castigo** he escaped punishment; **hoy no te libras** *de* **fregar los platos** you're not getting out of doing the dishes today; **se libró** *del* **servicio militar** he did not have to do military service.

libre /'liβre/ *adj* **1.** (*en libertad*) free: **dejaron libres a los animales** they set the animals free; **salió libre después de cumplir la condena** he was set free after completing his sentence; **eres muy libre** *de* * *para* **irte cuando quieras** you are quite free to go whenever you want; **trabaja** *por* **libre** she's self-employed. **2.** (*desocupado*) free: **¿está libre este asiento?** is this seat free?; **a esta hora es difícil encontrar un taxi libre** at this time it's difficult to find a taxi for hire; **¿qué haces en tu tiempo libre?** what do you do in your free time? **3.** (*Ling*) free: **es una traducción bastante libre** it's a rather free translation. **4.** (*exento*) free: **en este asunto nadie está libre** *de* **culpa** in this affair, nobody is free from blame. **5.** (*en natación*): **los cien metros libres** the one hundred metres freestyle.
libre de impuestos *adj, adv* tax-free.

librecambio /liβre'kambjo/ *sm* free trade.

librepensador, -dora /liβrepensa'ðor -'ðora/ **I** *adj* freethinking.
II *sm/f* freethinker.

librería /liβre'ria/ *sf* **1.** (*establecimiento*) (*GB*) bookshop, (*US*) bookstore. **2.** (*mueble*) bookcase.

librero, -ra /li'βrero -ra/ **I** *sm/f* (*persona*) bookseller.
II librero *sm* (*Méx*: *mueble*) bookcase.

libreta /li'βreta/ *sf* **1.** (*para escribir*) notebook. **2.** (*also* **libreta de ahorros**) (*libro*) (savings) passbook; (*cuenta*) (savings) account.

libreto /li'βreto/ *sm* libretto.

libro /'liβro/ **I** *sm* **1.** (*texto*) book: **estoy leyendo un libro de aventuras** I am reading a book of adventure stories • **colgó los libros para dedicarse a la pintura** he gave up his studies to take up painting • **se expresa como un libro abierto** he speaks very clearly. **2.** (*de un rumiante*) third stomach.
II libros *sm pl* (*en contabilidad*) accounts *pl*: **lleva los libros de la empresa** he does the company accounts.
libro blanco *sm* (*Jur, Pol*) white paper: **el libro blanco de la reforma educativa** the (government's) white paper on educational reform.
libro de bolsillo *sm* (pocket-size) paperback.
libro de consulta *sm* reference book.
libro de cuentas *sm* (*Fin*) account book.
libro de cuentos *sm* (*Lit*) storybook.
libro de escolaridad *sm* school record book.
libro de familia *sm*: *official booklet giving details of the family: marriage and birth dates, names etc.*
libro de reclamaciones *sm* complaints book.
libro de texto *sm* textbook.
libro mayor *sm* (*Fin*) ledger.

licencia /li'θenθja/ **I** *sf* **1.** (*documento*) permit, (*GB*) licence, (*US*) license: **¿tiene usted licencia de pesca?** do you have a fishing permit? **2.** (*frml*: *para hacer algo*) permission: **le dieron licencia para retirarse** he was given permission to retire. **3.** (*Amér L*: *por enfermedad, maternidad*) leave: **todavía está** *de* **licencia por maternidad** she's still on maternity leave; (*: para vacaciones*) (*GB*) holiday, (*US*) vacation: **el señor Benedetti está** *de* **licencia** Mr Benedetti is on holiday.
II licencias *sf pl* liberties *pl*: **se toma demasiadas licencias** he takes too many liberties.
licencia de armas *sf* (*GB*) gun licence, (*US*) gun permit.
licencia de manejar *sf* (*Amér L*) (*GB*) driving licence, (*US*) driver's license.
licencia poética *sf* poetic licence.

licenciado, -da /liθen'θjaðo -ða/ **I** *adj* **1.** (*Educ*): **esto afecta también a los estudiantes ya licenciados** this also affects graduates. **2.** (*Mil*) discharged.
II *sm/f* **1.** (*Educ*) graduate: **es licenciada** *en* **Biología** *por* **la Universidad de Granada** she has a degree in Biology from Granada University. **2.** (*soldado*) discharged soldier. **3.** (*Amér L*: *tratamiento*) *form of address used to lawyers*: **el licenciado Carlos Ortega** Mr Carlos Ortega.

licenciar /liθen'θjar/ [⇨ CAMBIAR] *vt* (*Mil*) to discharge.
licenciarse *v prnl* **1.** (*Educ*) to graduate. **2.** (*Mil*) to be discharged.

licenciatura /liθenθja'tura/ *sf* **1.** (*título*) degree. **2.** (*carrera universitaria*) degree course: **no terminó**

la licenciatura he did not finish his degree course. **3.** (*ceremonia*) graduation.

licencioso, -sa /liθen'θjoso -sa/ *adj* licentious.

liceo /li'θeo/ *sm* **1.** (*institución cultural*) cultural organization, (*US*) lyceum. **2.** (*Amér L: centro de enseñanza secundaria*) secondary school, (*US*) high school.

lichi /'litʃi/ *sm* lychee.

licitación /liθita'θjon/ *sf* (*Fin*) tender: **se va a llamar a licitación para la adjudicación del contrato** tenders will be invited in order to award the contract.

lícito, -ta /'liθito -ta/ *adj* (*en un sentido legal*) legal, legitimate: **amasó su fortuna por medios lícitos** he made his fortune by legitimate means; (*en un sentido moral*) right, morally acceptable.

licor /li'kor/ *sm* liqueur.

licorera /liko'rera/ *sf* decanter.

licra /'likra/ *sf* Lycra®.

licuadora /likwa'ðora/ *sf* liquidizer.

licuar /li'kwar/ [➪actuar] *vt* **1.** (*comida*) to liquidize. **2.** (*un gas*) to liquefy.

licuarse *v prnl* (*gas*) to liquefy.

lid /lið/ (*frml*) **I** *sf* (*pelea*) fight • **ganaron en buena lid** they won fairly and squarely.

II lides *sf pl* (*situaciones*) matters *pl*: **es un experto en lides parlamentarias** he's an expert in parliamentary matters.

líder /'liðer/ **I** *adj* leading: **una empresa líder en el sector** a leading company in the field.

II *sm/f* **1.** (*en política, comercio*) leader. **2.** (*en una competición deportiva*) leader: **el líder del Tour de Francia** the leader in the Tour de France; **el próximo domingo reciben la visita del líder** next Sunday they play the league leaders at home.

liderato /liðe'rato/, **liderazgo** /liðe'raθɣo/ *sm* **1.** (*en política, comercio*) leadership. **2.** (*en deportes*) lead, leading position: **varios equipos comparten el liderato** a number of teams share the lead.

lidia /'liðja/ *sf* (*frml*) bullfighting.

lidiar /li'ðjar/ [➪CAMBIAR] *vt* (*Tauro*) to fight: **lidió seis toros** he fought six bulls.

♦ *vi* **1.** (*para conseguir algo*) to fight, to struggle. **2.** (*con algo o alguien*) to struggle, to wrestle: **tuvo que lidiar** *con* **todo tipo de problemas** he had to wrestle with all sorts of problems.

liebre /'ljeβre/ *sf* (*Zool*) hare • **donde menos se piensa, salta la liebre** things have a habit of happening just when you least expect them to • **un periódico madrileño levantó la liebre** a Madrid newspaper first revealed the affair.

liendre /'ljendre/ *sf* (*Zool*) nit.

lienzo /'ljenθo/ *sm* **1.** (*tela*) piece of material. **2.** (*Artes: tela, cuadro*) canvas.

lifting /'liftiŋ/ *sm* face-lift: **se ha hecho un lifting** she has had a face-lift.

liga /'liɣa/ *sf* **1.** (*cinta para medias*) garter. **2.** (*Méx: goma elástica*) elastic band. **3.** (*asociación, competición deportiva*) league: **una liga antitabaco** an anti-smoking league; **un partido de liga** a league game.

ligadura /liɣa'ðura/ *sf* **1.** (*física*) bond. **2.** (*sentimental*) tie: **rompió con las ligaduras familiares** he severed his ties with his family.

ligamento /liɣa'mento/ *sm* ligament.

ligar /li'ɣar/ [➪pagar] *vt* **1.** (*físicamente*) to tie; (*sentimentalmente*) to bind: **nos liga una antigua amistad** we are bound by a long-standing friendship; **los recuerdos la ligan al pasado** memories bind her to the past; (*profesionalmente*) to bind: **lo liga al club un contrato de cinco años** he is bound to the club by a five-year contract. **2.** (*Culin: una salsa*) to bind. **3.** (*fam: conseguir*) to get hold of: **ligamos un par de entradas** we got hold of a couple of tickets.

♦ *vi* **1.** (*en juego de naipes*) to get a good hand. **2.** (*fam: establecer una relación*): **la mayoría de la gente viene aquí a ligar** most people come here to pick someone up.

ligarse *v prnl* **1.** (*profesionalmente*) to bind oneself. **2.** (*fam: establecer una relación con*) to start an affair: **se ligó al vecino** she started an affair with her neighbour.

ligazón /liɣa'θon/ *sf* connection, link.

ligereza /lixe'reθa/ *sf* **1.** (*al moverse*) nimbleness: **subió las escaleras** *con* **ligereza** she nimbly went up the stairs. **2.** (*de peso*) lightness. **3.** (*al actuar*) thoughtlessness: **actuaste** *con* **ligereza** you acted thoughtlessly; **fue una ligereza por tu parte sacar el tema** it was thoughtless of you to bring the subject up.

ligero, -ra /li'xero -ra/ **I** *adj* **1.** (*rápido*) quick: **anduvimos a paso ligero** we walked quickly. **2.** (*material, consistencia, peso*) light: **está construido con materiales ligeros** it is made of light materials; **tiene un sueño muy ligero** he is a light sleeper; **tomamos una cena ligera** we had a light supper; **prefiere viajar ligero** *de* **equipaje** he prefers to travel light; (*catarro, dolor*) slight: **tiene un ligero catarro** she has a slight cold. **3.** (*poco serio*): **escribió varias comedias ligeras** he wrote several light-hearted comedies.

II a la ligera *loc adv*: **se tomó el asunto a la ligera** he did not take the matter seriously; **no deberías juzgar a la ligera** you shouldn't jump to conclusions; **no puedes tomar esa decisión tan a la ligera** that decision is not to be taken so lightly.

III ligero *adv* quickly: **¡ligero, ligero, que se hace tarde!** get a move on, it's getting late!

ligón, -gona /li'ɣon -'ɣona/ (*fam*) **I** *adj*: **es un tío muy ligón** he's always after the girls.

II *sm/f* (*hombre*) womanizer; (*mujer*): **estás hecha una ligona** you're a real man-eater!

ligue /'liɣe/ *sm* (*fam*) **1.** (*relación*): **tuvieron un ligue hace tiempo** they had an affair a while ago; **a menudo salíamos juntos** *de* **ligue** we used to go out together looking for girls/boys. **2.** (*hombre*) boyfriend, man; (*mujer*) girlfriend: **nos ha presentado a su último ligue** he/she introduced us to his latest girlfriend/boyfriend.

liguero /li'ɣero/ *sm* (*GB*) suspender belt, (*US*) garter belt.

lija /'lixa/ *sf*: **lo alisó con papel de lija** he sandpapered it smooth.

lijadora /lixa'ðora/ *sf* sander.

lijar /li'xar/ [➪CANTAR] *vt* to sand (down).

lila /'lila/ **I** *sf* (*flor*) lilac.

II *adj inv, sm* (*color*) lilac: **llevaba una chaqueta de color lila** she was wearing a lilac(-coloured) jacket.

liliputiense /lilipu'tjense/ *adj, sm/f* Lilliputian: **a su lado se sentía como un liliputiense** he felt like a dwarf next to them.

lima /'lima/ *sf* **1.** (*instrumento*) file • **su hermano come como * más que una lima** her brother has an enormous appetite. **2.** (*árbol*) lime tree; (*fruto*) lime; (*bebida*) lime juice.

lima de uñas *sf* nail file.

limar /li'mar/ [➪CANTAR] *vt* **1.** (*con una herramienta*) to file. **2.** (*el contenido de un texto*) to polish up: **limó el artículo antes de entregarlo** he polished up the article before handing it in. **3.** (*diferencias*) to iron out, to smooth out: **el encuentro contribuyó a limar sus diferencias** the meeting helped to iron out their differences • **espero que esta conversación sirva para limar asperezas** I hope this conversation will help to smooth things over.

limbo /'limbo/ *sm* (*Relig*) limbo • **como de costumbre, estaba en el limbo y no se enteró** as usual, he was in a world of his own and he didn't hear.

limeño, -ña /li'meɲo -ɲa/ **I** *adj* of * from Lima.
II *sm/f* native * inhabitant of Lima.

limero /li'mero/ *sm* lime tree.

limitación /limita'θjon/ *sf* limitation: **a pesar de sus limitaciones físicas, llegó a ser un gran atleta** despite his physical limitations, he became a great athlete; **tiene la limitación de que no es muy alta** she has the disadvantage of not being very tall; **¿cuánto cuesta sin limitación de kilometraje?** how much does it cost with unlimited mileage?; **no hay limitación de edad** there is no age limit.

limitado, -da /limi'taðo -ða/ *adj* **1.** (*delimitado, reducido*) limited: **sólo podemos admitir a un número limitado de alumnos** we can only take a limited number of students; **disponen de unos recursos muy limitados** they have very limited resources. **2.** (*poco inteligente*) limited.

limitar /limi'tar/ [⇨ CANTAR] *vt* to limit: **han limitado el consumo de agua** water consumption has been limited; **las líneas aéreas han prometido limitar el número de vuelos** the airlines have promised to limit the number of flights.
♦ *vi* to border: **España limita al oeste** *con* **Portugal** Spain borders Portugal in the west.
limitarse *v prnl*: **me limité** *a* **decir lo que había visto** I said what I had seen and nothing more.

límite /'limite/ **I** *sm* **1.** (*extremo*) limit: **¡mi paciencia tiene un límite!** there's a limit to my patience!; **ha superado usted el límite de velocidad** you have exceeded the speed limit; **llegó al límite** *de* **insultarme** he went so far as to insult me. **2.** (*de un territorio*) boundary: **llegamos hasta el límite de sus tierras** we reached the boundary of his land.
II *adj inv* **1.** (*máximo*): **mi hora límite para llegar a casa son las diez** I have to be home by ten o'clock; **la edad límite es veinticinco años** the age limit is twenty-five; **han impuesto un precio límite** a price limit has been set. **2.** (*de máxima gravedad*): **el gobierno se encuentra en una situación límite** the government is in a crisis (situation).

limítrofe /li'mitrofe/ *adj* bordering: **España y Portugal son países limítrofes** Spain and Portugal share a common border.

limo /'limo/ *sm* **1.** (*barro*) mud. **2.** (*material transportado por el agua*) silt.

limón /li'mon/ **I** *sm* (*fruto, color*) lemon.
II *adj inv* (*color*) lemon: **un vestido de color limón** a lemon(-coloured) dress.

limonada /limo'naða/ *sf* **1.** (*zumo de limón*) lemonade (*made from lemons*). **2.** (*embotellada, con gas*) fizzy lemon drink.

limonero /limo'nero/ *sm* lemon tree.

limosna /li'mozna/ *sf* alms *pl*: **un viejo estaba pidiendo limosna** an old man was begging; **le dio una limosna** she gave him a little money.

limpiabotas /limpja'βotas/ *sm/f inv* shoeshine.

limpiacristales /limpjakris'tales/ **I** *sm/f inv* (*persona*) window cleaner.
II *sm inv* (*líquido*) window cleaner.

limpiador, -dora /limpja'ðor -ðora/ *sm/f* (*Amér L: persona*) cleaner.

limpiamente /limpja'mente/ *adv* **1.** (*sin violencia*) cleanly: **el partido se desarrolló limpiamente** it was a clean match. **2.** (*honestamente*) honestly: **siempre actuó limpiamente** he always behaved honestly. **3.** (*con habilidad*) skilfully: **le robaron el reloj limpiamente** they skilfully stole his watch.

limpiametales /limpjame'tales/ *sm inv* metal polish.

limpiaparabrisas /limpjapara'βrisas/ *sm inv* (*GB*) windscreen wiper, (*US*) windshield wiper.

limpiar /lim'pjar/ [⇨ CAMBIAR] *vt* **1.** (*algo sucio*) to clean: **limpió la casa antes de salir** he cleaned the house before going out; **el pescado hay que limpiarlo bien antes de cocinarlo** fish must be cleaned thoroughly before it is cooked; **limpió el cuarto** *de* **papeles** she cleared the room of papers. **2.** (*de algo malo*) to rid, to clear: **la policía limpió la zona** *de* **criminales** the police rid the area of criminals; **quería limpiar su alma** *de* **pecados** he wanted to cleanse his soul of sin. **3.** (*fam: en juegos de apuestas*) to clean out: **tuvo una racha de suerte y nos limpió en un momento** he had a run of good luck and he cleaned us out in no time; (*: mediante robo*): **descubrieron que les habían limpiado la casa** they found out that the thieves had emptied the house.
♦ *vi* to clean: **se tiene que limpiar en seco** it has to be dry-cleaned.
limpiarse *v prnl* to clean: **¿te has limpiado los zapatos?** have you cleaned your shoes?; **límpiate la boca** wipe your mouth clean.

limpieza /lim'pjeθa/ *sf* **1.** (*pulcritud*) cleanliness: **no tolera la falta de limpieza** he can't stand dirtiness. **2.** (*acción*) cleaning: **hoy nos toca hacer la limpieza** we have to do the cleaning today. **3.** (*habilidad*) skill: **lo hizo con la limpieza de un profesional** he did it with the skill of a professional. **4.** (*Dep: corrección*): **los dos equipos jugaron con mucha limpieza** both teams played a clean game.
limpieza en seco *sf* dry-cleaning.

limpio, -pia /'limpjo -pja/ **I** *adj* **1.** (*sin suciedad*) clean: **mantén limpia tu ciudad** keep your town (clean and) tidy; **en la montaña se respira un aire más limpio** in the mountains the air is cleaner. **2.** (*claro, despejado*) clear: **un cielo limpio** a clear sky • **¿qué sacaste en limpio de lo que dijo?** what did you make of what she said? **3.** (*referido a un texto*): **debes pasar el ejercicio** *a* * *en* **limpio** you must make a fair copy of the exercise. **4.** (*honrado*) honest, honourable; (*Dep*) clean: **fue un partido muy limpio** it was a very clean match. **5.** (*inocente*) blameless: **salió limpio del escándalo** he emerged blameless from the scandal. **6.** (*tras deducir impuestos*) net: **gana doscientas mil pesetas limpias** he earns two hundred thousand pesetas after tax * net; (*tras deducir gastos*): **de la venta del piso sacó** *en* **limpio veinte millones** she made a clear twenty million (pesetas) on the sale of the house. **7.** (*fam: sin dinero*) broke: **estos gastos me han dejado limpio** these expenses have left me broke. **8.** (*fam: para enfatizar*): **tiene la mala costumbre de hablar a grito limpio** unfortunately he always talks at the top of his voice; **echaron al perro a patada limpia** they kicked the dog out of the house.
II limpio *adv* fairly, fair: **¿crees que han jugado limpio?** do you think they've played fairly?

limusina /limu'sina/ *sf* limousine.

linaje /li'naxe/ *sm* **1.** (*estirpe*) lineage. **2.** (*clase*) kind:

aquí se reúne gente de los más variados linajes you get all kinds of people here.

lince /'linθe/ *sm* **1.** (*animal*) lynx. **2.** (*persona*): **es un lince** *para* **los negocios** she has a very good head for business; **tiene ojo de lince** she's very sharp.

linchar /lin'tʃar/ [⇨ CANTAR] *vt* to lynch.

lindar /lin'dar/ [⇨ CANTAR] *vi* **1.** (*estar contiguo*) to be adjacent: **la casa linda** *con* **el ayuntamiento** the house is adjacent to the town hall. **2.** (*aproximarse*): **esta escena linda** *con* **lo morboso** this scene borders * verges on the morbid.

linde /'linde/ *sm* * *sf* (*frml*) boundary.

lindero /lin'dero/ *sm* boundary.

lindezas /lin'deθas/ *sf pl* **1.** (*piropos*) compliments *pl.* **2.** (*irónicamente, insultos*): **me contestó dos o tres lindezas que prefiero callar** I prefer not to repeat the charming words she said in reply.

lindo, -da /'lindo -da/ **I** *adj* **1.** (*guapo*) lovely, pretty: **tiene unos ojos muy lindos** she has very pretty eyes • **trabajaron de lo lindo** they worked extremely hard. **2.** (*agradable*) nice, lovely: **¡qué vestido tan lindo!** what a nice dress!; **pasamos un día muy lindo** we had a very nice day.
II lindo *adv* (*Amér L*: *bien*) well: **canta lindo** he sings beautifully.

línea /'linea/ *sf* **1.** (*en geometría*) line: *en* **línea recta hay doscientos kilómetros** it is two hundred kilometres as the crow flies. **2.** (*en un texto*) line: **nos pusieron unas líneas para felicitarnos** they dropped us a line to congratulate us • **se puede leer entre líneas en su discurso** you can read a lot into his speech. **3.** (*Mil*) line: **rompieron las líneas enemigas** they broke through the enemy lines • **es una periodista de primera línea** she is a first-rate journalist • **derrotaron al equipo búlgaro en toda la línea** they defeated the Bulgarian team convincingly. **4.** (*de comunicación*) line: **se nos cortó la línea** we were cut off; **hay una llamada para usted** *en* **la línea dos** there's a call for you on line two. **5.** (*de autobús*) route; (*de tren, metro*) line: **sólo hay una línea de metro** there is only one underground (railway) line * (*US*) subway line. **6.** (*de edificios*) row: **a lo largo de la playa hay una línea de hoteles y restaurantes** all along the beach there is a row of hotels and restaurants; **tienen un apartamento en primera línea de playa** they have an apartment on the seafront. **7.** (*familiar*) line: **desciende** *en* **línea directa de Cristóbal Colón** she is a direct descendant of Christopher Columbus. **8.** (*de productos*) line: **han lanzado una nueva línea de perfumes** they have launched a new line of perfumes; **es el coche más lujoso** *en* **su línea** it's the most luxurious car in its class. **9.** (*relacionado con un tema*): **se negó a seguir la línea del partido** he refused to follow the party line; **hablaron** *en* **líneas generales** they spoke in general terms. **10.** (*figura*) figure: **debo guardar la línea** I must watch my figure * waistline. **11.** (*diseño*): **se han impuesto las líneas sencillas** simple uncomplicated designs have come into fashion.
línea aérea *sf* airline.
línea continua *sf* (*Auto*) continuous white line.
línea de banda *sf* (*Dep*) touchline.
línea de flotación *sf* (*Náut*) waterline.
línea de meta *sf* (*en atletismo*) finishing line, tape; (*en fútbol*) goal line.
línea de puntos *sf* dotted line.
línea de salida *sf* start, starting line.
línea del horizonte *sf* horizon.
línea discontinua *sf* (*Auto*) broken white line.
línea internacional de cambio de fecha *sf* International Date Line.

lineal /line'al/ *adj* (*Mat*) linear: **el aumento de los precios ha sido lineal** there has been a steady increase in prices.

linfático, -ca /lin'fatiko -ka/ *adj* lymphatic.

lingote /liŋ'gote/ *sm* ingot.

lingüística /liŋ'gwistika/ *sf* linguistics [lleva el verbo en singular].

lingüístico, -ca /liŋ'gwistiko -ka/ *adj* linguistic.

linier /li'njer/ *sm/f* (*hombre*) linesman; (*mujer*) lineswoman.

linimento /lini'mento/ *sm* liniment.

lino /'lino/ *sm* (*planta, fibra que se obtiene*) flax; (*tejido*) linen.

linóleo /li'noleo/, **linóleum** /li'noleum/ *sm* linoleum, lino.

linterna /lin'terna/ *sf* (*con pilas*) flashlight, (*GB*) torch; (*farol portátil*) lantern.

lío /'lio/ *sm* **1.** (*problema*) trouble, difficulty: **se ha metido en un lío con la policía** he's got into trouble with the police. **2.** (*desorden, confusión*) mess, muddle: **no hay forma de encontrar nada con este lío de papeles** it's impossible to find anything in this jumble (of papers); **me he hecho un lío con esta división** I've got into a muddle with this division; **me hice un lío con las fechas** I got the dates mixed up. **3.** (*cosas envueltas*) bundle: **hizo un lío con la ropa sucia** she bundled up the dirty washing. **4.** (*fam*: *aventura amorosa*) affair.

liofilizado, -da /ljofili'θaðo -ða/ *adj* freeze-dried: **café liofilizado** freeze-dried coffee.

lioso, -sa /'ljoso -sa/ *adj* **1.** (*situación*) complicated: **está todo muy lioso** it's all very complicated. **2.** (*persona*): **no le hagas caso: es muy lioso** don't take any notice of him, he's a trouble-maker.

lipotimia /lipo'timja/ *sf* fainting fit, blackout.

liquen /'liken/ *sm* lichen.

liquidación /likiða'θjon/ *sf* **1.** (*de una empresa*) winding up, liquidation; (*de una deuda*) settlement, payment. **2.** (*a un empleado*) settlement (*sum of money paid to a dismissed employee*): **todavía no me han pagado la liquidación** I still have not been paid the money I am owed. **3.** (*saldo*) (clearance) sale: **liquidación de existencias** stock clearance sale.

liquidar /liki'ðar/ [⇨ CANTAR] *vt* **1.** (*saldar*) to pay, to clear: **liquidaron su deuda con el banco** they paid off their debt to the bank. **2.** (*vender*) to sell off, to clear: **están liquidando todo** they are selling everything off. **3.** (*gastar*) to spend: **en pocos años liquidó su fortuna** in a few years she spent her (entire) fortune. **4.** (*acabar*) to finish. **5.** (*fam*: *matar*) to kill, to eliminate.

liquidez /liki'ðeθ/ *sf* liquidity.

líquido, -da /'likiðo -ða/ **I** *adj* **1.** (*cuerpo*) liquid. **2.** (*cantidad*) net: **su sueldo líquido es superior al mío** her net salary is higher than mine.
II líquido *sm* **1.** (*Fís, Culin*) liquid; (*Med*) fluid: **el médico le ha dicho que sólo puede tomar líquidos** the doctor has told her that she can only have fluids. **2.** (*cantidad*) net amount: *en* **líquido, tú cobras más que yo** your net income is higher than mine; (*capital*) liquid assets *pl*: **el líquido disponible de la empresa asciende a mil millones de pesetas** the company's liquid assets total one thousand million pesetas.

lira /'lira/ *sf* **1.** (*Mús*) lyre. **2.** (*moneda*) lira.

lírico, -ca /'liriko -ka/ *adj* **1.** (*poesía*) lyric. **2.** (*Mús*): **en España hay cantantes líricos muy buenos** in Spain there are some very good (light) opera singers.

lirio /'lirjo/ *sm* (*Bot*) iris.

lirón /li'ron/ *sm* dormouse (*pl* dormice) • **durmió como un lirón** he slept like a log.

lis /lis/ *sf* fleur-de-lis.

Lisboa /lis'βoa/ *sf* Lisbon.

lisboeta /lisβo'eta/ **I** *adj* of * from Lisbon.
II *sm/f* native * inhabitant of Lisbon.

lisiado, -da /li'sjaðo -ða/ **I** *adj* crippled • **la mudanza me dejó lisiado** I was exhausted after the move.
II *sm/f* cripple.

lisiar /li'sjar/ [⇨ CAMBIAR] *vt* to cripple, to maim.

liso, -sa /'liso -sa/ *adj* **1.** (*superficie, piel*) smooth; (*Dep*): **ganó los doscientos metros lisos** he won the two hundred metres race; (*pelo*) straight: **tiene el pelo liso** she has straight hair. **2.** (*referido a un color*) plain: **pusieron unas cortinas lisas** they put up plain curtains.

lisonja /li'soŋxa/ *sf* flattery.

lisonjear /lisonxe'ar/ [⇨ CANTAR] *vt* to flatter.

lisonjero, -ra /lisoŋ'xero -ra/ *adj* flattering.

lista /'lista/ *sf* **1.** (*listado: gen*) list: **una lista de hoteles** a list of hotels; (*: en el colegio*) roll, (*GB*) register: **pasa lista cada mañana** she calls the roll * takes the register every morning. **2.** (*raya*) stripe: **visten camiseta blanca con una lista azul** they wear white shirts with a blue stripe.
lista de espera *sf* waiting list.
lista de la compra *sf* shopping list.
lista de precios *sf* price list.
lista negra *sf* blacklist.

listado /lis'taðo/ *sm* list.

listín /lis'tin/ *sm* telephone directory, phone book.

listo, -ta /'listo -ta/ **I** *adj* **1.** (*inteligente*) clever, bright: **es una chica muy lista** she's a very clever girl • **no te pases de listo** don't try to be too clever. **2.** (*hábil*) clever, cunning: **es muy listo, siempre sabe cómo convencerme** he's very clever, he always knows how to win me round. **3.** (*preparado*) ready: **el local está listo** *para* **la inauguración** the premises are ready for the opening; **¿estás lista?** are you ready? • **vas * estás listo si crees que te voy a ayudar** if you think I'm going to help you, you can think again.
II *sm/f* **1.** (*persona inteligente*): **el hermano mayor es el listo de la familia** the eldest brother is the clever one in the family. **2.** (*persona astuta*): **es un listo: ha elegido el mejor sitio** he's very sharp, he's picked the best place.
III listo *excl*: **¡listo, ya podemos marcharnos!** right, now we can go!; **¿lista?** ready?

listón /lis'ton/ *sm* **1.** (*tabla*) strip (*of wood*), lath. **2.** (*en salto de altura*) bar • **este año han subido el listón para aprobar** they've raised the pass mark this year.

litera /li'tera/ *sf* (*mueble*) (set of) bunk beds; (*cada cama: en un dormitorio*) bunk (bed); (*: en un tren, un barco*) berth, bunk.

literal /lite'ral/ *adj* literal: **hizo una traducción literal** she gave a literal translation.

literalmente /lite'ralmente/ *adv* literally: **el hotel está literalmente cayéndose a pedazos** the hotel is literally falling to pieces.

literario, -ria /lite'rarjo -rja/ *adj* literary.

literata /lite'rata/ *sf* (*frml*) (female) writer.

literato /lite'rato/ *sm* (*frml*) (male) writer.

literatura /litera'tura/ *sf* literature.

litigante /liti'gante/ *sm/f* (*Jur*) litigant.

litigar /liti'γar/ [⇨ pagar] *vi* **1.** (*Jur*) to litigate: **estuvo años litigando** *por* **esas tierras** he was in litigation for years over that land. **2.** (*discutir*) to argue.

litigio /li'tixjo/ *sm* **1.** (*Jur*) lawsuit. **2.** (*disputa*) dispute • **lo que estaba en litigio era el campeonato del mundo** it was the world championship that was at stake.

litografía /litoγra'fia/ *sf* **1.** (*procedimiento*) lithography. **2.** (*reproducción*) lithograph.

litoral /lito'ral/ **I** *adj* coastal.
II *sm* coast: **el mayor número de visitantes se concentra en el litoral** most visitors stay along the coast.

litro /'litro/ *sm* (*GB*) litre, (*US*) liter.

Lituania /li'twanja/ *sf* Lithuania.

lituano, -na /li'twano/ **I** *adj, sm/f* Lithuanian.
II lituano *sm* (*idioma*) Lithuanian.

liturgia /li'turxja/ *sf* liturgy.

litúrgico, -ca /li'turxiko -ka/ *adj* liturgical.

liviano, -na /li'βjano -na/ *adj* **1.** (*de poco peso*) light: **esa chaqueta es muy liviana** that jacket is very light. **2.** (*de poca seriedad*) light: **es una comedia liviana** it's a light comedy; (*de poca importancia*) trivial, insignificant. **3.** (*de poca constancia*) fickle: **su conducta liviana ha dado mucho que hablar** her fickle behaviour has been the cause of much comment.

lívido, -da /'liβiðo -ða/ *adj* **1.** (*pálido*) livid, ashen: **se quedó lívido** *del* **susto** he was livid with shock. **2.** (*de color amoratado*) purple, livid.

living /'liβin/ *sm* (*Amér L*) living room.

liza /'liθa/ *sf* contest, fray • **una compañía sueca ha entrado en liza** a Swedish firm has entered the fray * contest.

llaga /'ʎaγa/ *sf* (*en el cuerpo*) sore, ulcer; (*en la boca*) (mouth) ulcer: **se le formó una llaga en la encía** she got an ulcer on her gum.

llama /'ʎama/ *sf* **1.** (*de fuego*) flame: **apagó la llama de la vela** he extinguished the candle flame; **el edificio fue pasto de las llamas** the building was devoured by the flames. **2.** (*sentimiento intenso*) flame: **mantenía viva la llama de la esperanza** he kept the flame of hope burning. **3.** (*animal*) llama.

llamada /ʎa'maða/ *sf* **1.** (*also* **llamada telefónica**) (*Telec*) (telephone) call: **tengo que hacer una llamada** I have to make a phone call; **¿quién se encarga de atender las llamadas?** who answers the telephone? **2.** (*aviso*) call: **ignoró las llamadas de su madre** he ignored his mother's calls. **3.** (*en un escrito*) reference (mark). **4.** (*atracción*) call, pull: **sintió la llamada de la selva** he felt the call of the jungle.
llamada de larga distancia *sf* long-distance call.

llamado, -da /ʎa'maðo -ða/ **I** *adj* called: **llegarás a un sitio llamado Las Palmeras** you'll arrive at a place called Las Palmeras; **el llamado Tercer Mundo** the so-called Third World.
II llamado *sm* (*Amér L*) **1.** (*also* **llamado telefónico**) (*Telec*) telephone call. **2.** (*llamamiento*) appeal: **se ha hecho un llamado a la población para que...** there has been an appeal to the people for....
llamado a distancia, llamado de larga distancia *sm* (*Amér L*) long-distance call.

llamador /ʎama'ðor/ *sm* **1.** (*aldaba*) (door) knocker. **2.** (*botón del timbre*) bell push.

llamamiento /ʎama'mjento/ *sm* appeal, plea: **hizo un llamamiento** *a* **la paz** he made an appeal for peace.

llamar /ʎa'mar/ [⇨ CANTAR] *vt* **1.** (*para hacer que alguien* *acuda: gen*) to call: **llama al camarero para que nos cobre** call the waiter and ask for the bill; **la llamaron para hacer una sustitución** she was asked to fill in for someone; **llamamos un taxi** we hailed a taxi; (*: oficialmente*): **lo llamaron a filas** he was called up, he was drafted; (*Jur*): **lo llamaron a declarar** he was called upon to give evidence. **2.** (*por teléfono*) to call, (*GB*) to ring (up): **llámame mañana** call me tomorrow. **3.** (*atraer*) to attract: **a mí lo que me llama es la aventura** what attracts me is adventure. **4.** (*con un nombre*) to call, to name: **llamaron Sara a la niña** they called the little girl Sara; (*con un calificativo*) to call: **¡me llamó idiota!** he called me an idiot!; **eso es lo que yo llamo buena organización** now that's what I call good organization; (*con un apodo*) to nickname, to call: **lo llaman "Pistolas"** his nickname is "Pistolas". ♦*vi* **1.** (*por teléfono*) to call, to telephone: **¿qué te dijeron cuando llamaste?** what did they tell you when you telephoned? **2.** (*a la puerta: con los nudillos*) to knock; (*: con el timbre*) to ring: **están llamando a la puerta** there's someone at the door; (*en un letrero*): **pasen sin llamar** enter without knocking. **3.** (*a gritos*): **se desgañitó llamando, pero no acudió nadie** he shouted himself hoarse, but nobody came.

llamarse *v prnl* to be called: **¿cómo se llama tu madre?** what's your mother's name?, what's your mother called?; **me llamo Azucena** my name is Azucena, I'm called Azucena; **se llama Ignacio, igual que su padre** he's called Ignacio, like his father; **se llama igual que tú** she has the same name as you.

llamarada /ʎama'raða/ *sf* **1.** (*en un incendio*) flare-up, surge of flame. **2.** (*arrebato*) surge: **tuve una llamarada de indignación** I felt a surge of indignation.

llamativo, -va /ʎama'tiβo -βa/ *adj* **1.** (*prenda, adorno, color, etc.*) eye-catching. **2.** (*persona*) striking.

llana /'ʎana/ *sf* (plasterer's) float.

llaneza /ʎa'neθa/ *sf* (*de trato*) informality, simplicity; (*de expresión*) simplicity, directness.

llano, -na /'ʎano -na/ **I** *adj* **1.** (*sin desniveles*) flat, level: **llegamos a un terreno llano** we reached a piece of level ground. **2.** (*sin pretensiones*) unaffected, straightforward: **es muy llano a pesar de su celebridad** he's very straightforward in spite of being famous. **3.** (*pueblo*) common, ordinary: **su mensaje se dirigía al pueblo llano** his message was directed at the common people. **4.** (*palabra*) *stressed on the penultimate syllable (for example,* **casa**).

II llano *sm* plain: **desde la colina se apreciaba todo el llano** from the hill you could see the whole plain.

llanta /'ʎanta/ *sf* (*Auto*) **1.** (*aro exterior*) wheel rim. **2.** (*Amér L: neumático*) (*GB*) tyre, (*US*) tire • **estábamos en llanta** we had a flat tyre.

llanto /'ʎanto/ *sm* crying, tears *pl* • **se deshizo en llanto** he broke down in tears.

llanura /ʎa'nura/ *sf* plain.

llave /'ʎaβe/ *sf* **1.** (*de una cerradura, para dar cuerda*) key: **¿has cerrado** *con* **llave?** have you locked the door?; **guarda sus joyas** *bajo* **llave** she keeps her jewels under lock and key • **es un secreto guardado bajo siete llaves** it's a closely guarded secret; (*en un anuncio*): **llave * llaves en mano** for immediate occupation. **2.** (*de la luz*) switch. **3.** (*also* **llave de paso**) (*para el gas*) control valve, (gas) tap; (*para el agua*) stopcock: **no te olvides de cerrar la llave del agua** don't forget to turn the water off at the mains. **4.** (*Amér L: grifo*) (*GB*) tap, (*US*) faucet. **5.** (*para tuercas*) wrench, (*GB*) spanner: **necesito una llave para apretarlo** I need a spanner to tighten it. **6.** (*clave*) key: **el conocimiento de idiomas es la llave para conseguir un buen trabajo** a knowledge of languages is the key to getting a good job. **7.** (*en lucha libre, judo*) hold. **8.** (*corchete*) (curly) bracket, brace.

llave de contacto *sf* ignition key.

llave de oro *sf* key to the city.

llave inglesa *sf* adjustable spanner, monkey wrench.

llave maestra *sf* master key.

llavero /ʎa'βero/ *sm* keyring.

llegada /ʎe'ɣaða/ *sf* **1.** (*a un sitio*) arrival: **tienen prevista su llegada a las seis y media** they are due to arrive at six thirty. **2.** (*línea de meta*) finishing line, tape.

llegar /ʎe'ɣar/ [➪pagar] *vi* **1.** (*a un sitio*) to arrive: **mañana llegan** *a* **Buenos Aires** they arrive in Buenos Aires tomorrow; **llegamos** *al* **hotel a las diez** we arrived at the hotel at ten; **acaba de llegar** *de* **Londres** she's just arrived from London • **mi padre está al llegar** my father will be here any minute now. **2.** (*época, periodo*) to come: **cuando llega el verano, mucha gente se va de la ciudad** when summer comes round, many people leave the city; **ha llegado el momento de afrontar el problema** the time has come to face up to the problem; **cuando llega la época de exámenes, hay que trabajar de firme** when the exams start you have to work hard; **estoy deseando que lleguen las vacaciones** I can't wait for the holidays (to begin). **3.** (*a un punto determinado*) to reach, to get to: **no llegaron** *al* **polo norte** they never reached the North Pole; **he llegado casi** *al* **final del libro** I've almost got to the end of the book; **su hijo ya le llega** *al* **hombro** his son is already up to his shoulder; **el agua nos llegaba** *a* **las rodillas** the water came up to our knees; **las instalaciones llegan** *hasta* **el río** the buildings go down as far as the river • **esa música me llega muy hondo** that music moves me deeply; (*a un momento determinado*): **esta planta no llega** *a* **mañana** this plant is dying; (*a un estado, una situación, un objetivo*): **llegó** *a* **la locura** he went mad; **he llegado** *a* **un punto en que ya no me importa** I've reached the stage where I don't care anymore; **le costó, pero llegó** *a* **médico** it was hard work, but he succeeded in becoming a doctor; **llegué** *a* **la conclusión de que no valía la pena** I reached the conclusion * I came to the conclusion that it wasn't worth it; **no hemos llegado** *a* **ningún acuerdo concreto** we haven't reached any kind of agreement • **este chico llegará lejos** this boy will go far; (*seguido de* **a** + ***infinitivo***): **llegó** *a* **insultarnos** he went so far as to insult us; **llegó** *a* **preguntarse si sería cierto** she began to wonder whether it was true; **no llego** *a* **comprenderlo** I just can't understand it; **mi abuela no llegó** *a* **conocer a mis hijos** my grandmother didn't live to see my children. **4.** (*a una cantidad*): **no llega** *a* **los veinte millones** it's less than twenty million; **el número de asistentes no llegaba** *a* **veinte** there were less than twenty people present. **5.** (*ser suficiente*): **¿llegará** *con* **dos litros?** will two litres be enough?; *con* **dos mil pesetas me llega** two thousand pesetas will be enough for me.

llegarse *v prnl* to go: **si tienes tiempo, llégate** *a* **la estación y pide el horario** if you have time, go to the station and get the timetable.

llenar /ʎe'nar/ [➪CANTAR] *vt* **1.** (*un lugar, un recipiente: gen*) to fill: **llenó la habitación** *de* **trastos** he filled the room with junk; **llenamos medio restaurante** we half-filled the restaurant; (*: una superficie*) to cover:

llenó la mesa de revistas she covered the table with magazines. **2.** (*un impreso, una quiniela*) to fill in, to fill out. **3.** (*el tiempo*) to occupy, to spend: **llena su ocio leyendo** she occupies her spare time reading. **4.** (*de besos, atenciones, regalos*) to shower: **nos llenó** *de* **cumplidos** he showered us with praise. **5.** (*con un sentimiento*) to fill: **su visita la llenó** *de* **alegría** his visit filled her with happiness. **6.** (*satisfacer*): **este trabajo no me llena** I don't find this job very fulfilling.

♦*vi* to be filling: **la pasta llena mucho** pasta is very filling.

llenarse *v prnl* **1.** (*lugar, recipiente*) to fill (up): **este bar se llena cada noche** this bar fills up every night; **el lugar se llenó** *de* **curiosos** the place filled (up) with nosy passers-by. **2.** (*de comida, bebida*) to feel full: **me lleno enseguida** I feel full straight away.

llenito, -ta /ʎeˈnito -ta/ *adj* plump: **una chica baja y llenita** a short, plump girl; **tiene la cara llenita** he's got a plump face.

lleno, -na /ˈʎeno -na/ **I** *adj* **1.** (*lugar, recipiente*) full: **la jarra está llena** the jug is full; **tiene el cuarto lleno** *de* **juguetes** her room is full of toys. **2.** (*de gasolina*): **lleno, por favor** fill it up, please. **3.** (*superficie*) covered: **tenía la cara llena** *de* **granos** her face was covered with spots. **4.** (*persona: saciado*) full (up): **no quiero postre, gracias; estoy lleno** I don't want any dessert, thank you; I'm full. (*: un poco gordo*) ➪ llenito

II de lleno *loc adv*: **me da el sol de lleno** the sun is shining right in my face; **acertó de lleno** she got it completely right.

III lleno *sm* (*en un espectáculo*) full house: **hubo lleno todas las noches** there was a full house every evening.

llevadero, -ra /ʎeβaˈðero -ra/ *adj* bearable.

llevar /ʎeˈβar/ [➪ CANTAR] *vt* **1.** (*transportar: gen*) to take: **les llevó nuestro mensaje** she took them our message; **llevó a los niños** *al* **colegio** he took the children to school; (*: encima, a cuestas*) to carry: **llevaba una bolsa** he was carrying a bag; **siempre lleva dos juegos de llaves** she always carries two sets of keys with her. **2.** (*un contenido*) to contain: **ese bidón lleva gasolina** that drum contains petrol; **¿qué llevas** *en* **esa maleta?** what do you have in that suitcase? **3.** (*una información*) to bear, to carry: **todas las cajas llevan una etiqueta** all the boxes bear a label; (*un nombre, un apodo*) to have, to bear: **lleva el mismo nombre que su madre** she has the same name as her mother. **4.** (*ropa*) to wear, to have on: **llevaba un vestido muy elegante** she was wearing a very elegant dress. **5.** (*tener*) to have: **lleva el pelo corto/largo** he has short/long hair; **llevas razón al quejarte del precio** you're right to complain about the price • **no te preocupes, llevas las de ganar** don't worry, you have every chance of winning • **creo que lleva las de perder** I think he's fighting a losing battle. **6.** (*un automóvil*) to drive: **¿llevo yo el coche hasta la autopista?** shall I drive the car as far as the motorway? **7.** (*un negocio, una actividad*) to run, to manage: **es ella quien lleva la empresa** she's the one who runs the business; (*a una persona*) to handle, to deal with: **no es mala persona, pero hay que saber llevarla** she's not a bad sort, but you have to know how to handle her. **8.** (*el ritmo*) to keep: **lleva el compás muy bien** he keeps time very well. **9.** (*soportar*) to bear: **lleva bastante bien su enfermedad** he's bearing his illness quite well. **10.** (*impulsar*) to lead: **no sabemos qué la llevaría** *a* **cambiar de idea** we don't know what might have made her change her mind; **no sé qué me llevó** *a* **actuar de esa manera** I don't know what made me behave like that. **11.** (*causar*) to bring (about): **el huracán llevó la destrucción** *a* **la zona** the hurricane brought devastation to the area. **12.** (*cobrar*) to charge: **¿cuánto me llevaría por arreglar el traje?** how much would you charge me to mend the suit? **13.** (*tiempo: gen*) to take: **me llevó tres horas revisarlo** it took me three hours to check it; (*: en un lugar, una circunstancia*): **lleva un año parado** he's been unemployed for a year; **llevo aquí media hora** I've been here for half an hour. **14.** (*una diferencia de edad*) to be older: **le lleva tres años a su hermana** he is three years older than his sister. **15.** (*seguido de participio*): **llevo leídas treinta páginas** I've read thirty pages.

♦*vi* to lead, to go: **esta carretera lleva** *a* **la ciudad** this road leads to the city.

llevarse *v prnl* **1.** (*de un sitio: algo, a alguien*) to take (away): **¿quieres que me lo lleve?** do you want me to take it away?; (*: de forma violenta*) to carry off: **se lo llevó el agua** he was carried off by the flood; (*: robar*) to take, to steal: **sólo se llevaron las joyas** they only took the jewels. **2.** (*arrancar*) to tear off: **la máquina casi se le lleva un brazo** the machine nearly tore her arm off. **3.** (*Mat*) to carry: **de nueve a tres van cuatro y me llevo uno** nine from three is four, carry one. **4.** (*en edad*): **los dos hermanos se llevan un año** there's a year's difference in the brothers' ages. **5.** (*obtener*) to take: **la película griega se llevó dos premios** the Greek movie took * won two awards. **6.** (*una alegría, una desilusión*) to experience, to feel: **se llevó una profunda desilusión cuando se lo dije** he was extremely disappointed when I told him; (*una sorpresa*) to receive, to get: **me llevé un buen susto** I got a terrible fright. **7.** (*estar de moda*) to be in fashion: **esta temporada se llevan los tonos claros** this season pale colours are in fashion. **8.** (*con una persona: bien*) to get along * on (well); (*: mal*) to get along * on badly: **se lleva fatal** *con* **sus compañeros** she doesn't get on with her colleagues at all.

llorar /ʎoˈrar/ [➪ CANTAR] *vi* **1.** (*derramar lágrimas*) to cry: **la película me hizo llorar** the film made me cry; **¿por qué lloras?** why are you crying?; **les lloraban los ojos a causa del gas** their eyes were streaming because of the gas. **2.** (*quejarse*) to whine, to moan: **consiguió el aumento a base de llorarle a su jefe** he got his pay rise by whining to his boss; **acabas de comprarte un coche nuevo, así que no me llores** you've just bought a new car, so don't come moaning to me • **el que no llora, no mama** you get nothing unless you ask for it.

♦*vt* **1.** (*lágrimas*) to shed, to weep: **lloró lágrimas muy amargas** he wept bitter tears. **2.** (*una muerte, a alguien*) to mourn: **todos los que lo conocían lloraron su muerte** everybody who knew him mourned his death.

llorera /ʎoˈrera/ *sf* fit of crying.

lloriquear /ʎorikeˈar/ [➪ CANTAR] *vi* to snivel, to whimper.

llorón, -rona /ʎoˈron -ˈrona/ **I** *adj* **1.** (*que llora*) weepy, tearful: **es un niño muy llorón** the baby cries an awful lot. **2.** (*fam: que se queja*): **no seas llorón** don't moan * complain.

II *sm/f* **1.** (*persona que llora*) crybaby: **ese niño es un llorón** that baby cries an awful lot. **2.** (*quejica*) complainer, moaner.

lloroso, -sa /ʎoˈroso -sa/ *adj* tearful.

llover /ʎo'βer/ [➪ mover] *v impers* to rain: **por suerte, no llueve** luckily it's not raining • **¡pues no ha llovido desde entonces!** a lot of water's passed under the bridge since then! • **llueve sobre mojado** it's just one thing after another • **nunca llueve a gusto de todos** you can't please everybody.
♦ *vi*: **le llovieron las ofertas** she was inundated with offers.

llovizna /ʎo'βiθna/ *sf* drizzle.

lloviznar /ʎoβiθ'nar/ [➪ CANTAR] *v impers* to drizzle.

llueve /'ʎweβe/ *and other forms with* **lluev-** ➪ llover

lluvia /'ʎuβja/ *sf* **1.** (*Meteo*) rain: **no salgas con esta lluvia** don't go out in this rain. **2.** (*de balas*) hail; (*de dinero*) stacks *pl*; (*de insultos, desgracias, regalos*) shower.

lluvia ácida *sf* acid rain.

lluvioso, -sa /ʎu'βjoso -sa/ *adj* rainy, wet: **es una zona muy lluviosa** it's an area which has a very high rainfall.

lo /lo/ **I** *art def neutro* **1.** (*seguido de adjetivo*) the: **eso es lo mejor que puedes hacer** that's the best thing you can do; **lo peor sería que no llegara a tiempo** the worst thing would be if it didn't arrive on time; **lo curioso es que...** the funny thing is that...; **me encanta todo lo italiano** I love all things Italian; **le sorprendió lo pequeño que era** he was surprised by how small it was. **2.** (*seguido de pronombre posesivo*): **lo suyo no lo comparte con nadie** he won't share his things with anybody. **3.** (*seguido de adverbio*): **me asombra lo bien que se expresa** I'm amazed how well she expresses herself; **envíamelas lo antes posible** send them to me as soon as possible. **4. lo de**: **lo de tu primo ya está resuelto** that business about your cousin is settled now; **lo de tu hermano tiene gracia** what happened to your brother is really funny. **5. lo que** what: **¿entiendes lo que quiero decir?** do you understand what I mean?; **lo que no le gusta es el queso** what he doesn't like is cheese; **no aprobó, lo que me pareció una lástima** he failed, which I thought was a shame. **6. lo cual** which: **no quiere, lo cual me parece normal** he doesn't want to, which I think is understandable.
II *pron personal* [masculino]. **1.** (*referido a persona: a él*) him: **lo veo cada día a la hora del almuerzo** I see him every day at lunchtime; (*: a usted*) you: **¿lo puedo ayudar en algo?** may I help you? **2.** (*referido a objeto, idea*) it: **ya lo veo** I can see it now; **no lo sé** I don't know; **no me lo dijo** he didn't tell me; **"No tienes cara de francesa." "Pues lo soy."** "You don't look French." "Well I am."

loa /'loa/ *sf* (*frml*: *elogio*) praise.

loable /lo'able/ *adj* (*frml*) praiseworthy.

loar /lo'ar/ [➪ CANTAR] *vt* (*frml*) to praise.

loba /'loβa/ *sf* (female) wolf.

lobato /lo'βato/ *sm* **1.** (*Zool*) wolf cub. **2.** (*niño de los boy-scouts*) Cub (Scout).

lobezno /lo'βeθno/ *sm* wolf cub.

lobo /'loβo/ *sm* wolf.

lobo de mar *sm* (*fam*) old sea dog.

lobo feroz *sm* (*fam*) big bad wolf.

lobo marino *sm* sea lion.

lóbrego, -ga /'loβreɣo -ɣa/ *adj* **1.** (*oscuro*) gloomy. **2.** (*triste*) sad, gloomy.

lóbulo /'loβulo/ *sm* (*de la oreja*) lobe.

local /lo'kal/ **I** *adj* (*en un sitio, de un sitio*) local: **pronto habrá elecciones locales** there will soon be local elections; **el equipo local no es muy bueno** the local team is not very good; (*que juega en su campo*) home: **el equipo local marcó primero** the home team scored first.
II *sm* premises *pl*: **están buscando un local para la tienda** they're looking for premises to set up the shop.

local público *sm* public place (*restaurant, bar, etc.*).

localidad /lokali'ðað/ *sf* **1.** (*lugar*) place (*town, village or city*): **lo van a poner a prueba en varias localidades españolas** they are going to try it out in a number of Spanish towns and cities; **no son de la localidad** they're not from this area; **en esta localidad se celebra cada año un festival de teatro** a theatre festival is held in this village every year. **2.** (*asiento*) seat; (*billete*) ticket: **no quedan localidades** there are no tickets left.

localismo /loka'lizmo/ *sm* **1.** (*ámbito local*) narrow geographical focus. **2.** (*Ling*) regional word * expression.

localización /lokaliθa'θjon/ *sf* **1.** (*acción*) location, finding. **2.** (*lugar*) location: **una vez que supieron su localización...** once they knew its location * where it was....

localizar /lokali'θar/ [➪ cazar] *vt* **1.** (*encontrar*) to find, to locate: **hemos localizado el sitio por el que se sale el agua** we've found * located the place where the water's coming out; **¿has localizado al autor?** have you located the author? **2.** (*reducir a un límite*) to confine.

localizarse *v prnl* **1.** (*en un sitio*) to be located: **la mayoría de los hoteles se localizan en esa zona** the majority of the hotels are to be found in that area. **2.** (*en una parte del cuerpo*): **el dolor se le ha localizado en el estómago** the pain is now confined to the stomach.

loción /lo'θjon/ *sf* lotion.

loco, -ca /'loko -ka/ **I** *adj* **1.** (*demente*) crazy, mad: **se volvió loca** she went mad • **este niño me está volviendo loco con el tambor** this child is driving me crazy with his drum • **está loco de atar** he's completely crazy * nuts. **2.** (*imprudente, insensato*) out of one's mind: **estás loco si quieres salir tan temprano** you're out of your mind if you want to leave so early. **3.** (*fam*: *que no funciona bien*): **este reloj está loco, tan pronto adelanta como atrasa** this watch is useless, sometimes it gains, sometimes it loses time. **4.** (*de amor, rabia*) crazy: **estoy loca** *de* **alegría** I'm thrilled to bits; (*por alguien*) crazy, mad: **está loco** *por* **esa chica** he's crazy * mad about that girl; (*por algo*) mad, crazy: **está loca** *por* **la música** she's crazy about music • **lo vuelven loco los coches** he's mad about cars; (*por hacer algo*): **estoy loco** *por* **irme de vacaciones** I can't wait to go away on holiday. **5.** (*movido*) wild: **fue una noche loca** it was a wild night. **6.** (*para intensificar*) amazing, incredible: **tiene una suerte loca** he's amazingly lucky.
II *sm/f* (*hombre*) lunatic, madman; (*mujer*) lunatic, madwoman • **no te hagas el loco y dime la verdad** stop acting dumb and tell me the truth • **cada loco con su tema** they're on to their favourite subject again.

locomoción /lokomo'θjon/ *sf* **1.** (*transporte*) transport. **2.** (*movimiento*) movement.

locomotor, -tora /lokomo'tor -tora/ *adj* locomotive.

locomotora /lokomo'tora/ *sf* locomotive, engine (*of a train*).

locomotriz /lokomo'triθ/ *adj* locomotive.

locuaz /lo'kwaθ/ *adj* [**locuaces**] talkative, loquacious.

locución /loku'θjon/ *sf* idiom, expression.

locura /lo'kura/ *sf* **1.** (*demencia*) madness. **2.** (*acción imprudente*) act of madness: **es una locura que te**

arriesgues de esa manera it's madness for you to put yourself at risk like that. **3.** (*cosa exagerada*): **estos precios son una locura** these prices are crazy * ridiculous. **4.** (*pasión: por algo, alguien*): **siente locura** *por* **los coches** she's crazy about cars; **tiene locura** *por* **sus hijos** he's crazy about his children; **me gusta** *con* **locura** I just love it; **lo quiere** *con* **locura** she loves him madly; (*: por hacer algo*): **tiene locura** *por* **venir a verte** he's dying to come to visit you. **5.** (*para intensificar*): **lo pasamos** *de* **locura** we had a great time.

locutor, -tora /loku'tor -'tora/ *sm/f* (*que lee noticias*) newsreader, newscaster; (*que anuncia*) announcer; (*que presenta*) presenter.

locutorio /loku'torjo/ *sm* **1.** (*en una cárcel, un convento*) visiting room. **2.** (*en una emisora*) studio.

lodo /'loðo/ *sm* (*barro*) mud • **has arrastrado nuestro buen nombre por el lodo** you've dragged our good name through the mud.

logaritmo /loɣa'ritmo/ *sm* logarithm.

logia /'loxja/ *sf* (*de masones*) lodge.

lógica /'loxika/ *sf* (*disciplina, sentido común*) logic: **esa decisión carece de toda lógica** that decision is totally illogical; **lo que dijo era de una lógica aplastante** the logic behind what he said was unarguable.

lógicamente /'loxikamente/ *adv* **1.** (*por lógica*) logically. **2.** (*naturalmente*) naturally, obviously: **a ella no se lo conté, lógicamente** for obvious reasons I didn't tell her.

lógico, -ca /'loxiko -ka/ **I** *adj* **1.** (*normal*) natural, understandable: **es lógico que esté triste** it's natural * understandable for her to be sad; **lo más lógico habría sido que llamaran antes** the most obvious thing for them to have done would have been to call beforehand. **2.** (*relativo a la lógica*) logical.
II *sm/f* logician.
III lógico *adv* naturally: **hombre, lógico** well, of course.

logística /lo'xistika/ *sf* logistics *pl.*

logopedia /loɣo'peðja/ *sf* speech therapy.

logotipo /loɣo'tipo/ *sm* logo.

logrado, -da /lo'ɣraðo -ða/ *adj* well done, successful: **el ambiente de época estaba muy logrado** the period atmosphere was very well done.

lograr /lo'ɣrar/ [⇨ CANTAR] *vt* **1.** (*un objetivo*) to achieve: **logró lo que se había propuesto** she achieved what she'd set out to do; **lograron un triunfo muy importante para el deporte español** they won a very important victory for Spanish sport. **2.** (*seguido de infinitivo*) to manage to, to succeed in: **no logré convencerla** I didn't manage to convince her; **logró ser el mejor** he succeeded in being the best; **logró rebajar su tiempo** he succeeded in reducing his time. **3.** (*una cosa*) to obtain: **logró el primer premio** she obtained * won first prize.

logro /'loɣro/ *sm* (*resultado*) achievement: **expuso los logros del profesorado** she explained what the teaching staff had achieved.

logroñés, -ñesa /loɣro'ɲes -'ɲesa/ **I** *adj* of * from Logroño.
II *sm/f* native * inhabitant of Logroño.

loísmo /lo'izmo/ *sm* (*Ling*) *incorrect use of the pronouns* ***lo*** *and* ***los*** *as indirect objects instead of* ***le*** *and* ***les***.

loma /'loma/ *sf* ridge, hill.

lombarda /lom'barða/ *sf* red cabbage.

lombriz /lom'briθ/ *sf* [**lombrices**] (earth)worm.

lombriz intestinal *sf* roundworm.

lomo /'lomo/ *sm* **1.** (*de un animal*) back: **la única forma de llegar allí es** *a* **lomo** *de* **caballo** the only way to get there is on horseback. **2.** (*Culin: de cerdo*) pork loin: **lomo con patatas fritas** fillet of pork with fried potatoes; (*Amér L: de vaca*) fillet steak. **3.** (*fam: de una persona*) back. **4.** (*de un libro*) spine.
lomo embuchado *sm*: *cured loin of pork*.

lona /'lona/ *sf* **1.** (*tela*) canvas. **2.** (*en boxeo*) canvas: **el boxeador besó la lona por tercera vez** the boxer hit the canvas for the third time.

loncha /'lontʃa/ *sf* (*de jamón*) slice; (*de bacon*) rasher.

lonche /'lontʃe/ *sm* (*Amér L: almuerzo*) lunch; (*: refrigerio*) snack.

lonchería /lontʃe'ria/ *sf* (*Amér L*) restaurant, diner.

londinense /londi'nense/ **I** *adj* of * from London.
II *sm/f* Londoner.

Londres /'londres/ *sm* London.

longaniza /loŋga'niθa/ *sf* pork sausage.

longevo, -va /loŋ'xeβo -βa/ *adj* long-lived.

longitud /loŋxi'tuð/ *sf* **1.** (*largo*) length: **aquel puente tiene doscientos metros** *de* **longitud** that bridge is two hundred metres long. **2.** (*en la superficie terrestre*) longitude: **está a cuarenta y cinco grados de longitud oeste** it's forty-five degrees west.
longitud de onda *sf* wavelength.

longitudinal /loŋxituði'nal/ *adj* longitudinal.

longui /'loŋgi/ *sm/f* • **se hizo el longui * el longuis y no contestó** he pretended he had not heard and didn't reply.

lonja /'loŋxa/ *sf* **1.** (*de jamón*) slice; (*de bacon*) rasher. **2.** (*edificio*) commodity exchange, market.

lontananza /lonta'nanθa/ *sf* distance: **se veía un pueblo** *en* **lontananza** a village could be seen in the distance.

look /luk/ *sm* look: **el look romántico está pasado de moda** the romantic look is out of fashion now.

loquera /lo'kera/ *sf* (*Amér L*) madness.

loquero, -ra /lo'kero -ra/ (*fam*) **I** *sm/f* **1.** (*en un manicomio*) psychiatric nurse. **2.** (*Amér L: psiquiatra*) shrink.
II loquero *sm* (*lugar*) nut house, loony bin.

lord /lor/ *sm* [**lores**] (*en Gran Bretaña*) lord.

loro /'loro/ *sm* **1.** (*ave*) parrot. **2.** (*fam: persona: habladora*) chatterbox; (*: que repite de memoria*) parrot: **repitió lo que había aprendido como un loro** he repeated what he had learnt parrot fashion. **3.** (*fam: radiocasete*) radio cassette player, ghettoblaster • **no estás al loro de lo que pasa** you're not up to date with what's going on.

los /los/ **I** *art def mpl* **1.** (*con sustantivos masculinos en plural*) the: **los puntos cardinales** the cardinal points; **allí viven los Romero** the Romeros live there, the Romero family live there; **los españoles** the Spanish. **2.** (*se omite en inglés*) *[not translated in English]*: **los míos tienen la suela de goma** mine have a rubber sole; **no me gustan los perros** I don't like dogs. **3.** (*se traduce por posesivo*) *[translated by a possessive]*: **me duelen los ojos** my eyes are hurting. **4.** (*seguido de adjetivo: gen*) the (...) ones: **usa los nuevos** use the new ones. **5. los de** (*personas*): **tú no conoces a los de mi pueblo** you don't know the people in my village; **los del grupo del señor Gómez pueden irse** those who are in Mr Gómez's group can go; **todos trabajan mucho, pero los de este grupo especialmente** they all work hard but the ones in this group work particularly hard; (*objetos, medios, lugares*): **los de**

color rojo no sirven the red ones are no good. **6. los que** (*personas*) those who, the people who: **los que vinieron se lo pasaron bien** those who came had a good time; **los que quieran visitar el castillo vengan conmigo** all those who want to visit the castle should come with me; (*objetos, medios, lugares*) the ones which: **los que he puesto en este montón no sirven** the ones (which) I've put on this pile don't work; **llévate los que quieras** take whichever ones you want.

II *pron personal* [masculino] **1.** (*a ellos*) them: **los conozco hace años** I've known them for years; (*a ustedes*) you: **¿puedo ayudarlos en algo?** can I help you in any way? **2.** (*unos objetos*) them: **los escondí en el armario** I hid them in the wardrobe.

losa /'losa/ *sf* **1.** (*para el suelo*) flagstone, stone slab; (*para una tumba*) gravestone. **2.** (*carga*) weight, burden: **es una losa que pesa sobre nuestra conciencia** it is a burden on our conscience.

loseta /lo'seta/ *sf* (*para el suelo*) floor tile; (*para la pared*) wall tile.

lote /'lote/ *sm* **1.** (*parte*) share: **hicieron tres lotes con la herencia** they divided the inheritance into three parts. **2.** (*de objetos iguales*): **en la rifa le tocó un lote de libros** he won some books in the raffle; (*de productos*) batch, consignment; (*en una subasta*) lot: **el siguiente lote está formado por...** the next lot consists of.... **3.** (*de terreno*) (*GB*) plot, (*US*) lot: **vendieron casi todos los lotes de la futura urbanización** nearly all the plots in the proposed housing development were sold.

lote de Navidad *sm* Christmas hamper.

lotería /lote'ria/ *sf* **1.** (*juego*) lottery: **le tocó la lotería** he won a prize in the lottery; **este año no llevo mucha lotería** I haven't bought many lottery tickets for this year's draw. **2.** (*cuestión de suerte*) game of chance: **ese examen es una auténtica lotería** that exam is a question of luck.

lotería nacional *sf* national lottery.

lotería primitiva *sf* (*en España*) *state-sponsored lottery in which six numbers out of forty-nine must be correctly forecast.*

loto /'loto/ **I** *sm* (*Bot*) lotus.

II *sf* (*fam*) ➪ lotería primitiva

loza /'loθa/ *sf* **1.** (*barro fino*) china: **una vajilla de loza** a china dinner service. **2.** (*objetos de cocina*) crockery.

lozano, -na /lo'θano -na/ *adj* **1.** (*persona*) robust: **aunque es mayor, se conserva lozano** though elderly, he's in the best of health. **2.** (*verduras*) fresh.

lubina /lu'βina/ *sf* bass.

lubricación /lubrifika'θjon/ *sf* lubrication.

lubricante /luβri'kante/ *sm* lubricant.

lubricar /luβri'kar/ [➪ sacar] *vt* to lubricate.

lubrificante /luβrifi'kante/ *sm* lubricant.

lubrificar /luβrifi'kar/ [➪ sacar] *vt* to lubricate.

lucense /lu'θense/ **I** *adj* of ✱ from Lugo.

II *sm/f* native ✱ inhabitant of Lugo.

lucero /lu'θero/ *sm* bright star.

lucero del alba *sm* morning star.

lucha /'lutʃa/ *sf* **1.** (*contienda*) fight; (*por derechos, justicia, etc.*) struggle: **la lucha por la igualdad de derechos** the struggle for equal rights. **2.** (*confrontación interior*) inner conflict, struggle. **3.** (*Dep*) wrestling.

lucha de clases *sf* class struggle.

lucha libre *sf* freestyle wrestling.

lucha por la supervivencia *sf* fight for survival.

luchador, -dora /lutʃa'ðor -'ðora/ **I** *adj*: **es muy luchador** he's a real fighter.

II *sm/f* **1.** (*persona que se esfuerza*) fighter: **saldrá adelante: es un luchador nato** he'll succeed, he's a born fighter. **2.** (*Dep*) wrestler.

luchar /lu'tʃar/ [➪ CANTAR] *vi* **1.** (*contra algo o alguien*) to fight, to battle: **llevan años luchando** *contra* **las injusticias** they've been fighting injustices for years; **en él luchaban el amor y el odio** love and hatred were in conflict within him; **llevo todo el día luchando** *con* **los niños** I've been battling with the kids all day. **2.** (*para lograr algo*) to struggle, to fight: **luchó mucho** *para* **conseguir aquel puesto** she struggled hard to get that post. **3.** (*Dep*) to wrestle.

lucidez /luθi'ðeθ/ *sf* lucidity: **expuso sus ideas con mucha lucidez** he explained his ideas in a very lucid way.

lucido, -da /lu'θiðo -ða/ *adj* **1.** (*acertado*) accomplished, good: **un trabajo muy lucido** a most accomplished piece of work. **2.** (*que permite lucirse*) prominent: **le han dado el papel más lucido** they've given her the most prominent role.

lúcido, -da /'luθiðo -ða/ *adj* lucid: **hizo un análisis muy lúcido** she made a very lucid analysis; **a pesar de su edad, se mantiene lúcido** he's still lucid in spite of his age.

luciente /lu'θjente/ *adj* shining, bright.

luciérnaga /lu'θjernaɣa/ *sf* glow-worm.

lucio /'luθjo/ *sm* pike *n inv*.

lucir /lu'θir/ [➪ table: lucir] *vt* **1.** (*una cualidad*) to show off, to flaunt: **le gusta lucir su cultura** he likes to show off how knowledgeable he is. **2.** (*un vestido, unos pendientes*) to wear: **lucía unos magníficos pendientes** she was wearing a wonderful pair of earrings. **3.** (*con cal*) to whitewash; (*con yeso*) to plaster.

♦ *vi* **1.** (*sol*) to shine; (*estrella*) to twinkle; (*superficie limpia*) to sparkle: **¡cómo luce ese cristal!** see how that glass sparkles! ● **no estudias nada, así te luce el pelo** you never do any work, that's why you do so badly. **2.** (*resaltar*): **donde más luce el cuadro es enfrente de la ventana** the picture looks best opposite the window. **3.** (*dar prestigio*): **luce mucho decir que has estudiado en el extranjero** it sounds very impressive to say you've studied abroad; (*dar resultado*) to be noticeable: **todo el día trabajando para que luego no te luzca** working all day long with nothing to show for it. **4.** (*Amér L: en aspecto*) to look: **qué lindo luces hoy** you look really nice today.

lucirse *v prnl* **1.** (*hacer algo bien*) to distinguish

lucir

INDICATIVE	SUBJUNCTIVE
Present	**Present**
luzco	luzca
luces	luzcas
luce	luzca
lucimos	luzcamos
lucís	luzcáis
lucen	luzcan

IMPERATIVE	
(tú) luce	(usted) luzca
(vosotros) lucid	(ustedes) luzcan

For the rest of the tenses ➪ PARTIR (in appendix)

oneself, to do very well: **espera lucirse en la prueba** he's hoping to do very well in the test. **2.** (*fam: en sentido irónico*): **nos hemos lucido yendo a la playa con este tiempo** it was a brilliant idea to go to the beach in this weather!; **¡te has lucido con la comida!** you've excelled yourself with this food! **3.** (*fanfarronear*) to show off: **vino a lucirse** *con* **su cochazo** he came to show off his big car.

lucrativo, -va /lukra'tiβo -βa/ *adj* lucrative.

lucro /'lukro/ *sm* gain, profit: **sólo lo mueve el afán de lucro** he only does it for the money; **es una organización sin ánimo de lucro** it's a non-profit-making organization.

lúdico, -ca /'luðiko -ka/ *adj* (*frml*) leisure, recreational.

luego /'lweɣo/ **I** *adv* **1.** (*después*) then, afterwards: **merendamos y luego fuimos al cine** we had tea and then we went to the cinema; (*más tarde*) later: **lo haré luego** I'll do it later. **2.** (*más allá*) then: **primero está el salón y luego el comedor** first there's the living room and then the dining room. **3.** (*Amér L: algunas veces*) occasionally, sometimes; (*: de cuando en cuando*) from time to time. **4.** (*Méx: fam, en seguida*): **luego luego** right away. **5.** (*Chi, Méx, Ven: fam, pronto*) soon.
II *conj* therefore.

lueguito /lwe'ɣito/ *adv* (*Amér L*) right away, at once.

lugar /lu'ɣar/ *sm* **1.** (*espacio*) place: **puso cada libro en su lugar** he put each book in its place; **es un lugar muy tranquilo** it's a very quiet place • **su éxito no deja lugar a dudas** her success is undoubtable • **es el mejor sin lugar a dudas** he's undoubtedly the best • **tomaré un zumo en lugar del primer plato** I'll have some juice instead of the first course • **la sesión de apertura tendrá lugar por la mañana** the opening session will take place in the morning. **2.** (*población*): **la gente del lugar nunca los aceptó** the local people never accepted them. **3.** (*parte*) part: **en otro lugar del libro dice lo contrario** in another part of the book it says the opposite; **¿en qué lugar del contrato se dice?** where in the contract does it say that? **4.** (*en una enumeración, un orden, una jerarquía*) position, place: **quedó en tercer lugar** he finished in third place • **dejó a su país en buen lugar** she didn't let her country down • **en primer lugar aclaró que...** to begin with, he made it clear that.... **5.** (*puesto*) post, position: **quedan dos lugares vacantes en el departamento** there are two vacant posts in the department • **yo, en tu lugar, no hubiera aceptado** in your shoes, I wouldn't have accepted • **supo estar en su lugar** he behaved as he should. **6.** (*frml: momento oportuno*) time, moment: **se lo diré si ha lugar** I'll tell her if the opportunity arises • **lo que dijo estaba completamente fuera de lugar** what he said was completely inappropriate. **7.** (*motivo*): **su conducta dio lugar a que lo expulsaran** her behaviour led to her being expelled; **la iniciativa dio lugar a muchas protestas** the initiative sparked off many protests.
lugar común *sm* cliché, platitude.

lugareño, -ña /luɣa'reɲo -ɲa/ **I** *adj* local, village: **las costumbres lugareñas** the local * village customs.
II *sm/f* (*persona*) local inhabitant, villager.

lugarteniente /luɣarte'njente/ *sm* (*segundo en jerarquía*) deputy; (*Mil*) lieutenant.

lúgubre /'luɣuβre/ *adj* dismal, gloomy.

lujo /'luxo/ *sm* luxury: **no nos podemos permitir el lujo de salir a cenar fuera todas las noches** we can't afford the luxury of eating out every night; **una urbanización de lujo** a luxury housing development • **se permitió el lujo de darme consejos sobre mi vida privada** he had the audacity to give me advice about my private life • **describió lo sucedido con todo lujo de detalles** he described what had happened in great detail.

lujoso, -sa /lu'xoso -sa/ *adj* luxurious.

lujuria /lu'xurja/ *sf* lust.

lumbago /lum'baɣo/ *sm* lumbago.

lumbre /'lumbre/ *sf* **1.** (*para calentar, cocinar*) fire: **puso la olla** *en* **la lumbre** he put the pan on the fire. **2.** (*para encender algo*) light: **¿me das lumbre?** can you give me a light? **3.** (*brillo*) sparkle.

lumbrera /lum'brera/ *sf* (*fam: persona*) genius.

luminaria /lumi'narja/ *sf* altar lamp.

luminoso, -sa /lumi'noso -sa/ *adj* **1.** (*Fís*) luminous: **un cuerpo luminoso** a luminous body; **las manecillas del reloj son luminosas** the hands of the watch are luminous. **2.** (*lugar*) light, well lit: **el apartamento es muy luminoso** the apartment is very light. **3.** (*colores*) bright, brilliant: **el cuadro tiene un colorido muy luminoso** the painting contains very bright colours. **4.** (*que expresa alegría*) radiant, bright: **nos recibió con una sonrisa luminosa** he received us with a radiant smile. **5.** (*idea*) bright, brilliant: **tuvo una ocurrencia luminosa** she had a brilliant idea.

luminotecnia /lumino'teknja/ *sf* lighting.

luna /'luna/ *sf* **1.** (*satélite*) moon • **siempre estás en la luna** you're always miles away • **eso sería pedir la luna** it would be asking the impossible • **me dejó a la luna de Valencia** it left me terribly disappointed. **2.** (*de un escaparate*) (window) pane; (*espejo*) mirror: **se contempló en la luna del armario** she looked at herself in the wardrobe mirror.
luna creciente *sf* crescent moon.
luna de miel *sf* honeymoon.
luna llena *sf* full moon.
luna menguante *sf* waning moon.
luna nueva *sf* new moon.

lunar /lu'nar/ **I** *adj* (*Astron*) lunar.
II *sm* **1.** (*en una persona*) mole; (*en un animal*) spot; (*en una tela*): **me he comprado una blusa de lunares** I've bought a polka-dot blouse. **2.** (*fam: defecto*) blemish, black spot: **hay algunos lunares en su trayectoria profesional** there are some blemishes on his career record.

lunático, -ca /lu'natiko -ka/ *adj, sm/f* lunatic.

lunes /'lunes/ *sm inv* Monday: **el lunes pasado no trabajé** I didn't work last Monday; **saldremos el lunes que viene** we'll leave next Monday; **llegará el lunes** *por* **la tarde** * (*Amér L*) **llegará el lunes** *en* **la tarde** he'll arrive on Monday afternoon; **los lunes hay mucho tráfico** there's a lot of traffic on Mondays; **juega a squash todos los lunes** she plays squash every Monday.

lunfardo /lun'fardo/ *sm*: *River Plate slang.*

lupa /'lupa/ *sf* magnifying glass • **hay que leer el contrato con lupa** you must read the contract very carefully.

lúpulo /'lupulo/ *sm* (*Bot*) hop.

luso, -sa /'luso -sa/ *adj, sm/f* (*frml*) Portuguese.

lustrabotas /lustra'βotas/ *sm/f inv* (*Amér S*) shoeshine.

lustramuebles /lustra'mweβles/ *sm inv* (*Arg, Chi, Urug*) furniture polish.

lustrar /lus'trar/ [⇨ CANTAR] *vt* to polish.

lustre /'lustre/ *sm* **1.** (*brillo*) shine: **sacó lustre a los zapatos** he polished his shoes. **2.** (*prestigio*) prestige, distinction: **su presencia le da lustre a nuestra universidad** her presence brings prestige to our university.

lustro /'lustro/ *sm* (period of) five years: **hace lustros que no la veo** I haven't seen her for ages.

lustroso, -sa /lus'troso -sa/ *adj* **1.** (*con brillo*) shiny: **dejó los suelos muy lustrosos** he made the floors shine. **2.** (*saludable*) healthy-looking: **¡qué niño tan lustroso!** what a healthy-looking baby!

luteranismo /lutera'nizmo/ *sm* Lutheranism.

luterano, -na /lute'rano -na/ *adj, sm/f* Lutheran.

luto /'luto/ *sm* mourning: **como estaban** *de* **luto, casi no lo celebraron** as they were in mourning they scarcely celebrated it; **llevaba luto** *por* **su padre** she was (dressed) in mourning for her father; **iba vestida** *de* **luto** she was (dressed) in mourning; **guardaron un minuto de silencio en señal de luto** they held a minute's silence as a mark of respect.

luxación /luksa'θjon/ *sf* (*Med: frml*) dislocation.

Luxemburgo /luksem'burɣo/ *sm* Luxembourg.

luxemburgués, -guesa /luksembur'ɣes -'ɣesa/ **I** *adj* of ∗ from Luxembourg.
II *sm/f* Luxembourger, native ∗ inhabitant of Luxembourg.

luz /luθ/ **I** *sf* **[luces]** **1.** (*luminosidad*) light: **no había bastante luz** there wasn't enough light; **me estás tapando la luz** you're in my light • **la carta arroja algo de luz sobre sus motivos** the letter sheds some light on his motives • **dio a luz un precioso niño** she gave birth to a beautiful boy • **el libro no salió a la luz hasta después de su muerte** the book was not published until after her death • **sacó a la luz un texto inédito de Lorca** he brought out an unpublished work of Lorca's • **a la luz de estos informes, es una persona muy capacitada** according to these reports, he's a very capable person • **su comportamiento fue a todas luces correcto** from every point of view her behaviour was correct. **2.** (*dispositivo*) light: **apagó la luz** she switched the light off; **acércame una luz, por favor** bring the light closer, please; **te has dejado las luces (del coche) encendidas** you've left your lights on • **el gobierno ha dado luz verde a sus planes** the government has given their plans the go-ahead ∗ the green light. **3.** (*corriente eléctrica*) electricity: **se ha ido la luz** our electricity's gone off; **nos han cortado la luz** our electricity has been cut off.
II luces *sfpl* (*fam*) intelligence: **tiene pocas luces** he's not very intelligent.
luz corta, luz de cruce *sf* dipped headlights *pl.*
luz de luna *sf* moonlight.
luz de posición *sf* (*GB*) sidelight, (*US*) side lamp.
luz del sol *sf* sunlight.
luz larga *sf* full ∗ main beam.

lycra /'likra/ *sf* Lycra®.

M

M, m /'eme/ *sf* (*letra*) M, m.

m **1.** *pronounced* /'metro/ (*abbreviation of* **metro**) m (*GB* metre, *US* meter). **2.** *pronounced* /mi'nuto/ (*abbreviation of* **minuto**) min. (minute). **3.** *pronounced* /mu'xer/ (*abbreviation of* **mujer**) f (female).

M.ª *pronounced* /ma'ria/ (*abbreviation of* **María**) Maria.

maca /'maka/ *sf* **1.** (*magulladura*) bruise: **las manzanas tenían macas** the apples were bruised. **2.** (*en porcelana, cerámica*) defect, flaw.

macabro, -bra /ma'kaβro -βra/ *adj* macabre: **la escena del cementerio me pareció muy macabra** I found the cemetery scene very macabre.

macaco, -ca /ma'kako -ka/ *sm/f* **1.** (*Zool*) macaque. **2.** (*fam: niño*) kid: **¿pero qué se ha creído este macaco?** who does this kid think he is?

macana /ma'kana/ *sf* **I** (*Amér L: cachiporra*) baton.
II (*Arg, Chi, Perú, Urug: fam*) **1.** (*mentira*) fib: **no le hagas caso, son macanas** ignore him, he's fibbing. **2.** (*tontería, disparate*): **no dice más que macanas** he talks nonsense all the time; **no hagas la macana de decírselo a ella** don't make the mistake of telling her. **3.** (*lástima*) pity, shame: **¡qué macana!** what a pity ∗ shame!; (*inconveniente*) snag: **la macana es que sólo viene en negro** the snag is it only comes in black.

macanear /makane'ar/ [➪ CANTAR] *vi* (*Arg, Chi, Perú, Urug: fam*) **1.** (*mentir*) to fib. **2.** (*decir tonterías*) to talk nonsense; (*hacer tonterías*) to fool around.

macanudo, -da /maka'nuðo -ða/ (*fam*) **I** *adj* fantastic, great: **¡la fiesta fue macanuda!** the party was fantastic!
II *excl* great: **"Nos vemos mañana." "¡Macanudo!"** "See you tomorrow then." "Great!"

macarra /ma'karra/ **I** *sm* (*de prostitutas*) pimp.
II *sm/f* (*fam: chuleta*): **es un macarra** he's such a big-headed so-and-so.
III *adj* (*fam*) cocky.

macarrón /maka'rron/ *sm* piece of macaroni: **prepara unos macarrones deliciosos** he cooks delicious macaroni.

macarrónico, -ca /maka'rroniko -ka/ *adj* atrocious: **habla un inglés macarrónico** his English is atrocious.

macedonia /maθe'ðonja/ *sf* fruit salad.

macerar /maθe'rar/ [➪ CANTAR] *vt* (*fruta*) to soak; (*carne, pescado*) to marinade.

maceta /ma'θeta/ *sf* flowerpot, plantpot: **le encargué**

que me regara las macetas I asked him to water my pot plants.

macetero /maθe'tero/ *sm* flowerpot holder.

machaca /ma'tʃaka/ *sm* (*fam*) drudge: **está de machaca en una tienda de comestibles** he does all the menial jobs in a grocer's shop.

machacar /matʃa'kar/ [⇨sacar] *vt* **1.** (*golpear*) to crush: **primero, machaca todos los ingredientes en el mortero** first, crush * pound all the ingredients in the mortar. **2.** (*derrotar*) to thrash, to trounce: **el equipo de casa machacó al rival** the home team thrashed their rivals. **3.** (*fam*: *dañar*): **estos zapatos me están machacando los pies** these shoes are killing me. **4.** (*fam*: *una asignatura*) to study hard: **tuvo que pasarse todo el verano machacando la física** she had to spend the whole summer studying physics. **5.** (*fam*: *cansar*) to exhaust, to wear out: **este trabajo machaca a cualquiera** this job is enough to wear anybody out.
♦*vi* (*fam*) **1.** (*cansar*) to be tiring. **2.** (*insistir*): **le sacó el dinero a fuerza de machacar** she got the money out of him by going on and on. **3.** (*perseverar*) to persist: **consiguió lo que quería a fuerza de machacar** he got what he wanted through sheer persistence • **machacando se aprende el oficio** practice makes perfect. **4.** (*empollar*) to cram, (*GB*) to swot up, (*US*) to grind.

machacón, -cona /matʃa'kon -'kona/ *adj* repetitive: **tienes que ser machacona si quieres que aprendan algo** you have to repeat things over and over again if you want them to learn anything at all; **no me gusta esa música machacona** I don't like that repetitive music.

machada /ma'tʃaða/ *sf* **1.** (*hombrada*) courageous act: **hizo la machada de salir a rescatarlos** he bravely went out to rescue them. **2.** (*bravata*): **hicieron la machada de apuntarse al maratón** in order to prove their manliness they put their names down for the marathon.

machamartillo /matʃamar'tiʎo/ **a machamartillo** *loc adv*: **es creyente a machamartillo** she is a firm believer; **cumplió su tarea a machamartillo** he carried out his task to the letter.

macheta /ma'tʃeta/ *sf* (meat) cleaver.

machete /ma'tʃete/ *sm* machete (*long broad-bladed knife*).

machismo /ma'tʃizmo/ *sm* male chauvinism.

machista /ma'tʃista/ **I** *adj* male chauvinist: **una actitud machista** a male chauvinist attitude.
II *sm/f* sexist.

macho /'matʃo/ **I** *adj* **1.** (*del sexo masculino*) male: **tres cachorritos machos** three male puppies. **2.** (*varonil*) macho, tough: **se cree muy macho** he thinks he's very macho * tough.
II *sm* **1.** (*Zool*) male: **en la mayoría de las especies el macho corteja a la hembra** in most species the male courts the female. **2.** (*Tec*: *pieza*) male (fitting). **3.** (*mulo*) mule. **4.** (*fam*: *apelativo*) pal, (*GB*) mate, (*US*) buddy [a menudo no se traduce]: **¡jo, macho, cállate de una vez!** come on, just be quiet!; **¡qué alegría verte, macho!** it's great to see you!

macho cabrío *sm* billy goat.

machote /ma'tʃote/ **I** *adj* **1.** (*varonil*) tough, macho: **se cree que es muy machote** he thinks he's tough. **2.** (*fam*: *valiente*) brave: **¡qué machote!** what a brave man!
II *sm* (*fam*): **¡cómo ha crecido, está hecho un machote!** hasn't he grown, he's turned into a big man!

machucar /matʃu'kar/ [⇨sacar] *vt* (*fam*) to smash, to hit: **se machucó el dedo con el martillo** he hit his finger with the hammer.

macilento, -ta /maθi'lento -ta/ *adj* **1.** (*cara*) thin. **2.** (*luz*) pale.

macillo /ma'θiʎo/ *sm* **1.** (*mazo pequeño*) (small) hammer. **2.** (*Mús*: *de un piano*) hammer; (*: de un tambor*) drumstick.

macizo, -za /ma'θiθo -θa/ **I** *adj* **1.** (*no hueco*) solid: **encontraron unas copas de oro macizo** they found some solid gold goblets. **2.** (*fam*: *recio*) robust: **a base de ejercicio, se le puso el cuerpo macizo** with all the exercise he did, he developed a strong body. **3.** (*fam*: *atractivo*) good-looking.
II *sm/f* (*fam*: *hombre*) good-looking man; (*: mujer*) good-looking woman * girl.
III macizo *sm* **1.** (*Geog*) massif. **2.** (*de flores, plantas*) bed.

macramé /makra'me/ *sm* macramé.

macrobiótico, -ca /makro'βjotiko -ka/ *adj* macrobiotic.

macrocosmo, macrocosmos /makro'kozmo(s)/ *sm* macrocosm.

macroeconomía /makroekono'mia/ *sf* macroeconomics [lleva el verbo en singular].

mácula /'makula/ *sf* blemish: **tiene una hoja de servicios sin mácula** he has a spotless service record.

macuto /ma'kuto/ *sm* haversack, knapsack.

madalena /maða'lena/ *sf* fairy cake.

madam /ma'ðam/, **madama** /ma'ðama/ *sf* madam, brothel-keeper.

Madeira /ma'ðeira/ *sf* (*Geog*) Madeira.

madeira /ma'ðeira/ *sm* (*vino*) Madeira.

madeja /ma'ðexa/ *sf* (*de hilo, lana*) skein, hank.

madera /ma'ðera/ *sf* **1.** (*gen*) wood: **está hecho de madera** it's made of wood • **¡voy a tocar madera!** touch wood! **2.** (*para construcción*) (*GB*) timber, (*US*) lumber • **tiene madera de actor** he has the makings of an actor.

maderable /maðe'raβle/ *adj*: *suitable for timber*.

maderamen /maðe'ramen/ *sm* wood, (*GB*) timber, (*US*) lumber.

maderero, -ra /maðe'rero -ra/ **I** *adj* (*GB*) timber, (*US*) lumber: **la industria maderera** the timber industry; **una región maderera** a wood-producing area.
II *sm/f* timber merchant.

madero /ma'ðero/ *sm* **1.** (*tabla, pieza*) (*GB*) piece of timber, (*US*) piece of lumber: **con estos maderos construiremos un cobertizo** we'll use this timber to build a shed. **2.** (*tronco*) log. **3.** (*fam*: *policía*) cop.

madrastra /ma'ðrastra/ *sf* **1.** (*gen*) stepmother. **2.** (*fam*: *mala madre*): **se comportó con ellos como una madrastra** she was a bad mother to them.

madraza /ma'ðraθa/ *sf* (*fam*) doting * fond mother.

madre /'maðre/ *sf* **1.** (*pariente*) mother: **¿cómo está la futura madre?** how is the mother-to-be? • **¡madre mía!** good heavens! • **ésta es la madre del cordero** this is the crux of the matter. **2.** (*causa, origen*) root: **la envidia es madre de muchos males** envy is the root of much wrongdoing; (*lugar de origen*): **Grecia está considerada como la madre de las artes** Greece is considered to be the birthplace of the arts. **3.** (*religiosa*) mother. **4.** (*cauce*): **el río se salió de madre** the river burst its banks • **creo que te estás saliendo de madre** I think you're going too far.

madre política *sf* mother-in-law.

madre soltera *sf* lone * single mother.
madre superiora *sf* mother superior.
madreperla /maðre'perla/ *sf* mother-of-pearl.
madreselva /maðre'selβa/ *sf* honeysuckle.
Madrid /ma'ðrið/ *sm* Madrid.
madrigal /maðri'ɣal/ *sm* madrigal.
madriguera /maðri'ɣera/ *sf* **1.** (*de conejos*) burrow; (*de zorros*) lair, earth. **2.** (*escondrijo*) hide-out: **la policía los sorprendió en su madriguera** the police surprised them in their hide-out.
madrileño, -ña /maðri'leɲo -ɲa/ **I** *adj* of * from Madrid.
II *sm/f* native * inhabitant of Madrid.
madrina /ma'ðrina/ *sf* **1.** (*de un niño*) godmother. **2.** (*en una boda*) *woman (usually the mother of the bridegroom) who performs a similar function to the matron of honour*. **3.** (*patrona*) *woman presiding over a ceremony* (*launching of a ship, opening of barracks, etc.*).
madroño /ma'ðroɲo/ *sm* **1.** (*árbol*) strawberry tree. **2.** (*fruto*) tree strawberry.
madrugada /maðru'ɣaða/ *sf* **1.** (*alba*) dawn, daybreak. **2.** (*horas después de la medianoche*) *the early hours of the morning*: **me levanté a las cuatro de la madrugada** I got up at four in the morning. **3.** (*madrugón*): **¡vaya madrugada te has dado!** you were up early!
madrugador, -dora /maðruɣa'ðor -'ðora/ *adj*: **mi padre es muy madrugador** my father gets up very early * is an early riser.
madrugar /maðru'ɣar/ [⇨pagar] *vi* to get up early ● **a quien madruga, Dios lo ayuda** it's the early bird that catches the worm.
madrugón /maðru'ɣon/ *sm*: **nos tuvimos que dar un madrugón** we had to get up very early.
madurar /maðu'rar/ [⇨CANTAR] *vt* **1.** (*Agr*) to ripen: **el sol madura la fruta** the sun ripens the fruit. **2.** (*desarrollar*) to mature: **deja que maduren tus ideas** let your ideas mature.
♦ *vi* **1.** (*Agr*) to ripen: **si sigue haciendo frío no van a madurar las naranjas** if the cold weather continues the oranges won't ripen. **2.** (*persona*) to mature: **la experiencia lo hizo madurar** the experience matured him.
madurarse *v prnl* (*Agr*) to ripen.
madurez /maðu'reθ/ *sf* **1.** (*Agr*) ripeness. **2.** (*de una persona*) maturity.
maduro, -ra /ma'ðuro -ra/ *adj* **1.** (*fruta, verdura*) ripe. **2.** (*decisión, persona*) mature.
maestría /maes'tria/ *sf* mastery, skill: **pinta con verdadera maestría** she paints with real skill.
maestro, -tra /ma'estro -tra/ **I** *adj* **1.** (*magistral*): **es una obra maestra** it's a masterpiece. **2.** (*principal*) main.
II *sm/f* (*de un colegio, una escuela*) teacher.
III maestro *sm* **1.** (*Artes, Mús*) maestro. **2.** (*Tauro*) matador. **3.** (*en un oficio*) master; (*de una actividad*) supervisor.
maestro, -tra de escuela *sm/f* schoolteacher.
mafia /'mafja/ *sf* **1.** (*organización criminal*) mafia. **2.** (*grupo cerrado*): **es imposible conseguir trabajo sin recomendación; es una mafia** it's impossible to get a job without some sort of recommendation; you need to know people.
magazine /maɣa'θin(e)/ *sm* (*en televisión*) magazine.
Magdalena /maɣða'lena/ *sf* ● **lloré como una Magdalena** I cried my heart out.
magdalena /maɣða'lena/ *sf* (*Culin*) fairy cake.
magenta /ma'xenta/ *sm, adj inv* magenta.
magia /'maxja/ *sf* **1.** (*brujería*) magic. **2.** (*prestidigitación*) magic. **3.** (*atractivo*) magic, charm: **la magia del cine** the magic of the movies.
magia negra *sf* black magic.
mágico, -ca /'maxiko -ka/ *adj* **1.** (*relativo a la magia*) magic, magical. **2.** (*fabuloso*) magical, wonderful.
magisterio /maxis'terjo/ *sm* **1.** (*enseñanza*) teaching: **se dedicó al magisterio más de veinte años** she taught for more than twenty years; **estudiaba magisterio** he was studying to be a teacher. **2.** (*profesorado*) teachers *pl*.
magistrado /maxis'traðo/ *sm* judge.
magistral /maxis'tral/ *adj* (*excelente*) masterly: **fue una interpretación magistral** it was a masterly performance.
magistratura /maxistra'tura/ *sf* (*Jur*) magistracy, magistrature.
magma /'maɣma/ *sm* magma.
magnánimo, -ma /maɣ'nanimo -ma/ *adj* magnanimous.
magnate /maɣ'nate/ *sm/f* magnate, tycoon.
magnesio /maɣ'nesjo/ *sm* magnesium.
magnetismo /maɣne'tizmo/ *sm* **1.** (*Fís*) magnetism. **2.** (*atractivo*) magnetism: **su mirada tiene gran magnetismo** he has a spellbinding look.
magnetizar /maɣneti'θar/ [⇨cazar] *vt* **1.** (*Fís*) to magnetize. **2.** (*hipnotizar*) to captivate, to hypnotize: **un actor que magnetiza al público** an actor who holds audiences spellbound.
magnetofón /maɣneto'fon/, **magnetófono** /maɣne'tofono/ *sm* tape recorder.
magnetoscopio /maɣneto'skopjo/ *sm* (*frml*) video recorder.
magnicidio /maɣni'θiðjo/ *sm* assassination.
magnificar /maɣnifi'kar/ [⇨sacar] *vt* to exaggerate: **la prensa magnificó la noticia** the press exaggerated the news.
magnificencia /maɣnifi'θenθja/ *sf* magnificence, splendour: **quedaron admirados ante la magnificencia del palacio** they were amazed by the splendour of the palace.
magnífico, -ca /maɣ'nifiko -ka/ *adj* magnificent: **el Palacio Real es magnífico** the Royal Palace is magnificent; **una comida magnífica** a splendid * magnificent meal.
magnitud /maɣni'tuð/ *sf* **1.** (*Fís*) magnitude. **2.** (*dimensión, importancia*) magnitude: **todavía se desconoce la magnitud de la tragedia** the magnitude of the tragedy is still unknown.
magno, -na /'maɣno -na/ *adj* great.
magnolia /maɣ'nolja/ *sf* (*flor*) magnolia.
magnolio /maɣ'noljo/ *sm* (*árbol*) magnolia.
mago, -ga /'maɣo -ɣa/ **I** *sm/f* (*prestidigitador*) magician.
II mago *sm* wizard: **el mago Merlín** Merlin the Wizard.
magrebí /maɣre'βi/ [**magrebíes * magrebís**] **I** *adj* of *from the Maghreb.
II *sm/f* native * inhabitant of the Maghreb (*Western North Africa*).
magro, -gra /'maɣro -ɣra/ **I** *adj* lean.
II magro *sm* loin of pork.
maguey /ma'ɣei/ *sm* (*Amér L: Bot*) maguey.
magulladura /maɣuʎa'ðura/ *sf* bruise.
magullar /maɣu'ʎar/ [⇨CANTAR] *vt* to bruise.

magullarse *v prnl* (*dañarse*) to be bruised: **sólo se ha magullado un poco** he is only slightly bruised.

mahometano, -na /maome'tano -na/ *adj, sm/f* Muslim.

mahonesa /mao'nesa/ *sf* mayonnaise.

maicena® /mai'θena/ *sf* (*GB*) cornflour, (*US*) cornstarch.

maillot /mai'ʎot/ *sm* (*Dep*) **1.** (*camiseta*) jersey. **2.** (*para ballet, gimnasia*) leotard. **3.** (*bañador*) swimsuit, bathing costume.

maitre /'metre/ *sm* head waiter, maître d'hôtel.

maíz /ma'iθ/ *sm* [**maíces**] (*GB*) maize, (*US*) corn.

maizal /mai'θal/ *sm* (*GB*) field of maize, (*US*) field of corn.

majada /ma'xaða/ *sf* (*Agr*) **1.** (*redil*) fold. **2.** (*Amér L: rebaño*) flock of sheep.

majadería /maxaðe'ria/ *sf*: **¡qué majadería!** what a stupid thing to say!; **no dice más que majaderías** he's just talking nonsense.

majadero, -ra /maxa'ðero -ra/ **I** *adj* stupid: **¡qué tío más majadero!** what an idiot!
II *sm/f* idiot, fool: **se comportó como un majadero** he behaved like a fool.

majar /ma'xar/ [⇨CANTAR] *vt* to crush.

majara /ma'xara/, **majareta** /maxa'reta/ (*fam*) **I** *adj* nuts, crazy: **me pareció un poco majara** he seemed a bit nuts to me; **se volvió majara** he went nuts.
II *sm/f* loony, nutter: **¿no crees que es un majara?** don't you think he's crazy * a loony?

majestad /maxes'tað/ *sf* **1.** (*grandeza*) majesty. **2.** (*título*) Majesty.

majestuoso, -sa /maxes'twoso -sa/ *adj* majestic.

majo, -ja /'maxo -xa/ *adj* **1.** (*encantador, agradable*) nice: **es una chica muy maja** she is a very nice girl. **2.** (*bonito*) nice: **se compró un coche muy majo** he bought a very nice car.

mal /mal/ **I** *adj [form of* **malo** *used before masculine singular nouns]* ⇨malo
II *adv* **1.** (*referido a comportamiento, actuación*) badly: **se portaron mal** they behaved badly; **jugaron muy mal** they played very badly; **habla inglés muy mal** he speaks English very badly; **el examen me salió mal** I did badly in the exam • **va de mal en peor** it goes from bad to worse • **lleva a mal el madrugar** she hates getting up early • **se puso a mal con su primo** he fell out with his cousin • **no tomes a mal lo que voy a decirte** don't take what I'm going to say badly * the wrong way. **2.** (*referido a resultado*) wrong: **estas cifras están mal** these figures are wrong. **3.** (*referido a calidad, aspecto*): **la obra no está mal** it's not a bad play; **su novio no está nada mal** her boyfriend's not bad looking; **iban muy mal vestidos** they were very badly dressed. **4.** (*referido a un estado*): **se fue porque se sentía mal** he left because he felt ill • **¡tú estás mal de la cabeza!** you're crazy! • **siempre está mal de dinero** he's always short of money. **5.** (*desagradablemente*): **este pescado sabe mal** this fish tastes bad; **las alcantarillas olían muy mal** the drains smelt awful * terrible. **6.** (*difícilmente*) hardly, scarcely: **mal pueden criticarte si ellos hacen lo mismo** they can hardly criticize you when they do the same thing • **mal que bien aprendió a leer** somehow or other he learned to read.
III *sm* **1.** (*maldad*) evil: **el bien y el mal** good and evil. **2.** (*daño*) wrong, harm: **durante su presidencia se hizo mucho mal** during his presidency there was a lot of wrongdoing. **3.** (*dolencia*) illness. **4.** (*desgracia*) misfortune: **no le deseo ningún mal** I don't wish him any harm • **mal de muchos, consuelo de tontos** only a fool delights in the misfortunes of others • **no hay mal que por bien no venga** every cloud has a silver lining.
IV mal que *conj*: **mal que te pese, tendrás que pedirle perdón** whether you like it or not, you'll have to apologize to him.

mal de montaña *sm* mountain sickness.

malabarismo /malaβa'rizmo/ *sm* juggling • **tenía que hacer malabarismos para llegar a fin de mes** I had to do all sorts of tricks to eke the money out until the end of the month.

malabarista /malaβa'rista/ *sm/f* juggler.

malacostumbrado, -da /malakostum'braðo -ða/ *adj* spoiled, spoilt.

malacostumbrar /malakostum'brar/ [⇨CANTAR] *vt* **1.** (*malcriar*) to spoil. **2.** (*viciar*): **me malacostumbró a tomar demasiada sal** it got me into the bad habit of putting too much salt on my food.

málaga /'malaɣa/ *sm* Malaga (wine).

malagana /mala'ɣana/ *sf* (*fam*): **sacúdete la malagana y vente al cine con nosotros** snap out of it and come to the movies with us.

malagueño, -ña /mala'ɣeɲo -ɲa/ **I** *adj* of * from Malaga.
II *sm/f* native * inhabitant of Malaga.

malaje /ma'laxe/ (*fam*) **I** *adj*: **¡pero qué malaje eres, hombre!** you're so mean * nasty!
II *sm/f*: **es un malaje** he's mean * nasty.

malandanza /malan'danθa/ *sf* misfortune.

malaria /ma'larja/ *sf* malaria.

Malasia /ma'lasja/ *sf* Malaysia.

malasio, -sia /ma'lasjo -sja/ *adj, sm/f* Malaysian.

malasombra /mala'sombra/ *sm/f* (*fam*) nasty piece of work.

malaventurado, -da /malaβentu'raðo -ða/ **I** *adj* unfortunate.
II *sm/f* unfortunate person.

malayo, -ya /ma'lajo -ja/ **I** *adj, sm/f* Malayan, Malay.
II malayo *sm* (*idioma*) Malay.

malbaratar /malβara'tar/ [⇨CANTAR] *vt* **1.** (*malvender*) to sell cheap. **2.** (*malgastar*) to squander.

malcarado, -da /malka'raðo -ða/ *adj* **1.** (*sospechoso*) suspicious: **un sujeto malcarado la paró en la calle** a suspicious looking person stopped her in the street. **2.** (*enfadado*) annoyed.

malcomer /malko'mer/ [⇨TEMER] *vt*: *to eat poor food*: **durante el viaje, malcomíamos en tascas de tercera** on the trip we used to eat badly in third-rate eating houses.

malcriado, -da /mal'krjaðo -ða/ **I** *adj* spoiled, spoilt.
II *sm/f* spoiled person.

malcriar /mal'krjar/ [⇨ansiar] *vt* to spoil: **sus padres lo están malcriando** his parents are spoiling him.

maldad /mal'dað/ *sf* wickedness, evil.

maldecir /malde'θir/ [⇨bendecir] *vt* to curse: **maldijo a su familia** he cursed his family.
♦*vi* to speak ill: **maldecía** ***de*** **sus vecinos** she used to speak ill * badly of her neighbours.

maldición /maldi'θjon/ **I** *sf* curse.
II *excl* damn it, blast.

maldito, -ta /mal'dito -ta/ **I** *adj* damned, blasted: **me he pillado (el dedo) con la maldita puerta** I've caught my finger in the blasted door • **¡maldita la gana que tengo!** I really don't feel like it at all! • **¡maldita sea!** damn it! * blast!

II *sm/f* evil person: **¡hay que parar a estos malditos!** we must stop these evil people!

maleable /male'aβle/ *adj* **1.** (*dúctil*) pliable, easy to work with: **la arcilla es muy maleable** clay is very easy to work with. **2.** (*dócil*) docile, malleable.

maleante /male'ante/ *sm/f* criminal, villain.

malear /male'ar/ [➪ CANTAR] *vt* **1.** (*pervertir*) to corrupt: **sus amigos la malearon** her friends led her astray * corrupted her. **2.** (*estropear*) to spoil, to ruin.

malearse *v prnl* **1.** (*pervertirse*) to go astray. **2.** (*estropearse*) to be spoiled * ruined.

malecón /male'kon/ *sm* **1.** (*rompeolas*) breakwater, jetty. **2.** (*Amér L*: *paseo marítimo*) esplanade, seafront.

maledicencia /maleði'θenθja/ *sf* evil gossip * talk.

maleducado, -da /maleðu'kaðo -ða/ **I** *adj* rude, bad-mannered.

II *sm/f* rude * bad-mannered person.

maleducar /maleðu'kar/ [➪ sacar] *vt* to spoil.

maleficio /male'fiθjo/ *sm* curse.

maléfico, -ca /ma'lefiko -ka/ *adj* harmful.

malentender /malenten'der/ [➪ tender] *vt* to misunderstand.

malentendido, -da /malenten'diðo -ða/ **I** *adj* misunderstood: **sus intenciones fueron malentendidas** his intentions were misunderstood.

II malentendido *sm* misunderstanding: **creo que ha habido un malentendido** I think there has been a misunderstanding.

malestar /males'tar/ *sm* **1.** (*Med*): **siento un malestar general** I feel generally unwell. **2.** (*inquietud*) uneasiness.

maleta /ma'leta/ **I** *sf* **1.** (*para ropa*) suitcase, case: **todavía tengo que hacer la maleta** I still have to pack my case; **¿hay algún sitio para dejar las maletas?** is there anywhere we can leave our cases? **2.** (*Chi, Perú*: *Auto*) (*GB*) boot, (*US*) trunk.

II *sm/f* (*fam*: *persona*) useless person: **es un maleta** *para* **el dibujo** he's useless * hopeless at drawing.

III *adj* (*fam*: *torpe*) useless.

maletera /male'tera/ *sf* (*Chi, Perú*: *Auto*) (*GB*) boot, (*US*) trunk.

maletero, -ra /male'tero -ra/ **I** *sm/f* porter.

II maletero *sm* (*de un coche*) (*GB*) boot, (*US*) trunk.

maletilla /male'tiʎa/ *sm* (*Tauro*) novice bullfighter.

maletín /male'tin/ *sm* briefcase.

malevolencia /maleβo'lenθja/ *sf* malevolence.

malévolo, -la /ma'leβolo -la/ *adj* malevolent, evil.

maleza /ma'leθa/ *sf* **1.** (*hierbajos*) weeds *pl.* **2.** (*espesura*) scrub.

malformación /malforma'θjon/ *sf* malformation.

malgastar /malɣas'tar/ [➪ CANTAR] *vt* (*gen*) to waste: **no malgastes agua, hay sequía** don't waste water, there's a drought on; (*dinero*) to squander, to waste.

malhablado, -da /mala'βlaðo -ða/ **I** *adj* foul-mouthed.

II *sm/f* foul-mouthed person: **no soporto a los malhablados** I can't stand people who use foul language.

malhadado, -da /mala'ðaðo -ða/ *adj* ill-fated.

malhechor, -chora /male'tʃor -'tʃora/ **I** *adj* criminal.

II *sm/f* criminal.

malherido, -da /male'riðo -ða/ *adj* badly wounded.

malherir /male'rir/ [➪ PARTIR] *vt* to wound badly.

malhumorado, -da /malumo'raðo -ða/ *adj* bad-tempered.

malicia /ma'liθja/ *sf* **1.** (*picardía*) slyness, cunning: **es muy inocente, no tiene malicia** she's very sweet-natured, there's nothing sly about her. **2.** (*maldad*) malice.

maliciarse /mali'θjarse/ [➪ CAMBIAR] *v prnl* to suspect: **se malició lo que estaba ocurriendo** she suspected what was happening; **me malicio algo** I have a feeling that something bad is going on.

malicioso, -sa /mali'θjoso -sa/ *adj* malicious, evil.

maligno, -na /ma'liɣno -na/ **I** *adj* **1.** (*intenciones, persona*) malicious, evil. **2.** (*tumor*) malignant.

II el maligno *sm* the Devil.

malintencionado, -da /malintenθjo'naðo -ða/ **I** *adj* malicious, spiteful.

II *sm/f* malicious * spiteful person.

malinterpretar /malinterpre'tar/ [➪ CANTAR] *vt* to misinterpret.

malla /'maʎa/ **I** *sf* **1.** (*red*) mesh. **2.** (*para ballet, gimnasia*) leotard. **3.** (*also* **malla de baño**) (*Amér L*: *bañador*) swimsuit.

II mallas *sf pl* (*pantalones*) leggings *pl.*

Mallorca /ma'ʎorka/ *sf* Majorca.

mallorquín, -quina /maʎor'kin -'kina/ **I** *adj, sm/f* Majorcan.

II mallorquín *sm* (*Ling*) *variety of Catalan spoken in Majorca.*

malmeter /malme'ter/ [➪ TEMER] *vt* (*enemistar*) to turn against, to cause strife among: **la malmetió** *con* **su hermano** he turned her against her brother.

malnacido, -da /malna'θiðo -ða/ (*fam*) **I** *adj*: **¡mira que es malnacido!** he's such a pig * swine!

II *sm/f* pig, swine.

malo, -la /'malo -la/ **I** *adj* [*shortened to* ***mal*** *before masculine singular nouns*] **1.** (*gen*) bad: **su último libro es muy malo** her latest book is very bad * is terrible; **tengo malas noticias** I have some bad news; **¡qué vino más malo!** what awful wine!; **he tenido un mal día** I've had a bad day; **es malo** *para* **la salud** it's bad for your health; **estoy pasando una mala racha** I'm going through a bad patch; **tuvo mala suerte** he was unlucky; **lo malo es que ni siquiera sabe hablar español** the bad part is that he can't even speak Spanish • **hoy no he vendido ni un mal libro** I haven't sold a single book today • **malo será si no hay algo para ti** there's bound to be something in it for you • **estar de malas: siempre está de malas con todo el mundo** he's always on bad terms with everyone; **hoy estoy de malas** I'm in a bad mood today. **2.** (*malvado*) evil. **3.** (*niño*) naughty. **4.** (*enfermo*) ill, sick. **5.** (*hablando del tiempo*) bad: **hizo muy mal tiempo toda la semana** the weather was really bad for the whole week.

II *sm/f* baddy, bad guy: **¿quién hace de malo?** who plays the baddy * the bad guy?

III malo *excl*: **no han llamado, ¡malo!** they haven't called, that's a bad sign!

mala hierba *sf* weed.

malogrado, -da /malo'ɣraðo -ða/ *adj* doomed.

malograr /malo'ɣrar/ [➪ CANTAR] *vt* to waste: **malogró una oportunidad magnífica** she wasted * missed a great opportunity.

malograrse *v prnl* (*proyecto*) to fail, to come to nothing; (*cosecha*) to fail.

maloliente /malo'ljente/ *adj* foul-smelling, stinking.

malparado, -da /malpa'raðo -ða/ *adj*: **además de quitarle el dinero lo dejaron bastante malparado** not only did they take his money they also left him in a bad way; **salió malparado de aquel negocio** he got his fingers burnt in that deal.

malpensado, -da /malpen'saðo -ða/ **I** *adj* nasty-minded: **no seas malpensado** don't always think the worst of people.

II *sm/f*: **eres un malpensado** you have a nasty mind.

malquerencia /malke'renθja/ *sf* (*frml*) ill-will.

malsano, -na /mal'sano -na/ *adj* **1.** (*malo para la salud*) unhealthy. **2.** (*enfermizo*) sick, unhealthy: **tiene una mentalidad malsana** he has a sick mind.

malsonante /malso'nante/ *adj* rude, offensive.

Malta /'malta/ *sf* Malta.

malta /'malta/ *sf* malt.

maltés, -tesa /mal'tes -'tesa/ **I** *adj, sm/f* Maltese.
II maltés *sm* (*idioma*) Maltese.

maltraer /maltra'er/ [➪traer] *vt* • **su hijo mayor los trae** * **lleva a maltraer** their eldest son is giving them a very difficult time.

maltratar /maltra'tar/ [➪CANTAR] *vt* to ill-treat.

maltrato /mal'trato/ *sm* maltreatment, ill-treatment.

maltrecho, -cha /mal'tretʃo -tʃa/ *adj*: **el viaje me dejó maltrecho** I was exhausted * in a terrible state after the trip.

malucho, -cha /ma'lutʃo -tʃa/ *adj* (*fam*) unwell: **se encuentra un poco malucho** he's feeling a bit under the weather.

malva /'malβa/ **I** *sm, adj inv* mauve.
II *sf* (*Bot*) mallow • **está criando malvas** he's pushing up daisies • **últimamente está como una malva** lately he wouldn't say boo to a goose.

malvado, -da /mal'βaðo -ða/ **I** *adj* evil, wicked.
II *sm/f* evil person, villain.

malvender /malβen'der/ [➪TEMER] *vt* to sell cheap: **tuvieron que malvender la casa** they had to sell their house for less than it was really worth.

malversación /malβersa'θjon/ *sf* embezzlement.

malversar /malβer'sar/ [➪CANTAR] *vt* to embezzle: **lo acusaron de malversar fondos públicos** he was accused of embezzling public funds.

Malvinas /mal'βinas/ *sf pl*: **las (islas) Malvinas** the Falkland Islands *pl*, the Falklands *pl*.

malvivir /malβi'βir/ **I** [➪PARTIR] *vi* (*vivir con pobreza*): **malvivían con una pequeña pensión del estado** they struggled to survive on a small state pension.
II *sm*: **había mucha gente de malvivir** there were lots of shady characters.

mama /'mama/ *sf* **1.** (*de mujer*) breast. **2.** (*de vaca, oveja*) udder.

mamá /ma'ma/ *sf* (*fam*) (*GB*) mum, mummy, (*US*) mom, mommy.

mamar /ma'mar/ [➪CANTAR] *vt* **1.** (*succionar*) to suck. **2.** (*fam*: *aprender*): **ha mamado el francés desde pequeño** he's lived in a French-speaking environment since he was very small.
♦*vi*: **el niño aún está en edad de mamar** the baby is still on milk; **le dio de mamar hasta los seis meses** she breast-fed him until he was six months old.

mamarse *v prnl* (*fam*) to get drunk, to get plastered.

mamarrachada /mamarra'tʃaða/ *sf* **1.** (*tontería*): **sus mamarrachadas nos hacían reír** his silly antics made us laugh. **2.** (*cosa mal hecha*): **el cuadro es una mamarrachada** the painting is absolutely dreadful.

mamarracho /mama'rratʃo/ *sm* **1.** (*fantoche*): **¡vas hecho un mamarracho!** you really look a sight! **2.** (*cosa mal hecha*): **¡qué mamarracho de película!** what a dreadful * terrible movie! **3.** (*tonto*) clown, joker.

mambo /'mambo/ *sm* (*Mús*) mambo.

mameluco /mame'luko/ *sm* (*Amér L*) **1.** (*de mecánico*) (*GB*) overall, (*US*) coverall. **2.** (*pantalón de peto*) dungarees.

mami /'mami/ *sf* (*fam*) (*GB*) mummy, (*US*) mommy.

mamífero, -ra /ma'mifero -ra/ **I** *adj* mammalian, mammiferous.
II mamífero *sm* mammal.

mamón, -mona /ma'mon -'mona/ (*fam*) **I** *adj* gross.
II *sm/f* (*en sentido negativo*) pig, swine; (*usado cariñosamente*): **¡qué suerte tienes, mamón!** you lucky devil!

mamotreto /mamo'treto/ *sm* **1.** (*libro*) weighty tome: **menudo mamotreto** that's some weighty tome. **2.** (*mueble, objeto*) massive thing: **este armario es un mamotreto** this wardrobe is massive.

mampara /mam'para/ *sf* screen (*used to partition a room*).

mamporro /mam'porro/ *sm* **1.** (*puñetazo*) punch: **le voy a dar un mamporro** I'm going to punch * thump him. **2.** (*porrazo*) bump: **se dio un mamporro** *contra* **la pared** he bumped into * against the wall.

mampostería /mamposte'ria/ *sf*: *irregular stonework* * *masonry.*

mamut /ma'mut/ *sm* [**mamuts**] mammoth.

manada /ma'naða/ *sf* **1.** (*Zool*) herd. **2.** (*fam*: *de personas*) crowd, mob: **van a todas partes** *en* **manada** they go everywhere in a group.

manager /'manadʒer/ *sm/f* (*de deportistas, artistas*) manager.

managüense /mana'ɣwense/ **I** *adj* of * from Managua.
II *sm/f* native * inhabitant of Managua.

manantial /manan'tjal/ *sm* **1.** (*fuente*) spring. **2.** (*principio*) source: **la lectura es manantial de sabiduría** reading is a great source of knowledge.

manar /ma'nar/ [➪CANTAR] *vi* to flow: **el agua manaba** *de* **un pequeño manantial** the water flowed from a small spring; **sus palabras manaban con fluidez** her words flowed easily.
♦*vt*: **la herida seguía manando sangre** blood continued to flow from the wound.

manazas /ma'naθas/ **I** *adj inv* (*fam*) clumsy: **no dejes que lo toque Juan, es muy manazas** don't let Juan touch it, he's very clumsy!
II *sm/f inv* (*fam*) clumsy person: **¡eres un manazas!** you're so clumsy!

mancebo /man'θeβo/ *sm* **1.** (*chico*) young man. **2.** (*empleado de farmacia*) pharmacist's assistant.

mancha /'mantʃa/ *sf* **1.** (*de suciedad*) stain: **esta mancha no se quita con nada** nothing will get this stain out. **2.** (*en la piel*) spot: **los leopardos tienen el pelaje** *a* **manchas** leopards have spotted coats. **3.** (*deshonra*) blot, blemish: **la expulsión del colegio es una mancha en su expediente** her expulsion from school is a blot on her record.

manchar /man'tʃar/ [➪CANTAR] *vt* **1.** (*ensuciar*): **se quitó los zapatos para no manchar la alfombra** she took her shoes off so that she wouldn't dirty the carpet; **el nene me ha manchado la falda de chocolate** the baby has smeared chocolate on my dress. **2.** (*deshonrar*) to tarnish: **el escándalo manchó su reputación** the scandal tarnished his reputation.

mancharse *v prnl*: **me manché** *de* **grasa al cambiar la rueda** I got covered in grease changing the wheel; **¿dónde te has manchado así la camisa?** how did you get your shirt so dirty?

manchego, -ga /man'tʃeɣo -ɣa/ **I** *adj* of * from La Mancha.
II *sm/f* native * inhabitant of La Mancha.
III manchego *sm*: *cheese from La Mancha.*

manchón /man'tʃon/ *sm* large stain: **tenía el cua-**

derno lleno de manchones de tinta his notebook was full of ink blots.

mancilla /man'θiʎa/ *sf* blemish: **tenía un historial sin mancilla** she had an unblemished record.

mancillar /manθi'ʎar/ [⇨ CANTAR] *vt* (*frml*) to tarnish: **mancilló el buen nombre de su familia** he tarnished ✻ sullied the good name of his family.

manco, -ca /'maŋko -ka/ *adj* **1.** (*sin brazos, manos*) with no arms ✻ hands; (*sin un brazo, una mano*) one-armed ✻ one-handed, with one arm ✻ hand: **aprendió a escribir con la izquierda después de quedarse manco** he learnt to write with his left hand after he lost his right arm ✻ hand. **2.** (*corto, imperfecto*) incomplete: **este trabajo queda manco sin ejemplos** this piece of work seems incomplete ✻ lacking without examples ● **no es manco para contar chistes** he's not bad at telling jokes.

mancomunar /maŋkomu'nar/ [⇨ CANTAR] *vt* to combine: **mancomunaron sus esfuerzos para vigilar la zona** they combined their efforts to keep the area under surveillance.

mancomunarse *v prnl* to join forces: **se mancomunaron para poner en marcha un plan de riego** they joined forces to set up an irrigation scheme.

mancomunidad /maŋkomuni'ðað/ *sf* **1.** (*de miembros*) association. **2.** (*de provincias, estados*) commonwealth, federation.

mancuerna /maŋ'kwerna/ *sf* **1.** (*pesa*) dumbbell. **2.** (*Amér L*: *gemelo*) cufflink.

mandado, -da /man'daðo -ða/ **I** *sm/f* (*fam*): **no soy más que un mandado** I just do as I'm told.
II mandado *sm* errand: **lo enviamos a hacer unos mandados** we sent him to run some errands.

mandamás /manda'mas/ (*fam*) **I** *adj inv* bossy: **es muy mandamás** he's very bossy.
II *sm/f inv*: **los mandamás de la empresa se reunieron ayer** the company bigwigs had a meeting yesterday; **el chico alto parecía el mandamás de la pandilla** the tall boy seemed to be the leader of the gang.

mandamiento /manda'mjento/ *sm* **1.** (*Relig*) commandment: **los Diez Mandamientos** the Ten Commandments. **2.** (*orden*) order, command. **3.** (*Jur*) warrant: **la policía se presentó en su domicilio con un mandamiento judicial** the police arrived at her house with an arrest warrant.

mandanga /man'daŋga/ **I** *sf* (*fam*: *lentitud*): **¡anda hijo, que tienes una mandanga para todo!** oh, come on, you're so slow!
II mandangas *sf pl* (*fam*): **no me vengas con mandangas y dime la verdad** don't give me any nonsense and tell me the truth.

mandar /man'dar/ [⇨ CANTAR] *vt* **1.** (*enviar*) to send: **si le escribes, mándale recuerdos de mi parte** if you write to her, send her my regards; **les mandé una postal desde Buenos Aires** I sent them a postcard from Buenos Aires; **manda a Elena** *por* **unas bebidas** send Elena to get something to drink. **2.** (*ordenar*): **¿quién te ha mandado apagar la luz?** who told you to switch the light off?; **voy a mandar que pinten estas paredes** I'm going to get ✻ have these walls painted; **lo que usted mande, señora** at your service, madam; **se hará lo que usted mande** we will do as you say; **el médico le mandó unas pastillas** the doctor prescribed him some tablets ● **lo hizo como Dios manda** she did it properly. **3.** (*seguido de infinitivo*): **estaba en Francia, pero la mandaron llamar** she was in France but they called her back; (*Amér L*: *seguido de* **(a) + infinitivo**): **hay que mandar** *(a)* **arreglar esta aspiradora** we have to get this vacuum cleaner fixed; **Carmen mandó** *(a)* **decir que no podía asistir** Carmen sent a message to say she couldn't come. **4.** (*tropas*) to command: **¿quién mandaba el batallón?** who was commanding the battalion?
♦ *vi* **1.** (*dirigir*) to be in command: **en esta casa manda ella** she's the boss in this house; **no tiene cualidades para mandar** he does not have leadership qualities. **2.** (*Amér L*: *para pedir repetición*): **¿mande?** pardon?

mandarín /manda'rin/ *sm* **1.** (*persona*) mandarin. **2.** (*idioma*) Mandarin, Mandarin Chinese.

mandarina /manda'rina/ *sf* mandarin, tangerine.

mandatario, -ria /manda'tarjo -rja/ *sm/f* (*gobernante*) leader: **muchos mandatarios europeos asistieron a la ceremonia** many European heads of state ✻ leaders attended the ceremony.

mandato /man'dato/ *sm* **1.** (*disposición*) order: **lo detuvieron** *por* **mandato judicial** he was arrested under a court order; **se hizo por mandato de las Naciones Unidas** it was carried out under a United Nations mandate. **2.** (*periodo de gobierno*) term of office: **durante su mandato hubo pocos problemas** there were few problems during her term of office.

mandíbula /man'diβula/ *sf* jaw ● **nos reímos a mandíbula batiente durante toda la velada** we laughed our heads off all evening.

mandil /man'dil/ *sm* apron.

mandioca /man'djoka/ *sf* cassava, manioc.

mando /'mando/ *sm* **1.** (*autoridad*) command: **en este momento él ostenta el mando** at this moment he is in command; **entregó el mando a su sucesor** she handed over to her successor; **el ejército tomó el mando tras el golpe de estado** the army took power ✻ control after the coup d'état; **¿quién está al mando aquí?** who is in charge here? **2.** (*persona con autoridad*): **su padre era un alto mando del ejército** her father was a high-ranking army officer; **altos mandos policiales estaban involucrados en el escándalo** high-ranking police officers were involved in the scandal. **3.** (*dispositivo*) control: **el piloto no abandonó los mandos en ningún momento** the pilot did not leave the controls at any time.

mando a distancia *sm* remote control.

mandoble /man'doβle/ *sm* **1.** (*con un arma*) two-handed blow (*with a sword*). **2.** (*fam*: *bofetada*) slap: **me dio un mandoble** she slapped me.

mandolina /mando'lina/ *sf* mandolin.

mandón, -dona /man'don -'dona/ (*fam*) **I** *adj* bossy.
II *sm/f* bossy person.

mandrágora /man'draɣora/ *sf* (*Bot*) mandrake, mandragora.

mandril /man'dril/ *sm* mandrill.

manduca /man'duka/ *sf* (*fam*) grub, nosh.

manducar /mandu'kar/ [⇨ sacar] *vt/i* (*fam*) to eat: **ya es hora de manducar algo** it's time we ate something ✻ got some grub.

manecilla /mane'θiʎa/ *sf* (*de un reloj*) hand.

manejable /mane'xaβle/ *adj* easy to use: **la nueva edición de este atlas es muy manejable** the new edition of this atlas is very easy to use; **este coche es muy manejable en ciudad** this car is very easy to drive in urban conditions.

manejar /mane'xar/ [⇨ CANTAR] *vt* **1.** (*utilizar*) to use: **debes aprender a manejar el ordenador como es debido** you must learn to use ✻ to operate the computer properly; **maneja esa máquina con**

mucha destreza he handles that machine very skilfully. **2.** (*administrar, dirigir*) to manage: **manejan el negocio entre los dos** they run * manage the business between (the two of) them; **ella es quien maneja el dinero de la familia** she is the one who manages the family finances. **3.** (*a una persona*): **maneja a sus padres a su antojo** she has her parents wrapped round her little finger. **4.** (*Amér L: conducir*) to drive.
♦ *vi* (*Amér L*) to drive: **estoy aprendiendo a manejar** I am learning to drive.

manejarse *v prnl*: **se maneja bastante bien** *en* **inglés** she gets by quite well in English; **se las maneja para hacer amigos con facilidad** she manages to make friends easily; **ya empieza a manejarse por la casa sin ayuda** he is starting to get around the house on his own.

manejo /ma'nexo/ *sm* **1.** (*utilización*) use: **lo mejor de este ordenador es su fácil manejo** the best thing about this computer is that it's easy to operate * use. **2.** (*administración*) management: **una experta en el manejo de empresas** an expert in business management. **3.** (*trampa*) scheme: **desconfío de sus manejos** I am wary of his schemes.

manera /ma'nera/ **I** *sf* way: **siempre han hecho las cosas** *a* **su manera** they've always done things their own way; **no podemos seguir** *de* **esta manera** we cannot go on like this; **no se pueden afrontar los dos problemas** *de* **la misma manera** the two problems cannot be approached in the same way; **dice las cosas** *de* **tal manera que le sientan a uno mal** he says things in such a way that you feel offended; **usó el periódico** *a* **manera** *de* **abanico** he used the newspaper as a fan ● **su actitud nos sorprendió en gran manera** her attitude surprised us very much ● **...de manera que hemos decidido suspender el proyecto** ...so, we have decided to suspend the project ● **en cierta manera, prefiero que las cosas estén así** in a way, I prefer things to be like this ● **de ninguna manera iremos a su boda** we will not go to their wedding under any circumstances ● **de cualquier manera**: **de cualquier manera, creo que deberías considerar su oferta** in any case, I think you should consider their offer; **se viste de cualquier manera para ir a trabajar** she doesn't really care how she dresses for work ● **de todas maneras tendrás que tomar una decisión** in any case, you will have to make up your mind ● **¡qué manera de hablar a sus padres!** what a way to speak to his parents! ● **¡qué manera de llover!** it's absolutely pouring with rain!
II maneras *sf pl* manners *pl*: **sus maneras denotan poca educación** his manners betray his poor upbringing.

manga /'maŋga/ *sf* **1.** (*de una prenda de vestir*) sleeve: **no le gusta llevar manga corta/larga** he doesn't like wearing short/long sleeves; **iba en mangas de camisa** he was in shirtsleeves ● **sospechábamos que se guardaba algo en la manga** we had a feeling that she was keeping something up her sleeve ● **la casa estaba manga por hombro** the house was in chaos ● **te acabas de sacar esa historia de la manga** you've just made that story up ● **tienen mucha manga ancha con sus hijos** they are too soft on their children. **2.** (*manguera*) hose. **3.** (*para colar*) strainer; (*de pastelería*) piping bag. **4.** (*en una competición*) round; (*en tenis*) set. **5.** (*Náut: anchura*) beam.

manga de agua *sf* downpour: **cayó una manga de agua impresionante durante el partido** there was a tremendous downpour during the match.

mangante /maŋ'gante/ (*fam*) **I** *adj* pilfering.
II *sm/f* **1.** (*ladrón*) petty thief, pilferer. **2.** (*aprovechado*) scrounger: **es un mangante que vive aprovechándose de los demás** he's a scrounger who lives off other people.

mangar /maŋ'gar/ [⇨pagar] *vt* (*fam*) to pinch, to swipe.

manglar /maŋ'glar/ *sm* mangrove swamp.

mango /'maŋgo/ *sm* **1.** (*árbol*) mango tree; (*fruto*) mango. **2.** (*asidero*) handle. **3.** (*Arg, Chi, Urug: fam, peso*) peso: **le pedí que me prestara unos mangos** I asked him to lend me a few pesos.

mangonear /maŋgone'ar/ [⇨CANTAR] (*fam*) *vt* to boss about: **mangonea a su hermano pequeño** she bosses her younger brother about.
♦ *vi* **1.** (*mandar*) to be bossy. **2.** (*Amér L: aprovecharse*) to be on the make * fiddle.

mangoneo /maŋgo'neo/ *sm* (*fam*) **1.** (*manipulación*) interference: **ya estamos hartos de tanto mangoneo** we're tired of always being told what to do. **2.** (*Amér L: aprovechamiento*) fiddling, graft.

mangosta /maŋ'gosta/ *sf* mongoose.

manguera /maŋ'gera/ *sf* (*de riego*) garden hose, hosepipe; (*de incendios*) fire hose.

mangui /'maŋgi/ *sm/f* (*fam*) thief.

manguito /maŋ'gito/ *sm* **1.** (*para abrigar las manos*) muff. **2.** (*Tec*) sleeve.

maní /ma'ni/ *sm* [**maníes**] (*Amér L*) ⇨cacahuete

manía /ma'nia/ *sf* **1.** (*Med*) mania. **2.** (*mala costumbre*) bad habit: **tiene la manía** *de* **cerrar las puertas de golpe** she has the irritating habit of slamming doors; **¿cómo no va a estar resfriado si tiene la manía** *de* **andar descalzo por casa?** it's not surprising he has a cold if he insists on walking around the house barefoot. **3.** (*obsesión*) obsession, mania: **tiene la manía** *de* **que las puertas estén cerradas** she has an obsession * a mania about keeping doors shut; (*afición obsesiva*) craze: **ahora tiene la manía** *de* **coleccionar botellas** right now he has a craze for collecting bottles. **4.** (*antipatía*) dislike: **¿por qué le tienes manía a ese profesor?** why do you dislike that teacher so much?; **le he cogido manía al color verde** I've taken a real dislike to the colour green.

manía persecutoria *sf* persecution complex.

maniaco, -ca /ma'njako -ka/, **maníaco, -ca** /ma'niako -ka/ **I** *adj* manic.
II *sm/f* maniac.

maniatar /manja'tar/ [⇨CANTAR] *vt*: **me maniataron** they tied my hands.

maniático, -ca /ma'njatiko -ka/ **I** *adj* fussy: **es muy maniático** *con* **la comida** he's very fussy about what he eats; **es muy maniática** *con* **la limpieza y el orden** she has an obsession about cleanliness and tidiness.
II *sm/f* fussy person.

manicomio /mani'komjo/ *sm* mental hospital, mental institution.

manicura /mani'kura/ *sf* manicure.

manicuro, -ra /mani'kuro -ra/ *sm/f* manicurist.

manido, -da /ma'niðo -ða/ *adj* well-worn: **dejemos a un lado el manido tema del estado de las carreteras** let's leave aside the well-worn topic of the state of the roads.

manifestación /manifesta'θjon/ **I** *sf* **1.** (*muestra: gen*) sign: **las primeras manifestaciones de la enfermedad** the first signs of the disease; **nos recibieron con manifestaciones de alegría** they welcomed us with a show of great joy; (*: artística*) example: **es una de las**

muchas manifestaciones del arte islámico en España it's one of the many examples of Islamic art in Spain. **2.** (*Pol*) demonstration: **se organizó una manifestación** *contra* **el terrorismo** a demonstration was held to protest against terrorism.

II manifestaciones *sf pl* (*declaraciones*) comments *pl*: **sus manifestaciones en televisión fueron muy polémicas** her comments on television were very controversial.

manifestante /manifes'tante/ *sm/f* demonstrator.

manifestar /manifes'tar/ [➪ CANTAR] *vt* **1.** (*mostrar*) to show: **le cuesta mucho manifestar sus sentimientos** he finds it difficult to show * express his feelings. **2.** (*declarar*) to state: **manifestó su intención de abandonar la política** she stated her intention to leave politics.

manifestarse *v prnl* **1.** (*hacerse evidente*) to become apparent: **su enfermedad se manifestó** *con* **una fiebre muy alta** his illness became apparent when he developed a very high fever; **esta actitud se manifiesta de muchas otras formas** this attitude becomes apparent in many other ways. **2.** (*Pol*) to demonstrate: **cien mil personas se manifestaron** *por* **la independencia** a hundred thousand people demonstrated in support of independence.

manifiesto, -ta /mani'fjesto -ta/ **I** *adj* obvious, patent: **nos recibió con manifiesta frialdad** he received us with obvious coldness ● **puso de manifiesto su oposición a la propuesta** he made his opposition to the proposal very clear.

II manifiesto *sm* (*Pol*) manifesto.

manija /ma'nixa/ *sf* handle.

manilargo, -ga /mani'laɣo -ɣa/ *adj* (*fam*) **1.** (*desprendido*) generous. **2.** (*que roba*) light-fingered: **es un poco manilargo** he's a bit light-fingered.

manilla /ma'niʎa/ *sf* **1.** (*de una puerta, una ventana*) handle. **2.** (*de un reloj*) hand. **3.** (*para atar las manos*) manacle, handcuff.

manillar /mani'ʎar/ *sm* handlebars *pl*.

maniobra /ma'njoβra/ **I** *sf* **1.** (*con una máquina, un vehículo*) (*GB*) manoeuvre, (*US*) maneuver: **me cuesta hacer maniobras con un coche tan grande** I find it difficult to manoeuvre in such a large car; **el piloto realizó una maniobra de aterrizaje perfecta** the pilot carried out a perfect landing. **2.** (*maquinación*) ploy: **es una maniobra para bloquear el proyecto** it's a ploy to block the project. **3.** (*Náut*: *aparejo*) rigging.

II maniobras *sf pl* (*Mil*) (*GB*) manoeuvres *pl*, (*US*) maneuvers *pl*: **están** *de* **maniobras** they are on manoeuvres.

maniobrabilidad /manjoβraβili'ðað/ *sf* (*GB*) manoeuvrability, (*US*) maneuverability.

maniobrable /manjo'βraβle/ *adj* manoeuverable: **un coche muy maniobrable** a car that's very easy to drive.

maniobrar /manjo'βrar/ [➪ CANTAR] *vi* (*GB*) to manoeuvre, (*US*) to maneuver.

manipulación /manipula'θjon/ *sf* **1.** (*de cosas*) handling. **2.** (*de personas*) manipulation.

manipular /manipu'lar/ [➪ CANTAR] *vt* **1.** (*manejar*) to handle: **hay que tener cuidado al manipular los explosivos** you must be careful when you handle the explosives. **2.** (*influir en*) to manipulate: **están tratando de manipular la opinión pública** they are trying to manipulate public opinion.

♦ *vi* (*con una herramienta*): **se cortó al manipular** *con* **la sierra** he cut himself while using the saw.

maniquí /mani'ki/ [*pl* **maniquíes** * **maniquís**] **I** *sm* (*muñeco*) dummy, mannequin.

II *sm/f* (*persona*) model.

manirroto, -ta /mani'rroto -ta/ *adj, sm/f* spendthrift.

manisero, -ra /mani'sero -ra/ *sm/f* (*Amér L*) peanut seller.

manitas /ma'nitas/ **I** *sf pl* ● **estuvieron haciendo manitas por debajo de la mesa** they were holding hands underneath the table.

II *sm/f inv* (*fam*: *persona habilidosa*) handyman: **lo arregló mi padre que es un manitas** my father fixed it, he's quite a handyman.

manito, -ta /ma'nito -ta/ **I** *sm/f* (*Amér L*: *fam*) (*GB*) mate, (*US*) pal [a menudo no se traduce]: **¡apúrese, manito!** come on, hurry up!

II manito *sf* (*Amér S*: *fam*) hand: **dame la manito** give me your hand.

manivela /mani'βela/ *sf* handle.

manjar /maŋ'xar/ *sm* delicacy: **nos obsequiaron con manjares típicos de la región** they offered us the traditional regional delicacies.

manjar blanco *sm* (*Chi, Perú*) *sweet spread eaten on bread, cakes, etc.*

mano /'mano/ *sf* **1.** (*Anat*) hand: **me he cortado en la mano** I've cut my hand; **los vi paseando por el parque cogidos de la mano** I saw them walking hand-in-hand in the park; **levanta la mano si quieres decir algo** put your hand up if you want to speak; **los capitanes se dieron la mano antes de empezar el partido** the two captains shook hands before the start of the match ● **tuvo lugar una votación a mano alzada** a vote was taken by show of hands ● **vengo a pedir la mano de su hija** I have come to ask for your daughter's hand in marriage ● **a mano**: **el jersey que llevo es hecho a mano** the sweater I am wearing is hand-knitted * handmade; **me gusta tener las velas a mano por si se va la luz** I like to have some candles handy * to hand in case the power fails ● **noticias de primera mano** first-hand reports ● **venden coches de segunda mano** they sell second-hand cars ● **nos echaron una mano para subir los muebles** they gave us a hand getting the furniture upstairs ● **con ese médico estás en buenas manos** you are in good hands with that doctor ● **esta carta debe ser entregada en mano hoy mismo** this letter must be delivered by hand today ● **¡arriba las manos!** hands up! ● **se ha producido un aumento de los atracos a mano armada** there has been an increased in cases of armed robbery ● **pillaron a los ladrones con las manos en la masa** the thieves were caught redhanded ● **se fueron con las manos vacías** they left empty handed ● **yo me lavo las manos en este asunto** I wash my hands of this matter ● **suba esta calle y tuerza a mano derecha/izquierda** go up this street and then turn right/left ● **se me fue la mano con la sal** I put too much salt in ● **no te atrevas a levantarme la mano** don't you dare raise your hand to me ● **se llevó las manos a la cabeza ante tal proposición** he was shocked at the proposal ● **¡venga, manos a la obra!** come on, let's get to work! ● **repartían bombones a manos llenas** they were handing out loads of chocolates ● **sus padres han abierto la mano en cuanto al horario de llegada** his parents have become more flexible about when he has to be home ● **pondría la mano en el fuego por Beatriz** I have absolute faith in Beatriz ● **ha cambiado de manos muchas veces** it has changed hands many times ● **firmó bajo mano un pacto con el enemigo**

he signed a secret pact with the enemy • **nos casamos con una mano delante y otra detrás** we had absolutely nothing when we got married • **un pueblo dejado de la mano de Dios** a godforsaken village • **si la discusión continúa, van a llegar a las manos** if they carry on arguing, they're going to come to blows • **trabajaron mano a mano en el proyecto del nuevo puente** they worked very closely on the project to build the new bridge • **meter mano: el gobierno ha decidido meter mano en el problema de la droga** the government has decided to tackle the drugs problem; **el muy cerdo intentó meterme mano** the dirty swine tried to grope me * to feel me up • **me gustaría saber qué se traen entre manos** I'd like to know what they're up to • **hay que tener mano dura con los niños cuando son pequeños** you have to be firm with children when they are young • **me tendió la mano cuando lo necesitaba** he gave me a helping hand when I needed it. **2.** (*de caballo*) forefoot; (*de perro, gato, etc.*) paw. **3.** (*Dep*) handball: **el árbitro pitó mano** the referee whistled for handball. **4.** (*del mortero*) pestle. **5.** (*de pintura*) coat: **estas puertas necesitan una mano de pintura** these doors need a coat of paint. **6.** (*Juegos*) round, hand: **¿quién ganó la primera mano?** who won the first hand? • **tú eres mano** it's your lead. **7.** (*influencia, participación*): **se nota la mano de María en la casa** you can see María's influence around the house. **8.** (*poder*): **dejó el negocio en manos de su hija** he left the business in his daughter's hands • **lo siento, pero no está en mi mano ayudarte** I'm sorry but I can't help you • **la ciudad cayó en manos del enemigo** the city fell into enemy hands. **9.** (*maña*) skill: **tiene mucha mano para la cocina** he is an excellent cook • **tiene mucha mano izquierda** he is very tactful * diplomatic. **10.** (*serie*): **se dieron una mano de tortas** they had a fist fight. **11.** (*Amér L: percance*) mishap.

mano de obra *sf* (*GB*) labour, (*US*) labor.

mano de santo *sf*: **estas pastillas son mano de santo** these tablets are very good.

mano derecha *sf* (*hombre*) right-hand man; (*mujer*) right-hand woman: **Julio es la mano derecha del jefe** Julio is the boss's right-hand man.

mano, -na /'mano -na/ *sm/f* (*Amér L: fam*) (*GB*) mate, (*US*) buddy [a menudo no se traduce]: **cuidado, mano, no lo vayan a bolsear** be careful you don't get your pocket picked.

manojo /ma'noxo/ *sm* **1.** (*conjunto de cosas*) bunch: **lleva su manojo de llaves a todas partes** he takes his bunch of keys everywhere. **2.** (*puñado*) handful • **cuando la vi antes del examen, estaba hecha un manojo de nervios** when I saw her before the exam, she was a bundle of nerves.

manómetro /ma'nometro/ *sm* manometer, pressure gauge.

manopla /ma'nopla/ *sf* **1.** (*guante*) mitten. **2.** (*en la armadura*) gauntlet.

manoseado, -da /manose'aðo -ða/ *adj* **1.** (*libro, cuaderno*) grubby: **sus libros están todos manoseados** his books are all grubby * dogeared; (*fruta*): **no las compré porque estaban todas manoseadas** I didn't buy them because they had been handled * fingered a lot. **2.** (*manido*) well-worn: **es un tema muy manoseado** it is a well-worn subject.

manosear /manose'ar/ [➪ CANTAR] *vt* **1.** (*una cosa*) to handle: **por favor, deja de manosear la fruta** will you stop handling * fingering the fruit, please? **2.** (*a una persona*) to feel up, to grope.

manotada /mano'taða/ *sf*, **manotazo** /mano'taθo/ *sm* slap, smack.

manotear /manote'ar/ [➪ CANTAR] *vi* to wave one's hands around: **manotea mucho cuando habla** he waves his hands around a lot when he's talking.

mansalva /man'salβa/ **a mansalva** *loc adv* (*fam*): **ganan dinero a mansalva** they make stacks of money.

mansarda /man'sarða/ *sf* attic.

mansedumbre /manse'ðumbre/ *sf* (*de un animal*) tameness; (*de una persona*) gentleness.

mansión /man'sjon/ *sf* mansion.

manso, -sa /'manso -sa/ *adj* **1.** (*animal*) tame. **2.** (*persona*) gentle.

manta /'manta/ **I** *sf* **1.** (*para abrigar*) blanket • **nos hemos liado la manta a la cabeza y hemos comprado una casa** we have taken the plunge and bought a house • **un periodista local tiró de la manta** a local journalist revealed the truth. **2.** (*fam: de golpes*): **le dieron una manta de palos** they beat him to a pulp.
II *sm/f* (*fam: perezoso*) layabout.
III *adj* (*fam*) lazy: **es muy manta jugando al fútbol** he doesn't exert himself at football. **a manta** *loc adv* (*fam*): **llovió a manta durante todo el día** it poured with rain all day; **han suspendido gente a manta** they have failed lots of people in the exams.

manta de viaje *sf* travel rug.

manta eléctrica *sf* electric blanket.

mantear /mante'ar/ [➪ CANTAR] *vt* to toss in a blanket.

manteca /man'teka/ *sf* **1.** (*de animal*) fat; (*elaborada*) lard • **esta carne se derrite como manteca en la boca** this meat is very tender • **eso no se le ocurre ni al que asó la manteca** nobody in their right mind would think of doing that. **2.** (*Arg, Urug: mantequilla*) butter.

manteca de cacahuete *sf* peanut butter.

manteca de cacao *sf* cocoa butter.

manteca de cerdo *sf* lard.

manteca vegetal *sf* vegetable fat.

mantecado /mante'kaðo/ *sm* **1.** (*dulce*) *delicacy made with lard and flour*. **2.** (*helado*) dairy ice cream.

mantecoso, -sa /mante'koso -sa/ *adj* greasy.

mantel /man'tel/ *sm* tablecloth.

mantel individual *sm* tablemat.

mantelería /mantele'ria/ *sf* table linen.

mantener /mante'ner/ [➪ tener] *vt* **1.** (*sostener: un objeto, una parte del cuerpo, etc.*) to hold: **mantén la cuerda mientras la anudo** hold the rope while I fasten it; (*: una afirmación*) to maintain: **el acusado siempre mantuvo que era inocente** the accused always maintained his innocence. **2.** (*tener: gen*) to maintain: **los dos países mantienen buenas relaciones** the two countries maintain good relations; **mantuvieron una conversación de dos horas** they were talking for two hours; **mantengo correspondencia con chicos de otras nacionalidades** I correspond with young people of other nationalities; (*: una opinión*) to hold: **mantienen opiniones diferentes** they hold different opinions. **3.** (*conservar*) to keep: **es importante mantener el coche a punto** it is important to keep your car in good condition; **mantiene la esperanza de recuperar su dinero** he still hopes to recover his money; **mantener fuera del alcance de los niños** keep out of reach of children • **en caso de incendio, deben mantener la calma** in the event of a fire, you must keep calm • **le gusta mantener las distancias** he likes to keep his distance. **4.** (*cumplir*): **mantuvo su promesa** he kept his promise. **5.** (*econó-*

micamente) to support: **trabaja para mantener a su familia** she works to support her family.

mantenerse *v prnl* **1.** (*sostenerse*) to remain: **es un milagro que la casa todavía se mantenga en pie** it's a miracle that the house is still standing. **2.** (*en una actitud, un estado*) to keep: **se mantiene estupendamente para su edad** she looks very good for her age; **¿qué haces para mantenerte en forma?** what do you do to keep fit? **3.** (*alimentarse*): **se mantiene exclusivamente a base de verduras** she only eats vegetables, she lives on vegetables; (*sustentarse*): **se mantienen con el dinero que les envía el padre** they manage on the money their father sends them.

mantengo /man'teŋgo/ *and other forms with* ***manteng-*** ➪ mantener

mantenida /mante'niða/ *sf* mistress.

mantenimiento /manteni'mjento/ *sm* **1.** (*gen*) maintenance: **el mantenimiento del castillo es responsabilidad del gobierno** the maintenance ✻ upkeep of the castle is the government's responsibility; **las revisiones son fundamentales para el buen mantenimiento del automóvil** regular servicing is a vital part of good car maintenance; **por las mañanas hace gimnasia de mantenimiento** in the mornings he does keep-fit exercises. **2.** (*sustento*) upkeep: **¿quién se ocupa del mantenimiento de la familia?** who provides for the family?

mantequería /manteke'ria/ *sf* (*GB*) grocer's shop, (*US*) grocery store.

mantequilla /mante'kiʎa/ *sf* butter.

mantilla /man'tiʎa/ *sf* **1.** (*de mujer*) mantilla. **2.** (*de bebé*) shawl • **el proyecto todavía está en mantillas** the project is still in its infancy.

mantillo /man'tiʎo/ *sm* **1.** (*Biol*) humus, topsoil. **2.** (*Agr*) mulch.

mantis /'mantis/ *sf* (*also* **mantis religiosa**) praying mantis.

manto /'manto/ *sm* **1.** (*prenda de vestir*) cloak. **2.** (*Geol*) mantle.

mantón /man'ton/ *sm* shawl.

mantón de Manila *sm*: *brightly coloured embroidered silk shawl.*

manual /ma'nwal/ **I** *adj* manual: **todavía emplean un sistema manual para abrir la compuerta** they still use a manual system to open the sluice gate.
II *sm* manual, handbook.

manual de instrucciones *sm* instruction manual.

manualidades /manwali'ðaðes/ *sf pl* (*Educ*) crafts *pl*.

manubrio /ma'nuβrjo/ *sm* **1.** (*Tec*) handle, crank. **2.** (*Amér L: manillar*) handlebars *pl*; (*: volante*) (steering) wheel.

manufactura /manufak'tura/ *sf* **1.** (*acción*) manufacture. **2.** (*producto*) manufactured article. **3.** (*taller*) factory.

manufacturado, -da /manufaktu'raðo -ða/ *adj* manufactured.

manufacturar /manufaktu'rar/ [➪ CANTAR] *vt* to manufacture.

manuscrito, -ta /manus'krito -ta/ **I** *adj* handwritten: **una copia manuscrita del poema** a handwritten copy of the poem.
II manuscrito *sm* manuscript.

manutención /manuten'θjon/ *sf* maintenance.

manzana /man'θana/ *sf* **1.** (*fruta*) apple • **se ha convertido en la manzana de la discordia** it has become a bone of contention • **es inevitable que en una organización tan grande haya alguna manzana podrida** inevitably in such a large organization there will be the odd bad apple. **2.** (*de casas*) block: **dimos un paseo alrededor de la manzana** we went for a walk around the block. **3.** (*Amér L: Anat*) Adam's apple.

manzanilla /manθa'niʎa/ *sf* **1.** (*planta*) camomile. **2.** (*infusión*) camomile tea. **3.** (*vino*) manzanilla (*type of dry sherry*).

manzano /man'θano/ *sm* apple tree.

maña /'maɲa/ *sf* **1.** (*destreza*) skill • **se da muy buena maña para tratar a los ancianos** she is very good at dealing with old people • **tiene mucha maña para estas cosas** he's very skilful at things like this • **más vale maña que fuerza** brain is better than brawn. **2.** (*treta*) trick: **usó todas sus mañas para asegurarse el contrato** he used every trick he knew to clinch the contract.

mañana /ma'ɲana/ **I** *adv* tomorrow: **el juicio se reanudará mañana** the trial will resume tomorrow; **iré mañana** *por* **la tarde** I'll go tomorrow afternoon; **tengo que ir al dentista pasado mañana** I have to go to the dentist's the day after tomorrow; **a partir de mañana dejo de fumar** I am giving up smoking as from tomorrow • **¡hasta mañana!** see you tomorrow! • **mañana será otro día** tomorrow is another day • **no dejes para mañana lo que puedas hacer hoy** don't put off until tomorrow what you can do today • **debes prepararte para el día de mañana** you must prepare yourself for the future.
II *sm* future: **¡quién sabe qué nos deparará el mañana!** who knows what the future will bring!
III *sf* morning: *a* **la mañana siguiente no recordaba nada del accidente** the following morning she couldn't remember anything about the accident; **el museo abre a las diez** *de* **la mañana** the museum opens at ten o'clock in the morning; **cerramos los lunes** *por* **la mañana** we are closed in the morning on Mondays; **saldremos** *por* **la mañana para evitar el tráfico** we'll leave in the morning to avoid the traffic; **tuvimos el examen ayer** *por* **la mañana** we had the exam yesterday morning • **estudia de la mañana a la noche** he studies from dawn till dusk.

mañanero, -ra /maɲa'nero -ra/ *adj* **1.** (*de la mañana*) morning: **el sol mañanero** the morning sun. **2.** (*que madruga*) early-rising: **Eduardo es muy mañanero** Eduardo's an early riser.

mañanita /maɲa'nita/ **I** *sf* (*Indum*) bed jacket.
II mañanitas *sf pl* (*Méx*) serenade (*on one's birthday*).

maño, -ña /'maɲo -ɲa/ (*fam*) **I** *adj* of ✻ from Aragón.
II *sm/f* native ✻ inhabitant of Aragón.

mañoso, -sa /ma'ɲoso -sa/ *adj* (*GB*) skilful, (*US*) skillful: **es muy mañoso** he's quite a handyman.

maorí /mao'ri/ [**maorís** ✻ **maoríes**] **I** *adj, sm/f* Maori.
II *sm* (*idioma*) Maori.

mapa /'mapa/ *sm* map • **desapareció del mapa** he vanished • **le quedó la cara hecha un mapa a consecuencia del accidente** his face was covered in scars after the accident.

mapa celeste *sm* star chart.
mapa de carreteras *sm* road map.
mapa del tiempo *sm* weather map.
mapa en relieve *sm* relief map.
mapa físico *sm* physical map.
mapa hidrográfico *sm* hydrographic chart.
mapa mural *sm* wall map.
mapa político *sm* political map.

mapache /ma'patʃe/ *sm* racoon, raccoon.

mapamundi /mapa'mundi/ *sm* world map.

mapuche /ma'putʃe/ *adj, sm/f* Mapuche, Araucanian.

maqueta /ma'keta/ *sf* **1.** (*reproducción*) scale model. **2.** (*de un libro*) dummy. **3.** (*de un disco*) demo.

maquiavélico, -ca /makja'βeliko -ka/ *adj* Machiavellian.

maquillador, -dora /makiʎa'ðor -'ðora/ *sm/f* make-up artist.

maquillaje /maki'ʎaxe/ *sm* make-up.

maquillar /maki'ʎar/ [⇨ CANTAR] *vt* **1.** (*con cosméticos*) to make up. **2.** (*falsear*) to disguise: **maquillaron el negocio para que pareciese legal** they disguised the deal so as to make it appear legal.

maquillarse *v prnl* to make oneself up.

máquina /'makina/ *sf* **1.** (*gen*) machine: **la chaqueta no parece hecha** *a* **máquina** the jacket doesn't look machine-produced. **2.** (*locomotora*) engine, locomotive. **3.** (*de un barco*) engine • **nos fuimos a toda máquina** we left at top speed * as fast as we could. **4.** (*de tabaco, billetes, etc.*) vending machine.

máquina de afeitar (eléctrica) *sf* electric razor.

máquina de coser *sf* sewing machine.

máquina de escribir *sf* typewriter.

máquina de fotos *sf* camera.

máquina de tricotar *sf* knitting machine.

máquina de vapor *sf* steam engine.

máquina expendedora *sf* vending machine.

máquina fotográfica *sf* camera.

máquina quitanieves *sf* (*GB*) snowplough, (*US*) snowplow.

máquina tragaperras *sf* one-armed bandit, (*GB*) fruit machine.

maquinación /makina'θjon/ *sf* plot, scheme: **todo fue una maquinación para derrocar al presidente** it was all part of a plot to overthrow the president.

maquinal /maki'nal/ *adj* mechanical.

maquinar /maki'nar/ [⇨ CANTAR] *vt* to plot: **maquinaba la manera de vengarse** she was plotting her revenge.

maquinaria /maki'narja/ *sf* **1.** (*conjunto de máquinas*) machinery. **2.** (*mecanismo*) mechanism.

maquinilla /maki'niʎa/ *sf* (*also* **maquinilla de afeitar**) razor.

maquinilla eléctrica *sf* electric razor.

maquinista /maki'nista/ *sm/f* **1.** (*operador*) machinist. **2.** (*de una locomotora*) (*GB*) engine driver, (*US*) engineer. **3.** (*en cine*) camera assistant.

mar /mar/ **I** *sm [also feminine in poetry or nautical language]* **1.** (*océano*) sea: **la corriente nos llevaba mar adentro** the current was taking us out to sea; **los barcos se hicieron a la mar pese al temporal** the boats put to sea despite the storm. **2.** (*marejada*): **hay demasiada mar para navegar hoy** the sea is too rough to sail today. **3.** (*mucha cantidad*): • **cuando la encontramos estaba hecha un mar de lágrimas** when we found her she was in floods of tears • **estoy hecho un mar de dudas** I'm overcome with doubt • **llovía a mares cuando salimos de casa** it was bucketing down when we left home.

II la mar de *loc adv* (*muy*) very: **Juan es la mar de simpático** Juan is very * really nice; **ese color te sienta la mar de bien** that colour really suits you, that colour suits you beautifully.

mar arbolada *sf* choppy seas *pl.*

mar de fondo *sm* **1.** (*Náut*) heavy swell, ground swell. **2.** (*inquietud*): **hay un mar de fondo de descontento** there's a good deal of discontent beneath the surface.

mar del Norte *sm*: **el mar del Norte** the North Sea.

mar gruesa *sf* heavy seas *pl.*

mar Mediterráneo *sm*: **el mar Mediterráneo** the Mediterranean Sea.

mar Muerto *sm*: **el mar Muerto** the Dead Sea.

mar Negro *sm*: **el mar Negro** the Black Sea.

mar Rojo *sm*: **el mar Rojo** the Red Sea.

marabunta /mara'βunta/ *sf* **1.** (*Zool*) swarm of ants. **2.** (*fam*: *de gente*) crowd: **nos perdimos entre aquella marabunta** we got lost in the crowd.

maraca /ma'raka/ *sf* maraca.

maracuyá /maraku'ja/ *sf* passion fruit.

maraña /ma'raɲa/ *sf* **1.** (*de arbustos*) thicket. **2.** (*de hilos*) tangle. **3.** (*asunto complicado*) muddle, mess: **no sé cómo me he metido en esta maraña** I don't know how I got myself into this muddle.

marasmo /ma'razmo/ *sm* **1.** (*paralización*) paralysis. **2.** (*caos*): **la asamblea se convirtió en un marasmo de voces** the meeting turned into a free-for-all with everyone shouting at once.

maratón /mara'ton/ *sm* * *sf* marathon.

maratoniano, -na /marato'njano -na/ *adj* marathon: **han sido unas sesiones maratonianas** it has been a marathon series of meetings.

maravilla /mara'βiʎa/ *sf* **1.** (*prodigio*) wonder: **¡qué maravilla de cuadro!** what a wonderful painting!; **nos contaron maravillas de su viaje** they told us how wonderful their trip had been • **me ha salido la tarta de maravilla** the cake has turned out beautifully • **todo resultó a las mil maravillas** everything went perfectly • **tenemos que hacer maravillas para llegar a final de mes** we have to work miracles financially to get through to the end of the month. **2.** (*asombro*) amazement: **causa maravilla lo bien que baila** people are amazed at how well he dances. **3.** (*planta*) marigold.

maravillar /maraβi'ʎar/ [⇨ CANTAR] *vt* to amaze.

maravillarse *v prnl*: **me maravillo** *de* **lo bien que se ha adaptado a su nuevo empleo** I am amazed how well she has adapted to her new job.

maravilloso, -sa /maraβi'ʎoso -sa/ *adj* (*GB*) marvellous, (*US*) marvelous.

marbete /mar'βete/ *sm* **1.** (*etiqueta*) label. **2.** (*borde*) border: **la nota estaba adornada con un marbete negro** the note was edged with a black border.

marca /'marka/ *sf* **1.** (*señal*) mark: **te han quedado las marcas del bañador en la espalda** you can still see the marks from your swimming costume on your back; **tiene una marca de nacimiento en el brazo** he has a birthmark on his arm. **2.** (*récord*) record: **en los últimos Juegos Olímpicos se batieron muchas marcas** many records were broken at the last Olympic Games; **estableció una nueva marca** she established a new record. **3.** (*de alimentos, productos del hogar*) brand; (*de ropa, automóviles, electrodomésticos, etc.*) make: **¿de qué marca es tu lavadora?** what make is your washing machine?; **sólo se compra ropa de marca** she only buys clothes with well-known labels. **4.** (*Agr*) brand (*on livestock*).

marca registrada *sf* (registered) trademark.

marcado, -da /mar'kaðo -ða/ *adj* **1.** (*gen*) marked: **todos sus productos están marcados con un distintivo** all their products are marked with an insignia. **2.** (*pronunciado*) pronounced: **tiene un marcado acento italiano** he has a marked * pronounced Italian accent.

marcador /marka'ðor/ *sm* scoreboard • **el equipo ruso abrió el marcador** the Russian team opened the scoring.

marcaje /mar'kaxe/ *sm* (*Dep*) marking, coverage.

marcapasos /marka'pasos/ *sm inv* pacemaker.

marcar /mar'kar/ [⇨sacar] *vt* **1.** (*gen: físicamente*) to mark: **el accidente le marcó toda la cara** his face was badly scarred in the accident; **marcó la ropa antes de que empezara el curso** he marked his name in all his clothes before term began; **marca el comienzo de una nueva época** it marks the beginning of a new era; (*: psicológicamente*) to mark: **aquella experiencia la marcó para siempre** that experience marked her forever. **2.** (*el ganado*) to brand. **3.** (*poner precio a*) to put a price on: **tenemos que marcar la ropa que ha llegado hoy** we have to put the prices on all the clothes which arrived today. **4.** (*resaltar*) to emphasize: **hay que marcar la diferencia entre los dos problemas** we must emphasize * stress the difference between the two problems. **5.** (*indicar*) to show: **el reloj marcaba las once cuando llegamos** the clock showed eleven when we arrived; **el termómetro marca treinta y siete grados** the thermometer shows thirty-seven degrees; **¿qué precio marca la etiqueta?** what price does it say on the tag? **6.** (*un número de teléfono*) to dial. **7.** (*Dep: un gol*) to score; (*: a otro jugador*) to mark, to cover.

♦*vi* **1.** (*en el teléfono*) to dial. **2.** (*en peluquería*) to set: **sólo lavar y marcar** just a wash and set.

marcarse *v prnl* (*fam*): **se marcó unos pasos de baile** she did a few dance steps.

marcha /'martʃa/ **I** *sf* **1.** (*acción*) march: **la marcha por la paz fue secundada masivamente por los estudiantes** the peace march was strongly supported by the students; **los soldados salieron** *de* **marcha al amanecer** the soldiers went out on a march at dawn; **el alcalde abría la marcha del desfile** the mayor was at the head of the procession • **ya decidiremos qué hacer sobre la marcha** we'll decide what to do as we go along. **2.** (*partida*) departure. **3.** (*de un proceso*): **estamos satisfechos con la marcha de las negociaciones** we are happy with the progress of the negotiations; **al principio cuesta adaptarse a la marcha del curso** at first, it is difficult adapt to the pace of the course. **4.** (*velocidad*) speed: **viajamos a buena marcha** we travelled at a good speed • **hicieron los preparativos para la boda a marchas forzadas** they made all the preparations for the wedding in a rush • **abandonamos el lugar de la explosión a toda marcha** we left the scene of the explosion as fast as we could • **¡qué marcha lleva esa botella!** you're getting through that bottle quickly! **5.** (*de un vehículo*) gear. **6.** (*Mús*) march. **7.** (*fam: animación, vitalidad*): **me gusta la música** *con* **marcha** I like lively music; **mi abuelo tiene mucha marcha para sus años** my grandfather is very active * sprightly for his age; (*: copeo, diversión*): **salimos** *de* **marcha todos los viernes** we go out on the town every Friday.

II en marcha *loc adv* **1.** (*en movimiento*): **nos pusimos en marcha a las cinco** we set off at five; **no toques la máquina cuando esté en marcha** don't touch the machine while it's running; **está prohibido bajarse del autobús en marcha** do not alight when the bus is moving • **¡en marcha!** let's go! **2.** (*en funcionamiento*): **esperamos que el proyecto esté en marcha antes del otoño** we hope to have the project up and running by the autumn.

marcha atlética *sf* walk, walking race.

marcha atrás *sf* (*Auto*) reverse (gear): **no me entra la marcha atrás** I can't get it into reverse (gear) • **los que iban a comprarnos la casa han dado marcha atrás** the people who were going to buy our house have backed out.

marchamo /mar'tʃamo/ *sm* (*señal*) mark; (*etiqueta*) label: **aquel chut tenía marchamo de gol** that shot had goal written all over it.

marchante, -ta /mar'tʃante -ta/ *sm/f* merchant, dealer.

marchar /mar'tʃar/ [⇨CANTAR] *vi* **1.** (*andar*) to walk: **marchaban al mismo paso** they were walking at the same pace. **2.** (*partir*) to leave, to go away: **¡marcha, no quiero ni verte!** get out of my sight! **3.** (*evolucionar*) to make progress: **este alumno marcha bien** this pupil is making good progress. **4.** (*funcionar*) to go, to work: **todo marcha muy bien** everything is working out very well. **5.** (*Mil*) to march.

marcharse *v prnl* (*partir*) to go away, to leave: **se marcharon muy pronto** they left very early.

marchitar /martʃi'tar/ [⇨CANTAR] *vt* **1.** (*una flor, una planta*): **el calor marchitó los claveles** the heat made the carnations wither. **2.** (*la hermosura, la lozanía*) to wither: **el tiempo marchitó su hermosura** time withered her beauty.

marchitarse *v prnl* **1.** (*plantas*) to wither: **las plantas se marchitaron** *por* **el calor** the plants withered in the heat. **2.** (*frml: hermosura, lozanía*) to fade.

marchito, -ta /mar'tʃito -ta/ *adj* **1.** (*planta*) withered. **2.** (*hermosura, lozanía*) faded; (*rostro*) shrivelled.

marchoso, -sa /mar'tʃoso -sa/ (*fam*) **I** *adj* (*persona*) fun-loving; (*ambiente, música*) lively.

II *sm/f* partygoer: **es un marchoso** he's an enthusiastic partygoer.

marcial /mar'θjal/ *adj* martial.

marciano, -na /mar'θjano -na/ *adj, sm/f* Martian.

marco /'marko/ *sm* **1.** (*de un cuadro, una ventana*) frame. **2.** (*ámbito*): **actuaron** *dentro del* **marco de la ley** they acted within the framework of the law; **este pueblo fue el marco elegido para la película** this village was chosen as the setting for the movie; **la reunión tuvo lugar en un marco de distensión** the meeting took place in a relaxed atmosphere. **3.** (*Dep: portería*) goal. **4.** (*moneda*) mark.

marea /ma'rea/ *sf* **1.** (*en el mar*) tide. **2.** (*gran cantidad*): **se produjo una marea humana** a tidal wave of people surged forward.

marea alta/baja *sf* high/low tide.

marea negra *sf* oil slick.

marear /mare'ar/ [⇨CANTAR] *vt* **1.** (*producir mareo a*): **la travesía me mareó** the crossing made me seasick; **el viaje en avión/coche me mareó** I got air-sick/car-sick. **2.** (*fam: aturdir*) to confuse: **lo vas a marear con tantas preguntas** you're going to confuse him by asking him so many questions; **me marearon con tanto papeleo** my head was spinning with all the paperwork.

marearse *v prnl* **1.** (*en viajes*) to get travel-sick: **¿te mareas en el barco?** do you get seasick? **2.** (*estar a punto de desmayarse*) to feel faint. **3.** (*emborracharse*) to get tipsy.

marejada /mare'xaða/ *sf* (*del mar*) swell.

maremágnum /mare'maɣnum/ *sm* (*fam*) **1.** (*de personas*) crowd, sea of people. **2.** (*de cosas, ideas*) confusion, morass: **no entendí nada en ese maremágnum de explicaciones** I didn't understand a thing in the morass of explanations.

maremoto /mare'moto/ *sm* seaquake.

marengo /ma'reŋgo -ga/ *adj* dark grey: **unos pantalones gris marengo** a pair of dark grey trousers.

mareo /ma'reo/ *sm* **1.** (*al viajar: en barco*) seasickness;

(*: en avión*) airsickness; (*: en automóvil*) travel-sickness. **2.** (*vértigo*) dizziness: **me levanté muy deprisa y me dio un mareo** I stood up too quickly and felt dizzy. **3.** (*aturdimiento*) muddle.

marfil /mar'fil/ **I** *adj inv* (*color*) ivory: **llevaba unos zapatos color marfil** she was wearing ivory(-coloured) shoes.
II *sm* **1.** (*material*) ivory. **2.** (*color*) ivory.

margarina /marɣa'rina/ *sf* margarine.

margarita /marɣa'rita/ **I** *sf* **1.** (*Bot*) daisy. **2.** (*Inform*) daisywheel.
II *sm* (*cóctel*) margarita (*cocktail made with tequila and lemon juice*).

margen /'marɣen/ **I** *sf* (*de un río*) bank.
II *sm* **1.** (*borde*) border, edge. **2.** (*de una página*) margin. **3.** (*de ganancias*) margin. **4.** (*motivo*) reason: **no des margen** *a* **que te critiquen** don't give people reason to criticize you.
III al margen *loc adv*: **me dejaron al margen** they left me out.
IV al margen de *prep*: **prefiero mantenerme al margen del asunto** I prefer to keep out of the matter; **al margen de lo que ellos puedan pensar, creo que será un éxito** despite what they might think, I think it'll be a success.
margen de error *sm* margin of error.

marginación /marɣina'θjon/ *sf* marginalization: **la marginación social que sufren los ex presos** the social isolation * marginalization suffered by ex-prisoners.

marginado, -da /marɣi'naðo -ða/ **I** *adj* marginalized.
II *sm/f* (social) misfit.

marginal /marɣi'nal/ *adj* **1.** (*secundario*) marginal, secondary. **2.** (*aislado*): **es un grupo marginal** it's a group on the margins of society.

marginar /marɣi'nar/ [⇨ CANTAR] *vt* **1.** (*excluir*) to exclude: **acabaron marginándolo por su carácter** they ended up excluding him because of his personality. **2.** (*de la sociedad*) to marginalize.

maría /ma'ria/ *sf* **1.** (*fam: asignatura fácil*) easy subject: **la gimnasia es una maría** gym is one of the easiest classes. **2.** (*galleta*) plain biscuit. **3.** (*!!: marihuana*) marihuana, grass.

mariachi /ma'rjatʃi/ *sm* (*música*) mariachi music (*traditional Mexican street music*); (*músico*) mariachi (musician).

mariano, -na /ma'rjano -na/ *adj* Marian.

marica /ma'rika/ *sm* (*!!: homosexual*) queer.

Maricastaña /marikas'taɲa/ *sf* • **esa canción es del año * del tiempo de Maricastaña** that song is as old as the hills.

maridaje /mari'ðaxe/ *sm* (*frml*) union: **en su obra hay un maridaje perfecto de influencias orientales y occidentales** in his work there is a perfect union of eastern and western influences.

marido /ma'riðo/ *sm* husband.

mariguana /mari'ɣwana/ *sf* ⇨ marihuana

marihuana /mari'wana/ *sf* marihuana, marijuana.

marimacho /mari'matʃo/ (*fam*) **I** *adj* mannish, butch.
II *sm* **1.** (*mujer*) mannish * butch woman. **2.** (*niña*) tomboy.

marimandón, -dona /mariman'don -'dona/ (*fam*) **I** *adj* bossy.
II *sm/f* bossyboots *n inv*.

marimorena /marimo'rena/ *sf* (*fam*) row: **se armó la marimorena** there was a terrible row.

marina /ma'rina/ *sf* **1.** (*flota*) navy. **2.** (*náutica*) seamanship. **3.** (*Artes*) seascape.
marina de guerra *sf* navy.
marina mercante *sf* merchant navy.

marinería /marine'ria/ *sf* (*tripulación*) (ship's) crew.

marinero, -ra /mari'nero -ra/ **I** *adj* **1.** (*gen*): **visitamos un pueblo marinero** we visited a fishing village; **están orgullosos de su tradición marinera** they are proud of their seafaring * seagoing tradition. **2.** (*Culin*): **las almejas** *a la* **marinera le salen buenísimas** her clams in garlic and parsley sauce are delicious.
II marinero *sm* sailor, seaman.

marino, -na /ma'rino -na/ **I** *adj* marine, sea: **una brisa marina muy agradable** a very pleasant sea breeze.
II marino *sm* sailor (*usually an officer*).

marioneta /marjo'neta/ **I** *sf* puppet • **no es más que una marioneta en manos de su mujer** he is nothing but a puppet in his wife's hands.
II marionetas *sf pl* puppet show.

mariposa /mari'posa/ *sf* **1.** (*Zool*) butterfly. **2.** (*tuerca*) butterfly * wing nut. **3.** (*estilo de natación*) butterfly.

mariposear /maripose'ar/ [⇨ CANTAR] *vi* **1.** (*en empleos, aficiones*): **estuvo mariposeando de trabajo en trabajo** he was flitting from job to job. **2.** (*revolotear*): **siempre tiene admiradores mariposeando a su alrededor** she always has admirers buzzing around her. **3.** (*coquetear*) to flirt.

mariquita /mari'kita/ *sf* **1.** (*insecto*) (*GB*) ladybird, (*US*) ladybug. **2.** (*fam: persona*) sissy.

marisabidilla /marisaβi'ðiʎa/ *sf* (*fam*) know-all.

mariscada /maris'kaða/ *sf* shellfish dish.

mariscal /maris'kal/ *sm* marshal.
mariscal de campo *sm* field marshal.

marisco /ma'risko/ *sm* shellfish *n inv*.

marisma /ma'rizma/ *sf* salt marsh.

marital /mari'tal/ *adj* marital: **su vida marital estuvo plagada de problemas** their married life was plagued with problems.

marítimo, -ma /ma'ritimo -ma/ *adj* sea: **es un puerto marítimo de gran importancia** it's a sea port of great importance; **la huelga afectó al tráfico marítimo** the strike affected sea traffic.

marjal /mar'xal/ *sm* marsh.

marketing, márketing /'marketin/ *sm* marketing.

marmita /mar'mita/ *sf* cooking pot.

mármol /'marmol/ *sm* **1.** (*material*) marble. **2.** (*escultura*) marble.

marmolería /marmole'ria/ *sf* marble mason's workshop.

marmolista /marmo'lista/ *sm/f* marble mason.

marmóreo, -rea /mar'moreo -rea/ *adj*: **un material de aspecto marmóreo** a marble-like material.

marmota /mar'mota/ *sf* **1.** (*Zool*) marmot. **2.** (*fam: persona*) sleepyhead: **duerme como una marmota** he sleeps like a log.

maroma /ma'roma/ *sf* (thick) rope.

maromo /ma'romo/ *sm* (*fam*) guy.

marqués /mar'kes/ *sm* marquis, marquess.

marquesa /mar'kesa/ *sf* marchioness.

marquesado /marke'saðo/ *sm* (*de hombre*) marquisate; (*de mujer*) marquessate.

marquesina /marke'sina/ *sf* (*de un edificio*) canopy; (*de una parada de autobús*) shelter.

marquetería /markete'ria/ *sf* marquetry.

marranada /marra'naða/ *sf* (*fam*) **1.** (*cosa sucia*) filthy thing. **2.** (*cosa indecorosa*) piece of filth: **¡menuda**

marranada de película! what a disgusting film! **3.** (*jugarreta*) dirty trick: **menuda marranada nos hizo no viniendo** that was a dirty trick he played on us by not turning up.

marrano, -na /ma'rrano -na/ **I** *sm/f* **1.** (*Agr, Zool*) pig. **2.** (*fam*: *persona: sucia*) filthy pig; (: *despreciable*) swine, pig.
II *adj* filthy: **es muy marrano** he has filthy habits.

marrar /ma'rrar/ [➪ CANTAR] *vt* to miss: **marró el tiro** he missed the shot.

marras /'marras/ **de marras** *loc adj*: **el dependiente de marras no aparecía por ninguna parte** the assistant in question was nowhere to be seen; **el vecinito de marras nos despertó a las tres de la mañana** this neighbour of ours woke us up at three in the morning.

marrón /ma'rron/ **I** *adj* brown.
II *sm* **1.** (*color*) brown • **me pilló de marrón** it took me by surprise. **2.** (*fam*: *cosa desagradable*) pain, drag: **¡vaya marrón que nos ha caído!** what a drag!
marrón glacé *sm* marron glacé.

marroquí /marro'ki/ *adj, sm/f* [**marroquíes** * **marroquís**] Moroccan.

marroquinería /marrokine'ria/ *sf* **1.** (*industria*) leather industry. **2.** (*artículos*) leather goods *pl.*

Marruecos /ma'rrwekos/ *sm* Morocco.

marrullería /marruʎe'ria/ *sf*: **consiguió lo que quería con marrullerías** he got what he wanted by devious means.

marrullero, -ra /marru'ʎero -ra/ **I** *adj* (*gen*) devious: **ten cuidado con ella, es muy marrullera** be careful with her, she's very devious; (*jugador*) dirty.
II *sm/f* (*gen*) devious person; (*jugador*) dirty player.

marsopa /mar'sopa/, **marsopla** /mar'sopla/ *sf* porpoise.

marsupial /marsu'pjal/ *adj, sm* marsupial.

marta /'marta/ *sf* marten.
marta cebellina *sf* sable.

Marte /'marte/ *sm* (*Astron*) Mars.

martes /'martes/ *sm inv* Tuesday. ➪ lunes
martes de carnaval *sm inv* Shrove Tuesday.
martes y trece *sm inv* Tuesday the thirteenth (*combination of day and date held to be very unlucky*).

martillar /marti'ʎar/ [➪ CANTAR] *vt/i* ➪ martillear

martillazo /marti'ʎaθo/ *sm*: **me di un martillazo en la mano** I hit my hand with the hammer; **se oían los martillazos en toda la casa** you could hear the hammer blows * the hammering all over the house.

martillear /martiʎe'ar/ [➪ CANTAR] *vt* (*golpear*) to hammer • **tenía un dolor que le martilleaba la cabeza** he had a pounding headache.
♦ *vi* to hammer.

martillo /mar'tiʎo/ *sm* **1.** (*herramienta*) hammer. **2.** (*hueso del oído*) hammer. **3.** (*de un piano*) hammer. **4.** (*Dep*) hammer.
martillo neumático *sm* pneumatic drill.

martín pescador /mar'tin peska'ðor/ *sm* kingfisher.

martinete /marti'nete/ *sm* **1.** (*ave*) heron. **2.** (*de un piano*) hammer.

martingala /martiŋ'gala/ *sf* (*fam*) drag, pain: **ir hasta allí es una martingala** having to go all that way is a pain.

mártir /'martir/ *sm/f* **1.** (*Relig*) martyr. **2.** (*fam*: *persona sufrida*) martyr: **siempre está haciéndose la mártir** she's always playing the martyr.

martirio /mar'tirjo/ *sm* **1.** (*Relig*) martyrdom. **2.** (*fam*: *algo penoso*): **este trabajo es un martirio** this job is unbearable.

martirizar /martiri'θar/ [➪ cazar] *vt* **1.** (*Relig*) to martyr. **2.** (*atormentar*) to torment: **¡deja de martirizar a tu hermano!** stop tormenting your brother!
martirizarse *v prnl* to torture oneself, to torment oneself: **se está martirizando con tantas dudas** he's torturing himself with doubt.

Maruja /ma'ruxa/ *sf* **1.** (*nombre*) *familiar form of* **María**. **2.** (*also* **maruja**) (*fam*: *ama de casa*): **es una Maruja** she's a typical housewife.

marxismo /mark'sizmo/ *sm* Marxism.

marxista /mark'sista/ *adj, sm/f* Marxist.

marzo /'marθo/ *sm* March. ➪ febrero

mas /mas/ *conj* (*frml*) but: **debía haberlo hecho, mas no pude** I should have done it, but I was unable to.

más /mas/ **I** *adv* **1.** (*comparativo*) more: **el libro es mucho más interesante** *que* **la película** the book is much more interesting than the movie; **Eduardo es más alto** *que* **yo** Eduardo is taller than I am; **trabaja más** *que* **tú** she works harder than you do; **me gusta más el otro traje** I prefer the other suit; **es más fácil** *de* **lo que parece** it's easier than it looks; **son más o menos iguales** they are more or less the same • **por más que lo intentó, no le salió** try as he might, he couldn't do it • **cuanto más comas, más engordarás** the more you eat, the fatter you'll get. **2.** (*superlativo*) most: **es el más cariñoso** *de* **la familia** he is the most affectionate one in the family; **¿quién es el que más corre?** which of them runs the fastest?; **es una mujer de lo más inteligente** she is an extremely intelligent woman • **a lo más** * **cuando más había cien personas** at (the) most there were a hundred people. **3.** (*tan*): **¡estaba más guapo!** he looked so handsome!; **¡qué día más bueno!** what a lovely day! **4.** (*especialmente*) especially: **desconfío, y más viniendo de él** I'm suspicious about it, especially if it comes from him; **odia preguntar, y más aún en público** she hates asking questions, especially in public. **5.** (*para intensificar una negación*) any more: **no volverás a verlo más** you will not see him again. **6.** (*excepto*): **nadie más** *que* **tú lo puede arreglar** only you can fix it. **7. más bien** rather: **no es tonto, más bien vago** he's not so much stupid as lazy; **no tengo dinero, más bien le debo a todo el mundo** I haven't any money, in fact I'm in debt to everyone.
II *adj inv* **1.** (*comparativo*) more: **necesitamos más cable** we need more cable; **tienes más dinero** *que* **yo** you have more money than I have; **no tengo más opción** *que* **ésta** my only option is this one; **hay más** *de* **veinte** there are more than twenty • **el negocio no mejora, es más, va cada día peor** business isn't improving, in fact it's getting worse by the day. **2.** (*superlativo*) most: **el concursante que tenga más puntos** the competitor who has most points.
III de más *loc adj*: **he traído cinco sillas de más, por si acaso** I've brought five extra * spare chairs, just in case • **estar de más: está de más decirte lo mucho que nos has ayudado** I don't need to tell you how much you have helped us; **estoy de más en la cocina** I'm not needed in the kitchen.
IV *pron* more: **¿quieres más?** do you want (some) more?; **no teníamos más** we didn't have any more.
V *prep* (*Mat*) plus: **cinco más siete son * hacen doce** five plus seven equals twelve.
VI *sm* plus sign • **tenemos nuestros más y nuestros menos** we have our differences.
VII los/las más *sm/f pl* the majority: **los más votaron que no** the majority voted no.

masa /'masa/ *sf* **1.** (*Fís*) mass. **2.** (*para pan*) dough;

(*para pasteles*) cake mixture; (*para empanadas, bases de tartas*) pastry. **3.** (*Arg, Urug*: *pastel*) (small) cake. **4.** (*cemento*) cement; (*mortero*) mortar. **5.** (*de personas*) mass: **un líder de las masas** a leader of the masses • **hubo una manifestación en masa** there was a mass demonstration • **acudieron en masa a despedirse de su ídolo** they came en masse * in droves to bid farewell to their idol. **6.** (*en electricidad*) (*GB*) earth, (*US*) ground.

masa atómica *sf* atomic mass.

masa de hojaldre *sf* puff pastry.

masa encefálica *sf* brain tissue.

masacre /ma'sakre/ *sf* massacre.

masaje /ma'saxe/ *sm* massage: **me dio un masaje** he gave me a massage; **me dio un masaje en los pies** she massaged my feet.

masajista /masa'xista/ *sm/f* **1.** (*gen: hombre*) masseur; (*: mujer*) masseuse. **2.** (*en fútbol*) physio.

mascar /mas'kar/ [➪ sacar] *vt* **1.** (*masticar*) to chew • **el profesor nos dio el tema mascado** the teacher explained the topic in a way that was very easy to learn. **2.** (*fam*: *mascullar*) to mumble, to mutter.

máscara /'maskara/ *sf* **1.** (*careta*) mask. **2.** (*apariencia*) mask: **bajo esa máscara de bondad se esconden malas intenciones** beneath that mask of kindness he has evil intentions.

máscara antigás *sf* gas mask.

máscara de oxígeno *sf* oxygen mask.

mascarada /maska'raða/ *sf* masquerade.

mascarilla /maska'riʎa/ *sf* **1.** (*antifaz*) mask. **2.** (*Med*) mask. **3.** (*de belleza*) face pack.

mascarón /maska'ron/ *sm* **1.** (*Arquit*) stone head. **2.** (*also* **mascarón de proa**) (*Náut*) figurehead.

mascota /mas'kota/ *sf* **1.** (*figura representativa*) mascot. **2.** (*animal doméstico*) pet.

masculinidad /maskulini'ðað/ *sf* masculinity, manliness.

masculino, -na /masku'lino -na/ **I** *adj* **1.** (*Ling*) masculine. **2.** (*propio del hombre*) masculine, manly. **3.** (*macho*) male.
II masculino *sm* (*Ling*) masculine.

mascullar /masku'ʎar/ [➪ CANTAR] *vt* to mumble, to mutter.

masía /ma'sia/ *sf*: *traditional farmhouse in Catalonia.*

masificación /masifika'θjon/ *sf* overcrowding: **el problema de la masificación en las aulas** the problem of overcrowding in the classroom.

masificar /masifi'kar/ [➪ sacar] *vt* **1.** (*un lugar*): **el turismo ha masificado las costas** tourism has filled the beaches with people. **2.** (*los gustos, las aficiones*): **la televisión ha masificado los gustos** television has eliminated individual taste.

masificarse *v prnl* **1.** (*lugar*): **en los últimos años se ha masificado** in the last few years it has been overrun by people. **2.** (*gustos, aficiones*): **hasta la música clásica se ha masificado** even classic music has become a mass-market commodity.

masilla /ma'siʎa/ *sf* putty.

masivo, -va /ma'siβo -βa/ *adj* massive: **pidió la asistencia masiva al acto** he appealed for a massive turn-out at the ceremony; **se produjo una salida masiva de automóviles** there was a mass exodus of cars.

masón, -sona /ma'son -'sona/ *sm/f* mason, freemason.

masonería /masone'ria/ *sf* masonry, freemasonry.

masoquismo /maso'kizmo/ *sm* masochism.

masoquista /maso'kista/ **I** *adj* masochistic.
II *sm/f* masochist.

máster /'master/ *sm* (*Educ*) master's degree: **un máster** *en* **márketing** a master's degree in marketing.

masticar /masti'kar/ [➪ sacar] *vt* to chew.

mástil /'mastil/ *sm* **1.** (*Náut*) mast. **2.** (*para una bandera*) flagpole. **3.** (*de una tienda de campaña*) tent pole. **4.** (*en una guitarra*) neck.

mastín /mas'tin/ *sm* mastiff.

mastodonte /masto'ðonte/ *sm* **1.** (*Zool*) mastodon. **2.** (*fam*: *algo enorme*): **esta mesa es un mastodonte** this table is enormous * gigantic.

mastodóntico, -ca /masto'ðontiko -ka/ *adj* (*fam*) enormous, gigantic.

mastuerzo /mas'twerθo/ *sm* **1.** (*berro*) cress. **2.** (*fam*: *persona*) oaf.

masturbación /masturβa'θjon/ *sf* masturbation.

mata /'mata/ *sf* (*Bot*) shrub, bush.

mata de pelo *sf* head of hair.

matacaballo /mataka'βaʎo/ **a matacaballo** *loc adv*: **visitamos la ciudad a matacaballo** we did a whistle-stop tour of the town.

matadero /mata'ðero/ *sm* slaughterhouse, abattoir.

matador, -dora /mata'ðor -'ðora/ **I** *adj* **1.** (*agotador*) exhausting, backbreaking: **este trabajo es matador** this is backbreaking work. **2.** (*fam*: *de mal gusto*) horrible: **llevaba un vestido matador** she was wearing a horrible * terrible dress.
II *sm/f* (*Tauro*) matador, bullfighter.

matadura /mata'ðura/ *sf* **1.** (*de caballo, mulo*) sore. **2.** (*golpe*) bruise: **tiene el brazo lleno de mataduras** his arm is covered with bruises.

matamoscas /mata'moskas/ *sm inv* **1.** (*insecticida*) fly spray. **2.** (*pala*) fly swatter.

matanza /ma'tanθa/ *sf* **1.** (*masacre*) massacre, slaughter. **2.** (*de un cerdo, un cordero, etc.*) slaughter. **3.** (*productos del cerdo*) pork products *pl.*

matar /ma'tar/ [➪ CANTAR] *vt* **1.** (*a una persona*) to kill: **la mataron a palos** they beat her to death; **los disgustos la van a matar** all this trouble is going to be the death of her • **ese ruido me está matando** that noise is driving me mad • **Juan las mata callando** Juan is a wolf in sheep's clothing • **¡que me maten si entiendo algo de lo que pasa!** I'll be damned if I understand any of what's going on! • **leí la revista para matar el tiempo** I read the magazine to kill time. **2.** (*a animales : gen*) to kill; (*: para alimentación*) to slaughter. **3.** (*el hambre*) to stave off; (*la sed*) to slake, to satisfy; (*el tiempo*) to kill.
♦ *vi* to kill • **se llevan a matar** they get on really badly.

matarse *v prnl* **1.** (*fallecer*) to be killed: **se mataron en un accidente de tráfico** they were killed in a car crash. **2.** (*suicidarse*) to kill oneself: **se mató cortándose las venas** he killed himself by slashing his wrists. **3.** (*esforzarse*) to wear oneself out: **se mata** *a* **trabajar** he wears himself out at work. **4.** (*colores*) to clash: **el rosa y el naranja se matan** pink and orange clash horribly.

matarife /mata'rife/ *sm* slaughterman.

matarratas /mata'rratas/ *sm inv* rat poison.

matasanos /mata'sanos/ *sm/f inv* (*fam*) quack (doctor).

matasellos /mata'seʎos/ *sm inv* (*estampilla*) (date) stamp; (*marca*) postmark.

matasuegras /mata'sweɣras/ *sm inv* party blower.

mate /'mate/ **I** *adj inv* matt: **me gustan más las fotos en mate** I prefer matt-finish photos.

II *sm* 1. (*en ajedrez*) checkmate, mate. 2. (*en baloncesto*) dunk. 3. (*Amér L: infusión*) maté (*tea-like drink*); (*: recipiente*) gourd (*used for brewing maté*).

matemáticas /mate'matikas/ *sf pl* mathematics [lleva el verbo en singular], (*GB*) maths, (*US*) math.

matemático, -ca /mate'matiko -ka/ I *adj* mathematical • **es matemático, cuando no llevo paraguas llueve** it's guaranteed to rain when I don't take an umbrella.
II *sm/f* mathematician.

materia /ma'terja/ *sf* 1. (*Fís*) matter. 2. (*material*) material: **está hecho de una materia plástica** it is made of a plastic material. 3. (*asunto*) subject: **es un entendido *en* materia *de* seguros** he's an expert on insurance (matters) • **pronto entramos en materia** we soon got down to business. 4. (*asignatura*) subject.
materia gris *sf* grey * gray matter.
materia prima *sf* raw material.

material /mate'rjal/ I *adj* 1. (*tangible*) material, physical: **sólo se preocupa del dinero y las cosas materiales** money and material goods are all he's interested in. 2. (*directo*): **no se sabe quién fue el autor material** it is not known who actually carried it out.
II *sm* 1. (*sustancia*) material: **está hecho de un material raro** it is made of a strange material. 2. (*de una oficina, un colegio*) stationery. 3. (*datos, información*) material: **está recogiendo material para su nuevo libro** she's collecting material for her new book.

materialismo /materja'lizmo/ *sm* materialism.

materialista /materja'lista/ I *adj* materialistic.
II *sm/f* materialist.
III *sm* (*Méx*) 1. (*transportista*) haulage contractor, trucker. 2. (*vehículo*) truck, (*GB*) lorry.

materializar /materjali'θar/ [⇨cazar] *vt* to put into practice • **logró materializar sus sueños** he succeeded in making his dreams come true.
materializarse *v prnl*: **el plan se materializó** the plan was put into practice.

materialmente /materjal'mente/ *adv* 1. (*de manera material*) materially, physically. 2. (*realmente*) absolutely, utterly: **nos fue materialmente imposible llegar antes** it was absolutely impossible for us to get there any earlier.

maternal /mater'nal/ *adj* maternal.

maternidad /materni'ðað/ *sf* 1. (*estado*) motherhood: **los problemas de la maternidad** the problems of being a mother * of motherhood; **baja por maternidad** maternity leave. 2. (*departamento en un hospital*) maternity ward; (*hospital*) maternity hospital.

materno, -na /ma'terno -na/ *adj* 1. (*de la madre*) maternal: **la falta de amor materno...** the lack of motherly * maternal love...; **mi abuela materna** my maternal grandmother, my grandmother on my mother's side. 2. (*idioma*): **¿cuál es su lengua materna?** what is your mother tongue?

mates /'mates/ *sf pl* (*short for* **matemáticas**) (*fam*) (*GB*) maths [lleva el verbo en singular], (*US*) math.

matinal /mati'nal/ I *adj* morning: **nieblas matinales en toda la región** morning fog throughout the area.
II *sf* matinée (*morning performance*).

matiné /mati'ne/ *sf* matinée (*afternoon performance*).

matiz /ma'tiθ/ *sm* [**matices**] 1. (*de un color*) shade, tint. 2. (*aspecto*) nuance: **son matices que a un extranjero le costaría entender** they are nuances that a foreigner would find difficult to understand; **la reunión tiene un matiz político** the meeting has political overtones; **el libro tiene muchos matices de ironía** the book has many touches of irony.

matización /matiθa'θjon/ *sf* clarification: **tengo que hacer una matización al respecto** I must make a clarification on this point; **accedieron, pero no sin matizaciones** they agreed, but not without clarifying a few points.

matizar /mati'θar/ [⇨cazar] *vt* 1. (*colores*) to blend. 2. (*clarificar*) to clarify: **habría que matizar el significado de sus palabras** the meaning of his words needs clarification; **matizó sus críticas** he qualified his criticism.

matojo /ma'toxo/ *sm* bush, shrub.

matón /ma'ton/ *sm* 1. (*chulo*) bully. 2. (*guardaespaldas*) bodyguard. 3. (*delincuente*) thug.

matorral /mato'rral/ *sm* 1. (*arbusto*) bush. 2. (*zona arbustiva*) scrubland.

matraca /ma'traka/ I *sf* 1. (*Mús*) rattle. 2. (*fam: molestia*) nuisance • **no hace más que dar la matraca** he does nothing but pester me all the time.
II **matracas** *sf pl* (*fam*) (*GB*) maths [lleva el verbo en singular], (*US*) math.

matraz /ma'traθ/ *sm* [**matraces**] flask.

matrero, -ra /ma'trero -ra/ *sm/f* (*Amér L*) bandit.

matriarcado /matrjar'kaðo/ *sm* matriarchy.

matrícula /ma'trikula/ *sf* 1. (*lista de alumnos*) register, roll. 2. (*inscripción*) registration, enrolment: **ayer hice la matrícula *de* la universidad** I registered * enrolled at the university yesterday; **¿cuánto cuesta la matrícula?** how much is the registration fee? 3. (*de un automóvil: número*) (*GB*) registration number, (*US*) license number; (*: placa*) (*GB*) number plate, (*US*) license plate.
matrícula de honor *sf* (*Educ*) distinction (*mark usually above 95%*).

matricular /matriku'lar/ [⇨CANTAR] *vt* 1. (*un automóvil*) to register. 2. (*a un estudiante*) to enrol, to register.
matricularse *v prnl* to enrol, to register.

matrimonial /matrimo'njal/ *adj* marital, matrimonial: **¿qué tal te sienta la vida matrimonial?** how does married life suit you?; **son discusiones matrimoniales sin importancia** they're just minor arguments that you have in every marriage.

matrimoniar /matrimo'njar/ [⇨CAMBIAR] *vi* (*Méx: fam*) to marry, to get married.
matrimoniarse *v prnl* (*Chi, Méx: fam*) to marry, to get married.

matrimonio /matri'monjo/ *sm* 1. (*institución, sacramento*) marriage. 2. (*pareja*) (married) couple. 3. (*Amér S: casamiento*) wedding: **nos invitaron a su matrimonio** we were invited to their wedding.
matrimonio canónico *sm* church marriage.
matrimonio civil *sm* civil marriage.
matrimonio religioso *sm* church marriage.

matriz /ma'triθ/ *sf* [**matrices**] 1. (*Anat*) womb. 2. (*molde de fundir*) (*GB*) mould, (*US*) mold. 3. (*Mat*) matrix. 4. (*en un talonario*) stub, (*GB*) counterfoil. 5. (*original para hacer copias*) stencil.

matrona /ma'trona/ *sf* 1. (*comadrona*) midwife. 2. (*mujer madura*) matron.

matusalén /matusa'len/ *sm* • **es más viejo que Matusalén** he is absolutely ancient.

matutino, -na /matu'tino -na/ I *adj* morning: **salí a dar mi paseo matutino** I went out for my morning walk.
II **matutino** *sm* (*diario*) morning * daily paper.

maullar /mau'ʎar/ [⇨CANTAR] *vi* to miaow, to mew.

maullido /mau'ʎiðo/ *sm* miaow, mew: **el gato no hacía más que dar maullidos** the cat did nothing but mew.

mausoleo /mauso'leo/ *sm* mausoleum.

máx. *pronounced* /'maksimo/ (*abbreviation of* **máximo**) max. (maximum).

maxilar /maksi'lar/ **I** *adj* maxillary, jaw.
II *sm* jaw bone, jaw.

máxima /'maksima/ *sf* **1.** (*proverbio*) saying, maxim. **2.** (*temperatura*) maximum temperature: **la máxima de ayer fue treinta grados** the highest * maximum temperature yesterday was thirty degrees.

máxime /'maksime/ *adv* especially: **deberías agradecérselo, máxime cuando lo hizo voluntariamente** you should thank him for it, especially as he did it voluntarily.

máximo, -ma /'maksimo -ma/ **I** *adj* (*desarrollo, responsabilidad*) maximum, greatest: **alcanzó el punto máximo** it reached the highest point; (*temperatura, precio*) maximum, highest.
II máximo *sm* maximum: **el depósito está** *al* **máximo** the tank is at maximum capacity * is completely full; **hay sitio para dos personas** *como* **máximo** there's room for two people at the most * for a maximum of two people.

máximo común divisor *sm* (*Mat*) highest common factor.

maya /'maja/ **I** *adj* Mayan.
II *sm/f* Mayan, Maya.

mayar /ma'jar/ [⇨ CANTAR] *vi* to miaow, to mew.

mayestático, -ca /majes'tatiko -ka/ *adj* majestic.

mayido /ma'jiðo/ *sm* miaowing, mewing.

mayo /'majo/ *sm* May. ⇨ febrero

mayonesa /majo'nesa/ *sf* mayonnaise.

mayor /ma'jor/ **I** *adj* **1.** (*en tamaño: comparativo*) bigger, larger: **su casa es mayor** *que* **la nuestra** their house is bigger than ours; (*: superlativo*) biggest, largest: **es el mayor edificio** *de* **la ciudad** it is the city's largest * biggest building. **2.** (*en calidad, intensidad: comparativo*) greater: **el curso exige mayor esfuerzo** *del* **que está haciendo** the course requires a greater effort than he is currently making • **el asunto no pasó a mayores** the matter did not develop into anything serious; (*: superlativo*) greatest: **me trataron con la mayor amabilidad** I was treated in the most friendly way; **es mi mayor preocupación** it is my main * greatest * biggest concern. **3.** (*de más importancia*) main: **está cerca de la plaza mayor** it is near the main square. **4.** (*relativo a la edad: de edad avanzada*) elderly, old: **había una señora mayor en la puerta** there was an elderly * old lady in the doorway; (*: comparativo*) older: **es mayor** *que* **tú** he is older than you; **éste es mi hermano mayor** this is my elder * older brother; (*: superlativo*) oldest: **es el hijo mayor** he is the eldest * oldest son.
II *sm/f* **1. el/la mayor** (*entre hermanos, en un grupo*) the oldest: **soy el mayor** *del* **grupo** I'm the oldest in the group; **el mayor ya ha empezado en la universidad** the eldest has already started university. **2.** (*adulto*) adult: *de* **mayor quiero ser bombero** when I grow up I want to be a fireman; **los mayores deberían dar ejemplo** adults should set an example. **3.** (*Mil*) major.
III *sf* (*Náut*) mainsail.
IV al por mayor *loc adv* (*en el lenguage comercial*) wholesale: **sólo venta al por mayor** wholesale only; **los compro al por mayor** I buy them wholesale.
V mayores *sm pl* (*antepasados*) ancestors *pl*, elders *pl*.

mayor de edad *sm/f* adult (*person over the legal age of majority*).

mayoral /majo'ral/ *sm* **1.** (*Agr*) stockman. **2.** (*jefe de cuadrilla*) foreman, chargehand. **3.** (*cochero*) coachman.

mayorazgo /majo'raθɣo/ *sm* **1.** (*hombre*) eldest son. **2.** (*primogenitura*) primogeniture. **3.** (*bienes*) entailed estate.

mayordomo /major'ðomo/ *sm* butler.

mayoría /majo'ria/ *sf* **1.** (*de personas, cosas*) majority: **la mayoría está de vacaciones** the majority are on holiday; **la mayoría** *de* **los estudiantes eligió una carrera de ciencias** most of the students chose to do a science degree. **2.** (*Pol*) majority: **la ley fue aprobada** *por* **mayoría** the bill was passed on a majority vote.

mayoría absoluta *sf* absolute majority.

mayoría de edad *sf* age of majority.

mayoría relativa *sf* relative majority.

mayoría simple *sf* simple majority.

mayorista /majo'rista/ **I** *adj* wholesale: **vendedores mayoristas** wholesalers.
II *sm/f* wholesaler.

mayoritario, -ria /majori'tarjo -rja/ *adj* majority: **la opinión mayoritaria** the majority opinion; **el partido mayoritario** the majority party.

mayormente /major'mente/ *adv* mainly: **vienen muchos turistas, mayormente franceses** we get a lot of tourists, mainly French people.

mayúscula /ma'juskula/ *sf* capital letter.

mayúsculo, -la /ma'juskulo -la/ *adj* **1.** (*Ling*): **en letras mayúsculas** in capital letters. **2.** (*muy grande*) enormous: **cometió un error mayúsculo** he made an enormous * a terrible mistake.

maza /'maθa/ *sf* **1.** (*mazo*) sledgehammer. **2.** (*arma antigua*) mace. **3.** (*Mús*) drumstick. **4.** (*del taco de billar*) butt. **5.** (*de gimnasia*) club.

mazacote /maθa'kote/ *sm* (*fam*): **la tarta estaba hecha un mazacote** the cake had gone stodgy.

mazamorra /maθa'morra/ *sf* (*Amér L*) (*GB*) sweetened maize porridge, (*US*) sweetened corn porridge.

mazapán /maθa'pan/ *sm* marzipan.

mazazo /ma'θaθo/ *sm* **1.** (*golpe*) heavy blow. **2.** (*impresión*) blow: **su muerte fue un mazazo para todos** his death came as a blow to us all.

mazmorra /maθ'morra/ *sf* dungeon.

mazo /'maθo/ *sm* **1.** (*herramienta*) mallet • **a Dios rogando y con el mazo dando** God helps those who help themselves. **2.** (*del mortero*) pestle. **3.** (*de papeles*) bunch; (*de naipes*) (*GB*) pack, (*US*) deck; (*de billetes*) wad.

mazorca /ma'θorka/ *sf* corncob.

mazurca /ma'θurka/ *sf* mazurka.

me /me/ **I** *pron personal* [complemento directo] me: **me llevó a casa de sus padres** he took me to his parents' home.
II *pron personal* [complemento indirecto]. **1.** (*a mí*) (to) me: **me regaló un ramo de rosas** he gave me a bunch of roses, he gave a bunch of roses to me; **no quiere devolvérmelo** she doesn't want to give it back to me. **2.** (*para mí*) (for) me: **me ha comprado unas zapatillas** she has bought me some slippers, she has bought some slippers for me. **3.** (*con verbos como* **quitar, arrebatar**) from me: **me quitaron todo lo que llevaba** they took everything I had on me.
III *pron reflexivo* **1.** (*con valor reflexivo*) myself: **me corté con un cuchillo** I cut myself with a knife. **2.** (*parte del verbo pronominal*): **me he levantado**

muy temprano esta mañana I got up very early this morning; **me voy a la playa** I'm going to the beach.

meada /me'aða/ *sf* (*!!*) pee, piss.

meado, -da /me'aðo -ða/ *adj* (*!!*: *manchado de orina*) urine-stained; (*mojado con orina*) wet (*with urine*).

meandro /me'andro/ *sm* meander.

mear /me'ar/ [⇨ CANTAR] *vi* (*!!*) to have a pee * piss.

mearse *v prnl* (*!!*) to pee * piss oneself ● **nos meamos de (la) risa con Miguel** we nearly peed ourselves laughing with Miguel.

Meca /'meka/ *sf* **1.** (*Geog*) **La Meca** Mecca ● **anduvimos de la Ceca a la Meca** we went backwards and forwards. **2.** (*centro de una actividad*) mecca, (*GB*) centre, (*US*) center: **Hollywood es la meca del cine** Hollywood is the mecca of the movie industry.

mecachis /me'katʃis/ *excl* (*fam*) damn, hell: **ya se ha roto, ¡mecachis!** oh, damn! it's broken.

mecánica /me'kanika/ *sf* **1.** (*teoría*) mechanics [lleva el verbo en singular]. **2.** (*mecanismo*) mechanism. **3.** (*funcionamiento*) workings *pl*, mechanics *pl*: **conoce muy bien la mecánica del negocio** he knows the workings of the business very well.

mecánico, -ca /me'kaniko -ka/ **I** *adj* mechanical.
II *sm/f* mechanic.

mecánico, -ca dentista *sm/f* dental technician.

mecanismo /meka'nizmo/ *sm* **1.** (*Tec*) mechanism. **2.** (*de un proceso*): **el mecanismo de las elecciones** the way the elections work.

mecanización /mekaniθa'θjon/ *sf* mechanization.

mecanizado, -da /mekani'θaðo -ða/ *adj* mechanized.

mecanizar /mekani'θar/ [⇨ cazar] *vt* to mechanize.

mecano® /me'kano/ *sm* Meccano®.

mecanografía /mekanoɣra'fia/ *sf* typing.

mecanografiar /mekanoɣra'fjar/ [⇨ ansiar] *vt* to type: **he terminado de mecanografiar las cartas** I've finished typing (up) the letters.

mecanógrafo, -fa /meka'noɣrafo -fa/ *sm/f* typist.

mecate /me'kate/ *sm* (*Amér L*) rope (*made from pita fibre*).

mecedora /meθe'ðora/ *sf* rocking chair.

mecenas /me'θenas/ *sm/f inv* (*Artes*) patron.

mecenazgo /meθe'naθɣo/ *sm* (*Artes*) patronage.

mecer /me'θer/ [⇨ convencer] *vt* to rock: **su madre mecía la cuna** his mother was rocking the cradle.

mecerse *v prnl* **1.** (*en una silla*) to rock; (*en un columpio*) to swing. **2.** (*con el viento*) to sway.

mecha /'metʃa/ **I** *sf* **1.** (*de una vela*) wick ● **no le quedó más remedio que aguantar mecha** he had no choice but to grin and bear it. **2.** (*de un explosivo*) fuse ● **los ladrones salieron del banco a toda mecha** the thieves rushed out of the bank as fast as they could go. **3.** (*en el pelo*) tuft.
II mechas *sf pl* highlights *pl*: **ha ido a la peluquería a darse mechas** she's gone to the hairdresser's to have highlights put in (her hair).

mechar /me'tʃar/ [⇨ CANTAR] *vt* to lard.

mechero /me'tʃero/ *sm* **1.** (*encendedor*) (cigarette) lighter. **2.** (*quemador*) burner.

mechón /me'tʃon/ *sm* **1.** (*de pelo*) lock: **tiene un mechón gris** he has a grey patch. **2.** (*de lana o hilos*) tuft.

medalla /me'ðaʎa/ **I** *sf* (*Dep, Mil*) medal.
II *sm/f* (*Dep*) medallist, medal winner: **fue medalla de oro en Barcelona** she was a gold medallist in Barcelona.

medallero /meða'ʎero/ *sm* medal table.

medallista /meða'ʎista/ *sm/f* (*Dep*) medallist, medal winner.

medallón /meða'ʎon/ *sm* **1.** (*joya: gen*) medallion; (*: en forma de cajita*) locket. **2.** (*rodaja*) slice.

médano /'meðano/ *sm* **1.** (*duna*) dune. **2.** (*banco de arena*) sandbank.

media /'meðja/ **I** *sf* **1.** (*de mujer: hasta el muslo*) stocking. **2.** (*Amér L*: *para los pies*) sock. **3.** (*promedio*) average: **viajamos a una media de noventa kilómetros por hora** we travelled at an average of ninety kilometres per hour. **4.** (*referido al tiempo*) half: **quedamos a las seis y media** we arranged to meet at half past six.
II medias *sf pl* (*GB*) tights *pl*, (*US*) panty hose *pl*.
III *adj* ⇨ medio
IV a medias *loc adv* **1.** (*sin terminar*): **no hagas las cosas a medias** don't do things by halves. **2.** (*compartido*): **compramos el regalo a medias** we went halves on the present; **van a medias en el negocio** they are equal partners in the business.

mediación /meðja'θjon/ *sf* mediation: **sus intentos de mediación** *en* **el conflicto fueron en vano** their attempts at mediation in the conflict were in vain; **conseguimos las entradas** *por* **mediación** *de* **un amigo** we got the tickets through a friend.

mediado, -da /me'ðjaðo -ða/ *adj* **1.** (*medio vacío*) half empty; (*medio lleno*) half full. **2.** (*de tiempo*): **mediado el mes de agosto se fue de viaje** halfway through August he went away on a trip ● **llega a mediados de agosto** she'll be arriving in mid-August.

mediador, -dora /meðja'ðor -'ðora/ **I** *adj* mediatory: **su labor mediadora hizo mucho por los trabajadores** his work as a mediator did much for the workers.
II *sm/f* mediator.

medialuna /meðja'luna/ *sf* [**mediaslunas**] **1.** (*emblema del Islam*) crescent. **2.** (*Culin*) croissant.

mediana /me'ðjana/ *sf* **1.** (*Mat*) median. **2.** (*Auto*) (*GB*) central reservation, (*US*) median strip.

medianamente /meðjana'mente/ *adv* fairly, moderately: **ha hecho un trabajo medianamente aceptable** he's done a fairly good job.

medianero, -ra /meðja'nero -ra/ *adj* dividing.

medianía /meðja'nia/ *sf*: **como actor fue una medianía** as an actor he was just mediocre.

mediano, -na /me'ðjano -na/ *adj* **1.** (*intermedio*) medium: **una mujer de mediana edad** a middle-aged woman. **2.** (*de tamaño*) medium-sized: **es de estatura mediana** he is of medium build; **me probé la talla mediana** I tried the medium size on; **el futuro de la pequeña y mediana empresa** the future of small and medium-sized businesses. **3.** (*mediocre*) mediocre: **fue un espectáculo bastante mediano** it was a pretty mediocre show.

medianoche /meðja'notʃe/ *sf* **1.** (*las doce de la noche*) midnight; (*horas centrales de la noche*): **se despertó a medianoche** she woke up in the middle of the night. **2.** [*pl* **mediasnoches**] (*panecillo*) roll, bun.

mediante /me'ðjante/ *prep* by means of: **lo consiguieron mediante un subterfugio** they obtained it by (means of) trickery; **lo logró mediante la ayuda de su padre** she did it with her father's help ● **Dios mediante** God willing.

mediar /me'ðjar/ [⇨ CAMBIAR] *vi* **1.** (*interceder*) to intervene, to intercede: **el profesor medió para que no lo expulsaran** the teacher intervened to prevent him being expelled. **2.** (*llegar a la mitad*): **mediaba la tarde cuando empezó a llover** it was halfway through the afternoon when it started to rain.

3. (*haber una distancia*): *entre* **los dos pueblos median veinte kilómetros** the two villages are twenty kilometres apart • **media un abismo entre los dos hermanos** there's a huge difference between the two brothers. 4. (*transcurrir*) to pass, to go by: **medió un año** *entre* **el compromiso y la boda** a year went by between the engagement and the wedding.

mediatizar /meðjati'θar/ [➪cazar] *vt* to influence: **estaban mediatizados por la situación política** they were influenced by the political situation.

medicación /meðika'θjon/ *sf* 1. (*acción*) medication. 2. (*medicinas*) medication, medicines *pl*.

medicamento /meðika'mento/ *sm* medicine.

medicar /meði'kar/ [➪sacar] *vt* to give medicine to, to medicate.

medicarse *v prnl* to take medicine: **es peligroso medicarse sin consultar a un médico** it is dangerous to take medicine without medical advice.

medicina /meði'θina/ *sf* (*ciencia*) medicine: **sale con un estudiante de medicina** she's going out with a medical student; (*medicamento*) medicine.

medicina general *sf* general medicine.

medicina infantil *sf* (*GB*) paediatrics, (*US*) pediatrics [llevan el verbo en singular]: **según los especialistas en medicina infantil...** according to (*GB*) paediatricians * (*US*) pediatricians....

medicina interna *sf* internal medicine.

medicinal /meðiθi'nal/ *adj* medicinal.

médico, -ca /'meðiko -ka/ **I** *adj* medical. **II** *sm/f* doctor, physician.

médico, -ca de cabecera *sm/f* family doctor, general practitioner.

médico, -ca de medicina general *sm/f* general practitioner.

médico, -ca forense *sm/f* forensic surgeon.

médico interno residente *sm/f* (*GB*) houseman, (*US*) intern.

medida /me'ðiða/ *sf* 1. (*unidad*) measure, unit. 2. (*grado*) extent: *en* **cierta medida es lo que nos esperábamos** to a certain extent it's what we expected; **se debió** *en* **gran medida a la falta de recursos humanos** to a large extent it was due to the lack of human resources; **es un fenómeno que se produce** *en* **mayor medida en países subdesarrollados** it is something which occurs to a greater extent in underdeveloped countries; **no sé** *en* **qué medida este factor puede influir** I don't know how great an influence this factor might have • **tratamos de ayudar en la medida de lo posible** we tried to help as much as we could • **a medida que pasa el tiempo uno se vuelve más tolerante** as time goes by one becomes more tolerant • **se puede lograr en la medida que haya un esfuerzo conjunto** it can be achieved as long as there is a joint effort. 3. (*dimensión*) measurement: **fui a tomar medidas** I went to take some measurements; **¿cuáles son las medidas del cuadro?** what are the measurements of the picture? • **llevaba un traje hecho a (la) medida** he was wearing a tailor-made suit * a made-to-measure suit • **vendemos apartamentos a la medida de las necesidades de nuestros clientes** we sell apartments which suit * match our clients' needs. 4. (*disposición*) measure: **se han tomado medidas para evitar los accidentes** measures have been taken to prevent accidents; **¿qué medidas proponen ustedes que se tomen?** what measures * action do you suggest should be taken? 5. (*moderación*) moderation: **lo importante es hacer las cosas** *con* **medida** the important thing is to do things in moderation.

medidor, -dora /meði'ðor -'ðora/ **I** *adj* measuring. **II medidor** *sm* (*Amér L*) meter.

medieval /meðje'βal/ *adj* medieval.

medievo /me'ðjeβo/ *sm* Middle Ages *pl*.

medio, -dia /'meðjo -ðja/ **I** *adj* 1. (*la mitad de*) half: **se bebió medio litro de agua** she drank half a litre of water; **estuvimos esperando media hora** we waited for half an hour; **queda a medio camino entre mi casa y la iglesia** it is halfway between my house and the church • **siempre habla con medias palabras** he never expresses himself clearly. 2. (*gran parte de*): **medio pueblo acudió a la representación** half the village came to the performance; **ha recorrido medio mundo** he's been halfway round the world. 3. (*intermedio*) middle: **pertenecen a la clase media** they belong to the middle class; **los niños tienen un descanso a media mañana** the children have a mid-morning break. 4. (*de promedio*) average: **hoy hemos tenido una temperatura media de treinta grados** the average temperature today has been thirty degrees; **el ciudadano medio ve mucha televisión** the average citizen watches a lot of television.
II medio *adv* (*no enteramente*) half: **el teatro estaba medio vacío** the theatre was half empty; **dejó el ejercicio a medio hacer** he left the exercise half finished.
III medio *sm* 1. (*en el espacio*) middle: **había un camión aparcado** *en* **medio** *de* **la calle** there was a lorry parked in the middle of the road; **me sentaron** *en* **medio** *de* **dos desconocidos** I was given a seat between two people I didn't know; **la carretera cruzará** *por* **medio** *de* **la finca** the road will cut through the middle of the estate • **¡quita esos libros de en medio * del medio, por favor!** get those books out of the way, please!; (*en el tiempo*): **llegamos** *en* **medio** *de* **la película** we arrived in the middle of the film, we arrived halfway through the film; (*en una situación*): **parece ser que hay algunos problemas** *de por* **medio** there seem to be some problems that are in the way • **no te pongas de por medio** don't interfere • **te equivocas de medio a medio** you're completely wrong. 2. (*mitad*) half: **cuatro medios hacen dos enteros** four halves make two whole units. 3. (*método*) means *n inv*, way: **encontraron un medio** *de* **hacerle hablar** they found a way to make him talk; **el teatro es su medio** *de* **vida** he earns his living in the theatre; **tratamos de ponernos en contacto con ustedes** *por* **todos los medios** we tried by all possible means to contact you. 4. (*mediación*) via: **les mandé un recado** *por* **medio** *de* **Laura** I sent them a message via Laura; **se enteraron del robo** *por* **medio** *de* **su madre** they found out about the robbery through their mother. 5. (*entorno: social*) surroundings *pl*, environment: **se encuentra** *en* **su medio en el nuevo colegio** she's in her element at her new school; (*: de un animal, una planta*) habitat. 6. (*Fís, Tec*) medium (*pl* media).
IV medios *sm pl* means *pl*: **carecen de los medios necesarios para pagar los estudios de sus hijos** they lack the means * resources to pay for their children's education.

Media Luna Roja *sf* Red Crescent.

media naranja *sf* other half: **todavía no he encontrado mi media naranja** I haven't found (my) Mr Right yet.

media pensión *sf* (*en un hotel*) half board; (*en el colegio*): **está** *a* **media pensión** he has school lunches.
medio ambiente *sm* environment.
medio de transporte *sm* means * method of transport.
medio fondo *sm* middle distance running.
medio melé *sm/f* (*en rugby*) scrum half.
medios de comunicación, **medios de difusión** *sm pl* (mass) media *pl*.

medioambiental /meðjoambjen'tal/ *adj* environmental.

mediocre /me'ðjokre/ *adj* mediocre: **fue un actor bastante mediocre** he was a fairly mediocre actor.

mediocridad /meðjokri'ðað/ *sf* mediocrity.

mediodía /meðjo'ðia/ *sm* **1.** (*las doce del día*) noon, midday. **2.** (*periodo*) midday, early afternoon: **la comida principal siempre se hacía** *al* **mediodía** they always had their main meal at midday. **3.** (*sur*) south.

medioevo /meðjo'eβo/ *sm* Middle Ages *pl*.

mediofondista /meðjofon'dista/ *sm/f* middle-distance runner.

mediopensionista /meðjopensjo'nista/ *sm/f* day pupil * student (*who has school lunches*).

medir /me'ðir/ [⇨pedir] *vt* **1.** (*tomar las medidas de*) to measure. **2.** (*tener una medida de*) to measure: **mide dos metros de largo** it measures two metres in length; **mide un metro sesenta** she is one metre sixty centimetres tall; **¿cuánto mide tu hermana?** how tall is your sister? **3.** (*comparar*): **medirán sus fuerzas en el combate** they will pit their strength against each other in the fight. **4.** (*reflexionar sobre*) to weigh up: **medimos cuidadosamente los riesgos del cambio** we carefully weighed up the risks involved in the change. **5.** (*cuidar*): **mide tus palabras cuando hables con ella** choose your words carefully when you speak to her.
medirse *v prnl* **1.** (*compararse*) to measure oneself (*against an opponent*). **2.** (*moderarse*) to act with moderation: **debo medirme** *con* **la comida** I must be more moderate in what I eat.

meditabundo, -da /meðita'βundo -da/ *adj* thoughtful, pensive.

meditación /meðita'θjon/ *sf* meditation.

meditar /meði'tar/ [⇨CANTAR] *vt* to meditate on, to consider: **lo meditó unos instantes y dijo que aceptaba** he thought about it for a few minutes and then accepted.
♦ *vi* to meditate, to ponder: **meditaba** *sobre* **el porvenir** he was pondering the future.

Mediterráneo /meðite'rraneo/ *sm*: **el (mar) Mediterráneo** the Mediterranean (Sea).

mediterráneo, -nea /meðite'rraneo -nea/ *adj* Mediterranean.

médium /'meðjum/ *sm/f* [**médiums**] medium.

medrar /me'ðrar/ [⇨CANTAR] *vi* to prosper, to flourish.

medroso, -sa /me'ðroso -sa/ *adj* fearful.

médula /'meðula/ *sf* **1.** (*Anat*) marrow ● **están metidos en el narcotráfico hasta la médula** they're up to their necks in the drugs trade. **2.** (*Bot*) pith. **3.** (*núcleo*) core, heart: **quieren llegar a la médula del problema** they want to get to the heart of the problem.
médula espinal *sf* spinal cord.
médula ósea *sf* bone marrow.

medular /meðu'lar/ *adj* **1.** (*Anat*) of the marrow. **2.** (*esencial*) vital, central.

medusa /me'ðusa/ *sf* jellyfish.

megabyte /meɣa'bait/ *sm* megabyte.

megafonía /meɣafo'nia/ *sf* public address system.

megáfono /me'ɣafono/ *sm* megaphone.

megalomanía /meɣaloma'nia/ *sf* megalomania.

megalómano, -na /meɣa'lomano -na/ *adj, sm/f* megalomaniac.

megatón /meɣa'ton/ *sm* megaton: **una bomba de diez megatones** a ten megaton bomb.

meiga /'meiɣa/ *sf* (*en Galicia*) witch.

mejicano, -na /mexi'kano -na/ *adj, sm/f* Mexican.

Méjico /'mexiko/ *sm* Mexico.

mejilla /me'xiʎa/ *sf* cheek.

mejillón /meji'ʎon/ *sm* mussel.

mejor /me'xor/ **I** *adj* **1.** (*comparativo*) better: **su idea me parece mejor** *que* **la mía** her idea sounds better than mine; **es mejor** *que* **no lo sepa** it's better for him not to know. **2.** (*superlativo*) best: **es el mejor profesor** *del* **colegio** he is the best teacher in the school; **lo mejor** *de* **la película es el final** the best thing about the film is the ending ● **"¿Vas a la fiesta?" "A lo mejor."** "Are you going to the party?" "Maybe."
II *adv* **1.** (*comparativo*) better: **con estas gafas veo mucho mejor** I can see much better with these glasses; **Ana canta mejor** *que* **Rosa** Ana sings better than Rosa ● **juegan cada vez mejor** they're playing better and better ● **si me dan el premio, ¡tanto mejor!** * **¡mejor que mejor!** if I get the prize, so much the better! **2.** (*superlativo*) best: **¿quién es el que lo hace mejor?** who does it best?; **es la que mejor canta** *del* **coro** she is the best singer in the choir.
III el/la mejor *sm/f* the best (one): **escogí los mejores** I chose the best ones; **es la mejor** *de* **todas** she's the best of them all ● **en el mejor de los casos terminaremos en febrero** at the very best we will finish in February.

mejora /me'xora/ *sf* **1.** (*mejoría*) improvement: **se espera una mejora del tiempo para mañana** an improvement in the weather is expected tomorrow. **2.** (*reforma*): **hizo mejoras en el cuarto de baño** she made some improvements to the bathroom.

mejorable /mexo'raβle/ *adj*: **hizo un trabajo bueno, pero mejorable** his work was good, but there is still room for improvement.

mejorana /mexo'rana/ *sf* marjoram.

mejorar /mexo'rar/ [⇨CANTAR] *vt* **1.** (*gen*) to improve: **nos lo recomendaron para mejorar la calidad del suelo** they recommended it to us to improve the quality of the soil. **2.** (*superar*): **el campeón ha mejorado su propia marca** the champion has broken his own record; **su última novela mejora en calidad a la anterior** her latest novel is superior in quality to the previous one.
♦ *vi* to improve, to get better: **su situación económica ha mejorado** their financial situation has improved; **dicen que mañana va a mejorar el tiempo** they say the weather is going to get better tomorrow.
mejorarse *v prnl* to get better: **espero que te mejores pronto** I hope you get better soon.

mejoría /mexo'ria/ *sf* improvement.

mejunje /me'xuŋxe/ *sm* (*fam*) **1.** (*bebida*) concoction, brew. **2.** (*medicamento*) concoction. **3.** (*cosmético*) potion.

melancolía /melaŋko'lia/ *sf* melancholy, gloom.

melancólico, -ca /melaŋ'koliko -ka/ **I** *adj* (*paisaje, tarde*) mournful; (*persona*) sad.
II *sm/f* melancholy person.

melanina /mela'nina/ *sf* melanine.

melaza /me'laθa/ *sf* molasses [lleva el verbo en singular].
melé /me'le/ *sf* **1.** (*en rugby*) scrum. **2.** (*tumulto*) melee.
melena /me'lena/ **I** *sf* **1.** (*de persona*) long hair • **cuando se divorció, se soltó la melena** when he got divorced, he let his hair down. **2.** (*de león*) mane.
II melenas *sf pl* mop of hair: **¡a ver si te cortas esas melenas!** why don't you get that mop of hair cut!
melenudo, -da /mele'nuðo -ða/ (*fam*) **I** *adj* long-haired.
II melenudo *sm* long-haired man.
melifluo, -flua /me'liflwo -flwa/ *adj* sickly-sweet.
melillense /meli'ʎense/ **I** *adj* of ∗ from Melilla.
II *sm/f* native ∗ inhabitant of Melilla.
melindres /me'lindres/ *sm pl*: **hizo muchos melindres pero al final se comió el pastel** he made a bit of a fuss but eventually he ate the cake.
melindroso, -sa /melin'droso -sa/ *adj* fussy, finicky.
mella /'meʎa/ *sf* **1.** (*en metal*) notch; (*en loza*) chip. **2.** (*hueco*) gap. **3.** (*impresión*) impression: **lo que dijeron hizo mella en él** what they said made an impression on him; **este caso va a hacer mella en su carrera** this case is going to affect his career.
mellado, -da /me'ʎaðo -ða/ *adj* **1.** (*cuchillo, tijera*) notched; (*loza*) chipped. **2.** (*sin algún diente*) gap-toothed.
mellar /me'ʎar/ [➪ CANTAR] *vt* (*un cuchillo, una tijera*) to notch; (*loza*) to chip.
mellizo, -za /me'ʎiθo -θa/ *adj, sm/f* twin.
melocotón /meloko'ton/ *sm* peach.
melocotón en almíbar *sm* peaches *pl* in syrup.
melocotonero /melokoto'nero/ *sm* peach tree.
melodía /melo'ðia/ *sf* **1.** (*composición*) melody, tune. **2.** (*cualidad*) melodiousness, melody.
melódico, -ca /me'loðiko -ka/ *adj* melodic.
melodioso, -sa /melo'ðjoso -sa/ *adj* melodious.
melodrama /melo'ðrama/ *sm* melodrama.
melomanía /meloma'nia/ *sf* love of music.
melómano, -na /me'lomano -na/ *sm/f* music-lover.
melón /me'lon/ *sm* **1.** (*Culin*) melon. **2.** (*fam: cabeza*) head, nut. **3.** (*fam: bobo*) dimwit, dummy.
melonar /melo'nar/ *sm* melon field ∗ patch.
melopea /melo'pea/ *sf* (*fam*): **agarró una melopea** he got completely drunk.
meloso, -sa *adj* /me'loso -sa/ sugary: **se pone muy meloso cuando quiere algo** he gets very sugary when he wants something.
membrana /mem'brana/ *sf* membrane.
membrete /mem'brete/ *sm* letterhead.
membrillo /mem'briʎo/ *sm* **1.** (*árbol*) quince tree; (*fruto*) quince. **2.** (*dulce*) quince jelly.
memez /me'meθ/ *sf* [**memeces**] (*fam: acción*) stupid act; (*: dicho*) stupid remark: **¡no digas memeces!** don't talk nonsense!
memo, -ma /'memo -ma/ (*fam*) **I** *adj* silly, dumb.
II *sm/f* idiot, twit.
memorable /memo'raβle/ *adj* memorable.
memorando /memo'rando/ *sm* ➪ memorándum
memorándum /memo'randum/ *sm* [**memorándums**] memorandum, memo.
memoria /me'morja/ **I** *sf* **1.** (*de una persona, un ordenador*) memory: **tengo muy buena memoria para las caras** I have a very good memory for faces; **tiene una memoria fotográfica** she has a photographic memory; **me lo he aprendido** *de* **memoria** I've learnt it by heart; **me sé esa historia** *de* **memoria** I know that story by heart; **¿quieres que te refresque la memoria?** do you want me to refresh your memory?; **esto me trae a la memoria mis días en París** this reminds me of my days in Paris; **lo siento, no me viene a la memoria en este momento** I'm sorry, I can't remember at the moment • **trata de hacer memoria de dónde lo pusiste** try to remember where you put it • **tiene una memoria de elefante** she never forgets. **2.** (*recuerdo*) memory: **su memoria permanecerá conmigo mientras viva** his memory will stay with me for the rest of my life; **un monumento** *en* **memoria** *de* **las víctimas del bombardeo** a monument in memory of the victims of the bombing. **3.** (*informe*) report; (*relación*) record: **existe una memoria de todas las compras realizadas** a record is kept of every purchase. **4.** (*estudio*) paper: **al final del curso tenemos que escribir una memoria** we have to write a paper at the end of the course; **¿tienes que hacer una memoria de licenciatura?** do you have to write a dissertation for your degree?
II memorias *sf pl* memoirs *pl.*
memorial /memo'rjal/ *sm* **1.** (*escrito*) petition. **2.** (*acto*) commemoration.
memorión /memo'rjon/ *sm* (*fam*) good memory: **¡qué memorión tiene!** she has the memory of an elephant!
memorístico, -ca /memo'ristiko -ka/ *adj*: **un método de aprendizaje memorístico** a learning system based on learning by rote ∗ memorizing.
memorizar /memori'θar/ [➪ cazar] *vt* to memorize.
mena /'mena/ *sf* ore.
menaje /me'naxe/ *sm* household goods *pl.*
menaje de cocina *sm* kitchen ware.
mención /men'θjon/ *sf* mention: **en su carta no hace mención** *de* ∗ *a* **su viaje** he makes no mention of his trip in his letter; **su esfuerzo es digno de mención** her effort is worthy of mention.
mención honorífica *sf* (*GB*) honourable mention, (*US*) honorable mention.
mencionado, -da /menθjo'naðo -ða/ *adj*: **en la obra mencionada más arriba...** in the above-mentioned book....
mencionar /menθjo'nar/ [➪ CANTAR] *vt* to mention: **en su obra menciona a Freud repetidas veces** she mentions Freud many times in her book; **es un gran profesional, sin mencionar sus cualidades como persona** he's a great professional, quite apart from his qualities as a person.
menda /'menda/ (*fam*) **I** *pron personal* (*yo*) yours truly: **el ∗ mi menda se marcha a las diez** yours truly is leaving at ten o'clock, I'm leaving at ten o'clock.
II *sm/f* (*hombre*) guy; (*mujer*) girl, woman: **llegaron unos mendas al bar** some guys came into the bar.
mendicante /mendi'kante/ *adj, sm/f* mendicant.
mendicidad /mendiθi'ðað/ *sf* begging.
mendigar /mendi'ɣar/ [➪ pagar] *vt* to beg for.
♦ *vi* to beg.
mendigo, -ga /men'diɣo -ɣa/ *sm/f* beggar.
mendrugo /men'druɣo/ *sm* **1.** (*de pan*) piece of stale bread. **2.** (*fam: persona*) blockhead.
menear /mene'ar/ [➪ CANTAR] *vt* (*mover*) to wag, to waggle: **el perro se puso a menear la cola al ver a Luis** the dog started wagging his tail when he saw Luis; **llegó meneando las caderas** she walked in wiggling her hips • **mejor no menearlo** it's best to leave things as they are.
menearse *v prnl* (*fam*) **1.** (*darse prisa*) to hurry (up), to get a move on: **como no te menees vas a perder el avión** if you don't hurry up, you're going to miss the

plane. **2.** (*moverse*): **deja de menearte** stop wriggling about • **se han comprado un coche de no te menees** they've bought a fantastic car.

meneo /me'neo/ *sm* **1.** (*movimiento: de la cola*) wag; (*: de las caderas*) wiggle. **2.** (*sacudida*) shake: **le dio un meneo para que reaccionara** she gave him a shake to make him react • **tengo que darle un buen meneo a la casa** the house needs a good spring-clean.

menester /menes'ter/ *sm* **1.** (*frml: necesidad*) need: **es menester que preste más atención** he needs to pay more attention. **2.** (*trabajo*) activity: **es abogado pero se dedica a otros menesteres** he is a lawyer but he engages in other activities ∗ pursuits.

menesteroso, -sa /meneste'roso -sa/ **I** *adj* needy. **II** *sm/f* needy person: **solía ayudar a los menesterosos** he used to help the needy.

menestra /me'nestra/ *sf* vegetable stew.

mengano, -na /meŋ'gano -na/ *sm/f* (*fam*) so-and-so: **me da igual que sea fulano o mengano** it's all the same to me whoever it is.

mengua /'meŋgwa/ *sf* diminution, decrease: **han sufrido una progresiva mengua de sus recursos** their resources have steadily diminished ∗ decreased.

menguante /meŋ'gwante/ *adj* **1.** (*gen*) decreasing, diminishing. **2.** (*luna*) waning.

menguar /meŋ'gwar/ [⇨averiguar] *vt* **1.** (*disminuir*) to diminish, to decrease. **2.** (*en ganchillo, punto*) to decrease.
♦*vi* **1.** (*número, cantidad*) to diminish, to dwindle. **2.** (*salud*) to decline: **su salud ha menguado con los años** her health has declined over the years. **3.** (*luna*) to wane.

meningitis /meniŋ'xitis/ *sf inv* meningitis.

menisco /me'nisko/ *sm* cartilage (*in the knee*).

menopausia /meno'pausja/ *sf* menopause.

menor /me'nor/ **I** *adj* **1.** (*en tamaño: comparativo*) smaller: **un premio menor** *que* **el de la semana pasada** a smaller prize than last week's; (*: superlativo*) smallest: **la de menor tamaño** the smallest. **2.** (*en importancia, intensidad: comparativo*) lesser: **ése sería el mal menor** that would be the lesser of two evils; (*: superlativo*) least: **ése es el menor de nuestros problemas** that's the least of our problems; **se despierta con el menor ruido** the least ∗ slightest sound wakes him • **no tengo la menor idea** I haven't the slightest ∗ least idea. **3.** (*en cuestiones de edad: comparativo*) younger: **me presentó a su hermana menor** she introduced me to her younger sister; **las personas menores** *de* **cincuenta años** people under fifty; (*: superlativo*) youngest: **es la hija menor** she is the youngest daughter. **4.** (*Mús*) minor.
II *sm/f* **1. el/la menor** (*entre hermanos, en un grupo*) the youngest: **la menor todavía vive con nosotros** our youngest still lives with us; **soy la menor** *del* **grupo** I'm the youngest in the group. **2.** (*joven*) minor, young person: **los menores no deben viajar solos en el ascensor** unaccompanied minors must not use the lift; **es una película apta para menores** the movie is suitable for all ages.
III al por menor *loc adv* (*en el lenguaje comercial*) retail: **venta al por menor** retail sales.
menor de edad *sm/f* minor: **todavía es menor de edad** he's still under age.

Menorca /me'norka/ *sf* Minorca.

menorquín, -quina /menor'kin -'kina/ **I** *adj, sm/f* Minorcan.
II menorquín *sm* (*Ling*) *variety of Catalan spoken in Minorca.*

menos /'menos/ **I** *adv* **1.** (*comparativo*) less: **se ha ido hace menos** *de* **media hora** she left less than half an hour ago; **es menos aburrido** *de* **lo que parece** it's less boring than it seems; **me costó menos** *de* **lo que te imaginas** it cost me less than you'd think; **usé menos** *de* **un litro** I used less than a litre; **había menos** *de* **cien personas** there were fewer than a hundred people; **trabaja mucho menos** *que* **yo** she does much less work than me; **leo cada vez menos** I read less and less • **me presentaron nada menos que al director** I was introduced to none other than the director • **tu preocupación no es para menos** it's hardly surprising you're worried • **menos mal que nos avisaste** it's a good thing ∗ it's just as well you warned us. **2.** (*superlativo*) least: **son los que menos molestan** they're the ones who bother you least; **es el menos generoso** *de* **la familia** he's the least generous member of the family; **esta casa tiene** *por* **lo menos** ∗ *al* **menos cien años** this house is at least a hundred years old • **si no estudias, lo menos que te puede pasar es que suspendas** if you don't study, the very least you can expect is to fail. **3.** (*especialmente*) especially: **no quiero ir, y menos si ella va a estar allí** I don't want to go, even less so if she's going to be there.
II *adj inv* **1.** (*comparativo*) less: **intentaré gastar menos dinero** I'll try to spend less money; **el segundo día asistieron menos espectadores** there were fewer spectators on the second day; **este verano ha hecho menos calor** *que* **el pasado** it hasn't been as warm this summer as last; **cada vez hay menos pájaros en este bosque** there are fewer and fewer birds in this wood. **2.** (*superlativo*) least: **yo era el que tenía menos dinero** I was the one who had least money; **fue la canción que obtuvo menos puntos** it was the song that got (the) fewest points.
III de menos *loc adj, loc adv*: **me dieron uno de menos** they gave me one less than they should have • **te vamos a echar todos de menos** we're all going to miss you • **la prueba escrita es lo de menos** the written test is the least of my worries.
IV *pron*: **ponme menos, no necesito tanto** give me less, I don't need as much as that; **necesito unos treinta, quizás menos** I need about thirty, maybe fewer.
V *prep* **1.** (*excepto*) except: **me gusta todo tipo de fruta menos el melón** I like all kinds of fruit except melon; **sirve para todo menos para mandar** he's good at just about everything except giving orders • **no aprobarás a menos que estudies** you won't pass unless you study. **2.** (*Mat*) minus: **cinco menos tres** five minus three. **3.** (*hablando de la hora*): **son las siete menos diez** it is ten to seven.
VI *sm* (*Mat*) minus sign.

menoscabar /menoska'βar/ [⇨CANTAR] *vt* **1.** (*el valor*) to diminish, to reduce: **tanto despilfarro acabó menoscabando su riqueza** such extravagance eventually diminished his fortune. **2.** (*la salud*) to impair, to undermine. **3.** (*el prestigio*) to undermine; (*el poder, la confianza*) to erode, to undermine.

menospreciable /menospre'θjaβle/ *adj* despicable.

menospreciar /menospre'θjar/ [⇨CAMBIAR] *vt* **1.** (*despreciar*) to despise, to disdain. **2.** (*subestimar*) to underestimate, to underrate: **menospreció la gravedad de los daños** she underestimated the seriousness of the damage.

menosprecio /menos'preθjo/ *sm* **1.** (*desprecio*) scorn, disdain. **2.** (*indiferencia*) disdain: **siente menosprecio** *por* **el dinero** he cares little for money.

mensaje /men'saxe/ *sm* message.

mensajero, -ra /mensa'xero -ra/ **I** *adj* message-bearing, messenger: **una paloma mensajera** a messenger pigeon.
II *sm/f* (*gen*) messenger; (*para repartos urgentes*) courier, messenger.

menstruación /menstrwa'θjon/ *sf* menstruation.

menstruar /mens'trwar/ [➪ actuar] *vi* to menstruate.

mensual /men'swal/ *adj* monthly: **es una publicación mensual** it is a monthly publication; **cobro dos mil pesos mensuales** I earn two thousand pesos a month.

mensualidad /menswali'ðað/ *sf* **1.** (*salario*) monthly salary. **2.** (*pago*) monthly instalment * payment: **pagué el coche en treinta y seis mensualidades** I paid for the car in thirty-six monthly instalments.

menta /'menta/ *sf* mint.

mental /men'tal/ *adj* mental: **padecía una enfermedad mental** he was suffering from a mental illness.

mentalidad /mentali'ðað/ *sf* mentality: **es una persona de mentalidad muy abierta/cerrada** he's a very open-minded/narrow-minded person.

mentalizar /mentali'θar/ [➪ cazar] *vt* to make aware: **sus padres la mentalizaron** *de* **la importancia de los estudios** her parents made her aware of the importance of studying.

mentalizarse *v prnl* **1.** (*hacerse a la idea*): **mentalízate** *de* **que no vas a poder volver** you have to come to terms with the fact that you are not going to be able to return. **2.** (*prepararse*) to prepare oneself (mentally): **se mentalizó** *para* **el partido** he prepared himself mentally for the match.

mentar /men'tar/ [➪ pensar] *vt* to mention, to name.

mente /'mente/ *sf* mind: **no se me va de la mente** I can't get it out of my mind • **se me quedó la mente en blanco** my mind went blank • **tienen en mente hacer un viaje por Europa** they are thinking of travelling around Europe.

mentecato, -ta /mente'kato -ta/ **I** *adj* silly.
II *sm/f* fool.

mentir /men'tir/ [➪ sentir] *vi* to lie: **no me mientas** don't lie to me; **¿te he mentido alguna vez?** have I ever told you a lie?, have I ever lied to you?; **mintió** *acerca de* **sus actividades** he lied about his activities; **llegamos a las tres; miento, a las cuatro** we arrived at three o'clock; no, I tell a lie, at four o'clock • **miente más que habla** she's an inveterate liar.

mentira /men'tira/ *sf* lie: **siempre anda diciendo mentiras** he's always telling lies • **parecer mentira**: **aunque parezca mentira aprobó el examen** it might seem incredible but she passed the exam; **parece mentira que tú digas eso** I can't believe you're saying that • **eso es una mentira como una casa** that's a terrible lie • **¡mentira cochina!** that's a lie! • **es un reloj de mentira** it's a pretend watch.

mentira piadosa *sf* white lie.

mentirijillas /mentiri'xiʎas/ **de mentirijillas** *loc adv* (*fam*): **no te preocupes, lo dije de mentirijillas** don't worry, I said it as a joke.

mentiroso, -sa /menti'roso -sa/ **I** *adj* lying, deceitful: **es la persona más mentirosa que conozco** he's the biggest liar I know.
II *sm/f* liar.

mentís /men'tis/ *sm inv* denial.

mentol /men'tol/ *sm* menthol.

mentolado, -da /mento'laðo -ða/ *adj* mentholated.

mentón /men'ton/ *sm* chin.

mentor /men'tor/ *sm* mentor.

menú /me'nu/ *sm* (*Culin, Inform*) menu.

menú del día *sm* set menu.

menudear /menuðe'ar/ [➪ CANTAR] *vi*: **en verano menudean los conciertos al aire libre** in summer there are many open-air concerts; **en las últimas semanas han menudeado los combates** in the last few weeks fighting has become more frequent.

menudencia /menu'ðenθja/ *sf* minor matter, trifle: **se enfadó por una menudencia** she lost her temper over a minor matter.

menudeo /menu'ðeo/ *sm* (*Méx*) retail: **ventas** *al* **menudeo** retail sales.

menudillos /menu'ðiʎos/ *sm pl* giblets *pl*.

menudo, -da /me'nuðo -ða/ **I** *adj* **1.** (*pequeño*) small: **cortar el pollo en trozos muy menudos** chop the chicken into small pieces. **2.** (*persona*) slight: **es de complexión menuda** she's of slight build. **3.** (*insignificante*) trifling, trivial: **déjate de cuestiones tan menudas** forget about trivial things like that. **4.** (*expresando ironía*): **¡menudo lío se organizó!** it was a real mess!; **¡menuda pintora!** some painter!
II a menudo *loc adv* often: **nos vemos a menudo** we see each other often.

meñique /me'ɲike/ *sm* little finger, (*US*) pinky.

meollo /me'oʎo/ *sm* heart: **creo que no entendí el meollo de la explicación** I don't think I understood the fundamental part of the explanation; **ése es el meollo de la cuestión** that's the heart of the matter.

meón, -ona /me'on -'ona/ (*fam*) **I** *adj*: **es muy meón** he's forever going to the toilet.
II *sm/f*: **es una meona** she's always having to go to the toilet.

mequetrefe /meke'trefe/ *sm/f* twerp, jerk.

mercachifle /merka'tʃifle/ *sm* (*fam*) hawker, pedlar.

mercader /merka'ðer/ *sm* (*Hist*) merchant.

mercadería /merkaðe'ria/ *sf* (*Amér L*) merchandise, goods *pl*: **la mercadería es de primera calidad** the merchandise is * the goods are top quality.

mercadillo /merka'ðiʎo/ *sm* flea market.

mercado /mer'kaðo/ *sm* market: **fui al mercado a hacer la compra** I went to the market to do the shopping; **mañana hay mercado en Villalta** tomorrow is market day in Villalta; **Amberes es el principal mercado de diamantes de Europa** the most important European diamond market is in Antwerp • **han sacado al mercado un nuevo coche** they have launched a new car onto the market.

mercado de abastos *sm* food market.

mercado de divisas *sm* foreign exchange market.

mercado de trabajo *sm* (*GB*) labour market, (*US*) labor market.

mercado de valores *sm* stock market.

mercado libre *sm* free market.

mercado negro *sm* black market.

mercadotecnia /merkaðo'teknja/ *sf* marketing.

mercancía /merkan'θia/ **I** *sf* goods *pl*, merchandise: **la mercancía está de camino** the goods are on the way, the merchandise is on its way.
II mercancías *sm inv* freight train, (*GB*) goods train.

mercante /mer'kante/ **I** *adj* merchant.
II *sm* merchant ship.

mercantil /merkan'til/ *adj* commercial, mercantile.

merced /mer'θeð/ *sf* grace, (*GB*) favour, (*US*) favor • **está a merced de su familia** he is at the mercy of his family.

mercenario, -ria /merθe'narjo -rja/ *adj, sm/f* mercenary.
mercería /merθe'ria/ *sf* **1.** (*tienda*) (*GB*) haberdashery, (*US*) notions store. **2.** (*artículos*) (*GB*) haberdashery, (*US*) notions *pl.*
mercromina® /merkro'mina/ *sf* Mercurochrome®.
Mercurio /mer'kurjo/ *sm* (*Astron*) Mercury.
mercurio /mer'kurjo/ *sm* (*Quím*) mercury.
merecedor, -dora /mereθe'ðor -'ðora/ *adj* worthy, deserving: **es merecedora** *de* **mi confianza** she is worthy of my trust.
merecer /mere'θer/ [➪agradecer] *vt* to deserve: **merecen ser castigados** they deserve to be punished; **mereció un aplauso** it received well-deserved applause; **la historia merece ser contada** the story is worth telling.
merecerse *v prnl* to deserve: **te lo mereces** *por* **perezoso** it serves you right for being lazy.
merecidamente /mereθiða'mente/ *adv* deservedly, rightly.
merecido, -da /mere'θiðo -ða/ **I** *adj* deserved: **se tomó unas merecidas vacaciones** she took a well-deserved holiday.
II merecido *sm* deserts *pl*: **le dieron su merecido** he got his just deserts.
merendar /meren'dar/ [➪pensar] *vt*: **¿quieres merendar un bocadillo?** would you like a sandwich for your afternoon snack?
♦*vi* (*gen*) to have an afternoon snack; (*al aire libre*): **fuimos a merendar al campo** we had a picnic in the afternoon.
merendarse *v prnl* (*fam*: *vencer*) to thrash, to trounce: **se merendaron al equipo rival** they trounced the rival team.
merendero /meren'dero/ *sm* (*establecimiento comercial*) *drinks stall at beach, etc. offering seating for customers to eat and drink at*; (*zona*) picnic area (*with tables etc.*).
merendola /meren'dola/ *sf* (*fam*) (big) picnic.
merengar /mereŋ'gar/ [➪pagar] *vt* (*fam*) to ruin, to mess up: **nos merengó la fiesta** it ruined the party.
merengue /me'reŋge/ *sm* **1.** (*Culin*) meringue. **2.** (*baile*) merengue (*lively Caribbean dance*).
merezco /me'reθko/ *and other forms with* ***merezc-*** ➪merecer
meridiano, -na /meri'ðjano -na/ **I** *adj* clear, obvious: **decía verdades meridianas** she was saying things which were obviously ✱ patently true.
II meridiano *sm* meridian.
meridional /meriðjo'nal/ **I** *adj* southern.
II *sm/f* southerner.
merienda /me'rjenda/ *sf* (*gen*) (afternoon) snack, tea; (*reunión social*) tea party; (*al aire libre*): **mañana nos vamos** *de* **merienda al campo** tomorrow afternoon we're going to the country on a picnic.
merienda cena *sf*: *light evening meal.*
meriendo /me'rjendo/ *and other forms with* ***meriend-*** ➪merendar
merino, -na /me'rino -na/ **I** *adj* merino.
II *sm/f* merino sheep.
mérito /'merito/ *sm* merit: **es una obra** *de* **poco mérito** it's a work of little merit; **es una película** *de* **mérito** it is a commendable movie; **que lo haya intentado tiene mérito** the fact that he attempted it is commendable; **en reconocimiento a sus muchos méritos...** in recognition of his many merits... ● **hizo méritos para ganar** he worked hard to win.
meritorio, -ria /meri'torjo -rja/ **I** *adj* commendable, praiseworthy.
II *sm/f* office trainee.
merluza /mer'luθa/ *sf* **1.** (*pescado*) hake *n inv.* **2.** (*fam*: *borrachera*): **¡menuda merluza pilló!** he got really drunk!
merluzo, -za /mer'luθo -θa/ *adj, sm/f* (*fam*) idiot.
mermar /mer'mar/ [➪CANTAR] *vi* (*gen*) to diminish, to decrease: **la cantidad de agua mermaba con la evaporación** the amount of water was diminishing through evaporation; (*entusiasmo, población*) to dwindle.
♦*vt* to reduce, to diminish: **la mala cosecha mermó sus ganancias** the poor harvest reduced his earnings.
mermarse *v prnl* to diminish, to decrease.
mermelada /merme'laða/ *sf* (*gen*) jam; (*de cítricos*) marmalade.
mero, -ra /'mero -ra/ **I** *adj* **1.** (*simple*) mere: **fue mera casualidad que llegara en ese momento** it was mere ✱ pure coincidence that I should arrive just at that moment; **lo hizo por mero capricho** she did it just because she felt like it; **por el mero hecho de ser el hijo del dueño no te creas que...** just because you're the boss's son don't think that.... **2.** (*Amér C, Méx*: *mismo*): **lo que te digo es la mera verdad** what I'm telling you is absolutely true; **queda en el mero centro del pueblo** it's right in the middle of the town.
II mero *sm* (*pez*) grouper.
merodear /meroðe'ar/ [➪CANTAR] *vi* to loiter, to prowl: **había un hombre merodeando** *por* **la calle** there was a man loitering in the street.
mersa /'mersa/ (*Arg, Urug*: *fam*) **I** *adj inv* (*persona*) common; (*lugar, gusto, ropa*) tacky.
II *sm/f* pleb.
III la mersa *sf* the riffraff, the plebs *pl.*
mes /mes/ *sm* month: **dentro de un mes salimos de viaje** in a month's time we're going away; **me pagaron tres meses de golpe** they paid me three months' wages together.
mesa /'mesa/ *sf* **1.** (*mueble: gen*) table: **voy a poner la mesa** I'm going to lay the table; **¿puedes quitar ✱ levantar la mesa, por favor?** can you clear the table, please?; **siéntense** *a* **la mesa** sit at the table ● **le gusta la buena mesa** he likes good food ● **vive a mesa puesta en casa de sus padres** he's living off his parents; (*: en una oficina, un despacho*) desk: **he dejado una copia en tu mesa** I've left a copy on your desk. **2.** (*personas*) committee, board: **todos los miembros de la mesa votaron afirmativamente** the entire committee voted in favour.
mesa baja *sf* coffee table.
mesa camilla *sf*: *round table covered with a blanket and a heater beneath it.*
mesa de billar *sf* billiard table.
mesa de luz *sf* (*Arg, Urug*) bedside table.
mesa de noche *sf* bedside table.
mesa de operaciones *sf* operating table.
mesa electoral *sf*: *citizens who observe the election process* (*at a polling station*).
mesa redonda *sf* round table: **organizaron una mesa redonda sobre el tema** they organized a round table discussion of the issue.
mesada /me'saða/ *sf* **1.** (*Amér L: dinero: gen*) allowance; (*: que se da a un niño*) pocket money. **2.** (*Arg, Urug*: *superficie*) work surface.
mesera /me'sera/ *sf* (*Amér C, Méx, Col*) waitress.
mesero /me'sero/ *sm* (*Amér C, Méx, Col*) waiter.
meseta /me'seta/ *sf* plateau, tableland.

mesías /me'sias/ *sm inv* Messiah.
mesilla /me'siʎa/ *sf* (*also* **mesilla de noche**) bedside table.
mesita de noche /me'sita ðe 'notʃe/ *sf* bedside table.
mesón /me'son/ *sm* **1.** (*restaurante*) *traditional-style restaurant*. **2.** (*Hist*: *hostal*) inn.
mesonero, -ra /meso'nero -ra/ *sm/f* **1.** (*Hist*: *tabernero*) innkeeper. **2.** (*Chi*: *camarero*) waiter; (*: camarera*) waitress.
mestizo, -za /mes'tiθo -θa/ *adj, sm/f* mestizo (*of mixed Amerindian and European parents*).
mesura /me'sura/ *sf* (*frml*) **1.** (*compostura*) composure: **estaba irritado, pero conservó la mesura** he was irritated but he kept his composure. **2.** (*moderación*) restraint, moderation: **come** *con* **mesura** he eats moderately.
meta /'meta/ *sf* **1.** (*Dep*: *en fútbol*) goal; (*: en atletismo, ciclismo, etc.*) finishing line; (*: en carreras de caballos*) winning post. **2.** (*aspiración*) aim, goal.
metabólico, -ca /meta'βoliko -ka/ *adj* metabolic.
metabolismo /metaβo'lizmo/ *sm* metabolism.
metadona /meta'ðona/ *sf* methadone.
metafísica /meta'fisika/ *sf* metaphysics [lleva el verbo en singular].
metafísico, -ca /meta'fisiko -ka/ *adj* metaphysical.
metáfora /me'tafora/ *sf* metaphor.
metafórico, -ca /meta'foriko -ka/ *adj* metaphorical, metaphoric.
metal /me'tal/ *sm* **1.** (*Quím*) metal. **2.** (*Mús*) brass section.
metal noble *sm* noble metal.
metal precioso *sm* precious metal.
metálico, -ca /me'taliko -ka/ **I** *adj* metallic.
II metálico *sm*: **tiene que pagarlo** *en* **metálico** you have to pay cash for it.
metalizado /metali'θaðo/ *adj* (*color*) metallic.
metalurgia /meta'lurxja/ *sf* metallurgy.
metalúrgico, -ca /meta'lurxiko -ka/ *adj* metallurgical.
metamorfosis /metamor'fosis/ *sf inv* metamorphosis.
metano /me'tano/ *sm* methane.
metedura /mete'ðura/ *sf*: **metedura de pata** (*fam*) blunder: **¡qué metedura de pata, no sabía que era su marido!** I really put my foot in it, I didn't know he was her husband!
meteorito /meteo'rito/ *sm* meteorite.
meteoro /mete'oro/ *sm* meteor.
meteorología /meteorolo'xia/ *sf* meteorology.
meteorológico, -ca /meteoro'loxiko -ka/ *adj* meteorological: **el parte meteorológico** the weather report.
meteorólogo, -ga /meteo'roloɣo -ɣa/ *sm/f* meteorologist.
metepatas /mete'patas/ *sm/f inv* (*fam*) blunderer: **es un metepatas** he's always putting his foot in it.
meter /me'ter/ [➪ TEMER] *vt* **1.** (*introducir*) to put: **mete el pollo** *en* **el horno** put the chicken in the oven; **no sé qué ideas te han metido** *en* **la cabeza** I don't know what ideas they've put into your head; (*hacer entrar*): **mi amigo me metió** *en* **su empresa** my friend got me a job in his firm; **lo metieron** *en* **un colegio de interno** they put him in a boarding school; (*Auto*): **mete la primera/segunda** put it in first/second (gear). **2.** (*involucrar*) to get: **nos metió** *en* **un buen lío** he got us into a real spot. **3.** (*fam*: *contar, decir*) to tell: **nos metió el rollo de siempre** he told us the same old story; **¡vaya mentira te metieron!** that was some lie they told you! **4.** (*fam*: *dar*): **le metió un puñetazo** he punched him; (*: hacer*): **se pasa el día metiendo ruido** she kicks up a racket all day long; **nos metieron cuatro goles** they scored four goals against us; (*: producir, crear*): **lo hacían para meternos miedo** they were doing it to frighten us; **¡no me metas prisa!** don't rush me! **5.** (*Fin*: *invertir*) to invest: **metió parte de sus ahorros** *en* **ese negocio** he invested * sank part of his savings in that business; (*: ingresar*) to pay in: **tengo que meter cien mil pesetas** *en* **la cuenta** I have to pay a hundred thousand pesetas into the account.
♦*vi* (*en costura*): **tienes que meterle de ancho/de largo a la falda** you'll have to take the skirt in/up.
meterse *v prnl* **1.** (*entrar*): **se metió** *en* **la tienda para que no la vieran** she went into the shop so they wouldn't see her; **se metió** *en* **la cama** he got into bed; **no sé dónde se ha metido** I don't know where she's got to ● **¡no sabía dónde meterse!** he didn't know where to put himself! ● **se le ha metido en la cabeza que…** he's got it into his head that… ● **se metió (a) monja** she became a nun. **2.** (*involucrarse*) to get mixed up * involved: **se metió** *en* **unos asuntos muy turbios** she got mixed up in some very shady business; (*entrometerse*): **siempre se tiene que meter** *en* **las discusiones de los demás** he always has to interfere in other people's arguments; **tú no te metas, no es asunto tuyo** don't interfere, it's none of your business; **¿por qué te metes?** what's it got to do with you? **3. meterse con** (*provocar, molestar*) to pick on: **no te metas con tu hermano** stop picking on * teasing your brother; **si se mete contigo, díselo a la profesora** if he tries to pick a fight with you, tell the teacher. **4.** (*colocar*) to put: **métete el dinero** *en* **el bolsillo** stick * put the money in your pocket; **no te metas eso** *en* **la boca** don't put that in your mouth.
meterete /mete'rete/ *sm/f* (*Arg, Urug*: *fam*) busybody.
metete /me'tete/ *sm/f* (*fam*) busybody.
metiche /me'titʃe/ *sm/f* (*Chi, Méx*: *fam*) busybody.
meticón, -cona /meti'kon -'kona/ *sm/f* (*fam*) busybody.
meticuloso, -sa /metiku'loso -sa/ *adj* meticulous.
metida /me'tiða/ *sf*: **metida de pata** (*Amér L*: *fam*) ➪ metedura
metido, -da /me'tiðo -ða/ *adj* involved: **estaba metida** *en* **un lío de drogas** she was mixed up in * involved in some drugs business; **está muy metido** *en* **asuntos de la parroquia** he's heavily involved in the work of the parish.
metódico, -ca /me'toðiko -ka/ *adj* methodical.
metodismo /meto'ðizmo/ *sm* Methodism.
metodista /meto'ðista/ *adj, sm/f* Methodist.
método /'metoðo/ *sm* **1.** (*modo*) method: **no apruebo sus métodos** I don't agree with his methods. **2.** (*Educ*) course: **es un buen método de inglés** it's a good English course.
metodología /metoðolo'xia/ *sf* methodology.
metomentodo /metomen'toðo/ (*fam*) **I** *adj* meddlesome, interfering.
II *sm/f* busybody.
metraje /me'traxe/ *sm* length (*of a movie*).
metralla /me'traʎa/ *sf* shrapnel.
metralleta /metra'ʎeta/ *sf* sub-machine-gun.
métrica /'metrika/ *sf* metrics [lleva el verbo en singular].
métrico, -ca /'metriko -ka/ *adj* **1.** (*Medidas*) metric. **2.** (*Lit*) metrical.
metro /'metro/ *sm* **1.** (*unidad*) (*GB*) metre, (*US*) meter.

2. (*cinta métrica*) tape measure. 3. (*Transp*) (*GB*) underground (railway), (*US*) subway.
metro cuadrado/cúbico *sm* (*GB*) square/cubic metre, (*US*) square/cubic meter.

metrónomo /me'tronomo/ *sm* metronome.

metrópoli /me'tropoli/, **metrópolis** /me'tropolis/ *sf* metropolis.

metropolitano, -na /metropoli'tano -na/ **I** *adj* metropolitan.
II metropolitano *sm* (*Transp*) (*GB*) underground (railway), (*US*) subway.

mexicano, -na /mexi'kano -na/ *adj, sm/f* Mexican.

México /'mexiko/ *sm* Mexico.

mezcla /'meθkla/ *sf* 1. (*acción de mezclar: gen*) mixing; (*: de whisky, té, etc.*) blending. 2. (*producto: gen*) mixture: **hicimos una mezcla de varias sustancias** we made up a mixture of various substances; **la chaqueta no es lana pura, es una mezcla** the jacket isn't pure wool, it's a mixture; (*: de whisky, té, etc.*) blend. 3. (*de imágenes, sonidos*) mix.

mezclar /meθ'klar/ [⇨ CANTAR] *vt* 1. (*juntar: gen*) to mix: **mezclamos varios colores y quedó precioso** we mixed together several colours and the result was beautiful; (*: whisky, té, etc.*) to blend. 2. (*revolver*) to mix up: **¿quién me ha mezclado todos los botones?** who's mixed up all my buttons? 3. (*involucrar*) to involve: **la mezclaron** *en* **el atraco al banco** they involved her in the bank raid.
mezclarse *v prnl* 1. (*confundirse*) to get mixed up. 2. (*involucrarse*) to get involved: **preferí no mezclarme** *en* **el asunto** I preferred not to get involved in the matter. 3. (*relacionarse*) to mix: **le gustaba mezclarse** *con* **los artistas** he liked to mix with the artists; (*unirse*) to mingle: **se mezclaron** *con* **la muchedumbre** they mingled with the crowd.

mezclilla /meθ'kliʎa/ *sf* (*Amér C, Chi, Méx*) denim.

mezcolanza /meθko'lanθa/ *sf* (*fam*) hotchpotch, mixture: **la fachada es una mezcolanza de estilos** the façade is a hotchpotch of different styles.

mezquindad /meθkin'dað/ *sf* 1. (*característica: tacañería*) meanness, stinginess; (*: ruindad*) meanness: **dejó ver toda su mezquindad** he showed just how mean ∗ low he was. 2. (*acto: de un tacaño*) act of meanness: **pedirle las dos pesetas fue una mezquindad por su parte** it was really mean of him to ask her for the two pesetas; (*: de una persona ruin*) low act: **no ayudarla ahora sería una mezquindad por tu parte** it would be very low ∗ despicable of you not to help her now.

mezquino, -na /meθ'kino -na/ **I** *adj* 1. (*tacaño*) mean, stingy. 2. (*ruin*) low, mean: **hablar así de su mejor amigo fue muy mezquino** it was very low of him to talk about his best friend like that. 3. (*insignificante*) miserable, pitiful: **le pagan un sueldo mezquino** he is paid a miserable salary.
II *sm/f* 1. (*tacaño*) miser, skinflint. 2. (*ruin*) contemptible person.

mezquita /meθ'kita/ *sf* mosque.

mg *pronounced* /mili'ɣramo/ (*abbreviation of* **miligramo**) mg (milligram).

mi /mi/ **I** *adj posesivo* [*pl* **mis**] my: **mi madre es argentina** my mother is Argentinian; **mis padres viven en Galicia** my parents live in Galicia.
II *sm* (*Mús*) E, mi.

mí /mi/ *pron personal* [*always follows a preposition*] 1. (*no reflexivo*) me: **nos han invitado a Pedro y a mí** they've invited Pedro and me • **para mí** ∗ **en lo que a mí respecta, este problema está zanjado** as far as I am concerned, this problem is settled • **por mí, te puedes ir ahora mismo** you can go right now, for all I care • **¿y a mí qué?** what's it to me?, so what? 2. (*reflexivo*) myself: **voy a guardarlo** *para* **mí** I'm going to keep it for myself; **no me gusta hablar** *de* **mí misma** I don't like talking about myself.

mía /'mia/ *adj posesivo, pron posesivo* ⇨ mío

miaja /'mjaxa/ *sf* (*fam*) bit, scrap: **no tiene ni miaja de sentido común** she hasn't a scrap of common sense.

miasma /'mjazma/ *sm* miasma.

miau /'mjau/ *sm* miaow.

michelín /mitʃe'lin/ *sm* (*fam*) roll of fat, (*GB*) spare tyre, (*US*) spare tire: **no sé qué hacer para quitarme estos michelines** I don't know what to do to get rid of these rolls of fat.

mico, -ca /'miko -ka/ *sm/f* 1. (*mono*) (long-tailed) monkey • **se volvió mico para encontrarnos alojamiento** he nearly went mad trying to find us accommodation. 2. (*fam: niño*) kid: **¿y no es gracioso el mico este?** isn't he a sweet child?; **¿y el mico ese me va a decir a mí cómo tengo que hacerlo?** is that kid ∗ pipsqueak going to tell me how to do it?

micro /'mikro/ **I** *sm* (*fam*) 1. (*micrófono*) mike. 2. (*Amér L: microbús*) minibus.
II *sf* (*Chi: autobús*) bus.

microbio /mi'kroβjo/ *sm* (*Med*) microbe, germ: **este desinfectante mata todos los microbios** this disinfectant kills all germs.

microbiología /mikroβjolo'xia/ *sf* microbiology.

microbús /mikro'βus/ *sm* minibus.

microchip /mikro'tʃip/ *sm* microchip.

microclima /mikro'klima/ *sm* microclimate.

microcosmo /mikro'kozmo/, **microcosmos** /mikro'kozmos/ *sm* microcosm.

microficha /mikro'fitʃa/ *sf* microfiche.

microfilm /mikro'film/, **microfilme** /mikro'filme/ *sm* microfilm.

micrófono /mi'krofono/ *sm* microphone.

microonda /mikro'onda/ *sf* microwave.

microondas /mikro'ondas/ *sm inv* microwave (oven).

microordenador /mikrooorðena'ðor/ *sm* microcomputer.

microorganismo /mikrooorɣa'nizmo/ *sm* microorganism.

microprocesador /mikroproθesa'ðor/ *sm* microprocessor.

microscópico, -ca /mikro'skopiko -ka/ *adj* microscopic.

microscopio /mikro'skopjo/ *sm* microscope.
microscopio electrónico *sm* electron microscope.

mido /'miðo/ *and other forms with* **mid-** ⇨ medir

miedica /mje'ðika/ (*fam*) **I** *adj* chicken: **¡eres más miedica!** you're chicken!
II *sm/f* chicken, scaredy-cat.

mieditis /mje'ðitis/ *sf inv* (*fam*): **¡pasé una mieditis!** I was dead scared!

miedo /'mjeðo/ *sm* fear: **la encontré temblando de miedo** I found her trembling with fear; **no le tengas miedo, es muy manso** don't be afraid of him, he's quite tame; **no dije nada por miedo** *a que* **se enfadase** I didn't say anything for fear of making her angry; **me dan miedo las tormentas** I'm frightened of storms; **¡qué miedo pasé!** I was so frightened ∗ scared! • **lo pasé de miedo en tu fiesta** I had a great time at your party • **es un tío de miedo** he's a hell of a guy • **es de un feo que mete miedo** he's horribly ugly.

miedoso, -sa /mje'ðoso -sa/ I *adj* fearful: **es un niño muy miedoso** he's a very fearful child; **¡anda, entra, no seas miedoso!** come on! come in, don't be afraid.
II *sm/f* coward, scaredy-cat.

miel /mjel/ *sf* honey • **la dejó con la miel en los labios** he snatched it away from right under her nose • **¡miel sobre hojuelas!** all the better! • **está saboreando las mieles del triunfo** she is savouring the sweet taste of success.

miel de caña *sf* (*Ant*) molasses [lleva el verbo en singular].

miembro /'mjembro/ *sm* **1.** (*brazo, pierna*) limb. **2.** (*de un grupo*) member: **fallecieron varios miembros de la misma familia** several members of the same family died; **es miembro de nuestra asociación** he is a member of our association. **3.** (*Mat*) member.

miento /'mjento/ *and other forms with* **mient-** ➪ mentir

mientras /'mjentras/ I *adv* (*also* **mientras tanto**) in the meantime: **voy a llamar, pon la mesa mientras (tanto)** I'm going to make a phone call; in the meantime why don't you set the table?; **mientras (tanto) nos las arreglaremos con un ordenador** meanwhile ✻ in the meantime we'll manage with one computer.
II *conj* **1.** (*al mismo tiempo que*) while: **siempre pasea mientras explica la lección** he always walks around while ✻ as he teaches the lesson • **mientras yo viva no volverá a entrar en esta casa** as long as I live he won't set foot in this house again. **2. mientras que** (*indicando contraste*) whereas, while: **ese diccionario es muy básico, mientras que éste es muy completo** that dictionary is very elementary, while this one has extensive coverage.

miércoles /'mjerkoles/ *sm inv* Wednesday. ➪ lunes

miércoles de ceniza *sm* Ash Wednesday.

mierda /'mjerða/ *sf* (*!!*) shit.

mies /mjes/ I *sf* (ripe) corn, (ripe) grain: **vamos a segar la mies** we're going to cut the corn.
II **mieses** *sf pl* cornfields *pl*.

miga /'miɣa/ I *sf* **1.** (*del pan: parte blanda*) crumb (*soft part of the bread*): **me gusta más la corteza que la miga** I prefer the crust to the crumb; (*: trocito*) crumb: **has llenado el mantel de migas** you've got crumbs all over the tablecloth • **hacen buenas migas** they get on well together • **tiró el jarrón y lo hizo migas** he knocked the vase over and smashed it to bits. **2.** (*fam: contenido*) substance, meat: **una obra de mucha miga** a work with a lot of substance to it.
II **migas** *sf pl* (*Culin*) *dish made with breadcrumbs, water, garlic and pimento.*

migaja /mi'ɣaxa/ I *sf* (*de pan*) crumb; (*de otra cosa*) (tiny) bit, fragment: **quedan unas migajas de queso** there are a few bits of cheese left.
II **migajas** *sf pl* leftovers *pl*, scraps *pl*: **vivía de las migajas que le daban sus amos** he lived on the scraps given to him by his masters.

migración /miɣra'θjon/ *sf* migration.

migraña /mi'ɣraɲa/ *sf* migraine.

migrar /mi'ɣrar/ [➪ CANTAR] *vi* to migrate.

migratorio, ria /miɣra'torjo -rja/ *adj* migratory.

mijito, -ta /mi'xito -ta/ *sm/f* (*Amér S: fam*) ➪ mijo I

mijo, -ja /'mixo -xa/ I *sm/f* (*Amér S: fam, apelativo cariñoso*): **¿qué quieres, mijo?** what do you want, dear?
II **mijo** *sm* millet.

mil /mil/ I *adj* (*cardinal*) thousand: **mil quinientos pesos** one thousand five hundred pesos; **ocurrió hace tres mil años** it happened three thousand years ago; (*ordinal*) thousandth.
II *sm* thousand: **había miles de personas esperando** there were thousands of people waiting; **nació en mil novecientos sesenta** she was born in nineteen sixty • **llegamos a las mil ✻ a las mil y quinientas** we arrived very late • **el pobre ha pasado las mil y una** the poor devil has been through bad times.

milagro /mi'laɣro/ *sm* (*Relig*) miracle: **fue un milagro que aprobara** it was a miracle that he passed; **con lo poco que gana hace milagros** she works wonders, considering how little she earns • **la alcancé de milagro** amazingly, I caught up with her • **vive de milagro, después de un accidente tan grave** it's a wonder he's still alive after such a serious accident.

milagroso, -sa /mila'ɣroso -sa/ *adj* miraculous, extraordinary: **resulta milagroso que se salvara del incendio** it's a miracle that he survived the fire.

milanesa /mila'nesa/ I *sf* (*Arg, Urug*) (beef) escalope.
II **a la milanesa** *loc adv*: **pedimos pollo/pescado a la milanesa** we ordered chicken/fish in breadcrumbs.

milano /mi'lano/ *sm* kite.

mildiu /'mildju/ *sm* (*de la vid*) mildew.

milenario, -ria /mile'narjo -rja/ I *adj* thousand-year-old.
II **milenario** *sm* millenary, thousandth anniversary.

milenio /mi'lenjo/ *sm* millennium.

milésima /mi'lesima/ *sf* thousandth: **una milésima de segundo** a thousandth of a second.

milésimo, -ma /mi'lesimo -ma/ I *adj* thousandth.
II **milésimo** *sm* thousandth.

milhojas /mi'loxas/ *sm inv* (*Culin*) millefeuille(s).

mili /'mili/ *sf* (*fam*) military service: **está haciendo la mili** he's doing his military service.

milibar /mili'βar/ *sm* millibar.

milicia /mi'liθja/ *sf* **1.** (*profesión*) military profession. **2.** (*ejército*) army; (*de rebeldes, civiles*) militia. **3.** (*servicio militar*) military service.

miliciano, -na /mili'θjano -na/ *sm/f* (*hombre*) militiaman; (*mujer*) militiawoman.

miligramo /mili'ɣramo/ *sm* milligram.

mililitro /mili'litro/ *sm* (*GB*) millilitre, (*US*) milliliter.

milimétrico, -ca /mili'metriko -ka/ *adj*: **realizó el trabajo con exactitud milimétrica** he carried out the work with mathematical precision.

milímetro /mi'limetro/ *sm* (*GB*) millimetre, (*US*) millimeter • **cortaron la madera al milímetro** they cut the wood with mathematical precision.

militante /mili'tante/ I *adj* militant.
II *sm/f* activist: **es militante** *del* **Partido Liberal** she is an active member of the Liberal Party.

militar /mili'tar/ I [➪ CANTAR] *vi* **1.** (*en el ejército*) to serve. **2.** (*en un partido*) to be an active member.
II *adj* military.
III *sm/f* member of the armed forces: **los militares se hicieron con el poder** the military took power.

militar de carrera *sm/f* professional soldier.

militarismo /milita'rizmo/ *sm* militarism.

milla /'miʎa/ *sf* mile.

milla marina *sf* nautical mile.

millar /mi'ʎar/ *sm* thousand: **llegó gente** *a* **millares desde todos los puntos del país** people came in their thousands from all over the country.

millón /mi'ʎon/ *sm* million: **existen millones de combinaciones** there are millions of combinations; **con ese invento ha ganado millones** he has made millions ✻ a fortune with that invention • **¡un millón de gracias por venir!** thank you so much for coming!

millonada /miʎo'naða/ *sf* (*fam*) fortune: **el chalé les**

costó una millonada the house cost them a fortune * a bomb.

millonario, -ria /miʎo'narjo -rja/ **I** *adj* **1.** (*rico*) millionaire: **es un cantante millonario** he's a millionaire singer. **2.** (*de millones*): **el sábado se celebra un sorteo millonario** on Saturday the prize in the lottery will be worth millions.
II *sm/f* millionaire.

millonésimo, -ma /miʎo'nesimo -ma/ *adj, sm/f* millionth.

milonga /mi'loŋga/ *sf*: *Argentinian dance and music.*

milpa /'milpa/ *sf* (*Amér C, Méx*) **1.** (*campo*) (*GB*) maize field, (*US*) cornfield. **2.** (*cultivo*) (*GB*) maize, (*US*) corn.

mimado, -da /mi'maðo -ða/ *adj* spoiled.

mimar /mi'mar/ [⇨CANTAR] *vt* **1.** (*malcriar*) to spoil: **¡anda, cómo te miman!** they really look after you well! **2.** (*tratar con cariño*) to take great care of: **mima muchísimo su ropa** she takes great care of her clothes.

mimbre /'mimbre/ *sm* **1.** (*planta*) willow. **2.** (*material*) wicker.

mimbrera /mim'brera/ *sf* willow.

mimético, -ca /mi'metiko -ka/ *adj* imitative: **se limitaba a repetirlo de forma mimética** he just repeated it in an imitative way.

mimetismo /mime'tizmo/ *sm* mimicry.

mímica /'mimika/ *sf* mime.

mimo /'mimo/ *sm* **1.** (*género teatral*) mime; (*artista*) mime artist. **2.** (*cariño*) loving care: **colocó las flores en el jarrón con mucho mimo** she arranged the flowers in the vase with loving care; (*carantoña*): **le gusta hacerle mimos a su hermano** she enjoys making a fuss of her brother. **3.** (*exceso de tolerancia*) pampering, overindulgence: **no se puede educar a los niños con tanto mimo** you can't bring up children well if you pamper them.

mimosa /mi'mosa/ *sf* (*Bot*) mimosa.

mimoso, -sa /mi'moso -sa/ *adj*: **cuando está enfermo, se pone muy mimoso** when he's ill, he likes to be made a fuss of.

min *pronounced* /mi'nuto/ min. (minute).

mín. *pronounced* /'minimo/ (*abbreviation of* **mínimo**) min. (minimum).

mina /'mina/ *sf* **1.** (*de minerales*) mine. **2.** (*persona*): **es una mina de experiencia** he has a wealth of experience; (*negocio*) gold mine: **ese negocio es una mina** that business is a gold mine. **3.** (*de un lápiz*) lead. **4.** (*artefacto explosivo*) mine.

mina a cielo abierto *sf* opencast mine, strip mine.

minar /mi'nar/ [⇨CANTAR] *vt* **1.** (*Geol*) to mine. **2.** (*Mil*) to mine, to lay mines in. **3.** (*debilitar*) to undermine: **la bebida le está minando la salud** drinking is undermining his health.

minarete /mina'rete/ *sm* minaret.

mineral /mine'ral/ **I** *adj* mineral.
II *sm* (*sustancia*) mineral; (*mena*) ore.

mineralogía /mineralo'xia/ *sf* mineralogy.

minería /mine'ria/ *sf* **1.** (*explotación*) mining. **2.** (*industria*) mining industry.

minero, -ra /mi'nero -ra/ **I** *adj* mining: **una región minera** a mining region.
II *sm/f* miner.

mini /'mini/ *sf* mini, miniskirt.

miniatura /minja'tura/ *sf* miniature: **la habitación es una miniatura** the room is tiny; **un violín** *en* **miniatura** a miniature violin.

miniaturizar /minjaturi'θar/ [⇨cazar] *vt* to miniaturize.

minifalda /mini'falda/ *sf* miniskirt.

minifundio /mini'fundjo/ *sm* smallholding.

minigolf /mini'ɣolf/ *sm* (*juego*) minigolf, miniature golf; (*pista*) miniature golf course.

mínima /'minima/ *sf* minimum temperature: **la mínima se registró en León** the lowest temperature was recorded in León.

minimizar /minimi'θar/ [⇨cazar] *vt* **1.** (*reducir*) to minimize: **minimiza la posibilidad de fallo técnico** it keeps the possibility of technical error to a minimum. **2.** (*restar importancia a*) to play down: **el portavoz trató de minimizar los errores del presidente** the spokesperson tried to play down the president's mistakes.

mínimo, -ma /'minimo -ma/ **I** *adj* **1.** (*superlativo: temperatura, precio*) minimum, lowest; (*: cambio*) minimum, smallest: **no hace el mínimo esfuerzo** he doesn't make the slightest effort. **2.** (*poco importante*) insignificant, minimal: **el cambio ha sido mínimo** the change has been minimal.
II mínimo *sm* minimum: **hemos reducido nuestros gastos** *al* **mínimo** we have cut our expenses to a minimum • **necesito como mínimo una semana para terminarlo** I need at least a week to finish it • **no te preocupes (en) lo más mínimo** don't worry in the slightest * at all.

mínimo común múltiplo *sm* lowest common multiple.

minino, -na /mi'nino -na/ *sm/f* (*fam*) pussy cat.

minipimer® /minipi'mer/ *sm* * *sf* (hand) blender.

ministerio /minis'terjo/ *sm* ministry, government department.

Ministerio de Asuntos Exteriores *sm* (*gen*) Foreign Ministry; (*en GB*) Foreign Office; (*en EE. UU.*) State Department.

Ministerio de Economía y Hacienda *sm* (*gen*) Ministry of Finance; (*en GB*) Treasury; (*en EE. UU.*) Treasury Department.

Ministerio del Interior *sm* (*gen*) Ministry of the Interior; (*en GB*) Home Office.

ministerio fiscal *sm* (state) prosecuting attorney.

ministrable /minis'traβle/ *adj, sm/f*: **su nombre se encuentra entre los de los ministrables** his name is among those who are considered potential ministers.

ministro, -tra /mi'nistro -tra/ *sm/f* minister.

ministro, -tra de Asuntos Exteriores *sm/f* (*gen*) foreign minister; (*en GB*) Foreign Secretary; (*en EE. UU.*) Secretary of State.

ministro, -tra de Economía y Hacienda *sm/f* (*gen*) finance minister; (*en GB*) Chancellor of the Exchequer; (*en EE. UU.*) Treasury Secretary.

ministro, -tra del Interior *sm/f* (*gen*) minister of the interior; (*en GB*) Home Secretary.

ministro, -tra sin cartera *sm/f* minister without portfolio.

minoría /mino'ria/ *sf* minority: **sólo una minoría se lo puede permitir** only a minority can afford it; **formó un gobierno** *en* **minoría** she formed a minority government.

minoría de edad *sf* minority.

minorista /mino'rista/ *sm/f* retailer.

minucia /mi'nuθja/ *sf* **1.** (*pequeñez*) minor matter, tiny thing: **no te enfades por esa minucia** don't get annoyed over a tiny thing like that. **2.** (*detalle*) detail: **el protagonista está descrito** *con* **minucia** the main character is described in great detail.

minucioso, -sa /minu'θjoso -sa/ *adj* **1.** (*persona*) meticulous: **es un trabajador muy minucioso** he is a very meticulous worker. **2.** (*trabajo*) detailed: **redactó un minucioso informe** he wrote a detailed report.

minúscula /mi'nuskula/ *sf* small letter, lower-case letter: **esta palabra se escribe** *con* **minúscula** this word is written with a small letter.

minúsculo, -la /mi'nuskulo -la/ *adj* **1.** (*letra*) small, lower case. **2.** (*muy pequeño*) minute, tiny: **viven en un pueblo minúsculo en las montañas** they live in a tiny village in the mountains.

minusvalía /minusβa'lia/ *sf* **1.** (*invalidez*) handicap, disability. **2.** (*Fin*) depreciation.

minusvalía física *sf* physical handicap.

minusvalía psíquica *sf* mental handicap.

minusválido, -da /minus'βaliðo -ða/ **I** *adj* handicapped, disabled.

II *sm/f* handicapped person.

minusvalorar /minusβalo'rar/ [⇨CANTAR] *vt* to underestimate.

minuta /mi'nuta/ *sf* **1.** (*de un abogado*) bill. **2.** (*Culin*) menu.

minutero /minu'tero/ *sm* (*del reloj*) minute hand.

minuto /mi'nuto/ *sm* minute.

mío, -a /'mio -a/ **I** *adj posesivo* [*always follows the noun*] of mine: **me encontré con un amigo mío** I met a friend of mine, I met one of my friends; **esos discos míos guárdalos en el desván** keep those records of mine in the loft.

II *pron posesivo* **1.** (*sin artículo*) mine: **estas gafas son mías** these glasses are mine, these are my glasses. **2.** (*con artículo*) mine: **la mía es la roja** mine is the red one • **lo mío es la geografía** geography is my strong point • **¡ésta es la mía!** now's my chance! • **esta vez me saldré con la mía** this time I'll have my own way.

III los míos *sm pl* **1.** (*familia*) my family. **2.** (*compatriotas*) my people *pl*.

miope /'mjope/ **I** *adj* myopic, short-sighted, near-sighted.

II *sm/f* short-sighted person, near-sighted person.

miopía /mjo'pia/ *sf* short-sightedness, near-sightedness.

MIR /mir/ *sm/f* (*en España*) (*abbreviation of* **médico interno residente**) (*GB*) houseman, (*US*) intern.

mira /'mira/ *sf* **1.** (*propósito*) aim: **trabaja mucho con la mira puesta en el ascenso** he works hard as he has his sights set on promotion; **lo hizo con miras a conseguir trabajo en Estrasburgo** she did it with a view to getting a job in Strasbourg. **2.** (*de un arma*) sight. **3.** (*referido a una actitud*): **nuestros padres no se caracterizan por su amplitud de miras** our parents are not particularly broad-minded.

mira telescópica *sf* telescopic sight.

mirada /mi'raða/ *sf* **1.** (*forma de mirar*) look, gaze: **tiene una mirada penetrante** she has a piercing gaze. **2.** (*vistazo*) look, glance • **echó una mirada al periódico** he glanced at the newspaper • **me fulminaron con la mirada cuando lo dije** they looked daggers at me when I said it. **3.** (*vista*) gaze: **fijó su mirada en ella** he fixed his gaze on her ✻ stared at her; **los alumnos seguían a la profesora con la mirada** the students' eyes followed the teacher; **no podía apartar la mirada de él** I couldn't take my eyes off him.

mirado, -da /mi'raðo -ða/ *adj* **1.** (*prudente*) careful: **es muy mirada** *con* **lo que come** she is very careful about what she eats; **es muy mirado** *con* **el dinero** he's very careful with money. **2.** (*respetuoso*) considerate: **es muy mirado** *para* **esas cosas** he's very considerate about things like that. **3.** (*valorado*): **está muy bien mirada dentro de la empresa** she is very highly regarded in the company.

mirador /mira'ðor/ *sm* **1.** (*sitio elevado*) viewpoint. **2.** (*balcón*) enclosed balcony.

miramiento /mira'mjento/ *sm* **1.** (*respeto*) consideration: **lo tratan con mucho miramiento** he is treated with great respect ✻ consideration. **2.** (*cortesía*) courtesy • **no te andes con miramientos que somos de la familia** don't stand on ceremony, we're family. **3.** (*cuidado*) care: **lo trata sin ningún miramiento** he doesn't treat it with any care whatsoever. **4.** (*prudencia*) caution: **le comunicaron la noticia del accidente con gran miramiento** they broke the news of the accident to him very gently.

mirar /mi'rar/ [⇨CANTAR] *vt* **1.** (*contemplar*) to look at, to watch: **estábamos mirando las estrellas** we were looking at the stars; **desde el balcón miraba a la gente que pasaba** from the balcony she watched the people passing by; **me miró fijamente** he stared at me • **es un jarrón de mírame y no me toques** it's a vase that you're frightened to touch in case you break it • **se mire como se mire, no tiene remedio** whichever way you look at it, there is no solution. **2.** (*televisión*) to watch: **se pasa el día mirando la televisión** she spends all day watching television. **3.** (*estudiar, leer*) to look at: **no he mirado el contrato todavía** I haven't looked at the contract yet; **lo miró por encima** she glanced at it. **4.** (*buscar*) to look up: **míralo en la enciclopedia** look it up in the encyclopedia. **5.** (*registrar*) to search: **me miraron las maletas en la aduana** they searched my suitcases at customs. **6.** (*comprobar*) to check: **mira que no quede ninguna ventana abierta** check that none of the windows are left open. **7.** (*reflexionar sobre*): **mira bien lo que haces** be careful what you do • **mirándolo bien, no merece la pena comprarlo** all things considered, it's not worth buying. **8.** (*valorar*) to value: **mi jefe mira mucho la puntualidad** my boss values punctuality highly; **creo que tu madre me mira mal** I don't think your mother approves of me. **9.** (*tener cuidado con*) to be careful with: **mira mucho el dinero** he is extremely careful with money.

♦*vi* **1.** (*fijarse*) to look: **mira a ver si viene** look and see if she's coming; **mira que no es tan fácil como tú crees** it isn't as easy as you think, you know • **mira quién fue a hablar** look who's talking! • **mira (tú) por dónde, vamos a trabajar juntos** guess what, we're going to be working together • **mira, puedes hacer lo que quieras** look, you can do whatever you want • **¡mira que te voy a dar una buena!** watch it or you'll get a smack • **¡pero mira que eres tonto!** you are so unbelievably stupid! • **¡mira si te pillan!** what if they'd caught you? **2.** (*buscar*) to look: **¿has mirado en el cajón?** have you looked in the drawer? **3. mirar a** (*dar a*) to look onto, to overlook: **nuestro cuarto miraba a la playa** our room looked onto ✻ overlooked the beach. **4. mirar por** (*cuidar*) to look after: **hace bien en mirar por su familia** he is right to look after his family; **sólo mira por su propio provecho** she's only concerned with her own gain.

mirarse *v prnl* **1.** (*en un espejo*) to look at oneself: **se pasa el día mirándose al espejo ✻ en el espejo** she spends all day looking at herself in the mirror. **2.** (*recíprocamente: dos personas*) to look at each other: **nos miramos pero no hicimos ningún comentario** we looked at each other but said nothing; (*: más de dos* *personas*) to look at one another. **3.** (*reflexionar sobre*) to consider: **mírate bien lo que haces** think carefully before you do anything.

miríada /mi'riaða/ *sf* (*frml*) myriad: **una miríada de estrellas** a myriad of stars.

mirilla /mi'riʎa/ *sf* **1.** (*de una puerta*) peephole. **2.** (*de un instrumento*) viewfinder.

mirlo /'mirlo/ *sm* blackbird.

mirón, -rona /mi'ron -'rona/ **I** *adj* **1.** (*curioso*): **me molesta la gente mirona** I hate people who stare. **2.** (*sexualmente*): **en la casa de al lado vive un tío mirón** there's a peeping tom next door.

II *sm/f* (*curioso*) onlooker: **sólo estoy de mirón** I'm just watching; (*sexualmente*) peeping Tom.

mirra /'mirra/ *sf* myrrh.

mis /mis/ *adj posesivo* ⇨ mi

misa /'misa/ *sf* mass: **fueron a misa de once** they went to eleven o'clock mass; **celebró la misa el nuevo sacerdote** the new priest said mass • **¡por mí como si dicen misa!** I couldn't care less what they say! • **para Carlos lo que dice su jefe va a misa** Carlos treats whatever his boss says as gospel • **calla, que no sabes de la misa la media** * **la mitad** be quiet, you don't know what you're talking about.

misa de difuntos *sf* requiem mass.

misa del gallo *sf* midnight mass.

misántropo, -pa /mi'santropo -pa/ **I** *adj* misanthropic.

II *sm/f* misanthropist.

miscelánea /misθe'lanea/ *sf* **1.** (*mezcla*) assortment, mixture. **2.** (*en una publicación*) miscellany.

miserable /mise'raβle/ **I** *adj* **1.** (*pobre, desgraciado*) miserable, wretched: **los naúfragos presentaban un aspecto miserable** the shipwrecked sailors looked miserable * wretched; **le pagan un sueldo miserable** they pay him a miserable salary; **viven en un barrio miserable** they live in a very poor area. **2.** (*tacaño*) mean. **3.** (*canalla*) despicable, contemptible.

II *sm/f* **1.** (*tacaño*) miser. **2.** (*canalla*) despicable person.

miseria /mi'serja/ *sf* **1.** (*gran pobreza*) terrible poverty: **vivió toda su vida en la miseria** he lived his whole life in terrible poverty. **2.** (*cantidad pequeña*) pittance, miserable amount: **le pagan una miseria** she's paid a pittance; **me dio una miseria por el coche** he gave me a miserable amount for the car. **3.** (*sufrimiento*) woe, misfortune: **en la autobiografía cuenta todas sus miserias** in her autobiography she relates all her misfortunes. **4.** (*mezquindad*) meanness.

misericordia /miseri'korðja/ *sf* compassion, pity: **tuvo misericordia** *de* **ellos y no los castigó** he took pity on them and didn't punish them.

misericordioso, -sa /miserikor'ðjoso -sa/ *adj* merciful.

misil /mi'sil/ *sm* missile.

misil tierra-aire *sm* surface-to-air missile, ground-to-air missile.

misión /mi'sjon/ *sf* **1.** (*Relig*) mission: **pasó varios años en las misiones de África** he spent several years as a missionary in Africa. **2.** (*encargo, labor*) mission: **cree que ésta es su misión en la vida** she believes this is her mission in life. **3.** (*embajada*) legation.

misionero, -ra /misjo'nero -ra/ (*Relig*) **I** *adj* missionary: **realizan una incansable labor misionera** they carry out unceasing missionary work.

II *sm/f* missionary.

misiva /mi'siβa/ *sf* (*frml*) letter.

mismísimo, -ma /miz'misimo -ma/ *adj* **1.** (*acontecimiento, hecho*) very: **llegó en ese mismísimo instante** he arrived at that very moment. **2.** (*persona*): **habló con la mismísima ministra** he spoke to the minister herself • **es el mismísimo diablo** he is the very devil, he is the devil himself.

mismo, -ma /'mizmo -ma/ **I** *adj* **1.** (*igual*) same: **tenemos los mismos profesores** *que* **el año pasado** we have the same teachers as last year; **es la misma historia** *de* **siempre** it's the same old story. **2.** (*para enfatizar*): **el mismo Rey asistió a la ceremonia** the King himself attended the ceremony; **tú misma me lo dijiste** you told me yourself • **por eso mismo quiero que escuches atentamente** that's precisely why I want you to listen carefully.

II *pron* **1.** (*gen*): **me quiero comprar el mismo** I want to buy the same one; **¿tú crees que es la misma?** do you think it is the same one?; **siempre son los mismos** it's always the same people. **2. lo mismo** the same (thing): **yo haría lo mismo que ella** I would do the same (thing) as her; **no es lo mismo verlo en la tele que ir al estadio** watching it on television is not the same as actually being at the ground • **me da lo mismo uno que otro** it's all the same to me which one I have.

III mismo *adv* **1.** (*para enfatizar*): **hoy mismo terminaremos este trabajo** we'll definitely finish this job today; **me la encontré allí mismo** I met her right there; **vamos a comer ahora mismo** we're going to have lunch right now. **2.** (*para expresar indiferencia*): **ponlo ahí mismo** just put it there somewhere.

misógino, -na /mi'soxino -na/ **I** *adj* misogynous.

II misógino *sm* misogynist.

Miss, miss /mis/ *sf* (*en un concurso de belleza*) beauty queen; (*como título*) Miss: **Miss España** Miss Spain.

míster /'mister/ *sm* **1.** (*como título*) Mister: **Míster Universo** Mister Universe. **2.** (*entrenador de fútbol*) manager, coach. **3.** (*fam*: *para llamar a un extranjero*) mister: **¡eh, míster, que se ha olvidado de pagar!** hey, mister, you've forgotten to pay!

misterio /mis'terjo/ *sm* **1.** (*gen*) mystery. **2.** (*representación*) mystery play.

misterioso, -sa /miste'rjoso -sa/ *adj* mysterious.

mística /'mistika/ *sf*, **misticismo** /misti'θizmo/ *sm* mysticism.

místico, -ca /'mistiko -ka/ **I** *adj* mystical.

II *sm/f* mystic.

mistificar /mistifi'kar/ [⇨ sacar] *vt* to falsify.

mitad /mi'tað/ *sf* **1.** (*parte*) half: **sólo quiero la mitad** *de* **esa ración** I only want half of that portion; **éste cuesta la mitad** this one is half the price; **lo compró** *a* **mitad** *de* **precio** she bought it half-price • **"¿Estás contenta con tu coche?" "Mitad y mitad."** "Are you happy with your car?" "So, so." **2.** (*punto o momento central*) middle: **se puso a jugar** *en* **mitad** *de* **la calle** she started playing in the middle of the road; *en* **mitad** *de* **la fiesta se estropeó el altavoz** halfway through the party * in the middle of the party the loudspeaker broke down; **paramos a descansar** *a* **mitad** *de* **camino** we stopped to have a rest halfway there • **me partió por la mitad** it wrecked my plans.

mítico, -ca /'mitiko -ka/ *adj* (*Lit*) mythical.

mitificar /mitifi'kar/ [⇨ sacar] *vt* to turn into a legend.

mitigar /miti'ɣar/ [⇨ pagar] *vt* to mitigate: **hay que tomar medidas para mitigar los efectos de la contaminación** measures must be taken to mitigate the effects of the pollution; **le dieron unas pastillas**

para mitigar el dolor they gave her some tablets to alleviate the pain.

mitin /'mitin/ *sm* **1.** (*Pol*) meeting, rally. **2.** (*Dep*) athletics meeting.

mito /'mito/ *sm* **1.** (*Lit*) myth. **2.** (*persona*) legend. **3.** (*idea falsa*) myth.

mitología /mitolo'xia/ *sf* mythology.

mitológico, -ca /mito'loxiko -ka/ *adj* mythological.

mitómano, -na /mi'tomano -na/ *sm/f* **1.** (*Med*) mythomaniac. **2.** (*de artistas*) *collector of famous people's possessions.*

mitón /mi'ton/ *sm* fingerless glove.

mitra /'mitra/ *sf* (*GB*) mitre, (*US*) miter.

mixto, -ta /'miksto -ta/ **I** *adj* **1.** (*gen*) mixed: **va a un colegio mixto** she goes to a mixed ✻ co-educational school. **2.** (*tren*) *carrying both passengers and goods.* **3.** (*sandwich*) *containing cheese and ham.*
II mixto *sm* **1.** (*tren*) *train carrying both passengers and goods.* **2.** (*Culin*) toasted cheese and ham sandwich.

mixtura /miks'tura/ *sf* mixture.

mm *pronounced* /mi'limetro/ (*abbreviation of* **milímetro**) mm (*GB* millimetre, *US* millimeter).

mnemotécnico, -ca /nemo'tekniko -ka/ *adj* (*frml*): **es un buen ejercicio mnemotécnico** it's a good exercise for improving one's memory.

mobiliario /moβi'ljarjo/ *sm* furniture, furnishings *pl*.

moca /'moka/ *sm* **1.** (*tipo de café*) mocha. **2.** (*crema de café*) *coffee-flavoured cake filling.*

mocasín /moka'sin/ *sm* moccasin.

mocedad /moθe'ðað/ *sf* youth.

mocetón, -tona /moθe'ton -tona/ *sm/f* (*chico*) big lad; (*chica*) strapping girl.

mochales /mo'tʃales/ *adj inv* (*fam*) crazy.

mochila /mo'tʃila/ *sf* rucksack, backpack.

mochuelo /mo'tʃwelo/ *sm* **1.** (*pájaro*) little owl. **2.** (*fam*: *tarea desagradable*): **me cargaron con el mochuelo** *de* **hacer la compra** I got lumbered ✻ landed with doing the shopping.

moción /mo'θjon/ *sf* (*Pol*) motion: **presentaron una moción** they put forward ✻ tabled a motion.
moción de censura *sf* censure motion.

mocito, -ta /mo'θito -ta/ (*fam*) **I** *adj*: **tus sobrinos están ya muy mocitos** your nephews are quite grown up.
II *sm/f* (*hombre*) young man; (*mujer*) young woman.

moco /'moko/ *sm* **1.** (*de una persona*): **suénate los mocos** blow your nose; **siempre tenía mocos** he always had a runny ✻ snotty nose ● **estaba llorando a moco tendido** he was crying his eyes out. **2.** (*de pavo*) crest ● **el sueldo que tiene no es moco de pavo** the salary she earns is not to be sneezed at.

mocoso, -sa /mo'koso -sa/ *sm/f* (*fam*) kid: **ese mocoso pretendía decirme cómo hacer mi trabajo** that pipsqueak ✻ that snotty-nosed kid was trying to tell me how to do my job.

moda /'moða/ *sf* fashion: **están** *de* **moda las faldas largas** long skirts are in fashion; **los deportes náuticos están** *de* **moda** water sports are very fashionable at the moment; **se ha puesto** *de* **moda veranear en la ciudad** it has become fashionable to spend the summer in the city; **esta chaqueta está un poco pasada** *de* **moda** this jacket is a little old-fashioned; **se viste** *a* **la moda de los años sesenta** he wears sixties-style clothes.

modales /mo'ðales/ *sm pl* manners *pl*: **le haría falta aprender buenos modales** he ought to learn some manners.

modalidad /moðali'ðað/ *sf* form: **me encanta el esquí, sobre todo la modalidad de descenso** I love skiing, especially down-hill skiing.

modelado, -da /moðe'laðo -ða/ **I** *adj* (*GB*) modelled, (*US*) modeled.
II modelado *sm* (*GB*) modelling, (*US*) modeling.

modelar /moðe'lar/ [➪ CANTAR] *vt* **1.** (*Artes*) to give form to. **2.** (*la forma de ser*) to form, to shape: **en el internado modelaron el carácter del joven** the young man's character was formed ✻ shaped at boarding school.
♦ *vi* (*Artes*) to model: **está aprendiendo a modelar** *en* **barro** he is learning clay modelling.

modelismo /moðe'lizmo/ *sm* model-making.

modelo /mo'ðelo/ **I** *adj* model: **es un padre modelo** he's a model parent.
II *sm* **1.** (*paradigma, ideal, prototipo*) model: **están expuestos los últimos modelos** the latest models are on show; **la profesora es un modelo** *para* **sus alumnas** the teacher is a role-model for her students. **2.** (*maqueta*) (scale) model. **3.** (*prenda*) outfit: **llevaba un modelo de un modisto famoso** she was wearing an outfit by a well-known fashion designer.
III *sm/f* (*persona que posa, exhibe*) model: **las modelos desfilaron por la pasarela** the models paraded up and down the catwalk; **trabaja como modelo para un pintor** he works as an artist's model.

módem /'moðem/ *sm* modem.

moderación /moðera'θjon/ *sf* moderation: **come y bebe** *con* **moderación** he eats and drinks in moderation.

moderado, -da /moðe'raðo -ða/ **I** *adj* **1.** (*Pol*) moderate. **2.** (*temperatura*) moderate; (*precio*) reasonable.
II *sm/f* moderate: **supuso un triunfo para los moderados** it represented a triumph for the moderates.

moderador, -dora /moðera'ðor -'ðora/ **I** *adj* moderating: **un efecto moderador** a moderating effect.
II *sm/f* chairperson, moderator.

moderar /moðe'rar/ [➪ CANTAR] *vt* **1.** (*disminuir*) to lower, to reduce: **la lluvia le hizo moderar la velocidad** the rain made him reduce his speed. **2.** (*presidir*) to chair: **una periodista moderó el coloquio** a journalist chaired the discussion.
moderarse *v prnl* to control oneself.

modernismo /moðer'nizmo/ *sm* modernism.

modernista /moðer'nista/ *adj, sm/f* modernist.

modernización /moðerniθa'θjon/ *sf* modernization.

modernizar /moðerni'θar/ [➪ cazar] *vt* to modernize.
modernizarse *v prnl* to modernize.

moderno, -na /mo'ðerno -na/ **I** *adj* **1.** (*gen*) modern. **2.** (*a la moda*) trendy.
II *sm/f* trendy (person).

modestia /mo'ðestja/ *sf* modesty.

modesto, -ta /mo'ðesto -ta/ *adj* modest.

módico, -ca /'moðiko -ka/ *adj* modest: **todo esto por el módico precio de mil pesetas** all this for the modest ✻ very reasonable price of one thousand pesetas.

modificar /moðifi'kar/ [➪ sacar] *vt* **1.** (*Ling*) to modify: **el adjetivo modifica** *al* **sustantivo** the adjective modifies the noun. **2.** (*cambiar*) to modify: **modificaron el diseño de las ruedas** they modified the wheel design; **han modificado el plan de estudios** they have modified ✻ changed the curriculum.
modificarse *v prnl* to alter, to change.

modismo /moˈðizmo/ *sm* idiom.

modista /moˈðista/ *sf* dressmaker.

modisto /moˈðisto/ *sm* (fashion) designer, couturier.

modo /ˈmoðo/ **I** *sm* **1.** (*forma, manera*) way: **hay varios modos** *de* **hacerlo** there are several ways of doing it; *de* **este modo se consiguen los dos objetivos** in this way both the objectives are achieved; **quiere hacerlo todo** *a* **su modo** he wants to do everything his own way; **se puso la manta** *a* **modo** *de* **capa** he put the blanket around him as if it were a cape • **de todos modos, no me interesa ir** I'm not interested in going anyway • **no quiero en modo alguno perjudicarte** I don't want to prejudice your interests in any way • **no atendiste mi consejo, de modo que no te quejes** you ignored my advice, so don't complain • **a mi modo de ver, no hay más que una solución** the way I see it, there is only one solution. **2.** (*moderación*) moderation: **le gusta beber** *con* **modo** he likes to drink in moderation. **3.** (*Ling*) mood.
II modos *sm pl*: **me contestó** *de* **malos modos** he answered me rudely.
modo de empleo *sm* instructions for use *pl*.

modorra /moˈðorra/ *sf* (*fam*) drowsiness: **después de comer me entra una modorra** I get so drowsy * sleepy after lunch.

modoso, -sa /moˈðoso -sa/ *adj* well-mannered.

modulación /moðulaˈθjon/ *sf* modulation.

modular /moðuˈlar/ **I** *adj* modular.
II [➪ CANTAR] *vt/i* to modulate.

módulo /ˈmoðulo/ *sm* **1.** (*gen*) module. **2.** (*de mobiliario*) unit: **voy a comprar una estantería** *por* **módulos** I'm going to buy shelving in units.

mofa /ˈmofa/ *sf* mockery: **estuvieron haciendo mofa** *de* **María** they were making fun of * mocking María.

mofarse /moˈfarse/ [➪ CANTAR] *v prnl* to mock: **se mofaron** *de* **él** they mocked him, they made fun of him.

mofeta /moˈfeta/ *sf* skunk.

mofle /ˈmofle/, **mofler** /ˈmofler/ *sm* (*Amér C, Ant, Méx*) (*GB*) silencer, (*US*) muffler.

moflete /moˈflete/ *sm* (*fam*) chubby cheek.

mofletudo, -da /mofleˈtuðo -ða/ *adj* (*fam*) chubby-cheeked.

mogollón /moɣoˈʎon/ *sm* (*fam*) **1.** (*montón*) loads *pl*: **siempre nos traía un mogollón de regalos** he always brought us loads * tons of presents; **¡había un mogollón de gente!** there were loads of people * a crowd of people. **2.** (*alboroto*) rumpus: **cuando llegó la policía se armó un mogollón** when the police arrived there was a tremendous commotion * rumpus.

mohair /moˈer/ *sm* mohair.

mohín /moˈin/ *sm* face: **hizo un mohín de asco** he pulled a disgusted face.

mohíno, -na /moˈino -na/ *adj* **1.** (*enfadado*) annoyed. **2.** (*triste*) glum, miserable.

moho /ˈmoo/ *sm* **1.** (*del pan, de la fruta*) (*GB*) mould, (*US*) mold. **2.** (*del hierro*) rust; (*del cobre*) verdigris.

mohoso, -sa /moˈoso -sa/ *adj* **1.** (*pan, fruta*) (*GB*) mouldy, (*US*) moldy. **2.** (*hierro*) rusty; (*cobre*) covered in verdigris.

moisés /moiˈses/ *sm inv* Moses basket.

mojado, -da /moˈxaðo -ða/ *adj* wet.

mojar /moˈxar/ [➪ CANTAR] *vt* **1.** (*gen*) to wet. **2.** (*en la salsa, el café*) to dip: **me gusta mojar pan** *en* **la salsa** I like dipping bread in the sauce. **3.** (*fam: festejar*) to celebrate: **el aprobado hay que mojarlo** we must celebrate your exam success.
mojarse *v prnl* **1.** (*gen*) to get wet. **2.** (*involucrarse*) to get involved: **no quiere mojarse** he doesn't want to get involved.

mojicón /moxiˈkon/ *sm* (*fam*) slap: **le pegó un buen mojicón** she gave him a good slap.

mojigato, -ta /moxiˈɣato -ta/ **I** *adj* prudish, strait-laced: **es tan mojigato que se escandalizó cuando vio que llevaba minifalda** he's so prudish that he was outraged when he saw that she was wearing a miniskirt.
II *sm/f* prude.

mojón /moˈxon/ *sm* **1.** (*para delimitar*) boundary marker. **2.** (*para indicar: una ruta*) waymark; (*: distancias*) milestone.

moka /ˈmoka/ *sm* ➪ moca

molar /moˈlar/ **I** *adj* (*Anat*) molar.
II *sm* (*Anat*) molar, back tooth.
III [➪ CANTAR] *vi* (*fam: gustar*): **me mola tu camisa** I like your shirt; **¡cómo mola tu coche nuevo!** your new car's really great.

molde /ˈmolde/ *sm* (*GB*) mould, (*US*) mold • **su actuación rompió con todos los moldes** his performance really broke the mould.

moldeador /moldeaˈðor/ *sm* soft perm.

moldear /moldeˈar/ [➪ CANTAR] *vt* **1.** (*en un molde*) to cast; (*con las manos*) to shape, (*GB*) to mould, (*US*) to mold: **el escultor moldeó una figura en barro** the sculptor shaped * moulded a figure in clay. **2.** (*el pelo*) to style.

moldura /molˈdura/ *sf* **1.** (*en una fachada*) (*GB*) moulding, (*US*) molding; (*en una habitación*) cornice. **2.** (*de un cuadro*) frame.

mole /ˈmole/ **I** *sf* (*bulto*) mass, bulk: **sobre el puente destacaba la mole del castillo** the mass of the castle loomed over the bridge; **¡vaya una mole de tío!** what a hulking great man he is!
II *sm* (*en México*) *chilli and tomato sauce often thickened with chocolate*.

molécula /moˈlekula/ *sf* molecule.

molecular /molekuˈlar/ *adj* molecular.

moler /moˈler/ [➪ mover] *vt* **1.** (*el café, el trigo*) to grind; (*Amér L: la carne*) to mince. **2.** (*agotar*) to tire out, to wear out: **este calor me muele** this heat wears me out. **3.** (*dañar, destrozar*): **estos zapatos me están moliendo los pies** these shoes are killing me.

molestar /molesˈtar/ [➪ CANTAR] *vt* to disturb, to bother: **no la molestes que está trabajando** don't disturb her, she's working; **perdone que lo moleste** I'm sorry to bother you.
♦*vi* **1.** (*importunar*) to be a nuisance: **¡deja de molestar!** stop being a nuisance!; **le molesta el ruido** the noise bothers him. **2.** (*disgustar*): **me molestó que no me lo dijeran** it upset me that they didn't tell me; **me molesta esa actitud** I dislike that attitude. **3.** (*importar*): **no me molesta esperar** I don't mind waiting. **4.** (*doler*): **la herida todavía me molesta** the wound is still bothering me.
molestarse *v prnl* **1.** (*ofenderse*) to be offended: **se molestó mucho** she was very offended * very upset; **se molestó** *por* **su grosería** she was offended * upset by his rudeness. **2.** (*esforzarse*) to bother: **no se molestó ni** *en* **abrir la puerta** he didn't even bother to open the door.

molestia /moˈlestja/ *sf* **1.** (*fastidio*) nuisance: **es una molestia tener que ir allí ahora** having to go over there now is a nuisance; **no me ha causado ninguna**

molestia it hasn't been any trouble * bother at all; **si no le es mucha molestia** if you don't mind * if it's no bother; **se tomaron la molestia** *de* **llamarnos** they took the trouble to phone us. **2.** (*dolor*): **tengo una molestia** *en* **el hombro** I get some discomfort in my shoulder; **tras la operación sentía alguna molestia** after the operation he was in some discomfort.

molesto, -ta /mo'lesto -ta/ *adj* **1.** (*fastidioso*) annoying: **¡qué música más molesta!** what annoying * irritating music!; **¡qué molesto es madrugar!** it's such a nuisance having to get up early! **2.** (*enfadado*) cross, annoyed: **está molesto** *con* **ella** he's annoyed * upset with her.

molido, -da /mo'liðo -ða/ *adj* **1.** (*café, maíz*) ground; (*Amér L: carne*) minced, ground. **2.** (*agotado*) shattered: **después de la excursión estaba molida** she was shattered after the trip.

molinero, -ra /moli'nero -ra/ *sm/f* miller.

molinete /moli'nete/ *sm* **1.** (*juguete*) toy windmill, (*US*) pinwheel. **2.** (*en un supermercado, un estadio, etc.*) turnstile. **3.** (*voltereta*) turn.

molinillo /moli'niʎo/ *sm* **1.** (*de café*) grinder; (*de pimienta*) mill. **2.** (*juguete*) toy windmill, (*US*) pinwheel.

molino /mo'lino/ *sm* mill.
molino de viento *sm* windmill.

molla /'moʎa/ *sf* (*fam*) spare tyre, roll of fat: **¡tiene unas mollas!** what rolls of fat he has!

molleja /mo'ʎexa/ *sf* **1.** (*de un ave*) gizzard. **2.** (*del ternero*) sweetbread.

mollera /mo'ʎera/ *sf* (*fam*) head: **no me cabe en la mollera lo que hizo** I can't get over what he did • **es muy cerrado * duro de mollera** (*torpe*) he's very dim * stupid; (*obstinado*) he's very stubborn.

molón, -lona /mo'lon -'lona/ *adj* (*fam*) great: **llevaba una cazadora molona** he was wearing a great * fantastic jacket; **vimos una película muy molona** we saw a really great * brilliant movie.

molusco /mo'lusko/ *sm* (*GB*) mollusc, (*US*) mollusk.

momentáneo, -nea /momen'taneo -nea/ *adj* **1.** (*que dura poco*) momentary: **sólo fue un enfado momentáneo** his anger was only momentary. **2.** (*provisional*) temporary: **ésta es una solución momentánea** this is a temporary solution.

momento /mo'mento/ *sm* **1.** (*periodo de tiempo*) moment: **sólo paró un momento** he only stopped for a moment; **pasamos unos momentos muy agradables** we had some pleasant times; **un momentito, ahora le paso con ella** hold the line please, I'll put you through to her; **estaré con usted en un momento** I'll be with you in a minute • **de un momento a otro se anunciará el nombre del ganador** the winner's name will be announced any moment now • **vino al momento** he came at once * straight away • **lo llama a cada momento** she calls him all the time • **déjalo así de momento * por el momento** leave it like that for the moment • **su fortuna aumenta por momentos** his fortune increases by the minute; (*punto en el tiempo*): **lo llamaré cuando llegue el momento oportuno** I'll call him when the time is right; **llegó un momento en el que no podía más** there came a point when I couldn't go on • **desde el momento en que no se ha opuesto, es que está de acuerdo** as * since he hasn't voiced his opposition, it means he agrees with it. **2.** (*actualidad*) present time: **es el actor más solicitado** *del* **momento** he's the most sought after actor at the moment.

momia /'momja/ *sf* mummy.

momificar /momifi'kar/ [⇨ sacar] *vt* to mummify.
momificarse *v prnl* to become mummified.

momio /'momjo/ *sm* (*fam*): **tiene un trabajo que es un momio** he has a very cushy job.

mona /'mona/ **I** *sf* **1.** (*Zool*) (female) monkey • **aunque la mona se vista de seda, mona se queda** you can't make a silk purse out of a sow's ear • **lo mandé a freír monas** I sent him packing. **2.** (*fam: apelativo*) dear: **mira, mona, si no te gusta te vas** look dear, if you don't like it, you can leave. **3.** (*fam: borrachera*): **se fue a dormir la mona** he went to sleep it off; **agarró una mona** he got drunk. **4.** (*en naipes*) old maid. **5.** (*also* **mona de Pascua**) (*Culin*) *Easter cake*.
II *adj* ⇨ mono

monacal /mona'kal/ *adj* monastic.

Mónaco /'monako/ *sm* Monaco.

monada /mo'naða/ *sf* (*fam*) **1.** (*gesto: gracioso*): **el bebé no dejó de hacer monadas** the baby was sweet all the time; (*: ridículo*) silly thing: **deja de hacer monadas** stop doing silly things. **2.** (*persona bonita*): **tienen un hijo que es una monada** their little boy's absolutely adorable; **su hermana es una monada** his sister's gorgeous * lovely; (*cosa bonita*): **encontré una pulsera que era una monada** I found a lovely bracelet.

monaguillo /mona'ɣiʎo/ *sm* altar boy.

monarca /mo'narka/ *sm/f* monarch.

monarquía /monar'kia/ *sf* monarchy.
monarquía parlamentaria *sf* parliamentary monarchy.

monárquico, -ca /mo'narkiko -ka/ **I** *adj* monarchical, monarchic.
II *sm/f* monarchist.

monasterio /monas'terjo/ *sm* monastery.

monástico, -ca /mo'nastiko -ka/ *adj* monastic.

monda /'monda/ *sf* **1.** (*de frutas, verduras*) peel: **las mondas de las patatas** the potato peelings. **2. la monda** (*algo o alguien muy divertido*): **ese espectáculo es la monda** that show is the funniest thing; (*el colmo*): **es la monda, ahora nos deja tirados** he's the absolute limit, now he's gone and let us down.

mondadientes /monda'ðjentes/ *sm inv* toothpick.

mondadura /monda'ðura/ *sf* peel.

mondar /mon'dar/ [⇨ CANTAR] *vt* to peel.
mondarse *v prnl* (*fam*): **nos mondamos (de risa)** *con* **sus chistes** we fell about laughing at his jokes.

mondo /'mondo/ **mondo y lirondo** *adj* • **vive de la pensión monda y lironda** he lives solely on his pension.

mondongo /mon'doŋgo/ *sm* **1.** (*Zool*) guts *pl*, innards *pl*. **2.** (*Culin*) pork products *pl*.

moneda /mo'neða/ *sf* **1.** (*pieza*) coin: **¿te quedan monedas sueltas?** have you any loose change left?; **una moneda de cinco pesos** a five peso coin. **2.** (*divisa*) currency: **una moneda fuerte** a strong currency; **la moneda española es la peseta** the Spanish unit of currency is the peseta • **le voy a pagar con * en la misma moneda** I'm going to give him a taste of his own medicine • **los atascos son moneda corriente** traffic jams are an everyday occurrence.

monedero /mone'ðero/ *sm* (*GB*) purse, (*US*) change purse.

monegasco, -ca /mone'ɣasko -ka/ *adj, sm/f* Monegasque.

monería /mone'ria/ *sf* ⇨ monada

monetario, -ria /mone'tarjo -rja/ *adj* monetary.

mongol, **-gola** /moŋ'gol -gola/ **I** *adj* Mongolian.
II *sm/f* Mongol.

mongólico, **-ca** /moŋ'goliko -ka/ (*Med*) **I** *adj* with Down's syndrome.
II *sm/f* person with Down's syndrome.

mongolismo /moŋgo'lizmo/ *sm* (*Med*) Down's syndrome, mongolism.

monicaco, **-ca** /moni'kako -ka/ *sm/f* (*fam*: *niño*) (little) kid.

monigote /moni'ɣote/ *sm* **1.** (*muñeco: de trapo*) rag doll; (*: de papel*) paper doll: **un llavero con un monigote de plástico** a keyring with a plastic doll * figure attached to it. **2.** (*dibujo*) matchstick person: **estuvieron pintando monigotes** they were drawing pictures of matchstick people. **3.** (*fam*: *persona*): **no pinta nada, es un monigote** he has no authority, he's just a puppet.

monitor, **-tora** /moni'tor -'tora/ **I** *sm/f* (*Educ*: *persona: que cuida a los niños*) monitor; (*: que da clases*) instructor.
II monitor *sm* (*Inform*) monitor.

monja /'moŋxa/ *sf* nun.

monje /'moŋxe/ *sm* monk.

monjil /moŋ'xil/ *adj* prudish: **una actitud monjil** a prudish attitude.

mono /'mono/ **I** *sm* **1.** (*Zool*: *de rabo largo*) monkey; (*: sin rabo*) ape • **tú aquí eres el último mono** you're nobody around here • **es un mono de imitación** he's a copycat • **¿es que tengo monos en la cara?** is there something funny about my face? **2.** (*fam*: *apelativo*) dear: **mira, mono, si no te gusta te vas** look dear, if you don't like it, you can leave. **3.** (*traje: de trabajo*) (*GB*) overalls *pl*, (*US*) coveralls *pl*; (*: de bebé*) rompers *pl*. **4.** (*en naipes*) joker. **5.** (*fam*: *por la droga*) withdrawal symptoms: **estaba** *con* **el mono** he was having withdrawal symptoms.
II mono -na *adj* (*fam*: *chica*) pretty: **¡qué chica más mona!** what a pretty girl!; (*: chico*) good-looking; (*: bebé, objeto*) lovely: **llevaba un abrigo muy mono** she was wearing a lovely coat.

monocolor /monoko'lor/ *adj* **1.** (*monocromo*) monochrome, (*GB*) single-colour, (*US*) single-color. **2.** (*gobierno*) single-party: **no habrá un gobierno monocolor tras las elecciones** no single party will be able to form a government after the election.

monocorde /mono'korðe/ *adj* **1.** (*Mús*) single-stringed. **2.** (*monótono*) monotonous: **hablaba con una voz monocorde** he spoke in a monotonous voice.

monocromo, **-ma** /mono'kromo -ma/ *adj* monochrome.

monóculo /mo'nokulo/ *sm* monocle.

monocultivo /monokul'tiβo/ *sm* monoculture, single-crop agriculture.

monogamia /mono'ɣamja/ *sf* monogamy.

monógamo, **-ma** /mo'noɣamo -ma/ **I** *adj* monogamous.
II *sm/f* monogamist.

monografía /monoɣra'fia/ *sf* monograph.

monolingüe /mono'liŋgwe/ *adj* monolingual.

monolítico, **-ca** /mono'litiko -ka/ *adj* monolithic.

monolito /mono'lito/ *sm* monolith.

monólogo /mo'noloɣo/ *sm* monologue.

monopatín /monopa'tin/ *sm* (*sin manillar*) skateboard; (*Amér L*: *con manillar*) scooter.

monoplano /mono'plano/ *sm* monoplane.

monopolio /mono'poljo/ *sm* monopoly: **tienen el monopolio** *del* **café** they have a monopoly on coffee.

monopolizar /monopoli'θar/ [➪cazar] *vt* to monopolize.

monorraíl /monorra'il/ *sm* monorail.

monosilábico, **-ca** /monosi'laβiko -ka/ *adj* monosyllabic.

monosílabo, **-ba** /mono'silaβo -βa/ **I** *adj* monosyllabic.
II monosílabo *sm* monosyllable.

monoteísmo /monote'izmo/ *sm* monotheism.

monotonía /monoto'nia/ *sf* monotony.

monótono, **-na** /mo'notono -na/ *adj* monotonous.

monseñor /monse'ɲor/ *sm* monsignor.

monsergas /mon'serɣas/ *sf pl* (*fam*): **no me vengas con monsergas y haz lo que tienes que hacer** cut the excuses and do what you've got to do.

monstruo /'monstrwo/ **I** *sm* **1.** (*gen*) monster. **2.** (*fam*: *genio*) giant: **es un auténtico monstruo** *del* **deporte** he's a real sporting giant.
II *adj inv* (*fam*) fantastic: **fue una fiesta monstruo** it was a fantastic party.

monstruosidad /monstrwosi'ðað/ *sf* monstrosity.

monstruoso, **-sa** /mons'trwoso -sa/ *adj* monstrous.

monta /'monta/ **I** *sf* (*acción*): **crían caballos de monta** they raise horses for riding; (*caballo*) horse, mount.
II de poca monta *loc adj*: **es un negocio de poca monta** it's a small-scale business; **es un raterillo de poca monta** he's a petty thief.

montacargas /monta'karɣas/ *sm inv* (*GB*) service lift, (*US*) freight elevator.

montado, **-da** /mon'taðo -ða/ *adj* **1.** (*clara de huevo, nata*) whipped. **2.** (*equipado*) fitted-out: **tienen una cocina muy bien montada** their kitchen is very nicely fitted-out • **están montados en el dólar** they are rolling in money.

montaje /mon'taxe/ *sm* **1.** (*de una máquina*) assembly: **el montaje de un coche** the assembly of a car. **2.** (*de cine*) editing; (*de teatro*) production • **el accidente fue un montaje para cobrar el seguro** the accident was staged to claim on the insurance.
montaje fotográfico *sm* photomontage.

montante /mon'tante/ *sm* **1.** (*total*) total amount: **el montante de la cuenta asciende a medio millón** the total amount in the account is half a million. **2.** (*soporte*) upright support, stanchion.

montaña /mon'taɲa/ *sf* (*Geog*) mountain: **pasa los fines de semana en la montaña** he spends his weekends in the mountains • **siempre hace una montaña de un grano de arena** he always makes a mountain out of a molehill • **tengo montañas de trabajo por hacer** I've got mountains * loads of work to do.
montaña rusa *sf* roller coaster, (*GB*) big dipper.

montañero, **-ra** /monta'ɲero -ra/ *sm/f* **1.** (*alpinista*) mountaineer, climber. **2.** (*senderista*) hiker, hill-walker.

montañés, **-ñesa** /monta'ɲes -'ɲesa/ **I** *adj* **1.** (*de la montaña*) mountain, highland: **la gente montañesa** the mountain people. **2.** (*de Cantabria*) of * from Cantabria.
II *sm/f* **1.** (*de la montaña*) highlander. **2.** (*de Cantabria*) native * inhabitant of Cantabria.

montañismo /monta'ɲizmo/ *sm* **1.** (*alpinismo*) mountaineering, climbing. **2.** (*senderismo*) hiking, hill-walking.

montañoso, **-sa** /monta'ɲoso -sa/ *adj* mountainous.

montar /mon'tar/ [➪CANTAR] *vt* **1.** (*un mueble*) to assemble, to put together; (*una tienda de campaña*) to pitch, to put up. **2.** (*colocar*) to fit: **voy a montar la rueda de repuesto** I'm going to fit the spare wheel. **3.** (*en joyería*) to set. **4.** (*un arma de fuego*) to cock. **5.** (*una película*) to edit; (*una obra de teatro, una exposición*) to stage. **6.** (*un negocio, una tienda*) to set up: **montó una empresa de importación de muebles** he set up a furniture import business. **7.** (*fam: crear*) to create: **montó un escándalo** he kicked up * created a fuss. **8.** (*la clara de huevo*) to beat (*until stiff*); (*la nata*) to whip. **9.** (*un caballo: cabalgar sobre*) to ride: **montaba una yegua** she was riding a mare; (*: subirse a*) to mount: **montó su caballo y partió** he got on his horse and left.

♦*vi* **1.** (*ir a caballo*) to ride: **monta muy bien** he rides very well, he's a very good rider * horseman; **¿sabes montar** *a* **caballo?** can you ride (a horse)? **2.** (*subir: en un coche*) to get in: **¿quieres montarte** *en* **el coche de una vez?** will you get into the car now?; (*: en un avión*) to get on; (*: en una bicicleta, en un caballo*) to get on; (*viajar*): **es la segunda vez que monto** *en* **avión** this is the second time I have flown. **3.** (*ascender*) to amount: **¿*a* cuánto montan las pérdidas?** how much do the losses amount to? • **tanto monta** it makes no difference.

montarse *v prnl*: **se montó** *en* **el coche/el avión** he got into the car/onto the plane; **me volví a montar** *en* **la bici** I got on my bike again • **¡qué bien se lo monta!** he's really got things worked out! • **si sabes montártelo, puedes pasarlo muy bien** if you're in the know, you can have a great time.

monte /'monte/ *sm* **1.** (*Geog*) mountain; (*seguido de nombre*) Mount • **no todo el monte es orégano** life isn't as easy as that • **el ladrón se echó * se tiró al monte** the thief took to the hills. **2.** (*terreno arbolado*) woodland: **ardieron doscientas hectáreas de monte** two hundred hectares of woodland went up in flames; (*terreno arbustivo*) scrub, scrubland.

monte bajo *sm* scrub, scrubland.

monte de piedad *sm* pawnbroker's, pawnshop.

montepío /monte'pio/ *sm* (*GB*) friendly society, (*US*) benefit society.

montera /mon'tera/ *sf* bullfighter's hat.

montería /monte'ria/ *sf* hunting.

montés, -tesa /mon'tes -'tesa/ *adj* mountain: **una cabra montés** a mountain goat.

montevideano, -na /monteβiðe'ano -na/ **I** *adj* of * from Montevideo.

II *sm/f* native * inhabitant of Montevideo.

montículo /mon'tikulo/ *sm* mound.

monto /'monto/ *sm* total cost.

montón /mon'ton/ *sm* **1.** (*pila*) heap, pile • **como futbolista, fue un jugador del montón** as a footballer he was very average. **2.** (*gran cantidad*): **siempre hay un montón de gente** there are always loads of people • **disfrutamos un montón** we had a great time • **está ganando dinero a montones** he's earning loads of money.

montura /mon'tura/ *sf* **1.** (*caballería*) mount; (*silla*) saddle. **2.** (*de unas gafas*) frame; (*de una joya*) setting.

monumental /monumen'tal/ *adj* **1.** (*relativo a monumentos*): **una ciudad monumental** a city with many great monuments. **2.** (*grandioso*) monumental: **el monumental edificio de la bolsa** the monumental stock exchange building. **3.** (*fam: excelente*) magnificent, tremendous: **fue un gol monumental** it was a magnificent goal.

monumento /monu'mento/ *sm* **1.** (*Arquit*) monument: **visitamos el monumento *a* los caídos** we visited the monument * memorial to those who died. **2.** (*fam: belleza*) stunner: **tu prima es un monumento** your cousin is a real stunner.

monzón /mon'θon/ *sm* monsoon.

moña /'moɲa/ *sf* **1.** (*para el pelo*) ribbon. **2.** (*fam: borrachera*): **llevaba una moña** he was very drunk.

moño /'moɲo/ *sm* (*en el pelo*) bun • **me tiene hasta el moño** I'm absolutely fed up with her.

moquear /moke'ar/ [⇨ CANTAR] *vi* (*nariz*) to run; (*persona*) to have a runny nose.

moqueta /mo'keta/ *sf* fitted carpet.

moquillo /mo'kiʎo/ *sm* distemper.

mor /mor/ **por mor de** *loc adv* because of.

mora /'mora/ *sf* **1.** (*zarzamora*) blackberry. **2.** (*fruto del moral*) mulberry.

morada /mo'raða/ *sf* (*frml*) dwelling, abode.

morado, -da /mo'raðo -ða/ **I** *adj* purple • **realmente las pasó moradas** he really did have a tough time • **nos pusimos morados de pasteles** we stuffed ourselves with cakes.

II morado *sm* (*color*) purple.

morador, -dora /mora'ðor -'ðora/ *sm/f* (*frml*) inhabitant.

moradura /mora'ðura/ *sf* (*fam*) bruise.

moral /mo'ral/ **I** *adj* moral.

II *sf* **1.** (*moralidad*) morality, morals *pl.* **2.** (*ánimo*) morale: **el equipo tiene la moral muy alta** the team's morale is very high; **hay que hacer algo para levantarle la moral** we must do something to cheer him up.

III *sm* (*Bot*) mulberry tree.

moraleja /mora'lexa/ *sf* moral.

moralidad /morali'ðað/ *sf* (*cualidad*) morality; (*conjunto de principios*) morality, morals *pl.*

moralista /mora'lista/ **I** *adj* moralistic.

II *sm/f* moralist.

moralizador, -dora /moraliθa'ðor -'ðora/ **I** *adj* moralistic.

II *sm/f* moralist.

moralizar /morali'θar/ [⇨ cazar] *vi* to moralize.

morapio /mo'rapjo/ *sm* (*fam*) (cheap) red wine, plonk.

morar /mo'rar/ [⇨ CANTAR] *vi* (*frml*) to dwell, to live.

moratón /mora'ton/ *sm* bruise.

moratoria /mora'torja/ *sf* moratorium.

mórbido, -da /'morβiðo -ða/ *adj* **1.** (*suave*) delicate, soft. **2.** (*Med*) morbid.

morbo /'morβo/ *sm* **1.** (*enfermedad*) illness. **2.** (*atractivo*) morbid fascination.

morbosidad /morβosi'ðað/ *sf* **1.** (*Med*) morbidity. **2.** (*de una persona*) morbid nature: **la morbosidad de la gente no tiene límites** there's no limit to people's morbid curiosity.

morboso, -sa /mor'βoso -sa/ *adj* **1.** (*persona*) morbid, ghoulish. **2.** (*Med*) morbid.

morcilla /mor'θiʎa/ *sf* black pudding, blood sausage.

mordacidad /morðaθi'ðað/ *sf* pointedness, sharpness.

mordaz /mor'ðaθ/ *adj* [**mordaces**] (*comentario, observación*) sharp, biting; (*persona*) caustic, acerbic.

mordaza /mor'ðaθa/ *sf* gag: **esa ley supuso una mordaza** *para* **muchos escritores** that law effectively gagged many writers.

mordedor /morðe'ðor/ *sm* teething ring.

mordedura /mor'ðeðura/ *sf* bite.

morder /mor'ðer/ [⇨ mover] *vt* to bite.

♦*vi* to bite • **está que muerde** he is in a foul mood.

morderse *v prnl* to bite: **tiene el vicio de morderse**

las uñas he has the bad habit of biting his nails; **¡qué daño, me he mordido!** ouch! I've bitten myself.

mordida /mor'ðiða/ *sf* (*Amér L*: *fam, soborno*) bribe.

mordiscar /morðis'kar/ [⇨sacar] *vt* to nibble (at).

mordisco /mor'ðisko/ *sm* **1.** (*acción*) bite: **jugando le dio un mordisco a su hermana** he bit his sister playfully. **2.** (*cantidad*) bite: **se lo comió de dos mordiscos** he ate it all in two bites.

mordisquear /morðiske'ar/ [⇨CANTAR] *vt* to nibble (at).

moreno, -na /mo'reno -na/ **I** *adj* **1.** (*pelo*) dark. **2.** (*piel: oscura*) dark; (*: bronceada*) tanned. **3.** (*persona: de pelo oscuro*) dark-haired; (*: de piel oscura*) dark-skinned, swarthy; (*: bronceada*) brown, (sun)tanned: **me puse morena en un par de días** I got a suntan in a couple of days; (*: de raza negra*) black. **4.** (*azúcar, pan*) brown.
II *sm/f* **1.** (*de pelo oscuro: hombre*) dark-haired man; (*: mujer*) (*GB*) brunette, (*US*) brunet. **2.** (*persona de piel oscura*) dark-skinned * swarthy person. **3.** (*de raza negra*) black (person).
III moreno *sm* (sun)tan.

morera /mo'rera/ *sf* (white) mulberry tree.

moretón /more'ton/ *sm* bruise.

morfina /mor'fina/ *sf* morphine.

morfología /morfolo'xia/ *sf* morphology.

moribundo, -da /mori'βundo -da/ *adj* dying, moribund.

morir /mo'rir/ [⇨dormir; *past participle* **muerto**] *vi* **1.** (*fallecer*) to die: **murió** *de* **un ataque al corazón** he died of a heart-attack; **murieron** *de* **hambre** they starved to death, they died of starvation. **2.** (*acabar*) to end: **esta ruta muere a unos kilómetros del pueblo** this road peters out * ends a couple of kilometres from the village.
morirse *v prnl* to die: **se le murieron los padres cuando tenía diez años** his parents died when he was ten; **con este calor se me mueren todas las plantas** all my plants are dying in this heat; **casi me muero** *del* **susto** I nearly died of fright • **me muero de ganas de ir a la playa** I'm dying to go to the beach • **¡me muero de hambre!** I'm starving! • **se moría por tener una bicicleta** she was dying to get a bicycle • **nos moríamos de (la) risa con ella** we were laughing our heads off with her • **se van a morir de envidia** they're going to be green with envy.

morisco, -ca /mo'risko -ka/ **I** *adj*: *relating to the Spanish Moors who converted to Christianity.*
II *sm/f* Morisco (*Spanish Moor who converted to Christianity*).

mormón, -mona /mor'mon -'mona/ *adj, sm/f* Mormon.

moro, -ra /'moro -ra/ **I** *adj* **1.** (*Hist*: *del norte de África*) Moorish. **2.** (*musulmán*) Moslem, Muslim. **3.** (*fam: marido, novio*): **ya sabes que es muy moro** you know how jealous and domineering he is.
II *sm/f* **1.** (*Hist*: *norteafricano*) Moor • **no hay moros en la costa** the coast is clear. **2.** (*musulmán*) Moslem, Muslim.
III moro *sm* (*fam*: *marido o novio celoso*) *jealous, domineering husband * boyfriend.*

morocho, -cha /mo'rotʃo -tʃa/ **I** *adj* (*Amér S*: *de pelo moreno*) dark-haired; (*: de piel morena*) dark-skinned, swarthy.
II *sm/f* **1.** (*Amér S*: *de pelo moreno: hombre*) dark-haired man; (*: mujer*) (*GB*) brunette, (*US*) brunet; (*: persona de piel morena*) dark-skinned * swarthy person. **2.** (*Arg, Urug*: *fam, negro*) black person. **3.** (*Ven*: *mellizo*) twin.

moroso, -sa /mo'roso -sa/ **I** *adj* slow in paying.
II *sm/f* slow * late payer, doubtful debtor.

morral /mo'rral/ *sm* **1.** (*de cazador*) gamebag. **2.** (*de caballería*) nosebag.

morralla /mo'rraʎa/ *sf* **1.** (*cosas inútiles*) junk, trash. **2.** (*gentuza*) rabble, riffraff. **3.** (*fam*: *calderilla*) small change.

morriña /mo'rriɲa/ *sf* homesickness.

morro /'morro/ *sm* **1.** (*hocico*) snout. **2.** (*fam*: *de una persona*) mouth • **se bebió la cerveza a morro** he drank the beer straight from the bottle • **¿qué te he hecho para que estés de morros conmigo?** what have I done to upset you? • **¡qué morro tienes!** you have a cheek * a nerve! • **¡tiene un morro que se lo pisa!** he has an incredible cheek! • **entramos en el estadio por el morro** we walked into the stadium without paying. **3.** (*de un vehículo, un avión*) nose, front.

morrocotudo, -da /morroko'tuðo -ða/ *adj* (*fam*) tremendous: **me dio un susto morrocotudo** it gave me a tremendous * terrible fright.

morrón /mo'rron/ *sm* (*also* **morrón colorado**) (*Arg, Urug*) (sweet) red pepper, pimento.

morsa /'morsa/ *sf* walrus.

morse /'morse/ *sm* Morse (code).

mortaja /mor'taxa/ *sf* **1.** (*de un cadáver*) shroud. **2.** (*Amér L*: *papel de fumar*) cigarette paper.

mortal /mor'tal/ **I** *adj* **1.** (*que ha de morir*) mortal: **somos seres mortales** we are mortal beings. **2.** (*que produce la muerte*) fatal: **el accidente fue mortal** it was a fatal accident; **una dosis mortal** a lethal * fatal dose • **se tienen un odio mortal** they bitterly hate each other. **3.** (*agotador*) exhausting: **la subida a pie fue mortal** the climb was exhausting. **4.** (*cadavérico*) deathly: **una palidez mortal** a deathly pallor.
II *sm/f* mortal: **los mortales** mortals, mortal men.

mortalidad /mortali'ðað/ *sf* mortality.

mortandad /mortan'dað/ *sf* loss of life.

mortecino, -na /morte'θino -na/ *adj* **1.** (*iluminación*) dim. **2.** (*color*) faded, dull.

mortero /mor'tero/ *sm* (*Arquit, Culin, Mil*) mortar.

mortífero, -ra /mor'tifero -ra/ *adj* lethal, deadly.

mortificar /mortifi'kar/ [⇨sacar] *vt* **1.** (*atormentar*) to torment. **2.** (*Relig*) to mortify.
mortificarse *v prnl* to torture oneself: **no te mortifiques, no fue culpa tuya** don't torture yourself, it wasn't your fault.

mortuorio, -ria /mor'tworjo -rja/ *adj* funeral: **el coche mortuorio** the funeral car * the hearse.

moruno, -na /mo'runo -na/ *adj* **1.** (*de los moros*) Moorish. **2.** (*Culin*) ⇨pincho

mosaico /mo'saiko/ *sm* **1.** (*Artes, Arquit*) mosaic. **2.** (*conjunto variado*) patchwork: **el país es un mosaico de razas y culturas** the country is a patchwork of races and cultures.

mosca /'moska/ **I** *sf* **1.** (*insecto*) fly • **¿qué mosca lo ha picado?** what's got into him? • **estamos esperando por si las moscas** we're waiting just in case • **están con * tienen la mosca detrás de la oreja** they have their suspicions • **se distrae con el vuelo de una mosca** his attention wanders at the least little thing. **2.** (*barba*) goatee beard. **3.** (*fam*: *dinero*) cash, dough • **¡venga, suelta la mosca!** come on, cough up!
II *adj inv* **1.** (*fam*: *escamado*) suspicious: **tus idas y venidas lo tienen mosca** your comings and goings are making him suspicious. **2.** (*fam*: *enojado*) annoyed: **sigue mosca** *con* **ellos** she's still annoyed * angry with them. **3.** (*en boxeo*) flyweight: **la final de la**

categoría mosca the final of the flyweight competition.

moscardón /moskar'ðon/ *sm* **1.** (*Zool*: *de color: pardo*) botfly; (*: azulado*) blowfly, bluebottle. **2.** (*fam*: *pelma*) pest, pain in the neck.

moscatel /moska'tel/ **I** *adj* (*uva, vino*) muscatel.
II *sm* (*vino*) muscatel (wine).
III *sf* (*uva*) muscatel grape.

moscón /mos'kon/ *sm* ➪ moscardón

Moscú /mos'ku/ *sm* Moscow.

mosqueado, -da /moske'aðo -ða/ *adj* (*fam*) **1.** (*enojado*) annoyed. **2.** (*escamado*) suspicious.

mosquear /moske'ar/ [➪ CANTAR] *vt* (*fam*) **1.** (*enojar*) to annoy. **2.** (*escamar*) to make suspicious: **me mosqueó ver la luz encendida a esas horas** seeing the light on at that time made me suspicious.

mosquearse *v prnl* (*fam*) **1.** (*enojarse*) to get annoyed: **se mosquea** *por* **cualquier cosa** he gets annoyed over the slightest thing. **2.** (*escamarse*) to become suspicious.

mosqueo /moske'o/ *sm* (*fam*) **1.** (*enfado*) anger: **¡qué mosqueo pilló!** she got very cross ∗ annoyed. **2.** (*recelo*): **tenían un poco de mosqueo** *con* **tantas idas y venidas** they were a little suspicious of all his comings and goings.

mosquetero /moske'tero/ *sm* musketeer.

mosquetón /moske'ton/ *sm* **1.** (*Hist*: *arma*) musket. **2.** (*Tec, Dep*) snap link.

mosquita /mos'kita/ *sf* small fly.

mosquita muerta *sf* (*fam*): **no te fíes de él, parece una mosquita muerta pero...** don't trust him, he looks as if butter wouldn't melt in his mouth but....

mosquitera /moski'tera/ *sf*, **mosquitero** /moski'tero/ *sm* (*para una cama*) mosquito net; (*para una puerta, una ventana*) mosquito netting.

mosquito /mos'kito/ *sm* mosquito.

mostacho /mos'tatʃo/ *sm* (*GB*) (bushy) moustache, (*US*) (bushy) mustache.

mostaza /mos'taθa/ *sf* mustard.

mosto /'mosto/ *sm* (*para hacer vino*) must, grape juice; (*bebida*) grape juice.

mostrador /mostra'ðor/ *sm* (*en un comercio*) counter: **pregunte en el mostrador de información** ask at the information desk; (*en un bar, un café*) bar, counter.

mostrar /mos'trar/ [➪ contar] *vt* **1.** (*gen*) to show: **muéstrame dónde lo encontraste** show me where you found it; **muéstranos cómo funciona** show us how it works. **2.** (*manifestar*) to display: **mostró una falta de cortesía imperdonable** he displayed an unforgivable lack of courtesy; **mostró una gran alegría al vernos** she seemed to be delighted to see us.

mostrarse *v prnl* to appear: **se mostraba confuso, casi aturdido** he appeared to be confused, almost dazed; **siempre se muestra muy amable con nosotros** she is always very kind to us; **se mostró muy agresivo** he was very aggressive, he behaved very aggressively.

mostrenco, -ca /mos'treŋko -ka/ (*fam*) **I** *adj* stupid.
II *sm/f* idiot.

mota /'mota/ *sf* **1.** (*porción pequeña*) speck, fleck: **no había ni una mota de polvo** there wasn't a speck of dust. **2.** (*mancha*) spot.

mote /'mote/ *sm* **1.** (*sobrenombre*) nickname: **les pusieron mote a todos los profesores** they gave all the teachers nicknames. **2.** (*Amér S*: *maíz cocido*) (*GB*) boiled maize, (*US*) boiled corn.

moteado, -da /mote'aðo -da/ *adj* dotted.

motel /mo'tel/ *sm* motel.

motín /mo'tin/ *sm* (*militar, en un barco*) mutiny; (*en una cárcel*) riot.

motivación /motiβa'θjon/ *sf* motivation.

motivar /moti'βar/ [➪ CANTAR] *vt* **1.** (*originar*) to lead to, to give rise to: **fue su mal comportamiento lo que motivó su expulsión** it was his bad behaviour that led to his expulsion. **2.** (*estimular*) to motivate: **sabe cómo motivar a sus alumnos** she knows how to motivate her students.

motivo /mo'tiβo/ *sm* **1.** (*razón*) reason: **nadie sabe el motivo** *de* **este cambio** nobody knows the reason for this change; **algún motivo tendrá** she must have a reason; **tengo motivos** *para* **quejarme** I have grounds ∗ cause for complaint; **su actuación ha sido motivo** *de* **duras críticas** his performance has given rise to harsh criticism; **hicieron una fiesta** *con* **motivo** *de* **su regreso** they had a party to celebrate his return. **2.** (*Artes, Mús*) motif.

moto /'moto/ *sf* motorbike.

motocarro /moto'karro/ *sm*: *three-wheeled motorcycle used for deliveries.*

motocicleta /motoθi'kleta/ *sf* motorcycle.

motociclismo /motoθi'klizmo/ *sm* motorcycling.

motociclista /motoθi'klista/ *sm/f* motorcyclist.

motocross /moto'kros/ *sm* motocross.

motoneta /moto'neta/ *sf* (*Amér L*) motor scooter.

motor, -tora /mo'tor -tora/ **I** *adj* driving: **la fuerza motora** the driving force.
II motor *sm* **1.** (*gen*) motor: **tiene un pequeño motor eléctrico** it has a small electric motor; **las exportaciones son el motor de la empresa** exports are the lifeblood of the company. **2.** (*Auto*) engine: **los coches estaban calentando motores** the cars were warming up their engines.

motor a reacción *sm* jet engine.

motor de arranque *sm* starter motor.

motor de explosión *sm* internal combustion engine.

motor fuera borda *sm* outboard motor ∗ engine.

motora /mo'tora/ *sf* (*Náut*) motorboat.

motorista /moto'rista/ *sm/f* **1.** (*gen*) motorcyclist, motorcycle rider. **2.** (*policía*) *police officer equipped with a motorcycle.*

motorizar /motori'θar/ [➪ cazar] *vt* to motorize.

motorizarse *v prnl* (*fam*) to get a car/motorbike.

motosierra /moto'sjerra/ *sf* chain saw.

motriz /mo'triθ/ *adj* [**motrices**] driving: **fuerza motriz** driving force.

movedizo, -za /moβe'ðiθo -θa/ *adj* **1.** (*movible*) movable. **2.** (*inestable*) unsteady.

mover /mo'βer/ [➪ table: mover] *vt* **1.** (*desplazar*) to move: **ayúdame a mover la mesa** help me move the table; **el perro movía el rabo** the dog was wagging its tail. **2.** (*Tec*: *accionar*) to drive: **este motor mueve la máquina** this motor drives the machine. **3.** (*agilizar*) to speed up: **debes mover el asunto de tu permiso de trabajo** you must do something to speed up the work permit problem. **4.** (*a hacer algo*): **su situación me movió** *a* **ayudarlo** his plight moved me to help him; **sólo la mueve su propio interés** she is driven purely by self-interest; **es un cantante que mueve masas** he's a singer who has a huge following.
♦ *vi*: **la situación de los refugiados movía** *a* **compasión** the plight of the refugees aroused compassion.

moverse *v prnl* **1.** (*desplazarse*) to move: **no te muevas de aquí** don't move from this spot; **se me mueve un diente** one of my teeth is loose. **2.** (*darse prisa*) to get a

mover	
INDICATIVE	SUBJUNCTIVE
Present muevo mueves mueve movemos movéis mueven	**Present** mueva muevas mueva movamos mováis muevan
IMPERATIVE	
(tú) mueve (vosotros) moved	(usted) mueva (ustedes) muevan
For the rest of the tenses ⇨ TEMER (in appendix)	

move on, to get one's skates on: **¡muévete!** get a move on! **3.** (*actuar con diligencia*) to work hard: **me tuve que mover para conseguir las entradas** I had to work hard to get the tickets. **4.** (*desenvolverse*) to move: **no nos movemos en los mismos ambientes** we don't move in the same circles.

movida /mo'βiða/ *sf* (*fam*) **1.** (*follón*): **menuda movida tener que volver a cambiarnos de casa** what a hassle it's going to be to move house again; **no veas la movida que se organizó** it was absolute chaos. **2.** (*animación*) scene: **la movida madrileña** the Madrid scene.

movido, -da /mo'βiðo -ða/ *adj* **1.** (*activo*) active, busy: **ha tenido una vida muy movida** she has led a very active life. **2.** (*fotografía*) blurred.

móvil /'moβil/ **I** *adj* mobile.
II *sm* **1.** (*razón*) motive: **todavía se desconoce el móvil** *del* **asesinato** the motive for the murder is still unknown. **2.** (*Artes*) mobile.

movilidad /moβili'ðað/ *sf* **1.** (*para ir a sitios*) mobility: **un coche te da mucha movilidad** a car gives you a lot of mobility. **2.** (*de un miembro*): **perdió la movilidad del brazo izquierdo** she lost the use of her left arm.

movilización /moβiliθa'θjon/ *sf* mobilization.

movilizar /moβili'θar/ [⇨ cazar] *vt* to mobilize.
movilizarse *v prnl* to mobilize: **los bomberos y la policía se movilizaron para buscarlo** the fire service and police mobilized to search for him.

movimiento /moβi'mjento/ *sm* **1.** (*gen*) movement: **libre movimiento de personas y bienes** free movement of people and goods; **dijo que no con un movimiento de cabeza** she said no with a shake of her head; **nos pusimos en movimiento** we set off. **2.** (*Fís, Tec*) motion. **3.** (*actividad*) activity: **ha habido poco movimiento en la bolsa esta semana** there has been little activity on the stock exchange this week. **4.** (*en una cuenta bancaria, una serie numérica, etc.*) movement, operation. **5.** (*Mús*) movement. **6.** (*corriente artística, política, etc.*) movement: **el movimiento** *para* **la liberación de la mujer** the women's liberation movement.

moviola /mo'βjola/ *sf*: **ya veremos esta noche en la moviola si fue penalti** we'll see whether it was a penalty when we see the replay later tonight.

moza /'moθa/ *sf* **1.** (*chica*) (young) girl • **es muy buena moza** she's very good-looking. **2.** (*criada*) maid. **3.** (*Arg, Urug*: *camarera*) waitress.

mozalbete /moθal'βete/ *sm* (*fam*) (young) boy, lad.

mozo, -za /'moθo -θa/ **I** *adj* young: **en mis años mozos** in my youth, in my younger days.
II mozo *sm* **1.** (*chico*) (young) boy, lad • **es muy buen mozo** he's very handsome ✻ good-looking. **2.** (*aprendiz*) assistant: **Pedro trabaja de mozo de almacén** Pedro works as a store assistant. **3.** (*Arg, Urug*: *camarero*) waiter. **4.** (*Mil*) conscript.
mozo, -za de estación *sm/f* porter.

mu /mu/ *sm* • **no dijo ni mu** he didn't say a word.

mucama /mu'kama/ *sf* (*Amér L*) maid.

muchacha /mu'tʃatʃa/ *sf* **1.** (*chica*) girl. **2.** (*criada*) maid.

muchacho /mu'tʃatʃo/ *sm* boy: **bueno, muchacho, me alegro de verte** well, I'm glad to see you.

muchedumbre /mutʃe'ðumbre/ *sf* crowd: **la muchedumbre llenaba la plaza** the crowd filled the square.

mucho, -cha /'mutʃo -tʃa/ **I** *adj* [*always precedes the noun*] **1.** (*gran cantidad de: en singular: gen*) a lot of: **gana mucho dinero** he earns a lot of money; **no tengo mucho dinero** I don't have much ✻ a lot of money; **había mucha gente** there were a lot of ✻ many people; **hacía mucho tiempo que no nos veíamos** we hadn't seen each other for a long time; (*: sueño, hambre, etc.*): **hace mucho frío aquí** it's very cold here; **tengo mucha hambre/sed** I'm very hungry/thirsty. **2.** (*gran cantidad de: en plural*) many: **no tuvieron muchos problemas** they didn't have many problems; **tiene muchos amigos** she has many ✻ lots of friends; **tenemos muchos libros de arte** we have many ✻ a lot of books about art. **3.** (*demasiado*) too much: **es mucho trabajo para una persona sola** it's too much work for just one person.
II *pron* **1.** (*en singular*) a lot: **dice mucho, pero no hace nada** he talks a lot, but does nothing; **"¿Queda agua?" "Sí, mucha."** "Is there any water left?" "Yes, a lot." **2.** (*en plural*) many: **muchos piensan como tú** many ✻ lots of people think like you; **muchas de ustedes ya lo conocen** many of you already know him.
III mucho *adv* a lot: **es una palabra que usa mucho** it's a word that he uses a lot; **solía venir mucho por aquí** he used to come here a lot; **me gusta mucho el deporte** I like sports very much; **últimamente trabajo mucho** I've been working very hard lately; **no ayudaron mucho** they didn't help much ✻ a lot; **¿ha bebido mucho?** has he had much ✻ a lot to drink?; **me encuentro mucho mejor** I feel a lot ✻ much better; **pesa mucho más que la otra** it weighs a lot ✻ much more than the other one; **hace mucho que no sé nada de ellas** I haven't heard from them for a long time; **llévatelo, yo no lo uso mucho** take it, I don't use it much • **como mucho**: **durará como mucho un año más** it will last for another year at the most; **tendrá, como mucho, veinte años** he can't be more than twenty years old • **es, con mucho, el mejor café que he tomado nunca** it's by far the best coffee I've ever had • **mira muy mucho lo que dices** be very careful about what you say • **por mucho que le diga siempre hace lo que quiere** no matter what I say, he always does what he wants • **no son pobres, ni mucho menos** they're not poor at all, far from it.

mucosidad /mukosi'ðað/ *sf* mucus.

muda /'muða/ *sf* **1.** (*de ropa*) change (of clothes). **2.** (*de los pájaros: proceso*) (*GB*) moulting, (*US*) molting; (*: temporada*) (*GB*) moulting season, (*US*) molting season; (*de las serpientes*) sloughing.

mudable /mu'ðaβle/ *adj* changeable.

mudanza /mu'ðanθa/ *sf* **1.** (*gen*) change. **2.** (*de domici-*

lio) move: **la semana que viene no puedo, estoy** *de* **mudanza** I can't make it next week, I'm moving house; **Mudanzas Romero** Romero Removals.

mudar /mu'ðar/ [⇨ CANTAR] *vi* **1.** (*gen*) to change: **yo no he mudado** *de* **opinión** I haven't changed my mind. **2.** (*Zool*: *de plumas*) (*GB*) to moult, (*US*) to molt; (*: de piel*): **en esa época la serpiente muda** *de* **piel** at that time of year snakes shed their skins.
♦*vt* **1.** (*gen*) to change. **2.** (*a un niño*) to change. **3.** (*la voz*): **está mudando la voz** his voice is breaking. **4.** (*la piel*) to shed: **en esa época las serpientes mudan la piel** at that time of year snakes shed their skins. **5.** (*el negocio, la vivienda*) to move.

mudarse *v prnl* **1.** (*de casa*) to move: **nos mudamos a una casa de campo** we moved to a house in the country. **2.** (*de ropa*) to change (one's clothes): **suda tanto que ha de mudarse dos veces al día** he perspires so much he has to change (his clothes) twice a day.

mudéjar /mu'ðexar/ **I** *adj* (*Hist*) *relating to Muslims who swore allegiance to the Christian monarchs*; (*Arquit*) Mudejar (*relating to a style of architecture with strong Islamic influences*).
II *sm/f* (*Hist*) *Muslim who swore allegiance to the Christian monarchs.*

mudez /mu'ðeθ/ *sf* dumbness.

mudo, -da /'muðo -ða/ **I** *adj* **1.** (*Med*: *que no puede hablar*) dumb: **se quedó mudo al saber la verdad** he was speechless when he discovered the truth. **2.** (*sin hablar*) silent: **permaneció muda toda la visita** she remained silent throughout the visit. **3.** (*letra, signo*) silent.
II *sm/f* mute, dumb person.

mueble /'mweβle/ **I** *sm* piece of furniture: **es un mueble muy antiguo** it is a very old piece of furniture.
II muebles *sm pl* furniture: **los muebles son preciosos** the furniture is beautiful; **han alquilado un piso sin muebles** they've rented an unfurnished apartment.

mueca /'mweka/ *sf* (*gen*) face: **se puso a hacerme muecas** he started making * pulling faces at me; (*de dolor*) grimace.

muela /'mwela/ *sf* **1.** (*Anat*) back tooth (*pl* back teeth), molar: **me empastó una muela** he filled one of my back teeth; **tengo un dolor de muelas insoportable** I have an unbearable toothache • **están que echan las muelas con su nuevo jefe** they can't stand their new boss. **2.** (*Tec*: *para afilar*) grindstone; (*para moler*) millstone.

muela del juicio *sf* wisdom tooth (*pl* wisdom teeth).

muelle /'mweʎe/ *sm* **1.** (*de una cama, un vehículo, un reloj*) spring. **2.** (*Náut*: *en un puerto*) wharf, quay. **3.** (*Transp*: *para carga y descarga*) loading bay.

muérdago /'mwerðaɣo/ *sm* mistletoe.

muerdo /'mwerdo/ *and other forms with* ***muerd-*** ⇨ morder

muermo /'mwermo/ *sm* (*fam*) **1.** (*persona, situación*) bore: **la película que vimos era un muermo** the movie we saw was a real bore. **2.** (*somnolencia*) drowsiness: **después de comer me entra el muermo** after lunch I get drowsy.

muero /'mwero/ *and other forms with* ***muer-*** ⇨ morir

muerte /'mwerte/ *sf* **1.** (*gen*) death: **la muerte lo sorprendió mientras dormía** death overcame him as he slept • **me llevé un susto de muerte** I got a terrible fright! • **esta paella está de muerte** this paella is fantastic • **dormimos en una pensión de mala muerte** we stayed overnight in a really horrible guesthouse • **se odian a muerte** they hate each other. **2.** (*referido a un asesinato*): **le dieron muerte en un bar** he was murdered in a bar. **3.** (*final*) end, death: **esa derrrota supuso la muerte del imperio** that defeat meant the end of the empire.

muerto, -ta /'mwerto -ta/ **I** *past participle of* ⇨ morir
II *adj* **1.** (*fallecido*) dead: **creo que está muerto** I think he's dead • **no tiene donde caerse muerto** he hasn't a penny to his name. **2.** (*sin animación*): **en invierno, este pueblo está muerto** this village is dead in winter. **3.** (*fam*: *cansado*) exhausted, shattered: **esa caminata me ha dejado muerto** I'm exhausted after that hike. **4.** (*fam*: *para intensificar*): **estoy muerta** *de* **hambre** I could eat a horse; **eso los dejó muertos** *de* **envidia** that made them green with envy; **estaba muerto** *de* **risa** he was splitting his sides laughing.
III *sm/f* (*persona fallecida: gen*) dead person • **se calló como un muerto** he clammed up • **¡es un muerto de hambre!** he's a complete nonentity!; (*: en un accidente*) fatality: **no hubo muertos en el accidente** nobody was killed in the accident.
IV muerto *sm* corpse • **le cargó el muerto a su compañero** he put the blame on his colleague • **le echaron a él el muerto** they made him carry the can • (*Amér L*) **me tocó a mí levantar el muerto** I had to pay the bill.

muesca /'mweska/ *sf* **1.** (*ranura*) groove, slot. **2.** (*corte*) notch.

muestra /'mwestra/ *sf* **1.** (*ejemplar*) sample: **regalan muestras del perfume como promoción** they give away samples of the perfume as part of the promotion; **le sacaron una muestra de sangre** he had a blood sample taken. **2.** (*señal*) sign: **no dieron muestras de estar cansados** they showed no signs of being tired; **le regalaron una pluma** *en* **muestra de su agradecimiento** they gave her a pen as a token of their gratitude. **3.** (*modelo*) model, guide. **4.** (*exposición*) exhibition.

muestrario /mwes'trarjo/ *sm* samples *pl.*

muestreo /mwes'treo/ *sm* (statistical) sampling.

muestro /'mwestro/ *and other forms with* ***muestr-*** ⇨ mostrar

muevo /'mweβo/ *and other forms with* ***muev-*** ⇨ mover

mugido /mu'xiðo/ *sm* moo: **me despertaron los mugidos del ganado** the lowing * mooing of the cattle woke me up.

mugir /mu'xir/ [⇨ surgir] *vi* **1.** (*vaca, toro*) to low, to moo. **2.** (*viento, mar, etc.*) to roar.

mugre /'muɣre/ *sf* grime, grease.

mugriento, -ta /mu'ɣrjento -ta/ *adj* filthy, grimy.

mujer /mu'xer/ *sf* **1.** (*individuo de sexo femenino*) woman (*pl* women): **tu hija está hecha una mujer** your daughter has really grown up • **Rosa es una mujer de rompe y rasga** Rosa is a strong-minded woman • **es una mujer de su casa** she's a good housewife. **2.** (*esposa*) wife (*pl* wives). **3.** (*apelativo*) [generalmente no se traduce]: **¡que sí, mujer!** yes, I tell you!; **mujer, no te preocupes** look, don't worry.

mujer de la limpieza *sf* cleaning woman * lady.

mujer de mundo *sf* woman of the world.

mujer de negocios *sf* businesswoman.

mujer fatal *sf* femme fatale.

mujeriego, -ga /muxe'rjeɣo -ɣa/ **I** *adj* fond of chasing women.
II mujeriego *sm* womanizer, lady-killer.

mula /'mula/ *sf* (*gen*) mule; (*hembra*) she-mule • **es**

terco como una mula he's as stubborn as a mule • **trabajan como mulas** they work very hard.

mulato, -ta /mu'lato -ta/ *adj, sm/f* mulatto (*person having one black and one white parent*).

muleta /mu'leta/ *sf* **1.** (*para caminar*) crutch. **2.** (*de torero*) *red cape attached to a stick.*

muletilla /mule'tiʎa/ *sf* (*Ling*) pet word ∗ phrase.

mullido, -da /mu'ʎiðo -ða/ *adj* soft.

mullir /mu'ʎir/ [⇨table: mullir] *vt* (*un colchón*) to plump up.

mullir	
INDICATIVE	SUBJUNCTIVE
Preterite mullí mulliste mulló mullimos mullisteis mulleron	**Imperfect** mullera *or* mullese mulleras *or* mulleses mullera *or* mullese mulléramos *or* mullésemos mullerais *or* mulleseis mulleran *or* mullesen
PRESENT PARTICIPLE	
mullendo	
For the rest of the tenses ⇨ PARTIR (in appendix)	

mulo /'mulo/ *sm* mule • **está hecho un mulo** he is as strong as an ox.

multa /'multa/ *sf* (*gen*) fine; (*Auto*) ticket: **me pusieron una multa por exceso de velocidad** I was fined for speeding ∗ I got a ticket for speeding.

multar /mul'tar/ [⇨CANTAR] *vt* to fine: **me multaron** *por* **exceso de velocidad** I got fined ∗ I got a ticket for speeding.

multilingüe /multi'liŋgwe/ *adj* multilingual.

multimillonario, -ria /multimiʎo'narjo -rja/ *adj, sm/f* multimillionaire.

multinacional /multinaθjo'nal/ *adj, sf* (*Fin*) multinational.

múltiple /'multiple/ *adj* **1.** (*gen*) multiple: **sufre una fractura múltiple de fémur** he is suffering from a multiple fracture of the femur. **2. múltiples** (*muchos*) numerous, many: **coincidimos en múltiples ocasiones** we met on numerous occasions.

multiplicación /multiplika'θjon/ *sf* multiplication.

multiplicar /multipli'kar/ [⇨sacar] *vt* to multiply: **multiplícalo** *por* **ocho** multiply it by eight.
♦*vi* to multiply.

multiplicarse *v prnl* **1.** (*seres vivos, ventas, etc.*) to multiply: **los beneficios se han multiplicado en el último año** profits have multiplied in the past year. **2.** (*esforzarse*): **se multiplica para atender su trabajo, la casa y los niños** he almost has to be in three places at once to do his job and look after his house and children.

multiplicidad /multipliθi'ðað/ *sf* multiplicity, variety.

múltiplo /'multiplo/ *sm* (*Mat*) multiple.

multipropiedad /multipropie'ðað/ *sf* time sharing.

multitud /multi'tuð/ *sf* **1.** (*gentío*) crowd: **habló a la multitud desde el balcón** she spoke to the crowd from the balcony; **había multitud** *de* **personas en el concierto** there were crowds of people at the concert. **2.** (*infinidad*) multitude: **has tenido multitud** *de* **ocasiones para ir a verlo** you have had countless opportunities to go and see it.

multitudinario, -ria /multituði'narjo -rja/ *adj* mass: **la manifestación fue multitudinaria** it was a mass demonstration.

mundanal /munda'nal/, **mundano, -na** /mun'dano -na/ *adj* worldly.

mundial /mun'djal/ **I** *adj* world: **durante la Segunda Guerra Mundial** during the Second World War, during World War Two; **alcanzó fama mundial en poco tiempo** she achieved worldwide fame in a short time; **a escala mundial** on a worldwide scale, on a world level.
II *sm* (*Dep*: *gen*) world championship; (*: de fútbol*) World Cup: **se dio a conocer en el Mundial** ∗ **los Mundiales de España** he came to prominence during the World Cup in Spain.

mundillo /mun'diʎo/ *sm* (*fam*) circles *pl*: **goza de cierto prestigio en el mundillo teatral** he enjoys a certain amount of prestige in theatrical circles.

mundo /'mundo/ *sm* world: **muchas sectas vaticinan el fin del mundo** many sects predict the end of the world; **el mundo de los sueños** the world of dreams; **el mundo del cine le rindió homenaje** the film world paid tribute to him; **lo conocen en todo el mundo** he is known everywhere ∗ worldwide; **no sabemos si hay vida en otros mundos** we do not know whether there is life on other planets; **no te enteras de nada, parece que vives en otro mundo** you don't notice anything, you seem to be in a world of your own; **todo el mundo vino a nuestra fiesta** everybody came to our party • **se le cayó el mundo encima al saber la noticia** the bottom fell out of his world when he heard the news • **viven en el fin del mundo** they live in the middle of nowhere • **¡el mundo es un pañuelo!** it's a small world! • **desde que el mundo es mundo ha habido guerras** ever since time began, there have always been wars • **no vendería esta sortija por nada del mundo** I wouldn't sell this ring for all the tea in China • **la casa no es nada del otro mundo** the house is nothing to write home about.

munición /muni'θjon/ *sf*, **municiones** /muni'θjones/ *sf pl* ammunition.

municipal /muniθi'pal/ **I** *adj* municipal: **fueron a la piscina municipal** they went to the municipal ∗ local swimming-pool; **pronto se celebrarán las elecciones municipales** the municipal ∗ local elections will be held soon.
II *sm/f* (local) police officer (*mainly responsible for traffic and minor offences*).

municipio /muni'θipjo/ *sm* **1.** (*división administrativa*) town, municipality: **un municipio de diez mil habitantes** a town with ten thousand inhabitants. **2.** (*vecinos*) local inhabitants *pl.* **3.** (*organismo*) town ∗ city council, city hall, (*GB*) town hall.

muñeca /mu'ɲeka/ *sf* **1.** (*Anat*) wrist. **2.** (*Juegos*) doll. **3.** (*fam*: *niña o mujer guapa*) angel, doll: **es una muñeca** she is really cute. **4.** (*fam*: *al dirigirse a una chica*): **buenas noches, muñeca** evening, sweetheart ∗ baby.

muñeco /mu'ɲeko/ *sm* **1.** (*Juegos*) (male) doll; (*de ventrílocuo*) dummy. **2.** (*persona débil*) puppet: **lo han manejado como a un muñeco** they've manipulated him like a puppet.

muñeco de nieve *sm* snowman.

muñeco de peluche *sm* cuddly toy.

muñeco de trapo *sm* soft toy.

muñeira /mu'ɲeira/ *sf*: *Galician folk dance.*

muñequera /muɲe'kera/ *sf* wristband.
muñón /mu'ɲon/ *sm* stump.
mural /mu'ral/ **I** *adj* mural.
II *sm* (*Artes*) mural; (*Educ*) wall display.
muralla /mu'raʎa/ *sf* (city) wall: **la Gran Muralla china * de China** the Great Wall of China.
murciano, -na /mur'θjano -na/ **I** *adj* of * from Murcia.
II *sm/f* native * inhabitant of Murcia.
murciélago /mur'θjelaɣo/ *sm* bat.
murga /'murɣa/ *sf* group of street musicians • **no me des la murga** stop being such a nuisance, stop bugging me.
murmullo /mur'muʎo/ *sm* (*de voces*) murmur, murmuring; (*de agua*) babbling; (*de hojas*) rustling.
murmuraciones /murmura'θjones/ *sf pl* gossip: **su conducta fue objeto de murmuraciones** her behaviour caused a lot of gossip.
murmurador, -dora /murmura'ðor -'ðora/ **I** *adj* gossipy, gossiping.
II *sm/f* busybody, gossip.
murmurar /murmu'rar/ [⇨ CANTAR] *vi* **1.** (*hablar en voz baja*) to whisper. **2.** (*quejarse*) to murmur, to mutter. **3.** (*criticar*) to gossip. **4.** (*brisa*) to murmur: **el viento murmuraba entre los árboles** the wind murmured among the trees.
♦ *vt* **1.** (*decir en voz baja*) to whisper. **2.** (*quejarse de*) to mutter: **¿qué andas murmurando?** what are you grumbling about?
muro /'muro/ *sm* wall: **el Muro de Berlín** the Berlin Wall; **el Muro de las Lamentaciones** the Wailing Wall.
murria /'murrja/ *sf* depression, dejection.
mus /mus/ *sm*: *popular Spanish card game.*
musa /'musa/ *sf* muse: **Gala fue la musa de Dalí** Gala was Dalí's muse.
musaraña /musa'raɲa/ *sf* shrew • **no te quedes pensando en * mirando las musarañas** stop daydreaming.
muscular /musku'lar/ *adj* muscular.
musculatura /muskula'tura/ *sf* muscles *pl*, musculature.
músculo /'muskulo/ *sm* muscle: **levanta pesas para hacer músculos** he does weightlifting to build up his muscles.
musculoso, -sa /musku'loso -sa/ *adj* muscular.
museo /mu'seo/ *sm* museum.
museo de cera *sm* waxworks.
musgo /'muzɣo/ *sm* moss.
música /'musika/ *sf* music • **se fue con la música a otra parte** he cleared off • **nos sonó a música celestial** (*fue un alivio, una buena noticia, etc.*) it was music to our ears; (*no entendimos*) we didn't understand a word.
música ambiental *sf* piped music.
música clásica *sf* classical music.
música de fondo *sf* background music.
música enlatada *sf* canned music.
música ligera *sf* light music.
musical /musi'kal/ *adj, sm* musical.
músico, -ca /'musiko -ka/ **I** *adj* musical.
II *sm/f* musician.
musiquilla /musi'kiʎa/ *sf* tune, jingle: **se me ha pegado la musiquilla del anuncio** I can't get the advertising jingle out of my head.
musitar /musi'tar/ [⇨ CANTAR] *vt* (*frml*) to murmur: **musitó una disculpa** he murmured an apology.
muslera /mus'lera/ *sf* (*como tratamiento*) thigh support; (*como prevención*) thigh pad.
muslo /'muslo/ *sm* **1.** (*de persona*) thigh. **2.** (*de pollo*) leg.
mustio, -tia /'mustjo -tja/ *adj* **1.** (*vegetación*) withered, wilting. **2.** (*persona*) gloomy, downhearted.
musulmán, -mana /musul'man -'mana/ *adj, sm/f* Moslem, Muslim.
mutación /muta'θjon/ *sf* **1.** (*cambio*) transformation. **2.** (*Biol*) mutation.
mutante /mu'tante/ *adj, sm/f* mutant.
mutar /mu'tar/ [⇨ CANTAR] *vi* to mutate.
mutarse *v prnl* to mutate.
mutilación /mutila'θjon/ *sf* mutilation.
mutilado, -da /muti'laðo -ða/ **I** *adj* crippled, mutilated.
II *sm/f* disabled person, cripple.
mutilado de guerra *sm* (*GB*) disabled ex-serviceman, (*US*) disabled war veteran.
mutilar /muti'lar/ [⇨ CANTAR] *vt* to mutilate.
mutua /'mutwa/, **mutualidad** /mutwali'ðað/ *sf* (*GB*) friendly society, (*US*) benefit society.
mutuo, -tua /'mutwo -twa/ *adj* mutual: **nos tenemos una antipatía mutua** we have a mutual dislike for one another.
muy /mwi/ *adv* **1.** (*gen*) very: **hizo el examen muy mal** he did very badly in the exam; **quita las manchas por muy sucia que esté la ropa** it gets the stains out, however dirty the clothes may be; **es muy hombre** he's a real man • **es muy de Ana llegar tarde** it's typical of Ana * it's just like Ana to arrive late. **2.** (*demasiado*): **conduce muy rápido para mi gusto** he drives too fast for my liking.

N

N, n /'ene/ *sf* (*letra*) N, n.

N **1.** *pronounced* /'norte/ (*abbreviation of* **Norte**) N (North). **2.** *pronounced* /'njuton/ (*abbreviation of* **newton**) N (newton). **3.** *pronounced* /ni'troxeno/ (*abbreviation of* **nitrógeno**) N (nitrogen).

n/ *pronounced* /'nwestro -tra/ (*abbreviation of* **nuestro -tra**) our.

n. *pronounced* /na'θiðo -ða/ (*abbreviation of* **nacido -da**) b. (born).

nabo /'naβo/ *sm* turnip.

nácar /'nakar/ *sm* mother-of-pearl.

nacatamal /nakata'mal/ *sm* (*Amér C, Méx*) *pork tamale* ⇨tamal.

nacer /na'θer/ [⇨agradecer] *vi* **1.** (*mamíferos*) to be born: **queremos visitar el pueblo donde nació** we want to visit the village where she was born; **es el primer oso panda que nace en el zoo** it is the first panda to be born in the zoo; **nació** *para* **el éxito** she was born to be successful; **nació en el seno de una ilustre familia** he was born into a very distinguished family • **¿es que te crees que nací ayer?** do you think I was born yesterday? • **es como si hubiera vuelto a nacer** it's a miracle that he's alive. **2.** (*aves, reptiles, etc.*) to hatch (out). **3.** (*aparecer: plantas*) to come up; (*: cabello, plumas*) to start to grow. **4.** (*derivarse*): **sus problemas nacen** *de* **su inseguridad** her problems spring from her feeling of insecurity. **5.** (*iniciarse*) to originate: **este movimiento artístico nació en París** this artistic movement originated in Paris; **aquí nace un arroyo que...** a stream rises here which...; **partimos al nacer el día** we set off at dawn.

nacido, -da /na'θiðo -ða/ **I** *adj* born: **las personas nacidas antes de 1919...** people born before 1919....
II *sm/f*: **los nacidos en 1982 cumplirán dieciocho años en el año 2000** those born in 1982 will be eighteen in the year 2000.

naciente /na'θjente/ *adj* (*incipiente: gen*) new; (*: sol*) rising.

nacimiento /naθi'mjento/ *sm* **1.** (*de una persona, un animal*) birth: **es ciego** *de* **nacimiento** he's been blind from birth. **2.** (*origen: de un río*) source; (*: del cabello*) roots *pl*. **3.** (*escena navideña*) crib, Nativity scene.

nación /na'θjon/ *sf* nation: **la noticia de su muerte consternó a la nación** the news of his death shocked the nation; **se van a mejorar las carreteras de toda la nación** (the) roads are going to be improved nationwide.

nacional /naθjo'nal/ **I** *adj* **1.** (*Geog, Pol*) national. **2.** (*producción, vuelo*) domestic: **la huelga sólo afecta a los vuelos nacionales** the strike only affects domestic flights.
II los nacionales *sm pl* (*Hist: en España*) the Nationalists *pl* (*the military forces under Franco*).

nacionalidad /naθjonali'ðað/ *sf* nationality.

nacionalismo /naθjona'lizmo/ *sm* nationalism.

nacionalista /naθjona'lista/ **I** *adj* nationalist, nationalistic.
II *sm/f* nationalist.

nacionalización /naθjonaliθa'θjon/ *sf* **1.** (*como ciudadano*) naturalization. **2.** (*de una empresa, una industria, etc.*) nationalization.

nacionalizar /naθjonali'θar/ [⇨cazar] *vt* **1.** (*dar la nacionalidad a*) to naturalize, to grant citizenship to. **2.** (*estatalizar*) to nationalize.
nacionalizarse *v prnl* to be naturalized: **se nacionalizó francés en 1985** he became a French citizen in 1985, he was naturalized in France in 1985.

Naciones Unidas /na'θjones u'niðas/ *sf pl* United Nations [lleva el verbo en singular o plural].

naco, -ca /'nako -ka/ (*Méx: fam*) **I** *adj* common.
II *sm/f* pleb.

nada /'naða/ **I** *pron indefinido* **1.** (*ninguna cosa: gen*) nothing: **nada le conviene** nothing suits him; **todo el verano trabajando** *para* **nada** I worked all summer, and all for nothing; (*: cuando se usa* **no** *delante del verbo*) anything: **no sé nada** *de* **él** I don't know anything about him; **no pienso decir nada más** I do not intend to say anything else; **no he comido nada en todo el día** I haven't eaten anything all day, I've eaten nothing all day; **no me creo nada** *de* **lo que dijo** I don't believe a word he said • **"Gracias." "De nada."** "Thank you." "You're welcome." ✻ "Don't mention it."; **"¿Algo más, señora?" "No, nada más."** "Anything else, madam?" "No, that's all." • **tiene un cuadro de Picasso, ¡ahí es nada!** he has a painting by Picasso, which is quite something! • **me dijo que me despedía, como si nada** she told me that she was firing me, just like that • **no te preocupes, vuelvo dentro de nada** don't worry, I'll be back in no time • **fui a cenar con el embajador, nada menos** I went to dinner with the ambassador, no less • **no estoy enfadado, para nada** I'm not annoyed, not in the least • **nada más llegar le dieron la noticia** he had just arrived when he was told the news. **2.** (*en preguntas*) anything: **¿habías visto antes nada igual?** had you ever seen anything like it? **3.** (*en tenis*) love: **quince a nada** fifteen love.
II *adv* (*en absoluto*): **su último libro no me ha gustado nada** I didn't like her latest book at all; **este coche no corre nada** this car scarcely goes at all.
III la nada *sf* nothingness: **para algunos, después de la muerte viene la nada** some people believe that after death there is nothing.

nadador, -dora /naða'ðor -'ðora/ *sm/f* swimmer.

nadar /na'ðar/ [⇨CANTAR] *vi* to swim • **nadan en la abundancia** they're living in the lap of luxury.

nadería /naðe'ria/ *sf* (*algo de poca importancia*) minor matter; (*algo de poco valor*) trifle, little something.

nadie /'naðje/ *pron indefinido* **1.** (*como sujeto*) nobody, no one: **nadie vino a recibirnos** ✻ **no vino nadie a recibirnos** nobody came to meet us; **no nos lo había dicho nadie** nobody had told us. **2.** (*como complemento*): **no se lo contó a nadie** he didn't tell anybody

∗ anyone, he told no one; **¿no has visto a nadie?** haven't you seen anybody ∗ anyone? • **tú no eres nadie para mandarme** you have no right to give me orders.

nado /'naðo/ **a nado** *loc adv*: **tuvimos que cruzar el río a nado** we had to swim across the river.

NAFTA /'nafta/ (*siglas en inglés de* **Zona de Libre Comercio del Atlántico Norte**) NAFTA (North Atlantic Free Trade Agreement).

nafta /'nafta/ *sf* **1.** (*Quím*) naphtha. **2.** (*Arg, Urug: gasolina*) (*GB*) petrol, (*US*) gasoline.

naftalina /nafta'lina/ *sf* (*Quím*) naphthalene; (*para la ropa*) mothballs *pl*.

naif /'naif/ *adj* (*Artes*) naive.

nailon /'nailon/ *sm* nylon.

naipe /'naipe/ *sm* (playing) card.

nalga /'nalɣa/ *sf* buttock.

nana /'nana/ *sf* (*canción*) lullaby • **tienen un coche del año de la nana** their car is absolutely ancient.

nanay /na'nai/ *adv* (*fam*) no way: **quería que se lo prestara, pero le dije que nanay** he asked if he could borrow it, but I said no way.

nao /'nao/ *sf* vessel.

napa /'napa/ *sf* nappa (*soft leather*).

napalm /na'palm/ *sm* napalm.

napia /'napja/ *sf* (*fam: nariz*) (big) hooter.

naranja /na'raŋxa/ **I** *sf* (*fruto, color*) orange • **¡dile que naranjas de la China!** tell him to get lost!
II *adj inv, sm* (*color*) orange.
naranja sanguina *sf* blood orange.

naranjada /naraŋ'xaða/ *sf* orange drink.

naranjo /na'raŋxo/ *sm* orange tree.

narcisismo /narθi'sizmo/ *sm* narcissism.

narcisista /narθi'sista/ **I** *adj* narcissistic.
II *sm/f* narcissist.

narciso /nar'θiso/ *sm* **1.** (*Bot*) daffodil, narcissus. **2.** (*hombre*) narcissist.

narcótico, -ca /nar'kotiko -ka/ **I** *adj* narcotic.
II narcótico *sm* narcotic.

narcotizar /narkoti'θar/ [➪cazar] *vt* to drug (*with a narcotic drug*).

narcotraficante /narkotrafi'kante/ *sm/f* drug trafficker.

narcotráfico /narko'trafiko/ *sm* drugs trade.

nardo /'narðo/ *sm* spikenard.

nariz /na'riθ/ *sf* [**narices**] (*Anat*) nose • **me da en la nariz que no van a venir** I have a feeling they're not going to come • **le gusta meter la nariz ∗ las narices donde no la llaman** she likes sticking her nose into other people's business • **iba por la calle y me di de narices con ella** I was walking along the street and I bumped into her • **tenía la solución delante de las narices** the solution was staring me in the face • **mis vecinos me tienen hasta las narices** I'm fed up with my next-door neighbours • **¿te vas a callar? ¡me estás hinchando las narices!** will you shut up! I'm getting sick and tired of you! • **no hace más que pasarnos ∗ restregarnos por las narices su coche nuevo** he keeps rubbing our noses in the fact that he has a new car • **me lo compré porque se me puso en las narices** I bought it because I felt like it • **déjame, ya me estás tocando las narices** leave me alone, you're getting on my nerves! • **¡llevas todo el día tocándote las narices!** you've spent the whole day doing nothing • **tuvieron un accidente de tres pares de narices** they were involved in a terrible accident • **no hay más narices que esperar hasta mañana** the only thing we can do is to wait until tomorrow • **vas a tener que hacerlo por narices** you'll have to do it whether you like it or not • **hay que tener narices para hacer lo que hizo** you have to have guts to do what he did • **me lo volvió a pedir y le dije que narices** he asked me again and I said no way.
nariz aguileña *sf* aquiline nose.
nariz chata *sf* snub nose.
nariz respingada *sf* (*Amér L*) turned-up nose.
nariz respingona *sf* turned-up nose.

narración /narra'θjon/ *sf* (*acción*) narration; (*estilo literario*) narrative.

narrador, -dora /narra'ðor -'ðora/ *sm/f* narrator.

narrar /na'rrar/ [➪CANTAR] *vt* to narrate, to tell.

narrativa /narra'tiβa/ *sf* narrative.

narrativo, -va /narra'tiβo -βa/ *adj* narrative.

N.ª S.ª *pronounced* /'nwestra se'ɲora/ (*abbreviation of* **Nuestra Señora**) Our Lady, the Virgin.

nasal /na'sal/ *adj, sf* nasal.

nata /'nata/ *sf* (*gen*) cream; (*en la superficie de la leche*) skin.
nata líquida *sf* single cream.
nata montada *sf* whipped cream.

natación /nata'θjon/ *sf* swimming.

natal /na'tal/ *adj* of one's birth: **no regresó a su país natal en más de veinte años** she didn't go back to the country of her birth ∗ to her native land for over twenty years; **es muy famoso en su ciudad natal** he's very famous in his home town.

natalicio /nata'liθjo/ *sm* (*frml*) birthday.

natalidad /natali'ðað/ *sf* birth rate.

natillas /na'tiʎas/ *sf pl* custard.

natividad /natiβi'ðað/ *sf* Nativity.

nativo, -va /na'tiβo -βa/ *adj, sm/f* native: **sólo contratan a profesores de inglés nativos** they only employ English teachers who are native speakers.

nato, -ta /'nato -ta/ *adj* born: **Felipe es un futbolista nato** Felipe is a born footballer.

natural /natu'ral/ **I** *adj* **1.** (*gen*) natural: **está hecho con ingredientes naturales** it's made from natural ingredients; **me encanta que me regalen flores naturales** I love being given fresh flowers. **2.** (*sencillo, sincero*) natural: **nos recibió de una forma muy natural** he greeted us in a very natural way. **3.** (*normal*) natural: **es natural que se enfade** it's only natural that she should feel angry. **4.** (*oriundo*): **es natural** *de* **La Rioja** she comes from La Rioja. **5.** (*Mús*) natural.
II *sm/f* national, native: **los naturales del país no necesitan pasaporte** nationals do not need a passport.
III *sm* **1.** (*temperamento*) nature, character: **tiene un natural pacífico** he is quiet by nature. **2.** (*Artes*): **este cuadro está pintado del natural** this picture is painted from life. **3. al natural** (*sin artificio*): **está más guapa al natural que con tanto maquillaje** she is much prettier as she is rather than with so much make-up on.

naturaleza /natura'leθa/ *sf* **1.** (*gen*) nature: **le gusta estar en contacto con la naturaleza** she likes being in contact with nature; **para explicar un fenómeno de esta naturaleza...** to explain a phenomenon of this nature.... **2.** (*constitución física*) constitution: **es** *de* **una naturaleza muy fuerte** she has a very strong constitution. **3.** (*temperamento*) nature, character: **es un niño** *de* **naturaleza tranquila** he's quiet by nature; **es agresiva** *por* **naturaleza** she is aggressive by nature.

naturaleza muerta *sf* (*Artes*) still life (*pl* still lifes ✻ still lives).

naturalidad /naturali'ðað/ *sf* naturalness: **no actuaba con mucha naturalidad** he was not behaving very naturally.

naturalismo /natura'lizmo/ *sm* naturalism.

naturalista /natura'lista/ **I** *adj* naturalistic.
II *sm/f* naturalist.

naturalizar /naturali'θar/ [➪cazar] *vt* to naturalize, to grant citizenship to.

naturalizarse *v prnl* to become naturalized.

naturalmente /natural'mente/ *adv* of course, naturally.

naturismo /natu'rizmo/ *sm* nudism, naturism.

naufragar /naufra'ɣar/ [➪pagar] *vi* **1.** (*Náut*: *barco*) to go down, to sink; (*: persona*) to be shipwrecked. **2.** (*fracasar*) to fail, to founder: **el plan naufragó por falta de capital** the plan foundered because of insufficient capital.

naufragio /nau'fraxjo/ *sm* **1.** (*Náut*) shipwreck. **2.** (*fracaso*) failure.

náufrago, -ga /'naufraɣo -ɣa/ **I** *adj* shipwrecked.
II *sm/f* (*en una isla*) castaway: **los náufragos llegaron a nado a la costa** the survivors of the shipwreck swam ashore.

náusea /'nausea/ *sf* nausea: **la simple visión de comida le produce náuseas** the mere sight of food makes him feel sick.

nauseabundo, -da /nausea'βundo -da/ *adj* **1.** (*olor*) nauseating. **2.** (*actitud*) sickening, loathsome: **su comportamiento ha sido nauseabundo** his behaviour has been quite loathsome.

náutica /'nautika/ *sf* (*técnica, arte*) seamanship: **es un término de náutica** it's a nautical term.

náutico, -ca /'nautiko -ka/ *adj* nautical.

navaja /na'βaxa/ *sf* **1.** (*instrumento cortante: de bolsillo*) penknife (*pl* penknives); (*: como arma*) knife (*pl* knives). **2.** (*Zool*) (*GB*) razor shell, (*US*) razor clam.

navaja automática *sf* flick knife.

navaja de afeitar *sf* razor.

navajazo /naβa'xaθo/ *sm* stab (*with a flick knife*): **le dieron un navajazo** they stabbed him (with a flick knife).

navajero, -ra /naβa'xero -ra/ *sm/f* thug (*armed with a knife*).

naval /na'βal/ *adj* naval.

Navarra /na'βarra/ *sf* Navarre.

navarro, -rra /na'βarro -rra/ **I** *adj* of ✻ from Navarre.
II *sm/f* native ✻ inhabitant of Navarre.

nave /'naβe/ *sf* **1.** (*Náut*) vessel, ship • **decidimos quemar nuestras naves** we decided to burn our boats. **2.** (*also* **nave espacial**) (*Av*) spacecraft, spaceship. **3.** (*de una iglesia*) nave. **4.** (*de una fábrica*) industrial unit: **tenemos que alquilar una nave de quinientos metros cuadrados** we need to rent an industrial unit of five hundred square metres; (*almacén*) large warehouse.

nave industrial *sf* industrial unit.

navegable /naβe'ɣaβle/ *adj* navigable.

navegación /naβeɣa'θjon/ *sf* **1.** (*técnica*) navigation. **2.** (*buques*) shipping: **han abierto el canal a la navegación** the canal has been opened to shipping; **el pronóstico del tiempo para la navegación** the shipping forecast; **está a un día de navegación de aquí** it's a day's sail from here.

navegación aérea *sf* (*frml*) flying: **la historia de la navegación aérea** the story of flying ✻ flight.

navegante /naβe'ɣante/ **I** *adj* seafaring: **los fenicios fueron un pueblo navegante** the Phoenicians were a seafaring people.
II *sm/f* navigator, seafarer.

navegar /naβe'ɣar/ [➪pagar] *vi* **1.** (*persona: ir en barco*) to navigate; (*: practicar la navegación*) to sail: **este fin de semana vamos a ir a navegar** we're going sailing this weekend; (*barco*) to sail: **el buque navegaba a gran velocidad** the ship was sailing ✻ travelling at great speed. **2.** (*Av*) to fly.

navidad /naβi'ðað/ *sf* Christmas: **¡feliz Navidad!** Happy ✻ Merry Christmas!; **¿dónde vas a pasar las navidades?** where are you spending Christmas?

navideño, -ña /naβi'ðeɲo -ɲa/ *adj* Christmas: **este año no vamos a poner los adornos navideños** we're not going to put up any Christmas decorations this year.

naviera /na'βjera/ *sf* shipping company.

naviero, -ra /na'βjero -ra/ **I** *adj* shipping.
II *sm/f* shipowner.

navío /na'βio/ *sm* ship.

nazareno /naθa'reno/ *sm*: *person who participates in Easter processions as a form of penitence.*

N.B. /'ene βe/ (*abbreviation of* **nota bene**) NB, n.b. (*take note*).

n/c., n/cta. *pronounced* /'nwestra 'kwenta/ (*abbreviation of* **nuestra cuenta**) our account.

NE *pronounced* /no'reste, nor'ðeste/ (*abbreviation of* **noreste ✻ nordeste**) NE (northeast).

neblina /ne'βlina/ *sf* mist.

nebulosa /neβu'losa/ *sf* nebula.

nebuloso, -sa /neβu'loso -sa/ *adj* **1.** (*Meteo*) cloudy, nebulous. **2.** (*vago*) vague: **nos dio una explicación nebulosa** he gave us a vague explanation.

necedad /neθe'ðað/ *sf* **1.** (*cualidad*) stupidity. **2.** (*acción necia*) stupid act: **lo que hizo fue una necedad** what he did was very stupid; (*dicho necio*) piece of nonsense: **no dijo más que necedades** he talked nothing but nonsense.

necesario, -ria /neθe'sarjo -ja/ *adj* **1.** (*imprescindible*) necessary: **espero que prestes la atención necesaria** I hope you'll pay the necessary ✻ required attention; **aunque no te guste, es necesario que lo hagas** even if you don't like it, you have to do it; **si fuera necesario, lo ingresaríamos unos días** if need be, we would admit him to hospital for a few days; **no es necesario que lo acabes hoy** you don't have to finish it today. **2.** (*muy conveniente*): **es necesario que salgas de vez en cuando** it's good for you to go out from time to time.

neceser /neθe'ser/ *sm* (*bolsa de aseo*) toiletries bag, (*GB*) sponge bag; (*maleta pequeña*) overnight bag.

necesidad /neθesi'ðað/ **I** *sf* **1.** (*gen*) necessity: **trabaja tantas horas** *por* **necesidad, no por gusto** she works so many hours because she has to, not because she wants to; **no es un artículo** *de* **primera necesidad** it's not a basic commodity; **esto cubre todas nuestras necesidades** this covers all our needs; **no hay necesidad** *de* **que vengamos mañana** there is no need for us to come tomorrow. **2.** (*dificultad*) need: **siempre me ayudó en momentos de necesidad** she always helped me in times of need. **3.** (*pobreza*) poverty: **al morir el padre quedaron en gran necesidad** when their father died they were left in extreme

poverty; **pasaron muchas necesidades** they went through many hardships.
II **necesidades** *sfpl* (*fisiológicas*): **tienen que ayudarla hasta para hacer sus necesidades** she even has to be helped to go to the toilet.
necesitado, -da /neθesi'taðo -ða/ I *adj*: **estaba necesitado** *de* **cariño** he was in need of love and affection.
II *sm/f* poor person: **es un proyecto para ayudar a los necesitados de la zona** it's a scheme to help the poor and needy in the area.
necesitar /neθesi'tar/ [⇨CANTAR] *vt* to need: **necesitamos más empleados** we need more employees; **necesito que me ayudes** I need you to help me.
necesitarse *v prnl* [*only used in third person*]: **se necesita camarero** waiter required; **¡se necesita ser ingenuo para creerse tal historia!** you have to be very naive to believe a story like that!
necio, -cia /'neθjo -θja/ I *adj* stupid.
II *sm/f* stupid fool.
nécora /'nekora/ *sf* crab.
necrología /nekrolo'xia/ *sf* obituary notice.
necrológica /nekro'loxika/ *sf* obituary notice.
necrológico, -ca /nekro'loxiko -ka/ *adj* obituary: **un artículo necrológico** an obituary notice.
necrópolis /ne'kropolis/ *sf inv* necropolis.
néctar /'nektar/ *sm* **1.** (*Bot*) nectar. **2.** (*zumo de frutas*) sweetened fruit juice.
nectarina /nekta'rina/ *sf* nectarine.
nefasto, -ta /ne'fasto -ta/ *adj* **1.** (*funesto*) ill-fated, bad; (*fam*) **tuvo un día nefasto** he had a really bad day. **2.** (*dañino*) harmful: **la influencia nefasta del alcohol** the harmful effects of alcohol.
negación /neɣa'θjon/ *sf* **1.** (*gen*) negation • **Ana es la negación de la simpatía** Ana is the complete opposite of nice. **2.** (*negativa*) refusal: **su respuesta fue una negación rotunda** her reply was a flat refusal. **3.** (*Ling*) negative.
negado, -da /ne'ɣaðo -ða/ I *adj* hopeless, useless: **era negada** *para* **la música** she was hopeless at music.
II *sm/f* hopeless person.
negar /ne'ɣar/ [⇨regar] *vt* **1.** (*una afirmación, una acusación, etc.*) to deny: **¿vas a negar que estuvieron aquí?** are you going to deny that they were here?; **niega en redondo todas las acusaciones** he flatly denies all the allegations. **2.** (*denegar*) to refuse: **le negaron el pasaporte** he was refused * denied a passport; **nos negó el favor** he refused to do us the favour.
negarse *v prnl* to refuse: **se negó** *a* **participar en la discusión** she refused to take part in the discussion • **nos negamos en redondo * de plano a cambiarnos de habitación** we flatly refused to move to another room.
negativa /neɣa'tiβa/ *sf* **1.** (*de haber hecho algo*) denial; (*de hacer algo*) refusal: **no comprendo su negativa** *al* **diálogo** I can't understand her refusal to talk. **2.** (*a una pregunta*): **me respondió con una negativa** her reply was no; (*a una solicitud, una petición*) refusal: **estoy harto de recibir negativas** I'm fed up with refusals * being turned down.
negativo, -va /neɣa'tiβo -βa/ I *adj* **1.** (*gen*) negative: **los análisis han dado negativo** the results of the tests were negative; **las heladas tuvieron efectos negativos en la cosecha** the frosts had adverse effects on the harvest. **2.** (*pesimista*) negative: **no seas tan negativa** don't be so negative * pessimistic. **3.** (*Mat*) negative, minus.
II **negativo** *sm* (*de una fotografía*) negative.
negligencia /neɣli'xenθja/ *sf* **1.** (*profesional*) negligence. **2.** (*falta de atención*) carelessness: **muchos accidentes ocurren por negligencia de los conductores** many accidents occur because of drivers' carelessness.
negligente /neɣli'xente/ I *adj* (*Jur*) negligent; (*en otros contextos*) careless.
II *sm/f* (*Jur*) person guilty of negligence; (*en otros contextos*) careless person.
negociable /neɣo'θjaβle/ *adj* negotiable.
negociación /neɣoθja'θjon/ *sf* negotiation: **se han negado a acudir a las negociaciones** they have refused to attend the negotiations * talks.
negociado /neɣo'θjaðo/ *sm* **1.** (*departamento*) department. **2.** (*Amér L*: *negocio poco limpio*) shady deal.
negociador, -dora /neɣoθja'ðor -'ðora/ I *adj* negotiating.
II *sm/f* negotiator.
negociante /neɣo'θjante/ I *adj* **1.** (*comerciante*): **es muy negociante** she has a good head for business. **2.** (*aprovechado*) mercenary, ruthless: **no te dejes engañar por él, es muy negociante** don't be taken in by him, he's very mercenary.
II *sm/f* trader.
negociar /neɣo'θjar/ [⇨CAMBIAR] *vi* **1.** (*mantener negociaciones*) to negotiate. **2.** (*comerciar*) to do business: **negocia** *con* **vinos** she is in the wine business.
♦ *vt* to negotiate: **han comenzado a negociar la paz** they have started peace negotiations * talks.
negocio /ne'ɣoθjo/ *sm* **1.** (*actividad comercial*) business: **se ha dedicado a los negocios toda la vida** she's been in business all her life. **2.** (*empresa*) business: **tiene un negocio de perfumería** he has a perfume business; **entre tres han montado un negocio** three of them have started a business; (*tienda*) (*GB*) shop, (*US*) store: **ha abierto un negocio de papelería** he has opened a stationery shop * a stationer's. **3.** (*trato*) deal: **cerraron el negocio con un apretón de manos** they shook hands on the deal.
negocio sucio *sm* shady deal: **la policía sospecha que estaba metido en negocios sucios** the police suspect that he was involved in shady deals.
negra /'neɣra/ *sf* **1.** (*Mús*) crotchet, (*US*) quarter note. **2.** (*fam*: *para expresar mala suerte, dificultad*): **tengo la negra, ahora pincho** I seem to be cursed with bad luck, now I've got a puncture! ⇨negro
negrero, -ra /ne'ɣrero -ra/ I *adj*: *related to the black slave trade.*
II *sm/f* **1.** (*Hist*) slave trader. **2.** (*fam*: *déspota*) slave driver.
negrita /ne'ɣrita/ I *adj* bold.
II *sf* bold (typeface): **los ejemplos tienen que ir** *en* **negrita** the examples have to be in bold.
negro, -gra /'neɣro -ɣra/ I *adj* **1.** (*color*) black • **entramos en una cueva negra como la boca del lobo** we went into a cave which was pitch-black. **2.** (*piel, raza*) black: **tiene un gran interés** *por* **la música negra** she is very interested in black music. **3.** (*fam*: *por el sol*) very tanned: **ha vuelto negro de las vacaciones** he's come back from holiday very tanned. **4.** (*sucio*) filthy: **siempre tiene las uñas negras** his fingernails are always filthy. **5.** (*al referirse a una situación difícil*): **tiene un futuro muy negro** his future looks very black • **las pasé negras hasta que encontré otro trabajo** I had an awful time until I got another job • **nos las vimos negras para encontrar piso** we had a tough time trying to find a flat. **6.** (*fam*: *harto*) fed up: **está negra** *de* **que siempre llegues tarde a**

casa she's fed up with you always getting home late. 7. (*novela, cine*) crime: **se va a celebrar un festival de cine negro** there is going to be a film festival devoted to crime thrillers. 8. (*tabaco*) black.
II *sm/f* (*de raza: gen*) black person; (*: hombre*) black man; (*: mujer*) black woman.
III **negro** *sm* (*color*) black.
negroide /neˈɣroiðe/ *adj* Negroid.
negruzco, -ca /neˈɣruθko -ka/ *adj* blackish.
nene, -na /ˈnene -na/ *sm/f* 1. (*niño*) little boy; (*niña*) little girl. 2. (*apelativo*) baby.
nenúfar /neˈnufar/ *sm* water lily.
neocelandés, -desa /neoθelanˈdes -ˈdesa/ *adj, sm/f* ➪ neozelandés
neoclasicismo /neoklasiˈθizmo/ *sm* neoclassicism.
neoclásico, -ca /neoˈklasiko -ka/ I *adj* neoclassic, neoclassical.
II *sm/f* neoclassicist.
neófito, -ta /neˈofito -ta/ *sm/f* 1. (*Relig*) neophyte. 2. (*recién incorporado*) newcomer.
neolítico, -ca /neoˈlitiko -ka/ I *adj* Neolithic.
II **el neolítico** *sm* the Neolithic.
neologismo /neoloˈxizmo/ *sm* neologism.
neón /neˈon/ *sm* neon.
neoyorquino, -na /neojorˈkino -na/ I *adj* of * from New York.
II *sm/f* New Yorker.
neozelandés, -desa /neoθelanˈdes -ˈdesa/ I *adj* of * from New Zealand.
II *sm/f* New Zealander.
nepotismo /nepoˈtizmo/ *sm* nepotism.
Neptuno /nepˈtuno/ *sm* (*Astron, Lit*) Neptune.
nervio /ˈnerβjo/ I *sm* 1. (*Anat, Med*) nerve: **los nervios responden a los estímulos exteriores** nerves react to external stimuli; (*en la carne, en un filete*) sinew. 2. (*de una bóveda*) rib. 3. (*carácter, energía*) spirit, vigour: **este caballo es un animal de mucho nervio** this horse is a very spirited animal.
II **nervios** *sm pl* nerves *pl*: **los nervios no me dejaron hacer bien el examen** I couldn't do the exam well because I was so nervous • **su testarudez me crispa los nervios** her stubbornness really gets on my nerves • **los nervios de punta**: **tengo los nervios de punta** I'm very tense * on edge; **me pone los nervios de punta verlo tan pasivo** it makes me so cross to see him doing nothing.
nervio óptico *sm* optic nerve.
nerviosismo /nerβjoˈsizmo/ *sm* nervousness.
nervioso, -sa /nerˈβjoso -sa/ *adj* 1. (*Med*) nervous. 2. (*inquieto*) nervous: **estuvo muy nervioso durante la entrevista** he was very nervous during the interview; **me pone nervioso cómo me mira** the way he looks at me makes me nervous * edgy; **¡no te pongas nerviosa!** don't get so worked up!
neto, -ta /ˈneto -ta/ *adj* 1. (*cantidad, peso*) net: **¿cuál es su salario neto?** what is your net salary? 2. (*preciso*) clear: **éste me gusta porque es un dibujo muy neto** I like this one because it's a very clear drawing.
neumático, -ca /neuˈmatiko -ka/ I *adj* pneumatic.
II **neumático** *sm* (*GB*) tyre, (*US*) tire.
neumonía /neumoˈnia/ *sf* pneumonia.
neura /ˈneura/ *sf* (*fam*) 1. (*manía*) craze: **le ha dado la neura** *de* **las motos** now she's crazy about the motorbikes. 2. (*depresión*): **está con la neura** she's feeling a bit down.
neuralgia /neuˈralxja/ *sf* neuralgia.
neurastenia /neurasˈtenja/ *sf* neurasthenia.
neurasténico, -ca /neurasˈteniko -ka/ I *adj* 1. (*Med*) neurasthenic. 2. (*fam: histérico*) hysterical: **no te pongas neurasténica** don't get so worked up * hysterical.
II *sm/f* 1. (*Med*) neurasthenic (person). 2. (*fam: histérico*) hysterical person.
neurología /neuroloˈxia/ *sf* neurology.
neurólogo, -ga /neuˈroloɣo -ɣa/ *sm/f* neurologist.
neurona /neuˈrona/ *sf* neuron, nerve cell.
neurosis /neuˈrosis/ *sf inv* neurosis (*pl* neuroses).
neurótico, -ca /neuˈrotiko -ka/ I *adj* 1. (*Med*) neurotic. 2. (*fam: maniático*) obsessive: **es tan neurótico que no puede ver un papel fuera de su sitio** he's so obsessed with tidiness that he can't stand seeing a piece of paper in the wrong place. 3. (*fam: nervioso*) worked up: **se pone neurótico cuando llegan los exámenes** he gets worked up at exam time.
II *sm/f* 1. (*Med*) neurotic. 2. (*fam: maniático*) obsessive person: **es una neurótica** *del* **orden** she has an obsession about tidiness.
neutral /neuˈtral/ *adj* (*Pol*) neutral.
neutralidad /neutraliˈðað/ *sf* neutrality.
neutralizar /neutraliˈθar/ [➪ cazar] *vt* to neutralize.
neutralizarse *v prnl* to be neutralized.
neutro, -tra /ˈneutro -tra/ *adj* 1. (*color*) neutral. 2. (*Biol, Bot, Zool*) neutral. 3. (*indiferente*) neutral: **hizo un comentario neutro** he made a neutral * noncommittal remark. 4. (*Ling*) neuter.
neutrón /neuˈtron/ *sm* neutron.
nevada /neˈβaða/ *sf* snowfall: **ayer cayó la mayor nevada del invierno** yesterday we had the heaviest snowfall of the winter.
nevado, -da /neˈβaðo -ða/ *adj* (*paisaje*) snow-covered: **en la distancia se veían las montañas nevadas** in the distance the snow-capped mountains could be seen.
nevar /neˈβar/ [➪ pensar] *v impers* to snow: **ha estado nevando toda la noche** it has been snowing all night.
nevasca /neˈβaska/ *sf* snowstorm.
nevera /neˈβera/ *sf* refrigerator, (*GB*) fridge • **esta casa es una nevera** this house is like an icebox.
nevera portátil *sf* cool box.
nevisca /neˈβiska/ *sf* flurry of snow.
newton /ˈnjuton/ *sm* newton.
nexo /ˈnekso/ *sm* link.
ni /ni/ *conj* 1. (*gen*): **ni estudia ni trabaja** he neither studies nor works, he doesn't study or work; **no salimos ni el sábado ni el domingo** we didn't go out on Saturday or Sunday • **¡he dicho que ni hablar!** I've said no, and that means no! 2. (*siquiera*) not even: **no quiero ni pensarlo** I don't even want to think about it; **no tienen ni para comer** they can't even afford to buy food. 3. (*parecería que*): **¡ni que le hubiera tocado la lotería!** anyone would think she'd won the lottery!
Nicaragua /nikaˈraɣwa/ *sf* Nicaragua.
nicaragüense /nikaraˈɣwense/ *adj, sm/f* Nicaraguan.
nicho /ˈnitʃo/ *sm* (*en un cementerio*) niche; (*en una pared*) alcove.
nicotina /nikoˈtina/ *sf* nicotine.
nidada /niˈðaða/ *sf* (*de huevos*) clutch; (*de polluelos*) brood.
nido /ˈniðo/ *sm* 1. (*Zool*) nest. 2. (*refugio*) den: **la policía cree que este bar es un nido de delincuentes** the police think that this bar is a den of criminals. 3. (*en un hospital*) baby unit.

nido de amor *sm* love nest.
niebla /'njeβla/ *sf* fog.
niego /'njeɣo/ *and other forms with* **nieg-** ⇨ negar
nieta /'njeta/ *sf* granddaughter.
nieto /'njeto/ *sm* (*en general*) grandchild (*pl* grandchildren); (*niño*) grandson.
nieva /'njeβa/ *and other forms with* **niev-** ⇨ nevar
nieve /'njeβe/ *sf* **1.** (*Meteo*) snow. **2.** (*!!*: *cocaína*) coke, snow. **3.** (*Ant, Méx, P. Rico*: *helado*) ice cream.
nieve en polvo *sf* powdery snow.
Nigeria /ni'xerja/ *sf* Nigeria.
nigeriano, -na /nixe'rjano -na/ *adj, sm/f* Nigerian.
nigromancia /niɣro'manθja/, **nigromancía** /niɣroman'θia/ *sf* (*en sentido estricto*) necromancy; (*brujería*) black magic.
Nilo /'nilo/ *sm*: **el Nilo** the Nile.
nilón /ni'lon/ *sm* nylon.
nimbo /'nimbo/ *sm* (*Meteo*) nimbus.
nimiedad /nimje'ðað/ *sf* **1.** (*cualidad de nimio*) insignificance. **2.** (*asunto sin importancia*) minor ✻ trifling matter: **se enfadó por una nimiedad** he lost his temper over a very minor matter.
nimio, -mia /'nimjo -mja/ *adj* insignificant, trifling: **discrepamos en un detalle nimio** we disagreed over a very insignificant detail.
ninfa /'ninfa/ *sf* nymph.
ningún /niŋ'gun/ *adj indefinido* [*form of* **ninguno** *used before masculine singular nouns*] ⇨ ninguno
ninguno, -na /niŋ'guno -na/ **I** *adj indefinido* [*shortened to* **ningún** *before masculine singular nouns*] **1.** (*en oraciones afirmativas*): **ningún partido promete una recuperación instantánea** none of the parties is promising a quick recovery, no party is promising a quick recovery; **ninguna explicación me satisfizo** I wasn't satisfied with any of the explanations, none of the explanations satisfied me • **de ningún modo aceptaría esas condiciones** I could not accept those conditions under any circumstances. **2.** (*en oraciones negativas*): **no tienen ningún traje que me guste** they do not have one suit that I like; **no compré ningún otro regalo** I did not buy any more presents; **no tengo ninguna prisa** I am not in any hurry. **3.** (*en oraciones interrogativas*): **¿no has visto ninguna casa que te gustara?** haven't you seen any houses that you like?
II *pron indefinido* **1.** (*persona: gen*) nobody, no one: **ninguno le hizo caso** nobody ✻ no one paid him any attention; **ninguno** *de* **ellos ha sido premiado con anterioridad** none of them has won an award before; (*: ni uno ni otro*) neither: **ninguna** *de* **las dos lo vio** neither of them saw it; **no conozco a ninguno de los dos** I don't know either of them. **2.** (*cosa: gen*) none: **ninguna** *de* **las casas que hemos visto tiene jardín** none of the houses we have seen has a garden; **ninguno nos gustó** we didn't like any of them; **no he leído ninguno** I haven't read any; (*: ni uno ni otro*) neither: **"¿Qué corbata te vas a comprar?" "Ninguna de las dos."** "Which tie are you going to buy?" "Neither (of them)."
niña /'niɲa/ **I** *sf* **1.** (*chica: por oposición a adulto*) child (*pl* children): *de* **niña quería ser enfermera** as a child ✻ as a little girl she wanted to be a nurse; **es una niña todavía** she's still a child; (*: por oposición a niño*) girl: **a la niña le encanta nadar** my little girl ✻ my daughter loves swimming. **2.** (*bebé*) baby girl: **ha tenido una niña** she has had a (baby) girl. **3.** (*del ojo*) pupil • **su hija es la niña de sus ojos** his daughter is the apple of his eye.
II *adj* **1.** (*pequeña*) young: **es demasiado niña para entenderlo** she's too young to understand. **2.** (*inmadura*) young for one's age: **es muy niña** she's very young for her age.
niña bien, niña de papá *sf* daddy's girl.
niña prodigio *sf* child prodigy.
niñada /ni'ɲaða/ *sf* ⇨ niñería
niñato, -ta /ni'ɲato -ta/ *sm/f* (*fam*) pipsqueak: **¿quién es ese niñato para darme órdenes?** who does that young pipsqueak think he is, telling me what to do?
niñera /ni'ɲera/ *sf* nursemaid, nanny.
niñería /niɲe'ria/ *sf* **1.** (*algo infantil*): **es increíble que a su edad haga esas niñerías** it's amazing that he should do such juvenile things at his age; **estoy harto de sus niñerías** I'm fed up with his childishness. **2.** (*algo sin importancia*) minor detail: **parece mentira que le preocupen esas niñerías** I can't believe that he worries about such minor details.
niñez /ni'ɲeθ/ *sf* childhood.
niño /'niɲo/ **I** *sm* **1.** (*crío en general*) child (*pl* children): **es muy difícil de entender para un niño** it's very difficult for a child to understand; **hay cuarenta niños en la clase** there are forty children in the class; (*chico: por oposición a adulto*) child (*pl* children): *de* **niño quería ser futbolista** as a child ✻ when I was a little boy I wanted to be a footballer; (*: por oposición a chica*) boy: **el niño sale del colegio a las cinco** my little boy ✻ my son finishes school at five • **mi padre está como un niño con zapatos nuevos** my father is absolutely delighted • **¡qué deberes ni qué niño muerto!** homework my foot! **2.** (*bebé*) baby: **está esperando un niño** she's expecting a baby; **ha tenido un niño** she has had a (baby) boy.
II *adj* **1.** (*pequeño*) young: **es demasiado niño para entenderlo** he's too young to understand. **2.** (*inmaduro*) young for one's age: **es muy niño** he's very young for his age.
niño bien, niño de papá *sm* rich kid ✻ boy.
niño probeta *sm* test-tube baby.
niño prodigio *sm* child prodigy.
nipón, -pona /ni'pon -'pona/ *adj, sm/f* Japanese.
níquel /'nikel/ *sm* (*Quím*) nickel.
niquelado, -da /nike'laðo -ða/ *adj* nickel-plated.
niqui /'niki/ *sm* polo shirt.
níspero /'nispero/ *sm* (*fruto*) medlar; (*árbol*) medlar (tree).
nitidez /niti'ðeθ/ *sf* **1.** (*del aire, de un líquido*) clearness; (*de una fotografía*) sharpness. **2.** (*precisión*) clarity, lack of ambiguity: **está explicado aquí con toda nitidez** it's explained here very clearly.
nítido, -da /'nitiðo -ða/ *adj* **1.** (*aire, líquido*) clear; (*fotografía*) sharp. **2.** (*preciso*) clear, unambiguous.
nitrato /ni'trato/ *sm* nitrate.
nítrico, -ca /'nitriko -ka/ *adj* nitric.
nitrógeno /ni'troxeno/ *sm* nitrogen.
nitroglicerina /nitroɣliθe'rina/ *sf* nitroglycerin.
nivel /ni'βel/ *sm* **1.** (*altitud*) level: **el pueblo está a mil metros** *sobre* **el nivel del mar** the village is one thousand metres above sea level. **2.** (*categoría*) level, standard: **el nivel educativo ha mejorado** the standard of education has improved; **tiene un buen nivel de expresión oral** he has a good level of spoken language; **se venden pisos** *de* **alto nivel** luxury flats for sale. **3.** (*also* **nivel de aire** ✻ **de burbuja**) (*Tec*) spirit level.

nivel de vida *sm* standard of living.

nivelar /nive'lar/ [⇨ CANTAR] *vt* (*un terreno*) to level (off); (*dos o más cosas*) to make level: **hay que nivelar los platillos de esa balanza** the pans on those scales need to be made level.

NO *pronounced* /noro'este/ (*abbreviation of* **noroeste**) NW (northwest).

no /no/ **I** *adv* **1.** (*en negaciones*) no: **no, gracias** no thank you; **"¿Quiere venir?" "No."** "Does he want to come?" "No." ✱ "No, he doesn't." **2.** (*en frases negativas*) not: **¿por qué no?** why not?; **no compré nada** I did not ✱ didn't buy anything, I bought nothing; **no están a favor de la propuesta** they are not in favour of the proposal; **se fue, no sin antes despedirse** he left, but not without first saying goodbye; **creo que no** I do not ✱ don't think so • **a que no**: **¿a que no te atreves?** I bet you wouldn't dare!; **hoy no tengo que ir al colegio; ¿a que no mamá?** I don't have to go to school today, do I, mum? **3.** (*en frases interrogativas*): **¿no te parece que sería mejor?** don't you think it would be better?; **es inglés, ¿no?** he's English, isn't he?; **puedo ir, ¿no?** I can go, can't I?; **pero, ¿no te has vestido?** aren't you dressed yet? **4.** (*prefijo negativo*) non-, no-: **en la sección de no fumadores, por favor** in the non-smoking ✱ no-smoking section, please.
II *sm* [*pl* **noes**] no: **me dieron un no por respuesta** I got no for an answer.
III no bien *conj* as soon as: **no bien llegó papá, nos pusimos en marcha** we started out as soon as Dad arrived.
IV no obstante *conj, prep* ⇨ obstante

n/o. *pronounced* /'nwestra 'orðen/ (*abbreviation of* **nuestra orden**) our order.

n.° *pronounced* /'numero/ (*abbreviation of* **número**) No. (number).

nobiliario, -ria /noβi'ljarjo -rja/ *adj* noble: **tiene título nobiliario** he has a (noble) title.

noble /'noβle/ **I** *adj* **1.** (*aristocrático*) noble: **es de noble linaje** she comes from a noble family. **2.** (*honrado*) honest. **3.** (*de gran calidad*) high quality: **sólo se han utilizado maderas nobles para la construcción** only wood of the highest quality has been used in the building.
II *sm/f* (*gen*) noble; (*hombre*) nobleman; (*mujer*) noblewoman: **los nobles** the nobles, the nobility.

nobleza /no'βleθa/ *sf* **1.** (*clase social*) nobility. **2.** (*atributo*) honesty, decency: **se comportó con nobleza al pedir perdón** he did the decent thing by apologizing • **nobleza obliga** noblesse oblige.

noche /'notʃe/ *sf* **1.** (*gen*) night: **ayer/mañana** *por* **la noche** last night/tomorrow night; **no me gusta pasear por aquí** *de* **noche** I don't like walking here at night; **el enfermo pasó una buena/mala noche** the patient had a good/bad night; **esta noche tenemos invitados** we're having people round tonight • **hicimos noche en Lérida** we spent the night in Lérida • **cambió de opinión de la noche a la mañana** he changed his mind overnight • **son como la noche y el día** they are like chalk and cheese • **en el colegio cambió como de la noche al día** at school he changed completely. **2.** (*última parte del día*) (late) evening: **el tren sale a las nueve de la noche** the train leaves at nine in the evening; **buenas noches** (*al saludar*) good evening; (*al despedirse*) good night; **llegamos** *por* **la noche** we arrived in the evening ✱ at night. **3.** (*oscuridad*): **en invierno se hace** *de* **noche muy pronto** in winter it gets dark very early.

nochebuena /notʃe'βwena/ *sf* Christmas Eve.

nochevieja /notʃe'βjexa/ *sf* New Year's Eve.

noción /no'θjon/ **I** *sf* notion, idea: **no tenía noción de lo ocurrido** he didn't have any idea of what had happened • **perdí la noción del tiempo** I lost track of time.
II nociones *sf pl* basics *pl*, rudiments *pl*: **sólo tiene unas nociones de alemán** he only knows ✱ has a smattering of German.

nocivo, -va /no'θiβo -βa/ *adj* harmful: **la radiación tenía efectos nocivos** *para* **las plantas** the radiation was harmful to plants.

noctámbulo, -la /nok'tambulo -la/ **I** *adj* nocturnal: **es un animal de costumbres noctámbulas** it is an animal that leads a nocturnal existence.
II *sm/f* night owl, night hawk: **allí se reunían los noctámbulos de la ciudad** the city's night owls used to meet up there.

nocturnidad /nokturni'ðað/ *sf* night-time: **al crimen se le añaden los agravantes de nocturnidad y alevosía** the crime was made more serious by being premeditated and being committed at night; **le dan un plus de nocturnidad** he gets extra pay for working at night.

nocturno, -na /nok'turno -na/ **I** *adj* **1.** (*gen*) night: **en esta ciudad no hay mucha vida nocturna** there isn't much night-life in this town; **tomó un tren nocturno para llegar por la mañana temprano** she caught a night ✱ an overnight train so as to arrive early in the morning; **asiste a clases nocturnas** he goes to evening classes. **2.** (*Zool*) nocturnal.
II nocturno *sm* (*Mús*) nocturne.

nodriza /no'ðriθa/ *sf* wet nurse.

nogal /no'ɣal/ *sm* walnut (tree).

nómada /'nomaða/ **I** *adj* nomadic.
II *sm/f* nomad.

nomás, no más /'nomas/ *adv* (*Amér L*) **1.** (*sólo*) only: **cuesta diez pesos nomás** it only costs ten pesos; **fue un rasguño nomás** it was just a scratch; **me faltan dos capítulos nomás** I have only got two more chapters to go • **ahora nomás se pone a llover** any moment now it's going to rain • **queda aquí nomás, a la vuelta** it's very close, just round the corner • **póngalo aquí nomás, yo después lo guardo** just leave it here, I'll put it away later. **2.** (*sin más*): **pase nomás, Fernando está en el comedor** come on in, Fernando is in the dining room; **no esperes a que te ofrezcan, sírvete nomás** don't wait to be offered something, just help yourself • **está pintado así nomás** it's painted any old how • **se lo dijo así nomás: ya no te quiero** he came out with it just like that: I don't love you any more. **3.** (*Amér C, Méx*: *en cuanto*): **nomás lo vio y se puso a llorar** as soon as he saw it, he began to cry; **nomás que lleguen comemos** we'll eat as soon as they come.

nombramiento /nombra'mjento/ *sm* appointment.

nombrar /nom'brar/ [⇨ CANTAR] *vt* **1.** (*decir el nombre de*) to name: **nombra las partes de la flor** name the parts of the flower. **2.** (*citar*) to mention: **en su libro nombra a varios científicos** in her book she mentions several scientists. **3.** (*para un cargo*) to appoint, to nominate: **lo nombraron Secretario General** he was appointed Secretary-General.

nombre /'nombre/ *sm* **1.** (*gen*) name: **le pusieron** *por* **nombre Carlos** they named him Carlos; **estaba reservado** *a* **nombre** *de* **Jiménez** the reservation was in the name of Jiménez; **encontró un sobre** *a* **nombre** *de* **Carmen López** she found an envelope addressed to Carmen López; **hablo** *en* **nombre** *de* **toda la**

familia I speak (*GB*) on behalf of * (*US*) in behalf of the whole family • **lo que hiciste no tiene nombre** what you did was despicable • **me gusta llamar a las cosas por su nombre** I prefer to speak plainly. **2.** (*opuesto a apellido*) first name: **nombre y apellidos, por favor** your full name, please • **confesó, con nombres y apellidos, la identidad de todos los involucrados** he gave full details of all those involved. **3.** (*Ling*) noun. **4.** (*fama*) name, reputation • **se hizo un nombre en la empresa** she made a name for herself in the company.

nombre artístico *sm* stage name.

nombre comercial *sm* trade name.

nombre de pila *sm* Christian name, forename.

nombre propio *sm* proper noun.

nomeolvides /nomeol'βiðes/ **I** *sm inv* (*pulsera*) identity bracelet.
II (*Bot*) *sf inv* forget-me-not.

nómina /'nomina/ *sf* **1.** (*lista de empleados*) payroll: **no está** *en* **nómina** he is not on the payroll * staff. **2.** (*sueldo*) salary: **con su nómina viven desahogadamente** they live comfortably on her salary. **3.** (*recibo del sueldo*) payslip: **está detallado en la nómina** it's all detailed on the payslip.

nominación /nomina'θjon/ *sf* (*para un cargo, una función*) appointment; (*para un premio*) nomination.

nominal /nomi'nal/ *adj* **1.** (*sólo en nombre*) nominal. **2.** (*Fin*) nominal. **3.** (*Ling*) nominal.

nominar /nomi'nar/ [⇨CANTAR] *vt* (*para un cargo, una función*) to appoint; (*para un premio*) to nominate.

nominativo, -va /nomina'tiβo -βa/ **I** *adj* **1.** (*Ling*) nominative. **2.** (*Fin*) ⇨cheque
II nominativo *sm* (*Ling*) nominative.

non /non/ [**nones**] **I** *adj* odd: **en ese lado de la calle están los números nones** the odd numbers are on that side of the street.
II *sm* odd number: **pares y nones** odds and evens.

nonada /no'naða/ *sf* trifle.

nonagenario, -ria /nonaxe'narjo -rja/ *adj, sm/f* nonagenarian.

nonagésimo, -ma /nona'xesimo -ma/ **I** *adj* ninetieth.
II *sm/f* (*en orden*) ninetieth.
III nonagésimo *sm* (*parte*) ninetieth.

nones /'nones/ **I** *adv* (*fam*) no: **dijo que nones** he said no way.
II *plural of* ⇨non

nono, -na /'nono -na/ *adj* ⇨noveno

noquear /noke'ar/ [⇨CANTAR] *vt* (*en boxeo*) to knock out.

norcoreano, -na /norkore'ano -na/ *adj, sm/f* North Korean.

nordeste /nor'ðeste/ *sm, adj inv* ⇨noreste

nórdico, -ca /'norðiko -ka/ *adj, sm/f* Nordic.

nordista /nor'ðista/ *adj, sm/f* Northerner, Yankee (*in the American Civil War 1861-65*).

noreste /no'reste/ **I** *sm* **1.** (*Geog*) northeast. **2.** (*viento*) northeast wind, northeasterly.
II *adj inv* (*gen*) northeast, northeastern; (*dirección*) northeasterly.

noria /'norja/ *sf* **1.** (*para sacar agua*) water wheel. **2.** (*de una feria*) Ferris wheel, (*GB*) big wheel.

norirlandés, -desa /norirlan'des -'desa/ **I** *adj* Northern Irish.
II *sm/f* (*hombre*) Northern Irishman; (*mujer*) Northern Irishwoman: **los norirlandeses** the Northern Irish.

norma /'norma/ *sf* regulation, norm.

normal /nor'mal/ **I** *adj* **1.** (*corriente*) normal: **¡qué alivio poder volver a la vida normal!** what a relief it is to be able to get back to normal; **lo normal es que tarde un par de semanas** it normally takes a couple of weeks; (*frecuente*) usual, common: **a esta hora los atascos son algo normal** traffic jams at this time of day are quite common; (*lógico*) normal, natural: **es normal sentirse triste en una situación así** it's natural to feel upset in a situation like that. **2.** (*Auto: gasolina*) (*GB*) two-star, (*US*) regular.
II *sf* (*Auto*) (*GB*) two-star (petrol), (*US*) regular (gasoline).

normalidad /normali'ðað/ *sf* normality: **el partido se desarrolló** *con* **normalidad** the match took place without incident.

normalización /normaliθa'θjon/ *sf* normalization.

normalizar /normali'θar/ [⇨cazar] *vt* to restore to normal.

normalizarse *v prnl* to get back to normal: **el tráfico se normalizó** the traffic got back to normal.

normando, -da /nor'mando -da/ *adj, sm/f* (*de Normandía*) Norman.

normativa /norma'tiβa/ *sf* set of rules, regulations: **todos nuestros productos respetan la normativa vigente** all our products comply with the current regulations.

normativo, -va /norma'tiβo -βa/ *adj* normative.

noroeste /noro'este/ **I** *sm* **1.** (*Geog*) northwest. **2.** (*viento*) northwest wind, northwesterly.
II *adj inv* (*gen*) northwest, northwestern; (*dirección*) northwesterly.

norte /'norte/ **I** *sm* **1.** (*Geog*) north: **ese pueblo está** *al* **norte** *de* **Sevilla** that village is (to the) north of Seville; **vivimos en una urbanización** *en* **el norte de Madrid** we live in a housing development on the northern side of Madrid; **cuando estuve en Irlanda, visité los condados** *del* **norte** when I was in Ireland I visited the northern counties. **2.** (*viento*) north wind, northerly. **3.** (*objetivo, dirección*) aim, goal: **tiene como norte dirigir esa empresa** his goal is to manage that company • **el equipo ha perdido el norte** the team has lost its way.
II *adj inv* (*gen*) north, northern: **la fachada norte** the north façade; (*dirección*) northerly, northbound: **el carril en dirección norte** the northbound lane * (*GB*) carriageway.

Norteamérica /nortea'merika/ *sf* **1.** (*subcontinente*) North America. **2.** (*Estados Unidos*) United States of America.

norteamericano, -na /norteameri'kano -na/ *adj, sm/f* **1.** (*del subcontinente*) North American. **2.** (*de Estados Unidos*) American.

norteño, -ña /nor'teɲo -ɲa/ **I** *adj* northern.
II *sm/f* Northerner.

Noruega /no'rweɣa/ *sf* Norway.

noruego, -ga /no'rweɣo -ɣa/ **I** *adj, sm/f* Norwegian.
II noruego *sm* (*idioma*) Norwegian.

nos /nos/ **I** *pron personal* [complemento directo] us: **vino a vernos** he came to see us.
II *pron personal* [complemento indirecto]. **1.** (*a nosotros -tras*) (to) us: **nos prestó su coche** he lent us his car, he lent his car to us; **nos sonrió** she smiled at us. **2.** (*para nosotros -tras*) (for) us: **nos hizo un pastel** he baked us a cake, he baked a cake for us. **3.** (*con verbos como* ***quitar, arrebatar***) from us: **nos quitaron todo lo que llevábamos** they took everything we had from us.
III *pron reflexivo* **1.** (*con valor reflexivo*) ourselves:

nos felicitamos por el éxito we congratulated ourselves on our success. **2.** (*con valor recíproco*) each other, one another: **no nos hablamos durante años** we didn't talk to each other * to one another for years. **3.** (*parte del verbo pronominal*): **nos quedamos un rato** we stayed for a while; **¡vámonos!** let's go!

nosotros, -tras /no'sotros -tras/ *pron personal* **1.** (*sujeto*) we: **nosotros llegamos ayer** we arrived yesterday; **quieren que nosotros carguemos con las culpas** they want us to take responsibility; **"¿Quién queda?" "Nosotros."** "Who is left?" "We are." * "Us." **2.** (*complemento*) us: **pasó una semana con nosotros** he spent a week with us; **somos nosotros** it's us • **por nosotros que no quede** we'll do our best.

nostalgia /nos'talxia/ *sf* (*al estar lejos del hogar*) homesickness; (*al recordar algo querido*) nostalgia.

nostálgico, -ca /nos'talxiko -ka/ *adj* (*al pensar en el hogar*) homesick; (*al recordar algo querido*) nostalgic.

nota /'nota/ *sf* **1.** (*escrito*) note: **me dejó una nota** she left me a note; **los alumnos tomaron notas durante la conferencia** the students took notes during the lecture • **toma nota y que no vuelva a ocurrir** make sure that it doesn't happen again. **2.** (*factura*) bill: **el camarero trajo la nota** the waiter brought the bill. **3.** (*puntuación*) mark, grade: **sacó buenas/malas notas** she got good/bad marks. **4.** (*Mús*) note • **dio la nota con ese vestido** she caused quite a stir in that dress • **nos citó en un local de mala nota** she arranged to meet us in a disreputable establishment. **5.** (*detalle*) note: **el incidente le puso una nota de humor a la jornada** the incident added a humorous note to the day; (*aspecto*): **la nota dominante durante el congreso fue el pesimismo** the prevailing mood of the conference was one of pessimism.

nota a pie de página *sf* footnote.

notable /no'taβle/ **I** *adj* **1.** (*grande*) marked, noticeable: **existe una diferencia notable entre las dos propuestas** there is a marked difference between the two proposals. **2.** (*que destaca*) noteworthy: **es una novela muy notable** it is a remarkable novel.
II *sm* (*Educ*) *mark between 70% and 85%*.
III notables *sm pl* dignitaries *pl*: **todos los notables de la localidad acudieron a la fiesta** all the local dignitaries attended the party.

notación /nota'θjon/ *sf* notation.

notar /no'tar/ [➪ CANTAR] *vt* **1.** (*apreciar*) to notice: **no notó el cambio** she didn't notice the change • **se hizo notar** he drew attention to himself. **2.** (*sentir*) to feel: **¿notas más calor?** do you feel warmer? **3.** (*encontrar*) to find, to think: **lo noto muy cambiado** I find him very different, I think he has changed a lot.

notarse *v prnl* **1.** (*apreciarse*) to be noticeable: **no se le nota nada la cicatriz** you can scarcely see his scar; **se le nota que nunca ha jugado al tenis** you can tell she's never played tennis before. **2.** (*sentirse*) to feel: **me noto pesado** I feel rather heavy (*after eating*).

notaría /nota'ria/ *sf* **1.** (*oficio*) profession of notary; (*estudios*) notarial studies *pl*. **2.** (*despacho*) notary's office.

notarial /nota'rjal/ *adj* (*documento*) *certified by a notary*.

notario, -ria /no'tarjo -rja/ *sm/f* notary (public).

noticia /no'tiθja/ **I** *sf* (piece of) news: **la emisora estatal transmitió la noticia** the state radio station broadcast the news (item) • **les dio la noticia de que se casaba** she told them that she was getting married • **no tenía noticia de tu ascenso** I didn't know that you'd been promoted.
II noticias *sf pl* **1.** (*información*) news [lleva el verbo en singular]: **me han dado buenas/malas noticias** I've had some good/bad news; **hace mucho que no tengo noticias de mi hermano** I haven't heard from my brother for a long time. **2.** (*en la radio, la televisión*) news [lleva el verbo en singular]: **lo han dicho en las noticias** it was on the news; **¿quieres oír/ver las noticias?** would you like to listen to/to watch the news?

noticiario /noti'θjarjo/ *sm* **1.** (*en la radio, la televisión*) news [lleva el verbo en singular]. **2.** (*en el cine*) newsreel.

noticiero /noti'θjero/ *sm* (*Amér L*) **1.** (*en la radio, la televisión*) news [lleva el verbo en singular]. **2.** (*en el cine*) newsreel.

notificación /notifika'θjon/ *sf* notification.

notificar /notifi'kar/ [➪ sacar] *vt* to notify of, to inform of: **le notificaron la muerte de su padre** they notified him of his father's death.

notoriedad /notorje'ðað/ *sf* fame, renown: **alcanzó una cierta notoriedad en los años sesenta** he acquired a certain level of fame in the sixties.

notorio, -ria /no'torjo -rja/ *adj* **1.** (*evidente*) obvious, clear: **su falta de interés en el trabajo es notoria** his lack of interest in the job is (patently) obvious. **2.** (*famoso*) well-known, famous: **es notoria la mala fama de ese barrio** the bad reputation of that neighbourhood is well-known.

novatada /noβa'taða/ *sf* **1.** (*broma*) joke (*played on a new recruit, student, etc.*). **2.** (*error*) beginner's mistake • **pagué la novatada** I learned the hard way.

novato, -ta /no'βato -ta/ **I** *adj* inexperienced.
II *sm/f* (*gen*) beginner; (*en la universidad*) freshman, (*GB*) fresher; (*en el ejército*) new recruit, rookie.

novecientos, -tas /noβe'θjentos -tas/ **I** *adj* (*cardinal*) nine hundred; (*ordinal*) nine hundredth. ➪ doscientos
II *sm/f* (*ordinal*) nine hundredth. ➪ doscientos
III el novecientos *sm* (*número*) (the number) nine hundred.

novedad /noβe'ðað/ *sf* **1.** (*cualidad*) newness. **2.** (*innovación*) novelty: **tienen las últimas novedades** they have the latest models • **ya veremos en qué queda cuando pase la novedad** we'll wait and see what happens when the novelty wears off. **3.** (*variación*) change: **no hay grandes novedades respecto al año pasado** there are no great changes from last year; **el proyecto sigue adelante sin novedades** the project is going ahead unchanged; **¿hay alguna novedad?** anything (new) to report?; **el año discurrió sin novedad** the year went by uneventfully.

novedoso, -sa /noβe'ðoso -sa/ *adj* novel: **la presentación es de lo más novedosa** the presentation is very novel * original.

novel /no'βel/ **I** *adj* **1.** (*principiante*) new: **para un escritor novel es difícil publicar** it's difficult for a new writer to get his work published. **2.** (*inexperto*) inexperienced.
II *sm/f* beginner.

novela /no'βela/ *sf* **1.** (*Lit*) novel. **2.** (*fam*: *relato poco creíble*) tall story: **no me cuentes novelas** don't tell me tall stories.

novela corta *sf* novella.

novela negra *sf* crime thriller.

novela policiaca *sf* detective * crime novel.

novela rosa *sf* [**novelas rosa**] romance, romantic novel.

novelar /noβe'lar/ [➪ CANTAR] *vt* to make into a novel.

novelería /noβele'ria/ *sf* gossip.

novelero, -ra /noβe'lero -ra/ *adj* **1.** (*aficionado a las novelas*) given to reading novels. **2.** (*con mucha imaginación*) very imaginative: **no seas tan novelero** don't let your imagination run away with you.

novelesco, -ca /noβe'lesko -ka/ *adj* **1.** (*de novela*) fictional, novelistic. **2.** (*fabuloso*) fabulous, fantastic.

novelista /noβe'lista/ *sm/f* novelist.

novena /no'βena/ *sf* **1.** (*en orden*) ninth. **2.** (*oración*) novena.

noveno, -na /no'βeno -na/ **I** *adj* ninth.
II noveno *sm* (*en orden, parte*) ninth. ⇨ sexto

noventa /no'βenta/ **I** *adj* (*cardinal*) ninety; (*ordinal*) ninetieth: **los años noventa** the nineties. ⇨ doce
II *sm* (*cardinal*) ninety. ⇨ doce

noventavo, -va /noβen'taβo -βa/ **I** *adj* ninetieth.
II noventavo *sm* (*parte*) ninetieth.

novia /'noβja/ *sf* **1.** (*sin estar prometida*) girlfriend; (*prometida*) fiancée. **2.** (*en una boda*) bride.

noviazgo /no'βjaθɣo/ *sm* engagement: **se casaron después de cuatro años de noviazgo** they married after being engaged for four years.

novicio, -cia /no'βiθjo -θja/ *sm/f* novice.

noviembre /no'βjembre/ *sm* November. ⇨ febrero

novillada /noβi'ʎaða/ *sf* (*Tauro*) *bullfight with young bulls.*

novillero, -ra /noβi'ʎero -ra/ *sm/f* (*Tauro*) apprentice bullfighter.

novillo, -lla /no'βiʎo -ʎa/ **I** *sm/f* (*Zool*: *macho*) young bull; (*: hembra*) heifer.
II novillos *sm pl* (*Educ*: *fam*): **hizo novillos** (*GB*) he skived off school, (*US*) he played hooky.

novio /'noβjo/ **I** *sm* **1.** (*sin estar prometido*) boyfriend; (*prometido*) fiancé. **2.** (*en una boda*) groom, bridegroom.
II los novios *sm pl* (*el día de la boda*) the bride and groom *pl*.

N.S. *pronounced* /'nwestro se'ɲor/ (*abbreviation of* **Nuestro Señor**) Our Lord.

ns/nc *pronounced* /no 'saβe no kon'testa/ (*abbreviation of* **no sabe/no contesta**) don't know/no reply (*in opinion poll*).

nubarrón /nuβa'rron/ *sm* storm cloud.

nube /'nuβe/ *sf* **1.** (*Meteo*) cloud • **tu hermana vive en las nubes** your sister lives on another planet • **tu jefe te puso por las nubes** your boss sang your praises • **los precios se han puesto por las nubes** prices have gone through the roof, prices have rocketed. **2.** (*de insectos*) swarm; (*de gente*) horde, hordes *pl*: **a la salida le esperaba una nube de periodistas** a horde of reporters was * hordes of reporters were waiting for him at the exit.

nublado, -da /nu'βlaðo -ða/ *adj* overcast, cloudy.

nublar /nu'βlar/ [⇨ CANTAR] *vt* to cloud.

nublarse *v prnl* **1.** (*Meteo*) to cloud over, to become cloudy. **2.** (*razón*) to become fogged * clouded; (*vista*) to become cloudy * blurred.

nuca /'nuka/ *sf* nape (of the neck).

nuclear /nukle'ar/ **I** *adj* nuclear.
II *sf* nuclear power station.

núcleo /'nukleo/ *sm* **1.** (*Biol, Fís, Quím*) nucleus. **2.** (*parte fundamental*) essence, core: **ése es el núcleo de su argumentación** that is the core of her argument. **3.** (*de personas*): **no pertenecía al núcleo de sus amigos íntimos** he wasn't in her circle of close friends; **aún quedan algunos núcleos rebeldes** there are still some pockets of rebellion.

núcleo urbano *sm* urban centre, city.

nudillo /nu'ðiʎo/ *sm* knuckle.

nudismo /nu'ðizmo/ *sm* nudism.

nudista /nu'ðista/ *adj, sm/f* nudist.

nudo /'nuðo/ *sm* **1.** (*en una cuerda, en la madera*) knot: **tienes que atarlo con un nudo** you must knot it * tie it with a knot • **cuando acabó la película tenía un nudo en la garganta** I had a lump in my throat at the end of the movie. **2.** (*Bot*) node, knot. **3.** (*unidad de velocidad*) knot. **4.** (*vínculo*) link, bond: **le ataban a ella nudos de amistad** a strong feeling of friendship bound him to her. **5.** (*parte más importante*) crux, heart: **el nudo de la cuestión es si aceptar la oferta o no** the crux of the matter is whether or not to accept the offer. **6.** (*en una obra literaria*) development (of the action). **7.** (*de comunicaciones*) junction.

nudo corredizo *sm* slipknot.

nudo marinero *sm* reef knot.

nudoso, -sa /nu'ðoso -sa/ *adj* (*madera*) knotty; (*manos*) gnarled.

nuera /'nwera/ *sf* daughter-in-law.

nuestro, -tra /'nwestro -tra/ **I** *adj posesivo* **1.** (*delante del nombre*) our: **esta medida viola nuestros derechos** this measure contravenes our rights. **2.** (*detrás del nombre*) of ours: **el premio le tocó a una vecina nuestra** the prize was won by a neighbour of ours, the prize was won by one of our neighbours; **esta ropa nuestra guárdala en el desván** put these clothes of ours in the attic.
II *pron posesivo* **1.** (*sin artículo*) ours: **esta casa es nuestra** this house is ours, this is our house. **2.** (*con artículo*) ours: **el nuestro tiene rayas** ours is striped; **lo nuestro déjalo aquí** leave ours here • **lo nuestro son los deportes acuáticos** water sports are our thing • **ésta es la nuestra** here's our chance.
III los nuestros *sm pl* **1.** (*familia*) our family. **2.** (*compatriotas*) our people *pl*: **no es de los nuestros** he isn't one of us.

nueva /'nweβa/ *sf* (piece of) news: **te traigo nuevas de la familia** I bring you news of the family • **nos pilló de nuevas** it came as a surprise to us • **no te hagas de nuevas** don't act so surprised.

Nueva York /'nweβa jork/ *sf* New York.

Nueva Zelanda /'nweβa θe'landa/ *sf* New Zealand.

nuevamente /nweβa'mente/ *adv* again.

nueve /'nweβe/ **I** *adj* (*cardinal*) nine; (*ordinal*) ninth. ⇨ doce
II *sm* (*cardinal*) nine; (*ordinal*) ninth. ⇨ doce
III las nueve *sf pl* (*hora*) nine o'clock. ⇨ doce

nuevo, -va /'nweβo -βa/ **I** *adj* **1.** (*gen*) new: **es nuevo** *en* **el equipo** he's new to the team; **este sistema es nuevo** *para* **nosotros** this system is new to us • **este traje está como nuevo** this suit is as good as new • **me di una ducha y me quedé como nuevo** I had a shower and felt like a new person • **no me pilló * cogió de nuevo** it wasn't altogether unexpected • **lo hizo de nuevo** he did it again • **¿qué cuentas de nuevo?** what's new? **2.** (*añadido*) further: **han recibido una nueva queja** a further complaint has been received.
II *sm/f* (*persona*) newcomer.

Nuevo Mundo *sm*: **el Nuevo Mundo** the New World.

nuez /'nweθ/ *sf* [**nueces**] **1.** (*Bot*) walnut. **2.** (*Anat*) Adam's apple.

nuez moscada *sf* nutmeg.

nulidad /nuli'ðað/ *sf* **1.** (*Jur*) nullity: **consiguió la nulidad matrimonial** she succeeded in having her marriage annulled. **2.** (*inutilidad*) uselessness • **Juan**

es una nulidad para los negocios Juan is absolutely useless when it comes to business.

nulo, -la /'nulo -la/ *adj* **1.** (*Jur*) (null and) void: **se han contabilizado tres votos nulos** three invalid votes have been counted. **2.** (*ineficaz*) useless: **todos mis esfuerzos resultaron nulos** all my efforts were useless * in vain. **3.** (*incapaz*) useless, hopeless: **mi hijo es nulo** *para* **la física** my son is hopeless at physics.

núm. *pronounced* /'numero/ (*abbreviation of* **número**) No. (number).

numeración /numera'θjon/ *sf* **1.** (*orden*) numerical order: **esta página no sigue la numeración** this page doesn't follow the numerical order. **2.** (*sistema de números*) system of numbers, numbers *pl*.

numeración arábiga *sf* Arabic numerals *pl*.

numeración romana *sf* Roman numerals *pl*.

numerador /numera'ðor/ *sm* (*Mat*) numerator.

numeral /nume'ral/ **I** *adj* numeral.
II *sm* number, numeral.

numerar /nume'rar/ [⇨CANTAR] *vt* to number: **numeren las páginas, por favor** number the pages, please.

numerarse *v prnl* to number off.

numerario, -ria /nume'rarjo -rja/ *adj* (*miembro*) full; (*empleado, funcionario*) permanent: **los profesores numerarios** teachers in permanent posts.

numérico, -ca /nu'meriko -ka/ *adj* numerical.

número /'numero/ *sm* **1.** (*gen*) number: **acudió un gran número de espectadores** a large number of spectators attended • **no me cuadran los números** my accounts don't balance • **en números redondos cuesta unas mil pesetas** in round numbers it comes to about a thousand pesetas • **la empresa está en números rojos** the company is in the red • **antes de comprar la casa tenemos que hacer números** before we can buy the house we must do some calculations. **2.** (*en una cola*) numbered ticket: **cuando pidió número** *para* **el oculista le dieron el doce** when he asked to see the oculist he was told he was number twelve in the queue. **3.** (*de zapatos*) size: **¿qué número calzas?** what size do you take? **4.** (*Lit, Medios*) issue: **me falta el número del mes pasado** I do not have last month's issue. **5.** (*Ling*) number. **6.** (*en teatro*) act: **a continuación se representó un número cómico** afterwards a comic act was put on • **hay que ver el número que montó** you should have seen the scene he made.

número arábigo *sm* Arabic numeral.

número atómico *sm* atomic number.

número de matrícula *sm* (*GB*) (vehicle) registration number, (*US*) license plate number.

número de serie *sm* serial number.

número de teléfono *sm* telephone number.

número decimal *sm* decimal number.

número entero *sm* whole number.

número extraordinario *sm* special edition.

número impar *sm* odd number.

número par *sm* even number.

número primo *sm* prime number.

número quebrado *sm* fraction.

número romano *sm* Roman numeral.

número secreto *sm* (*para usar un cajero automático*) PIN (number).

numeroso, -sa /nume'roso -sa/ *adj* **1.** (*gran cantidad de*) numerous, many: **acudieron a la fiesta numerosos artistas** numerous artists attended the party. **2.** (*nutrido*) large: **no vale para un grupo numeroso** it's not suitable for a large group.

numerus clausus /nu'merus 'klausus/ *sm*: *limited number of places in a school, university, etc.*

numismática /numiz'matika/ *sf* numismatics [lleva el verbo en singular].

nunca /'nuŋka/ *adv* **1.** (*gen*) never: **nunca viene * no viene nunca** he never comes; **nunca volveré a este restaurante** I'll never come back to this restaurant; **no vamos al teatro casi nunca * casi nunca vamos al teatro** we hardly ever go to the theatre • **es lo nunca visto** it's unheard of • **nunca más voy a invitarlo** I'm never (ever) going to invite him again • **lo necesita más que nunca** he needs it more than ever. **2.** (*para interrogar*) ever: **¿te has encontrado nunca en una situación parecida?** have you ever been in a similar situation?; (*para expresar sorpresa*) never: **¿nunca lo has visto?** have you never seen it?, haven't you ever seen it? **3. nunca jamás** never: **nunca jamás he visto algo semejante** I've never (ever) seen anything like it; **no volvió a ser feliz nunca jamás** he was never happy again.

nupcial /nup'θjal/ *adj*: **la misa nupcial** the nuptial mass; **la marcha nupcial** the wedding march; **el lecho nupcial** the marriage bed.

nupcias /'nupθjas/ *sf pl* (*frml*) wedding • **se casó en segundas nupcias** he married for the second time.

nutria /'nutrja/ *sf* otter.

nutrición /nutri'θjon/ *sf* nutrition.

nutrido, -da /nu'triðo -ða/ *adj* **1.** (*alimentado*) nourished. **2.** (*abundante*) large: **asistió un nutrido grupo de escritores** a large group of writers attended.

nutrir /nu'trir/ [⇨PARTIR] *vt* **1.** (*alimentar*) to feed, to nourish. **2.** (*suministrar*) to supply: **ese embalse nutre** *de* **agua a la ciudad** that reservoir supplies the town with water.

nutrirse *v prnl* **1.** (*Anat, Bot, Zool*) to feed. **2.** (*proveerse*): **el equipo se nutre** *de* **jugadores de la cantera** the team draws its players from the junior teams.

nutritivo, -va /nutri'tiβo -βa/ *adj* (*alimento, guiso*) nourishing, nutritious: **este plato tiene mucho valor nutritivo** this dish has a high nutritional value.

nylon /'nilon/ *sm* nylon.

Ñ

Ñ, ñ /ˈeɲe/ *sf: fifteenth letter of the Spanish alphabet.*
ñame /ˈɲame/ *sm* yam.
ñapa /ˈɲapa/ *sf* (*Amér S*) ⇨ yapa
ñato, -ta /ˈɲato -ta/ *adj* (*Amér L*) snub-nosed.
ñoñería /ɲoɲeˈria/, **ñoñez** /ɲoˈɲeθ/ *sf* whining: **¿qué ñoñería es ésta de llamar a tu mamá?** what's this nonsense, asking for your mummy?
ñoño, -ña /ˈɲoɲo -ɲa/ **I** *adj* (*delicado, quejica*) whiny: **es un niño ñoño** he's a whiny child.
II *sm/f* whiny person.
ñu /ɲu/ *sm* gnu.

O

O, o /o/ *sf* [**oes**] (*letra*) O, o • **no sabe hacer ni la o con un canuto** he's completely clueless.
O *pronounced* /oˈeste/ (*abbreviation of* **Oeste**) W (West).
o /o/ *conj* [*changes to* ***u*** *before words beginning* ***o-*** *or* ***ho-***] **1.** (*gen*) or: **¿vienes o te quedas?** are you coming or staying?; **esto se llama lata o bote** this is called a can or a tin. **2. o… o…** either… or…: **o limpias la casa o estudias** you either clean the house or do some studying. **3.** (*also* **ó**) (*entre numerales*) or: **había 20 ó 30 personas** there were about 20 or 30 people.
oasis /oˈasis/ *sm inv* oasis.
obcecado, -da /oβθeˈkaðo -ða/ *adj*: **estaba obcecado y no hubo forma de convencerlo** his mind was made up and he couldn't be persuaded; **está obcecada** *en* **que va a suspender** she is convinced that she's going to fail.
obcecar /oβθeˈkar/ [⇨ sacar] *vt* (*ofuscar*) to blind: **las dudas lo obcecaron** doubts blinded him (to reason).
obcecarse *v prnl* (*empeñarse*): **se obcecó** *en* **que no quería cambiar de casa** she stubbornly insisted that she didn't want to move house.
obedecer /oβeðeˈθer/ [⇨ agradecer] *vt* to obey: **no obedeció al profesor** he didn't obey the teacher.
♦ *vi* **1.** (*cumplir órdenes*) to obey: **así aprenderás a obedecer** this way you will learn to obey ∗ to do as you're told. **2.** (*reaccionar*) to respond: **¡los frenos no obedecen!** the brakes aren't responding! **3.** (*ser consecuencia*) to be the result: **sus malas notas obedecen** *a* **la falta de atención en clase** her bad marks are the result of her not paying attention in class.
obediencia /oβeˈðjenθja/ *sf* obedience.
obediente /oβeˈðjente/ *adj* obedient.
obelisco /oβeˈlisko/ *sm* obelisk.
obertura /oβerˈtura/ *sf* (*Mús*) overture.
obesidad /oβesiˈðað/ *sf* obesity.
obeso, -sa /oˈβeso -sa/ **I** *adj* obese.
II *sm/f* obese person.
óbice /ˈoβiθe/ *sm* (*frml*) obstacle • **su fama no es óbice para que siga trabajando como antes** her fame won't stop her from working as before.
obispado /oβisˈpaðo/ *sm* bishopric.
obispo /oˈβispo/ *sm* bishop.
obituario /oβiˈtwarjo/ *sm* obituaries section (*of newspaper*).
objeción /oβxeˈθjon/ *sf* objection: **no puso ninguna**

objeción *a* **nuestra propuesta** she didn't raise any objection to our proposal.

objeción de conciencia *sf* conscientious objection.

objetar /oβxe'tar/ [➪ CANTAR] *vt* to object: **objetaron que era demasiado cara** they objected that it was too expensive; **no tengo nada que objetar** I have no objections.

♦ *vi* to be a conscientious objector.

objetividad /oβxetiβi'ðað/ *sf* objectivity.

objetivo, -va /oβxe'tiβo -βa/ **I** *adj* objective: **fue muy objetiva juzgando los exámenes** she was very fair when she marked the exams.

II objetivo *sm* **1.** (*finalidad*) objective, aim: **el objetivo de su viaje es aprender inglés** the aim of his trip is to learn English. **2.** (*de un proyectil*) target: **el disparo no alcanzó su objetivo** the shot didn't hit the target. **3.** (*en instrumentos ópticos*) lens.

objeto /oβ'xeto/ *sm* **1.** (*cosa*) object: **le devolvieron sus objetos personales** her personal belongings were returned to her. **2.** (*finalidad*) aim, purpose: **su vida no tiene objeto** he has no purpose in life; **¿cuál es el objeto que se persigue?** what's the objective? **3.** (*materia*) object: **el objeto de estudio de la biología son los seres vivos** biology studies living creatures. **4.** (*destinatario*) object: **fueron objeto de malos tratos** they were subjected to abuse. **5.** (*Ling*: *complemento*) object.

objetos perdidos *sm pl* (*GB*) lost property, (*US*) lost and found: **¿dónde está la oficina de objetos perdidos?** where is the lost property office?

objetor, -tora /oβxe'tor -'tora/ *sm/f* (*also* **objetor, -tora de conciencia**) conscientious objector.

oblicuo, -cua /o'βlikwo -kwa/ *adj* oblique.

obligación /oβliɣa'θjon/ *sf* **1.** (*imposición, circunstancia*) obligation: **se vio en la obligación** *de* **emigrar** she was obliged to emigrate. **2.** (*responsabilidad*) commitment, obligation: **tiene demasiadas obligaciones** he has too many commitments. **3.** (*Fin*) bond: **invirtió en obligaciones del Estado** she invested in government bonds.

obligado, -da /oβli'ɣaðo -ða/ *adj* **1.** (*por norma*) obliged: **no está obligado** *a* **contestar** you are not obliged to answer; (*por el uso*) customary: **es obligado pronunciar un breve discurso** it is customary to give a short speech. **2.** (*frml*: *agradecido*) obliged: **le quedo muy obligado** I'm much obliged to you.

obligar /oβli'ɣar/ [➪ pagar] *vt* to oblige, to force: **lo obligaron** *a* **presentar su dimisión** he was obliged * forced to resign.

obligarse *v prnl* to make a commitment: **se obligó** *a* **estudiar a diario** she made a commitment to study every day.

obligatorio, -ria /oβliɣa'torjo -rja/ *adj* compulsory, mandatory.

obnubilar /oβnuβi'lar/ [➪ CANTAR] *vt* (*frml*) to cloud.

oboe /o'βoe/ **I** *sm* (*instrumento*) oboe.

II *sm/f* (*intérprete*) oboist, oboe.

obra /'oβra/ **I** *sf* **1.** (*tarea*) task: **parece una obra irrealizable** it seems an impossible task; **construir el túnel debajo del canal de la Mancha fue una obra de gran envergadura** building the Channel Tunnel was a massive undertaking. **2.** (*escultura, cuadro*) work (of art): **es una de las primeras obras cubistas** it's one the first cubist works; (*libro*) work, book; (*conjunto de realizaciones*) work: **su obra refleja las tensiones sociales de nuestro siglo** her work reflects the social tensions of this century. **3.** (*also* **obra teatral * de teatro**) play. **4.** (*acción*) deed: **preferiría que me juzgaran por mis obras** I'd prefer to be judged by my deeds * actions • **la maltrataron de palabra y de obra** she was verbally and physically abused • **disfrutamos de este parque por obra y gracia de un benefactor desconocido** it's thanks to an unknown benefactor that we have this park • **obras son amores (y no buenas razones)** actions speak louder than words. **5.** (*resultado*) result: **esta desolación es obra del terremoto** this destruction is the result of * was caused by the earthquake. **6.** (*zona en construcción*) building site.

II obras *sf pl* **1.** (*en una casa, un local*) repairs *pl*: **no podemos irnos a vivir al piso hasta que acaben las obras** we won't be able to move into the apartment until they've finished the repairs. **2.** (*en la carretera*) road works *pl*: **hay retenciones porque están haciendo obras** there are hold-ups because of road works.

obra benéfica *sf*: **parte del presupuesto se dedica a obras benéficas** part of the budget is allocated to charity work.

obra de caridad *sf*: **se le recordará por sus obras de caridad** she will be remembered for her charity work; **fue una obra de caridad no decírselo** it was an act of kindness not to tell her.

obra maestra *sf* masterpiece.

obras completas *sf pl* complete works *pl*.

obras públicas *sf pl* public works *pl*.

obrar /o'βrar/ [➪ CANTAR] *vi* **1.** (*realizar una acción*) to act: **obró** *en* **interés de su familia** she acted to promote her family's best interests; **obró bien llamando al médico** he did the right thing in ringing the doctor; **obró mal no diciendo lo que sabía** it was wrong of her to keep what she knew to herself. **2.** (*hacer efecto*) to have an effect, to act: **la medicina no obró como se esperaba** the medicine did not have the desired effect. **3.** (*frml*: *estar*) to be: **la solicitud obra** *en* **mi poder *** *en* **mis manos** the application is in my possession.

♦ *vt* (*milagros, prodigios*) to work: **la fe obra milagros** faith works miracles.

obrera /o'βrera/ *sf* (*abeja, hormiga*) worker.

obrero, -ra /o'βrero -ra/ **I** *adj* **1.** (*trabajador*) working: **la clase obrera** the working class; (*relativo a la clase social*) working-class: **es un barrio obrero** it's a working-class neighbourhood; **el movimiento obrero** the (*GB*) labour * (*US*) labor movement. **2.** (*hormiga*) worker: **una abeja obrera** a worker bee.

II *sm/f* (*GB*) labourer, (*US*) laborer.

obrero especializado *sm*, **obrera especializada** *sf* (*GB*) skilled labourer, (*US*) skilled laborer.

obrero portuario *sm* docker.

obscenidad /oβsθeni'ðað/ *sf* obscenity.

obsceno, -na /oβs'θeno -na/ **I** *adj* obscene.

II *sm/f* obscene person.

obscurecer /oβskure'θer/ [➪ agradecer] *vt, v impers* ➪ oscurecer

obscuridad /oβskuri'ðað/ *sf* ➪ oscuridad

obscuro, -ra /oβs'kuro -ra/ *adj* ➪ oscuro

obsequiar /oβse'kjar/ [➪ CAMBIAR] *vt*: **la obsequiaron** *con* **un juego de café** they gave her a coffee set * presented her with a coffee set.

obsequio /oβ'sekjo/ *sm* (*regalo*) present, gift.

obsequioso, -sa /oβse'kjoso -sa/ *adj* obliging.

observación /oβserβa'θjon/ *sf* **1.** (*acción*) observation: **tiene gran capacidad de observación** she is very observant. **2.** (*cosa dicha*) observation, comment: **me hizo algunas observaciones** *sobre* **mi trabajo** he made a few comments about my work; (*cosa escrita*) note: **apuntó sus observaciones en el margen** she wrote her notes in the margin.

observador, **-dora** /oβserβa'ðor -'ðora/ **I** *adj* observant.
II *sm/f* observer.

observancia /oβser'βanθja/ *sf* observance, respect.

observar /oβser'βar/ [⇨ CANTAR] *vt* **1.** (*examinar*) to observe: **los zoólogos observan el comportamiento animal** zoologists observe animal behaviour; **se pasó la tarde observando lo que hacía el bebé** he spent the afternoon watching what the baby did. **2.** (*darse cuenta de*) to notice: **he observado que has adelgazado mucho** I've noticed that you've lost a lot of weight. **3.** (*señalar*) to point out: **alguien observó que no había trenes todos los días** someone pointed out that there weren't trains every day. **4.** (*acatar*) to observe, to respect.

observatorio /oβserβa'torjo/ *sm* (*astronómico*) observatory; (*meteorológico*) weather station.

obsesión /oβse'sjon/ *sf* obsession: **tiene obsesión** *con* **la limpieza** he is obsessed with cleaning; **tiene la obsesión** *de* **que está muy gorda** she is obsessed with the idea that she's overweight.

obsesionado, **-da** /oβsesjo'naðo -ða/ *adj* obsessed: **está obsesionado** *con* **los regímenes** he's obsessed with dieting.

obsesionar /oβsesjo'nar/ [⇨ CANTAR] *vt* to obsess: **la idea de engordar la obsesiona** she's obsessed with the idea of getting fat.
obsesionarse *v prnl* to become obsessed: **se obsesionó** *con* **la idea de que lo estaban espiando** he became obsessed with the idea that they were spying on him.

obsesivo, **-va** /oβse'siβo -βa/ *adj* obsessive.

obsoleto, **-ta** /oβso'leto -ta/ *adj* obsolete.

obstaculizar /oβstakuli'θar/ [⇨ cazar] *vt* **1.** (*un lugar*) to block: **estaba obstaculizando el paso** he was blocking the way. **2.** (*un proceso*) to hinder, to hamper: **están obstaculizando la investigación** they are hindering the investigation.

obstáculo /oβs'takulo/ *sm* obstacle: **no pusieron obstáculos** *a* **mi plan** they didn't try to block my plan.

obstante /oβs'tante/ **no obstante I** *conj* nevertheless, however: **no estaba de acuerdo; no obstante, nos dejó hacerlo** he didn't agree; however, he let us do it. **II** *prep* (*frml*) in spite of, despite: **no obstante su oposición, se firmó el tratado** in spite of their opposition, the treaty was signed.

obstar /oβs'tar/ [⇨ CANTAR] *vi [only used in the third person]* (*frml*): **esto no obsta** *para* **que el proceso siga su curso** that should not prevent the process from following its course.

obstetricia /oβste'triθja/ *sf* obstetrics [lleva el verbo en singular].

obstinación /oβstina'θjon/ *sf* stubbornness, obstinacy.

obstinado, **-da** /oβsti'naðo -ða/ *adj* stubborn, obstinate.

obstinarse /oβsti'narse/ [⇨ CANTAR] *v prnl*: **se obstina** *en* **llevarme la contraria** he insists on contradicting what I say.

obstrucción /oβstruk'θjon/ *sf* **1.** (*gen*) obstruction. **2.** (*en una tubería*) blockage, obstruction.

obstruir /oβs'trwir/ [⇨ huir] *vt* **1.** (*un conducto*) to block, to obstruct: **la cal ha obstruido las tuberías** lime has blocked the pipes. **2.** (*un proceso*) to block, to hinder: **intentaron obstruir la investigación** they tried to block the investigation.
obstruirse *v prnl* to become blocked.

obtener /oβte'ner/ [⇨ tener] *vt* to obtain, to get: **hay que obtener el permiso del dueño** you must obtain the owner's permission; **obtuve una beca para hacer el máster** I got a grant to do my master's degree; **obtuvo el primer premio en el concurso de cuentos** she won first prize in the short story competition; **en el primer año no obtuvieron beneficios** in the first year they did not make any profits.
obtenerse *v prnl [only used in the third person]* to be obtained: **los plásticos se obtienen** *del* **petróleo** plastics are obtained from petroleum.

obturador /oβtura'ðor/ *sm* (*de una cámara fotográfica*) shutter.

obturar /obtu'rar/ [⇨ CANTAR] *vt* to block (up).

obtuso, **-sa** /oβ'tuso -sa/ *adj* **1.** (*ángulo*) obtuse. **2.** (*persona*) obtuse: **tiene una mente un poco obtusa** he's a bit obtuse.

obús /o'βus/ *sm* (*Mil*) **1.** (*arma*) howitzer. **2.** (*proyectil*) shell (*fired by a howitzer*).

obvio, **-via** /'oββjo -ja/ *adj* obvious: **para mí es obvio** I think it's quite obvious.

oca /'oka/ *sf* **1.** (*Zool*) goose (*pl* geese). **2. la oca** (*juego*) *board game similar to snakes and ladders*.

ocasión /oka'sjon/ *sf* **1.** (*momento en que se sitúa un hecho*) occasion: *en* **aquella ocasión ganamos nosotros** on that occasion we won; **vino** *con* **ocasión del concierto** she came on the occasion of the concert • **en cierta ocasión, se comió tres pollos enteros** on one occasion ✻ once he ate three whole chickens. **2.** (*circunstancia oportuna*) opportunity, chance: **aprovechó la ocasión para pedir un aumento de sueldo** she took the opportunity to ask for a rise; **si tengo ocasión, iré a verlos** if I get the chance, I'll go and see them • **la ocasión la pintan calva** make hay while the sun shines. **3.** (*Fin*): **se venden coches** *de* **ocasión** (*de segunda mano*) they sell second-hand cars; (*con descuento*) cars sold at discount prices.

ocasional /okasjo'nal/ *adj* **1.** (*irregular*) occasional: **era un trabajo ocasional** it was casual work. **2.** (*por casualidad*) chance: **fue un encuentro ocasional** it was a chance meeting.

ocasionar /okasjo'nar/ [⇨ CANTAR] *vt* to cause: **las lluvias ocasionaron grandes inundaciones** the rains caused severe flooding.

ocaso /o'kaso/ *sm* **1.** (*del sol*) sunset. **2.** (*decadencia*) decline: **se encuentra** *en* **el ocaso de su carrera** she is getting to the end of her career. **3.** (*Geog: frml*) west.

occidental /okθiðen'tal/ **I** *adj* western: **la mitad occidental del país** the western half of the country; **los pensadores occidentales** Western thinkers.
II *sm/f* westerner: **los occidentales** westerners.

occidentalizar /okθiðentali'θar/ [⇨ cazar] *vt* to westernize.

occidente /okθi'ðente/ *sm* **1.** (*Geog*) west. **2.** (*also* **(el) Occidente**) (*países*) the West: **la economía está en crisis en muchos países de Occidente** many Western countries are in the grip of an economic crisis.

occipital /okθipi'tal/ **I** *adj* occipital.
II *sm* occipital bone (*the back of the head*).

Oceanía /oθea'nia/ *sf* Oceania.

oceánico, **-ca** /oθe'aniko -ka/ *adj* ocean: **las corrientes oceánicas** ocean currents; **el clima de esta localidad es oceánico** this region has a temperate climate.

océano /o'θeano/ *sm* ocean.

ochenta /o'tʃenta/ **I** *adj* (*cardinal*) eighty; (*ordinal*) eightieth: **los años ochenta** the eighties. ➪ doce
II *sm* (*cardinal*) eighty. ➪ doce

ochentavo, **-va** /otʃen'taβo -βa/ **I** *adj* eightieth.
II ochentavo *sm* (*parte*) eightieth.

ocho /'otʃo/ **I** *adj* (*cardinal*) eight; (*ordinal*) eighth. ➪ doce
II *sm* (*cardinal*) eight • **es más torcido que un ocho** he's very twisted; (*ordinal*) eighth. ➪ doce
III las ocho *sf pl* (*hora*) eight o'clock. ➪ doce
ochocientos, **-tas** /otʃo'θjentos -tas/ **I** *adj* (*cardinal*) eight hundred; (*ordinal*) eight hundredth. ➪ doscientos
II *sm/f* (*ordinal*) eight hundredth. ➪ doscientos
III el ochocientos *sm* (*número*) (the number) eight hundred.

ocio /'oθjo/ *sm* spare time, leisure time: **¿en qué ocupan su ocio los españoles?** how do Spaniards spend their spare time?

ociosidad /oθjosi'ðað/ *sf* idleness.

ocioso, **-sa** /o'θjoso -sa/ **I** *adj* **1.** (*que no está activo*) idle: **permaneció ociosa durante varias semanas** she spent several weeks doing nothing. **2.** (*inútil*) pointless: **sería preferible no perder el tiempo con discusiones ociosas** it would be better not to waste time on pointless discussion.
II *sm/f* **1.** (*perezoso*) idler, time-waster: **no es un oficio para los ociosos** it is not a job for idlers. **2.** (*con tiempo libre*): **hoy día hay muchas actividades para los ociosos** nowadays there is a whole range of activities for those with time on their hands.

ocre /'okre/ *adj inv*, *sm* (*GB*) ochre, (*US*) ocher.

octágono /ok'taɣono/ *sm* octagon.

octava /ok'taβa/ *sf* **1.** (*en orden*) eighth. **2.** (*Lit, Mús*) octave.

octavilla /okta'βiʎa/ *sf* leaflet: **estaban repartiendo octavillas en una esquina** they were handing out leaflets on a street corner.

octavo, **-va** /ok'taβo -βa/ **I** *adj* eighth. ➪ sexto
II octavo *sm* (*en orden, parte*) eighth. ➪ sexto
octavos de final *sm pl* (*Dep*) *round prior to quarterfinals*: **se clasificaron para los octavos de final** they reached the last sixteen.

octogenario, **-ria** /oktoxe'narjo -rja/ *adj*, *sm/f* octogenarian.

octogésimo, **-ma** /okto'xesimo -ma/ **I** *adj* eightieth.
II *sm/f* (*en orden*) eightieth.
III octogésimo *sm* (*parte*) eightieth.

octogonal /oktoɣo'nal/ *adj* octagonal.

octógono /ok'toɣono/ *sm* octagon.

octubre /ok'tuβre/ *sm* October. ➪ febrero

ocular /oku'lar/ **I** *adj* ocular, eye: **una lesión ocular** an eye injury.
II *sm* (*Tec*) eyepiece.

oculista /oku'lista/ *sm/f* oculist, ophthalmologist.

ocultar /okul'tar/ [➪ CANTAR] *vt* to hide, to conceal: **no pudo ocultar su alegría** she could not conceal her joy; **les ocultó que había tenido un accidente** he hid the fact that he had had an accident from them.
ocultarse *v prnl* to hide: **se ocultó detrás de la casa** he hid behind the house.

ocultismo /okul'tizmo/ *sm* occultism.

oculto, **-ta** /o'kulto -ta/ *adj* **1.** (*que no se ve*) hidden, concealed: **el camino está oculto por los árboles** the path is hidden by the trees. **2.** (*que no se sabe*) hidden, secret: **tiene intenciones ocultas** he has secret intentions.

ocupa /o'kupa/ *sm/f* (*fam*) squatter.

ocupación /okupa'θjon/ *sf* **1.** (*actividad*) job: **debe atender sus muchas ocupaciones** she must attend to all her various jobs. **2.** (*empleo*) job, occupation: **¿cuál es su ocupación?** what do you do (for a living)? **3.** (*Mil*: *de un país, una ciudad*) occupation: **ocurrió durante la ocupación del país** it happened during the occupation of the country.

ocupado, **-da** /oku'paðo -ða/ *adj* **1.** (*asiento*) taken: **¿está ocupado?** is this seat taken? **2.** (*cuarto de baño*) engaged. **3.** (*Mil*: *territorio*) occupied. **4.** (*línea telefónica*) busy, (*GB*) engaged: **todas las líneas están ocupadas** all the lines are engaged ✻ busy; (*Amér L*): **estaba ocupado cuando llamé** the line was engaged ✻ busy when I called. **5.** (*persona*) busy: **estoy muy ocupada, ¿por qué no nos vemos mañana?** I'm very busy, why don't we meet tomorrow?

ocupante /oku'pante/ *sm/f* **1.** (*de un vehículo*) passenger. **2.** (*de una vivienda*) occupant.

ocupar /oku'par/ [➪ CANTAR] *vt* **1.** (*un lugar: gen*) to occupy: **ocupan tres habitaciones de la casa** they occupy three rooms in the house; **han ocupado nuestros asientos** they've taken our seats; **ocupaban tres asientos en la primera fila** they were sitting in three seats in the first row; (*Mil*) **el ejército ocupó la ciudad** the army occupied the city; (*: ilegalmente*) to squat in. **2.** (*un espacio*) to take up: **lo tuve que dar porque ocupaba demasiado sitio** I had to give it away because it was taking up too much space. **3.** (*un cargo, un empleo*) to hold: **ocupa el cargo de director** he holds the post of manager. **4.** (*un tiempo*): **¿en qué ocupas tu tiempo libre?** how do you spend your spare time?; **este trabajo me ocupará varias horas** this job will take me several hours. **5.** (*a una persona*) to employ.
ocuparse *v prnl* **1.** (*de una persona*): **una vecina se ocupa** ***de*** **los niños cuando ella tiene que salir** a neighbour looks after the children when she has to go out; **¿se ocupa alguien** ***de*** **ustedes?** are you being attended to? **2.** (*de una actividad*) to be in charge: **se ocupa** ***de*** **la contabilidad** she's in charge of the accounts. **3.** (*de un asunto*): **la dermatología se ocupa** ***de*** **las enfermedades de la piel** dermatology deals with skin diseases.

ocurrencia /oku'rrenθja/ *sf* **1.** (*buena idea*) idea: **tuvo la feliz ocurrencia de...** he had the good ✻ bright idea of...; (*idea rara*): **tuvo la ocurrencia de ir a la montaña sin ropa de abrigo** she took it into her head to go into the mountains without warm clothing. **2.** (*dicho gracioso*) quip, witty remark: **nos hace reír mucho con sus ocurrencias** he really makes us laugh with his witty remarks.

ocurrente /oku'rrente/ *adj* witty.

ocurrir /oku'rrir/ [➪ PARTIR] *vi [only used in the third person]* to occur, to happen: **¿qué ocurre?** what's happening?, what's going on?; **ha ocurrido una catástrofe** a catastrophe has occurred ✻ taken place.
ocurrirse *v prnl [only used in the third person]*: **se le ocurrió escribir al ayuntamiento** it occurred to her to write to the Town Hall; **se me ocurre que ese día está cerrado** I think that it's shut on that day; **¡a tu hijo se le ocurre cada cosa!** your son's always coming up with strange ideas!; **¡ni se te ocurra!** don't even think about it!

oda /'oða/ *sf* ode.

odiar /o'ðjar/ [➪ CAMBIAR] *vt* to hate, to loathe: **odio**

tener que levantarme pronto I hate having to get up early; **se odian** they hate each other.

odio /'oðjo/ *sm* hatred, loathing.

odioso, -sa /o'ðjoso -sa/ *adj* **1.** (*situación, comportamiento*) hateful, odious. **2.** (*persona*) odious.

odisea /oði'sea/ *sf*: **el regreso, sin dinero ni comida, fue una odisea** the return journey, without money or food, was a real nightmare.

odontología /oðontolo'xia/ *sf* dentistry.

odontólogo, -ga /oðon'toloɣo -ɣa/ *sm/f* dental surgeon.

odre /'oðre/ *sm* wineskin.

OEA /oe'a/ *sf* (*abbreviation of* **Organización de Estados Americanos**) OAS (Organization of American States).

oeste /o'este/ **I** *sm* **1.** (*Geog*) west: **vivo** *al* **oeste** *de* **Madrid** I live to the west of Madrid. **2.** (*viento*) westerly. **3.** (*also* **Oeste**) (*de los Estados Unidos*) the West: **el Lejano Oeste** the Far West.
II *adj inv* (*gen*) west, western: **la fachada oeste** the west façade; (*dirección*) westerly: **el carril en dirección oeste** the westbound lane.

ofender /ofen'der/ [⇨TEMER] *vt* to offend: **este cuadro ofende (a) la vista** this painting offends the eye.
ofenderse *v prnl* to be offended, (*GB*) to take offence, (*US*) to take offense: **se ofende** *por* **cualquier cosa** he takes offence at the slightest thing.

ofensa /o'fensa/ *sf* affront: **se lo tomó como una ofensa** she took it as an affront.

ofensiva /ofen'siβa/ *sf* offensive: **en primavera lanzaron una gran ofensiva** in the spring they launched a big offensive; **pasaron a la ofensiva** they took offensive action.

ofensivo, -va /ofen'siβo -βa/ *adj* **1.** (*que ofende*) offensive: **hizo unos comentarios muy ofensivos** he made some very offensive remarks. **2.** (*Mil*) offensive.

oferta /o'ferta/ *sf* **1.** (*de trabajo, de hacer algo*) offer: **recibió varias ofertas de trabajo** she had several job offers. **2.** (*de dinero: gen*) offer: **nos hicieron una oferta de dos millones** *por* **la casa** they made us an offer of two million for the house; (*: en una subasta*) bid: **hizo una oferta de un millón** she bid ∗ made a bid of one million. **3.** (*en economía*) supply: **la ley de la oferta y la demanda** the law of supply and demand; **ha aumentado la oferta de pisos** ∗ (*Amér L*) **departamentos** the number of apartments on the market has increased. **4.** (*en una tienda*): **el helado estaba** *de* **oferta** the ice cream was on (special) offer. **5.** (*de actividades*): **en Nueva York hay una gran oferta cultural** in New York there are many cultural activities to choose from.

off /of/ **en off** *loc adj, loc adv*: • **una voz en off narraba la historia** a voice offstage narrated the story.

office /'ofis/ *sm* breakfast room.

oficial /ofi'θjal/ **I** *adj* official.
II *sm/f* **1.** (*en el ejército, la armada*) officer. **2.** (*en oficios tradicionales*) craftsman. **3.** (*en la administración*) officer.

oficiala /ofi'θjala/ *sf* **1.** (*en oficios tradicionales*) tradeswoman, craftswoman. **2.** (*en la administración*) officer.

oficiar /ofi'θjar/ [⇨CAMBIAR] *vt* (*Relig*) to celebrate.
♦*vi* **1.** (*Relig*) to officiate. **2.** (*actuar*) to act: **ofició** *de* **mediador en la disputa** she acted as a mediator in the dispute.

oficina /ofi'θina/ *sf* office: **fue a cenar con los compañeros de la oficina** he went out to dinner with his colleagues from the office.
oficina de correos *sf* post office.
oficina de empleo *sf* (*GB*) jobcentre, (*US*) unemployment office.
oficina de información turística *sf* tourist information office.
oficina de turismo *sf* **1.** (*en una población*) tourist information office. **2.** (*de un país, una región*) tourist board: **la Oficina de Turismo de la India** the Indian Tourist Board.

oficinista /ofiθi'nista/ *sm/f* office worker.

oficio /o'fiθjo/ **I** *sm* **1.** (*trabajo manual*) trade: **aprendió el oficio trabajando con su padre** he learnt the trade by working with his father • **no tiene oficio ni beneficio** he has no job and no money; (*profesión*) profession, occupation: **el oficio de escritor da poco dinero** the writing profession does not pay very well. **2.** (*escrito oficial*) official letter. **3.** (*Relig*) service.
II oficios *sm pl* • **todo se solucionó gracias a los buenos oficios del embajador** it was all settled through the good offices of the ambassador.

oficioso, -sa /ofi'θjoso -sa/ *adj* (*extraoficial*) unofficial: **fuentes oficiosas afirman que...** unofficial sources state that....

ofrecer /ofre'θer/ [⇨agradecer] *vt* **1.** (*bebida, dinero, ayuda*) to offer: **me ofreció su coche** she offered me (the use of) her car; **ofrecieron una recompensa** they offered a reward; **vivir aquí ofrece muchas ventajas** there are many advantages to living here; **ofreció su vida** *al* **servicio de los demás** he dedicated his life to the service of others. **2.** (*una fiesta, un homenaje*) to hold: **ofrecieron un homenaje al escritor** they held a ceremony in honour of the writer. **3.** (*Relig*: *una misa*) to celebrate. **4.** (*una posibilidad, una oportunidad*) to provide, to give: **el trabajo le ofreció la oportunidad de viajar por Europa** the job gave her the chance to travel around Europe. **5.** (*una imagen determinada*): **la cima del monte ofrece una magnífica vista** there is a magnificent view from the top of the mountain; **el pueblo ofrecía un aspecto desolado** the village looked rather desolate.
ofrecerse *v prnl* **1.** (*a hacer algo*) to offer: **se ofreció** *a* **acompañarme** she offered to come with me; **se ofreció voluntario para hacer ese trabajo** he volunteered for that job. **2.** (*imagen*) to be displayed: *ante* **nosotros se ofrecía una magnífica panorámica** a magnificent view stretched out before us. **3.** (*cuando se ofrece ayuda*): **¿qué se le ofrece?** what can I do for you?

ofrecimiento /ofreθi'mjento/ *sm* offer.

ofrenda /o'frenda/ *sf* offering.

oftalmología /oftalmolo'xia/ *sf* ophthalmology.

oftalmólogo, -ga /oftal'moloɣo -ɣa/ *sm/f* ophthalmologist.

ofuscar /ofus'kar/ [⇨sacar] *vt* (*fig*) to blind: **la ira ofuscó su mente** anger blinded his judgement.
ofuscarse *v prnl* to become confused: **se ofuscó y le salió todo mal** she became confused and everything went wrong.

ogro /'oɣro/ *sm* ogre.

oh /o/ *excl* oh.

oídas /o'iðas/ **de oídas** *loc adv*: **sólo la conozco de oídas** I've never met her, I've only heard about her.

oído /o'iðo/ *sm* **1.** (*facultad*) hearing. **2.** (*órgano*) ear • **me lo dijo al oído** she whispered it in my ear • **no tiene oído para la música** he doesn't have an ear for music • **no quiero dar oído** ∗ **prestar oídos a esas**

mentiras I refuse to pay any attention to such lies • **toca la guitarra de oído** he plays the guitar by ear • **dime, soy todo oídos** tell me, I'm all ears • **aguzó el oído para tratar de enterarse de qué hablaban** she pricked up her ears to try and hear what they were talking about • **le estuvo regalando el oído * los oídos** he was paying her compliments • **hizo oídos sordos a las súplicas** he closed his ears to their requests • **le entró por un oído y le salió por el otro** it went in one ear and out the other • **la fama de sus hazañas llegó a oídos del rey** news of her exploits reached the King • **le estarán silbando * zumbando los oídos** his ears must be burning.

oído interno *sm* inner ear.

oigo /'oiɣo/ *and other forms with* **oig-** ⇨ oír

oír /o'ir/ [⇨ table: oír] *vt* **1.** (*un sonido*) to hear: **¿has oído hablar de esta empresa?** have you heard of this company? • **me escuchó como quien oye llover** she didn't take any notice of what I said • **me hizo esperar catorce horas, como lo oyes** he kept me waiting for fourteen hours, can you believe it? • **si no te devuelven el dinero, me van a oír** if they don't give you your money back they'll have me to deal with. **2.** (*hacer caso de*) to listen to: **te avisé, pero no quisiste oír mis consejos** I warned you, but you wouldn't listen to my advice. **3.** (*fam*: *para llamar la atención*): **¡oiga, que yo estaba primero!** hey, I was first!; **oiga, ¿me dice cuánto le debo, por favor?** excuse me, can you tell me how much it is, please? ♦ *vi* to hear: **oye muy mal** his hearing is very bad.

oír	
INDICATIVE	
Present	**Preterite**
oigo	oí
oyes	oíste
oye	oyó
oímos	oímos
oís	oísteis
oyen	oyeron
SUBJUNCTIVE	
Present	**Imperfect**
oiga	oyera *or* oyese
oigas	oyeras *or* oyeses
oiga	oyera *or* oyese
oigamos	oyéramos *or* oyésemos
oigáis	oyerais *or* oyeseis
oigan	oyeran *or* oyesen
IMPERATIVE	
(tú) oye	(usted) oiga
(vosotros) oíd	(ustedes) oigan
PRESENT PARTICIPLE	
oyendo	
For the rest of the tenses ⇨ PARTIR (in appendix)	

ojal /o'xal/ *sm* buttonhole.

ojalá /oxa'la/ *excl* let's hope so: **¡ojalá que haga sol mañana!** let's hope it's sunny tomorrow!; **¡ojalá vengas!** I hope you come!; **ojalá no hubiéramos vendido la casa el año pasado** I wish * if only we hadn't sold the house last year.

ojeada /oxe'aða/ *sf* quick look, glance: **echó una ojeada** *a* **los titulares del periódico** she glanced at the newspaper headlines.

ojear /oxe'ar/ [⇨ CANTAR] *vt* to have a quick look at, to glance at: **ojeó los titulares de los periódicos** she glanced at the newspaper headlines.

ojeras /o'xeras/ *sf pl* (dark) rings under the eyes *pl.*

ojeriza /oxe'riθa/ *sf* dislike: **le tiene mucha ojeriza** she really dislikes him.

ojeroso, -sa /oxe'roso -sa/ *adj* haggard.

ojito /o'xito/ *sm*: **ojito derecho** (*fam*): **es el ojito derecho de su padre** she's the apple of her father's eye.

ojiva /o'xiβa/ *sf* **1.** (*en un edificio*) ogive, pointed arch. **2.** (*de un proyectil*) warhead.

ojo /'oxo/ *sm* **1.** (*Anat*) eye: **tiene ojos azules** she has blue eyes; **le pusieron un ojo morado** they gave him a black eye • **no he pegado ojo** I haven't slept a wink • **la situación está empeorando a ojos vistas** the situation is worsening right before our eyes • **abre bien los ojos** stay alert • **su esposa fue la que le abrió los ojos** it was his wife who opened his eyes to it • **aceptó la oferta a ojos cerrados * con los ojos cerrados** he accepted the offer without thinking • **después de tantos años, podría hacerlo con los ojos cerrados** after so many years, I could do it with my eyes closed • **cerró los ojos a lo que estaba sucediendo** she closed her eyes to what was happening • **en este tipo de negocios hay que andarse con cien ojos** in this type of business you need to keep your wits about you • **lo terminó en un abrir y cerrar de ojos** she finished it in the twinkling of an eye • **saltaba a los ojos que se gustaban** it was obvious that they liked each other • **ese pastel entra * se mete por los ojos** that cake looks absolutely delicious • **les costó un ojo de la cara** it cost them an arm and a leg • **calculó la cantidad a ojo (de buen cubero)** he made a rough estimate of the amount • **ojo por ojo** an eye for an eye • **estáte ojo alerta * avizor** be on the alert, keep your eyes peeled. **2.** (*mirada*) look: **voy a echarle un ojo a la comida** I'm just going to have a quick look at the meal • **le hemos echado el ojo a esa casa * hemos puesto los ojos en esa casa** we've got our eyes on that house • **María no te ha quitado ojo** María can't take her eyes off you • **clavó los ojos en mi amiga** he stared fixedly at my friend • **se le fueron los ojos detrás del pastel** he looked longingly at the cake • **comer con los ojos**: **se la comían con los ojos** they couldn't take their eyes off her; **no pidas tanto, que tú comes mucho con los ojos** don't ask for so much, your eyes are bigger than your belly • **mirar con (...) ojos**: **mira con buenos ojos los planes de su hijo** she approves of her son's plans; **mira con malos ojos el cambio de dirección** he is not in favour of the change of leadership; **lo mira con ojos de madre y no ve sus defectos** she looks at him with a mother's eyes and doesn't see his faults; **desde aquel momento lo miré con otros ojos** from that moment on I saw him in a different light • **la anciana no tiene a quién * adónde volver los ojos** the old lady has no one to turn to • **no tener ojos más que para algo/alguien**: **no tiene ojos más que para su familia** she lives for her family; **no tiene ojos más que para Pilar** he only has eyes for Pilar • **tenía puestos los ojos en su sobrino para que lo sucediera** he had chosen his nephew to succeed him. **3.** (*de* *una aguja*) eye; (*de una cerradura*) keyhole; (*de un puente*) span. **4.** (*talento*): **tiene mucho ojo** *para* **los negocios** she has a good head for business. **5.** (*cuidado*): **ve con mucho ojo si vuelves tarde** you'd better watch out if you're back late; **¡ojo! está recién pintado** watch out! * careful! it's just been painted; **ojo con lo que gastas** mind you don't spend too much. **6.** (*de un huracán, una tempestad*) eye.

ojo clínico *sm*: **tiene un ojo clínico** *para* **juzgar a las personas** she is a good judge of character.

ojo de buey *sm* (*Náut*) porthole.

ojo de gato *sm* (*Arg, Chi, Urug*: *catafaros*) Cat's-eye®.

ojo derecho *sm* apple of one's eye.

ojota /o'xota/ *sf* (*Amér L*) sandal.

okupa /o'kupa/ *sm/f* (*fam*) squatter.

ola /'ola/ *sf* wave: **ha habido una ola de robos en el barrio** there has been a spate of robberies in the area.

ola de calor *sf* heat wave.

ola de frío *sf* cold snap.

olé /o'le/, **ole** /'ole/ *excl* bravo.

oleada /ole'aða/ *sf* wave: **ha habido una oleada de atracos en el barrio** there has been a wave of robberies in the area; **reciben oleadas de visitantes cada verano** they get hordes of visitors each summer.

oleaje /ole'axe/ *sm* swell.

óleo /'oleo/ *sm* **1.** (*técnica, pintura*): **está aprendiendo a pintar** *al* **óleo** he is learning how to paint in oils. **2.** (*cuadro*) oil painting: **subastaron varios óleos del artista** several of the artist's oil paintings were auctioned.

oleoducto /oleo'ðukto/ *sm* oil pipeline.

oler /o'ler/ [⇨ table: oler] *vt* **1.** (*sentir olor de*) to smell: **el perro ya ha olido su comida** the dog has already smelt his food. **2.** (*fam*: *sospechar*) to suspect, to have a feeling.

♦*vi* **1.** (*despedir olor*) to smell: **esta colonia huele muy bien** this perfume smells very nice; **huele** *a* **rosas** it smells of roses; **huele** *a* **quemado** there is a smell of burning. **2.** (*fam*: *tener aspecto*): **ese asunto me huele** *a* **estafa** that whole business smacks of fraud.

olerse *v prnl* (*fam*) to suspect, to guess: **ya se ha olido la broma** I think he might have guessed that it's a joke.

oler	
INDICATIVE	SUBJUNCTIVE
Present huelo hueles huele olemos oléis huelen	**Present** huela huelas huela olamos oláis huelan
IMPERATIVE	
(tú) huele (vosotros) oled	(usted) huela (ustedes) huelan
For the rest of the tenses ⇨ TEMER (in appendix)	

olfatear /olfate'ar/ [⇨ CANTAR] *vt* (*olisquear*) to sniff, to smell: **el perro la olfateó** the dog sniffed her.

♦*vi* (*fam*: *curiosear*) to snoop.

olfato /ol'fato/ *sm* **1.** (*sentido*) sense of smell. **2.** (*fam*: *intuición*): **tiene buen olfato** *para* **saber cuándo le mienten** she's really good at sensing when people are lying to her; **tiene olfato** *para* **los negocios** he has a good nose for business.

oligarquía /oliɣar'kia/ *sf* oligarchy.

oligoelemento /oliɣoele'mento/ *sm* trace element.

oligofrenia /oliɣo'frenja/ *sf* mental handicap.

oligofrénico, -ca /oliɣo'freniko -ka/ **I** *adj* mentally handicapped.

II *sm/f* mentally handicapped person.

olimpiada /olim'pjaða/, **olimpíada** /olim'piaða/ *sf* (*Hist*: *en Grecia*) Olympiad; (*en la actualidad*) Olympic Games *pl*, Olympics *pl*: **la Olimpiada del 72** the 1972 Olympics; **mi última visita fue durante las Olimpiadas** my last visit was during the Olympic Games.

olímpicamente /o'limpikamente/ *adv* (*fam*): **se saltó las normas olímpicamente** he blatantly ignored the rules; **paso olímpicamente** I really couldn't care less.

olímpico, -ca /o'limpiko -ka/ *adj* **1.** (*de la Olimpiada*) Olympic: **es un deporte olímpico** it is an Olympic sport. **2.** (*fam*: *soberbio*) haughty: **reaccionó con un olímpico desdén** she reacted with haughty disdain. **3.** (*como intensificador*): **se lo tomó con olímpica indiferencia** she took it with complete indifference.

olisquear /oliske'ar/ [⇨ CANTAR] *vt/i* ⇨ olfatear

oliva /o'liβa/ *sf* **1.** (*aceituna*) olive. **2.** (*olivo*) olive tree.

oliváceo, -cea /oli'βaθeo -θea/ *adj* olive-coloured.

olivar /oli'βar/ *sm* olive grove.

olivarero, -ra /oliβa'rero -ra/ **I** *adj* olive: **la industria olivarera** the olive-growing industry.

II *sm/f* olive grower.

olivo /o'liβo/ *sm* olive tree.

olla /'oʎa/ *sf* **1.** (*recipiente*) (cooking) pot: **puso la olla en el fuego** he put the pot on the stove ● **la clase parecía una olla de grillos** the class was in uproar. **2.** (*guiso*) *type of stew*.

olla a presión, olla exprés *sf* pressure cooker.

olla podrida *sf*: *type of stew*.

olla popular *sf* soup kitchen.

olmo /'olmo/ *sm* elm (tree).

olor /o'lor/ *sm* smell: **¡qué olor tan agradable!** what a lovely smell!; **hay olor** *a* **gas** there's a smell of gas ● **murió en olor de santidad** she died a saint ● **vienen al olor de tu dinero** they're after your money.

olor corporal *sm* BO, (*GB*) body odour, (*US*) body odor.

oloroso, -sa /olo'roso -sa/ *adj* fragrant.

olote /o'lote/ *sm* (*Amér C, Méx*) corncob (*without corn kernels*).

OLP /oele'pe/ *sf* (*abbreviation of* **Organización para la Liberación de Palestina**) PLO (Palestine Liberation Organization).

olvidadizo, -za /olβiða'ðiθo -θa/ *adj* forgetful: **es tan olvidadizo que tuve que recordárselo tres veces** he's so forgetful that I had to remind him three times.

olvidar /olβi'ðar/ [⇨ CANTAR] *vt* **1.** (*un dato, un acontecimiento, un propósito, etc.*) to forget: **he olvidado tu número de teléfono** I've forgotten your telephone number; **nunca olvidó a sus maestros** she never forgot her teachers. **2.** (*en un sitio*) to leave (behind): **había olvidado los guantes en el coche** I had left my gloves in the car.

olvidarse *v prnl* **1.** (*de un dato, un acontecimiento, un propósito, etc.*) to forget: **me olvidé** *de* **llamarte** I forgot to telephone you; **siempre se olvida** *de* **apagar las luces** she always forgets to switch off the lights; **se me olvidó** I forgot * it slipped my mind. **2.** (*en un sitio*) to leave (behind): **se olvidó el maletín en el restau-**

rante she left her briefcase (behind) in the restaurant; **entonces se dio cuenta de que se había olvidado la bufanda** then he realized he had forgotten his scarf ∗ left his scarf behind.

olvido /ol'βiðo/ *sm* **1.** (*ausencia de recuerdo*) oblivion: **el homenaje rescató su nombre del olvido** the ceremony in his honour saved his name from oblivion; **sus películas han caído en el olvido** his films have sunk into oblivion; **sus promesas cayeron en el olvido** her promises came to nothing. **2.** (*omisión*) oversight: **lo siento, ha sido un olvido imperdonable** I'm sorry, it was an unforgiveable oversight.

ombligo /om'bliɣo/ *sm* **1.** (*Anat*) navel, belly button. **2.** (*fam*: *centro*): **se cree que es el ombligo del mundo** she thinks the world revolves around her.

ombudsman /om'budzman/ *sm* **1.** (*Pol*: *defensor del pueblo: gen*) ombudsman; (*: en GB*) Parliamentary Commissioner. **2.** (*de un organismo*) ombudsman (*person dealing with complaints from the public*).

omelette /ome'let/ *sf* (*Arg, Chi, Urug*) omelette.

ominoso, -sa /omi'noso -sa/ *adj* (*frml*) **1.** (*horrible*) awful: **nunca lo creí capaz de cometer tan ominoso crimen** I never thought him capable of committing such an awful crime. **2.** (*de mal agüero*) ominous.

omisión /omi'sjon/ *sf* omission: **en su relato había algunas omisiones importantes** her account of events omitted some important points.

omiso /o'miso/ *adj* ⇨ caso

omitir /omi'tir/ [⇨ PARTIR] *vt* to omit: **decidieron omitir una parte del programa** they decided to omit a part of the programme; **cuéntame todo sin omitir un solo detalle** tell me everything without leaving out a single detail; **omitió decirnos que la casa no tenía calefacción** he neglected ∗ failed to tell us that the house had no heating.

ómnibus /'omniβus/ *sm* **1.** (*Perú, Urug*: *en una población*) bus. **2.** (*Arg*: *entre poblaciones*) long-distance bus, coach.

omnipotente /omnipo'tente/ *adj* omnipotent.

omnipresente /omnipre'sente/ *adj* omnipresent.

omnisciente /omnis'θjente/ *adj* omniscient.

omnívoro, -ra /om'niβoro -ra/ **I** *adj* omnivorous.
II omnívoro *sm* omnivore.

omoplato /omo'plato/, **omóplato** /o'moplato/ *sm* shoulder blade.

OMS /oeme'ese/ *sf* (*abbreviation of* **Organización Mundial de la Salud**) WHO (World Health Organization).

ONCE /'onθe/ *sf* (*abbreviation of* **Organización Nacional de Ciegos Españoles**) *Spanish national organization for the blind.*

once /'onθe/ **I** *adj* (*cardinal*) eleven; (*ordinal*) eleventh. ⇨ doce
II *sm* **1.** (*número: cardinal*) eleven; (*: ordinal*) eleventh. ⇨ doce **2.** (*equipo de fútbol*) eleven: **fue incluido en el once inicial** he was included in the starting line-up.
III las once *sf pl* (*hora*) eleven o'clock. ⇨ doce
onceavo, -va /onθe'aβo -βa/ **I** *adj* eleventh.
II onceavo *sm* (*parte*) eleventh.

oncología /oŋkolo'xja/ *sf* oncology.

oncológico, -ca /oŋko'loxiko -ka/ *adj* oncological.

onda /'onda/ *sf* **1.** (*en el aire, en el pelo*) wave; (*en el agua*) ripple. **2.** (*fam*: *sentido*): **no consigo coger ∗ pillar la onda** I don't get it; (*Amér L*: *truco*): **es difícil al principio pero enseguida le agarras la onda** it's difficult to begin with, but you soon pick it up. **3.** (*fam*: *últimas tendencias*): **¡cómo se nota que no estás en la onda!** it's obvious that you're not up-to-date with the latest fashions.
onda corta *sf* short wave.
onda expansiva *sf* blast: **la onda expansiva destrozó todos los cristales** the blast shattered all the windows.
onda larga *sf* long wave.
onda media *sf* medium wave.

ondear /onde'ar/ [⇨ CANTAR] *vt* to wave: **el público ondeaba pañuelos en señal de protesta** the crowd waved their handkerchiefs in protest.
♦*vi* **1.** (*bandera*) to flutter: **la bandera ondeaba a la entrada del palacio** the flag fluttered at the entrance to the palace. **2.** (*pelo*) to blow (about): **su pelo ondeaba al viento** his hair was blowing (about) in the wind.

ondulación /ondula'θjon/ *sf* undulation.

ondulado, -da /ondu'laðo -ða/ *adj* **1.** (*cabello*) wavy: **tiene el pelo rubio y ondulado** she has wavy blonde hair. **2.** (*terreno*) undulating. **3.** (*papel, metal*) corrugated.

ondular /ondu'lar/ [⇨ CANTAR] *vt* (*el cabello*) to wave.
♦*vi* (*bandera*) to flutter: **la bandera ondulaba al viento** the flag fluttered in the wind.
ondularse *v prnl*: **se onduló el pelo** she had her hair waved ; **cuando llueve, se le ondula el pelo** when it rains, his hair goes all wavy.

oneroso, -sa /one'roso -sa/ *adj* (*molesto*) onerous: **es una obligación demasiado onerosa para una persona tan joven** it is too onerous a responsibility for one so young.

onírico, -ca /o'niriko -ka/ *adj* (*frml*) of ∗ relating to dreams.

onomástica /ono'mastika/ *sf* (*frml*) saint's day (*celebration on the day commemorating the saint one is named after*).

onomástico, -ca /ono'mastiko -ka/ *adj*: **un índice onomástico** an index of names.

onomatopeya /onomato'peja/ *sf* onomatopoeia.

onomatopéyico, -ca /onomato'pejiko -ka/ *adj* onomatopoeic.

ONU /'onu/ *sf* (*abbreviation of* **Organización de las Naciones Unidas**) UNO (United Nations Organization): **unos observadores de la ONU** some UN observers.

onubense /onu'βense/ **I** *adj* of ∗ from Huelva.
II *sm/f* native ∗ inhabitant of Huelva.

onza /'onθa/ *sf* **1.** (*peso*) ounce. **2.** (*de chocolate*) piece, square. **3.** (*guepardo*) cheetah.

onzavo, -va /on'θaβo -βa/ *adj*, **onzavo** *sm* ⇨ onceavo

OPA /'opa/ *sf* (*abbreviation of* **Oferta Pública de Adquisición**) takeover bid.

opaco, -ca /o'pako -ka/ *adj* **1.** (*que no es transparente*) opaque. **2.** (*sin brillo*) dull.

ópalo /'opalo/ *sm* opal.

opción /op'θjon/ *sf* **1.** (*posibilidad de elegir*) choice: **no tuve opción** I had no choice; (*cosa a elegir*) option, choice: **había diversas opciones** there were several options. **2.** (*acceso*) right: **los mayores de veinticinco años no tienen opción *a* esa beca** those over the age of twenty-five are not eligible for this grant; **cada compra da opción *a* un regalo** each purchase entitles you to a free gift.

opcional /opθjo'nal/ *adj* optional: **es un examen opcional** the exam is optional.

OPEP /o'pep/ *sf* (*abbreviation of* **Organización de**

Países Exportadores de Petróleo) OPEC [no lleva artículo] (Organization of Petroleum Exporting Countries).

ópera /'opera/ *sf* opera.

ópera prima *sf* (*película, obra de teatro*) first production.

operación /opera'θjon/ *sf* **1.** (*quirúrgica, militar, aritmética*) operation: **tardó varios meses en recuperarse de la operación** it took her several months to get over the operation. **2.** (*mercantil*) operation, transaction: **se trata de una operación comercial de gran envergadura** it's a major commercial deal. **3.** (*conjunto de acciones*) process: **la operación de carga fue muy lenta** the loading process was very slow.

operación retorno *sf* (*Transp*) *final day or days of Easter, Summer holidays, etc., when people return en masse to the cities.*

operador, **-dora** /opera'ðor -'ðora/ *sm/f* **1.** (*de una máquina, una centralita*) operator; (*de un proyector*) projectionist. **2.** (*en el cine, la televisión*) cameraman.

operar /ope'rar/ [⇨CANTAR] *vt* **1.** (*quirúrgicamente*) to operate on: **lo operaron** *del* **riñón** he had a kidney operation. **2.** (*obrar*) to bring about: **operó un gran cambio** it brought about great change.

♦*vi* **1.** (*actuar*) to operate: **esa banda de ladrones opera siempre en la misma zona** that gang of thieves always operates in the same area. **2.** (*comercialmente*) to operate: **nuestros vendedores operan en la zona sur** our salesmen operate in the southern area; **nuestra empresa opera** *con* **bancos extranjeros** our firm does business with foreign banks. **3.** (*calcular*) to work: **esta calculadora opera** *con* **decimales** this calculator works in decimals.

operarse *v prnl* **1.** (*quirúrgicamente*) to have an operation: **se operó** *de* **apendicitis el año pasado** she had her appendix out last year. **2.** (*efectuarse*) to take place, to occur: **se ha operado un gran cambio en la sociedad** a significant change has taken place in society.

operario, **-ria** /ope'rarjo -rja/ *sm/f* **1.** (*trabajador manual*) (manual) worker: **tiene cinco operarios trabajando para él** he has five people working for him. **2.** (*de una máquina*) operator.

opereta /ope'reta/ *sf* operetta.

opinable /opi'naβle/ *adj* very debatable: **eso es muy opinable** that's debatable.

opinar /opi'nar/ [⇨CANTAR] *vi* to give an opinion: **prefiero no opinar** I prefer not to give an opinion; **le pidieron que opinara** *sobre* **el tema** he was asked to give his opinion on the subject.

♦*vt* to think: **no sé qué opinarán ellos** I don't know what they will think; **opino que hoy deberías quedarte en casa** I think that you should stay at home today.

opinión /opi'njon/ *sf* opinion, view: **en su opinión, estamos equivocados** in his opinion we are wrong; **al final, cambió de opinión** in the end she changed her mind; **tiene muy buena opinión** *de* **ti** she has a very high opinion of you; **soy de la misma opinión** I share your view.

opinión pública *sf*: **la opinión pública** public opinion.

opio /'opjo/ *sm* opium.

opíparo, **-ra** /o'piparo -ra/ *adj* sumptuous: **prepararon una cena opípara** they prepared a sumptuous dinner.

oponente /opo'nente/ *sm/f* opponent: **tuvo dificultades para derrotar a su oponente** he had difficulty defeating his opponent.

oponer /opo'ner/ [⇨poner; *past participle* **opuesto**] *vt* (*resistencia*) to put up: **opusieron gran resistencia al enemigo** they put up fierce resistance against the enemy; (*puntos de vista*) to contrast.

oponerse *v prnl* **1.** (*a una idea, un hecho*) to be opposed: **nunca me he opuesto** *a* **la idea** I've never opposed the idea; **las dos familias se opusieron** *a* **la boda** both families were opposed to the marriage. **2.** (*contraponerse*) to be the opposite: **la virtud se opone** *al* **vicio** virtue is the opposite of vice.

oporto /o'porto/ *sm* port (*wine*).

oportunidad /oportuni'ðað/ **I** *sf* **1.** (*posibilidad*) opportunity, chance: **en cuanto tenga oportunidad, quiero escribirle** as soon as I have the opportunity, I want to write to her; **no tuve la oportunidad** *de* **conocerla** I didn't get the chance to meet her. **2.** (*cualidad: gen*) timing; (*: en sentido irónico*): **tiene el don de la oportunidad** he has absolutely no sense of timing.

II oportunidades *sf pl* (*en grandes almacenes*) bargains section.

oportunista /oportu'nista/ *adj, sm/f* opportunist.

oportuno, **-na** /opor'tuno -na/ *adj* **1.** (*momento, ocasión*) timely: **su llegada fue muy oportuna** her arrival was very timely * well-timed; **éste es el momento oportuno para decírselo** this would be a good moment to tell him. **2.** (*intervención, respuesta, etc.*) appropriate, opportune: **fue una respuesta muy oportuna** it was a very appropriate answer.

oposición /oposi'θjon/ **I** *sf* **1.** (*a una idea, un hecho*) opposition: **se rindieron sin oposición alguna** they surrendered without putting up * offering any opposition; **manifestó su oposición** *a* **la nueva propuesta** she declared her opposition to the new proposal. **2.** (*Pol*) opposition: **se reunió con el líder de la oposición** she met the leader of the opposition.

II oposiciones *sf pl*: *competitive examinations for posts in the civil service, public companies, higher education, etc.*

opositar /oposi'tar/ [⇨CANTAR] *vi* to sit *oposiciones* ⇨oposición **II**: **opositó** *a* **la cátedra de Literatura Comparada** she sat the exam for the professorship in Comparative Literature.

opositor, **-tora** /oposi'tor -'tora/ *sm/f* **1.** (*a un puesto*) *candidate sitting* **oposiciones** ⇨oposición **II**: **se presentaron cinco mil opositores para cien plazas** there were five thousand candidates competing for one hundred jobs. **2.** (*Pol: contra un régimen*) opponent.

opresión /opre'sjon/ *sf* **1.** (*de las personas*) oppression. **2.** (*en el pecho*) constriction; (*en el ánimo*): **aquella casa le causaba una cierta opresión** she felt that the atmosphere in the house was rather oppressive.

opresivo, **-va** /opre'siβo -βa/ *adj* (*régimen, ambiente*) oppressive.

opresor, **-sora** /opre'sor -'sora/ **I** *adj* (*régimen*) oppressive.

II *sm/f* oppressor.

oprimido, **-da** /opri'miðo -ða/ **I** *adj* oppressed: **las clases oprimidas** the oppressed classes.

II los oprimidos *sm pl* the oppressed *pl.*

oprimir /opri'mir/ [⇨PARTIR] *vt* **1.** (*un botón*) to press. **2.** (*a una persona: físicamente*): **me oprime el cinturón** my belt is too tight; (*: políticamente*) to oppress; (*: anímicamente*): **tuve que irme al campo porque la**

ciudad me oprimía I had to go to the country because the city was getting me down.

oprobio /o'proβjo/ *sm (frml)* opprobrium.

optar /op'tar/ [⇨ CANTAR] *vi* **1.** *(escoger)* to opt, to decide: **es el momento de optar** *por* **uno de los dos** the time has come to opt for one or the other; **he optado** *por* **no salir** I've decided not to go out. **2.** *(a un cargo)*: **su titulación le permite optar** *a* **esa plaza** his qualifications mean he can go in for that job; *(a una ayuda)*: **pueden optar** *a* **estas ayudas las personas en las siguientes circunstancias:...** the following people are eligible to apply for these grants:....

optativo, -va /opta'tiβo -βa/ *adj* optional: **es una de las asignaturas optativas** it's one of the optional subjects.

óptica /'optika/ *sf* **1.** *(disciplina)* optics [lleva el verbo en singular]. **2.** *(establecimiento)* optician's. **3.** *(perspectiva)* point of view, perspective: **trata de verlo** *desde* **la óptica de la víctima** try to see it from the victim's point of view.

óptico, -ca /'optiko -ka/ **I** *adj (nervio)* optic; *(ilusión, aparato)* optical.
II *sm/f* optician.

optimismo /opti'mizmo/ *sm* optimism.

optimista /opti'mista/ **I** *adj* optimistic.
II *sm/f* optimist.

óptimo, -ma /'optimo -ma/ *adj (frml)* optimum: **estas condiciones son óptimas para la práctica del windsurf** these are optimum conditions for windsurfing.

opuesto, -ta /o'pwesto -ta/ **I** *past participle of* ⇨ oponer
II *adj* **1.** *(punto de vista, dirección, lado, carácter)* opposite: **sus opiniones políticas son opuestas** *a* **las mías** her political views are the opposite of mine; **tomó un tren que iba en dirección opuesta** he took a train going in the opposite direction; **la orilla opuesta del río** the opposite bank of the river; **vive en el extremo opuesto de la ciudad** she lives on the other side of town; **tienen caracteres opuestos** they are complete opposites; *(aficiones)*: **tenemos intereses completamente opuestos** we have totally different interests. **2.** *(en actitud)* opposed: **están opuestos** *a* **la construcción de más carreteras** they are opposed to ✱ against the building of more roads.

opulencia /opu'lenθja/ *sf* opulence.

opulento, -ta /opu'lento -ta/ *adj* opulent.

oquedad /oke'ðað/ *sf* cavity, hole.

ora /'ora/ *conj (frml)*: **recorrieron muchos kilómetros, ora a pie, ora a caballo** they covered many kilometres, partly on foot, partly on horseback.

oración /ora'θjon/ *sf* **1.** *(rezo)* prayer: **rezaron una oración** *por* **su alma** they said a prayer for her soul. **2.** *(frase)* sentence.
oración principal *sf* main clause.
oración subordinada *sf* subordinate clause.

oráculo /o'rakulo/ *sm* oracle.

orador, -dora /ora'ðor -'ðora/ *sm/f* orator, speaker: **es un buen orador** he is a good speaker.

oral /o'ral/ *adj* oral: **el profesor nos hizo un examen oral** the teacher gave us an oral exam; **este medicamento se toma por vía oral** this medicine has to be taken orally.

orangután /oraŋgu'tan/ *sm* orang-utan.

orar /o'rar/ [⇨ CANTAR] *vi (frml)* to pray.

oratoria /ora'torja/ *sf* oratory.

orbe /'orβe/ *sm (frml)* **el orbe** the world.

órbita /'orβita/ *sf* **1.** *(de un planeta, un vehículo espacial)* orbit: **pusieron el satélite** *en* **órbita** the satellite was put into orbit. **2.** *(de dominio)* sphere: **cae en la órbita de influencia norteamericana** it falls within the North American area of influence. **3.** *(de un ojo)* socket.

orca /'orka/ *sf* killer whale.

órdago /'orðaɣo/ **de órdago** *adj (fam)* **1.** *(con valor positivo)* fantastic: **viven en una casa de órdago** they live in a fantastic house. **2.** *(con valor negativo)* dreadful: **tengo un resfriado de órdago** I have a dreadful cold; **pilló un mosqueo de órdago** she got really angry.

orden /'orðen/ **I** *sm* **1.** *(ordenación)* order: **las fichas siguen un orden alfabético** the index cards are in alphabetical order; **los actores figuran según el orden de aparición** the actors are listed in order of appearance; **la habitación estaba** *en* **orden** the room was tidy • **es un actor de primer orden** he is a first-rate actor • **vinieron del orden de diez personas** about ten people turned up. **2.** *(situación normal)* order: **la patrulla comprobó que todo estaba** *en* **orden** the patrol checked that everything was as it should be; **la salida de los espectadores se realizó** *con* **orden** the spectators left in an orderly fashion; **el presidente de la cámara lo llamó** *al* **orden** the Speaker called him to order • **la gente empezó a correr sin orden ni concierto** people began to run in all directions. **3.** *(género)* nature: **los problemas son** *de* **orden político** the problems are of a political nature. **4.** *(Arquit, Bot, Zool)* order.
II *sf* **1.** *(de hacer algo)* order: **el capitán dio la orden de zarpar** the captain gave the order to weigh anchor • **¡a la orden ✱ a sus órdenes, mi capitán!** yes sir! **2.** *(Jur)* warrant. **3.** *(religiosa, militar)* order: **San Ignacio fundó la orden de los jesuitas** Saint Ignatius founded the Jesuit Order.
orden de búsqueda y captura *sf* arrest warrant.
orden de registro *sf* search warrant.
orden del día I *sm* agenda.
II *sf* • **el afán de lucro está a la orden del día** the desire to get rich is the order of the day.
orden público *sm* public order.

ordenación /orðena'θjon/ *sf* **1.** *(puesta en orden)* ordering, placing in order. **2.** *(organización)* order: **la ordenación de los libros es alfabética** the books are in alphabetical order. **3.** *(de un religioso)* ordination.

ordenador /orðena'ðor/ *sm* computer.
ordenador personal *sm* personal computer.

ordenamiento /orðena'mjento/ *sm* regulations *pl.*
ordenamiento jurídico *sm* **1.** *(de un país)* legislation. **2.** *(sobre un tema)* law.

ordenanza /orðe'nanθa/ **I** *sm* **1.** *(en una oficina)* messenger. **2.** *(en el ejército)* orderly.
II ordenanzas *sf pl* regulations *pl*: **así está establecido por las ordenanzas militares** that is what military regulations stipulate.

ordenar /orðe'nar/ [⇨ CANTAR] *vt* **1.** *(temáticamente)* to put in order, to arrange: **voy a ordenarlos alfabéticamente** I am going to put them in alphabetical order. **2.** *(un lugar)* to tidy (up): **ordena tu cuarto antes de irte** tidy your room before you go out; *(el pensamiento)* to marshal: **me sirvió para ordenar mis ideas** it helped me to marshal my thoughts. **3.** *(que se haga algo)* to order: **le ordenaron que saliera de inmediato** she was ordered to leave at once • **es de los de "ordeno y mando"** he rules with a rod of iron. **4.** *(a un religioso)* to ordain.
ordenarse *v prnl (Relig)* to be ordained.

ordeñadora /orðeɲa'ðora/ *sf* milking machine.

ordeñar /orðe'ɲar/ [⇨ CANTAR] *vt* to milk.

ordinal /orði'nal/ *adj, sm* ordinal.

ordinariez /orðina'rjeθ/ *sf* [**ordinarieces**] **1.** (*cualidad*) vulgarity: **me molestó su ordinariez** I was offended by his vulgarity. **2.** (*comentario*) rude remark: **no paró de soltar ordinarieces** she constantly made rude remarks; (*acto*): **fue una ordinariez lo que hizo en el restaurante** his behaviour in the restaurant was very vulgar.

ordinario, -ria /orði'narjo -rja/ **I** *adj* **1.** (*habitual*) usual: **tomó el camino ordinario** he took the usual route; **lo celebramos como** *de* **ordinario** we celebrated it as usual. **2.** (*vulgar*) coarse, vulgar: **utiliza un lenguaje muy ordinario** she uses very coarse language. **3.** (*de mala calidad*) cheap: **el vestido estaba hecho de un tejido ordinario** the dress was made of very poor quality material.
II *sm/f* common person: **como es un ordinario, se puso a chillar** being rather common, he started to yell at the top of his voice.

orear /ore'ar/ [⇨ CANTAR] *vt* to air.
orearse *v prnl* **1.** (*ropa, casa*) to air: **tendió las mantas para que se orearan** he hung the blankets out to air. **2.** (*persona*) to get some fresh air: **deberías salir a orearte** you should go out and get some fresh air.

orégano /o'reɣano/ *sm* oregano.

oreja /o'rexa/ *sf* **1.** (*Anat*) ear • **como no dejes de gritar, te voy a calentar las orejas** if you don't stop shouting, you'll get a clip round the ear • **tenía una sonrisa de oreja a oreja** she was grinning from ear to ear • **tras la derrota, volvieron a casa con las orejas gachas** after the defeat, they returned home with their tails between their legs • **no escarmentará hasta que le vea las orejas al lobo** he won't learn his lesson until it's too late. **2.** (*de un sillón*) wing.

orejeras /ore'xeras/ *sf pl* (*objeto*) ear muffs *pl*; (*de un gorro*) earflaps *pl*.

orejudo, -da /ore'xuðo -ða/ *adj* big-eared.

orensano, -na /oren'sano -na/ **I** *adj* of * from Orense.
II *sm/f* native * inhabitant of Orense.

orfanato /orfa'nato/ *sm* orphanage.

orfandad /orfan'dað/ *sf* **1.** (*estado*) state of being orphaned, orphanage. **2.** (*pensión*) ⇨ pensión de orfandad

orfebre /or'feβre/ *sm/f* (*del oro*) goldsmith; (*de la plata*) silversmith.

orfebrería /orfeβre'ria/ *sf* (*del oro*) gold work; (*de la plata*) silver work.

orfelinato /orfeli'nato/ *sm* orphanage.

orfeón /orfe'on/ *sm* choir.

orgánico, -ca /or'ɣaniko -ka/ *adj* organic.

organigrama /orɣani'ɣrama/ *sm* **1.** (*esquema*) organization chart. **2.** (*organización*) structure: **han introducido grandes cambios en el organigrama de la empresa** the company structure has been radically changed.

organillo /orɣa'niʎo/ *sm* barrel organ.

organismo /orɣa'nizmo/ *sm* **1.** (*ser vivo*) organism. **2.** (*institución*) organization, body: **es el organismo encargado de coordinar las distintas iniciativas** it is the body responsible for coordinating the various initiatives.

organización /orɣaniθa'θjon/ *sf* organization.
organización benéfica *sf* charity.

organizar /orɣani'θar/ [⇨ cazar] *vt* **1.** (*una actividad*) to organize, to arrange. **2.** (*una situación*) to cause: **como no le servían, organizó un escándalo** as he wasn't being served, he made a fuss.
organizarse *v prnl* **1.** (*en un grupo*) to organize (oneself): **se organizaron** *en* **grupos** they organized themselves into groups. **2.** (*una persona*) to get organized: **si te organizaras un poco, trabajarías más rápido** if you got yourself a little more organized you would work faster. **3.** (*una situación*) to occur, to take place: **cada día se organiza un atasco a esta hora** every day there's a traffic jam at this time.

órgano /'orɣano/ *sm* **1.** (*Anat, Mús*) organ. **2.** (*publicación*) publication, mouthpiece: **esta revista es el órgano oficial del partido** this magazine is the party's official publication.

orgasmo /or'ɣazmo/ *sm* orgasm.

orgía /or'xia/ *sf* orgy.

orgullo /or'ɣuʎo/ *sm* **1.** (*satisfacción, amor propio*) (personal) pride. **2.** (*soberbia*) pride, arrogance.

orgulloso, -sa /orɣu'ʎoso -sa/ **I** *adj* **1.** (*satisfecho*) proud: **están orgullosos** *de* **sus hijos** they are proud of their children. **2.** (*soberbio*) arrogant, proud.
II *sm/f* arrogant person.

orientación /orjenta'θjon/ *sf* **1.** (*de un comportamiento, una ideología*) leanings *pl*, tendency: **fue organizada por varios grupos de orientación socialista** it was organized by several groups with socialist leanings. **2.** (*de una casa*) aspect: **la orientación de la casa hace que sea muy soleada** the way the house faces means it is very sunny, the house has a sunny aspect. **3.** (*capacidad de orientarse, dirección*) direction: **no tengo buen sentido de la orientación** I don't have a good sense of direction; **este puesto le ha dado una nueva orientación a su vida** this post has changed the direction of her life. **4.** (*de cómo hacer algo*) guidance: **lo que explicó nos sirvió de orientación** her explanation provided us with useful guidance.

oriental /orjen'tal/ **I** *adj* (*gen*) eastern; (*de Asia*) oriental.
II *sm/f* **1.** (*de Asia*) Oriental. **2.** (*Amér S*: *uruguayo*) Uruguayan.

orientar /orjen'tar/ [⇨ CANTAR] *vt* **1.** (*en una dirección*) to position, to direct. **2.** (*a una actividad*): **orientó su vida** *hacia* **el servicio público** he decided to go in for public service; (*a un grupo de personas*) to aim: **esta campaña está orientada** *a* **los más jóvenes** this campaign is aimed at younger people. **3.** (*para llegar a un sitio*) to direct, to give directions to: **nos orientaron** *para* **que pudiéramos llegar a la estación** they gave us directions (for getting) to the station. **4.** (*sobre un tema*) to guide, to advise: **necesita que lo orienten** *sobre* **qué hacer para comprar una vivienda** he needs advice on what to do to buy a house.
orientarse *v prnl* to find one's bearings, to orient oneself: **les costó mucho orientarse debido a la niebla** it was hard for them to find their bearings in the fog.

oriente /o'rjente/ *sm* **1.** (*punto cardinal*) east. **2.** (*also* **Oriente**) (*Asia*) the East, the Orient: **trajeron especias de Oriente** they brought spices from the East.
Oriente Medio, Oriente Próximo *sm* Middle East.

orificio /ori'fiθjo/ *sm* **1.** (*en una pared, una puerta*) hole. **2.** (*Anat*) orifice.

origen /o'rixen/ *sm* **1.** (*causa*) origin, cause: **se desconoce el origen de su enfermedad** the cause of his illness is unknown; **la película dio origen a muchas polémicas** the film caused great controversy. **2.** (*pro-*

cedencia: gen) origin: **un licor de origen francés** a liqueur of French origin; **sus padres han regresado a su país de origen** her parents have returned to their country of origin; **¿dónde tiene su origen esta costumbre?** where did this custom originate?; (*: de una persona*) extraction: **es de origen humilde** she is of humble extraction; (*: de un vocablo*) derivation.

original /orixi'nal/ **I** *adj* (*idea, obra, versión, etc.*) original: **viste de manera original** she wears unusual clothes.

II *sm* original: **debe presentarse el original junto con la copia** the original must be shown together with the copy; **esta estatua no se parece en nada al original** this statue is nothing like the original.

originalidad /orixinali'ðað/ *sf* originality.

originar /orixi'nar/ [➪ CANTAR] *vt* to cause, to bring about.

originarse *v prnl* to originate: **esta costumbre se originó en el siglo XIV** this custom originated in the fourteenth century.

originario, -ria /orixi'narjo -rja/ *adj* **1.** (*de un sitio*): **son originarios** *de* **Madrid** they come from Madrid; **esta moda es originaria** *de* **Estados Unidos** this fashion originated in the United States. **2.** (*inicial*) original: **en su forma originaria este baile era más sencillo** this dance was simpler in its original form.

orilla /o'riʎa/ **I** *sf* **1.** (*de un río*) bank: **se encuentra** *a* **orillas** *del* **río San Juan** it is on the San Juan river; (*del mar, de un lago*) shore: **la ciudad está** *a* **orillas** *del* **Mediterráneo** the town is on the shores of the Mediterranean. **2.** (*de un camino*) side, edge.

II orillas *sf pl* (*Amér L*) *poor district on the outskirts of a town.*

orín /o'rin/ **I** *sm* (*óxido*) rust.

II orines *sm pl* (*orina*) urine.

orina /o'rina/ *sf* urine.

orinal /ori'nal/ *sm* chamber pot.

orinar /ori'nar/ [➪ CANTAR] *vi* to urinate.

orinarse *v prnl* to wet oneself: **todavía se orina en la cama** she still wets the bed.

oriundo, -da /o'rjundo -da/ *adj* **1.** (*originario*): **es oriundo** *de* **Asturias** he comes originally from Asturias. **2.** (*en fútbol*) of Spanish parentage (*though born abroad*).

orla /'orla/ *sf* **1.** (*adorno*) edging, border. **2.** (*cuadro*) *class graduation photograph.*

ornamentación /ornamenta'θjon/ *sf* decoration, ornamentation.

ornamental /ornamen'tal/ *adj* **1.** (*de adorno*) ornamental. **2.** (*sin valor*): **el cargo que ocupa es puramente ornamental** the post he holds is purely for show.

ornamento /orna'mento/ *sm* ornament.

ornitología /ornitolo'xia/ *sf* ornithology.

ornitológico, -ca /ornito'loxiko -ka/ *adj* ornithological.

ornitólogo, -ga /orni'toloɣo -ɣa/ *sm/f* ornithologist.

ornitorrinco /ornito'rriŋko/ *sm* (duck-billed) platypus.

oro /'oro/ **I** *sm* gold: **un reloj de oro** a gold watch; **ganó tres medallas de oro** she won three gold medals • **guardan la foto como oro en paño** they treasure the photo • **nos prometieron el oro y el moro** they promised us the moon and the stars • **se hicieron de oro en el mercado inmobiliario** they made a fortune on the property market • **se pagaba a peso de oro** it cost a small fortune.

II oros *sm pl*: *suit in Spanish playing cards (equivalent to diamonds).*

oro negro *sm* oil, black gold.

orondo, -da /o'rondo -da/ *adj* **1.** (*gordo*) fat, rotund. **2.** (*satisfecho de sí mismo*) smug: **después de decir esa tontería se quedó tan orondo** he looked so smug after making that stupid remark.

oropéndola /oro'pendola/ *sf* golden oriole.

orquesta /or'kesta/ *sf* (*en un auditorio, un teatro*) orchestra; (*en una fiesta popular*) band.

orquestal /orkes'tal/ *adj* orchestral.

orquestar /orkes'tar/ [➪ CANTAR] *vt* **1.** (*Mús*) to orchestrate. **2.** (*una campaña*) to orchestrate.

orquestina /orkes'tina/ *sf* (small) dance band.

orquídea /or'kiðea/ *sf* orchid.

orsay /or'sai/ *sm* offside: **estaba** *en* **orsay** he was offside • **lo volví a coger en orsay** I caught him out again.

ortiga /or'tiɣa/ *sf* (stinging) nettle.

ortodoxo, -xa /orto'ðokso -ksa/ **I** *adj* **1.** (*Relig*) orthodox. **2.** (*convencional*) conventional: **los métodos que emplean son muy poco ortodoxos** their methods are very unorthodox.

II *sm/f* **1.** (*gen*) conventional person. **2.** (*Relig*) *member of the Greek or Russian Orthodox church.*

ortografía /ortoɣra'fia/ *sf* spelling: **comete muchas faltas de ortografía** he makes a lot of spelling mistakes.

ortopedia /orto'peðja/ *sf* (*GB*) orthopaedics, (*US*) orthopedics [lleva el verbo en singular].

ortopédico, -ca /orto'peðiko -ka/ **I** *adj* (*GB*) orthopaedic, (*US*) orthopedic.

II *sm/f* ➪ ortopedista

ortopedista /ortope'ðista/ *sm/f* (*GB*) orthopaedist, (*US*) orthopedist.

oruga /o'ruɣa/ *sf* **1.** (*Zool*) caterpillar. **2.** (*de un vehículo*) caterpillar track.

orujo /o'ruxo/ *sm*: *brandy distilled from grape pressings.*

orzuelo /or'θwelo/ *sm* (*Med*) sty, stye.

os /os/ *[mainly used in Spain]* **I** *pron personal* [complemento directo] you (*plural*): **os vimos en la plaza** we saw you in the square.

II *pron personal* [complemento indirecto] **1.** (*a vosotros -tras*) (to) you (*plural*): **¿os dieron el número de teléfono?** did they give you the phone number?, did they give the phone number to you?; **ya os lo dije** I told you that before; **debería escribiros más a menudo** I should write to you more often. **2.** (*para vosotros -tras*) (for) you (*plural*): **os he comprado esto** I've bought this for you. **3.** (*con verbos como* ***quitar, arrebatar***) from you (*plural*): **¿quién os lo quitó?** who took it (away) from you?

III *pron reflexivo* **1.** (*con valor reflexivo*) yourselves: **servíos * serviros, hay un montón de comida** help yourselves! there's plenty of food. **2.** (*con valor recíproco*) each other, one another: **no os digáis esas cosas** don't say such things to each other * one another. **3.** (*parte del verbo pronominal*): **¿a qué hora os vais?** what time are you leaving?; **¿vais a tomaros un café?** are you going to have a coffee?

osa /'osa/ *sf* (female) bear.

Osa Mayor *sf* Ursa Major, Great Bear, (*US*) Big Dipper.

Osa Menor *sf* Ursa Minor, Little Bear, (*US*) Little Dipper.

osadía /osa'ðia/ *sf* **1.** (*temeridad*) boldness, daring. **2.** (*descaro*) cheek, impudence.

osado, -da /o'saðo -ða/ *adj* **1.** (*temerario*) bold, daring. **2.** (*descarado*) cheeky, impudent.

osamenta /osa'menta/ *sf* skeleton, bones *pl.*

osar /o'sar/ [⇨CANTAR] *vi* to dare: **osó levantarme la voz** he dared to raise his voice to me.

oscense /os'θense/ **I** *adj* of ✻ from Huesca. **II** *sm/f* native ✻ inhabitant of Huesca.

oscilación /osθila'θjon/ *sf* **1.** (*movimiento*) oscillation. **2.** (*cambio de precio*) fluctuation: **ha habido muchas oscilaciones en el precio del café** there has been a great deal of fluctuation in the price of coffee.

oscilar /osθi'lar/ [⇨CANTAR] *vi* **1.** (*objeto*) to oscillate, to swing: **el péndulo oscilaba** the pendulum was swinging; (*luz*) to flicker: **el viento hacía oscilar la llama** the flame flickered in the wind. **2.** (*precio, temperatura, etc.*) to fluctuate, to vary: **la temperatura oscilará entre quince y veinte grados** the temperature will vary between fifteen and twenty degrees.

oscura /os'kura/ **a oscuras** *loc adv* **1.** (*sin luz*) in darkness: **nos hemos quedado a oscuras** we've been left in darkness. **2.** (*sin comprender*) in the dark: **a pesar de la explicación, sigo a oscuras** in spite of the explanation I'm still in the dark.

oscurecer /oskure'θer/ [⇨agradecer] *vt* **1.** (*un lugar, un objeto, un color*) to darken, to make darker. **2.** (*la comprensión*) to obscure: **el abuso de tecnicismos oscureció su explicación** her over-use of technical terms obscured her explanation. **3.** (*un acontecimiento*) to overshadow: **la muerte de su padre oscureció el día de su boda** the death of his father cast a shadow over his wedding day.

♦*v impers* to get dark: **vámonos antes de que oscurezca** let's go before it gets dark.

oscurecerse *v prnl* **1.** (*el cielo, el día*) to cloud over, to become cloudy. **2.** (*un material, un color, etc.*) to get darker: **la madera se ha oscurecido con los años** the wood has got darker over the years.

oscuridad /oskuri'ðað/ *sf* **1.** (*falta de luz*) darkness: **estaba allí sentada, en la oscuridad** there she was, sitting in the dark. **2.** (*falta de fama, de claridad*) obscurity: **el premio rescató su nombre de la oscuridad** winning the award saved her from obscurity; (*falta de noticias*): **una gran oscuridad envuelve las circunstancias de su muerte** the circumstances of his death are shrouded in mystery.

oscuro, -ra /os'kuro -ra/ *adj* **1.** (*sin luz, sin colorido*) dark: **el cuarto era muy oscuro** the room was very dark; **azul oscuro** dark blue. **2.** (*sin sol*) overcast, dull. **3.** (*sin claridad, sin fama*) obscure: **utiliza un lenguaje oscuro** the language he uses is obscure; **llevó siempre una vida oscura** he always led an inconspicuous life. **4.** (*sin honestidad*) suspicious, shady: **hay algo oscuro en este asunto** there's something shady going on here. **5.** (*sin seguridad*) uncertain: **tiene un porvenir muy oscuro** his future is very uncertain.

óseo, -sea /'oseo -sea/ *adj* bone, osseous: **tejido óseo** bone tissue.

osezno /o'seθno/ *sm* bear cub.

osito /o'sito/ *sm* (*also* **osito de peluche**) teddy (bear).

oso /'oso/ *sm* bear.

oso blanco *sm* polar bear.

oso de peluche *sm* teddy (bear).

oso hormiguero *sm* anteater.

oso marino *sm* fur seal.

oso pardo *sm* brown bear.

oso polar *sm* polar bear.

ostensible /osten'siβle/ *adj* obvious, patent: **su enfado resultaba ostensible** it was obvious he was annoyed.

ostentación /ostenta'θjon/ *sf* ostentation, show: **les gusta hacer ostentación** *de* **su riqueza** they like flaunting their wealth.

ostentar /osten'tar/ [⇨CANTAR] *vt* **1.** (*un cargo, un título*) to hold: **el cargo que ostenta lo obliga a viajar** the position he holds makes it necessary for him to travel. **2.** (*mostrar: gen*) to show, to display: **ostentaba con orgullo las medallas que había ganado** he was proudly displaying the medals he had won; (*: con presunción*) to flaunt, to show off.

ostentoso, -sa /osten'toso -sa/ *adj* ostentatious.

ostión /os'tjon/ *sm* (*Amér L: ostra grande*) large oyster; (*Arg, Chi, Urug: vieira*) scallop.

ostra /'ostra/ **I** *sf* oyster ● **me aburrí como una ostra** I was bored to tears.

II ostras *excl* wow, (*GB*) gosh, (*US*) holy cow.

ostracismo /ostra'θizmo/ *sm* ostracism.

OTAN /'otan/ *sf* (*abbreviation of* **Organización del Tratado del Atlántico Norte**) NATO [no lleva artículo] (North Atlantic Treaty Organization).

otear /ote'ar/ [⇨CANTAR] *vt* **1.** (*desde un lugar alto*) to survey, to scan. **2.** (*para descubrir algo*) to watch closely, to observe.

otero /o'tero/ *sm* hillock.

otitis /o'titis/ *sf inv* inflammation of the inner ear, otitis.

otoñal /oto'ɲal/ *adj* **1.** (*del otoño*) autumn, autumnal, (*US*) fall. **2.** (*frml: de la vejez*) autumnal.

otoño /o'toɲo/ *sm* **1.** (*estación*) autumn, (*US*) fall: *en* **el otoño de 1994** in the autumn of 1994; *en* **otoño aquí no queda casi nadie** there's almost nobody left here in (the) autumn ✻ (*US*) in the fall. **2.** (*vejez*): **ha llegado al otoño de su vida** she has reached the autumn of her life.

otorgar /otor'ɣar/ [⇨pagar] *vt* **1.** (*un favor*) to grant; (*un premio, una beca, una condecoración*) to award, to give. **2.** (*Jur: un indulto*) to grant. **3.** (*una categoría, un rango*) to confer: **le fue otorgado el rango de capitán** the rank of captain was conferred upon him. **4.** (*un aspecto*) to give: **aquel sombrero le otorgaba un aire siniestro** that hat gave him a sinister appearance. **5.** (*reconocer*) to consent to.

♦*vi* ● **el que calla otorga** silence implies consent.

otorrino /oto'rrino/ *sm/f* ⇨otorrinolaringólogo

otorrinolaringólogo, -ga /otorrinolariŋ'goloɣo -ɣa/ *sm/f* ear, nose and throat specialist.

otro, -tra /'otro -tra/ **I** *adj indefinido* [sin artículo] **1.** (*en singular*) another: **ha habido otro accidente** there has been another accident; **podemos venir otro día** we could come another day; **no tengo otra chaqueta aparte de ésta** I have no other jacket apart from this one; **hablemos de otra cosa** let's talk about something else; **lo vi allí con otra persona** I saw him there with someone else ✻ another person; **¿hay algún otro libro que tenga más detalles?** is there any other book which might give more details? **2.** (*en plural*) other: **otros países ya lo han experimentado** other countries have already experienced it; **también me lo han preguntado otras personas** other people have also asked me; **otros dos premios** two more prizes, another two prizes.

II *adj indefinido* [con artículo] **1.** (*gen*) other: **el otro coche lo vendimos** we sold the other car; **vino a**

verme el otro día he came to see me the other day; **las otras corbatas no me gustan** I don't like the other ties; **muéstrame la otra mano** show me your other hand. **2.** (*siguiente*) following, next: **regresó al otro día** he came back the next day.
III *pron indefinido* [sin artículo] **1.** (*en singular: cosa*) another (one): **me dio otro** she gave me another (one); **dale otro más** give him one more; **tráeme otra, por favor** bring me another one please; **¡otra!** encore!; (*: persona*) somebody * someone else: **que vaya otro a la tienda** let somebody else go to the shop; **se cayeron uno tras otro** they fell down one after the other. **2.** (*plural*) (some) others: **como no me gustaban, me dio otros** as I didn't like them, he gave me some others; **tengo otras en la camioneta** I've got some others in the van; **otros prefieren no opinar** other people * others prefer not to give an opinion.
IV *pron indefinido* [con artículo] **1.** (*en singular*) the other (one): **dame la otra** give me the other one; **tiene un pie más grande que el otro** one of his feet is bigger than the other (one); **el otro llevaba un abrigo azul** the other one * the other person was wearing a blue coat. **2.** (*en plural: cosas*) the other ones: **prefiero los otros** I prefer the other ones; (*: personas*) the others: **¿dónde están los otros?** where are the others?

ovación /oβa'θjon/ *sf* ovation.
ovalado, -da /oβa'laðo -ða/ *adj* oval.
óvalo /'oβalo/ *sm* oval.
ovario /o'βarjo/ *sm* ovary.
oveja /o'βexa/ *sf* (*por oposición a otros animales*) sheep *n inv*; (*por oposición a carnero*) ewe • **es la oveja negra de la familia** she is the black sheep of the family • **es una oveja descarriada** he's gone a bit wild • **cada oveja con su pareja** it's best to stick to your own kind.
ovetense /oβe'tense/ **I** *adj* of * from Oviedo.
II *sm/f* native * inhabitant of Oviedo.
ovillo /o'βiʎo/ *sm* ball (*of wool, twine, etc.*) • **el gato se hizo un ovillo** the cat curled up (into a ball).
ovino, -na /o'βino -na/ *adj* sheep.
OVNI, ovni /'oβni/ *sm* (*abbreviation of* **Objeto Volador No Identificado**) UFO (unidentified flying object).
ovoide /o'βoiðe/ *adj, sm* ovoid.
ovulación /oβula'θjon/ *sf* ovulation.
ovular /oβu'lar/ [➪ CANTAR] *vi* to ovulate.
óvulo /'oβulo/ *sm* **1.** (*Zool*) ovum (*pl* ova). **2.** (*Bot*) ovule.
oxidado, -da /oksi'ðaðo -ða/ *adj* rusty.
oxidar /oksi'ðar/ [➪ CANTAR] *vt* to rust, to oxidize.
oxidarse *v prnl* to become rusty, to rust.
óxido /'oksiðo/ *sm* **1.** (*Quím*) oxide. **2.** (*herrumbre*) rust.
oxigenado, -da /oksixe'naðo -ða/ *adj* **1.** (*con oxígeno*) oxygenated. **2.** (*cabello*) bleached.
oxigenarse /oksixe'narse/ [➪ CANTAR] *v prnl* to get some fresh air: **me fui al campo porque me hacía falta oxigenarme** I went to the country because I needed some fresh air.
oxígeno /ok'sixeno/ *sm* oxygen.
oye /'oje/ *and other forms with* **oy-** ➪ oír
oyente /o'jente/ *sm/f* **1.** (*que oye*) listener. **2.** (*en la universidad*) *unregistered student attending lectures.*
ozono /o'θono/ *sm* ozone.
ozonosfera /oθonos'fera/ *sf* ozone layer.

P

P, p /pe/ *sf* (*letra*) P, p.
p. *pronounced* /'paxina/ (*abbreviation of* **página**) p. (page).
pabellón /paβe'ʎon/ *sm* **1.** (*en una feria*) pavilion: **vimos todos los pabellones de la feria de muestras** we visited every pavilion at the trade fair; (*en un hospital*) block: **lo ingresaron en el pabellón de enfermos infecciosos** he was admitted to the infectious diseases unit. **2.** (*de un instrumento musical*) bell. **3.** (*bandera, nacionalidad*) flag: **el barco era de pabellón panameño** the ship was flying under the Panamanian flag.
pabellón de deportes *sm* sports hall.
pabellón de la oreja *sm* (*Anat*) outer ear.
pábilo /'paβilo/, **pabilo** /pa'βilo/ *sm* (*frml*) wick.
pábulo /'paβulo/ *sm* fuel: **el edificio fue pábulo de las llamas** the building was just fuel for the flames • **sus idas y venidas dieron pábulo a muchos chismorreos** her comings and goings fuelled a lot of gossip.
pacato, -ta /pa'kato -ta/ *adj* (*mojigato*) prudish.
pacense /pa'θense/ **I** *adj* from * of Badajoz.
II *sm/f* native * inhabitant of Badajoz.
paceño, -ña /pa'θeɲo -ɲa/ **I** *adj* from * of La Paz.
II *sm/f* native * inhabitant of La Paz.
pacer /pa'θer/ [➪ agradecer] *vt/i* to graze.
pachá /pa'tʃa/ *sm* [**pachaes * pachás**] pasha • **vive como un pachá** he lives like a king.
pachanga /pa'tʃaŋga/ *sf*: **nos fuimos** *de* **pachanga** we went out on the town; (*Amér L*) **les gusta la pachanga** they like partying.
pachanguero, -ra /patʃaŋ'gero -ra/ *adj* **1.** (*fam: música*) catchy. **2.** (*Amér L: persona*): **son gente muy pachanguera** they like partying.
pacharán /patʃa'ran/ *sm*: *alcoholic drink made from sloes.*
pachón, -chona /pa'tʃon -'tʃona/ **I** *adj* **1.** (*fam: calmoso*) slow, sluggish. **2.** (*Amér C, Méx: animal*) furry; (*: prenda*) woolly.
II pachón *sm* (*perro*) basset hound.
pachorra /pa'tʃorra/ *sf* (*fam*) slowness: **todo lo hace con una pachorra que me saca de quicio** he does everything so slowly that it drives me mad; **hay que ver la pachorra que tiene** he's incredibly laid-back.
pachucho, -cha /pa'tʃutʃo -tʃa/ *adj* (*fam*) **1.** (*fruta*) overripe; (*plantas, flores*) wilted, withered. **2.** (*ligera-*

mente enfermo) under the weather, (*GB*) off-colour, (*US*) off-color.

pachulí /patʃu'li/ *sm* (*Bot*) patchouli, pachouli.

paciencia /pa'θjenθja/ *sf* patience: **se le acabó la paciencia** her patience ran out; **es para perder la paciencia** it's enough to make you lose patience; **se armó de paciencia y lo intentó de nuevo** he mustered all the patience he could and tried again • **tiene una paciencia de santo** he has the patience of a saint • **la paciencia es la madre de la ciencia** perseverance gets results.

paciente /pa'θjente/ **I** *adj* patient.
II *sm/f* (*Med*) patient.

pacificación /paθifika'θjon/ *sf* (*Mil, Pol*) pacification.

pacificador, -dora /paθifika'ðor -'ðora/ **I** *adj* pacifying.
II *sm/f* peacemaker.

pacificar /paθifi'kar/ [⇨sacar] *vt* **1.** (*Mil, Pol*) to pacify. **2.** (*apaciguar*) to calm down.

pacificarse *v prnl* to calm down: **con el tiempo se pacificaron los ánimos** the mood became calmer as time passed.

Pacífico /pa'θifiko/ *sm*: **el (océano) Pacífico** the Pacific (Ocean).

pacífico, -ca /pa'θifiko -ka/ *adj* **1.** (*acontecimiento, hecho*) peaceful: **se trataba de una manifestación pacífica** it was a peaceful demonstration. **2.** (*persona*) peaceable, placid.

pacifismo /paθi'fizmo/ *sm* pacifism.

pacifista /paθi'fista/ *adj, sm/f* pacifist.

pacotilla /pako'tiʎa/ **de pacotilla** *loc adv* (*fam*: *persona*) jumped-up: **es un intelectual de pacotilla** he is a pseudo-intellectual.

pactar /pak'tar/ [⇨CANTAR] *vt* to agree: **pactaron un alto el fuego** they agreed a cease-fire.
♦*vi* to come to an agreement: **los sindicatos pactaron** *con* **los empresarios una subida de sueldos** the unions agreed a salary increase with the employers.

pacto /'pakto/ *sm* pact, agreement.

pacto con el diablo *sm* pact with the Devil.

pacto entre caballeros *sm* gentlemen's agreement.

pacto social *sm*: *social and economic policy agreement between government, unions and employers.*

padecer /paðe'θer/ [⇨agradecer] *vt* to suffer from: **padece reumatismo** he suffers from rheumatism.
♦*vi* **1.** (*sufrir*) to suffer: **la actitud de su hijo los hace padecer** their son's attitude causes them a lot of suffering; (*preocuparse*) to worry: **mi abuela padece** *por* **todos** my grandmother worries about us all. **2.** (*referido a una enfermedad*): **padece** *del* **riñón** he has kidney trouble; (*fam*) **el coche padece** *con* **esos acelerones** accelerating like that is bad for the car.

padecimiento /paðeθi'mjento/ *sm* suffering.

padrastro /pa'ðrastro/ *sm* **1.** (*gen*) stepfather. **2.** (*fam*: *mal padre*) cruel father. **3.** (*trozo de piel*) hangnail.

padrazo /pa'ðraθo/ *sm* loving father.

padre /'paðre/ **I** *sm* **1.** father: **¿qué dijo tu padre?** what did your dad say?; **López padre** López senior • **tiene una gripe de padre y muy señor mío** he's got a terrible dose of flu • **¡tu padre!** up yours! **2.** (*sacerdote*) father. **3.** (*also* **Padre Eterno**) (*Dios*): **el Padre, el Hijo y el Espíritu Santo** the Father, the Son and the Holy Spirit. **4.** (*iniciador, inventor*) father: **es el padre de la aeronáutica moderna** he's the father of modern aeronautics.
II padres *sm pl* **1.** (*padre y madre*) parents *pl*. **2.** (*antepasados*) ancestors *pl*.
III *adj* (*fam*) tremendous: **se armó el lío padre** there was an almighty row • **se pega la vida padre** he lives like a king.

padre de familia *sm* head of the family.

padre espiritual *sm* (*Relig*) confessor.

Padre nuestro *sm* (*Relig*) Lord's Prayer.

padre político *sm* father-in-law.

Padre Santo *sm* (*Relig*) Holy Father, Pope.

padrenuestro /paðre'nwestro/ *sm* (*Relig*) Lord's Prayer: **tuvo que rezar tres padrenuestros** she had to say three Our Fathers.

padrinazgo /paðri'naθɣo/ *sm* patronage.

padrino /pa'ðrino/ **I** *sm* **1.** (*de un niño*) godfather. **2.** (*en una boda*) *man (usually the father of the bride) who gives the bride away and who usually performs the duties of the best man as well.* **3.** (*Dep, Artes*: *de un aspirante*) sponsor: **si quieres que te admitan en el club, búscate un buen padrino** if you want to be admitted to the club, cultivate a good sponsor.
II padrinos *sm pl* (*padrino y madrina*) godparents *pl*.

padrón /pa'ðron/ *sm* **1.** (*registro municipal*) register (*of all local residents*). **2.** (*also* **padrón electoral**) (*Amér L*: *censo electoral*) (*GB*) electoral roll, (*US*) voter list.

paella /pa'eʎa/ *sf* paella (*rice dish made with vegetables, meat and/or seafood*).

paellera /pae'ʎera/ *sf* paella dish.

pág. *pronounced* /'paxina/ (*abbreviation of* **página**) p. (page).

paga /'paɣa/ *sf* **1.** (*sueldo*) pay, wages *pl*: **recibe la paga mensualmente** his salary is paid monthly. **2.** (*de niños*) (*GB*) pocket money, (*US*) allowance.

paga extra *sf* bonus.

paga y señal *sf* deposit: **dejó mil pesetas de paga y señal** he left one thousand pesetas as a deposit.

pagadero, -ra /paɣa'ðero -ra/ *adj* payable: **le extendió un cheque pagadero al portador** he wrote him a cheque payable to the bearer; **pagadero en un plazo de tres años** repayable in a period of three years.

pagado, -da /pa'ɣaðo -ða/ *adj* **1.** (*gen*) paid. **2.** (*satisfecho*): **está muy pagado** *de* **sí mismo** he is very conceited.

pagador, -dora /paɣa'ðor -'ðora/ **I** *adj* paying.
II *sm/f* payer.

pagaduría /paɣaðu'ria/ *sf* payments office.

paganismo /paɣa'nizmo/ *sm* paganism.

pagano, -na /pa'ɣano -na/ **I** *adj* (*Relig*) pagan.
II *sm/f* **1.** (*Relig*) pagan. **2.** (*fam*: *pagador*) *person who ends up paying the bill.*

pagar /pa'ɣar/ [⇨table: pagar] *vt* **1.** (*Fin*) to pay: **lo pagué** *con* **un cheque** I paid for it by cheque; **pagamos cien mil pesetas al mes** we pay one hundred thousand pesetas a * per month. **2.** (*un favor, una atención*) to repay: **no sé cómo podremos pagarles todo lo que han hecho por nosotros** I don't know how we can repay you for everything you have done for us. **3.** (*un delito, una mala acción*) to pay for: **pagó sus crímenes con la cárcel** he paid for his crimes with a prison sentence; **si sigues así, lo pagarás caro** if you go on like that, you'll pay dearly for it • **como no me ayudes, me las vas a pagar** if you don't help me, you'll be sorry • **sé que estás molesto, pero no las pagues conmigo** I know you're upset, but don't take it out on me • **el que la hace la paga** you've made your bed, now you must lie in it.
♦*vi* **1.** (*Fin*) to pay: **todavía no me han pagado** they haven't paid me yet; **prefiero pagar al contado** I prefer to pay cash. **2.** (*por un delito, una mala acción*)

pagar	
INDICATIVE	SUBJUNCTIVE
Preterite pagué pagaste pagó pagamos pagasteis pagaron	**Present** pague pagues pague paguemos paguéis paguen
IMPERATIVE	
(tú) paga (vosotros) pagad	(usted) pague (ustedes) paguen
For the rest of the tenses ➪ CANTAR (in appendix)	

to pay: **un día pagará** *por* **todo lo que ha hecho** one day he'll pay for all that he has done.

pagarse *v prnl* **1.** (*Fin*) to pay: **se pagó él los estudios** he paid the fees for his degree himself. **2.** (*presumir*) to be conceited ✱ smug: **se pagaba** *de* **ser el más listo de la clase** he liked to think he was the cleverest in the class.

pagaré /paɣa're/ *sm* (*Fin*) IOU, promissory note.

página /'paxina/ *sf* **1.** (*gen*) page: **la respuesta está en la página siete** the answer is on page seven; **lo anunciaban a toda página** there was a full-page advertisement for it • **es primera página en todos los periódicos** it's on the front page of all the newspapers. **2.** (*momento*) chapter: **es una importante página de la historia de la humanidad** it's an important chapter in the history of mankind.

páginas amarillas *sf pl* Yellow Pages® *pl.*

paginar /paxi'nar/ [➪ CANTAR] *vt* to paginate, to number the pages of.

pago /'paɣo/ **I** *sm* **1.** (*acto*) payment: **el pago se efectúa semanalmente** payment is made weekly; **suspendieron los pagos** they stopped payments; **me atrasé en los pagos** I got behind with the payments; **dividieron el total en tres pagos de veinte mil pesetas** the total was split into three instalments of twenty thousand pesetas. **2.** (*recompensa*) reward: **se lo dio** *en* **pago por sus atenciones** she gave it to him in return for his kindness.

II pagos *sm pl* • (*región*) **hace mucho que no te vemos por estos pagos** we haven't seen you around these parts for a long time.

pago a la entrega *sm* cash on delivery.

pago a plazos *sm* payment by instalments.

pago al contado *sm* cash payment.

pago inicial *sm* down payment.

pago por adelantado *sm* payment in advance.

pagoda /pa'ɣoða/ *sf* pagoda.

pagué /pa'ɣe/ *and other forms with* **pagu-** ➪ pagar

pai /pai/ *sm* (*Amér C, Méx*) pie.

pai de queso *sm* (*Amér C, Méx*) cheesecake.

paipay /pai'pai/ *sm* [**paipáis**] *circular fan with handle.*

país /pa'is/ **I** *sm* **1.** (*nación*) country. **2.** (*mundo imaginario*) land: **el país de las maravillas** Wonderland.

II del país *loc adj* local: **jamón del país** local ham.

País de Gales *sm*: **(el) País de Gales** Wales.

país en vías de desarrollo *sm* developing country.

País Valenciano *sm*: **el País Valenciano** *Valencia, Castellón and Alicante.*

País Vasco *sm*: **el País Vasco** the Basque Country.

Países Bajos *sm pl*: **los Países Bajos** the Netherlands *pl.*

paisaje /pai'saxe/ *sm* (*vista*) landscape, scenery; (*Artes*) landscape: **es un pintor de paisajes** he's a landscape artist.

paisajista /paisa'xista/ *sm/f* landscape painter.

paisanaje /paisa'naxe/ *sm* civilian population.

paisano, -na /pai'sano -na/ **I** *adj* from the same country or region.

II *sm/f* **1.** (*del mismo país: hombre*) fellow countryman; (*: mujer*) fellow countrywoman. **2.** (*del mismo lugar*): **ese bar es de un paisano mío de Valencia** that bar belongs to a fellow Valencian.

III de paisano *loc adv*: **iba de paisano** (*soldado*) he was in civilian clothes; (*policía*) he was in plain clothes.

paja /'paxa/ *sf* **1.** (*Agr*) straw: **llevaba un sombrero de paja** she was wearing a straw hat • **es más fácil ver la paja en el ojo ajeno que la viga en el propio** it's easier to see the speck in your neighbour's eye than the log in your own • **armó un escándalo por un quítame allá esas pajas** she kicked up a fuss over nothing. **2.** (*contenido inútil*): **el libro que compré tenía mucha paja** the book I bought was full of waffle. **3.** (*Amér C: grifo*) (*GB*) tap, (*US*) faucet.

pajar /pa'xar/ *sm* barn.

pájara /'paxara/ *sf* **1.** (*Zool*) female bird, hen. **2.** (*fam: mujer*): **menuda pájara está hecha** what a scheming so-and-so she is. **3.** (*Dep: desfallecimiento*) blackout: **le dio la pájara antes de la meta** she blacked out before reaching the finishing line.

pajarera /paxa'rera/ *sf* aviary.

pajarería /paxare'ria/ *sf* pet shop (*where mainly birds are sold*).

pajarero, -ra /paxa'rero -ra/ *sm/f* **1.** (*vendedor*) bird seller. **2.** (*criador*) breeder (*of birds*).

pajarita /paxa'rita/ *sf* **1.** (*de papel*) paper bird. **2.** (*corbata*) bow tie.

pájaro /'paxaro/ *sm* **1.** (*Zool*) bird • **tiene la cabeza llena de pájaros** his head is full of dreams • **de esta forma matarás dos pájaros de un tiro** this way you'll kill two birds with one stone • **más vale pájaro en mano que ciento volando** a bird in the hand is worth two in the bush. **2.** (*fam: hombre astuto*): **menudo pájaro está hecho** he's a nasty piece of work.

pájaro bobo *sm* penguin.

pájaro carpintero *sm* woodpecker.

pájaro de cuenta *sm* (*fam: persona*) swine, nasty character.

pájaro de mal agüero *sm* bird of ill omen.

pajarraco, -ca /paxa'rrako -ka/ *sm/f* **1.** (*Zool*) big, ugly bird. **2.** (*fam: persona*) swine, nasty character.

paje /'paxe/ *sm* (*chico*) page.

pajizo, -za /pa'xiθo -θa/ *adj* (*GB*) straw-coloured, (*US*) straw-colored.

pajolero, -ra /paxo'lero -ra/ (*fam*) **I** *adj* **1.** (*persona*) annoying. **2.** (*maldito*): **no tienes ni pajolera idea de lo que dices** you haven't the faintest idea what you're talking about.

II *sm/f*: **la pajolera va y cambia de opinión** now the stupid woman goes and changes her mind.

pajuerano, -na /paxwe'rano -na/ *sm/f* (*Arg, Urug*) country dweller, bumpkin.

Pakistán /pakis'tan/ *sm* Pakistan.

pakistaní /pakista'ni/ *adj, sm/f* Pakistani.

pala /'pala/ *sf* **1.** (*para cavar*) spade; (*para mover* *tierra, nieve, etc.*) shovel; (*para recoger la basura*) dustpan. **2.** (*cantidad*) shovelful: **echa una pala de arena** put a shovelful of sand in. **3.** (*para servir pastel, pescado, etc.*) slice. **4.** (*de frontón, tenis de mesa*) bat, (*US*) paddle. **5.** (*de un remo, una hélice*) blade. **6.** (*de un zapato*) upper.

pala mecánica *sf* mechanical digger.

palabra /pa'laβra/ *sf* **1.** (*gen*) word: **siempre quiere tener la última palabra** he always wants to have the last word; **no digas ni palabra de esto a nadie** don't breathe a word of this to anyone • **según palabras del director...** according to the manager... • **lo acordaron de palabra** they made a verbal agreement • **en una palabra, ¡no!** in a word, no! • **tuvo buenas palabras, pero no se comprometió a nada** he was very positive about it, but he didn't commit himself to anything • **con él todo eran medias palabras** he would never say what he meant • **a palabras necias, oídos sordos** you should pay no attention to that kind of nonsense • **me dejó con la palabra en la boca** he cut me off in mid-sentence • **se come las palabras** she doesn't speak very clearly • **se tuvo que tragar sus palabras** he had to eat his words • **mide tus palabras** choose your words carefully • **no hay palabras para describir lo mala que fue la película** the film was so bad it defied description • **le faltaban palabras para expresar su desengaño** he was unable to express his disappointment • **me has quitado la palabra de la boca** you took the words right out of my mouth • **tuvieron unas palabras** they had words. **2.** (*habla*) speech: **con el susto se quedó sin palabra** he was speechless with fright; **tiene una palabra fácil y clara** she uses clear and easy language; **tiene facilidad de palabra** he is very articulate • **no nos dirigimos la palabra** we don't speak to each other. **3.** (*turno para hablar*) right to speak: **el señor López tiene la palabra** Mr López has the floor; **el presidente del gobierno hizo uso de la palabra** the Prime Minister addressed the meeting; **a continuación tomó la palabra el portavoz de la oposición** then the opposition spokesman took the floor • **ahora el señor Santamaría nos va a dirigir unas palabras** I call upon Mr Santamaría to speak. **4.** (*promesa*) word, promise: **¡palabra!** honestly! • **no dudes de su palabra** don't doubt his word • **es una mujer de palabra** she is a woman of her word • **no tiene palabra** she never keeps her word • **le tomé la palabra** I held him to what he had said • **faltó a su palabra** he broke his word • **me dio su palabra** he gave me his word.

palabra clave *sf* keyword.

palabra de honor *sf* word of honour.

palabras cruzadas *sf pl* (*Arg, Urug*) crossword.

palabras mayores *sf pl* **1.** (*insultos*) swearwords *pl.* **2.** (*de suma importancia*) something very important.

palabreja /pala'βrexa/ *sf* strange word.

palabrería /palaβre'ria/ *sf* hot air, meaningless talk.

palabrota /pala'βrota/ *sf* swearword: **no digas palabrotas** don't use swearwords; **se dio un golpe con el martillo y soltó una palabrota** he swore when he hit himself with the hammer.

palacete /pala'θete/ *sm* (*palacio pequeño*) small palace; (*mansión*) mansion.

palaciego, -ga /pala'θjeɣo -ɣa/ **I** *adj* palace: **la vida palaciega** palace life.
II *sm/f* courtier.

palacio /pa'laθjo/ *sm* palace: **ayer hubo una cena** *en* **palacio** there was a dinner at the palace yesterday • **las cosas de palacio van despacio** officialdom works very slowly.

palacio de congresos *sm* conference centre ✱ (*US*) center.

palacio de deportes *sm* sports centre ✱ (*US*) center.

palacio de justicia *sm* lawcourts *pl.*

palacio episcopal *sm* bishop's palace.

palada /pa'laða/ *sf* **1.** (*cantidad*) shovelful. **2.** (*de remo*) stroke.

paladar /pala'ðar/ *sm* **1.** (*Anat*) palate, roof of one's mouth. **2.** (*Culin*) palate: **tiene buen paladar para el vino** he has a good palate for wine.

paladear /palaðe'ar/ [➪ CANTAR] *vt* (*GB*) to savour, (*US*) to savor: **esa novela es para paladearla despacio** you should savour that novel by reading it slowly.

paladín /pala'ðin/ *sm* **1.** (*Hist*) paladin (*a knight celebrated for his heroic deeds*). **2.** (*defensor*) champion: **se ha convertido en paladín de las tribus indígenas** he has become the champion of the rights of indigenous tribes.

palafito /pala'fito/ *sm*: *house built on stilts over a lake.*

palafrenero /palafre'nero/ *sm* (*de caballos*) groom.

palanca /pa'laŋka/ *sf* **1.** (*para levantar peso*) lever. **2.** (*para accionar dispositivo*) lever, handle: **tira de la palanca para que funcione** pull the handle to make it work. **3.** (*trampolín*) diving board. **4.** (*fam: influencia*) connections: **consiguió el puesto porque tiene palanca** he got the job because he has connections.

palanca de cambio *sf* (*Auto*) (*GB*) gearstick, (*US*) gearshift.

palanca de mando *sf* control lever.

palangana /palaŋ'gana/ *sf* (*para lavarse*) (*GB*) washbasin, (*US*) washbowl; (*para lavar otras cosas*) bowl.

palanganear /palaŋgane'ar/ [➪ CANTAR] *vi* (*Amér L*) to show off.

palangre /pa'laŋgre/ *sm* long line (*for fishing*).

palanqueta /palaŋ'keta/ *sf* crowbar.

palatal /pala'tal/ *adj* (*Anat, Ling*) palatal.

palatino, -na /pala'tino -na/ *adj* palace, court: **la guardia palatina** the palace guard.

palco /'palko/ *sm* (*en un teatro*) box.

palco de platea *sm* box (*at the level of the stalls*).

palenque /pa'leŋke/ *sm* **1.** (*valla*) fence. **2.** (*terreno vallado*) enclosure.

palentino, -na /palen'tino -na/ **I** *adj* of ✱ from Palencia.
II *sm/f* native ✱ inhabitant of Palencia.

paleolítico, -ca /paleo'litiko -ka/ **I** *adj* (*GB*) Palaeolithic, (*US*) Paleolithic.
II el paleolítico *sm* (*GB*) the Palaeolithic, (*US*) the Paleolithic.

paleontología /paleontolo'xia/ *sf* (*GB*) palaeontology, (*US*) paleontology.

paleontólogo, -ga /paleon'toloɣo -ɣa/ *sm/f* (*GB*) palaeontologist, (*US*) paleontologist.

Palestina /pales'tina/ *sf* Palestine.

palestino, -na /pales'tino -na/ *adj, sm/f* Palestinian.

palestra /pa'lestra/ *sf* • **el tema salió ✱ saltó a la palestra a raíz de la publicación del libro** the subject came to the forefront of public attention when the book was published • **saltó a la palestra para defender la monarquía** she entered the fray to defend the monarchy.

paleta /pa'leta/ *sf* **1.** (*de albañil*) trowel. **2.** (*Artes*) palette. **3.** (*de tenis de mesa*) bat, (*US*) paddle. **4.** (*de una hélice, un ventilador*) blade; (*de un molino*) sail. **5.** (*Anat: diente*) incisor. **6.** (*Amér C, Méx: caramelo*) lollipop; (*: helado*) (*GB*) ice lolly, (*US*) Popsicle®.

paletada /pale'taða/ *sf* **1.** (*cantidad: de pala*) shovelful; (*: de paleta*) trowelful. **2.** (*acto de un cateto*): **lo que hizo fue una paletada** what he did was typical of a country bumpkin.

paletilla /pale'tiʎa/ *sf* **1.** (*omoplato*) shoulder blade. **2.** (*Culin*) shoulder: **comimos paletilla de cordero** we had shoulder of lamb.

paleto, -ta /pa'leto -ta/ **I** *adj* uncouth, ignorant.
II *sm/f* yokel, country bumpkin.

paliar /pa'ljar/ [➪ansiar] *vt* **1.** (*mitigar*) to alleviate, to ease: **se tomó unas pastillas para paliar el dolor** she took some tablets to alleviate the pain. **2.** (*atenuar*) to lessen: **trataron de paliar los efectos de la noticia** they tried to lessen the effects of the news.

paliativo, -va /palja'tiβo -βa/ **I** *adj* palliative.
II paliativo *sm* palliative, mitigating factor: **su comportamiento no admite ningún paliativo** there can be no excuse for his behaviour.

palidecer /paliðe'θer/ [➪agradecer] *vi* **1.** (*ponerse pálido*) to turn pale, to blanch: **palideció** *del* **susto** he turned pale with fright. **2.** (*disminuir*) to pale: **su belleza palidece** *ante* **la de la catedral** its beauty pales beside that of the cathedral.

palidez /pali'ðeθ/ *sf* pallor, paleness.

pálido, -da /'paliðo -ða/ *adj* **1.** (*persona, color*) pale: **se puso pálido cuando se lo dije** he turned pale when I told him. **2.** (*con poca intensidad*): **lo que publicó la prensa fue sólo un pálido reflejo de lo sucedido** what appeared in the press was as nothing compared to what really happened.

palier /pa'ljer/ *sm* (*Auto*) bearing.

palillero /pali'ʎero/ *sm* toothpick container.

palillo /pa'liʎo/ *sm* **1.** (*mondadientes*) toothpick. **2.** (*para comida china*) chopstick. **3.** (*Mús*) drumstick. **4.** (*fam: persona*) skinny person ● **está más seco * flaco que un palillo** he's as skinny as a rake. **5.** (*Urug: para la ropa*) (*GB*) clothes peg, (*US*) clothes pin.

palio /'paljo/ *sm* (*Relig*) canopy.

palique /pa'like/ *sm* (*fam*) chat: **estuvimos dos horas** *de* **palique** we were chatting for two hours.

palisandro /pali'sandro/ *sm* rosewood.

palito /pa'lito/ *sm* **1.** (*palo pequeño*) small stick. **2.** (*Arg, Urug: polo*) (*GB*) ice lolly, (*US*) Popsicle®.

palitroque /pali'troke/ *sm* (*fam: palo*) stick.

paliza /pa'liθa/ **I** *sf* **1.** (*a golpes: gen*) beating, thrashing: **le dio una paliza de aúpa** he gave him a terrible thrashing; (*: zurra*) spanking. **2.** (*victoria abultada*) thrashing: **¡menuda paliza les dimos!** we thrashed them! **3.** (*fam: gran esfuerzo*): **menuda paliza me di bajando muebles** I really exhausted myself taking furniture downstairs; **sería una paliza tener que repetirlo** it would be very tiring having to do it again. **4.** (*fam: algo pesado*): **sus clases son una paliza** his classes are very boring ● **deja de darme la paliza** stop bugging * pestering me.
II *sm/f* (*fam: persona*) nuisance, pain: **no soporto al paliza de Juan** I can't stand Juan, he's such a pain in the neck.

palizada /pali'θaða/ *sf* **1.** (*valla*) fence, palisade. **2.** (*lugar vallado*) enclosure.

palma /'palma/ **I** *sf* **1.** (*Anat*) palm ● **conozco esta región como la palma de la mano** I know this region like the back of my hand. **2.** (*árbol*) palm tree; (*hoja*) palm leaf ● **llevarse la palma: contando chistes, él se lleva la palma** he's the best at telling jokes; **se lleva la palma en estupidez** when it comes to being stupid, he takes the biscuit.
II palmas *sf pl* **1.** (*Mús*) clapping: **tú cantas y nosotros tocamos las palmas** you sing and we'll clap. **2.** (*aplauso*) applause: **batieron palmas** they applauded.

palmada /pal'maða/ *sf* **1.** (*en el hombro, la espalda*) pat, slap: **le dio una palmada** *en* **el hombro** she gave him a pat on the shoulder. **2.** (*con ambas manos*) clapping, applause: **dio unas palmadas para avisar al camarero** he clapped his hands to attract the waiter's attention.

palmar /pal'mar/ **I** *sm* palm grove.
II [➪CANTAR] *vt*: **palmarla** (*fam*): **la palmó** he kicked the bucket.

palmarés /palma'res/ *sm inv* **1.** (*historial*) track record: **tiene un palmarés deportivo muy brillante** he has a brilliant track record. **2.** (*lista de ganadores*) list of winners.

palmario, -ria /pal'marjo -rja/ *adj* obvious.

palmatoria /palma'torja/ *sf* candleholder (*in the form of a round dish with a handle*).

palmeado, -da /palme'aðo -ða/ *adj* (*Zool*) webbed.

palmear /palme'ar/ [➪CANTAR] *vt* (*a alguien*): **me palmeó** *en* **la espalda** he slapped me on the back.
♦*vi* (*en baloncesto*): **palmeó y consiguió canasta** he tipped the ball in.

palmense /pal'mense/ **I** *adj* of * from Las Palmas.
II *sm/f* native * inhabitant of Las Palmas.

palmera /pal'mera/ *sf* **1.** (*Bot*) palm tree. **2.** (*Culin*) *a sweet pastry.*

palmeral /palme'ral/ *sm* palm grove.

palmero, -ra /pal'mero -ra/ **I** *adj* of * from La Palma.
II *sm/f* **1.** (*Geog*) native * inhabitant of La Palma. **2.** (*Mús: en flamenco*) *person providing accompaniment with rhythmic clapping.*

palmesano, -na /palme'sano -na/ **I** *adj* of * from Palma de Mallorca.
II *sm/f* native * inhabitant of Palma de Mallorca.

palmetazo /palme'taθo/ *sm* stroke of the cane.

palmípedo, -da /pal'mipeðo -ða/ **I** *adj* web-footed.
II *sm/f* web-footed bird.

palmita /pal'mita/ *sf* ● **la lleva * tiene en palmitas** he treats her really well.

palmito /pal'mito/ *sm* **1.** (*Bot*) palmetto. **2.** (*Culin*) palm heart (*vegetable*). **3.** (*fam: atractivo*): **hay que ver el palmito que tiene** she's incredibly attractive.

palmo /'palmo/ *sm* (*Medidas*) span: **apenas levantaba un palmo del suelo y ya estaba dándole a la pelota** when he was just so high, he was already kicking a football ● **se conoce la isla palmo a palmo** he knows every inch of the island ● **lo registraron palmo por palmo** they searched the place from top to bottom ● **queríamos ir al cine pero nos quedamos con un palmo de narices** we wanted to go to the cinema, but there was a problem and we didn't get to see the film.

palmotear /palmote'ar/ [➪CANTAR] *vi* to clap.

palo /'palo/ *sm* **1.** (*estaca*) stick; (*de telégrafos*) pole ● **prefiero el whisky a palo seco** I prefer my whisky neat ● **tuvimos que comernos el queso a palo seco** we had to eat the cheese on its own ● **de tal palo tal astilla** he's/she's a chip off the old block. **2.** (*Náut*) mast ● **que cada palo aguante su vela** everyone has to face up to their responsibilities. **3.** (*en fútbol*): **la pelota dio en el palo** the ball hit the goalpost/crossbar; **el portero se situó bajo los palos** the goalkeeper stood in the goal. **4.** (*porra, de golf*) club. **5.** (*madera*) wood: **tenía una pata de palo** he had a wooden leg. **6.** (*golpe*) blow: **siempre andan** *a* **palos**

they're always fighting; **lo molieron** *a* **palos** they beat him up. **7.** (*golpe moral*): **el suspenso fue un palo para mí** failing the subject came as a great blow to me; (*crítica*): **la novela recibió muchos palos por parte de la crítica** the novel was torn apart by the critics. **8.** (*de naipes*) suit. **9.** (*Amér L*: *árbol*) tree; (*: arbusto*) bush.

palo de ciego *sm* • **está dando palos de ciego** he's just guessing.

palo de escoba *sm* broomstick.

palo dulce *sm* ⇨ paloduz

palo mayor *sm* mainmast.

paloduz /palo'ðuθ/ *sm* [**paloduces**] (*GB*) liquorice, (*US*) licorice.

paloma /pa'loma/ *sf* (*gen*) pigeon; (*blanca, en arte, etc.*) dove.

paloma de la paz *sf* dove of peace.

paloma mensajera *sf* carrier pigeon.

paloma torcaz *sf* [**palomas torcaces**] wood pigeon.

palomar /palo'mar/ *sm* dovecote.

palometa /palo'meta/ *sf* **1.** (*pez*) (Ray's) bream. **2.** (*tuerca*) wing nut.

palomilla /palo'miʎa/ *sf* **1.** (*tuerca*) wing nut. **2.** (*escuadra*) wall bracket.

palomino /palo'mino/ *sm* **1.** (*Zool*) young pigeon. **2.** (*excremento*) bird droppings.

palomita /palo'mita/ **I** *sf* **1.** (*bebida*) anisette with water. **2.** (*en fútbol*) (goalkeeper's) dive.

II palomitas *sf pl* (*also* **palomitas de maíz**) popcorn.

palomo /pa'lomo/ *sm* **1.** (*macho*) cock pigeon. **2.** (*paloma torcaz*) wood pigeon.

palote /pa'lote/ *sm* **1.** (*palo pequeño*) stick. **2.** (*Arg, Urug*: *de amasar*) rolling pin.

palpable /pal'paβle/ *adj* palpable.

palpación /palpa'θjon/ *sf* (*Med*) medical examination (*by touch*).

palpar /pal'par/ [⇨ CANTAR] *vt* **1.** (*tocar*) to feel, to touch; (*Med*) to examine (*by touch*). **2.** (*percibir*) to feel, to sense: **se palpaba un ambiente extraño** you could sense a strange atmosphere.

palpitación /palpita'θjon/ **I** *sf* (*del corazón*) beating; (*de las sienes*) throbbing.

II palpitaciones *sf pl* palpitations *pl.*

palpitante /palpi'tante/ *adj* **1.** (*corazón*) beating. **2.** (*tema*) burning: **es un tema palpitante** it's a burning issue.

palpitar /palpi'tar/ [⇨ CANTAR] *vi* **1.** (*latir*) to beat, to throb: **su corazón palpitaba con fuerza mientras la esperaba** his heart beat violently while he waited for her; **en su voz palpitaba la emoción** his voice throbbed with emotion. **2.** (*Arg, Urug*: *parecer*): **me palpita que no van a venir** I have the feeling that they are not going to come.

pálpito /'palpito/ *sm* (*Amér S*: *fam*) hunch, feeling: **me da el pálpito de que no van a venir** I have the feeling that they won't come.

palta /'palta/ *sf* (*Amér S*) avocado.

paludismo /palu'ðizmo/ *sm* malaria.

palurdo, -da /pa'lurðo -ða/ **I** *adj* uncouth, ignorant: **todavía hay mucha gente palurda en este pueblo** there are still a lot of ignorant people in this village.

II *sm/f* uncouth person.

palustre /pa'lustre/ *adj* marshy.

pamela /pa'mela/ *sf* wide-brimmed hat.

pamema /pa'mema/ *sf* (*fam*) **1.** (*bobada*) nonsense. **2.** (*acto insincero*): **no me vengas ahora con pamemas** you won't win me over by being nice to me.

pampa /'pampa/ *sf* pampas *pl.*

pámpano /'pampano/ *sm* (*Bot*) vine shoot.

pamplina /pam'plina/ *sf* **1.** (*tontería*) nonsense: **eso son pamplinas** that's nonsense. **2.** (*halago*) flattery: **¡no me vengas con pamplinas!** don't try to win me over by being nice to me!

pamplonés, -nesa /pamplo'nes -'nesa/ **I** *adj* of ∗ from Pamplona.

II *sm/f* native ∗ inhabitant of Pamplona.

pamplonica /pamplo'nika/ *adj, sm/f* ⇨ pamplonés

pan /pan/ *sm* **1.** (*gen*) bread: **el pan está tierno/duro** the bread is fresh/stale; (*hogaza*) loaf: **compramos un pan de un kilo** we bought a one kilo loaf • **me gusta la gente que llama al pan, pan y al vino, vino** I like people who call a spade a spade • **que con su pan se lo coma** I couldn't care less what he does • **contigo pan y cebolla** nothing else matters as long as I'm with you • **éste es el pan nuestro de cada día** this is par for the course • **el examen fue pan comido** the exam was a piece of cake • **es más buena que el pan ∗ es un pedazo de pan** she has a heart of gold • **está más bueno que el pan** he's gorgeous • **a falta de pan, buenas son tortas** beggars can't be choosers. **2.** (*sustento*): **se gana el pan con el sudor de su frente** he earns his living by the sweat of his brow. **3.** (*de oro o plata*) leaf.

pan blanco *sm* white bread.

pan con mantequilla *sm* bread and butter.

pan con tomate *sm*: *bread rubbed with fresh tomato.*

pan de molde *sm* (standard) loaf of bread (*baked in a bread tin*).

pan de Viena *sm* Vienna bread.

pan integral *sm* brown bread, wholemeal bread.

pan negro *sm* black bread.

pan rallado *sm* breadcrumbs *pl.*

pana /'pana/ **I** *sf* (*tejido*) corduroy.

II en pana *loc adv* (*Chi*): **nos quedamos en pana** the car broke down.

panacea /pana'θea/ *sf* panacea.

panadería /panaðe'ria/ *sf* baker's, bakery.

panadero, -ra /pana'ðero -ra/ *sm/f* baker.

panal /pa'nal/ *sm* honeycomb.

Panamá /pana'ma/ *sm* Panama.

panamá /pana'ma/ *sm* **1.** (*sombrero*) Panama hat. **2.** (*tejido*) canvas.

panameño, -ña /pana'meɲo -ɲa/ *adj, sm/f* Panamanian.

panamericano, -na /panameri'kano -na/ *adj* Pan-American.

pancarta /paŋ'karta/ *sf* banner, placard.

panceta /pan'θeta/ *sf* (*fresca*) belly pork; (*curada*) bacon.

pancho, -cha /'pantʃo -tʃa/ **I** *adj* (*fam*) calm: **se quedó tan pancho** he was as calm as can be.

II pancho *sm* (*Arg, Urug*) hot dog.

pancito /pan'θito/ *sm* (*Amér S*) bread roll.

páncreas /'paŋkreas/ *sm inv* pancreas.

pancreático, -ca /pankre'atiko -ka/ *adj* pancreatic.

panda /'panda/ **I** *sm* (*Zool*) panda.

II *sf* (*fam*) ⇨ pandilla

pandereta /pande'reta/ *sf* tambourine.

pandero /pan'dero/ *sm* **1.** (*Mús*) large tambourine. **2.** (*fam*: *trasero*) backside.

pandilla /pan'diʎa/ *sf* (*fam*: *de amigos*) group, crowd; (*: de malhechores*) gang.

panecillo /pane'θiʎo/ *sm* bread roll.

panel /pa'nel/ *sm* **1.** (*de una puerta, una pared*) panel:

está formada por varios paneles de cristal it is made up of several glass panels. **2.** (*de anuncios*) (*GB*) notice board, (*US*) bulletin board. **3.** (*de un vehículo*) dashboard. **4.** (*de personas*) panel: **un panel de expertos contesta a las preguntas del público** a panel of experts answers * answer questions from the audience.

panera /pa'nera/ *sf* (*para servir*) breadbasket; (*para guardar*) breadbin.

pánfilo, -la /'panfilo -la/ (*fam*) **I** *adj* (*torpe*) slow. **II** *sm/f* dimwit, moron.

panfletario, -ria /panfle'tarjo -rja/ *adj* propagandist: **me molestó el tono panfletario del artículo** I didn't like the propagandist tone of the article.

panfleto /pan'fleto/ *sm* **1.** (*papel*) (political) pamphlet. **2.** (*escrito propagandístico*): **todo el libro es un panfleto a favor del gobierno** the whole book is pro-government propaganda.

pánico /'paniko/ *sm* panic: **el asesinato sembró el pánico en la ciudad** the murder caused panic to spread through the town.

paniego, -ga /pa'njeɣo -ɣa/ *adj* wheat-producing.

panificadora /panifika'ðora/ *sf* (*frml*) bakery.

panizo /pa'niθo/ *sm* millet.

panne /pan/ **en panne** *loc adv* (*Arg, Urug*): **nos quedamos en panne** the car broke down.

panocha /pa'notʃa/ *sf* ear (*of corn*).

panocho, -cha /pa'notʃo -tʃa/ **I** *adj* of * from Murcia. **II** *sm/f* native * inhabitant of Murcia.

panoja /pa'noxa/ *sf* ear (*of corn*).

panoli /pa'noli/ (*fam*) **I** *adj* simple. **II** *sm/f* dimwit.

panoplia /pa'noplja/ *sf* **1.** (*colección de armas*) *a warrior's arms*. **2.** (*armadura*) (*GB*) suit of armour, (*US*) suit of armor.

panorama /pano'rama/ *sm* **1.** (*vista*) panorama, view: **desde la montaña se veía un magnífico panorama** there was a wonderful view from the mountain. **2.** (*situación*) outlook: **el panorama económico actual es poco alentador** the current economic situation is not very encouraging.

panorámica /pano'ramika/ *sf* panorama, view: **en esta foto se ve una panorámica de toda la ciudad** in this photograph you get a view of the whole town; **este libro presenta una panorámica sobre la historia de España** this book gives an overview of Spanish history.

panorámico, -ca /pano'ramiko -ka/ *adj* panoramic: **hizo una exposición panorámica del tema** he gave a broad outline of the subject; **esta obra permite tener una visión panorámica del problema** this book gives us an overview of the problem.

panqueque /paŋ'keke/ *sm* (*Amér L*) pancake.

pantagruélico, -ca /panta'ɣrweliko -ka/ *adj* enormous: **prepararon una cena pantagruélica** they cooked an enormous meal.

pantaletas /panta'letas/ *sf pl* (*Méx, Ven*: *prenda interior*) panties *pl*, (*GB*) knickers *pl*, (*US*) underpants *pl*.

pantalla /pan'taʎa/ *sf* **1.** (*de cine, ordenador, televisor*) screen: **la pequeña pantalla** * (*Amér L*) **la pantalla chica** the small screen • **llevaron su libro a la pantalla** his book was turned into a film. **2.** (*de una lámpara*) lampshade. **3.** (*de una chimenea*) fireguard. **4.** (*de un negocio, una organización*) front, screen: **ese trabajo le sirve de pantalla para sus negocios sucios** this job acts as a front for his shady deals.

pantalón /panta'lon/ *sm* ⇨ pantalones

pantalones /panta'lones/ *sm pl* trousers *pl*, (*US*) pants *pl* • **la madre es la que lleva los pantalones** it's the mother who wears the trousers • **al final tuvo que bajarse los pantalones** in the end he had to give in.

pantalones bombachos *sm pl* baggy trousers *pl*, (*US*) baggy pants *pl*.

pantalones cortos *sm pl* shorts *pl*.

pantalones de pinzas *sm pl* trousers *pl* * (*US*) pants *pl* (*with pleats at the waist*).

pantalones vaqueros *sm pl* jeans *pl*.

pantano /pan'tano/ *sm* **1.** (*ciénaga*) swamp, marsh. **2.** (*embalse*) reservoir.

pantanoso, -sa /panta'noso -sa/ *adj* **1.** (*terreno*) swampy, marshy. **2.** (*lleno de dificultades*) difficult: **es un tema muy pantanoso** the subject is a minefield.

panteísmo /pante'izmo/ *sm* pantheism.

panteón /pante'on/ *sm* **1.** (*tumba*) (family) vault. **2.** (*Amér L*: *cementerio*) cemetery.

panteón familiar *sm* family vault.

pantera /pan'tera/ *sf* panther.

panti /'panti/ *sm*, **pantis** /'pantis/ *sm pl* (*GB*) tights *pl*, (*US*) pantyhose *pl*.

pantomima /panto'mima/ *sf* **1.** (*de teatro*) pantomime, play in mime. **2.** (*fingimiento*) pretence: **ese llanto no es más que una pantomima** he's not really crying, he's just pretending.

pantorrilla /panto'rriʎa/ *sf* (*Anat*) calf.

pantufla /pan'tufla/ *sf* slipper.

panty /'panti/ *sm* ⇨ panti

panza /'panθa/ *sf* (*fam*) belly, potbelly.

panzada /pan'θaða/ *sf* **1.** (*golpe*) belly flop: **se dio una buena panzada al tirarse a la piscina** he did a huge belly flop when he dived into the pool. **2.** (*fam*: *de comer*): **¡qué panzada de paella me di!** what a lot of paella I had!; (*: de trabajar, andar, etc.*): **¡menuda panzada de andar que nos dimos!** we really did walk an awful lot!

panzudo, -da /pan'θuðo -ða/ *adj* (*fam*) potbellied.

pañal /pa'ɲal/ *sm* (*GB*) nappy, (*US*) diaper • **ese proyecto está todavía en pañales** this project is still in its infancy.

paño /'paɲo/ *sm* **1.** (*tejido*) (*GB*) woollen cloth, (*US*) woolen cloth: **se hizo un traje de paño** he had a woollen suit made. **2.** (*trozo de tela, trapo: gen*) cloth; (*: para el polvo*) duster • **cuando todo le fue mal, yo fui su paño de lágrimas** when everything went wrong, I gave him a shoulder to cry on • **me conozco el paño** I know what it's like • **se paseaba por la casa en paños menores** he wandered round the house in his underwear.

paño de cocina *sm* tea towel.

paños calientes *sm pl* (*fam*): **no me vengas con paños calientes** don't try to explain it away.

pañol /pa'ɲol/ *sm* (*Náut*) store.

pañoleta /paɲo'leta/ *sf* **1.** (*chal*) shawl; (*para la cabeza*) headscarf. **2.** (*Tauro*) *thin tie worn by bullfighters*.

pañuelo /pa'ɲwelo/ *sm* (*para la nariz*) handkerchief; (*para los hombros*) shawl; (*para la cabeza*) headscarf; (*para el cuello*) scarf.

papa /'papa/ **I** *sf* (*Amér L y algunas regiones de Esp*) potato • **no entendí ni papa de su explicación** I didn't understand a word of his explanation • **se ha ido la luz y no se ve ni papa** the lights have gone out and you can't see a thing • **echó (hasta) las papas** he threw up.

II *sm* pope: **vimos al Papa cuando vino a España** we saw the Pope when he came to Spain.
papas fritas *sfpl* (*Amér L y algunas regiones de Esp*) **1.** (*calientes*) French fries *pl*, (*GB*) chips *pl*. **2.** (*de bolsa*) (*GB*) crisps *pl*, (*US*) chips *pl*.
papá /pa'pa/ **I** *sm* (*fam*) dad, daddy.
II papás *sm pl* (*fam*) parents *pl*.
Papá Noel *sm* Father Christmas, Santa Claus.
papada /pa'paða/ *sf* (*Anat*) double chin.
papado /pa'paðo/ *sm* papacy.
papagayo /papa'ɣajo/ *sm* **1.** (*Zool*) parrot. **2.** (*fam*: *persona habladora*) chatterbox; (*: persona que repite de memoria*) parrot: **se limitó a repetirlo como un papagayo** he merely repeated it parrot-fashion.
papal /pa'pal/ *adj* papal.
papanatas /papa'natas/ *sm/f inv* (*fam*) sucker.
Papanicolau /papaniko'lau/ *sm* (*Amér L*) cervical smear.
paparrucha /papa'rrutʃa/, **paparruchada** /paparru'tʃaða/ *sf* (*fam*): **su discurso fue una paparrucha * paparruchada** her speech was a load of rubbish.
papaya /pa'paja/ *sf* papaya, pawpaw.
papayo /pa'pajo/ *sm* papaya * pawpaw tree.
papear /pape'ar/ [⇨ CANTAR] *vt/i* (*fam*) to eat: **a las tres nos fuimos a papear** at three we went to get something to eat.
papel /pa'pel/ **I** *sm* **1.** (*gen*) paper: **había montones de papeles en su mesa** there were piles of papers on his desk; **no desperdicies tanto papel** don't waste so much paper • **sus promesas han quedado en papel mojado** his promises have proved worthless • **sobre el papel parecía muy fácil** on paper it seemed very simple. **2.** (*personaje*) part, role: **representaba el papel** *de* **Yerma** she was playing the part * role of Yerma. **3.** (*función*) role: **su hermana mayor tuvo que hacer el papel de madre** his elder sister had to act as the mother of the family • **el equipo hizo muy buen/mal papel en el campeonato** the team performed very well/badly in the championship.
II papeles *sm pl* **1.** (*documentos*) papers *pl*, documents *pl*: **tengo todos mis papeles en regla** all my papers are in order • **perdió los papeles** he lost his self-control. **2.** (*fam*: *periódicos*) papers *pl*.
papel biblia *sm* India paper.
papel carbón *sm* carbon paper.
papel cebolla *sm* tracing paper.
papel cuadriculado *sm* squared paper.
papel de aluminio *sm* tinfoil, (*GB*) aluminium foil.
papel de estraza *sm* brown paper.
papel de fumar *sm* cigarette paper.
papel de lija *sm* sandpaper.
papel de periódico *sm* newspaper: **iba envuelto en papel de periódico** it was wrapped in newspaper.
papel de plata *sm* tinfoil, (*GB*) aluminium foil.
papel de regalo *sm* wrapping paper.
papel de tornasol *sm* (*Quím*) litmus paper.
papel higiénico *sm* toilet paper.
papel maché *sm* papier-mâché.
papel moneda *sm* paper money.
papel pintado *sm* wallpaper.
papel secante *sm* blotting paper, (*US*) blotter.
papel sellado, **papel timbrado** *sm*: *official stationery bearing state seal.*
papeleo /pape'leo/ *sm* (*fam*) paperwork, red tape: **hay que hacer mucho papeleo para sacarse un visado** there's a lot of red tape involved in getting a visa.
papelera /pape'lera/ *sf* **1.** (*en la calle*) (*GB*) litter bin, (*US*) trash can; (*en una oficina, una casa*) (*GB*) waste-paper basket, (*US*) wastebasket. **2.** (*fábrica de papel*) paper mill.
papelería /papele'ria/ *sf* **1.** (*tienda*) stationer's. **2.** (*objetos de papel*) stationery.
papelero, -ra /pape'lero -ra/ *adj* paper: **la industria papelera** the paper industry.
papeleta /pape'leta/ *sf* **1.** (*de examen*) results slip; (*de rifa*) raffle ticket; (*de votación*) ballot paper. **2.** (*problema*) difficult job: **me tocó a mí la papeleta de decírselo** I had the difficult job of telling her; **menuda papeleta tienen con su madre, que no puede hacer nada sola** they have a real problem with their mother, who can't do anything for herself.
papelón /pape'lon/ *sm*: **hay que ver el papelón que hizo** you should have seen what a gaffe he made.
papeo /pa'peo/ *sm* (*fam*) food, grub.
paperas /pa'peras/ *sfpl* mumps [lleva el verbo en singular].
papi /'papi/ *sm* (*fam*) daddy.
papila /pa'pila/ *sf* (*Anat*) papilla.
papilas gustativas *sfpl* taste buds *pl*.
papilla /pa'piʎa/ *sf* (*para niño*) baby food; (*para enfermo*) liquidized food • **echó hasta la primera papilla** she threw up • **cuando llegó a casa, estaba hecho papilla** when he got home, he was exhausted • **si me lo encuentro lo voy a hacer papilla** if I find him I'll beat him to a pulp.
papión /pa'pjon/ *sm* baboon.
papiro /pa'piro/ *sm* papyrus.
papiroflexia /papiro'fleksja/ *sf* origami.
papirotazo /papiro'taθo/ *sm* flick.
papista /pa'pista/ *adj*, *sm/f* papist • **es más papista que el Papa** he always takes a very purist approach.
papo /'papo/ *sm* (*fam*: *caradura*) cheek: **menudo papo tiene** he's got such a cheek.
paquebot, **paquebote** /pake'βot(e)/ *sm* packet boat.
paquete /pa'kete/ *sm* **1.** (*objeto: pequeño*) (*GB*) packet, (*US*) pack: **ha ido a comprar un paquete de tabaco** he has gone to buy a packet of cigarettes; (*: grande*) parcel, package. **2.** (*grupo*) package: **anunciaron un paquete de medidas para hacer frente a la crisis** they announced a package of measures to combat the (economic) crisis. **3.** (*fam*: *persona en una moto*) passenger: **no le gusta ir de paquete** he doesn't like riding pillion; (*: persona torpe*): **ese jugador es un paquete** he's a really useless player. **4.** (*fam*: *castigo*): **le van a meter un paquete por llegar tan tarde** he'll get a severe telling-off for arriving so late. **5.** (*Inform*) package.
paquidermo /paki'ðermo/ *sm* (*frml*) elephant.
Paquistán /pakis'tan/ *sm* Pakistan.
paquistaní /pakista'ni/ *adj*, *sm/f* Pakistani.
par /par/ **I** *adj* (*Mat*) even: **los números pares** even numbers.
II *sm* **1.** (*dos*) couple: **necesito un par de clavos** I need a couple of nails • **se fuma los cigarrillos a pares** he smokes like a chimney; (*pareja*) pair: **sólo tengo dos pares de zapatos** I only have two pairs of shoes. **2.** (*unos pocos*) a few: **estaremos allí un par de días** we'll be there for a few days. **3.** (*Mat*) even number • **¿pares o nones?** odds or evens? (*when deciding an issue by guessing whether a number of concealed objects is odd or even*). **4.** (*igual*) equal: **como pianista no tiene par** he is without equal as a pianist. **5.** (*en golf*) par: **uno bajo par** one below par. **6.** (*noble*) peer.
III de par en par *loc adv* wide open: **dejó la puerta abierta de par en par** he left the door wide open.

IV *sf*: **a la par** at the same time: **es un hombre atractivo a la par que inteligente** he's attractive as well as intelligent.

para /'para/ **I** *prep* **1.** (*expresando finalidad, propósito: gen*) for: **¿para qué has comprado eso?** what have you bought that for?; **no sirve para nada** it's no use (for anything); **esto es para las picaduras de mosquito** this is for mosquito bites; **es malo para el estómago** it's bad for your stomach; **tú valdrías para profesor** you would make a good teacher • **no tengo para el autobús** I haven't enough money for the bus; (*: seguido de infinitivo*) (in order) to: **lo hice para complacerla** I did it (in order) to please her; **están ahorrando para casarse** they're saving to get married; **me llamó para contármelo** he phoned to tell me; **no come mantequilla para no engordar** she doesn't eat butter because she doesn't want to put on weight; (*: seguido de* **que + subjuntivo**): **te lo digo para que lo sepas** I'm telling you (just) so that you know; **he venido para que me lo expliques** I've come so that you can explain it to me; **no te lo dije para que no te preocuparas** I didn't tell you so that you wouldn't worry. **2.** (*indicando el destinatario: gen*) for: **es un regalo para Cristina** it's a present for Cristina; **se mostró muy amable para** *con* **todos** he was very kind towards everybody; (*: con valor reflexivo*): **no me gusta cocinar para mí sola** I don't like cooking just for myself; **..., dijo para sí** ..., she said to herself. **3.** (*al expresar una opinión*): **para ella, ése es el mejor de sus libros** in her opinion * as far as she's concerned, that's his best book; **para mí eso es un disparate** that's absolute nonsense to me; **para mí que se han perdido** I think they may have got lost; **para mí que no vienen** I don't think they'll come. **4.** (*en expresiones de tiempo*): **¿lo habrás acabado para mañana?** will you have finished it by tomorrow?; **tiene que estar listo para las cinco** it must be ready by five o'clock; **dejémoslo para mañana** let's leave it until tomorrow; **el pollo es para mañana** the chicken is for tomorrow; **me parece que tienen para rato** I think it's going to take them a long time; **volvió para finales de abril** he came back towards the end of April; **"¿Cuánto tiempo hace que no lo ves?" "Ya va para tres años."** "How long is it since you last saw him?" "Getting on for three years." **5.** (*a punto de*): **estaba para irme** I was just about to leave. **6.** (*Amér L: al dar la hora*): **son veinte para las nueve** it's twenty to nine. **7.** (*expresando dirección*): **voy para la estación, ¿quieres que te lleve?** I'm going to the station, would you like a lift?; **ahora van para Santiago** they're heading towards Santiago now; **iba para casa cuando me lo encontré** I was on my way home when I bumped into him. **8.** (*en comparaciones*) for, considering: **está muy en forma para ser tan mayor** he's very fit for his age * considering his age; **no es muy bueno para lo caro que es** it's not very good considering how expensive it is; **¿quién eres tú para tomar esas decisiones sin consultar?** who are you to take that kind of decision without consulting anybody? • **es como para volverse loco** it's enough to drive you mad • **vamos, no es para tanto** come on, it's not as bad as that • **no estoy para bromas** I'm in no mood for jokes. **9.** (*al expresar contrariedad*): **para eso no me hubiera molestado** I wouldn't have bothered just for that; **tanto que se preocupó por su salud, para luego morir atropellado por un autobús** he worried so much about his health, only to end up under the wheels of a bus; **¡para una vez que viene, no estoy!** the one time he comes to see me, I'm not at home!

II que para qué *loc adj*: **tiene un enfado que para qué** she is absolutely furious; **tengo un sueño que para qué** I'm so sleepy I'm ready to drop; **hoy hace un calor que para qué** it's boiling hot today.

parabién /para'βjen/ *sm*, **parabienes** /para'βjenes/ *sm pl* congratulations *pl*: **recibió los parabienes de sus compañeros** she was congratulated by her colleagues.

parábola /pa'raβola/ *sf* **1.** (*Relig*) parable. **2.** (*Mat*) parabola.

parabólico, -ca /para'βoliko -ka/ *adj* parabolic.

parabrisas /para'βrisas/ *sm inv* (*GB*) windscreen, (*US*) windshield.

paracaídas /paraka'iðas/ *sm inv* parachute: **se lanzaron** *en* **paracaídas** they parachuted out of the plane.

paracaidismo /parakai'ðizmo/ *sm* parachuting.

paracaidista /parakai'ðista/ *sm/f* **1.** (*Dep*) parachutist; (*Mil*) paratrooper. **2.** (*Amér L: fam, en una fiesta*) gatecrasher.

parachoques /para'tʃokes/ *sm inv* (*Auto*) (*GB*) bumper, (*US*) fender.

parada /pa'raða/ *sf* **1.** (*gen*) stop: **durante el viaje hicimos varias paradas** we stopped several times on the way. **2.** (*Mil*) parade. **3.** (*en fútbol*) save, catch.
parada de autobús *sf* bus stop.
parada de taxis *sf* (*GB*) taxi rank, (*US*) taxi stand.
parada discrecional *sf* request stop.

paradero /para'ðero/ *sm* **1.** (*lugar*) whereabouts *pl*: **se encuentra en paradero desconocido** his whereabouts are unknown. **2.** (*Amér L: parada*) bus stop.

paradigma /para'ðiɣma/ *sm* paradigm.

paradigmático, -ca /paraðiɣ'matiko -ka/ *adj* paradigmatic.

paradisíaco, -ca /paraði'siako -ka/, **paradisiaco, -ca** /paraði'sjako -ka/ *adj* heavenly.

parado, -da /pa'raðo -ða/ **I** *adj* **1.** (*sin desplazarse, sin funcionar*) stopped: **los coches estaban parados a causa del accidente** the cars had stopped because of the accident; **las máquinas estaban paradas** the machines were at a standstill. **2.** (*sorprendido*) stunned: **su respuesta me dejó parado** her answer stunned me. **3.** (*sin iniciativa*) slow (on the uptake): **desaprovecha las mejores oportunidades por ser tan parado** he misses the best opportunities because he is so slow (on the uptake); **es muy parado** *con* **las chicas** he's very shy with girls. **4.** (*sin empleo*) unemployed. **5.** (*precedido de* **bien, mal,** *etc.*): **salió mejor parado** *de* **lo que se esperaba** he came off better than he expected. **6.** (*Amér L: de pie*) standing.

II *sm/f* unemployed person: **el número de parados aumentó en el último mes** the number of unemployed increased last month.

paradoja /para'ðoxa/ *sf* paradox.

paradójico, -ca /para'ðoxiko -ka/ *adj* paradoxical.

parador /para'ðor/ *sm* (*also* **parador nacional**) (*en España*) parador (*state-owned hotel*).

parafernalia /parafer'nalja/ *sf* pomp and show: **celebraron su boda con mucha parafernalia** their wedding was a very grand affair.

parafina /para'fina/ *sf* paraffin wax.

parafrasear /parafrase'ar/ [⇨CANTAR] *vt* to paraphrase.

paráfrasis /pa'rafrasis/ *sf inv* paraphrase.

paragolpes /para'ɣolpes/ *sm inv* (*Arg*, *Urug*) (*GB*) bumper, (*US*) fender.

parágrafo /pa'raɣrafo/ *sm* (*frml*) paragraph.

paraguas /pa'raɣwas/ *sm inv* umbrella.

Paraguay /para'ɣwai/ *sm*: **(el) Paraguay** Paraguay.

paraguayo, **-ya** /para'ɣwajo -ja/ *adj*, *sm/f* Paraguayan.

paragüero /para'ɣwero/ *sm* umbrella stand.

paraíso /para'iso/ *sm* paradise: **es el paraíso de los esquiadores** it's a skiers' paradise.

paraíso fiscal *sm* tax haven.

paraíso terrenal *sm* earthly paradise, the Garden of Eden.

paraje /pa'raxe/ *sm* spot, place: **era un paraje inhóspito** it was an inhospitable spot.

paralela /para'lela/ **I** *sf* (*Mat*) parallel (line).
II paralelas *sf pl* (*Dep*) parallel bars *pl*.

paralelismo /parale'lizmo/ *sm* parallelism.

paralelo, **-la** /para'lelo -la/ **I** *adj* parallel: **en la película se cuentan dos historias paralelas** there are two parallel storylines in the film.
II paralelo *sm* **1.** (*Geog*) parallel. **2.** (*similitud*) parallel: **hay un paralelo** *entre* **tu situación y la mía** there are parallels between your situation and mine. **3.** (*Tec*): **una conexión** *en* **paralelo** a connection in parallel.

paralelogramo /paralelo'ɣramo/ *sm* parallelogram.

parálisis /pa'ralisis/ *sf inv* paralysis.

parálisis cerebral *sf inv* cerebral palsy.

paralítico, **-ca** /para'litiko -ka/ *adj*, *sm/f* paralytic.

paralizar /parali'θar/ [➪cazar] *vt* **1.** (*Med*) (*GB*) to paralyse, (*US*) to paralyze: **el miedo lo paralizaba** he was paralysed by fear. **2.** (*una actividad*) to stop: **tuvieron que paralizar las obras** they had to stop the work; (*un lugar*): **la huelga ha paralizado el puerto** the strike has paralysed the port; **las huelgas habían paralizado el país** the strikes had brought the country to a stop * standstill.

paralizarse *v prnl* **1.** (*Med*) (*GB*) to become paralysed, (*US*) to become paralyzed: **se le ha paralizado un brazo** one of his arms has become paralysed. **2.** (*una actividad*) to come to a standstill: **las obras se han paralizado por falta de dinero** work has come to a standstill because of a lack of funds.

parámetro /pa'rametro/ *sm* parameter.

paramilitar /paramili'tar/ *adj* paramilitary.

páramo /'paramo/ *sm* **1.** (*terreno*) moor(land), wild terrain. **2.** (*Amér S*: *llovizna*) drizzle.

parangón /paraŋ'gon/ *sm* comparison: **sus obras no tienen parangón** her works are unrivalled.

paraninfo /para'ninfo/ *sm* (*Educ*) auditorium.

paranoia /para'noja/ *sf* paranoia.

paranoico, **-ca** /para'noiko -ka/ **I** *adj* paranoid.
II *sm/f* paranoic.

parapetarse /parape'tarse/ [➪CANTAR] *v prnl* to shelter: **se parapetaron detrás de unas rocas** they sheltered behind some rocks.

parapeto /para'peto/ *sm* **1.** (*Arquit*) parapet. **2.** (*protección*): **utilizaron el armario a modo de parapeto** they used the cupboard to shelter behind.

paraplejia /para'plexja/, **paraplejía** /paraple'xia/ *sf* paraplegia.

parapléjico, **-ca** /para'plexiko -ka/ *adj*, *sm/f* paraplegic.

parapsicología /parasikolo'xia/ *sf* parapsychology.

parar /pa'rar/ [➪CANTAR] *vi* **1.** (*gen*) to stop: **este tren para** *en* **todas las estaciones** this train stops at every station; **no paró** *de* **hablar en toda la noche** she didn't stop talking all night. **2.** (*darse por vencido*) to give up: **no paró hasta conseguirlo** he didn't give up until he had got it. **3.** (*acabar*) to end up: **¿en qué parará todo esto?** where will it all end? • **si sigue así, va a ir a parar a la cárcel** if he goes on like this, he will end up in jail • **la pelota fue a parar al jardín del vecino** the ball ended up in the garden next door • **toda su fortuna fue a parar a sus sobrinos** the whole of his fortune ended up in the hands of his nephews. **4.** (*alojarse*) to stay: **cuando vienen a Madrid, paran** *en* **mis casa** when they come to Madrid they stay at my house. **5.** (*estar*): **no sé dónde para** I don't know where she is.
♦ *vt* **1.** (*gen*) to stop: **la policía nos paró yendo a casa** the police stopped us on the way home; **voy a parar la lavadora** I'm going to turn the washing machine off; **cuando empieza a hablar no hay quien la pare** when she starts talking nobody can stop her. **2.** (*Dep*) to save: **el portero paró el penalty** the goal keeper saved the penalty. **3.** (*Amér L*: *poner de pie*) to place upright, to stand: **paró la lámpara que se había caído** he stood the lamp up again.

pararse *v prnl* **1.** (*gen*) to stop: **se me ha parado el reloj** my watch has stopped; **¿te has parado** *a* **pensarlo?** have you stopped to think about it?; **el coche se nos paró tres veces viniendo hacia aquí** the car broke down three times on the way here. **2.** (*Amér L*: *ponerse de pie*) to stand up.

pararrayos /para'rrajos/ *sm inv* lightning conductor.

parasitario, **-ria** /parasi'tarjo -rja/ *adj* parasitic.

parásito, **-ta** /pa'rasito -ta/ **I** *adj* parasitic.
II parásito *sm* parasite: **es un parásito social** he/she is a social parasite.

parasol /para'sol/ *sm* **1.** (*sombrilla*) parasol, sunshade. **2.** (*en un coche*) visor; (*para una cámara*) lens hood.

parcela /par'θela/ *sf* **1.** (*de terreno*) plot (of land), (*US*) lot: **compraron una parcela para hacerse un chalet** they bought a plot of land to build a house on. **2.** (*parte*) area: **su parcela de poder es reducida** his sphere of influence is small; **si lo sacas de su parcela de saber, no tiene mucho que decir** if you get him off his field, he doesn't have much to say.

parcelar /parθe'lar/ [➪CANTAR] *vt* to divide up into plots.

parche /'partʃe/ *sm* **1.** (*en una prenda, un neumático*) patch: **les he puesto un parche a mis vaqueros** I've sewn a patch onto my jeans • **oído al parche** watch out. **2.** (*en un ojo*) (eye) patch. **3.** (*arreglo provisional*) emergency * stopgap measure: **el negocio va aguantando a base de parches** the business is only surviving because of emergency measures; **la solución no es poner parches** the solution can't be found in short-term measures.

parche de nicotina *sm* nicotine patch.

parchear /partʃe'ar/ [➪CANTAR] *vt* to patch up.

parchís /par'tʃis/ *sm* ludo.

parcial /par'θjal/ **I** *adj* **1.** (*incompleto*) partial: **aquí hay una vista parcial de la montaña** from here there's a partial view of the mountain. **2.** (*arbitrario*) biased: **es muy parcial** *en* **sus opiniones** he is a very biased person.
II *sm* (*examen*) mid-term exam (*covering the work done to date and counting towards the final grade*).

parcialidad /parθjali'ðað/ *sf* bias, partiality: **se notó algo de parcialidad en el jurado del concurso** some bias was seen in the competition judges.

parco, **-ca** /'parko -ka/ *adj* **1.** (*sobrio*) moderate, sparing: **es una persona parca** *en* **palabras** she is a woman of few words. **2.** (*escaso*) meagre: **la comida fue muy parca** the meal was very meagre.

pardillo, -lla /par'ðiʎo -ʎa/ **I** *adj* **1.** (*paleto*) rustic. **2.** (*ingenuo*) naive, simple.
II *sm/f* **1.** (*paleto*) country bumpkin. **2.** (*ingenuo*) simpleton.

pardo, -da /'parðo -ða/ **I** *adj* grey-brown.
II pardo *sm* grey-brown.

pareado, -da /pare'aðo -ða/ **I** *adj* (*Arquit*) semi-detached.
II pareado *sm* couplet.

parecer /pare'θer/ **I** *sm* **1.** (*opinión*) opinion: **cada uno dio su parecer** everyone gave their opinion. **2.** (*aspecto físico*): **es de buen parecer** he's very handsome.
II [➪ agradecer] *vi* **1.** (*dar una determinada impresión*) to seem: **parece (estar) muy interesada en visitarnos** she seems very interested in visiting us; **parece tener siempre prisa** he seems to be always in a hurry. **2.** (*tener determinado aspecto*) to look: **el coche parece nuevo** the car looks new; **tiene veinte años, pero parece mayor** he's twenty years old but looks older. **3.** (*al expresar una opinión personal*) to seem: **el examen no me pareció difícil** the exam didn't seem difficult to me; **nos pareció una buena/mala idea** we thought it was a good/bad idea; **me parece bien/mal que vayas a esa fiesta** it's all right by me/not all right by me if you go to the party; **podíamos ir al cine, ¿te parece?** we could go to the cinema, if you like; **¿qué te parece su novio?** what do you think of her boyfriend?; **me parece que no es lo suficientemente grande** I don't think it's big enough.
♦ *v impers [only used in the third person]* to look, to seem: **parece que va a llover** it looks as if it's going to rain; **parece que están contentos** they seem to be happy; **parece obvio** it seems obvious; **según parece * al parecer, no están muy interesados** apparently they are not very interested.

parecerse *v prnl* to look like: **se parece** *a* **su padre** he looks like his father; **para ser hermanas no se parecen mucho** considering they're sisters, they don't look very alike ● **no es abogado ni nada que se le parezca** he's not a lawyer or anything like that.

parecido, -da /pare'θiðo -ða/ **I** *adj* **1.** (*semejante*) similar: **es muy parecido** *al* **que ya tengo** it's very similar to the one I already have. **2.** (*de aspecto físico*): **es muy bien parecido** he is very good-looking.
II parecido *sm* resemblance, similarity: **hay un cierto parecido** *entre* **los dos** there's a certain resemblance between them; **tienen un parecido extraordinario** they are extraordinarily similar.

pared /pa'reð/ *sf* **1.** (*de una casa, una habitación*) wall: **lo colgó** *en* **la pared** she hung it on the wall; **se pasa el día encerrada entre cuatro paredes** she spends the whole day indoors ● **viven pared por medio** they live right next door to one another ● **hablar con él es como hablarle a la pared** talking to him is like talking to a brick wall ● **las paredes oyen** walls have ears ● **tu padre está que se sube por las paredes** your father is livid * furious. **2.** (*de una montaña*) face, side. **3.** (*Anat*) wall.

pared maestra *sf* load-bearing wall.

paredón /pare'ðon/ *sm* wall (*for executions*): **aquel mismo día lo llevaron al paredón** that same day he was put before the firing squad.

pareja /pa'rexa/ *sf* **1.** (*en una relación: dos personas*) couple: **hacen muy buena pareja** they make a very nice couple; (*: una persona*) partner: **vino a la fiesta con su pareja** she came to the party with her partner. **2.** (*de baile, juegos, etc.*) partner. **3.** (*hijo e hija*): **cuando la niña cumplió dos años, decidimos ir a por la pareja** when our daughter was two we decided to try for a boy. **4.** (*de policías, guardias civiles*) two-man patrol. **5.** (*de guantes, zapatos, etc.*) pair; (*integrante de un par*): **he perdido la pareja de este pendiente** I've lost the other one of this pair of earrings.

parejo, -ja /pa'rexo -xa/ *adj* **1.** (*igual*) equal, same: **los dos hermanos andan parejos** *en* **altura** the two brothers are the same height. **2.** (*Amér L: nivelado*) level, even.

parentela /paren'tela/ *sf* (*fam*) relations *pl*, family.

parentesco /paren'tesko/ *sm* relationship: **¿tiene usted algún parentesco** *con* **ella?** are you related to her?

paréntesis /pa'rentesis/ *sm inv* **1.** (*Ling*) bracket, parenthesis (*pl* parentheses): *entre* **paréntesis aparece el precio anterior** the previous price is given in brackets; **el paréntesis aclara lo expuesto en el párrafo** the bracketed material clarifies what appeared in the paragraph ● **...que, dicho entre paréntesis, es muy antipático...** ...who, incidentally, is very unpleasant.... **2.** (*pausa*) break: **hicimos un paréntesis para tomar café** we took a break for coffee.

pareo /pa'reo/ *sm* wrapover skirt (*for beach wear*).

parezco /pa'reθko/ *and other forms with* ***parezc-*** ➪ parecer

paria /'parja/ *sm/f* pariah.

parida /pa'riða/ *sf* (*fam*) nonsense: **¡deja de decir paridas!** stop talking rubbish!

paridad /pari'ðað/ *sf* parity.

parienta /pa'rjenta/ *sf* **1.** (*familiar*) (female) relative. **2.** (*fam: esposa*) wife.

pariente /pa'rjente/ *sm/f* relative: **somos parientes lejanos** we are distant relatives.

paripé /pari'pe/ *sm* ● **tuvimos que hacer el paripé de hablar con ellos un rato** we had to talk to them for a while to keep up appearances.

parir /pa'rir/ [➪ PARTIR] *vt* **1.** (*dar a luz*) to give birth to: **la gata parió tres gatitos** the cat gave birth to three kittens. **2.** (*fam: pensar en*): **¡que le echen la culpa al que parió esta idea!** I hope the person who came up with this idea gets the blame.
♦ *vi* **1.** (*dar a luz*) to give birth. **2.** (*fam: criticar*): **pone a parir a su hermano a la mínima oportunidad** he tears his brother to shreds whenever he can.

París /pa'ris/ *sm* Paris.

parisién /pari'sjen/, **parisiense** /pari'sjense/ *adj, sm/f* Parisian.

parisino, -na /pari'sino -na/ *adj, sm/f* Parisian.

paritario, -ria /pari'tarjo -rja/ *adj* (*frml*) equal.

parka /'parka/ *sf* parka.

parking /'parkin/ *sm* [**parkings**] (*GB*) car park, (*US*) parking lot.

parlamentar /parlamen'tar/ [➪ CANTAR] *vi* to hold talks: **parlamentó** *con* **el enemigo para negociar la rendición** he held talks with the enemy to agree a surrender.

parlamentario, -ria /parlamen'tarjo -rja/ **I** *adj* parliamentary: **se discutió en la sesión parlamentaria** it was discussed in the parliamentary session.
II *sm/f* (*GB*) member of Parliament. (*US*) (*hombre*) Congressman; (*mujer*) Congresswoman.

parlamento /parla'mento/ *sm* parliament.

Parlamento Europeo *sm* European Parliament.

parlanchín, -china /parlan'tʃin -'tʃina/ *adj (fam)* talkative: **es muy parlanchín** he's a great talker.

parlante /par'lante/ **I** *adj* talking: **le regalaron una muñeca parlante** she was given a talking doll.
II *sm (Amér L: de un sistema de megafonía)* loudspeaker: **lo anunciaron por los parlantes** it was announced over the loudspeakers; *(: de un equipo de música)* (loud)speaker.

parlotear /parlote'ar/ [➪ CANTAR] *vi (fam)* to chatter.

parné /par'ne/ *sm (!!)* cash, money.

paro /'paro/ *sm* **1.** *(desempleo)* unemployment: **el paro ha crecido en los últimos años** unemployment has grown over the last few years; **lleva un año** *en* **paro** he has been unemployed for a year. **2.** *(subsidio de desempleo)*: **está cobrando el paro** she's on unemployment *(GB)* benefit ✱ *(US)* compensation. **3.** *(huelga)* strike: **van a llevar a cabo un paro de cuarenta y ocho horas** they have declared a forty-eight hour strike.

paro cardiaco *sm* cardiac arrest, heart failure.

parodia /pa'roðja/ *sf (libro, música)* parody; *(película, obra de teatro, etc.)* spoof.

parodiar /paro'ðjar/ [➪ CAMBIAR] *vt* to parody.

paroxismo /parok'sizmo/ *sm* paroxysm.

parpadear /parpaðe'ar/ [➪ CANTAR] *vi* **1.** *(persona)* to blink. **2.** *(luz)* to flicker, to blink; *(estrella)* to twinkle.

parpadeo /parpa'ðeo/ *sm* **1.** *(de una persona)* blinking. **2.** *(de una luz)* flickering; *(de una estrella)* twinkling.

párpado /'parpaðo/ *sm* eyelid.

parque /'parke/ *sm* **1.** *(zona verde)* park. **2.** *(para niños)* playpen. **3.** *(Mil)* depot.

parque automovilístico *sm*: *total number of cars in a country or area.*

parque de atracciones *sm* amusement park.

parque de bomberos *sm* fire station.

parque móvil *sm* fleet *(of cars)*.

parque nacional *sm* national park.

parque natural *sm* nature reserve.

parque zoológico *sm* zoo.

parqué, parquet /par'ke(t)/ *sm* parquet.

parqueadero /parkea'ðero/ *sm (Amér L) (GB)* car park, *(US)* parking lot.

parquear /parke'ar/ [➪ CANTAR] *vt/i (Amér L)* to park.

parquedad /parke'ðað/ *sf* **1.** *(hablando)*: **se expresa siempre** *con* **mucha parquedad** he's a man of few words. **2.** *(haciendo otra cosa)* moderation: **gasta el dinero** *con* **parquedad** she spends her money sparingly.

parra /'parra/ *sf (Bot)* grapevine • **subirse a la parra**: **cuando se lo dije, se subió a la parra** when I told him he hit the roof; **ese niño se ha subido a la parra** this child thinks too much of himself.

parrafada /parra'faða/ *sf (fam)* **1.** *(explicación larga)* speech: **soltó una parrafada** *sobre* **la importancia de estudiar** he lectured us about the importance of studying. **2.** *(conversación)*: **tengo que echar una parrafada contigo** we must have a private chat.

párrafo /'parrafo/ *sm* paragraph.

parral /pa'rral/ *sm* trellis *(for vines)*.

parranda /pa'rranda/ *sf (fam)*: **nos fuimos** *de* **parranda** we went out on the town.

parricida /parri'θiða/ *sm/f* parricide.

parricidio /parri'θiðjo/ *sm* parricide.

parrilla /pa'rriʎa/ *sf* **1.** *(asador)* grill, *(US)* broiler: **comimos trucha** *a la* **parrilla** we had grilled trout. **2.** *(restaurante)* restaurant *(serving grilled meat)*. **3.** *(Amér L: portaequipajes)* roof rack.

parrilla de salida *sf (Auto)* starting grid.

parrillada /parri'ʎaða/ *sf* **1.** *(plato)* mixed grill *(of meat or fish)*. **2.** *(Amér L: fiesta)* barbecue. **3.** *(Arg, Urug: restaurante)* restaurant *(serving grilled food)*.

párroco /'parroko/ *sm* parish priest.

parroquia /pa'rrokja/ *sf* **1.** *(iglesia)* parish church; *(feligreses)* congregation. **2.** *(clientela)* customers *pl.*

parroquiano, -na /parro'kjano -na/ *sm/f* **1.** *(Relig)* parishioner. **2.** *(cliente habitual)* regular.

parsimonia /parsi'monja/ *sf* calm: **cruzó la calle** *con* **parsimonia** he crossed the street very calmly; **lo explicó** *con* **mucha parsimonia** she explained it very calmly.

parsimonioso, -sa /parsimo'njoso -sa/ *adj* calm, unhurried.

parte /'parte/ **I** *sf* **1.** *(de un todo: gen)* part: **el libro se divide en dos partes** the book is divided into two parts; **ésa es la parte más difícil** that's the most difficult part; **córtalo en dos partes iguales** cut it into two equal pieces; **faltó parte de la clase** some of the class were missing • **vamos por partes** let's take it step by step • **en parte estoy contenta** to a certain extent, I'm happy • **formaba parte de un grupo musical** he was a member of a band • **no tomó parte en el campeonato** she didn't take part in the championship; *(: en un reparto)* share: **le di su parte** I gave him his share • **se llevó la peor parte** she came off worst • **siempre se lleva la mejor parte** he always comes off best • **el que parte y reparte se lleva la mejor parte** the person who divides the spoils keeps the best for himself. **2.** *(lado)* side: **no se puso** *de* **parte** *de* **ninguno** she didn't take sides; **tengo sangre italiana** *por* **parte** *de* **padre** I have Italian blood in me from my father's side of the family; **puso todo** *de* **su parte para aprobar el examen** he did his best to pass the exam. **3.** *(Jur)* party: **las dos partes llegaron a un acuerdo** the two parties came to an agreement. **4.** *(lugar)*: **no voy** *a* **ninguna parte** I'm not going anywhere; **estará** *en* **alguna parte** it must be somewhere; **quiero irme** *a* **otra parte** I want to go somewhere else; **los sábados hay mucha gente** *en* **todas partes** on Saturdays there are lots of people everywhere; **los gritos no llevan** *a* **ninguna parte** shouting won't get us anywhere. **5.** *(al expresar un punto de vista)*: *por* **mi parte opino que es un error** as far as I'm concerned it's a mistake • **por otra parte, ¿por qué él no paga?** on the other hand, why doesn't he pay? **6.** *(en teatro)* part, role. **7.** *(al identificarse o identificar al que nos envía)*: **vengo** *de* **parte** *del* **señor Gómez** I have come on behalf of Mr Gómez; **"¿Está Luis?" "Sí, ¿de parte** *de* **quién?"** "Is Luis there?" "Yes. Who's calling please?" **8.** *(dirección)* way: **ve por esta parte** go this way.
II *sm* **1.** *(comunicado)* report: **según el último parte...** according to the last report.... **2.** *(fam: noticiario)* news bulletin.
III partes *sfpl (also* **partes pudendas***)* private parts *pl.*

parte de defunción *sm* death certificate.

parte de la oración *sf (Ling)* part of speech.

parte del león *sf (fig)* lion's share.

parte facultativo, parte médico *sm* medical bulletin.

parte meteorológico *sm* weather report.

partero, -ra /par'tero -ra/ *sm/f* midwife *(male or female)*.

parterre /par'terre/ *sm*: *section of garden with grassed area and flowers.*

partición /parti'θjon/ *sf* **1.** *(de una herencia)* division, sharing out. **2.** (*Pol*) partition: **la partición de Chipre** the partition of Cyprus.

participación /partiθipa'θjon/ *sf* **1.** (*intervención*) participation, involvement: **no pudo probarse su participación** *en* **el robo** it was not possible to prove his involvement in the robbery. **2.** (*Fin*) holding: **todos los hijos tienen una participación** *en* **el negocio** all the children have a holding in the business. **3.** (*de lotería*) part share of lottery ticket. **4.** (*notificación*) notification: **¿has enviado ya todas las participaciones?** have you notified everybody yet?

participación de boda *sf*: *notification of a forthcoming marriage.*

participación electoral *sf* turnout (*of voters*).

participante /partiθi'pante/ **I** *adj* participating.

II *sm/f* participant.

participar /partiθi'par/ [➪CANTAR] *vi* **1.** (*intervenir*) to take part, to participate: **participó** *en* **el concurso** she took part in the competition; **no participó** *en* **la preparación de la fiesta** he didn't participate in the preparations for the party. **2.** (*compartir*) to share: **participó** *en* **las ganancias de la venta** she shared (in) the profits from the sale; **mucha gente participa** *de* **esa opinión** many people share that point of view.

♦*vt* (*frml*: *comunicar*) to inform: **los señores Robles tienen el gusto de participarle el enlace de su hija Cecilia con...** Mr and Mrs Robles are pleased to inform you of the marriage of their daughter Cecilia to....

partícipe /par'tiθipe/ *sm/f* (*frml*) **1.** (*persona que participa*): **todos fueron partícipes** *del* **gran triunfo** they all contributed to the great success. **2.** (*persona que comparte*): **lo hizo partícipe** *de* **todos sus secretos** she shared all her secrets with him.

participio /parti'θipjo/ *sm* (*Ling*) participle.

participio pasado, **participio pasivo** *sm* past participle.

partícula /par'tikula/ *sf* particle.

particular /partiku'lar/ **I** *adj* **1.** (*concreto*) specific: **no quiero hablar de casos particulares** I don't want to talk about specific cases; **estaba pensando en ti** *en* **particular** I was thinking of you in particular. **2.** (*privado*) private: **tiene un profesor particular** she has a private tutor. **3.** (*raro*) peculiar: **tiene un acento muy particular** he has a very unusual accent ● **no tener nada de particular**: **en España cenar a las diez no tiene nada de particular** in Spain there is nothing unusual about having dinner at ten o'clock; **la casa no tiene nada de particular** there is nothing special about the house.

II *sm/f* (private) individual: **un particular no se lo podría permitir** a private individual would not be able to afford it.

III *sm* (*asunto*) matter, particular: **no dijo nada sobre el particular** he didn't say anything about the matter.

particularidad /partikulari'ðað/ *sf* **1.** (*peculiaridad*) distinguishing feature, peculiarity: **este modelo tiene la particularidad de tener cinco puertas** the distinguishing feature of this model is that it has five doors. **2.** (*pormenor*) particular: **mejor no entrar en particularidades** it's best not to go into details.

particularizar /partikulari'θar/ [➪cazar] *vt* (*distinguir*) to characterize.

♦*vi* **1.** (*individualizar*): **todos tenemos la culpa, así que no particularices** we're all to blame, so don't single anyone out. **2.** (*dar detalles*): **expuso el caso en líneas generales sin particularizar** he outlined the case without going into details.

particularizarse *v prnl* **1.** (*cosa*) to be characterized: **su obra se particulariza** *por* **sus colores vivos** his work is characterized ∗ distinguished by its bright colours. **2.** (*persona*) to be noted: **se particulariza** *por* **su buen humor** he is well known for his good humour.

partida /par'tiða/ *sf* **1.** (*marcha*) departure: **lloró en el momento de la partida** he cried when it was time to leave. **2.** (*remesa*) batch, consignment: **esa última partida de yogures estaba mala** that last batch of yoghurts was off; **hemos recibido una partida de naranjas** we have taken delivery of a consignment of oranges. **3.** (*Fin*) entry, item: **en la factura había una partida de gastos extraordinarios** there was an entry on the bill for additional expenses. **4.** (*certificado*) certificate. **5.** (*de ajedrez, cartas, etc.*) game: **vamos a echar ∗ jugar una partida** let's have a game. **6.** (*cuadrilla*) party, band: **una partida de cazadores** a hunting party.

partida de bautismo *sf* baptism certificate.

partida de defunción *sf* death certificate.

partida de nacimiento *sf* birth certificate.

partidario, -ria /parti'ðarjo -rja/ **I** *adj*: **es partidaria** *del* **divorcio** she is in favour of divorce; **no soy partidaria** *de* **que se privatice el servicio de correos** I am not in favour of privatizing the postal service.

II *sm/f* supporter, follower: **esa secta adquiere cada día más partidarios** that sect is attracting more and more followers; **los partidarios** *de* **la pena de muerte** those in favour of the death penalty.

partidismo /parti'ðizmo/ *sm* political bias: **el partidismo flagrante del alcalde le ganó mucha antipatía** the mayor's blatantly partisan attitude made him very unpopular; **el deseo de terminar esta guerra va más allá de los partidismos** the desire to end this war transcends party loyalties.

partidista /parti'ðista/ *adj* partisan, biased.

partido, -da /par'tiðo -ða/ **I** *adj* **1.** (*dividido*) divided: **la tarta estaba partida** *en* **trozos** the cake had been cut ∗ divided into pieces. **2.** (*roto*) split: **el mango del rastrillo está partido** the handle of the rake is split.

II partido *sm* **1.** (*Pol*) party. **2.** (*Dep*) match, game. **3.** (*fam*: *futuro cónyuge*): **es un buen partido, guapa y rica** she'll make a good wife, beautiful and rich. **4.** (*beneficio*): **saca el mejor partido que puedas** get as much out of it as you can. **5.** (*posición*): **tomaron partido** *por* **ella** they took her side ∗ took sides with her; **tienes que tomar partido** you've got to make up your mind either way.

partido amistoso *sm* friendly match.

partido bisagra *sm*: *party holding the balance of power.*

partido de desempate *sm* replay.

partido de la oposición *sm* opposition party.

partido judicial *sm* (*en España*) administrative area.

partido político *sm* political party.

partir /par'tir/ **I** [➪table: PARTIR *in appendix*] *vt* **1.** (*cortar, trocear*) to cut: **párteme una raja de melón** cut me a piece of melon; **parte el pan, por favor** will you cut the bread, please?; **partió la manzana** *por* **la mitad** she cut the apple in half; **lo partió** *por* **la mitad** he split it into two halves ● **su visita me partió por la mitad** his visit meant I got nothing done ● **me parte el corazón** it breaks my heart. **2.** (*romper*) to break: **¿tienes algo para partir las nueces?** do you have anything to crack the nuts with? **3.** (*repartir*) to distribute.

♦*vi* **1.** (*marcharse*) to leave: **partieron** *para* **Escocia**

al día siguiente they left for Scotland the following day. **2.** (*provenir*) to come from: **la idea partió** *de* **sus amigos** the idea came from his friends. **3.** (*dar por supuesto*): **parto** *de* **que ya lo sabes** I assume that you already know • **parto de la base de que es cierto** my starting point is that it is true.

II a partir de *prep* from: **a partir de aquí ya no hay obras** from here onwards there are no more roadworks; **a partir de ahora la situación será diferente** from now on the situation will be different.

partirse *v prnl* **1.** (*romperse*) to break up: **se partió al caerse** it broke up when it fell • **se me parte el corazón cuando la veo** ✱ **al verla llorar** it breaks my heart to see her crying. **2.** (*fam: reírse*) to crack up: **se parte** *con* **tus chistes** your jokes crack her up • **se partía de risa** he split his sides laughing.

partisano, -na /parti'sano -na/ *sm/f* (*Mil*) partisan.

partitura /parti'tura/ *sf* (*Mús*) score.

parto /'parto/ *sm* birth: **no tuvo problemas en el parto** the delivery was straightforward; **está** *de* **parto** she is in labour • **la culminación de esa novela fue como un parto** finishing this novel was a very difficult process.

parturienta /partu'rjenta/ *sf* (*de parto*) woman in labour; (*después del parto*) woman who has just given birth.

parvo, -va /'parβo -βa/ *adj* **1.** (*escaso*) paltry. **2.** (*menudo*) small.

parvulario /parβu'larjo/ *sm* nursery school.

párvulo, -la /'parβulo -la/ *sm/f* nursery school pupil.

pasa /'pasa/ *sf* raisin • **está hecha una pasa** she's very wrinkled.

pasa de Corinto *sf* currant.

pasable /pa'saβle/ *adj* passable: **está pasable, pero podrías hacerlo mucho mejor** it's passable, but you could do it much better.

pasacalle /pasa'kaʎe/ *sm*: *live band music.*

pasada /pa'saða/ **I** *sf* **1.** (*con un trapo, una fregona*) wipe: **le dio una pasada a los muebles antes de que llegaran los invitados** he gave the furniture a wipe before the guests arrived; **si tienes tiempo, dale una pasada al suelo** if you have the time give the floor a wipe. **2.** (*capa*) coat: **dale otra pasada de pintura a la puerta** give the door another coat of paint. **3.** (*Educ*) revision: **le dio otra pasada a la lección** he revised the lesson one more time. **4.** (*fam: cosa muy buena o exagerada*): **se ha comprado un coche que es una pasada de grande** he has bought a vast car. **5.** (*jugada*): **me jugaron una mala pasada** they played a dirty trick on me.

II de pasada *loc adv* in passing: **sólo lo mencionó de pasada** she only mentioned it in passing; **"¿Has visto lo que han puesto en el escaparate?" "Sí, pero sólo de pasada."** "Have you seen what they have put in the shop window?" "Yes, but just as I passed by."

pasadera /pasa'ðera/ *sf* stepping stone.

pasadizo /pasa'ðiθo/ *sm* passageway.

pasado, -da /pa'saðo -ða/ **I** *adj* **1.** (*gen*) past: **esto ocurría en épocas pasadas** it used to happen in the past • **para él cualquier tiempo pasado fue mejor** as far as he's concerned, everything was better in the past • **lo pasado, pasado está** what's done is done. **2.** (*último*) last: **el jueves pasado fui al cine** I went to the movies last Thursday. **3.** (*después de*) after: **pasados los exámenes se fue de viaje** after the exams he went on holiday; **pasado mañana voy a comer con ella** the day after tomorrow I'm having dinner with her. **4.** (*antiguo*) old-fashioned: **la decoración del restaurante está un poco pasada** the décor of the restaurant is a bit old-fashioned ✱ dated; **este vestido está muy pasado** this dress is very out of date. **5.** (*ajado*) faded: **su belleza está pasada** her beauty has faded. **6.** (*podrido*) off, bad: **nos vendió un melón pasado** he sold us a bad melon; **la leche está pasada** the milk has turned sour. **7.** (*Culin*) cooked: **le gusta la carne bien pasada** he likes his meat well done.

II pasado *sm* **1.** (*gen*) past. **2.** (*tiempo verbal*) past (tense).

pasador /pasa'ðor/ *sm* **1.** (*de pelo*) hair slide; (*de corbata*) tiepin; (*Perú: para zapatos*) shoelace, shoestring. **2.** (*cerrojo*) bolt.

pasaje /pa'saxe/ *sm* **1.** (*billete*) ticket: **sacó dos pasajes para Buenos Aires** he bought two tickets to Buenos Aires; **me pagó el pasaje** he paid my fare ✱ for my ticket. **2.** (*viajeros*) passengers *pl*: **el capitán y la tripulación desean al pasaje una feliz travesía** the captain and crew wish all passengers a pleasant crossing. **3.** (*callejón*) alleyway; (*comercial*) arcade of shops (*passing through a building and linking two streets*). **4.** (*Mús, Lit*) passage: **es un pasaje bien conocido de la Biblia** it's a well-known passage from the Bible.

pasajero, -ra /pasa'xero -ra/ **I** *adj* **1.** (*temporal*) passing: **es una moda pasajera** it's a passing fashion; **son caprichos pasajeros de adolescente** they are the passing whims of an adolescent; **sus entusiasmos son siempre pasajeros** her bursts of enthusiasm are always short-lived. **2.** (*migratorio*) of passage: **es un ave pasajera** it's a bird of passage.

II *sm/f* passenger: **los pasajeros en tránsito acudan por favor a información** would transit passengers please go to the information desk.

pasamano /pasa'mano/ *sm*, **pasamanos** /pasa'manos/ *sm inv* (*barra: gen*) handrail; (*: en una escalera*) banister.

pasamontañas /pasamon'taɲas/ *sm inv* balaclava.

pasante /pa'sante/ *sm/f* (*Jur*) articled clerk.

pasaporte /pasa'porte/ *sm* passport: **se sacó el pasaporte** he got a passport; **se renovó el pasaporte** she renewed her passport • **le han dado el pasaporte en el trabajo** he's been kicked out of his job • **le dio el pasaporte a su novio** she finished with her boyfriend • **le dieron el pasaporte** they did him in.

pasapurés /pasapu'res/ *sm inv*: *device for making purée.*

pasar /pa'sar/ [⇨ CANTAR] *vt* **1.** (*tiempo*) to spend: **pasé la tarde estudiando** I spent the afternoon studying; **pasó tres meses en Londres** she spent three months in London; **pasó el rato viendo la tele** he spent ✱ passed the time watching television; **fuimos a Richmond a pasar el día** we went to Richmond for the day • **pasarlo bien**: **lo pasamos bien** we had a good time; **¡pásatelo bien!** have a good time! • **pasarlo mal**: **lo pasó mal en Francia porque echó mucho de menos a su familia** he was miserable in France because he missed his family so much; **aquí lo pasamos muy mal durante la guerra** we had a very difficult time here during the war. **2.** (*padecer*): **de pequeño pasó mucha necesidad** as a child he suffered great hardship; **no había calefacción y pasamos mucho frío** there was no central heating and we were very cold; **durante la guerra pasamos mucha hambre** we often went hungry during the war. **3.** (*dar*) to pass: **pásame el salero, por favor** pass me the salt please; **cuando lo hayas leído, pásalo** when you've read it, hand it on to someone else. **4.** (*transferir*) to pass on:

les pasó el negocio a sus hijos he passed the business on to his children. **5.** (*comunicar*) to pass on: **le pasó el recado al jefe** he passed the message on to his boss. **6.** (*contagiar*) to give: **me has pasado la gripe** you've given me flu. **7.** (*llevar*) to take: **¿puedes pasar las sillas a la sala?** could you take the chairs into the living room? **8.** (*una página*) to turn. **9.** (*tragar*) to swallow: **no podía pasar las sardinas** he couldn't swallow the sardines. **10.** (*fam*: *soportar*): **a su marido no lo paso** I can't stand her husband. **11.** (*hacer contrabando de*) to smuggle: **pasaron droga** *por* **la frontera** they smuggled drugs over the border. **12.** (*aprobar*) to pass: **pasó el examen por poco** she just scraped through the exam. **13.** (*consentir*) to put up with, to tolerate: **ese profesor no pasa ni un solo error** that teacher won't put up with any mistakes • **esta vez lo pasaré por alto** I'll overlook it this time. **14.** (*diapositivas, una película*) to show: **están pasando "Casablanca"** they are showing "Casablanca" **15.** (*cruzar*) to cross: **una vez que pasaran la frontera, estarían fuera de peligro** once they were over the border, they would be safe. **16.** (*ir más allá de*) to go past: **pasa el hospital y tuerce a la derecha** go past the hospital and turn right; **creo que esa calle ya la hemos pasado** I think we've already passed that street; **eso ya pasa del límite** that's going too far. **17.** (*superar*): **ya ha pasado la adolescencia** she's no longer a teenager; **ya hemos pasado la etapa más difícil** we're over the most difficult part now; **la pasa** *en* **altura** he's taller than she is. **18.** (*Auto*: *adelantar*) to overtake, to pass: **nos pasó un coche a doscientos por hora** a car overtook us at two hundred kilometres per hour. **19.** (*por una superficie*): **pasó la mano** *por* **el terciopelo** he ran his hand over the velvet; **pasa el trapo** *por* **aquí** give this a wipe with the cloth; **quiero pasar la aspiradora** *por* **la sala** I want to vacuum the living room; **pasó la escoba** *por* **la cocina** he gave the kitchen a quick sweep; **pásale una plancha** *a* **esa camisa** run an iron over that shirt. **20.** (*Culin*): **pasar el puré de frutas** *por* **un tamiz** put the fruit purée through a sieve; **pase la mezcla** *por* **la batidora** put the mixture through the blender. **21.** (*transcribir*): **pasa el ejercicio** *al* **cuaderno** make a fair copy of the exercise in your note book; **pasó la carta** *a* **máquina** she typed out the letter.

♦*vi* **1.** (*suceder*) to happen: **¿qué pasa?** what's going on?; **¿qué pasó luego?** what happened then?; **¿qué te ha pasado?** what's happened to you?; **¿qué le pasa?** what's wrong * what's the matter with him?; **lo que pasa es que no quiere** the thing is, she doesn't want to; (*fam*) **hola, ¿qué pasa?** hi, how're things? • **pase lo que pase estaré allí** whatever happens, I'll be there. **2.** (*tiempo*) to go by, to pass: **pasaron dos años** two years went by * passed; **ya ha pasado más de una hora desde que se fue** it's over an hour ago that he left; **¡cómo pasa el tiempo!** doesn't time fly! **3.** (*terminar*): **ya ha pasado la tormenta** the storm is over; **creo que ya ha pasado lo peor** I think the worst is over. **4.** (*por un lugar: gen*): **a Cecilia la vi pasar hace un rato** I saw Cecilia go by a little while ago; **le gusta sentarse en el bar a ver pasar la gente** she likes sitting in the bar watching people go by; **¿qué autobuses pasan** *por* **aquí?** which buses go along here?; **hay que pasar** *por* **allí para ir al centro** you have to go that way to get to the centre; (*: a hacer una visita, una compra, etc.*): **luego pasaremos** *a* **verte** we'll call in and see you later; **pasó** *por* **casa de Luis** she called in at Luis' house; **¿puedes pasar** *por* **la farmacia y comprar unas aspirinas?** could you stop at the pharmacy and buy some aspirins?; **¿cuándo puede pasar** *a* **recogerlo?** when can you come in to pick it up? **5.** (*por una situación, una etapa*): **nosotros ya hemos pasado** *por* **eso** we've already been through that; **el país pasaba** *por* **una grave crisis económica** the country was going through a serious economic crisis. **6.** (*entrar*): **¡pase usted!** come in!; **pasa, no te quedes en la puerta** come in, don't stand on the doorstep; **los invitados pasaron** *al* **comedor** the guests went through to the dining room; **¿quieres pasar** *al* **baño?** would you like to wash your hands? **7.** (*caber*) to go * fit through: **el piano no va a pasar** *por* **la puerta** the piano won't go * fit through the door; **el coche no pasará** *por* **esa calle tan estrecha** the car won't get through that narrow street. **8.** (*ser aceptable*): **no es una maravilla, pero puede pasar** it isn't wonderful, but it will do • **por esta vez, pase** I'll let you off this time. **9.** (*arreglárselas*) to manage, to get by: **tendremos que pasar sin luz durante una semana** we'll have to manage without electricity for a week; **voy pasando con lo que tengo** I get by with what I have. **10.** (*circular*): **la lista de aprobados pasó** *de* **mano** *en* **mano** the list of successful candidates passed from person to person; **la noticia pasó** *de* **boca** *en* **boca** the news was passed on by word of mouth. **11.** (*Telec*): **¿me pasa** *con* **la extensión nueve?** can you put me through to extension nine?; **espera que te paso** *con* **Alicia** just a moment, I'll hand you over to Alicia. **12. pasar a** (*indicando cambio, progresión*): **el año que viene ya pasa a quinto** next year he's going into his fifth year of primary school; **luego pasamos a hablar del curso de inglés** we then went on to talk about the English course; **pasando a otro tema...** changing the subject...; **pasemos ahora a la página cien** let's turn now to page one hundred; (*ser transferido*): **el negocio pasó a su hija** the business passed down to his daughter; **el título pasa al hijo mayor** the title passes to the eldest son. **13. pasar de** (*exceder*): **pasa ya de los treinta** he is already over thirty; **sus deudas pasan de los dos millones** his debts exceed the two million mark; **fue un susto, pero gracias a Dios no pasó de eso** it was a fright but thank God, it was nothing worse than that; **la voy a llamar, de hoy no pasa** I will call her today without fail; (*indicando progresión*): **¿crees que vas a pasar de curso?** do you think you can avoid repeating the year? **14. pasar por** (*ser considerado*) to pass for: **Roy habla tan bien que podría pasar por español** Roy speaks (Spanish) so well he could pass for a Spaniard; **pasa por tonto, pero no lo es** he might seem a fool, but he's not; **se hizo pasar por un empleado de la compañía** he passed himself off as a company employee; (*implicar necesariamente*): **la recuperación del país pasa por la solución del problema de la deuda** the economic recovery of the country depends * hinges on solving the problem of foreign debt. **15.** (*Juegos*) to pass: **no tengo ni idea, paso** I have no idea, pass. **16.** (*fam*: *expresando: desinterés, indiferencia*): **¿sabes qué te digo? yo paso** you know what? I don't care; **paso** *del* **deporte** I am not into sport; **ésos pasan** *de* **todo** they couldn't care less about anything; **pasa olímpicamente** *del* **tema** he doesn't give a damn about it; (*: no participación*): **"Vamos al cine, ¿vienes?" "Esta noche paso."** "We're going to the cinema, are you coming?" "I'll give it a miss tonight."; **pasó** *de* **venir a la reunión** she gave the meeting a miss.

pasarse *v prnl* **1.** (*a otro bando, equipo*) to go over: **se**

pasó *al* **otro bando** he went over to the other side. **2.** (*tiempo*): **la semana se ha pasado volando** this week has flown; (*persona: la tarde, el día, la vida*) to spend: **me pasé la tarde leyendo** I spent the afternoon reading; **se pasa la vida quejándose** he spends his life complaining. **3.** (*terminarse, quitarse*): **se lo preguntaré cuando se le pase el malhumor** I'll ask him when he's got over his annoyance; **¿se te ha pasado el dolor de cabeza?** has your headache worn off? **4.** (*ir demasiado lejos*) to go too far: **creo que nos hemos pasado** I think we've gone too far; **nos hemos pasado** *de* **estación** we should have got out at the last station; (*excederse*): **creo que me he pasado** *con* **el aceite** I think I've overdone it with the oil; **oye, tampoco te pases** hey, steady on • **se pasa de bueno** he's too nice for his own good; (*Arg, Chi, Urug*: *fam, lucirse*): **¿sacaste sobresaliente en todo? ¡te pasaste!** you got top marks in everything? you did do well! **5.** (*ir*) to call in: **se pasó** *por* **mi casa** he called in at my house; **pásate luego** *a* **tomar un café** drop in for a cup of coffee. **6.** (*pudrirse*) to go off: **la carne se ha pasado** the meat has gone off; (*marchitarse*) to wither; (*cocerse demasiado*): **el arroz se me pasó (de punto)** I overcooked the rice. **7.** (*olvidarse*): **siempre se me pasa su cumpleaños** I always forget his birthday.

pasarela /pasaˈrela/ *sf* **1.** (*puente*) footbridge; (*Náut*) gangway. **2.** (*en un desfile de modelos*) catwalk.

pasatiempo /pasaˈtjempo/ **I** *sm* pastime, hobby.
II pasatiempos *sm pl* (*Medios*) *games and puzzles*.

Pascua, **pascua** /ˈpaskwa/ **I** *sf* (*fiesta cristiana*) Easter; (*fiesta judía*) Passover • **me hizo la pascua** he really messed things up for me.
II Pascuas, **pascuas** *sf pl* (*Relig*) Christmas: **¡felices Pascuas!** merry Christmas! • **me llama de Pascuas a Ramos** he calls me once in a blue moon • **está decidido y santas pascuas** it's been decided and that's that • **estaba como unas pascuas** he was as happy as can be.
Pascua de Pentecostés *sf* Whitsun.
Pascua de Resurrección *sf* Easter.

pase /ˈpase/ *sm* **1.** (*en fútbol, toros*) pass • **le dieron el pase** they sent him packing. **2.** (*de una película*) showing. **3.** (*autorización*) pass, permit.
pase de modelos *sm* fashion parade * show.
pase de pernocta *sm* (*Mil*) overnight pass.
pase de temporada *sm* season ticket.

pasear /paseˈar/ [➪ CANTAR] *vi* **1.** (*a pie*) to go for a walk: **fuimos a pasear** *por* **el centro** we went for a walk in the town centre; **estuvimos paseando un rato** *por* **los jardines** we walked * strolled round the gardens for a while; **como teníamos tiempo, fuimos paseando** as we had plenty of time, we walked. **2.** (*en coche*) to go for a drive; (*en bicicleta*) to go for a bike ride.
♦ *vt* to take for a walk: **voy a pasear al perro** I'm going to take the dog for a walk.
pasearse *v prnl* (*a pie*): **nos hemos estado paseando todo el día** we've been walking around all day; **deja de pasearte, que me mareas** stop pacing about, you're making me dizzy.

paseíllo /paseˈiʎo/ *sm* procession (*at beginning of bullfight*).

paseo /paˈseo/ *sm* **1.** (*actividad: a pie*) walk, stroll: **dimos un paseo** we went for a walk • **lo mandé a paseo** I told him to get lost • **¡vete a paseo!** get lost!; (*: en coche*) drive; (*: en bicicleta*) bicycle ride. **2.** (*recorrido*) walk: **se pueden hacer paseos muy bonitos** there are some very nice walks. **3.** (*en nombre de calles*) avenue. **4.** (*fam: cosa fácil*): **el examen fue un paseo** the exam was a piece of cake.
paseo marítimo *sm* promenade.

pasillo /paˈsiʎo/ *sm* corridor.
pasillo aéreo *sm* air corridor.

pasión /paˈsjon/ *sf* **1.** (*gen*) passion: **sienten verdadera pasión** *por* **su nieta** they're extremely fond of their granddaughter; **tiene pasión** *por* **los libros** he has a passion for books. **2. la Pasión** (*Relig*) the Passion.

pasionaria /pasjoˈnarja/ *sf* passionflower.

pasividad /pasiβiˈðað/ *sf* passiveness, passivity.

pasivo, **-va** /paˈsiβo -βa/ **I** *adj* **1.** (*persona, actitud*) passive: **es una persona muy pasiva** he's a very passive person. **2.** (*Ling*) passive.
II pasivo *sm* liabilities *pl*: **la empresa no puede hacer frente a su pasivo** the company is unable to meet its liabilities.
pasiva refleja *sf* (*Ling*) *passive voice using impersonal* **se**.

pasma /ˈpazma/ *sf* (*!!: policía*) cops *pl*.

pasmado, **-da** /pazˈmaðo -ða/ *adj* **1.** (*por una sorpresa*) stunned, dumbfounded: **me quedé pasmada cuando me lo dijeron** I was stunned * dumbfounded when I was told. **2.** (*por distracción*): **¡vamos pasa, no te quedes ahí pasmado!** come on in! don't just stand there!

pasmar /pazˈmar/ [➪ CANTAR] *vt* to amaze, to stun.
pasmarse *v prnl* to be amazed, to be stunned: **¡pásmate con lo que te voy a decir!** get ready to be amazed by what I'm about to tell you!

pasmarote /pazmaˈrote/ *sm/f* (*fam*) dope, twit.

pasmo /ˈpazmo/ *sm* **1.** (*Med*): **si te pones ahí te va a dar un pasmo** if you stand there you'll catch a cold. **2.** (*asombro*): **me dio un pasmo cuando me enteré de la noticia** I was stunned when I found out.

paso /ˈpaso/ **I** *sm* **1.** (*acción*) passing: **a mi paso por Barcelona compré esto** when I was in Barcelona, I bought this; **con el paso del tiempo el incidente se olvidó** as time passed the incident was forgotten; **estaba** *de* **paso y no pudimos vernos** he was just passing through and we couldn't meet • **si sales, compra leche de paso** if you go out, pick up some milk • **le han ofrecido un trabajo en Madrid que, dicho sea de paso, me ofrecieron a mí antes** he's been offered a job in Madrid which, incidentally, was offered to me previously • **varios periodistas le salieron al paso** several journalists went up to her • **el presidente salió al paso de las afirmaciones del ministro** the prime minister contradicted the minister's statement • **salimos del paso con velas** we made do with candles. **2.** (*de las aves*) migration. **3.** (*Auto*): **ceda el paso** (*GB*) give way, (*US*) yield. **4.** (*movimiento del pie*) step: **no des ni un paso más** stay right where you are • **está a dos pasos de mi casa** it's a stone's throw away from my house • **la policía le seguía los pasos** the police were trailing him • **lo haremos paso a paso** we'll do it step by step • **tuvimos dificultades a cada paso** we kept coming across difficulties • **progresa a pasos agigantados** she is getting better very quickly • **dio un paso en falso** he made a bad move • **es un gran paso adelante** it's a big step forward • **siguió los pasos de su padre** she followed in her father's footsteps • **se fueron marcando el paso** they left marching in step. **5.** (*de baile*) step: **estuvo ensayando ese paso de ballet toda la tarde** she was practising that ballet step all afternoon. **6.** (*gestión*) step: **di los pasos pertinentes**

para conseguirlo I took the necessary steps in order to obtain it. **7.** (*manera de andar*) walk: **afloja el paso que no puedo más** slow down, I can't keep up; **a ese paso no llegaremos nunca** at this rate we'll never get there • **siempre vas a paso de tortuga** you always walk at snail's pace. **8.** (*pisada*) footstep. **9.** (*camino*) way: **conocen un paso para atravesar la montaña** they know a path across the mountain; **se abrió paso como pudo** he forced his way through as best he could; **¡abran paso, por favor!** make way, please! • **se abrió paso en la vida sin ayuda de nadie** he got ahead in life without anyone's help. **10.** (*de un contador*) unit: **hay una llamada de cincuenta pasos en la cuenta** there's a fifty unit call on the bill. **11.** (*Relig*) *float used in Holy Week processions*.
II pasos *sm pl* (*en baloncesto*) travelling, steps *pl*.

paso a nivel *sm* (*GB*) level crossing, (*US*) grade crossing.
paso atrás *sm* step backwards.
paso de cebra *sm* (*GB*) zebra crossing, (*US*) crosswalk.
paso de montaña *sm* mountain pass.
paso de peatones *sm* (*GB*) pedestrian crossing, (*US*) crosswalk.
paso del ecuador *sm* (*Educ*) *celebration of completing half of university course*.
paso elevado *sm* (*GB*) flyover, (*US*) overpass.
paso subterráneo *sm* (*para peatones*) subway; (*para coches*) underpass.

pasodoble /paso'ðoβle/ *sm* paso doble.

pasota /pa'sota/ (*fam*) **I** *adj*: **son muy pasotas** they don't care about anything.
II *sm/f*: **es un pasota** he doesn't care about anything.

pasotismo /paso'tizmo/ *sm* (*fam*): **entre la juventud hay mucho pasotismo** the youth of today don't care about anything.

pasparse /pas'parse/ [➪ CANTAR] *v prnl* (*Arg, Urug*) to get chapped.

pasquín /pas'kin/ *sm* (*Pol*) *anonymous poster criticizing government, institutions, etc.*

pasta /'pasta/ *sf* **1.** (*mezcla*) paste • **es de buena pasta** he is very good-natured. **2.** (*para preparar pasteles*) mixture; (*para empanadas, bases de tartas*) pastry. **3.** (*espaguetis, macarrones, etc.*) pasta. **4.** (*also* **pasta de té**) (*galleta*) (*GB*) biscuit, (*US*) cookie. **5.** (*cruasán, bollo, etc.*) pastry. **6.** (*de un libro*): **está encuadernado en pasta dura/blanda** it is a hardback/paperback. **7.** (*fam*: *dinero*) cash, dough: **¡suelta la pasta!** pay up!
pasta de dientes, **pasta dentífrica** *sf* toothpaste.
pasta gansa *sf* (*fam*) fortune: **me costó una pasta gansa** it cost me a fortune.

pastar /pas'tar/ [➪ CANTAR] *vi* to graze.

pastel /pas'tel/ **I** *sm* **1.** (*Culin*) cake. **2.** (*Artes*) pastel: **lo pintó *al* pastel** he did the drawing in pastels. **3.** (*fam*: *maquinación*) crooked deal • **¡vámonos antes de que se descubra el pastel!** let's go before we get found out!
II *adj inv* pastel: **el cuarto de baño está decorado en tonos pastel** the bathroom is decorated in pastel colours.
pastel de carne *sm* meat pie.
pastel de verdura *sm* vegetable pie.

pastelería /pastele'ria/ *sf* **1.** (*tienda*) cake shop. **2.** (*técnica*) baking, pastry-making. **3.** (*dulces*) cakes *pl*, pastries *pl*.

pastelero, -ra /paste'lero -ra/ *sm/f* (*en una pastelería*) baker (*specializing in pastries*): **la pastelera me dijo que…** the woman at the baker's told me that…; (*en un hotel*) pastry chef.

pasteurización /pasteuriθa'θjon/ *sf* pasteurization.

pasteurizar /pasteuri'θar/ [➪ cazar] *vt* to pasteurize.

pastiche /pas'titʃe/ *sm* **1.** (*Artes*) pastiche. **2.** (*fam*: *mezcla*) mishmash.

pastilla /pas'tiʎa/ *sf* **1.** (*Med*) tablet, pill: **¿todavía estás tomando esas pastillas?** are you still taking those tablets? **2.** (*de jabón*) bar. **3.** (*caramelo*) (*GB*) sweet, (*US*) candy; (*de chocolate*) piece. **4.** (*fam*: *para expresar mucha rapidez*): •**se fue a toda pastilla** he went off at full pelt.

pastizal /pasti'θal/ *sm* pasture land.

pasto /'pasto/ *sm* **1.** (*hierba*) grass, pasture: **con tanta lluvia el pasto está creciendo mucho** with all the rain the grass is growing well; (*terreno*) pasture land: **a la salida del pueblo hay algunos pastos** there is some pasture land on the outskirts of the town • **tenía dinero a todo pasto** he had masses of money. **2.** (*Amér L*: *hierba, césped*) lawn, grass. **3.** (*alimento*) feed.

pastón /pas'ton/ *sm* (*fam*) fortune.

pastor, -tora /pas'tor -'tora/ *sm/f* **1.** (*de animales*: *hombre*) shepherd; (: *mujer*) shepherdess. **2.** (*Relig*) minister.
pastor alemán *sm* Alsatian, German shepherd.

pastoral /pasto'ral/ **I** *adj* pastoral.
II *sf* (*Relig*) pastoral (letter).

pastoreo /pasto'reo/ *sm* pasture: **a la salida del pueblo hay unas tierras de pastoreo** on the outskirts of the town there is some pasture land.

pastoril /pasto'ril/ *adj* pastoral.

pastoso, -sa /pas'toso -sa/ *adj* **1.** (*sustancia*) doughy: **la papilla está muy pastosa** the baby food is very doughy. **2.** (*lengua*) furry: **notó la boca pastosa al levantarse** when he got up his mouth felt furry. **3.** (*voz*) smooth.

pata /'pata/ *sf* **1.** (*de un animal*) leg. **2.** (*fam*: *de una persona*) leg • **tendremos que ir a pata** we'll have to go on foot • **fue a la pata coja** he hopped there • **salió por patas** he ran off as fast as he could • **lo encontré a cuatro patas** I found him on all fours • **estiró la pata** he kicked the bucket • **metí la pata** I put my foot in it, I made a blunder. **3.** (*de mueble*) leg • **está todo patas arriba** everything's upside down. **4.** (*Zool*) (female) duck. **5.** (*suerte*): **tuvimos buena/mala pata** we were lucky/unlucky.
pata de gallo *sf* (*en tela*) *small check pattern*.
patas de gallo *sf pl* (*Anat*) crow's-feet *pl*.

patada /pa'taða/ **I** *sf* **1.** (*puntapié*) kick: **me dio una patada** she kicked me • **tengo que estar a bien con él, aunque me dé cien patadas** I have to keep in with him, even though I hate doing it • **el comentario de su jefe le sentó como una patada** he was very offended by his boss's comment. **2.** (*en el suelo*) stamp.
II a patadas *loc adv* **1.** (*a golpes*): **me echaron a patadas** they kicked me out. **2.** (*muy mal*): **me trataron a patadas** they treated me dreadfully. **3.** (*en cantidad*): **hay comida a patadas** there is lots of food.

patalear /patale'ar/ [➪ CANTAR] *vi* **1.** (*bebé*) to kick. **2.** (*en el suelo*) to stamp: **se puso a gritar y a patalear** he started shouting and stamping his feet. **3.** (*fam*: *protestar*) to kick and scream: **puedes patalear si quieres, pero mi respuesta es no** you can kick and scream as much as you like, but my answer is no.

pataleo /pata'leo/ *sm* **1.** (*de un bebé*) kicking. **2.** (*en el suelo*) stamping. **3.** (*fam*: *protesta*) protest • **todo el mundo tiene derecho al pataleo** everyone has the right to complain.

pataleta /pata'leta/ *sf* (*fam*) (temper) tantrum.

patán /pa'tan/ *sm* 1. (*de pueblo*) oaf. 2. (*fam: ignorante*) boor.

patata /pa'tata/ *sf* 1. (*Culin*) potato. 2. (*fam: basura*) (*GB*) rubbish, (*US*) trash: **esa novela es una patata** that novel is rubbish.

patatas bravas *sfpl: potatoes in spicy sauce.*

patatas fritas *sfpl* (*calientes*) French fries *pl*, (*GB*) chips *pl*; (*de bolsa*) (*GB*) crisps *pl*, (*US*) chips *pl*.

patatín /pata'tin/ *adv* • **y siguió que si patatín que si patatán...** and he went on about this, that and the other.

patatús /pata'tus/ *sm inv* (*fam*) fainting fit: **le dio un patatús** he passed out; **cuando me lo dijeron, casi me da un patatús** when they told me, I nearly fainted.

paté /pa'te/ *sm* pâté.

patear /pate'ar/ [⇨CANTAR] *vt* 1. (*una pelota, a una persona*) to kick. 2. (*fam: recorrer*) to walk around: **para conocer bien una ciudad hay que patearla** to get to know a city well you have to go around it on foot. ♦ *vi* (*en el suelo*) to stamp.

patearse *v prnl* (*fam*) 1. (*un lugar*) to walk around. 2. (*el dinero*) to squander: **se pateó todo el dinero que le dieron en una tarde** he squandered all the money he was given in one afternoon.

patena /pa'tena/ *sf* paten • **lo dejó limpio como una patena** he left it spotlessly clean.

patentar /paten'tar/ [⇨CANTAR] *vt* to patent.

patente /pa'tente/ **I** *adj* obvious, clear: **era patente que estaba mintiendo** it was patently clear that he was lying; **su pena era patente** her grief was clear for all to see.

II *sf* 1. (*Fin*) patent. 2. (*Arg, Chi, Urug: Auto*) road tax.

patente de corso *sf* free rein.

pateo /pa'teo/ *sm* (*fam*) foot-stamping: **¡menudo pateo organizó el público!** the audience stamped their feet in protest!

paternal /pater'nal/ *adj* (*actitud*) paternal.

paternalismo /paterna'lizmo/ *sm* paternalism.

paternalista /paterna'lista/ *adj* paternalistic.

paternidad /paterni'ðað/ *sf* paternity, fatherhood.

paterno, -na /pa'terno -na/ *adj* paternal: **mi abuela paterna** my grandmother on my father's side.

patético, -ca /pa'tetiko -ka/ *adj* 1. (*conmovedor*) moving. 2. (*lamentable*) pathetic.

patetismo /pate'tizmo/ *sm* pathos, poignancy.

patibulario, -ria /patiβu'larjo -rja/ *adj* sinister, frightening.

patíbulo /pa'tiβulo/ *sm* 1. (*estructura*) scaffold. 2. (*horca*) gallows *pl*: **fue condenado al patíbulo** he was condemned to be hanged.

patidifuso, -sa /patiði'fuso -sa/ *adj* (*fam*) stunned: **se quedó patidifusa al verlo** she was stunned when she saw him.

patilla /pa'tiʎa/ *sf* 1. (*de pelo*) (*GB*) sideboard, (*US*) sideburn. 2. (*de unas gafas*) arm.

patín /pa'tin/ *sm* 1. (*gen*) skate; (*de hielo*) ice skate; (*de ruedas*) roller skate. 2. (*Náut*) pedalo.

pátina /' patina/ *sf* patina.

patinador, -dora /patina'ðor -'ðora/ *sm/f* skater.

patinaje /pati'naxe/ *sm* (*Dep*) skating.

patinaje artístico *sm* figure skating.

patinaje sobre hielo *sm* ice-skating.

patinaje sobre ruedas *sm* roller-skating.

patinar /pati'nar/ [⇨CANTAR] *vi* 1. (*con patines: gen*) to skate; (*: sobre hielo*) to ice-skate; (*: sobre ruedas*) to roller-skate. 2. (*deslizarse*) to slide; (*resbalar*) to slip; (*derrapar*) to skid: **el coche patinó** *en* **una curva** the car skidded on a bend. 3. (*fam: equivocarse*) to make a mistake, to slip up: **patinó** *en* **la cuarta pregunta** he slipped up on question four.

patinazo /pati'naθo/ *sm* 1. (*derrape*) skid: **el coche pegó un patinazo** the car skidded. 2. (*fam: error*) mistake: **menudo patinazo preguntarle por su novio** I put my foot in it asking her about her boyfriend.

patinete /pati'nete/ *sm* (child's) scooter.

patio /'patjo/ *sm* 1. (*en casas*) courtyard • **¡cómo anda el patio!** what a carry-on! 2. (*en un colegio: lugar*) playground; (*: recreo*): **es la hora del patio** it's break now. 3. (*also* **patio de butacas**) (*en un cine, un teatro*) (*GB*) stalls *pl*, (*US*) orchestra.

patio de armas *sm* parade ground.

patitieso, -sa /pati'tjeso -sa/ *adj* (*fam*) 1. (*muy asombrado*) stunned: **me quedé patitiesa** I was stunned. 2. (*tieso*): **vámonos dentro o nos vamos a quedar patitiesos** let's go in or we'll freeze; **camina muy patitieso** he walks with his nose in the air.

patizambo, -ba /pati'θambo -ba/ *adj* (*con las rodillas hacia dentro*) knock-kneed; (*con las rodillas hacia fuera*) bandy-legged.

pato /'pato/ *sm* 1. (*gen*) duck; (*macho*) drake • **siempre soy yo la que paga el pato** it's always me who takes the blame. 2. (*fam: torpe*) clumsy person: **Ana es un pato** *para* **la gimnasia** Ana is hopeless at gymnastics.

pato real *sm* mallard.

patochada /pato'tʃaða/ *sf* mistake, gaffe.

patógeno, -na /pa'toxeno -na/ *adj* pathogenic.

patología /patolo'xia/ *sf* pathology.

patológico, -ca /pato'loxiko -ka/ *adj* pathological.

patólogo, -ga /pa'toloγo -γa/ *sm/f* pathologist.

patoso, -sa /pa'toso -sa/ *adj* clumsy.

patraña /pa'traɲa/ *sf* lie, story: **eso no son más que patrañas** that's just a pack of lies.

patria /'patrja/ *sf* homeland, fatherland: **la madre patria** the mother country.

patria chica *sf: area of origin* (*to which one feels bonds of loyalty*).

patria potestad *sf* parental authority.

patriarca /pa'trjarka/ *sm* patriarch.

patriarcado /patrjar'kaðo/ *sm* patriarchy.

patrimonial /patrimo'njal/ *adj: related to (personal) assets.*

patrimonio /patri'monjo/ *sm* personal assets *pl*.

patrimonio artístico *sm* artistic heritage.

patrimonio cultural *sm* cultural heritage.

patrimonio nacional *sm* wealth of the nation.

patriota /pa'trjota/ **I** *adj* (*persona*) patriotic.

II *sm/f* patriot.

patriotería /patrjote'ria/ *sf* chauvinism.

patriotero, -ra /patrjo'tero -ra/ **I** *adj* chauvinistic.

II *sm/f* chauvinist.

patriótico, -ca /pa'trjotiko -ka/ *adj* patriotic.

patriotismo /patrjo'tizmo/ *sm* patriotism.

patrocinador, -dora /patroθina'ðor -'ðora/ **I** *adj* sponsoring: **es una de las empresas patrocinadoras del campeonato** it's one of the companies sponsoring the championship.

II *sm/f* sponsor.

patrocinar /patroθi'nar/ [⇨CANTAR] *vt* to sponsor.

patrocinio /patro'θinjo/ *sm* sponsorship: **la exposición contó con el patrocinio del banco** the exhibition was sponsored by the bank.

patrón, -trona /pa'tron -'trona/ **I** *sm/f* 1. (*Relig*) patron saint. 2. (*casero*) landlord; (*casera*) landlady. 3. (*em-

presario) employer. **4.** (*jefe*) boss. **5.** (*Náut*) skipper • **donde hay patrón no manda marinero** it's the boss who gives the orders.

II **patrón** *sm* **1.** (*plantilla*) pattern • **están cortados por el mismo patrón** they're two of a kind. **2.** (*Fin*) standard.

patrón oro *sm* gold standard.

patronal /patro'nal/ I *adj* **1.** (*Fin*): **la decisión patronal fue irrevocable** the employers' decision was irrevocable. **2.** (*Relig*) patronal: **hoy es la fiesta patronal de los carpinteros** today the carpenters celebrate their patron saint's day.

II *sf* **1.** (*empresarios*) employers: **la patronal y los sindicatos están negociando un acuerdo** the employers and the unions are negotiating a deal. **2.** (*directivos*) management.

patronato /patro'nato/ *sm* **1.** (*fundación*) foundation. **2.** (*consejo*) board of management.

patrono, **-na** /pa'trono -na/ *sm/f* (*Artes*) patron.

patrulla /pa'truʎa/ *sf* patrol.

patrulla de rescate *sf* rescue party.

patrullar /patru'ʎar/ [⇨ CANTAR] *vt/i* to patrol: **varios coches de policía patrullan la zona** several police cars are patrolling the area.

patrullera /patru'ʎera/ *sf* patrol boat.

patrullero, **-ra** /patru'ʎero -ra/ I *adj* (*barco, avión*) patrol.

II **patrullero** *sm* **1.** (*barco*) patrol boat; (*avión*) patrol plane. **2.** (*Amér L: auto de policía*) patrol * squad car; (*: policía*) policeman.

patuco /pa'tuko/ *sm* (*de bebé*) bootee.

paulatinamente /paulatina'mente/ *adv* gradually.

paulatino, **-na** /paula'tino -na/ *adj* gradual: **se recuperó de forma paulatina** he gradually got better.

paupérrimo, **-ma** /pau'perrimo -ma/ *adj* (*frml*) very poor.

pausa /'pausa/ *sf* **1.** (*breve interrupción*) pause; (*descanso*) break: **normalmente hacemos una pausa a las once** we usually have a break at eleven. **2.** (*lentitud*): **habla** *con* **pausa** he has an unhurried way of speaking. **3.** (*en un vídeo, un cassette*): **dale a la pausa** press the pause button.

pausado, **-da** /pau'saðo -ða/ *adj* unhurried.

pauta /'pauta/ *sf* **1.** (*norma*) guideline: **marcó las pautas que debíamos seguir** he set out the guidelines we had to follow; **les sirve de pauta de conducta** it's a guide for the way they should behave. **2.** (*rayas*) lines *pl*.

pautado, **-da** /pau'taðo -ða/ *adj* (*rayado*) lined.

pava /'paβa/ I *sf* **1.** (*animal*) (female) turkey • **se pasaron la tarde pelando la pava** (*novios*) they spent the afternoon whispering sweet nothings to one another; (*amigos*) they spent the afternoon chatting. **2.** (*fam: persona*) silly person. **3.** (*Arg: Culin, para hervir agua*) kettle.

II *adj* (*fam*) silly.

pavesa /pa'βesa/ *sf* (*frml*) spark.

pavimentar /paβimen'tar/ [⇨ CANTAR] *vt* (*con adoquines*) to pave; (*con asfalto*) to surface.

pavimento /paβi'mento/ *sm* (*de adoquines*) paving; (*de asfalto*) road surface.

pavisoso, **-sa** /paβi'soso -sa/ *adj* (*fam*) silly.

pavo /'paβo/ I *sm* **1.** (*animal*) turkey • **se le sube el pavo por cualquier cosa** he gets embarrassed at the slightest thing. **2.** (*fam: persona*) silly person.

II *adj* (*fam*) silly.

pavo real *sm* peacock.

pavón /pa'βon/ *sm* (*mariposa*) peacock butterfly.

pavonearse /paβone'arse/ [⇨ CANTAR] *v prnl* **1.** (*referido a la forma de moverse*) to strut: **iba pavoneándose** *del* **brazo de su última conquista** he was strutting about with his latest conquest on his arm; **entró pavoneándose** *con* **su vestido nuevo** she flounced in wearing her new dress. **2.** (*jactarse*): **va por ahí pavoneándose** *de* **que le dieron el papel principal** he's going around boasting about being offered the leading role.

pavor /pa'βor/ *sm* dread, terror.

pavoroso, **-sa** /paβo'roso -sa/ *adj* terrifying, petrifying.

pay /pai/ *sm* (*Amér C, Méx*) ⇨ pai

payasada /paja'saða/ *sf*: **¡deja de hacer payasadas!** stop fooling around!; **nos entretuvo con sus payasadas toda la tarde** her antics kept us amused all afternoon.

payaso, **-sa** /pa'jaso -sa/ I *sm/f* **1.** (*de circo*) clown. **2.** (*persona divertida*): **es un payaso** he's a real comedian; **se puso a hacer el payaso** he started clowning around; (*persona poco formal*) clown: **ese payaso se ha saltado un semáforo en rojo** that idiot just went through a red light.

II *adj* comical: **es muy payaso** he's a real comedian.

payés, **-yesa** /pa'jes -'jesa/ *sm/f*: *farmer in Catalonia or the Balearic Islands.*

payo, **-ya** /'pajo -ja/ *sm/f*: *name given by gypsies to non-gypsies.*

paz /paθ/ *sf* [**paces**] **1.** (*gen*) peace: **el tratado de paz se firmó en Madrid** the peace treaty was signed in Madrid • **deberías hacer las paces con tu hermano** you should go and make it up with your brother • **mi abuelo, que en paz descanse, luchó en la guerra** my grandfather, God rest his soul, fought in the war • **¡déjame en paz!** leave me alone! • **bueno, pues se hace así y aquí paz y después gloria** well, let's do it that way and there's an end to it • **ahora estamos en paz** now we're quits • **te devuelvo las mil pesetas que me dejaste y quedamos en paz** here's the thousand pesetas that you lent me, so now we're even. **2.** (*tranquilidad*) peace: **se fueron a vivir al campo buscando un poco de paz** they went to live in the country in the hope of finding some peace and quiet. **3.** (*acuerdo*) peace treaty: **los contendientes firmaron la paz** the warring factions signed a peace agreement.

pazguato, **-ta** /paθ'ɣwato -ta/ I *adj* simple.

II *sm/f* simpleton.

pazo /'paθo/ *sm*: *stately home in Galicia.*

PC /pe'θe/ *sm* (*abreviatura inglesa de* **ordenador** *o* **computadora personal**) PC (Personal Computer).

PCE /peθe'e/ *sm* (*abbreviation of* **Partido Comunista de España**) Spanish Communist Party.

P.D. *pronounced* /pos'ðata/ (*abbreviation of* **posdata**) PS (postscript).

pe /pe/ *sf*: *name of the letter P* • **se leyó la novela de pe a pa** she read the novel from cover to cover.

peaje /pe'axe/ *sm* **1.** (*importe*) toll. **2.** (*lugar*) tollgate: **hay retenciones en el peaje de Molins de Rei** there are queues of traffic at the Molins de Rei tollgate.

peana /pe'ana/ *sf* pedestal.

peatón, **-tona** /pea'ton -'tona/ *sm/f* pedestrian.

peatonal /peato'nal/ *adj* pedestrian: **desde hace varios años ésta es una calle peatonal** this street has been pedestrianized for several years.

peca /'peka/ *sf* freckle.

pecado /pe'kaðo/ *sm* sin: **es un pecado gastarse tanto dinero en un bolso** it's a sin to spend so much money on a handbag • **esos hijos de mis pecados me han dado muchos disgustos** those wretched children of mine have caused me a lot of heartache.
pecado capital, pecado mortal *sm* mortal sin.
pecado original *sm* original sin.
pecado venial *sm* venial sin.

pecador, -dora /peka'ðor -'ðora/ **I** *adj* sinful. **II** *sm/f* sinner.

pecaminoso, -sa /pekami'noso -sa/ *adj* sinful.

pecar /pe'kar/ [➪ sacar] *vi* **1.** (*Relig*) to sin. **2.** (*pasarse*): **pecó** *de* **ingenua** she was very naive • **mejor pecar por exceso que por defecto** it's better to have/to do too much than too little.

pecera /pe'θera/ *sf* goldfish bowl.

pechar /pe'tʃar/ [➪ CANTAR] *vi*: **ahora tienes que pechar** *con* **las consecuencias** now you must face the consequences.

pechera /pe'tʃera/ *sf* (*de una camisa, un vestido*) front.

pecho /'petʃo/ *sm* **1.** (*tórax*) chest: **este clima es bueno para los enfermos de pecho** this climate is good for those suffering from chest complaints • **se metió tres pasteles entre pecho y espalda** she put away three cakes. **2.** (*seno*) breast: **los dos primeros meses le dio el pecho a su hijo** she breast-fed her baby for the first two months. **3.** (*interior de una persona*) heart • **no te tomes a pecho lo que dice** don't take his words to heart • **se toma muy a pecho su trabajo** she takes her work very seriously • **se mostró a pecho descubierto** he was completely open ✻ honest • **a lo hecho, pecho** it's no use crying over spilt milk.

pechuga /pe'tʃuɣa/ *sf* (*de ave*) breast: **de segundo, pechuga de pollo, por favor** to follow, I'd like the breast of chicken, please.

pécora /'pekora/ *sf* (*!!*): **¡no te fíes de ella que es una mala pécora!** don't trust her; she's a real viper!

pecoso, -sa /pe'koso -sa/ *adj* freckled, freckly.

pectoral /pekto'ral/ **I** *adj* **1.** (*músculo*) pectoral. **2.** (*medicamento*) cough: **prueba este jarabe pectoral** try this cough mixture.
II *sm* **1.** (*músculo*) pectoral. **2.** (*medicamento*) cough medicine.

peculiar /peku'ljar/ *adj* distinctive, characteristic: **tiene una forma de reírse muy peculiar** she has a very distinctive laugh.

peculiaridad /pekuljari'ðað/ *sf* characteristic.

pedagogía /peðaɣo'xia/ *sf* teaching, pedagogy.

pedagógico, -ca /peða'ɣoxiko -ka/ *adj* teaching, pedagogical.

pedagogo, -ga /peða'ɣoɣo -ɣa/ *sm/f* educationalist.

pedal /pe'ðal/ *sm* **1.** (*de un coche, una bicicleta, un piano, etc.*) pedal. **2.** (*fam*: *borrachera*): **¡menudo pedal agarró!** he got completely plastered! he got very drunk!

pedalada /peða'laða/ *sf*: **dio unas cuantas pedaladas y ya estaba cansada** she was tired out after pedalling for a short way.

pedalear /peðale'ar/ [➪ CANTAR] *vi* to pedal.

pedaleo /peða'leo/ *sm* pedalling.

pedante /pe'ðante/ **I** *adj* pedantic: **fue un discurso muy pedante** it was a very pedantic speech.
II *sm/f* pedant.

pedantería /peðante'ria/ *sf* pedantry.

pedazo /pe'ðaθo/ *sm* **1.** (*gen*) piece • **el jarrón se cayó y se hizo pedazos** the vase fell over and smashed • **es un armario tan viejo que se cae a pedazos** the wardrobe is so old that it's falling to pieces ✻ bits • **cuando acabó, estaba hecho pedazos** when he finished, he was worn out. **2.** (*referido a una persona*): **¡ese hombre es un pedazo de pan!** he's such a nice person.

pedernal /peðer'nal/ *sm* flint.

pedestal /peðes'tal/ *sm* pedestal • **tiene a su madre en un pedestal** he idolizes his mother.

pedestre /pe'ðestre/ *adj* (*ordinario*) ordinary, pedestrian: **tiene una forma de escribir muy pedestre** her style of writing is very pedestrian.

pediatra /pe'ðjatra/ *sm/f* (*GB*) paediatrician, (*US*) pediatrician.

pediatría /peðja'tria/ *sf* (*GB*) paediatrics, (*US*) pediatrics [llevan el verbo en singular].

pedicurista /peðiku'rista/ *sm/f* (*Méx*) ➪ pedicuro

pedicuro, -ra /peði'kuro -ra/ *sm/f* (*GB*) chiropodist, (*US*) podiatrist.

pedida /pe'ðiða/ *sf* engagement party.

pedido, -da /pe'ðiðo -ða/ **I** *adj* (*mercancía*) ordered: **ya está pedido: llegará la semana que viene** it's on order: it will arrive next week; (*ayuda, favor*) requested.
II pedido *sm* order: **¿has hecho ya el pedido?** have you placed the order yet?

pedigrí /peði'ɣri/ *sm* [**pedigríes** ✻ **pedigrís**] (*Zool*) pedigree.

pedigüeño, -ña /peði'ɣweɲo -ɲa/ **I** *adj*: **es muy pedigüeña** she's always asking for things.
II *sm/f* **1.** (*pidón*): **son unos pedigüeños** they're always asking for things. **2.** (*mendigo*) beggar.

pedir /pe'ðir/ [➪ table: pedir] *vt* **1.** (*que se haga o se diga algo*) to ask: **me pidió un favor** he asked me a favour; **me pidió que te lo dijera** she asked me to tell you; **sólo pido que no llueva mañana** all I ask is that it doesn't rain tomorrow. **2.** (*algo*) to ask for: **pidió la llave** she asked for the key; **ha pedido un reloj para su cumpleaños** he has asked for a watch for his birthday; **a la primera oportunidad, pidieron la independencia** at the first opportunity they asked for independence; **le pedí su opinión** I asked for his opinion; **pidió permiso para hablar** she asked (for) ✻ requested permission to speak • **fue a pedir la mano de su novia** he went to ask for his girlfriend's hand in marriage. **3.** (*bebida, comida, etc.*) to order: **pidió café para todos** he ordered coffee for everyone. **4.** (*al referirse al precio de algo*) to ask: **piden un dineral** *por* **la casa** they are asking a fortune for the house; **¿cuánto pide usted** *por* **ese coche?** how much are you asking for that car?; **¿cuánto te pidieron?** how much did they ask you for it? **5.** (*necesitar*) to require, to need: **esta planta pide mucha agua** this plant needs a lot of water.
♦ *vi* to beg: **no tiene más remedio que pedir** all he can do is beg.

pedo /'peðo/ *sm* **1.** (*fam*: *ventosidad*) fart: **se tiró un pedo** he farted. **2.** (*fam*: *borrachera*): **tenía ✻ llevaba un pedo impresionante** she was incredibly drunk.

pedorreta /peðo'rreta/ *sf* (*fam*) raspberry (*disapproving sound*).

pedrada /pe'ðraða/ *sf*: **nos recibieron a pedradas** we were met with a hail of stones; **le dieron una pedrada en la cabeza** she was hit on the head by a stone.

pedrea /pe'ðrea/ *sf* small win (*in national lottery*).

pedregal /peðre'ɣal/ *sm* stony ground.

pedregoso, -sa /peðre'ɣoso -sa/ *adj* stony.

pedrería /peðre'ria/ *sf* precious stones *pl*: **llevaba un**

pedir

INDICATIVE

Present	Preterite
pido	pedí
pides	pediste
pide	pidió
pedimos	pedimos
pedís	pedisteis
piden	pidieron

SUBJUNCTIVE

Present	Imperfect
pida	pidiera *or* pidiese
pidas	pidieras *or* pidieses
pida	pidiera *or* pidiese
pidamos	pidiéramos *or* pidiésemos
pidáis	pidierais *or* pidieseis
pidan	pidieran *or* pidiesen

IMPERATIVE

(tú) pide	(usted) pida
(vosotros) pedid	(ustedes) pidan

PRESENT PARTICIPLE

pidiendo

For the rest of the tenses ⇨ PARTIR (in appendix)

broche de pedrería she was wearing a brooch of precious stones.

pedrisco /pe'ðrisko/ *sm* hailstone.

Pedro /'peðro/ *sm* Peter • **entra y sale como Pedro por su casa** he comes and goes as if he owned the place.

Pedro Botero *sm* (*fam*) the Devil.

pedrusco /pe'ðrusko/ *sm* (*fam*) **1.** (*sin labrar*) uncut stone. **2.** (*grande*) boulder.

pega /'peɣa/ **I** *sf* **1.** (*pegamento*) glue. **2.** (*objeción*) objection: **le pone pegas a todo** he always finds some objection; **le pusieron muchas pegas para concederle la beca** they made it very difficult for him to get the grant. **3.** (*inconveniente*) drawback: **esta casa tiene la pega de que está lejos del centro** the drawback of this house is that it's a long way from the town centre.

II de pega *loc adj* fake: **esos pendientes son de pega** those earrings are fake.

pegadizo, -za /peɣa'ðiθo -θa/ *adj* catchy: **es una canción muy pegadiza** it's a very catchy song.

pegado, -da /pe'ɣaðo -ða/ *adj* **1.** (*con pegamento, cola, etc.*) glued, stuck. **2.** (*guiso*) stuck.

pegajoso, -sa /peɣa'xoso -sa/ *adj* **1.** (*pringoso*) sticky: **tengo las manos pegajosas** my hands are sticky. **2.** (*fam*: *excesivamente cariñoso*): **tanta atención resultaba pegajosa** all that attention was just too much.

pegamento /peɣa'mento/ *sm* glue.

pegar /pe'ɣar/ [⇨pagar] *vt* **1.** (*adherir: gen*) to stick: **pegó las fotos** *en* **el álbum** she stuck the photos into the album; **lo pegué con cinta adhesiva** I stuck it down with Sellotape® ✱ (*US*) Scotch Tape®; (*: con pegamento*) to stick, to glue; (*: un cartel*) to put up: **están pegando carteles para la campaña electoral** they're putting up posters for the election campaign. **2.** (*fam*: *coser*) to sew on: **no sabe ni pegar un botón** she can't even sew a button on. **3.** (*colocar junto*): **pega la mesa** *a* **la pared** put the table up against the wall. **4.** (*fam*: *contagiar: una enfermedad*) to give: **me has pegado el constipado** you've given me your cold; (*: una costumbre, una actitud*): **tu padre te ha pegado esa mala costumbre** you've got that bad habit from your father. **5.** (*dar*): **me pegó una bofetada** she gave me a slap; **le pegaron una paliza** they beat him up; **¡menudo susto me has pegado!** you gave me a real fright!; **pegó un grito** he shouted; **le pegaron un tiro en la pierna** they shot him in the leg; **le pegó fuego a la casa** he set fire to the house, he set the house on fire. **6.** (*Inform*) to paste.

♦*vi* **1.** (*adherir*) to stick: **este pegamento no pega muy bien** this glue does not stick very well. **2.** (*quedar bien*) to go (well): **esos dos colores no pegan** those two colours don't go (well) together; **esta blusa no pega** *con* **esa falda** this blouse doesn't go (well) with that skirt. **3.** (*indicando proximidad*): **mi casa está pegando** *al* **parque** my house is right next to the park. **4.** (*golpear*): **no le pegues** don't hit her; **no soy partidario de pegarles a los niños** I don't believe in spanking children • **pegar fuerte**: **el sol pega muy fuerte al mediodía** the sun really beats down at midday; **ese grupo está pegando fuerte** that band is becoming really popular.

pegarse *v prnl* **1.** (*adherirse: gen*) to stick, to become stuck; (*: comida*) to stick: **remuévelo para que no se pegue** stir it so it doesn't stick; **se me han pegado las lentejas** the lentils have stuck to the bottom of the pan. **2.** (*fam*: *a una persona*): **se nos pegó y tuvimos que aguantarlo toda la noche** he latched on to us and we had to put up with him all evening. **3.** (*fam*: *contagiarse*): **se le ha pegado el acento andaluz** he's picked up an Andalusian accent; **se me ha pegado la musiquilla del anuncio** that jingle has stuck in my head. **4.** (*darse*): **se pegó un tiro** he shot himself; **¡qué susto me pegué!** I got such a fright!; (*fam*) **me voy a pegar una zambullida antes de comer** I'm going to have a dip before we eat. **5.** (*darse un golpe*): **se pegó** *contra* **una farola** she bumped into a street lamp; **iba sin mirar y me pegué** *con* **la viga** I wasn't looking where I was going and hit my head on the beam. **6.** (*pelearse*) to fight, to hit each other. **7. pegársela** (*fam*: *darse un golpe*): **se la pegó con la moto** he had an accident on his motorbike; (*: engañar*): **se la pega a su mujer** he cheats on his wife; **te la han pegado** you've been cheated ✱ conned.

pegatina /peɣa'tina/ *sf* sticker.

pego /'peɣo/ *sm* • **este anillo no es de oro, pero da el pego** this isn't a genuine gold ring but it looks as if it is.

pegón, -gona /pe'ɣon -'ɣona/ *adj* (*fam*): **es una niña muy pegona** she is always hitting everyone.

pegote /pe'ɣote/ *sm* **1.** (*masa*) blob (*of sticky substance*): **había algunos pegotes de yeso en el cristal** there were some blobs of plaster on the glass. **2.** (*añadido inoportuno*): **el último capítulo es un pegote** the final chapter is an unfortunate addition. **3.** (*fam*: *mentira*) fib • **le encanta tirarse pegotes** he's very given to boasting and telling lies.

peinado, -da /pei'naðo -ða/ **I** *adj*: **los niños ya están vestidos y peinados** the children are already dressed and their hair is brushed.

II peinado *sm* (*estilo*) hairstyle: **ese peinado no le queda bien** that hairstyle does not suit her; (*arreglo*):

le hicieron un peinado horroroso they made a terrible mess of her hair; **el viento le deshizo el peinado** the wind blew her hair all over the place.

peinar /pei'nar/ [⇨ CANTAR] *vt* **1.** (*con un peine*) to comb; (*con un cepillo*) to brush; (*hacerle un peinado a*): **la peina siempre Loli** Loli always does her hair. **2.** (*registrar*) to comb, to search: **la policía peinó la zona en busca del asesino** the police combed the area looking for the murderer.

peinarse *v prnl* (*con un peine*) to comb one's hair; (*con un cepillo*) to brush one's hair; (*en una peluquería*) to have one's hair done.

peine /'peine/ *sm* **1.** (*para el pelo*) comb ● **¡te vas a enterar de lo que vale un peine!** you're going to get what's coming to you! **2.** (*de un arma*) magazine.

peineta /pei'neta/ *sf* comb (*for wearing in the hair*).

p. ej. *pronounced* /por e'xemplo/ (*abbreviation of* **por ejemplo**) e.g. (for example).

pejiguera /pexi'ɣera/ *sf* (*fam*) nuisance, pain: **con la pejiguera de los exámenes apenas puedo salir** these exams are a pain, they mean I hardly go out at all.

pejiguero, -ra /pexi'ɣero -ra/ (*fam*) **I** *adj* annoying. **II** *sm/f* complainer, moaner.

Pekín /pe'kin/ *sm* Peking, Beijing.

pela /'pela/ *sf* (*fam*) peseta: **cuesta mil pelas** it costs a thousand pesetas.

pelada /pe'laða/ *sf* (*fam*): **¡vaya pelada te han hecho!** you've really had your hair cut short this time!

peladilla /pela'ðiʎa/ *sf* sugared almond.

pelado, -da /pe'laðo -ða/ **I** *adj* **1.** (*cabeza*): **llevaba la cabeza pelada** his hair was cut very short; (*cara, nariz, etc.*) peeling. **2.** (*patata, manzana, gamba, etc.*) peeled. **3.** (*lugar*) bare: **el incendio dejó el monte pelado** the fire left the mountain bare of all vegetation. **4.** (*referido a una calificación*): **saqué un cinco pelado en el examen** I just managed to get five (*to pass*) in the exam, I just managed to scrape a pass in the exam. **5.** (*fam*: *sin dinero*) broke: **este mes estoy pelado** I'm broke this month.
II pelado *sm* (*fam*: *corte de pelo*) haircut.

pelador /pela'ðor/ *sm* peeler.

pelagatos /pela'ɣatos/ *sm inv* (*fam*) nobody.

pelaje /pe'laxe/ *sm* **1.** (*de un animal*) fur, hair. **2.** (*fam: aspecto externo*) look: **a esa discoteca sólo van individuos de mal pelaje** you only get suspicious-looking types going to that disco.

pelambre /pe'lambre/ *sf* mop of hair.

pelambrera /pelam'brera/ *sf* mop of hair.

pelandusca /pelan'duska/ *sf* (*fam*) prostitute.

pelapapas /pela'papas/ *sm inv* (*Amér L*) potato peeler.

pelar /pe'lar/ [⇨ CANTAR] *vt* **1.** (*una patata, una manzana, etc.*) to peel; (*una gamba, un langostino, etc.*) to peel, to shell; (*un fruto seco*) to shell. **2.** (*un pavo, un pollo, etc.*) to pluck. **3.** (*a una persona*): **pero ¿quién te ha pelado?** who has cut your hair?
♦ *vi* ● **su padre es muy duro de pelar** her father is a very difficult person ● **hace un frío que pela** it's freezing cold.

pelarse *v prnl* **1.** (*cortarse el pelo*) to have one's hair cut. **2.** (*caerse la piel*) to peel: **se me está pelando la nariz** my nose is peeling ● **corría que se las pelaba** he was running as fast as he could.

peldaño /pel'daɲo/ *sm* (*de una escalera*) step, stair; (*de una escalera de mano*) rung.

pelea /pe'lea/ *sf* **1.** (*gen*) fight. **2.** (*discusión*) argument, row: **tuvieron una pelea y dejaron de hablarse** they had a row and stopped speaking to one another.

pelea de gallos *sf* cockfight.

pelear /pele'ar/ [⇨ CANTAR] *vi* **1.** (*luchar*) to fight. **2.** (*tener una discusión*) to argue, to quarrel. **3.** (*fam: hacer un esfuerzo*) to work hard, to struggle: **tuvo que pelear mucho** *para* **mantener a su familia** she had to work hard to support her family.

pelearse *v prnl* **1.** (*luchar*) to fight: **vimos a dos perros peleándose** we saw two dogs fighting. **2.** (*discutir*) to argue, to quarrel: **¡deja de pelearte** *con* **tu hermano!** stop arguing with your brother! **3.** (*enemistarse*) to fall out: **se pelearon por culpa de la casa y dejaron de hablarse** they fell out over the house and stopped talking to each other.

pelele /pe'lele/ *sm* **1.** (*muñeco*) dummy (*of straw or cloth*). **2.** (*fam*: *persona: manejable*): **su familia lo manejaba como a un pelele** his family treated him like a child; (*: débil*): **se quedó allí sentado como un pelele** he just sat there like a complete dummy. **3.** (*ropa de niño*) rompers *pl*.

peleón, -ona /pele'on -'ona/ *adj* **1.** (*persona*) argumentative. **2.** (*vino*) cheap.

peletería /pelete'ria/ *sf* **1.** (*establecimiento*) fur shop, furrier's. **2.** (*oficio*) fur trade. **3.** (*artículos de piel*) furs *pl*.

peletero, -ra /pele'tero -ra/ **I** *adj* fur: **la industria peletera** the fur industry.
II *sm/f* furrier.

peli /'peli/ *sf* (*short for* **película**) (*fam*) movie, (*GB*) film.

peliagudo, -da /pelja'ɣuðo -ða/ *adj* (*pregunta, situación*) tricky, difficult.

pelícano /pe'likano/ *sm* pelican.

película /pe'likula/ *sf* **1.** (*largometraje*) movie, (*GB*) film: **vimos una película** *de* **Greta Garbo** we watched a Greta Garbo movie ● **viven en una casa de película** they live in a sensational house. **2.** (*carrete, rollo de celuloide*) film. **3.** (*capa delgada*) film: **al enfriarse la leche se formó una película** *de* **nata** as the milk cooled a skin formed on it.

película de aventuras *sf* adventure movie ✻ (*GB*) film.

película de dibujos animados *sf* animated movie, (*GB*) animated film.

película de terror *sf* horror movie ✻ (*GB*) film.

película del oeste *sf* western.

película muda *sf* silent movie ✻ (*GB*) film.

película sonora *sf* talkie.

peliculero, -ra /peliku'lero -ra/ *adj*: **no le hagas caso, es muy peliculero** don't listen to him, he lives in a fantasy world.

peliculón /peliku'lon/ *sm* (*fam*): **es un peliculón** it's a great movie.

peligrar /peli'ɣrar/ [⇨ CANTAR] *vi* to be in danger: **decidieron operarla porque su vida peligraba** they decided to operate because her life was in danger; **la intransigencia europea hace peligrar las negociaciones** European intransigence is jeopardizing the negotiations.

peligro /pe'liɣro/ *sm* **1.** (*situación*) danger, risk: **aquella conducta puso** *en* **peligro su puesto de trabajo** that course of conduct put his job in danger; **siempre existe el peligro de que se repita** there is always the danger ✻ risk that it could happen again; **está fuera de peligro** she's out of danger; **allí no corre peligro** he's in no danger there. **2.** (*amenaza*) hazard, menace: **este conductor es un peligro** this driver is a real menace; **ese agujero en la calle es un peligro** that hole in the street is a real hazard.

peligroso, -sa /peli'ɣroso -sa/ *adj* (*situación, persona*) dangerous.

pelillo /pe'liʎo/ *sm* • **¡echemos pelillos a la mar!** let's bury the hatchet!

pelirrojo, -ja /peli'rroxo -xa/ **I** *adj* ginger, red-haired.
II *sm/f* redhead: **es pelirroja y con pecas** she has got red * ginger hair and freckles.

pellejo /pe'ʎexo/ *sm* **1.** (*piel de animal, hombre, fruta*) skin • **salvó el pellejo por muy poco** he only just got out alive • **no me gustaría estar en su pellejo** I wouldn't like to be in her shoes • **se jugó el pellejo** he risked his neck. **2.** (*de vino*) wineskin.

pelliza /pe'ʎiθa/ *sf* fur-trimmed coat.

pellizcar /peʎiθ'kar/ [⇨sacar] *vt* **1.** (*a una persona*) to pinch. **2.** (*comida*) to pick at: **he pellizcado un poco de lo que había sobrado** I've just picked at * eaten a little bit of the leftovers.
♦*vi* to nibble: **se pasa el día pellizcando** she's constantly nibbling.
pellizcarse *v prnl*: **me pellizqué el dedo al cerrar el paraguas** I nipped my finger when I was shutting the umbrella.

pellizco /pe'ʎiθko/ *sm* **1.** (*gen*) pinch: **añádase un pellizco** *de* **sal** add a pinch of salt. **2.** (*fam*: *de dinero*): **les tocó un buen pellizco en la lotería de Navidad** they had a nice little windfall in the Christmas lottery.

pelma /'pelma/, **pelmazo, -za** /pel'maθo -θa/ (*fam*)
I *adj* annoying and boring.
II *sm/f* pain in the neck: **¡es un pelma!** he's a real pain in the neck * a real drag!

pelo /'pelo/ *sm* **1.** (*Anat*) hair: **ya va siendo hora de que te cortes el pelo** it's about time you had your hair cut; **se te está cayendo el pelo** you're losing your hair • **como llegue tarde, se le va a caer el pelo** she's going to be in real trouble if she's late • **es un hombre de pelo en pecho** he's a real tough guy • **me contó la historia con pelos y señales** she told me the whole story in great detail • **ya sabes que no tengo pelos en la lengua** you know that I don't mince my words • **hace tiempo que no le veo el pelo** I haven't seen anything of him for ages • **está que se tira de los pelos por haber perdido la oportunidad** he's kicking himself for missing the chance • **aprobó el examen por un pelo * por los pelos** he just scraped through the exam • **¡te has librado por los pelos!** **acaba de pasar tu padre** that was a close shave! your dad just went past • **se me pusieron los pelos de punta** my hair was nearly standing on end • **tu ayuda me vino al pelo** your help came in handy • **tomar el pelo**: **¿me estás tomando el pelo?** are you pulling my leg?; **no le hagas caso, te está tomando el pelo** don't pay any attention to him, he's just teasing; **te han tomado el pelo, eso es una imitación** you've been had, that's an imitation • **no tiene un pelo de tonto** he's certainly not stupid • **se pasó un pelo con el vestido** her dress was a little over the top. **2.** (*de animal*) coat, fur • **montó el caballo a pelo** he rode the horse bareback. **3.** (*de tela*) pile, nap: **este jersey suelta mucho pelo** this sweater sheds hairs everywhere.

pelón, -lona /pe'lon -'lona/ *adj* hairless: **muchos niños son pelones cuando nacen** many babies are born without any hair; **te han dejado pelona** your hair has been cut very short.

pelota /pe'lota/ **I** *sf* **1.** (*bola*) ball: **los niños están jugando a la pelota en el parque** the children are playing ball in the park • **devolver la pelota**: **le devuelvo la pelota: ¿usted qué piensa?** I'd like to pass that back to you: what's your opinion?; **en cuanto pude, le devolví la pelota** as soon as I could, I gave him a taste of his own medicine • **los diferentes departamentos se pasan la pelota** the different departments are all passing the buck • **la pelota todavía está en el tejado** everything is still in the air • **siempre le está haciendo la pelota al jefe** he's always buttering up the boss. **2.** (*also* **pelota vasca**) (*Dep*) pelota (*Basque ball game played in a walled court*).
II *sm/f* (*fam*: *persona*) flatterer, crawler.
III *adj* (*fam*): **es muy pelota** he's a real crawler.
IV en pelotas *loc adv* (*fam*) naked.
pelota de fútbol *sf* football.

pelotari /pelo'tari/ *sm/f* (*Dep*) pelota player.

pelotazo /pelo'taθo/ *sm* **1.** (*golpe*) blow (*with a ball*): **le dio un pelotazo al árbitro sin querer** he hit the referee with the ball by mistake. **2.** (*fam*: *de bebida*) drink: **un pelotazo de coñac** a slug of brandy. **3.** (*fam*: *enriquecimiento rápido*): **se convirtió en el mayor exponente de la cultura del pelotazo** he became the leading exponent of the fast-buck mentality.

pelotear /pelote'ar/ [⇨CANTAR] *vi* (*en fútbol*) to have a kick about; (*en tenis*) to knock up.

peloteo /pelo'teo/ *sm* **1.** (*en fútbol*) kick about; (*en tenis*) knock-up. **2.** (*fam*: *coba*) flattery: **se abrió camino en la empresa a base de peloteo** he worked his way up in the company by sucking up to the management.

pelotera /pelo'tera/ *sf* (*fam*) row, argument: **tuvo una pelotera impresionante con sus padres** she had a massive row with her parents.

pelotero, -ra /pelo'tero -ra/ *sm/f* (*Amér L*: *jugador: de fútbol*) footballer; (*: de béisbol*) baseball player.

pelotilla /pelo'tiʎa/ *sf* • **le hizo la pelotilla a su madre hasta que consiguió lo que quería** he buttered his mother up until he got what he wanted.

pelotillero, -ra /peloti'ʎero -ra/ (*fam*) **I** *adj* flattering, crawling: **es muy pelotillero** he's a real crawler.
II *sm/f* crawler.

pelotón /pelo'ton/ *sm* **1.** (*en ciclismo*) pack, peloton. **2.** (*Mil*) squad.
pelotón de fusilamiento *sm* firing squad.

pelotudo, -da /pelo'tuðo -ða/ (*Amér L*: *!!*) **I** *adj*: **¡qué pelotudo!** what a jerk!
II *sm/f* jerk.

peluca /pe'luka/ *sf* wig.

peluche /pe'lutʃe/ *sm* plush.

peludo, -da /pe'luðo -ða/ *adj* (*persona*) hairy; (*animal*) furry.

peluquería /peluke'ria/ *sf* **1.** (*establecimiento*) hairdresser's. **2.** (*profesión*) hairdressing.

peluquero, -ra /pelu'kero -ra/ *sm/f* hairdresser.

peluquín /pelu'kin/ *sm* toupee, hairpiece • **de quedarte sola en casa, ni hablar del peluquín** there's no way you're staying alone in the house.

pelusa /pe'lusa/ *sf* **1.** (*en la cara, en fruta*) down. **2.** (*polvo*) fluff: **había mucha pelusa debajo de la cama** there was a lot of fluff under the bed. **3.** (*fam*: *celos*) jealousy: **tiene pelusa** *de* **su hermano pequeño** she is jealous of her little brother.

pelusilla /pelu'siʎa/ *sf* (*en la cara, en fruta*) down.

pelvis /'pelβis/ *sf inv* pelvis.

pena /'pena/ *sf* **1.** (*pesadumbre*) grief: **me dio mucha pena tener que marcharme tan pronto** I was very upset at having to leave so soon • **pasó por la**

universidad sin pena ni gloria he had an undistinguished university career • **el examen me salió de pena** I did the exam very badly. **2.** (*lástima*) shame, pity: **es una pena que no puedas venir** it's a shame you can't come. **3.** (*esfuerzo*) difficulty: **con muchas penas consiguió comprar la casa** it was with great difficulty that she managed to buy the house; **vino a contarme sus penas** he came to tell me his troubles • **ve tan mal que a duras penas puede leer** her eyesight is so bad that she can hardly read • **merecer * valer la pena**: **merece * vale la pena que lo intentemos** it's worth us giving it a try; **no merece * vale la pena** it isn't worth it; **merece la pena ir al castillo** the castle is worth a visit. **4.** (*condena*) sentence: **el juez le impuso una pena de tres meses de cárcel** the judge sentenced him to three months imprisonment. **5.** (*Amér L: vergüenza*) shame: **te debería dar pena** you should be ashamed of yourself.

pena capital, **pena de muerte** *sf* death penalty: **estoy en contra de la pena de muerte** I'm against capital punishment * the death penalty.

penacho /pe'natʃo/ *sm* **1.** (*de un pájaro*) crest. **2.** (*de adorno*) plume.

penado, **-da** /pe'naðo -ða/ *sm/f* convicted criminal, convict.

penal /pe'nal/ **I** *adj* (*sistema, código*) penal; (*responsabilidad*) criminal: **es un especialista en derecho penal** he is an expert in criminal law.

II *sm* **1.** (*cárcel*) jail, prison. **2.** (*Amér L: en fútbol*) penalty.

penalidades /penali'ðaðes/ *sfpl* suffering, hardship: **pasó muchas penalidades en su infancia** he suffered great hardship during his childhood.

penalista /pena'lista/ *sm/f* criminal lawyer.

penalización /penaliθa'θjon/ *sf* **1.** (*Dep: acción*) penalization; (*: falta*) penalty. **2.** (*Jur*) punishment: **estaba a favor de la penalización del aborto** he was in favour of the criminalization of abortion.

penalizar /penali'θar/ [➪ cazar] *vt* to penalize.

penalti, **penalty** /pe'nalti/ *sm* [**penaltis * penaltys**] (*Dep*) penalty • **se casaron de penalty** it was a shotgun wedding.

penar /pe'nar/ [➪ CANTAR] *vt* to punish: **las leyes penan severamente el tráfico de drogas** drug trafficking carries a severe punishment.

♦ *vi* (*frml*) to suffer.

penco /'peŋko/ *sm* (*caballo*) hack, nag.

pendejo, **-ja** /pen'dexo -xa/ (*fam*) **I** *adj* (*Amér L*): **¡qué pendejo!** what a jerk!

II *sm/f* **1.** (*Amér L*) jerk. **2.** (*Arg, Chi, Urug: chico/chica joven*): **¿qué me va a enseñar a mí ese pendejo?** what can he possibly teach me? he's only a kid.

pendencia /pen'denθja/ *sf* argument, fight.

pendenciero, **-ra** /penden'θjero -ra/ *adj* quarrelsome.

pender /pen'der/ [➪ TEMER] *vi* to hang: **pendía** *sobre* **ellos la amenaza de cierre** the threat of closure was hanging over them • **su vida pende de un hilo** her life is hanging by a thread.

pendiente /pen'djente/ **I** *adj* **1.** (*no resuelto*) pending, outstanding: **tenemos varias facturas pendientes** we have several bills outstanding; **¿tenemos cuentas pendientes?** do we have any outstanding debts to settle?; **el asunto todavía está pendiente** the matter is still unresolved; (*no terminado*) unfinished. **2.** (*a la espera*): **estoy pendiente** *de* **que me digan en qué universidad tengo plaza** I'm waiting to hear at which university I have a place. **3.** (*atento*) attentive: **estuve pendiente** *del* **niño toda la tarde** I was watching the child all afternoon; **todos estaban pendientes** *de* **lo que él hacía** everybody was closely following what he was doing.

II *sm* earring.

III *sf* **1.** (*cuesta*) slope, incline: **subimos una pendiente muy pronunciada** we went up a very steep slope. **2.** (*de un tejado*) pitch.

pendón /pen'don/ *sm* **1.** (*bandera*) standard, ensign. **2.** (*!!: mujer*) tart, whore. **3.** (*fam: hombre*): **es un pendón** he likes the high life.

péndulo /'pendulo/ *sm* pendulum.

pene /'pene/ *sm* penis.

penetración /penetra'θjon/ *sf* **1.** (*entrada*) penetration: **se oponen a la penetración de productos extranjeros** they are opposed to the penetration of the market by foreign goods. **2.** (*inteligencia*) insight: **ese análisis demuestra mucha penetración** this analysis shows great insight.

penetrante /pene'trante/ *adj* **1.** (*mirada*) penetrating; (*dolor, sonido*) piercing; (*frío*) biting; (*olor*) pervasive. **2.** (*mente, análisis*) incisive.

penetrar /pene'trar/ [➪ CANTAR] *vi* **1.** (*gen*) to penetrate: **esta crema penetra muy bien** *en* **la piel** this cream is easily absorbed by the skin. **2.** (*persona*) to enter: **los bomberos consiguieron penetrar** *en* **el edificio en llamas** the firemen managed to get into the burning building; (*viento, sonido, agua*) to come through: **el agua penetró** *por* **el tejado e inundó la casa** the water broke through the roof and poured into the house.

♦ *vt* **1.** (*ruido*) to pierce: **un grito que penetraba los oídos** an ear-piercing scream; (*frío*): **hace un frío que te penetra hasta los huesos** it's so cold it'll chill you to the bone. **2.** (*descifrar*) to decipher, to unravel: **no pudo penetrar el significado del texto** he couldn't decipher the meaning of the text.

penicilina /peniθi'lina/ *sf* penicillin.

península /pe'ninsula/ *sf* **1.** (*gen*) peninsula: **la Península Ibérica** the Iberian Peninsula. **2.** (*parte no insular de España*) mainland Spain: **los residentes en las islas Canarias reciben descuentos cuando vuelan a la península** the inhabitants of the Canary Islands get a discount when they fly to the mainland.

peninsular /peninsu'lar/ **I** *adj* **1.** (*de una península*) peninsular. **2.** (*de la Península Ibérica*) of the Spanish mainland: **a las ocho, hora peninsular** at eight o'clock, Spanish mainland time.

II *sm/f* **1.** (*de una península*) inhabitant of a peninsula. **2.** (*de la Península Ibérica*) inhabitant of mainland Spain.

penique /pe'nike/ *sm* penny (*pl* pence).

penitencia /peni'tenθja/ *sf* (*sacramento*) penance; (*castigo*) penance: **aguantar a ese pesado fue una auténtica penitencia** putting up with that old bore was a real pain; (*arrepentimiento*) penitence.

penitenciaría /penitenθja'ria/ *sf* prison, (*US*) penitentiary.

penitenciario, **-ria** /peniten'θjarjo -rja/ *adj* prison: **el sistema penitenciario** the prison system.

penitente /peni'tente/ **I** *adj* penitent.

II *sm/f* penitent (*person who participates in Easter processions*).

penoso, **-sa** /pe'noso -sa/ *adj* **1.** (*difícil*) difficult. **2.** (*que causa pena*) distressing, upsetting: **es penoso verlo en ese estado** it's upsetting to see him in such a state. **3.** (*desastroso*) dreadful: **tras las inundaciones las carreteras han quedado en un estado penoso** after the floods the roads are in a dreadful state.

pensador, -dora /pensa'ðor -'ðora/ *sm/f* thinker.

pensamiento /pensa'mjento/ *sm* **1.** (*capacidad*) thought, ability to think • **ni por pensamiento había imaginado que un día me iban a dar este premio** never in my wildest dreams did I think that one day I would receive this prize. **2.** (*lo que se piensa*) thought: **es muy difícil descifrar sus pensamientos** it's very difficult to know what he thinks. **3.** (*forma de pensar*) thinking: **el pensamiento conservador** conservative thinking; **el pensamiento de Pascal** Pascal's philosophy. **4.** (*mente*) mind: **le vino al pensamiento el recuerdo de Ana** the memory of Ana came to his mind. **5.** (*propósito*) intention, idea: **tengo el pensamiento de escribir un libro** my intention is to write a book. **6.** (*planta, flor*) pansy.

pensar /pen'sar/ [➪table: pensar] *vt* **1.** (*razonar, reflexionar*) to think: **no lo pienses más** don't think about it any more; **lo dije sin pensarlo** I said it without thinking; **cuanto menos lo pienses, mejor** the less you think about it, the better; **ni pensarlo** don't (even) think about it. **2.** (*opinar*) to think, to believe: **pienso que es injusto** I think (that) it's unfair. **3.** (*decidir*) to decide: **pensé que lo mejor era ir a la fiesta** I made up my mind ✱ decided that the best thing was to go to the party. **4.** (*tener intención de*) to intend: **no pienso hacerlo** I have no intention of doing it; **pienso pasarme el verano estudiando** I plan to spend all summer studying. **5.** (*idear*) to come up with: **tenemos que pensar una solución** we have to come up with a solution.

♦*vi* **1.** (*reflexionar*) to think: **contestó sin pensar** he answered without thinking; **piensa** *en* **lo que te he dicho** think about what I've told you; **da que pensar que tarden tanto** it makes you wonder why they're taking so long • **piensa mal y acertarás** imagine the worst and you'll never be wrong. **2.** (*en alguien, en las consecuencias*): **no piensa nunca en los demás** he never thinks of anybody else; **piensa en las consecuencias que podría tener** think of the consequences it could have.

pensarse *v prnl* to think about: **primero dije que sí, pero luego me lo pensé mejor** at first I said yes, but then I thought about it more carefully; **piénsatelo y, cuando te decidas, dime qué quieres hacer** think about it and when you make up your mind, let me know; **dame un par de días para pensármelo** give me a day or two to think it over.

pensativo, -va /pensa'tiβo -βa/ *adj* thoughtful, pensive: **estuvo muy pensativo toda la tarde** he was lost in thought all afternoon.

pensar

INDICATIVE	SUBJUNCTIVE
Present pienso piensas piensa pensamos pensáis piensan	**Present** piense pienses piense pensemos penséis piensen

IMPERATIVE	
(tú) piensa (vosotros) pensad	(usted) piense (ustedes) piensen

For the rest of the tenses ➪ CANTAR (in appendix)

pensión /pen'sjon/ *sf* **1.** (*para jubilados*) pension; (*para un ex cónyuge*) maintenance: **le pasa una pensión a su ex mujer** he pays maintenance to his ex-wife. **2.** (*fonda*) boarding house, guesthouse: **encontraron una pensión bastante barata** they found a quite cheap boarding house.

pensión completa *sf* full board.

pensión de invalidez *sf* disability allowance.

pensión de orfandad *sf*: *monthly allowance paid to an orphan up to eighteen years old.*

pensión de viudedad *sf* widow's pension.

pensionado, -da /pensjo'naðo -ða/ **I** *sm/f* pensioner. **II pensionado** *sm* boarding school.

pensionista /pensjo'nista/ *sm/f* **1.** (*que recibe una pensión*) pensioner. **2.** (*que vive en una pensión*) lodger. **3.** (*alumno interno*) boarder.

pentágono /pen'taɣono/ *sm* **1.** (*Mat*) pentagon. **2. el Pentágono** (*Mil, Pol*) the Pentagon.

pentagrama /penta'ɣrama/ *sm* stave.

pentathlon /pen'tatlon/, **pentatlón** /penta'tlon/ *sm* pentathlon.

Pentecostés, pentecostés /pentekos'tes/ *sm* Pentecost, Whitsun.

penúltimo, -ma /pe'nultimo -ma/ **I** *adj* penultimate. **II** *sm/f*: **es el penúltimo en la lista** he's next to last on the list.

penumbra /pe'numbra/ *sf* (*entre la luz y la oscuridad*) half-light; (*en un eclipse*) penumbra.

penuria /pe'nurja/ *sf* **1.** (*gran pobreza*) extreme poverty: **la posguerra fue una época de mucha penuria** the postwar period was a time of great hardship; **pasaron muchas penurias para darles una carrera a los hijos** they made great sacrifices to send their children to college. **2.** (*escasez*) dearth: **es poco lo que se puede hacer con esta penuria de recursos** there is very little that can be done given this dearth of resources.

peña /'peɲa/ *sf* **1.** (*roca*) rock, crag. **2.** (*grupo de seguidores*) supporters' club; (*para quinielas*) syndicate. **3.** (*fam*: *pandilla*) group: **estuvieron cenando con toda la peña** they were having dinner with all the gang.

peña taurina *sf*: *club for bullfighting enthusiasts.*

peñasco /pe'ɲasko/ *sm* rock, crag.

peñazo /pe'ɲaθo/ (*fam*) **I** *sm* bore, pain: **este tío es un peñazo** this guy is a terrible bore ✱ pain. **II** *adj* boring.

peñón /pe'ɲon/ *sm* rock: **el Peñón de Gibraltar** the Rock of Gibraltar.

peón /pe'on/ *sm* **1.** (*obrero*) unskilled worker, (*GB*) labourer, (*US*) laborer. **2.** (*also* **peón agrícola**) farm hand, farm worker. **3.** (*en ajedrez*) pawn.

peón caminero *sm* road mender, (*GB*) navvy.

peón de albañil *sm* (*GB*) building labourer, (*US*) building laborer.

peonada /peo'naða/ *sf* **1.** (*trabajo*) day's work. **2.** (*personas*) gang of workmen.

peonaje /peo'naxe/ *sm* gang of workmen.

peonía /peo'nia/ *sf* peony.

peonza /pe'onθa/ *sf* (spinning) top.

peor /pe'or/ **I** *adj* **1.** (*comparativo*) worse: **la solución que ofrecen me parece peor** *que* **la del ministerio** the solution they're putting forward seems worse than the Ministry's. **2.** (*superlativo*) worst: **las peores notas fueron las suyas** he had the worst marks; **lo peor** *de* **todo era el olor** the worst thing of all was the smell.

II *adv* 1. (*comparativo*) worse: **lo hizo mucho peor que yo** he did it much worse than I did; **veo peor** *que* **antes** I can't see as well as I used to • **peor que peor si lo dices en serio** it's even worse if you really mean it • **tanto peor si llegas tarde** it'll be even worse if you arrive late. 2. (*superlativo*) worst: **es la que peor lo hace** *de* **su clase** out of the whole class, she does it worst.

III **el/la peor** *sm/f* the worst (one): **escogiste los peores** you chose the worst ones; **es el peor** *del* **grupo** he's the worst in the group • **en el peor de los casos**: **en el peor de los casos, te perderás el primer día** at worst, you'll miss the first day; **en el peor de los casos, podríamos dormir en el coche** if the worst comes to the worst we could sleep in the car.

Pepa /'pepa/ *sf* • **no tienen trabajo pero ellos viva la Pepa** they don't have a job but they don't care.

pepinazo /pepi'naθo/ *sm* (*fam*) 1. (*estallido*) blast. 2. (*en fútbol*) fierce shot.

pepinillo /pepi'niʎo/ *sm* gherkin.

pepino /pe'pino/ *sm* cucumber • **le importa un pepino si sale bien o no** he couldn't care less whether it turns out well or not.

pepita /pe'pita/ *sf* 1. (*de una fruta, una verdura*) pip, seed. 2. (*de un metal*) nugget.

pepito /pe'pito/ *sm* (*also* **pepito de ternera**) meat sandwich.

pepitoria /pepi'torja/ *sf* fricassé: **comimos pollo** *en* **pepitoria** we had chicken fricassé.

pepona /pe'pona/ *sf* large doll.

peque /'peke/ *sm/f* (short for **pequeño -ña**) (*fam*) kid, child (*pl* children).

pequeñez /peke'ɲeθ/ *sf* [**pequeñeces**] 1. (*calidad de pequeño*) smallness. 2. (*insignificancia*) triviality: **se enfadó por una pequeñez** he lost his temper over nothing; **no soporto su pequeñez de miras** I can't stand his narrow-mindedness.

pequeño, -ña /pe'keɲo -ɲa/ I *adj* 1. (*en tamaño, importancia*) small, little: **sólo cometió un pequeño error** she only made a small mistake; **había un agujero muy pequeño** there was a very small ∗ a tiny hole. 2. (*en estatura, duración*) short: **mi tía es muy pequeña** my aunt is very short ∗ small; **hicimos un pequeño recorrido por la ciudad** we went on a short tour of the city; **le hicimos una pequeña visita** we paid him a short visit. 3. (*en edad*) young: **desde muy pequeño le gustaba dibujar** he enjoyed drawing from a very young ∗ early age.

II *sm/f* 1. (*niño*) child (*pl* children): **los pequeños jugaban a la pelota** the children were playing football; *de* **pequeña lloraba mucho** as a child she used to cry a lot. 2. (*el más joven*): **yo soy el pequeño** I'm the youngest; **de los dos hermanos, el pequeño es el más listo** of the two brothers, the younger is the brighter.

pequeña burguesía *sf* lower middle classes *pl*, petty bourgeoisie *pl*.

pequeña empresa *sf* small business.

pequeñoburgués, -guesa /pekeɲoβur'ɣes -'ɣesa/ I *adj* lower middle class, petty bourgeois.

II *sm/f* lower middle class person, petty bourgeois.

pequinés, -nesa /peki'nes -'nesa/ I *adj* of ∗ from Peking.

II *sm/f* native ∗ inhabitant of Peking.

III **pequinés** *sm* (*perro*) Pekinese.

pera /'pera/ I *sf* 1. (*fruta*) pear • **no hay que pedir peras al olmo** we shouldn't ask for the impossible • **partí peras con él** I fell out with him • **le puse las peras al cuarto** I gave him a good telling-off • **eres la pera** you're incredible ∗ impossible! 2. (*de aire, líquido*) *small rubber bag for squirting air or water*. 3. (*interruptor*) switch (*placed on lamp lead*). 4. (*perilla*) goatee.

II *adj inv* (*fam*): **aquí es donde se reúnen los niños pera** this is where all the posh rich kids meet.

pera en dulce *sf* 1. (*Culin*) pear in syrup. 2. (*fam: persona*) treasure, gem.

peral /pe'ral/ *sm* pear tree.

peraltado, -da /peral'taðo -ða/ *adj* (*carretera*) cambered.

peralte /pe'ralte/ *sm* (*en carretera*) camber.

perca /'perka/ *sf* (*pez*) perch.

percal /per'kal/ *sm* (*tejido*) percale • **me conozco el percal** I know what's going on.

percance /per'kanθe/ *sm* mishap: **no tuvo ∗ sufrió ningún percance** he didn't have any mishaps.

percatarse /perka'tarse/ [➪ CANTAR] *v prnl* to realize: **me percaté** *de* **sus intenciones** I realized what his intentions were; **no se percató** *de* **que me había cortado el pelo** he didn't notice that I had had my hair cut.

percebe /per'θeβe/ *sm* 1. (*crustáceo*) barnacle. 2. (*fam: idiota*) idiot.

percepción /perθep'θjon/ *sf* perception.

percepción extrasensorial *sf* extrasensory perception.

perceptible /perθep'tiβle/ *adj* 1. (*ostensible*) perceptible, obvious: **es perceptible la intención de la carta** the motive behind the letter is quite obvious. 2. (*Fin*): **la pensión es perceptible a partir de los sesenta y cinco años** you can receive your pension from the age of sixty-five onwards.

perceptivo, -va /perθep'tiβo -βa/ *adj* perceptive.

percha /'pertʃa/ *sf* 1. (*colgador: en forma de triángulo*) coat hanger; (*: gancho*) hook. 2. (*barra*) pole. 3. (*para aves*) perch. 4. (*fam: tipo*) figure: **con la percha que tiene, todo le sienta bien** with her figure she looks good in anything.

perchero /per'tʃero/ *sm* (*de pie*) hat stand; (*en la pared*) coat hooks *pl*.

percibir /perθi'βir/ [➪ PARTIR] *vt* 1. (*captar: una imagen*) to perceive; (*: un hecho*) to perceive, to understand: **tienes que percibir la importancia de la cuestión** you must understand the importance of the problem. 2. (*recibir*) to earn: **no percibe ningún dinero por lo que hace** he doesn't earn any money for what he does.

percusión /perku'sjon/ *sf* percussion.

percusionista /perkusjo'nista/ *sm/f* percussionist.

percusor /perku'sor/, **percutor** /perku'tor/ *sm* (*en arma*) hammer.

perdedor, -dora /perðe'ðor -'ðora/ I *adj* losing.

II *sm/f* loser.

perder /per'ðer/ [➪ tender] *vt* 1. (*las llaves, un paraguas, un libro*) to lose: **he perdido el pasaporte** I've lost my passport; (*dinero: extraviar*) to lose; (*: en negocios, juegos de azar*) to lose: **no pierdes nada con intentarlo** you have nothing to lose by trying; (*la inocencia, el entusiasmo, la paciencia*) to lose: **han perdido totalmente el interés en el curso** they've completely lost interest in the course; **perdió la ilusión por los viajes** he lost his enthusiasm for travelling; **no hay que perder las esperanzas** you must not give up hope; **las prendas pierden color con tanto sol** clothes fade in such strong sunlight; (*la vista, un ojo, a un ser querido*) to lose: **en el accidente**

perdí a un gran amigo I lost a great friend in the accident. **2.** (*ser derrotado en*) to lose: **perdimos tres partidos seguidos** we lost three games in a row. **3.** (*desperdiciar*) to waste: **no pierdas el tiempo** don't waste your time; **se fue sin perder un momento** he went straight away. **4.** (*dejar escapar: el tren, el avión*) to miss: **perdió el último autobús** he missed the last bus; (*: una oportunidad*) to miss: **perdió la ocasión de su vida** she missed the chance of a lifetime. **5.** (*perjudicar*) to be the downfall of: **la perdió la curiosidad** curiosity was her downfall; **su ambición la pierde** she's far too ambitious. **6.** (*líquido, aire*) to lose: **este depósito pierde agua** this water tank is leaking.
♦ *vi* **1.** (*gen*) to lose: **perdimos dos a cero** we lost two nil • **tienes ∗ llevas las de perder** you don't stand a chance • **tiene buen/mal perder** he's a good/bad loser. **2.** (*empeorar: gen*) to go downhill: **ese programa ha perdido mucho** that programme has really gone downhill; (*: enfermo*) to get worse: **perdió mucho en pocas semanas** he got much worse in just a few weeks. **3.** (*estropearse*): **la obra pierde mucho en traducción** the book loses a lot in translation; **la seda pierde al lavarse** silk is never the same again after it's been washed. **4. echar a perder, echarse a perder**: **toda la comida se ha echado a perder** all the food has gone off; **echó a perder el dibujo con un borrón** he spoilt the drawing with a blot; **echó a perder la sorpresa** he ruined the surprise.

perderse *v prnl* **1.** (*extraviarse*) to get lost: **me perdí en el camino a casa** I got lost on the way home; **se me perdió la cartera** I lost my wallet • **¡piérdete!** get lost! • **no se te ha perdido nada aquí** you've no business to be here. **2.** (*aturdirse, despistarse*): **con tantas asignaturas uno se pierde** with so many subjects it's difficult to know where to start; **el conferenciante hablaba demasiado rápido y yo me perdí** the lecturer spoke too quickly and I lost the thread of what he was saying. **3.** (*dejar escapar*) to miss: **¡no se la pierda!** don't miss it! **4.** (*dejar de verse*) to disappear: **se perdió en la distancia** he disappeared into the distance. **5.** (*descarriarse*): **se perdió por culpa de las malas compañías** he was led astray by the bad company he kept.

perdición /perði'θjon/ *sf* **1.** (*desgracia*) ruin, downfall: **el juego fue su perdición** gambling was her downfall; **su perdición fue tratar de ocultar lo que sabía** his mistake was to try to cover up what he knew. **2.** (*Relig*) perdition, eternal damnation.

pérdida /'perðiða/ **I** *sf* **1.** (*gen*) loss: **estaban destrozados por la pérdida de su hijo** they were devastated by the loss of their son • **es todo recto, no tiene pérdida** it's straight on, you can't miss it. **2.** (*Fin*) loss: **lo vendieron** *con* **pérdida** they sold it at a loss; **las pérdidas ascienden a millones** the losses amount to millions. **3.** (*de tiempo*) waste: **es una pérdida de tiempo explicárselo** it's a waste of time explaining it to them. **4.** (*de gas, fluido*) leak.
II pérdidas *sf pl* (*de sangre*) bleeding (*from the womb*).

pérdida de conocimiento *sf* (*Med*) loss of consciousness.

perdidamente /perðiða'mente/ *adv* madly, hopelessly: **está perdidamente enamorada** she's madly in love.

perdido, -da /per'ðiðo -ða/ **I** *adj* **1.** (*gen*) lost: **prueba en la oficina de objetos perdidos** try at the lost property office; **dalo** *por* **perdido** you'd better consider it lost; **la batalla está perdida** the battle is lost • **si se entera estoy perdida** if he finds out I'm in serious trouble • **de perdidos, al río** in for a penny, in for a pound. **2.** (*animal*) stray. **3.** (*malgastado*) wasted: **llevamos media hora perdida** we've wasted half an hour. **4.** (*bala*) stray. **5.** (*fam: absoluto*) complete: **está loca perdida** she's completely crazy; **está loca perdida** *por* **Luis** she is absolutely crazy about Luis; **está tonto perdido** he is totally stupid. **6.** (*sucio*): **nos pusimos perdidos** we got very dirty.
II *sm/f* depraved person.

perdigón /perði'ɣon/ *sm* **1.** (*pájaro*) young partridge. **2.** (*bala*) pellet.

perdigonada /perðiɣo'naða/ *sf* **1.** (*tiro*) shot. **2.** (*herida*) shot wound.

perdiguero /perði'ɣero/ *sm* gundog.

perdiz /per'ðiθ/ *sf* [**perdices**] partridge • **fueron felices y comieron perdices** and they all lived happily ever after.

perdón /per'ðon/ **I** *sm* **1.** (*por una falta, un pecado*) forgiveness • **¿por qué no pides perdón?** why don't you apologize? • **lo que has hecho no tiene perdón** there's no excuse for what you've done • **con perdón, éste es mi libro** excuse me, but this is my book. **2.** (*por un delito*) pardon: **el reo consiguió el perdón** the criminal received a pardon ∗ was pardoned.
II *excl* **1.** (*por un pisotón, un retraso, etc.*) sorry: **¡perdón!** excuse me! ∗ sorry!; **perdón, no sabía que ya habías llegado** (I'm) sorry, I didn't know you had already arrived. **2.** (*al interrumpir, preguntar*) (*GB*) excuse me, (*US*) pardon me: **perdón, ¿puede decirme dónde está el Hotel Alhambra?** excuse me ∗ pardon me, can you tell me where the Hotel Alhambra is?

perdonable /perðo'naβle/ *adj* excusable.

perdonar /perðo'nar/ [⇨CANTAR] *vt* **1.** (*disculpar*) to forgive: **nunca le perdonaron que se fuera** they never forgave him for leaving; **¿me perdonas?** do you ∗ will you forgive me?; **perdone que la interrumpa** sorry to interrupt you, pardon me for interrupting • **no perdona una** (*persona estricta*) he doesn't let you get away with anything; (*buen contrincante*) you can't afford to make a single mistake with him. **2.** (*Jur*) to pardon. **3.** (*eximir de*): **te perdono las dos mil pesetas que me debes** I'll let you off the two thousand pesetas you owe me; **le han perdonado un año de cárcel** he has been given a year's remission from jail • **los bandidos les perdonaron la vida** the robbers spared their lives.
♦ *vi* **1.** (*gen*) to forgive. **2.** (*al disculparse*): **perdona, no sabía que estabas esperando** sorry, I didn't know you were waiting. **3.** (*al interrumpir, preguntar*) excuse me, (*US*) pardon me: **perdona, ¿tienes fuego?** excuse me, have you got a light?

perdonavidas /perðona'βiðas/ *sm/f inv* (*fam*) boaster, braggart.

perdulario, -ria /perðu'larjo -rja/ *sm/f* (*fam*) immoral person.

perdurable /perðu'raβle/ *adj* lasting.

perdurar /perðu'rar/ [⇨CANTAR] *vi* to endure, to last: **la obra de este pintor perdurará** this artist's work will endure.

perecedero, -ra /pereθe'ðero -ra/ *adj* (*comida*) perishable; (*costumbres, ideas*) passing.

perecer /pere'θer/ [⇨agradecer] *vi* (*frml*) to die, to perish: **cuarenta personas perecieron en el incendio** forty people perished in the fire.

peregrinación /pereɣrina'θjon/ *sf*, **peregrinaje** /pereɣri'naxe/ *sm* pilgrimage.

peregrinar /pereɣri'nar/ [⇨CANTAR] *vi* **1.** (*Relig*) to make a pilgrimage. **2.** (*fam: ir de un lado a otro*):

peregrinó *de* **departamento** *en* **departamento tratando de resolver su problema** he traipsed from department to department trying to get his problem solved.

peregrino, **-na** /pere'ɣrino -na/ **I** *adj* (*idea, pregunta*) strange, odd: **¿cómo se te ha ocurrido esa idea tan peregrina?** where did you get that strange idea from? **II** *sm/f* pilgrim.

perejil /pere'xil/ *sm* parsley.

perenne /pe'renne/ *adj* **1.** (*Bot*) perennial. **2.** (*perpetuo*) perpetual.

perentorio, **-ria** /peren'torjo -rja/ *adj* **1.** (*necesidad*) urgent, pressing: **tiene necesidad perentoria de encontrar trabajo** he urgently needs to find a job. **2.** (*orden*) peremptory; (*plazo*) immovable, which cannot be changed.

pereza /pe'reθa/ *sf* laziness, idleness: **me da pereza repetirlo** I can't be bothered to do it again; **tengo una pereza horrible** I'm feeling extremely lazy.

perezoso, **-sa** /pere'θoso -sa/ **I** *adj* lazy, idle.
II *sm/f* lazy person.
III perezoso *sm* **1.** (*Zool*) sloth. **2.** (*Urug*: *silla de playa*) deckchair.

perfección /perfek'θjon/ *sf* perfection: **domina** *a* **la perfección esa técnica** she has completely mastered that technique; **dominaba varios idiomas** *a* **la perfección** he could speak several languages fluently.

perfeccionamiento /perfekθjona'mjento/ *sm*: **le encargaron el perfeccionamiento del sistema** he was asked to improve the system; **se matriculó en un curso de perfeccionamiento del inglés** he enrolled on an advanced course in English.

perfeccionar /perfekθjo'nar/ [⇨CANTAR] *vt* (*hacer mejor*) to improve: **estoy perfeccionando mi francés** I'm improving my French; (*hacer perfecto*) to perfect.

perfeccionismo /perfekθjo'nizmo/ *sm* perfectionism.

perfeccionista /perfekθjo'nista/ *adj, sm/f* perfectionist.

perfectamente /perfekta'mente/ *adv* **1.** (*gen*) perfectly: **este aparato funciona perfectamente** this machine works perfectly; **me encuentro perfectamente** I'm feeling fine ∗ perfectly well. **2.** (*de acuerdo*): **por mí, perfectamente** that's fine by me.

perfecto, **-ta** /per'fekto -ta/ **I** *adj* **1.** (*gen*) perfect. **2.** (*completo*) complete, absolute: **es un perfecto imbécil** he's a complete idiot.
II perfecto *adv*: **¡perfecto!** fine!

perfidia /per'fiðja/ *sf* (*frml*) **1.** (*traición*) treachery. **2.** (*perversidad*) perversity.

pérfido, **-da** /'perfiðo -ða/ *adj* (*frml*) **1.** (*traidor*) treacherous. **2.** (*perverso*) perverse.

perfil /per'fil/ *sm* **1.** (*contorno*) outline; (*postura lateral*) profile: **me fotografió** *de* **perfil** he photographed me in profile. **2.** (*Arquit, Mat*) cross-section. **3.** (*descripción*) profile: **el programa ofrecía un perfil del candidato** the programme gave a profile of the candidate.

perfilar /perfi'lar/ [⇨CANTAR] *vt* **1.** (*un dibujo*) to draw an outline of. **2.** (*un trabajo*) to put the finishing touches to: **estoy perfilando el discurso** I'm putting the finishing touches to my speech.
perfilarse *v prnl* **1.** (*objeto*) to be outlined: **un edificio se perfilaba** *en* **la lejanía** a building was outlined in the distance. **2.** (*persona*): **se perfila** *como* **ganador** he's beginning to look like a winner.

perforación /perfora'θjon/ *sf* **1.** (*en busca de petróleo*) drilling. **2.** (*de estómago*) perforation.

perforadora /perfora'ðora/ *sf* **1.** (*Geol*) drill. **2.** (*de billetes*) punch.

perforar /perfo'rar/ [⇨CANTAR] *vt* **1.** (*gen*) to perforate. **2.** (*en busca de petróleo*): **están perforando la zona** they are drilling for oil in the area.

perfumador /perfuma'ðor/ *sm* atomizer (*for perfume*).

perfumar /perfu'mar/ [⇨CANTAR] *vt* to perfume.
perfumarse *v prnl* to put on perfume.

perfume /per'fume/ *sm* perfume, scent.

perfumería /perfume'ria/ *sf* perfumery.

pergamino /perɣa'mino/ *sm* parchment.

pergeñar /perxe'ɲar/ [⇨CANTAR] *vt* (*gen*) to scribble (down); (*un texto*) to draft.

pérgola /'perɣola/ *sf* pergola.

pericia /pe'riθja/ *sf* skill, expertise.

pericial /peri'θjal/ *adj* expert: **el juez ordenó que se realizara una prueba pericial** the judge ordered a test to be carried out by experts (in the field).

Perico /pe'riko/ *sm* *familiar form of* **Pedro**.
Perico (el) de los palotes *sm*: **llama a tu padre, a tu hermano o a Perico (el) de los palotes** call your father, your brother or anybody; **¿que también va a venir el ministro? por mí como si viene Perico el de los palotes** so the minister is also coming? well, I don't care who is coming.

perico /pe'riko/ *sm* **1.** (*pájaro*) budgerigar, parakeet. **2.** (*!!: cocaína*) coke, cocaine.

periferia /peri'ferja/ *sf* **1.** (*gen*) periphery; (*de la ciudad*) outskirts *pl*. **2.** (*en España*) *peripheral provinces in relation to Madrid*: **muchos escritores de la periferia se van a vivir a Madrid** many writers from the peripheral provinces go to live in Madrid.

periférico, **-ca** /peri'feriko -ka/ *adj* (*gen*) peripheral; (*respecto a la ciudad*): **la ciudad y los pueblos periféricos sufrieron inundaciones** the town and outlying villages were flooded.

perifollo /peri'foʎo/ **I** *sm* chervil.
II perifollos *sm pl* (*fam*) frills *pl*: **se compró un vestido horroroso con muchos perifollos** she bought an awful frilly dress.

periforme /peri'forme/ *adj* pear-shaped.

perífrasis /pe'rifrasis/ *sf inv* periphrasis.

perifrástico, **-ca** /peri'frastiko -ka/ *adj* wordy, periphrastic.

perilla /pe'riʎa/ **I** *sf* goatee.
II de perilla *loc adv*: **este cuaderno me viene de perilla** ∗ **perillas** this notebook is just what I need.

perimétrico, **-ca** /peri'metriko -ka/ *adj* perimetric.

perímetro /pe'rimetro/ *sm* perimeter.

periódicamente /pe'rjoðikamente/ *adv* periodically.

periodicidad /perjoðiθi'ðað/ *sf* periodicity: **se celebra con una periodicidad anual** it takes place at annual intervals.

periódico, **-ca** /pe'rjoðiko -ka/ **I** *adj* **1.** (*gen*) periodic. **2.** (*Mat*) recurring: **seis coma seis periódico** six point six recurring.
II periódico *sm* newspaper, paper.

periodismo /perjo'ðizmo/ *sm* journalism.
periodismo amarillo *sm* sensationalist journalism.
periodismo de investigación *sm* investigative journalism.

periodista /perjo'ðista/ *sm/f* journalist, reporter.

periodístico, **-ca** /perjo'ðistiko -ka/ *adj* journalistic: **es de interés periodístico** it's of journalistic interest; **la historia apareció en un artículo periodístico** the story appeared in a newspaper article.

periodo /pe'rjoðo/, **período** /pe'rioðo/ *sm* period (*of time*).

peripecia /peri'peθja/ *sf*: **durante las vacaciones nos ocurrieron muchas peripecias** our holiday was full of unexpected events.

periplo /pe'riplo/ *sm* (*frml*) long voyage.

peripuesto, -ta /peri'pwesto -ta/ *adj* smartly dressed: **iba muy peripuesto** he was very smartly dressed.

periquete /peri'kete/ *sm* • **estaré lista en un periquete** I'll be ready in a second.

periquito /peri'kito/ *sm* budgerigar, parakeet.

periscopio /peris'kopjo/ *sm* periscope.

perista /pe'rista/ *sm/f* fence, receiver (*of stolen goods*).

perita /pe'rita/ *sf* small pear • **es una perita en dulce** it's a piece of cake.

peritaje /peri'taxe/ *sm* **1.** (*estudio*) expert's report. **2.** (*Educ*) technical training.

perito, -ta /pe'rito -ta/ **I** *adj* expert, qualified.
II *sm/f* expert.

perito, -ta agrícola *sm/f*, **perito agrónomo** *sm*, **perita agrónoma** *sf* agronomist.

perito, -ta industrial *sm/f* engineer (*trained to below degree level*).

perito, -ta mercantil *sm/f*: *person with qualification in business studies.*

peritonitis /perito'nitis/ *sf inv* peritonitis.

perjudicado, -da /perxuði'kaðo -ða/ **I** *adj*: **el que salió perjudicado fue él** he was the one who came out of it badly.
II *sm/f*: **el perjudicado es él** he is the one who has suffered.

perjudicar /perxuði'kar/ [⇨sacar] *vt* to damage, to affect adversely: **el tabaco perjudica la salud** smoking damages your health; **no quiero perjudicarte** I don't want to prejudice your interests.

perjudicial /perxuði'θjal/ *adj* detrimental, damaging: **sería perjudicial** *para* **él** it would be damaging for him; **el tabaco es perjudicial** *para* **la salud** smoking is bad for your health.

perjuicio /per'xwiθjo/ *sm* damage, harm: **el terremoto ocasionó muchos perjuicios** the earthquake caused a lot of damage • **esto va en perjuicio de tus intereses** this goes against your own interests.

perjurar /perxu'rar/ [⇨CANTAR] *vi* **1.** (*Jur, Relig*) to commit perjury. **2.** (*jurar mucho*) to swear: **juró y perjuró que no había sido él** he swore over and over again that he hadn't done it.

perjurio /per'xurjo/ *sm* perjury.

perjuro, -ra /per'xuro -ra/ **I** *adj* perjured.
II *sm/f* perjurer.

perla /'perla/ *sf* **1.** (*joya*) pearl • **ir/venir de perlas**: **nos fue de perlas** everything went perfectly; **un paraguas me vendría de perlas** I could certainly do with an umbrella; **la beca le vino de perlas** the grant came at just the right time. **2.** (*fam*: *persona*) gem, treasure: **María es una perla** María is a real gem.

perla cultivada, perla de cultivo *sf* cultured pearl.

perlado, -da /per'laðo -ða/ *adj* **1.** (*color*) pearly; (*forma*) pearl-shaped. **2.** (*cubierto*) beaded: **tenía la frente perlada de sudor** his forehead was beaded with sweat.

permanecer /permane'θer/ [⇨agradecer] *vi* (*frml*) to remain, to stay: **permaneció allí durante un mes** she stayed there for a month; **permaneció callado** he remained silent.

permanencia /perma'nenθja/ *sf* (*estancia*) stay: **trabajó en varias universidades durante su permanencia en Estados Unidos** he worked in several universities during his stay in the United States.

permanente /perma'nente/ **I** *adj* permanent.
II *sf* perm: **me hice la permanente** I had a perm.
III *sm* (*Méx*) perm.

permeabilidad /permeaβili'ðað/ *sf* permeability.

permeable /perme'aβle/ *adj* permeable.

permisible /permi'siβle/ *adj* permissible.

permisividad /permisiβi'ðað/ *sf* permissiveness.

permisivo, -va /permi'siβo -βa/ *adj* permissive.

permiso /per'miso/ *sm* **1.** (*gen*) permission: **pidió permiso** *para* **salir** he asked permission to leave; **le dio permiso** *para* **que entrara** she gave him permission to come in • **con permiso** excuse me • **con tu/su permiso** if you don't mind. **2.** (*documento*) permit, (*GB*) licence, (*US*) license. **3.** (*Mil*) leave: **está** *de* **permiso** he's on leave.

permiso de armas *sm* (*GB*) gun licence, (*US*) gun license.

permiso de conducir *sm* (*GB*) driving licence, (*US*) driver's license.

permiso de exportación *sm* export licence * (*US*) license.

permiso de importación *sm* import licence * (*US*) license.

permiso de obras *sm* planning permission.

permiso de residencia *sm* residence permit.

permiso de trabajo *sm* work permit.

permitido, -da /permi'tiðo -ða/ *adj* permitted, allowed.

permitir /permi'tir/ [⇨PARTIR] *vt* **1.** (*autorizar*) to permit, to allow: **les permitió salir antes** she allowed them to leave early. **2.** (*consentir*) to allow, to let: **no voy a permitir que me traten de esa manera** I'm not going to let them treat me like that; **si me lo permites, voy a abrir la ventana** I'm going to open the window if you don't mind; **permítanme hacer una aclaración** could I explain * clarify one thing?; **permíteme un momento, enseguida estoy contigo** excuse me for a minute, I'll be right with you. **3.** (*posibilitar*) to make possible: **el mal tiempo no permitió que se celebrara la fiesta al aire libre** the bad weather meant it was impossible to have the party outside.

permitirse *v prnl* **1.** (*hacer algo*): **me permito recordarle que todavía no nos ha dado una respuesta** may I remind you that we have not yet received your reply. **2.** (*en un letrero*) [*only used in the third person*]: **no se permite fumar** no smoking. **3.** (*Fin*): **no me lo puedo permitir** I can't afford it.

permuta /per'muta/ *sf* exchange.

permutable /permu'taβle/ *adj* exchangeable.

permutación /permuta'θjon/ *sf* (*Mat*) permutation.

permutar /permu'tar/ [⇨CANTAR] *vt* **1.** (*cambiar*) to exchange. **2.** (*Mat*) to permute.

pernera /per'nera/ *sf* (*GB*) trouser leg, (*US*) leg (*of pants*).

pernicioso, -sa /perni'θjoso -sa/ *adj* pernicious.

pernil /per'nil/ *sm* haunch.

perno /'perno/ *sm* bolt.

pernoctar /pernok'tar/ [⇨CANTAR] *vi* (*frml*) to spend the night.

pero /'pero/ **I** *conj* **1.** (*gen*) but: **es inteligente, pero estudia poco** he's very intelligent, but he doesn't study much. **2.** (*a comienzo de frase*): **pero, ¿qué sucede?** what on earth is going on?; **¡pero qué bien lo pasamos!** we had such a great time! **3.** (*para intensificar*): **un libro gordo, pero gordo ¿eh?** a thick book,

and I mean really thick • **estoy pero que muy contenta** I really am very happy.
II *sm* objection: **pusieron muchos peros** they raised a lot of objections • **¡no hay pero que valga!** and I don't want any argument!

perogrullada /peroɣru'ʎaða/ *sf* truism, platitude.

perol /pe'rol/ *sm* cooking pot.

perola /pe'rola/ *sf* small cooking pot.

peroné /pero'ne/ *sm* fibula.

perorar /pero'rar/ [⇨ CANTAR] *vi* to make a boring speech: **estuvo perorando durante un buen rato** he made a long and boring speech.

perorata /pero'rata/ *sf* boring speech: **nos soltó una perorata** *sobre* **la nueva ley** he went on and on about the new law.

perpendicular /perpendiku'lar/ *adj*, *sf* perpendicular.

perpetrar /perpe'trar/ [⇨ CANTAR] *vt* (*frml*) to commit, to perpetrate: **perpetraron un robo a mano armada** they committed an armed robbery.

perpetuación /perpetwa'θjon/ *sf* perpetuation.

perpetuar /perpe'twar/ [⇨ actuar] *vt* to perpetuate.

perpetuidad /perpetwi'ðað/ *sf* perpetuity: **tiene un cargo** *a* **perpetuidad** he's got a job for life.

perpetuo, -tua /per'petwo -twa/ *adj* perpetual.

perplejidad /perplexi'ðað/ *sf* perplexity.

perplejo, -ja /per'plexo -xa/ *adj* perplexed, confused: **me quedé perpleja** I was perplexed ✱ confused; **me dejó perpleja** he confused me completely.

perra /'perra/ **I** *sf* **1.** (*Zool*) bitch. **2.** (*fam*: *idea fija*) fixed idea: **¡vaya perra con irse a Italia!** she's absolutely determined to go to Italy! • **le cogió la perra de comprarse otro coche** he took it into his head to buy himself another car. **3.** (*fam*: *berrinche*) tantrum: **hay que ver la perra que cogió el niño** the child threw a dreadful tantrum. **4.** (*fam*: *dinero*): **trabajó todo el verano para ganarse unas perras** he worked all summer to earn a bit of cash • **estoy sin una perra** I'm completely broke.
II *adj* (*fam*) awful: **¡qué vida más perra!** what an awful life!

perrada /pe'rraða/ *sf* **1.** (*grupo de perros*) pack of dogs. **2.** (*fam*: *faena*) nasty trick.

perrera /pe'rrera/ *sf* **1.** (*lugar*) pound, dog's home; (*en trenes y aviones*) *cages on planes and trains for transporting dogs*. **2.** (*furgoneta*) dog-catcher's van.

perrería /perre'ria/ *sf* **1.** (*grupo de perros*) pack of dogs. **2.** (*fam*: *faena*) dirty trick: **me hizo una perrería** he played a dirty trick on me.

perrero, -ra /pe'rrero -ra/ *sm/f* dog-catcher.

perrito, -ta /pe'rrito -ta/ **I** *sm/f* (*Zool*: *perro pequeño*) little dog; (*: cachorro*) puppy.
II perrito *sm* (*Chi*: *para la ropa*) (*GB*) clothes peg, (*US*) clothes pin.

perrito caliente *sm* hot dog.

perro /'perro/ **I** *sm* **1.** (*Zool*) dog: **cuidado con el perro** beware of the dog • **se llevan como el perro y el gato** they fight like cat and dog • **a otro perro con ese hueso** come off it! • **perro ladrador poco mordedor** ✱ **perro que ladra no muerde** his bark is worse than his bite • **hace un tiempo de perros** the weather is awful • **me trataron como a un perro** they treated me like dirt • **mi madre me echó los perros encima** my mother got very angry with me • **se pensaba que ataban los perros con longanizas** she thought that the streets were paved with gold • **empresarios y trabajadores discutieron el convenio a cara de perro** employers and workers argued fiercely over the agreement • **es como el perro del hortelano...** it's a case of the dog in the manger. **2.** (*fam*: *canalla*) rat.
II *adj* (*fam*) awful: **¡hace un tiempo perro!** the weather is awful.

perro callejero *sm* stray (dog).

perro de lanas *sm* poodle.

perro de muestra *sm* pointer.

perro esquimal *sm* husky.

perro faldero *sm* lapdog.

perro guardián *sm* guard dog.

perro lazarillo *sm* guide dog.

perro pachón *sm* basset hound.

perro pastor *sm* sheepdog.

perro perdiguero *sm* gundog.

perro salchicha *sm* dachshund, sausage dog.

perro vagabundo *sm* stray (dog).

perro viejo *sm* (*fig*) old hand.

perruno, -na /pe'rruno -na/ *adj* dog: **una vida perruna** a dog's life; **un ejemplar de la raza perruna** a specimen of the canine race.

persecución /perseku'θjon/ *sf* **1.** (*gen*) pursuit: **salió** *en* **persecución** *de* **los atracadores** he went off in pursuit of the attackers. **2.** (*Pol*, *Relig*) persecution.

perseguidor, -dora /perseɣi'ðor -'ðora/ *sm/f* **1.** (*gen*) pursuer. **2.** (*Relig*) persecutor.

perseguir /perse'ɣir/ [⇨ seguir] *vt* **1.** (*seguir*) to pursue, to chase: **lo perseguía la policía** the police were after him; **todavía le persiguen los recuerdos de la guerra** he's still haunted by memories of the war. **2.** (*Pol*, *Relig*) to persecute. **3.** (*pretender*) to aim for, to strive for: **persigue desde hace años el cargo de director** he's been after the director's job for years. **4.** (*importunar*) to pester, to harass: **me persigue a cada momento** *con* **peticiones y súplicas** he's always pestering me with questions and requests. **5.** (*Jur*): **la ley persigue el tráfico de objetos robados** the sale of stolen goods is punishable by law.

perseverancia /perseβe'ranθja/ *sf* perseverance.

perseverante /perseβe'rante/ *adj* persevering.

perseverar /perseβe'rar/ [⇨ CANTAR] *vi* to persevere: **perseveró hasta conseguirlo** she persevered until she was successful; **perseveró** *en* **sus esfuerzos** he persevered with his efforts.

persiana /per'sjana/ *sf* blind, (*US*) shade • **se enrolla como una persiana** she talks non-stop.

persiana de lamas *sf* Venetian blind.

persignarse /persig'narse/ [⇨ CANTAR] *v prnl* (*Relig*) to cross oneself.

persigo /per'siɣo/ *and other forms with* **persig-** ⇨ perseguir

persistencia /persis'tenθja/ *sf* persistence.

persistente /persis'tente/ *adj* persistent.

persistir /persis'tir/ [⇨ PARTIR] *vi*: **persistió** *con* **su llamamiento** he persisted with his appeal; **persiste el riesgo de inundaciones** the risk of floods remains; **persiste** *en* **su idea de estudiar islandés** he's persisting with his idea of studying Icelandic.

persona /per'sona/ *sf* **1.** (*individuo: en singular*) person: **vino** *en* **persona** he came in person; **toca a dos** *por* **persona** we get two per person; (*: en plural*) people *pl*: **algunas personas criticaron su comportamiento** some people criticized his behaviour. **2.** (*Jur*) person: **hay que buscar a la persona o a las personas involucradas** the person or persons involved must be found. **3.** (*Ling*) person: **la primera persona del singular** the first person singular.

persona física *sf* (*Jur*) *person or individual* (*viewed from the legal point of view*).
persona jurídica *sf* (*Jur*) legal entity.
persona mayor *sf* grown-up.
personaje /perso'naxe/ *sm* **1.** (*persona célebre*) personality. **2.** (*de novela, película*) character.
personal /perso'nal/ **I** *adj* **1.** (*privado*) personal, private: **esta carta es personal** this is a personal letter; **su vida personal no interfiere en su trabajo** his personal * private life doesn't interfere with his work. **2.** (*propio*) personal, individual: **es una opinión personal** it's a personal opinion.
II *sm* **1.** (*plantilla*) staff, personnel. **2.** (*fam*: *gente*) people *pl*: **hay mucho personal aquí** there are a lot of people here.
personalidad /personali'ðað/ *sf* **1.** (*forma de ser*) personality. **2.** (*persona célebre*) personality: **acudieron muchas personalidades del mundo del espectáculo** a lot of show business personalities attended.
personalismo /persona'lizmo/ *sm* **1.** (*trato favorable*) (*GB*) favouritism, (*US*) favoritism: **hay que elegir a alguien pero sin personalismos** we have to choose someone, trying to avoid favouritism. **2.** (*tendencia a ser protagonista*): **su personalismo le granjeó muchos enemigos** his desire always to take the credit made him many enemies.
personalista /persona'lista/ *adj* **1.** (*parcial*) partial, biased. **2.** (*protagonista*): **tiene un estilo muy personalista** his style is always to be centre-stage.
personalizar /personali'θar/ [➪cazar] *vi*: **no me gusta personalizar, pero...** I don't like to name names, but....
personalmente /personal'mente/ *adv* **1.** (*al expresar una opinión*) personally: **personalmente creo que hiciste bien** personally, I think you did the right thing. **2.** (*en persona*) in person, personally: **vino personalmente** he came in person.
personarse /perso'narse/ [➪CANTAR] *v prnl* to come in person: **señor Joaquín González, por favor, persónese en información** would Mr Joaquín González please come to the information desk.
personificación /personifika'θjon/ *sf* personification.
personificar /personifi'kar/ [➪sacar] *vt* to personify, to embody: **en nuestra cultura Sócrates personifica la sabiduría** in our culture Socrates is a symbol of wisdom; **es la tacañería personificada** she's miserliness personified.
perspectiva /perspek'tiβa/ *sf* **1.** (*gen*) perspective: **con la perspectiva del tiempo, creo que hice lo que debía** with hindsight, I think I did the right thing. **2.** (*punto de vista*) perspective, point of view: **nosotros vemos el asunto desde una perspectiva diferente** we see the issue from different perspectives; **desde su perspectiva, la fiesta fue un éxito** from his point of view the party was a success. **3.** (*paisaje*) view. **4.** (*expectativa*) outlook, prospect: **las perspectivas** *del* **negocio son buenas** the prospects for the business are good ● **¿tienes algo en perspectiva?** do you have any plans?
perspicacia /perspi'kaθja/ *sf* insight, shrewdness.
perspicaz /perspi'kaθ/ *adj* [**perspicaces**] perceptive.
persuadir /perswa'ðir/ [➪PARTIR] *vt* to persuade: **la persuadimos para que viniera con nosotros** we persuaded her to come with us.
persuadirse *v prnl* to become convinced: **se persuadió** *de* **que era lo mejor para su familia** he became convinced it was the best thing for his family.
persuasión /perswa'sjon/ *sf* persuasion.
persuasivo, -va /perswa'siβo -βa/ *adj* persuasive, convincing.
pertenecer /pertene'θer/ [➪agradecer] *vi* **1.** (*ser propiedad o parte*) to belong: **ese reloj me pertenece** that watch belongs to me. **2.** (*corresponder*): **este asunto pertenece** *a* **otro departamento** this is a matter for a different department.
pertenencia /perte'nenθja/ **I** *sf* **1.** (*a una sociedad, un partido*) membership: **no niega su pertenencia** *a* **ese partido** he doesn't deny his membership of that party. **2.** (*propiedad*): **compró la finca** *con* **todas sus pertenencias** he bought the estate and everything that went with it.
II pertenencias *sf pl* belongings *pl*: **recogió sus pertenencias** he gathered together his belongings.
pértiga /'pertiγa/ *sf* pole (*for the pole vault*).
pertinacia /perti'naθja/ *sf* **1.** (*terquedad*) stubbornness. **2.** (*persistencia*) persistence.
pertinaz /perti'naθ/ *adj* [**pertinaces**] **1.** (*terco*) stubborn. **2.** (*prolongado*) persistent: **tengo un resfriado pertinaz** I have a cold which won't go away.
pertinencia /perti'nenθja/ *sf* relevance.
pertinente /perti'nente/ *adj* **1.** (*referente*) concerning: **en lo pertinente** *a* **este asunto ya nos hemos decidido** as far as this matter is concerned we have already made our decision. **2.** (*conveniente*) appropriate: **considero pertinente recordarles la importancia de la puntualidad** I feel it is only appropriate to remind you of the importance of punctuality; **...y, si lo considera pertinente, informe a sus padres o tutores** ...and, if you should think it appropriate, inform his parents or guardians. **3.** (*que viene al caso*) relevant: **esa pregunta no es pertinente** that question is not relevant * is irrelevant.
pertrecharse /pertre'tʃarse/ [➪CANTAR] *v prnl* to equip oneself: **nos pertrechamos** *de* **comida para toda la semana** we stocked up with enough food to last us all week.
pertrechos /per'tretʃos/ *sm pl* **1.** (*Mil*) supplies *pl*. **2.** (*útiles*) equipment.
perturbado, -da /pertur'βaðo -ða/ **I** *adj* **1.** (*Med*) (mentally) disturbed. **2.** (*alterado*) worried: **la situación la tenía muy perturbada** the situation was a great worry to her.
II *sm/f* (mentally) disturbed person.
perturbador, -dora /perturβa'ðor -'ðora/ *adj* (*noticia*) unsettling; (*conducta*) unruly.
perturbar /pertur'βar/ [➪CANTAR] *vt* **1.** (*alterar el orden de*) to upset, to disrupt: **la lluvia perturbó el programa de fiestas** the rain disrupted the programme of festivities. **2.** (*inquietar*) to disturb, to upset: **la noticia perturbó** *a* **la opinión pública** the news upset public opinion. **3.** (*volver loco a*): **la muerte de su hijo la perturbó por completo** the death of her son drove her completely out of her mind.
perturbarse *v prnl* (*volverse loco*) to go crazy * mad.
Perú /pe'ru/ *sm*: **(el) Perú** Peru.
peruano, -na /pe'rwano -na/ *adj, sm/f* Peruvian.
perversidad /perβersi'ðað/ *sf* wickedness.
perversión /perβer'sjon/ *sf* **1.** (*sexual*) perversion. **2.** (*maldad*) wickedness.
perverso, -sa /per'βerso -sa/ **I** *adj* wicked, evil.
II *sm/f* evil person.
pervertir /perβer'tir/ [➪sentir] *vt* (*gen*) to corrupt, to lead astray: **esos amigos que tiene lo están pervir-**

tiendo those friends of his are leading him astray; (*a menores*) to pervert.
pervertirse *v prnl* to become corrupted.
pervivir /perβi'βir/ [➪ PARTIR] *vi* to survive: **son creencias que han pervivido a través de los siglos** they are beliefs which have survived down the centuries.
pesa /'pesa/ *sf* weight • **hace pesas todos los días para mantenerse en forma** she does weight training everyday to keep herself fit.
pesadez /pesa'ðeθ/ *sf* **1.** (*en la cabeza*) drowsiness; (*en el estómago*) fullness: **tengo pesadez de estómago** I feel full up * very full. **2.** (*cosa aburrida, molesta*) bore, pain: **es una pesadez tener que limpiar todos los días la habitación** it's a bore having to clean the room every day; **tarda dos horas en arreglarse, ¡qué pesadez!** it takes her two hours to get ready, and it's such a pain!
pesadilla /pesa'ðiʎa/ *sf* nightmare: **el traslado fue una pesadilla** the move was a nightmare.
pesado, -da /pe'saðo -ða/ **I** *adj* **1.** (*gen*) heavy: **siento las piernas muy pesadas** my legs feel like lead; **tengo un sueño muy pesado** I sleep very heavily; **tiene unos andares muy pesados** he walks very slowly. **2.** (*comida*) heavy: **la comida era muy pesada y no me sentó bien** the meal was very heavy and it disagreed with me. **3.** (*que cansa*) tiring: **el trabajo de la casa es muy pesado** housework is very tiring and time-consuming; **el viaje se nos hizo muy pesado** the journey was long and tiring; (*que aburre*) boring: **es una película de lo más pesada** it's an incredibly boring film. **4.** (*pelma*): **es muy pesado** he's an absolute bore; **se pone muy pesado cuando habla de su trabajo** he gets very boring when he talks about his work. **5.** (*de mal gusto*): **le gusta gastar bromas pesadas** he likes playing practical jokes. **6.** (*bochornoso*) close: **el ambiente está muy pesado, puede que haya tormenta** it's very close * muggy, we may well have a thunderstorm.
II *sm/f* pain: **la vecina de arriba es una pesada** my upstairs neighbour is a pain.
pesadumbre /pesa'ðumbre/ *sf* grief.
pesaje /pe'saxe/ *sm* (*gen*) weighing; (*Dep*) weigh-in.
pésame /'pesame/ *sm* condolence, condolences *pl*: **le dimos el pésame** *por* **la muerte de su padre** we expressed our condolences on his father's death.
pesar /pe'sar/ **I** *sm* **1.** (*pesadumbre*) sorrow, regret: **con mucho pesar tuvimos que cerrar la tienda** with great regret we had to close (down) the shop • **muy a pesar mío * muy a mi pesar, mi hijo ha dejado los estudios** much to my regret, my son has abandoned his studies. **2.** (*arrepentimiento*) regret: **sentía un gran pesar por lo que había hecho** she greatly regretted what she had done.
II a pesar de *prep* in spite of, despite: **a pesar de que llovía...** in spite of the rain...; **a pesar de que no vino su tío...** in spite of the fact that his uncle did not come...; **a pesar de estar cansado...** in spite of being tired... • **a pesar de todo, nos fuimos** in spite of everything, we left • **nos iremos de vacaciones a pesar de los pesares** we will go on holiday in spite of everything.
III [➪ CANTAR] *vt* **1.** (*tener un peso de*) to weigh: **pesa sólo cincuenta kilos** he only weighs fifty kilos; **este bolso pesa lo suyo** this bag is very heavy. **2.** (*hallar el peso de*) to weigh: **¿puede usted pesarme estos plátanos?** could you weigh these bananas for me?
♦*vi* **1.** (*influir*) to carry a lot of weight: **su opinión pesa mucho en la familia** her opinion carries a lot of weight with her family. **2.** [*only used in the third person singular*] (*producir tristeza*): **ahora me pesa no haber estudiado más** now I regret not having studied more. **3.** (*al expresar oposición*): **pese a quien pese, seguiré adelante con mis planes** no matter who objects, I shall go ahead with my plans • **mal que le pese, va a seguir estudiando** whether he likes it or not, he's going to carry on with his studies.
pesarse *v prnl* to weigh oneself.
pesca /'peska/ *sf* **1.** (*actividad*) fishing: **en estos pueblos mucha gente se dedica a la pesca** in these villages many people earn their living from fishing. **2.** (*lo pescado*) catch • **puedes dejar ahí la mochila y toda la pesca** you can leave your rucksack and all your gear there.
pesca costera *sf* inshore fishing.
pesca de altura *sf* deep-sea fishing.
pesca de arrastre *sf* trawling.
pesca de bajura *sf* inshore fishing.
pesca furtiva *sf* poaching.
pesca submarina *sf* underwater fishing.
pescadería /peskaðe'ria/ *sf* fishmonger's (shop).
pescadero, -ra /peska'ðero -ra/ *sm/f* fishmonger.
pescadilla /peska'ðiʎa/ *sf* young hake *n inv*.
pescado /pes'kaðo/ *sm* (*Culin*) fish: **¿te gusta el pescado?** do you like fish?
pescado azul *sm* blue fish.
pescado blanco *sm* white fish.
pescador /peska'ðor/ *sm* (*hombre*) fisherman.
pescadora /peska'ðora/ *sf* (*mujer*) fisherwoman.
pescante /pes'kante/ *sm* **1.** (*de un carruaje*) driver's seat. **2.** (*en un barco*) davit.
pescar /pes'kar/ [➪ sacar] *vi* to fish: **este fin de semana nos vamos a pescar** we are going fishing this weekend.
♦*vt* **1.** (*peces*) to catch. **2.** (*fam*: *una enfermedad*) to catch: **pescó una borrachera impresionante** he got terribly drunk. **3.** (*fam*: *en una falta*) to catch: **lo pesqué revolviendo en mis cosas** I caught him going through my things; **lo pesqué** *en* **una mentira** I caught him out lying. **4.** (*fam*: *entender*) to get, to understand: **no pude pescar ni una palabra de lo que dijeron** I couldn't understand a word of what they said. **5.** (*fam*: *lo que se buscaba*) to (manage to) get: **pescó un buen partido** she found herself a good husband.
pescozón /pesko'θon/ *sm* slap on the neck.
pescuezo /pes'kweθo/ *sm* (*fam*) neck • **a menudo me entran ganas de retorcerle el pescuezo** I often feel like strangling him.
pese /'pese/ **I pese a** *prep* in spite of, despite: **lo compró pese a lo caro que era** he bought it despite the cost.
II *and other forms with* **pes-** ➪ pesar
pesebre /pe'seβre/ *sm* **1.** (*para animales*) manger. **2.** (*nacimiento*) crib, Nativity scene.
peseta /pe'seta/ *sf* peseta • **lo hice para ganarme unas pesetas** I did it to earn some money • **uno tiene que mirar la peseta** one has to watch the pennies.
pesetero, -ra /pese'tero -ra/ **I** *adj* money-loving.
II *sm/f* lover of money.
pesimismo /pesi'mizmo/ *sm* pessimism.
pesimista /pesi'mista/ **I** *adj* pessimistic.
II *sm/f* pessimist.
pésimo, -ma /'pesimo -ma/ *adj* dreadful, awful: **soy un pésimo jugador** I'm a dreadful player.
peso /'peso/ *sm* **1.** (*gen*) weight: **tiene veinte kilos de**

peso it weighs twenty kilos • **vale su peso en oro** he's worth his weight in gold • **se cae por su propio peso** it's as plain as plain can be • **tiene razones de peso para comportarse así** she has very good reasons for behaving like that. **2.** (*cosa pesada*) heavy object: **el médico le aconsejó que no levantara peso** she was advised by her doctor not to lift heavy things. **3.** (*aparato*) scales *pl*. **4.** (*carga, responsabilidad*) load, burden: **me quitas un peso de encima** you've taken a weight off my mind. **5.** (*influencia*): **su opinión tiene mucho peso** her opinion counts for a lot. **6.** (*en boxeo*) weight. **7.** (*en lanzamiento*) shot. **8.** (*moneda*) peso (*national currency in several Latin American countries*).

peso bruto *sm* gross weight.

peso específico *sm* specific gravity.

peso medio *sm* middleweight.

peso mosca *sm* flyweight.

peso neto *sm* net weight.

peso pesado *sm* heavyweight.

peso pluma *sm* featherweight.

pespunte /pes'punte/ *sm* backstitch.

pesquero, **-ra** /pes'kero -ra/ **I** *adj* fishing: **la flota pesquera** the fishing fleet.
II pesquero *sm* fishing boat.

pesquisa /pes'kisa/ *sf* inquiry: **las pesquisas de la policía permitieron capturar al asesino** the police investigation led to the capture of the murderer; **están haciendo pesquisas** they are making inquiries.

pestaña /pes'taɲa/ *sf* **1.** (*Anat*) eyelash • **se quemó las pestañas estudiando** he studied very hard. **2.** (*de papel*) flap, tab.

pestañear /pestaɲe'ar/ [➪ CANTAR] *vi* to blink • **sin pestañear:** (*sin inmutarse*) **escuchó sin pestañear** he listened attentively; (*sin quejarse*) **pagó sin pestañear** he paid without batting an eyelid.

peste /'peste/ **I** *sf* **1.** (*Med*) plague: **el sida es la peste de nuestro tiempo** Aids is the plague of our times. **2.** (*fam: referido a una persona*) nuisance: **¡qué peste de niños!** what a nuisance those children are! **3.** (*mal olor*) stink: **¡qué peste hace!** what a smell ✱ stink!
II pestes *sfpl*: **cuenta pestes** *de* **sus compañeros de trabajo** she says dreadful things about her colleagues at work; **echaba pestes** *de* **la comida** he was very uncomplimentary about the food.

peste bubónica *sf*: **la peste bubónica** the Plague.

pesticida /pesti'θiðа/ *sm* pesticide.

pestilencia /pesti'lenθja/ *sf* stink, stench.

pestilente /pesti'lente/ *adj* foul-smelling.

pestillo /pes'tiʎo/ *sm* (*cerrojo*) bolt; (*de una cerradura*) latch.

pestiño /pes'tiɲo/ *sm* (*pastel*) *type of cake topped with honey*.

petaca /pe'taka/ *sf* **1.** (*de tabaco picado*) tobacco pouch. **2.** (*botella*) hip flask. **3.** (*Méx: maleta*) suitcase. **4.** (*Arg, Urug: polvera*) compact.

pétalo /'petalo/ *sm* petal.

petanca /pe'taŋka/ *sf*: *game played with metal balls similar to the French game pétanque*.

petardo /pe'tarðo/ *sm* **1.** (*explosivo*) firecracker, (*GB*) banger. **2.** (*fam: persona: fea*) ugly person: **menudo petardo** he's very ugly; (*: traviesa*): **esta niña es un petardo** this girl is a little devil ✱ monkey. **3.** (*fam: algo de poca calidad*): **la película me pareció un petardo** I thought the film was utter garbage.

petate /pe'tate/ *sm* (*Mil*) kitbag • **lió el petate y se fue** he packed up his things and left.

petenera /pete'nera/ *sf*: *type of flamenco song* • **le pregunté pero (se) salió por peteneras** I asked him but he just changed the subject.

petición /peti'θjon/ *sf* **1.** (*demanda: gen*) request: **se hizo así** *a* **petición** *de* **las partes interesadas** it was done like that at the request of the interested parties; (*: de ayuda*) appeal: **mucha gente respondió a la petición** *de* **ayuda** many people responded to the appeal for help. **2.** (*escrito*) petition.

peticionar /petiθjo'nar/ [➪ CANTAR] *vt* (*Amér L*) to petition.

petimetre /peti'metre/ *sm* (*frml*) dandy.

petirrojo /peti'rroxo/ *sm* (*pájaro*) robin.

petisú /peti'su/ *sm* éclair.

peto /'peto/ *sm* **1.** (*pieza sobre el pecho*) bib; (*prenda*) dungarees *pl*: **se compró un peto vaquero** she bought a pair of denim dungarees. **2.** (*Hist: de armadura*) breastplate. **3.** (*Tauro*) *padded covering worn by the picador's horse as protection from the bull*.

petrel /pe'trel/ *sm* (*pájaro*) petrel.

pétreo, **-trea** /'petreo -trea/ *adj* **1.** (*de piedra*) stone. **2.** (*duro*): **una mirada pétrea** a stony look.

petrificado, **-da** /petrifi'kaðo -ða/ *adj* petrified: **al oír aquel grito nos quedamos petrificados** when we heard that scream, we were petrified ✱ scared stiff.

petrificar /petrifi'kar/ [➪ sacar] *vt* **1.** (*Geol*) to turn to stone, to petrify. **2.** (*asustar*) to petrify.

petróleo /pe'troleo/ *sm* oil, petroleum.

petrolero, **-ra** /petro'lero -ra/ **I** *adj* oil: **la industria petrolera** the oil industry.
II petrolero *sm* (*barco*) oil tanker.

petrolífero, **-ra** /petro'lifero -ra/ *adj* oil: **una compañía petrolífera** an oil company.

petroquímica /petro'kimika/ *sf* petrochemistry.

petroquímico, **-ca** /petro'kimiko -ka/ *adj* petrochemical.

petulancia /petu'lanθja/ *sf* (*frml*) conceitedness.

petulante /petu'lante/ *adj* (*frml*) conceited.

petunia /pe'tunja/ *sf* petunia.

peyorativo, **-va** /pejora'tiβo -βa/ *adj* pejorative.

pez /peθ/ **I** *sm* **[peces]** (*Zool*) fish • **en este trabajo me siento como pez en el agua** I'm in my element in this job • **está pez en matemáticas** he knows nothing at all about mathematics.
II *sf* (*sustancia*) pitch.

pez de colores *sm* goldfish.

pez espada *sm* swordfish.

pez gordo *sm* (*fam*) big shot: **estuvo comiendo con un pez gordo de la empresa** he was lunching with one of the company big shots.

pez martillo *sm* hammerhead shark.

pez sierra *sm* sawfish.

pez volador *sm* flying fish.

pezón /pe'θon/ *sm* nipple.

pezuña /pe'θuɲa/ *sf* hoof.

piadoso, **-sa** /pja'ðoso -sa/ *adj* **1.** (*muy religioso*) pious. **2.** (*que muestra compasión*) compassionate.

pianista /pja'nista/ *sm/f* pianist.

piano /'pjano/ **I** *sm* (*Mús*) piano.
II piano piano *loc adv* take it easy.

piano de cola *sm* grand piano.

pianola® /pja'nola/ *sf* Pianola®.

piante /'pjante/ (*fam*) **I** *adj*: **no seas piante y haz lo que te he dicho** stop complaining and do as I said.
II *sm/f* moaner: **es un piante** he's always grumbling.

piar /pjar/ [➪ ansiar] *vi* (*pájaro*) to cheep, to tweet.

piara /'pjara/ *sf* herd (*especially of pigs*).

PIB /pei'be/ *[but often pronounced in its full form]* *sm* (*abbreviation of* **producto interior bruto**) GDP [no lleva artículo] (gross domestic product).

pibe, -ba /'piβe -βa/ *sm/f* (*Arg, Urug: fam*) kid: **¿qué querés, pibe?** what d'you want, kid?

pica /'pika/ **I** *sf* **1.** (*lanza*) pike ● **pusieron una pica en Flandes** they made tremendous progress. **2.** (*Tauro*) lance.
II picas *sf pl* (*palo de la baraja*) spades *pl*.

picada /pi'kaða/ *sf* **1.** (*de abeja, avispa*) sting; (*de mosquito, serpiente*) bite. **2.** (*Amér L: descenso*) dive: **su paracaídas no se abrió y cayó** *en* **picada** his parachute failed to open and he plummeted to the ground.

picadero /pika'ðero/ *sm* riding school.

picadillo /pika'ðiʎo/ *sm* **1.** (*plato*) *dish of fried minced meat, bacon and eggs*. **2.** (*alimento picado*) chopped food: **hizo un picadillo de cebolla y tomate** he chopped up some onions and tomatoes.

picado, -da /pi'kaðo -ða/ **I** *adj* **1.** (*carne*) (*GB*) minced, (*US*) ground: **doscientos gramos de carne picada, por favor** two hundred grams of minced meat, please; (*frutos secos, verdura*) chopped. **2.** (*tabaco*) cut. **3.** (*vino*) vinegary. **4.** (*diente*) decayed; (*de viruela*) pockmarked; (*por las polillas*) moth-eaten. **5.** (*fam: ofendido*) offended: **está picado porque no lo invitaron a la fiesta** he's in a huff because he wasn't invited to the party. **6.** (*fam: enfrentado*): **están picados** *para* **ver quién saca las mejores notas** they're competing fiercely to get the best marks. **7.** (*mar*) choppy.
II picado *sm* **1.** (*descenso*) dive: **descendimos** *en* **picado** we went into a dive ● **en los últimos meses las ventas han caído en picado** in the last few months sales have plummeted. **2.** (*Culin*): **preparó un picado de cebolla y tomate** he chopped up some onions and tomatoes.

picador /pika'ðor/ *sm* **1.** (*Tauro*) picador. **2.** (*minero*) faceworker.

picadora /pika'ðora/ *sf* mincer.

picadura /pika'ðura/ *sf* **1.** (*de abeja, avispa*) sting; (*de mosquito, serpiente*) bite. **2.** (*caries*) cavity: **tiene las muelas llenas de picaduras** her teeth are full of cavities ✱ holes. **3.** (*en una superficie metálica*) small hole. **4.** (*de tabaco*) cut tobacco.

picajoso, -sa /pika'xoso -sa/ *adj* touchy.

picana /pi'kana/ *sf* **1.** (*instrumento de tortura*) electric prod (*used as instrument of torture*). **2.** (*Amér L: Agr*) cattle prod.

picante /pi'kante/ **I** *adj* **1.** (*comida*) hot, spicy. **2.** (*chiste, canción*) saucy: **le gusta contar chistes picantes** he likes telling saucy jokes.
II *sm* (*especia*): **no le pongas tanto picante** don't make it so hot; **le gusta mucho el picante** he likes his food spicy.

picapedrero /pikape'ðrero/ *sm* stonemason.

picapleitos /pika'pleitos/ *sm/f inv* (*fam*) hack lawyer.

picaporte /pika'porte/ *sm* **1.** (*para abrir, cerrar*) door handle. **2.** (*para llamar*) door knocker.

picar /pi'kar/ [⇨ sacar] *vt* **1.** (*carne*) to mince, (*US*) to grind; (*cebollas, nueces, etc.*) to chop (up). **2.** (*avispa, abeja*) to sting: **lo picó una avispa** he was stung by a wasp; (*mosquito, serpiente*) to bite; (*pájaros*) to peck (at). **3.** (*comer*): **hemos estado picando algo por ahí** we have been having a few nibbles; **tráenos algo para picar** bring us some nibbles. **4.** (*un billete, una entrada*) to punch: **el revisor no nos picó los billetes** the inspector didn't punch our tickets. **5.** (*Tauro*) to goad. **6.** (*los dientes*) to decay, to rot. **7.** (*piedras*) to break. **8.** (*fam: provocar*): **me picó tanto la curiosidad que fui a verlo** my curiosity was aroused so much that I went to see him.
♦ *vi* **1.** (*avispa, abeja*) to sting; (*mosquito, serpiente*) to bite; (*pájaro*) to peck. **2.** (*sol*): **¡cómo pica hoy el sol!** the sun is scorching today! **3.** (*producir picor*) to itch: **me pica la espalda** my back is itching; **esta lana pica** this wool is very itchy. **4.** (*estar picante*) to be hot: **¡cómo pica!** it's really hot! **5.** (*peces*) to bite. **6.** (*fam: dejarse engañar*) to fall for it: **piqué sin darme ni cuenta** I fell for it without realizing. **7.** (*fam: causar irritación*): **le picó que no se lo dijeras** he was annoyed that you didn't tell him. **8.** (*Amér L: pelota*) to bounce. **9.** (*Arg, Urug: fam, irse*) to beat it.
picarse *v prnl* **1.** (*metal*) to become pitted with holes; (*goma*) to perish; (*dientes*) to decay: **se le habían picado todos los dientes** all his teeth were decayed; **creo que se me ha picado una muela** I think I need a filling; (*ropa: apolillarse*) to be eaten by moth: **ponle naftalina para que no se te pique** put mothballs on it to keep out the moth. **2.** (*vino*) to become vinegary; (*fruta*) to begin to go off. **3.** (*ropa*) to become moth-eaten. **4.** (*fam: enfadarse*) to get annoyed: **era una broma, pero se picó** it was a joke, but she got annoyed. **5.** (*fam: sentirse aguijoneado*): **me piqué y quise demostrarle que sí podía** I felt compelled to try and show him that I could do it; **se picó y trató de adelantarme** he rose to the challenge and tried to overtake me. **6.** (*mar*) to become choppy, to get rough. **7.** (*!!: drogarse*) to shoot up.

picardía /pikar'ðia/ *sf* **1.** (*ingenio, astucia*): **le falta picardía** he lacks cunning. **2.** (*dicho*) rude ✱ saucy comment.

picaresca /pika'reska/ *sf* **1.** (*actitud*): **es otro ejemplo de la picaresca nacional** it's another example of the national contempt for the rule of law. **2. la picaresca** (*Lit*) picaresque literature.

picaresco, -ca /pika'resko -ka/ *adj* **1.** (*malicioso*) roguish. **2.** (*Lit*) picaresque.

pícaro, -ra /'pikaro -ra/ **I** *adj* **1.** (*astuto*) cunning. **2.** (*fresco*) cheeky: **¡qué pícaro es!** what a cheeky little devil he is!
II *sm/f* **1.** (*persona maliciosa*) rogue. **2.** (*Lit*) *main character in a picaresque novel*.

picatoste /pika'toste/ *sm* crouton.

picazón /pika'θon/ *sf* **1.** (*picor*) itch: **sentía una intensa picazón** *en* **los ojos** her eyes were itching very badly. **2.** (*remordimiento*) feeling of remorse.

pichi /'pitʃi/ *sm* pinafore dress.

pichicata /pitʃi'kata/ *sf* (*Amér S: fam*) dope.

pichicatero, -ra /pitʃika'tero -ra/ *sm/f* (*Arg, Chi, Urug: fam*) junkie.

pichincha /pi'tʃintʃa/ *sf* (*Arg, Bol, Urug: ganga*) bargain.

pichón /pi'tʃon/ *sm* fledgling pigeon.

Picio /'piθjo/ *sm* ● **es más feo que Picio** he's as ugly as sin.

pickles /'pikles/ *sm pl* (*Arg, Chi, Urug*) pickles *pl*, pickled vegetables *pl*.

picnic /'piknik/ *sm* picnic: **ayer fuimos** *de* **picnic** we went for a picnic yesterday.

pico /'piko/ *sm* **1.** (*de un ave*) beak. **2.** (*fam: boca*) mouth: **¡cierra el pico!** shut your mouth! ● **esta chica tiene un pico de oro** this girl is a great talker ● **me temo que alguien se ha ido del pico** I'm afraid someone has talked too much. **3.** (*de un recipiente*) spout. **4.** (*montaña, cima*) peak. **5.** (*herramienta*) pick. **6.** (*parte puntiaguda*) corner: **se dio un golpe con el pico de la cama** she hit herself on the corner of the bed. **7.** (*referido a cantidad: elevada*): **nos cobraron un pico por la reparación** we were charged a fortune for the repair; (*: un poco más*): **la libra está a doscientas pesetas y pico** the pound is now worth just over two hundred pesetas; **vivieron juntos dos años y pico** they lived together for two years and a bit. **8.** (*!!: droga*) shot. **9.** • (*cuando se va de juerga*) **se fueron de picos pardos** they went out for a good time.

picor /pi'kor/ *sm* **1.** (*en el cuerpo*) itch: **padece muchos picores a causa de su enfermedad** his illness causes him a lot of itching. **2.** (*al comer*): **no puedo soportar el picor de esas guindillas** those chillies are too hot for me.

picoso, -sa *adj* /pi'koso -sa/ (*Méx: comida*) hot, peppery.

picota /pi'kota/ *sf* **1.** (*fruta*) bigarreau cherry. **2.** • (*cuando se expresa una crítica*) **puso en la picota a gente muy reputada** he attacked the reputations of some very famous people.

picotazo /piko'taθo/ *sm* peck.

picotear /pikote'ar/ [⇨ CANTAR] *vt* (*ave*) to peck.
♦*vi* (*fam: persona*) to eat between meals, to snack: **¿cómo quieres adelgazar si no paras de picotear?** how do you expect to lose weight if you don't stop eating between meals?

pictórico, -ca /pik'toriko -ka/ *adj* pictorial.

picudo, -da /pi'kuðo -ða/ *adj* pointed.

pido /'piðo/ *and other forms with* ***pid-*** ⇨ pedir

pídola /'piðola/ *sf* leapfrog.

pidón, -dona /pi'ðon -'ðona/ *adj*: **es muy pidón** he's always asking for things.

pie /pje/ *sm* **1.** (*Anat*) foot (*pl* feet): **fuimos** ***a*** **pie** we went on foot; **me paso todo el día** ***de*** **pie** I'm on my feet all day; **permaneció** ***de*** **pie durante toda la conferencia** he remained standing throughout the lecture • **Juan nació de pie** Juan was born lucky • **¿haces pie?** can you touch the bottom (of the pool)? • **está tan cansado que no se tiene en pie** he is so tired that he can scarcely stand • **lleva en pie desde las cinco de la mañana** he has been up since five o'clock this morning • **la oferta sigue en pie** the offer still stands • **sólo aceptarán negociar en pie de igualdad** they will only negotiate on an equal footing • **la nación estaba en pie de guerra** the country was on a war footing • **empezó sus estudios con buen/mal pie** he began his studies well/badly • **hoy me he levantado con el pie izquierdo** I got out of bed on the wrong side today • **hizo los deberes con los pies** she did her homework very badly • **¡ándate con pies de plomo!** tread carefully! • **de aquí me tendrán que sacar con los pies por delante** I'm not moving out of here as long as I live • **hoy no doy pie con bola** I can't get anything right today • **todos sabemos de qué pie cojea** we all know her weaknesses * weak points • **al pie de la letra**: **esto es lo que dijo al pie de la letra** that's what he said word for word; **cumplieron el acuerdo al pie de la letra** they carried out the agreement to the letter • **tuve que pararle los pies** I had to put him in his place • **es un caballero de los pies a la cabeza** he's a gentleman through and through • **no tiene (ni) pies ni cabeza** it doesn't make sense • **contó una historia sin pies ni cabeza** she told a story that didn't make any sense • **pies para qué os quiero, me dije cuando me vi en tal situación** I got out fast when I saw what was happening • **cuando llegó la policía los atracadores pusieron los pies en polvorosa** when the police arrived the robbers made a run for it • **me lo creo a pie juntillas** * **a pies juntillas** I believe it absolutely * implicitly • **a los pies de Su Excelencia** at Her/His Excellency's service • **deja de buscarle tres** * **cinco pies al gato** stop splitting hairs. **2.** (*de una estatua, una lámpara*) base; (*de una copa*) stem • **sigue al pie del cañón** she still works. **3.** (*de una página, una escalera, etc.*) foot: **dejó el pijama a los pies de la cama** she left her pyjamas at the foot of the bed. **4.** (*also* **pie de foto**) caption. **5.** (*Medidas*) foot (*pl* feet). **6.** (*a un actor*) cue. **7.** (*ocasión*): **sus declaraciones dieron pie a una acalorada polémica** his comments gave rise to a heated debate; **como le des pie, te pedirá dinero** if you give him the opportunity, he'll ask you for money.

pie de imprenta *sm* imprint.

pie plano *sm* flat foot.

piedad /pje'ðað/ *sf* **1.** (*compasión*) mercy: **no tuvieron piedad** ***de*** **él** they showed him no mercy. **2.** (*fervor*) piety. **3.** (*Artes*) pietà (*painting or scupture of the Virgin Mary supporting the dead Christ*).

piedra /'pjeðra/ *sf* **1.** (*gen*) stone • **no dejó piedra por mover en el intento** he left no stone unturned in the attempt • **vive a tiro de piedra de aquí** he lives a stone's throw away from here • **no será tan tonto como para tirar piedras a su propio tejado** he's not so stupid that he'll go against his own interests • **me quedé de piedra** * **la noticia me dejó de piedra** I was stunned at the news • **es poco dinero, pero menos da una piedra** it's not much money, but it's better than nothing. **2.** (*also* **piedra de mechero**) flint. **3.** (*Med*) stone. **4.** (*Meteo: granizo*) hailstone.

piedra angular *sf* cornerstone.

piedra de toque *sf* touchstone: **esa exposición será la piedra de toque de los nuevos artistas** that exhibition will be the proving ground for the new artists.

piedra pómez *sf* pumice (stone).

piedra preciosa *sf* precious stone.

piel /pjel/ *sf* **1.** (*Anat*) skin • **sólo de pensarlo se me pone la piel de gallina** just thinking about it gives me gooseflesh • **es un trabajo en el que uno se juega la piel a diario** it's a job in which you risk your life every day • **los jugadores se dejaron la piel en el campo** the players gave it everything they had in the match • **vendieron cara la piel** they only gave up after a terrific struggle • **¡este niño es de la piel del diablo!** this boy is the very devil! **2.** (*cuero curtido*) leather; (*con pelo natural*) fur: **decidió dejar de utilizar su abrigo de pieles** she decided to stop wearing her fur coat. **3.** (*de una pera, una manzana, etc.*) peel.

piel roja *sm/f* Red Indian.

pienso /'pjenso/ **I** *and other forms with* ***piens-*** ⇨ pensar
II *sm* fodder.

pierdo /'pjerðo/ *and other forms with* ***pierd-*** ⇨ perder

pierna /'pjerna/ **I** *sf* leg • **antes de acostarnos salimos a estirar las piernas** before going to bed we went out to stretch our legs • **estaba durmiendo a pierna suelta** she was fast asleep.
II *adj inv* (*Arg, Urug: fam*) **1.** (*dispuesto a hacer favores*): **sé pierna, llevanos hasta el centro** be a sport, take us to the centre. **2.** (*compañero de diversiones*): **Gustavo es pierna** ***para*** **todo** Gustavo is game for everything.

pierna de cordero *sf* leg of lamb.

pieza /'pjeθa/ *sf* **1.** (*de fruta, ajedrez, etc.*) piece: **se comió tres piezas de fruta** he ate three pieces of fruit; **faltan cinco piezas de esta cubertería** this set of cutlery is missing five pieces; **este jarrón es una**

pieza de museo this vase is a museum piece • **cuando me enteré me quedé de una pieza** when I found out, I was struck dumb. **2.** (*Mús*): **la orquesta tocó varias piezas de música española** the orchestra played several pieces of Spanish music. **3.** (*de un aparato*) part: **tienen que cambiar una pieza** they have to change one of the parts. **4.** (*de una casa*) room. **5.** (*de teatro*) play. **6.** (*de caza*) piece: **cobró varias piezas** he shot several pieces of game while out hunting. **7.** (*fam*: *travieso*) handful: **¡menuda pieza está hecho su hijo!** what a handful her son has turned into!

pieza de recambio, **pieza de repuesto** *sf* spare part.

pifia /'pifja/ *sf* (*fam*) gaffe, blunder: **¡la de pifias que ha cometido!** he's made so many blunders!

pifiar /pi'fjar/ [⇨ CAMBIAR] *vt*: **pifiarla** (*fam*): **casi la pifia** she nearly blew it.

pigmentación /piɣmenta'θjon/ *sf* pigmentation.

pigmento /piɣ'mento/ *sm* pigment.

pigmeo, **-mea** /piɣ'meo -'mea/ *adj*, *sm/f* pygmy.

pijada /pi'xaða/ *sf* (*fam*) **1.** (*asunto insignificante*) trifling matter: **se enfadó por una pijada** he lost his temper over a trifling thing; (*cosa insignificante*): **se compró unas pijadas en París** he bought himself a few things in Paris. **2.** (*comentario*) stupid remark: **eso que te dijo es una pijada** what she said to you is nonsense. **3.** (*algo propio de pijos*): **no me gustan ese tipo de pijadas** that sort of thing's too posh for me.

pijama /pi'xama/ *sm* (*GB*) pyjamas *pl*, (*US*) pajamas *pl*.

pijería /pixe'ria/ *sf* (*fam*) **1.** (*conjunto de pijos*) rich young people *pl*. **2.** (*insignificancia*) trifling matter. **3.** (*comentario*) stupid remark. **4.** (*algo propio de pijos*): **es otra de sus pijerías** it's another one of his extravagant whims.

pijo, **-ja** /'pixo -xa/ (*fam*) **I** *adj* posh, swanky: **vive en un barrio muy pijo** she lives in a very swanky area.
II *sm/f* (*niño bien*) rich boy; (*niña bien*) rich girl.

pijotada /pixo'taða/ *sf* (*fam*) ⇨ pijada

pijotería /pixote'ria/ *sf* (*fam*) **1.** (*conjunto de pijos*) rich young people *pl*. **2.** (*insignificancia*) trifling matter. **3.** (*comentario*) stupid remark. **4.** (*algo propio de pijos*) extravagance (*of a rich young person*).

pijotero, **-ra** /pixo'tero -ra/ (*fam*) **I** *adj* pernickety, fault-finding: **es tan pijotero que todo le parece mal** he's so pernickety that everything seems wrong to him.
II *sm/f* pain (in the neck).

pila /'pila/ *sf* **1.** (*montón*) pile: **hay una pila de ropa encima de la cama** there is a pile of clothes on the bed. **2.** (*fam*: *gran cantidad*) masses *pl*: **tengo una pila de trabajo para mañana** I have masses of work to do for tomorrow. **3.** (*de fregar*) sink: **pon los platos en la pila** put the plates in the sink; (*del cuarto de baño*) basin. **4.** (*eléctrica*) battery.

pila bautismal *sf* font.

pilar /pi'lar/ *sm* **1.** (*Arquit*) pillar. **2.** (*persona o elemento de apoyo*): **mi jefe es uno de los pilares de esta empresa** my boss is one of the mainstays of this company. **3.** (*en los caminos*) milestone.

píldora /'pildora/ *sf* **1.** (*Med*) tablet, pill • **consiguieron que sus padres se tragaran la píldora** they got their parents to believe the story • **no me dores la píldora** don't try to make it sound better. **2. la píldora (anticonceptiva)** the pill: **está tomando la píldora** she's on the pill.

pileta /pi'leta/ *sf* **1.** (*de fregar*) sink; (*del cuarto de baño*) basin. **2.** (*Arg*, *Urug*: *piscina*) swimming pool. **3.** (*Arg*, *Urug*: *abrevadero*) trough.

pillada /pi'ʎaða/ *sf* dirty trick.

pillaje /pi'ʎaxe/ *sm* looting.

pillar /pi'ʎar/ [⇨ CANTAR] *vt* **1.** (*a alguien*) to catch: **a ver si me pillas** catch me if you can; **lo pillé fisgando en mi bolso** I caught him going through my bag; **me pilló en pijama** he caught me in my pyjamas; **la lluvia nos pilló fuera** we got caught in the rain; (*una enfermedad*): **pillé un resfriado** I caught a cold; (*el dedo, la mano*): **al cerrar la puerta le pillé la mano sin querer** when I closed the door, I trapped his hand in it. **2.** (*entender*) to grasp, to catch: **no pillé el sentido de la frase** I didn't catch * grasp the meaning of the sentence. **3.** (*atropellar*) to knock down, to run over: **por poco la pilla un camión** a truck nearly ran her over.
♦*vi* (*fam*): **el colegio me pilla cerca de casa** the school is almost on my doorstep.

pillarse *v prnl* to catch: **se pilló el dedo en la puerta** he caught * trapped his finger in the door.

pillastre /pi'ʎastre/ *sm* (*fam*) rascal.

pillería /piʎe'ria/ *sf* **1.** (*hecho*) dirty trick. **2.** (*grupo de pillos*) gang.

pillín, **-llina** /pi'ʎin -'ʎina/ *sm/f* (*fam*) rascal.

pillo, **-lla** /'piʎo -ʎa/ **I** *adj* sly, cunning.
II *sm/f* (*chico*) rascal; (*adulto*) rogue.

pilón /pi'lon/ *sm* **1.** (*poste*) pillar. **2.** (*abrevadero*) trough; (*lavadero*) sink. **3.** (*fam*: *montón*) heaps: **había un pilón de comida** there was heaps of food.

pilotaje /pilo'taxe/ *sm* **1.** (*de un avión*) flying; (*de un barco*) piloting. **2.** (*en una carrera: de un coche*) driving; (*: de una moto*) riding.

pilotar /pilo'tar/ [⇨ CANTAR] *vt* (*Av*, *Náut*) to pilot; (*Auto*) to drive.

piloto /pi'loto/ **I** *sm/f* **1.** (*Av*, *Náut*) pilot; (*Auto*) driver.
II *sm* **1** (*indicador luminoso: gen*) (warning) light; (*: en la parte posterior de un vehículo*) (*GB*) rear light, (*US*) taillight. **2.** (*llama permanente*) pilot light.
III *adj inv* **1.** (*instituto, proyecto, etc.*) pilot: **se trata de un plan piloto** it's a pilot scheme. **2.** (*piso, casa*) show: **visitamos un piso piloto** we visited a show apartment.

piloto automático *sm* automatic pilot.

piloto de pruebas *sm/f* (*de coche, moto*) test driver; (*de avión*) test pilot.

piltrafa /pil'trafa/ **I** *sf* **1.** (*algo inservible*): **ese vestido está hecho una piltrafa** that dress looks like an old rag! **2.** (*fam*: *persona*) wreck: **estoy hecho una piltrafa** I feel a total wreck.
II piltrafas *sf pl* scraps *pl*.

pimentero /pimen'tero/ *sm* **1.** (*planta*) pepper plant. **2.** (*recipiente*) pepper pot.

pimentón /pimen'ton/ *sm* **1.** (*especia: no picante*) paprika; (*: picante*) cayenne pepper. **2.** (*Chi*, *Col*, *Perú*, *Ven*: *pimiento*) pepper (*vegetable*).

pimienta /pi'mjenta/ *sf* pepper (*spice*).

pimienta blanca *sf* white pepper.

pimienta negra *sf* black pepper.

pimiento /pi'mjento/ *sm* (*planta*) pepper; (*fruto*) pepper, capsicum • **se puso roja como un pimiento** she went as red as a beetroot • **¡y un pimiento!** no way! • **me importa un pimiento lo que hagas** I don't care what you do.

pimiento morrón *sm* (sweet) red pepper.

pimiento rojo *sm* red pepper.

pimiento verde *sm* green pepper.

pimpante /pim'pante/ *adj* (*fam*) **1.** (*tranquilo*) calm, unconcerned: **todo el mundo le gritaba, pero él, tan pimpante** everyone was shouting at him, but he didn't bat an eyelid. 2. (*arreglado*): **salió de casa tan pimpante con su traje nuevo** he left the house all dressed up in his new suit.

pimpinela /pimpi'nela/ *sf* (*Bot*) pimpernel.

pimplar /pim'plar/ [⇨CANTAR] *vt* (*fam*) to drink (*in large amounts*).

pimpollo /pim'poʎo/ *sm* 1. (*brote*) bud; (*capullo de rosa*) rosebud. 2. (*fam: chico*) good-looking young man; (*: chica*) good-looking young woman ● **estás hecho un pimpollo** you're looking wonderful (*despite the passing of the years*).

pimpón /pim'pon/ *sm* ping-pong, table tennis.

pin /pin/ *sm* pin, (*GB*) badge.

pinacoteca /pinako'teka/ *sf* art gallery.

pináculo /pi'nakulo/ *sm* (*Arquit*) pinnacle ● **falleció cuando se hallaba en el pináculo de su carrera** he died at the height * peak of his career.

pinar /pi'nar/ *sm* pine forest.

pincel /pin'θel/ *sm* (*Artes*) paintbrush (*as used by artists or for fine paintwork*).

pincelada /pinθe'laða/ *sf* 1. (*Artes*) brushstroke. 2. (*frase*): **el autor recrea el ambiente de la época con unas pocas pinceladas** the author recreates the atmosphere of the times in a few short sentences.

pincelar /pinθe'lar/ [⇨CANTAR] *vt* 1. (*Artes*) to paint. 2. (*describir*) to outline.

pinchadiscos /pintʃa'ðiskos/ *sm/f inv* (*fam*) DJ, disc jockey.

pinchar /pin'tʃar/ [⇨CANTAR] *vt* 1. (*clavar algo punzante en*) to prick: **pinchó el globo** he pricked * burst the balloon ● **yo ni pincho ni corto en el asunto** I have no say in the matter. 2. (*fam: ponerle una inyección a*) to inject: **no lloró cuando el médico la pinchó** she didn't cry when the doctor gave her the injection. 3. (*fam: insistir*): **estuvieron pinchándonos para que fuéramos a la excursión** they were trying to persuade us to go on the excursion. 4. (*fam: molestar*): **se pasa el día pinchando a su hermano** he spends all his time pestering * bugging his brother. 5. (*intervenir*) to tap: **sospechaba que habían pinchado su teléfono** he suspected that his phone had been tapped.

♦*vi* (*Auto*) to have a puncture: **pincharon dos veces** they had two punctures * flat tyres.

pincharse *v prnl* 1. (*clavarse algo punzante*) to prick oneself: **cuidado, te vas a pinchar con la aguja** careful, you'll prick yourself with the needle. 2. (*Auto*) to puncture: **se ha pinchado la rueda** we've got a puncture. 3. (*!!: drogarse*) to inject oneself.

pinchazo /pin'tʃaθo/ *sm* 1. (*acción*) prick, pinprick: **¡qué pinchazo me he dado!** oh, I've pricked myself so badly!; **es un pinchazo de nada** it's just a little pinprick. 2. (*señal*) prick (mark): **tiene el brazo lleno de pinchazos** his arm is covered in prick marks. 3. (*de dolor*) stabbing pain. 4. (*de un neumático*) (*GB*) puncture, flat (tyre), (*US*) flat (tire).

pinche /'pintʃe/ I *sm/f* 1. (*de cocina: hombre*) kitchen boy; (*: mujer*) kitchen maid. 2. (*Méx: fam, pillo*) scoundrel.

II *adj* (*Méx: fam*) lousy, damned.

pinchito /pin'tʃito/ *sm* appetizer, titbit.

pincho /'pintʃo/ *sm* 1. (*punta aguda: gen*) point; (*: de una flor*) thorn, prickle; (*: de un animal*) spine, prickle. 2. (*aperitivo*) appetizer, titbit.

pincho de tortilla *sm*: *slice of omelette* (*served in bars*).

pincho moruno *sm type of pork kebab.*

pineda /pi'neða/ *sf* pine forest.

pingajo /piŋ'gaxo/ *sm* (*fam*) 1. (*harapo*) rag: **ese vestido es un pingajo** that dress looks like an old rag. 2. (*persona*): **iba hecha un pingajo** she looked a real mess.

pingar /piŋ'gar/ [⇨pagar] *vi* ● **me puso pingando** he called me every name under the sun.

pingo /'piŋgo/ *sm* (*fam*) 1. (*harapo*) rag ● **me puso como un pingo** he called me every name under the sun. 2. (*persona*): **iba hecha un pingo** she looked a real mess.

pingonear /piŋgone'ar/ [⇨CANTAR] *vi* (*fam*) to hang about the streets.

pingoneo /piŋgo'neo/ *sm* (*fam*): **se pasa la vida** *de* **pingoneo** he's always hanging about the streets.

ping-pong® /piŋ'poŋ/ *sm* ping-pong, table tennis.

pingüe /'piŋgwe/ *adj* large, considerable: **la empresa obtuvo pingües beneficios** the company made considerable profits.

pingüino /piŋ'gwino/ *sm* penguin.

pinitos /pi'nitos/ *sm pl* ● **ese año hizo sus primeros pinitos en el teatro** she started acting in the theatre that year.

pino /'pino/ *sm* 1. (*árbol*) pine ● **está en el quinto pino** it's in the back of beyond; (*madera*) pine. 2. (*Dep*): **¿sabes hacer el pino?** (*apoyándose en las manos*) can you do a handstand?; (*apoyándose en la cabeza*) can you stand on your head?

pino común *sm* pine.

pino piñonero *sm* stone pine.

pinocha /pi'notʃa/ *sf* (*una*) pine needle; (*conjunto*) pine needles *pl*.

pinrel /pin'rrel/ *sm* (*fam*) foot ● **te cantan los pinreles** your feet stink.

pinta /'pinta/ I *sf* 1. (*fam: aspecto*) look: **tiene pinta** *de* **estar enfermo** he looks unwell. 2. (*mancha: gen*) dot, spot; (*: de ciertos animales*) spot. 3. (*medida*) pint. 4. (*Méx: pintada*) piece of graffiti. 5. (*Méx: Educ, fam*): **se fue** *de* **pinta** (*GB*) he skived off school, (*US*) he played hooky.

II *sm* (*fam: golfo*) scoundrel, crook: **está hecho un pinta de mucho cuidado** you can't trust him an inch.

pintada /pin'taða/ *sf* 1. (*en pared: gen*) piece of graffiti; (*: de tipo político*) slogan: **los pillaron haciendo una pintada** they were caught writing up a political slogan. 2. (*pájaro*) guinea fowl.

pintado, -da /pin'taðo -ða/ *adj* 1. (*cuadro, pared, etc.*) painted ● **recién pintado** Wet Paint ● **que ni pintado**: **ese dinero me viene que ni pintado** that money is just what I needed; **el vestido te sienta que ni pintado** the dress suits you right down to the ground. 2. (*cara*) made-up: **va demasiado pintada** she wears too much make-up. 3. (*piel*) mottled. 4. (*idéntico*) identical: **es pintado** *a* **su madre** he looks just like his mother ● **le podría suceder al más pintado** it could happen to anybody ● **este trabajo acaba con el más pintado** this job is just too much for anybody.

pintalabios /pinta'laβjos/ *sm inv* lipstick.

pintamonas /pinta'monas/ *sm/f inv* (*fam*): **no le hagas caso, es un pintamonas** don't pay any attention to him, he's a nobody.

pintar /pin'tar/ [⇨CANTAR] *vt* 1. (*una pared, una casa, etc.*) to paint: **pinté las paredes** *de* **blanco** I painted the walls white. 2. (*un cuadro, un mural, etc.*) to paint: **Velázquez pintó las Meninas** Velázquez painted Las Meninas; (*fam: dibujar*): **¿por qué no pintas una casa?** why don't you draw a house? 3. (*describir*) to describe: **me pintó la excursión** *con* **todo lujo de detalles** he gave me a detailed description of his trip. ♦*vi* **1.** (*dejar señal*) to write: **este rotulador no pinta** this felt-tip pen doesn't write. **2.** (*en juegos de naipes*) to be trumps: **pintan bastos** clubs are trumps. **3.** (*fam: tener un papel*): **no sé qué pinta ese sillón en el pasillo** I don't know what that chair is doing in the corridor; **tú aquí no pintas nada** you don't carry any weight here.

pintarse *v prnl* **1.** (*maquillarse*) to put on one's make-up, to do one's make-up. **2.** (*los labios*): **se pintó los labios** she put some lipstick on; (*las uñas*) to paint: **tengo que pintarme las uñas** I must paint my nails.

pintarrajear /pintarraxe'ar/ [➪ CANTAR] *vt* to paint very badly.

pintarrajearse *v prnl* to put on too much make-up.

pintiparado, -da /pintipa'raðo -ða/ *adj* ● **me viene que ni pintiparado** it's just what I need.

pintor, -tora /pin'tor -'tora/ *sm/f* painter.

pintor de brocha gorda *sm* **1.** (*de puertas, ventanas, etc.*) painter. **2.** (*Artes: fam, mal artista*) bad painter.

pintoresco, -ca /pinto'resko -ka/ *adj* **1.** (*lugar*) picturesque. **2.** (*comportamiento*) singular, unusual: **tiene una forma de hablar muy pintoresca** he has a very unusual way of talking.

pintura /pin'tura/ *sf* **1.** (*actividad, obra*) painting: **una pintura impresionista** an Impressionist painting; **se dedica a la pintura** she's a painter ● **no la puedo ver ni en pintura** I can't stand the sight of her. **2.** (*material*) paint. **3.** (*lápiz de color*) (*GB*) coloured pencil, (*US*) colored pencil. **4.** (*descripción*) description.

pintura a la acuarela *sf* (*GB*) watercolour (painting), (*US*) watercolor (painting).

pintura al óleo *sf* oil painting.

pintura al pastel *sf* pastel drawing.

pintura de cera *sf* wax crayon.

pintura de emulsión *sf* emulsion.

pintura esmalte *sf* gloss paint.

pintura rupestre *sf* cave painting.

pinturero, -ra /pintu'rero -ra/ *adj* (*fam*) flashily dressed: **iba todo pinturero** *con* **su chaqueta nueva** he was very flashily dressed in his new jacket.

pinza /'pinθa/ **I** *sf* **1.** (*para colgar la ropa*) (*GB*) clothes peg, (*US*) clothes pin ● **dejó la ropa que había que cogerla con pinzas** his clothes were absolutely filthy. **2.** (*para sujetar el pelo*) hairclip. **3.** (*en un pantalón, una falda*) dart: **la chaqueta tiene dos pinzas en la parte delantera** the jacket has two darts in the front. **4.** (*de cangrejo, etc.*) claw, pincer. **5.** (*also* **pinzas** *sf pl*) (*Arg, Urug*) pliers *pl*.

II pinzas *sf pl* **1.** (*para depilar*) tweezers *pl* ● **se lo tuve que sacar con pinzas** I had to drag it out of him. **2.** (*para el azúcar, el hielo*) tongs *pl*.

pinzón /pin'θon/ *sm* (*pájaro*) finch.

piña /'piɲa/ *sf* **1.** (*de pino*) (pine) cone. **2.** (*fruta*) pineapple. **3.** (*grupo*) close-knit group: **los miembros del equipo forman una piña** the members of the team are a very close-knit group. **4.** (*fam: golpe*) bang: **me pegué una piña espantosa** I gave myself a terrific bang ✻ knock.

piñata /pi'ɲata/ *sf*: *hollow papier-mâché figure filled with sweets (at parties blindfolded children take turns to hit it until it breaks).*

piñón /pi'ɲon/ *sm* **1.** (*Bot*) pine nut ● **están a partir un piñón** they are as thick as thieves. **2.** (*de una bicicleta, una máquina*) pinion.

pío, -a /'pio -a/ **I** *adj* (*Relig*) pious.

II pío *sm* (*de las aves*) cheep ● **no dijo ni pío** (*por ser discreto*) he kept his mouth shut; (*por ser callado*) he didn't say a word.

piojo /'pjoxo/ *sm* louse (*pl* lice).

piojoso, -sa /pjo'xoso -sa/ *adj* **1.** (*lleno de piojos*) lousy. **2.** (*fam: sucio*) dirty, grubby.

piolet /pjo'le/ *sm* [**piolets**] (*GB*) ice-axe, (*US*) ice-ax.

pionero, -ra /pjo'nero -ra/ *sm/f* pioneer.

pipa /'pipa/ **I** *sf* **1.** (*para fumar*) pipe: **mi padre fuma** *en* **pipa** my father smokes a pipe. **2.** (*de fruta*) pip, seed; (*de girasol*) sunflower seed ● **no ganamos ni para pipas** we're working for peanuts.

II *adv* ● **nos lo pasamos pipa** we had a great time.

pipermín /piper'min/ *sm* ➪ pippermint

pipeta /pi'peta/ *sf* pipette.

pipí /pi'pi/ *sm* (*fam*) pee: **quiero hacer pipí** I want to have a pee.

pipiolo, -la /pi'pjolo -la/ *sm/f* (*fam*): **es un pipiolo** he's young and very green.

pipón, -pona /pi'pon -'pona/ *adj* (*Amér S: barrigón*) potbellied ● **quedamos pipones** we felt very well fed.

pippermint /piper'min/ *sm* (*bebida*) peppermint liqueur.

pique /'pike/ *sm* **1.** (*enfado*): **hay un pique** *entre* **los dos responsables** the two people in charge are having a feud; **tuve un pique con él y no nos hablamos** I had a disagreement with him and we're not on speaking terms. **2.** (*competencia*) rivalry: **tienen un pique** *entre* **los dos** there's great rivalry between them. **3.** (*Náut*): **el barco se fue** *a* **pique** the ship sank ● **el negocio se fue a pique** the business went under.

piqueta /pi'keta/ *sf* **1.** (*en la construcción*) (*GB*) bricklayer's hammer, (*US*) brickmason's hammer. **2.** (*en alpinismo*) (*GB*) ice-axe, (*US*) ice-ax.

piquete /pi'kete/ *sm* **1.** (*de huelga*) group of pickets, picket. **2.** (*de soldados*) squad.

piquete de ejecución *sm* firing squad.

piquete de huelga *sm* strike picket.

pira /'pira/ *sf* pyre.

pirado, -da /pi'raðo -ða/ (*fam*) **I** *adj* nuts, (*GB*) crackers: **está pirado** *por* **ti** he's nuts ✻ crazy about you.

II *sm/f*: **es un pirado** he's nuts.

piragua /pi'raɣwa/ *sf* canoe.

piragüismo /pira'ɣwizmo/ *sm* canoeing.

piragüista /pira'ɣwista/ *sm/f* canoeist.

piramidal /pirami'ðal/ *adj* pyramidal.

pirámide /pi'ramiðe/ *sf* pyramid.

piraña /pi'raɲa/ *sf* piranha.

pirarse /pi'rarse/ [➪ CANTAR] *v prnl* (*fam*): **nos piramos de allí en cuanto pudimos** we got out of there as fast as we could ● **¡nos las piramos!** we're off! ● **¡pírate!** clear off!

pirata /pi'rata/ *adj, sm/f* pirate: **vende cintas de vídeo piratas** he sells pirate videos.

piratear /pirate'ar/ [➪ CANTAR] *vt* (*libros, discos*) to pirate.

piratería /pirate'ria/ *sf* piracy.

piratería aérea *sf* hijacking.

pirenaico, -ca /pire'naiko -ka/ *adj* (*Geog*) Pyrenean.

Pirineo /piri'neo/ **I** *sm*: **el Pirineo aragonés** the Pyrenees in Aragon.

II los Pirineos *sm pl* the Pyrenees *pl*.

piripi /pi'ripi/ *adj* (*fam*): **está un poco piripi** he's a bit tipsy.

piro /'piro/ *sm* ● **se dio el piro** he cleared off.

piromanía /piroma'nia/ *sf* pyromania.

pirómano, -na /pi'romano -na/ *sm/f* pyromaniac.

piropear /pirope'ar/ [⇨ CANTAR] *vt* to make (flirtatious) remarks to.

piropo /pi'ropo/ *sm* compliment, flirtatious remark • **le echó un piropo** he paid her a compliment.

pirotecnia /piro'teknja/ *sf* pyrotechnics [lleva el verbo en singular].

pirotécnico, -ca /piro'tekniko -ka/ **I** *adj* fireworks. **II** *sm/f* fireworks expert.

pirrar /pi'rrar/ [⇨ CANTAR] *vi* (*fam*): **me pirra el fútbol** I love football.

pirrarse *v prnl* (*fam*): **se pirra** *por* **María** he's crazy about Maria.

pirueta /pi'rweta/ *sf* pirouette: **hizo una pirueta** he did a pirouette • **tuvieron que hacer piruetas para llegar a final de mes** they had to scrimp and save to get to the end of the month.

pirula /pi'rula/ *sf* (*!!*) dirty trick • **me hizo la pirula** he played a dirty trick on me.

piruleta /piru'leta/ *sf* lollipop.

pirulí /piru'li/ *sm* lollipop.

pis /pis/ *sm* (*fam*) pee: **quiero hacer pis** I want to have a pee.

pisada /pi'saða/ *sf* **1.** (*paso*) footstep: **se asustó porque oyó pisadas** he took fright because he heard footsteps. **2.** (*marca*) footprint: **había pisadas en la arena** there were footprints in the sand.

pisapapeles /pisapa'peles/ *sm inv* paperweight.

pisar /pi'sar/ [⇨ CANTAR] *vt* **1.** (*gen*) to tread on, to stand on: **estás pisando la colcha** you're standing on the bedspread; **siempre me pisa al bailar** he always treads on my toes when we are dancing. **2.** (*Auto*) to depress: **pisó el acelerador a fondo** she put her foot down (on the accelerator). **3.** (*fam*: *humillar*) to trample over: **no se deja pisar por nadie** she doesn't let anyone get the better of her. **4.** (*fam*: *ir*) to set foot in: **jamás pisó un bar** he never set foot in a bar.

♦ *vi* (*andar*) to tread: **pisa con cuidado** tread carefully • **va pisando fuerte por la vida** she's very self-confident.

piscifactoría /pisθifakto'ria/ *sf* fish farm.

piscina /pis'θina/ *sf* swimming pool.

piscis /'pisθis/ **I** *sm* (*also* **Piscis**) (*constelación, signo del zodiaco*) Pisces; (*Amér L*): **soy** *de* **Piscis** I'm a Pisces ✱ Piscean.

II *sm/f inv* (*persona*) Pisces, Piscean: **soy piscis** I'm a Pisces ✱ Piscean; **va a ser una semana muy buena para los piscis** it's going to be a good week for Pisces.

pisco /'pisko/ *sm*: *strong alcoholic drink made from fermented grapes (originally from Peru).*

piscolabis /pisko'laβis/ *sm inv* (*fam*) snack.

piso /'piso/ *sm* **1.** (*suelo*) floor: **un piso de madera** a wooden floor. **2.** (*nivel*) floor: **viven en el segundo piso** they live on the second floor; **tienen una casa de dos pisos** they have a two-storey house; **un autobús de dos pisos** a double-decker bus. **3.** (*apartamento*) apartment, (*GB*) flat. **4.** (*de zapato*) sole.

pisotear /pisote'ar/ [⇨ CANTAR] *vt* **1.** (*pisar repetidamente*) to trample on. **2.** (*humillar*) to trample on: **no estaba dispuesto a permitir que pisotearan su buen nombre** he was not going to let them destroy his reputation.

pisotón /piso'ton/ *sm*: **me dio un pisotón sin querer** he accidentally trod on my foot.

pista /'pista/ *sf* **1.** (*rastro*) track, trail: **la Interpol les está siguiendo la pista** Interpol is on their trail. **2.** (*indicio*) clue: **dame una pista** give me a clue. **3.** (*Dep*: *de carreras*) track; (*: de tenis, squash*) court: **Wimbledon se juega en pistas de hierba** Wimbledon is played on grass courts; (*: de esquí*) (ski) slope.

pista de aterrizaje *sf* runway.

pista de atletismo *sf* athletics track.

pista de baile *sf* dance floor.

pista de circo *sf* ring (*at a circus*).

pista de despegue *sf* runway.

pista de esquí *sf* ski slope.

pista de patinaje *sf* skating rink.

pista de patinaje sobre hielo *sf* ice rink.

pista de squash *sf* squash court.

pista de tenis *sf* tennis court.

pista de tierra *sf* (*Auto*) dirt track.

pista de tierra batida *sf* (*para tenis*) clay court.

pistacho /pis'tatʃo/ *sm* pistachio.

pistilo /pis'tilo/ *sm* pistil.

pisto /'pisto/ *sm* **1.** (*guiso*) ratatouille. **2.** (*fam*: *importancia*): **hay que ver el pisto que se da** you can't believe how superior she thinks she is. **3.** (*Amér C, Perú*: *fam, dinero*) money, cash.

pistola /pis'tola/ *sf* **1.** (*arma*) pistol. **2.** (*de pintar*) spray gun.

pistolera /pisto'lera/ *sf* holster.

pistolero /pisto'lero/ *sm* gunman.

pistolero a sueldo *sm* hired gunman.

pistoletazo /pistole'taθo/ *sm* pistol shot.

pistón /pis'ton/ *sm* **1.** (*Tec*) piston. **2.** (*de una flauta, un clarinete*) key.

pita /'pita/ *sf* **1.** (*planta*) agave. **2.** (*gallina*) hen. **3.** (*abucheo*) booing: **se ganaron una fuerte pita del público** they were booed loudly by the audience. **4.** (*Chi, Col, Perú*: *cordel*) string.

pitada /pi'taða/ *sf* **1.** (*con silbato*) whistle; (*con una bocina*) toot, honk. **2.** (*abucheo*) booing, whistling. **3.** (*a un cigarrillo*) puff.

pitanza /pi'tanθa/ *sf* (*frml*: *ración*) portion; (*: comida*) food.

pitar /pi'tar/ [⇨ CANTAR] *vi* **1.** (*tren, olla a presión*) to whistle; (*con un pito*) to blow a whistle • **vete pitando a verlo** hurry over and see him. **2.** (*tocar la bocina*) to sound a (car) horn: **los coches empezaron a pitar** the cars began to sound their horns. **3.** (*abuchear*) to whistle, to boo. **4.** (*fam*: *funcionar*) to work: **este negocio no pita** this business isn't doing well.

♦ *vt* (*Dep*: *un partido*) to referee: **pitó el partido Sánchez Rodríguez** Sánchez Rodríguez refereed the match; (*: una falta*): **el árbitro no pitó el penalty** the referee did not award a penalty.

pitido /pi'tiðo/ *sm* (*silbido*) whistle: **los pitidos del público no la dejaron continuar** the boos and whistles of the audience made it impossible for her to continue; (*en forma de señal*) pip; (*con una bocina*) toot, honk.

pitillera /piti'ʎera/ *sf* cigarette case.

pitillo /pi'tiʎo/ *sm* cigarette.

pito /'pito/ *sm* **1.** (*silbato*) whistle • **tiene voz de pito** he has a squeaky voice • **por pitos o flautas nunca comemos fuera** for one reason or another we never eat out • **me importa un pito lo que piense** I couldn't care less what he thinks • **mis hijos me toman por el pito del sereno** my children don't listen to a word I say. **2.** (*fam*: *bocina*) horn. **3.** (*fam*: *cigarrillo*) cigarette.

pitón /pi'ton/ **I** *sm* ✱ *sf* (*serpiente*) python.
II *sm* (*Tauro*: *cuerno*) horn.

pitonisa /pito'nisa/ *sf* fortune teller.

pitorrearse /pitorre'arse/ [⇨CANTAR] *v prnl* (*fam*): **se pitorreó** *de* **mi corbata** she made fun of my tie.

pitorreo /pito'rreo/ *sm* (*fam*) joking: **¿estás** *de* **pitorreo o qué?** are you joking or what?

pitorro /pi'torro/ *sm* spout.

pitote /pi'tote/ *sm* (*fam*) hubbub, commotion: **se armó un gran pitote** there was a terrific commotion.

pituitaria /pitwi'tarja/ *sf* pituitary (gland).

pituso, -sa /pi'tuso -sa/ (*fam*) **I** *adj* (*niño*) cute. **II** *sm/f* cute child.

pívot /'piβot/ *sm/f* (*en baloncesto*) pivot (*central player*).

pivotar /piβo'tar/ [⇨CANTAR] *vi* to pivot.

pivote /pi'βote/ *sm* (*soporte*) pivot.

piyama /pi'jama/ *sm* (*Amér L*) (*GB*) pyjamas *pl*, (*US*) pajamas *pl*.

pizarra /pi'θarra/ *sf* **1.** (*roca, en tejados, etc.*) slate. **2.** (*tablero verde o negro*) blackboard, (chalk)board: **tuve que salir a la pizarra** I had to go up to the blackboard. **3.** (*also* **pizarra Vileda®**) (*tablero blanco*) whiteboard.

pizarral /piθa'rral/ *sm* slate quarry.

pizarrín /piθa'rrin/ *sm* slate (*used for writing on blackboards*).

pizarrón /piθa'rron/ *sm* (*Amér L: pizarra*) blackboard.

pizca /'piθka/ *sf* tiny amount: **le he puesto una pizca de sal** I've added a pinch of salt ● **no veo ni pizca** I can't see a thing ● **no me hizo ni pizca de gracia** I didn't find it at all funny.

pizpireta /piθpi'reta/ *adj* (*fam: mujer*) outgoing.

pizza /'piθa/ *sf* pizza.

pizzería /pitse'ria, pise'ria/ *sf* pizzeria.

placa /'plaka/ *sf* **1.** (*Geol, Med*) plate. **2.** (*plancha*) sheet. **3.** (*con inscripción*) plaque. **4.** (*de policía*) badge: **el inspector mostró su placa** the inspector showed his badge. **5.** (*de cocina eléctrica*) hotplate; (*de energía solar*) solar panel; (*de calefacción*) radiator.

placa conmemorativa *sf* commemorative plaque.

placa de hielo *sf* icy patch.

placa de matrícula *sf* (*Auto*) (*GB*) number plate, (*US*) license plate.

placa dental *sf* plaque.

placa giratoria *sf* (*para trenes*) turntable.

placaje /pla'kaxe/ *sm* (*en rugby*) tackle.

placar /pla'kar/ **I** [⇨sacar] *vt* (*en rugby*) to tackle. **II** *sm* (*also* **placard**) [*pl* **placares** ✻ **placards**] (*Arg, Urug*) built-in cupboard, (*US*) (built-in) closet.

pláceme /'plaθeme/ *sm* (*frml*) congratulation: **les envió sus plácemes** he sent them his congratulations.

placenta /pla'θenta/ *sf* placenta.

placentero, -ra /plaθen'tero -ra/ *adj* pleasant.

placer /pla'θer/ **I** *sm* pleasure: **la noticia de su triunfo me causó un gran placer** the news of his success gave me great pleasure; **vive entregado al placer** his life is totally given over to pleasure; **ha sido un placer conocerla** it has been a great pleasure meeting you.
II [⇨agradecer] *vi* to please: **me place comunicarle que ha sido usted elegido** I am pleased to inform you that you have been chosen; **haz lo que te plazca** do as you want.

placidez /plaθi'ðeθ/ *sf* placidness.

plácido, -da /'plaθiðo -ða/ *adj* **1.** (*persona*) placid. **2.** (*lugar, día, sueño, etc.*) quiet, peaceful: **el mar estaba muy plácido** the sea was very calm.

plafón /pla'fon/ *sm* **1.** (*tablero*) panel. **2.** (*adorno*) (ceiling) rose. **3.** (*lámpara*) (flat ✻ flush) ceiling light.

plaga /'plaɣa/ *sf* **1.** (*Relig, Agr*) plague. **2.** (*fam: gran número*): **hay una plaga de mosquitos** there are swarms of mosquitos; **hay una plaga de turistas en la costa** there are swarms of tourists on the coast. **3.** (*desgracia, calamidad*) curse: **la plaga del desempleo** the curse of unemployment.

plagado, -da /pla'ɣaðo -ða/ *adj*: **está plagado** *de* **tiendas** it's full of shops; **estaba plagado** *de* **turistas** it was swarming with tourists; **presentaron un informe plagado** *de* **inexactitudes** they presented a report riddled with inaccuracies.

plagarse /pla'ɣarse/ [⇨pagar] *v prnl* to fill (up): **la ciudad se plagó** *de* **visitantes** the city filled up with tourists.

plagiar /pla'xjar/ [⇨CAMBIAR] *vt* **1.** (*copiar*) to plagiarize. **2.** (*Méx, Perú, Ven: secuestrar*) to kidnap.

plagiario, -ria /pla'xjarjo -rja/ **I** *adj* plagiaristic. **II** *sm/f* **1.** (*Lit*) plagiarist. **2.** (*Méx, Perú, Ven: secuestrador*) kidnapper.

plagio /'plaxjo/ *sm* **1.** (*Lit*) plagiarism. **2.** (*Méx, Perú, Ven: secuestro*) kidnapping.

plaguicida /plaɣi'θiða/ *sm* pesticide.

plan /plan/ *sm* **1.** (*proyecto*) plan: **tengo un plan que no puede fallar** I have a plan that can't fail; **¿qué planes tienes para el sábado?** what are your plans for Saturday?; **es parte del nuevo plan de carreteras** it's part of the new road-building programme. **2.** (*fam: actitud*) frame of mind: **está en un plan que no hay quien lo aguante** no one can stand him when he's in this frame of mind; **si vienes** *en* **plan** *de* **discutir, yo me voy** if you've come to argue, I'm going; **estuvo** *en* **plan estúpido todo el día** he behaved stupidly the whole day; **no es plan** that's not a good idea; **fuimos** *en* **plan** *de* **turistas** we went as tourists. **3.** (*fam: relación*) *casual relationship*: **le salió un plan en la discoteca** he picked someone up at the disco.

plan de ahorro *sm* savings scheme.

plan de estudios *sm* curriculum.

plan de jubilación, **plan de pensiones** *sm* pension plan ✻ scheme.

plana /'plana/ *sf* page: **publicaron la noticia a toda plana** they gave the news a full page to itself ● **le corrigió** ✻ **le enmendó la plana** she picked holes in his work.

plana mayor *sf* (*Mil*) staff; (*de un organismo*) senior personnel.

plancha /'plantʃa/ *sf* **1.** (*utensilio*) iron; (*actividad*) ironing; (*ropa*) ironing (*clothes to be ironed or that have been ironed*). **2.** (*Culin*) griddle: **comimos gambas a la plancha** we had prawns cooked on the griddle. **3.** (*fam: metedura de pata*) blunder: **¡menuda plancha!** what a blunder! ● (*Amér L*) **te tiraste una plancha al mencionarlo** you put your foot in it when you mentioned it. **4.** (*lámina*) plate.

planchado, -da /plan'tʃaðo -ða/ **I** *adj* ironed. **II planchado** *sm* (*acción*) ironing.

planchar /plan'tʃar/ [⇨CANTAR] *vt* to iron.

planchazo /plan'tʃaθo/ *sm* **1.** (*fam: metedura de pata*) blunder. **2.** (*golpe*) belly flop.

planchista /plan'tʃista/ *sm/f* panel beater.

planchistería /plantʃiste'ria/ *sf* (*Auto*) body shop, panel beater's.

plancton /'plaŋkton/ *sm* plankton.

planeador /planea'ðor/ *sm* glider.

planeadora /planea'ðora/ *sf* speedboat.

planear /plane'ar/ [⇨CANTAR] *vt* (*proyectar*) to plan:

estamos planeando un viaje a Australia we're planning a trip to Australia.
♦*vi* (*Av*) to glide.

planeta /pla'neta/ *sm* planet: **el planeta Tierra** Planet Earth.

planetario, -ria /plane'tarjo -rja/ **I** *adj* planetary.
II planetario *sm* planetarium.

planicie /pla'niθje/ *sf* plain.

planificación /planifika'θjon/ *sf* planning.
planificación familiar *sf* family planning.
planificación urbana *sf* town planning.

planificar /planifi'kar/ [➪ sacar] *vt* to plan.

planilla /pla'niʎa/ *sf* (*Amér L*) **1.** (*nómina*) payroll: **no está *en* planilla** he's not on the payroll. **2.** (*impreso*) (official) form.

plano, -na /'plano -na/ **I** *adj* level, flat.
II plano *sm* **1.** (*Mat*) plane • **se equivocó de plano** he was totally wrong. **2.** (*nivel*) level: ***en* el plano profesional no ha sido tan afortunado** on a professional level he hasn't been so fortunate; **enfocaron el problema desde planos distintos** they considered the problem from different angles • **todos mis otros problemas quedaron en segundo plano** all my other problems were pushed into the background. **3.** (*de un edificio*) plan: **necesitamos los planos del edificio** we need the plans of the building; (*de calles*) street map. **4.** (*de una película*) shot: **ese plano está rodado en la playa** that shot is filmed on the beach.

planta /'planta/ *sf* **1.** (*Bot*) plant. **2.** (*del pie*) sole. **3.** (*piso*) floor: **la oficina está *en* la segunda planta** the office is on the second floor. **4.** (*plano*) plan • **es una casa de nueva planta** it's a new house. **5.** (*fábrica*) plant. **6.** (*aspecto*): **tiene muy buena planta** he's very good-looking.
planta baja *sf* ground floor, (*US*) first floor.

plantación /planta'θjon/ *sf* plantation.

plantado, -da /plan'taðo -ða/ *adj* **1.** (*Bot*) planted • **me dejó plantado** he/she stood me up; **la dejó plantada el novio** her boyfriend left her • **nos dejó plantados en el peor momento** he left us at the worst possible time. **2.** (*parado*): **¿qué haces plantado *en* mitad de la puerta?** what are you doing standing there in the doorway? **3.** (*fam*: *de aspecto*): **es muy bien plantado** he's very attractive.

plantar /plan'tar/ [➪ CANTAR] *vt* **1.** (*Bot*) to plant: **plantaron pinos** they planted pine trees. **2.** (*situar: gen*) to place: **plantó los pies *en* el sofá** he put his feet up on the sofa • **lo plantaron en la calle** they threw him out; (*: una estaca*) to drive in; (*: una tienda*) to pitch, to put up: **plantamos la tienda junto al río** we pitched the tent beside the river. **3.** (*fam*: *un beso, un golpe*) to give: **me plantó un beso *en* la mejilla** he gave me a kiss on the cheek. **4.** (*fam*: *dejar*) to leave: **plantó a su novio** she left her boyfriend.
plantarse *v prnl* **1.** (*situarse*) to place * position oneself: **me planté *a* la entrada del hotel** I placed myself at the entrance to the hotel. **2.** (*fam*: *llegar*) to get there: **nos plantamos allí en cinco minutos** we got there in five minutes. **3.** (*fam*: *mantener una actitud*) to dig one's heels in: **decidió no vender y se plantó *en* ello** she made up her mind not to sell and would not be dissuaded. **4.** (*en naipes*) to stick.

plante /'plante/ *sm* (*protesta: gen*) protest: **la dirección tuvo que ceder ante el plante de los estudiantes** the governing body had to give in because of the students' protest action; (*: en una empresa*) down tools.

planteamiento /plantea'mjento/ *sm* **1.** (*desarrollo, explicación: gen*) exposition: **el planteamiento era acertado, pero la conclusión no** the exposition was correct, but the conclusion was not; (*: en un problema matemático*) set out. **2.** (*orientación*) premise, approach: **creo que partes de un planteamiento erróneo** I think you're starting from a false premise.

plantear /plante'ar/ [➪ CANTAR] *vt* **1.** (*un asunto, un problema: gen*) to set out, to outline: **planteó el problema y pidió que propusieran soluciones** he outlined the problem and asked for solutions; **un alumno planteó la cuestión de los deberes** one of the pupils raised the question of homework; (*: en matemáticas*) to set out. **2.** (*una solución, una sugerencia*) to propose: **me planteó que trabajara con él** he proposed that I (should) work with him; **planteó varios cambios en el negocio** she suggested a number of changes in the company. **3.** (*crear*) to create, to pose: **su elección planteó muchos problemas** her election created a lot of problems. **4.** (*concebir, enfocar*) to devise: **el jugador de ajedrez planteó una buena defensa** the chess player devised a good defence.
plantearse *v prnl* to consider: **nunca me lo he planteado** I've never considered it.

plantel /plan'tel/ *sm*: **el equipo cuenta con un buen plantel de jugadores** the team has a core of good players; **la película cuenta con un magnífico plantel de artistas** the film has a wonderful cast.

plantificar /plantifi'kar/ [➪ sacar] *vt* **1.** (*fam*: *situar*) to place: **plantificó el coche *en* el paso de peatones** he parked the car right on the pedestrian crossing. **2.** (*fam*: *un golpe, un beso*) to give: **se acercó y le plantificó dos bofetadas** he came up to him and slapped him twice.
plantificarse *v prnl* to get to: **se plantificó *en* el aeropuerto visto y no visto** he got to the airport in no time at all.

plantilla /plan'tiʎa/ *sf* **1.** (*de zapato*) insole. **2.** (*para contornear el exterior*) template; (*con figuras en el interior*) stencil. **3.** (*en una empresa*) (permanent) staff: **tienen una plantilla de veinte trabajadores** they have a permanent staff of twenty people; **ya no está *en* plantilla** she's no longer on the payroll; (*en un equipo*) team, players *pl*.

plantón /plan'ton/ *sm* (*si no se acude*): **había quedado con él, pero me dio plantón** I had arranged to meet him, but he stood me up; (*si se llega tarde*): **le dieron un plantón de dos horas** they kept him waiting for two hours.

plasma /'plazma/ *sm* plasma.

plasmar /plaz'mar/ [➪ CANTAR] *vt* to express: **en sus libros plasma un gran amor hacia la naturaleza** in his books he expresses a great love for nature.
plasmarse *v prnl* to be reflected: **los horrores de la guerra se plasman *en* su pintura** the horrors of war are reflected in her paintings.

plasta /'plasta/ (*fam*) **I** *adj* annoying: **¡no seas plasta!** don't be such a nuisance * pest!
II *sm/f* nuisance, pest: **¡son unos plastas!** they are such a nuisance!

plasticina® /plasti'θina/ *sf* (*Arg, Chi, Urug*) Plasticine®.

plástico, -ca /'plastiko -ka/ **I** *adj* plastic: **se han impuesto los materiales plásticos** plastics are prevalent.
II plástico *sm* plastic: **nos lo sirvieron en platos de plástico** they served it to us on plastic plates.

plastificar /plastifi'kar/ [➪ sacar] *vt* to laminate.

plastilina® /plasti'lina/ *sf* Plasticine®.

plata /'plata/ *sf* **1.** (*metal*) silver: **ganó la medalla de plata** she won the silver medal; (*objetos de plata*) silver, silverware: **le pidió a la criada que limpiara la plata** she asked the maid to clean the silverware • **hablando en plata...** if you will pardon the expression.... **2.** (*Amér L: fam, dinero*) money.

plata de ley *sf* sterling silver.

plataforma /plata'forma/ *sf* **1.** (*gen*) platform: **empleó el nombre de su familia como plataforma para ascender en sociedad** he used the family name in order to get on in society. **2.** (*Pol: de un partido*) platform: **el sindicato presentó su plataforma reivindicativa** the trade union put forward its list of demands.

plataforma continental *sf* continental shelf.

plataforma de lanzamiento *sf* launch pad.

plataforma petrolífera *sf* oil rig (*at sea*).

platanal /plata'nal/, **platanar** /plata'nar/ *sm* banana plantation.

platanero /plata'nero/ *sm* banana tree.

plátano /'platano/ *sm* **1.** (*fruta*) banana. **2.** (*árbol frutal*) banana tree. **3.** (*also* **plátano de sombra**) (*árbol ornamental*) plane tree.

plátano falso *sm* sycamore.

plátano macho *sm* (*Méx*) plantain.

platea /pla'tea/ *sf* (*de un cine, un teatro*) (*GB*) stalls *pl*, (*US*) orchestra.

platea alta *sf* (*Amér L*) dress circle.

plateado, -da /plate'aðo -ða/ **I** *adj* **1.** (*de color de plata*) silver, silvery: **tiene un coche muy grande, plateado** she has a big silver car. **2.** (*bañado en plata*) silver-plated.
II plateado *sm* **1.** (*acción de platear*) silver-plating. **2.** (*color de la plata*) silver colour.

platense /pla'tense/ *adj, sm/f* ➪ rioplatense

platería /plate'ria/ *sf* **1.** (*lugar*) *silversmith's shop or workshop*. **2.** (*objetos*) silver, silverware.

platero, -ra /pla'tero -ra/ *sm/f* silversmith.

plática /'platika/ *sf* **1.** (*conversación*) chat • **ya vale de plática, a trabajar** that's enough chit-chat, get on with your work. **2.** (*sermón*) sermon.

platicar /plati'kar/ [➪ sacar] *vi* to chat.

platija /pla'tixa/ *sf* plaice *n inv*.

platillo /pla'tiʎo/ *sm* **1.** (*plato pequeño: gen*) small plate, side plate; (*: para una taza*) saucer. **2.** (*de balanza*) pan. **3.** (*instrumento*) cymbal. **4.** (*Méx: Culin*) dish.

platillo volador, platillo volante *sm* flying saucer.

platina /pla'tina/ *sf* **1.** (*en un equipo de música*) tape deck. **2.** (*en un microscopio*) slide.

platino /pla'tino/ *sm* platinum.

plato /'plato/ *sm* **1.** (*recipiente*) plate, dish: **¡todavía no has fregado los platos!** you haven't washed the dishes yet! • **con su carita de bueno parece que en su vida ha roto un plato** with that angelic face you'd think butter wouldn't melt in his mouth • **fue el pobre Juan quien pagó los platos rotos** poor old Juan was left to take the blame ✻ to carry the can. **2.** (*contenido*) plate, plateful: **me comí dos platos de cocido** I ate two whole platefuls of stew. **3.** (*parte de la comida*) course: **de primer plato, tenemos...** for the first course, we have.... **4.** (*especialidad, receta*) dish: **el cuscús es un plato típico del norte de África** couscous is a typical North African dish • **eso no es plato de gusto para nadie** nobody really likes that. **5.** (*de la balanza*) pan. **6.** (*de un tocadiscos*) turntable. **7.** (*Amér L: fam, algo gracioso*): **fue un plato** it was a scream.

plato combinado *sm*: *platter of various kinds of food as a main course.*

plato de postre *sm* dessert plate.

plato fuerte *sm* main course • **los valses de Strauss fueron el plato fuerte del concierto** the main attraction at the concert was the Strauss waltzes.

plato hondo *sm* soup plate.

plato llano *sm* dinner plate.

plato sopero *sm* soup plate.

plató /pla'to/ *sm* (*en cine*) set; (*en televisión*) studio floor.

platónico, -ca /pla'toniko -ka/ *adj* platonic.

plausible /plau'siβle/ *adj* **1.** (*loable*) commendable: **tuvo un comportamiento plausible** she behaved commendably ✻ in an exemplary manner. **2.** (*justificado, razonable*) valid: **parece un motivo plausible** it seems a valid reason. **3.** (*probable*) plausible.

playa /'plaja/ *sf* beach: **siempre van a veranear** *a* **la playa** they always spend their summer holidays by the sea.

playa de estacionamiento *sf* (*Arg, Perú, Urug*) (*GB*) car park, (*US*) parking lot.

playera /pla'jera/ *sf* (*GB*) pump, plimsoll, (*US*) sneaker.

playero, -ra /pla'jero -ra/ *adj* beach: **una bolsa playera** a beach bag.

plaza /'plaθa/ *sf* **1.** (*en una ciudad, un pueblo*) square. **2.** (*mercado*) market: **lo compré en un puesto de la plaza** I bought it at a market stall. **3.** (*en un vehículo*) seat: **¿cuántas plazas tiene este autobús?** how many seats are there on this bus? **4.** (*en un colegio, un curso, etc.*) place: **todavía quedan plazas** *en* **el curso de pintura** there are still some places left on the painting course. **5.** (*puesto de trabajo*) post: **tienen que cubrir dos plazas** *en* **el departamento de ventas** they have to fill two posts in the sales department. **6.** (*localidad*) locality, place: **el banco no tiene sucursal en esa plaza** the bank does not have a branch there.

plaza de armas *sf* (*Mil*) parade ground.

plaza de garaje, plaza de parking *sf* parking space (*linked to a property*).

plaza de toros *sf* bullring.

plaza fuerte *sf* (*población fortificada*) fortified town; (*para tropas en campaña*) fortified point.

plaza mayor *sf* main square.

plazo /'plaθo/ *sm* **1.** (*tiempo estipulado*) period of time: **hay un plazo** *de* **una semana para entregar el trabajo** we have a week in which to hand in the work; **tenemos que terminarlo en el plazo** *de* **quince días** we have to finish it within two weeks; **mañana acaba el plazo** the deadline is tomorrow; **a largo/corto plazo...** in the long/short term...; **una solución a largo/corto plazo** a long-term/short-term solution. **2.** (*pago*) (*GB*) instalment, (*US*) installment: **lo pagó en cinco plazos** she paid for it in five instalments • **compraron el coche a plazos** they bought the car on (*GB*) hire purchase ✻ (*US*) an installment plan.

plazoleta /plaθo'leta/, **plazuela** /pla'θwela/ *sf* small square.

pleamar /plea'mar/ *sf* high tide.

plebe /'pleβe/ *sf* (*Hist*) plebs *pl*, masses *pl*.

plebeyo, -ya /ple'βejo -ja/ *adj, sm/f* (*GB*) plebeian, (*US*) plebian.

plebiscito /pleβis'θito/ *sm* referendum.

plectro /'plektro/ *sm* plectrum.

plegable /ple'ɣaβle/ *adj* (*silla, cama*) folding.

plegar /ple'ɣar/ [➪ regar] *vt* to fold: **pliega estas sillas**

y guárdalas, por favor fold (up) these chairs and put them away, please.

plegarse *v prnl* **1.** (*doblarse*) to fold up: **esta bici se pliega muy fácilmente** this bike folds up very easily. **2.** (*ceder*) to give in, to yield: **por fin se plegó** *a* **los deseos de sus padres** in the end he gave in to his parents' wishes.

plegaria /ple'ɣarja/ *sf* supplication.

pleitear /pleite'ar/ [⇨ CANTAR] *vi* to go to law, to litigate.

pleitesía /pleite'sia/ *sf* homage: **todos sus súbditos le rindieron pleitesía** all his subjects paid homage to him.

pleito /'pleito/ *sm* lawsuit: **les pusieron un pleito** *por* **construir demasiado cerca del camino** they were taken to court ∗ sued for building too close to the road.

plenamente /plena'mente/ *adv* completely: **me identifico plenamente con sus ideas** I identify myself completely with his ideas.

plenario, -ria /ple'narjo -rja/ *adj* plenary.

plenitud /pleni'tuð/ *sf* plenitude: **¡todavía estás en la plenitud de la vida!** you are still in the prime of life!

pleno, -na /'pleno -na/ **I** *adj* full: **tuvo una infancia plena** *de* **alegría** her childhood was full of happiness; **salió** *en* **plena tormenta** he went out in the middle of the storm; **le dio una torta** *en* **plena cara** she slapped him right in the face; **el equipo** *en* **pleno se manifestó en contra** the entire team came out against it • **otorgó a su hijo plenos poderes en la empresa** he conferred full powers in the company on his son.

II pleno *sm* plenary session ∗ meeting: **lo expuso ante el pleno del congreso** she put it forward at the plenary session of the Congress.

pletina /ple'tina/ *sf* ⇨ platina

pletórico, -ca /ple'toriko -ka/ *adj*: **vino pletórica** *de* **alegría porque había conseguido el trabajo** she came back as happy as could be because she had got the job.

pleuresía /pleure'sia/ *sf*, **pleuritis** /pleu'ritis/ *sf inv* pleurisy.

plexiglás® /pleksi'ɣlas/ *sm inv* Perspex®, (*US*) Plexiglass®.

plexo solar /'plekso so'lar/ *sm* solar plexus.

pliego /'pljeɣo/ *sm* sheet of paper.

pliego de cargos *sm* list of charges.

pliego de condiciones *sm* (contractual) terms and conditions *pl*.

pliego de descargos *sm* (written) evidence for the defence (*in reply to accusation*).

pliegue /'pljeɣe/ *sm* (*gen*) fold; (*en ropa*) pleat: **se hizo una falda** *con* **pliegues** she made herself a pleated skirt; (*Méx*: *en los pantalones*) crease.

plinto /'plinto/ *sm* **1.** (*en arquitectura*) plinth. **2.** (*de gimnasia*) vaulting horse, box.

plisado, -da /pli'saðo -ða/ *adj* pleated.

plomada /plo'maða/ *sf* **1.** (*en construcción*) plumb (line). **2.** (*en pesca*) weights *pl*.

plomazo /plo'maθo/ *sm* (*fam*) pest, pain in the neck: **¡es un plomazo de cuidado!** he's such a pest!

plomería /plome'ria/ *sf* (*Amér L*) plumbing.

plomero, -ra /plo'mero -ra/ *sm/f* (*Amér L*) plumber.

plomizo, -za /plo'miθo -θa/ *adj* leaden: **el cielo está plomizo, va a llover** the sky has gone very black, it's going to rain.

plomo /'plomo/ **I** *sm* **1.** (*metal*) lead. **2.** (*en construcción*) plumb (line) • **hay un barranco que cae doscientos metros a plomo** there's a cliff with a sheer drop of two hundred metres. **3.** (*fam*: *persona*) pain in the neck, bore: **este tío es un plomo** this guy's a pain in the neck.

II plomos *sm pl* fuses *pl*: **se fundieron los plomos** the fuses blew.

pluma /'pluma/ **I** *sf* **1.** (*de ave*) feather: **un edredón de plumas** a feather duvet. **2.** (*para escribir*) fountain pen • **me dio unas indicaciones a vuela pluma** she gave me a few suggestions off the top of her head. **3.** (*frml*: *escritor*) writer: **fue una de las grandes plumas de su época** he was one of the greatest writers of his time.

II *adj inv* (*en boxeo*) featherweight: **la final de la categoría pluma** the final of the featherweight competition.

pluma atómica *sf* (*Méx*) ballpoint pen.

pluma estilográfica *sf* fountain pen.

plumaje /plu'maxe/ *sm* **1.** (*de ave*) plumage. **2.** (*como adorno*) plume, crest.

plumazo /plu'maθo/ **de un plumazo** *loc adv* (*fam*) at a stroke: **le quitaron todos sus títulos de un plumazo** he was stripped of all his titles at a stroke.

plumero /plu'mero/ *sm* **1.** (*para la limpieza*) feather duster. **2.** (*en un casco, un sombrero, etc.*) feather • **se le vio el plumero** it was obvious what he was up to.

plumier /plu'mjer/ *sm* pencil case.

plumífero /plu'mifero/ *sm* quilted jacket, quilted anorak.

plumilla /plu'miʎa/ *sf* **1.** (*Artes*) nib. **2.** (*para jugar a bádminton*) shuttlecock.

plumón /plu'mon/ *sm* down (*feathers*).

plural /plu'ral/ *adj*, *sm* plural: **¿cómo se diría** *en* **plural?** how would you say it in the plural?

pluralidad /plurali'ðað/ *sf* diversity: **en la reunión hubo pluralidad de opiniones** there was a great diversity of ∗ a wide range of opinions at the meeting.

pluralismo /plura'lizmo/ *sm* (*Pol*) pluralism.

pluralizar /plurali'θar/ [⇨ cazar] *vi* to generalize: **no pluralices, todos los jóvenes no son iguales** don't generalize, not all young people are the same.

pluriempleo /pluriem'pleo/ *sm* having a second (or more) job (*to supplement income from main employment*): **sobreviven gracias al pluriempleo de la madre** they get by because their mother has more than one job.

pluripartidismo /pluriparti'ðizmo/ *sm* multiparty system.

plus /plus/ *sm* bonus: **le dan un plus** *de* **nocturnidad** he gets extra pay for working at night.

plus de peligrosidad *sm* danger money: **cobra un plus de peligrosidad** he gets danger money.

pluscuamperfecto /pluskwamper'fekto/ *adj*, *sm* pluperfect.

plusmarca /pluz'marka/ *sf* (*Dep*) record.

plusmarquista /pluzmar'kista/ *sm/f* (*Dep*) record holder.

plusvalía /plusβa'lia/ *sf* **1.** (*aumento de valor*) increase in value, appreciation. **2.** (*impuesto*) capital gains tax.

Plutón /plu'ton/ *sm* (*Astron*) Pluto.

plutonio /plu'tonjo/ *sm* plutonium.

pluviómetro /plu'βjometro/ *sm* rain gauge.

PNB /peene'βe/ *[but often pronounced in its full form]* *sm* (*abbreviation of* **producto nacional bruto**) GNP [no lleva artículo] (gross national product).

PNV /peene'uβe/ *sm* (*abbreviation of* **Partido Nacionalista Vasco**) Basque Nationalist Party.

P.° *pronounced* /pa'seo/ (*abbreviation of* **paseo**) Ave. (Avenue).

población /poβla'θjon/ *sf* **1.** (*conjunto de pobladores*) population: **la población ha aumentado mucho en pocos años** the population has greatly increased in just a few years. **2.** (*ciudad o pueblo*) *town, city or village*: **es típico en muchas poblaciones españolas** it's typical in many towns and villages in Spain.

población activa *sf* working population.

poblado, -da /po'βlaðo -ða/ **I** *adj* **1.** (*lugar*) populated: **es una zona bastante poblada** it's quite a heavily populated area. **2.** (*barba, cejas*) bushy, thick.

II poblado *sm* (*lugar poblado*) settlement; (*pueblo*) village.

poblador, -dora /poβla'ðor -'ðora/ *sm/f* inhabitant: **los pobladores de las montañas se dedicaban a la ganadería ovina** the mountain dwellers engaged in sheep farming.

poblar /po'βlar/ [➪contar] *vt* **1.** (*con personas*) to populate, to settle: **los europeos poblaron las tierras del Nuevo Mundo** the Europeans settled the territories of the New World; (*con plantas*) to plant. **2.** (*habitar: personas, animales*) to inhabit: **muchas especies distintas pueblan este bosque** many different species inhabit this forest; (*: plantas*) to grow in.

poblarse *v prnl* **1.** (*adquirir población*) to be populated, to be settled. **2.** (*llenarse*) to fill up: **el estanque se pobló** *de* **peces en poco tiempo** the pond was soon full of fish.

pobre /'poβre/ **I** *adj* **1.** (*sin dinero*) poor: **viven en una zona muy pobre de la ciudad** they live in a very poor area of town • **¡pobre de ti!** don't even think about it! • **¡pobre de él si me entero!** if I find out, he'll be sorry! **2.** (*escaso*) lacking: **siempre fue un hombre pobre** *de* **ideas** he was always lacking in ideas. **3.** (*de baja calidad*) poor: **presentó un trabajo muy pobre** he handed in a very poor essay.

II *sm/f* **1.** (*persona sin dinero*) poor person: **dedicó su vida a ayudar a los pobres** she dedicated her life to helping the poor; **cerca de la oficina siempre hay pobres pidiendo** there are always poor people begging near the office. **2.** (*desdichado, infeliz*) unfortunate: **al pobre todo le sale mal** everything goes wrong for him, the poor fellow; **pobre, lo hizo con la mejor intención** poor thing, he did it with the best of intentions.

pobreza /po'βreθa/ *sf* **1.** (*miseria*) poverty: **en este país sigue habiendo mucha pobreza** there's still a lot of poverty in this country. **2.** (*falta, insuficiencia*) poverty: **me sorprende su pobreza** *de* **vocabulario** I'm surprised by his poor vocabulary.

pocho, -cha /'potʃo -tʃa/ *adj* (*fam*) **1.** (*pasado, podrido: fruta*) overripe: **estas manzanas están un poco pochas** these apples are a little overripe; (*: carne, pescado*): **vamos a comer esta carne aunque esté un poco pocha** we'll eat this meat even though it's a bit old. **2.** (*ligeramente enfermo*) under the weather, (*GB*) off-colour, (*US*) off-color: **estaba un poco pocha y se fue a la cama** she felt a bit unwell so she went to bed. **3.** (*desanimado, deprimido*) depressed, down.

pocholo, -la /po'tʃolo -la/ *adj* (*fam*) cute, pretty.

pocilga /po'θilɣa/ *sf* pigsty, (*US*) pigpen.

pócima /'poθima/ *sf* **1.** (*medicamento*) potion. **2.** (*fam: brebaje*) concoction: **¿qué es esta pócima que me has dado?** what's this concoction you've given me?

poción /po'θjon/ *sf* potion.

poco, -ca /'poko -ka/ **I** *adj indefinido* **1.** (*en singular*) little, not much: **le quedaba poco dinero** he hadn't much money left; **tengo poca confianza en ellos** I have little confidence in them; **hoy hace poco viento** it's not very windy today. **2.** (*en plural*) few, not many: **tiene pocos amigos** she has few friends, she does not have many friends; **nos hemos visto pocas veces** we've only met a few times; **había pocas personas en el concierto** there weren't many people at the concert.

II *pron* **1.** (*en singular*): **queda poca** there's little left. **2.** (*en plural*) few, not many: **pocos piensan como él** few people think like he does.

III un poco *sm* a little, a bit: **prueba un poco** *de* **este queso** try a little of this cheese; **sólo quiero un poco** I only want a bit ∗ a little; **¿por qué no descansas un poco?** why don't you rest for a while?

IV poco *adv* **1.** (*de cantidad*) not much, little: **es una obra poco conocida** this is a little-known work; **es un país poco desarrollado** it's a country which has had little development • **vendrán ocho poco más o menos** about eight people are coming • **por poco me caigo** I nearly fell • **no se clasificaron para la final por poco** they only just missed qualifying for the final • **...y por si fuera poco, empezó a llover** ...and if that weren't enough, it began to rain. **2.** (*de tiempo*): **me encontré con él hace poco** I bumped into him not long ago; *a* **poco** *de* **casarse encontró trabajo** shortly after getting married he found a job • **va mejorando poco a poco** she's gradually getting better • **llegaremos a Madrid a las tres poco más o menos** we'll reach Madrid at about three o'clock.

poda /'poða/ *sf* pruning: **la poda tiene lugar en invierno** winter is the time for pruning.

podar /po'ðar/ [➪CANTAR] *vt* to prune.

podenco, -ca /po'ðeŋko -ka/ *sm/f* hound.

poder /po'ðer/ **I** [➪table: poder] *vt* **1.** (*para expresar capacidad*) can, to be able to: **no te puedo ayudar** I can't help you, I'm not able to help you; **no podía vivir con tan poco dinero** he couldn't get by on so little money; **podrían hacerlo si quisieran** they could do it if they wanted to; **a menos que estudie, no podrá aprobar** unless she studies, she won't be able to pass the exam. **2.** (*para expresar permiso*) may, can: **¿puedo probármelo?** may I try it on?; **pueden empezar a escribir** you may start to write now. **3.** (*para expresar posibilidad, conjetura*): **puede que haya llamado antes** he may have phoned earlier; **¿quién se lo pudo haber dicho?** who could have told her?; **no puede haber sido él** it can't have been him; **podrían llegar en cualquier momento** they could arrive any time now. **4.** (*para expresar un juicio moral*) can: **no puedes hacerle ese desaire** you can't snub her like that; **por lo menos podrían escribirle** they could ∗ might at least write to her. **5.** (*para hacer una sugerencia*) can: **podríamos ir en autobús** we could go by bus.

♦ *vi* **1.** (*para expresar capacidad*): **no podrá** *con* **tanto trabajo** he won't be able to cope with all that work; **yo no puedo** *con* **esta maleta** I can't carry ∗ can't manage this case; **la pobre maestra no puede** *con* **esa clase** the poor teacher can't cope with that class • **a más no poder**: **disfrutamos a más no poder** we had the time of our lives; **gritaba a más no poder** he was shouting at the top of his voice • **no poder más**: **cómetelo tú, yo no puedo más** you have it, I can't eat ∗ manage any more; **voy a descansar un poco, no puedo más** I'm going to have a rest, I'm exhausted • **no pude por menos de** ∗ **que decirle lo que pensaba de él** I couldn't resist telling him what I thought of him • **no pudo menos que sonreír** she couldn't help smiling. **2.** (*ser más fuerte*): **su ambición**

poder

INDICATIVE

Present	Preterite
puedo	pude
puedes	pudiste
puede	pudo
podemos	pudimos
podéis	pudisteis
pueden	pudieron
Future	**Conditional**
podré	podría
podrás	podrías
podrá	podría
podremos	podríamos
podréis	podríais
podrán	podrían

SUBJUNCTIVE

Present	Imperfect
pueda	pudiera *or* pudiese
puedas	pudieras *or* pudieses
pueda	pudiera *or* pudiese
podamos	pudiéramos *or* pudiésemos
podáis	pudierais *or* pudieseis
puedan	pudieran *or* pudiesen

IMPERATIVE

(tú) puede	(usted) pueda
(vosotros) poded	(ustedes) puedan

PRESENT PARTICIPLE

pudiendo

For the rest of the tenses ⇨ TEMER (in appendix)

pudo más que sus principios his ambition overcame his principles; **Miguel puede** *a* **todos los de su clase** Miguel can beat everybody in his class.
♦ *v impers* may: **puede (ser) que no lo sepan** it may be that they don't know it, maybe they don't know it; **puede (ser) que la carta se haya extraviado** the letter may have got lost; **"¿Vendrán?" "Puede que sí, puede que no."** "Will they come?" "Maybe, maybe not." ● **¡no puede ser!** that's ✱ it's not possible!
poderse *v prnl [only used in the third person]* **1.** (*ser posible*) to be possible: **no se puede vivir sin comer** you cannot live without eating. **2.** (*estar permitido*) to be allowed: **¿se puede aparcar ✱ estacionar aquí?** is parking allowed here? ✱ can one park here?; **en este restaurante no se puede fumar** smoking is not allowed ✱ permitted in this restaurant; (*para pedir permiso para entrar*): **¿se puede?** may I come in?
II *sm* **1.** (*gen*) power: **tiene mucho poder en la empresa** she has a lot of power in the company. **2.** (*Pol*) power: **el partido lleva más de diez años en el poder** the party has been in power for over ten years. **3.** (*fuerza*): **este detergente tiene un gran poder limpiador** this detergent has great cleaning power. **4.** (*posesión*): **todos los bienes pasaron a su poder** all the property passed into his ownership; **la ciudad estaba** *en* **poder de los turcos** the city was in the possession of the Turks; (*frml*) **el documento obra** *en* **mi poder** I have the document in my possession. **5.** (*Jur*: *para actuar*) power of attorney; (*: para representar*) proxy: **se casaron por poderes** ✱ (*Amér L*) **por poder** they got married by proxy.
poder absoluto *sm* absolute power.
poder adquisitivo *sm* purchasing power.
poder ejecutivo *sm* executive power.
poder judicial *sm* judicial power.
poder legislativo *sm* legislative power.
poderío /poðe'rio/ *sm* power.
poderoso, -sa /poðe'roso -sa/ *adj* **1.** (*influyente, potente*) powerful: **Alemania es uno de los países más poderosos de Europa** Germany is one of the most powerful countries in Europe. **2.** (*efectivo*) effective: **es un poderoso remedio contra el resfriado** it's an effective remedy against colds. **3.** (*importante*) powerful, strong: **tenía poderosas razones para comportarse así** he had very good reasons for acting in that way.
podio /'poðjo/, **pódium** /'poðjum/ [**pódiums**] *sm* podium.
podología /poðolo'xia/ *sf* chiropody, (*US*) podiatry.
podólogo, -ga /po'ðoloɣo -ɣa/ *sm/f* chiropodist, (*US*) podiatrist.
podré /po'ðre/ *and other forms with* ***podr-*** ⇨ poder
podredumbre /poðre'ðumbre/ *sf* **1.** (*de materia orgánica*) putrefaction. **2.** (*de personas, instituciones*) rottenness, corruption: **el pueblo exigía medidas contra la podredumbre del sistema** the people were demanding that measures be taken against the rottenness of the system.
podrido, -da /po'ðriðo -ða/ **I** *past participle of* ⇨ pudrir
II *adj* **1.** (*materia orgánica*) rotten: **las manzanas que compró estaban casi todas podridas** almost all of the apples he bought were rotten. **2.** (*personas, instituciones*) corrupt ● **su familia está podrida de dinero** her family are extremely rich ✱ filthy rich.
podrir /po'ðrir/ [⇨ PARTIR] *vt* ⇨ pudrir
poema /po'ema/ *sm* poem ● **¡puso una cara que era un poema!** her face was an absolute picture!
poesía /poe'sia/ *sf* **1.** (*composición*) poem. **2.** (*arte*) poetry.
poeta /po'eta/ *sm/f* poet.
poético, -ca /po'etiko -ka/ *adj* poetic.
poetisa /poe'tisa/ *sf* (female) poet.
pointer /'pointer/ *sm* (*Zool*) pointer.
póker /'poker/ *sm* poker (*card game*).
polaco, -ca /po'lako -ka/ **I** *adj* Polish.
II *sm/f* Pole: **los polacos** the Polish, Poles.
III polaco *sm* (*idioma*) Polish.
polar /po'lar/ *adj* polar: **esta especie vive en las regiones polares** this species lives in the polar regions.
polaridad /polari'ðað/ *sf* polarity.
polarización /polariθa'θjon/ *sf* **1.** (*de la luz, las opiniones*) polarization. **2.** (*de la atención, la industria*) concentration.
polarizar /polari'θar/ [⇨ cazar] *vt* **1.** (*Fís*) to polarize. **2.** (*la atención, el interés*) to become the focus of: **el tema polarizó la atención de todos los partidos** the issue became the focus of attention for all the political parties.
polaroid® /pola'roið/ *adj inv, sf* Polaroid®.
polca /'polka/ *sf* polka ● **esta falda es del año de la polca** this skirt is ancient.
polea /po'lea/ *sf* pulley.
polémica /po'lemika/ *sf* controversy, polemic: **la polémica surgió por sus diferencias políticas** the con-

troversy arose because of their differing political views.

polémico, -ca /po'lemiko -ka/ *adj* controversial, polemical: **éste es un tema muy polémico** this is a very controversial subject.

polemizar /polemi'θar/ [⇨ cazar] *vi* to argue: **los medios de comunicación polemizaron** *sobre* **ese asunto durante meses** the media kept the argument over this matter going for months.

polen /'polen/ *sm* pollen.

poleo /po'leo/ *sm*: *type of mint-tea drink.*

poli /'poli/ (*fam*) **I** *sm/f* cop.
II *sf* cops *pl*: **afortunadamente la poli llegó a tiempo** fortunately, the cops arrived just in time.

policía /poli'θia/ **I** *sf* (*cuerpo*) police (force): **se produjo un alboroto y tuvo que intervenir la policía** there was a disturbance and the police had to intervene.
II *sm/f* (*agente: gen*) police officer; (*: hombre*) policeman; (*: mujer*) policewoman.

policía militar I *sf* (*cuerpo*) military police.
II *sm/f* (*agente*) military police officer.

policía municipal I *sf* (*cuerpo*) (local) police.
II *sm/f* (*agente*) (local) police officer (*mainly responsible for traffic and minor offences*).

policía nacional I *sf* (*cuerpo*) national police force.
II *sm/f* (*agente*) police officer (*national*).

policiaco, -ca /poli'θjako -ka/, **policíaco, -ca** /poli'θiako -ka/ *adj* crime, detective: **una novela policiaca** a detective novel.

policial /poli'θjal/ *adj* police: **las investigaciones policiales** police investigations.

policlínica /poli'klinika/ *sf* private health centre.

policromo, -ma /poli'kromo -ma/, **polícromo, -ma** /po'likromo -ma/ *adj* many-coloured, polychrome: **en el altar mayor hay una Virgen románica policroma** on the high altar there is a Romanesque Virgin in many colours.

polideportivo /poliðepor'tiβo/ *sm* (*GB*) sports centre, (*US*) sports center.

poliedro /po'ljeðro/ *sm* polyhedron.

poliéster /po'ljester/ *sm* polyester.

polifacético, -ca /polifa'θetiko -ka/ *adj* versatile: **el puesto requiere una persona polifacética** the job requires someone versatile.

poligamia /poli'ɣamja/ *sf* polygamy.

polígamo, -ma /po'liɣamo -ma/ **I** *adj* polygamous.
II *sm/f* polygamist.

políglota /po'liɣlota/ *adj, sm/f* polyglot.

polígono /po'liɣono/ *sm* **1.** (*Mat*) polygon. **2.** (*zona: gen*) area; (*: barrio*): **los vecinos del Polígono San Telmo...** neighbours in the San Telmo estate....

polígono industrial *sm* (*Fin*) (*GB*) industrial estate, (*US*) industrial park.

polilla /po'liʎa/ *sf* moth.

polinesio, -sia /poli'nesjo -sja/ *adj, sm/f* Polynesian.

polinización /poliniθa'θjon/ *sf* pollination.

polinizar /polini'θar/ [⇨ cazar] *vt* to pollinate.

polio /'poljo/, **poliomielitis** /poljomje'litis/ *sf* polio.

pólipo /'polipo/ *sm* polyp.

polisílabo, -ba /poli'silaβo -βa/ **I** *adj* polysyllabic.
II polisílabo *sm* polysyllable.

politécnico, -ca /poli'tekniko -ka/ *adj* (*Educ*) technical.

politeísmo /polite'izmo/ *sm* polytheism.

política /po'litika/ *sf* **1.** (*Pol*) politics [lleva el verbo en singular]: **no me interesa la política** I'm not interested in politics; **siempre están hablando de política** they are always talking politics. **2.** (*estrategia*) policy: **su política es abrir mercados en el extranjero** their policy is to open up foreign markets. **3.** (*tacto*) tact, discretion.

política agraria *sf* agricultural policy.

política económica *sf* economic policy.

política exterior *sf* foreign policy.

políticamente /po'litikamente/ *adv* politically: **nunca se ha definido políticamente** he has never stated his political views.

políticamente correcto -ta *loc adj* politically correct: **para ser políticamente correctos, deberíamos decir...** to be politically correct you should say....

politicastro /politi'kastro/ *sm/f* hack politician.

político, -ca /po'litiko -ka/ **I** *adj* **1.** (*Pol*) political: **sus ideas políticas son muy diferentes a las mías** his political ideas are very different from mine. **2.** (*diplomático*) tactful, discreet: **es una persona muy política** he's a very tactful person. **3.** (*de parentesco*): **te presento a mi hermano político** let me introduce you to my brother-in-law.
II *sm/f* politician.

politiquear /politike'ar/ [⇨ CANTAR] *vi* to play (at) politics.

politiqueo /politi'keo/ *sm* politicking.

politizar /politi'θar/ [⇨ cazar] *vt* to politicize.

politizarse *v prnl* **1.** (*persona*) to become politically aware. **2.** (*asunto*) to become politically significant.

polivalente /poliβa'lente/ *adj* **1.** (*aplicable a diversos usos*) all-purpose. **2.** (*Med, Quím*) polyvalent.

póliza /'poliθa/ *sf* **1.** (*de seguros*) insurance certificate ∗ policy: **el plazo de validez figura en la póliza** the period of validity is stated in the policy. **2.** (*de impuesto*) (official) stamp (*showing payment of tax*).

póliza de seguros *sf* insurance policy.

polizón /poli'θon/ *sm/f* stowaway.

polizonte /poli'θonte/ *sm* (*fam*) cop.

polla /'poʎa/ *sf* pullet, young hen.

polla de agua *sf* moorhen.

pollada /po'ʎaða/ *sf* (*de polluelos*) brood, clutch.

pollera /po'ʎera/ *sf* **1.** (*criadero de pollos*) chicken coop, henhouse. **2.** (*Amér S: falda*) skirt.

pollera pantalón *sf* (*Amér S*) culottes *pl*.

pollería /poʎe'ria/ *sf* poultry store (*selling eggs and meat*).

pollero, -ra /po'ʎero -ra/ *sm/f* **1.** (*vendedor*) poulterer. **2.** (*criador*) chicken ∗ poultry farmer.

pollino, -na /po'ʎino -na/ *sm/f* donkey.

pollo /'poʎo/ *sm* **1.** (*animal*) chick; (*carne*) chicken. **2.** (*fam: jovencito*) young guy. **3.** (*fam: escupitajo*) gob (*of spit*).

pollo pera *sm* (*fam*) rich boy.

polluelo /poʎ'welo/ *sm* (*Zool*) chick.

polo /'polo/ *sm* **1.** (*Geog, Fís*) pole • **Ignacio es el polo opuesto a Ricardo** Ignacio and Ricardo are completely different. **2.** (*centro*) focal point: **el desarme fue el polo de las discusiones** disarmament was the focal topic of the talks. **3.** (*jersey*) polo shirt. **4.** (*Dep*) polo. **5. polo®** (*helado*) (*GB*) ice lolly, (*US*) Popsicle®.

polo de atracción *sm* centre of attraction.

polo magnético *sm* (*Geog, Fís*) magnetic pole.

Polo Norte/Sur *sm* North/South Pole.

polonesa /polo'nesa/ *sf* (*Mús*) polonaise.

Polonia /po'lonja/ *sf* Poland.

poltrona /pol'trona/ *sf* easy chair • **a pesar de las críticas, se aferró a la poltrona** despite the criticism, he dug his heels in and refused to resign.

polución /polu'θjon/ *sf* pollution.
polvareda /polβa'reða/ *sf* **1.** (*de polvo*) cloud of dust. **2.** (*escándalo*) outcry, commotion: **el cambio de director levantó una gran polvareda** the change of manager caused a tremendous outcry.
polvera /pol'βera/ *sf* compact (*for face powder*).
polvo /'polβo/ *sm* **1.** (*gen*) dust: **voy a limpiar el polvo** I'm going to do the dusting • **te voy a sacudir el polvo** I'm going to beat you up • **hacer polvo: estos zapatos me están haciendo polvo los pies** these shoes are killing me; **has hecho polvo el reloj** you've ruined your watch; **estoy hecho polvo** I'm exhausted • **su rival le hizo morder el polvo** his rival wiped the floor with him • **es dinero limpio de polvo y paja** it's clear profit. **2.** (*Culin, Med, Quím*) powder: **después de bañar al niño le puso polvos de talco** after bathing the child she put talcum powder on him.
polvo de hornear *sm* (*Amér L*) baking powder.
polvos picapica *sm pl* itching powder.
pólvora /'polβora/ *sf* **1.** (*Mil*) gunpowder • **el rumor se extendió como la pólvora** the rumour spread like wildfire • **trabaja bastante, pero no ha inventado la pólvora** she works quite hard, but she's not very bright. **2.** (*conjunto de fuegos artificiales*) fireworks *pl*.
polvoriento, -ta /polβo'rjento -ta/ *adj* dusty.
polvorín /polβo'rin/ *sm* (powder) magazine.
polvorón /polβo'ron/ *sm* (*Culin*) *sweet pastry* (*usually containing almonds and eaten at Christmas*).
pomada /po'maða/ *sf* **1.** (*Med*) ointment, cream. **2.** (*Arg, Urug: para los zapatos*) shoe polish.
pomelo /po'melo/ *sm* **1.** (*fruta*) grapefruit. **2.** (*árbol*) grapefruit tree.
pomo /'pomo/ *sm* (*de una puerta*) knob, handle.
pompa /'pompa/ *sf* **1.** (*suntuosidad*) pomp: **la recepción en palacio se celebró** *con* **gran pompa** the reception at the palace was held with great pomp. **2.** (*burbuja*) bubble.
pompa de jabón *sf* soap bubble.
pompas fúnebres *sf pl* **1.** (*entierro*) funeral. **2.** (*empresa*) undertaker's, (*US*) mortician's.
pompis /'pompis/ *sm inv* (*fam*) (*GB*) bum, (*US*) butt.
pompón /pom'pon/ *sm* pompom.
pomposidad /pomposi'ðað/ *sf* pomposity.
pomposo, -sa /pom'poso -sa/ *adj* **1.** (*ostentoso*) pompous. **2.** (*lujoso*) splendid, sumptuous.
pómulo /'pomulo/ *sm* **1.** (*hueso*) cheekbone. **2.** (*mejilla*) cheek.
pon /pon/ *imperative of* ➪ poner
ponche /'pontʃe/ *sm* (*bebida*) punch.
poncho /'pontʃo/ *sm* poncho.
ponderación /pondera'θjon/ *sf* **1.** (*elogio*) acclaim, praise. **2.** (*reflexión*) consideration.
ponderado, -da /ponde'raðo -ða/ *adj* **1.** (*elogiado*) acclaimed, praised. **2.** (*reflexionado*) well-thought-out.
ponderar /ponde'rar/ [➪ CANTAR] *vt* **1.** (*elogiar*) to acclaim: **ponderaron mucho su novela** his novel was highly acclaimed. **2.** (*examinar con cuidado*) to consider, to think over: **pondéralo bien antes de decidirte** think it over carefully before you make up your mind.
pondré /pon'dre/ *and other forms with* ***pondr-*** ➪ poner
ponedero /pone'ðero/ *sm* nest(ing) box.
ponencia /po'nenθja/ *sf* **1.** (*comunicación*) paper: **la ponencia del médico español trató sobre la gripe** the Spanish doctor's paper dealt with flu. **2.** (*conjunto de ponentes*) reporting committee: **los miembros de la ponencia** the members of the reporting comittee.
ponente /po'nente/ *sm/f* reader of a paper (*at a conference*).
poner /po'ner/ [➪ table: poner; *past participle* **puesto**] *vt* **1.** (*gen*) to put: **puse los libros en la mesa** I put the books on the table; **vamos a poner un anuncio en el periódico** we are going to put * place an advertisement in the newspaper. **2.** (*añadir*): **le has puesto demasiada pimienta** *a* **la carne** you've put too much pepper on the meat; **le has puesto demasiada sal** *a* **la sopa** you've put too much salt in the soup. **3.** (*aportar*): **¿cuánto quieres poner** *para* **el regalo?** how much do you want to contribute for the present?; **tú trae el vino, yo pongo la comida** you bring the wine; I'll bring the food. **4.** (*a una persona: en determinado estado anímico*) to make: **me pone furiosa que no me haga caso** it makes me furious that she won't follow my advice; **tus bromas me ponen de mal humor** your jokes put me in a bad mood; (*: en determinada situación*) to put: **me pusiste** *en* **una situación muy violenta** you put me in a very embarrassing situation; **no lo pongas** *en* **un aprieto** don't put him in an awkward position; (*: en un trabajo*) to appoint: **lo pusieron** *de* **encargado de almacén** he was appointed warehouse manager; **mira cómo has puesto el mantel** look what you've done to the table cloth. **5.** (*juzgar*): **la crítica puso muy bien la película** the film was praised by the critics. **6.** (*seguido de* ***a + infinitivo***): **lo puso** *a* **secar delante del fuego** he put it out to dry in front of the fire; **puse la carne** *a* **asar** I

poner

INDICATIVE

Present	Preterite
pongo	puse
pones	pusiste
pone	puso
ponemos	pusimos
ponéis	pusisteis
ponen	pusieron
Future	**Conditional**
pondré	pondría
pondrás	pondrías
pondrá	pondría
pondremos	pondríamos
pondréis	pondríais
pondrán	pondrían

SUBJUNCTIVE

Present	Imperfect
ponga	pusiera *or* pusiese
pongas	pusieras *or* pusieses
ponga	pusiera *or* pusiese
pongamos	pusiéramos *or* pusiésemos
pongáis	pusierais *or* pusieseis
pongan	pusieran *or* pusiesen

IMPERATIVE

(tú) pon	(usted) ponga
(vosotros) poned	(ustedes) pongan

PAST PARTICIPLE

puesto

For the rest of the tenses ➪ TEMER (in appendix)

put the meat on to roast; **en cuanto llegué me puse** *a* **trabajar** as soon as I arrived I set to work. **7.** (*preparar*) to set: **¿a qué hora pusiste el despertador?** what time did you set the alarm clock for?; **pon la mesa** lay * set the table. **8.** (*ropa*) to put on: **ponle los guantes** put his gloves on (for him). **9.** (*encender*) to turn on, to switch on: **pon la radio** turn the radio on; **nada más llegar a casa pone la televisión** as soon as he arrives home he puts * turns the television on. **10.** (*instalar, colocar: el gas, la calefacción*) to install: **mañana nos ponen el gas** we're having gas put in * installed tomorrow; (*: el teléfono*): **todavía no les han puesto el teléfono** they still haven't connected up the phone for them; (*: una moqueta*) to lay; (*: unos estantes*) to put up: **puso unos estantes en el baño** he put up some shelves in the bathroom. **11.** (*comunicar*) to put through: **¿me puede poner** *con* **el departamento de ventas, por favor?** could you put me through to the sales department please? **12.** (*mandar*) to send: **le puse un fax a mi jefe** I sent a fax to my boss. **13.** (*imponer*): **pon tú las condiciones** you decide on conditions; **puso como condición que los pagos se efectuaran por adelantado** he made it a condition that payments were to be made in advance; **le pusieron una multa** he was given a fine; **le pusieron como castigo no ir de excursión** as a punishment he wasn't allowed to go on the trip; **le costó poner orden en el aula** he had difficulty getting the classroom under control. **14.** (*un nombre*): **enseguida le pusieron un apodo** he was immediately given a nickname; **le pusieron Juan, como su padre** they called him Juan, after his father; **¿cómo le vas a poner al niño?** what are you going to call the baby? • **me puso de ladrón para arriba** he called me a thief. **15.** (*escribir*) to put down, to write down: **pon tu nombre aquí** write your name here; **pon veinticinco** put (down) twenty-five; **pon todo lo que sepas** write down * put down everything you know; (*decir*) to say: **no pone a qué hora empieza** it doesn't say what time it begins; **¿qué pone en ese letrero?** what does that sign say?; (*presentar*): **puse una reclamación** I made a written complaint. **16.** (*un negocio*) to open, to set up: **han puesto una tienda de deportes cerca de casa** they've opened a sports shop near our house. **17.** (*en un cine, un teatro, etc.*): **¿qué ponen en el cine Rex?** what's on at the Rex?; **¿qué ponen esta noche en la tele?** what's on television tonight? **18.** (*servir*): **¿me pone otra cerveza?** (could I have) another beer, please?; **póngame dos kilos, por favor** give me two kilos, please. **19.** (*usar*) to use: **puso como ejemplo una frase del texto** he used a sentence from the text as an example • **pongo a Dios por testigo** may God be my witness. **20.** (*dedicar*) to spend: **puso muchas horas** *en* **la redacción del informe** she spent a lot of time writing the report; **no has puesto mucho empeño** *en* **esto** you haven't put much effort into this; **pon más atención** pay more attention. **21.** (*suponer*) to suppose: **pongamos que llueve, ¿qué hacemos?** supposing it rains, what will we do? **22.** (*Zool: huevos*) to lay.

ponerse *v prnl* **1.** (*colocarse*): **se puso al lado de Ana** he put himself next to Ana; **se puso más cerca** he came closer; **ponte ahí** stand over there. **2.** (*llegar*): **se puso** *en* **Valladolid en una hora** he got to * reached Valladolid in an hour. **3.** (*en determinado estado, determinada condición*): **ponte cómoda** make yourself comfortable; **se puso muy contento/furioso cuando se lo dije** he was very happy/he was furious when I told him; **¡no te pongas así, hombre!** don't take it to heart!; **el público se puso de pie para aplaudir** the audience rose to its feet to applaud; **se puso enferma** she fell ill; (*en un trabajo*): **se puso** *de* **camarero** he got a job as a waiter. **4.** (*empezar: con algo*) to start: **después del latín me pondré** *con* **las mates** after Latin, I'll have a go at some Maths; (*: a hacer algo*): **después me puse** *a* **ordenar los cajones** then I started tidying up the drawers; **no te pongas** *a* **llorar** don't start crying. **5.** (*al teléfono: contestar*) to answer; (*: hablar*): **también se puso su hijo** her son came to the phone too. **6.** (*un vestido, las gafas, un collar*) to put on: **ponte los zapatos/el abrigo** put your shoes/your coat on; **no sé qué ponerme** I don't know what to wear; **me puse un traje azul marino** I wore a navy blue suit. **7.** (*competir*) to compete: **me pongo** *con* **quien sea** I'll take anybody on. **8.** (*sol*) to set: **el sol se pone a las siete** the sun sets at seven.

poney /'poni/ *sm* [**poneys**] pony.

pongo /'poŋgo/ *and other forms with* **pong-** ⇨ poner

poni /'poni/ *sm* pony.

poniente /po'njente/ *sm* **1.** (*oeste*) West. **2.** (*viento*) west wind, westerly.

pontevedrés, -dresa /ponteβe'ðres -'ðresa/ **I** *adj* from * of Pontevedra.
II *sm/f* native * inhabitant of Pontevedra.

pontificado /pontifi'kaðo/ *sm* pontificate.

pontifical /pontifi'kal/ *adj* papal, pontifical.

pontificar /pontifi'kar/ [⇨ sacar] *vi* to pontificate.

pontífice /pon'tifiθe/ *sm* pontiff, pope.

pontificio, -cia /ponti'fiθjo -θja/ *adj* pontifical, papal.

pontón /pon'ton/ *sm* **1.** (*puente*) pontoon bridge. **2.** (*barca*) pontoon.

ponzoña /pon'θoɲa/ *sf* poison.

ponzoñoso, -sa /ponθo'ɲoso -sa/ *adj* **1.** (*Biol, Med: venenoso*) poisonous, venomous. **2.** (*comentario, observación*) poisonous.

pop /pop/ *adj inv, sm* (*Artes, Mús*) pop.

popa /'popa/ *sf* (*Náut*) stern.

pope /'pope/ *sm* (*Relig*) priest (*of the Orthodox Church*).

popelín /pope'lin/ *sm* poplin.

popote /po'pote/ *sm* (*Méx*) (drinking) straw.

populachero, -ra /popula'tʃero -ra/ *adj* **1.** (*gen*) common, vulgar. **2.** (*político*) populist.

populacho /popu'latʃo/ *sm* common herd, masses *pl*.

popular /popu'lar/ *adj* **1.** (*arte, cuento, música, etc.*) folk: **entonaron canciones populares** they sang folk songs. **2.** (*lenguaje, expresión*) colloquial. **3.** (*conocido, extendido*) popular: **es un actor muy popular** he's a very popular actor; **el ciclismo es un deporte muy popular** cycling is a very popular sport. **4.** (*humilde*) working-class: **nació en un barrio popular de Madrid** he was born in a working-class neighbourhood in Madrid; **el gobierno prometió construir más viviendas populares** the government promised to build more low-cost housing. **5.** (*Pol*) people's: **milita en el Partido Democrático Popular** she's a member of the People's Democratic Party.

popularidad /populari'ðað/ *sf* popularity.

popularizar /populari'θar/ [⇨ cazar] *vt* to popularize.

popularizarse *v prnl* to become popular: **se ha popularizado gracias a la televisión** it has become popular thanks to television.

populismo /popu'lizmo/ *sm* populism.

populista /popu'lista/ *adj, sm/f* populist.

populoso, -sa /popu'loso -sa/ *adj* populous: **Ciudad de México es una de las ciudades más populosas**

del planeta Mexico City is one of the most densely populated cities in the world.

popurrí /popu'rri/ *sm* potpourri.

póquer /'poker/ *sm* poker.

por /por/ *prep* **1.** (*indicando quién o qué realiza la acción*) by: **fue analizado por especialistas** it was analysed by specialists; **los daños causados por el terremoto** the damage caused by the earthquake. **2.** (*indicando el medio*) by: **lo envió por correo aéreo** he sent it by airmail; **se lo conocía por el apodo de "Nani"** he was known by the nickname "Nani"; **es licenciado en filología inglesa por la Universidad de Barcelona** he has a degree in English from Barcelona University; (*indicando el modo*): **lo echaron por la fuerza** they threw him out by force * forcibly; **póngalo por escrito** put it down in writing. **3.** (*indicando la ruta, el camino*): **entraron el piano por la ventana** they got the piano in through the window; **¿por dónde fueron?** which way did they go?; **fuimos por la carretera principal** we took the main road; **fui por Zaragoza** I went by * via Zaragoza; **vete por la derecha** keep to the right hand side; **no vayas por allí** don't go that way; (*en otras expresiones de lugar*): **tiene que estar por aquí** it must be somewhere around here; **estaban paseando por el parque** they were strolling through the park; **iba por la calle hablando solo** he was walking along the road talking to himself; **lo reparte por las casas** he delivers it from door to door; **pásate por mi casa** come round to my house; **está forrado por dentro** it's lined on the inside; **hay moscas por todas partes** there are flies everywhere; **hay miseria por todo el mundo** there is poverty all over the world. **4.** (*en expresiones de tiempo*): **vendrá por la mañana/por la tarde** she'll come in the morning/in the afternoon; **nunca salgo por la noche** I never go out at night; **ocurrió por noviembre** it happened sometime in November; **pongámoslo aquí por ahora** let's put it here for the time being; **por ahora no tenemos noticias** up to now we haven't had any news; **no será por mucho tiempo** it won't be for very long; **nos juntaremos por Navidad** we'll get together for Christmas. **5.** (*Mat: en multiplicaciones*): **dos por dos son cuatro** two times two is four, two two's are four; (*en medidas*): **mide tres metros por cinco** it measures three metres by five; (*en porcentajes, proporciones*) per: **había un descuento del quince por ciento** there was a discount of fifteen per cent * a fifteen per cent discount; **contó ochenta latidos por minuto** he counted eighty beats per minute; **iban a cien kilómetros por hora** they were going at a hundred kilometres per hour; **sale a diez por cabeza** it works out at ten each; **la cena salió a tres mil pesetas por cabeza** the dinner worked out at three thousand pesetas a head. **6.** (*a cambio de*) for: **te doy * te cambio este disco por tu pluma** I'll swap you this record for your fountain pen; **lo compré por dos mil pesetas** I bought it for two thousand pesetas; **¿cuánto piden por la casa?** how much are they asking for the house?; (*en sustitución de*): **juega por mí** play instead of me • **vaya lo uno por lo otro** it comes to the same thing. **7.** (*para expresar sucesión*) by: **estudió el problema caso por caso** he studied the problem case by case; **fue casa por casa** she went from house to house. **8.** (*indicando un motivo, una razón, una causa*): **se quedó en casa por el mal tiempo** he stayed at home because of the bad weather; **dio la vida por la patria** he gave his life for his country; **la castigaron por desobediente** she was punished for being disobedient; **eso te pasa por (ser tan) mentirosa** that's what you get for being such a liar; **se ofende por nada** he takes offence at the slightest thing; **no se llevó a cabo por falta de fondos** it wasn't carried out because of lack of funds; **"¿Por qué lo dices?" "Por nada, por nada."** "Why do you say that?" "No reason at all."; **lo hice por ti, no por ella** I did it because of you, not for her; **no entré por no despertarla** I didn't go in because I didn't want to wake her up; **si no hubiera sido por ella, me habría ahogado** if it hadn't been for her, I would have drowned; **nos felicitó por haberlo conseguido** he congratulated us on having achieved it; (*en busca de*) for: **fui por pan** I went for bread. **9.** (*hacia*) for: **lo que sentía por ella no era amor** what he felt for her wasn't love. **10.** (*como si fuera*): **los jueces dieron el salto por bueno** the judges counted the jump as within the rules; **lo tienen por un gran genio** he's considered to be a genius. **11.** (*a punto de*): **está por llegar** he is about to arrive; **se notaba que estaba por echarse a llorar** you could tell he was about to start crying. **12.** (*para expresar que algo aún no se ha realizado*): **las camas estaban por hacer** the beds hadn't been made; **aún queda todo esto por revisar** there's still all this to be checked. **13.** (*en cuanto a*): **por mí, puedes hacer lo que quieras** as far as I'm concerned, you can do whatever you want. **14.** (*expresando la idea de* **aunque**): **por imposible que te parezca, es verdad** however unlikely it may seem to you, it's true; **por más que * por mucho que quiera, no puedo** however much I want to, I can't.

por favor *loc adv* please: **abre la puerta, por favor** open the door, please.

por (lo) tanto *conj* therefore.

por qué *pron interrogativo* why: **¿por qué no?** why not?

por supuesto *loc adv* of course: **"¿Me acompañarás?" "¡Por supuesto!"** "Will you come with me?" "Of course!" * "Certainly!"; **es una posibilidad que, por supuesto, no se puede descartar** it is obviously a possibility which cannot be ruled out.

porcelana /porθe'lana/ *sf* **1.** (*figura*) china * porcelain figure: **una porcelana del siglo XVIII** an eighteenth century porcelain figure. **2.** (*material*) porcelain.

porcentaje /porθen'taxe/ *sm* percentage: **¿qué porcentaje de su personal usa el pase de temporada?** what percentage of your staff have season tickets?

porche /'portʃe/ *sm* **1.** (*en el exterior de una casa*) porch. **2.** (*soportal*) arcade.

porcino, -na /por'θino -na/ *adj* pig: **la peste porcina** swine fever.

porción /por'θjon/ *sf* **1.** (*de comida: gen*) portion; (*: de un pastel*) slice: **se comió tres porciones de tarta** he ate three slices of cake. **2.** (*parte correspondiente*) share.

pordiosero, -ra /porðjo'sero -ra/ *sm/f* beggar.

porfía /por'fia/ *sf* **1.** (*insistencia*) stubbornness, obstinacy. **2.** (*disputa*) dispute, argument.

porfiado, -da /por'fjaðo -ða/ *adj* (*frml*) stubborn, obstinate.

porfiar /por'fjar/ [⇨ansiar] *vi* **1.** (*obstinarse*) to argue stubbornly. **2.** (*perseverar*) to keep on, to persevere.

pormenor /porme'nor/ *sm* detail: **ya me contarás los pormenores cuando tengamos tiempo** you can tell me the (full) details when we have more time; **no vamos a preocuparnos por un pormenor sin im-**

portancia let's not worry about a minor * unimportant detail.

pormenorizar /pormenori'θar/ [⇨ cazar] *vt* to describe in detail.

♦ *vi* to go into detail: **no hace falta que pormenorices** there's no need to go into detail.

porno /'porno/ (*fam*) I *adj inv* (*short for* **pornográfico -ca**) porno.

II *sm* (*short for* **pornografía**) porn.

pornografía /pornoɣra'fia/ *sf* pornography.

pornográfico, -ca /porno'ɣrafiko -ka/ *adj* pornographic.

poro /'poro/ *sm* (*Anat*) pore.

poroto /po'roto/ *sm* (*Arg, Chi, Urug*) bean.

poroto blanco *sm* (*Arg, Chi, Urug*) haricot bean.

poroto de manteca *sm* (*Arg, Urug*) butter bean.

poroto verde *sm* (*Chi*) green bean.

porque /'porke/ *conj* because: **llegó tarde porque había un embotellamiento** she was late because there was a traffic jam; **"Pero, ¿por qué?" "Porque sí."** "But why?" "Just because."

porqué /por'ke/ *sm* reason: **no comprendo el porqué de tu enfado** I don't understand why you're angry.

porquería /porke'ria/ *sf* **1.** (*fam: suciedad*) filth • **esta camisa está hecha una porquería** this shirt is filthy. **2.** (*fam: birria*) rubbish, garbage: **la película fue una porquería** the film was rubbish * tripe; **esta moto es una porquería** this motorbike is completely useless. **3.** (*fam: grosería*) gross * indecent act. **4.** (*fam: comida*) junk food: **está así de gorda de comer tantas porquerías** she's so fat because she eats so much junk food.

porqueriza /porke'riθa/ *sf* pigsty, (*US*) pigpen.

porra /'porra/ *sf* **1.** (*palo*) stick; (*de policía*) baton, truncheon, (*US*) nightstick. **2.** (*masa frita*) *large fried twists of batter eaten hot*. **3.** (*expresiones*): • **¡a la porra contigo!** clear off! • **me mandó a la porra** he sent me packing • **¡váyase usted a la porra!** go to hell! • **¡y una porra!** no way! never! • **¡porras!** damn it!

porrada /po'rraða/ *sf* (*fam: pila*) heaps *pl*: **nos ponen una porrada de deberes** they give us loads of homework.

porrazo /po'rraθo/ *sm* (*golpe: con un palo*) blow (*with stick, truncheon*); (*: al tropezarse, caerse*): **¡qué porrazo se dio!** what a bump * knock he gave himself!

porrillo /po'riʎo/ **a porrillo** *loc adv*: **tiene libros a porrillo** he has stacks * loads of books.

porro /'porro/ *sm* (*fam*) joint.

porrón /po'rron/ *sm*: *glass wine container (held high to pour directly into one's mouth)*.

portaaviones /portaa'βjones/ *sm inv* aircraft carrier.

portada /por'taða/ *sf* **1.** (*de un libro: tapa*) cover; (*: primera plana*) title page; (*de una revista*) cover; (*de un periódico*) front page; (*de un disco*) sleeve. **2.** (*de un edificio*) façade.

portador, -dora /porta'ðor -'ðora/ I *adj* carrying.

II *sm/f* **1.** (*gen*) carrier: **es portador de un virus** he's carrying a virus. **2.** (*de un cheque*) bearer: **páguese al portador** pay the bearer.

portaequipaje /portaeki'paxe/ *sm*, **portaequipajes** /portaeki'paxes/ *sm inv* **1.** (*maletero*) (*GB*) boot, (*US*) trunk. **2.** (*baca*) roof * luggage rack.

portafolios /porta'foljos/ *sm inv* briefcase.

portahelicópteros /portaeli'kopteros/ *sm inv* helicopter carrier.

portal /por'tal/ I *sm* entrance (hall).

II **portales** *sm pl* arcade.

portal de Belén *sm* Nativity scene.

portalámpara /porta'lampara/ *sm*, **portalámparas** /porta'lamparas/ *sm inv* (lamp * light) socket.

portalón /porta'lon/ *sm* **1.** (*de un edificio*) (outer) gateway (*leading to courtyard*). **2.** (*de un barco*) gangway.

portaminas /porta'minas/ *sm inv* propelling pencil.

portamonedas /portamo'neðas/ *sm inv* (*GB*) purse, (*US*) change purse.

portante /por'tante/ *sm* • **cogió * tomó el portante** he cleared off.

portaobjeto /portaoβ'xeto/ *sm*, **portaobjetos** /portaoβ'xetos/ *sm inv* slide (*for microscope*).

portarse /por'tarse/ [⇨ CANTAR] *v prnl* to behave: **pórtate bien** be good, behave yourself; **se portó muy mal** she behaved very badly; **¿se portaron bien los niños?** did the children behave themselves?; **Luis se portó muy bien** *con* **nosotros** Luis was very good * most helpful to us • **Marta se ha portado: su ayuda ha sido decisiva** Marta has excelled herself: her help was decisive.

portátil /por'tatil/ *adj* portable.

portavoz /porta'βoθ/ *sm/f* [**portavoces**] (*gen*) spokesperson; (*hombre*) spokesman; (*mujer*) spokeswoman.

portavoz del gobierno *sm/f* (*hombre*) government spokesman; (*mujer*) government spokeswoman.

portazo /por'taθo/ *sm* slam (*of door*): **al marcharse dio un portazo** he slammed the door as he went out.

porte /'porte/ *sm* **1.** (*transporte*) transport, carriage; (*gastos de transporte*) transport charges *pl*, carriage. **2.** (*aspecto*) bearing, appearance: **lo recibió una señora de porte distinguido** he was received by a distinguished-looking lady. **3.** (*tamaño*) size, capacity: **conduce un camión de gran porte** he drives a very large truck; (*importancia*) size, importance: **en problemas de este porte hay que mantener la calma** with problems of this size one must remain calm.

porteador, -dora /portea'ðor -'ðora/ *sm/f* porter, bearer.

portento /por'tento/ *sm* **1.** (*actuación, suceso, etc.*) marvel: **su forma de jugar en la final fue un portento** she played amazingly well in the final. **2.** (*persona*) genius: **es un portento dibujando** he's a genius at drawing; **consiguió la beca porque es un portento** *en* **matemáticas** she got the scholarship because she's a genius at mathematics.

portentoso, -sa /porten'toso -sa/ *adj* wonderful.

porteño, -ña /por'teɲo -ɲa/ I *adj* **1.** (*de Buenos Aires*) of * from Buenos Aires. **2.** (*de Valparaíso*) of * from Valparaíso.

II *sm/f* **1.** (*de Buenos Aires*) native * inhabitant of Buenos Aires. **2.** (*de Valparaíso*) native * inhabitant of Valparaíso.

portería /porte'ria/ *sf* **1.** (*en un inmueble: conserjería*) porter's lodge * office; (*: vivienda*) porter's house. **2.** (*de fútbol, hockey, etc.*) goal (*posts*).

portero, -ra /por'tero -ra/ *sm/f* **1.** (*conserje: de una vivienda, una escuela*) porter, (*GB*) caretaker, (*US*) janitor; (*: de un edificio público*) doorman. **2.** (*de fútbol, hockey, etc.*) goalkeeper.

portero automático *sm* Entryphone®.

portezuela /porte'θwela/ *sf* (*Auto*) door.

pórtico /'portiko/ *sm* **1.** (*de un edificio*) portico, porch. **2.** (*galería con arcadas*) arcade.

portilla /por'tiʎa/ *sf* porthole.

portillo /por'tiʎo/ *sm* wicket.

portorriqueño, -ña /portorri'keɲo -ɲa/ *adj, sm/f* Puerto Rican.

portuario, -ria /por'twarjo -rja/ *adj* port, dock: **hay que modernizar las instalaciones portuarias** the port * dock facilities need to be modernized.

Portugal /portu'ɣal/ *sm* Portugal.

portugués, -guesa /portu'ɣes -'ɣesa/ **I** *adj, sm/f* Portuguese: **los portugueses** the Portuguese.
II portugués *sm* (*idioma*) Portuguese.

porvenir /porβe'nir/ *sm* future: **está tratando de labrarse un porvenir en Canadá** he's trying to build a future for himself in Canada.

pos /pos/ **en pos de** *prep* (*frml*) in pursuit of: **iba en pos de un sueño inalcanzable** she was pursuing an unattainable dream.

posada /po'saða/ *sf* **1.** (*venta*) inn. **2.** (*refugio*) shelter.

posaderas /posa'ðeras/ *sf pl* (*fam*) bottom.

posadero, -ra /posa'ðero -ra/ *sm/f* innkeeper.

posar /po'sar/ [⇨ CANTAR] *vt* **1.** (*una mano*) to place, to put (*gently*): **posó su mano** *sobre* **mi hombro** she put her hand on my shoulder. **2.** (*la vista, los ojos, etc.*): **posó su mirada** *en* **la lejanía** he gazed into the distance.
♦*vi* (*para un artista*) to pose: **los novios posaron** *para* **el fotógrafo** the bride and groom posed for the photographer.
posarse *v prnl* **1.** (*ave, insecto*) to alight: **el gorrión se posó** *en* **la copa de un árbol** the sparrow alighted on a treetop; (*avión*) to land, to touch down. **2.** (*sedimento*) to settle.

posavasos /posa'βasos/ *sm inv* coaster, mat.

posdata /pos'ðata/ *sf* postscript.

pose /'pose/ *sf* **1.** (*para ser retratado*) pose: **me canso en esta pose** I get tired in this pose. **2.** (*actitud falsa*) pose: **su amabilidad es pura pose** his kindness is a complete pose.

poseedor, -dora /posee'ðor -'ðora/ *sm/f* holder: **el poseedor del billete premiado vive en Logroño** the holder of the winning ticket lives in Logroño.

poseer /pose'er/ [⇨ leer] *vt* **1.** (*bienes, objetos*) to own, to possess: **la empresa posee la mitad de las acciones** the company owns * holds half the shares. **2.** (*cultura, saber*) to have: **posee amplios conocimientos de inglés** she has a wide knowledge of English.

poseído, -da /pose'iðo -ða/ **I** *adj* possessed: **está poseído** *por* **su afán de venganza** he's possessed by his thirst for revenge.
II *sm/f* possessed person.

posesión /pose'sjon/ *sf* possession: **todas mis posesiones caben en una maleta** all my possessions fit into a suitcase; **los cuadros están** *en* **posesión** *del* **heredero** the paintings are in the heir's possession; **está** *en* **posesión** *del* **testamento** he has the will in his possession • **tomó posesión de su cargo el mes pasado** he took up his post last month.

posesivo, -va /pose'siβo -βa/ **I** *adj* possessive: **su madre es muy posesiva** his mother is very possessive.
II posesivo *sm* (*Ling*) possessive.

poseso, -sa /po'seso -sa/ **I** *adj* possessed.
II *sm/f* possessed person: **se puso a gritar como un poseso** he started shouting like a man possessed.

posguerra /poz'ɣerra/ *sf* postwar period.

posibilidad /posiβili'ðað/ **I** *sf* **1.** (*circunstancia posible*) possibility, chance: **¿crees que tienen posibilidades** *de* **ganar?** do you think they have a chance of winning?; **hay posibilidades** *de* **que me den el puesto** there's a chance that I will get the job • **cabe la posibilidad de que sea mentira** there's always the possibility that it's a lie. **2.** (*opción*) choice, option: **tienes dos posibilidades: irte con ellos o quedarte** you have two choices: either go with them or stay.
II posibilidades *sf pl* means *pl*: **se han creado unas becas para los que no tienen posibilidades económicas** scholarships have been established for people of limited means • **viven por encima de sus posibilidades** they live beyond their means.

posibilitar /posiβili'tar/ [⇨ CANTAR] *vt* to make possible: **esta norma posibilita la participación de mujeres trabajadoras** this rule makes it possible for working women to take part.

posible /po'siβle/ **I** *adj* possible: **es posible que aparezca** he may turn up; **saldré lo antes posible** I'll leave as soon as I can • **haré todo lo posible** I'll do everything in my power • **de ser posible, iría** if it were possible, I would go • **estoy seguro de que lo hará lo mejor posible** I'm sure he'll do it to the best of his ability • **¡será posible lo que me ha dicho!** you wouldn't believe what he said to me! • **pero, ¿es posible?** are you serious? • **está recuperado dentro de lo posible * en la medida de lo posible** he has improved as much as can be expected.
II posibles *sm pl* means *pl*, resources *pl*: **no tenía los posibles para construirse otra casa** he didn't have the means to build another house.

posición /posi'θjon/ *sf* **1.** (*gen*) position: **pon ese palo en posición vertical** stand that pole in an upright position; **mantuvo su posición de que lo mejor era llegar a un acuerdo** he maintained the position that it was best to come to an agreement; **gozan de una posición económica desahogada** they are very comfortably off • **son gente de posición** they are well-off * well-to-do people. **2.** (*en una competición*) position, place: **quedaron** *en* **segunda posición** they ended up in second place.

positivo, -va /posi'tiβo -βa/ **I** *adj* **1.** (*gen*) positive: **tendrías que adoptar una actitud más positiva** you should take a more positive attitude; **el análisis de sangre dio positivo** the blood test was positive. **2.** (*Mat*) positive, plus.
II positivo *sm* positive (*in photography*).

poso /'poso/ *sm* **1.** (*gen*) sediment, dregs *pl*; (*de café*) grounds *pl*. **2.** (*de una experiencia*) aftertaste: **la separación me dejó un poso de amargura** the separation made me very bitter.

posoperatorio, -ria /posopera'torjo -rja/ **I** *adj* post-operative.
II posoperatorio *sm* post-operative period.

posparto /pos'parto/ *sm*: *period following childbirth*.

posponer /pospo'ner/ [⇨ poner; *past participle* **pospuesto**] *vt* **1.** (*en el tiempo*) to postpone, to put off: **decidieron posponer el viaje** they decided to postpone their trip. **2.** (*en relación a algo*) to put after: **pospuso sus propios intereses a los de la empresa** he put his own interests after those of the company.

posta /'posta/ **I** *sf* (*Hist: conjunto de caballerías*) change of horses; (*: lugar*) staging post * stop.
II a posta *loc adv* on purpose, deliberately: **lo hizo a posta** he did it on purpose.

postal /pos'tal/ **I** *adj* postal: **el servicio postal** the postal service.
II *sf* postcard.

postdata /pos'ðata/ *sf* postscript.

poste /'poste/ *sm* **1.** (*gen*) post; (*de telégrafos, de la electricidad, etc.*) pole. **2.** (*en fútbol, balonmano, etc.*) goalpost.
poste de la luz *sm* lamppost.

poste telefónico *sm* telegraph pole.

poste telegráfico *sm* telegraph pole.

póster /'poster/ *sm* [**pósters**] poster.

postergar /poster'ɣar/ [➪ pagar] *vt* **1.** (*en el tiempo*) to postpone, to delay. **2.** (*en importancia*): **postergó su familia a un segundo plano** he put his family in second place.

posteridad /posteri'ðað/ *sf* posterity: **este triunfo pasará a la posteridad** this victory will go down in history.

posterior /poste'rjor/ *adj* **1.** (*que sigue a algo: en el tiempo*) later: **en los años posteriores** *a* **la guerra** in the years following the war; **su llegada fue posterior** *a* **mi marcha** he arrived after I had left; (*: en una serie, una colocación*) subsequent: **han salido ya todos los números posteriores al veinte** all numbers subsequent to twenty have already come out. **2.** (*de atrás*) rear, back: **en la parte posterior del autocar iba un grupo de jóvenes** a group of young people were sitting at the back of the coach.

posteriori /poste'rjori/ **a posteriori** *loc adv* with hindsight, after the event: **es fácil decir a posteriori que tomamos la decisión equivocada** it's easy to say with (the benefit of) hindsight that we made the wrong decision.

posterioridad /posterjori'ðað/ *sf*: **esos sucesos acaecieron** *con* **posterioridad** those events happened later.

posteriormente /posterjor'mente/ *adv* later, afterwards.

postigo /pos'tiɣo/ *sm* **1.** (*contraventana*) shutter. **2.** (*puerta pequeña*) wicket.

postilla /pos'tiʎa/ *sf* scab.

postín /pos'tin/ *sm* **1.** (*actitud*) ● **se da mucho postín de que gana una fortuna** he brags about all the money he earns. **2.** (*lujo*) ● **estuvo en una fiesta de postín** she was at a posh party.

postizo, -za /pos'tiθo -θa/ **I** *adj* (*dentadura, pelo, uñas, etc.*) false.

II postizo *sm* hairpiece.

postoperatorio, -ria /posopera'torjo -rja/ *adj*, **postoperatorio** *sm* ➪ posoperatorio

postor, -tora /pos'tor -tora/ *sm/f* bidder ● **se lo venderé al mejor postor** I'll sell it to the highest bidder.

postración /postra'θjon/ *sf* depression.

postrado, -da /pos'traðo -ða/ *adj* prostrate.

postrar /pos'trar/ [➪ CANTAR] *vt* to prostrate, to lay out: **una gripe lo postró en la cama durante una semana** a bout of flu laid him out for a week.

postrarse *v prnl* to kneel (down): **se postró** *ante* **ella** he knelt (down) before her.

postre /'postre/ **I** *sm* dessert: *de* **postre sirvieron helado** they served ice cream for dessert ● **llegamos a los postres** we arrived when it was all over ● **para postre ni siquiera nos avisaron** to crown it all they didn't even warn us.

II a la postre *loc adv* (*frml*): **a la postre, se tuvo que conformar con el segundo puesto** in the end he had to be content with second place.

postrero, -ra /pos'trero -ra/ *adj* (*frml*) last.

postrimerías /postrime'rias/ *sf pl* (*frml*) end: **ocurrió en las postrimerías del siglo X** it happened at the end of the tenth century.

postulado /postu'laðo/ *sm* postulate.

postulante /postu'lante/ *sm/f* **1.** (*Relig*) postulant. **2.** (*de dinero*) collector. **3.** (*Amér L: candidato: en política*) candidate; (*: a un puesto de trabajo*) applicant.

postular /postu'lar/ [➪ CANTAR] *vi* **1.** (*pedir dinero*) to collect: **está postulando** *para* **la Cruz Roja** he's collecting money for the Red Cross. **2.** (*Amér L: presentarse*) to apply: **piensa postular** *al* **cargo** ✱ *para* **el cargo** he intends to apply for the job.

♦*vt* **1.** (*frml: una idea, una teoría, etc.*) to postulate. **2.** (*Amér L: a un candidato*) to propose, to put forward.

postularse *v prnl* (*Amér L*) to put oneself forward, to stand: **se postuló** *para* **representante de grupo** she stood for election as a group representative.

póstumo, -ma /'postumo -ma/ *adj* posthumous: **le otorgaron la medalla a título póstumo** he was awarded the medal posthumously.

postura /pos'tura/ *sf* **1.** (*manera de colocarse*) position, posture: **sentarse en mala postura puede dar dolores de espalda** sitting with bad posture can cause back pain. **2.** (*manera de actuar*) stance, position: **adoptó una postura de total intransigencia** she adopted a completely uncompromising position.

potable /po'taβle/ *adj* **1.** (*que se puede beber*) fit to drink, drinkable. **2.** (*fam: pasable*) reasonable: **la comida es bastante potable** the food is reasonable.

potaje /po'taxe/ *sm* vegetable stew (*especially containing chickpeas*).

potasa /po'tasa/ *sf* potash.

potasio /po'tasjo/ *sm* potassium.

pote /'pote/ *sm* **1.** (*vasija*) pot ● **se da mucho pote** he's always bragging. **2.** (*guiso*) *stew traditional to Galicia and Asturias.*

potencia /po'tenθja/ *sf* **1.** (*gen*) power: **es una máquina de mucha potencia** it's a very powerful machine. **2.** (*Pol*) power: **las grandes potencias llegaron a un acuerdo** the major powers came to an agreement. **3.** (*Mat*) power: **eleva este número a la cuarta potencia** increase this number to the power of four. **4.** ● (*expresando posibilidad*) **todos eran ganadores en potencia** they were all potential winners.

potencial /poten'θjal/ **I** *adj* potential: **sabía que aquel hombre era un enemigo potencial** he knew that that man was a potential enemy.

II *sm* **1.** (*poder*) potential: **ese país tiene un gran potencial militar** that country has great military potential. **2.** (*Ling*) conditional (tense).

potenciar /poten'θjar/ [➪ CAMBIAR] *vt*: **el alcalde potenció las fiestas populares** the mayor promoted the public festivities; **el colegio quiere potenciar el estudio de idiomas** the school wants to foster ✱ encourage the study of languages; **quieren potenciar el comercio interior** they want to boost domestic trade.

potentado, -da /poten'taðo -ða/ *sm/f* rich and powerful person: **todo lo que concierne al pueblo lo manejan cuatro potentados** everything to do with the village is controlled by four powerful men.

potente /po'tente/ *adj* powerful: **metió gol de un potente disparo** he scored with a powerful shot; **este coche tiene un motor muy potente** this car has a very powerful engine.

potestad /potes'tað/ *sf* (*frml*) authority, power.

potingue /po'tiŋge/ *sm* (*fam*) **1.** (*comida, bebida*) disgusting mess. **2.** (*cosmético*) make-up: **siempre lleva la cara cubierta de potingues** her face is always plastered with make-up.

potito /po'tito/ *sm* jar of baby food.

poto /'poto/ *sm* **1.** (*Bot*) type of creeper, ivy. **2.** (*Chi, Perú: trasero*) bottom.

potra /'potra/ *sf* **1.** (*yegua joven*) filly. **2.** (*fam: suerte*) luck: **¡qué potra tienes!** you've got the luck of the Devil!

potro /'potro/ *sm* **1.** (*caballo joven*) colt. **2.** (*de gimnasia*) horse. **3. el potro** (*para torturar*) the rack.

poyo /'pojo/ *sm* stone bench.

poza /'poθa/ *sf* **1.** (*charca*) pond, pool. **2.** (*de un río*) pool.

pozo /'poθo/ *sm* **1.** (*gen*) well: **trabaja en la construcción de pozos de petróleo** he works on the construction of oil wells • **ese profesor es un pozo de sabiduría * de ciencia** that teacher is a fount of wisdom. **2.** (*de una mina*) shaft. **3.** (*Arg, Urug: hoyo*) hole: **los niños hicieron un pozo en la arena** the children made a hole in the sand; (*: bache*) pothole. **4.** (*Arg, Urug: fondo común*) pool, kitty: **¿cuánto hay en el pozo?** how much do we have in the kitty?; (*: bote*) jackpot: **se ha acumulado un pozo de...** there's a jackpot of....

pozo negro *sm* cesspit.

pozo sin fondo *sm* (*fig*) bottomless pit.

PP /pe'pe/ *sm* (*en España*) (*abbreviation of* **Partido Popular**) Spanish Conservative Party.

P.P. /'pe'pe/, **p.p.** (*abbreviation of* **por poder * por orden**) pp (*on behalf of*).

práctica /'praktika/ *sf* **1.** (*actividad repetida*) (*GB*) practice, (*US*) practise: **todavía le falta práctica** he still needs more practice • **aunque tenemos trabajos distintos, en la práctica hacemos lo mismo** even though we have different jobs, in practice, we do the same things • **es más fácil decirlo que llevarlo a la práctica** it's easier said than done. **2.** (*ejercicio profesional*) (*GB*) practice, (*US*) practise: **la práctica de la medicina requiere una gran vocación** the practice of medicine requires great vocation. **3.** (*experiencia*) experience: **necesitamos a alguien con más práctica** *en* **este trabajo** we need someone with more experience of this work. **4.** (*aprendizaje*): **es un estudiante** *en* **prácticas** he's a student getting practical training; **por la tarde los estudiantes hacen las prácticas en el laboratorio** in the afternoon, the students do practical work in the laboratory.

practicable /prakti'kaβle/ *adj* **1.** (*factible*) feasible: **no sé si la idea es practicable** I don't know if the idea is feasible. **2.** (*transitable*) passable.

prácticamente /'praktikamente/ *adv* practically, almost: **esta botella está prácticamente vacía** this bottle is practically * almost empty.

practicante /prakti'kante/ **I** *adj* (*GB*) practising, (*US*) practicing: **Alejandro es católico practicante** Alejandro is a practising Catholic.
II *sm/f* nursing auxiliary.

practicar /prakti'kar/ [⇨sacar] *vt* **1.** (*gen*) (*GB*) to practise, (*US*) to practice: **pasó un mes en Richmond para practicar el inglés** she spent a month in Richmond to practise her English. **2.** (*un deporte*): **¿practicas algún deporte?** do you play any sport regularly?; **practica la natación** she swims regularly; **practica la esgrima** he fences. **3.** (*llevar a cabo*) to carry out: **le practicaron una operación muy peligrosa** they carried out a very dangerous operation on him; **practica lo que dice** he practises what he preaches. **4.** (*ejercer*) to practise: **lleva veinte años practicando la medicina** she has been practising medicine for twenty years.
♦*vi* **1.** (*gen*) (*GB*) to practise, (*US*) to practice: **estuvo practicando toda la tarde** he was practising the whole evening. **2.** (*ejercer*): **es ingeniero, pero no practica** he's qualified as an engineer, but he doesn't work as such.

práctico, -ca /'praktiko -ka/ *adj* **1.** (*persona, aprendizaje, etc.*) practical. **2.** (*objeto*) useful, handy: **es muy práctico** it's very useful; **es una mesa muy práctica** *para* **estudiar** it's a good table to study at.

práctico (de puerto) *sm/f* pilot.

pradera /pra'ðera/ *sf* grassland, prairie.

prado /'praðo/ *sm* meadow, field.

pragmático, -ca /praɣ'matiko -ka/ **I** *adj* pragmatic: **tiene una forma de pensar muy pragmática** his way of thinking is very pragmatic.
II *sm/f* pragmatist.

pragmatismo /praɣma'tizmo/ *sm* pragmatism.

pral. *pronounced* /prinθi'pal/ (*abbreviation of* **principal**) (*GB*) first floor, (*US*) second floor.

preámbulo /pre'ambulo/ *sm* **1.** (*prefacio*) introduction. **2.** (*rodeo*): **sin más preámbulos, pasó a explicar su teoría** and without further ado, he started explaining his theory.

prebenda /pre'βenda/ *sf* **1.** (*Relig*) prebend. **2.** (*beneficio*) benefit, perk: **el coche con chófer es una de las prebendas del cargo** the car and driver is one of the perks of the job.

precalentamiento /prekalenta'mjento/ *sm* (*Dep*) warm-up.

precalentar /prekalen'tar/ [⇨pensar] *vt* **1.** (*la comida, el horno*) to preheat. **2.** (*un motor*) to warm up.

precario, -ria /pre'karjo -rja/ *adj* unstable, precarious: **su situación en la empresa es bastante precaria** her position in the company is quite precarious.

precaución /prekau'θjon/ *sf* **1.** (*prevención*) precaution: **tomamos las precauciones necesarias** we took the necessary precautions; **tuvo la precaución de llevarse un jersey** he took the precaution of taking a sweater. **2.** (*cuidado*) caution: **conduzca con precaución** drive with caution.

precaverse /preka'βerse/ [⇨TEMER] *v prnl* to take precautions: **se precavió** *de* **los problemas que pudieran surgir** he took precautions against the problems that might arise.

precavido, -da /preka'βiðo -ða/ *adj*: **es tan precavida que siempre lleva de todo** she's so well-prepared that she carries all sorts of things around with her.

precedencia /preθe'ðenθja/ *sf* precedence: **naturalmente, esto tendrá precedencia** *sobre* **otros asuntos** naturally this will take precedence over other matters.

precedente /preθe'ðente/ **I** *adj* preceding, previous: **haremos lo mismo que en los casos precedentes** we will do the same as we've done in previous cases.
II *sm* precedent: **aquella decisión sentó un precedente** that decision established a precedent; **es una situación** *sin* **precedentes** it's an unprecedented situation * a situation without precedent.

preceder /preθe'ðer/ [⇨TEMER] *vt* **1.** (*ir delante*) to precede: **un cortometraje sobre la guerra precedió a la conferencia** the lecture was preceded by a short film about the war; **la "ñ" precede a la "o"** "ñ" goes before "o" **2.** (*tener más importancia*) to take precedence over.

preceptivo, -va /preθep'tiβo -βa/ *adj* compulsory, obligatory: **es preceptivo utilizar el cinturón de seguridad** the use of seat belts is compulsory.

precepto /pre'θepto/ *sm* precept.

preceptor, -tora /preθep'tor -'tora/ *sm/f* (private) tutor.

preciado, -da /pre'θjaðo -ða/ *adj* valuable: **la amistad es un bien muy preciado** friendship is a very valuable thing; **es un recuerdo muy preciado** *para* **mí** it's one of my treasured memories.

preciarse /pre'θjarse/ [⇨CAMBIAR] *v prnl* to pride oneself: **se precia** *de* **ser la primera de la clase** she prides herself on being top of the class; **se precia** *de* **ser el mejor hospital del país** it prides itself on being the best hospital in the country.

precintar /preθin'tar/ [⇨CANTAR] *vt* **1.** (*un paquete, un sobre, etc.*) to seal (up): **precintaron el paquete** they sealed the packet. **2.** (*Jur*: *un local, una casa*) to close down: **la policía precintó el local por orden del juez** the police closed down the premises by order of the judge.

precinto /pre'θinto/ *sm* seal: **no consumir si el precinto está roto** do not use if the seal has been broken.

precio /'preθjo/ *sm* price: **¿qué precio tienen estas pulseras?** how much are these bracelets?; **su cooperación no tiene precio** his co-operation is priceless; **ha adelgazado, pero al precio de no comer ni pan ni dulces** she has lost weight but it has meant not eating bread or puddings ● **pusieron precio a su cabeza** they put a price on his head.

precio a convenir *sm* price negotiable.

precio de coste *sm* cost price.

precio de fábrica *sm* factory price.

precio simbólico *sm* token amount.

preciosidad /preθjosi'ðað/ *sf* (*persona*) beautiful person: **su hija es una preciosidad** her daughter is a real beauty; (*objeto*) beautiful thing: **¡qué preciosidad de casa!** what a beautiful house!

precioso, -sa /pre'θjoso -sa/ *adj* **1.** (*por su valor*) precious: **el agua es un bien precioso** water is a precious commodity. **2.** (*por su belleza*) beautiful, lovely: **llevaba un vestido precioso** she wore a beautiful dress; **es un pueblo precioso** it's a lovely village.

precipicio /preθi'piθjo/ *sm* precipice ● **su matrimonio se encuentra al borde del precipicio** their marriage is on the point of collapse.

precipitación /preθipita'θjon/ *sf* **1.** (*prisa*) haste: **preferiría que no me respondieras** *con* **precipitación** I'd rather you didn't rush to give me an answer. **2.** (*lluvia, nieve, etc.*): **se esperan algunas precipitaciones para el fin de semana** some outbreaks of rain are expected this weekend; **en el interior las precipitaciones son menos abundantes** in the interior the rainfall is less.

precipitado, -da /preθipi'taðo -ða/ **I** *adj* (*con prisas*) hasty: **ha sido una decisión muy precipitada** it was a very hasty decision.

II precipitado *sm* precipitate.

precipitar /preθipi'tar/ [⇨CANTAR] *vt* **1.** (*lanzar*) to throw. **2.** (*frml*: *apresurar*) to hasten, to precipitate: **la noticia precipitó su regreso** the news hastened his return. **3.** (*una sustancia*) to precipitate.

precipitarse *v prnl* **1.** (*lanzarse*) to throw oneself; (*caer*) to fall: **el coche se precipitó al vacío** the car fell into the void. **2.** (*apresurarse*) to rush, to hurry: **cuando abrieron la puerta, la gente se precipitó** *hacia* **el interior** when the door was opened the people rushed inside.

precisamente /preθisa'mente/ *adv* **1.** (*justamente*): **precisamente estábamos hablando de ti** we were just talking about you; **por eso precisamente lo hice** that's precisely why I did it. **2.** (*con precisión*) precisely.

precisar /preθi'sar/ [⇨CANTAR] *vt* **1.** (*requerir*) to need, to require: **los niños precisan muchas atenciones** children require a lot of attention. **2.** (*especificar*) to specify: **no han precisado la fecha de la entrevista** they haven't specified a date for the interview; **precisó que todavía no se había firmado el acuerdo** she emphasized that the agreement had still not been signed.

♦*vi* (*requerir*): **le dijeron que ya no precisaban** *de* **sus servicios** he was told that his services were no longer required.

precisarse *v prnl* to be required: **se precisa ayudante de cocina** kitchen assistant required.

precisión /preθi'sjon/ *sf* **1.** (*exactitud*) precision, accuracy: **esta máquina funciona con gran precisión** this machine is very accurate; **contestó con mucha precisión** her reply was very precise. **2.** (*puntualización*): **hizo la precisión** *de* **que eran datos sin confirmar** he emphasized that the data were unconfirmed.

preciso, -sa /pre'θiso -sa/ *adj* **1.** (*necesario*) necessary: **fue preciso operarlo de apendicitis** they had to take his appendix out; **es preciso que vengas inmediatamente** you must come immediately. **2.** (*justo*) precise, exact: **no recuerdo la cantidad precisa** I don't remember the exact amount; **llegué en el preciso instante en que se marchaba** I arrived at the precise moment he was leaving.

precocidad /prekoθi'ðað/ *sf* precociousness.

precolombino, -na /prekolom'bino -na/ *adj* pre-Columbian, before Columbus.

preconcebido, -da /prekonθe'βiðo -ða/ *adj* preconceived: **es mejor ir sin ideas preconcebidas** it's better to go without any preconceived ideas.

preconizar /prekoni'θar/ [⇨cazar] *vt* to advocate: **preconiza la iniciativa privada** he's an advocate of private enterprise.

precoz /pre'koθ/ *adj* [**precoces**] **1.** (*diagnóstico, fruto, etc.*) early. **2.** (*niño: gen*) precocious; (*: genial*): **Mozart fue un músico precoz** Mozart was a musical prodigy.

precursor, -sora /prekur'sor -'sora/ **I** *adj*: **fueron los experimentos precursores de los viajes espaciales** they were the experiments which preceded space travel.

II *sm/f* precursor, forerunner.

predecesor, -sora /preðeθe'sor -'sora/ *sm/f* predecessor: **mi predecesora dimitió a causa de un escándalo** my predecessor resigned because of a scandal.

predecir /preðe'θir/ [⇨table: predecir; *past participle* **predicho**] *vt* to predict: **predijo lo que iba a pasar** she predicted what would happen.

predecir	
INDICATIVE	
Future	**Conditional**
predeciré	predeciría
predecirás	predecirías
predecirá	predeciría
predeciremos	predeciríamos
predeciréis	predeciríais
predecirán	predecirían
For the rest of the tenses ⇨ **decir**	

predestinación /preðestina'θjon/ *sf* predestination.

predestinado, -da /preðesti'naðo -ða/ *adj* predestined, destined: **parecía predestinado** *a* **ser un gran pintor** he seemed destined to be a great painter.

predeterminado, **-da** /preðetermi'naðo -ða/ *adj* predetermined.

predeterminar /preðetermi'nar/ [➪ CANTAR] *vt* to predetermine.

predicado /preði'kaðo/ *sm* predicate.

predicador, **-dora** /preðika'ðor -'ðora/ *sm/f* preacher.

predicamento /preðika'mento/ *sm* **1.** (*prestigio*) prestige: **sus opiniones gozan de gran predicamento** his views are held in high regard. **2.** (*Amér L: apuro*) predicament: **nos vimos en un predicamento** we were in a predicament.

predicar /preði'kar/ [➪ sacar] *vt/i* to preach ● **debería predicar con el ejemplo** she should practise what she preaches.

predicción /preðik'θjon/ *sf* prediction, forecast.

predigo /pre'ðiɣo/ *and other forms with* ***predig-*** ➪ predecir

predije /pre'ðixe/ *and other forms with* ***predij-*** ➪ predecir

predilección /preðilek'θjon/ *sf* predilection: **tiene predilección** *por* **su hijo mayor** her eldest son is her favourite.

predilecto, **-ta** /preði'lekto -ta/ *adj* (*GB*) favourite, (*US*) favorite: **lo nombraron hijo predilecto de la ciudad** he was made a freeman of the city of his birth.

predisponer /preðispo'ner/ [➪ poner; *past participle* **predispuesto**] *vt* **1.** (*disponer de antemano*) to predispose. **2.** (*influir*) to prejudice, to predispose: **la predispusieron en contra nuestra** they prejudiced her against us.

predisposición /preðisposi'θjon/ *sf* **1.** (*propensión*) predisposition. **2.** (*tendencia*): **había una cierta predisposición** *a* **aceptarlo** there was a tendency to accept it; **había una gran predisposición** *contra* **ella** there was great prejudice against her.

predispuesto, **-ta** /preðis'pwesto -ta/ **I** *past participle of* ➪ predisponer

II *adj* **1.** (*inclinado*) predisposed, prone. **2.** (*parcial*) prejudiced, biased.

predominante /preðomi'nante/ *adj* predominant: **el tema predominante en sus películas es la soledad** loneliness is the predominant theme of his movies.

predominar /preðomi'nar/ [➪ CANTAR] *vi* to be in the majority, to predominate: **en su oficina predominan las mujeres** women are in the majority at his office; *entre* **los jóvenes predominaban los vaqueros** most young people wore jeans.

predominio /preðo'minjo/ *sm* predominance: **hay un predominio de temas religiosos en sus obras** religious subjects predominate in his works; **tiempo inestable con predominio de cielos nubosos** unsettled weather with generally cloudy skies.

preeminente /preemi'nente/ *adj* pre-eminent.

preescolar /preesko'lar/ **I** *adj* preschool.

II *sm* nursery, preschool: **su hija pequeña está** *en* **preescolar** her youngest daughter is in preschool.

preestablecido, **-da** /preestaβle'θiðo -ða/ *adj* pre-established: **se siguió el acuerdo en los términos preestablecidos** the agreement was followed in accordance with the pre-established conditions.

prefabricado, **-da** /prefaβri'kaðo -ða/ *adj* prefabricated.

prefacio /pre'faθjo/ *sm* preface, foreword.

preferencia /prefe'renθja/ *sf* **1.** (*gen*) preference: **tiene preferencia** *por* **la comida italiana** she has a preference for Italian food; **para este puesto tienen preferencia los que saben idiomas** for this post, preference will be given to candidates with languages. **2.** (*de paso*) right of way: **el coche rojo tenía preferencia** the red car had the right of way. **3.** (*favoritismo*) bias: **no es justo, tiene muchas preferencias** it's not fair, he's very biased.

preferente /prefe'rente/ **I** *adj* **1.** (*trato*) preferential. **2.** (*clase: en avión*) club: **en clase preferente** in club ✻ business class; (*: en tren*) first.

II *sf* (*en tren*) first class: **viajaba** *en* **preferente** he travelled first class.

preferentemente /preferente'mente/ *adv* especially.

preferible /prefe'riβle/ *adj* preferable, better: **es preferible que te quedes en la cama** it would be better if you stayed in bed.

preferido, **-da** /prefe'riðo -ða/ **I** *adj* (*GB*) favourite, (*US*) favorite: **el squash es mi deporte preferido** squash is my favourite sport; **es mi amiga preferida** she's my best friend.

II *sm/f*: **de entre todos los modelos éste es el preferido** of all the models this is the most popular one.

preferir /prefe'rir/ [➪ sentir] *vt* to prefer: **prefiere que lo llamen Pepe** he prefers to be called Pepe; **prefiero quedarme en casa** I'd prefer to stay at home; **prefirió hacerlo sola** she decided to do it on her own; **prefiero la playa** *a* **la montaña** I prefer the beach to the mountains.

prefiero /pre'fjero/ *and other forms with* ***prefier-*** ➪ preferir

prefijo /pre'fixo/ *sm* **1.** (*Ling*) prefix. **2.** (*en números de teléfono*) code, (*GB*) dialling code.

pregón /pre'ɣon/ *sm* **1.** (*anuncio: oficial*) (public) announcement, proclamation; (*: de mercancías*) cry (*of people selling their wares*). **2.** (*en unas fiestas*) opening address (*at the beginning of public festivities*).

pregonar /preɣo'nar/ [➪ CANTAR] *vt* **1.** (*anunciar: una noticia oficial*) to announce publicly, to proclaim; (*: mercancías*) to cry (*one's wares*). **2.** (*fam: hacer público*) to reveal: **se ha dedicado a pregonar lo que le conté** he's been going round telling everyone what I said.

pregonero, **-ra** /preɣo'nero -ra/ *sm/f* **1.** (*Hist*) town crier. **2.** (*de unas fiestas*) *person giving the opening address at a town or village's festivities.*

pregunta /pre'ɣunta/ *sf* question: **su pregunta me pareció capciosa** it seemed like a trick question to me; **¿alguna pregunta?** any questions?; **una pregunta, ¿de dónde van a sacar el dinero?** may I ask a question? where is all the money coming from?

preguntar /preɣun'tar/ [➪ CANTAR] *vt* to ask: **le pregunté al guardia dónde estaba la estación** I asked the policeman where the station was; **pregúntale a tu hermana** ask your sister.

♦ *vi* to ask: **preguntó** *por* **los vuelos a Grecia** he asked about flights to Greece; **pregunta** *por* **Carmen** ask for Carmen; **también preguntó** *por* **mamá** he also asked after mother.

preguntarse *v prnl* to wonder: **me pregunto dónde estarán ahora** I wonder where they are now.

preguntón, **-tona** /pregun'ton -'tona/ (*fam*) **I** *adj* nosy, inquisitive: **no seas tan preguntón** stop asking so many questions.

II *sm/f* nosy ✻ inquisitive person.

prehistoria /preis'torja/ *sf* prehistory.

prehistórico, **-ca** /preis'toriko -ka/ *adj* **1.** (*gen*) prehistoric. **2.** (*fam: muy antiguo*) ancient: **utiliza una**

máquina de escribir prehistórica he uses a prehistoric * an ancient typewriter.

prejuicio /pre'xwiθjo/ *sm* prejudice: **está lleno de prejuicios** he's very prejudiced.

prejuicio racial *sm* racial prejudice.

prejuzgar /prexuθ'ɣar/ [➪ pagar] *vt* to prejudge.
♦*vi* to prejudge the issue: **no me gusta prejuzgar** I don't want to prejudge the issue.

prelado /pre'laðo/ *sm* prelate.

prelavado /prela'βaðo/ *sm* prewash.

preliminar /prelimi'nar/ **I** *adj* preliminary.
II preliminares *sm pl* preliminaries *pl*: **tras los preliminares, discutieron la cuestión** after the preliminaries, they discussed the main subject.

preludiar /prelu'ðjar/ [➪ CAMBIAR] *vt* to foreshadow: **el color del cielo preludia nevadas** the colour of the sky foreshadows snow.

preludio /pre'luðjo/ *sm* (*musical, que anuncia*) prelude.

premamá /prema'ma/ *adj inv* maternity: **un vestido premamá** a maternity dress.

prematrimonial /prematrimo'njal/ *adj* premarital.

prematuro, -ra /prema'turo -ra/ **I** *adj* premature: **tuvo un parto prematuro** she had her baby prematurely.
II *sm/f* premature baby.

premeditación /premeðita'θjon/ *sf* premeditation: **actuó así** *con* **premeditación** he did it deliberately.

premeditado, -da /premeði'taðo -ða/ *adj* premeditated: **no lo hizo de forma premeditada** he did not do it deliberately * with premeditation.

premenstrual /premens'trwal/ *adj* premenstrual.

premiado, -da /pre'mjaðo/ *adj* (*número*) winning; (*persona, obra*) prizewinning.

premiar /pre'mjar/ [➪ CAMBIAR] *vt* **1.** (*otorgar un premio*) to award a prize to: **premiaron a los ganadores** *con* **un viaje a la India** the winners were awarded prizes of a trip to India. **2.** (*recompensar*) to reward: **fue premiado por su valentía en el campo de batalla** he was rewarded for his bravery on the battlefield.

premio /'premjo/ *sm* **1.** (*galardón*) prize, award: **le concedieron el Premio de la Paz** he was awarded the Peace Prize; (*en un sorteo*) prize: **le ha tocado el primer premio de la lotería** she won first prize in the lottery; (*recompensa*) reward: **le dieron un reloj como premio** *a* **su largo servicio** he was given a watch in recognition of his long service. **2.** (*competición*) competition: **el Ministerio de Cultura convoca un premio de novela todos los años** the Ministry of Culture awards a prize for fiction every year; **su libro fue seleccionado para el Premio Pulitzer** his book was short-listed for the Pulitzer Prize; (*Dep*): **el domingo se celebró el Gran Premio de Motociclismo** the Motorcycling Grand Prix took place on Sunday. **3.** (*ganador*) prizewinner: **veinte premios Nobel firmaban la petición** twenty Nobel prizewinners signed the petition.

premio de consolación *sm* consolation prize.

premio en efectivo, premio en metálico *sm* cash prize.

premio extraordinario *sm*: *highest award * distinction (in exam).*

premio gordo *sm* first prize (*in a lottery*), jackpot.

premisa /pre'misa/ *sf* premise.

premolar /premo'lar/ *adj, sm* premolar.

premonición /premoni'θjon/ *sf* premonition: **tuve la premonición de que iba a pasar algo malo** I had a feeling * a premonition (that) something bad was going to happen.

premonitorio, -ria /premoni'torjo -rja/ *adj* premonitory: **tuvo un sueño premonitorio** she had a premonition in a dream.

premura /pre'mura/ *sf* **1.** (*prisa*) hurry, haste: **acabó el trabajo con mucha premura** he finished his work in a great hurry. **2.** (*carencia*) lack, shortage.

prenatal /prena'tal/ *adj* (*GB*) antenatal, (*US*) prenatal.

prenda /'prenda/ *sf* **1.** (*garantía*) security, pledge: **dejó las joyas** *en* **prenda** he left the jewels as security; **tu ayuda fue la mejor prenda de tu amistad** your help was the best proof of your friendship • **le he preguntado varias veces, pero no suelta prenda** I've asked him several times, but he's not giving anything away • **no dolerle a alguien prendas**: **reconozco que estaba equivocado, a mí no me duelen prendas** I don't mind admitting I was wrong; **hago lo que debo, no me duelen prendas** I'm happy to do whatever is needed. **2.** (*de vestir*) garment, article of clothing: **es el delegado de una casa de prendas deportivas** he's the sales representative for a sportswear company. **3.** (*cualidad*) quality: **es un hombre de muchas prendas** he has many qualities. **4.** (*Juegos*) forfeit: **estuvimos jugando a las prendas** we were playing forfeits. **5.** (*fam*: *apelativo*) darling. **6.** (*Amér L*: *joya*) (*GB*) piece of jewellery, (*US*) piece of jewelry.

prendar /pren'dar/ [➪ CANTAR] *vt* to capture the heart of, to captivate.

prendarse *v prnl* to be captivated: **se prendó** *de* **su belleza** he was captivated by her beauty.

prendedor /prende'ðor/ *sm* brooch.

prender /pren'der/ [➪ TEMER] *vt* **1.** (*enganchar*) to fasten: **prendió el broche en la solapa** she fastened the brooch to the lapel; **prendió el bajo de la falda con alfileres** she pinned the hem of the skirt. **2.** (*capturar*) to capture: **la policía prendió al asesino** the police captured the murderer. **3.** (*la luz*) to turn on; (*un cigarrillo*) to light; (*Amér L*: *un aparato*) to turn on, to switch on: **prendió la máquina de lavar** he switched the washing machine on; **prendí la radio** I turned the radio on.
♦*vi* **1.** (*Bot*) to take root: **las rosas no han prendido** the roses haven't taken root. **2.** (*fuego*) to catch fire * light: **la leña estaba tan mojada que no prendía** the wood was so wet that it wouldn't catch light; **el niño prendió fuego a la casa** the little boy set fire to the house. **3.** (*mensaje, idea, etc.*) to catch on: **sus teorías prendieron rápidamente en la sociedad** his theories quickly caught on in society.

prenderse *v prnl* to catch fire: **el año pasado se prendió ese bosque** that forest caught fire last year.

prensa /'prensa/ *sf* **1.** (*máquina: gen*) press; (*: de imprimir*) (printing) press: **la obra está** *en* **prensa** the book is at the printers. **2.** (*en periodismo*) press: **la prensa asistió al acto** the press were present; **hoy no he leído la prensa** I haven't read the papers today • **esa película ha tenido buena/mala prensa** that movie has had a good/bad press.

prensa amarilla *sf* gutter press.

prensa del corazón *sf*: *magazines focusing on the private lives of famous people.*

prensar /pren'sar/ [➪ CANTAR] *vt* to press (*fruit, olives, etc.*).

preñada /pre'ɲaða/ *sf* pregnant woman.

preñado, -da /pre'ɲaðo -ða/ *adj* **1.** (*en estado*) pregnant: **su mujer está preñada** his wife is pregnant. **2.** (*frml*: *lleno*) full: **un informe preñado** *de* **errores** a report which was full of mistakes.

preñar /pre'ɲar/ [➪ CANTAR] *vt* **1.** (*a un animal*) to fertilize. **2.** (*fam*: *a una mujer*) to make pregnant. **3.** (*frml*: *llenar*) to fill.

preocupación /preokupa'θjon/ *sf* worry, concern: **su mayor preocupación son los hijos** his main concern is his children.

preocupado, -da /preoku'paðo -ða/ *adj* worried, concerned: **está preocupada** *por* **su futuro** she is worried about her future.

preocupante /preoku'pante/ *adj* worrying: **nuestra situación económica es preocupante** our financial situation is worrying.

preocupar /preoku'par/ [➪CANTAR] *vi* **1.** (*causar intranquilidad*): **me preocupa que no me hayan contestado todavía** it worries me that * I'm concerned that they haven't replied yet; **lo que me preocupa es su actitud** her attitude is what worries me. **2.** (*importar*) to concern: **sólo le preocupa su aspecto** she's only concerned with her appearance.
♦ *vt* to worry: **lo vas a preocupar** you'll worry him.

preocuparse *v prnl* **1.** (*sufrir intranquilidad*) to worry: **no te preocupes, no tiene importancia** don't worry, it doesn't matter. **2.** (*encargarse*): **preocúpate tú de llamar a tus amigos para invitarlos** make sure you to call your friends to invite them round.

preparación /prepara'θjon/ *sf* **1.** (*gen*) preparation: **dedica mucho tiempo** *a* **la preparación** *de* **las clases** he spends a lot of time preparing his classes. **2.** (*de una persona*) training: **tiene la preparación suficiente para desempeñar este trabajo** she has had the right training and education for this job.

preparado, -da /prepa'raðo -ða/ **I** *adj* **1.** (*a punto*) ready: **¿estás preparado?** (are you) ready?; **todavía no están preparados** *para* **el viaje** they aren't ready for the trip yet; **podemos comprar comida preparada** we can buy pre-prepared food • **preparados, listos…, ¡ya!** ready, steady, go! **2.** (*capacitado*): **es una persona muy preparada** she's a very well-educated and highly trained person.
II preparado *sm* (*medicamento*) preparation.

preparador, -dora /prepara'ðor -'ðora/ *sm/f* (*Dep*) trainer, coach.

preparador físico *sm*, **preparadora física** *sf* fitness coach.

preparar /prepa'rar/ [➪CANTAR] *vt* **1.** (*gen*) to prepare, to get ready: **¿me ayudas a preparar la cena?** will you help me prepare * get the dinner ready?; **prepara la ropa de gimnasia** get your gym clothes ready; **prepara la maleta: nos vamos dentro de una hora** pack your suitcase: we're leaving in an hour. **2.** (*para una prueba, una profesión*) to train: **en esa academia te preparan** *para* **ser azafata** in that college they train flight attendants; **preparamos a los alumnos** *para* **el ingreso en el cuerpo diplomático** we prepare our students to sit the examinations for entry into the diplomatic corps; (*para una competición*) to train: **prepara a la selección de Kuwait** he trains the Kuwait national squad.

prepararse *v prnl* **1.** (*gen*) to get ready, to prepare oneself: **prepárate, están a punto de llegar** get ready, they'll be arriving any minute; **prepárate para llevarte una sorpresa** get ready for a big surprise. **2.** (*para una competición*) to train: **se ha estado preparando** *para* **este campeonato durante dos años** she has been training * preparing for this championship for two years. **3.** (*avecinarse*) to be brewing: **se prepara una buena discusión** there's a big argument brewing.

preparativos /prepara'tiβos/ *sm pl* preparations *pl*: **con tantos preparativos, no he podido ni comer** with all the preparations, I haven't been able to have anything to eat yet.

preponderancia /preponde'ranθja/ *sf* (*frml*) preponderance.

preponderante /preponde'rante/ *adj* most common: **el árbol preponderante es el pino** the most common tree is the pine.

preponderar /preponde'rar/ [➪CANTAR] *vi* to prevail: **por fin, preponderó el sentido común** in the end, common sense prevailed.

preposición /preposi'θjon/ *sf* preposition.

prepotencia /prepo'tenθja/ *sf* **1.** (*poder*) dominance, power. **2.** (*arrogancia*) arrogance.

prepotente /prepo'tente/ *adj* **1.** (*poderoso*) powerful. **2.** (*autoritario*) overbearing, domineering: **no soporto que tenga una actitud tan prepotente** I can't bear his overbearing attitude.

prepucio /pre'puθjo/ *sm* foreskin.

prerrogativa /prerroγa'tiβa/ *sf* prerogative.

presa /'presa/ *sf* **1.** (*víctima: de un cazador, un depredador*) prey: **las crías son presas fáciles** *para* **los depredadores** the animals' young are easy prey for predators • **el fuego hizo presa en el bosque** the fire took hold in the wood; (*: de un sentimiento, un estado de ánimo*): **fue presa** *del* **nerviosismo** she was overcome with nerves; **la gente corría presa** *del* **pánico** the people were running overwhelmed by panic. **2.** (*dique*) dam; (*embalse*) reservoir. **3.** (*en lucha*) hold.

presagiar /presa'xjar/ [➪CAMBIAR] *vt* to foreshadow: **estas nubes presagian tormenta** these clouds foreshadow a storm.

presagio /pre'saxjo/ *sm* **1.** (*indicio*) omen, sign: **es un buen/mal presagio** it's a good/bad omen; **que el enfermo ya empiece a comer es un buen presagio** it's a good sign that the patient is starting to eat. **2.** (*presentimiento*) premonition.

presbiteriano, -na /presβite'rjano -na/ *adj, sm/f* Presbyterian.

prescindir /presθin'dir/ [➪PARTIR] *vi* **1.** (*privarse*): **no prescindían** *de* **ningún lujo** they had every luxury; **han tenido que prescindir** *del* **coche** they have had to do without the car. **2.** (*deshacerse*): **el entrenador prescindió** *de* **él en el último partido** the manager dropped him for the last match. **3.** (*no tener en cuenta*): **prescinde** *de* **los detalles irrelevantes** leave out the irrelevant details.

prescribir /preskri'βir/ [➪PARTIR; *past participle* **prescrito**] *vt* (*Jur, Med*) to prescribe: **el médico le prescribió unas pastillas** the doctor prescribed him some tablets.
♦ *vi* to expire: **hoy prescribe el plazo para presentar las solicitudes** the time limit for submitting applications expires today.

prescripción /preskrip'θjon/ *sf* prescription: **dejó de tomar azúcar** *por* **prescripción facultativa** she cut out sugar on doctor's orders.

preselección /preselek'θjon/ *sf* **1.** (*de candidatos*): **me pidió que lo ayudara con la preselección de candidatos** he asked me to help him make a short list of candidates. **2.** (*Dep*) preselection.

presencia /pre'senθja/ *sf* **1.** (*gen*) presence: **nunca discuten** *en* **presencia de sus hijos** they never quarrel in front of their children • **tuvo una gran presencia de ánimo** he showed great presence of mind. **2.** (*apariencia*) appearance: **tiene buena/mala**

presencia he always looks very smart/never looks smart.

presencial /presen'θjal/ *adj* ➪testigo

presenciar /presen'θjar/ [➪CAMBIAR] *vt* **1.** (*estar presente en*) to attend: **hemos presenciado una magnífica actuación** we have attended a magnificent performance. **2.** (*ser testigo de*) to witness: **la policía preguntó a todos los que presenciaron el crimen** the police questioned all those who witnessed the crime.

presentable /presen'taβle/ *adj* presentable: **con esa ropa no estás presentable** you're not presentable in those clothes.

presentación /presenta'θjon/ *sf* **1.** (*acción: gen*) presentation: **hizo una presentación muy clara** he gave a very clear presentation; (*: de personas*) introduction: **primero haremos las presentaciones** first of all, let's do the introductions; (*: de un producto*) launch: **ayer hizo la presentación de su último libro** her latest book was launched yesterday. **2.** (*apariencia*) presentation: **la comida tenía muy buena presentación** the food was very nicely presented.

presentador, -dora /presenta'ðor -'ðora/ *sm/f* (*de un informativo*) newsreader; (*de un programa*) presenter; (*de una tertulia, un concurso: hombre*) host; (*: mujer*) hostess.

presentar /presen'tar/ [➪CANTAR] *vt* **1.** (*una idea, una comunicación*) to present, to submit: **presentaron una propuesta para que se construyeran más viviendas** they submitted a proposal for building more housing; **el director general presentó la dimisión** the managing director handed in his resignation; (*disculpas, excusas*) to give: **le presenté mis disculpas** I gave him my apologies. **2.** (*a alguien como prototipo*) to present, to put forward: **siempre lo presentan como el modelo del hombre nuevo** he's always presented as the archetypical New Man. **3.** (*un producto*) to launch: **presentará su colección de verano en París** he will launch his summer collection in Paris; (*a un candidato*) to propose, to put forward. **4.** (*unas características*) to show: **presenta todos los síntomas de la gripe** she's showing all the symptoms of flu; **el enfermo presentaba muy buen aspecto** the patient looked very well. **5.** (*causar*) to present: **esa decisión presenta muchos problemas** that decision presents ∗ poses a lot of problems. **6.** (*a personas*) to introduce: **me presentó a su mujer** he introduced me to his wife. **7.** (*un programa de televisión, radio*) to present, to host.

presentarse *v prnl* **1.** (*producirse*) to arise: **se le presentó la oportunidad de hacer un viaje** the opportunity of going on a trip arose ∗ came up. **2.** (*comparecer*) to appear: **no se presentó** *al* **examen** he did not take the exam; **se presentó voluntario** *al* **servicio militar** he volunteered for military service. **3.** (*a unas elecciones*) to stand, to run: **se presentó** *a* **delegado de curso** he stood for election as the class representative. **4.** (*aparecer inesperadamente*) to turn up: **se presentaron a las once de la noche** they turned up at eleven o'clock at night; **se presentó una dificultad y no pudieron salir a la hora** a problem cropped up and they were unable to leave on time. **5.** (*a uno mismo*) to introduce oneself.

presente /pre'sente/ **I** *adj* present: **no estábamos presentes cuando pronunció su discurso** we were not present when she gave her speech; **"¿Emilio García?" "¡Presente!"** "Emilio García?" "Here!" ● **lo tendré presente** I'll bear it in mind.

II *sm/f*: **todos los presentes aplaudieron al cantante** all the people there applauded the singer ● **Rosa es muy guapa, mejorando lo presente** ∗ (*Méx*) **sin agraviar a la presente** Rosa is very pretty but not as pretty as you, of course.

III *sm* **1.** (*tiempo*) present: **vivía el presente con intensidad** he used to live every moment as if it were his last. **2.** (*tiempo verbal*) present (tense). **3.** (*frml: regalo*) gift, present.

IV *sf* (*carta*): **la presente es para comunicarle que...** this letter is to inform you that....

presentimiento /presenti'mjento/ *sm* feeling: **tengo el presentimiento de que no va a venir** I have the feeling that she won't come.

presentir /presen'tir/ [➪sentir] *vt* to have a feeling: **presiento que voy a aprobar** I have a feeling that I will pass.

preservar /preser'βar/ [➪CANTAR] *vt* to preserve, to protect: **quieren preservar el centro histórico de la ciudad** they want to preserve the historic town centre.

preservativo /preserβa'tiβo/ *sm* condom.

presidencia /presi'ðenθja/ *sf* **1.** (*de un país, una compañía: puesto, mandato*) presidency; (*: oficina*) president's office. **2.** (*de un acto*) chairmanship.

presidencial /presiðen'θjal/ *adj* presidential.

presidente, -ta /presi'ðente -ta/ *sm/f* **1.** (*jefe de estado*) president. **2.** (*also* **presidente, -ta del gobierno**) (*primer ministro*) Prime Minister. **3.** (*de una empresa: hombre*) president, chairman; (*: mujer*) president, chairwoman. **4.** (*de un acto: hombre*) chairman; (*: mujer*) chairwoman.

presidiario, -ria /presi'ðjarjo -rja/ *sm/f* convict, prisoner.

presidio /pre'siðjo/ *sm* prison.

presidir /presi'ðir/ [➪PARTIR] *vt* **1.** (*un país*) to be president of. **2.** (*un acto*) to preside over: **el retrato del abuelo preside la sala** grandfather's portrait presides over all that goes on in the room. **3.** (*un comportamiento, una situación*) to dominate, to rule: **la generosidad preside su comportamiento** his generosity rules his behaviour.

presilla /pre'siʎa/ *sf* loop (*for fastening buttons, toggles, etc.*).

presión /pre'sjon/ *sf* **1.** (*gen*) pressure: **hay que hacer un poco de presión** you have to press ∗ push it a little; **se cierra** *a* **presión** you press it shut; **los padres hicieron presión para que pusieran un gimnasio en el colegio** the parents pressed for a gymnasium to be built at the school. **2.** (*also* **presión arterial**) (*Med*) blood pressure: **tiene la presión alta/baja** he has high/low blood pressure.

presión atmosférica *sf* atmospheric pressure.

presión fiscal *sf* tax burden.

presionar /presjo'nar/ [➪CANTAR] *vt* **1.** (*ejercer fuerza*) to press: **presionó varias veces el botón** she pressed the button several times. **2.** (*tratar de influir*) to put pressure on, to press: **presionaron al ministro para que aumentara el presupuesto** they put pressure on the minister to increase the budget.

preso, -sa /'preso -sa/ **I** *adj* imprisoned: **estaba preso en una celda** he was imprisoned in a cell.

II *sm/f* prisoner: **se lo llevaron preso** he was arrested.

preso, -sa de conciencia *sm/f* prisoner of conscience.

preso político *sm*, **presa política** *sf* political prisoner.

preso preventivo *sm*, **presa preventiva** *sf* remand prisoner.

prestación /presta'θjon/ *sf* 1. (*servicio*) service. 2. (*de la seguridad social*) benefit, compensation: **está cobrando la prestación de desempleo** he is getting unemployment benefit. 3. (*rendimiento*): **este coche ofrece muy buenas prestaciones** this car performs very well.

prestación social sustitutoria *sf* (*en España*) community service (*instead of military service for conscientious objectors*).

prestado, -da /pres'taðo -ða/ *adj* 1. (*dejado*) lent: **le pidió a su padre que le dejara el coche prestado** he asked his father to lend him the car • **viste de prestado** he always wears clothes that people have lent him. 2. (*tomado*) borrowed: **¿puedo tomar prestado este libro?** may I borrow this book?

prestamista /presta'mista/ *sm/f* moneylender.

préstamo /'prestamo/ *sm* 1. (*de dinero*) loan. 2. (*Ling*) loanword: **"vendetta" es un préstamo del italiano** "vendetta" is an Italian loanword.

préstamo bancario *sm* bank loan.

préstamo hipotecario *sm* mortgage.

prestancia /pres'tanθja/ *sf* (*de una cosa*) distinction; (*de una persona*) elegance.

prestar /pres'tar/ [➪CANTAR] *vt* 1. (*dejar en préstamo: gen*) to lend: **una amiga me prestó el coche** a friend of mine lent me her car; **¿puedes prestarme el coche y mañana te lo devuelvo?** may I borrow your car and give it back to you tomorrow?; (*: dinero*) to lend, to loan: **le prestaron dos millones de pesetas** they lent * loaned him two million pesetas. 2. (*ofrecer: ayuda, colaboración*) to give: **prestó auxilio al herido** he gave help to the injured man; **prestan un servicio elogiable** they give a very good service; (*: algo no material*): **presta atención a tu padre** pay attention to your father; **prestó juramento** he took the oath; **tuvimos que prestar declaración en la comisaría** we had to make a statement at the police station.

prestarse *v prnl* 1. (*brindarse*) to offer (oneself): **se prestó** *a* **ayudarme** he offered to help me. 2. (*transigir*): **trataron de convencerlo, pero no se prestó** *a* **esas maniobras** they tried to convince him, but he wouldn't take part in their scheming. 3. (*dar lugar*): **lo que dijo se prestaba** *a* **malas interpretaciones** what he said lent itself to misinterpretation.

prestatario, -ria /presta'tarjo -rja/ *sm/f* (*Fin*) borrower.

presteza /pres'teθa/ *sf* promptness: **acudió** *con* **presteza** he came promptly.

prestidigitación /prestiðixita'θjon/ *sf* conjuring.

prestidigitador, -dora /prestiðixita'ðor -'ðora/ *sm/f* conjurer, magician.

prestigiar /presti'xjar/ [➪CAMBIAR] *vt* to give prestige to: **es el premio que más prestigia a los que lo reciben** it's the prize which brings most prestige on the winners.

prestigio /pres'tixjo/ *sm* prestige: **quiere que lo trate un médico de prestigio** he wants to be treated by a prestigious doctor.

prestigioso, -sa /presti'xjoso -sa/ *adj* prestigious.

presto, -ta /'presto -ta/ I *adj* (*frml*) 1. (*listo*) ready: **los corredores estaban prestos** *para* **tomar la salida** the runners were ready to start. 2. (*rápido*) quick: **es siempre presto** *en* **sus tareas** he works very fast.
II **presto** *sm* (*Mús*) presto.
III **presto** *adv* (*frml*) quickly, promptly: **acudió presto a la cita** he went quickly to his appointment.

presumible /presu'miβle/ *adj* probable: **es presumible que venga tarde** he's likely to be late.

presumido, -da /presu'miðo -ða/ I *adj* vain: **estará todavía delante del espejo, es tan presumido** he'll still be using the mirror, he's so vain.
II *sm/f* vain person.

presumir /presu'mir/ [➪PARTIR] *vt* (*sospechar*) to suspect: **presumo que van a reducir la plantilla** I suspect they're going to cut the workforce.
♦*vi* 1. (*de una facultad, un logro, una posesión*) to boast, to brag: **presume** *de* **listo** he thinks he's very clever. 2. (*de ser guapo*): **le gusta mucho presumir** she is very vain.

presunción /presun'θjon/ *sf* 1. (*conjetura*) assumption: **la ley parte de una presunción de inocencia** the law starts from a presumption of innocence. 2. (*vanidad*) vanity. 3. (*jactancia*) boasting.

presunto, -ta /pre'sunto -ta/ *adj* (*Jur*) alleged, suspected: **el presunto homicida está bajo arresto** the alleged murderer is under arrest.

presuntuoso, -sa /presun'twoso -sa/ *adj* conceited, self-satisfied.

presuponer /presupo'ner/ [➪poner; *past participle* **presupuesto**] *vt* to presuppose.

presuposición /presuposi'θjon/ *sf* presupposition.

presupuestar /presupwes'tar/ [➪CANTAR] *vt* 1. (*calcular el coste*) to estimate the cost of, to cost: **presupuestaron la obra** *en* **dos millones** the cost of the work was estimated at two million. 2. (*destinar una cantidad*) to budget for: **estos gastos no estaban presupuestados** these expenses weren't budgeted for * weren't allowed for in our budget.

presupuestario, -ria /presupwes'tarjo -rja/ *adj* budgetary.

presupuesto, -ta /presu'pwesto -ta/ I *past participle of* ➪presuponer
II **presupuesto** *sm* 1. (*dinero asignado*) budget: **el presupuesto** *para* **obras públicas ha aumentado el seis por ciento** the budget for public works has increased by six per cent. 2. (*cálculo*) estimate: **me han dado presupuesto** *para* **las obras de la cocina** they have given me an estimate for the work on the kitchen. 3. (*hipótesis*) assumption: **se basa en presupuestos muy discutibles** it's based on very debatable assumptions.

Presupuestos Generales del Estado *sm pl* (*en España*) *the National Budget*.

presuroso, -sa /presu'roso -sa/ *adj* hasty: **se dirigió a nosotros con pasos presurosos** he came towards us in great haste.

pretencioso, -sa /preten'θjoso -sa/ I *adj* pretentious: **el mobiliario me pareció muy pretencioso** the furniture seemed very ostentatious to me.
II *sm/f* pretentious person.

pretender /preten'der/ [➪TEMER] *vt* 1. (*tener el propósito de*) to mean to, to intend to: **pretendo tenerlo acabado para el sábado** I mean to have it finished by Saturday. 2. (*desear*) to want: **pretende un puesto mejor pagado** he wants a better paid job; **pretende ser ingeniero** he wants to become an engineer. 3. (*simular*) to pretend: **pretende estar estudiando, pero está leyendo una revista** he pretends to be studying, but he's just reading a magazine. 4. (*declarar*) to claim: **no pretendo saber mucho del tema** I don't claim to know much about it. 5. (*cortejar*) to court.

pretendiente, -ta /preten'djente -ta/ I *adj* aspiring.
II *sm/f* 1. (*a un empleo*) candidate, applicant. 2. (*al trono*) pretender.
III **pretendiente** *sm* (*de una mujer*) suitor.

pretensión /preten'sjon/ *sf* **1.** (*intención*) aim, intention: **mi única pretensión era ayudarte** all I wanted was to help you. **2.** (*aspiración*) claim, pretension: **tiene pretensiones** *al* **trono** he has a claim to the throne. **3.** (*presunción*) pretension: **su primera obra tenía muchas pretensiones** his first work was very pretentious; **es una persona** *sin* **pretensiones** he's a very unassuming person.

pretérito, -ta /pre'terito -ta/ **I** *adj* **1.** (*frml*: *pasado*) olden, past: **en épocas pretéritas la gente viajaba a caballo** in olden times people travelled on horseback. **2.** (*Ling*) past.
II pretérito *sm* (*tiempo verbal*) preterite (tense).

pretextar /preteks'tar/ [⇨ CANTAR] *vt* to use as an excuse: **pretextó otros compromisos para no asistir** he used other commitments as an excuse for not attending.

pretexto /pre'teksto/ *sm* pretext: *con* **el pretexto de que le dolía la cabeza, no me ayudó** on the pretext that she had a headache, she didn't help me; **siempre busca algún pretexto** *para* **no venir** he's always looking for some excuse not to come • **no lo consentiré bajo ningún pretexto** I will not agree to it under any circumstances.

pretil /pre'til/ *sm* parapet.

prevalecer /preβale'θer/ [⇨ agradecer] *vi* to prevail: **la justicia prevalecerá** justice will prevail; **el bien prevalecerá** *sobre* **el mal** good will prevail ✱ triumph over evil.

prevaler /preβa'ler/ [⇨ valer] *vi* to prevail: **su opinión prevalió** *sobre* **las demás** his opinion prevailed over everyone else's.
prevalerse *v prnl*: **se prevalió** *de* **mi buena fe para sacarme el dinero** he took advantage of my good nature to get the money out of me.

prevaricación /preβarika'θjon/ *sf*: *deliberate neglect of legal duty or obligation.*

prevención /preβen'θjon/ *sf* **1.** (*acción*) prevention: **la higiene ayuda a la prevención** *de* **las enfermedades** hygiene helps in the prevention of illness. **2.** (*precaución*) preventive measure: **tomaron prevenciones** *para* **evitar otro accidente** they took preventive measures to avoid another accident. **3.** (*predisposición*) bias: **tengo prevención** *contra* **esos lugares** I'm biased against those places. **4.** (*para detenidos*) cells *pl.*

prevenir /preβe'nir/ [⇨ venir] *vt* **1.** (*prever*) to prevent: **es un medicamento para prevenir las recaídas** it is a medicine to prevent relapses • **más vale prevenir que curar** prevention is better than cure. **2.** (*avisar*) to warn: **te prevengo** *de* **que es un mentiroso** I warn you that he's a liar. **3.** (*predisponer*): **su aspecto me previno** *contra* **él** his appearance biased me against him. **4.** (*preparar*) to prepare: **previno todo lo necesario para el viaje** he prepared everything he needed for the journey.
prevenirse *v prnl* to take precautions: **hay que prevenirse** *del* **frío** you must take precautions against the cold.

preventivo, -va /preβen'tiβo -βa/ *adj* preventive, preventative.

prever /pre'βer/ [⇨ ver; *past participle* **previsto**] *vt* **1.** (*predecir*) to foresee: **previó que iba a llover** he foresaw that it was going to rain. **2.** (*tener en cuenta*) to envisage, to foresee: **no habían previsto que viniera tanta gente** they had not envisaged so many people coming.

previo, -via /'preβjo -βja/ *adj* previous: **necesitas experiencia previa para este trabajo** you need previous experience for this job; **llegó sin previo aviso** she arrived without prior warning; **me lo dijo en una visita previa** *a* **la reunión** he told me during a visit prior to the meeting.

previsible /preβi'siβle/ *adj* foreseeable.

previsión /preβi'sjon/ *sf* **1.** (*pronóstico*) forecast: **¿cuáles son las previsiones** *del* **tiempo para mañana?** what is the weather forecast for tomorrow?; **hizo una previsión** *de* **los gastos bastante ajustada** he made a very accurate forecast of expenditure. **2.** (*intención*) plan: **no entra dentro de mis previsiones** that doesn't come into my plans. **3.** (*precaución*): *en* **previsión** *de* **lo que pueda pasar, llevaremos...** as a precaution against what could happen, we'll take....

previsor, -sora /preβi'sor -'sora/ *adj* far-sighted, prudent: **es muy previsora, por eso se pudo retirar anticipadamente** she's a very prudent person, that's why she was able to retire early.

previsto, -ta /pre'βisto -ta/ **I** *past participle of* ⇨ prever
II *adj* **1.** (*planeado*) planned: **tenía previsto ir al cine** I had planned to go to the cinema. **2.** (*esperado*) forecast: **si hace el tiempo previsto, iremos a la playa** if the weather is as forecast, we'll go to the beach.

PRI /pri/ *sm* (*en México*) (*abbreviation of* **Partido Revolucionario Institucional**) *Mexican political party.*

prieto, -ta /'prjeto -ta/ *adj* tight: **no hagas el nudo tan prieto** don't tie the knot so tightly.

prima /'prima/ *sf* **1.** (*pariente*) (female) cousin. **2.** (*dinero extra*) bonus: **en diciembre nos suelen dar una prima** in December they usually give us a bonus. **3.** (*de seguro*) (insurance) premium. **4.** (*fam*: *ingenua*) sucker.
prima carnal *sf* (female) first cousin.
prima donna *sf* prima donna.
prima hermana *sf* (female) first cousin.
prima segunda *sf* (female) second cousin.

primacía /prima'θia/ *sf* **1.** (*superioridad*) primacy, supremacy: **nadie discute su primacía en la liga** nobody is questioning their supremacy in the league. **2.** (*prioridad*) precedence, priority: **este trabajo tiene primacía** *sobre* **todos los demás** this job takes precedence over all the others.

primado /pri'maðo/ *sm* (*Relig*) primate.

primadona /prima'ðona/ *sf* prima donna.

primar /pri'mar/ [⇨ CANTAR] *vt* **1.** (*anteponer*) to give precedence to. **2.** (*premiar*) to reward: **la empresa primará el trabajo de calidad** the company will give a bonus for high quality work.
♦ *vi*: **los intereses del país priman** *sobre* **los personales** the nation's interests outweigh those of individuals.

primaria /pri'marja/ *sf* **1.** (*Educ*) primary education, (*US*) elementary education. **2.** (*Pol*) primary (election).

primario, -ria /pri'marjo -rja/ *adj* **1.** (*enseñanza, colores*) primary. **2.** (*conocimientos, necesidades*) basic.

primate /pri'mate/ *sm* (*Zool*) primate.

primavera /prima'βera/ *sf* **1.** (*estación*) spring: **la primavera ha llegado tarde este año** spring has arrived late this year; *en* **primavera ya vienen muchos visitantes** there are already many visitors in spring; **estuve allí la primavera pasada** I was there last spring • **tenía quince primaveras** she was fifteen. **2.** (*flor*) primrose.

primaveral /primaβe'ral/ *adj* (*de primavera*) spring;

(*parecido a la primavera*) spring-like: **ha hecho un tiempo primaveral** we've had spring-like weather.

primer /pri'mer/ *adj [form of* **primero** *used before masculine singular nouns]* ➪ primero

primera /pri'mera/ *sf* **1.** (*en orden*): **acertó** *a* **la primera** he got it right first time • **nos vino de primera** it was just what we needed. **2.** (*clase*) first class: **siempre viaja** *en* **primera** he always travels first class. **3.** (*Auto*: *marcha*) first (gear): **metió (la) primera** he put the car into first (gear).

primeriza /prime'riθa/ *sf* first-time mother: **las primerizas suelen tener partos más difíciles** first-time mothers usually have more difficult deliveries.

primerizo, -za /prime'riθo -θa/ *adj* **1.** (*novato*) novice, inexperienced. **2.** (*madre*) first-time.

primero, -ra /pri'mero -ra/ **I** *adj [shortened to* **primer** *before masculine singular nouns]* **1.** (*en orden*) first: **viven en la primera casa a la derecha** they live in the first house on the right; **es mi primer día de trabajo** it's my first day at this job; **la primera guerra mundial** the First World War; **nos sentamos en primera fila** we sat in the front row. ➪ sexto **2.** (*en categoría*): **es la primera figura política del país** he's the country's foremost politician; **viajan** *en* **primera clase** they travel first class; (*Náut*): **primer oficial** first mate.

II primero *sm* (*en orden*) first: **el primero de marzo** the first of March; **Carlos es el primero de la clase** Carlos is top of the class; **me voy de vacaciones** *a* **primeros** *de* **junio** I'm going on holiday at the beginning of June • **lo primero es lo primero** first things first. ➪ sexto

III primero *adv* **1.** (*en el tiempo*) first: **primero saqué los muebles del dormitorio** first (of all) I cleared the bedroom of furniture. **2.** (*al expresar preferencia*): **primero me empeño antes que pedirle dinero** I would rather be in debt than ask him for money.

primer magistrado *sm*, **primera magistrada** *sf* (*Amér L*) ➪ primer mandatario

primer mandatario *sm*, **primera mandataria** *sf*: *Prime Minister or President* (*depending on a country's constitution*).

primer ministro *sm*, **primera ministra** *sf* prime minister.

primer plano I *sm* close-up.

II en primer plano *loc adv* in the foreground.

primicia /pri'miθja/ *sf* **1.** (*informativa*) scoop: **el periódico local les robó la primicia a sus rivales nacionales** the local paper scooped its national rivals with the story. **2.** (*estreno*) premiere, first showing: **se estrena** *en* **primicia en el festival de San Sebastián** it's being given its premiere at the San Sebastián Film Festival.

primitiva /primi'tiβa/ *sf* ➪ lotería primitiva

primitivo, -va /primi'tiβo -βa/ *adj* **1.** (*originario*) original: **hay que conservar la estructura primitiva del edificio** the original structure of the building must be preserved. **2.** (*Artes, Hist*) primitive. **3.** (*anticuado*) out-dated, ancient: **tienen una maquinaria primitiva** their machinery is very outdated. **4.** (*grosero*) uncouth, brutish: **sus modales eran totalmente primitivos** his manners were very uncouth.

primo /'primo/ *sm* **1.** (*pariente*) (male) cousin. **2.** (*fam*: *ingenuo*) sucker: **siempre hay algún primo que se deja timar** there's always some sucker to be ripped off.

primo carnal, **primo hermano** *sm* (male) first cousin.

primo segundo *sm* (male) second cousin.

primogénito, -ta /primo'xenito -ta/ *adj, sm/f* first-born.

primor /pri'mor/ *sm* **1.** (*esmero*) painstaking care: **hace unos bordados que son un primor** her embroidery is very intricate. **2.** (*exquisitez*) lovely thing: **esta tarta es un primor** this cake is a work of art; **baila que es un primor** she's a heavenly dancer. **3.** (*niño*) delight: **tienen un niño que es un primor** they have a lovely little boy.

primordial /primor'ðjal/ *adj* fundamental: **lo primordial es que se reactive la economía** the fundamental thing is that the economy should recover; **la luz es primordial** *para* **las plantas** light is vital for plants.

primoroso, -sa /primo'roso -sa/ *adj* exquisite.

prímula /'primula/ *sf* primula.

princesa /prin'θesa/ *sf* princess: **primero llegó la Princesa Beatriz** Princess Beatriz arrived first.

principado /prinθi'paðo/ *sm* principality.

principal /prinθi'pal/ **I** *adj* main, principal: **el objetivo principal es la creación de empleo** the main * principal objective is job creation.

II *sm* (*en un edificio*) (*GB*) first floor, (*US*) second floor.

príncipe /'prinθipe/ *sm* prince: **el Príncipe Eduardo no asistió al acto** Prince Eduardo did not attend.

príncipe azul *sm* Prince Charming.

príncipe consorte *sm* prince consort.

príncipe heredero *sm* crown prince.

principesco, -ca /prinθi'pesko -ka/ *adj* princely.

principiante /prinθi'pjante/ **I** *adj* beginning, novice: **parece la obra de un pintor principiante** it looks like the work of a novice painter.

II *sm/f* beginner.

principio /prin'θipjo/ **I** *sm* **1.** (*inicio*) beginning, start: **todo tiene su principio y su final** everything has a beginning and an end; *al* **principio no quería** at first he didn't want to; **la reunión se celebrará** *a* **principios** *de* **mes** the meeting will take place at the beginning of the month; **me opuse a ello** *desde* **el principio** I was against it from the start; **era una locura** *de* **principio** *a* **fin** it was madness from start to finish. **2.** (*causa*) cause: **los celos son el principio de muchas desavenencias matrimoniales** jealousy is the cause of much matrimonial strife. **3.** (*concepto básico*) principle: **el principio de Arquímedes** Archimedes' principle; *en* **principio, estoy de acuerdo con lo que dices** I agree in principle with what you say. **4.** (*moral*) principle: **es un hombre** *sin* **principios** he is completely unprincipled; **es un hombre** *de* **principios** he is a man of principle; **me niego a ir allí** *por* **principio** I refuse to go there as a matter of principle.

II principios *sm pl* principles *pl*.

pringado, -da /priŋ'gaðo -ða/ **I** *adj* dirty, filthy: **tiene las manos pringadas** *de* **chocolate** his hands are covered in chocolate.

II *sm/f* (*fam*): **es un pringado: siempre le toca fregar los platos** he's always the one who has to wash the dishes.

pringar /priŋ'gar/ [➪ pagar] *vt* **1.** (*manchar*) to dirty. **2.** (*involucrar*) to involve: **me pringaron** *en* **el asunto** they got me involved in the matter. **3. pringarla** (*fam*: *morir*): **la pringó** he kicked the bucket, he died; (: *sufrir una consecuencia negativa*): **si se enteran, la hemos pringado** if they find out we're in big trouble.

♦ *vi* **1.** (*ensuciar*): **el chocolate pringa mucho** chocolate is very messy. **2.** (*fam*: *pagar el pato*) to carry the can: **aunque era inocente, pringó** *por* **todos** although she was innocent, she had to carry the can. **3.** (*fam*: *trabajar*) to work hard: **es el que pringa más**

de toda la empresa he's the hardest worker in the whole company.

pringarse *v prnl* **1.** (*ensuciarse*) to get dirty: **se pringó** *de* **mermelada** she got jam all over herself. **2.** (*involucrarse*) to get involved: **se pringó hasta el fondo** *en* **el robo** he got completely involved in the robbery.

pringoso, -sa /priŋ'goso -sa/ *adj* **1.** (*pegajoso*) sticky. **2.** (*grasiento*) greasy.

pringue /'priŋge/ *sm* grime: **¡vaya pringue tiene el horno!** the oven is all dirty and grimy!

prior /pri'or/ *sm* (*Relig*) prior.

priora /pri'ora/ *sf* (*Relig*) prioress.

priorato /prio'rato/ *sm* (*Relig*) priory.

prioridad /priori'ðað/ *sf* priority: **siempre doy prioridad a mis obligaciones** I always give priority to my duties; **los niños tienen prioridad** *sobre* **los adultos** children have priority over the adults.

prioritario, -ria /priori'tarjo -rja/ *adj* most important: **el objetivo prioritario es aumentar la productividad** the most important objective is to increase productivity.

prisa /'prisa/ *sf* **1.** (*rapidez*) speed: **vete** *de* **prisa** go quickly; **se fue** *a* **toda prisa** she went as fast as she could. **2.** (*urgencia*) hurry: **tengo mucha prisa** I'm in a hurry ✱ rush; **¡date prisa!** hurry up! • **este informe corre mucha prisa** this report is very urgent • **si me metes prisa, me pongo nerviosa** if you hurry me, I'll get flustered.

prisión /pri'sjon/ *sf* prison, jail: **la condenaron a seis años** *de* **prisión** she was sentenced to six years in prison.

prisión de alta seguridad *sf* top-security prison.

prisión preventiva *sf* custody.

prisionero, -ra /prisjo'nero -ra/ *sm/f* prisoner: **hicieron doscientos prisioneros** they took two hundred prisoners.

prisionero -ra de guerra *sm/f* prisoner of war.

prisma /'prizma/ *sm* (*Mat*) prism.

prismático, -ca /priz'matiko -ka/ **I** *adj* prismatic. **II prismáticos** *sm pl* binoculars *pl*.

privacidad /priβaθi'ðað/ *sf* privacy.

privación /priβa'θjon/ *sf* **1.** (*acción de privar*) deprivation: **le condenaron a una pena de privación de libertad** he was sentenced to be deprived of his freedom. **2.** (*carencia material*) hardship: **desde que está sin trabajo ha pasado muchas privaciones** since he's been out of a job he's had to put up with a lot of hardship; **de niño pasó muchas privaciones** he had a deprived childhood.

privado, -da /pri'βaðo -ða/ *adj* private: **no tiene vida privada** she has no private life; **me gustaría discutirlo** *en* **privado** I would like to discuss it in private.

privar /pri'βar/ [⇨CANTAR] *vt* to deprive: **un accidente le privó** *de* **la vista** he lost his eyesight in an accident; **la privaron** *de* **las funciones de su cargo** she was stripped of all her responsibilities.

♦*vi* (*fam*) **1.** (*encantar*): **le privan los helados** he's crazy about ice cream. **2.** (*beber*) to booze, to drink (*alcohol*).

privarse *v prnl* **1.** (*abstenerse*): **para adelgazar se priva** *de* **comer dulces** she's going without sweets in order to lose weight. **2.** (*fam*: *pirrarse*): **se priva** *por* **las motos de carreras** he's crazy about racing motorbikes.

privativo, -va /priβa'tiβo -βa/ *adj* exclusive: **es privativo** *del* **director** it is exclusive to the manager.

privatización /priβatiθa'θjon/ *sf* privatization.

privatizar /priβati'θar/ [⇨cazar] *vt* to privatize.

privilegiado, -da /priβile'xjaðo -ða/ **I** *adj* **1.** (*que tiene privilegios*) privileged. **2.** (*extraordinario, superior*) outstanding: **esta casa tiene una situación privilegiada** this house is in an outstanding location.
II *sm/f* privileged person.

privilegio /priβi'lexjo/ *sm* privilege.

pro /pro/ **I** *prep*: **hicieron una manifestación pro derechos humanos** they demonstrated in favour of human rights; **una asociación pro disminuidos físicos** an association to help the disabled.
II *sm*: **hay que sopesar los pros y los contras** we have to weigh the pros and cons • **es un ciudadano de pro** he is a fine, upright citizen.

proa /'proa/ *sf* (*Náut*) bow.

probabilidad /proβaβili'ðað/ *sf* probability, chance: **tiene muchas probabilidades** *de* **triunfar** he has every chance of winning.

probable /pro'βaβle/ *adj* **1.** (*que es fácil que ocurra*) probable: **es probable que vengan el domingo** they will probably come on Sunday. **2.** (*que se puede probar*) provable.

probado, -da /pro'βaðo -ða/ *adj* proven: **es un producto de eficacia probada** it is a product of proven effectiveness; **es un hecho probado** it's a proven fact.

probador /proβa'ðor/ *sm* changing room (*in a clothes store*).

probar /pro'βar/ [⇨contar] *vt* **1.** (*demostrar*) to prove: **esa acusación tendrás que probarla** you'll have to prove that accusation. **2.** (*poner a prueba*) to test: **tenemos que probar los frenos** we must test the brakes; **probaron a muchos actores para el papel principal** they auditioned many actors for the main part. **3.** (*ropa, zapatos*) to try on: **pruébale el vestido a la niña** try the dress on the little girl. **4.** (*comida, bebida*) to taste: **prúebalo** taste ✱ try it; **no prueba el vino** he never touches wine.
♦*vi* to try: **probó** *a* **arreglarlo** he tried to fix it; **prueba a ver si cabe** see if it fits.

probarse *v prnl* (*ropa*) to try (on): **pruébate una talla más grande** try (on) a bigger size.

probeta /pro'βeta/ *sf* measuring cylinder ✱ flask.

problema /pro'βlema/ *sm* **1.** (*en matemáticas*) problem. **2.** (*dificultad, inconveniente*) problem, trouble: **encontramos la casa** *sin* **ningún problema** we had no problem ✱ trouble finding the house; **la lavadora nos está dando muchos problemas** we're having a lot of trouble ✱ problems with the washing machine; **no tuvo problemas** *para* **arrancar el coche** he had no trouble getting the car to start; **el problema** *de* **vivir aquí es el clima** the problem with living here is the weather; **nunca habían tenido problemas** *con* **la policía** they had never been in trouble with the police.

problemática /proβle'matika/ *sf* problems *pl*: **analizaremos a fondo la problemática social** we will look in depth at the social question.

problemático, -ca /proβle'matiko -ka/ *adj* problematic.

procacidad /prokaθi'ðað/ *sf* **1.** (*atrevimiento*) brazenness. **2.** (*obscenidad*) obscenity.

procaz /pro'kaθ/ *adj* [**procaces**] **1.** (*atrevido*) brazen. **2.** (*obsceno*) obscene.

procedencia /proθe'ðenθja/ *sf* origin: **devolvieron el paquete a su lugar de procedencia** the packet was sent back to where it came from; **es de procedencia humilde** she comes from a humble background.

procedente /proθe'ðente/ *adj* **1.** (*proveniente*): **el tren**

procedente *de* **Barcelona efectuará su entrada por la vía cuatro** the train from Barcelona will arrive at platform four; **es de una raza procedente** *de* **Asia** it's a breed that originated in Asia. **2.** (*apropiado*) appropriate, correct: **no me pareció una forma de actuar procedente** it did not seem to me to be a correct way to behave.

proceder /proθe'ðer/ **I** *sm* conduct: **no me gustó nada su proceder** I didn't like his conduct at all.
II [➪ TEMER] *vi* **1.** (*provenir*): **su familia procede** *de* **Alemania** his family comes from Germany; **el ruido procedía** *de* **fuera** the noise came from outside. **2.** (*obrar*) to act: **procedió correctamente** he acted correctly. **3.** (*continuar*) to proceed: **procederemos** *a* **la entrega de premios** we will proceed to the prize-giving. **4.** (*ser apropiado*) to be appropriate: **creo que procede realizar una votación** I think it would be right * appropriate to take a vote. **5.** (*Jur*) to start legal proceedings: **procedieron** *contra* **los sospechosos** they started legal proceedings against the suspects.

procedimiento /proθeði'mjento/ *sm* **1.** (*método*) procedure, method: **puedes seguir diferentes procedimientos** you can use different methods. **2.** (*en derecho*) procedure: **esta reclamación no se ajusta a procedimiento** this claim is not in accordance with (established) procedure.

procesado, -da /proθe'saðo -ða/ **I** *adj* **1.** (*acusado*) accused. **2.** (*de datos, información*) processed: **necesito los datos procesados para mañana** I need the processed data for tomorrow.
II *sm/f* accused, defendant.

procesador /proθesa'ðor/ *sm* (*Inform*) processor.
procesador de datos *sm* data processor.
procesador de textos *sm* word processor.

procesamiento /proθesa'mjento/ *sm* **1.** (*Inform, Tec*) processing. **2.** (*Jur*) prosecution.

procesar /proθe'sar/ [➪ CANTAR] *vt* **1.** (*Jur*) to prosecute: **había pruebas en su contra y lo procesaron** there was evidence against him and he was prosecuted. **2.** (*Inform, Tec*) to process.

procesión /proθe'sjon/ *sf* **1.** (*Relig*) procession ● **parece estar tranquilo, pero la procesión va por dentro** on the surface he appears to be calm, but underneath he's not happy. **2.** (*fam: desfile*) parade.

proceso /pro'θeso/ *sm* **1.** (*gen*) process. **2.** (*transcurso*): **en el proceso de unos meses se recuperó** he recovered in the course of several months. **3.** (*Jur*) proceedings *pl.* **4.** (*Inform*) processing.
proceso de datos *sm* (*Inform*) data processing.
proceso de textos *sm* (*Inform*) text processing.

proclamación /proklama'θjon/ *sf* proclamation.

proclamar /prokla'mar/ [➪ CANTAR] *vt* to proclaim: **fue proclamada la República** the Republic was proclaimed; **lo proclamaron hijo adoptivo de la ciudad** he was made a freeman of the city.
proclamarse *v prnl* to be declared: **se proclamó vencedor del campeonato** he was declared the winner of the championship.

proclive /pro'kliβe/ *adj*: **es proclive** *a* **la melancolía** he is prone to depression.

procreación /prokrea'θjon/ *sf* (*de humanos*) procreation; (*de animals*) breeding.

procrear /prokre'ar/ [➪ CANTAR] *vt/i* (*humanos*) to procreate; (*animales*) to breed.

procurador, -dora /prokura'ðor -'ðora/ *sm/f* (*Jur*) *legal administrator in court.*

procurar /proku'rar/ [➪ CANTAR] *vt* **1.** (*tratar de*) to try: **procura llegar pronto** try to arrive early; **procura que no se entere nadie** try to make sure that no one finds out. **2.** (*suministrar*) to provide with: **me procuró un buen trabajo** he provided me with a very good job.

prodigalidad /proðiɣali'ðað/ *sf* **1.** (*generosidad*) generosity: **su prodigalidad** *con* **los pobres es bien conocida** his generosity to the poor is well known; (*despilfarro*): **su prodigalidad les causó muchos problemas** his excessive generosity caused them a lot of problems. **2.** (*exceso*) lavishness: **no me gusta la prodigalidad** *de* **adornos** I don't like the ornamentation to be too lavish.

prodigar /proði'ɣar/ [➪ pagar] *vt*: **prodiga** *a* **sus hijos toda clase de mimos** he lavishes attention on his children.
prodigarse *v prnl* to overexpose oneself: **no quiere prodigarse demasiado a principios de temporada** she doesn't want to overexpose herself at the beginning of the season.

prodigio /pro'ðixjo/ *sm* **1.** (*maravilla*) miracle: **fue un prodigio que se curara tan deprisa** it was a miracle * wonder that he recovered so quickly. **2.** (*persona*) prodigy.

prodigioso, -sa /proði'xjoso -sa/ *adj* **1.** (*extraño*) extraordinary. **2.** (*estupendo*) wonderful, exceptional.

pródigo, -ga /'proðiɣo -ɣa/ **I** *adj* **1.** (*fértil*) bountiful; (*productivo*) productive: **es un autor muy pródigo** he is a very prolific author. **2.** (*generoso*) lavish, generous: **no es muy pródiga** *en* **elogios** she is not very generous with her praise. **3.** (*manirroto*) extravagant.
II *sm/f* **1.** (*desprendido*) generous person. **2.** (*manirroto*) spendthrift.

producción /proðuk'θjon/ *sf* **1.** (*elaboración*) production; (*mercancías, objetos*) output, production: **la producción industrial ha caído el cinco por ciento** industrial output has fallen by five per cent. **2.** (*película*) production: **han estrenado una nueva producción japonesa** a new Japanese production has just opened.
producción en cadena *sf* production (*on an assembly line*).
producción en serie *sf* mass production.

producir /proðu'θir/ [➪ conducir] *vt* **1.** (*gen*) to produce: **producen una media de mil coches por semana** they produce an average of one thousand cars per week. **2.** (*proporcionar: miel, leche, etc.*) to give: **las abejas producen miel y cera** bees give honey and wax; (*: beneficios*) to yield: **en este banco el dinero produce más intereses** in this bank your money yields a higher rate of interest. **3.** (*causar*) to cause: **esta luz me produce dolor de cabeza** this light is giving me a headache.
producirse *v prnl* to take place, to occur: **fue entonces cuando se produjeron unos hechos inexplicables** it was at that point that unexplained events occurred; **se produjo una reacción inmediata** there was an immediate reaction.

productividad /proðuktiβi'ðað/ *sf* productivity.

productivo, -va /proðuk'tiβo -βa/ *adj* **1.** (*gen*) productive. **2.** (*rentable*) profitable: **la bolsa es más productiva que los bonos del Estado** the stock exchange gives a higher return than government bonds.

producto /pro'ðukto/ *sm* **1.** (*gen*) product: **esa casa es el producto de mucho trabajo** that house is the product of much hard work; **hay una gran escasez de productos alimenticios** there is a great shortage of food products. **2.** (*beneficio*) yield, profit: **con esa**

venta obtuvo un buen producto he obtained a good profit from that sale.

producto derivado *sm* by-product, derivative.

producto interior bruto *sm* gross domestic product.

producto lácteo *sm* dairy product.

producto nacional bruto *sm* gross national product.

productos de belleza *sm pl* cosmetics *pl.*

productos de consumo *sm pl* consumer goods *pl.*

productor, -tora /proðuk'tor -'tora/ **I** *adj*: **Egipto es un país productor de algodón** Egypt is a cotton-producing country.

II *sm/f* (*de cine, radio, televisión*) producer.

productora /proðuk'tora/ *sf* (*Espec*) production company (*in cinema, broadcasting*).

produje /pro'ðuxe/ *and other forms with* ***produj-*** ➪ producir

proeza /pro'eθa/ *sf* exploit.

profanación /profana'θjon/ *sf* desecration.

profanar /profa'nar/ [➪ CANTAR] *vt* **1.** (*un monumento, una tumba*) to desecrate, to violate. **2.** (*la memoria*) to defile.

profano, -na /pro'fano -na/ **I** *adj* **1.** (*laico*) secular. **2.** (*no experto*) lay: **dijo ser profana** *en* **la materia** she said she was no expert on the subject.

II *sm/f* (*hombre*) layman; (*mujer*) laywoman.

profe /'profe/ *sm/f* (*short for* **profesor -sora**) (*fam*) teacher.

profecía /profe'θia/ *sf* prophecy.

proferir /profe'rir/ [➪ sentir] *vt* (*gritos, insultos*) to shout: **la multitud profirió vivas en su honor** the crowd gave him loud cheers.

profesar /profe'sar/ [➪ CANTAR] *vt* **1.** (*Relig*) to profess: **profesa el budismo** he professes Buddhism. **2.** (*admiración, amor, respeto, etc.*) to have: **profesa un gran amor por los animales** he has a great love for animales.

♦ *vi* (*Relig*) to take vows.

profesión /profe'sjon/ *sf* **1.** (*gen*) profession: **soy dentista** *de* **profesión** I am a dentist by profession. **2.** (*Relig*) taking of vows.

profesión liberal *sf* liberal profession.

profesional /profesjo'nal/ *adj, sm/f* professional.

profesionalidad /profesjonali'ðað/ *sf* professionalism.

profesionalizar /profesjonali'θar/ [➪ cazar] *vt* (*una actividad, un empleo*) to put on a professional basis.

profesor, -sora /profe'sor -'sora/ *sm/f* **1.** (*de escuela, academia, clases particulares*) teacher: **es profesor** *de* **química** he's a chemistry teacher. **2.** (*de universidad*) (*GB*) lecturer, (*US*) professor: **es profesora** *de* **derecho** she's a lecturer in law. **3.** (*de natación, ballet, etc.*) instructor, teacher; (*de tenis, squash, etc.*) coach.

profesor agregado *sm*, **profesora agregada** *sf* (*de universidad*) (*GB*) senior lecturer, (*US*) associate professor; (*de escuela secundaria*) (junior) secondary school teacher.

profesor, -sora de autoescuela *sm/f* driving instructor.

profesor invitado *sm*, **profesora invitada** *sf* visiting professor.

profesorado /profeso'raðo/ *sm* teaching staff.

profeta /pro'feta/ *sm* prophet • **nadie es profeta en su tierra** no man is a prophet in his own country.

profético, -ca /pro'fetiko -ka/ *adj* prophetic.

profetisa /profe'tisa/ *sf* (female) prophet.

profetizar /profeti'θar/ [➪ cazar] *vt* to prophesy.

profiláctico, -ca /profi'laktiko -ka/ **I** *adj* prophylactic: **la higiene es una buena medida profiláctica** hygiene is a good precautionary health measure.

II profiláctico *sm* condom, (*US*) prophylactic.

prófugo, -ga /'profuɣo -ɣa/ **I** *adj, sm/f* fugitive.

II prófugo *sm* draft dodger.

profundamente /profunda'mente/ *adv*: **está profundamente enamorado de ella** he is deeply in love with her; **estaba profundamente dormido** he was sound asleep; **aquello la dejó profundamente marcada** that left her deeply scarred.

profundidad /profundi'ðað/ *sf* **1.** (*Medidas*) depth: **la piscina tiene dos metros** *de* **profundidad** the swimming pool is two metres deep; **salió un grito de las profundidades de la cueva** a cry came from the depths of the cave. **2.** (*de un razonamiento, una teoría*) depth: **explicó el tema** *en* **profundidad** she dealt with the issue in depth; **inició un estudio** *en* **profundidad del problema** he undertook an in-depth study of the problem.

profundizar /profundi'θar/ [➪ cazar] *vi*: **deberías profundizar más** *en* **este aspecto** you should study this aspect in greater depth; **estudian de todo un poco y no profundizan** *en* **nada** they study a little bit of everything and don't go into detail in any subject; **si profundizas** *en* **el tema te darás cuenta de que...** if you look into the subject in more depth you will realize that....

♦ *vt* **1.** (*conocimientos*) to deepen: **quería profundizar sus conocimientos del tema** she wanted to deepen her knowledge of the subject. **2.** (*un agujero, un pozo*) to make deeper.

profundo, -da /pro'fundo -da/ *adj* **1.** (*gen*) deep: **el estanque era poco profundo** the pond was not very deep; **tiene un sueño profundo** she's a heavy sleeper. **2.** (*grande*) deep, profound: **había un profundo silencio** there was a profound silence; **sentía un profundo pesar** he felt a deep sorrow. **3.** (*trascendente*) profound: **es una pensadora muy profunda** she's a very profound thinker; **siempre estaba hablando de temas profundos** he was always talking about profound matters.

profusión /profu'sjon/ *sf* profusion, wealth: **es un libro con gran profusión de gráficos** the book has a wealth of illustrations.

profuso, -sa /pro'fuso -sa/ *adj*: **con profusas disculpas** with profuse apologies; **hizo una descripción profusa** *en* **detalles** he gave me a very detailed description.

progenie /pro'xenje/ *sf* **1.** (*linaje*) lineage. **2.** (*descendencia*) progeny.

progenitor, -tora /proxeni'tor -'tora/ (*frml*) **I** *sm/f* (*padre*) father; (*madre*) mother.

II progenitores *sm pl* parents *pl*: **había heredado el carácter de sus progenitores** she had inherited her parents' characteristics.

programa /pro'ɣrama/ *sm* **1.** (*de radio, televisión*) programme, (*US*) program. **2.** (*plan*) schedule, programme, (*US*) program: **la cantante tiene un programa muy apretado** the singer has a very busy programme * schedule. **3.** (*Educ*: *de una asignatura, un curso*) syllabus. **4.** (*de una obra de teatro, un concierto*) programme, (*US*) program. **5.** (*Inform*) program.

programa electoral *sm* election manifesto.

programación /proɣrama'θjon/ *sf* **1.** (*Inform*) programming: **está haciendo un curso de programación de ordenadores** she's doing a computer programming course. **2.** (*Medios*: *de radio, televisión*)

(*GB*) programmes *pl*, (*US*) programs *pl*: **la programación de esta tarde es muy aburrida** this afternoon's programmes are very boring; **el nuevo director de programación infantil** the new head of children's programmes.

programador, -dora /proɣrama'ðor -'ðora/ **I** *sm/f* (*en informática*) programmer.

II programador *sm* (*de un aparato eléctrico*) timer.

programar /proɣra'mar/ [➪CANTAR] *vt* **1.** (*planear*) to plan: **tenemos que programar lo que vamos a hacer el sábado** we have to plan what we are going to do on Saturday. **2.** (*organizar*) (*GB*) to programme, (*US*) to program, to schedule: **han programado cinco conciertos** *para* **el festival de primavera** five concerts have been scheduled for the spring festival. **3.** (*un aparato, una máquina*) to set, (*GB*) to programme, (*US*) to program: **programó el vídeo** *para* **grabar la película** he programmed the video to record the movie. **4.** (*Inform*) to program.

♦*vi* (*Inform*) to program.

progre /'proɣre/ *adj, sm/f* (short for **progresista**) (*fam*) liberal, progressive: **sus amigos son unos progres** his friends have liberal tendencies.

progresar /proɣre'sar/ [➪CANTAR] *vi* to progress, to advance: **la genética ha progresado muchísimo en los últimos años** genetics has advanced greatly in recent years.

progresión /proɣre'sjon/ *sf* progression.

progresión aritmética *sf* arithmetic progression.

progresión geométrica *sf* geometric progression.

progresista /proɣre'sista/ *adj, sm/f* progressive, liberal.

progresivo, -va /proɣre'siβo -βa/ *adj* progressive: **se producirá un progresivo aumento de las temperaturas** there will be a progressive rise in temperatures.

progreso /pro'ɣreso/ *sm* progress: **ha hecho grandes progresos desde que va a rehabilitación** he's made a lot of progress since he started going to physiotherapy.

prohibición /proiβi'θjon/ *sf* **1.** (*acción de prohibir*) prohibition, banning. **2.** (*resultado de prohibir*) ban: **la prohibición** *de* **fumar se ha extendido a todos los edificios oficiales** the ban on smoking now applies to all official buildings.

prohibido, -da /proi'βiðo -ða/ *adj* (*gen*) prohibited, forbidden: **está prohibido aparcar aquí** parking here is forbidden; (*en letreros*): **prohibido el paso** no entry; **prohibido fumar** no smoking.

prohibir /proi'βir/ [➪table: prohibir] *vt* (*gen*) to forbid: **se prohíbe terminantemente hacer fotografías** taking photographs is strictly forbidden ∗ (*frml*) prohibited; **se prohíbe fumar** smoking is prohibited ∗ forbidden; **te prohíbo que me hables así** I forbid you to speak to me like that; **le han prohibido el café** she's been told not to drink coffee; (*mediante una ley*) to ban: **el gobierno ha prohibido la importación de marfil** the government has banned ivory imports.

prohibitivo, -va /proiβi'tiβo -βa/ *adj* prohibitive: **los precios de ese restaurante son prohibitivos** prices in that restaurant are prohibitive.

prójimo /'proximo/ *sm* fellow man, (*GB*) neighbour, (*US*) neighbor: **se pasó la vida ayudando al prójimo** she spent her life helping other people.

pról. *pronounced* /'proloɣo/ (*abbreviation of* **prólogo**) prologue, (*US*) prolog.

prole /'prole/ *sf* offspring.

prolegómenos /prole'ɣomenos/ *sm pl* preamble, introduction: **los prolegómenos de la ceremonia fueron interminables** the preamble to the ceremony seemed to go on for ever.

proletariado /proleta'rjaðo/ *sm* proletariat.

proletario, -ria /prole'tarjo -rja/ *adj, sm/f* proletarian: **siempre defendió los derechos de la clase proletaria** he always stood up for the rights of the proletariat.

proliferación /prolifera'θjon/ *sf* proliferation.

proliferar /prolife'rar/ [➪CANTAR] *vi* to proliferate: **en tiempos de escasez proliferan las enfermedades** diseases proliferate in times of poverty.

prolífico, -ca /pro'lifiko -ka/ *adj* prolific.

prolijidad /prolixi'ðað/ *sf* **1.** (*al hablar*) long-windedness; (*de una descripción*) wordiness, verbosity. **2.** (*Arg, Urug*: *de un trabajo*) presentation: **la prolijidad deja mucho que desear** the presentation leaves a lot to be desired; (*: de una persona*) neatness.

prolijo, -ja /pro'lixo -xa/ *adj* **1.** (*referido a la expresión: persona*) long-winded; (*: narración, discurso, etc.*) wordy, verbose: **pasó a una prolija descripción de sus vacaciones** he went on to give a long, detailed description of his holidays. **2.** (*Arg, Urug*: *referido al aspecto externo: persona, lugar*) neat, tidy; (*: deberes, cuaderno*) well-presented, neat.

prologar /prolo'ɣar/ [➪pagar] *vt* to write a prologue to.

prólogo /'proloɣo/ *sm* prologue, (*US*) prolog.

prolongación /proloŋga'θjon/ *sf* **1.** (*de tiempo*) extension: **la prolongación de las obras las ha encarecido mucho** the delay in completing the building work has considerably increased the cost. **2.** (*de lugar*) extension: **van a construir la prolongación de la carretera** they're going to extend the road.

prolongado, -da /proloŋ'gaðo -ða/ *adj* lengthy, prolonged: **estuvo hospitalizado un prolongado periodo de tiempo** he was in hospital for a long time.

prolongar /proloŋ'gar/ [➪pagar] *vt* to prolong, to extend: **prolongaron el curso dos semanas** the course was extended by two weeks.

prolongarse *v prnl* **1.** (*de tiempo*) to last, to go on: **la asamblea se prolongó más de lo debido** the meeting went on longer than expected. **2.** (*de distancia*) to extend: **este camino se prolonga hasta la cima de la montaña** this road goes right on up to the top of the mountain.

promedio /pro'meðjo/ *sm* average: **voy al cine un promedio de cinco veces al mes** on average, I go to the cinema five times a month.

promesa /pro'mesa/ *sf* **1.** (*compromiso*) promise:

prohibir

INDICATIVE	SUBJUNCTIVE
Present	**Present**
prohíbo	prohíba
prohíbes	prohíbas
prohíbe	prohíba
prohibimos	prohibamos
prohibís	prohibáis
prohíben	prohíban

IMPERATIVE	
(tú) prohíbe	(usted) prohíba
(vosotros) prohibid	(ustedes) prohíban

For the rest of the tenses ➪ PARTIR (in appendix)

nunca ha faltado a su promesa he's never broken a promise; **yo cumplí mi promesa** I kept my promise. **2.** (*persona con futuro*): **esta chica es una promesa de la gimnasia española** this girl is one of the up-and-coming talents of Spanish gymnastics.

prometedor, -dora /promete'ðor -'ðora/ *adj* promising: **tienes un futuro prometedor** you have a promising future.

prometer /prome'ter/ [➪TEMER] *vt* **1.** (*gen*) to promise: **me prometiste que me lo enseñarías** you promised (that) you would show it to me; **la película prometía ser divertida** the film promised to be funny. **2.** (*un cargo*): **el nuevo ministro prometió su cargo** *ante* **el rey** the new minister was sworn into office in the presence of the king.
♦*vi* to show promise, to be promising: **Juan promete** *como* **jugador de fútbol** Juan shows a lot of promise as a footballer.

prometerse *v prnl* **1.** (*novios*) to get engaged: **se prometió** *con* **él a los veinte años** she got engaged to him when she was twenty. **2.** (*confiar, esperar*) to expect: **nos prometíamos una tarde divertida, pero nos aburrimos muchísimo** we were expecting an interesting afternoon but we were bored stiff • **si yo fuera tú, no me las prometería tan felices** if I were you, I wouldn't get my hopes up so much.

prometido, -da /prome'tiðo -ða/ **I** *adj* **1.** (*resultado de prometer*) promised • **no lo voy a dejar pasar, lo prometido es deuda** I won't forget this, a promise is a promise. **2.** (*persona*) engaged: **mi hermana está prometida** my sister is engaged.
II *sm/f* (*hombre*) fiancé; (*mujer*) fiancée.

prominencia /promi'nenθja/ *sf* rise: **es un terreno con muchas prominencias** it's very hilly land.

prominente /promi'nente/ *adj* **1.** (*destacado, famoso*) prominent: **fue un médico prominente** he was a prominent doctor. **2.** (*saliente*) prominent: **tiene una barriga prominente** he has a prominent stomach.

promiscuidad /promiskwi'ðað/ *sf* promiscuity.

promiscuo, -cua /pro'miskwo -kwa/ *adj* promiscuous.

promoción /promo'θjon/ *sf* **1.** (*ascenso*) promotion: **en esta oficina hay muy pocas posibilidades de promoción** the opportunities for promotion are very limited in this office. **2.** (*propaganda*) (sales) promotion, advertising: **ese libro no ha tenido una buena promoción** that book hasn't been well promoted • **estos artículos están de promoción** these goods are on special offer. **3.** (*en el colegio, la universidad, etc.*) year group, class: **somos de la misma promoción** we were in the same year.

promocionar /promoθjo'nar/ [➪CANTAR] *vt* **1.** (*hacer publicidad de*) to promote: **lo han contratado para promocionar un cosmético** he's been hired to promote a cosmetic product. **2.** (*ascender*) to promote: **los vendedores a los que han promocionado...** the salesmen who have been promoted....

promocionarse *v prnl* to be promoted: **allí no había muchas posibilidades de promocionarse** there weren't many prospects for promotion there.

promontorio /promon'torjo/ *sm* promontory.

promotor, -tora /promo'tor -'tora/ **I** *adj*: **¿cuál fue la causa promotora de la discusión?** what was the original cause of the argument?
II *sm/f* **1.** (*Fin, Prof*) promoter: **trabaja como promotora de ventas** she's a sales representative. **2.** (*instigador*) instigator: **no se sabe quién fue el promotor de la revuelta** nobody knows who instigated the revolt.

promotor inmobiliario *sm*, **promotora inmobiliaria** *sf* (*persona*) (property) developer.

promotora de construcciones, promotora inmobiliaria *sf* (*empresa*) (property) company.

promover /promo'βer/ [➪mover] *vt* **1.** (*fomentar*) to promote: **todo su esfuerzo estaba dirigido a promover la paz en Europa** all his efforts were directed at promoting peace in Europe. **2.** (*ascender*) to promote: **fue promovido** *al* **puesto de director** he was promoted to the post of manager. **3.** (*dar lugar a*) to cause: **la subida de precios ha promovido muchas protestas** the price increases have given rise to much protest.

promulgar /promul'ɣar/ [➪pagar] *vt* (*Jur*) to promulgate, to enact.

pronombre /pro'nombre/ *sm* pronoun.

pronombre personal *sm* personal pronoun.

pronombre reflexivo *sm* reflexive pronoun.

pronominal /pronomi'nal/ *adj* pronominal.

pronosticar /pronosti'kar/ [➪sacar] *vt* to forecast, to predict: **han pronosticado nieve para los próximos días** snow has been forecast for the next few days; **cualquiera hubiera podido pronosticar su éxito** anyone could have predicted her success.

pronóstico /pro'nostiko/ *sm* **1.** (*predicción*) forecast, prediction: **¿has oído el pronóstico del tiempo?** have you heard the weather forecast? **2.** (*juicio médico*) prognosis.

pronóstico grave *sm*: **se produjeron cinco heridos, dos de ellos de pronóstico grave** five people were injured, two of them seriously.

pronóstico reservado *sm*: **su estado es de pronóstico reservado** he is being kept under observation pending a confirmed diagnosis.

prontitud /pronti'tuð/ *sf* promptness: **nunca hace las cosas con la prontitud necesaria** he never does things quickly enough.

pronto, -ta /'pronto -ta/ **I** *adj* prompt: **le deseamos una pronta mejoría** we wish you a speedy recovery.
II pronto *sm* (*fam*) **1.** (*de hacer algo*) urge: **le dio un pronto y empezó a limpiar toda la casa** a sudden urge overcame him and he started to clean the house. **2.** (*de enfado, mal humor, etc.*): **no sé si decírselo porque tiene un pronto** I don't know whether to tell him because he has such a bad temper.
III pronto *adv* **1.** (*en poco tiempo*) soon: **intenta acabar pronto** try to finish soon; **pronto estará aquí** she'll be here soon; **te escribiré tan pronto como pueda** I'll write to you as soon as I can • **¡hasta pronto!** see you soon! • **más pronto o más tarde lo conseguirás** you'll manage it sooner or later • **de pronto me olvidé de lo que tenía que decir** all of a sudden, I forgot what I was supposed to say • **por lo pronto, dame lo que me debes** well, you can give me what you owe me for a start! • **al pronto, no recordaba su cara** he didn't remember her face at first. **2.** (*temprano*) early: **le encanta levantarse pronto** she loves getting up early.

prontuario /pron'twarjo/ *sm* (*Arg, Chi, Urug*) criminal record.

pronunciación /pronunθja'θjon/ *sf* pronunciation.

pronunciado, -da /pronun'θjaðo -ða/ *adj* pronounced: **tiene unas ojeras muy pronunciadas** he has very pronounced * noticeable bags under his eyes; **ten cuidado con esa curva tan pronunciada** be careful on that sharp bend.

pronunciamiento /pronunθja'mjento/ *sm* military uprising.

pronunciar /pronun'θjar/ [⇨ CAMBIAR] *vt* **1.** (*palabras*) to pronounce; (*un discurso*) to give: **estaba nervioso cuando pronunció su discurso** he was nervous when he gave his speech. **2.** (*intensificar*) to accentuate. **3.** (*Jur*) to pronounce: **aún no han pronunciado el fallo** sentence has not yet been passed.

pronunciarse *v prnl* **1.** (*dar una opinión*) to declare oneself: **se pronunció** *a favor/en contra del* **referéndum** she declared herself to be in favour of/against the referendum; **ésa es una cuestión** *sobre* **la que no voy a pronunciarme** that's a subject I am not going to express an opinion on. **2.** (*intensificarse*) to become pronounced: **el defecto se le ha pronunciado con la edad** his handicap has become more pronounced with age. **3.** (*Mil: rebelarse*) to rise up, to revolt.

propagación /propaɣa'θjon/ *sf* spread, propagation: **la falta de higiene contribuyó a la propagación de la enfermedad** a lack of hygiene contributed to the spread of the disease.

propaganda /propa'ɣanda/ *sf* **1.** (*en ventas*) publicity, advertising: **un montón de papeles de propaganda** a pile of advertising leaflets. **2.** (*en política*) propaganda: **las calles están llenas de propaganda electoral** the streets are full of election propaganda.

propagandístico, -ca /propaɣan'distiko -ka/ *adj*: **hicieron un gran esfuerzo propagandístico** they had a massive advertising campaign; **sus motivos fueron puramente propagandísticos** his aim was solely to attract publicity.

propagar /propa'ɣar/ [⇨ pagar] *vt* (*Bot, Med*) to spread, to propagate.

propagarse *v prnl* (*enfermedad, llamas, información*) to spread, to propagate; (*olor, moda*) to spread: **el olor del pescado se propagó** *por* **toda la casa** the smell of cooking fish spread throughout the house; **las modas musicales se propagan rápidamente** musical trends spread quickly.

propano /pro'pano/ *sm* propane.

propasarse /propa'sarse/ [⇨ CANTAR] *v prnl* **1.** (*pasarse*) to go too far: **creo que te has propasado castigando así a los niños** I think you went too far punishing the children like that. **2.** (*con una mujer*) to take advantage: **intentó propasarse** *con* **ella** he tried to take advantage of her.

propensión /propen'sjon/ *sf* tendency, propensity: **tiene propensión** *a* **engordar** he has a tendency to put on weight; **tiene propensión** *a* **acatarrarse** she's always catching colds.

propenso, -sa /pro'penso -sa/ *adj* prone: **soy muy propensa** *a* **engordar** I'm prone to put on weight; **Miguel es propenso** *a* **todo tipo de alergias** Miguel has all kinds of allergies.

propiciar /propi'θjar/ [⇨ CAMBIAR] *vt* **1.** (*favorecer*) to cause: **la pérdida de las colonias propició la crisis económica** the loss of the colonies sparked off the economic crisis; **los desórdenes propiciaron la intervención de la policía** the disturbances led to the police being called in. **2.** (*Arg, Urug: patrocinar*) to sponsor.

propicio, -cia /pro'piθjo -θja/ *adj* propitious: **había un ambiente propicio** *para* **la discusión** there was an atmosphere which was propitious for discussion; **es el momento propicio** *para* **pedírselo** this is a good moment to ask him for it.

propiedad /propje'ðað/ *sf* **1.** (*derecho de poseer*) property, ownership: **esas tierras ya no son** *de* **mi propiedad** that land is no longer my property; **tiene varios pisos** *en* **propiedad** she owns several flats • **tiene la plaza en propiedad** she has tenure (*her job with the civil service/local authority is hers for life*). **2.** (*objeto, inmueble*) property: **ha vendido casi todas sus propiedades** he has sold almost all of his property. **3.** (*atributo, característica*) property: **esta planta tiene propiedades curativas** this plant has healing properties. **4.** (*exactitud*) correctness: **habla con propiedad** speak properly.

propiedad inmobiliaria *sf* real estate.

propiedad privada *sf* private property.

propietario, -ria /propje'tarjo -rja/ **I** *adj*: **la compañía propietaria de la finca** the company that owns the building.
II *sm/f* (*de bienes, de una vivienda*) owner; (*de un negocio*) proprietor, owner.

propina /pro'pina/ *sf* tip: **nunca deja propina en los restaurantes** he never leaves a tip in restaurants • **los aplaudieron tanto que tocaron tres canciones de propina** there was so much applause that they played another three songs as an encore • **siempre añado dos cucharadas más de propina** I always add two more spoonfuls for good measure.

propinar /propi'nar/ [⇨ CANTAR] *vt* (*un golpe, una paliza, etc.*) to deal, to give: **le propinó un puñetazo en el estómago** he dealt him a blow in the stomach.

propio, -pia /'propjo -pja/ *adj* **1.** (*referido a posesión*) own: **tiene coche propio** he owns his own car, he has a car of his own; **no tiene habitación propia, duerme con su hermana** she doesn't have a room of her own, she shares with her sister; **lo vi con mis propios ojos** I saw it with my own eyes; **deberías hacerlo por tu propio bien** you should do it for your own good. **2.** (*típico*) characteristic, typical: **eso es muy propio de la gente del sur** that is very characteristic of southerners. **3.** (*adecuado*) suitable, appropriate: **llevaba un vestido muy propio** *para* **la ocasión** she wore a very suitable dress for the occasion. **4.** (*referido a: él mismo*) himself: **el propio compositor dirigió el concierto** the composer himself conducted the concert; (*: ella misma*) herself: **la propia directora vino a felicitarnos** the director herself came to congratulate us; (*: ellos mismos*) themselves: **los propios alumnos admitieron que habían actuado mal** the pupils themselves admitted they'd done wrong. **5.** (*Ling: nombre*) proper: **Guadalajara y Guadalupe son nombres propios** Guadalajara and Guadalupe are proper nouns.

proponer /propo'ner/ [⇨ poner; *past participle* **propuesto**] *vt* to propose: **propongo que lo dejemos para la próxima reunión** I propose that we leave it until the next meeting; **me propuso que trabajara para ella** she suggested that I work for her; **lo han propuesto** *para* **que dirija el nuevo centro artístico** they've put his name forward for director of the new arts centre.

proponerse *v prnl* **1.** (*pretender*): **se propone acabar las obras en seis meses** his target is to complete building work in six months; **se propusieron terminar con el paro** they set out to eliminate unemployment. **2.** (*tomar una decisión*) to decide: **se ha propuesto dejar de fumar** she's made up her mind to give up smoking.

proporción /propor'θjon/ **I** *sf* proportion: **la proporción de hombres y mujeres ha cambiado en los últimos años** the proportion of men to women has changed in recent years; **la anchura no guarda**

proporción *con* **la altura** the width is out of proportion to the height • **en proporción, éste es mucho más caro** comparatively speaking, this one is much more expensive.

II **proporciones** *sf pl* **1.** (*dimensiones*) size: **un edificio de grandes proporciones** a building of considerable size. **2.** (*envergadura, trascendencia*) significance: **la contaminación del mar del Norte está alcanzando grandes proporciones** pollution in the North Sea is becoming very serious.

proporcionado, -da /proporθjo'naðo -ða/ *adj* **1.** (*ofrecido*) provided, supplied: **lo consiguió gracias a la ayuda proporcionada** *por* **su familia** she got it thanks to the help provided by her family. **2.** (*de dimensiones justas*) well-proportioned: **es una torre alta y bien proporcionada** it is a tall, well-proportioned tower. **3.** (*que guarda proporción*) proportionate: **cobra un sueldo proporcionado** *al* **trabajo que realiza** she receives a salary proportionate to the work she does.

proporcional /proporθjo'nal/ *adj* proportional: **hicieron un reparto proporcional del dinero** they shared the money out proportionally.

proporcionar /proporθjo'nar/ [➪ CANTAR] *vt* **1.** (*facilitar*) to provide, to supply: **me proporcionó la información necesaria** he supplied me with the necessary information. **2.** (*causar*) to give, to cause: **aquello le proporcionó una gran satisfacción** that gave him great satisfaction.

proposición /proposi'θjon/ *sf* **1.** (*oferta*) proposition, proposal: **todos aceptamos su proposición** we all accepted her proposal. **2.** (*Ling*) clause.

propósito /pro'posito/ **I** *sm* **1.** (*ambición, voluntad*) intention: **tiene el propósito** *de* **aprender alemán** she intends * aims to learn German. **2.** (*finalidad*) aim, purpose: **el propósito de su llamada era invitarme a la fiesta** the purpose of her call was to invite me to the party; **vinieron con el propósito** *de* **complicarte la vida** they came in order to make life difficult for you.

II **a propósito** *loc adv* **1.** (*intencionalmente*) on purpose, deliberately: **perdona, no lo hice a propósito** sorry, I didn't do it on purpose. **2.** (*por cierto*): **¡a propósito!, ¿has leído este libro?** by the way, have you read this book?

III **a propósito de** *prep* about: **se pusieron a discutir a propósito del partido** they started arguing about * over the match • **a propósito de cumpleaños, ¿cuándo es el tuyo?** speaking of birthdays, when is yours?

propuesta /pro'pwesta/ *sf* proposal: **la junta está estudiando sus propuestas** the board is studying their proposals • **se hizo así a propuesta de los interesados** it was done this way at the suggestion of the interested parties.

propuesto, -ta /pro'pwesto -ta/ **I** *past participle of* ➪ proponer

II *adj* proposed, suggested: **no les gustaron las ideas propuestas en el estudio** they didn't like the ideas proposed in the study.

propugnar /propuɣ'nar/ [➪ CANTAR] *vt* to advocate: **propugnó una reforma de las leyes** he advocated legal reform.

propulsar /propul'sar/ [➪ CANTAR] *vt* to propel.

propulsión /propul'sjon/ *sf* propulsion.

propulsión a chorro *sf* jet propulsion.

propuse /pro'puse/ *and other forms with* ***propus-*** ➪ proponer

prorrata /pro'rrata/ *sf* share: **se reparten los beneficios** *a* **prorrata** the profits are shared out pro rata.

prórroga /'prorroɣa/ *sf* **1.** (*de un plazo de tiempo*) extension: **le dieron una semana de prórroga para pagar** he was given an extra week to pay. **2.** (*en deportes*) (*GB*) extra time, (*US*) overtime: **nos metieron dos goles en la prórroga** they scored two goals against us in extra time. **3.** (*Mil*) deferral: **le dieron una prórroga para acabar sus estudios** he was given a deferral to finish his studies (*before starting military service*).

prorrogar /prorro'ɣar/ [➪ pagar] *vt* **1.** (*alargar*) to extend: **han prorrogado el plazo otros quince días** the deadline has been extended by another two weeks. **2.** (*posponer*) to postpone, to put off: **no debes prorrogar más esa decisión** you shouldn't put off making that decision any longer.

prorrumpir /prorrum'pir/ [➪ PARTIR] *vi*: **el público prorrumpió** *en* **aplausos** the audience burst into applause.

prosa /'prosa/ *sf* prose.

prosaico, -ca /pro'saiko -ka/ *adj* prosaic, mundane: **le dije que llevaba una vida prosaica y se molestó** I told him he led a mundane life and he got upset.

proscenio /pros'θenjo/ *sm* proscenium.

proscribir /proskri'βir/ [➪ PARTIR; *past participle* **proscrito**] *vt* **1.** (*prohibir*) to ban: **quieren proscribir las corridas de toros** they want to ban bullfighting. **2.** (*exiliar*) to exile, to send into exile: **el gobierno proscribió a los disidentes** the government sent the dissidents into exile.

proscrito, -ta /pros'krito -ta/ **I** *past participle of* ➪ proscribir

II *adj* **1.** (*prohibido*) banned: **fue un libro proscrito durante mucho tiempo** the book was banned for a long time. **2.** (*exiliado*) exiled.

III *sm/f* **1.** (*exiliado*) exile. **2.** (*Hist: criminal*) criminal.

proseguir /prose'ɣir/ [➪ seguir] *vt* to continue (with), to carry on: **después de comer prosiguió su trabajo** he carried on with his work after lunch.

♦ *vi*: **prosiguió** *con* **lo que estaba haciendo** she continued what she was doing.

prosigo /pro'siɣo/ *and other forms with* ***prosig-*** ➪ proseguir

prospección /prospek'θjon/ *sf* (*Geol*) prospecting: **realizaron prospecciones petrolíferas sin éxito** they prospected for oil without success.

prospecto /pros'pekto/ *sm* **1.** (*en una caja de medicamentos*) patient information leaflet: **¿has leído el prospecto antes de tomar esas pastillas?** did you read the information leaflet before taking those tablets? **2.** (*anuncio*) leaflet, flyer.

prosperar /prospe'rar/ [➪ CANTAR] *vi* **1.** (*avanzar*) to prosper, to thrive: **esta región ha prosperado mucho en los últimos años** this region has prospered greatly in recent years. **2.** (*tener éxito*) to be successful: **nuestra propuesta no ha prosperado** our proposal has been unsuccessful.

prosperidad /prosperi'ðað/ *sf* prosperity.

próspero, -ra /'prospero -ra/ *adj* prosperous: **en el pasado fue un negocio muy próspero** it was previously a very successful business • **¡Feliz Navidad y próspero Año Nuevo!** Merry Christmas and a Prosperous New Year!

próstata /'prostata/ *sf* prostate.

prostíbulo /pros'tiβulo/ *sm* brothel.

prostitución /prostitu'θjon/ *sf* prostitution.
prostituir /prostitu'ir/ [➪ huir] *vt* to prostitute.
prostituirse *v prnl* to prostitute oneself.
prostituta /prosti'tuta/ *sf* prostitute.
protagonismo /protaɣo'nizmo/ *sm* **1.** (*relevancia*) importance, significance: **su teoría alcanzó un gran protagonismo en los años veinte** his theory became very important in the twenties. **2.** (*actitud*): **no soporto su afán de protagonismo** I can't stand his desire to be in the limelight all the time.
protagonista /protaɣo'nista/ *sm/f* **1.** (*de una novela, una película: personaje*) main character, protagonist: **la protagonista es una madre que abandona a sus hijos** the main character is a mother who abandons her children; (*: actor, actriz*): **fue el protagonista de la primera película de Buñuel** he played the lead in Buñuel's first film. **2.** (*de un acontecimiento*) main protagonist: **el portero fue el protagonista del partido** the goalkeeper was at the centre of the action throughout the match.
protagonizar /protaɣoni'θar/ [➪ cazar] *vt* **1.** (*una película, una obra de teatro*) to star in, to play the lead in: **ha protagonizado muchas comedias** he's starred in many comedies. **2.** (*un suceso*) to dominate: **el enfrentamiento protagonizó la reunión de la directiva** the disagreement dominated the board meeting; **Gómez protagonizó las mejores jugadas del partido** Gómez was at the centre of all the best moves throughout the match.
protección /protek'θjon/ *sf* protection: **el presidente nunca sale sin protección** the President never goes out without protection; **necesitas una crema con filtro de protección solar** you need a cream with sun block.
protección civil *sf*: *organization coordinating (civilian) rescue teams.*
proteccionismo /protekθjo'nizmo/ *sm* protectionism.
proteccionista /protekθjo'nista/ *adj, sm/f* protectionist.
protector, -tora /protek'tor -'tora/ **I** *adj* protective: **lleva encima una capa protectora** it has a protective layer on top; **todo el personal tiene que llevar puesto el casco protector** all personnel must wear safety helmets.
II *sm/f* patron: **fue la protectora de numerosos artistas** she acted as patron to many artists.
III protector *sm* (*en boxeo*) gumshield.
protectorado /protekto'raðo/ *sm* protectorate.
proteger /prote'xer/ [➪ table: proteger] *vt* **1.** (*gen*) to protect: **quería proteger a sus hijos** she wanted to protect her children. **2.** (*frml*: *a artistas*) to act as patron to: **los Médicis protegieron a pintores y escultores** the Medicis were patrons to painters and sculptors.
protegerse *v prnl* to protect oneself: **para protegerse** *del* **frío los moscovitas...** in order to protect themselves from the cold, Muscovites....
protegido, -da /prote'xiðo -ða/ **I** *adj* protected: **la ballena es una especie protegida** whales are a protected species.
II *sm/f* (*hombre*) protégé; (*mujer*) protégée.
proteína /prote'ina/ *sf* protein.
protejo /pro'texo/ *and other forms with* ***protej-*** ➪ proteger
prótesis /'protesis/ *sf inv* (*en lugar de una extremidad*) artificial limb; (*en otra parte del cuerpo*): **una prótesis de cadera** a hip replacement; **una prótesis dental** a denture.

proteger

INDICATIVE	SUBJUNCTIVE
Present	**Present**
protejo	proteja
proteges	protejas
protege	proteja
protegemos	protejamos
protegéis	protejáis
protegen	protejan

IMPERATIVE	
(tú) protege	(usted) proteja
(vosotros) proteged	(ustedes) protejan

For the rest of the tenses ➪ TEMER (in appendix)

protesta /pro'testa/ *sf* protest: **el acuerdo suscitó muchas protestas** the agreement caused a lot of protest; **todos firmamos la protesta** we all signed the petition.
protestante /protes'tante/ *adj, sm/f* Protestant.
protestantismo /protestan'tizmo/ *sm* Protestantism.
protestar /protes'tar/ [➪ CANTAR] *vi* to protest: **el público protestó cuando el árbitro expulsó al jugador** the spectators protested when the referee sent the player off; **¡no protestes y haz lo que te he dicho!** stop complaining and do what I told you!; **protestamos** *por* **el cierre de la escuela** we protested against ∗ about the closure of the school.
protestón, -tona /protes'ton -'tona/ **I** *adj* complaining, moaning.
II *sm/f* complainer, moaner: **es un protestón, pero al final hace lo que se le dice** he complains a lot, but in the end he does as he's told.
protocolo /proto'kolo/ *sm* protocol: **tendremos que vestirnos como exige el protocolo** we must dress as protocol ∗ convention demands; **fue una cena** *sin* **protocolos** it was an informal dinner.
protón /pro'ton/ *sm* proton.
prototipo /proto'tipo/ *sm* **1.** (*primer ejemplar*) prototype. **2.** (*paradigma*) archetype: **es el prototipo del triunfador** he's the archetypical winner.
protozoo /proto'θoo/ *sm* protozoan.
protuberancia /protuβe'ranθja/ *sf* protuberance, protrusion.
provecho /pro'βetʃo/ *sm* **1.** (*beneficio*) benefit, use: **sus consejos fueron** *de* **gran provecho para mí** I really benefited from her advice; **no supo sacar provecho de aquella oportunidad** she didn't make the most of that opportunity; **ha hecho muchas cosas** *en* **provecho** *de* **la escuela** she has done a great deal for the school • **si te esfuerzas ahora, el día de mañana serás una mujer de provecho** if you work hard now, someday you'll be in great demand. **2.** (*en relación a alimentos*) goodness, nourishment: **tomar tantas golosinas no te hace ningún provecho** eating all those sweets does you no good • **¡buen provecho!** enjoy your meal!
provechoso, -sa /proβe'tʃoso -sa/ *adj* **1.** (*útil*) useful, beneficial: **fue un consejo de lo más provechoso** it was a really useful piece of advice. **2.** (*económicamente*) profitable: **no esperaba que fuera una inversión tan provechosa** he didn't expect it to be such a profitable investment.
proveedor, -dora /proβee'ðor -'ðora/ *sm/f* supplier.

proveer /proβe'er/ [⇨leer; *past participle* **proveído** * **provisto**] *vt* (*abastecer*) to provide, to supply: **esta región provee** *de* **cítricos a todo el país** this region supplies the whole country with citrus fruits; **los proveyeron** *de* * *con* **todo lo necesario** they were supplied with everything they would need.
proveerse *v prnl* to provide oneself.

proveniente /proβe'njente/ *adj*: **participan atletas provenientes** *de* **muchos países** athletes from many countries are taking part.

provenir /proβe'nir/ [⇨venir] *vi* **1.** (*de un lugar*): **sus antepasados provienen** *de* **Rusia** his ancestors come from Russia. **2.** (*de un hecho, una situación*): **la discusión provino** *de* **un malentendido** the argument arose out of a misunderstanding; **esa costumbre proviene** *de* **mi infancia** that custom goes back to my childhood.

proverbial /proβer'βjal/ *adj* proverbial: **nos trataron con su proverbial simpatía** they treated us with their proverbial kindness.

proverbio /pro'βerβjo/ *sm* proverb.

providencia /proβi'ðenθja/ *sf* **1.** (*Relig*) providence: **la Divina Providencia** Divine Providence. **2.** (*de un juez*) ruling.

providencial /proβiðen'θjal/ *adj* providential: **ha sido un encuentro providencial: necesito tu ayuda** it's lucky we met: I need your help; **la salvó la providencial llegada de la policía** she was saved by the timely arrival of the police.

provincia /pro'βinθja/ *sf* province: **tienen sucursales en todas las provincias** they have branches in all provinces; **son de una pequeña ciudad** *de* **provincias** they're from a small provincial city; **no le gusta la vida** *en* **provincias** she doesn't like life in the provinces.

provincial /proβin'θjal/ *adj* provincial: **al acto asistieron las autoridades provinciales** the provincial dignitaries attended the ceremony.

provinciano, -na /proβin'θjano -na/ *adj* provincial: **en muchos sentidos sigue siendo muy provinciano** in many ways he's still very provincial; **tiene una mentalidad muy provinciana** she has a small-town mentality.

provisión /proβi'sjon/ **I** *sf* provision, supply: **destinaron un millón de pesetas para la provisión de material** they set aside a million pesetas for the supply * provision of materials.
II provisiones *sf pl* provisions *pl*, supplies *pl*: **las provisiones estaban a punto de acabarse** the provisions were on the point of running out.

provisional /proβisjo'nal/ *adj* (*gen*) provisional; (*arreglo, solución*) temporary: **como arreglo provisional, puedes dormir en la sala** as a temporary measure, you can sleep in the living room.

provisorio, -ria /proβi'sorjo -rja/ *adj* (*Amér L*) ⇨ provisional

provisto, -ta /pro'βisto -ta/ **I** *past participle of* ⇨ proveer
II *adj* provided, equipped: **la suite estaba provista** *de* **todo tipo de comodidades** the suite was equipped with every possible convenience; **iban provistos** *de* **todo lo necesario** they were equipped with everything they would need.

provocación /proβoka'θjon/ *sf* **1.** (*gen*) provocation. **2.** (*de un parto*) induction.

provocador, -dora /proβoka'ðor -'ðora/ **I** *adj* provocative: **durante toda la reunión mantuvo una actitud provocadora** he displayed a provocative attitude throughout the meeting.
II *sm/f* troublemaker: **siempre está metido en líos, es un provocador** he's always involved in some dispute, he's a troublemaker; **la provocadora de la disputa fue ella** she was the one who started the quarrel.

provocar /proβo'kar/ [⇨sacar] *vt* **1.** (*incitar*) to provoke: **es inútil que me provoques, no discutiré contigo** it's no use provoking me, I'm not going to argue with you. **2.** (*causar*) to cause: **las lluvias provocaron grandes inundaciones** the rains caused widespread flooding; **aquel asesinato provocó el estallido de la guerra** that assassination led to the outbreak of the war. **3.** (*Med*) to induce: **finalmente, tuvieron que provocarle el parto** in the end, she had to be induced. **4.** (*sexualmente*) to tease.
♦ *vi* (*Amér L: fam*): **hoy me provoca comer pescado** I fancy some fish today.

provocativo, -va /proβoka'tiβo -βa/ *adj* provocative.

proxeneta /prokse'neta/ *sm/f* (*frml: hombre*) procurer; (*: mujer*) procuress.

próximamente /'proksimamente/ *adv* soon: **inaugurarán el teatro próximamente** the theatre is to open soon.

proximidad /proksimi'ðað/ **I** *sf* nearness, proximity: **debido a su proximidad** *al* **río...** since it's so close to the river....
II proximidades *sf pl* vicinity: **se han visto lobos** *en* **las proximidades** *del* **pueblo** wolves have been seen in the vicinity of the village.

próximo, -ma /'proksimo -ma/ *adj* **1.** (*que viene a continuación*) next: **el próximo año irá a la universidad** she's going to university next year; **tenemos que bajarnos en la próxima parada** we have to get off at the next stop. **2.** (*cercano: en el tiempo*) soon: **ya están próximas las fiestas locales** the local festival is coming up soon; **ya está próximo tu cumpleaños** it will soon be your birthday; (*: en el espacio*) nearby: **vivía en una calle próxima** he lived in a nearby street. **3. próximo a** close to, near: **su casa está próxima al hospital** her house is near the hospital.

proyección /projek'θjon/ *sf* **1.** (*de una película*) showing, projection: **se durmió durante la proyección de la película** he fell asleep during the showing of the film. **2.** (*alcance*): **es una cantante de proyección internacional** she's a singer of international renown. **3.** (*en dibujo, pintura*) projection.

proyeccionista /projekθjo'nista/ *sm/f* projectionist.

proyectar /projek'tar/ [⇨CANTAR] *vt* **1.** (*un chorro, un rayo*) to send out: **proyecta un chorro de agua** it sends out a jet of water; (*luz*) to emit, to give out: **la bombilla proyectaba una débil luz** the bulb gave out a weak light; (*una sombra*) to cast: **el árbol proyectaba su sombra sobre el césped** the tree cast its shadow over the lawn. **2.** (*una película, unas diapositivas*) to show, to project: **en el cine del barrio proyectan "Casablanca"** "Casablanca" is being shown at the local cinema. **3.** (*planear*) to plan: **han proyectado hacer un viaje a la India** they have planned to go on a trip to India. **4.** (*Arquit*) to design.
proyectarse *v prnl* to be cast.

proyectil /projek'til/ *sm* projectile, missile.
proyectil teledirigido *sm* guided missile.

proyecto /pro'jekto/ *sm* **1.** (*intención*) plan: **tiene el proyecto** *de* **abrir un negocio** he has a plan to start up a business; **tengo** *en* **proyecto ir a ese concierto** I'm planning to go to that concert. **2.** (*trabajo: gen*) project: **el proyecto se llevó a cabo en dos años** the project took two years to complete; (*: de investigación*) research project: **su proyecto ha sido aceptado por la universidad** her (research) project has been accepted by the university. **3.** (*de un edificio, una máquina, etc.*) designs *pl*: **el proyecto constaba de más de treinta planos** the designs comprised more than thirty drawings.

proyecto de ley *sm* bill.

proyector /projek'tor/ *sm* **1.** (*de cine*) (film) projector; (*de diapositivas*) (slide) projector. **2.** (*foco*) searchlight; (*en el teatro*) spotlight.

prudencia /pru'ðenθja/ *sf* **1.** (*sensatez*) prudence, good sense: **una de sus virtudes es la prudencia** prudence is one of her virtues. **2.** (*cuidado*) caution, care: **conduce** *con* **prudencia** drive carefully. **3.** (*mesura*) moderation, restraint: **no está mal que bebas si lo haces** *con* **prudencia** there's no harm in drinking if you do it in moderation * with restraint.

prudencial /pruðen'θjal/ *adj* reasonable: **tienes que volver a una hora prudencial** you must be back at a reasonable time.

prudente /pru'ðente/ *adj* **1.** (*razonable*) sensible, prudent: **no me parece una decisión prudente** it doesn't seem like a prudent decision to me. **2.** (*cuidadoso*) careful: **es el conductor más prudente que conozco** he's the most careful driver I know.

prueba /'prweβa/ *sf* **1.** (*testimonio*) proof: **no tienes ninguna prueba de que te haya engañado** you have no proof that he deceived you; (*muestra*) sign: **se lo entregó como prueba de su amistad** he gave it to her as a sign * a token of his friendship • **le hice un regalo en prueba de agradecimiento** I gave him a gift to show my gratitude • **tienen varios empleados a prueba** they have various employees on trial * on probation • **puedo tenerlo una semana a prueba** I can keep it for a week on approval * on trial • **aquello puso a prueba su honradez** that put his honesty to the test • **tiene un estómago a prueba de bomba** he has a cast-iron stomach. **2.** (*Jur*) evidence: **el juez no aceptó aquella prueba** the judge did not accept that (piece of) evidence. **3.** (*análisis*) test: **le han hecho muchas pruebas** they've carried out many tests on him. **4.** (*ensayo*) trial: **hicieron muchas pruebas antes de llegar al resultado final** they carried out many trials before achieving their final results. **5.** (*muestra*) sample: **se llevaron unas pruebas de agua para analizarlas** they took away some water samples for analysis. **6.** (*de ropa*) fitting: **voy a la modista a que me haga una prueba** I'm going to the dressmaker to have a fitting. **7.** (*examen*) test: **para entrar en ese colegio hay que pasar una prueba** to get into that school you have to pass a test. **8.** (*circunstancia difícil*) trial: **la enfermedad de su hijo fue una dura prueba para ellos** their son's illness was a tremendous trial for them. **9.** (*competición*) event: **ésta es la prueba reina en el calendario automovilístico** this is the premier event in the motor-racing calendar.

prueba de aptitud *sf* aptitude test.

prueba de fuego *sf* (*fig*): **el papel de Celestina fue su prueba de fuego en el teatro** the role of Celestina was the most challenging in her acting career.

prueba del embarazo *sf* pregnancy test.

pruebo /'prweβo/ *and other forms with* ***prueb-*** ➪ probar

prurito /pru'rito/ *sm* obsession: **nos trae a todos locos con su prurito** *de* **limpieza** he drives us all mad with his obsession with cleanliness.

psicoanálisis /sikoa'nalisis/ *sm* psychoanalysis.

psicoanalista /sikoana'lista/ *sm/f* psychoanalyst.

psicoanalítico, -ca /sikoana'litiko -ka/ *adj* psychoanalytical.

psicoanalizar /sikoanali'θar/ [➪ cazar] *vt* (*GB*) to psychoanalyse, (*US*) to psychoanalyze.

psicodélico, -ca /siko'ðeliko -ka/ *adj* psychedelic.

psicología /sikolo'xia/ *sf* psychology.

psicológico, -ca /siko'loxiko -ka/ *adj* psychological.

psicólogo, -ga /si'koloɣo -ɣa/ *sm/f* psychologist.

psicópata /si'kopata/ *sm/f* psychopath.

psicosis /si'kosis/ *sf inv* psychosis.

psicosomático, -ca /sikoso'matiko -ka/ *adj* psychosomatic.

psicotécnico, -ca /siko'tekniko -ka/ **I** *adj* ➪ examen, test

II psicotécnico *sm* ➪ test psicotécnico

psicoterapeuta /sikotera'peuta/ *sm/f* psychotherapist.

psicoterapia /sikote'rapja/ *sf* psychotherapy.

psique /'sike/ *sf* psyche.

psiquiatra /si'kjatra/ *sm/f* psychiatrist.

psiquiatría /sikja'tria/ *sf* psychiatry.

psiquiátrico, -ca /si'kjatriko -ka/ **I** *adj* psychiatric.

II psiquiátrico *sm* psychiatric hospital.

psíquico, -ca /'sikiko -ka/ *adj* mental, psychic.

PSOE /pe'soe/ *sm* (*en Esp*) (*abbreviation of* **Partido Socialista Obrero Español**) Spanish Socialist Party.

pta., ptas. *pronounced* /pe'setas/ (*abbreviation of* **pesetas**) pesetas *pl*.

púa /'pua/ *sf* **1.** (*de planta*) thorn; (*de animal*) spine; (*de un peine*) tooth. **2.** (*para instrumento de cuerda*) plectrum.

pub /puβ, pʌβ/ *sm* **[pubs] 1.** (*en Gran Bretaña*) pub. **2.** (*en España*) *bar providing musical entertainment, usually open only in the evenings and at night.*

pubertad /puβer'tað/ *sf* puberty.

pubis /'puβis/ *sm inv* pubis.

publicación /puβlika'θjon/ *sf* publication.

publicar /puβli'kar/ [➪ sacar] *vt* **1.** (*un libro, una noticia*) to publish: **todos los diarios publicaron la noticia** all the papers published the story; **ya ha publicado tres novelas** he's already had three novels published. **2.** (*un secreto*) to make known, to broadcast: **se dedicó a publicar nuestros secretos** she set about making our secrets public.

publicidad /puβliθi'ðað/ *sf* **1.** (*divulgación*) publicity: **la publicidad del asunto lo ha perjudicado** the publicity surrounding the affair has been damaging to him. **2.** (*actividad*) advertising: **se dedica a la publicidad** he works in advertising; (*propaganda*) advertisement: **había una persona repartiendo publicidad en la calle** there was someone handing out advertising leaflets in the street.

publicista /puβli'θista/ *sm/f* advertising executive.

publicitario, -ria /puβliθi'tarjo -rja/ *adj* advertising, publicity: **una campaña publicitaria** an advertising campaign.

público, -ca /'puβliko -ka/ **I** *adj* **1.** (*gen*) public: **un teléfono público** a public telephone. **2.** (*del estado*): **la administración pública** the civil service (*both national and regional*); **una escuela pública** (*GB*) a state school * (*US*) a public school; **una empresa pública** a state-owned company. **3.** (*referido a una noticia*): **es del dominio público** it's common knowledge • **hizo pública su retirada del cine** he announced his retirement from the cinema.

II público *sm* **1.** (*gen*) public: **el museo está cerrado al público** the museum is closed to the public; **se**

trata de una obra dirigida al gran público it's a book aimed at the general public; **no le gusta hablar** *en* **público** she doesn't like speaking in public; **es una película apta para todos los públicos** it's a film suitable for any audience. **2.** (*de un espectáculo*) audience; (*de un acontecimiento deportivo*) crowd, spectators *pl*.

pucherazo /putʃe'raθo/ *sm* (*Pol*: *fam*) election rigging.

puchero /pu'tʃero/ *sm* **1.** (*recipiente*) cooking pot; (*guiso*) stew. **2.** (*al llorar*) pout: **cuando su madre le echó una bronca, se puso a hacer pucheros** when his mother told him off, he started to pout.

puchito /pu'tʃito/ *sm* (*Amér L*: *fam*): **sólo me queda un puchito** there's only a little left • **me fue pagando lo que me debía de a puchitos** he paid me back what he owed me little by little.

pucho /'putʃo/ *sm* (*fam*) **1.** (*Amér L*: *colilla*) (cigarette) butt • (*Arg, Urug*) **sobre el pucho**: **sobre el pucho la escupida** (you have to) strike while the iron is hot; **lo mejor es hacerlo sobre el pucho** it's best to do it straight away. **2.** (*Amér L*: *resto, poco*) ⇨ puchito **3.** (*Arg, Urug*: *cigarrillo*) cigarette: **salgo a comprar puchos** I'm going to pop out for some cigarettes.

pude /'puðe/ *and other forms with* ***pud-*** ⇨ poder

púdico, -ca /'puðiko -ka/ *adj* modest: **llevaba un bañador muy púdico** she was wearing a very modest bathing costume.

pudiente /pu'ðjente/ **I** *adj* wealthy: **trabaja para una familia pudiente** she works for a wealthy family.
II *sm/f* wealthy person.

pudín /pu'ðin/ *sm* pudding (*sweet or savoury*).

pudor /pu'ðor/ *sm* **1.** (*vergüenza*) shame, embarrassment: **no quiso desnudarse delante de todos en el vestuario por pudor** he was embarrassed about undressing in front of everyone in the changing room. **2.** (*honradez*): **yo, por pudor, no firmaría los trabajos que otros escriben** I wouldn't put my name to other people's work as a matter of principle.

pudrir /pu'ðrir/ [⇨ PARTIR; *past participle* **podrido**] *vt* to rot.
pudrirse *v prnl* **1.** (*estropearse*) to rot, to go rotten: **dejaste las manzanas fuera de la nevera y se han podrido** you left the apples out of the refrigerator and they've gone rotten; **las patatas se están pudriendo en los campos** the potatoes are rotting in the fields. **2.** (*de aburrimiento, impaciencia*): **se estuvo pudriendo en una celda durante años** he was languishing ✻ rotting away in a cell for years; **¡ojalá te pudras!** go to hell! ✻ to hell with you!

pueblerino, -na /pweβle'rino -na/ (*fam*) **I** *adj* country: **nunca se quitó sus aires pueblerinos** he never lost his country ways; **no seas pueblerino** don't be such a peasant.
II *sm/f*: **los sábados esto está lleno de pueblerinos** on Saturdays this place is full of country bumpkins; **eres un pueblerino** you're a peasant.

pueblo /'pweβlo/ *sm* **1.** (*lugar*) village • **parece de pueblo** he looks like a real country bumpkin. **2. el pueblo** (*la gente*) the people *pl*: **el pueblo japonés es muy trabajador** the Japanese (people) are very hard-working; (*gente humilde*) the people. **3.** (*nación*) nation: **quiero brindar por la paz entre nuestros pueblos** I would like to propose a toast to peace between our nations.

puedo /'pweðo/ *and other forms with* ***pued-*** ⇨ poder

puente /'pwente/ *sm* **1.** (*gen*) bridge • **trató de tender un puente entre los dos bandos** he tried to build bridges between the two factions. **2.** (*conexión eléctrica*) bridge. **3.** (*also* **puente de mando**) (*en un barco*) the bridge. **4.** (*días de fiesta*) long weekend: **el puente de San José** the long weekend for the Saint Joseph festival; **el viernes hicimos puente** we took Friday off (*to not work from Thursday evening to Monday*).
puente aéreo *sm* (*comercial*) shuttle (flight); (*Mil*) airlift.
puente colgante *sm* suspension bridge.
puente levadizo *sm* (*gen*) lifting bridge; (*de un castillo*) drawbridge.

puerco, -ca /'pwerko -ka/ **I** *sm/f* **1.** (*Zool*: *gen*) pig; (*: macho*) hog; (*: hembra*) sow. **2.** (*fam*: *persona sucia*) (filthy) pig. **3.** (*fam*: *persona despreciable*) swine: **hay que ser puerco para hacerle eso a un amigo** you have to be a real pig to do that to a friend.
II *adj* (*fam*) **1.** (*sucio*) filthy: **es muy puerco** he has filthy habits. **2.** (*despreciable*) dirty, awful.
puerco espín, puerco espino *sm* porcupine.

puercoespín /pwerkoes'pin/ *sm* porcupine.

puericultor, -tora /pwerikul'tor -'tora/ *sm/f* childcare specialist.

puericultura /pwerikul'tura/ *sf* childcare.

pueril /pwe'ril/ *adj* childish, puerile: **no es más que un enfado pueril** it's just a childish tantrum.

puerro /'pwerro/ *sm* leek.

puerta /'pwerta/ *sf* **1.** (*gen*) door: **alguien llamó a la puerta** someone knocked at ✻ on the door; **fue de puerta en puerta a ver si le daban algo** he went from door to door to see if anyone would give him anything; **entregamos de puerta a puerta** we deliver door to door, we deliver to your door; (*de una ciudad, un castillo, en una tapia*) gate • **tomó la puerta un día y nunca se le volvió a ver** he went off one day and was never seen again • **el torero salió por la puerta grande** the bullfighter made a triumphant exit • **fue a pedirle perdón, pero ella le dio con la puerta en las narices** he went to apologize, but she refused to see him • **celebraron la reunión a puerta cerrada** the meeting was held in private ✻ in camera • **de puertas afuera es muy simpático** to all appearances he's very nice • **estos problemas deben resolverse de puertas adentro** these problems should be resolved privately • **el invierno está en puertas** winter is almost here • **se quedó a las puertas de una medalla** he very nearly won a medal • **saber idiomas puede abrirte muchas puertas** a knowledge of languages can open many doors for you • **su carácter le ha cerrado muchas puertas** his personality has closed many doors to him • **después del escándalo se le cerraron todas las puertas** after the scandal, he lost all his friends. **2.** (*en fútbol*) goal: **marcó un gol en propia puerta** he scored an own goal.
puerta corredera *sf* sliding door.
puerta de servicio *sf* service entrance.
puerta giratoria *sf* revolving door.
puerta vidriera *sf* glass-panelled door.

puerto /'pwerto/ *sm* **1.** (*para barcos*) port, (*GB*) harbour, (*US*) harbor • **tras mucha discusión, las negociaciones llegaron a buen puerto** after much discussion, the negotiations reached a satisfactory conclusion. **2.** (*also* **puerto de montaña**) (*Geog*) (mountain) pass.
puerto deportivo *sm* marina.
puerto franco *sm* free port.
puerto pesquero *sm* fishing port.
Puerto Rico *sm* Puerto Rico.

puertorriqueño, -ña /pwertorri'keɲo -ɲa/ *adj, sm/f* Puerto Rican.

pues /pwes/ **I** *conj* **1.** (*frml: para expresar causa*) since, as: **se abrigó bien, pues hacía mucho frío** she wrapped up well as it was very cold. **2.** (*para expresar consecuencia, conclusión*) therefore: **el accidente, pues, fue culpa suya** the accident, therefore, was his fault; **si no quiere venir, pues que no venga** if he doesn't want to come, let him stay; **"Tengo hambre." "¡Pues come algo!"** "I'm hungry." "Well eat something (then)!"; **te lo advirtieron, ¿no?, pues no te quejes ahora** you were warned, weren't you? so, don't complain then. **3.** (*para enfatizar*): **¡pues estamos apañados!** now we've had it!; **"¿Tú también fuiste?" "Pues sí..."** "Did you go, too?" "Yes, of course..."; **pues nada, lo dejamos para otro día** right then, we'll leave it for another day. **4.** (*cuando se duda o reflexiona*) well: **pues... no estoy seguro** well... I'm not sure; **pues nunca me he parado a pensar en ello** well, I've never stopped to think about it.
II pues bien *loc adv* well: **¿te acuerdas de Martínez? pues bien, ya no vive en el barrio** you remember Martinez? well, he doesn't live here any more.

puesta /'pwesta/ *sf* (*de huevos*) laying.
puesta a punto *sf* tuning.
puesta al día *sf* updating.
puesta de largo *sf* coming out (*for debutantes*).
puesta de sol *sf* sunset.
puesta en escena *sf* staging.
puesta en marcha *sf* (*de proyecto*) starting-up.

puesto, -ta /'pwesto -ta/ **I** *past participle of* ⇨ poner
II *adj* **1.** (*sin quitar: mesa*) set, laid: **deja la mesa puesta, ya la quitaremos luego** leave the table, we'll clear it away later; (*: prenda de vestir*): **comió con el abrigo puesto** he ate with his coat on. **2.** (*arreglado*) smart: **vino muy puesta** she came very smartly dressed. **3.** (*en algo*) able: **está muy puesto** *en* **matemáticas** he's very good at mathematics.
III puesto *sm* **1.** (*sitio*) place, post: **¡todo el mundo a sus puestos!** take your places, everyone! **2.** (*tienda*) stall: **sus padres tienen un puesto en el mercado** her parents have a stall in the market. **3.** (*cargo*) position, post: **ocupa un puesto de responsabilidad en la empresa** he has a responsible position in the company. **4.** (*posición*) place: **llegó en el tercer puesto** he came in third * came in in third place. **5.** (*ropa que se lleva*): **salió de viaje** *con* **lo puesto** he went off on a trip in the clothes he was wearing.
IV puesto que *conj* as, since: **puesto que tú no lo quieres, se lo daré a mi hermano** as you don't want it, I'll give it to my brother.
puesto de mando *sm* command post.
puesto de socorro *sm* first-aid post.

puf /puf/ **I** *sm* pouffe.
II *excl* (*expresando asco*) ugh; (*expresando alivio, cansancio, etc.*) phew.

púgil /'puxil/ *sm* (*en boxeo*) boxer.

pugilístico, -ca /puxi'listiko -ka/ *adj* boxing: **en ambientes pugilísticos** in boxing circles.

pugna /'puɣna/ *sf* struggle: **la pugna** *por* **el título se decidió en la última jornada** the struggle for the title was decided on the last day.

pugnar /puɣ'nar/ [⇨ CANTAR] *vi* to fight: **pugnaba** *por* **lograr un cambio en la legislación** he was fighting for a change in the law.

puja /'puxa/ *sf* **1.** (*oferta*) bidding. **2.** (*cantidad ofrecida*) bid, offer.

pujante /pu'xante/ *adj* vigorous, thriving: **es una industria pujante** it is a thriving industry.

pujanza /pu'xanθa/ *sf* (*GB*) vigour, (*US*) vigor: **la televisión por cable está adquiriendo gran pujanza** cable television is developing vigorously.

pujar /pu'xar/ [⇨ CANTAR] *vi* **1.** (*ofrecer dinero*) to bid. **2.** (*luchar*) to struggle: **pujaba** *por* **salir de la miseria** he was struggling to escape poverty.

pulcro, -cra /'pulkro -kra/ *adj* **1.** (*aseado*) neat and tidy: **iba muy pulcro con su traje nuevo** he looked very neat and tidy in his new suit. **2.** (*cuidadoso*) careful: **es muy pulcro trabajando** he's a very careful worker.

pulga /'pulɣa/ *sf* flea ● **tiene muy malas pulgas** he's very bad-tempered ● **¡no me busques las pulgas!** don't provoke me!

pulgada /pul'ɣaða/ *sf* inch.

pulgar /pul'ɣar/ *sm* thumb.

pulgón /pul'ɣon/ *sm* plant louse.

pulgoso, -sa /pul'ɣoso -sa/ *adj* flea-ridden.

pulido, -da /pu'liðo -ða/ **I** *adj* **1.** (*superficie*) polished: **el mármol de la mesa estaba recién pulido** the marble table top had just been polished. **2.** (*lenguaje*) polished.
II pulido *sm* polish: **al suelo le hace falta un buen pulido** the floor needs a good polish.

pulimentar /pulimen'tar/ [⇨ CANTAR] *vt* to polish.

pulimento /puli'mento/ *sm* polish.

pulir /pu'lir/ [⇨ PARTIR] *vt* **1.** (*una superficie*) to polish. **2.** (*un texto, un discurso*) to improve, to polish up: **la enviaron a Estados Unidos para que puliera su inglés** they sent her to the United States to polish up her English. **3.** (*fam: el dinero*) to steal: **le pulieron todo lo que llevaba encima** they stole everything he had on him.
pulirse *v prnl* (*fam*) **1.** (*los bienes*): **se pulió la herencia en cuestión de meses** he blew his inheritance in a matter of months. **2.** (*una bebida*) to down; (*una comida*) to gobble up.

pulla /'puʎa/ *sf* jibe, dig: **no para de lanzarme pullas** he's always making digs at me.

pullover /pu'loβer/ *sm* pullover.

pulmón /pul'mon/ *sm* **1.** (*Anat*) lung ● **vaya pulmones que tiene ese niño** that child certainly has powerful lungs. **2.** (*lugar*): **el Retiro es el pulmón de Madrid** the Retiro Park provides fresh air for Madrid's inhabitants; **las selvas tropicales son el pulmón del planeta** the tropical rain forests are the world's source of oxygen.
pulmón artificial, pulmón de acero *sm* iron lung.

pulmonar /pulmo'nar/ *adj* lung, pulmonary: **una enfermedad pulmonar** a lung * pulmonary disease.

pulmonía /pulmo'nia/ *sf* pneumonia: **tuvo una pulmonía** he had pneumonia.

pulóver /pu'loβer/ *sm* (*Amér L*) pullover.

pulpa /'pulpa/ *sf* pulp.

pulpería /pulpe'ria/ *sf* (*Amér L*) grocery.

pulpero, -ra /pul'pero -ra/ *sm/f* (*Amér L*) grocer.

púlpito /'pulpito/ *sm* pulpit.

pulpo /'pulpo/ *sm* octopus.

pulsación /pulsa'θjon/ *sf* **1.** (*de las arterias*) pulse: **las pulsaciones son muy débiles** his/her pulse is very weak. **2.** (*al escribir a máquina*) keystroke: **se requieren doscientas cincuenta pulsaciones por minuto** a typing speed of fifty words per minute is required.

pulsador /pulsa'ðor/ *sm* button (*on machine*).

pulsar /pul'sar/ [⇨ CANTAR] *vt* **1.** (*un botón, una tecla*) to press. **2.** (*opiniones*) to sound out: **pulsaron la opi-**

nión pública antes de tomar la decisión they sounded out public opinion before taking the decision.

pulsera /pul'sera/ *sf* **1.** (*adorno*) bracelet. **2.** (*de reloj*) (*GB*) watch strap, (*US*) watchband.

pulso /'pulso/ **I** *sm* **1.** (*de la circulación*) pulse: **le tomaron el pulso** they took his pulse; **el programa que toma el pulso** *a* **nuestro país** the programme that keeps its finger on the nation's pulse. **2.** (*de la mano*) steady hand: **no podría ser cirujano porque tengo muy mal pulso** I couldn't be a surgeon because I don't have a steady hand. **3.** (*lucha*) struggle: **continúa el pulso** *entre* **la patronal y los sindicatos** the struggle between the bosses and the unions is continuing • **¡vamos a echar un pulso!** let's have an arm-wrestling contest!
II a pulso *loc adv*: **tuvimos que mover el armario a pulso** we had to move the wardrobe by lifting it • **todo lo que tengo lo he conseguido a pulso** everything I have, I've had to fight for.

pulular /pulu'lar/ [⇨CANTAR] *vi* to swarm: **miles de personas pululaban** *por* **la feria** the fair was swarming with people.

pulverizador /pulβeriθa'ðor/ *sm* spray, atomizer.

pulverizar /pulβeri'θar/ [⇨cazar] *vt* **1.** (*convertir en polvo*) to pulverize, to smash to bits: **pulverizaron la roca con dinamita** they blasted the rock into little pieces with dynamite. **2.** (*destrozar*) to crush to pieces • **pulverizó el récord de los diez mil metros** he smashed the ten thousand metres record. **3.** (*derrotar*) to crush: **pulverizaron al equipo rival** they crushed the rival team. **4.** (*esparcir*) to spray.

pum /pum/ *excl* bang • **no dijo ni pum** he didn't say a thing.

puma /'puma/ *sm* puma.

pumba /'pumba/ *excl* crash.

puna /'puna/ *sf* **1.** (*tierra alta*) *highland regions of the Andes.* **2.** (*Amér S*: *mal de montaña*) mountain sickness.

pundonor /pundo'nor/ *sm* pride, dignity: **trataron de ganar por pundonor** they tried to win for the sake of their dignity.

punga /'puŋga/ (*Arg, Chi, Urug*: *fam*) **I** *sf* (*robo*): **vive de la punga** he makes a living as a pickpocket.
II *sm/f* (*persona*) pickpocket.

punguista /puŋ'gista/ *sm/f* (*Arg, Chi, Urug*: *fam*) pickpocket.

punitivo, -va /puni'tiβo -βa/ *adj* punitive: **las medidas punitivas no son suficientes** punitive measures are not sufficient.

punk /puŋk/, **punki** /'puŋki/ **I** *adj, sm/f* punk.
II punk *sm* (*movimiento*) punk.

punta /'punta/ *sf* **1.** (*de un objeto afilado*) point, tip; (*de un bolígrafo, un lápiz*) point; (*de una mesa*) end; (*de un dedo*) fingertip; (*de un lugar*): **vive en la otra punta de la ciudad** he lives on the other side of the city • **los hicieron salir a punta de pistola** they were forced out at gunpoint • **ponlo de punta** put it in an upright position • **recorrimos el país de punta a punta** we travelled the country from end to end • **lo tenía en la punta de la lengua** it was on the tip of my tongue • **le sacó punta al lápiz** she sharpened the pencil • **la prensa le sacó punta a sus declaraciones** the press distorted * twisted his statement • **se puso de punta en blanco** she got all dressed up • **los domingos viene gente a punta pala** masses of people turn up on Sundays • **fue la punta de lanza del movimiento feminista** she spearheaded the feminist movement. **2.** (*clavo*) nail. **3.** (*entrante de tierra*) point. **4.** (*Dep*) striker's position: **juega** *en* **punta** he plays as a striker; **el equipó jugó con tres puntas** the team played three strikers. **5.** (*cantidad*) small amount: **a la sopa le falta una punta de sal** this soup could do with a little more salt.

puntada /pun'taða/ *sf* **1.** (*en costura*) stitch. **2.** (*Arg, Chi, Urug*: *dolor agudo*) stabbing pain.

puntaje /pun'taxe/ *sm* (*Amér L*) score: **obtuve un puntaje del ochenta por ciento** I scored eighty per cent.

puntal /pun'tal/ *sm* **1.** (*madero*) prop: **pusieron unos puntales para sostener la pared** they put in some props to support the wall. **2.** (*persona*) prop, anchorman: **Juan es uno de los puntales del equipo** Juan is one of the anchormen of the team. **3.** (*Amér L*: *tentempié*) snack.

puntapié /punta'pje/ *sm* kick: **lo echaron del bar** *a* **puntapiés** he was kicked out of the bar • **trata a todo el mundo a puntapiés** he treats everyone like dirt.

puntear /punte'ar/ [⇨CANTAR] *vt* (*Mús*) to pluck.

puntera /pun'tera/ *sf* toecap.

puntería /punte'ria/ *sf* **1.** (*al tirar*) aim: **tiene buena/mala puntería** he is a good/bad shot. **2.** (*al hacer algo*) accuracy: **a ver si la próxima vez tienes más puntería en la quiniela** let's see if you're any more accurate with the football pools next time.

puntero, -ra /pun'tero -ra/ **I** *adj* leading: **Japón es un país puntero en electrónica** Japan is one of the leading countries in the field of electronics.
II puntero *sm* **1.** (*para indicar*) pointer; (*de albañil, de escultor*) chisel. **2.** (*Arg, Urug*: *de un grupo de animales, de personas*) leader.

puntiagudo, -da /puntja'ɣuðo -ða/ *adj* pointed.

puntilla /pun'tiʎa/ **I** *sf* **1.** (*encaje*) lace edging. **2.** (*Tauro*) bullfighter's dagger • **el que sus amigos no lo ayudaran, le dio la puntilla** the fact that his friends didn't help him was the last straw.
II puntillas *sf pl* tiptoes *pl*: **salí** *de* **puntillas para no despertarlo** I went out on tiptoes so as not to wake him.

puntilloso, -sa /punti'ʎoso -sa/ *adj* **1.** (*quisquilloso*) touchy: **no le gastes bromas, que es muy puntilloso** don't play any practical jokes on him, he's very touchy. **2.** (*meticuloso*) punctilious.

punto /'punto/ *sm* **1.** (*en geometría*) point; (*al dibujar, pintar*) point, dot. **2.** (*en puntuación : al final de una oración*) (*GB*) full stop, (*US*) period; (*: tras una abreviatura*) dot: **dos puntos** colon • **poner los puntos sobre las íes** to dot the i's and cross the t's • **explícamelo con puntos y comas** explain it to me in detail • **tú no sales esta noche, y punto** you're not going out tonight and that's that. **3.** (*en costura*) stitch: **estaba haciendo punto** I was knitting; **lleva una chaqueta de punto** she is wearing a knitted jacket; (*en medias*) run, (*GB*) ladder: **tengo un punto en la media** I have a run in my stocking. **4.** (*Med*) stitch: **la herida necesitó cinco puntos de sutura** the wound needed five stitches. **5.** (*en concursos, deportes*) point: **nuestro equipo ganó por treinta puntos de diferencia** our team won by thirty points; **el boxeador cubano ganó** *por* **puntos** the Cuban boxer won on points; (*en exámenes*) mark: **cada pregunta vale medio punto** each question is worth half a mark. **6.** (*en expresiones de tiempo*): **el tren salió a las siete** *en* **punto** the train left at seven sharp * on the dot; **lo llamé y vino** *al* **punto** I called him and he came at once; **el avión está** *a* **punto** *de* **salir** the plane is about to take off; **la cena**

está *a* **punto** dinner is ready. **7.** (*Culin*): **el arroz está** *en* **su punto** the rice is cooked to perfection. **8.** (*aspecto, cuestión*) point: **cuéntame lo que te dijo punto** *por* **punto** tell me everything he told you; **si no hay más preguntas, pasaré al siguiente punto** if there are no more questions, I'll move on to the next point • **esto es de todo punto imposible** this is absolutely impossible.

punto cardinal *sm* cardinal point.

punto conflictivo *sm* **1.** (*en una discusión*) point at issue. **2.** (*en una carretera*) bottleneck.

punto crítico *sm* critical point.

punto de ebullición *sm* boiling point.

punto de encuentro *sm* meeting point.

punto de fusión *sm* melting point.

punto de mira *sm* (*de un fusil*) sight(s): **tener a alguien en el punto de mira** to have someone in one's sights.

punto de nieve *sm*: **batir las claras** *a* **punto de nieve** beat the egg whites until they form stiff peaks.

punto de partida *sm* starting point.

punto de referencia *sm* point of reference, reference point.

punto de solidificación *sm*: *point at which a liquid or semiliquid solidifies.*

punto de vista *sm* point of view, viewpoint.

punto débil *sm* weak point.

punto decimal *sm* (*Col, Méx*) decimal point.

punto final *sm* end: **el discurso puso punto final al banquete** the speech ended the banquet.

punto flaco *sm* weak point.

punto muerto *sm* **1.** (*Auto*) neutral. **2.** (*en discusiones*) deadlock: **la negociación está en un punto muerto** the negotiations have reached a deadlock.

punto negro *sm* **1.** (*Auto*) black spot. **2.** (*en el cutis*) blackhead.

punto neurálgico *sm* hub, nerve centre: **Cabo Cañaveral es el punto neurálgico del programa espacial de los Estados Unidos** Cape Canaveral is the nerve centre of the US space programme.

punto y aparte *sm* new paragraph.

punto y coma *sm* semicolon.

punto y seguido *sm* (*GB*) full stop, (*US*) period.

puntos suspensivos *sm pl* ellipsis, suspension points *pl*.

puntuación /puntwa'θjon/ *sf* **1.** (*Ling*) punctuation: **signo de puntuación** punctuation mark. **2.** (*Dep*) score; (*Educ*): **consiguió una de las puntuaciones más altas en el examen de ingreso** she got one of the highest marks in the entrance exam.

puntual /pun'twal/ *adj* **1.** (*a la hora*) punctual. **2.** (*pormenorizado*) detailed: **presentó un estudio puntual sobre el asunto** he gave a detailed study of the subject; (*exacto*) precise. **3.** (*específico*) specific: **se limitó a hacer una intervención muy puntual** she only spoke in the debate to make a very specific point.

puntualidad /puntwali'ðað/ *sf* punctuality: **siempre llega** *con* **puntualidad** she always arrives on time * punctually.

puntualización /puntualiθa'θjon/ *sf*: **me gustaría hacer una puntualización** I would like to point something out here.

puntualizar /puntwali'θar/ [➪cazar] *vt* to clarify: **me gustaría puntualizar lo que acabo de decir** I would like to clarify what I have just said.

puntualmente /puntwal'mente/ *adv* punctually.

puntuar /pun'twar/ [➪actuar] *vt* **1.** (*Ling*) to punctuate. **2.** (*un examen*) to mark: **los miembros del tribunal están puntuando los ejercicios** the examiners are marking the test papers.
♦*vi* (*en una competición, un examen*) to score: **Martínez ha puntuado poco** *en* **la última prueba** Martínez scored very little in the last event.

punzada /pun'θaða/ *sf* **1.** (*Med*) stabbing pain: **he sentido varias punzadas en el estómago** I've had stabbing pains in my stomach. **2.** (*sensación repentina*) twinge: **cada vez que pienso en él siento una punzada de pena** every time I think of him I feel a twinge of sorrow.

punzante /pun'θante/ *adj* **1.** (*dolor, objeto*) sharp. **2.** (*comentario*) cutting: **hizo una observación punzante** she made a cutting remark.

punzar /pun'θar/ [➪cazar] *vt* **1.** (*pinchar*) to prick, to pierce. **2.** (*fastidiar*) to bother, to annoy: **deja de punzar a tu hermana** stop annoying your sister.
♦*vi* to prick: **ten cuidado con los alfileres, que punzan** mind the pins don't prick your fingers.

punzón /pun'θon/ *sm* **1.** (*para hacer agujeros*) bradawl. **2.** (*en tipografía*) stamp.

puñado /pu'ɲaðo/ *sm* **1.** (*pequeña cantidad*) handful, fistful: **echa un puñado de garbanzos** add a handful of chickpeas; **sólo había un puñado de gente** only a handful of people were there. **2.** (*fam*: *montón*) a lot: **sabe un puñado** *de* **física** she knows lots about Physics; **gana dinero** *a* **puñados** he makes loads of money.

puñal /pu'ɲal/ *sm* dagger • **me puso un puñal en el pecho y no supe negarme** he gave me no alternative but to agree.

puñalada /puɲa'laða/ *sf* **1.** (*golpe*) stab: **recibió cinco puñaladas** he was stabbed five times; (*herida*) stab wound • **lo cosieron a puñaladas** they stabbed him repeatedly • **fue una puñalada que no me esperaba de él** it was a stab in the back which I wouldn't have expected from him. **2.** (*pena*) blow: **su muerte fue una puñalada para mí** his death came as a great blow to me.

puñalada trapera *sf* (*fig*) stab in the back: **lo que nos hizo fue una puñalada trapera** he stabbed us in the back by doing that.

puñeta /pu'ɲeta/ *sf* (*fam*: *molestia*) pain, nuisance: **este viento es una puñeta** this wind is a real pain in the neck • **¡puñetas! ¿dónde lo habré metido?** damn! where on earth did I put it? • **hoy hace un frío de la puñeta** it's absolutely freezing today! • **no me hagas la puñeta** don't mess me about! • **vete a hacer puñetas** get lost! • **mandó al taxista a hacer puñetas** he told the taxi driver to go and jump in a lake • **el viaje se fue a hacer puñetas** his trip fell through • **vive en la quinta puñeta** he lives in the back of beyond.

puñetazo /puɲe'taθo/ *sm* punch: **le dio un puñetazo** *en* **la nariz** he punched him on the nose.

puñetero, -ra /puɲe'tero -ra/ *adj* (*fam*) **1.** (*molesto*) damned, wretched: **estoy harto de estas puñeteras obras** I'm sick of these damned roadworks. **2.** (*difícil*) difficult: **el examen teórico de conducir es muy puñetero** the written part of the driving test is a killer. **3.** (*fam*: *quisquilloso*) picky, fussy: **es una niña muy puñetera** she's a very picky * fussy child. **4.** (*fam*: *malintencionado*) nasty: **cuidado con Juan: es muy puñetero** watch your step with Juan, he's really nasty.

puño /'puɲo/ *sm* **1.** (*Anat*) fist • **tiene a toda la familia en un puño** he has the whole family under his thumb • **escribió la carta de su propio puño y letra** he wrote the letter himself • **viven en un piso que es un puño** they live in a tiny flat • **es una verdad como un puño** it's as plain as can be. **2.** (*de una manga*) cuff. **3.** (*de espada*) hilt; (*de un bastón, un paraguas*) handle.

pupa /'pupa/ *sf* **1.** (*Med*) cold sore. **2.** (*en lenguaje infantil*) pain: **me hace pupa** it hurts.

pupila /pu'pila/ *sf* (*Anat*) pupil.

pupilo, -la /pu'pilo -la/ *sm/f* (*Educ*) pupil; (*tutelado*) ward.

pupitre /pu'pitre/ *sm* (school) desk.

purasangre, pura sangre /pura'saŋgre/ *sm/f* thoroughbred (*horse*).

puré /pu're/ *sm* purée: **preparamos un puré de verduras** we made a vegetable purée • **el viaje nos dejó hechos puré** we were exhausted after the journey.

puré de papas *sm* (*Amér L*) mashed potatoes *pl.*

puré de patatas *sm* mashed potatoes *pl.*

pureza /pu'reθa/ *sf* purity.

purga /'purɣa/ *sf* **1.** (*Med*) purgative. **2.** (*de enemigos*) purge: **las purgas de Stalin hicieron estragos entre los altos mandos del ejército** Stalin's purges decimated the senior ranks of the army.

purgante /pur'ɣante/ *adj, sm* purgative.

purgar /pur'ɣar/ [⇨pagar] *vt* **1.** (*Pol*) to purge; (*un escrito*) to censor. **2.** (*Med*) to purge. **3.** (*crímenes*) to pay for: **está purgando sus crímenes en la cárcel** he is paying for his crimes in jail. **4.** (*un radiador*) to bleed.

purgarse *v prnl* (*Med*) to take a purgative.

purgatorio /purɣa'torjo/ *sm* purgatory • **su vida es un purgatorio** his life is hell.

purificación /purifika'θjon/ *sf* purification: **la purificación del agua** water purification.

purificar /purifi'kar/ [⇨sacar] *vt* **1.** (*una sustancia*) to purify: **siempre purificamos el agua** we always purify the water. **2.** (*Relig*) to cleanse, to purify.

purificarse *v prnl* (*Relig*) to cleanse oneself.

purista /pu'rista/ *adj, sm/f* purist.

puritanismo /purita'nizmo/ *sm* puritanism.

puritano, -na /puri'tano -na/ **I** *adj* puritanical. **II** *sm/f* puritan.

puro, -ra /'puro -ra/ **I** *adj* **1.** (*gen*) pure: **sentía por ella un amor puro** his love for her was pure; **el aire en el campo es más puro que en la ciudad** the air in the country is cleaner than in the city; **ésta es la pura verdad** this is the whole truth; **de pura casualidad lo encontré en el tren** by sheer chance I bumped into him on the train; **presume de hablar un castellano muy puro** she boasts that she speaks a very pure form of Spanish; **estudia física pura** she studies pure physics; **está hecho de oro puro** it's made of pure gold; (*de pensamiento*): **se ha mantenido muy puro en sus ideas** he has remained true to his beliefs. **2.** (*Méx, Ven*: *exactamente igual*) identical: **es puro** *a* **su padre** he is just like his father.

II puro *sm* cigar • **caer un puro**: **si tu madre se entera, te va a caer un puro** if your mother finds out, you're in big trouble; **le cayó un puro de tres años** he was sent to prison for three years.

púrpura /'purpura/ *adj inv, sm* purple.

purpurina /purpu'rina/ *sf* **1.** (*pintura*) *gold/silver paint* (*used in handicrafts*). **2.** (*polvo*) glitter.

purria /'purrja/ *sf* (*fam*) low life: **en este bar se junta toda la purria del barrio** all the local low-life characters gather in this bar.

pus /pus/ *sm* pus.

puse /'puse/ *and other forms with* ***pus-*** ⇨poner

pusilánime /pusi'lanime/ *adj* fearful, timorous.

puta /'puta/ *sf* (*!!*) whore.

putrefacción /putrefak'θjon/ *sf* putrefaction, rotting.

putrefacto, -ta /putre'fakto -ta/ *adj* putrid, rotten.

puya /'puja/ *sf* **1.** (*objeto*) tip (*of picador's lance*). **2.** (*fam*: *broma*): **es el blanco de las puyas de sus compañeros** he's the butt of all his friends' jokes.

puyazo /pu'jaθo/ *sm* **1.** (*con una lanza*) jab (*with a lance*). **2.** (*fam*: *broma*) jibe.

puzzle /'puθle/ *sm* jigsaw (puzzle).

PVP /peuβe'pe/ *[but often pronounced in its full form]* *sm* (*abbreviation of* **Precio de Venta al Público**) retail price.

Pza. *pronounced* /'plaθa/ (*abbreviation of* **plaza**) Sq. (square).

Q

Q, q /ku/ *sf* (*letra*) Q, q.

q.e.p.d. *pronounced* /ke en paθ desˈkanse/ (*abbreviation of* **que en paz descanse**) RIP (rest in peace).

que /ke/ **I** *pron relativo* **1.** (*sujeto: persona*) who: **la mujer que compró la casa es muy rica** the woman who bought the house is very rich; *el* **que vino era mi jefe** the man who came was my boss; *la* **que toca el piano es la mayor** it's the eldest who plays the piano; (*: cosa*) which, that: **ése es el libro que ganó el premio** that's the book which won the prize; **lo que** what: *lo* **que me molesta es su actitud** what bothers me is his attitude, the thing that bothers me is his attitude; **eso fue** *lo* **que sucedió** that was what happened. **2.** (*complemento: persona*) who, whom: **la chica** *con la* **que sale...** the girl he's going out with..., the girl with whom he's going out...; **el tesorero,** *al* **que acababan de nombrar, se fue** the treasurer, whom they had just appointed, left; (*: cosa*) that, which [***that*** se omite a menudo en inglés]: **el coche que me compré...** the car (that/which) I bought...; **la compañía** *para la* **que trabajo...** the company (that) I work for..., the company for which I work...; (*: de lugar*): **la casa** *en la* **que vive...** the house (that) she lives in..., the house in which she lives...; (*: de tiempo*) that: **el día (en) que empecé a trabajar...** the day (that) I started work...; (*fam*) *a la* **que se descuida una, le roban el monedero** the moment (that) your back's turned, they steal your wallet; (*fam*) *en lo* **que saco el coche, llámala por teléfono** while I'm getting the car out, give her a call.
II *conj* **1.** (*gen*) that [***that*** se omite a menudo en inglés]: **dijo que vendría esta tarde** she said (that) she would come this afternoon; **siento mucho que no te guste** I'm very sorry (that) you don't like it. **2.** (*para expresar un deseo*): **que te lo pases bien** have a good time; **que tengas buen viaje** have a safe journey * a good trip; **Dios mío, que no les pase nada** please God, don't let anything happen to them; **que no se vaya a enterar mi madre** I hope my mother doesn't find out; (*en imperativos de tercera persona*): **que espere** let him wait; **que me lo diga a la cara si se atreve** let him say it to my face if he dares; **que venga inmediatamente** tell him to come immediately; **si no le gusta, que se vaya** if she doesn't like it, she can go. **3.** [cuando ***que*** sigue a verbos que expresan deseo, ruego, etc. y va seguido del subjuntivo, en inglés se utiliza un infinitivo]: **quiero que Pedro vea esto** I want Pedro to see this; **te pedí que lo trajeras hoy** I asked you to bring it today; **dígale que no se preocupe** tell him not to worry; **le rogó que no se lo dijera a su madre** she begged him not to tell her mother. **4.** (*para introducir una consecuencia*) that: **tenía tan mal aspecto que no lo reconocí** he looked so ill (that) I didn't recognize him; **corre que no hay quien lo alcance** he runs so fast that no one can catch him. **5.** (*en comparaciones*) than: **mi hermano es más listo que yo** my brother is brighter than I am; **preferiría tomar té que café** I'd rather have tea than coffee. **6.** (*para introducir una razón*) [no se traduce en inglés]: **corre, que vamos a perder el autobús** hurry up, we're going to miss the bus • **estáte quieto, que te doy** sit still or else; (*al expresar un propósito*): **ven** *a* **que te limpie la cara** come here so that I can wipe your face; **esconde los regalos** *para* **que no los vea** hide the presents so that he won't see them; **llevé los zapatos** *a* **que les pusieran suelas** I took the shoes to have the soles repaired. **7.** (*con valor disyuntivo*): **que quiera, que no quiera, tendrá que hacerlo** like it or not he'll have to do it; **quieras que no, tendrás que acabar vendiendo tu parte del negocio** whether you like it or not you'll end up having to sell your share of the business. **8.** (*al recalcar algo*): **sí que lo haré, no te preocupes** of course I'll do it, don't worry; **¡que te estés quieto!** keep still, will you?; **por mi honra, que no lo hice** I swear I didn't do it. **9.** (*para expresar reiteración*): **dale que dale con el mismo tema** he went on and on about the same thing. **10.** (*con ciertos verbos auxiliares*): **tengo que irme** I have to go; **hay que esperar a tener los resultados** we must wait for the results. **11. a que...** (*para introducir una pregunta, un reto*): **¿a que no sabes a quién he visto?** I bet you can't guess who I saw; **"¿A que no te atreves?" "¿A que sí?"** "I bet you daren't do it." "I bet I do!"

qué /ke/ **I** *pron interrogativo* **1.** (*gen*) what: **¿qué quiere?** what would you like?; **¿para qué sirve?** what is this for?; **le pregunté qué quería decir** I asked him what he meant; **¿por qué me lo preguntas?** why are you asking me? • **tú has sacado muy buenas notas, ¿y qué?** so you got good marks, so what? • **"Gracias." "No hay de qué"** "Thank you." "You're welcome." * "Don't mention it." **2.** (*cuál*) which: *¿en* **qué calle vives?** which street do you live in?; **¿qué película prefieres ir a ver?** which film would you prefer to see?
II *adv interrogativo* how: **¿qué tal (estás)?** how are you?; **¿qué hay?** how are things?
III *pron exclamativo* what: **¡qué pena!** what a shame!; **¡qué niño tan espabilado!** what a bright child!; **¡qué** *de* **gente hay aquí!** what a lot of people there are!
IV *adv exclamativo*: **¡qué tonto eres!** you're so stupid!; **¡qué bien lo has hecho!** you've done it so well; **¡qué buen aspecto tienes!** how well you look!

Quebec /keˈβek/ *sm* Quebec.

quebrada /keˈβraða/ *sf* **1.** (*desfiladero*) gully. **2.** (*barranco*) ravine.

quebradero /keβraˈðero/ *sm* worry • **la compra del piso me dio muchos quebraderos de cabeza** buying the apartment was a real headache.

quebradizo, -za /keβraˈðiθo -θa/ *adj* **1.** (*objeto*) fragile, breakable; (*hueso*) brittle. **2.** (*salud*) weak.

quebrado, -da /keˈβraðo -ða/ **I** *adj* **1.** (*partido*) broken. **2.** (*terreno*) uneven. **3.** (*voz*) faltering. **4.** (*línea*) zigzag. **5.** (*Mat*): **un número quebrado** a fraction.

II quebrado *sm* (*Mat*) fraction.

quebrantahuesos /keβranta'wesos/ *sm inv* bearded vulture, lammergeier.

quebrantamiento /keβranta'mjento/ *sm* **1.** (*gen*) breaking; (*de ley, norma*) violation, breach: **los multaron por el quebrantamiento de la norma sobre...** they were fined for violation of the rule on.... **2.** (*de la salud*) breakdown: **las condiciones de trabajo contribuyeron al quebrantamiento de su salud** the working conditions contributed to the breakdown of his health.

quebrantar /keβran'tar/ [➪ CANTAR] *vt* **1.** (*romper*) to break, to smash. **2.** (*una ley, una norma*) to break, to violate. **3.** (*debilitar*) to break: **la humedad de la casa quebrantó su salud** the dampness of the house broke his health.

quebrar /ke'βrar/ [➪ pensar] *vt* **1.** (*romper*) to break. **2.** (*Jur*) to break: **ha quebrado la ley** he's broken the law.

♦*vi* (*Fin*) to go bankrupt: **la empresa quebró** the company went bankrupt.

quebrarse *v prnl* **1.** (*un hueso, una parte del cuerpo*) to break: **vas a quebrarte una pierna** you'll break your leg. **2.** (*la voz*) to crack: **se le quebró la voz de la emoción** his voice cracked with emotion.

quechua /'ketʃwa/ **I** *adj* Quechuan.

II *sm/f* Quechua.

III *sm* (*idioma*) Quechua.

queda /'keða/ *sf* ➪ toque

quedada /ke'ðaða/ *sf* (*fam*): **¡menuda quedada!** that was a good one!

quedar /ke'ðar/ [➪ CANTAR] *vi* **1.** (*en determinado estado, determinada condición*) to stay, to remain: **mi pregunta quedó sin contestar** my question remained unanswered; **todo quedó como estaba hasta que llegó la policía** everything was left the way it was until the police arrived • **quedo a la espera de su respuesta** I look forward to hearing from you • **todo eso ha quedado atrás** all that's a thing of the past • **por mí no quedará** I'll do everything I can • **ahí quedó la cosa** we left it at that. **2.** (*para expresar un resultado*): **el florero quedó hecho añicos** the flower vase was in pieces; **quedó como atontado del golpe** he was stunned from the blow; **quedó eliminada del torneo** she was eliminated from the tournament; **quiero que esto les quede bien claro** I want that to be quite clear; **la sopa me quedó muy salada** the soup turned out very salty; **¿cómo te quedó la tortilla?** how did your omelette turn out? **3.** (*causar determinada impresión*): **quedó muy bien con el regalo que trajo** the present he took went down well; **si no voy quedo mal** *con* **Leticia** if I don't go Leticia will be offended; **quedó** *en* **ridículo delante de su jefe** he made a fool of himself in front of his boss; **quedó como un tonto** he made himself look a fool ✻ an idiot; **quedó como un señor** he made a very good impression. **4.** (*estéticamente: gen*) to look: **este cuadro quedaría bien aquí** this picture would look nice here; **ese peinado le queda espantoso** that hairstyle looks dreadful on her; **el bigote le queda horroroso** his moustache looks terrible; (*: ropa*): **ese vestido te queda muy bien** that dress really suits you; *a* **ti te queda mejor que** *a* **mí** it looks better on you than it does on me; (*en cuanto al tamaño*): **los pantalones te quedan demasiado largos/estrechos** those trousers are too long/tight for you. **5.** (*faltar*): **quedan tres kilómetros para Barcelona** it's still three kilometres to Barcelona; **sólo quedan tres días para que acabe el curso** there are only three days left before the end of the academic year; **nos queda mucho por hacer** we still have a lot to do • **por comida no quedará** we won't be short of food. **6.** (*subsistir*) to be left: **del antiguo castillo sólo queda la torre** all that is left of the old castle is the tower; **no queda pan** there is no bread left; **queda muy poca leche** there is very little milk left; **sólo me/le quedan mil pesetas** I only have/she only has a thousand pesetas left; (*sobrar*) to be left over: **comeré lo que quede del almuerzo** I'll eat whatever's left over from lunch. **7.** (*en la memoria*): **me dijo su nombre pero no me quedó** he told me his name but I can't remember it. **8.** (*estar situado*) to be: **¿queda muy lejos?** is it very far away?; **me queda muy cerca de casa** it's close to my house; **no sé dónde queda** I don't know where it is; **¿por dónde queda?** whereabouts is it? **9.** (*decidir verse*): **he quedado** *con* **un amigo** I've agreed to meet a friend; **quedamos** *en* **la estación** we arranged to meet at the station; **había quedado** *con* **Rafael** *para* **tomar algo** I'd arranged to meet Rafael for a drink. **10. quedar en** (*acordar*): **quedó en venir** he agreed to come; **quedamos en vernos al día siguiente** we arranged to see each other the following day; **quedamos en que la llamarías tú** we agreed that you would phone her; **no quedamos en nada concreto** we didn't make any firm arrangements • **¿en qué quedamos? ¿lo hiciste o no lo hiciste?** what's the score then? did you do it or didn't you?

quedarse *v prnl* **1.** (*permanecer: en un lugar*) to stay: **ella se quedó en casa** she stayed at home; **nos quedamos un rato con ella** we stayed with her for a while; **¿te quieres quedar** *a* **cenar/***a* **dormir?** would you like to stay for supper/to stay the night?; (*: en una posición, actitud*): **me quedé muy quieto** I kept still; **pasa, pasa: no te quedes en la puerta** come in, don't stand on the doorstep; **me quedé mirándolo un buen rato** I looked at it for a long time; (*: en un estado o condición*): **se quedó soltero** he remained single; **se quedó con hambre** she was still hungry; **quería ser médico, pero se quedó en enfermero** he wanted to be a doctor but he settled for being a nurse • **se está quedando atrás respecto a sus compañeros** he is falling behind his classmates. **2.** (*para expresar un resultado*): **se quedó ciega a causa del accidente** the accident left her blind; **se quedó huérfano a los doce años** he was orphaned at the age of twelve; **se quedó** *sin* **dinero a mediados de mes** he ran out of money halfway through the month; **al final nos quedamos** *sin* **nada** we ended up with nothing; **se quedaron todos** *sin* **trabajo** they all lost their jobs; **me quedé helada cuando me lo dijo** I was stunned when she told me; **cuando le preguntaron, se quedó totalmente en blanco** when they asked him, his mind went blank. **3.** (*morir*) to die: **se quedó en la mesa de operaciones** he died on the operating table. **4.** (*en la memoria*): **me dijo su nombre pero no se me quedó** he told me his name but I can't remember it. **5. quedarse con** (*conservar*) to keep: **mi hermano se quedó con el coche de mi padre** my brother kept my father's car; **quédese con el cambio** keep the change; (*fam: engañar*): **me parece que se está quedando con nosotros** I think he's been having us on ✻ pulling our leg.

quedo, -da /'keðo -ða/ **I** *adj* quiet.

II quedo *adv* quietly: **habló quedo** he spoke softly.

quehacer /kea'θer/ *sm* chore, job: **tengo que atender**

a mis quehaceres I must go and get on with my chores.

queimada /kei'maða/ *sf*: *alcoholic drink typical of Galicia.*

queja /'kexa/ *sf* **1.** (*de insatisfacción, disconformidad, etc.*) complaint: **no tengo ninguna queja** *de* **él** I have no complaint against him; **voy a presentar una queja ante sus superiores** I am going to complain to his superiors. **2.** (*de dolor*) groan: **no soporto oír tus quejas** I can't bear listening to your groaning.

quejarse /ke'xarse/ [➪CANTAR] *v prnl* **1.** (*protestar*) to complain: **se quejó** *ante* **las autoridades** he complained to the authorities; **nos quejamos** *del* **trato que habíamos recibido** we complained about the treatment we had received. **2.** (*lamentarse*) to moan, to complain: **no te quejes tanto** do stop moaning * complaining ● **se queja de vicio** he never stops moaning * complaining.

quejica /ke'xika/ **I** *adj* (*fam*) complaining, whingeing. **II** *sm/f* (*fam*) moaner, (*GB*) whinger.

quejido /ke'xiðo/ *sm* moan, groan.

quejoso, -sa /ke'xoso -sa/ *adj*: **estaba quejoso porque no lo habían invitado** he was complaining like mad because he hadn't been invited.

quejumbroso, -sa /kexum'broso -sa/ *adj* plaintive, whiny: **se oía una voz quejumbrosa** a plaintive voice could be heard.

quema /'kema/ *sf* burning: **han prohibido la quema de rastrojos** the burning of stubble has been banned ● **consiguió huir de la quema** she managed to get away.

quemado, -da /ke'maðo -ða/ *adj* **1.** (*por el fuego*) burnt, burned: **huele a quemado** there's a smell of burning; (*por exceso de sol*) sunburnt. **2.** (*Amér L: bronceado*) tanned. **3.** (*acabado*) finished: **después de tamaño escándalo, como político está quemado** after such a scandal he's finished as a politician; (*excesivamente expuesto*): **ha protagonizado tantas películas últimamente que ya está un tanto quemada** she has starred in so many movies lately that she's become rather overexposed. **4.** (*fam: descontento*) fed up: **tengo que buscar otro trabajo porque aquí estoy muy quemado** I must look for another job because I'm fed up here.

quemador /kema'ðor/ *sm* burner, jet.

quemadura /kema'ðura/ *sf* burn.

quemar /ke'mar/ [➪CANTAR] *vt* **1.** (*gen*) to burn: **he quemado unos papeles** I have burnt some papers; **has quemado la carne** you've burnt the meat; **el sol de la montaña le quemó el rostro** the mountain sun burnt his face. **2.** (*Amér L: broncear*) to tan: **me quiero quemar las piernas** I want to tan my legs. **3.** (*derrochar*) to squander: **quemó su fortuna** *en* **el juego** he squandered all his money gambling.
♦*vi* **1.** (*arder*) to be boiling (hot): **la sopa quema** the soup is boiling (hot); **cuidado, que quema** be careful, it's hot. **2.** (*fam: deteriorar*) to burn out: **el ejercicio del poder quema mucho** being in power burns people out.

quemarse *v prnl* **1.** (*con fuego*) to burn: **se quemó la mano** he burnt his hand; **se me han quemado las tostadas** I've burnt the toast; **se quemaron varias casas** several houses burnt down; (*con exceso de sol*) to be sunburnt: **se quemó en la playa** he got sunburnt at the beach. **2.** (*Amér L: broncearse*) to get a suntan. **3.** (*fam: sufrir un deterioro*): **se quemó en el cargo** he couldn't stand the pressure of the job; (*: hartarse*): **al final se quemó y dejó el trabajo** he got fed up in the end and gave up his job.

quemarropa /kema'rropa/ **a quemarropa** *loc adv*: **le disparó a quemarropa** he shot him at point-blank range; (*fig*) **me hizo la pregunta a quemarropa** she asked me point-blank.

quemazón /kema'θon/ *sf* (*ardor*) burning; (*picor*) itch.

quepo /'kepo/ *and other forms with* **quep-** ➪ caber

querella /ke'reʎa/ *sf* **1.** (*conflicto*) dispute. **2.** (*Jur*) *document detailing the prosecution's case.*

querellarse /kere'ʎarse/ [➪CANTAR] *v prnl* (*Jur*) to bring a lawsuit: **se ha querellado** *contra* **esa revista** she has brought a lawsuit against that magazine * taken that magazine to court.

querer /ke'rer/ **I** *sm* love: **las cosas del querer son siempre complicadas** matters of the heart are always complicated.
II [➪table: querer] *vt* **1.** (*desear*) to want: **quiere hacerse millonario** he wants to become a millionaire; **quiero que me digas la verdad** I want you to tell me the truth; **¿cuánto quieren** *por* **la casa?** how much do they want for the house? ● **esto quiere decir que no está interesado** this means he's not interested ● **querer es poder** where there's a will there's a way ● **lo hizo queriendo/sin querer** he did it on purpose/by accident ● **es un quiero y no puedo** that's trying to make out you've got more money than you really have ● **quieras que no, acabarás por ir** you'll end up going, whether you want to or not ● **¡está como quiere!** he * she's gorgeous! ● **como quiera que te vistas estarás bien** whatever you wear you'll look nice ● **como quiera que no va a venir, tendremos que reorganizar el programa** since * as he isn't

querer

INDICATIVE

Present	Preterite
quiero	quise
quieres	quisiste
quiere	quiso
queremos	quisimos
queréis	quisisteis
quieren	quisieron
Future	**Conditional**
querré	querría
querrás	querrías
querrá	querría
querremos	querríamos
querréis	querríais
querrán	querrían

SUBJUNCTIVE

Present	Imperfect
quiera	quisiera *or* quisiese
quieras	quisieras *or* quisieses
quiera	quisiera *or* quisiese
queramos	quisiéramos *or* quisiésemos
queráis	quisierais *or* quisieseis
quieran	quisieran *or* quisiesen

IMPERATIVE

(tú) quiere	(usted) quiera
(vosotros) quered	(ustedes) quieran

For the rest of the tenses ➪ TEMER (in appendix)

coming, we'll have to reorganize the schedule • **¡se lo he dicho mil veces, pero que si quieres!** I've told him a hundred times, but he doesn't take the slightest notice. **2.** (*al hacer una petición, oferta*): **¿quieres cenar ahora o un poco más tarde?** would you like to eat now or a little later?; **¿quiere usted algo más?** would you like anything else?; **quisiera ver al encargado, por favor** I'd like to see the manager, please; **¿quieres portarte bien?** are you going to behave yourself?; **¿quieres que nos veamos mañana?** shall we meet tomorrow?; **dejémoslo así, ¿quieres?** shall we leave it at that? **3.** (*amar*) to love: **te quiero mucho** I really love you; **todavía se quieren** they still love each other; **la quiero bien** I'm fond of her; **se deja querer** he lets himself be loved • **quien bien te quiere te hará llorar** you have to be cruel to be kind. **4.** (*necesitar*) to need: **este vestido tan elegante quiere unos buenos pendientes** such an elegant dress needs a nice pair of earrings to go with it; (*buscar*) to ask for: **esa señora que cruza la autopista quiere que la atropelle un coche** that woman crossing the motorway is asking to be run over.
♦ *v impers*: **parece que quiere llover** it looks as if it's going to rain.

querido, -da /ke'riðo -ða/ **I** *adj* (*gen*) dear, beloved; (*en una carta*): **Querido Juan:...** Dear Juan,....
II *sm/f* **1.** (*amante*) lover: **tiene una querida** he has a mistress. **2.** (*apelativo*) (my) love, darling.

queroseno /kero'seno/ *sm* kerosene, (*GB*) paraffin.

querré /ke'rre/ *and other forms with* **querr-** ⇨ querer

querubín /keru'βin/ *sm* cherub.

quesada /ke'saða/ *sf*: *cake made of cheese and pastry.*

quesadilla /kesa'ðiʎa/ *sf* (*Culin*) **1.** (*tipo de dulce*) *a pastry with dried fruit and syrup filling*. **2.** (*en México*) *soft fried corn tortilla, stuffed with cheese and other fillings.*

quesera /ke'sera/ *sf*: *cheeseboard with a glass-domed cover.*

quesero, -ra /ke'sero -ra/ **I** *adj* cheese: **la industria quesera** the cheese industry.
II *sm/f* cheese maker.

queso /'keso/ *sm* cheese • **a mí no me la das con queso** you can't fool me.
queso de bola *sm*: *round hard cheese.*
queso manchego *sm* cheese from La Mancha.
queso rallado *sm* grated cheese.

quetzal /ket'sal/ *sm* quetzal (*national currency of Guatemala*).

quicio /'kiθjo/ *sm* (*de una puerta, una ventana*) jamb • **está fuera de quicio** he's out of his mind • **su comportamiento me saca de quicio** her behaviour drives me mad • **por favor, no saquemos las cosas de quicio** please, let's not get things out of proportion.

quid /'kið/ *sm* crux: **el quid de la cuestión es averiguar cuánto va a costar** the crux of the matter is to determine how much it will cost.

quiebra /'kjeβra/ *sf* **1.** (*Fin*) bankruptcy. **2.** (*deterioro*) breakdown, failure: **asistimos a una quiebra de los valores morales** we are witnessing the breakdown of moral values.

quiebro /'kjeβro/ *sm* **1.** (*en fútbol, toros*) dodge, feint. **2.** (*Mús*) trill.

quien /kjen/ *pron relativo* [**quienes**] **1.** (*sujeto*) who: **me encontré a la vecina, quien me contó lo del accidente** I bumped into my neighbour, who told me about the accident. **2.** (*complemento*) who, that: **éste es el compañero de quien te he hablado** this is the friend (who) I told you about; **la persona a quien iba dirigida la carta...** the person to whom the letter was addressed.... **3.** (*con negativa*) nobody: **no hay quien lo aguante** he's unbearable; **no hay quien pueda comer eso** nobody could possibly eat that. **4.** (*la persona que*) whoever: **quien quiera ir que vaya** whoever wants to can go; **quien quiera participar que me lo diga** anyone who wants to take part should let me know • **quien mal anda mal acaba** you get your just desserts in this life • **quien más y quien menos ha experimentado algo parecido** everyone has gone through something similar.

quién /kjen/ **I** *pron interrogativo* **1.** (*sujeto*) who: **¿quién es?** who is it? **2.** (*complemento*) whom, who: **¿a quién viste?** who ∗ whom did you see?; **¿a quién se refería?** to whom was he referring? ∗ who was he referring to?; **¿con quién has estado?** who have you been with?; **¿para quién es el regalo?** who's the present for?; **ni siquiera sabe quién es el primer ministro** he doesn't even know who the Prime Minister is • **no soy quién para juzgar** it's not up to me to say. **3.** (*posesivo*) whose: **¿de quién es el coche grande?** whose is the big car?
II *pron exclamativo*: **¡quién lo diría!** who ∗ whoever would have said that!

quienquiera /kjen'kjera/ *pron indefinido* [**quienesquiera**] whoever: **quienquiera que lo diga miente** whoever says that is lying.

quiero /'kjero/ *and other forms with* **quier-** ⇨ querer

quieto, -ta /'kjeto -ta/ *adj* **1.** (*parado*) still: **estate quieto mientras te hago la foto** keep still while I take your photograph; **no puede estar quieto en ningún sitio** he can't stop fidgeting. **2.** (*tranquilo*) calm, placid: **es una niña muy quieta** she's a very placid child.

quietud /kje'tuð/ *sf* **1.** (*falta de movimiento*) stillness. **2.** (*calma*) calm, peace.

quijada /ki'xaða/ *sf* jawbone.

quijotada /kixo'taða/ *sf* quixotic act (*act motivated by pure idealism*).

quijote /ki'xote/ *sm*: *man motivated by pure idealism*: **Don Quijote** Don Quixote.

quijotesco, -ca /kixo'tesko -ka/ *adj* quixotic (*motivated by pure idealism*).

quilate /ki'late/ *sm* (*GB*) carat, (*US*) karat.

quilla /'kiʎa/ *sf* keel.

quilo /'kilo/ *sm* (*Medidas*) ⇨ kilo

quimbambas /kim'bambas/ *sf pl* (*fam*): **se fue a vivir en las quimbambas** she went to live in the back of beyond.

quimera /ki'mera/ *sf* wishful thinking: **es una quimera pensar que puede aprobar a la primera** it's wishful thinking that she can pass first time.

química /'kimika/ *sf* chemistry.

químico, -ca /'kimiko -ka/ **I** *adj* chemical: **la industria química** the chemicals industry; **para hacer el experimento hacen falta varias sustancias químicas** to do the experiment several chemicals are needed.
II *sm/f* chemist.

quimioterapia /kimjote'rapja/ *sf* chemotherapy.

quimono /ki'mono/ *sm* kimono.

quina /'kina/ *sf* quinine • **este niño es más malo que la quina** that child is such a little devil! • **no me quedó más remedio que tragar quina** I just had to put up with it.

quincalla /kiŋ'kaʎa/ *sf* trinkets *pl.*

quincallería /kiŋkaʎe'ria/ *sf* **1.** (*conjunto de quincalla*) cheap trinkets *pl.* **2.** (*tienda*) junk shop (*selling cheap trinkets*).

quince /'kinθe/ **I** *adj* (*cardinal*) fifteen ● **cada quince días** every two weeks ✱ fortnight; (*ordinal*) fifteenth. ➪ doce

II *sm* (*cardinal*) fifteen; (*ordinal*) fifteenth. ➪ doce

quinceañero, -ra /kinθea'ɲero -ra/ *sm/f* (*persona de quince años*) fifteen year-old; (*adolescente*) teenager, teenybopper: **es el ídolo de las quinceañeras** he's the idol of the teenyboppers.

quinceavo, -va /kinθe'aβo -βa/ **I** *adj* fifteenth.

II quinceavo *sm* (*parte*) fifteenth.

quincena /kin'θena/ *sf* two weeks, (*GB*) fortnight.

quincenal /kinθe'nal/ *adj* every two weeks, biweekly.

quincuagésimo, -ma /kiŋkwa'xesimo -ma/ **I** *adj* fiftieth.

II *sm/f* (*en orden*) fiftieth.

III quincuagésimo *sm* (*parte*) fiftieth.

quiniela /ki'njela/ *sf* (football) pools *pl*: **cada semana hago la quiniela** I do the pools every week; **le tocó la quiniela** she won the pools.

quiniela hípica *sf*: *system of betting on horse races.*

quinielista /kinje'lista/ *sm/f* person who does the football pools.

quinientos, -tas /ki'njentos -tas/ **I** *adj* (*cardinal*) five hundred; (*ordinal*) five hundredth. ➪ doscientos

II el/la quinientos *sm/f* (*ordinal*) five hundredth. ➪ doscientos

III el quinientos *sm* (*número*) (the number) five hundred.

quinina /ki'nina/ *sf* quinine.

quinqué /kiŋ'ke/ *sm* oil lamp.

quinquenal /kiŋke'nal/ *adj* five-year: **se ha presentado el plan quinquenal de carreteras** the road plan for the next five years has been presented.

quinquenio /kiŋ'kenjo/ *sm* five-year period.

quinqui /'kiŋki/ *sm/f* (*fam*) delinquent.

quinta /'kinta/ *sf* **1.** (*en orden*) fifth. ➪ sexto **2.** (*marcha*) fifth (gear). **3.** (*finca*) farm, country estate. **4.** (*reemplazo*) *group of conscripts of the same age*; (*generación*) generation: **es de la quinta de mi madre** she belongs to my mother's generation; (*de una institución, universidad, etc.*) intake.

quintaesencia /kintae'senθja/ *sf* quintessence: **este palacio representa la quintaesencia de la arquitectura barroca** this palace is the quintessence of baroque architecture.

quintal /kin'tal/ *sm* (*Medidas*) *forty-six kilogrammes.*

quintal métrico *sm*: *one hundred kilogrammes.*

quinteto /kin'teto/ *sm* quintet.

quintillizo, -za /kinti'ʎiθo -θa/ *sm/f* quintuplet.

quinto, -ta /'kinto -ta/ **I** *adj* fifth: **la quinta columna** the fifth column. ➪ sexto

II quinto *sm* **1.** (*en orden, parte*) fifth. ➪ sexto **2.** (*Mil*) conscript. **3.** (*de cerveza*) small bottle of beer.

quíntuple /'kintuple/ *adj, sm/f* quintuple.

quintuplicar /kintupli'kar/ [➪ sacar] *vt* to increase by five times: **hemos quintuplicado la partida de educación** we have increased educational funding five times over.

quíntuplo, -pla /'kintuplo -pla/ *adj, sm/f* quintuple.

quinzavo, -va /kin'θaβo -βa/ *adj*, **quinzavo** *sm* ➪ quinceavo

quiosco /'kjosko/ *sm* (*gen*) kiosk; (*de periódicos*) news stand; (*de música*) bandstand.

quiosquero, -ra /kjos'kero -ra/ *sm/f* vendor (*in a news stand*).

quiquiriquí /kikiri'ki/ *sm* cock-a-doodle-doo.

quirófano /ki'rofano/ *sm* (*GB*) operating theatre, (*US*) operating room, surgery.

quiromancia /kiro'manθja/, **quiromancía** /kiroman'θia/ *sf* palmistry.

quirúrgico, -ca /ki'rurxiko -ka/ *adj* surgical.

quise /'kise/ *and other forms with* **quis-** ➪ querer

quisque /'kiske/ *pron* ● **que cada quisque se las apañe como pueda** let everyone fend for himself as best he can ● **me gustaría tener más vacaciones, como a todo quisque** I'd like to have more holidays just like everyone else.

quisquilla /kis'kiʎa/ *sf* (*Culin, Zool*) shrimp.

quisquilloso, -sa /kiski'ʎoso -sa/ *adj* **1.** (*susceptible*) touchy. **2.** (*puntilloso*) picky, fussy: **no seas tan quisquilloso** don't be so fussy.

quiste /'kiste/ *sm* cyst.

quita /'kita/ *excl* (*fam*): **quita, que lo hago yo** come on, let me do it; **quita, quita, ¡qué va a tener treinta años!** come off it, she can't be thirty!

quita y pon /'kita i pon/ **de quita y pon** *loc adj* (*cuello, forro*) detachable, removable: **el abrigo lleva un cuello de quita y pon** the coat has a detachable collar; (*nota adhesiva*) removable.

quitamanchas /kita'mantʃas/ *sm inv* stain remover.

quitanieves /kita'njeβes/ *sm inv* (*GB*) snowplough, (*US*) snowplow.

quitar /ki'tar/ [➪ CANTAR] *vt* **1.** (*retirar: gen*) to remove: **quítale la piel antes de comértela** remove the skin before you eat it; **le quitaron los puntos de sutura** they took out her stitches; **¿podrías quitar la mesa, por favor?** could you clear the table, please?; **quita todo esto** *de* **aquí** get all of this out of here; (*: una prenda de ropa, las gafas, el maquillaje*) to take off, to remove: **tiene calor, quítale el abrigo** he's hot, take his coat off. **2.** (*hacer desaparecer: una mancha*) to remove, to get out: **no pude quitar la mancha de la blusa** I couldn't get the stain out of the blouse; (*: un dolor*): **esto te quitará el dolor enseguida** this will make the pain go away immediately; **eso no te quita la sed/el hambre** that doesn't quench your thirst/ satisfy your hunger; **el café me quita el sueño** coffee keeps me awake; **eso le quita las ganas a cualquiera** it's enough to put anybody off; **no pudieron quitarle la idea** *de* **la cabeza** they couldn't make him change his mind ● **me has quitado un peso de encima** you've taken a weight off my mind. **3.** (*Mat: restar*) to subtract, to take away: **si se le quita tres a ocho…** if you take three from eight…; (*disminuir*): **eso no le quita mérito** that doesn't detract from her achievement; **le quité importancia** I played it down. **4.** (*privar de*): **me quita mucho tiempo** it takes up a lot of my time; **nos quitaron el sitio** they took our seats; (*arrebatar*): **no le quites el juguete** *a* **tu hermano** don't take the toy away from your brother; (*robar*) to steal: **le quitaron la cartera** they stole his wallet. **5.** (*excluir*): **quitando a Juan, los demás se portaron muy bien** with the exception of Juan, everyone behaved very well. **6.** (*impedir*): **eso no quita que mañana pueda cambiar de opinión** that doesn't mean that I may not change my mind tomorrow ● **lo cortés no quita lo valiente** you can be polite without letting anyone push you around. **7.** (*prohibir*): **me han quitado la sal** I've been told I must cut out salt.

quitarse *v prnl* **1.** (*retirarse: gen*): **quítate el pelo** *de* **los ojos** get your hair out of your eyes ● **no hubo forma de quitármelo de encima** I couldn't get rid of him; (*: una prenda de ropa, las gafas, el maquillaje*) to take off, to remove: **se quitó el abrigo** she took her coat off. **2.** (*restarse*): **se quita años** she makes out she's younger than she is; **no te quites méritos, es un logro magnífico** don't be so modest, it's a superb achievement. **3.** (*apartarse*) to get out * away: **quítese** *de* **ahí** get away from there. **4.** (*desaparecer: dolor*) to go (away): **se me ha quitado el dolor** the pain has gone; (*: mancha*): **ponle lejía a ver si se quita la mancha** put bleach on it and see if the stain comes out.

quite /'kite/ *sm* (*Tauro*) *feint to distract the bull from the bullfighter* • **siempre anda * está al quite** he's always ready to help.

quiteño, -ña /ki'teɲo -ɲa/ **I** *adj* of * from Quito. **II** *sm/f* native * inhabitant of Quito.

quizá /ki'θa/, **quizás** /ki'θas/ *adv* maybe, perhaps: **quizá convenga decírselo** it might be better to tell them; **quizá vengan mañana** maybe they'll come tomorrow.

quórum /'kworum/ *sm inv* quorum: **se suspendió la votación por falta de quórum** the vote was not taken as there was not a quorum.

R

R, r /'erre/ *sf* (*letra*) R, r.

rabadilla /rraβa'ðiʎa/ *sf*: *base of the spine.*

rábano /'rraβano/ *sm* radish • **tomó * cogió el rábano por las hojas** he got the wrong end of the stick • **le importa un rábano** he couldn't care less • **¡y un rábano!** no way!

rabí /rra'βi/ *sm/f* [**rabíes * rabís**] rabbi.

rabia /'rraβja/ *sf* **1.** (*enfermedad*) rabies [lleva el verbo en singular]: **el perro tenía la rabia** the dog had rabies. **2.** (*enfado*) rage, fury: **tiró la cartera al suelo** *con* **rabia** she flung her satchel to the floor in a rage • **me dio mucha rabia** it made me really angry • **¡qué rabia!** what bad luck! **3.** (*antipatía*) dislike: **dice que el maestro le tiene rabia** she says that the teacher has it in for her.

rabiar /rra'βjar/ [⇨ CAMBIAR] *vi* **1.** (*Med*) to have rabies. **2.** (*encolerizarse*) to be furious: **está que rabia por lo que le han dicho** he's hopping mad about what they said to him; **no hagas rabiar al niño** don't torment the child • **está a rabiar con su madre** she's furious with her mother. **3.** (*sufrir dolor*) to be in great pain: **rabiaba** *del* **dolor de muelas que tenía** she was in agony with her toothache. **4.** (*ansiar*) to long: **rabiaba** *por* **ir a París** she was dying to go to Paris • **me gusta el chocolate a rabiar** I love chocolate.

rabieta /rra'βjeta/ *sf* (*fam*) (temper) tantrum: **¡qué rabieta le dio!** she had * threw such a tantrum!

rabillo /rra'βiʎo/ *sm* **1.** (*Bot*) stalk. **2.** (*del ojo*) corner • **me miraba por el rabillo del ojo** he looked at me out of the corner of his eye.

rabino, -na /rra'βino -na/ *sm/f* rabbi.

rabioso, -sa /rra'βjoso -sa/ *adj* **1.** (*Med*) rabid. **2.** (*colérico*) furious: **se puso rabioso** he became furious. **3.** (*muy intenso*): **tiene unas ganas rabiosas de triunfar** she's extremely anxious to succeed; **esta música es de rabiosa actualidad** this music is the very latest thing.

rabo /'rraβo/ *sm* **1.** (*de un animal*) tail • **se marchó con el rabo entre las piernas** he went away with his tail between his legs. **2.** (*de una pieza de fruta*) stalk.

rabona /rra'βona/ *sf* (*Educ: fam*): **se hizo la rabona**, (*GB*) he skived off school, (*US*) he played hooky.

racanear /rrakane'ar/ [⇨ CANTAR] *vi* (*fam*) **1.** (*tacañear*) to be mean * stingy. **2.** (*vaguear*) to loaf around, to laze about.

rácano, **-na** /ˈrrakano -na/ (*fam*) **I** *adj* **1.** (*agarrado*) mean, stingy. **2.** (*vago*) lazy.
II *sm/f* **1.** (*agarrado*) miser, skinflint. **2.** (*vago*) layabout, loafer.

racha /ˈrratʃa/ *sf* **1.** (*Meteo*) gust: **el viento soplaba** *a* **rachas** the wind was gusting. **2.** (*etapa*) spell, run: **estoy teniendo una racha de buena/mala suerte** I'm having a run of good/bad luck.

racheado, **-da** /rratʃeˈaðo -ða/ *adj* gusty.

racial /rraˈθjal/ *adj* racial.

racimo /rraˈθimo/ *sm* (*de plátanos, uvas*) bunch.

raciocinio /rraθjoˈθinjo/ *sm* (power of) reason.

ración /rraˈθjon/ *sf* **1.** (*de comida: en tiempos de guerra*) ration • **en el colegio nos tenían a media ración** we were fed very poorly at school; (*: porción*) helping, portion: **póngame una ración de pulpo, por favor** a portion * helping of octopus, please; **tenemos que comprar una tarta de ocho raciones** we have to buy a cake to serve eight. **2.** (*de disgustos, problemas, etc.*) share: **hoy ya he tomado mi ración de sol** I've had my share * dose of sunshine for today.

racional /rraθjoˈnal/ *adj* rational.

racionalidad /rraθjonaliˈðað/ *sf* rationality.

racionalismo /rraθjonaˈlizmo/ *sm* rationalism.

racionalista /rraθjonaˈlista/ *adj, sm/f* rationalist.

racionalización /rraθjonaliθaˈθjon/ *sf* rationalization.

racionalizar /rraθjonaliˈθar/ [➪cazar] *vt* **1.** (*gen*) to rationalize. **2.** (*Fin*) to streamline, to rationalize.

racionamiento /rraθjonaˈmjento/ *sm* rationing.

racionar /rraθjoˈnar/ [➪CANTAR] *vt* (*gen*) to ration out; (*artículos de primera necesidad*) to ration: **los alimentos tuvieron que ser racionados** food had to be rationed.

racismo /rraˈθizmo/ *sm* racism.

racista /rraˈθista/ *adj, sm/f* racist.

rada /ˈrraða/ *sf* cove, sheltered anchorage.

radar /rraˈðar/ *sm* radar.

radiación /rraðjaˈθjon/ *sf* radiation.

radiactividad /rraðjaktiβiˈðað/ *sf* radioactivity.

radiactivo, **-va** /rraðjakˈtiβo -βa/ *adj* radioactive.

radiador /rraðjaˈðor/ *sm* radiator.

radial /rraˈðjal/ *adj* radial.

radiante /rraˈðjante/ *adj* radiant: **estaba radiante** *de* **alegría** she was radiant with joy.

radiar /rraˈðjar/ [➪CAMBIAR] *vt* **1.** (*por la radio*) to broadcast. **2.** (*Fís*) to radiate. **3.** (*Med*) to treat with X-rays.

radical /rraðiˈkal/ **I** *adj* **1.** (*completo*) radical, complete: **introdujo cambios radicales** she introduced radical changes. **2.** (*Pol*) radical.
II *sm/f* (*Pol*) radical.
III *sm* **1.** (*Ling, Mat*) root, radical. **2.** (*Quím*) radical.

radicalismo /rraðikaˈlizmo/ *sm* radicalism.

radicalizar /rraðikaliˈθar/ [➪cazar] *vt* to make more radical.

radicalizarse *v prnl* **1.** (*Pol: persona*) to become more radical. **2.** (*situación*) to worsen: **el enfrentamiento se ha radicalizado** the confrontation has worsened.

radicar /rraðiˈkar/ [➪sacar] *vi* (*interés, problema, etc.*) to lie: **la dificultad radica** *en* **el escaso tiempo disponible** the difficulty lies in the lack of time available.

radicarse *v prnl* (*establecerse*) to settle.

radio /ˈrraðjo/ **I** *sm* **1.** (*Anat, Mat*) radius: **buscaron en todos los hoteles** *en* **un radio** *de* **cinco millas** they checked all the hotels within a radius of five miles. **2.** (*de una rueda*) spoke. **3.** (*Quím*) radium. **4.** (*Amér L: receptor*) radio.
II *sf* (*Telec*) radio: **lo oí** *por* **la radio** I heard it on the radio; **pon la radio** switch on * turn on the radio.

radio de acción *sm* range.

radio pirata *sf* pirate radio station.

radioaficionado, **-da** /rraðjoafiθjoˈnaðo -ða/ *sm/f* radio ham.

radiocasete /rraðjokaˈsete/ *sm* radio cassette (player).

radiodespertador /rraðjoðespertaˈðor/ *sm* clock radio, radio alarm clock.

radiodifusión /rraðjoðifuˈsjon/ *sf* (radio) broadcasting.

radiofonía /rraðjofoˈnia/ *sf* radio.

radiofónico, **-ca** /rraðjoˈfoniko -ka/ *adj* radio: **un programa radiofónico** a radio programme.

radiografía /rraðjoɣraˈfia/ *sf* **1.** (*procedimiento*) radiography. **2.** (*placa*) X-ray: **le hicieron una radiografía del pie** they took an X-ray of his foot.

radiografiar /rraðjoɣraˈfjar/ [➪CAMBIAR] *vt* to X-ray.

radiología /rraðjoloˈxia/ *sf* radiology.

radiólogo, **-ga** /rraˈðjoloɣo -ɣa/ *sm/f* radiologist.

radionovela /rraðjonoˈβela/ *sf* radio serial, soap (opera) (*on the radio*).

radiorreceptor /rraðjorreθepˈtor/ *sm* radio receiver.

radiotaxi /rraðjoˈtaksi/ *sm* radio taxi.

radiotelefonía /rraðjotelefoˈnia/ *sf* radiotelephony, radio.

radioteléfono /rraðjoteˈlefono/ *sm* radiotelephone.

radioterapia /rraðjoteˈrapja/ *sf* radiotherapy.

radioyente /rraðjoˈjente/ *sm/f* listener.

RAE /ˈrrae/ *sf* (*abbreviation of* **Real Academia Española**) the Spanish Royal Academy (*of the Spanish Language*).

raer /rraˈer/ [➪caer] *vt* to scrape (off).

ráfaga /ˈrrafaɣa/ *sf* **1.** (*de viento*) gust. **2.** (*de luz*) flash. **3.** (*de ametralladora*) hail, burst.

rafia /ˈrrafja/ *sf* (*Bot*) raffia.

raglán /rraˈɣlan/, **raglan** /ˈrraɣlan/ *adj* raglan.

raído, **-da** /rraˈiðo -ða/ *adj* threadbare, worn.

raigambre /rraiˈɣambre/ *sf* **1.** (*arraigo*): **las fiestas populares tienen mucha raigambre en España** public festivals are deeply rooted in the Spanish way of life. **2.** (*conjunto de raíces*) root system.

raíl /rraˈil/ *sm* (*Transp*) rail.

raíz /rraˈiθ/ *sf* [**raíces**] root: **arrancaron las malas hierbas** *de* **raíz** they pulled the weeds up by the roots; **tienes que trasplantarla cuando eche raíces** you must transplant it when it takes root • **intentó cortar de raíz el problema** he tried to root out the problem • **echó raíces en Valencia** he put down roots in * settled in Valencia • **a raíz de la aprobación de la ley hubo muchas protestas** there was a lot of protest as a result of the law being passed.

raíz cuadrada *sf* square root.

raíz cúbica *sf* cube root.

raja /ˈrraxa/ *sf* **1.** (*gen*) slit; (*en una taza, un plato*) crack. **2.** (*en tela: roto*) slash; (*: abertura*) split. **3.** (*de melón, sandía, etc.*) slice.

rajá /rraˈxa/ *sm* rajah • **vive como un rajá** he lives like a king.

rajado, **-da** /rraˈxaðo -ða/ **I** *adj* **1.** (*gen*) split; (*taza, plato, etc.*) cracked: **el cristal de la ventana está rajado** the window pane is cracked. (*tela*) slashed. **2.** (*fam: persona: que se echa para atrás*): **¡va, no seas rajado!** come on, don't be such a wimp!; (*: cobarde*) cowardly.

II *sm/f* (*fam*: *persona que se echa para atrás*) wimp: **es un rajado** he's a wimp; (*: cobarde*) chicken.

rajar /rra'xar/ [➪CANTAR] *vt* **1.** (*gen*) to split; (*un cristal, una taza, etc.*) to crack: **ten cuidado, vas a rajar el espejo** be careful or you'll crack the mirror; (*una tela*) to slash. **2.** (*fam*: *con una navaja, un cuchillo*) to slash: **¡no grites o te rajo!** don't scream or I'll slash you! **3.** (*Arg, Urug*: *echar*) to kick out. **4.** (*Arg, Chi, Urug*: *fam, criticar*) to pull to pieces: **se reúnen para tomar té y rajar a todo el mundo** they get together to have tea and to pull everyone to pieces.
♦*vi* (*fam*) **1.** (*hablar*) to chat: **estuvieron rajando toda la tarde** they chatted all afternoon. **2.** (*Arg, Chi, Urug*: *irse corriendo*): **¡rajen de aquí!** beat it!

rajarse *v prnl* **1.** (*partirse: gen*) to split; (*: cristal, taza, etc.*) to crack. **2.** (*fam*: *de hacer algo: gen*) to back out; (*: por miedo*) to chicken out. **3.** (*Amér L*: *fam, huir*) to run away.

rajatabla /rraxa'taβla/ **a rajatabla** *loc adv* strictly, to the letter: **hizo cumplir las normas a rajatabla** he made sure that the regulations were complied with to the letter.

ralea /rra'lea/ *sf* (*frml*) kind, sort: **es gente de mala ralea** they are not very nice people.

ralentí /rralen'ti/ **al ralentí** *loc adv* **1.** (*Auto*): **el motor hace un ruido extraño cuando está al ralentí** the engine makes a strange noise when it's idling. **2.** (*en cine*) in slow motion: **la escena fue rodada al ralentí** the scene was filmed in slow motion.

rallado, -da /rra'ʎaðo -ða/ *adj* (*Culin*) grated.

rallador /rraʎa'ðor/ *sm* grater.

ralladura /rraʎa'ðura/ *sf* (*de limón, naranja, etc.*) grated rind.

rallar /rra'ʎar/ [➪CANTAR] *vt* (*zanahorias, queso*) to grate; (*pan*): **hay que rallar el pan** you have to make breadcrumbs.

rally /'rrali/ *sm* [**rallys**] (*Auto*) rally.

ralo, -la /'rralo -la/ *adj* (*cabello, barba*) thin.

RAM /rram/ *sf* (*siglas en inglés de* **memoria de acceso directo**) RAM (Random Access Memory).

rama /'rrama/ *sf* **1.** (*Bot*) branch • **no te vayas por las ramas y termina de contarme qué pasó** don't go off at a tangent - finish telling me what happened • **no te andes por las ramas** don't beat about the bush. **2.** (*especialidad*): **se dedica a una rama distinta de la ingeniería** she works in a different branch of engineering.

Ramadán /rrama'ðan/ *sm* Ramadan.

ramal /rra'mal/ *sm* (*de una vía de tren*) branch line; (*de una carretera*) minor road.

ramalazo /rrama'laθo/ *sm* **1.** (*de dolor*) stab of pain. **2.** (*fam*: *de locura*) fit of madness: **le dio un ramalazo y empezó a tirar todo a la basura** in a fit of madness he started throwing everything out.

rambla /'rrambla/ *sf* **1.** (*de agua de lluvia*) watercourse. **2.** (*calle, paseo*) avenue; (*Méx, Urug*: *paseo marítimo*) seafront, esplanade.

ramera /rra'mera/ *sf* prostitute.

ramificación /rramifika'θjon/ *sf* **1.** (*división*) ramification. **2.** (*entresijo*) ramification: **las ramificaciones del argumento** the ramifications of the plot. **3.** (*incidencia*) repercussion, consequence: **el escándalo tuvo ramificaciones políticas además de económicas** the scandal had political as well as economic repercussions.

ramificarse /rramifi'karse/ [➪sacar] *v prnl* (*venas, ramas*) to branch (out); (*carreteras*) to branch (off): **la carretera se ramifica** *en* **dos a la salida del pueblo** the road forks as you leave the village.

ramillete /rrami'ʎete/ *sm* posy.

ramo /'rramo/ *sm* **1.** (*de flores*) bouquet, bunch. **2.** (*rama*) branch. **3.** (*sector*): **tiene negocios en el ramo de la alimentación** he is in business in the food industry.

rampa /'rrampa/ *sf* ramp.

ramplón, -plona /rram'plon -'plona/ *adj* ordinary, run-of-the-mill: **es un diseño bastante ramplón** it's a very run-of-the-mill design.

rana /'rrana/ *sf* frog • **me parece que tendremos que esperar hasta que las ranas críen pelo** it looks to me as if we'll have to wait forever • **nos ha salido rana** (*persona*) he has turned out to be a disappointment; (*cosa*) it hasn't turned out as well as we expected.

ranchera /rran'tʃera/ *sf* **1.** (*Mús*) *traditional Mexican song*. **2.** (*Auto*) (*GB*) estate (car), (*US*) station wagon.

ranchero, -ra /rran'tʃero -ra/ *sm/f* rancher.

rancho /'rrantʃo/ *sm* **1.** (*finca*) ranch. **2.** (*comida*) (communal) meal • **ésos forman rancho aparte** that lot do their own thing. **3.** (*Amér L*: *choza*) shack.

rancio, -cia /'rranθjo -θja/ *adj* **1.** (*vino*) vinegary; (*comida*) off; (*pan*) stale; (*mantequilla*) rancid. **2.** (*fam*: *antipático*) unpleasant: **es un poco rancia** she's rather unpleasant. **3.** (*frml*: *con solera*) ancient: **presume de ser de rancio abolengo** he prides himself on being of distinguished ancestry.

ranglán /rraŋ'ɣlan/, **ranglan** /'rraŋɣlan/ *adj* raglan.

rango /'rraŋgo/ *sm* **1.** (*posición*) rank: **es oficial, pero no sé qué rango tiene** he's an officer, but I don't know what rank he is. **2.** (*categoría*) class, standing: **sólo se trata con personas de su rango** he only mixes with people of his own social standing.

ránking /'rraŋkin/ *sm* ranking: **es cuarto en el ránking mundial** he is ranked fourth in the world.

ranura /rra'nura/ *sf* slot: **introduzca la moneda en la ranura** place the coin in the slot.

rapacidad /rrapaθi'ðað/ *sf* rapacity.

rapapolvo /rrapa'polβo/ *sm* (*fam*) telling-off: **me echó un rapapolvo impresionante** he gave me a tremendous telling-off.

rapar /rra'par/ [➪CANTAR] *vt* (*el pelo*) to cut short: **¡sí que te han rapado bien!** they've cut your hair really short!; (*afeitar*): **a los reclutas el primer día les rapan la cabeza** the first day they shave the heads of all the new recruits.

raparse *v prnl*: **se rapó la cabeza** he shaved his head.

rapaz /rra'paθ/ [**rapaces**] **I** *adj* (*ave*): **muchas aves rapaces son especies protegidas** many birds of prey are protected species.
II *sm* (*muchacho*) boy.

rapaza /rra'paθa/ *sf* girl.

rape /'rrape/ *sm* **1.** (*pez*) monkfish. **2.** (*al referirse al pelo*): **llevaba el pelo cortado** *al* **rape** (*mujer*) her hair was cropped; (*hombre*) he had a crew cut.

rapé /rra'pe/ *sm* snuff.

rápel /'rrapel/ *sm* abseiling: **descendieron haciendo rápel** they abseiled down.

rapidez /rrapi'ðeθ/ *sf* speed: **oyó su nombre y se volvió** *con* **rapidez** he heard his name and turned round quickly.

rápido, -da /'rrapiðo -ða/ **I** *adj* (*gen*) quick: **necesito una respuesta rápida** I need a quick answer; **calcúlalo tú que eres más rápido** you work it out, you're quicker than I am; **el desarrollo ha sido demasiado rápido** development has taken place too quickly; **se**

produjo un rápido deterioro de su salud his health declined rapidly; (*tren, coche, corredor, comida*) fast.
II rápido *adv* quickly, fast: **habla tan rápido que no la entiendo** she talks so quickly * fast that I can't understand her; **no camines tan rápido** don't walk so fast * quickly; **¡rápido!** hurry up.
III rápido *sm* (*tren*) express.
IV rápidos *sm pl* (*de un río*) rapids *pl*.

rapiña /rra'piɲa/ *sf* looting.

raposa /rra'posa/ *sf* fox.

rappel /'rrapel/ *sm* ⇨ rápel

rapsodia /rrap'soðja/ *sf* rhapsody.

raptar /rrap'tar/ [⇨ CANTAR] *vt* to kidnap.

rapto /'rrapto/ *sm* **1.** (*de un rehén*) kidnapping. **2.** (*por una emoción*) fit: **lo abofeteó en un rapto de ira** she slapped him in a fit of rage.

raptor, -tora /rrap'tor -'tora/ *sm/f* kidnapper.

raqueta /rra'keta/ *sf* **1.** (*de tenis, squash, badminton*) racket; (*de ping-pong*) (*GB*) bat, (*US*) paddle. **2.** (*de nieve*) snowshoe. **3.** (*en una carretera*) *exit road allowing vehicles to turn round without crossing the path of oncoming traffic*.

raquítico, -ca /rra'kitiko -ka/ *adj* **1.** (*Med*) rachitic. **2.** (*fam: delgado: persona*) (very) thin, emaciated; (*: animal, planta*) stunted: **había unos árboles raquíticos** there were a few stunted trees. **3.** (*fam: escaso, pequeño*) small, paltry: **nos pusieron unas raciones raquíticas** they gave us pathetically small portions.

raquitismo /rraki'tizmo/ *sm* (*Med*) rickets.

rareza /rra'reθa/ *sf* **1.** (*cualidad*) rarity, rareness. **2.** (*cosa extraña*) rare thing: **le gusta coleccionar rarezas** he likes collecting rare things. **3.** (*manía*) odd way: **tiene muchas rarezas** he has many odd ways.

raro, -ra /'rraro -ra/ **I** *adj* **1.** (*extraño*) strange, odd: **tenía un aspecto raro** he looked odd; **es raro que no esté allí** it's strange * odd that he is not there. **2.** (*infrecuente*) rare: **rara vez veo a Luisa** I rarely see Luisa; **es raro que llegue antes de las diez** it's unusual for him to arrive before ten o'clock.
II *sm/f* strange * odd person: **¡es una rara!** she's a very strange person!

ras /rras/ **I al ras** *loc adv*: **corté el césped al ras** I cut the grass very short.
II a ras de *prep*: **el cable va a ras del suelo** the cable runs along the floor.

rasante /rra'sante/ **I** *adj*: **pasaron unos aviones en vuelo rasante** some planes flew over very low.
II *sf* slope.

rasca /'rraska/ (*fam*) **I** *sf* (*frío*): **¡hace una rasca por las mañanas!** it's so cold in the mornings!
II *adj inv* (*Arg, Chi, Urug*): **venden una ropa muy rasca** the clothes they sell are of very poor quality; **nos llevó a un restaurante muy rasca** he took us to a very bad restaurant.

rascacielos /rraska'θjelos/ *sm inv* skyscraper.

rascar /rras'kar/ [⇨ sacar] *vt* **1.** (*la piel*) to scratch. **2.** (*algo adherido*) to scrape off: **tuvimos que rascar la pintura del suelo** we had to scrape the paint off the floor. **3.** (*un instrumento musical*) to scrape away at.
♦ *vi* (*ropa*) to be scratchy: **¡cómo rascan estas sábanas!** these sheets are very scratchy ● **no rascó una** (*concursante*) he didn't get a single question right; (*jugador*) he didn't touch the ball during the match.
rascarse *v prnl* to scratch (oneself): **se estaba rascando la espalda** he was scratching his back.

rasera /rra'sera/ *sf* skimmer.

rasero /rra'sero/ *sm* ● **mido por el mismo rasero a todo el mundo** I treat everyone the same.

rasgado, -da /rraz'ɣaðo -ða/ *adj* **1.** (*roto*) ripped, torn. **2.** (*ojos*) almond-shaped.

rasgadura /rrazɣa'ðura/ *sf* tear, rip.

rasgar /rraz'ɣar/ [⇨ pagar] *vt* to tear, to rip: **rasgó el sobre con impaciencia** he tore open the envelope impatiently.
rasgarse *v prnl* to tear, to rip: **se le rasgó el vestido** she tore * ripped her dress; **me rasgué la uña** I tore my fingernail.

rasgo /'rrazɣo/ *sm* **1.** (*línea*) stroke ● **lo explicó a grandes rasgos** he explained it in broad outline. **2.** (*en el rostro*) feature: **una cara de rasgos enérgicos** a face with strong features. **3.** (*característica*) characteristic, trait: **la generosidad es uno de sus principales rasgos** generosity is one of his main characteristics. **4.** (*gesto*) gesture: **fue un rasgo muy noble** it was a noble gesture.

rasgón /rraz'ɣon/ *sm* tear, rip.

rasguear /rrazɣe'ar/ [⇨ CANTAR] *vt* (*Mús*) to strum.

rasguñar /rrazɣu'ɲar/ [⇨ CANTAR] *vt* to scratch.
rasguñarse *v prnl* to scratch (oneself).

rasguño /rraz'ɣuɲo/ *sm* scratch, graze.

raso, -sa /'rraso -sa/ **I** *adj* **1.** (*terreno*) flat, level. **2.** (*hasta el borde*) level: **añada una cucharada rasa de azúcar** add a level spoonful of sugar. **3.** (*cielo*) clear ● **tuvimos que pasar la noche al raso** we had to spend the night out in the open. **4.** (*muy bajo*) low: **el avión pasó muy raso** the plane flew over very low.
II raso *sm* satin.

raspa /'rraspa/ **I** *sf* (*de pescado: espina*) bone; (*: espina dorsal*) backbone.
II *sm/f* (*fam: antipático*) unpleasant person: **es un raspa** he's an unpleasant person.
III *adj inv* (*fam: antipático*) unpleasant, nasty.

raspado /rras'paðo/ *sm* (*Med*) scrape.

raspar /rras'par/ [⇨ CANTAR] *vt* (*con un cuchillo, una rasqueta*) to scrape; (*con papel de lija*) to sand down: **hay que raspar la madera antes de barnizarla** you must sand down the wood before varnishing it.
♦ *vi* to scratch: **esta lana raspa** this wool scratches.
rasparse *v prnl* to scrape: **se raspó el codo en la pared** she scraped her elbow on the wall.

raspón /rras'pon/, **rasponazo** /rraspo'naθo/ *sm* (*Med*) scratch.

rasposo, -sa /rras'poso -sa/ *adj* **1.** (*áspero*) rough. **2.** (*Arg, Urug: ropa*) shabby; (*: persona*) scruffy.

rasqueta /rras'keta/ *sf* scraper.

rastras /'rrastras/ **a rastras** *loc adv*: **trajo la silla a rastras** he dragged the chair over ● **tuvimos que llevarla al colegio a rastras** we had to drag her to school.

rastrear /rrastre'ar/ [⇨ CANTAR] *vt* **1.** (*huellas, un rastro*) to trail. **2.** (*fuentes, evidencia*) to search for.

rastrero, -ra /rras'trero -ra/ *adj* despicable: **abandonarla así fue de lo más rastrero** leaving her like that was despicable.

rastrillar /rrastri'ʎar/ [⇨ CANTAR] *vt* **1.** (*las hojas*) to rake up. **2.** (*la tierra*) to rake (smooth).

rastrillo /rras'triʎo/ *sm* **1.** (*Agr*) rake. **2.** (*de un castillo*) portcullis. **3.** (*mercado callejero*) flea market.

rastro /'rrastro/ *sm* **1.** (*pista*) trail: **le siguieron el rastro** they followed his trail; **le perdieron el rastro** they lost his trail. **2.** (*vestigio*) trace: **desapareció sin dejar rastro** he vanished without trace; **de aquella**

civilización no queda ni rastro not a trace remains of that civilization. 3. (*mercado callejero*) flea market.

rastrojo /rras'troxo/ *sm* (*Agr*) 1. (*residuo tras la siega*) stubble. 2. (*campo tras la siega*) field of stubble.

rasuradora /rrasura'ðora/ *sf* (*Méx*) razor.

rasurar /rrasu'rar/ [⇨ CANTAR] *vt* to shave.

rasurarse *v prnl* to shave.

rata /'rrata/ I *sf* 1. (*Zool*) rat. 2. (*fam*: *persona*) rat, (*GB*) swine. 3. (*Arg, Urug*: *Educ, fam*): **se hizo la rata**, (*GB*) he skived off school, (*US*) he played hooky.
II *sm/f* (*fam*) miser, skinflint.
III *adj* (*fam*) mean, stingy: **¡qué rata eres!** you're so stingy!

ratero, -ra /rra'tero -ra/ *sm/f* petty thief.

raticida /rrati'θiða/ *sm* rat poison.

ratificar /rratifi'kar/ [⇨ sacar] *vt* (*una noticia, a una persona*) to confirm; (*Jur, Pol*: *un tratado, un contrato*) to ratify.

ratificarse *v prnl* 1. (*noticia*) to be confirmed; (*Jur, Pol*) to be ratified. 2. (*persona*): **me ratifico** *en* **mis opiniones** I stand by what I have said.

ratio /'rratjo/ *sm* ✻ *sf* ratio.

rato /'rrato/ *sm* 1. (*gen*) while: **espera un rato** wait for a while; **estuvo lloviendo un buen rato** it rained for quite a while • **me duele la pierna a ratos** my leg hurts every now and again • **estoy haciendo la traducción a ratos perdidos** I'm doing the translation in odd moments • **tenemos espera para rato** we have a long wait ahead of us • **hizo punto para pasar el rato** she knitted to while away the time. 2. (*fam*: *para intensificar*): **sabe un rato largo de física** she knows a lot about physics; **ese niño es un rato guapo** that boy is very good-looking.

ratón, -tona /rra'ton -'tona/ I *sm/f* (*Zool*) mouse (*pl* mice).
II **ratón** *sm* (*Inform*) mouse (*pl* mice).

ratón de biblioteca *sm* (*fam*) bookworm.

ratonera /rrato'nera/ *sf* 1. (*trampa*) mousetrap. 2. (*madriguera*) mousehole. 3. (*fam*: *casa, habitación*) hovel: **pagan un alquiler muy alto por una ratonera** they pay a lot of rent for a tiny hovel.

raudales /rrau'ðales/ **a raudales** *loc adv*: **en esta habitación entra el sol a raudales** this room gets lots of sun; **el vino y el champán corrieron a raudales** the wine and champagne flowed freely.

raudo, -da /'rrauðo -ða/ (*frml*) I *adj* swift, rapid.
II **raudo** *adv*: **partió raudo hacia su nuevo destino** he left quickly for his new destination.

ravioles /rra'βjoles/, **raviolis** /rra'βjolis/ *sm pl* ravioli.

raya /'rraja/ *sf* 1. (*línea*) line: **trazó una raya** he drew a line. 2. (*en el pelo*) (*GB*) parting, (*US*) part. 3. (*en un pantalón*) crease. 4. (*en un diseño*) stripe: **me he comprado una camisa** *a* **rayas** I've bought a striped shirt. 5. (*límite*) limit: **se pasó de la raya** he went too far • **los mantiene a raya** he keeps them under control. 6. (*signo ortográfico*) dash (*punctuation mark preceding speech*). 7. (*Méx*: *jornal*) wages *pl*, pay. 8. (*pez*) ray, skate.

rayado, -da /rra'jaðo -ða/ *adj* 1. (*mueble, coche, disco, etc.*) scratched • **parece un disco rayado** she keeps coming up with the same old story. 2. (*papel*) lined; (*tela*) striped.

rayar /rra'jar/ [⇨ CANTAR] *vt* 1. (*un papel*) to draw lines on. 2. (*un mueble, un disco, un coche, etc.*) to scratch: **vas a rayar el suelo con esas botas** you'll scratch the floor with those boots; **ten cuidado de no rayar el disco** be careful not to scratch the record. 3. (*estar cerca de*): **su abuelo raya los sesenta** his grandfather is nearly sixty.
♦*vi* 1. (*limitar*): **su finca raya** *con* **la nuestra** his property borders on ours. 2. (*bordear*): **su valentía rayaba** *en* **la imprudencia** his bravery bordered ✻ verged on recklessness. 3. (*frml*: *al referirse al amanecer*): **al rayar el alba ✻ día...** at dawn ✻ daybreak....

rayarse *v prnl* to get scratched: **se ha rayado el disco** the record has got scratched.

rayo /'rrajo/ *sm* 1. (*de sol, luz*) ray. 2. (*en una tormenta*) (bolt of) lightning • **¡que lo parta un rayo!** to hell with him! • **¡esta sopa sabe a rayos!** this soup tastes awful! 3. (*persona*): **es un rayo** *con* **las tareas de la casa** he can do the housework as quick as a flash.

rayos ultravioleta ✻ ultravioletas *sm pl* ultraviolet rays *pl*.

rayos X *sm pl* X-rays *pl*.

rayón /rra'jon/ *sm* rayon.

rayuela /rra'jwela/ *sf* (*juego: lanzando moneda*) pitch-and-toss; (*: saltando de cuadro a cuadro*) hopscotch.

raza /'rraθa/ *sf* 1. (*humana*) race. 2. (*de animales*) breed • **es un perro de raza** it's a pedigree dog • **¡de raza le viene al galgo!** it runs in the family!

raza humana *sf* human race.

razón /rra'θon/ *sf* 1. (*inteligencia*) reason: **ha perdido la razón** she has lost her mind • **espero que entre en razón** I hope he will see sense. 2. (*causa*) reason: **no hay razón para que te enfades** there's no reason for you to get angry • **razón de más para que no vayas** all the more reason for you not to go. 3. (*para expresar acierto, verdad*): **tienes razón, yo estaba equivocado** you're right, I was wrong; **tienes toda la razón** you're quite right. 4. (*argumento*) reasoning, argument: **las razones del fiscal convencieron al jurado** the jury was persuaded by the public prosecutor's arguments • **es muy testarudo, no atiende a razones** he's very stubborn, he won't listen to reason. 5. (*información*) information: **se vende, razón en la oficina** for sale, inquire at the office; **dio razón del accidente** he reported the accident. 6. (*Mat*) ratio • **tocamos a razón de dos mil cada uno** our share comes to two thousand each.

razón de Estado *sf* (*Pol*) reasons of State *pl*.

razón social *sf* (*Fin*) trade name.

razonable /rraθo'naβle/ *adj* reasonable.

razonamiento /rraθona'mjento/ *sm* reasoning.

razonar /rraθo'nar/ [⇨ CANTAR] *vt*: **razonó muy bien sus respuestas** he gave well thought out answers; **razone su respuesta** explain the reasons for your answer.
♦*vi* to reason: **hombre, razona un poco** come on, be reasonable.

re /rre/ *sm inv* (*Mús*) D, re.

reabrir /rrea'βrir/ [⇨ PARTIR; *past participle* **reabierto**] *vt* to reopen.

reacción /rreak'θjon/ *sf* reaction: **la vacuna le produjo una reacción** she had a reaction to the injection; **temían su reacción** they were afraid of her reaction.

reacción en cadena *sf* chain reaction.

reacción nuclear *sf* nuclear reaction.

reaccionar /rreakθjo'nar/ [⇨ CANTAR] *vi* to react: **reaccionó mal** *ante* **la noticia** he reacted badly to the news; **reacciona muy bien** *frente a* ✻ *ante* **las dificultades** she reacts very well when faced with difficulties; **era una forma de reaccionar** *contra* **la educación que habían recibido** it was a kind of reaction against ✻ to their upbringing.

reaccionario, -ria /rreakθjo'narjo -rja/ *adj, sm/f* reactionary.

reacio, -cia /rre'aθjo -θja/ *adj* reluctant: **era muy reacia** *a* **decirnos lo que había pasado** she was reluctant to tell us what had happened.

reacondicionar /rreakondiθjo'nar/ [➪ CANTAR] *vt* to refit.

reactivar /rreakti'βar/ [➪ CANTAR] *vt* to reactivate.
reactivarse *v prnl* to pick up.

reactor /rreak'tor/ *sm* **1.** (*motor*) jet engine. **2.** (*avión*) jet (plane).
reactor nuclear *sm* nuclear reactor.

readmisión /rreaðmi'sjon/ *sf* (*gen*) readmission; (*de un empleado*) re-employment, reinstatement.

readmitir /rreaðmi'tir/ [➪ PARTIR] *vt* (*gen*) to readmit; (*a un empleado*) to re-employ, to reinstate: **después del juicio tuvieron que readmitirlo en la empresa** after the trial they had to reinstate him (in the company).

reafirmar /rreafir'mar/ [➪ CANTAR] *vt* **1.** (*repetir*) to reaffirm. **2.** (*fortalecer*): **eso lo reafirmó** *en* **su postura** that reinforced his position.
reafirmarse *v prnl*: **se reafirmó** *en* **sus opiniones** he reaffirmed his views.

reagrupar /rreaɣru'par/ [➪ CANTAR] *vt* to regroup.
reagruparse *v prnl* to regroup.

reajustar /rreaxus'tar/ [➪ CANTAR] *vt* to readjust: **dijo que habrá que reajustar los precios** he said prices would have to be readjusted.
reajustarse *v prnl* to readjust.

reajuste /rrea'xuste/ *sm* (*de precios, salarios, etc.*) readjustment: **hubo un reajuste** *en* **el precio de los carburantes** fuel prices were readjusted • **hubo un reajuste de plantilla** there was a restructuring of staffing levels.

real /rre'al/ **I** *adj* **1.** (*de la realeza*) royal. **2.** (*auténtico*) real: **en la vida real también son marido y mujer** they're married in real life as well; **está basado en un hecho real** it's based on a true story. **3.** (*fam: enorme*): **lo que has dicho es una real tontería** what you said was really stupid.
II *sm* • **no tiene ni un real** he hasn't got a penny.
real decreto *sm* royal decree.

realce /rre'alθe/ *sm* importance: **la asistencia del presidente dio realce a la celebración** the president's presence lent importance to the event.

realeza /rrea'leθa/ *sf* royalty: **no es miembro de la realeza** she's not a member of the royal family.

realidad /rreali'ðað/ *sf* **1.** (*lo que existe*) reality: **déjate de sueños y vive en la realidad** stop dreaming and start living in the real world. **2.** (*verdad*) truth: **la realidad es que las cosas no marchan bien** the truth is that things are not going well; *en* **realidad el accidente no fue grave** in fact the accident wasn't serious.
realidad virtual *sf* virtual reality.

realismo /rrea'lizmo/ *sm* realism.

realista /rrea'lista/ **I** *adj* **1.** (*Artes, Lit*) realist: **es un pintor realista** he's a realist painter. **2.** (*consciente de la realidad*) realistic: **es realista y no se hace muchas ilusiones** he's quite realistic and isn't building up his hopes.
II *sm/f* realist.

realización /rrealiθa'θjon/ *sf* **1.** (*de un sueño*) achievement, realization. **2.** (*de una tarea*) execution. **3.** (*de un programa de televisión, radio*) production: **la realización ha estado a cargo de Pedro Moscoso** it was produced by Pedro Moscoso; (*de una película*) direction.

realizado, -da /rreali'θaðo -ða/ *adj* fulfilled: **se siente realizada** *con* **su nuevo trabajo** she feels fulfilled in her new job.

realizador, -dora /rrealiθa'ðor -'ðora/ *sm/f* (*de un programa de televisión, radio*) producer; (*de una película*) director.

realizar /rreali'θar/ [➪ cazar] *vt* **1.** (*un sueño*) to achieve, (*GB*) to fulfil, (*US*) to fulfill: **realizó su sueño de ser actor** he achieved his dream of becoming an actor. **2.** (*una tarea*) to carry out: **tienen que realizar el trabajo en dos meses** they must do the work in two months. **3.** (*un programa de televisión, radio*) to produce; (*una película*) to direct.
realizarse *v prnl* **1.** (*hacerse realidad*) to come true: **todos sus sueños se realizaron** all her dreams came true. **2.** (*sentirse satisfecho*) to (*GB*) fulfil * (*US*) fulfill oneself: **su mayor ambición es realizarse profesionalmente** her greatest ambition is to fulfil herself in her career.

realmente /rreal'mente/ *adv* really: **fue realmente trágico** it was really tragic; **es realmente atractiva** she's truly attractive; **¿qué es lo que realmente te apetece hacer?** what do you really want to do?

realojar /rrealo'xar/ [➪ CANTAR] *vt* to rehouse.

realquilar /rrealki'lar/ [➪ CANTAR] *vt* (*Fin*) to sublet.

realzar /rreal'θar/ [➪ cazar] *vt* **1.** (*resaltar*) to enhance, to bring out: **el marco blanco realza más los colores del cuadro** the white frame brings out the colours of the picture. **2.** (*levantar*) to raise, to lift.
realzarse *v prnl* to be enhanced.

reanimar /rreani'mar/ [➪ CANTAR] *vt* **1.** (*dar fuerzas a*) to revive: **esta inyección la reanimará** this injection will revive her; **la respiración boca a boca consiguió reanimar al herido** the injured man was revived using mouth-to-mouth resuscitation; (*hacer volver en sí a*): **la reanimaron haciéndole oler sales** they brought her round with smelling salts. **2.** (*animar*) to cheer up: **la reanimó mucho tu visita** your visit cheered her up a lot.
reanimarse *v prnl* (*persona*) to come round.

reanudar /rreanu'ðar/ [➪ CANTAR] *vt* to resume: **reanudaron la marcha al amanecer** they resumed their march at dawn; **reanudó el trabajo después de unas largas vacaciones** he took up his work again after a long holiday.
reanudarse *v prnl* to resume, to begin again: **las clases se reanudarán dentro de dos semanas** classes resume * begin again in two weeks; **se reanudaron los combates** fighting broke out * began again.

reaparecer /rreapare'θer/ [➪ agradecer] *vi* **1.** (*volver a aparecer*) to reappear. **2.** (*actor, cantante*) to make a comeback: **al cabo de algunos años, reapareció en los escenarios** after some years he made a comeback to the stage.

reapertura /rreaper'tura/ *sf* reopening.

rearmar /rrear'mar/ [➪ CANTAR] *vt* to rearm.
rearmarse *v prnl* to rearm.

reata /rre'ata/ *sf* (*Méx*) rope.

reavivar /rreaβi'βar/ [➪ CANTAR] *vt* to revive.
reavivarse *v prnl* (*Med*) to revive: **el incendio se reavivó al día siguiente** the fire revived * broke out again the next day.

rebaja /rre'βaxa/ **I** *sf* reduction, discount: **me hicieron rebaja porque compré cinco** they gave me a reduction because I bought five; **¿no me puede hacer una rebaja?** can't you give me a discount?

II rebajas *sf pl* sales *pl*: **todos los grandes almacenes están** *de* **rebajas** the sales are on in all the department stores.

rebajar /rreβa'xar/ [⇨ CANTAR] *vt* **1.** (*el precio*) to reduce; (*un producto*) to cut the price of: **han rebajado un veinte por ciento todos sus productos** they've cut the price of all stock by twenty per cent. **2.** (*un terreno*) to lower: **rebajaron el terreno para dejarlo a la altura de la carretera** the ground level was lowered to that of the road. **3.** (*una mezcla*) to dilute; (*una salsa*) to add water to: **tienes que rebajar la salsa con un poco de agua** you must add some water to the sauce; (*pintura*) to thin: **hay que rebajar esta pintura** this paint needs thinning; (*un color*) to tone down. **4.** (*una condena*) to reduce: **le rebajaron la pena a tres años** his sentence was reduced to three years. **5.** (*degradar*) to humiliate, to demean: **piensa que las tareas domésticas rebajan a las personas** she thinks that household jobs are demeaning. **6.** (*Mil*: *eximir*) to exempt: **lo han rebajado** *de* **guardia este mes** he has been exempted from guard duty this month.

rebajarse *v prnl* to lower oneself: **yo no me rebajaría** *a* **hacer tal cosa** I wouldn't lower myself to do such a thing; **tuvo que rebajarse y pedirle perdón** he had to eat humble pie and ask her to forgive him.

rebanada /rreβa'naðа/ *sf* (*de pan*) slice.

rebanar /rreβa'nar/ [⇨ CANTAR] *vt* to slice.

rebanarse *v prnl* (*fam*) to slice off, to cut off: **casi me rebano un dedo** I nearly sliced my finger off.

rebañar /rreβa'ɲar/ [⇨ CANTAR] *vt* (*con una cuchara*) to scrape (clean); (*con pan*) to wipe (clean).

rebaño /rre'βaɲo/ *sm* **1.** (*de ganado, cerdos*) herd; (*de ovejas*) flock. **2.** (*de fieles*) flock.

rebasar /rreβa'sar/ [⇨ CANTAR] *vt* **1.** (*superar*) to exceed: **rebasó la velocidad permitida** he exceeded the speed limit. **2.** (*adelantar*) to overtake, to pass: **rebasó a los dos coches que llevaba delante** he overtook the two cars which were in front of him.

rebatir /rreβa'tir/ [⇨ PARTIR] *vt* to refute: **rebatió la tesis de su oponente** he refuted his opponent's theory.

rebato /rre'βato/ **a rebato** *loc adv*: **tocaron la campana a rebato por el incendio** they rang the bell to warn of the fire.

rebeca /rre'βeka/ *sf* cardigan.

rebeco /rre'βeko/ *sm* (*Zool*) chamois.

rebelarse /rreβe'larse/ [⇨ CANTAR] *v prnl* to rebel: **se rebeló** *contra* **sus padres** she rebelled against her parents.

rebelde /rre'βelde/ **I** *adj* **1.** (*gen*) rebellious: **es un niño muy rebelde** he's a very rebellious child; **su espíritu rebelde no acepta la rutina** he's rebellious by nature and can't stand routine; (*Mil*) rebel: **los soldados rebeldes** the rebel soldiers. **2.** (*Jur*) in contempt of court. **3.** (*fam*: *pelo*) unmanageable: **tienes un pelo muy rebelde** your hair is quite unmanageable.

II *sm/f* **1.** (*insurrecto*) rebel. **2.** (*Jur*) defaulter.

rebeldía /rreβel'dia/ *sf* **1.** (*insubordinación*) rebelliousness: **su rebeldía le trajo bastantes problemas** his rebelliousness caused him quite a lot of problems. **2.** (*Jur*): **fue declarado** *en* **rebeldía** he was declared to be in contempt of court.

rebelión /rreβe'ljon/ *sf* rebellion.

reblandecer /rreβlande'θer/ [⇨ agradecer] *vt* to soften.

reblandecerse *v prnl* to soften, to become soft: **la mantequilla se reblandeció** *con* **el calor** the butter softened in the heat; **se ha reblandecido** *con* **los años** he's mellowed with the years.

rebobinar /rreβoβi'nar/ [⇨ CANTAR] *vt* to rewind.

reborde /rre'βorðe/ *sm* (*de una prenda*) edging; (*de una mesa*) edge; (*de una taza*) rim.

rebosante /rreβo'sante/ *adj* overflowing: **estaba rebosante** *de* **alegría** he was overflowing with joy.

rebosar /rreβo'sar/ [⇨ CANTAR] *vi* **1.** (*de un líquido*) to overflow, to brim over: **la jarra está rebosando** the jug is brimming over; (*de gente*) to overflow: **el teatro estaba a rebosar** the theatre was overflowing with people. **2.** (*de alegría, satisfacción*) to brim (over): **rebosaba** *de* **satisfacción tras su nueva victoria** he was brimming with satisfaction after his latest victory.

♦ *vt* **1.** (*salud*) to exude: **rebosa salud** she exudes health; (*sabiduría*) to give an air of. **2.** (*un sentimiento*) to brim with: **rebosa alegría** he's brimming with happiness.

rebotar /rreβo'tar/ [⇨ CANTAR] *vi* (*pelota*) to bounce, to rebound: **la pelota rebotó** *en* **el travesaño** the ball bounced off the cross bar; **la pelota rebotó** *en* **un jugador** the ball rebounded off a player; (*bala*) to ricochet.

rebotarse *v prnl* (*fam*) to get angry: **se rebota a la menor** he loses his temper at the slightest thing.

rebote /rre'βote/ *sm* (*de una pelota*) bounce ● **su ascenso nos favoreció de rebote a todos** we all benefited as a result of his promotion; (*de una bala*) ricochet.

rebozado, -da /rreβo'θaðo -ða/ *adj*: *coated in batter or in breadcrumbs.*

rebozar /rreβo'θar/ [⇨ cazar] *vt* to coat (*in batter/ breadcrumbs*).

rebrotar /rreβro'tar/ [⇨ CANTAR] *vi* (*Bot*) to sprout.

rebullir /rreβu'ʎir/ [⇨ mullir] *vi* to stir, to move.

rebullirse *v prnl* to stir, to move: **los cachorros se rebullían en su cesta** the puppies were stirring in their basket.

rebuscado, -da /rreβus'kaðo -ða/ *adj* **1.** (*forma de hablar, palabra*) rarefied, affected. **2.** (*argumento, historia*) complicated, complex: **el argumento me pareció muy rebuscado** I found the plot very complicated.

rebuscar /rreβus'kar/ [⇨ sacar] *vt* to search for.

♦ *vi* to search thoroughly: **rebuscando** *entre* **los papeles encontré la factura** searching through the papers, I found the invoice.

rebuznar /rreβuθ'nar/ [⇨ CANTAR] *vi* to bray.

rebuzno /rre'βuθno/ *sm* bray.

recabar /rreka'βar/ [⇨ CANTAR] *vt* **1.** (*obtener: pruebas, datos, etc.*) to gather, to obtain: **necesito recabar información más detallada** I need to obtain more detailed information; (*: dinero*): **recabaron fondos para obras benéficas** they raised money for charitable causes. **2.** (*reclamar*) to claim: **varios estados recababan la independencia** several states were claiming independence.

recadero, -ra /rreka'ðero -ra/ *sm/f* messenger.

recado /rre'kaðo/ *sm* **1.** (*mensaje*) message: **le di tu recado** I gave him your message. **2.** (*encargo*) errand: **¿me has hecho el recado que te pedí?** have you done that errand for me?; **ha salido a hacer un recado** he's gone out on an errand.

recaer /rreka'er/ [⇨ caer] *vi* **1.** (*en una enfermedad*) to relapse, to suffer a relapse: **los médicos tenían miedo de que recayera** the doctors feared that he might suffer a relapse. **2.** (*en un error, un vicio*) to relapse: **recayó** *en* **sus malas costumbres** he relapsed into his bad old ways; **recayó** *en* **el alcohol** he turned to drink again. **3.** (*en una persona, un grupo*): **el premio recayó** *en* **un físico norteamericano** the prize went to a US physicist; **toda la responsabilidad recae** *sobre* **él** the entire responsibility devolves upon him; **la persona** *sobre* **la cual recaen todas las sospechas** the person upon whom all suspicion rests * falls.

recaída /rreka'iða/ *sf* **1.** (*en una enfermedad*) relapse. **2.** (*en un vicio*) relapse.

recalar /rreka'lar/ [⇨ CANTAR] *vi* (*Náut*): **el barco recaló** *en* **Barcelona** the ship put in at Barcelona.

recalcar /rrekal'kar/ [⇨sacar] *vt* to emphasize, to underline: **recalcó la necesidad de una campaña publicitaria** he emphasized the need for a marketing campaign; **¿por qué lo recalcas? ya te hemos entendido** there's no need to emphasize the point, we've understood.

recalcitrante /rrekalθi'trante/ *adj* recalcitrant.

recalentar /rrekalen'tar/ [⇨pensar] *vt* **1.** (*calentar de nuevo*) to reheat. **2.** (*calentar demasiado*) to make overheat.

recalentarse *v prnl* to overheat: **si se recalienta el motor, tendrás que parar** if the engine overheats, you must stop.

recámara /rre'kamara/ *sf* **1.** (*frml*: *habitación adyacente*) dressing room. **2.** (*Amér C, Méx*: *dormitorio*) bedroom. **3.** (*de un arma de fuego*) chamber.

recambiar /rrekam'bjar/ [⇨ CAMBIAR] *vt* to change, to replace.

recambio /rre'kambjo/ *sm* **1.** (*de un bolígrafo*) refill. **2.** (*para un coche, una máquina, etc.*) spare (part): **he comprado algunos recambios para el coche** I've bought some spare parts for the car.

recapacitar /rrekapaθi'tar/ [⇨ CANTAR] *vi* to think it over carefully: **recapacita antes de tomar una decisión** think it over carefully before you make a decision.

♦*vt* to think over carefully.

recapitulación /rrekapitula'θjon/ *sf* summing-up, recapitulation.

recapitular /rrekapitu'lar/ [⇨ CANTAR] *vt/i* to sum up, to recapitulate.

recargado, -da /rrekar'ɣaðo -ða/ *adj* overelaborate, overdone.

recargar /rrekar'ɣar/ [⇨pagar] *vt* **1.** (*una pipa, un mechero*) to refill; (*un arma*) to reload; (*una batería*) to recharge. **2.** (*con adornos, muebles*) to overfill. **3.** (*con trabajo*) to overload.

recargarse *v prnl* (*aire, atmósfera*): **con tanta gente, el ambiente se recargó mucho** the room became very stuffy with so many people in it.

recargo /rre'karɣo/ *sm* surcharge: **tuvo que pagar un recargo** he had to pay a surcharge.

recatado, -da /rreka'taðo -ða/ *adj* **1.** (*modesto*) modest. **2.** (*cauto*) cautious.

recatarse /rreka'tarse/ [⇨ CANTAR] *v prnl*: **no se recata, siempre dice lo que piensa** he doesn't hide anything, he always says what he thinks.

recato /rre'kato/ *sm* **1.** (*pudor*) modesty. **2.** (*prudencia*) reserve: **hablaba del asunto sin recato alguno** he spoke about it quite openly.

recauchutado, -da /rrekautʃu'taðo -ða/ *adj* (*GB*) remoulded, (*US*) remolded.

recauchutar /rrekautʃu'tar/ [⇨ CANTAR] *vt* to retread, (*GB*) to remould, (*US*) to remold.

recaudación /rrekauða'θjon/ *sf* **1.** (*acción de recaudar*) collection. **2.** (*dinero recaudado*) takings *pl*: **¿a cuánto ascendió la recaudación de ayer?** how much did yesterday's takings come to?

recaudador, -dora /rrekauða'ðor -'ðora/ *sm/f*: **recaudador -dora de contribuciones * impuestos** tax collector.

recaudar /rrekau'ðar/ [⇨ CANTAR] *vt* (*impuestos*) to collect.

recaudo /rre'kauðo/ **a buen recaudo** *loc adv* in a safe place: **puso las joyas a buen recaudo** he put the jewels in a safe place.

recelar /rreθe'lar/ [⇨ CANTAR] *vt* to suspect.

♦*vi* to be suspicious: **recela** *de* **todo el mundo** he's suspicious of everyone.

recelo /rre'θelo/ *sm* mistrust, suspicion: **me miró** *con* **recelo** she looked at me suspiciously * mistrustfully.

receloso, -sa /rreθe'loso -sa/ *adj* mistrustful, suspicious.

recensión /rreθen'sjon/ *sf* (*Lit: frml*) review.

recepción /rreθep'θjon/ *sf* **1.** (*recibimiento*) reception: **no se esperaban una recepción tan calurosa** they didn't expect such an enthusiastic reception. **2.** (*de radio, TV, etc.*) reception: **la tormenta dificultó la recepción** the storm interfered with reception. **3.** (*fiesta*) reception: **hubo una recepción en honor del nuevo embajador** there was a reception for the new ambassador. **4.** (*de un hotel, un edificio*) reception: **dejó las llaves** *en* **recepción** she left the keys at reception.

recepcionista /rreθepθjo'nista/ *sm/f* receptionist.

receptáculo /rreθep'takulo/ *sm* receptacle.

receptividad /rreθeptiβi'ðað/ *sf* receptiveness.

receptivo, -va /rreθep'tiβo -βa/ *adj* receptive.

receptor, -tora /rreθep'tor -'tora/ **I** *adj* receiving. **II receptor** *sm* (*also* **receptor de radio**) radio (receiver).

receptor de televisión *sm* television set.

recesión /rreθe'sjon/ *sf* recession.

recesivo, -va /rreθe'siβo -βa/ *adj* recessive.

receso /rre'θeso/ *sm* (*Amér L*) **1.** (*Pol*) recess. **2.** (*Educ: breve descanso*) (*GB*) break, (*US*) recess.

receta /rre'θeta/ *sf* **1.** (*del médico*) prescription. **2.** (*de cocina*) recipe ● **¿cuál es la receta de tu éxito?** what's the secret of your success?

recetar /rreθe'tar/ [⇨ CANTAR] *vt* to prescribe.

rechazar /rretʃa'θar/ [⇨cazar] *vt* **1.** (*no aceptar*) to reject: **han rechazado su propuesta** they have rejected his proposal; **no podrán rechazar nuestra oferta** they will not be able to turn down our offer; **rechazaron a la mayoría de candidatos sin siquiera entrevistarlos** most of the candidates were rejected without even being interviewed. **2.** (*repeler físicamente*): **fui a levantarlo, pero me rechazó con un empujón** I went to pick him up, but he pushed me away. **3.** (*un ataque*) to repel. **4.** (*Med: un órgano*) to reject.

rechazo /rre'tʃaθo/ *sm* **1.** (*de una propuesta, una oferta*) rejection; (*de una persona*): **sentía el rechazo de sus compañeros** he was deeply hurt by his friends' rejection of him ● **nos perjudica también a nosotros de rechazo** it also affects us indirectly. **2.** (*Med: de un órgano*) rejection.

rechifla /rre'tʃifla/ *sf* jeer: **recibieron al cantante con una rechifla** they jeered at the singer when he came on.

rechiflar /rretʃi'flar/ [⇨ CANTAR] *vi* to jeer.

rechinar /rretʃi'nar/ [⇨ CANTAR] *vi*: **le rechinan los**

dientes cuando duerme she grinds her teeth when she's asleep.

rechistar /rretʃis'tar/ [⇨CANTAR] *vi*: **obedeció sin rechistar** she obeyed without a murmur • **su madre no la deja ni rechistar** her mother rules her with a rod of iron.

rechoncho, -cha /rre'tʃontʃo -tʃa/ *adj* short and chubby, dumpy.

rechupete /rretʃu'pete/ **de rechupete** *loc adj* (*fam*) delicious: **ese pastel está** *de* **rechupete** that cake is delicious.

recibidor /rreθiβi'ðor/ *sm* hall (*entrance to house*).

recibimiento /rreθiβi'mjento/ *sm* reception, welcome: **tuvo un extraordinario recibimiento** he was given a great reception.

recibir /rreθi'βir/ [⇨PARTIR] *vt* **1.** (*gen*) to receive: **recibieron nuestro mensaje** they received * got our message; **sus propuestas fueron mal recibidas** his proposals were not well received; **el lago recibe las aguas del deshielo de las montañas** the lake receives the water from the melting mountain snow. **2.** (*un castigo*) to receive: **recibió un castigo muy severo** he received a very harsh punishment; **recibió el castigo con humildad** he took his punishment with humility; **recibió una buena bofetada** he took quite a beating. **3.** (*a una persona: referido al trato*) to welcome: **nos recibieron estupendamente** they gave us a wonderful welcome * reception; (*: referido al momento del encuentro*) to meet: **fuimos a recibirlo al aeropuerto** we went to meet him at the airport. **4.** (*Medios*) to receive, to pick up: **no recibimos bien la señal** we couldn't pick up the signal very clearly.
♦*vi* to receive: **el alcalde no recibe hoy** the mayor isn't receiving * seeing visitors today.

recibirse *v prnl* (*Amér L*) to graduate.

recibo /rre'θiβo/ *sm* **1.** (*acción de recibir*) receipt • **por favor, acuse recibo de la carta** please acknowledge receipt of the letter. **2.** (*de un pago*) receipt. **3.** (*de luz, gas, teléfono*) bill.

reciclado, -da /rreθi'klaðo -ða/ **I** *adj* recycled.
II reciclado *sm* recycling.

reciclaje /rreθi'klaxe/ *sm* **1.** (*de materiales*) recycling. **2.** (*de profesionales*) updating skills, retraining (*without changing discipline*): **hizo un curso de reciclaje** she did a refresher course.

reciclar /rreθi'klar/ [⇨CANTAR] *vt* **1.** (*materiales*) to recycle. **2.** (*poner al día*) to bring up to date: **destacó la necesidad de reciclar a los profesores** he emphasized the need to bring teachers up to date professionally.

recién /rre'θjen/ *adv* **I** [*only used before past participles*]: **ha destrozado unos zapatos recién comprados** he's ruined his new shoes; **el café está recién hecho** the coffee is freshly made.
II (*Amér L*) **1.** (*refiriéndose a una acción reciente*): **"¿Dónde está Juan?" "Recién se fue."** "Where's Juan?" "He's just gone out."; **"¿Quieres un poco de sopa?" "No, gracias, recién comí."** "Would you like some soup?" "No thank you, I've just eaten." **2.** (*solamente*): **recién en enero me enteré de que se había muerto** I only found out in January that he had died; **¿y recién ahora me avisas?** why are you only telling me now?; **recién en marzo se sabrá el resultado** the result will not be known until March.

recién casado -da *sm/f* newlywed.

recién llegado -da *sm/f* newcomer.

recién nacido -da *sm/f* newborn baby.

reciente /rre'θjente/ *adj* (*ocurrido hace poco*) recent: **es un invento reciente** it's a recent invention; (*producido hace poco*) fresh: **estas huellas son recientes** these are fresh footprints.

recinto /rre'θinto/ *sm* precincts *pl*, grounds *pl*: **no se pueden entrar bebidas en el recinto de las piscinas** drinks may not be taken into the pool area.

recio, -cia /'rreθjo -θja/ **I** *adj* **1.** (*fuerte*) strong. **2.** (*difícil*) difficult, hard.
II recio *adv* hard: **tendremos que trabajar recio** we'll have to work hard.

recipiente /rreθi'pjente/ *sm* receptacle, container.

recíproco, -ca /rre'θiproko -ka/ *adj* reciprocal: **entre ellos existía una admiración recíproca** they had a mutual admiration for each other.

recital /rreθi'tal/ *sm* (*Mús*) recital; (*de poesía*) reading, recital.

recitar /rreθi'tar/ [⇨CANTAR] *vt* to recite.

reclamación /rreklama'θjon/ *sf* **1.** (*acción de reclamar*) claim, demand: **no respondieron a nuestras reclamaciones** they did not respond to our demands. **2.** (*protesta*) complaint: **no le gustó el servicio y presentó una reclamación** he was unhappy with the service so he made a complaint.

reclamar /rrekla'mar/ [⇨CANTAR] *vt* **1.** (*demandar*) to claim, to demand: **los trabajadores reclamaban una subida de sueldo** the workers were demanding a pay rise. **2.** (*requerir*) to demand: **el problema reclama nuestra atención** the problem demands our attention.
♦*vi* **1.** (*protestar*) to complain: **si no estás satisfecho, puedes reclamar** if you aren't satisfied, you can complain. **2.** (*Jur*) to appeal.

reclame /rre'klame/ *sm* * *sf*, **réclame** /'rreklame/ *sm* (*Amér L: anuncio publicitario*) commercial, advertisement: **pasan diez minutos de película y quince de reclames** they broadcast ten minutes of the film and fifteen of commercials.

reclamo /rre'klamo/ *sm* **1.** (*para atraer aves*) birdcall. **2.** (*en publicidad*): **este anuncio será un excelente reclamo para atraer clientes** this advertisement will be an excellent way to attract customers. **3.** (*frml: llamada*) call. **4.** (*Amér S: reclamación*) complaint.

reclinar /rrekli'nar/ [⇨CANTAR] *vt* (*el cuerpo*) to lean: **reclina la cabeza sobre la almohada** rest your head on the pillow; (*un asiento*) to recline.

reclinarse *v prnl* (*persona*) to lean back, to recline; (*asiento*) to recline.

reclinatorio /rreklina'torjo/ *sm* prie-dieu.

recluir /rreklu'ir/ [⇨huir] *vt* (*gen*) to shut away; (*en la cárcel*) to imprison.

recluirse *v prnl* to shut oneself away: **voy a recluirme hasta después de los exámenes** I'm going to shut myself away until after the exams.

reclusión /rreklu'sjon/ *sf* (*gen*) isolation; (*prisión*) imprisonment.

recluso, -sa /rre'kluso -sa/ *sm/f* prisoner.

recluta /rre'kluta/ *sm* (*forzoso*) conscript, (*US*) draftee; (*voluntario*) recruit.

reclutar /rreklu'tar/ [⇨CANTAR] *vt* **1.** (*Mil: forzosamente*) to conscript, (*US*) to draft; (*: voluntariamente*) to recruit. **2.** (*formar un grupo*) to gather (together), to round up: **reclutaron voluntarios para combatir el incendio** they gathered volunteers to fight the fire.

recobrar /rreko'βrar/ [⇨CANTAR] *vt* to recover: **han recobrado parte de lo que les robaron** they have recovered part of what was stolen from them; **cuando recobró el conocimiento, no sabía dónde estaba**

when he regained consciousness, he didn't know where he was; **tuvo que detenerse para recobrar el aliento** she had to stop to get her breath back.

recobrarse *v prnl* **1.** (*de una enfermedad*) to recover: **se recobró pronto** he soon recovered; **cuando se recobró** *de* **la sorpresa, dijo...** when he recovered from his surprise, he said.... **2.** (*de una pérdida económica*) to recover: **la empresa tuvo grandes pérdidas, pero se está recobrando** the company suffered considerable losses, but it has entered a period of recovery.

recocer /rreko'θer/ [⇨cocer] *vt* to overcook.

recochinearse /rrekotʃine'arse/ [⇨CANTAR] *v prnl* (*fam*): **se recochineaban** *de* **todo el mundo** they used to make fun of everyone.

recochineo /rrekotʃi'neo/ *sm* (*fam*): **me lo dijo** *con* **recochineo** she said it to me in a mocking tone; **¡ya vale de recochineo!** stop making fun of me!

recodo /rre'koðo/ *sm* (*en un río, un camino*) bend, twist.

recogedor /rrekoxe'ðor/ *sm* dustpan.

recogepelotas /rrekoxepe'lotas/ *sm/f inv* (*Dep: chico*) ball boy; (*: chica*) ball girl.

recoger /rreko'xer/ [⇨proteger] *vt* **1.** (*algo caído*) to pick up: **recoge ese papel del suelo** pick that piece of paper up. **2.** (*ordenar*) to tidy (up): **recogimos la habitación en cinco minutos** we tidied (up) the room in five minutes; **recoge todos esos juguetes** clear up all those toys. **3.** (*reunir*) to collect: **está recogiendo datos para su estudio sobre el paro** she's collecting * gathering information for her study on unemployment. **4.** (*registrar*): **no lo recoge ningún diccionario monolingüe** it isn't in any monolingual dictionary, none of the monolingual dictionaries include it; **la foto recoge el momento en que la actriz saluda al monarca** the photograph records the moment when the actress greets the monarch. **5.** (*cosechar: mieses*) to gather, to harvest; (*: fruta, flores*) to pick ● **está recogiendo el fruto de su trabajo** he's reaping the reward of all his work. **6.** (*ir a buscar*) to pick up, to collect: **te recojo a las seis** I'll pick you up at six; **tienes que ir a recoger los resultados** you must go and collect * pick up the results. **7.** (*acoger*) to take in: **recoge a cuanto perro callejero encuentra por ahí** he takes in any stray dog he finds.
♦ *vi* to tidy up.

recogerse *v prnl* **1.** (*el pelo: en un moño*) to put up; (*: en una cola de caballo*) to tie back: **se recogió el pelo** she tied her hair back. **2.** (*la ropa*): **recógete el vestido, que te lo vas a pisar** lift your dress up; you're going to tread on it. **3.** (*acostarse*) to go to bed, to retire: **se recogen muy temprano** they retire to bed very early. **4.** (*para rezar*) to compose oneself.

recogida /rreko'xiða/ *sf* **1.** (*Agr*) harvest. **2.** (*de basura, correo*) collection.

recogido, -da /rreko'xiðo -ða/ *adj* **1.** (*pelo*) tied back. **2.** (*lugar*) (*GB*) cosy, (*US*) cozy. **3.** (*estilo de vida*) quiet: **lleva una vida muy recogida** she leads a very quiet life.

recogimiento /rrekoxi'mjento/ *sm*: **eran días de recogimiento y oración** it was a time of meditation and prayer; **lleva una vida** *de* **recogimiento** he leads a secluded life.

recolección /rrekolek'θjon/ *sf* (*Agr: acción*) harvest, harvesting; (*: época*) harvest time: **durante la recolección los niños no iban al colegio** during the harvest (time) the children didn't go to school.

recolectar /rrekolek'tar/ [⇨CANTAR] *vt* **1.** (*cosechar: mieses*) to harvest; (*: fruta*) to pick. **2.** (*Fin*) to collect: **recolectó mucho dinero para el viaje** she collected a lot of money for the trip.

recomendable /rrekomen'daβle/ *adj* **1.** (*aconsejable*) recommendable, advisable: **un paseo después de comer es muy recomendable** it's a good idea to have a walk after lunch. **2.** (*merecedor de confianza*): **es un lugar poco recomendable** it's a disreputable place; **su hermano es un tipo poco recomendable** her brother is an unsavoury character.

recomendación /rrekomenda'θjon/ *sf* **1.** (*consejo*) recommendation: **una de las recomendaciones del informe era...** one of the recommendations of the report was...; **dejó de comer tanta grasa por recomendación del médico** he stopped eating fatty food on his doctor's advice; **cuando fui a la universidad, mi padre me hizo mil recomendaciones** when I went to college my father gave me lots of advice. **2.** (*influencia*) contact: **consiguió el empleo porque tenía recomendación** she got the job because of her contacts.

recomendado, -da /rrekomen'daðo -ða/ **I** *adj* **1.** (*indicado*) recommended. **2.** (*Col, Perú, Urug: certificado*) registered.
II *sm/f*: **tu recomendado hizo las pruebas bastante mal** the person you recommended didn't do the tests very well.

recomendar /rrekomen'dar/ [⇨pensar] *vt* **1.** (*aconsejar: gen*) to recommend, to advise: **el médico le recomendó que hiciera reposo absoluto** the doctor recommended complete rest; (*: un vino, un libro, una película, etc.*) to recommend: **te la recomiendo, es muy buena** I would recommend it, it's very good. **2.** (*hablar favorablemente de*) to recommend: **me recomendó** *para* **el puesto** she recommended me for the job.

recomenzar /rrekomen'θar/ [⇨comenzar] *vt/i* to start again.

recomiendo /rreko'mjendo/ *and other forms with* ***recomiend-*** ⇨recomendar

recompensa /rrekom'pensa/ *sf* reward: **ofrecen una recompensa a quien encuentre el perro** a reward is being offered to anyone finding the dog.

recompensar /rrekompen'sar/ [⇨CANTAR] *vt* **1.** (*premiar*) to reward. **2.** (*compensar*) to compensate: **es un trabajo duro, pero al final te recompensa** it's a difficult job but at the end of the day it's very rewarding.

recomponer /rrekompo'ner/ [⇨poner; *past participle* **recompuesto**] *vt* to repair, to fix.

recompuesto, -ta /rrekom'pwesto -ta/ **I** *past participle of* ⇨recomponer
II *adj* repaired, fixed.

reconcentrado, -da /rrekonθen'traðo -ða/ *adj* strong: **el café tan reconcentrado puede sentarte mal** such strong coffee can disagree with you.

reconcentrar /rrekonθen'trar/ [⇨CANTAR] *vt* to make more concentrated.

reconciliable /rrekonθi'ljaβle/ *adj* reconcilable.

reconciliación /rrekonθilja'θjon/ *sf* reconciliation.

reconciliar /rrekonθi'ljar/ [⇨CAMBIAR] *vt* to reconcile.

reconciliarse *v prnl* to be reconciled: **se reconcilió** *con* **su novio** she was reconciled with her boyfriend.

reconcomerse /rrekoŋko'merse/ [⇨TEMER] *v prnl* (*frml*) to be eaten up, to be consumed: **se reconcome** *de* **envidia** he's consumed with envy.

recóndito, -ta /rre'kondito -ta/ *adj* (*frml*) hidden: **los**

encontraron en un lugar recóndito they found them in an out-of-the-way place.

reconfortante /rrekonfor'tante/ *adj* comforting.

reconfortar /rrekonfor'tar/ [⇨CANTAR] *vt* **1.** (*consolar*) to comfort. **2.** (*dar fuerzas a*) to cheer up: **toma algo caliente, te reconfortará** have a hot drink, it'll make you feel better.

reconocer /rrekono'θer/ [⇨agradecer] *vt* **1.** (*identificar*) to recognize: **lo reconocí a pesar de la barba y las gafas** I recognized him in spite of his beard and glasses. **2.** (*a un paciente*) to examine. **3.** (*Mil*: *un territorio*) (*GB*) to reconnoitre, (*US*) to reconnoiter. **4.** (*admitir*) to admit, to recognize: **reconoció su error** she admitted her mistake. **5.** (*Pol, Jur*) to recognize: **la comunidad internacional reconoció el nuevo estado** the international community recognized the new state; **ha reconocido a su hijo natural** he has recognized ✻ acknowledged his illegitimate son.

reconocerse *v prnl* **1.** (*verse*): **me reconozco** *en* **mi hijo** I can see myself in my son. **2.** (*confesarse*) to admit to being: **me reconozco algo inconstante** I admit to being somewhat unpersevering. **3.** (*distinguirse*) [*only used in the third person*]: **en situaciones así se reconoce a los amigos** in situations like this you find out who your friends are.

reconocido, -da /rrekono'θiðo -ða/ *adj* **1.** (*aceptado*) recognized. **2.** (*agradecido*) grateful: **le quedo muy reconocida** *por* **su ayuda** I am very grateful to you for your help.

reconocimiento /rrekonoθi'mjento/ *sm* **1.** (*de un hecho*) acknowledgement, recognition: **lo han ascendido** *en* **reconocimiento** *de* **su esfuerzo** he has been promoted in recognition of his hard work. **2.** (*Med*: *chequeo*) medical (examination); (*: exploración*) examination. **3.** (*Mil*) reconnaissance.

reconquista /rrekoŋ'kista/ *sf* **1.** (*de un territorio*) recapture. **2. la Reconquista** (*Hist*) the Reconquest (*of the Iberian Peninsula from the Moors*).

reconquistar /rrekoŋkis'tar/ [⇨CANTAR] *vt* **1.** (*un territorio*) to recapture. **2.** (*el afecto, la confianza, etc.*) to win back.

reconsiderar /rrekonsiðe'rar/ [⇨CANTAR] *vt* to reconsider.

reconstituir /rrekonstitu'ir/ [⇨huir] *vt* to reconstitute.

reconstituyente /rrekonstitu'jente/ *sm* tonic.

reconstrucción /rrekonstruk'θjon/ *sf* **1.** (*de un edificio*) reconstruction, rebuilding. **2.** (*de un suceso, un delito*) reconstruction.

reconstruir /rrekonstru'ir/ [⇨huir] *vt* **1.** (*un edificio*) to reconstruct, to rebuild. **2.** (*un suceso, un delito*) to reconstruct.

recontar /rrekon'tar/ [⇨contar] *vt* to recount.

reconvenir /rrekombe'nir/ [⇨venir] *vt* (*frml*) to reprimand.

reconversión /rrekomber'sjon/ *sf* (*also* **reconversión industrial**) reorganization, restructuring (*of industry*).

reconvertir /rrekomber'tir/ [⇨sentir] *vt* (*una industria*) to reorganize, to restructure.

recopilación /rrekopila'θjon/ *sf* compilation: **es una recopilación de sus relatos anteriores** it's a compilation of her previous stories.

recopilar /rrekopi'lar/ [⇨CANTAR] *vt* to compile.

recórcholis /rre'kortʃolis/ *excl* (*fam*: *para expresar sorpresa*) gosh; (*: para expresar enfado*) bother.

récord /'rrekor/ **I** *sm* record: **tiene el récord** *en* **salto de altura** she holds the record for the high jump; **batió el récord** he broke the record; **estableció un nuevo récord** she set a new record; **han conseguido un récord de ventas** they have achieved record sales. **II** *adj* record: **lo hizo en un tiempo récord** he did it in record time.

recordar /rrekor'ðar/ [⇨contar] *vt* **1.** (*acordarse de*) to remember: **no recuerdo lo que dijiste** I don't remember what you said; **a mi abuelo le gusta recordar historias pasadas** my grandfather likes remembering the old days. **2.** (*hacer acordarse a*) to remind: **recuérdame que la llame por teléfono** remind me to give her a call; **su sonrisa me recuerda** *a* **su madre** her smile reminds me of her mother.
♦*vi* to remember: **no recuerdo** I don't remember ● **si mal no recuerdo, había cinco** if I remember rightly, there were five ● **que yo recuerde, todo fue normal** as far as I remember, everything was normal.

recordatorio /rrekorða'torjo/ *sm* **1.** (*de una comunión, una defunción, etc.*) *printed card to commemorate a first communion, death, etc.* **2.** (*notificación*) reminder.

recorrer /rreko'rrer/ [⇨TEMER] *vt* **1.** (*un camino, un itinerario, una distancia*) to cover: **he recorrido esta calle cientos de veces** I've been up and down this street hundreds of times; (*un territorio*) to travel across ✻ over: **durante el verano recorrimos media Europa** we travelled halfway across Europe in the summer; (*un museo, un palacio, etc.*): **tardamos una hora en recorrer el palacio** it took us an hour to go round the palace. **2.** (*con la vista*) to scan: **recorrió la lista buscando su nombre** she scanned the list to find her name.

recorrido /rreko'rriðo/ *sm* **1.** (*distancia*) distance. **2.** (*viaje*) journey: **durante nuestro recorrido por Escocia visitamos muchos castillos** we visited many castles on our trip round Scotland. **3.** (*ruta*) route: **elegimos el recorrido más bonito** we chose the most scenic route.

recortable /rrekor'taβle/ *sm* cardboard cutout.

recortado, -da /rrekor'taðo -ða/ *adj* jagged: **la costa de Galicia es muy recortada** Galicia has a very jagged coastline.

recortar /rrekor'tar/ [⇨CANTAR] *vt* **1.** (*una figura, un artículo, etc.*) to cut out: **recortó las fotos de la revista** he cut the photographs out of the magazine. **2.** (*los bordes*) to trim. **3.** (*Fin*) to cut: **tuvieron que recortar gastos** they had to cut expenditure.

recortarse *v prnl* to be outlined: **las montañas se recortaban** *en* **el horizonte** the mountains were outlined on the horizon.

recorte /rre'korte/ *sm* **1.** (*de un presupuesto*) cut. **2.** (*de periódico, revista*) cutting, clipping; (*de tela*) offcut.

recorte de prensa *sm* press cutting.

recorte presupuestario *sm* budget cut.

recostar /rrekos'tar/ [⇨contar] *vt* to rest, to lean: **recuesta la cabeza** *sobre* **el cojín** rest your head on the cushion.

recostarse *v prnl* (*en una cama*) to lie back; (*en un sillón*) to sit back.

recoveco /rreko'βeko/ *sm* **1.** (*en una calle, un río*) sharp bend. **2.** (*lugar escondido*): **no me gusta esa casa, tiene muchos recovecos** I don't like that house, it has too many nooks and crannies. **3.** (*al hablar*): **habla sin recovecos** get to the point.

recrear /rrekre'ar/ [⇨CANTAR] *vt* **1.** (*reproducir*) to recreate. **2.** (*deleitar*) to give pleasure: **un paisaje así recrea la vista** countryside like this is a pleasure to look at.

recrearse *v prnl* to enjoy oneself: **se recrea hablando de sus éxitos** he enjoys ✻ loves talking about his successes.

recreativo, -va /rrekrea'tiβo -βa/ *adj* recreational.

recreo /rre'kreo/ *sm* **1.** (*en el colegio*) (*GB*) break, (*US*) recess: **salimos** *al* **recreo a las once** break is at eleven o'clock. **2.** (*diversión*) entertainment: **es un barco de recreo** it's a pleasure boat; **hicieron un viaje de recreo** they took a pleasure trip.

recriminación /rrekrimina'θjon/ *sf* recrimination, mutual criticism: **se pasaban la vida haciéndose recriminaciones** they were always criticizing each other.

recriminar /rrekrimi'nar/ [➪ CANTAR] *vt* to reproach: **me recriminó mi falta de interés** she reproached me for my lack of interest.

recriminarse *v prnl*: **se recriminaron (mutuamente) el error** they made recriminations against each other over the mistake.

recrudecer /rrekruðe'θer/ [➪ agradecer] *vt* to make worse, to worsen.

recrudecerse *v prnl* to worsen, to get worse: **se ha recrudecido el temporal** the storm has got worse; **se recrudeció el frío** it became colder.

recrudecimiento /rrekruðeθi'mjento/ *sm* worsening.

recta /'rrekta/ *sf* **1.** (*línea*) straight line. **2.** (*de un circuito*) straight: **se puso a la cabeza en la recta** he took the lead on the straight.

recta de llegada *sf* (*Dep*) home straight.

recta final *sf* **1.** (*Dep*) home straight. **2.** (*última parte*) last lap.

rectangular /rrektaŋgu'lar/ *adj* rectangular, oblong.

rectángulo, -la /rrek'taŋgulo -la/ **I** *adj* rectangular, oblong.

II rectángulo *sm* rectangle, oblong.

rectificación /rrektifika'θjon/ *sf* correction, rectification.

rectificar /rrektifi'kar/ [➪ sacar] *vt* **1.** (*un error, un fallo, etc.*) to rectify: **ya han rectificado el fallo** they have already rectified the fault. **2.** (*una orden, unas instrucciones*) to modify: **habrá que rectificar las instrucciones** the instructions will have to be modified; (*una trayectoria*) to change: **tuvieron que rectificar la trayectoria del satélite** they had to change the course of the satellite. **3.** (*un comportamiento, una actitud*) to change, to reform. **4.** (*a alguien*) to correct: **siempre me tiene que rectificar** he's always correcting me.

rectilíneo, -nea /rrekti'lineo -nea/ *adj* rectilinear.

rectitud /rrekti'tuð/ *sf* rectitude.

recto, -ta /'rrekto -ta/ **I** *adj* **1.** (*objeto*) straight: **pon la espalda recta** sit up straight. **2.** (*ángulo*): **un ángulo recto** a right angle. **3.** (*persona: honesto*) honest; (*: justo y firme*) upright.

II recto *sm* (*Anat*) rectum.

III recto *adv* straight: **sigue todo recto hasta que llegues al cruce** go straight on until you get to the crossroads.

rector, -tora /rrek'tor -'tora/ **I** *adj* (*frml*) guiding: **es uno de los principios rectores de su pensamiento** it's one of the guiding principles of his thinking.

II *sm/f* (*de una universidad*) (*GB*) vice-chancellor, (*US*) president.

rectorado /rrekto'raðo/ *sm* **1.** (*en una universidad: oficina*) (*GB*) vice-chancellor's office, (*US*) president's office; (*: cargo*) (*GB*) vice-chancellorship, (*US*) presidency. **2.** (*de un párroco: oficina*) rector's office; (*: cargo*) rectorship.

rectoría /rrekto'ria/ *sf* (*de un párroco: casa*) rectory; (*: oficina*) rector's office; (*: cargo*) rectorship.

recua /'rrekwa/ *sf* **1.** (*de mulas, burros, etc.*) train (*of pack-horses, mules, etc.*). **2.** (*fam: de personas*): **vienen mis tíos con toda la recua** my uncle and aunt are coming with all their family.

recuadro /rre'kwaðro/ *sm* **1.** (*figura*) square. **2.** (*de un impreso*) box: **rellene el recuadro de la derecha** please fill in the box on the right.

recubierto, -ta /rreku'βjerto -ta/ **I** *past participle of* ➪ recubrir

II *adj* covered.

recubrir /rreku'βrir/ [➪ PARTIR; *past participle* **recubierto**] *vt* to give a coating to: **recubrieron la pared** *con* **una capa de yeso** they gave the wall a coating of plaster.

recuento /rre'kwento/ *sm* (*por primera vez*) count: **nada más cerrarse los colegios electorales empezó el recuento de los votos** as soon as the polling stations closed they started counting the votes; (*por segunda, tercera... vez*) re-count: **no estaban de acuerdo con el resultado y pidieron que se hiciera un recuento de los votos** they didn't agree with the result and asked for a re-count of the votes.

recuerdo /rre'kwerðo/ **I** *and other forms with* ***recuerd-*** ➪ recordar

II *sm* **1.** (*en el pensamiento*) memory: **tengo un recuerdo muy bonito de ese día** I have wonderful memories of that day. **2.** (*objeto para recordar: a una persona*) keepsake: **toma mi foto** *como* **recuerdo** here's my picture as a keepsake; (*: un lugar*) souvenir: **se trajo una caracola** *de* **recuerdo** she brought back a shell as a souvenir.

III recuerdos *sm pl* (*saludos*) regards *pl*: **¡dales recuerdos de mi parte!** give them my regards!; (*en una carta*) best wishes *pl*.

recuperable /rrekupe'raβle/ *adj* recoverable: **las pérdidas todavía son recuperables** the money is not irretrievably lost.

recuperación /rrekupera'θjon/ *sf* **1.** (*de la salud*) recovery. **2.** (*económica*) recovery. **3.** (*de bienes*) recovery. **4.** (*Inform*) retrieval, recovery. **5.** (*de una asignatura*) resit, (*US*) retake: **tengo la recuperación de Biología el viernes** my biology resit is on Friday.

recuperar /rrekupe'rar/ [➪ CANTAR] *vt* **1.** (*la salud, el conocimiento*) to recover: **en unos días habrá recuperado las fuerzas** she'll have recovered her strength within a few days; **todavía no ha recuperado el conocimiento** she still has not regained consciousness. **2.** (*bienes*) to recover. **3.** (*el tiempo*) to make up: **su obsesión es recuperar el tiempo perdido** he is obsessed with making up the lost time. **4.** (*un edificio*) to reopen as: **recuperaron el edificio del antiguo mercado para hacer un teatro** the old market building was restored and reopened as a theatre. **5.** (*a un escritor, un pintor*) to rediscover. **6.** (*Inform*) to retrieve, to recover. **7.** (*una asignatura*) to pass (*a resit or a retake exam*).

recuperarse *v prnl* to get over, to recover: **se recuperó muy deprisa** *de* **la operación** she recovered from the operation very quickly.

recurrente /rreku'rrente/ **I** *adj* **1.** (*reiterativo*) recurring. **2.** (*Jur*) who is making an appeal, appealing.

II *sm/f* (*Jur*) appellant.

recurrir /rreku'rrir/ [➪ PARTIR] *vt* (*Jur*) to appeal against: **van a recurrir la sentencia** they will appeal against the sentence.

♦ *vi* **1.** (*Jur*) to appeal. **2.** (*acudir: a alguien*): **recurre** *a*

mí siempre que necesites algo you can always come to me if you need something; **no tengo** *a* **quién recurrir** I have no one to turn to; (*: a algo*) to resort: **nunca hay que recurrir** *a* **la violencia** we should never resort to violence.

recurso /rre'kurso/ **I** *sm* **1.** (*salida*) resort: **como último recurso pediré dinero a mis padres** as a last resort I'll ask my parents for money; **es una mujer de recursos** she's a resourceful woman. **2.** (*método*) method: **un buen recurso** *para* **no olvidar las cosas es apuntarlas** a good method for remembering things is to write them down. **3.** (*also* **recurso de apelación**) (*Jur*) appeal: **presentó un recurso de apelación** she appealed * she made an appeal.

II recursos *sm pl* resources *pl*: **los recursos energéticos no son inagotables** our energy resources are not inexhaustible.

recurso de casación *sm* appeal in the high court.

recursos naturales *sm pl* natural resources *pl*.

red /rreð/ *sf* **1.** (*Dep, Indum, Náut*) net. **2.** (*also* **red eléctrica**) (*en una casa*) mains *pl* (*electricity supply*). **3.** (*Fin, Inform, Transp*) network: **trabajamos con una red de colaboradores** we have a network of consultants working for us; **se proponen mejorar la red de transportes** they are aiming to improve the transport network. **4.** (*cadena*) chain: **es el dueño de una red de tiendas de ropa** he's the owner of a chain of clothing shops. **5.** (*engaño*) trap: **caí** *en* **la red** I fell into the trap.

red comercial *sf* sales network.

red de comunicaciones *sf* communications network.

red de seguridad *sf* safety net.

red ferroviaria *sf* railway network.

red viaria *sf* road network.

redacción /rreðak'θjon/ *sf* **1.** (*de un libro, un artículo, etc.*) writing: **tiene bastantes fallos de redacción** it's not very well written; (*de un diccionario, una enciclopedia*) compilation. **2.** (*Educ: composición*) essay, composition. **3.** (*en una editorial, un periódico: oficina*) editorial office; (*: trabajadores*) editorial staff.

redactar /rreðak'tar/ [⇨ CANTAR] *vt* (*una carta, un texto, etc.*) to write: **el documento no está muy bien redactado** the document isn't very well written; (*un diccionario, una enciclopedia*) to compile; (*un contrato, un acuerdo, etc.*) to draw up.

redactor, -tora /rreðak'tor -'tora/ *sm/f* (*de un texto*) editor; (*de un periódico*) subeditor; (*de una editorial*) copy editor.

redada /rre'ðaða/ *sf* raid (*by the police*).

redecilla /rreðe'θiʎa/ *sf* hairnet.

redención /rreðen'θjon/ *sf* redemption.

redentor, -tora /rreðen'tor -'tora/ **I** *adj* redeeming.

II *sm/f* redeemer.

III el Redentor *sm* (*Relig*) the Redeemer.

redicho, -cha /rre'ðitʃo -tʃa/ (*fam*) **I** *adj* affected.

II *sm/f* affected person: **¡es un redicho inaguantable!** I can't bear him, he's so affected!

redil /rre'ðil/ *sm* (*Agr*) (*GB*) fold, (*US*) pen ● **tuvo una época rebelde, pero ha vuelto al redil** he went through a rebellious phase, but he's settled down now.

redimir /rreði'mir/ [⇨ PARTIR] *vt* (*Relig, Fin*) to redeem: **redimió la finca** *de* **la hipoteca** she redeemed * repaid the mortgage on the property.

redimirse *v prnl* to redeem oneself.

redistribución /rreðistriβu'θjon/ *sf* redistribution.

redistribuir /rreðistriβu'ir/ [⇨ huir] *vt* to redistribute.

rédito /'rreðito/ *sm* interest, yield.

redivivo, -va /rreði'βiβo -βa/ *adj* revived: **esa niña es su abuela rediviva** that girl is the living image of her grandmother.

redoblar /rreðo'βlar/ [⇨ CANTAR] *vt* (*esfuerzos*) to redouble; (*vigilancia*): **han redoblado la vigilancia en las fronteras** vigilance has been stepped up along the borders.

♦*vi* (*Mús*) to give a drumroll.

redoble /rre'ðoβle/ *sm* (*Mús*) drumroll.

redoma /rre'ðoma/ *sf* (*Quím*) flask.

redomado, -da /rreðo'maðo -ða/ *adj* complete: **es un tonto redomado** he's a complete idiot.

redonda /rre'ðonda/ **I** *sf* (*Mús*) semibreve, (*US*) whole note.

II a la redonda *loc adv* around: **no hay gasolineras en dos kilómetros a la redonda** there are no petrol stations within a two kilometre radius.

redondear /rreðonde'ar/ [⇨ CANTAR] *vt* **1.** (*curvar*) to make round. **2.** (*una cifra: hacia arriba*) to round up; (*: hacia abajo*) to round down: **vamos a redondearlo en mil pesetas** in round figures, call it a thousand pesetas. **3.** (*fam: rematar*) to finish off: **...y para redondearlo, se nos estropeó el coche** ...and just to finish it off, the car broke down.

redondel /rreðon'del/ *sm* (*fam*) circle, ring.

redondo, -da /rre'ðondo -da/ **I** *adj* **1.** (*circular*) round. **2.** (*muy bien*) good: **le salió redondo** it worked out perfectly. **3.** (*cifra*) round: **digamos cien, para que sea un número redondo** let's say one hundred to make it a round number.

II en redondo *loc adv* **1.** (*girar*): **el coche giró en redondo** the car turned right round. **2.** (*negarse*): **se negó en redondo** he refused point-blank.

III redondo *sm* (*Culin*) rolled cut of beef.

reducción /rreðuk'θjon/ *sf* reduction.

reducido, -da /rreðu'θiðo -ða/ *adj* **1.** (*empequeñecido*) reduced: **quedó reducido** *a* **nada** it was reduced to nothing. **2.** (*limitado*) restricted: **es un piso de dimensiones reducidas** it's a very small apartment.

reducidor, -dora /rreðuθi'ðor -ðora/ *sm/f* (*Amér S: fam, de objetos robados*) fence.

reducir /rreðu'θir/ [⇨ conducir] *vt* **1.** (*disminuir*) to reduce: **redujeron la jornada semanal a treinta y cinco horas** the number of working hours per week was reduced to thirty-five; **tendremos que reducir gastos** we shall have to cut expenses. **2.** (*transformar*) to reduce: **la casa quedó reducida** *a* **cenizas** the house was reduced to ashes. **3.** (*Mat, Fís*) to convert: **hay que reducir las toneladas** *a* **kilos** you must convert the tons to * into kilograms. **4.** (*someter*) to subdue: **consiguieron reducir a los soldados enemigos** they succeeded in overpowering the enemy soldiers.

♦*vi* (*Auto*) to change down: **redujo** *a* **segunda** she changed down into second gear.

reducirse *v prnl* **1.** (*disminuirse*) to be reduced. **2.** (*limitarse*) to be limited: **su apoyo se redujo** *a* **una simple llamada** his support was limited to a single telephone call.

reducto /rre'ðukto/ *sm* stronghold: **Granada fue el último reducto del islam en la Península** Granada was the last stronghold of Islam in the Iberian Peninsula.

reductor, -tora /rreðuk'tor -'tora/ *adj* reducing.

redundancia /rreðun'danθja/ *sf* (*Ling*) redundancy.

redundante /rreðun'dante/ *adj* redundant, superfluous.

redundar /rreðun'dar/ [⇨ CANTAR] *vi*: **ese acuerdo**

redundará *en* **bien de todos** that agreement will be to everyone's advantage.

reedición /rreeði'θjon/ *sf* reissue.

reedificar /rreeðifi'kar/ [➪sacar] *vt* to rebuild.

reeditar /rreeði'tar/ [➪CANTAR] *vt* to reissue.

reeducación /rreeðuka'θjon/ *sf* re-education.

reeducar /rreeðu'kar/ [➪sacar] *vt* to re-educate.

reelección /rreelek'θjon/ *sf* (*Pol*) re-election.

reelegir /rreele'xir/ [➪regir] *vt* (*Pol*) to re-elect.

reembolsable /rreembol'saβle/ *adj* (*dinero, depósito*) refundable.

reembolsar /rreembol'sar/ [➪CANTAR] *vt* (*un dinero pagado previamente*) to refund, to reimburse.

reembolso /rreem'bolso/ *sm* (*de un dinero pagado previamente*) refund, reimbursement; (*pago al recibir algo*): **se paga** *contra* **reembolso** you pay cash on delivery.

reemplazar /rreempla'θar/ [➪cazar] *vt* (*frml*) to replace: **ha reemplazado** *al* **antiguo director** he has replaced the former director.

reemplazo /rreem'plaθo/ *sm* **1.** (*gen*) replacement. **2.** (*Mil*) *the recruits called up for military service at the same time; usually at quarterly intervals each year*: **la semana que viene se incorpora el nuevo reemplazo** next week the new recruits join up.

reemprender /rreempren'der/ [➪TEMER] *vt* to start again: **reemprendieron el viaje después de comer** they set off again after lunch.

reencarnación /rreeŋkarna'θjon/ *sf* reincarnation.

reencarnar /rreeŋkar'nar/ [➪CANTAR] *vt* to reincarnate.

reencarnarse *v prnl* to be reincarnated: **según la leyenda, se reencarnó** *en* **león** according to legend, he was reincarnated as a lion.

reencontrarse /rreeŋkon'trarse/ [➪contar] *v prnl* to meet (up) again: **se reencontraron en los años ochenta** they met again in the eighties.

reencuentro /rreeŋ'kwentro/ **I** *and other forms with* ***reencuentr-*** ➪reencontrar

II *sm* reunion.

reenganchar /rreeŋgan'tʃar/ [➪CANTAR] *vt* (*Mil*) to re-enlist.

reengancharse *v prnl* (*Mil*) to re-enlist.

reestrenar /rreestre'nar/ [➪CANTAR] *vt* (*una obra de teatro*) to restage; (*una película*) to re-release.

reestreno /rrees'treno/ *sm* (*de una obra de teatro*) revival; (*de una película*) re-release.

reestructuración /rreestruktura'θjon/ *sf* restructuring, reorganization.

reestructurar /rreestruktu'rar/ [➪CANTAR] *vt* to restructure, to reorganize.

reevaluar /rreeβa'lwar/ [➪actuar] *vt* to reassess.

refajo /rre'faxo/ *sm* underskirt.

refectorio /rrefek'torjo/ *sm* refectory (*in a covent or monastery*).

referencia /rrefe'renθja/ **I** *sf* **1.** (*alusión*) reference: **no hizo referencia** *a* **ese asunto** she made no reference to that matter; *con* **referencia** *a* **su carta, siento informarle de que...** with reference to your letter, I regret to inform you that.... **2.** (*información*) information: **no supieron darme referencia acerca de su paradero** they were unable to give me any information about her whereabouts.

II referencias *sf pl* references *pl*: **tenían muy buenas referencias** *de* **la nueva secretaria** they had very good references for the new secretary.

referendo /rrefe'rendo/ *sm* (*Pol*) referendum.

referéndum /rrefe'rendum/ *sm* [**referéndums** * **referendos**] (*Pol*) referendum.

referente /rrefe'rente/ *adj* concerning: **no dijo nada referente** *a* **las vacaciones** he didn't say anything about the holidays.

referir /rrefe'rir/ [➪sentir] *vt* (*frml*) **1.** (*relatar*) to tell: **nos refirió algunas anécdotas** he told us some stories. **2.** (*remitir*) to refer: **las llamadas en el texto refieren al lector** *al* **apéndice** the reference marks in the text refer the reader to the appendix.

referirse *v prnl*: **al decirlo, se refería** *a* **su padre** he was referring to his father when he said that; **¿***a* **qué te refieres?** what do you mean?; **por lo que se refiere** *a* **ti, mejor que hablemos mañana** as for you, I'll talk to you tomorrow; **por lo que se refiere** *a* **la fecha, nos parece bien el próximo sábado** as far as the date is concerned, next Saturday seems fine.

refilón /rrefi'lon/ **de refilón** *loc adv* **1.** (*de lado*): **el sol da en la casa de refilón** the sun hits the house from the side. **2.** (*de pasada*): **lo vi de refilón cuando pasó por aquí** I caught a glimpse of him as he passed by.

refinado, -da /rrefi'naðo -ða/ **I** *adj* **1.** (*materia prima, alimento*) refined. **2.** (*persona*) refined; (*modales*) polished. **3.** (*tortura, crueldad*) refined. **4.** (*inteligencia, sentido del humor*) sharp.

II refinado *sm* (*de materias primas*) refining.

refinamiento /rrefina'mjento/ *sm* (*en el comportamiento*) refinement, polish.

refinar /rrefi'nar/ [➪CANTAR] *vt* **1.** (*materias primas*) to refine. **2.** (*modales*) to polish.

refinarse *v prnl* to become more refined.

refinería /rrefine'ria/ *sf* refinery.

refinería de petróleo *sf* oil refinery.

reflector, -tora /rreflek'tor -'tora/ **I** *adj* reflecting, reflective.

II reflector *sm* (*luz potente*) searchlight.

reflejar /rrefle'xar/ [➪CANTAR] *vt/i* to reflect: **su forma de hablar reflejaba ansiedad** the way she spoke reflected her anxiety.

reflejarse *v prnl* to be reflected: **la imagen se reflejaba** *en* **el agua** the image was reflected in the water.

reflejo, -ja /rre'flexo -xa/ **I** *adj* **1.** (*luz, sonido*) reflected. **2.** (*Med*: *movimiento*) reflex.

II reflejo *sm* **1.** (*rayo*) beam: **le molestaban los reflejos del sol** the sunlight was getting in his eyes. **2.** (*imagen*) reflection. **3.** (*de una situación*) reflection: **su obra es un reflejo de la sociedad contemporánea** his work reflects contemporary society. **4.** (*Med*) reflex: **ha perdido reflejos** her reflexes are not as good as they were.

III reflejos *sm pl* (*en el pelo*) highlights *pl*.

reflexión /rreflek'sjon/ *sf* reflection: *tras* **mucha reflexión, he decidido aceptar** after much reflection * consideration I've decided to accept; **actúa** *sin* **reflexión alguna** she acts without thinking at all.

reflexionar /rrefleksjo'nar/ [➪CANTAR] *vt* to consider: **lo reflexioné mucho** I considered it carefully.

♦*vi* to reflect, to think: **he reflexionado** *sobre* **el asunto** I have considered * thought over the matter; **reflexionó** *sobre* **sus errores** she reflected on her mistakes.

reflexivo, -va /rreflek'siβo -βa/ *adj* **1.** (*prudente*) thoughtful, cautious. **2.** (*Ling*) reflexive.

refluir /rreflu'ir/ [➪huir] *vi* (*marea*) to ebb.

reflujo /rre'fluxo/ *sm* (*de la marea*) ebb tide.

reforestación /rreforesta'θjon/ *sf* reforestation.

reforestar /rrefores'tar/ [➪CANTAR] *vt* to reforest.

reforma /rre'forma/ *sf* **1.** (*gen*) reform. **2.** (*obra*) alteration ● **cerrado por reforma** ✻ **reformas** closed for refurbishment. **3. la Reforma** (*Hist, Relig*) the Reformation.

reforma agraria *sf* (*Pol*) land reform.

reformador, -dora /rreforma'ðor -'ðora/ **I** *adj* reforming.

II *sm/f* reformer.

reformar /rrefor'mar/ [➪CANTAR] *vt* **1.** (*modificar*) to reform: **van a reformar el sistema de enseñanza** they are going to reform the education system. **2.** (*Arquit*) to carry out alterations to.

reformarse *v prnl* to reform: **estuvo en la cárcel, pero se ha reformado** he was in jail but he's reformed himself.

reformatorio /rreforma'torjo/ *sm* reformatory.

reforzado, -da /rrefor'θaðo -ða/ *adj* reinforced.

reforzar /rrefor'θar/ [➪forzar] *vt* **1.** (*hacer más fuerte*) to reinforce, to strengthen. **2.** (*intensificar*): **la policía reforzó la vigilancia** the police stepped up their vigilance.

refracción /rrefrak'θjon/ *sf* refraction.

refractar /rrefrak'tar/ [➪CANTAR] *vt* to refract.

refractario, -ria /rrefrak'tarjo -rja/ *adj* **1.** (*material*) fireproof, heat-resistant; (*fuente para el horno*) ovenproof. **2.** (*persona*) opposed: **se mostraban refractarios** *a* **toda innovación** they were opposed to anything new.

refrán /rre'fran/ *sm* [**refranes**] saying, proverb ● **como dice el refrán...** as the saying ✻ proverb goes....

refranero /rrefra'nero/ *sm* collection of proverbs.

refregar /rrefre'ɣar/ [➪regar] *vt* **1.** (*frotar*) to scrub. **2.** (*restregar por las narices*): **me lo tiene que refregar cada vez que me ve** every time he sees me he has to rub it in.

refrenar /rrefre'nar/ [➪CANTAR] *vt* **1.** (*reprimir*) to restrain: **tienes que refrenar tus instintos** you shouldn't give in to your instincts. **2.** (*un caballo*) to rein in.

refrendar /rrefren'dar/ [➪CANTAR] *vt* **1.** (*autorizar*) to countersign. **2.** (*ratificar*): **el pueblo refrendó la decisión del gobierno** the electorate ratified the government's decision.

refrescante /rrefres'kante/ *adj* refreshing.

refrescar /rrefres'kar/ [➪sacar] *vt* **1.** (*referido a la temperatura*) to cool: **la lluvia ha refrescado el ambiente** the rain has cooled the atmosphere. **2.** (*conocimientos*) to brush up (on): **tendré que refrescar mis conocimientos de mecánica** I'll have to brush up on my mechanics.

♦*vi* **1.** (*enfriar*) to cool: **puso las botellas a refrescar** he put the bottles to cool. **2.** (*calmar la sed*) to be refreshing: **el agua es lo que más refresca** water is the most refreshing drink. **3.** (*Meteo*) to get cooler: **menos mal que refrescó** thank goodness it got cooler.

refrescarse *v prnl* to cool down: **mételo en la nevera para que se refresque** put it in the refrigerator to cool down; **se dio una ducha para refrescarse** he had a shower to cool down ✻ off.

refresco /rre'fresko/ *sm* soft drink.

refriega /rre'frjeɣa/ *sf* **1.** (*combate*) skirmish. **2.** (*pelea*) fight, brawl.

refrigeración /rrefrixera'θjon/ *sf* **1.** (*de comida*) refrigeration. **2.** (*sistema*) cooling system. **3.** (*aire acondicionado*) air conditioning: **en ese restaurante hay refrigeración** that restaurant is air-conditioned.

refrigerador, -dora /rrefrixera'ðor -'ðora/ **I** *adj* refrigerating.

II refrigerador *sm* refrigerator.

refrigerar /rrefrixe'rar/ [➪CANTAR] *vt* (*alimentos, bebida*) to refrigerate; (*un lugar*) to air-condition.

refrigerio /rrefri'xerjo/ *sm* snack, refreshments *pl*.

refrito /rre'frito/ *sm* **1.** (*Culin*) *sauce made from fried garlic, onion, and other ingredients.* **2.** (*libro, película*) rehash: **su libro es un refrito de varias obras anteriores** his book is a rehash of several earlier works.

refuerzo /rre'fwerθo/ **I** *and other forms with* ***refuerz-*** ➪reforzar

II *sm* **1.** (*acción*) reinforcement, strengthening. **2.** (*apoyo*) support: **tu dieta necesita un refuerzo de vitaminas** your diet needs to be supplemented by vitamins.

III refuerzos *sm pl* reinforcements *pl*.

refugiado, -da /rrefu'xjaðo -ða/ *adj, sm/f* refugee.

refugiar /rrefu'xjar/ [➪CAMBIAR] *vt* to give refuge to, to shelter.

refugiarse *v prnl* to take refuge, to take shelter: **se tuvieron que refugiar** *de* **la lluvia** they had to shelter from the rain.

refugio /rre'fuxjo/ *sm* **1.** (*gen*) refuge, shelter. **2.** (*consuelo*): **la familia es su refugio** she finds comfort with her family.

refugio antiaéreo *sm* air raid shelter.

refugio atómico *sm* nuclear fallout shelter.

refugio de montaña *sm* mountain refuge.

refugio nuclear *sm* nuclear fallout shelter.

refulgente /rreful'xente/ *adj* (*frml*) brilliant, shining.

refulgir /rreful'xir/ [➪surgir] *vi* (*frml*) to shine brightly.

refundir /rrefun'dir/ [➪PARTIR] *vt* **1.** (*metales*) to recast. **2.** (*una obra literaria*) to adapt. **3.** (*Chi, Col, Perú: perder*) to lose.

refundirse *v prnl* (*Chi, Col, Perú*) to get lost.

refunfuñar /rrefunfu'ɲar/ [➪CANTAR] *vi* to grumble.

refunfuñón, -ñona /rrefunfu'ɲon -'ɲona/ **I** *adj* grumpy.

II *sm/f*: **es un refunfuñón** he's always grumbling.

refutable /rrefu'taβle/ *adj* refutable.

refutación /rrefuta'θjon/ *sf* refutation.

refutar /rrefu'tar/ [➪CANTAR] *vt* to refute.

regadera /rreɣa'ðera/ *sf* **1.** (*para las plantas*) watering can ● **estás como una regadera** you're completely crazy. **2.** (*Méx: ducha*) shower.

regadío /rreɣa'ðio/ *sm* irrigation farming: **tiene cientos de hectáreas de regadío** he owns hundreds of hectares of irrigated agricultural land.

regalado, -da /rreɣa'laðo -ða/ *adj* **1.** (*dado como regalo*) given as a present ● **no lo quiero ni regalado** I wouldn't want it even if it was handed to me on a plate. **2.** (*fam: muy barato*) dirt cheap: **me lo vendió casi regalado** he sold it to me for practically nothing. **3.** (*muy cómodo*) comfortable: **lleva una vida regalada** he leads a very comfortable life.

regalar /rreɣa'lar/ [➪CANTAR] *vt* **1.** (*dar como regalo*) to give: **me regaló un anillo** he gave me a ring; **¿qué le podríamos regalar?** what can we get her (as a present)?; **están regalando entradas para el circo** they're giving away tickets for the circus. **2.** (*fam: vender muy barato*) to sell very cheaply: **en esa tienda regalan la ropa** in that shop they sell clothes very cheaply. **3.** (*halagar*) to flatter ● **le gusta que le**

regalen los oídos she loves people saying flattering things about her.
♦*vi*: **regaló al público** *con* **una magnífica actuación** he entertained the audience with a magnificent performance.

regalías /rreɣa'lias/ *sf pl* royalties *pl*.

regaliz /rreɣa'liθ/ *sm* [**regalices**] (*GB*) liquorice, (*US*) licorice.

regalo /rre'ɣalo/ *sm* 1. (*obsequio*) present, gift: **me trajo un regalo de Irlanda** she brought me back a present from Ireland; **se lo dimos** *de* **regalo** we gave it to him as a present. 2. (*fam*: *ganga*) bargain: **por ese precio el piso es un regalo** at that price the apartment is a bargain. 3. (*deleite*) pleasure: **este paisaje es un regalo** *para* **la vista** this landscape is a pleasure * delight to look at. 4. (*comodidad*): **se crió con excesivo mimo y regalo** he grew up spoilt and pampered.

regañadientes /rreɣaɲa'ðjentes/ **a regañadientes** *loc adv* reluctantly: **aceptó a regañadientes** he reluctantly * unwillingly agreed.

regañar /rreɣa'ɲar/ [⇨CANTAR] *vt* to tell off: **la regañaron** *por* **llegar tarde** she was told off for arriving late.
♦*vi* to argue: **siempre que los veo están regañando** whenever I see them they're quarrelling * arguing.

regañina /rreɣa'ɲina/ *sf* (*fam*) telling-off: **le echó una buena regañina** *por* **llegar tarde** he gave her a good telling-off for arriving late.

regar /rre'ɣar/ [⇨table: regar] *vt* 1. (*una planta, unos terrenos*) to water: **el Ebro riega esas tierras** the Ebro waters this land. 2. (*una acera, una calle*) to wash down: **están regando las calles** they're watering * hosing down the streets. 3. (*esparcir*) to scatter: **regaron la habitación** *con* **recortes de papel** they scattered bits of paper all over the room. 4. (*Culin*: *frml*): **una magnífica cena regada** *con* **el vino de la región** a wonderful dinner washed down with the local wine.

regar

INDICATIVE

Present	Preterite
riego	regué
riegas	regaste
riega	regó
regamos	regamos
regáis	regasteis
riegan	regaron

SUBJUNCTIVE

Present	
riegue	reguemos
riegues	reguéis
riegue	rieguen

IMPERATIVE

(tú) riega	(usted) riegue
(vosotros) regad	(ustedes) rieguen

For the rest of the tenses ⇨ CANTAR (in appendix)

regata /rre'ɣata/ *sf* (*una carrera*) boat race; (*conjunto de carreras*) regatta.

regate /rre'ɣate/ *sm* (*en fútbol, etc.*): **hizo dos regates y marcó** he dribbled past two players and scored.

regatear /rreɣate'ar/ [⇨CANTAR] *vt* 1. (*Fin*) to haggle over: **regatearon el precio** they haggled over the price. 2. (*eludir*): **no regateó esfuerzos para conseguirlo** he spared no effort to obtain it. 3. (*en fútbol, hockey, etc.*) to dribble past: **regateó al defensa y centró** he dribbled past the defender and crossed the ball.
♦*vi* 1. (*discutir un precio*) to haggle: **cuando va de compras, siempre regatea** when he goes shopping, he always haggles. 2. (*en fútbol, hockey, etc.*) to dribble. 3. (*Náut*: *competir*) to compete in regattas.

regato /rre'ɣato/ *sm* (small) stream.

regazo /rre'ɣaθo/ *sm* (*Anat*) lap.

regencia /rre'xenθja/ *sf* regency.

regeneración /rrexenera'θjon/ *sf* regeneration.

regenerador, -dora /rrexenera'ðor -'ðora/ *adj* regenerative.

regenerar /rrexene'rar/ [⇨CANTAR] *vt* to regenerate: **este producto regenera el cutis** this product assists the renewal of skin.

regenerarse *v prnl* 1. (*persona*) to rehabilitate oneself: **gracias a ella, se regeneró** thanks to her, he rehabilitated himself. 2. (*piel, tejido*) to renew itself.

regentar /rrexen'tar/ [⇨CANTAR] *vt* 1. (*un negocio*) to manage, to run. 2. (*desde un cargo*): **regentó los destinos del país hasta la mayoría de edad del rey** he presided over the country's destiny until the king came of age.

regente /rre'xente/ *sm/f* 1. (*Hist*: *gobernante*) regent. 2. (*de un negocio*) manager. 3. (*Méx*: *alcalde*) mayor.

reggae /'rreɣe/ *sm* reggae.

regidor, -dora /rrexi'ðor -'ðora/ *sm/f* 1. (*en teatro*) stage manager; (*en cine*) assistant director; (*en televisión*) assistant producer. 2. (*de un ayuntamiento*) (*GB*) (town) councillor, (*US*) councilor.

régimen /'rreximen/ *sm* [*pl* **regímenes** /rre'ximenes/] 1. (*Pol*) régime: **un régimen totalitario** a totalitarian régime. 2. (*sistema*) system: **siguen un régimen de enseñanza muy estricto** they follow a very strict teaching methodology. 3. (*de alimentación*) diet: **estoy** *a* **régimen** I'm on a diet. 4. (*modo de producirse*) pattern: **estudiamos el régimen de lluvias de la región** we are studying the rainfall pattern of the region.

regimiento /rrexi'mjento/ *sm* 1. (*Mil*) regiment. 2. (*fam*: *muchas personas*) horde: **mi madre preparó comida para un regimiento** my mother prepared enough food to feed an army.

regio, -gia /'rrexjo -xja/ *adj* 1. (*de la realeza*) royal. 2. (*grandioso*) magnificent: **le dieron un recibimiento regio** they gave him a magnificent welcome. 3. (*Amér S*: *fam, maravilloso, estupendo*) fantastic: **el postre te salió regio** the dessert you made was superb; (*: expresando acuerdo*) fine, great: **"¿Nos encontramos a las siete?" "Bueno, regio."** "Shall we meet at seven o'clock?" "OK, fine."

región /rre'xjon/ *sf* (*geográfica, anatómica, etc.*) region.
región militar *sf* military region.

regional /rrexjo'nal/ *adj* regional.

regionalismo /rrexjona'lizmo/ *sm* regionalism.

regir /rre'xir/ [⇨table: regir] *vt* 1. (*una nación*) to govern, to rule. 2. (*la conducta*) to govern: **los principios que rigen su vida** the principles by which his life is governed. 3. (*un negocio*) to manage. 4. (*Ling*) to take: **"pertenecer" rige la preposición "a"** "pertenecer" takes the preposition "a".
♦*vi* 1. (*ser válido*) to apply: **en este país no rige esa ley** that law does not apply in this country; **lo mismo**

regir	
INDICATIVE	
Present	
rijo	regimos
riges	regís
rige	rigen
SUBJUNCTIVE	
Present	**Imperfect**
rija	rigiera *or* rigiese
rijas	rigieras *or* rigieses
rija	rigiera *or* rigiese
rijamos	rigiéramos *or* rigiésemos
rijáis	rigierais *or* rigieseis
rijan	rigieran *or* rigiesen
IMPERATIVE	
(tú) rige	(usted) rija
(vosotros) regid	(ustedes) rijan
PRESENT PARTICIPLE	
rigiendo	
For the rest of the tenses ⇨ PARTIR (in appendix)	

rige *para* **nosotros** the same applies to us. **2.** (*funcionar mentalmente*): **a pesar de su edad, rige estupendamente** he has all his faculties in spite of his age.

regirse *v prnl* **1.** (*nación*) to be governed, to be ruled: **el país se rige** *por* **la constitución de 1978** the country is governed according to the 1978 constitution. **2.** (*negocio*) to be managed.

registrado, -da /rrexis'traðo -ða/ *adj* registered.

registrador, -dora /rrexistra'ðor -'ðora/ **I** *adj* (*aparato*) measuring, monitoring.
II *sm/f* (*funcionario*) registrar.

registrador, -dora de la propiedad *sm/f* land registrar.

registrar /rrexis'trar/ [⇨CANTAR] *vt* **1.** (*inspeccionar*) to search: **la policía registró la casa del sospechoso** the police searched the suspect's house; **la registraron para ver si iba armada** she was searched to see if she was carrying weapons • **¡a mí que me registren!** I have nothing to hide! **2.** (*inscribir*) to register: **registró la casa** *a* **nombre de su mujer** he registered the house under his wife's name. **3.** (*incluir*) to include: **ese diccionario no registra muchas palabras de argot** that dictionary does not include many slang expressions. **4.** (*señalar*) to record, to register: **el termómetro registró una temperatura de treinta grados** the thermometer recorded a temperature of thirty degrees. **5.** (*grabar*) to record: **las cámaras registraron todo lo ocurrido** the cameras recorded everything that had happened.

registrarse *v prnl* **1.** (*en un hotel*) to register, to check in. **2.** (*percibirse*) to happen, to take place: **se registró un fuerte descenso de la temperatura** a sharp fall in temperature took place.

registro /rre'xistro/ *sm* **1.** (*acción*) search: **la policía llevó a cabo un registro de la zona** the police conducted a search of the area. **2.** (*libro*) register: **apuntaron su nombre en el registro** his name was entered in the register. **3.** (*oficina pública*) registry. **4.** (*Mús*: *en la escala*) register • **tocó todos los registros para conseguirle una plaza a su sobrina** he pulled out all the stops to find his niece a place. **5.** (*Arg*: *carné de conducir*) (*GB*) driving licence, (*US*) driver's license.

registro civil *sm* (*oficina*) register office, registry office.

registro de la propiedad *sm* (*GB*) land registry, (*US*) land office.

registro electoral *sm* (*GB*) electoral roll, (*US*) voter list.

regla /'rreɣla/ *sf* **1.** (*para trazar líneas*) ruler. **2.** (*precepto*) rule, regulation: **hay que seguir las reglas del juego** you have to follow the rules of the game; **si no me das unas reglas, no podré hacerlo** unless you give me some guidelines I won't be able to do it; **sus documentos están** *en* **regla** your papers are in order • **fui a ver a mi abogado para poner mis asuntos en regla** I went to my lawyer to put my affairs in order • **por regla general viene una vez a la semana** as a (general) rule she comes once a week. **3.** (*Mat*: *operación*) rule: **en la escuela aprendió las cuatro reglas y poco más** he learnt to add, subtract, divide and multiply at school and not much else. **4.** (*fam*: *menstruación*) period.

regla de oro *sf* golden rule.

regla de tres *sf* (*Mat*) rule of three • **¿por qué regla de tres tengo yo que hacerlo?** why on earth should I have to do it?

reglaje /rre'ɣlaxe/ *sm* adjustment.

reglamentación /rreɣlamenta'θjon/ *sf* **1.** (*acción*) regulation. **2.** (*conjunto de reglas*) regulations *pl*.

reglamentar /rreɣlamen'tar/ [⇨CANTAR] *vt* to regulate.

reglamentario, -ria /rreɣlamen'tarjo -rja/ *adj*: **se le aplicó la sanción reglamentaria** he received the fixed penalty; **llevaba el uniforme reglamentario** he was wearing the regulation uniform.

reglamento /rreɣla'mento/ *sm* regulations *pl*, rules *pl*: **según el reglamento, no se admite traer perros** according to the regulations, you are not allowed to bring dogs.

reglar /rre'ɣlar/ [⇨CANTAR] *vt* to regulate.

regocijar /rreɣoθi'xar/ [⇨CANTAR] *vt* to delight: **sus payasadas regocijaban a los niños** his antics delighted the children.

regocijarse *v prnl* to take delight: **se regocijaba pensando en las inminentes vacaciones** he took great pleasure in thinking about the coming holidays.

regocijo /rreɣo'θixo/ *sm* joy, delight.

regodearse /rreɣoðe'arse/ [⇨CANTAR] *v prnl* (*con deleite*) to take great pleasure, to delight: **se regodeaba saboreando el chocolate** he was taking great pleasure in savouring the chocolate; (*con mala intención*) to take malicious pleasure, to gloat: **se regodea** *en* * *con* **las desgracias ajenas** she takes malicious pleasure in other people's misfortunes.

regodeo /rreɣo'ðeo/ *sm* (*deleite*) delight; (*con mala intención*) malicious pleasure.

regordete, -ta /rreɣor'ðete -ta/ *adj* (*fam*: *persona*) plump; (*: manos, cara, mejillas*) chubby.

regresar /rreɣre'sar/ [⇨CANTAR] *vi* (*volver: aquí*) to return, to come back: **regresó a casa borracho** he came back * returned home drunk; (*: allí*) to return, to go back: **los emigrantes regresaron a su tierra** the emigrants went back * returned to their homeland.
♦ *vt* (*Méx*: *devolver*) to return, to give back: **¿le importaría regresarme el libro que le presté?** would you mind giving me back the book I lent you?

regresarse *v prnl* (*Amér L*: *volver: aquí*) to return, to come back; (*: allí*) to return, to go back: **después de comer, nos regresamos a la ciudad** after lunch, we went back * returned to the city.

regresión /rreɣre'sjon/ *sf* (*gen*) regression; (*de ventas, inversiones*) drop.

regresivo, -va /rreɣre'siβo -βa/ *adj* (*hacia atrás*) backward; (*a peor*) regressive.

regreso /rre'ɣreso/ *sm* return: *a* **su regreso descubrió que le habían desvalijado la casa** on her return she found that her house had been burgled; **el viaje de regreso transcurrió sin incidentes** the return journey passed off without incident.

regué /rre'ɣe/ *first person singular of the preterite tense of* ⇨regar

reguera /rre'ɣera/ *sf* irrigation ditch.

reguero /rre'ɣero/ *sm* **1.** (*arroyo, chorro*) stream. **2.** (*rastro*) trail: **encontraron un reguero de sangre** they found a trail of blood • **el rumor se extendió como un reguero de pólvora** the rumour spread like wildfire. **3.** (*Agr: reguera*) irrigation ditch.

regulable /rreɣu'laβle/ *adj* adjustable.

regulación /rreɣula'θjon/ *sf* **1.** (*control*) regulation, control. **2.** (*Tec*) regulation.

regulación de empleo *sf* reduction in staff levels.

regular /rreɣu'lar/ **I** *adj* **1.** (*sujeto a una regla, uniforme*) regular: **"ganar" es un verbo regular** "ganar" is a regular verb; **su ascenso fue poco regular** his promotion was somewhat irregular; (*Mil*) **el ejército regular** the regular army; **es muy regular** *en* **sus notas** his grades are very consistent; **va al gimnasio de forma regular** she regularly goes to the gymnasium • **por lo regular llega a casa hacia las siete** he normally * usually comes home at seven. **2.** (*vida, comportamientos, etc.*) orderly: **lleva una vida regular** he leads a well-ordered life. **3.** (*ni bueno ni malo*) average: **"¿Qué te pareció la película?" "Regular."** "What did you think of the movie?" "Average * Nothing special."; (*ni grande ni pequeño*): **es una casa de tamaño regular** it's an average-sized house.

II *adv*: **mi madre lleva unos días regular** my mother has only been so-so for the last few days; **"¿Cómo estás?" "Regular."** "How are you?" "Could be better."

III [⇨CANTAR] *vt* **1.** (*organizar*) to regulate: **un guardia regulaba la circulación** a police officer directed the traffic. **2.** (*reglamentar*) to regulate: **esa ley regula la elaboración de productos alimenticios** that law regulates the production of foodstuffs. **3.** (*ajustar*) to regulate.

regularidad /rreɣulari'ðað/ *sf* regularity: **viene a vernos** *con* **regularidad** she comes to see us regularly.

regularizar /rreɣulari'θar/ [⇨cazar] *vt* to regularize: **finalmente pude regularizar mi situación laboral** I was finally able to regularize my work situation.

regusto /rre'ɣusto/ *sm* (*sabor*) aftertaste: **esa salsa deja un regusto desagradable** that sauce leaves an unpleasant aftertaste; **el encuentro nos dejó un regusto amargo** the meeting left us with an unpleasant aftertaste.

rehabilitación /rreaβilita'θjon/ *sf* **1.** (*de un enfermo, etc.*) rehabilitation: **ahora hace (ejercicios de) rehabilitación** he's having physiotherapy now. **2.** (*de un edificio*) restoration. **3.** (*de fama*) rehabilitation; (*en un puesto*) reinstatement.

rehabilitar /rreaβili'tar/ [⇨CANTAR] *vt* **1.** (*a un enfermo, a un delincuente, etc.*) to rehabilitate. **2.** (*un edificio*) to restore. **3.** (*en fama*) to rehabilitate. **4.** (*en un puesto*) to reinstate: **lo echaron, pero luego lo han rehabilitado** he was fired but later he was reinstated.

rehabilitarse *v prnl* to be rehabilitated.

rehacer /rrea'θer/ [⇨HACER; *past participle* **rehecho**] *vt* **1.** (*volver a hacer*) to redo, to do (over) again. **2.** (*alterar*) to alter: **tuve que rehacer el vestido porque me estaba estrecho** I had to alter the dress because it was too tight; (*reorganizar*) to rebuild: **rehizo su vida después del accidente** she rebuilt her life after the accident.

rehacerse *v prnl* to recover: **le costó rehacerse** *de* **la muerte de su esposa** it took a long time for him to recover from his wife's death.

rehecho /rre'etʃo/ *past participle of* ⇨rehacer

rehén /rre'en/ *sm* hostage.

rehogar /rreo'ɣar/ [⇨pagar] *vt* (*Culin*) to fry lightly.

rehuir /rreu'ir/ [⇨huir] *vt* to avoid: **rehuyó contestar a la pregunta** he avoided answering the question; **ahora todos lo rehúyen** everyone avoids him now.

rehusar /rreu'sar/ [⇨CANTAR] *vt* to refuse, to turn down: **rehusó nuestro ofrecimiento de ayuda** he refused * turned down our offer of help.

reimplantar /rreimplan'tar/ [⇨CANTAR] *vt* **1.** (*una moda, un sistema*) to reintroduce. **2.** (*Med: un órgano*) to reimplant.

reimpresión /rreimpre'sjon/ *sf* **1.** (*acción*) reprinting. **2.** (*conjunto de ejemplares*) reprint.

reimprimir /rreimpri'mir/ [⇨PARTIR; *past participle* **reimpreso * reimprimido**] *vt* to reprint.

reina /'rreina/ *sf* **1.** (*soberana*) queen: **la Reina saludó desde el balcón** the Queen waved from the balcony; **la reina Sofía** Queen Sofía; **fue elegida la reina de las fiestas** she was elected carnival queen. **2.** (*en cartas, ajedrez*) queen. **3.** (*insecto*) queen. **4.** (*fam: apelativo*) darling.

reinado /rrei'naðo/ *sm* reign: *bajo/durante* **el reinado de Carlos III** in/during the reign of Charles III.

reinante /rrei'nante/ *adj* **1.** (*monarca, casa real*) reigning. **2.** (*que prevalece*): **el mal tiempo reinante hizo que se suspendiera la competición** the prevailing bad weather caused the competition to be cancelled.

reinar /rrei'nar/ [⇨CANTAR] *vi* **1.** (*gobernar*) to reign. **2.** (*prevalecer*) to reign: **un silencio total reinaba en la biblioteca** complete silence reigned in the library; **en esta casa reina la armonía** harmony reigns in this house.

reincidencia /rreinθi'ðenθja/ *sf* (*Jur*) recidivism: **el nivel de reincidencia es altísimo** the re-offence rate is very high.

reincidente /rreinθi'ðente/ **I** *adj* reoffending, recidivist.

II *sm/f* reoffender, recidivist.

reincidir /rreinθi'ðir/ [⇨PARTIR] *vi* (*Jur: en un delito*) to reoffend; (*en una falta*) to relapse, to go back: **ha reincidido** *en* **su mal comportamiento** he has gone back to his bad behaviour.

reincorporación /rreiŋkorpora'θjon/ *sf* **1.** (*de un territorio*) reincorporation. **2.** (*a un puesto de trabajo*) return.

reincorporar /rreiŋkorpo'rar/ [⇨CANTAR] *vt* (*un territorio*) to reincorporate.

reincorporarse *v prnl* to return, to go back: **el lunes se reincorpora a su puesto** he goes back to work on Monday.

reino /'rreino/ *sm* **1.** (*gen*) kingdom. **2.** (*ámbito*) world:

las hadas son personajes del reino de la fantasía fairies are characters from the world of fantasy.

reino animal *sm* animal kingdom.

reino mineral *sm* mineral kingdom.

reino vegetal *sm* plant * vegetable kingdom.

Reino Unido /'rreino u'niðo/ *sm* United Kingdom.

reinserción /rreinser'θjon/ *sf* reintegration (*into society*).

reinsertado, -da /rreinser'taðo -ða/ *sm/f: former terrorist reintegrated into society.*

reinsertar /rreinser'tar/ [➪CANTAR] *vt* to reintegrate (*into society*).

reinsertarse *v prnl* to reintegrate (*into society*).

reintegrar /rreinte'ɣrar/ [➪CANTAR] *vt* **1.** (*dinero*) to pay back, to refund: **le han reintegrado el dinero** he has been refunded * repaid the money. **2.** (*a una persona*) to reinstate.

reintegrarse *v prnl* to return: **se reintegró** *a* **su puesto después de las vacaciones** she took up her job again after the holidays.

reintegro /rrein'teɣro/ *sm* (*de dinero: gen*) repayment, refund; (*: en la lotería*) *prize equivalent to the price of the ticket.*

reír /rre'ir/ [➪table: reír] *vi* (*persona*) to laugh ● **quien ríe el último, ríe mejor** he who laughs last laughs longest; (*ojos*) to laugh.

♦*vt* to laugh at: **su padre le ríe todas las gracias** his father laughs at all his jokes.

reírse *v prnl* **1.** (*exteriorizar alegría*) to laugh: **se ríe** *por* **nada** she laughs at the slightest thing. **2.** (*burlarse*) to laugh: **se ríen** *de* **él** they are making fun of him * laughing at him.

reír

INDICATIVE	
Present	**Preterite**
río	reí
ríes	reíste
ríe	rió
reímos	reímos
reís	reísteis
ríen	rieron

SUBJUNCTIVE	
Present	**Imperfect**
ría	riera *or* riese
rías	rieras *or* rieses
ría	riera *or* riese
riamos	riéramos *or* riésemos
riáis	rierais *or* rieseis
rían	rieran *or* riesen

IMPERATIVE	
(tú) ríe	(usted) ría
(vosotros) reíd	(ustedes) rían

PRESENT PARTICIPLE

riendo

For the rest of the tenses ➪ PARTIR (in appendix)

reiteración /rreitera'θjon/ *sf* (*repetición*) repetition; (*para recalcar*) reiteration.

reiterar /rreite'rar/ [➪CANTAR] *vt* to reiterate.

reiterarse *v prnl*: **se reiteró** *en* **su postura** he reiterated his position.

reiterativo, -va /rreitera'tiβo -βa/ *adj* repetitive.

reivindicación /rreiβindika'θjon/ *sf* **1.** (*salarial*) demand; (*de un derecho*) claim. **2.** (*de un acto terrorista*) claim of responsibility; (*del buen nombre, de que algo es acertado*) vindication.

reivindicar /rreiβindi'kar/ [➪sacar] *vt* **1.** (*reclamar*) to claim: **reivindican el derecho a un puesto de trabajo** they are claiming the right to a job. **2.** (*atribuirse*) to claim responsibility for: **un grupo separatista reivindicó el secuestro** a separatist group claimed responsibility for the kidnapping. **3.** (*rehabilitar*) to vindicate: **esto parece reivindicar la política de este gobierno** this appears to vindicate this government's policy.

reja /'rrexa/ *sf* **1.** (*en una ventana, una puerta*) grille, iron bars *pl* ● **su hermano está entre rejas** her brother is behind bars. **2.** (*para arar*) (*GB*) ploughshare, (*US*) plowshare.

rejilla /rre'xiʎa/ *sf* **1.** (*en una ventana*) latticework; (*en una silla*) cane; (*de un ventilador*) grid; (*de una máquina*) grille; (*de ventilación*) (air) vent. **2.** (*para el equipaje*) (*GB*) luggage rack, (*US*) baggage rack.

rejón /rre'xon/ *sm* (*Tauro*) lance (*used by mounted bullfighter*).

rejoneador, -dora /rrexonea'ðor -'ðora/ *sm/f* (*Tauro*) mounted bullfighter.

rejonear /rrexone'ar/ [➪CANTAR] *vt* (*Tauro*) to fight (*bulls while on horseback*).

rejuvenecer /rrexuβene'θer/ [➪agradecer] *vt* to rejuvenate: **quieren rejuvenecer la plantilla de la empresa** they want to rejuvenate the staff.

♦*vi* to be rejuvenated: **ese peinado rejuvenece mucho** that hairstyle makes people look much younger * more youthful.

rejuvenecerse *v prnl* to be rejuvenated.

relación /rrela'θjon/ **I** *sf* **1.** (*vínculo*) connection, relation: **la policía piensa que estos dos robos tienen alguna relación** the police think that there is a connection between the two robberies; **no existe relación** *entre* **los dos hechos** the two facts are (quite) unconnected. **2.** (*trato social*) relationship: **tiene buenas relaciones** *con* **sus vecinos** he's on good terms with his neighbours; (*contacto*) contact: **tiene relaciones en el ministerio** he has contacts in the ministry. **3.** (*narración*) account: **hizo una relación** *de* **lo que había pasado** he gave his account of what had happened. **4.** (*lista: gen*) list: **se publicó una relación de los aprobados** a list of successful candidates was published; (*: de gastos*) statement.

II con relación a, en relación a, en relación con *prep* **1.** (*comparado con*): **en relación con el año pasado...** compared to last year.... **2.** (*sobre*): **con relación a ese tema me gustaría añadir que...** in relation to that topic, I would like to add that....

III relaciones *sf pl*: **se pusieron** *en* **relaciones hace un año** they began a relationship a year ago.

relación calidad-precio *sf* value for money: **el cliente siempre busca una buena relación calidad-precio** customers are always looking for value for money.

relaciones diplomáticas *sf pl* diplomatic relations *pl.*

relaciones públicas I *sf pl* (*actividad*) public relations *pl.*

II *sm/f inv* (*persona*) public relations officer: **es el nuevo relaciones públicas de la empresa** he's the company's new public relations officer.

relacionar /rrelaθjo'nar/ [➪CANTAR] *vt* **1.** (*conectar*) to relate, to link: **relacionaron su ausencia** *con* **el mal tiempo** they put her absence down to the bad weather. **2.** (*enumerar*) to list.

relacionarse *v prnl* **1.** (*conectarse*) to be related, to be connected: **la subida de precios se relaciona** *con* **la política del gobierno** the rise in prices is related to the government's policies. **2.** (*socialmente*) to meet: **en su trabajo se relaciona** *con* **personas de distintos países** in her job she meets people from different countries; **tiene ese empleo porque ha sabido relacionarse** he's got that job because he managed to make good contacts.

relajación /rrelaxa'θjon/ *sf* **1.** (*física, mental*) relaxation. **2.** (*moral, de costumbres*) laxity.

relajado, -da /rre'a'xaðo -ða/ *adj* **1.** (*tranquilo*) relaxed. **2.** (*Arg, Urug: chiste*) rude, dirty; (*: persona*) filthy, dirty-minded.

relajar /rrela'xar/ [➪CANTAR] *vt* **1.** (*los músculos, la mente*) to relax: **la música me relaja** I find music relaxing. **2.** (*una norma, una ley, etc.*) to relax. **3.** (*Arg, Urug: fam, insultar*): **lo relajó todo** she called him everything under the sun.

relajarse *v prnl* **1.** (*músculos*) to relax, to loosen up; (*mentalmente*) to relax. **2.** (*normas*) to become relaxed: **la disciplina se ha relajado mucho** discipline has become much more relaxed; (*moral, costumbres*) to become lax: **piensa que las costumbres se están relajando** he thinks that standards are becoming lax.

relajo /rre'laxo/ *sm* **1.** (*descanso*) relaxation, rest: **no he tenido un momento de relajo en todo el día** I haven't had a moment's relaxation all day. **2.** (*falta de rigor*) relaxed attitude. **3.** (*Amér L: fam, caos, desorden*) mess: **no se puede encontrar nada en este relajo** it's impossible to find anything in this mess ● **los alumnos siempre le arman relajo** his pupils always create mayhem in his classes; (*: inmoralidad*): **le gustan las películas de relajo** he likes blue movies.

relamer /rrela'mer/ [➪TEMER] *vt* to lick.

relamerse *v prnl* to lick one's lips: **se relamía pensando en la cena que había hecho su madre** he was licking his lips at the thought of the dinner his mother had made.

relamido, -da /rrela'miðo -ða/ *adj* **1.** (*de modales*) affected. **2.** (*de apariencia*): **va siempre muy relamido** he never has a hair out of place.

relámpago /rre'lampaɣo/ **I** *sm* (*Meteo*) flash of lightning: **hubo muchos truenos y relámpagos** there was a lot of thunder and lightning ● **vino como un relámpago** he came like a shot.
II *adj inv* brief, lightning: **hizo un viaje relámpago a París** she made a lightning trip to Paris.

relampaguear /rrelampaɣe'ar/ [➪CANTAR] *v impers* (*Meteo*): **empezó a relampaguear** the lightning started * began.
♦*vi* (*ojos*) to flash: **sus ojos relampagueaban** *de* **ira** his eyes flashed with anger.

relampagueo /rrelampa'ɣeo/ *sm* **1.** (*en una tormenta*) lightning. **2.** (*del fuego de artillería*) flashing.

relatar /rrela'tar/ [➪CANTAR] *vt* (*contar*) to tell, to recount: **relató lo que les había sucedido durante el viaje** he recounted what had happened to them on the journey.

relatividad /rrelatiβi'ðað/ *sf* relativity.

relativizar /rrelatiβi'θar/ [➪cazar] *vt* to put into perspective: **relativizó la importancia del descubrimiento** he put the importance of the discovery into (a proper) perspective.

relativo, -va /rrela'tiβo -βa/ **I** *adj* **1.** (*gen*) relative: **es una cuestión relativa** it's a relative question; **no dijo nada** *en* **lo relativo** *a* **su madre** he didn't say anything about * regarding his mother; **asistimos a una conferencia relativa** *al* **medio ambiente** we attended a talk on the environment. **2.** (*de un cierto valor*): **es un problema de relativa importancia** it's a relatively important problem. **3.** (*más bien escaso*) relatively little: **este tema tiene un interés muy relativo** the subject is of relatively little interest.
II relativo *sm* (*Ling*) relative.

relato /rre'lato/ *sm* **1.** (*acción*) account: **hizo un relato de cómo habían ocurrido los hechos** he gave an account of how the events had happened. **2.** (*historia*) story.

relax /rre'las/ *sm inv* **1.** (*relajamiento*) relaxation. **2.** (*en anuncios*) escort services *pl*.

releer /rrele'er/ [➪leer] *vt* to reread, to read again.

relegar /rrele'ɣar/ [➪pagar] *vt*: **lo relegaron** *a* **tareas secundarias** he was consigned to less important tasks; **ha relegado su trabajo** *a* **un segundo plano** her job has become less important for her ● **aquella costumbre fue relegada al olvido** that custom was forgotten.

relente /rre'lente/ *sm* damp (*in the night air*).

relevancia /rrele'βanθja/ *sf* importance: **nadie discute la relevancia de su descubrimiento** nobody is questioning the importance of his discovery.

relevante /rrele'βante/ *adj* **1.** (*noticia*) important, noteworthy; (*personaje*) prominent. **2.** (*sobresaliente*) outstanding: **su trabajo fue considerado muy relevante** his work was considered to be outstanding.

relevar /rrele'βar/ [➪CANTAR] *vt* **1.** (*reemplazar: gen*) to take the place of: **relevó a su compañero mientras éste estaba enfermo** he took over from his colleague while the latter was ill; (*: en deportes*) to substitute; (*: en el ejército*) to relieve. **2.** (*destituir*) to relieve: **la han relevado** *de* **su cargo** she's been relieved of her post. **3.** (*excusar*) to exempt, to let off: **la relevaron** *de* **los trabajos más duros** she was let off the most difficult jobs.

relevista /rrele'βista/ *sm/f* relay runner.

relevo /rre'leβo/ *sm* **1.** (*acción*) changing: **el relevo de la guardia** the changing of the guard; (*personas*) relief. **2.** (*Dep*) relay: **el relevo 4 X 100** the four by one hundred metres relay.

relicario /rreli'karjo/ *sm* **1.** (*Relig: de reliquias*) reliquary. **2.** (*de recuerdos*) locket.

relieve /rre'ljeβe/ *sm* **1.** (*Geog*) relief: **un mapa** *en* **relieve** a relief map. **2.** (*en arte*) relief: **adornaban la fachada unas esculturas** *en* **relieve** several bas-reliefs decorated the façade; **el nombre aparecía en letras** *en* **relieve** the name appeared in raised letters. **3.** (*importancia*) prominence: **le dio demasiado relieve al asunto** he gave too much importance to the matter ● **pone de relieve la necesidad de un cambio** it underlines the need for a change.

religión /rreli'xjon/ *sf* **1.** (*conjunto de creencias*) religion: **la religión cristiana** the Christian religion ● **Marta ha entrado en religión** Marta has taken vows. **2.** (*fam: aquello que se practica*): **su religión es decir siempre la verdad** she believes in always telling the truth.

religiosamente /rrelixjosa'mente/ *adv* religiously, punctiliously: **me pagó religiosamente** he repaid me punctiliously; **cumple sus obligaciones religiosa-**

mente he's punctilious about carrying out his obligations.

religiosidad /rrelixjosi'ðað/ *sf* **1.** (*observancia*) religiousness. **2.** (*exactitud*) punctiliousness: **en el trabajo cumple con religiosidad** he does his job punctiliously ✻ with great thoroughness.

religioso, -sa /rreli'xjoso -sa/ **I** *adj* **1.** (*gen*) religious. **2.** (*concienzudo*) punctilious: **cumple sus obligaciones de manera religiosa** she carries out her obligations punctiliously.
II *sm/f* member of a holy order.

relinchar /rrelin'tʃar/ [➪ CANTAR] *vi* to neigh.

relincho /rre'lintʃo/ *sm* neigh.

reliquia /rre'likja/ *sf* **1.** (*Relig*) relic. **2.** (*resto*) relic: **esta costumbre es una reliquia del pasado** this tradition is a relic from the past. **3.** (*de un accidente, una enfermedad*) after-effect. **4.** (*fam: persona*) fossil; (*: cosa*) jalopy, (*GB*) old banger: **tiene un coche que es una reliquia** his car is a real jalopy.

rellano /rre'ʎano/ *sm* (*Arquit*) landing (*in between floors*).

rellenar /rreʎe'nar/ [➪ CANTAR] *vt* **1.** (*volver a llenar*) to refill. **2.** (*llenar por completo*) to fill up. **3.** (*un ave*) to stuff; (*un pastel*) to fill. **4.** (*un cojín*) to stuff; (*un hueco*) to fill (in): **rellenó** *de* **yeso los agujeros** he filled the holes with plaster. **5.** (*un impreso*) to fill in, to fill out: **tiene usted que rellenar este formulario** you must fill in this form.

relleno, -na /rre'ʎeno -na/ **I** *adj* **1.** (*pimiento, ave*) stuffed; (*pastel, bollo*) filled: **un pastel relleno de nata** a cake filled with cream. **2.** (*fam: persona*) well-rounded.
II relleno *sm* **1.** (*acción*) filling. **2.** (*de un ave*) stuffing; (*de un pastel*) filling: **¡qué rico está este relleno!** this filling is delicious! **3.** (*de un cojín*) stuffing. **4.** (*fam: en un discurso*) waffle; (*: en un escrito*) padding.

reló /rre'lo/ *sm* ➪ reloj

reloj /rre'lox/ *sm* (*gen*) clock; (*en la muñeca, de bolsillo*) watch: **ganó la carrera** *contra* **reloj** he won the time trial ● **tuvimos que trabajar contra reloj** we had to work against the clock ● **todo va ✻ marcha como un reloj** everything is running like clockwork.
reloj analógico *sm* (*GB*) analogue watch, (*US*) analog watch.
reloj de arena *sm* hourglass.
reloj de cuco ✻ cucú *sm* cuckoo clock.
reloj de pulsera *sm* wristwatch.
reloj de sol *sm* sundial.
reloj despertador *sm* alarm clock.
reloj digital *sm* (*gen*) digital clock; (*de pulsera*) digital watch.

relojería /rreloxe'ria/ *sf* **1.** (*técnica: gen*) clockmaking; (*: de relojes de pulsera*) watchmaking. **2.** (*taller: gen*) clockmaker's; (*: de relojes de pulsera*) watchmaker's. **3.** (*tienda*) clock and watch shop: **tuve que llevar el reloj a la relojería porque se atrasaba** I had to take my watch to be mended because it was losing time.

relojero, -ra /rrelo'xero -ra/ *sm/f* **1.** (*fabricante: gen*) clockmaker; (*: de relojes de pulsera*) watchmaker. **2.** (*en una tienda*) *person who sells and mends clocks and watches*.

reluciente /rrelu'θjente/ *adj* (*pelo, medalla, zapato*) shining; (*joyas, oro*) glittering; (*ropa*) spotlessly clean.

relucir /rrelu'θir/ [➪ lucir] *vi* **1.** (*pelo, medalla, zapato*) to shine; (*joya, oro*) to glitter; (*ropa*) to look spotlessly clean ● **sacó a relucir todos los problemas que había tenido** he brought all the problems he had had out into the open. **2.** (*sobresalir*) to stand out: **relucía** *por* **su ingenio** her ingenuity made her stand out.

reluctante /rreluk'tante/ *adj* reluctant.

relumbrar /rrelum'brar/ [➪ CANTAR] *vi* (*gen*) to shine; (*objeto metálico*) to gleam.

remachar /rrema'tʃar/ [➪ CANTAR] *vt* **1.** (*un clavo*) to hammer in; (*sujetar con remaches*) to rivet. **2.** (*insistir en*) to underline, to drive home: **su última frase remachaba lo anterior** his last sentence drove home what he had said before.

remache /rre'matʃe/ *sm* rivet.

remanente /rrema'nente/ *sm* **1.** (*cantidad que sobra*) remainder: **tenemos un remanente de dinero** we have a little money left over. **2.** (*cantidad que se guarda*): **dejaron un remanente de dinero por si tenían gastos imprevistos** they kept some money back in case they had unforeseen expenses.

remangar /rremaŋ'gar/ [➪ pagar] *vt* (*las mangas, los pantalones*) to roll up; (*la falda, el vestido, etc.*) to hitch up.
remangarse *v prnl* (*las mangas*) to roll up one's sleeves: **se remangó antes de empezar a trabajar** he rolled his sleeves up before starting work; (*los pantalones*) to roll up one's (*GB*) trousers ✻ (*US*) pants; (*la falda*) to hitch up one's skirt.

remanso /rre'manso/ *sm* (*Geog*) backwater ● **este pueblo es un remanso de paz** this village is a haven of peace.

remar /rre'mar/ [➪ CANTAR] *vi* to row (*in a boat*).

remarcable /rremar'kaβle/ *adj* (*frml*) remarkable.

remarcar /rremar'kar/ [➪ sacar] *vt* to emphasize: **la crítica remarcó la buena actuación de la soprano** the critics drew attention to the good performance of the soprano.

rematadamente /rremataða'mente/ *adv* (*fam*) absolutely, completely: **está rematadamente loco** he's completely crazy; **lo hizo rematadamente mal** he did it extraordinarily badly.

rematado, -da /rrema'taðo -ða/ *adj* (*fam*) absolute, complete: **es un tonto rematado** he's a complete idiot.

rematador, -dora /rremata'ðor -'ðora/ *sm/f* (*Dep*) striker: **es un rematador nato** he's a born striker.

rematar /rrema'tar/ [➪ CANTAR] *vt* **1.** (*acabar de matar a*) to kill, to finish off: **remataron al caballo herido** they put the injured horse out of its misery. **2.** (*fam: agravar la situación de*) to finish off: **el suspenso en física acabó de rematarlo** the fail he got in physics finished him off. **3.** (*concluir*) to finish off: **remató su actuación con una de sus canciones más conocidas** he ended his act with one of his best known songs; **ya sólo le queda rematar el trabajo** he only has to add the finishing touches to the essay. **4.** (*estar en el extremo de*) to be at the top of: **una aguja remataba la torre del castillo** a spire stood at the top of the castle tower. **5.** (*en costura*) to finish off. **6.** (*en fútbol, hockey, etc.*): **remató el centro de Sánchez** he shot from Sánchez's centre. **7.** (*en una liquidación*) to sell off.
♦*vi* (*en fútbol, hockey, etc.*) to shoot: **el delantero remató** *de* **cabeza** the forward headed the ball.

remate /rre'mate/ *sm* **1.** (*conclusión*): **le dio remate a la obra tres años más tarde** she finished the work three years later; **este capítulo es un magnífico remate** this chapter makes a great ending ● **para remate no se presentó** to cap it all he didn't turn up ● **está loco de remate** he's completely mad. **2.** (*de un edificio*) top part; (*de una tela*) edging. **3.** (*en fútbol, etc.*)

shot: **el remate de cabeza salió alto** his header was too high.

rembolsar /rrembol'sar/ [➪ CANTAR] *vt* ➪ reembolsar

rembolso /rrem'bolso/ *sm* ➪ reembolso

remedar /rreme'ðar/ [➪ CANTAR] *vt* (*imitar: gen*) to copy; (*: para burlarse*) to mimic: **siempre está remedando a su hermana** he's always mimicking his sister.

remediar /rreme'ðjar/ [➪ CAMBIAR] *vt* **1.** (*poner remedio a*) to find a remedy for: **intentan remediar la pobreza en el Tercer Mundo** they are trying to find a remedy for poverty in the Third World. **2.** (*evitar*) to avoid: **si lo puedes remediar, no vayas a esa hora** if you can avoid it, don't go at that time • **tu primo me cae fatal, no lo puedo remediar** I can't stand your cousin, I can't help it. **3.** (*frml: ayudar*) to help.

remediarse *v prnl*: **de esa forma se remediarían todos nuestros males** that way all our problems would be solved.

remedio /rre'meðjo/ *sm* **1.** (*solución*) remedy, solution: **como último remedio, se lo pediremos a tu hermano** as a last resort we'll ask your brother for it; **no tuvimos más remedio que ir** there was nothing for it but to go • **no tener remedio**: **ahora ya no tiene remedio** it's too late now; **¡tu hermana no tiene remedio!** your sister's hopeless!; **lo suyo no tiene remedio** he will never change • **"¿Puedes encargarte tú?" "¡Qué remedio!"** "Can you do it?" "Do I have any choice?" **2.** (*para enfermedad*) cure, remedy: **es el remedio más eficaz** *contra* **esta infección** it's the most effective cure for this infection • **es peor el remedio que la enfermedad** the cure is worse than the illness. **3.** (*frml: ayuda*) support: **buscaba remedio** *en* **sus amigos** he looked for support from his friends.

remedio casero *sm* **1.** (*medicamento*) home-made remedy. **2.** (*solución*) simple solution.

rememorar /rrememo'rar/ [➪ CANTAR] *vt* to remember: **aquel encuentro le hizo rememorar su juventud** that meeting reminded him of his youth.

remendado, -da /rremen'daðo -ða/ *adj* patched.

remendar /rremen'dar/ [➪ pensar] *vt* (*gen*) to mend; (*un calcetín*) to darn; (*con un parche*) to patch.

remendón /rremen'don/ *adj* ➪ zapatero

remera /rre'mera/ *sf* (*Arg, Urug: camiseta*) T-shirt; (*: con botones*) polo shirt.

remero, -ra /rre'mero -ra/ *sm/f* rower.

remesa /rre'mesa/ *sf* (*gen*) delivery, consignment; (*envío por barco*) shipment.

remeter /rreme'ter/ [➪ TEMER] *vt* **1.** (*volver a meter*) to put back; (*meter más adentro*) to push further in. **2.** (*las sábanas, etc.*) to tuck in: **remétete la camisa** tuck your shirt in.

remiendo /rre'mjendo/ *sm* **1.** (*en una prenda*) mend: **le tuvo que hacer un remiendo a los pantalones/al calcetín** he had to mend his trousers/darn his sock; **lleva el jersey lleno de remiendos** she's wearing a sweater that has been mended many times. **2.** (*arreglo provisional*): **con un remiendo el motor aguantará hasta mañana** with a temporary repair the engine will hold out till tomorrow. **3.** (*medida inadecuada*): **eso son remiendos, lo que habría que hacer es revisar todo el texto** these are just superficial changes; the text needs complete revision.

remilgado, -da /rremil'ɣaðo -ða/ *adj* **1.** (*excesivamente delicado*) affected. **2.** (*escrupuloso*) choosy, picky: **no seas tan remilgado con la comida** don't be so picky with your food.

remilgo /rre'milɣo/ *sm* (*de delicadeza*) affectation; (*de escrúpulo*) choosiness.

reminiscencia /rreminis'θenθja/ *sf* (*frml*) **1.** (*recuerdo*) memory. **2.** (*Artes*): **se trata de un edificio con reminiscencias árabes** it's a building with Arabic influences.

remirado, -da /rremi'raðo -ða/ *adj* **1.** (*cauto*) cautious: **es muy remirado** *con* **todo lo que hace** he's very cautious about everything he does. **2.** (*excesivamente delicado*) affected; (*escrupuloso*) choosy, picky.

remirar /rremi'rar/ [➪ CANTAR] *vt* to look at again.

remisión /rremi'sjon/ *sf* **1.** (*a otro texto*) reference; (*a otra parte de un texto*) cross-reference. **2.** (*de una enfermedad, una condena*) remission.

remiso, -sa /rre'miso -sa/ *adj* reluctant: **se mostraba remiso** *a* **aceptar la oferta** he was reluctant to accept the offer.

remite /rre'mite/ *sm* name and address of sender (*written on envelope or package*).

remitente /rremi'tente/ *sm/f* sender.

remitir /rremi'tir/ [➪ PARTIR] *vt* **1.** (*a un lugar*) to send: **me remitieron** *a* **la embajada** they sent me to the embassy; **remitieron el expediente** *a* **otro departamento** the case was referred to a different department. **2.** (*en un ensayo, un libro de texto*) to refer; (*en un diccionario, una enciclopedia*) to cross-refer. **3.** (*una condena*) to remit: **le remitieron la condena** his sentence was remitted.

♦ *vi* **1.** (*en un ensayo, un libro de texto*) to refer: **el autor remite a menudo** *a* **sus otras obras** the author refers frequently to his other works; (*en un diccionario, una enciclopedia*) to cross-refer. **2.** (*Med, Meteo*) to subside: **el temporal está remitiendo** the storm is subsiding ✱ abating.

remitirse *v prnl* (*frml*) to refer: *a* **la confesión del acusado me remito** I refer to the accused's confession.

remo /'rremo/ *sm* **1.** (*largo*) oar; (*corto*) paddle: **atravesaron el lago** *a* **remo** they rowed across the lake. **2.** (*Dep*) rowing.

remodelación /rremoðela'θjon/ *sf* **1.** (*de una obra arquitectónica*) redesign. **2.** (*de un organismo*) reorganization, restructuring; (*de un gabinete de gobierno*) reshuffle.

remodelar /rremoðe'lar/ [➪ CANTAR] *vt* **1.** (*una obra arquitectónica*) to redesign. **2.** (*un organismo*) to reorganize, to make changes in; (*un gabinete de gobierno*) to reshuffle.

remojar /rremo'xar/ [➪ CANTAR] *vt* **1.** (*legumbres*) to soak. **2.** (*fam: un acontecimiento*) to celebrate (*with a drink*): **¡felicidades, esto hay que remojarlo!** congratulations, this calls for a drink!

remojo /rre'moxo/ *sm* soaking: **puso la camisa** *en* ✱ *a* **remojo** he put the shirt to soak; **puso las lentejas** *en* ✱ *a* **remojo** she put the lentils to soak.

remojón /rremo'xon/ *sm* (*voluntario*) dip: **nos dimos un remojón en la piscina** we had a dip in the swimming pool; (*involuntario*) soaking, drenching: **menudo remojón nos hemos dado** we've had quite a soaking ✱ a drenching.

remolacha /rremo'latʃa/ *sf* (*GB*) beetroot, (*US*) beet.

remolacha azucarera *sf* (sugar) beet.

remolcador, -dora /rremolka'ðor -'ðora/ **I** *adj* (*Náut*): **un buque remolcador** a tug(boat).

II remolcador *sm* (*de barcos*) tug(boat); (*de vehículos*) (*GB*) breakdown truck, (*US*) tow truck.

remolcar /rremol'kar/ [➪ sacar] *vt* to tow.

remolino /rremo'lino/ *sm* **1.** (*de agua*) whirlpool; (*de aire*) whirlwind; (*de humo, polvo*) swirl. **2.** (*de pelo*) unruly tuft of hair. **3.** (*de personas, ideas, preguntas, etc.*) mass: **un remolino de gente se agolpaba en la entrada** a seething mass of people jammed the doorway.

remolón, -lona /rremo'lon -'lona/ **I** *adj* lazy.
II *sm/f*: **¡no te hagas la remolona!** come on, don't be lazy!

remolonear /rremolone'ar/ [⇨ CANTAR] *vi* to laze about: **estuvo remoloneando un rato antes de ponerse a trabajar** he lazed about for a while before getting down to work.

remolque /rre'molke/ **I** *sm* (*vehículo remolcado*) trailer.
II a remolque *loc adv*: **la grúa se llevó el coche a remolque** the breakdown truck towed the car away • **vino un poco a remolque pues no le gusta este tipo de fiestas** he had to be dragged along because he doesn't like this type of party.

remontar /rremon'tar/ [⇨ CANTAR] *vt* **1.** (*una pendiente, una altura*) to go up, to climb: **al remontar la cuesta verás el pueblo** you'll see the town as you go up the hill. **2.** (*el vuelo: avión, helicóptero*) to take off: **el avión acaba de remontar el vuelo** the plane has just taken off; (*: ave*): **la bandada remontó el vuelo** the flock of birds took flight. **3.** (*un río*) to sail up: **los salmones remontan los ríos para criar** salmon swim up-river to breed. **4.** (*un problema, una dificultad, etc.*) to get over, to surmount: **logró remontar el bache en que se encontraba** he managed to get over the difficulties he was in. **5.** (*posiciones*) to move up: **remontó varias posiciones hasta ponerse en cabeza** he moved up several places to take the lead; (*un resultado*): **remontaron un tres a uno** they came back from being three-one down; **remontaron el partido en la segunda parte** they came back in the second half to win the game.
♦ *vi* to come back: **remontaron en la segunda parte** they came back in the second half.

remontarse *v prnl* **1.** (*a una altura: avión, helicóptero*) to climb: **el caza se remontó** *a* **tres mil metros de altura** the fighter climbed to a height of three thousand metres; (*: ave*) to soar, to climb. **2.** (*a una época*) to go back: **esta tradición se remonta** *a* **la Edad Media** this tradition goes back to the Middle Ages; (*a una fecha*) to date back: **la fundación de la ciudad se remonta** *al* **siglo V** the foundation of the city dates back to the fifth century.

remonte /rre'monte/ *sm* ski lift.

rémora /'rremora/ *sf* **1.** (*pez*) remora. **2.** (*impedimento*) impediment, hindrance: **su ceguera no es ninguna rémora para él** his blindness is not an impediment to him.

remorder /rremor'ðer/ [⇨ mover] *vi*: **me remuerde la conciencia** my conscience is troubling me; **me remuerde haberme portado tan mal con él** I feel guilty for behaving so badly to him.

remordimiento /rremorði'mjento/ *sm* remorse: **no siento remordimientos** *por* **lo que hice** I don't feel any remorse for what I did.

remotamente /rremota'mente/ *adv* remotely: **no pensé ni remotamente que eso pudiese ocurrir** I didn't have the slightest inkling that that could happen.

remoto, -ta /rre'moto -ta/ *adj* (*lugar, posibilidad*) remote • **no tengo ni la más remota idea** I haven't the faintest idea; (*tiempo*): **aconteció en tiempos remotos** it happened a long time ago.

remover /rremo'βer/ [⇨ mover] *vt* **1.** (*un líquido*) to stir: **removió el agua para que se disolviera la aspirina** he stirred the water to dissolve the aspirin; (*una ensalada*) to toss: **remueve la ensalada** toss the salad; (*una masa*) to mix. **2.** (*tierra*) to turn over. **3.** (*un obstáculo*) to remove: **removió las piedras que estaban en el camino** he removed the stones that were in the way. **4.** (*un tema*): **no remuevas más el tema, por favor** don't bring the subject up again, please.

removerse *v prnl*: **el entrevistado se removía inquieto en la silla** the interviewee shifted nervously in his chair; **se removía nervioso en la cama** he stirred restlessly in bed.

remozamiento /rremoθa'mjento/ *sm* face-lift.

remozar /rremo'θar/ [⇨ cazar] *vt* to give a face-lift.

remplazar /rrempla'θar/ [⇨ cazar] *vt* ⇨ reemplazar

remplazo /rrem'plaθo/ *sm* ⇨ reemplazo

remuneración /rremunera'θjon/ *sf* payment, remuneration: **cobra una remuneración muy alta** *por* **su trabajo** he earns a very high salary for the work he does.

remunerado, -da /rremune'raðo -ða/ *adj* paid: **tiene un trabajo bien/mal remunerado** she has a well-/badly-paid job.

remunerar /rremune'rar/ [⇨ CANTAR] *vt* (*pagar*) to pay; (*recompensar*) to reward: **se remunerará a quien pueda dar noticias de su paradero** a reward will be given to anyone giving any news of his whereabouts.

renacentista /rrenaθen'tista/ *adj* (*Artes*) Renaissance: **el arte renacentista** Renaissance art.

renacer /rrena'θer/ [⇨ agradecer] *vi* **1.** (*volver a nacer*) to be reborn. **2.** (*tomar nuevas energías*): **después de unos días de descanso me sentí renacer** after a few days' rest I felt like a new person.

renacimiento /rrenaθi'mjento/ *sm* **1.** (*resurgimiento*) rebirth. **2. el Renacimiento** the Renaissance.

renacuajo /rrena'kwaxo/ *sm* **1.** (*Zool*) tadpole. **2.** (*fam: niño*) shrimp: **no quiero ir al cine con ese renacuajo** I don't want to go to the cinema with that little shrimp; **ven aquí, renacuajo** come here, shrimp.

renal /rre'nal/ *adj* kidney, renal: **insuficiencia renal** kidney ✱ renal failure.

rencilla /rren'θiʎa/ *sf* (*fam*) quarrel, squabble: **no quiero saber nada de rencillas familiares** I don't want anything to do with family quarrels ✱ squabbles.

renco, -ca /'rreŋko -ka/ *adj* lame.

rencor /rreŋ'kor/ *sm* resentment, ill will: **no le guardo rencor por lo que hizo** I don't bear him any ill will for what he did.

rencoroso, -sa /rreŋko'roso -sa/ *adj* resentful: **es muy rencorosa** she's very resentful.

rendición /rrendi'θjon/ *sf* surrender.

rendido, -da /rren'diðo -ða/ *adj* **1.** (*agotado*) exhausted: **llegué a casa rendido** I arrived home exhausted. **2.** (*de amor*): **cayó rendido** *ante* **su hermosura** he was captivated by her beauty; (*de admiración*) devoted: **soy un rendido admirador de su música** I am a devoted admirer of his music.

rendija /rren'dixa/ *sf* gap: **nos espiaba a través de las rendijas de la persiana** she was peering at us through the gaps in the blind.

rendimiento /rrendi'mjento/ *sm* **1.** (*de un aparato, una persona*) performance: **este coche tiene un alto rendimiento** this is a high-performance car; **bajó su**

rendimiento en los estudios el trimestre pasado his academic performance declined last term. **2.** (*de una inversión*) yield.

rendir /rren'dir/ [➪ pedir] *vt* **1.** (*Mil*) to seize, to take. **2.** (*someter*): **fue rindiéndolo a base de halagos** she wore him down by flattery. **3.** (*agotar*) to tire out, to exhaust: **estos niños rinden a cualquiera** these children are enough to tire anyone out. **4.** (*ofrecer*): **rindieron honores a la bandera** they saluted the flag; **le rindieron un homenaje** they paid tribute to him • **tras una larga enfermedad rindió el alma a Dios** after a long illness she surrendered her soul to God. **5.** (*armas*) to lower (*as a mark of respect*): **rindieron armas al rey** they lowered their arms before the king. **6.** (*Fin*) to yield.

♦*vi* **1.** (*persona*) to perform, to work: **rinde al máximo en su trabajo** he works very hard at his job. **2.** (*negocio*) to be profitable: **el negocio no rinde** the business is not profitable. **3.** (*tiempo*): **hoy no me ha rendido nada el día** I haven't managed to get much done today; (*Amér L: alimento, material, etc.*) to go far: **hay que ponerle arroz para que rinda más** you must add rice to make it go farther.

rendirse *v prnl* **1.** (*entregarse*) to surrender, to give oneself up: **los asaltantes se rindieron** the robbers surrendered * gave themselves up. **2.** (*desanimarse*) to give up: **no te rindas ahora que estás tan cerca de lograrlo** don't give up now that you're so close to achieving it. **3.** (*ceder*) to give way, to back down: **se rindió** *ante* **la evidencia** he backed down in the face of the evidence. **4.** (*Amér L: dar de sí*) to go far, to go a long way: **una bolsa de cinco kilos rinde mucho** a five-kilo bag goes a long way.

renegado, -da /rrene'ɣaðo -ða/ *adj, sm/f* renegade.

renegar /rrene'ɣar/ [➪ regar] *vt*: **niega y reniega su culpabilidad** she vehemently * strenuously denies her guilt.

♦*vi* **1.** (*de ideas, creencias, etc.*): **nunca renegó** *de* **su religión** he never renounced his religion; **reniega** *de* **su pasado comunista** she repudiates her communist past. **2.** (*de alguien*): **a pesar de los pesares nunca renegó** *de* **su hija** in spite of everything he never disowned his daughter. **3.** (*fam: protestar*) to grumble: **no reniegues tanto y haz lo que te mandan** stop grumbling so much and do as you're told.

renegón, -gona /rrene'ɣon -'ɣona/ (*fam*) **I** *adj* grumpy.
II *sm/f* grumbler.

renegrido, -da /rrene'ɣriðo -ða/ *adj* (*de color muy oscuro*) blackish; (*que se ha vuelto negro*) blackened.

Renfe /'rrenfe/ *sf* (*abbreviation of* **Red Nacional de Ferrocarriles Españoles**) *Spanish state railway company.*

renglón /rreŋ'glon/ *sm* line (*of writing*): **leyó aquellos renglones emocionado** he was deeply moved as he read those lines • **estaba llorando y, a renglón seguido, se puso a cantar** he was crying and then, just like that, he started singing.

reniego /rre'njeɣo/ *sm* (*fam*) complaint: **déjate de reniegos y ponte a trabajar** stop complaining and start working.

reno /'rreno/ *sm* reindeer *n inv.*

renombrado, -da /rrenom'braðo -ða/ *adj* well-known, renowned: **acudió a un renombrado cirujano** she went to see a well-known surgeon.

renombre /rre'nombre/ *sm* fame, renown: **es un cantante** *de* **renombre** he's a famous singer.

renovable /rreno'βaβle/ *adj* renewable.

renovación /rrenoβa'θjon/ *sf* **1.** (*de un documento*) renewal: **tengo pendiente la renovación de mi pasaporte** my passport is due for renewal. **2.** (*de una organización, un partido*) restructuring. **3.** (*de un vestuario, de existencias*): **cada temporada llevan a cabo una renovación total de sus existencias** every season they have a complete change of stock. **4.** (*de un lugar*) renovation.

renovador, -dora /rrenoβa'ðor -'ðora/ *adj* reformist: **pertenece al sector renovador del partido** he belongs to the reformist faction of the party.

renovar /rreno'βar/ [➪ contar] *vt* **1.** (*un documento, una subscripción, etc.*) to renew: **fui a renovarme el carnet de la biblioteca** I went to renew my library card. **2.** (*las existencias*) to change; (*el vestuario*) to update: **decidió renovar su vestuario** she decided to update her wardrobe. **3.** (*un arte, una organización, etc.*) to transform: **renovó el teatro de su época** he brought new life to the theatre of his time; **renovó el partido** he reformed the party. **4.** (*un lugar*) to renovate: **queremos renovar la cocina** we want to renovate the kitchen. **5.** (*un esfuerzo*) to renew: **por la mañana el enemigo renovó sus ataques** in the morning the enemy renewed their attacks.

renovarse *v prnl* to change • **renovarse o morir** move with the times or go to the wall.

renquear /rreŋke'ar/ [➪ CANTAR] *vi* **1.** (*cojear*) to limp. **2.** (*fam: arreglárselas*) to get along: **vamos renqueando** we're just about getting along.

renta /'rrenta/ *sf* **1.** (*gen*) income; (*proveniente de acciones, propiedades, etc.*) private income: **vive de sus rentas** he lives on his private income • **ese cantante lleva muchos años viviendo de las rentas** that singer has been living off his reputation for years. **2.** (*alquiler*) rent.

renta gravable, renta imponible *sf* taxable income.
renta per cápita *sf* income per capita.
renta vitalicia *sf* (life) annuity.

rentabilidad /rrentaβili'ðað/ *sf* profitability.

rentabilizar /rrentaβili'θar/ [➪ cazar] *vt* to make profitable.

rentable /rren'taβle/ *adj* **1.** (*que produce beneficio*) profitable: **ese negocio no es rentable** that business is unprofitable; **no siempre es rentable tener muchos títulos** it's not always an advantage to have many qualifications. **2.** (*que vale la pena*) worthwhile: **apenas me saldría rentable** it's scarcely worth my while.

rentar /rren'tar/ [➪ CANTAR] *vt* (*Fin*) to produce a profit of.

renuencia /rre'nwenθja/ *sf* (*frml*) reluctance.

renuente /rre'nwente/ *adj* (*frml*) reluctant.

renuevo /rre'nweβo/ *sm* (*Bot*) shoot.

renuncia /rre'nunθja/ *sf* **1.** (*acción*) renunciation. **2.** (*documento*) (letter of) resignation: **mañana tendrá usted mi renuncia encima de la mesa** tomorrow you'll have my (letter of) resignation on your desk; **el entrenador del equipo presentó su renuncia al presidente** the team manager handed in his resignation to the chairman.

renunciar /rrenun'θjar/ [➪ CAMBIAR] *vi* **1.** (*a la corona*): **renunció** *a* **la corona** he gave up * relinquished the Crown; (*a un cargo*): **renunció** *a* **su cargo en el ministerio** he resigned his post in the ministry. **2.** (*a una actividad*): **tras su enfermedad tuvo que renunciar** *al* **tabaco** after his illness he had to give up smoking. **3.** (*a una oferta*): **renunció** *a* **la ayuda que le ofrecían** he refused the help he was offered.

renuncio /rre'nunθjo/ *sm* **1.** (*en juegos de cartas*) renege. **2.** ● (*fam, mentira*) **lo pillé en un renuncio** I caught him out.

reñido, **-da** /rre'ɲiðo -ða/ *adj* **1.** (*peleado*): **están reñidos y no se hablan** they've fallen out and they're not speaking to each other ● **la pobreza no está reñida con la limpieza** cleanliness is not incompatible with poverty. **2.** (*igualado*) hard-fought: **disputaron un partido muy reñido** it was a very hard-fought match.

reñir /rre'ɲir/ [➪ceñir] *vt* **1.** (*a una persona*) to tell off. **2.** (*frml*: *un combate, una batalla*) to fight.

♦*vi* to quarrel: **sus hermanos siempre están riñendo** her brothers are always quarrelling; **riñeron** *por* **una tontería** they quarrelled about * over something silly; **reñí** *con* **mi novia** I fell out with my girlfriend.

reo, **-a** /'rreo -a/ *sm/f* (*Jur*: *acusado*) accused; (*: condenado*) convicted criminal.

reoca /rre'oka/ *sf* (*fam*): **tu hermano es la reoca** your brother is the limit.

reojo /rre'oxo/ **de reojo** *loc adv*: **lo miré de reojo** I looked at him out of the corner of my eye.

reorganización /rreoryaniθa'θjon/ *sf* reorganization.

reorganizar /rreoryani'θar/ [➪cazar] *vt* to reorganize.

repanocha /rrepa'notʃa/ *sf* (*fam*): **este tío es la repanocha** this guy is the limit.

repantigarse /rrepanti'yarse/, **repantingarse** /rrepantiŋ'garse/ [➪pagar] *v prnl* (*fam*) to sprawl out.

reparación /rrepara'θjon/ *sf* **1.** (*arreglo*) repair: **la reparación** *del* **coche me salió muy cara** the repairs to my car were very expensive; **está** *en* **reparación** it is under repair. **2.** (*por daños de guerra*) reparation. **3.** (*frml*: *por un insulto*) redress: **¡exijo una reparación inmediata!** I demand immediate redress!

reparador, **-dora** /rrepara'ðor -'ðora/ *adj* **1.** (*que restablece fuerzas*): **después de un descanso reparador, reemprendimos la marcha** after a stop to get our energy back, we continued the hike. **2.** (*que compensa*) compensatory.

reparar /rrepa'rar/ [➪CANTAR] *vt* **1.** (*arreglar*) to repair, to fix. **2.** (*rectificar*) to put right: **¿cómo podría reparar la ofensa que le he hecho?** how can I put things right after I've offended him? **3.** (*recuperar*): **necesitaban reparar fuerzas** they needed to get their energy back.

♦*vi* **1.** (*considerar*): **no reparó** *en* **las consecuencias** he didn't consider the consequences; **para arreglar la casa, no reparó** *en* **gastos** when it came to redecorating the house, he spared no expense. **2.** (*fijarse*): **ni siquiera reparó** *en* **mí** he didn't even notice me; **no reparé** *en* **que la silla estaba rota** I didn't notice * realize that the chair was broken.

reparo /rre'paro/ *sm* **1.** (*objección*): **me puso muchos reparos** he came up with a lot of objections. **2.** (*apuro*) embarrassment: **me da reparo decírselo a mis padres** I'm embarrassed to tell my parents about it; **no tengas reparos** *en* **contármelo** don't be ashamed to tell me.

repartición /rreparti'θjon/ *sf* **1.** (*reparto*) share-out, distribution. **2.** (*Arg, Chi, Urug*: *departamento*) department: **él trabaja en otra repartición** he works in a different department.

repartidor, **-dora** /rreparti'ðor -'ðora/ *sm/f* (*hombre*) delivery man; (*mujer*) delivery woman.

repartidor, **-dora de leche** *sm/f* (*hombre*) milkman; (*mujer*) milkwoman.

repartidor, **-dora de periódicos** *sm/f* (*chico*) paperboy; (*chica*) papergirl.

repartidor, **-dora del butano** *sm/f*: *person who delivers gas cylinders.*

repartimiento /rreparti'mjento/ *sm* distribution.

repartir /rrepar'tir/ [➪PARTIR] *vt* **1.** (*dividir en partes*) to share out, to distribute: **repartió el premio** *entre* **sus hijos** he shared the prize out amongst his children. **2.** (*entregar: gen*) to hand out: **había un chico repartiendo propaganda** there was a boy handing out advertising leaflets; **el profesor repartió los exámenes** the teacher handed out the exam papers; (*: periódicos, leche, etc.*) to deliver: **reparten el correo por la mañana** they deliver the mail in the morning; (*: naipes*) to deal (out). **3.** (*fam*: *puñetazos, golpes*): **se puso a repartir puñetazos** he started lashing out * hitting out at everyone. **4.** (*órdenes*): **repartieron las órdenes del día** the orders of the day were given out; (*papeles*) to allocate, to give out. **5.** (*administrar*) to administer. **6.** (*extender*) to spread.

♦*vi* (*cartas*) to deal: **¿a quién le toca repartir?** whose turn is it to deal?

repartirse *v prnl* **1.** (*dividirse*) to share out, to divide up: **los ladrones se repartieron el botín** the thieves divided up the loot. **2.** (*situarse*) to spread out: **los invitados se repartieron por el jardín** the guests spread out across the garden. **3.** (*en letreros*): **se reparte a domicilio** we make home deliveries.

reparto /rre'parto/ *sm* **1.** (*partición*) share-out: **en el reparto me correspondió el reloj de mi padre** in the share-out I received my father's watch. **2.** (*entrega*) delivery: **una camioneta de reparto** a delivery van. **3.** (*de una película, una obra de teatro*) cast: **su última película cuenta con un reparto de lujo** his latest film has an all-star cast.

reparto de premios *sm* **1.** (*en cine, literatura, etc.*): **no acudió al reparto de premios** he did not attend the award ceremony. **2.** (*en un colegio*): **muchos padres asistieron al reparto de premios** many of the parents attended the prize-giving ceremony.

repasar /rrepa'sar/ [➪CANTAR] *vt* **1.** (*en busca de errores*) to check: **repasó las cuentas** she checked the accounts; **repasen el examen antes de entregarlo** go over your examination papers before handing them in. **2.** (*Educ*: *para aprender*) to revise: **tengo que repasar la lección para el examen** I have to revise the lesson for the exam. **3.** (*coser*): **tengo que repasar los botones** I must sew the buttons on more securely. **4.** (*limpiar*) to clean up: **antes de salir quiero repasar un poco la habitación** before I go out I want to give the room a quick clean; **pasaba y repasaba el trapo por los muebles** he rubbed the furniture with the cloth again and again. **5.** (*fam*: *con la mirada*) to look over, to inspect ● **me repasó de arriba a abajo** he looked me up and down.

♦*vi* **1.** (*para aprender*) to revise: **he de repasar para el examen** I must revise for the exam. **2.** (*por un sitio*) to go to and fro: **pasaba y repasaba delante de la casa** she kept going to and fro in front of the house.

repaso /rre'paso/ *sm* **1.** (*en busca de errores*) check, revision. **2.** (*para aprender*) revision: **quiero dar un último repaso** *a* **los apuntes** I want to revise * go over my notes once more. **3.** (*como recordatorio*): **y ahora un breve repaso de las noticias más destacadas del día** and here are today's headlines again. **4.** (*de ropa*): **les tuve que dar un repaso a todos los botones** I had to sew all the buttons on more securely. **5.** (*limpieza*) clean: **le di un repaso** *a* **la cocina** I gave the kitchen a quick clean. **6.** (*al expresar desaprobación*): **me pegó un buen repaso** (*con la mirada*) he looked me up and down; (*regañando*) he gave me a good telling-off.

repatear /rrepate'ar/ [⇨ CANTAR] *vi* (*fam*): **esas bromitas me repatean** these little jokes bug ∗ irritate me.

repatingarse /rrepatiŋ'garse/ [⇨ pagar] *v prnl* (*Amér L: fam*) to sprawl out.

repatriación /rrepatrja'θjon/ *sf* repatriation.

repatriado, -da /rrepa'trjaðo -ða/ **I** *adj* repatriated.
II *sm/f* repatriated person.

repatriar /rrepa'trjar/ [⇨ ansiar] *vt* to repatriate.
repatriarse *v prnl* to return to one's home country.

repecho /rre'petʃo/ *sm* steep slope: **adelantó a los demás ciclistas en un repecho de la carretera** he overtook the rest of the cyclists on a steep slope.

repeinado, -da /rrepei'naðo -ða/ *adj* (*fam*): **iba muy repeinado** he didn't have a hair out of place.

repelente /rrepe'lente/ **I** *adj* **1.** (*repulsivo*) revolting, repellent: **¡qué olor tan repelente!** what a revolting smell! **2.** (*fam: sabihondo*): **es un niño muy repelente** he's a proper little know-all.
II *sm* **1.** (*Hogar*) poison: **compré un repelente** *para* **cucarachas** I bought some cockroach poison. **2.** (*fam: sabelotodo*) know-all.

repeler /rrepe'ler/ [⇨ TEMER] *vt* **1.** (*Mil*) to drive back, to repel: **repelieron al enemigo** they drove the enemy back. **2.** (*Fís, Quím*) to repel. **3.** (*ser impermeable a*): **este material repele el agua** this fabric is waterproof. **4.** (*repugnar*) to disgust, to repel: **su aspecto me repele** his appearance disgusts me.
repelerse *v prnl* (*Fís, Quím*) to repel each other.

repelús /rrepe'lus/, **repeluzno** /rrepe'luθno/ *sm* (*fam: miedo*) fear: **las tormentas me dan repelús** storms really scare me; (*: escalofrío*) shiver: **sentí un repelús en la espalda** a shiver ran down my spine; (*: asco*) revulsion: **ese tipo me da repelús** I find that guy revolting.

repensar /rrepen'sar/ [⇨ pensar] *vt*: **se lo repensó y decidió no ir** he thought about it again and decided not to go.

repente /rre'pente/ **I** *sm* (*fam: impulso brusco*) fit, turn: **le dio un repente y se puso a chillar** he had a sudden turn and began to scream.
II de repente *loc adv* suddenly: **estábamos hablando y, de repente, se puso a llorar** we were talking and suddenly she burst into tears.

repentino, -na /rrepen'tino -na/ *adj* sudden.

repera /rre'pera/ *sf* (*fam*): **tu hermano es la repera** your brother is the limit; **fue la repera** it was just unbelievable.

repercusión /rreperku'sjon/ *sf* **1.** (*consecuencia*) repercussion: **el accidente no tuvo repercusiones graves** the accident had no serious repercussions. **2.** (*trascendencia*) impact, importance: **fue un descubrimiento de repercusión internacional** it was a discovery that had an impact worldwide.

repercutir /rreperku'tir/ [⇨ PARTIR] *vi* **1.** (*producir eco*) to echo, to reverberate. **2.** (*causar un efecto*): **la situación repercutió** *en* **sus notas** the situation affected her marks; **la subida del IVA repercute más** *en* **las familias pobres** the increase in VAT has its greatest impact on poor families; **no está probado que repercuta** *en* **la salud** it hasn't been proven that it can affect your health.

repertorio /rreper'torjo/ *sm* **1.** (*libro, catálogo*) index, record. **2.** (*colección*) collection. **3.** (*de un cantante, un cómico, etc.*) repertoire: **tiene un repertorio muy escaso** he has a very limited repertoire.

repesca /rre'peska/ *sf* (*fam*) **1.** (*examen*) retake, (*GB*) resit: **aprobó en el examen de repesca** he passed the exam at the resits. **2.** (*en una competición deportiva*) repechage.

repescar /rrepes'kar/ [⇨ sacar] *vt* **1.** (*a alumnos*) to pass (*on a retake*). **2.** (*a deportistas*) to allow to qualify (*on the repechage*): **se repesca a los otros ocho mejores tiempos** the eight fastest losers can qualify for the next round. **3.** (*viejas canciones, películas, etc.*) to revive.

repetición /rrepeti'θjon/ *sf* **1.** (*gen*) repetition. **2.** (*de unas imágenes*) (action) replay: **en la repetición se aprecia que el jugador está en fuera de juego** in the replay you can see that the player is offside.

repetido, -da /rrepe'tiðo -ða/ *adj* (*dos veces*) duplicated: **tengo muchos discos pero algunos están repetidos** I have a lot of records but some are duplicates; (*muchas veces*) repeated.

repetidor, -dora /rrepeti'ðor -'ðora/ **I** *adj* (*Educ*) *repeating the academic year*.
II *sm/f* (*Educ*) *student who is repeating the academic year*.
III repetidor *sm* (*Tec*) relay station.
repetidor de televisión *sm* relay station.

repetir /rrepe'tir/ [⇨ pedir] *vt* **1.** (*decir de nuevo*) to repeat: **¿le importaría repetírmelo?** would you mind repeating that ∗ telling me again?; **te lo repito, no quiero que venga a verme** I repeat, I don't want him to visit me. **2.** (*hacer de nuevo: gen*) to do again: **tuve que repetir la redacción** I had to do my essay again; (*: una asignatura, un curso*) to repeat: **tuvo que repetir primero** he had to repeat the first year.
♦ *vi* **1.** (*Educ*) to repeat a year. **2.** (*de una comida*) to have a second helping: **¿alguien quiere repetir?** would anyone like some more ∗ a second helping? **3.** (*indigestarse*) to repeat: **el chorizo me estuvo repitiendo toda la tarde** the chorizo repeated on me all afternoon.
repetirse *v prnl* **1.** (*decir lo mismo*) to repeat oneself: **se repite mucho** she repeats herself a lot. **2.** (*volver a ocurrir*) to happen (again): **se repite cada año** it happens every year.

repetitivo, -va /repeti'tiβo -βa/ *adj* repetitive.

repicar /rrepi'kar/ [⇨ sacar] *vi* to ring: **las campanas repicaban anunciando la victoria** the bells were ringing out the news of the victory.

repintar /rrepin'tar/ [⇨ CANTAR] *vt* to repaint.
repintarse *v prnl* (*fam*) to put on too much make-up.

repipi /rre'pipi/ **I** *adj* (*fam: cursi*) affected; (*: sabelotodo*): **es una niña repipi** she's a little know-all.
II *sm/f* (*fam: sabelotodo*) know-all; (*: cursi*) affected person: **tu hermana es una repipi** your sister is very affected.

repiquetear /rrepikete'ar/ [⇨ CANTAR] *vi* **1.** (*campanas*) to ring. **2.** (*golpear*) to tap: **deja de repiquetear en la mesa** stop tapping on the table.

repisa /rre'pisa/ *sf* **1.** (*estante*) ledge, shelf; (*de una chimenea*) mantelpiece; (*de una ventana*) windowsill. **2.** (*en un edificio*) corbel.

repito /rre'pito/ *and other forms with* ***repit-*** ⇨ repetir

replantar /rreplan'tar/ [⇨ CANTAR] *vt* **1.** (*volver a plantar*) to replant. **2.** (*trasplantar*) to transplant.

replanteamiento /rreplantea'mjento/ *sm* reconsideration: **estos cambios exigen un replanteamiento de nuestra estrategia comercial** these changes require a reconsideration of our commercial strategy.

replantear /rreplante'ar/ [⇨ CANTAR] *vt* **1.** (*plantear de nuevo*) to reconsider, to re-examine: **tenemos que**

replantear el problema de forma diferente we need to re-examine the problem from a different angle. **2.** (*Arquit*) to redesign.

replantearse *v prnl* to reconsider, to re-examine: **tenemos que replantearnos lo que vamos a hacer el año que viene** we must reconsider what we are going to do next year.

replegarse /rreple'ɣarse/ [⇨regar] *v prnl* **1.** (*Mil*) to withdraw: **los soldados se replegaron** *a* **sus posiciones** the soldiers withdrew to their positions. **2.** (*no comunicarse*): **se replegó** *en* **sí misma** she withdrew into herself.

repleto, -ta /rre'pleto -ta/ *adj* full: **el teatro estaba repleto** *de* **gente** the theatre was full of people.

réplica /'rreplika/ *sf* **1.** (*frml: respuesta*) reply, answer. **2.** (*de obra de arte*) replica.

replicar /rrepli'kar/ [⇨sacar] *vt* (*contestar*) to reply, to retort: **le dijeron que se fuera y les replicó que no se iría sin su dinero** they told him to leave and he retorted that he wouldn't leave without his money.
♦*vi* (*poner pegas*) to answer back: **haz lo que te he dicho sin replicar** do as I said and don't answer back.

repliegue /rre'pljeɣe/ *sm* **1.** (*Mil: retirada*) withdrawal. **2.** (*del terreno*) fold.

repoblación /rrepoβla'θjon/ *sf* (*con gente*) repopulation; (*con peces*) restocking.

repoblación forestal *sf* (*Ecol*) reforestation.

repoblar /rrepo'βlar/ [⇨contar] *vt* **1.** (*con gente*) to repopulate. **2.** (*con árboles*) to reforest. **3.** (*con peces*) to restock.

repollito de Bruselas /rrepo'ʎito ðe bru'selas/ *sm* (*Amér S*) Brussels sprout.

repollo /rre'poʎo/ *sm* cabbage.

reponer /rrepo'ner/ [⇨poner; *past participle* **repuesto**] *vt* **1.** (*devolver*) to replace, to return: **no repuso el dinero que se había llevado** he didn't return the money he had taken. **2.** (*restituir: existencias*) to replenish: **hay que reponer nuestras existencias de carbón** we must replenish our coal supplies; (*: a alguien*) to reinstate: **repusieron** *en* **su cargo al entrenador destituido** the manager who had been fired was reinstated. **3.** (*frml: responder*) to reply: **cuando se lo conté, repuso que le daba igual** when I told him, he replied that he didn't care. **4.** (*en cine*) to rerun; (*en teatro*) to put on again; (*en televisión*) to repeat.

reponerse *v prnl* to recover: **tardó en reponerse** *del* **susto** it took him some time to recover from the shock.

reportaje /rrepor'taxe/ *sm* (*en un periódico*) article; (*en la radio, la televisión: breve*) report: **a continuación, un reportaje de nuestro enviado especial en Johannesburgo** coming next, a report from our special correspondent in Johannesburg; (*: detallado*) in-depth report.

reportaje gráfico *sm* illustrated report.

reportar /rrepor'tar/ [⇨CANTAR] *vt* **1.** (*proporcionar*) to earn: **ese negocio le ha reportado mucho dinero** that business has earned him a lot of money. **2.** (*Amér L: informar de*) to report.

reportarse *v prnl* to control oneself: **repórtate, por favor** control yourself, please.

reporte /rre'porte/ *sm* report.

reportero, -ra /rrepor'tero -ra/ *sm/f* reporter.

reposabrazos /rreposa'βraθos/ *sm inv* armrest.

reposacabezas /rreposaka'βeθas/ *sm inv* headrest.

reposado, -da /rrepo'saðo -ða/ *adj* (*tranquilo*) quiet: **es una niña muy reposada** she is a very quiet child.

reposapiés /rreposa'pjes/ *sm inv* footrest.

reposar /rrepo'sar/ [⇨CANTAR] *vi* **1.** (*descansar*) to rest. **2.** (*dormir*) to sleep. **3.** (*frml: estar enterrado*) to be buried, to lie: **sus restos mortales reposan en París** his mortal remains are buried in Paris. **4.** (*estar depositado*) to lie: **una capa de polvo reposaba sobre los muebles** a layer of dust lay on the furniture. **5.** (*Culin, Quím*) to stand: **tapar la cazuela con un paño y dejar reposar** cover the casserole with a cloth and allow to stand; **deja reposar el agua** allow the water to stand.
♦*vt* **1.** (*apoyar*) to lay, to rest: **reposó su cabeza en mi hombro** he laid his head on my shoulder. **2.** (*dejar asentarse*) to settle: **me quedé leyendo el periódico para reposar la comida** I sat reading the newspaper until the meal had settled.

reposarse *v prnl* (*líquido*) to settle.

reposera /rrepo'sera/ *sf* (*Arg, Urug*) deck chair.

reposición /rreposi'θjon/ *sf* (*en cine*) rerun; (*en teatro*) revival; (*en televisión*) repeat.

reposo /rre'poso/ **I** *sm* **1.** (*descanso*) rest: **el médico le dijo que hiciese * guardase reposo** the doctor told him to get some rest. **2.** (*tranquilidad*) peace: **su alma no encuentra reposo** his soul cannot find peace.
II en reposo *loc adv* (*persona*): **tiene que estar en reposo durante un mes** she'll have to rest for a month; (*máquina*) at rest; (*cocido*): **dejar el arroz en reposo durante tres minutos** leave the rice to stand for three minutes.

reposo absoluto *sm* (*Med*) complete rest.

repostar /rrepos'tar/ [⇨CANTAR] *vi* **1.** (*con comida*) to replenish supplies. **2.** (*con combustible: para un coche*) to fill up: **paró para repostar** he stopped to fill up (the tank); (*: para un avión, un barco*) to refuel.
♦*vt* (*combustible: coche*) to fill up with; (*: avión, barco*): **hicieron escala en Madrid para repostar combustible** they stopped over in Madrid to refuel * to take on fuel.

repostería /rreposte'ria/ *sf* **1.** (*técnica, oficio*) confectionery. **2.** (*tienda de pasteles*) confectioner's, bakery.

repostero, -ra /rrepos'tero -ra/ *sm/f* confectioner.

reprender /rrepren'der/ [⇨TEMER] *vt* (*gen*) to tell off, to scold: **lo reprendieron** *por* **volver tan tarde a casa** he was told off for returning home so late; (*a soldados, subalternos*) to reprimand.

reprensible /rrepren'siβle/ *adj* (*frml*) reprehensible.

represa /rre'presa/ *sf* **1.** (*presa*) dam. **2.** (*retención natural de agua*) pool.

represalia /rrepre'salja/ *sf* (*gen*) retaliation: *en* **represalia prohibieron la importación de tomates italianos** in retaliation they banned the import of Italian tomatoes; (*Mil*) reprisal, retaliation: **mataron a varias personas** *como* **represalia** they killed several people in retaliation; **tomaron represalias** *contra* **los agresores** they retaliated against the aggressors.

representación /rrepresenta'θjon/ *sf* **1.** (*de un producto, una marca*) agency, dealership: **consiguió la representación de una marca de coches** he became the local dealer for a make of car • **vino en representación de su empresa** he came as a representative of his company. **2.** (*delegación*) delegation: **asistió una representación del ayuntamiento** a delegation from the city council attended. **3.** (*de una obra*) performance: **asistimos a una representación de Tosca** we went to a performance of Tosca. **4.** (*de un dibujo, una imagen*) representation: **la paloma es la representación de la paz** the dove is the symbol of peace.

representación proporcional *sf* proportional representation.

representante /rrepresen'tante/ **I** *adj* representative.
II *sm/f* **1.** (*gen*) representative: **es la representante de los alumnos** she is the student representative; (*Fin*) sales representative: **es nuestro representante en Valencia** she's our representative in Valencia. **2.** (*de artista*) agent, manager.

representar /rrepresen'tar/ [⇨CANTAR] *vt* **1.** (*simbolizar*) to stand for, to represent: **el color verde representa la esperanza** the colour green stands for * represents hope. **2.** (*obra de arte*) to depict: **la estatua representa a Venus** the statue represents Venus. **3.** (*persona*) to represent: **el rey representa a España en el extranjero** the King represents Spain abroad; **Hemingway representa al escritor moderno** Hemingway represents the modern writer. **4.** (*significar*) to represent, to mean: **su descubrimiento representó un gran avance** his discovery represented a major advance; **ya no representa nada para mí** he doesn't mean anything to me any more; **representó mucho trabajo** it meant a lot of work; **tu visita representó una gran alegría** your visit made me very happy. **5.** (*en teatro*) to perform: **representó el papel de Pedro Crespo** he played (the role of) Pedro Crespo; **representarán la obra en Madrid** they will put on * perform the play in Madrid. **6.** (*una edad*) to look: **no representa los años que tiene** he doesn't look his age. **7.** (*imaginar*) to imagine: **no puedo representármelo vestido de etiqueta** I can't imagine him in formal dress.

representativo, -va /rrepresenta'tiβo -βa/ *adj* representative.

represión /rrepre'sjon/ *sf* repression.

represivo, -va /rrepre'siβo -βa/, **represor, -sora** /rrepre'sor -'sora/ *adj* repressive.

reprimenda /rrepri'menda/ *sf* (*gen*) telling-off: **le echaron una reprimenda por pegar a su hermano pequeño** he was given a good telling-off for hitting his little brother; (*a un soldado, un subalterno*) reprimand.

reprimido, -da /rrepri'miðo -ða/ **I** *adj* repressed.
II *sm/f* repressed person.

reprimir /rrepri'mir/ [⇨PARTIR] *vt* **1.** (*una manifestación, una rebelión*) to put down. **2.** (*una emoción*) to repress; (*la risa, el llanto, etc.*) to suppress: **reprimió las ganas de llorar** he stopped himself from crying.
reprimirse *v prnl* to control oneself.

reprise /rre'prise/ *sm* (*Auto*) acceleration.

reprobable /rrepro'βaβle/ *adj* (*frml*) reprehensible.

reprobar /rrepro'βar/ [⇨contar] *vt* **1.** (*un comportamiento*) to reproach. **2.** (*Amér L*: *un examen, a una persona*) to fail: **reprobó el inglés** he failed English * in English; **la reprobaron** *en* **física** she was failed in physics.
♦*vi* (*Amér L*) to fail: **me llamó para decirme que había reprobado** he called me to tell me he had failed.

reprochable /rrepro'tʃaβle/ *adj* reprehensible: **su conducta nos pareció muy reprochable** his behaviour seemed very reprehensible to us.

reprochar /rrepro'tʃar/ [⇨CANTAR] *vt* to reproach: **le reprochó su falta de ayuda** she reproached him for not helping; **no tengo nada que reprocharle** I have no complaint against him.

reproche /rre'protʃe/ *sm* reproach.

reproducción /rreproðuk'θjon/ *sf* reproduction.

reproducir /rreproðu'θir/ [⇨conducir] *vt* **1.** (*un sonido, una imagen, un ambiente, etc.*) to reproduce. **2.** (*repetir*) to repeat: **no puedo reproducir fielmente sus palabras** I can't tell you exactly what he said.
reproducirse *v prnl* **1.** (*ocurrir de nuevo*) to happen again: **ayer se reprodujeron los desórdenes** yesterday there were renewed outbreaks of violence. **2.** (*procrearse*) to reproduce.

reproductor, -tora /rreproðuk'tor -'tora/ *adj* **1.** (*mecanismo, etc.*) copying. **2.** (*Biol*) reproductive. **3.** (*Zool*) breeding.

reptar /rrep'tar/ [⇨CANTAR] *vi* to crawl.

reptil /rrep'til/ **I** *adj* (of a) reptile.
II *sm* reptile.

república /rre'puβlika/ *sf* republic.
república bananera *sf* (*fam*) banana republic.

República Dominicana /rre'puβlika domini'kana/ *sf* Dominican Republic.

republicanismo /rrepuβlika'nizmo/ *sm* republicanism.

republicano, -na /rrepuβli'kano -na/ *adj, sm/f* republican.

repudiar /rrepu'ðjar/ [⇨CAMBIAR] *vt* (*frml*) to repudiate.

repudio /rre'puðjo/ *sm* repudiation.

repudrirse /rrepu'ðrirse/ [⇨PARTIR] *v prnl* **1.** (*corromperse*) to rot. **2.** (*fam*: *consumirse*): **se repudre de celos** he is eaten up with jealousy.

repuesto, -ta /rre'pwesto -ta/ **I** *past participle of* ⇨ reponer
II *adj* (*Med*) recovered: **todavía no está repuesto** *del* **accidente** he still hasn't recovered from the accident.
III repuesto *sm* (*pieza*) spare (part) ● **llévate ropa de repuesto** take some spare clothes with you.

repugnancia /rrepuɣ'nanθja/ *sf* disgust, repugnance: **las arañas le producen repugnancia** spiders fill him with disgust * repugnance; **su comportamiento me causa repugnancia** I find his behaviour quite loathsome.

repugnante /rrepuɣ'nante/ *adj* repugnant, disgusting.

repugnar /rrepuɣ'nar/ [⇨CANTAR] *vi* **1.** (*dar asco*): **me repugnan las babosas** I find slugs disgusting * repugnant. **2.** (*disgustar*): **me repugna tener que pedirle perdón** I loathe the idea of having to apologize to him.

repujar /rrepu'xar/ [⇨CANTAR] *vt* to emboss.

repulsa /rre'pulsa/ *sf* condemnation: **todos expresaron su repulsa** *ante* **el crimen** everyone expressed their condemnation of the crime.

repulsión /rrepul'sjon/ *sf* repulsion, repugnance: **su aspecto me produce repulsión** I find his appearance repulsive.

repulsivo, -va /rrepul'siβo -βa/ *adj* repulsive.

repuntar /rrepun'tar/ [⇨CANTAR] *vi* (*mejorar*) to recover: **parece que la economía está repuntando** it looks as if the economy is recovering * picking up.

repunte /rre'punte/ *sm* recovery: **se está produciendo un repunte de la economía** an economic recovery is under way.

reputación /rreputa'θjon/ *sf* reputation: **tiene mucha reputación** he has a very good reputation; **es un local de mala reputación** it's a place with a bad name.

reputado, -da /rrepu'taðo -ða/ *adj* famous, renowned: **es un reputado científico** he's a famous scientist.

reputar /rrepu'tar/ [⇨CANTAR] *vt* to consider: **la crítica reputa** *de* **excelente la película** the critics consider the movie to be excellent.

requemar /rreke'mar/ [⇨CANTAR] *vt* **1.** (*la comida*) to burn; (*una planta*) to scorch: **el sol ha requemado las flores** the sun has scorched the flowers. **2.** (*causar picor en*) to burn: **este licor requema la garganta**

this liqueur burns your throat. **3.** (*causar sufrimiento a*) to hurt: **ese desengaño lo requemaba por dentro** that disappointment ate him up inside. **4.** (*causar impaciencia a*) to infuriate: **su lentitud me requema la sangre** his slowness makes my blood boil.

requemarse *v prnl* (*comida*) to burn; (*planta*) to become scorched.

requerimiento /rrekeri'mjento/ *sm* **1.** (*petición*) request: **lo hice** *a* **requerimiento suyo** I did it at his request; **declaró en el juicio** *a* **requerimiento del fiscal** she testified in the trial at the request of the public prosecutor. **2.** (*also* **requerimiento judicial**) (*Jur*) court order. **3.** (*necesidad*) requirement, need: **tenemos en cuenta los requerimientos de nuestros clientes** we bear in mind our customers' requirements.

requerir /rreke'rir/ [⇨sentir] *vt* **1.** (*precisar*) to require, to need: **los niños requieren muchos cuidados** children need a great deal of care. **2.** (*frml*: *pedir*): **sus amigos lo requirieron para que fuera a la fiesta** his friends urged him to go to the party. **3.** (*exigir*) to summon; (*Jur*): **el juez requirió su presencia** the judge summoned him to appear.

requesón /rreke'son/ *sm*: *type of cheese similar to cottage cheese or curd cheese.*

requete- /rre'kete/ *pref* (*fam*): **estaba requetebueno** it was very, very good; **lo hizo requetebién** he did it extremely well.

requiebro /rre'kjeβro/ *sm* compliment.

réquiem /'rrekjem/ *sm* [**réquiems**] requiem.

requisa /rre'kisa/ *sf* (*confiscación de bienes*) requisition.

requisar /rreki'sar/ [⇨CANTAR] *vt* to requisition.

requisito /rreki'sito/ *sm* requirement: **esta solicitud no cumple todos los requisitos** this application does not satisfy all the requirements; **para trabajar aquí es requisito indispensable hablar dos idiomas** to work here it's essential to be able to speak two languages.

requisito previo *sm* prerequisite.

requisitoria /rrekisi'torja/ *sf* (*Jur*) *court order for the finding and arrest of a criminal.*

res /rres/ *sf* animal: **tienen mil reses** they have one thousand head of cattle.

resabido, -da /rresa'βiðo -ða/ **I** *adj*: **es muy resabido** he's a know-all.
II *sm/f* know-all.

resabio /rre'saβjo/ *sm* **1.** (*sabor desagradable*) (unpleasant) taste. **2.** (*mala costumbre*): **tiene resabios de niño rico** sometimes he behaves just like a spoilt rich kid.

resaca /rre'saka/ *sf* **1.** (*del mar*) undertow, undercurrent. **2.** (*de alcohol*) hangover: **me levanté con resaca** I woke up with a hangover.

resalado, -da /rresa'laðo -ða/ *adj* (*fam*) witty: **¡qué chaval más resalado!** what a witty boy!

resaltar /rresal'tar/ [⇨CANTAR] *vi* **1.** (*por una cualidad*): **resalta** *por* **su inteligencia** her intelligence makes her stand out; **el color de la pared hace que los cuadros resalten** the colour of the wall sets off the paintings. **2.** (*de un edificio*) to jut out: **los balcones resaltan mucho** *de* **la fachada** the balconies jut out a long way from the façade.
♦*vt* **1.** (*hacer destacar*) to set off, to bring out: **el color blanco resalta el moreno de su piel** the white brings out the darkness of her skin. **2.** (*hacer hincapié en*) to stress, to emphasize: **el autor resalta la importancia del transporte ferroviario** the author stresses the importance of rail transport.

resalte /rre'salte/, **resalto** /rre'salto/ *sm* projection, ledge.

resarcir /rresar'θir/ [⇨zurcir] *vt* to compensate: **lo resarcieron** *de* **los destrozos causados por el incendio** he was compensated for the damage caused by the fire.

resarcirse *v prnl*: **el equipo se resarció** *de* **su última derrota** the team made up for its last defeat.

resbaladizo, -za /rresβala'ðiθo -θa/ *adj* **1.** (*superficie*) slippery. **2.** (*tema*) delicate: **es una cuestión muy resbaladiza** it's a very delicate matter.

resbalar /rresβa'lar/ [⇨CANTAR] *vi* **1.** (*superficie*) to be slippery: **este suelo resbala** this floor is slippery; (*persona*) to slip: **resbalé** *con* **una piel de plátano** I slipped on a banana skin; (*vehículo*) to skid: **la moto resbaló a causa de la nieve** the motorbike skidded because of the snow. **2.** (*gota, lluvia, etc.*) to trickle: **una lágrima resbaló** *por* **su mejilla** a tear trickled down his cheek. **3.** (*fam*: *dejar indiferente*): **todo le resbala** he couldn't care less about anything.

resbalarse *v prnl* to slip: **se resbaló por culpa del hielo** he slipped on the ice.

resbalón /rresβa'lon/ *sm* **1.** (*acción de resbalar*) slip: **dio un resbalón y se cayó al suelo** he slipped and fell to the ground. **2.** (*fam*: *metedura de pata*) blunder, slip-up: **¡vaya resbalón preguntarle a su mujer si era su madre!** what a blunder! asking his wife if she was his mother!

rescatar /rreska'tar/ [⇨CANTAR] *vt* **1.** (*de un peligro, un secuestro, etc.*) to rescue, to save: **la rescataron los bomberos** she was rescued by the firemen. **2.** (*algo olvidado*) to revive: **el programa rescata viejas canciones** the programme revives old songs.

rescate /rres'kate/ *sm* **1.** (*de una persona en apuros*) rescue: **el rescate de los montañeros fue un éxito** the rescue of the mountaineers was a success. **2.** (*dinero*) ransom: **los secuestradores piden un rescate muy alto** the kidnappers are demanding a very high ransom.

rescindir /rresθin'dir/ [⇨PARTIR] *vt* to cancel, to terminate: **como no pagaba el alquiler le han rescindido el contrato** since he wasn't paying the rent they've cancelled his tenancy agreement.

rescisión /rresθi'sjon/ *sf* cancellation, termination.

rescoldo /rres'koldo/ *sm* (*de un fuego*) ember.

resecar /rrese'kar/ [⇨sacar] *vt* (*las plantas, un terreno, etc.*) to dry out ∗ up: **el sol reseca la piel** the sun dries the skin.

resecarse *v prnl* (*plantas, terreno, piel*) to dry out ∗ up.

reseco, -ca /rre'seko -ka/ *adj* **1.** (*terreno*) parched, very dry; (*boca*) parched; (*piel*) dry; (*pan*) dried up. **2.** (*persona*) thin: **una vieja reseca nos indicó el camino** a thin old woman showed us the way.

resentido, -da /rresen'tiðo -ða/ **I** *adj* **1.** (*molesto*) resentful: **está resentido por lo que le dije** he is very resentful because of what I said to him. **2.** (*debilitado*) painful: **le quedó la pierna resentida** his leg is still painful.
II *sm/f* resentful ∗ bitter person: **es un resentido** he's a bitter person.

resentimiento /rresenti'mjento/ *sm* resentment.

resentirse /rresen'tirse/ [⇨sentir] *v prnl* **1.** (*debilitarse*) to weaken: **con la edad, la salud se resiente** one's health fails with advancing age. **2.** (*sentir dolor*) to feel the (after-)effects: **aún se resiente** *de* **la operación**

she's still feeling the effects of the operation. **3.** (*ofenderse*) to take (*GB*) offence ✱ (*US*) offense: **se resintió porque te burlaste de él** he took offence because you laughed at him.

reseña /rre'seɲa/ *sf* **1.** (*crítica*) review: **la revista incluía una reseña de su último libro** the magazine included a review of his latest book. **2.** (*resumen*) summary, account: **hizo una rápida reseña del viaje** he gave a quick account of his trip; **se incluía una reseña del partido de baloncesto** there was also a brief report on the basketball game; **concluyó su charla con una reseña de los últimos adelantos** she finished her talk with a survey of recent developments. **3.** (*descripción*) description: **detuvieron al ladrón gracias a la reseña que de él hizo un testigo** the thief was caught thanks to the description of him given by a witness.

reseñar /rrese'ɲar/ [➪ CANTAR] *vt* **1.** (*hacer una crítica de*) to review. **2.** (*resumir*) to report on.

reserva /rre'serβa/ **I** *sf* **1.** (*de hotel, avión, etc.*) reservation, booking: **hizo la reserva por teléfono** he made the reservation ✱ booking by telephone. **2.** (*de un producto*) reserve, stock: **necesitamos una buena reserva de leña para el invierno** we need a large store of firewood for the winter; (*de dinero*) reserves *pl*: **el banco central agotó su reserva de divisas** the central bank exhausted its foreign currency reserves. **3.** (*discreción*) discretion: **confío en tu reserva para que nadie más se entere de esto** I'm counting on your discretion so that nobody else finds out about this. **4.** (*duda*) reservation: **expresó ciertas reservas** *sobre* **mi teoría** she expressed certain reservations about my theory; **aceptaron con reservas el tratado** they accepted the treaty with reservations; **prometió apoyarme sin reservas** he promised me his unreserved support. **5.** (*Mil*) reserves *pl*: **a los cuarenta años pasó a la reserva** at the age of forty he went into the reserves. **6.** (*de indígenas*) reservation. **7.** (*referido a vino*): **acompañamos la comida con un vino de reserva** we drank a vintage wine with the meal.

II *sm/f* (*Dep*) substitute, reserve.

III *sm* vintage wine.

IV reservas *sf pl* (*Biol*) stores *pl*, reserves *pl*.

reserva nacional *sf* national park.

reserva natural *sf* nature reserve.

reservado, -da /rreser'βaðo -ða/ **I** *adj* **1.** (*hotel, billete, etc.*) reserved, booked: **tenemos una mesa reservada** we have reserved ✱ booked a table. **2.** (*tema*) confidential: **esto es materia reservada** this is a confidential matter. **3.** (*persona*) reserved: **es muy reservado** he's very reserved.

II reservado *sm* (*en un establecimiento*) private room; (*en un tren*) private ✱ reserved compartment.

reservar /rreser'βar/ [➪ CANTAR] *vt* **1.** (*una habitación, una localidad, etc.*) to reserve, to book: **he reservado habitación en el mejor hotel** I've reserved ✱ booked a room in the best hotel. **2.** (*guardar para más adelante*) to save, to keep (back): **reservó un poco de dinero** *para* **el fin de semana** she kept back a little money for the weekend; **resérvate tus comentarios** keep your comments to yourself. **3.** (*destinar*) to keep (aside), to save: **esta habitación la reservamos** *para* **el niño** we're keeping this room for the new baby.

reservarse *v prnl* **1.** (*conservarse*) to save oneself, to save one's strength: **se reserva** *para* **el mundial** she is saving her strength for the world championship. **2.** (*guardarse para uno mismo*) to withhold, to reserve: **me reservo mi opinión sobre esto** I'm reserving judgement on this.

reservista /rreser'βista/ *sm/f* reservist.

resfriado, -da /rres'frjaðo -ða/ (*Med*) **I** *adj*: **el abuelo está resfriado** grandfather has a cold.

II resfriado *sm* cold.

resfriarse /rres'frjarse/ [➪ ansiar] *v prnl* to catch a cold.

resfrío /rres'frio/ *sm* (*Amér S*: *Med*) cold.

resguardar /rrezɣwar'ðar/ [➪ CANTAR] *vt* to shelter, to protect.

♦ *vi* to give shelter: **ese muro resguarda** *del* **viento** that wall gives shelter ✱ protection from the wind.

resguardarse *v prnl* to take shelter: **nos resguardamos** *de* **la lluvia bajo un soportal** we took shelter from the rain under some arches.

resguardo /rrez'ɣwarðo/ *sm* **1.** (*de las inclemencias*) shelter: **el toldo ofrecía algo de resguardo** the awning provided some shelter; (*de un peligro*) protection. **2.** (*de un objeto depositado*) ticket, receipt: **he perdido el resguardo de la tintorería** I've lost the dry cleaner's ticket; (*de una compra, un pago*) receipt; (*de un ingreso en el banco*) paying-in slip; (*en un talonario*) stub.

residencia /rresi'ðenθja/ *sf* **1.** (*estancia*) residence: **¿cuál es su lugar de residencia habitual?** where is your normal place of residence?; **fijaron su residencia** *en* **Manila** they went to live in Manila. **2.** (*casa*) residence: **mañana hay una fiesta en la residencia del embajador** tomorrow there will be a party at the ambassador's residence. **3.** (*tipo de hotel*) boarding house.

residencia de ancianos *sf* old people's home.

residencia de estudiantes *sf* (*GB*) hall of residence, (*US*) dormitory.

residencial /rresiðen'θjal/ *adj* residential.

residente /rresi'ðente/ *adj, sm/f* resident.

residir /rresi'ðir/ [➪ PARTIR] *vi* **1.** (*vivir habitualmente*) to live, to reside: **es inglesa, pero reside** *en* **España desde hace años** she's English, but she's been living in Spain for years. **2.** (*consistir*) to lie, to reside: **el éxito del equipo reside** *en* **su buena preparación física** the team's success lies in their excellent training. **3.** (*responsabilidad, derecho*) to reside: **el poder legislativo reside** *en* **el parlamento** legislative power resides in parliament.

residual /rresi'ðwal/ *adj* residual.

residuo /rre'siðwo/ **I** *sm* residue: **quedaban residuos de café en la taza** there was a residue of coffee in the cup.

II residuos *sm pl* (*radiactivos, nucleares*) waste.

resignación /rresiɣna'θjon/ *sf* (*aceptación*) resignation.

resignarse /rresiɣ'narse/ [➪ CANTAR] *v prnl* to resign oneself: **se resignó** *a* **no hacer el viaje** he resigned himself to not making the trip.

resina /rre'sina/ *sf* resin.

resistencia /rresis'tenθja/ *sf* **1.** (*aguante: de un material*) resistance: **posee una gran resistencia** *al* **calor** it's very resistant to heat; (*: de una persona*) endurance, stamina: **tiene una enorme resistencia física** she has tremendous stamina. **2.** (*oposición*) resistance: **no ofreció resistencia** she offered ✱ put up no resistance. **3.** (*elemento no conductor*) resistor. **4.** (*en un electrodoméstico*) element. **5. la Resistencia** the Resistance.

resistente /rresis'tente/ **I** *adj* **1.** (*material*) strong, resistant: **empleamos un material resistente** *al* **calor**

we use a heat-resistant material; **esta lona es muy resistente** this canvas is very hard-wearing; (*color, tinte*) fast. **2.** (*persona*) tough, robust; (*planta*) hardy. **II** *sm/f* member of the Resistance.

resistir /rresis'tir/ [➪ PARTIR] *vt* **1.** (*un ataque*) to resist. **2.** (*el frío, el calor*) to bear, to take: **resisto bien el calor** I can bear * take the heat well. **3.** (*un peso*) to withstand: **no saben si el puente resistirá tanto volumen de tráfico** they don't know whether the bridge will be able to withstand so much traffic. **4.** (*una tentación*) to resist: **no pude resistir la tentación de preguntárselo** I couldn't resist asking him. ♦*vi* **1.** (*objeto*) to endure, to last: **no creo que el techo resista** I don't think the roof will hold. **2.** (*persona*) to hold out: **resistió hasta el final** she held out to the end ● **no resisto más** I can't take any more.

resistirse *v prnl* **1.** (*combatir el deseo*) to resist: **si te apetece, no te resistas** if you like it, why not give in?; **no pude resistirme** *a* **sus encantos** I couldn't resist her charms. **2.** (*negarse*) to refuse: **se resiste** *a* **marcharse de aquí** he refuses to go away; **me resisto** *a* **aceptarlo** I find it hard to accept. **3.** (*fam: resultar difícil*) to give trouble: **este problema se me resiste** this problem's causing me difficulty.

resol /rre'sol/ *sm* glare (*from the sun*).

resollar /rreso'ʎar/ [➪ contar] *vi* to pant, to gasp.

resolución /rresolu'θjon/ *sf* **1.** (*solución*) solution: **esa pista ayudó a la resolución del caso** that clue helped to solve the case. **2.** (*decisión*) resolution, decision. **3.** (*Tec*) resolution.

resolutivo, -va /rresolu'tiβo -βa/ *adj*: **juegan bien pero son poco resolutivos** they play well but they don't make the most of their chances.

resoluto, -ta /rreso'luto -ta/ *adj* resolute, determined.

resolver /rresol'βer/ [➪ volver; *past participle* **resuelto**] *vt* **1.** (*solucionar*) to solve: **el detective resolvió el caso** the detective solved the case; **no pudieron resolver el conflicto** they were unable to resolve the conflict; **aún tengo muchas cosas por resolver antes de irme** I still have many things to sort out before leaving. **2.** (*tomar la decisión de*) to resolve, to decide: **resolvieron no ir a la playa** they decided not to go to the beach.

resolverse *v prnl* **1.** (*solucionarse*) to be sorted out: **no se resolvió hasta varios años después** it wasn't sorted out until several years later. **2.** (*reducirse*): **lo que parecía que iba a ser una pelea se resolvió** *en* **una simple discusión** what looked like being a potential fight turned out to be a straightforward discussion. **3.** (*tomar una decisión*) to make up one's mind, to decide: **no se resolvía** *a* **aceptar la oferta** he couldn't make up his mind whether to accept the offer.

resonancia /rreso'nanθja/ *sf* **1.** (*de un sonido: reverberación*) resonance; (*: eco*) echo. **2.** (*fama*) impact: **su invento tuvo resonancia internacional** her invention had a worldwide impact.

resonar /rreso'nar/ [➪ contar] *vi* to resound: **los vítores de la multitud aún resonaban en sus oídos** the cheers of the crowd were still ringing in his ears.

resoplar /rreso'plar/ [➪ CANTAR] *vi* **1.** (*a causa del cansancio*) to pant, to gasp. **2.** (*a causa del enfado*) to snort.

resoplido /rreso'pliðo/ *sm* **1.** (*a causa del cansancio*) panting, gasping: **llegó agotado y dando resoplidos** he arrived exhausted and gasping for breath. **2.** (*a causa del enfado*) snort.

resorte /rre'sorte/ *sm* **1.** (*muelle*) spring. **2.** (*de cómo funciona algo*): **conoce todos los resortes del poder** he's familiar with the inner workings of power ● **tocó todos los resortes para conseguir el contrato** he pulled all the strings he could to get the contract.

respaldar /rrespal'dar/ [➪ CANTAR] *vt* to back, to support: **muchos empresarios respaldan a ese candidato** many businessmen are backing * supporting that candidate; **varios bancos respaldan la construcción de la autopista** several banks are backing the building of the motorway.

respaldarse *v prnl* **1.** (*apoyar la espalda*) to lean (back): **se respaldó cómodamente** *en* **la butaca** he leaned back comfortably in the armchair. **2.** (*buscar apoyo*): **siempre se respalda** *en* **su familia** he always leans on his family for support.

respaldo /rres'paldo/ *sm* **1.** (*de un asiento*) back. **2.** (*apoyo*) support, backing: **necesita nuestro respaldo moral** she needs our moral support.

respectar /rrespek'tar/ [➪ CANTAR] *vi*: *por lo que* * *en lo que* **a mí respecta, puedes hacer lo que quieras** as far as I'm concerned, you can do whatever you like; *en lo que* **respecta a la atención personal no tengo ninguna queja** insofar as individual attention is concerned I have no complaints.

respectivo, -va /rrespek'tiβo -βa/ *adj* respective: **diríjanse a sus respectivos asientos** make your way to your (own) seats ● **en lo respectivo a la subida de sueldos, no se decidió nada** nothing was decided with regard to the salary increases.

respecto /rres'pekto/ *sm*: **no tengo ninguna información** *al* **respecto** I have no information on this; **no hay ningún cambio** *con* **respecto** *a* **lo hablado** there are no changes regarding what was discussed; *(con)* **respecto** *a* **ese asunto, me gustaría añadir que...** with reference to that (matter), I would like to add that....

respetable /rrespe'taβle/ **I** *adj* (*gen*) respectable: **recibe un salario muy respetable** she's paid a very respectable salary; **me parece una opinión muy respetable** that is an opinion that I can respect; (*altura, tamaño*) considerable.
II el respetable *sm* (*fam*) the audience.

respetar /rrespe'tar/ [➪ CANTAR] *vt* **1.** (*una norma, a una persona*) to respect, to obey: **el accidente se produjo porque un conductor no respetó la señal de stop** the accident occurred because a driver failed to obey the stop sign. **2.** (*no dañar*): **por favor, respeten las plantas** please do not touch the plants.

respeto /rres'peto/ **I** *sm* **1.** (*a una norma, una persona*) respect: **trata** *con* **respeto a todo el mundo** he treats everyone with respect. **2.** (*temor*) nervousness, fear: **los aviones me dan mucho respeto** I'm very nervous about flying.
II respetos *sm pl* respects *pl*: **fue a presentarle sus respetos al nuevo director** he went to pay his respects to the new director ● **grupos de criminales campan por sus respetos** criminal gangs make their own rules.

respetuoso, -sa /rrespe'twoso -sa/ *adj* respectful, deferential.

respingado, -da /rrespiŋ'gaðo -ða/ *adj* (*Amér L: nariz*) turned-up.

respingo /rres'piŋgo/ *sm* start: **dio un respingo cuando le puse la mano en el hombro** he started when I laid my hand on his shoulder.

respingón, -gona /rrespiŋ'gon -'gona/ *adj* turned-up.

respiración /rrespira'θjon/ *sf* respiration, breathing: **me quedé sin respiración** I was out of breath ● **la noticia me dejó sin respiración** the news took my breath away.

respiración artificial *sf* artificial respiration.
respiración asistida *sf* artificial respiration.
respiración boca a boca *sf* kiss of life, mouth-to-mouth resuscitation: **tuvo que hacerle la respiración boca a boca** she had to give him mouth-to-mouth resuscitation * the kiss of life.

respiradero /rrespira'ðero/ *sm* (air) vent.

respirador /rrespira'ðor/ *sm* (*also* **respirador artificial**) (*Med*) ventilator.

respirar /rrespi'rar/ [⇨CANTAR] *vi* **1.** (*Biol*) to breathe: **aún respira** he's still breathing; **voy a dar una vuelta porque necesito respirar un poco** I'm going for a walk because I need some fresh air • **estoy ocupadísima, no puedo ni respirar** I'm so busy, I've barely time to stop for breath • **no me deja respirar** he doesn't give me a moment's peace. **2.** (*fam*: *dar señales de vida*): **no respiró en toda la tarde** he didn't utter a word all afternoon; **ya era hora de que respirara** it was about time we heard from him. **3.** (*con alivio*): **no podré respirar hasta después de los exámenes** I won't be able to relax until the exams are over.
♦*vt* **1.** (*aire puro, humo, etc.*) to breathe (in), to inhale. **2.** (*alegría, bondad, etc.*) to exude: **respira alegría por todo su cuerpo** her whole body exudes happiness.

respiratorio, -ria /rrespira'torjo -rja/ *adj* respiratory.

respiro /rres'piro/ *sm* **1.** (*descanso*) breather: **se tomaron un (momento de) respiro antes de continuar** they took a breather before carrying on; **los niños no le dan un momento de respiro** her children don't give her a moment's peace. **2.** (*alivio*): **es un respiro poder salir de la ciudad unos días** it's a great relief to be able to get out of the city for a few days.

resplandecer /rresplande'θer/ [⇨agradecer] *vi* **1.** (*estrella, luz*) to shine; (*objeto metálico*) to gleam, to glitter: **limpié la fuente hasta que resplandecía** I cleaned the dish till it gleamed. **2.** (*de felicidad, orgullo*) to glow, to beam: **su cara resplandecía** *de* **felicidad** her face was glowing with happiness. **3.** (*destacar*) to shine, to stand out: **su belleza resplandecía entre la multitud** her beauty stood out among the crowd.

resplandeciente /rresplande'θjente/ *adj* (*por su luminosidad*) shining; (*por su brillo*) glittering, gleaming; (*por su limpieza*) sparkling; (*por su belleza, de felicidad*) radiant: **su cara estaba resplandeciente** *de* **felicidad** his face was glowing with happiness.

resplandor /rresplan'dor/ *sm* (*de una luz*) brightness, brilliance; (*de un fuego*) glow; (*de un objeto metálico*) gleam, glitter.

responder /rrespon'der/ [⇨TEMER] *vt* to answer: **respondió todas las preguntas** she answered all the questions.
♦*vi* **1.** (*contestar: gen*) to answer, to reply: **no me respondió** she didn't answer me * she didn't reply; **no le respondas así** *a* **tu madre** don't talk back to your mother like that; **responderé con gusto** *a* **lo que quieran saber** I'll gladly tell you whatever you want to know; **no respondió** *a* **mi carta** he didn't reply to my letter; (*: en un anuncio*): **perro extraviado: responde al nombre de Tobi** missing dog: answers to the name of Tobi; (*: a un saludo*) to respond. **2.** (*Jur*) to answer: **respondió** *a* **las acusaciones** he answered the charges. **3.** (*reaccionar*) to respond: **los mandos del coche no responden** the car isn't responding to the controls; **el público respondió** *al* **esfuerzo del equipo** the crowd responded to the team's efforts; **el enfermo respondió** *al* **tratamiento** the patient responded to the treatment. **4.** (*rendir*): **si el negocio responde, pensamos abrir otra tienda** if business goes well, we plan to open another shop. **5.** (*hacerse responsable*) to take * accept responsibility: **cada cual debe responder** *de* **sus actos** everyone must take responsibility for his or her actions. **6.** (*por un crimen*): **respondió** *de* **sus muchos crímenes** *con* **la cárcel** he paid for his many crimes in jail. **7.** (*por una persona*): **yo respondo** *de* **su honradez** I'll vouch for his honesty.

respondón, -dona /rrespon'don -'dona/ *adj* (*fam*): **es muy respondona** she's always answering back.

responsabilidad /rresponsaβili'ðað/ *sf* **1.** (*gen*) responsibility. **2.** (*Fin, Jur*) liability.

responsabilizar /rresponsaβili'θar/ [⇨cazar] *vt* to hold responsible: **responsabilizó a la empresa** *de* **su accidente** she held the company responsible for her accident.
responsabilizarse *v prnl* to take responsibility: **no me responsabilizo** *de* **lo que pueda ocurrir** I take * accept no responsibility for what might happen.

responsable /rrespon'saβle/ **I** *adj* **1.** (*de hacer algo*) responsible: **es responsable** *de* **lo ocurrido** he's responsible * he's to blame for what happened; **no nos hacemos responsables** *de* **lo que pueda ocurrir** we won't be held responsible for what happens. **2.** (*cumplidor*) responsible, conscientious: **es una estudiante muy responsable** she's a very responsible student. **3.** (*que está a cargo*) in charge: **quiero hablar con la persona responsable** I want to talk to the person in charge.
II *sm/f* **1.** (*de una acción*) person responsible; (*de un crimen*) culprit, perpetrator. **2.** (*encargado*) person in charge: **¿puedo hablar con el responsable?** may I speak to the person in charge?

responso /rres'ponso/ *sm* (*Relig*) prayer for the dead.

respuesta /rres'pwesta/ *sf* **1.** (*contestación: gen*) reply, answer: **les he enviado dos cartas y no he recibido respuesta alguna** I have sent them two letters and have had no reply; **ésa era la respuesta** *a* **todas mis dudas** that was the answer to all my doubts; (*: en un examen*) answer. **2.** (*reacción: gen*) response: **la respuesta del público ha sido muy positiva** the public's response has been very positive; (*: a un medicamento*) reaction.

resquebrajadura /rreskeβraxa'ðura/ *sf* crack.

resquebrajarse /rreskeβra'xarse/ [⇨CANTAR] *v prnl* **1.** (*objeto*) to crack. **2.** (*situación*): **su poder comenzó a resquebrajarse como consecuencia del descontento popular** his power started to collapse as a consequence of the people's discontent.

resquemor /rreske'mor/ *sm* resentment.

resquicio /rres'kiθjo/ *sm* **1.** (*abertura*) chink, crack. **2.** (*posibilidad*) slight chance: **quedaba un resquicio de esperanza** there was still a glimmer of hope.

resta /'rresta/ *sf* (*operación*) subtraction.

restablecer /rrestaβle'θer/ [⇨agradecer] *vt* (*gen*) to re-establish, to restore: **consiguieron restablecer la comunicación** they managed to restore * re-establish communications; (*el orden, la calma*) to restore: **la policía restableció el orden** the police restored order.
restablecerse *v prnl* (*Med*) to recover: **todavía no se ha restablecido** *del* **accidente** he hasn't recovered from the accident yet.

restablecimiento /rrestaβleθi'mjento/ *sm* **1.** (*de comunicaciones, relaciones, etc.*) re-establishment; (*del* *orden, de la calma, de una institución*) restoration. **2.** (*de un enfermo*) recovery.

restallar /rresta'ʎar/ [⇨CANTAR] *vt/i* (*un látigo*) to crack; (*un cinturón*) to snap.

restante /rres'tante/ **I** *adj* remaining: **las restantes asignaturas se impartirán en otra aula** the remaining subjects will be taught in another lecture hall.
II lo restante *sm* the rest: **lo restante pueden imaginárselo ustedes** you can imagine the rest yourselves.

restañar /rresta'ɲar/ [⇨CANTAR] *vt* • **sólo el tiempo podrá restañar sus heridas** time alone can heal his wounds.

restar /rres'tar/ [⇨CANTAR] *vt* **1.** (*Mat*) to subtract, to take away: **si restas veintiuno de treinta, el resultado es nueve** if you take twenty-one away from thirty the answer is nine. **2.** (*autoridad, importancia*): **este asunto le ha restado autoridad** this affair has undermined his authority; **el doctor le restó importancia** the doctor played down its importance. **3.** (*en tenis*) to return.
♦*vi* **1.** (*Mat*) to subtract, to take away. **2.** (*quedar*) to remain, to be left: **aún me restan días de vacaciones** I still have some holiday left; **sólo me resta agradecerle su ayuda** it only remains for me to thank you for all your help.

restauración /rrestaura'θjon/ *sf* **1.** (*de un cuadro, una escultura, etc.*) restoration. **2.** (*de un régimen político*) restoration. **3.** (*rama de hostelería*) catering.

restaurador, -dora /rrestaura'ðor -'ðora/ *sm/f* **1.** (*de cuadros, muebles, etc.*) restorer. **2.** (*frml: dueño de un restaurante*) restaurant owner, restaurateur.

restaurante /rrestau'rante/ *sm* restaurant.

restaurar /rrestau'rar/ [⇨CANTAR] *vt* to restore.

restituir /rrestitu'ir/ [⇨huir] *vt* **1.** (*a su dueño*) to return, to restore: **restituyeron la finca** *a* **su propietario** they returned * restored the property to its owner. **2.** (*a su estado anterior*) to restore: **me gustaría restituir la casa** *a* **su forma original** I'd like to restore the house to its original condition. **3.** (*Med*) to restore: **el aire de la montaña le restituirá la salud** the mountain air will restore his health.

resto /'rresto/ **I** *sm* **1.** (*lo que queda*) rest: **quiero leer el resto del libro** I want to read the rest of the book; **el resto de la familia llegará más tarde** the rest of the family will arrive later • **el ciclista echó el resto para ganar la carrera** the cyclist did his utmost to win the race. **2.** (*Mat: de una división*) remainder. **3.** (*en tenis*) return.
II restos *sm pl* **1.** (*de una persona, un edificio*) remains *pl*: **sus restos descansan en el cementerio del pueblo** his remains lie in the town cemetery; **hay unos restos romanos** there are some Roman remains. **2.** (*de comida*) leftovers *pl*.
restos mortales *sm pl* mortal remains *pl*.

restregar /rrestre'ɣar/ [⇨regar] *vt* to scrub, to rub: **me he pasado un buen rato restregando la sartén** I've been scrubbing the frying pan for quite a while.
restregarse *v prnl* (*los ojos, las manos*) to rub • **se restregaba las manos pensando en lo que iban a pagarle** she was rubbing her hands at the thought of how much they were going to pay her.

restricción /rrestrik'θjon/ *sf* restriction: **hay restricciones** *de* **agua debido a la sequía** there are water restrictions because of the drought; **se puede viajar pero con ciertas restricciones** it is possible to travel but there are certain restrictions.

restrictivo, -va /rrestrik'tiβo -βa/ *adj* restrictive.

restriego /rres'trjeɣo/ *and other forms with* ***restrieg-*** ⇨restregar

restringir /rrestriŋ'xir/ [⇨surgir] *vt* (*el consumo*) to restrict, to cut back; (*una actividad*) to limit, to restrict: **han tenido que restringir el número de visitantes** they've had to limit the number of visitors.

resucitar /rresuθi'tar/ [⇨CANTAR] *vt* **1.** (*Relig*) to raise from the dead. **2.** (*restaurar*) to revive, to bring back: **resucitaron una antigua tradición** they revived an old tradition. **3.** (*Med*) to resuscitate. **4.** (*fam: reanimar*) to revive: **este coñac te resucitará** this brandy will revive you.
♦*vi* (*Relig*) to rise from the dead: **al tercer día, resucitó** on the third day he rose again.

resuello /rre'sweʎo/ *sm* (*respiración fuerte*) panting; (*aire*): **llegamos arriba sin resuello** we were breathless * or out of breath when we got up there.

resuelto, -ta /rre'swelto -ta/ **I** *past participle of* ⇨resolver
II *adj* **1.** (*problema*) solved. **2.** (*persona*) resolute.

resuelvo /rre'swelβo/ *and other forms with* ***resuelv-*** ⇨resolver

resultado /rresul'taðo/ *sm* **1.** (*de una prueba, un test, etc.*) result: **éste es el resultado de años de trabajo** this is the result of years of work; **todavía no tenemos los resultados de la encuesta** we still do not have the results of the poll; (*de unas elecciones, una investigación, etc.*) result, outcome: **el resultado del experimento fue sorprendente** the outcome of the experiment was surprising. **2.** (*Mat*) result. **3.** (*Dep*) score, result. **4.** (*de una compra*): **el coche nos dio muy buen resultado** the car turned out to be an excellent buy.

resultante /rresul'tante/ **I** *adj* (*gen*) resulting, resultant; (*Fís, Mat*) resultant.
II *sf* (*Fís, Mat*) resultant.

resultar /rresul'tar/ [⇨CANTAR] *vi* **1.** (*ser consecuencia*) to result: **no sé qué resultará** *de* **todo esto** I don't know what will come of all this. **2.** (*quedar*): **resultó ileso en el choque** he escaped from the crash unharmed; **la ciudad resultó destruida por el bombardeo** the city was destroyed by the bombing. **3.** (*dar un resultado*) to work out: **no ha resultado** it hasn't worked out; **estos zapatos han resultado muy buenos** these shoes have turned out to be very good. **4.** (*ser: gen*) to be: **resulto bajo para el baloncesto** I'm too short for basketball; **esta casa resulta pequeña para tantos** this house is rather small for so many people; (*: al final*): **la exposición resultó un éxito** the exhibition turned out to be a success; **al final resultó ser un timador** in the end he turned out to be a swindler.

resultas /rre'sultas/ **de resultas de** *prep* as a result of: **le ha quedado una cicatriz de resultas del accidente** he's been left with a scar as a result of the accident.

resultón, -tona /rresul'ton -'tona/ *adj* (*fam*): **no es una belleza, pero es resultona** she's not a great beauty but she's attractive enough.

resumen /rre'sumen/ *sm* summary: **haré un breve resumen de lo que se ha dicho hasta ahora** I'll briefly summarize what has been said so far; **preparó un resumen del informe** he made a summary of the report • **fue, en resumen, una discusión interesante** in short, it was an interesting discussion.

resumir /rresu'mir/ [⇨PARTIR] *vt* to summarize • **resumiendo * para resumir, nos han negado el per-**

miso to cut a long story short, they've refused us permission.

resumirse *v prnl* 1. (*sintetizarse*): **todo lo cual se resume** *en* **lo siguiente...** all of which may be summed up as follows.... 2. (*resultar*): **al final se resumió** *en* **un susto sin consecuencias** in the end it turned out to be merely a scare about nothing.

resurgimiento /rresurxi'mjento/ *sm* (*de alguien, de una idea*) re-emergence, resurgence: **el resurgimiento de los grupos radicales preocupa a las autoridades** the re-emergence of radical groups is worrying the authorities; (*de una moda*) revival: **se está produciendo un resurgimiento de la moda hippy** a revival of hippie fashions is taking place.

resurgir /rresur'xir/ [➪surgir] *vi* to recover: **la industria automovilística ha resurgido con fuerza** the car industry has made a strong recovery.

resurrección /rresurrek'θjon/ *sf* resurrection.

retablo /rre'taβlo/ *sm* altarpiece.

retaco /rre'tako/ (*fam*) **I** *adj* short and squat.
II *sm* short person.

retaguardia /rreta'ɣwarðja/ *sf* rearguard: **su destacamento ocupaba la retaguardia** their detachment was in the rear.

retahíla /rreta'ila/ *sf*: **me soltó una retahíla de nombres** he reeled off a string of names.

retal /rre'tal/ *sm* remnant.

retama /rre'tama/ *sf* (*Bot*) broom.

retar /rre'tar/ [➪CANTAR] *vt* 1. (*desafiar*) to challenge: **te reto a una carrera** I challenge you to a race. 2. (*Arg, Chi, Urug*: *reñir*) to tell off: **mi mamá me retó por llegar tarde a casa** my mother told me off for getting home late.

retardado, -da /rretar'ðaðo -ða/ *adj* delayed: **le han dado un tranquilizante de efecto retardado** they have given him a delayed-action tranquillizer.

retardar /rretar'ðar/ [➪CANTAR] *vt* 1. (*posponer*) to postpone, to put off. 2. (*entorpecer*) to slow down, to hold up: **la lluvia retardaba su marcha** the rain slowed down their progress.

retazo /rre'taθo/ *sm* 1. (*de tela*) remnant. 2. (*de un texto, un discurso*) snippet; (*de algo ocurrido*): **solamente recordaba retazos de su pasado** he only remembered some isolated incidents from his past.

retén /rre'ten/ *sm* 1. (*grupo de soldados*) squad of reserves. 2. (*de cosas*) store.

retención /rreten'θjon/ *sf* 1. (*de dinero*) deduction. 2. (*de vehículos*) delay, hold-up: **se prevén retenciones en todas las carreteras principales** delays are expected on all main roads. 3. (*de una persona*) detention. 4. (*Med*) retention.

retener /rrete'ner/ [➪tener] *vt* 1. (*a una persona: gen*) to keep: **no quiero retenerte más** I don't want to keep you any longer; **quería retenerla junto a él a toda costa** he wanted to keep her with him at all costs; (*: en una comisaría*) to detain, to keep in custody; (*: para contenerla*) to restrain, to hold back: **tuvieron que retenerlo entre varios** he had to be restrained by several people. 2. (*una actividad*) to stop, to hold up: **retuvieron la circulación para efectuar un control** they held up the traffic to carry out a check. 3. (*una tendencia*) to restrain, to hold back: **tienes que aprender a retener tus impulsos** you must learn to restrain your impulses. 4. (*una cantidad de dinero*) to deduct: **me retienen un treinta por ciento del sueldo** they deduct thirty per cent of my salary. 5. (*una característica, un objeto*) to hold, to keep: **no retengas tanto tiempo los apuntes que te han prestado** don't keep the notes you have been lent for so long; **el queso retiene mejor el sabor fuera del frigorífico** cheese retains its flavour for longer if it is not kept in the fridge. 6. (*una información*) to remember, to retain: **intentaré retener tu dirección** I'll try to remember your address. 7. (*Med*) to retain.

retenerse *v prnl* to hold oneself back, to restrain oneself.

retentiva /rreten'tiβa/ *sf* memory.

reticencia /rreti'θenθja/ *sf* 1. (*reserva*) reluctance: **aunque tenía alguna reticencia, le dio permiso** although he was rather reluctant, he gave his permission. 2. (*cosa dicha a medias*): **no te andes con reticencias; cuéntamelo si quieres y, si no, cállate** stop dropping hints; either tell me or shut up about it.

reticente /rreti'θente/ *adj* reluctant: **al principio se mostró reticente** he was reluctant at first.

retina /rre'tina/ *sf* retina.

retintín /rretin'tin/ *sm* 1. (*sonido*) jingling, ringing. 2. (*entonación irónica*) sarcasm: **lo dijo con un cierto retintín** she said it rather sarcastically.

retirada /rreti'raða/ *sf* 1. (*Mil*) retreat: **las tropas emprendieron la retirada** the troops began their retreat. 2. (*Fin*) withdrawal: **no ha habido ninguna retirada de fondos de esta cuenta** no withdrawals have been made from this account. 3. (*jubilación*) retirement: **el torero anunció su retirada** the bullfighter announced his retirement. 4. (*de una competición*) withdrawal. 5. (*del carnet de conducir*): **puede conllevar la retirada del carnet** it may mean losing your licence. 6. (*de muebles, electrodomésticos de desecho*) disposal: **el servicio de retirada de basuras** the refuse collection service.

retirado, -da /rreti'raðo -ða/ **I** *adj* 1. (*lugar*) remote: **su casa queda un tanto retirada de aquí** their house is quite a long way from here; (*existencia, vida*) secluded. 2. (*jubilado*) retired.
II *sm/f* pensioner, (*US*) retiree.

retirar /rreti'rar/ [➪CANTAR] *vt* 1. (*quitar: un obstáculo*) to remove, to clear away: **retiraron la nieve del camino** the snow was cleared from the road; (*: la tapa*) to remove: **retirar la tapa metálica** remove the metal top. 2. (*apartar*) to move away: **retiró un poco la silla** she moved her chair away. 3. (*dinero*) to withdraw: **retiró todo su dinero del banco** she withdrew all her money from the bank. 4. (*un comentario*) to take back: **¡retira ahora mismo lo que has dicho!** take back what you said at once! 5. (*de una actividad, una profesión*): **una lesión lo retiró** *del* **fútbol** an injury forced him to retire from football. 6. (*el carnet de conducir*): **le retiraron el carnet por conducir bebido** his licence was taken away ✱ confiscated for drunk driving.

retirarse *v prnl* 1. (*apartarse*) to move away: **retírate un poco de la ventana** come away from the window. 2. (*de una actividad, una profesión*) to retire. 3. (*de una competición*) to withdraw: **se retiró** *de* **la carrera** she withdrew from the race. 4. (*a un lugar*) to retire, to go away: **cuando me jubile, me retiraré al campo** when I retire, I'll go and live in the country; **voy a retirarme, estoy cansadísima** I'm going to bed, I'm very tired. 5. (*Mil*) to retreat, to withdraw.

retiro /rre'tiro/ *sm* 1. (*de una profesión*) retirement: **le ha llegado la edad del retiro** he's reached retirement age; (*pensión*) (retirement) pension. 2. (*sitio apartado*) retreat: **durante las vacaciones me iré a mi retiro en la montaña** during the holidays I'll go to my mountain retreat. 3. (*Relig*) retreat.

reto /'rreto/ *sm* **1.** (*desafío*) challenge. **2.** (*Arg, Chi, Urug*: *regañina*) telling-off: **se llevó un reto** he got a telling-off.

retocar /rreto'kar/ [⇨sacar] *vt* **1.** (*una obra*) to put the finishing touches to; (*una foto*) to touch up: **está claro que han retocado las fotos antes de publicarlas** it's obvious that the photographs have been touched up before being published. **2.** (*ropa*) to alter.

retocarse *v prnl*: **fue a los servicios a retocarse** she went to the toilet to touch up her make-up.

retomar /rreto'mar/ [⇨CANTAR] *vt* to resume, to start again: **unos días después retomaron la conversación** a few days later they resumed their conversation.

retoño /rre'toɲo/ *sm* **1.** (*Bot*) sprout. **2.** (*fam*: *niño*) kid.

retoque /rre'toke/ *sm* **1.** (*a una obra*) final touch: **unos cuantos retoques y el cuadro estará terminado** a few final touches and the painting will be finished. **2.** (*a una prenda*) alteration: **esas mangas necesitan un retoque** those sleeves need to be altered.

retorcer /rretor'θer/ [⇨cocer] *vt* **1.** (*el brazo*) to twist; (*la ropa*) to wring (out); (*una barra, un cable, etc.*) to twist. **2.** (*algo dicho*) to twist: **mis adversarios han retorcido mis palabras** my opponents have twisted my words.

retorcerse *v prnl* (*de dolor*) to writhe: **se retorcía** *de* **dolor** she was writhing with pain; (*de risa*): **se retorcía** *de* **risa con tus chistes** she was in stitches over your jokes.

retorcido, -da /rretor'θiðo -ða/ *adj* **1.** (*persona, mente, objeto*) twisted: **es una persona muy retorcida** he's a very twisted person; **tiene una mente muy retorcida** he has a very twisted mind. **2.** (*lenguaje, estilo*) convoluted: **está escrito en un estilo muy retorcido** it's written in a very convoluted style.

retorcijón /rretorθi'jon/ *sm* (*Amér L*) ⇨retortijón

retórica /rre'torika/ *sf* **1.** (*Lit*) rhetoric. **2.** (*grandilocuencia*) hot air, empty words *pl.*

retórico, -ca /rre'toriko -ka/ *adj* **1.** (*Lit*) rhetorical. **2.** (*grandilocuente*) long-winded.

retornable /rretor'naβle/ *adj* (*recipiente, envase*) returnable.

retornar /rretor'nar/ [⇨CANTAR] *vi* (*frml*) **1.** (*a un lugar*) to return: **retornó** *a* **su patria al cabo de cinco años** she returned to her homeland after five years. **2.** (*a una persona*) to revert: **las tierras retornaron** *a* **sus legítimos dueños** the land reverted to its legitimate owners.

♦*vt* (*devolver*) to return, to give back: **retornó el coche que le habían prestado** he returned the car he had been lent.

retorno /rre'torno/ *sm* (*frml*) **1.** (*regreso*) return: **a su retorno decidió montar un negocio** on his return, he decided to set up a business. **2.** (*devolución*) return: **en retorno, se ofreció a desvelarme algunos secretos** in return she offered to let me in on some secrets.

retortero /rretor'tero/ **al retortero** *loc adv* (*fam*) **1.** (*en desorden*): **toda la casa está al retortero** the whole house is upside down. **2.** (*muy ocupado*): **anda * va al retortero con el nuevo trabajo** she's worked off her feet in the new job; **me trae * lleva todo el día al retortero con sus dichosos encargos** he keeps me on the go all day long with his wretched errands.

retortijón /rretorti'xon/ *sm* (*fam*) stomach cramp: **me dieron retortijones de estómago** I got stomach cramps.

retozar /rreto'θar/ [⇨cazar] *vi* to frolic, to gambol.

retracción /rretrak'θjon/ *sf* retraction.

retractación /rretrakta'θjon/ *sf* retraction, withdrawal.

retractarse /rretrak'tarse/ [⇨CANTAR] *v prnl* to retract: **tuvo que retractarse** *de* **las falsas acusaciones** he had to withdraw * retract his false accusations; **no pienso retractarme** I do not intend to retract.

retráctil /rre'traktil/ *adj* **1.** (*Zool*) retractile. **2.** (*Av*) retractable.

retraer /rretra'er/ [⇨traer] *vt* **1.** (*retirar*) to retract, to draw in: **el gato retrajo las uñas** the cat drew in its claws. **2.** (*disuadir*) to put off: **la lluvia me retrajo** *de* **salir a pasear** the rain put me off going for a walk.

retraerse *v prnl* **1.** (*retirarse*) to retract, to draw in. **2.** (*apartarse*) to withdraw: **decidió retraerse** *del* **mundo y** *de* **sus problemas** he decided to withdraw from the world and its problems.

retraído, -da /rretra'iðo -ða/ *adj* (*tímido*) shy; (*reservado*) reserved, withdrawn.

retraimiento /rretrai'mjento/ *sm* **1.** (*timidez*) shyness. **2.** (*aislamiento*): **vive una vida de retraimiento** she lives a very quiet life.

retransmisión /rretranzmi'sjon/ *sf* transmission, broadcast.

retransmisión en diferido *sf* broadcast * transmission (*of a previously recorded programme*).

retransmisión en directo *sf* live broadcast * transmission.

retransmisor /rretranzmi'sor/ *sm* transmitter, relay.

retransmitir /rretranzmi'tir/ [⇨PARTIR] *vt* to broadcast: **lo van a retransmitir en directo/en diferido** they are going to broadcast it live/they are going to broadcast a recording of it.

retrasado, -da /rretra'saðo -ða/ **I** *adj* **1.** (*tren, avión, etc.*) late, behind time: **el tren a Santiago va retrasado** the train to Santiago is (running) late. **2.** (*reloj*) slow: **ese reloj va diez minutos retrasado** that clock is ten minutes slow. **3.** (*en un pago*): **voy retrasada** *en* **los pagos** I'm in arrears with my payments. **4.** (*en los estudios, el trabajo*) behind: **vamos un poco retrasados** *con* **el trabajo** we're rather behind with the work; (*en el desarrollo*) backward. **5.** (*mentalmente*) retarded.

II *sm/f* (*also* **retrasado, -da mental**) (*Med*) (mentally) retarded person.

retrasar /rretra'sar/ [⇨CANTAR] *vt* **1.** (*el comienzo de algo*) to delay, to put off: **las lluvias retrasaron las obras** the rain delayed the repair work; **tuvo que retrasar su viaje** he had to delay * put off his journey. **2.** (*el movimiento, el progreso*) to slow down, to hold up: **siempre hay muchos camiones que retrasan la circulación** there are always many trucks which slow down the traffic. **3.** (*un reloj*) to put back: **el sábado hay que retrasar los relojes una hora** clocks must be put back an hour on Saturday.

♦*vi* to be slow: **este reloj retrasa** this clock is (running) slow.

retrasarse *v prnl* **1.** (*llegar tarde*) to be late: **se retrasaron unos minutos** they were a few minutes late. **2.** (*quedarse atrás*) to fall behind: **se ha retrasado** *en* **biología** she has fallen behind in biology. **3.** (*reloj*) to go slow: **este reloj se retrasa** this clock is slow.

retraso /rre'traso/ *sm* **1.** (*de un medio de transporte*) delay: **el tren sufrió un retraso** the train was late; (*a una cita*): **llegó con cinco minutos** *de* **retraso** she arrived five minutes late; (*en llevar algo a cabo*) delay: **aunque con algo** *de* **retraso, pagó todo lo que debía** although somewhat overdue, he paid off all that he owed. **2.** (*en los estudios, el trabajo*): **llevan un año** *de*

retraso en la construcción del puente they are a year behind in the construction of the bridge. **3.** (*en el desarrollo*) underdevelopment, backwardness: **este país tiene un gran retraso industrial** this country is industrially very underdeveloped.

retraso mental *sm* mental handicap, backwardness.

retratar /rretra'tar/ [⇨ CANTAR] *vt* **1.** (*pintar*) to paint (a portrait of): **Goya retrató a muchas personas importantes de su época** Goya painted many important people of his time; (*sacar una foto a*) to take a picture of. **2.** (*describir*) to portray, to describe: **el artículo retrata fielmente la situación del país** the article accurately describes the country's situation.

retratarse *v prnl* (*en pintura*) to have one's picture painted; (*en fotografía*) to have one's photograph taken: **se retrató toda la familia junta** the whole family was photographed together.

retratista /rretra'tista/ *sm/f* (*pintor*) portrait painter; (*fotógrafo*) (wedding and portrait) photographer.

retrato /rre'trato/ *sm* **1.** (*pintura*) portrait; (*fotografía*) portrait, photograph • **es el vivo retrato del abuelo** he is the (living * very) image of his grandfather. **2.** (*descripción*) portrayal, depiction: **hizo un irónico retrato de la sociedad española** he painted an ironic portrait of Spanish society.

retrato robot *sm* Identikit® picture.

retreta /rre'treta/ *sf* **1.** (*Mil: toque*) retreat: **tocó retreta** he sounded the retreat. **2.** (*Amér L: Mús*) open-air brass band concert.

retrete /rre'trete/ *sm* toilet, lavatory.

retribución /rretriβu'θjon/ *sf* (*pago*) payment, fee; (*recompensa*) reward.

retribuir /rretriβu'ir/ [⇨ huir] *vt* (*pagar*) to pay; (*recompensar*) to reward.

retro /'rretro/ *adj inv* (*fam*): **este año se lleva la ropa retro** this year retro fashion is back in.

retroactivo, -va /rretroak'tiβo -βa/ *adj* retrospective: **el decreto tiene efecto retroactivo** the law has a retrospective effect.

retroceder /rretroθe'ðer/ [⇨ TEMER] *vi* **1.** (*ir hacia atrás*) to go back: **tuvimos que retroceder porque nos habíamos pasado de largo** we had to go back because we'd gone too far. **2.** (*en una clasificación*) to slip (down): **han retrocedido tres puestos en la clasificación general** they've slipped three places in the league table. **3.** (*Mil*) to fall back, to retreat. **4.** (*ante una dificultad*) to flinch: **no retrocedía** *ante* **nada para conseguir sus fines** he did not flinch from anything in order to fulfil his goals.

retroceso /rretro'θeso/ *sm* **1.** (*en un proceso*) setback: **el conflicto supuso un nuevo retroceso** *en* **las negociaciones** the dispute meant yet another setback to the negotiations. **2.** (*de una enfermedad*) worsening, relapse. **3.** (*de un arma*) recoil.

retrógrado, -da /rre'troɣraðo -ða/ *adj, sm/f* (*Pol*) reactionary.

retrospectiva /rretrospek'tiβa/ *sf* retrospective (exhibition).

retrospectivo, -va /rretrospek'tiβo -βa/ *adj* retrospective.

retrovisor /rretroβi'sor/ *sm* (*Auto: dentro*) rear-view mirror; (*: en los lados*) wing mirror.

retumbante /rretum'bante/ *adj* resounding, reverberating.

retumbar /rretum'bar/ [⇨ CANTAR] *vi* (*gritos, pasos, voz*) to resound, to reverberate: **el portazo retumbó en toda la casa** the noise of the slamming door reverberated throughout the house; (*trueno*) to rumble.

reuma /'rreuma/, **reúma** /rre'uma/ *sm* rheumatism.

reumático, -ca /rreu'matiko -ka/ *adj* rheumatic.

reumatismo /rreuma'tizmo/ *sm* rheumatism.

reunificación /rreunifika'θjon/ *sf* reunification.

reunificar /rreunifi'kar/ [⇨ sacar] *vt* to reunify.

reunión /rreu'njon/ *sf* **1.** (*asamblea*) meeting: **presidía la reunión la doctora Martínez** Doctor Martínez was chairing the meeting; **mis padres no asistieron a la reunión** my parents did not attend the meeting; (*de amigos, antiguos alumnos*) reunion: **no vino a la reunión de antiguos alumnos** he didn't come to the reunion of former pupils. **2.** (*concurrencia*): **hizo reír con sus bromas a toda la reunión** she had everyone there laughing at her jokes. **3.** (*de información*) collection: **en primer lugar, hay que proceder a la reunión de datos** firstly one must set about collecting the data.

reunión plenaria *sf* plenary session.

reunir /rreu'nir/ [⇨ table: reunir] *vt* **1.** (*a personas*) to gather (together), to call together: **el director reunió a profesores y alumnos** the headmaster called together the teachers and students; **el programa reunió a los antiguos miembros del grupo** the programme brought together the former members of the group. **2.** (*datos*) to gather (together), to collect; (*dinero*) to raise: **no consiguió reunir el dinero suficiente** she couldn't raise enough money. **3.** (*condiciones, requisitos, etc.*) to comply with, to satisfy: **este local no reúne los requisitos sanitarios mínimos** these premises do not comply with the basic hygiene requirements.

reunirse *v prnl* (*personas*) to meet: **nos reuniremos mañana** we'll meet * get together tomorrow; **el primer ministro se reunió** *con* **su homólogo italiano** the prime minister met his Italian opposite number; **tras muchas vicisitudes se reunió** *con* **su familia** after many setbacks he was reunited with his family.

reunir	
INDICATIVE	SUBJUNCTIVE
Present reúno reúnes reúne reunimos reunís reúnen	**Present** reúna reúnas reúna reunamos reunáis reúnan
IMPERATIVE	
(tú) reúne (vosotros) reunid	(usted) reúna (ustedes) reúnan
For the rest of the tenses ⇨ PARTIR (in appendix)	

revalidar /rreβali'ðar/ [⇨ CANTAR] *vt* to retain: **el campeón revalidó su título** the champion retained his title.

revalorización /rreβaloriθa'θjon/ *sf* (*Fin*) **1.** (*de un terreno, una inversión, etc.*) increase in value, appreciation. **2.** (*del valor de una divisa*) revaluation.

revalorizar /rreβalori'θar/ [⇨ cazar] *vt* **1.** (*un objeto, un terreno, etc.*) to increase the value of: **la nueva carretera ha revalorizado esta zona** the new road has increased the land value of this area. **2.** (*una divisa*) to revalue.

revalorizarse *v prnl* (*Fin*) to appreciate, to go up in value: **el oro se ha revalorizado** gold has gone up in value.

revaluación /rreβalwa'θjon/ *sf* revaluation.

revaluar /rreβa'lwar/ [⇨ actuar] *vt* ⇨ revalorizar

revancha /rre'βantʃa/ *sf* **1.** (*desquite*) revenge: **no descansó hasta tomarse la revancha** he didn't rest until he had taken his revenge. **2.** (*Dep*: *fam*): **les pedimos la revancha** we asked them for a return match.

revanchismo /rreβan'tʃizmo/ *sm* revanchism.

revelación /rreβela'θjon/ *sf* **1.** (*gen*) revelation: **hizo revelaciones sorprendentes a la prensa** he made startling revelations to the press; **estas cartas han sido una revelación para mí** these letters have been an eye-opener for me. **2.** (*sorpresa*): **Cerro ha sido el jugador revelación del año** Cerro has been the surprise success story of the year.

revelado /rreβe'laðo/ *sm* developing (*of photographs*).

revelador, -dora /rreβela'ðor -'ðora/ **I** *adj* revealing: **sus declaraciones han sido reveladoras** her comments have been revealing.
II revelador *sm* (*en fotografía*) developer.

revelar /rreβe'lar/ [⇨ CANTAR] *vt* **1.** (*una información*) to reveal: **se negó a revelar sus fuentes** she refused to reveal ✻ disclose her sources; **sus canas revelaban su edad** his grey hair betrayed his age. **2.** (*fotos*) to develop.

revelarse *v prnl*: **se reveló como gran negociador** he showed himself to be a great negotiator.

revendedor, -dora /rreβende'ðor -'ðora/ *sm/f* (*de entradas*) (*GB*) ticket tout, (*US*) scalper.

revender /rreβen'der/ [⇨ TEMER] *vt* (*gen*) to resell: **compra coches usados y los revende a un precio muy alto** he buys second-hand cars and resells them at high prices; (*una entrada de teatro, cine, etc.*) (*GB*) to tout, (*US*) to scalp.

reventa /rre'βenta/ **I** *sf* (*de entradas para espectáculos*) (*GB*) touting (*of tickets*), (*US*) scalping.
II *sm/f* (*fam*: *persona*) (*GB*) ticket tout, (*US*) scalper.

reventado, -da /rreβen'taðo -ða/ *adj* **1.** (*globo, neumático*) burst. **2.** (*fam*: *persona*) exhausted, worn-out: **estoy reventada** I'm exhausted.

reventar /rreβen'tar/ [⇨ pensar] *vi* **1.** (*globo, neumático*) to burst: **no lo infles tanto que va a reventar** don't inflate it so much or it'll burst; (*fam*) **no puedo comer más, estoy que reviento** I can't eat any more, I'm full to bursting. **2.** (*olas*) to crash: **las olas reventaban contra las rocas** the waves crashed against the rocks. **3.** (*situación*) to explode: **esta situación va a reventar un día de éstos** this situation is going to blow up (in our faces) one of these days. **4.** (*fam*: *estar lleno*) to be full: **el rosal reventaba** *de* **flores** the rosebush was covered with flowers. **5.** (*fam*: *persona: explotar*): **no pude soportar tanta injusticia y reventé** I couldn't bear such injustice and I blew my top; **está que revienta** *de* **la rabia** he's absolutely fuming; **reventaba** *de* **ganas de saberlo** she was dying to find out; **reventaba** *de* **orgullo** he was bursting with pride. **6.** (*fam*: *fastidiar*): **le revienta que le diga "tesoro"** she hates it when he calls her "tesoro"; **me revientan los listillos** know-alls get on my nerves. **7.** (*fam*: *morir*) to die, to kick the bucket ● **por mí que reviente** he can go to hell for all I care.
♦*vt* **1.** (*un globo, un neumático*) to burst: **está tan gordo que va a reventar los pantalones** he's so fat he's going to burst out of his trousers. **2.** (*una reunión*) to break up: **un grupo de alborotadores trató de reventar el mitin** a group of troublemakers tried to break up the meeting. **3.** (*los precios*): **los otros periódicos los han acusado de reventar los precios** the other newspapers have accused them of starting a price war. **4.** (*fam*: *destrozar*) to wreck, to ruin: **vas a reventar el motor conduciendo de esta manera** you'll ruin ✻ wreck the engine driving like this. **5.** (*fam*: *agotar*) to wear out: **nos revienta a trabajar** he wears us out by making us work so hard. **6.** (*fam*: *matar*) to kill: **¡te voy a reventar a palos!** I'm going to give you such a hiding!

reventarse *v prnl* **1.** (*globo, neumático*) to burst: **se me reventó la ampolla** my blister burst. **2.** (*objeto frágil*) to smash: **se me cayó al suelo y se reventó** I dropped it on the floor and it smashed. **3.** (*fam*: *persona*): **se revienta a trabajar** he works himself very hard.

reventón /rreβen'ton/ *sm* **1.** (*de una cañería*) burst (pipe). **2.** (*de un neumático*) blowout: **tuvimos un reventón en plena autopista** we had a blowout right on the motorway. **3.** (*fam*: *de trabajar*): **me pegué un reventón de trabajar** I worked (myself) very hard.

reverberación /rreβerβera'θjon/ *sf* **1.** (*de la luz*) reflection. **2.** (*del sonido*) reverberation.

reverberar /rreβerβe'rar/ [⇨ CANTAR] *vi* **1.** (*luz*) to be reflected: **los rayos del sol reverberaban** *sobre* **el agua** the sun's rays glinted on the water. **2.** (*sonido*) to reverberate.

reverdecer /rreβerðe'θer/ [⇨ agradecer] *vi* **1.** (*Bot*: *volverse verde*) to become green again. **2.** (*renovarse*) to revive, to reawaken: **al volver a verla, reverdecieron sus antiguos sueños** when he saw her again his old dreams revived ✻ reawakened.

reverencia /rreβe'renθja/ *sf* **1.** (*de trato*) reverence: **la trataron con mucha reverencia** she was treated with great reverence. **2.** (*con el cuerpo: hecha por hombre*) bow; (*: hecha por mujer*) bow, curtsy: **hizo una reverencia ante el rey** he bowed/she curtsied before the king. **3.** (*tratamiento*): **Su Reverencia ✻ Vuestra Reverencia** Your Reverence.

reverencial /rreβeren'θjal/ *adj* reverential.

reverenciar /rreβeren'θjar/ [⇨ CAMBIAR] *vt* to revere, to venerate.

reverendísimo, -ma /rreβeren'disimo -ma/ *adj* (*Relig*) Most Reverend.

reverendo, -da /rreβe'rendo -da/ *adj*, *sm/f* (*Relig*) Reverend.

reverente /rreβe'rente/ *adj* reverent.

reversa /rre'βersa/ *sf* (*Méx*: *Auto*) reverse (gear).

reversible /rreβer'siβle/ *adj* (*prenda*) reversible; (*proceso*) reversible; (*situación*): **la situación es todavía reversible** the situation could change back to the way it was.

reverso /rre'βerso/ *sm* **1.** (*de una moneda*) reverse ● **la hija es el reverso de la medalla** his daughter is the complete opposite. **2.** (*de un papel*) back: **véanse las instrucciones** *al* **reverso** for instructions see overleaf.

revertir /rreβer'tir/ [⇨ sentir] *vi* **1.** (*volver*) to revert: **pasado ese plazo, la tierra revierte** *a* **su dueño** at the end of that period, the land reverts to its owner. **2.** (*repercutir*): **esto revertirá** *en* **tu propio beneficio** this will be to your advantage; **revirtió** *en* **perjuicio de la empresa** it went against company interests.

revés /rre'βes/ **I** *sm* **1.** (*parte posterior*) back; (*de una prenda*) wrong side. **2.** (*golpe*) slap: **le dio un revés** she hit him with the back of her hand. **3.** (*en tenis,* *bádminton, etc.*) backhand. **4.** (*desgracia*) setback, misfortune: **ha sufrido muchos reveses en la vida** she's had many misfortunes in her life.

II al revés *loc adv* **1.** (*del otro lado*) the other way round: **no, así no, al revés** no, not like that, the other way round; (*con lo de delante detrás*) the wrong way round: **te has puesto el jersey al revés** you've put your sweater on back to front; (*del lado equivocado*): **no enrosca porque la tuerca está al revés** you can't screw it on because the nut is the wrong way round. **2.** (*con lo de dentro fuera*) inside out: **esos calcetines están al revés** those socks are inside out. **3.** (*boca abajo*) upside down: **lo has colgado al revés** you've hung it upside down. **4.** (*de forma diferente*): **al revés: ella fue la que me lo dijo** on the contrary, she was the one who told me; **todo nos salió al revés de como habíamos pensado** it all turned out quite differently from the way we'd imagined • **todo me salió al revés** everything went wrong (for me).

III del revés *loc adv* **1.** (*con lo de delante detrás*) the wrong way round. **2.** (*con lo de dentro fuera*) inside out: **llevaba la camiseta del revés** he was wearing his T-shirt inside out. **3.** (*boca abajo*) upside down.

revestimiento /rreβesti'mjento/ *sm* **1.** (*capa*) coating. **2.** (*en la pared: de madera*) panelling; (*: de azulejos*) tiling; (*en el suelo*) flooring.

revestir /rreβes'tir/ [➪ pedir] *vt* **1.** (*cubrir: gen*) to cover: **revistieron el suelo** *con* **parqué** they laid parquet on the floor; (*: con un forro*) to line: **está revestido** *de* **plomo** it's lined with lead. **2.** (*de una cualidad*) to attribute: **revistió los hechos** *de* **una importancia que no tenían** he attributed an importance to the events which they didn't have. **3.** (*tener*): **el accidente no revestía seriedad** the accident was not serious.

revestirse *v prnl* **1.** (*cubrirse*): **en primavera los árboles se revisten** *de* **hojas** in spring the trees are covered with leaves. **2.** (*armarse*): **se revistió** *de* **valor** he summoned up his courage; **se revistió** *de* **la dignidad que le confería su cargo** he summoned up all the dignity afforded him by his position.

revisar /rreβi'sar/ [➪ CANTAR] *vt* **1.** (*una máquina, una instalación, etc.*) to check: **¿me ha revisado las bujías?** have you checked the spark plugs?; **la caja de cambios ha sido revisada a fondo** the gearbox has been thoroughly checked. **2.** (*un texto*) to revise. **3.** (*unas cuentas*) to audit, to check. **4.** (*unas tropas*) to review. **5.** (*Amér L: a un paciente, el equipaje*) to examine.

revisarse *v prnl*: **fui al oculista a revisarme la vista** I went to the optician to have my eyes tested.

revisión /rreβi'sjon/ *sf* **1.** (*de una máquina, una instalación, etc.*) check; (*de un vehículo: gen*) check; (*: periódica*) service: **le están haciendo una revisión al coche** the car's having its service. **2.** (*de un texto*) revision. **3.** (*also* **revisión médica**) (*Med*) checkup.

revisión de cuentas *sf* audit.

revisor, -sora /rreβi'sor -'sora/ *sm/f* inspector.

revisor, -sora de cuentas *sm/f* auditor.

revista /rre'βista/ *sf* **1.** (*publicación: gen*) magazine; (*: técnica*) journal: **es una revista publicada por la facultad de medicina** it's a journal published by the Faculty of Medicine. **2.** (*repaso*) review: **en el programa se pasa revista a los acontecimientos de la semana** the events of the week are reviewed on the programme. **3.** (*Mil*): **el príncipe pasó revista a las tropas** the prince inspected * reviewed the troops. **4.** (*also* **revista musical**) (*espectáculo*) revue.

revista de modas *sf* fashion magazine.

revista del corazón *sf* gossip magazine.

revistero /rreβis'tero/ *sm* magazine * newspaper rack.

revitalizar /rreβitali'θar/ [➪ cazar] *vt* to revitalize.

revival /rreβai'βal/ *sm* (*de una moda, una canción, etc.*) revival.

revivir /rreβi'βir/ [➪ PARTIR] *vi* **1.** (*volver a la vida*) to revive, to come to life again: **las plantas revivieron tras la lluvia** the plants revived after the rain. **2.** (*resurgir*) to come back: **cuando la vio, su antiguo odio revivió con fuerza** when he saw her, his old hatred came surging back.

♦ *vt* (*recordar*) to relive: **a lo largo de la entrevista revivió su infancia** in the course of the interview she relived her childhood.

revocación /rreβoka'θjon/ *sf* (*Jur*) revocation.

revocar /rreβo'kar/ [➪ sacar] *vt* **1.** (*anular: un decreto, un reglamento*) to revoke; (*: una ley*) to repeal: **el parlamento revocó la ley** parliament repealed the law; (*: una orden*) to countermand; (*: una decisión, una sentencia*) to overturn, to reverse. **2.** (*remozar: una pared interior*) to plaster; (*: el exterior*) to render.

revolcar /rreβol'kar/ [➪ trocar] *vt* (*por el suelo*) to knock down: **el toro revolcó al torero varias veces** the bull knocked the bullfighter to the ground several times.

revolcarse *v prnl* (*gen*) to roll around: **el perro se revolcaba en la hierba** the dog was rolling around on the grass; (*en el fango*) to wallow.

revolcón /rreβol'kon/ *sm* **1.** (*caída*): **el novillo le dio un buen revolcón** the young bull knocked him to the ground; **han estado dándose revolcones en el parque** they've been rolling around in the park. **2.** (*fam: paliza*): **les dimos un buen revolcón** we thrashed them.

revolotear /rreβolote'ar/ [➪ CANTAR] *vi* to fly about, to flutter: **las hojas revoloteaban en el parque** leaves were flying around in the park; **una mariposa revoloteaba entre las flores** a butterfly fluttered about among the flowers.

revoltijo /rreβol'tixo/ *sm* **1.** (*conjunto desordenado*) mess, clutter: **dejó un revoltijo de ropa sucia sobre la cama** he left a jumble of dirty clothes on his bed; **había un revoltijo de papeles sobre la mesa** there was a disorderly pile of papers on the table. **2.** (*confusión*) chaos: **¡vaya un revoltijo que han organizado los niños!** the children have caused complete chaos!

revoltillo /rreβol'tiʎo/ *sm*: *dish of scrambled eggs with other ingredients*: **he pedido revoltillo de champiñones** I've ordered scrambled eggs with mushrooms.

revoltoso, -sa /rreβol'toso -sa/ **I** *adj* **1.** (*niño*) naughty. **2.** (*alborotador*) troublemaking.

II *sm/f* **1.** (*niño*) naughty child, little devil: **vigílalos porque son unos revoltosos** keep an eye on them, they're little devils. **2.** (*alborotador*) troublemaker: **los revoltosos fueron expulsados de la asamblea** the troublemakers were thrown out of the meeting.

revolución /rreβolu'θjon/ *sf* (*Astron, Pol, Tec*) revolution: **la revolución industrial** the industrial revolution; **este motor puede alcanzar las cinco mil revoluciones por minuto** this engine can do five thousand revolutions per minute.

revolucionar /rreβoluθjo'nar/ [➪ CANTAR] *vt* **1.** (*gen*) to revolutionize: **revolucionó la literatura de su época** she revolutionized the literature of her time. **2.** (*fam: alborotar*) to stir up: **su visita ha revolucionado a toda la familia** her visit has stirred up the whole family.

revolucionario, -ria /rreβoluθjo'narjo -rja/ *adj, sm/f* revolutionary.

revolver /rreβol'βer/ [➪volver; *past participle* **revuelto**] *vt* **1.** (*remover*) to stir: **revuelve bien el café** stir the coffee well; **mejor no revolver ciertos asuntos** it's best not to bring up certain matters. **2.** (*desordenar*) to turn upside down: **cuando vienen mis sobrinos, revuelven la casa** when my nephews come they turn the whole house upside down; **revolvió todos los cajones buscando las llaves** he turned all the drawers upside down looking for the keys. **3.** (*producir malestar en*) to upset: **el viaje en autobús me ha revuelto el estómago** the bus journey has upset my stomach • **su falsa modestia me revuelve las tripas** his false modesty makes me sick. **4.** (*indignar*) to annoy: **estas tonterías me revuelven** this foolish behaviour annoys me. **5.** (*reflexionar*) to mull * think over: **ya está otra vez revolviendo ese asunto en la cabeza** he is mulling over * thinking over that whole business again.

♦*vi* **1.** (*hacer travesuras*) to fool around: **estáte quieto y no revuelvas** keep still and stop fooling around. **2.** (*investigar*) to dig around: **alguien estuvo revolviendo en su pasado** somebody was digging around in his past.

revolverse *v prnl* **1.** (*moverse*) to fidget: **se revolvía nervioso en el sillón** he fidgeted nervously in the armchair. **2.** (*darse la vuelta*) to turn round: **el toro se revolvió y embistió al torero** the bull turned and charged at the bullfighter. **3.** (*enfrentarse*): **se revolvió contra mí** he turned against me. **4.** (*Meteo*) to become stormy: **el tiempo se ha revuelto en las últimas horas** the weather has become stormy in the last hours.

revólver /rre'βolβer/ *sm* revolver, pistol.

revoque /rre'βoke/ *sm* **1.** (*acto: en el interior*) plastering; (*: en el exterior*) rendering. **2.** (*material: para el interior*) plaster; (*: para el exterior*) rendering.

revuelo /rre'βwelo/ *sm* stir, to-do: **se armó un gran revuelo cuando anunció sus planes** there was a terrible to-do when he announced his plans.

revuelta /rre'βwelta/ *sf* **1.** (*alzamiento*) revolt; (*disturbio*) riot: **la medida provocó revueltas callejeras** the measure sparked off street riots. **2.** (*curva*) bend, turn.

revuelto, -ta /rre'βwelto -ta/ **I** *past participle of* ➪revolver

II *adj* **1.** (*desordenado*) in a mess: **dejó toda la casa revuelta** he left the whole house in a mess. **2.** (*alborotado*): **el país está revuelto a causa de la subida de los precios** people all over the country are up in arms over the price increases. **3.** (*Med*) upset: **tengo el estómago revuelto** I have an upset stomach. **4.** (*Meteo: tiempo*) unsettled: **el tiempo anda un poco revuelto** the weather is rather unsettled; (*: mar*) rough: **el mar estaba revuelto** the sea was rough. **5.** (*Culin: huevos*) scrambled.

III revuelto *sm*: *dish of scrambled eggs with other ingredients*: **preparó un revuelto de champiñones** he made scrambled eggs with mushrooms.

revulsivo /rreβul'siβo/ *sm* **1.** (*Med*) purgative. **2.** (*estímulo*) (salutory) lesson: **el incidente le sirvió de revulsivo para cambiar de vida** the incident gave him a sharp lesson and made him change his ways.

rey /rrei/ **I** *sm* **1.** (*soberano*) king: **el rey Felipe** King Philip; **los Reyes visitaron Zamora** the King and Queen visited Zamora; **los Reyes Católicos** Ferdinand and Isabella (*King and Queen of Spain at the time of Columbus*): **es el rey de las finanzas** he's (the) king of the world of finance • **a rey muerto, rey puesto** off with the old, on with the new • **a mí no me mires, yo ni quito ni pongo rey** don't ask me, there's nothing I can do • **hablando del rey de Roma (por la puerta asoma)** talk of the devil. **2.** (*en cartas, ajedrez*) king. **3.** (*fam: apelativo*) darling (*to a child*).

II Reyes *sm pl* **1.** (*personas*): **los Reyes (Magos)** the Three Wise Men * the Three Kings (*Hispanic equivalent of Santa Claus*): **los Reyes le trajeron un ordenador** Santa Claus brought her a computer. **2.** (*also* **Día de Reyes**) (*celebración*) Epiphany, Twelfth Night: **no abrirán hasta después de Reyes** they will not open until after the sixth of January.

reyerta /rre'jerta/ *sf* brawl, fracas *n inv*.

reyezuelo /rreje'θwelo/ *sm* **1.** (*jefe*) tinpot leader. **2.** (*also* **reyezuelo común**) (*Zool: tipo de pájaro*) goldcrest.

rezagado, -da /rreθa'ɣaðo -ða/ **I** *adj* behind: **se quedó rezagada** she was left behind; **iba rezagado en la carrera** he was lagging behind in the race.

II *sm/f* straggler.

rezagarse /rreθa'ɣarse/ [➪pagar] *v prnl* to fall behind: **estábamos cansados y nos rezagamos** we were tired and started to fall behind.

rezar /rre'θar/ [➪cazar] *vi* **1.** (*Relig*) to pray: **rezaron** *por* **su alma** they prayed for her soul; **siempre rezan antes de comer** they always say grace before meals; **deben de estar rezando para que llueva** they must be praying for rain. **2.** (*frml: un escrito*) to read: **el letrero reza como sigue...** the sign reads as follows.... **3.** (*con algo o alguien*) to be applicable, to apply: **lo que dijo no rezaba** *con* **nosotros** what he said didn't apply to us.

♦*vt* **1.** (*Relig*) to say: **rezaron juntos el Padre nuestro** they said the Lord's Prayer together. **2.** (*frml: un escrito*) to read.

rezo /'rreθo/ *sm* (*acción*) praying; (*oración*) prayer.

rezongar /rreθoŋ'gar/ [➪pagar] *vi* to grumble, to complain.

rezongón, -gona /rreθoŋ'gon -'gona/ *adj* (*fam*) grumbling, grouchy.

rezumar /rreθu'mar/ [➪CANTAR] *vt* **1.** (*un líquido*): **esta pared rezuma agua** there's water seeping out of this wall. **2.** (*un sentimiento*) to exude: **rezuma confianza** she exudes confidence; **su madre rezuma bondad** her mother is overflowing with kindness.

♦*vi* (*agua, vino*) to seep: **el vino rezumaba** *del* **barril** the wine was seeping out from the barrel.

Rh /'erre 'atʃe/ *sm* Rh (rhesus): **es Rh positivo** she's rhesus positive.

ría /'rria/ **I** *and other forms with* ***ría-*** * ***ria-*** ➪reír

II *sf* (*Geog*) ria.

Rías Altas *sf pl*: *rias of Galicia's north coast.*

Rías Bajas *sf pl*: *rias of Galicia's west coast.*

riachuelo /rrja'tʃwelo/ *sm* stream.

riada /'rrjaða/ *sf* **1.** (*desbordamiento*) flood (*of river*). **2.** (*inundación*) floods *pl*, flooding: **a causa de la riada se ha perdido la cosecha** the harvest has been lost as a result of the flooding.

ribazo /rri'βaθo/ *sm* embankment, earthwork.

ribera /rri'βera/ *sf* **1.** (*de un río*) bank; (*del mar*) shore. **2.** (*Agr: tierra de cultivo*) flood plain: **la ribera del Ebro** the flood plain of the Ebro.

ribereño, -ña /rriβe'reɲo -ɲa/ **I** *adj*: *of or referring to the banks of a river or to a seashore.*

II *sm/f*: *person living on the banks of a river or on a seashore.*

ribete /rri'βete/ **I** *sm* (*adorno*) edging.

II ribetes *sm pl*: **tiene sus ribetes de pintor** he's something of a painter.

ricacho, -cha /rri'katʃo -tʃa/, **ricachón, -chona** /rrika'tʃon -'tʃona/ *sm/f* (*fam*) moneybags.

ricamente /rrika'mente/ *adv* **1.** (*con signos de riqueza*) sumptuously: **la caja está ricamente adornada con pedrería** the box is richly ornamented with precious stones. **2.** (*fam*: *a gusto*): **estábamos a la sombra tan ricamente** we were very comfortable in the shade.

ricino /rri'θino/ *sm* castor-oil plant.

rico, -ca /'rriko -ka/ **I** *adj* **1.** (*persona, tierra*) rich: **esa región es muy rica** *en* **minerales** that area is very rich in minerals. **2.** (*joya, tela, etc.*) sumptuous: **traían de Oriente ricas telas y vestidos** they brought sumptuous material and clothes from the Orient. **3.** (*comida*) delicious, tasty: **¡qué rico está todo!** everything's so tasty!; **¡qué rico!** this is delicious! **4.** (*fam*: *guapo*) lovely, cute: **¡pero qué niño más rico!** isn't he a lovely baby?
II *sm/f* **1.** (*Fin*) rich person: **esta medida favorece a los ricos** this measure favours the rich. **2.** (*fam*: *apelativo cariñoso*) darling; (: *apelativo irónico*): **anda, rico, deja de dar la lata** come on, stop being a nuisance.

rictus /'rriktus/ *sm inv*: **un rictus de amargura** a bitter expression; **un rictus de dolor** a grimace of pain.

ricura /rri'kura/ *sf* **1.** (*algo sabroso*): **los pasteles que prepara son una ricura** the cakes she makes are just fantastic ✻ delicious. **2.** (*persona guapa*): **la hija de María es una ricura** Maria's daughter is gorgeous. **3.** (*fam*: *apelativo*) baby, darling: **¡anda, ricura, no te pases!** all right darling, that's enough!

ridiculez /rriðiku'leθ/ *sf* [**ridiculeces**] **1.** (*cosa ridícula*): **¿que quieren cambiarlo otra vez? ¡qué ridiculez!** they want to change it again? how ridiculous!; **¡no digas ridiculeces!** don't be so silly! **2.** (*fam*: *miseria*) pittance: **me pagaron una ridiculez** they paid me a pittance.

ridiculizar /rriðikuli'θar/ [⇨cazar] *vt* to ridicule: **le gusta ridiculizar a sus oponentes** he likes to ridicule ✻ poke fun at his opponents.

ridículo, -la /rri'ðikulo -la/ **I** *adj* **1.** (*absurdo*) ridiculous, absurd. **2.** (*muy pequeño*) ridiculous, minute: **era una cantidad ridícula** it was a ridiculous amount.
II ridículo *sm* ridicule: **te estás poniendo** *en* **ridículo** you're making a fool of yourself; **estás haciendo el ridículo** you're making yourself look like a fool; **te expones a hacer el ridículo** you're holding yourself up to ridicule.

ríe /'rrie/ *and other forms with* ***ríe-*** ✻ ***rie-*** ⇨ reír

riego /'rrjeɣo/ **I** *and other forms with* ***rieg-*** ⇨ regar
II *sm* (*de un cultivo*) irrigation; (*de un jardín, una maceta*) watering.
riego por aspersión *sm* (*Agr*) sprinkler irrigation.
riego sanguíneo *sm* (*Anat*) circulation of the blood.

rienda /'rrjenda/ *sf* (*para un animal*) rein • **Juan lleva las riendas de la zapatería** Juan's in charge in the shoeshop • **desde 1992 empuña las riendas del partido** he has been in control of the party since 1992 • **en los últimos años de su vida aflojó las riendas** he eased up in the final years of his life • **habló sin rienda ✻ a rienda suelta de lo ocurrido** he talked freely about what had happened • **dar rienda suelta**: **dio rienda suelta a sus deseos** she gave free rein to her desires; **mi jefe me dio rienda suelta** my boss gave me a free hand.

riesgo /'rrjezɣo/ *sm* **1.** (*gen*) risk: **corres un gran riesgo** you're running a big risk; **iré** *a* ✻ *con* **riesgo de no ser bien recibida** I'll go at the risk of not being made very welcome. **2.** (*Auto*): **tengo el coche a todo riesgo** the car is insured against all risks.

riesgoso, -sa /rrjez'ɣoso -sa/ *adj* (*Amér L*) risky.

rifa /'rrifa/ *sf* raffle.

rifar /rri'far/ [⇨CANTAR] *vt* to raffle • **se rifa una bofetada y tú tienes todos los números** you're asking for a good slap.
rifarse *v prnl* (*fam*): **las chicas se lo rifan** the girls are all fighting over him.

rifle /'rrifle/ *sm* rifle.
rifle de repetición *sm* repeater.

rige /'rrixe/ *and other forms with* ***rig-*** ⇨ regir

rigidez /rrixi'ðeθ/ *sf* **1.** (*de un material*) rigidity. **2.** (*de horario, costumbres, etc.*) inflexibility: **no se acostumbró a la rigidez del horario** he couldn't get used to the inflexible timetable. **3.** (*intolerancia*) intolerance.

rígido, -da /'rrixiðo -ða/ *adj* **1.** (*que no se dobla*) rigid. **2.** (*poco flexible*) inflexible: **tiene un horario muy rígido** her timetable is very inflexible. **3.** (*poco tolerante*) intolerant, strict: **es muy rígido, no tolera fallos** he's very strict and doesn't tolerate mistakes.

rigor /rri'ɣor/ **I** *sm* **1.** (*dureza: de un castigo, un juicio*) severity: **el rigor del castigo fue excesivo** the severity of the punishment was excessive; **lo juzgaron** *con* **rigor** he was judged harshly; (: *de un clima*) harshness: **no soportaba el rigor del clima** she couldn't stand the harsh climate. **2.** (*precisión*) (*GB*) rigour, (*US*) rigor: **su tesis carecía de rigor científico** her thesis lacked scientific rigour • **pronunció las palabras de rigor** he gave the customary speech.
II en rigor *loc adv* strictly speaking, technically: **en rigor, este asunto no le incumbe a la policía** strictly speaking, this isn't a matter for the police.

rigurosidad /rriɣurosi'ðað/ *sf* **1.** (*dureza: de un castigo*) severity; (: *de un clima*) harshness. **2.** (*precisión*) rigorousness: **siguió el régimen** *con* **rigurosidad** she stuck rigorously to her diet.

riguroso, -sa /rriɣu'roso -sa/ *adj* **1.** (*duro*) severe, harsh: **el clima de esta zona es muy riguroso** the climate in this region is very harsh. **2.** (*inflexible*) strict: **en riguroso orden alfabético** in strict alphabetical order. **3.** (*preciso*) rigorous, meticulous: **llevaron a cabo un riguroso estudio del caso** a meticulous study of the case was carried out.

rima /'rrima/ **I** *sf* rhyme.
II rimas *sf pl* (*frml*: *poemas*) poems *pl*.

rimar /rri'mar/ [⇨CANTAR] *vt/i* to rhyme: **"acción" rima** *con* **"canción"** "acción" rhymes with "canción"

rimbombante /rrimbom'bante/ *adj* **1.** (*ostentoso*) ostentatious. **2.** (*altisonante*) grandiloquent, bombastic: **nos aburrió con un discurso rimbombante** he bored us with a bombastic speech.

rímel /'rrimel/ *sm* mascara.

rimero /rri'mero/ *sm* pile, heap.

rincón /rriŋ'kon/ *sm* **1.** (*ángulo*) corner. **2.** (*espacio pequeño*) small space: **me dejó un rincón en el armario para mis cosas** she left me a little space in the wardrobe for my things. **3.** (*de una casa, un edificio, etc.*): **éste es mi rincón preferido** this is my favourite spot; **buscamos en todos los rincones de la casa** we looked everywhere in the house. **4.** (*lugar apartado*): **veranea en un rincón de la costa catalana** he spends his summers in a little place on the Catalan coast.

rinconada /rriŋkoˈnaða/ *sf* corner (*formed by two buildings, streets, etc.*).

rinconera /rriŋkoˈnera/ *sf* (*estantería*) corner shelf; (*alacena*) corner unit; (*mesa*) corner table.

rindo /ˈrrindo/ *and other forms with* ***rind-*** ➪ rendir

ring /rrin/ *sm* (*en boxeo*) ring.

rinoceronte /rrinoθeˈronte/ *sm* rhinoceros.

riña /ˈrriɲa/ *sf* **1.** (*pelea*) quarrel, argument. **2.** (*reprimenda*) telling-off.

riño /ˈrriɲo/ *and other forms with* ***riñ-*** ➪ reñir

riñón /rriˈɲon/ **I** *sm* kidney: **tomamos unos riñones al jerez** we had kidneys in sherry sauce ● **me costó un riñón** it cost me an arm and a leg.
II riñones *sm pl* **1.** (*Anat*) small of the back, kidneys *pl*. **2.** (*fam: agallas*) guts *pl*: **hay que tener riñones para hacer lo que hizo** it takes guts to do what he did.

riñonada /rriɲoˈnaða/ *sf* ● **me costó una riñonada** it cost me a small fortune.

riñonera /rriɲoˈnera/ *sf* **1.** (*para proteger los riñones*) lumbar support. **2.** (*para el dinero*) moneybelt.

rió /ˈrrio/ *third person singular of the preterite tense of* ➪ reír

río /ˈrrio/ **I** *first person singular of the present tense of* ➪ reír
II *sm* **1.** (*Geog*) river: **el pueblo está río abajo/arriba** the village is downstream/upstream ● **cuando el río suena, agua lleva** there's no smoke without fire ● **a río revuelto, ganancia de pescadores** it's an ill wind that blows nobody any good. **2.** (*gran cantidad*) flood, stream: **les llegó un río de protestas** they were flooded with complaints.

Río de la Plata /ˈrrio ðe la ˈplata/ *sm* River Plate.

rioja /ˈrrjoxa/ **I** *sm* (*vino*) rioja (wine).
II La Rioja *sf* La Rioja, the Rioja.

riojano, -na /rrjoˈxano -na/ **I** *adj* of ∗ from La Rioja.
II *sm/f* native ∗ inhabitant of La Rioja.

rioplatense /rrjoplaˈtense/ **I** *adj* of ∗ from the River Plate region.
II *sm/f* native ∗ inhabitant of the River Plate region.

ripio /ˈrripjo/ *sm* **1.** (*verso de mala calidad*) corny verse. **2.** (*palabrería*) padding: **es un artículo con mucho ripio y poca sustancia** the article contains a lot of padding but not much substance ● **no pierde ripio** he doesn't miss a trick.

riqueza /rriˈkeθa/ *sf* **1.** (*de dinero*) wealth: **su riqueza es incalculable** her wealth is incalculable. **2.** (*de ornamentación, vitaminas, etc.*) richness.

risa /ˈrrisa/ *sf* **1.** (*forma de reír*) laugh: **tiene una risa contagiosa** she has an infectious laugh; (*carcajadas*) laughter: **se oían risas en el jardín** you could hear laughter in the garden; **no pudo contener la risa** he couldn't stop himself from laughing ● **me entró la risa al verlo** I started to laugh when I saw him ● **no te lo tomes a risa** it's no laughing matter ● **lo suyo es de risa** her behaviour is laughable ∗ ludicrous ● **era para morirse ∗ mondarse ∗ desternillarse de risa** you just couldn't help laughing ● **tiene varios pantalones muertos de risa en el armario** he has several pairs of trousers just sitting in the wardrobe. **2.** (*cosa divertida*) laugh: **¡qué risa!** it was such a laugh!

risco /ˈrrisko/ *sm* crag.

risotada /rrisoˈtaða/ *sf* guffaw, bellow of laughter.

ristra /ˈrristra/ *sf* string: **soltó una ristra de mentiras** she came out with a string of lies.
ristra de ajos *sf* string of garlic.
ristra de cebollas *sf* string of onions.

ristre /ˈrristre/ **en ristre** *loc adv* ready: **bolígrafo** *en* **ristre, los periodistas aguardaban sus declaraciones** the journalists, their pens at the ready, awaited his statement.

risueño, -ña /rriˈsweɲo -ɲa/ *adj* **1.** (*sonriente*) smiling: **estaba muy risueño** he was all smiles; **es muy risueño** he's always smiling. **2.** (*muy bueno*) promising: **les espera un risueño porvenir** a promising ∗ bright future awaits them.

rítmico, -ca /ˈrritmiko -ka/ *adj* rhythmic, rhythmical.

ritmo /ˈrritmo/ *sm* **1.** (*Biol, Lit, Mús*) rhythm: **se trata de seguir el ritmo** it's a question of keeping time (with the music). **2.** (*marcha*) rate, pace: **estamos trabajando a buen ritmo** we are working at a good pace.

rito /ˈrrito/ *sm* **1.** (*ceremonia*) rite. **2.** (*costumbre*) ritual: **fumar un puro después de comer es un rito para él** smoking a cigar after a meal is a ritual for him.

ritual /rriˈtwal/ **I** *adj* ritual.
II *sm* ritual ● **como es de ritual, los novios se hicieron una foto cortando el pastel** following established custom, the bride and groom had their photograph taken cutting the cake.

rival /rriˈβal/ **I** *adj* rival.
II *sm/f* rival.

rivalidad /rriβaliˈðað/ *sf* rivalry.

rivalizar /rriβaliˈθar/ [➪ cazar] *vi*: **rivalizaba con su hermana** *en* **belleza** she rivalled her sister in beauty; **esos dos vestidos rivalizan** *en* **mal gusto** it's hard to say which of the two dresses is in the worst taste.

rivera /rriˈβera/ *sf* stream.

rizado, -da /rriˈθaðo -ða/ *adj* **1.** (*pelo*) curly. **2.** (*mar*) choppy.

rizar /rriˈθar/ [➪ cazar] *vt* **1.** (*el pelo*) to curl. **2.** (*la superficie del mar, de un lago*) to make ripples in.
rizarse *v prnl* **1.** (*pelo*) to curl, to become curly: **se me riza el pelo con la humedad** the damp air makes my hair curly. **2.** (*mar*) to ripple.

rizo /ˈrriθo/ *sm* curl ● **rizar el rizo**: **el avión rizó el rizo** the plane looped the loop; **para rizar el rizo el hijo se casó con la ex mujer del padrastro** to confuse matters even further, the son married his stepfather's ex-wife; **en su última novela el autor riza el rizo** in his latest novel the author uses an even more complicated plot.

RNE *pronounced* /ˈrraðjo naθjoˈnal ðe esˈpaɲa/ (*abbreviation of* **Radio Nacional de España**) *Spanish state radio corporation*.

robar /rroˈβar/ [➪ CANTAR] *vt* **1.** (*un objeto*) to steal: **me han robado la sortija** my ring's been stolen; **se lo había robado** *a* **otro alumno** he had stolen it from another pupil. **2.** (*tiempo*) to take up: **¿puedo robarte un poco de tu tiempo?** may I take up a little of your time?; (*espacio*) to take off: **hemos robado unos metros** *a* **la cocina para agrandar el salón** we've taken a couple of metres off the kitchen to extend the living room. **3.** (*en juegos de cartas*) to pick up, to draw.
♦ *vi* (*a una persona, una institución*): **a mi abuela le robaron los ahorros** my grandmother was robbed of her savings; **¿veinte mil pesetas? ¡te han robado!** twenty thousand pesetas? you've been robbed!; **anoche entraron a robar en su casa** they were burgled last night.

roble /ˈrroβle/ *sm* **1.** (*árbol*) oak (tree); (*madera*) oak. **2.** (*persona fuerte*) robust ∗ strong person: **está hecho un roble** he's in the best of health.

robledal /rroβleˈðal/, **robledo** /rroˈβleðo/ *sm* (*árboles*) oak wood.

robo /ˈrroβo/ *sm* **1.** (*de un objeto, de dinero: gen*) theft:

denunciamos el robo a la policía we reported the theft to the police; (*: en un banco, una tienda*) robbery: **la detuvieron acusada de robo** she was arrested on a charge of robbery; (*: en una casa*) burglary. **2.** (*lo robado*) stolen article: **todavía se desconoce el valor del robo** the value of the stolen property is still unknown. **3.** (*fam: precio excesivo*) daylight robbery: **¡es un robo cobrar ese precio por un café!** it's daylight robbery to charge that amount for a coffee!

robo a mano armada *sm* armed robbery.

robot /rro'βot/ *sm* [**robots**] robot.

robot de cocina *sm* food processor.

robustecer /rroβuste'θer/ [➪agradecer] *vt* to strengthen.

robustecerse *v prnl* to gain strength, to become stronger.

robusto, -ta /rro'βusto -ta/ *adj* (*persona*) robust, sturdy; (*casa, muro*) strong, solid.

roca /'rroka/ *sf* (*Geol*) rock • **se mantuvo firme como una roca** he was as solid as a rock.

rocambolesco, -ca /rrokambo'lesko -ka/ *adj* far-fetched: **nos contó una historia muy rocambolesca** he told us a very far-fetched story.

roce /'rroθe/ *sm* **1.** (*contacto*) touch. **2.** (*fricción*) rubbing, friction: **llevaba los puños desgastados por el roce** the cuffs (of his jacket) were worn. **3.** (*señal: en la piel*) graze; (*: en los zapatos*) scuff mark; (*: en una pared, en un coche*) mark. **4.** (*trato entre personas*) contact: **tiene poco roce** *con* **los vecinos** he has little contact with the neighbours. **5.** (*fam: pequeña discusión*) brush: **tuvo algunos roces** *con* **sus compañeros** he had some brushes with his colleagues.

rociada /rro'θjaða/ *sf*: (*de agua, colonia*) spray.

rociar /rro'θjar/ [➪ansiar] *vt* (*con agua*) to spray, to sprinkle water on: **me roció** *con* **la manguera** he sprayed me with the hose; (*con otro líquido*): **me roció** *de* **pintura** he showered me with paint; **rociar el bizcocho** *con* **jerez** sprinkle the sponge cake with sherry; **fue una deliciosa comida rociada** *con* **abundante y excelente vino** it was a delicious meal washed down with plenty of good wine.

rocín /rro'θin/ *sm* (*Zool*) nag.

rocío /rro'θio/ *sm* dew.

rococó /rroko'ko/ *sm* (*Artes*) rococo.

rocola /rro'kola/ *sf* (*Amér L*) jukebox.

Rocosas /rro'kosas/ *sf pl*: **las (Montañas) Rocosas** the Rocky Mountains ✱ the Rockies *pl*.

rocoso, -sa /rro'koso -sa/ *adj* rocky.

rodaballo /rroða'βaʎo/ *sm* (*pez*) turbot.

rodado, -da /rro'ðaðo -ða/ *adj* vehicular: **se prevé un gran aumento del tráfico rodado** a big increase in road traffic is predicted • **todo salió rodado** everything went smoothly • **una vez que marcaron el primer gol, el triunfo vino rodado** once they scored the first goal, victory was assured.

rodaja /rro'ðaxa/ *sf* **1.** (*de chorizo, limón, piña, etc.*) slice. **2.** (*de ciertos pescados*) steak.

rodaje /rro'ðaxe/ *sm* **1.** (*de una película*) filming, shooting: **se conocieron durante el rodaje** they met during the filming of the movie. **2.** (*de un automóvil*) (*GB*) running in, (*US*) breaking in: **el coche todavía está** *en* **rodaje** (*GB*) the car is still being run in, (*US*) the car is still being broken in. **3.** (*práctica*) experience: **todavía no tiene mucho rodaje** he still does not have much experience.

rodapié /rroða'pje/ *sm* (*de una pared*) (*GB*) skirting board, (*US*) baseboard.

rodar /rro'ðar/ [➪contar] *vi* **1.** (*gen*) to roll: **el esquiador rodó** *por* **la ladera** the skier rolled down the slope; **una botella estaba rodando** *por* **el suelo** a bottle was rolling about on the floor; **rodé escaleras abajo** I fell down the stairs • **lo echó todo a rodar** he ruined everything. **2.** (*desplazarse sobre ruedas*): **los ciclistas están rodando a una buena velocidad** the cyclists are going ✱ travelling at a good speed. **3.** (*de un sitio a otro*) to go around: **mis apuntes han rodado** *por* **toda la clase** my notes have gone around the whole class. **4.** (*filmar*) to film, to shoot: **mañana empezamos a rodar a las seis** tomorrow we start filming at six.

♦ *vt* **1.** (*una película*) to film, to shoot. **2.** (*un coche*) (*GB*) to run in, (*US*) to break in.

rodear /rroðe'ar/ [➪CANTAR] *vt* **1.** (*cercar*) to surround: **una muralla rodea la ciudad** a wall surrounds the city; **le rodeó el cuello con los brazos** he put his arms around her neck. **2.** (*evitar*) to avoid: **rodeó el tema** she skirted round ✱ avoided the topic. **3.** (*Amér L: Agr*) to round up.

♦ *vi* to go around, to make a detour: **rodearemos** *por* **el bosque** we'll go the long way round through the woods.

rodearse *v prnl* to surround oneself: **siempre le ha gustado rodearse** *de* **lujos** she has always liked to surround herself with luxury.

rodeo /rro'ðeo/ *sm* **1.** (*camino más largo*) detour: **dieron un rodeo para evitar el centro** they took a detour to avoid the city centre. **2.** (*al hablar*): **déjate de rodeos ✱ no te andes con rodeos y dime lo que ha pasado** stop beating about the bush and tell me what's happened. **3.** (*doma de animales*) rodeo.

rodete /rro'ðete/ *sm* (*Arg, Urug*) bun (*in hair*).

rodilla /rro'ðiʎa/ *sf* knee: **se puso de rodillas** she knelt down • **le pidió de rodillas que aceptara** he asked her on bended knee to accept.

rodillazo /rroði'ʎaθo/ *sm* (*golpe recibido*): **me di un rodillazo** I banged my knee; (*golpe dado*): **le dio un rodillazo** she kneed him.

rodillera /rroði'ʎera/ *sf* **1.** (*para proteger*) knee pad. **2.** (*en los pantalones: parche*) patch (*on the knees of trousers*); (*: bolsa*): **a estos pantalones les han salido rodilleras** these trousers have gone baggy at the knees.

rodillo /rro'ðiʎo/ *sm* **1.** (*de una máquina*) roller. **2.** (*de cocina*) rolling pin.

rodrigón /rroðri'ɣon/ *sm* stake, prop (*for plants*).

Rodríguez, rodríguez /rro'ðriɣeθ/ *sm inv* (*fam*) grass widower (*husband who remains at home working, while his family is on holiday*): **este verano estoy de Rodríguez** this summer I will be a grass widower.

roedor, -dora /rroe'ðor -'ðora/ **I** *adj* rodent.
II roedor *sm* rodent.

roer /rro'er/ [➪table: roer] *vt* **1.** (*gen*) to nibble (at); (*un hueso*) to gnaw. **2.** (*quitar poco a poco*) to eat into: **la inflación está royendo sus ahorros** inflation is eating into their savings. **3.** (*fam: atormentar*) to gnaw at, to niggle at: **lo que había hecho le roía la conciencia** what he had done was niggling at his conscience.

rogar /rro'ɣar/ [➪colgar] *vt* **1.** (*gen*) to request, to ask: **le rogaron que asistiera** they asked him to attend; **les rogamos que permanezcan en sus sitios** we ask you, please, to remain in your seats; (*en letreros*): **se ruega silencio** silence. **2.** (*con humildad*) to beg: **te ruego que me perdones** I'm begging you to forgive me; **le rogué que regresara** I begged her to come

roer	
INDICATIVE	SUBJUNCTIVE
Preterite roí roíste royó roímos roísteis royeron	**Imperfect** royera *or* royese royeras *or* royeses royera *or* royese royéramos *or* royésemos royerais *or* royeseis royeran *or* royesen
PRESENT PARTICIPLE	
royendo	
For the rest of the tenses ➪ TEMER (in appendix)	

back; (*Relig*) to pray: **le rogó a la Virgen que no les pasara nada** he prayed to the Virgin Mary that nothing should happen to them.
♦*vi* • **le gusta hacerse de rogar** he likes to play hard to get.

rogativas /rroɣa'tiβas/ *sf pl* (*Relig*) supplications *pl.*

rojez /rro'xeθ/ *sf* redness.

rojizo, -za /rro'xiθo -θa/ *adj* reddish.

rojo, -ja /'rroxo -xa/ I *adj* 1. (*color*) red • **cuando mencionaron su nombre, se puso rojo** when they mentioned her name, he went red. 2. (*Pol: fam*) red, communist.
II *sm/f* (*Pol: fam*) red, communist.
III **rojo** *sm* red: **el rojo te sienta bien** red suits you • **al rojo vivo: no lo toques: está al rojo vivo** don't touch it, it's red-hot; **la situación se puso al rojo vivo** the situation became very tense.

rol /rrol/ *sm* 1. (*función*) role. 2. (*lista: gen*) roll; (*: de una tripulación*) muster roll.

rollizo, -za /rro'ʎiθo -θa/ *adj* plump, chubby.

rollo /'rroʎo/ I *sm* 1. (*de papel*) roll: **compró tres rollos de papel higiénico** he bought three rolls of toilet paper; (*de cuerda*) roll, ball: **alcánzame ese rollo de cuerda, por favor** hand me that ball of string, please; (*de alambre*) coil; (*de película cinematográfica*) roll, reel; (*para cámara fotográfica*) (roll of) film; (*de pergamino*) scroll. 2. (*also* **rollo de grasa**) (*Amér L*) roll of fat. 3. (*fam: persona o cosa pesada*) bore, drag: **esta película es un rollo** this movie is a drag; **¡qué rollo de tío!** what a boring guy!; **¡menudo rollo soltó!** he gave us such a boring lecture! 4. (*fam: cuento*): **no me vengas con el rollo de siempre de que te has olvidado el dinero** don't come to me with the same old story about forgetting your money. 5. (*fam: asunto*) business: **mejor no te metas, es muy mal rollo** don't get involved, it's a nasty business. 6. (*fam: ambiente*): **había buen rollo en aquella fiesta** there was a great atmosphere at that party.
II *adj inv* (*fam*) boring: **no seas tan rollo y cambia de tema** don't be so boring, talk about something else.

rollo (de) primavera *sm* spring roll.

ROM /rrom/ *sf* (*siglas en inglés de* **memoria sólo de lectura**) ROM (read only memory).

Roma /'rroma/ *sf* Rome.

romance /rro'manθe/ I *adj* (*Ling*) Romance.
II *sm* 1. (*Lit*) ballad. 2. (*relación amorosa*) romance. 3. (*Ling*) Romance language.

romancero /rroman'θero/ *sm* 1. (*conjunto*) collection of ballads. 2. **el Romancero** *Spanish mediaeval ballads.*

románico, -ca /rro'maniko -ka/ I *adj* 1. (*Arquit, Artes*) Romanesque. 2. (*lengua*) Romance: **el departamento de lenguas románicas** the department of Romance languages.
II **románico** *sm* (*Arquit, Artes*) Romanesque.

romano, -na /rro'mano -na/ I *adj* Roman.
II *sm/f* Roman: **tomamos unos calamares** *a la* **romana** we ate squid fried in batter.

romanticismo /rromanti'θizmo/ *sm* romanticism.

romántico, -ca /rro'mantiko -ka/ *adj, sm/f* romantic.

rombo /'rrombo/ *sm* (*forma: gen*) diamond; (*: en geometría*) rhombus.

romboide /rrom'boiðe/ *sm* rhomboid.

romería /rrome'ria/ *sf* 1. (*peregrinación*) pilgrimage: **fueron** *de* **romería a una ermita** they went on a pilgrimage to a hermitage. 2. (*fiesta*) *saint's festival at a shrine.* 3. (*fam: mucha gente*): **fuimos a visitar la abadía de Westminster y aquello era una romería** we went to visit Westminster Abbey, and it was like a market place.

romero, -ra /rro'mero -ra/ I *sm/f* (*Relig*) pilgrim.
II **romero** *sm* (*Bot*) rosemary.

romo, -ma /'rromo -ma/ *adj* 1. (*sin punta*) blunt. 2. (*de nariz pequeña*) snub-nosed. 3. (*torpe*) dull.

rompecabezas /rrompeka'βeθas/ *sm inv* 1. (*tipo de pasatiempo*) puzzle, brainteaser; (*puzzle*) jigsaw (puzzle). 2. (*fam: asunto complicado*): **este asunto es un rompecabezas** this is a very complicated matter.

rompehielos /rrompe'jelos/ *sm inv* icebreaker.

rompehuelgas /rrompe'welɣas/ *sm/f inv* strike-breaker.

rompenueces /rrompe'nweθes/ *sm inv* (*Amér L*) nutcracker.

rompeolas /rrompe'olas/ *sm inv* breakwater, sea wall.

romper /rrom'per/ [➪TEMER; *past participle* **roto**] *vt* 1. (*un vaso, un juguete, un aparato*) to break: **¿quién rompió ese vaso?** who broke that glass?; **me ha roto la cámara** he's broken my camera; (*tela, papel*) to tear: **rompió la carta en mil pedazos** she tore the letter into little pieces. 2. (*una promesa, un acuerdo, el silencio, etc.*) to break: **rompió su palabra y contó el secreto** he broke his word and gave away the secret. 3. (*Mil*): **¡rompan filas!** break ranks! 4. (*una relación*) to break off: **los dos países rompieron relaciones diplomáticas** the two countries broke off diplomatic relations.
♦*vi* 1. (*cortar relaciones: gen*) to break: **rompió** *con* **su familia** she broke with her family; **emigró a Australia y rompió** *con* **su pasado** he emigrated to Australia and broke with his past; (*: novios*) to break up, to split up: **rompieron hace un año** they broke up a year ago. 2. (*frml: empezar*): **cuando se lo dijeron, rompió** *a* **llorar** when she was told, she burst into tears; **todos rompieron** *a* **reír** they all burst out laughing; **se encontraron al romper el alba** they met at daybreak. 3. (*Arg, Urug: !! fastidiar*) to be a pain. 4. (*abrirse camino*): **el agua rompió** *por* **la parte baja del muro** the water broke through at the bottom of the wall; (*deshacerse*) to break: **las olas rompían** *contra* **las rocas** the waves were breaking against the rocks • **es una mujer de rompe y rasga** she's a very determined woman.

romperse *v prnl* 1. (*vaso, juguete, aparato*) to break: **se me cayó y se rompió** I dropped it and it broke; **el juguete se rompió a los cuatro días** the toy broke after four days; (*tela, papel, etc.*) to tear: **se me ha roto el vestido** my dress has torn. 2. (*un hueso*) to break: **se rompió el brazo** she broke her arm. 3. (*Arg, Urug:

fam, esforzarse) to go to a lot of trouble: **no te rompas porque no te lo agradecen** don't go to a lot of trouble, because you won't get any thanks.

rompiente /rrom'pjente/ *sm* (underwater) shoal.

ron /rron/ *sm* rum.

roncar /rroŋ'kar/ [➪ sacar] *vi* to snore.

roncha /'rrontʃa/ *sf* **1.** (*Med*) swelling. **2.** (*rodaja*) slice.

ronco, -ca /'rroŋko -ka/ *adj* **1.** (*voz*) husky; (*sonido*) harsh. **2.** (*sin voz*) hoarse: **me quedé ronco de tanto gritar** I was hoarse from all the shouting.

ronda /'rronda/ *sf* **1.** (*de vigilancia*) round: **el vigilante empieza su ronda a las diez** the watchman sets off on his round at ten; **lo detuvieron los soldados que hacían la ronda** the soldiers who were on patrol arrested him. **2.** (*de comida, bebida, discusiones, etc.*) round: **yo pago la primera ronda** I'll pay for the first round; **la próxima ronda de negociaciones empieza mañana** the next round of talks begins tomorrow. **3.** (*en juegos de naipes*) hand. **4.** (*Dep*) *cycling race held in stages*. **5.** (*carretera*) *section of city ring road*: **el autocar se averió en la ronda sur** the coach broke down on the southern section of the ring road; (*avenida*) avenue. **6.** (*Arg, Chi, Urug: juego*) (*GB*) ring-a-ring o'roses, (*US*) ring-around-a-rosy.

rondalla /rron'daʎa/ *sf* (*Mús*) *group of young street minstrels*.

rondar /rron'dar/ [➪ CANTAR] *vt* **1.** (*vigilar*) to patrol: **la policía ronda esas calles** the police patrol those streets. **2.** (*a una persona: gen*): **lleva rondándome tres días, no sé qué querrá** he's been after me for the last three days, I don't know what he wants; (*: para cortejar*): **la lleva rondando desde que iban al colegio** he's been pursuing her since they were at school; (*: sueño, catarro*): **me está rondando un catarro** I feel as if I'm catching a cold; **me está rondando el sueño** I'm falling asleep; (*: idea*): **es una idea que me está rondando desde hace tiempo** it's an idea that's been in my head for some time. **3.** (*una edad*) to be around: **ronda los cuarenta** she's around forty.

♦*vi* **1.** (*vigilar*) to be on patrol. **2.** (*merodear*) to prowl: **siempre está rondando** *por* **los muelles** he's always prowling around the docks.

rondón /rron'don/ **de rondón** *loc adv*: **se coló de rondón en la fiesta** he got into the party without being invited.

ronquera /rroŋ'kera/ *sf* hoarseness.

ronquido /rroŋ'kiðo/ *sm* snore: **sus ronquidos se oyen en toda la casa** you can hear him snoring all over the house.

ronronear /rronrone'ar/ [➪ CANTAR] *vi* to purr.

ronroneo /rronro'neo/ *sm* purr.

ronzal /rron'θal/ *sm* halter.

roña /'rroɲa/ **I** *sf* **1.** (*suciedad*) grime, filth. **2.** (*fam: tacañería*) stinginess, meanness.
II *sm/f* (*fam: persona tacaña*) skinflint.
III *adj* (*fam*) stingy, tightfisted: **no he visto persona más roña que él** I've never met anyone as tightfisted as him.

roñica /rro'ɲika/ (*fam*) **I** *adj* stingy, tightfisted.
II *sm/f* skinflint.

roñoso, -sa /rro'ɲoso -sa/ **I** *adj* **1.** (*sucio*) grimy, filthy. **2.** (*fam: tacaño*) stingy, tightfisted.
II *sm/f* (*fam*) skinflint.

ropa /'rropa/ *sf* clothes *pl*, clothing: **puso la ropa en la silla** he put his clothes on the chair; **venden ropa de señora** they sell ladies' clothes • **la ropa sucia se lava en casa** don't wash your dirty linen in public • **siempre supo nadar y guardar la ropa** she always managed to have her cake and eat it.
ropa blanca *sf* linen.
ropa de cama *sf* bedclothes *pl*.
ropa interior *sf* underwear.
ropa vieja *sf*: *dish of fried meat and vegetables made with what is left of a stew*.

ropaje /rro'paxe/ *sm* **1.** (*ropa lujosa*) (sumptuous) robes *pl*. **2.** (*excesiva ropa*) (heavy) clothes *pl*.

ropavejero, -ra /rropaβe'xero -ra/ *sm/f*: *dealer in second-hand clothes*.

ropero /rro'pero/ *sm* **1.** (*mueble*) wardrobe, (*US*) clothes closet. **2.** (*organización benéfica*) *charity that distributes clothes to the needy*.

roque /'rroke/ *adj* (*fam*) sound asleep: **se quedó roque** she fell fast asleep.

roquedal /rroke'ðal/ *sm* rocky place.

roquero, -ra /rro'kero -ra/ (*Mús*) **I** *adj*: **es un bar al que va gente roquera** it's a bar frequented by rock music fans.
II *sm/f* rock musician.

rorro /'rrorro/ *sm* (*fam*) baby.

rosa /'rrosa/ **I** *sf* (*Bot*) rose • **la siesta me dejó (fresco) como una rosa** after my nap I was as fresh as a daisy.
II *sm* (*color*) pink: **el rosa te sienta muy bien** pink suits you.
III *adj inv* pink.
rosa de los vientos *sf* compass card ✻ rose.
rosa del azafrán *sf* (*Bot*) saffron flower.

rosáceo, -cea /rro'saθeo -θea/ *adj* pinkish.

rosado, -da /rro'saðo -ða/ **I** *adj* **1.** (*color*) pink, (*GB*) rose-coloured, (*US*) rose-colored. **2.** (*vino*) rosé.
II rosado *sm* (*vino*) rosé.

rosal /rro'sal/ *sm* rose bush.

rosaleda /rrosa'leða/ *sf* rose garden.

rosario /rro'sarjo/ *sm* **1.** (*Relig*) rosary: **una anciana rezaba el rosario** an old lady was saying her rosary • **el partido acabó como el rosario de la aurora** the match ended on a sour note. **2.** (*serie*) string: **dijo un rosario de mentiras** he told a string of lies.

rosbif /rros'bif/ *sm* roast beef.

rosca /'rroska/ *sf* **1.** (*pastel, de pan*) *doughnut-shaped cake or bread roll* • **no se come ni una rosca** he never gets anywhere with girls/she never gets anywhere with boys. **2.** (*de un tornillo*) thread: **el tornillo se ha pasado de rosca** the thread has worn down on the screw • **el abuelo está pasado de rosca** grandad's past it (now) • **creo que te estás pasando de rosca** I think you're going too far • **le hace mucho la rosca a su jefe** he sucks up to his boss a lot.

rosco /'rrosko/ *sm* **1.** (*pastel, de pan*) *doughnut-shaped cake or bread roll* • **no se comió un rosco** he didn't get anywhere. **2.** (*Educ: fam, cero*) zero: **le pusieron un rosco en latín** he got zero in Latin.

roscón /rros'kon/ *sm*: *a small, ring-shaped cake*.
roscón de Reyes *sm* (*Culin*) *cake eaten at Epiphany*.

roseta /rro'seta/ *sf* flush (*on cheeks*).

rosetón /rrose'ton/ *sm* (*Arquit*) **1.** (*ventana*) rose window. **2.** (*adorno*) ceiling rose.

rosquilla /rros'kiʎa/ *sf*: *a miniature, ring-shaped doughnut*.

rosticería /rostiθe'ria/ *sf* (*Méx*) delicatessen (*also selling roast meat*).

rostizado, -da /rrosti'θaðo -ða/ *adj* (*Méx*) roast.

rostro /'rrostro/ *sm* **1.** (*cara*) face. **2.** (*fam: descaro*) cheek, nerve: **tiene mucho rostro** he has such a cheek ✱ nerve.

rotación /rrota'θjon/ *sf* rotation.
rotación de cultivos *sf* crop rotation.

rotar /rro'tar/ [➪ CANTAR] *vi* **1.** (*girar*) to rotate, to revolve. **2.** (*turnarse*) to take turns.
♦ *vt* (*Agr*) to rotate.

rotativa /rrota'tiβa/ *sf* rotary press.

rotativo, -va /rrota'tiβo -βa/ **I** *adj* rotary.
II rotativo *sm* newspaper.

rotatorio, -ria /rrota'torjo -rja/ *adj* rotary.

rotisería /rrotise'ria/ *sf* (*Arg, Chi, Urug*) delicatessen (*also selling roast meat*).

roto, -ta /'rroto -ta/ **I** *past participle of* ➪ romper
II *adj* **1.** (*vaso, juguete, aparato*) broken; (*tela, papel*) torn; (*vida, felicidad*) ruined. **2.** (*fam: agotado*) exhausted, worn-out: **estoy roto** I'm worn-out.
III *sm/f* **1.** (*Chi: campesino, persona de clase baja*) common man: **el roto chileno** the Chilean man in the street. **2.** (*Chi: fam, cualquier persona: hombre*) guy; (*: mujer*) woman. **3.** (*Arg, Perú: fam, chileno*) Chilean.
IV roto *sm* (*rotura*) hole (*in clothing*): **se me ha hecho un roto en la falda** I have a hole in my skirt ● **lo mismo sirve para un roto que para un descosido** he's a jack of all trades.

rotonda /rro'tonda/ *sf* (*GB*) roundabout, (*US*) traffic circle.

rótula /'rrotula/ *sf* (*Anat*) kneecap.

rotulación /rrotula'θjon/ *sf* (*de un cartel, un letrero*) lettering; (*de una botella, una caja*) labelling; (*de un dibujo, un esquema*) labelling.

rotulador /rrotula'ðor/ *sm* (*de punta fina*) felt-tip (pen); (*de punta gruesa*) marker (pen).

rotular /rrotu'lar/ [➪ CANTAR] *vt* (*un cartel, un letrero*) to do the lettering on; (*una botella, una caja*) to label; (*un dibujo, un esquema*) to label.

rótulo /'rrotulo/ *sm* (*letrero*) sign; (*etiqueta*) label.

rotundidad /rrotundi'ðað/ *sf* **1.** (*de una afirmación, una opinión*) firmness. **2.** (*del lenguaje*) clarity. **3.** (*de formas*) roundness.

rotundo, -da /rro'tundo -da/ *adj* **1.** (*contundente: gen*) categorical, emphatic: **se negó de forma rotunda a venir con nosotros** she categorically refused to come with us; (*: éxito*) resounding: **el triunfo del equipo español fue rotundo** the Spanish team won a resounding victory. **2.** (*de formas*) well-rounded.

rotura /rro'tura/ *sf* **1.** (*de un objeto*) breaking; (*en un objeto*) break: **el agua se salía por una rotura** *de* **la tubería** water was leaking from a break in the pipe. **2.** (*de un hueso*) fracturing; (*en un hueso*) fracture: **la rotura del hueso puede verse en la radiografía** the bone fracture can be seen on the X-ray. **3.** (*de una tela*) tearing; (*en una tela*) tear.

roturación /rrotura'θjon/ *sf* (*Agr*) (*GB*) ploughing, (*US*) plowing.

roturar /rrotu'rar/ [➪ CANTAR] *vt* (*GB*) to plough, (*US*) to plow.

roulotte /rru'lot/ *sf* (*GB*) caravan, (*US*) trailer.

royalties /rro'jaltis/ *sm pl* royalties *pl*.

royó /rro'jo/ *and other forms with* **roy-** ➪ roer

rozadura /rroθa'ðura/ *sf* **1.** (*en la piel*) scratch, abrasion. **2.** (*en una prenda*) sign of wear.

rozamiento /rroθa'mjento/ *sm* (*gen*) rubbing; (*Fís*) friction.

rozar /rro'θar/ [➪ cazar] *vt* **1.** (*estar en contacto con*) to touch, to brush: **las cortinas rozan el suelo** the curtains touch the floor. **2.** (*bordear*) to border on: **ese comentario roza la mala educación** that remark borders on ✱ verges on rudeness. **3.** (*causar una herida en*) to graze: **la bala le rozó la pierna** the bullet grazed his leg.
♦ *vi* **1.** (*estar en contacto*) to touch. **2.** (*ser casi*): **su manera de hablar roza** *en* **la pedantería** the way he talks borders on ✱ verges on pedantry. **3.** (*causar una herida*): **estos zapatos me rozan** these shoes are rubbing me.
rozarse *v prnl* **1.** (*estar en contacto*) to touch. **2.** (*causarse una herida*) to graze (oneself): **me rocé el codo** *con* **la pared** I grazed my elbow against the wall. **3.** (*tener trato*) to come into contact: **en el club se rozan** *con* **gente importante** at the club they come into contact with ✱ rub shoulders with important people.

Rte. *pronounced* /rre'mite, rremi'tente/ (*abbreviation of* **remite** ✱ **remitente**) sender: **Rte.: J.M. López,...** Sender: J.M. López,....

RTVE *pronounced* /rraðjoteleβi'sjon espa'ɲola/ (*abbreviation of* **Radio Televisión Española**) *Spanish state broadcasting corporation.*

RU *pronounced* /'rreino u'niðo/ *sm* (*abbreviation of* **Reino Unido**) UK (United Kingdom).

rubeola /rruβe'ola/, **rubéola** /rru'βeola/ *sf* (*Med*) rubella, German measles [lleva el verbo en singular].

rubí /rru'βi/ *sm* [**rubíes** ✱ **rubís**] ruby.

rubia /'rruβja/ *sf* (*fam: moneda*) one peseta coin ➪ rubio

rubiales /rru'βjales/ *adj, sm/f inv* (*fam*) blond, blonde.

rubicundo, -da /rruβj'kundo -da/ *adj* ruddy.

rubio, -bia /'rruβjo -βja/ **I** *adj* **1.** (*pelo*) blond, fair; (*persona*) blond, blonde, fair-haired. **2.** (*tabaco*) Virginia.
II *sm/f* (*persona*) blond, blonde.
III rubio *sm* (*tabaco*) Virginia tobacco.
rubia platino ✱ **platinada** *sf* platinum blonde.

rublo /'rruβlo/ *sm* rouble.

rubor /rru'βor/ *sm* blush: **esas bromas le causaron rubor** those jokes made her blush.

ruborizar /rruβori'θar/ [➪ cazar] *vt* to cause to blush.
ruborizarse *v prnl* to blush, to turn red: **se ruborizó al ver la escena** she blushed at the sight.

rúbrica /'rruβrika/ *sf* **1.** (*en una firma*) flourish. **2.** (*en un texto, etc.*) heading, title.

rubricar /rruβri'kar/ [➪ sacar] *vt* **1.** (*con una firma*) to sign (*with a flourish*). **2.** (*confirmar*) to endorse, to vouch for: **rubrico lo que ha dicho** I can vouch for what you have said.

rucio, -cia /'rruθjo -θja/ **I** *adj* grey.
II rucio *sm* donkey.

rudeza /rru'ðeθa/ *sf* rudeness: **trata a la gente con demasiada rudeza** he's unnecessarily rude to people.

rudimentario, -ria /rruðimen'tarjo -rja/ *adj*: **utilizaron herramientas rudimentarias** they used rudimentary ✱ basic tools; **sólo tenía unos conocimientos rudimentarios de física** she had only a rudimentary knowledge of physics; **su estilo de juego es muy rudimentario** his style of play is very basic ✱ unsophisticated.

rudimentos /rruði'mentos/ *sm pl* rudiments *pl*, basic knowledge: **tiene ya algunos rudimentos de informática** he already has a basic knowledge of computing.

rudo, -da /'rruðo -ða/ *adj* **1.** (*sin modales*) coarse, uncouth: **sus modales son muy rudos** he has very coarse ways. **2.** (*duro, difícil*) hard.

rueca /'rrweka/ *sf* spinning wheel.

rueda /ˈrrweða/ *sf* **1.** (*de un vehículo*) wheel; (*en un mueble*) caster • **todo fue sobre ruedas** everything went smoothly • (*en ciclismo*) **fue toda la carrera chupando rueda del líder** he stayed just behind the leader for the whole race. **2.** (*rodaja*) slice.
rueda de la fortuna *sf* wheel of fortune.
rueda de molino *sf* millstone • **¡yo no comulgo con ruedas de molino!** I won't believe any old thing!
rueda de prensa *sf* press conference.
rueda de recambio *sf* spare wheel.
rueda de reconocimiento *sf* identity parade.
rueda de repuesto *sf* spare wheel.
rueda delantera *sf* front wheel.
rueda dentada *sf* cog.
rueda trasera *sf* back wheel.

ruedo /ˈrrweðo/ *sm* **1.** (*Tauro*) bullring: **el torero tuvo que dar la vuelta al ruedo** the bullfighter had to walk around the bullring to acknowledge the crowd's applause. **2.** (*de una falda*) hem. **3.** (*corro*) ring, circle: **enseguida se formó un ruedo de curiosos** a ring of onlookers gathered immediately.

ruego /ˈrrweɣo/ **I** *and other forms with* **rueg-** ➪ rogar
II *sm* (*petición*) request; (*punto de una reunión*): **ruegos y preguntas** any other business.

rufián /rruˈfjan/ *sm* **1.** (*estafador*) rogue. **2.** (*proxeneta*) pimp.

rugby /ˈrruɣbi/ *sm* rugby.

rugido /rruˈxiðo/ *sm* (*de un animal, una persona*) roar, bellow; (*del mar, del viento*) roaring; (*de un temporal*) raging.

rugir /rruˈxir/ [➪surgir] *vi* (*animal, persona*) to roar, to bellow; (*mar, viento*) to roar; (*temporal*) to rage.

rugosidad /rruɣosiˈðað/ *sf* **1.** (*del terreno*) ruggedness. **2.** (*arruga*) wrinkle.

rugoso, -sa /rruˈɣoso -sa/ *adj* **1.** (*áspero*) rough. **2.** (*arrugado*) wrinkled.

ruibarbo /rrwiˈβarβo/ *sm* rhubarb.

ruido /ˈrrwiðo/ *sm* **1.** (*gen*) noise: **los vecinos hacían mucho ruido** the neighbours were making a lot of noise; **se oía el ruido de un coche** you could hear the noise ✻ sound of a car • **mucho ruido y pocas nueces** a lot of fuss about nothing. **2.** (*conmoción*) commotion: **su noviazgo armó mucho ruido** their engagement caused quite a commotion.

ruin /rrwin/ *adj* **1.** (*despreciable*) despicable, contemptible. **2.** (*avaro*) mean.

ruina /ˈrrwina/ **I** *sf* **1.** (*económica*) ruin: **su familia está** *en* **la ruina** his family is (financially) ruined. **2.** (*perdición*) downfall, ruin: **la bebida fue su ruina** drink was his downfall ✻ ruin. **3.** (*de un edificio*): **este edificio amenaza ruina** this building is about to fall down. **4.** (*fam*: *persona, objeto*) wreck: **este coche está hecho una ruina** this car is a wreck; **tu tío está hecho una ruina** your uncle has become a complete wreck.
II ruinas *sfpl* ruins *pl*: **la casa está** *en* **ruinas** the house is in ruins.

ruindad /rrwinˈdað/ *sf* dirty trick: **lo que hizo fue una ruindad** what he did was a very dirty trick.

ruinoso, -sa /rrwiˈnoso -sa/ *adj* **1.** (*físicamente*) dilapidated, tumbledown. **2.** (*económicamente*) ruinous.

ruiseñor /rrwiseˈɲor/ *sm* nightingale.

rulero /rruˈlero/ *sm* (*Arg, Urug*) curler, roller.

ruleta /rruˈleta/ *sf* roulette.
ruleta rusa *sf* Russian roulette.

rulo /ˈrrulo/ *sm* **1.** (*para el pelo*) roller, curler. **2.** (*de pelo*) curl.

Rumanía /rrumaˈnia/, **Rumania** /rruˈmania/ *sf* Romania.

rumano, -na /rruˈmano -na/ **I** *adj, sm/f* Romanian.
II rumano *sm* (*idioma*) Romanian.

rumba /ˈrrumba/ *sf* rumba.

rumbo /ˈrrumbo/ *sm* **1.** (*gen*) direction; (*Náut*) course: **el barco perdió el rumbo** the ship drifted off course; **el barco puso rumbo** *a* **Mallorca** the ship headed for Majorca; (*orientación en una actividad*): **ha perdido el rumbo** she has lost her way. **2.** (*de una conversación, una ciencia, etc.*) turn: **cuando conoció a Sonia, su vida tomó un rumbo muy diferente** when he met Sonia, his life took a different turn.

rumboso, -sa /rrumˈβoso -sa/ *adj* (*fam*: *persona*) generous.

rumiante /rruˈmjante/ *adj, sm* ruminant.

rumiar /rruˈmjar/ [➪CAMBIAR] *vi* **1.** (*vaca, buey, etc.*) to ruminate. **2.** (*fam*: *reflexionar*) to reflect, to ruminate. ♦ *vt* **1.** (*el pasto, la hierba*) to chew. **2.** (*fam*: *reflexionar*) to think over.

rumor /rruˈmor/ *sm* **1.** (*chisme*) (*GB*) rumour, (*US*) rumor: **hay rumores de que va a subir el tabaco** there are rumours that the price of cigarettes is going up. **2.** (*del mar, del viento*) murmur: **desde la habitación se oía el rumor de las olas** the murmur of the waves could be heard from the room; (*de voces*) murmur, murmuring.

rumorearse /rrumoreˈarse/ [➪CANTAR] *v prnl* [*only used in the third person*] (*GB*) to be rumoured, (*US*) to be rumored: **se rumorea que van a cambiar de director** it's rumoured that the manager is to be replaced.

rupestre /rruˈpestre/ *adj* cave: **la pintura rupestre** cave painting.

ruptura /rrupˈtura/ *sf* (*entre personas*) break-up: **tras su ruptura no volvieron a verse** after the break-up they never saw each other again; (*entre países*) breaking-off, rupture: **el incidente provocó la ruptura de relaciones diplomáticas** the incident caused diplomatic relations to be broken off.

rural /rruˈral/ **I** *adj* rural.
II *sf* (*Arg, Urug*) (*GB*) estate (car), (*US*) station wagon.

Rusia /ˈrrusja/ *sf* Russia.

ruso, -sa /ˈrruso -sa/ **I** *adj, sm/f* Russian.
II ruso *sm* (*idioma*) Russian.

rústica /ˈrrustika/ **en rústica** *loc adj* paperback: **un libro** *en* **rústica** a paperback (book).

rústico, -ca /ˈrrustiko -ka/ **I** *adj* **1.** (*del campo*) rustic, rural. **2.** (*modales*) coarse.
II *sm/f* rustic, country dweller.

ruta /ˈrruta/ *sf* **1.** (*recorrido*) route. **2.** (*línea de acción*) course of action: **nada le aparta de la ruta que se ha marcado** nothing can dissuade him from his chosen course of action.

rutilante /rrutiˈlante/ *adj* (*frml*) shining, sparkling.

rutina /rruˈtina/ *sf* routine: **sigo haciéndolo** *por* **rutina** I carry on doing it from force of habit.

rutinario, -ria /rrutiˈnarjo -rja/ *adj* **1.** (*sin cambio*) routine: **estaba harto del trabajo rutinario de la oficina** he was fed up with the routine work at the office. **2.** (*persona*) unadventurous: **se ha vuelto muy rutinario en sus costumbres** he has become very set in his ways.

Rvdo. *pronounced* /rreβeˈrendo/ Rev. (Reverend).

S

S, s /ˈese/ *sf* (*letra*) S, s.
S *pronounced* /sur/ (*abbreviation of* **Sur**) S (South).
S. *pronounced* /san/ (*abbreviation of* **San**) St (Saint): **S. Juan** St John.
S.A. *pronounced* /soθjeˈðað aˈnonima/ (*abbreviation of* **Sociedad Anónima**) (*GB*) PLC, plc (public limited company), (*US*) Inc. (Incorporated).
sábado /ˈsaβaðo/ *sm* Saturday. ⇨ lunes
sabana /saˈβana/ *sf* savannah.
sábana /ˈsaβana/ *sf* sheet • **se le pegaron las sábanas** he overslept.
sábana ajustable *sf* fitted sheet.
sábana bajera *sf* bottom sheet.
sábana encimera *sf* top sheet.
sabandija /saβanˈdixa/ *sf* **1.** (*insecto, reptil*) creepy-crawly. **2.** (*fam*: *persona despreciable*) louse, rat.
sabañón /saβaˈɲon/ *sm* chilblain.
sabático, -ca /saˈβatiko/ *adj* sabbatical.
sabelotodo /saβeloˈtoðo/ (*fam*) **I** *adj inv*: **¡no seas tan sabelotodo!** don't be such a know-all!
II *sm/f inv* know-all.
saber /saˈβer/ **I** *sm* knowledge, learning • **el saber no ocupa lugar** one never knows too much.
II [⇨ table: saber] *vt* **1.** (*tener conocimiento, información de*) to know: **no sé su apellido/su número de teléfono** I don't know his surname/his telephone number; **sabe un montón** *del* **tema** he knows a tremendous amount about the subject; **no sabía que estaba enfermo** I didn't know he was ill • **que yo sepa**: **no viven juntos, que yo sepa** they don't live together, as far as I know; **"¿Tiene hermanos?" "Que yo sepa, no."** "Does he have any brothers or sisters?" "Not that I know of." • **yo no suelo mentir, para que lo sepas** for your information, I don't tell lies • **"¿Adónde fueron?" "¡Yo qué sé!"** "Where did they go?" "How should I know?" • **vino con Ramón no sé cuántos** he came with Ramón somebody-or-other • **se hizo miembro de no sé qué secta** he became a member of some sect or other • **(vete) a saber dónde lo habrá guardado** it's anybody's guess where he's put it • **quién sabe si lo que dice es cierto** who knows if what she says is true • **¿sabes lo que te digo?, que me importa un bledo** I'm telling you: I couldn't care less • **en contabilidad, no sabe por dónde se anda** * **no sabe lo que se pesca** he doesn't know the first thing about accountancy. **2.** (*tener la capacidad, habilidad de*): **¿sabes ir a la estación?** do you know how to get to the station?; **¿sabes nadar/conducir/coser?** can you swim/drive/sew?; **creo que sabré llegar a tu casa** I think I'll be able to find my way to your house; **no supo resolver la situación** she was not able to resolve the situation • **no sabe perder** he's a bad loser. **3.** (*enterarse de*) to hear, to learn: **supe que había venido** I heard that he had come; **avísame en cuanto sepas algo** let me know as soon as you hear anything; **hace años que no sabemos nada** *de* **ellos** (*a través de ellos mismos*) we haven't heard from them for years; (*a través de otras personas*) we've had no news of them for years • **vas a saber lo que es bueno** you're going to be sorry.
♦ *vi* **1.** (*tenerse conocimientos*) to know: **sabe mucho para ser tan pequeño** he knows a lot for someone so young • **¡cualquiera sabe!** it's anyone's guess! **2. saber de** (*tener noticias de*): **¿has sabido de tu hermano?** (*a través de él mismo*) have you heard from your brother?; (*a través de otras personas*) have you had any news of your brother; **no sé de él desde hace un mes** I haven't heard from him for a month. **3.** (*tener sabor*) to taste: **sabe** *a* **menta** it tastes of peppermint • **las vacaciones me han sabido a poco** I hardly feel as if I've been on holiday. **4.** (*sentar*): **me supo muy mal que no me avisara** I was very upset that he didn't let me know; **no le va a saber bien que no lo termines** she's not going to like it if you don't finish it.
saberse *v prnl* **1.** (*una canción, la lección*) to know: **me sé la lección de memoria** I know the lesson off by heart. **2.** (*tenerse conocimiento de*) [*only used in the third person*]: **aún no se sabe nada** nothing is known yet; **¿puede saberse por qué llegas tarde?** may I know

saber

INDICATIVE

Present	Preterite
sé	supe
sabes	supiste
sabe	supo
sabemos	supimos
sabéis	supisteis
saben	supieron

Future	Conditional
sabré	sabría
sabrás	sabrías
sabrá	sabría
sabremos	sabríamos
sabréis	sabríais
sabrán	sabrían

SUBJUNCTIVE

Present	Imperfect
sepa	supiera *or* supiese
sepas	supieras *or* supieses
sepa	supiera *or* supiese
sepamos	supiéramos *or* supiésemos
sepáis	supierais *or* supieseis
sepan	supieran *or* supiesen

IMPERATIVE

(tú) sabe	(usted) sepa
(vosotros) sabed	(ustedes) sepan

For the rest of the tenses ⇨ TEMER (in appendix)

why you're late?; **¿y por qué no me lo dijiste, si se puede saber?** and why didn't you tell me, may I ask?

sabido, -da /sa'βiðo -ða/ *adj* well-known: **es un hecho sabido** it is a well-known fact.

sabiduría /saβiðu'ria/ *sf* wisdom, knowledge.

sabiendas /sa'βjendas/ **a sabiendas** *loc adv* deliberately, on purpose: **lo dijo a sabiendas de que me perjudicaba** he said it knowing full well it would cause trouble for me.

sabihondo, -da, sabiondo, -da /sa'βjondo -da/ (*fam*) **I** *adj inv*: **¡qué niño tan sabihondo!** what a little know-all!
II *sm/f* know-all.

sabio, -bia /'saβjo -βja/ **I** *adj* **1.** (*prudente*) sensible, wise: **fue una sabia decisión** it was a sensible decision. **2.** (*culto*) wise, learned: **siempre lo tuve por un hombre sabio** I always thought of him as a wise man.
II *sm/f* wise person.

sablazo /sa'βlaθo/ *sm* (*golpe*) blow with a sabre; (*herida*) sabre wound ● **vino a darme el sablazo** he came to scrounge some money off ✻ from me.

sable /'saβle/ *sm* (*GB*) sabre, (*US*) saber.

sablear /saβle'ar/ [⇨ CANTAR] *vt* (*fam*) to scrounge money from ✻ off: **ten cuidado con ése, que te sablea** watch out with him, he's a scrounger.

sabor /sa'βor/ *sm* **1.** (*Culin*) (*GB*) flavour, (*US*) flavor: **compró chicles** *con* **sabor** *a* **menta** he bought some mint-flavoured chewing gum; **tiene un sabor amargo** it has a bitter taste; **tiene un ligero sabor** *a* **vainilla** it tastes slightly of vanilla ● **la pelea le dejó mal sabor de boca** the quarrel left a nasty taste in his mouth. **2.** (*aire*): **sus novelas tienen un claro sabor romántico** his novels have an obvious romantic flavour.

saborear /saβore'ar/ [⇨ CANTAR] *vt* **1.** (*paladear*) (*GB*) to savour, (*US*) to savor. **2.** (*disfrutar de*) to enjoy, to relish: **deja que saboree esta música** let me enjoy this music; **todavía está saboreando su triunfo** she's still relishing ✻ enjoying her triumph.

sabotaje /saβo'taxe/ *sm* sabotage.

saboteador, -dora /saβotea'ðor -'ðora/ *sm/f* saboteur.

sabotear /saβote'ar/ [⇨ CANTAR] *vt* to sabotage.

sabré /sa'βre/ *and other forms with* **sabr-** ⇨ saber

sabroso, -sa /sa'βroso -sa/ *adj* **1.** (*apetitoso, rico*) delicious; (*con mucho sabor*) tasty: **es un plato muy sabroso** it is a very tasty dish. **2.** (*fam: interesante, sustancioso*) interesting: **me he enterado de un chisme muy sabroso** I've heard a very interesting ✻ juicy piece of gossip; **le ofrecieron una suma de lo más sabrosa** they made her a very tempting offer.

sabrosón, -sona /saβro'son -'sona/ *adj* (*fam*) **1.** (*Amér L: comida*) tasty. **2.** (*Ant, Col, Perú, Ven: música*) catchy, cool; (*: fiesta*) terrific, cool; (*: mujer*) gorgeous, fantastic.

sabueso, -sa /sa'βweso -sa/ *sm/f* **1.** (*perro*) bloodhound. **2.** (*persona*) sleuth: **los sabuesos del FBI detuvieron al asesino** the sleuths from the FBI arrested the murderer.

saca /'saka/ *sf* (*also* **saca de correos**) mailbag, mailsack.

sacacorchos /saka'kortʃos/ *sm inv* corkscrew ● **tuve que sacarle la verdad con sacacorchos** I had to drag the truth out of him.

sacacuartos /saka'kwartos/ (*fam*) **I** *sm inv* (*actividad, objeto*) **es un sacacuartos** it's a waste of money.
II *sm/f inv* (*estafador*) swindler; (*gorrón*) scrounger.

sacadineros /sakaði'neros/ *sm inv, sm/f inv* ⇨ sacacuartos

sacamuelas /saka'mwelas/ *sm/f inv* (*fam*) dentist.

sacaperras /saka'perras/ *sm inv, sm/f inv* ⇨ sacacuartos

sacapuntas /saka'puntas/ *sm inv* pencil sharpener.

sacar /sa'kar/ [⇨ table: sacar] *vt* **1.** (*de dentro a fuera*) to take out: **hay que sacar la basura** we must take out the rubbish ✻ garbage; **sacó la agenda** he took out his diary; **saqué la carne** *del* **congelador** I took ✻ got the meat out of the freezer; **sacó una pistola** *del* **bolsillo** he pulled a gun out of his pocket; **tuvimos que sacar el dinero** *del* **banco** we had to get the money out of the bank; **sacó la cabeza por la ventana** she stuck her head out of the window; **saca la lengua** stick your tongue out; **los voy a sacar a pasear** I'm going to take them out for a walk. **2.** (*extraer*) to take out: **me han sacado dos muelas** I've had two teeth (taken) out; **¡casi me sacas el ojo!** you nearly poked my eye out! **3.** (*de una situación*): **su amigo lo sacó** *de* **apuros** his friend got him out of a jam; **la herencia los sacó** *de* **la pobreza** the inheritance saved them from poverty; **el libro lo sacó** *del* **olvido** the book rescued him from oblivion ● **la sacó de sí** it made her furious. **4.** (*invitar*): **¿quién te sacó** *a* **bailar?** who asked you to dance? **5.** (*obtener: gen*) to get: **siempre saca buenas notas** he always gets good marks; **sacó la carrera sin problemas** she got her degree with no difficulty; **¿*de* dónde sacaste esa idea?** where did you get that idea from?; **echó los dados y sacó diez** he threw the dice and got ten; **no sacó mucho dinero** *de* **la venta de sus cuadros** she didn't make a lot of money out of the sale of her paintings; **les sacó brillo a los muebles** he got a good shine onto the furniture; (*: un documento*) to get: **me voy a sacar el pasaporte** I'm going to get a passport; (*: un premio*) to win: **ha sacado el gordo en la lotería** he's won the big prize in the lottery; (*: una conclusión*) to draw ● **sólo saqué en claro ✻ en limpio que no querían ir** the only thing I was sure about was that they didn't want to go. **6.** (*adquirir: billetes, entradas*) to buy, to get. **7.** (*quitar: una mancha*) to get out; (*: una prenda*) to take off: **le sacaron el gorro** they took his hat off. **8.** (*resolver: un problema*) to work out, to solve: **no consigo sacar esta ecuación** I can't work this equation out; (*descubrir*): **enseguida le sacaron el parecido** they saw the resemblance right away. **9.** (*iniciar*) to start: **sacó la moda de la minifalda** she started the fashion for wearing miniskirts. **10.** (*producir, publicar*) to bring out: **han sacado un nuevo disco** they've brought out ✻ released a new record; **van a sacar un sello conmemorativo** they're going to issue a commemorative stamp; **¿cuándo sacan tu libro?** when is your book coming out ✻ being published? **11.** (*una foto, una fotocopia*) to take: **sácanos otra foto** take another photograph of us; **tengo que sacar veinte copias** I have to make twenty copies; **la sacó muy bien en la foto** he took a very good picture of her. **12.** (*en fútbol, baloncesto, etc.*) to take: **sacó la falta** he took the free kick. **13.** (*jugar: una carta*) to play: **sacó el as de corazones** he played the ace of hearts; (*: una ficha*) to bring out. **14.** (*fam: aventajar en*): **ya le saca la cabeza a su padre** he's already a head taller than his father; **le habíamos sacado cinco kilómetros de ventaja al otro yate** we had a lead of five kilometres over the other yacht.
♦*vi* **1.** (*en fútbol*) to kick off: **sacó España** Spain kicked off; **sacó de banda muy rápido** he took the throw-in very quickly; (*en tenis*) to serve: **te toca a ti**

sacar	
INDICATIVE	SUBJUNCTIVE
Preterite saqué sacaste sacó sacamos sacasteis sacaron	**Present** saque saques saque saquemos saquéis saquen
IMPERATIVE	
(tú) saca (vosotros) sacad	(usted) saque (ustedes) saquen
For the rest of the tenses ⇨ CANTAR (in appendix)	

sacar it's your serve. 2. (*en costura*): **tienes que sacarle de ancho/largo a la falda** you have to let the skirt out/down.

sacarse *v prnl* 1. (*quitarse*) to take off: **se sacó la chaqueta** he took his jacket off. 2. (*obtenerse*) *[only used in the third person]* to be obtained: **el vino se saca** *de* **la uva** wine is obtained * made from grapes.

sacarina /saka'rina/ *sf* saccharin.

sacarosa /saka'rosa/ *sf* sucrose.

sacerdocio /saθer'ðoθjo/ *sm* priesthood.

sacerdotal /saθerðo'tal/ *adj* priestly.

sacerdote /saθer'ðote/ *sm* priest.

sacerdotisa /saθerðo'tisa/ *sf* priestess.

saciar /sa'θjar/ [⇨CAMBIAR] *vt* 1. (*el hambre*) to satisfy; (*la sed*) to quench, to slake. 2. (*deseos*) to satisfy: **el premio sació todas sus aspiraciones profesionales** the award fulfilled all his professional ambitions; **parecía incapaz de saciar su deseo de saber** she seemed unable to satisfy his thirst for knowledge.

saciarse *v prnl*: **voy a comer y beber hasta saciarme** I'm going to eat and drink my fill.

saciedad /saθje'ðað/ *sf*: **comieron hasta la saciedad** they ate their fill ● **les repetí hasta la saciedad que no fueran** I told them over and over again not to go.

saco /'sako/ *sm* 1. (*bolsa grande*) sack; (*contenido*) sack(ful): **gastó cuatro sacos de arena** he used four sacks * sackfuls of sand ● **espero que no eches mis consejos en saco roto** I hope you won't ignore my advice ● **no los puedes meter en el mismo saco** you can't lump them all together. 2. (*Anat*) sac. 3. (*saqueo*): **entraron en la aldea** *a* **saco** they sacked the village. 4. (*Amér L: chaqueta: gen*) jacket; (*: de punto*) cardigan.

saco de arena *sm* 1. (*Mil*) sandbag. 2. (*en boxeo*) punchbag.

saco de dormir *sm* sleeping bag.

saco sport *sm* (*Amér L*) sports jacket.

sacramento /sakra'mento/ *sm* sacrament.

sacrificado, -da /sakrifi'kaðo -ða/ *adj* self-sacrificing: **ha vivido siempre sacrificada** *por* **sus hijos** she has always made many sacrifices for her children; **llevan una vida muy sacrificada** they lead a life of self-sacrifice.

sacrificar /sakrifi'kar/ [⇨sacar] *vt* 1. (*gen*) to sacrifice. 2. (*un animal: como ofrenda*) to sacrifice; (*: enfermo*) to put down; (*: para comer*) to slaughter.

sacrificarse *v prnl* to make sacrifices: **se ha sacrificado** *por* **su familia** she has made many sacrifices for her family.

sacrificio /sakri'fiθjo/ *sm* sacrifice.

sacrilegio /sakri'lexjo/ *sm* sacrilege.

sacristán /sakris'tan/ *sm* sacristan.

sacristía /sakris'tia/ *sf* vestry, sacristy.

sacro, -cra /'sakro -kra/ *adj* (*Relig*) sacred.

sacrosanto, -ta /sakro'santo -ta/ *adj* sacrosanct.

sacudida /saku'ðiða/ *sf* 1. (*movimiento brusco*) shake: **a estas mantas hay que darles una buena sacudida** we must give these blankets a good shaking; **el coche avanzó dando sacudidas y se paró poco después** the car advanced jerkily and stopped shortly afterwards. 2. (*impresión*) shock: **la muerte de su amigo fue para él una sacudida** his friend's death was a terrible shock for him.

sacudir /saku'ðir/ [⇨PARTIR] *vt* 1. (*menear*) to shake: **sacude el mantel** shake out the tablecloth; **el viento sacudía las persianas** the wind shook the blinds; **el terremoto que sacudió la ciudad...** the earthquake that shook * rocked the city.... 2. (*impresionar*) to shock: **fue un suceso que sacudió al país** it was an event that shocked * rocked the country. 3. (*fam: pegar*) to wallop. 4. (*ahuyentar*): **las vacas sacudían las moscas con el rabo** the cows were flicking the flies away with their tails. 5. (*Amér L: limpiar*) to dust: **¿sacudiste el dormitorio?** did you dust the bedroom? ♦ (*Amér L*) *vi*: **odio sacudir** I hate dusting.

sacudirse *v prnl* 1. (*para limpiarse*): **sacúdete las migas de la camisa** shake the crumbs off your shirt; **sacúdete, tienes la chaqueta llena de polvo** brush yourself off, your jacket is covered in dust. 2. (*librarse de*) to shake off: **se sacudió la pereza y se fue a pasear** she shook off her laziness and went out for a walk.

S.A. de C.V. *pronounced* /soθje'ðað a'nonima ðe kapi'tal ba'rjaβle/ (*Méx*) (*abbreviation of* **Sociedad Anónima de Capital Variable**) ⇨S.A.

sádico, -ca /'saðiko -ka/ I *adj* sadistic.
II *sm/f* sadist.

sadismo /sa'ðizmo/ *sm* sadism.

saeta /sa'eta/ *sf* 1. (*flecha*) arrow. 2. (*manecilla: de un reloj*) hand; (*: de una brújula*) needle. 3. (*Mús, Relig*) *spontaneous Andalusian Holy Week song.*

safari /sa'fari/ *sm* safari: **está en Tanzania** *de* **safari** she's on safari in Tanzania.

safari park *sm* safari park.

saga /'saɣa/ *sf* saga.

sagacidad /saɣaθi'ðað/ *sf* shrewdness, astuteness.

sagaz /sa'ɣaθ/ *adj* [**sagaces**] shrewd, astute.

sagitario /saxi'tarjo/ I *sm* (*also* **Sagitario**) (*constelación, signo del zodiaco*) Sagittarius; (*Amér L*): **soy** *de* **Sagitario** I'm a Sagittarius * Sagittarian.
II *sm/f inv* (*persona*) Sagittarius, Sagittarian: **soy sagitario** I'm a Sagittarius * Sagittarian; **va a ser un buen año para los sagitario** it will be a good year for Sagittarians.

sagrado, -da /sa'ɣraðo -ða/ *adj* sacred, holy.

Sagrada Familia *sf*: **la Sagrada Familia** the Holy Family.

Sagradas Escrituras *sf pl*: **las Sagradas Escrituras** the Holy Scriptures *pl.*

Sagrado Corazón *sm*: **el Sagrado Corazón** the Sacred Heart.

sagrario /sa'ɣrarjo/ *sm* tabernacle.

Sáhara /'saxara/ *sm*: **el Sáhara** the Sahara (Desert).

saharahui /saxa'rawi/ *adj, sm/f* Saharan.

sahariana /saa'rjana/ *sf* bush * safari jacket.

sahariano, -na /saxa'rjano -na/ *adj, sm/f* Saharan.

sainete /sai'nete/ *sm*: *short comedy play.*

sajar /sa'xar/ [➪ CANTAR] *vt* (*gen*) to make an incision in; (*un quiste*) to lance.

sajón, **-jona** /sa'xon -'xona/ *adj, sm/f* Saxon.

sake /'sake/, **saki** /'saki/ *sm* (*bebida*) sake, saki.

sal /sal/ **I** *imperative of* ➪ salir

II *sf* **1.** (*gen*) salt • **el enredo sentimental le puso un poco de sal y pimienta a la obra** the emotional complications gave the play some zest • **estas cosas son la sal de la vida** things like this are the spice of life. **2.** (*fam*: *gracia, ingenio*): **¡qué sal tiene tu hija!** your daughter has a sparkling personality.

III sales *sf pl* **1.** (*para reanimar*) smelling salts *pl.* **2.** (*perfumadas*) (*also* **sales de baño**) bath salts *pl.*

sal común *sf* common salt.

sal fina *sf* table salt.

sal gorda *sf* cooking salt.

sala /'sala/ *sf* **1.** (*also* **sala de estar**) (*Hogar*) living room, sitting room. **2.** (*habitación grande*) room, hall: **visité todas las salas del museo** I visited every room in the museum; **ésa es la sala donde se celebró la reunión** that's the hall * room where the meeting was held. **3.** (*de un hospital*) ward. **4.** (*de un cine, un teatro*) auditorium: **han inaugurado un cine con cuatro salas** they've opened a four-screen cinema. **5.** (*Jur*) court(room): **el juicio se va a celebrar en la sala tercera** the trial will be held in court number three.

sala de conferencias *sf* conference hall.

sala de espera *sf* waiting room.

sala de exposiciones *sf* exhibition hall * room.

sala de fiestas *sf* nightclub.

sala de máquinas *sf* engine room.

sala de operaciones *sf* (*GB*) operating theatre, (*US*) operating room.

saladero /sala'ðero/ *sm* salthouse.

salado, **-da** /sa'laðo -ða/ *adj* **1.** (*que tiene sal*) salted. **2.** (*con demasiada sal*) salty: **la tortilla está salada** this omelette has too much salt in it. **3.** (*no dulce*) (*GB*) savoury, (*US*) savory: **me apetece más algo salado** I'd rather have something savoury. **4.** (*gracioso*) witty, droll: **es muy salado** he's very witty. **5.** (*bonito*) cute: **el niño llevaba un trajecito de lo más salado** the little boy was wearing a really cute outfit. **6.** (*Amér L*: *desafortunado*) unlucky. **7.** (*Arg, Chi, Urug*: *fam, caro*) expensive, pricey.

salamandra /sala'mandra/ *sf* salamander.

salami /sa'lami/ *sm* salami.

salar /sa'lar/ [➪ CANTAR] *vt* **1.** (*para conservar*) to salt; (*condimentar*) to add salt to. **2.** (*Amér L*: *fam, estropear*) to spoil.

salarial /sala'rjal/ *adj* wage, salary: **un aumento salarial** a wage rise, a salary increase.

salario /sa'larjo/ *sm* (*gen*) pay; (*mensual*) salary; (*semanal*) wage, wages *pl.*

salario base *sm* basic wage.

salario mínimo *sm* minimum wage.

salazón /sala'θon/ *sf* **1.** (*proceso*) salting. **2.** (*producto*) salted meat/fish.

salchicha /sal'tʃitʃa/ *sf* sausage.

salchichón /saltʃi'tʃon/ *sm*: *sausage similar to salami, eaten cold*

saldar /sal'dar/ [➪ CANTAR] *vt* **1.** (*una deuda*) to pay (off); (*una cuenta*) to settle, to pay. **2.** (*rebajar*) to sell off, to put on sale: **están saldando la ropa de verano** their summer clothes are on sale. **3.** (*un asunto, un problema*) to settle: **saldaron la cuestión con un apretón de manos** they settled the matter with a handshake.

saldo /'saldo/ *sm* **1.** (*de una factura, una deuda*) settlement, payment: **hay que efectuar el saldo de las facturas pendientes** the outstanding invoices must be settled * paid; (*de una cuenta bancaria*) balance. **2.** (*resultado*) result, outcome: **el motín dejó un saldo de once muertos** the riot left eleven people dead; **hubo de todo, pero en general el saldo fue positivo** there were ups and downs, but on the whole it was good. **3.** (*en las rebajas*): **los compró a precio de saldo** he bought them at bargain prices; **en esa tienda están de saldo** there's a sale on in that shop.

saldo negativo/positivo *sm* negative/positive balance.

saldré /sal'dre/ *and other forms with* **saldr-** ➪ salir

saledizo, **-za** /sale'ðiθo -θa/ **I** *adj* projecting.

II saledizo *sm* (*Arquit*: *gen*) ledge; (*de un balcón*) overhang.

salero /sa'lero/ *sm* **1.** (*Hogar*) salt cellar. **2.** (*gracia*) charm, sparkle: **este niño tiene mucho salero** this little boy is a little charmer; **baila con mucho salero** she is a very vivacious dancer.

saleroso, **-sa** /sale'roso -sa/ (*fam*) **I** *adj* sparkling, charming.

II *sm/f*: **vamos, saleroso, invítame a cenar** go on, gorgeous, take me out to dinner.

salgo /'salɣo/ *and other forms with* **salg-** ➪ salir

salida /sa'liða/ *sf* **1.** (*de un lugar*) exit, way out: **el restaurante tiene dos salidas** the restaurant has two exits; **esta callejuela tiene salida** *a* **la Plaza Mayor** this alley comes * leads out onto the Plaza Mayor; (*de una actividad*): **te espero a la salida** *de* **clase** I'll meet you at the end of school. **2.** (*marcha*) departure: **salidas nacionales e internacionales** domestic and international departures; **tiene la salida prevista para las seis** it is scheduled to leave * depart at six; **su salida** *del* **equipo no sentó bien** his departure from the team did not go down well. **3.** (*del sol*) rising: **nos pondremos en camino a la salida del sol** we'll set out at sunrise. **4.** (*Dep*: *línea*) start, starting line; (*: momento*) start: **dos caballos se cayeron en cuanto dieron la salida** two horses fell right at the start of the race. **5.** (*paseo*) outing; (*viaje*) trip: **este año he hecho varias salidas** *al* **extranjero** I've made several trips abroad this year. **6.** (*solución*) solution, way out: **seguro que hay una salida** *al* **problema** I'm sure there's a solution to the problem. **7.** (*pretexto*) excuse, pretext: **siempre encuentra alguna salida para no hacerlo** he always finds some excuse not to do it. **8.** (*acción, comentario gracioso*) funny * witty remark: **¡tiene cada salida que te partes de risa!** he comes out with the funniest things! **9.** (*de un producto*): **no creo que este producto tenga salida** *en* **el mercado español** I don't think there will be much demand for this product in the Spanish market. **10.** (*de estudios, de una profesión*) opening, prospect: **¿qué salidas tiene esta carrera?** what (career) prospects does this course offer?

salida de baño *sf* (*Arg, Urug*) bathrobe.

salida de emergencia *sf* emergency exit.

salida de incendios *sf* fire escape.

salida de tono *sf* inappropriate remark, bloomer.

salida nula *sf* false start.

salido, **-da** /sa'liðo -ða/ *adj*: **tiene los dientes un poco salidos** his teeth stick out a little.

saliente /sa'ljente/ **I** *adj* **1.** (*que cesa*) outgoing: **celebraron una cena en honor del director saliente** they organized a dinner in honour of the outgoing director. **2.** (*rasgo anatómico*) prominent. **3.** (*Arquit*) projecting.

II *sm* (*Arquit*) projection.

salina /sa'lina/ *sf* (*laguna*) salt pan; (*instalaciones*) saltworks *pl*; (*mina*) salt mine.

salinidad /saliniˈðað/ *sf* salinity.

salino, -na /sa'lino -na/ *adj* saline.

salir /sa'lir/ [⇨ table: salir] *vi* **1.** (*ir afuera: gen*) to go out: **salió** *al* **jardín** she went out into the garden; **ha salido** *a* **comprar el periódico** he's gone out to buy the newspaper; **¡sal** *de* **aquí!** get out of here!; **nunca ha salido** *de* **Guadalajara** he's never been out of Guadalajara; **salimos** *por* **la puerta trasera** we went out through the back door; (*: si el hablante está fuera*) to come out: **salió** *a* **recibirnos** he came out to greet us; **¿cuándo vas a salir** *del* **cuarto de baño?** when are you going to come out of the bathroom? **2.** (*en teatro*): **sale** *a* **escena en el segundo acto** he comes on stage in the second act. **3.** (*tener la salida*): **esta calle sale** *a* **la Avenida de la Independencia** this street comes out onto Independence Avenue. **4.** (*Inform*) to exit: **pulsar la tecla F4 para salir** *del* **programa** press F4 to exit (from) the program. **5.** (*de un asunto, un problema*): **no creen que vaya a salir** *de* **la operación** they don't think she'll come through the operation; **¿cómo vas a salir** *de* **este embrollo?** how are you going to get out of this mess? **6.** (*partir, irse*) to leave: **¿cuándo sale el tren?** when does the train leave?; **salimos** *de* **casa a las diez** we left home at ten; **salieron** *de* **Chile en el 73** they left Chile in 1973; **el viernes salen** *de* **vacaciones** they go away on holiday on Friday • **salió disparado** ∗ **pitando** he was off like a shot. **7.** (*para divertirse*) to go out: **sólo salgo los fines de semana** I only go out at weekends; (*en pareja*) to go out: **lleva varios meses saliendo** *con* **él** she's been going out with him for several months. **8.** (*aparecer*) to appear: **en esa película sale Robert Redford** Robert Redford appears in that movie; **su foto salió en todos los periódicos** his picture came out in all the newspapers; **él no salía en la foto de la clase** he wasn't in the class photograph; (*brotar*): **le están saliendo hojas nuevas a la planta** new leaves are sprouting on the plant; **me ha salido un grano en la nariz** I've got a spot on my nose; **ya le han salido los dientes** his teeth have come through. **9.** (*sol*): **el sol sale** *por* **el este** the sun rises in the east; **hoy no ha salido el sol en todo el día** the sun hasn't come out at all today. **10.** (*surgir*): **¿de dónde ha salido esto?** where has this come from?; **le salió otro trabajo** another job came up; **salió** *de* **él estudiar música** it was his (own) idea to study music; **todo salió** *de* **un malentendido** it all arose from ∗ came out of a misunderstanding. **11.** (*en un sorteo*) to come up: **ha salido tu número** your number has come up. **12.** (*desaparecer: manchas*) to come out. **13.** (*publicarse*) to come out: **la revista sale los miércoles** the magazine comes out on Wednesdays; **su último libro está por salir** her latest book is about to be published. **14.** (*sobresalir*) to jut out, to project: **cuidado con esa viga, que sale mucho** careful with that beam, it juts out a long way. **15.** (*resultar*): **el viaje salió barato/caro** the trip worked out cheap/expensive; **sus hijos han salido muy trabajadores** his children have turned out to be very hard-working; **la fiesta salió muy bien** the party turned out very well; **salió ilesa del accidente** she emerged unharmed from the accident; **salió elegido senador** he was elected senator; **me sale lo mismo que a ti** I get the same answer as you; **la raya me salió torcida** the line came out crooked • **le salió cara su descortesía** he paid dearly for his rudeness • **todo lo hace a lo que salga** he's very casual about everything he does. **16. salir ganando/perdiendo**: **con la nueva ley de alquileres son los inquilinos los que salen ganando** with the new rent law, it's the tenants who come out of it best; **así la que salgo perdiendo soy yo** this way I am the loser. **17.** (*dar el resultado esperado*): **las fotos no salieron** the photos didn't come out; **no me sale este problema** I can't work this problem out; **lo quise decir en italiano pero no me salió** I tried to say it in Italian but I couldn't get it right. **18.** (*en cartas, dominó, etc.*) to lead: **salió** *con* **el as de corazones** he led with the ace of hearts. **19. salir a** (*tener parecido con*) to take after: **sale** ∗ (*Amér L*) **salió a su tía Teresa** she takes after her aunt Teresa; **en lo egoísta sale al padre** he gets his selfishness from his father; (*en una división, una distribución*): **en la cena salieron a tres mil pesetas por cabeza** dinner worked out at three thousand pesetas a head; **salimos a dos ejemplares cada uno** we got two copies each. **20. salir con** (*decir*): **¡sales con cada cosa!** you come out with the most incredible things!; **¡ahora me sale con que no quiere ir!** now he tells me he doesn't want to go!

salir

INDICATIVE		
Present		**Conditional**
salgo		saldría
sales		saldrías
sale		saldría
salimos		saldríamos
salís		saldríais
salen		saldrían
	Future	
	saldré	
	saldrás	
	saldrá	
	saldremos	
	saldréis	
	saldrán	

IMPERATIVE	
(tú) sal	(usted) salga
(vosotros) salid	(ustedes) salgan

For the rest of the tenses ⇨ PARTIR (in appendix)

salirse *v prnl* **1.** (*gas, líquido*) to leak: **el agua se está saliendo** *de* **la tubería** the water is leaking from the pipe. **2.** (*soltarse, desprenderse*) to come out: **el tornillo se salió** the screw came out ∗ worked loose; **se me salen estos zapatos** these shoes are too big for me. **3.** (*de un límite*): **se salió la leche** the milk boiled over; **el balón se salió** *del* **campo** the ball went out of play; **el río se ha salido** *de* **su cauce** the river has burst its banks. **4.** (*irse*) to leave: **se salió antes de terminar la conferencia** she left before the end of the lecture • **¡siempre se sale con la suya!** he always gets his own way!

salitre /sa'litre/ *sm* (*GB*) saltpetre, (*US*) saltpeter.

saliva /sa'liβa/ *sf* saliva • **¿para qué voy a gastar saliva?** why should I waste my breath? • **tragó saliva e hizo lo que le decían** he kept quiet and did as he was told to do.

salival /sali'βal/ *adj* salivary.

salivar /sali'βar/ [⇨ CANTAR] *vi* to salivate.

salivazo /sali'βaθo/ *sm* (*fam*): **el suelo estaba lleno de salivazos** the floor was covered in spittle.

salmantino, **-na** /salman'tino -na/ **I** *adj* of ✱ from Salamanca.
II *sm/f* native ✱ inhabitant of Salamanca.

salmo /'salmo/ *sm* psalm.

salmón /sal'mon/ **I** *sm* (*pescado, color*) salmon *n inv*.
II *adj* salmon (pink).

salmonella /salmo'nela/ *sf* salmonella.

salmonelosis /salmone'losis/ *sf inv* salmonella (poisoning).

salmonete /salmo'nete/ *sm* red mullet.

salmuera /sal'mwera/ *sf* brine.

salobre /sa'loβre/ *adj* (*agua*) brackish.

salón /sa'lon/ *sm* **1.** (*habitación: en una casa*) living room, sitting room; (*: en un hotel*) reception room, function room; (*: de actos, reuniones, etc.*) hall. **2.** (*muebles*) living room furniture. **3.** (*feria, exposición*) show, exhibition: **fuimos al Salón del Automóvil** we went to the Motor Show.

salón de actos *sm* (*de un colegio*) assembly hall; (*en una empresa*) conference room.

salón de belleza *sm* beauty salon.

salón de té *sm* tearoom.

salpicadera /salpika'ðera/ *sf* (*Méx*: *guardabarros*) mudguard.

salpicadero /salpika'ðero/ *sm* instrument panel, dashboard.

salpicadura /salpika'ðura/ *sf* **1.** (*acción*) splashing, spattering. **2.** (*mancha*) splash, spatter: **tienes salpicaduras de barro en el abrigo** your coat is spattered with mud.

salpicar /salpi'kar/ [➪ sacar] *vt* **1.** (*con un líquido*) to splash; (*con sangre, barro*) to spatter. **2.** (*espolvorear*) to sprinkle: **salpicó la sopa** *con* **perejil** he sprinkled the soup with parsley. **3.** (*afectar*): **el escándalo salpicó a personas muy conocidas** the scandal damaged the reputations of some well-known people.

salpicarse *v prnl* (*con un líquido*) to splash oneself: **mira, ya te has salpicado** look, you've splashed yourself; (*con sangre, barro*) to spatter oneself.

salpicón /salpi'kon/ *sm*: *seafood cocktail with onions and tomatoes*.

salpimentar /salpimen'tar/ [➪ pensar] *vt* to season, to spice.

salpullido /salpu'ʎiðo/ *sm* ➪ sarpullido

salsa /'salsa/ *sf* **1.** (*Culin*: *gen*) sauce; (*: de la carne*) gravy • **aquí se encuentra en su salsa** he's in his element here • **viajar es la salsa de la vida** travelling is the spice of life. **2.** (*Mús*) salsa (*Caribbean music combining Latin American and African influences*).

salsa bechamel, **salsa besamel** *sf* white sauce.

salsa rosa *sf* cocktail sauce.

salsa tártara *sf* tartare sauce.

salsa verde *sf* parsley sauce.

salsera /sal'sera/ *sf* sauceboat.

saltador, **-dora** /salta'ðor -'ðora/ **I** *sm/f* (*Dep*) jumper.
II saltador *sm* (*Juegos*) skipping rope.

saltador, **-dora de altura** *sm/f* high jumper.

saltador, **-dora de longitud** *sm/f* long jumper.

saltador, **-dora de pértiga** *sm/f* pole vaulter.

saltamontes /salta'montes/ *sm inv* grasshopper.

saltar /sal'tar/ [➪ CANTAR] *vi* **1.** (*gen*) to jump, to leap: **saltó para agarrar la rama** he leapt up to grab the branch; **salta siempre que dicen su nombre** he always jumps when someone says his name; **saltó del avión en paracaídas** she parachuted out of the plane • **saltaba a la vista que estaba agotado** it was obvious that he was exhausted • **este tío está a la que salta** this guy's always on the make. **2.** (*salpicar*) to spit: **saltó el aceite y me quemé** the oil spat and I got burnt. **3.** (*tapón*) to pop off. **4.** (*alarma*) to go off. **5.** (*explotar*) to explode, to blow up • **el puente saltó por los aires ✱ en pedazos** the bridge exploded in a thousand pieces • **salta por cualquier cosa** he loses his temper over the slightest thing.
♦ *vt* (*por encima de algo*) to jump (across ✱ over): **saltó la tapia** he jumped (over) the wall; **salté el arroyo** I jumped (across ✱ over) the stream.

saltarse *v prnl* **1.** (*incumplir una norma, una orden*) to ignore, to take no notice of: **el conductor se saltó un stop** the driver ignored ✱ went through a stop sign. **2.** (*en un texto, una lista, etc.*) to miss, to leave out: **al copiar el texto, se saltaron tres líneas** when they copied the text three lines were missed out; **decidí saltarme ese capítulo** I decided to skip that chapter. **3.** (*salirse*) to come out/off: **se me ha saltado un empaste** one of my fillings has come out.

saltarín, **-rina** /salta'rin -'rina/ *adj* **1.** (*que salta mucho*) frisky, lively. **2.** (*fam*: *inquieto*) restless, fidgety: **¿qué te pasa que estás tan saltarín?** what's making you so restless?

salteado, **-da** /salte'aðo -ða/ *adj* random: **no leyó toda la lista, sólo dijo unos nombres salteados** she didn't read out the whole list, only a few names at random.

salteador /saltea'ðor/ *sm* (*also* **salteador de caminos**) (*Hist*) highwayman.

saltear /salte'ar/ [➪ CANTAR] *vt* (*Culin*) to sauté.

saltimbanqui /saltim'baŋki/ *sm/f* (*fam*) circus acrobat.

salto /'salto/ *sm* **1.** (*gen*) jump, leap: **cruzó la zanja de un salto** he crossed the ditch in one leap; **de un salto se plantó en la otra orilla** with one bound ✱ in one leap he was on the other bank; **dio ✱ pegó un salto y desapareció** she leapt up and disappeared; **fue un gran salto adelante en su carrera** it was a great leap forward in her career; **esta ley supone un salto atrás en lo que respecta al tema de la equiparación racial** this law represents a step backwards for racial equality; **cuando se enteró, dio un salto de alegría** he jumped for joy when he found out; **el pájaro parecía avanzar** *a* **saltos** the bird seemed to hop along • **el corazón me dio un salto** my heart skipped a beat • **estoy cansado de vivir a salto de mata** I'm tired of living from day to day. **2.** (*Dep*) jump. **3.** (*also* **salto de agua**) (*cascada*) waterfall.

salto alto *sm* (*Amér L*) high jump.

salto con garrocha *sm* (*Amér L*) pole vault.

salto de altura *sm* high jump.

salto de cama *sm* (*de mujer*) negligée; (*Arg, Chi, Urug*: *bata*) dressing gown.

salto de longitud *sm* long jump.

salto de pértiga *sm* pole vault.

salto del ángel *sm* swallow dive.

salto largo *sm* (*Amér L*) long jump.

salto mortal *sm* somersault.

saltón, **-tona** /sal'ton -'tona/ *adj* (*ojos*) bulging.

salubre /sa'lubre/ *adj* healthy.

salud /sa'luð/ **I** *sf* health: **¿está ✱ anda bien de salud?** is he in good health?; **goza de una excelente salud** she's in excellent health; **son medidas dolorosas pero necesarias para la salud de la empresa** these measures are painful but necessary for the health of the firm; **propongo un brindis** *a* **la salud** *de*

Eduardo I propose a toast to Eduardo's health • **vamos a tenerlo en observación dos días, para curarnos en salud** we'll keep him under observation for two days to be on the safe side.
II *excl* (*fam*) **1.** (*para brindar*) cheers. **2.** (*Amér L: tras un estornudo*) bless you.
salud pública *sf* public health.
saludable /salu'ðaβle/ *adj* **1.** (*bueno para la salud*) healthy: **esta región tiene un clima muy saludable** this region has a very healthy climate. **2.** (*provechoso*) helpful, beneficial: **a veces, hablar de un problema con los demás es muy saludable** sometimes it's helpful to talk over a problem with other people.
saludar /salu'ðar/ [⇨ CANTAR] *vt* **1.** (*decir hola a*) to say hello to, to greet: **fui a saludarlo** I went to say hello to him; **salúdala de mi parte** give her my regards. **2.** (*en cartas*): **lo saluda atentamente** yours faithfully. **3.** (*en el ejército*) to salute.
saludarse *v prnl* to say hello (to each other), to greet each other • **antes eran inseparables, pero ahora no se saludan** they used to be inseparable, but now they're not on speaking terms.
saludo /sa'luðo/ *sm* **1.** (*gen*) greeting: **saludos * un saludo a María José** give my best wishes to María José; **Nicolás te manda saludos** Nicolás sends his regards • **me ha retirado el saludo** he doesn't greet me any more; (*en cartas*): **un saludo** regards, best wishes. **2.** (*Mil*) salute.
salva /'salβa/ *sf* (*Mil*) volley, salvo: **recibieron al rey con salvas de cañón** they welcomed the king by firing cannons; **una salva de aplausos acogió al triunfador** a burst of applause greeted the winner.
salvación /salβa'θjon/ *sf* salvation • **creíamos que no tenía salvación, pero se curó** we thought there was no hope for him, but he recovered.
salvación eterna *sf* eternal salvation.
salvado /sal'βaðo/ *sm* bran.
salvador, -dora /salβa'ðor -'ðora/ **I** *sm/f* saviour, rescuer.
II salvador *sm* **1.** (*Relig*): **el Salvador** the Saviour. **2.** (*Geog*): **El Salvador** El Salvador.
salvadoreño, -ña /salβaðo'reɲo -ɲa/ *adj, sm/f* Salvadorian, Salvadoran.
salvaguarda /salβa'ɣwarða/ *sf* ⇨ salvaguardia
salvaguardar /salβaɣwar'ðar/ [⇨ CANTAR] *vt* to safeguard: **la Constitución salvaguarda nuestros derechos** the Constitution safeguards our rights.
salvaguardia /salβa'ɣwarðja/ *sf* safeguard: **supone una salvaguardia de los derechos del ciudadano** it's a safeguard of the rights of the citizen.
salvajada /salβa'xaða/ *sf* **1.** (*acto cruel, violento*) atrocity: **cometieron muchas salvajadas** they committed many atrocities. **2.** (*fam: acto irresponsable*): **dejar solo a un niño tan pequeño es una salvajada** leaving such a young child alone is outrageous; **decírselo así por teléfono fue una salvajada** telling her over the phone like that was a terrible thing to do.
salvaje /sal'βaxe/ **I** *adj* **1.** (*pueblo, tribu*) savage. **2.** (*planta, animal*) wild; (*terreno*) uncultivated. **3.** (*cruel*) cruel.
II *sm/f* **1.** (*de un pueblo primitivo*) savage. **2.** (*bestia*) animal, thug: **esos salvajes le tiraron piedras a mi perro** those thugs threw stones at my dog.
salvamanteles /salβaman'teles/ *sm inv* table mat.
salvamento /salβa'mento/ *sm* rescue.
salvar /sal'βar/ [⇨ CANTAR] *vt* **1.** (*de un peligro, una amenaza*) to save: **sus reflejos la salvaron de la muerte** her reflexes saved her from death; **salvaron la cosecha pese a la riada** they rescued * saved the harvest despite the flooding. **2.** (*Relig*) to save. **3.** (*un impedimento*) to overcome: **logró salvar todas las dificultades** he managed to overcome all the difficulties. **4.** (*un río*) to cross; (*una altura*) to clear: **salvó el listón y consiguió un nuevo récord** she cleared the bar and set a new record; (*una distancia*) to cover. **5.** (*excluir*) to exclude: **salvando ciertas deficiencias técnicas, es una buena película** except for a few technical weaknesses, it is a good film.
salvarse *v prnl* **1.** (*de un peligro, una amenaza*) to survive: **se salvó por poco** she only just survived; **se salvaron muy pocos cuadros** very few paintings were rescued * saved • **¡sálvese quien pueda!** every man for himself! **2.** (*Relig*) to be saved. **3.** (*quedar excluido*): **de su familia, él es el único que se salva** he's the only one in the family worth bothering with.
salvavidas /salβa'βiðas/ **I** *adj inv* ⇨ bote, chaleco
II *sm inv* life belt.
salvedad /salβe'ðað/ *sf* **1.** (*excepción*) exception: **todos trabajarán,** *con* **la salvedad de los enfermos** everybody will work, except for * with the exception of those who are ill; **la casa estaba ya pintada,** *con* **la salvedad del pasillo** the whole house was already painted, apart from * except for the hall. **2.** (*puntualización*): **permítame hacer la salvedad de que es una teoría no probada** may I point out that it is an unproven theory; *con* **la salvedad de que es caro, éste es el mejor** barring the fact that it is expensive, this is the best one.
salvia /'salβja/ *sf* (*Bot*) sage.
salvo, -va /'salβo -βa/ **I** *adj*: **aquí estaremos** *a* **salvo** we will be safe here; **nos tuvimos que poner** *a* **salvo** *de* **la tormenta** we had to take refuge from the storm • **me picó una avispa en salva sea la parte** a wasp stung me on the bottom.
II salvo *adv* except (for): **vinieron todos salvo Laura** everybody came except Laura; **se celebrará al aire libre salvo que llueva** it will be held outdoors unless it rains.
salvoconducto /salβokon'dukto/ *sm* safe-conduct.
samaritano, -na /samari'tano -na/ *adj, sm/f* Samaritan: **el buen samaritano** the Good Samaritan.
samba /'samba/ *sf* (*Mús*) samba.
sambenito /sambe'nito/ *sm*: **le colgaron * pusieron el sambenito de bebedor** he was branded as a heavy drinker.
san, San /san/ *adj* (*short for* **santo**) Saint: **San Juan** Saint John; **(el día de) San Esteban** St Stephen's Day.
sanable /sa'naβle/ *adj* curable.
sanar /sa'nar/ [⇨ CANTAR] *vt* to cure, to heal: **el reposo lo sanó en poco tiempo** the rest made him recover in a short time.
♦ *vi* (*persona*) to get better: **con esto sanarás del todo** this will help you to get completely better; (*herida*) to heal.
sanatorio /sana'torjo/ *sm* sanatorium, (*US*) sanitarium.
sanción /san'θjon/ *sf* **1.** (*castigo*) punishment: **el director decidió levantar la sanción a los alumnos** the headmaster decided to lift the pupils' punishment; **el juez dictará la sanción adecuada** *a* **este delito** the judge will decide upon the appropriate penalty for this crime; **se le aplicó una sanción (económica) de cien mil pesetas** he was fined one hundred thousand pesetas. **2.** (*aprobación*) sanction, authorization: **la Academia ha dado su sanción** *a* **ese uso** the Spanish Academy has sanctioned that usage.

sancionar /sanθjo'nar/ [➪CANTAR] *vt* **1.** (*imponer un castigo a*) to penalize: **el tribunal sancionó a la empresa** *con* **una multa** the court imposed a fine on the company, the court fined the company; (*Dep*): **fue sancionado** *con* **dos partidos** he received a two-game suspension. **2.** (*aprobar*) to sanction.

sancocho /san'kotʃo/ *sm* (*Amér L*) *stew made with meat, plantain and yucca.*

sandalia /san'dalja/ *sf* sandal.

sándalo /'sandalo/ *sm* sandalwood.

sandez /san'deθ/ *sf* [**sandeces**]: **no dice más que sandeces** she talks nothing but nonsense.

sandía /san'dia/ *sf* watermelon.

sandio, -dia /'sandjo -dja/ **I** *adj* foolish, stupid. **II** *sm/f* fool.

sándwich /'saŋgwitʃ/ *sm* [**sándwichs** ∗ **sándwiches**] sandwich.

sandwichera /saŋgwi'tʃera/ *sf* sandwich toaster.

sandwichería /saŋgwitʃe'ria/ *sf* sandwich bar.

saneado, -da /sane'aðo -ða/ *adj* (*economía*) healthy, fit.

saneamiento /sanea'mjento/ **I** *sm* **1.** (*limpieza*) cleaning-up. **2.** (*Fin*): **el saneamiento de la economía/de la empresa llevó varios años** it took several years to get the economy/the company back on a sound footing.
II saneamientos *sm pl* bathroom fittings *pl.*

sanear /sane'ar/ [➪CANTAR] *vt* **1.** (*higienizar*) to clean up. **2.** (*la economía, una empresa*) to put on a sound footing: **saneó el negocio familiar** he put the family business back on a sound financial footing.

sanfermines /sanfer'mines/ *sm pl*: *festival during which bulls are run through the streets of Pamplona.*

sangrado /saŋ'graðo/ *sm* indentation.

sangrante /saŋ'grante/ *adj* (*herida, úlcera*) bleeding.

sangrar /saŋ'grar/ [➪CANTAR] *vi* (*echar sangre*) to bleed: **la herida ha dejado de sangrar** the wound has stopped bleeding.
♦*vt* **1.** (*Med*) to bleed. **2.** (*un árbol*) to tap. **3.** (*un radiador*) to bleed. **4.** (*un texto, párrafo*) to indent. **5.** (*fam: aprovecharse de*) to bleed dry: **sangraba a sus padres** he was bleeding his parents dry.

sangre /'saŋgre/ *sf* **1.** (*gen*) blood • **lo lleva** ∗ **lo tiene en la sangre** it's in his blood • **me están chupando la sangre** they are bleeding me white ∗ dry • **no tiene sangre en las venas** ∗ **tiene la sangre de horchata** he is very cold ∗ unemotional • **tuvimos que sudar sangre para aprobar el examen** we sweated blood to get through the exam • **al oír el grito se me heló la sangre (en las venas)** my blood ran cold when I heard the scream • **no te hagas mala sangre por tan poca cosa** don't get worked up over something so unimportant • **se le enciende** ∗ **quema** ∗ **revuelve la sangre cuando...** it makes his blood boil when... • **cuando le arde** ∗ **bulle** ∗ **hierve la sangre, es capaz de cualquier barbaridad** once she gets fired up, there's no telling what she'll do • **tiene mala sangre** he is bitter • **no llegó a correr la sangre** there was no bloodshed • **a pesar de la acalorada discusión, la sangre no llegó al río** it was a heated argument but things didn't get nasty. **2.** (*familia*): **aunque son de la misma sangre, no se pueden ver** even though they're related, they can't stand each other. **3.** (*violencia*): **lo condenaron por un delito de sangre** he was convicted of a violent crime; **no me gustan las películas en las que hay mucha sangre** I don't like movies with a lot of violence in them.

sangre azul *sf* blue blood.

sangre fría *sf* calmness, sangfroid: **gracias a su sangre fría logró salvarse** she escaped thanks to her calmness • **fue un asesinato a sangre fría** it was a cold-blooded murder.

sangría /saŋ'gria/ *sf* **1.** (*Med*) bleeding, bloodletting. **2.** (*Fin*) drain: **pagar un alquiler tan caro es una sangría** *para* **su sueldo** paying such high rent is a constant drain on her salary. **3.** (*bebida*) sangria (*drink made with red wine, fruit, spices, etc.*). **4.** (*en un texto*) indentation.

sangriento, -ta /saŋ'grjento -ta/ *adj* **1.** (*que sangra*) bleeding. **2.** (*muy violento*) bloody. **3.** (*sanguinario*) bloodthirsty, cruel: **es uno de los asesinos más sangrientos de la historia** he's one of the most bloodthirsty murderers in history.

sanguijuela /saŋgi'xwela/ *sf* **1.** (*Zool*) leech. **2.** (*fam: persona*) bloodsucker, leech.

sanguinario, -ria /saŋgi'narjo -rja/ *adj* bloodthirsty, cruel.

sanguíneo, -nea /saŋ'gineo -nea/ *adj* blood: **riego sanguíneo** blood flow.

sanguinolento, -ta /saŋgino'lento -ta/ *adj* **1.** (*que echa sangre*) bleeding. **2.** (*venda, ropa*) bloody, bloodstained. **3.** (*ojos*) bloodshot.

sanidad /sani'ðað/ *sf* **1.** (*salud*) health. **2.** (*servicios*) public health system: **la sanidad ha mejorado mucho en este país** the public health system in this country has improved greatly; **recibieron la visita de un inspector de sanidad** they had a visit from a health inspector.

sanitario, -ria /sani'tarjo -rja/ **I** *adj* **1.** (*de salud*) health: **la reforma sanitaria** the health reform. **2.** (*de salubridad*) sanitary: **las condiciones sanitarias en que viven...** the sanitary conditions in which they live....
II *sm/f* paramedic: **los sanitarios atendieron a los heridos en el accidente** the paramedics attended those injured in the accident.
III sanitarios *sm pl* bathroom fittings *pl.*

sano, -na /'sano -na/ *adj* **1.** (*con buena salud*) healthy: **es un chico fuerte y sano** he's a strong, healthy boy; **tengo los dientes sanos porque me los cuido** I have healthy teeth because I take good care of them • **los rescataron a todos sanos y salvos** they were all rescued safe and sound. **2.** (*bueno para la salud*) healthy: **andar es muy sano** walking is very healthy, walking is very good for your health. **3.** (*intacto*) undamaged, intact: **no dejó ni un plato sano** he didn't leave a single plate intact • **tal y como iban las cosas, tuvimos que cortar por lo sano** the way things were going, drastic measures were called for. **4.** (*sin vicios*) healthy, wholesome: **la juventud de ahora es muy sana** young people nowadays are very wholesome; (*sin maldad*): **creció en un ambiente familiar muy sano** she grew up in a very healthy family atmosphere.

sanseacabó /sanseaka'βo/ *excl* (*fam*): **hoy te quedas en casa y sanseacabó** you're staying in today and that's all there is to it; **¡no, y sanseacabó!** I said no, and that's that!

santacruceño, -ña /santakru'θeɲo -ɲa/ **I** *adj* of ∗ from Santa Cruz de Tenerife.
II *sm/f* native ∗ inhabitant of Santa Cruz de Tenerife.

santanderino, -na /santande'rino -na/ **I** *adj* of ∗ from Santander.
II *sm/f* native ∗ inhabitant of Santander.

santiagués, -guesa /santja'ɣes -'ɣesa/ I *adj* of ✱ from Santiago de Compostela.
II *sm/f* native ✱ inhabitant of Santiago de Compostela.

santiaguino, -na /santja'ɣino -na/ I *adj* of ✱ from Santiago de Chile.
II *sm/f* native ✱ inhabitant of Santiago de Chile.

santiamén /santja'men/ *sm* (*fam*): **estaré lista en un santiamén** I'll be ready in no time.

santidad /santi'ðað/ *sf* (*cualidad*) holiness, saintliness; (*tratamiento*): **Su Santidad el Papa** His Holiness the Pope.

santificar /santifi'kar/ [➪sacar] *vt* **1.** (*hacer santo a*) to sanctify. **2.** (*una festividad*) to keep, to observe. **3.** (*rendir culto a*): **santificado sea tu nombre...** hallowed be Thy name....

santiguar /santi'ɣwar/ [➪averiguar] *vt* to make the sign of the cross over.
santiguarse *v prnl* to cross oneself, to make the sign of the cross.

santísimo, -ma /san'tisimo -ma/ I *adj* most holy: **la santísima Virgen** the Blessed Virgin.
II **el Santísimo** *sm* the Holy Sacrament.

santo, -ta /'santo -ta/ I *adj* **1.** (*Relig*) holy: **Santo Tomás** Saint Thomas. **2.** (*fam*: *muy bueno*) dear: **¡si tu santa madre te viera!** if your dear mother could see you! **3.** (*fam*: *milagroso*) wonderful: **tómalo, es un remedio santo** take it, it's a wonderful remedy. **4.** (*fam*: *para enfatizar*): **se pasa todo el santo día viendo la televisión** she spends the whole blessed day watching television; **siempre hace su santa voluntad** he always does exactly as he pleases.
II *sm/f* **1.** (*persona*) saint: **mi madre, que era una santa, ya me lo decía** my dear mother always used to tell me so • **se me fue el santo al cielo** I forgot all about it • **fue llegar y besar el santo** I did it at the first attempt • **no es santo de mi devoción** I'm not very keen on him • **tengo el santo de cara/espaldas** I'm very lucky/unlucky • **¿a santo de qué tengo que ir?** why on earth do I have to go? **2.** (*imagen*) *statue or figure of a saint* • **se quedó para vestir santos** she was left on the shelf • **de esa forma, desnudas a un santo para vestir a otro** that way you're robbing Peter to pay Paul.
III **santo** *sm*: *day commemorating the saint one is named after*: **me regalaron un libro por mi santo** I was given a book on my saint's day.
Santa Sede *sf*: **la Santa Sede** the Holy See.
Santo Grial *sm* Holy Grail.
Santo Oficio *sm* (*Hist*) the (Spanish) Inquisition.
santo y seña *sm* password.

santón /san'ton/ *sm* leading figure, heavyweight: **fue rechazado por los santones de la cultura oficial** it was rejected by all the establishment heavyweights.

santoral /santo'ral/ *sm*: *calendar of saints' days.*

santuario /san'twarjo/ *sm* (*lugar sagrado, refugio*) sanctuary: **los animales salvajes tienen en ese bosque su santuario** wild animals find sanctuary in those woods.

santurrón, -rrona /santu'rron -'rrona/ I *adj* sanctimonious.
II *sm/f* sanctimonious person.

saña /'saɲa/ *sf* cruelty: **le pegaron** *con* **saña** he was cruelly ✱ savagely beaten.

sapiencia /sa'pjenθja/ *sf* (*frml*) wisdom.

sapo /'sapo/ *sm* toad.

saque /'sake/ *sm* **1.** (*en fútbol: con el pie*) kickoff; (*: con las manos*) throw-in; (*en tenis*) service, serve. **2.** (*fam*: *capacidad para comer*): **tiene buen saque** he's a big eater.
saque de banda *sm* throw-in.
saque de esquina *sm* corner kick.
saque de portería, saque de puerta *sm* goal kick.
saque inicial *sm* kickoff.

saqué /sa'ke/ *and other forms with* ***saqu-*** ➪sacar

saqueador, -dora /sakea'ðor -'ðora/ *sm/f* **1.** (*Hist*: *de una población*) plunderer. **2.** (*de tiendas*) looter.

saquear /sake'ar/ [➪CANTAR] *vt* **1.** (*Hist*: *una población*) to plunder, to sack: **los soldados saquearon la ciudad** the soldiers sacked ✱ plundered the city. **2.** (*una tienda*) to loot: **los manifestantes aprovecharon para saquear las tiendas** the demonstrators took the opportunity and looted the shops.

saqueo /sa'keo/ *sm* **1.** (*Hist*: *de una población*) sacking. **2.** (*de una tienda*) looting.

S.A.R. *pronounced* /su al'teθa rre'al/ (*abbreviation of* **Su Alteza Real**) H.R.H. (His/Her Royal Highness).

sarampión /saram'pjon/ *sm* measles [lleva el verbo en singular].

sarao /sa'rao/ *sm* **1.** (*fiesta*) soirée. **2.** (*fam*: *jaleo*) fuss, to-do: **se organizó un sarao impresionante** there was an incredible to-do.

sarcasmo /sar'kazmo/ *sm* sarcasm.

sarcástico, -ca /sar'kastiko -ka/ *adj* sarcastic.

sarcófago /sar'kofaɣo/ *sm* sarcophagus.

sardana /sar'ðana/ *sf*: *Catalan folk dance and music.*

sardina /sar'ðina/ *sf* sardine • **íbamos en el tren como sardinas en lata** we were packed into the train like sardines.

sardinero, -ra /sarði'nero -ra/ *adj* sardine: **la industria sardinera** the sardine industry.

sardónico, -ca /sar'ðoniko -ka/ *adj* sardonic.

sargenta /sar'xenta/ *sf* (*fam*) battle-axe, bossy woman.

sargento /sar'xento/ *sm/f* **1.** (*Mil*) sergeant. **2.** (*fam*: *persona dominante*) bossy person: **su madre es una sargento** his mother's really bossy, his mother's a real battle-axe.
sargento primero *sm/f* (*Mil*) (*GB*) sergeant, (*US*) master sergeant.

sarmentoso, -sa /sarmen'toso -sa/ *adj* **1.** (*manos*) gnarled. **2.** (*Bot*) creeping.

sarmiento /sar'mjento/ *sm* (*Bot*) shoot (*on a vine*).

sarna /'sarna/ *sf* (*en humanos*) scabies; (*en perros*) mange • **sarna con gusto no pica** doing something you enjoy is never a chore.

sarnoso, -sa /sar'noso -sa/ *adj* (*perro*) mangy.

sarpullido /sarpu'ʎiðo/ *sm* rash.

sarro /'sarro/ *sm* **1.** (*gen*) deposit, limescale. **2.** (*en los dientes*) tartar; (*en la lengua*) fur.

sarta /'sarta/ *sf* string: **me contó una sarta de mentiras** he told me a string of lies.

sartén /sar'ten/ *sf*, (*Amér L*) *sm* **1.** (*utensilio*) frying pan • **tiene la sartén por el mango** she is in control. **2.** (*contenido*) panful: **una sartén de patatas fritas** a panful of chips.

sartenada /sarte'naða/ *sf* (*fam*) panful.

sastra /'sastra/ *sf* (*gen*) tailor; (*en cine, teatro*) wardrobe mistress.

sastre /'sastre/ I *sm* tailor.
II *adj* tailored: **llevaba un traje sastre** she was wearing a tailored suit.

sastrería /sastre'ria/ *sf* **1.** (*profesión*) tailoring, tailor's trade. **2.** (*tienda*) tailor's (shop).

Satán /sa'tan/, **Satanás** /sata'nas/ *sm* Satan.

satánico, -ca /sa'taniko -ka/ *adj* satanic.

satélite /sa'telite/ *sm* satellite: **un país satélite** a satellite state.

satélite artificial *sm* artificial satellite.

satélite de comunicaciones *sm* communications satellite.

satén /sa'ten/ *sm* satin.

satín /sa'tin/ *sm (Amér L)* satin.

satinado, -da /sati'naðo -ða/ **I** *adj* satin-finish: **papel satinado** paper with a satin finish.
II satinado *sm* satin finish.

sátira /'satira/ *sf* satire.

satírico, -ca /sa'tiriko -ka/ *adj* satirical.

satirizar /satiri'θar/ [⇨cazar] *vt* to satirize.

satisfacción /satisfak'θjon/ *sf* **1.** (*gen*) satisfaction: **lo llevó a cabo a mi entera satisfacción** he carried it out to my complete satisfaction; **para nosotros es una gran satisfacción...** it is a source of great satisfaction to us... ● **me di la satisfacción de decirle lo que pensaba de él** I had the satisfaction ✱ pleasure of telling him what I thought of him. **2.** (*explicación, reparación*) satisfaction: **exijo que se me dé una satisfacción** I demand satisfaction.

satisfacer /satisfa'θer/ [⇨HACER; *past participle* **satisfecho**] *vt* **1.** (*necesidades*) to satisfy: **lo explicó para satisfacer nuestra curiosidad** she explained it in order to satisfy our curiosity; **pudo satisfacer el sueño de su vida** he was able to fulfil the dream of a lifetime. **2.** (*requisitos*) to meet, to fulfil: **el candidato satisface todos los requisitos** the candidate meets all the requirements. **3.** (*Fin*: *pagar*) to pay off, to settle: **lo primero que han de hacer es satisfacer todas sus deudas** the first thing they must do is settle all their debts. **4.** (*por una pérdida, una ofensa*) to compensate: **¿y quién va a satisfacerme** *de* **todo este destrozo?** and who is going to compensate me for all this damage?; **sus disculpas no me satisficieron** their apologies were not good enough for me ✱ did not satisfy me.
♦*vi* **1.** (*complacer*) to please: **me satisface poder ayudarlos** I am pleased to be able to help you. **2.** (*convencer*) to satisfy: **ninguna oferta le satisfizo plenamente** she wasn't completely satisfied by any of the offers.

satisfacerse *v prnl* **1.** (*conformarse*) to be satisfied: **se satisface** *con* **cualquier cosa** he is easily satisfied. **2.** (*vengarse*): **meditaba el modo de satisfacerse** *de* **esa humillación** he was thinking of a way of getting revenge for that humiliation.

satisfactorio, -ria /satisfak'torjo -rja/ *adj* satisfactory.

satisfecho, -cha /satis'fetʃo -tʃa/ **I** *past participle of* ⇨satisfacer
II *adj* **1.** (*contento, saciado*) satisfied: **estoy satisfecha** *con* **la vida que llevo** I'm satisfied with the life I lead; **comimos hasta quedarnos satisfechos** we ate until we were satisfied. **2.** (*orgulloso*): **mira qué satisfecho va en su coche nuevo** look how proud he looks in his new car; **está muy satisfecha** *de* **sí misma** she is very pleased with herself.

saturación /satura'θjon/ *sf* saturation.

saturado, -da /satu'raðo -ða/ *adj* **1.** (*Quím*) saturated. **2.** (*fam*: *lugar*): **los sábados está saturado** *de* **gente** on Saturdays it is jam-packed with people.

saturar /satu'rar/ [⇨CANTAR] *vt* (*gen*) to saturate: **saturaron el mercado** *de* **coches** they flooded the market with cars.

saturarse *v prnl* **1.** (*líneas telefónicas*) to become overloaded. **2.** (*de gente*) to get jam-packed.

Saturno /sa'turno/ *sm (Astron)* Saturn.

sauce /'sauθe/ *sm* willow.

sauce llorón *sm* weeping willow.

saúco /sa'uko/ *sm (Bot)* elder.

saudí /sau'ði/, **saudita** /sau'ðita/ *adj, sm/f* Saudi.

sauna /'sauna/ *sf, (Amér L) sm* sauna.

savia /'saβja/ *sf (Bot)* sap ● **el equipo necesita savia nueva** the team needs new blood.

saxo /'sakso/ *sm* **1.** (*instrumento*) sax. **2.** (*intérprete*) saxophonist, saxophone.

saxofón /sakso'fon/, **saxófono** /sak'sofono/ *sm* **1.** (*instrumento*) saxophone. **2.** (*intérprete*) saxophonist, saxophone.

saxofonista /saksofo'nista/ *sm/f* saxophonist.

sayo /'sajo/ *sm* smock.

sazón /sa'θon/ *sf* **1.** (*Agr*: *madurez*) ripeness: **las uvas están** *en* **sazón** the grapes are ripe for picking. **2.** (*sabor*) seasoning: **añadir sal y pimienta hasta darle el punto de sazón** add salt and pepper to taste. **3.** (*frml*: *momento*): **a la sazón no lo deseaba** she didn't want it at the time.

sazonar /saθo'nar/ [⇨CANTAR] *vt* **1.** (*Culin*: *condimentar*) to season. **2.** (*Agr*: *madurar*) to ripen.

sazonarse *v prnl* to ripen.

SE *pronounced* /su'ðeste, su'reste/ (*abbreviation of* **sudeste ✱ sureste**) SE (southeast).

se /se/ **I** *pron personal [form used instead of* ***le*** *or* ***les*** *before another pronoun]* **1.** (*a él*) (to) him; (*a ella*) (to) her; (*a ellos/ellas*) (to) them: **dáselo** give it to him/her/them; (*a usted/ustedes*) (to) you: **¿se lo han dado?** have they given it to you? **2.** (*para él*) (for) him; (*para ella*) (for) her; (*para ellos/ellas*) (for) them: **se lo compré en las rebajas** I bought it for him/her/them in the sales; (*para usted/ustedes*) (for) you: **¿quiere usted que se lo subamos?** do you want us to take it upstairs for you? **3.** (*con verbos como* ***quitar, arrebatar, comprar****: a él*) from him; (*: a ella*) from her; (*: a ellos*) from them: **se la quité** I took it (away) from him/her/them; **se lo voy a comprar** I am going to buy it from him/her/them; (*: a usted/ustedes*) from you: **¿cuándo se lo quitaron?** when did they take it (from you)? **4.** (*a un objeto*) (to) it. **5.** (*usado con el sustantivo*) *[used when the noun it refers to is also present; not translated in English]*: **se lo di a tu hermano** I gave it to your brother.
II *pron reflexivo* **1.** (*con valor reflexivo: referido a él*) himself; (*: referido a ella*) herself: **se miró al espejo** he looked at himself/she looked at herself in the mirror; **se lavó las manos** he washed his hands, she washed her hands; (*: referido a un objeto*) itself; (*: referido a usted*) yourself; (*: referido a ustedes*) yourselves; (*: referido a ellos/ellas*) themselves. **2.** (*con valor recíproco*) each other, one another: **se encontraron a las diez** they met at ten o'clock; **se besaron** they kissed (one another). **3.** (*parte del verbo pronominal*): **se equivocó** he/she made a mistake; **se acuerdan de todo** they remember everything; **se arrepentirá** you will regret it; **se fue sin decir palabra** he/she went away without saying a word; **se preguntarán ustedes si merece la pena** you will be wondering whether it is worth the trouble; **cuidado, no vaya a caerse** be careful you don't fall; **está lavándose** she's having a wash; **váyanse, por favor** please, go away. **4.** (*con valor impersonal o pasivo*): **se dice que va a haber cambios** people say there are going to be changes; **nunca se sabe** you never know, one never knows; **se habla inglés** English spoken; **se construyó en 1900** it was built in 1900.

sé /se/ **I** *first person singular of the present tense of* ➪ saber
II *imperative of* ➪ ser
sea /'sea/ *and other forms with* **sea-** ➪ ser
sebo /'seβo/ *sm* **1.** (*para velas, jabón*) tallow. **2.** (*grasa*) fat. **3.** (*suciedad*) grease.
secadero /seka'ðero/ *sm* drying shed.
secado /se'kaðo/ *sm* drying.
secador /seka'ðor/ *sm* (*gen*) dryer, drier; (*de pelo*) hairdryer; (*de manos*) hand-dryer, dryer.
secadora /seka'ðora/ *sf* (*de ropa*) (tumble) dryer.
secamente /seka'mente/ *adv* bluntly, curtly.
secano /se'kano/ *sm* dry farming: **ésta es tierra de secano** this is dry * unirrigated farmland.
secante /se'kante/ **I** *adj* **1.** (*gen*) drying; (*papel*) blotting. **2.** (*Mat*) secant.
II *sm* blotting paper.
III *sf* (*Mat*) secant.
secar /se'kar/ [➪ sacar] *vt* **1.** (*gen*) to dry; (*los platos, el suelo*) to dry, to wipe (dry); (*la tinta*) to blot. **2.** (*una planta*) to dry up, to wither.
secarse *v prnl* **1.** (*gen*) to dry; (*persona*) to dry oneself: **sécate el pelo antes de salir** dry your hair before you go out. **2.** (*planta*) to dry up, to wither.
sección /sek'θjon/ *sf* **1.** (*de una empresa, un comercio*) department. **2.** (*Mil*) platoon, section. **3.** (*Mat*) section. **4.** (*dibujo*) cross-section. **5.** (*corte*) cut, section.
seccionar /sekθjo'nar/ [➪ CANTAR] *vt* **1.** (*dividir en secciones*) to section. **2.** (*cortar*) to cut off: **la máquina le seccionó un dedo** the machine cut * sliced off one of her fingers.
secesión /seθe'sjon/ *sf* secession.
seco, -ca /'seko -ka/ *adj* **1.** (*sin agua, humedad, lluvia*) dry: **Madrid tiene un clima muy seco** Madrid has a very dry climate; **tengo la piel muy seca** I have very dry skin • **dame un vaso de agua, estoy seca** give me a glass of water, I'm parched • **tiene el cerebro seco de tanto estudiar** she's done so much studying she can't think straight. **2.** (*fruta*) dried: **he comprado higos secos** I've bought some dried figs; (*vino, champán*) dry. **3.** (*planta*) dried up, withered. **4.** (*muy delgado*) thin, skinny. **5.** (*fam: impresionado*) dumbfounded: **la noticia me dejó seco** I was dumbfounded by the news. **6.** (*fam: muerto*): **lo dejó seco de un disparo** she shot him dead. **7.** (*sonido, golpe*) sharp • **paró en seco** she stopped dead. **8.** (*actitud, respuesta*) curt: **me dio una contestación muy seca** she replied very sharply * curtly; (*persona*) unfriendly: **es muy seco** he's very unfriendly. **9.** (*solo*): **estaba comiendo pan seco** he was eating bread with nothing on it • **se llama José a secas** he is just called José.
secretar /sekre'tar/ [➪ CANTAR] *vt* to secrete.
secretaría /sekreta'ria/ *sf* **1.** (*oficina*) secretary's office. **2.** (*Pol: cargo*) secretaryship; (*: lugar*) secretariat; (*Méx: ministerio*) ministry, government department.
secretaría de Estado *sf* (junior) minister's office: **ocupa la secretaría de estado para el deporte** she's the junior minister for sport.
secretaría general *sf* (*cargo*) *post of secretary general*; (*oficina*) general secretariat.
secretariado /sekreta'rjaðo/ *sm* **1.** (*organismo*) secretariat; (*cargo*) secretaryship; (*lugar*) secretariat. **2.** (*Educ*) (course in) secretarial skills *pl*.
secretario, -ria /sekre'tarjo -rja/ *sm/f* **1.** (*gen*) secretary. **2.** (*Méx: ministro*) minister.
secretario, -ria de Estado *sm/f* (*ministro*) Secretary of State; (*cargo dentro de un ministerio*) (junior) minister.
secretario, -ria general *sm/f* secretary-general.
secreter /sekre'ter/ *sm* writing desk.
secreto, -ta /se'kreto -ta/ **I** *adj* secret: **llevaron a cabo una votación secreta** they held a secret ballot.
II secreto *sm* secret: **no te lo puedo decir porque es un secreto** I can't tell you because it's a secret; **no sabe guardar un secreto** she can't keep a secret; **han llevado el asunto** *con* **gran secreto** they've gone about it in great secrecy; **lo desarrollaron** *en* **secreto** they developed it secretly * in secret; **te voy a confiar un secreto...** I'll let you into a secret...; **el secreto del éxito** the secret *of* success; **el secreto está en usar aceite de oliva** the secret lies in using olive oil.
secreto a voces *sm* (*fam*) open secret.
secreto profesional *sm* professional secrecy * confidentiality.
secta /'sekta/ *sf* sect.
sectario, -ria /sek'tarjo -rja/ *adj, sm/f* sectarian.
sector /sek'tor/ *sm* **1.** (*de un lugar*) area: **este sector de la ciudad es muy tranquilo** this area * part of the city is very quiet. **2.** (*de un grupo, una colectividad, etc.*) sector, section: **el sector de la población de más bajos ingresos** the lowest income sector of the population. **3.** (*Mat*) sector. **4.** (*Fin*) sector: **el sector servicios** the service sector.
sector privado *sm* private sector.
sector público *sm* public sector.
secuaz /se'kwaθ/ *sm/f* [**secuaces**] henchman (*pl* henchmen): **detuvieron al cabecilla y a todos sus secuaces** they arrested the ringleader and all his henchmen.
secuela /se'kwela/ *sf* result, consequence: **esto va a tener secuelas** this is bound to have repercussions.
secuencia /se'kwenθja/ *sf* sequence.
secuestrador, -dora /sekwestra'ðor -'ðora/ *sm/f* (*de personas*) kidnapper: **los secuestradores piden un rescate muy elevado** the kidnappers are asking for a very large ransom; (*de aviones*) hijacker.
secuestrar /sekwes'trar/ [➪ CANTAR] *vt* **1.** (*a personas*) to kidnap, to abduct; (*aviones*) to hijack. **2.** (*bienes*) to confiscate, to seize; (*una publicación*) to seize: **el juez ordenó secuestrar la edición del domingo** the judge ordered that the Sunday edition be seized.
secuestro /se'kwestro/ *sm* **1.** (*de una persona*) kidnapping, abduction; (*de un avión*) hijacking. **2.** (*de bienes*) confiscation, seizure; (*de una publicación*) seizure.
secular /seku'lar/ *adj* **1.** (*seglar*) secular. **2.** (*centenario*) age-old: **todavía mantienen tradiciones seculares** they still keep up age-old traditions.
secundar /sekun'dar/ [➪ CANTAR] *vt* to support: **los estudiantes secundaron la huelga de profesores** the students supported the teachers' strike.
secundaria /sekun'darja/ *sf* (*Educ*) secondary education, (*US*) high school (education).
secundario, -ria /sekun'darjo -rja/ *adj* secondary: **ése es un tema de importancia secundaria** that is an issue of secondary importance.
secuoya /se'kwoja/ *sf* sequoia.
sed /seð/ *sf* **1.** (*ganas de beber*) thirst: **¡tengo una sed!** I'm really thirsty!; **estos bombones dan mucha sed** these chocolates make you very thirsty. **2.** (*deseo intenso*) thirst: **el pueblo tiene sed** *de* **justicia** the people are thirsty for justice.
seda /'seða/ *sf* silk • **desde que él está al frente, todo**

va como la seda since he's been in charge, everything has run like clockwork.
seda natural *sf* natural silk.
sedal /se'ðal/ *sm* fishing line.
sedante /se'ðante/ **I** *adj* (*gen*) soothing; (*Med*) sedative.
II *sm* (*Med*) sedative: **le habían administrado un sedante** he had been given a sedative.
sedar /se'ðar/ [⇨ CANTAR] *vt* to sedate.
sede /'seðe/ *sf* **1.** (*de una organización*) headquarters [lleva el verbo en singular o plural]: **el partido tiene su sede en Sevilla** the party's headquarters are ✻ is in Seville; (*de una empresa*) head office, headquarters [lleva el verbo en singular o plural]; (*de un gobierno*) seat; (*de un acontecimiento*) venue: **Barcelona fue la sede de las Olimpiadas del 92** Barcelona was the venue for the 1992 Olympic Games. **2.** (*Relig*) see.
sede social *sf* head office, headquarters [lleva el verbo en singular o plural].
sedentario, -ria /seðen'tarjo -rja/ *adj* sedentary.
sedente /se'ðente/ *adj* (*frml*) seated: **en la entrada hay dos esculturas sedentes** at the entrance there are two seated figures.
sediento, -ta /se'ðjento -ta/ *adj* (*persona*) thirsty: **con la sequía, los campos están sedientos** the drought has left the fields dry ✻ parched.
sedimentar /seðimen'tar/ [⇨ CANTAR] *vt* to deposit.
sedimentarse *v prnl* to settle: **el fango se sedimenta en el fondo del lago** the mud settles at the bottom of the lake.
sedimentario, -ria /seðimen'tarjo -rja/ *adj* sedimentary.
sedimento /seði'mento/ *sm* sediment, deposit.
sedoso, -sa /se'ðoso -sa/ *adj* silky.
seducción /seðuk'θjon/ *sf* seduction.
seducir /seðu'θir/ [⇨ conducir] *vt* **1.** (*atraer*) to tempt: **me seduce la idea de pasar unos días en la playa** I'm tempted by the idea of spending a few days by the sea. **2.** (*sexualmente*) to seduce.
seductor, -tora /seðuk'tor -'tora/ **I** *adj* **1.** (*tentador*) tempting: **me hizo una oferta muy seductora** she made me a very tempting offer. **2.** (*sugerente*) seductive: **llevaba un vestido muy seductor** she was wearing a very seductive dress.
II *sm/f* (*hombre*) seducer; (*mujer*) seductress.
sefardí /sefar'ði/ [**sefardíes** ✻ **sefardís**], **sefardita** /sefar'ðita/ **I** *adj* Sephardic.
II *sm/f* Sephardi (*pl* Sephardim).
segador, -dora /seɣa'ðor -'ðora/ *sm/f* reaper, harvester.
segadora /seɣa'ðora/ *sf* (*para cereales*) harvester; (*para césped*) lawnmower.
segar /se'ɣar/ [⇨ regar] *vt* **1.** (*cereales*) to reap, to harvest; (*el césped*) to mow, to cut. **2.** (*interrumpir*): **la guerra segó muchas vidas jóvenes** the war cut short many young lives.
seglar /se'ɣlar/ **I** *adj* lay: **en el colegio había algunos profesores seglares** there were some lay teachers at the school; **la vida seglar** secular life.
II *sm/f* (*hombre*) layman; (*mujer*) laywoman.
segmentar /seɣmen'tar/ [⇨ CANTAR] *vt* to segment.
segmento /seɣ'mento/ *sm* segment.
segoviano, -na /seɣo'βjano -na/ **I** *adj* of ✻ from Segovia.
II *sm/f* native ✻ inhabitant of Segovia.
segregación /seɣreɣa'θjon/ *sf* segregation.
segregación racial *sf* racial segregation.
segregar /seɣre'ɣar/ [⇨ pagar] *vt* **1.** (*separar*) to segregate. **2.** (*Biol*) to secrete.
seguidamente /seɣiða'mente/ *adv* (*frml*) next: **seguidamente les ofrecemos un programa musical** next there will be a music programme.
seguidilla /seɣi'ðiʎa/ *sf*: *Spanish dance and music.*
seguido, -da /se'ɣiðo -ða/ **I** *adj* **1.** (*consecutivo*) consecutive: **seis victorias seguidas** six consecutive wins, six wins in a row; **se comió cinco pasteles seguidos** he ate five cakes one after the other. **2.** (*acompañado*): **entró seguida de su séquito** she went in followed by her entourage.
II seguido *adv* **1.** (*gen*) straight ahead, straight on: **al pueblo se va por esa carretera, todo seguido** to get to the village you go straight along that road. **2.** (*Amér L: a menudo*) often.
III en seguida *loc adv* ⇨ enseguida
seguidor, -dora /seɣi'ðor -'ðora/ *sm/f* **1.** (*simpatizante*) follower. **2.** (*en deportes*) supporter, fan.
seguimiento /seɣi'mjento/ *sm* **1.** (*de nave espacial*) tracking. **2.** (*estudio, observación*) monitoring.
seguir /se'ɣir/ [⇨ table: seguir] *vt* **1.** (*gen*) to follow: **sigue a su amo a todas partes** he follows his master wherever he goes; **le siguieron el rastro más de dos meses** they followed his trail for over two months; **¿estás siguiendo esa serie?** are you following that series?; **seguí mi intuición** I followed my intuition; **no siguió la receta** he didn't follow the recipe; **es difícil seguir sus explicaciones** it's hard to follow his explanations ● **siguió los pasos de su padre** she followed in her father's footsteps. **2.** (*continuar*) to continue, to carry on: **la enfermedad está siguiendo su curso normal** the illness is running its normal course. **3.** (*estudiar*): **siguió la carrera de medicina** she studied to be a doctor.
♦*vi* **1.** (*continuar*) to go on, to carry on: **el tren sigue**

seguir

INDICATIVE

Present	Preterite
sigo	seguí
sigues	seguiste
sigue	siguió
seguimos	seguimos
seguís	seguisteis
siguen	siguieron

SUBJUNCTIVE

Present	Imperfect
siga	siguiera *or* siguiese
sigas	siguieras *or* siguieses
siga	siguiera *or* siguiese
sigamos	siguiéramos *or* siguiésemos
sigáis	siguierais *or* siguieseis
sigan	siguieran *or* siguiesen

IMPERATIVE

(tú) sigue	(usted) siga
(vosotros) seguid	(ustedes) sigan

PRESENT PARTICIPLE

siguiendo

For the rest of the tenses ⇨ PARTIR (in appendix)

hasta **Guadalajara** the train goes on to Guadalajara; **siguió hablando como si nada** he carried on talking as if nothing had happened; **sigue** *con* **lo que estabas haciendo** carry on with what you were doing; **la historia sigue** *en* **la página siguiente** the story continues on the next page; **sigue deprimido** he's still depressed ● **¿cómo sigue tu padre?** how is your father keeping? ● **¡a seguir bien!** look after yourself! **2.** (*estar, ir a continuación*): **llama al que sigue en la lista** call the next one on the list. **3.** (*extenderse*) to extend: **la finca sigue** *hasta* **el río** the estate extends as far as the river.

seguirse *v prnl* (*frml*) to follow: **de esto se sigue que teníamos razón** it follows from this that we were right.

según /se'ɣun/ **I** *prep* **1.** (*de acuerdo con*) according to: **todo sucedió según mis cálculos** everything went according to my calculations; **según los especialistas, el cuadro es falso** according to the experts, the painting is a fake; **según habla, parece un profesional** from the way he speaks, you'd think he was a professional. **2.** (*dependiendo de*) depending on: **iremos a la playa según el tiempo que haga** whether we go to the beach depends on the weather.

II *adv relativo* **1.** (*al mismo tiempo que*) as: **según sacaba la ropa de la lavadora ella la iba tendiendo** as I took the clothes out of the washing machine she was hanging them out. **2.** (*de la manera que*) just as: **la habitación está según la dejaste** the room is just as you left it ● **todo se hará según y como ordena** * **según y conforme ordena** everything will be done just as you say. **3.** (*dependiendo de*) depending on: **"¿Vendrás mañana?" "No sé, según me encuentre."** "Will you come tomorrow?" "I don't know, it depends how I feel."; **según lo que me ofrezcan, aceptaré o no** depending on what they offer, I'll decide whether to accept or not.

segunda /se'ɣunda/ *sf* **1.** (*en orden*) second: **llegó la segunda** she came second ● **su pregunta iba con segundas** there was more to his question than met the eye. **2.** (*clase*) second class: **siempre viajamos** *en* **segunda** we always travel second class. **3.** (*Auto: marcha*) second (gear): **tienes que reducir** *a* **segunda** you have to change down into second.

segundero /seɣun'dero/ *sm* (*de un reloj*) second hand.

segundo, -da /se'ɣundo -da/ **I** *adj* **1.** (*en orden, importancia*) second: **vivo en el segundo piso** I live on the second floor; **viajan en segunda clase** they travel second class; **en la Segunda Guerra Mundial** in the Second World War * in World War II ● **su pregunta iba con segundas intenciones** there was more to his question than met the eye. ⇨ sexto **2.** (*en relaciones de parentesco*) second: **se casó con un primo segundo** she married a second cousin.

II segundo *sm* **1.** (*en orden*) second: **llegó el segundo** he came second. ⇨ sexto **2.** (*unidad de tiempo*) second: **espérate un segundo** wait a second.

segundo, -da de a bordo *sm/f* second-in-command.

seguramente /seɣura'mente/ *adv* probably: **seguramente iremos en tren** we will probably * almost certainly go by train.

seguridad /seɣuri'ðað/ *sf* **1.** (*para evitar peligro, accidentes*) safety: **el ejército se encargará de la seguridad del presidente** the army will be responsible for the president's safety; **hizo un cursillo de seguridad en el trabajo** she attended a course on safety at work; (*para evitar robos, ataques*) security: **han introducido más medidas de seguridad** (*para evitar accidentes*) they have introduced more safety measures; (*para evitar robos*) they have introduced more security measures. **2.** (*estabilidad*) security: **tienen muy poca seguridad** *en* **el trabajo** they have very little job security. **3.** (*confianza*) confidence: **tiene gran seguridad** *en* **sí misma** she has a lot of self-confidence; **habló con mucha seguridad** he spoke very confidently. **4.** (*garantía*): **me dio la seguridad** *de* **que tendría trabajo para otro año** she assured me that I would have work for another year; **me lo dijeron** *con* **toda seguridad** they told me it was definite; **no te lo puedo decir** *con* **seguridad** I cannot tell you for certain * cannot be certain about it.

Seguridad Social *sf* Social Security.

seguro, -ra /se'ɣuro -ra/ **I** *adj* **1.** (*protegido*) safe: **aquí estarás segura** you'll be safe here; **lo guardó en un sitio seguro** she put it in a safe place. **2.** (*cierto, definitivo*) definite: **su nombramiento es seguro, se hará público mañana** his appointment is definite, it will be made public tomorrow; **le dieron fecha segura** they gave her a definite date. **3.** (*convencido*) sure: **estoy seguro** *de* **que no me defraudarás** I'm sure you won't let me down. **4.** (*estable*) secure: **es un negocio muy seguro** it is a very secure business. **5.** (*fiable*) reliable: **para comprobarlo sólo hay un sistema seguro** there is only one sure * reliable way of checking it.

II seguro *sm* **1.** (*de accidente, enfermedad*) insurance: **¿quiénes son los beneficiarios del seguro?** who are the beneficiaries of the insurance policy? **2.** (*dispositivo*) safety catch; (*de un arma*) safety (catch). **3.** (*garantía*) guarantee: **tu palabra es para mí un seguro** your word is my guarantee. **4. el Seguro** (*fam: la Seguridad Social*) the Social Security. **5.** (*Amér C, Méx: alfiler*) safety pin.

III seguro *adv*: **seguro que llega tarde** I bet he'll be late, he's bound to be late ● **de seguro** * **a buen seguro ya estará allí** she must be there by now ● **siempre juega sobre seguro** he always plays safe ● **ten por seguro que volverá** you can be sure she'll be back.

seguro a terceros *sm* third party insurance.

seguro a todo riesgo *sm* (*gen*) all-risks insurance; (*Auto*) fully comprehensive insurance.

seguro contra incendios *sm* fire insurance.

seguro contra robo *sm* theft insurance.

seguro de vida *sm* life insurance.

seguro obligatorio *sm*: *minimum insurance needed for motor vehicles.*

seis /seis/ **I** *adj* (*cardinal*) six; (*ordinal*) sixth. ⇨ doce
II *sm* (*cardinal*) six; (*ordinal*) sixth. ⇨ doce
III las seis *sf pl* (*hora*) six o'clock. ⇨ doce

seiscientos, -tas /seis'θjentos -tas/ **I** *adj* (*cardinal*) six hundred; (*ordinal*) six hundredth. ⇨ doscientos
II *sm/f* (*ordinal*) six hundredth. ⇨ doscientos
III *sm* **1. el seiscientos** (*número*) (the number) six hundred. **2.** (*coche*) *SEAT 600 car.*

seísmo /se'izmo/ *sm* (*de gran intensidad*) earthquake; (*de poca intensidad*) tremor.

selección /selek'θjon/ *sf* **1.** (*gen*) selection: **son muy estrictos en la selección de personal** they are rigorous in their staff selection. **2.** (*also* **selección nacional**) (*Dep*) national team: **la selección española viaja el domingo a Roma** the Spanish team travels to Rome on Sunday.

selección natural *sf* (*Biol*) natural selection.

seleccionador, -dora /selekθjona'ðor -'ðora/ **I** *adj*

selection: **el proceso seleccionador** the selection process.
II *sm/f* (*also* **seleccionador, -dora nacional**) (*Dep*) national team manager.

seleccionar /selekθjo'nar/ [⇨CANTAR] *vt* to select, to choose.

selectividad /selektiβi'ðað/ *sf* **1.** (*cualidad*) selectivity. **2.** (*Educ: en España*) *university entrance examinations.*

selectivo, -va /selek'tiβo -βa/ *adj* selective: **no es muy selectivo** *con* **lo que lee** he is not at all selective in his reading.

selecto, -ta /se'lekto -ta/ *adj* select: **es uno de los restaurantes más selectos de la ciudad** it is one of the most select ✻ exclusive restaurants in town; **sólo emplean ingredientes selectos** they only use select ✻ choice ingredients.

selector /selek'tor/ *sm* selector: **el selector de canales** the channel selector.

sellar /se'ʎar/ [⇨CANTAR] *vt* **1.** (*una carta, un paquete*) to seal • **mis labios están sellados** my lips are sealed; (*un documento, un impreso*) to stamp. **2.** (*puertas, ventanas, etc.*) to seal. **3.** (*concluir*) to seal, to settle: **sellaron el trato con un apretón de manos** they sealed the agreement with a handshake. **4.** (*joyas*) to hallmark.

sello /'seʎo/ *sm* **1.** (*de correos*) stamp. **2.** (*para marcar: de metal*) seal; (*: de caucho*) rubber stamp. **3.** (*marca*) stamp, seal: **el documento tenía el sello oficial** the document bore the official seal • **todo lo que escribe tiene su sello inconfundible** everything he writes bears his unmistakeable stamp. **4.** (*sortija*) signet ring, seal ring.

selva /'selβa/ *sf* (*gen*) jungle • **la gran ciudad es una selva** big cities are a jungle; (*en los trópicos*): **participó en una expedición a la selva amazónica** she took part in an expedition to the Amazon rainforest.
selva tropical *sf* tropical rainforest.

selvático, -ca /sel'βatiko -ka/ *adj* jungle: **la vegetación selvática** the jungle vegetation.

semáforo /se'maforo/ *sm* (*para coches*) traffic lights *pl*: **gire a la derecha en el semáforo** turn right at the traffic lights; (*para trenes*) semaphore.

semana /se'mana/ *sf* **1.** (*siete días*) week: **llegué hace una semana** I arrived a week ago; **no le gusta salir** *entre* **semana** she doesn't like going out during the week. **2.** (*paga semanal*) week's wages: **me deben dos semanas** they owe me two weeks' wages.
Semana Santa *sf* (*desde el punto de vista religioso*) Holy Week; (*desde el punto de vista de vacaciones*) Easter: **fui a Nueva York en Semana Santa** I went to New York at Easter.

semanal /sema'nal/ *adj* weekly.

semanario /sema'narjo/ *sm* (*revista*) weekly magazine; (*periódico*) weekly newspaper.

semántica /se'mantika/ *sf* semantics [lleva el verbo en singular].

semántico, -ca /se'mantiko -ka/ *adj* semantic.

semblante /sem'blante/ *sm* (*frml*) **1.** (*rostro*) face: **a pesar de la impresión, pudo componer el semblante** despite the shock, she managed to compose herself; **la noticia le hizo mudar el semblante** he was visibly shocked by the news. **2.** (*aspecto*) look: **el cielo tenía mal semblante** the sky looked grim.

sembrado, -da /sem'braðo -ða/ **I** *adj* (*Agr*) sown.
II sembrado *sm* **1.** (*Agr*) sown field. **2.** (*Méx: en tenis*) seed.

sembrador, -dora /sembra'ðor -'ðora/ *sm/f* sower.

sembradora *sf* /sembra'ðora/ seed drill.

sembrar /sem'brar/ [⇨pensar] *vt* **1.** (*Agr*) to sow: **sembraron el trigo hace un mes** they sowed the wheat a month ago; **sembraron el campo** *de* **cebada** they sowed the field with barley; **la medida sembró el descontento** *entre* **los empleados** the measure caused discontent among the employees. **2.** (*cubrir*): **dejó el escritorio sembrado** *de* **papeles** he left his desk covered with papers. **3.** (*inculcar*) (*GB*) to instil, (*US*) to instill.

semejante /seme'xante/ **I** *adj* **1.** (*parecido*) similar: **es bastante semejante** *al* **mío** it's quite similar to mine; **la mayoría de personas respondió de forma semejante** most people gave similar answers. **2.** (*para intensificar*): **nunca había visto nada semejante** I had never seen anything like it; **jamás aceptaría semejante invitación** I would never accept such an invitation.
II *sm*: **debes aprender a respetar a tus semejantes** you must learn to respect your fellow men.

semejanza /seme'xanθa/ *sf* resemblance: **el retrato no tiene ninguna semejanza** *con* **él** his portrait bears no resemblance to him; **existe cierta semejanza** *entre* **las dos propuestas** there are some similarities between the two proposals.

semejar /seme'xar/ [⇨CANTAR] *vt* to resemble, to look like.
semejarse *v prnl* to resemble each other, to be like each other.

semen /'semen/ *sm* semen.

semental /semen'tal/ **I** *adj* stud: **un caballo semental** a stud stallion.
II *sm* stud.

sementera /semen'tera/ *sf* **1.** (*temporada*) sowing season. **2.** (*terreno*) sown field.

semestral /semes'tral/ *adj* half-yearly.

semestre /se'mestre/ *sm* (*Educ*) semester; (*Fin*) half-year.

semicircular /semiθirku'lar/ *adj* semicircular.

semicírculo /semi'θirkulo/ *sm* semicircle.

semiconductor /semikonduk'tor/ *sm* (*Fís*) semiconductor.

semifinal /semifi'nal/ *sf* semifinal: **lo descalificaron en las semifinales** he was disqualified in the semifinals.

semifinalista /semifina'lista/ *sm/f* semifinalist.

semilla /se'miʎa/ *sf* (*Bot*) seed • **la medida fue la semilla del descontento** the measure was the cause of the discontent.

semillero /semi'ʎero/ *sm* **1.** (*Agr*) seedbed. **2.** (*fuente*): **este negocio es un semillero de problemas** this business is a source of constant problems; **la universidad era un semillero de subversión** the university was a hotbed of subversion.

seminario /semi'narjo/ *sm* **1.** (*Relig*) seminary. **2.** (*Educ*) seminar.

seminarista /semina'rista/ *sm* seminarian, seminarist.

semita /se'mita/ **I** *adj* Semitic.
II *sm/f* Semite.

semítico, -ca /se'mitiko -ka/ *adj* Semitic.

semitono /semi'tono/ *sm* (*Mús*) semitone.

sémola /'semola/ *sf* semolina.

senado /se'naðo/ *sm* senate.

senador, -dora /sena'ðor -'ðora/ *sm/f* senator.

sencillez /senθi'ʎeθ/ *sf* (*de ejecución*) simplicity; (*de *apariencia, decoración*): **tenían la casa decorada con mucha sencillez** the house was decorated in a very simple style; (*de una persona*): **lo que más me atrajo de él fue su sencillez** what I found most attractive about him was his straightforwardness.

sencillo, -lla /sen'θiʎo -ʎa/ **I** *adj* **1.** (*sin dificultad*) simple, easy: **tuvimos que contestar unas preguntas muy sencillas** we had to answer some very simple questions. **2.** (*austero, sin adornos*) simple: **llevaba un vestido muy sencillo** she was wearing a very simple dress. **3.** (*persona*) simple: **son gentes sencillas** they are simple people. **4.** (*Transp*) one-way, single: **sacamos un billete sencillo** we bought a one-way ticket.
II sencillo *sm* **1.** (*disco*) single. **2.** (*Amér L: dinero suelto*) (loose) change.

senda /'senda/ *sf* **1.** (*camino*) path • **siguió la senda del crimen** he embarked on a life of crime. **2.** (*Arg, Urug: Auto*) lane.

senderismo /sende'rizmo/ *sm* hiking.

senderista /sende'rista/ *sm/f* hiker.

sendero /sen'dero/ *sm* path.

sendos, -das /'sendos -das/ *adj* (*frml*): **el rey y la reina llevaban sendas coronas** the king and queen each wore a crown.

senectud /senek'tuð/ *sf* (*frml*) old age.

senil /se'nil/ *adj* senile.

senilidad /senili'ðað/ *sf* senility.

sénior /'senjor/ *adj, sm/f* [**séniors**] senior.

seno /'seno/ *sm* **1.** (*Anat: pecho*) breast. **2.** (*frml: entrañas*): **llevaba un hijo en su seno** she was carrying a child. **3.** (*de una organización*) heart: **existen muchos conflictos en el seno del partido** there is much internal conflict within the party; (*de la familia, la religión*) bosom. **4.** (*Anat: conducto de la cavidad craneal*) sinus. **5.** (*Mat*) sine.

sensación /sensa'θjon/ *sf* **1.** (*percepción, sentimiento*) feeling: **tuve todo el día una sensación de malestar** I had a feeling of discomfort all day long. **2.** (*efecto grande o fuerte*) sensation: **con ese peinado causarás sensación** you'll cause a sensation with that hairstyle. **3.** (*presentimiento*) feeling: **me da la sensación de que no le va a gustar** I have a feeling that he's not going to like it.

sensacional /sensaθjo'nal/ *adj* sensational.

sensacionalismo /sensaθjona'lizmo/ *sm* sensationalism.

sensacionalista /sensaθjona'lista/ **I** *adj* sensationalist.
II *sm/f* sensationalist.

sensatez /sensa'teθ/ *sf* good sense.

sensato, -ta /sen'sato -ta/ *adj* sensible.

sensibilidad /sensiβili'ðað/ *sf* **1.** (*gen*) sensitivity; (*de un artista*): **es un poeta de gran sensibilidad** he's a poet of great sensibility. **2.** (*percepción sensorial*) (the sense of) feeling: **ha perdido la sensibilidad en la mano derecha** he has lost the sense of feeling in his right hand. **3.** (*de un aparato*) sensitivity.

sensibilizar /sensiβili'θar/ [⇨ cazar] *vt* to make aware: **la noticia sensibilizó a la gente** *sobre* **el problema** the news made people aware * conscious of the problem.
sensibilizarse *v prnl* to become aware.

sensible /sen'siβle/ *adj* **1.** (*que se impresiona o emociona fácilmente*) sensitive: **es una chica muy sensible** she's a very sensitive girl; (*que aprecia el arte, la belleza*) sensitive. **2.** (*a la luz, el calor, etc.*) sensitive: **los bebés son muy sensibles** *al* **calor** babies are very sensitive to heat. **3.** (*preciso*): **en química hay que utilizar balanzas muy sensibles** in chemistry you have to use very sensitive scales. **4.** (*apreciable*) noticeable, appreciable: **se prevé un sensible aumento de las temperaturas** there is likely to be a noticeable increase in temperatures. **5.** (*frml: perceptible*) perceptible.

sensiblería /sensiβle'ria/ *sf* over-sentimentality.

sensiblero, -ra /sensi'βlero -ra/ *adj* sentimental.

sensitivo, -va /sensi'tiβo -βa/ *adj* sensory.

sensorial /senso'rjal/ *adj* sensory.

sensual /sen'swal/ *adj* (*agradable a los sentidos*) sensuous; (*en sentido sexual*) sensual.

sensualidad /senswali'ðað/ *sf* (*agradable a los sentidos*) sensuousness; (*en sentido sexual*) sensuality.

sentada /sen'taða/ *sf* **1.** (*acción de protesta*) sit-in: **hicieron una sentada delante de la fábrica** they staged a sit-in in front of the factory. **2.** (*fam: tiempo sentado*) sitting: **se comió la tarta de una sentada** he ate the cake in one sitting.

sentado, -da /sen'taðo -ða/ *adj* **1.** (*en una silla, en el suelo*) seated, sitting (down): **estaban todos sentados** they were all sitting down * seated; **permanezcan sentados** remain seated; **estaba sentado** *en* **mi sitio** he was sitting in my place • **dieron por sentado que los invitarían** they took it for granted that they would be invited. **2.** (*sensato*) sensible: **es un muchacho muy sentado para sus años** he's very sensible for his age.

sentar /sen'tar/ [⇨ pensar] *vt* **1.** (*en una silla, en el suelo*) to seat, to sit. **2.** (*crear, fundamentar*) to establish: **sentaron las bases del acuerdo** they established * laid the foundations of the agreement.
♦ *vi* **1.** (*alimentos, descanso, etc.*): **tómate la sopa, te sentará bien** eat your soup, it will do you good; **viajar te sentará bien** travelling around will do you good; **no le sienta bien el picante** spicy food doesn't agree with him; **le sentó mal algo que comió** something he ate didn't agree with him. **2.** (*ropa*) to suit: **¡qué mal le sienta esa blusa!** that blouse doesn't suit her at all!; **el rojo te sienta fenomenal** red suits you very well. **3.** (*actuación, comportamiento, comentario*): **¿cómo le sentó cuando se lo dijiste?** how did he take it when you told him?; **me sentó fatal que no nos llamaran** I was very upset that they didn't call us.
sentarse *v prnl* to sit (down): **se sentó** *en* **la hierba** he sat (down) on the grass.

sentencia /sen'tenθja/ *sf* **1.** (*proverbio*) maxim. **2.** (*Jur: del juez*) sentence: **el juez aún no ha dictado sentencia** the judge has not yet passed sentence.

sentenciar /senten'θjar/ [⇨ CAMBIAR] *vt* **1.** (*Jur*) to sentence. **2.** (*destinar al fracaso*): **la obra estaba sentenciada desde el día de su estreno** the play was doomed from the day it opened.

sentencioso, -sa /senten'θjoso -sa/ *adj* sententious.

sentido, -da /sen'tiðo -ða/ **I** *adj* **1.** (*susceptible*) sensitive: **no seas tan sentido, nadie quiso herirte** don't be so sensitive, no one meant to hurt you. **2.** (*doloroso*): **su pérdida va a ser muy sentida** his loss will be deeply felt; **le doy mi más sentido pésame** please accept my most sincere condolences * my deepest sympathy.
II sentido *sm* **1.** (*vista, oído, etc.*) sense • **atendí con los cinco sentidos** I paid very close attention • **puso sus cinco sentidos en los exámenes** he threw himself body and soul into the exams. **2.** (*conocimiento*) consciousness: **tardó bastante en recobrar el sen-**

tido it was some time before she regained consciousness. **3.** (*lógica*) sense, point: **¿qué sentido tiene que nos enfademos?** what is the point ∗ sense of us losing our tempers?; **no tiene sentido que lo presentes fuera de plazo** it's pointless to send it in after the deadline. **4.** (*significado*) meaning: **usa constantemente palabras con doble sentido** she is always using words with double meanings; **para él la vida ya no tenía sentido** life no longer had any meaning for him. **5.** (*capacidad*) sense: **tiene un gran sentido** *del* **ritmo** he has a great sense of rhythm. **6.** (*dirección*) direction: **su coche iba** *en* **sentido contrario** their car was going in the opposite direction; **una calle de sentido único** a one-way street.

sentido común *sm* common sense.

sentido del humor *sm* sense of humour, (*US*) sense of humor.

sentimental /sentimen'tal/ **I** *adj* sentimental. **II** *sm/f* sentimentalist, sentimental person.

sentimentalismo /sentimenta'lizmo/ *sm* sentimentality.

sentimiento /senti'mjento/ *sm* **1.** (*gen*) feeling: **no se atrevía a revelarle sus sentimientos** he was afraid to reveal his feelings to her; **procura no herir sus sentimientos** try not to hurt his feelings; **la película me produjo un sentimiento de tristeza** the film left me with a feeling of sadness. **2.** (*pena*) grief, sorrow • **te acompaño en el sentimiento** please accept my deepest sympathy.

sentir /sen'tir/ **I** [⇨table: sentir] *vt* **1.** (*sensaciones físicas*) to feel: **se me ha dormido la pierna y no la siento** my leg has gone numb and I can't feel it; **empezaba a sentir algo de sueño** she was starting to feel rather sleepy; **sentíamos un hambre atroz** we felt terribly hungry; **¿sientes frío?** are you cold?

sentir

INDICATIVE

Present	Preterite
siento	sentí
sientes	sentiste
siente	sintió
sentimos	sentimos
sentís	sentisteis
sienten	sintieron

SUBJUNCTIVE

Present	Imperfect
sienta	sintiera *or* sintiese
sientas	sintieras *or* sintieses
sienta	sintiera *or* sintiese
sintamos	sintiéramos *or* sintiésemos
sintáis	sintierais *or* sintieseis
sientan	sintieran *or* sintiesen

IMPERATIVE

(tú) siente	(usted) sienta
(vosotros) sentid	(ustedes) sientan

PRESENT PARTICIPLE

sintiendo

For the rest of the tenses ⇨ PARTIR (in appendix)

2. (*emociones*) to feel: **no te puedo explicar lo que sentí** I can't explain to you what I felt; **sintió una gran alegría al verla** he felt very happy when he saw her; **no siente lástima** *por* **nadie** he has no sympathy for anyone; **sentí mucho miedo** I was very afraid; (*creer, opinar*) to feel, to think: **dijo lo que sentía** he said what he felt ∗ what he thought. **3.** (*notar*): **las secuelas de la sequía no tardaron en hacerse sentir** the effects of the drought soon began to be felt. **4.** (*percibir: con el oído*) to hear: **no la sentí entrar** I didn't hear her come in; (*Amér L*: *: con el olfato, el gusto*): **sentí olor a comida** I could smell food; **yo le siento gusto a queso** it tastes of cheese to me. **5.** (*lamentar*): **lo siento** I'm sorry; **siento mucho que no puedas venir** I'm very sorry you can't come; **siento tener que comunicarle que...** I'm sorry to have to inform you that....
♦ *vi* to notice: **se nos pasaron las horas sin sentir** the hours passed by without our noticing.

sentirse *v prnl* **1.** (*gen*) to feel: **¿cómo te sientes?** how are you feeling?; **se siente algo mareado** he is feeling a bit dizzy; **me siento bien/mal** I feel well/I don't feel well. **2.** (*considerarse*) to feel: **se siente más importante que los demás** he feels he's more important than everyone else; **se siente culpable** she feels guilty; **me sentí obligada a ir** I felt I had to go. **II** *sm* **1.** (*parecer*) view, opinion: **quiero que me des tu sentir** *sobre* **el problema** I would like to have your views on the problem; **ése no es el sentir de la población** that's not the general feeling among the public. **2.** (*sentimientos*) feelings *pl*.

seña /'seɲa/ **I** *sf* **1.** (*detalle diferenciador*) (distinguishing) mark, detail: **me reconoció por las señas que le diste de mí** he recognized me by the description you gave him of me • **es argentino; para ∗ por más señas, de Trelew** he's Argentinian; from Trelew, to be precise. **2.** (*ademán*) sign, gesture: **le hizo una seña para que viniera** she signalled to him to come over; **le hice señas de que se escondiera** I gestured to her to hide • **hablan por señas** they talk in sign language; (*muestra*) sign: **dio señas de arrepentimiento** he showed signs of remorse. **3.** (*contraseña*) sign, signal: **la seña era dar tres golpes en la puerta** the signal was to knock on the door three times. **4.** (*Arg*, *Urug*: *depósito*) deposit. **II señas** *sf pl* address: **dame tus señas** give me your address.

señal /se'ɲal/ *sf* **1.** (*indicación de algo*) sign: **si te invitan es señal de que quieren que vayas** if they invite you, it's a sign that they want you to come; **mala señal cuando se retrasa tanto** it's not a good sign that she's so late; **la señal será encender la luz dos veces** the signal will be to switch the light on and off twice; **me envió un ramo de flores** *en* **señal** *de* **disculpa** he sent me a bunch of flowers to show that he was sorry • **no dio señales de vida durante un año** I didn't hear a word from him for a whole year • **no quedó ni señal de su presencia** not a trace of their presence remained. **2.** (*marca: gen*) mark: **hice una señal en los párrafos pertinentes** I made a mark beside the relevant paragraphs; **puso una señal en el libro para recordar dónde se había quedado** he put a marker in the book to keep his place; (*: de una pisada, una rueda*) track; (*: de una herida*) scar, mark: **tuvo varicela y le han quedado varias señales** she had chickenpox and was left with a few scars. **3.** (*gesto, aviso*) signal, gesture: **nos hicieron señales desde el barco** they signalled to us from the boat; *a* **una señal suya, aparecieron tres de sus compin-**

ches when he gave a signal, three of his pals appeared. **4.** (*de tráfico*) sign. **5.** (*Telec*: *sonido*) tone: **marque al oír la señal** dial when you hear the tone; **cuando se oiga la señal serán las tres** at the third stroke it will be three o'clock. **6.** (*Fin*: *depósito*) deposit.

señal de alarma *sf* alarm signal.

señal de circulación *sf* road sign.

señal de la cruz *sf* sign of the Cross.

señal de peligro *sf* warning sign.

señal de tráfico *sf* road sign.

señalado, -da /seɲa'laðo -ða/ *adj* **1.** (*indicado*) marked, highlighted: **los párrafos más importantes están señalados** the most important paragraphs are highlighted. **2.** (*con una señal, un trauma*) scarred, marked: **me dejó señalada la cara del bofetón** the slap he gave me left a mark on my face; **aquel incidente la dejó señalada** that incident left her scarred. **3.** (*fijado*) fixed, set: **el precio todavía no está señalado** the price has not yet been fixed; **el domingo es el día señalado** *para* **la inauguración** the opening day has been fixed for Sunday. **4.** (*importante: ocasión*) important: **fue un día muy señalado en su vida** it was a very important day in his life; (*: persona*) distinguished, prominent: **es una figura muy señalada en el mundo literario** he is a very distinguished figure in the literary world.

señalar /seɲa'lar/ [➪CANTAR] *vt* **1.** (*ser muestra de*) to signal, to mark: **la aurora señala el comienzo del día** dawn signals the break of day. **2.** (*marcar*) to mark: **señaló** *con* **bolígrafo las frases más importantes del texto** he marked the most important sentences in the text with a pen; (*remarcar*) to emphasize, to underline: **señaló la gravedad de los hechos** he emphasized the seriousness of what had happened. **3.** (*dejar señales en*) to leave a mark on: **el gato me arañó y me señaló la pierna** the cat scratched me and left a mark on my leg; (*dejar cicatrices en*) to leave a scar on; (*traumatizar*) to mark, to scar: **aquella experiencia lo señaló para siempre** that experience marked * scarred him for ever. **4.** (*fijar*) to fix, to set: **todavía no han señalado el día de la boda** they have not set their wedding date yet. **5.** (*mostrar*) to show: **me señaló los errores del ejercicio** he showed me the mistakes in the exercise; **le señalé varios errores en el texto** I pointed out to her several mistakes in the text; **el termómetro señalaba veinte grados** the thermometer was showing twenty degrees. **6.** (*con el dedo*) to point to * at: **me señaló** *en* **el mapa dónde estaba el hotel** he pointed out where the hotel was on the map; **no me gusta que me señalen** *con* **el dedo** I don't like people pointing at me; **no quiero señalar a nadie, pero...** I don't want to accuse anyone but....

señalarse *v prnl* to distinguish oneself: **en aquella campaña se señaló** *por* **su valor** in that campaign he distinguished himself by his courage.

señalización /seɲaliθa'θjon/ *sf* **1.** (*conjunto de señales*) road signs *pl*. **2.** (*acción de colocar señales*) signposting.

señalizar /seɲali'θar/ [➪cazar] *vt* (*con una señal*) to signpost; (*con el intermitente*) to indicate.

señera /se'ɲera/ *sf*: *flag of Catalonia.*

señero, -ra /se'ɲero -ra/ *adj* (*frml*) **1.** (*notable*) outstanding. **2.** (*aislado*) alone: **el cerro se alzaba señero en la meseta** the hill stood in isolation, looking down over the plain.

señor /se'ɲor/ **I** *sm* **1.** (*caballero*) gentleman (*pl* gentlemen): **llegaron tres señores vestidos de negro** three gentlemen dressed in black arrived; (*hombre*) man: **le pregunté a un señor si conocía la tienda** I asked a man if he knew the shop. **2.** (*con apellido, nombre*) Mr (*Mister*): **el señor López llegó tarde** Mr López arrived late; **los señores Ramírez** Mr and Mrs Ramírez; (*con título, cargo*): **el señor presidente anunció su dimisión** the chairman announced his resignation. **3.** (*frml*: *tratamiento directo*) sir: **señor, ¿podría decirme la hora?** excuse me (sir), could you tell me the time?; (*en correspondencia*): **Muy señor mío:...** Dear Sir,.... **4.** (*Hist*: *de criados, esclavos, animales*) master; (*: de un feudo*) (feudal) lord. **5. Señor** (*Relig*) Lord: **Señor, apiádate de nosotros** Lord, have mercy upon us. **6.** (*fam*: *para enfatizar*): **¡no señor!** certainly not!; **¡sí señor!** you bet! * yes sir!

II *adj* (*fam*) **1.** (*refinado*) grand: **tiene unos gustos muy señores** he has very grand tastes. **2.** (*para enfatizar*): **se fumó un señor puro** he smoked a magnificent cigar.

señora /se'ɲora/ **I** *sf* **1.** (*dama*) lady: **pregúntale a esa señora** ask that lady; **señoras y señores,...** ladies and gentlemen,...; (*mujer*) woman: **la ayudó una señora que pasaba por allí** a woman who was passing by helped her. **2.** (*con apellido, nombre*) Mrs: **vengo a ver a la señora González** I've come to see Mrs González; (*con título, cargo*): **la señora diputada está ausente** the honourable member is not here. **3.** (*frml*: *tratamiento directo*) madam: **¿qué desea, señora?** what would you like (madam)?; (*en correspondencia*): **Muy señora mía:...** Dear Madam,.... **4.** (*ama*): **está muy contenta con su señora** she is very happy with the lady she is working for. **5.** (*esposa*) wife: **vendré con mi señora** I will come with my wife. **6.** (*Relig*): **Nuestra Señora** Our Lady.

II *adj* (*fam*: *para enfatizar*): **los vecinos tuvieron una señora bronca** the neighbours had a terrible row.

señorear /seɲore'ar/ [➪CANTAR] *vt* (*frml*) **1.** (*dominar*) to rule (over). **2.** (*sobresalir*) to dominate, to look down on: **la ermita señoreaba toda la llanura** the chapel dominated the whole plain.

señoría /seɲo'ria/ *sf* **1.** (*al dirigirse a: un juez*) (*GB*) your lordship, (*US*) your honor; (*: una juez*) (*GB*) your ladyship, (*US*) your honor. **2.** (*al dirigirse a: un diputado*) (*GB*) honourable member, (*US*) Congressman; (*: una diputada*) (*GB*) honourable member, (*US*) Congresswoman.

señorial /seɲo'rjal/ *adj* (*casa*) stately; (*porte*) noble.

señorío /seɲo'rio/ *sm* **1.** (*mando*) rule, dominion. **2.** (*territorio*) domain, manor. **3.** (*manera de comportarse*) dignity, distinction: **actuó con mucho señorío** she acted with great dignity.

señorita /seɲo'rita/ **I** *sf* **1.** (*chica: gen*) young lady; (*: dicho de una niña*): **es toda una señorita** she's quite a young lady. **2.** (*cuando se usa el apellido o el nombre*) Miss: **la señorita Vives representa nuestros productos** Miss Vives is our company's representative; (*frml*) **la señorita Isabel la recibirá enseguida** (Miss) Isabel will be with you in a moment. **3.** (*tratamiento directo: gen*): **¿qué desea, señorita?** what would you like, (madam)?; (*: en el colegio*): **señorita, ¿puedo ir al lavabo?** may I go to the toilet, Miss?; (*: sin traducción*): **señorita, ¿tienen estos zapatos en color marrón?** excuse me, do you have these shoes in brown? **4.** (*Educ*: *profesora*) teacher: **pregúntaselo a la señorita mañana** ask your teacher tomorrow.

II *adj* (*fam*: *gen*): **¿viajar ella en metro? qué va, es muy señorita** her travel on the underground? you must be joking, she's too good for that; (*: dicho de una niña*): **es muy señorita** she's quite a young lady.

señorito /seɲo'rito/ **I** *sm* **1.** (*tratamiento*) master. **2.** (*fam: joven rico*): **es el típico señorito andaluz** he's the typical Andalusian gentleman farmer's son • **va de señorito por la vida** he expects everything to be handed to him on a plate.
II *adj* (*fam*): **¿que si nos ayudó? qué va, es muy señorito** did he help us? you must be joking, he's far too good for that; **tiene unos gustos muy señoritos** he has very refined tastes.

señorón, -rona /seɲo'ron -'rona/ (*fam*) **I** *adj*: **son muy señorones** they only move in the best circles.
II *sm/f* bigwig.

señuelo /se'ɲwelo/ *sm* (*cebo: gen*) lure, bait; (*: para aves*) decoy.

seo /'seo/ *sf* cathedral (*in some regions*).

sepa /'sepa/ *and other forms with* **sep-** ➪ saber

separación /separa'θjon/ *sf* **1.** (*acción*) separation. **2.** (*distancia*) gap, space: **deja un poco de separación entre las sillas** leave a little gap between the chairs.

separado, -da /sepa'raðo -ða/ **I** *adj* **1.** (*gen*) separate: **duermen en habitaciones separadas** they sleep in separate rooms; **los jardines están separados** *por* **un muro** the gardens are separated by a wall • **lo haremos por separado** we will do it separately. **2.** (*pareja*) separated.
II *sm/f* (*hombre*) *man who is separated from his wife*; (*mujer*) *woman who is separated from her husband*.

separar /sepa'rar/ [➪ CANTAR] *vt* **1.** (*gen*) to separate: **la profesora separó a dos niños que se estaban pegando** the teacher separated two children who were fighting; **la separaron del resto del grupo** they separated her from the rest of the group; **una verja separa los dos jardines** a fence separates the two gardens; (*distinguir*) to differentiate, to separate: **hay que separar los aspectos políticos** *de* **los puramente legales** we must separate the political aspects from the purely legal ones. **2.** (*alejar*) to remove, to move away: **separa la cama de la pared** move the bed away from the wall; **fue separado de su cargo** (*permanentemente*) he was removed from office; (*temporalmente*) he was suspended. **3.** (*reservar*) to put aside, to keep: **le dije al panadero que me separase tres barras** I asked the baker to put three loaves aside for me. **4.** (*agrupar*) to put into groups, to group: **separa las fichas** *por* **colores** put the counters into groups according to colour.
separarse *v prnl* **1.** (*de una persona, un grupo*) to leave: **se separó del grupo en 1991** he left the group in 1991; **al final se separó de su marido** she eventually left her husband. **2.** (*personas entre sí: gen*): **se separaron en el primer cruce** they parted at the first crossroads; **no nos separamos en todo el día** we were together the whole day; **se separaron en 1970 después de una gira mundial** they split in 1970 after a world tour; (*: matrimonio*) to separate: **se separaron a los dos años** they separated after two years. **3.** (*alejarse*) to move ✱ get away: **sepárate** *de* **la ventana** move ✱ get away from the window. **4.** (*despegarse*) to come off: **si se separa, vuelve a pegarlo** if it comes off, stick it back on.

separata /sepa'rata/ *sf* offprint.

separatismo /separa'tizmo/ *sm* separatism.

separatista /separa'tista/ *adj, sm/f* separatist.

sepelio /se'peljo/ *sm* (*frml*) burial.

sepia /'sepja/ **I** *sf* (*Zool*) cuttlefish.
II *sm* (*color*) sepia.
III *adj inv* sepia: **compró papel sepia** he bought sepia paper.

septenio /sep'tenjo/ *sm* seven-year period.

septentrional /septentrjo'nal/ *adj* northern.

septeto /sep'teto/ *sm* septet.

septiembre /sep'tjembre/ *sm* September. ➪ febrero

séptima /'septima/ *sf* **1.** (*en orden*) seventh. **2.** (*Mús*) seventh: **séptima mayor/menor** major/minor seventh.

séptimo, -ma /'septimo -ma/ **I** *adj* seventh: **el séptimo arte** the cinema. ➪ sexto
II séptimo *sm* (*en orden, parte*) seventh. ➪ sexto

septuagésimo, -ma /septwa'xesimo -ma/ **I** *adj* seventieth.
II *sm/f* (*en orden*) seventieth.
III septuagésimo *sm* (*parte*) seventieth.

sepulcral /sepul'kral/ *adj* sepulchral.

sepulcro /se'pulkro/ *sm* tomb, (*GB*) sepulchre, (*US*) sepulcher.

sepultar /sepul'tar/ [➪ CANTAR] *vt* (*enterrar*) to bury; (*cubrir*) to engulf, to bury: **la avalancha de nieve sepultó el vehículo** the avalanche buried the vehicle.

sepultura /sepul'tura/ *sf* **1.** (*frml: acción*): **dieron sepultura** *a* **sus restos mortales en...** they buried his remains in.... **2.** (*fosa*) grave • **se está cavando su propia sepultura** he's digging his own grave.

sepulturero, -ra /sepultu'rero -ra/ *sm/f* gravedigger.

sequedad /seke'ðað/ *sf* **1.** (*de clima*) dryness. **2.** (*de comportamiento*) curtness.

sequía /se'kia/ *sf* drought.

séquito /'sekito/ *sm* **1.** (*acompañantes*) retinue, entourage: **el príncipe y su séquito se hospedan en el palacio** the prince and his entourage are staying at the palace. **2.** (*de admiradores, partidarios*) group.

SER /'ser/ *sf* (*abbreviation of* **Sociedad Española de Radiodifusión**) *Spanish radio station*.

ser /ser/ **I** [➪ table: SER *in appendix*] *vi* **1.** (*para atribuir una cualidad o expresar naturaleza o identidad*) [*indicating nature or identity*] to be: **es una chica muy simpática** she's a very nice girl; **los girasoles son amarillos** sunflowers are yellow; **siempre te he sido sincero** I've always been frank with you; **que seas muy feliz** I hope you'll be very happy; **ésta es mi prima Julia** this is my cousin Julia; **¿cómo es su hermana?** what's her sister like?; **mi hermano es abogado** my brother is a lawyer; **su voz ya no es lo que era** her voice is not what it was; **el examen fue muy difícil** the exam was really difficult; **abre, soy yo** open up, it's me; **¿quién era?** who was it?; **hola, soy Daniel** (*por teléfono*) hello, this is Daniel • **o sea, que no vienes** in other words, you are not coming, so you are not coming • **los mayores del grupo, o sea tú y yo, tendremos que...** the oldest in the group, that is (to say) you and I, will have to... • **cierto, así es** that's right • **de ser así/de no ser así, tendremos que ir en tren** if that is the case/if that isn't the case, we'll have to go by train • **dímelo, sea lo que sea** tell me, whatever it is • **no iré a no ser que me inviten** I won't go unless I'm invited • **érase una vez...** ✱ **érase que se era...** once upon a time there was.... **2.** (*para referirse al estado civil*) [*indicating legal status*]: **¿es usted casado o soltero?** are you married or single? **3.** (*sumar*) [*when adding figures*]: **dos y dos son cuatro** two plus two are four; **¿cuánto es?** how much is it?; **son mil quinientas pesetas** that's one thousand five hundred pesetas; **éramos/eran cuatro** there were four of us/of them. **4.** (*resultar*) [*indicating outcome*]: **le**

fue imposible venir it was impossible for him to come; **no es que lo necesite, es que me es imprescindible** I don't just need it, I can't do without it. **5.** (*en expresiones de tiempo*) *[in expressions of time]* to be: **hoy es jueves** today is Thursday; **¿qué hora es?** what time is it?; **ya es la una/son las ocho** it's one o'clock/eight o'clock; **es tarde para lamentaciones** it's too late to be sorry. **6.** (*tener lugar*) *[indicating when an event takes place]*: **¿cuándo es tu cumpleaños?** when is your birthday?; **la conferencia será en abril** the conference will take place in April. **7.** (*suceder*) *[describing how things happen]* to happen: **cuéntame cómo fue** tell me what happened; **mira, fue así...** well, it was like this.... **8.** (*consistir en*) *[indicating what is entailed]* to lie in: **el problema es hacerlo sin que se enteren** the problem lies in doing it without them noticing. **9.** (*constituir*) *[making an assertion]* to be: **el juego fue su perdición** gambling was his undoing. **10.** (*estar hecho*) *[indicating material from which something is made]* to be made: **el bolso no era** *de* **piel** the handbag wasn't (made of) leather; **la blusa es** *de* **seda** the blouse is made of silk, it's a silk blouse. **11.** (*para indicar pertenencia*) *[indicating ownership]* to be: **ese libro es mío** this book is mine; **¿éstos son** *de* **Marta?** do these belong to Marta?, are these Marta's?; **es** *del* **partido conservador** he belongs to the conservative party; **ese chico es** *de* **mi colegio** that boy goes to my school; **esta llave no es** *de* **esta puerta** this key does not belong to this door. **12.** (*para indicar un atributo típico*) *[indicating a typical attribute]*: **es** *de* **bobos gastarse tanto en eso** it's silly to spend so much on that; **esos juicios no son** *de* **persona ecuánime** those are not the opinions of an unbiased person. **13.** (*para indicar origen*) *[indicating origin]* to be, to come: **¿*de* dónde es usted?** where do you come from?, where are you from?; **soy** *de* **Madrid** I'm from Madrid; **estas telas son** *de* **la India** these cloths are from India. **14.** (*devenir*) *[used in conjectures]* to become: **¿qué va a ser** *de* **nosotros?** what will become of us?; **¿qué habrá sido** *de* **María?** I wonder what became of María. **15.** (*para indicar uso, conveniencia*) *[indicating use, suitability]* to be: **es** *para* **sacarles brillo a los muebles** it's for polishing furniture; **este trabajo no es** *para* **mí** this job is not for me. **16.** (*constituir motivo*) *[indicating cause]*: **fue** *para* **morirse de risa** it was hilarious • **"Me puse furiosa." "No es para menos."** "I was furious." "I don't blame you." **17.** (*precediendo a una explicación, una excusa*) *[introducing an explanation, excuse]*: **es que no hace nada** she really doesn't do anything; **es que andamos cortos de tiempo** the thing is, we're short of time. **18.** (*expresando incredulidad, irritación*) *[expressing surprise, irritation]*: **¿es que no te das cuenta?** but don't you realize?; **¿es que eres tonto?** what's wrong: are you stupid? **19.** (*en juegos de imaginación*) *[in games of make-believe]*: **yo soy la mamá y tú eres el papá** let's pretend that you are the daddy and I'm the mummy, I'll be the mummy and you be the daddy.

♦*v aux* **1.** (*en la voz pasiva*) *[followed by the past participle to form the passive]* to be: **es respetado** *por* **todos** he's respected by everybody; **el incendio fue apagado** *por* **los bomberos** the fire was put out by the firemen. **2.** (*indicando suposición, obligación*) *[followed by **de + infinitive**: indicating supposition, obligation]*: **era** *de* **suponer que iban a hacer algo así** it was to be expected that they would do something like this; **eso es** *de* **agradecer** we must be grateful for that.

II *sm* **1.** (*ente*) being. **2.** (*fam*: *persona*) person: **es un ser despreciable** he's a despicable person; **cuando se pierde a un ser querido...** when one loses a loved one.... **3.** (*esencia*): **en lo más íntimo de mi ser, sabía que algo andaba mal** I knew deep down inside that something was wrong. **4.** (*frml*: *vida*) life: **tus padres te dieron el ser** your parents gave you life.

ser humano *sm* human being.

Ser Supremo *sm* Supreme Being.

ser vivo *sm* living being ✻ thing.

serafín /sera'fin/ *sm* seraph.

Serbia /'serβja/ *sf* Serbia.

serbio, -bia /'serβjo -βja/ **I** *adj* Serbian, Serb.
II *sm/f* Serb.
III serbio *sm* (*dialecto*) Serbian.

serbocroata /serβokro'ata/ **I** *adj* Serbo-Croatian.
II *sm/f* Serbo-Croat.
III *sm* (*idioma*) Serbo-Croat.

serenar /sere'nar/ [⇨CANTAR] *vt* to calm: **trató de serenar los ánimos del público** he tried to calm the crowd.

serenarse *v prnl* **1.** (*tranquilizarse*) to calm down: **serénate y luego me lo explicas** calm down and then you can explain it to me; (*sentar la cabeza*): **espero que se serene con los años** I hope she'll settle down as she gets older. **2.** (*el tiempo*): **no iremos a no ser que se serene el tiempo** we won't go unless the storm dies down; (*el mar*) to grow calm: **saldremos cuando se serene el mar** we'll set out when the sea grows calm.

serenata /sere'nata/ *sf* (*Mús*) serenade • **te he dicho que no, así que no me des la serenata** I told you no, so stop pestering me.

serenidad /sereni'ðað/ *sf* calm, serenity: **mantuvo la serenidad en todo momento** he remained calm throughout.

sereno, -na /se'reno -na/ **I** *adj* **1.** (*tranquilo*) calm, serene: **a pesar de los insultos, se mantuvo sereno** despite the insults he remained calm. **2.** (*tiempo*) fine; (*cielo*) clear; (*mar*) calm. **3.** (*sobrio*) sober: **¿está sereno?** is he sober?
II sereno *sm* night watchman.
III al sereno *loc adv*: **durmió al sereno** he slept out in the open.

serial /se'rjal/ *sm*, (*Arg, Chi, Urug*) *sf* (*de radio, televisión*) serial.

serializar /serjali'θar/ [⇨cazar] *vt* to serialize.

serie /'serje/ *sf* **1.** (*gen*) series *n inv*: **hubo una serie de hechos sorprendentes** there was a series of surprising events; **ahora se producen** *en* **serie** they are mass-produced now • **ser un/una fuera de serie**: **es un tipo fuera de serie** he's an exceptional person; **es una fuera de serie en natación** she's an outstanding swimmer. **2.** (*en atletismo*) heat: **quedó cuarto en la serie de los mil quinientos metros** he came fourth in the heat for the fifteen hundred metres. **3.** (*de televisión, radio*) series *n inv*. **4.** (*gama*: *gen*) range: **los coches de la nueva serie incorporan muchas novedades** the cars in the new range include many new features; (*: de sellos*) issue, set; (*: de lotería*) *set of lottery tickets*.

seriedad /serje'ðað/ *sf* **1.** (*de carácter, comportamiento*) seriousness: **habló con seriedad** he spoke seriously. **2.** (*de una persona*) reliability; (*de una empresa, agrupación*) reliability, reputability: **es una empresa que ha demostrado siempre mucha seriedad** it's a company that has always shown itself to be very reliable. **3.** (*importancia*) seriousness: **las heridas no son de gran seriedad** the injuries are not very serious.

serio, -ria /'serjo -rja/ I *adj* 1. (*carácter, comportamiento*) serious: **al principio parece muy seria, pero es un encanto** at first she seems very serious but she's really charming; **su padre le habló en tono serio** her father spoke to her in a serious tone • **canta que es una cosa seria** he's a really great singer. 2. (*preocupado*) worried: **te noto un tanto serio, ¿qué te pasa?** you seem rather worried, what's wrong? 3. (*formal: persona*) reliable, trustworthy: **claro que te pagará, es una persona muy seria** of course he'll pay you, you can trust him; (*: empresa, agrupación*) reputable: **no es un periódico serio** it's not a reputable newspaper. 4. (*de importancia*) serious: **afortunadamente no fue nada serio** fortunately it was nothing serious. 5. (*clásico, poco llamativo*) sober: **el gris es un color demasiado serio para ti** grey is too sober for you; **mejor elige un traje serio para la entrevista** it would be better to choose a formal suit for the interview.
II **en serio** *loc adv*: **no lo dijo en serio** he wasn't serious; **¿estás hablando en serio?** are you serious?; **tenemos que ponernos a trabajar en serio** we need to get down to serious work; **¿en serio?** really?; **pero, ¿la cosa va en serio?** but is it serious?

sermón /ser'mon/ *sm* 1. (*Relig*) sermon. 2. (*fam: consejos*) lecture, talking-to: **me soltó un sermón impresionante** he gave me a terrific lecture * talking-to.

sermonear /sermone'ar/ [➪CANTAR] *vt* (*fam*) to lecture, to preach at: **no desaprovecha ocasión para sermonearme** he never misses a chance to preach at * lecture me.

serón /se'ron/ *sm* basket (*used for carrying goods on horseback*).

seropositivo, -va /seroposi'tiβo -βa/ *adj* HIV positive: **es seropositivo** he's HIV positive.

serpentear /serpente'ar/ [➪CANTAR] *vi* (*reptil*) to slither; (*carretera*) to twist and turn, to wind; (*río*) to meander, to wind.

serpenteo /serpen'teo/ *sm* (*de reptiles*) slithering; (*de camino*) twisting and turning, winding; (*de río*) meandering, winding.

serpentina /serpen'tina/ *sf* streamer.

serpiente /ser'pjente/ *sf* snake, serpent.

serpiente de cascabel *sf* rattlesnake.

serpiente pitón *sf* python.

serpiente venenosa *sf* poisonous snake.

serrado, -da /se'rraðo -ða/ *adj* serrated.

serraduras /serra'ðuras/ *sf pl* sawdust.

serranía /serra'nia/ *sf* mountain range.

serrano, -na /se'rrano -na/ I *adj* 1. (*de la sierra*) mountain. 2. (*fam: cuerpo*) attractive.
II *sm/f* mountain dweller.

serrar /se'rrar/ [➪pensar] *vt* to saw.

serrería /serre'ria/ *sf* sawmill.

serrín /se'rrin/ *sm* sawdust.

serrucho /se'rrutʃo/ *sm* handsaw.

servible /ser'βiβle/ *adj* serviceable, usable.

servicial /serβi'θjal/ *adj* 1. (*dispuesto a hacer favores*) obliging, helpful: **es una chica muy servicial** she's a very helpful girl. 2. (*diligente*) attentive: **es un camarero muy servicial** he's a very attentive waiter.

servicio /ser'βiθjo/ I *sm* 1. (*gen*) service: **suspendieron el servicio por falta de conductores** the service was cancelled because of a shortage of drivers; **aunque el coche es viejo me hace buen servicio** though the car is old, it gives me good service; **tiene cinco años de servicio en la empresa** he has been employed by the firm for five years; **el año que viene se retira del servicio activo** she retires from the service next year • **estoy a su servicio * aquí me tiene a su servicio** I'm at your service • **¿está de servicio?** is he on duty? • **flaco servicio le estás haciendo** you're not much help to her. 2. (*favor*) (*GB*) favour, (*US*) favor: **me ha prestado * hecho valiosos servicios** he has done me some big favours. 3. (*departamento: de incendios, policía*) (*GB*) service, (*US*) department; (*: de cirugía, ginecología, etc.*) unit. 4. (*en tenis, voleibol, etc.*) serve, service. 5. (*criados*) domestic staff, servants *pl*: **distribuyó las tareas entre el servicio** she shared out the work among the servants. 6. (*de platos, tazas, etc.*) service, set. 7. (*retrete*) lavatory, (*GB*) toilet.
II **servicios** *sm pl* (*GB*) toilets *pl*, (*US*) rest room, comfort station: **¿los servicios, por favor?** where are the toilets, please?

servicio a domicilio *sm* home delivery service.

servicio de correos *sm* postal service.

servicio de habitaciones *sm* room service.

servicio de información, servicio de inteligencia *sm* intelligence service.

servicio de mesa *sm* dinner service.

servicio de urgencias *sm* accident and emergency department, casualty department.

servicio discrecional *sm*: *private bus service.*

servicio doméstico *sm* domestic service.

servicio militar *sm* military service.

servicio permanente *sm* round-the-clock service.

servicios contra incendios, servicios de incendios *sm pl* (*GB*) fire service * brigade, (*US*) fire department.

servicios públicos *sm pl* public services *pl*.

servidor, -dora /serβi'ðor -'ðora/ I *sm/f* 1. (*criado*) servant. 2. (*para referirse a uno mismo: gen*): **"¿Luis Mejía?" "Servidor."** "Luis Mejía?" "Yes, sir."; (*frml*) **Pedro Gómez, servidor de usted** Pedro Gómez, at your service; (*fam*) **una servidora no piensa hacerlo** I'm not going to do it; (*frml: en correspondencia*): **su seguro servidor** yours faithfully.
II **servidor** *sm* (*Inform*) server.

servidumbre /serβi'ðumbre/ *sf* 1. (*conjunto de criados*) domestic staff, servants *pl*. 2. (*situación de siervo*) servitude. 3. (*lado negativo*) drawback, burden: **son las servidumbres del cargo** those are the drawbacks of the job. 4. (*dependencia*) compulsion: **su afición por el juego se convirtió en una auténtica servidumbre** his liking for gambling turned into a real compulsion.

servil /ser'βil/ *adj* servile, (*GB*) grovelling, (*US*) groveling.

servilismo /serβi'lizmo/ *sm* servility.

servilleta /serβi'ʎeta/ *sf* napkin, (*GB*) serviette.

servilletero /serβiʎe'tero/ *sm* napkin ring.

servir /ser'βir/ [➪pedir] *vt* 1. (*a la patria, a una causa*) to serve: **todos debemos servir** *a* **la causa** we must all serve the cause; **quiso dedicar su vida a servir a Dios** he chose to dedicate his life to the service of God; (*a una persona*): **ha servido a tres amos** he has served under three masters • **Ramón Conde, para servirla** Ramón Conde, at your service. 2. (*comida*) to serve: **sírvele un poco de pastel a Elena** give Elena some cake; **¿te sirvo un poco más de sopa?** would you like a little more soup?; **serviré los platos antes de llevarlos a la mesa** I shall serve out before taking the plates to the table; (*bebida*) to serve, to pour: **me sirvió otro whisky** he served me another whisky; (*a una*

persona): **hay que servir primero a las damas** you must serve the ladies first; **nos sirvió un camarero nuevo** we were served by a new waiter • **vas servido si crees que te van a hacer caso** you're naive if you think they are going to take any notice of you. **3.** (*en un comercio*) to help: **¿en qué puedo servirla, señorita?** how can I help you?; **¿lo sirven ya, señor?** are you being served? **4.** (*un pedido*) to deliver: **lamentamos no haber podido servirles el pedido antes** we regret not having been able to deliver your order earlier.
♦*vi* **1.** (*trabajar, prestar servicio: gen*) to work: **sirvió** *en* **la administración durante cuarenta años** he worked in the civil service for forty years; (*: en las fuerzas armadas*) to serve: **durante la guerra sirvió** *en* **la Armada** during the war he served in the Navy; (*: como criado*) to serve: **con quince años, se puso a servir** she went into service when she was fifteen. **2.** (*ser útil*): **esta herramienta no sirve** *para* **este trabajo** this tool is no good for this job; **ese producto también sirve** *para* **limpiar la plata** that product is also good for cleaning silver; **tíralo, no sirve** *para* **nada** throw it away, it's useless * no use; **¿esto te sirve?** is this any good * use to you?; *de* **nada sirve comprar libros si luego no se leen** it's no use buying books if then you don't read them; **ojalá que esto te sirva** *de* **advertencia** let's hope this will be a warning to you; **pasear me sirve** *de* **entretenimiento** walking is my recreation. **3.** (*estar capacitado*) to be good: **yo no sirvo** *para* **este tipo de cosas** I'm no good at this kind of thing; **no sirve** *para* **estudiar** he'll never be a good student. **4.** (*en tenis, voleibol, etc.*) to serve.

servirse *v prnl* **1.** (*comida*) to help oneself to: **sírvete más pollo** help yourself to more chicken; (*bebida*) to pour oneself, to help oneself to: **se sirvió otra copa** he poured himself another drink. **2.** (*frml*: *tener a bien*): **sírvanse pagar antes del día treinta del corriente** you are requested to make your payment before the thirtieth of this month. **3. servirse de** (*frml*: *utilizar*) to make use of, to use: **se sirvió de unas pinzas para sacarse la espina del dedo** she used some tweezers to take the thorn out of her finger.

servodirección /serβoðirek'θjon/ *sf* power steering.

servofreno /serβo'freno/ *sm* servo brake.

sésamo /'sesamo/ *sm* (*Bot*) sesame • **¡ábrete sésamo!** open sesame!

sesear /sese'ar/ [➪ CANTAR] *vi* (*Ling*) *to pronounce* /θ/ *as* /s/ *in Spanish.*

sesenta /se'senta/ **I** *adj* (*cardinal*) sixty; (*ordinal*) sixtieth: **los años sesenta** the sixties. ➪ doce
II *sm* (*cardinal*) sixty. ➪ doce

sesentavo, -va /sesen'taβo -βa/ **I** *adj* sixtieth.
II sesentavo *sm* (*parte*) sixtieth.

sesentón, -tona /sesen'ton -'tona/ **I** *adj* sixtyish.
II *sm/f* person in their sixties.

seseo /se'seo/ *sm* (*Ling*) *pronunciation of* /θ/ *as* /s/ *in Spanish.*

sesera /se'sera/ *sf* (*fam*) **1.** (*inteligencia*) brains *pl*: **tiene poca sesera** he's not very bright. **2.** (*cabeza*) skull: **como te caigas desde ahí, te vas a abrir la sesera** if you fall from up there you'll crack your skull.

sesgado, -da /sez'ɣaðo -ða/ *adj* **1.** (*colocado en diagonal*) placed diagonally, slanting; (*cortado en diagonal*) cut on the bias. **2.** (*tendencioso*) biased: **lo acusaron de presentar una visión sesgada del asunto** they accused him of giving a biased account of the matter.

sesgar /sez'ɣar/ [➪ pagar] *vt* (*colocar*) to place diagonally, to slant; (*cortar*) to cut on the bias.

sesgo /'sezɣo/ *sm* **1.** (*corte*) bias: **lo cortó** *al* **sesgo** he cut it on the bias. **2.** (*rumbo*) direction: **la conversación tomó un sesgo inesperado** the conversation took an unexpected turn. **3.** (*enfoque*) slant.

sesión /se'sjon/ *sf* **1.** (*asamblea*) session, meeting: *en* **la sesión de ayer se habló sobre la contaminación industrial** industrial pollution was discussed at yesterday's session; **el presidente abrió la sesión a las diez y la levantó a las tres** the chairman opened the meeting at ten and adjourned it at three; **se reunieron** *en* **sesión extraordinaria** they held an extraordinary meeting. **2.** (*de fotografía, radioterapia, etc.*) session. **3.** (*pase de película*) showing.
sesión continua *sf* continuous showing.
sesión de noche *sf* late show.
sesión de tarde *sf* matinée.
sesión numerada *sf* (single) showing.
sesión plenaria *sf* plenary session.

seso /'seso/ **I** *sm* (*cerebro*) brain • **se calentó * se devanó los sesos buscando una solución** she racked her brains for a solution; (*juicio*) sense, brains *pl*: **si tuviera más seso, no habría pasado nada de esto** if she had more sense, nothing like this would have happened • **perdió el seso** he went crazy • **me tiene sorbido el seso** I'm mad about her.
II sesos *sm pl* (*Culin*) brains *pl.*

sestear /seste'ar/ [➪ CANTAR] *vi* to take a nap, to have a siesta.

sesudo, -da /se'suðo -ða/ *adj* **1.** (*sensato*) wise, sensible. **2.** (*listo*) bright, clever: **parece un chico muy despierto y sesudo** he seems to be a bright, lively boy.

set /set/ *sm* (*en tenis*) set.

seta /'seta/ *sf* mushroom.
seta venenosa *sf* toadstool.

setecientos, -tas /sete'θjentos -tas/ **I** *adj* (*cardinal*) seven hundred; (*ordinal*) seven hundredth. ➪ doscientos
II el/la setecientos *sm/f* (*ordinal*) seven hundredth. ➪ doscientos
III el setecientos *sm* (*número*) (the number) seven hundred.

setenta /se'tenta/ **I** *adj* (*cardinal*) seventy; (*ordinal*) seventieth: **los años setenta** the seventies. ➪ doce
II *sm* (*cardinal*) seventy. ➪ doce

setentavo, -va /seten'taβo -βa/ **I** *adj* seventieth.
II setentavo *sm* (*parte*) seventieth.

setentón, -tona /seten'ton -'tona/ **I** *adj* seventyish.
II *sm/f* person in their seventies.

setiembre /se'tjembre/ *sm* ➪ septiembre

sétimo, -ma /'setimo -ma/ *adj*, **sétimo** *sm* ➪ séptimo

seto /'seto/ *sm* **1.** (*valla*) fence. **2.** (*also* **seto vivo**) (*Bot*) hedge.

setter /'seter/ *sm/f* (*Zool*) setter.

seudónimo /seu'donimo/ *sm* pseudonym.

severidad /seβeri'ðað/ *sf* **1.** (*de una persona, de su carácter*) strictness. **2.** (*de un gesto, una acción*) severity: **los castigó con severidad** he punished them severely. **3.** (*de las condiciones*) harshness.

severo, -ra /se'βero -ra/ *adj* **1.** (*persona*) strict, harsh: **es muy severo con sus alumnos** he is very strict with his pupils. **2.** (*clima*) harsh: **fue un invierno muy severo** it was a very harsh winter. **3.** (*castigo, tono*) severe: **me habló en un tono muy severo** he spoke to me in a very severe tone; (*gesto*) stern.

Sevilla /se'βiʎa/ *sf* Seville.

sevillanas /seβi'ʎanas/ *sf pl*: *traditional music and dance typical of Seville.*
sevillano, -na /seβi'ʎano -na/ **I** *adj* of * from Seville. **II** *sm/f* native * inhabitant of Seville.
sexagenario, -ria /seksaxe'narjo -rja/ *adj, sm/f* sexagenarian.
sexagésimo, -ma /seksa'xesimo -ma/ **I** *adj* sixtieth. **II** *sm/f* (*en orden*) sixtieth. **III sexagésimo** *sm* (*parte*) sixtieth.
sexenio /sek'senjo/ *sm* six-year period.
sexi /'seksi/ *adj* sexy.
sexismo /sek'sizmo/ *sm* sexism.
sexista /sek'sista/ *adj, sm/f* sexist.
sexo /'sekso/ *sm* **1.** (*gen*) sex. **2.** (*órganos sexuales*) sexual organs.
sexo seguro *sm* safe sex.
sexta /'seksta/ *sf* **1.** (*en orden*) sixth. **2.** (*Mús*) sixth: **sexta mayor/menor** sixth major/minor.
sexteto /seks'teto/ *sm* sextet.
sexto, -ta /'seksto -ta/ **I** *adj* sixth: **vive en el sexto piso** she lives on the sixth floor; **le correspondió una sexta parte de la herencia** one sixth of the estate fell to him; **el siglo VI** *(el siglo sexto)* the 6th century *(the sixth century)*; **Enrique VI** *(Enrique sexto)* Henry VI *(Henry the Sixth)*. **II** *sm/f* (*en orden*) sixth: **llegó el sexto** he came sixth. **III sexto** *sm* (*parte*): **un sexto** a sixth.
sexual /sek'swal/ *adj*: **vida sexual** sex life; **comportamiento sexual** sexual behaviour.
sexualidad /sekswali'ðað/ *sf* sexuality.
sexy /'seksi/ *adj* sexy.
shock /sok, ʃok/ *sm* (*Med*) shock.
short /ʃor/ *sm* (*pantalón corto*) shorts *pl*: **iba** *en* * *de* **short * shorts** she was wearing shorts.
show /ʃou/ *sm* **1.** (*espectáculo*) show. **2.** (*fam*: *escándalo*) fuss, scene: **no vuelvas a montarme otro show así delante de todos** don't make a scene like that again in front of everybody.
showman /'tʃouman/ *sm* showman.
si /si/ **I** *conj* **1.** (*con valor condicional*) if: **si aprueba, sus padres le regalarán una bici** if she passes, her parents will buy her a bike; **si hubieras llegado cinco minutos antes, la habrías visto** if you had arrived five minutes earlier, you would have seen her; **pórtate bien, si no, te quedarás sin televisión** behave, otherwise * or else you won't watch any television; **si lo hago, malo, si no lo hago, peor** it's bad if I do it, and it's worse if I don't • **me traeré comida por si me entra hambre** I'll bring some food in case I feel hungry • **por si acaso, dame otra vez el número de teléfono** just in case, give me the telephone number again. **2.** (*para enfatizar*): **¡si el jefe quisiera ayudarnos!** if only the boss would help us!; **¡pero, si es que yo no he dicho eso!** (but) I didn't say that!; **¡si ya te lo devolví!** but I already gave it back to you! **3.** (*con valor disyuntivo*) whether: **quisiera saber si he aprobado o no** I'd like to know whether I've passed or not; **no sé si quedarme o marcharme** I don't know whether to stay or go; **depende de si viene el sábado o el domingo** it depends on whether she comes on Saturday or Sunday • **que si esto que si lo otro** there's always some excuse. **4.** (*en interrogativas indirectas*) if, whether: **dime si vendrás mañana** tell me whether you'll come tomorrow. **5.** (*precedido de* **como** * **que**): **habla como si estuviera borracho** he talks as if he were drunk; **está más oscuro que si fuera de noche** it's darker than if it were night-time. **6. si bien** even though: **si bien no lo sabía, parecía sospechar algo** even though he didn't know, he seemed to suspect something. **II** *sm inv* (*Mús*) B, ti.
sí /si/ **I** *adv* yes: **"¿Volverás?" "Sí, cómo no."** "Will you come back?" "Yes, of course."; **iré, sí, pero deja de darme la lata** yes I will go, but stop nagging me; **creo que sí** I think so; **ella no irá, pero yo sí** she won't go but I will; **él no lo habla, pero ella sí** he doesn't speak it, but she does; **lo vemos un día sí y otro no** we see him every other day; **no me dijo ni que sí ni que no** she said neither yes nor no; **"Somos familia del director." "¿Sí?"** "We are related to the director." "Really?" * "Are you"? • **¡eso sí que no!** absolutely not! • **lo hizo porque sí** he did it just because he wanted to • **¡pues sí que estamos buenos!** now we're in real trouble! • **"¿A que no eres capaz?" "¡A que sí!"** "I bet you can't!" "I bet you I can!" **II** *sm* [*pl* **síes**] yes: **me contestó con un sí rotundo** he answered with a definite yes; **me ha dado el sí** she has consented to marry me. **III** *pron reflexivo* [always follows a preposition] **1.** (*referido a él*) himself; (*referido a ella*) herself; (*sujeto no conocido*) oneself; (*referido a una cosa*) itself; (*referido a ellos/ellas*) themselves: **habla** *para* **sí** he talks to himself; **lo dijo** *para* **sí misma** she said it to herself; **sólo piensa** *en* **sí (misma)** she only thinks of herself; **no parecían estar muy seguros** *de* **sí** they didn't seem very sure of themselves; **es mejor que uno resuelva estos asuntos** *por* **sí mismo** it's better to sort out these matters by oneself; **le gusta hacer las cosas** *por* **sí misma** she likes to do things for herself • **el asunto ya es de por sí * en sí bastante grave** the matter is in itself quite serious • **la cosa se resolvió por sí sola** the matter sorted itself out. **2.** (*con valor recíproco*) each other, one another: **había dos niñas hablando** *entre* **sí** there were two little girls talking to each other.
siamés, -mesa /sja'mes -'mesa/ **I** *adj* (*Biol, Zool*) Siamese. **II** *sm/f* **1.** (*gato*) Siamese (cat). **2.** (*persona*) Siamese twin.
sibarita /siβa'rita/ **I** *adj* (*persona*) sybaritic: **tiene unos gustos muy sibaritas** he has very refined tastes. **II** *sm/f* sybarite (*lover of the good life*).
sicario /si'karjo/ *sm* hired killer.
Sicilia /si'θilja/ *sf* Sicily.
siciliano, -na /siθi'ljano -na/ *adj, sm/f* Sicilian.
sicoanálisis /sikoa'nalisis/ *sm* psychoanalysis.
sicoanalista /sikoana'lista/ *sm/f* psychoanalyst.
sicología /sikolo'xia/ *sf* ⇨ psicología
sicólogo, -ga /si'koloɣo -ɣa/ *sm/f* ⇨ psicólogo
sicomoro /siko'moro/, **sicómoro** /si'komoro/ *sm* sycamore.
sida, SIDA /'siða/ *sm* (*abbreviation of* **Síndrome de Inmunodeficiencia Adquirida**) AIDS, Aids [no lleva artículo] (acquired immune deficiency syndrome).
sideral /siðe'ral/ *adj*: **un viaje por el espacio sideral** a journey through space.
siderurgia /siðe'rurxja/ *sf* iron and steel industry.
siderúrgico, -ca /siðe'rurxiko -ka/ *adj* iron and steel: **la industria siderúrgica** the iron and steel industry.
sidra /'siðra/ *sf* cider.
siega /'sjeɣa/ *sf* **1.** (*acción de segar*) reaping, harvesting. **2.** (*época*) harvest (time): **contratamos a más trabajadores durante la siega** we hire more workers during the harvest.

siembra /ˈsjembra/ *sf* **1.** (*acción de sembrar*) sowing. **2.** (*época*) sowing time.

siembro /ˈsjembro/ *and other forms with* **siembr-** ➪ sembrar

siempre /ˈsjempre/ **I** *adv* always: **en mi casa, siempre serás bien recibido** you'll always be welcome in my home; **quizá no lo logremos, pero siempre es mejor intentarlo** we may not manage it, but it's always worth a try; **estamos** *en* **lo** *de* **siempre** it's the same old problem; **entró, como siempre, sin saludar** he came in without saying hello as usual; **sírveme lo** *de* **siempre** give me my usual; **esto es así,** *de* **siempre** that's the way it's always been; *desde* **siempre ha vivido en la misma calle** he's always lived in the same street.

II siempre que *conj* **1.** (*en todas las ocasiones*) whenever: **siempre que vengo por aquí, voy a visitarlo** whenever I come this way, I go and visit him. **2.** (*also* **siempre y cuando**) (*con valor condicional*): **acepto siempre que * siempre y cuando ustedes se comprometan a...** I will accept as long as you * always provided that you commit yourselves to....

siempreviva /sjempreˈβiβa/ *sf* immortelle, everlasting flower.

sien /sjen/ *sf* (*Anat*) temple.

siento /ˈsjento/ *and other forms with* **sient-** ➪ sentir

sierpe /ˈsjerpe/ *sf* (*frml*) serpent.

sierra /ˈsjerra/ *sf* **1.** (*cordillera*) mountain range: **este verano voy a pasar las vacaciones en la sierra** this summer I'm going to spend my holidays in the mountains. **2.** (*herramienta*) saw.

sierra de cadena *sf* chain saw.

sierra mecánica *sf* power saw.

siervo, -va /ˈsjerβo -βa/ *sm/f* (*Hist*) serf.

siesta /ˈsjesta/ *sf* nap (*after lunch*), siesta: **¿vas a echarte la siesta?** are you going to take an afternoon nap?; **llegamos a la hora de la siesta y no se veía un alma** we arrived at siesta-time and there was no one around.

siete /ˈsjete/ **I** *adj* (*cardinal*) seven; (*ordinal*) seventh. ➪ doce

II *sm* **1.** (*número: cardinal*) seven; (*: ordinal*) seventh. ➪ doce **2.** (*rasgón*) tear: **me hice un siete en la blusa** I tore my blouse.

III las siete *sf pl* (*hora*) seven o'clock. ➪ doce

siete y media *sm* (*Juegos*) *a card game.*

sietemesino, -na /sjetemeˈsino -na/ **I** *adj* two months premature: **ha tenido un niño sietemesino** she's given birth two months prematurely.

II *sm/f* two months premature baby.

sífilis /ˈsifilis/ *sf inv* syphilis.

sifilítico, -ca /sifiˈlitiko -ka/ *adj, sm/f* syphilitic.

sifón /siˈfon/ *sm* **1.** (*en tuberías*) U-bend. **2.** (*de agua carbónica: botella*) soda siphon; (*: contenido*) soda (water): **para mí, un whisky con sifón** I'll have a whisky and soda.

sigilo /siˈxilo/ *sm* **1.** (*reserva*) secrecy: **se llevó a cabo** *con* **mucho sigilo** it was carried out in great secrecy. **2.** (*silencio*) stealth: **andaba** *con* **sigilo para no despertar a nadie** she walked stealthily so as not to wake anybody.

sigilosamente /sixilosaˈmente/ *adv* stealthily: **se acercaron sigilosamente para no ser vistos** they approached stealthily to avoid being seen.

sigiloso, -sa /sixiˈloso -sa/ *adj* stealthy.

sigla /ˈsiɣla/ *sf* abbreviation: **S.A. son las siglas de Sociedad Anónima** S.A. stands for Sociedad Anónima.

siglo /ˈsiɣlo/ *sm* century: **el XVIII es conocido como el Siglo de las Luces** the eighteenth century is known as the Age of Enlightenment; **la empresa acaba de cumplir el siglo** the company has just completed its first hundred years; **llevo siglos esperándote** I've been waiting for you for ages ● **celebraron la boda del siglo** they had the wedding of the century ● **le prometió quererla por los siglos de los siglos** he promised to love her for ever and ever.

signatario, -ria /siɣnaˈtarjo -rja/ *adj, sm/f* (*frml*) signatory: **los signatarios del tratado se reunirán dentro de un año** the signatories to the treaty will meet in a year's time.

signatura /siɣnaˈtura/ *sf* (*GB*) catalogue number, (*US*) catalog number.

significación /siɣnifikaˈθjon/ *sf* **1.** (*significado*) meaning. **2.** (*importancia*) significance, importance: **fue un hecho de gran significación histórica** it was an event of great historical significance.

significado, -da /siɣnifiˈkaðo -ða/ **I** *adj* well-known, prominent: **es un significado líder político** he's a well-known political leader.

II significado *sm* meaning.

significante /siɣnifiˈkante/ *sm* (*Ling*) signifier.

significar /siɣnifiˈkar/ [➪ sacar] *vt* **1.** (*gen*) to mean: **busca en el diccionario qué significa** find out what it means in the dictionary; **este incidente puede significar una escalada del conflicto** this incident could mean an escalation of the conflict. **2.** (*representar*): **significó un gran paso en su carrera** it was a great step forward in his career; **este premio significa mucho para mí** this award is very important to me. **3.** (*frml: expresar*) to express: **ya he significado en otras ocasiones mi oposición a esa medida** I have expressed my opposition to that measure on other occasions.

significarse *v prnl* to distinguish oneself, to stand out: **pronto se significó** *por* **sus dotes de mando** she soon stood out for her leadership qualities; **se significó** *como* **un convencido pacifista** he became well-known as a convinced pacifist.

significativo, -va /siɣnifikaˈtiβo -βa/ *adj* **1.** (*lleno de significado*) meaningful, expressive: **con una mirada significativa me dio a entender que me fuera** he gave me a meaningful look indicating that I should leave. **2.** (*representativo*) significant, noteworthy: **es muy significativo que él tampoco haya venido** it is very significant that he has not come either.

signo /ˈsiɣno/ *sm* **1.** (*símbolo*) sign, symbol: **un yate es un signo de riqueza** a yacht is a symbol of wealth. **2.** (*Mat, Mús*) sign: **el signo de igual** the equals sign. **3.** (*Astrol*) sign.

signo de admiración, signo de exclamación *sm* (*GB*) exclamation mark, (*US*) exclamation point.

signo de interrogación *sm* question mark.

signo de puntuación *sm* punctuation mark.

signo del zodiaco *sm* sign of the zodiac.

sigo /ˈsiɣo/ *and other forms with* **sig-** ➪ seguir

sigue /ˈsiɣe/ *and other forms with* **sigu-** ➪ seguir

siguiente /siˈɣjente/ **I** *adj* following, next: **tengo un examen el miércoles y otro la semana siguiente** I have an exam on Wednesday and another one the following week; **se casaron al año siguiente** they got married the following year; **al día siguiente volvimos a vernos** the next day we saw each other again.

II *sm/f* (*persona*) next person: **¡que pase el siguiente!** next please!; (*cosa*) next one.

sílaba /'silaβa/ *sf* syllable.

silábico, -ca /si'laβiko -ka/ *adj* syllabic.

silbar /sil'βar/ [⇨ CANTAR] *vi* **1.** (*persona: gen*) to whistle; (*: en señal de desaprobación*) to boo, to whistle: **silbaron hasta que el cantante se fue del escenario** they booed and whistled until the singer left the stage. **2.** (*viento, bala*) to whistle: **las balas pasaban silbando sobre su cabeza** bullets went whistling over his head.
♦ *vt* **1.** (*una melodía*) to whistle. **2.** (*a una persona, en señal de desaprobación*) to boo, to whistle at.

silbato /sil'βato/ *sm* whistle.

silbido /sil'βiðo/, **silbo** /'silβo/ *sm* **1.** (*de una persona*) whistle: **dio un silbido que se oyó a un kilómetro** he gave a whistle that could be heard a kilometre away. **2.** (*del viento*) whistling.

silenciador /silenθja'ðor/ *sm* **1.** (*de tubo de escape*) (*GB*) silencer, (*US*) muffler. **2.** (*de pistola*) silencer.

silenciar /silen'θjar/ [⇨ CAMBIAR] *vt* **1.** (*ocultar*) to keep quiet about, to hush up: **las autoridades silenciaron la catástrofe** the authorities hushed up the disaster. **2.** (*hacer callar a*) to silence: **han silenciado a los testigos** they've silenced the witnesses.

silencio /si'lenθjo/ *sm* silence: **guardaron silencio para no molestar a los que dormían** they kept quiet so as not to disturb those who were sleeping; **el silencio que envuelve el asunto lo hace muy sospechoso** the silence surrounding the affair makes it very suspicious; **¡silencio, por favor!** no talking, please! ✻ quiet, please!; **sufrió** *en* **silencio** he suffered in silence; **el dictador impuso silencio a la prensa** the dictator silenced the press • **es hora de romper el silencio** it's time we broke the silence.
silencio administrativo *sm: failure of the authorities to act or respond within a specified time limit.*

silencioso, -sa /silen'θjoso -sa/ *adj* quiet, silent: **estuvo muy silencioso toda la tarde** he was very quiet all evening; **es un motor muy silencioso** it's a very quiet engine.

sílfide /'silfiðe/ *sf* sylph: **Elena está hecha una sílfide ahora** Elena has a sylph-like figure now.

silicato /sili'kato/ *sm* silicate.

sílice /'siliθe/ *sf* silica.

silicio /si'liθjo/ *sm* silicon.

silicona /sili'kona/ *sf* silicone.

silla /'siʎa/ *sf* **1.** (*gen*) chair. **2.** (*also* **silla de niño**) (*para bebé*) stroller, (*GB*) pushchair. **3.** (*also* **silla de montar**) (*de caballo*) saddle.
silla de manos *sf* (*Hist*) sedan (chair).
silla de ruedas *sf* wheelchair.
silla de tijera *sf* folding chair.
silla eléctrica *sf* electric chair.
silla giratoria *sf* swivel chair.
silla plegable *sf* folding chair.

sillar /si'ʎar/ *sm* block of building stone.

sillería /siʎe'ria/ *sf* **1.** (*conjunto de sillas: en un domicilio*) (set of) chairs; (*: en un coro de iglesia*) stalls *pl.* **2.** (*Arquit*) stonework.

sillín /si'ʎin/ *sm* seat, saddle (*of a bicycle or motorcycle*).

sillón /si'ʎon/ *sm* armchair.

silo /'silo/ *sm* silo.

silogismo /silo'xizmo/ *sm* syllogism.

silueta /si'lweta/ *sf* **1.** (*perfil, sombra*) silhouette, outline: **su silueta se recortaba en el hueco de la puerta** his silhouette was outlined in the doorway. **2.** (*figura, tipo*) figure: **conserva la silueta de su juventud** her figure is the same now as it was when she was young.

silvestre /sil'βestre/ *adj* wild: **hizo un ramo de flores silvestres** he picked a bunch of wild flowers.

silvicultor, -tora /silβikul'tor -'tora/ *sm/f* forestry expert.

silvicultura /silβikul'tura/ *sf* forestry.

sima /'sima/ *sf* **1.** (*cavidad, grieta*) pothole. **2.** (*abismo*) chasm.

simbiosis /sim'bjosis/ *sf inv* **1.** (*Biol*) symbiosis. **2.** (*síntesis*) synthesis: **la simbiosis de esas ideas...** the synthesis of those ideas....

simbiótico, -ca /sim'bjotiko -ka/ *adj* symbiotic.

simbólico, -ca /sim'boliko -ka/ *adj* symbolic: **le pagaron una cantidad simbólica** he was paid a symbolic ✻ token sum.

simbolismo /simbo'lizmo/ *sm* symbolism.

simbolizar /simboli'θar/ [⇨ cazar] *vt* to symbolize, to be a symbol of: **la paloma simboliza la paz** the dove is a symbol of peace.

símbolo /'simbolo/ *sm* symbol.

simetría /sime'tria/ *sf* symmetry.

simétrico, -ca /si'metriko -ka/ *adj* symmetrical.

simiente /si'mjente/ *sf* seed.

simiesco, -ca /si'mjesko -ka/ *adj* apelike.

símil /'simil/ *sm* **1.** (*paralelismo*) parallel: **estableció un símil** *entre* **la situación actual y...** he drew a parallel between the present situation and.... **2.** (*recurso literario*) simile.

similar /simi'lar/ *adj* similar: **obtuvimos resultados similares** we obtained similar results.

similitud /simili'tuð/ *sf* similarity, resemblance.

simio, -mia /'simjo -mja/ *sm/f* ape.

simpatía /simpa'tia/ *sf* **1.** (*cariño*) affection, fondness: **les he tomado simpatía** I've become fond of them; **se ganó las simpatías de cuantos la conocieron** she won the affection of all who came to know her; **recuerdo con simpatía mi primera estancia aquí** I have fond memories of my first stay here. **2.** (*apoyo*) sympathy, support: **tienen ustedes todas mis simpatías** I sympathize with you totally. **3.** (*atractivo, encanto*) charm, pleasant manner: **se ganaba a la gente por su simpatía** she won people over with her pleasant manner.

simpático, -ca /sim'patiko -ka/ **I** *adj* **1.** (*agradable*) likeable, nice: **es un chico muy simpático** he's a very likeable boy; **nos atendió una chica muy simpática** we were served by a very nice girl • **no me cayó muy simpático** I didn't really take to him. **2.** (*gracioso, divertido*) amusing, entertaining: **nos contó una anécdota muy simpática** she told us a very amusing story.
II *sm/f* (*fam*): **siempre hay algún simpático que protesta por algo** there's always someone who has to complain about something.

simpatizante /simpati'θante/ *sm/f* sympathizer, follower.

simpatizar /simpati'θar/ [⇨ cazar] *vi* **1.** (*con una persona*) to get on: **al principio no simpatizamos** we didn't get on at first; **en seguida simpaticé** *con* **ellos** I hit it off with them straight away. **2.** (*con una idea, una tendencia, etc.*) to support, to sympathize: **no simpatizo** *con* **sus propuestas** I don't sympathize with their proposals.

simple /'simple/ **I** *adj* **1.** (*fácil*) simple, easy: **practicamos unos ejercicios muy simples** we practised some

very simple exercises. **2.** (*no compuesto*) simple: **en las oraciones simples sólo hay un verbo** in simple sentences there is only one verb; **el oxígeno es una sustancia simple** oxygen is a simple substance. **3.** (*mero*): **no te preocupes, ha sido una simple caída** don't worry, it was just a fall; **"¿Por qué?" "Por la simple razón de que no quiero."** "Why?" "For the simple reason that I don't want to." **4.** (*ingenuo*) innocent, guileless: **es tan simple que se lo cree todo** he's so innocent he'll believe anything; (*necio*) simple, half-witted: **es un poco simple** he's a bit simple.
II *sm/f* (*ingenuo*) innocent; (*necio*) simpleton, half-wit.

simplemente /simple'mente/ *adv* simply: **haz simplemente lo que te digan** simply do as you're told.

simpleza /sim'pleθa/ *sf* **1.** (*cualidad de necio*) stupidity. **2.** (*bobada*) piece of nonsense: **no dice más que simplezas** he just talks nonsense. **3.** (*fam: insignificancia*) trifle: **no vamos a discutir por esa simpleza** let's not argue over something so trivial.

simplicidad /simpliθi'ðað/ *sf* simplicity.

simplificación /simplifika'θjon/ *sf* simplification.

simplificar /simplifi'kar/ [⇨ sacar] *vt* to simplify: **simplificaría las cosas que colaboraras un poco más** it would simplify matters if you helped a bit more.

simplista /sim'plista/ **I** *adj* simplistic: **creo que esos juicios son un poco simplistas** I think those judgements are a little simplistic.
II *sm/f*: **¡eres de un simplista increíble!** you're incredibly simplistic about things!

simplón, -plona /sim'plon -'plona/ (*fam*) **I** *adj* (*ingenuo*) innocent, guileless; (*necio*) simple, half-witted.
II *sm/f* (*ingenuo*) innocent; (*necio*) simpleton, half-wit.

simposio /sim'posjo/ *sm* symposium.

simulación /simula'θjon/ *sf* **1.** (*cosa fingida*) (*GB*) pretence, (*US*) pretense: **nos engañó a todos con sus simulaciones** he took us all in with his pretences. **2.** (*ensayo, entrenamiento*) simulation.

simulacro /simu'lakro/ *sm* **1.** (*ensayo, entrenamiento*): **realizaron un simulacro de salvamento** they carried out a rescue exercise * drill; **presenciamos un simulacro de batalla** we watched a mock battle. **2.** (*apariencia, falsedad*) show, (*GB*) pretence, (*US*) pretense: **sus atenciones no eran más que un simulacro de cariño** his attentions were nothing but a show of affection.

simular /simu'lar/ [⇨ CANTAR] *vt* **1.** (*fingir*) to pretend, to feign: **simuló un dolor de cabeza** he pretended to have a headache. **2.** (*representar*) to represent: **los decorados simulaban una ciudad medieval** the set represented a medieval town.

simultáneamente /simul'taneamente/ *adv* simultaneously: **el concierto lo emite simultáneamente Radio 2** the concert will be broadcast simultaneously on Radio 2.

simultanear /simultane'ar/ [⇨ CANTAR] *vt* to combine: **simultanea el deporte** *con* **los estudios** she finds time to combine sport and study.

simultáneo, -nea /simul'taneo -nea/ *adj* simultaneous, at the same time: **mi llegada a la empresa y su partida fueron casi simultáneas** my arrival in the firm and his departure were about the same time.

sin /sin/ **I** *prep* without: **me quedé sin equipaje** I was left without my luggage; **la casa, sin contar los gastos de escritura, cuesta veinte millones** the house, excluding the cost of transfer of title, costs twenty million; **está sin trabajo** she's out of work; **tuve que irme sin desayunar** I had to leave without breakfast; **dejó sin terminar el guión** she left the script unfinished; **trataré de salir sin que se den cuenta** I shall try to leave without them realizing; **me fui, no sin cierta pena** I left, not without regrets.
II sin embargo *conj* however, nevertheless: **no estaba de acuerdo; sin embargo, nos dejó hacerlo** he didn't agree, nevertheless he let us do it.

sinagoga /sina'ɣoɣa/ *sf* synagogue.

sinceramente /sinθera'mente/ *adv* (*para expresar sinceridad*) sincerely; (*para enfatizar*) honestly, frankly: **sinceramente, me parece una tontería** quite honestly, I think it's a load of nonsense.

sincerarse /sinθe'rarse/ [⇨ CANTAR] *v prnl* to open up: **se sinceró** *con* **él** she opened up to him.

sinceridad /sinθeri'ðað/ *sf* sincerity: **te lo digo** *con* **toda sinceridad** I say this to you in all honesty.

sincero, -ra /sin'θero -ra/ *adj* sincere: **no sé si su aprecio es totalmente sincero** I don't know if his affection is completely sincere.

síncope /'siŋkope/ *sm* (*Med*) syncope: **¡no lo vuelvas a hacer, por poco me da un síncope!** don't do that again, you nearly gave me a heart attack!

sincronizar /siŋkroni'θar/ [⇨ cazar] *vt* to synchronize.

sindical /sindi'kal/ *adj* (*GB*) (trade) union, (*US*) (labor) union: **el representante sindical no asistió a la reunión** the union representative didn't attend the meeting.

sindicalismo /sindika'lizmo/ *sm* unionism, (*GB*) trade unionism.

sindicalista /sindika'lista/ **I** *adj* (*GB*) (trade) union, (*US*) (labor) union.
II *sm/f* (*GB*) (trade) unionist, (*US*) (labor) unionist.

sindicar /sindi'kar/ [⇨ sacar] *vt* to unionize.
sindicarse *v prnl* **1.** (*afiliarse a un sindicato*) (*GB*) to join a (trade) union, (*US*) to join a (labor) union. **2.** (*crear un sindicato*) (*GB*) to form a (trade) union, (*US*) to form a (labor) union.

sindicato /sindi'kato/ *sm* (*GB*) (trade) union, (*US*) (labor) union.

síndrome /'sindrome/ *sm* syndrome.
síndrome de abstinencia *sm* withdrawal symptom.
síndrome de inmunodeficiencia adquirida *sm* acquired immune deficiency syndrome.

sinfín /sin'fin/ *sm [used only in singular]* great number: **existe un sinfín de posibilidades** the possibilities are endless; **ha recibido un sinfín de llamadas** he's received countless calls.

sinfonía /sinfo'nia/ *sf* symphony.

sinfónico, -ca /sin'foniko -ka/ *adj* symphonic.

Singapur /siŋga'pur/ *sm* Singapore.

singladura /siŋgla'ðura/ *sf* **1.** (*Náut*) voyage: **después de la escala, el barco continuó su singladura** after calling into port, the vessel continued her voyage. **2.** (*de un curso, un programa*): **iniciamos la singladura de un nuevo curso** we are starting a new academic year.

single /'siŋgel/ *sm* (*disco*) single.

singular /siŋgu'lar/ **I** *adj* **1.** (*extraordinario, raro*) peculiar, strange: **tienen costumbres muy singulares** they have very peculiar * strange customs. **2.** (*frml: magnífico*) outstanding: **es una obra de singular belleza** it is a work of outstanding beauty. **3.** (*Ling*) singular.
II *sm* (*Ling*) singular.

singularidad /siŋgulari'ðað/ *sf* **1.** (*cualidad de extraordinario*) peculiarity, strangeness. **2.** (*cualidad de magnífico*) uniqueness, singularity.

singularizar /siŋgulari'θar/ [⇨ cazar] *vt* to distinguish,

to set apart: **tiene un modo de hacer las cosas que la singulariza** she has a way of doing things that sets her apart.
♦*vi*: **no singularices, no sólo yo tengo la culpa** don't single me out, I'm not the only one to blame.
singularizarse *v prnl* to stand out, to be distinguished: **se singularizó** *por* **su arrojo** he stood out because of his daring.

siniestrado, -da /sinjes'traðo -ða/ *adj* (*vehículo*) damaged (*in an accident*): **los restos del avión siniestrado** the wreckage of the plane; (*edificio*) burnt-out, gutted.

siniestro, -tra /si'njestro -tra/ **I** *adj* **1.** (*perverso*) evil, sinister: **tenía unos planes siniestros** he had sinister plans. **2.** (*frml*: *izquierdo*) left-hand, left.
II siniestro *sm* (*desastre*) catastrophe, disaster; (*accidente*) accident; (*incendio*) fire.

sinnúmero /sin'numero/ *sm [used only in singular]* great number: **contó un sinnúmero de anécdotas** he told a great number of anecdotes.

sino I /'sino/ *sm* (*frml*) destiny, fate: **es mi sino, todos mis negocios fracasan** it's the story of my life, all my business ventures fail.
II /si'no/ *conj* **1.** (*expresa contraposición, añade información*) but: **no es martes, sino miércoles** it's not Tuesday, but Wednesday; **no sólo es listo, sino también muy trabajador** not only is he clever, but also very hard working. **2.** (*expresa excepción*) except, but: **¿quién sino tú haría algo así?** who, except you, would do something like that? **3.** (*expresa el carácter único*): **no quiero sino que se haga justicia** I only want justice to be done; **no quería sino que lo dejaran en paz** all he wanted was to be left alone.

sínodo /'sinoðo/ *sm* synod.

sinonimia /sino'nimja/ *sf* synonymy.

sinónimo, -ma /si'nonimo -ma/ (*Ling*) **I** *adj* synonymous.
II sinónimo *sm* synonym.

sinopsis /si'nopsis/ *sf inv* synopsis, summary.

sinrazón /sinra'θon/ *sf* unjust act, injustice: **cometió toda clase de sinrazones** he committed all sorts of unjust acts.

sinsabor /sinsa'βor/ *sm*: **sólo nos da sinsabores** she causes us nothing but heartache.

sinsentido /sinsen'tiðo/ *sm* absurdity: **lo que me propones es un sinsentido** your suggestion is absurd.

sinsustancia /sinsus'tanθja/ *sm/f* (shallow) idiot.

sintáctico, -ca /sin'taktiko -ka/ *adj* syntactic, syntactical.

sintaxis /sin'taksis/ *sf inv* syntax.

síntesis /'sintesis/ *sf inv* **1.** (*amalgama, combinación*) synthesis. **2.** (*resumen*) summary: **explicó** *en* **síntesis lo que había pasado** he explained briefly what had happened.

sintético, -ca /sin'tetiko -ka/ *adj* **1.** (*amalgamado, combinado*) synthetic. **2.** (*resumido*) brief.

sintetizador /sintetiθa'ðor/ *sm* synthesizer.

sintetizar /sinteti'θar/ [⇨cazar] *vt* **1.** (*amalgamar, combinar*) to synthesize. **2.** (*resumir*) to summarize.

sintió /sin'tjo/ *and other forms with* **sinti-** ⇨sentir

síntoma /'sintoma/ *sm* **1.** (*Med*) symptom. **2.** (*indicio*) sign: **hay síntomas de recuperación económica** there are signs of an economic recovery.

sintomático, -ca /sinto'matiko -ka/ *adj* symptomatic.

sintonía /sinto'nia/ *sf* **1.** (*Medios, Mús*: *melodía*) signature ✱ theme tune. **2.** (*sintonización*) tuning. **3.** (*armonía*) understanding: **hay una perfecta sintonía** *entre* **ellos** the two of them have a perfect understanding.

sintonización /sintoniθa'θjon/ *sf* **1.** (*Telec*) tuning. **2.** (*con alguien*): **tiene una gran capacidad de sintonización** *con* **el público** he has a great gift for being in tune with his audience.

sintonizador /sintoniθa'ðor/ *sm* (*en la radio*) tuner.

sintonizar /sintoni'θar/ [⇨cazar] *vt* **1.** (*en electrónica*) to tune. **2.** (*en radio*) to tune in to: **trató de sintonizar Radio Exterior** she tried to tune in to Radio Exterior.
♦*vi* **1.** (*con un programa, una emisora*) to tune in: **sintoniza** *con* **la emisora local** tune in to the local radio station. **2.** (*con alguien*): **sintonizábamos** *en* **muchas cosas** we saw eye to eye on many things; **no sintoniza** *con* **la juventud** he's not in tune with young people.

sinuoso, -sa /si'nwoso -sa/ *adj* **1.** (*carretera, camino*) winding: **un sendero sinuoso los condujo a...** a winding path took them to.... **2.** (*comportamiento, mentalidad*) devious: **de forma sinuosa y disimulada, se hizo con el control** he took control in a devious and crafty way.

sinusitis /sinu'sitis/ *sf inv* sinusitis.

sinvergonzón, -zona /simbergon'θon -'θona/ *sm/f* (*fam*) rascal.

sinvergüenza /simber'ɣwenθa/ **I** *adj* **1.** (*retorcido*) rotten, crooked. **2.** (*fresco*) cheeky, (*US*) nervy.
II *sm/f* **1.** (*canalla*) crook: **el sinvergüenza de su socio se fugó con todo el capital** that crook of a partner of his ran off with all the money. **2.** (*fresco*) cheeky devil, (*US*) nervy person.

sinvivir /simbi'βir/ *sm* (*fam*) unbearable situation: **¡esto es un sinvivir!** this situation is unbearable!

siquiatra /si'kjatra/ *sm/f* ⇨psiquiatra

siquiatría /sikjat'ria/ *sf* ⇨psiquiatría

siquiátrico, -ca /si'kjatriko -ka/ *adj*, **siquiátrico** *sm* ⇨psiquiátrico

síquico, -ca /'sikiko -ka/ *adj* ⇨psíquico

siquiera /si'kjera/ **I** *conj* (*aunque*): **déjale la bici, siquiera sea para que se calle** lend her the bike, if only to shut her up.
II *adv* **1.** (*al menos*) at least: **dime su nombre siquiera** at least tell me his name; **ayúdale siquiera a colocar los libros** at least help him stack the books; **¡si tan siquiera hubiese llamado!** if only he had called! **2.** (*en frases negativas*) even: **ni (tan) siquiera se disculparon** they didn't even apologize; **no tiene ni (tan) siquiera para comprar un bocadillo** he doesn't even have enough to buy a sandwich.

sirena /si'rena/ *sf* **1.** (*en mitología*) mermaid, siren. **2.** (*alarma*) siren: **los despertó el ruido de las sirenas de la policía** they were woken up by the sound of the police sirens.

sirga /'sirɣa/ *sf* rope.

Siria /'sirja/ *sf* Syria.

sirimiri /siri'miri/ *sm* persistent drizzle.

sirio, -ria /'sirjo -rja/ *adj*, *sm/f* Syrian.

siroco /si'roko/ *sm* sirocco.

sirviente, -ta /sir'βjente -ta/ *sm/f* servant.

sirvo /'sirβo/ *and other forms with* **sirv-** ⇨servir

sisa /'sisa/ *sf* **1.** (*robo*) pilfering, filching. **2.** (*de la manga*) armhole: **el vestido me tira de la sisa** the dress feels too tight round the armhole.

sisar /si'sar/ [⇨CANTAR] *vt* to cheat: **les sisa** *en* **la compra** she cheats them when she does their shopping.

sisear /sise'ar/ [⇨CANTAR] *vi* to hiss.

siseo /si'seo/ *sm* hiss, hissing.
sísmico, -ca /'sizmiko -ka/ *adj* seismic.
sismógrafo /siz'moγrafo/ *sm* seismograph.
sismología /sizmolo'xia/ *sf* seismology.
sistema /sis'tema/ *sm* system: **tienen un buen sistema educativo** they have a good education system; **el agua llega a la casa por un sistema de tuberías** the water is fed to the house through a system of pipes ● **me lleva la contraria por sistema** he disagrees with me as a matter of course.
sistema de refrigeración *sm* cooling system.
sistema métrico (decimal) *sm* metric system, decimal system.
Sistema Monetario Europeo *sm* European Monetary System.
sistema montañoso *sm* mountain range.
sistema nervioso *sm* nervous system.
sistema operativo *sm* (*Inform*) operating system.
sistema periódico *sm* periodic system.
sistema planetario *sm* planetary system.
sistema solar *sm* solar system.
sistemático, -ca /siste'matiko -ka/ *adj* systematic.
sistematizar /sistemati'θar/ [➪cazar] *vt* to systematize.
sitiar /si'tjar/ [➪CAMBIAR] *vt* **1.** (*Mil*) to besiege, to lay siege to. **2.** (*fam: a una persona*) to put pressure on.
sitio /'sitjo/ *sm* **1.** (*espacio*) room, space: **hay sitio suficiente** *para* **uno más** there's enough room for one more; **no lo pongas ahí, ocupa mucho sitio** don't put it there, it takes up too much space. **2.** (*lugar*) place: **el salón es el sitio más alegre de la casa** the living room is the most cheerful place in the house; **lo deja todo en cualquier sitio** she leaves everything lying around; **se venden en todos los sitios** they are on sale everywhere; **en algún sitio tiene que estar** it must be somewhere ● **le cayó una teja y se quedó en el sitio** a tile fell on his head and he was killed there and then ● **se me insolentó y tuve que ponerlo en su sitio** he was rude to me so I had to put him in his place. **3.** (*asedio*) siege: **pusieron sitio a la ciudad** they besieged the town ✻ laid siege to the town.
sito, -ta /'sito -ta/ *adj* (*frml*) situated, located: **en la sucursal sita** *en* **la calle Aribau** in the branch situated in Aribau Street.
situación /sitwa'θjon/ *sf* **1.** (*emplazamiento*) location, situation: **compramos la casa por su situación** we bought the house because of its situation. **2.** (*circunstancias*) situation, state: **la situación de la empresa no permite la expansión** the current state of the company does not allow for expansion. **3.** (*estado de salud*) condition: **no estás** *en* **situación** *de* **levantarte todavía** you are not fit enough ✻ in a fit state to get up yet.
situado, -da /si'twaðo -ða/ *adj* **1.** (*en el espacio*) located, situated: **vive en una casa situada** *en* **las afueras de la ciudad** he lives in a house (situated) on the outskirts of the town. **2.** (*profesionalmente*): **su marido está bien situado** her husband is doing well for himself.
situar /si'twar/ [➪actuar] *vt* **1.** (*poner*) to place, to put. **2.** (*localizar*) to find, to locate: **la verdad, no sabría situarlo en el mapa** to be honest, I wouldn't be able to locate it on the map.
situarse *v prnl* **1.** (*ponerse*) to place oneself, to position oneself: **la policía se situó alrededor del edificio** the police positioned themselves round the building. **2.** (*prosperar*) to achieve a good position.
skai, skay /es'kai/ *sm* imitation leather.
S.L. *pronounced* /soθje'ðað limi'taða/ (*abbreviation of* **Sociedad Limitada**) *private limited company*.
slálom /es'lalom/ *sm* slalom.
slip /es'lip/ *sm* (*GB*) underpants *pl*, (*US*) shorts *pl*.
S.M. *pronounced* /su maxe'stað/ (*abbreviation of* **Su Majestad**) HM (His/Her Majesty).
SME /eseeme'e/ *sm* (*abbreviation of* **Sistema Monetario Europeo**) EMS (European Monetary System).
smog /es'mog/ *sm* smog.
smoking /ez'mokin/ *sm* ➪ esmoquin
s/n. *pronounced* /sin 'numero/ (*abbreviation of* **sin número**) unnumbered (*in a street address*).
snob /ez'noβ/ *adj, sm/f* [**snobs**] ➪ esnob
SO *pronounced* /suðo'este, suro'este/ (*abbreviation of* **sudoeste ✻ suroeste**) SW (southwest).
so /so/ **I** *adj* (*fam*): **¡pero qué haces, so animal!** what are you doing, you great brute!
II *prep* (*frml*): **so pena de hacerme repetitivo, me gustaría insistir en que...** at the risk of repeating myself, I should like to emphasize that....
III *excl* (*para hacer parar a un caballo*) whoa.
soba /'soβa/ *sf* (*fam*) thrashing: **le dieron una buena soba** they gave him a good thrashing.
sobaco /so'βako/ *sm* armpit.
sobado, -da /so'βaðo -ða/ **I** *adj* (*ropa, tela*) worn; (*libro*) dog-eared.
II sobado *sm*: *type of bun or cake*.
sobar /so'βar/ [➪CANTAR] *vt* **1.** (*tocar: algo*) to handle, to touch: **deja de sobar las manzanas** stop touching the apples; (*: a una persona*) to paw: **¡deja de sobarme!** stop pawing me! **2.** (*golpear*) to thrash: **como te pille, te voy a sobar las costillas** if I catch you, I'll give you a real thrashing. **3.** (*Amér L: un hueso*) to put back. **4.** (*Amér L: masajear*) to massage. **5.** (*Amér L: adular*) to flatter.
♦ *vi* (*fam*) to sleep: **se pasa el día sobando** he spends the whole day sleeping.
soberanía /soβera'nia/ *sf* sovereignty.
soberano, -na /soβe'rano -na/ **I** *adj* **1.** (*Pol*) sovereign. **2.** (*excelente*) superb: **hizo una soberana interpretación de Hamlet** he gave a superb performance as Hamlet. **3.** (*fam: grande*) tremendous: **le dieron una soberana paliza** they gave him a tremendous beating.
II *sm/f* sovereign.
soberbia /so'βerβja/ *sf* (*orgullo excesivo*) pride: **su soberbia le impide disculparse** his pride prevents him from apologizing; (*altivez*) arrogance.
soberbio, -bia /so'βerβjo -βja/ *adj* **1.** (*orgulloso*) arrogant, high and mighty: **es tan soberbio que ni se digna a saludar** he is so high and mighty that he won't even condescend to say hello. **2.** (*gallardo*) dashing: **iba soberbio** *con* **su uniforme de capitán** he looked very dashing in his captain's uniform. **3.** (*magnífico*) magnificent, superb: **es una película soberbia** it's a superb film.
sobón, -bona /so'βon -'βona/ (*fam*) **I** *adj*: **es muy sobón** he can't keep his hands to himself.
II *sm/f*: **es un sobón** he can't keep his hands off.
sobornable /soβor'naβle/ *adj* bribable.
sobornar /soβor'nar/ [➪CANTAR] *vt* to bribe.
soborno /so'βorno/ *sm* (*delito*) bribery; (*dinero, favor aceptado*) bribe.
sobra /'soβra/ **I** *sf* (*excedente*) surplus.
II sobras *sf pl* leftovers *pl*: **no han dejado ni las sobras** they haven't even left the leftovers.
III de sobra *loc adv*: **llévate otro, yo tengo de sobra**

take another one; I have more than enough • **aquí estás de sobra** you're not wanted here • **lo sabes de sobra** you know perfectly well.

sobrado, -da /so'βraðo -ða/ *adj* plenty of, more than enough: **tienes tiempo sobrado** *para* **llegar** you have more than enough time to get there; **tengo razones sobradas** *para* **no ir** I have plenty of reasons for not going • **no ando muy sobrada** I don't have much to spare.

sobrante /so'βrante/ *adj* remaining, leftover.

sobrar /so'βrar/ [⇨CANTAR] *vi* **1.** (*quedar restante*) to remain, to be left over: **puedo devolver las baldosas que sobren** I can return any tiles that are left over; **le sobraron mil pesetas** he had one thousand pesetas left over. **2.** (*haber más de lo necesario*): **me sobra tela para hacer una falda** I have more than enough material to make a skirt. **3.** (*estar de más*): **tú aquí sobras** you're not wanted here.

sobrasada /soβra'saða/ *sf*: *spreadable, spicy pork sausage typical of the Balearic Islands.*

sobre /'soβre/ **I** *sm* **1.** (*para cartas, papeles*) envelope. **2.** (*de sopa*) packet; (*de azúcar, medicina*) sachet. **3.** (*fam: cama*) bed, sack: **me voy al sobre** I'm going to hit the sack.

II *prep* **1.** (*encima de*) on: **hay un candelabro sobre el piano** there is a candelabra on (top of) the piano. **2.** (*por encima de*) over: **estamos volando sobre los Alpes** we are flying over the Alps; **la torre se alza sobre los tejados** the tower rises up above the rooftops; **mi jefe no tiene a nadie sobre él** there's nobody over * above my boss. **3.** (*que trata de*) about, on: **ha escrito un libro sobre el Románico** she's written a book on Romanesque art. **4.** (*alrededor de*) about, around: **llamó sobre las tres** he called at about three o'clock. **5.** (*Fin*) on: **sobre la casa pesa una hipoteca** there is a mortgage on the house; **hay un impuesto especial sobre los artículos de lujo** there is a special tax on luxury goods. **6.** (*tras*) after, upon: **recibió golpe sobre golpe** he received blow after blow. **7.** (*después de*) later: **el tren llegó con cuarenta minutos de retraso sobre la hora prevista** the train arrived forty minutes later than it was supposed to.

III sobre todo *loc adv* above all: **sobre todo quería ver a su tía** above all, she wanted to see her aunt; **sobre todo, llámame cuando llegues** whatever happens, don't forget to phone me when you get there.

sobrealimentación /soβrealimenta'θjon/ *sf* overfeeding.

sobrealimentar /soβrealimen'tar/ [⇨CANTAR] *vt* **1.** (*a una persona*) to overfeed. **2.** (*una máquina*) to supercharge.

sobrecarga /soβre'karɣa/ *sf* overload.

sobrecargar /soβrekar'ɣar/ [⇨pagar] *vt* to overload.

sobrecargo /soβre'karɣo/ *sm* (*en un barco*) purser; (*en un avión*) head of the cabin crew.

sobrecogedor, -dora /soβrekoxe'ðor -'ðora/ *adj* **1.** (*aterrador*) frightening, terrifying. **2.** (*impresionante*) shocking, awesome.

sobrecoger /soβreko'xer/ [⇨proteger] *vt* **1.** (*aterrar*) to terrify: **aquel grito la sobrecogió** that cry terrified her. **2.** (*conmover*) to shock: **ver los horrores de la guerra me sobrecogía** seeing the horrors of war shocked me deeply. **3.** (*impresionar*) to fill with awe.

sobrecogerse *v prnl* **1.** (*asustarse*) to be terrified. **2.** (*quedar conmovido*) to be shocked.

sobrecubierta /soβreku'βjerta/ *sf* jacket (*of a book*).

sobredosis /soβre'ðosis/ *sf inv* overdose.

sobreentenderse /soβreenten'derse/ [⇨tender] *v prnl* ⇨sobrentenderse

sobreestimar /soβreesti'mar/ [⇨CANTAR] *vt* ⇨sobrestimar

sobrehumano, -na /soβreu'mano -na/ *adj* superhuman: **hizo un esfuerzo sobrehumano para ganar** she made a superhuman effort to win.

sobreimpresión /soβreimpre'sjon/ *sf* superimposition (*in photography*).

sobrellevar /soβreʎe'βar/ [⇨CANTAR] *vt* to bear, to endure: **sus amigos la ayudaron a sobrellevar su gran dolor** her friends helped her to bear her great sorrow.

sobremanera /soβrema'nera/ *adv* greatly: **el público disfrutó sobremanera** the audience greatly enjoyed themselves.

sobremesa /soβre'mesa/ **I** *sf*: **estuvimos** *de* **sobremesa dos horas** we sat round the table for two hours after lunch/dinner.

II de sobremesa *loc adj*: **una lámpara de sobremesa** a table lamp; **una agenda de sobremesa** a desk diary.

sobrenatural /soβrenatu'ral/ *adj* supernatural.

sobrenombre /soβre'nombre/ *sm* nickname.

sobrentenderse /soβrenten'derse/ [⇨tender] *v prnl*: **se sobrentendía que estaba hablando de Carlos** we all understood that he was talking about Carlos; **en sus palabras se sobrentendía una velada amenaza** a veiled threat was implicit in what he said; **claro que le pagamos el viaje, eso se sobrentiende** of course we'll pay your travel expenses, that goes without saying.

sobrepasar /soβrepa'sar/ [⇨CANTAR] *vt* **1.** (*exceder*) to exceed, to be over: **sus ingresos sobrepasan los cuatro millones de pesetas** his income is over four million pesetas. **2.** (*aventajar*): **mi hermano ya me sobrepasa** *en* **altura** my brother is already taller than I am. **3.** (*ir más allá de*) to go beyond: **no sobrepasamos ese punto** we didn't go beyond that point.

sobrepeso /soβre'peso/ *sm* **1.** (*de carga*) excess weight: **tuve que pagar un sobrepeso** *de* **equipaje** I had to pay an excess baggage charge. **2.** (*de una persona*) extra weight: **el campeón tenía un sobrepeso de seis kilos** the champion was six kilos overweight.

sobreponer /soβrepo'ner/ [⇨poner; *past participle* **sobrepuesto**] *vt* to superimpose.

sobreponerse *v prnl* to overcome: **logró sobreponerse** *al* **miedo** he managed to overcome his fear; **se sobrepuso** *a* **la enfermedad muy deprisa** he recovered from the illness very quickly.

sobrepuesto, -ta /soβre'pwesto -ta/ **I** *past participle of* ⇨sobreponer

II *adj* superimposed.

sobresaliente /soβresa'ljente/ **I** *adj* outstanding.

II *sm* (*Educ*) *mark above 85%.*

sobresalir /soβresa'lir/ [⇨salir] *vi* **1.** (*en horizontal*) to jut out, to project: **el balcón sobresale** *de* **la fachada** the balcony juts out from the façade; (*en vertical*) to stand out: **sobresale** *del* **resto de los edificios** it stands out above the rest of the buildings. **2.** (*destacar*) to stand out: **sobresalía** *entre* **sus compañeros por su talento** he stood out from his classmates because of his ability.

sobresaltar /soβresal'tar/ [⇨CANTAR] *vt* to startle: **el ruido me sobresaltó** I was startled by the noise.

sobresaltarse *v prnl* to be startled: **me sobresalté** I was startled.

sobresalto /soβre'salto/ *sm* start, jump: **estaba medio dormida y, cuando sonó el teléfono, le dio un sobresalto** she was half asleep and, when the telephone rang, she gave a start.

sobrestimar /soβresti'mar/ [⇨ CANTAR] *vt* to overestimate.

sobresueldo /soβre'sweldo/ *sm* extra money: **por las tardes trabaja en casa para sacar un sobresueldo** she works at home in the afternoons to earn extra money.

sobretodo /sobre'toðo/ *sm* overcoat, coat.

sobrevalorar /soβreβalo'rar/ [⇨ CANTAR] *vt* to overvalue.

sobrevenir /soβreβe'nir/ [⇨ venir] *vi* **1.** (*acontecer*): **esa misma noche le sobrevino otro ataque** that same night she had a new attack. **2.** (*seguir*) to follow: **tras la tormenta sobreviene la calma** after the storm comes the calm.

sobreviviente /soβreβi'βjente/ *adj*, *sm/f* ⇨ superviviente

sobrevivir /soβreβi'βir/ [⇨ PARTIR] *vi* to survive: **sobrevivió** *a* **la operación** he survived the operation.
♦*vt* to outlive, to survive: **la abuela sobrevivió a todos sus hijos** the grandmother outlived ∗ survived all her children.

sobrevolar /soβreβo'lar/ [⇨ contar] *vt* to fly over.

sobriedad /soβrje'ðað/ *sf* (*de persona, estilo, costumbres, etc.*) soberness.

sobrina /so'βrina/ *sf* niece.

sobrino /so'βrino/ **I** *sm* nephew.
II sobrinos *sm pl* (*en general*) nephews and nieces *pl*: **mis sobrinos Juan y María** my nephew Juan and my niece María; (*hombres*) nephews *pl.*

sobrio, **-bria** /'soβrjo -βrja/ *adj* **1.** (*moderado*) restrained, moderate: **es hombre sobrio** *en* **la comida** he is restrained in his eating habits. **2.** (*color*) sober, restrained: **elige colores sobrios para la entrevista** choose sober colours for the interview; (*decoración*) plain, restrained. **3.** (*no ebrio*) sober.

socarrón, **-rrona** /soka'rron -'rrona/ **I** *adj* mocking, sarcastic.
II *sm/f* mocker, sarcastic person.

socarronería /sokarrone'ria/ *sf* mockery, sarcasm.

socavar /soka'βar/ [⇨ CANTAR] *vt* **1.** (*excavar*) to dig under. **2.** (*minar*) to undermine, to weaken: **esas acusaciones están socavando su prestigio** those accusations are undermining his prestige.

socavón /soka'βon/ *sm* (large) hole.

sociable /so'θjaβle/ *adj* sociable.

social /so'θjal/ *adj* **1.** (*de la sociedad humana*) social. **2.** (*relativo a una empresa*): **domicilio social** registered address; **capital social** share capital.

socialdemocracia /soθjaldemo'kraθja/ *sf* social democracy.

socialdemócrata /soθjalde'mokrata/ *sm/f* social democrat.

socialdemocrático, **-ca** /soθjaldemo'kratiko -ka/ *adj* social democratic.

socialismo /soθja'lizmo/ *sm* socialism.

socialista /soθja'lista/ *adj*, *sm/f* socialist.

socialización /soθjaliθa'θjon/ *sf* (*Fin*) nationalization.

socializar /soθjali'θar/ [⇨ cazar] *vt* (*Fin*) to nationalize.

sociedad /soθje'ðað/ *sf* **1.** (*comunidad de seres humanos*) society: **la delicuencia es uno de los males de la sociedad** crime is one of society's ills; **mucha gente no sabe cómo comportarse en sociedad** many people don't know how to behave in (polite) society • **la señorita Molina se presentó en sociedad la primavera pasada** Miss Molina had her coming out ball last spring. **2.** (*agrupación*) society, association. **3.** (*Fin: empresa*) company.
sociedad anónima *sf* (*Fin*) public limited company.
sociedad de consumo *sf* consumer society.
sociedad de responsabilidad limitada *sf* (*Fin*) *company with limited liability.*
sociedad limitada *sf* (*Fin*) *private limited company.*
sociedad mercantil *sf* (*Fin*) trading company.

socio, **-cia** /'soθjo -θja/ *sm/f* **1.** (*de una asociación, un club*) member: **quiero hacerme socio del club de tenis** I want to join the tennis club; (*de un equipo deportivo*) season ticket holder. **2.** (*Fin*) partner: **ha encontrado un socio para el negocio** she has found a business partner. **3.** (*fam: amigo*) buddy, pal.
socio, -cia capitalista *sm/f* (*Fin*) sleeping partner.
socio fundador *sm*, **socia fundadora** *sf* founder member.

socioeconómico, **-ca** /soθjoeko'nomiko -ka/ *adj* socioeconomic.

sociología /soθjolo'xia/ *sf* sociology.

sociológico, **-ca** /soθjo'loxiko -ka/ *adj* sociological.

sociólogo, **-ga** /so'θjoloγo -γa/ *sm/f* sociologist.

sociopolítico, **-ca** /soθjopo'litiko -ka/ *adj* sociopolitical.

socorrer /soko'rrer/ [⇨ TEMER] *vt* to help, to aid.

socorrido, **-da** /soko'rriðo -ða/ *adj* convenient, handy: **la comida congelada es muy socorrida** frozen food is very convenient.

socorrismo /soko'rrizmo/ *sm* life-saving.

socorrista /soko'rrista/ *sm/f* (*en el mar*) lifeguard; (*en una piscina*) life-saver; (*en la montaña*) mountain rescuer.

socorro /so'korro/ **I** *sm* **1.** (*auxilio*) help, assistance: **acudieron a prestar socorro a los heridos** they went to help the injured. **2.** (*medicina, alimentos*) aid: **enviaron socorro a la zona del terremoto** aid was sent to the earthquake zone.
II *excl* help.

soda /'soða/ *sf* soda (water).

sódico, **-ca** /'soðiko -ka/ *adj* sodium.

sodio /'soðjo/ *sm* sodium.

soez /so'eθ/ *adj* [**soeces**] obscene, rude.

sofá /so'fa/ *sm* sofa, couch.
sofá cama *sm* sofa bed.

sofisticación /sofistika'θjon/ *sf* sophistication.

sofisticado, **-da** /sofisti'kaðo -ða/ *adj* sophisticated.

sofisticar /sofisti'kar/ [⇨ sacar] *vt* to refine, to make sophisticated.

soflama /so'flama/ *sf* impassioned speech.

sofocado, **-da** /sofo'kaðo -ða/ *adj* **1.** (*con sensación de ahogo*) out of breath: **¿por qué llegas tan sofocado?** why are you so out of breath? **2.** (*sonrojado*) blushing. **3.** (*disgustado*) upset, annoyed.

sofocante /sofo'kante/ *adj* stifling.

sofocar /sofo'kar/ [⇨ sacar] *vt* **1.** (*producirle ahogo a*): **este calor me sofoca** you can hardly breathe in this heat. **2.** (*extinguir: incendio*) to smother; (*: rebelión*) to put down, to crush. **3.** (*sonrojar*) to make blush.
sofocarse *v prnl* **1.** (*sufrir ahogo*) to get out of breath: **el abuelo se sofoca subiendo escaleras** grandfather gets out of breath going up the stairs. **2.** (*sonrojarse*) to blush: **se sofoca** *por* **cualquier cosa** he blushes at the slightest thing. **3.** (*disgustarse*) to get upset: **no te**

sofoques, todo se arreglará don't get upset: it'll sort itself out.

sofoco /so'foko/ *sm* **1.** (*sensación de ahogo*): **subir cuestas le produce sofoco** she has difficulty breathing when she goes uphill. **2.** (*bochorno*) embarrassment: **pasé un sofoco horroroso** I was terribly embarrassed. **3.** (*disgusto*): **le dio un sofoco cuando se enteró** he was very upset when he learnt about it.

sofocón /sofo'kon/ *sm* (*fam*): **se llevó un sofocón cuando la rechazaron** she was very upset when she was turned down.

sofreír /sofre'ir/ [⇨ reír; *past participle* **sofrito**] *vt* to fry lightly.

sofrito, -ta /so'frito -ta/ **I** *past participle of* ⇨ sofreír
II sofrito *sm* (*Culin*) *mixture of chopped onion, tomato, etc. fried in oil.*

software /'sofwer/ *sm* software.

soga /'soɣa/ *sf* (thick) rope • **estoy con la soga al cuello** I'm in deep trouble.

soja /'soxa/ *sf* (*GB*) soya, (*US*) soy.

sojuzgar /soxuθ'ɣar/ [⇨ pagar] *vt* to subdue, to subjugate.

soka-tira /'soka 'tira/ *sm* tug-of-war.

sol /sol/ **I** *sm* **1.** (*astro*) sun. **2.** (*brillo, luz*) sun, sunshine: **aquí da el sol por la mañana** we get the sun here in the morning; **no te pongas al sol que te vas a quemar** don't stay out in the sun: you'll get sun-burn; **hizo un día de sol** it was a sunny day; **espero que haga sol** I hope the sun shines; **estuve tomando el sol** I was sunbathing; **hace un sol de justicia** it's a scorching hot day • **trabaja de sol a sol** he works from dawn till dusk • **sabe arrimarse al sol que más calienta** he knows how to keep in with the right people • **no me deja ni a sol ni a sombra** he never leaves me alone for a minute. **3.** (*fam*: *encanto*) (little) treasure, little angel: **este niño es un sol** he's a little treasure. **4.** (*en plaza de toros*) *the cheapest seats* (*in a bullring*). **5.** (*moneda*) sol (*national currency of Peru*).
II *sm inv* (*Mús*) G, soh.
sol naciente *sm* rising sun.
sol y sombra *sm brandy with anisette.*

solamente /sola'mente/ *adv* only: **éstas son solamente algunas de las respuestas** these are just some of the replies.

solana /so'lana/ *sf* (*lugar*): **nos echamos en la solana** we lay down where it was sunny; (*mucho sol*): **con esta solana vamos a pasar un calor tremendo** the sun is so strong it's going to be very hot.

solano /so'lano/ *sm* east wind.

solapa /so'lapa/ *sf* **1.** (*de una chaqueta, un abrigo*) lapel. **2.** (*de un bolsillo, un libro, una carpeta*) flap.

solapado, -da /sola'paðo -ða/ *adj* **1.** (*acción, intención, etc.*) secret: **lo hizo con el solapado propósito de perjudicarlo** she did it with the (secret) intention of doing him harm. **2.** (*persona*) sly, cunning.

solapar /sola'par/ [⇨ CANTAR] *vt* **1.** (*superponer*) to overlap. **2.** (*esconder*) to conceal, to hide: **solapaba sus perversas intenciones con amables palabras** he concealed his wicked intentions behind kind words.
solaparse *v prnl* to overlap.

solar /so'lar/ **I** *adj* **1.** (*del sol*) solar, sun: **energía solar** solar energy. **2.** (*de linaje*) ancestral.
II *sm* **1.** (*terreno*) plot of land: **no cruces el solar en obras** don't go through the building site. **2.** (*casa*) ancestral home.

solariego, -ga /sola'rjeɣo -ɣa/ *adj* ancestral.

solario /so'larjo/, **solárium** /so'larjum/ *sm* solarium.

solaz /so'laθ/ *sm* (*frml*) (form of) entertainment, (form of) relaxation: **la música es mi único solaz** music is my only (form of) entertainment.

solazar /sola'θar/ [⇨ cazar] *vt* to amuse, to entertain: **nos solazaba con su conversación** he entertained us with his conversation.
solazarse *v prnl* to amuse oneself.

solazo /so'laθo/ *sm* (*fam*): **hace un solazo que no se puede salir a la calle** the sun is so strong it's too hot to go out into the street.

soldado /sol'daðo/ *sm/f* soldier.
soldado de plomo *sm* tin soldier.
soldado raso *sm/f* private.

soldador, -dora /solda'ðor -'ðora/ **I** *sm/f* welder.
II soldador *sm* soldering iron.

soldadura /solda'ðura/ *sf* **1.** (*acción de soldar: sin estaño*) welding; (*: con estaño*) soldering. **2.** (*junta: sin estaño*) weld; (*: con estaño*) soldered joint.

soldar /sol'dar/ [⇨ contar] *vt* (*sin estaño*) to weld; (*con estaño*) to solder.
soldarse *v prnl* **1.** (*metales*) to weld together. **2.** (*huesos*) to knit.

soleá /sole'a/ *sf* [*pl* **soleares**] *type of flamenco dance and song.*

soleado, -da /sole'aðo -ða/ *adj* sunny.

soledad /sole'ðað/ *sf* **1.** (*aislamiento*) solitude: **para escribir prefiere la soledad** she prefers to be alone when she is writing. **2.** (*sentimiento*) loneliness: **el perro murió de soledad** the dog died of loneliness.

solemne /so'lemne/ *adj* **1.** (*acontecimiento, celebración, etc.*) solemn: **hizo la solemne promesa de volver** she made a solemn promise to return. **2.** (*para intensificar*) downright, absolute: **es una solemne estupidez** it is downright stupidity.

solemnidad /solemni'ðað/ *sf* **1.** (*grandiosidad*) solemnity, formality. **2.** (*gravedad*) seriousness, gravity: **nos sorprendió la solemnidad de sus palabras** we were surprised at the gravity of his words.

solemnizar /solemni'θar/ [⇨ cazar] *vt* to solemnize.

soler /so'ler/ [⇨ table: soler] *vi* (*en presente*): **suelo desayunar café** I usually have coffee for breakfast; **suele ir a misa los domingos** he usually goes to church on Sundays; **estos melones suelen salir buenos** these melons are usually very good; **no suele venir por aquí** he doesn't often come here; (*en pretérito imperfecto*): **solía ir al cine todas las semanas** she used to go to the cinema every week; **solían verse en ese bar** they used to meet in that bar.

solera /so'lera/ *sf* **1.** (*tradición*) traditional character: **vive en un barrio con mucha solera** he lives in an area of town that is steeped in history. **2.** (*de un vino*) vintage. **3.** (*Arg, Chi, Urug*: *vestido*) sundress.

solfear /solfe'ar/ [⇨ CANTAR] *vt/i* to sol-fa.

solfeo /sol'feo/ *sm* sol-fa.

solicitado, -da /soliθi'taðo -ða/ *adj* sought after: **es un producto muy solicitado** the product is very sought after ✱ much in demand; **te han llamado cinco veces, ¡qué solicitada estás!** you've had five phone calls, you're in demand!

solicitante /soliθi'tante/ *sm/f* applicant.

solicitar /soliθi'tar/ [⇨ CANTAR] *vt* **1.** (*pedir: permiso, una entrevista*) to request, to ask for: **solicité permiso para salir un momento** I asked for permission to go out for a moment; **solicitó ser recibido por el rey** he requested an audience with the king; (*: un trabajo, ayuda*) to apply for: **solicité una beca** I applied for a grant. **2.** (*a una persona*) to seek after: **la solicitan los**

soler

INDICATIVE	
Present	**Perfect**
suelo	he solido
sueles	has solido
suele	ha solido
solemos	hemos solido
soléis	habéis solido
suelen	han solido
Imperfect	**Preterite**
solía	solí
solías	soliste
solía	solió
solíamos	solimos
solíais	solisteis
solían	solieron
SUBJUNCTIVE	
Present	**Imperfect**
suela	soliera *or* soliese
suelas	solieras *or* solieses
suela	soliera *or* soliese
solamos	soliéramos *or* soliésemos
soláis	solierais *or* solieseis
suelan	solieran *or* soliesen

The rest of the forms are not used

grandes empresarios teatrales del mundo she is sought after by the great theatre impresarios of the world. **3.** (*cortejar*) to court.

solícito, -ta /so'liθito -ta/ *adj* attentive, solicitous: **el camarero estuvo muy solícito** *con* **nosotros** the waiter was very attentive (to us); **es un marido muy solícito** he's a very solicitous husband.

solicitud /soliθi'tuð/ *sf* **1.** (*petición: de ayuda, permiso*) request: **en este momento no podemos atender su solicitud** at the moment we are unable to deal with your request; (*: de trabajo*) application. **2.** (*formulario*) application (form); (*carta, etc.*) application: **entregué mi solicitud en la ventanilla** I handed my application (form) in at the window. **3.** (*amabilidad*) attentiveness, care: **nos atendieron con gran solicitud** they were very attentive (to us).

solidaridad /soliðari'ðað/ *sf* solidarity: **firmó la protesta** *por* **solidaridad** *con* **sus compañeros** he signed the protest out of solidarity with his colleagues.

solidario, -ria /soli'ðarjo -rja/ *adj* (*person*) supportive; (*gesto*) of solidarity: **mantuvieron una actitud solidaria con los despedidos** they showed their solidarity with the employees who had been fired.

solidarizarse /soliðari'θarse/ [➪cazar] *v prnl* to support: **algunos profesores se solidarizaron** *con* **los alumnos** some teachers gave their support to the students.

solidez /soli'ðeθ/ *sf* **1.** (*Fís, Quím*) solidity. **2.** (*resistencia*) strength. **3.** (*de un argumento*) soundness, strength.

solidificarse /soliðifi'karse/ [➪sacar] *v prnl* to solidify.

sólido, -da /'soliðo -ða/ **I** *adj* **1.** (*Fís, Quím*) solid. **2.** (*fuerte*) strong: **construyeron la caja con materiales sólidos** the box was built of strong materials. **3.** (*seguro*) secure: **goza de una sólida posición** he enjoys a secure position. **4.** (*fundamentado*) sound, well-founded: **sus argumentos eran muy sólidos** his arguments were very sound; **tiene sólidos conocimientos de física** he has a sound knowledge of physics.
II sólido *sm* solid.

soliloquio /soli'lokjo/ *sm* soliloquy.

solista /so'lista/ *sm/f* soloist.

solitaria /soli'tarja/ *sf* tapeworm.

solitario, -ria /soli'tarjo -rja/ **I** *adj* **1.** (*persona: sin compañía*) alone, solitary: **¿qué haces aquí tan solitario?** what are you doing here all alone?; (*: que busca la soledad*): **es una joven solitaria** she's a loner. **2.** (*lugar*) deserted, lonely: **da miedo pasar por esas calles tan solitarias** it's scary to walk through those deserted streets.
II *sm/f* loner.
III solitario *sm* **1.** (*Juegos*) (*GB*) patience, (*US*) solitaire: **estaba haciendo solitarios** he was playing patience. **2.** (*sortija*) solitaire.

soliviantar /soliβjan'tar/ [➪CANTAR] *vt* **1.** (*incitar a la rebelión*) to stir up, to incite to revolt: **soliviantó a todas las tribus** *contra* **el invasor** she incited all the tribes to revolt against the invader. **2.** (*agitar*) to stir up: **su llegada soliviantó los ánimos** his arrival stirred everyone up. **3.** (*irritar*) to irritate, to annoy: **me solivianta que sea tan tacaño** it annoys me that he should be so mean.

soliviantarse *v prnl* **1.** (*rebelarse*) to rise up, to revolt. **2.** (*agitarse*) to get worked up. **3.** (*irritarse*) to get irritated, to get annoyed.

sollozar /soʎo'θar/ [➪cazar] *vi* to sob.

sollozo /so'ʎoθo/ *sm* sob.

solo, -la /'solo -la/ **I** *adj* **1.** (*sin compañía*) alone, by oneself: **no le gusta quedarse sola** she doesn't like to be left by herself; **está solo en la vida** he's alone in the world. **2.** (*sin añadidos*): **tomaré leche sola** I'll have milk (on its own); **un café solo** a black coffee ● **quiso que lo dejaran a solas** he wanted to be left alone. **3.** (*solitario*) lonely: **se sentía terriblemente sola** she felt terribly lonely. **4.** (*único*) (only) one: **me queda una sola pregunta** I have only one question left; **no tiene ni un solo amigo** he hasn't a single friend. **5.** (*lugar*) lonely, deserted: **¡qué sola está la playa!** how lonely ✱ deserted the beach is!
II solo *sm* **1.** (*café*) black coffee. **2.** (*Mús*) solo.

sólo, solo /'solo/ *adv* only: **sólo vino a cambiarse** he only came to get changed; **pasaré por tu casa aunque sólo sea para saludar** I'll drop in at your house even if it's only to say hello; **no sólo canta sino que también baila** she not only sings but she dances too; **con sólo mirarla supe lo que sentía** just by looking at her I knew what she felt; **me gustaban los zapatos, sólo que me hacían daño** I liked the shoes, but they hurt me ● **tan sólo te pido que seas más puntual** all I ask is that you should be more punctual.

solomillo /solo'miʎo/ *sm* sirloin.

solsticio /sols'tiθjo/ *sm* solstice.

soltar /sol'tar/ [➪contar] *vt* **1.** (*aflojar*) to loosen: **si le molesta, suéltale el cinturón** loosen his belt if it's bothering him; **suelta cuerda** give out some more rope. **2.** (*dejar libre: a un prisionero*) to set free, to release: **soltaron a varios presos** they set several prisoners free; (*: a un animal*): **soltó al perro** he let the dog off the leash; **soltó al canario (de la jaula)** he let the canary out (of the cage). **3.** (*dejar de asir*) to let go of: **no sueltes la correa** don't let go of the leash; **¡suéltalo!** let go of it!; **¡suéltame!** let go of me!; (*fam: dinero*): **nunca suelta una peseta** he's very tightfisted. **4.** (*fam: desprender*) to give off: **¡qué mal olor suelta este pescado!** this fish is giving off an awful smell!; **la carne ha soltado mucho jugo** the meat has produced a lot of juice. **5.** (*dar: gen*) to give: **el caballo soltó una coz** the horse gave a kick; **soltó un estornudo** he sneezed; (*: un grito*) to let out, to give. **6.** (*fam: decir*): **soltó una palabrota** he swore; **va y te suelta lo primero que se le ocurre** he just says the first thing that comes into his head; **espero que no nos suelte otro discurso** I hope he's not going to give us another sermon.

soltarse *v prnl* **1.** (*desatarse: nudo*) to come undone: **el nudo se soltó** the knot came undone; **suéltate el pelo** let your hair down; (*desprenderse: botón, asa*) to come off; (*aflojarse*) to work loose: **se han soltado los tres tornillos** the three screws have worked loose. **2.** (*adquirir soltura*): **es tímido al principio, pero se suelta en seguida** he's shy at first, but he soon opens up; **se está soltando más con el inglés** he's getting more and more confident in English. **3. soltarse a** (*comenzar*) to start: **se soltó a andar a los pocos meses** he started walking at a few months old.

soltería /solte'ria/ *sf*: **las ventajas de la soltería** the advantages of being single.

soltero, -ra /sol'tero -ra/ **I** *adj* single, unmarried. **II** *sm/f* (*hombre*) single * unmarried man, bachelor; (*mujer*) single * unmarried woman, spinster.

solterón /solte'ron/ *sm* confirmed bachelor.

solterona /solte'rona/ *sf* (old) spinster.

soltura /sol'tura/ *sf* (*gen*) ease: **tiene mucha soltura con el piano** she plays the piano with ease; (*para expresarse, al hablar un idioma extranjero*) fluency: **habla inglés** *con* **soltura** she speaks English fluently.

solubilidad /soluβili'ðað/ *sf* solubility.

soluble /so'luβle/ *adj* soluble.

solución /solu'θjon/ *sf* **1.** (*arreglo*) solution, answer: **ayúdame a encontrar una solución** *al* **problema** help me find a solution to the problem. **2.** (*Quím*) solution.

solucionar /soluθjo'nar/ [⇨CANTAR] *vt* to solve: **vino para solucionar unos asuntos pendientes** she came to sort out a few outstanding matters.

solucionarse *v prnl* to be solved: **el problema se solucionó rápidamente** the problem was soon solved.

solvencia /sol'βenθja/ *sf* **1.** (*Fin*) solvency. **2.** (*capacidad*): **el caso está en manos de un abogado de toda solvencia** the case is in the hands of a very capable lawyer.

solventar /solβen'tar/ [⇨CANTAR] *vt* **1.** (*solucionar*) to resolve: **no consiguieron solventar el asunto** they did not manage to resolve the matter. **2.** (*liquidar*) to pay, to clear: **solventó sus deudas** he cleared * paid off his debts.

solventarse *v prnl* to be solved: **debemos esperar a que se solventen todos los problemas** we must wait until all the problems are solved.

solvente /sol'βente/ **I** *adj* **1.** (*Fin*) solvent. **2.** (*capaz*) able, capable. **3.** (*de confianza*) reliable: **fuentes solventes añaden que...** reliable sources add that.... **II** *sm* (*Quím*) solvent.

somanta /so'manta/ *sf* (*fam*) thrashing.

sombra /'sombra/ *sf* **1.** (*lugar sin sol*) shade: **busca una mesa** *en* **la sombra** look for a table in the shade; **se sentó** *a* **la sombra** *de* **un árbol** she sat in the shade of a tree • **se pasó unos años a la sombra** he spent a few years in jail • **actúa a la sombra del presidente** he is acting under the president's protection • **dirigía la banda desde la sombra** she directed the gang from in hiding • **no soporta que le hagan sombra** he can't stand being put in the shade. **2.** (*proyectada por un cuerpo*) shadow • **no ser ni (la) sombra de...**: **no es ni la sombra de lo que fue** he's a shadow of his former self; **este restaurante ya no es ni sombra de lo que era** this restaurant is nothing like as good as it was • **lo perseguía la sombra de su pasado** he could not shake off his past reputation • **tener buena/mala sombra** (*ser simpático/antipático*): **tiene buena/mala sombra** he's pleasant/unpleasant; (*tener suerte/mala suerte*): **siempre ha tenido buena/mala sombra** she's always been lucky/unlucky • **ahí va el jefe seguido de su sombra** there goes the boss with his shadow. **3.** (*oscuridad*) darkness: **se perdió en las sombras de la noche** he disappeared into the darkness of the night. **4.** (*Tauro*) *part of a bullring that is in the shade.* **5.** (*señal*) trace, shadow: **en sus palabras no había la menor sombra** *de* **duda** there wasn't a shadow of doubt in what he said. **6.** (*mancha*) stain, spot: **tiene un expediente sin sombra** he has a spotless record.

sombra de ojos *sf* eyeshadow.

sombras chinescas *sf pl* (*GB*) shadow theatre, (*US*) shadow theater.

sombrajo /som'braxo/ *sm* shady canopy.

sombrear /sombre'ar/ [⇨CANTAR] *vt* to shade.

sombrerera /sombre'rera/ *sf* hatbox.

sombrerería /sombrere'ria/ *sf* hat shop.

sombrero /som'brero/ *sm* hat • **¿y lo han hecho solos? ¡pues hay que quitarse el sombrero!** and they've done it on their own? you have to take your hat off to them!

sombrero cordobés *sm*: *wide-brimmed felt hat.*

sombrero de copa *sm* top hat.

sombrero hongo *sm* (*GB*) bowler (hat), (*US*) derby.

sombrilla /som'briʎa/ *sf* (*gen*) sunshade, parasol; (*para la playa*) beach umbrella.

sombrío, -bría /som'brio -'bria/ *adj* **1.** (*triste*) gloomy, sad: **guarda un recuerdo sombrío de aquella tarde** he has rather sad memories of that evening. **2.** (*oscuro*) dark: **la casa es bonita, pero sombría** the house is nice, but dark.

somero, -ra /so'mero -ra/ *adj* **1.** (*explicación*) brief, sketchy: **nos dio unas instrucciones muy someras** he gave us very brief * sketchy directions. **2.** (*agua*) shallow.

someter /some'ter/ [⇨TEMER] *vt* **1.** (*dominar*) to put down, to subdue: **sometieron a los rebeldes** they put down the rebels. **2.** (*presentar*) to submit: **debes someter tu caso** *a* **las autoridades** you must submit your case to the authorities; **acordaron someter la disputa** *a* **arbitraje** they agreed to take the dispute to arbitration. **3.** (*a una prueba, un examen*) to subject: **fue sometido** *a* **unas preguntas humillantes** he was subjected to some humiliating questions; **sometieron el aparato** *a* **duras pruebas** they subjected the device to rigorous tests.

someterse *v prnl* **1.** (*entregarse*) to submit: **se sometieron** *a* **los conquistadores** they submitted to the conquerors. **2.** (*a un tratamiento, etc.*): **tendrá que someterse** *a* **una intervención quirúrgica** he will have to undergo surgery; **todos los candidatos tienen que someterse** *a* **un chequeo médico** all the candidates have to undergo a medical examination; **se sometió** *a* **un régimen de comidas muy severo** he went on a very strict diet.

somier /so'mjer/ *sm* [**somieres**] bed base.

somnífero, -ra /som'nifero -ra/ **I** *adj* sleep-inducing. **II somnífero** *sm* sleeping pill.

somnolencia /somno'lenθja/ *sf* drowsiness.

somnoliento, -ta /somno'ljento -ta/ *adj* (*persona*) drowsy, sleepy.

son /son/ *sm* sound: **se oía el son de una flauta** the sound of a flute could be heard; **bailaban al son de un acordeón** they were dancing to an accordion • **baila al son que le tocan** he dances to whatever tune's being played • **venían en son de paz** they came in peace.

sonado, -da /so'naðo -ða/ *adj* **1.** (*famoso*) famous, well-known: **fue un escándalo muy sonado** it was a very famous scandal; **fue una película bastante sonada** it was a film that was talked about quite a lot. **2.** (*fam*: *loco*) crazy, nuts: **¡tú tienes que estar sonado!** you must be nuts!

sonajero /sona'xero/ *sm* (baby's) rattle.

sonambulismo /sonambu'lizmo/ *sm* sleepwalking.

sonámbulo, -la /so'nambulo -la/ **I** *adj* sleepwalking. **II** *sm/f* sleepwalker.

sonar /so'nar/ [⇨contar] *vi* **1.** (*gen*) to sound: **suena** *a* **hueco** it sounds hollow; **así suena mejor** it sounds better like that • **nos dijo que no le daba la gana, así como suena** he said he didn't feel like it, just like that. **2.** (*teléfono, timbre*) to ring: **el timbre sonó fuerte** the bell rang loudly; **acaban de sonar las nueve en el reloj** the clock has just struck nine. **3.** (*Ling*) to sound, to be pronounced: **en español, la "b" y la "v" suenan igual** in Spanish "b" and "v" are pronounced the same. **4.** (*fam*: *resultar conocido*): **me suena su apellido** her surname sounds familiar * rings a bell; **me suena esa cara** that face is familiar. **5.** (*fam*: *parecer*) to sound: **aquella excusa me sonó a cuento** that excuse sounded like a lie. **6.** (*Arg, Chi, Urug*: *fam, fracasar*): **no estudió nada para el examen y sonó** he didn't study at all for the exam and he failed dismally; **¡sonamos! ya cerraron la tienda** we've had it! the shop's already shut; **¡sonaste! se enteró papá** you're in for it! Dad found out; (*: estropearse*): **sonó el televisor** the television has gone wrong; (*: morir*) to kick the bucket.

sonarse *v prnl* to blow one's nose: **suénate (la nariz)** blow your nose; **me escuece la nariz de tanto sonarme** my nose is sore from blowing it so much.

sonata /so'nata/ *sf* sonata.

sonda /'sonda/ *sf* **1.** (*Náut*) sounding line. **2.** (*Med: gen*) catheter; (*: para exploración*) probe.

sonda astronáutica, sonda espacial *sf* space probe.

sondar /son'dar/ [⇨CANTAR] *vt* **1.** (*Med*) to probe. **2.** (*Náut*) to sound.

sondear /sonde'ar/ [⇨CANTAR] *vt* **1.** (*las aguas*) to sound. **2.** (*el subsuelo*) to drill into (*for exploration purposes*). **3.** (*indagar*) to sound out: **sondéala, a ver si averiguas qué regalo quiere** sound her out about what she'd like as a present; **decidieron sondear la opinión pública** they decided to test public opinion.

sondeo /son'deo/ *sm* **1.** (*Náut, Tec*) sounding: **están realizando sondeos para encontrar agua** they are taking soundings to find water. **2.** (*encuesta*) poll.

sondeo de opinión *sm* opinion poll.

soneto /so'neto/ *sm* sonnet.

sonido /so'niðo/ *sm* sound.

sonoridad /sonori'ðað/ *sf* tone.

sonoro, -ra /so'noro -ra/ *adj* **1.** (*que suena*): **emite una señal sonora** it makes an audible signal; **la recibió con un sonoro beso en la mejilla** he greeted her with a loud kiss on the cheek; (*fuerte: voz*) deep, sonorous; (*: risa*) loud: **soltó una sonora carcajada** he let out a loud laugh. **2.** (*consonante*) voiced.

sonreír /sonre'ir/ [⇨reír] *vi* to smile: **me sonrió al despedirse** she smiled at me when she said goodbye • **la vida le sonríe** life is kind to him • **la suerte le sonrió** fortune smiled on him.

sonreírse *v prnl* to smile.

sonríe /son'rrie/ *and other forms with* ***sonrí-*** * ***sonri-*** ⇨sonreír

sonriente /son'rjente/ *adj* smiling.

sonrío /son'rrio/ *first person singular of the present tense of* ⇨sonreír

sonrisa /son'risa/ *sf* smile.

sonrojar /sonro'xar/ [⇨CANTAR] *vt* to make blush: **sus alabanzas consiguieron sonrojarla** his praises made her blush.

sonrojarse *v prnl* to blush.

sonrosado, -da /sonro'saðo -ða/ *adj* rosy, pink.

sonsacar /sonsa'kar/ [⇨sacar] *vt*: **siempre les sonsaca dinero a sus abuelos** he's always getting money out of his grandparents; **¿por qué no tratas de sonsacarles a dónde van?** why don't you try to get them to tell you where they're going?

sonsonete /sonso'nete/ *sm* **1.** (*ruido*) continuous noise. **2.** (*de la entonación*) monotonous tone, drone • **deja ya ese sonsonete, no te lo voy a dar** stop going on about it because I'm not going to give it to you.

soñador, -dora /soɲa'ðor -'ðora/ **I** *adj* dreamy. **II** *sm/f* dreamer.

soñar /so'ɲar/ [⇨contar] *vt* to dream: **soñé que estaba haciendo un viaje espacial** I dreamed * dreamt I was travelling through space • **"¿Me dejas el coche?" "¡Ni soñarlo!"** "Can I borrow your car?" "No way!" ♦ *vi* to dream: **ayer soñé** *con* **ella** I dreamed * dreamt about her yesterday; **sueña** *con* **ser el mejor** he dreams of being the best; **sueña en voz alta** he talks in his sleep • **se pasa el día soñando despierto** he spends his time daydreaming.

soñolencia /soɲo'lenθja/ *sf* drowsiness, sleepiness.

soñoliento, -ta /soɲo'ljento -ta/ *adj* drowsy, sleepy.

sopa /'sopa/ *sf* soup • **te lo encuentras hasta en la sopa** he gets absolutely everywhere • **con lo que llueve te vas a poner hecho una sopa * como una sopa** you're going to get soaked in this heavy rain • **está en casa de sus padres a la sopa boba** he lives with his parents for nothing • **esquiando me da sopas con honda** he's miles better than me at skiing.

sopapa /so'papa/ *sf* (*Arg, Urug*) plunger.

sopapo /so'papo/ *sm* (*fam*) slap: **le dio un sopapo** she slapped him.

sopera /so'pera/ *sf* soup tureen.

sopero, -ra /so'pero -ra/ *adj*: **una cuchara sopera** a soup spoon; **un plato sopero** a soup dish.

sopesar /sope'sar/ [⇨CANTAR] *vt* **1.** (*un peso*) to weigh (*in one's hand or by lifting*). **2.** (*examinar*) to weigh (up): **sopesó los pros y los contras del trato** he weighed (up) the pros and cons of the deal.

sopetón /sope'ton/ **I** *sm* slap.
II de sopetón *loc adv*: **se presentaron de sopetón** they turned up unexpectedly; **me lo dijo así, de sopetón** he just told me out of the blue.

soplamocos /sopla'mokos/ *sm inv* (*fam*) slap.

soplar /so'plar/ [⇨CANTAR] *vi* **1.** (*echar aire*) to blow: **hoy sopla el poniente** there's a west wind blowing today • **¡sopla, lo que has crecido!** goodness, how

you've grown! **2.** (*fam*: *en un examen*) to pass on the answer.
♦*vt* **1.** (*la comida, el fuego*) to blow on: **sopla la sopa o te quemarás** blow on the soup or you'll burn your mouth; (*una vela*) to blow out: **sopló las velas de la tarta** she blew out the candles on the cake. **2.** (*hinchar*) to blow up; (*el vidrio*) to blow. **3.** (*fam*: *una respuesta*) to pass on. **4.** (*fam*: *revelar*): **le sopló todo a la policía** he told the police everything. **5.** (*fam*: *robar*) to steal, to pinch: **me han soplado la cartera** someone has pinched my wallet.

soplarse *v prnl* (*fam*) to put away: **se sopló media botella de vino** he put away half a bottle of wine.

soplete /so'plete/ *sm* blowtorch, blowlamp.

soplido /so'pliðo/ *sm* puff: **apagó las velas de un soplido** she blew out the candles in one puff.

soplo /'soplo/ *sm* **1.** (*soplido*) blow, puff. **2.** (*de viento: gen*) puff; (*: más fuerte*) gust: **un soplo de viento se llevó la sombrilla** a gust of wind blew the sunshade away. **3.** (*momento*) flash: **las vacaciones pasaron** *en* **un soplo** the holidays were over in a flash. **4.** (*fam*: *denuncia*) tip-off: **la policía tuvo un soplo sobre el robo** the police had a tip-off about the robbery. **5.** (*en el corazón*) murmur.

soplón, -plona /so'plon -'plona/ *sm/f* **1.** (*a los padres, a un profesor*) telltale. **2.** (*a la policía*) informer.

soponcio /so'ponθjo/ *sm* (*fam*) faint, fainting fit • **cuando se entere papá, le va a dar un soponcio** Dad will have a fit when he finds out.

sopor /so'por/ *sm* sleepiness, drowsiness.

soporífero, -ra /sopo'rifero -ra/ *adj* **1.** (*efectos*) soporific. **2.** (*fam*) (very) boring: **nos dio una conferencia soporífera** he gave us a very boring lecture.

soportales /sopor'tales/ *sm pl* (*Arquit*) arcade.

soportar /sopor'tar/ [⇨ CANTAR] *vt* **1.** (*un objeto, un peso*) to support: **cuatro postes soportan el toldo** four poles support the awning. **2.** (*un dolor, una dificultad, a una persona*) to bear, to stand: **soportó todas sus penas sin rechistar** she bore all her troubles without complaint; **no podía soportar más ese clima** I couldn't stand that climate any longer; **no la soporto** I cannot bear * stand her.

soporte /so'porte/ *sm* **1.** (*Arquit*) support • **es el soporte de la familia** he's the provider in the family, he provides for the family. **2.** (*Tec*: *para estantería*) bracket. **3.** (*Inform*) medium.

soprano /so'prano/ *sm/f* soprano.

soquete /so'kete/ *sm* (*Arg, Chi, Urug*) ankle sock.

sor /sor/ *sf* (*Relig*) sister: **sor Gertrudis** Sister Gertrudis.

sorber /sor'βer/ [⇨ TEMER] *vt* **1.** (*beber: gen*) to sip; (*: con ruido*) to slurp: **¡deja de sorber la sopa!** stop slurping your soup! **2.** (*absorber*) to soak up, to absorb: **el papel secante sorbe la tinta** blotting paper absorbs ink. **3.** (*por la nariz*) to sniff.

sorbete /sor'βete/ *sm* sorbet.

sorbo /'sorβo/ *sm* **1.** (*acción de sorber: gen*) sip; (*: más rápido*) gulp: **se lo bebió de un sorbo** she gulped it down in one. **2.** (*trago*): **se achispó y sólo había tomado un sorbo de vino** she got tipsy but she'd only had a drop of wine; **¿me das un sorbo para probarlo?** can I have a sip to taste it?

sordera /sor'ðera/ *sf* deafness.

sordidez /sorði'ðeθ/ *sf* squalor.

sórdido, -da /'sorðiðo -ða/ *adj* squalid, sordid.

sordina /sor'ðina/ *sf* (*para instrumento de viento*) mute; (*de un piano*) damper.

sordo, -da /'sorðo -ða/ **I** *adj* **1.** (*Med*) deaf: **es sordo de nacimiento** he's been deaf from birth. **2.** (*indiferente*) deaf, indifferent: **permanecía sordo** *a* **nuestras protestas** he was deaf to our protests. **3.** (*sonido*) low: **a lo lejos se oía el murmullo sordo del mar** far away you could hear the low murmur of the sea. **4.** (*dolor*) dull. **5.** (*consonante*) voiceless.
II *sm/f* deaf person: **inauguró la nueva escuela para sordos** she opened the new school for the deaf • **se hace el sordo cuando le conviene** he turns a deaf ear when it suits him.

sordomudo, -da /sorðo'muðo -ða/ **I** *adj* deaf-mute.
II *sm/f* deaf-mute.

soriano, -na /so'rjano -na/ **I** *adj* of * from Soria.
II *sm/f* native * inhabitant of Soria.

sorna /'sorna/ *sf* sarcasm: **lo dijo** *con* **sorna** he said it in a sarcastic tone.

soroche /so'rotʃe/ *sm* (*Amér S*) altitude sickness.

sorprendente /sorpren'dente/ *adj* surprising: **tuvo una recuperación sorprendente** she made a surprising recovery.

sorprender /sorpren'der/ [⇨ TEMER] *vi*: **me sorprende que no haya llegado todavía** I'm surprised he hasn't arrived yet; **¿le sorprende que sea así?** are you surprised that is the case?
♦*vt* **1.** (*pillar desprevenido*) to surprise, to catch (unawares): **sorprendieron a los ladrones cuando entraban en la casa** they surprised the thieves as they were entering the house; **la noche nos sorprendió en pleno campo** nightfall overtook us in the middle of the countryside. **2.** (*descubrir*) to discover, to find out.

sorprenderse *v prnl* to be surprised: **no sé por qué te sorprendes** I don't know why you're so surprised.

sorpresa /sor'presa/ *sf* **1.** (*impresión*) surprise: **imagínate nuestra sorpresa cuando vimos que el coche no estaba** imagine our surprise when we saw that the car wasn't there; **queremos que su fiesta de cumpleaños sea una sorpresa** we want her birthday party to be a surprise; **se llevó una gran sorpresa al vernos allí** she got a big surprise when she saw us there; *para* **mi sorpresa no tuvimos que pagar entrada** to my surprise we did not have to pay to go in • **mis primos llegaron de * por sorpresa** my cousins arrived without warning • **su pregunta me pilló por sorpresa** his question took me by surprise. **2.** (*regalo*) surprise (gift): **los huevos de Pascua llevan dentro una sorpresa** Easter eggs have a surprise inside.

sortear /sorte'ar/ [⇨ CANTAR] *vt* **1.** (*echar a suertes*): **vamos a sortear quién va** we'll draw lots to decide who goes; (*en un sorteo*) to raffle (off): **sortean varias bicicletas en la rifa** several bicycles are being raffled (off); **sortean veinte viajes a Disneylandia** there's a prize draw for twenty trips to Disneyland. **2.** (*un obstáculo, un problema*) to find a way around: **intentaremos sortear las dificultades** we'll try to find a way around the difficulties.

sorteo /sor'teo/ *sm* draw: **compró lotería para el sorteo de Navidad** she bought a lottery ticket for the Christmas draw • **lo decidieron por sorteo** they drew lots to decide.

sortija /sor'tixa/ *sf* (*anillo*) ring.

sortilegio /sorti'lexjo/ *sm* (*embrujo*) spell, charm • **nadie podía resistirse al sortilegio de su belleza** no one could resist her bewitching beauty.

SOS /eseo'ese/ *sm* SOS: **el barco trasmitió un SOS** the ship sent out an SOS.

sosa /'sosa/ *sf* soda.

sosa caústica *sf* caustic soda.

sosaina /so'saina/ **I** *adj* dull.
II *sm/f* dull person.

sosegado, -da /sose'ɣaðo -ða/ *adj* (*temperamento*) calm; (*vida*) quiet, tranquil.

sosegar /sose'ɣar/ [➪ regar] *vt* to calm: **a ver si puedes sosegar a los niños** see if you can calm the children down.

sosegarse *v prnl* **1.** (*mar, viento, etc.*) to become calm: **las aguas se sosegaron** the sea became calm. **2.** (*persona*) to calm down.

sosería /sose'ria/ *sf* dullness.

sosiego /so'sjeɣo/ *sm* peace, calm: **últimamente no tengo un momento de sosiego** recently I haven't had a moment's peace.

soslayar /sosla'jar/ [➪ CANTAR] *vt* to dodge, to get around: **la actriz consiguió soslayar la pregunta sobre su divorcio** the actress managed to dodge the question about her divorce; **éste es un problema que no podemos soslayar** this is a problem we can't ignore.

soslayo /sos'lajo/ **de * al soslayo** *loc adv* sideways: **al pasar la miró de soslayo** he gave her a sideways glance as he went by • **trató la cuestión de soslayo** she merely touched on the matter.

soso, -sa /'soso -sa/ **I** *adj* **1.** (*alimentos: sin sabor*) tasteless, bland; (*: con poca sal*): **el cocido está un poco soso** the stew needs more salt. **2.** (*cosas, personas*) dull, boring: **es muy soso contando chistes** he's very dull when it comes to telling jokes; **¡vaya fiesta sosa!** what a boring party!
II *sm/f* boring person, bore: **es un soso** he's a bore.

sospecha /sos'petʃa/ *sf* suspicion.

sospechar /sospe'tʃar/ [➪ CANTAR] *vt* to suspect: **sospecho que a estas horas no están en casa** I suspect they're not at home at this time of day.
♦ *vi*: **sospechan** *de* **un drogadicto como autor del crimen** a drug addict is suspected of having committed the crime.

sospechoso, -sa /sospe'tʃoso -sa/ **I** *adj* (*circunstancias*) suspicious: **me parece muy sospechoso que no haya llegado todavía** I think it's very suspicious that he hasn't arrived yet; (*persona*) suspicious, dubious: **es un tipo sospechoso** he's a suspicious character.
II *sm/f* suspect: **la policía interrogó a todos los sospechosos** the police questioned all the suspects.

sostén /sos'ten/ *sm* **1.** (*ayuda, soporte*) support: **debes ser el sostén** *de* **tu familia** you should be the support of your family. **2.** (*sujetador*) bra, brassiere.

sostener /soste'ner/ [➪ tener] *vt* **1.** (*soportar*) to support, to hold up: **sostenían la bóveda gruesos pilares** thick pillars supported the vault; (*agarrar*) to hold: **¿me sostienes esto un momento?** can you hold this for me for a minute? **2.** (*ideas, opiniones*) to maintain, to hold: **yo siempre he sostenido que ésa no era la solución** I've always maintained that that was not the solution. **3.** (*mantener: una conversación, una discusión*) to have: **sostuve con él una conversación muy provechosa** I had a very profitable conversation with him. **4.** (*económicamente*) to support, to provide for: **él solo sostiene a toda la familia** he supports the whole family on his own.

sostenerse *v prnl* **1.** (*sujetarse*) to stay up: **esta cometa no se sostiene mucho rato en el aire** this kite doesn't stay up in the air for very long; **las coletas no se me sostienen** my pigtails won't stay up. **2.** (*sustentarse*) to support oneself. **3.** (*mantenerse de pie*) to stand up: **está tan mareado que no se sostiene** he's so dizzy that he can't stand up.

sostenido, -da /soste'niðo -ða/ (*Mús*) **I** *adj* sharp: **do sostenido** C sharp.
II sostenido *sm* sharp.

sota /'sota/ *sf* **1.** (*naipe*) jack (*in Spanish pack of cards*). **2.** (*fam: mujer*) (old) bag: **la vecina es una sota** my neighbour is an old bag.

sotana /so'tana/ *sf* cassock.

sótano /'sotano/ *sm* (*gen*) basement; (*para almacenar*) cellar.

sotavento /sota'βento/ *sm* (*Náut*) lee, leeward.

soterrado, -da /sote'rraðo -ða/ *adj* secret, hidden.

soterrar /sote'rrar/ [➪ CANTAR] *vt* **1.** (*enterrar: cables, un oleoducto*) to put underground. **2.** (*frml: olvidar*) to bury, to lay to rest: **debes soterrar los recuerdos amargos** you must lay your bitter memories to rest.

soto /'soto/ *sm* (*de árboles*) copse; (*de matorrales*) thicket.

soufflé /su'fle/ *sm* soufflé.

soviético, -ca /so'βjetiko -ka/ *adj, sm/f* Soviet.

soy /soi/ *first person singular of the present tense of* ➪ ser

spárring /es'parriŋ/ *sm* (*en boxeo*) sparring partner.

sport /es'por/ *adj*: **llevaba una chaqueta de sport** he was wearing a casual jacket.

spot /es'pot/ *sm* [*pl* **spots**] (*also* **spot publicitario**) commercial, advertisement (*on radio, television*).

spray /es'prai/ *sm* [**sprays**] spray.

sprint /es'prin/ *sm* [**sprints**] (*Dep*) sprint.

sprinter /es'printer/ *sm/f* [**sprinters**] (*Dep*) sprinter.

squash /es'kwas/ *sm* (*Dep*) squash.

Sr. *pronounced* /se'ɲor/ (*abbreviation of* **Señor**) Mr.

Sra. *pronounced* /se'ɲora/ (*abbreviation of* **Señora**) Mrs.

Sras. *pronounced* /se'ɲoras/ (*abbreviation of* **Señoras**): **el premio les fue concedido a las Sras. Amedo y Galíndez** prize was awarded to Mrs Amedo and Mrs Galíndez.

S.R.C. *pronounced* /se 'rrweɣa kontesta'θjon/ (*abbreviation of* **se ruega contestación**) RSVP (please reply).

Sres., Srs. *pronounced* /se'ɲores/ (*abbreviation of* **Señores**) **1.** (*más de un hombre*) Messrs (*plural of Mr*). **2.** (*pareja*) Mr and Mrs.

Srta. *pronounced* /seɲo'rita/ (*abbreviation of* **Señorita**) Miss.

ss. *pronounced* /si'ɣjentes/ (*abbreviation of* **siguientes**): **pág. 25 y ss.** p. 25 onwards.

S.S. *pronounced* /seɣuri'ðað so'θjal/ (*abbreviation of* **Seguridad Social**) Social Security.

SS. MM. *pronounced* /sus maxes'taðes/ (*abbreviation of* **Sus Majestades**) Their Majesties.

Sta. *pronounced* /'santa/ (*abbreviation of* **Santa**) St (Saint).

stand /es'tan/ *sm* [**stands**] stand (*at an exhibition*).

standard /es'tandar/ *adj, sm* ➪ estándar

standing /es'tandiŋ/ *sm* (*en anuncio*): **"oficinas de alto standing"** "luxury offices".

starter /es'tarter/ *sm* (*Auto*) choke.

statu quo /es'tatu kwo/ *sm* (*frml*) status quo.

status /es'tatus/ *sm inv* status: **el cargo le da un cierto status** the post gives him a certain status.

Sto. *pronounced* /'santo/ (*abbreviation of* **Santo**) St (Saint).

stock /es'tok/ *sm* [**stocks**] stock (*of goods*).

stop /es'top/ *sm* [**stops**] (*Auto*) stop sign: **la multaron por saltarse un stop** she was fined for ignoring a stop sign.

stress /es'tres/ *sm inv* (*Med*) stress.

striptease /estrip'tis/ *sm* striptease.

su /su/ *adj posesivo* [*pl* **sus**] **1.** (*de él*) his: **su mujer trabaja conmigo** his wife works with me; **sus padres le enviaron una postal** his parents sent him a postcard. **2.** (*de ella*) her: **su hijo la visita todas las semanas** her son visits her every week; **sus alumnos la aprecian mucho** she is well-liked by her students. **3.** (*de ellos/ellas*) their: **están buscando a su hijo** they're looking for their son; **los viajeros se retiraron a sus habitaciones** the travellers retired to their rooms. **4.** (*de usted/ustedes*) your: **su maleta ya está en la habitación, señor** your suitcase is already in your room, sir; **¿me dicen sus nombres, por favor?** would you give me your names, please. **5.** (*de un objeto/un animal*) its: **funciona con su propia fuente de energía** it works off its own energy source; **su pico es amarillo** its beak is yellow; (*de varios objetos/animales*) their: **sus aplicaciones prácticas son ilimitadas** their practical applications are countless; **atacan a sus propias crías** they attack their own young. **6.** (*fuera de contexto*): **ésta es su casa** this is his/her/their/your house *[to avoid ambiguity use:* ***la casa de él, de ella**, etc.]* **7.** (*fam: aproximadamente*): **tendrá sus sesenta años** he must be about sixty.

suave /'swaβe/ *adj* **1.** (*sin irregularidades: superficie, movimiento*) smooth; (*: piel, tela*) soft: **la tela es muy suave** *al* **tacto** the material is very soft to the touch. **2.** (*delicado, poco fuerte: brisa*) gentle; (*: voz*) soft; (*: sabor*) delicate; (*: analgésico, sedante*) mild; (*: color*) subdued; (*: clima*) mild. **3.** (*referido a personas*): **una chica de modales muy suaves** a very mild-mannered girl; **después de la regañina estuvo de lo más suave** after being told off he was very amenable.

suavidad /swaβi'ðað/ *sf* **1.** (*de una superficie*) smoothness; (*de la piel, de una tela*) softness; (*de un sabor, de un clima*) mildness. **2.** (*de una persona*) mildness.

suavizante /swaβi'θante/ *sm* **1.** (*de ropa*) fabric conditioner, fabric softener. **2.** (*de pelo*) conditioner.

suavizar /swaβi'θar/ [⇨cazar] *vt* **1.** (*la piel*) to make smooth; (*el pelo*) to soften; (*un sabor*) to make less strong. **2.** (*hacer menos severo*) to soften, to tone down: **suavizó sus declaraciones** he toned down his comments.

suavizarse *v prnl* **1.** (*situación*) to ease, to calm down: **las tensiones acabaron por suavizarse** tensions finally eased. **2.** (*persona*) to mellow, to become more easy-going: **su carácter se ha suavizado con la edad** she has mellowed with age.

suba /'suβa/ *sf* (*Arg, Urug*) (price) rise.

subacuático, -ca /suβa'kwatiko -ka/ *adj* (*vegetación, fotografía*) underwater; (*Dep*) subaqua: **el buceo subacuático** subaqua diving.

subalimentación /suβalimenta'θjon/ *sf* undernourishment.

subalimentado, -da /suβalimen'taðo -ða/ *adj* undernourished, underfed.

subalterno, -na /suβal'terno -na/ **I** *adj, sm/f* subordinate.

II subalterno *sm* (*Tauro*) *member of bullfighter's* ***cuadrilla*** ⇨cuadrilla **2.**

subarrendador, -dora /suβarrenda'ðor -'ðora/ *sm/f* sublessor.

subarrendamiento /suβarrenda'mjento/ *sm* subletting.

subarrendar /suβarren'dar/ [⇨pensar] *vt* to sublet, to sublease.

subarrendatario, -ria /suβarrenda'tarjo -rja/ *sm/f* subtenant.

subarriendo /suβa'rrjendo/ *sm* sublease, subtenancy.

subasta /su'βasta/ *sf* auction: **se vendió** *en* **subasta pública** it was sold at (public) auction.

subastar /suβas'tar/ [⇨CANTAR] *vt* to auction: **subastó las joyas de su abuela para saldar la deuda** he auctioned (off) his grandmother's jewels to pay the debt; **subastaron varios cuadros impresionistas** several impressionist paintings were sold at auction.

subcampeón, -peona /suβkampe'on -pe'ona/ *sm/f* (*Dep*) runner-up.

subconsciente /suβkons'θjente/ *adj, sm* subconscious.

subcontinente /suβkonti'nente/ *sm* subcontinent.

subdesarrollado, -da /suβðesarro'ʎaðo -ða/ *adj* underdeveloped.

subdesarrollo /suβðesa'rroʎo/ *sm* underdevelopment.

subdirector, -tora /suβðirek'tor -'tora/ *sm/f* (*gen*) assistant director; (*de un banco, un hotel*) assistant manager; (*de una empresa: hombre*) (*GB*) vice-chairman, (*US*) vice-president; (*: mujer*) (*GB*) vice-chairwoman, (*US*) vice-president; (*de un periódico*) deputy editor; (*de un colegio*) assistant principal; (*hombre*) (*GB*) deputy headmaster; (*mujer*) deputy headmistress.

súbdito, -ta /'suβðito -ta/ *sm/f* (*Pol*) subject: **han detenido a un súbdito español** a Spanish subject has been arrested.

subdividir /suβðiβi'ðir/ [⇨PARTIR] *vt* to subdivide.

subdividirse *v prnl* to subdivide.

subespecie /suβes'peθje/ *sf* subspecies *n inv*.

subestimar /suβesti'mar/ [⇨CANTAR] *vt* to underestimate.

subestimarse *v prnl* to underestimate oneself: **no te subestimes, yo sé que puedes hacerlo** don't underestimate yourself, I know you can do it.

subfusil /suβfu'sil/ *sm* automatic rifle.

subgénero /suβ'xenero/ *sm* **1.** (*Lit*) minor genre. **2.** (*Bot, Zool*) subgenus.

subgrupo /suβ'ɣrupo/ *sm* subgroup.

subibaja /suβi'βaxa/ *sm* (*Amér L*) seesaw.

subida /su'βiða/ *sf* **1.** (*de precios, temperatura, nivel*) rise, increase. **2.** (*de montaña*) climb, ascent: **la subida fue dura pero valió la pena** the ascent was difficult but it was worth it. **3.** (*cuesta*) slope: **está al final de la subida** it's at the top of the slope.

subido, -da /su'βiðo -ða/ *adj* **1.** (*color*) deep: **una blusa de color rojo subido** a deep red blouse; (*olor, sabor*) strong • **hoy tienes el guapo subido** you look very attractive today. **2.** (*afirmación, comentario*) daring.

subir /su'βir/ [⇨PARTIR] *vi* **1.** (*ir: si el hablante está abajo*) to go up: **subieron** *al* **quinto piso** they went up to the fifth floor; **sube** *al* **pueblo cada fin de semana** he goes up to the village every weekend; **subimos** *por* **la escalera** we went up the stairs; (*: si el hablante está arriba*) to come up: **¿por qué no subes?** why don't you come up? **2.** (*marea*) to rise. **3.** (*precios, temperatura*) to go up, to rise: **ha vuelto a subir el gas** the price of gas has gone up again; **le ha subido la fiebre** his temperature has gone up. **4.** (*a un coche*) to get in: **subió** *al* **coche** she got in * into the car; (*a un tren, un avión*) to get onto, to board: **subieron** *al* **tren** they got into * onto the train, they boarded the train. **5.** (*de categoría*) to go up: **nuestro equipo ha subido** *del* **quinto puesto** *al* **tercero** our team has gone up from fifth place to third; (*ascender, progresar*) to get on: **lo único que le importa es subir en la empresa** the only thing he cares about is getting on in the company. ♦ *vt* **1.** (*una montaña*) to climb; (*una cuesta, las escaleras: si el hablante está abajo*) to go up; (*: si el hablante está arriba*) to come up: **subió las escaleras corriendo para contármelo** she ran up the stairs to tell me. **2.** (*llevar arriba*) to take up: **subí el equipaje al dormitorio** I took the bags up to the bedroom; **su hijo le subió las maletas** *al* **tren** her son put the suitcases onto the train for her; (*traer arriba*) to bring up: **¿me subes el periódico?** would you bring the newspaper up for me? **3.** (*alzar, elevar: gen*) to raise: **subimos las persianas** we raised the blinds; (*: los precios, la temperatura, etc.*) to raise: **suba la temperatura del horno** raise the temperature of the oven; (*: el volumen, la radio, etc.*) to turn up: **sube (el volumen de) la televisión** turn the television up; (*: la voz*) to raise: **quieren subirlo de categoría** they want to promote him.

subirse *v prnl* **1.** (*treparse, encaramarse*): **se subió** *al* **árbol** she climbed the tree, she went up the tree; **súbete** *a* **la mesa** get onto the table; **se me subió el vino** *a* **la cabeza** the wine went to my head ● **estoy harto de que se me suba todo el mundo** I'm sick of everybody walking all over me. **2.** (*entrar: en un coche*) to get in: **se subió** *al* **coche** she got in ✱ into the car; (*: en un avión, un tren*): **me subí** *al* **avión/tren** I got onto the plane/train. **3.** (*los pantalones, los calcetines*) to pull up: **súbete la cremallera** do up your zip.

súbito, -ta /'suβito -ta/ **I** *adj* sudden: **se produjo un súbito descenso de la temperatura** there was a sudden drop in temperature.

II de súbito *loc adv* suddenly, all of a sudden: **salió de súbito de la habitación** suddenly ✱ all of a sudden she left the room.

subjetividad /suβxetiβi'ðað/ *sf* subjectivity.

subjetivo, -va /suβxe'tiβo -βa/ *adj* subjective.

subjuntivo, -va /suβxun'tiβo -βa/ (*Ling*) **I** *adj* subjunctive.

II subjuntivo *sm* subjunctive.

sublevación /suβleβa'θjon/ *sf* uprising.

sublevar /suβle'βar/ [⇨ CANTAR] *vt* **1.** (*rebelar*) to incite to revolt, to stir up. **2.** (*enfadar*) to infuriate: **me subleva que él se lleve todo el mérito** it infuriates me that he gets all the credit.

sublevarse *v prnl* to rise up, to revolt: **se sublevaron contra el tirano** they rose up against the tyrant.

sublime /su'βlime/ *adj* sublime, exquisite: **escribió una obra sublime** he wrote a sublime work.

subliminal /suβlimi'nal/ *adj* subliminal.

submarinismo /suβmari'nizmo/ *sm* (*como deporte*) scuba diving; (*con fines científicos, etc.*) skin diving.

submarinista /suβmari'nista/ **I** *adj* diving.

II *sm/f* (*deportista*) scuba diver; (*trabajador*) skin-diver.

submarino, -na /suβma'rino -na/ **I** *adj* underwater: **la pesca submarina** underwater fishing.

II submarino *sm* submarine.

subnormal /suβnor'mal/ **I** *adj* with learning difficulties, (educationally) subnormal.

II *sm/f* person with learning difficulties, (educationally) subnormal person.

suboficial /suβofi'θjal/ *sm* (*gen*) non-commissioned officer; (*en la marina*) petty officer.

subordinación /suβorðina'θjon/ *sf* subordination.

subordinado, -da /suβorði'naðo -ða/ *adj, sm/f* subordinate.

subordinar /suβorði'nar/ [⇨ CANTAR] *vt* to subordinate.

subordinarse *v prnl* to subordinate oneself.

subproducto /suβpro'ðukto/ *sm* by-product.

subrayar /suβra'jar/ [⇨ CANTAR] *vt* **1.** (*con una línea*) to underline: **subrayó los párrafos más interesantes** he underlined the most interesting paragraphs. **2.** (*destacar*) to emphasize, to underline: **subrayó la importancia de la reunión** she emphasized the importance of the meeting.

subrepticio, -cia /suβrep'tiθjo -θja/ *adj* surreptitious, underhand: **consiguió la información de forma subrepticia** he obtained the information by underhand means.

subrogar /suβro'γar/ [⇨ pagar] *vt* (*Jur*) to subrogate.

subsanable /suβsa'naβle/ *adj* (*dificultades*) surmountable; (*errores*) rectifiable; (*defectos*) repairable.

subsanar /suβsa'nar/ [⇨ CANTAR] *vt* **1.** (*dificultades*) to solve, to overcome: **tuvieron que subsanar unos problemas técnicos** they had to solve some technical problems; (*errores*) to correct, to rectify: **en la nueva edición subsanaron olvidos y errores** in the new edition they rectified oversights and errors; (*defectos*) to repair. **2.** (*disculpar*) to excuse, to explain away.

subsecretario, -ria /suβsekre'tarjo -rja/ *sm/f* undersecretary.

subsidiar /suβsi'ðjar/ [⇨ CAMBIAR] *vt* to subsidize.

subsidio /suβ'siðjo/ *sm* (*gen*) subsidy; (*de la seguridad social*) benefit, allowance.

subsidio de desempleo, subsidio de paro *sm* (*GB*) unemployment benefit, (*US*) unemployment compensation.

subsiguiente /suβsi'γjente/ *adj* subsequent: **en ocasiones subsiguientes vino acompañado de su esposa** on subsequent occasions he came accompanied by his wife.

subsistencia /suβsis'tenθja/ **I** *sf* (*de una persona*) survival, subsistence: **en la región antártica, la subsistencia del hombre es difícil** in the Antarctic, human survival is difficult; (*de una organización, etc.*) survival, continuity: **la subsistencia de la empresa está asegurada** the survival of the company is assured.

II subsistencias *sf pl* (*víveres, etc.*) supplies *pl*.

subsistir /suβsis'tir/ [⇨ PARTIR] *vi* **1.** (*perdurar*) to survive, to remain: **todavía subsisten algunas de estas costumbres** some of these customs still survive. **2.** (*vivir*) to live: **en este parque subsisten muy diversas especies** many different species live in this park.

subsuelo /suβ'swelo/ *sm* subsoil.

subte /'suβte/ *sm* (*Arg, Urug: Transp, fam*) (*GB*) underground (railway), (*US*) subway.

subteniente /suβte'njente/ *sm/f* second lieutenant.

subterfugio /suβter'fuxjo/ *sm* pretext, subterfuge: **se inventó un subterfugio para no presentarse al examen** she invented a pretext to avoid sitting the exam.

subterráneo, -nea /suβte'rraneo -nea/ **I** *adj* underground, subterranean.

II subterráneo *sm* **1.** (*túnel*) subway. **2.** (*Arg, Urug: Transp*) (*GB*) underground (railway), (*US*) subway.

subtitular /suβtitu'lar/ [⇨ CANTAR] *vt* to subtitle.

subtítulo /suβ'titulo/ *sm* **1.** (*en película*) subtitle. **2.** (*en libro, periódico*) subtitle, subheading.

subtropical /suβtropi'kal/ *adj* subtropical.

suburbano, -na /suβur'βano -na/ **I** *adj* suburban.

II suburbano *sm* suburban train.

suburbial /suβur'βjal/ *adj* suburban.

suburbio /su'βurβjo/ *sm* (*barrio popular*) working class area; (*zona periférica*) suburb.

subvención /suββen'θjon/ *sf* subsidy, subvention.

subvencionar /suββenθjo'nar/ [➪ CANTAR] *vt* to subsidize.

subversión /suββer'sjon/ *sf* subversion: **se tomaron medidas para acabar con la subversión** measures were taken to stamp out subversion ✱ subversive elements.

subversivo, -va /suββer'siβo -βa/ *adj* subversive.

subvertir /suββer'tir/ [➪ sentir] *vt* to subvert, to undermine.

subyacente /suβja'θente/ *adj* underlying.

subyacer /suβja'θer/ [➪ yacer] *vi* to underlie.

subyugación /suβjuga'θjon/ *sf* subjugation.

subyugar /suβju'ɣar/ [➪ pagar] *vt* **1.** (*someter*) to subjugate: **subyugaron al país por las armas** they subjugated the country by force of arms. **2.** (*fascinar*) to captivate: **esa música me subyuga** I find that music captivating.

succión /suk'θjon/ *sf* suction.

succionar /sukθjo'nar/ [➪ CANTAR] *vt* to suck, to suck up ✱ in.

sucedáneo, -nea /suθe'ðaneo -nea/ **I** *adj* substitute.
II sucedáneo *sm* (*de una sustancia*) substitute: **un sucedáneo del chocolate** a chocolate substitute; (*de una actividad*): **encontró en la radio un sucedáneo** *de* **la lectura** he found that the radio provided an alternative to reading.

suceder /suθe'ðer/ [➪ TEMER] *vi* **1.** (*acontecer*) *[used only in the third person]* to happen: **¿qué sucede?** what's happening?; **suceda lo que suceda, no cambiaré de opinión** whatever happens, I won't change my mind; **¿qué le ha sucedido** *a* **Ramón?** what's happened to Ramón?; *con* **él sucederá lo mismo que** *con* **tu hermano** the same will happen to him as to your brother ● **trae dinero, por lo que pueda suceder** bring some money with you, just in case. **2.** (*ir después: en el tiempo*): *a* **la guerra civil sucedieron años muy tristes** years of great sadness followed the civil war; (*: en el espacio*): *a* **esta sala sucede otra más lujosa** another more luxurious room leads off from this one.
♦ *vt* (*a una persona*) to succeed: **sucedió a su padre en el trono** she succeeded her father to the throne; **como no tiene hijos lo sucederán sus sobrinos** since he has no children he will be succeeded by his nieces and nephews.
sucederse *v prnl* to follow one another: **esperemos que no se sigan sucediendo los inconvenientes** let's hope our problems don't keep recurring.

sucedido /suθe'ðiðo/ *sm* (*fam*) episode, event: **recordó un sucedido muy gracioso** he recalled a very amusing episode.

sucesión /suθe'sjon/ *sf* **1.** (*a una persona*) succession: **era la séptima en la línea de sucesión al trono** she was seventh in line to the throne. **2.** (*serie*) series, succession: **se descubrió gracias a una sucesión de acontecimientos fortuitos** it was discovered thanks to a succession of fortuitous events. **3.** (*descendencia*) heirs *pl*, issue: **no tuvo sucesión** she had no heirs.

sucesivamente /suθesiβa'mente/ *adv* successively: **se elige el dos, el cuatro y así sucesivamente** you choose number two, number four and so on.

sucesivo, -va /suθe'siβo -βa/ *adj* **1.** (*siguiente*): **espero que no ocurra lo mismo en días/años sucesivos** I hope the same thing doesn't occur again in days/years to come ● **en lo sucesivo, tendrás más responsabilidad** from now on you'll have more responsibility. **2.** (*consecutivo*) successive: **los sucesivos entrenadores no lograron que el equipo subiera** successive managers failed to win promotion for the team.

suceso /su'θeso/ **I** *sm* (*acontecimiento*) event, happening: **ese suceso conmovió a la opinión pública** that event stirred public opinion.
II sucesos *sm pl* (*en periódico*) *section of newspaper devoted to crimes and accidents.*

sucesor, -sora /suθe'sor -'sora/ *sm/f* (*en un cargo*) successor; (*en una herencia*) heir.

suciedad /suθje'ðað/ *sf* **1.** (*mugre*) dirt, filth: **la alfombra está llena de suciedad** the carpet is filthy. **2.** (*estado*) dirtiness: **la suciedad del agua no deja ver el fondo** the dirtiness of the water makes it impossible to see the bottom. **3.** (*obscenidad*) obscenity.

sucinto, -ta /su'θinto -ta/ *adj* **1.** (*discurso, texto, etc.*) concise, succinct: **presentó un sucinto informe** he presented a concise ✱ succinct report; **su respuesta, aunque sucinta, satisfizo a todos** her reply, though brief, satisfied everyone. **2.** (*ropa*) brief, scanty.

sucio, -cia /'suθjo -θja/ **I** *adj* **1.** (*gen*) dirty: **llevas la camisa sucia** your shirt is dirty; **tiene las uñas sucias** he has dirty fingernails; **los colores claros son más sucios que los oscuros** light colours show the dirt more than dark ones ● **primero haz la redacción en sucio** first write the essay out in rough. **2.** (*color*) dirty: **es de un blanco sucio** it's an off-white colour. **3.** (*obsceno*) dirty, filthy. **4.** (*ilegal*) shady: **siempre anda metido en negocios sucios** he's always mixed up in shady deals; (*sin honradez*) underhand, dirty: **es una forma de actuar un tanto sucia** it's rather underhand behaviour; **es un jugador sucio** he is a dirty player.
II sucio *adv* unfairly: **ha jugado sucio** he's been playing unfairly.

sucre /'sukre/ *sm* sucre (*national currency of Ecuador*).

suculento, -ta /suku'lento -ta/ *adj* succulent, tasty.

sucumbir /sukum'bir/ [➪ PARTIR] *vi* **1.** (*Mil*) to succumb: **la ciudad sucumbió** *a* **los ataques del enemigo** the city succumbed to the enemy's attacks. **2.** (*claudicar*) to give in, to succumb: **sucumbió a la tentación** he gave in to temptation. **3.** (*frml: morir*) to perish, to die.

sucursal /sukur'sal/ *sf* (*de una empresa*) branch.

sudaca /su'ðaka/ *sm/f* (*Esp: !!*) South American.

sudadera /suða'ðera/ *sf* **1.** (*Indum: prenda*) sweatshirt. **2.** (*fam: sudor*) sweat: **menuda sudadera me ha entrado con este sol** I've been sweating buckets in this sun.

Sudáfrica /su'ðafrika/ *sf* South Africa.

sudafricano, -na /suðafri'kano -na/ *adj, sm/f* South African.

Sudamérica /suða'merika/ *sf* South America.

sudamericano, -na /suðameri'kano -na/ *adj, sm/f* South American.

sudar /su'ðar/ [➪ CANTAR] *vi* **1.** (*persona*) to sweat, to perspire: **las paredes sudaban con la humedad** the walls were streaming with the damp. **2.** (*fam: esforzarse*) to work hard: **el profesor nos hizo sudar para aprobar** the teacher made us work hard to pass.
♦ *vt* (*la ropa*) to make sweaty: **llegó con la camisa toda sudada** he arrived with his shirt all sweaty ● **si quieres obtener ese puesto, tendrás que sudarlo** if you want that job, you'll have to work for it.

sudario /su'ðarjo/ *sm* shroud.

sudeste /su'ðeste/ **I** *sm* **1.** (*Geog*) southeast: **el Sudeste Asiático** Southeast Asia. **2.** (*viento*) southeast wind, southeasterly.
II *adj* (*gen*) southeast, southeastern; (*dirección*) southeasterly.

sudista /su'ðista/ *adj, sm/f* Southerner, Confederate (*in the American Civil War 1861-65*).

sudoeste /suðo'este/ **I** *sm* **1.** (*Geog*) southwest. **2.** (*viento*) southwest wind, southwesterly.
II *adj* (*gen*) southwest, southwestern; (*dirección*) southwesterly.

sudor /su'ðor/ *sm* **1.** (*transpiración*) sweat, perspiration. **2.** (*fam*: *trabajo*) effort, work: **aprobó, pero le costó muchos sudores** he passed the exam but it took a lot of hard work • **se ganó el ascenso con el sudor de su frente** he won promotion by the sweat of his brow. **3.** (*fam*: *angustia*) cold sweat: **me entran sudores sólo de pensarlo** it makes me break into a cold sweat just thinking about it.

sudoroso, -sa /suðo'roso -sa/ *adj* sweaty.

Suecia /'sweθja/ *sf* Sweden.

sueco, -ca /'sweko -ka/ **I** *adj* Swedish.
II *sm/f* Swede: **los suecos** the Swedish, Swedes • **se hizo el sueco cuando le hablé de pagar** he acted dumb when I mentioned paying.
III sueco *sm* (*idioma*) Swedish.

suegra /'sweɣra/ *sf* mother-in-law.

suegro /'sweɣro/ **I** *sm* father-in-law.
II suegros *sm pl* in-laws *pl*.

suela /'swela/ *sf* **1.** (*del zapato*) sole • **Ramón no le llega ni a la suela del zapato** Ramón is not nearly as good as she is. **2.** (*cuero*) leather.

sueldo /'sweldo/ *sm* (*gen*) pay; (*mensual*) salary; (*semanal*) wages *pl* • **me pagan un sueldo de hambre** I'm paid starvation wages.

suelo /'swelo/ **I** *and other forms with* **suel-** ⇨ soler
II *sm* **1.** (*tierra*) ground: **me caí al suelo** I fell to the ground. **2.** (*de una casa*) floor: **friega el suelo todos los días** he mops the floor every day; **la cocina tiene suelo de roble** the kitchen has oak flooring • **por los suelos**: **las naranjas están por los suelos** oranges are dirt cheap; **tenía la moral por los suelos** he was very down in the dumps; **puso a su cuñada por los suelos** she said awful things about her sister-in-law • **la noticia dio en el suelo con todas sus esperanzas** the news dashed all her hopes • **besa el suelo por donde pisa** he worships the ground she walks on. **3.** (*de cultivo*) soil: **no es un suelo apropiado para cereales** it's not a suitable soil for cereal crops. **4.** (*de un país*) soil: **llegamos a suelo argentino** we arrived on Argentinian soil. **5.** (*terreno edificable*) (building) land: **los precios han subido debido a la escasez de suelo** prices have risen because of the shortage of building land.

suelto, -ta /'swelto -ta/ **I** *and other forms with* **suelt-** ⇨ soltar
II *adj* **1.** (*no atado*): **tienes el cordón del zapato suelto** your shoelace is undone; **está más guapa con el pelo suelto** she looks better with her hair down; **dejaron al perro suelto por el jardín** they let the dog loose in the garden; **aún andan sueltos tres miembros de la banda** three members of the gang are still at liberty * at large. **2.** (*separado*) separate: **la chaqueta y la falda se venden sueltas** the jacket and the skirt are sold separately; **el arroz debe quedar suelto** the grains of rice must be separate; (*no sujeto*) loose: **escribía sus canciones en hojas sueltas** she wrote her songs on loose sheets of paper. **3.** (*no envasado*) loose: **venden café suelto o en paquetes** coffee is sold loose or in packets. **4.** (*flojo*): **le gusta que la ropa le quede suelta** she likes her clothes to be loose * loose-fitting. **5.** (*Med*): **ando un poco suelta de vientre** I am suffering from a touch of (*GB*) diarrhoea * (*US*) diarrhea. **6.** (*Fin*): **¿tienes dinero suelto?** have you any small * loose change?
III suelto *sm* **1.** (*Fin*) small * loose change. **2.** (*escrito breve*) (brief) article: **lo leí en un suelto del periódico** I read it in an item in the paper.

suena /'swena/ *and other forms with* **suen-** ⇨ sonar

sueño /'sweɲo/ **I** *and other forms with* **sueñ-** ⇨ soñar
II *sm* **1.** (*ganas de dormir*) sleepiness: **tengo sueño** I'm sleepy; **el vino me da sueño** wine makes me sleepy • **nos caíamos de sueño** we could hardly keep our eyes open. **2.** (*estado de dormir*) sleep: **no pude conciliar el sueño** I couldn't get to sleep; **tiene el sueño ligero/pesado** she's a light/heavy sleeper • **lo vi entre sueños** I was half asleep when I saw him • **echó un sueño * sueñecito** he had a sleep * nap • **el dinero es lo único que le quita el sueño** money is the only thing she worries about. **3.** (*lo soñado*) dream: **su sueño dorado es salir campeón** his greatest * his most cherished dream is to become champion; **su sueño se hizo realidad** her dream came true; **vive en un chalé que es un verdadero sueño** he lives in a gorgeous villa • **¡ni en sueños!** not on your life!

suero /'swero/ *sm* **1.** (*de la leche*) whey. **2.** (*Med*) serum.

suerte /'swerte/ *sf* **1.** (*fortuna*) luck, fortune: **con mi suerte, nunca me tocará la lotería** with my luck, I'll never win the lottery; **¡suerte!** good luck!; **tuve suerte/mala suerte** I was lucky/unlucky • **por suerte no vendrá a la fiesta** fortunately he won't be coming to the party • **vamos a probar suerte** let's try our luck • **me cayó en suerte darle la mala noticia** it fell to me to give him the bad news • **que Dios reparta suerte** let's hope that we're lucky. **2.** (*azar*) chance: **el resultado dependerá de la suerte** the result will depend on chance • **echaron a suerte * a suertes quién sería el primero** they drew lots to decide who would go first. **3.** (*sino*) destiny, fate: **nadie sabe cuál será su suerte** nobody knows what his fate will be • **no tientes a la suerte** don't tempt fate • **la suerte está echada** the die is cast. **4.** (*estado*) lot, situation: **le gustaría mejorar la suerte de los chicos del barrio** she would like to improve the local children's lot. **5.** (*tipo*) sort, kind: **venden toda suerte de aparatos electrónicos** they sell all sorts * kinds of electronic appliances. **6.** (*Tauro*) *each of the manoeuvres carried out by the bullfighter during a* **tercio** ⇨ tercio **3**.

suertudo, -da /swer'tuðo -ða/ (*fam*) **I** *adj* lucky.
II *sm/f* lucky devil * person.

suéter /'sweter/ *sm* sweater.

suficiencia /sufi'θjenθja/ *sf* **1.** (*presunción*) smugness, arrogance: **no soporto que me hable con esa suficiencia** I can't stand that smug way he has of talking to me. **2.** (*Educ*) proficiency, aptitude.

suficiente /sufi'θjente/ **I** *adj* **1.** (*bastante*) enough: **ya hay suficiente gente** there are already enough people; **ganó lo suficiente para poder retirarse** he earned enough to be able to retire. **2.** (*soberbio*) smug, arrogant.
II *sm* (*Educ*) pass (*mark between 50% and 60%*).

sufijo /su'fixo/ *sm* suffix.

sufragar /sufra'ɣar/ [⇨ pagar] (*frml*) *vt* (*Fin*): **¿quién va a sufragar los gastos?** who is going to meet the expenses?

♦*vi* (*Amér L*: *votar*) to vote.

sufragio /su'fraxjo/ *sm* (*sistema*) suffrage; (*voto*) vote: **se procedió al recuento de sufragios** the counting of votes began.

sufragio universal *sm* universal suffrage.

sufragismo /sufra'xizmo/ *sm* suffragette movement.

sufragista /sufra'xista/ *sf* suffragette.

sufrido, -da /su'friðo -ða/ *adj* **1.** (*persona*) long-suffering. **2.** (*prenda*) hardwearing, longlasting; (*color*): **escoge un color más sufrido la próxima vez** next time choose a colour that won't show the dirt so much.

sufrir /su'frir/ [➪PARTIR] *vi* to suffer: **sufre** *del* **estómago** she has a stomach complaint, she has stomach problems; **las peleas de mis padres me hicieron sufrir mucho** my parents' quarrels caused me much suffering.

♦*vt* **1.** (*un daño*) to suffer: **sufrió heridas de consideración** he suffered serious injuries; (*una aflicción*) to suffer from: **sufría alucinaciones** she was suffering from hallucinations. **2.** (*soportar*) to put up with, to suffer: **tenemos que sufrir sus aburridas historias** we have to put up with her boring stories. **3.** (*experimentar*) to undergo, to experience: **el equipo sufrió cambios importantes** the team underwent substantial changes; **las temperaturas sufrirán un descenso** there will be a drop in temperatures; **sufrió una caída de consideración** he had a bad fall.

sugerencia /suxe'renθja/ *sf* suggestion.

sugerente /suxe'rente/ *adj* suggestive.

sugerir /suxe'rir/ [➪sentir] *vt* **1.** (*proponer*) to suggest: **sugiero que vayamos por la tarde** I suggest we go in the evening; **sugirió que fuéramos a verla** he suggested that we went to see her; **sugiero que tomemos un taxi** I suggest taking ✱ I suggest we take a taxi; (*aconsejar*) to suggest: **un amigo le sugirió que consultara a un abogado** a friend suggested (to him) that he should see a lawyer; **nos sugirió que esperáramos** she suggested (to us) that we wait. **2.** (*evocar*) to suggest: **la música sugiere una escena invernal** the music suggests a winter scene.

sugestión /suxes'tjon/ *sf*: **dice que está enfermo, pero es pura sugestión** he says he's ill, but it's all in his mind.

sugestionar /suxestjo'nar/ [➪CANTAR] *vt* to influence: **la sugestionó de tal manera que no quiso operarse** he had such an influence on her that she refused to have the operation.

sugestionarse *v prnl*: **se ha sugestionado** *con* **la idea de que les ha pasado algo a los niños** she's convinced herself that something's happened to the children; **no te sugestiones, porque entonces te marearás** don't think about it or else you'll feel queasy.

sugestivo, -va /suxes'tiβo -βa/ *adj* (*idea, persona*) attractive: **un viaje a la India me parece de lo más sugestivo** a trip to India seems a most attractive idea.

sugiero /su'xjero/ *and other forms with* ***sugier-*** ➪ sugerir

suicida /swi'θiða/ **I** *adj* suicidal.

II *sm/f* (*persona*) suicide.

suicidarse /swiθi'ðarse/ [➪CANTAR] *v prnl* to commit suicide.

suicidio /swi'θiðjo/ *sm* (*acto*) suicide.

suite /'swit/ *sf* **1.** (*Mús*) suite. **2.** (*de hotel*) suite.

Suiza /'swiθa/ *sf* Switzerland.

suizo, -za /'swiθo -θa/ **I** *adj, sm/f* Swiss: **había dos suizos en el tren** there were two Swiss people on the train; **los suizos** the Swiss.

II suizo *sm* (*Culin*) bun.

sujeción /suxe'θjon/ *sf* **1.** (*sometimiento*) subjection. **2.** (*atadura*) fastening, bond.

sujetador /suxeta'ðor/ *sm* bra, brassiere.

sujetalibros /suxeta'liβros/ *sm inv* bookend.

sujetapapeles /suxetapa'peles/ *sm inv* paperclip.

sujetar /suxe'tar/ [➪CANTAR] *vt* **1.** (*asir: gen*) to hold: **sujétalo mientras lo ato** hold it while I tie it; (*: a la fuerza*) to hold down, to restrain: **los guardias la sujetaron cuando trataba de subirse a la tribuna** the guards restrained her when she tried to climb onto the platform. **2.** (*asegurar*) to fasten, to fix: **voy a sujetarlo con unas grapas** I'll fasten it with some staples. **3.** (*dominar*) to control, to keep in check: **ella sola no puede sujetar a los niños** she can't control the children on her own.

sujetarse *v prnl* **1.** (*sostenerse*) to be held ✱ kept in place: **el estante se sujeta con unos clavos** the shelf is held up by some nails. **2.** (*a una ley, una norma*) to abide by: **tienes que sujetarte** *a* **las reglas** you must abide by the rules.

sujeto, -ta /su'xeto -ta/ **I** *adj* **1.** (*fijo*) secure, fastened: **¿el equipaje está bien sujeto?** is the luggage quite secure?; **asegúrate de que la cadena esté bien sujeta a la barra** make sure the chain is securely attached to the bar. **2.** (*expuesto*) subject: **el itinerario está sujeto** *a* **cambios** the itinerary is subject to change.

II sujeto *sm* **1.** (*persona*) person, individual: **no conozco a ese sujeto** I don't know that person. **2.** (*Ling*) subject.

sulfatar /sulfa'tar/ [➪CANTAR] *vt* (*Agr*) to spray with copper (*GB*) sulphate ✱ (*US*) sulfate.

sulfato /sul'fato/ *sm* (*GB*) sulphate, (*US*) sulfate.

sulfurar /sulfu'rar/ [➪CANTAR] *vt* to infuriate: **me sulfura su impuntualidad** his lack of punctuality infuriates me.

sulfurarse *v prnl* to lose one's temper.

sulfúrico, -ca /sul'furiko -ka/ *adj* (*GB*) sulphuric, (*US*) sulfuric.

sulfuro /sul'furo/ *sm* (*GB*) sulphide, (*US*) sulfide.

sulfuroso, -sa /sulfu'roso -sa/ *adj* (*GB*) sulphurous, (*US*) sulfurous.

sultán /sul'tan/ *sm* sultan.

sultana /sul'tana/ *sf* sultana (*wife of a sultan*).

sultanato /sulta'nato/ *sm* sultanate.

suma /'suma/ *sf* **1.** (*Mat*: *operación*) addition; (*: resultado*) sum: **la suma de tres más cinco es ocho** the sum of three plus five is eight. **2.** (*de dinero*) amount, sum: **me han ofrecido una importante suma** they have offered me a substantial sum. **3.** (*conjunto*) total; (*recopilación*) collection: **el libro es la suma de varios artículos anteriores** the book is a collection of a number of previous articles ● **en suma, he decidido no aceptar** in short, I've decided not to accept.

sumamente /suma'mente/ *adv* extremely: **fue sumamente amable con nosotros** he was extremely kind to us.

sumar /su'mar/ [➪CANTAR] *vt* **1.** (*Mat*) to add (up): **suma estas ocho cifras y divídelas por cinco** add up these eight figures and divide them by five; **cinco y cinco suman diez** five plus five add up to ✱ make ten. **2.** (*importar*) to come to, to total: **la cuenta suma ocho mil pesetas** the bill comes to eight thousand pesetas; (*reunir*): **los dos partidos sumaban unos**

seis mil militantes the two parties had about six thousand members in total.
♦ *vi* (*Mat*) to add.
sumarse *v prnl*: **llegó y se sumó** *a* **la fiesta** she arrived and joined the party; **permaneció sentado en el rincón sin sumarse** *a* **la discusión** he remained sitting in the corner, not joining in the discussion; **me sumo** *a* **la protesta** I subscribe to the protest.

sumario, -ria /su'marjo -rja/ **I** *adj* **1.** (*breve*) brief. **2.** (*juicio*) summary: **los condenaron tras un juicio sumario** they were sentenced after a summary trial.
II sumario *sm* **1.** (*índice*) contents *pl.* **2.** (*compendio*) summary. **3.** (*Jur*) indictment.

sumarísimo, -ma /suma'risimo -ma/ *adj* (*Jur*): **se celebraron decenas de juicios sumarísimos** dozens of summary trials were held.

sumergible /sumer'xiβle/ **I** *adj* (*reloj*) waterproof.
II *sm* submarine.

sumergir /sumer'xir/ [➪surgir] *vt* (*gen*) to immerse; (*un submarino*) to submerge.
sumergirse *v prnl* **1.** (*submarino*) to submerge: **los submarinistas se sumergieron en alta mar** the divers dived underwater in the open sea. **2.** (*ensimismarse*) to become absorbed.

sumidero /sumi'ðero/ *sm* drain.

suministrar /suminis'trar/ [➪CANTAR] *vt* to supply: **esa empresa nos suministra el material** that company supplies us with the materials.

suministro /sumi'nistro/ *sm* supply, provision: **tuvieron que cortar el suministro de agua** they had to cut off the water supply.

sumir /su'mir/ [➪PARTIR] *vt* **1.** (*sumergir*) to sink, to submerge. **2.** (*en situación negativa*) to plunge: **la guerra ha sumido al país** *en* **la miseria** the war has plunged the country into poverty; **la noticia me sumió** *en* **un mar de dudas** the news plunged me into doubt.
sumirse *v prnl* to become absorbed, to lose oneself: **se sumió** *en* **hondas reflexiones** she became absorbed in deep thought.

sumisión /sumi'sjon/ *sf* **1.** (*de un pueblo, de un país*) submission. **2.** (*docilidad*) submissiveness, meekness.

sumiso, -sa /su'miso -sa/ *adj* submissive, docile.

súmmum /'summum/ *sm*: **se consideraba el súmmum de la modernidad** it was considered the height of fashion • **es el súmmum, ahora nos quitan la subvención** it's the last straw, now they're taking away our subsidy.

sumo, -ma /'sumo -ma/ **I** *adj* **1.** (*superior*) supreme: **el Papa recibe el título de Sumo Pontífice** the Pope is given the title of Supreme Pontiff. **2.** (*muy grande*) extreme: **actuó con suma prudencia** she acted with extreme care; **es de suma importancia** it's extremely important • **podemos quedarnos cinco días a lo sumo** we can stay for five days at the most.
II sumo *sm* sumo wrestling.

sunní /su'ni/, **sunnita** /su'nita/ *adj, sm/f* Sunni.

suntuario, -ria /sun'twarjo -rja/ *adj* luxurious.

suntuoso, -sa /sun'twoso -sa/ *adj* sumptuous.

supe /'supe/ *and other forms with* **sup-** ➪ saber

supeditar /supeði'tar/ [➪CANTAR] *vt* to subordinate: **supedita su interés** *al* **de su hijos** she puts her children's interests before her own; **la ampliación está supeditada** *a* **la disponibilidad de capital** expansion depends on the availabilty of capital.
supeditarse *v prnl*: **es incapaz de supeditarse** *a* **un horario** he's incapable of keeping to a timetable.

súper /'super/ **I** *adj inv* **1.** (*fam*: *estupendo*) super, fantastic: **se ha comprado un coche súper** she's bought a super * fantastic car. **2.** (*gasolina*) (*GB*) four-star, (*US*) super.
II *sm* (*short for* **supermercado**) (*fam*) supermarket.
III *sf* (*fam*) (*GB*) four-star (petrol), (*US*) super: **¿a cuánto está la súper?** what's the price of four-star * super.
IV *adv* (*fam*): **nos lo pasamos súper** we had a super * great time.

superable /supe'raβle/ *adj* surmountable.

superación /supera'θjon/ *sf* **1.** (*de un contratiempo, un obstáculo*) overcoming. **2.** (*mejora de uno mismo*): **triunfó gracias a su afán de superación** she succeeded thanks to her desire to better herself.

superar /supe'rar/ [➪CANTAR] *vt* **1.** (*aventajar*) to surpass, to exceed: **supera a sus colegas** *en* **conocimientos** he surpasses his colleagues in knowledge. **2.** (*dificultades*) to overcome: **por fin ha superado su complejo de inferioridad** she's finally overcome her inferiority complex; (*pruebas*) to pass: **no superó las pruebas de acceso a la universidad** he didn't get through the university entrance exams.
superarse *v prnl* to excel oneself, to surpass oneself: **con su última novela se ha superado** she has excelled herself with her latest novel.

superautopista /superauto'pista/ *sf*: **la superautopista de la información** the information superhighway.

superávit /supe'raβit/ *sm* [**superávit** * **superávits**] surplus.

superchería /supertʃe'ria/ *sf* **1.** (*supersticiones*) mumbo jumbo: **no creo en el vudú ni otras supercherías** I do not believe in voodoo or any other mumbo jumbo. **2.** (*engaño*) trick.

superconductor /superkonduk'tor/ *sm* (*Fís*) superconductor.

superdotado, -da /superðo'taðo -ða/ **I** *adj* highly talented, exceptionally gifted.
II *sm/f* exceptionally gifted person.

superestructura /superestruk'tura/ *sf* superstructure.

superficial /superfi'θjal/ *adj* superficial.

superficialidad /superfiθjali'ðað/ *sf* superficiality.

superficie /super'fiθje/ *sf* **1.** (*capa exterior*) surface: **los troncos flotaban en la superficie del agua** the tree trunks were floating on the surface of the water; **la verdad ha salido a la superficie** the truth has come out. **2.** (*extensión*) area: **la finca ocupa una superficie de diez hectáreas** the farm occupies an area of ten hectares; **¿sabes hallar la superficie de un pentágono?** do you know how to find the area of a pentagon?

superfluo, -flua /su'perflwo -flwa/ *adj* (*gen*) superfluous: **tenemos que tratar de eliminar gastos superfluos** we must try to eliminate superfluous expenditure; (*vello*) unwanted.

superior /supe'rjor/ **I** *adj* **1.** (*de arriba*) upper, top: **vive en uno de los pisos superiores** he lives on one of the upper floors. **2.** (*de más calidad, categoría*) superior, better: **su empleo es superior** *al* **mío** her job is superior to mine * better than mine; **nos cambiaron a un hotel de categoría superior** they moved us into a higher class hotel; (*más cuantioso*) higher: **algunos cobraban salarios superiores** *al* **del mismo presidente** some people were earning salaries higher than that of the chairman himself. **3.** (*excelente*) magnificent, excellent: **nos dieron una comida superior** they gave us a magnificent meal. **4.** (*enseñanza*) higher.

II *sm* **1.** (*en el trabajo*) superior: **lo tengo que consultar con mis superiores** I must consult my superiors about it. **2.** (*Relig*) superior.

superiora /supeˈrjora/ *sf* (*Relig*) mother superior.

superioridad /superjoriˈðað/ *sf* **1.** (*gen*) superiority: **el Rácing demostró su superioridad desde el principio** Rácing showed its superiority from the beginning. **2.** (*autoridad superior*): **recibe órdenes de la superioridad** he gets his orders from the top.

superlativo, -va /superlaˈtiβo -βa/ **I** *adj* superlative.

II superlativo *sm* superlative.

supermercado /supermerˈkaðo/ *sm* supermarket.

superpetrolero /superpetroˈlero/ *sm* supertanker.

superpoblación /superpoβlaˈθjon/ *sf* (*de región, país*) overpopulation; (*de ciudad*) overcrowding.

superpoblado, -da /superpoˈβlaðo -ða/ *adj* (*región, país*) overpopulated; (*ciudad*) overcrowded.

superponer /superpoˈner/ [➪poner; *past participle* **superpuesto**] *vt* **1.** (*sobreponer: completamente*) to put on top, to superimpose; (*: parcialmente*) to overlap. **2.** (*anteponer*) to put before, to give precedence to: **nunca superpuso sus intereses a los del negocio** he never put his own interests before those of the business.

superponerse *v prnl* (*completamente*) to be superimposed; (*parcialmente*) to overlap.

superposición /superposiˈθjon/ *sf* (*completa*) superimposition; (*parcial*) overlap.

superpotencia /superpoˈtenθja/ *sf* superpower.

superproducción /superproðukˈθjon/ *sf* **1.** (*Fin*) overproduction. **2.** (*película*) lavish production: **una superproducción con miles de extras** a lavish production with thousands of extras.

superrealismo /superreaˈlizmo/ *sm* surrealism.

supersónico, -ca /superˈsoniko -ka/ *adj* supersonic.

superstición /superstiˈθjon/ *sf* superstition.

supersticioso, -sa /superstiˈθjoso -sa/ *adj* superstitious.

supervalorar /superβaloˈrar/ [➪CANTAR] *vt* to overrate, to overestimate.

superventas /superˈbentas/ (*fam*) **I** *adj inv* best-selling.

II *sm inv* best seller.

supervisar /superβiˈsar/ [➪CANTAR] *vt* to supervise, to oversee.

supervisión /superβiˈsjon/ *sf* supervision.

supervisor, -sora /superβiˈsor -ˈsora/ *sm/f* supervisor.

supervivencia /superβiˈβenθja/ *sf* survival.

superviviente /superβiˈβjente/ **I** *adj* surviving.

II *sm/f* survivor.

supino, -na /suˈpino -na/ *adj* (*enorme*) crass: **demostró una ignorancia supina** he displayed crass ignorance.

suplantación /suplantaˈθjon/ *sf* (*Jur*) impersonation.

suplantador, -dora /suplantaˈðor -ˈðora/ *sm/f* (*Jur*) impersonator.

suplantar /suplanˈtar/ [➪CANTAR] *vt* **1.** (*hacerse pasar por*) to impersonate. **2.** (*reemplazar*) to supplant, to replace.

suplementario, -ria /suplemenˈtarjo -rja/ *adj* supplementary, extra.

suplemento /supleˈmento/ *sm* **1.** (*de un periódico, una revista*) supplement: **¿tienes el suplemento dominical?** do you have the Sunday supplement? **2.** (*recargo*) extra charge, surcharge: **tuve que pagar un suplemento de dos mil pesetas** I had to pay a surcharge of two thousand pesetas.

suplencia /suˈplenθja/ *sf*: **está haciendo una suplencia** she's doing some supply work.

suplente /suˈplente/ **I** *adj* (*gen*) substitute: **mandaron a un profesor suplente** they sent a substitute teacher; (*en deporte*) reserve: **un jugador suplente** a reserve player.

II *sm/f* (*gen*) substitute; (*en teatro*) understudy; (*en deporte*) reserve: **jugaron los suplentes** the reserves played; (*en medicina*) locum; (*en la enseñanza*) (*GB*) supply teacher, (*US*) substitute teacher.

supletorio, -ria /supleˈtorjo -rja/ **I** *adj* additional, extra: **podemos poner una mesa supletoria para los niños** we can put out an extra table for the children.

II supletorio *sm* extension (*telephone*).

súplica /ˈsuplika/ *sf* (*gen*) request, plea; (*Jur*) petition.

suplicante /supliˈkante/ **I** *adj* beseeching, imploring.

II *sm/f* supplicant.

suplicar /supliˈkar/ [➪sacar] *vt* to beg, to beseech.

suplicio /suˈpliθjo/ *sm* **1.** (*tortura*) torture. **2.** (*sufrimiento*) torment, ordeal: **es un suplicio tener que comer todos los días con él** it's an ordeal having to eat with him every day.

suplir /suˈplir/ [➪PARTIR] *vt* **1.** (*a una persona*) to replace, to substitute. **2.** (*carencias*) to make up for: **les dieron unas pastillas para suplir estas deficiencias vitamínicas** they were given some tablets to make up for these vitamin deficiencies.

suponer /supoˈner/ **I** *sm* supposition: **no digo que sea cierto, es un suponer** I'm not saying it's true, it's just a supposition.

II [➪poner; *past participle* **supuesto**] *vt* **1.** (*considerar*) to suppose, to assume: **supongo que ya habrán llegado** I suppose they must have arrived by now; **te suponía en California** I thought you were in California; **"¿Te veremos mañana?" "Supongo que sí."** Shall we see you tomorrow?" "I suppose so."; **supongamos que no te aceptan** let's assume you are not accepted ● **es de suponer que vendrán a la cena** presumably they are coming to the dinner. **2.** (*conllevar*) to mean, to entail: **el cambio de trabajo me supuso un aumento de sueldo** the change of job meant a pay rise for me; **ir de viaje supone muchos preparativos** going away entails a lot of preparations; **esto va a suponer muchas horas de trabajo** this is going to involve many hours of work. **3.** (*significar*) to mean: **esa amistad supone mucho para él** that friendship means a lot to him.

suponerse *v prnl* [*only used in the third person*]: **se supone que te avisarán** I assume they are going to let you know; **se supone que ella es la experta** she's supposed to be the expert; **"¿Te van a invitar a la boda?" "¡Se supone!"** "Will they invite you to the wedding?" "I hope so!"

suposición /suposiˈθjon/ *sf* supposition.

supositorio /suposiˈtorjo/ *sm* suppository.

supranacional /supranaθjoˈnal/ *adj* supranational.

supremacía /supremaˈθia/ *sf* supremacy.

supremo, -ma /suˈpremo -ma/ *adj* supreme.

supresión /supreˈsjon/ *sf* (*gen*) suppression; (*de leyes, derechos*) abolition; (*de problemas*) elimination.

suprimir /supriˈmir/ [➪PARTIR] *vt* **1.** (*gen*) to suppress; (*leyes, derechos*) to abolish, to do away with; (*dificultades, problemas*) to eliminate: **tendremos que suprimir lujos innecesarios** we shall have to eliminate unnecessary luxuries. **2.** (*omitir: gen*) to leave out, to omit: **suprime los detalles** leave out the details; (*: parte de un texto*) to cut.

supuesto, -ta /su'pwesto -ta/ **I** *past participle of* ➪ suponer

II *adj* **1.** (*presunto*) alleged, supposed: **interrogaron al supuesto asesino** they questioned the alleged murderer. **2.** (*falso*) assumed, false: **entró bajo un nombre supuesto** she got in under an assumed name. **3.** (*para expresar escepticismo*): **¿y cómo se llama este supuesto milagrero?** and what is the name of this self-styled * so-called miracle-worker? **4.** (*hipotético*): **en el supuesto caso de que fuera así, ¿qué podríamos hacer?** supposing that was the case, what could we do? **5.** (*entendido, sentado*): **yo daba por supuesto que todos lo sabían** I took it for granted that everyone knew.

III supuesto *sm* assumption, supposition: **en el supuesto de que salgamos a las ocho, llegaremos a tiempo para comer** supposing we leave at eight, we'll arrive in time to eat.

supuración /supura'θjon/ *sf* suppuration.

supurar /supu'rar/ [➪ CANTAR] *vi* to suppurate, to weep.

supuse /su'puse/ *and other forms with* **supus-** ➪ suponer

sur /sur/ **I** *sm* **1.** (*Geog*) south: **viven** *al* **sur** *de* **Valencia** they live (to the) south of Valencia; **pasamos las vacaciones** *en* **el sur** we spent our holidays in the south; **la crisis se ha notado más en las regiones del sur** the crisis has been most acute in southern regions. **2.** (*viento*) south wind, southerly.

II *adj inv* (*gen*) south, southern: **la fachada sur** the southern façade; (*dirección*) southerly: **el carril en dirección sur** the southbound lane.

Suráfrica /su'rafrika/ *sf* South Africa.

surafricano, -na /surafri'kano -na/ *adj, sm/f* South African.

Suramérica /sura'merika/ *sf* South America.

suramericano, -na /surameri'kano -na/ *adj, sm/f* South American.

surcar /sur'kar/ [➪ sacar] *vt* **1.** (*frml: recorrer*) to cross: **un velero surcaba la mar** a sailing boat was crossing the sea; **las cigüeñas surcaban el cielo** the storks were flying across the sky. **2.** (*la tierra*) (*GB*) to plough, (*US*) to plow. **3.** (*con rayas, estrías, etc.*) to crease, to furrow: **profundas arrugas surcan su frente** deep wrinkles furrow his brow.

surco /'surko/ *sm* **1.** (*del arado*) furrow; (*de rueda*) rut. **2.** (*en la piel*) wrinkle. **3.** (*en disco*) groove.

surcoreano, -na /surkore'ano -na/ *adj, sm/f* South Korean.

sureño, -ña /su'reɲo -ɲa/ **I** *adj* southern.

II *sm/f* Southerner.

sureste /su'reste/ *sm, adj inv* ➪ sudeste

surf /surf/, **surfing** /'surfin/ *sm* surfing: **fuimos a hacer surf un par de veces** we went surfing a couple of times.

surfista /sur'fista/ *sm/f* surfer.

surgir /sur'xir/ [➪ table: surgir] *vi* **1.** (*producirse*) to arise, to crop up: **me surgió un imprevisto** something unexpected cropped up; **la conversación surgió por un comentario suyo** the conversation arose * came about because of something she said. **2.** (*manar*) to spring forth, to gush out: **el manantial surgía detrás de unas rocas** the spring gushed out behind some rocks.

suroeste /suro'este/ *sm, adj inv* ➪ sudoeste

surrealismo /surrea'lizmo/ *sm* surrealism.

surgir	
INDICATIVE	SUBJUNCTIVE
Present	**Present**
surjo	surja
surges	surjas
surge	surja
surgimos	surjamos
surgís	surjáis
surgen	surjan
For the rest of the tenses ➪ PARTIR (in appendix)	

surrealista /surrea'lista/ **I** *adj* surrealist, surrealistic.

II *sm/f* surrealist.

surtido, -da /sur'tiðo -ða/ **I** *adj* **1.** (*diverso*) assorted: **caramelos surtidos** assorted sweets. **2.** (*abastecido*) stocked: **tienen una tienda muy bien surtida** they have a very well-stocked shop.

II surtido *sm* (*gen*) selection, range: **tienen un gran surtido de prendas deportivas** they have a wide selection of sportswear; (*de caramelos, galletas*) assortment.

surtidor /surti'ðor/ *sm* **1.** (*chorro*) jet (*of water fountain*). **2.** (*de gasolina*) (*GB*) petrol pump, (*US*) gas pump.

surtir /sur'tir/ [➪ PARTIR] *vt* **1.** (*abastecer*) to supply, to provide: **nuestra distribuidora surte** *a* **muchas empresas** our distribution company supplies many firms. **2.** (*producir*): **el medicamento no surtió efecto** the medicine didn't have any effect.

sus /sus/ *adj posesivo* ➪ su

susceptibilidad /susθeptiβili'ðað/ *sf* susceptibility, feelings *pl*: **no lo dijo para no herir susceptibilidades** he did not mention it in order not to hurt anybody's feelings.

susceptible /susθep'tiβle/ *adj* **1.** (*suspicaz*) touchy, sensitive: **ojo con lo que dices, es muy susceptible** be careful what you say, she's hypersensitive * very touchy. **2.** (*capaz*) capable: **es una obra susceptible de mejora** it's a work which could be improved.

suscitar /susθi'tar/ [➪ CANTAR] *vt* **1.** (*escándalo*) to cause, to give rise to: **su dimisión va a suscitar polémica** his resignation will give rise to controversy. **2.** (*sospechas*) to arouse: **esta nueva prueba va a suscitar dudas** this new evidence will raise doubts.

suscribir /suskri'βir/ [➪ PARTIR; *past participle* **suscrito**] *vt* **1.** (*abonar*) to take out a subscription for: **mi padre me ha suscrito** *a* **una revista de economía** my father has taken out a subscription to an economics journal for me. **2.** (*solidarizarse con*) to subscribe to, to endorse: **suscribo todo lo dicho por mi compañero** I endorse everything my colleague has said.

suscribirse *v prnl* to subscribe: **voy a suscribirme** *a* **una revista brasileña** I'm going to take out a subscription to a Brazilian magazine; **se ha suscrito** *a* **la nueva emisión de bonos del Tesoro** she's subscribed to the new issue of Treasury bonds.

suscripción /suskrip'θjon/ *sf* subscription.

suscriptor, -tora /suskri'tor -'tora/ *sm/f* subscriber.

suscrito, -ta /sus'krito -ta/ *past participle of* ➪ suscribir

susodicho, -cha /suso'ditʃo -tʃa/ *adj, sm/f* aforesaid, aforementioned.

suspender /suspen'der/ [➪ TEMER] *vt* **1.** (*en el aire*) to suspend, to hang: **estaba suspendida** *del* **techo** it was suspended from the ceiling. **2.** (*interrumpir*): **han suspendido los trabajos de restauración** the restoration work has been halted; **se ha suspendido el vuelo del domingo** the Sunday flight has been discontinued; **tuvieron que suspender la reunión** they had to adjourn the meeting; (*cancelar*) to cancel, to call off: **suspendieron el partido a causa de la niebla** they called the match off because of the fog. **3.** (*retirar de un cargo*) to suspend: **van a suspender al director hasta que se aclaren los hechos** the manager is to be suspended until the facts can be established. **4.** (*un examen, a una persona*) to fail: **suspendió el inglés** he failed English; **la suspendieron** *en* **física** they failed her in physics.

♦ *vi* to fail: **me dijo que había suspendido** he told me he had failed.

suspense /sus'pense/ *sm* suspense: **una película de suspense** a thriller.

suspensión /suspen'sjon/ *sf* **1.** (*en el aire*) suspension, hanging. **2.** (*interrupción: permanente*) halting, stopping: **protestamos por la suspensión del servicio nocturno** we are protesting against the halting of the night service; (*: temporal*) cancellation: **decidieron la suspensión de las clases hasta nuevo aviso** they decided to cancel lessons until further notice. **3.** (*de un cargo, un empleo*) suspension. **4.** (*Auto*) suspension. **5.** (*Quím*) suspension.

suspensión de pagos *sf: protection under the bankruptcy laws.*

suspenso, -sa /sus'penso -sa/ **I** *adj* **1.** (*suspendido*) suspended, hanging. **2.** (*pasmado*) astonished.

II suspenso *sm* **1.** (*gen*): **dímelo, no me tengas en suspenso** tell me, don't keep me in suspense. **2.** (*Educ*) fail: **le han puesto un suspenso en inglés** he's been given a fail in English. **3.** (*Amér L: referido a película, novela*) ➪ suspense

suspensor /suspen'sor/ **I** *sm* (*Arg, Urug: para deportes*) jockstrap.

II suspensores *sm pl* (*Chi: para los pantalones*) (*GB*) braces, (*US*) suspenders.

suspensorio /suspen'sorjo -rja/ *sm* jockstrap.

suspicacia /suspi'kaθja/ *sf* suspicion, distrust.

suspicaz /suspi'kaθ/ *adj* [**suspicaces**] suspicious, distrustful.

suspirar /suspi'rar/ [➪ CANTAR] *vi* **1.** (*dar suspiros*) to sigh. **2.** (*para expresar anhelo*): **suspira** *por* **una bicicleta** she is longing for a bicycle; **suspira** *por* **una chica de su clase** he's in love with a girl in his class.

suspiro /sus'piro/ *sm* **1.** (*exhalación*) sigh. **2.** (*persona delgada*): **se ha quedado hecho un suspiro** he's all skin and bone now. **3.** (*fam: santiamén*) flash: **lo acabamos en un suspiro** we finished it off in a flash ∗ in no time at all.

sustancia /sus'tanθja/ *sf* **1.** (*materia*) substance: **es una mezcla de diversas sustancias** it's a mixture of various substances. **2.** (*idea central*) essence: **me parece que no has captado la sustancia** I think you haven't grasped the essence of it. **3.** (*de un alimento*) substance: **añadió un poco de jamón para darle más sustancia** he added a little ham to give it more substance.

sustancial /sustan'θjal/ *adj* **1.** (*de la sustancia*) substantial. **2.** (*muy importante*) fundamental, essential.

sustanciar /sustan'θjar/ [➪ CAMBIAR] *vt* to summarize.

sustancioso, -sa /sustan'θjoso -sa/ *adj* **1.** (*importante*) substantial, considerable. **2.** (*comida*) wholesome, nourishing.

sustantivar /sustanti'βar/ [➪ CANTAR] *vt* to use as a noun.

sustantivo, -va /sustan'tiβo -βa/ **I** *adj* fundamental, substantive.

II sustantivo *sm* noun.

sustentación /sustenta'θjon/ *sf* **1.** (*alimentación, vivienda, etc.*) support, maintenance. **2.** (*apoyo*) support.

sustentar /susten'tar/ [➪ CANTAR] *vt* **1.** (*sujetar*) to hold up, to support. **2.** (*a una familia*) to support, to maintain: **la esperanza es lo que lo sustenta** hope is what keeps him going. **3.** (*una teoría, una tesis: defender*) to uphold: **ésa es la teoría que sustenta el doctor Anido** that is the theory upheld by Dr Anido ∗ that Dr Anido has put forward; **sustenta la opinión de que...** he is of the opinion that...; (*: basar*) to base: **sustentó sus afirmaciones** *en* **una antigua teoría** she based her assertions on a very old theory.

sustentarse *v prnl* **1.** (*sujetarse*) to support oneself. **2.** (*persona: mantenerse*) to live off: **la pensión que reciben apenas les da para sustentarse** the pension they get is hardly enough to live off; (*: alimentarse*) to live on, to survive on: **se sustentaron a base de frutos silvestres** they lived on ∗ survived on wild fruit.

sustento /sus'tento/ *sm* **1.** (*alimento*) sustenance; (*cosas necesarias para vivir*): **los padres deben encargarse del sustento de los hijos** parents must provide for their children's upkeep; **así se ganaba el sustento** that was the way he earned his living. **2.** (*apoyo*) support.

sustitución /sustitu'θjon/ *sf* **1.** (*acción de sustituir: permanentemente*) replacement; (*: temporalmente*) substitution: **fue nombrado** *en* **sustitución del señor Jaso, que se había jubilado** he was appointed to replace Mr Jaso, who had retired; **salió Pombo** *en* **sustitución de Gómez** Pombo came on to replace Gómez. **2.** (*suplencia*): **está haciendo unas sustituciones** she's doing some supply work.

sustituir /sustitu'ir/ [➪ huir] *vt* **1.** (*una cosa por otra*) to substitute, to replace: **se puede sustituir la mantequilla** *por* **margarina** you can substitute margarine for the butter, you can replace the butter with margarine. **2.** (*a una persona: gen*) to substitute: **lo sustituyeron en la segunda parte** they substituted him in the second half; **la sustituyó durante el embarazo** he filled in for her while she was pregnant; **tuve que sustituirla en el último momento** I had to stand in for her at the last minute; (*: permanentemente*) to replace.

sustitutivo, -va /sustitu'tiβo -βa/ **I** *adj* substitute: **un ingrediente sustitutivo** a substitute ingredient.

II sustitutivo *sm* substitute.

sustituto, -ta /susti'tuto -ta/ *sm/f* (*temporal*) substitute; (*permanente*) replacement.

susto /'susto/ *sm* **1.** (*sobresalto*) fright, scare: **¡me has dado un susto de muerte!** you gave me an awful fright!; **me llevé un susto de padre y señor mío** I had the fright of my life • **últimamente no ganamos para sustos** we've had nothing but one scare after another recently. **2.** (*miedo*) fear: **¡qué susto pasamos!** we were scared to death!

sustracción /sustrak'θjon/ *sf* (*frml*) **1.** (*resta*) subtraction. **2.** (*hurto*) theft.

sustraer /sustra'er/ [➪ traer] *vt* (*frml*) **1.** (*restar*) to subtract, to take away. **2.** (*hurtar*) to steal. **3.** (*apartar, separar*) to remove: **sustrajeron varias papeletas del montón** they removed several papers from the pile.

sustraerse *v prnl*: **no intentes sustraerte** *a* **tus**

obligaciones don't try to avoid your commitments; **siempre trata de sustraerse** *de* **todos los problemas** he always attempts to avoid all the problems.

sustrato /sus'trato/ *sm* (*Geol*) substratum.

susurrante /susu'rrante/ *adj* (*voz, hierba*) whispering; (*agua, viento*) murmuring; (*follaje*) rustling.

susurrar /susu'rrar/ [⇨CANTAR] *vi* **1.** (*hablar bajo*) to whisper, to murmur. **2.** (*hacer ruido: el agua, el viento*) to murmur; (*: hierba*) to whisper; (*: follaje*) to rustle. ♦*vt* to whisper: **me susurró algo al oído** he whispered something in my ear.

susurro /su'surro/ *sm* (*de la voz*) whisper, murmur; (*del agua, viento*) murmuring; (*de la hierba*) whispering; (*del follaje*) rustling.

sutil /su'til/ *adj* **1.** (*comentario, observación*) incisive: **hizo varios comentarios muy sutiles** he made several incisive remarks. **2.** (*diferencia*) subtle. **3.** (*perfume*) delicate. **4.** (*tejido*) fine.

sutileza /suti'leθa/ *sf* **1.** (*cualidad*) subtlety. **2.** (*dicho, palabra ingeniosos*) subtlety.

sutura /su'tura/ *sf* suture.

suturar /sutu'rar/ [⇨CANTAR] *vt* (*Med*) to stitch (up).

suyo, -ya /'sujo -ja/ **I** *adj posesivo* [*always follows the noun*] (*de él*) of his: **Eduardo vino con ese amigo suyo** Eduardo came with that friend of his; (*de ella*) of hers: **dile que he puesto aquellos libros suyos en el desván** tell her that I've put those books of hers in the attic, tell her that I've put her books in the attic; (*de usted/ustedes*) of yours; (*de ellos/ellas*) of theirs: **nos encontramos con un par de colegas suyos** we met a couple of colleagues of theirs, we met a couple of their colleagues.
II *pron posesivo* [*with or without article*] (*de él*) his: **esta casa no es suya** this is not his house; (*de ella*) hers: **Cristina llevaba unos pendientes que no eran los suyos** Cristina was wearing a pair of earrings which weren't hers; (*de usted*) yours: **perdone, ¿este paraguas es suyo?** excuse me, is this umbrella yours?, excuse me, is this your umbrella?; (*de ellos/ellas*) theirs: **nuestro jardín tiene menos árboles que el suyo** our garden has fewer trees than theirs • **los niños han vuelto a hacer de las suyas** the children have been up to their old tricks again • **mi jefe es muy suyo** my boss is a rare bird • **siempre logran salirse con la suya** they always manage to get their own way.
III los suyos *sm pl* **1.** (*familia*) his/her/their/your family. **2.** (*compatriotas*) his/her/their/your people *pl*.

T

T, t /te/ *sf* (*letra*) T, t.

t *pronounced* /tone'laða/ (*abbreviation of* **tonelada**) t (ton).

t. *pronounced* /'tomo/ (*abbreviation of* **tomo**) vol. (volume).

taba /'taβa/ *sf* **1.** (*Anat*) anklebone. **2. la taba** ✻ **las tabas** (*Juegos*) jacks *pl* (*game of skill*).

tabacal /taβa'kal/ *sm* tobacco plantation.

tabacalera /taβaka'lera/ *sf* **1.** (*gen*) tobacco company. **2. Tabacalera** [*never used with an article*] *Spanish state-owned tobacco company*.

tabacalero, -ra /taβaka'lero -ra/ *adj* tobacco: **la industria tabacalera** the tobacco industry.

tabaco /ta'βako/ **I** *sm* **1.** (*planta*) tobacco (plant); (*producto*) tobacco. **2.** (*cigarrillos*) cigarettes *pl*: **fue a comprar tabaco** he went to buy some cigarettes; **el tabaco perjudica seriamente la salud** smoking can seriously damage your health.
II *adj inv* (*color*) tobacco-coloured, mid-brown.
tabaco de hebra *sm* loose tobacco.
tabaco negro *sm* black ✻ dark tobacco.
tabaco rubio *sm* Virginia tobacco.

tábano /'taβano/ *sm* horsefly.

tabaquera /taβa'kera/ *sf* (*bote*) tobacco tin; (*bolsa*) tobacco pouch.

tabaquero, -ra /taβa'kero -ra/ *adj* tobacco: **la industria tabaquera** the tobacco industry.

tabaquismo /taβa'kizmo/ *sm* nicotine poisoning.

tabarra /ta'βarra/ *sf* (*fam*) nuisance • **deja de darme la tabarra** stop being such a nuisance ✻ pest.

tabasco /ta'βasko/ *sm* Tabasco® (sauce).

taberna /ta'βerna/ *sf* tavern, inn.

tabernario, -ria /taβer'narjo -rja/ *adj* (*lenguaje*) coarse.

tabernero, -ra /taβer'nero -ra/ *sm/f* tavern keeper, innkeeper.

tabicar /taβi'kar/ [⇨sacar] *vt* (*puerta, ventana*) to wall up, to brick up.

tabique /ta'βike/ *sm* **1.** (*pared*) partition (wall). **2.** (*also* **tabique nasal**) (*Anat*) bone of the nose.

tabla /'taβla/ **I** *sf* **1.** (*de madera*) plank, board; (*de otro material*) sheet • **el yoga fue mi tabla de salvación** yoga was my salvation • **el nuevo jefe hizo tabla rasa de las normas** the new boss did away with all the regulations. **2.** (*para surf*) surfboard; (*para windsurf*)

sailboard. **3.** (*de retrete*) seat. **4.** (*de una falda*) pleat. **5.** (*en un libro*) index; (*lista*) table: **una tabla de verbos** a verb table; **lo consultó en la tabla de elementos** he looked it up in the table of elements. **6.** (*Artes*) panel.
II tablas *sf pl* **1.** (*en ajedrez*) draw, tie: **quedamos en tablas** we drew, it was a tie. **2.** (*escenario*) stage: **soñaba con volver a las tablas** she dreamed of returning to the stage • **tiene muchas tablas** she has a lot of experience. **3.** (*Tauro*) barrier.
tabla de multiplicar *sf* multiplication table.
tabla de planchar *sf* ironing board.
tabla periódica *sf* (*Quím*) periodic table.

tablado /ta'βlaðo/ *sm* **1.** (*tarima*) (wooden) platform. **2.** (*de flamenco*) ⇨ tablao

tablao /ta'βlao/ *sm* (*local*) flamenco bar; (*espectáculo*) flamenco show.

tableado, -da /taβle'aðo -ða/ *adj* pleated.

tablero /ta'βlero/ *sm* **1.** (*de una mesa*) top. **2.** (*en juegos: gen*) board; (*: de ajedrez*) chessboard, board. **3.** (*en baloncesto*) backboard. **4.** (*also* **tablero de anuncios**) *sm* (*GB*) notice board, (*US*) bulletin board. **5.** (*Amér L: Auto*) dashboard.
tablero de instrumentos, **tablero de mandos** *sm* instrument panel.

tableta /ta'βleta/ *sf* **1.** (*de chocolate, turrón*) bar. **2.** (*pastilla*) tablet.

tabloide /ta'βloiðe/ *sm, adj* tabloid: **se publica en formato tabloide** it's published in a tabloid format.

tablón /ta'βlon/ *sm* **1.** (*tabla grande*) plank. **2.** (*also* **tablón de anuncios**) (*para avisos*) (*GB*) notice board, (*US*) bulletin board.

tabú /ta'βu/ **I** *sm* [**tabúes** * **tabús**] taboo.
II *adj inv* : **es un tema tabú** it's a taboo subject.

tabulación /taβula'θjon/ *sf* tabulation.

tabulador /taβula'ðor/ *sm* (*de máquina de escribir, ordenador*) tab.

tabular /taβu'lar/ **I** [⇨ CANTAR] *vt* to tabulate.
II *adj* tabular.

taburete /taβu'rete/ *sm* stool.

tacada /ta'kaða/ *sf* (*en billar: golpe*) shot; (*: serie de carambolas*) break • **hizo todos los deberes de una tacada** she did all her homework at one sitting.

tacañear /takaɲe'ar/ [⇨ CANTAR] *vi* (*fam*) to be mean * stingy.

tacañería /takaɲe'ria/ *sf* meanness, stinginess.

tacaño, -ña /ta'kaɲo -ɲa/ **I** *adj* mean, stingy.
II *sm/f* miser, skinflint.

tacatá /taka'ta/, **tacataca** /taka'taka/ *sm* baby walker.

tacha /'tatʃa/ *sf* flaw: **hizo un trabajo** *sin* **tacha** his work was flawless; **tiene una reputación** *sin* **tacha** he has an impeccable reputation.

tachadura /tatʃa'ðura/ *sf* deletion, crossing out: **hizo muchas tachaduras** he crossed a lot of things out; **presentó el ejercicio lleno de tachaduras** he handed the exercise in full of deletions * crossings out.

tachar /ta'tʃar/ [⇨ CANTAR] *vt* **1.** (*borrar*) to cross out. **2.** (*acusar*) to accuse: **lo tachó** *de* **mentiroso** he accused him of being a liar; **me tacharon** *de* **cobarde** they branded me a coward.

tachero, -ra /ta'tʃero -ra/ *sm/f* (*Arg, Urug: fam*) taxi driver, cabbie.

tacho /'tatʃo/ *sm* **1.** (*Arg, Chi, Urug: vasija de metal*) metal bowl; (*: lata vacía*) empty can, (*GB*) empty tin. **2.** (*Arg, Urug: fam, taxi*) taxi, cab.
tacho de la basura *sm* (*Arg, Chi, Urug: dentro de la casa*) (*GB*) rubbish bin, (*US*) trash can; (*que se deja en la calle*) (*GB*) dustbin, (*US*) garbage can.

tachón /ta'tʃon/ *sm* **1.** (*al escribir*) deletion, crossing out. **2.** (*tachuela*) stud.

tachonado, -da /tatʃo'naðo -ða/ *adj* studded: **el cielo estaba tachonado de estrellas** the sky was studded with stars.

tachuela /ta'tʃwela/ *sf* (*clavo*) tack; (*de adorno*) stud.

tácito, -ta /'taθito -ta/ *adj* unspoken, tacit: **tenían un acuerdo tácito** they had an unspoken * a tacit agreement.

taciturno, -na /taθi'turno -na/ *adj* **1.** (*reservado*) silent, withdrawn. **2.** (*triste*) glum, gloomy.

taco /'tako/ **I** *sm* **1.** (*para rellenar*) plug, stopper. **2.** (*de una bota de fútbol*) stud. **3.** (*Arg, Chi, Urug: del zapato*) heel: **tenía puestos zapatos de taco bajo/alto** she was wearing low heels/high heels. **4.** (*de papeles*) wad: **tenía un taco de entradas** he had a book of tickets. **5.** (*de jamón, queso, etc.*) cube. **6.** (*en la cocina mexicana*) taco (*filled, fried corn tortilla*). **7.** (*de billar*) cue. **8.** (*palabra malsonante*) swearword. **9.** (*fam: lío*) muddle: **se armó un taco con las cifras** he got in a muddle with the figures.
II tacos *sm pl* (*fam*) years *pl*: **tiene treinta tacos** he's thirty (years old).
taco aguja, **taco alfiler** *sm* (*Arg, Chi, Urug*) stiletto heel.

tacón /ta'kon/ *sm* heel (*of a shoe*): **suele llevar tacones (altos)** she usually wears high-heeled shoes * high heels.
tacón de aguja *sm* stiletto heel.

taconazo /tako'naθo/ *sm* (*de un soldado*) click (with one's heel); (*en fútbol*) back-heel.

taconear /takone'ar/ [⇨ CANTAR] *vi* (*al bailar: gen*) to tap one's heels; (*: más fuerte*) to stamp one's heels.

táctica /'taktika/ *sf* **1.** (*método*) tactics *pl*, tactic: **mi táctica dio resultado** my tactics worked; **decidimos cambiar de táctica** we decided to change tactics; **su táctica fue muy superior a la nuestra** their tactics were far superior to ours. **2.** (*Mil*) tactics *pl*.

táctico, -ca /'taktiko -ka/ **I** *adj* tactical.
II *sm/f* (*frml*) tactician.

táctil /'taktil/ *adj* tactile.

tacto /'takto/ *sm* **1.** (*sentido*) touch. **2.** (*acción*) touch: **lo reconocí** *al* **tacto** I recognized it by touching it * by touch; **esta lana tiene un tacto muy agradable** this wool has a very nice feel to it. **3.** (*delicadeza*) tact: **tuvo mucho tacto al darle la noticia** she broke the news (to him) very tactfully.

TAE /tae/ *[but often pronounced in its full form]* *sf* (*abbreviation of* **tasa anual efectiva * equivalente**) APR (annual percentage rate).

tafetán /tafe'tan/ *sm* taffeta.

tafia /'tafja/ *sf* (*Amér L*) (low-quality) rum.

tafilete /tafi'lete/ *sm* morocco leather.

tahona /ta'ona/ *sf* baker's, bakery.

tahúr, -hura /ta'ur -'ura/ *sm/f* **1.** (*jugador*) gambler. **2.** (*tramposo*) card-sharp.

tailandés, -desa /tailan'des -'desa/ **I** *adj, sm/f* Thai.
II tailandés *sm* (*idioma*) Thai.

Tailandia /tai'landja/ *sf* Thailand.

taimado, -da /tai'maðo -ða/ *adj* cunning, astute.

taita /'taita/ *sm* **1.** (*Amér L: término de respeto*) *term for one's father, grandfather or someone in authority.* **2.** (*Arg, Urug: fam, matón*) thug.

Taiwan /tai'wan/ *sm* Taiwan.

taiwanés, -nesa /taiɣwa'nes -'nesa/ *adj, sm/f* Taiwanese.

tajada /ta'xaða/ *sf* **1.** (*rodaja*) slice; (*trozo*) piece. **2.** (*fam*: *en un reparto*) share, cut: **sacó buena tajada del negocio** he took a good cut from the deal. **3.** (*corte*) cut. **4.** (*fam*: *borrachera*): **agarró una tajada monumental** he got completely drunk.

tajamar /taxa'mar/ *sm* (*Amér S*: *espigón*) breakwater.

tajante /ta'xante/ *adj* categorical: **contestó con un "no" tajante** he replied with a categorical "no"; **dio órdenes tajantes** he gave strict orders.

tajear /taxe'ar/ [⇨ CANTAR] *vt* (*Amér L*) to slash.

Tajo /'taxo/ *sm*: **el Tajo** the Tagus.

tajo /'taxo/ *sm* **1.** (*corte*) cut. **2.** (*Geog*) gorge. **3.** (*fam*: *trabajo*): **mañana volvemos al tajo** it's back to work * back to the grindstone tomorrow. **4.** (*en la cocina*) chopping board.

tal /tal/ **I** *adj* **1.** (*semejante*) such: **no dijo tal cosa** he never said any such thing * anything of the kind; **tal día como hoy hace cien años** on a day like today a hundred years ago • **de tal palo, tal astilla** like father, like son • **dejaron la habitación tal cual** they left the room as it was. **2.** (*como intensificador*): **había tal cantidad de gente que no pudimos entrar** there were so many people that we couldn't get in, there was such a crowd of people that we couldn't get in; **aparcó de tal manera que no pudimos salir** he parked in such a way that we could not get out. **3.** (*con valor indeterminado*): **te llamó un tal Ramón** someone called Ramón phoned for you; **ella me pedía tal o cual libro y yo se lo mandaba** she would ask for a certain book and I would send it to her.
II *adv* **1.** (*en oraciones interrogativas*): **¿qué tal está tu mujer?** how is your wife?; **¿qué tal ha estado la película?** how was the film? **2.** (*frml*: *así*) in such a way. **3. tal como**: **tal como lo explicó parecía fácil** the way he explained it, it sounded easy; **lo hizo tal y como se lo indicaste** he did it just the way you told him to. **4. tal vez** maybe, perhaps.
III *pron*: **es el dueño y como tal tiene ciertos privilegios** he is the owner and, as such, he has certain privileges; **es un delito y como tal será castigado** it is a crime and, as such, it will be punished; **no dijo tal** he never said any such thing * anything of the kind; **tales habrá que lo digan** there will be some who will say so • **son tal para cual** they're two of a kind.

tala /'tala/ *sf* (tree) felling.

taladradora /talaðra'ðora/ *sf* drill.

taladrar /tala'ðrar/ [⇨ CANTAR] *vt* to drill a hole in.

taladro /ta'laðro/ *sm* **1.** (*instrumento*) drill. **2.** (*agujero*) drill hole.

tálamo /'talamo/ *sm* (*frml*) nuptial bed.

talante /ta'lante/ *sm* **1.** (*estado de ánimo*) mood, temper: **hoy está *de* mal talante** he is in a bad mood today. **2.** (*disposición*) willingness: **me ayudó *de* buen/mal talante** he helped me with good/bad grace.

talar /ta'lar/ [⇨ CANTAR] *vt* (*árboles*) to fell, to chop down.

talco /'talko/ *sm* (*mineral*) talc; (*polvos*) talcum powder.

talego /ta'leɣo/ *sm* **1.** (*bolsa*) sack. **2.** (*fam*: *cárcel*) jail, slammer. **3.** (*fam*: *mil pesetas*) *a thousand pesetas*.

talento /ta'lento/ *sm* **1.** (*capacidad*) talent: **es una chica *de* gran talento** she's a very talented girl. **2.** (*habilidad*) talent, gift: **tiene talento *para* los negocios** he has a talent * a gift for business. **3.** (*persona*): **es un talento *para* las matemáticas** he has a gift * a talent for mathematics.

talentoso, -sa /talen'toso -sa/ *adj* (*Amér L*) talented.

Talgo, talgo /'talɣo/ *sm* (*en España*) *express train*.

talismán /taliz'man/ *sm* talisman.

talla /'taʎa/ *sf* **1.** (*de ropa*) size: **¿qué talla tiene?** what size do you take? **2.** (*estatura*) height, stature • **no dio la talla** he wasn't good enough. **3.** (*importancia*) standing: **un escritor de gran talla** a writer of great standing * renown. **4.** (*escultura*) (wood) carving. **5.** (*acción: de la madera*) carving; (*: del metal*) engraving; (*: de piedras preciosas*) cutting.

tallar /ta'ʎar/ [⇨ CANTAR] *vt* **1.** (*la madera*) to carve; (*el metal*) to engrave; (*piedras preciosas*) to cut. **2.** (*medir la estatura de*) to measure the height of (*recruits doing military service*).

tallarines /taʎa'rines/ *sm pl* (*en la cocina italiana*) tagliatelle: **estos tallarines están muy buenos** this tagliatelle is very good; (*en la cocina china*) noodles *pl*.

talle /'taʎe/ *sm* **1.** (*cintura*) waist. **2.** (*cuerpo de mujer*) figure. **3.** (*en costura*) length from shoulder to waist. **4.** (*Arg, Urug*: *de ropa*) size: **me quisiera probar un talle más chico** I'd like to try the next size down.

taller /ta'ʎer/ *sm* **1.** (*Artes*) studio. **2.** (*lugar de trabajo, de aprendizaje*) workshop. **3.** (*also* **taller mecánico** * **taller de reparaciones**) (*Auto*) garage, repair shop.
taller de teatro *sm* theatre workshop.

tallista /ta'ʎista/ *sm/f* (*de madera*) (wood) carver, sculptor; (*de piedras preciosas*) cutter.

tallo /'taʎo/ *sm* (*tronco*) stem, stalk; (*brote*) shoot, sprout.

talón /ta'lon/ *sm* **1.** (*del pie, de un calcetín, de un zapato*) heel • **vienen pisándome los talones** they're right on my heels. **2.** (*resguardo*) receipt. **3.** (*cheque*) (*GB*) cheque, (*US*) check.
talón de Aquiles *sm* (*fig*) Achilles' heel.

talonador, -dora /talona'ðor -'ðora/ *sm/f* (*en rugby*) hooker.

talonario /talo'narjo/ *sm* (*GB*) cheque book, (*US*) checkbook.

talonear /talone'ar/ [⇨ CANTAR] *vt* **1.** (*en rugby*) to hook. **2.** (*Amér L*: *a un caballo*) to spur on.

talud /ta'luð/ *sm* slope, bank.

tamal /ta'mal/ *sm* tamale (*meat in a bed of maize paste wrapped in a leaf*).

tamaño, -ña /ta'maɲo -ɲa/ **I** *adj* such: **jamás había oído tamaña tontería** I had never heard such nonsense * such a stupid thing.
II tamaño *sm* size: **son todos del mismo tamaño** they are all the same size.
tamaño familiar *sm* family pack.
tamaño natural *sm* life-size: **le encargaron una escultura de tamaño natural** they commissioned a life-size sculpture from him.

tamarindo /tama'rindo/ *sm* (*Bot*) tamarind.

tambalearse /tambale'arse/ [⇨ CANTAR] *v prnl* **1.** (*una persona, un régimen*) to totter, to teeter. **2.** (*un objeto*) to wobble.

también /tam'bjen/ *adv* **1.** (*gen*) too, as well: **fue médico y también un gran escritor** he was a doctor and a great writer as well * too, he was a doctor and also a great writer. **2.** (*en la respuesta a una afirmación*) [se traduce por ***so + v aux + sujeto***]: **"Estoy cansado." "Yo también."** "I'm tired." "So am I."; **"Pepe se quiere ir." "Lola también."** "Pepe wants to go." "So does Lola."; **"Pedro lo sabe/lo sabía de**

memoria." "Yo también." "Pedro knows it/knew it by heart." "So do I/did I."

tambo /'tambo/ *sm* **1.** (*Arg, Urug: vaquería*) dairy farm. **2.** (*Chi, Col, Ec, Perú: posada*) inn.

tambor /tam'bor/ *sm* **1.** (*Mús: instrumento*) drum; (*intérprete*) drummer. **2.** (*cilindro*) drum, cylinder; (*de una lavadora*) drum; (*Auto*) brake drum. **3.** (*de detergente*) drum. **4.** (*Anat*) eardrum.

tamboril /tambo'ril/ *sm* (*Mús*) (small) drum.

tamborilear /tamborile'ar/ [⇨ CANTAR] *vi* to drum: **tamborileaba con los dedos en la mesa** he was drumming his fingers on the table.

tamborileo /tambori'leo/ *sm* drumming.

tamborilero, -ra /tambori'lero -ra/ *sm/f* drummer.

Támesis /'tamesis/ *sm*: **el Támesis** the (River) Thames.

tamiz /ta'miθ/ *sm* [**tamices**] sieve: **primero hay que pasar la harina por el tamiz** first you have to sieve ✱ sift the flour • **pasaron todas las propuestas por el tamiz** they screened all the proposals.

tamizar /tami'θar/ [⇨ cazar] *vt* **1.** (*Agr*) to sieve, to sift. **2.** (*seleccionar*): **tamizaron la información antes de publicarla** they sifted through the information before publishing it.

tampoco /tam'poko/ *adv* **1.** (*gen*) not either: **tú tampoco ayudaste** you didn't help either; **no compró carne ni tampoco huevos** he didn't buy any meat or any eggs either. **2.** (*en la respuesta a una negación*) [se traduce por ***neither + v aux + sujeto*** o ***nor + v aux + sujeto***]: **"No estoy seguro." "Yo tampoco."** "I'm not sure ." "Neither ✱ nor am I"; **"Pepe no quiere ir." "Lola tampoco."** "Pepe doesn't want to go." "Neither ✱ nor does Lola."; **"Pedro no lo sabe/no lo sabía." "Yo tampoco."** "Pedro doesn't know it/didn't know it." "Neither ✱ nor do I/did I."

tampón /tam'pon/ *sm* **1.** (*de tinta*) ink pad. **2.** (*higiénico*) tampon.

tam-tam /tam'tam/ *sm inv* (*Mús*) tom-tom.

tan /tan/ *adv* **1.** (*para intensificar*) so: **¡es tan guapo!** he's so handsome!; **no vayas tan rápido** don't go so fast; **¡es un chico tan bueno!** he's such a good boy!; **¡tiene unos ojos tan grandes!** he has such big eyes! **2.** (*para comparar*) as: **es** *tan* **alto** *como* **su padre** he's as tall as his father. **3.** (*con valor consecutivo*) so: **habla** *tan* **fuerte** *que* **todos se enteran de lo que dice** he speaks so loudly that everyone can hear what he is saying. **4. tan siquiera** ⇨ siquiera

tanatorio /tana'torjo/ *sm*: *funeral parlour comprising several chapels of rest.*

tanda /'tanda/ *sf* **1.** (*grupo*) batch: **pronto sale la próxima tanda de pan** the next batch of bread will be ready soon; **tuvimos que comer en dos tandas** we had to eat in two sittings; **creo que entraremos en la próxima tanda** I think we'll get in with the next lot of people. **2.** (*serie*) series *n inv*: **hicimos una tanda de ejercicios muy difíciles** we did a series of very difficult exercises. **3.** (*Amér L: de una obra teatral*) performance. **4.** (*also* **tanda de avisos**) (*Arg, Urug: en radio, televisión*) commercial break.

tanda de penaltis *sf* penalty shoot-out.

tándem /'tandem/ *sm* [**tándems** ✱ **tándemes**] tandem.

tanga /'taŋga/ *sm* tanga.

tangencial /taŋxen'θjal/ *adj* tangential.

tangente /taŋ'xente/ *adj, sf* tangent • **cuando le preguntaron, se salió por la tangente** when they asked him, he was very evasive.

tangible /taŋ'xiβle/ *adj* tangible.

tango /'taŋgo/ *sm* tango.

tanino /ta'nino/ *sm* (*Quím*) tannin.

tanque /'taŋke/ *sm* **1.** (*Mil*) tank. **2.** (*para líquidos*) tank; (*Amér L: Auto*) (*GB*) (petrol) tank, (*US*) (gas) tank.

tanque de nafta *sm* (*Arg, Urug: Auto*) (*GB*) petrol tank, (*US*) gas tank.

tanqueta /taŋ'keta/ *sf* (*GB*) armoured car, (*US*) armored car.

tantas /'tantas/ **a las tantas** *loc adv* (*fam*): **llegaron a las tantas de la madrugada/de la noche** they arrived in the early hours of the morning/very late at night.

tantear /tante'ar/ [⇨ CANTAR] *vt* **1.** (*palpar*) to feel: **fue tanteando las paredes** she felt her way along the walls. **2.** (*probar*) to examine: **tantearon varias posibilidades antes de decidirse** they looked into ✱ examined several possibilities before making a decision. **3.** (*a una persona*) to sound out: **lo estuvieron tanteando antes de pedírselo** they sounded him out before asking him for it; (*una situación*) to size up.
♦ *vi* (*ir a tientas*) to grope one's way: **iba tanteando por la calle oscura** he groped his way along the dark street.

tanteo /tan'teo/ *sm* **1.** (*prueba*) sounding out: **le hicieron unas preguntas de tanteo** they sounded him out with a few questions; (*de una situación*) sizing up. **2.** (*resultado*) score.

tanto, -ta /'tanto -ta/ **I** *adj* **1.** (*cantidad grande: en singular*) so much: **¿qué vas a hacer con tanta comida?** what are you going to do with so much food?; **¡tiene tanta suerte!** he's so lucky!; (*: en plural*) so many: **¿por qué trajiste tantos libros?** why did you bring so many books? **2.** (*cantidad sin especificar*): **te pagan tanto dinero por hoja** they pay you so much money per sheet; **tendrá treinta y tantos años** he must be thirty plus ✱ thirty-something. **3.** (*en comparaciones: singular*) as much: **tiene tanto dinero como tú** he has as much money as you; (*: plural*) as many: **tengo tantos amigos como tú** I have as many friends as you.

II tanto *pron* **1.** (*cantidad grande, sin especificar: singular*) so much: **no me sirvas tanto** don't give me so much; (*: plural*) so many: **había tantos donde escoger que no me pude decidir** there were so many to choose from that I couldn't make my mind up • **no es para tanto** there's no need to make such a fuss. **2.** (*en comparaciones: singular*) as much; (*: plural*) as many: **tengo tanto/tantos como él** I have as much/as many as he has.

III tanto *adv* **1.** (*tal cantidad, a tal extremo*) so much: **no comas tanto** don't eat so much; **no debería trabajar tanto** he shouldn't work so hard; **su éxito se debe no tanto a su suerte como a su visión para los negocios** his success is due not so much to luck as to his business sense • **¡y tanto!** and how! **2.** (*para indicar tiempo*) so long, such a long time: **¿por qué tarda tanto?** why is he taking so long? • **en tanto que llego, date un paseo** you can go for a walk until I arrive. **3.** (*seguido de* **mejor, peor,** *etc.*): **si ocupa poco espacio, tanto mejor** if it takes up little space, so much the better ✱ all the better.

IV tanto *sm* **1.** (*de dinero, etc.*): **le pagarán un tanto ahora** they'll pay you a certain amount now; **cobrará un tanto por libro vendido** he will earn a set amount for each book sold. **2.** (*en ciertos juegos*) point; (*en fútbol*) goal: **marcó tres tantos** he scored three goals • **se apuntó un tanto con ese comentario** he scored a point with that remark • **está al tanto de lo que pasa** she is up to date with what's going on.

tanto por ciento *sm* percentage.

tañer /ta'ɲer/ [➪ table: tañer] *vt* (*una guitarra*) to strum; (*las campanas*) to toll.

tañer	
INDICATIVE	SUBJUNCTIVE
Preterite	**Imperfect**
tañí	tañera *or* tañese
tañiste	tañeras *or* tañeses
tañó	tañera *or* tañese
tañimos	tañéramos *or* tañésemos
tañisteis	tañerais *or* tañeseis
tañeron	tañeran *or* tañesen
PRESENT PARTICIPLE	
tañendo	
For the rest of the tenses ➪ TEMER (in appendix)	

tañido /ta'ɲiðo/ *sm* (*de una guitarra*) strumming; (*de las campanas*) tolling.

tapa /'tapa/ *sf* **1.** (*gen*) lid; (*de una botella*) cap, (*GB*) top; (*de una cacerola*) lid, cover • **se saltó la tapa de los sesos** he blew his brains out. **2.** (*de un libro*) cover: **es un libro de tapas duras/blandas** it's a hardback/paperback book. **3.** (*de un tacón*) heel: **llevé los zapatos a que les cambiaran las tapas** I took my shoes to be heeled. **4.** (*aperitivo*) tapa, appetizer.

tapacubos /tapa'kuβos/ *sm inv* (*Auto*) hubcap.

tapadera /tapa'ðera/ *sf* **1.** (*gen*) lid; (*de una cacerola*) lid, cover. **2.** (*para encubrir*) cover, front: **utilizaban el bar como tapadera de sus negocios ilegales** they used the bar as a cover for their illegal deals.

tapadillo /tapa'ðiʎo/ **de tapadillo** *loc adv* (*fam*) without being seen: **entró en la casa de tapadillo** she sneaked into the house.

tapado, -da /ta'paðo -ða/ **I** *adj* **1.** (*gen*) covered: **estaba tapado con una lona** it was covered with a tarpaulin; **la cacerola debe estar tapada** the saucepan must be covered; **el niño iba bien tapado con la manta** the baby was all wrapped up in the blanket. **2.** (*nariz*) blocked (up): **tengo la nariz tapada** my nose is blocked (up).

II tapado *sm* (*Arg, Chi, Urug*: *abrigo*) coat.

tapar /ta'par/ [➪ CANTAR] *vt* **1.** (*cerrar: una entrada*) to block: **una piedra enorme tapaba la entrada de la cueva** a huge rock blocked the cave entrance; (*: una botella*) to put the top on; (*: una lata, cacerola, etc.*) to put the lid on; (*: un agujero*) to plug, to fill. **2.** (*cubrir*) to cover (up): **podemos tapar los muebles con estas sábanas** we can cover the furniture (up) with these sheets; **me estás tapando la pantalla con la cabeza** your head is in the way and I can't see the screen. **3.** (*abrigar*) to wrap up: **tapa bien al niño** wrap the baby up well; (*en la cama*) to tuck in: **tápala bien, que se va a acatarrar** tuck her in well or she'll catch a cold. **4.** (*encubrir*) to cover up, to hide.

taparse *v prnl* **1.** (*ocultarse*) to hide, to cover oneself up. **2.** (*abrigarse*) to wrap up; (*en la cama*) to cover oneself up.

taparrabo /tapa'rraβo/ *sm*, **taparrabos** /tapa'rraβos/ *sm inv* loincloth.

tapeo /ta'peo/ *sm* (*fam*): **nos fuimos de tapeo** we went out for tapas and a drink.

tapete /ta'pete/ *sm* (*pequeño, sobre un mueble, una mesa*) runner; (*mantel*) (protective) table cloth; (*alfombra pequeña*) rug • **en la reunión pusieron las dificultades sobre el tapete** at the meeting they brought the difficulties out into the open.

tapia /'tapja/ *sf* wall • **está sordo como una tapia** he's as deaf as a post.

tapiar /ta'pjar/ [➪ CAMBIAR] *vt* (*un espacio*) to wall in; (*una entrada*) to block off, to close up.

tapicería /tapiθe'ria/ *sf* **1.** (*taller, tienda*) upholsterer's. **2.** (*oficio*) upholstery; (*de sillón, automóvil*) upholstery.

tapicero, -ra /tapi'θero -ra/ *sm/f* upholsterer.

tapioca /ta'pjoka/ *sf* tapioca.

tapir /ta'pir/ *sm* tapir.

tapisca /ta'piska/ *sf* (*Amér C, Méx*) maize harvest.

tapiz /ta'piθ/ *sm* [**tapices**] tapestry.

tapizar /tapi'θar/ [➪ cazar] *vt* to upholster.

tapón /ta'pon/ *sm* **1.** (*de una botella: gen*) top, cap; (*: de corcho*) cork. **2.** (*de desagüe*) plug; (*para los oídos*) earplug. **3.** (*obstrucción: en una tubería*) blockage, obstruction: **aumentaron la presión para deshacer el tapón** they increased the pressure to remove the blockage ✻ obstruction; (*: en un proceso*) bottleneck; (*: en el tráfico*) traffic jam: **siempre se forma un tapón a esta hora** there's always a traffic jam at this time. **4.** (*Med: de cera*): **tenía un tapón en el oído** I had wax in my ear. **5.** (*en baloncesto*) block. **6.** (*fam: persona baja*) shrimp, shorty. **7.** (*Arg, Chi, Urug: fusible*) fuse: **saltaron los tapones** the fuses blew.

tapón de rosca *sm* screw-on top.

taponar /tapo'nar/ [➪ CANTAR] *vt* **1.** (*un agujero*) to plug, to block. **2.** (*una herida*) to stop.

taponarse *v prnl* **1.** (*un agujero*) to get blocked. **2.** (*la nariz*) to get blocked up; (*los oídos*) to get blocked.

tapujo /ta'puxo/ *sm*: **habló sin tapujos** she talked quite openly; **no te andes con tapujos y dime la verdad** stop trying to cover up and tell me the truth.

taquicardia /taki'karðja/ *sf* tachycardia (*abnormally fast rate of heart beat*); (*fam*): **¡ay, que me da taquicardia!** I'm going to have a fit!

taquigrafía /takiɣra'fia/ *sf* shorthand.

taquigrafiar /takiɣra'fjar/ [➪ ansiar] *vt* to take down in shorthand.

taquígrafo, -fa /ta'kiɣrafo -fa/ *sm/f* (*GB*) shorthand typist, (*US*) stenographer.

taquilla /ta'kiʎa/ *sf* **1.** (*de billetes*) ticket office, box office. **2.** (*recaudación*) takings *pl*: **obtuvieron una taquilla de cien mil pesetas** (*en un cine, un teatro*) they took one hundred thousand pesetas at the box office; (*en un espectáculo deportivo*) the gate amounted to one hundred thousand pesetas. **3.** (*armario*) locker. **4.** (*Amér C: taberna*) tavern.

taquillero, -ra /taki'ʎero -ra/ **I** *adj*: **ha sido la película más taquillera del año** the movie has been the box-office hit of the year.

II *sm/f* **1.** (*vendedor de billetes*) ticket clerk. **2.** (*Amér C: tabernero*) tavern keeper.

taquillón /taki'ʎon/ *sm*: *wooden cabinet with cupboard and drawers.*

taquimecanografía /takimekanoɣra'fia/ *sf* (*GB*) shorthand typing, (*US*) stenography.

taquimecanógrafo, -fa /takimeka'noɣrafo -fa/ *sm/f* (*GB*) shorthand typist, (*US*) stenographer.

tara /'tara/ *sf* **1.** (*defecto*) defect, fault. **2.** (*peso*) tare.

tarado, -da /ta'raðo -ða/ I *adj* 1. (*cosa*) damaged. 2. (*fam*: *persona*) stupid.
II *sm/f* (*fam*: *persona*) idiot.

tarambana /taram'bana/ (*fam*) I *adj* having little sense.
II *sm/f*: **es un tarambana** he doesn't have any sense.

tarántula /ta'rantula/ *sf* (*Zool*) tarantula.

tararear /tarare'ar/ [➪ CANTAR] *vt* to la-la.

tarascada /taras'kaða/ *sf* (*fam*: *respuesta*) sharp reply; (*mordida*) bite.

tardanza /tar'ðanθa/ *sf* delay: **nos pusimos manos a la obra sin más tardanza** we set to work without further delay; **estaban preocupados por su tardanza** they were worried because he was late.

tardar /tar'ðar/ [➪ CANTAR] *vi*: **tardaron** *en* **contestar** they took a long time to answer; **espero que no tarde** *en* **llamar** I hope he calls soon; **no tardó** *en* **volver** it wasn't long before he was back • **estará listo el lunes a más tardar** it will be ready by Monday at the latest. ♦ *vt* to take: **¿cuánto tardaste** *en* **llegar?** how long did it take you to get there?, how long did you take to get there?; **tardaron tres horas** *en* **terminarlo** it took them three hours to finish it.

tarde /'tarðe/ I *sf* (*antes de las cinco*) afternoon: **a las tres de la tarde** at three o'clock in the afternoon; **buenas tardes** good afternoon; (*después de las cinco*) evening: **a las siete de la tarde** at seven o'clock in the evening; **buenas tardes** good evening; **llegó a la caída de la tarde** he arrived at dusk • **lo veo muy de tarde en tarde** I see him very infrequently.
II *adv* late: **suele acostarse tarde** she usually goes to bed late; **siempre llega tarde** he is always late; **se me hizo tarde** it got late; **es tarde** *para* **lamentaciones** it's too late to start feeling sorry • **tarde o temprano aprobará** he'll pass sooner or later • **más vale tarde que nunca** better late than never.

tardío, -día /tar'ðio -'ðia/ *adj* 1. (*gen*) late: **es una obra tardía** it is one of his late works; **tuvo un hijo tardío** she had a child late in life. 2. (*fruto, planta*) late.

tardo, -da /'tarðo -ða/ *adj*: **es un poco tardo de entendimiento** he's a bit slow.

tardón, -dona /tar'ðon -'ðona/ (*fam*) I *adj* slow.
II *sm/f* (*GB*) slowcoach, (*US*) slowpoke.

tarea /ta'rea/ *sf* 1. (*gen*) task, job: **yo me ocupo de las tareas de la casa** I'm in charge of the housework. 2. (*de estudiante*) homework, (*US*) assignments *pl*.

tarifa /ta'rifa/ *sf* 1. (*precio*) rate; (*en transporte público*) fare. 2. (*tabla de precios*) tariff, price list.
tarifa nocturna *sf* (*en taxi, autobús, etc.*) night fare; (*en suministros*) night rate.
tarifa reducida *sf* (*en autobús, tren, etc.*) reduced fare; (*en suministros*) reduced rate.
tarifa turística *sf* tourist-class fare.

tarima /ta'rima/ *sf* platform.

tarjeta /tar'xeta/ *sf* card.
tarjeta amarilla *sf* (*Dep*) yellow card.
tarjeta de crédito *sf* credit card.
tarjeta de débito *sf* debit card.
tarjeta de embarque *sf* boarding pass.
tarjeta postal *sf* postcard.
tarjeta roja *sf* (*Dep*) red card.

tarjetera /tarxe'tera/ *sf* (*Amér L*) card holder ∗ wallet.

tarjetero /tarxe'tero/ *sm* card holder ∗ wallet.

tarot /ta'rot/ *sm* tarot.

tarraconense /tarrako'nense/ I *adj* of ∗ from Tarragona.
II *sm/f* native ∗ inhabitant of Tarragona.

tarrina /ta'rrina/ *sf* tub.

tarro /'tarro/ *sm* 1. (*de vidrio*) jar; (*Amér L*: *lata*) can, (*GB*) tin. 2. (*fam*: *cabeza*) head • **no te comas el tarro** don't lose any sleep over it • **le comieron el tarro** they brainwashed him. 3. (*Arg, Urug*: *fam, suerte*) luck: **¡qué tarro tiene!** he has the luck of the Devil!

tarta /'tarta/ *sf* (*con base de masa*) tart: **comimos tarta de manzana/fresa** we had apple/strawberry tart; (*pastel*) cake.
tarta de cumpleaños *sf* birthday cake.
tarta helada *sf* ice-cream cake.

tartaja /tar'taxa/ (*fam*) I *adj* stammering.
II *sm/f* stammerer.

tartajear /tartaxe'ar/ [➪ CANTAR] *vi* (*fam*) to stammer.

tartaleta /tarta'leta/ *sf* tartlet.

tartamudear /tartamuðe'ar/ [➪ CANTAR] *vi* to stammer, to stutter.

tartamudeo /tartamu'ðeo/ *sm* stammering, stuttering.

tartamudez /tartamu'ðeθ/ *sf* stammer, stutter.

tartamudo, -da /tarta'muðo -ða/ I *adj*: **un chico tartamudo** a boy with a stammer ∗ stutter.
II *sm/f*: *person with a stammer*.

tartana /tar'tana/ *sf* 1. (*carruaje*) covered trap. 2. (*fam*: *automóvil viejo*) crate, jalopy.

tarteleta /tarte'leta/ *sf* (*Arg, Urug*) tartlet.

tartera /tar'tera/ *sf* 1. (*para llevar comida*) lunch box, (*US*) lunch pail. 2. (*cazuela*) saucepan; (*molde para tartas*) pie tin.

tarugo /ta'ruɣo/ *sm* 1. (*trozo de madera*) lump of wood. 2. (*pedazo de pan*) piece of stale bread. 3. (*fam*: *persona*) oaf, idiot.

tarumba /ta'rumba/ *adj* (*fam*) crazy, nuts: **me vuelve tarumba** it drives me crazy ∗ nuts.

tasa /'tasa/ *sf* 1. (*índice*) rate. 2. (*precio*) fee: **han vuelto a subir las tasas académicas** student fees have gone up again. 3. (*límite*): **lo perdió su ambición sin tasa** his boundless ambition was his downfall. 4. (*evaluación*) valuation.
tasa de mortalidad *sf* death rate.
tasa de natalidad *sf* birth rate.

tasación /tasa'θjon/ *sf* valuation.

tasar /ta'sar/ [➪ CANTAR] *vt* 1. (*valorar*) to value: **lo tasaron** *en* **veinte mil dólares** it was valued at twenty thousand dollars. 2. (*poner precio a*) to price, to fix a price for. 3. (*limitar*) to put a limit on: **sus padres no le tasan el dinero** his parents give him unlimited amounts of money.

tasca /'taska/ *sf* bar • **ayer fuimos de tascas** yesterday we went out visiting the bars.

tata /'tata/ I *sf* (*fam*) nanny.
II *sm* (*Amér L*) 1. (*término de respeto*) *term for one's father, grandfather or someone in authority*. 2. (*fam*: *abuelo*) grandad.
tata Dios *sm* (*Arg, Urug*) daddy-longlegs.

tatarabuela /tatara'βwela/ *sf* great-great-grandmother.

tatarabuelo /tatara'βwelo/ I *sm* great-great-grandfather.
II **tatarabuelos** *sm pl* great-great-grandparents *pl*.

tataranieta /tatara'njeta/ *sf* great-great-granddaughter.

tataranieto /tatara'njeto/ I *sm/f* great-great-grandson.
II **tataranietos** *sm pl* great-great-grandchildren *pl*.

tate /'tate/ *excl* (*fam*) 1. (*de sorpresa*) good heavens. 2. (*de advertencia*) look out.

tatuaje /ta'twaxe/ *sm* 1. (*dibujo*) tattoo. 2. (*acción*) tattooing.

tatuar /ta'twar/ [➪ actuar] *vt* to tattoo.
tatuarse *v prnl* to have oneself tattooed.
taurino, -na /tau'rino -na/ *adj* bullfighting: **la temporada taurina** the bullfighting season.
tauro /'tauro/ **I** *sm* (*also* **Tauro**) (*constelación, signo del zodiaco*) Taurus; (*Amér L*): **soy** *de* **Tauro** I'm a Taurus * Taurean.
II *sm/f inv* (*persona*) Taurus, Taurean: **soy tauro** I'm a Taurus * Taurean; **va a ser una buena semana para los tauro** it's going to be a good week for Taureans.
tauromaquia /tauro'makja/ *sf* (art of) bullfighting.
taxativo, -va /taksa'tiβo -βa/ *adj* strict: **se exigirá el cumplimiento taxativo de las normas** strict compliance with the regulations will be expected; **en el reglamento se dice de forma taxativa que...** the regulations state very clearly that....
taxi /'taksi/ *sm* taxi, cab.
taxidermia /taksi'ðermja/ *sf* taxidermy.
taxidermista /taksiðer'mista/ *sm/f* taxidermist.
taxímetro /tak'simetro/ *sm* **1.** (*aparato*) meter, taximeter. **2.** (*Arg, Chi, Urug: vehículo*) taxi, cab.
taxista /tak'sista/ *sm/f* taxi driver, cab driver.
taza /'taθa/ *sf* **1.** (*para beber*) cup: **¿te apetece una taza de café?** would you like a cup of coffee?; **compré seis tazas de café** I bought six coffee cups. **2.** (*medida*) cupful: **agregar una taza de harina** add one cupful * cup of flour. **3.** (*del retrete*) bowl, pan. **4.** (*de una fuente*) bowl, basin.
tazón /ta'θon/ *sm* bowl: **desayunó un tazón de café con leche** he had a bowl of white coffee for breakfast.
te /te/ **I** *sf*: *name of the letter T.*
II *pron personal* [complemento directo] you: **te llamaré mañana** I'll call you tomorrow.
III *pron personal* [complemento indirecto]. **1.** (*a ti*): **¿te di el libro?** did I give you the book?, did I give the book to you?; **¿por qué te gritaban?** why were they shouting at you?; **¿qué te pasa?** what's the matter with you? **2.** (*para ti*): **¿te lo tengo que repetir?** do I have to repeat it for you?; **¿quieres que te haga un jersey?** would you like me to make you a sweater?, would you like me to make a sweater for you? **3.** (*con verbos como* ***quitar, arrebatar***) from you: **¿dónde te la robaron?** where did they steal it from you?
IV *pron reflexivo* **1.** (*con valor reflexivo*): **te harás daño** you'll hurt yourself; **péinate** comb your hair; **lávate las manos** wash your hands. **2.** (*parte del verbo pronominal*): **cómetelo todo** eat it all up; **¿ya te vas?** are you leaving already?
té /te/ *sm* **1.** (*planta, bebida*) tea: **¿qué prefieres? ¿té o café?** do you prefer tea or coffee?; **me tomé un té** I had a cup of tea. **2.** (*Amér L: merienda*) tea: **nos invitó a tomar el té** she invited us to tea; (*: reunión social*) tea party.
té con limón *sm* lemon tea.
tea /'tea/ *sf* torch.
teatral /tea'tral/ *adj* **1.** (*del teatro*) stage, theatre: **una representación teatral** a stage * theatre production. **2.** (*gesto, actitud*) theatrical: **es muy teatral** he's very theatrical.
teatralizar /teatrali'θar/ [➪ cazar] *vt* to dramatize.
teatro /te'atro/ *sm* **1.** (*lugar, actividad, género*) (*GB*) theatre, (*US*) theater: **se dedica al teatro** she works in theatre; **el teatro de García Lorca** García Lorca's theatre * plays. **2.** (*fam: fingimiento*) show: **no le duele nada, todo es teatro** it doesn't hurt at all, he's just putting it on * he's just playacting. **3.** (*Mil*) (*GB*) theatre, (*US*) theater.
tebeo /te'βeo/ *sm* (children's) comic • **está más visto que el tebeo** it's old hat.
teca /'teka/ *sf* (*Bot*) teak.
techado /te'tʃaðo/ *sm* roof.
techo /'tetʃo/ *sm* **1.** (*de una habitación*) ceiling: **sólo nos queda pintar los techos** all that's left is to paint the ceilings. **2.** (*de una casa*) roof • **les ofrecieron un techo y algo de comida** they were offered a roof over their heads and some food • **vivieron durante años bajo el mismo techo** they lived under the same roof for years. **3.** (*de un coche*) roof. **4.** (*límite*) upper limit, ceiling: **a los treinta años había alcanzado su techo como corredor** at thirty he had reached his peak as a runner.
techo de paja *sm* thatched roof.
techumbre /te'tʃumbre/ *sf* roof.
tecla /'tekla/ *sf* key • **tocó muchas teclas para conseguir aquel trabajo** he pulled a lot of strings to get that job.
teclado /te'klaðo/ *sm* keyboard.
teclear /tekle'ar/ [➪ CANTAR] *vi* **1.** (*en una máquina de escribir*) to type. **2.** (*Arg, Urug: fam, negocio*) to be doing badly.
teclista /te'klista/ *sm/f* **1.** (*Inform*) keyboard operator, keyboarder. **2.** (*Mús*) keyboard player.
técnica /'teknika/ *sf* **1.** (*método*) technique: **no domina muy bien la técnica del óleo** his oil-painting technique is not very good. **2.** (*tecnología*) technology.
tecnicismo /tekni'θizmo/ *sm* technical term.
técnico, -ca /'tekniko -ka/ **I** *adj* technical.
II *sm/f* (*en una fábrica*) technician; (*de electrodomésticos*) engineer: **mañana viene el técnico a arreglar el televisor** the engineer is coming to fix the television tomorrow.
técnico, -ca de mantenimiento *sm/f* maintenance engineer.
técnico, -ca de sonido *sm/f* sound engineer.
tecnócrata /tek'nokrata/ *sm/f* technocrat.
tecnología /teknolo'xia/ *sf* technology.
tecnología punta *sf* leading-edge technology.
tecnológico, -ca /tekno'loxiko -ka/ *adj* technological.
tedio /'teðjo/ *sm* boredom, tedium.
tedioso, -sa /te'ðjoso -sa/ *adj* boring, tedious.
tegucigalpense /teɣuθiɣal'pense/ **I** *adj* of * from Tegucigalpa.
II *sm/f* native * inhabitant of Tegucigalpa.
teja /'texa/ *sf* (roof) tile • **pagó la casa a toca teja** he paid cash for the house.
tejadillo /texa'ðiʎo/ *sm* sloping roof (*joined to the wall of a building*).
tejado /te'xaðo/ *sm* roof.
tejano, -na /te'xano -na/ **I** *adj, sm/f* Texan.
II tejanos *sm pl* (*pantalones*) jeans *pl.*
Tejas /'texas/ *sm* Texas.
tejedor, -dora /texe'ðor -'ðora/ *sm/f* weaver.
tejemaneje /texema'nexe/ *sm* (*fam*) **1.** (*para conseguir algo*) scheme: **se trae algún tejemaneje entre manos** she's up to some scheme or other. **2.** (*asunto poco honesto*) shady deal: **no sé nada de sus tejemanejes** I don't know anything about his shady deals.
tejer /te'xer/ [➪ TEMER] *vt* **1.** (*en un telar*) to weave; (*con agujas de ganchillo*) to crochet; (*con agujas de punto*) to knit. **2.** (*una telaraña, un capullo*) to spin. **3.** (*un plan*) to devise, to put together. **4.** (*mentiras*) to fabricate.

tejido /te'xiðo/ *sm* **1.** (*tela*) fabric, material. **2.** (*Anat*) tissue. **3.** (*Amér L: labor*) knitting.
tejido de punto *sm* knitted fabric.
tejido óseo *sm* bone tissue.

tejo /'texo/ *sm* **1.** (*pedazo de teja*) piece of roof tile • **me tiró los tejos** he flirted quite openly with me. **2.** (*Juegos: rayuela*) hopscotch; (*chita*) *game similar to quoits.* **3.** (*árbol*) yew tree.

tejón /te'xon/ *sm* (*Zool*) badger.

tel. *pronounced* /te'lefono/ (*abbreviation of* **teléfono**) tel. (telephone number).

tela /'tela/ *sf* **1.** (*tejido*) material, cloth: **la edición en tela** the clothbound edition • **todavía nos queda tela que cortar** we still have a lot of work to do • **este problema tiene tela** this problem is very tricky • **no pongo su capacidad en tela de juicio** I am not calling into question his capability. **2.** (*capa*) film. **3.** (*cuadro*) canvas, painting. **4.** (*fam: dinero*) dough: **cuesta mucha tela** it costs a fortune.
tela de araña *sf* (*Zool*) spider's web.
tela metálica *sf* wire netting.

telar /te'lar/ **I** *sm* (*máquina*) loom.
II telares *sm pl* textile mill.

telaraña /tela'raɲa/ *sf* (*Zool*) spider's web; (*por falta de limpieza*) cobweb • **se pasa el día mirando las telarañas** he is always daydreaming.

tele /'tele/ *sf* (*fam*) **1. la tele** (*medio*) (*GB*) the telly, (*US*) the tube: **¿qué dan en la tele?** what's on (*GB*) the telly * (*US*) on the tube? **2.** (*aparato*) television (set).

telecabina /teleka'βina/ *sm* * *sf* cable car.

telecomunicaciones /telekomunika'θjones/ *sf pl* telecommunications *pl.*

telecontrol /telekon'trol/ *sm* remote control.

telediario /tele'ðjarjo/ *sm* (television) news, news bulletin.

teledirigido, -da /teleðiri'xiðo -ða/ *adj* remote-controlled.

teledirigir /teleðiri'xir/ [⇨surgir] *vt* to operate by remote control.

telefax /tele'faks/ *sm* (*aparato*) fax (machine), (*US*) telefax (machine); (*mensaje*) fax, (*US*) telefax (message).

teleférico /tele'feriko/ *sm* cable car.

telefonazo /telefo'naθo/ *sm* (*fam*) call: **dame un telefonazo cuando lo sepas** give me a call when you know.

telefonear /telefone'ar/ [⇨CANTAR] *vt/i* to telephone, to phone.

telefónico, -ca /tele'foniko -ka/ *adj* telephone, phone: **tuve que hacer varias llamadas telefónicas** I had to make several telephone calls.

telefonillo /telefo'niʎo/ *sm* Entryphone®.

telefonista /telefo'nista/ *sm/f* telephonist.

teléfono /te'lefono/ *sm* telephone, phone: **nos llamó** *por* **teléfono** she phoned us * called us; **estaba hablando** *por* **teléfono** he was on the phone; **dame tu teléfono** give me your telephone number.
teléfono inalámbrico *sm* mobile phone.
teléfono portátil *sm* portable phone.

telegrafía /teleɣra'fia/ *sf* telegraphy.
telegrafía inalámbrica * sin hilos *sf* wireless telegraphy.

telegrafiar /teleɣra'fjar/ [⇨ansiar] *vt* to telegraph, to wire.

telegráfico, -ca /tele'grafiko -ka/ *adj* telegraphic: **me lo explicó de forma telegráfica** he explained it to me very briefly.

telegrafista /teleɣra'fista/ *sm/f* telegraphist.

telégrafo /te'leɣrafo/ *sm* **1.** (*gen*) telegraph. **2. telégrafos** *[never used with an article]* telegraph office.

telegrama /tele'ɣrama/ *sm* telegram.

telele /te'lele/ *sm* (*fam*): **cuando se lo digas, le va a dar un telele** he'll have a fit when you tell him.

telemando /tele'mando/ *sm* remote control.

telémetro /te'lemetro/ *sm* rangefinder.

telenovela /teleno'βela/ *sf* television serial, television soap opera.

teleobjetivo /teleoβxe'tiβo/ *sm* telephoto lens, zoom lens.

telepatía /telepa'tia/ *sf* telepathy.

telepático, -ca /tele'patiko -ka/ *adj* telepathic.

telescopio /teles'kopjo/ *sm* telescope.

telesilla /tele'siʎa/ *sm* chair lift.

telespectador, -dora /telespekta'ðor -'ðora/ *sm/f* (television) viewer.

telesquí /teles'ki/ *sm* ski lift.

teletexto /tele'teksto/ *sm* Teletext®.

teletipo /tele'tipo/ *sm* Teletype®, teleprinter.

teletrabajador, -dora /teletra'βaxaðor -ðora/ *sm/f* teleworker.

teletrabajo /teletra'βaxo/ *sm* teleworking.

televentas /tele'βentas/ *sf pl* telesales *pl.*

televidente /teleβi'ðente/ *sm/f* (television) viewer.

televisar /teleβi'sar/ [⇨CANTAR] *vt* to televise.

televisión /teleβi'sjon/ *sf* **1.** (*gen*) television: **nos quedamos en casa viendo la televisión** we stayed at home watching television. **2.** (*fam: aparato*) television (set).
televisión en color *sf* (*GB*) colour television, (*US*) color television.
televisión por cable *sf* cable television.
televisión por satélite *sf* satellite television.

televisivo, -va /teleβi'siβo -βa/ *adj* **1.** (*de la televisión*) television: **una serie televisiva** a television series. **2.** (*idóneo para ser televisado*) television: **no es un deporte muy televisivo** it isn't a very good television sport. **3.** (*que aparece en televisión*) television: **entre los asistentes había muchos rostros televisivos** among those present were many television personalities.

televisor /teleβi'sor/ *sm* television (set).

télex /'teleks/ *sm inv* telex.

telón /te'lon/ *sm* (*en teatro*) curtain.
Telón de Acero *sm* (*Hist*) Iron Curtain.
telón de fondo *sm* backdrop: **la novela tiene como telón de fondo la guerra civil** the novel is set against the backdrop of the civil war.

telonero, -ra /telo'nero -ra/ **I** *adj* support: **el cantante telonero** the support singer.
II *sm/f* support singer/band.

tema /'tema/ *sm* **1.** (*asunto*) subject: **no cambies de tema** don't change the subject. **2.** (*Mús*) theme, motif. **3.** (*Educ*) topic: **hoy vamos a estudiar el tema de los mamíferos** today we are going to study mammals.

temario /te'marjo/ *sm* (*de una asignatura*) syllabus, (*GB*) programme, (*US*) program; (*para una oposición*) syllabus, list of topics.

temática /te'matika/ *sf* themes *pl*, subject matter.

temático, -ca /te'matiko -ka/ *adj* thematic.

tembladera /tembla'ðera/ *sf* (*fam*): **le entró la tembladera** he got the shakes.

temblar /tem'blar/ [⇨pensar] *vi* **1.** (*de miedo*) to tremble: **se puso a temblar** *de* **miedo** he started trembling * shaking with fear; **tiemblo sólo** *de* **pensar en cómo**

se va a poner I shudder to think how she is going to react. **2.** (*de frío*) to shiver: **estaba temblando** *de* **frío** she was shivering with cold. **3.** (*voz*) to quiver, to shake: **le temblaba la voz** his voice quivered * shook; (*tierra*) to shake: **la tierra tembló a causa del terremoto** the ground shook because of the earthquake • **dejó la botella temblando** he nearly emptied the bottle.

tembleque /tem'bleke/ *sm* (*fam*): **le entró el tembleque** he got the shakes.

temblor /tem'blor/ *sm* **1.** (*de miedo*) shudder; (*de frío*) shiver. **2.** (*Geol*) (*also* **temblor de tierra**) earth tremor.

tembloroso, -sa /temblo'roso -sa/ *adj* **1.** (*por el miedo*) shaking, trembling: **abrió la carta con manos temblorosas** she opened the letter with trembling hands; (*por el frío*) shivering. **2.** (*voz*) trembling, quivering.

temer /te'mer/ [⇨table: TEMER *in appendix*] *vt* **1.** (*a una persona*) to be afraid of, to fear: **es temido por sus alumnos** his pupils are afraid of him. **2.** (*una posibilidad, un suceso*): **temo que no queden entradas** I'm afraid there won't be any tickets left; **temía perder el trabajo** he feared he would lose his job; **temía que lo castigaran** he was afraid he would be punished.

♦ *vi* to be afraid: **no temas, estoy contigo** don't be afraid, I'm with you; **temía** *por* **mi vida** I feared for my life.

temerse *v prnl* to fear: **se temían lo peor** they feared the worst; **me temo que no voy a poder asistir** I'm afraid I shall be unable to attend.

temerario, -ria /teme'rarjo -rja/ *adj* **1.** (*arriesgado*) reckless: **su forma de conducir es temeraria** he drives recklessly. **2.** (*sin fundamento*) rash: **esa afirmación es un tanto temeraria** that statement is a little rash.

temeridad /temeri'ðað/ *sf* **1.** (*falta de cuidado*) recklessness: **su temeridad puso en peligro a otras personas** his recklessness put other people in danger. **2.** (*acto*) act of recklessness: **fue una temeridad ejecutar el salto sin red** it was very reckless of him to jump without a safety net; (*dicho*) rash statement.

temeroso, -sa /teme'roso -sa/ *adj* **1.** (*que siente temor*) fearful: **es una persona temerosa de Dios** he is a God-fearing person. **2.** (*que causa temor*) fearsome.

temible /te'miβle/ *adj* fearsome.

temor /te'mor/ *sm* **1.** (*miedo*) fear: **se calló por temor** *a* **las represalias** he kept quiet for fear of reprisals. **2.** (*sospecha*) fear, suspicion: **mis temores no eran infundados** my fears were not unfounded.

témpano /'tempano/ *sm* ice floe: **estaba como un témpano** I was frozen stiff.

témpera /'tempera/ *sf* (*Artes*) tempera (*water paint*).

temperamental /temperamen'tal/ *adj* (*de carácter variable*) temperamental; (*enérgico*) spirited.

temperamento /tempera'mento/ *sm* **1.** (*carácter*) temperament, nature: **tiene un temperamento tranquilo** he has a calm temperament. **2.** (*empuje*) character, spirit: **tiene mucho temperamento** she has a very strong character; **demostró su temperamento en el escenario** she gave a spirited performance on stage.

temperatura /tempera'tura/ *sf* (*Fís, Med, Meteo*) temperature: **hace una temperatura** *de* **veinticinco grados** the temperature is twenty five (degrees); **se produjo un ascenso** *de* **las temperaturas** there was a rise in temperature; (*Med*): **le subió la temperatura por la noche** his temperature rose during the night.

temperatura ambiente *sf* room temperature: **consérvese a temperatura ambiente** keep at room temperature.

tempestad /tempes'tað/ *sf* **1.** (*Meteo*) storm • **fue una tempestad en un vaso de agua** it was a storm in a teacup, (*US*) it was a tempest in a teapot. **2.** (*escándalo*) storm, uproar: **el discurso levantó una tempestad de gritos y silbidos** the speech brought a storm of shouting and whistling.

tempestuoso, -sa /tempes'twoso -sa/ *adj* **1.** (*Meteo*) stormy. **2.** (*relación, reunión*) stormy, tempestuous: **tras una reunión tempestuosa llegaron a un acuerdo** they reached an agreement after a stormy meeting.

templado, -da /tem'plaðo -ða/ *adj* **1.** (*tibio*) lukewarm; (*Meteo*) mild, temperate. **2.** (*tranquilo*) composed, steady.

templanza /tem'planθa/ *sf* **1.** (*moderación*) moderation, restraint. **2.** (*Meteo*) mildness.

templar /tem'plar/ [⇨CANTAR] *vt* **1.** (*calentar*) to warm (up). **2.** (*calmar*) to calm: **trató en vano de templar los nervios de todo el mundo** he tried in vain to calm everyone down. **3.** (*un metal*) to temper. **4.** (*un instrumento musical*) to tune.

♦ *v impers* to get warmer.

templarse *v prnl* **1.** (*calentarse*) to warm up. **2.** (*calmarse*): **al final se templaron los ánimos** in the end everyone calmed down.

temple /'temple/ *sm* **1.** (*carácter*) nature; (*estado de ánimo*) mood: **está** *de* **mal temple** he is in a bad mood. **2.** (*serenidad*) cool-headedness: **tuvo el temple necesario para socorrer a los heridos** she was cool-headed enough to help the injured. **3.** (*de un metal*) temper. **4.** (*pintura*) tempera (*water paint*). **5.** (*Mús*: *de un instrumento*) tuning.

templete /tem'plete/ *sm* **1.** (*para proteger una estatua*) shrine. **2.** (*Arquit*) bandstand.

templo /'templo/ *sm* temple • **es una verdad como un templo** it's absolutely true • **es una mentira como un templo** it's a blatant lie.

tempo /'tempo/ *sm* tempo.

temporada /tempo'raða/ *sf* **1.** (*periodo*) period: **pasa largas temporadas en el extranjero** he spends long periods abroad; **llevamos una temporada sin vernos** we haven't seen each other for a while * for some time. **2.** (*de moda, deporte, turismo, etc.*) season: **esta temporada se llevará el amarillo** yellow will be the colour to wear this season; **estamos en plena temporada turística** we are at the height of the tourist season.

temporada alta *sf* high season.

temporada baja *sf* low season.

temporal /tempo'ral/ **I** *adj* **1.** (*transitorio*) temporary, short-term: **firmó un contrato temporal** he signed a temporary * short-term contract. **2.** (*Relig*: *bienes*) worldly; (*poder*) temporal.

II *sm* (*tormenta*) storm; (*tiempo lluvioso*) rainy weather • **tuvo que capear el temporal** he had to weather the storm.

temporario, -ria /tempo'rarjo -rja/ *adj* (*Amér L*) ⇨ provisional

temporero, -ra /tempo'rero -ra/ **I** *adj* seasonal.

II *sm/f* seasonal worker.

tempranero, -ra /tempra'nero -ra/ *adj*: **¡qué tempranera estás hoy!** you're up early today!

temprano, -na /tem'prano -na/ **I** *adj* early.

II temprano *adv* early: **nos tuvimos que levantar más temprano que de costumbre** we had to get up earlier than usual.

ten /ten/ *imperative of* ➪ tener

tenacidad /tenaθi'ðað/ *sf* **1.** (*de una persona*) tenacity. **2.** (*de un material*) toughness.

tenacillas /tena'θiʎas/ *sfpl* (*para azúcar*) sugar tongs *pl*; (*para el pelo*) curling tongs *pl*.

tenaz /te'naθ/ *adj* **[tenaces] 1.** (*persistente*) tenacious, determined: **es muy tenaz** *en* **el estudio** she is very determined and studies hard. **2.** (*mancha*) stubborn, hard to remove. **3.** (*enfermedad*) persistent, difficult to get rid of.

tenaza /te'naθa/ *sf*, **tenazas** /te'naθas/ *sfpl* **1.** (*para sacar clavos*) pincers *pl* ● **no se lo sacarás ni con tenazas** wild horses wouldn't drag it out of him. **2.** (*para la chimenea*) tongs *pl* ● **no se los podía coger ni con tenazas** they were so dirty, you didn't want to touch them with a barge pole.

tendedero /tende'ðero/, **tendedor** /tende'ðor/ *sm* **1.** (*lugar*) drying area. **2.** (*cuerda*) clothesline; (*armazón*) clotheshorse, airer.

tendencia /ten'denθja/ *sf* **1.** (*propensión*) tendency: **tiene tendencia** *a* **engordar** he has a tendency to put on weight. **2.** (*corriente*) trend: **se mantiene al tanto de las últimas tendencias musicales** he keeps abreast of the latest musical trends; **el grupo está integrado por gente de las más diversas tendencias políticas** the group is made up of people with the most diverse political leanings * tendencies.

tendencioso, -sa /tenden'θjoso -sa/ *adj* tendentious.

tender /ten'der/ [➪table: tender] *vt* **1.** (*extender*) to spread: **tendió la toalla en la arena** he spread the towel out on the sand. **2.** (*colocar*) to lay: **tendieron al herido en la camilla** they laid the wounded man on the stretcher. **3.** (*ofrecer*): **le tendí el dinero** I offered him the money, I held the money out to him. **4.** (*la ropa*) to hang out. **5.** (*cables, etc.*) to lay; (*un puente*) to build. **6.** (*una trampa*) to set, to lay: **le tendieron una emboscada** they set an ambush for him. **7.** (*Amér L: la cama*) to make; (*: la mesa*) to set, to lay.
♦*vi* to tend: **tiende** *a* **reaccionar violentamente** he tends to react violently; **la situación tiende** *a* **estabilizarse** the situation is becoming more stable; **un marrón que tiende** *a* **rojo** a reddish brown.
tenderse *v prnl* to lie down: **se tendió en la cama para descansar** she lay (down) on the bed to rest.

tender

INDICATIVE	SUBJUNCTIVE
Present	**Present**
tiendo	tienda
tiendes	tiendas
tiende	tienda
tendemos	tendamos
tendéis	tendáis
tienden	tiendan
IMPERATIVE	
(tú) tiende	(usted) tienda
(vosotros) tended	(ustedes) tiendan

For the rest of the tenses ➪ TEMER (in appendix)

tenderete /tende'rete/ *sm* market stall.

tendero, -ra /ten'dero -ra/ *sm/f* (*dueño*) shopkeeper, (*US*) storekeeper; (*dependiente*) shop assistant.

tendido, -da /ten'diðo -ða/ **I** *adj* **1.** (*desplegado*) spread out. **2.** (*ropa*) hung out. **3.** (*tumbado*) lying down: **estaba tendida en el sofá** she was lying (down) on the sofa. **4.** (*Amér L: cama*) made; (*: mesa*) set, laid.
II tendido *sm* **1.** (*acción de tender: un cable, una vía*) laying; (*: un puente*) building. **2.** (*conjunto de cables*) cables *pl*. **3.** (*Tauro: gradas*) section; (*: público*): **el tendido se puso en pie** everyone in the section stood up.

tendón /ten'don/ *sm* (*Anat*) tendon.
tendón de Aquiles *sm* (*Anat*) Achilles' tendon.

tendré /ten'dre/ *and other forms with* **tendr-** ➪ tener

tenebroso, -sa /tene'βroso -sa/ *adj* **1.** (*oscuro*) dark, gloomy. **2.** (*poco prometedor*) gloomy: **le esperaba un tenebroso porvenir** he had a gloomy future ahead of him. **3.** (*perverso*) sinister: **me di cuenta de sus tenebrosas intenciones** I realized what his sinister intentions were.

tenedor, -dora /tene'ðor -'ðora/ **I** *sm/f* (*Fin*) holder.
II tenedor *sm* (*cubierto*) fork.

tenencia /te'nenθja/ *sf* **1.** (*posesión*) possession: **fue detenido por tenencia ilícita de armas** he was arrested for illegal possession of arms. **2.** (*Méx: impuesto*) car tax.

tener /te'ner/ [➪table: tener] *vt* **1.** (*poseer: gen*) to have [es también común la forma familiar: **to have got**]: **tienen dos coches** they have two cars, they've got two cars, they have got two cars; **tiene dos hermanos** she has two brothers; **no tiene muchos amigos** he doesn't have many friends, he hasn't got many friends; (*: una cualidad, característica*) to have: **tiene el pelo largo** she has long hair; **sólo tiene dos dormitorios** it only has two bedrooms; (*: una obligación*) to have: **tengo una cita a la una** I have an appointment at one o'clock; **mañana tenemos francés** we have French tomorrow; **tengo mucho** *que* **hacer hoy** I have a lot to do today; (*: tiempo*) to have: **tengo una hora libre** I have an hour free; **¿tienes un momento?** do you have a moment? ● **no las tenía todas conmigo** I wasn't totally sure ● **¿conque ésas tenemos?** so that's the way things are, is it? ● **le rogamos tenga a bien enviarnos la lista de precios** we should be grateful if you would send us the price list. **2.** (*una sensación*): **tengo hambre** I'm hungry; **tengo sed** I'm thirsty; **tengo frío** I'm cold; **tengo calor** I'm hot; **tengo sueño** I'm tired; (*un dolor*) to have: **tenía dolor de estómago** I had a stomachache; (*una actitud, un sentimiento*): **tengo miedo** I'm scared; **le tengo miedo** I'm afraid of him; **les tiene mucho cariño a sus nietos** she is very fond of her grandchildren; **le tengo manía** I have a thing about him. **3.** (*expresando edad*): **¿cuántos años tienes?** how old are you?; **tenía unos pocos meses** she was only a few months old; **mi coche ya tiene doce años** my car is already twelve years old. **4.** (*contener*) to contain: **esos depósitos tienen gasolina** those tanks contain petrol. **5.** (*sujetar*) to hold: **ten el cable** *por* **ese extremo** hold that end of the cable. **6.** (*hospedar*) to have: **tiene en casa a toda la familia** she has the whole family staying with her. **7.** (*recibir*) to have, to get: **me prometieron que tendría una subida de sueldo** I was promised that I would have * get a pay rise; **¿has tenido noticias de María?** have you heard from María? **8.** (*dar a luz*) to have, to give birth to: **acaba de tener un hijo** she's just had a baby. **9.** (*pasar*) to have: **hemos tenido un año desastroso** we have had a terrible year; **ha tenido una mala época** he has been going through a bad patch. **10.** (*considerar*): **la tienen** *por* **tonta pero no lo es** they think she's a fool, but she's not ● **ten por seguro que te llamará** you can be sure that he'll call

tener

INDICATIVE

Present	Preterite
tengo	tuve
tienes	tuviste
tiene	tuvo
tenemos	tuvimos
tenéis	tuvisteis
tienen	tuvieron
Future	**Conditional**
tendré	tendría
tendrás	tendrías
tendrá	tendría
tendremos	tendríamos
tendréis	tendríais
tendrán	tendrían

SUBJUNCTIVE

Present	Imperfect
tenga	tuviera *or* tuviese
tengas	tuvieras *or* tuvieses
tenga	tuviera *or* tuviese
tengamos	tuviéramos *or* tuviésemos
tengáis	tuvierais *or* tuvieseis
tengan	tuvieran *or* tuviesen

IMPERATIVE

(tú) ten	(usted) tenga
(vosotros) tened	(ustedes) tengan

For the rest of the tenses ⇨ TEMER (in appendix)

you. 11. (*mantener*): **tiene a sus hijos aterrorizados** his children live in terror of him; **nos tiene locos con tantos cambios de opinión** he is driving us mad changing his mind all the time • **mi madre me tiene al día** my mother keeps me up to date.

♦*v aux* 1. **tener que** [followed by infinitive] (*haber de: expresando obligación, necesidad, recomendación*) must, to have to [es también común la forma familiar: **to have got to**]: **tienes que estar allí a las ocho** you must be there at eight, you have to be there at eight, you have got to be there at eight; **tienes que ir a ver su última película** you must go and see his latest film; (*: expresando certeza*) must: **lo tiene que haber visto** she must have seen it; **se lo tiene que haber dicho Javier** Javier must have told her. 2. (*haber*) [followed by past participle]: **te lo tengo dicho** I've told you before; **ya lo tengo pensado** I've already thought of it; **no tenemos previsto hacer ningún cambio** we are not planning to make any changes; **tengo entendido que hay un vuelo a las cuatro** I understand there is a flight at four.

tenerse *v prnl* 1. (*sostenerse*): **estaba tan cansado que no podía tenerse en pie** he was so tired he was ready to drop. 2. (*considerarse*) to consider oneself, to think oneself: **se tiene** *por* **listo** he thinks he's so clever. 3. (*contenerse*) to control oneself: **téngase, caballero** control yourself, sir.

Tenerife /tene'rife/ *sm* Tenerife.

tengo /'teŋgo/ *and other forms with* **teng-** ⇨ tener

tenia /'tenja/ *sf* tapeworm.

teniente /te'njente/ *sm/f* lieutenant.

teniente coronel *sm/f* lieutenant colonel.

teniente de alcalde *sm/f* deputy mayor.

teniente de navío *sm/f* lieutenant.

teniente general *sm/f* lieutenant general.

tenis /'tenis/ *sm* 1. (*deporte*) tennis. 2. (*zapatilla*) (*GB*) plimsoll, (*US*) sneaker.

tenis de mesa *sm* table tennis.

tenista /te'nista/ *sm/f* tennis player.

tenor /te'nor/ I *sm* (*Mús*) tenor.

II **a tenor de** *prep* judging by: **a tenor de lo visto hasta la fecha, parece culpable** in the light of * judging by what we have seen so far, he appears to be guilty; **a tenor de lo sucedido posteriormente, fue una decisión equivocada** with hindsight, it was the wrong decision.

III **a este tenor** *loc adv* in this way: **siguió argumentando a este tenor** he continued arguing in this vein.

tenorio /te'norjo/ *sm* lady killer, Don Juan.

tensar /ten'sar/ [⇨ CANTAR] *vt* (*un cable*) to pull taut; (*un arco*) to draw; (*un músculo*) to tense.

tensión /ten'sjon/ *sf* 1. (*de una cuerda, un cable, etc.*) tension, strain: **no sé si esta cuerda aguantará tanta tensión** I don't know if this rope can take so much strain. 2. (*eléctrica*) voltage, tension. 3. (*Med*) (*also* **tensión arterial**) blood pressure: **tenía la tensión muy alta** his blood pressure was very high; **me tomó la tensión** she took my blood pressure. 4. (*enfrentamiento*) tension: **las tensiones en la zona podrían conducir a la guerra** tension in the area could lead to war. 5. (*estado emocional*) strain: **la tensión de los exámenes me ha dejado agotado** the strain of the exams has left me exhausted.

tenso, -sa /'tenso -sa/ *adj* 1. (*cuerda*) tight, taut; (*arco*) taut; (*músculo*) tensed. 2. (*situación*) tense: **la situación entre las familias era muy tensa** the situation between the families was very tense. 3. (*persona*) tense: **se le notaba tenso** you could tell he was tense.

tensor, -sora /ten'sor -'sora/ I *adj* 1. (*Anat*) tensor. 2. (*Tec*) tension, tightening: **correas tensoras** tension straps.

II **tensor** *sm* (*Anat*) tensor (muscle).

tentación /tenta'θjon/ *sf* temptation: **no pudo resistir la tentación** *de* **decírselo** he couldn't resist the temptation to tell her; **a veces me dan tentaciones** *de* **abandonarlo todo** sometimes I feel tempted to give the whole thing up.

tentáculo /ten'takulo/ *sm* tentacle.

tentado, -da /ten'taðo -ða/ *adj* tempted: **estuve tentado** *de* **decirle cuatro cosas** I was tempted to give him a piece of my mind.

tentador, -dora /tenta'ðor -'ðora/ *adj* tempting: **comida tentadora** tempting * mouthwatering food.

tentar /ten'tar/ [⇨ pensar] *vt* 1. (*incitar, atraer*) to tempt: **un compañero lo tentó** *a* **que lo probara** a classmate tempted him to try it; **lo tentaron con la promesa de un sueldo más alto** they tempted him with the promise of a higher salary; **me tienta mucho la idea de viajar** I find the idea of travelling very attractive * tempting. 2. (*tocar*) to feel: **buscó la puerta tentando las paredes** he tried to find the door feeling his way along the walls.

tentativa /tenta'tiβa/ *sf* attempt, try: **hubo una tentativa** *de* **cambiar el horario** there was an attempt to change the timetable; **lo condenaron por tentativa** *de* **robo** he was convicted of attempted robbery.

tentempié /tentem'pje/ *sm* 1. (*fam: comida ligera*) snack. 2. (*muñeco*) tumbler (*rocking toy*).

tentetieso /tente'tjeso/ *sm* tumbler (*rocking toy*).

tenue /'tenwe/ *adj* (*brisa*) light; (*sonido*) weak, faint; (*luz*) dim; (*humo, niebla, tela*) thin, light.

teñir /te'ɲir/ [➪ceñir] *vt* **1.** (*ropa, el pelo*) to dye: **ha teñido la chaqueta** *de* **azul** he has dyed the jacket blue. **2.** (*palabras, sentimientos*) to tinge: **su discurso estaba teñido** *de* **pesimismo** his speech was tinged with pessimism.

teñirse *v prnl* **1.** (*el pelo*) to dye: **se tiñó el pelo** *de* **rubio** she dyed her hair blonde; (*fam*) **creo que se tiñe** I think he dyes his hair. **2.** (*volverse*): **el agua se tiñó** *de* **rojo** the water turned red.

teología /teolo'xia/ *sf* theology.

teológico, -ca /teo'loxiko -ka/ *adj* theological.

teólogo, -ga /te'oloɣo -ɣa/ *sm/f* theologian.

teorema /teo'rema/ *sm* theorem.

teoría /teo'ria/ *sf* theory: **en teoría es posible** theoretically ✻ in theory it is possible.

teórica /te'orika/ *sf* **1.** (*examen*) theory. **2.** (*teoría*) theory.

teórico, -ca /te'oriko -ka/ **I** *adj*: **primero hay que aprobar el examen teórico** first you have to pass the theory (exam).
II *sm/f* theoretician, theorist.
III teórico *sm* (*examen*) theory.

teorizar /teori'θar/ [➪cazar] *vi* to theorize: **no teorices tanto y ofrece una solución** stop theorizing and give us a solution.

tequila /te'kila/ *sm* *[sometimes feminine]* tequila (*spirit distilled from maguey juice*).

terapeuta /tera'peuta/ *sm/f* therapist.

terapéutica /tera'peutika/ *sf* therapy.

terapéutico, -ca /tera'peutiko -ka/ *adj* therapeutic.

terapia /te'rapja/ *sf* therapy.
terapia de grupo *sf* group therapy.

tercer /ter'θer/ *adj [form of* ***tercero*** *used before masculine singular nouns]* ➪tercero
Tercer Mundo *sm*: **el Tercer Mundo** the Third World.

tercera /ter'θera/ *sf* **1.** (*en un orden*) third ● **a la tercera va la vencida** third time lucky. **2.** (*clase*) third class. **3.** (*Auto*: *marcha*) third (gear). **4.** (*Mús*): **tercera mayor/menor** major/minor third.

tercermundismo /terθermun'dizmo/ *sm*: **es una prueba de nuestro tercermundismo** it's proof of how like a third-world country we are.

tercermundista /terθermun'dista/ *adj* (*del Tercer Mundo*) third-world; (*atrasado*): **los hospitales allí son tercermundistas** the hospitals there are like something out of the third world.

tercero, -ra /ter'θero -ra/ **I** *adj [shortened to* ***tercer*** *before masculine singular nouns]* **1.** (*en un orden*) third: **el tercer día visitamos la Acrópolis** on the third day we visited the Acropolis. ➪sexto **2.** (*mediador*): **recurrieron a una tercera parte** they turned to a third party.
II tercero *sm* **1.** (*en un orden*) third. ➪sexto **2.** (*mediador*): **recurrieron al juicio de un tercero** they sought the advice of a third party; (*en seguros*): **el coche está asegurado a terceros** the car has third-party insurance.
tercera edad *sf*: **la tercera edad** old age: **un club para personas de la tercera edad** a club for senior citizens.
tercero en discordia *sm*: **el Atlético era el tercero en discordia** Atlético was the third team in contention; **tú siempre tienes que ser el tercero en discordia** you always have to say something different.

terceto /ter'θeto/ *sm* (*Mús*) trio.

terciar /ter'θjar/ [➪CAMBIAR] *vi* (*en una disputa, una conversación*) to intervene: **tuve que terciar para que no se pegaran** I had to intervene to stop them hitting each other; **tercié para dar mi opinión** I intervened to give my opinion.
♦ *vt* **1.** (*atravesar*) to place across ✻ crosswise: **terció el fusil sobre el pecho** he placed the rifle across his chest. **2.** (*hacer tres partes*) to divide into three.
terciarse *v prnl* **1.** (*una oportunidad*) to come up: **si se tercia, visitaremos el museo** if we have the chance, we'll visit the museum. **2.** (*un suceso*) to happen: **conviene estar preparados por lo que se pueda terciar** we should be prepared for whatever may happen.

terciario, -ria /ter'θjarjo -rja/ *adj* tertiary.

tercio /'terθjo/ *sm* **1.** (*tercera parte*) third. **2.** (*Mil*) regiment. **3.** (*Tauro*) *each of the three main parts into which a bullfight is divided.*

terciopelo /terθjo'pelo/ *sm* velvet.

terco, -ca /'terko -ka/ **I** *adj* stubborn, obstinate.
II *sm/f* stubborn ✻ obstinate person.

tergal® /ter'ɣal/ *sm* Tergal® (*type of polyester*).

tergiversar /terxiβer'sar/ [➪CANTAR] *vt* to distort: **el periodista tergiversó sus declaraciones** the journalist distorted his statements.

termal /ter'mal/ *adj* thermal.

térmico, -ca /'termiko -ka/ *adj* thermal.

terminación /termina'θjon/ *sf* **1.** (*parte final*) ending. **2.** (*finalización*) completion. **3.** (*de un producto*) finish.

terminal /termi'nal/ **I** *adj* (*enfermo*) terminally ill; (*enfermedad, fase, caso*) terminal.
II *sm* **1.** (*Inform, Tec*) terminal. **2.** *[in some Latin American countries]* (*en un aeropuerto*) terminal; (*de tren, autobús, metro*) terminus, end of the line.
III *sf* **1.** (*en un aeropuerto*) terminal: **no sé a qué terminal llega** I don't know which terminal it arrives at. **2.** (*de tren, autobús, metro*) terminus, end of the line. **3.** *[in some Latin American countries]* (*Inform, Tec*) terminal.

terminante /termi'nante/ *adj* categorical: **sus órdenes fueron terminantes** his orders were categorical ✻ clear-cut; **una negativa terminante** a categorical ✻ definite no.

terminar /termi'nar/ [➪CANTAR] *vt* **1.** (*poner fin a*) to finish: **antes de acostarse terminó los deberes** she finished her homework before going to bed. **2.** (*consumir, gastar*) to finish: **¿por qué no terminas primero lo que tienes en el plato?** why don't you finish what's on your plate first? **3.** (*un producto, una prenda*) to finish: **este sillón no está bien terminado** this chair is poorly finished.
♦ *vi* **1.** (*concluir*) to finish: **¿a qué hora termina?** what time does it finish ✻ end?; **no terminé** *de* **explicárselo** I didn't finish explaining it to her; **terminaron** *por* **rehacerlo** they ended up doing it all again. **2.** (*estar rematado*) to end: **el bastón termina** *en* **una figura de marfil** the stick ends in an ivory carving. **3.** (*eliminar*): **todavía no hemos conseguido terminar** *con* **las cucarachas** we still haven't managed to get rid of ✻ to eliminate the cockroaches; **se ha propuesto terminar** *con* **la corrupción** he has set himself the goal of putting an end to ✻ eliminating corruption.
terminarse *v prnl* **1.** (*concluir*) to end, to finish: **¿se ha terminado ya la reunión?** has the meeting finished already? **2.** (*consumirse*) to run out: **se ha terminado el butano** the gas has run out, we have run out of gas.

término /'termino/ **I** *sm* **1.** (*Ling*) term, word: **utiliza**

muchos términos de argot she uses a lot of slang terms • **presentó la propuesta en términos muy favorables** he presented the proposal in very favourable terms * in a very favourable light • **en términos reales, los sueldos no han cambiado** in real terms, salaries haven't changed. **2.** (*fin*) end: **el curso ha llegado a su término** the course has come to an end; **al término del discurso hubo un turno de preguntas** at the end of the speech there was a round of questions • **en último término renunciaremos a presentarnos** as a last resort we will not go in for it • **decidió poner término a la situación** he decided to put an end to the situation • **espero poder llevar el asunto a buen término** I hope to be able to carry the matter through to a successful conclusion. **3.** (*plazo*): **hay que entregar el trabajo en el término de un mes** the work must be handed in within a month. **4.** (*de terreno*) boundary: **el término de la finca está cercado** there is a fence along the boundary of the property. **5.** (*elemento*) term. **6.** (*plano*): **en primer término están los abuelos** the grandparents are in the foreground. **7.** (*situación*) point: **llegados a este término, habrá que tomar una decisión** should things get to this point, a decision will have to be taken.

II términos *sm pl* (*condiciones*) conditions *pl*, terms *pl*: **cumplieron los términos del testamento** they complied with the terms of the will.

término medio *sm* **1.** (*Mat*) average: **como término medio** on average. **2.** (*algo no extremo*) happy medium.

término municipal *sm* municipal district, (*US*) township.

terminología /terminolo'xia/ *sf* terminology.

termita /ter'mita/ *sf* termite.

termo /'termo/ *sm* (vacuum) flask, Thermos® (flask).

termodinámica /termoði'namika/ *sf* (*Fís*) thermodynamics [lleva el verbo en singular].

termómetro /ter'mometro/ *sm* thermometer.

termostato /termos'tato/ *sm* thermostat.

ternera /ter'nera/ *sf* **1.** (*Zool*) (female) calf. **2.** (*carne*) veal. **3.** (*Esp*: *carne de vaca*) beef: **pedí un filete de ternera** I ordered a steak * a beefsteak.

ternero /ter'nero/ *sm* (male) calf.

terneza /ter'neθa/ **I** *sf* tenderness.

II ternezas *sf pl* endearments *pl*.

terno /'terno/ *sm* (*traje con chaleco*) three-piece suit; (*Chi*: *traje*) (man's) suit.

ternura /ter'nura/ *sf* tenderness.

terquedad /terke'ðað/ *sf* stubbornness, obstinacy.

terracota /terra'kota/ *sf* terracotta.

terrado /te'rraðo/ *sm* flat roof, terrace.

terraplén /terra'plen/ *sm* **1.** (*de una carretera, vía férrea*) embankment. **2.** (*en el terreno*) bank.

terrario /te'rrarjo/ *sm* terrarium.

terrateniente /terrate'njente/ *sm/f* landowner.

terraza /te'rraθa/ *sf* **1.** (*azotea*) flat roof, terrace; (*balcón grande*) balcony, terrace. **2.** (*de una cafetería*) terrace. **3.** (*de cultivo*) terrace.

terrazo /te'rraθo/ *sm* terrazzo (*flooring made of granite or marble chips and concrete*).

terremoto /terre'moto/ *sm* earthquake.

terrenal /terre'nal/ *adj* (*bienes*) worldly, earthly; (*vida*) earthly.

terreno, -na /te'rreno -na/ **I** *adj* (*bienes*) worldly, earthly; (*vida*) earthly.

II terreno *sm* **1.** (*tierra*) ground, land: **necesitan mucho terreno para construir la fábrica** they need a lot of land to build the factory; (*Geol*) terrain: **terreno agreste** rugged terrain • **preparé el terreno antes de darle la noticia** I prepared the ground before I gave him the news • **es una costumbre que está ganando/perdiendo terreno** it is a custom that is gaining/losing ground • **me gusta saber el terreno que piso** I like to know what I'm dealing with • **decidiremos sobre el terreno** we'll make the decision as we go along • **estaban tanteando el terreno** they were trying to see how the ground lay. **2.** (*parcela*) piece of land; (*para construir*) (*GB*) plot (of land), (*US*) lot: **compraron un terreno para hacerse una casa** they bought land * a plot of land to build a house on • **es un terreno abonado para la violencia** it is a breeding ground for violence. **3.** (*also* **terreno de juego**) (*Dep*) field: **los equipos saltaron al terreno** the teams took to the field. **4.** (*de una actividad*) field, sphere: **nadie lo supera en el terreno de la física nuclear** there is no one better in the field of nuclear physics.

terrestre /te'rrestre/ *adj* **1.** (*relativo al planeta*) terrestrial: **la corteza terrestre** the earth's crust. **2.** (*relativo a tierra firme: gen*) land: **animales terrestres** land animals; (*: transportes*) overland: **comunicaciones terrestres** overland communications.

terrible /te'rriβle/ *adj* **1.** (*horroroso*) terrible, awful, dreadful: **es una novela terrible** it's a dreadful novel. **2.** (*travieso*) naughty: **es un niño terrible** he's a very naughty boy. **3.** (*para intensificar*) terrible: **hace un calor terrible** it's terribly hot.

terrícola /te'rrikola/ *sm/f* earthling.

terrier /'terrjer/ *sm inv* terrier.

territorial /territo'rjal/ *adj* territorial.

territorio /terri'torjo/ *sm* territory: **se aplica la misma norma en todo el territorio nacional** the same rule is applied all over the country.

terrón /te'rron/ *sm* **1.** (*de azúcar*) lump. **2.** (*de tierra*) clod, lump.

terror /te'rror/ *sm* **1.** (*pánico*) terror: **les tiene terror a las serpientes** he's terrified of snakes. **2.** (*persona*) terror: **era el terror de la escuela** he was the terror of the school. **3.** (*género*) horror.

terrorífico, -ca /terro'rifiko -ka/ *adj* terrifying, horrific.

terrorismo /terro'rizmo/ *sm* terrorism.

terrorista /terro'rista/ *adj, sm/f* terrorist.

terroso, -sa /te'rroso -sa/ *adj* **1.** (*aspecto, tonalidad*) earthy. **2.** (*con tierra*) muddy.

terruño /te'rruɲo/ *sm* **1.** (*tierra natal*) native land * soil. **2.** (*fam: terreno*) plot of land.

terso, -sa /'terso -sa/ *adj* **1.** (*piel*) smooth. **2.** (*lenguaje*) flowing.

tersura /ter'sura/ *sf* (*de la piel*) smoothness.

tertulia /ter'tulja/ *sf* **1.** (*reunión habitual*) meeting: **frecuentaba la tertulia literaria del Ateneo** he used to go to the literary meetings at the Ateneo; (*grupo*) circle. **2.** (*fam*: *charla*): **estuvimos de tertulia hasta tarde** we were talking until late. **3.** (*programa de TV*) chat show.

tesina /te'sina/ *sf* dissertation.

tesis /'tesis/ *sf inv* **1.** (*opinión*) theory, idea: **expuso sus tesis en el congreso** he put his theories before the conference. **2.** (*also* **tesis doctoral**) (*Educ*) (doctoral) thesis.

tesitura /tesi'tura/ *sf* **1.** (*situación*) situation, circumstances *pl*: **los exploradores se encontraban en una**

difícil tesitura the explorers were facing a difficult situation. **2.** (*actitud*) attitude: **si te vas a poner en esa tesitura...** if you're going to take that attitude...

tesón /te'son/ *sm* tenacity, persistence.

tesorería /tesore'ria/ *sf* **1.** (*cargo*) post of treasurer. **2.** (*oficina*) treasury.

tesorero, -ra /teso'rero -ra/ *sm/f* treasurer.

tesoro /te'soro/ *sm* **1.** (*dinero, joyas*) treasure; (*persona, cosa excelente*) gem: **tu madre es un tesoro** your mother is a real treasure * gem; (*apelativo*) darling: **ven aquí, tesoro** come here, darling. **2.** (*also* **tesoro público**) (*Fin*) treasury. **3.** (*diccionario*) thesaurus.

test /test/ *sm* **[tests]** test • **el examen era principalmente tipo test** the exam was mainly multiple choice.

test psicotécnico *sm* (*para determinar inteligencia*) aptitude test (*similar to IQ test*); (*para determinar personalidad*) personality test.

testaferro /testa'ferro/ *sm* front man.

testamento /testa'mento/ *sm* **1.** (*última voluntad*) will: **murió sin hacer testamento** he died without making a will. **2. Testamento** (*en la Biblia*) Testament: **el Antiguo/Nuevo Testamento** the Old/New Testament.

testar /tes'tar/ [➪ CANTAR] *vi* (*frml*) to make one's will.

testarazo /testa'raθo/ *sm* **1.** (*fam*: *golpe*) bang on the head: **se dio un testarazo** he banged * bumped his head. **2.** (*en fútbol*) header.

testarudez /testaru'ðeθ/ *sf* stubbornness.

testarudo, -da /testa'ruðo -ða/ **I** *adj* stubborn, obstinate.
II *sm/f* stubborn * obstinate person.

testículo /tes'tikulo/ *sm* testicle.

testificar /testifi'kar/ [➪ sacar] *vi* to testify, to give evidence.
♦ *vt* to testify.

testigo /tes'tiɣo/ **I** *sm/f* witness: **fue testigo** *del* **accidente** he witnessed the accident; **tú eres testigo** *de* **que yo hice todo lo que pude** you know that I did everything I could.
II testigo *sm* **1.** (*prueba*) evidence: **estos muros son testigos del pasado azteca de la región** these walls bear witness * testimony to the Aztec past of the region. **2.** (*en carreras*) baton.

testigo de cargo *sm/f* witness for the prosecution.

testigo de Jehová *sm/f* Jehovah's witness.

testigo ocular, testigo presencial *sm/f* eyewitness.

testimoniar /testimo'njar/ [➪ CAMBIAR] *vi* to testify, to give evidence.
♦ *vt* to testify.

testimonio /testi'monjo/ *sm* **1.** (*Jur*) testimony, evidence. **2.** (*prueba*) evidence, proof: **estas ruinas son testimonio de una antigua civilización** these ruins are proof * evidence of an ancient civilization.

teta /'teta/ *sf* **1.** (*fam*: *de una mujer*) tit • **iba con un niño de teta a cuestas** she was carrying a very small baby • **¿aún le estás dando la teta?** are you still breast-feeding him? **2.** (*de animal*) teat.

tétano /'tetano/ *sm*, **tétanos** /'tetanos/ *sm inv* tetanus.

tetera /te'tera/ *sf* **1.** (*para preparar y servir té*) teapot; (*Chi, Méx*: *para hervir agua*) kettle. **2.** (*Amér L*: *de un biberón*) teat.

tetero /te'tero/ *sm* (*Amér C, Col, Ven*) (baby's) bottle.

tetilla /te'tiʎa/ *sf* **1.** (*de un hombre*) nipple; (*de un animal*) teat. **2.** (*de un biberón*) (*GB*) teat, (*US*) nipple.

tetina /te'tina/ *sf* (*de un biberón*) (*GB*) teat, (*US*) nipple.

tetraedro /tetra'eðro/ *sm* tetrahedron.

tétrico, -ca /'tetriko -ka/ *adj* bleak, gloomy.

textil /teks'til/ *adj, sm* textile.

texto /'teksto/ *sm* (*escrito, libro, contenido*) text: **el texto del contrato** the text of the contract; **no encuentro los textos que tengo que traducir** I can't find the texts * passages I have to translate.

textual /teks'twal/ *adj* **1.** (*del texto*) textual. **2.** (*literal*) precise, literal: **sus palabras textuales fueron "¡largo de aquí!"** his exact * precise words were, "get out of here!"

textura /teks'tura/ *sf* **1.** (*de una tela, de la piel*) texture. **2.** (*de un mineral*) structure.

tez /'teθ/ *sf* skin, complexion: **una joven de tez morena** a young, dark-skinned girl.

ti /ti/ *pron personal [always follows a preposition]* **1.** (*no reflexivo*) you: **no esperaba menos** *de* **ti** I expected nothing less of you; **no lo puedo hacer** *sin* **ti** I can't do it without you. **2.** (*reflexivo*) yourself: **esos comentarios te los guardas** *para* **ti** keep those comments to yourself; **siempre estás hablando** *de* **ti mismo** you're always talking about yourself.

tía /'tia/ *sf* **1.** (*pariente*) aunt; (*más cariñosamente*) auntie • **esa historia se la vas a contar a tu tía** you can tell that to the marines • **no hay tu tía**: **lo he intentado de mil maneras pero no hay tu tía** I have tried hundreds of different ways but it's no use; **por mucho que se lo repito, no hay tu tía** no matter how many times I say it, he doesn't take a bit of notice. **2.** (*fam*: *mujer*) woman; (*: chica*) girl: **¡qué tía más buena!** what a gorgeous girl!

tía abuela *sf* great-aunt.

tía carnal *sf* aunt (*related by blood*).

tiberio /ti'βerjo/ *sm* (*fam*) row.

Tíbet /ti'βet/ *sm*: **(el) Tíbet** Tibet.

tibetano, -na /tiβe'tano -na/ **I** *adj, sm/f* Tibetan.
II tibetano *sm* (*idioma*) Tibetan.

tibia /'tiβja/ *sf* shinbone, tibia.

tibieza /ti'βjeθa/ *sf* **1.** (*de temperatura*) lukewarmness, tepidness. **2.** (*de una relación*) lukewarmness; (*de una acogida*) lukewarmness, lack of enthusiasm.

tibio, -bia /'tiβjo -βja/ *adj* **1.** (*de temperatura*) lukewarm, tepid. **2.** (*relación*) lukewarm; (*acogida*) lukewarm, unenthusiastic • **su respuesta me dejó tibio** I found his reply unconvincing. **3.** (*fam*: *de comer*): **nos pusimos tibios** we stuffed ourselves; (*: de críticas*): **puso tibio al profesor** he said some terrible things about the teacher.

tiburón /tiβu'ron/ *sm* shark.

tic /tik/ *sm* **[tics]** **1.** (*Med*: *movimiento involuntario*) tic, twitch. **2.** (*movimiento habitual*) mannerism, habit.

tico, -ca /'tiko -ka/ *adj, sm/f* (*Amér L*: *fam*) Costa Rican.

tictac, tic-tac /tik'tak/ *sm* tick-tock.

tiemblo /'tjemblo/ *and other forms with* ***tiembl-*** ➪ temblar

tiempo /'tjempo/ *sm* **1.** (*que transcurre*) time: **nos conocemos hace mucho tiempo** we have known each other for a long time; **no tengo tiempo** *para* * *de* **explicártelo** I don't have time to explain it to you; **no tenemos tiempo** *que* **perder** there's no time to lose; **no pierdas más tiempo** don't waste any more time; **así se gana tiempo** this way you save time; **ha evolucionado a través del tiempo** it has evolved over time; **para pasar el tiempo, se puso a hacer el crucigrama** he started doing the crossword puzzle to kill time; **contestaron** *a* **un tiempo** * *al* **mismo tiempo** they answered at the same time; **dame un poco de tiempo para pensarlo** give me some time to think about it; **no llegamos** *a* **tiempo** we didn't get there in time; **llegamos *con* tiempo suficiente para tomar algo antes de la función** we arrived in time to have a drink before the performance; **me llevó muy poco tiempo** it didn't take me very long; **¡cuánto tiempo sin verte!** I haven't seen you for ages!; **¿cuánto tiempo llevas viviendo aquí?** how long have you been living here?; **los conocí al poco tiempo de llegar** I met them shortly after I arrived; *con* **el tiempo te acostumbrarás** you'll get used to it eventually • **de un tiempo a esta parte está mucho más amable** he's been much more pleasant recently ✻ of late • **hice tiempo mirando escaparates** I whiled away the time window-shopping • **se les informará a su debido tiempo** you will be informed in due course • **habrá que darle tiempo al tiempo** we'll have to wait and see what happens • **le faltó tiempo para contárselo a sus amigos** he couldn't wait to tell his friends. **2.** (*periodo*) time: **hace mucho calor para este tiempo (del año)** it is unusually hot for this time of year; **nació *en* tiempo *de* la República** she was born during the Republican period; *en* **estos tiempos es mejor no llevar demasiado dinero encima** these days it is better not to carry too much money around; *en* **mis tiempos se viajaba menos** in my day people didn't travel so much; *en* **sus buenos tiempos fue un gran deportista** in his prime he was a great sportsman; *en* **los últimos tiempos se ha notado un descenso de las ventas** sales have dropped recently ✻ lately; **son malos tiempos para el cine** these are hard times for the movie industry. **3.** (*Meteo*) weather: **no hace tiempo para ir a la playa** the weather isn't good enough to go to the beach; **¿qué harás si hace mal tiempo?** what will you do if the weather is bad? • **hace un tiempo de perros** the weather is lousy • **hay que poner al mal tiempo buena cara** you must put a brave face on it. **4.** (*referido a la edad de un niño*) age: **¿cuánto tiempo tiene su hija?** how old is your baby girl? **5.** (*en fútbol, rugby, etc.*) half: **marcaron en el primer tiempo** they scored in the first half. **6.** (*Ling*) tense. **7.** (*Mús: de un compás*) beat; (*tempo*) tempo.

tiempo de exposición *sm* (*en fotografía*) shutter speed.
tiempo libre *sm* free ✻ spare time.
tiempo muerto *sm* (*en baloncesto, etc.*) time-out.

tienda /'tjenda/ *sf* **1.** (*comercio*) shop, (*US*) store. **2.** (*de indios*) tent, wigwam. **3.** (*also* **tienda de campaña**) (*para camping*) tent.

tienda de comestibles *sf* grocer's (shop), grocery.
tienda de regalos *sf* gift shop.
tienda libre de impuestos *sf* duty-free shop.

tiendo /'tjendo/ *and other forms with* ***tiend-*** ➪ tender

tiene /'tjene/ *and other forms with* ***tien-*** ➪ tener

tientas /'tjentas/ **a tientas** *loc adv*: **buscó el interruptor a tientas** he felt around for the light switch.

tiento /'tjento/ **I** *and other forms with* ***tient-*** ➪ tentar
II *sm* **1.** (*tacto*) tact: **díselo con tiento para no ofenderlo** tell him tactfully so that he doesn't feel offended. **2.** (*fam: de bebida*) swig, mouthful.

tierno, -na /'tjerno -na/ *adj* **1.** (*carne, zanahorias*) tender. **2.** (*edad*): **a la tierna edad de siete años** at the tender age of seven. **3.** (*cariñoso: persona*) affectionate; (*: mirada, palabras*) tender.

tierra /'tjerra/ *sf* **1.** (*also* **Tierra**) (*planeta*) earth, Earth: **sacaron muchas fotografías de la Tierra** they took many photographs of the Earth. **2.** (*superficie, terreno*) land: **vieron tierra después de una semana de navegación** they sighted land after a week at sea; **¡tierra a la vista!** land ahoy!; **tienen tierras en el sur** they have land in the south • **nos quedamos en tierra a causa de la huelga de autobuses** we were left stranded by the bus strike • **el avión tomó tierra con normalidad** the plane landed without any problem • **huyeron tierra adentro** they fled inland • **puso tierra de por medio** he went as far away as possible. **3.** (*materia*) soil: **me tiró un puñado de tierra** he threw a handful of earth ✻ soil at me; **se me llenaron de tierra los zapatos** my shoes got filled with earth; **no era más que un camino de tierra** it was nothing but a dirt track • **echaron tierra sobre el asunto** the affair was brushed under the carpet • **le dieron tierra en su pueblo natal** he was buried in his native village • **echar por tierra**: **la lesión echó por tierra su sueño de ganar una medalla** the injury shattered her dreams of winning a medal; **echaron por tierra todos sus argumentos** they pulled all his arguments to pieces • **¡tierra trágame!** I wish the ground would swallow me up! • **parece que a Juan se lo hubiera tragado la tierra** Juan seems to have vanished off the face of the earth • **sus esperanzas de conseguir el empleo se vinieron a tierra** her hopes of getting the job were shattered. **4.** (*país*): **sólo pensaba en volver a su tierra** his only thought was of returning to his home country. **5.** (*en electricidad*) (*GB*) earth, (*US*) ground.

tierra de nadie *sf* no-man's land.
tierra firme *sf* dry land.
Tierra Santa *sf* Holy Land.

tieso, -sa /'tjeso -sa/ *adj* **1.** (*recto*) upright: **caminaba muy tieso** his bearing was very upright ✻ erect. **2.** (*rígido*) stiff: **el cuello de la camisa ha quedado muy tieso** the shirt collar has come out very stiff • **te vas a quedar tieso de frío ahí afuera** you're going to get frozen stiff out there. **3.** (*fam: persona: sorprendido*) stunned: **me dejó tiesa con su carta de dimisión** his letter of resignation left me stunned; (*: serio*) stiff: **¡qué tieso era el camarero que nos atendió!** the waiter who served us was so stiff ✻ unfriendly!; (*: orgulloso*) proud: **va todo tieso porque lo han ascendido** he's very proud of himself because he's been promoted.

tiesto /'tjesto/ *sm* flowerpot, plantpot • **como de costumbre, regó fuera de tiesto** as usual, what he said/did was completely inappropriate.

tifón /ti'fon/ *sm* (*Meteo*) typhoon.

tifus /'tifus/ *sm inv* (*Med*) typhus.

tigre /'tiɣre/ *sm* **1.** (*asiático*) tiger • **aquí huele a tigre** it stinks in here. **2.** (*Amér L: jaguar*) jaguar • **es un tigre en física** he's a genius at physics.

tigresa /ti'ɣresa/ *sf* tigress.

tijera /ti'xera/ *sf*, **tijeras** /ti'xeras/ *sf pl* scissors *pl*.

tijereta /tixe'reta/ *sf* **1.** (*insecto*) earwig. **2.** (*salto*) scissors kick; (*en fútbol*) overhead kick.

tijeretazo /tixere'taθo/ *sm* snip.

tila /'tila/ *sf* **1.** (*árbol*) lime tree. **2.** (*infusión*) lime tea, lime blossom tea.

tildar /til'dar/ [➪ CANTAR] *vt* to brand: **lo tildó *de* ignorante** she branded him a dunce.

tilde /'tilde/ *sf* (*Ling: acento*) written accent; (*: de la* ***ñ***) tilde.

tilín /ti'lin/ *sm* • **uno de sus compañeros de clase le hacía tilín** she was attracted to one of her fellow students.

tilo /'tilo/ *sm* **1.** (*árbol*) lime tree. **2.** (*Amér L: infusión*) lime tea, lime blossom tea.

timador, -dora /tima'ðor -'ðora/ *sm/f* swindler.

timar /ti'mar/ [➪ CANTAR] *vt* to swindle, to cheat: **me han timado, este reloj no es de oro** I've been swindled ✻

cheated, this watch isn't made of gold; **les timaron diez mil pesetas** they swindled * cheated them out of ten thousand pesetas.

timba /'timba/ *sf* (*fam*) **1.** (*sesión de juego*) gambling session: **organizaron una timba** they organized a gambling session. **2. la timba** (*Arg*, *Urug*: *el juego*) gambling.

timbal /tim'bal/ *sm* (*Mús*: *tipo de tambor*) kettledrum: **los timbales** the timpani.

timbrar /tim'brar/ [⇨ CANTAR] *vt* to stamp.

timbre /'timbre/ *sm* **1.** (*para llamar*) bell. **2.** (*de sonido, voz*) timbre. **3.** (*en un documento*) fiscal stamp. **4.** (*Méx*: *de correos*) stamp.

timidez /timi'ðeθ/ *sf* shyness.

tímido, -da /'timiðo -ða/ **I** *adj* **1.** (*cohibido*) shy, timid. **2.** (*con poca intensidad*) lukewarm: **el público lo recibió con tímidos aplausos** the audience greeted him with lukewarm applause.
II *sm/f* shy * timid person.

timo /'timo/ *sm* rip-off, cheat: **nos dieron el timo con la excursión** the excursion was a rip-off.

timo de la estampita *sm*: *deception involving passing off false notes when giving change for a larger note* • **¡esto es el timo de la estampita!** this is a complete rip-off!

timón /ti'mon/ *sm* (*de una embarcación, un avión*) rudder • **las cosas han cambiado mucho desde que ella tomó el timón** things have changed a lot since she took over the reins • **lleva con firmeza el timón de la empresa** he runs the company with a firm hand.

timonel /timo'nel/ *sm* helmsman.

timorato, -ta /timo'rato -ta/ *adj* **1.** (*vergonzoso, miedoso*) shy, timid. **2.** (*puritano*) prudish.

tímpano /'timpano/ *sm* **1.** (*del oído*) eardrum. **2.** (*Arquit*) tympanum.

tina /'tina/ *sf* **1.** (*tinaja*) (large) earthenware jar; (*palangana*) bowl. **2.** (*Amér L*: *bañera*) bathtub.

tinaja /ti'naxa/ *sf* (large) earthenware jar.

tincar /tiŋ'kar/ [⇨ sacar] *vi* (*Chi*: *fam*, *parecer*): **me tinca que no van a venir** I have the feeling they are not going to come.

tinerfeño, -ña /tiner'feɲo -ɲa/ **I** *adj* of * from Tenerife.
II *sm/f* native * inhabitant of Tenerife.

tinglado /tiŋ'glaðo/ *sm* **1.** (*barracón*) shed. **2.** (*tarima*) platform. **3.** (*enredo*) mess: **menudo tinglado que se armó con las entradas** there was a big mix-up with the tickets. **4.** (*trama*) scam: **la policía les desbarató el tinglado que tenían montado** the police broke up the scam they had going.

tinieblas /ti'njeβlas/ *sf pl* **1.** (*falta de luz*) darkness. **2.** (*ignorancia*) ignorance.

tino /'tino/ *sm* **1.** (*puntería*) aim; (*destreza*): **¿por qué no partes el pastel tú que tienes más tino?** can you cut the cake, you're better at that sort of thing. **2.** (*sensatez*) sound judgement: **ha demostrado tener mucho tino** he has shown that his judgement is sound; **gastan su dinero sin mucho tino** they spend their money foolishly; (*Amér L*): **no tuvo el tino de llamar al médico** he didn't have the sense to call the doctor.

tinta /'tinta/ *sf* (*para escribir, de calamar*) ink • **la noticia de su separación hizo correr ríos de tinta** the news of their separation made the journalists work overtime • **no le gustan las medias tintas** he doesn't like doing things by halves • **la prensa ha cargado las tintas en este asunto** the press has gone too far in this matter • **lo sé de buena tinta** I have it on good authority • **tuvimos que sudar tinta para conseguir un aumento** we had to sweat blood to get a salary increase.

tinta china *sf* Indian ink.

tinta invisible, tinta simpática *sf* invisible ink.

tinte /'tinte/ *sm* **1.** (*sustancia*) dye. **2.** (*acción*) dyeing. **3.** (*tienda*) dry cleaner's. **4.** (*característica*): **todos sus escritos tienen un tinte político** all his writings have political overtones. **5.** (*apariencia*) veneer: **engaña con su tinte de hombre culto** his veneer of culture is deceptive.

tintero /tin'tero/ *sm* inkwell • **espero no haberme dejado nada en el tintero** I hope there's nothing that I have forgotten to mention.

tintinear /tintine'ar/ [⇨ CANTAR] *vi* to tinkle, to jingle.

tinto, -ta /'tinto -ta/ **I** *adj* (*vino*) red.
II tinto *sm* **1.** (*vino*) red wine. **2.** (*Col*: *café*) black coffee.

tintorería /tintore'ria/ *sf* dry-cleaner's.

tintorro /tin'torro/ *sm* (*fam*) cheap red wine.

tintura /tin'tura/ *sf* **1.** (*sustancia*) dye. **2.** (*Med*) tincture.

tintura de yodo *sf* tincture of iodine.

tiña /'tiɲa/ *sf* **1.** (*Med*) ringworm. **2.** (*fam*: *tacañería*) meanness.

tiño /'tiɲo/ *and other forms with* **tiñ-** ⇨ teñir

tío /'tio/ **I** *sm* **1.** (*pariente*) uncle: **el tío Miguel** Uncle Miguel. **2.** (*fam*: *hombre*: *gen*) guy, chap: **sale con un tío de Murcia** she is going out with a guy from Murcia; **¿qué se habrá creído el tío ese?** who does he think he is?; (*: para enfatizar*): **¡qué tío, cómo corre!** wow, just see him run!
II tíos *sm pl* (*tío y tía*) aunt and uncle: **mis tíos de Lugo** my aunt and uncle in Lugo.

tío abuelo *sm* great-uncle.

tío carnal *sm* uncle (*related by blood*).

tiovivo /tjo'βiβo/ *sm* merry-go-round, (*GB*) roundabout.

tipa /'tipa/ *sf* (*fam*: *mujer*) woman; (*: chica*) girl.

tiparraco, -ca /tipa'rrako -ka/ *sm/f* (*fam*) jerk.

tipejo, -ja /ti'pexo -xa/ *sm/f* (*fam*) jerk.

típico, -ca /'tipiko -ka/ *adj* **1.** (*de una persona*) typical: **es la reacción típica de una persona insegura** that's the typical reaction of someone who is insecure; **es típico** *de* **él no llamar** it's just like him not to phone. **2.** (*de un lugar*) traditional: **vestían trajes típicos para la ocasión** they were wearing traditional costumes for the event; **probamos muchos platos típicos de la región** we tried many of the local specialities; **visitamos un bar típico** we visited one of the traditional local bars; **viven en un barrio típico** they live in an old quarter of town.

tipificar /tipifi'kar/ [⇨ sacar] *vt* to class, to categorize: **ya no está tipificado como delito** it is no longer classed as an offence.

tiple /'tiple/ **I** *sm* (*voz*) soprano.
II *sm/f* (*cantante*) soprano singer.

tipo /'tipo/ *sm* **1.** (*modelo, clase*) type, sort, kind: **es el tipo de coche preferido por los jóvenes** it's the type of car young people prefer; **este tipo de trabajo es agotador** this kind of work is exhausting; **conoce a gente de todo tipo** she knows all sorts of people • **es guapo, pero no es mi tipo** he's handsome, but he's not my type. **2.** (*figura: gen*) build: **tiene tipo de atleta** he has an athletic build * physique; (*: de una mujer*): **tiene muy buen tipo** she has a very good figure • **se juega el tipo cada vez que sale** he risks his life every time he goes out • **a pesar de las amenazas, mantuvo el tipo** despite the threats, he kept cool. **3.** (*fam*: *persona*) guy, fellow: **es un tipo repulsivo** he's a repulsive guy. **4.** (*Lit*: *personaje*) character. **5.** (*de imprenta*) typeface. **6.** (*Fin*) rate.

tipo de cambio *sm* exchange rate.

tipo de interés *sm* interest rate.

tipografía /tipoɣra'fia/ *sf* typography.

típula /'tipula/ *sf* (*Zool*) daddy-longlegs.

tique /'tike/, **tíquet** /'tiket/ *sm* **1.** (*comprobante*) receipt. **2.** (*billete*) ticket.

tiquismiquis /tikiz'mikis/ (*fam*) **I** *sm pl*: **déjate de tiquismiquis y cómetelo** stop being so finicky ∗ fussy and eat it up.
II *sm/f inv* fussy person: **es un tiquismiquis** he's terribly finicky ∗ fussy.

tira /'tira/ **I** *sf* **1.** (*de tela, papel, etc.*) strip. **2.** (*also* **tira cómica**) (*historieta*) comic strip. **3. la tira** (*fam*: *mucho*) a lot: **hace la tira que no nos vemos** we haven't seen each other for ages; (*: muchos*) lots: **tiene la tira de primos** he has lots ∗ thousands of cousins. **4. la tira** (*Méx*: *fam, la policía*) the cops.
II *sm/f* (*Amér L*: *fam, policía*) cop; (*: agente que viste de civil*) plant.

tira y afloja /'tira i a'floxa/ *sm*: **mantuvieron un tira y afloja durante meses** the hard bargaining went on for months.

tirabuzón /tiraβu'θon/ *sm* **1.** (*en el pelo*) ringlet. **2.** (*sacacorchos*) corkscrew ● **hay que sacarle todo con tirabuzón** you have to drag everything out of him.

tirachinas /tira'tʃinas/ *sm inv* (*GB*) catapult, (*US*) slingshot.

tirada /ti'raða/ *sf* **1.** (*impresión*) print run: **se ha hecho una tirada limitada del libro** the book has had a limited print run; (*número de ejemplares*) print run: **el periódico de más tirada de la región** the newspaper with the largest circulation in the region. **2.** (*fam: distancia*): **hay una tirada desde mi casa al estadio** it's a long way from my house to the stadium. **3.** (*fam: vez, tiempo*): **fuimos hasta Madrid de una tirada** we went as far as Madrid without stopping; **los limpié todos de una tirada** I cleaned them all in one go. **4.** (*acción*) throw: **hizo tres tiradas con el dado** he threw the dice three times.

tiradero /tira'ðero/ *sm* (*Méx*) (rubbish) dump.

tirado, -da /ti'raðo -ða/ *adj* **1.** (*malgastado*) wasted: **fue dinero tirado** it was a waste of money. **2.** (*fam: barato*) cheap: **lo compré porque estaba tirado de precio** I bought it because it was dirt cheap. **3.** (*fam: fácil*) very easy: **el examen estuvo tirado** the exam was very easy. **4.** (*fam*: *en una situación difícil*): **el coche me dejó tirado en la autopista** the car left me stranded on the motorway; **lo tenía todo preparado y me dejaron tirado** I had everything prepared and they let me down.

tirador, -dora /tira'ðor -'ðora/ **I** *sm/f* (*con arma de fuego: hombre*) marksman; (*: mujer*) markswoman; (*con arco*) archer.
II tirador *sm* **1.** (*de un timbre*) bell pull; (*de un cajón, una puerta*) knob, handle. **2.** (*tirachinas*) (*GB*) catapult, (*US*) slingshot.
III tiradores *sm pl* (*Arg, Bol, Urug*: *para los pantalones*) braces *pl*, (*US*) suspenders *pl*; (*: de un vestido*) straps *pl*.

tiragomas /tira'ɣomas/ *sm inv* (*GB*) catapult, (*US*) slingshot.

tiraje /ti'raxe/ *sm* **1.** (*de un libro, un periódico*) ⇨ tirada **1** **2.** (*Amér L*: *de una chimenea*) draw: **para mejorar el tiraje de la chimenea...** to improve the way your fire draws....

tiralíneas /tira'lineas/ *sm inv* drawing pen.

tiranía /tira'nia/ *sf* tyranny.

tiranizar /tirani'θar/ [⇨ cazar] *vt* to tyrannize.

tirano, -na /ti'rano -na/ **I** *adj* tyrannical.
II *sm/f* tyrant.

tirante /ti'rante/ **I** *adj* **1.** (*cable, cuerda, etc.*) tight, taut. **2.** (*situación*) tense: **desde hace unas semanas nuestra relación está muy tirante** our relationship has been very tense ∗ strained for the last few weeks.
II *sm* **1.** (*de un vestido*) strap. **2.** (*Arquit, Tec*) brace.
III tirantes *sm pl* (*para los pantalones*) (*GB*) braces *pl*, (*US*) suspenders *pl*.

tirantez /tiran'teθ/ *sf* **1.** (*de un cable, una cuerda, etc.*) tightness, tautness. **2.** (*de una situación*) tension: **se nota cierta tirantez en la oficina** the atmosphere in the office is somewhat strained ∗ tense.

tirar /ti'rar/ [⇨ CANTAR] *vt* **1.** (*arrojar*) to throw: **se entretenían tirando piedras** *al* **río** they amused themselves by throwing stones into the river; **nos tiraron piedras** they threw stones at us; **me tiró la pelota** she threw the ball to me, she threw me the ball; **tiró el dado y le salió un seis** he threw the dice and got a six. **2.** (*al suelo*) to drop: **no tires papeles** *al* **suelo** don't drop bits of paper on the floor; (*derribar accidentalmente*): **¡cuidado!, ¡vas a tirar la lámpara!** look out! you'll knock the lamp over!; **tiró la planta con el codo** she knocked the plant off with her elbow; **tiré la botella sin querer** I accidentally knocked the bottle over. **3. tirar abajo** (*una pared, una puerta*) to knock down: **como no abrían, tiraron la puerta abajo** as nobody opened the door, they knocked it down; (*un edificio*): **van a tirar abajo el viejo hospital** the old hospital is going to be pulled down. **4.** (*desechar*) to throw away ∗ out: **lo tiré (***a* **la basura)** I threw it away ∗ out; **este vestido está para tirarlo** this dress is no good any more. **5.** (*malgastar*) to waste, to squander: **han tirado el dinero en tonterías** they have wasted ∗ squandered their money on stupid things; **comprar uno barato es tirar el dinero** it's a waste of money to buy a cheap one. **6.** (*fam*: *en un examen*) to fail: **me tiraron en el examen escrito** they failed me in the written exam. **7.** (*un tiro, un cañonazo*) to fire; (*una bomba*) to drop; (*una granada*) to throw: **en las fiestas tiraron cohetes** rockets were let off during the celebrations. **8.** (*intentar dar*): **el perro le tiró un mordisco** the dog took a bite at him; **me tiró una patada** he tried to kick me. **9.** (*imprimir*) to print: **han tirado seis mil ejemplares de la novela** six thousand copies of the novel have been printed. **10.** (*una línea*) to draw. **11.** (*una foto*) to take.
♦ *vi* **1.** (*disparar*) to shoot: **tiraron a matar** they shot to kill; **le tiraron varias veces** they fired several shots at her, they shot ∗ fired at her several times. **2.** (*en juegos de naipes, dados, etc.*) to go: **¿a quién le toca tirar?** whose turn ∗ go is it? **3.** (*atraer hacia uno*) to pull: **hay que tirar, no empujar** you have to pull, not push; **no me tires** *del* **pelo** don't pull my hair; **el ciclista más joven tiraba** *del* **pelotón** the youngest cyclist was leading the pack. **4.** (*tender*): **la mayor tira más** *para* **las ciencias** the eldest girl likes scientific subjects best; **es marrón tirando** *a* **rojo** it's brown with a strong hint of red; **el pelo le tira** *a* **rubio** her hair has a fair tint; (*parecerse*): **tira** *a* **su abuela** she takes after her grandmother. **5. tirar de** (*fam*: *utilizar*): **ojo porque allí enseguida tiran de pistola** be

careful because they are very quick to pull out a pistol there; **tiró de cartera y pagó la cena** he paid for the meal; **tirando de cartera se podía conseguir lo que uno quisiera** you could get whatever you wanted if you were prepared to pay for it. **6.** (*prenda de vestir*): **la camisa me tira** *de* **los hombros** my shirt is too tight across my shoulders. **7.** (*atraer*): **no le tiran nada los deportes** he's not very keen on sport; **todavía le tira España** he still feels drawn to Spain. **8.** (*funcionar: coche*): **es un coche viejo, pero tira de maravilla** it's an old car but it still goes very well; **no sé qué le pasa al coche que no tira** I don't know what's wrong with the car, it's not working properly; (*una chimenea*) to draw. **9.** (*ir*) to go: **el taxi tiró a la izquierda** the taxi went ✻ turned left. **10.** (*fam: subsistir*): **vamos tirando, gracias** we're getting by, thanks; **con este traje puedo tirar hasta el verano** I can manage ✻ get by with this dress until the summer; (*: durar*): **este abrigo tirará hasta el próximo invierno** this coat will last until next winter • **durará, a todo tirar, un mes** it will last a month, at the most. **11.** (*Amér L: !!*) to have sex.

tirarse *v prnl* **1.** (*arrojarse*) to throw oneself: **se tiró** *del* **tren** he threw himself ✻ he leapt off the train; **se tiró** *del* **trampolín** he jumped ✻ dived off the diving board; **se tiró** *a* **la piscina vestido** he jumped into the pool with all his clothes on. **2.** (*tumbarse*) to lie down: **se tiró** *en* **la cama** he lay down on the bed. **3.** (*fam: pasar*) to spend: **me he tirado toda la tarde trabajando** I have spent all afternoon working. **4.** (*!!*) to have sex with.

tirio, -ria /'tirjo -rja/ *sm/f* • **se enemistó con tirios y troyanos** he managed to fall out with all and sundry.

tirita® /ti'rita/ *sf* (*GB*) plaster, Elastoplast®, (*US*) Band-Aid®.

tiritar /tiri'tar/ [➪ CANTAR] *vi* to shiver.

tiritona /tiri'tona/ *sf*: **le dio una tiritona** he got the shivers.

tiro /'tiro/ *sm* **1.** (*disparo*) shot: **se produjeron varios tiros** several shots were fired; **le dieron un tiro en la espalda** he was shot in the back; **se oyó un tiro en la calle** a shot was heard in the street • **sentar como un tiro**: **el asado me sentó como un tiro** the roast gave me a stomach ache; **el comentario le sentó como un tiro** he was very upset by the remark • **le salió el tiro por la culata** it backfired on him • **no quisieron venir ni a tiros** they flatly refused to come • **no se entera de por dónde van los tiros** he doesn't have a clue as to what's going on • **no van por ahí los tiros** you're missing the point. **2.** (*en fútbol*) shot: **el portero paró el tiro sin dificultad** the goalkeeper saved the shot easily; (*en baloncesto*) shot: **falló todos sus tiros a canasta** he missed all his shots at basket. **3.** (*distancia*) range: **el conejo estaba** *a* **tiro** the rabbit was within range • **está a tiro de piedra de la casa** it's within a stone's throw from the house. **4.** (*de una prenda*) *measurement from the crotch to the waistband* • **se pusieron de tiros largos para asistir a la fiesta** they put on their best clothes for the party. **5.** (*lugar*) rifle range. **6.** (*animales*) team: **un animal de tiro** a draught animal. **7.** (*de chimenea*) draught.

tiro al blanco *sm* target shooting.

tiro al plato *sm* clay-pigeon shooting, trapshooting.

tiro con arco *sm* archery.

tiro de gracia *sm* coup de grâce.

tiro de pichón *sm* clay-pigeon shooting, trapshooting.

tiro libre *sm* (*en fútbol*) free kick; (*en baloncesto*) free throw.

tiroides /ti'roiðes/ *sm inv* thyroid (gland).

tirón /ti'ron/ **I** *sm* **1.** (*acción*) tug, pull. **2.** (*para robar*) bag snatching: **le robaron el bolso por el procedimiento del tirón** she had her bag snatched. **3.** (*en ciclismo, atletismo*): **dio un tirón a pocos kilómetros de la meta** he put on a spurt a few kilometres from the finish. **4.** (*movimiento brusco*) jerk: **el coche da tirones cuando va despacio** the car jerks at low speed. **5.** (*Med*) pulled muscle: **le dio un tirón durante el partido** he pulled a muscle during the match.
II de un tirón *loc adv* (*fam*) in one go: **me leí el libro de un tirón** I read the book in one go; **dormí toda la noche de un tirón** I slept right through the night.

tirotear /tirote'ar/ [➪ CANTAR] *vt* to shoot (several times).

tiroteo /tiro'teo/ *sm* shooting, shoot-out.

tirria /'tirrja/ *sf* (*fam*): **le tiene tirria al profesor** he can't stand his teacher.

tisana /ti'sana/ *sf* infusion.

tísico, -ca /'tisiko -ka/ **I** *adj* consumptive, tubercular.
II *sm/f* consumptive.

tisú /ti'su/ *sm* [**tisúes** ✻ **tisús**] lamé.

titánico, -ca /ti'taniko -ka/ *adj* titanic.

títere /'titere/ **I** *sm* (*muñeco, persona*) puppet: **allí los jueces son meros títeres del gobierno** judges there are nothing but puppets controlled by the government • **en su libro no deja títere con cabeza** nobody escapes criticism in her book • **los ladrones no dejaron títere con cabeza** the thieves wrecked everything.
II títeres *sm pl* (*espectáculo*) puppet show.

titilar /titi'lar/ [➪ CANTAR] *vi* (*estrella*) to twinkle.

titiritero, -ra /titiri'tero -ra/ *sm/f* **1.** (*de marionetas*) puppeteer. **2.** (*acróbata*) acrobat.

titubear /tituβe'ar/ [➪ CANTAR] *vi* **1.** (*dudar*) to hesitate. **2.** (*balbucear*) to get tongue-tied: **hablando inglés titubea muchísimo** he gets tongue-tied when he speaks English.

titubeo /titu'βeo/ *sm* hesitation: **¡déjate de titubeos y decídete!** stop dilly-dallying and make up your mind!

titulación /titula'θjon/ *sf* (*Educ*) qualifications *pl*: **para este trabajo no se necesita titulación** no qualifications are necessary for this post.

titulado, -da /titu'laðo -ða/ **I** *adj* **1.** (*Educ*) *with a university degree or other qualification*. **2.** (*Tec*) qualified.
II *sm/f* (*Educ*) graduate.

titular /titu'lar/ **I** *adj* (*de un cargo*): **el médico titular está de vacaciones** the permanent doctor is on holiday; **los jugadores titulares del equipo** the regular first-team players.
II *sm/f* **1.** (*de un cargo*): **el titular de la cartera de Industria dimitió** the Minister for Industry resigned; (*en un equipo*): **juega de titular en un equipo de primera** he is a regular first-team player at a first division club. **2.** (*de una cuenta*) holder: **se necesita la firma del titular de la cuenta** the account holder's signature is required.
III *sm* (*de un periódico*) headline.
IV [➪ CANTAR] *vt* to title, to call.

titularse *v prnl* **1.** (*llamarse*) to be entitled, to be called. **2.** (*Educ*) to gain a university degree or other qualification.

título /'titulo/ *sm* **1.** (*de una obra, un campeonato*) title; (*de una ley*) heading • **se lo aconsejé a título de amigo** I gave him the advice as a friend. **2.** (*de nobleza*) title; (*persona*) *titled person*. **3.** (*Educ: gen*) qualification; (*: de licenciado*) degree. **4.** (*Jur: documento*) title.

título de propiedad *sm* title deed.
título superior *sm* university degree.
títulos de crédito *sm pl* (*en una película*) credits *pl*.

tiza /'tiθa/ *sf* chalk: **¿quién ha tirado esta tiza?** who threw this piece of chalk?

tiznar /tiθ'nar/ [⇨ CANTAR] *vt* to blacken.
tiznarse *v prnl* to get black (*with soot*).

tizne /'tiθne/ *sm [sometimes feminine]* soot.

tizón /ti'θon/ *sm* smouldering piece of wood.

tlf. *pronounced* /te'lefono/ (*abbreviation of* **teléfono**) tel. (telephone number).

toalla /to'aʎa/ *sf* towel • **finalmente ha tirado la toalla** he has finally thrown in the towel.

toallero /toa'ʎero/ *sm* towel rail.

tobillera /toβi'ʎera/ *sf* (*Med*) ankle support.

tobillo /to'βiʎo/ *sm* ankle.

tobogán /toβo'ɣan/ *sm* **1.** (*para jugar*) slide; (*para mercancías*) slide, ramp. **2.** (*tipo de trineo*) toboggan, (*GB*) sledge, (*US*) sled.

toca /'toka/ *sf* (*Hist*) headdress; (*de monja*) cornet, wimple.

tocadiscos /toka'ðiskos/ *sm inv* record player, phonograph.

tocado, -da /to'kaðo -ða/ **I** *adj* **1.** (*fam*: *trastornado*) crazy, nuts. **2.** (*Dep*: *lesionado*) slightly injured. **3.** (*fruta*) bruised.
II tocado *sm* **1.** (*gorro, sombrero*) headdress. **2.** (*peinado*) hairstyle.

tocador /toka'ðor/ *sm* **1.** (*mesa*) dressing table. **2.** (*cuarto*) dressing room.

tocar /to'kar/ [⇨ sacar] *vt* **1.** (*estar o entrar en contacto con*) to touch: **el mantel toca el suelo** the tablecloth touches the floor; **dentro de poco la planta va a tocar el techo** the plant will soon be touching the ceiling; (*con las manos*) to touch: **no soporto que me toque** I can't bear him touching me; **hay que lavarse las manos antes de tocar los alimentos** you must wash your hands before handling food; (*palpar*) to feel: **toca esta tela** feel this material. **2.** (*mover*) to touch: **¿quién ha tocado mis papeles?** who's been touching my papers? **3.** (*un instrumento*) to play: **toca el piano desde los siete años** she's been playing the piano since she was seven; (*una campana, un timbre*) to ring. **4.** (*un asunto*) to touch on: **tocó varios temas de interés** she touched on several subjects of interest.
♦*vi* **1.** (*con las manos*) to touch: **se ruega no tocar** please do not touch. **2.** (*sonar*) to ring: **tocan** *a* **comer** the bell is ringing for lunch; **¿por qué tocan las campanas?** why are the bells ringing? **3.** (*corresponder*): **¿*a* quién le toca?** whose turn is it?; **te toca pagar *a* ti** it's your turn to pay; **los martes toca regar las plantas** we have to water the plants on Tuesdays; **las joyas le tocaron *a* su hija** her daughter got the jewellery. **4.** (*en juegos de azar*): **les tocó la lotería/el primer premio** they won the lottery/the first prize. **5.** (*afectar, concernir*): **el problema no nos toca de cerca** the problem doesn't greatly affect ✻ concern us; *en* ✻ *por* **lo que toca *al* nuevo horario, todos estamos de acuerdo** as far as the new timetable is concerned, we are all in agreement.
tocarse *v prnl* **1.** (*estar en contacto*) to touch. **2.** (*una herida, una parte del cuerpo*): **no te toques los granos** don't touch your spots. **3.** (*frml: cubrirse la cabeza con*): **siempre se tocaba con una boina negra** he always wore a black beret.

tocata /to'kata/ **I** *sf* (*Mús*) toccata.
II *sm* (*fam*) record player, phonograph.

tocateja /toka'texa/ **a tocateja** *loc adv* (*fam*) in cash: **pagó la lavadora a tocateja** he paid cash for the washing machine.

tocayo, -ya /to'kajo -ja/ *sm/f* namesake.

tocho /'totʃo/ *sm* (*fam*: *libro largo*) tome: **me tengo que leer este tocho en dos días** I have to read this great tome in two days; (*: libro aburrido*) boring book.

tocino /to'θino/ *sm* (*gen*) fatty pork; (*Amér L: bacon*) bacon.
tocino de cielo *sm*: *dessert made with eggs and sugar*.

tocólogo, -ga /to'koloɣo -ɣa/ *sm/f* obstetrician.

tocón /to'kon/ *sm* stump.

todavía /toða'βia/ *adv* **1.** (*de tiempo: en frases afirmativas*) still: **todavía dormía cuando llegué** he was still asleep when I arrived; **si no hubiera sido por eso, todavía vivirían aquí** if it hadn't been for that, they would still be living here; (*: en frases negativas*) yet, still: **todavía no ha llegado** he hasn't arrived yet, he still hasn't arrived; **no lo abras todavía** don't open it yet. **2.** (*con valor adversativo o concesivo*) still: **hago todo su trabajo y todavía se queja** I do all his work and he still complains; **si tuvieras razón, todavía tendrías derecho a protestar** if you were right, (then) you would be entitled to protest. **3.** (*en comparaciones*) even: **es todavía más rico que ellos** he's even richer than they are; **lo hizo todavía mejor** she did it even better.

todo, -da /'toðo -ða/ **I** *adj* **1.** (*para indicar totalidad: en singular*): **se recorrieron toda Europa** they travelled all over Europe; **todo el/toda la...** the whole...: **se pasó toda la semana estudiando** she spent the whole week studying; **se ha leído todo el libro** she has read the whole book; **nos comimos todo el pastel** we ate the whole cake; **no nos hemos hablado en toda la semana** we haven't spoken to each other all week; **se pasó toda la semana en cama** she spent the whole week in bed. **2.** (*para indicar totalidad: en plural*): **todas sus amigas vinieron** all her friends came; **todos nosotros nos opusimos** we all opposed it; **había cristales rotos por todas partes** there was broken glass everywhere; **todos los/todas las...** all the...: **se comió todos los caramelos** he ate all the sweets; **quiero que lo sepan todos los presentes** I want everybody here to know. **3.** (*cada*) every: **todo hombre desea ser feliz** every man wishes to be happy; **ahorra dinero todos los meses** he saves some money every month. **4. todo un/toda una** (*con valor enfático*): **es toda una deportista** she's every inch a sportswoman ✻ she's a sportswoman through and through. **5.** (*con valor adverbial*): **está todo enfadado** he's really angry; **llevaba el sombrero todo roto** his hat was all torn.
II *pron* **1.** (*en singular*) everything: **lo vi todo** I saw everything; **¿se la comió toda?** did she eat all of it ✻ the whole lot? • **a todo esto, mañana tenemos que llamarlo** by the way, we have to call him tomorrow • **ante todo, él no tiene que enterarse** above all, he mustn't find out • **lo hizo bien y así y todo no aprobó** he did it well but, even so, he didn't pass • **con todo y con eso no llegué a tiempo** even after all that I didn't get there in time • **no es del todo estúpido** he's not completely stupid • **comeré un poco de ensalada todo lo más** I couldn't manage anything more than a little salad • **¡nos invitó y todo!** and he actually ✻ even paid for us! **2.** (*en plural*): **todos querían ir** they all wanted to go • **se equivocó de todas todas** he was completely and utterly wrong.
III todo *sm* whole: **hay que considerar sus obras**

como un todo his work must be considered as a whole • **para conseguirlo se jugó el todo por el todo** he risked everything to achieve it.

todopoderoso, -sa /toðopoðe'roso -sa/ **I** *adj* omnipotent, all-powerful.

II el Todopoderoso *sm* the Almighty.

todoterreno /toðote'rreno/ *adj, sm* four-wheel drive.

tofe /'tofe/ *sm* toffee.

toga /'toɣa/ *sf* (*Educ, Jur*) gown, robe.

Tokio /'tokjo/ *sm* Tokyo.

toldo /'toldo/ *sm* **1.** (*de un escaparate, una ventana*) awning; (*en la playa*) sunshade; (*de un camión, un carro*) tarpaulin, canopy. **2.** (*Amér L: choza*) hut.

toledano, -na /tole'ðano -na/ **I** *adj* of * from Toledo. **II** *sm/f* native * inhabitant of Toledo.

tolerable /tole'raβle/ *adj* tolerable.

tolerancia /tole'ranθja/ *sf* tolerance.

tolerante /tole'rante/ *adj* tolerant.

tolerar /tole'rar/ [⇨CANTAR] *vt* **1.** (*Tec*) to tolerate. **2.** (*aguantar: cosas*) to tolerate, to put up with: **ya he tolerado demasiados insultos** I've put up with more than enough insults; **no voy a tolerar esa actitud** I refuse to tolerate such an attitude; (*: a una persona*): **tuve que ser amable con ella, y eso que no la tolero** I had to be nice to her, despite the fact I can't stand her. **3.** (*alimentos*): **no tolera las comidas picantes** spicy food upsets her stomach. **4.** (*medicinas*) to tolerate.

toma /'toma/ *sf* **1.** (*acción de tomar*) taking. **2.** (*dosis*) dose. **3.** (*also* **toma de corriente**) (*para electricidad*) power point. **4.** (*also* **toma de agua**) (*en una tubería*) outlet. **5.** (*Amér L: acequia*) irrigation ditch. **6.** (*en cine: acción*) shooting, filming; (*: secuencia*) take: **tuvimos que repetir la misma toma cuatro veces** we had to do the same take four times; (*en fotografía*) shot.

toma de conciencia *sf* (greater) awareness.

toma de posesión *sf* investiture.

toma de tierra *sf* **1.** (*Fís, Tec*) (*GB*) earth, (*US*) ground. **2.** (*aterrizaje*) landing.

tomado, -da /to'maðo -ða/ *adj* **1.** (*ronco*) husky: **tengo la voz tomada por el catarro** my voice is husky because I have a cold. **2.** (*Amér L: borracho*) drunk.

tomadura /toma'ðura/ *sf*: **tomadura de pelo**: **la llamada no fue más que una tomadura de pelo** the phone call was just a practical joke; **la oferta me pareció una tomadura de pelo** I thought the offer was laughable * a joke.

tomar /to'mar/ [⇨CANTAR] *vt* **1.** (*un tren, un autobús*) to catch, to take: **toma el mismo tren todos los días** he takes * catches the same train every day; **si nos damos prisa, podemos tomar el próximo autobús** if we hurry, we can catch the next bus; (*un taxi*) to take. **2.** (*agarrar, coger*) to take: **tomó al niño de la mano** she took the child by the hand; (*al ofrecer algo*): **toma las llaves del coche** here are the car keys; (*aceptar*) to accept: **toma este libro en señal de mi aprecio** please accept this book as a token of my appreciation; **toma lo que te ofrecen** just accept what you're offered; **tú dirás, lo tomas o lo dejas** it's up to you, take it or leave it. **3.** (*ir por*) to take: **toma la primera calle a la derecha** take the first turn on the right. **4.** (*comer, beber*) to have: **aún no he tomado el postre** I haven't had dessert yet; **¿qué quieres tomar?** what do you want to drink?; **siempre tomamos agua con las comidas** we always have * drink water with our meals; **salimos a tomar algo** we went out for a drink; (*medicamentos*) to take: **¿has tomado los antibióticos?** have you taken the antibiotics? **5.** (*adoptar: precauciones*) to take: **decidieron tomar medidas drásticas** they decided to take drastic measures; **tomó la decisión de dejar de fumar** he took the decision * he decided to stop smoking • **la ha tomado conmigo** he's got it in for me. **6.** (*para expresar reacción*) to take: **¿cómo lo tomó?** how did he take it?; **lo toma todo** *a* **broma** he takes * treats everything as a joke. **7.** (*adquirir*): **las cosas empezaban a tomar mal cariz** things were beginning to look bad; **ha tomado la costumbre de mentir** she has started lying; **le tomé cariño** I became very fond of him. **8.** (*el aire, el fresco, etc.*): **voy a salir a tomar el fresco** I'm going out to get some fresh air; **no es bueno tomar demasiado el sol** it's not a good idea to sunbathe for too long. **9.** (*confundir*): **la tomaron** *por* **Elena** they mistook her for Elena, they thought she was Elena; (*estimar, juzgar*): **¿me tomas** *por* **tonto?** do you take me for a fool?, do you think I'm stupid? **10.** (*apuntes, notas*): **me pasé la conferencia tomando apuntes** I took notes throughout the lecture; **esto es lo que necesitas, toma nota** this is what you need, write it down. **11.** (*medidas, la temperatura*) to take: **el médico le tomó la tensión** the doctor took her blood pressure; **me tomó las medidas para el traje** he measured me for the suit. **12.** (*una foto*) to take. **13.** (*Mil: una ciudad, una plaza*) to take, to seize.

♦ *vi* **1.** (*al ofrecer algo*): **toma, para que te compres algo** here (you are), buy yourself something with this. **2.** (*ir*) to go: **tomé** *por* **la carretera nueva** I went along the new road. **3.** (*Amér L: doblar*): **toma** *a* **la derecha después del puente** turn right after the bridge. **4.** (*Amér L: beber en exceso*) to drink: **¿tú crees que toma?** do you think he drinks?

tomarse *v prnl* **1.** (*comer, beber*) to have: **¿te has tomado ya el café?** have you drunk * had your coffee yet? **2.** (*para expresar reacción*) to take: **se lo ha tomado muy mal** he's taken it very badly; **se lo tomó en serio** he took it seriously. **3.** (*un día libre, unas vacaciones*) to take: **se tomó la tarde libre** he took the afternoon off; (*tiempo*) to take: **tómate unos días para pensarlo** take a few days to think it over; **tómate todo el tiempo que necesites, no hay prisa** take as long as you need, there's no hurry • (*Arg, Urug*) **se las tomaron en cuanto lo vieron llegar** they cleared off as soon as they saw him coming.

tomate /to'mate/ *sm* **1.** (*fruto, planta*) tomato • **nada más verlo me puse como un tomate** I blushed as soon as I saw him. **2.** (*salsa*) tomato sauce. **3.** (*fam: dificultad, problema*): **este asunto tiene tomate** this is a tricky issue.

tomatera /toma'tera/ *sf* tomato (plant).

tomavistas /toma'βistas/ *sm inv* (*GB*) cine camera, (*US*) movie camera.

tómbola /'tombola/ *sf* tombola.

tomillo /to'miʎo/ *sm* thyme.

tomo /'tomo/ *sm* volume • **tiene una gripe de tomo y lomo** he's got terrible flu.

ton /ton/ **sin ton ni son** *loc adv*: **se puso a llorar sin ton ni son** he burst into tears for no reason at all.

tonada /to'naða/ *sf* **1.** (*canción*) song. **2.** (*melodía*) tune.

tonadilla /tona'ðiʎa/ *sf*: *light-hearted Spanish folk song.*

tonalidad /tonali'ðað/ *sf* tonality.

tonel /to'nel/ *sm* cask, barrel • **Roberto se ha puesto como un tonel** Roberto has got very tubby.

tonelada /tone'laða/ *sf* (*also* **tonelada métrica**) metric ton, tonne.

tonelaje /tone'laxe/ *sm* tonnage.

toner, **tóner** /'toner/ *sm* (*para fotocopiadora, impresora, etc.*) toner.

tongo /'toŋgo/ *sm* fix: **en el sorteo hubo tongo** the draw was fixed ✱ rigged.

tónica /'tonika/ *sf* **1.** (*bebida*) tonic (water). **2.** (*Mús*) tonic (note) ● **ésa fue la tónica de su discurso** that was the tone of his speech. **3.** (*Ling*) tonic ✱ stressed syllable.

tónico, **-ca** /'toniko -ka/ **I** *adj* (*Ling, Mús*) tonic.
II tónico *sm* (*Med*) tonic.

tonificar /tonifi'kar/ [➪ sacar] *vt* to invigorate, to refresh.

tonillo /to'niʎo/ *sm* **1.** (*acento*) accent. **2.** (*entonación burlona*) sarcastic tone: **no me gusta el tonillo que ha puesto en su discurso** I don't like the sarcastic tone of his speech.

tono /'tono/ *sm* **1.** (*Ling*) tone, pitch: **habla en un tono muy agudo** she has a very high-pitched voice; (*entonación*) tone: **lo dijo en tono cariñoso** she said it in an affectionate tone (of voice). **2.** (*de una nota musical*) tone; (*tonalidad*) key ● **no estuvo a tono con la solemnidad del acto** it didn't fit in with the solemn tone of the ceremony ● **su reacción estuvo fuera de tono** her reaction was inappropriate ● **contó unos chistes algo subidos de tono** he told a few rather risqué jokes. **3.** (*de color*) tone, shade: **decoró la habitación en diferentes tonos de azul** he decorated the room in different shades of blue. **4.** (*cariz*) tone: **la conversación tomó un tono ofensivo** the conversation took on an offensive tone. **5.** (*elegancia*) class: **los ilustres invitados dieron tono a la fiesta** the distinguished guests added a touch of class to the party ● **una familia de buen tono** an upper-class family.

tontada /ton'taða/ *sf* ➪ tontería

tontaina /ton'taina/ (*fam*) **I** *adj* foolish, silly.
II *sm/f* fool.

tontear /tonte'ar/ [➪ CANTAR] *vi* **1.** (*hacer tonterías*) to fool about: **deja de tontear** *con* **el cuchillo** stop fooling about with the knife; (*decir tonterías*) to make stupid remarks. **2.** (*fam: coquetear*) to flirt: **se pasó la fiesta tonteando** *con* **todas las chicas** he spent the party flirting with all the girls.

tontería /tonte'ria/ *sf* **1.** (*cualidad de tonto*) foolishness, stupidity. **2.** (*acción, dicho*) silly thing: **no empieces con tonterías y come** don't start being silly, just eat; **no hizo más que decir tonterías** he did nothing but make silly remarks. **3.** (*pequeñez*) silly little thing: **no vamos a discutir por tonterías** let's not argue over something silly. **4.** (*halago*) flattering remark: **le dices cuatro tonterías y verás como te perdona** just flatter him a bit and he'll soon forgive you.

tonto, **-ta** /'tonto -ta/ **I** *adj* **1.** (*gen*) silly: **¡vamos, no seas tonto!** come on, don't be silly!; **dijo la cosa más tonta que he oído en mi vida** he said the silliest thing I've heard in my life; **dimos un rodeo muy tonto para llegar allí** we took a ridiculously roundabout route to get there; **fui tonto al no aceptar su oferta** I was silly not to accept his offer ● **a lo tonto, se ha puesto el primero de la clasificación** almost without anyone noticing, he's taken first place; (*más fuerte*) stupid: **¿cómo has podido ser tan tonto?** how could you be so stupid? **2.** (*fam: insolente*) rude, cheeky: **como se ponga tonto, lo echo a patadas** if he gives me any cheek, I'll kick him out. **3.** (*fam: pasmado*): **se queda tonto viendo la tele** he sits in front of the television like a zombie.
II *sm/f*: **eres un tonto, ¡devuélvelo!** don't be so silly, give it back to me; **es un tonto, ¡mira que creérselo!** he's so stupid, fancy believing that! ● **se hizo la tonta y consiguió lo que quería** she played dumb and got what she wanted ● **lo hace todo a tontas y a locas** she does everything any old how.

tonto, -ta de capirote, tonto, -ta de remate *sm/f* (*fam*) complete idiot.

topacio /to'paθjo/ *sm* topaz.

topar /to'par/ [➪ CANTAR] *vi* (*con dificultades*): **topamos** *con* **serias dificultades** we ran into serious difficulties.

toparse *v prnl* (*con alguien*): **me topé** *con* **él en la escalera** I ran ✱ bumped into him on the stairs; (*con dificultades*): **nos topamos** *con* **serias dificultades** we ran into serious difficulties.

tope /'tope/ **I** *sm* **1.** (*de un tren*) buffer; (*de una puerta*) doorstop. **2.** (*extremo*) limit: **he alcanzado el tope de mis posibilidades** I've reached my limit ● **el comedor está hasta los topes** the dining room is absolutely packed (out). **3.** (*Méx: Auto*) sleeping policeman.
II a tope *loc adv* **1.** (*lleno*): **el bar estaba a tope** the bar was absolutely packed (out). **2.** (*mucho*): **nos hacía estudiar a tope** he made us study very hard.

topetazo /tope'taθo/ *sm* (*fam: golpe*) bump: **se cayó y se dio tal topetazo** he fell and gave himself a terrible bump.

tópico, **-ca** /'topiko -ka/ **I** *adj* **1.** (*opinión*) common; (*tema*) well-worn. **2.** (*Med*): **de uso tópico** for external use.
II tópico *sm* **1.** (*lugar común*) cliché, platitude: **es un tópico decir que...** it's a cliché to say that.... **2.** (*Amér L: tema*) topic, subject.

topo /'topo/ *sm* **1.** (*Zool*) mole ● **veo menos que un topo** I'm as blind as a bat. **2.** (*espía*) mole.

topografía /topoɣra'fia/ *sf* topography.

topógrafo, **-fa** /to'poɣrafo -fa/ *sm/f* topographer, surveyor.

topónimo /to'ponimo/ *sm* place name.

toque /'toke/ *sm* **1.** (*gen*) touch: **el cuadro daba un toque de buen gusto a la sala** the painting lent a touch of good taste to the room; **sólo me faltan los toques finales** I just need to put the finishing touches to it; **se dio unos toques de alcohol en la herida** he dabbed the wound with alcohol. **2.** (*sonido: de una campana*) chime; (*: de una trompeta*) blast; (*: de un tambor*) beat. **3.** (*fam: advertencia*) warning: **ya le han dado varios toques** he's already had several warnings; (*: llamada*) call: **dame un toque cuando sepas a que hora empieza** give me a call when you find out what time it starts. **4.** (*Méx: !! cigarrillo*) joint.

toque de diana *sm* reveille.

toque de difuntos *sm* death knell.

toque de queda *sm* curfew.

toquetear /tokete'ar/ [➪ CANTAR] *vt* (*una cosa*) to finger: **has ensuciado el vestido de tanto toquetearlo** you've fingered the dress so much that you've made it dirty; (*fam: a una persona*) to touch; (*: con intención sexual*) to touch up.

toquilla /to'kiʎa/ *sf* shawl.

torácico, **-ca** /to'raθiko -ka/ *adj* thoracic.

tórax /'toraks/ *sm inv* thorax.

torbellino /torβe'ʎino/ *sm* **1.** (*de aire*) whirlwind; (*de polvo*) dust cloud ● **este niño es un torbellino** this child never sits still. **2.** (*confusión*) whirl: **el torbellino de la vida social neoyorquina** the whirl of New York social life; **un torbellino** *de* **pasiones** an emotional turmoil.

torcaz /tor'kaθ/ *adj* ➪ paloma

torcedura /torθe'ðura/ *sf* **1.** (*gen*) twisting. **2.** (*Med*): **sufrió una torcedura de tobillo** he twisted his ankle.

torcer /tor'θer/ [⇨ cocer] *vt* **1.** (*retorcer*) to twist: **torció el gesto cuando le dije que no** she pulled a face when I said no. **2.** (*doblar*) to bend: **no tuerzas el alambre** don't bend the wire. **3.** (*desviar*): **el tiempo nos obligó a torcer el rumbo** the weather forced us to change course; **al vernos torció la cabeza** when he saw us he turned * looked away. **4.** (*corromper*) to lead astray, to corrupt: **la torcieron las malas compañías** she was led astray by bad company. **5.** (*tergiversar*) to distort, to twist: **el traductor torció el significado de la frase** the translator distorted the meaning of the sentence.
♦*vi* to turn: **para ir a la plaza hay que torcer** *a* **la izquierda** to get to the square you have to turn left.

torcerse *v prnl* **1.** (*retorcerse*) to twist. **2.** (*desviarse*): **el disparo se torció** the shot didn't go straight. **3.** (*doblarse*) to bend. **4.** (*el tobillo, la muñeca*) to twist: **anda cojo porque se ha torcido el pie** he's limping because he's twisted his foot. **5.** (*corromperse*) to be led astray. **6.** (*salir mal*) to go wrong: **el negocio se torció a poco de empezar** the business went wrong soon after it was set up.

torcido, -da /tor'θiðo -ða/ *adj* **1.** (*retorcido*) twisted; (*doblado*) bent; (*no recto*) crooked: **ese cuadro está torcido** that picture isn't straight * is crooked. **2.** (*conducta, persona*) twisted, warped: **tiene una mente torcida** he has a twisted mind. **3.** (*Amér L: desdichado*) unfortunate, unlucky.

tordo, -da /'torðo -ða/ **I** *adj* dapple-grey.
II tordo *sm* (*Zool*) thrush.

torear /tore'ar/ [⇨ CANTAR] *vt* **1.** (*Tauro*) to fight. **2.** (*a una persona*): **la torean porque es una profesora suplente** they mess her about because she's a supply teacher.
♦*vi* (*Tauro*) to fight.

toreo /to'reo/ *sm* (art of) bullfighting.

torera /to'rera/ *sf* bolero (jacket).

torero, -ra /to'rero -ra/ **I** *adj* bullfighting.
II *sm/f* bullfighter • **se salta las reglas a la torera** he pays absolutely no attention to the rules.

tormenta /tor'menta/ *sf* storm • **el incidente desencadenó una tormenta diplomática** the incident caused a diplomatic storm.

tormenta de arena *sf* sandstorm.

tormenta de nieve *sf* snowstorm.

tormento /tor'mento/ *sm* **1.** (*acción*) torture, torturing. **2.** (*sufrimiento*) torment: **pasa un verdadero tormento en época de exámenes** he goes through real torment at exam time. **3.** (*fam: cosa*): **estos zapatos son un tormento** these shoes are killing me; **las entrevistas de trabajo son un tormento** job interviews are torture.

tormentoso, -sa /tormen'toso -sa/ *adj* stormy • **en la reunión se respiraba un ambiente tormentoso** the atmosphere in the meeting was stormy.

torna /'torna/ *sf* • **se han vuelto las tornas** the tables have been turned.

tornado /tor'naðo/ *sm* tornado.

tornar /tor'nar/ [⇨ CANTAR] *vt* (*frml*) to make: **aquella experiencia lo había tornado receloso** that experience had made him distrustful.
♦*vi* **1.** (*volver*) to return: **tornó** *a* **su país después de años de ausencia** he returned to his country after having been away for years. **2.** (*expresando repetición*): **tornó** *a* **decir las mismas cosas** he said the same things again; **se puso en pie, pronunció un discurso y tornó** *a* **sentarse** he stood up, gave a speech and sat down again * once more.

tornarse *v prnl* to turn, to become: **el día se tornó gris y desapacible** the day turned grey and unpleasant.

torneado, -da /torne'aðo -ða/ *adj* **1.** (*madera*) turned (*on a lathe*). **2.** (*cuerpo*) shapely.

tornear /torne'ar/ [⇨ CANTAR] *vt* to turn (*on a lathe*).

torneo /tor'neo/ *sm* tournament.

tornillo /tor'niʎo/ *sm* **1.** (*gen*) screw • **le falta un tornillo * tiene un tornillo flojo** he has a screw loose • **esa chica necesita que le aprieten los tornillos** it's about time somebody made that girl toe the line. **2.** (*de sujeción*) (*GB*) vice, (*US*) vise.

torniquete /torni'kete/ *sm* **1.** (*Med*) tourniquet. **2.** (*de acceso*) turnstile.

torno /'torno/ **I** *sm* **1.** (*de carpintero*) lathe; (*de alfarero*) potter's wheel. **2.** (*en un convento*) revolving window. **3.** (*de dentista*) drill.
II en torno a *prep* **1.** (*una cifra*) around, about: **había en torno a mil personas** there were around * about a thousand people. **2.** (*un lugar*) around: **se sentaron en torno al fuego** they sat around the fire. **3.** (*un tema*) about: **la conversación giró en torno a este problema** the conversation revolved around this problem.

toro /'toro/ **I** *sm* bull • **hay que coger * agarrar al toro por los cuernos** you have to take the bull by the horns • **si lo sigues dejando, te pillará el toro** if you keep putting it off, you'll run out of time • **Fernando está hecho un toro** Fernando has grown into a really strong lad.
II toros *sm pl* (*Tauro: arte de torear*) bullfighting; (*: lidia*) bullfight • **es muy fácil ver los toros desde la barrera** it's very easy to sit on the sidelines.

toro de lidia *sm* fighting bull.

torpe /'torpe/ *adj* **1.** (*poco hábil*) clumsy. **2.** (*falto de agilidad*): **a su edad es normal que esté torpe** it's normal for him not to be very agile at his age. **3.** (*de entendimiento*) slow: **es torpe** *para* **las matemáticas** he's not very good at mathematics.

torpedear /torpeðe'ar/ [⇨ CANTAR] *vt* to torpedo.

torpedero /torpe'ðero/ *sm* torpedo boat.

torpedo /tor'peðo/ *sm* torpedo.

torpeza /tor'peθa/ *sf* **1.** (*falta de habilidad*) clumsiness. **2.** (*falta de agilidad*) lack of agility. **3.** (*acción, dicho*) mistake, blunder: **no avisar de nuestra llegada fue una torpeza** we made a big mistake in not telling them we were coming.

torre /'torre/ *sf* **1.** (*de un castillo, una fortificación, etc.*) tower. **2.** (*para conducción eléctrica*) pylon. **3.** (*casa de campo*) house (*in the country*), villa (*in some parts of Spain*). **4.** (*en ajedrez*) castle, rook.

torre de apartamentos *sf* tower block.

torre de Babel *sf* (*fam*) bedlam, chaos.

torre de control *sf* control tower.

torre de marfil *sf* ivory tower.

torre de perforación *sf* derrick, oil rig (*on land*).

torrefacto, -ta /torre'fakto -ta/ *adj* (*café*) *roasted with a little sugar*.

torrencial /torren'θjal/ *adj* torrential.

torrente /'torrente/ *sm* **1.** (*de agua*) torrent. **2.** (*de cosas, personas*) flood: **nos llegó un torrente de solicitudes** we were inundated with applications.

torreón /torre'on/ *sm* (large) tower.

torreta /to'rreta/ *sf* turret.

torreznos /to'rreθnos/ *sm pl* pork scratchings *pl.*

tórrido, -da /'torriðo -ða/ *adj* scorching (hot), torrid.

torrija /to'rrixa/ *sf*: *slice of bread soaked in cinnamon-flavoured milk, covered with egg, fried and dipped in sugar or honey.*

torsión /tor'sjon/ *sf* **1.** (*Tec*) torsion. **2.** (*de un brazo*) twisting.

torso /'torso/ *sm* (*Anat, Artes*) torso.

torta /'torta/ *sf* **1.** (*plana, tipo galleta*) *fried or oven-baked flat cake* • **no entiendo ni torta** I don't understand a thing. **2.** (*Arg, Chi, Urug*: *bizcochuelo, de cumpleaños, etc.*) cake. **3.** (*Méx*: *sándwich*) sandwich. **4.** (*fam*: *bofetada*) slap; (*: golpe*) smash: **se ha dado una torta con el coche** she's had a smash in the car.

tortazo /tor'taθo/ *sm* (*fam*) **1.** (*bofetada*) slap. **2.** (*golpe*): **iba muy deprisa y se dio un tortazo** he was travelling very fast and he crashed; **me resbalé y me pegué un tortazo** I slipped and landed with a crash on the floor.

tortícolis /tor'tikolis/ *sf inv*: **me levanté con tortícolis** I woke up with a stiff neck.

tortilla /tor'tiʎa/ *sf* **1.** (*de huevos*) (*GB*) omelette, (*US*) omelet • **ha dado la vuelta la tortilla** the tables have turned. **2.** (*de maíz*) tortilla, corn cake.

tortilla de patatas * de papas (*Amér L*) *sf* ⇨tortilla española

tortilla española *sf* Spanish omelette (*made with potatoes*).

tortilla francesa *sf* plain omelette.

tórtola /'tortola/ *sf* turtledove.

tortolito /torto'lito/ **I** *sm* (*fam*) devoted lover.
II tortolitos *sm pl* (*fam*) lovebirds *pl.*

tortuga /tor'tuɣa/ *sf* (*de tierra*) tortoise; (*de mar*) turtle • **este coche es más lento que una tortuga** this car is so slow!

tortuga de agua dulce *sf* terrapin.

tortuoso, -sa /tor'twoso -sa/ *adj* **1.** (*camino, carretera*) winding, tortuous: **se llega por un sendero muy tortuoso** you get there along a very winding path. **2.** (*persona, comportamiento*) devious: **tiene una mente tortuosa** he has a devious mind.

tortura /tor'tura/ *sf* torture: **aquella espera tan larga fue una tortura** that long wait was torture.

torturar /tortu'rar/ [⇨CANTAR] *vt* to torture.

torturarse *v prnl* to torture oneself.

torvo, -va /'torβo -βa/ *adj* fearsome, fierce.

tos /tos/ *sf* cough.

tos ferina *sf* whooping cough.

tosco, -ca /'tosko -ka/ *adj* **1.** (*objeto*) rough, crude. **2.** (*persona*) rough, coarse.

toser /to'ser/ [⇨TEMER] *vi* to cough • **está de un humor que no hay quien le tosa** he's in such a bad mood that nobody dares cross him • **cuando vuelva de la universidad no va a haber quien me tosa** when I finish university, I'll be streets ahead of everyone else.

tosquedad /toske'ðað/ *sf* **1.** (*de un objeto*) roughness, crudeness. **2.** (*de una persona*) roughness, coarseness.

tostada /tos'taða/ *sf* (*Culin*) piece of toast: **¿quieres unas tostadas?** would you like some toast? • **no fui porque me olía la tostada** I didn't go because I suspected there was something fishy going on.

tostadero /tosta'ðero/ *sm*: **su cuarto era un tostadero** her room was like a sauna.

tostado, -da /tos'taðo -ða/ **I** *adj* **1.** (*pan*) toasted; (*café*) roasted. **2.** (*marrón*) brown.
II tostado *sm* (*del pan*) toasting; (*del café*) roasting.

tostador /tosta'ðor/ *sm*, **tostadora** /tosta'ðora/ *sf* toaster.

tostar /tos'tar/ [⇨contar] *vt* (*pan, frutos secos*) to toast; (*café*) to roast.

tostarse *v prnl* **1.** (*broncearse*) to get a tan: **quiere ir a la playa a tostarse** he wants to go to the beach to get a tan. **2.** (*pasar calor*) to fry, to roast: **en esta habitación nos vamos a tostar** we're going to fry in this room.

tostón /tos'ton/ *sm* **1.** (*pan frito*) crouton. **2.** (*cochinillo*) roast sucking pig. **3.** (*fam: cosa pesada*): **esta película es un tostón** this film is really boring; (*: persona pesada*) pain (in the neck): **no seas tostón y déjame trabajar** don't be such a pain and let me get on with my work.

total /to'tal/ **I** *adj* total, complete: **la situación requiere un cambio total** the situation requires a complete change; **el precio total es de dos millones** the total price is two million.
II *sm* **1.** (*referido a: nombres en singular*): **el total de la clase estaba de acuerdo** the whole class agreed; (*: nombres en plural*): **el total de los trabajadores ha secundado la huelga** all of the workers have supported the strike. **2.** (*resultado*) total: **dime el total de lo que has gastado** tell me what you've spent in total.
III *adv* **1.** (*en resumen*) so: **total, que al final no se presentó al examen** so, in the end she didn't sit the exam; **total, que vamos a mudarnos** so the upshot of it is, we're moving. **2.** (*en realidad*): **total, no me apetecía mucho ir al teatro** I didn't feel like going to the theatre anyway.

totalidad /totali'ðað/ *sf* (*con nombres en singular*) whole: **la totalidad de su obra está dedicada a este tema** the whole of his work is devoted to this subject; (*con nombres en plural*): **la totalidad de los delegados votó en contra** all of the delegates voted against.

totalitario, -ria /totali'tarjo -rja/ *adj* totalitarian.

totalitarismo /totalita'rizmo/ *sm* totalitarianism.

tour /tur/ *sm* tour: **hicieron un tour por las principales ciudades de Europa** they did a tour of the main European cities.

tour operador *sm* tour operator.

tournée /tur'ne/ *sf* tour.

tóxico, -ca /'toksiko -ka/ **I** *adj* toxic, poisonous.
II tóxico *sm* toxic substance.

toxicómano, -na /toksi'komano -na/ *sm/f* drug addict.

toxina /tok'sina/ *sf* toxin.

tozudez /toθu'ðeθ/ *sf* stubbornness, obstinacy.

tozudo, -da /to'θuðo -ða/ **I** *adj* stubborn, obstinate: **es tan tozudo que no cambiará de opinión** he's too stubborn to change his mind.
II *sm/f* stubborn person.

traba /'traβa/ *sf* **1.** (*obstáculo*) obstacle: **el no tener dinero nunca ha sido una traba para ella** not having money has never proved an obstacle for her; **le pusieron muchas trabas** they put a lot of obstacles in his way. **2.** (*Amér L: para el pelo*) slide.

trabajado, -da /traβa'xaðo -ða/ *adj* **1.** (*cansado*) tired, worn-out: **el pobre abuelo está ya muy trabajado** poor grandad is worn-out. **2.** (*elaborado*) elaborate: **es una pieza muy trabajada** it is a very elaborate piece.

trabajador, -dora /traβaxa'ðor -'ðora/ **I** *adj* hard-working: **es muy trabajadora** she is very hard-working.
II *sm/f* worker.

trabajador autónomo *sm*, **trabajadora autónoma** *sf* self-employed worker.

trabajar /traβa'xar/ [⇨CANTAR] *vi* **1.** (*gen*) to work: **su novio trabaja en un banco** her boyfriend works in a bank; **no está en casa, está trabajando** she's not in, she's at work; **trabaja** *de * como* **periodista** he works

as a journalist; **el ordenador ha estado trabajando todo el día** the computer has been working * running all day. **2.** (*actuar*): **trabaja muy bien** he is a good actor; **¿quién trabaja en la película?** who's in the movie?
♦ *vt* **1.** (*insistir en, repasar*) to work on, to practise, (*US*) to practice: **debes trabajar más ese ejercicio** you need to work on that exercise. **2.** (*un material*) to work: **es muy bueno trabajando la madera** he is very good at woodwork; **toda la familia se dedica a trabajar la tierra** the whole family works the land. **3.** (*comerciar en*) to sell: **lo siento, no trabajamos esa marca** I'm sorry, we don't sell that brand. **4.** (*fam*: *intentar convencer*) to work on: **está trabajando a su padre para que la deje ir** she is working on her father to let her go.

trabajo /tra'βaxo/ *sm* **1.** (*empleo*): **estoy buscando trabajo** I'm looking for a job * for work; **he tenido varios trabajos desde entonces** I've had several jobs since then; **le gusta mucho su trabajo** he enjoys his work very much; **vive cerca del trabajo** she lives close to where she works; **hoy tengo trabajo para hacer en casa** I have some work to do at home today. **2.** (*obra*) piece of work: **expone sus últimos trabajos en una galería valenciana** she is exhibiting her latest work in a gallery in Valencia. **3.** (*esfuerzo*) work, effort: **le costó mucho trabajo terminarlo** getting it finished was hard work (for him) • **ni siquiera se toma el trabajo de intentar hacerlo bien** he doesn't even take the trouble to try to do it well. **4.** (*faena*) task, job: **le han encargado un trabajo difícil** she has been given a tough task. **5.** (*labor artesanal, factura*) workmanship: **observen el trabajo de las molduras** note the workmanship in the mouldings.
trabajo de chinos *sm* (*fam*) long, hard slog.
trabajo de equipo *sm* team effort.
trabajo eventual *sm* (*gen*) temporary work; (*puesto de trabajo*): **es un trabajo eventual** it's a temporary job.
trabajo fijo *sm* (*gen*) permanent employment; (*puesto de trabajo*): **tiene un trabajo fijo** she has a permanent job.
trabajo manual *sm* manual work.
trabajos forzados *sm pl* hard * forced (*GB*) labour * (*US*) labor.
trabajos manuales *sm pl* crafts *pl*.

trabajoso, -sa /traβa'xoso -sa/ *adj* laborious.

trabalenguas /traβa'leŋgwas/ *sm inv* tongue twister.

trabar /tra'βar/ [⇨ CANTAR] *vt* **1.** (*juntar*) to join. **2.** (*sujetar*) to fasten, to secure: **trabó la puerta con una tranca** he secured the door with a bar. **3.** (*una salsa*) to thicken. **4.** (*una relación*) to strike up: **trabaron amistad durante el verano** they struck up a friendship during the summer.
trabarse *v prnl* **1.** (*al hablar*): **estaba tan nervioso que se le trababa la lengua** he was so nervous that he got tongue-tied. **2.** (*engancharse, enredarse*) to get into a tangle: **se le trabaron los pies y se cayó** he tripped over his own feet.

trabazón /traβa'θon/ *sf* **1.** (*entre piezas*) joining, binding. **2.** (*entre ideas*) link, connection: **no hay trabazón** *entre* **las partes del libro** there's no link between the different parts of the book.

trabilla /tra'βiʎa/ *sf* **1.** (*de un abrigo*) half-belt. **2.** (*para el cinturón*) belt loop.

trabucar /traβu'kar/ [⇨ sacar] *vt* to mix up: **alguien ha trabucado estas fichas** someone has mixed up these cards.
trabucarse *v prnl* to get mixed up: **me trabuco mucho hablando inglés** I get all my words mixed up when I speak English.

trabuco /tra'βuko/ *sm* blunderbuss.

traca /'traka/ *sf* series of firecrackers.

tracción /trak'θjon/ *sf* traction.
tracción delantera *sf* front-wheel drive.
tracción trasera *sf* rear-wheel drive.

tractor /trak'tor/ *sm* tractor.

tradición /traði'θjon/ *sf* tradition.

tradicional /traðiθjo'nal/ *adj* traditional.

tradicionalismo /traðiθjona'lizmo/ *sm* traditionalism.

traducción /traðuk'θjon/ *sf* translation.
traducción simultánea *sf* simultaneous translation.

traducir /traðu'θir/ [⇨ conducir] *vt* **1.** (*un texto*) to translate: **hay que traducirlo** *al* **español** it has to be translated into Spanish. **2.** (*transformar*) to turn, to change: **la noticia tradujo nuestra alegría** *en* **dolor** the news turned our joy to sorrow.
traducirse *v prnl* to result: **las crisis económicas se traducen** *en* **un aumento del paro** economic crises result in an increase in unemployment.

traductor, -tora /traðuk'tor -'tora/ *sm/f* translator.

traer /tra'er/ [⇨ table: traer] *vt* **1.** (*gen*) to bring: **¿tenemos que traer el libro de texto?** do we have to bring our text books?; **te he traído un regalo** I've brought you a present; **trajo a Marta a casa** she brought Marta home; **traía a su hija en los brazos** she was carrying her daughter; **traía un enfado que no veas** he was absolutely furious • **¡trae!** give it here! **2.** (*ocasionar*) to bring, to cause: **a la larga me trajo muchos disgustos** in the long term it brought me a lot of trouble; **la decisión trajo consigo una serie de problemas** the decision caused a series of problems. **3.** (*provocarle un estado de ánimo a*): **este asunto me trae loco** this business is driving me crazy • **su hijo**

traer

INDICATIVE

Present	Preterite
traigo	traje
traes	trajiste
trae	trajo
traemos	trajimos
traéis	trajisteis
traen	trajeron

SUBJUNCTIVE

Present	Imperfect
traiga	trajera *or* trajese
traigas	trajeras *or* trajeses
traiga	trajera *or* trajese
traigamos	trajéramos *or* trajésemos
traigáis	trajerais *or* trajeseis
traigan	trajeran *or* trajesen

PRESENT PARTICIPLE	PAST PARTICIPLE
trayendo	traído

IMPERATIVE

(tú) trae	(usted) traiga
(vosotros) traed	(ustedes) traigan

For the rest of the tenses ⇨ TEMER (in appendix)

mayor los trae * **lleva a mal traer** their eldest son is giving them a very difficult time. **4.** (*ropa*) to wear: **hoy trae un vestido nuevo** she's wearing a new dress today. **5.** (*Medios*: *contener*) to have: **el libro trae varios ejercicios al final** the book has several exercises at the back; **el periódico no trae más que malas noticias** there's nothing but bad news in the paper.

traerse *v prnl* **1.** (*con uno*) to bring along: **se trajo a unos amigos** she brought some friends along. **2.** (*entre varios*): **¡se traían una juerga!** they were having a riotous time • **me gustaría saber qué se traen entre manos** I'd like to know what they're up to. **3. traérselas**: **ese examen se las trae** that exam is very difficult; **es simpático, pero como jefe se las trae** he's a nice person, but he's a really tough boss.

traficante /trafi'kante/ *sm/f* trafficker.

traficante de armas *sm/f* arms dealer.

traficante de drogas *sm/f* drug dealer * trafficker.

traficar /trafi'kar/ [➪ sacar] *vi* to traffic: **traficaba** *con* **drogas** he was trafficking in drugs.

tráfico /'trafiko/ *sm* traffic: **llegué tarde porque había mucho tráfico** I was late because there was a lot of traffic; **murió en un accidente de tráfico** she was killed in a road accident.

tráfico de influencias *sm* influence peddling.

tragaderas /traɣa'ðeras/ *sf pl* (*fam: garganta*) throat • **tener tragaderas**: **¡qué tragaderas tienes, deja de comer ya!** you're like a bottomless pit, don't eat any more!; **hay que tener tragaderas para creerse esa historia** you have to be pretty gullible to believe a story like that.

tragaldabas /traɣal'daβas/ *sm/f inv* (*fam*) greedy guts, glutton.

tragaluz /traɣa'luθ/ *sm* [**tragaluces**] skylight.

tragaperras /traɣa'perras/ **I** *adj inv*: **odio las máquinas tragaperras** I hate slot machines.
II *sf inv* slot machine, one-armed bandit.

tragar /tra'ɣar/ [➪ pagar] *vt* **1.** (*gen*) to swallow: **lo tragó sin saborearlo** he swallowed it without tasting it. **2.** (*fam*: *comer*) to gobble up, to put away: **traga lo que le echen** he gobbles up whatever's put in front of him. **3.** (*fam*: *consumir*) to use: **ese coche traga mucha gasolina** this car uses a lot of petrol. **4.** (*fam*: *aguantar*) to stand: **sé que ese tipo no me traga** I know that guy can't stand me.
♦*vi* **1.** (*gen*) to swallow: **me duele la garganta al tragar** my throat hurts when I swallow. **2.** (*fam*: *comer mucho*): **¡hay que ver cómo traga!** he really does eat a lot! **3.** (*fam*: *dejarse engañar*) to be taken in: **no tragará, por mucho que insistas** she won't be taken in, no matter how hard you try. **4.** (*fam*: *aguantarse*): **no nos queda otro remedio que tragar** we've no choice but to put up with it. **5.** (*Arg*, *Urug*: *fam*, *estudiar mucho*) to swot.

tragarse *v prnl* **1.** (*gen*) to swallow: **se tragó el chicle** she swallowed her chewing gum; **¿te tragas el humo?** do you inhale? **2.** (*ocultar*): **se tragó su orgullo** she swallowed her pride; **se tragó la rabia y no dijo nada** she held back her anger and said nothing. **3.** (*fam*: *comer*) to gobble up, to wolf down: **se lo tragó todo en dos minutos** he wolfed it down in no time. **4.** (*fam*: *aguantar*): **me tuve que tragar una conferencia de dos horas** I had to sit through a two-hour lecture. **5.** (*fam*: *creer*) to fall for: **no se van a tragar ese cuento** they're not going to fall for * believe that story.

tragedia /tra'xeðja/ *sf* tragedy: **la muerte de su padre fue una tragedia** the death of her father was a tragedy.

trágico, -ca /'traxiko -ka/ **I** *adj* **1.** (*triste, desgraciado*) tragic: **la historia tuvo un final trágico** the story had a tragic ending. **2.** (*actor, escritor*) tragic: **un autor trágico** a tragic author * a tragedian.
II *sm/f* tragedian.

tragicomedia /traxiko'meðja/ *sf* tragicomedy.

tragicómico, -ca /traxi'komiko -ka/ *adj* tragicomic.

trago /'traɣo/ *sm* **1.** (*sorbo*) gulp, swallow: **me lo bebí** *de* **un trago** I downed it in one; **dame un trago** give me a swig. **2.** (*bebida alcohólica*) drink: **¿vienes a tomar un trago?** are you coming for a drink? **3.** (*fam*: *situación difícil*) difficult situation • **¡vaya trago nos has hecho pasar!** (*preocupación*) you had us really worried!; (*vergüenza*) you have embarrassed us terribly!

tragón, -gona /tra'gon -'gona/ (*fam*) **I** *adj* greedy: **el bebé es muy tragón** the baby eats a lot.
II *sm/f* glutton.

traición /trai'θjon/ *sf* **1.** (*delito contra el propio país*) treason. **2.** (*acción desleal*) treachery: **jamás le perdonaron su traición** they never forgave him for his treachery * betrayal; **nos atacaron** *a* **traición** they attacked us treacherously * by treachery.

traicionar /traiθjo'nar/ [➪ CANTAR] *vt* to betray: **uno de la banda los traicionó** one of the gang betrayed them; **su sonrisa la traicionó** her smile betrayed her * gave her away; **los nervios lo traicionaron en el examen** his nerves let him down in the exam.

traicionero, -ra /traiθjo'nero -ra/ *adj* treacherous: **el marisco es muy traicionero** seafood can be a risky thing to eat.

traidor, -dora /trai'ðor -'ðora/ **I** *adj* (*traicionero*) treacherous: **la sangría es una bebida muy traidora** sangria is a deceptively innocent-tasting drink.
II *sm/f* traitor.

traigo /'traiɣo/ *and other forms with* **traig-** ➪ traer

trailer, tráiler /'trailer/ *sm* [**trailers**] **1.** (*de una película*) trailer. **2.** (*remolque*) trailer; (*camión*) (*GB*) articulated lorry, (*US*) semitrailer.

traílla /tra'iʎa/ *sf* **1.** (*correa*) leash, lead. **2.** (*grupo de perros*) team.

trainera /trai'nera/ *sf* fishing boat (*with oars*).

traje /'traxe/ **I** *and other forms with* **traj-** ➪ traer
II *sm* **1.** (*vestido: gen*) dress; (*: regional, de época*) costume. **2.** (*conjunto de chaqueta y pantalón o falda*) suit (*man's or woman's*).

traje de baño *sm* (*de caballero*) swimming trunks *pl*; (*de señora*) swimsuit, swimming costume.

traje de chaqueta *sm* (*woman's*) suit.

traje de etiqueta *sm* (*GB*) dinner jacket, (*US*) tuxedo.

traje de luces *sm* bullfighter's outfit.

traje de noche *sm* evening dress.

traje de novia *sm* wedding dress.

traje sastre *sm* (*woman's*) suit.

trajeado, -da /traxe'aðo -ða/ *adj*: **va a la oficina muy trajeado** he wears a smart suit to the office.

trajín /tra'xin/ *sm* **1.** (*trabajo*): **tiene mucho trajín con los pequeños** she has a lot of work looking after the children. **2.** (*movimiento*) coming and going: **¡qué trajín hay en la calle esta mañana!** there's so much coming and going in the street today!

trajinar /traxi'nar/ [➪ CANTAR] *vi*: **me he pasado todo el día trajinando en la casa** I've been busy at home all day.

tralla /'traʎa/ *sf* whip.

trallazo /tra'ʎaθo/ *sm* **1.** (*latigazo*) (whip)lash. **2.** (*en fútbol*) powerful shot.

trama /'trama/ *sf* **1.** (*de una tela*) weft. **2.** (*de una novela, una película*) plot: **estaba involucrado en la trama de los billetes falsos** he was involved in the counterfeiting conspiracy.

tramar /tra'mar/ [⇨CANTAR] *vt* to plan, to plot: **están tramando su venganza** they are plotting their revenge; **esos niños están tramando algo** those children are up to something.

tramitar /trami'tar/ [⇨CANTAR] *vt* **1.** (*administración, oficina*) to process: **estamos tramitando su solicitud** we are processing your application. **2.** (*ciudadano particular*): **estoy tramitando la obtención de la nacionalidad española** I'm arranging to obtain Spanish nationality.

trámite /'tramite/ *sm* (*diligencia*) step, procedure: **tuvo que hacer muchos trámites para obtener el visado** there was a lot of paperwork involved in obtaining the visa.

tramo /'tramo/ *sm* **1.** (*parte*) stretch, section: **este tramo de la carretera tiene muchos baches** this section of the road has a lot of potholes. **2.** (*de una escalera*) flight.

tramontana /tramon'tana/ *sf* north wind.

tramoya /tra'moja/ *sf* (*conjunto de máquinas*) stage machinery; (*máquina*) piece of stage machinery.

tramoyista /tramo'jista/ *sm/f* scene shifter.

trampa /'trampa/ *sf* **1.** (*gen*) trap: **pusieron varias trampas para conejos** they laid several traps ∗ snares for rabbits; **la policía tendió una trampa al ladrón** the police set a trap for the robber; **has caído en la trampa** you've fallen into the trap. **2.** (*puerta*) trap door. **3.** (*engaño: gen*) fiddle: **hizo una trampa para que cuadraran las cuentas** he fiddled the accounts to make them balance; (*: en el juego*): **nos dimos cuenta de que estaba haciendo trampas** we realized that she was cheating.

trampero, **-ra** /tram'pero -ra/ *sm/f* trapper.

trampilla /tram'piʎa/ *sf* trap door.

trampolín /trampo'lin/ *sm* (*en natación*) diving board; (*en gimnasia*) springboard; (*en esquí*) ski jump • **aquel libro fue su trampolín a la fama** that book propelled him to fame.

tramposo, **-sa** /tram'poso -sa/ **I** *adj*: **no quiero nada con él, es muy tramposo** I don't want anything to do with him, he's a real con artist; **es muy tramposo jugando a las cartas** he cheats a lot at cards.
II *sm/f* **1.** (*en los negocios*) con artist, trickster. **2.** (*en el juego*) cheat.

tranca /'traŋka/ *sf* **1.** (*palo*) club. **2.** (*para una puerta, ventana*) bar • **llegó a la meta a trancas y barrancas** he made it to the finishing line with great difficulty. **3.** (*fam: borrachera*): **¡llevaba una tranca que no se tenía!** he was so drunk he could hardly stand.

trancazo /traŋ'kaθo/ *sm* **1.** (*garrotazo*) blow (*with a club*). **2.** (*fam: catarro*) heavy cold; (*: gripe*) bad dose of flu.

trance /'tranθe/ *sm* **1.** (*aprieto, apuro*) critical moment • **cuando llegamos estaba en trance de muerte** he was near to death when we arrived • **está empeñada en hacerlo a todo trance** she is determined to do it come what may. **2.** (*éxtasis*) trance: **ha entrado** *en* **trance** she's gone into a trance.

tranquilidad /traŋkili'ðað/ *sf* **1.** (*gen*) (*GB*) tranquillity, (*US*) tranquility: **lo único que quiero es paz y tranquilidad** all I want is peace and tranquillity. **2.** (*de las aguas*) calmness, stillness. **3.** (*de una persona*) calmness: **respondí a sus preguntas** *con* **tranquilidad** I answered his questions calmly; **para tu tranquilidad te digo que nadie ocupará tu lugar** so that you don't worry, I can tell you that no one will take your place.

tranquilizador, **-dora** /traŋkiliθa'ðor -'ðora/ *adj* reassuring.

tranquilizante /traŋkili'θante/ **I** *adj* calming, (*GB*) tranquillizing, (*US*) tranquilizing.
II *sm* (*GB*) tranquillizer, (*US*) tranquilizer.

tranquilizar /trankili'θar/ [⇨cazar] *vt* **1.** (*sosegar*) to calm down. **2.** (*reconfortar*) to reassure: **me tranquilizó saber que habían llegado bien** I was reassured to know that they had arrived safely.
tranquilizarse *v prnl* to calm down: **¡tranquilícese, señora!** calm down, madam!

tranquillo /traŋ'kiʎo/ *sm* • **todavía no le he cogido el tranquillo a este aparato** I haven't got the hang of this machine yet.

tranquilo, **-la** /traŋ'kilo -la/ *adj* **1.** (*silencioso*) quiet, peaceful: **viven en un sitio tranquilo** they live in a peaceful spot; **sólo quería que la dejaran tranquila** she just wanted to be left in peace; (*calmado*) still: **el mar estaba tranquilo** the sea was still ∗ calm. **2.** (*despreocupado, relajado*) calm, relaxed: **me quedé tranquila cuando me dieron el resultado** I relaxed ∗ I stopped worrying when they gave me the result; **se lo dije y se quedó tan tranquilo** I told him and he didn't react at all; **no tiene la conciencia tranquila** he does not have a clear conscience. **3.** (*pacífico*) easy-going, placid: **tiene un carácter muy tranquilo** he is very easy-going.

transacción /transak'θjon/ *sf* transaction.

transar /tran'sar/ [⇨CANTAR] (*Amér L*) *vi* (*transigir*) to give in: **vas a tener que transar y dejarla ir** you're going to have to give in and let her go; **no vamos a transar** *por* **menos del cuatro por ciento de aumento** we're not going to accept an increase of less than four per cent.
♦ *vt* (*acciones, valores*) to deal in, to buy and sell.

transatlántico, **-ca** /transat'lantiko -ka/ **I** *adj* transatlantic.
II transatlántico *sm* (*Náut*) liner.

transbordador /transβorða'ðor/ *sm* ferry.
transbordador espacial *sm* (space) shuttle.

transbordar /transβor'ðar/ [⇨CANTAR] *vt* to transfer: **hubo que transbordar a los pasajeros a un autobús** the passengers had to be transferred onto a bus.
♦ *vi* to change: **para Atocha tienes que transbordar** *en* **Sol** for Atocha station you have to change at Sol.

transbordo /trans'βorðo/ *sm* change: **tengo que hacer dos transbordos en el trayecto a casa** I have to change twice on the homeward journey.

transcendencia /transθen'denθja/ *sf* ⇨trascendencia

transcendental /transθenden'tal/ *adj* ⇨trascendental

transcendente /transθen'dente/ *adj* ⇨trascendente

transcender /transθen'der/ [⇨tender] *vt/i* ⇨trascender

transcribir /transkri'βir/ [⇨PARTIR; *past participle* **transcrito**] *vt* to transcribe.

transcripción /transkrip'θjon/ *sf* (*acción de transcribir*) transcription; (*cosa transcrita*) transcript, transcription.
transcripción fonética *sf* phonetic transcription.

transcurrir /transku'rrir/ [⇨PARTIR] *vi* **1.** (*días, horas, etc.*) to elapse, to go by: **transcurrían las horas y**

seguíamos esperando noticias the hours went by and we were still waiting for news. **2.** (*hecho, suceso*) to pass: **el viaje transcurrió sin problemas** the journey passed without any problems.

transcurso /trans'kurso/ *sm* **1.** (*paso del tiempo*) passing: **con el transcurso de los años perdieron su amistad** with the passage of time their friendship faded. **2.** (*periodo de tiempo*): **deberá acabarlo en el transcurso de una semana** she must finish it within a week.

transepto /tran'septo/ *sm* transept.

transeúnte /transe'unte/ **I** *adj* (*de paso*) non-permanent, temporary.
II *sm/f* **1.** (*viandante*) passer-by: **los transeúntes se paraban a mirar el escaparate** passers-by stopped to look in the shop window. **2.** (*habitante temporal*) temporary resident, visitor.

transexual /transek'swal/ *adj, sm/f* transsexual.

transferencia /transfe'renθja/ *sf* **1.** (*transmisión*) transference, transfer. **2.** (*Dep, Fin*) transfer.
transferencia bancaria *sf* bank transfer.

transferir /transfe'rir/ [⇨ sentir] *vt* to transfer: **han sido transferidos** *a* **la cárcel de Barcelona** they have been transferred to Barcelona prison; **quiero transferir este dinero** *a* **otra cuenta** I want to transfer this money to another account.

transfiero /trans'fjero/ *and other forms with* ***transfier-*** ⇨ transferir

transfigurar /transfiɣu'rar/ [⇨ CANTAR] *vt* to transform, to change completely: **el dolor le transfiguraba el rostro** his face was distorted with pain.
transfigurarse *v prnl* to be changed.

transformación /transforma'θjon/ *sf* **1.** (*mutación*) transformation. **2.** (*en rugby*) conversion.

transformador /transforma'ðor/ *sm* transformer.

transformar /transfor'mar/ [⇨ CANTAR] *vt* **1.** (*cambiar*) to transform, to change. **2.** (*convertir*) to turn: **transformó uno de los dormitorios** *en* **un cuarto de estudio** he turned one of the bedrooms into a study.
transformarse *v prnl* to change: **el renacuajo se transforma** *en* **rana** the tadpole turns into a frog.

tránsfuga /'transfuɣa/ *sm/f* (*desertor*) deserter; (*de un partido político*) defector.

transfusión /transfu'sjon/ *sf* transfusion.
transfusión de sangre *sf* blood transfusion.

transgredir /transɣre'ðir/ [⇨ PARTIR] *vt* (*una ley*) to break.

transgresión /tranzɣre'sjon/ *sf* breaking, violation.

transgresor, -sora /tranzɣre'sor -'sora/ *sm/f* transgressor.

transición /transi'θjon/ *sf* transition.

transido, -da /tran'siðo -ða/ *adj*: **estaba transida** *de* **dolor** she was racked with pain.

transigente /transi'xente/ *adj* tolerant: **es demasiado transigente** *con* **él** she is too tolerant of him.

transigir /transi'xir/ [⇨ surgir] *vi* **1.** (*acceder*) to give in: **no quería hacerlo, pero al final transigió** she didn't want to do it, but in the end she gave in ∗ gave way. **2.** (*consentir*) to tolerate, to permit: **no transige** *con* **el desorden** he won't tolerate untidiness.

transistor /transis'tor/ *sm* transistor.

transitable /transi'taβle/ *adj* passable: **la carretera es mala, pero transitable** the road is bad, but passable.

transitar /transi'tar/ [⇨ CANTAR] *vi* (*coches*) to travel, to go; (*personas*) to walk: **había mucha gente transitando** *por* **la calle** there were a lot of people walking along the street.

transitivo, -va /transi'tiβo -βa/ *adj* transitive.

tránsito /'transito/ *sm* **1.** (*de personas*) movement: **los pasajeros** *en* **tránsito** passengers in transit • **estaba aquí sólo de tránsito** he was just passing through. **2.** (*de coches*) traffic: **hay mucho tránsito a las horas punta** there's a lot of traffic at peak times.

transitorio, -ria /transi'torjo -rja/ *adj* **1.** (*temporal*) temporary: **su estancia aquí es transitoria** she's only staying here temporarily. **2.** (*momentáneo*) passing.

translúcido, -da /trans'luθiðo -ða/ *adj* ⇨ traslúcido

translucir /translu'θir/ [⇨ lucir] *vt* ⇨ traslucir

transmisión /tranzmi'sjon/ **I** *sf* **1.** (*de una señal*) transmission. **2.** (*emisión*) broadcasting: **han retrasado la transmisión de la película** the film will be broadcast ∗ shown later. **3.** (*Jur*: *de propiedades*) transfer. **4.** (*Auto*) transmission.
II transmisiones *sf pl* (*Mil*) signal corps.

transmisor, -sora /tranzmi'sor -'sora/ **I** *adj* **1.** (*Tec*) transmitting. **2.** (*Med*): **es el mosquito transmisor de la malaria** it is the mosquito which carries ∗ transmits malaria.
II transmisor *sm* transmitter.

transmitir /tranzmi'tir/ [⇨ PARTIR] *vt* **1.** (*un aviso, un mensaje, una información*) to pass on: **por favor, transmítele mi enhorabuena** please give him my congratulations; (*un sentimiento*) to communicate: **consiguió transmitir al público su optimismo** he succeeded in communicating his optimism to the audience. **2.** (*emitir*) to broadcast: **transmitieron la final en directo** they broadcast the final live. **3.** (*contagiar*) to transmit, to pass on. **4.** (*ceder*) to transfer, to cede: **he transmitido mis derechos de autor a la Cruz Roja** I have ceded the royalties to the Red Cross.
♦ *vi* to broadcast, to transmit.

transnacional /transnaθjo'nal/ *sf* (*Fin*) transnational corporation.

transparencia /transpa'renθja/ *sf* **1.** (*cualidad*) transparency. **2.** (*de una actuación, una situación*) transparency: **se exigirá la transparencia total en el funcionamiento de las empresas públicas** we shall demand total transparency ∗ accountability in the running of public companies. **3.** (*para proyectar*) transparency.

transparentar /transparen'tar/ [⇨ CANTAR] *vt* to reveal: **su rostro transparentaba tristeza** you could see the sadness in her face.
transparentarse *v prnl* **1.** (*un material*) to be transparent, to be see-through: **ese vestido se transparenta** you can see through that dress. **2.** (*manifestarse*) to show through, to be obvious: **el nerviosismo se transparentaba** *en* **sus gestos** his nervousness was obvious from his behaviour.

transparente /transpa'rente/ *adj* **1.** (*material*) see-through, transparent: **llevaba una blusa transparente** she was wearing a see-through blouse. **2.** (*evidente*) obvious, clear: **mis propósitos son transparentes** my aims are clear.

transpiración /transpira'θjon/ *sf* **1.** (*sudor*) perspiration. **2.** (*de las plantas*) transpiration.

transpirar /transpi'rar/ [⇨ CANTAR] *vi* **1.** (*sudar*) to perspire. **2.** (*planta*) to transpire.

transponer /transpo'ner/ [⇨ poner; *past participle* **transpuesto**] *vt* ⇨ trasponer

transportador, -dora /transporta'ðor -'ðora/ **I** *adj* transporting.
II transportador *sm* protractor.

transportar /transpor'tar/ [⇨ CANTAR] *vt* **1.** (*mercancías,* *personas*) to transport, to carry: **el camión transportaba frutas y verduras** the truck was carrying fruit and vegetables; **la lectura la transportó a un mundo de aventuras** her reading transported her to a world of adventure. **2.** (*Mús*) to transpose.

transporte /trans'porte/ *sm* (*GB*) transport, (*US*) transportation: **trabaja en una empresa de transportes** she works for a transport company; **habría que invertir más en los transportes públicos** more money should be invested in public transport.

transportista /transpor'tista/ *sm/f* carrier, (*GB*) haulier, (*US*) hauler.

transvasar /transβa'sar/ [⇨ CANTAR] *vt* ⇨ trasvasar

transvase /trans'βase/ *sm* ⇨ trasvase

transversal /transβer'sal/ **I** *adj* transverse.
II *sf* side street.

tranvía /tram'bia/ *sm* (*GB*) tram, tramcar, (*US*) streetcar.

trapecio /tra'peθjo/ *sm* **1.** (*de circo*) trapeze. **2.** (*Anat: músculo*) trapezius. **3.** (*Mat*) (*GB*) trapezium, (*US*) trapezoid.

trapecista /trape'θista/ *sm/f* trapeze artist.

trapero, -ra /tra'pero -ra/ *sm/f* (*GB*) rag-and-bone man, ragman, (*US*) junkman.

trapezoide /trape'θoiðe/ *sm* (*GB*) trapezoid, (*US*) trapezium.

trapicheo /trapi'tʃeo/ *sm* (*fam*) shady deal, fiddle: **¿qué trapicheos se trae entre manos?** what shady deal is he working on now?

trapillo /tra'piʎo/ **de trapillo** *loc adv* (*fam*): **íbamos de trapillo** we weren't very smartly dressed.

trapío /tra'pio/ *sm* **1.** (*Tauro*) striking ∗ impressive appearance. **2.** (*fam: de una mujer*) grace.

trapo /'trapo/ **I** *sm* **1.** (*gen*) rag; (*para limpiar: gen*) cloth: **pásale un trapo húmedo** wipe it with a damp cloth; (*: el polvo*) duster • **dejó ∗ puso a su amigo hecho un trapo** he made his friend look ridiculous • **acabé la jornada hecho un trapo** I was exhausted by the end of the day • **va siempre hecho un trapo** he goes around looking like a tramp • **no saquemos los trapos sucios a relucir en público** let's not wash our dirty linen in public • **lo trata como a un trapo sucio ∗ viejo** she treats him like dirt • **tuvimos que volver a todo trapo** we had to go back as fast as we could. **2.** (*Tauro*) cape.
II trapos *sm pl* (*fam*) clothes *pl*.
trapo de cocina *sm* tea towel, tea cloth.
trapo del polvo *sm* duster.

tráquea /'trakea/ *sf* trachea, windpipe.

traquetear /trakete'ar/ [⇨ CANTAR] *vi* to rattle.

traqueteo /trake'teo/ *sm* rattle.

tras /tras/ *prep* **1.** (*de tiempo*) after: **tras la comida, nos fuimos a pasear** after the meal, we went for a walk; **llegaron uno tras otro** they arrived one after the other. **2.** (*de lugar*) behind: **se escondió tras la butaca** she hid behind the armchair; **¿qué hay tras aquella sierra?** what lies beyond that mountain range? **3.** (*en busca de*) after: **va tras un puesto en Correos** he's after a job in ∗ with the Post Office.

trasatlántico, -ca /trasat'lantiko -ka/ *adj*, **trasatlántico** *sm* ⇨ transatlántico

trasbordador /trasβorða'ðor/ *sm* ⇨ transbordador

trasbordar /trasbor'dar/ [⇨ CANTAR] *vt/i* ⇨ transbordar

trasbordo /tras'bordo/ *sm* ⇨ transbordo

trascendencia /trasθen'denθja/ *sf* **1.** (*significación, valor*) significance, importance: **fue un artista de gran trascendencia** he was an artist of great importance; **por suerte, fue un accidente sin trascendencia** fortunately it wasn't a serious accident. **2.** (*de ideas, creencias*) transcendence.

trascendental /trasθenden'tal/ *adj* **1.** (*importante*) extremely important: **su ayuda fue trascendental para que pudieran terminar a tiempo** her help was crucial in enabling them to finish on time. **2.** (*creencias, pensamientos*) transcendental.

trascendente /trasθen'dente/ *adj* **1.** (*importante*) extremely important. **2.** (*ideas*) transcendental.

trascender /trasθen'der/ [⇨ tender] *vi* **1.** (*divulgarse*) to get out, to be revealed: **el hecho trascendió** *a* **la opinión pública** the incident became public knowledge. **2.** (*propagarse*) to spread: **la huelga ha trascendido** *a* **otros departamentos** the strike has spread to other departments.
♦ *vt* **1.** (*descubrir*) to see, to find out: **es imposible trascender sus intenciones ocultas** it is impossible to see what their hidden intentions are. **2.** (*ir más allá: gen*) to go beyond: **el programa trasciende las fronteras nacionales** the programme goes beyond national borders; (*: en filosofía*) to transcend.

trascribir /traskri'βir/ [⇨ PARTIR; *past participle* **trascrito**] *vt* ⇨ transcribir

trascripción /traskrip'θjon/ *sf* ⇨ transcripción

trascurrir /trasku'rrir/ [⇨ PARTIR] *vi* ⇨ transcurrir

trascurso /tras'kurso/ *sm* ⇨ transcurso

trasera /tra'sera/ *sf* rear, back: **le abollaron la trasera del coche** they dented the back of her car.

trasero, -ra /tra'sero -ra/ **I** *adj* back, rear.
II trasero *sm* (*Anat: fam*) bottom, (*GB*) bum, (*US*) ass.

trasferencia /trasfe'renθja/ *sf* ⇨ transferencia

trasferir /trasfe'rir/ [⇨ sentir] *vt* ⇨ transferir

trasfigurar /trasfiɣu'rar/ [⇨ CANTAR] *vt* ⇨ transfigurar

trasfondo /tras'fondo/ *sm* background: **en todo ello había un trasfondo** *de* **verdad** there was some truth behind it all.

trasformación /trasforma'θjon/ *sf* ⇨ transformación

trasformador /trasforma'ðor/ *sm* ⇨ transformador

trasformar /trasfor'mar/ [⇨ CANTAR] *vt* ⇨ transformar

trasfusión /trasfu'sjon/ *sf* ⇨ transfusión

trasgo /'trazɣo/ *sm* ghost.

trasgredir /trazɣre'ðir/ [⇨ PARTIR] *vt* ⇨ transgredir

trasgresión /trazɣre'sjon/ *sf* ⇨ transgresión

trasgresor, -sora /trazɣre'sor -'sora/ *sm/f* ⇨ transgresor

trashumancia /trasu'manθja/ *sf* seasonal migration (*of flocks*).

trashumante /trasu'mante/ *adj* migrating.

trasiego /tra'sjeɣo/ *sm* bustle, activity: **con lo del traslado tenemos mucho trasiego** there's so much going on because of the move.

traslación /trasla'θjon/ *sf* (*Astron*): **el movimiento de traslación de la Tierra** the Earth's orbit around the Sun.

trasladar /trasla'ðar/ [⇨ CANTAR] *vt* **1.** (*cambiar de lugar*) to move: **quiero trasladar este sofá** *a* **la sala** I want to move ∗ shift this sofa into the living room; **tuvimos que trasladar a los alumnos** *al* **otro edificio** we had to move ∗ transfer the pupils to the other building. **2.** (*un empleado*) to transfer: **lo han trasladado** *a* **contabilidad** he's been transferred to accounts. **3.** (*un acto, una reunión*) to change, to move: **han trasladado la junta** *a* **la semana próxima** they've moved the meeting to next week.
trasladarse *v prnl* to move: **nos vamos a trasladar** *a* **Santiago** we're going to move to Santiago.

traslado /tras'laðo/ *sm* **1.** (*de residencia*) move. **2.** (*de un empleado*) transfer.

traslúcido, -da /tras'luθiðo -ða/ *adj* translucent.

traslucir /traslu'θir/ [➪lucir] *vt* to reveal, to show: **el brillo de sus ojos traslucía una gran alegría** her shining eyes revealed great happiness.

traslucirse *v prnl* to be visible: **detrás de las cortinas se traslucía su figura** his outline was visible behind the curtains.

trasluz /tras'luθ/ **al trasluz** *loc adv* against the light: **miró el sobre al trasluz para averiguar lo que contenía** he examined the envelope against the light to find out what it contained.

trasmano /traz'mano/ **a trasmano** *loc adv*: **viven muy a trasmano** they live in the back of beyond.

trasmisión /trazmi'sjon/ *sf* ➪transmisión

trasmisor, -sora /trazmi'sor -'sora/ *adj*, **trasmisor** *sm* ➪transmisor

trasmitir /trazmi'tir/ [➪PARTIR] *vt/i* ➪transmitir

trasnochado, -da /trazno'tʃaðo -ða/ *adj* outdated: **tiene unas opiniones muy trasnochadas** she has some very outdated views.

trasnochar /trazno'tʃar/ [➪CANTAR] *vi* to stay up late, to go to bed late.

traspapelar /traspape'lar/ [➪CANTAR] *vt* to misplace, to mislay (*a document, piece of paper*).

traspapelarse *v prnl* to go astray, to get mislaid (*a document, piece of paper*).

trasparencia /traspa'renθja/ *sf* ➪transparencia

trasparentar /trasparen'tar/ [➪CANTAR] *vt* ➪transparentar

trasparente /traspa'rente/ *adj* ➪transparente

traspasar /traspa'sar/ [➪CANTAR] *vt* **1.** (*pasar de un lado a otro de*) to go (right) through: **el clavo ha traspasado la pared** the nail has gone right through the wall • **este frío traspasa los huesos** this cold gets into your bones. **2.** (*cruzar*) to cross (over), to go (over): **traspasó la línea fronteriza** he crossed the border. **3.** (*una ley, una norma*) to break, to violate. **4.** (*un local, un negocio, etc.*) to transfer, to sell: **traspasé el negocio hace dos años** I sold my business (as a going concern) two years ago; (*a un deportista*) to sell.

traspaso /tras'paso/ *sm* (*de un negocio*) transfer, sale: **los traspasos conllevan mucho papeleo** transferring a business involves a lot of paperwork.

traspatio /tras'patjo/ *sm* (*Amér L*) backyard.

traspié /tras'pje/ *sm* **1.** (*tropezón*) trip, slip: **dio un traspié y se cayó** he slipped and fell. **2.** (*error*) mistake, blunder: **no te des por vencido al primer traspié que tengas** don't give up the first time you make a mistake.

traspiración /traspira'θjon/ *sf* ➪transpiración

traspirar /traspi'rar/ [➪CANTAR] *vi* ➪transpirar

trasplantar /trasplan'tar/ [➪CANTAR] *vt* **1.** (*Bot, Med*) to transplant. **2.** (*un sistema, una moda*) to introduce.

trasplante /tras'plante/ *sm* transplant.

trasplante de corazón *sm* heart transplant.

trasplante de córnea *sm* cornea transplant.

trasplante de médula *sm* bone marrow transplant.

trasponer /traspo'ner/ [➪poner; *past participle* **traspuesto**] *vt* **1.** (*cambiar de sitio*) to move. **2.** (*traspasar*) to go through: **traspuso la puerta y no lo vimos más** he went out of the door and that was the last we saw of him.

trasportador, -dora /trasporta'ðor -'ðora/ *adj*, **trasportador** *sm* ➪transportador

trasportar /traspor'tar/ [➪CANTAR] *vt* ➪transportar

trasporte /tras'porte/ *sm* ➪transporte

trasportista /traspor'tista/ *sm/f* ➪transportista

traspuesto, -ta /tras'pwesto -ta/ **I** *past participle of* ➪trasponer

II *adj* (half) asleep: **se quedó traspuesto viendo la tele** he dozed off watching television.

trasquilar /traski'lar/ [➪CANTAR] *vt* **1.** (*ovejas*) to shear. **2.** (*fam*: *a una persona*): **alguien lo había trasquilado** someone had chopped his hair about.

trastabillar /trastaβi'ʎar/ [➪CANTAR] *vi* to stumble.

trastada /tras'taða/ *sf* (*fam*) **1.** (*mala pasada*) dirty trick: **no le perdonaré la trastada que me hizo** I'm not going to forgive him for the dirty trick he played on me. **2.** (*travesura*) prank: **se pasa el día haciendo trastadas** he spends all day getting up to mischief.

trastazo /tras'taθo/ *sm* (*fam*) bump, whack.

traste /'traste/ **I** *sm* **1.** (*de una guitarra*) fret. **2.** (*Amér L*: *cacharro*) piece of junk.

II al traste *loc adv*: **dio al traste** *con* **el proyecto** it ruined the whole project; **su negocio se fue al traste** his business failed * collapsed.

trastero /tras'tero/ *sm* box room, (*US*) lumber room.

trastienda /tras'tjenda/ *sf* back room, rear (*of commercial premises*).

trasto /'trasto/ *sm* **1.** (*cosa vieja*) piece of junk: **¡quita esos trastos de en medio!** get all that junk out of the way!; (*cosa en general*) thing: **tendrás que sacar todos tus trastos de la habitación** you'll have to take all your things out of the room; **tiré un montón de trastos que no podía llevar** I threw out a load of stuff I couldn't take with me • **acabaron tirándose los trastos a la cabeza** they ended up fighting like cat and dog. **2.** (*fam*: *niño travieso*) little monkey.

trastocar /trasto'kar/ [➪sacar] *vt* to mix up, to change around: **has trastocado todas las fichas** you've mixed up all the cards.

trastornado, -da /trastor'naðo -ða/ *adj* unbalanced, deranged.

trastornar /trastor'nar/ [➪CANTAR] *vt* **1.** (*importunar*): **si te trastorna mucho, puedo ir yo** if it's a nuisance, I can go. **2.** (*perturbar*) to disturb, to unbalance: **los problemas le han trastornado la mente** the problems have unbalanced her mind; **esto ha trastornado la buena marcha de la empresa** this has disrupted the smooth running of the company. **3.** (*desordenar*) to disturb, to mess up.

trastornarse *v prnl* to become deranged, to lose one's mind.

trastorno /tras'torno/ *sm* **1.** (*molestia*) inconvenience, trouble: **no quisiera causarte trastorno alguno** I don't want to put you to any trouble. **2.** (*de la salud*) disorder: **parece que se trata de un trastorno nervioso** it seems to be some kind of nervous disorder.

trastrocar /trastro'kar/ [➪trocar] *vt* to mix up.

trasvasar /trasβa'sar/ [➪CANTAR] *vt* **1.** (*líquidos*) to decant, to transfer. **2.** (*aguas fluviales*) to transfer.

trasvase /tras'βase/ *sm* **1.** (*de líquidos*) decanting, transfer. **2.** (*de aguas fluviales*) transfer.

trasversal /trasβer'sal/ *adj*, *sf* ➪transversal

trata /'trata/ *sf* slave trade.

trata de blancas *sf* white slavery.

tratable /tra'taβle/ *adj* amiable, approachable.

tratado /tra'taðo/ *sm* **1.** (*acuerdo*) treaty. **2.** (*obra*) treatise.

tratamiento /trata'mjento/ *sm* **1.** (*en medicina*) treatment: **el paciente está respondiendo bien al tratamiento** the patient is responding well to the treatment; (*de materiales*) treatment: **el tratamiento de los residuos es muy complejo** treatment of the waste is a complicated process. **2.** (*forma de dirigirse a alguien*) form of address: **le da tratamiento** *de* **usted** he addresses her as "usted"; **¿por qué no apeamos el tratamiento?** let's not be so formal. **3.** (*Inform*) processing.

tratamiento de textos *sm* (*Inform*) word processing.

tratante /tra'tante/ *sm/f* dealer.

tratar /tra'tar/ [⇨ CANTAR] *vt* **1.** (*a una persona, un objeto*) to treat: **me trató muy bien cuando la visité** she treated me very well when I visited her; **te presto el coche, pero trátamelo bien** I'll lend you the car, but look after it. **2.** (*al dirigirse a alguien*): **tenemos que tratarlo** *de* **"señor"** we have to address him as "Sir"; **la trato** *de* **usted** I call her "usted"; **me trató** *de* **imbécil** he called me an idiot. **3.** (*tener contacto con*) to know: **la traté cuando vivía en Mérida** I knew her when I lived in Mérida. **4.** (*una enfermedad, a un paciente*): **lo está tratando un médico muy bueno** he's being treated by a very good doctor. **5.** (*Tec*: *el agua, etc.*): **tratan el agua para hacerla potable** they treat the water to make it drinkable; (*Inform*: *datos*) to process. **6.** (*un problema, un asunto*) to deal with: **el artículo trata el tema con gran delicadeza** the article deals with the subject with great delicacy; **están tratando el nuevo convenio salarial** they are discussing the new pay agreement.

♦*vi* **1.** (*tener contacto*): **tengo que tratar** *con* **muchos clientes** I have to deal with a lot of customers; **no tratamos mucho** *con* **nuestros vecinos** we don't have much contact with our neighbours. **2.** (*tener como tema*) to be about: **¿*de* qué trata el libro?** what is the book about?; **la charla tratará** *sobre* **las drogas** the talk will be about drugs. **3. tratar de** (*intentar*) to try: **trata de llamarme** try to call me; **trata de que no te vea** try to make sure he doesn't see you. **4. tratar en** (*comerciar en*) to deal in: **trataban en piedras preciosas** they dealt in precious stones.

tratarse *v prnl* **1.** (*personas: tener contacto*) to know one another: **nos tratamos en la universidad** we knew one another at university; **yo no me trato** *con* **ese tipo de gente** I don't have anything to do with people like that; (*: referido al tratamiento empleado*): **nos tratamos** *de* **tú** we call each other "tú" **2. tratarse de** *[only used in the third person]* (*tener como tema*) to be about: **cuéntame de qué se trata** tell me what it's about; **se trata de que todos ayudemos en lo que podamos** it's a question of us all helping as much as we can; (*ser*) to be: **se trata de una película china** it's a Chinese movie.

tratativas /trata'tiβas/ *sf pl* (*Arg*, *Chi*, *Urug*) negotiations *pl*: **estamos** *en* **tratativas** *con* **una compañía japonesa** we are negotiating with a Japanese company.

trato /'trato/ *sm* **1.** (*entre personas*) contact: **no tuve mucho trato** *con* **ellos** I didn't have much contact with them ✻ much to do with them; **nos dispensaron un trato muy atento** they treated us with great kindness; (*forma de ser*) manner: **la casera tiene un trato muy agradable** the landlady is very pleasant. **2.** (*convenio*) deal, agreement: **hicimos un trato y tienes que cumplirlo** we made a deal and you have to honour it ● **todavía no hemos cerrado el trato** we haven't closed the deal yet ● **está en tratos con una empresa británica** she's working out a deal with a British company ● **¡trato hecho!** it's a deal! **3.** (*de cortesía*) form of address: **no sé qué trato tengo que darle** I don't know how I have to address her.

trauma /'trauma/ *sm* trauma.

traumático, -ca /trau'matiko -ka/ *adj* traumatic.

traumatismo /trauma'tizmo/ *sm* traumatism.

traumatizar /traumati'θar/ [⇨ cazar] *vt* to traumatize.

traumatizarse *v prnl* to be traumatized.

traumatología /traumatolo'xia/ *sf* traumatology.

traumatólogo, -ga /trauma'toloγo -γa/ *sm/f* traumatologist.

través /tra'βes/ **I a través de** *prep* through: **la luz entraba a través de una ventana** the light was coming in through a window; **me enteré a través de unos amigos** I found out through ✻ from some friends.

II de través *loc adv* crosswise.

travesaño /traβe'saɲo/ *sm* **1.** (*en construcción*) crosspiece; (*de una escalera*) rung. **2.** (*en fútbol*) crossbar.

travesía /traβe'sia/ *sf* **1.** (*viaje: gen*) journey; (*: por mar*) crossing: **la travesía dura tres horas** the crossing takes three hours. **2.** (*camino, callejuela*) street (*linking two major roads*).

travesti /tra'βesti/, **travestí** /traβes'ti/ *sm/f* [**travestíes** ✻ **travestís**] transvestite.

travesura /traβe'sura/ *sf* prank, mischief: **hay que ver las travesuras que han hecho** you should see the mischief they've been getting up to.

traviesa /tra'βjesa/ *sf* (*GB*) (railway) sleeper, (*US*) (railroad) tie ✻ crosstie.

travieso, -sa /tra'βjeso -sa/ *adj* naughty, mischievous.

trayecto /tra'jekto/ *sm* **1.** (*distancia*) way, distance; (*ruta*) route: **este autobús hace un trayecto muy largo** this bus runs on a very long route. **2.** (*viaje*) journey: **paramos dos veces en el trayecto** we stopped twice on the way.

trayectoria /trajek'torja/ *sf* **1.** (*recorrido*) trajectory, path. **2.** (*evolución*) path, course: **tuvo una brillante trayectoria en su profesión** he had a brilliant professional career.

traza /'traθa/ *sf* **1.** (*de un edificio, una obra*) plan, design. **2.** (*aspecto*) appearance, looks *pl*: **por las trazas parece extranjero** judging by his appearance, I think he's foreign; **este asunto lleva trazas de acabar mal** this affair looks as if it's going to end badly. **3.** (*habilidad*) skill: **se da buena traza para la carpintería** he's very good at carpentry.

trazado /tra'θaðo/ *sm* **1.** (*plano*) plan, design. **2.** (*de una carretera*) route; (*de un canal*) course.

trazar /tra'θar/ [⇨ cazar] *vt* **1.** (*líneas, planos*) to draw. **2.** (*un plan*) to draw up: **vamos a trazar un plan para las vacaciones** let's draw up a plan for the holidays. **3.** (*describir brevemente*) to outline: **trazó los aspectos principales de la cuestión** he outlined the main points of the matter.

trazo /'traθo/ *sm* **1.** (*línea: gen*) line; (*: de escritura*) stroke. **2.** (*de la cara*) feature.

trébol /'treβol/ **I** *sm* (*Bot*) clover.

II tréboles *sm pl* (*palo de la baraja*) clubs *pl*.

trece /'treθe/ **I** *adj* (*cardinal*) thirteen; (*ordinal*) thirteenth. ⇨ doce

II *sm* (*cardinal*) thirteen ● **se mantuvo en sus trece y no hubo quien la convenciera** she dug her heels in and nobody could make her change her mind; (*ordinal*) thirteenth. ⇨ doce

treceavo, -va /treθe'aβo -βa/ **I** *adj* thirteenth.

II treceavo *sm* (*parte*) thirteenth.

trecho /'tretʃo/ *sm* way, distance: **recorrimos un buen trecho a pie** we walked a good distance • **el camino era bueno a trechos** the path was good in parts • **de trecho en trecho parábamos a descansar** we stopped to rest every now and again.

tregua /'treɣwa/ *sf* **1.** (*Mil*) truce. **2.** (*descanso*) rest, break.

treinta /'treinta/ **I** *adj* (*cardinal*) thirty; (*ordinal*) thirtieth: **los años treinta** the thirties. ➪ doce
II *sm* (*cardinal*) thirty; (*ordinal*) thirtieth. ➪ doce

treintañero, -ra /treinta'ɲero -ra/ **I** *adj* in his/her thirties.
II *sm/f* person in his/her thirties.

treintavo, -va /trein'taβo -βa/ **I** *adj* thirtieth.
II treintavo *sm* (*parte*) thirtieth.

treintena /trein'tena/ *sf* (*exactamente*) (group of) thirty; (*aproximadamente*) about thirty.

tremebundo, -da /treme'βundo -da/ *adj* frightful, awful.

tremendo, -da /tre'mendo -da/ *adj* **1.** (*muy grande*) huge, enormous: **tengo un hambre tremenda** I'm really hungry • **se lo toma todo a la tremenda** he makes such a drama out of everything. **2.** (*persona*) unbelievable, incredible: **es tremendo, no sabes a qué atenerte con él** he's unbelievable, you never know what to expect from him.

trémulo, -la /'tremulo -la/ *adj* (*voz*) quavering, wavering; (*luz*) flickering.

tren /tren/ *sm* **1.** (*gen*) train: **corre, que perdemos el tren** hurry up or we'll miss the train; **no le gusta viajar** *en* **tren** she doesn't like travelling by train; **¿es éste el tren** *para* * *a* **Santa Marta?** is this the Santa Marta train? • **hay comida para parar un tren** there's enough to feed an army • **tu hermano está como un tren** your brother is gorgeous. **2.** (*modo de vida*): **no sé cómo le llega el dinero con el tren que lleva** I don't know how he manages for money with the lifestyle he leads • **amueblaron la casa a todo tren** they furnished the house luxuriously.
tren de alta velocidad *sm* high-speed train.
tren de aterrizaje *sm* undercarriage, landing gear.
tren de cercanías *sm* local train.
tren de largo recorrido *sm* long-distance train.
tren de mercancías *sm* freight train, (*GB*) goods train.

trena /'trena/ *sf* (*fam*) slammer, jail.

trenca /'treŋka/ *sf* duffle coat.

trenza /'trenθa/ *sf* plait, (*US*) braid.

trenzar /tren'θar/ [➪ cazar] *vt* to plait, (*US*) to braid.

trepa /'trepa/ *sm/f* (*fam*) (social) climber.

trepador, -dora /trepa'ðor -'ðora/ **I** *adj* (*planta*) climbing; (*rosal*) rambling.
II *sm/f* (*fam: persona*) (social) climber.

trepar /tre'par/ [➪ CANTAR] *vt/i* to climb: **trepó** *al* **árbol para recuperar la cometa** she climbed the tree to get the kite back; **treparon** *por* **la pared hasta el balcón** they climbed up the wall to the balcony.
treparse *v prnl* to climb.

trepidante /trepi'ðante/ *adj*: **la película tenía una acción trepidante** the film was packed with action.

trepidar /trepi'ðar/ [➪ CANTAR] *vi* **1.** (*vibrar*) to shake, to vibrate. **2.** (*Amér L: dudar*) to hesitate.

tres /tres/ **I** *adj* (*cardinal*) three; (*ordinal*) third. ➪ doce
II *sm* (*cardinal*) three • **no le salió ni a la de tres** he couldn't work it out no matter how hard he tried; (*ordinal*) third. ➪ doce
III las tres *sf pl* (*hora*) three o'clock. ➪ doce
tres en raya *sm* noughts and crosses [lleva el verbo en singular].

trescientos, -tas /tres'θjentos -tas/ **I** *adj* (*cardinal*) three hundred; (*ordinal*) three hundredth. ➪ doscientos
II el/la trescientos *sm/f* (*ordinal*) three hundredth. ➪ doscientos
III el trescientos *sm* (*número*) (the number) three hundred.

tresillo /tre'siʎo/ *sm* (*conjunto de tres piezas*) three-piece suite; (*sofá*) three-seater settee.

treta /'treta/ *sf* (cunning) ploy, ruse.

trezavo, -va /tre'θaβo -βa/ *adj*, **trezavo** *sm* ➪ treceavo

trial /trjal/ *sm* (*Dep*) cross-country motorbike trial.

triangular /trjaŋgu'lar/ *adj* triangular.

triángulo /'trjaŋgulo/ *sm* triangle.

tribal /tri'βal/ *adj* tribal.

tribu /'triβu/ *sf* tribe.

tribulación /triβula'θjon/ *sf* tribulation, difficulty.

tribuna /tri'βuna/ *sf* **1.** (*de orador*) platform, rostrum; (*para exponer ideas*) platform, forum: **el periódico fue su tribuna durante muchos años** the newspaper provided him with a platform for many years. **2.** (*en un estadio*) grandstand.
tribuna de prensa *sf* press gallery.

tribunal /triβu'nal/ *sm* **1.** (*de justicia*) court. **2.** (*de un concurso, un examen*) examination board * panel, board of examiners.
Tribunal Constitucional *sm* Constitutional Court.
Tribunal de Apelación, **Tribunal de Casación** *sm* Court of Appeal.
Tribunal de Cuentas *sm* National Audit Office.
Tribunal Supremo *sm* Supreme Court.

tributar /triβu'tar/ [➪ CANTAR] *vt* **1.** (*pagar en concepto de impuestos*) to pay (*in tax*). **2.** (*profesar*) to show: **tributaba un gran respeto a su abuelo** he had great respect for his grandfather; (*ofrecer*) to pay: **le tributaron un caluroso homenaje** they paid her a warm tribute.
♦*vi* to pay taxes: **todo trabajador debe tributar** everyone who works must pay taxes.

tributario, -ria /triβu'tarjo -rja/ *adj* (*régimen, derecho*) tax: **se especializa en derecho tributario** he specializes in tax law; (*ciudadano*) taxpaying.

tributo /tri'βuto/ *sm* **1.** (*impuesto*) tax. **2.** (*precio*) price: **es el tributo a pagar por vivir en el centro** that's the price you have to pay for living in the centre. **3.** (*homenaje*) tribute: **le rindió un tributo de admiración** she paid him an admiring tribute.

tríceps /'triθeps/ *sm inv* triceps *n inv*.

triciclo /tri'θiklo/ *sm* tricycle.

tricolor /triko'lor/ *adj* (*GB*) tricolour, (*US*) tricolor.

tricornio /tri'kornjo/ *sm* three-cornered hat.

tricotar /triko'tar/ [➪ CANTAR] *vi* to knit (*especially using a machine*).

tricotosa /triko'tosa/ *sf* knitting machine.

tridimensional /triðimensjo'nal/ *adj* three-dimensional.

trienal /trje'nal/ *adj* (*cada tres años*) three-yearly, triennial; (*que dura tres años*) three-year.

trienio /'trjenjo/ *sm* **1.** (*tres años*) three-year period. **2.** (*en el sueldo*) three-yearly increment.

trifulca /tri'fulka/ *sf* (*fam*) row, argument.

trigal /tri'ɣal/ *sm* wheat field.

trigésimo, -ma /tri'xesimo -ma/ **I** *adj* thirtieth.
II *sm/f* (*en orden*) thirtieth.
III trigésimo *sm* (*parte*) thirtieth.

trigo /'triɣo/ *sm* wheat • **el encargado no parece trigo limpio** the manager seems rather a shady character.
trigonometría /triɣonomet'ria/ *sf* trigonometry.
trigueño, -ña /tri'ɣeɲo -ɲa/ *adj* (*pelo*) corn-coloured.
trilla /'triʎa/ *sf* threshing.
trillado, -da /tri'ʎaðo -ða/ *adj* well-worn, hackneyed: **este tema está muy trillado** this is a well-worn subject.
trilladora /triʎa'ðora/ *sf* threshing machine.
trillar /tri'ʎar/ [⇨ CANTAR] *vt* to thresh.
trillizo, -za /tri'ʎiθo -θa/ *sm/f* triplet.
trillón /tri'ʎon/ *sm* quintillion (*a million billion*).
trilogía /trilo'xia/ *sf* trilogy.
trimestral /trimes'tral/ *adj* quarterly, three-monthly.
trimestre /tri'mestre/ *sm* **1.** (*tres meses*) quarter, three months *pl*. **2.** (*de un colegio, una universidad*) term.
trinar /tri'nar/ [⇨ CANTAR] *vi* to trill, to warble • **están que trinan con su jefe** they're absolutely furious with their boss.
trincar /triŋ'kar/ [⇨ sacar] *vt* (*fam*) **1.** (*atrapar*) to catch: **la policía trincó a toda la banda** the police caught the whole gang. **2.** (*beber*) to knock back, to drink (*alcohol*). **3.** (*Méx*: *estafar*) to swindle.
trinchar /trin'tʃar/ [⇨ CANTAR] *vt* to carve.
trinchera /trin'tʃera/ *sf* **1.** (*zanja*) trench. **2.** (*gabardina*) trench coat.
trineo /tri'neo/ *sm* sleigh, sledge.
trinidad /trini'ðað/ *sf* trinity: **la (Santísima) Trinidad** the (Holy) Trinity.
trino /'trino/ *sm* trill, warble.
trinquete /triŋ'kete/ *sm* **1.** (*Náut*: *palo*) foremast; (*: vela*) foresail. **2.** (*Tec*) ratchet.
trío /'trio/ *sm* trio.
tripa /'tripa/ **I** *sf* (*fam*) **1.** (*intestino*) gut; (*intestinos*) guts *pl*, insides *pl* • **se me revolvieron las tripas con aquella escena** what I saw made my stomach churn • **¿qué tripa se te ha roto?** what's bitten you? • **tuve que hacer de tripas corazón para curarle la herida** I had to steel myself to treat his wound. **2.** (*barriga*) tummy, belly: **me duele la tripa** I've got tummy ache; **parece que has echado tripa** you seem to have developed a paunch.
II tripas *sfpl* (*fam*): **le sacó las tripas a la radio** he took the radio to bits.
tripada /tri'paða/ *sf* belly flop.
tripartito, -ta /tripar'tito -ta/ *adj* tripartite.
tripero, -ra /tri'pero -ra/ (*fam*) **I** *adj* greedy.
II *sm/f* glutton.
triple /'triple/ **I** *adj* triple: **una triple alianza** a triple alliance.
II *sm*: **doce es el triple de cuatro** twelve is three times four.
triplicado /tripli'kaðo/ **por triplicado** *loc adv*: **hay que entregarlo por triplicado** it must be submitted in triplicate.
triplicar /tripli'kar/ [⇨ sacar] *vt* to triple, to treble.
triplicarse *v prnl* to triple, to treble.
trípode /'tripoðe/ *sm* tripod.
tríptico /'triptiko/ *sm* triptych.
triptongo /trip'toŋgo/ *sm* triphthong.
tripudo, -da /tri'puðo -ða/ *adj* potbellied.
tripulación /tripula'θjon/ *sf* crew.
tripulante /tripu'lante/ *sm/f* crew member.
tripular /tripu'lar/ [⇨ CANTAR] *vt* **1.** (*un barco*) to man, to crew. **2.** (*un avión*) to crew.
triquinosis /triki'nosis/ *sf inv* trichinosis.
triquiñuela /triki'ɲwela/ *sf* (*fam*) ruse, trick.
triquitraque /triki'trake/ *sm* clattering, clickety-clack.
tris /tris/ *sm* • **estuvo en un tris de caerse** he came very close to falling • **no se cortó el dedo por un tris** she very nearly cut off her finger.
trisílabo, -ba /tri'silaβo -βa/ **I** *adj* trisyllabic: **palabras trisílabas** three-syllable words.
II trisílabo *sm* three-syllable word, trisyllable.
triste /'triste/ *adj* **1.** (*gen*) sad: **esta música me pone triste** this music makes me sad; **¿estás triste?** are you feeling sad?; **es triste ver lo mal que se llevan** it's sad to see how badly they get on together. **2.** (*apagado*) dull: **pintó el salón de un color muy triste** he painted the living room a very dull colour; (*desolador*) gloomy, dismal: **vive en una habitación triste** she lives in a dismal room; (*miserable*) humble: **no es más que un triste empleadillo de oficina** he is just a humble office worker; **hizo un papel muy triste** he performed very poorly. **3.** (*solo*) single: **no tiene ni un triste amigo** he hasn't a single friend.
tristeza /tris'teθa/ *sf* **1.** (*sentimiento*) sadness. **2.** (*acontecimiento, suceso*) trouble, woe: **siempre viene a contarnos sus tristezas** he always comes to tell us all his woes.
tritón /tri'ton/ *sm* newt.
triturar /tritu'rar/ [⇨ CANTAR] *vt* to crush, to grind up.
triunfador, -dora /trjunfa'ðor -'ðora/ **I** *adj* (*ejército*) triumphant, victorious; (*equipo*) winning, triumphant.
II *sm/f* winner.
triunfal /trjun'fal/ *adj* triumphant: **el equipo tuvo un recibimiento triunfal** the team received a triumphant welcome.
triunfalismo /trjunfa'lizmo/ *sm* (*personal*) overconfidence; (*político*) triumphalism.
triunfalista /trjunfa'lista/ *adj* (*gen*) overconfident; (*político*) triumphalist.
triunfar /trjun'far/ [⇨ CANTAR] *vi* **1.** (*Mil*) to be victorious, to triumph; (*Dep*) to win, to triumph. **2.** (*tener éxito*) to succeed, to be successful: **puedo decir que he triunfado en la vida** I can say that I have been successful in life.
triunfo /'trjunfo/ *sm* **1.** (*victoria*) victory, triumph • **me ha costado un triunfo convencerles** it has been very difficult for me to convince them. **2.** (*en cartas*) trump (card) • **tiene todos los triunfos en la mano para ser feliz** she has all she needs to be happy.
trivial /tri'βjal/ *adj* trivial, unimportant.
trivialidad /triβjali'ðað/ *sf* triviality: **sólo se habló de trivialidades** nothing important was said.
trizas /'triθas/ *sfpl*: **hizo trizas la carta** she tore * ripped the letter to shreds; **el jarrón se cayó al suelo y se hizo trizas** the vase fell to the floor and smashed into little pieces.
trocar /tro'kar/ [⇨ table: trocar] *vt* **1.** (*canjear*) to barter, to trade. **2.** (*frml*: *convertir*) to change, to turn: **la noticia trocó la alegría *en* desesperación** the news turned their happiness into despair.
trocarse *v prnl* (*frml*) to change, to turn: **su tristeza se trocó *en* alegría** his sadness turned to joy.
trocear /troθe'ar/ [⇨ CANTAR] *vt* to cut up.
trocha /'trotʃa/ *sf* (*Amér S*: *camino*) path, track; (*: del ferrocarril*): **un ferrocarril de trocha angosta** a narrow-gauge railway.
troche /'trotʃe/ **a troche y moche** *loc adv* (*fam*): **repartieron tortas a troche y moche** they were smacking people left, right and centre.

trocar	
INDICATIVE	
Present	**Preterite**
trueco	troqué
truecas	trocaste
trueca	trocó
trocamos	trocamos
trocáis	trocasteis
truecan	trocaron
SUBJUNCTIVE	
Present	
trueque	troquemos
trueques	troquéis
trueque	truequen
IMPERATIVE	
(tú) trueca	(usted) trueque
(vosotros) trocad	(ustedes) truequen
For the rest of the tenses ➪ CANTAR (in appendix)	

trofeo /tro'feo/ *sm* trophy.

trola /'trola/ *sf* (*fam*) fib, whopper.

trolebús /trole'βus/ *sm* trolleybus.

trolero, -ra /tro'lero -ra/ (*fam*) **I** *adj*: **es muy trolera** she lies a lot.
II *sm/f* fibber, liar.

tromba /'tromba/ *sf* (*also* **tromba de agua**) cloudburst, sudden downpour • **cuando abrieron las puertas entramos en tromba** when they opened the doors we rushed in like a herd of elephants.

trombón /trom'bon/ **I** *sm* (*instrumento*) trombone.
II *sm/f* (*intérprete*) trombonist, trombone.

trombosis /trom'bosis/ *sf inv* thrombosis.

trompa /'trompa/ **I** *sf* **1.** (*de un elefante*) trunk; (*de un insecto*) proboscis; (*Amér S*: *fam, boca*) mouth • **está con * de trompa** he's sulking. **2.** (*Anat*) tube. **3.** (*Mús*: *instrumento*) horn. **4.** (*peonza*) (spinning) top. **5.** (*fam*: *borrachera*): **se agarraron una buena trompa** they got completely drunk.
II *sm* (*Mús*: *intérprete*) horn player.
III *adj inv* (*fam*: *borracho*) drunk, plastered: **lo encontramos trompa en un bar** we found him completely drunk in a bar.

trompada /trom'paða/ *sf* (*Amér L*: *fam*) punch: **le pegaron una trompada** they punched him.

trompazo /trom'paθo/ *sm* bump, bang.

trompear /trompe'ar/ [➪ CANTAR] *vt* (*Amér L*: *fam*) to punch.
trompearse *v prnl* (*Amér L*: *fam*) to have a fight.

trompeta /trom'peta/ **I** *sf* (*instrumento*) trumpet.
II *sm* (*intérprete*) trumpet (player).

trompetilla /trompe'tiʎa/ *sf* ear trumpet.

trompetista /trompe'tista/ *sm/f* trumpeter, trumpet player.

trompicón /trompi'kon/ *sm* stumble: **anduvo** *a* **trompicones hasta caerse** he stumbled * blundered along until he fell down • **va aprobando a trompicones** he's managing to get through his exams somehow.

trompo /'trompo/ *sm* (spinning) top.

tronado, -da /tro'naðo -ða/ *adj* (*fam*) crazy, nutty.

tronar /tro'nar/ [➪ contar] *v impers* (*Meteo*) to thunder. ♦*vi* to thunder, to rumble: **los cañones tronaban desde la fortaleza** the cannons thundered from the fortress.

tronchante /tron'tʃante/ *adj* (*fam*) hilarious, hysterical.

tronchar /tron'tʃar/ [➪ CANTAR] *vt* **1.** (*rama, tallo*) to break off. **2.** (*truncar*) to shatter, to put an end to: **aquel suceso tronchó sus ilusiones** that event shattered her hopes.
troncharse *v prnl* **1.** (*rama, tallo*) to break off, to get broken off. **2.** (*fam*: *de risa*) to laugh one's head off, to fall about laughing.

troncho /'trontʃo/ *sm* stalk, stem (*of lettuce, cabbage, etc.*).

tronco /'troŋko/ *sm* **1.** (*de un árbol*) trunk; (*leño*) log • **he dormido como un tronco** I slept like a log. **2.** (*Anat*) trunk. **3.** (*ascendencia*) line of descent.

tronco, -ca /'troŋko -ka/ *sm/f* (*fam*: *amigo*) (*GB*) mate, (*US*) buddy [a menudo no se traduce].

tronera /tro'nera/ *sf* **1.** (*de una mesa de billar*) pocket. **2.** (*ventana*) small window. **3.** (*Mil*) loophole.

trono /'trono/ *sm* throne: **Felipe II subió al trono en 1556** Philip II came to the throne in 1556.

tropa /'tropa/ *sf* **1.** (*Mil*: *conjunto de soldados*) troops *pl*: **el capitán reunió a la tropa** the captain assembled the troops; **las tropas enemigas han atacado la ciudad** enemy troops have attacked the city. **2.** (*de gente*) troop, group. **3.** (*Arg, Urug*: *de animales*) herd.

tropel /tro'pel/ *sm* **1.** (*muchedumbre*) mob, crowd: **subieron al autobús** *en* **tropel** they all crowded together to get on the bus. **2.** (*montón*) jumble, heap: **nos llegó un tropel de cartas** we received a heap of letters.

tropelía /trope'lia/ *sf* outrage.

tropezar /trope'θar/ [➪ comenzar] *vi* **1.** (*pisar mal*) to trip, to stumble. **2.** (*con un obstáculo*): **tropecé** *con* **un ladrillo** I tripped over a brick; **tropezó** *con* **la puerta** she bumped into the door; **han tropezado** *con* **muchas dificultades** they've run into a lot of difficulties. **3.** (*fam*: *con alguien*): **tropecé** *con* **ellos en la calle** I bumped * ran into them in the street.
tropezarse *v prnl* (*fam*): **se tropezó** *con* **su ex novio en el teatro** she bumped into * ran into her ex-boyfriend at the theatre.

tropezón /trope'θon/ *sm* **1.** (*tropiezo*) stumble, trip. **2.** (*Culin*) *small piece of ham, bread, etc. added to soup.*

tropical /tropi'kal/ *adj* tropical.

trópico /'tropiko/ *sm* tropic: **en el trópico * los trópicos** in the tropics.
trópico de Cáncer *sm* Tropic of Cancer.
trópico de Capricornio *sm* Tropic of Capricorn.

tropiezo /tro'pjeθo/ *sm* **1.** (*traspié*) stumble, trip. **2.** (*dificultad*) mishap, problem: **hicimos el viaje sin tropiezos** we made the journey without mishap. **3.** (*equivocación*) slip, mistake: **un tropiezo lo tiene cualquiera** anybody can make a mistake.

troposfera /tropos'fera/ *sf* troposphere.

troquel /tro'kel/ *sm* (*Ing, Tec*) die.

trotamundos /trota'mundos/ *sm/f inv* (*fam*) globetrotter.

trotar /tro'tar/ [➪ CANTAR] *vi* **1.** (*caballo*) to trot. **2.** (*fam*: *persona*) to run, to hurry.

trote /'trote/ *sm* **1.** (*de caballos*) trot • **me lleva a todas partes al trote** he has me running around all over the place. **2.** (*actividad, trabajo*): **¡menudo trote me he dado limpiando la cocina!** I've been working so hard cleaning the kitchen • **la abuela ya no está para esos**

trotes grandma can't rush about like that any more • **este coche ha aguantado muchos trotes** this car has taken a lot of punishment • **ésta es ropa de todo trote** these are clothes for everyday use.

trovador /troβa'ðor/ *sm* troubadour.

trozo /'troθo/ *sm* piece, bit: **un trozo de tarta** a piece * slice of cake.

trucado, **-da** /tru'kaðo -ða/ *adj* (*foto*) touched-up; (*coche, motor*) souped-up.

trucar /tru'kar/ [⇨ sacar] *vt* (*gen*) to alter; (*una foto*) to touch up; (*un motor*) to soup up.

trucha /'trutʃa/ *sf* trout *n inv*.

truco /'truko/ *sm* trick: **mi padre me enseñó los trucos del oficio** my father taught me the tricks of the trade; **tengo un truco para que resulte más fácil** I've got a little trick that makes it easier • **es fácil una vez que le coges el truco** it's easy once you get the hang of it.

truculento, **-ta** /truku'lento -ta/ *adj* (deliberately) gruesome: **publicaron unas fotos muy truculentas del accidente** they published some gruesome * horrific pictures of the accident; **en la película se trata la historia de forma muy truculenta** the movie deals with the story in an unnecessarily bloodthirsty manner.

truena /'trwena/ *and other forms with* **truen-** ⇨ tronar

trueno /'trweno/ *sm* clap of thunder: **hubo truenos y relámpagos** there was thunder and lightning.

trueque /'trweke/ *sm* barter.

trufa /'trufa/ *sf* **1.** (*hongo*) truffle. **2.** (*bombón*) (chocolate) truffle.

trufado, **-da** /tru'faðo -ða/ *adj* stuffed with truffles.

truhán, **-hana** /tru'an -'ana/ *sm/f* rogue.

truncar /truŋ'kar/ [⇨ sacar] *vt* **1.** (*cortar*) to cut off, to chop off: **el rayo truncó la copa del árbol** the lightning chopped off the top of the tree. **2.** (*poner fin a*) to cut short, to put an end to: **su vida se vio truncada por el cáncer** his life was cut short by cancer.

truncarse *v prnl* to be cut short: **su carrera deportiva se truncó cuando tuvo el accidente** her sporting career was cut short when she had the accident.

tu /tu/ *adj posesivo* [*pl* **tus**] your: **¿me prestas tu lápiz?** can I borrow your pencil?; **¿cuándo llegan tus primos?** when do your cousins arrive?

tú /tu/ *pron personal* [*more informal than* **usted**] you: **¿eres tú, Lidia?** is that you Lidia?; **puedes tratarme de tú** you can call me "tú" • **hablamos de tú a tú** we spoke as equals.

tuba /'tuβa/ *sf* tuba.

tubérculo /tu'βerkulo/ *sm* **1.** (*Bot*) tuber. **2.** (*Med*) tubercle.

tuberculosis /tuβerku'losis/ *sf inv* tuberculosis, TB.

tuberculoso, **-sa** /tuβerku'loso -sa/ *sm/f* tuberculosis * TB sufferer.

tubería /tuβe'ria/ *sf* **1.** (*tubo*) pipe. **2.** (*conjunto de tubos*) piping, pipes *pl*.

tubo /'tuβo/ *sm* **1.** (*gen*) tube; (*tubería*) pipe. **2.** (*recipiente*) tube: **compra un tubo de pasta de dientes** buy a tube of toothpaste. **3.** (*Anat*: *conducto*) tube. **4.** (*Chi*: *para el cabello*) curler, roller. **5.** (*Arg, Urug*: *auricular*) receiver.

tubo de ensayo *sm* test tube.

tubo de escape *sm* exhaust (pipe).

tubo digestivo *sm* alimentary canal.

tubular /tuβu'lar/ *adj* tubular.

tucán /tu'kan/ *sm* toucan.

tuerca /'twerka/ *sf* (*Tec*) nut.

tuerto, **-ta** /'twerto -ta/ **I** *adj* (*con un solo ojo*) one-eyed; (*con un ojo ciego*) blind in one eye.
II *sm/f*: *person blind in one eye or with only one eye.*

tuerzo /'twerθo/ *and other forms with* **tuerz-** ⇨ torcer

tueste /'tweste/ *sm* (*del café*) roasting, roast.

tuesto /'twesto/ *and other forms with* **tuest-** ⇨ tostar

tuétano /'twetano/ *sm* (*Anat*) marrow • **llegué calada hasta los tuétanos** I arrived soaked to the skin.

tufo /'tufo/ *sm* stink, nasty smell • **me da el tufo de que nos están engañando** I have a nasty feeling they're cheating us.

tugurio /tu'ɣurjo/ *sm* **1.** (*habitación*) hovel. **2.** (*local público*) dive: **conoce todos los tugurios de la ciudad** he knows every dive in town.

tul /tul/ *sm* tulle.

tulipa /tu'lipa/ *sf* lampshade.

tulipán /tuli'pan/ *sm* tulip.

tullido, **-da** /tu'ʎiðo -ða/ **I** *adj* crippled.
II *sm/f* cripple.

tumba /'tumba/ *sf* tomb, grave • **no te preocupes, soy una tumba** don't worry, I won't say a word • **estará revolviéndose en su tumba** he must be turning in his grave • **los ciclistas descendieron a tumba abierta** the cyclists hurtled down the hill at breakneck speed.

tumbar /tum'bar/ [⇨ CANTAR] *vt* **1.** (*tirar*) to bring down, to knock down: **el viento tumbó varias farolas** the wind knocked down several lampposts; **este olor tumba a cualquiera** this smell is enough to knock you out. **2.** (*recostar*) to lie down: **vamos a tumbarla en el sofá** let's lie her down on the sofa. **3.** (*fam*: *suspender*) to fail: **le tumbaron cuatro asignaturas** he failed four subjects.

tumbarse *v prnl* to lie down.

tumbo /'tumbo/ *sm* jerk, jolt: **el borracho caminaba dando tumbos** the drunk was staggering along • **estoy harto de vivir dando tumbos** I'm sick of just muddling through life.

tumbona /tum'bona/ *sf* sun lounger.

tumefacto, **-ta** /tume'fakto -ta/ *adj* swollen.

tumor /tu'mor/ *sm* (*GB*) tumour, (*US*) tumor.

túmulo /'tumulo/ *sm* (*catafalco*) bier.

tumulto /tu'multo/ *sm*: **la policía espera que se produzcan tumultos** the police expect there to be trouble * disturbances; **a la entrada del concierto se organizó un tumulto** there was a commotion on the way into the concert.

tumultuoso, **-sa** /tumul'twoso -sa/ *adj* rowdy, tumultuous: **fue una manifestación tumultuosa** it was a rowdy demonstration.

tuna /'tuna/ *sf*: *band of student minstrels.*

tunante, **-ta** /tu'nante -ta/ **I** *adj* naughty: **el muy tunante no quiere darme un beso** the little rascal won't give me a kiss.
II *sm/f* (*niño travieso*) little rascal, little monkey.

tunda /'tunda/ *sf* (*fam*: *paliza*) beating, thrashing • **¡qué tunda nos dimos limpiando toda la casa!** it was exhausting cleaning the house from top to bottom.

tundir /tun'dir/ [⇨ PARTIR] *vt* to beat.

tundra /'tundra/ *sf* tundra.

tunecino, **-na** /tune'θino -na/ *adj, sm/f* Tunisian.

túnel /'tunel/ *sm* tunnel.

Túnez /'tuneθ/ *sm* (*país*) Tunisia.

túnica /'tunika/ *sf* tunic.

tuno, -na /'tuno -na/ **I** *adj* (*fam*) naughty: **el muy tuno no quiso contestar** the little rascal wouldn't answer.
II tuno *sm*: *singer or musician who belongs to a* ⇨ tuna.

tuntún /tun'tun/ **al (buen) tuntún** *loc adv* (*fam*): **lo había hecho al buen tuntún y estaba mal** he had done it any old how and it was wrong; **contestó al tuntún** he gave the first answer that came into his head.

tupé /tu'pe/ *sm* **1.** (*de pelo*) quiff. **2.** (*fam: atrevimiento*): **tuvo el tupé de decírmelo a la cara** she had the cheek to say it to my face.

tupido, -da /tu'piðo -ða/ *adj* **1.** (*bosque*) thick, dense; (*tela*) closely-woven. **2.** (*Amér L: atascado*) blocked.

turba /'turβa/ *sf* **1.** (*carbón*) peat. **2.** (*multitud*) mob: **la turba asaltó el palacio** the mob attacked the palace.

turbación /turβa'θjon/ *sf* **1.** (*anonadamiento*) shock: **su turbación era tal que no pudo decir palabra** she was so taken aback she couldn't say a word. **2.** (*conmoción*) upset. **3.** (*vergüenza*) embarrassment.

turbante /tur'βante/ *sm* turban.

turbar /tur'βar/ [⇨ CANTAR] *vt* **1.** (*trastornar*) to disturb: **el incidente vino a turbar su tranquila existencia** the incident disturbed their peaceful way of life; **la explosión turbó la paz de la tarde** the explosion shattered the afternoon peace. **2.** (*anonadar*) to shock. **3.** (*conmocionar*) to upset: **la turbó mucho cómo le contestaron** she was very upset by the way they answered. **4.** (*avergonzar*) to embarrass.
turbarse *v prnl* **1.** (*trastornarse*) to be disturbed. **2.** (*pasar vergüenza*) to become embarrassed, to get flustered: **se turbó al oír las alabanzas de todo el mundo** she got flustered when she heard everyone singing her praises.

turbina /tur'βina/ *sf* turbine.

turbio, -bia /'turβjo -βja/ *adj* **1.** (*agua: gen*) cloudy; (*: con barro*) muddy. **2.** (*borroso*) blurred: **sin gafas lo veo todo turbio** without my glasses everything looks blurred. **3.** (*deshonesto*) dubious, shady: **tiene un pasado muy turbio** he has a very shady past.

turbo /'turβo/ *sm* (*dispositivo*) turbocharger, turbo; (*automóvil*) turbo.

turborreactor /turβorreak'tor/ *sm* turbojet.

turbulencia /turβu'lenθja/ *sf* **1.** (*Fís, Meteo*) turbulence: **el avión se sacudió al atravesar una zona de turbulencias** the plane shook as it went through some turbulence. **2.** (*alboroto*) upheaval: **perdió sus propiedades en la turbulencia de la guerra** he lost his property in the upheaval caused by the war.

turbulento, -ta /turβu'lento -ta/ *adj* **1.** (*agua, tiempo atmosférico*) turbulent. **2.** (*carácter*) troublemaking; (*situación*) stormy: **la reunión resultó bastante turbulenta** the meeting turned out to be quite stormy.

turco, -ca /'turko -ka/ **I** *adj* Turkish.
II *sm/f* Turk: **los turcos** the Turkish, the Turks.
III turco *sm* (*idioma*) Turkish.

turgente /tur'xente/ *adj* swollen.

turismo /tu'rizmo/ *sm* **1.** (*actividad, negocio*) tourism: **el turismo es la principal fuente de ingresos de la zona** tourism is the area's main source of income; **aquí mucha gente vive del turismo** many people here make their living from the tourist industry; **se fueron a hacer turismo a Latinoamérica** they went off travelling in Latin America. **2.** (*automóvil*) car.

turista /tu'rista/ **I** *sm/f* (*persona*) tourist.
II *sf* (*categoría*) economy (class).

turístico, -ca /tu'ristiko -ka/ *adj* tourist: **España es un país muy turístico** Spain is a very popular tourist destination.

túrmix® /'turmis/ *sf inv* electric blender.

turnarse /tur'narse/ [⇨ CANTAR] *v prnl* to take turns: **nos turnaremos** *para* **vigilar** we'll take (it in) turns to keep watch.

turno /'turno/ *sm* **1.** (*en una cola, una lista*) turn: **lo harás cuando te llegue el turno** you'll do it when it's your turn; **entramos a la sala** *por* **turno** we entered the room in turn. **2.** (*en el trabajo*) shift: **hacemos turnos de ocho horas** we work eight-hour shifts • **sólo está la enfermera de turno** only the duty nurse is available • **ahora nos contará el chiste de turno** now he'll tell us one of his jokes as usual • **vino con la novia de turno** he came with his girlfriend of the moment.

turolense /turo'lense/ **I** *adj* of ∗ from Teruel.
II *sm/f* native ∗ inhabitant of Teruel.

turón /tu'ron/ *sm* polecat.

turquesa /tur'kesa/ **I** *sf* (*Geol*) turquoise.
II *adj inv* (*color*) turquoise.

Turquía /tur'kia/ *sf* Turkey.

turrón /tu'rron/ *sm*: *name given to several types of sweet bars, sometimes containing nuts, chocolate or honey.*

turulato, -ta /turu'lato -ta/ *adj* (*fam*) dumbfounded, flabbergasted.

tururú /turu'ru/ *excl* (*fam*): **¿que me tengo que quedar hasta las ocho? ¡tururú!** I have to stay until eight o'clock? no way!

tus /tus/ *adj posesivo* ⇨ tu

tute /'tute/ *sm* **1.** (*Juegos*) *card game*. **2.** (*fam: trabajo agotador*) exhausting job: **¡nos dimos un tute preparando los decorados!** preparing all the sets was exhausting work!

tutear /tute'ar/ [⇨ CANTAR] *vt*: *to address as* **tú** *[more informal than* **usted***]*.
tutearse *v prnl*: *to address each other as* **tú** *[more informal than* **usted***]*: **ahora ya nos tuteamos** we call each other "tú" now.

tutela /tu'tela/ *sf* **1.** (*autoridad*) guardianship, care: **está bajo la tutela de su tío** he is in his uncle's care; **están en juicio por la tutela de los hijos** they have gone to court over the custody of the children. **2.** (*amparo, supervisión*) guidance, supervision: **lo preparó** *bajo* **la tutela del profesor** she prepared it under the teacher's supervision.

tutifruti /tuti'fruti/ *sm* tutti-frutti.

tutiplén /tuti'plen/ **a tutiplén** *loc adv* (*fam*): **nos dieron regalos a tutiplén** they showered us with gifts.

tutor, -tora /tu'tor -'tora/ *sm/f* **1.** (*responsable jurídico*) guardian. **2.** (*profesor particular*) private tutor; (*profesor a cargo de una clase*) form ∗ class teacher.

tutoría /tuto'ria/ *sf* **1.** (*cargo*) post of form ∗ class teacher. **2.** (*Educ*) time with one's form ∗ class teacher.

tuve /'tuβe/ *and other forms with* **tuv-** ⇨ tener

tuyo, -ya /'tujo -ja/ **I** *adj posesivo [always follows the noun]* of yours: **he visto a un compañero tuyo** I saw a colleague of yours ∗ I saw one of your colleagues; **esos zapatos tuyos mételos en el armario** put those shoes of yours in the wardrobe.
II *pron posesivo* **1.** (*sin artículo*) yours: **ese dinero es tuyo** that money is yours, that is your money. **2.** (*con artículo*) yours: **el tuyo/la tuya es mejor** yours is better • **lo tuyo no es la música** music is not your strong point • **esta vez no te saldrás con la tuya** this

time you won't get your own way • **¿ya has vuelto a hacer de las tuyas?** have you been up to your old tricks again?

III **los tuyos** *sm pl* **1.** (*familia*) your family. **2.** (*tus compatriotas*) your people *pl.*

TV *pronounced* /teleβi'sjon/ (*abbreviation of* **televisión**) TV (television).

TVE *pronounced* /teleβi'sjon espa'ɲola/ (*abbreviation of* **Televisión Española**) *Spanish state television corporation.*

U

U, u /u/ *sf* (*letra*) U, u.

u /u/ *conj* *[used before words beginning* ***o-*** *or* ***ho-****]* or: **uno u otro** one or another. ⇨ o

ubicación /uβika'θjon/ *sf* location.

ubicar /uβi'kar/ [⇨ sacar] *vt* (*Amér L*) **1.** (*localizar*) to locate: **está de viaje y no lo han podido ubicar** he's away and they haven't been able to locate him. **2.** (*reconocer, identificar*): **no lo ubico** I can't place him; **ubiqué a tu hija por la voz** I knew it was your daughter by her voice; (*saber dónde está*): **¿ubicas la biblioteca?** do you know where the library is? **3.** (*colocar*) to put, to place: **ubicó a los más chicos adelante** she put the smallest ones at the front; (*en un empleo*): **ubicó a sus dos hijos en la empresa** he got his two sons jobs with the company.

ubicarse *v prnl* **1.** (*estar situado*) to be (situated): **el colegio se ubica en un barrio residencial** the school is in a residential area. **2.** (*Amér L: colocarse: gen*): **se habían ubicado en sus puestos** they had taken up their positions; **se ubicaron muy bien para ver el desfile** they got into a good position to watch the parade; (*: en un empleo*) to get a job: **se ubicó en el ministerio** he got a job at the ministry. **3.** (*Amér L: orientarse*): **queda cerca del Hotel Victoria, ¿te ubicas?** it's near the Hotel Victoria, do you know where I mean?; **siempre me gusta tener un plano de la ciudad para ubicarme** I always like to have a street plan of the city so that I know where I am.

ubicuidad /uβikwi'ðað/ *sf* ubiquity.

ubicuo, -cua /u'βikwo -kwa/ *adj* ubiquitous.

ubre /'uβre/ *sf* udder.

UCI /'uθi/ *sf* (*abbreviation of* **Unidad de Cuidados Intensivos**) ICU (Intensive Care Unit).

Ucrania /u'kranja/ *sf* Ukraine.

ucraniano, -na /ukra'njano -na/, **ucranio, -nia** /u'kranjo -nja/ **I** *adj, sm/f* Ukrainian.

II ucraniano *sm* (*idioma*) Ukrainian.

Ud. *pronounced* /us'teð/ (*abbreviation of* **usted**) you *[formal singular use].*

Uds. *pronounced* /us'teðes/ (*abbreviation of* **ustedes**) you *[formal plural use].*

UE /u'e/ *sf* (*abbreviation of* **Unión Europea**) EU (European Union).

UEFA /'wefa/ *sf* (*siglas en inglés de* **Unión de Asociaciones Europeas de Fútbol**) UEFA (Union of European Football Associations).

uf /uf/ *excl* (*para expresar cansancio, fastidio*) phew: **¡uf, qué calor hace!** phew! it's so hot!; (*para expresar repugnancia*) ugh, yuk.

ufanarse /ufa'narse/ [⇨ CANTAR] *v prnl* to boast: **se ufanaba** *de* **haber obtenido un doctorado a los veintitrés años** he used to boast about having got his doctorate at the age of twenty-three.

ufano, -na /u'fano -na/ *adj* **1.** (*engreído*) conceited, arrogant. **2.** (*satisfecho*) proud: **llegó tan ufano a su casa con el premio** he arrived home so proudly with the prize.

ufología /ufolo'xia/ *sf* study of UFOs.

UGT /uxe'te/ *sf* (*en España*) (*abbreviation of* **Unión General de Trabajadores**) *Spanish trade union*.

UHF /uatʃe'efe/ (*siglas en inglés de* **frecuencia ultra alta**) UHF (ultrahigh frequency).

ujier /u'xjer/ *sm* usher.

úlcera /'ulθera/ *sf* ulcer.

ulcerar /ulθe'rar/ [⇨ CANTAR] *vt* to ulcerate.
ulcerarse *v prnl* to ulcerate.

ulterior /ulte'rjor/ *adj* (*posterior*) subsequent, later: **en ediciones ulteriores de la obra** in later editions of the work.

últimamente /'ultimamente/ *adv* lately: **últimamente viene poco por aquí** she hasn't been around here very much lately ✻ recently.

ultimar /ulti'mar/ [⇨ CANTAR] *vt* to finish, to finalize: **estamos ultimando los preparativos** we are finalizing the preparations.

ultimátum /ulti'matum/ *sm* [**ultimátums ✻ ultimatos**] ultimatum.

último, -ma /'ultimo -ma/ **I** *adj* **1.** (*en el tiempo*) last: **el último día de clase** the last day of school; **la vi** *por* **última vez hace dos días** I last saw her two days ago ● **estar en las últimas**: **el paciente estaba en las últimas** the patient was at death's door; **la bombona de gas está en las últimas** the gas cylinder is about to run out; **no puedo ir, estoy en las últimas** I can't go, I'm broke ● **que encima tuviera que pagar yo sería lo último** it would be the last straw if, on top of everything else, I had to pay. **2.** (*en el espacio*) furthest: **la noticia se difundió hasta el último rincón del imperio** the news spread to the furthest corners of the empire. **3.** (*en una serie: gen*) last: **es la última puerta de la izquierda** it's the last door on the left; (*: de filas*) back: **nos sentamos en la última fila** we sat in the back row; (*: de pisos*) top: **viven en el último piso** they live on the top floor. **4.** (*más reciente*) latest: **las últimas noticias son muy alarmantes** the latest news is very worrying ● **siempre viste a la última** he always wears the latest fashions. **5.** (*recurso, palabra*) last, final: **ésta es mi última palabra** this is my final word.
II *sm/f* **1.** (*gen*) the last one: **mi nombre es el último en la lista** my name is the last (one) on the list; **¿quién es la última?** who is last (in the queue)?; **es el último de la clase** he's bottom of the class. **2.** (*de dos cosas mencionadas*) latter: **se analizaron una muestra de sangre y otra de orina, esta última...** blood and urine samples were both analysed, the latter...; (*de más de dos cosas mencionadas*) last.
III por último *loc adv* finally: **por último, hizo un resumen de su intervención** finally, he summarized what he had said.

ultra /'ultra/ (*fam*) **I** *adj* (*Pol*) extreme right-wing.
II *sm/f* extreme right-winger.

ultraderecha /ultraðe'retʃa/ *sf* (*Pol*) extreme ✻ far right.

ultraderechista /ultraðere'tʃista/ (*Pol*) **I** *adj* extreme right-wing.
II *sm/f* (*Pol*) extreme right-winger.

ultrajar /ultra'xar/ [⇨ CANTAR] *vt* (*frml*) to offend (deeply).

ultraje /ul'traxe/ *sm* (*frml*) insult, (*GB*) (grave) offence, (*US*) (grave) offense.

ultraligero, -ra /ultrali'xero -ra/ **I** *adj* very light.
II ultraligero *sm* (*Av*) microlight.

ultramar /ultra'mar/ *sm*: **amasó su fortuna en las colonias** *de* **ultramar** he made his fortune in the overseas colonies.

ultramarino, -na /ultrama'rino -na/ **I** *adj* overseas.
II ultramarinos *sm inv* **1.** (*comestibles*) groceries *pl*, foodstuffs *pl*. **2.** (*tienda*) grocer's.

ultramoderno, -na /ultramo'ðerno -na/ *adj* ultramodern.

ultramontano, -na /ultramon'tano -na/ **I** *adj* (*reaccionario*) reactionary: **tiene unas ideas muy ultramontanas** he has very reactionary views.
II *sm/f* reactionary.

ultranza /ul'tranθa/ **a ultranza** *loc adv*: **es un pacifista a ultranza** he's a committed ✻ staunch pacifist; **defendieron sus derechos a ultranza** they defended their rights to the last.

ultrasónico, -ca /ultra'soniko -ka/ *adj* ultrasonic.

ultrasonido /ultraso'niðo/ *sm* ultrasound.

ultratumba /ultra'tumba/ *sf*: **la vida** *de* **ultratumba** the afterlife; **aseguró que había escuchado voces** *de* **ultratumba** he claimed to have heard voices from beyond the grave.

ultravioleta /ultraβjo'leta/ *adj* ultraviolet.

ulular /ulu'lar/ [⇨ CANTAR] *vi* (*frml: animal*) to howl; (*: búho*) to hoot; (*: viento*) to howl; (*: sirena*) to wail.

umbilical /umbili'kal/ *adj* umbilical.

umbral /um'bral/ *sm* **1.** (*de una puerta*) threshold. **2.** (*de alcanzar algo*): **el equipo se quedó en los umbrales de la final** the team just missed getting into the final. **3.** (*comienzo*) beginning: **se produjo en los umbrales de la Era Moderna** it happened right at the beginning ✻ dawn of the modern age.

un /un/ **I** *art indef* a, an [**an** se usa cuando la palabra siguiente empieza con sonido vocálico]: **un francés y un inglés** a Frenchman and an Englishman.
II *adj* [*form of* **uno** *used before masculine singular nouns*] one: **este local lleva un año abierto** this place has been open for one ✻ a year.

una /'una/ **I** *art indef* a, an [**an** se usa cuando la palabra siguiente empieza con sonido vocálico]: **una patata y una cebolla** a potato and an onion.
II *pron* **1.** (*gen*) one: **sólo quiero una** I only want one; **una me preguntaba, la otra escribía las respuestas** one of them asked questions while the other wrote down the answers ● **discutimos las dificultades una por una** we discussed the problems one by one ● **una de dos, o entras o sales** make up your mind, either come in or go out ● **no dio (ni) una** he didn't get anything right. **2.** (*persona no especificada*) somebody, someone: **una que vivía cerca me dijo dónde encontrarlo** somebody ✻ a woman who lived nearby told me where to find him; (*la que habla*) one: **una sólo pretendía ayudar** one was only trying to be helpful. **3.** (*fam: lío*) row: **se armó una que para qué** there was a tremendous row; (*: trastada*) **ya ha vuelto a hacer una de las suyas** he's been up to his tricks again; (*: gran cantidad*) **¡había una de gente!** there was such a crowd of people!

III *sf* one: **es la una** it's one o'clock.

unánime /u'nanime/ *adj* unanimous.

unanimidad /unanimi'ðað/ *sf* unanimity.

unas /'unas/ I *art indef* some: **tengo unas cintas que te gustarán** I have some tapes that you'll like.
II *adj indefinido*: **eso te habrá costado unas mil pesetas** that must have cost you around * about a thousand pesetas.
III *pron indefinido* some (of them): **unas se dedican a la producción, otras a las ventas** some work in production, others in sales.

undécimo, -ma /un'deθimo -ma/ I *adj* eleventh. ⇨ sexto
II *sm/f* (*en orden*) eleventh. ⇨ sexto
III **undécimo** *sm* (*parte*) eleventh.

UNED /u'neθ/ *sf* (*en España*) (*abbreviation of* **Universidad Nacional de Educación a Distancia**) *university where most of the tuition is done by correspondence.*

UNESCO, Unesco /u'nesko/ *sf* (*siglas en inglés de* **Organización de las Naciones Unidas para la Educación, la Ciencia y la Cultura**) UNESCO, Unesco [no lleva artículo] (United Nations Educational, Scientific and Cultural Organization).

ungir /uŋ'xir/ [⇨ surgir] *vt* (*Relig*) to anoint.

ungüento /uŋ'gwento/ *sm* ointment.

UNICEF, Unicef /uni'θef/ *sm* (*siglas en inglés de* **Fondo Internacional de las Naciones Unidas para la Ayuda a la Infancia**) UNICEF [no lleva artículo] (United Nations Children's Fund).

unicidad /uniθi'ðað/ *sf* unique nature, uniqueness.

único, -ca /'uniko -ka/ I *adj* 1. (*solo*) only: **es hija única** she's an only child; **lo único que sé es que no ha salido bien** the only thing I know * all I know is that it hasn't worked out; **era la única habitación que quedaba** it was the only room left; **es un vestido (de) talla única** it's a one-size * free-size dress. 2. (*excepcional*) unique: **es único contando chistes** he's in a class of his own when it comes to telling jokes.
II *sm/f* the only one: **no eres el único al que le ha sucedido algo así** you're not the only one who's had something like that happen to you.

unicornio /uni'kornjo/ *sm* unicorn.

unidad /uni'ðað/ *sf* 1. (*todo*) wholeness: **los diversos apartados del libro forman una perfecta unidad** the different sections of the book make up a perfect whole. 2. (*unión*) unity: **hay mucha unidad** *entre* **los compañeros de la clase** there is a strong sense of unity among the members of the class. 3. (*medida*) unit: **el segundo es una unidad de tiempo** the second is a unit of time. 4. (*elemento*): **vienen en paquetes de diez unidades** they come in packs of ten; (*parte de una organización*) unit.
unidad de cuidados intensivos, unidad de vigilancia intensiva *sf* intensive care unit.
unidad monetaria *sf* unit of currency.
unidad móvil *sf* outside broadcast unit.

unidimensional /uniðimensjo'nal/ *adj* one-dimensional.

unido, -da /u'niðo -ða/ *adj* 1. (*países, trabajadores*) united. 2. (*familia, pareja*) close: **se trata de una familia muy unida** they're a very close * close-knit family; **está muy unido** *a* **su madre** he's very close to his mother. 3. (*piezas, puntos geográficos y anatómicos*) joined, linked: **las dos varas se hallan unidas por un cable** the two rods are joined by a cable; **las dos ciudades están unidas por una autopista** the two cities are linked by a motorway.

unifamiliar /unifami'ljar/ *adj* single-family.

unificación /unifika'θjon/ *sf* unification.

unificar /unifi'kar/ [⇨ sacar] *vt* 1. (*igualar*) to make uniform, to standardize: **van a unificar el precio de las consultas médicas** the fee for medical consultations is to be standardized. 2. (*unir: territorios dentro de un país*) to unify; (*: países*) to unite; (*: esfuerzos*): **hemos de unificar nuestros esfuerzos** we need to join forces.

uniformado, -da /unifor'maðo -ða/ *adj* uniformed, in uniform.

uniformar /unifor'mar/ [⇨ CANTAR] *vt* 1. (*hacer uniforme*) to make uniform, to standardize: **hay que uniformar el sistema de votación de las distintas regiones** it is necessary to standardize the voting system throughout the different regions. 2. (*hacer que vista uniforme*) to put into uniform.

uniforme /uni'forme/ I *adj* 1. (*constante*) steady: **avanzaba con un movimiento uniforme** it moved forward steadily. 2. (*semejante*): **los recipientes tienen que ser uniformes** *en* **tamaño** the containers have to be of uniform size * have to be all the same size. 3. (*sin irregularidades: superficie*) even, smooth; (*: progreso*) steady, smooth: **su carrera ha sido bastante uniforme** there have been few ups and downs in her career.
II *sm* uniform: **iba** *de* **uniforme** he was in uniform.

uniformidad /uniformi'ðað/ *sf* 1. (*constancia*) steadiness. 2. (*semejanza*) uniformity. 3. (*regularidad*) smoothness, evenness.

uniformizar /uniformi'θar/ [⇨ cazar] *vt* to make uniform, to standardize.

unilateral /unilate'ral/ *adj* 1. (*decisión*) unilateral: **tomaron una decisión unilateral** they took a unilateral decision. 2. (*punto de vista*) one-sided: **tiene una visión unilateral del asunto** he only sees one side of the matter.

unión /u'njon/ *sf* 1. (*acción, organización*) union • **estamos aquí para asistir a la unión en matrimonio de...** we are here to witness the joining together in matrimony of.... 2. (*unidad*) unity: **el éxito se debe a la unión** *de* **todos los miembros del equipo** the team owes its success to the sense of unity among its members • **la unión hace la fuerza** unity is strength. 3. (*juntura*) joint.
Unión Europea *sf* European Union.
Unión Soviética *sf* Soviet Union.

unir /u'nir/ [⇨ PARTIR] *vt* 1. (*aunar*) to join: **unieron sus fuerzas para derrotar al enemigo** they joined forces to defeat the enemy. 2. (*comunicar*) to link: **la autopista une las dos ciudades más importantes del país** the motorway links the country's two most important cities. 3. (*armonizar*) to unite: **les une el interés por la pintura** they are united by their interest in painting • **les une una buena amistad** they are good friends.
unirse *v prnl* 1. (*agruparse*) to unite, to join forces: **los vecinos se unieron para protestar contra el ruido** the residents joined forces to complain about the noise. 2. (*juntarse*) to join: **se unió a nosotros para jugar a las cartas** he joined us to play cards • **se unieron en matrimonio** they were joined together in matrimony.

unisex /uni'seks/ *adj inv* unisex.

unísono /u'nisono/ **al unísono** *loc adv*: **lo repitieron al unísono** they repeated it in unison.

unitario, -ria /uni'tarjo -rja/ I *adj* 1. (*conjunto*) united, joint: **adoptaron una postura unitaria** they adopted a united position. 2. (*Relig*) Unitarian.

II *sm/f* (*Relig*) Unitarian.

Univ. *pronounced* /uniβersi'ðað/ (*abbreviation of* **Universidad**) Univ. (University).

universal /uniβer'sal/ *adj* (*del universo*) universal; (*del mundo*) world: **es un cantante de fama universal** he's a world-famous singer.

universalizar /uniβersali'θar/ [⇨cazar] *vt* to make universal: **los medios de comunicación ayudan a universalizar la cultura** the media help to give more people access to culture.

universalizarse *v prnl* to become universal: **es una costumbre que se ha universalizado** it is a practice that has become universal * widespread.

universidad /uniβersi'ðað/ *sf* university: **está (estudiando) en la universidad** she is at university.

universidad a distancia *sf*: *university offering correspondence and television-based courses (such as the Open University in Great Britain).*

universidad laboral *sf* technical college (*college of higher education offering vocational courses*).

universitario, -ria /uniβersi'tarjo -rja/ **I** *adj* university: **para este trabajo se precisa un título universitario** a university degree is required for this job.
II *sm/f* (*estudiante*) university student; (*licenciado*) graduate.

universo /uni'βerso/ *sm* universe.

unívoco, -ca /u'niβoko -ka/ *adj* (*Ling*) unambiguous.

uno /'uno/ **I** *adj [always follows the noun]* first: **el día uno de cada mes** on the first (day) of every month; **la página (número) uno** the first page, page one; **Isabel fue la número uno de su promoción** Isabel came top in her year.
II *pron* **1.** (*gen*) one: **sólo quiero uno** I only want one; **uno reía, el otro lloraba** one was laughing, the other was crying • **discutimos los inconvenientes uno por uno** we discussed the disadvantages one by one • **salieron de uno en uno** they left one by one • **más de uno se alegró de que no nos salieran bien las cosas** quite a few people were delighted when things didn't work out for us • **caerse y levantarse fue todo uno** no sooner had he fallen over than he was back on his feet again. **2.** (*persona no especificada*) somebody, someone: **uno que vivía cerca me dijo dónde encontrarla** someone * a man who lived nearby told me where to find her • **en esos casos es uno mismo el que tiene que decidir** in cases like that one has to make one's own decisions; (*el que habla*) one: **uno sólo pretendía ayudar** one was only trying to be helpful.
III *sm* (*cardinal*) one: **¡el uno!** number one!; (*ordinal*) first: **el uno de mayo** the first of May.

unos /'unos/ **I** *art indef* some: **tengo unos libros que te gustarán** I have some books that you'll like.
II *adj indefinido*: **eso te habrá costado unos cien dólares** that must have cost you about * around a hundred dollars.
III *pron indefinido* some (of them): **unos lo han acusado de liberal, otros de conservador** some have accused him of being a liberal, others a conservative.

untar /un'tar/ [⇨CANTAR] *vt* **1.** (*extender*) to spread: **untó mantequilla** *en* **el pan, untó el pan** *con* **mantequilla** she spread butter on the bread. **2.** (*fam*: *sobornar*) to bribe: **con untar a la persona adecuada, se resuelve el problema** if you bribe the right person, the problem is solved.

untarse *v prnl*: **se ha untado las manos** *de* **crema** he's got cream all over his hands.

uña /'uɲa/ *sf* **1.** (*Anat*) nail: **no te muerdas las uñas** don't bite your (finger)nails; **se me ha roto una uña del pie** one of my toenails has broken • **se hizo las uñas en la peluquería** she had a manicure at the salon • **se defendió con uñas y dientes** he defended himself tooth and nail • **se puso de uñas con su hermano** he got very angry with his brother • **se dejó las uñas en ello** she worked really hard on it • **si la provocan, enseña * saca las uñas** if she's provoked, she'll fight back • **son uña y carne** they're as thick as thieves • **tiene las uñas muy largas * es muy largo de uñas** he's light-fingered. **2.** (*Zool*: *garra*) claw; (: *de un alacrán*) sting; (: *casco, pezuña*) hoof.

uñero /u'ɲero/ *sm* **1.** (*inflamación*) whitlow. **2.** (*causado por el crecimiento de la uña*) ingrowing toenail.

uperización /uperiθa'θjon/ *sf* UHT treatment.

uperizar /uperi'θar/ [⇨cazar] *vt* to treat (*using UHT process*).

uralita® /ura'lita/ *sf* asbestos sheeting.

uranio /u'ranjo/ *sm* uranium.

Urano /u'rano/ *sm* (*Astron*) Uranus.

urbanidad /urβani'ðað/ *sf* courtesy: **no respeta las normas elementales de urbanidad** he has no regard for the most basic rules of common courtesy.

urbanismo /urβa'nizmo/ *sm* town planning.

urbanista /urβa'nista/ *sm/f* town planner.

urbanización /urβaniθa'θjon/ *sf* **1.** (*acción*) urbanization, (urban) development. **2.** (*conjunto de viviendas*) housing development, estate.

urbanizar /urβani'θar/ [⇨cazar] *vt* to develop: **ya han urbanizado la zona** the area has already been developed.

urbano, -na /ur'βano -na/ **I** *adj* urban: **se ha producido un rápido aumento de la población urbana** there has been a rapid increase in the population of the town.
II *sm/f* (local) police officer (*mainly responsible for traffic and minor offences*).

urbe /'urβe/ *sf* (major) city.

urdir /ur'ðir/ [⇨PARTIR] *vt* to devise: **urdieron un plan para defraudar a Hacienda** they devised a plan to avoid paying taxes.

urea /u'rea/ *sf* urea.

uréter /u'reter/ *sm* ureter.

uretra /u'retra/ *sf* urethra.

urgencia /ur'xenθja/ **I** *sf* **1.** (*cualidad de urgente*) urgency: **necesito verlo** *con* **urgencia** I need to see him urgently. **2.** (*necesidad urgente*) dire need: **tienen urgencia** *de* **dinero** they are in dire need of money. **3.** (*caso urgente*) emergency: **el médico no tuvo que atender ninguna urgencia** the doctor wasn't called out to any emergencies.
II urgencias *sf pl* accident and emergency department, casualty: **la atendieron en urgencias** she was treated in Accident and Emergency.

urgente /ur'xente/ *adj* **1.** (*recado, llamada*) urgent: **se trata de un problema urgente** it is a very pressing problem; **tengo que hacer una gestión urgente** there is something very urgent I have to do. **2.** (*correo*) express.

urgir /ur'xir/ [⇨surgir] *vi* to be urgent: **el edificio estaba muy viejo y urgía arreglarlo** the building was very old and in urgent need of repair; **nos urge mucho que termines tu parte del trabajo** we urgently need you to finish your part of the job; **urge casa amueblada** furnished house required urgently.

urinario, -ria /uri'narjo -rja/ **I** *adj* urinary.

II **urinario** *sm* (*local*) (*GB*) public toilet, (*US*) comfort station; (*retrete adosado*) urinal.

urna /'urna/ *sf* 1. (*electoral*) ballot box • **los ciudadanos acudirán a las urnas el domingo** the people will go to the polls on Sunday. 2. (*caja: para exhibición de objetos*) glass case; (*: para cenizas, restos, etc.*) urn.

urogallo /uro'ɣaʎo/ *sm* grouse.

urología /urolo'xia/ *sf* urology.

urólogo, -ga /u'roloɣo -ɣa/ *sm/f* urologist.

urraca /u'rraka/ *sf* magpie.

URSS /urs/ *sf* (*abbreviation of* **Unión de Repúblicas Socialistas Soviéticas**) USSR (Union of Soviet Socialist Republics).

ursulina /ursu'lina/ *sf* Ursuline (nun).

urticaria /urti'karja/ *sf* (*Med*) hives *pl*.

Uruguay /uru'ɣwai/ *sm*: **(el) Uruguay** Uruguay.

uruguayo, -ya /uru'ɣwajo -ja/ *adj, sm/f* Uruguayan.

usado, -da /u'saðo -ða/ *adj* 1. (*gen*) used; (*de segunda mano*) second-hand, used: **también venden coches usados** they also sell second-hand cars. 2. (*gastado*) worn: **tíralo, está ya muy usado** throw it out, it's very worn.

usanza /u'sanθa/ *sf* way, custom: **le gusta hacer las cosas** *a* **la vieja usanza** he likes doing things the old way.

usar /u'sar/ [⇨CANTAR] *vt* 1. (*gen*) to use: **hoy no voy a usar el coche** I'm not going to use the car today; **uso aceite de oliva para cocinar** I use olive oil for cooking. 2. (*ropa, colonia, adornos*) to wear.
♦ *vi*: **usó** *de* **toda su experiencia** she made use of ✱ she used all her experience.
usarse *v prnl* [*only used in third person*] 1. (*gen*) to be used. 2. (*ropa, colonia, adornos*): **ya no se usa ese tipo de falda** nobody wears that kind of skirt any more.

uslero /us'lero/ *sm* (*Chi*) rolling pin.

uso /'uso/ *sm* 1. (*empleo: gen*) use: **está prohibido el uso de estas sustancias** the use of these substances is forbidden; **aquí tiene el manual con las instrucciones de uso** here's the instruction manual; **esta máquina tiene varios usos** this machine has several uses • **desde que tengo uso de razón he estado rodeado de libros** for as long as I can remember I've always been surrounded by books • **está en uso/ fuera de uso** it's in use/out of order • **la bolsa sólo contenía algunos efectos de uso personal** the bag only contained a few personal effects; (*: de un medicamento*) use; (*: de ropa*) wearing: **el uso de casco es obligatorio** helmets must be worn; **tenía los zapatos desgastados por el uso** her shoes were worn out. 2. (*usanza*) custom, way: **le costó acostumbrarse a los usos del país** he found it difficult to get used to the customs of the country • **iba vestido al uso** he was dressed in the fashion of the time. 3. (*Ling*) usage. 4. (*ejercicio*): **hizo uso** *de* **sus derechos** she exercised her rights; **tienen derecho a hacer uso** *de* **las instalaciones** they are entitled to make use of the facilities. 5. (*estado*) condition: **el coche todavía está en buen uso** the car is still in good condition.

usted /us'teð/ *pron personal* 1. (*tratamiento de cortesía*) [*more formal than* **tú**] you: **cuando usted quiera, podemos irnos** we can go whenever you like; **siempre lo he tratado de usted** I've always addressed him as "usted"; **¿es usted el señor Lozano?** are you Mr Lozano? • **"Gracias." "A usted."** "Thank you." "You're welcome." ✱ "Thank you" 2. (*fam: tú*) you: **venga usted aquí, señorito** come over here, young man. 3. **de usted** yours: **voy a subir mi maleta y la de usted** I'll take my case, and yours, upstairs.

ustedes /us'teðes/ *pron personal* 1. (*tratamiento de cortesía*) ⇨usted 2. (*Amér L y algunas regiones españolas: vosotros*) you: **ustedes dos son mis mejores amigos** you two are my best friends.

usual /u'swal/ *adj* usual, normal: **mi hora usual de comer es la una** I usually have lunch at one o'clock.

usuario, -ria /u'swarjo -rja/ *sm/f* user: **esto perjudica a los usuarios de los transportes públicos** this hits those who use public transport.

usufructo /usu'frukto/ *sm* (*Jur*) use, right to use: **tienen el usufructo de la finca** they have the use of the property.

usufructuar /usufruk'twar/ [⇨actuar] *vt* (*Jur*) to have the right to use.

usufructuario, -ria /usufruk'twarjo -rja/ *sm/f* (*Jur*) person with the right of use, usufructuary.

usura /u'sura/ *sf* usury.

usurero, -ra /usu'rero -ra/ *sm/f* usurer.

usurpar /usur'par/ [⇨CANTAR] *vt* to usurp.

utensilio /uten'siljo/ *sm* (*de jardinería, carpintería*) tool; (*de cocina*) utensil.

uterino, -na /ute'rino -na/ *adj* uterine.

útero /'utero/ *sm* uterus.

útil /'util/ I *adj* 1. (*gen*) useful: **este destornillador es útil** *para* **los tornillos muy pequeños** this screwdriver is useful ✱ handy for very small screws. 2. (*Mil*) fit: **me han declarado útil (***para* **el servicio militar)** I've been passed fit (for military service). 3. (*días*) working: **dispone de diez días útiles para presentar la solicitud** you have ten working days in which to submit your application.
II *sm* (*de jardinería, carpintería*) tool; (*de cocina*) utensil.

utilería /utile'ria/ *sf* props *pl*.

utilidad /utili'ðað/ *sf* 1. (*cualidad de útil*) usefulness: **no le veo la utilidad** I can't see what use it is. 2. (*provecho*) use: **le saca siempre la mayor utilidad** she always makes the best use of it.

utilitario, -ria /utili'tarjo -rja/ I *adj* practical: **al elegir tiene criterios utilitarios** she's very practical when it comes to making choices.
II **utilitario** *sm*: *small, economical car*.

utilización /utiliθa'θjon/ *sf* use.

utilizar /utili'θar/ [⇨cazar] *vt* to use: **te están utilizando para sus fines** they are using you for their own ends.

utillaje /uti'ʎaxe/ *sm* equipment, tools *pl*.

utopía /uto'pia/ *sf* utopia.

utópico, -ca /u'topiko -ka/ *adj* utopian: **conseguir la justicia universal es utópico** achieving world justice is a utopian ideal.

utopista /uto'pista/ *adj, sm/f* Utopian.

uva /'uβa/ *sf* grape • **veo a mi familia de uvas a brevas ✱ peras** I see my family very rarely • **estoy de mala uva** I'm in a bad mood • **tiene muy mala uva** she's a nasty piece of work.

uve /'uβe/ *sf*: *name of the letter V*.
uve doble *sf*: *name of the letter W*.

UVI /'uβi/ *sf* (*abbreviation of* **Unidad de Vigilancia Intensiva**) ICU (Intensive Care Unit).

uy /'ui/ *excl* (*para expresar dolor*) ouch, ow; (*para expresar sorpresa*) gosh.

V

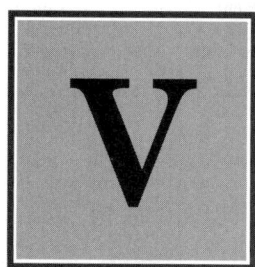

V, v I /'uβe/ *sf* (*letra*) V, v.
II *pronounced* /ba'ron/ (*abbreviation of* **varón**) m (male).

V., v. *pronounced* /'bease/ (*abbreviation of* **véase**) ref. (reference).

va /ba/ *and other forms with* **va-** ➪ ir

vaca /'baka/ *sf* 1. (*animal*) cow • **se está poniendo como una vaca** she's getting really fat • **están ahorrando para cuando vengan las vacas flacas** they are saving for a rainy day • **los ochenta fueron años de vacas gordas** the eighties were prosperous years. 2. (*carne*) beef.

vacación /baka'θjon/ *sf* ➪ vacaciones

vacacionar /bakaθjo'nar/ [➪ CANTAR] *vi* (*Méx*) to holiday, (*US*) to vacation.

vacaciones /baka'θjones/ *sf pl* holiday, holidays *pl*, (*US*) vacation: **está** *de* **vacaciones** she's on holiday; **las vacaciones de Navidad empiezan la próxima semana** the Christmas holidays start next week; **pasamos las vacaciones en Mallorca** we spent our holidays in Majorca, (*US*) we vacationed in Majorca.

vacante /ba'kante/ I *adj* vacant: **hay un puesto vacante** there is a vacancy.
II *sf* vacancy.

vaciado /ba'θjaðo/ *sm* (*Tec*) casting.

vaciar /ba'θjar/ [➪ ansiar] *vt* 1. (*dejar vacío*) to empty: **vació el cajón** she emptied out the drawer; **vacía la botella** empty the bottle; (*verter*) to pour away: **vacía el aceite que queda en la botella** pour away the oil left in the bottle. 2. (*en escultura*) to cast. 3. (*ahuecar*) to hollow out.
vaciarse *v prnl* to empty: **se vació los bolsillos** she emptied (out) her pockets; **la bañera se vació sin que me diera cuenta** the bath emptied without my noticing.

vacilación /baθila'θjon/ *sf* hesitation: **respondió sin vacilación todas las preguntas** she answered all the questions without any hesitation.

vacilante /baθi'lante/ *adj* 1. (*indeciso*) hesitant. 2. (*tambaleante*) unsteady: **caminaba con paso vacilante** she walked unsteadily.

vacilar /baθi'lar/ [➪ CANTAR] *vi* 1. (*estar indeciso*) to hesitate: **vacilaba entre ir o no ir a la excursión** she was hesitating over whether to go on the trip or not. 2. (*tambalearse: persona*) to stagger, to sway; (*: ideas, principios*): **sus creencias empezaron a vacilar** she began to waver in her beliefs. 3. (*llama*) to flicker. 4. (*fam: presumir*) to show off: **¡cómo vacila con esa moto!** how he shows off with that motorbike! 5. (*fam: cachondearse*): **siempre está vacilándole a todo el mundo** he's always winding people up. 6. (*Amér C, Ant, Méx: fam, divertirse*) to have a good time.

vacilón, -lona /baθi'lon -'lona/ I *adj* (*fam*) 1. (*bromista*) teasing. 2. (*bonito*) cool, great: **¡qué chaqueta tan vacilona!** that's a really cool jacket!
II *sm/f* (*fam: bromista*) tease, joker: **no le hagas caso, es un vacilón** take no notice of him, he's always teasing.

vacío, -cía /ba'θio -'θia/ I *adj* 1. (*gen*) empty: **la botella está vacía** the bottle is empty; **allí hay dos sitios vacíos** there are two empty seats over there; **la ciudad se queda vacía en verano** the city is deserted in summer. 2. (*superficial*) empty, meaningless: **sólo dio respuestas vacías** she gave nothing but meaningless answers; **lleva una vida muy vacía** he leads a very empty life.
II **vacío** *sm* 1. (*gen*) void, emptiness: **se asomó al precipicio y saltó al vacío** she went to the edge of the precipice and leapt into the void; **tras la marcha de su amigo sintió un gran vacío** he felt a great emptiness after his friend left • **su queja cayó en el vacío** her complaint was ignored • **volvieron de vacío** they returned empty-handed • **le hicieron el vacío y decidió marcharse** they gave him the cold shoulder and he decided to leave. 2. (*Fís*) vacuum: **este café viene envasado** *al* **vacío** this coffee is vacuum-packed. 3. (*Pol*) vacuum: **a su muerte se creó un vacío político** his death left a political vacuum.

vacuna /βa'kuna/ *sf* vaccine.

vacunación /bakuna'θjon/ *sf* vaccination.

vacunar /baku'nar/ [➪ CANTAR] *vt* to vaccinate.
vacunarse *v prnl* to be vaccinated: **me voy a vacunar** *contra* **la gripe** I'm going to have a flu vaccination.

vacuno, -na /ba'kuno -na/ I *adj* bovine: **en esta región abunda el ganado vacuno** this area is well stocked with cattle.
II **vacuno** *sm* head of cattle.

vadear /baðe'ar/ [➪ CANTAR] *vt* 1. (*una corriente de agua*) to ford. 2. (*un problema*) to surmount, to overcome.

vado /'baðo/ *sm* 1. (*en un río*) ford. 2. (*en una acera*) dropped kerb; (*letrero*): **vado permanente** keep clear - entrance in constant use.

vagabundear /baɣaβunde'ar/ [➪ CANTAR] *vi* 1. (*deambular*) to stroll, to wander. 2. (*gandulear*) to do nothing, to loaf about.

vagabundo, -da /baɣa'βundo -da/ I *adj*: **ha aumentado el número de niños vagabundos** the number of children living on the streets has increased.
II *sm/f* tramp, vagrant: **en la estación duermen algunos vagabundos** a few tramps sleep in the station.

vagamente /baɣa'mente/ *adv* vaguely.

vagancia /ba'ɣanθja/ *sf* laziness, idleness.

vagar /ba'ɣar/ [➪ pagar] *vi* to wander, to roam.

vagina /ba'xina/ *sf* vagina.

vago, -ga /'baɣo -ɣa/ I *adj* 1. (*holgazán*) lazy, idle. 2. (*impreciso*) vague, imprecise: **las instrucciones eran muy vagas** the instructions were very vague.
II *sm/f* (*holgazán*) layabout, (*GB*) skiver, (*US*) bum.

vagón /ba'ɣon/ *sm* (*de pasajeros*) (*GB*) coach, carriage, (*US*) car; (*de mercancías*) wagon.

vagón restaurante *sm* [**vagones restaurante**] (*GB*) dining car, (*US*) diner.
vagoneta /baɣo'neta/ *sf* small truck ✻ waggon.
vaguada /ba'ɣwaða/ *sf* stream bed (*on the valley floor*).
vaguear /baɣe'ar/ [⇨CANTAR] *vi* to loaf about, to laze around.
vaguedad /baɣe'ðað/ *sf* vagueness.
vahído /ba'iðo/ *sm* blackout, faint: **le dio un vahído** he had a blackout.
vaho /'bao/ *sm* (*que se respira*) breath; (*vapor*) steam: **el espejo se llenó de vaho** the mirror steamed up.
vaina /'baina/ *sf* **1.** (*para un puñal, una espada*) sheath, scabbard. **2.** (*de alubias, guisantes*) pod. **3.** (*Amér S: fam, para expresar contrariedad*): **¡qué vaina tener que trabajar el domingo!** what a pain having to work on Sunday!; **no me venga con vainas, usted dijo que lo iba a hacer** I don't want any excuses, you said you were going to do it; (*: cacharro*): **¿qué es esa vaina?** what's that (thing)? ● **¿cómo es la vaina?** so what is the decision?
vainilla /bai'niʎa/ *sf* vanilla.
vaivén /bai'βen/ **I** *sm* (*de un objeto: gen*) rocking (motion), swaying (motion); (*: suspendido*) swinging (motion).
II vaivenes *sm pl* (*altibajos*) ups and downs *pl*.
vajilla /ba'xiʎa/ *sf* (*gen*) dishes *pl*, crockery; (*juego*) dinner service: **le regalamos una vajilla de porcelana** we gave him a porcelain dinner service.
valdepeñas /balde'peɲas/ *sm* Valdepeñas wine.
valdré /bal'dre/ *and other forms with* **valdr-** ⇨ valer
vale /'bale/ **I** *sm* **1.** (*bono*) voucher: **un vale** *por* **mil pesetas** a thousand peseta voucher. **2.** (*Col, Méx, Ven: fam, amigo*) friend, (*GB*) mate, (*US*) buddy.
II *excl* (*fam*) OK, all right: **"¿Vienes?" "Vale."** "Are you coming?" "All right."; **primero vamos a tomar algo, ¿vale?** we'll go for a drink first, OK?
valedero, -ra /bale'ðero -ra/ *adj* **1.** (*válido*) valid: **este billete es valedero hasta fin de año** this ticket is valid until the end of the year. **2.** (*canjeable*): **este cupón es valedero** *por* **dos entradas** this voucher can be exchanged for two tickets.
valenciano, -na /balen'θjano -na/ **I** *adj* of ✻ from Valencia.
II *sm/f* native ✻ inhabitant of Valencia.
III valenciano *sm* (*Ling*) Valencian.
valentía /balen'tia/ *sf* bravery: **requiere valentía hacer algo así** you have to be brave to do something like that.
valer /ba'ler/ [⇨table: valer] *vt* **1.** (*para expresar el precio*) to cost: **¿cuánto vale este libro?** how much does this book cost?, how much is this book?; **valía demasiado dinero** it was too expensive; (*para expresar el valor*) to be worth: **la casa valía una fortuna** the house was worth a fortune; **es un coche viejo, no vale nada** it's a very old car, it's not worth anything; **¿la amistad no vale nada para ti?** don't you place any value on friendship?; **es una chica que vale mucho** she has many good qualities; (*para expresar equivalencia*) to be equivalent to, to be equal to: **una libra vale unas doscientas pesetas** a pound is equal to about two hundred pesetas. **2.** (*merecer*) to be worth: **esa noticia bien vale una celebración** that piece of news is well worth celebrating. **3.** (*ganar*) to earn: **su falta de respeto le valió una bofetada** his disrespect earned him a slap in the face; **el trabajo le valió una mención especial** he was given a special mention for his essay.

valer

INDICATIVE

Present	Conditional
valgo	valdría
vales	valdrías
vale	valdría
valemos	valdríamos
valéis	valdríais
valen	valdrían

Future
valdré
valdrás
valdrá
valdremos
valdréis
valdrán

SUBJUNCTIVE

Present	
valga	valgamos
valgas	valgáis
valga	valgan

For the rest of the tenses ⇨ TEMER (in appendix)

♦*vi* **1.** (*servir*): **este pegamento vale** *para* **pegar madera** this glue can be used to stick wood; **este tío no vale** *para* **nada** this guy's useless; **ya no valgo** *para* **esto** I'm not up to this any more; **sus trucos no le valdrán conmigo** his tricks won't get him anywhere with me. **2.** (*ropa*) to fit: **ya no le valen los pantalones del año pasado** the trousers he was wearing last year don't fit him any more. **3.** (*ser válido: gen*) to be valid: **este carné no vale** this card is not valid; **este billete vale** *para* **dos viajes** this ticket entitles you to two journeys ● **es una especie de rata, valga la comparación** it's a kind of rat, if I can describe it like that ● **hizo valer sus razones** she made sure her arguments were taken into account ● **no sabe hacerse valer** he doesn't assert himself enough; (*: en deportes, juegos*) to count: **el gol no valió** the goal didn't count; **en este juego no vale mirar** you're not allowed to look in this game. **4.** (*equivaler*): **este libro vale** *por* **mil** this book is worth a thousand others. **5.** (*tener buenas cualidades*): **es un chico que vale** he has many good qualities. **6.** (*servir de protección*): **¡que Dios les valga!** may God protect them! ● **más vale**: **más vale que empecemos** we'd better start; **más vale que no se entere tu padre** your father had better not find out; **"Te prometo que lo haré." "¡Más te vale!"** "I promise I'll do it." "You'd better!" **7.** (*Méx: fam, para expresar indiferencia*): **a mí eso me vale** I don't give a damn about that.
valerse *v prnl* **1.** (*desenvolverse*) to manage: **ya no puede valerse por sí mismo** he can't manage ✻ cope on his own any more. **2. valerse de** (*servirse de*) to use, to make use of: **se valió de sus contactos para colocar a sus hijos** he used his contacts to get jobs for his children.
valeroso, -sa /bale'roso -sa/ *adj* brave, valiant.
valgo /'balɣo/ *and other forms with* **valg-** ⇨ valer
valía /ba'lia/ *sf*: **no ha tenido ocasión de mostrar su valía** he has not had the chance to show his worth ✻ ability; **es una profesional** *de* **gran valía** she is an extremely able professional; **tiene fama de ser un**

músico *de* **gran valía** he is considered a very good musician.

validar /bali'ðar/ [⇨CANTAR] *vt* (*una teoría, un documento*) to validate.

validez /bali'ðeθ/ *sf* validity: **creo que ya no tiene validez** I don't think it's valid any longer.

válido, -da /'baliðo -ða/ *adj* valid: **dio la respuesta por válida** he allowed the answer.

valiente /ba'ljente/ **I** *adj* **1.** (*valeroso*) brave, courageous: **fue una decisión valiente** it was a brave * courageous decision. **2.** (*fam*: *para enfatizar*) fine, great: **¡en valiente lío se ha metido!** he's got himself into a fine mess!
II *sm/f* brave person.

valija /ba'lixa/ *sf* **1.** (*de cartas*) mailbag. **2.** (*Arg, Urug*: *maleta*) suitcase.
valija diplomática *sf* diplomatic bag.

valioso, -sa /ba'ljoso -sa/ *adj* valuable: **fue una valiosa aportación** it was a valuable contribution.

valla /'baʎa/ *sf* **1.** (*vallado*) fence. **2.** (*Dep*) hurdle. **3.** (*cartelera*) billboard, (*GB*) hoarding: **el producto se anunciaba en muchas vallas publicitarias** the product was advertised on many billboards.

vallado /ba'ʎaðo/ *sm* fence: **pusieron un vallado alrededor de la casa** they put up a fence around the house.

vallar /ba'ʎar/ [⇨CANTAR] *vt* to fence in.

valle /'baʎe/ *sm* valley.

vallisoletano, -na /baʎisole'tano -na/ **I** *adj* of * from Valladolid.
II *sm/f* native * inhabitant of Valladolid.

valor /ba'lor/ **I** *sm* **1.** (*importancia*) value, worth: **estos documentos tienen un gran valor histórico** these documents are of great historic value; **no tiene ningún valor artístico** it has no artistic value; **aquellas palabras tenían mucho valor para mí** those words meant a lot to me; **sólo le dejó unas tierras sin ningún valor** all he left her was some worthless land. **2.** (*Fin*) value: **estas casas han aumentado mucho de valor** these houses have increased greatly in value; **le entregó un cheque** *por* **valor** *de* **veinte mil pesetas** she handed him a cheque for twenty thousand pesetas * to the value of twenty thousand pesetas; **aseguraron los objetos** *de* **valor que tenían en casa** they insured the valuables in their home. **3.** (*bravura*) courage, bravery: **demostró su valor enfrentándose a los ladrones** he demonstrated his bravery when he confronted the thieves • **tuve que armarme de valor para decírselo** I had to pluck up courage to tell her. **4.** (*desvergüenza*) nerve, cheek: **tuvo el valor** *de* **pedirme más dinero** she had the nerve to ask me for more money; **¡qué valor, marcharse sin pagar la cuenta!** what a nerve, going off without paying the bill! **5.** (*persona*) star: **es el nuevo valor del golf español** he is the new star of Spanish golf.
II valores *sm pl* **1.** (*Fin*) stocks *pl*, securities *pl*. **2.** (*principios*) values *pl*.

valoración /balora'θjon/ *sf* valuation.

valorar /balo'rar/ [⇨CANTAR] *vt* **1.** (*fijar el precio de*) to value: **han valorado la casa** *en* **diez millones** the house has been valued at ten million. **2.** (*apreciar*) to appreciate, to value: **valoro mucho el esfuerzo que has hecho** I really appreciate the effort you've made. **3.** (*evaluar*) to evaluate: **debes valorar todas las consecuencias de esa decisión** you must consider all the consequences of that decision.

vals /bals/ *sm* waltz.

valse /'balse/ *sm* (*Amér L*) waltz.

válvula /'balβula/ *sf* valve.
válvula de escape *sf* exhaust valve: **el deporte es su válvula de escape** sport is her safety valve * her way of letting off steam.
válvula de seguridad *sf* safety valve.

vamos /'bamos/ **I** *first person plural of the present tense of* ⇨ir
II *excl* (*fam*) **1.** (*para dar prisa, ánimo*) come on, let's go: **¡vamos, que es tarde!** come on, it's getting late!; **vamos, hombre, no te pongas así** come on, don't get angry. **2.** (*para expresar indignación*) well: **¡vamos, lo que tiene uno que oír!** well! the things you have to listen to! **3.** (*para aclarar*): **vamos, que es un ladrón** basically, he's a crook.

vampiresa /bampi'resa/ *sf* (*fam*) femme fatale.

vampiro /bam'piro/ *sm* **1.** (*ser imaginario*) vampire. **2.** (*Zool*) vampire bat.

vanagloriarse /banaɣlo'rjarse/ [⇨CAMBIAR] *v prnl* to brag, to boast: **se vanagloriaba** *de* **su éxito con las mujeres** he boasted about his success with women.

vandálico, -ca /ban'daliko -ka/ *adj* destructive: **la policía los calificó de actos vandálicos** the police described them as acts of vandalism.

vandalismo /banda'lizmo/ *sm* vandalism.

vándalo, -la /'bandalo -la/ *sm/f* (*gamberro*) vandal: **unos vándalos quemaron varios coches** some vandals set fire to a number of cars.

vanguardia /baŋ'gwarðja/ *sf* **1.** (*tropas*) vanguard. **2.** (*Artes*) vanguard: **sus diseños están** *a* **la vanguardia de la moda** his designs are in the vanguard * at the forefront of fashion; **es una compañía de teatro** *de* **vanguardia** it is an avant-garde theatre company.

vanguardista /baŋgwar'ðista/ **I** *adj* avant-garde: **una revista vanguardista** an avant-garde magazine.
II *sm/f* member of the avant-garde.

vanidad /bani'ðað/ *sf* vanity.

vanidoso, -sa /bani'ðoso -sa/ **I** *adj* vain, conceited.
II *sm/f* vain person.

vano, -na /'bano -na/ **I** *adj* **1.** (*infundado*) unrealistic: **no te hagas vanas ilusiones** don't harbour false hopes. **2.** (*ineficaz*) futile, vain: **sus esfuerzos fueron vanos** his efforts were futile; **buscó una solución** *en* **vano** she looked in vain for a solution. **3.** (*presumido*) vain, conceited.
II vano *sm* opening (*such as a door or window*).

vapor /ba'por/ *sm* **1.** (*Fís*) steam, (*GB*) vapour, (*US*) vapor; (*Culin*): **cueza las verduras** *al* **vapor** steam the vegetables. **2.** (*barco*) steamship, steamer.

vaporizador /baporiθa'ðor/ *sm* spray, atomizer.

vaporizar /bapori'θar/ [⇨cazar] *vt* to vaporize.
vaporizarse *v prnl* to vaporize.

vaporoso, -sa /bapo'roso -sa/ *adj* sheer, light: **quedaría mejor con una tela más vaporosa** it would be better in a sheerer fabric.

vapulear /bapule'ar/ [⇨CANTAR] *vt* **1.** (*azotar*) to beat: **lo vapulearon de tal manera que le rompieron tres costillas** they beat him so badly that they broke three of his ribs. **2.** (*maltratar*) to treat badly: **la vida la ha vapuleado mucho** life has treated her very badly. **3.** (*atacar, criticar: a una persona*) to lay into; (*: una obra*) to slate, to pan: **la crítica ha vapuleado la obra** the critics have panned the play.

vaquería /bake'ria/ *sf* **1.** (*granja*) dairy farm. **2.** (*cobertizo*) cowshed.

vaquero, -ra /ba'kero -ra/ **I** *adj* denim: **llevaba una camisa vaquera** he was wearing a denim shirt.
II *sm/f* (*gen*) cowherd; (*en el oeste americano: hombre*) cowboy; (*: mujer*) cowgirl: **hay una película de vaqueros en la tele** there's a cowboy film on television.
III vaqueros *sm pl* jeans *pl*.

vaquilla /ba'kiʎa/ *sf* heifer.

vara /'bara/ *sf* **1.** (*palo*) stick, rod: **utilizó una vara para sacudir la alfombra** he used a stick to beat the rug ● **¡deja de darme la vara, te he dicho que no voy a ir!** don't keep on at me, I've told you I'm not going! **2.** (*Tauro*: *del picador*) pike. **3.** (*tallo*) stem, stalk.

varadero /bara'ðero/ *sm* dock.

varado, -da /ba'raðo -ða/ *adj* **1.** (*barco*) aground. **2.** (*Amér L*: *estancado*): **se nos acabó el dinero y nos quedamos varados en Salta** we ran out of money and got stuck in Salta.

varar /ba'rar/ [⇨ CANTAR] *vt* (*barco*) to run aground.
♦ *vi* (*encallar*) to run aground.

varear /bare'ar/ [⇨ CANTAR] *vt* **1.** (*Agr*) to knock down (*fruit from trees at harvest*). **2.** (*dar golpes a*) to beat: **estaban en el patio vareando la alfombra** they were in the yard beating the rug.

variable /ba'rjaβle/ **I** *adj* **1.** (*gen*) variable, changeable: **el horario del desayuno es variable** the time that breakfast is served may vary. **2.** (*carácter*) moody: **es una persona muy variable** she's very moody.
II *sf* (*Mat*) variable.

variación /barja'θjon/ *sf* variation.

variado, -da /ba'rjaðo -ða/ *adj* varied: **tienen un menú muy variado** there is a very varied menu; **un kilo de pasteles variados** a kilo of assorted cakes.

variante /ba'rjante/ *sf* **1.** (*de un modelo*) variant, different form: **busca las variantes de esta palabra** look up the variants of this word. **2.** (*cambio*) change, variation: **seguí su receta, pero introduje algunas variantes** I followed his recipe but I made a few changes. **3.** (*desviación*): **al salir del pueblo hay que tomar la variante hacia la autopista** as you leave the town follow the link road to the motorway.

variar /ba'rjar/ [⇨ ansiar] *vt* to vary: **me gusta variar los temas para que mis alumnos no se aburran demasiado** I like to vary the topics so that my students don't get too bored.
♦ *vi* to vary: **los precios varían según la temporada** prices vary according to season; **varía** *de* **unos casos** *a* **otros** it varies from case to case ● **para variar**: **hoy podríamos ir a otro sitio para variar** we could go somewhere else today for a change; **no fregó los platos, para variar** she didn't wash up, just for a change!

varice /ba'riθe/, **várice** /'bariθe/ *sf* varicose vein.

varicela /bari'θela/ *sf* chicken pox.

varicoso, -sa /bari'koso -sa/ *adj* varicose.

variedad /barje'ðað/ **I** *sf* **1.** (*Bot, Zool*) variety. **2.** (*diversidad*) variety: **en la variedad está el gusto** variety is the spice of life. **3.** (*surtido*) variety, range: **hay una gran variedad de modelos** there's a wide variety of models.
II variedades *sf pl* variety show.

varietés /barje'tes/ *sf pl* variety show.

varilla /ba'riʎa/ *sf* (*gen*) stick; (*de un paraguas, un abanico*) rib; (*para comprobar el nivel de aceite*) dipstick.

vario, -ria /'barjo -rja/ **I** *adj* **1.** (*diferente*) various, different: **he intentado con suerte varia encontrar una solución a estos problemas** I've tried with varying degrees of success to find solutions to these problems; **puedes interpretarlo de varias formas** you can interpret it in various ways. **2. varios -rias** (*bastantes*) several: **lo he leído en varios libros** I have read it in several books; **llamó a varias amigas** she called a number of friends.
II varios -rias *pron indefinido* several: **existen varios con ese nombre** there are several with that name.

variopinto, -ta /barjo'pinto -ta/ *adj* diverse, mixed: **el vecindario de esta casa es muy variopinto** the people who live in this block are a very mixed bunch.

varita /ba'rita/ *sf* short stick.
varita mágica *sf* (magic) wand.

variz /ba'riθ/ *sf* [**varices**] varicose vein.

varón /ba'ron/ **I** *sm* (*adulto*) male, man; (*niño*) boy, male child.
II *adj* male: **no tuvo ningún hijo varón** she had no male children.

varonil /baro'nil/ *adj* manly: **tiene una voz muy varonil** he has a very manly voice.

vasallaje /basa'ʎaxe/ *sm* vassalage.

vasallo, -lla /ba'saʎo -ʎa/ *sm/f* (*Hist*) vassal.

vasco, -ca /'basko -ka/ **I** *adj, sm/f* Basque.
II vasco *sm* (*idioma*) Basque.

vascuence /bas'kwenθe/ *sm* (*idioma*) Basque.

vascular /basku'lar/ *adj* vascular.

vasectomía /basekto'mia/ *sf* vasectomy.

vaselina /base'lina/ *sf* Vaseline®, petroleum jelly.

vasija /ba'sixa/ *sf* vessel, container.

vaso /'baso/ *sm* **1.** (*recipiente*) glass: **se rompieron tres vasos** three glasses got broken; **añadir medio vaso de vino blanco** add half a glass of white wine; **¡se ha bebido cuatro vasos de agua seguidos!** he's drunk four glasses * glassfuls of water one after the other! ● **se ahoga en un vaso de agua** she gets into a panic over the slightest problem. **2.** (*Anat*) vessel.
vaso sanguíneo *sm* blood vessel.

vástago /'bastaɣo/ *sm* **1.** (*de una planta*) shoot, sprout. **2.** (*frml*: *descendiente*) offspring *n inv*.

vasto, -ta /'basto -ta/ *adj* vast, huge: **tenía vastos conocimientos sobre la materia** her knowledge of the subject was vast.

váter /'vater/ *sm* ⇨ wáter

Vaticano /bati'kano/ *sm*: **el Vaticano** the Vatican.

vaticinar /batiθi'nar/ [⇨ CANTAR] *vt* to predict, to forecast: **le vaticinaron un gran porvenir** a bright future was predicted for him; **vaticinan una victoria arrolladora de los conservadores** they forecast an overwhelming victory for the conservatives.

vaticinio /bati'θinjo/ *sm* prediction, forecast: **según todos los vaticinios...** according to all predictions....

vatio /'batjo/ *sm* watt.

vaya /'baja/ **I** *and other forms with* **vay-** ⇨ ir
II *excl* (*fam*) **1.** (*para enfatizar*): **¡vaya enfado que se agarró!** he got really annoyed!; **¡vaya granuja!** what a rogue! **2.** (*para expresar contrariedad*): **¡vaya (por Dios), ahora se ha estropeado la tele!** for goodness' sake! now the television's gone wrong! **3.** (*para aclarar*): **vaya, que es una persona de poco fiar** basically, he's not very trustworthy.

Vd. *pronounced* /us'teð/ (*abbreviation of* **usted**) you [*formal singular use*].

Vds. *pronounced* /us'teðes/ (*abbreviation of* **ustedes**) you [*formal plural use*].

ve /be/ **I** *imperative of* ⇨ ir

II *third person singular of the present tense of* ➪ ver

III *sf* (*also* **ve corta** * **chica**) (*Amér L*) *name of the letter V.*

vecinal /beθi'nal/ *adj* local: **se llega por una carretera vecinal** you get there by a local road.

vecindad /beθin'daδ/ *sf* **1.** (*barrio*) (*GB*) neighbourhood, (*US*) neighborhood: **no son de la vecindad** they're not from the area * neighbourhood. **2.** (*conjunto de vecinos*) residents *pl*, (*GB*) neighbours *pl*, (*US*) neighbors *pl*: **ha colaborado toda la vecindad** all the neighbours have helped. **3.** (*cercanías*) vicinity: **se han visto lobos en la vecindad del pueblo** wolves have been seen in the vicinity of the town.

vecindario /beθin'darjo/ *sm* **1.** (*barrio*) (*GB*) neighbourhood, (*US*) neighborhood: **se fueron a vivir a otro vecindario** they went to live in a different area * neighbourhood. **2.** (*conjunto de vecinos*) residents *pl*, (*GB*) neighbours *pl*, (*US*) neighbors *pl*.

vecino, -na /be'θino -na/ **I** *adj* (*al lado*) (*GB*) neighbouring, (*US*) neighboring: **creo que son países vecinos** I think they are neighbouring countries; (*frml*: *cercano*) nearby: **en una aldea vecina** in a nearby village.

II *sm/f* **1.** (*persona del mismo barrio o edificio*) fellow resident, (*GB*) neighbour, (*US*) neighbor. **2.** (*ciudadano*) resident: **han pedido la colaboración de todos los vecinos** all the residents have been asked to cooperate.

vector /bek'tor/ *sm* vector.

veda /'beδa/ *sf* close season, closed season (*for hunting, fishing*): **se ha levantado la veda** *del* **salmón** the salmon fishing season has started.

vedado, -da /be'δaδo -δa/ **I** *adj* prohibited, forbidden: **aquí está vedado hablar de religión** you're not allowed to talk about religion here.

II vedado *sm* area of private land.

vedado de caza *sm* game preserve.

vedar /be'δar/ [➪ CANTAR] *vt* to prohibit, to bar: **les vedaron la entrada por ser menores de edad** they were barred from entering because they were under age.

vedette /be'δet/ *sf* (variety) star.

vega /'beɣa/ *sf* fertile plain.

vegetación /bexeta'θjon/ **I** *sf* vegetation: **había una vegetación muy espesa** there was very dense vegetation.

II vegetaciones *sf pl* (*Med*) adenoids *pl*.

vegetal /bexe'tal/ **I** *adj*: **el mundo vegetal** the plant world.

II *sm* (*Bot*) vegetable.

vegetar /bexe'tar/ [➪ CANTAR] *vi* (*planta, persona*) to vegetate: **no hace nada, se pasa el día vegetando** he does nothing, he vegetates all day long.

vegetariano, -na /bexeta'rjano -na/ *adj, sm/f* vegetarian.

vegetativo, -va /bexeta'tiβo -βa/ *adj* vegetative.

vehemencia /bee'menθja/ *sf* vehemence.

vehemente /bee'mente/ *adj* vehement, passionate.

vehículo /be'ikulo/ *sm* **1.** (*gen*) vehicle: **se dieron a la fuga en un vehículo rojo** they fled in a red vehicle; **la revista "Albor" fue un importante vehículo para la difusión de sus ideas** the magazine "Albor" was an important vehicle for the spreading of his ideas. **2.** (*de una enfermedad*) carrier.

veinte /'beinte/ **I** *adj* (*cardinal*) twenty; (*ordinal*) twentieth: **los años veinte** the twenties. ➪ doce

II *sm* (*cardinal*) twenty; (*ordinal*) twentieth. ➪ doce

veinteavo, -va /beinte'aβo -βa/ **I** *adj* twentieth.

II veinteavo *sm* (*parte*) twentieth.

veintena /bein'tena/ *sf* (*exactamente*) (group of) twenty; (*aproximadamente*) about twenty: **habría una veintena de personas** there must have been about twenty people.

veintitantos, -tas /veinti'tantos -tas/ *adj, pron* twenty-odd: **nos juntamos veintitantos para cenar** between twenty and thirty of us met for dinner.

vejación /bexa'θjon/ *sf* humiliation: **los prisioneros sufrieron todo tipo de vejaciones** the prisoners suffered all kinds of humiliation.

vejar /be'xar/ [➪ CANTAR] *vt* (*frml*) to humiliate.

vejatorio, -ria /bexa'torjo -rja/ *adj* (*frml*) humiliating: **recibieron un trato vejatorio** they received humiliating treatment.

vejestorio /bexes'torjo/ *sm* (*fam*) old fogey, old crock.

vejez /be'xeθ/ *sf* old age: **aun en su vejez, seguía trabajando** she kept on working even in her old age • **a la vejez, viruelas** it's amazing that he should do that at his age.

vejiga /be'xiɣa/ *sf* bladder.

vejiga natatoria *sf* air bladder (*of a fish*).

vela /'bela/ **I** *sf* **1.** (*de cera*) candle • **me he quedado a dos velas** (*sin dinero*) I'm broke; (*sin enterarme de nada*) I didn't understand a thing • **ir más derecho * tieso que una vela**: **va siempre más derecho * tieso que una vela** he always holds himself very upright; **lo voy a poner más derecho que una vela** I'll teach him to mend his ways • **no puedes poner una vela a Dios y otra al diablo** you can't run with the hare and hunt with the hounds • **cállate, nadie te ha dado vela en este entierro** shut up, this is nothing to do with you. **2.** (*acción de velar*): **pasó la noche** *en* **vela** he had a sleepless night. **3.** (*de un barco*) sail: **el barco avanzaba** *a* **toda vela** the ship was under full sail • **tuvo que recoger velas cuando le enseñamos la carta** she had to back down when we showed her the letter. **4.** (*Dep, Náut*) sailing.

II velas *sf pl* (*fam*) snot: **este niño siempre va con las velas colgando** this child always has a snotty * runny nose.

vela mayor *sf* mainsail.

velada /be'laδa/ *sf* evening: **pasamos una agradable velada recordando viejos tiempos** we spent a very pleasant evening remembering old times.

velador /bela'δor/ *sm* **1.** (*mesita*) pedestal table. **2.** (*Amér S*: *mesita de noche*) bedside table.

velamen /be'lamen/ *sm* sails *pl*.

velar /be'lar/ **I** *adj* (*Ling*) velar.

II [➪ CANTAR] *vi* **1.** (*no dormir*) to stay awake. **2.** (*por la tranquilidad, la felicidad, etc.*): **vela** *por* **la seguridad de los suyos** he takes care of his family's safety.

♦ *vt* **1.** (*a un enfermo*) to watch over, to sit up with; (*a un difunto*) to stand vigil over. **2.** (*tapar, ocultar*) to veil, to hide: **una máscara de bondad velaba sus turbias intenciones** a mask of kindness veiled his dark intentions. **3.** (*en fotografía*) to expose (by mistake), to fog.

velarse *v prnl* (*película fotográfica*) to get fogged.

velatorio /bela'torjo/ *sm* wake, vigil.

veleidad /belei'δaδ/ *sf* **1.** (*volubilidad*) inconstancy, fickleness: **las veleidades del destino** the fickleness of fate. **2.** (*antojo*) passing fancy, whim: **es una veleidad de niño pequeño** it's just a childish whim.

velero, -ra /be'lero -ra/ **I** *adj* sailing.

II velero *sm* (*grande*) sailing ship; (*pequeño*) (*GB*) sailing boat, (*US*) sailboat.

veleta /be'leta/ I *sf* (*Meteo*) weathercock, weathervane. II *sm/f* (*fam*: *persona*): **es un veleta** he changes his mind all the time.

vello /'beʎo/ *sm* 1. (*en el cuerpo humano*) (body) hair. 2. (*en fruta*) down.

velludo, -da /be'ʎuðo -ða/ *adj* hairy.

velo /'belo/ *sm* 1. (*tela*) veil: **la novia llevaba un largo velo** the bride was wearing a long veil. 2. (*capa*) veil, shroud: **un velo de niebla ocultaba el río** a shroud of fog hid the river from view • **será mejor correr * echar un tupido velo** it would be better to just forget it.

velo del paladar *sm* soft palate.

velocidad /beloθi'ðað/ *sf* 1. (*celeridad*) speed: **íbamos a una velocidad de noventa kilómetros por hora** we were travelling at (a speed of) ninety kilometres per hour; **puso el coche a toda velocidad** she got the car up to top speed; **tuvimos que terminarlo a toda velocidad** we had to finish it at breakneck speed; (*Fís*) velocity: **calcular la velocidad de este cuerpo** calculate the velocity of this object. 2. (*marcha*) gear: **este coche tiene cinco velocidades** this car has five gears.

velocímetro /belo'θimetro/ *sm* speedometer.

velocista /belo'θista/ *sm/f* (*Dep*) sprinter.

velódromo /be'loðromo/ *sm* velodrome, cycle track.

velomotor /belomo'tor/ *sm* moped.

velón /be'lon/ *sm* oil lamp.

velorio /be'lorjo/ *sm* wake, vigil.

veloz /be'loθ/ *adj* [**veloces**] fast, swift: **es el atleta más veloz del mundo** he's the world's fastest athlete.

ven /ben/ *imperative of* ⇨ venir

vena /'bena/ *sf* 1. (*Anat, Bot*) vein: **se abrió * se cortó las venas** she slashed her wrists. 2. (*Geol*) vein, seam. 3. (*disposición*): **este niño tiene vena de artista** this child has the makings of an artist • **parece que hoy no está en vena** she doesn't seem to be in the mood today • **le ha dado la vena de no hablar con nadie** he's taken it into his head that he's not going to talk to anyone.

venada /be'naða/ *sf* (*fam*) sudden impulse: **le dio la venada y se afeitó la cabeza** she just had this crazy impulse and shaved her head.

venado, -da /be'naðo -ða/ I *adj* (*fam*) crazy, nuts. II **venado** *sm* (*animal*) deer *n inv*; (*Culin*) venison.

vencedor, -dora /benθe'ðor -'ðora/ I *adj* (*en una batalla, una guerra*) triumphant, victorious; (*en una competición*) winning, victorious.
II *sm/f* (*en una batalla, una guerra*) victor; (*en una competición*) winner.

vencejo /ben'θexo/ *sm* (*Zool*) swift.

vencer /ben'θer/ [⇨convencer] *vt* 1. (*derrotar: a un enemigo*) to defeat, to vanquish; (*: a un contrincante*) to beat, to defeat: **vencieron al equipo visitante** they beat the visiting team; (*: una pasión, un problema*) to overcome, to surmount: **tuvo que hacer un esfuerzo para vencer la tentación** he had to make an effort to overcome the temptation. 2. (*sueño, cansancio*) to overcome: **al final lo venció el cansancio** in the end tiredness got the better of him.
♦*vi* 1. (*contrato, plazo*) to expire, to run out: **el contrato vence a finales de mes** the contract expires at the end of the month; (*deuda*) to fall due. 2. (*Mil*) to win, to be victorious; (*Dep*) to win: **vencieron tres a uno** they won three one.

vencido, -da /ben'θiðo -ða/ I *adj* 1. (*en una batalla*) defeated; (*en una competición*) beaten, defeated • **nunca se da por vencido** he never gives up * admits defeat. 2. (*contrato, plazo*) expired; (*deuda*) due.
II **vencido** *sm* defeated person: **los vencidos tuvieron que someterse a los vencedores** the defeated had to submit to the victors.

vencimiento /benθi'mjento/ *sm* (*de un plazo, una deuda*): **el vencimiento del plazo para presentar la documentación** the closing date for submission of the documentation; **el vencimiento de la deuda** the date the debt is due to be repaid; (*de un documento oficial*): **la fecha de vencimiento** the expiry date.

venda /'benda/ *sf* bandage: **una enfermera vino a cambiarle las vendas** a nurse came to change his bandages • **¿cuándo te vas a quitar la venda de los ojos y admitir la realidad?** when are you going to open your eyes to the truth?

vendaje /ben'daxe/ *sm* (*Med*) dressing.

vendar /ben'dar/ [⇨CANTAR] *vt* 1. (*Med*) to bandage, to bind. 2. (*delincuente, secuestrador*) to blindfold: **le vendaron los ojos** they blindfolded him.

vendaval /benda'βal/ *sm* gale, strong wind.

vendedor, -dora /bende'ðor -'ðora/ *sm/f* 1. (*gen*) seller, vendor. 2. (*de profesión: hombre*) salesman; (*: mujer*) saleswoman.

vendedor, -dora ambulante *sm/f* street vendor.

vender /ben'der/ [⇨TEMER] *vt* 1. (*Fin*) to sell: **le vendimos el coche a mi hermano** we sold the car to my brother; **lo vendieron** *por* **dos millones de pesetas** they sold it for two million pesetas; **los están vendiendo** *a* **trescientas pesetas el kilo** they're selling them at three hundred pesetas a kilo. 2. (*traicionar*) to sell out, to betray: **vendió a sus compañeros al enemigo** he betrayed his comrades to the enemy.
♦*vi* to sell: **sólo venden al contado** they only take cash.

venderse *v prnl* 1. (*Fin*) [*only used in the third person*] to be for sale: **se vende piso** apartment for sale. 2. (*traicionarse*) to give oneself away: **se vendió sin darse cuenta** he gave himself away without realizing it. 3. (*aceptar un soborno*) to take a bribe: **acusaron al árbitro de haberse vendido** they accused the referee of taking a bribe.

vendido, -da /ben'diðo -ða/ *adj* sold: **lo siento, ese cuadro está vendido** I'm sorry, that painting is sold • **estamos vendidos si surge un imprevisto** we've had it if anything unexpected crops up.

vendimia /ben'dimja/ *sf* grape harvest, vintage.

vendimiar /bendi'mjar/ [⇨CAMBIAR] *vi* to pick grapes, to harvest grapes.

vendré /ben'dre/ *and other forms with* **vendr-** ⇨ venir

veneno /be'neno/ *sm* 1. (*gen*) poison; (*de una serpiente*) venom. 2. (*rencor*) venom, spite: **la carta destilaba veneno** the letter was full of spite.

venenoso, -sa /bene'noso -sa/ *adj* 1. (*gen*) poisonous. 2. (*palabras, intenciones*) venomous, spiteful.

venerable /bene'raβle/ *adj* venerable.

venerar /bene'rar/ [⇨CANTAR] *vt* 1. (*a una persona*) to worship, to adore: **veneraba a su abuela** he worshipped his grandmother. 2. (*Relig*) to venerate, to revere.

venéreo, -rea /be'nereo -rea/ *adj* venereal.

venezolano, -na /beneθo'lano -na/ *adj, sm/f* Venezuelan.

Venezuela /bene'θwela/ *sf* Venezuela.

venga /'benɣa/ I *imperative of* ⇨ venir
II *excl* (*fam*) 1. (*para instar*): **¡venga!** come on!;

¡venga, salta ya! come on, jump!; **venga, que se hace tarde** come on, it's getting late; **venga, las mil pesetas que me debes** come on, give me the thousand pesetas you owe me! **2.** (*para expresar oposición*): **¡venga ya, qué va a estar llorando!** come on, he can't be crying! **3.** (*para indicar repetición*): **¡y venga** *a* **repetir lo mismo toda la tarde!** and she just kept repeating the same thing all afternoon!

venganza /beŋ'ganθa/ *sf* revenge, vengeance.

vengar /beŋ'gar/ [➪ pagar] *vt* to avenge.

vengarse *v prnl* to take ✻ get revenge: **sólo pensaba en vengarse** *de* **ellos** her only thought was of getting revenge on them.

vengativo, -va /beŋga'tiβo -βa/ *adj* vindictive, vengeful.

vengo /'beŋgo/ *first person singular of the present tense of* ➪ venir

venial /be'njal/ *adj* venial.

venida /be'niða/ *sf* **1.** (*acción de venir*) arrival: **todos esperaban su venida** everyone was awaiting his arrival. **2.** (*regreso*) return: **me acompañó a la ida, pero la venida la hice solo** she went with me on the outward journey but I made the return journey alone.

venidero, -ra /beni'ðero -ra/ *adj* future: **se recordará en años venideros** it will be remembered in future years ✻ in years to come.

venir /be'nir/ [➪ table: venir] *vi* **1.** (*gen*) to come: **ven aquí** come here; **vengo** *por* **lo del anuncio** I've come about the advertisement; **¿cuándo vienen** *(a) por* **ti?** when are they coming to pick you up? ● **¿a qué viene eso?** what's that got to do with anything? ● **¿a qué viene todo esto?** what's the meaning of all this?; (*acudir*): **no me vengas** *a* **llorar a mí si todo sale mal** don't come crying to me if things go wrong; **si te viene** *con* **tonterías, lo echas** if he starts playing up, throw him out; **¡no me vengas** *con* **excusas!** I don't want to hear any excuses! **2.** (*llegar: gen*) to arrive: **cuando venga la primavera** when spring comes; (*: describiendo un estado*): **vengo muerta de cansancio** I'm exhausted ✻ very tired; **venía furioso** he was furious. **3.** (*acercarse*): **ya viene tu cumpleaños** your birthday's coming soon; **ahora viene la escena en que muere ella** here comes the scene where she dies; **el año que viene** next year; **llegan la semana que viene** they arrive next week ● **yo ya me lo veía venir** I could see it coming. **4.** (*en determinado orden*) to come: **¿qué letra viene después de la "c"?** which letter comes after "c"? **5.** (*acometer*): **me vino un mareo al levantarme** a dizzy feeling came over me as I got up; **me vinieron ganas de decirle cuatro cosas** I felt like telling him a thing or two. **6.** (*provenir*) to come: **viene** *de* **buena familia** he comes from a good family; **la tozudez le viene** *de* **familia** stubbornness runs in the family; **la expresión viene** *del* **francés** the expression comes from French. **7.** (*quedar*) to be: **este jersey me viene grande** this sweater is too big for me; (*indicando conveniencia, molestia, etc.*): **¿les vendría bien que lo trajera mañana?** would it suit you if I brought it tomorrow?; **no me vendrían mal unas vacaciones** I could do with a holiday; **el lunes me viene mal** Monday's not a good day for me; **nos vendría bien que nos prestaras el coche** it would be useful if you could lend us the car. **8.** (*figurar*) to appear, to be: **la dirección y el teléfono vienen en la guía** the address and telephone number are in the book; **la explicación viene en inglés** the explanation is in English; **los atrasos vienen en la nómina de este mes** the back pay is included in this month's pay cheque. **9.** (*existir, presentarse*) to come: **¿viene en otros colores?** does it come in any other colours?; **ya viene envuelto para regalo** it is already giftwrapped.

♦ *v aux* **1.** (*seguido de* **a + infinitivo**: *expresando aproximación*): **vienen a tener la misma edad** they are about the same age; **vienen a costar lo mismo** they cost more or less the same; (*: llegar*): **con el tiempo, vino a ser millonario** in time he became a millionaire; **¿cómo viniste a parar aquí?** how did you end up here? **2.** (*seguido de gerundio*): **vienen sucediendo cosas muy raras** some very strange things have been happening; **hace meses que lo vengo observando** I've been watching it for months.

venirse *v prnl* **1.** (*gen*) to come: **se vino a vivir aquí cuando tenía veinte años** he came to live here when he was twenty. **2.** (*caer*): **el armario se me vino encima** the cupboard fell on top of me ● **el edificio se vino abajo** the building collapsed ● **venirse abajo**: **se ha venido abajo desde que él murió** she's gone to pieces since he died; **el país se ha venido abajo en los últimos años** the country has gone downhill in the last few years.

venir

INDICATIVE

Present	**Preterite**
vengo	vine
vienes	viniste
viene	vino
venimos	vinimos
venís	vinisteis
vienen	vinieron
Future	**Conditional**
vendré	vendría
vendrás	vendrías
vendrá	vendría
vendremos	vendríamos
vendréis	vendríais
vendrán	vendrían

SUBJUNCTIVE

Present	**Imperfect**
venga	viniera *or* viniese
vengas	vinieras *or* vinieses
venga	viniera *or* viniese
vengamos	viniéramos *or* viniésemos
vengáis	vinierais *or* vinieseis
vengan	vinieran *or* viniesen

IMPERATIVE

(tú) ven	(usted) venga
(vosotros) venid	(ustedes) vengan

PRESENT PARTICIPLE

viniendo

For the rest of the tenses ➪ PARTIR (in appendix)

venta /'benta/ *sf* **1.** (*Fin*) sale: **hicimos una venta de dos millones de pesetas** we made a sale worth two million pesetas; **se dedica a la venta de coches usados** she makes a living selling used cars; **las ventas han aumentado un diez por ciento** sales have gone up by ten per cent; **¿está** *en* **venta?** is it for sale?; **han puesto la casa** *en* **venta** they've put the house up for sale; **el cuadro no está** *a* **la venta** the painting is not for sale; **está** *a la* **venta en todos los sitios** it's on sale everywhere. **2.** (*frml*: *posada*) inn: **comimos en una venta muy típica** we had lunch in a traditional inn.

venta a plazos *sf* (*GB*) hire purchase, (*US*) installment plan.

venta al por mayor *sf* wholesale.

venta al por menor *sf* retail.

ventaja /ben'taxa/ *sf* **1.** (*gen*) advantage: **tienes que considerar las ventajas y los inconvenientes** you have to consider the advantages and the disadvantages; **vivir aquí tiene sus ventajas** living here has its advantages; **es una gran ventaja que la casa esté tan cerca de la estación** the house being so close to the station is a big plus; (*provecho*): **no sé qué ventaja podemos sacar de todo esto** I don't know what we can gain from all this. **2.** (*Dep*: *en tenis*) advantage; (*: en una carrera*): **me dio diez segundos** *de* **ventaja** she gave me a ten second start; **les llevaba dos minutos/ cincuenta metros** *de* **ventaja** he was two minutes/ fifty metres ahead of them.

ventajoso, -sa /benta'xoso -sa/ *adj* advantageous, favourable: **las condiciones que nos ofrecieron eran muy ventajosas** the terms they offered us were very favourable.

ventana /ben'tana/ *sf* **1.** (*en un edificio, un vehículo*) window. **2.** (*de la nariz*) nostril.

ventana de guillotina *sf* sash window.

ventanal /benta'nal/ *sm* large window.

ventanilla /benta'niʎa/ *sf* **1.** (*de un vehículo*) window. **2.** (*en un banco, una oficina*) window: **a las tres en punto cerraron la ventanilla** they closed the window at three o'clock sharp.

ventarrón /benta'rron/ *sm* gale, strong wind.

ventero, -ra /ben'tero -ra/ *sm/f* innkeeper.

ventilación /bentila'θjon/ *sf* ventilation.

ventilador /bentila'ðor/ *sm* **1.** (*aparato*) (electric) fan. **2.** (*conducto*) vent.

ventilar /benti'lar/ [➪ CANTAR] *vt* **1.** (*airear*) to air; (*Tec*) to ventilate. **2.** (*resolver*) to clear up, to sort out: **ventilaron la cuestión en diez minutos** they cleared the matter up in ten minutes. **3.** (*hacer público*) to reveal, to make known: **ventiló todo su pasado** he revealed everything about his past.

ventilarse *v prnl* **1.** (*airearse*) to air, to be aired: **cuelga las sábanas para que se ventilen** hang the sheets out to air; **abrió la ventana para que se ventilara la habitación** she opened the window to let the room air; (*Tec*) to be ventilated. **2.** (*resolverse*) to be cleared up. **3.** (*fam*: *acabarse*) to polish off: **se ha ventilado la tarta** she's polished off the cake; **se ventiló la novela en un día** he polished off the book in a day. **4.** (*fam*: *matar*) to bump off: **se ventilaron a casi todos los miembros de la otra banda** they bumped off most of the members of the other gang.

ventisca /ben'tiska/ *sf* blizzard.

ventisquero /bentis'kero/ *sm* **1.** (*lugar: expuesto a ventiscas*) *mountainside exposed to blizzards*; (*: donde se acumula la nieve y el hielo*) *part of a mountain where snowdrifts linger*. **2.** (*tormenta*) blizzard.

ventolera /bento'lera/ *sf* **1.** (*Meteo*) gust: **¡menuda ventolera!** it's really windy! **2.** (*fam*: *decisión inesperada*) sudden impulse: **le dio la ventolera de irse a México** he suddenly decided to go to Mexico.

ventosa /ben'tosa/ *sf* **1.** (*de goma*) sucker, suction cup. **2.** (*de un pulpo*) sucker.

ventosidad /bentosi'ðað/ *sf* (*GB*) wind, (*US*) gas: **soltó una ventosidad** he broke wind.

ventoso, -sa /ben'toso -sa/ *adj* windy.

ventrículo /ben'trikulo/ *sm* ventricle.

ventrílocuo, -cua /ben'trilokwo -kwa/ *sm/f* ventriloquist.

ventura /ben'tura/ *sf* **1.** (*felicidad*) happiness. **2.** (*suerte*) luck, fortune: **tuvimos la mala ventura de encontrárnoslo** we had the bad luck to run into him • **se marcharon a la buena ventura** they set off to go wherever things led them.

venturoso, -sa /bentu'roso -sa/ *adj* **1.** (*feliz*) happy. **2.** (*afortunado*) lucky, fortunate.

Venus /'benus/ *sm* (*Astron*) Venus.

ver /ber/ **I** *sm* **1.** (*aspecto*) appearance, looks *pl*: **es una mujer madura, pero de buen ver** she's an older woman but she's still good-looking. **2.** (*opinión*): **a mi ver eso sería un error** in my opinion that would be a mistake.

II [➪ table: ver; *past participle* **visto**] *vt* **1.** (*percibir con los ojos*) to see: **enciende la luz, no lo veo bien** turn on the light, I can't see it • **"¿Te gustan los caracoles?" "No puedo ni verlos."** "Do you like snails?" "I can't stand them." • **nunca he visto nada igual** I've never seen anything like it • **hay que ver lo tonto que es** he's unbelievably stupid. **2.** (*televisión*) to watch; (*una película: gen*): **¿has visto la última de Almodóvar?** have you seen Almodóvar's latest film?; **vimos una película italiana** we saw an Italian film; (*: en televisión*): **estábamos viendo una película** we were watching a film. **3.** (*comprender*) to see: **entonces lo vi todo claro** that was when everything became clear to me; **ya veo por qué quieres hacer eso** now I

ver

INDICATIVE

Present	Imperfect
veo	veía
ves	veías
ve	veía
vemos	veíamos
veis	veíais
ven	veían

SUBJUNCTIVE

Present	Imperfect
vea	viera *or* viese
veas	vieras *or* vieses
vea	viera *or* viese
veamos	viéramos *or* viésemos
veáis	vierais *or* vieseis
vean	vieran *or* viesen

IMPERATIVE

(tú) ve	(usted) vea
(vosotros) ved	(ustedes) vean

PAST PARTICIPLE

visto

For the rest of the tenses ➪ TEMER (in appendix)

can see why you want to do that; **estoy viendo que no nos van a subir el sueldo** I can see we're not going to get a pay rise. **4.** (*analizar, examinar*) to look at: **hoy vamos a ver distintas maneras de resolver el problema** today we are going to look at different ways of solving the problem; **trata de verlo desde mi punto de vista** try to see it * look at it from my point of view • **vamos a ver * veamos qué es lo que pasa** let's see what's going on • **el caso ya ha sido visto para sentencia** the case is ready for judgement * awaits a ruling. **5.** (*averiguar, comprobar*) to see: **voy a ver si ha llegado el correo** I'm going to see if the mail has arrived; **ya veremos si cumple lo que ha prometido** we'll soon see if she keeps her promise • **a ver**: **"Le compré estos pendientes" "¿A ver?"** "I bought her these earrings." "Let's have a look."; **a ver si lo encuentro** let me see if I can find it; **a ver si hoy te portas bien** I hope you're going to behave today; **a ver cuándo nos presentas a tu novia** so when are you going to introduce us to your girlfriend?; **¡a ver si encima lo tengo que pagar yo!** it would be a bit much if I had to pay for it! **6.** (*considerar, encontrar*) to find: **yo no lo veo tan mal** I don't find it as bad as all that, I don't think it's as bad as all that; **¿lo ves pequeño?** do you think it's (too) small? **7.** (*visitar*) to see, to visit: **aún no hemos ido a verla** we haven't been to see her yet.

♦*vi* **1.** (*gen*) to see: **la han operado y ve mucho mejor** they've operated on her and she can see a lot better; **lo quitas así, ¿ves?** you remove it like this, see? • **tener que ver**: **¿qué tiene que ver eso con lo que dije?** what does that have to do with what I said?; **"Pero ella es mayor." "¿Y eso qué tiene que ver?"** "But she's older." "So what?"; **ya no tengo nada que ver con la compañía** I have nothing to do with the company any more • **¡hace un frío que no veas!** it's so cold! • **tengo un hambre que no veo** I'm absolutely starving • **"¿Puedo contar con tu apoyo?" "Veremos."** "Can I count on your support?" "We'll see." • **verás, el asunto fue así...** well, you see, it was like this.... **2. ver de** (*tratar de*) to try to: **veré de conseguirte una entrada** I'll try to get you a ticket.

verse *v prnl* **1.** (*tener contacto*) to see each other: **se ven a menudo** they see each other often; (*reunirse, encontrarse*) to meet: **nos vemos una vez al mes** we meet once a month; **nos vimos ayer y me dio saludos para ti** we met yesterday and he told me to pass on his regards • **tendrás que vértelas conmigo** you'll have me to deal with. **2.** (*hallarse*) to be, to find oneself: **me vi en un aprieto** I found myself in a tight spot; (*en oraciones pasivas*): **no quiero verme envuelta en ese asunto** I don't want to get involved in that; **muchas pequeñas empresas se verán afectadas por esta medida** many small businesses will be affected by this measure; **me vi obligada a decírselo** I had no choice but to tell him • **¡habráse visto!** did you ever! **3.** (*notarse*) [*only used in the third person*]: **se ve que no le gustó** she obviously didn't like it • **está por ver quién es mejor jugador** it remains to be seen who is the better player. **4.** (*Amér L*: *parecer*) to look: **se ve mayor con barba** the beard makes him look older.

vera /'bera/ *sf* (*gen*) side, edge • **siéntate a mi vera** sit next to me; (*de un río*) bank: **los sauces crecen** *en* * *a* **la vera del río** willows grow on the river bank.

veracidad /beraθi'ðað/ *sf* truthfulness, veracity.

veranda /be'randa/ *sf* veranda, verandah.

veraneante /berane'ante/ *sm/f* (*GB*) holidaymaker, (*US*) summer vacationist.

veranear /berane'ar/ [⇨ CANTAR] *vi* (*GB*) to spend one's summer holidays, (*US*) to vacation: **desde hace muchos años veraneamos** *en* **Mallorca** (*GB*) we have been spending our summer holidays in Majorca for many years * (*US*) we have vacationed in Majorca for many years.

veraneo /bera'neo/ *sm* (*GB*) summer holidays *pl*, (*US*) summer vacation: **solían ir** *de* **veraneo a San Sebastián** they used to spend their summer holidays in San Sebastián.

veraniego, -ga /bera'njeɣo -ɣa/ *adj* summery: **llevaba un vestido muy veraniego** she was wearing a very summery dress.

veranillo /bera'niʎo/ *sm*: **veranillo de San Martín** indian summer; **veranillo de San Juan** (*Arg, Urug*) indian summer.

verano /be'rano/ *sm* summer: **pasamos el verano en Acapulco** we spent the summer in Acapulco; *en* **verano procuramos salir de la ciudad** we try to get out of the city in (the) summer; **estuve allí el verano pasado** I was there last summer.

veras /'beras/ **de veras I** *loc adv* really: **me tengo que ir, de veras** I must go, really; **si trabajamos de veras, lo conseguiremos** if we work really hard, we can do it; **¿lo dices de veras?** are you serious?

II *loc adj* real: **eres un amigo de veras** you're a real * true friend.

veraz /be'raθ/ *adj* [**veraces**] truthful: **es una información veraz** it's reliable information.

verbal /ber'βal/ *adj* verbal: **tenemos un acuerdo verbal** we have a verbal agreement.

verbena /ber'βena/ *sf* **1.** (*Bot*) verbena. **2.** (*fiesta popular*) *street party held on the eve of a saint's day or other special occasion.*

verbo /'berβo/ *sm* verb.

verbo auxiliar *sm* auxiliary verb.

verbo intransitivo *sm* intransitive verb.

verbo irregular *sm* irregular verb.

verbo pronominal, verbo reflexivo *sm* reflexive verb.

verbo transitivo *sm* transitive verb.

verborrea /berβo'rrea/ *sf* (*fam*) verbal diarrhoea: **le dio un ataque de verborrea y me tuvo allí hasta las tres de la mañana** he got an attack of verbal diarrhoea and he kept me there until three in the morning.

verdad /ber'ðað/ **I** *sf* **1.** (*gen*) truth: **es verdad** it's true; **las verdades ofenden** the truth hurts; **la pura verdad es que tú no quisiste** the plain truth is that you didn't want to; **le voy a decir cuatro verdades** I'm going to tell him a few home truths • **a decir verdad, no me apetece ir** to tell you the truth, I don't feel like going. **2.** (*como coletilla*): **lo ha hecho bien, ¿verdad?** she's done it well, hasn't she?; **ya han vuelto, ¿verdad?** they're back, aren't they?; **no quisieron venir, ¿verdad?** they didn't want to come, did they?

II de verdad *loc adv*: **te lo digo de verdad** I'm serious, I really mean it; **"Iré contigo." "¿De verdad?"** "I'll go with you." "Really?"

III de verdad *loc adj*: **es un amigo de verdad** he's a real friend.

verdad de Perogrullo *sf* truism, platitude.

verdaderamente /berðaðera'mente/ *adv* **1.** (*ciertamente*) really: **verdaderamente, es demasiado caro** it's too expensive really. **2.** (*para enfatizar*) really, truly: **la comida era verdaderamente asquerosa** the food was really disgusting.

verdadero, -ra /berða'ðero -ra/ *adj* true: **¿verdadero o falso?** true or false?; **es una historia verdadera** it's a true story; **es un verdadero caballero** he's a real gentleman.

verde /'berðe/ **I** *adj* **1.** (*color*) green: **la ciudad necesita más zonas verdes** the city needs more green areas • **puso verde al profesor** (*cara a cara*) he really had a go at the teacher; (*a sus espaldas*) he really ran the teacher down. **2.** (*que no está listo: fruta*) unripe, green: **no te comas la pera, aún está verde** don't eat the pear, it isn't ripe yet; (*: actividad*): **el negocio aún está verde** the business is still in its infancy; (*: persona*): **estos reclutas todavía están verdes** these recruits are still green; **está un poco verde** *en* **matemáticas** she's a bit shaky in maths. **3.** (*obsceno*) dirty: **es un viejo verde** he's a dirty old man; **un chiste verde** a blue * dirty joke. **4.** (*partido, movimiento*) green.
II *sm/f* (*Ecol, Pol*) green: **los Verdes lograron varios escaños** the Greens won several seats.
III *sm* **1.** (*color*) green: **siempre elige el verde** he always chooses green. **2.** (*hierba*) grass.
verde botella *sm, adj inv* bottle green.
verde esmeralda *sm, adj inv* emerald (green).
verde mar *adj inv, sm* ⇨ verdemar

verdemar /berðe'mar/ **I** *adj inv* sea-green.
II *sm* sea green.

verderón /berðe'ron/ *sm* greenfinch.

verdor /ber'ðor/ *sm* greenness.

verdoso, -sa /ber'ðoso -sa/ *adj* greenish.

verdugo /ber'ðuɣo/ *sm* **1.** (*Hist, Jur*) executioner. **2.** (*tirano*) tyrant. **3.** (*pasamontañas*) balaclava.

verdulera /berðu'lera/ *sf* **1.** (*mujer que vende verduras*) greengrocer. **2.** (*fam*: *mujer grosera*): **habla como una verdulera** she's very coarse in the way she talks.

verdulería /berðule'ria/ *sf* greengrocer's (shop).

verdulero /berðu'lero/ *sm* greengrocer.

verdura /ber'ðura/ *sf* **1.** (*Culin*) (green) vegetable. **2.** (*frml*: *verdor*) greenness, verdure.

vereda /be'reða/ *sf* **1.** (*camino*) path • **en aquel colegio la hicieron entrar en vereda** they made her mend her ways at that school. **2.** (*Amér L: acera*) (*GB*) pavement, (*US*) sidewalk.

veredicto /bere'ðikto/ *sm* verdict.

verga /'berɣa/ *sf* yard (*on a mast*).

vergel /ber'xel/ *sm*: *area rich in vegetation, especially fruit trees*: **han convertido algunas zonas desérticas en auténticos vergeles** they have transformed some areas of the desert into rich gardens.

vergonzoso, -sa /berɣon'θoso -sa/ *adj* **1.** (*escandaloso*) shameful, disgraceful: **fue un espectáculo vergonzoso** it was a shameful spectacle. **2.** (*tímido*) shy, timid: **es muy vergonzoso** he's very shy.

vergüenza /ber'ɣwenθa/ **I** *sf* **1.** (*sentimiento de humillación*) shame, embarrassment: **¡qué vergüenza pasé!** I was so ashamed; **no se lo dije a nadie porque me daba vergüenza** I didn't tell anybody because I was too embarrassed. **2.** (*azoramiento*) embarrassment, shyness: **le daba vergüenza hablar en público** he was embarrassed about speaking in public. **3.** (*pundonor, honor*) shame, self-respect: **si le queda algo de vergüenza, presentará su dimisión** if she still has any self-respect, she'll resign; **ha perdido la vergüenza** he has lost all sense of shame. **4.** (*escándalo*) shame, disgrace: **es una vergüenza maltratar a los animales así** it's shameful to ill-treat animals like that.
II vergüenzas *sf pl* (*fam*) private parts *pl*, privates *pl*.
vergüenza ajena *sf*: **¡me hizo pasar vergüenza ajena!** I felt so embarrassed for her.

vericueto /beri'kweto/ *sm* twist (*of a path*).

verídico, -ca /be'riðiko -ka/ *adj* true: **es una historia verídica** it's a true story.

verificar /berifi'kar/ [⇨ sacar] *vt* to verify: **le pidieron el pasaporte para verificar su identidad** they asked him for his passport to verify * confirm his identity; **¿has verificado los resultados?** have you verified * checked the results?
verificarse *v prnl* **1.** (*llevarse a cabo*) to take place: **la firma del acuerdo se verificó ante notario** the signing of the agreement took place before a notary. **2.** (*cumplirse*) to come true: **todas sus predicciones se verificaron** all her predictions came true.

verja /'berxa/ *sf* **1.** (*valla*) railings *pl*. **2.** (*de acceso*) iron gate.

vermú /ber'mu/, **vermut** /ber'mut/ *sm* [**vermuts**] vermouth • **¿quedamos mañana para hacer el vermut?** shall we meet for an aperitif tomorrow?

vernáculo, -la /ber'nakulo -la/ *adj* vernacular.

verosímil /berso'simil/ *adj* plausible, credible: **su coartada parece bastante verosímil** his alibi sounds quite plausible.

verraco /be'rrako/ *sm* boar.

verruga /be'rruɣa/ *sf* wart, verruca.

versado, -da /ber'saðo -ða/ *adj* versed, knowledgeable: **está muy versada** *en* **civilizaciones antiguas** she is well versed in the history of ancient civilizations.

versar /ber'sar/ [⇨ CANTAR] *vi*: **la conferencia versó** *sobre* **arquitectura moderna** the lecture was about * on modern architecture.

versátil /ber'satil/ *adj* versatile.

versículo /ber'sikulo/ *sm* verse (*in the Bible*).

versión /ber'sjon/ *sf* **1.** (*variación sobre algo*) version: **he oído varias versiones de esa historia** I've heard several versions of that story; **las versiones de los testigos no coinciden** the witnesses' accounts don't agree. **2.** (*traducción*) translation: **la versión inglesa es bastante inferior a la francesa** the English translation is noticeably inferior to the French; **vimos "Casablanca"** *en* **versión original** we saw "Casablanca" in the English original.

verso /'berso/ *sm* **1.** (*género literario*) verse: **se conoce poco de su obra** *en* **verso** little is known about her verse * poetry; **está escrito** *en* **verso** it's written in verse. **2.** (*línea*) line: **un poema compuesto de ocho versos** a poem consisting of eight lines.

vértebra /'berteβra/ *sf* vertebra (*pl* vertebrae).

vertebrado, -da /berte'βraðo -ða/ **I** *adj* vertebrate.
II vertebrado *sm* vertebrate.

vertebral /berte'βral/ *adj* spinal, vertebral.

vertedero /berte'ðero/ *sm* dump, (*GB*) tip.

verter /ber'ter/ [⇨ tender] *vt* **1.** (*un líquido, un polvo: pasar a otro recipiente*) to pour: **vierta el contenido** *en* **un cuenco** pour the contents into a bowl; (*: derramar*) to spill: **has vertido el azúcar** you've spilt the sugar; **el río Miño vierte sus aguas** *en* **el Atlántico** the River Miño flows into the Atlantic. **2.** (*desechos*) to dump: **siguen vertiendo desechos tóxicos** *en* **el río** they continue to dump toxic waste into the river. **3.** (*Ling*: *traducir*) to translate; (*: expresar*) express: **la columna** *en* **la que vierte sus opiniones semanalmente** the weekly column in which she expresses her opinions.

vertical /berti'kal/ **I** *adj* vertical.
II *sf* **1.** (*línea, plano*) vertical. **2.** (*Dep*): **¿sabes hacer la vertical?** do you know how to do a handstand?

vértice /'bertiθe/ *sm* vertex (*pl* vertices).
vertido /ber'tiðo/ *sm* (*acción*) dumping.
vertidos tóxicos *sm pl* toxic waste.
vertiente /ber'tjente/ *sf* **1.** (*de una montaña, un tejado, etc.*) slope. **2.** (*aspecto*) aspect, side: **sólo ve la vertiente económica de las cosas** she only sees the economic side of things. **3.** (*Arg, Chi, Urug: manantial*) spring.
vertiginoso, -sa /bertixi'noso -sa/ *adj*: **conducía a una velocidad vertiginosa** he was driving at breakneck speed; **se produjo una caída vertiginosa del valor de las acciones** the share price fell dramatically.
vértigo /'bertiɣo/ *sm* **1.** (*Med*) vertigo: **las alturas me producen vértigo** heights give me vertigo; **tengo vértigo** I'm frightened of heights • **conducía a una velocidad de vértigo** he was driving at breakneck speed. **2.** (*ajetreo*) hustle and bustle: **el vértigo de la vida en la gran ciudad** the rapid pace of life in the big city.
vesícula /be'sikula/ *sf* (*Anat*) vesicle.
vesícula biliar *sf* gall bladder.
vespertino, -na /besper'tino -na/ **I** *adj* evening.
II vespertino *sm* evening newspaper.
vestíbulo /bes'tiβulo/ *sm* (*en una casa*) hall; (*en un hotel, un teatro*) foyer, lobby.
vestido, -da /bes'tiðo -ða/ **I** *adj*: **va siempre muy bien vestida** she's always very well dressed. ⇨ vestir
II vestido *sm* **1.** (*prenda de mujer*) dress. **2.** (*indumentaria*) clothes *pl*, clothing: **en lo que más gastan es en el vestido y en la alimentación** the things they spend most on are clothes and food; **un museo del vestido** a costume museum.
vestidor /besti'ðor/ *sm* (*Méx*) changing room.
vestidura /besti'ðura/ *sf* **1.** (*vestimenta*) clothes *pl*, clothing • **no hay por qué rasgarse las vestiduras** there's no need to make such a fuss. **2.** (*Relig*) vestments *pl*.
vestigio /bes'tixjo/ *sm* vestige: **no quedaba ningún vestigio de lo ocurrido** there was no trace of what had happened; **los vestigios de una antigua civilización** the remains * vestiges of an ancient civilization.
vestimenta /besti'menta/ *sf* clothes *pl*, clothing.
vestir /bes'tir/ [⇨pedir] *vt* **1.** (*poner ropa a*) to dress: **tengo que vestir al niño** I have to dress the baby • **vísteme despacio que tengo prisa** more haste, less speed. **2.** (*llevar puesto*) to wear: **todos los invitados vestían trajes de gala** all the guests were wearing evening dress; **suele vestir chaqueta y gabardina** he usually wears a jacket and raincoat. **3.** (*diseñar ropa para*): **la viste un modisto francés** she has her clothes made by a French designer. **4.** (*proporcionar ropa a*) to clothe.
♦ *vi* **1.** (*llevar ropa*): **los italianos visten muy bien** the Italians know how to dress; **iba vestida *de* negro** she was wearing black; **le gusta vestir a la moda de los años veinte** she likes wearing twenties' style clothes; **iba vestido *de* uniforme** he was wearing a uniform • **sí, soy yo, el mismo que viste y calza** yes, it's me, the very same. **2.** (*lucir*) to look smart: **el negro viste mucho** black looks very smart; **un traje *de* mucho vestir** a very smart dress.
vestirse *v prnl* **1.** (*ponerse ropa*) to get dressed, to dress: **se está vistiendo para salir** she's getting dressed to go out; **se vistió *de* azul para la cena** she wore blue for the dinner. **2.** (*comprarse ropa*) to buy clothes: **se visten en Milán** they buy their clothes in Milan. **3.** (*engalanarse*): **ese día la ciudad se viste de gala** on that day the town is decked out with bunting. **4.** (*frml: cubrirse*) to be covered.
vestuario /bes'twarjo/ *sm* **1.** (*ropa*) clothes *pl*, wardrobe: **he sacado mi vestuario de invierno** I've got my winter clothes * wardrobe out; (*en teatro, cine*) wardrobe. **2.** (*Dep*) changing room, dressing room.
veta /'beta/ *sf* **1.** (*Geol*) seam, vein. **2.** (*aspecto del carácter*) streak: **tiene una veta sádica** he has a sadistic streak.
vetar /be'tar/ [⇨CANTAR] *vt* to veto.
veteranía /betera'nia/ *sf*: **por veteranía, ese privilegio le correspondía a él** that privilege was his because of his seniority * long service; **la veteranía es un grado** experience gives you that extra edge.
veterano, -na /bete'rano -na/ **I** *adj* **1.** (*Mil*) veteran: **siguieron los consejos de los soldados veteranos** they followed the advice of the experienced * veteran soldiers. **2.** (*en un trabajo*): **el empleado más veterano de la empresa** the employee who's been with the company longest; **nosotros ya somos veteranos** we're old hands at it now.
II *sm/f* **1.** (*Mil*) veteran: **los veteranos de guerra tienen derecho a una pensión** war veterans are entitled to a pension; **los veteranos les gastaron una broma** the old hands played a trick on them. **2.** (*en un trabajo*): **nosotros los veteranos sabemos de qué va** after doing it for so many years, we know everything there is to know; (*Dep*) veteran: **juega en la categoría de veteranas** she's a veteran tennis player.
veterinaria /beteri'narja/ *sf* (*especialidad*) veterinary medicine.
veterinario, -ria /beteri'narjo -rja/ **I** *adj* veterinary.
II *sm/f* vet, (*GB*) veterinary surgeon, (*US*) veterinarian.
veto /'beto/ *sm* veto: **tienen derecho a ejercer el veto** they have the right to exercise their veto; **el director ha puesto el veto *a* su plan** the director has vetoed their plan.
vetusto, -ta /be'tusto -ta/ *adj* ancient: **tienen un coche vetusto** they have an ancient car.
vez /beθ/ **I** *sf* [**veces**] **1.** (*ocasión*) time: **una vez** once; **dos veces** twice; **llamó tres veces** he called three times; **ha salido al extranjero muchas veces** she has been abroad many times * on many occasions; **muchas veces no llega hasta las diez** she often doesn't arrive until ten o'clock; **a veces no sé qué pensar de ella** sometimes I don't know what to think of her; **cada vez que voy a Madrid visito el Prado** every time I go to Madrid I visit the Prado; **cada vez eres más exigente** you're becoming more and more demanding; **tuve que ir otra vez** I had to go back again; **rara vez salgo solo** I seldom * rarely go out on my own; **se pusieron a hablar todos a la vez** they all started talking at once • **vamos al cine de vez en cuando** we go to the cinema from time to time • **érase una vez...** once upon a time... • **se lo he dicho una y otra vez** I have told her time and (time) again • **una vez que hayamos terminado...** once we have finished... • **le he pedido repetidas veces que lo haga** I've asked him to do it time and (time) again • **de una vez: subimos las maletas de una vez** we took the luggage upstairs in one go; **a ver si terminas de una vez** get a move on and finish, will you?; **¡cállate de una vez!** for goodness sake, shut up! **2.** (*turno*) turn: **hablarás cuando te llegue la vez** you'll speak when it's your turn. **3.** (*función*): **una cuerda hacía las veces de cinturón** a piece of string served as a belt.

II en vez de *prep* instead of: **tomaré café en vez de postre** I'll have a coffee instead of dessert.

vía /'bia/ **I** *sf* **1.** (*ruta*) route, way: **esta carretera es la vía principal a Madrid** this road is the main route to Madrid; **estamos** *en* **vías** *de* **llegar a un acuerdo** we are in the process of coming to an agreement • **han dado vía libre al proyecto** the project has been given the go-ahead. **2.** (*del ferrocarril*) track, line: **un tren de vía estrecha/ancha** a narrow-gauge/broad-gauge train; **el tren efectuará su entrada por la vía nueve** the train will arrive at platform nine. **3.** (*Anat*) passage: **las vías respiratorias** the respiratory tract. **4.** (*manera, sistema*) channel: **consiguió la información** *por* **vía oficial** he obtained the information through the official channels; **recurrió a la vía de la negociación** he decided to seek a negotiated settlement; (*Transp*): **lo enviaron** *por* **vía marítima** they sent it sea-freight * by sea; *por* **vía aérea/terrestre** by air/land; (*Med*): **administrar** *por* **vía oral** to be taken orally * by mouth; **se le administró** *por* **vía intravenosa** it was given to her intravenously.
II *prep* **1.** (*gen*) via, by way of: **volamos a Atenas vía Roma** we flew to Athens via Rome. **2.** (*Telec*): **las imágenes nos llegan vía satélite** the pictures come to us by * via satellite.
Vía Crucis *sm* Way of the Cross.
vía de agua *sf* leak (*in a boat or ship*).
Vía Láctea *sf* Milky Way.
vía muerta *sf* (railway) siding.

viabilidad /bjaβili'ðað/ *sf* viability, feasibility.

viable /'bjaβle/ *adj* viable, feasible.

viaducto /bja'ðukto/ *sm* viaduct.

viajante /bja'xante/ *sm/f* (*also* **viajante de comercio**) commercial traveller * representative.

viajar /bja'xar/ [➪ CANTAR] *vi* to travel: **me encanta viajar** I love travelling.

viaje /'bjaxe/ *sm* **1.** (*excursión: gen*) trip, journey: **es un viaje muy largo** it's a long journey; **este año no hemos hecho ningún viaje al extranjero** we haven't been abroad this year; **estuvo mareado todo el viaje** he felt sick the whole journey; **en los viajes se aprende mucho** you learn a lot from travelling; **¡buen viaje!** have a good trip!; **nos vamos** *de* **viaje** we are going away; **el jefe está** *de* **viaje esta semana** the boss is away this week; (*: a varios lugares*) tour: **hicieron un viaje** *por* **varias ciudades andaluzas** they toured several Andalusian cities. **2.** (*para llevar algo o a alguien*) trip: **tuvimos que hacer cuatro viajes para transportar los muebles** we had to make four trips with the furniture; **lo trajimos todo de un viaje** we brought it all in one trip. **3.** (*carga*) load: **todavía quedan dos viajes de libros** there are still two loads of books.
viaje de negocios *sm* business trip.
viaje de novios *sm* honeymoon.
viaje de placer *sm* holiday.
viaje organizado *sm* package holiday * tour.

viajero, -ra /bja'xero -ra/ **I** *adj*: **no son muy viajeros** they aren't very fond of travelling.
II *sm/f* **1.** (*gen*) (*GB*) traveller, (*US*) traveler. **2.** (*pasajero*) passenger: **se recuerda a los señores viajeros que...** passengers are reminded that...; **¡viajeros al tren!** all aboard!

vianda /'bjanda/ *sf* (*frml*) food.

viandante /bjan'dante/ *sm/f* passer-by: **los viandantes se paraban a curiosear** passers-by stopped to have a look.

viario, -ria /'bjarjo -rja/ *adj* road: **la ampliación de la red viaria** the expansion of the road network.

víbora /'biβora/ *sf* viper.

vibración /biβra'θjon/ *sf* vibration.

vibrante /bi'βrante/ **I** *adj* **1.** (*sonido*) vibrant; (*voz*): **con voz vibrante, le pidió clemencia** in a trembling voice he asked for mercy. **2.** (*ambiente, discurso*) vibrant: **fue un discurso vibrante** it was a vibrant speech; **la vibrante vida nocturna de Buenos Aires** the vibrant nightlife of Buenos Aires.
II *sf* (*en fonética*) vibrant.

vibrar /bi'βrar/ [➪ CANTAR] *vi* **1.** (*cristal, pared*) to vibrate. **2.** (*voz*) to tremble, to shake: **su voz vibraba** *de* **emoción** his voice shook with emotion. **3.** (*espectadores, público*): **el público vibró** *de* **entusiasmo** the audience couldn't contain their enthusiasm.

vibratorio, -ria /biβra'torjo -rja/ *adj* vibratory.

vicaría /bika'ria/ *sf* **1.** (*dignidad*) *post of vicar*. **2.** (*lugar*) vicarage • **Alicia ya ha pasado por la vicaría** Alicia has already been down the aisle.

vicario /bi'karjo/ *sm* vicar: **el Papa es el Vicario de Cristo** the Pope is the Vicar of Christ.

vicepresidente, -ta /biθepresi'ðente -ta/ *sm/f* **1.** (*por debajo de un jefe de estado*) vice president. **2.** (*also* **vicepresidente del gobierno**) (*por debajo de un primer ministro*) deputy prime minister. **3.** (*de una compañía: gen*) vice president; (*: hombre*) deputy chairman; (*: mujer*) deputy chairwoman.

viceversa /biθe'βersa/ *adv* vice versa: **cuando él quiere salir, ella no quiere, y viceversa** when he wants to go out, she doesn't, and vice versa.

vichar /bi'tʃar/ [➪ CANTAR] *vi* (*Arg, Urug*) to peep, to take a peep * peek.

viciar /bi'θjar/ [➪ CAMBIAR] *vt* **1.** (*a una persona*) to get into a bad habit. **2.** (*el aire, el ambiente*) stale: **el aire de esta habitación está viciado** the air in this room is very stale.
viciarse *v prnl* to get into bad habits.

vicio /'biθjo/ *sm* **1.** (*gen*) vice: **la pereza es uno de los peores vicios** laziness is one of the worst vices; **sólo tiene el vicio** *del* **tabaco** smoking is his only vice • **¡te quejas de vicio!** you just complain for the sake of it!; (*referido a comida*): **¡qué vicio tienes con las palomitas!** you're addicted to popcorn, aren't you? • **la tarta estaba de vicio** the cake was great. **2.** (*mala costumbre*) bad habit: **tiene el vicio** *de* **dejar las luces encendidas** he has a bad habit of leaving the lights on; **le quitamos el vicio** *de* **entrar sin llamar** we got him out of the habit of coming straight in without knocking.

vicioso, -sa /bi'θjoso -sa/ *adj* depraved, profligate.

vicisitud /biθisi'tuð/ *sf* vicissitude: **vive en el extranjero por vicisitudes de la vida** the ups and downs of life have left her living abroad; **llegamos a pesar de las vicisitudes** we got there despite all the difficulties.

víctima /'biktima/ *sf* (*gen*) victim: **las víctimas inocentes** the innocent victims; **fue víctima de un feroz ataque** he was the victim of a vicious attack; (*en un accidente*) casualty, victim: **las víctimas del accidente** the accident victims.

victoria /bik'torja/ *sf* victory • **todavía no se puede cantar victoria** it's still too early to celebrate (victory).

victoriano, -na /bikto'rjano -na/ *adj, sm/f* (*Hist*) Victorian.

victorioso, -sa /bikto'rjoso -sa/ *adj* victorious.

vicuña /bi'kuɲa/ *sf* vicuña, vicuna.
vid /bið/ *sf* vine.
vida /'biða/ *sf* **1.** (*gen*) life: **¿hay vida en otros planetas?** is there life on other planets?; **los encontraron** *con* **vida** they were found alive • **se quitó la vida** she took her own life • **es cuestión de vida o muerte** it's a matter of life and death. **2.** (*existencia*) life: **tuvo una vida feliz** she had a happy life; **este motor tiene una vida de cinco años** this engine has a lifespan of five years; **han vivido aquí toda la vida** they've lived here all their lives; **somos amigos de toda la vida** we are lifelong friends; **sus vecinos les hacen la vida imposible** their neighbours make life impossible for them; **se pasa la vida en casa viendo la tele** she spends all her time at home watching television • **ha perdido la vista de por vida** she has lost her sight for good • **me contó su vida y milagros** she told me her life story • **¡en mi vida había visto algo así!** I had never seen anything like it in my life! • **ha estado entre la vida y la muerte** she has been at death's door. **3.** (*forma de vivir*) life: **lleva una vida ordenada y metódica** her life is ordered and methodical; **las exigencias de su vida profesional** the demands of her professional life; **la música es su vida** music is his life; **hay mucha vida nocturna** there's plenty of nightlife • **se pega la gran vida** he leads a really great life. **4.** (*apelativo*): **¡vida mía!** my love! **5.** (*vitalidad*) life: **a este cuadro le falta vida** this painting lacks life; **a pesar de su edad es una persona con mucha vida** despite his age, he's full of life. **6.** (*sustento: de una persona*) living: **se gana la vida como fotógrafo** he earns his living as a photographer • **se busca la vida como puede** she gets by as best as she can; (*: de un pueblo, un país*) life blood: **la vida de este pueblo es el turismo** tourism is the life blood of this village.
vidente /bi'ðente/ *sm/f* clairvoyant.
vídeo /'biðeo/, (*Amér L*) **video** /bi'ðeo/ *sm* (*técnica, cinta*) video: **grabamos la película** *en* **vídeo** we videoed the movie; (*aparato*) video, video recorder.
videocámara /biðeo'kamara/ *sf* camcorder, video camera.
videocasete /biðeoka'sete/ *sm* video, video cassette.
videoclub /biðeo'kluβ/ *sm* video shop.
videojuego /biðeo'xweɣo/ *sm* video game.
videoteca /biðeo'teka/ *sf* video library.
vidorra /bi'ðorra/ *sf* (*fam*) easy life: **¡qué vidorra te pegas!** you're certainly living the high life!
vidriera /bi'ðrjera/ *sf* **1.** (*en una catedral, una iglesia*) stained-glass window. **2.** (*Arg, Urug: de una tienda*) shop window.
vidrio /'biðrjo/ *sm* (*material*) glass.
vidrioso, -sa /bi'ðrjoso -sa/ *adj* (*mirada*) glazed; (*ojos*) glassy.
vieira /'bjeira/ *sf* scallop.
viejo, -ja /'bjexo -xa/ **I** *adj* old: **su padre está viejo para su edad** his father looks old for his age; **viven en una casa muy vieja** they live in a very old house.
II *sm/f* **1.** (*persona de edad: gen*) old person; (*: hombre*) old man; (*: mujer*) old woman. **2.** (*fam: padre*) dad; (*: madre*) (*GB*) mum, (*US*) mom: **voy a visitar a mis viejos** I'm going to visit my folks * parents.
viento /'bjento/ *sm* **1.** (*aire*) wind: **hacía mucho viento** it was very windy • **el negocio va viento en popa** the business is doing really well • **han decidido casarse contra viento y marea** they have decided to get married no matter what • **contaron nuestro secreto a los cuatro vientos** they broadcast our secret to the whole world • **bebe los vientos por ella** he's madly in love with her • **¡vete a tomar viento!** get lost! • **los echaron con viento fresco** they were thrown out. **2.** (*Mús*) wind instruments *pl*, wind section: **el viento lleva la melodía principal en esta partitura** the wind section has the melody in this score. **3.** (*de una tienda de campaña*) guy (rope).
vientre /'bjentre/ *sm* (*barriga*) stomach, belly; (*vísceras*) bowels *pl*, innards *pl* • **hace tres días que no hago de vientre** I haven't been to the toilet for three days.
viernes /'bjernes/ *sm inv* Friday. ➪ lunes
Viernes Santo *sm* (*inv*) Good Friday.
vierto /'bjerto/ *and other forms with* ***viert-*** ➪ verter
Vietnam /bjet'nam/ *sm* Vietnam.
vietnamita /bjetna'mita/ **I** *adj, sm/f* Vietnamese.
II vietnamita *sm* (*idioma*) Vietnamese.
viga /'biɣa/ *sf* (*de madera*) beam; (*de hierro*) girder, beam.
viga maestra *sf* main beam.
vigencia /bi'xenθja/ *sf* (*gen*) relevance, validity: **ésas son opiniones que hoy carecen de vigencia** those views are no longer relevant; (*de una ley*): **esta ley todavía está** *en* **vigencia** this law is still in force; **la nueva ley no ha entrado aún** *en* **vigencia** the new law hasn't come into force * effect yet.
vigente /bi'xente/ *adj* **1.** (*gen*) relevant, valid: **los temas de la novela aún están vigentes** the themes in the novel are still relevant today; **es una costumbre que aún está vigente** it is a custom which still exists. **2.** (*ley*) in force: **esa ley sigue vigente** that law is still in force * in effect; **la legislación vigente** current legislation.
vigésimo, -ma /bi'xesimo -ma/ **I** *adj* twentieth.
II *sm/f* (*en orden*) twentieth.
III vigésimo *sm* (*parte*) twentieth.
vigía /bi'xia/ **I** *sm/f* lookout.
II *sf* watchtower.
vigilancia /bixi'lanθja/ *sf* **1.** (*acción de vigilar*) surveillance. **2.** (*frml: acción de cumplir*) observance: **garantizan la vigilancia estricta de las normas** they guarantee strict observance of the regulations. **3.** (*guardia*): **dos hombres consiguieron burlar la vigilancia y penetrar en el edificio** two men managed to get past security and enter the building.
vigilante /bixi'lante/ **I** *adj* vigilant, watchful.
II *sm/f* (*gen*) guard, watchman; (*en un museo*) attendant, keeper.
vigilante jurado *sm/f* security guard.
vigilar /bixi'lar/ [➪ CANTAR] *vt* **1.** (*gen*) to watch: **¡vigila a los niños!** keep an eye on * watch the children!; **la policía vigilaba al sospechoso** the police had the suspect under surveillance. **2.** (*un examen*) (*GB*) to invigilate, (*US*) to proctor.
♦ *vi* **1.** (*gen*) to keep watch: **varios policías vigilaban en las puertas de acceso** several police officers were keeping watch at the doors. **2.** (*en un examen*) (*GB*) to invigilate, (*US*) to proctor.
vigilia /bi'xilja/ *sf* **1.** (*vela*) wakefulness: **pasó varias noches** *en* **vigilia** she spent several wakeful nights. **2.** (*abstinencia*): **respetan la norma de no comer carne los días de vigilia** they observe the rule about not eating meat on days of abstinence.
vigor /bi'ɣor/ *sm* **1.** (*fuerza*) (*GB*) vigour, (*US*) vigor. **2.** (*ley, impuesto*): **ha entrado** *en* **vigor el nuevo sistema impositivo** the new tax system has come into force.
vigoroso, -sa /biɣo'roso -sa/ *adj* vigorous, strong.

vigués, -guesa /biˈɣes -ˈɣesa/ **I** *adj* of ✻ from Vigo.
II *sm/f* native ✻ inhabitant of Vigo.

VIH /uβeiˈatʃe/ *sm* (*abbreviation of* **virus de la inmunodeficencia humana**) HIV [no lleva artículo] (human immunodeficiency virus).

vikingo, -ga /biˈkiŋgo -ga/ *adj, sm/f* Viking.

vil /bil/ *adj* (*persona*) vile, despicable; (*cosa, hecho*) vile.

vileza /biˈleθa/ *sf* (*cualidad de vil*) vileness; (*acción vil*) despicable act.

vilipendiar /bilipenˈdjar/ [➪CAMBIAR] *vt* (*frml*) to vilify, to revile.

villa /ˈbiʎa/ *sf* **1.** (*casa*) villa. **2.** (*pueblo*) town.
villa miseria *sf* (*Arg*) shantytown.

villancico /biʎanˈθiko/ *sm* (Christmas) carol.

villano, -na /biˈʎano -na/ *sm/f* villain.

vilo /ˈbilo/ **en vilo** *loc adv* **1.** (*sin punto de apoyo*): **lo levantó en vilo sin ningún esfuerzo** he lifted it up with no effort ✻ effortlessly. **2.** (*sin saber*): **nos tuvieron en vilo durante varias horas antes de anunciar los resultados** they kept us on tenterhooks for several hours before they announced the results; **¿por qué no has llamado? me has tenido todo el día en vilo** why didn't you telephone? I've been worrying about you all day.

vinagre /biˈnaɣre/ *sm* vinegar.

vinagrera /binaˈɣrera/ **I** *sf* (*de mesa*) vinegar bottle (*in cruet*).
II vinagreras *sf pl* (*Culin*) cruet.

vinagreta /binaˈɣreta/ *sf* vinaigrette.

vinajera /binaˈxera/ *sf* (*Relig*) cruet.

vincha /ˈbintʃa/ *sf* (*Arg, Urug*: *para el pelo*) hairband.

vinculación /biŋkulaˈθjon/ *sf* link, connection: *entre* **ellos no hubo vinculación alguna** there was no link between them whatsoever.

vincular /biŋkuˈlar/ [➪CANTAR] *vt* **1.** (*unir*) to link, to connect. **2.** (*obligar*) to bind.

vínculo /ˈbiŋkulo/ *sm* link, connection: **no existe vínculo alguno** *entre* **el robo y su desaparición** there is no link between the robbery and his disappearance; **les unen vínculos de amistad** they are united by bonds of friendship.

vine /ˈbine/ *and other forms with* **vin-** ➪venir

vinícola /biˈnikola/ *adj* wine: **la industria vinícola** the wine industry; **una región vinícola** a wine-producing region.

vinicultor, -tora /binikulˈtor -ˈtora/ *sm/f* wine producer.

vinicultura /binikulˈtura/ *sf* wine production, viniculture.

vinilo /biˈnilo/ *sm* vinyl.

vino /ˈbino/ *sm* wine ● **después de la reunión nos fuimos de vinos** after the meeting, we went to several bars.
vino blanco *sm* white wine.
vino clarete *sm* rosé.
vino de la casa *sm* house wine.
vino de mesa *sm* table wine.
vino espumoso *sm* sparkling wine.
vino peleón *sm* cheap wine.
vino rosado *sm* rosé.
vino tinto *sm* red wine.

viña /ˈbiɲa/ *sf* vineyard.

viñador, -dora /biɲaˈðor -ˈðora/ *sm/f* vineyardist.

viñatero, -ra /biɲaˈtero -ra/ *sm/f* (*Amér L*) vineyardist.

viñedo /biˈɲeðo/ *sm* vineyard.

viñeta /biˈɲeta/ *sf* **1.** (*adorno*) vignette. **2.** (*de un tebeo*) frame. **3.** (*dibujo humorístico*) cartoon.

viola /ˈbjola/ **I** *sf* (*instrumento*) viola.
II *sm/f* (*intérprete*) viola player, viola.

violáceo, -cea /bjoˈlaθeo -θea/ *adj* purplish.

violación /bjolaˈθjon/ *sf* **1.** (*infracción*) violation. **2.** (*sexual*) rape: **fue acusado de violación** he was accused of rape.

violador /bjolaˈðor/ *sm* (*sexual*) rapist.

violar /bjoˈlar/ [➪CANTAR] *vt* **1.** (*infringir*) to break, to violate. **2.** (*a una persona*) to rape. **3.** (*profanar*) to violate.

violencia /bjoˈlenθja/ *sf* violence: **se oponen al uso de violencia** they are against the use of violence.

violentar /bjolenˈtar/ [➪CANTAR] *vt* **1.** (*una cerradura, una puerta*) to force. **2.** (*a una persona*) to embarrass.
violentarse *v prnl* to get embarrassed: **se violentó mucho** she got really embarrassed.

violento, -ta /bjoˈlento -ta/ *adj* **1.** (*gen*) violent: **tiene un carácter violento** he has a violent nature; **fue un terremoto muy violento** it was a very violent earthquake. **2.** (*incómodo: persona*) awkward, embarrassed: **no conocía a nadie y se sentía un poco violenta** she didn't know anybody and she felt a bit awkward; (*: situación, tema*) embarrassing, difficult: **se creó una situación muy violenta** the situation became very embarrassing.

violeta /bjoˈleta/ **I** *sf* (*Bot*) violet.
II *sm, adj inv* (*color*) violet.

violín /bjoˈlin/ **I** *sm* (*instrumento*) violin.
II *sm/f* (*intérprete*) violinist, violin.

violinista /bjoliˈnista/ *sm/f* violinist.

violón /bjoˈlon/ **I** *sm* (*instrumento*) double bass.
II *sm/f* (*intérprete*) double bass player.

violonchelista /bjolontʃeˈlista/ *sm/f* cellist.

violonchelo /bjolonˈtʃelo/ **I** *sm* (*instrumento*) cello.
II *sm/f* (*intérprete*) cellist, cello.

viperino, -na /bipeˈrino -na/ *adj* **1.** (*Zool*) viperous. **2.** (*malicioso*) venomous, vicious: **me pareció una crítica viperina** I thought it a vicious criticism.

viraje /biˈraxe/ *sm* **1.** (*gen*) turn: **tuvo que hacer un brusco viraje para evitar la colisión** he had to swerve to avoid the collision; (*de un barco*) change of tack. **2.** (*de ideas, opiniones*) change: **sus creencias experimentaron un profundo viraje** her beliefs changed dramatically.

virar /biˈrar/ [➪CANTAR] *vi* **1.** (*gen*) to turn: **el coche viró bruscamente hacia la izquierda** the car swerved to the left; (*barco*) to veer. **2.** (*en ideas, comportamiento, etc.*) to veer, to shift: **desde que fue elegida presidenta el partido ha virado hacia la derecha** since she was elected party leader the party has shifted to the right.

virgen /ˈbirxen/ **I** *adj* **1.** (*persona*) virgin: **era virgen cuando se casó** he/she was a virgin when he/she got married. **2.** (*aceite, nieve, etc.*) virgin: **es mejor usar aceite de oliva virgen** it is better to use virgin olive oil; **aún existen selvas vírgenes en Sudamérica** there are still some virgin forests in South America; (*cinta*) blank: **una cinta de vídeo virgen** a blank video tape.
II *sf* virgin.
III la Virgen (María) *sf* the Virgin (Mary).

virginal /birxiˈnal/ *adj* virginal.

virginidad /birxiniˈðað/ *sf* virginity.

virgo /ˈbirɣo/ **I** *sm* (*also* **Virgo**) (*constelación, signo del zodiaco*) Virgo; (*Amér L*): **soy** *de* **Virgo** I'm a Virgo ✻ Virgoan.
II *sm/f inv* (*persona*) Virgo, Virgoan: **soy virgo** I'm a

Virgo * Virgoan; **éste va a ser un buen año para los virgo** this is going to be a good year for Virgoans.
virguería /birɣeˈria/ *sf* (*fam*) **1.** (*floritura*) frill: **quiero una bicicleta sencilla, sin virguerías** I want a simple bicycle, without any frills. **2.** (*maravilla*): **sus cuadros son verdaderas virguerías** her paintings are really good • **hace virguerías con la guitarra** he can play the guitar brilliantly.
vírico, -ca /ˈbiriko -ka/ *adj* viral.
viril /biˈril/ *adj* virile, manly.
virilidad /biriliˈðað/ *sf* virility, manliness.
virreina /biˈrreina/ *sf* vicereine.
virreinato /birreiˈnato/ *sm* viceroyalty.
virrey /biˈrrei/ *sm* viceroy.
virtual /birˈtwal/ *adj* virtual: **a falta de dos etapas es el virtual ganador** with just two stages to go he has virtually won.
virtud /birˈtuð/ **I** *sf* **1.** (*cualidad positiva*) virtue: **su mayor virtud es la paciencia** patience is her greatest virtue. **2.** (*capacidad*) ability: **tiene la virtud de sacarme de quicio** he has the ability to make me lose my temper. **3.** (*poder*) property: **el agua de esta fuente tiene virtudes curativas** the water from this spring has healing properties.
II en virtud de *loc adv* (*frml*) as a consequence of: **en virtud de lo expresado anteriormente...** as a consequence of what has been previously stated....
virtuosismo /birtwoˈsizmo/ *sm* virtuosity.
virtuoso, -sa /birˈtwoso -sa/ **I** *adj* virtuous.
II *sm/f* (*experto*) virtuoso: **es un virtuoso de la guitarra** he is a guitar virtuoso.
viruela /biˈrwela/ *sf* smallpox.
virulé /biruˈle/ **a la virulé** *loc adv* (*fam*): **en la pelea le pusieron un ojo a la virulé** she got a black eye in the fight.
virulencia /biruˈlenθja/ *sf* virulence.
virulento, -ta /biruˈlento -ta/ *adj* virulent.
virus /ˈbirus/ *sm inv* virus.
viruta /biˈruta/ *sf* (wood) shaving.
vis /bis/ **vis a vis** *loc adv* face to face: **es mejor hablarlo vis a vis** it's better to discuss it face to face.
visa /ˈbisa/ *sf* (*Amér L*) visa.
visado /biˈsaðo/ *sm* visa.
visar /biˈsar/ [➪ CANTAR] *vt* (*un documento*) to endorse; (*el pasaporte*) to visa.
víscera /ˈbisθera/ **I** *sf* (*Anat*) (internal) organ.
II vísceras *sf pl* entrails *pl*, viscera *pl*.
visceral /bisθeˈral/ *adj* **1.** (*Anat*) internal, visceral. **2.** (*sentimiento*) profound, intense: **le tiene un odio visceral** she feels a deep hatred for him.
viscosa /bisˈkosa/ *sf* viscose.
viscoso, -sa /bisˈkoso -sa/ *adj* viscous.
visera /biˈsera/ *sf* **1.** (*de una gorra*) peak; (*pieza suelta*) visor. **2.** (*Auto*) visor.
visera protectora *sf* visor.
visibilidad /bisiβiliˈðað/ *sf* visibility.
visible /biˈsiβle/ *adj* **1.** (*a la vista*) visible: **era visible desde su casa** it was visible from his house. **2.** (*evidente*) obvious, evident: **su nerviosismo era visible** she was obviously nervous.
visigodo, -da /bisiˈɣoðo -ða/ **I** *adj* Visigothic.
II *sm/f* Visigoth.
visillo /biˈsiʎo/ *sm* net curtain, lace curtain.
visión /biˈsjon/ *sf* **1.** (*sentido*) vision, sight: **perdió la visión del ojo izquierdo** he lost the sight in his left eye. **2.** (*alucinación*) vision: **dice que a veces tiene visiones** she says that sometimes she has visions; **¿un perro en la casa? tú ves visiones** a dog in the house? you must be imagining * seeing things. **3.** (*opinión*) view, viewpoint: **expuso su visión del tema** he put forward his view on the subject. **4.** (*instinto*) sense: **tenía gran visión** *para* **los negocios** she had very good business sense. **5.** (*de futuro*): **tiene gran visión de futuro** she has great vision.
visionario, -ria /bisjoˈnarjo -rja/ *sm/f* visionary.
visita /biˈsita/ *sf* **1.** (*acto de visitar: gen*) visit: **disfrutó mucho de la visita** *al* **museo** he enjoyed his visit to the museum a lot • **les hicimos una visita de cumplido * de cortesía** we paid them a courtesy call; (*: en un hospital*) visit: **el horario de visitas es de nueve a seis** visiting hours are from nine to six. **2.** (*Med: acto de examinar*): **el doctor Ramírez pasa visita de ocho a diez** (*en su consulta*) Doctor Ramírez holds a surgery from eight until ten; (*en un hospital*) Doctor Ramírez does his rounds from eight until ten. **3.** (*visitante*) visitor: **dile que ha llegado la visita que esperaba** tell her that the visitor she's been expecting has arrived.
visitante /bisiˈtante/ **I** *adj* visiting: **el equipo visitante ganó el partido** the visiting team won the game.
II *sm/f* visitor: **ha habido muchos visitantes en la exposición** there have been many visitors to the exhibition.
visitar /bisiˈtar/ [➪ CANTAR] *vt* **1.** (*gen*) to visit: **fuimos a visitar a la familia** we went to visit our family; **estuvimos visitando la catedral** we were visiting the cathedral. **2.** (*Med: examinar*) to examine: **está visitando a un paciente** she's examining a patient. **3.** (*inspeccionar*) to inspect: **el arquitecto visitó las obras** the architect inspected the building site.
vislumbrar /bislumˈbrar/ [➪ CANTAR] *vt* **1.** (*ver confusamente*) to make out, to discern: **podíamos vislumbrar unos barcos en el horizonte** we could make out some ships on the horizon. **2.** (*intuir*) to begin to see, to glimpse: **empezaba a vislumbrar la solución del problema** she was beginning to see a solution to the problem.
viso /ˈbiso/ **I** *sm* (*debajo del vestido*) slip, petticoat; (*debajo de la falda*) underskirt.
II visos *sm pl* **1.** (*reflejos*) sheen: **la tela es negra, pero tiene visos azules** the cloth is black but it has a blue sheen. **2.** (*apariencia*): **lo que dice tiene visos de ser cierto** what she says appears to be true.
visón /biˈson/ *sm* mink.
visor /biˈsor/ *sm* (*de una cámara*) viewfinder; (*para diapositivas*) (slide) viewer.
víspera /ˈbispera/ **I** *sf* day before, eve: **la víspera del examen no pudo dormir** the night before the exam she couldn't sleep.
II vísperas *sf pl* **1.** (*tiempo anterior*): **estamos** *en* **vísperas de cerrar un trato muy importante** we are just about to close a very important deal. **2.** (*oración*) vespers *pl*.
vista /ˈbista/ *sf* **1.** (*sentido*) sight, vision: **la ciudad estaba a la vista** we could see the city ahead of us; **salta a la vista que es muy trabajador** it's immediately obvious that he is a very hard worker • **tenemos muchos proyectos a la vista** we have many projects in mind • **tiene una vista de lince** he has eyes like a hawk • **en vista del tiempo que hace, nos quedaremos en casa** in view of the weather we'll stay at home • **lo reconoció a primera vista** she recognized him straight away * at once • **a simple vista no parece muy interesante** at first sight it doesn't seem very

interesting • **se veía la ciudad a vista de pájaro** we had a bird's-eye view of the city • **la conozco de vista** I know her by sight • **a veces es triste volver la vista atrás** sometimes it's sad to look back on the past • **por esta vez haré la vista gorda** this time I'll turn a blind eye • **¡hasta la vista!** see you! • **perder de vista**: **no los pierdas de vista** don't let them out of your sight; **cuando por fin el barco se perdió de vista...** when the ship finally disappeared from view...; **quiero perderlo de vista** I never want to see him again. **2.** (*mirada*) gaze: **no ha levantado la vista del libro** she hasn't looked up from her book once; **le dio vergüenza y bajó la vista** he became embarrassed and lowered his eyes * gaze. **3.** (*ojos*): **tienen que operarla de la vista** she has to have an eye operation. **4.** (*instinto*) sense: **tiene mucha vista** *para* **los negocios** he has very good business sense. **5.** (*panorámica*) view: **desde la ventana había una vista maravillosa** there was a wonderful view from the window; **es una habitación** *con* **vistas** *a* **la calle** it's a room overlooking the street; **han comprado una casa** *con* **vistas** *al* **lago** they have bought a house which looks out onto the lake. **6.** (*audiencia*) hearing.

vistazo /bis'taθo/ *sm* quick look, glance • **¿te importa echarle un vistazo a la carta?** do you mind having a quick look at the letter?

visto, -ta /'bisto -ta/ **I** *and other forms with* ***vist-*** ⇨ vestir
II *past participle of* ⇨ ver
III *adj* **1.** (*que es resultado de ver*): **una vez vistas las instalaciones, se fueron a comer** once they had seen the facilities, they went to lunch • **decir esas cosas está mal visto** saying such things is frowned upon • **está visto que no podemos llevarnos bien** it is obvious that we cannot get on • **por lo visto ya no viven allí** apparently they don't live there any more • **¡es lo nunca visto!** this is unheard of! • **el fin de semana se pasa visto y no visto** the weekend comes and goes in a flash. **2.** (*poco original*) common: **esas cazadoras están muy vistas** everyone's wearing those jackets now.
visto bueno *sm* approval: **no puedo hacer nada hasta que me den el visto bueno** I can't do anything until I have their approval.

vistoso, -sa /bis'toso -sa/ *adj* bright, (*GB*) colourful, (*US*) colorful: **los loros tienen un plumaje muy vistoso** parrots have a very colourful plumage.

visual /bi'swal/ *adj* visual.

visualizar /biswali'θar/ [⇨cazar] *vt* **1.** (*hacer visible*): **esta técnica permite visualizar muchos microorganismos** this technique enables you to see many different microorganisms. **2.** (*imaginar*) to visualize: **intentó visualizar todos los sitios en los que había estado** he tried to visualize all the places that he'd been to.

vital /vi'tal/ *adj* **1.** (*relativo a la vida*) life: **el ciclo vital** the life cycle. **2.** (*muy importante*) vital, crucial: **era vital** *para* **ella conseguir ese puesto** it was crucial for her to get that post. **3.** (*con mucha vida*) lively: **es una mujer muy vital** she is full of life.

vitalicio, -cia /bita'liθjo -θja/ **I** *adj* life: **cobra una pensión vitalicia** she is paid a life annuity; **es un cargo vitalicio** it is a post which is held for life; **es presidente vitalicio de la empresa** he's president for life of the company.
II vitalicio *sm* **1.** (*seguro de vida*) life insurance. **2.** (*paga*) life annuity.

vitalidad /bitali'ðað/ *sf* vitality.

vitamina /bita'mina/ *sf* vitamin.

vitamínico, -ca /bita'miniko -ka/ *adj* vitamin: **está tomando un complejo vitamínico** he is taking a multi-vitamin supplement.

viticultor, -tora /bitikul'tor -'tora/ *sm/f* vine grower, viticulturist.

viticultura /bitikul'tura/ *sf* vine growing, viticulture.

vitola /bi'tola/ *sf* cigar band.

vitorear /bitore'ar/ [⇨CANTAR] *vt* to cheer (on): **la afición vitoreó al equipo durante todo el partido** the fans cheered the team on throughout the match.

vítores /'bitores/ *sm pl* cheers *pl*: **escuchó con satisfacción los vítores del público** she listened with satisfaction to the cheers from the crowd.

vitoriano, -na /bito'rjano -na/ **I** *adj* of * from Vitoria.
II *sm/f* native * inhabitant of Vitoria.

vitral /bi'tral/ *sm* stained-glass window.

vítreo, -trea /'bitreo -trea/ *adj* vitreous, glass-like: **está hecho de un material vítreo** it is made from a glass-like material.

vitrina /bi'trina/ *sf* **1.** (*mueble*) glass cabinet: **guardaba la porcelana en una vitrina** the china was kept in a glass cabinet. **2.** (*Amér S*: *de una tienda*) shop window.

vituallas /bi'twaʎas/ *sf pl* provisions *pl*, supplies *pl*: **prepararon las vituallas para la marcha** they amassed provisions for the hike.

vituperar /bitupe'rar/ [⇨CANTAR] *vt* to condemn, to criticize: **ha sido vituperado por la crítica** it has been slated by the critics.

viudedad /bjuðe'ðað/, **viudez** /bju'ðeθ/ *sf* widowhood.

viudo, -da /'bjuðo -ða/ **I** *adj* widowed: **está viudo desde los cincuenta años** he has been widowed since he was fifty.
II *sm/f* (*hombre*) widower; (*mujer*) widow.

viva /'biβa/ **I** *excl* hurray: **¡viva, hemos ganado!** hurray! we've won!; **¡viva el rey!** long live the King!
II *sm* cheer: **¡dos vivas por Tomás!** three cheers for Tomás!

vivac /bi'βak/ *sm* bivouac.

vivacidad /biβaθi'ðað/ *sf* vivacity.

vivalavirgen /biβala'βirxen/ *sm/f inv* (*fam*) laid-back person.

vivales /bi'βales/ *sm/f inv* (*fam*) opportunist, chancer.

vivamente /biβa'mente/ *adv* **1.** (*nítidamente*) vividly: **lo recordaba vivamente** she could remember it vividly. **2.** (*enérgicamente*) strongly: **criticaron vivamente su actitud** they strongly criticized his attitude. **3.** (*profundamente*) deeply: **estaba vivamente impresionado por lo que había ocurrido** the events left a deep impression on him.

vivaque /bi'βake/ *sm* [**vivaques**] bivouac.

vivar /bi'βar/ [⇨CANTAR] *vt/i* (*Amér L*) to cheer.

vivaracho, -cha /biβa'ratʃo -tʃa/ *adj* lively, vivacious: **es un niño alegre y vivaracho** he is a happy child, always full of life.

vivaz /bi'βaθ/ *adj* [**vivaces**] vivacious, sharp: **destacaba por su vivaz inteligencia** he was noted for his sharp intelligence.

vivencia /bi'βenθja/ *sf* experience.

víveres /'biβeres/ *sm pl* provisions *pl*, supplies *pl*.

vivero /bi'βero/ *sm* **1.** (*criadero: de plantas*) nursery; (*: de peces, moluscos*) fish farm. **2.** (*fam*: *sitio propicio*) breeding ground: **ese bar es un vivero de delincuencia** that bar is a breeding ground for delinquents.

viveza /bi'βeθa/ *sf* **1.** (*dinamismo*) energy: **movía el rabo con viveza** he wagged his tail energetically. **2.** (*exaltación*) passion, enthusiasm: **discutían con**

viveza they argued passionately. **3.** (*de ingenio*) sharpness: **tiene viveza y lo capta todo a la primera** she's very sharp and picks things up straight away. **4.** (*brillantez, nitidez*) vibrancy: **me impresionó la viveza del colorido** I was struck by the vibrant colours.

vívido, -da /'biβiðo -ða/ *adj* vivid.

vividor, -dora /biβi'ðor -'ðora/ *sm/f* **1.** (*persona que sabe disfrutar*) person who enjoys life to the full. **2.** (*persona que vive del cuento*): **¿trabajar? ése siempre ha sido un vividor** work? that guy has never done a stroke of work in his life.

vivienda /bi'βjenda/ *sf* **1.** (*alojamiento*) housing, accommodation, (*US*) accommodations: **el problema de la vivienda** the housing problem. **2.** (*domicilio*) dwelling: **han tenido que desalojar muchas viviendas** many people have had to be moved out of their homes.
vivienda unifamiliar *sf* house (*for one family*).

viviente /bi'βjente/ *adj* living • **es una enciclopedia viviente** he's a walking encyclopedia.

vivíparo, -ra /bi'βiparo -ra/ **I** *adj* viviparous.
II *sm/f*: *animal whose offspring develop in the uterus.*

vivir /bi'βir/ [⇨PARTIR] *vi* **1.** (*estar vivo*) to live: **su abuela vivió más de noventa años** her grandmother lived until she was over ninety; **vive gracias a la medicina** she's still alive thanks to medicine • **vivir para ver** it's unbelievable • **últimamente mi jefe no me deja vivir** lately my boss hasn't left me in peace • **desde que empezaron los exámenes, no vive** since the exams began he's been constantly on edge. **2.** (*residir*) to live: **vivió un año en Londres** she lived in London for a year; **vive con su mejor amiga** she lives with her best friend. **3.** (*mantenerse*) to live: **no sé cómo pueden vivir con ese salario** I don't know how they (manage to) live on that salary; **vive** *de* **lo que le dejó su padre** he lives on what his father left him. **4.** (*estar presente*) to live on: **su recuerdo aún vive en nuestra memoria** our memories of her still live on.
♦*vt* **1.** (*experimentar*) to go through, to experience: **estamos viviendo una época de muchos cambios** we are going through a time of great change. **2.** (*sentirse identificado con*): **cuando canta flamenco, lo vive** when he sings flamenco he really feels it.

vivisección /biβisek'θjon/ *sf* vivisection.

vivo, -va /'biβo -βa/ **I** *adj* **1.** (*gen*) living, alive: **no tiene más que dos parientes vivos** he only has two living relatives; **nadie sabe si siguen vivos** no one knows if they are still alive; **es una costumbre que sigue viva** it is a custom that lives on • **es el vivo ejemplo de lo que estoy diciendo** he's the typical example of what I'm saying. **2.** (*fuego*): **tienes que freírlo a fuego vivo** you have to fry it at a high temperature. **3.** (*intenso*) lively, strong: **sentía un vivo interés por el tema** she had a strong interest in the topic. **4.** (*despierto*) sharp, bright: **es muy vivo, lo capta todo** he's very sharp, he doesn't miss a thing. **5.** (*astuto*) shrewd, quick-witted. **6.** (*irritable*) quick: **tiene un genio muy vivo** she has a very quick temper. **7.** (*rápido*): **tiene un ritmo muy vivo** it has a very lively rhythm. **8.** (*presente*): **sus palabras están vivas en mi memoria** I can still remember her words. **9.** (*color*) bright: **prefiere las telas de tonos vivos** she prefers brightly-coloured fabrics.
II *sm/f* **1.** (*ser viviente*): **los vivos** the living. **2.** (*astuto*) opportunistic, sharp: **es un vivo, no desaprovecha oportunidad alguna** he's very sharp, he doesn't let any opportunity pass him by.

vizcaíno, -na /biθka'ino -na/ **I** *adj* of ∗ from Vizcaya.
II *sm/f* native ∗ inhabitant of Vizcaya.

vizconde /biθ'konde/ *sm* viscount.

vizcondesa /biθkon'desa/ *sf* viscountess.

vocablo /bo'kaβlo/ *sm* word, term.

vocabulario /bokaβu'larjo/ *sm* vocabulary.

vocación /boka'θjon/ *sf* vocation.

vocacional /bokaθjo'nal/ *adj* **1.** (*gen*) vocational: **lo suyo es vocacional** she does it out of a sense of vocation. **2.** (*Amér L: escuela, enseñanza*) technical.

vocal /bo'kal/ **I** *adj* vocal.
II *sm/f* member: **es vocal en la junta del colegio** she is one of the school governors.
III *sf* (*Ling*) vowel.

vocalista /boka'lista/ *sm/f* vocalist, singer.

vocalizar /bokali'θar/ [⇨cazar] *vt/i* to enunciate, to vocalize: **no se le entiende porque vocaliza muy mal** you can't understand him because he doesn't enunciate clearly.

vocativo /boka'tiβo/ *sm* (*Ling*) vocative.

voceador /boθea'ðor/ *sm* (*Méx*) newsboy.

vocear /boθe'ar/ [⇨CANTAR] *vt* **1.** (*gritar*) to shout (out): **estaban voceando sus productos** they were shouting to advertise their wares. **2.** (*fam: pregonar*) to broadcast: **se ha dedicado a vocear el secreto que le conté** he has gone around broadcasting the secret I told him.
♦*vi* to shout: **las vendedores recorrían la calle voceando** the street sellers were calling out as they went along the street.

vocerío /boθe'rio/ *sm* shouting: **con este vocerío es imposible entender una palabra de lo que dice** it's impossible to understand a word he's saying with all this shouting.

vocero, -ra /bo'θero -ra/ *sm/f* (*Amér L: gen*) spokesperson; (*: hombre*) spokesman; (*: mujer*) spokeswoman.

vociferar /boθife'rar/ [⇨CANTAR] *vi* to shout.

vodevil /boðe'βil/ *sm* vaudeville.

vodka /'boθka/ *sm* vodka.

vol. *pronounced* /bo'lumen/ (*abbreviation of* **volumen**) vol. (volume).

volada /bo'laða/ *sf* (*fam*) ⇨bolada

voladizo, -za /bola'ðiθo -θa/ *adj* (*Arquit*) projecting.

volador, -dora /bola'ðor -'ðora/ *adj* flying.

voladura /bola'ðura/ *sf* (*Tec*) demolition (*using explosives*); (*Mil*) blowing up.

volandas /bo'landas/ **en volandas** *loc adv* in the air: **lo sacaron del bar en volandas** they threw him bodily out of the bar.

volante /bo'lante/ **I** *adj* flying.
II *sm* **1.** (*Auto*) (steering) wheel: **¿quién iba** *al* **volante?** who was driving? **2.** (*de un vestido, una falda, etc.*) frill, flounce: **un vestido de volantes** a frilly dress. **3.** (*nota*) referral (note). **4.** (*para jugar a bádminton*) shuttlecock. **5.** (*Amér L: folleto*) leaflet, flier.

volar /bo'lar/ [⇨contar] *vi* **1.** (*por el aire*) to fly: **he volado tres veces a Madrid este mes** I've flown to Madrid three times this month; **el pájaro se asustó y echó a volar** the bird took fright and flew off • **el tiempo vuela** time flies. **2.** (*darse prisa*) to rush: **salió volando porque se le hacía tarde** he rushed out because he was late; **tuve que preparar las maletas volando** I only had minutes to pack my cases. **3.** (*noticias*) to spread quickly: **las noticias vuelan** news travels fast. **4.** (*fam: desaparecer*) to go, to disappear: **el dinero vuela cuando estás de vacaciones** money just disappears when you're on holiday; **los pasteles**

habían volado cuando llegamos the cakes had gone by the time we arrived.
♦*vt* 1. (*con explosivos*) to blow up, to demolish (*with explosives*): **volaron el viejo puente** the old bridge was blown up; **volaron la caja fuerte y se llevaron el dinero** they blew the safe open and took the money. 2. (*la caza*) to flush out.
volarse *v prnl* 1. (*hojas, papeles, etc.*) to blow away. 2. (*Amér L: enfadarse*) to get angry, to get mad.

volátil /bo'latil/ *adj* (*sustancia*) volatile.

volcán /bol'kan/ *sm* volcano: **ese volcán lleva mucho tiempo inactivo** that volcano has been dormant for a long time • **estamos sobre un volcán** we're sitting on a powder keg.

volcánico, -ca /bol'kaniko -ka/ *adj* volcanic.

volcar /bol'kar/ [⇨trocar] *vt* 1. (*dar la vuelta a: accidentalmente*) to knock over, to tip over: **volcó la jarra y tiró toda la leche** he knocked the jug over and spilt all the milk; (*: voluntariamente*) to turn over: **lo volcó para vaciarlo** she turned it upside down to empty it out. 2. (*vaciar*) to empty: **volcaron la arena en la zanja** the sand was emptied into the ditch.
♦*vi* to overturn: **el coche se salió de la carretera y volcó** the car went off the road and overturned; **la barca volcó y cayeron todos al agua** the boat capsized and they all fell into the water.
volcarse *v prnl*: **se vuelca** *con* **sus alumnos** he bends over backwards for his pupils * he does everything he can for his pupils.

volea /bo'lea/ *sf* volley.

voleibol /bolei'βol/ *sm* volleyball.

voleo /bo'leo/ **a voleo** *loc adv* (*fam*): **contesté las preguntas a voleo** I answered the questions any old how.

volován /bolo'βan/ *sm* vol-au-vent.

volquete /bol'kete/ *sm* dumper truck.

voltaje /bol'taxe/ *sm* voltage.

voltear /bolte'ar/ [⇨CANTAR] *vt* 1. (*por el aire*) to toss: **el toro lo volteó** the bull tossed him. 2. (*la tierra*) to turn (over); (*las campanas*) to ring. 3. (*Amér L: dar la vuelta a: un disco, un colchón, una tortilla*) to turn over; (*: una prenda*): **voltéalo del revés** turn it inside out; (*: una página*) to turn (over); (*: una esquina*) to turn: **no voltees la cabeza** don't turn round; **me volteó la espalda** he turned his back on me. 4. (*Arg, Chi, Urug: volcar, derribar*) to knock over: **volteó una botella de aceite al salir** she knocked a bottle of oil over as she went out.
♦*vi* (*Amér L: girar*): **voltee** *a* **la derecha** turn right.
voltearse *v prnl* (*Amér L*) 1. (*volverse: persona*) to turn round: **nos volteamos para mirar** we turned round to have a look; (*: vehículo*) to overturn. 2. (*Pol*) to defect (*to another party*).

voltereta /bolte'reta/ *sf* somersault.

voltio /'boltjo/ *sm* 1. (*unidad*) volt. 2. (*fam: vuelta*) walk, stroll: **nos vamos a dar un voltio** we're going for a walk.

voluble /bo'luβle/ *adj* fickle, unpredictable: **es muy voluble en cuanto a gustos se refiere** she's very fickle in her tastes.

volumen /bo'lumen/ *sm* 1. (*capacidad*) volume. 2. (*cantidad*) volume: **en el último mes ha aumentado el volumen de ventas** the volume of sales has increased in the last month. 3. (*de un ruido, sonido*) volume: **puso la tele a todo volumen** she turned the television up to full volume. 4. (*tomo*) volume: **un diccionario en dos volúmenes** a two-volume dictionary.

voluminoso, -sa /bolumi'noso -sa/ *adj* voluminous, large.

voluntad /bolun'tað/ *sf* 1. (*determinación, predisposición*) will: **vino por su propia voluntad** he came of his own free will; **hay buena voluntad para llegar a un acuerdo** the good will exists for an agreement to be reached; **no lo dijo con voluntad de ofenderte** she didn't mean to offend you; **tuvo que abandonar su trabajo por causas ajenas a su voluntad** she had to leave her job for reasons beyond her control. 2. (*deseo*) will, wish: **se casó en contra de la voluntad de sus padres** he married against his parents' wishes • **siempre acaba haciendo su santa voluntad** he always ends up going his own sweet way * doing just as he pleases. 3. (*empeño*) willpower: **no tengo voluntad para seguir un régimen** I haven't the willpower to go on a diet; **Javier tiene una voluntad de hierro** Javier has a will of iron; **pone mucha voluntad en su trabajo** she's an extremely willing worker.

voluntario, -ria /bolun'tarjo -rja/ **I** *adj* voluntary. **II** *sm/f* volunteer: **¿quién se ofrece voluntario para hacerlo?** who's volunteering to do it?

voluntarioso, -sa /bolunta'rjoso -sa/ *adj* 1. (*tenaz*) determined: **es muy voluntarioso y lo logrará** he's very determined and he'll succeed. 2. (*terco*) obstinate, headstrong.

voluptuoso, -sa /bolup'twoso -sa/ *adj* voluptuous.

volver /bol'βer/ [⇨table: volver; *past participle* **vuelto**] *vi* 1. (*regresar: a donde está el hablante*) to come back, to return: **volveremos mañana** we'll come back tomorrow; **¿cuándo vuelves** *de* **París?** when are you coming back from Paris?, when will you be back from Paris?; (*: a otro lugar*) to go back, to return: **llegan el lunes y vuelven** *a* **Nueva York el sábado** they arrive on Monday and go back to New York on Saturday • **volvió en sí a las tres horas** he came round three hours later. 2. **volver a** (*para expresar repetición de una acción*): **vuelve a empezar** start again; **no he vuelto a verlos * no los he vuelto a ver** I haven't seen them since; **dijeron que volverían a llamar** they said they would call again * call back.
♦*vt* 1. (*dar la vuelta a: un disco, un colchón*) to turn over: **ten cuidado al volver la tortilla** be careful how you turn the omelette over; (*: una prenda*): **vuélvelo del revés** turn it inside out; (*: una página*) to turn; (*: una esquina*) to turn: **volvió la esquina y des-**

volver

INDICATIVE	SUBJUNCTIVE
Present	**Present**
vuelvo	vuelva
vuelves	vuelvas
vuelve	vuelva
volvemos	volvamos
volvéis	volváis
vuelven	vuelvan

IMPERATIVE

(tú) vuelve	(usted) vuelva
(vosotros) volved	(ustedes) vuelvan

PAST PARTICIPLE

vuelto

For the rest of the tenses ⇨ TEMER (in appendix)

apareció de mi vista she turned the corner and disappeared from sight; **no vuelvas la cabeza** don't turn round; **me volvió la espalda** she turned her back on me. **2.** (*para expresar un cambio, una transformación*): **el calor lo vuelve maleable** the heat makes it malleable; **sus preguntas me vuelven loco** his questions are driving me mad; **esa experiencia lo ha vuelto muy desconfiado** that experience has made him very mistrustful.

volverse *v prnl* **1.** (*darse la vuelta*) to turn round: **nos volvimos para mirar** we turned round to have a look • **las circunstancias se han vuelto contra nosotros** circumstances have turned against us • **se volvieron atrás en su decisión** they backed out of their decision. **2.** (*regresar: a donde está el hablante*) to come back, to return: **se volvieron a los pocos días** they came back after a few days; (*: a otro lugar*) to go back, to return: **se vuelve a casa porque no ha encontrado trabajo** she's going back home because she hasn't found work. **3.** (*para expresar un cambio, una transformación*) to become: **se ha vuelto de derechas** she has become right-wing; **se volvió loco** he went mad.

vomitar /bomi'tar/ [⇨ CANTAR] *vt* to vomit.
♦*vi* to vomit, to be sick.

vomitivo, -va /bomi'tiβo -βa/ *adj* **1.** (*Med*) emetic. **2.** (*fam: asqueroso*) revolting, disgusting: **nos sirvieron una sopa vomitiva** they served us some revolting soup.

vómito /'bomito/ *sm* vomit.

voracidad /boraθi'ðað/ *sf* voracity, voraciousness.

vorágine /bo'raxine/ *sf* **1.** (*remolino*) whirlpool. **2.** (*ajetreo, confusión*) hurly-burly, constant activity: **se fue al campo para escapar de la vorágine de la ciudad** he went away to the countryside to escape the hurly-burly of city life.

voraz /bo'raθ/ *adj* [**voraces**] **1.** (*persona, apetito*) voracious: **es un voraz lector** he's a voracious reader. **2.** (*fuego*) fierce.

vos /bos/ *pron personal* (*Amér L*) **1.** (*en lugar de* **tú**) you [***Vos*** *is used instead of* ***tú*** *in many Latin American regions. It has its own verb forms for the present tense, the imperative and the present subjunctive. In Argentina, Uruguay and Central America:* ***vos hablás/querés/pedís demasiado*** *you talk/want/ask too much;* ***andá/comé/salí*** *go/eat/go out;* ***sentate/correte/vestite*** *sit down/move over/get dressed*] **2.** (*en lugar de* ***ti***): **¿a vos te gusta?** do you like it?

vosear /bose'ar/ [⇨ CANTAR] *vt: to address as* ⇨ vos

voseo /bo'seo/ *sm: use of* ⇨ vos

vosotros, -tras /bo'sotros -tras/ *pron personal* [*mainly used in Spain*] **1.** (*sujeto*) you [*plural*]: **vosotros no tenéis ni idea de lo que yo he pasado** you have no idea what I've been through. **2.** (*complemento*) you [*plural*]: **¿podemos quedarnos con vosotras?** can we stay with you?; **tenemos un regalo para vosotros** we have a present for you; **¿lo habéis hablado entre vosotros?** have you discussed it amongst yourselves?

votación /bota'θjon/ *sf* vote, ballot: **la votación fue el viernes** the ballot was on Friday; **lo decidiremos** *por* **votación** we'll take a vote on it to decide; **hubo que someterlo a votación** it had to be put to the vote.

votante /bo'tante/ *sm/f* voter.

votar /bo'tar/ [⇨ CANTAR] *vt* (*a un candidato*) to vote for: **votaron** *al* **candidato socialista** they voted for the socialist candidate; **fue el candidato más votado** he was the candidate who received most votes; (*una medida*) to vote on.
♦*vi* to vote: *¿por* **quién votaste?** who did you vote for?; **votaremos** *en contra* **de esa propuesta** we will vote against that proposal; **voté** *a favor* **de la huelga** I voted for * in favour of the strike; **votaron** *por* **ir a la huelga** they voted to go on strike; **votaré por correo** I'll use a postal vote.

voto /'boto/ *sm* **1.** (*Pol: gen*) vote: **el resultado fue de ocho votos a favor y dos en contra** the result was eight votes in favour and two against; (*: derecho a votar*) right to vote: **puede asistir a la reunión pero no tiene voto** she can attend the meeting but she doesn't have the right to vote. **2.** (*Relig: ofrecimiento*) vow: **hizo voto de pobreza** she took a vow of poverty. **3.** (*al expresar un deseo*) wish: **hicieron votos por la pronta mejoría del presidente** they wished the president a speedy recovery.
voto de censura *sm* vote of censure.
voto de confianza *sm* vote of confidence.
voto nulo *sm* invalid vote.
voto secreto *sm* secret ballot.

voy /boi/ *first person singular of the present tense of* ⇨ ir

voz /boθ/ *sf* [**voces**] **1.** (*sonido*) voice: **hablaban** *a* **media voz** they spoke softly; **lo dijo** *en* **voz alta** he said it out loud; **leyó la carta** *en* **voz alta** he read the letter aloud * out loud; **¡baja la voz!** keep your voice down! • **¿cómo se atreve a levantarme la voz?** how dare you raise your voice to me? • **¿quién dio la voz de alarma?** who raised the alarm? • **se lo comunicaron de viva voz** she was told personally. **2.** (*grito*) shout: **dale una voz a los niños** give the children a shout; **me llamó** *a* **voces desde la ventana** she shouted to me from the window • **esa ventana pide unas cortinas a voces** that window is crying out for some curtains • **es un secreto a voces** it's an open secret • **nos llamó a voz en cuello** she called to us at the top of her voice. **3.** (*rumor*) (*GB*) rumour, (*US*) rumor: **corre la voz de que nos van a bajar el sueldo** there's a rumour going around that they're going to cut our wages. **4.** (*opinión*) voice: **esta publicación es la voz del pueblo** this publication is the voice of the people • **aquí no tenemos ni voz ni voto** we have absolutely no say in this matter. **5.** (*Mús*) voice • **en casa, su mujer lleva la voz cantante** at home, what his wife says, goes. **6.** (*palabra*) word, term: **voz de origen francés** word of French origin. **7.** (*verbal*) voice: **voz pasiva** passive voice.

vudú /bu'ðu/ *sm* voodoo.

vuelco /'bwelko/ *sm*: **el coche dio un vuelco al salirse de la carretera** the car went off the road and overturned • **me dio un vuelco el corazón cuando sonó el teléfono** my heart skipped a beat when the phone rang.

vuelo /'bwelo/ **I** *and other forms with* ***vuel-*** ⇨ volar
II *sm* **1.** (*acción de volar*) flight: **el avión alzó * levantó el vuelo** the plane took off; **el pájaro alzó * levantó el vuelo** the bird took flight • **levantar el vuelo** (*fig*): **¿por qué no levantamos el vuelo?** shall we go?; **cuando llegó la policía, ya habían levantado el vuelo** when the police arrived they had already fled • **tiene un cargo de altos vuelos** she holds a very high-up position • **se distrae con el vuelo de una mosca** he gets distracted by the slightest little thing. **2.** (*Av: viaje*) flight: **el vuelo Madrid-Barcelona dura menos de una hora** the Madrid-Barcelona flight takes less than an hour. **3.** (*de una falda, un vestido, etc.*) fullness. **4.** (*Arquit*) projection.
III al vuelo *loc adv*: **lo cogió al vuelo** she caught on

very quickly; **las caza al vuelo** he is very quick on the uptake.

vuelta /'bwelta/ *sf* **1.** (*regreso*) return: **hablaremos** *a* **la vuelta** we'll talk when we come back; *de* **vuelta pasaremos por vuestra casa** on the way back we'll drop in at your house; **mis vecinos ya están** *de* **vuelta** *de* **sus vacaciones** my neighbours are already back from their holiday; **¡hasta la vuelta!** see you when you get back!; **me lo enviaron** *a* **vuelta** *de* **correo** they sent it to me by return of post • **la vuelta al colegio se desarrolló con normalidad** the new school year started quite smoothly • **cuando tú vas yo ya estoy de vuelta** there's nothing you can teach me • **está de vuelta de todo** she's seen it all before. **2.** (*giro*) turn: **vivimos aquí, a la vuelta de la esquina** we live here, just around the corner; **le dio la vuelta** *a* **la tortilla** * (*Amér S*) **dio vuelta la tortilla** he turned the omelette over; **la avioneta daba vueltas alrededor del colegio** the plane was flying round and round the school; **dio la vuelta** *al* **mundo en barco** she sailed around the world; **el coche dio tres vueltas de campana** the car rolled over three times; **se dio la vuelta** * (*Amér S*) **se dio vuelta y se fue** he turned round and left; **tuvimos que dar muchas vueltas para llegar** we went all over the place to get there; **seguía dándole vueltas en la cabeza** *a* **la idea** she was still turning the idea over in her mind • **no hay vuelta de hoja** there's no doubt about it • **no le des más vueltas al asunto** stop worrying about it • **la vida da muchas vueltas** life is full of ups and downs • **Elena le da cien vueltas en matemáticas** Elena runs rings around him in maths • **¡no veas las vueltas que me hicieron dar en el banco!** you should have seen the runaround they gave me in the bank! • **pusieron al profesor de vuelta y media** they pulled the teacher to shreds. **3.** (*ronda: en una votación*) round; (*: en una liga deportiva*) *half season in which all the away/home games are played*. **4.** (*paseo*): **¿salimos a dar una vuelta?** shall we go for a walk?; **me voy a dar una vuelta con el coche** I'm going for a drive. **5.** (*dinero*) change: **aquí tiene la vuelta** here is your change. **6.** (*de un pantalón*) (*GB*) turn-up, (*US*) cuff. **7.** (*en una carrera*) lap.

vuelta ciclista *sf* cycle race: **la vuelta ciclista** *a* **España** the Tour of Spain.

vuelta (de) carnero *sf* somersault.

vuelto, -ta /'bwelto -ta/ **I** *past participle of* ➪ volver
II vuelto *sm* (*Amér L: dinero*) change.

vuelva /'bwelβa/ *and other forms with* **vuelv-** ➪ volver

vuestro, -tra /'bwestro -tra/ *[mainly used in Spain]* **I** *adj posesivo* **1.** (*delante del nombre*) your: **se lo di a vuestra hija** I gave it to your daughter. **2.** (*detrás del nombre*) of yours: **¿no es de un amigo vuestro?** doesn't it belong to a friend of yours?, doesn't it belong to one of your friends?
II *pron posesivo* **1.** (*sin artículo*) yours: **esa caja es vuestra** that box is yours * that is your box. **2.** (*con artículo*) yours: **¿es este disco de los vuestros?** is this record one of yours?; **lo vuestro lo dejo aquí** I'll leave your things here • **lo vuestro no es el esquí** skiing isn't your strong point • **ésta es la vuestra, aprovechaos** this is your chance, make the most of it.
III los vuestros *sm pl* **1.** (*familia*) your family. **2.** (*compatriotas*) your people *pl*.

vulgar /bul'ɣar/ *adj* **1.** (*común*) common: **lleva un vestido de lo más vulgar y corriente** she's wearing a very ordinary dress. **2.** (*tosco*) vulgar, crude: **una expresión vulgar** a vulgar expression; **una persona vulgar** a crude person.

vulgaridad /bulɣari'ðað/ *sf* **1.** (*cualidad*) vulgarity: **la vulgaridad es la norma en muchos programas televisivos** vulgarity is the rule in many television programmes. **2.** (*hecho o dicho vulgar*) *vulgar act/remark*: **¡qué vulgaridad!** how vulgar!

vulgarismo /bulɣa'rizmo/ *sm* (*Ling*) vulgarism, popular expression.

vulgo /'bulɣo/ *sm* common people, plebs *pl*.

vulnerable /bulne'raβle/ *adj* vulnerable.

vulnerar /bulne'rar/ [➪ CANTAR] *vt* **1.** (*una ley*) to infringe, to contravene. **2.** (*dañar, perjudicar*) to damage: **el artículo vulnera el buen nombre de la empresa** the article damages the good name of the company.

vulva /'bulβa/ *sf* vulva.

W

W, w /uβe'ðoβle/ *sf* (*letra*) W, w.

walkie-talkie /wolki'tolki/ *sm* walkie-talkie.

walkman® /'wolkman/ *sm* Walkman®, personal stereo.

wáter /'bater/ *sm* (*fam*: *habitación*) lavatory, (*GB*) toilet, (*US*) bathroom; (*: inodoro*) toilet.

waterpolo /water'polo/ *sm* water polo.

western /'western/ *sm* (*película*) western.

whisky /'wiski/ *sm* whisky, whiskey.

windsurf /'winsurf/, **windsurfing** /'winsurfin/ *sm* windsurfing.

windsurfista /winsur'fista/ *sm/f* windsurfer.

wolframio /bol'framjo/ *sm* wolfram.

X

X, **x** /ˈekis/ *sf* (*letra*) X, x.
xenofobia /senoˈfoβja/ *sf* xenophobia.
xenófobo, **-ba** /seˈnofoβo -βa/ **I** *adj* xenophobic. **II** *sm/f* xenophobe.
xerocopia /seroˈkopja/ *sf* photocopy, xerox®.
xerocopiar /serokoˈpjar/ [⇨ CAMBIAR] *vt* to photocopy, to xerox®.
xerografía /seroɣraˈfia/ *sf* xerography.
xilofonista /silofoˈnista/ *sm/f* xylophonist, xylophone player.
xilófono /siˈlofono/ *sm* xylophone.
xilografía /siloɣraˈfia/ *sf* **1.** (*técnica*) xylography, wood engraving. **2.** (*impresión*) xylograph, wood engraving.
Xunta /ˈʃunta/ *sf*: *autonomous government of Galicia.*

Y

Y, **y** /i ˈɣrjeɣa/ *sf* (*letra*) Y, y.
y /i/ *conj* [*becomes* **e** *before words beginning with* **i-**, **hi-**, *though not* **hie-**] **1.** (*como enlace, con valor consecutivo*) and: **blanco y negro** black and white; **tropezó y se cayó** he tripped and fell; (*sin traducción*): **una casa grande y vieja** a big old house. **2.** (*al dar la hora*) (*GB*) past, (*US*) after: **las doce y media** half past twelve; (*en números*): **treinta y uno** thirty-one. **3.** (*para expresar repetición*): **estuvo lloviendo semanas y semanas** it rained for weeks on end. **4.** (*a principio de pregunta*): **¿y su familia?** how is your family?; **¿y si preguntáramos?** well, what if we asked?; (*a principio de frase*): **y ahora se pone a llover** (and) now it's starting to rain.
ya /ja/ **I** *adv* **1.** (*referido al pasado*) already: **ya han pintado toda la casa** they've already painted the whole house; **ya te lo dije** I told you so; **ya en el siglo XIX...** as early as the nineteenth century...; **ya entonces poseía una gran habilidad para el dibujo** even then he had a great talent for drawing. **2.** (*referido al presente: gen*) already: **ya están trabajando en ello** they're already working on it; **ya nos conocemos** we already know each other; **¿ya tiene quince años?** is she fifteen already?; **creo que ya lo sabe** I think she already knows; (*: en este momento*) now: **ya pueden empezar** you can start now; **ya llegan los primeros corredores** the first runners are arriving now; **¡quiero una respuesta, ya!** I want an answer, right now!; **ahora sólo me falta encender esto... y ya está** now all I have to do is switch this on... and there we are; (*: en frases negativas*): **ya no viven aquí** they no longer live here; **"¿Vive todavía en Barcelona?" "No, ya no."** "Does he still live in Barcelona?" "No, not any more."; **"¿Vas a tardar mucho?" "No, ya estoy."** "Will you be much longer?" "No, I've finished now." ● **deberías intentarlo, no ya por ellos, sino por ti** you should try, not only for them, but for yourself too. **3.** (*referido al futuro: gen*): **no sé; ya veremos** I don't know; we'll see; **ya te dirán algo** they'll let you know; (*: inmediato*): **¡ya voy!** (I'm) coming!; **no te impacientes, hombre, que ya viene** don't get impatient, she's coming. **4.** (*con valor enfático*): **ya ves, así es la vida** well, that's life; **ya lo sé** yes, I know; **ya lo creo que me gusta** of course I like it; **ya está, ¿algo más?** that's it, anything else? **5.** (*para afirmar*) yes, that's right: **ya, pero no es lo mismo** yes, but it's not the same.

II *excl*: **¡ah, ya! ahora caigo** oh, of course, I see now; **¡ya, ya!, eso no me lo creo** yeah, yeah! I don't believe a word of it.
III ya que *conj* since: **ya que has venido, ¿por qué no almorzamos juntos?** since you're here, why don't we have lunch together?; **no pudo venir, ya que estaba de viaje** he couldn't come because he was on a trip.
yac /jak/ *sm* yak.
yacaré /jaka're/ *sm* alligator.
yacer /ja'θer/ [⇨table: yacer] *vi* to lie (*in bed, tomb*).
yacimiento /jaθi'mjento/ *sm* **1.** (*de mineral, roca*) deposit. **2.** (*de restos arqueológicos*) site: **un importante yacimiento romano** an important Roman site.
yacimiento petrolífero *sm* oil field.

yacer	
INDICATIVE	SUBJUNCTIVE
Present	**Present**
yazco, yazgo *or* yago	yazca, yazga *or* yaga
yaces	yazcas, yazgas *or* yagas
yace	yazca, yazga *or* yaga
yacemos	yazcamos, yazgamos *or* yagamos
yacéis	yazcáis, yazgáis *or* yagáis
yacen	yazcan, yazgan *or* yagan
IMPERATIVE	
(tú) yace *or* yaz	(usted) yazca *or* yazga *or* yaga
(vosotros) yaced	(ustedes) yazcan *or* yazgan *or* yagan
For the rest of the tenses ⇨ TEMER (in appendix)	

yak /jak/ *sm* yak.
yanqui /'jaŋki/ (*fam*) **I** *adj* Yankee.
II *sm/f* Yank, Yankee.
yapa /'japa/ *sf* (*Amér S*): **te doy estos dos huevos de yapa** I'll give you a couple of extra eggs for free.
yarda /'jarða/ *sf* (*Medidas*) yard.
yate /'jate/ *sm* yacht.
yaya /'jaja/ *sf* (*fam*) **1.** (*abuela*) granny, grandma. **2.** (*anciana*) old woman, granny.
yayo /'jajo/ *sm* (*fam*) **1.** (*abuelo*) grandad, grandpa. **2.** (*anciano*) old man.
yedra /'jeðra/ *sf* ivy.
yegua /'jegwa/ *sf* mare.
yeísmo /je'izmo/ *sm* (*Ling*) *pronunciation of* /ʎ/ *as* /j/ *in Spanish.*
yelmo /'jelmo/ *sm* (*Hist*) helmet.
yema /'jema/ *sf* **1.** (*parte del huevo*) yolk. **2.** (*dulce*) *sweet made from egg yolks and sugar.* **3.** (*en una planta*) bud. **4.** (*del dedo*) fingertip.
yen /jen/ *sm* (*moneda*) yen *n inv.*
yendo /'jendo/ *present participle of* ⇨ ir
yerba /'jerβa/ *sf* ⇨ hierba
yerba mate *sf* (*Amér L*) maté (*tea-like drink*).
yerbabuena /jerβa'βwena/ *sf* mint.
yermo, -ma /'jermo -ma/ **I** *adj* **1.** (*sin cultivar*) uncultivated. **2.** (*sin poblar*) uninhabited.
II yermo *sm* wasteland.
yerno /'jerno/ *sm* son-in-law.
yerro /'jerro/ **I** *and other forms with* **yerr-** ⇨ errar
II *sm* (*frml*) error, mistake.
yesca /'jeska/ *sf* tinder.
yesería /jese'ria/ *sf* gypsum kiln.
yesero, -ra /je'sero -ra/ *sm/f* plasterer.
yeso /'jeso/ *sm* **1.** (*mineral*) gypsum. **2.** (*para la pared*) plaster. **3.** (*Med*) plaster.
yeta /'jeta/ *sf* (*Arg, Urug: fam*) jinx.
yo /jo/ **I** *pron personal* I: **yo que tú no lo haría** if I were you, I wouldn't do it; **soy yo** it's me; **"¿Quién lo hizo?" "Yo no, desde luego."** "Who did it?" "Not me, that's for sure."
II el yo *sm* the ego, the self.
yodo /'joðo/ *sm* iodine.
yoga /'joɣa/ *sm* yoga.
yogur /jo'ɣur/ *sm* yoghurt, yogurt: **yogur de piña** pineapple yoghurt.
yonqui /'joŋki/ *sm/f* (*!!*) junkie.
yóquey /'jokei/, **yoqui** /'joki/ *sm* jockey.
yoyó /jo'jo/ *sm* yo-yo.
yuca /'juka/ *sf* (*mata ornamental*) yucca; (*planta de raíz comestible*) manioc, cassava.
yudo /'juðo/ *sm* judo.
yudoka /ju'ðoka/ *sm/f* judoist, judoka.
yugo /'juɣo/ *sm* (*Agr*) yoke • **el pueblo decidió liberarse del yugo del régimen** the people determined to throw off the yoke of the régime.
yugular /juɣu'lar/ *sf* jugular (vein).
yunque /'juŋke/ *sm* anvil.
yunta /'junta/ *sf* pair (*of oxen, mules, etc.*).
yuppie /'jupi/ *sm/f* yuppie, yuppy.
yuxtaponer /jukstapo'ner/ [⇨poner; *past participle* **yuxtapuesto**] *vt* to juxtapose.
yuxtaposición /jukstaposi'θjon/ *sf* juxtaposition.
yuyo /'jujo/ *sm* (*Arg, Urug*: *mala hierba*) weed; (*: hierba con propiedades medicinales*) (medicinal) herb: **se tomó un té de yuyos** she had a cup of herbal tea.

Z

Z, z /'θeta/ *sf* (*letra*) Z, z.

zacate /θa'kate/ *sm* (*Amér C, Méx*) **1.** (*forraje*) hay, fodder; (*hierba*) grass. **2.** (*estropajo*) scourer.

zafado, -da /θa'faðo -ða/ (*Arg, Chi, Urug*) **I** *adj* cheeky: **es muy zafado** he's very cheeky.
II *sm/f*: **es una zafada** she's very cheeky.

zafaduría /θafaðu'ria/ *sf* (*Arg, Chi, Urug*) **1.** (*dicho*): **me contestó con una zafaduría** he gave me a cheeky reply; (*hecho*): **fue una zafaduría hacerle eso al profesor** it was very cheeky to do that to the teacher. **2.** (*cualidad*) nerve, cheek.

zafarrancho /θafa'rrantʃo/ *sm* **1.** (*Náut*) clearing of the decks. **2.** (*fam*: *barullo*) mess: **¡qué zafarrancho!** what a mess! **3.** (*fam*: *riña*) row: **la discusión acabó en un zafarrancho** the discussion ended in a row.
zafarrancho de combate *sm* call to action stations.

zafarse /θa'farse/ [⇨ CANTAR] *v prnl* **1.** (*de hacer algo*): **tenía un compromiso** *del* **que no se pudo zafar** she had an engagement she couldn't get out of; **le toca a él hacerlo, pero ya verás como intenta zafarse** it's his turn to do it but you can bet he'll try to get out of it. **2.** (*de ataduras, de un agarrón*) to escape: **estaba atada y por más que lo intentaba, no conseguía zafarse** she was tied up and however much she tried she couldn't escape. **3.** (*Amér L*: *nudo*) to come untied * undone. **4.** (*Amér L*: *hueso*) to dislocate: **se le zafó el hombro** he dislocated his shoulder.

zafio, -fia /'θafjo -fja/ *adj* coarse, uncouth.

zafiro /θa'firo/ *sm* sapphire.

zafra /'θafra/ *sf* **1.** (*vasija*) oil container. **2.** (*cosecha*) sugar (cane) crop * harvest; (*época de la cosecha*) sugar (cane) harvest.

zaga /'θaɣa/ *sf* **1.** (*parte trasera*) rear: **el coche del equipo iba a la zaga de los ciclistas** the team car followed behind the cyclists • **es muy trabajador, pero su hermana no le va a la zaga** he's a very hard worker but his sister is just as good (as he is). **2.** (*Dep*) (*GB*) defence, (*US*) defense.

zagal, -gala /θa'ɣal -'ɣala/ *sm/f* **1.** (*chico*) lad, youth; (*chica*) girl. **2.** (*pastor*) shepherd; (*pastora*) shepherdess.

zaguán /θa'ɣwan/ *sm* (entrance) hall, hallway: **se quitó las botas en el zaguán** he took his boots off in the hall.

zaguero /θa'ɣero/ *sm* (*Dep*) back.

zaherir /θae'rir/ [⇨ sentir] *vt* to hurt, to humiliate: **lo dijo en voz alta para zaherirlo** she said it out loud to hurt him.

zahones /θa'ones/ *sm pl* (*prenda*) chaps *pl*.

zahorí /θao'ri/ *sm/f* [**zahoríes** * **zahorís**] (*vidente: gen*) clairvoyant; (*: capaz de encontrar agua*) water diviner.

zahúrda /θa'urða/ *sf* (*GB*) pigsty, (*US*) pigpen.

zaíno, -na /θa'ino -na/, **zaino, -na** /'θaino -na/ *adj* **1.** (*falso*) insincere. **2.** (*caballo*) bay; (*toro*) black.

zalamería /θalame'ria/ *sf* flattery: **le sacó el dinero a su padre con zalamerías** he cajoled his father into giving him some money.

zalamero, -ra /θala'mero -ra/ **I** *adj*: **¡qué zalamero es este niño!** this child is always buttering people up!
II *sm/f*: **es una zalamera de cuidado** she's terrible for buttering people up.

zalema /θa'lema/ *sf* flattery.

zamacuco, -ca /θama'kuko -ka/ *sm/f* sly * crafty devil.

zamarra /θa'marra/ *sf* sheepskin jacket.

zamba /'θamba/ *sf* (*Arg, Urug*) *popular dance from Argentina and Uruguay*.

zambo, -ba /'θambo -ba/ **I** *adj* **1.** (*patizambo*) knock-kneed. **2.** (*Amér L: en relación a la raza*) *of Amerindian and African parentage*.
II *sm/f* **1.** (*patizambo*) knock-kneed person. **2.** (*Amér L*: *en relación a la raza*) *person of Amerindian and African parentage*.

zambomba /θam'bomba/ **I** *sf*: *drum-type instrument*.
II *excl* (*fam*) wow.

zambombazo /θambom'baθo/ *sm* (*fam*) **1.** (*golpe fuerte*) thump. **2.** (*estampido*) explosion, bang: **oímos un zambombazo y pensamos que era una bomba** we heard a bang and thought it must have been a bomb.

zambra /'θambra/ *sf* **1.** (*Mús*) *type of gypsy dance*. **2.** (*fam*: *alboroto*) noise, racket.

zambullida /θambu'ʎiða/ *sf* dive: **¡qué calor! me voy a dar una zambullida** it's so hot! I'm going for a dip.

zambullir /θambu'ʎir/ [⇨ mullir] *vt* to dip, to immerse.
zambullirse *v prnl* **1.** (*en el agua: lanzarse*) to dive; (*: sumergirse*) to go under water, to dive. **2.** (*en una actividad*) to be engrossed, to immerse oneself: **ha estado zambullida** *en* **la lectura toda la tarde** she has been engrossed in her reading all afternoon.

Zamora /θa'mora/ *sf* Zamora • **no se ganó Zamora en una hora** Rome wasn't built in a day.

zamorano, -na /θamo'rano -na/ **I** *adj* of * from Zamora.
II *sm/f* native * inhabitant of Zamora.

zampabollos /θampa'βoʎos/ *sm/f inv* (*fam*) glutton, greedy guts.

zampar /θam'par/ [⇨ CANTAR] (*fam*) *vt* to gobble up.
♦ *vi* to stuff oneself.
zamparse *v prnl* (*fam*) to gobble up: **¡se zampó ocho melocotones!** he gobbled up eight peaches!

zampatortas /θampa'tortas/ *sm/f inv* (*fam*) glutton, greedy guts.

zampoña /θam'poɲa/ *sf* panpipes *pl*.

zanahoria /θana'orja/ *sf* carrot.

zanca /'θaŋka/ *sf* **1.** (*de un ave*) leg. **2.** (*fam*: *de una persona*) leg.

zancada /θaŋ'kaða/ *sf* stride • **en dos zancadas me planté en su casa** it didn't take me a moment to get to his house.

zancadilla /θaŋka'ðiʎa/ *sf* **1.** (*con la pierna*): **me puso la zancadilla y casi me caigo** he tried to trip me up and I nearly fell. **2.** (*fam*: *estorbo, obstáculo*) obstacle: **le pusieron tantas zancadillas que el proyecto no salió adelante** they put so many obstacles in the way that the project didn't proceed.

zanco /'θaŋko/ *sm* stilt.

zancudo, -da /θaŋ'kuðo -ða/ **I** *adj* **1.** (*de piernas largas*) long-legged. **2.** (*ciertas aves*) wading.
II zancudo *sm* (*Amér L*: *mosquito*) mosquito.

zanganear /θaŋgane'ar/ [⇨ CANTAR] *vi* to laze around.

zángano, -na /'θaŋgano -na/ *sm/f* **1.** (*abeja macho*) drone. **2.** (*fam*: *gandul*) idler, lazy person: **es un zángano, no creo que quiera hacerlo** he's very lazy, I don't think he'll be willing to do it.

zanguango, -ga /θaŋ'gwaŋgo -ga/ *sm/f* (*fam*) idler, lazy person.

zanja /'θaŋxa/ *sf* (*para cimientos, cables, etc.*) trench: **abrieron una zanja para meter las tuberías** they dug a trench to install the pipes; (*de desagüe, riego*) ditch.

zanjar /θaŋ'xar/ [⇨ CANTAR] *vt* to resolve, to settle: **quiero zanjar el tema** I want to settle the question.

zanquilargo, -ga /θaŋki'larɣo -ɣa/ *adj* (*fam*) long-legged.

zapa /'θapa/ *sf* trench.

zapador /θapa'ðor/ *sm* sapper.

zaparrastroso, -sa /θaparras'troso -sa/ *adj, sm/f* (*Arg, Chi, Urug*) ⇨ zarrapastroso

zapata /θa'pata/ *sf* **1.** (*Auto*) brake shoe. **2.** (*Náut*) shoe (*of ship's keel*).

zapatazo /θapa'taθo/ *sm* (*en el suelo*) stamp; (*a una pelota*) kick • **nos trataron a zapatazos** they treated us like dirt.

zapateado /θapate'aðo/ *sm*: *a type of Flamenco dance.*

zapatear /θapate'ar/ [⇨ CANTAR] *vi* to stamp one's feet.

zapatería /θapate'ria/ *sf* **1.** (*tienda*) (*GB*) shoe shop, (*US*) shoe store; (*para arreglar zapatos*) shoe repairer's. **2.** (*oficio*) shoemaking.

zapatero, -ra /θapa'tero -ra/ **I** *adj* shoemaking: **la industria zapatera española** the Spanish shoemaking industry.
II *sm/f* cobbler, shoemaker • **¡zapatero a tus zapatos!** mind your own business!
III zapatero *sm* shoe cupboard.
zapatero remendón *sm* cobbler, mender.

zapatiesta /θapa'tjesta/ *sf* (*fam*) fuss, rumpus: **un señor ha armado una zapatiesta en el mercado** a man in the market kicked up a real fuss.

zapatilla /θapa'tiʎa/ *sf* slipper.
zapatilla de ballet *sf* ballet shoe.
zapatilla de deporte *sf* (*GB*) trainer, (*US*) sneaker.

zapato /θa'pato/ *sm* shoe • **estaba como un niño con zapatos nuevos** he was like a kid with a new toy • **sabe dónde le aprieta el zapato** she has a clear view of what's going on in her life.
zapato abotinado *sm* ankle boot.
zapato de tacón *sm* high-heeled shoe.

zapote /θa'pote/ *sm* (*árbol*) sapodilla; (*fruto*) sapodilla plum, naseberry.

zar /θar/ *sm* tzar.

zarabanda /θara'βanda/ *sf* **1.** (*Mús*) saraband. **2.** (*fam*: *alboroto*) bustle, commotion.

Zaragoza /θara'ɣoθa/ *sf* Saragossa.

zaragozano, -na /θaraɣo'θano -na/ **I** *adj* of ∗ from Saragossa.
II *sm/f* native ∗ inhabitant of Saragossa.

zarandaja /θaran'daxa/ *sf* (*fam*): **déjate de zarandajas y limítate a lo esencial** stop wasting time on unimportant details and just stick to the essentials.

zarandear /θarande'ar/ [⇨ CANTAR] *vt* (*sacudir: gen*) to shake: **lo zarandeé para que se despertara** I shook him to wake him up; (*: con actitud violenta*) to shove around: **la empujaron y la zarandearon** they were pushing and shoving her.

zarapito /θara'pito/ *sm* (*Zool*) curlew.

zarcillo /θar'θiʎo/ *sm* **1.** (*pendiente*) earring. **2.** (*Bot*) tendril.

zarigüeya /θari'ɣweja/ *sf* (*Zool*) opossum.

zarina /θa'rina/ *sf* tsarina.

zarpa /'θarpa/ *sf* **1.** (*Zool*) paw. **2.** (*fam*: *mano*) paw, hand: **¡saca la zarpa de mi plato!** get your paws off my plate!

zarpar /θar'par/ [⇨ CANTAR] *vi* to set sail, to weigh anchor.

zarpazo /θar'paθo/ *sm* swipe ∗ blow (*with a paw*): **el tigre le destrozó la cara de un zarpazo** the tiger disfigured his face with one swipe of its paw.

zarrapastroso, -sa /θarrapas'troso -sa/ **I** *adj* scruffy, ragged.
II *sm/f* scruff, tramp: **no puedes ir con esa pinta de zarrapastroso** you can't go round looking so scruffy.

zarza /'θarθa/ *sf* blackberry (bush), bramble.

zarzal /θar'θal/ *sm* blackberry ∗ bramble patch.

zarzamora /θarθa'mora/ *sf* (*planta*) blackberry ∗ bramble bush; (*fruto*) blackberry.

zarzaparrilla /θarθapa'rriʎa/ *sf* sarsaparilla.

zarzuela /θar'θwela/ *sf* **1.** (*género musical*) *type of light opera*. **2.** (*Culin*) *fish and seafood dish*.

zas /θas/ *excl* bang.

zascandil /θaskan'dil/ *sm* (*fam*) good-for-nothing.

zascandilear /θaskandile'ar/ [⇨ CANTAR] *vi* to fuss about: **¡para ya de zascandilear!** stop fussing about!

zen /θen/ *sm* Zen.

zenit /θe'nit/ *sm* ⇨ cenit

zepelín /θepe'lin/ *sm* zeppelin.

zeta /'θeta/ *sf*: *name of the letter Z.*

zigzag /θiɣ'θaɣ/ *sm* [**zigzags** ∗ **zigzagues**] zigzag.

zigzaguear /θiɣθaɣe'ar/ [⇨ CANTAR] *vi* to zigzag: **el río cruza la llanura zigzagueando** the river zigzags across the plain.

zinc /θiŋk/ *sm* [**zines**] zinc.

zipizape /θipi'θape/ *sm* (*fam*): **se armó un zipizape increíble** there was complete chaos.

zócalo /'θokalo/ *sm* **1.** (*rodapié*) (*GB*) skirting board, (*US*) baseboard. **2.** (*Méx*: *plaza*) main square.

zoco /'θoko/ *sm* market (*in North Africa*).

zodiaco /θo'ðjako/, **zodíaco** /θo'ðiako/ *sm* zodiac.

zombi, zombie /'θombi/ *sm* zombie; (*fam*): **he estado toda la mañana como un zombi** I've been like a zombie all morning.

zona /'θona/ *sf* (*gen*) area, zone: **viven en una zona que está muy bien** they live in a very nice area; (*de un país*) region, area: **muchas zonas del país padecen sequía** many areas of the country are suffering from drought.
zona catastrófica *sf* disaster area.
zona de guerra *sf* war zone.
zona roja *sf* red-light district.
zona verde *sf* green space.

zoncear /θonθe'ar/ [⇨ CANTAR] *vi* (*Amér L*: *fam*) to fool about.

zonzo, -za /'θonθo -θa/ (*Amér L*: *fam*) **I** *adj* dim-witted, stupid.
II *sm/f* dimwit.

zoo /'θoo/ *sm* zoo.
zoología /θoolo'xia/ *sf* zoology.
zoológico, -ca /θoo'loxiko -ka/ **I** *adj* zoological: **¿has visitado el parque zoológico?** have you visited the zoo?
II zoológico *sm* zoo.
zoólogo, -ga /θo'oloɣo -ɣa/ *sm/f* zoologist.
zoom /θum/ *sm* zoom lens.
zopenco, -ca /θo'peŋko -ka/ (*fam*) **I** *adj* dopey, (*GB*) daft, (*US*) dumb.
II *sm/f* idiot, dope.
zopilote /θopi'lote/ *sm* (*Amér C, Méx*) vulture, turkey buzzard.
zoquete /θo'kete/ **I** *adj* dense, (*GB*) thick.
II *sm* blockhead.
zorcico /θor'θiko/ *sm*: *Basque dance and music.*
zorra /'θorra/ **I** *sf* **1.** (*Zool*) vixen. **2.** (*fam*: *prostituta*) prostitute, (*GB*) tart.
II *adj* (*fam*): **no tengo ni zorra idea** I have absolutely no idea.
zorrillo /θo'rriʎo/ *sm* (*Amér L*) skunk.
zorrino /θo'rrino/ *sm* (*Arg, Chi, Urug*) skunk.
zorro /'θorro/ **I** *sm* **1.** (*Zool*) fox • **¡estoy hecho unos zorros!** I'm worn-out! • **tiene los libros hechos unos zorros** his books are falling apart. **2.** (*fam*: *astuto, taimado*) cunning * astute person.
II *adj* (*fam*) cunning, astute: **no lo pierdas de vista, es un tío muy zorro** don't let him out of your sight, he's very cunning.
zorzal /θor'θal/ *sm* (*Zool*) thrush.
zote /'θote/ **I** *adj* dull, dim-witted.
II *sm/f* idiot, dimwit.
zozobra /θo'θoβra/ *sf* (*inquietud*) anxiety, worry: **no puedo soportar esta zozobra** I can't stand all this worry.
zozobrar /θoθo'βrar/ [⇨ CANTAR] *vi* **1.** (*Náut*: *irse a pique*) to founder; (*: volcar*) to capsize. **2.** (*negocio, empresa*) to go under, to fail.
zueco /'θweko/ *sm* clog.
zumba /'θumba/ *sf* **1.** (*broma*) joke. **2.** (*Amér L*: *tunda*) beating.
zumbado, -da /θum'baðo -ða/ *adj* (*fam*) crazy, nuts: **¡está totalmente zumbada!** she's completely nuts!
zumbar /θum'bar/ [⇨ CANTAR] *vi* **1.** (*silbar*) to buzz, to hum: **¿no te zumban los oídos?** aren't your ears buzzing? • **tuvimos que salir zumbando** we had to get out as fast as we could. **2.** (*fam*: *pegar*) to thump, to belt.
zumbarse *v prnl* (*fam*) to make fun.
zumbido /θum'biðo/ *sm* buzzing, humming: **tengo un zumbido constante en los oídos** I have a constant buzzing in my ears.
zumbón, -bona /θum'bon -'bona/ (*fam*) **I** *adj* joking, teasing.
II *sm/f* joker.
zumo /'θumo/ *sm* juice.
zurcido, -da /θur'θiðo -ða/ **I** *adj* darned.
II zurcido *sm* darn, mend.
zurcir /θur'θir/ [⇨ table: zurcir] *vt* to darn • **mira, ¡que te zurzan!** look, just get lost!
zurda /'θurða/ *sf* (*mano*) left hand; (*pierna*) left leg.
zurdazo /θur'ðaθo/ *sm* (*fam*) **1.** (*puñetazo*) left-handed punch. **2.** (*en fútbol*) shot (*with the left foot*).
zurdo, -da /'θurðo -ða/ **I** *adj* left-handed.
II *sm/f* left-hander, left-handed person.
zurra /'θurra/ *sf* (*fam*: *golpes*) beating, hiding.

zurcir

INDICATIVE	SUBJUNCTIVE
Present	**Present**
zurzo	zurza
zurces	zurzas
zurce	zurza
zurcimos	zurzamos
zurcís	zurzáis
zurcen	zurzan

IMPERATIVE	
(tú) zurce	(usted) zurza
(vosotros) zurcid	(ustedes) zurzan

For the rest of the tenses ⇨ PARTIR (in appendix)

zurrar /θu'rrar/ [⇨ CANTAR] *vt* (*fam*) to beat (up), to thrash.
zurriagazo /θurrja'ɣaθo/ *sm* lash (*with whip*).
zurriago /θu'rrjaɣo/ *sm* whip.
zurrón /θu'rron/ *sm* pouch.
zutano, -na /θu'tano -na/ *sm/f* (*fam*) so-and-so: **si le compro un coche a fulana y se lo vendo a zutana...** if I buy a car from what's-her-name and sell it to so-and-so....

Índice, Contents

Orígenes

Los orígenes del inglés se remontan a la antigüedad, pero el idioma empleado por los anglosajones a mediados del siglo V d.C. (*Old English*) se acepta como la base del que hoy en día llamamos inglés. Ya en aquella época el alfabeto había llegado a ser muy similar al del inglés moderno, aunque algunas letras tenían grafías diferentes. Así, por ejemplo, la «g» se escribía como una «z» cursiva moderna; algunas letras modernas como la «j» y la «f» no se empleaban aún, mientras que «th» se representaba mediante una letra parecida a una «p».

A los lectores modernos les resulta difícil la sintaxis del *Old English*. Aunque los adjetivos solían colocarse delante de los sustantivos, como en el inglés moderno, los verbos se situaban muchas veces delante de los sujetos o al final de las cláusulas. La razón es que el *Old English* era un idioma declinable: los sustantivos podían ser nominativos, acusativos, dativos o genitivos en su morfología, y tener género masculino, femenino o neutro.

En el vocabulario anglosajón repercutieron dos hechos de suma importancia. En primer lugar, la introducción de cientos de palabras latinas por los cristianos procedentes de Irlanda y de Roma, vocablos relacionados en su mayor parte con la Iglesia y la teología. En segundo lugar, las incursiones de los vikingos y los asentamientos daneses, que también hicieron impacto en el idioma. Algunas palabras de uso corriente en la actualidad como *again* (de nuevo), *anger* (enojo, enfado), *bag* (bolsa), *birth* (nacimiento), *cake* (pastel), *knife* (cuchillo), *seat* (asiento) y *window* (ventana) se introdujeron en esa época y proceden de estas fuentes.

Middle English

La época del *Middle English* abarca desde comienzos del siglo XII hasta mediados del siglo XV y supuso cambios notables en la vida inglesa. La conquista de Inglaterra por los normandos en el año 1066 provocó trastornos sociales que se reflejaron en transformaciones lingüísticas.

Esto no quiere decir que el período del *Old English* acabase repentinamente para dejar paso al *Middle English*. Los vencedores normandos continuaron hablando francés y el pueblo derrotado no adoptó la lengua de los vencedores, sino que mantuvo la suya propia. Así, al cabo del tiempo, los normandos adoptaron el idioma autóctono, aunque hasta el siglo XII no empezó a divulgarse entre las clases superiores.

Mientras tanto, la lengua continuó evolucionando. El francés no sólo supuso una gran influencia en el vocabulario sino que además alteró la ortografía. Los hablantes de francés empleaban su propia ortografía para transcribir las palabras inglesas que escuchaban. De esta forma, paulatinamente, evolucionó la ortografía del *Middle English* como una combinación del francés y del *Old English*. A esta época se remontan muchas reglas y peculiaridades que resultan sumamente engorrosas en la actualidad tanto para los hablantes nativos como para los no nativos.

El latín, la lengua eclesiástica, tuvo también una influencia significativa, sobre todo durante los siglos XIV y XV. La mayor parte de los nuevos préstamos del léxico se relacionaban con el derecho, la medicina, la religión y la literatura, como por ejemplo: *client* (cliente), *homicide* (homicidio), *legal* (legal), *prosecute* (demandar), *genius* (genio), *history* (historia), *library* (biblioteca), *pulpit* (púlpito), *rosary* (rosario) y *expedition* (expedición). La adopción de nuevos vocablos procedentes del latín y del francés fue tan masiva que casi la mitad de las palabras de uso corriente en la actualidad proceden de esta época.

Geoffrey Chaucer, autor de *The Canterbury Tales* (*Los cuentos de Canterbury*) fue el escritor más notable del período del *Middle English*. Esta obra fue redactada a finales del siglo XIV y, aunque difícil para el lector moderno, sigue siendo popular por sus personajes pintorescos, su sentido del humor y lo divertida que resulta. En el fragmento que se transcribe a continuación, puede advertirse que, aunque es inteligible, el lector actual tiene que esforzarse mucho para comprender íntegramente su sentido sin ayuda:

«In Armorik, that called is Britayne,
Ther was a knyght that loved and dide his payne
To serve a lady in his beste wise:
And many a labour, many a greet emprise
He for his lady wroghte, er she were wonne».

(He aquí una traducción aproximada: En Armorica, llamada Bretaña, había un caballero enamorado que se esforzó mucho por servir a su dama. Por ella realizó muchas hazañas y acometió muchas empresas antes de conquistarla.)

Inicios del inglés moderno

El Inglés Moderno surgió a mediados del siglo XV aproximadamente, al prevalecer un dialecto sobre los demás, que arraigó y se divulgó de modo uniforme. A este proceso de uniformización contribuyó William Caxton, que instaló las primeras imprentas en Londres en 1476. La evolución de la imprenta contribuyó a la uniformización del idioma, al hacerse los libros cada vez más accesibles al público y desaparecer el antiguo método de transcripción manual de los mismos. Sin embargo, esto no sucedió repentinamente; la ortografía y la sintaxis siguieron siendo muy variables.

En el resto de Europa, el progreso de la imprenta se tradujo en una mayor producción de libros, muchos de los cuales cruzaban el Canal de la Mancha. Cientos de libros de religión, de ciencia, medicina y arte llegaron a Inglaterra y los problemas de traducción de las lenguas clásicas y textos extranjeros llevaron a adoptar muchos préstamos léxicos. Durante este período, los traductores introdujeron en el idioma miles de términos latinos y griegos que no tenían equivalentes en el *Middle English*.

Posteriormente, cuando en Europa se extendía la Reforma, el rey de Inglaterra Enrique VIII se enfrentó al Pontífice a propósito de su divorcio. Como resultado se fundó la Iglesia anglicana. Entre otros muchos efectos sobre la vida política, social y económica del país, este acontecimiento tuvo repercusiones lingüísticas por el hecho de que el inglés pasó a sustituir al latín en los oficios religiosos. En 1553 se publicó la primera edición del Book of Common Prayer, libro oficial de los ritos de la Iglesia anglicana, y en 1611 se imprimió la Biblia del Rey Jacobo (King James Bible), también llamada la Versión Autorizada. Ambas publicaciones tuvieron una enorme influencia en el idioma. Por ejemplo, incluso hoy en día no es raro emplear *Thou* (en vez de *You*) para dirigirse a Dios. He aquí una cita de esta traducción de la Biblia:

«But seek ye first the kingdom of God, and his righteousness; and all these things shall be added unto you. » (Mateo 6:33, ortografía moderna. Buscad primero su reino y su justicia, y todas esas cosas se os darán por añadidura.)

Muchas frases y expresiones de uso coloquial derivan de referencias bíblicas que a su vez tienen su fuente en esta edición de la Biblia. Citemos, entre otras: «an eye for eye and a tooth for a tooth» (ojo por ojo, diente por diente); «many are called but few are chosen» (muchos son los llamados y pocos los escogidos); «to turn the other cheek» (poner la otra mejilla); «spare the rod and spoil the child» (la letra con sangre entra).

A esta época se remontan otros textos internacionalmente famosos: las obras dramáticas de William Shakespeare (1564-1616), de las cuales proceden muchas expresiones coloquiales, como: «love is blind» (el amor es ciego) (*El mercader de Venecia*); «a foregone conclusion» (un resultado previsible) (*Otelo*); «a tower of strength» (un gran apoyo; literalmente «una torre de fuerza»), (*Ricardo III)*; y «I must be cruel to be kind» (quien bien te quiere te hará llorar) (*Hamlet*).

Aunque nadie ponga en duda el talento de Shakespeare como escritor, el lector moderno puede tener dificultades para comprender sus obras, en parte debido a que muchos términos tienen distintos significados en la actualidad, o, sencillamente, a que se han vuelto obsoletos. Así, por ejemplo, palabras como *abruption, exsufflicate* y *tortive* no se emplean en la actualidad. Además, en esta época no había una norma ortográfica estable: el mismo Shakespeare, por ejemplo, escribía su propio nombre al menos de cuatro maneras diferentes.

Precisamente esta falta de coherencia ortográfica dio lugar a la publicación de guías y diccionarios, gracias a los cuales los impresores uniformizaron la ortografía y llegó a establecerse el sistema irregular que hoy empleamos. El diccionario más famoso y que suele considerarse como el primer diccionario completo de la lengua inglesa fue el de Samuel Johnson: *A Dictionary of the English Language*, publicado en 1755. Entonces la lexicografía aún no había evolucionado tanto como ahora, por lo que Johnson incluyó en su diccionario algunas definiciones sorprendentes que a veces reflejan su experiencia personal. Por ejemplo:

«**patron**: One who countenances, supports or protects. Commonly a wretch who supports with insolence, and is paid with flattery. » (El que apoya, mantiene o protege. Habitualmente, un miserable que mantiene con insolencia y a quien se paga con adulación.)

Ahora bien, sin tener en cuenta la exactitud o inexactitud de los primeros diccionarios, su importancia fue extraordinaria como testimonio de la opinión extendida de que era preciso reglamentar la lengua. Y, a la vez que en Inglaterra empezaba a implantarse la uniformización, en otros países surgía la diversificación lingüística.

La expansión del Nuevo Mundo

Desde el final del reinado de Isabel I (a principios del siglo XVII) hasta el comienzo del reinado de Isabel II (actual soberana del Reino Unido), el número de hablantes de inglés se multiplicó por cincuenta. Para comprender esta expansión será preciso que consideremos el modo en que un pueblo influye en el resto del mundo.

Evidentemente, gran parte de este incremento del uso del inglés durante estos siglos se debe a la expansión colonial. En 1584, Walter Raleigh organizó la primera expedición inglesa al Nuevo Mundo, dando inicio a la colonización de Norteamérica. Aunque al principio la empresa no pareció muy fructífera, culminó en la creación de un país nuevo y dinámico que ha aportado su influencia y creatividad tanto a la lengua inglesa como a muchos otros campos.

Esta parte de América no fue la única meta de los exploradores y colonizadores. Desde el siglo XVII hasta el XIX, primero Inglaterra y luego los países miembros del Reino Unido, continuaron financiando travesías a Asia, África, Australia, otras regiones del continente americano y el sur del Pacífico. En ocasiones, se organizaron expediciones para obtener productos tales como especias. Otras veces, como en el caso de los viajes marítimos del capitán James Cook, el afán de adquirir conocimientos científicos llevó a los marinos al sur del ecuador, hacia destinos exóticos. Se establecieron asentamientos en lugares como Australia, entre otras razones para reducir la población de presidiarios de Inglaterra.

El inglés americano

El inglés americano tiene suma importancia en el mundo actual. Una hojeada a cualquier diccionario estadounidense contemporáneo mostrará las considerables diferencias entre las variedades del inglés hablado en los Estados Unidos y en Gran Bretaña.

Estas diferencias se hicieron patentes cuando los norteamericanos comenzaron a publicar sus propios diccionarios. En la primera edición del diccionario Webster (1806), se modificaba la ortografía de algunas palabras: «*labor*» en vez de «*labour*» (trabajo), por ejemplo.

Y aunque las primeras tentativas de Webster no tuvieron mucho éxito (tuvo que pedir un préstamo para pagar las facturas de imprenta del *American Dictionary* de 1828), se aceptó el hecho de que un país diferente requería sus propias normas. Influyó en ello el que los norteamericanos adoptasen palabras del español y de las lenguas aborígenes. Por ejemplo, durante el siglo XIX se incorporaron los siguientes vocablos, que aún se usan: «*bronco*», «*corral*», «*lasso*», «*ranch*» y «*stampede*».

A medida que el pueblo norteamericano adquiría más conciencia de su propia identidad, surgieron nuevos escritores que crearon una literatura angloamericana. Se intentó simplificar la ortografía, procurando imitar el habla real. Esto no fue obstáculo para que los autores norteamericanos se hicieran famosos en Gran Bretaña, del mismo modo en que en los Estados Unidos se siguió leyendo a los escritores británicos.

Tanto en los Estados Unidos como en el resto del mundo, la Revolución Industrial creó la necesidad de muchos términos nuevos que enriquecieron el idioma. El progreso de las ciencias y la tecnología provocó el incremento del léxico científico. Durante el siglo XIX se acuñaron muchas palabras pertenecientes a los campos de la química, la física, la biología y la medicina, tales como: *biology*, *gynaecology*, *sodium*, *caffeine*, *cocaine*, *electron*, *laryngitis* y *diptheria*.

A finales del siglo XIX, el inglés ya se había convertido en un idioma internacional que se hablaba en ambos hemisferios. A pesar de la decadencia de Gran Bretaña como potencia mundial, la lengua que había exportado siguió ampliando su esfera de influencia a medida que se establecía en todo el mundo.

El predominio del inglés

Es un hecho admitido que el inglés es uno de los idiomas más importantes a escala internacional. En primer lugar está el chino, lengua materna de unos mil cien millones de personas. Con unos 450 millones de hablantes, el inglés ocupa el segundo lugar. De la anterior cifra, 260 millones de hablantes aproximadamente viven en los Estados Unidos. Otras naciones donde el inglés es el idioma oficial son Australia, Canadá, Nueva Zelanda, los países de las Antillas y, por supuesto, el Reino Unido.

No obstante, la fuerza del inglés no consiste tanto en el número de personas que lo hablan como lengua materna sino en el número total de hablantes, que equivale a un tercio de la población mundial.

Quienes no lo hablan como lengua materna se dividen en dos grupos: los que viven en países donde el inglés tiene un rango especial como segundo idioma, y los que han aprendido a hablarlo como idioma extranjero. Se calcula que estos dos grupos abarcan una cifra variable entre 400 millones y mil millones de hablantes.

El inglés tiene una categoría especial como idioma oficial o semioficial en más de sesenta países, incluidos India, Pakistán y muchas naciones de África (como Ghana, Nigeria, Kenia y la República Sudafricana). En la India, aproximadamente el cuatro por ciento de la población habla inglés, que se emplea en el sistema jurídico, predomina en muchas universidades y en el que se publican miles de periódicos. Es un idioma oficial junto con el hindi. Debido a las características del sistema educativo, sin embargo, sólo un sector privilegiado de la sociedad tiene la oportunidad de aprenderlo.

En Ghana y Nigeria, el inglés es el idioma principal para la educación, el gobierno, los medios de información y el comercio. En estas sociedades se acepta que es necesario aprender inglés para poder participar plenamente en la vida nacional, además de para tener éxito. Muchos otros países han adoptado el inglés por motivos análogos.

Desde otra perspectiva, la influencia del inglés es evidente a escala mundial en la publicidad. Es el idioma oficial de los aeropuertos y el control del tráfico aéreo. Más del sesenta por ciento de todos los científicos de países anglófonos y no anglófonos escriben en inglés. Además, es el idioma principal para el comercio y los deportes internacionales. Con la difusión de Internet, se calcula que más de cuatro quintas partes de toda la información almacenada electrónicamente en todo el mundo está en inglés.

La diversidad del inglés

Teniendo en cuenta el gran número de países donde se habla inglés, no es sorprendente la gran diversidad de expresiones, sobre todo en el habla coloquial. Incluso en el habla estándar hay diferencias evidentes de terminología.

Veámoslo al comparar algunos pares de términos muy conocidos en inglés británico y en inglés americano (se cita el inglés americano en primer lugar): *candy/sweets* (caramelos); *checkers/draughts* (juego de damas); *closet/cupboard* (armario); *diaper/nappy* (pañal); *eggplant/aubergine* (berenjena); *fall/autumn* (otoño); *faucet/tap* (grifo); *gas/petrol* (gasolina); *hood/bonnet* (capó); *jelly/jam* (mermelada); *pants/trousers* (pantalones); *truck/lorry* (camión); *wrench/spanner* (llave). La misma palabra puede referirse a conceptos diferentes, según el lugar donde se hable y la persona con quien se hable. Por ejemplo, *dinner* puede definirse como la comida principal del día. Es decir que, según dónde se esté y con quién se esté hablando, equivaldrá a la comida de mediodía o a la cena. En el sur de Inglaterra, se entiende por *tea* el té que se toma a media tarde acompañado de un bollo, un trozo de pastel, etc., mientras que en Escocia significa una comida que se toma alrededor de las seis de la tarde, y en Jamaica, un desayuno sustancioso. El término *robin* se aplica a pájaros diferentes en el Reino Unido, Estados Unidos y Australia. La tabla que figura a continuación incluye unos pocos términos corrientes en Australia, Nueva Zelanda y la República Sudafricana. Obsérvese que muchos son desconocidos para los angloparlantes que vivan fuera del país especificado.

Expresión local	País	Equivalente en Standard English
arvey*	South Africa	afternoon
arvo*	Australia	afternoon
barnes walk	New Zealand	crossing at traffic lights
bush	New Zealand	dense forest
bush	Australia (and Africa)	any non-urban area
camp	South Africa	field
g'day*	Australia, New Zealand	hello
paddock	Australia	field
robot	South Africa	traffic light
smoko*	Australia	morning or afternoon break

*Uso coloquial

Standard English

A pesar de los problemas mencionados en los párrafos anteriores, quienes hablan el idioma con soltura pueden entender en general el inglés hablado por personas procedentes de países diferentes y de clases socioeconómicas diversas. La existencia del inglés normativo o *Standard English* (el lenguaje aceptado como estándar por la gran mayoría de los hablantes), a pesar de que éste varía según el país, facilita la comprensión entre hablantes de los orígenes más diversos.

Aun los hablantes de dialectos minoritarios, algunos de los cuales pueden resultar difíciles de entender incluso para otros hablantes nativos, entienden el *Standard English.* De manera que tanto si se aprende inglés en Londres o en Dublín, en San Francisco o en Sydney, uno puede comunicarse en cualquier país del mundo anglófono.

El futuro del inglés

Casi nadie pone en duda que el inglés seguirá siendo uno de los principales idiomas mundiales en las décadas venideras. Aunque el porcentaje de personas que lo hablan con soltura en la India ha dejado de aumentar, y hasta es posible que esté disminuyendo, su enorme popularidad en Oriente y en las naciones del antiguo bloque soviético significa que cada vez más personas aprenden inglés como lengua extranjera. Los Estados Unidos, cuna de la mayoría de los hablantes nativos del mundo, siguen siendo la primera potencia mundial en el campo económico y en la esfera de los avances científicos y tecnológicos. Gran parte del comercio internacional se desarrolla en inglés; las empresas multinacionales, cualquiera sea su origen, suelen emplear el inglés para la comunicación entre sus delegaciones internacionales. Y, aunque el inglés británico sea una variedad minoritaria en lo que respecta al número de hablantes, continuará siendo muy importante desde el punto de vista cultural.

Cabe preguntarse si el predominio del inglés en el futuro puede verse amenazado por las notables divergencias entre sus distintas variedades. Ya hace casi doscientos años se temió que el inglés americano evolucionara de tal modo que dejara de ser inteligible para los hablantes británicos, pero no ha sido así. Los ingleses podrán culpar a norteamericanos y australianos de la "corrupción" del idioma pero, como contrapartida, no faltan en Norteamérica puristas que censuran el uso británico. A pesar de todo esto, la red de comunicaciones mundiales garantiza la comprensión mutua: los programas de radio y TV, las películas, la prensa impresa y el correo electrónico cruzan los océanos, proporcionando una común experiencia lingüística.

Índice

CORRESPONDENCIA EN INGLÉS

Información general sobre cómo se escriben cartas en inglés

Fórmulas de saludo y de despedida

Todas las cartas comienzan con la fórmula *Dear*, seguida del nombre del destinatario, si se conoce, o *Sir, Madam*, etc., si no se conoce. A continuación se añade una coma:

Dear John,
...

Dear Madam,
...

La fórmula de despedida de una carta depende de a quién va dirigida y de la relación entre el remitente y el destinatario.

La fórmula de despedida de las **cartas formales** varía según se conozca o no la identidad del destinatario. Cuando se conoce el nombre del destinatario, la carta termina con la fórmula *Yours sincerely*:

Dear Mr Smith,
...
Yours sincerely,
Charles Abbot

Dear Mrs Johnson,
...
Yours sincerely,
D. R. King

Dear Ms Tate,
...
Yours sincerely,
Laura Johnson

Dear Colin,
...
Yours sincerely,
C. Norton

Si se desconoce el nombre del destinatario o si la carta va dirigida a una institución se utiliza la fórmula impersonal de despedida *Yours faithfully*:

Dear Sir,
...
Yours faithfully,
James Burnett

Dear Sirs,
...
Yours faithfully
R. G. Holloway

Dear Madam,
...
Yours faithfully,
Fiona Green

Dear Sir/Madam
...
Yours faithfully
Sarah Matthews

Dear Member,
...
Yours faithfully,
N. D. Lewis

(Nótese que, cuando se desconoce si el destinatario es un hombre o una mujer, se emplea la fórmula *Dear Sir/Madam*.)

Si se quiere introducir un toque amistoso al final de una carta formal, se puede añadir *With best wishes* antes de *Yours sincerely*.

En el caso de las **cartas informales** entre amigos, *Yours* es la fórmula de despedida más corriente:

Dear Lisa and Steven,
...
Yours,
David

También se utilizan las fórmulas de despedida *Yours ever* y *Yours truly*, aunque son menos frecuentes:

Si existe una relación muy estrecha con el destinatario (por ejemplo, entre miembros de una familia), la fórmula de despedida más normal es **love**:

Dear James,
...
love,
Helen

Dear Mum and Dad,
...
lots of love,
Richard

Dear Aunt Janet, ... with love from Simon and Kate	Dear Robert, ... with best wishes to your parents and love from Jennifer

Nombre y dirección del destinatario y del remitente

En una carta **formal** la dirección del remitente aparece en la parte superior derecha de la primera hoja. Normalmente no se incluye el nombre. La dirección del destinatario figura bajo la del remitente, en la parte izquierda de la página, precedida por el nombre del destinatario y el tratamiento que se le da.

En una carta **informal** la dirección del remitente también aparece en la parte superior derecha de la primera hoja. Sin embargo, no se incluyen ni el nombre ni la dirección del destinatario.

Cómo se escribe una dirección: Se sigue el siguiente orden (con cada uno de los elementos señalados en renglón aparte): (1) nombre de la casa (si existe); (2) número y calle; (3) parte de la ciudad o pueblo; (4) ciudad o pueblo; (5) condado; (6) código postal.

Es perfectamente aceptable colocar una coma al final de cada renglón y un punto al final del último. Sin embargo, la tendencia es a suprimir los signos de puntuación. También existe la posibilidad de tener una coma entre el número y el nombre de la calle. Así pues, las cuatro formas posibles son:

27, Chelsea Gardens,
Sevenoaks,
Kent.

27 Chelsea Gardens,
Sevenoaks,
Kent.

27, Chelsea Gardens
Sevenoaks
Kent

27 Chelsea Gardens
Sevenoaks
Kent

Fecha

Lo normal es que la fecha aparezca en la parte superior derecha de la carta, debajo de la dirección del remitente. En Gran Bretaña la forma normal de expresar una fecha es: *día, mes, año* (p. ej.: 14 May 1997). En los Estados Unidos la convención es: *mes, día, año* (p. ej.: May 14, 1997). Ambas formas son válidas en inglés a nivel internacional, pero pueden dar lugar a equívocos cuando se abrevia la fecha. Por ejemplo, el 1 de diciembre de 1998 podría ser 1/12/98 (en el sistema británico y del resto de Europa) o 12/1/98 (en el sistema norteamericano). Por eso, a la hora de concertar citas por carta o fax, se recomienda escribir el nombre del mes para evitar confusiones.

Nombre y dirección en el sobre

Lo normal es escribir el nombre del destinatario y, a continuación, la dirección (siguiendo el orden indicado más arriba).

En el dorso del sobre se pueden escribir el nombre y la dirección del remitente, precedidos de las fórmulas *From:* o *Sender:*

Tratamientos

Cuando se envía una carta formal es preciso darle algún tratamiento al destinatario. Para hombres basta con *Mr*. En el caso de una mujer, está cada vez más extendido el uso de la abreviatura *Ms*, que se aplica tanto a mujeres casadas como solteras. Se utilizan *Mrs* (para dirigirse a una mujer casada) o *Miss* (para dirigirse a una mujer soltera) cuando se sabe que la persona en cuestión así lo prefiere. El título *Esq.* (*Esquire*) cada vez es más raro y no se recomienda su uso a los hablantes no nativos. Cuando se utiliza, aparece después del apellido y en lugar de *Mr*.

Adrian Hamilton Esq.,
17 Hambledon Lane,
...

o

A. Hamilton Esq.,
17 Hambledon Lane,...
...

Memorándums y faxes

Los memorándums y faxes son mucho más concisos que las cartas. Lo normal es que no contengan fórmulas de saludo ni de despedida.

Abreviaturas utilizadas habitualmente en la correspondencia comercial

cc Se utiliza al final de una carta o en la parte superior de un memorándum o de un fax. Va seguida de la lista de las personas que han de recibir una copia de la carta, memorándum o fax.

cc *Gordon Simpson*
Alan Roberts
All Sales Representatives

(Ver también la carta **Aviso de envío de pedido**.)

Enc. Se añade a continuación del nombre del firmante e indica que se adjunta algún documento. Éste se habrá mencionado previamente en la carta.

(Ver también las cartas **Queja por una entrega incorrecta** y **Carta que acompaña documento adjunto**.)

pp Aparece a continuación de la firma y antes del nombre impreso cuando éste es distinto del de la firma.

Andrew Jeffreys (firma)

pp P. G. Jones

Esto quiere decir que Andrew Jeffreys ha firmado la carta en nombre de P. G. Jones.

(Ver también la carta **Acuse de recibo**.)

Re: Significa «con referencia a».

(Ver también **Trabajo: carta solicitando información confidencial sobre un candidato a un puesto**.)

Ref. Aparece en la parte superior de la carta. Sirve para poder identificar la carta del remitente (*Our Ref.:* ...) o para hacer referencia a una carta anterior del destinatario (*Your Ref.:* ...) por medio de números o iniciales.

Our Ref.: RGB/kw
Your Ref.: Order No. AG782

(Ver también las cartas **Aviso de envío de pedido** y **Carta notificando que se recibirán más noticias en el futuro**.)

Reserva de habitación en un hotel

12, Winslow Road
Newtown Park
Doncaster
DN82 3LX

23 February 1997

The Manager
The Kingfisher Hotel
Hazelfield Road
Chester
CH2 5BN

Dear Sir,

Thank you for sending me your brochure and list of tariffs for the summer season.

I would like to make a reservation for [a double room with en suite bathroom][1] from Friday, 8 August to Tuesday, 12 August, inclusive. My wife and I will be arriving at about 6 p.m. on the Friday and can confirm that we will require dinner that evening.

I enclose a cheque for £45.00 as a deposit for our booking.

We look forward to our holiday at your hotel in August.

Yours faithfully,

R. D. Brooks

[1] O bien: *[a single room]*
[a single room with shower]
[a double room with a view of the river]
[a room with twin beds and bathroom facilities]

Carta solicitando información turística

Elmwood
17 Church Lane
Brighton
BN3 7DC

6 April 1997

The Tourist Information Centre
19 Queen Street
York
YO1 7XR

Dear Sirs,
o
Dear Sir/Madam,

I am writing to you on behalf of my friends in Spain, the Martínez family, who are to visit York for a fortnight this July.

I would be grateful if you could send them details of hotel accommodation in the city of York and bed and breakfast accommodation in the Yorkshire Dales. They would also be interested in receiving any leaflets you may have about places of interest in and around York. Please also include information about the Jazz Festival, as the family is interested in music and their stay in York will coincide with the festival.

I enclose a stamped addressed envelope for Sra Martínez.

Thank you in advance for your assistance.

Yours faithfully,

Leonard Sinclair

Leonard Sinclair

Pedido

95 Old Road,
Northampton,
NN7 1AN

23 October 1997

General Suppliers Ltd.
16 Garfield Way
London
W6 9QT

Dear Sirs,

Further to our telephone conversation today, I confirm my order for the following items:

Item	Ref. No	Quantity	Cost
Table	1410	1	150.00
Chairs	1526	4	100.00
Lampshade	1725	1	35.00

I enclose a cheque for £285.00. I understand the above prices include delivery.

Yours faithfully,

H. J. Haslam

Aviso de envío de pedido

Stylex Textiles Ltd

93 HAILEY ROAD, AUDENSHAW, MANCHESTER MN34 5VX

15 June 1997

Mr Gonzalo Jiménez Benito
Director de Compras
Modas Siglo
C/ Jorge Vigón 32
26045 Logroño
Spain

Your Ref.: 0004578 95/5

Dear Sir,

Further to your order I am pleased to inform you that the goods will be ready by 30 June and will be shipped to you with United Eurotransporters. They promise delivery to you within four days of that date. When the goods leave our factory I will fax you the relevant waybill numbers and update you on their estimated date of arrival in Logroño.

Yours faithfully,

Robert Phillips
European Sales Manager

cc John Frost, Accounts Manager
Charles Howe, Warehouse Supervisor

Nota: cc *indica que todas las personas mencionadas en la lista deberían recibir una copia de la carta.*

Queja por una entrega incorrecta

95 Old Road,
Northampton,
NN7 1AN

5 November 1997

General Suppliers Ltd.
16 Garfield Way
London
W6 9QT

Your Ref.: Delivery No. Q 574

Dear Sirs,

Further to my letter of 23 October I have now taken delivery of the goods ordered. However, there is a mistake in the items delivered. Instead of four chairs and one lampshade, you have sent four lampshades and one chair; see the enclosed copy of my letter confirming the order.

I should be grateful if you would arrange for the three additional chairs to be delivered without delay and also let me know what arrangements you are making for removing the three lampshades which are not required.

Yours faithfully,

H. J. Haslam

H. J. Haslam

Enc.

Nota: **Enc.** *indica que se adjunta algún documento mencionado en la carta.*

731

Banco: instrucción de que se ingresen cheques en una cuenta

27, Chelsea Gardens
Sevenoaks
Kent
CT31 7BD
15 June 1998

The Manager
National Westland Bank
17, High Street
Sevenoaks
Kent
CT31 2PN

Dear Sir,

Mr and Mrs G. R. Anderson
A/C No. 00918286

Please credit the above account with the enclosed cheques as detailed below:

£758.50 per Osprey Publishing, Guildford

£162.00 per Intercom Translations, Winchester

Yours faithfully,

G R Anderson

Mrs G. R. Anderson

Nota: **per** *indica quién ha extendido el cheque.*

Carta para concertar una cita en una feria de muestras

PROTECH

UNIT 43
THORPE INDUSTRIAL ESTATE
WIGAN
WG8 5RL

14 April 1997

Mr David Wright
RPG Engineering
Middleton Way
Bolton
BL4 2KC

Dear Mr Wright,

Your name has been given to me by Jim Harrison, our director in charge of new projects.

I understand that you are developing specialized moulding equipment for use in the construction of car bodies. We are interested in purchasing such equipment and I wondered if we could meet in order to explore the matter further.

I am planning to attend the Light Engineering Trade Fair in the Alexandra Exhibition Centre, Birmingham on 3 May and I understand that you will also be attending. Protech will be on stand 32 in Aisle G and our fair telephone number will be (0121) 494 -5975. Could you please let me know when would be a convenient time for us to meet.

I look forward to hearing from you.

Yours sincerely,

Peter Hemmings

Peter Hemmings
Director of Engineering

Carta confirmando cita en una empresa

Hitek Systems Ltd.
25 King Square
Southampton
SO3 7DL

6 March 1997

Mr George Mitchell
Editorial Director
A-Z Books Ltd.
Suite 8
Swan House
22-26, Grange Street
Southampton
SO7 8JT

Dear Mr Mitchell,

Thank you for your letter suggesting that we meet at your offices.

I would be delighted to come to Swan House at 10.30 a.m. on Thursday, 12 March to carry out a further demonstration of the picture library software and discuss the possibility of customizing the software for A-Z Books Ltd. I am sure we will be able to adapt the programs to your satisfaction.

Thank you for your invitation to lunch after the meeting, which I accept with pleasure.

I look forward to meeting you.

Yours sincerely,

Paul Green

Paul Green
Sales Manager

Carta que acompaña documento adjunto

A~Z
BOOKS LTD.

Suite 8
Swan House
22-26, Grange Street
Southampton
SO7 8JT

19 March 1997
Mr Paul Green
Hitek Systems Ltd.
25 King Square
Southampton
SO3 7DL

Dear Mr Green,

It was good to meet you on 12 March.

Please find enclosed a detailed list of our specifications for the modification of your picture library software. I would be grateful if you could read these through and let me have your comments on them as soon as possible.

Could you please also arrange for the appropriate person to send me a draft contract for the purchase and subsequent maintenance of the software.

I look forward to working with you in the future.

With best wishes.

Yours sincerely,

George Mitchell
Editorial Director
Enc.

Nota: **Enc.** *indica que se adjunta algún documento mencionado en la carta.*

Acuse de recibo

Wilson's Distribution Warehouse
Davenport Road
Chelmsford
CM3 7JP

23 September 1997

Mr Robert Hunt
The Book Shop
7, High Street
Dartford
DA2 8AD

Dear Mr Hunt,

Thank you for your order. I acknowledge receipt of your cheque for £48.50 and can confirm that the books will be sent to you within a week of the cheque's clearing.

Yours sincerely,

Nicola Parsons

Nicola Parsons

pp Martin Robertson
Distribution Manager

Nota: **pp** *indica que la persona que firma la carta lo hace en nombre de la persona cuyo nombre aparece a continuación.*

Trabajo: respuesta a un anuncio de trabajo

39, Union Crescent
Matlock
Derbyshire
DB7 8FZ

24 March 1997

Ms Stephanie Ingrams
Personnel Manager
Oasis Travel Company
9, Castle Terrace
Warwick
CV32 9HF

Dear Ms Ingrams,

With reference to your advertisement for graduate trainees in the Warwick Times on 22 March, I enclose my CV.

I feel I would be ideally suited to this scheme as I have always enjoyed travel and have organized several group trips to Europe. Furthermore, I enjoy meeting people and communicate well with them. As you will see from my CV, all my previous work experience has been either in the tourism industry or related to sales. I would also draw your attention to the fact that I speak excellent German and French.

I look forward to hearing from you.

Yours sincerely,

Joanne Woodford

Joanne Woodford

CURRICULUM VITAE

Joanne Woodford

39, Union Crescent	Age:	24
Matlock	Date of Birth:	21 February 1972
Derbyshire	Nationality:	British
DB7 8FZ		

Telephone number: 01629 723441 (work)
01629 661545 (home)

Education

Sept '94 - June '95	Derby Adult Education Centre, 21-25, Station Road, Derby, DB2 5ED NVQ Diploma in Business Studies, Grade I Included units in Accounting, Typing and Shorthand, Word Processing, Business Law, Sales Techniques, Financial Planning, Personnel Management
Oct '90 - June '94	University of Leeds BA Hons Modern Languages (French and Spanish), IIi
Sept '83 - June '90	Derby High School, St. Margaret's Road, Derby, DB2 7PC GCSEs: English (A), Maths (C), French (A), Spanish (A), History (B), Religious Studies (B), Music (B), Geography (B), General Science (C). 'A' levels: French (A), Spanish (A), History (B).
April '77 - June '83	St. Peter's Primary School, Matlock, Derbyshire

Employment

July '95 - present	Robertson's Department Store, 47 Castle Street, Derby After three months as a sales assistant I am now acting as head of department in the electrical department to cover a maternity leave. Good communication skills and quick thinking under pressure are vital in this work, as I am responsible for resolving problems for both customers and staff.

Oct '92 - June '93	Parador Nacional, Segovia, Spain (year abroad as part of university course) As the hotel Receptionist, I was responsible for bookings, customers' bills, liaising with other hotel staff and dealing with customers' queries and problems.
June '90 - June '94	Various waitressing and reception jobs during university vacations, several of them in France and Spain.
1988 - 1990	Rosebury's Supermarket , Derby Saturday job stacking shelves, helping in the store room and working on the check-out tills.

Hobbies and Interests

Languages	Fluent French and Spanish.
Music	I play piano and flute. As Secretary of the Leeds University Orchestra, I organized several orchestra trips to Germany and Italy.
Sport	I played in school and university hockey teams. I also enjoy swimming, hill-walking, canoeing and tennis.
Travel	I have travelled widely in Europe and have also visited Kenya and the United States of America.

Referees

Mrs Angela Evans
Personnel Manager
Robertson's Department Store
47, Castle Street
Derby

Dr Thomas Kelly
Modern Languages Department
University of Leeds
Leeds

Trabajo: carta de referencia

Department of Engineering

Washington College of Technology
Reading
Berks

27 October 1997

To whom it may concern:

Mr Stephen Brooks

I have known Stephen Brooks for six years during which time he has completed his HND in Electronics at Washington College and obtained a high grade in every subject.

Stephen has demonstrated great dedication and determination in completing his diploma on a day release basis. He works very hard and has deservedly achieved excellent results. The accuracy and attention to detail required by his subject present him with no difficulty whatsoever. Furthermore, Stephen is honest, trustworthy and has a good sense of humour.

I would have no hesitation in recommending Stephen for any job in Electronics.

Paul Davies

Dr Paul Davies
Senior Lecturer

Memorándum

Internal Memorandum

To: All Sales Representatives
From: David McKenzie, Sales Director
Date: 7 July 1997
Subject: Monthly Reports

Please note that, starting from the end of this month, all monthly reports should reach your Area Manager by the first Thursday of each month. This will ensure that Sales will be able to compare individual sales achieved with your sales targets in time for the mid-monthly sales meeting.

The date for the submission of expenses claims remains the same.

David McKenzie

Nota: *Generalmente sólo lleva la firma.*

Fax

Facsimile

To:	Sr. Antonio Pérez Romero
Company:	Viajes Bilbao S.A.
Phone:	344 866 9284
Fax:	344 866 9211
From:	Martin Jackson
Company:	Oasis Travel Co., Warwick
Phone:	+44(0)1764 52336
Fax:	+44(0)1764 52388
Date:	03/05/98
Pages including this cover page:	1

Comments:
I can confirm that I will be arriving in Bilbao at 14.45 on Friday, 5 May. My flight number is IB 397.
I would be grateful if you could send a car to meet me at the airport.

I look forward to my stay in Bilbao.

Martin

Nota: *Generalmente sólo lleva la firma*

Invitación a una cena

The Managing Director and Board of

RICHMOND ADVERTISING ASSOCIATES LTD.

invite

Mr and Mrs David Kingsley

to a dinner at the Blue Boar Restaurant,

117 Kew Road, Richmond

on Thursday 23 November 1998,

to celebrate the tenth anniversary of the founding of the company.

7.30 p.m.

Dress: Black Tie

R.S.V.P.

(Tel. 0181-547-7979)

R.S.V.P. = *se ruega contestación*

Black Tie *significa que hay que ir vestido de etiqueta.*

Respuesta afirmativa/negativa a la invitación a una cena

4, Surrey Mews
Kensington
London W8 2TX

15 November 1997

Mr and Mrs David Kingsley thank the Managing Director and Board of Richmond Advertising Associates Ltd. for their invitation to dinner on 23 November 1997 [and have much pleasure in accepting][1].

[1] *O bien, si la respuesta es negativa:*

[but regret they will be unable to attend because of a previous engagement].

Nota: *Este tipo de cartas suele escribirse a mano.*

Invitación de boda

MR AND MRS HENRY WILKINSON

request the pleasure of your company

at the marriage of their daughter,

Patricia,

with Mr Nicholas Lewis,

at St. Stephen's Church, Banbury,

on Saturday, 11th September

at 3. p.m.and afterwards at the

Red Lion Hotel, Banbury

R.S.V.P.

The Grange
Little Charlcombe
Banbury

R.S.V.P. = *se ruega contestación*

Respuesta a una invitación de boda

The Red House
Church Lane
Middlewich
Banbury

Col. and Mrs Matthew Norton thank Mr and Mrs Wilkinson for their kind invitation to Patricia's wedding on Saturday, 11th September at 3 pm and afterwards at the Red Lion Hotel [and have much pleasure in accepting][1].

28 July 1997

[1] *O bien, si la respuesta es negativa*:
[but regret they will be unable to attend because of a previous engagement].

Nota: *Este tipo de cartas suele escribirse a mano.*

Felicitación a alguien que se casa

4 Alexandra Crescent
Heathfield
Ipswich
IP2 7QL

25 May 1997

Dear Caroline and Simon,

Congratulations on getting married! I wish you every happiness in your life together and hope that all your plans for the future work out well. I´m sorry that I couldn´t be at your wedding. My sister unexpectedly went into hospital the day before, so unfortunately I had to go to Southampton to be with her. I hope that you had a wonderful day to remember. I´m sure that you must be very busy with your new life at the moment. When things settle down a little, it would be lovely to see you in Ipswich. Perhaps you could come and spend a weekend with Bill and me sometime soon.

With love and best wishes to you both,

Sally

Nota: *Este tipo de cartas suele escribirse a mano.*

Carta de pésame

8, Stanley Terrace
Norwich
NR2 6HK

18 March 1997

Dear Mrs Malcolm,

I was very sorry to learn of your husband´s death last week. This must be a difficult time for you and you are very much in our thoughts.
Edward was not just a kind and learned person, he was one of the most inspired teachers I met in the course of my education. I know he made a great difference to my life and I am sure many of his former students feel the same. He will be very much missed at St. Thomas´s College and far beyond.

With sincere condolences from my wife and myself.

Yours sincerely,
Andrew Carter

Nota: *Este tipo de cartas suele escribirse a mano.*

Carta en el formato que se emplea en los Estados Unidos

Universal Importers Inc.

867 Fourth Avenue
New York, NY 121235
212-712-8678
Fax: 212-712-4268

Charles B. Jackson
Vice President

January 15, 1998

Sr. Rafael Requema
Director de Ventas Internacionales
Requema y Ramos Internacional S.A.
Elfo, 38
28037 Madrid

Dear Sr. Requema:

I am hoping shortly to make you an offer for the US rights to your vacuum bottle opener. Before I do so, however, I would like to know if you could quote me the price you would charge for delivering additional quantities of the finished product after year one. Specifically, what price per unit might you charge if we ordered a delivery of 10,000 units in year two?

Your estimate of initial sales of 15,000 units is in line with our own projections.

Thank you for your help, and our best wishes for the new year.

Sincerely,*

Charles B. Jackson

Charles B. Jackson
Vice President

*También se utiliza: Sincerely yours,
Se indica con color los aspectos que distinguen el estilo norteamericano del británico.

La ortografía del inglés

1 Reglas generales

La ortografía del inglés presenta muchas irregularidades y lo mejor es consultar el diccionario en caso de dudas con respecto a la grafía de una palabra en particular. Bajo cada entrada correspondiente a un verbo el diccionario incluye la tercera persona del singular del tiempo presente, el gerundio, el pasado y, a veces, el participio. Asimismo se ofrece el plural de todos los sustantivos cuando éste no se forma simplemente agregándole una *-s* al singular.

Sin embargo, hay una serie de reglas generales que conviene tener en cuenta. La mayoría tiene que ver con ciertos cambios ortográficos que tienen lugar para preservar la pronunciación cuando se agregan sufijos a una palabra, por ejemplo al formar el plural de un sustantivo, el comparativo o superlativo de un adjetivo o el gerundio, pasado o participio de un verbo.

Si se trata de un monosílabo que termina en consonante + vocal + consonante, se dobla la consonante final:

big *bi**gg**er* *bi**gg**est*
stop *sto**pp**ed* *sto**pp**ing*

Si la palabra tiene más de una sílaba, la consonante final se dobla cuando el acento recae sobre la última sílaba:

begin *begi**nn**ing* *begi**nn**er*

pero

open *opened* *opening*

La consonante final no se dobla cuando va precedida de dos vocales o de otra consonante:

cheap *cheaper* *cheapest*
mend *mended* *mending*

En el inglés británico la ***-l*** final siempre se dobla al agregarle un sufijo. En el inglés norteamericano sólo se dobla si el acento recae en la última sílaba (ver Sección 2).

La ***-w*** y la ***-y*** no se doblan nunca:

play *played* *playing*
few *fewer* *fewest*

Para formar los plurales de los sustantivos y la tercera persona del singular del presente de los verbos se agrega una ***-s***:

a cat *three cat**s***
we walk *she walk**s***

Si la palabra termina en ***-ch***, ***-s***, ***-sh***, ***-x*** o ***-z***, se agrega ***-es***:

a watch *two watch**es***
a bus *many bus**es***
we fix *she fix**es***

Algunas palabras terminadas en ***-o*** también agregan ***-es***:

one potato *a pound of potato**es***
we do *it do**es***

Si una palabra termina en ***-y*** precedida de consonante, la ***y*** se sustituye por ***ie*** al agregar una ***-s*** y por ***i*** al agregar cualquier otro sufijo excepto ***-ing***:

hurry *hurr**ies***
hurry *hurr**ied***
early *earl**ier***
early *earl**iest***
happy *happ**ily***

pero

study *studying*

Si la palabra termina en ***-y*** precedida de vocal, ésta no sufre cambios:

play *plays* *played* *playing*

excepto en las siguientes palabras:

lay *laid*
pay *paid*
say *said*

Cuando un verbo termina en ***-ie***, esta combinación de vocales se sustituye por una ***y*** al formar el gerundio:

die *dying*
lie *lying*

Cuando una palabra termina en ***-e***, esta ***e*** desaparece al agregársele un sufijo que comience por vocal:

smoke *smoking*
hope *hoped*

excepto en los casos de los gerundios de ***be*** (***being***) y de los verbos que terminan en ***-ee***, como ***see*** (***seeing***), ***agree*** (***agreeing***), etc.

La ***-e*** no se pierde cuando se forman adverbios agregándole el sufijo ***-ly*** a un adjetivo:

polite *politely*
nice *nicely*

Son excepción aquellos adjetivos terminados en ***-able*** e ***-ible*** en los que ***-ble*** se convierte en ***-bly***:

probable *probably*

2 Diferencias ortográficas entre el inglés británico y el inglés norteamericano

A continuación se enumeran las principales diferencias de carácter sistemático que existen entre ambas variantes del inglés:

Los vocablos que contienen la secuencia ***our*** se suelen escribir sin ***u*** en el inglés norteamericano:

favour *fav**or***
colourful *col**or**ful*

La secuencia ***tre*** del inglés británico suele escribirse ***ter*** en el inglés norteamericano:

theatre *theat**er***
centrefold *cent**er**fold*

En el inglés norteamericano sólo se admite la grafía con -***ize*** para algunos verbos que pueden escribirse tanto con -***ise*** como con -***ize*** en el inglés británico:

to organise *to organ**ize***
to categorise *to categor**ize***

Nótese sin embargo que la grafía con -***ize*** no se admite nunca en el caso del verbo ***to advertise***.

Al agregarle un sufijo a una palabra terminada en -***l*** la ***l*** final siempre se dobla en el inglés británico:

*travel trave**ll**er*
*cancel cance**ll**ed*
*rebel rebe**ll**ed*

En el inglés norteamericano sólo se dobla si el acento recae en la última sílaba:

*travel trave**l**er*
*cancel cance**l**ed*

pero

*rebel rebe**ll**ed*

3 Las mayúsculas

Se escriben con mayúscula la primera persona del singular, los títulos y tratamientos usados al referirse a personas, los nombres y títulos de libros, periódicos, películas, etc., los días de la semana y los meses: *he was seen by* ***D****r Jones;* ***T****he* ***B****onfire of the* ***V****anities;* ***T****he* ***F****inancial* ***T****imes;* ***T****uesday;* ***S****eptember.*

4 El apóstrofo

El apóstrofo tiene dos usos fundamentales: en la formación del genitivo sajón y en las contracciones.

4.1 El genitivo sajón

El apóstrofo sigue a un nombre para expresar pertenencia. Si el nombre está en singular, éste va seguido de apóstrofo + ***s***:

*John**'s** car* el coche de John
*the cat**'s** paw* la pata del gato

Si se trata de un plural terminado en -***s***, sólo se utiliza el apóstrofo:

*my parents**'** house* la casa de mis padres

Si el plural no termina en -***s*** se sigue la misma regla que para el singular:

*the children**'s** holidays*
las vacaciones de los niños

4.2 Las contracciones

Las contracciones son muy frecuentes en el inglés hablado y también se utilizan al transcribir diálogos y en cartas de carácter no formal. Son formas abreviadas de combinaciones de vocablos, uno de los cuales suele ser un verbo, en las cuales el apóstrofo sustituye a una o más letras:

Contracciones de sujeto y verbo

I'm	*I am*
I've	*I have*
I'd	*I had/I would*
I'll	*I will/I shall*
you're	*you are*
you've	*you have*
you'd	*you had/you would*
you'll	*you will*
he's	*he is/he has*
he'd	*he had/he would*
he'll	*he will*
she's	*she is/she has*
she'd	*she had/she would*
she'll	*she will*
it's	*it is/it has*
it'd	*it had/it would*
it'll	*it will*
we're	*we are*
we've	*we have*
we'd	*we had/we would*
we'll	*we will/we shall*
they're	*they are*
they've	*they have*
they'd	*they had/they would*
they'll	*they will*

Contracciones negativas

isn't	*is not*
aren't	*are not*
wasn't	*was not*
weren't	*were not*
hasn't	*has not*
haven't	*have not*
hadn't	*had not*
doesn't	*does not*
don't	*do not*
didn't	*did not*
can't	*can not (cannot)*
couldn't	*could not*
daren't	*dare not*
mayn't	*may not*
mightn't	*might not*
mustn't	*must not*
needn't	*need not*
oughtn't	*ought not*
shan't	*shall not*
shouldn't	*should not*
won't	*will not*
wouldn't	*would not*

Con las formas verbales ***is***, ***are***, ***has***, ***have***, ***will*** y ***shall*** la contracción se puede hacer de dos maneras diferentes:

he is not	*he isn't*	*he's not*
they are not	*they aren't*	*they're not*
she has not	*she hasn't*	*she's not*
we have not	*we haven't*	*we've not*
you will not	*you won't*	*you'll not*

Contracciones con palabras interrogativas

what's	*what is*
what'll	*what will/what shall*
who's	*who is*
who'll	*who will/who shall*
who'd	*who had/who would*
when's	*when is*
when'll	*when will*
where's	*where is*
where'll	*where will*
how's	*how is*
how'll	*how will*

Contracciones con *here*, *there* y *that*

here's	*here is*
there's	*there is*
there'll	*there will*
that's	*that is*
that'll	*that will*

También suelen contraerse las formas verbales que siguen a nombres propios o comunes:

that man's very tall *John'll come with us*

La puntuación inglesa

En líneas generales la puntuación inglesa se basa en convenciones muy similares a las que se utilizan en castellano. A no ser que se indique lo contrario, se puede asumir que las normas son las mismas en ambas lenguas.

Interrogaciones y exclamaciones

En inglés no se utilizan signos de interrogación o admiración al principio de la frase.

What time is it? *What a beautiful day!*

Encabezamiento de cartas

El estilo tradicional americano utiliza los dos puntos tras el saludo inicial, como se hace en castellano:

Dear Peter:

En el estilo tradicional británico, sin embargo, el saludo inicial va seguido de una coma:

Dear Peter, *Dear Sir or Madam,*

Pero la tendencia moderna es a omitir la puntuación en la correspondencia no manuscrita:

Dear Mr and Mrs Jones

Abreviaturas y acrónimos

En inglés se tiende a suprimir el punto:

Mr *Mrs* *NATO* *Plc*

El estilo directo

En textos impresos la frase pronunciada por un hablante va encerrada entre comillas.
She shouted, "Look out!"

La, no se usa tras un signo de admiración o interrogación:

"Look out!" she shouted.

"What do you want?" he asked.

También se utilizan comillas (y no rayas) en la transcripción de diálogos:

"Have you brought the food?" *"Of course!"*

En textos impresos estas comillas también pueden ser simples:

'Would you like a drink?' she asked.

Los vocablos compuestos

Algunos vocablos compuestos mantienen la separación entre los términos que los forman:

body language

Otros se escriben como una sola palabra:

bodyguard

Un tercer tipo utiliza el guión:

body-building

Conviene guiarse por el diccionario en cuanto a la grafía de estas palabras pero en líneas generales se suele emplear el guión en los siguientes casos:

a) En palabras formadas con prefijos, cuando la ausencia del guión puede causar confusión:

co-op /ˈkəʊ-ɒp/ *(cooperativa)*
coop /kuːp/ *(gallinero)*

re-form /ˈriːfɔːm/ *(volver a formar)*
reform /rɪˈfɔːm/ *(reformar)*

b) Cuando un adjetivo compuesto precede al nombre:

a born-again Christian. a well-known artist.
a well-off family.

Comparar los dos últimos ejemplos con el uso de las mismas frases en el predicado de la oración:

She is well known for her artistic skills.
They are very well off.

La división de palabras al final del renglón

Para dividir un vocablo al final del renglón se emplea el guión, como en castellano, pero las reglas son complejas y difíciles de aplicar para el hablante no nativo. Sin embargo, un vocablo siempre se puede dividir:

a) en la división natural cuando se trata de una palabra compuesta:

air-craft *any-one* *brief-case*
earthen-ware

b) separando los dos elementos de una consonante doble:

al-lure *com-mon* *embed-ded* *ir-rational*

United Kingdom **Reino Unido**

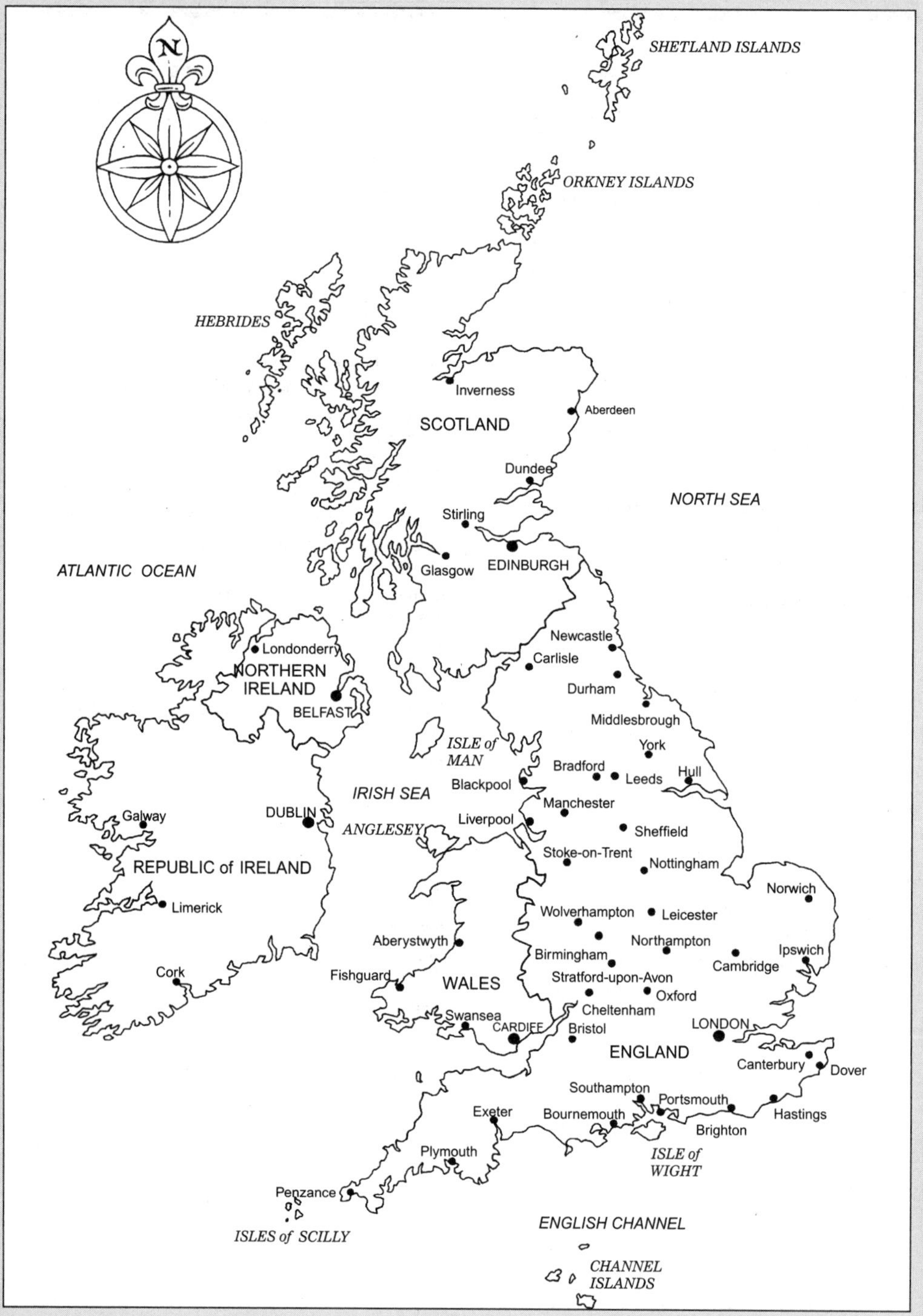
N
SHETLAND ISLANDS
ORKNEY ISLANDS
HEBRIDES
Inverness
Aberdeen
SCOTLAND
Dundee
NORTH SEA
Stirling
Glasgow
EDINBURGH
ATLANTIC OCEAN
Newcastle
Londonderry
NORTHERN
IRELAND
Carlisle
Durham
BELFAST
Middlesbrough
ISLE of
MAN
York
Bradford
Leeds
Hull
Blackpool
IRISH SEA
Manchester
Galway
DUBLIN
Liverpool
ANGLESEY
Sheffield
Stoke-on-Trent
Nottingham
REPUBLIC of IRELAND
Norwich
Limerick
Wolverhampton
Leicester
Aberystwyth
Northampton
Ipswich
Birmingham
Cambridge
Cork
Fishguard
WALES
Stratford-upon-Avon
Oxford
Cheltenham
Swansea
CARDIFF
Bristol
LONDON
ENGLAND
Canterbury
Dover
Southampton
Portsmouth
Hastings
Exeter
Bournemouth
Brighton
Plymouth
ISLE of
WIGHT
Penzance
ENGLISH CHANNEL
ISLES of SCILLY
CHANNEL
ISLANDS

United States of America **Estados Unidos**

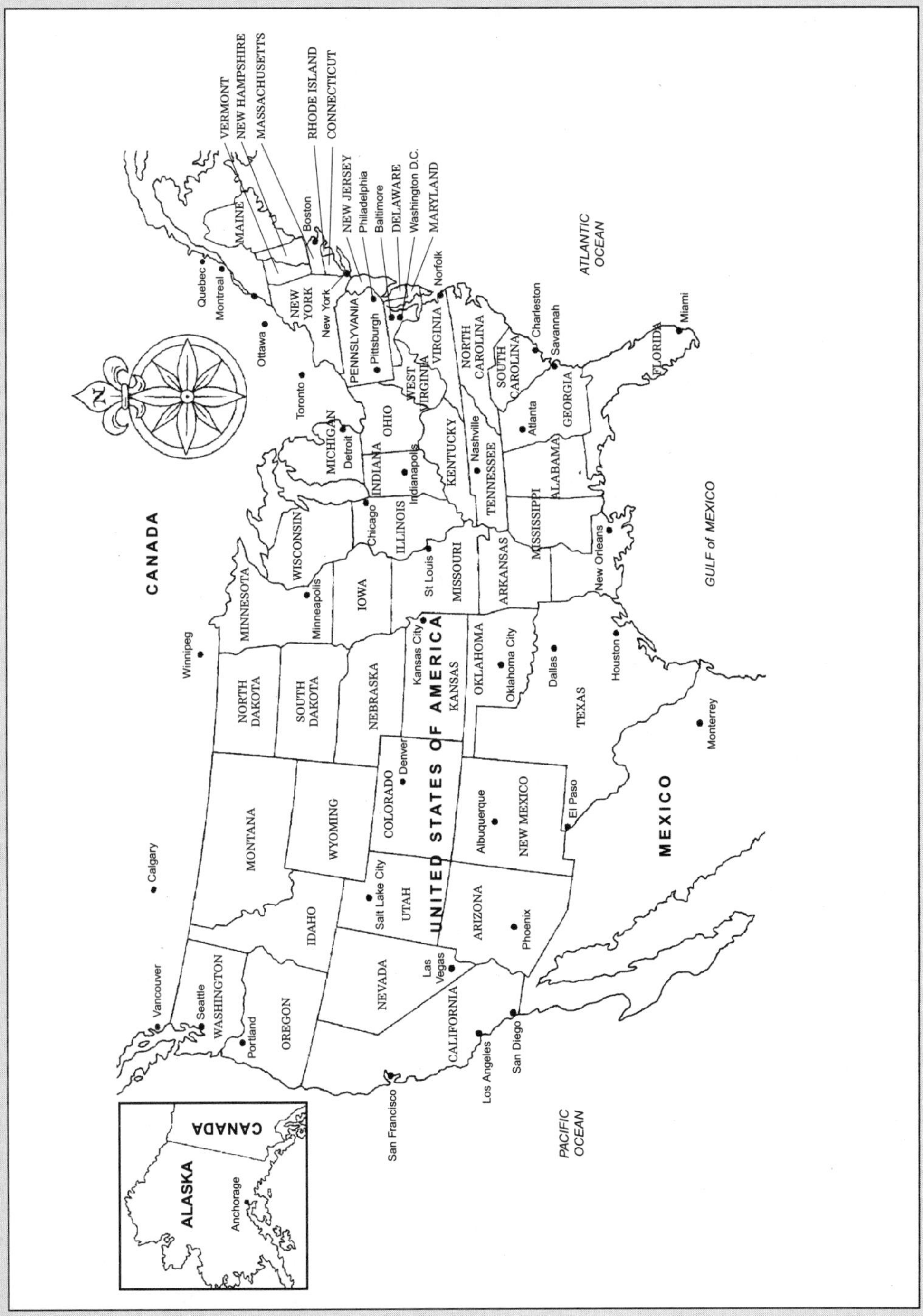

English • Spanish
Inglés • Español

A

A, a /eɪ/ *n* (*letter*) A, a *f*: **I don't want to go, a, because I can't afford it and b, because it's too far** no quiero ir, primero porque no tengo suficiente dinero, y segundo, porque me pilla muy lejos • **at least my car gets me from A to B** por lo menos mi coche me lleva de un sitio a otro • **it's in A1 condition** está en un estado óptimo • **she knows the subject from A to Z** conoce el asunto de cabo a rabo.

A /eɪ/ *n* **1.** (*mark*) *nota más alta de aprobado en el sistema educativo británico.* **2.** (*Mus*) la *m inv.*

a /ə/ *indef art* [*cambia a* **an** *cuando la palabra que sigue empieza con sonido vocálico*] **1.** (*gen*) un, una: **there's a man at the door** hay un hombre en la puerta; **a table** una mesa; **an elephant** un elefante; **a university** una universidad; **an unhappy person** una persona desgraciada; **pass me a cup and saucer** dame una taza y un platito. **2.** (*omitted in Spanish*): **I can't see a thing** no veo nada; **she's a teacher** es profesora; **have you got a bicycle?** ¿tienes bicicleta?; **half an hour** media hora; **I've got a sore foot** me duele el pie. **3.** (*used with rates*): **fifty pounds a day** cincuenta libras al día; **ten dollars an hour** diez dólares a la hora; **he reads three novels a week** se lee tres novelas a la semana. **4.** (*used with names*): **the prize was won by a Mrs Smith** una tal señora Smith ganó el premio.

AA /eɪ'eɪ/ *n* **1.** (*abreviatura de* **Alcoholics Anonymous**) AA (Alcohólicos Anónimos). **2. the AA** (*in GB*) (*abreviatura de* **the Automobile Association**) *asociación de ayuda al automovilista.*

aback /ə'bæk/ *adv*: **she was completely taken aback** *by* **his attitude** su actitud la dejó pasmada.

abacus /'æbəkəs/ *n* [**abacuses**] ábaco *m.*

abandon /ə'bændən/ **I** *vt* [**abandons, abandoning, abandoned**] **1.** (*to leave: gen*) abandonar: **she abandoned her baby in a supermarket** dejó a su hijo abandonado en un supermercado; **close to an abandoned lighthouse** cerca de un faro abandonado; **they abandoned us** *to* **our fate** nos abandonaron a nuestra suerte; (*: a post*) dejar: **he abandoned his job and went off travelling** dejó su trabajo y se puso a viajar. **2.** (*to stop*) suspender: **the expedition was abandoned because of lack of funding** suspendieron la expedición por falta de fondos; **the match was abandoned when the rain started** cuando empezó a llover, se suspendió el partido.
II *n*: **they were spending money with gay abandon** gastaban el dinero muy alegremente.

abandonment /ə'bændənmənt/ *n* abandono *m.*

abase /ə'beɪs/ *vt* [**abases, abasing, abased**] (*frml*) degradar: **to do that would be to abase himself** hacer eso sería degradarse.

abashed /ə'bæʃt/ *adj* avergonzado -da: **she looked slightly abashed** *at* ∗ *by* **his comments** parecía estar un poco avergonzada por sus comentarios.

abate /ə'beɪt/ *vi* [**abates, abating, abated**] (*frml*) **1.** (*fever*) bajar; (*noise*) disminuir: **we waited until the noise had abated** esperamos a que disminuyera el ruido; (*excitement, pain*) calmarse. **2.** (*rain, wind*) amainar: **the storm had abated a little** la tormenta había amainado un poco.

abattoir /'æbətwɑː/ *n* matadero *m.*

abbess /'æbes/ *n* [**abbesses**] abadesa *f.*

abbey /'æbɪ/ *n* abadía *f.*

abbot /'æbət/ *n* abad *m.*

abbreviate /ə'briːvɪeɪt/ *vt* [**abbreviates, abbreviating, abbreviated**] abreviar.

abbreviation /əˌbriːvɪ'eɪʃən/ *n* **1.** (*short form*) abreviatura *f*: **Mr is the abbreviation** *for* **Mister** Mr es la abreviatura de Mister. **2.** (*act*) abreviación *f.*

abdicate /'æbdɪkeɪt/ *vi* [**abdicates, abdicating, abdicated**] abdicar: **the queen abdicated in favour of her son** la reina abdicó en favor de su hijo.
♦ *vt* (*throne*) abdicar: **they were accused of abdicating responsibility** les acusaron de eludir sus responsabilidades.

abdication /ˌæbdɪ'keɪʃən/ *n* (*from the throne, of one's responsibilities*) abdicación *f*: **it seems like an abdication** *of* **their principles** parece una renuncia a sus principios.

abdomen /'æbdəmən/ *n* abdomen *m.*

abdominal /æb'dɒmɪnəl/ *adj* abdominal.

abduct /æb'dʌkt/ *vt* [**abducts, abducting, abducted**] secuestrar, raptar.

abduction /æb'dʌkʃən/ *n* secuestro *m*, rapto *m.*

aberration /æbə'reɪʃən/ *n* aberración *f.*

abet /ə'bet/ *vt* [**abets, abetting, abetted**]: **he was accused of aiding and abetting the thieves** lo acusaron de haber ayudado a los ladrones.

abeyance /ə'beɪəns/ *n* (*frml*): **the investigation is** *in* **abeyance at the moment** han suspendido la investigación de momento.

abhor /əb'hɔː/ *vt* [**abhors, abhorring, abhorred**] (*frml*) aborrecer: **she abhors this senseless waste of human life** aborrece esta inútil pérdida de vidas humanas.

abhorrence /əb'hɒrəns/ *n* (*frml*) aborrecimiento *m*: **the minister expressed his abhorrence** *of* **violence** el ministro expresó su condena de la violencia.

abhorrent /əb'hɒrənt/ *adj* (*frml*) aborrecible: **the very idea was abhorrent** *to* **him** la mera idea le repugnaba.

abide /ə'baɪd/ *vt* [**abides, abiding, abided**] (*frml*) soportar: **I can't abide his infantile sense of humour** no soporto su sentido del humor tan infantil.
to **abide by** *vt* **1.** (*to comply with*) acatar: **we shall abide by your decision** acataremos su decisión. **2.** (*to remain faithful to*) cumplir: **they always abide by their promises** siempre cumplen sus promesas.

abiding /ə'baɪdɪŋ/ *adj* permanente: **my abiding im-**

pression of him was of a very shy man la impresión que guardo de él es la de un hombre muy tímido.

ability /ə'bɪlətɪ/ *n* [**abilities**] **1.** (*capacity*) capacidad *f*: **he had an amazing ability** *to* **make you feel relaxed** tenía una extraordinaria capacidad para hacerte sentir cómodo; **he does the job to the best of his ability** hace el trabajo lo mejor que puede. **2.** (*intelligence*) inteligencia *f*: **a student of outstanding ability** un estudiante extremadamente inteligente. **3.** (*talent*) talento *m*: **a sportsman of great ability** un deportista de gran talento; **this type of work will be more suited to your abilities** este tipo de trabajo se adaptará mejor a tu formación y capacidad.

abject /'æbdʒekt/ *adj* **1.** (*miserable*): **they were living in abject poverty** vivían en la pobreza más absoluta. **2.** (*contemptible*): **he's an abject coward** es un cobarde despreciable. **3.** (*humble*): **she made an abject apology** se disculpó de una manera degradante.

ablaze /ə'bleɪz/ *adj* **1.** (*on fire*): **the house was ablaze** la casa estaba ardiendo * en llamas. **2.** (*brightly lit*): **the streets were ablaze** *with* **light** las calles estaban resplandecientes de luz.

able /'eɪbəl/ *adj* **1. to be able to**: **I am not able to attend the meeting** no puedo asistir a la reunión; **after a year he was able to speak again** después de un año recuperó la voz; **he's nearly able to swim** ya sabe nadar casi; **I was finally able to reach her** al final pude contactar con ella. **2.** [**abler, ablest**] (*competent*): **she is an extremely able teacher** es una profesora muy competente; **the ablest worker in the office** el mejor empleado de la oficina.

able-bodied *adj*: *que no sufre ninguna minusvalía.*

ably /'eɪblɪ/ *adv* bien: **she was ably accompanied by the young pianist** el joven pianista la acompañó al piano maravillosamente.

abnormal /æb'nɔ:məl/ *adj* anormal: **she had an abnormal appetite** tenía un apetito fuera de lo normal.

abnormality /ˌæbnɔ:'mælətɪ/ *n* [**abnormalities**] (*gen*) anormalidad *f*, anomalía *f*; (*Med*) anormalidad *f*.

abnormally /æb'nɔ:məlɪ/ *adv* anormalmente: **it is abnormally cold for the time of year** hace un frío anormal para esta época del año; **he's abnormally tall for his age** es excepcionalmente alto para su edad.

aboard /ə'bɔ:d/ **I** *adv* a bordo: **everyone aboard was suffering from food poisoning** todos los pasajeros a bordo estaban intoxicados; **they went aboard in Lisbon** embarcaron en Lisboa.
II *prep* a bordo de: **we were soon aboard the aircraft** poco después estábamos a bordo del avión.

abode /ə'bəʊd/ *n* (*frml*) domicilio *m*: **where is your place of abode?** ¿cuál es su domicilio?; **a young man of no fixed abode** un joven sin domicilio fijo; **welcome to my humble abode!** ¡bienvenidos a mi humilde morada!

abolish /ə'bɒlɪʃ/ *vt* [**abolishes, abolishing, abolished**] abolir: **capital punishment was abolished many years ago** la pena capital fue abolida hace muchos años.

abolition /ˌæbə'lɪʃən/ *n* abolición *f*.

abominable /ə'bɒmɪnəbəl/ *adj* abominable: **their behaviour was quite abominable** su conducta fue abominable; **she has abominable taste** tiene un gusto pésimo.

abominably /ə'bɒmɪnəblɪ/ *adv* abominablemente: **she behaved abominably** se portó de una manera abominable.

aboriginal /ˌæbə'rɪdʒənəl/ **I** *adj* **1.** (*of the earliest inhabitants*) aborigen, indígena. **2. Aboriginal** (*in Australia*) de los aborígenes australianos.
II Aboriginal *n* (*native Australian*) aborigen *m/f* australiano -na.

Aborigine /ˌæbə'rɪdʒɪnɪ/ *n* (*native Australian*) aborigen *m/f* australiano -na.

abort /ə'bɔ:t/ *vt* [**aborts, aborting, aborted**] **1.** (*Med*): **the foetus had to be aborted** tuvieron que practicarle un aborto. **2.** (*operation, project*) cancelar, suspender: **the exercise was aborted because of the danger to the public** suspendieron las pruebas por el peligro que suponían para el público; (*Inform*) abandonar.
♦ *vi* (*Med*) abortar.

abortion /ə'bɔ:ʃən/ *n* aborto *m* (*intencionado*): **she had an abortion** se hizo un aborto.

abortion law *n* ley *f* del aborto.

abortive /ə'bɔ:tɪv/ *adj* fallido -da: **the police made an abortive attempt to establish control** la policía hizo una tentativa fallida para establecer el control.

abound /ə'baʊnd/ *vi* [**abounds, abounding, abounded**] (*frml*) abundar: **the area abounds** *in* * *with* **tropical birds** los pájaros tropicales abundan en la zona; **orange trees abound in Valencia** en Valencia abundan los naranjos.

about /ə'baʊt/ **I** *adv* **1.** (*approximately*) aproximadamente: **it costs about five pounds** cuesta aproximadamente cinco libras; **she's about forty** tendrá unos cuarenta años. **2.** (*almost*) casi: **she's just about ready** ya está casi lista; **I've had about enough of your rudeness** ya estoy harto de tus insolencias. **3.** (*here and there*): **the children were running about all over the place** los niños estaban corriendo de aquí para allá; **she had left lots of papers lying about on the floor** había dejado muchos papeles tirados por el suelo. **4.** (*available, near*) por aquí: **is there a policeman about?** ¿hay algún policía por aquí cerca?; **he's about somewhere** anda por aquí. **5.** (*in existence, circulation*): **there are a lot of colds about** hay mucha gente acatarrada. **6.** (*the opposite way*): **he turned about and walked off** se dio la vuelta y se fue; **it's the other way about** es al contrario.
II *prep* **1.** (*concerning, on the subject of*): **I'm worried about her** estoy preocupado por ella; **a documentary about marine pollution** un documental sobre la contaminación del mar; **now, what were we talking about?** bueno, ¿de qué estábamos hablando?; **what's your book about?** ¿de qué trata tu libro?; **there's something strange about her** tiene un algo raro. **2.** (*after* **to be**: *indicating future action*) a punto de: **she is about** *to* **go out** está a punto de salir; **I was about** *to* **phone you** estaba a punto de llamarte. **3.** (*here and there*): **they were running about the garden** estaban corriendo por el jardín. **4.** (*near*): **she's about the school somewhere** está por aquí, en el colegio • **and get me a cup of coffee while you're about it** y de paso tráeme un café.

above /ə'bʌv/ **I** *prep* **1.** (*in space*) encima de: **the shelf above that one** el estante encima de ése; **we were above the village** estábamos en un sitio más arriba que el pueblo; **five hundred metres above sea level** quinientos metros sobre el nivel del mar. **2.** (*in number, quantity*) por encima de: **it was well above the rainfall average** estaba muy por encima de la precipitación media. **3.** (*superior to*): **he thinks he's above everybody else** se cree superior a los demás; **he's not above gossiping** a veces, él también habla de los demás. **4.** (*beyond*): **she's above suspicion** está fuera de toda sospecha. **5.** (*frml*: *in preference to*): **do you love him above all others?** ¿lo quieres más que a ningún otro?; **above all (else), she wanted to see him again** sobre todo quería volver a verlo. **6.** (*too difficult for*): **the subject was way above me** el tema era demasiado difícil para mí. **7.** (*used with sounds*): **I could hear the dog barking above the noise of the television** podían oírse los ladridos del perro a pesar del ruido de la televisión.

II *adv* **1.** (*higher*): **looking down from above, the town seemed very small** vista desde arriba, la ciudad parecía muy pequeña; **he's on the first floor, and she lives in the flat above** él vive en el primero, y ella en el piso de arriba; **this scheme is available for anyone aged sixty and above** esta iniciativa está abierta a cualquier persona de más de sesenta años. **2.** (*on a page*): **as I have said above...** como he dicho más arriba....

above board *adj* legal: **the transactions were all above board** todas las operaciones fueron legales.

above-mentioned *adj*: **the above-mentioned executive of the company** el ejecutivo de la empresa mencionado.

abrasion /əˈbreɪʒən/ *n* abrasión *f*.

abrasive /əˈbreɪsɪv/ **I** *adj* **1.** (*surface*) abrasivo -va. **2.** (*personality*) brusco -ca: **his abrasive manner lost him the job** no consiguió el empleo por su forma de ser tan brusca.

II *n* abrasivo *m*.

abreast /əˈbrest/ *adv*: **they were running two abreast** corrían en columna de a dos • **he likes to keep abreast of current events** le gusta estar al día en todo.

abridge /əˈbrɪdʒ/ *vt* [**abridges, abridging, abridged**] resumir: **this is an abridged version** ésta es una versión resumida.

abroad /əˈbrɔːd/ *adv* **1.** (*in/to a foreign country*): **she's living abroad** vive en el extranjero; **they always go abroad for their holidays** siempre van de vacaciones al extranjero. **2.** (*around*): **there's a rumour abroad that she's leaving** corre el rumor de que se va.

abrupt /əˈbrʌpt/ *adj* **1.** (*sudden*) repentino -na: **there has been an abrupt change in temperature** ha habido un repentino cambio de temperatura. **2.** (*steep*) abrupto -ta: **an abrupt slope led down to the sea** una abrupta pendiente conducía al mar; **an abrupt drop in the number of unemployed** un brusco descenso en el número de parados. **3.** (*impolite*) brusco -ca: **she has a very abrupt way of speaking** tiene una manera de hablar muy brusca.

abruptly /əˈbrʌptlɪ/ *adv* **1.** (*suddenly*) repentinamente: **sales figures fell abruptly in February** las ventas bajaron repentinamente en febrero. **2.** (*steeply*) abruptamente: **the path curves abruptly to the right** el camino tuerce abruptamente a la derecha. **3.** (*impolitely*) bruscamente: **what do you want? she snapped abruptly** ¿qué quieres?, preguntó bruscamente.

abruptness /əˈbrʌptnəs/ *n* **1.** (*of someone's departure*) lo precipitado. **2.** (*of a drop in temperature, price*) lo repentino. **3.** (*of a person, manner*) brusquedad *f*: **people were put off by the abruptness of her manner** su brusquedad producía una reacción de rechazo en la gente.

abscess /ˈæbses/ *n* [**abscesses**] absceso *m*.

abscond /əbˈskɒnd/ *vi* [**absconds, absconding, absconded**] (*frml*) fugarse: **she absconded** *with* **all our savings** se fugó con todos nuestros ahorros.

abseil /ˈæseɪl/ *vi* [**abseils, abseiling, abseiled**] hacer rápel * rappel.

absence /ˈæbsəns/ *n* **1.** (*of somebody*) ausencia *f*: **his absence** *from* **the meeting was noticed** su ausencia en la reunión se notó mucho; **she has had three absences** *from* **school this month** ha faltado tres veces al colegio este mes. **2.** (*of something*) falta *f*: **in the absence** *of* **hard evidence he will be released** en vista de la falta de pruebas convincentes será puesto en libertad; **there was an absence** *of* **new ideas** había una gran carencia de nuevas ideas.

absent I /ˈæbsənt/ *adj* **1.** (*not present*) ausente: **a toast to absent friends** un brindis por los amigos ausentes; **she was absent** *from* **school today** no ha venido al colegio hoy; (*characteristic, object*): **love was totally absent** *from* **that relationship** había una carencia total de amor en esa relación. **2.** (*distracted*) ausente, distraído -da: **she had an absent look in her eyes** tenía la mirada ausente.

II /əbˈsent/ *vt* [**absents, absenting, absented**]: **she absented herself** *from* **the lecture** se ausentó de la conferencia.

absent-minded *adj* despistado -da.

absent-mindedly *adv* distraídamente: **he absent-mindedly put sugar in the soup** sin darse cuenta le echó azúcar a la sopa.

absentee /ˌæbsənˈtiː/ *n*: **the number of absentees has risen this term** el número de niños que no asisten a clase ha aumentado este trimestre.

absenteeism /ˌæbsənˈtiːɪzəm/ *n* absentismo *m* (laboral).

absently /ˈæbsəntlɪ/ *adv* distraídamente.

absolute /ˈæbsəluːt/ *adj* **1.** (*total*) total, absoluto -ta: **the rehearsal was an absolute disaster** el ensayo fue un desastre total; **absolute power** poder absoluto; **I have absolute confidence in him** confío en él totalmente. **2.** (*certain*) definitivo -va: **this is not absolute proof of his guilt** ésta no es una prueba definitiva de su culpabilidad.

absolutely /ˌæbsəˈluːtlɪ/ *adv* absolutamente, totalmente: **I was absolutely soaked** estaba totalmente empapado; **he's absolutely convinced of it** está absolutamente convencido de ello; **"Do you agree?" "Absolutely."** "¿Estás de acuerdo?" "Totalmente."; **they're absolutely right** tienen toda la razón; **smoking in this area is absolutely forbidden** queda terminantemente prohibido fumar en esta zona.

absolution /ˌæbsəˈluːʃən/ *n* absolución *f*.

absolve /əbˈzɒlv/ *vt* [**absolves, absolving, absolved**] **1.** (*from sins, blame*) absolver. **2.** (*from responsibility*) eximir: **she was absolved** *from* **all responsibility** la eximieron de toda responsabilidad.

absorb /əbˈzɔːb/ *vt* [**absorbs, absorbing, absorbed**] **1.** (*liquids, gases*) absorber: **oxygen is absorbed** *into* **the bloodstream** la corriente sanguínea absorbe el oxígeno; (*resources*) absorber: **the rent absorbs a large part of her income** el alquiler absorbe * se come buena parte de sus ingresos; **writing absorbs nearly all of her time** escribir ocupa casi todo su tiempo. **2.** (*ideas, information*) asimilar: **he finds it difficult to absorb new ideas** le cuesta mucho asimilar nuevas ideas. **3.** (*a shock, a blow*) amortiguar: **the front of the car is designed to absorb the force of an impact** la parte delantera del coche está diseñada para amortiguar cualquier impacto; **the country is no longer able to absorb the cost of rising unemployment** el país ya no puede seguir costeando el creciente desempleo.

absorbed /əb'zɔ:bd/ *adj* absorto -ta: **he was totally absorbed** *in* **what he was doing** estaba totalmente absorto en lo que hacía.

absorbent /əb'zɔ:bənt/ *adj* absorbente.

absorbing /əb'zɔ:bɪŋ/ *adj* apasionante: **her travels made an absorbing tale** el relato de sus viajes era apasionante.

absorption /əb'zɔ:pʃən/ *n* absorción *f*.

abstain /æb'steɪn/ *vi* [**abstains, abstaining, abstained**] abstenerse: **when it came to the vote, they both abstained** a la hora de votar, se abstuvieron los dos.

abstention /æb'stenʃən/ *n* abstención *f*.

abstinence /'æbstɪnəns/ *n* abstinencia *f*.

abstract I /'æbstrækt/ *adj* abstracto -ta: **this was her first abstract work** ésta fue su primera obra abstracta; **humanity is an abstract concept** el concepto de humanidad es abstracto.
II /'æbstrækt/ *n* **1.** (*frml*: *summary*) extracto *m*: **an abstract of his speech was printed in the paper** el periódico publicó un extracto de su discurso. **2. the abstract**: **that is all very well in the abstract...** todo Eso está muy bien en teoría....
III /əb'strækt/ *vt* [**abstracts, abstracting, abstracted**] extraer.

abstract art /'æbstrækt a:t/ *n* arte *m* abstracto.

abstracted /æb'stræktəd/ *adj* distraído -da.

abstraction /æb'strækʃən/ *n* **1.** (*absent-mindedness*) ensimismamiento *m*. **2.** (*abstract concept*) abstracción *f*.

abstruse /æb'stru:s/ *adj* (*frml*) abstruso -sa.

absurd /əb'sɜ:d/ *adj* absurdo -da: **that's an absurd idea** es una idea absurda; **don't be absurd** no seas absurdo.

absurdity /əb'sɜ:dətɪ/ *n* [**absurdities**] lo absurdo *m*: **he was aware of the absurdity of his position** era consciente de lo absurdo de su posición.

absurdly /əb'zɜ:dlɪ/ *adv*: **the figures were absurdly optimistic** las cifras eran de un optimismo absurdo; **she was dressed quite absurdly** iba vestida de una forma muy ridícula.

abundance /ə'bʌndəns/ *n* abundancia *f*: **there was an abundance** *of* **talent at the fashion show** en el desfile de modelos hubo un derroche de talento; **she was sent flowers** *in* **abundance** le mandaron muchísimas flores.

abundant /ə'bʌndənt/ *adj* abundante: **the region has abundant natural resources** en la región abundan los recursos naturales.

abundantly /ə'bʌndəntlɪ/ *adv* en abundancia: **flowers grow abundantly by the roadsides** las flores crecen en abundancia a los lados de las carreteras; **I thought that was abundantly obvious** creía que eso estaba más que claro.

abuse I /ə'bju:s/ *n* **1.** (*cruelty, misuse*) abuso *m*: **he was accused of abuse** *of* **power** se le acusó de abuso de poder; **drug abuse was on the increase** el consumo de drogas iba en aumento; **he suffered physical and mental abuse** sufrió malos tratos físicos y psicológicos. **2.** (*insults*) insultos *m pl*, injurias *f pl*: **she was shouting * hurling abuse at him** estaba insultándolo; **this word is used as a term of abuse** esta palabra se usa como insulto.
II /ə'bju:z/ *vt* [**abuses, abusing, abused**] **1.** (*to mistreat*) maltratar: **the child had been abused** el niño había sido maltratado; **she was sexually abused** fue sometida a abusos sexuales. **2.** (*to insult*) insultar: **some youths were abusing the police** unos jóvenes estaban insultando a la policía. **3.** (*to misuse*) abusar de: **he abused his position to win votes** abusó de su puesto para ganar votos.

abusive /ə'bju:sɪv/ *adj* ofensivo -va.

abysmal /ə'bɪzməl/ *adj* pésimo -ma.

abyss /ə'bɪs/ *n* abismo *m*.

AC /eɪ'si:/ (*abreviatura de* **alternating current**) corriente *f* alterna.

A/C, a/c *léase* /ə'kaʊnt/ (*abreviatura de* **account**) c/ (cuenta).

acacia /ə'keɪʃə/ *n* acacia *f*.

academic /ˌækə'demɪk/ I *adj* **1.** (*Educ*) académico -ca: **her academic achievements are impressive** sus logros académicos son impresionantes; **he's sporty rather than academic** le interesa más el deporte que los estudios. **2.** (*theoretical*) teórico -ca: **the question of holidays is academic since I can't get time off work** no vale la pena perder el tiempo hablando de vacaciones porque no puedo cogerme días libres.
II *n* profesor -sora *m/f* de universidad.

academic year *n* año *m* académico.

academy /ə'kædəmɪ/ *n* [**academies**] **1.** (*school*) academia *f*: **he is at the military academy** está en la academia militar; **a concert sponsored by the academy of music** un concierto patrocinado por el conservatorio. **2.** (*society*) academia *f*.

accede /æk'si:d/ *vi* [**accedes, acceding, acceded**] (*frml*) **1.** (*to agree*) acceder: **they refused to accede** *to* **the kidnappers' demands** se negaron a acceder a las exigencias de los secuestradores. **2.** (*to inherit a position*) acceder: **she acceded** *to* **the throne the following year** accedió al trono al año siguiente.

accelerate /ək'seləreɪt/ *vt/i* [**accelerates, accelerating, accelerated**] acelerar: **she accelerated suddenly** aceleró de repente; **the talks were aimed at accelerating the merger** el propósito de las conversaciones era acelerar la fusión.

acceleration /ækˌselə'reɪʃən/ *n* aceleración *f*.

accelerator /æk'seləreɪtə/ *n* acelerador *m*: **he stepped on the accelerator** pisó el acelerador.

accent I /'æksənt/ *n* **1.** (*way of speaking*) acento *m*: **she had a pronounced * strong French accent** tenía un acento francés muy marcado. **2.** (*written mark*) acento *m*, tilde *f*. **3.** (*emphasis*): **the accent is * falls** *on* **the penultimate syllable** la sílaba acentuada es la penúltima; **the accent for this year's exhibition is** *on* **innovation** la feria de este año pone el énfasis en la innovación.
II /æk'sent/ *vt* [**accents, accenting, accented**] enfatizar: **she accented the first word of every sentence** enfatizaba la primera palabra de cada frase.

accentuate /æk'sentjʊeɪt/ *vt* [**accentuates, accentuating, accentuated**] **1.** (*Ling*) enfatizar: **try to accentuate the final "a"** trata de poner el énfasis en la "a" final. **2.** (*to highlight*) destacar: **he accentuated the need for better organization** destacó la necesidad de una mejor organización; **those shoes only accentuate his big feet** esos zapatos hacen resaltar aún más el tamaño de sus pies.

accentuation /ækˌsentjʊ'eɪʃən/ *n* acentuación *f*.

accept /ək'sept/ *vt* [**accepts, accepting, accepted**] **1.** (*offer, gift, person*) aceptar: **she accepted their offer of a job** aceptó el trabajo que le ofrecieron; **do you accept credit cards?** ¿aceptan tarjetas de crédito?; **she was never really accepted by her colleagues** sus colegas nunca la aceptaron del todo; **I've been accepted** *for* **the course** me han admitido en el

curso. **2.** (*to recognize*) reconocer: **he accepts (that) it isn't going to be easy** reconoce que no va a ser fácil. **3.** (*to face up to*) aceptar: **you have to accept the consequences of your actions** tienes que aceptar las consecuencias de tus actos; **they accepted defeat graciously** se tomaron muy bien la derrota.
♦ *vi* aceptar: **thank you for the offer, but I couldn't possibly accept** gracias por la oferta, pero me sería imposible aceptarla.

acceptable /əkˈseptəbəl/ *adj* aceptable: **this proposal is not acceptable** *to* **us** esta propuesta nos resulta inaceptable.

acceptance /əkˈseptəns/ *n* aceptación *f*: **his acceptance of the money was criticized** lo criticaron por haber aceptado el dinero; **her findings have finally gained acceptance** por fin han reconocido sus descubrimientos; **he seems to have won acceptance** *into* **the community** parece que lo han aceptado en la comunidad.

access /ˈækses/ **I** *n* **1.** (*Transp*) acceso *m*: **access** *to* **the town by road is very difficult** el acceso a la ciudad por carretera es muy difícil; **they gained access by breaking a window** lograron entrar rompiendo una ventana. **2.** (*means of obtaining, seeing, using*) acceso *m*: **they had no access** *to* **the files** no tenían acceso a los archivos. **3.** (*the right to see*): **he was denied access** *to* **his children** le denegaron la posibilidad de visitar a sus hijos.
II *vt* [**accesses, accessing, accessed**] (*Inform*) acceder a.

access road *n* carretera *f* de acceso.

accessible /əkˈsesəbəl/ *adj* **1.** (*place*) accesible: **the monastery is not accessible by road** no hay carretera al monasterio. **2.** (*person*) tratable: **he is one of the school's more accessible teachers** es uno de los profesores más tratables del colegio. **3.** (*book, film*) comprensible: **his plays are not very accessible** sus obras no son fáciles de entender.

accession /ækˈseʃən/ *n* (*frml*: *to throne*) subida *f*.

accessory /ækˈsesərɪ/ **I** *n* [**accessories**] **1.** (*extra item*) accesorio *m*: **they have a full range of bathroom accessories** tienen una amplia gama de accesorios de cuarto de baño. **2.** (*Law*) cómplice *m/f*: **she was an accessory** *to* **the crime** fue cómplice en el delito.
II accessories *n pl* (*Clothing*) complementos *m pl*.

accident /ˈæksɪdənt/ *n* **1.** (*unfortunate event*) accidente *m*: **they had a serious car accident** tuvieron un grave accidente automovilístico * de coche; **I'm sorry, it was an accident** lo siento, lo he hecho sin querer. **2.** (*chance*) casualidad *f*: **it was quite** *by* **accident that we met** fue por pura casualidad que nos encontramos.

Accident and Emergency *n* (*Med*) urgencias *f pl*.

accident-prone *adj* propenso -sa a los accidentes.

accidental /ˌæksɪˈdentəl/ *adj* **1.** (*as a result of a mishap*) accidental: **the verdict was accidental death** el veredicto fue muerte accidental. **2.** (*chance*) fortuito -ta: **it all started with an accidental meeting between two old friends** todo empezó con el encuentro fortuito de dos viejos amigos.

accidentally /ˌæksɪˈdentlɪ/ *adv* **1.** (*by mishap*) por accidente, accidentalmente: **the files were accidentally mixed up** mezclaron los ficheros accidentalmente. **2.** (*by chance*) por casualidad: **we met quite accidentally last week** nos encontramos por pura casualidad la semana pasada.

acclaim /əˈkleɪm/ **I** *vt* [**acclaims, acclaiming, acclaimed**] aclamar: **the car was widely acclaimed** *as* **the best in its class** el coche fue considerado el mejor de su categoría por aclamación.
II *n* alabanzas *f pl*: **the show met with great critical acclaim** el espectáculo recibió grandes elogios de la crítica.

acclimate /əˈklaɪmeɪt/ *vt/i* [**acclimates, acclimating, acclimated**] ⇨ acclimatize

acclimatize /əˈklaɪmətaɪz/ *vt* [**acclimatizes, acclimatizing, acclimatized**] aclimatar: **you need time to acclimatize yourself** *to* **your new surroundings** se necesita tiempo para aclimatarse cuando se cambia de entorno.
♦ *vi* aclimatarse: **I had soon acclimatized** *to* **the cold** pronto me había aclimatado al frío.

accolade /ˈækəleɪd/ *n* elogio *m*: **this award is the highest possible accolade for young writers** este premio es el mayor elogio que un joven escritor puede recibir.

accommodate /əˈkɒmədeɪt/ *vt* [**accommodates, accommodating, accommodated**] **1.** (*to find lodgings for*) alojar: **these families have to be accommodated as soon as possible** a estas familias hay que buscarles alojamiento cuanto antes. **2.** (*to provide space for*): **the apartment accommodates eight people** el apartamento tiene capacidad para ocho personas; **we had difficulty in accommodating all the cars** nos fue difícil encontrar espacio para todos los coches. **3.** (*to satisfy*) satisfacer: **we cannot accommodate everyone's wishes** no podemos satisfacer a todo el mundo.

accommodating /əˈkɒmədeɪtɪŋ/ *adj* complaciente.

accommodation /əˌkɒməˈdeɪʃən/ *n* **1.** (*US*: **accommodations** *n pl*) (*somewhere to stay*) alojamiento *m*: **the company will pay for accommodation** la empresa pagará el alojamiento. **2.** (*frml*: *compromise*) acuerdo *m*.

accompaniment /əˈkʌmpənɪmənt/ *n* (*Culin, Mus*) acompañamiento *m*: **this wine is the perfect accompaniment** *to* **fish** este vino acompaña perfectamente al pescado.

accompanist /əˈkʌmpənɪst/ *n* (*Mus*) acompañante *m/f*.

accompany /əˈkʌmpənɪ/ *vt* [**accompanies, accompanying, accompanied**] (*to go with*) acompañar: **an officer will accompany you to the police station** un policía la acompañará a la comisaría; (*Mus*): **he accompanies himself on the guitar** se acompaña con la guitarra; (*to be, happen with*): **there will be showers accompanied by strong winds** habrá chubascos acompañados de fuertes vientos.

accomplice /əˈkʌmplɪs/ *n* cómplice *m/f*.

accomplish /əˈkʌmplɪʃ/ *vt* [**accomplishes, accomplishing, accomplished**] **1.** (*an aim*) hacer realidad: **he had accomplished his life-long ambition** había hecho realidad la ambición de toda su vida. **2.** (*a task*) llevar a cabo: **mission accomplished!** ¡misión cumplida! **3.** (*to achieve*) conseguir: **we don't seem to have accomplished anything** parece que no hemos conseguido nada.

accomplished /əˈkʌmplɪʃt/ *adj* (*liar, performer*) consumado -da.

accomplishment /əˈkʌmplɪʃmənt/ *n* **1.** (*achievement*) proeza *f*: **her accomplishment is all the greater because she taught herself** su proeza es incluso mayor porque aprendió ella sola. **2.** (*skill*) talento *m*: **his accomplishments include playing the organ** uno de sus muchos talentos es tocar el órgano.

accord /əˈkɔːd/ (*frml*) **I** *n* acuerdo *m*: **they reached an**

accord llegaron a un acuerdo; **doctors are** *in* **accord on the dangers of smoking** los médicos están de acuerdo en lo perjudicial que es fumar • **he went of his own accord** se fue por decisión propia.

II *vi* [**accords, according, accorded**] concordar: **her statement did not accord** *with* **the neighbours' story** su declaración no concordaba con el relato de los vecinos.

♦ *vt* conceder: **he was accorded a hero's welcome** lo recibieron como a un héroe.

accordance /əˈkɔːdəns/ *n* • **they were acting in accordance with the regulations** actuaban de acuerdo con las normas • **I will leave tomorrow, in accordance with your wishes** me iré mañana, conforme a sus deseos.

according /əˈkɔːdɪŋ/ **according to** *prep* (*in the words of*) según: **according to your sister, you did it** según tu hermana lo hiciste tú; (*depending on*): **salaries vary according to age and experience** los sueldos varían según la edad y la experiencia; (*following*): **the house was built according to the architect's specifications** la casa se construyó según lo especificado por el arquitecto; **let's hope it all goes according to plan** esperemos que todo salga según se ha previsto.

accordingly /əˈkɔːdɪŋlɪ/ *adv* **1.** (*in an appropriate manner*): **she behaved like a child and was treated accordingly** se portó como una niña y la trataron como tal; **he saw the boat was in distress and acted accordingly** vio que el barco tenía problemas y actuó en consecuencia. **2.** (*consequently*) por consiguiente: **he left school at fourteen: accordingly, he has no formal qualifications** dejó el colegio a los catorce años, por consiguiente no tiene ningún título.

accordion /əˈkɔːdɪən/ *n* acordeón *m*.

accost /əˈkɒst/ *vt* [**accosts, accosting, accosted**] abordar: **she accosted me in the street** me abordó en la calle.

account /əˈkaʊnt/ **I** *n* **1.** (*report*) relato *m*, explicación *f*: **she gave a short account** *of* **her adventure** relató brevemente su aventura • **by all accounts he's doing very well in London** todo parece indicar que le va muy bien en Londres. **2.** (*Fin*: *in a bank*) cuenta *f*: **he put some money into his account** ingresó dinero en su cuenta; (*: at a shop*): **could you put that on my account, please?** ¿me lo puede apuntar en la cuenta, por favor?; (*client of agency*): **they have several new advertising accounts now** ahora le llevan la publicidad a varios clientes. **3.** (*part, behalf*): **please don't worry on my account** por favor, no te preocupes por mí. **4.** (*consideration, basis*): **he left work** *on* **account of his health** dejó el trabajo por razones de salud; *on* **no account are you to see her again** no debes volver a verla bajo ningún concepto • **you should have taken that into account** deberías haberlo tenido en cuenta. **5.** (*importance*) importancia *f*: **he is a man of little account** es un hombre de poca importancia; **it's of no account** no tiene importancia.

II accounts *n pl* (*Fin*) **1.** (*set of financial records*) cuentas *f pl*: **they do the accounts at the end of the financial year** hacen las cuentas a finales del año fiscal. **2.** (*department*) contabilidad *f*.

to **account for** *vt* [**accounts, accounting, accounted**]: **all the passengers are now accounted for** ya se sabe qué les ha pasado a todos y cada uno de los pasajeros; **how do you account for this missing money?** ¿cómo explicas lo del dinero que falta?

accountability /əˌkaʊntəˈbɪlətɪ/ *n* responsabilidad *f*: **there should be greater accountability among ministers** se debería poder exigir a los ministros una mayor transparencia en su gestión.

accountable /əˈkaʊntəbəl/ *adj* responsable: **she cannot be held accountable** *for* **her actions** no se le puede considerar responsable de sus actos; **the managing director must be accountable** *to* **the shareholders** el gerente tiene que rendir cuentas a los accionistas.

accountancy /əˈkaʊntənsɪ/ *n* contabilidad *f*.

accountant /əˈkaʊntənt/ *n* contable *m/f*.

accumulate /əˈkjuːmjuːleɪt/ *vt* [**accumulates, accumulating, accumulated**] acumular: **she had accumulated a huge number of records** había acumulado gran cantidad de discos; **your money will soon accumulate interest** su dinero empezará a producir intereses muy pronto.

♦ *vi* acumularse.

accumulation /əˌkjuːmjuːˈleɪʃən/ *n* acumulación *f*.

accuracy /ˈækjuːrəsɪ/ *n* exactitud *f*: **he doubted the accuracy of the report** tenía dudas sobre la exactitud del informe.

accurate /ˈækjuːrət/ *adj* **1.** (*correct*) exacto -ta: **it's difficult to get accurate information about the country** es difícil obtener información exacta sobre el país; **his observations were accurate but unkind** sus observaciones eran acertadas pero crueles. **2.** (*faithful*) preciso -sa: **these scales aren't very accurate** esta balanza no es muy precisa. **3.** (*precise*) certero -ra: **that was an accurate shot** fue un tiro muy certero.

accurately /ˈækjuːrətlɪ/ *adv* (*gen*) con exactitud: **make sure you take the measurements accurately** asegúrate de tomar las medidas con exactitud.

accusation /ˌækjuːˈzeɪʃən/ *n* acusación *f*: **you are making a serious accusation** estás formulando una acusación muy grave.

accusative /əˈkjuːzətɪv/ (*Ling*) **I** *adj* acusativo -va.

II *n* acusativo *m*.

accuse /əˈkjuːz/ *vt* [**accuses, accusing, accused**] acusar: **he was accused** *of* **stealing fifty pounds** lo acusaron de robar cincuenta libras; **the soldier was accused** *of* **cowardice** acusaron al soldado de cobardía; **they're accusing me** *of* **lying** me están llamando mentiroso.

accused /əˈkjuːzd/ *n*: **the accused** *n* (*one person*) acusado -da *m/f*: **the accused was under age** el acusado era menor de edad; (*more than one*) acusados -das *m pl/f pl*: **the accused were not named** la identidad de los acusados no fue revelada.

accustom /əˈkʌstəm/ *vt* [**accustoms, accustoming, accustomed**] acostumbrar: **he was accustomed** *to* **getting up at six** estaba acostumbrado a levantarse a las seis; **her eyes soon became accustomed** *to* **the darkness** sus ojos se acostumbraron pronto a la oscuridad; **you'll have to accustom yourself** *to* **the climate** tendrás que acostumbrarte al clima.

accustomed /əˈkʌstəmd/ *adj* acostumbrado -da: **the ceremony took place at the accustomed place** la ceremonia se celebró en el lugar acostumbrado.

ace /eɪs/ **I** *n* **1.** (*in cards*) as *m*: **the ace of hearts** el as de corazones • **she had an ace up her sleeve** tenía un triunfo guardado en la manga • **we were within an ace of winning the tournament** estuvimos a punto de ganar el torneo. **2.** (*in tennis*) ace *m*, saque *m* ganador.

II *adj* (*fam*: *excellent*): **he's an ace cook** es un hacha en la cocina; **you got the job? that's ace!** ¿te han dado el trabajo? ¡genial!

ache /eɪk/ I *vi* [**aches, aching, ached**] doler: **my shoulder aches * is aching** me duele el hombro • **he was aching to confess the truth** se moría de ganas de confesar la verdad.
II *n* dolor *m*: **he was complaining of an ache in his chest** decía que le dolía el pecho.

achieve /əˈtʃiːv/ *vt* [**achieves, achieving, achieved**] (*a goal*) conseguir, alcanzar; (*results*) obtener: **she achieved excellent results in the exams** obtuvo muy buenos resultados en los exámenes; (*to accomplish*) lograr: **I feel I've achieved very little today** tengo la sensación de no haber logrado mucho hoy.

achievement /əˈtʃiːvmənt/ *n* **1.** (*act*) realización *f*: **for him this was the achievement of a lifelong ambition** para él esto fue como la realización de un sueño de toda la vida; **my job gives me no sense of achievement** no me siento realizada en mi trabajo. **2.** (*thing achieved*) logro *m*: **winning the trophy was a tremendous achievement** ganar el trofeo fue un gran logro.

acid /ˈæsɪd/ I *adj* ácido -da: **it tasted slightly acid** tenía un sabor algo ácido • **he has an acid wit** tiene un humor ácido.
II *n* ácido *m*.
acid rain *n* lluvia *f* ácida.
acid test *n* prueba *f* definitiva: **the acid test is whether or not the public likes it** la prueba definitiva es si le gusta al público o no.

acidity /əˈsɪdətɪ/ *n* acidez *f*.

acknowledge /əkˈnɒlɪdʒ/ *vt* [**acknowledges, acknowledging, acknowledged**] **1.** (*to admit, recognize*) reconocer: **he acknowledged his mistake** reconoció su error; **he is acknowledged** *as* **a fine pianist** es un pianista reconocido. **2.** (*to say hello to*) saludar: **she passed me in the street but didn't acknowledge me** nos cruzamos en la calle pero ni me saludó. **3.** (*an order, enquiry*) acusar recibo de: **they never even acknowledged our letter** ni siquiera acusaron recibo de nuestra carta.

acknowledgement /əkˈnɒlɪdʒmənt/ I *n* **1.** (*of a fact, an event*) reconocimiento *m*: **she received an award in acknowledgement** *of* **her bravery** recibió un premio en reconocimiento de su valor; **he made no acknowledgement** *of* **Tom's contribution to the project** no hizo mención alguna de la colaboración de Tom en el proyecto. **2.** (*greeting*) saludo *m*: **she nodded in acknowledgement** saludó con la cabeza. **3.** (*of a letter*) acuse *m* de recibo.
II **acknowledgements** *n pl* (*in a book*) agradecimientos *m pl*.

acne /ˈæknɪ/ *n* acné *m*.

acorn /ˈeɪkɔːn/ *n* bellota *f*.

acoustic /əˈkuːstɪk/ I *adj* acústico -ca.
II **acoustics** *n pl* acústica *f*: **the stadium had good acoustics** el estadio tenía buena acústica.
acoustic guitar *n* guitarra *f* acústica.

acquaint /əˈkweɪnt/ *vt* [**acquaints, acquainting, acquainted**] informar: **he acquainted her** *with* **the facts** la informó de los hechos; **she decided to acquaint herself** *with* **all the details** decidió familiarizarse con todos los detalles.

acquaintance /əˈkweɪntəns/ *n* (*frml*) **1.** (*person*) conocido -da *m/f*. **2.** (*friendship*): **I'm very pleased to make your acquaintance** encantado de conocerlo. **3.** (*knowledge*) conocimiento *m*: **she showed no acquaintance** *with* **the facts** parecía no tener conocimiento de los hechos.

acquainted /əˈkweɪntɪd/ *adj* **1.** (*with people*): **I am not acquainted** *with* **his parents** no conozco a sus padres; **they became acquainted at a conference** se conocieron en una conferencia. **2.** (*with knowledge*): **I was not fully acquainted** *with* **the system** no estaba familiarizado con el sistema.

acquiesce /ˌækwɪˈes/ *vi* [**acquiesces, acquiescing, acquiesced**] (*frml*) **1.** (*to give way*) acceder: **she refused to acquiesce** *to* **their demands for higher pay** se negó a acceder a sus demandas de aumento de salario. **2.** (*to comply reluctantly*): **she acquiesced** *in* **the decision of the jury** acató la decisión del jurado.

acquiescent /ˌækwɪˈesənt/ *adj* (*frml*) aquiescente.

acquire /əˈkwaɪə/ *vt* [**acquires, acquiring, acquired**] (*to purchase*) adquirir: **she acquired shares in the company** adquirió acciones de la empresa; **I seem to have acquired a new umbrella by mistake** parece que me he hecho con otro paraguas por error; (*knowledge*) adquirir: **haggis is an acquired taste** el haggis tiene un sabor al que hay que acostumbrarse.

acquisition /ˌækwɪˈzɪʃən/ *n* adquisición *f*.

acquisitive /əˈkwɪzətɪv/ *adj* (*frml*) **1.** (*person*) *que tiene gran afán de poseer muchos objetos materiales*. **2.** (*society*) consumista.

acquit /əˈkwɪt/ *vt* [**acquits, acquitting, acquitted**] (*Law*) absolver: **he was acquitted** *of* **all the charges** lo absolvieron de todos los cargos • **the last candidate acquitted himself well in the interview** el último candidato se defendió bien en la entrevista.

acquittal /əˈkwɪtəl/ *n* (*Law*) absolución *f*.

acre /ˈeɪkə/ *n* (*Meas*) acre *m*.

acrid /ˈækrɪd/ *adj* acre.

acrimonious /ˌækrɪˈməʊnɪəs/ *adj* (*dispute*) amargo -ga.

acrimoniously /ˌækrɪˈməʊnɪəslɪ/ *adv* amargamente.

acrobat /ˈækrəbæt/ *n* acróbata *m/f*.

acrobatic /ˌækrəˈbætɪk/ I *adj* acrobático -ca.
II **acrobatics** *n pl* acrobacia *f*.

acronym /ˈækrənim/ *n* (*Ling*) acrónimo *m*.

across /əˈkrɒs/ I *adv*: **when we came to the lake we had to swim across** cuando llegamos al lago tuvimos que atravesarlo a nado; **she looked across to where he was sitting** miró hacia donde él estaba sentado; **there was a puddle four metres across** había un charco de cuatro metros de ancho.
II *prep*: **a tree had fallen across the path** un árbol caído atravesaba el camino; **she wiped her hand across her face** se pasó la mano por la cara; **we have to walk across the golf course** tenemos que cruzar el campo de golf; **she helped an old lady across the road** ayudó a una anciana a cruzar la calle; **there's a café across the square** hay un café al otro lado de la plaza.

across-the-board I *adj* generalizado -da: **across-the-board salary increases** aumentos de sueldo generalizados.
II **across the board** *adv* en general: **supermarkets will raise prices across the board** los supermercados subirán los precios de todos sus productos.

act /ækt/ I *n* **1.** (*division of a play*) acto *m*: **Act One, Scene Three** Acto primero, Escena tercera; (*performance*) número *m*: **his juggling act was a great success** su número de malabarismo tuvo mucho éxito; **his loud behaviour is just an act to cover up his shyness** su conducta exagerada no es más que comedia para ocultar su timidez • **she tried to get in on the act** trató de meterse en el asunto • **it's time he got his act together** ya es hora de que se decida a hacer algo. **2.** (*thing done*) acto *m*: **an act of courage** un acto de valor; **a deliberate criminal act** un acto delictivo deliberado; **this was perceived as an act of war** esto se vio como un acto beligerante ● **she was caught in the act of stealing a book** la pillaron robando un libro. **3.** (*Law, Pol*) ley *f*.

II *vi* **[acts, acting, acted]** **1.** (*on stage, television*) actuar: **she's never acted before** nunca ha trabajado como actriz; **he likes to act tough** le gusta hacerse el duro. **2.** (*to do something*) actuar: **we must act quickly** tenemos que actuar con rapidez; **the police acted** *on* **the information** la policía actuó a raíz de la información que obtuvo; **the drug acts rapidly** *on* **the brain** el medicamento actúa rápidamente en el cerebro; **he acted in his own interests** lo hizo por su propio interés. **3.** (*to behave*) comportarse: **he acts as if he'd never seen food before** se comporta como si nunca hubiera visto comida. **4.** (*to function*): **he acts** *as* **a mediator between the two factions** hace de mediador entre las dos facciones; **she has to act** *as* **an interpreter** tiene que hacer de intérprete; **the trees act** *as* **a windbreak** los árboles sirven de protección contra el viento; **she was acting** *for* **me in court** me representaba en el juicio.

♦ *vt* (*in the theatre*): **she's acting the part of Ophelia** hace el papel de Ophelia.

to **act out** *vt* representar: **children like to act out their fantasies** a los niños les gusta vivir sus fantasías.

to **act up** *vi* (*machine*) hacer de las suyas: **this computer's acting up again** este ordenador ya está haciendo de las suyas otra vez; (*person*) dar guerra: **the children were acting up because their mother wasn't there** los niños estaban dando guerra porque su madre no estaba allí.

acting /ˈæktɪŋ/ **I** *n* interpretación *f*: **the script was terrible but the acting was good** el guión era malísimo pero la interpretación muy buena; **she's decided to go back to acting** ha decidido retomar su carrera como actriz.

II *adj* en funciones: **the acting headteacher gave a speech** el director en funciones pronunció un discurso.

action /ˈækʃən/ *n* **1.** (*act, activity*) acción *f*: **he's ready for action** está listo para la acción; **all her actions so far have been sensible** hasta ahora todas sus acciones han sido prudentes; **it's time for action** es hora de actuar; **they took immediate action to clean up the town** tomaron medidas inmediatamente para limpiar la ciudad ● **let's put our plan into action** vamos a poner en marcha nuestro plan ● **he's been out of action since his injury** ha estado inactivo desde que tuvo la lesión ● **actions speak louder than words** obras son amores y no buenas razones ● **would you like to see the machine in action?** ¿le gustaría ver cómo funciona la máquina? ● **the washing machine's out of action** no funciona la lavadora. **2.** (*Mil*) acción *f*: **killed in action** muerto en acción ✻ en acto de servicio. **3.** (*Law*) demanda *f*. **4.** (*influence, effect*) acción *f*: **the action of acid** *on* **a piece of material** la acción del ácido en una tela. **5.** (*in a film, play*) acción *f*: **the action of the film takes place in Paris** la acción de la película transcurre en París.

action-packed *adj*: **an action-packed holiday for children** unas vacaciones con muchas actividades para los niños.

action replay *n* repetición *f* de la jugada.

action stations *excl*: **action stations, here comes the boss!** ¡a sus puestos, que viene el jefe!

activate /ˈæktɪveɪt/ *vt* **[activates, activating, activated]** activar.

active /ˈæktɪv/ *adj* **1.** (*Ling, energetic*) activo -va: **they played an active role in the negotiations** tomaron parte activa en las negociaciones; **she's very active for her age** es muy activa para la edad que tiene. **2.** (*volcano*) activo -va: **is the volcano active?** ¿es un volcán activo?

active service *n* servicio *m* activo.

active voice *n (Ling)* voz *f* activa.

actively /ˈæktɪvlɪ/ *adv* activamente: **they are actively opposed to all forms of racism** se oponen activamente a todo tipo de racismo; **she was not actively involved in the organization** no tomó parte activa en la organización.

activism /ˈæktɪvɪzəm/ *n* activismo *m*.

activist /ˈæktɪvɪst/ *n* activista *m/f*.

activity /ækˈtɪvətɪ/ *n* **[activities]** actividad *f*: **suddenly the street erupted into noisy activity** de repente, hubo una explosión de actividad en la calle; **we offer a variety of leisure activities** tenemos una gama de actividades para el tiempo libre; **there has been an increase in terrorist activity** se han incrementado las acciones terroristas.

actor /ˈæktə/ *n* actor *m*.

actress /ˈæktres/ *n* **[actresses]** actriz *f*.

actual /ˈæktʃʊəl/ *adj* **1.** (*real*) verdadero -ra: **she says she's twenty-eight but her actual age is forty** dice que tiene veintiocho años, pero en realidad tiene cuarenta. **2.** (*specific*): **those were her actual words** eso fue exactamente lo que dijo; **this is the actual document he discovered** éste es el mismísimo documento que descubrió.

actually /ˈæktʃʊəlɪ/ *adv* **1.** (*really, in fact*) en realidad: **he's not actually the owner** en realidad, él no es el dueño; **I can't actually show you the papers but...** enseñarte los papeles no puedo, pero... **2.** (*precisely*) exactamente: **tell me what she actually said** dime exactamente lo que dijo. **3.** (*despite what you may think*) de hecho: **she's actually a very good teacher** de hecho, es muy buena profesora; **it's not difficult at all: actually it's very easy** no es nada difícil: al contrario, es muy fácil; **he's actually Belgian, not French** de hecho, es belga, no francés; **"You don't mind, do you?" "Yes, I do actually."** "¿No te importa, verdad?" "Pues la verdad es que sí." **4.** (*even*) incluso: **he actually got to the stage of not going to work** llegó incluso a dejar de ir a trabajar; **she actually arrived on time today!** ¡hoy hasta ha sido puntual!

acumen /ˈækjʊmən/ *n* perspicacia *f*.

acupuncture /ˈækjʊˌpʌŋktʃə/ *n* acupuntura *f*.

acute /əˈkjuːt/ *adj* **1.** (*pain*) intenso -sa, agudo -da. **2.** (*shortage, crisis*) grave: **the problem became acute** el problema se agravó; **she suffers acute embarrassment when her parents are around** se siente extremadamente incómoda cuando están sus padres. **3.** (*sense of smell, hearing, etc.*) fino -na, agudo -da. **4.** (*observation, remark*) perspicaz, agudo -da. **5.** (*accent, angle*) agudo -da.

acutely /əˈkjuːtlɪ/ *adv*: **she was acutely conscious of her stammer** era muy consciente de su tartamudeo; **he is acutely aware of the delicacy of the situation** se da perfecta cuenta de lo delicada que es la situación.

AD /eɪˈdiː/ (*abreviatura de* **anno Domini**) d. de C. ✻ d.C. (después de Cristo): **in six AD** en el año seis d. de C.

ad /æd/ *n* (*apócope de* **advertisement**) (*fam*) anuncio *m*.

adage /ˈædɪdʒ/ *n* refrán *m*.

Adam /'ædəm/ *n* Adán *m* • **I don't know him from Adam** no lo conozco de nada.

Adam's apple *n* nuez *f* (de Adán).

adamant /'ædəmənt/ *adj* inflexible: **I am adamant on that point** en ese punto soy inflexible; **she was adamant that it couldn't be done** estaba convencida de que no se podía hacer.

adapt /ə'dæpt/ *vi* [**adapts, adapting, adapted**] adaptarse: **she finds it difficult to adapt** no se adapta fácilmente; **we adapted *to* the climate very quickly** nos adaptamos al clima muy pronto.
♦*vt* adaptar: **the computer program had been adapted *for* use in schools** habían adaptado el programa informático al uso escolar; **the book was adapted *for* television** adaptaron el libro para la televisión.

adaptable /ə'dæptəbəl/ *adj* **1.** (*object*) adaptable. **2.** (*person*) flexible.

adaptation /ˌædæp'teɪʃən/ *n* adaptación *f*.

adaptor, adapter /ə'dæptə/ *n* **1.** (*to connect several plugs*) ladrón *m*. **2.** (*for non-standard plug*) adaptador *m*.

add /æd/ *vt* [**adds, adding, added**] **1.** (*Maths*) sumar: **add all the numbers together** suma todos los números. **2.** (*ingredients*) añadir, agregar: **add the flour *to* the mixture** añadir la harina a la mezcla. **3.** (*comments, remarks*) añadir, agregar: **I have nothing to add *to* my previous statement** no tengo nada que añadir a mi declaración previa; **he added a few comments at the end of the letter** añadió algunos comentarios al final de la carta; **and don't be late, she added** y no llegues tarde, añadió.
♦*vi* (*Maths*) sumar: **the children learn to add and subtract** los niños aprenden a sumar y a restar.

to **add on** *vt/i*: **they're planning to add on *to* the gallery** están pensando ampliar el museo; **the garage was added on at a later date** el garaje fue construido posteriormente.

to **add to** *vt* aumentar: **their arrival has added to the chaos** su llegada no ha hecho sino aumentar la confusión.

to **add up** *vt* sumar: **she added up the bill** sumó * hizo la cuenta.
♦*vi* **1.** (*Maths*) sumar: **he can't add up** no sabe sumar; **his earnings don't add up *to* much** sus ingresos no llegan a mucho • **what it adds up to is a plot against the government** a lo que equivale es a un complot contra el gobierno. **2.** (*to make sense*) tener sentido: **what she told us didn't seem to add up** lo que nos contó no tenía sentido.

added /'ædɪd/ *adj* adicional: **this policy offers added protection** esta póliza le ofrece protección adicional; **she had an added advantage in being taller** tenía una ventaja más por ser más alta.

addendum /ə'dendəm/ *n* [*pl* **addenda** /æ'dendə/] apéndice *m*, addenda *f*.

adder /'ædə/ *n* víbora *f*.

addict /'ædɪkt/ *n* adicto -ta *m/f*: **a clinic for drug addicts** una clínica para drogadictos * toxicómanos; **his children are television addicts** sus hijos son teleadictos.

addicted /ə'dɪktɪd/ *adj* adicto -ta: **he's addicted *to* tranquillizers** es adicto a los tranquilizantes; **she's become addicted *to* soap operas** se ha hecho adicta a las telenovelas.

addiction /ə'dɪkʃən/ *n* (*to drugs*) adicción *f*; (*to sport*) afición *f*.

addictive /ə'dɪktɪv/ *adj* que crea adicción: **video games can be addictive** los videojuegos pueden crear dependencia.

addition /ə'dɪʃən/ *n* **1.** (*Maths*) adición *f*, suma *f*. **2.** (*act of adding*): **the addition of salt is recommended at this point** es recomendable añadir la sal en este momento. **3.** (*extra item, person*): **he will be a useful addition *to* the group** será una adquisición muy útil para el grupo; **there will be four children *in* addition *to* the six adults** habrá cuatro niños además de los seis adultos.

additional /ə'dɪʃənəl/ *adj* adicional: **there is an additional complication** hay una complicación añadida.

additionally /ə'dɪʃənəlɪ/ *adv* además.

additive /'ædɪtɪv/ *n* aditivo *m*.

address /ə'dres/ **I** *vt* [**addresses, addressing, addressed**] **1.** (*envelope*) poner la dirección en: **the envelope had been wrongly addressed** habían puesto la dirección equivocada en el sobre; **I addressed the letter to you** mandé la carta a tu nombre. **2.** (*person*): **he addressed her *as* "Your Ladyship"** la trataba de "Su Señoría" **3.** (*frml*: *meeting, audience*): **the general addressed the troops** el general se dirigió a las tropas; **he addressed his remarks *to* the chairman** dirigió sus comentarios al presidente; **may I address the floor?** ¿puedo tomar la palabra? **4.** (*issue*) tratar: **we must address the problem of juvenile delinquency** tenemos que tratar el tema de la delincuencia juvenil.
II *n* [**addresses**] **1.** (*where somebody lives*) dirección *f*: **what's his address?** ¿cuál es su dirección? * ¿cuáles son sus señas? **2.** (*frml*: *speech*) discurso *m*.

adenoids /'ædənɔɪdz/ *n pl* vegetaciones *f pl*.

adept /ə'dept/ *adj* hábil: **she was adept *at* avoiding questions** era muy hábil para eludir preguntas.

adeptly /ə'deptlɪ/ *adv* hábilmente.

adequacy /'ædɪkwəsɪ/ *n* **1.** (*suitability*) idoneidad *f*: **there was doubt about the adequacy of the premises** se dudaba que el local fuera adecuado. **2.** (*sufficiency*) suficiencia *f*.

adequate /'ædɪkwət/ *adj* **1.** (*satisfactory, suitable*) adecuado -da, apropiado -da: **there is no adequate solution to the problem** no hay una solución adecuada al problema. **2.** (*sufficient*) suficiente: **the resources are adequate *to* **for* our needs** tenemos los recursos suficientes para lo que necesitamos.

adequately /'ædɪkwətlɪ/ *adv* adecuadamente.

adhere /əd'hɪə/ *vi* [**adheres, adhering, adhered**] **1.** (*to stick*) adherirse, pegarse: **allow five minutes for the two surfaces to adhere** esperar cinco minutos hasta que las dos superficies estén pegadas. **2.** (*to stand by*): **she has always adhered firmly *to* socialist principles** siempre se ha mantenido fiel a los principios socialistas; **you must adhere *to* your promise** tienes que mantener tu promesa.

adherent /əd'hɪərənt/ *n* partidario -ria *m/f*.

adhesion /əd'hi:ʒən/ *n* adhesión *f*.

adhesive /əd'hi:sɪv/ **I** *adj* adhesivo -va: **she stuck the poster up with adhesive tape** puso el póster con cinta adhesiva * celo. **II** *n* adhesivo *m*.

adhesive tape *n (gen)* cinta *f* adhesiva; (*US*: *Med*) esparadrapo *m*.

ad hoc /æd'hɒk/ *adj* ad hoc.

adjacent /ə'dʒeɪsənt/ *adj* (*frml*) contiguo -gua: **she was sleeping in the adjacent room** dormía en la habitación contigua; **the building adjacent *to* ours** el edificio contiguo al nuestro.

adjectival /ˌædʒek'taɪvəl/ *adj* adjetivo -va, adjetival.

adjective /ˈædʒektɪv/ *n* adjetivo *m*.

adjoin /əˈdʒɔɪn/ *vt* [**adjoins, adjoining, adjoined**] (*frml*): **his house adjoins the restaurant** su casa es contigua al restaurante.

adjoining /əˈdʒɔɪnɪŋ/ *adj* de al lado: **there was a party going on in the adjoining office** estaban de fiesta en la oficina de al lado.

adjourn /əˈdʒɜːn/ *vt* [**adjourns, adjourning, adjourned**] (*Law: session*) levantar: **the session was adjourned at nine o'clock** la sesión se levantó a las nueve; (*: court, trial*) aplazar: **the trial has been adjourned until Tuesday** el juicio ha sido aplazado hasta el martes; (*meeting*) interrumpir.
♦ *vi* 1. (*Law*): **the court adjourned until the following week** se levantó la sesión hasta la semana siguiente; **the meeting adjourned for lunch** los asistentes a la reunión se retiraron a almorzar. 2. (*fam: to move*): **let's adjourn** *to* **the pub** vamos al bar.

adjournment /əˈdʒɜːnmənt/ *n* (*of meeting, trial: for a short time*) pausa *f*; (*: until a later date*) aplazamiento *m*.

adjudicate /əˈdʒuːdɪkeɪt/ *vi* [**adjudicates, adjudicating, adjudicated**] (*frml*) ser juez: **she adjudicated at the competition** fue juez durante la competición.
♦ *vt* juzgar: **they have to adjudicate some very complex cases** tienen que juzgar algunos casos muy complejos.

adjust /əˈdʒʌst/ *vt* [**adjusts, adjusting, adjusted**] 1. (*Tec*) ajustar: **he adjusted the tyre pressure** ajustó la presión de los neumáticos. 2. (*to correct, modify*) modificar: **we need to adjust the timetable to include French** tenemos que modificar el horario para incluir el francés; **I had to adjust the jacket slightly** tuve que arreglar la americana un poco.
♦ *vi* adaptarse: **it's difficult to adjust** *to* **a new school** es difícil adaptarse cuando se cambia de colegio.

adjustable /əˈdʒʌstəbəl/ *adj* regulable.

adjustment /əˈdʒʌstmənt/ *n* 1. (*Tec*) ajuste *m*: **we've made an adjustment to the motor** le hemos hecho un ajuste al motor. 2. (*to clothes*) arreglo *m*: **she made a few last-minute adjustments to the dress** hizo unos arreglos de última hora al vestido. 3. (*to circumstances*) adaptación *f*.

ad-lib /ædˈlɪb/ **I** *vt/i* [**ad-libs, ad-libbing, ad-libbed**] improvisar.
II ad lib *adv*: **we answered the questions ad lib** respondimos a las preguntas sin preparación previa.
III ad lib *adj* improvisado -da.

administer /ədˈmɪnɪstə/ *vt* [**administers, administering, administered**] 1. (*Fin*) administrar: **she administers the estate for her father** administra las propiedades de su padre. 2. (*Pol*) gobernar: **it is a very hard country to administer** es un país muy difícil de gobernar. 3. (*frml: to give*) administrar: **she is not qualified to administer medicines** *to* **patients** no está autorizada a administrar medicinas a los pacientes.

administration /ədˌmɪnɪˈstreɪʃən/ *n* 1. (*US: Pol*) gobierno *m*: **the Nixon Administration** el gobierno de Nixon. 2. (*bureaucratic body, procedures*) administración *f*: **a lot of time and money is spent in administration** se invierten mucho tiempo y dinero en la administración. 3. (*frml: of justice, medicine*) administración *f*.

administrative /ədˈmɪnɪstrətɪv/ *adj* administrativo -va.

administrator /ədˈmɪnɪstreɪtə/ *n* administrador -dora *m/f*.

admirable /ˈædmɪrəbəl/ *adj* admirable.

admirably /ˈædmɪrəblɪ/ *adv* admirablemente.

admiral /ˈædmɪrəl/ *n* almirante *m*.

Admiralty /ˈædmɪrəltɪ/ *n*: **the Admiralty** (*in GB*) *el Ministerio de Marina*.

admiration /ˌædmɪˈreɪʃən/ *n* admiración *f*: **I am full of admiration** *for* **his determination** su empeño me llena de admiración.

admire /ədˈmaɪə/ *vt* [**admires, admiring, admired**] admirar: **I admired him** *for* **his enthusiasm** lo admiraba por su entusiasmo; **he always admires himself in shop windows** le gusta contemplarse en los escaparates.

admirer /ədˈmaɪrə/ *n* admirador -dora *m/f*: **he was always a great admirer** *of* **Picasso** siempre fue un gran admirador de Picasso; **she has many admirers** tiene muchos admiradores.

admissible /ədˈmɪsəbəl/ *adj* admisible.

admission /ədˈmɪʃən/ *n* 1. (*to club, museum*) entrada *f*: **admission is four pounds** la entrada vale cuatro libras; **is there an admission charge?** ¿hay que pagar entrada?; **management reserves the right to refuse admission** la dirección se reserva el derecho de admisión. 2. (*to hospital, university*) ingreso *m*: **I recommend the immediate admission of this patient to hospital** recomiendo que el paciente sea ingresado en el hospital inmediatamente; **admission to university is dependent on exam results** el ingreso en la universidad depende de los resultados de los exámenes. 3. (*confession, recognition*) confesión *f*: **her admission that she couldn't read came as a shock** su confesión de que no sabía leer nos dejó atónitos; **this was understood as an admission** *of* **failure** esto fue considerado como un reconocimiento de su fracaso.

admit /ədˈmɪt/ *vt* [**admits, admitting, admitted**] 1. (*to confess to*) confesar: **she admitted her involvement in the crime** confesó su participación en el delito. 2. (*to recognize*) admitir, reconocer: **I admit that it won't be easy** tengo que admitir que no va a ser fácil; **we admitted going through a red light** reconocimos que nos habíamos saltado un semáforo en rojo. 3. (*to permit entry to*) dejar entrar: **this voucher admits one** esta entrada es para una persona; **under 18's will not be admitted** se prohíbe la entrada a los menores de dieciocho años. 4. (*to hospital*) ingresar, internar: **he had to be admitted** *to* **hospital** tuvieron que ingresarlo en el hospital; (*to university*) admitir: **more women were admitted** *to* **the department this year** este año han admitido a un mayor número de mujeres en la facultad.

admittance /ədˈmɪtəns/ *n*: **we were able to gain admittance** *to* **their headquarters** se nos permitió la entrada a su sede central; (*on sign*): **no admittance** prohibida la entrada.

admittedly /ədˈmɪtɪdlɪ/ *adv*: **admittedly it's not entirely her fault** reconozco que toda la culpa no es suya; **I'm sure it was the same man, although admittedly he was wearing a different jacket** estoy segura de que era el mismo hombre, aunque reconozco que llevaba otra chaqueta.

admonish /ədˈmɒnɪʃ/ *vt* [**admonishes, admonishing, admonished**] (*frml*) amonestar.

admonition /ˌædmɒˈnɪʃən/ *n* (*frml*) amonestación *f*.

ado /əˈduː/ *n* • **without further ado, he announced the winner** sin más dilación, dio a conocer el nombre del ganador.

adolescence /ˌædəˈlesəns/ *n* adolescencia *f*.

adolescent /ˌædəˈlesənt/ *adj, n* adolescente *adj, m/f*: **two adolescent boys** dos adolescentes * muchachos.

adopt /əˈdɒpt/ *vt* [**adopts, adopting, adopted**] **1.** (*child, procedure*) adoptar: **they have adopted the American lifestyle** han adoptado el estilo de vida americano; **he's an adopted child** es adoptado. **2.** (*to approve*) aprobar: **the plan was adopted by the committee** el plan fue aprobado por el comité.

adoption /əˈdɒpʃən/ *n* adopción *f*: **adoption would be the best solution** lo mejor sería que la adoptaran.

adoptive /əˈdɒptɪv/ *adj* adoptivo -va.

adorable /əˈdɔːrəbəl/ *adj* adorable.

adoration /ædəˈreɪʃən/ *n* adoración *f*.

adore /əˈdɔː/ *vt* [**adores, adoring, adored**] adorar: **she adores that dog** adora a ese perro; **I just adore going to the country** me encanta ir al campo.

adoring /əˈdɔːrɪŋ/ *adj*: **she gave him an adoring look** lo miró con adoración.

adorn /əˈdɔːn/ *vt* [**adorns, adorning, adorned**] adornar: **the altar was adorned** *with* **flowers** el altar estaba adornado con flores.

adornment /əˈdɔːnmənt/ *n* adorno *m*.

adrenalin /əˈdrenəlɪn/ *n* adrenalina *f*.

Adriatic /eɪdrɪˈætɪk/ *n*: **the Adriatic (Sea)** el (mar) Adriático.

adrift /əˈdrɪft/ *adv*: **the boat was adrift on the open sea** el barco iba a la deriva por mar abierto; **the ropes had come adrift** se habían soltado las amarras • **their holiday plans went adrift** las vacaciones que tenían planeadas se fueron al garete.

adroit /əˈdrɔɪt/ *adj* hábil: **she is very adroit** *at* **mending fuses** es muy hábil para arreglar fusibles.

adroitly /əˈdrɔɪtlɪ/ *adv* hábilmente.

adulation /ˌædjʊˈleɪʃən/ *n* adulación *f*.

adult /ˈædʌlt, əˈdʌlt/ *adj, n* adulto -ta *adj, m/f*: **for adults only** sólo para adultos; **when you are an adult you will be able to vote** cuando seas mayor podrás votar; **adult education** clases para adultos; **she has very adult opinions** tiene opiniones muy adultas.

adulterate /əˈdʌltəreɪt/ *vt* [**adulterates, adulterating, adulterated**] adulterar.

adulterer /əˈdʌltərə/ *n* adúltero *m*.

adulteress /əˈdʌltəres/ *n* [**adulteresses**] adúltera *f*.

adulterous /əˈdʌltərəs/ *adj* adúltero -ra.

adultery /əˈdʌltərɪ/ *n* adulterio *m*.

advance /ədˈvɑːns/ **I** *vi* [**advances, advancing, advanced**] **1.** (*to move forward*) avanzar: **the army advanced towards the border** el ejército avanzaba hacia la frontera; **she advanced** *on* **him, knife in hand** avanzó hacia él, cuchillo en mano. **2.** (*to progress*) progresar: **she is advancing slowly in her studies** poco a poco, está haciendo progresos en los estudios; **technology is advancing all the time** la tecnología avanza continuamente; **he has advanced within the company** ha ascendido en la empresa.
♦ *vt* **1.** (*Mil*) hacer avanzar: **the general advanced his troops** el general hizo avanzar sus tropas. **2.** (*to propose*) proponer: **she advanced the idea of rail privatization** propuso la idea de privatizar los ferrocarriles; **the scientist advanced his latest theory** el científico expuso su última teoría. **3.** (*to promote*) ayudar: **the strike did nothing to advance their cause** la huelga no sirvió de ayuda a su causa. **4.** (*to lend*) adelantar, anticipar: **the firm advanced him a month's salary** la empresa le adelantó * anticipó el sueldo de un mes. **5.** (*to bring forward*) adelantar: **they advanced the show to the twentieth** adelantaron el espectáculo al día veinte.
II *n* **1.** (*of troops*) avance *m*. **2.** (*progress*) adelanto *m*: **recent advances in cancer research** recientes adelantos en la investigación del cáncer. **3.** (*Fin*) anticipo *m*: **they gave us an advance of fifty pounds** nos dieron un anticipo de cincuenta libras. **4. in advance** (*beforehand*): **you have to check in for your flight two hours in advance** tienes que facturar dos horas antes del vuelo; **we paid for the tickets in advance** pagamos las entradas por adelantado; **we booked seats well in advance** reservamos los asientos con mucha antelación.
III advances *n pl* (*to a person*): **he was making advances** *to* **her** estaba intentando ligar con ella.
IV *adj* **1.** (*prior*): **we had no advance notice * warning of the closure** no hubo advertencia previa del cierre; **he made an advance booking** hizo una reserva por adelantado. **2.** (*forward*): **they sent out an advance party** mandaron una avanzadilla.

advance payment *n* anticipo *m*.

advanced /ədˈvɑːnst/ *adj* **1.** (*in time, skills*) avanzado -da: **talks are now well advanced** las negociaciones ya están muy avanzadas; **she is very advanced for her age** está muy adelantada para la edad que tiene. **2.** (*Educ*) superior: **an advanced course in linguistics** un curso avanzado * superior de lingüística.

advancement /ədˈvɑːnsmənt/ *n* **1.** (*in knowledge, technology*) avance *m*. **2.** (*at work*) ascenso *m*: **there is plenty of opportunity for advancement in the company** hay muchas oportunidades de ascenso en la empresa.

advantage /ədˈvɑːntɪdʒ/ *n* **1.** (*gen*) ventaja *f*: **she has several advantages** *over* **her rival** tiene varias ventajas con respecto a su rival; **you have the advantage** *of* **living near work** tienes la ventaja de vivir cerca del trabajo • **you may learn something to your advantage** puede que aprendas algo que te beneficie • **this type of furniture is seen to advantage in a large room** este tipo de mobiliario se aprecia mejor en una habitación grande • **to take advantage of** aprovecharse de: **he takes advantage of her** se aprovecha de ella; **you should take advantage of such a nice day** tendrías que aprovechar un día tan bueno. **2.** (*Sport*: *in tennis*) ventaja *f*: **advantage Allen** ventaja Allen.

advantage rule *n* ley *f* de la ventaja.

advantageous /ˌædvɑːnˈteɪdʒəs/ *adj* ventajoso -sa: **the exchange rate is very advantageous** *to* **us** el tipo de cambio es muy ventajoso para nosotros.

advent /ˈædvent/ *n* **1.** (*beginning*) llegada *f*: **with the advent of television, cinema audiences declined** con la llegada de la televisión, descendió la audiencia del cine. **2. Advent** (*Relig*) Adviento *m*.

Advent calendar *n* (*GB*) *calendario infantil con los días del Adviento.*

adventure /ədˈventʃə/ *n* aventura *f*: **he had a real love of adventure** le encantaba la aventura; **she told us about her adventures in Mexico** nos contó sus andanzas por México.

adventurer /ədˈventʃərə/ *n* aventurero -ra *m/f*.

adventurous /ədˈventʃərəs/ *adj* **1.** (*person, holiday*) aventurero -ra. **2.** (*project, design*) aventurado -da, arriesgado -da: **this new strategy might be a little too adventurous for us** puede que esta nueva estrategia sea demasiado arriesgada para nosotros.

adverb /ˈædvɜːb/ *n* adverbio *m*.

adverbial /ædˈvɜːbɪəl/ *adj* adverbial.

adversary /'ædvəsərı/ *n* [**adversaries**] (*Mil*: *frml*) adversario -ria *m/f*; (*Sport*) contrincante *m/f*.

adverse /'ædvɜ:s/ *adj* adverso -sa: **adverse weather conditions delayed flights** los vuelos se retrasaron debido a que las condiciones meteorológicas eran adversas; **there has been a lot of adverse publicity about the film** la película ha tenido muy mala prensa.

adversity /æd'vɜ:sətı/ *n* [**adversities**] (*frml*) adversidad *f*: **she stuck by him in times of adversity** permaneció a su lado en los momentos difíciles.

advert /æd'vɜ:t/ *n* (*apócope de* **advertisement**) (*fam*) anuncio *m*.

advertise /'ædvətaız/ *vt* [**advertises, advertising, advertised**] anunciar: **that product is often advertised** anuncian mucho ese producto; **I advertised my bicycle in the paper** puse un anuncio en el periódico para vender la bicicleta.
♦*vi* anunciarse: **they advertised in all the local papers** se anunciaron en todos los periódicos locales; **we advertise** *on* **the radio** nos anunciamos en la radio; **she advertised** *for* **a nanny** puso un anuncio para buscar niñera.

advertisement /əd'vɜ:tısmənt/ *n* anuncio *m*.

advertiser /'ædvə,taızə/ *n* anunciante *m/f*.

advertising /'ædvə,taızıŋ/ *n* publicidad *f*: **he works in advertising** se dedica a la publicidad; **you see their advertising everywhere** su publicidad se ve por todas partes.
advertising agency *n* agencia *f* de publicidad.
advertising campaign *n* campaña *f* publicitaria.

advice /əd'vaıs/ *n* **1.** (*gen*) consejo *m*: **they never ask (for) my advice** nunca me piden consejo; **he gave me a piece of advice** me dio un consejo; **did she take your advice?** ¿siguió tu consejo? **2.** (*professional*) asesoramiento *m*: **you should take medical advice** deberías consultar al médico.
advice columnist *n* (*US*) *persona responsable de un consultorio sentimental.*

advisable /əd'vaızəbəl/ *adj* aconsejable: **do you think it advisable for him to stay?** ¿te parece aconsejable que se quede?

advise /əd'vaız/ *vt* [**advises, advising, advised**] **1.** (*to recommend*) aconsejar: **he advised me to buy a new one** me aconsejó que comprara uno nuevo; **I advised him** *against* **it** le aconsejé que no lo hiciera; (*professionally*) asesorar. **2.** (*frml*: *to inform*) informar: **please advise us of any change of address** por favor, infórmenos en caso de cambio de dirección.

adviser, **advisor** /əd'vaızə/ *n* **1.** (*gen*) consejero -ra *m/f*. **2.** (*professional*) asesor -sora *m/f*.

advisory /əd'vaızərı/ *adj* (*role*) consultivo -va: **she's employed in an advisory capacity** está contratada en calidad de asesora.

advocate I /'ædvəkeıt/ *vt* [**advocates, advocating, advocated**] abogar por, preconizar.
II /'ædvəkət/ *n* **1.** (*supporter*) defensor -sora *m/f*, partidario -ria *m/f*: **he's an advocate** *of* **euthanasia** es partidario de la eutanasia. **2.** (*Law*) abogado -da *m/f*.

Aegean /i:'dʒi:ən/ *n*: **the Aegean (Sea)** el (mar) Egeo.

aerial /'eərıəl/ I *n* (*Telec*) antena *f*.
II *adj* aéreo -rea.

aerie /'i:ri/ *n* (*US*) aguilera *f*.

aerobics /eə'rəubıks/ *n* *[lleva el verbo en singular]* aerobic *m*.

aerodrome /'eərədrəum/ *n* (*GB*) aeródromo *m*.

aerodynamic /,eərəudaı'næmık/ I *adj* aerodinámico -ca.
II **aerodynamics** *n [lleva el verbo en singular]* aerodinámica *f*.

aeronautics /,eərə'nɔ:tıks/ *n [lleva el verbo en singular]* aeronáutica *f*.

aeroplane /'eərəpleın/ *n* avión *m*.

aerosol /'eərəsɒl/ *n* aerosol *m*, spray *m*.

aerospace /'eərəspeıs/ *adj* aeroespacial.

aesthetic /i:s'θetık/ I *adj* estético -ca.
II **aesthetics** *n [lleva el verbo en singular]* estética *f*.

aesthetically /i:s'θetıklı/ *adv* estéticamente.

afar /ə'fɑ:/ *adv* (*frml*) lejos • **he had admired her from afar** la había admirado de lejos.

affability /,æfə'bılətı/ *n* afabilidad *f*.

affable /'æfəbəl/ *adj* afable.

affair /ə'feə/ I *n* **1.** (*gen*) asunto *m*: **this is no affair of ours** esto no es asunto nuestro; (*legal*) caso *m*; (*social*) acontecimiento *m*: **the procession is an annual affair** la procesión se celebra todos los años. **2.** (*extramarital*) aventura *f* (amorosa): **she had an affair with a politician** tuvo una aventura con un político.
II **affairs** *n pl* (*matters*) asuntos *m pl*: **she employed someone to manage her financial affairs** contrató a una persona para que administrara sus bienes.

affect /ə'fekt/ *vt* [**affects, affecting, affected**] **1.** (*to have repercussions on*) afectar a: **the floods affected the whole valley** las inundaciones afectaron a todo el valle. **2.** (*to influence*) influir en: **my response affected her decision** mi respuesta influyó en su decisión. **3.** (*emotionally*) afectar, conmover: **we were all affected** *by* **the tragedy** la tragedia nos afectó mucho a todos. **4.** (*to assume*) afectar, fingir: **she affected an American accent** afectó un acento americano.

affectation /,æfek'teıʃən/ *n* afectación *f*, amaneramiento *m*.

affected /ə'fektıd/ *adj* afectado -da, amanerado -da.

affection /ə'fekʃən/ *n* cariño *m*, afecto *m*: **her affection** *for* **him was obvious** su cariño por él era obvio.

affectionate /ə'fekʃənət/ *adj* cariñoso -sa, afectuoso -sa.

affectionately /ə'fekʃənətlı/ *adv* cariñosamente, afectuosamente.

affidavit /,æfı'deıvıt/ *n* declaración *f* jurada.

affiliate I /ə'fılıət/ *n* (*person*) asociado -da *m/f*; (*organization*) filial *f*.
II /ə'fılıeıt/ *vt/i* [**affiliates, affiliating, affiliated**] asociar(se): **the club is affiliated** *to* **the federation** el club está asociado a la federación; **an affiliated company** una filial.

affiliation /ə,fılı'eıʃən/ *n* afiliación *f*.

affinity /ə'fınətı/ *n* [**affinities**] **1.** (*similarity*) parecido *m*, afinidad *f*: **the disease has some affinities** *with* **smallpox** la enfermedad tiene cierto parecido con la viruela. **2.** (*sympathy*) simpatía *f*: **he had a great sense of affinity** *with* **the locals** simpatizaba mucho con la gente del lugar.

affirm /ə'fɜ:m/ *vt* [**affirms, affirming, affirmed**] (*frml*) afirmar.

affirmation /,æfə'meıʃən/ *n* (*frml*) afirmación *f*.

affirmative /ə'fɜ:mətıv/ (*frml*) I *adj* afirmativo -va.
II *n*: **she answered** *in* **the affirmative** dio una respuesta afirmativa.

affirmatively /ə'fɜ:mətıvlı/ *adv* afirmativamente.

affix /ə'fıks/ *vt* [**affixes, affixing, affixed**] (*frml*: *stamp*) pegar; (*: signature*) poner.

afflict /ə'flıkt/ *vt* [**afflicts, afflicting, afflicted**] aquejar: **the problems that afflict us** los problemas que nos aquejan; **she's afflicted** *with* **arthritis** padece de artritis.

affliction /əˈflɪkʃən/ *n* (*frml*) **1.** (*illness*) dolencia *f*, mal *m*: **the afflictions of old age** los males de la vejez. **2.** (*cause of grief*) desgracia *f*.

affluence /ˈæflʊəns/ *n* prosperidad *f*, riqueza *f*.

affluent /ˈæflʊənt/ *adj* acomodado -da, adinerado -da.

afford /əˈfɔːd/ *vt* [**affords, affording, afforded**] **1.** (*to be able to buy*): **I can't afford to buy a house** no tengo dinero para comprarme una casa; **can't you afford an umbrella?** ¿es que no te llega para un paraguas?; **we can't afford it this month** este mes no nos lo podemos permitir. **2.** (*to allow oneself*) permitirse: **we can't afford to be late** no nos podemos permitir llegar tarde. **3.** (*frml*: *to provide*) proporcionar: **this post affords him more free time** este puesto le deja más tiempo libre.

affront /əˈfrʌnt/ *n* afrenta *f*, ofensa *f*.

affronted /əˈfrʌntɪd/ *adj* ofendido -da.

afield /əˈfiːld/ *adv* (*frml*): **people came from far afield to attend the conference** hubo gente que vino desde muy lejos para asistir a la conferencia.

aflame /əˈfleɪm/ *adj* en llamas.

AFL-CIO /ˈeɪefelˌsiːaɪəʊ/ *n* (*in US*) (*abreviatura de* **American Federation of Labor and Congress of Industrial Organizations**) *central sindical estadounidense*.

afloat /əˈfləʊt/ *adj* a flote: **try to stay afloat** trata de mantenerte a flote.

afoot /əˈfʊt/ *adj*: **there was something illegal afoot** se traían entre manos algo ilegal; **there's a scheme afoot to build a shopping centre** proyectan construir un centro comercial.

aforementioned /əˈfɔːˌmenʃənd/, **aforesaid** /əˈfɔːsəd/ *adj* (*frml*) susodicho -cha, anteriormente citado -da.

afraid /əˈfreɪd/ *adj* **1.** (*scared*): **don't be afraid** no tengas miedo; **he's afraid** *of* **bats** le dan miedo los murciélagos; **he was afraid to leave the house** tenía miedo de salir de casa; **she was afraid** *for* **the safety of her children** temía por la seguridad de sus hijos; (*worried*): **I was afraid** *of* **waking you up** me daba miedo despertarte. **2.** (*regretful*): **I'm afraid it's impossible** me temo que es imposible; **"Has he gone?" "I'm afraid so."** "¿Se ha marchado?" "Me temo que sí."

afresh /əˈfreʃ/ *adv* (*frml*) de nuevo: **we'll have to start afresh** tendremos que empezar de nuevo.

Africa /ˈæfrɪkə/ *n* África *f* [takes the definite article ***el***].

African /ˈæfrɪkən/ *adj*, *n* africano -na *adj*, *m/f*.

African-American *adj*, *n* afroamericano -na *adj*, *m/f*.

African National Congress *n* Congreso *m* Nacional Africano.

Afrikaner /ˌæfrɪˈkɑːnə/ *n* afrikáner *m/f*.

Afro-American /ˈæfrəʊəˌmerɪkən/ *adj*, *n* afroamericano -na *adj*, *m/f*.

aft /ɑːft/ **I** *adj* de popa.

II *adv* en la popa.

after /ˈɑːftə/ **I** *prep* **1.** (*following in time*) después de: **call me after the concert** llámame después del concierto; **it's after eleven o'clock** son las once pasadas; **the day after tomorrow** pasado mañana; **I'll go the month after next** iré dentro de dos meses; **we went to a bar, and after that to a club** fuimos a un bar y después a una discoteca • **week after week** semana tras semana • **we called her Anne after her grandmother** le pusimos Anne por su abuela. **2.** (*at the end of*) al cabo de: **they came back after a month** regresaron al cabo de un mes • **after all (is said and done), one is as good as the other** después de todo, es tan bueno el uno como el otro • **I didn't go after all** al final no fui • **he didn't even need the money after all that** después de todo eso, ni siquiera necesitaba el dinero. **3.** (*US*: *when telling the time*): **it's five after two** son las dos y cinco. **4.** (*following in order*) tras, detrás de: **they died one after the other** murieron uno tras otro; **who's after you in the queue?** ¿quién va detrás de usted en la cola? **5.** (*pursuing, seeking*): **the Mafia were after her** la perseguía la mafia; **I've been after this book for months** llevo meses buscando este libro • **what's she after?** ¿qué (es lo que) quiere?

II *conj* después de que: **he left after we spoke** se fue después de que habláramos.

III *adv* después: **he died soon after** murió poco después; **he wrote to me the day after** me escribió al día siguiente.

afterbirth *n* placenta *f*.

after-effect *n* consecuencia *f*.

afterlife *n* vida *f* eterna.

aftermath *n* (*consequences*) secuelas *fpl*; (*period*): **there was a famine in the aftermath of the civil war** hubo una hambruna en el periodo que siguió a la guerra civil.

after-sales service *n* servicio *m* posventa.

aftershave (lotion) *n* loción *f* para después del afeitado, aftershave *m*.

aftertaste *n* regusto *m*: **that sauce leaves an unpleasant aftertaste** esa salsa deja un sabor de boca desagradable.

afterthought *n*: **as an afterthought, he said he could take me home** luego se le ocurrió que me podía llevar a casa.

afternoon /ˌɑːftəˈnuːn/ *n* tarde *f*: **good afternoon!** ¡buenas tardes!; **he always goes out in the afternoon** siempre sale por la tarde; **I saw him yesterday afternoon** lo vi ayer por la tarde.

afters /ˈɑːftəz/ *n pl* (*GB*: *fam*) postre *m*: **they had ice cream for afters** de postre tomaron helado.

afterwards /ˈɑːftəwədz/, **afterward** /ˈɑːftəwəd/ *adv* después: **let's play tennis now and eat afterwards** vamos a jugar al tenis ahora y comemos después.

again /əˈgen, əˈgeɪn/ *adv* de nuevo, otra vez: **how do you spell your name again?** ¿puedes decirme otra vez cómo se escribe tu nombre?; **don't open the door again** no vuelvas a abrir la puerta • **she wrote to him again and again** le escribía una y otra vez • **she stabbed him again and again** lo apuñaló repetidas veces.

against /əˈgenst, əˈgeɪnst/ *prep* **1.** (*opposed to: ideologically*) en contra de: **we're against the plan** estamos en contra del plan; (*: physically*) contra: **he fought against the fascists** luchó contra los fascistas; **they took measures against corruption** tomaron medidas contra la corrupción; **we were cycling against the wind** pedaleábamos con el viento en contra; **it's against her principles** va en contra de sus principios; **that is against the rules** eso no está permitido por el reglamento. **2.** (*in contact with*) contra: **he leant against the fence** se apoyó contra la valla.

age /eɪdʒ/ **I** *n* **1.** (*years lived*) edad *f*: **what age are her pupils?** ¿qué edad tienen sus alumnos?; **she's fifteen years** *of* **age** tiene quince años; **he emigrated at the age of twenty** emigró a los veinte años • **he's under age, they won't let him in** es menor de edad, no lo dejarán entrar • **she came of age in March** alcanzó la mayoría de edad en marzo • **you don't look your age** no representas tus años ✻ los años que tienes • **he lived to the ripe old age of ninety-six** llegó a la avanzada edad de noventa y seis años. **2.** (*period*) era *f*, época *f*: **the Age of Discovery** la Era de los Descubrimientos; **the stars have fascinated man throughout the ages** las estrellas han fascinado al hombre a través de los tiempos • **the train took an age to arrive** el tren tardó una eternidad en llegar • **he hasn't written to me for ✻ in ages** no me ha escrito hace siglos.

II *vt/i* [**ages, aging ✻ ageing, aged**] envejecer: **he has aged a lot recently** ha envejecido mucho últimamente.

age group *n*: **they're** *in* **the same age group** tienen aproximadamente la misma edad.

age limit *n* límite *m* de edad.

age of consent *n*: *edad a la que se pueden tener relaciones sexuales legalmente.*

age-old *adj* secular, milenario -ria.

aged I *adj* **1.** /ˈeɪdʒɪd/ (*very old*) anciano -na. **2.** /eɪdʒd/ (*describing age*): **a man aged twenty** un hombre de veinte años.

II the aged /ˈeɪdʒɪd/ *n pl* los ancianos.

ageless /ˈeɪdʒləs/ *adj* **1.** (*person*) siempre joven. **2.** (*quality*) eterno -na.

agency /ˈeɪdʒənsɪ/ *n* [**agencies**] agencia *f*: **a travel agency** una agencia de viajes.

agenda /əˈdʒendə/ *n* orden *m* del día, programa *m*: **this topic is not** *on* **the agenda** este asunto no figura en el orden del día • **what's on your agenda for tomorrow?** ¿qué planes tienes para mañana?

agent /ˈeɪdʒənt/ *n* **1.** (*person*) agente *m/f*: **a secret agent** un agente secreto; **an insurance agent** un agente de seguros; **a Renault agent** un concesionario de Renault. **2.** (*cause*) agente *m*: **the wind acts as a weathering agent on the rocks** el viento actúa como agente corrosivo en las rocas.

aggravate /ˈægrəˌveɪt/ *vt* [**aggravates, aggravating, aggravated**] **1.** (*to worsen*) agravar: **stress could aggravate the patient's condition** el estrés podría agravar el estado del paciente. **2.** (*fam*: *to annoy*) molestar, irritar.

aggravating /ˈægrəˌveɪtɪŋ/ *adj* molesto -ta, irritante.

aggravation /ˌægrəˈveɪʃən/ *n* **1.** (*worsening*) empeoramiento *m*. **2.** (*fam*: *annoyance*) exasperación *f*, irritación *f*. **3.** (*fam*: *problems*) problemas *m pl*.

aggregate /ˈægrəgət/ *n* **1.** (*collection*) agregado *m*. **2.** (*total*) total *m*: **the book achieved aggregate sales of 3.5 million** el libro alcanzó unas ventas totales de 3,5 millones; **we won 5-2** *on* **aggregate** ganamos 5 a 2 en el total de la eliminatoria.

aggression /əˈgreʃən/ *n* agresión *f*.

aggressive /əˈgresɪv/ *adj* **1.** (*violent*) agresivo -va. **2.** (*forceful*) con empuje: **you'll have to be more aggressive to get the job** tendrás que mostrar más empuje si quieres que te den el trabajo; **he's an aggressive salesman** es un vendedor agresivo.

aggressively /əˈgresɪvlɪ/ *adv* agresivamente: **the product was aggressively marketed** se llevó a cabo una agresiva campaña para introducir el producto en el mercado.

aggressiveness /əˈgresɪvnəs/ *n* agresividad *f*.

aggressor /əˈgresə/ *n* (*frml*) agresor -sora *m/f*.

aggrieved /əˈgriːvd/ *adj* (*frml*) disgustado -da: **he was rather aggrieved that she hadn't invited him** estaba bastante disgustado porque no lo había invitado.

aggro /ˈægrəʊ/ *n* (*GB*: *fam*) problemas *m pl*, rollos *m pl*: **I don't want any aggro** no quiero problemas.

aghast /əˈgɑːst/ *adj* horrorizado -da, espantado -da: **she was aghast** *at* **the news** se quedó horrorizada por la noticia.

agile /ˈædʒaɪl/ *adj* ágil.

agility /əˈdʒɪlətɪ/ *n* agilidad *f*.

agitate /ˈædʒɪteɪt/ *vi* [**agitates, agitating, agitated**] hacer campaña: **they're agitating** *for* **land reform** están haciendo campaña a favor de la reforma agraria.

♦*vt* **1.** (*to upset*) perturbar, intranquilizar. **2.** (*to shake*) agitar.

agitated /ˈædʒɪteɪtɪd/ *adj* inquieto -ta, nervioso -sa.

agitation /ˌædʒɪˈteɪʃən/ *n* **1.** (*Pol*) agitación *f*. **2.** (*nervousness*) inquietud *f*, nerviosismo *m*: **he was looking around him in agitation** miraba a su alrededor presa del nerviosismo.

agitator /ˈædʒɪteɪtə/ *n* (*Pol*) agitador -dora *m/f*.

AGM /eɪdʒiːˈem/ *n* (*abreviatura de* **Annual General Meeting**) reunión *f* anual (*de una asociación*).

agnostic /ægˈnɒstɪk/ *adj*, *n* agnóstico -ca *adj*, *m/f*.

agnosticism /ægˈnɒstɪsɪzəm/ *n* agnosticismo *m*.

ago /əˈgəʊ/ *adv*: **we saw her a fortnight ago** la vimos hace quince días; **how long ago did he leave?** ¿cuánto hace que se fue?; **the enquiry started as long ago as April** la investigación empezó ya en abril.

agog /əˈgɒg/ *adj* • **he was (all) agog at the news** estaba fascinado por la noticia.

agonize /ˈægənaɪz/ *vi* [**agonizes, agonizing, agonized**] angustiarse: **she agonized** *over* **whether to buy a car** le dio cien mil vueltas en la cabeza a la idea de comprarse un coche.

agonized /ˈægənaɪzd/ *adj* angustioso -sa: **he could hear agonized screams** oía unos gritos angustiosos.

agonizing /ˈægənaɪzɪŋ/ *adj* **1.** (*mentally*) angustioso -sa: **they had an agonizing wait of three hours** tuvieron una angustiosa espera de tres horas. **2.** (*physically*) atroz.

agony /ˈægənɪ/ *n* [**agonies**] **1.** (*physical*) dolor *m* (*muy intenso o agudo*): **she's** *in* **agony** tiene unos dolores horrorosos. **2.** (*mental*) angustia *f*: **she went through agonies making a decision** se angustió muchísimo hasta que tomó una decisión • **tell us now, don't prolong the agony!** ¡va, dínoslo, no nos tengas en vilo!

agony aunt *n* (*GB*) *persona responsable de un consultorio sentimental.*

agrarian /əˈgreərɪən/ *adj* agrario -ria.

agree /əˈgriː/ *vi* [**agrees, agreeing, agreed**] **1.** (*to share an opinion*) estar de acuerdo: **I don't agree** *with* **him about this** no estoy de acuerdo con él en esto; **this cold climate doesn't agree** *with* **us** este clima frío no va con nosotros; **I ate something that didn't agree** *with* **me** comí algo que me sentó mal. **2.** (*to come to an agreement*) ponerse de acuerdo: **they agreed** *on* **a date for the talks** acordaron una fecha para las conversaciones; **she agreed to lend me the car** accedió a prestarme el coche. **3.** (*to coincide*) coincidir: **their answers don't agree** sus respuestas no coinciden. **4.** (*Ling*) concordar.

♦*vt* acordar: **we have to agree a price** tenemos que acordar un precio; **we agree (that) the budget is insufficient** estamos de acuerdo en que el presupuesto es insuficiente; **we agreed to meet on Tuesday** quedamos en vernos el martes; **he agrees he did wrong** reconoce que actuó mal; **it was agreed that**

the proposal would be dropped se acordó que la propuesta sería retirada.

to **agree to** *vt* aceptar: **does he agree to my decision?** ¿acepta mi decisión?

agreeable /ə'gri:əbəl/ *adj* **1.** (*nice*) agradable. **2.** (*frml: willing*) conforme: **we'll go tomorrow if you're agreeable** iremos mañana si estás conforme.

agreeably /ə'gri:əblı/ *adv* agradablemente.

agreement /ə'gri:mənt/ *n* (*gen*) acuerdo *m*: **they were unable to come to an agreement** fueron incapaces de llegar a un acuerdo; **are we all** *in* **agreement?** ¿estamos todos de acuerdo?; (*financial*) convenio *m*: **a free trade agreement** un tratado de libre comercio; (*political*) pacto *m*, convenio *m*.

agricultural /ˌægrı'kʌltʃərəl/ *adj* agrícola.

agricultural college *n* escuela *f* de capacitación agraria.

agricultural engineer *n* ingeniero *m* agrónomo, ingeniera *f* agrónoma.

agricultural show *n* feria *f* del campo.

agriculture /'ægrıˌkʌltʃə/ *n* agricultura *f*.

aground /ə'graʊnd/ *adv*: **the schooner ran aground** la goleta encalló ✻ varó.

ah /ɑ:/ *excl* ah: **ah, I was looking for you** ah, te estaba buscando; **ah, well, I'm not too sure about that** ah, bueno, no estoy muy segura de eso.

aha /ɑ:'hɑ:/ *excl* ajá: **aha! I knew I had a stamp somewhere** ¡ajá!, sabía que tenía un sello en alguna parte.

ahead /ə'hed/ *adv*, *adj* **1.** (*forwards*) adelante: **they decided to go ahead** *with* **the campaign** decidieron seguir adelante con la campaña; **go straight ahead** siga adelante, todo recto • **go ahead, try it** adelante, pruébalo. **2.** (*in front*) delante: **there was a sharp bend (right) ahead** *of* **them** había una curva cerrada (justo) delante de ellos; **he got ahead** *of* **the champion on the last lap** adelantó al campeón en la última vuelta; **the other team is ahead** el otro equipo está ganando; **we're ahead** *of* **Italy in basketball** le llevamos la delantera a Italia en baloncesto. **3.** (*forwards in time*): **it's essential for us to think ahead** es esencial que pensemos en el futuro; (*before*): **he arrived ahead** *of* **me** llegó antes que yo; **they completed the bridge ahead** *of* **schedule** terminaron el puente antes de lo previsto.

ahoy /ə'hɔı/ *excl* (*Naut*): **ship ahoy!** ¡barco a la vista!

AI /eı'aı/ **1.** (*Agr, Med*) (*abreviatura de* **artificial insemination**) inseminación *f* artificial. **2.** (*Inform*) (*abreviatura de* **artificial intelligence**) IA (inteligencia artificial).

aid /eıd/ **I** *vt* [**aids, aiding, aided**] ayudar.
II *n* **1.** (*help*) ayuda *f*, auxilio *m*: **I built it** *with* **the aid** *of* **my father** lo construí con la ayuda de mi padre; **medical aid** asistencia médica; **she fell over and no one went to her aid** se cayó y nadie fue en su ayuda • **a concert in aid of the earthquake victims** un recital a beneficio de los damnificados por el terremoto • **what's all this noise in aid of?** ¿a qué viene todo este ruido? **2.** (*economic, humanitarian*) ayuda *f*, asistencia *f*.

aide /eıd/ *n* (*Mil, Pol*) ayudante *m/f*.

AIDS, Aids /eıdz/ *n* (*abreviatura de* **acquired immune deficiency syndrome**) el sida ✻ el SIDA (Síndrome de Inmunodeficiencia Adquirida).

ailing /'eılıŋ/ *adj* enfermo -ma, achacoso -sa.

ailment /'eılmənt/ *n* achaque *m*.

aim /eım/ **I** *vt* [**aims, aiming, aimed**] **1.** (*weapon, camera*) apuntar: **he was aiming a gun** *at* **her head** le estaba apuntando a la cabeza con una pistola. **2.** (*blow*) lanzar: **he aimed a punch** *at* **the policeman** le lanzó un puñetazo al policía. **3.** (*statement, campaign*) dirigir: **that remark was aimed** *at* **you** aquella observación iba dirigida a ti; **the Act is aimed** *at* **reducing unemployment** el objetivo de la ley es disminuir el desempleo.
♦ *vi* **1.** (*with weapon*) apuntar. **2.** (*to aspire*) aspirar, pretender: **we aim to wipe out poverty** aspiramos a erradicar la pobreza.
II *n* **1.** (*objective*) propósito *m*, meta *f*; (*intention*) fin *m*: **the society's aims are set out in this brochure** los fines de la asociación se explican en este folleto. **2.** (*skill with weapon*) puntería *f*: **my aim isn't very good** no tengo muy buena puntería • **take aim...fire!** apunten...fuego!

aimless /'eımləs/ *adj* sin objeto, sin propósito.

aimlessly /'eımləslı/ *adv* sin rumbo fijo.

ain't /eınt/ (*fam*) *contracción de* **am not, are not, is not, have not, has not**

air /eə/ **I** *n* **1.** (*gen*) aire *m*: **compressed air** aire comprimido; **fresh air** aire fresco; **he jumped up into the air** dio un salto en el aire • **nothing's settled, everything's still (up) in the air** no hay nada resuelto, todo está todavía en el aire • **the new champion was walking on air** el nuevo campeón no cabía en sí de gozo • **the thief vanished into thin air** el ladrón desapareció ✻ se esfumó • **silence please, we're on (the) air** silencio por favor, estamos transmitiendo ✻ en el aire. **2.** (*Transp*): **I always travel** *by* **air** siempre viajo en avión. **3.** (*appearance*) aspecto *m*, aire *m*: **she had an absent-minded air** tenía un aire distraído. **4.** (*Mus*) tonada *f*.
II airs *n pl* • **she always puts on airs (and graces)** siempre se está dando aires (de grandeza).
III *vt* [**airs, airing, aired**] **1.** (*room*) ventilar, orear; (*clothes*) airear. **2.** (*an opinion*) airear: **he loves to air his opinions on divorce** le encanta airear su opinión sobre el divorcio.

air bag *n* (*Transp*) bolsa *f* de aire, Airbag *m*.

air base *n* base *f* aérea.

air bed *n* (*GB*) colchón *m* hinchable ✻ neumático.

airborne *adj* (*seeds, bacteria*) llevado -da por el aire; (*aircraft*) en vuelo; (*troops*) aerotransportado -da.

Airbus® *n* aerobús *m*.

air-conditioned *adj* climatizado -da, con aire acondicionado.

air conditioning *n* aire *m* acondicionado.

aircraft *n* [*pl* **aircraft**] (*gen*) aeronave *f*; (*plane*) avión *m*.

aircraft carrier *n* portaaviones *m inv*.

airdrome *n* (*US*) aeródromo *m*.

airfield *n* aeródromo *m*, campo *m* de aviación.

air force *n* fuerza *f* aérea, fuerzas *f pl* aéreas.

air freshener *n* ambientador *m*.

air gun *n* escopeta *f* de aire comprimido, pistola *f* de aire comprimido.

air hostess *n* azafata *f*, (*Amér L*) aeromoza *f*.

airless *adj* (*room*) mal ventilado -da; (*day*) sin viento, pesado -da.

airlift **I** *n* (*Hist, Mil: gen*) puente *m* aéreo; (*: of supplies to a place*) transporte *m* aéreo; (*: of people, in an emergency*) evacuación *f* por aire.
II *vt* [**airlifts, airlifting, airlifted**] (*Mil: troops, supplies*) aerotransportar; (*people, in an emergency*) evacuar por aire: **they were airlifted** *out of* **the flooded area** los evacuaron por aire de la zona inundada.

airline *n* línea *f* aérea, aerolínea *f*.
airliner *n* avión *m* de pasajeros.
airlock *n* **1.** (*in submarine, spacecraft*) esclusa *f* de aire. **2.** (*in pipe*) bolsa *f* de aire, burbuja *f* de aire.
airmail *n* correo *m* aéreo: **by airmail** por avión.
airman *n* [*pl* **airmen**] aviador *m*.
airplane *n* (*US*) avión *m*.
airport *n* aeropuerto *m*.
air raid *n* ataque *m* aéreo.
air raid shelter *n* refugio *m* antiaéreo.
airship *n* aeróstato *m*, dirigible *m*.
airsick *adj* mareado -da (*en avión*): **I was * got airsick** me mareé en el avión.
airspace *n* espacio *m* aéreo.
air strike *n* ataque *m* aéreo.
airstrip *n* pista *f* de aterrizaje (*en un lugar donde no hay aeropuerto*).
air terminal *n* terminal *f* aérea.
airtight *adj* **1.** (*container*) hermético -ca. **2.** (*excuse*) irrecusable.
air-traffic controller *n* controlador *m* aéreo, controladora *f* aérea.
airwaves *n pl* ondas *f pl* de radio: **we'll be on the airwaves from five until six** estaremos en antena de cinco a seis.
airworthy *adj* en condiciones de vuelo.
airily /'eərəlɪ/ *adv* a la ligera.
airing /'eərɪŋ/ *n* **1.** (*of room, clothing, etc.*) ventilación *f*: **I hung out the sheets to give them an airing** tendí las sábanas para que se airearan. **2.** (*of opinions, ideas*): **such views tend only to get an airing on these occasions** opiniones así tienden a airearse sólo en este tipo de ocasiones.
airing cupboard *n*: *armario empotrado donde se encuentra el depósito de agua caliente y que sirve para guardar la ropa blanca.*
airy /'eərɪ/ *adj* [**airier, airiest**] **1.** (*room: large*) espacioso -sa; (*: not stuffy*) aireado -da: **the new building is light and airy** el nuevo edificio tiene mucha luz y buena ventilación. **2.** (*manner, remark*) desenfadado -da, despreocupado -da.
aisle /aɪl/ *n* **1.** (*in a church*) pasillo *m* central. **2.** (*in an aircraft, a cinema*) pasillo *m*.
ajar /ə'dʒɑ:/ *adj* (*door*) entreabierto -ta.
aka /eɪkeɪ'eɪ/ (*abreviatura de* **also known as**) alias *m*.
akin /ə'kɪn/ *adj* (*frml*) parecido -da: **the taste is akin** *to* **that of an orange** tiene un sabor parecido al de la naranja.
alabaster /'æləbɑ:stə/ *n* alabastro *m*.
à la carte /ˌɑ:lɑ:'kɑ:t/ *adj, adv* a la carta: **could I see the à la carte menu?** ¿me puede traer la carta?
alacrity /ə'lækrətɪ/ *n* (*frml*) presteza *f*, diligencia *f*.
alarm /ə'lɑ:m/ **I** *vt* [**alarms, alarming, alarmed**] alarmar, asustar: **I was alarmed** *at* **how thin he was** me alarmó ver lo delgado que estaba.
II *n* **1.** (*fear*) alarma *f*, inquietud *f*: **the news has caused alarm in the village** la noticia ha hecho que cunda la alarma en el pueblo. **2.** (*signal*) alarma *f*: **the security guard raised the alarm** el guardia de seguridad dio la (voz de) alarma.
alarm clock *n* (reloj) despertador *m*.
alarming /ə'lɑ:mɪŋ/ *adj* alarmante.
alarmist /ə'lɑ:mɪst/ *adj, n* alarmista *adj, m/f*.
alas /ə'læs/ **I** *adv* (*frml*) desgraciadamente.
II *excl* (*Lit*) ay, ay de mí.
Alaska /ə'læskə/ *n* Alaska *f*.
Albania /æl'beɪnɪə/ *n* Albania *f*.
Albanian /æl'beɪnɪən/ **I** *adj* albanés -nesa.
II *n* (*person*) albanés -nesa *m/f*; (*language*) albanés *m*.
albatross /'ælbətrɒs/ *n* [**albatrosses**] albatros *m inv*.
albino /æl'bi:nəʊ/ *n* albino -na *m/f*.
album /'ælbəm/ *n* **1.** (*for stamps, photos*) álbum *m*. **2.** (*record*) álbum *m*.
albumen /'ælbjʊmən/ *n* albumen *m*, albúmina *f*.
alchemist /'ælkəmɪst/ *n* alquimista *m/f*.
alchemy /'ælkəmɪ/ *n* alquimia *f*.
alcohol /'ælkəhɒl/ *n* alcohol *m*.
alcoholic /ˌælkə'hɒlɪk/ *adj, n* alcohólico -ca *adj, m/f*.
alcoholism /'ælkəhɒlɪzm/ *n* alcoholismo *m*.
alcove /'ælkəʊv/ *n* hueco *m*, nicho *m*.
alder /'ɔ:ldə/ *n* aliso *m*.
alderman /'ɔ:ldəmən/ *n* [*pl* **aldermen**] concejal *m*.
ale /eɪl/ *n* cerveza *f*: **pale ale** cerveza rubia * clara.
alert /ə'lɜ:t/ **I** *vt* [**alerts, alerting, alerted**] alertar: **they alerted us** *to* **the dangers of going out alone** nos alertaron sobre los peligros de salir solos.
II *adj* (*wide awake*) despabilado -da, despierto -ta; (*quick to react*) alerta *adj (inv)*, vigilante: **they were alert** *to* **the possibility of an attack** eran conscientes de la posibilidad de un ataque.
III *n* alerta *f* [sometimes masculine]: **the base was on red alert** la base estaba en alerta roja • **we must be on the alert** tenemos que estar alerta(s) • **the army is being kept on the alert** el ejército está en estado de alerta.
alertness /ə'lɜ:tnəs/ *n* vigilancia *f*.
A levels /eɪ 'levəlz/ *n pl* (*GB*) *estudios que se realizan durante los dos últimos años de la enseñanza secundaria en preparación para los exámenes del mismo nombre (que suelen tener lugar cuando el alumno tiene alrededor de dieciocho años).*
alfresco /æl'freskəʊ/ *adj, adv* al aire libre.
algae /'ælgaɪ/ *n pl* algas *f pl*.
algebra /'ældʒɪbrə/ *n* álgebra *f*.
Algeria /æl'dʒɪərɪə/ *n* Argelia *f*.
Algerian /æl'dʒɪərɪən/ *adj, n* argelino -na *adj, m/f*.
algorithm /'ælgərɪðəm/ *n* algoritmo *m*.
alias /'eɪlɪəs/ **I** *adv* alias: **Jack Marks, alias The Bull** Jack Marks, alias El Toro.
II *n* [**aliases**] alias *m inv*.
alibi /'ælɪbaɪ/ *n* coartada *f*.
alien /'eɪlɪən/ **I** *n* **1.** (*foreigner*) extranjero -ra *m/f*. **2.** (*extraterrestrial*) extraterrestre *m/f*, alienígena *m/f*.
II *adj* **1.** (*foreign*) extranjero -ra. **2.** (*extraterrestrial*) extraterrestre. **3.** (*strange*) extraño -ña: **your customs are alien** *to* **us** vuestras costumbres nos resultan extrañas.
alienate /'eɪlɪəneɪt/ *vt* [**alienates, alienating, alienated**] alejar, enajenar: **he became increasingly alienated from his family** se fue alejando cada vez más de su familia; **her attitude alienated her workmates** su actitud le ganó la antipatía de sus compañeros de trabajo.
alienation /ˌeɪlɪə'neɪʃən/ *n* alienación *f*.
alight /ə'laɪt/ **I** *vi* [**alights, alighting, alighted**] (*frml*) **1.** (*from vehicle*) bajar, apearse: **she alighted** *from* **the train** se bajó del tren. **2.** (*bird*) posarse.
II *adj* ardiendo: **someone set the barn alight** alguien prendió fuego al granero.
align /ə'laɪn/ *vt* [**aligns, aligning, aligned**] alinear: **they've aligned themselves** *with* **the right wing** se han alineado con la derecha.
alignment /ə'laɪnmənt/ *n* (*physical, political*) alinea-

ción *f*, alineamiento *m*: **the door is *out of* alignment *with* the frame** la puerta no está alineada con el marco.

alike /ə'laɪk/ I *adj* parecido -da: **you men are all alike** los hombres sois todos iguales; **do we look alike?** ¿nos parecemos?
II *adv* igual, de la misma manera: **she dresses her two daughters alike** lleva a las dos hijas vestidas igual; **the disease affects young and old alike** la enfermedad afecta a jóvenes y viejos por igual.

alimentary /,ælɪ'mentərɪ/ *adj* alimenticio -cia.

alimentary canal *n* tubo *m* digestivo.

alimony /'ælɪmənɪ/ *n* pensión *f* de alimentos (*que se pasa al ex cónyuge tras el divorcio*).

alive /ə'laɪv/ *adj* **1.** (*living*) vivo -va: **are his grandparents still alive?** ¿viven todavía sus abuelos?; (*in existence*): **they were determined to keep the issue alive** estaban resueltos a que no se olvidara el asunto • **he's alive and well** está vivito y coleando. **2.** (*lively*) animado -da • **the meeting came alive after she arrived** la reunión cobró vida cuando llegó ella. **3.** (*aware*) consciente: **they were alive *to* the consequences of a strike** eran conscientes de las consecuencias de una huelga. **4.** (*swarming*): **the kitchen was alive *with* cockroaches** la cocina estaba infestada de cucarachas.

alkali /'ælkəlaɪ/ *n* [**alkalis** * **alkalies**] álcali *m*.

alkaline /'ælkəlaɪn/ *adj* alcalino -na.

all /ɔ:l/ I *adj* todo -da: **who's eaten all the chocolates?** ¿quién se ha comido todos los bombones?; **all children are curious** todos los niños son curiosos; **he's spent all week at the library** se ha pasado toda la semana en la biblioteca; **you complain all the time** te quejas todo el tiempo.
II *pron* (*singular: everything*) todo -da: **I sold it all** lo vendí todo; (*plural: the things, people*) todos -das: **can you eat all *of* those biscuits?** ¿puedes comerte todas esas galletas?; **we're all going** vamos a ir todos; **there's room for all *of* us** cabemos todos; **all she said was no** se limitó a decir que no; **she was the nicest *of* all** era la más simpática de todos • **all in all the party went well** en general, la fiesta salió bien • **there will be forty guests in all** habrá cuarenta invitados en total • **he isn't at all friendly** no es nada simpático • **we didn't like it at all** no nos gustó en absoluto.
III *adv* **1.** (*gen*) completamente, totalmente: **I'm all wet** estoy totalmente empapado; **she's all covered in paint** está toda cubierta de pintura; **we're all alone** estamos solitos; **all along the river bank** por toda la orilla del río • **we need to be all the more careful now** ahora hay que tener más cuidado que nunca • **I'm all in** estoy agotado * rendido • **he's not all there** le falta un tornillo • **the bottle's all but empty** la botella está casi vacía • **he's not all that clever** no es tan inteligente • **I knew all along he was lying** siempre supe que estaba mintiendo.
2. (*Sport*): **the final score was three all** el tanteo final fue tres a tres.

all-important *adj* de suma importancia.

all-in *adj*, *adv* (*inclusive*): **the all-in price** el precio total; **it cost him £500 all in** le costó 500 libras todo incluido * en total.

all-in wrestling *n* lucha *f* libre.

all-night *adj* (*event*) que dura toda la noche; (*shop*) abierto -ta toda la noche.

all-out I *adj* (*effort*) supremo -ma; (*war*) total; (*strike*) general.
II **all out** *adv*: **they went all out to finish on time** hicieron un esfuerzo supremo para acabar a tiempo.

all right, alright *adv* bien: **do you feel all right?** ¿te encuentras bien?; **"Call me tomorrow." "All right."** "Llámame mañana." "Vale."; **we'll meet at six, all right?** nos vemos a las seis, ¿de acuerdo?; **all right, all right, I'm coming** vale, vale, ya voy.

all-round *adj* (*versatile*) polifacético -ca, completo -ta.

all-rounder *n* (*Sport*): **he's a good all-rounder** es muy bueno en todas las facetas del juego.

All Saints' Day *n* (Día *m* de) Todos los Santos.

allspice *n* pimienta *f* de Jamaica.

all-time *adj* sin antecedente: **profits are at an all-time low** los beneficios son más bajos que nunca; **an all-time record** un récord histórico.

Allah /'ælə/ *n* Alá *m*.

allay /ə'leɪ/ *vt* [**allays, allaying, allayed**] (*suspicion, fear*) apaciguar, calmar; (*suffering*) aliviar.

allegation /,ælɪ'geɪʃən/ *n* alegación *f*.

allege /ə'ledʒ/ *vt* [**alleges, alleging, alleged**] (*misconduct, illness*) aducir, alegar; (*in court*) alegar: **she is alleged to have been in Paris at the time** alegan que estaba en París en aquel momento.

alleged /ə'ledʒd/ *adj* presunto -ta, supuesto -ta: **the alleged killer** el presunto asesino.

allegedly /ə'ledʒədlɪ/ *adv* supuestamente.

allegiance /ə'li:dʒəns/ *n* lealtad *f*: **they swore allegiance *to* the republic** juraron lealtad a la república.

allegorical /,ælɪ'gɒrɪkəl/ *adj* alegórico -ca.

allegory /'ælɪgərɪ/ *n* [**allegories**] alegoría *f*.

alleluia /ælɪ'lu:jə/ *n*, *excl* aleluya *f*.

allergic /ə'lɜ:dʒɪk/ *adj* alérgico -ca: **I'm allergic *to* feathers** soy alérgico a las plumas.

allergy /'ælədʒɪ/ *n* [**allergies**] alergia *f*.

alleviate /ə'li:vɪeɪt/ *vt* [**alleviates, alleviating, alleviated**] (*pain*) aliviar, mitigar.

alleviation /ə,li:vɪ'eɪʃəŋ/ *n* alivio *m*.

alley /'ælɪ/ *n* callejuela *f*, callejón *m*.

alliance /ə'laɪəns/ *n* alianza *f*.

allied /'ælaɪd/ *adj* **1.** (*politically united*) aliado -da: **Spain was allied *with* England against Napoleon** España e Inglaterra se aliaron contra Napoleón. **2.** (*related*) relacionado -da.

alligator /'ælɪgeɪtə/ *n* caimán *m*.

alliteration /ə,lɪtə'reɪʃəŋ/ *n* aliteración *f*.

allocate /'æləkeɪt/ *vt* [**allocates, allocating, allocated**] **1.** (*gen*) asignar: **he's been allocated an apartment** le han asignado un apartamento. **2.** (*funds*) destinar: **more money was allocated *to* the Arts** destinaron más dinero a las artes plásticas; **this year's funds have already been allocated** los fondos para este año ya han sido distribuidos.

allocation /,ælə'keɪʃən/ *n* **1.** (*distribution: of funds*) reparto *m*, distribución *f*; (*: of time*) asignación *f*. **2.** (*a share*) cuota *f*.

allot /ə'lɒt/ *vt* [**allots, allotting, allotted**] (*funds*) destinar; (*time*) asignar.

allotment /ə'lɒtmənt/ *n* **1.** (*distribution: of funds*) distribución *f*; (*: of time*) asignación *f*. **2.** (*a share*) ración *f*, cuota *f*. **3.** (*GB: for growing vegetables*) *pequeña parcela que alquilan los ayuntamientos a particulares, que la cultivan*.

allow /ə'laʊ/ *vt* [**allows, allowing, allowed**] **1.** (*to permit*) permitir, dejar: **he allowed me to use his telephone** me permitió * dejó usar su teléfono; **smoking is not allowed** se prohíbe fumar. **2.** (*to set aside*) dejar: **allow two pages for your calculations** deja dos páginas para las operaciones; **you must**

allow two hours for the journey tienes que calcular que el viaje te llevará dos horas. **3.** (*frml*: *to concede*) reconocer, admitir: **I allow that she has talent** reconozco que tiene talento.

to **allow for** *vt* tener en cuenta: **they had not allowed for this additional expense** no habían tenido en cuenta ✻ no habían previsto este gasto extra.

allowable /ə'laʊəbəl/ *adj* **1.** (*behaviour*) admisible, permisible. **2.** (*Fin: expenses*) deducible.

allowance /ə'laʊəns/ *n* **1.** (*subsidy*) subvención *f*; (*regular payment*) pensión *f*, renta *f*; (*expenses*) dietas *fpl*: **she has a company allowance for travel expenses** la empresa le paga los gastos de viaje. **2.** (*concession, discount*) descuento *m*: **a tax allowance** una desgravación fiscal. **3.** (*concession*) concesión *f*: **they made no allowance ✻ allowances** *for* **my inexperience** no hicieron concesiones, a pesar de mi inexperiencia.

alloy /'ælɔɪ/ *n* aleación *f*.

allude /ə'lu:d/ *vi* [**alludes, alluding, alluded**] (*frml*) aludir: **he alluded** *to* **our absence** hizo alusión a nuestra ausencia.

allure /ə'ljʊə/ *n* atractivo *m*.

alluring /ə'ljʊərɪŋ/ *adj* seductor -tora.

allusion /ə'lu:ʒən/ *n* (*frml*) **1.** (*gen*) alusión *f*: **did she make any allusion** *to* **the agreement?** ¿hizo alusión al acuerdo? **2.** (*Lit*) referencia *f*.

alluvial /ə'lu:vɪəl/ *adj* aluvial.

ally I /'ælaɪ/ *n* [**allies**] aliado -da *m/f*.

II /'ælaɪ, ə'laɪ/ *vt* [**allies, allying, allied**] aliar: **they allied themselves** *with* **Russia** se aliaron con Rusia.

almanac /'ælmənæk/ *n* almanaque *m*.

almighty /ɔ:l'maɪtɪ/ **I** *adj* **1.** (*Relig*) todopoderoso -sa. **2.** (*very big*) imponente, tremendo -da: **there was an almighty explosion** hubo una explosión tremenda.

II the Almighty *n* el Todopoderoso.

almond /'ɔ:lmənd, 'ɑ:mənd/ *n* almendra *f*.

almond tree *n* almendro *m*.

almost /'ɔ:lməʊst/ *adv* casi: **he was on holiday for almost a month** estuvo casi un mes de vacaciones; **she almost fell out of the window** por poco se cae por la ventana.

alms /ɑ:mz/ *n pl* limosna *f*.

aloft /ə'lɒft/ *adv* (*frml*) arriba.

alone /ə'ləʊn/ **I** *adj* solo -la: **don't go out alone** no salgas solo; **he wanted to see me alone** quería verme a solas ● **he's decided to go it alone** ha decidido lanzarse por cuenta propia.

II *adv* sólo, solamente: **he alone has the answer** sólo él sabe la respuesta.

along /ə'lɒŋ/ **I** *prep* por: **they were running along the beach** iban corriendo por la playa; **there were trees all along the avenue** había árboles a lo largo de toda la avenida.

II *adv*: **they were driving along, looking at the scenery** iban en el coche, contemplando el paisaje; **come along with me** ven conmigo; **we'll be along in half an hour** llegaremos dentro de media hora; **can I bring a friend along?** ¿puedo traer a un amigo?; **your cousin came, along** *with* **his friends** vino tu primo, junto con sus amigos.

alongside /əlɒŋ'saɪd/ **I** *prep* (*gen*) al lado de: **she parked her car alongside mine** aparcó su coche al lado del mío; (*boat*) al costado de.

II *adv* (*gen*) al lado; (*boat*) de costado.

aloof /ə'lu:f/ *adj* distante: **she keeps herself aloof** *from* **her classmates** se mantiene apartada de sus compañeros de clase.

aloofness /ə'lu:fnəs/ *n* distanciamiento *m*.

aloud /ə'laʊd/ *adv* en voz alta: **he read the list of names aloud** leyó la lista de nombres en voz alta.

alphabet /'ælfəbet/ *n* alfabeto *m*.

alphabetical /ˌælfə'betɪkəl/ *adj* alfabético -ca: **he keeps his books in alphabetical order** tiene los libros en orden alfabético.

alphabetically /ˌælfə'betɪkəlɪ/ *adv* alfabéticamente, por orden alfabético.

alpine /'ælpaɪn/ *adj* alpino -na.

Alps /ælps/ *n pl*: **the Alps** los Alpes.

already /ɔ:l'redɪ/ *adv* ya: **are you back already?** ¿ya estás de vuelta?; **their little girl can already read and write** su hija ya sabe leer y escribir.

alright /ɔ:l'raɪt/ *adv* ➪ all right

Alsatian /æl'seɪʃən/ *n* (*dog*) pastor *m* alemán.

also /'ɔ:lsəʊ/ *adv* también, además: **she's a student, but she also has a part-time job** estudia, pero también trabaja media jornada; **I'm too busy to go to the concert, and I also think it's very expensive** estoy demasiado ocupada para ir al concierto y, además, me parece que es muy caro.

altar /'ɔ:ltə/ *n* altar *m*.

alter /'ɔ:ltə/ *vt* [**alters, altering, altered**] (*gen*) modificar, cambiar: **the yacht altered course** el yate cambió de rumbo; (*clothes*) arreglar, retocar: **shall I alter the sleeves for you?** ¿quiere que le arregle las mangas?; (*schedule*) revisar.

♦*vi* cambiar: **you haven't altered at all!** ¡no has cambiado nada!

alteration /ˌɔ:ltə'reɪʃən/ *n* **1.** (*to model, machine*) modificación *f*. **2.** (*to clothing*) arreglo *m*: **do you know a dressmaker who will do alterations?** ¿conoces a alguna modista que haga arreglos? **3.** (*to building*) reforma *f*: **the alterations to the museum will take six months** las reformas del museo van a tardar seis meses.

altercation /ˌɔ:ltə'keɪʃən/ *n* (*frml*) altercado *m*.

alternate I /ɔ:l'tɜ:nət/ (*US*) /'ɔ:ltərnət/ *adj* alterno -na: **they come on alternate days** vienen un día sí y otro no.

II /'ɔ:ltəneɪt/ *vt* [**alternates, alternating, alternated**] alternar: **she likes alternating film work** *with* **theatre work** le gusta alternar el cine con el teatro.

♦*vi* alternar.

alternately /ɔ:l'tɜ:nətlɪ/ *adv* de forma alterna: **the weather was alternately sunny and cloudy** a ratos hizo sol y a ratos estuvo nublado; **the children stood in a line, girls and boys alternately** los niños formaban una fila en la que se alternaba un chico con una chica.

alternation /ˌɔ:ltə'neɪʃən/ *n* alternancia *f*.

alternative /ɔ:l'tɜ:nətɪv/ **I** *adj* **1.** (*medicine, theatre*) alternativo -va. **2.** (*other, different*) otro -tra: **she made alternative arrangements** hizo otros arreglos.

II *n* alternativa *f*: **you can use margarine as an alternative** *to* **butter** se puede usar margarina como alternativa de la mantequilla; **I had no alternative but to retrace my steps** no tuve más remedio ✻ más alternativa que volver sobre mis pasos.

alternatively /ɔ:l'tɜ:nətɪvlɪ/ *adv*: **alternatively, you might like to consider Venice** como alternativa ✻ si no, ¿qué le parece Venecia?; **we could go now or alternatively wait until later** podríamos ir ahora, o bien esperar hasta más tarde.

alternator /'ɔ:ltəneɪtə/ *n* alternador *m*.

although /ɔ:l'ðəʊ/ *conj* aunque: **he bought a car although he couldn't drive** se compró un coche, aunque no tenía el carné de conducir; **he didn't have much money, although he was never poor** no tenía mucho dinero, aunque nunca fue pobre.

altitude /'æltɪtju:d/ *n* altitud *f.*

alto /'æltəʊ/ **I** *n* (*male singer*) alto *m*; (*female singer*) contralto *f.*
II *adj* (*voice*) de alto * contralto; (*instrument*) alto.

altogether /ˌɔ:ltə'geðə/ *adv* **1.** (*completely*) completamente, del todo: **I'm not altogether convinced** no estoy convencido del todo; **she's given up painting altogether** ha dejado de pintar completamente. **2.** (*on the whole*) en general: **altogether, her exam results were very good** en general, sacó muy buenas notas. **3.** (*in total*) en total: **that's fifty pounds altogether** son cincuenta libras en total.

altruism /'æltrʊɪzəm/ *n* altruismo *m.*

altruist /'æltrʊɪst/ *n* altruista *m/f.*

altruistic /ˌæltrʊ'ɪstɪk/ *adj* altruista.

aluminium /ˌæljʊ'mɪnjəm/, (*US*) **aluminum** /ə'lu:mɪnəm/ *n* aluminio *m.*

aluminium foil *n* papel *m* de aluminio.

always /'ɔ:lweɪz/ *adv* siempre: **we've always lived here** siempre hemos vivido aquí; **we can always ask for a refund** siempre podemos pedir que nos devuelvan el dinero; **if you don't like the way I cook, you can always cook yourself** si no te gusta como guiso, puedes hacerte tú la comida.

AM /eɪ'em/ (*abreviatura de* **amplitude modulation**) AM (amplitud modulada).

am /æm/ *primera persona del singular del presente de* ⇨ be

a.m. /eɪ'em/ (*abreviatura latina que significa* **before midday**) de la mañana: **the exam is at nine a.m.** el examen es a las nueve de la mañana.

amalgamate /ə'mælgəmeɪt/ *vt/i* [**amalgamates, amalgamating, amalgamated**] fusionar(se), unir(se).

amalgamation /əˌmælgə'meɪʃən/ *n* fusión *f*, unión *f.*

amass /ə'mæs/ *vt* [**amasses, amassing, amassed**] (*facts*) acumular: **they had amassed a huge amount of information (about the case)** habían acumulado una gran cantidad de información (sobre el caso); (*objects*) amontonar; (*money*) amasar: **he had amassed a fortune in the twenties** había amasado una fortuna en los años veinte.

amateur /'æmətə/ **I** *n* **1.** (*not a professional*) aficionado -da *m/f*, amateur *m/f.* **2.** (*fam*: *inexpert worker*) chapucero -ra *m/f.*
II *adj* **1.** (*not professional*) aficionado -da, no profesional. **2.** (*fam*: *inexpert*) chapucero -ra.

amateurish /'æmətərɪʃ/ *adj* chapucero -ra.

amaze /ə'meɪz/ *vt* [**amazes, amazing, amazed**] asombrar, pasmar: **she was amazed** *at* **her success** se asombraba de su éxito.

amazement /ə'meɪʒmənt/ *n* asombro *m*, estupor *m*: *to* **our amazement, he won** para nuestro asombro, ganó; **I listened to the report** *in* * *with* **amazement** escuché el informe con estupor.

amazing /ə'meɪzɪŋ/ *adj* asombroso -sa, increíble.

amazingly /ə'meɪzɪŋlɪ/ *adv* extraordinariamente, asombrosamente.

Amazon /'æməzən/ *n*: **the Amazon** el Amazonas.

Amazonian /ˌæmə'zəʊnɪən/ *adj* amazónico -ca.

ambassador /æm'bæsədə/ *n* embajador -dora *m/f.*

amber /'æmbə/ **I** *n* ámbar *m.*
II *adj* de color ámbar.

ambiance /'æmbɪəns/ *n* (*US*: *frml*) ambiente *m.*

ambidextrous /ˌæmbɪ'dekstrəs/ *adj* ambidiestro -tra.

ambience /'æmbɪəns/ *n* (*frml*) ambiente *m.*

ambiguity /ˌæmbɪ'gjʊ:ətɪ/ *n* [**ambiguities**] ambigüedad *f.*

ambiguous /æm'bɪgjʊəs/ *adj* ambiguo -gua.

ambition /æm'bɪʃən/ *n* ambición *f*: **he has no ambition** no tiene ambiciones • **her ambition is to be a pianist** su mayor ambición es ser pianista.

ambitious /æm'bɪʃəs/ *adj* ambicioso -sa.

ambivalence /æm'bɪvələns/ *n* ambivalencia *f.*

ambivalent /æm'bɪvələnt/ *adj* ambivalente.

amble /'æmbəl/ *vi* [**ambles, ambling, ambled**] andar sin prisa, deambular.

ambulance /'æmbjʊləns/ *n* ambulancia *f.*

ambulance driver *n* conductor -tora *m/f* de ambulancia.

ambush /'æmbʊʃ/ **I** *vt* [**ambushes, ambushing, ambushed**] tender una emboscada a: **we were ambushed** caímos en una emboscada.
II *n* [**ambushes**] emboscada *f.*

ameba /ə'mi:bə/ *n* (*US*) ameba *f.*

ameliorate /ə'mi:lɪəreɪt/ *vt/i* [**ameliorates, ameliorating, ameliorated**] (*frml*) mejorar.

amelioration /əˌmi:ljə'reɪʃən/ *n* (*frml*) mejoramiento *m.*

amen /ɑ:'men, eɪ'men/ *excl* amén.

amenable /ə'mi:nəbəl/ *adj* susceptible: **he wasn't amenable** *to* **my advice** no se dejó convencer por mis consejos.

amend /ə'mend/ **I** *vt* [**amends, amending, amended**] enmendar.
II amends *n pl*: **he should make amends** *to* **us** *for* **his negligence** debería compensarnos por su negligencia.

amendment /ə'mendmənt/ *n* enmienda *f.*

amenities /ə'mi:nətɪz/ *n pl* servicios *m pl* (*como medios de transporte, escuelas, tiendas, etc.*).

America /ə'merɪkə/ **I** *n* **1.** (*United States*) los Estados Unidos, Estados Unidos *m*: **she went to America for her holidays** se fue de vacaciones a (los) Estados Unidos. **2.** (*continent*) América *f.*
II the Americas *n pl* las Américas.

American /ə'merɪkən/ **I** *adj* (*of the USA*) norteamericano -na, estadounidense, americano -na: **the American President** el Presidente de Estados Unidos.
II *n* (*citizen of the USA*) norteamericano -na *m/f*, estadounidense *m/f*, americano -na *m/f.*

American football *n* fútbol *m* americano.

American Indian *n* indio *m* americano, india *f* americana.

Americanism /ə'merɪkənɪzəm/ *n* americanismo *m.*

amethyst /'æməθɪst/ *n* amatista *f.*

amiability /ˌeɪmɪə'bɪlətɪ/ *n* amabilidad *f.*

amiable /'eɪmɪəbəl/ *adj* amable, simpático -ca.

amicable /'æmɪkəbəl/ *adj* amigable, amistoso -sa.

amicably /'æmɪkəblɪ/ *adv* amigablemente, amistosamente.

amid /ə'mɪd/, **amidst** /ə'mɪdst/ *prep* (*frml*) en medio de, entre.

amiss /ə'mɪs/ *adj*, *adv* (*frml*): **there's something amiss** algo anda mal • **he took my comments amiss** se tomó a mal mis comentarios • **a cup of tea wouldn't go amiss** una taza de té no me iría mal.

ammo /'æməʊ/ *n* (*apócope de* **ammunition**) (*fam*) municiones *f pl.*

ammonia /ə'məʊnɪə/ *n* amoníaco *m.*

ammunition /ˌæmjʊˈnɪʃən/ *n* (*Mil*) municiones *fpl* ● **these comments were used as ammunition against the President** estos comentarios fueron utilizados en contra del Presidente.
ammunition dump *n* depósito *m* de municiones.
amnesia /æmˈni:ʒə/ *n* amnesia *f*.
amnesty /ˈæmnəstɪ/ *n* [**amnesties**] amnistía *f*: **the government granted an amnesty to political prisoners** el gobierno amnistió a los presos políticos.
amoeba /əˈmi:bə/ *n* [**amoebas** ✻ **amoebae** /əˈmi:bi:/] ameba *f*.
amok /əˈmʌk/ *adv* ● **he ran amok and killed several people** perdió totalmente el control y mató a varias personas.
among /əˈmʌŋ/, **amongst** /əˈmʌŋst/ *prep* entre: **he saw his sister among the crowd** vio a su hermana entre la multitud; **she shared the sweets amongst the children** repartió los caramelos entre los niños; **there was concern among teachers** había inquietud entre los profesores.
amoral /eɪˈmɒrəl/ *adj* amoral.
amorous /ˈæmərəs/ *adj* apasionado -da.
amorphous /əˈmɔ:fəs/ *adj* amorfo -fa.
amount /əˈmaʊnt/ *n* (*gen*) cantidad *f*: **no amount of pleading would persuade her to change her mind** por más que se lo pidieran no iba a cambiar de opinión; (*of money*) suma *f*: **what was the total amount of the receipts?** ¿cuál fue el monto de lo recaudado?; **the final amount was wrong** el importe total estaba equivocado.
to **amount to** *vt* [**amounts, amounting, amounted**] **1.** (*to total*) ascender a, sumar: **the bill amounted to five hundred pounds** la factura ascendía a ✻ sumaba quinientas libras. **2.** (*to equal*) equivaler a: **this speech amounts to a declaration of war** este discurso viene a ser una declaración de guerra ● **he'll never amount to much** nunca llegará a nada.
amp /æmp/ *n* **1.** (*apócope de* **ampere**) amperio *m*. **2.** (*apócope de* **amplifier**) amplificador *m*.
amphetamine /æmˈfetəmɪn/ *n* anfetamina *f*.
amphibian /æmˈfɪbɪən/ **I** *adj* anfibio -bia.
II *n* anfibio *m*.
amphibious /æmˈfɪbɪəs/ *adj* anfibio -bia.
amphitheatre, (*US*) **amphitheater** /ˈæmfɪˌθɪətə/ *n* anfiteatro *m*.
ample /ˈæmpəl/ *adj* **1.** (*plentiful*) abundante: **an hour to do the test should be ample** una hora para hacer el test es más que suficiente. **2.** (*large*) amplio -plia, grande.
amplification /ˌæmplɪfɪˈkeɪʃən/ *n* **1.** (*of sound*) amplificación *f*. **2.** (*explanation*) aclaración *f*.
amplifier /ˈæmplɪˌfaɪə/ *n* amplificador *m*.
amplify /ˈæmplɪfaɪ/ *vt* [**amplifies, amplifying, amplified**] **1.** (*sound*) amplificar. **2.** (*ideas*) desarrollar.
amply /ˈæmplɪ/ *adv* ampliamente, plenamente.
ampoule /ˈæmpu:l/ *n* ampolla *f*.
amputate /ˈæmpjʊteɪt/ *vt* [**amputates, amputating, amputated**] amputar.
amputation /ˌæmpjʊˈteɪʃən/ *n* amputación *f*.
amuck /əˈmʌk/ *adv* ➪ amok
amuse /əˈmju:z/ *vt* [**amuses, amusing, amused**] **1.** (*to cause to laugh*) divertir: **she was not amused by his antics** sus payasadas no le hicieron ninguna gracia. **2.** (*to keep occupied*) entretener, distraer: **he amused himself by drawing cartoons** se entretenía haciendo dibujos; **we played cards to keep the children amused** jugamos a las cartas para distraer alos niños.
amusement /əˈmju:zmənt/ **I** *n* **1.** (*laughter*) risa *f*: **to our great amusement he tripped up** y para regocijo nuestro, va y tropieza. **2.** (*pleasure*) diversión *f*: **he competes just for his own amusement** compite por mera diversión.
II amusements *n pl* atracciones *f pl*.
amusement arcade *n* salón *m* de juegos recreativos.
amusement park *n* parque *m* de atracciones.
amusing /əˈmju:zɪŋ/ *adj* gracioso -sa, divertido -da.
an /ən/ *indef art* [*se emplea cuando la palabra que sigue empieza con un sonido vocálico*] un, una: **an umbrella** un paraguas; **an hour** una hora; **an enormous car** un coche enorme.
anachronism /əˈnækrənɪzəm/ *n* anacronismo *m*.
anachronistic /əˌnækrəˈnɪstɪk/ *adj* anacrónico -ca.
anaemia /əˈni:mɪə/ *n* anemia *f*.
anaemic /əˈni:mɪk/ *adj* anémico -ca.
anaesthesia /ˌænəsˈθi:zɪə/ *n* anestesia *f*.
anaesthetic /ˌænəsˈθetɪk/ *n* anestésico *m*: **the patient was** *under* **anaesthetic** el paciente estaba bajo los efectos de la anestesia.
anaesthetist /əˈni:sθətɪst/ *n* anestesista *m/f*, anestesiólogo -ga *m/f*.
anaesthetize /əˈni:sθətaɪz/ *vt* [**anaesthetizes, anaesthetizing, anaesthetized**] anestesiar.
anagram /ˈænəgræm/ *n* anagrama *m*.
anal /ˈeɪnəl/ *adj* anal.
analgesic /ˌænəlˈdʒi:zɪk/ **I** *adj* analgésico -ca.
II *n* analgésico *m*.
analog /ˈænəlɒg/ *adj*, *n* (*US*) ➪ analogue
analogous /əˈnæləgəs/ *adj* (*frml*) análogo -ga: **his experience is analogous** *to* **my own** su experiencia es análoga a la mía.
analogue, (*US*) **analog** /ˈænəlɒg/ **I** *adj* (*recording*) analógico -ca; (*watch*) analógico -ca, de agujas.
II *n* (*frml*) equivalente *m*.
analogy /əˈnælədʒɪ/ *n* [**analogies**] analogía *f*: **you can't draw an analogy** *between* **the two cases** no se puede establecer una analogía entre los dos casos.
analyse /ˈænəlaɪz/ *vt* [**analyses, analysing, analysed**] analizar.
analysis /əˈnæləsɪs/ *n* [*pl* **analyses** /əˈnæləsi:z/] análisis *m inv*.
analyst /ˈænəlɪst/ *n* **1.** (*gen*) analista *m/f*. **2.** (*Med*) psicoanalista *m/f*.
analytic /ˌænəˈlɪtɪk/, **analytical** /ˌænəˈlɪtɪkəl/ *adj* analítico -ca.
analyze /ˈænəlaɪz/ *vt* [**analyzes, analyzing, analyzed**] (*US*) analizar.
anarchic /æˈnɑ:kɪk/ *adj* anárquico -ca.
anarchism /ˈænəkɪzəm/ *n* anarquismo *m*.
anarchist /ˈænəkɪst/ *n* anarquista *m/f*.
anarchy /ˈænəkɪ/ *n* anarquía *f*.
anathema /əˈnæθəmə/ *n* (*frml*): **racial discrimination is anathema** *to* **us** la discriminación racial nos repugna.
anatomical /ˌænəˈtɒmɪkəl/ *adj* anatómico -ca.
anatomy /əˈnætəmɪ/ *n* anatomía *f*.
ANC /eɪenˈsi:/ *n* (*abreviatura de* **African National Congress**) ANC ✻ CNA *m* (Congreso Nacional Africano).
ancestor /ˈænsestə/ *n* antepasado -da *m/f*.
ancestral /ænˈsestrəl/ *adj* ancestral: **the Beattie family's ancestral home** la casa solar de la familia Beattie.

ancestry /'ænsestrɪ/ *n* ascendencia *f*, linaje *m*: **she is** *of* **Irish ancestry** es de ascendencia irlandesa.

anchor /'æŋkə/ **I** *n* ancla *f* [takes ***el*** or ***un*** in singular]: **we dropped anchor in the cove** echamos anclas en la ensenada; **the Invincible weighed anchor at noon** el Invencible levó anclas a mediodía; **the ship was** *at* **anchor** el barco estaba anclado.
II *vi* [**anchors, anchoring, anchored**] (*Naut*) anclar, echar anclas.
♦*vt* **1.** (*Naut*) anclar. **2.** (*to secure firmly*) sujetar, anclar: **the machine is anchored** *to* **the floor** la máquina está anclada al suelo.
anchorman *n* presentador *m*.
anchorwoman *n* presentadora *f*.

anchorage /'æŋkərɪdʒ/ *n* (*act*) anclaje *m*; (*place*) fondeadero *m*.

anchovy /'æntʃəvɪ/ *n* [**anchovies**] (*alive or freshly caught*) boquerón *m*; (*processed*) anchoa *f*.

ancient /'eɪnʃənt/ *adj* **1.** (*in history*) antiguo -gua: **Ancient Greek** griego antiguo ✻ clásico. **2.** (*extremely old*) viejísimo -ma: **he was carrying an ancient suitcase** llevaba una maleta viejísima.
Ancient World *n* Mundo *m* Antiguo.

ancillary /æn'sɪlərɪ/ *adj* auxiliar.

and /ænd/ *conj* **1.** (*gen*) y, e [**e** is used before words beginning with *i* sound: **literatura e historia**; it is not used before words beginning with *y* sound: **flores y hierba**]: **we've invited Richard and Liz** hemos invitado a Richard y Liz; **he was young and independent** era joven e independiente; **a tonic with ice and lemon** una tónica con limón y hielo; **the sky was getting darker and darker** el cielo se estaba poniendo cada vez más oscuro. **2.** (*in numbers*): **the journey takes one hour and forty-five minutes** el viaje dura una hora y cuarenta y cinco minutos; **one hundred and ten days** ciento diez días. **3.** (*preceding an infinitive*): **wait and see what happens** espera a ver qué pasa; **you must try and eat something** tienes que intentar comer algo.

Andalusia /,ændə'lu:zɪə/ *n* Andalucía *f*.

Andalusian /,ændə'lu:zɪən/ *adj, n* andaluz -luza *adj, m/f*.

Andean /æn'di:ən/ *adj* andino -na.

Andes /'ændi:z/ *n pl*: **the Andes** los Andes.

Andorra /æn'dɔ:rə/ *n* Andorra *f*.

Andorran /æn'dɔ:rən/ *adj, n* andorrano -na *adj, m/f*.

anecdotal /,ænek'dəʊtəl/ *adj* anecdótico -ca.

anecdote /'ænɪkdəʊt/ *n* anécdota *f*.

anemia /ə'ni:mɪə/ *n* (*US*) anemia *f*.

anemic /ə'ni:mɪk/ *adj* (*US*) anémico -ca.

anemone /ə'nemənɪ/ *n* (*Bot*) anémona *f*, anemone *f*.

anesthesia /,ænəs'θi:zɪə/ *n* (*US*) anestesia *f*.

anesthetic /,ænəs'θetɪk/ *n* (*US*) ⇨ anaesthetic

anesthetist /ə'ni:sθətɪst/ *n* (*US*) anestesista *m/f*, anestesiólogo -ga *m/f*.

anesthetize /ə'ni:sθətaɪz/ *vt* [**anesthetizes, anesthetizing, anesthetized**] (*US*) anestesiar.

anew /ə'nju:/ *adv* de nuevo, otra vez: **we had to start anew** tuvimos que empezar de nuevo ✻ otra vez, tuvimos que volver a empezar.

angel /'eɪndʒəl/ *n* ángel *m*: **thanks for doing the shopping, you're an angel** gracias por hacer las compras, eres un ángel.

angelic /æn'dʒelɪk/ *adj* angelical.

anger /'æŋgə/ **I** *n* ira *f*, enfado *m*, enojo *m*: **she kicked the door** *in* **anger** enfurecida, le dio una patada a la puerta.
II *vt* [**angers, angering, angered**] enfadar, enojar.

angina /æn'dʒaɪnə/ *n* angina *f* de pecho.

angle /'æŋgəl/ **I** *n* ángulo *m*: **the two lines intersect at an angle of forty-five degrees** las dos rectas se cortan formando un ángulo de cuarenta y cinco grados; **let's look at it** *from* **another ✻ a different angle** veámoslo desde otro punto de vista ✻ otra perspectiva.
II *vi* [**angles, angling, angled**]: **she's been angling** *for* **an invitation to the opening night** ha estado intentando que la inviten al estreno; **he's always angling** *for* **compliments** siempre está buscando que lo halaguen.

angler /'æŋglə/ *n* pescador -dora *m/f* (de caña).

Anglican /'æŋglɪkən/ *adj, n* anglicano -na *adj, m/f*.

Anglicism /'æŋglɪsɪzəm/ *n* anglicismo *m*.

anglicize /'æŋglɪsaɪz/ *vt* [**anglicizes, anglicizing, anglicized**] (*a word, custom*) dar forma inglesa a.

angling /'æŋglɪŋ/ *n* pesca *f* con caña.

Anglo- /'æŋgləʊ/ *pref*: **she works for an Anglo-Italian firm** trabaja para una empresa angloitaliana.

Anglo-Saxon /,æŋgləʊ'sæksən/ *adj, n* anglosajón -jona *adj, m/f*.

angora /æŋ'gɔ:rə/ *n* angora *f*.

angrily /'æŋgrəlɪ/ *adv*: **shut up! she shouted angrily** ¡cállense!, gritó enfadada ✻ enojada.

angry /'æŋgrɪ/ *adj* [**angrier, angriest**] (*person*) enfadado -da, enojado -da: **she's angry** *at* **the way she's been treated** está enfadada ✻ enojada por la forma en que la han tratado; **there's no need to get angry** no tienes por qué enfadarte ✻ enojarte; **are you angry** *with* **me?** ¿estás enfadado ✻ enojado conmigo?; **we received several angry calls** recibimos varias llamadas de personas airadas; **I wrote him an angry letter** le escribí una carta expresando mi enfado.

anguish /'æŋgwɪʃ/ *n* **1.** (*mental*) angustia *f*, aflicción *f*. **2.** (*physical*) sufrimiento *m*, dolor *m*: **he cried out in anguish** lanzó un grito de dolor.

anguished /'æŋgwɪʃt/ *adj* angustiado -da.

angular /'æŋgjʊlə/ *adj* **1.** (*room, building*) (de forma) angular. **2.** (*features*) anguloso -sa.

animal /'ænɪməl/ *adj, n* animal *adj, m*.
animal kingdom *n* reino *m* animal.
animal rights *n pl* derechos *m pl* de los animales: **she's an animal rights campaigner** es una defensora de los derechos de los animales.

animate **I** /'ænɪmeɪt/ *vt* [**animates, animating, animated**] (*person, party, debate*) animar.
II /'ænɪmət/ *adj* animado -da, vivo -va.

animated /'ænɪmeɪtɪd/ *adj* animado -da: **we had an animated discussion about politics** conversamos animadamente sobre política.

animation /,ænɪ'meɪʃən/ *n* (*of crowd, cartoon*) animación *f*.

animosity /,ænɪ'mɒsətɪ/ *n* animosidad *f*, animadversión *f*.

aniseed /'ænəsi:d/ *n* (semilla *f* de) anís *m*.

ankle /'æŋkəl/ *n* tobillo *m*.
anklebone *n* hueso *m* del tobillo.
ankle sock *n* (*GB*) calcetín *m* (corto).

anklet /'æŋklɪt/ *n* (*US*) calcetín *m* (corto).

annals /'ænəlz/ *n pl* anales *m pl*.

annex /ə'neks/ *vt* [**annexes, annexing, annexed**] (*state, country*) anexionar, anexar.

annexe, (*US*) **annex** /'æneks/ *n* edificio *m* anexo, anexo *m*.

annihilate /ə'naɪəleɪt/ *vt* [**annihilates, annihilating,**

annihilated] aniquilar.

annihilation /əˌnaɪə'leɪʃən/ *n* aniquilación *f*, aniquilamiento *m*.

anniversary /ˌænɪ'vɜːsərɪ/ *n* [**anniversaries**] aniversario *m*: **it's their wedding anniversary tomorrow** mañana es su aniversario de bodas.

Anno Domini /'ænəʊ 'dɒmɪnaɪ/ *adv* (*frml*) Año *m* del Señor.

annotate /'ænəʊteɪt/ *vt* [**annotates, annotating, annotated**] (*frml*) anotar: **he bought the annotated edition** compró la edición anotada.

annotation /ˌænəʊ'teɪʃən/ *n* (*frml*) anotación *f*.

announce /ə'naʊns/ *vt* [**announces, announcing, announced**] anunciar: **your flight hasn't been announced yet** su vuelo aún no ha sido anunciado; **when will the winner be announced?** ¿cuándo darán a conocer el nombre del ganador?; **she announced her intention to stand for the presidency** declaró su intención de presentarse como candidata a la presidencia.

announcement /ə'naʊnsmənt/ *n* anuncio *m*: **quiet please! the treasurer has an announcement to make** ¡silencio por favor! el tesorero quiere hacer un anuncio * tiene algo que anunciar.

announcer /ə'naʊnsə/ *n* locutor -tora *m/f*.

annoy /ə'nɔɪ/ *vt* [**annoys, annoying, annoyed**] (*to irritate*) fastidiar, irritar; (*to make angry*) hacer enfadar * enojar: **it annoys me when you do that** me fastidia * me irrita que hagas eso; **he annoys me intensely** me irrita sobremanera; **it annoys me that she always gets her own way** me da rabia que siempre se salga con la suya.

annoyance /ə'nɔɪəns/ *n* **1.** (*feeling: of irritation*) fastidio *m*; (*: of anger*) enfado *m*, enojo *m*: *to* **my annoyance, there was no one there to meet me** nadie había ido a recibirme, lo cual me fastidió mucho. **2.** (*cause*) molestia *f*, fastidio *m*.

annoyed /ə'nɔɪd/ *adj* enfadado -da, enojado -da: **she's very annoyed** *with* **you** está muy enfadada * enojada contigo.

annoying /ə'nɔɪɪŋ/ *adj* (*noise, interruptions*) molesto -ta, irritante: **I find his snoring so annoying!** ¡me molestan tanto sus ronquidos!; **how annoying! we've missed the train** ¡qué fastidio! hemos perdido el tren; **to tell you the truth, I find her very annoying** para serte franco, yo la encuentro sumamente pesada.

annual /'ænjʊəl/ **I** *adj* anual.
II *n* **1.** (*plant*) planta *f* anual. **2.** (*publication*) anuario *m*.

annually /'ænjʊəlɪ/ *adv* anualmente.

annuity /ə'njuːɪtɪ/ *n* [**annuities**] (*for fixed number of years*) anualidad *f*; (*for life*) renta *f* vitalicia.

annul /ə'nʌl/ *vt* [**annuls, annulling, annulled**] anular.

annulment /ə'nʌlmənt/ *n* anulación *f*.

Annunciation /əˌnʌnsɪ'eɪʃən/ *n*: **the Annunciation** la Anunciación.

anode /'ænəʊd/ *n* ánodo *m*.

anoint /ə'nɔɪnt/ *vt* [**anoints, anointing, anointed**] ungir.

anomalous /ə'nɒmələs/ *adj* anómalo -la.

anomaly /ə'nɒməlɪ/ *n* [**anomalies**] anomalía *f*.

anon /ə'nɒn/ *adv* • **see you anon** ¡hasta luego!

anon. /ə'nɒn/ (*abreviatura de* **anonymous**) anón. (anónimo).

anonymity /ˌænə'nɪmətɪ/ *n* anonimato *m*.

anonymous /ə'nɒnɪməs/ *adj* anónimo -ma: **they received several anonymous letters** recibieron varias cartas anónimas * varios anónimos; **our benefactor wishes to remain anonymous** nuestro benefactor desea permanecer en el anonimato.

anonymously /ə'nɒnɪməslɪ/ *adv* anónimamente.

anorak /'ænəræk/ *n* anorak *m*.

anorexia /ˌænə'reksɪə/ *n* (*también* **anorexia nervosa**) anorexia *f*.

anorexic /ˌænə'reksɪk/ *adj* anoréxico -ca.

another /ə'nʌðə/ **I** *adj* (*more of the same kind*) otro -tra: **we need another chair** necesitamos otra silla; **I drank my coffee and ordered another one** me bebí el café y pedí otro; **it'll be another six weeks before I see him again** pasarán otras seis semanas antes de que lo vuelva a ver; (*of a different kind*) otro -tra: **we could try another shop** podríamos probar en otra tienda.
II *pron* otro -tra: **you've already eaten two cakes, you can't want another!** ¡ya te has comido dos pasteles, no puede ser que quieras otro!

answer /'aːnsə/ **I** *n* **1.** (*to question, letter*) respuesta *f*, contestación *f*; (*in test, exam*) respuesta *f*: **could you let us know your answer by Wednesday?** ¿nos podría dar su respuesta antes del miércoles?; *in* **answer** *to* **your question I'd like to say that...** contestando (a) su pregunta quisiera decir que...; **I called but there was no answer** (*on the phone*) llamé pero no contestaron; (*at door*) llamé pero nadie abrió. **2.** (*remedy*) solución *f*: **we haven't yet found an answer** *to* **our problem** aún no hemos encontrado una solución a nuestro problema.
II *vt* [**answers, answering, answered**] **1.** (*question, letter*) contestar (a); (*person*) contestarle a: **he answered all our questions** contestó (a) todas nuestras preguntas; **answer the gentleman!** ¡contéstale al señor!; **why don't they answer the phone?** ¿por qué no contestan el teléfono? **2.** (*door*) abrir: **who answered the door?** ¿quién abrió la puerta? **3.** (*description*) corresponder a, responder a: **the woman didn't answer** *(to)* **your description** la mujer no correspondía a su descripción.
♦*vi* contestar, responder: **when I spoke to her, she didn't answer** cuando le hablé, no contestó.
to **answer back** *vi* contestar (*con impertinencia*): **she always answers back** es muy respondona.
♦*vt* contestarle a (*con impertinencia*): **don't answer me back!** ¡no me contestes!
to **answer for** *vt* (*actions, consequences*) responder de: **they will have to answer for what they've done** van a tener que responder de lo que han hecho • **the mining industry has a lot to answer for when it comes to pollution** la industria minera es una de las grandes responsables de la contaminación del medio ambiente.

answerphone *n* contestador *m* automático.

answerable /'ɑːnsərəbəl/ *adj*: **I'm not answerable** *to* **you** *for* **anything** yo no tengo que darte cuentas de nada a ti.

answering machine /'ɑːnsərɪŋ mə'ʃiːn/ *n* contestador *m* automático.

ant /ænt/ *n* hormiga *f*.

antagonism /æn'tægənɪzəm/ *n* hostilidad *f*, antagonismo *m*: **she feels a lot of antagonism** *towards* **her stepfather** siente mucha hostilidad hacia su padrastro.

antagonist /æn'tægənɪst/ *n* adversario -ria *m/f*.

antagonistic /ænˌtægə'nɪstɪk/ *adj* hostil: **local people were antagonistic** *to* * *towards* **the council's plans** los vecinos se oponían a los planes del ayuntamiento.

antagonize /æn'tægənaɪz/ *vt* [**antagonizes, antagonizing, antagonized**] (*to irritate*) contrariar: **she does it to antagonize me** lo hace para contrariarme; (*to make an enemy of*) provocar la hostilidad * el antagonismo de.

Antarctic /ænt'ɑ:ktɪk/ **I** *n*: **the Antarctic** la región antártica.
II *adj* antártico -ca: **the Antarctic Circle** el Círculo Polar Antártico; **the Antarctic Ocean** el océano Antártico.

Antarctica /ænt'ɑ:ktɪkə/ *n* la Antártida.

antecedent /ˌæntɪ'si:dənt/ *n* antecedente *m*.

antelope /'æntɪləʊp/ *n* antílope *m*.

antenatal /ˌæntɪ'neɪtəl/ *adj* prenatal.
antenatal clinic *n* consultorio *m* prenatal.

antenna /æn'tenə/ *n* **1.** [*pl* **antennae** /æn'teni:/] (*Zool*) antena *f*. **2.** [*pl* **antennas**] (*Telec*) antena *f*.

anterior /æn'tɪərɪə/ *adj* (*frml*) anterior.

anthem /'æn θəm/ *n (gen)* himno *m*; (*Relig*) cántico *m*.

anthology /æn'θɒlədʒɪ/ *n* [**anthologies**] antología *f*.

anthropological /ˌænθrəpə'lɒdʒɪkəl/ *adj* antropológico -ca.

anthropologist /ˌænθrə'pɒlədʒɪst/ *n* antropólogo -ga *m/f*.

anthropology /ˌænθrə'pɒlədʒɪ/ *n* antropología *f*.

anti- /'æntɪ/ *pref* anti-: **he was strongly anti-French** era muy anti-francés; **she's anti-capital punishment** está en contra de la pena de muerte.

anti-aircraft /ˌæntɪ'eəkrɑ:ft/ *adj* antiaéreo -rea.

antibiotic /ˌæntɪbaɪ'ɒtɪk/ *n* antibiótico *m*: **she's** *on* **antibiotics** está tomando antibióticos.

antibody /'æntɪˌbɒdɪ/ *n* [**antibodies**] anticuerpo *m*.

anticipate /æn'tɪsɪpeɪt/ *vt* [**anticipates, anticipating, anticipated**] **1.** (*to expect*) esperar: **the exam wasn't as difficult as I'd anticipated** el examen no fue tan difícil como yo esperaba; **we don't anticipate any trouble at the match** no creemos que se vayan a producir disturbios en el partido; **he arrived on Monday, as anticipated** llegó el lunes, tal como estaba previsto. **2.** (*reaction, objection*) prever; (*movements*) anticiparse a: **they anticipated that we would want something to eat** habían previsto que querríamos comer algo; **we must try to anticipate their tactics** debemos tratar de prever cuáles serán sus tácticas.

anticipation /ænˌtɪsɪ'peɪʃən/ *n* (*expectation*): **a crowd had gathered** *in* **anticipation** *of* **her arrival** se había congregado una multitud a la espera de su llegada; **they waited with anticipation** esperaban impacientes; **thanking you** *in* **anticipation...** agradeciéndole de antemano su atención....

anticlimax /ˌæntɪ'klaɪmæks/ *n* [**anticlimaxes**] decepción *f*; (*Lit*) anticlímax *m inv*.

anticlockwise /ˌæntɪ'klɒkwaɪz/ *adj, adv* (*GB*) *en sentido contrario al de las agujas del reloj*.

antics /'æntɪks/ *n pl* **1.** (*amusing behaviour*) payasadas *f pl*: **her antics kept us amused all afternoon** nos entretuvo con sus payasadas toda la tarde. **2.** (*improper behaviour: gen*) correrías *f pl*; (*: of children*) travesuras *f pl*.

anticyclone /ˌæntɪ'saɪkləʊn/ *n* anticiclón *m*.

antidote /'æntɪdəʊt/ *n* antídoto *m*: **they have yet to find an antidote** *to* * *for* **the poison** aún no han encontrado un antídoto contra el veneno.

antifreeze /'æntɪfri:z/ *n* anticongelante *m*.

antihistamine /ˌæntɪ'hɪstəmɪn/ *n* antihistamínico *m*.

Antilles /æn'tɪli:z/ *n pl*: **the Antilles** las Antillas.

antipathy /æn'tɪpəθɪ/ *n* antipatía *f*, aversión *f*.

antiperspirant /ˌæntɪ'pɜ:spɪrənt/ *n* antitranspirante *m*.

antipodes /æn'tɪpədi:z/ *n pl* **1.** (*opposite point in the planet*) antípodas *f pl*. **2. the Antipodes** *Australia y Nueva Zelanda*.

antiquarian /ˌæntɪ'kweərɪən/ *n* anticuario -ria *m/f*.

antiquated /'æntɪkweɪtɪd/ *adj* anticuado -da.

antique /æn'ti:k/ **I** *n* antigüedad *f*.
II *adj* (*vase, bracelet*) antiguo -gua; (*furniture*) antiguo -gua, de época.
antique dealer *n* anticuario -ria *m/f*.
antique shop *n* tienda *f* de antigüedades.

antiquity /æn'tɪkwətɪ/ *n* [**antiquities**] antigüedad *f*: **in antiquity** en la antigüedad.

anti-Semitic /ˌæntɪsɪ'mɪtɪk/ *adj* antisemita.

anti-Semitism /ˌæntɪ'semɪtɪzəm/ *n* antisemitismo *m*.

antiseptic /ˌæntɪ'septɪk/ **I** *adj* antiséptico -ca.
II *n* antiséptico *m*.

antisocial /ˌæntɪ'səʊʃəl/ *adj* (*destructive, offensive*) antisocial; (*unsociable*) insociable.

antitheft /ˌæntɪ'θeft/ *adj* antirrobo *adj inv*.

antithesis /æn'tɪθəsɪs/ *n* [*pl* **antitheses** /æn'tɪθəsi:z/] antítesis *f*.

antler /'æntlə/ **I** *n* cuerno *m*, cuerna *f*.
II antlers *n pl* cornamenta *f*.

antonym /'æntənɪm/ *n* antónimo *m*.

anus /'eɪnəs/ *n* ano *m*.

anvil /'ænvɪl/ *n* yunque *m*.

anxiety /ɑŋ'zaɪətɪ/ *n* [**anxieties**] **1.** (*worry, concern*) inquietud *f*, ansiedad *f*; (*Med*) angustia *f*, ansiedad *f*. **2.** (*keenness*) afán *m*, ansias *f pl*: *in* **her anxiety to leave on time, she forgot to lock the door** en su afán de irse a tiempo, se le olvidó cerrar la puerta con llave.

anxious /'æŋkʃəs/ *adj* **1.** (*concerned*) preocupado -da, inquieto -ta: **he is anxious** *about* **the children's safety** está preocupado por la seguridad de los niños, le preocupa la seguridad de los niños. **2.** (*keen*) deseoso -sa: **anxious to help, he had made dinner** deseoso de ayudar, había preparado la cena; **they are anxious that we should be there** tienen mucho interés en que nosotros estemos presentes; **I am anxious to see how this problem will be solved** tengo muchos deseos de ver * mucho interés en ver cómo solucionarán este problema.

anxiously /'æŋkʃəslɪ/ *adv* con inquietud.

any /'enɪ/ **I** *adj* **1.** (*in questions and conditionals*) algún -guna [often not translated in Spanish]: **do you have any ink/nails?** ¿tienes tinta/clavos?; **if you need any help, just ask** si necesitas ayuda, no tienes más que decirlo; **if you have any problems, let me know** si tienes algún problema, dímelo. **2.** (*in negative sentences*): **they didn't see any birds in the park** no vieron ningún pájaro en el parque; **I didn't buy any sugar/apples** no compré azúcar/manzanas; **there isn't any wine left** no queda (nada de) vino. **3.** (*after* ***hardly, without***): **she went out without any money** salió sin dinero; **there were hardly any people there** había muy poca gente * no había casi nadie. **4.** (*whichever*) cualquier: **we can go any day** podemos ir cualquier día; **choose any one of those** elige cualquiera de ésos • **any old box will do** cualquier caja sirve • **any Tom, Dick or Harry can do it** cualquiera puede hacerlo.
II *pron* **1.** (*in questions and conditionals*) alguno -na: **have you seen any of her films?** ¿has visto alguna de sus películas?; **if any of you is interested, give me a**

call si alguno de ustedes está interesado, llámenme. **2.** (*in negative sentences*) [often not translated in Spanish] ninguno -na: **I wanted to buy bananas/wine but they didn't have any** quería comprar plátanos/vino pero no tenían; **we didn't like any of them** no nos gustó ninguno. **3.** (*after* ***hardly, without***): **he went out with plenty of money and came home without any** salió con mucho dinero y volvió a casa sin nada; **"How much sugar is there?" "Hardly any."** "¿Cuánta azúcar hay?" "Muy poca." * "Casi nada." **4.** (*whichever*) cualquiera: **"What flavour do you want?" "Any."** "¿Qué sabor quieres?" "Cualquiera."
III *adv* **1.** (*used with an adjective*): **this one isn't any good** éste no sirve para nada; **is she feeling any better?** ¿se siente (algo) mejor? **2. any longer**: **I can't stay any longer** no me puedo quedar más. **3. any more**: **if you eat any more you'll burst!** si sigues comiendo, vas a reventar; **he doesn't do karate any more** ya no practica karate; **he promised not to tell lies any more** prometió que no volvería a mentir.

anybody /ˈenɪbɒdɪ/ *pron* **1.** (*in affirmative questions and conditionals*) alguien: **has anybody seen Naomi lately?** ¿alguien ha visto a Naomi últimamente?; **if anybody calls, let me know** si llama alguien, avísame. **2.** (*in negative statements or questions*) nadie: **I didn't see anybody** no vi a nadie; **didn't anybody notice she was missing?** ¿nadie se dio cuenta de que ella no estaba? **3.** (*whoever*) cualquiera: **so what? anybody could do that** ¿y qué? cualquiera podría hacer eso; **anybody else would have phoned the police** cualquier otra persona hubiera llamado a la policía.

anyhow /ˈenɪhaʊ/ *adv* **1.** (*in a careless way*) de cualquier manera: **he dresses anyhow for work** se viste de cualquier manera para ir a trabajar. **2.** (*in any case*) de todas maneras: **I'm not going, anyhow** de todas maneras, no voy.

anyone /ˈenɪwʌn/ *pron* ⇨ anybody

anything /ˈenɪθɪŋ/ *pron* **1.** (*in affirmative questions and conditionals*) algo: **do you have anything to say?** ¿tienes algo que decir?; **if anything should happen, let us know immediately** si pasara cualquier cosa, avísenos de inmediato; **do you want a drink or anything?** ¿quieres una bebida o algo? • **if anything, he seemed to be quite pleased** hasta parecía estar contento. **2.** (*in negative statements or questions*) nada: **we didn't see anything worth buying** no vimos nada que valiera la pena comprar; **he didn't want anything else** no quiso nada más; **haven't you brought anything else?** ¿no te has traído nada más? • **I didn't think anything of it at the time** en aquel momento no le di ninguna importancia • **he isn't anything like as extrovert as his sister** no es tan extrovertido como su hermana ni mucho menos. **3.** (*whatever*) cualquier cosa: **anything's better than staying here** cualquier cosa es mejor que quedarse aquí; **anything's possible** todo es posible; **anything you say** como usted diga • **his lectures are anything but boring!** sus clases son superentretenidas • **"Was it easy?" "Anything but!"** "¿Fue fácil?" "¡Todo lo contrario!" • **she ran like anything when she saw the dog** corrió como loca cuando vio el perro.

anyway /ˈenɪweɪ/ *adv* de todos modos, de todas maneras: **I don't like it anyway** de todos modos, a mí no me gusta; **anyway, I wasn't thinking of going** igual * de todos modos, yo no pensaba ir.

anywhere /ˈenɪweə/ *adv* **1.** (*in interrogatives and conditionals*) a/en algún sitio: **are you going anywhere this summer?** ¿vas a algún sitio este verano?; **it should be in my bag, if anywhere** si en algún sitio debería estar, es en mi bolso. **2.** (*in negative sentences*) a/en ningún sitio * lado: **I'm not going anywhere with him** yo no voy a ningún lado con él; **I couldn't find you anywhere** no te pude encontrar por ninguna parte • **that won't get us anywhere** con eso no vamos a conseguir nada • **they still aren't anywhere near (to) reaching a decision** aún están muy lejos de llegar a una decisión • **this isn't anywhere near enough** con esto no alcanza ni mucho menos • **that isn't anywhere near Kingston!** ¡eso queda lejísimos de Kingston! **3.** (*no matter where*) a/en cualquier sitio * lado: **you can take it anywhere** lo puedes llevar a cualquier sitio * a todas partes; **anywhere else, you'd be able to pay by cheque** en cualquier otro sitio podrías pagar con un cheque; **it's the highest mountain anywhere in Europe** es la montaña más alta de toda Europa.

aorta /eɪˈɔːtə/ *n* aorta *f*.

apart /əˈpɑːt/ *adv* **1.** (*separated*): **they live apart** viven separados; **leave that one apart** *from* **the rest** deja ésa aparte * a un lado • **I can't tell the twins apart** no distingo a los gemelos (uno del otro). **2.** (*into pieces*): **he took the whole thing apart** lo desarmó todo. **3. apart from** (*excepting*) aparte de, exceptuando: **apart from the band, there were only about twenty people there** aparte del grupo, había sólo unas veinte personas.

apartheid /əˈpɑːtheɪt/ *n* apartheid *m*.

apartment /əˈpɑːtmənt/ *n* **1.** (*dwelling on one floor*) piso *m*, apartamento *m*, (*Amér L*) departamento *m*. **2.** (*room*) aposento *m*.
apartment house * building *n* (*US*) casa *f* de pisos.

apathetic /ˌæpəˈθetɪk/ *adj* apático -ca, indiferente.

apathetically /ˌæpəˈθetɪkəlɪ/ *adv* con apatía.

apathy /ˈæpəθɪ/ *n* apatía *f*.

ape /eɪp/ **I** *n* simio *m*, mono *m*.
II *vt* [**apes, aping, aped**] imitar.

aperitif /əˌperɪˈtiːf/ *n* aperitivo *m*.

aperture /ˈæpətʃʊə/ *n* **1.** (*in camera*) abertura *f*. **2.** (*opening*) abertura *f*; (*crack*) rendija *f*.

APEX /ˈeɪpeks/ *n* (*abreviatura de* **Advance Purchase Excursion**) APEX (*tarifa de excursión*).

apex /ˈeɪpeks/ *n* [**apexes * apices** /ˈeɪpɪsiːz/] (*Archit*) ápice *m*; (*Maths*) vértice *m*, ápice *m* • **she had reached the apex of her brilliant career** había llegado a la cumbre * cúspide de su brillante carrera.

aphid /ˈeɪfɪd/ *n* áfido *m*.

aphorism /ˈæfərɪzəm/ *n* aforismo *m*.

aphrodisiac /ˌæfrəʊˈdɪzɪæk/ **I** *n* afrodisiaco *m*.
II *adj* afrodisiaco -ca.

apiece /əˈpiːs/ *adv* cada uno, cada una: **they were selling them at five pounds apiece** los vendían a cinco libras cada uno.

aplomb /əˈplɒm/ *n* (*frml*) confianza *f* en sí mismo, aplomo *m*.

apolitical /ˌeɪpəˈlɪtɪkəl/ *adj* apolítico -ca.

apologetic /əˌpɒləˈdʒetɪk/ *adj* (*look, letter*) de disculpa: **she was very apologetic when she found out** se deshizo en disculpas cuando se enteró.

apologetically /əˌpɒləˈdʒetɪkəlɪ/ *adv*: **it's all my fault, she said apologetically** la culpa la tengo yo, dijo disculpándose.

apologize /əˈpɒlədʒaɪz/ *vi* [**apologizes, apologizing, apologized**] pedir perdón, disculparse: **I would like to apologize** *for* **my behaviour yesterday** quisiera pedir perdón por mi comportamiento de ayer; **he didn't even apologize** *to* **us** ni siquiera nos pidió perdón.

apology /əˈpɒlədʒɪ/ *n* [**apologies**] disculpa *f*: **if you're not going, you'd better send your apologies** si no vas a ir, deberías presentar tus excusas; **I owe you an apology** tengo que pedirle perdón.

apoplectic /ˌæpəˈplektɪk/ *adj* apoplético -ca.

apoplexy /ˈæpəˌpleksɪ/ *n* apoplejía *f*.

apostle /əˈpɒsəl/ *n* apóstol *m*.

apostrophe /əˈpɒstrəfɪ/ *n* apóstrofo *m*.

appal /əˈpɔ:l/ *vt* [**appals, appalling, appalled**] horrorizar: **we were appalled** *at* * *by* **the poverty there** la pobreza del lugar nos horrorizó.

appalling /əˈpɔ:lɪŋ/ *adj* **1.** (*cruelty, suffering*) atroz, terrible. **2.** (*behaviour, taste, sense of humour*) atroz, pésimo -ma.

apparatus /ˌæpəˈreɪtəs/ *n* [*pl* **apparatus**] (*Med*) aparato *m*; (*equipment*) aparatos *m pl*: **a piece of apparatus** un aparato.

apparent /əˈpærənt/ *adj* **1.** (*evident*) evidente: **it was apparent that she wasn't happy** era evidente * estaba claro que no estaba contenta. **2.** (*seeming*) aparente: **I wasn't convinced by her apparent indifference** su aparente indiferencia no me convencía.

apparently /əˈpærəntlɪ/ *adv* **1.** (*evidently*) por lo visto, según parece: **apparently they've split up** por lo visto se han separado. **2.** (*superficially*) aparentemente.

apparition /ˌæpəˈrɪʃən/ *n* aparición *f*.

appeal /əˈpi:l/ **I** *n* **1.** (*call, plea*) llamamiento *m*: **the charity has launched an appeal to raise funds** la organización benéfica ha hecho un llamamiento para recaudar fondos. **2.** (*attraction*) atractivo *m*: **her novels do have a certain appeal** sus novelas gustan bastante; **I've never understood the appeal of camping** nunca he entendido qué atractivo tiene ir de camping. **3.** (*Law*) recurso *m* de apelación: **he still has the right of appeal** aún tiene derecho a apelar * a interponer un recurso de apelación.
II *vi* [**appeals, appealing, appealed**] **1.** (*to make a plea*) rogar: **we appealed** *to* **him to reconsider his judgement** le rogamos que reconsiderara su opinión; **they appealed** *to* **her sense of duty** apelaron a su sentido del deber; **the governor appealed** *for* **calm** el gobernador hizo un llamamiento a la calma. **2.** (*to attract*) atraer: **his style doesn't appeal** *to* **me** su estilo no me atrae * no me llama la atención. **3.** (*Law*) apelar, interponer un recurso de apelación.

appealing /əˈpi:lɪŋ/ *adj* **1.** (*pleading*) suplicante. **2.** (*attractive*) atractivo -va: **she has an appealing smile** tiene una sonrisa atractiva; **his suggestion is very appealing** su sugerencia es muy atractiva * tentadora.

appear /əˈpɪə/ *vi* [**appears, appearing, appeared**] **1.** (*to come into sight, existence*) aparecer: **all of a sudden James appeared** de repente apareció James; **her second novel didn't appear until 1966** su segunda novela no se publicó hasta 1966. **2.** (*to seem*) parecer: **he appeared to be quite pleased with the results** parecía estar bastante contento con los resultados; **there appears to have been some misunderstanding** parece que ha habido un malentendido; **it would appear that it wasn't his fault after all** parecería que él no tuvo la culpa después de todo. **3.** (*in court*) comparecer. **4.** (*in play*) actuar; (*in film*) actuar, trabajar; (*on television*) salir: **she will be appearing in "The Tempest" in the autumn** actuará en "The Tempest" en el otoño.

appearance /əˈpɪərəns/ **I** *n* **1.** (*arrival*) aparición *f* • **we'll have to put in an appearance at the dance** tendremos que hacer acto de presencia en el baile; (*of invention, product*) aparición *f*: **the appearance of CDs made LPs virtually obsolete** con la aparición del disco compacto, los LP quedaron prácticamente obsoletos. **2.** (*look*) aspecto *m*: **she had a very untidy appearance** tenía un aspecto muy desaliñado. **3.** (*in play, film*) actuación *f*. **4.** (*in court*) comparecencia *f*.
II appearances *n pl* apariencias *f pl* • **even though he's lost his job, he's still keeping up appearances** aunque ha perdido el trabajo, sigue guardando las apariencias • **to all appearances, they are very wealthy** a juzgar por las apariencias, tienen mucho dinero.

appease /əˈpi:z/ *vt* [**appeases, appeasing, appeased**] (*frml*) apaciguar.

appeasement /əˈpi:zmənt/ *n* apaciguamiento *m*; (*Hist*): **the policy of appeasement** la política de contemporización.

append /əˈpend/ *vt* [**appends, appending, appended**] (*frml*) agregar.

appendage /əˈpendɪdʒ/ *n* apéndice *m*, añadidura *f*.

appendicitis /əˌpendɪˈsaɪtɪs/ *n* apendicitis *f inv*.

appendix /əˈpendɪks/ *n* [**appendixes * appendices** /əˈpendɪsi:z/] (*Anat, Lit*) apéndice *m*: **he had his appendix out last year** lo operaron de apendicitis el año pasado.

appetite /ˈæpɪtaɪt/ *n* apetito *m*: **all that hard work has given me an appetite** tanto trabajar me ha abierto el apetito; **she's lost her appetite** ha perdido el apetito.

appetizer /ˈæpɪˌtaɪzə/ *n* (*food*) aperitivo *m*; (*beverage*) aperitivo *m*.

appetizing /ˈæpɪˌtaɪzɪŋ/ *adj* apetitoso -sa.

applaud /əˈplɔ:d/ *vt/i* [**applauds, applauding, applauded**] aplaudir: **the teachers applauded the decision** los profesores aplaudieron la decisión.

applause /əˈplɔ:z/ *n* aplauso *m*.

apple /ˈæpəl/ *n* manzana *f* • **he was the apple of his mother's eye** era la niña de los ojos de su madre.

apple pie *n* pastel *m* de manzana • **as American as apple pie** típicamente norteamericano.

apple sauce *n* compota *f* de manzana.

apple tree *n* manzano *m*.

appliance /əˈplaɪəns/ *n* aparato *m*: **electrical appliances can be found on the fourth floor** los electrodomésticos se encuentran en el cuarto piso.

applicable /əˈplɪkəbəl/ *adj* aplicable: **the restrictions will not be applicable until March** las restricciones no entrarán en vigor hasta marzo; **that regulation is not applicable** *to* **us** esa regla no se aplica en el caso nuestro * no rige para nosotros.

applicant /ˈæplɪkənt/ *n* (*for job*) candidato -ta *m/f*, aspirante *m/f*; (*for security benefits, etc.*) solicitante *m/f*.

application /ˌæplɪˈkeɪʃən/ *n* **1.** (*of paint, lotion*) aplicación *f*. **2.** (*dedication*) aplicación *f*: **he lacks application** le falta aplicación. **3.** (*for post, bursary, etc.*) solicitud *f*: **more information will be supplied** *on* **application** se proporcionará mayor información a quien la solicite.

application form *n* solicitud *f*.

applied /əˈplaɪd/ *adj* aplicado -da: **applied physics** física aplicada.

apply /əˈplaɪ/ *vi* [**applies, applying, applied**] **1.** (*for*

post, licence, etc.) enviar una solicitud: **will you apply** *for* **the job?** ¿vas a solicitar el puesto? **2.** (*rules, law*) aplicarse: **does that rule apply** *to* **us?** ¿esa regla se aplica en el caso nuestro * rige para nosotros? **3.** (*to put on*) aplicar: **apply liberally to all exposed areas** aplíquese abundantemente en todas las zonas expuestas.
♦ *vt* **1.** (*paint, ointment*) aplicar • **you'll have to apply yourself if you want to win** tendrás que poner empeño si quieres ganar. **2.** (*to use*): **now apply the brakes** ahora frene; **she applied the hand brake** echó * puso el freno de mano.

appoint /ə'pɔɪnt/ *vt* [**appoints, appointing, appointed**] (*person*) nombrar, designar; (*time, place*) fijar.

appointment /ə'pɔɪntmənt/ *n* **1.** (*arrangement to meet*) cita *f*: **I must make an appointment** *with* **the dentist** tengo que pedir hora al dentista; **you can only see him** *by* **appointment** hay que concertar cita para verlo. **2.** (*to a post*) nombramiento *m*; (*job*) puesto *m*: **when does your appointment begin?** ¿cuándo comienzas en tu nuevo puesto?; (*on product label*): **by appointment to H.M. the Queen** proveedores de SM la Reina.

apportion /ə'pɔːʃən/ *vt* [**apportions, apportioning, apportioned**] (*blame*) imputar, asignar.

appraisal /ə'preɪzəl/ *n* **1.** (*of effort*) evaluación *f*. **2.** (*of worth*) valoración *f*.

appraise /ə'preɪz/ *vt* [**appraises, appraising, appraised**] (*work, effort*) evaluar; (*worth*) valorar.

appreciable /ə'priːʃəbəl/ *adj* considerable, apreciable.

appreciably /ə'priːʃəblɪ/ *adv* considerablemente, apreciablemente.

appreciate /ə'priːʃɪeɪt/ *vt* [**appreciates, appreciating, appreciated**] **1.** (*to value*) apreciar: **I learnt to appreciate good food in Paris** en París aprendí a apreciar la buena comida. **2.** (*to be grateful for*) agradecer: **I would appreciate it if you turned the volume down** te agradecería que bajaras el volumen. **3.** (*to be aware of*) comprender: **we do appreciate that there is very little time** comprendemos que hay muy poco tiempo.
♦ *vi* (*Fin*) revalorizarse.

appreciation /əˌpriːʃɪ'eɪʃən/ *n* **1.** (*of art, literature*) aprecio *m*. **2.** (*frml: gratitude*) agradecimiento *m*: **I'd like you to accept this as a token of my appreciation** quisiera ofrecerle esto como muestra de mi agradecimiento. **3.** (*Fin*) revalorización *f*.

appreciative /ə'priːʃɪətɪv/ *adj* **1.** (*admiring*) apreciativo -va. **2.** (*thankful*) agradecido -da: **she was very appreciative** se mostró muy agradecida; **they were most appreciative of her generous hospitality** agradecieron mucho su generosa hospitalidad.

appreciatively /ə'priːʃɪətɪvlɪ/ *adv*: **that would be perfect, she said appreciatively** eso sería ideal, dijo agradecida.

apprehend /ˌæprɪ'hend/ *vt* [**apprehends, apprehending, apprehended**] (*frml*) detener, apresar.

apprehension /ˌæprɪ'henʃən/ *n* **1.** (*anxiety*) aprensión *f*. **2.** (*frml: arrest*) detención *f*.

apprehensive /ˌæprɪ'hensɪv/ *adj* inquieto -ta, preocupado -da: **he felt very apprehensive** estaba muy inquieto * preocupado, sentía mucha aprensión; **I was a bit apprehensive** *about* **the interview** estaba un poco inquieta * preocupada por la entrevista.

apprehensively /ˌæprɪ'hensɪvlɪ/ *adv* con aprensión.

apprentice /ə'prentɪs/ **I** *n* aprendiz -diza *m/f*.
II *vt* [**apprentices, apprenticing, apprenticed**] poner de aprendiz: **he's apprenticed** *to* **a cabinet maker** está de aprendiz con un ebanista.

apprenticeship /ə'prentɪʃɪp/ *n* aprendizaje *m*: **he served his apprenticeship in a factory in Leeds** hizo su aprendizaje en una fábrica en Leeds.

approach /ə'prəʊtʃ/ **I** *vi* [**approaches, approaching, approached**] (*person, vehicle, day*) acercarse.
♦ *vt* **1.** (*to draw near to*) acercarse a, aproximarse a: **he approached the entrance with caution** se acercó cautelosamente a la entrada. **2.** (*to contact*): **they had approached several banks** se habían puesto en contacto con varios bancos. **3.** (*to tackle*) abordar: **how would you approach the problem?** ¿cómo enfocarías el problema?
II *n* [**approaches**] **1.** (*drawing near*) acercamiento *m*, aproximación *f* • **we are making approaches to a French company** estamos en negociaciones con una empresa francesa. **2.** (*way in*) acceso *m*. **3.** (*to subject, topic*) enfoque *m*: **I disagree with her approach** *to* **the problem** no estoy de acuerdo con su manera de enfocar el problema.

approach road *n* vía *f* de acceso.

approachable /ə'prəʊtʃəbəl/ *adj* (*friendly*) accesible.

approbation /ˌæprəʊ'beɪʃən/ *n* (*frml*) aprobación *f*.

appropriate **I** /ə'prəʊprɪət/ *adj* apropiado -da, adecuado -da: **would flowers be appropriate as a present?** ¿sería apropiado regalarle flores?; **would this outfit be appropriate** *for* **the wedding?** ¿te parece adecuado este vestido para la boda?; **I thought the caption was rather appropriate** el pie de foto me pareció muy oportuno; **this matter must be dealt with by the appropriate body** este asunto lo debe tratar el organismo correspondiente; **delete as appropriate** tache lo que no corresponda.
II /ə'prəʊprɪeɪt/ *vt* [**appropriates, appropriating, appropriated**] (*frml*) apropiarse de.

appropriately /ə'prəʊprɪətlɪ/ *adv* de manera apropiada * adecuada.

appropriateness /ə'prəʊprɪətnəs/ *n* lo apropiado * adecuado.

approval /ə'pruːvəl/ *n* **1.** (*favourable opinion*) aprobación *f*: **our idea didn't meet with Philip's approval** nuestra idea no contó con la aprobación de Philip; **you will receive the goods** *on* **approval** recibirá las mercancías a prueba. **2.** (*consent*) aprobación *f*: **we need Mr Baldwin's approval** necesitamos la aprobación * el visto bueno del señor Baldwin.

approve /ə'pruːv/ *vi* [**approves, approving, approved**]: **my mother doesn't approve** *of* **her** a mi madre no le gusta * no le cae bien; **she doesn't approve** *of* **my going out with Hugh** no le parece bien que salga con Hugh.
♦ *vt* aprobar: **the design was approved by the committee** la comisión aprobó el diseño.

approving /ə'pruːvɪŋ/ *adj* (*smile, look*) de aprobación.

approvingly /ə'pruːvɪŋlɪ/ *adv* con aprobación.

approx. *léase* /ə'prɒksɪmətlɪ/ (*abreviatura de* **approximately**) aprox. (aproximadamente).

approximate **I** /ə'prɒksɪmət/ *adj* aproximado -da.
II /ə'prɒksɪmeɪt/ *vt* [**approximates, approximating, approximated**] aproximarse a.
♦ *vi*: **it does not even approximate** *to* **our original idea** ni siquiera se aproxima a nuestra idea original.

approximately /ə'prɒksɪmətlɪ/ *adv* aproximadamente.

approximation /əˌprɒksɪ'meɪʃən/ *n* aproximación *f*.

APR /eɪpiː'ɑː/ *n* (*abreviatura de* **annual percentage rate**) TAE *f* (tasa anual efectiva * equivalente).

Apr. *léase* /'eɪprəl/ (*abreviatura de* **April**) abril *m*.
apricot /'eɪprɪkɒt/ *n* albaricoque *m*, (*Arg, Chi, Urug*) damasco *m*.
April /'eɪprəl/ *n* abril *m*. ➪ June
April fool *n*: **April Fool!** ¡inocente, eres un inocente!
April Fools' Day *n*: *el primero de abril, día en que se suele gastar bromas similares a las que son típicas del Día de los Inocentes.*
apron /'eɪprən/ *n* delantal *m*.
apse /æps/ *n* ábside *m*.
apt /æpt/ *adj* **1.** (*inclined*): **he's apt to lose his temper at the slightest thing** es propenso * tiende a enfadarse por cualquier nimiedad. **2.** (*phrase, name*) apropiado -da, acertado -da.
aptitude /'æptɪtju:d/ *n* aptitud *f*: **he has an aptitude** *for* **crosswords** es muy bueno para hacer crucigramas, se le dan muy bien los crucigramas.
aptitude test *n* prueba *f* de aptitud.
aptly /'æptlɪ/ *adv* acertadamente.
aqualung /'ækwəlʌŋ/ *n* escafandra *f* autónoma.
aquamarine /ˌækwəmə'ri:n/ *n* **1.** (*stone*) aguamarina *f*. **2.** (*colour*) color *m* aguamarina.
Aquarian /ə'kweərɪən/ *n* acuario *m/f inv*: **Aquarians tend to be artistic** los acuario suelen ser artísticos; **he's a typical Aquarian** tiene todas las características de un acuario.
aquarium /ə'kweərɪəm/ *n* [**aquariums** * **aquaria** /ə'kweərɪə/] acuario *m*.
Aquarius /ə'kweərɪəs/ *n* **1.** (*star sign*) Acuario *m*: **I was born under Aquarius** nací bajo el signo de Acuario. **2.** (*person*) acuario *m/f inv*: **George is an Aquarius** George es acuario; **she's a typical Aquarius** tiene todas las características de una acuario.
aquatic /ə'kwætɪk/ *adj* acuático -ca.
aqueduct /'ækwɪdʌkt/ *n* acueducto *m*.
aquiline /'ækwɪlaɪn/ *adj* aguileño -ña.
Arab /'ærəb/ *adj, n* árabe *adj, m/f*.
Arabian /ə'reɪbɪən/ *adj* árabe.
Arabic /'ærəbɪk/ *adj, n* árabe *adj, m*.
arabic numeral *n* número *m* arábigo.
arable /'ærəbəl/ *adj* cultivable.
arable land *n* tierras *f pl* cultivables * de cultivo.
arable farming *n* agricultura *f*.
arbitrary /'ɑ:bɪtrərɪ/ *adj* arbitrario -ria.
arbitrate /'ɑ:bɪtreɪt/ *vi* [**arbitrates, arbitrating, arbitrated**] arbitrar.
♦ *vt* (*dispute*) arbitrar (en).
arbitration /ˌɑ:bɪ'treɪʃən/ *n* arbitraje *m*: **the matter will have to go to arbitration** habrá que someter el asunto a arbitraje.
arc /ɑ:k/ *n* arco *m*.
arcade /ɑ:'keɪd/ *n* **1.** (*shopping precinct*) galería *f* comercial. **2.** (*set of arches*) arcada *f*.
arch /ɑ:tʃ/ **I** *n* [**arches**] **1.** (*Archit*) arco *m*. **2.** (*of the foot*) arco *m* del pie.
II *vt* [**arches, arching, arched**] (*eyebrows*) arquear, enarcar.
♦ *vi* formar un arco.
archaeological /ˌɑ:kɪə'lɒdʒɪkəl/ *adj* arqueológico -ca.
archaeologist /ˌɑ:kɪ'ɒlədʒɪst/ *n* arqueólogo -ga *m/f*.
archaeology /ˌɑ:kɪ'ɒlədʒɪ/ *n* arqueología *f*.
archaic /ɑ:'keɪɪk/ *adj* arcaico -ca.
archangel /'ɑ:keɪndʒəl/ *n* arcángel *m*.
archbishop /ɑ:tʃ'bɪʃəp/ *n* arzobispo *m*.
arched /ɑ:tʃt/ *adj* (*window, doorway*) en forma de arco.
archer /'ɑ:tʃə/ *n* arquero -ra *m/f*.
archery /'ɑ:tʃərɪ/ *n* tiro *m* al * con arco: **he does * practises archery** practica el tiro al * con arco.
archetypal /'ɑ:kɪtaɪpəl/ *adj* arquetípico -ca.
archipelago /ˌɑ:kɪ'peləgəʊ/ *n* [**archipelagoes * archipelagos**] archipiélago *m*.
architect /'ɑ:kɪtekt/ *n* arquitecto -ta *m/f*.
architectural /ˌɑ:kɪ'tektʃərəl/ *adj* arquitectónico -ca.
architecturally /ɑ:kɪ'tektʃərəlɪ/ *adv* arquitectónicamente.
architecture /'ɑ:kɪˌtektʃə/ *n* arquitectura *f*.
archives /'ɑ:kaɪvz/ *n pl* archivos *m pl*.
archivist /'ɑ:kɪvɪst/ *n* archivero -ra *m/f*.
Arctic /'ɑ:ktɪk/ **I the Arctic** *n* la región Ártica.
II *adj* ártico -ca: **the Arctic Circle** el Círculo Polar Ártico; **the Arctic Ocean** el océano Glacial Ártico.
ardent /'ɑ:dənt/ *adj* (*desire*) ferviente, ardiente; (*enthusiast*) entusiasta; (*admirer*) ferviente.
arduous /'ɑ:djʊəs/ *adj* arduo -dua.
are /ɑ:/ *segunda persona del singular y todas las formas del plural del presente de* ➪ be
area /'eərɪə/ *n* **1.** (*size*) área *f* [takes ***el*** or ***un*** in singular], superficie *f*. **2.** (*region, section*) zona *f*: **the campsite has a children's play area** el camping tiene una zona para juegos infantiles. **3.** (*of study, research*) campo *m*.
area code *n* prefijo *m* local.
arena /ə'ri:nə/ *n* (*for sporting events*) estadio *m*; (*Hist*) arena *f*: **she knows how to defend herself in the political arena** sabe defenderse en el ruedo político.
aren't /ɑ:nt/ **I** *contracción de* **are not**: **these gloves aren't mine** estos guantes no son míos; **aren't you going to stay?** ¿no te vas a quedar?
II *contracción de* **am not** *[sólo en frases interrogativas]*: **I'm a lot slimmer now, aren't I?** ahora estoy mucho más delgado ¿verdad?
Argentina /ˌɑ:dʒən'ti:nə/ *n* (la) Argentina.
Argentinian /ˌɑ:dʒən'tɪnɪən/ *adj, n* argentino -na *adj, m/f*.
arguable /'ɑ:gjʊəbəl/ *adj* discutible: **it is arguable whether they would have agreed** eso de que hubieran accedido es discutible.
arguably /'ɑ:gjʊəblɪ/ *adv*: **it is arguably the worst film this year** podría decirse que es la peor película del año.
argue /'ɑ:gju:/ *vi* [**argues, arguing, argued**] discutir: **she's always arguing** *with* **her father** siempre está discutiendo con su padre; **they were arguing** *about* **politics, as usual** discutían de política, como de costumbre; **they are arguing** *over* **the heating bill** están discutiendo * peleando por la factura de la calefacción.
♦ *vt* **1.** (*to make the case that*) alegar, argüir: **he argued that her actions were justifiable** alegó que había obrado con motivos justificados; **they didn't argue their case very well** no presentaron sus argumentos de forma muy convincente. **2.** (*point, issue*) discutir.
argument /'ɑ:gjʊmənt/ *n* **1.** (*quarrel*) discusión *f*: **we had an argument** *about* **who to invite** discutimos sobre a quién íbamos a invitar; **there was a heated argument** *over* **the service charge** hubo una acalorada discusión acerca del recargo por servicio. **2.** (*line of reasoning*) razonamiento *m*; (*case, reasons*) argumentos *m pl*, argumentación *f*: **there is clearly an argument** *for/against* **this decision** está claro que hay argumentos a favor/en contra de esta decisión.
argumentative /ˌɑ:gjʊ'mentətɪv/ *adj* discutidor -dora: **he's very argumentative** le gusta mucho discutir.
aria /'ɑ:rɪə/ *n* aria *f* [takes ***el*** or ***un*** in singular].

arid /'ærɪd/ *adj* árido -da.

Aries /'eəri:z/ *n* **1.** (*star sign*) Aries *m.* **2.** (*person*) aries *m/f inv.* ⇨ Aquarius

arise /ə'raɪz/ *vi* [**arises, arising, arose,** *participio pasado* **arisen**] **1.** (*problem, difficulty*) surgir; (*occasion*) presentarse: **we'll buy another one if the need arises** compraremos otro, si llega a hacer falta. **2.** (*frml: to get up*) levantarse.

arisen /ə'rɪzən/ *participio pasado de* ⇨ arise

aristocracy /ˌærɪs'tɒkrəsɪ/ *n* [**aristocracies**] aristocracia *f.*

aristocrat /'ærɪstəˌkræt/ *n* aristócrata *m/f.*

aristocratic /ˌærɪstə'krætɪk/ *adj* aristocrático -ca.

arithmetic **I** /ə'rɪθmətɪk/ *n* aritmética *f.*
II /ˌærɪθ'metɪk/ *adj* aritmético -ca.

arithmetical /ˌærɪθ'metɪkəl/ *adj* aritmético -ca.

Arkansas /'ɑ:kənˌsɔ:/ *n* Arkansas *m.*

arm /ɑ:m/ **I** *n* **1.** (*of person, chair*) brazo *m*: **she's broken her arm** se ha roto el brazo • **the two friends walked along arm in arm** los dos amigos iban (cogidos) del brazo • **they welcomed her with open arms** la recibieron con los brazos abiertos • **that coat cost me an arm and a leg** ese abrigo me costó un ojo de la cara • **I'll have some more cake, if you twist my arm!** si insistes, me comeré otro pedazo de pastel. **2.** (*of garment*) manga *f.* **3.** (*of spectacles*) patilla *f.*
II arms *n pl* **1.** (*weapons*) armas *f pl* • **they were up in arms over * about the delay** estaban furiosos por el retraso. **2.** (*también* **coat of arms**) (*Hist*) escudo *m* de armas.
III *vt* [**arms, arming, armed**] armar.

armband *n* (*gen*) brazal *m*; (*for learning to swim*) flotador *m* (*en el brazo*).

armchair *n* sillón *m.*

armhole *n* sisa *f.*

armrest *n* reposabrazos *m inv.*

arms control *n* control *m* de armamentos.

arms race *n* carrera *f* armamentista * de armamentos.

armada /ɑ:'mɑ:də/ *n* armada *f.*

the Armada *n* (*también* **the Spanish Armada**) la Armada Invencible.

armadillo /ɑ:mə'dɪləʊ/ *n* armadillo *m.*

armaments /'ɑ:məmənts/ *n pl* armamentos *m pl.*

armed /ɑ:md/ *adj* armado -da.

armed forces *n pl* fuerzas *f pl* armadas.

armed robbery *n* robo *m* a mano armada.

armful /'ɑ:mfʊl/ *n* (*of firewood*) brazada *f*: **he dumped an armful of papers on my desk** puso un montón de papeles sobre mi escritorio.

armistice /'ɑ:mɪstɪs/ *n* armisticio *m.*

armour, (*US*) **armor** /'ɑ:mə/ *n* armadura *f.*

armour-plated, (*US*) **armor-plated** *adj* blindado -da, acorazado -da.

armoured, (*US*) **armored** /'ɑ:məd/ *adj* blindado -da, acorazado -da.

armoured car, (*US*) **armored car** *n* tanqueta *f.*

armoury, (*US*) **armory** /'ɑ:mərɪ/ *n* [**armouries**] armería *f.*

armpit /'ɑ:mpɪt/ *n* axila *f*, sobaco *m.*

army /'ɑ:mɪ/ *n* [**armies**] ejército *m*: **she joined the army** se alistó en el ejército; **she married an army officer** se casó con un oficial del ejército * con un militar.

A road /eɪ rəʊd/ *n (in GB)* carretera *f* nacional.

aroma /ə'rəʊmə/ *n* aroma *m*, fragancia *f.*

aromatic /ˌærəʊ'mætɪk/ *adj* aromático -ca, fragante.

arose /ə'rəʊz/ *pretérito de* ⇨ arise

around /ə'raʊnd/ **I** *adv* **1.** (*in a circle*): **it could be seen from miles around** podía verse en millas a la redonda; **could you just pass these papers around?** ¿podrías ir pasando estos papeles? **2.** (*in opposite direction*): **we turned the car around and started off again** nos dimos la vuelta y partimos de nuevo. **3.** (*about a place*): **I'd just like to look around** me gustaría echar un vistazo; **she's around somewhere** anda por aquí; **we travelled around for a while** viajamos un poco por la región. **4.** (*to somebody's house*): **he asked me around for coffee** me invitó a su casa a tomar un café.
II *prep* **1.** (*in a circle*) alrededor de: **the children were dancing around her** los niños bailaban a su alrededor; **she put her arms around him** lo abrazó; **it's just around the corner** está aquí a la vuelta. **2.** (*in a country, place*) por: **they've been travelling around Peru** han estado viajando por Perú; **what is there to do around here?** ¿qué se puede hacer por aquí? **3.** (*with numbers*) alrededor de: **it'll cost you around sixty pounds** te costará alrededor de sesenta libras * unas sesenta libras; **it was around six o'clock** eran alrededor de las seis; **he's around fifty** tiene alrededor de cincuenta años.

arouse /ə'raʊz/ *vt* [**arouses, arousing, aroused**] **1.** (*person from sleep; suspicion*) despertar. **2.** (*sexually*) excitar.

arrange /ə'reɪndʒ/ *vt* [**arranges, arranging, arranged**] **1.** (*to plan*) organizar: **we haven't arranged anything definite as yet** hasta la fecha no hemos organizado nada concreto; **they arranged that they should arrive on the same day** se pusieron de acuerdo para llegar el mismo día. **2.** (*to place*) arreglar, ordenar. **3.** (*Mus*) arreglar: **arranged for the guitar by Simon Hudd** arreglo para guitarra de Simon Hudd.
♦ *vi*: **I've arranged** *for* **the mattress to be delivered on Thursday** lo he organizado todo para que nos entreguen el colchón el jueves.

arranged marriage /ə'reɪndʒd 'mærɪdʒ/ *n*: *boda concertada por las familias de los novios.*

arrangement /ə'reɪndʒmənt/ *n* **1.** (*plan*) plan *m*: **the tour company makes all the arrangements** la agencia de viajes lo organiza todo; **she's in charge of the arrangements** está encargada de la organización. **2.** (*agreement*) acuerdo *m*, arreglo *m*: **I'm sure we can come to some arrangement** estoy seguro de que podemos llegar a un acuerdo * arreglo. **3.** (*positioning*) disposición *f.* **4.** (*Mus*) adaptación *f*, arreglo *m.*

array /ə'reɪ/ *n* selección *f*: **there was an amazing array of dishes to choose from** había una enorme variedad * una gran selección de platos para elegir.

arrears /ə'rɪəz/ *n pl* atrasos *m pl*: **they were** *in* **arrears with the rent** estaban atrasados en el pago del alquiler; **your salary will be paid monthly** *in* **arrears** su sueldo se pagará mensualmente, una vez cumplido cada mes de trabajo.

arrest /ə'rest/ **I** *vt* [**arrests, arresting, arrested**] **1.** (*Law*) arrestar, detener: **they arrested him** *for* **drunken driving** lo detuvieron por conducir bajo la influencia del alcohol. **2.** (*frml: to halt*) detener; (*: to hinder*) frenar.
II *n* arresto *m*, detención *f*: **you are** *under* **arrest** queda usted detenido.

arrival /ə'raɪvəl/ *n* (*act of arriving*) llegada *f*; (*person*): **late arrivals will not be admitted until the interval** las personas que lleguen tarde no podrán entrar a la sala hasta el entreacto.

arrive /ə'raɪv/ *vi* [**arrives, arriving, arrived**] llegar: **they arrived** *at* **the hotel after midnight** llegaron al hotel después de medianoche; **they arrived** *in* **Paris on Sunday** llegaron a París el domingo; **have you arrived** *at* **a decision?** ¿han llegado a una decisión?; **how did you arrive** *at* **that figure?** ¿cómo obtuviste ese resultado?

arrogance /'ærəgəns/ *n* arrogancia *f*.

arrogant /'ærəgənt/ *adj* arrogante.

arrogantly /'ærəgəntlɪ/ *adv* con arrogancia.

arrow /'ærəʊ/ *n* flecha *f*.

arsenal /'ɑːsənəl/ *n* arsenal *m*.

arsenic /'ɑːsnɪk/ *n* arsénico *m*.

arson /'ɑːsən/ *n* incendio *m* provocado.

arsonist /'ɑːsənɪst/ *n* incendiario -ria *m/f*.

art /ɑːt/ **I** *n* **1.** (*gen*) arte *m* [usually feminine in plural]: **he wants to study art** quiere estudiar Bellas Artes; **she is interested in modern art** le interesa el arte moderno. **2.** (*knack*) arte *m*: **he hasn't mastered the art of driving yet** aún no domina el arte de conducir. **II arts** *n pl* **1.** (*branch of knowledge*) letras *f pl*: **this university has a majority of arts students** la mayoría de los estudiantes de esta universidad hacen carreras de letras. **2. the arts** las artes *f pl*.

art gallery *n* (*commercial*) galería *f* de arte; (*museum*) museo *m* de arte, pinacoteca *f*.

arts degree *n* licenciatura *f* en letras.

artefact /'ɑːtɪfækt/ *n* objeto *m* (*en arqueología*).

arterial /ɑː'tɪərɪəl/ *adj* arterial.

artery /'ɑːtərɪ/ *n* [**arteries**] arteria *f*.

artful /'ɑːtfʊl/ *adj* astuto -ta.

arthritic /ɑː'θrɪtɪk/ *adj* artrítico -ca.

arthritis /ɑː'θraɪtəs/ *n* artritis *f inv*.

artichoke /'ɑːtɪtʃəʊk/ *n* alcachofa *f*, (*Arg*, *Urug*) alcaucil *m*.

article /'ɑːtɪkəl/ **I** *n* **1.** (*object*) artículo *m*: **he left behind several articles of clothing** dejó varias prendas de vestir. **2.** (*in newspaper*) artículo *m*: **he wrote an article** *on* ✻ *about* **the welfare state** escribió un artículo sobre el estado de bienestar. **3.** (*Ling*) artículo *m*: **the definite article** el artículo definido. **II articles** *n pl* (*Law*) aprendizaje *m*.

articled clerk /'ɑːtɪkəld klɑːk/ *n* pasante *m/f* (*estudiante de derecho o contabilidad que está haciendo las prácticas en un bufete*).

articulate I /ɑː'tɪkjʊlət/ *adj*: **she's very articulate** sabe expresarse muy bien; **she wrote an articulate essay on the subject** escribió un ensayo bien construido sobre el tema.
II /ɑː'tɪkjʊleɪt/ *vt/i* [**articulates, articulating, articulated**] (*sound*) articular; (*feelings*) expresar.

articulated lorry /ɑː'tɪkjʊˌleɪtɪd 'lɒrɪ/ *n* (*GB*) camión *m* articulado.

articulation /ɑːˌtɪkjʊ'leɪʃən/ *n* articulación *f*.

artifact /'ɑːtɪfækt/ *n* objeto *m* (*en arqueología*).

artifice /'ɑːtɪfɪs/ *n* artificio *m*.

artificial /ˌɑːtɪ'fɪʃəl/ *adj* (*flowers, silk*) artificial; (*laugh, smile*) forzado -da, falso -sa.

artificial insemination *n* inseminación *f* artificial.

artificial intelligence *n* inteligencia *f* artificial.

artificial limb *n* miembro *m* ortopédico.

artificial respiration *n* respiración *f* artificial.

artificially /ˌɑːtɪ'fɪʃəlɪ/ *adv* artificialmente.

artillery /ɑː'tɪlərɪ/ *n* artillería *f*.

artisan /'ɑːtɪzæn/ *n* artesano -na *m/f*.

artist /'ɑːtɪst/ *n* artista *m/f*: **he's a famous mime artist** es un mimo famoso.

artiste /ɑː'tiːst/ *n* (*musician, dancer, actor*) artista *m/f*.

artistic /ɑː'tɪstɪk/ *adj* artístico -ca.

artistically /ɑː'tɪstɪklɪ/ *adv* artísticamente: **he's not artistically inclined** no tiene inclinaciones artísticas.

artistry /'ɑːtɪstrɪ/ *n* arte *m*, habilidad *f* artística.

artless /'ɑːtləs/ *adj* sin artificio.

artlessly /'ɑːtləslɪ/ *adv* sin artificio.

arty /'ɑːtɪ/ *adj* [**artier, artiest**] (*fam*) con veleidades de artista.

as /æz/ **I** *prep* **1.** (*in comparisons*): **he's as tall as I am** es tan alto como yo; **I came as soon as I could** vine lo más pronto que pude; **everything was very expensive, so I bought as little as possible** todo era muy caro, así que compré lo menos posible. **2.** (*in the role of, being*) como: **as your friend it's my duty to tell you** como amigo tuyo, es mi obligación decírtelo; **with María Sainz as Frida Kahlo** con María Sainz en el papel de Frida Kahlo; **as a child I liked going to the cinema** de niño me gustaba ir al cine.
II *conj* **1.** (*at the moment when*) cuando: **the phone rang just as he was leaving** sonó el teléfono justo cuando se iba; (*while*) mientras: **she read the newspaper as she ate** leía el periódico mientras comía. **2.** (*since*) como: **as she didn't ring, I went on my own** como no me llamó, me fui sola; **I don't agree with it, as I've said before** no estoy de acuerdo, como ya he dicho antes; **Joe didn't go as he had to leave for London the following day** Joe no fue, puesto que salía para Londres al día siguiente. **3. as if** como si: **he treats us as if we were children** nos trata como si fuéramos niños; **as if I would have done such a thing!** ¡como si yo hubiera sido capaz de hacer una cosa así!; **it's not as if we are asking for anything special** tampoco es que estemos pidiendo nada del otro mundo; **as if by accident/magic** como por casualidad/arte de magia; **he said sorry, as if apologizing would do any good** dijo que lo sentía, como si con pedir perdón fuera a arreglar algo. **4. as for** en cuanto a: **I'm not leaving until tomorrow; as for Helen, she's already left** yo no me voy hasta mañana; en cuanto a Helen, ya se ha ido; **as for you, I'll deal with you later** en cuanto a ti, ya te arreglaré las cuentas más tarde. **5. as from** ✻ **of** a partir de: **as from tomorrow, he will no longer be president** a partir de mañana, dejará de ser presidente. **6. as it is**: **you go, I'm tired enough as it is** ve tú, yo ya estoy bastante cansado; **things are bad enough as it is without you complaining** las cosas ya están lo bastante difíciles como para que tú encima te vengas a quejar. **7. as regards** por ✻ en lo que respecta a, en cuanto a: **as regards your proposal, we have agreed that...** por lo que respecta a su propuesta, hemos acordado que.... **8. as though**: **it's not as though you didn't know she was coming** no es que no supieras que iba a venir. **9. as to**: **we have given a lot of thought as to what should be done** hemos estado pensado detenidamente qué es lo que se debería hacer; **can you give me some idea as to what the exam will be like?** ¿me puedes dar una idea de cómo va a ser el examen? **10. as well** también: **I'm going to have some dessert as well** voy a tomar postre también; **is James coming as well?** ¿también viene James? **11. as yet** hasta ahora: **I've not heard from him as yet** hasta ahora no he tenido noticias suyas.

a.s.a.p. /ˌeɪeseɪ'piː/ (*abreviatura de* **as soon as possible**) lo más pronto posible.

asbestos /æs'bestɒs/ *n* amianto *m*, asbesto *m*.

ascend /ə'send/ *vt* [**ascends, ascending, ascended**] (*frml*) **1.** (*mountain*) escalar. **2.** (*the throne*) ascender a, subir a.
♦ *vi* ascender, subir.

Ascension /ə'senʃən/ *n*: **the Ascension** la Ascensión.

ascent /ə'sent/ *n* (*frml*) **1.** (*of a mountain*) escalada *f*, ascenso *m*. **2.** (*to the throne*) ascensión *f*. **3.** (*slope*) cuesta *f*.

ascertain /ˌæsə'teɪn/ *vt* [**ascertains, ascertaining, ascertained**] (*frml*) establecer.

ascetic /ə'setɪk/ **I** *adj* ascético -ca.
II *n* asceta *m/f*.

asceticism /ə'setɪsɪzəm/ *n* ascetismo *m*.

ascribe /ə'skraɪb/ *vt* [**ascribes, ascribing, ascribed**] atribuir: **the picture has been ascribed** *to* **Sorolla** el cuadro se le ha atribuido a Sorolla.

ash /æʃ/ *n* [**ashes**] **1.** (*tree*) fresno *m*. **2.** (*from fire, cigarette*) ceniza *f*.
ashtray *n* cenicero *m*.
Ash Wednesday *n* miércoles *m inv* de ceniza.

ashamed /ə'ʃeɪmd/ *adj* avergonzado -da: **I was so ashamed** estaba tan avergonzada; **you should be ashamed** *of* **yourself** te debería dar vergüenza.

ashamedly /ə'ʃeɪmɪdlɪ/ *adv* con vergüenza.

ashen /'æʃən/ *adj* pálido -da, ceniciento -ta.

ashore /ə'ʃɔː/ *adv* en tierra: **they went ashore at Singapore** desembarcaron en Singapur; **I feel better now that we're ashore** me siento mejor ahora que estamos en tierra.

Asia /'eɪʃə/ *n* Asia *f* [takes the definite article ***el***]: **they live in Asia** viven en Asia; **the countries of northern Asia** los países en el Asia septentrional.

Asian /'eɪʃən/ *adj, n* asiático -ca *adj, m/f*.

aside /ə'saɪd/ **I** *adv* **1.** (*to one side*) a un lado: **I'll just put this aside for the moment** voy a dejar esto a un lado por el momento; **step ∗ stand aside please** hágase a un lado, por favor. **2. aside from** (*except*) aparte de: **he does very little aside from work** hace muy poco aparte del trabajo.
II *n* aparte *m*: **some hope! he muttered in an aside** ¡ni esperanza!, dijo en un aparte.

A-side /'eɪsaɪd/ *n* cara *f* A.

ask /ɑːsk/ *vt* [**asks, asking, asked**] **1.** (*to inquire: gen*) preguntar: **ask how much it is** pregunta cuánto cuesta; **to ask a question** hacer una pregunta; (*: when a person is the direct object*) preguntarle (a): **ask Nick** pregúntale a Nick; **ask him if it's true** pregúntale si es verdad; **he asked me the time** me preguntó la hora; **can I ask you something?** ¿puedo preguntarte algo? ∗ ¿puedo hacerte una pregunta? **2.** (*to offer an invitation to*) invitar: **they asked me** *to* **dinner** me invitaron a cenar. **3.** (*to request advice, opinion: gen*) pedir: **ask his advice about it** pídele su opinión al respecto; (*: when a person is the direct object*) pedirle a: **I asked Paul to lend me some money** le pedí a Paul que me prestara dinero; **I'd like to ask you a favour** quisiera pedirle un favor.
♦ *vi* (*to enquire*) preguntar: **have you asked yet?** ¿has preguntado ya?; **he went into the travel agent's to ask** *about* **flights** fue a la agencia de viajes a preguntar por vuelos ∗ a informarse sobre vuelos.
to **ask after** *vt* preguntar por: **she was asking after you** preguntó por ti.
to **ask for** *vt* **1.** (*to request: a loan, help*) pedir: **I asked for another towel** pedí otra toalla; **how much are they asking for the house?** ¿cuánto piden por la casa?; (*: a person for something*) pedirle a: **she asked her father for the key** le pidió la llave a su padre ● **you're asking for it!** ¡te lo estás buscando! **2.** (*to enquire after*) preguntar por: **just ask for Kerry, they'll know who you mean** pregunta por Kerry, ellos saben de quién se trata.
to **ask out** *vt* (*on a date*) invitar a salir: **have you asked her out yet?** ¿ya la has invitado a salir?

askance /ə'skæns/ *adv*: **he looked askance at the woman** miró a la mujer con recelo.

askew /ə'skjuː/ *adv* torcido -da, ladeado -da: **that picture is hanging askew** ese cuadro está un poco torcido ∗ ladeado.

asleep /ə'sliːp/ *adj* **1.** (*sleeping*) dormido -da: **the baby is asleep** el niño está durmiendo ∗ dormido ● **I fell asleep in class** me quedé dormida en la clase ● **he was fast ∗ sound asleep** estaba profundamente dormido. **2.** (*numb*): **my foot's asleep** se me ha dormido el pie.

asparagus /ə'spærəgəs/ *n* espárrago *m*: **she likes asparagus** le gustan los espárragos.
asparagus tips *n pl* puntas *f pl* de espárragos.

aspect /'æspekt/ *n* **1.** (*of situation*) aspecto *m*: **you are forgetting one aspect of the problem** olvidas un aspecto del problema. **2.** (*frml*: *direction*) orientación *f*: **the garden has a south-facing aspect** el jardín está orientado al sur.

aspersion /ə'spɜːʃən/ *n* ● **you are casting aspersions on my character** usted está poniendo en entredicho mi integridad.

asphalt /'æsfælt/ *n* asfalto *m*.

asphyxiate /æs'fɪksɪeɪt/ (*frml*) *vt* [**asphyxiates, asphyxiating, asphyxiated**] asfixiar.
♦ *vi* asfixiarse.

asphyxiation /æsˌfɪksɪ'eɪʃən/ *n* (*frml*) asfixia *f*.

aspiration /ˌæspɪ'reɪʃən/ *n* aspiración *f*: **he had aspirations** *to* **become a doctor** aspiraba a ser médico, tenía aspiraciones de ser médico.

aspire /ə'spaɪə/ *vi* [**aspires, aspiring, aspired**] aspirar: **they don't aspire** *to* **wealth** no aspiran a ser ricos, no tienen aspiraciones de riqueza; **she had always aspired** *to* **being a politician** siempre había aspirado a ser política.

aspirin /'æsprɪn/ *n* aspirina *f*: **he took ∗ had an aspirin** tomó una aspirina.

aspiring /ə'spaɪərɪŋ/ *adj*: **he's an aspiring actor** aspira a ser actor.

ass /æs/ *n* [**asses**] **1.** (*animal*) asno *m*. **2.** (*GB*: *fam, fool*) imbécil *m/f*. **3.** (*US*: *!! Anat*) culo *m*.

assail /ə'seɪl/ *vt* [**assails, assailing, assailed**] (*frml*) atacar: **I was assailed** *by* **doubt** me asaltaron las dudas.

assailant /ə'seɪlənt/ *n* (*frml*) agresor -sora *m/f*.

assassin /ə'sæsɪn/ *n* asesino -na *m/f*.

assassinate /ə'sæsɪneɪt/ *vt* [**assassinates, assassinating, assassinated**] asesinar (*a un presidente, un político, etc.*).

assassination /əˌsæsɪ'neɪʃən/ *n* asesinato *m* (*de un presidente, un político, etc.*): **there was an assassination attempt on the president** hubo una tentativa de asesinato contra el presidente ∗ un atentado contra la vida del presidente.

assault /ə'sɔːlt/ **I** *n* **1.** (*Law*) agresión *f*: **an assault** *on* **a young man** un acto de agresión contra un joven. **2.** (*Mil*) ataque *m*, asalto *m*.
II *vt* [**assaults, assaulting, assaulted**] (*Law*) agredir.

assemble /ə'sembəl/ *vi* [**assembles, assembling, assembled**] (*to gather together*) reunirse, congre-

garse: **the students assembled in the classroom** los estudiantes se reunieron en la clase.
♦*vt* **1.** (*machine, kit*) montar; (*Tec*) ensamblar. **2.** (*people*) reunir; (*data*) reunir, recopilar.

assembly /əˈsemblɪ/ *n* [**assemblies**] **1.** (*gathering*) reunión *f.* (*Educ*) *reunión de todo el alumnado y profesorado de un colegio que se lleva a cabo diariamente durante la jornada escolar.* **2.** (*Pol*) asamblea *f.* **3.** (*of parts*) montaje *m*; (*Tec*) ensamblaje *m.*

assembly line *n* cadena *f* de montaje.

assent /əˈsent/ (*frml*) **I** *vi* [**assents, assenting, assented**] asentir: **they assented** *to* **our proposals** asintieron a nuestras propuestas.
II *n* asentimiento *m*: **he would not give his assent** *to* **the plan** no quiso dar su aprobación al plan.

assert /əˈsɜːt/ *vt* [**asserts, asserting, asserted**] **1.** (*to state*) afirmar: **she repeatedly asserted her innocence** afirmó repetidamente que era inocente. **2.** (*authority, rights*) hacer valer, reivindicar: **he asserted his leadership** *over* **the group** impuso su liderazgo sobre el grupo • **you need to assert yourself more** tienes que hacerte valer más.

assertion /əˈsɜːʃən/ *n* afirmación *f*: **not one of his assertions was true** ninguna de sus afirmaciones era cierta; **an assertion of power** una reafirmación de poder.

assertive /əˈsɜːtɪv/ *adj* enérgico -ca, firme.

assess /əˈses/ *vt* [**assesses, assessing, assessed**] **1.** (*situation*) evaluar: **we assessed our chances of success** evaluamos nuestras posibilidades de tener éxito; **they assessed the student's progress** evaluaron el rendimiento del estudiante. **2.** (*value*) calcular: **we need to assess the cost of the proposals** tenemos que calcular el costo de las propuestas; (*property*) valorar, tasar.

assessment /əˈsesmənt/ *n* **1.** (*of situation*) evaluación *f.* **2.** (*of value*) valoración *f*, tasación *f*; (*estimate*) cálculo *m.*

asset /ˈæset/ **I** *n* (*benefit*) ventaja *f*: **she was a great asset** *to* **the team** era una valiosísima integrante del equipo; **the country's greatest asset is its oil** el recurso más valioso del país es el petróleo; (*in job advert*): **previous experience an asset** se valorará experiencia previa.
II assets *n pl* (*Fin*) activo *m.*

assiduous /əˈsɪdjʊəs/ *adj* diligente.

assiduously /əˈsɪdjʊəslɪ/ *adv* con diligencia.

assign /əˈsaɪn/ *vt* [**assigns, assigning, assigned**] asignar: **I was assigned the task of tidying up the file** me asignaron la tarea de ordenar el archivo; **he was assigned** *to* **the Bolton branch** lo destinaron a la sucursal de Bolton.

assignation /ˌæsɪgˈneɪʃən/ *n* (*frml*) cita *f* (secreta).

assignment /əˈsaɪnmənt/ *n* **1.** (*assigning*) asignación *f.* **2.** (*Educ*) trabajo *m.* **3.** (*of journalist*) misión *f*: **she was sent** *on* **an assignment to Chile** la enviaron a Chile a cumplir una misión.

assimilate /əˈsɪmɪleɪt/ *vt* [**assimilates, assimilating, assimilated**] (*information, people*) asimilar.
♦*vi* (*people*) integrarse: **immigrants found it difficult to assimilate** a los inmigrantes les costó integrarse.

assimilation /əˌsɪmɪˈleɪʃən/ *n* asimilación *f.*

assist /əˈsɪst/ *vt/i* [**assists, assisting, assisted**] (*frml*) ayudar: **we can assist you** *in* **finding accommodation** lo podemos ayudar a encontrar alojamiento; **she refused to assist him** *in* **his plan** se negó a secundarlo en su plan.

assistance /əˈsɪstəns/ *n* (*frml*) ayuda *f*: **can I be** *of* **assistance?** ¿puedo servirle en algo?; **a policeman came** *to* **my assistance** un policía acudió a prestarme ayuda.

assistant /əˈsɪstənt/ *n* **1.** (*gen*) ayudante *m/f.* **2.** (*in shop*) dependiente -ta *m/f.* **3.** (*también* **language assistant**) (*Educ*) lector -tora *m/f.*

assistant manager *n* subdirector -tora *m/f.*

associate I /əˈsəʊʃɪeɪt/ *vt* [**associates, associating, associated**] asociar, relacionar: **I associate ice cream** *with* **Italy** asocio el helado con Italia; **diseases associated** *with* **smoking** enfermedades relacionadas con el tabaco; **he refused to associate himself** *with* **their policies** no quiso verse vinculado a sus políticas.
♦*vi* relacionarse: **I have never associated** *with* **them** nunca me he relacionado con ellos.
II /əˈsəʊʃɪət/ *n* **1.** (*in business: partner*) socio -cia *m/f*; (*: colleague*) colega *m/f.* **2.** (*of club*) socio -cia *m/f.*

associate member *n* miembro *m* no numerario.

association /əˌsəʊsɪˈeɪʃən/ *n* **1.** (*gen*) asociación *f*: **produced by Phoenix Studios,** *in* **association** *with* **Richmond Films** producida por Phoenix Studios en asociación con Richmond Films. **2.** (*connection*) conexión *f*: **his association** *with* **the Mafia was well known** su conexión con la mafia era de pública notoriedad.

assorted /əˈsɔːtɪd/ *adj* surtido -da: **a box of assorted biscuits** una caja de galletas surtidas.

assortment /əˈsɔːtmənt/ *n* **1.** (*of sweets, biscuits*) surtido *m.* **2.** (*mixture*) variedad *f*: **a wide assortment of opinions** gran variedad de opiniones; **he produced an assortment of tools** sacó una colección de herramientas.

assume /əˈsjuːm/ *vt* [**assumes, assuming, assumed**] **1.** (*to suppose*) suponer: **I assumed (that) they didn't know each other** supuse que no se conocían; **we had assumed a low rate of inflation** habíamos supuesto que la tasa de inflación sería baja • **assuming she's already left, she'll be here soon** suponiendo que ha salido ya, no tardará en llegar. **2.** (*power*) tomar; (*responsibility, control*) asumir: **he assumed control of the country** asumió el control del país; **he used an assumed name** usó un nombre ficticio * un alias. **3.** (*expression*) adoptar: **she assumed an interested expression** adoptó una expresión de interés.

assumption /əˈsʌmpʃən/ *n* **1.** (*belief*) suposición *f* • **we're working on the assumption that he'll leave** suponemos que se irá, damos por sentado que se irá. **2.** (*of power*) toma *f*; (*of responsibility*) asunción *f.*

assurance /əˈʃʊərəns/ *n* **1.** (*pledge*) garantía *f*: **we had every assurance that this wouldn't happen** nos garantizaron que esto no pasaría. **2.** (*self-confidence*) seguridad *f* en sí mismo. **3.** (*GB*: *insurance*) seguro *m.*

assure /əˈʃʊə/ *vt* [**assures, assuring, assured**] asegurar: **you won't be disappointed, I assure you** no te llevarás una decepción, te lo aseguro; **they assured me** *of* **his safe arrival** me aseguraron que había llegado bien; **this assured them a place in the final** esto les aseguró un lugar en la final.

assured /əˈʃʊəd/ *adj* **1.** (*confident*) seguro -ra de sí mismo -ma. **2.** (*definite*) seguro -ra: **his place in the history books is assured** tiene asegurado un lugar en los libros de historia.

assuredly /əˈʃʊərɪdlɪ/ *adv*: **that is most assuredly not true** no cabe duda de que eso no es cierto.

asterisk /ˈæstərɪsk/ *n* asterisco *m.*

asteroid /ˈæstərɔɪd/ *n* asteroide *m.*

asthma /'æsmə/ *n* asma *f* [takes ***el*** or ***un*** in singular]: **he has terrible asthma** tiene un asma terrible.

asthmatic /æs'mætɪk/ *adj* asmático -ca.

astonish /ə'stɒnɪʃ/ *vt* [**astonishes, astonishing, astonished**] (*gen*) asombrar; (*making a stronger impact*) dejar helado -da * pasmado -da: **their attitude astonishes me** su actitud me deja helado * pasmado.

astonished /ə'stɒnɪʃt/ *adj* (*gen*) asombrado -da; (*making a stronger impact*) helado -da, pasmado -da: **I was astonished** *by* * *at* **his decision** su decisión me dejó helado * pasmado; **she was astonished to see them there** se quedó helada * pasmada al verlos allí.

astonishing /ə'stɒnɪʃɪŋ/ *adj* asombroso -sa, sorprendente: **it's astonishing they weren't injured** es asombroso que no resultaran heridos.

astonishingly /ə'stɒnɪʃɪŋlɪ/ *adv* asombrosamente.

astonishment /ə'stɒnɪʃmənt/ *n* gran asombro *m*: *to* **my astonishment he passed his exam** para mi gran asombro, aprobó el examen; **they looked at me** *in* **astonishment** me miraron asombrados * estupefactos.

astound /ə'staʊnd/ *vt* [**astounds, astounding, astounded**] dejar helado -da * pasmado -da: **you astound me** me dejas helado.

astounded /ə'staʊndɪd/ *adj* pasmado -da, helado -da: **she was astounded** *at* **his arrogance** se quedó pasmada ante su arrogancia.

astounding /ə'staʊndɪŋ/ *adj* increíble, pasmoso -sa: **they showed an astounding lack of tact** mostraron una increíble falta de tacto.

astray /ə'streɪ/ *adv* • **my pen seems to have gone astray** parece que se me ha extraviado el bolígrafo • **he was led astray by his friends** los amigos lo llevaron por el mal camino.

astride /ə'straɪd/ *prep*: **he was sitting astride a chair** estaba sentado a horcajadas en una silla.

astringent /ə'strɪndʒənt/ *adj* 1. (*lotion*) astringente; (*taste*) agrio -gria. 2. (*comment*) acerbo -ba, cáustico -ca.

astrologer /ə'strɒlədʒə/ *n* astrólogo -ga *m/f*.

astrology /ə'strɒlədʒɪ/ *n* astrología *f*.

astronaut /'æstrənɔ:t/ *n* astronauta *m/f*.

astronomer /ə'strɒnəmə/ *n* astrónomo -ma *m/f*.

astronomical /ˌæstrə'nɒmɪkəl/ *adj* astronómico -ca.

astronomy /æ'strɒnəmɪ/ *n* astronomía *f*.

Asturias /a'stʊərɪæs/ *n* Asturias *f*.

astute /ə'stju:t/ *adj* (*clever*) listo -ta, inteligente; (*cunning*) astuto -ta.

asylum /ə'saɪləm/ *n* 1. (*Pol*) asilo *m*: **he was granted asylum in Brazil** le concedieron asilo en Brasil. 2. (*hospital*) manicomio *m*, psiquiátrico *m*.

asymmetrical /ˌæsɪ'metrɪkəl/ *adj* asimétrico -ca.

at /ət/ *prep* 1. (*with places*) en: **we met at the station** nos encontramos en la estación; **he's at home** está en casa; **they're all at Susan's** están todos en casa de Susan; **you should be at school** deberías estar en el colegio; **there was a woman at the door** había una mujer en la puerta; **we arrive at Heathrow in two hours** llegamos a Heathrow en dos horas. 2. (*showing time*) a: **I get up at seven o'clock** me levanto a las siete; **at midnight** a medianoche. 3. (*with specific dates*): **I always go home at Christmas** siempre voy a casa para Navidad; **we met at Easter** nos vimos en Semana Santa. 4. (*with activities*): **they were at breakfast/lunch/dinner** estaban desayunando/almorzando/cenando; **she's hopeless at sports** es negada para los deportes; **they watched the children at play** miraban jugar a los niños • **let's clean the windows as well while we're at it** ya que estamos en ello limpiemos también las ventanas. 5. (*with prices, rates etc.*) a: **they were selling T-shirts at five pounds each** vendían camisetas a cinco libras cada una; **they went in four at a time** entraban de cuatro en cuatro; **we were going at fifty miles an hour** íbamos a cincuenta millas por hora; **at full speed** a toda velocidad. 6. (*with ages*) a: **she got married at eighteen** se casó a los dieciocho años. 7. (*in the direction of*) a: **she threw a stone at them** les tiró una piedra; **he winked at me** me guiñó un ojo. 8. (*because of*): **I'm surprised at your attitude** me sorprende tu actitud; **she was furious at the way she'd been treated** estaba furiosa por la forma en que la habían tratado.

ate /et, eɪt/ *pretérito de* ⇨ eat

atheism /'eɪθɪˌɪzəm/ *n* ateísmo *m*.

atheist /'eɪθɪˌɪst/ *adj, n* ateo -tea *adj, m/f*.

Athens /'æθɪnz/ *n* Atenas *f*.

athlete /'æθli:t/ *n* atleta *m/f*.

athlete's foot *n* hongos *m pl*.

athletic /æθ'letɪk/ **I** *adj* atlético -ca.

II athletics *n* [*lleva el verbo en singular*] atletismo *m*.

Atlantic /ət'læntɪk/ **I** *adj* del Atlántico.

II *n*: **the Atlantic (Ocean)** el (océano) Atlántico.

atlas /'ætləs/ *n* [**atlases**] atlas *m inv*.

atmosphere /'ætməsfɪə/ *n* 1. (*of planet*) atmósfera *f*: **the earth's atmosphere** la atmósfera de la tierra; **cars pollute the atmosphere** los coches contaminan la atmósfera. 2. (*of place*) ambiente *m*: **there's no atmosphere in that bar** no hay ambiente en ese bar.

atmospheric /ˌætməs'ferɪk/ *adj* 1. (*Meteo*) atmosférico -ca. 2. (*creating an impression*): **the music was very atmospheric** la música creaba una atmósfera especial.

atmospheric pressure *n* presión *f* atmosférica.

atoll /'ætɒl/ *n* atolón *m*.

atom /'ætəm/ *n* átomo *m*.

atom * atomic bomb *n* bomba *f* atómica.

atomic /ə'tɒmɪk/ *adj* atómico -ca.

atomic energy *n* energía *f* atómica.

atomizer /'ætəmaizə/ *n* (*for perfume*) atomizador *m*, pulverizador *m*.

atone /ə'təʊn/ *vi* [**atones, atoning, atoned**] (*Relig*: *frml*): **how can they ever atone** *for* **what they have done?** ¿cómo pueden reparar lo que han hecho?

A to Z /eɪtə'zed/ *n* callejero *m*.

atrocious /ə'trəʊʃəs/ *adj* 1. (*horrific*) atroz: **she sustained atrocious injuries** sufrió heridas atroces. 2. (*very bad*) pésimo -ma, atroz: **the music was atrocious** la música era pésima.

atrociously /ə'trəʊʃəslɪ/ *adv* (*to sing, act*) pésimamente; (*to suffer*) atrozmente.

atrocity /ə'trɒsətɪ/ *n* [**atrocities**] atrocidad *f*.

atrophy /'ætrəfɪ/ **I** *n* atrofia *f*.

II *vt* [**atrophies, atrophying, atrophied**] atrofiar. ♦ *vi* atrofiarse.

attach /ə'tætʃ/ *vt* [**attaches, attaching, attached**] 1. (*to fasten*) poner, sujetar: **he attached a notice** *to* **the door** puso un aviso en la puerta; (*with a clip*) sujetar: **she attached the photo with a paperclip** sujetó la foto con un clip; **please fill in the attached form** sírvase rellenar el formulario que se adjunta • **he attached himself to us at the party** se nos pegó en la fiesta • **I didn't attach much importance to what he said** no le di mucha importancia a lo que dijo. 2. (*in *job*) adscribir: **she's attached** *to* **the Ministry** está adscrita al Ministerio.

attached /əˈtætʃt/ *adj* (*fond*): **he's very attached** *to* **you** te tiene mucho cariño.

attachment /əˈtætʃmənt/ *n* **1.** (*fitting*) accesorio *m*. **2.** (*emotional*) apego *m*, cariño *m*. **3.** (*relationship*) relación *f*.

attack /əˈtæk/ **I** *vt* [**attacks, attacking, attacked**] **1.** (*gen*) atacar: **the play was attacked by the critics** los críticos atacaron la obra; **sugar attacks your teeth** el azúcar ataca los dientes; (*to assault*) agredir: **she was attacked at the station** fue agredida en la estación. **2.** (*to deal with*) abordar: **they attacked the problem decisively** abordaron el problema con decisión.

♦*vi* atacar: **the dog will attack if provoked** el perro ataca si se lo provoca.

II *n* **1.** (*gen*) ataque *m*; (*by terrorists*) atentado *m*: **the rebels launched an attack** *on* **the capital** los rebeldes lanzaron un ataque contra la capital; **the new tax has come** *under* **attack** el nuevo impuesto ha sido atacado; (*Sport*): **Leeds went** *on* **the attack** Leeds pasó al ataque * inició la ofensiva. **2.** (*Med*): **a polio attack** un ataque de polio; **a severe attack of depression** una depresión grave; **an attack of nerves** una crisis nerviosa. **3.** (*fit*): **she had an attack of the giggles** le dio un ataque de risa.

attacker /əˈtækə/ *n* agresor -sora *m/f*.

attain /əˈteɪn/ *vt* [**attains, attaining, attained**] conseguir: **they attain high standards of education** consiguen un nivel muy alto de educación.

attainment /əˈteɪnmənt/ *n* **1.** (*achievement*) logro *m*: **the attainment of his life's ambition** el logro de la ambición de su vida. **2.** (*Educ*) rendimiento *m*: **levels of attainment were low** el nivel de rendimiento era bajo.

attempt /əˈtempt/ **I** *vt* [**attempts, attempting, attempted**] intentar: **we attempted the impossible** intentamos lo imposible; **they attempted to contact him** trataron de * intentaron ponerse en contacto con él.

II *n* intento *m*: **he didn't make any attempt to help** no intentó ayudar en absoluto; **this is my first attempt** *at* **making a cake** ésta es la primera vez que intento hacer un pastel ● **the attempt on the president's life shocked the nation** el intento * la tentativa de asesinato del presidente conmocionó al país.

attempted /əˈtemptɪd/ *adj*: **he was convicted of attempted robbery** fue condenado por intento * tentativa de robo; **an attempted coup** una intentona golpista.

attempted murder *n* intento *m* * tentativa *f* de asesinato.

attend /əˈtend/ *vt* [**attends, attending, attended**] asistir a: **did he attend the lecture?** ¿asistió a la conferencia?; **they attend school during term time** asisten a clase durante el trimestre.

♦*vi* asistir: **she decided not to attend** decidió no asistir.

to **attend to** *vt* **1.** (*to look after*) atender a: **a nurse attended to the wounded** una enfermera atendía a los heridos; **I must just attend to the cooking** tengo que echarle un vistazo a la comida. **2.** (*frml*: *to pay attention to*) prestar atención a.

attendance /əˈtendəns/ *n* asistencia *f*: **attendance** *at* **the lecture is recommended** se recomienda la asistencia a la conferencia; **attendance was very poor** asistió muy poca gente.

attendant /əˈtendənt/ **I** *n* (*at museum*) guarda *m/f*; (*at pool*) encargado -da *m/f*; (*at petrol station*) empleado -da *m/f*; (*for royalty*): **the Queen's attendants** el séquito de la Reina.

II *adj*: **drug addiction and its attendant problems** la drogadicción y los problemas que conlleva.

attention /əˈtenʃən/ *n* **1.** (*gen*) atención *f*: **don't you ever pay attention to what I say?** ¿es que nunca prestas atención a lo que digo?; **don't pay any attention to him** no le hagas caso; **it attracted * caught my attention** me llamó la atención; **my attention wandered** me puse a divagar. **2.** (*Mil*): **attention!** ¡firmes!; **the guards stood** *to* **attention** los guardias se pusieron firmes.

attentive /əˈtentɪv/ *adj* **1.** (*alert*) atento -ta. **2.** (*helpful*) atento -ta: **he was very attentive** *to* **his mother** estuvo muy atento con su madre.

attentively /əˈtentɪvlɪ/ *adv* con atención: **they listened attentively** escucharon atentos * con atención.

attest /əˈtest/ *vi* [**attests, attesting, attested**] (*frml*) dar fe: **I can attest** *to* **his diligence** puedo dar fe de su diligencia.

attic /ˈætɪk/ *n* (*for storage*) desván *m*, altillo *m*; (*as living space*) buhardilla *f*, altillo *m*.

attire /əˈtaɪə/ *n* (*frml*) atuendo *m*.

attitude /ˈætɪtjuːd/ *n* **1.** (*outlook*) actitud *f*: **he has a negative attitude** *to* * *towards* **his job** tiene una actitud negativa hacia su trabajo; **you must take a different attitude** *to* **life** tienes que adoptar una actitud diferente frente a la vida. **2.** (*frml*: *posture*) actitud *f*, pose *f*.

attorney /əˈtɜːnɪ/ *n* abogado -da *m/f*.

attorney general *n*: *máximo asesor jurídico del gobierno, que ocupa un puesto en el gabinete.*

attract /əˈtrækt/ *vt* [**attracts, attracting, attracted**] **1.** (*gen*) atraer: **the food attracted the flies** la comida atrajo a las moscas; **she is attracted** *to* **tall men** se siente atraída por los hombres altos; **I was attracted** *by* **her voice** me sentí atraído por su voz; **they do it to attract attention** lo hacen para llamar la atención; **I tried to attract his attention** intenté atraer su atención. **2.** (*criticism*) provocar, suscitar; (*publicity*) ser objeto de.

attraction /əˈtrækʃən/ *n* **1.** (*feeling*) atracción *f*: **the attraction he felt** *towards* **her** la atracción que sentía por ella; **it doesn't hold any attraction** *for* **me** no me atrae en absoluto. **2.** (*advantage*) atractivo *m*: **the attractions of living in the country** el atractivo de vivir en el campo; **a tourist attraction** una atracción turística.

attractive /əˈtræktɪv/ *adj* (*person*) atractivo -va; (*smile*) atractivo -va, atrayente; (*offer, idea*) atractivo -va, tentador -dora.

attractively /əˈtræktɪvlɪ/ *adv* de manera atractiva: **the food was attractively presented** la comida tenía una presentación atractiva.

attribute **I** /əˈtrɪbjuːt/ *vt* [**attributes, attributing, attributed**] atribuir: **their failure was attributed** *to* **lack of funds** su fracaso se atribuyó a la falta de fondos.

II /ˈætrɪbjuːt/ *n* atributo *m*.

attuned /əˈtjuːnd/ *adj*: **they are not attuned** *to* **modern architecture** no entienden la arquitectura moderna; **you'll soon get attuned** *to* **their way of thinking** pronto entenderás su forma de pensar.

aubergine /ˈəʊbəʒiːn/ *n* berenjena *f*.

auburn /ˈɔːbən/ *adj* (*hair*) color caoba.

auction /ˈɔ:kʃən/ I *n* subasta *f*: **the paintings were sold** *by* ∗ *at* **auction** los cuadros se subastaron.
II *vt* [**auctions, auctioning, auctioned**] subastar: **we had to auction** *(off)* **all the furniture** tuvimos que subastar todo el mobiliario.
auctioneer /ˌɔ:kʃəˈnɪə/ *n* subastador -dora *m/f*.
audacious /ɔ:ˈdeɪʃəs/ *adj* (*frml*) atrevido -da, audaz.
audacity /ɔ:ˈdæsətɪ/ *n* **1.** (*boldness*) audacia *f*. **2.** (*cheek*) descaro *m*, atrevimiento *m*: **he had the audacity to ask for a salary increase** tuvo el descaro ∗ el atrevimiento de pedir un aumento.
audible /ˈɔ:dəbəl/ *adj* audible: **his laughter was clearly audible** sus risas se oían perfectamente.
audibly /ˈɔ:dəblɪ/ *adv*: **she was snoring audibly** se la oía roncar.
audience /ˈɔ:dɪəns/ *n* **1.** (*at play, concert*) público *m*: **the audience was** ∗ **were silent** el público estaba callado; (*for television, radio*) audiencia *f*. **2.** (*meeting*) audiencia *f*: **they were granted an audience** *with* **the Pope** se les concedió audiencia con el Papa.
audio /ˈɔ:dɪəʊ/ *adj* de audio: **audio equipment** equipo de audio.
audit /ˈɔ:dɪt/ I *vt* [**audits, auditing, audited**] auditar.
II *n* auditoría *f*.
audition /ɔ:ˈdɪʃən/ I *n* prueba *f*, audición *f*.
II *vi* [**auditions, auditioning, auditioned**] hacer una prueba: **she auditioned** *for* **the part** hizo una prueba para el papel.
♦*vt* probar, hacerle una prueba a: **we auditioned many people for the role** probamos ∗ les hicimos pruebas a muchas personas para el papel.
auditor /ˈɔ:dɪtə/ *n* revisor -sora *m/f* de cuentas, auditor -tora *m/f*.
auditorium /ˌɔ:dɪˈtɔ:rɪəm/ *n* [**auditoriums** ∗ **auditoria** /ˌɔ:dɪˈtɔ:rɪə/] auditorio *m*.
au fait /ˌəʊˈfeɪ/ *adj*: **I'm not au fait** *with* **this system yet** todavía no estoy familiarizada con este sistema.
Aug. *léase* /ˈɔ:gəst/ (*abreviatura de* **August**) agosto *m*.
augment /ɔ:gˈment/ *vt* [**augments, augmenting, augmented**] (*frml*) incrementar.
augur /ˈɔ:gə/ *vi* [**augurs, auguring, augured**] (*frml*): **this augured well/ill for us** esto fue un buen/mal augurio para nosotros.
August /ˈɔ:gəst/ *n* agosto *m*. ⇨ June
aunt /ɑ:nt/ *n* tía *f*: **my aunt and uncle** mis tíos.
auntie, aunty /ˈɑ:ntɪ/ *n* (*fam*) tía *f*: **have you invited Auntie Charlotte?** ¿has invitado a la tía Charlotte?
au pair /əʊˈpeə/ *n* au pair *m/f*.
aura /ˈɔ:rə/ *n* (*frml*) aura *f* [takes ***el*** or ***un*** in singular], aureola *f*: **she had an aura of sophistication** la rodeaba una aureola de sofisticación.
auspices /ˈɔ:spɪsɪs/ *n pl* (*frml*): *under* **the auspices** *of* **the French government** bajo los auspicios del gobierno francés.
auspicious /ɔ:ˈspɪʃəs/ *adj* (*frml*) prometedor -dora: **it was not an auspicious start to our relationship** no fue un comienzo prometedor para nuestras relaciones.
Aussie /ˈɒzɪ/ *adj, n* (*fam*) australiano -na *adj, m/f*.
austere /ɔ:ˈstɪə/ *adj* austero -ra.
austerity /ɒˈsterətɪ/ *n* austeridad *f*.
Australasia /ɒstrəˈleɪzɪə/ *n* Australasia *f*.
Australia /ɒˈstreɪlɪə/ *n* Australia *f*.
Australian /ɒˈstreɪlɪən/ *adj, n* australiano -na *adj, m/f*.
Austria /ˈɒstrɪə/ *n* Austria *f*.
Austrian /ˈɒstrɪən/ *adj, n* austriaco -ca *adj, m/f*.
authentic /ɔ:ˈθentɪk/ *adj* auténtico -ca.
authenticate /ɔ:ˈθentɪkeɪt/ *vt* [**authenticates, authenticating, authenticated**] autentificar.
authenticity /ˌɔ:θenˈtɪsətɪ/ *n* autenticidad *f*.
author /ˈɔ:θə/ *n* (*of book, article*) autor -tora *m/f*: **he's the author of several novels** es autor de varias novelas; (*professional writer*) escritor -tora *m/f*: **she's a well-known Latin American author** es una conocida escritora latinoamericana.
authoritarian /ˌɔ:θɒrɪˈteərɪən/ *adj, n* autoritario -ria *adj, m/f*.
authoritative /ɔ:ˈθɒrɪtətɪv/ *adj* **1.** (*air, tone*) imperioso -sa, autoritario -ria. **2.** (*sources*) fidedigno -na, autorizado -da.
authoritatively /ɔ:ˈθɒrɪtətɪvlɪ/ *adv* (*to speak*) con autoridad.
authority /ɔ:ˈθɒrətɪ/ I *n* [**authorities**] **1.** (*power*) autoridad *f*: **I have no authority** *over* **them** no tengo autoridad sobre ellos; **you don't have the authority to do that** no tienes autoridad para hacer eso; **who is** *in* **authority here?** ¿aquí quién manda? **2.** (*person*) autoridad *f*: **he's an authority** *on* **the subject** es una autoridad en el tema. **3.** (*source*): **I have it** *on* **good authority that...** sé de buena fuente ∗ de fuente fidedigna que....
II **authorities** *n pl* autoridades *f pl*: **the Italian authorities refused him a passport** las autoridades italianas le negaron el pasaporte.
authorize /ˈɔ:θəraɪz/ *vt* [**authorizes, authorizing, authorized**] autorizar: **who authorized you to do that?** ¿quién te autorizó para hacer eso?; **I can't authorize payment** no puedo autorizar el pago.
autobiographical /ˌɔ:təʊbaɪəʊˈgræfɪkəl/ *adj* autobiográfico -ca.
autobiography /ˌɔ:təʊbaɪˈɒgrəfɪ/ *n* [**autobiographies**] autobiografía *f*.
autocratic /ˌɔ:təʊˈkrætɪk/ *adj* autocrático -ca.
autograph /ˈɔ:təgrɑ:f/ I *n* autógrafo *m*.
II *vt* [**autographs, autographing, autographed**] autografiar, firmar.
automate /ˈɔ:təmeɪt/ *vt* [**automates, automating, automated**] automatizar: **the plant is fully automated** la planta está totalmente automatizada.
automatic /ˌɔ:təˈmætɪk/ I *adj* automático -ca: **it was an automatic reaction** fue una reacción automática.
II *n* **1.** (*car*) coche *m* automático. **2.** (*gun*) pistola *f* automática.
automatically /ˌɔ:təˈmætɪkəlɪ/ *adv* automáticamente: **I automatically said no** dije que no automáticamente; **the heating comes on automatically** la calefacción se enciende automáticamente.
automation /ˌɔ:təˈmeɪʃən/ *n* automatización *f*.
automobile /ˈɔ:təməʊbi:l/ *n* (*US*) automóvil *m*, coche *m*: **the automobile industry** la industria del automóvil.
autonomous /ɔ:ˈtɒnəməs/ *adj* autónomo -ma.
autonomy /ɔ:ˈtɒnəmɪ/ *n* autonomía *f*.
autopsy /ˈɔ:tɒpsɪ/ *n* [**autopsies**] autopsia *f*.
autumn, Autumn /ˈɔ:təm/ *n* otoño *m*.
autumnal /ɔ:ˈtʌmnəl/ *adj* otoñal.
auxiliary /ɔ:gˈzɪlɪərɪ/ *adj, n* auxiliar *adj, m/f*.
auxiliary verb *n* (verbo *m*) auxiliar *m*.
avail /əˈveɪl/ (*frml*) I *vt* [**avails, availing, availed**]: **I availed myself** *of* **the opportunity to see her** aproveché la oportunidad para verla.
II *n* ● **I tried to contact them, but to no avail** intenté ponerme en contacto con ellos, pero fue en vano.
availability /əˌveɪləˈbɪlətɪ/ *n* disponibilidad *f*: **offer**

subject to availability oferta válida mientras duren las existencias.

available /ə'veɪləbəl/ *adj* **1.** (*thing*) disponible: **we are using all the available space** usamos todo el espacio disponible; **education should be available** *to* **everyone** la educación debe estar al alcance de todos; **is this skirt available in red?** ¿esta falda viene en rojo? **2.** (*person*) libre: **are you available tomorrow?** ¿estás libre mañana?

avalanche /'ævəlɑːnʃ/ *n* avalancha *f*, alud *m*: **they received an avalanche of letters** recibieron una avalancha de cartas.

avant-garde /ˌævɒŋ'gɑːd/ *adj* vanguardista, de vanguardia.

avarice /'ævərɪs/ *n* avaricia *f*.

avaricious /ˌævə'rɪʃəs/ *adj* avaro -ra.

Ave. *léase* /'ævənjuː/ (*abreviatura de* **Avenue**) Avda. (Avenida).

avenge /ə'vendʒ/ *vt* [**avenges, avenging, avenged**] vengar: **he avenged himself** *on* **the traitors** se vengó de los traidores.

avenue /'ævənjuː/ *n* **1.** (*street*) avenida *f*; (*with trees*) paseo *m*. **2.** (*possibility*) posibilidad *f*, vía *f*: **have we explored every avenue?** ¿hemos investigado todas las posibilidades?

average /'ævərɪdʒ/ **I** *adj* **1.** (*Maths*) medio -dia: **the average life expectancy has risen** la esperanza de vida media * el promedio de esperanza de vida ha aumentado; **she was of average height** era de estatura mediana. **2.** (*ordinary*) regular: **the food was average** la comida era regular * no era nada especial.
II *n* media *f*, promedio *m*: **his results are** *above/below* **average** sus resultados están por encima/por debajo de la media; **we lose,** *on* **average, a hundred pounds a day** perdemos, como promedio * como término medio, cien libras diarias.
III *vt* [**averages, averaging, averaged**] **1.** (*to achieve on average*): **they have averaged two goals a match** han marcado una media * un promedio de dos goles por partido; **the cyclists averaged thirty miles a day** los ciclistas hicieron una media * un promedio de treinta millas por día. **2.** (*Maths*) calcular la media * el promedio de.
to **average out** *vi*: **the expenses averaged out** *at* **twenty pounds a day** el promedio de gastos fue de veinte libras diarias.

averse /ə'vɜːs/ *adj*: **I wouldn't be averse** *to* **a brandy right now** no diría que no a un coñac ahora mismo; **I'm never averse** *to* **going out** siempre estoy dispuesto a salir.

aversion /ə'vɜːʃən/ *n* aversión *f*: **she has an aversion** *to* **meat** le tiene aversión a la carne, aborrece la carne.

avert /ə'vɜːt/ *vt* [**averts, averting, averted**] **1.** (*gaze*) apartar: **she averted her eyes** apartó la mirada. **2.** (*to prevent*) evitar: **they acted quickly to avert a catastrophe** actuaron rápidamente para evitar una catástrofe.

aviary /'eɪvɪərɪ/ *n* [**aviaries**] pajarera *f*.

aviation /ˌeɪvɪ'eɪʃən/ *n* aviación *f*.

avid /'ævɪd/ *adj* ávido -da: **she's an avid reader** es una ávida lectora.

avidly /'ævɪdlɪ/ *adv* con avidez.

avocado /ævə'kɑːdəʊ/ *n* (*también* **avocado pear**) aguacate *m*, (*Amér S*) palta *f*.

avoid /ə'vɔɪd/ *vt* [**avoids, avoiding, avoided**] evitar: **he avoided answering the question** evitó * rehuyó contestar a la pregunta; **she's been avoiding me** me ha estado evitando * rehuyendo; **I swerved to avoid a cyclist** viré bruscamente para esquivar a un ciclista.

avoidable /ə'vɔɪdəbəl/ *adj* evitable.

avoidance /ə'vɔɪdəns/ *n* evasión *f*.

avowal /ə'vaʊəl/ *n* (*frml*) **1.** (*declaration*) declaración *f*. **2.** (*promise*) promesa *f*.

avowed /ə'vaʊd/ *adj* declarado -da.

await /ə'weɪt/ *vt* [**awaits, awaiting, awaited**] esperar: **we are awaiting the results of the test** estamos esperando los resultados de la prueba; **an uncertain future awaits them** los espera un futuro incierto.

awake /ə'weɪk/ **I** *adj* **1.** (*not sleeping*) despierto -ta: **are you awake?** ¿estás despierto?; **he lay awake until three** estuvo despierto hasta las tres; **she kept me awake all night** no me dejó dormir en toda la noche. **2.** (*aware*) consciente: **he was awake** *to* **the danger** era consciente del peligro.
II *vt* [**awakes, awaking, awoke,** *participio pasado* **awoken**] despertar.
♦ *vi* despertar(se): **I awoke to find them gone** cuando (me) desperté me encontré con que se habían ido; **he had awoken with a start** (se) había despertado sobresaltado.

awaken /ə'weɪkən/ *vt* [**awakens, awakening, awakened**] despertar: **we were awakened by the sound of bells** nos despertó el tañido de campanas; **the report awakened them** *to* **the truth** el reportaje les hizo ver la verdad.
♦ *vi* despertar(se).

awakening /ə'weɪkənɪŋ/ *n* despertar *m* ● **the discovery was a rude awakening** el descubrimiento fue una gran decepción.

award /ə'wɔːd/ **I** *n* **1.** (*prize*) premio *m*, galardón *m*: **his novel won an award** su novela ganó un premio * fue galardonada. **2.** (*Mil*) condecoración *f*. **3.** (*Law*) indemnización *f*. **4.** (*Educ*) beca *f*.
II *vt* [**awards, awarding, awarded**] (*prize*) conceder, otorgar: **she was awarded a prize** le concedieron * otorgaron un premio, fue galardonada; (*contract*) adjudicar: **she was awarded two thousand pounds damages** le adjudicaron dos mil libras en concepto de indemnización; (*medal*) condecorar: **he was awarded a medal** fue condecorado con una medalla.

aware /ə'weə/ *adj* **1.** (*conscious*) consciente: **she was not aware** *of* **the problem** no era consciente del problema; **I wasn't aware that you were here** no sabía que estabas aquí; **"Is anybody else coming?" "Not that I'm aware of."** "¿Viene alguien más?" "Que yo sepa no." **2.** (*informed*): **they are not environmentally aware** no tienen conciencia ecológica; **people are becoming more aware** *of* **the situation** la gente está tomando una mayor conciencia de la situación.

awareness /ə'weənəs/ *n* **1.** (*knowledge*) conciencia *f*: **we need to increase public awareness of the problem** hace falta crear una mayor conciencia del problema en la población. **2.** (*consciousness*) conciencia *f*.

awash /ə'wɒʃ/ *adj* inundado -da: **the kitchen was awash (***with* **water)** la cocina estaba inundada.

away /ə'weɪ/ *adv* **1.** (*with verbs of movement*): **she moved away (***from* **him)** se alejó (de él); **he was walking away when they called him** se alejaba cuando lo llamaron; **I wish he'd go away!** ¡ojalá se fuera! **2.** (*on trip*) fuera: **she's away on business** está fuera en viaje de negocios; **he hated being away from home** odiaba estar lejos de casa; **when do you go away (on holiday)?** ¿cuándo te vas (de vacaciones)?; (*Sport*): **they're playing away this week** esta semana juegan fuera (de casa). **3.** (*in time*): **the competition is still a month away** todavía falta un mes para el concurso. **4.** (*in distance*): **it's six miles away** está ∗ queda a seis millas. **5.** (*in proper place*): **are the clothes all away now?** ¿ya está guardada toda la ropa? **6.** (*to the end*): **the candle burned away** la vela se consumió. **7.** (*continuously*): **they talked away all night** no dejaron de hablar en toda la noche.

away game ∗ match *n* partido *m* fuera (de casa).

away goal *n* gol *m* en campo contrario.

awe /ɔ:/ *n* (*fear*) sobrecogimiento *m*; (*wonder*) admiración *f*: **they watched *in* awe as the building collapsed** presenciaron sobrecogidos el derrumbe del edificio • **he was always in awe of his brother** siempre se sintió intimidado por su hermano.

awe-inspiring *adj* imponente.

awesome /'ɔ:səm/ *adj* impresionante.

awful /'ɔ:fʊl/ *adj* **1.** (*weather, behaviour, experience*) espantoso -sa, terrible, atroz: **the food was awful** la comida era malísima; **the house was in an awful state** la casa estaba en un estado lamentable; **I feel awful about not having told her** me remuerde la conciencia por no habérselo dicho; **are you ill? you look awful!** ¿estás enfermo? ¡tienes muy mala cara! **2.** (*very great*): **we spent an awful lot of money** gastamos muchísimo dinero; **she asked an awful lot of questions** hizo muchísimas preguntas; **he's an awful bore** es terriblemente pesado.

awfully /'ɔ:fʊlɪ/ *adv* muy: **the film was awfully boring** la película era aburridísima ∗ terriblemente aburrida; **it seemed an awfully long time** pareció muchísimo tiempo; **she's awfully nice** es simpatiquísima ∗ muy simpática.

awhile /ə'waɪl/ *adv* (*frml*) un rato: **they waited awhile** esperaron un rato.

awkward /'ɔ:kwəd/ *adj* **1.** (*uncomfortable*): **there was an awkward silence** hubo un silencio violento; **he felt awkward** se sentía incómodo; **we were in an awkward position** estábamos en una situación difícil ∗ comprometida; **the switch is in a very awkward place** el interruptor está en un sitio muy poco práctico; **these windows are awkward to clean** estas ventanas son difíciles de limpiar. **2.** (*person: difficult*) difícil: **stop being so awkward!** ¡no seas tan difícil!; (*: shy*) vergonzoso -sa: **he was very awkward as a child** era muy vergonzoso de niño.

awning /'ɔ:nɪŋ/ *n* toldo *m*.

awoke /ə'wəʊk/ *pretérito de* ⇨ awake

awoken /ə'wəʊkən/ *participio pasado de* ⇨ awake

awry /ə'raɪ/ **I** *adj* (*out of place*: *gen*) torcido -da: **his hat was awry** llevaba el sombrero torcido; (*: hair*) despeinado -da.
II *adv*: **the plan went awry** el plan salió mal.

axe, (*US*) **ax** /æks/ **I** *n* hacha *f* [takes ***el*** or ***un*** in singular] • **I have no axe to grind** no estoy motivado por intereses personales.
II *vt* [**axes, axing, axed**] **1.** (*to reduce*) recortar: **student grants were axed** recortaron la cuantía de las becas. **2.** (*to eliminate*) suspender: **many jobs were axed** suprimieron muchos puestos de trabajo.

axiom /'æksɪəm/ *n* axioma *m*.

axis /'æksɪs/ *n* [**axes** /'æksi:z/] (*Maths*) eje *m*.

axle /'æksəl/ *n* (*of car*) eje *m*: **the rear axle** el eje trasero.

aye /aɪ/ *adv* (*frml*) sí.

Aztec /'æztek/ *adj*, *n* azteca *adj*, *m/f*.

azure /'æʒə/ *adj*, *n* azul celeste *adj*, *m*.

B

B, b /bi:/ *n* (*letter*) B, b *f*; (*name of letter*) be *f*.

B /bi:/ *n* **1.** (*mark*) *segunda nota más alta de aprobado en el sistema educativo británico.* **2.** (*Mus*) si *m inv*.

b. *léase* /bɔ:n/ (*abreviatura de* **born**) n. (nacido -da en).

BA /bi:'eɪ/ *n* (*abreviatura de* **Bachelor of Arts**) **1.** (*person*) Ldo./Lda. en Filosofía y Letras (licenciado/licenciada en Filosofía y Letras): **Philip Holmes, BA** Philip Holmes, Ldo. en Filosofía y Letras. **2.** (*title*) licenciatura *f* en Filosofía y Letras: **she has a BA *in* French** es licenciada en francés.

baa /bɑ:/ *excl* bee.

babble /'bæbəl/ **I** *vi* [**babbles, babbling, babbled**] **1.** (*baby*) balbucear; (*to talk quickly*) parlotear; (*to talk confusedly*) farfullar. **2.** (*water*) murmurar.
II *n* **1.** (*of voices*) murmullo *m*. **2.** (*of water*) murmullo *m*.

baboon /bə'bu:n/ *n* papión *m*, babuino *m*.

baby /'beɪbɪ/ *n* [**babies**] **1.** (*child*) bebé *m*, niño -ña *m/f*, (*Arg, Urug*) bebe -ba *m/f*: **she is having a baby in August** espera un niño para agosto; **a baby girl/boy** una niña/un niño; **stop being such a baby!** ¡deja de comportarte como un crío! • **we were left holding the baby** tuvimos que pagar el pato nosotros • **this project is her baby** este proyecto ha sido idea suya. **2.** (*youngest person*) benjamín -mina *m/f*: **he's the baby of the group** es el benjamín del grupo. **3.** (*animal*) cría *f*: **a baby elephant** una cría de elefante. **4.** (*fam*: *as form of address*) nene -na *m/f*.

baby buggy *n* sillita *f* (de paseo).

baby carriage *n* (*US*) cochecito *m* de niño.

baby grand *n* piano *m* de media cola.

baby-minder *n*: *persona que cuida niños mientras los padres trabajan.*

baby-sit *vi* [**baby-sits, baby-sitting, baby-sat**] hacer de canguro, cuidar niños: **she baby-sits for the people next door** hace de canguro para los vecinos de al lado, cuida a los niños de los vecinos de al lado.

baby-sitter *n* canguro *m/f* (*persona que cuida niños mientras sus padres salen*).

baby walker *n* andador *m*, tacatá *m*.

babyhood /'beɪbɪhʊd/ *n* infancia *f*.

babyish /'beɪbɪɪʃ/ *adj* infantil.

bachelor /'bætʃələ/ *n* soltero *m*: **he's a confirmed bachelor** es un solterón.

Bachelor of Arts *n* licenciado -da *m/f* en Filosofía y Letras.

Bachelor of Science *n* licenciado -da *m/f* en Ciencias.

back /bæk/ **I** *n* **1.** (*of person*) espalda *f*: **she fell and landed on her back** se cayó de espaldas • **he had his back to me** me estaba dando la espalda • **they were lying back to back** estaban tumbados espalda con espalda • **he was sitting with his back to the door** estaba sentado de espaldas a la puerta • **I was glad to see the back of them** me alegré mucho cuando se fueron • **they were planning something behind my back** tramaban algo a mis espaldas • **he really put my back up** me sacó de quicio • **why don't you get off my back!** ¡déjame en paz! • **they have turned their backs on the problem** han cerrado los ojos al problema • **you scratch my back and I'll scratch yours** hoy por ti mañana por mí. **2.** (*of animal*) espalda *f*, lomo *m*. **3.** (*back part: gen*) parte *f* de atrás: **the ball hit me on the back of the neck** la pelota me dio en la nuca • **my interview has been at the back of my mind all day** he tenido presente lo de la entrevista todo el día • **they live in the back of beyond** viven en el quinto pino • **he was wearing his sweater back to front** llevaba el jersey al revés; (*: of house*): **there is a garden at the back** hay un jardín al fondo. **4.** (*in car*): **who wants to sit in the back?** ¿quién quiere sentarse atrás ✻ en el asiento trasero? **5.** (*of hand, cheque*) dorso *m* • **she knows Edinburgh like the back of her hand** conoce Edimburgo como la palma de la mano. **6.** (*of room, cupboard, bus*) fondo *m*: **she always sits at the back of the class** siempre se sienta al fondo de la clase. **7.** (*of chair*) respaldo *m*. **8.** (*of book*) final *m*: **there is an appendix at the back** hay un apéndice al final. **9.** (*Sport: player*) defensa *m/f*, zaguero -ra *m/f*.

II *adv* **1.** (*backwards*): **take two steps forward and one back** da dos pasos hacia adelante y uno hacia atrás; **please stand back** échense para atrás, por favor • **we went back and forth all day** estuvimos todo el día de aquí para allá. **2.** (*indicating returning or replacing*): **he never puts things back** nunca vuelve a poner las cosas en su sitio; **could you give me back my watch?** ¿me podrías devolver el reloj?; **are you back already?** ¿ya estás de vuelta?; **I forgot my umbrella and had to go back** se me olvidó el paraguas y tuve que volver. **3.** (*in reply, in turn*): **she hit me, so I hit her back** me pegó, así que le devolví el golpe; **she's so rude, she makes me want to be rude back** es tan grosera que me dan ganas de ser grosero con ella; **he never wrote back** nunca contestó (la carta). **4.** (*with expressions of time*): **this happened back in the sixties** esto ocurrió allá por los (años) sesenta.

III *adj* (*wheel, leg*) de atrás, trasero -ra; (*row*) de atrás, último -ma.

IV in back of *prep* (*US*) detrás de: **it's in back of the sofa** está detrás del sofá. ➪ behind **I, 1**

V *vt* [**backs, backing, backed**] **1.** (*car*): **she backed the car** *into* **the garage** entró al garaje dando marcha atrás. **2.** (*in betting*) apostar por. **3.** (*to give moral support to*) respaldar, apoyar; (*to give financial support to*) financiar.

♦*vi* (*in car*): **he backed** *into* **another car** al dar marcha atrás chocó contra otro coche.

to **back away** *vi* retroceder: **he backed away** *from* **the dog** retrocedió, apartándose del perro.

to **back down** *vi* ceder: **she never backs down, even when it's obvious she's wrong** nunca cede ✻ nunca da el brazo a torcer, aun cuando es evidente que está equivocada.

to **back off** *vi* retroceder: **back off, will you?** ¿quieres dejarme en paz?

to **back onto** *vt*: **our house backs onto the park** la parte de atrás de nuestra casa da al parque.

to **back out** *vi* echarse atrás: **they've backed out** *of* **the holiday** se han echado atrás en lo de las vacaciones.

to **back up** *vi* **1.** (*in car*) dar marcha atrás. **2.** (*Inform*) hacer una copia de seguridad.

♦*vt* **1.** (*gen*) apoyar, respaldar: **they didn't back up my story** no apoyaron mi versión de los hechos. **2.** (*Inform*) hacer una copia de seguridad de.

backache *n* dolor *m* de espalda.

backbencher *n* (*in GB*) diputado -da *m/f* (*que no ocupa ningún cargo en el gobierno ni en el gabinete fantasma*).

back benches *n pl* (*in GB*) *escaños en la Cámara de los Comunes ocupados por diputados que no son ministros ni miembros del gabinete fantasma*.

backbiting *n* murmuraciones *f pl*.

backbone *n* columna *f* vertebral.

backbreaking *adj* agotador -dora.

backdate *vt* [**backdates, backdating, backdated**]: **the pay rise will not be backdated** el aumento salarial no tendrá efecto retroactivo.

back door *n* puerta *f* trasera ✻ de atrás.

backdrop *n* telón *m* de fondo.

backfire *vi* [**backfires, backfiring, backfired**] (*car*) petardear • **his little joke backfired** quiso hacer una broma y le salió el tiro por la culata.

backhand *n* revés *m*: **her backhand is very good** tiene un revés muy bueno.

backhanded compliment *n* cumplido *m* irónico.

backhander *n* (*fam*) soborno *m*.

backlash *n* reacción *f* violenta (*en el plano político o social*).

backlog *n* trabajo *m* atrasado: **we managed to clear the backlog** logramos poner el trabajo al día.

backpack *n* mochila *f*.

back-pedal *vi* [**back-pedals, back-pedalling, back-pedalled**] pedalear hacia atrás • **the government are back-pedalling on this policy decision** el gobierno está dando marcha atrás en lo relativo a esta política.

back pay *n* atrasos *m pl*.

back seat *n* (*in car*) asiento *m* de atrás • **Europe has taken a back seat in Parliament** el tema de Europa ha pasado a un segundo plano en el parlamento.

backside *n* (*fam*) trasero *m*.

backstage *adv* entre bastidores.

backstreet *n*: *calle poco importante, especialmente de los barrios bajos de una ciudad*.

backstroke *n* (*in swimming*) (estilo *m*) espalda *f*.

backtrack *vi* [**backtracks, backtracking, backtracked**] dar marcha atrás • **the government had to backtrack on education** el gobierno tuvo que dar marcha atrás en lo referente a educación.

backup *n* **1.** (*Inform*) copia *f* de seguridad. **2.** (*support*) respaldo *m*.

backwater *n* lugar *m* atrasado.

backyard *n* (*paved*) patio *m* (trasero); (*US: with lawn*) jardín *m* (trasero).

backer /ˈbækə/ *n* **1.** (*financial*) patrocinador -dora *m/f*: **he's looking for a backer to fund his research** necesita a alguien que aporte capital para financiar su investigación. **2.** (*of a policy*) partidario -ria *m/f*.

background /ˈbækgraʊnd/ *n* **1.** (*of picture*) fondo *m*: **you could see the pyramids** *in* **the background** al fondo se veían las pirámides; **the drama is set** *against* **the background of Imperial China** la historia tiene como telón de fondo la China imperial • **he always stays in the background** se queda siempre en segundo plano. **2.** (*of events*) antecedentes *m pl*: **he filled me in on the background of the case** me puso en antecedentes sobre el caso. **3.** (*person's origins*) procedencia *f*, origen *m*: **she comes from a rich background** es de familia adinerada; (*education, training*) formación *f*: **his background is information technology** su formación es en informática.

background information *n* información *f* sobre antecedentes.

background music *n* música *f* de fondo.

backing /'bækɪŋ/ *n* **1.** (*financial support*) respaldo *m* económico; (*moral support*) respaldo *m*, apoyo *m*. **2.** (*protective cover*) refuerzo *m*.

backing group *n* acompañantes *m pl*.

backward /'bækwəd/ **I** *adj* **1.** (*glance, movement*) hacia atrás: **this is a backward step for Europe** esto supone un retroceso * un paso atrás para Europa. **2.** (*undeveloped*) atrasado -da. **3.** (*slow to learn*) retrasado -da.

II *adv* (*también* **backwards**) **1.** (*back to front*) al revés: **she put her hat on backwards** se puso el sombrero al revés • **she knows Virginia Woolf's work backwards** conoce la obra de Virginia Woolf al dedillo. **2.** (*to walk, jump*) hacia atrás: **she moved slowly backward** retrocedió lentamente.

backward roll *n* voltereta *f* (hacia atrás).

bacon /'beɪkən/ *n* bacon *m*, (*Amér L*) tocino *m*, (*Arg, Urug*) panceta *f*.

bacteria /bæk'tɪərɪə/ *n pl* bacterias *f pl*: **bacteria have been found in the water supply** se ha descubierto la presencia de bacterias en el agua.

bad /bæd/ *adj* [**worse, worst**] **1.** (*gen*) malo -la, mal [**mal** is used before masculine singular nouns]: **a bad book** un libro malo * un mal libro; **the weather was bad all week** hizo mal tiempo toda la semana; **that was a very bad idea** fue una idea muy mala; **you bad girl!** ¡mala!; **too much meat is bad** *for* **you** comer demasiada carne es malo (para la salud); **he's got a bad heart** sufre del corazón; **it smelt very bad** olía muy mal; **things are bad enough as it is without you complaining** la situación ya es lo suficientemente mala sin necesidad de que tú te quejes • **she's not a bad singer** no canta mal • **that film wasn't bad, was it?** la película no estuvo mal, ¿verdad? • **I felt bad about not turning up** me sentí mal por no haber ido • **it's too bad you had a cold** es una pena que estuvieras resfriado • **it's just too bad if they can't come** si no pueden venir, mala suerte • **their finances went from bad to worse** su situación económica fue de mal en peor. **2.** (*unskilful*): **he's bad** *at* **French** se le da mal el francés. **3.** (*severe*): **he had a bad attack of flu** tuvo una gripe bastante fuerte. **4.** (*rotten*) podrido -da: **this apple is bad** esta manzana está podrida.

bad debt *n* deuda *f* incobrable.

bad-tempered *adj* **1.** (*in a bad mood*) malhumorado -da, de mal humor. **2.** (*permanently*) cascarrabias *adj inv*: **he's very bad-tempered** tiene muy mal genio, es muy cascarrabias.

baddy /'bædɪ/ *n* [**baddies**] (*fam*) malo *m*.

bade /beɪd/ *pretérito de* ⇨ bid

badge /bædʒ/ *n* (*of school, society*) insignia *f*; (*round, metal*) chapa *f*.

badger /'bædʒə/ **I** *n* tejón *m*.

II *vt* [**badgers, badgering, badgered**] fastidiar, darle la lata a: **she badgered me** *about* **the money all day** me estuvo dando la lata con el dinero todo el día.

badly /'bædlɪ/ *adv* [**worse, worst**] **1.** (*poorly, unsuccessfully*) mal: **he did badly in the test** le fue muy mal en la prueba; **the play was very badly acted** la representación de la obra fue malísima; **his suit was badly made** su traje estaba mal hecho. **2.** (*seriously*) gravemente: **they were badly injured in the accident** resultaron gravemente heridos en el accidente. **3.** (*a lot*) mucho: **she badly needed the money** le hacía mucha falta el dinero.

badly off *adj* [**worse off, worst off**] con problemas económicos: **they are not badly off** no están mal de dinero; **we were much worse off when we were young** estábamos mucho peor de dinero cuando éramos jóvenes.

badminton /'bædmɪntən/ *n* bádminton *m*.

baffle /'bæfəl/ *vt* [**baffles, baffling, baffled**] desconcertar.

baffling /'bæflɪŋ/ *adj* desconcertante.

bag /bæg/ **I** *n* **1.** (*gen*) bolsa *f*: **a sports bag** una bolsa de deporte; **he ate the whole bag of sweets** se comió toda la bolsa de caramelos; (*handbag*) bolso *m*, (*Amér S*) cartera *f*, (*Méx*) bolsa *f* • **she just packed her bags and left** hizo las maletas y se fue • **the deal was in the bag** el acuerdo era ya cosa hecha, tenían el acuerdo en el bote • **the pupils in this class are a mixed bag** en esta clase hay de todo. **2.** (*fam: woman*) bruja *f*: **she's such an old bag!** ¡es una bruja!

II bags *n pl* (*under eyes*) bolsas *f pl*; (*dark rings*) ojeras *f pl*.

III *vt* [**bags, bagging, bagged**] (*fam*) coger, (*Amér L*) agarrarse.

baggage /'bægɪdʒ/ *n* equipaje *m*.

baggage rack *n* rejilla *f*.

baggy /'bægɪ/ *adj* [**baggier, baggiest**] (*Clothing: loose*) holgado -da; (*: as style*) ancho -cha; (*: as defect*): **these trousers have gone baggy** estos pantalones me hacen bolsas.

bagpipes /'bægpaɪps/ *n pl* gaita *f*.

bail /beɪl/ *n* fianza *f* • **he was released on bail** quedó en libertad bajo fianza • **there was no one who could stand bail for her** no hubo nadie que pudiera pagarle la fianza • **he jumped bail** se fugó mientras estaba en libertad bajo fianza.

to **bail out** *vt* [**bails, bailing, bailed**] **1.** (*Law*) pagarle la fianza a: **the company bailed him out** la compañía le pagó la fianza • **don't expect us to bail you out if you get into trouble** no esperes que nosotros te saquemos las castañas del fuego si te metes en líos. **2.** (*también* **bale out**) (*in boat*) achicar.

♦*vi* (*también* **bale out**) **1.** (*in boat*) achicar el agua. **2.** (*from plane*) lanzarse en paracaídas (*en una situación de emergencia*).

bailiff /'beɪlɪf/ *n* (*GB*) alguacil *m/f*.

bait /beɪt/ **I** *n* cebo *m*, carnada *f* • **they were teasing her, but she didn't rise to the bait** le estaban tomando el pelo, pero ella se hizo la sorda • **they didn't swallow the bait** no tragaron el anzuelo.

II *vt* [**baits, baiting, baited**] **1.** (*in fishing*) cebar. **2.** (*to provoke*) provocar.

baize /beɪz/ *n*: *paño verde con que se cubren las mesas de juego.*

bake /beɪk/ *vt* [**bakes, baking, baked**] (*cake, bread*) hacer (*al horno*): **I feel like baking a cake** tengo ganas de hacer un pastel; **bake the bread in a hot oven** cocer el pan en horno caliente • **the ground had been baked hard by the sun** el sol había desecado la tierra.

♦*vi* (*cake, bread*) cocerse (*al horno*): **my mother used to bake on Fridays** mi madre solía dedicar los viernes a preparar pasteles, tartas...; **it hasn't finished baking yet** todavía no está listo (*lo que se está cociendo en el horno*).

baked beans /beɪkt biːnz/ *n pl* alubias *f pl* en salsa de tomate.

baked potato /beɪkt pəˈteɪtəʊ/ *n* patata *f* asada.

baker /ˈbeɪkə/ *n* **1.** (*person*) panadero -ra *m/f*. **2. baker's** (*shop*) panadería *f*.

bakery /ˈbeɪkərɪ/ *n* [**bakeries**] panadería *f*.

baking /ˈbeɪkɪŋ/ **I** *n* (*act of cooking*): **I love baking** me encanta preparar pasteles y hacer mi propio pan; (*food produced by cooking*): **there's nothing like the taste of home baking** no hay nada como el sabor de los pasteles y el pan hechos en casa.
II *adj* achicharrante, muy caliente: **it's baking hot in here!** ¡nos estamos achicharrando aquí!

baking powder *n* polvo *m* Royal®.

baking soda *n* (*US*: *Culin*) bicarbonato *m* de sodio.

balaclava /ˌbæləˈklaːvə/ *n* (*también* **Balaclava helmet**) pasamontañas *m inv*.

balance /ˈbæləns/ **I** *n* **1.** (*stability*) equilibrio *m*: **I lost my balance and fell over** perdí el equilibrio y me caí • **she caught me off balance, and knocked me over** me pilló mal apoyado y me tiró • **on balance, I think the idea is a good one** sopesándolo todo, creo que es una buena idea • **you have to strike a balance between quality and price** hay que conseguir un equilibrio entre calidad y precio • **his career hung in the balance** su carrera estaba en juego. **2.** (*in calculations*) resto *m*. **3.** (*in bank account*) saldo *m*: **my bank balance was in the red** tenía la cuenta en números rojos.
II *vi* [**balances, balancing, balanced**] **1.** (*person*) mantener el equilibrio. **2.** (*in calculations*) cuadrar: **they couldn't make the figures balance** no consiguieron que les cuadraran las cifras.
♦*vt* **1.** (*to keep steady*) mantener en equilibrio: **he was balancing a ball on his head** mantenía una pelota en equilibrio sobre la cabeza; **the climber was balanced on a ledge** el alpinista se mantenía en equilibrio en un saliente. **2.** (*in calculations*): **we balance the books at the end of the year** hacemos el balance al final del año.

balance of payments *n* balanza *f* de pagos.

balance of power *n* equilibrio *m* de poder: **the Social Democrats will hold the balance of power** los socialdemócratas serán el partido bisagra.

balanced /ˈbælənst/ *adj* equilibrado -da: **we eat a balanced diet** tenemos una dieta equilibrada; **the programme did not present a balanced view of the situation** el programa no dio una perspectiva imparcial de la situación.

balcony /ˈbælkənɪ/ *n* [**balconies**] **1.** (*in house: gen*) balcón *m*; (*: large*) terraza *f*; (*: enclosed*) galería *f*. **2.** (*upper floor in theatre*) galería *f*. **3.** (*US: circle in theatre*) anfiteatro *m*.

bald /bɔːld/ *adj* **1.** (*person*) calvo -va: **he's going bald** se está quedando calvo. **2.** (*tyre*) desgastado -da. **3.** (*style*) escueto -ta; (*statement*) sucinto -ta.

bald patch *n* calva *f*.

balding /ˈbɔːldɪŋ/ *adj*: **he's balding** se está quedando calvo.

baldly /ˈbɔːldlɪ/ *adv* directamente, sin rodeos.

baldness /ˈbɔːldnəs/ *n* **1.** (*of person*) calvicie *f*. **2.** (*of statement, style*) parquedad *f*.

bale /beɪl/ *n* (*of cloth, paper, hay*) bala *f*.

to **bale out** *vt* [**bales, baling, baled**] (*in boat*) achicar.
♦*vi* **1.** (*in boat*) achicar el agua. **2.** (*from plane*) lanzarse en paracaídas (*en una situación de emergencia*).

Balearics /ˌbæleˈærɪks/ *n pl*: **the Balearics** (*también* **the Balearic Islands**) las (islas) Baleares.

baleful /ˈbeɪlfʊl/ *adj* siniestro -tra.

balk /bɔːk/ *vi* [**balks, balking, balked**] ⇨ baulk

Balkan /ˈbɔːlkən/ **I** *adj* balcánico -ca.
II the Balkans *n pl* (*también* **the Balkan States**) los Balcanes.

ball /bɔːl/ *n* **1.** (*for football*) balón *m*, pelota *f*; (*for tennis, baseball, golf*) pelota *f*; (*for snooker*) bola *f* • **she seemed to be on the ball** parecía muy espabilada • **who's going to start the ball rolling?** ¿quién va a empezar? • **the ball is in their court now** les toca a ellos dar el próximo paso. **2.** (*of wool*) ovillo *m*. **3.** (*of foot*) *parte carnosa que cubre el metatarso*. **4.** (*dance*) baile *m* • **they were having a ball** se estaban divirtiendo como locos.

ball bearing *n* cojinete *m* de bola, rodamiento *m*.

ball boy *n* recogepelotas *m inv*.

ball game *n* juego *m* de pelota; (*US*) juego *m* de béisbol • **this is a whole new ball game** esto es otra historia.

ball girl *n* recogepelotas *f inv*.

ballad /ˈbæləd/ *n* (*Mus*) balada *f*; (*Lit*) romance *m*, balada *f*.

ballast /ˈbæləst/ *n* **1.** (*Naut*) lastre *m*. **2.** (*for railways*) balasto *m*.

ballcock /ˈbɔːlkɒk/ *n* flotador *m* (*de una cisterna*).

ballerina /ˌbæləˈriːnə/ *n* bailarina *f* (*de ballet*).

ballet /ˈbæleɪ/ *n* (*art form, performance, company*) ballet *m*.

ballet dancer *n* bailarín -rina *m/f* (de ballet).

ballistic missile /bəˈlɪstɪk ˈmɪsaɪl/ *n* misil *m* balístico.

ballistics /bəˈlɪstɪks/ *n* [*lleva el verbo en singular*] balística *f*.

balloon /bəˈluːn/ *n* **I** *n* globo *m*: **a hot-air balloon** un aeróstato, un globo aerostático.
II *vi* [**balloons, ballooning, ballooned**] hincharse.

ballooning /bəˈluːnɪŋ/ *n* aerostación *f*: **we went ballooning** hicimos aerostación.

ballot /ˈbælət/ **I** *n* votación *f*: **the party held a ballot** *on* **the issue** el partido sometió el asunto a votación.
II *vt* [**ballots, balloting, balloted**]: **the union balloted its members** *on* **strike action** el sindicato sometió la decisión sobre la huelga a la votación de sus miembros.

ballot box *n* urna *f* electoral.

ballot paper *n* papeleta *f*.

ballpoint (pen) /ˈbɔːlpɔɪnt (pen)/ *n* bolígrafo *m*, (*Arg, Urug*) birome *f*, (*Méx*) pluma *f* atómica.

ballroom /ˈbɔːlrʊm/ *n* salón *m* de baile.

ballroom dancing *n* baile *m* de salón.

Baltic /ˈbɔːltɪk/ **I** *adj* báltico -ca.
II the Baltic (Sea) *n* el (mar) Báltico.

balustrade /ˌbæləˈstreɪd/ *n* balaustrada *f*.

bamboo /bæmˈbuː/ *n* bambú *m*.

ban /bæn/ **I** *vt* [**bans, banning, banned**] (*to forbid*) prohibir: **the treaty bans the use of chemical weapons** el tratado prohíbe el uso de armas químicas; **he was banned** *from* **the club** le prohibieron la entrada al club; **she was banned** *from* **driving** le retiraron el permiso de conducir.
II *n* prohibición *f*: **there is a ban** *on* **whaling** está prohibido cazar ballenas.

banal /bəˈnɑːl/ *adj* banal.

banality /bəˈnælətɪ/ *n* banalidad *f*.

banana /bəˈnɑːnə/ *n* plátano *m*, (*Arg, Urug*) banana *f* • **he's bananas** está chiflado * chalado • **she went completely bananas when she found out** se puso furiosa cuando se enteró.

banana skin *n* cáscara *f* de plátano.

band /bænd/ *n* **1.** (*gen*) banda *f*: **a band of terrorists** una banda de terroristas; **they are in the highest tax band** están en la banda impositiva más alta. **2.** (*of colour*) franja *f*, lista *f*. **3.** (*of rock musicians*) grupo *m* (*musical*): **he's formed a band with his friends** ha formado un grupo (de música) con sus amigos; (*of brass players*) banda *f*. **4.** (*of fabric*) tira *f*, banda *f*: **he wore a black band around his arm** llevaba un brazalete negro en el brazo. **5.** (*on radio*) frecuencia *f*.

to **band together** *vi* [**bands, banding, banded**] unirse.

bandstand *n*: *quiosco en parques, etc. para actuaciones musicales.*

bandwagon *n* • **they were accused of jumping on the bandwagon with their calls for reform** se los acusó de subirse al carro de los que exigían reformas.

bandage /ˈbændɪdʒ/ **I** *n* venda *f*.
II *vt* [**bandages, bandaging, bandaged**] vendar.

BandAid® /ˈbændeɪd/ *n* tirita® *f*, (*Amér L*) curita® *f*.

bandit /ˈbændɪt/ *n* bandido -da *m/f*.

bandy /ˈbændɪ/ *adj* [**bandier, bandiest**] (*también* **bandy-legged**) patizambo -ba, estevado -da.

to **bandy about** * **around** *vt* [**bandies, bandying, bandied**] (*rumours*) hacer circular: **I don't know who the new manager will be, but several names are being bandied about** no sé quién será el nuevo director, pero se están barajando varios nombres.

bane /beɪn/ *n* • **that woman is the bane of my life** esa mujer es la cruz que tengo en la vida.

bang /bæŋ/ **I** *vt* [**bangs, banging, banged**] **1.** (*to make a loud noise with something*): **she stormed out and banged the door** salió furiosa y dio un portazo. **2.** (*to hit*) golpear: **she fell over and banged her head** se cayó y se dio un golpe en la cabeza; **I banged my arm on the shelf** me di con el brazo en el estante; **he banged a nail into the wall** clavó un clavo en la pared.
♦ *vi*: **the window banged shut** la ventana se cerró de golpe; **stop banging will you?** ¿quieres dejar de dar golpes?; **they were banging** *on* **the door** estaban aporreando la puerta.
II *excl* pum: **bang! the door slammed** ¡pum! la puerta se cerró de golpe.
III *n* **1.** (*noise*): **the balloon burst with a bang** el globo explotó; **a book fell to the floor with a bang** ¡pum! un libro cayó al suelo. **2.** (*blow*) golpe *m*: **she got a nasty bang** se dio un golpe muy fuerte.
IV bangs *n pl* (*US: fringe*) flequillo *m*.
V *adv* (*fam*) justo: **he sneezed bang in the middle of the song** estornudó justo en medio de la canción • **our calculations were bang on** dimos en el clavo con los cálculos • **bang go my chances of promotion!** ¡adiós a mis posibilidades de ascenso!

banger /ˈbæŋə/ *n* (*GB*) **1.** (*firework*) petardo *m*. **2.** (*fam: sausage*) salchicha *f*. **3.** (*fam: car*) carraca *f*, carricoche *m*.

bangle /ˈbæŋgəl/ *n* brazalete *m*.

banish /ˈbænɪʃ/ *vt* [**banishes, banishing, banished**] desterrar: **they were banished** *to* **a distant island** fueron desterrados a una isla remota; **he tried to banish that thought from his mind** trató de quitarse esa idea de la cabeza.

banishment /ˈbænɪʃmənt/ *n* destierro *m*.

banister, bannister /ˈbænɪstə/ *n*, **banisters, bannisters** /ˈbænɪstəz/ *n pl* barandilla *f*, pasamanos *m inv*: **the children were sliding down the banister** * **banisters** los niños se deslizaban por la barandilla.

banjo /ˈbændʒəʊ/ *n* [**banjos** * **banjoes**] banjo *m*.

bank /bæŋk/ **I** *n* **1.** (*financial establishment*) banco *m* • **repairing the car nearly broke the bank** casi nos arruinamos con la reparación del coche. **2.** (*store*) banco *m*: **the information is stored in a data bank** la información se almacena en un banco de datos. **3.** (*of river*) orilla *f*: **the river had burst its banks** el río se había salido de su cauce * se había salido de madre. **4.** (*of earth*) terraplén *m*. **5.** (*of cloud*) masa *f*.
II *vt* [**banks, banking, banked**] (*to pay in*) ingresar * depositar en el banco.
♦ *vi* **1.** (*to have an account*): **I bank** *with* **Midwestland** tengo la cuenta en el Midwestland. **2.** (*plane*) ladearse.

to **bank on** *vt* contar con: **we were banking on you arriving on time** contábamos con que llegarías a tiempo; **she may agree, but I wouldn't bank on it** puede ser que acceda, pero no te hagas demasiadas ilusiones.

bank account *n* cuenta *f* bancaria.

bank draft *n* cheque *m* bancario.

bank holiday *n* (*GB*) día *m* festivo.

bank manager *n* director -tora *m/f* de banco.

banknote *n* billete *m* de banco.

bank statement *n* extracto *m* * estado *m* de cuenta.

banker /ˈbæŋkə/ *n* banquero -ra *m/f*.

banker's draft *n* cheque *m* * giro *m* bancario.

banker's order *n* orden *f* permanente de pago.

banking /ˈbæŋkɪŋ/ *n* banca *f*: **he's in banking** trabaja en la banca.

bankrupt /ˈbæŋkrʌpt/ **I** *adj* en quiebra: **the firm went bankrupt** la empresa quebró; **we are completely bankrupt** estamos en la bancarrota.
II *vt* [**bankrupts, bankrupting, bankrupted**] (*company*) hacer quebrar: **her lifestyle bankrupted him** su tren de vida lo arruinó * lo llevó a la bancarrota.
III *n* (*person*) fallido -da *m/f* (*persona legalmente declarada insolvente*).

bankruptcy /ˈbæŋkrʌptsɪ/ *n* [**bankruptcies**] quiebra *f*, bancarrota *f*.

banner /ˈbænə/ *n* (*flag*) estandarte *m*, bandera *f*; (*placard*) pancarta *f*.

banns /bænz/ *n pl* amonestaciones *f pl*: **the banns were read last week** publicaron las amonestaciones la semana pasada.

banquet /ˈbæŋkwɪt/ *n* banquete *m*.

banter /ˈbæntə/ **I** *vi* [**banters, bantering, bantered**] bromear.
II *n* bromas *f pl*.

baptism /ˈbæptɪzəm/ *n* (*sacrament*) bautismo *m*; (*occasion*) bautizo *m*.

baptize /bæpˈtaɪz/ *vt* [**baptizes, baptizing, baptized**] bautizar.

bar /bɑː/ **I** *n* **1.** (*serving drinks*) bar *m*: **I'll meet you in the bar** te veo en el bar; (*counter*) barra *f*: **she works behind the bar** trabaja en la barra. **2.** (*of chocolate*) tableta *f*; (*of soap*) pastilla *f*. **3.** (*on window, of cage*) barra *f*, barrote *m*; (*on door*) tranca *f* • **he should be behind bars** debería estar preso * entre rejas. **4.** (*gymnastic discipline*) barra *f*; (*in high jump*) listón *m*. **5.** (*in court*) banquillo *m* • **the prisoner at the bar** el acusado. **6. the Bar** (*profession*) la abogacía; (*lawyers*) el cuerpo de abogados. **7.** (*in music*) compás *m*.
II *vt* [**bars, barring, barred**] **1.** (*to prohibit*) prohibir: **alcohol is barred at the concert** está prohibido consumir alcohol en el concierto; (*person*): **she barred the children** *from* **the shop** les prohibió a los

niños entrar en la tienda. **2.** (*to lock with a bar*) atrancar. **3.** (*to obstruct*): **a policeman barred my way** un policía me impidió el paso.

III *prep* excepto, salvo: **he works every day bar Sunday** trabaja todos los días excepto * salvo los domingos.

bar chart *n* gráfico *m* de barras.

bar code *n* código *m* de barras.

barmaid *n* camarera *f*.

barman *n* [*pl* **barmen**] camarero *m*, barman *m* (*pl* barmans).

barb /bɑ:b/ *n* **1.** (*on hook*) lengüeta *f*. **2.** (*remark*) pulla *f*.

barbarian /bɑ:'beərɪən/ *n* bárbaro -ra *m/f*.

barbaric /bɑ:'bærɪk/ *adj* brutal, bárbaro -ra: **that is barbaric!** ¡eso es una barbaridad!

barbarism /'bɑ:bərɪzəm/ *n* barbarie *f*.

barbarity /bɑ:'bærətɪ/ *n* [**barbarities**] brutalidad *f*.

barbarous /'bɑ:bərəs/ *adj* (*uncivilized, cruel*) bárbaro -ra.

barbecue /'bɑ:bɪkju:/ **I** *n* (*utensil*) barbacoa *f*, parrilla *f*; (*event*) barbacoa *f*.

II *vt* [**barbecues, barbecuing, barbecued**] asar a la parrilla: **barbecued chicken** pollo a la parrilla.

barbed /bɑ:bd/ *adj* **1.** (*hook*) con lengüeta. **2.** (*comment*) mordaz.

barbed wire *n* alambre *m* de púas * de espino.

barber /'bɑ:bə/ *n* **1.** (*person*) barbero *m*. **2. barber's** (*place*) barbería *f*.

barbiturate /bɑ:'bɪtjʊrət/ *n* barbitúrico *m*.

bare /beə/ **I** *adj* **1.** (*gen*) desnudo -da: **there were no pictures, just four bare walls** no había cuadros, sólo cuatro paredes desnudas. **2.** (*cable*) pelado -da. **3.** (*empty*) vacío -cía: **the fridge was bare** el frigorífico estaba vacío. **4.** (*prose, statement*) escueto -ta.

II *vt* [**bares, baring, bared**] descubrir: **the dog bared its teeth** el perro enseñó los dientes.

bareback *adj, adv* a pelo: **she was riding bareback** montaba a pelo.

barefaced *adj* descarado -da.

barefoot, barefooted *adj* descalzo -za.

bareheaded *adj* sin sombrero.

barely /'beəlɪ/ *adv* apenas: **he could barely keep his eyes open** apenas podía mantener los ojos abiertos.

bareness /'beənəs/ *n* desnudez *f*.

bargain /'bɑ:gən/ **I** *n* **1.** (*deal*) trato *m*: **he made * struck a bargain with his brother** hizo un trato con su hermano • **she drives a hard bargain** sabe defender sus intereses • **it was noisy, and sweltering into the bargain** había mucho ruido, y encima hacía un calor agobiante. **2.** (*cheap purchase*) ganga *f*: **that car was a real bargain** ese coche fue una auténtica ganga.

II *vi* [**bargains, bargaining, bargained**] (*to make a deal*) negociar: **she bargained** *with* **the company for a better contract** negoció con la empresa para conseguir un contrato mejor; (*about prices*) regatear.

to **bargain for** *vt* esperar: **she got more than she bargained for** fue más de lo que esperaba.

to **bargain on** *vt* contar con: **she hadn't bargained on such a violent reaction** no había contado con una reacción tan violenta.

barge /bɑ:dʒ/ **I** *n* gabarra *f*.

II *vt* [**barges, barging, barged**]: **they barged their way to the front** se abrieron paso a empujones hasta la primera fila.

to **barge in** *vi* (*to rush in*) irrumpir.

to **barge into** *vt* (*a room*) irrumpir en; (*a person*): **he barged into me** me llevó por delante.

baritone /'bærɪtəʊn/ *n* barítono *m*.

bark /bɑ:k/ **I** *vi* [**barks, barking, barked**] (*dog*) ladrar; (*person*) gritar.

II *n* **1.** (*of dog*) ladrido *m* • **his bark is worse than his bite** perro ladrador, poco mordedor. **2.** (*of tree*) corteza *f*.

barking /'bɑ:kɪŋ/ *n* ladridos *m pl*.

barley /'bɑ:lɪ/ *n* cebada *f*.

barmy /'bɑ:mɪ/ *adj* [**barmier, barmiest**] (*fam*) chiflado -da.

barn /bɑ:n/ *n* (*for grain, hay*) granero *m*; (*for animals*) establo *m*.

barnacle /'bɑ:nəkəl/ *n* percebe *m*.

barometer /bə'rɒmɪtə/ *n* barómetro *m*.

baron /'bærən/ *n* (*member of nobility*) barón *m*; (*powerful industrialist*) magnate *m*: **steps were taken to curb the powers of the press barons** se tomaron medidas para limitar los poderes de los magnates de la prensa.

baroness /'bærənes/ *n* [**baronesses**] baronesa *f*.

baronet /'bærənet/ *n* baronet *m*.

baroque /bə'rɒk/ *adj* barroco -ca.

barrack /'bærək/ *vt* [**barracks, barracking, barracked**] abuchear.

♦ *vi* rechiflar, armar una rechifla.

barracks /'bærəks/ *n* [*pl* **barracks**] cuartel *m*: **there is a barracks in Porton** hay un cuartel en Porton.

barrage /'bærɑ:dʒ/ *n* **1.** (*on river*) presa *f*. **2.** (*artillery fire*) descarga *f* de artillería • **we received a barrage of complaints** recibimos un aluvión de quejas.

barred /bɑ:d/ *adj* con barrotes: **the windows were barred** las ventanas tenían barrotes.

barrel /'bærəl/ *n* **1.** (*gen*) barril *m*; (*for wine*) tonel *m* • **they must be scraping the barrel if he's in the play!** ¡deben de estar desesperados si le han dado un papel a él en la obra! **2.** (*of gun*) cañón *m*.

barren /'bærən/ *adj* estéril.

barricade /ˌbærɪ'keɪd/ **I** *n* barricada *f*.

II *vt* [**barricades, barricading, barricaded**]: **students had barricaded the city centre** los estudiantes habían cerrado el centro de la ciudad con barricadas; **they barricaded themselves** *in* **the building** se atrincheraron en el edificio.

barrier /'bærɪə/ *n* barrera *f*: **the language barrier** la barrera del idioma; **the aim is to bring down the barriers** *between* **the two nations** el objetivo es echar abajo las barreras entre los dos países; **the new tax is a barrier** *to* **trade among the European nations** el nuevo impuesto constituye un obstáculo para el comercio entre los países europeos.

barring /'bɑ:rɪŋ/ *prep* salvo: **we'll be there, barring a catastrophe** estaremos allí, salvo que * a no ser que ocurra alguna catástrofe.

barrister /'bærɪstə/ *n* (*en GB*) abogado -da *m/f* (*habilitado para ejercer en los tribunales superiores*).

barrow /'bærəʊ/ *n* (*street trader's*) puesto *m* ambulante; (*wheelbarrow*) carretilla *f*.

bartender /'bɑ:tendə/ *n* (*US: man*) camarero *m*, barman *m*; (*: woman*) camarera *f*.

barter /'bɑ:tə/ **I** *vt* [**barters, bartering, bartered**] canjear, trocar: **they bartered tools** *for* **food** canjearon * trocaron herramientas por alimentos.

♦ *vi* hacer trueque: **they bartered for spices** hicieron trueque para obtener especias.

II *n* trueque *m*.

base /beɪs/ **I** *n* **1.** (*lowest part*) base *f*: **the base of a column** la base de una columna; **an air/naval base** una base aérea/naval; **the organization has its base**

in Richmond la organización tiene su base * sede en Richmond. **2.** (*in baseball*) base *f*: **he ran to first base** corrió a primera base.

II *vt* [**bases, basing, based**] (*company*): **the firm is based** *in* **Japan** la empresa tiene su base * sede en el Japón.

to **base on** *vt* basar en: **the film is based on the life of Gandhi** la película está basada * se basa en la vida de Gandhi.

baseboard *n* (*US*) zócalo *m*, rodapié *m*.

baseball /ˈbeɪsbɔːl/ *n* (*game*) béisbol *m*; (*ball*) pelota *f* de béisbol.

baseless /ˈbeɪsləs/ *adj* infundado -da.

basement /ˈbeɪsmənt/ *n* sótano *m*.

bash /bæʃ/ (*fam*) **I** *vt* [**bashes, bashing, bashed**] golpear: **he bashed me** *over* * *on* **the head** me dio un mamporro en la cabeza.

♦*vi*: **they bashed** *into* **another car** chocaron con * contra otro coche; **he was bashing** *away* **on a drum** estaba aporreando un tambor.

II *n* [**bashes**] mamporro *m*: **he got a bash** *on* **the head** se llevó un mamporro en la cabeza • **I don't know how to do it, but I'll have a bash * I'll give it a bash** no sé hacerlo, pero lo intentaré * haré la prueba.

bashful /ˈbæʃfʊl/ *adj* tímido -da, vergonzoso -sa.

basic /ˈbeɪsɪk/ **I** *adj* (*concept, ingredient*) básico -ca, fundamental; (*right*) fundamental: **he has a basic knowledge of the subject** tiene conocimientos elementales * básicos del tema; **it was a very basic hotel** era un hotel muy sencillo * sin ningún tipo de lujos.

II basics *n pl* (*the most important things*) lo fundamental; (*the essential things*) lo esencial; (*the simplest things*) lo elemental, lo básico: **they had forgotten most of their French, so we had to go back to basics** se les había olvidado casi todo el francés, así que había que volver a empezar desde cero * con lo básico.

basically /ˈbeɪsɪklɪ/ *adv* fundamentalmente, esencialmente: **basically, the car was a write-off** en dos palabras, el coche quedó para el desguace; **basically, they couldn't care less** simplemente les importa un bledo.

basil /ˈbæzəl/ *n* albahaca *f*.

basin /ˈbeɪsən/ *n* **1.** (*in bathroom*) lavabo *m*. **2.** (*bowl*) cuenco *m*, tazón *m*. **3.** (*of river*) cuenca *f*.

basis /ˈbeɪsɪs/ *n* [**bases** /ˈbeɪsiːz/] **1.** (*foundation*) base *f*, fundamento *m*: **the rumour has no basis in fact** el rumor no tiene ninguna base • **on the basis of these figures, we can afford to expand** si nos basamos en estas cifras, podemos ampliar la empresa. **2.** (*method*): **employees are paid** *on* **an hourly basis** los empleados cobran por horas; **they do it** *on* **a regular basis** lo hacen regularmente.

bask /bɑːsk/ *vi* [**basks, basking, basked**]: **they were basking in the sun** estaban disfrutando del calor del sol.

basket /ˈbɑːskɪt/ *n* (*gen*) cesta *f*, (*Amér L*) canasta *f*; (*for dirty clothes, etc.*) cesto *m*, (*Amér L*) canasto *m*.

basketball /ˈbɑːskɪtˌbɔːl/ *n* baloncesto *m*, (*Amér L*) básquetbol *m*.

Basque /bɑːsk/ **I** *adj* vasco -ca.

II *n* (*person*) vasco -ca *m/f*; (*language*) vasco *m*, euskera *m*.

Basque Country *n*: **the Basque Country** el País Vasco, Euskadi *m*.

bass I /beɪs/ *adj* (*voice*) de bajo.

II *n* **1.** /beɪs/ [**basses**] (*instrument*) bajo *m*, contrabajo *m*; (*singer, voice*) bajo *m*. **2.** /bæs/ (*Zool*) lubina *f*.

bassoon /bəˈsuːn/ *n* (*instrument*) fagot *m*; (*player*) fagot *m/f*.

bastard /ˈbɑːstəd/ *n* **1.** (*illegitimate child*) bastardo -da *m/f*. **2.** (*!!: as insult*) cabrón *m*.

baste /beɪst/ *vt* [**bastes, basting, basted**] (*Culin*) *rociar (un asado) con su propio jugo y/o grasa durante la cocción*.

bastion /ˈbæstɪən/ *n* bastión *m*: **they were seen as the last bastion of communism in the country** se los consideraba como el último bastión * baluarte del comunismo en el país.

bat /bæt/ **I** *n* **1.** (*in baseball, cricket*) bate *m*; (*for table tennis*) pala *f*, paleta *f* • **he went to France off his own bat** se fue a Francia por iniciativa propia. **2.** (*animal*) murciélago *m* • **he's as blind as a bat** es más ciego que un topo.

II *vi* [**bats, batting, batted**] batear: **England batted first** Inglaterra bateó primero.

batch /bætʃ/ *n* [**batches**] (*gen*) tanda *f*: **he was one of the last batch of graduates** era de la última tanda de licenciados; (*of goods produced*) lote *m*; (*of goods sent, received*) remesa *f*; (*of bread, cakes*) hornada *f*.

bated /ˈbeɪtɪd/ *adj* • **he waited for the reply with bated breath** esperaba ansioso * en vilo la respuesta.

bath /bɑːθ/ **I** *n* **1.** (*process*) baño *m*: **she's having a bath** se está bañando; **he had a bath and went to bed** se bañó y se fue a la cama; **I'll run the bath for you** te voy a llenar la bañera. **2.** (*tub*) bañera *f*, (*Amér L*) tina *f*, (*Arg, Urug*) bañadera *f*.

II baths *n pl* (*swimming pool*) piscina *f* (pública), (*Méx*) alberca *f* (pública), (*Arg, Urug*) pileta *f* (pública): **the baths are closed today** la piscina está cerrada hoy.

III *vt* [**baths, bathing, bathed**] bañar: **her grandfather is unable to bath himself** su abuelo no puede bañarse solo.

♦*vi* bañarse.

bathrobe *n* albornoz *m*, (*Amér L*) bata *f* de baño.

bathsalts *n pl* sales *f pl* de baño.

bathtub *n* (*US*) bañera *f*, (*Amér L*) tina *f*, (*Arg, Urug*) bañadera *f*.

bathe /beɪð/ **I** *vi* [**bathes, bathing, bathed**] **1.** (*to swim*) bañarse (*en el mar, etc.*): **children were bathing in the sea** los niños se estaban bañando en el mar. **2.** (*US: to have a bath*) bañarse (*en la bañera*).

♦*vt* lavar: **bathe the wound in warm water** lave la herida con agua tibia • **the garden was bathed in light** el jardín estaba inundado de luz.

II *n* baño *m* (*en el mar, etc.*).

bather /ˈbeɪðə/ *n* bañista *m/f*.

bathing /ˈbeɪðɪŋ/ *n*: **no bathing in the reservoir** prohibido bañarse en el embalse.

bathing cap *n* gorro *m* de baño.

bathroom /ˈbɑːθrʊm/ *n* **1.** (*room with bath*) (cuarto *m* de) baño *m*. **2.** (*US: toilet*) baño *m*.

baton /ˈbætən/ *n* (*Mus: used by conductor*) batuta *f*; (*used by policeman*) (cachi)porra *f*; (*in relay race*) testigo *m*.

batsman /ˈbætsmən/ *n* (*in cricket*) bateador -dora *m/f*.

battalion /bəˈtælɪən/ *n* batallón *m*.

batter /ˈbætə/ **I** *vt* [**batters, battering, battered**] apalear: **the police battered the door** *down* la policía tiró la puerta abajo a golpes.

♦*vi* golpear: **she was battering** *on* **the door** aporreaba la puerta; **the wind battered** *against* **the building** el viento azotaba el edificio.

II *n* **1.** (*for pancakes*) masa *f*; (*for fish, chicken, etc.*)

pasta *f* (para rebozar). **2.** (*in baseball*) bateador -dora *m/f*.

battered /ˈbætəd/ *adj* **1.** (*object*) estropeado -da: **they drive a battered old car** tienen un coche que se cae a pedazos. **2.** (*child, woman*) maltratado -da: **it's a centre for battered wives** es un centro de ayuda a mujeres víctimas de malos tratos. **3.** (*food*) rebozado -da.

battering /ˈbætərɪŋ/ *n* paliza *f*: **our car took a real battering on that trip** ¡qué paliza le dimos al coche en aquel viaje!

battering ram *n* ariete *m*.

battery /ˈbætərɪ/ *n* [**batteries**] **1.** (*to generate power: gen*) pila *f*; (*: for car*) batería *f*. **2.** (*Mil*) batería *f*. **3.** (*series*) serie *f*.

battery hen *n* gallina *f* de batería.

battle /ˈbætəl/ **I** *n* (*Mil*) batalla *f*: **he died** ***in*** **battle** murió en el campo de batalla; (*struggle*) lucha *f*: **there were three contenders in the battle** ***for*** **the championship** había tres contendientes en la lucha por el título • **we were fighting a losing battle against inflation** llevábamos todas las de perder en la lucha contra la inflación • **we're having a running battle with the gas company over a bill** estamos batallando con la compañía del gas a causa de un recibo • **if you've convinced the boss, that's half the battle** si has convencido al jefe, ya tienes medio camino andado • **this match is turning out to be a battle of wits** este partido está resultando ser una lucha de ingenio.

II *vi* [**battles, battling, battled**] luchar: **they battled** ***against*** **the elements** luchaban contra los elementos; **the two teams were battling** ***for*** **first place** los dos equipos luchaban por el primer puesto.

battlefield, battleground *n* campo *m* de batalla.

battleship *n* acorazado *m*.

battlements /ˈbætəlmənts/ *n pl* almenas *f pl*.

bauble /ˈbɔːbəl/ *n* (*gen*) baratija *f*; (*for Christmas tree*) adorno *m*.

baulk, balk /bɔːk/ *vi* [**baulks, baulking, baulked**]: **they wanted to renovate the building, but they baulked** ***at*** **the cost** querían renovar el edificio pero eran reacios a ∗ se resistían a hacer una inversión tan alta.

bawdy /ˈbɔːdɪ/ *adj* subido -da de tono.

bawl /bɔːl/ *vi* [**bawls, bawling, bawled**] (*to shout*) gritar, chillar: **there's no need to bawl** ***at*** **me!** ¡no hace falta que me grites!; (*to cry loudly*) llorar.

♦ *vt* gritar.

bay /beɪ/ **I** *n* **1.** (*on coast*) bahía *f*. **2.** (*in corridor*) entrante *m*; (*for parking*) plaza *f*: **do not obstruct the ambulance bay** no obstruya el acceso a las plazas reservadas para ambulancias • **he was holding** ∗ **keeping the dog at bay with a stick** mantenía el perro a distancia ∗ a raya con un palo. **3.** (*horse*) caballo *m* zaíno.

II *vi* [**bays, baying, bayed**] aullar.

bay leaf *n* hoja *f* de laurel.

Bay of Biscay *n* golfo *m* de Vizcaya.

bay window *n* ventana *f* salediza.

bayonet /ˈbeɪənet/ *n* bayoneta *f*.

bazaar /bəˈzɑː/ *n* (*market*) bazar *m* (*en Oriente*); (*fête*) venta *f* benéfica.

B & B /ˌbiːəndˈbiː/ *n* (*abreviatura de* **bed and breakfast**) *alojamiento con desayuno (a menudo en una casa particular)*.

BBC /biːbiːˈsiː/ *n* (*abreviatura de* **British Broadcasting Corporation**) BBC *f* (*cadena de radio y televisión británica*).

BC /biːˈsiː/ (*abreviatura de* **before Christ**) a. de C. ∗ a.C. (antes de Cristo): **in the fourth century BC** en el siglo IV a. de C.

to be	
PRESENTE	
En forma afirmativa	**En forma negativa**
I | am (’m)	I | am not (’m not)
he she | is it | (’s)	he | is not she | (isn’t) it | (’s not)
we you | are they | (’re)	we | are not you | (aren’t) they | (’re not)
En forma interrogativa afirmativa	**En forma interrogativa negativa**
am I	(aren’t) I
is | he she it	(isn’t) | he she it
are | we you they	(aren’t) | we you they
PRETÉRITO PERFECTO SIMPLE	
En forma afirmativa	**En forma negativa**
I he | was she it	I he | was not she | (wasn’t) it
we you | were they	we you | were not they | (weren’t)
En forma interrogativa afirmativa	**En forma interrogativa negativa**
was | I he she it	(wasn’t) | I he she it
were | we you they	(weren’t) | we you they
GERUNDIO	PARTICIPIO PASADO
being	been
(La forma entre paréntesis es la contracción)	

be /biː/ **I** *vi* [➪ tabla: be] **1.** (*expressing time*) ser: **it is** ∗ **it's three o'clock** son las tres; **it was exactly one o'clock** era la una en punto; **it's the fourth of April** es el cuatro de abril, estamos a cuatro de abril; **my birthday is on the ninth of January** mi cumpleaños es el nueve de enero. **2.** (*expressing location*) estar: **he**

isn't here * he's not here no está (aquí); **Florence is** *in* **Italy** Florencia está en Italia; **Chester is five miles** *from* **here** Chester está * queda a cinco millas de aquí; **your lunch is** *on* **the table** tu comida está en la mesa. **3.** (*used after* **have**: *visited*): **I've never been** *to* **Aberdeen** nunca he estado en Aberdeen; **have you been** *to* **Barcelona?** ¿has estado en Barcelona?; **she has been** *in* **France for three months** hace tres meses que está en Francia, lleva tres meses en Francia; (*: gone and come back*): **have you been to the shop already?** ¿has ido ya a la tienda?; (*: called*): **has the postman been?** ¿ha llegado el correo?, a **4.** (*relating to health*) estar: **how are you?** ¿cómo estás?; **her mother is ill** su madre está enferma. **5.** (*relating to age*) tener: **how old are you?** ¿cuántos años tienes?; **I'm thirty** tengo treinta años; **she's thirty-five today** cumple treinta y cinco años hoy. **6.** (*with hunger, thirst*) tener: **I'm hungry** tengo hambre; **they were very thirsty** tenían mucha sed; **are you cold?** ¿tienes frío? **7.** (*with feelings, emotions*): **she was furious** estaba furiosa; **he's not in love with her** no está enamorado de ella; **she was very afraid of her father** le tenía mucho miedo a su padre; **he's worried that they'll find out** tiene miedo de que se enteren. **8.** (*expressing origin*) ser: **it's** *from* **Scotland** es de Escocia; **is that a Michelangelo?** ¿es de Miguel Ángel? **9.** (*in descriptions: characteristics*) ser: **she's pale, with blonde hair** es pálida y rubia; **isn't he tall!** ¡qué alto es!; **he's a very cheerful person** es una persona muy alegre; **are you Mr Roberts?** ¿es usted el señor Roberts?; **it is a complex problem** el problema es complejo; **the concert was terrible** el concierto fue malísimo; **the party was great fun** la fiesta estuvo muy divertida; (*: nationality*): **she's English** es inglesa; (*: occupation*): **she's a surgeon** es cirujana; **she's a famous surgeon** es una famosa cirujana. **10.** (*indicating what something is made of*) ser de: **it's plastic** es de plástico. **11.** (*describing states*) estar: **this tea is cold** este té está frío; **careful, the water's hot** ¡cuidado! el agua está caliente; **the box was empty** la caja estaba vacía; **he's thinner than he was** está más delgado que antes; **I'm very tired** estoy muy cansada; **are you happy in Santiago?** ¿estás contento en Santiago?; **he's very cheerful today** está muy alegre hoy; **I hope you'll be very happy** que seas muy feliz; **if I were you, I'd apologize** yo que tú * yo en tu lugar, me disculparía. **12.** (*describing weather*): **it's hot/cold today** hace calor/frío hoy; **it's very windy** hace mucho viento. **13.** (*describing civil status: informally*) estar: **is she married?** ¿está casada?; **she's married to my cousin** está casada con mi primo; **her parents are divorced** sus padres están divorciados; (*: emphasizing legal status*) ser: **are you married or single?** ¿es usted casado o soltero?; **she's divorced** es divorciada. **14.** (*expressing value*): **how much is the black dress?** ¿cuánto cuesta el vestido negro?; **how much is it (altogether)?** ¿cuánto es (en total)?; **how much are the pears?** ¿a cuánto están las peras?, ¿cuánto cuestan las peras?; **pears are very cheap at the moment** las peras están muy baratas en este momento; **strawberries are very expensive out of season** las fresas son muy caras fuera de temporada. **15.** (*to exist*) haber: **there are a few good restaurants here** aquí hay algunos restaurantes buenos; **is there any chance of getting a ticket?** ¿hay alguna posibilidad de conseguir una entrada?; **are there any questions?** ¿hay alguna pregunta? • **be that as it may** sea como fuere • **if that's the way you want it, so be it** si así lo quieres, que así sea.

II *v aux* **1.** (*in continuous tenses*) estar: **what is he doing?** ¿qué está haciendo? * ¿qué hace?; **the children are playing** los niños están jugando; **he was writing a letter** estaba escribiendo una carta; (*referring to the future*): **she is coming tomorrow** viene * vendrá mañana; **are you going out tonight?** ¿sales * vas a salir esta noche? **2.** (*in passive mood*) [translations with ***ser*** are the least common in Spanish] ser: **the house was built in 1899** la casa se construyó en 1899, la casa fue construida en 1899; **she was accompanied by the ambassador** la acompañó el embajador, fue acompañada por el embajador; **it was written in the Middle Ages** se escribió en la Edad Media, fue escrito en la Edad Media; **my bed hasn't been made** no me han hecho la cama; **I was told that it was impossible** me dijeron que era imposible. **3.** (*expressing future prospect*): **they were to go on holiday the next day** al día siguiente se iban de vacaciones; **he was never to find out** nunca se enteraría. **4.** (*expressing obligation*) deber, tener que, haber de: **you are to do it immediately** debes hacerlo inmediatamente. **5.** (*expressing possibility, supposition*): **what are we to do?** ¿qué podemos hacer?; **what would he do if she were to leave him?** ¿qué haría si ella lo dejara? **6.** (*in question tags*): **it's Tuesday tomorrow, isn't it?** mañana es martes, ¿no?; **that was a good film, wasn't it?** fue una buena película, ¿verdad?; **they are French, aren't they?** son franceses, ¿no?

beach /biːtʃ/ *n* [**beaches**] playa *f*: **he spent the whole day** *on* **the beach** se pasó el día entero en la playa.

beacon /ˈbiːkən/ *n* (*fire*) almenara *f*; (*for aircraft*) aerofaro *m*.

bead /biːd/ *n* (*for necklace*) cuenta *f*, abalorio *m*; (*of liquid*) gota *f*: **there were beads of sweat on his forehead** tenía gotas de sudor en la frente.

beady /ˈbiːdɪ/ *adj*: **beady eyes** ojos pequeños, redondos y brillantes • **he had his beady eye on the cake** miraba el pastel con ojitos de goloso.

beak /biːk/ *n* pico *m*.

beaker /ˈbiːkə/ *n* (*in laboratory*) vaso *m* de precipitados; (*tumbler*) vaso *m* (alto).

beam /biːm/ **I** *n* **1.** (*in building*) viga *f*. **2.** (*of light*) rayo *m* • (*on car*) **he had the headlights on full * main beam** tenía puestas las luces largas. **3.** (*in gymnastics*) barra *f* fija. **4.** (*smile*) sonrisa *f* radiante.

II *vi* [**beams, beaming, beamed**] **1.** (*to smile*): **he stood there beaming** *at* **us** estaba allí mirándonos con una sonrisa radiante. **2.** (*to shine*) brillar, resplandecer.

♦ *vt* transmitir: **pictures of Mars were beamed to Earth** se transmitieron imágenes de Marte a la Tierra.

bean /biːn/ *n* **1.** (*pulse*) alubia *f*, judía *f*, (*Amér L*) frijol *m*, fríjol *m*, (*Arg, Chi, Urug*) poroto *m*; (*green bean*) judía *f* verde, (*Amér C, Méx*) ejote *m*, (*Arg, Urug*) chaucha *f*. **2.** (*of coffee, cocoa*) grano *m* • **she's always full of beans** siempre rebosa energía y vitalidad • **do you promise not to spill the beans?** ¿me prometes que no te irás de la lengua?

bear /beə/ **I** *n* (*animal*) oso *m*.

II *vt* [**bears, bearing, bore,** *participio pasado* **borne**] **1.** (*to carry*) portar, llevar: **nuclear fallout is borne by the wind** el viento es portador de lluvia radiactiva; **we were borne** *along* **by the crowd** fuimos arrastrados por la multitud; (*frml*) **he came bearing a message from the king** era portador de un mensaje del rey. **2.** (*to show*) llevar: **the gravestone bears the date 1650** la lápida lleva inscrita la fecha 1650; **her**

body bore the signs of a violent struggle en su cuerpo se apreciaban las huellas de una lucha violenta. **3.** (*resemblance, relation*) guardar, tener: **this version bears little relation to the original** esta versión guarda poca relación con el original; **our house doesn't bear comparison with theirs** nuestra casa no tiene ni punto de comparación con la suya; **the driver bore responsibility for the accident** el conductor fue el responsable del accidente. **4.** (*weight*) aguantar, resistir: **will the rope bear my weight?** ¿la cuerda aguantará ✻ resistirá mi peso? **5.** (*expenses*) correr con: **her father bore the expense of the wedding** su padre corrió con los gastos de la boda. **6.** (*to feel*): **he's always borne a grudge against me** siempre me ha guardado ✻ tenido rencor; (*frml*) **the ring was a token of the love he bore her** el anillo era una muestra del amor que le profesaba. **7.** (*frml*: *to give birth to*) dar a luz: **she bore twin daughters** dio a luz a dos niñas gemelas. **8.** (*to produce*) dar: **that cherry tree bears more fruit every year** el cerezo cada año da más fruta. **9.** (*to endure*) soportar: **he can't bear to be made fun of** no soporta que se burlen de él; **Derek can't bear the sight of blood** Derek no soporta ver sangre; **I can't bear his wife** a su mujer no la puedo ver • **her suffering doesn't bear thinking about** da horror sólo de pensar en lo que ha sufrido • **"Do you realize what could have happened?" "It doesn't even bear thinking about!"** "¿Te das cuenta de lo que podría haber pasado?" "¡No quiero ni pensarlo!"

♦ *vi* (*to turn*) torcer, girar: **bear right at the traffic lights** tuerza a la derecha en el semáforo; **bear south after you cross the river** después de cruzar el río vaya en dirección sur.

to **bear down** *vt*: **they were borne down by adversity** fueron derrotados por la adversidad.

to **bear down on** *vt*: **the French forwards bore down on the English defence** los delanteros franceses avanzaron hacia la defensa inglesa de forma amenazadora.

to **bear on** *vt*: **the rail strike will bear most heavily on commuters** la huelga de trenes afectará sobre todo a la gente que los usa para ir a trabajar.

to **bear out** *vt* corroborar, confirmar: **his story is borne out by the facts** los hechos corroboran ✻ confirman su historia; **I was back by ten, Karen will bear me out** volví antes de las diez, Karen es testigo.

to **bear up** *vi*: **he's bearing up well after his operation** ha resistido bien la operación.

to **bear with** *vt*: **bear with me while I get your file** tenga la bondad de esperar un momento mientras voy a buscar su expediente; **you'll have to bear with me - I'm new to the job** va a tener que tener paciencia conmigo, soy nuevo en este trabajo.

bearable /ˈbeərəbəl/ *adj* soportable.

beard /bɪəd/ *n* barba *f*: **does he have a beard?** ¿tiene barba?

bearer /ˈbeərə/ *n* (*gen*) portador -dora *m/f*: **he didn't want to be the bearer of bad news** no quería ser portador de malas noticias; (*of passport*) titular *m/f*.

bearing /ˈbeərɪŋ/ *n* **1.** (*of person*) porte *m*. **2.** (*direction*) orientación *f* • **we were unable to find ✻ get our bearings in the fog** no pudimos orientarnos por la niebla • **does this have any bearing on the problem?** ¿esto tiene alguna relación con el problema? **3.** (*in machine*) cojinete *m*.

beast /biːst/ *n* **1.** (*frml*: *animal*) bestia *f*. **2.** (*person*) bestia *f*, animal *m/f*.

beastly /ˈbiːstlɪ/ *adj* [**beastlier, beastliest**] (*man, weather*) asqueroso -sa, espantoso -sa.

beat /biːt/ **I** *vt* [**beats, beating, beat,** *participio pasado* **beaten**] **1.** (*in competition: an opponent*) ganarle a: **she always beats him** *at* **chess** siempre le gana jugando al ajedrez; (*: a record*) batir: **he beat the world record** batió el récord mundial; **we managed to beat the deadline** logramos terminar antes del plazo fijado • **you can't beat French cuisine** no hay nada como la cocina francesa • **it beats me why she likes him** no logro entender por qué le gusta • **beat it!** ¡lárgate! **2.** (*to hit*) pegarle a: **he used to beat his children** maltrataba ✻ les pegaba a sus hijos; (*drum*) tocar, batir: **he was beating time on the table** marcaba el compás golpeando la mesa. **3.** (*wings*) batir. **4.** (*to whisk*) batir: **beat the eggs with the sugar** bata los huevos con el azúcar.

♦ *vi* (*heart*) latir; (*wings*) batir; (*drums*) resonar.

II *n* **1.** (*of heart*) latido *m*; (*of music*) ritmo *m*; (*of drum*) redoble *m*. **2.** (*of police*) ronda *f*: **the two policemen were walking the beat** los dos policías hacían la ronda.

III *adj* (*fam*) agotado -da, molido -da.

to **beat down** *vi*: **the sun was beating down** *on* **our backs** el sol caía a plomo sobre nuestras espaldas; **the rain beat down** *on* **the roof** la lluvia caía con fuerza sobre el tejado.

♦ *vt* (*physically*): **they beat the door down** tiraron la puerta abajo; (*for lower price*): **see if you can beat them down a bit** a ver si logras que te rebajen el precio un poco.

to **beat off** *vt* rechazar: **she managed to beat her attacker off** consiguió rechazar a su agresor.

to **beat to** *vt*: **they beat us to the beach** llegaron a la playa antes que nosotros; **I was going to call her, but she beat me to it** iba a llamarla pero ella se me adelantó.

to **beat up** *vt* darle una paliza a: **she was badly beaten up** le dieron una tremenda paliza.

beaten /ˈbiːtən/ *participio pasado de* ⇨ beat

beating /ˈbiːtɪŋ/ *n* **1.** (*of person*) paliza *f*: **they gave our team a beating** le dieron una paliza a nuestro equipo • **his first film takes some beating** su primera película es difícil de superar. **2.** (*of heart*) latido *m*; (*of drum*) redoble *m*.

beautician /bjuːˈtɪʃən/ *n* esteticista *m/f*.

beautiful /ˈbjuːtəfʊl/ *adj* (*house, outfit*) precioso -sa: **it was a beautiful wedding** fue una boda preciosa; **what a beautiful day!** ¡qué día más hermoso!; (*child, woman*) hermoso -sa, guapísimo -ma: **she's one of the most beautiful women in the world** es una de las mujeres más bellas ✻ hermosas del mundo; (*hair, eyes*) precioso -sa: **she has a beautiful smile** tiene una sonrisa preciosa.

beautifully /ˈbjuːtəfʊlɪ/ *adv* maravillosamente: **the food was beautifully presented** la presentación de la comida era excelente; **he was wearing a beautifully made suit** llevaba un traje de excelente confección.

beautify /ˈbjuːtɪfaɪ/ *vt* [**beautifies, beautifying, beautified**] embellecer.

beauty /ˈbjuːtɪ/ *n* [**beauties**] **1.** (*quality*) belleza *f*, hermosura *f*: **the island is famed for its beauty** la isla es famosa por su belleza • **it's very easy to use - that's the beauty of it** es muy fácil de usar, eso es lo bueno que tiene. **2.** (*woman*) belleza *f*, beldad *f*: **she was considered a beauty** se la consideraba una belleza • **that bruise is a beauty!** ¡ese moretón es de antología!

beauty contest *n* concurso *m* de belleza.
beauty salon *n* salón *m* de belleza.
beauty spot *n* **1.** (*place*) lugar *m* pintoresco. **2.** (*on body*) lunar *m*.

beaver /'bi:və/ *n* castor *m*.
to **beaver away** *vi* [**beavers, beavering, beavered**] trabajar concienzudamente.

became /bɪ'keɪm/ *pretérito de* ➪ become

because /bɪ'kɒz/ **I** *conj* porque: **I couldn't get in because I'd lost my key** no podía entrar porque había perdido la llave.
II because of *prep* debido a, a causa de: **he couldn't play because of his injury** no pudo jugar debido a su lesión; **they didn't split up because of the children** no se separaron por los niños.

beck /bek/ *n* ● **I don't see why I should be at their beck and call** no veo por qué tengo que estar siempre a su disposición.

beckon /'bekən/ *vt/i* [**beckons, beckoning, beckoned**]: **he beckoned** *(to)* **me to come in** me hizo señas para que entrara.

become /bɪ'kʌm/ *vi* [**becomes, becoming, became,** *participio pasado* **become**] **1.** (*followed by a noun*) hacerse: **he became a journalist** se hizo periodista; **she later became leader of the party** más tarde llegó a ser líder del partido; (*involuntarily*) convertirse en: **he became the most hated man in the country** se convirtió en el hombre más detestado del país. **2.** (*used with an adjective*) [often translated by a reflexive verb in Spanish] ponerse: **she became very angry** se puso furiosa; **they became rich overnight** se enriquecieron de la noche a la mañana.
♦ *vt* (*frml*: *colours, clothes*) favorecer: **sarcasm does not become you** el sarcasmo es impropio de ti.
to **become of** *vt*: **I wonder what became of him** me pregunto qué habrá sido de él.

becoming /bɪ'kʌmɪŋ/ *adj* favorecedor -dora.

bed /bed/ *n* **1.** (*for sleeping*) cama *f*: **she's still in bed** todavía está en la cama; **he was in bed for two months** estuvo dos meses en cama; **she went to bed early** se acostó temprano; **he got me out of bed at three in the morning** me hizo levantar a las tres de la madrugada; **time for bed!** ¡a la cama!; **have you made the bed?** ¿has hecho la cama?; **he put the children to bed** acostó a los niños ● **life is not a bed of roses** la vida no es un lecho de rosas ● **she got out of the wrong side of bed this morning** se ha levantado con el pie izquierdo esta mañana. **2.** (*of river*) lecho *m*; (*of sea*) fondo *m*. **3.** (*layer*) capa *f*. **4.** (*in garden*) macizo *m*.
to **bed down** *vi* [**beds, bedding, bedded**] acostarse.
bed and breakfast *n*: *alojamiento con desayuno (a menudo en una casa particular).*
bedbug *n* chinche *f*.
bedclothes *n pl* ropa *f* de cama.
bedpan *n* (*Med*) cuña *f*.
bedridden *adj* postrado -da en cama.
bedrock *n* (*Geol*) lecho *m* de roca: **these principles form the bedrock of our society** estos principios constituyen los cimientos de nuestra sociedad.
bedsit, bedsitter *n*: *vivienda que consiste en una habitación que hace las veces de dormitorio y sala de estar, y en la que la cocina y el cuarto de baño suelen ser compartidos.*
bedspread *n* colcha *f*, cubrecama *m*.
bedtime *n* hora *f* de acostarse: **it's past my bedtime** a estas horas normalmente estoy en la cama.

bedding /'bedɪŋ/ *n* ropa *f* de cama.

bedlam /'bedləm/ *n* alboroto *m*, confusión *f*: **it was complete bedlam in the office** la oficina era un caos.

bedraggled /bɪ'drægəld/ *adj* (*appearance*) desaliñado -da; (*hair*) enmarañado -da.

bedroom /'bedrʊm/ *n* dormitorio *m*, habitación *f*.

bedside /'bedsaɪd/ *n*: **he was** *at* **her bedside throughout her illness** permaneció junto a su cama durante toda su enfermedad.
bedside manner *n*: **she has a very good bedside manner** sabe tratar a sus pacientes.
bedside table *n* mesilla *f* de noche.

bee /bi:/ *n* abeja *f* ● **she has a bee in her bonnet about keeping the doors closed** tiene fijación con que hay que tener las puertas cerradas.
bee-eater *n* abejaruco *m*.
beehive *n* colmena *f*.
beekeeper *n* apicultor -tora *m/f*.
beekeeping *n* apicultura *f*.
beeline *n* ● **as soon as he arrived he made a beeline for the bar** en cuanto llegó, se fue derecho a la barra.

beech /bi:tʃ/ *n* [**beeches**] haya *f*.

beef /bi:f/ *n* (carne *f* de) ternera *f*.
to **beef up** *vt* [**beefs, beefing, beefed**] (*fam*) reforzar.
beefburger *n* hamburguesa *f*.
beefsteak *n* bistec *m*.

beefy /'bi:fɪ/ *adj* [**beefier, beefiest**] (*fam*) fornido -da.

been /bi:n/ *participio pasado de* ➪ be

beer /bɪə/ *n* cerveza *f*.
beer belly *n* (*fam*): **he's got a huge beer belly** tiene mucha barriga de beber cerveza.

beery /'bɪərɪ/ *adj* (*smell*) que huele a cerveza.

beeswax /'bi:zwæks/ *n* cera *f* de abeja.

beet /bi:t/ *n* **1.** (*sugar beet*) remolacha *f* azucarera. **2.** (*US*: *beetroot*) remolacha *f*.

beetle /'bi:təl/ *n* escarabajo *m*.

beetroot /'bi:tru:t/ *n* [**beetroot * beetroots**] remolacha *f*: **she went as red as a beetroot** se puso como un tomate.

befall /bɪ'fɔ:l/ *vi* [**befalls, befalling, befell,** *participio pasado* **befallen**] (*frml*) acontecer.

befallen /bɪ'fɔ:lən/ *participio pasado de* ➪ befall

befell /bɪ'fel/ *pretérito de* ➪ befall

befit /bɪ'fɪt/ *vt* [**befits, befitting, befitted**] (*frml*) convenir a, corresponder a: **it's time he behaved** *as* **befits a future monarch** es hora de que se comporte como corresponde a un futuro rey.

before /bɪ'fɔ:/ **I** *prep* **1.** (*previous to*) antes de: **we saw him before the party** lo vimos antes de la fiesta; **I never eat anything before swimming** nunca como nada antes de bañarme; (*with a clause, or when a clause is understood*) antes que: **they arrived before me * before I did** llegaron antes que yo; **my train arrived before his** mi tren llegó antes que el suyo; (*with* ***last*** *or* ***yesterday***): **the month before last** hace dos meses; **the Saturday before last** hace dos sábados; **the day before yesterday** anteayer. **2.** (*frml*: *in front of*) ante: **he apologized before the committee** pidió disculpas ante el comité; **put others before yourself for a change** en lugar de pensar en ti, piensa en los demás para variar.
II *conj* (*when the subject in both clauses is the same*) antes de [with the infinitive]: **he wrote to us before he died** nos escribió antes de morir; (*when the subject is different*) antes de que [with the subjunctive]: **I'll call her before she goes out** la voy a llamar antes de que salga.
III *adv* antes: **sorry, I couldn't hear you before**

perdona, antes no te oía; **had you seen it before?** ¿ya lo habías visto?; **it was a complete failure the time before** la vez anterior fue un fracaso total.

beforehand /bɪ'fɔ:hænd/ *adv* de antemano, antes: **prepare the questions beforehand** prepara las preguntas de antemano.

befriend /bɪ'frend/ *vt* [**befriends, befriending, befriended**] (*frml*) hacerse amigo de.

befuddled /bɪ'fʌdəld/ *adj* aturdido -da.

beg /beg/ *vi* [**begs, begging, begged**] **1.** (*person*) pedir limosna, mendigar ● **this last sandwich is going begging** ¿quién quiere el bocadillo que queda? **2.** (*dog*) *levantar las patas delanteras.*
♦*vt* **1.** (*for money*) pedir. **2.** (*for assistance, cooperation*) rogar, suplicar: **he begged them to forgive him** les rogó que lo perdonaran. **3.** (*for mercy*) implorar.

began /bɪ'gæn/ *pretérito de* ➪ begin

beggar /'begə/ *n* mendigo -ga *m/f*, pordiosero -ra *m/f* ● **beggars can't be choosers** a falta de pan, buenas son tortas.

begin /bɪ'gɪn/ *vt/i* [**begins, beginning, began,** *participio pasado* **begun**] empezar, comenzar: **it began to snow** empezó a nevar; **please read the textbook, beginning** *at* ✱*from* **chapter two** empiece a leer en el capítulo segundo del libro de texto ● **to begin with only two families lived here** al principio sólo dos familias vivían aquí ● **to begin with, we've got no money** para empezar, no tenemos dinero ● **I can't begin to describe it** no encuentro palabras para describirlo.

beginner /bɪ'gɪnə/ *n* principiante -ta *m/f*.

beginning /bɪ'gɪnɪŋ/ *n* principio *m*, comienzo *m*: **we were doubtful (right)** *from* **the beginning** tuvimos dudas desde el principio; *at* **the beginning of October** a principios de octubre; *in* **the beginning they were very kind to us** al principio fueron muy buenos con nosotros.

begonia /bɪ'gəʊnjə/ *n* begonia *f*.

begrudge /bɪ'grʌdʒ/ *vt* [**begrudges, begrudging, begrudged**] **1.** (*to envy*) envidiar: **she begrudged him his success** le envidiaba su éxito. **2.** (*to concede unwillingly*): **he begrudged paying for a service he had once received for nothing** le molestaba ✱ le dolía tener que pagar un servicio que antes había recibido gratuitamente; **I don't begrudge you the cost of the trip** no me importa lo que cuesta el viaje.

begrudgingly /bɪ'grʌdʒɪŋlɪ/ *adv* de mala gana.

beguiling /bɪ'gaɪlɪŋ/ *adj* (*thought, smile*) seductor -tora; (*flattery*) engañoso -sa.

begun /bɪ'gʌn/ *participio pasado de* ➪ begin

behalf /bɪ'hɑ:f/ *n* (*GB*) **on behalf of,** (*US*) **in behalf of**: **I speak** *on* **behalf of the whole family** hablo en nombre de toda la familia; **thank them** *on* **our behalf** deles las gracias de nuestra parte.

behave /bɪ'heɪv/ *vi* [**behaves, behaving, behaved**] **1.** (*to act: gen*) actuar: **he's been behaving very oddly** ha estado actuando de una manera muy extraña; (*: children*) portarse: **the children behaved dreadfully** los niños se portaron terriblemente mal. **2.** (*child: to be good*) comportarse: **that child doesn't know how to behave** ese niño no sabe comportarse. **3.** (*machinery*) funcionar.
♦*vt*: **did you behave yourself?** ¿te has portado bien?

behaviour, (*US*) **behavior** /bɪ'heɪvjə/ *n* **1.** (*of person*) comportamiento *m*, conducta *f*: **they were all** *on* **their best behaviour** se portaron todos estupendamente. **2.** (*of car, machine*) funcionamiento *m*.

behead /bɪ'hed/ *vt* [**beheads, beheading, beheaded**] decapitar.

beheld /bɪ'held/ *pretérito y participio pasado de* ➪ behold

behind /bɪ'haɪnd/ **I** *prep* **1.** (*to the rear of*) detrás de: **it's behind the bookcase** está detrás de la estantería; **he left utter chaos behind him** dejó tras él una situación caótica ● **all her friends were behind her** todos sus amigos la apoyaban ● **I'd like to know who's behind all this** me gustaría saber quién está detrás de todo esto. **2.** (*inferior to*): **their output is behind ours** su nivel de producción está por debajo del nuestro. **3.** (*after*): **my watch is still three hours behind British time** mi reloj aún lleva tres horas de retraso con respecto a la hora británica.
II *adv* **1.** (*at the rear*) detrás: **there's another bus coming behind** viene otro autobús detrás; **the other runners fell behind** los otros corredores se quedaron atrás. **2.** (*in previous location*): **he left his passport behind in the taxi** se dejó el pasaporte en el taxi; **there's no room for me in the car, I'll stay behind** no quepo en el coche, yo me quedo aquí. **3.** (*late*): **I'm behind** *with* **marking the exams** voy muy atrasado con la corrección de los exámenes.
III *n* (*fam*) trasero *m*.

behold /bɪ'həʊld/ *vt* [**beholds, beholding, beheld**] (*frml*) contemplar.

beige /beɪʒ/ **I** *adj* beige *adj inv*: **two beige shirts** dos camisas de color beige.
II *n* beige *m*.

Beijing /beɪ'dʒɪŋ/ *n* Pekín *m*.

being /'bi:ɪŋ/ *n* **1.** (*living thing*) ser *m*: **a living being** un ser vivo. **2.** (*existence*) existencia *f*: **this word came into being in the thirties** esta palabra nació ✱ apareció en los años treinta.

belated /bɪ'leɪtɪd/ *adj* tardío -día.

belatedly /bɪ'leɪtɪdlɪ/ *adv* tardíamente, con retraso.

belch /beltʃ/ **I** *vi* [**belches, belching, belched**] eructar.
♦*vt* (*también* **belch out**) (*smoke, fumes*) arrojar, echar.
II *n* [**belches**] eructo *m*.

belfry /'belfrɪ/ *n* [**belfries**] campanario *m*.

Belgian /'beldʒən/ *adj, n* belga *adj, m/f*.

Belgium /'beldʒəm/ *n* Bélgica *f*.

belie /bɪ'laɪ/ *vt* [**belies, belying, belied**] (*frml*): **her smile belied her true feelings** su sonrisa no dejaba traslucir sus verdaderos sentimientos.

belief /bɪ'li:f/ *n* creencia *f*, fe *f*: **it shook my belief** *in* **his impartiality** me hizo dudar de su imparcialidad ● **this is beyond belief** esto es increíble.

believable /bɪ'li:vəbəl/ *adj* creíble, verosímil.

believe /bɪ'li:v/ *vt* [**believes, believing, believed**] (*to accept, think*) creer: **do you believe me?** ¿me crees?; **do you believe it?** ¿lo crees?; **do you really believe (that) they'll come?** ¿de verdad crees que van a venir?; **I can't believe what he says** no me creo lo que dice; **I believe they are very rich** creo que son muy ricos ● **there's nothing wrong with him, believe (you) me** no le pasa nada, créeme ● **the children make believe this cupboard is a cave** los niños se imaginan que este armario es una cueva.
to **believe in** *vt* **1.** (*to accept*): **he believes in telepathy** cree en la telepatía. **2.** (*to favour*) ser partidario -ria de: **she doesn't believe** *in* **working on Sundays** no es partidaria de trabajar los domingos.

believer /bɪ'li:və/ *n* **1.** (*Relig*) creyente *m/f*. **2.** (*supporter*) partidario -ria *m/f*: **I'm a great believer** *in* **natural medicine** soy muy partidario de la medicina natural.

belittle /bɪˈlɪtəl/ *vt* [**belittles, belittling, belittled**] despreciar, minimizar.

Belize /beˈliːz/ *n* Belice *m*.

Belizean /beˈliːzɪən/ *adj, n* beliceño -ña *adj, m/f*.

bell /bel/ *n* **1.** (*gen*) campana *f*; (*hand-held*) campanilla *f* • **that name rings a bell** ese nombre me suena. **2.** (*electric, of telephone, bicycle*) timbre *m*: **the bell went for the end of the lesson** sonó el timbre indicando el final de la clase.

bell tower *n* campanario *m*.

belligerent /bɪˈlɪdʒərənt/ *adj* (*person*) agresivo -va; (*country*) beligerante.

bellow /ˈbeləʊ/ **I** *vi* [**bellows, bellowing, bellowed**] (*person*) rugir, bramar; (*animal*) bramar.
II *n* (*of person*) rugido *m*, bramido *m*; (*of animal*) bramido *m*.
III bellows *n pl* fuelle *m*.

belly /ˈbelɪ/ *n* [**bellies**] **1.** (*of person*) vientre *m*, barriga *f*; (*fam*: *of fat person*) barriga *f*, panza *f*. **2.** (*of animal*) panza *f*.

bellyache I *n* (*fam*) dolor *m* de tripa * de barriga.
II *vi* [**bellyaches, bellyaching, bellyached**] (*fam*) quejarse: **I wish he'd stop bellyaching** *about* **his parents** ya podía dejar de quejarse de sus padres.

belly button *n* (*fam*) ombligo *m*.

belly flop *n* panzada *f*, planchazo *m*.

belong /bɪˈlɒŋ/ *vi* [**belongs, belonging, belonged**] **1.** (*object*): **these scissors belong** *in* **the kitchen** estas tijeras son de la cocina; **leave my books where they belong** deja mis libros en su sitio. **2.** (*person*): **he never really belonged in the village** nunca se integró en el pueblo. **3. belong to** (*object*) pertenecer: **that shirt belongs to me** esa camisa es mía; **who does this umbrella belong to?** ¿de quién es este paraguas?; (*club, society*) ser socio de; (*political party*) estar afiliado a.

belongings /bɪˈlɒŋɪŋz/ *n pl* pertenencias *f pl*: **personal belongings** efectos personales.

beloved /bɪˈlʌvɪd/ *adj, n* amado -da *adj, m/f*.

below /bɪˈləʊ/ **I** *prep* **1.** (*underneath*) debajo de: **they rented the flat below ours** alquilaron el piso de debajo del nuestro; **fifteen metres below street level** quince metros por debajo del nivel de la calle. **2.** (*less than*) inferior a: **they're selling it (at) below cost price** lo venden a un precio inferior al de coste; **five degrees below zero** cinco grados bajo cero; **pollution levels here are below the national average** aquí, el nivel de contaminación está por debajo de la media nacional.
II *adv* **1.** (*underneath*) abajo: **I heard voices below in the street** oí voces abajo en la calle; **there's been a fire in the storey below** ha habido un incendio en el piso de abajo. **2.** (*later in the text*) más abajo: **see point five below** véase el punto cinco más abajo.

belt /belt/ **I** *n* **1.** (*Clothing*) cinturón *m*: **you haven't fastened your belt** no te has abrochado el cinturón • **he had to tighten his belt when he lost his job** tuvo que apretarse el cinturón cuando perdió el trabajo. **2.** (*in machinery*) correa *f*, cinta *f*. **3.** (*area of land*) zona *f*: **a green belt** una zona verde; **an industrial belt** un cinturón industrial.
II *vt* [**belts, belting, belted**] **1.** (*to surround*) ceñir, rodear: **the village is belted by woodland** el pueblo está rodeado de bosques. **2.** (*fam*: *to hit*): **he belted him** *on* **the nose** le dio un golpe en la nariz.

to **belt along** *vt/i* (*fam*): **he was belting along (the road)** iba a todo gas (por la carretera).

to **belt out** *vt* (*fam*): **they were belting out a Christmas carol** cantaban un villancico a voz en grito.

to **belt up** *vi* (*GB*: *fam*) cerrar el pico: **belt up!** ¡cierra el pico!

beltway *n* (*US*) (carretera *f* de) circunvalación *f*.

bemoan /bɪˈməʊn/ *vt* [**bemoans, bemoaning, bemoaned**] (*frml*) lamentar.

bemused /bɪˈmjuːzd/ *adj* perplejo -ja, confuso -sa.

bench /bentʃ/ *n* [**benches**] **1.** (*gen*) banco *m*: **they sat on a park bench** se sentaron en un banco del parque; **a carpenter's bench** un banco de carpintero. **2.** (*in parliament*) escaño *m*. **3. the Bench** (*GB*: *Law*) tribunal *m*, magistratura *f*: **he was brought** *before* **the Bench** lo llevaron a los tribunales.

bend /bend/ **I** *n* **1.** (*in road, river*) curva *f*; (*in pipe*) codo *m*, ángulo *m* • **he's gone round the bend** se ha vuelto majara • **she drives me round the bend** me pone mal de los nervios. **2. the bends** el aeroembolismo.
II *vt* [**bends, bending, bent**] doblar: **don't bend the envelope** no dobles el sobre; **bend your knees** dobla las rodillas; **he bent his head** *forward* inclinó la cabeza hacia adelante; **you've bent my umbrella** me has torcido el paraguas.
♦ *vi* **1.** (*road*) torcer(se), desviarse; (*river, metal*) curvarse: **the shelf bent under the weight of the books** el estante se combó con el peso de los libros. **2.** (*person*) inclinarse: **I bent to examine the flower** me incliné para examinar la flor.

to **bend down** *vi* doblarse, agacharse.

to **bend over** *vi* inclinarse • **he has bent over backwards to help you** ha hecho todo lo posible para ayudarte.

beneath /bɪˈniːθ/ **I** *prep* **1.** (*unworthy of*): **begging would be beneath him** mendigar sería indigno de él. **2.** (*frml*: *underneath*) bajo, debajo de.
II *adv* (*frml*) abajo.

benefactor /ˈbenɪfæktə/ *n* benefactor -tora *m/f*.

benefactress /ˈbenɪfæktrəs/ *n* [**benefactresses**] bienhechora *f*, benefactora *f*.

beneficent /bɪˈnefɪsənt/ *adj* (*frml*) generoso -sa.

beneficial /ˌbenɪˈfɪʃəl/ *adj* beneficioso -sa: **the sea air proved beneficial** *to* **his health** el aire del mar fue beneficioso para su salud.

beneficiary /ˌbenɪˈfɪʃərɪ/ *n* [**beneficiaries**] beneficiario -ria *m/f*.

benefit /ˈbenɪfɪt/ **I** *n* **1.** (*advantage*) ventaja *f*: **computers have brought us countless benefits** los ordenadores nos han supuesto un sinfín de ventajas; **he never had the benefit** *of* **a stable family atmosphere** nunca tuvo la ventaja de un ambiente familiar estable. **2.** (*gain*) beneficio *m*: **we only did it** *for* **your benefit** sólo lo hicimos por tu bien • **we'll give him the benefit of the doubt** le daremos el beneficio de la duda. **3.** (*financial allowance*) prestación *f* (social), subsidio *m*: **the government pays out millions in benefits** el gobierno paga millones en prestaciones sociales.
II *vt* [**benefits, benefiting, benefited**] beneficiar.
♦ *vi* beneficiar(se), sacar provecho: **he benefited little** *by* * *from* **my advice** sacó poco provecho de mi consejo.

benefit match *n* (*Sport*) partido *m* benéfico.

benefit society *n* (*US*) mutua *f*.

benevolence /bɪˈnevələns/ *n* benevolencia *f*.

benevolent /bɪˈnevələnt/ *adj* benévolo -la.

benevolently /bɪˈnevələntlɪ/ *adv* benévolamente.

benign /bɪˈnaɪn/ *adj* (*tumour*) benigno -na; (*disposition*) bondadoso -sa.

benignly /bɪˈnaɪnlɪ/ *adv* bondadosamente.

bent /bent/ **I** *pretérito y participio pasado de* ➪ bend

II *adj* **1.** (*twisted*) doblado -da, torcido -da. **2.** (*intent*) decidido -da, empeñado -da: **she's bent** *on* **winning the race** está empeñada en ganar la carrera. **3.** (*GB: fam, dishonest*) deshonesto -ta: **a bent judge** un juez corrupto.

III *n* inclinación *f*: **he has a bent** *for* **maths** tiene facilidad para las matemáticas.

bequeath /bɪˈkwiːð/ *vt* [**bequeaths, bequeathing, bequeathed**] (*frml*) legar: **she bequeathed her violin** *to* **her best pupil** legó su violín a su mejor alumno.

bequest /bɪˈkwest/ *n* legado *m*.

bereaved /bɪˈriːvd/ **I** *adj* (*frml*): **our thoughts are with those who are recently bereaved** nuestros pensamientos están con aquéllos que han perdido recientemente a un ser querido.

II the bereaved *n pl* las personas que han perdido a un ser querido: **the priest went to comfort the bereaved** el sacerdote fue a consolar a los deudos.

bereavement /bɪˈriːvmənt/ *n* (*frml*) pérdida *f* (de un ser querido).

bereft /bɪˈreft/ *adj* (*frml*) privado -da, despojado -da: **he was bereft** *of* **hope** no le quedaba ninguna esperanza.

beret /ˈbereɪ/ *n* boina *f*.

Berlin /bɜːˈlɪn/ *n* Berlín *m*.

Berlin Wall *n*: **the Berlin Wall** el Muro de Berlín.

berm /ˈbərm/ *n* (*US*) arcén *m*.

Bermuda /bɜːˈmjuːdə/ *n* las (islas) Bermudas.

Bermuda shorts *n pl* bermudas *f pl*.

bermudas /bɜːˈmjuːdəz/ *n pl* bermudas *f pl*.

berry /ˈberɪ/ *n* [**berries**] baya *f*.

berserk /bəˈzɜːk/ *adj* enloquecido -da: **he went berserk and shot his wife** se volvió loco y le pegó un tiro a su esposa.

berth /bɜːθ/ **I** *n* **1.** (*on train, ship*) litera *f*. **2.** (*dock space: for ship*) amarradero *m*; (*: for small vessel*) atracadero *m* • **he was still angry, so I gave him a wide berth** seguía enfadado, así que me mantuve lejos de él.

II *vi* [**berths, berthing, berthed**] atracar.

♦ *vt* amarrar, atracar.

beseech /bɪˈsiːtʃ/ *vt* [**beseeches, beseeching, beseeched * besought**] (*frml*) suplicar.

beset /bɪˈset/ *vt* [**besets, besetting, beset**] (*frml*) acosar, asaltar: **I was beset** *by* **irrational fears** me asaltaban temores irracionales; **his career was beset** *with* **obstacles** su carrera estuvo plagada de obstáculos.

beside /bɪˈsaɪd/ *prep* **1.** (*alongside*) junto a: **his boots are beside mine** sus botas están junto a las mías • **she's beside herself (with rage)** está fuera de sí • **he was beside himself with happiness * joy** no cabía en sí de gozo. **2.** (*compared to*) comparado con: **beside you, he looks like a midget** comparado contigo, parece un enano; **her work is so neat beside yours** su trabajo es tan esmerado comparado con el tuyo.

besides /bɪˈsaɪdz/ **I** *adv* además: **I don't feel like going and besides, I've no money** no me apetece ir y además, no tengo dinero.

II *prep* **1.** (*as well as*) además de: **besides being ugly, he's a lousy actor** además de ser feo, es un actor malísimo. **2.** (*except*) aparte de, excepto: **nobody was in besides your parents** no había nadie más, aparte de tus padres.

besiege /bɪˈsiːdʒ/ *vt* [**besieges, besieging, besieged**] sitiar, asediar: **the team was besieged** *by* **thousands of fans** miles de hinchas asediaron al equipo; **we've been besieged** *with * by* **requests** nos han llovido las solicitudes.

besotted /bɪˈsɒtɪd/ *adj*: **she's besotted** *with* **him** está loca por él; **they're besotted** *with* **each other** están locamente enamorados; **he's besotted** *with* **the idea of going to Malaysia** se le ha metido en la cabeza la idea de irse a Malasia.

besought /bɪˈsɔːt/ *pretérito y participio pasado de* ➪ beseech

best /best/ **I** *adj* [*superlativo de* ***good***] mejor: **she's the best swimmer in the team** es la mejor nadadora del equipo; **it's one of the best wines on the market** es uno de los mejores vinos en el mercado; **the best thing would be to take no notice of him** lo mejor sería no hacerle caso.

II *adv* [*superlativo de* ***well***] mejor: **she knows him best** ella es la que mejor lo conoce; **of all the seasons I like summer best** el verano es la estación que más me gusta de todas.

III *n* **1.** (*situation, thing*): **this is the best when it comes to removing stains** esto es lo mejor para quitar manchas; **a draw is the best we can hope for** lo máximo a lo que podemos aspirar es a empatar • **I'm afraid that's the best I can do** me temo que eso es todo lo que puedo hacer • **I did my (level) best to find them** hice todo lo posible por encontrarlos • **I'll do my best to be back by six** haré lo posible para volver antes de las seis • **at best, he may live another six months** le quedan seis meses de vida, como máximo • **they made the best of a bad job** pusieron al mal tiempo buena cara • **they are the best of friends** son muy buenos amigos • **I suppose it was for the best** supongo que fue lo mejor que pudo pasar • **we'll have to make the best of it** tendremos que conformarnos • **so long, all the best** hasta luego, que te vaya bien. **2.** (*person*) el/la mejor: **she's the best in her field** es la mejor en su campo (de trabajo) • **he was looking his best last night** anoche estaba más guapo que nunca • **she's not exactly at her best today** hoy no es su mejor día que digamos.

best man *n amigo o pariente que acompaña al novio durante la ceremonia de boda.*

best seller *n* éxito *m* de ventas, best-seller *m*.

best-selling *adj*: **he's a best-selling author** todos sus libros son éxitos de ventas; **she's the author of a number of best-selling novels** ha escrito varias novelas que han sido grandes éxitos de ventas.

bestial /ˈbestɪəl/ *adj* bestial.

bestiality /bestɪˈælətɪ/ *n* bestialidad *f*.

bestow /bɪˈstəʊ/ *vt* [**bestows, bestowing, bestowed**] (*frml*) conceder, dispensar: **many privileges were bestowed** *on * upon* **us** se nos concedieron muchos privilegios.

bestowal /bɪˈstəʊəl/ *n* (*frml*) concesión *f*.

bet /bet/ **I** *vt/i* [**bets, betting, bet * betted**] apostar: **he bet** *on* **the horse that came in last** apostó al caballo que llegó el último; **she bet me ten pounds (that) it would rain** me apostó diez libras a que llovería • **I bet you don't remember her name** seguro que no te acuerdas de su nombre • **"Are you coming with us?" "You bet!"** "¿Vienes con nosotros?" "¡Ya lo creo!"

II *n* apuesta *f*: **make * lay your bets** hagan sus apuestas • **your best bet would be to wait for him here** lo mejor que podrías hacer es esperarlo aquí.

Bethlehem /ˈbeθlɪhem/ *n* Belén *m*.

betray /bɪˈtreɪ/ *vt* [**betrays, betraying, betrayed**] **1.** (*a country, cause*) traicionar: **he betrayed his comrades** *to* **the enemy** vendió a sus camaradas al enemigo. **2.** (*to be disloyal*) engañar. **3.** (*to reveal*) revelar, delatar: **someone has betrayed our strategy** *to* **the opposition** alguien ha revelado nuestra estrategia a la oposición; **her face betrayed her tiredness** su cara delataba cansancio.

betrayal /bɪˈtreɪəl/ *n* **1.** (*of country, cause*) traición *f.* **2.** (*disloyalty*) engaño *m.* **3.** (*of information*) revelación *f.*

better /ˈbetə/ **I** *adj [comparativo de* ***good****]* mejor: **this film is better** *than* **the one I saw last night** esta película es mejor que la que vi anoche; **are you better today?** ¿estás ✻ te encuentras mejor hoy?

II *adv [comparativo de* ***well****]* **1.** (*gen*) mejor: **you drive better** *than* **he does** tú conduces mejor que él; **I'm feeling much better** me siento mucho mejor; **I like this one better** me gusta más éste • **I thought he would have known better** lo creía más listo que todo eso • **he was going to kill himself, but thought better of it** iba a suicidarse, pero se lo pensó mejor. **2.** (*after* ***had***): **you had better wait till tomorrow** más vale que esperes hasta mañana; **we'd better not ring now in case she's gone to bed** será mejor que no llamemos ahora por si se ha ido a la cama.

III *vt* [**betters, bettering, bettered**] **1.** (*to improve*) mejorar. **2.** (*to do better than*) superar.

IV *n*: **which is the better of the two makes?** ¿cuál de las dos marcas es la mejor?; **has there been any change for the better?** ¿ha habido alguna mejoría? • **don't let him get the better of you** no te dejes ganar por él.

better off *adj* **1.** (*financially*): **he's better off than his parents** tiene más dinero que sus padres. **2.** (*in a better situation*): **she'd be better off buying a smaller house** sería mejor que comprara una casa más pequeña.

betting shop /ˈbetɪŋ ʃɒp/ *n* (*GB*) agencia *f* de apuestas.

between /bɪˈtwi:n/ **I** *prep* entre: **he squeezed between the bars** se deslizó entre los barrotes; **we bought it between the four of us** lo compramos entre los cuatro; **it's a boring journey between here and London** el viaje de aquí a Londres es aburrido; **they work between nine and five** trabajan de nueve a cinco; **there are twelve years between them** se llevan doce años • **between you and me, they both taste the same** entre nosotros, los dos saben igual • **he studies (in) between classes** estudia entre clase y clase.

II *adv* (*también* **in between**) entre medio: **she has classes at two and four, but nothing in between** tiene clases a las dos y a las cuatro, pero nada entre medio; **the train stops at Milton and Birmingham and all the stations in between** el tren para en Milton, en Birmingham y en todas las estaciones entre estas dos ciudades.

beverage /ˈbevərɪdʒ/ *n* (*frml*) bebida *f.*

beware /bɪˈweə/ *vi [se usa sólo en el imperativo y el infinitivo]* (*frml*: *to be careful*) tener cuidado: **I warned them to beware** *of* **pickpockets** les advertí que tuvieran cuidado con los carteristas; **you should beware** *of* **leaving your bag in the office** deberías tener cuidado de no dejar el bolso en la oficina; **I would beware of him if I were you** yo que tú tendría cuidado con él; (*on sign*): **beware** *of* **the dog** cuidado con el perro.

bewilder /bɪˈwɪldə/ *vt* [**bewilders, bewildering, bewildered**] dejar perplejo -ja, desconcertar: **his behaviour bewildered me** su comportamiento me dejó perpleja.

bewildered /bɪˈwɪldəd/ *adj* perplejo -ja, desconcertado -da: **I was bewildered** *by* **the number of different brands** me desconcertó que hubiera tantas marcas distintas.

bewildering /bɪˈwɪldərɪŋ/ *adj* desconcertante.

bewilderment /bɪˈwɪldəmənt/ *n* perplejidad *f,* desconcierto *m.*

bewitch /bɪˈwɪtʃ/ *vt* [**bewitches, bewitching, bewitched**] hechizar.

bewitching /bɪˈwɪtʃɪŋ/ *adj* encantador -dora.

beyond /bɪˈjɒnd/ **I** *prep* **1.** (*further than*) más allá de: **the cabin is beyond those trees** la cabaña está más allá de aquellos árboles; **once you get beyond adolescence, your life is easier** cuando pasas la adolescencia, la vida se hace más fácil • **how he manages to stay awake is beyond me** cómo consigue mantenerse despierto es algo que se me escapa. **2.** (*after*): **the apartment is not leased beyond October tenth** el piso estará sin alquilar a partir del diez de octubre. **3.** (*other than*) aparte de: **he has no interests beyond eating and drinking** no le interesa nada más que comer y beber.

II *adv* más allá.

biannual /baɪˈænjʊəl/ *adj* semestral.

bias /ˈbaɪəs/ *n* **1.** (*prejudice*) prejuicio *m*: **I have no bias** *against* **him** no tengo nada contra él. **2.** (*preference*) preferencia *f*: **he showed a bias** *towards* **his own pupils** mostró cierta preferencia por sus alumnos. **3.** (*leaning*) tendencia *f,* inclinación *f*: **the whole family has an artistic bias** toda la familia tiene inclinación hacia el arte; **she has a conservative bias** es más bien conservadora.

biased, biassed /ˈbaɪəst/ *adj* parcial: **we're biased** *in* **favour** *of* ✻ *towards* **our team** somos parciales, estamos a favor de nuestro equipo; **he's biased** *against* **non-Christians** tiene prejuicios en contra de los no cristianos.

bib /bɪb/ *n* babero *m.*

bible /ˈbaɪbəl/ *n* biblia *f*: **the Holy Bible** la Sagrada Biblia.

biblical /ˈbɪblɪkəl/ *adj* bíblico -ca.

bibliography /bɪblɪˈɒgrəfɪ/ *n* [**bibliographies**] bibliografía *f.*

bicarbonate of soda /baɪˈkɑ:bənət əv ˈsəʊdə/ *n* (*Culin*) bicarbonato *m* de sodio.

bicentenary /baɪsenˈti:nərɪ/ *n* [**bicentenaries**] bicentenario *m.*

bicentennial /baɪsenˈtenɪəl/ *n* (*US*) ➪ bicentenary

biceps /ˈbaɪseps/ *n* [*pl* **biceps**] bíceps *m inv.*

bicker /ˈbɪkə/ *vi* [**bickers, bickering, bickered**] discutir.

bickering /ˈbɪkərɪŋ/ *n* discusiones *f pl.*

bicycle /ˈbaɪsɪkəl/ **I** *n* bicicleta *f*: **she came** *by* **bicycle** vino en bicicleta.

II *vi* [**bicycles, bicycling, bicycled**] montar en bicicleta.

bicycle pump *n* bomba *f* (*para bicicleta*).

bid /bɪd/ **I** *n* **1.** (*Fin*: *offer*) oferta *f*: **several companies made bids** *for* **the contract** varias empresas se presentaron a la licitación; (*: at auction*) oferta *f,* puja *f*: **he made a bid of three hundred pounds** *for* **the painting** hizo una oferta de trescientas libras por el cuadro. **2.** (*attempt*) tentativa *f,* intento *m*: **they made a bid** *for* **independence** intentaron obtener la independencia.

II *vi* [**bids, bidding, bid**] (*Fin*) hacer una oferta, pujar. ♦*vt* **1.** [**bids, bidding, bid**] (*at auction*) ofrecer: **how much did she bid** *for* **the lamp?** ¿cuánto ofreció por la lámpara?; **what am I bid** *for* **this fine piece of jewellery?** ¿cuánto ofrecen por esta hermosa alhaja? **2.** [**bids, bidding, bade**, *participio pasado* **bidden**] (*frml*: *to order*) mandar, ordenar; (*with greetings*): **we bade them farewell on the quayside** nos despedimos de ellos en el muelle.

bidden /ˈbɪdn/ *participio pasado de* ➪ bid **II** *vt* **2**

bidder /ˈbɪdə/ *n* (*at auction*) postor -tora *m/f*: **it will be sold to the highest bidder** se venderá al mejor postor.

bidding /ˈbɪdɪŋ/ *n* (*at auction*) ofertas *f pl*: **who'll start the bidding?** ¿quién va a hacer la primera oferta?

bide /baɪd/ *vt* [**bides, biding, bided**] ● **I'm just biding my time** sólo estoy esperando la hora propicia.

bidet /ˈbi:deɪ/ *n* bidé *m*.

biennial /baɪˈenɪəl/ **I** *adj* bienal: **he attended the biennial congress in Geneva** asistió al congreso bienal de Ginebra.

II *n* **1.** (*event*) bienal *f*. **2.** (*Bot*) planta *f* bienal.

bier /bɪə/ *n* túmulo *m*.

bifocals /baɪˈfəʊkəlz/ *n pl* gafas *f pl* bifocales.

big /bɪg/ *adj* [**bigger, biggest**] **1.** (*in size*) grande, gran [**gran** is used before singular nouns]: **a big car** un coche grande; **a big surprise** una gran sorpresa; **how big is the room?** ¿cómo es la habitación de grande?; **that dress is too big for her** ese vestido le queda grande; **the bigger airlines offer more competitive prices** las compañías aéreas grandes ofrecen precios más competitivos; **he's a big man** es un tipo grandullón; **she gave me a big smile** me sonrió de oreja a oreja. **2.** (*in importance*) importante, grande, gran [**gran** is used before singular nouns]: **you're making a big mistake** estás cometiendo un gran error; **the big three in the computer industry have announced job cuts** las tres empresas de informática más importantes han anunciado reducciones de plantilla; **she's a big star now** ahora es una gran estrella. **3.** (*fam*: *in age*) mayor: **she brought her big sister** trajo a su hermana mayor.

Big Brother *n* (*Pol*) *persona, organización o gobierno que ejerce un control total.*

big business *n* los grandes negocios.

big dipper *n* (*GB*) montaña *f* rusa.

bighead *n* (*fam*) creído-da *m/f*.

bigheaded *adj* (*fam*) presuntuoso -sa, engreído -da.

big-hearted *adj* generoso -sa.

bigmouth *n* bocazas *m/f inv*.

bigshot *n* (*fam*) pez *m* gordo.

big toe *n* dedo *m* gordo (*del pie*).

big top *n* carpa *f* (*del circo*).

big wheel *n* (*GB*) noria *f*.

bigwig *n* (*fam*) pez *m* gordo.

bigamist /ˈbɪgəmɪst/ *n* bígamo -ma *m/f*.

bigamous /ˈbɪgəməs/ *adj* bígamo -ma.

bigamy /ˈbɪgəmɪ/ *n* bigamia *f*.

bigot /ˈbɪgət/ *n* intolerante *m/f*, fanático -ca *m/f*.

bigoted /ˈbɪgətəd/ *adj* intolerante, fanático -ca.

bigotry /ˈbɪgətrɪ/ *n* intolerancia *f*, fanatismo *m*.

bike /baɪk/ **I** *n* (*apócope de* **bicycle**) bici *f*: **let's go for a bike ride** vamos a dar una vuelta en bici; **we went** *by* **bike** fuimos en bici ● **on your bike!** ¡vete a la porra!

II *vi* [**bikes, biking, biked**] ir en bici: **she bikes to work** va al trabajo en bici.

biker /ˈbaɪkə/ *n* motorista *m/f*.

bikini /bɪˈki:nɪ/ *n* bikini *m*, biquini *m*.

bilateral /baɪˈlætərəl/ *adj* bilateral.

bile /baɪl/ *n* bilis *f inv*.

bilingual /baɪˈlɪŋgwəl/ *adj* bilingüe.

bilingualism /baɪˈlɪŋgwəlɪzəm/ *n* bilingüismo *m*.

bilious /ˈbɪlɪəs/ *adj* bilioso -sa.

bill /bɪl/ **I** *n* **1.** (*in restaurant, hotel*) cuenta *f*: **could I have the bill, please?** ¿me trae la cuenta, por favor?; **the painter is sending in his bill at the end of the month** el pintor mandará la factura a finales de mes; (*for gas, electricity, water, etc.*) recibo *m*: **shall we split the bill?** ¿pagamos a escote? ● **the doctor's given me a clean bill of health** el médico me ha dicho que estoy perfectamente. **2.** (*Pol*) proyecto *m* de ley: **the education bill has been passed** han aprobado el proyecto de ley de educación. **3.** (*beak*) pico *m*. **4.** (*US*: *bank note*) billete *m*: **a fifty dollar bill** un billete de cincuenta dólares. **5.** (*on sign*): **bill stickers will be prosecuted** prohibido fijar carteles; (*in theatre: programme*) programa *m*; (*: cast list*) reparto *m* ● **she's topping the bill at the Rialto** es cabecera de cartel en el Rialto ● **that fits the bill** eso nos vendrá de maravilla.

II *vt* [**bills, billing, billed**] **1.** (*to advertise*) anunciar: **it was billed** *as* **the scariest film ever** fue anunciada como la película más espeluznante de la historia. **2.** (*Fin*) facturar: **we'll bill the company** *for* **the repair** pasaremos la factura de la reparación a la empresa.

billfold *n* (*US*) cartera *f*, billetero *m*.

billboard /ˈbɪlbɔ:d/ *n* (*in the street*) valla *f* publicitaria; (*at cinema, theatre*) cartelera *f*.

billet /ˈbɪlɪt/ **I** *vt* [**billets, billeting, billeted**] (*Mil*) acantonar, alojar.

II *n* (*Mil*) acantonamiento *m*, alojamiento *m*.

billiard ball /ˈbɪlɪəd bɔ:l/ *n* bola *f* de billar.

billiards /ˈbɪlɪədz/ *n* [*lleva el verbo en singular*] billar *m*.

billiard table /ˈbɪlɪəd ˈteɪbəl/ *n* mesa *f* de billar.

billion /ˈbɪljən/ *n* (*a thousand million*) mil *m* millones.

billow /ˈbɪləʊ/ *vi* [**billows, billowing, billowed**] **1.** (*sail*) hincharse (*con el viento*); (*flag*) ondear. **2.** (*smoke*): **smoke billowed** *from* **the huge chimneys** nubes de humo salían de las enormes chimeneas.

billowy /ˈbɪləʊɪ/ *adj* (*sail*) hinchado -da; (*flag*) ondeante.

billy goat /ˈbɪlɪ gəʊt/ *n* macho *m* cabrío.

bimonthly /baɪˈmʌnθlɪ/ **I** *adj* **1.** (*happening twice a month*) bimensual. **2.** (*happening every two months*) bimestral.

II *adv* **1.** (*twice a month*) bimensualmente. **2.** (*every two months*) bimestralmente.

bin /bɪn/ *n* **1.** (*for bread*) panera *f*. **2.** (*for rubbish*) cubo *m* de la basura; (*for waste paper*) papelera *f*.

bin liner *n* bolsa *f* (*que se pone en un cubo de basura o una papelera*).

binary /ˈbaɪnərɪ/ *adj* binario -ria.

bind /baɪnd/ **I** *vt* [**binds, binding, bound**] **1.** (*to tie tightly*) atar: **they bound him hand and foot** lo ataron de pies y manos. **2.** (*to bandage up*) vendar. **3.** (*to unite*) unir: **the disaster bound the villagers closer together** la catástrofe unió más a los aldeanos. **4.** (*Law*) obligar, comprometer: **the agreement binds you to pay for any damage** el acuerdo te obliga a pagar cualquier daño. **5.** (*books*) encuadernar.

II *n* (*fam*: *bore*) lata *f*: **it's a real bind having to wait** es una lata tener que esperar.

binder /ˈbaɪndə/ *n* carpeta *f.*

binding /ˈbaɪndɪŋ/ **I** *adj* (*Law*) obligatorio -ria: **the document is not legally binding** el documento no tiene validez legal.

II *n* **1.** (*of book*) encuadernación *f.* **2.** (*Clothing*) galón *m*, ribete *m.*

binge /bɪndʒ/ (*fam*) **I** *n* (*bout of drinking*): **we went on * had a binge** pillamos una borrachera; (*bout of eating*): **he eats nothing for days and then has a massive binge** no come nada durante días y luego se da atracones.

II *vi* [**binges, binging, binged**]: **she binged** *on* **chocolate and cakes** se dio un atracón de chocolate y de pasteles.

bingo /ˈbɪŋgəʊ/ *n* bingo *m.*

bingo hall *n* sala *f* de bingo.

binoculars /bɪˈnɒkjʊləz/ *n pl* gemelos *m pl*, prismáticos *m pl.*

biochemist /ˌbaɪəʊˈkemɪst/ *n* bioquímico -ca *m/f.*

biochemistry /ˌbaɪəʊˈkemɪstrɪ/ *n* bioquímica *f.*

biodegradable /ˌbaɪəʊdɪˈgreɪdəbəl/ *adj* biodegradable.

biographer /baɪˈɒgrəfə/ *n* biógrafo -fa *m/f.*

biographical /ˌbaɪəʊˈgræfɪkəl/ *adj* biográfico -ca.

biography /baɪˈɒgrəfɪ/ *n* [**biographies**] biografía *f.*

biological /ˌbaɪəʊˈlɒdʒɪkəl/ *adj* biológico -ca.

biologist /baɪˈɒlədʒɪst/ *n* biólogo -ga *m/f.*

biology /baɪˈɒlədʒɪ/ *n* biología *f.*

biophysics /ˌbaɪəʊˈfɪzɪks/ *n* *[lleva el verbo en singular]* biofísica *f.*

biopsy /ˈbaɪɒpsɪ/ *n* [**biopsies**] biopsia *f.*

biorhythm /ˈbaɪəʊrɪðəm/ *n* biorritmo *m.*

biosphere /ˈbaɪəʊsfɪə/ *n* biosfera *f.*

biotechnology /ˌbaɪəʊtekˈnɒlədʒɪ/ *n* biotecnología *f.*

bipartite /baɪˈpɑːtaɪt/ *adj* bipartito -ta, bilateral.

biped /ˈbaɪped/ *n* bípedo *m.*

biplane /ˈbaɪpleɪn/ *n* biplano *m.*

birch /bɜːtʃ/ *n* [**birches**] (*Bot*) abedul *m.*

bird /bɜːd/ *n* **1.** (*gen*) pájaro *m*; (*in more technical contexts*) ave *f* [takes ***el*** or ***un*** in singular] • **he's an early bird** es muy madrugador • **those two are birds of a feather** aquellos dos son lobos de la misma camada • **that way we could kill two birds with one stone** así podríamos matar dos pájaros de un tiro. **2.** (*GB: fam, girl*) chica *f.*

birdbrain *n* (*fam*) mentecato -ta *m/f.*

birdcage *n* jaula *f.*

bird of prey *n* ave *f* rapaz * de rapiña [takes ***el*** or ***un*** in singular].

birdseed *n* alpiste *m.*

bird's-eye view *n* vista *f* panorámica.

bird-watcher *n*: *persona interesada en la ornitología como hobby.*

bird-watching *n* ornitología *f* (*como hobby*).

Biro®, biro® /ˈbaɪrəʊ/ *n* (*GB*) bolígrafo *m.*

birth /bɜːθ/ *n* nacimiento *m*: **a premature birth** un parto prematuro; **she's Venezuelan** *by* **birth** es venezolana de nacimiento; **she gave birth** *to* **a beautiful baby boy** dio a luz un niño precioso; **his ideas gave birth** *to* **modern architecture** sus ideas dieron paso a la arquitectura moderna.

birth certificate *n* partida *f* de nacimiento.

birth control *n* (*for population*) control *m* de natalidad; (*family planning*) planificación *f* familiar.

birth control methods *n pl* métodos *m pl* anticonceptivos.

birthmark *n* marca *f* de nacimiento.

birthplace *n* lugar *m* de nacimiento.

birth rate *n* índice *m* de natalidad.

birthday /ˈbɜːθdeɪ/ *n* cumpleaños *m inv*: **happy birthday!** ¡feliz cumpleaños! • **she was in her birthday suit** estaba como Dios la trajo al mundo.

birthday party *n* fiesta *f* de cumpleaños.

biscuit /ˈbɪskɪt/ *n* (*GB*) galleta *f* • **that takes the biscuit** ¡eso es el colmo!

bisect /baɪˈsekt/ *vt* [**bisects, bisecting, bisected**] bisecar.

bisexual /baɪˈseksjʊəl/ *adj*, *n* bisexual *adj*, *m/f.*

bisexuality /ˌbaɪseksjʊˈælətɪ/ *n* bisexualidad *f.*

bishop /ˈbɪʃəp/ *n* **1.** (*Relig*) obispo *m.* **2.** (*chesspiece*) alfil *m.*

bishopric /ˈbɪʃəprɪk/ *n* obispado *m.*

bison /ˈbaɪsən/ *n* [*pl* **bison**] bisonte *m.*

bistro /ˈbiːstrəʊ/ *n* restaurante *m* pequeño.

bit /bɪt/ **I** *pretérito de* ⇨ bite

II *n* **1.** (*small piece*) pedazo *m*, trozo *m*: **he found a bit of glass in the jam** encontró un trozo de cristal en la mermelada; **he gave me a bit of advice** me dio un consejo; **I love that bit in the movie where...** me gusta ese momento en la película en que... • **he saved the money bit by bit** fue ahorrando el dinero poco a poco • **the house is falling to bits** la casa se está cayendo a pedazos • **the glass fell to the floor and smashed to bits** la copa se cayó al suelo y se hizo añicos • **he took the engine to bits** desmontó el motor hasta la última pieza • **I just need a few bits and bobs * bits and pieces from the supermarket** sólo necesito cuatro cosas del supermercado • **I'm thrilled to bits** estoy superencantado. **2.** (*a small amount*) poco *m*: **tell him to wait (for) a bit** dile que espere un ratito; **she seems a bit downhearted to me** la veo un poco decaída; **that curry was a bit (too) hot for me** el curry estaba un poco picante para mi gusto; **she's not a bit afraid** no tiene nada de miedo • **it takes a bit of getting used to** cuesta un poco acostumbrarse a ello • **we all did our bit and finished on time** todos aportamos nuestro granito de arena y terminamos a tiempo • **we're every bit as worried as he is** estamos tan preocupados como él. **3.** (*for drill*) broca *f.* **4.** (*Inform*) bit *m.* **5.** (*in horse's bridle*) bocado *m*, freno *m.*

bit actor *n* actor *m* secundario.

bit part *n* (*in play, film*) papel *m* secundario.

bitch /bɪtʃ/ **I** *n* [**bitches**] **1.** (*Zool*) perra *f.* **2.** (*!!: referring to a woman*) cerda *f.*

II *vi* [**bitches, bitching, bitched**] (*fam*) hablar mal: **she's always bitching** *about* **me** está siempre hablando mal de mí.

bitchily /ˈbɪtʃɪlɪ/ *adv* (*fam*) con mala intención.

bitchiness /ˈbɪtʃɪnəs/ *n* (*fam*) mala *f* sombra.

bitchy /ˈbɪtʃɪ/ *adj* [**bitchier, bitchiest**] (*fam*: *person*) maldiciente; (*: comment*) malintencionado -da.

bite /baɪt/ **I** *n* **1.** (*by animal*) mordedura *f*; (*by insect, snake*) picadura *f*; (*in fishing*): **I haven't had a single bite** no ha picado ni uno. **2.** (*of food*) mordisco *m*: **he gave me a bite of his apple** me dio un mordisco de su manzana • **we stopped for a bite (to eat)** paramos a tomar un bocado.

II *vt* [**bites, biting, bit,** *participio pasado* **bitten**] (*gen*) morder: **stop biting your nails** deja de comerte las uñas; (*insect*) picar • **what's bitten her?** ¿qué mosca la ha picado? • **once bitten, twice shy** gato escaldado del agua fría huye.

♦ *vi* (*gen*) morder: **don't worry, the dog doesn't bite** no tengas miedo, el perro no muerde; (*fish*) picar • **the**

recession is really biting la recesión se está haciendo sentir.

to **bite into** *vt* morder: **she bit into her apple** mordió la manzana.

to **bite off** *vt* arrancar con los dientes • **he's bitten off more than he can chew** ha querido abarcar demasiado.

biting /ˈbaɪtɪŋ/ *adj* **1.** (*wind, cold*) cortante. **2.** (*comment*) mordaz.

bitten /ˈbɪtən/ *participio pasado de* ➪ bite

bitter /ˈbɪtə/ **I** *adj* **1.** (*taste, feeling*) amargo -ga: **life's disappointments have left her bitter** las decepciones de la vida la han amargado. **2.** (*fight*): **they surrendered after a bitter struggle** se rindieron después de una lucha encarnizada; (*enemy*) acérrimo -ma. **3.** (*very cold*): **a bitter wind was blowing** soplaba un viento cortante.
II *n* (*GB*) cerveza *f* amarga.

bitterly /ˈbɪtəlɪ/ *adv* **1.** (*gen*) amargamente, con amargura: **the children cried bitterly** los niños lloraban desconsoladamente. **2.** (*extremely*): **it was bitterly cold** hacía un frío que pelaba; **we were bitterly disappointed** sufrimos una gran decepción.

bitterness /ˈbɪtənəs/ *n* **1.** (*gen*) amargura *f*. **2.** (*resentment*) rencor *m*. **3.** (*of fight*) encarnizamiento *m*, saña *f*.

bitty /ˈbɪtɪ/ *adj* [**bittier, bittiest**] deshilvanado -da.

bitumen /ˈbɪtjʊmɪn/ *n* betún *m*.

bivouac /ˈbɪvʊæk/ **I** *n* vivac *m*, vivaque *m*.
II *vi* [**bivouacks, bivouacking, bivouacked**] vivaquear.

bizarre /bɪˈzɑː/ *adj* rarísimo -ma.

blab /blæb/ *vi* [**blabs, blabbing, blabbed**] (*fam*) **1.** (*to give away a secret*) irse de la lengua. **2.** (*to talk a lot*) cascar, rajar.

black /blæk/ **I** *adj* **1.** (*gen*) negro -gra: **black and white photos** fotos en blanco y negro • **I want to see your offer in black and white** quiero ver su oferta por escrito • **he was black and blue after the fight** estaba cubierto de cardenales después de la pelea. **2.** (*of skin*) negro -gra: **there has been unrest in the black townships** ha habido disturbios en los barrios negros. **3.** (*without milk*) sin leche: **I have my coffee black, no sugar** tomo el café solo, sin azúcar. **4.** (*ominous, threatening*) funesto -ta, aciago -ga: **this has been a black day for us** ha sido un día aciago para nosotros; (*evil*) infame, ruin: **she gave me a black look** me miró con mala cara.
II *n* **1.** (*colour*) negro *m*: **the whole family was** *in* **black** toda la familia iba de luto. **2.** (*person*) negro -gra *m/f*. **3.** (*Fin*): **I'm** *in* **the black** soy solvente.

to **black out** *vi* [**blacks, blacking, blacked**] desmayarse.

blackball *vt* [**blackballs, blackballing, blackballed**] votar en contra de.

black belt *n* (*Sport*) cinturón *m* negro.

blackberry *n* [**blackberries**] (*fruit*) zarzamora *f*; (*bush*) zarza *f*.

blackbird *n* mirlo *m*.

blackboard *n* pizarra *f*.

black box *n* (*Av*) caja *f* negra.

blackcurrant *n* (*Bot*) grosella *f* negra.

black eye *n* ojo *m* morado.

blackhead *n* (*spot*) espinilla *f*, punto *m* negro.

black hole *n* (*Astron*) agujero *m* negro.

black ice *n* (*on a road*) hielo *m* (*que no se ve a simple vista*).

blackjack *n* **1.** (*Games*) veintiuna *f*. **2.** (*US: truncheon*) porra *f*.

blackleg *n* esquirol *m/f*, rompehuelgas *m/f inv*.

blacklist **I** *vt* [**blacklists, blacklisting, blacklisted**] poner en la lista negra.
II *n* lista *f* negra.

black magic *n* magia *f* negra.

black market *n* mercado *m* negro.

black marketeer *n* estraperlista *m/f*.

blackout *n* **1.** (*power failure*) apagón *m*. **2.** (*Med*) desmayo *m*.

black pepper *n* pimienta *f* negra.

black pudding *n* morcilla *f*.

Black Sea *n*: **the Black Sea** el mar Negro.

black tie *adj* (*dinner, occasion*) de etiqueta.

blacken /ˈblækən/ *vt* [**blackens, blackening, blackened**] **1.** (*gen*) ennegrecer; (*with soot, dirt*) tiznar. **2.** (*somebody's name*) denigrar, manchar.

blackish /blækɪʃ/ *adj* negruzco -ca.

blackmail /ˈblækmeɪl/ **I** *vt* [**blackmails, blackmailing, blackmailed**] chantajear.
II *n* chantaje *m*.

blackmailer /ˈblækmeɪlə/ *n* chantajista *m/f*.

blackness /ˈblæknəs/ *n* negrura *f*: **the blackness of the night hid them from view** la oscuridad de la noche los ocultaba.

blacksmith /ˈblæksmɪθ/ *n* herrero -ra *m/f*.

bladder /ˈblædə/ *n* vejiga *f*.

blade /bleɪd/ *n* **1.** (*of knife*) hoja *f*; (*of lawnmower, liquidizer*) cuchilla *f*. **2.** (*of oar, propeller*) pala *f*. **3.** (*of grass*) brizna *f*.

blame /bleɪm/ **I** *vt* [**blames, blaming, blamed**] echarle la culpa a, culpar: **they blamed me** *for* **what had happened** me echaron la culpa * me culparon de lo que había pasado; **I'm not to blame** no es culpa mía; **she has resigned, and I don't blame her** ha dimitido, y no me extraña.
II *n* culpa *f*: **he put * laid the blame** *for* **everything** *on* **his brother** le echó la culpa de todo a su hermano; **we'll take the blame** *for* **any error** asumiremos la responsabilidad de cualquier error.

blameless /ˈbleɪmləs/ *adj* (*conduct*) irreprochable, intachable; (*person*) inocente.

blamelessly /ˈbleɪmləslɪ/ *adv* irreprochablemente.

blameworthy /ˈbleɪmˌwɜːðɪ/ *adj* censurable, culpable.

blanch /blɑːntʃ/ *vi* [**blanches, blanching, blanched**] (*to turn pale*) palidecer.
♦ *vt* (*Culin*) escaldar.

blancmange /bləˈmɒnʒ/ *n*: *postre hecho de leche, harina y azúcar*

bland /blænd/ *adj* **1.** (*characterless*) soso -sa. **2.** (*unemotional*) reposado -da, tranquilo -la. **3.** (*report, account*) comedido -da, moderado -da.

blandly /ˈblændlɪ/ *adv* moderadamente.

blandness /ˈblændnəs/ *n* **1.** (*characterlessness*) sosería *f*. **2.** (*of report, account*) comedimiento *m*, moderación *f*.

blank /blæŋk/ **I** *adj* **1.** (*paper, cheque*) en blanco: **leave this space blank for the address** deja este espacio en blanco para las señas; (*tape, cassette*) virgen. **2.** (*mind*) en blanco: **when he asked me why, my mind went blank** cuando me preguntó por qué, me quedé en blanco. **3.** (*face: expressionless*) sin expresión; (*: uncomprehending*): **she gave me a blank look** me miró perpleja.
II *n* **1.** (*empty space*) espacio *m* en blanco, hueco *m*: **I left two blanks when filling the form in** dejé dos espacios en blanco al rellenar la solicitud • **I don't**

remember, my mind's a blank no me acuerdo, ha desparecido de mi memoria • **he searched everywhere, but drew a blank** buscó en todas partes, pero no encontró nada. **2.** (*cartridge without bullet*) cartucho *m* de fogueo.

blank verse *n* (*Lit*) verso *m* blanco * libre.

blanket /'blæŋkɪt/ **I** *n* **1.** (*for bed*) manta *f*, (*Amér L*) cobija *f*, frazada *f*. **2.** (*of fog, snow*) manto *m*.
II *adj* (*comprehensive*) general: **they imposed a blanket ban on all firearms** impusieron una prohibición general sobre las armas de fuego; **a blanket insurance policy** una póliza a todo riesgo.

blankly /'blæŋklɪ/ *adv* (*without expression*) sin expresión; (*without understanding*) sin comprender.

blare /bleə/ **I** *n* estruendo *m*.
II *vi* [**blares, blaring, blared**] sonar muy alto.
to **blare out** *vt* difundir a todo volumen.
♦ *vi*: **they have their music blaring out all day long** tienen la música a tope todo el día.

blasé /'blɑ:zeɪ/ *adj* indiferente: **she's very blasé** *about* **meeting famous people** hace como que está de vuelta de tratar con los famosos.

blaspheme /blæs'fi:m/ *vi* [**blasphemes, blaspheming, blasphemed**] blasfemar.

blasphemer /blæs'fi:mə/ *n* blasfemo -ma *m/f*.

blasphemous /'blæsfəməs/ *adj* blasfemo -ma.

blasphemy /'blæsfəmɪ/ *n* [**blasphemies**] blasfemia *f*.

blast /blɑ:st/ **I** *n* **1.** (*explosion*) explosión *f*; (*explosive shock*) onda *f* expansiva. **2.** (*of wind*) ráfaga *f*; (*from bellows*) soplo *m*. **3.** (*from trumpet, horn*) toque *m* • **she had the radio on full blast** tenía la radio a todo volumen.
II *excl*: **blast!** ¡porras!
III *vt* [**blasts, blasting, blasted**] (*to blow up*) volar.
to **blast off** *vi* (*Astron, Av*) despegar.

blast furnace *n* alto horno *m*.

blast-off *n* lanzamiento *m* (*de una nave espacial*).

blasted /'blɑ:stɪd/ *adj* (*fam*) maldito -ta: **where did I leave those blasted keys?** ¿dónde he dejado las malditas llaves?

blatant /'bleɪtənt/ *adj* **1.** (*shameless*) descarado -da. **2.** (*obvious*) patente, evidente.

blatantly /'bleɪtəntlɪ/ *adv* descaradamente: **it's blatantly obvious** está clarísimo.

blather /'blæðə/ *vi* [**blathers, blathering, blathered**] (*fam*) decir tonterías.

blaze /bleɪz/ **I** *vi* [**blazes, blazing, blazed**] (*fire*) arder: **they had a fire blazing when we arrived** el fuego ardía en la chimenea cuando llegamos; (*light*) brillar: **he left all the lights blazing** dejó todas las luces encendidas; **her eyes blazed** sus ojos lanzaban destellos de ira; **the sun blazed down** el sol caía de plano.
II *n* **1.** (*large fire*) incendio *m*; (*of flame*) llamarada *f*. **2.** (*from sun, spotlights, diamonds*) resplandor *m*: **it was announced in a blaze of publicity** lo anunciaron a bombo y platillo.
III blazes *n pl* • **what the blazes is going on here?** ¿qué demonios pasa aquí?

blazer /'bleɪzə/ *n* (*smart jacket*) americana *f* (de) sport; (*part of uniform*) americana *f* de uniforme (*de colegio, equipo deportivo*).

blazing /'bleɪzɪŋ/ *adj* **1.** (*light*) brillante; (*sun*) abrasador -dora. **2.** (*argument*) violento -ta: **they had a blazing row** tuvieron una discusión muy violenta.

bleach /bli:tʃ/ **I** *vt* [**bleaches, bleaching, bleached**] (*clothes*) blanquear; (*hair*) aclarar.
II *n* [**bleaches**] lejía *f*.

bleak /bli:k/ *adj* **1.** (*outlook*) poco prometedor -dora. **2.** (*weather*) desapacible. **3.** (*landscape*) desolado -da, inhóspito -ta. **4.** (*smile*) triste.

blearily /'blɪərəlɪ/ *adj*: **she gazed blearily at me** me miró con ojos de cansancio.

bleary /'blɪərɪ/ *adj* [**blearier, bleariest**] (*eyes: from fatigue*) cansado -da; (*: from crying*) lloroso -sa.

bleary-eyed *adj*: **he looked bleary-eyed** tenía ojos de cansancio.

bleat /bli:t/ **I** *vi* [**bleats, bleating, bleated**] (*goat, sheep*) balar.
II *n* balido *m*.

bled /bled/ *pretérito y participio pasado de* ⇨ bleed

bleed /bli:d/ *vi* [**bleeds, bleeding, bled**] sangrar: **her hand was bleeding** le sangraba la mano; **if he doesn't reach hospital he'll bleed to death** si no llega al hospital a tiempo morirá desangrado.
♦ *vt* **1.** (*Med*) sangrar • **he's bleeding his parents dry** les está sacando a sus padres hasta la última peseta. **2.** (*radiator*) purgar, desangrar.

bleeding /'bli:dɪŋ/ **I** *n* pérdida *f* de sangre, hemorragia *f*.
II *adj* **1.** (*Med*) sangrante. **2.** (*GB*: *!!*) puñetero -ra.

bleep /bli:p/ **I** *vi* [**bleeps, bleeping, bleeped**] pitar: **my watch bleeps every hour** mi reloj pita a las horas.
♦ *vt*: **in an emergency the hospital can bleep him** en una emergencia, el hospital puede localizarlo con el busca.
II *n* pitido *m*.

bleeper /'bli:pə/ *n* (*paging device*) buscapersonas *m inv*, busca *m*.

blemish /'blemɪʃ/ **I** *n* [**blemishes**] (*small mark*) mancha *f* • **her reputation is without blemish** su reputación es intachable * sin tacha.
II *vt* [**blemishes, blemishing, blemished**] (*skin, surface*) manchar; (*reputation*) mancillar.

blend /blend/ **I** *n* mezcla *f*: **he used an interesting blend of herbs and spices** usó una interesante mezcla de hierbas y especias.
II *vt* [**blends, blending, blended**] (*gen*) mezclar; (*colours, styles*) armonizar, casar.
♦ *vi* (*gen*) mezclarse; (*colours, styles*) armonizar, casar.
to **blend in** *vi* armonizar: **the new sofa blends in** *with* **the carpet** el sofá nuevo combina bien con la alfombra; **does she blend in** *with* **the other students?** ¿se relaciona con los demás estudiantes?

blender /'blendə/ *n* **1.** (*hand-held*) batidora *f*, minipimer® *m* * *f*. **2.** (*food processor*) batidora *f*, túrmix® *f inv*.

bless /bles/ *vt* [**blesses, blessing, blessed**] bendecir: **he blessed himself as he entered the church** se santiguó al entrar en la iglesia; **he's blessed** *with* **a good memory** Dios le ha dado una buena memoria • (*to someone who has just sneezed*) **bless you!** ¡Jesús!

blessed /'blesɪd/ *adj* bendito -ta, santo -ta: **the Blessed Virgin** la Virgen Santísima; (*fam*) **she comes every blessed day to ask for something** viene todos los santos días a pedir algo; (*fam*) **the blessed postman has left the gate open again** el maldito cartero ha vuelto a dejar la puerta abierta.

blessing /'blesɪŋ/ *n* **1.** (*Relig*) bendición *f*. **2.** (*approval*) aprobación *f*: **the government gave the policy change its blessing** el gobierno aprobó el cambio de política. **3.** (*advantage*) ventaja *f*, beneficio *m*: **the blessings of central heating** las ventajas de la calefacción central; **dishwashers are a mixed blessing** los lavaplatos tienen ventajas e inconvenientes • **it was a blessing we met him** fue una suerte encontrárnoslo • **not getting that job was a blessing in disguise** no conseguir aquel trabajo fue mejor a la larga • **I'm counting my blessings** doy gracias a Dios que no haya sido peor.

blew /blu:/ *pretérito de* ⇨ blow

blight /blaɪt/ I *vt* [**blights, blighting, blighted**] 1. (*Agr: plant, crops*) afectar a (*un parásito, una enfermedad*). 2. (*life, career*) arruinar.
II *n* plaga *f*.

blighter /ˈblaɪtə/ *n* (*GB: fam*) tío *m*, chaval *m*: **you cheeky blighter!** ¡qué jeta tienes, tío!

blimey /ˈblaɪmɪ/ *excl* (*GB: fam*) jo, jobar: **blimey! he's got a nerve!** ¡jobar!, ¡qué cara tiene!

blind /blaɪnd/ I *adj* 1. (*Med*) ciego -ga: **he's going blind** se está quedando ciego; **she helped a blind woman to cross the road** ayudó a una ciega a cruzar la calle; **the accident left him blind in one eye** el accidente lo dejó tuerto • **he's blind to the need for change** no ve la necesidad de cambiar las cosas • **you don't take a blind bit of notice of me** no me haces ningún caso. 2. (*unquestioning: faith, obedience*) ciego -ga; (*unthinking*): **she was in a blind rage** estaba ciega de ira.
II *vt* [**blinds, blinding, blinded**] 1. (*Med*) cegar: **the explosion blinded him** la explosión lo dejó ciego; **blinded** *by* **jealousy, she killed him** cegada por los celos, lo mató. 2. (*to dazzle*) deslumbrar: **I was blinded** *by* **the headlights** me deslumbraron los faros.
III *n* (*window shade*) persiana *f*; (*awning*) toldo *m*.
IV **the blind** *n pl* los ciegos • **it was a case of the blind leading the blind** si uno sabía poco, el otro menos.

blind alley *n* callejón *m* sin salida.

blind corner *n* curva *f* sin visibilidad.

blind date *n* cita *f* a ciegas.

blindfold I *vt* [**blindfolds, blindfolding, blindfolded**] vendarle los ojos a.
II *n* venda *f* (*en los ojos, que impide ver*).
III *adj, adv* (*también* **blindfolded**) con los ojos vendados: **I could lead you there blindfold** te podría llevar con los ojos cerrados.

blind spot *n* ángulo *m* muerto.

blinding /ˈblaɪndɪŋ/ *adj* cegador -dora, deslumbrante.

blindly /ˈblaɪndlɪ/ *adv* a ciegas.

blindness /ˈblaɪndnəs/ *n* ceguera *f*.

blink /blɪŋk/ I *vi* [**blinks, blinking, blinked**] (*eyes*) parpadear, pestañear; (*light*) parpadear.
II *n* parpadeo *m* • **my television set is on the blink** mi televisor está averiado.

blinkered /ˈblɪŋkəd/ *adj* 1. (*outlook*) estrecho -cha de miras. 2. (*horse*) que lleva anteojeras.

blinkers /ˈblɪŋkəz/ *n pl* anteojeras *f pl*.

blinking /ˈblɪŋkɪŋ/ *adj* 1. (*light, signal*) intermitente. 2. (*GB: fam, wretched*) maldito -ta.

blip /blɪp/ *n* pip *m*.

bliss /blɪs/ *n* dicha *f*, felicidad *f*.

blissful /ˈblɪsfʊl/ *adj* (*state*) dichoso -sa, feliz; (*experience*) maravilloso -sa.

blissfully /ˈblɪsfʊlɪ/ *adv* con felicidad: **we're blissfully happy living here** somos muy felices viviendo aquí.

blister /ˈblɪstə/ I *n* 1. (*on skin*) ampolla *f*. 2. (*on painted surface*) bolsa *f* de aire.
II *vi* [**blisters, blistering, blistered**] 1. (*skin*) llenarse de ampollas, ampollarse. 2. (*painted surface*) ampollarse.

blistering /ˈblɪstərɪŋ/ *adj* 1. (*heat*) abrasador -dora. 2. (*criticism*) mordaz, virulento -ta.

blithe /blaɪð/ *adj* (*comment*) hecho -cha a la ligera.

blithely /ˈblaɪðlɪ/ *adv*: **he seemed blithely unconcerned at the news** la noticia no pareció preocuparlo en absoluto; **he drove off blithely down the road** se fue calle abajo como si tal cosa * tan contento.

blithering /ˈblɪðərɪŋ/ *adj*: **he's a blithering idiot** es muy estúpido.

blitz /blɪts/ *n* [**blitzes**] 1. (*Mil*) bombardeo *m* aéreo • **we had a blitz on the housework** pusimos manos a la obra y limpiamos toda la casa. 2. **the Blitz** *bombardeo aéreo de las ciudades británicas durante la Segunda Guerra Mundial*.

blizzard /ˈblɪzəd/ *n* ventisca *f*.

bloated /ˈbləʊtɪd/ *adj* hinchado -da.

blob /blɒb/ *n* gota *f*.

bloc /blɒk/ *n* bloque *m*: **the Eastern bloc was in turmoil** había gran agitación en los países del Este.

block /blɒk/ I *n* 1. (*of material*) bloque *m*: **it was built from blocks of granite** lo construyeron con bloques de granito. 2. (*of apartments*) bloque *m*, edificio *m*: **that new office block is so ugly** ese nuevo bloque de oficinas es horroroso; **they have just done up the science block** acaban de renovar el edificio de ciencias. 3. (*square of streets*) manzana *f*; (*US*): **it's three or four blocks away** está a tres o cuatro calles * (*Amér L*) cuadras de aquí. 4. (*blockage*): **there's a block in the system** el sistema está bloqueado • **what's her name again? I've had a complete mental block** dime cómo se llama otra vez, no puedo acordarme • **he's got a mental block about spelling** no hay forma de que le entren las normas de ortografía.
II *vt* [**blocks, blocking, blocked**] 1. (*gen*) bloquear, obstruir: **a truck was blocking the entrance** un camión bloqueaba la entrada; **many roads are still blocked** *by* **snow** muchas carreteras siguen bloqueadas por la nieve; **the drains are blocked** se han atascado los desagües; **you're blocking my view of the television** estás en medio y no me dejas ver la televisión. 2. (*deliberately*): **residents blocked the plans for the new road** la oposición de los vecinos hizo que se paralizaran los planes de construir la carretera. 3. (*in basketball*) hacerle un tapón a.
to **block in** *vt*: **he has blocked me in by parking there** ha aparcado de una forma que no puedo sacar el coche.
to **block off** *vt*: **the police blocked the road off** la policía cortó la carretera.
to **block out** *vt* 1. (*physically*) eliminar, aislar: **he shut the door to block out the noise** cerró la puerta para dejar de oír el ruido. 2. (*mentally*) apartar: **she blocked all thoughts of work out** *of* **her mind** apartó de su pensamiento todo lo relativo al trabajo.
to **block up** *vt* 1. (*to clog*) obstruir: **the gutter's all blocked up** *with* **leaves** el desagüe se ha obstruido con las hojas. 2. (*to close off*) tapar: **they blocked up the chimney** taparon la chimenea.

block booking *n* reserva *f* en grupo.

block capitals *n pl* mayúsculas *f pl*.

blockhead *n* (*fam*) tarugo -ga *m/f*, zoquete *m/f*.

block letters *n pl* mayúsculas *f pl*.

block vote *n* voto *m* por delegación.

blockade /blɒˈkeɪd/ I *n* bloqueo *m*.
II *vt* [**blockades, blockading, blockaded**] bloquear.

blockage /ˈblɒkɪdʒ/ *n* tapón *m*, obstrucción *f*.

blockbuster /ˈblɒkbʌstə/ *n* (*movie*) éxito *m* de taquilla; (*book*) éxito *m* de ventas.

bloke /bləʊk/ *n* (*GB: fam*) tío *m*, tipo *m*.

blond, **blonde** /blɒnd/ *adj, n* rubio -bia *adj, m/f*.

blood /blʌd/ *n* 1. (*gen*) sangre *f* • **he was killed in cold**

blood lo mataron a sangre fría • **getting money out of him is like trying to get blood out of a stone** sacarle dinero a ése es como pedirle peras al olmo • **it makes my blood boil the way he treats her** me hierve la sangre de ver cómo la trata • **I sweated blood over this essay** sudé sangre para redactar este trabajo • **it made my blood run cold** me heló la sangre en las venas • **what this firm needs is some young * new blood** lo que esta empresa necesita es renovarse. **2.** (*family*): **he sings well; it must be his Welsh blood** canta muy bien, será porque tiene sangre galesa • **travelling is in their blood** llevan el viajar en la sangre • **blood is thicker than water** los lazos familiares son los más fuertes.

bloodbath *n* baño *m* de sangre.

blood cell *n* glóbulo *m*: **a red/white blood cell** un glóbulo rojo/blanco.

blood clot *n* coágulo *m* sanguíneo.

bloodcurdling *adj* horripilante.

blood donor *n* donante *m/f* de sangre.

blood group *n* grupo *m* sanguíneo.

bloodhound *n* sabueso *m*.

blood orange *n* naranja *f* sanguina.

blood poisoning *n* septicemia *f*.

blood pressure *n* tensión *f* * presión *f* arterial: **he has high/low blood pressure** tiene la tensión alta/baja.

blood relation *n* pariente *m/f* consanguíneo -nea.

bloodshed *n* derramamiento *m* de sangre.

bloodshot *adj* inyectado -da en sangre.

blood sports *n pl*: *todos los deportes que conllevan la muerte de animales.*

bloodstain *n* mancha *f* de sangre.

bloodstained *adj* manchado -da de sangre.

bloodstream *n* torrente *m* sanguíneo.

blood test *n* análisis *m inv* de sangre.

bloodthirsty *adj* sanguinario -ria.

blood transfusion *n* transfusión *f* de sangre.

blood type *n* grupo *m* sanguíneo.

blood vessel *n* vaso *m* sanguíneo.

bloodless /ˈblʌdləs/ *adj* **1.** (*revolution*) incruento -ta. **2.** (*pale*) muy pálido -da.

bloody /ˈblʌdɪ/ **I** *adj* [**bloodier, bloodiest**] **1.** (*blood-stained*) manchado -da de sangre. **2.** (*war*) sangriento -ta. **3.** (*GB*: *!!*) puñetero -ra: **I've lost my bloody ticket** he perdido el puñetero billete; **you bloody idiot!** ¡pedazo de idiota!

II *adv* (*GB*: *!!*): **it would be bloody expensive to replace them** sustituirlos sería una pasada de caro; **it's a bloody good job you phoned** ¡menos mal que llamaste!

bloody-minded *adj* (*GB*: *fam, stubborn*) porfiado -da; (*deliberately unhelpful*): **he's just being bloody-minded** lo hace a propósito para dificultar las cosas.

bloom /blu:m/ **I** *n* **1.** (*flower*) flor *f*: **the roses were** *in* **full bloom** las rosas estaban en flor. **2.** (*on fruit*) pelusa *f*.

II *vi* [**blooms, blooming, bloomed**] florecer • **both she and the baby are blooming** tanto ella como el bebé tienen un aspecto estupendo.

blossom /ˈblɒsəm/ **I** *n* (*flower*) flor *f*; (*collectively*) flores *f pl*: **the cherry blossom is beautiful this year** las flores de los cerezos están preciosas este año; **when the apple trees are** *in* **blossom** cuando los manzanos están en flor.

II *vi* [**blossoms, blossoming, blossomed**] florecer: **the romance blossomed** *into* **a passionate affair** el romance se dio paso a un idilio apasionado.

blot /blɒt/ **I** *n* (*gen*) mancha *f*; (*of ink*) borrón *m*: **the new hotel is a blot on the landscape** el nuevo hotel afea el paisaje.

II *vt* [**blots, blotting, blotted**] (*to dry*) secar; (*to stain*) manchar.

to **blot out** *vt* **1.** (*to obscure*) ocultar. **2.** (*to erase*) borrar.

blotch /blɒtʃ/ *n* [**blotches**] mancha *f*.

blotchy /ˈblɒtʃɪ/ *adj* [**blotchier, blotchiest**] **1.** (*face*) enrojecido -da: **her eyes were blotchy from crying** tenía los ojos enrojecidos de llorar. **2.** (*uneven*) con manchas.

blotter /ˈblɒtə/ *n* papel *m* secante.

blotting paper /ˈblɒtɪŋ ˈpeɪpə/ *n* papel *m* secante.

blouse /blaʊz/ *n* blusa *f*.

blow /bləʊ/ **I** *n* **1.** (*hit*) golpe *m*: **he received a blow** *to* **the head** recibió un golpe en la cabeza; (*with the fist*) puñetazo *m*: **she dealt him quite a blow** le pegó un buen puñetazo • **her speech struck a blow for feminism** su discurso fue un canto en favor del feminismo • **we nearly came to blows over choosing the wallpaper** casi llegamos a las manos a la hora de escoger el papel pintado • **it was a real blow losing such a reliable worker** fue un gran golpe perder a un trabajador de confianza como él • **winning that money softened the blow of being made redundant** ganar ese dinero suavizó el golpe que supuso que le despidieran • **he gave me a blow-by-blow account of the match** me contó el partido con pelos y señales. **2.** (*of air*) soplido *m*.

II *vi* [**blows, blowing, blew,** *participio pasado* **blown**] **1.** (*wind, person*) soplar: **a strong wind was blowing** soplaba un fuerte viento; **he blew** *on* **his soup to cool it down** sopló la sopa para enfriarla • **she was blowing hot and cold about the plans** de repente apoyaba los planes y un minuto después se oponía a ellos totalmente. **2.** (*whistle*) sonar: **the whistle blew for full time** el árbitro pitó el final del partido. **3.** (*to explode: tyre*) reventar; (*: fuse*) fundirse.

♦*vt* **1.** (*gen*) soplar: **the wind blew my umbrella inside out** el viento le dio la vuelta al paraguas. **2.** (*nose*) sonarse. **3.** (*instrument, car horn, whistle*) tocar. **4.** (*fam*: *to waste*) despilfarrar: **he blew his grant** *on* **an expensive hi-fi** despilfarró la beca en un estéreo carísimo; (*: opportunity*) echar a perder • **you've really blown it now!** ahora sí que lo has echado a perder.

to **blow away** *vi* volarse: **the papers you had on the desk have blown away** se han volado los papeles que tenías en la mesa.

♦*vt* llevarse: **the wind blew her headscarf away** el viento se llevó su pañuelo.

to **blow down** *vt* derribar: **that tree was blown down during the storm** la tormenta derribó ese árbol.

♦*vi*: **the wall blew down** el viento derribó la pared.

to **blow in** *vt* volar (*hacia adentro*): **the explosion blew the windows in** la explosión voló las ventanas.

to **blow off** *vt* **1.** (*with explosive*) volar: **the burglars blew the safe door off** los ladrones volaron la puerta de la caja fuerte. **2.** (*in a storm*) arrancar: **the wind has blown several rooftiles off** el viento ha arrancado varias tejas.

♦*vi* (*in wind, explosion*) salir volando: **his wig blew off** su peluca salió volando.

to **blow out** *vt/i* (*candle*) apagar(se).

to **blow over** *vt* derribar: **our caravan was blown over** el viento derribó nuestra caravana.

♦*vi* **1.** (*in wind*) volcarse (*a causa del viento*). **2.** (*storm, argument*) calmarse: **we should wait for the scandal to blow over** deberíamos esperar a que se olvide el escándalo.

to **blow up** *vt* **1.** (*with explosive*) volar. **2.** (*balloon, dinghy*) inflar. **3.** (*photograph*) ampliar.
♦*vi* explotar.
blow-dry **I** *n* (*of hair*) secado *m* a mano: **cut and blow-dry** corte y secado a mano.
II *vt* [**blow-dries, blow-drying, blow-dried**] secar a mano.
blowfly *n* moscardón *m*.
blowhole *n* (*of whale*) orificio *m* nasal.
blowlamp *n* soplete *m*.
blowout *n* **1.** (*Auto*) reventón *m*. **2.** (*fam: meal*) comilona *f*.
blowtorch *n* [**blowtorches**] soplete *m*.
blow-up *adj* inflable.
blown /bləʊn/ *participio pasado de* ➪ blow
blubber /ˈblʌbə/ **I** *n* grasa *f* de ballena.
II *vi* [**blubbers, blubbering, blubbered**] (*fam*) lloriquear.
bludgeon /ˈblʌdʒən/ *vt* [**bludgeons, bludgeoning, bludgeoned**] **1.** (*to hit*) apalear. **2.** (*to oblige*) obligar: **I was bludgeoned** *into* **organizing everything** me obligaron a organizarlo todo.
blue /bluː/ **I** *adj* **1.** (*gen*) azul ● **her feet were blue with cold** tenía los pies amoratados de frío. **2.** (*pornographic*) verde: **a blue joke** un chiste verde. **3.** (*depressed*) deprimido -da, triste.
II *n* azul *m* ● **he just appeared out of the blue** apareció de repente.
III blues *n pl* (*Mus*) blues *m inv*.
bluebell *n* campanilla *f*.
blueberry *n* [**blueberries**] arándano *m*.
blue blood *n* sangre *f* azul.
bluebottle *n* moscardón *m*.
blue cheese *n* queso *m* azul.
blue-collar worker *n* obrero -ra *m/f*, trabajador -dora *m/f* manual.
blue movie *n* película *f* porno.
blueprint /ˈbluːprɪnt/ *n* **1.** (*of a project, idea*) anteproyecto *m*: **this is a blueprint for future environmental policy** es el anteproyecto de una futura política medioambiental. **2.** (*Archit*) cianotipo *m*.
bluff /blʌf/ **I** *vi* [**bluffs, bluffing, bluffed**] echarse faroles: **he said that he knew the answer but he was bluffing** dijo que sabía la respuesta, pero se estaba echando un farol.
♦*vt*: **I managed to bluff my way through the interview** en la entrevista me las arreglé para hacerles creer que sabía mucho.
II *n* **1.** (*story*) farol *m* ● **go on, call his bluff** anda, ponlo en un aprieto, que demuestre que lo que dice es cierto. **2.** (*steep bank*) barranco *m*.
III *adj* (*person*) campechano -na; (*manner*) directo -ta.
bluish /ˈbluːɪʃ/ *adj* azulado -da.
blunder /ˈblʌndə/ **I** *n* **1.** (*error*) error *m*. **2.** (*gaffe*) metedura *f* de pata.
II *vi* [**blunders, blundering, blundered**] **1.** (*to stumble*): **he blundered** *into* **a table** tropezó con una mesa; **she blundered** *into* **his room** (*drunkenly, in the dark, etc.*) entró a trompicones en su habitación; (*by mistake*) se metió en su habitación por equivocación como una tonta. **2.** (*socially*) meter la pata.
blunt /blʌnt/ **I** *adj* **1.** (*knife*) desafilado -da; (*pencil*) despuntado -da. **2.** (*person*) abrupto -ta; (*remark*) directo -ta.
II *vt* [**blunts, blunting, blunted**] (*knife*) desafilar.
bluntly /ˈblʌntlɪ/ *adv* claramente: **to put it bluntly, she was fat** para que quede claro ✻ para decirlo sin rodeos, era gorda.
bluntness /ˈblʌntnəs/ *n* franqueza *f*.
blur /blɜː/ **I** *n* borrón *m*: **everything's a blur through these goggles** lo veo todo borroso con estas gafas; **the rest of the holiday is just a blur for me** el resto de las vacaciones es sólo un borrón en mi memoria.
II *vt* [**blurs, blurring, blurred**] hacer borroso: **his novel blurs the division between dreams and reality** en su novela la distinción entre sueño y realidad se vuelve difusa.
blurred /blɜːd/ *adj* (*writing, picture*) borroso -sa.
blurt out /blɜːt aʊt/ *vt* [**blurts, blurting, blurted**] (*story, answer*) soltar.
blush /blʌʃ/ **I** *vi* [**blushes, blushing, blushed**] ruborizarse, ponerse rojo: **she blushed modestly** se ruborizó con modestia.
II *n* [**blushes**] rubor *m*.
blusher /ˈblʌʃə/ *n* colorete *m*.
bluster /ˈblʌstə/ **I** *vi* [**blusters, blustering, blustered**] lanzar bravatas.
II *n* bravatas *f pl*.
blustery /ˈblʌstərɪ/ *adj* (*day, weather*) muy ventoso -sa; (*wind*) fuerte.
BMA /biːemˈeɪ/ *n* (*abreviatura de* **British Medical Association**) *asociación de médicos de Gran Bretaña.*
BO /biːˈəʊ/ *n* (*abreviatura de* **body odour** ✻ *US* **body odor**) olor *m* corporal.
boa constrictor /ˈbəʊə kənˈstrɪktə/ *n* boa *f*.
boar /bɔː/ *n* (*for breeding*) verraco *m*; (*wild*) jabalí *m*.
board /bɔːd/ **I** *n* **1.** (*flat wood*) tabla *f*, tablero *m*. **2.** (*Games*) tablero *m* ● **the American team has swept the board again** el equipo norteamericano ha vuelto a acaparar todos los premios. **3.** (*Educ: blackboard*) pizarra *f*, encerado *m*: **copy down the exercises on the board** copia los ejercicios de la pizarra; (*whiteboard*) pizarra *f* Vileda®. **4.** (*noticeboard*) tablón *m* de anuncios. **5.** (*Fin*) consejo *m*, junta *f*: **she is** *on* **the board of examiners** forma parte del consejo de examinadores. **6.** (*food*) comida *f*: **the university provides board and lodging** la universidad proporciona comida y alojamiento. **7.** (*Naut*) bordo *m*: **is there a doctor** *on* **board?** ¿hay un médico a bordo?; **we went** *on* **board** subimos a bordo ● **we can't take on board so many changes at once** no podemos asimilar tantos cambios a la vez ● **studying went by the board the day of the cup final** el estudiar se fue al garete el día de la final de la copa.
II *vt* [**boards, boarding, boarded**] (*plane, boat*): **would all passengers please board the vessel** por favor, se ruega a los pasajeros que embarquen.
♦*vi* **1.** (*Av*) embarcar. **2.** (*to lodge*) alojarse: **I boarded with a retired couple** me alojé con un matrimonio jubilado. **3.** (*Educ*) estar interno -na: **he hated boarding** odiaba estar interno.
to **board up** *vt* tapar con maderos: **the fireplace had been boarded up** habían tapado la chimenea con maderos.
boardgame *n* juego *m* de mesa (*en el que se emplea un tablero*).
board meeting *n* reunión *f* de la junta directiva.
board of directors *n* junta *f* directiva.
boardroom *n* sala *f* de juntas.
boardwalk *n* (*US*) *paseo en la playa, construido con tablones.*
boarder /ˈbɔːdə/ *n* **1.** (*lodger*) huésped -peda *m/f*. **2.** (*Educ*) interno -na *m/f*.
boarding /ˈbɔːdɪŋ/ *n* **1.** (*Transp*) embarque *m*. **2.** (*planks*) tablones *m pl*.

boarding card *n* tarjeta *f* de embarque.
boarding house *n* (*small hotel*) casa *f* de huéspedes; (*in school*) residencia *f* (*en un internado*).
boarding school *n* internado *m*.
boarding pass *n* tarjeta *f* de embarque.
boast /bəʊst/ I *vi* [**boasts, boasting, boasted**] presumir, jactarse: **he's always boasting** *about* **his marks** siempre está presumiendo de sus notas.
♦*vt* tener: **every room boasts an en suite bathroom** todas las habitaciones disponen de cuarto de baño propio.
II *n* presunción *f*, fanfarronada *f*.
boastful /ˈbəʊstfʊl/ *adj* jactancioso -sa, fanfarrón -rrona.
boastfully /ˈbəʊstfʊlɪ/ *adv* jactanciosamente.
boastfulness /ˈbəʊstfʊlnəs/ *n* jactancia *f*, fanfarronería *f*.
boasting /ˈbəʊstɪŋ/ *n* jactancia *f*.
boat /bəʊt/ *n* (*gen*) barco *m*: **it takes three days (to go)** *by* **boat** se tarda tres días en barco; **the boat came in late** el barco llegó tarde; (*small*) barca *f*: **boats for hire** se alquilan barcas • **I missed the boat with my application** se me pasó el plazo de solicitud • **we're all in the same boat** todos estamos en el mismo barco • **you've really burnt your boats** ahora has quemado tus naves • **we don't want anyone who's going to rock the boat** no queremos a nadie que vaya a crear problemas.
boat builder *n* constructor -tora *m/f* de barcos.
boathouse *n* cobertizo *m* para botes.
boatman *n* [*pl* **boatmen**] barquero *m*.
boat trip *n* excursión *f* en barco.
boatyard *n* astillero *m*.
boating /ˈbəʊtɪŋ/ *n*: **they went boating on the river** dieron un paseo en barca por el río.
bob /bɒb/ I *vi* [**bobs, bobbing, bobbed**] balancearse: **their heads kept bobbing (up and down) in front of the screen** no dejaban de mover la cabeza (arriba y abajo) delante de la pantalla.
II *n* (*hairstyle*): **she's got (her hair in) a bob** lleva una melena corta.
bobbin /ˈbɒbɪn/ *n* bobina *f*.
bobble /ˈbɒbəl/ *n* pompón *m*.
bobble hat *n* gorro *m* con pompón.
bobby /ˈbɒbɪ/ *n* [**bobbies**] (*GB*: *fam*) (agente *m* de) policía *m*.
bobsleigh /ˈbɒbsleɪ/ *n* trineo *m*.
bode /bəʊd/ *vi* [**bodes, boding, boded**] (*frml*) augurar: **his performance this term bodes well/ill** *for* **the future** su trabajo de este trimestre le augura buenos/malos resultados en el futuro.
bodice /ˈbɒdɪs/ *n* corpiño *m*, cuerpo *m* (*de un vestido*).
bodily /ˈbɒdɪlɪ/ I *adv*: **he lifted me bodily into the boat** me cogió como a un peso muerto y me metió en la barca.
II *adj* físico -ca: **they didn't have enough food to meet their bodily requirements** no tenían suficiente comida para satisfacer sus necesidades físicas.
body /ˈbɒdɪ/ *n* [**bodies**] **1.** (*gen*) cuerpo *m*: **new improved formula to give your hair extra body** nueva fórmula mejorada para dar más volumen al cabello • **he hardly has enough to keep body and soul together** apenas tiene para vivir. **2.** (*quality of wine*) cuerpo *m*. **3.** (*corpse*) cadáver *m*: **the body was covered with bruises** el cadáver estaba cubierto de hematomas • **they'll knock this house down over my dead body!** tendrán que pasar por encima de mi cadáver para derribar esta casa. **4.** (*central part*) cuerpo *m*. **5.** (*group*) grupo *m*: **a large body of workers voted in favour of a strike** un gran número de obreros votó a favor de la huelga; (*organization*) organización *f*, asociación *f*: **he works for various charitable bodies** trabaja para varias organizaciones benéficas. **6.** (*Auto*) carrocería *f*. **7.** (*Clothing*) body *m*.
body-builder *n* culturista *m/f*.
body-building *n* culturismo *m*.
bodyguard *n* guardaespaldas *m/f inv*.
body language *n* lenguaje *m* corporal.
body odour, (*US*) **body odor** *n* olor *m* corporal.
body warmer *n* chaleco *m* acolchado.
bodywork *n* carrocería *f*.
bog /bɒg/ *n* **1.** (*marsh*) ciénaga *f*. **2.** (*GB*: *fam, toilet*) retrete *m*.
to **bog down** *vt* [**bogs, bogging, bogged**]: **the car got bogged down in the mud** el coche se quedó atascado en el barro; **the process had got bogged down** el proceso se había estancado * empantanado; **I'm rather bogged down with work** estoy bastante agobiado de trabajo.
bogey /ˈbəʊgɪ/ *n* (*fam*: *mucus*) moco *m*.
bogeyman *n* [*pl* **bogeymen**] hombre *m* del saco, coco *m*.
boggle /ˈbɒgəl/ *vi* [**boggles, boggling, boggled**]: **he boggled** *at* **the idea** le parecía inaudito • **the mind boggles!** ¡uno se queda atónito!
boggy /ˈbɒgɪ/ *adj* [**boggier, boggiest**] pantanoso -sa.
bogus /ˈbəʊgəs/ *adj* falso -sa: **he tried to get in with a bogus ticket** intentó meterse con una entrada falsa.
boil /bɔɪl/ I *n* **1.** (*referring to temperature*) **the boil**: **bring the milk to the boil** caliente la leche hasta que esté hirviendo; **let it come to the boil** deje que empiece a hervir; **the water has just gone off the boil** el agua acaba de dejar de hervir. **2.** (*Med*) furúnculo *m*.
II *vt* [**boils, boiling, boiled**] (*liquid*) hervir: **do not boil the sauce** no deje que la salsa hierva; (*vegetables, eggs*) hervir, cocer: **boiled potatoes are better for you than chips** las patatas cocidas son más sanas que las fritas.
♦*vi* hervir • **the milk had boiled dry** se había evaporado toda la leche.
to **boil down** *vi* reducirse: **what it boils down** *to* **is hard work** en resumidas cuentas, implica trabajar mucho.
to **boil over** *vi*: salirse: **quick! the milk is boiling over** ¡corre, que se sale la leche!
boiler /ˈbɔɪlə/ *n* caldera *f*.
boiler room *n* sala *f* de máquinas.
boiler suit *n* mono *m* (*de trabajo*).
boiling /ˈbɔɪlɪŋ/ *adj* **1.** (*water*) hirviendo *adj inv*. **2.** (*fam*: *person*) asado -da: **you must be boiling in that suit** tienes que estar asado con ese traje; (*: room, day*) abrasador -dora: **it's boiling (hot) in here** aquí hace un calor abrasador; (*: food*) muy caliente.
boiling point *n* punto *m* de ebullición.
boisterous /ˈbɔɪstərəs/ *adj* bullicioso -sa.
bold /bəʊld/ I *adj* **1.** (*courageous*) atrevido -da, osado -da: **if I might be so bold as to suggest...** si me permiten la osadía de sugerir.... **2.** (*colour*) fuerte; (*outline*) muy definido -da.
II *n* (*in printing*) negrita *f*: **the titles should appear** *in* **bold** los títulos deberían aparecer en negrita.
boldly /ˈbəʊldlɪ/ *adv* atrevidamente.
boldness /ˈbəʊldnəs/ *n* (*courage*) valor *m*; (*effrontery*) osadía *f*.

Bolivia /bə'lɪvɪə/ *n* Bolivia *f*.
Bolivian /bə'lɪvɪən/ *adj, n* boliviano - na *adj, m/f*.
bollard /'bɒlɑ:d/ *n* poste *m* (*para impedir el acceso de vehículos*).
bolshy, **bolshie** /'bɒlʃɪ/ *adj* (*GB*: *fam*) contestatario -ria, rebelde.
bolster /'bəʊlstə/ **I** *n* almohada *f* (*cilíndrica*).
II *vt* [**bolsters, bolstering, bolstered**] (*morale*) levantar; (*confidence*) fortalecer: **the government wasted billions trying to bolster** *up* **the economy** el gobierno despilfarró billones tratando de apuntalar la economía.
bolt /bəʊlt/ **I** *n* **1.** (*on door, window*) cerrojo *m*. **2.** (*screw*) tornillo *m*, perno *m*. **3.** (*Meteo*: *flash*) **a bolt of lightning** un rayo. **4.** (*sudden movement*): **he made a bolt** *for* **the door** se abalanzó hacia la puerta.
II *vt* [**bolts, bolting, bolted**] **1.** (*door, window*) cerrar con cerrojo. **2.** (*to fasten*) anclar: **the bed was bolted** *to* **the floor** la cama estaba anclada al suelo. **3.** (*fam*: *food*) zamparse: **she bolted** *(down)* **her lunch in five minutes** se zampó la comida en cinco minutos.
♦ *vi* (*horse*) desbocarse; (*person*) salir disparado -da.
III *adv*: **the pupils sat bolt upright when she walked in** los alumnos se sentaron muy derechos cuando entró.
bomb /bɒm/ **I** *n* bomba *f*: **terrorists planted a bomb on the railway line** los terroristas pusieron una bomba en la vía férrea; **the bomb went off at three o'clock** la bomba explotó a las tres • **that must have cost you a bomb** eso te debe de haber costado un ojo de la cara • **his new sports car goes like a bomb** el deportivo que se ha comprado va como un rayo.
II *vt* [**bombs, bombing, bombed**] bombardear: **the cathedral was bombed** bombardearon la catedral.
♦ *vi* (*fam*: *in vehicle*) ir muy rápido: **he came bombing** *past* **us** nos adelantó a toda pastilla.
bomb disposal expert *n* artificiero *m*.
bomb disposal squad *n* brigada *f* de artificieros.
bomb scare *n* amenaza *f* de bomba.
bombshell *n* (*shock*) bombazo *m*: **the news was a real bombshell** la noticia fue un auténtico bombazo • **his girlfriend's a real blonde bombshell** su novia es una rubia explosiva.
bomb site *n* zona *f* bombardeada.
bombard /bɒm'bɑ:d/ *vt* [**bombards, bombarding, bombarded**] bombardear: **the press bombarded him** *with* **questions** los reporteros lo bombardearon a preguntas.
bombardment /bɒm'bɑ:dmənt/ *n* bombardeo *m*.
bombastic /bɒm'bæstɪk/ *adj* rimbombante.
bomber /'bɒmə/ *n* **1.** (*plane*) bombardero *m*. **2.** (*person*) persona *f* que pone bombas.
bombing /'bɒmɪŋ/ *n* bombardeo *m*.
bona fide /'bəʊnə 'faɪdɪ/ *adj* (*frml*: *gen*) auténtico -ca; (*reason, excuse*) válido -da.
bonanza /bə'nænzə/ *n* bonanza *f*: **those were bonanza years for Europe** aquellos fueron años de bonanza para Europa.
bond /bɒnd/ **I** *n* **1.** (*gen*) lazo *m*: **there was a very strong bond** *between* **the twins** los gemelos estaban unidos por lazos muy fuertes. **2.** (*Law*) contrato *m*. **3.** (*Fin*) bono *m*.
II bonds *n pl* cadenas *f pl*: **they were freed from the bonds of slavery** fueron liberados de las cadenas de la esclavitud.
III *vt* [**bonds, bonding, bonded**] **1.** (*gen*) pegar, adherir: **this glue will even bond your fingers** *together* esta cola te pegaría hasta los dedos. **2.** (*emotionally*) unir.
bondage /'bɒndɪdʒ/ *n* esclavitud *f*.
bone /bəʊn/ **I** *n* (*of animal, person*) hueso *m*; (*of fish*) espina *f* • **tell Clive I've got a bone to pick with him** dile a Clive que tengo cuentas que ajustar con él • **euthanasia is a bone of contention amongst doctors** la eutanasia es la manzana de la discordia entre los médicos • **he made no bones about admitting he was a member** no puso reparos en admitir que era socio • **you're going to win - I feel it in my bones** vas a ganar - lo presiento • **we've only received the bare bones of their proposal** solamente hemos recibido los puntos básicos de su propuesta.
II *vt* [**bones, boning, boned**] (*meat*) deshuesar; (*fish*) quitar las espinas a.
to **bone up on** *vt* (*fam*) empollar: **she's been boning up on her French** ha estado empollando francés.
bone china *n* porcelana *f* fina.
bone dry *adj* (*fam*): **after twenty minutes, the washing was bone dry** después de veinte minutos, la ropa estaba completamente seca.
bone idle *adj* (*fam*) vago -ga: **he's not stupid, he's just bone idle** no es que sea tonto, es que es un vago.
bone marrow *n* médula *f* ósea.
bone meal *n*: *pienso que consiste en huesos molidos*.
boned /bəʊnd/ *adj* **1.** (*meat*) deshuesado -da; (*fish*) sin espinas. **2.** (*bodice*) con ballenas.
boneless /'bəʊnləs/ *adj* (*meat*) deshuesado -da; (*fish*) sin espinas.
bonfire /'bɒnfaɪə/ *n* hoguera *f*, fogata *f*.
bonfire night *n* (*GB*) la noche del cinco de noviembre (*aniversario de la conspiración de 1605 para volar el parlamento británico*).
bongo /'bɒŋgəʊ/ *n* [**bongos** ✻ **bongoes**] bongó *m*, bongo *m*.
bonkers /'bɒŋkəz/ *adj* (*GB*: *fam*) chalado -da.
bonnet /'bɒnɪt/ *n* **1.** (*GB*: *of car engine*) capó *m*. **2.** (*for baby*) gorro *m*.
bonny /'bɒnɪ/ *adj* [**bonnier, bonniest**] hermoso -sa.
bonus /'bəʊnəs/ *n* [**bonuses**] **1.** (*extra money*) prima *f*: **she'll get a bonus for doing that work** le van a dar una prima por ese trabajo. **2.** (*additional benefit*): **the house is also near the station which is an added bonus** además la casa tiene la ventaja de estar cerca de la estación; **and as a bonus, you can have the afternoon off** y además, puedes tomarte la tarde libre.
bony /'bəʊnɪ/ *adj* [**bonier, boniest**] **1.** (*Anat*) huesudo -da. **2.** (*meat*) lleno -na de huesos; (*fish*) lleno -na de espinas.
boo /bu:/ **I** *vi* [**boos, booing, booed**] armar una rechifla: **the audience booed and hissed as the villain entered** cuando salió el villano, el público lo abucheó y pitó.
♦ *vt* (*politician, actor*) abuchear: **they booed his speech** lo abuchearon por su discurso.
II *excl* uh: **boo! he said, and nearly frightened me to death** hizo ¡uh! y me dio un susto de muerte • **he wouldn't say boo to a goose** es muy tímido.
III *n* abucheo *m*.
boob /bu:b/ (*GB*: *fam*) **I** *n* (*mistake*) metedura *f* de pata: **I've made a boob** he metido la pata.
II boobs *n pl* (*!!*) tetas *f pl*.
III *vi* [**boobs, boobing, boobed**] meter la pata: **you really boobed not inviting her** metiste la pata hasta el fondo al no invitarla.

booby prize /ˈbu:bɪ praɪz/ *n premio sin valor que se da al perdedor de un concurso.*

booby trap /ˈbu:bɪ træp/ **I** *n* trampa *f* explosiva.
II *vt*: **booby-trap [booby-traps, booby-trapping, booby-trapped]: they booby-trapped the doorway** pusieron una trampa explosiva en la puerta.

boogie /ˈbu:gɪ/ (*fam*) **I** *vi* **[boogies, boogieing, boogied]** bailar.
II *n*: **are you coming for a boogie?** ¿te vienes a bailar?

book /bʊk/ **I** *n* **1.** (*gen*) libro *m*: **she gave me a book** *on* ✱ *about* **modern art** me dio un libro de arte moderno; **have you read any of her books** ✱ **any books** *by* **her?** ¿has leído algún libro suyo? • **I can read you like a book** yo a ti te conozco muy bien • **they insist on doing everything by the book** insisten en hacerlo todo al pie de la letra • **in my book that's just not done** en mi opinión, eso no se hace. **2.** (*of matches*) caja *f* de cerillas; (*of raffle tickets*) taco *m* de números de rifa; (*of stamps*) *sobrecito que contiene unos cuantos sellos.*
II books *n pl* **1.** (*records*) registro *m*: **her name is not** *on* **our books** su nombre no figura en nuestro registro • **we're in her good/bad books at the moment** en este momento, está de buenas/malas con nosotros. **2.** (*accounts*) libros *m pl*: **he keeps the company's books** lleva los libros de la empresa • **someone's been cooking the books** alguien ha estado falsificando los libros.
III *vt* **[books, booking, booked] 1.** (*a room, table*) reservar: **we've booked a table for this evening** hemos reservado mesa para esta noche; **have you booked your holidays yet?** ¿ya han hecho las reservas para las vacaciones? **2.** (*fam*: *for a legal offence*) multar, ponerle una multa a: **the police officer booked her** *for* **driving without lights** el policía la multó por conducir sin luces. **3.** (*in football*) amonestar, sacarle una tarjeta amarilla a: **the referee booked him** *for* **the foul** el árbitro lo amonestó ✱ le sacó una tarjeta amarilla por la falta que había cometido.
♦ *vi* reservar.
to **book in** *vi* (*GB*: *to register*) registrarse: **please book in on arrival** por favor, regístrese al llegar.
♦ *vt* (*to make a reservation for*): **we've booked you in** *at* **the Balmoral** le hemos reservado una habitación en el Balmoral; **I've booked the car in** *at* **the garage** tengo fecha para llevar el coche al taller.
to **book into** *vt* (*to make a reservation at*) reservar una habitación en: **we've booked into a guesthouse** hemos reservado una habitación en una pensión.
to **book up** *vt*: **their concerts get booked up very quickly** las entradas para sus conciertos se agotan muy rápido.
bookcase *n* estantería *f*, librería *f*.
bookends *n pl* sujetalibros *m pl*.
book-keeper *n* contable *m/f*.
book-keeping *n* contabilidad *f*.
bookmaker *n* **1.** (*person*) corredor -dora *m/f* de apuestas. **2. bookmaker's** (*shop*) agencia *f* de apuestas.
bookmark *n* registro *m* (*de libro*).
bookrest *n* atril *m*.
bookseller *n* librero -ra *m/f*.
bookshelf *n* **[bookshelves]** estante *m*.
bookshop, (*US*) **bookstore** *n* librería *f*.
bookstall *n* librería *f* (*en estación, aeropuerto*).
book token *n* cheque *m* regalo (*canjeable por libros*).
bookworm *n* (*fam*) ratón *m* de biblioteca.

bookie /ˈbʊkɪ/ *n* (*fam*) **1.** (*person*) corredor -dora *m/f* de apuestas. **2. bookie's** (*shop*) tienda *f* de apuestas.

booking /ˈbʊkɪŋ/ *n* **1.** (*GB*: *reservation*) reserva *f*: **we're already taking bookings for next season** ya estamos haciendo reservas para la próxima temporada. **2.** (*appointment*) cita *f*. **3.** (*in football*) amonestación *f*: **the referee made three bookings in the first half** el árbitro amonestó a tres jugadores ✱ sacó tres tarjetas amarillas en el primer tiempo.
booking office *n* taquilla *f*.

booklet /ˈbʊklɪt/ *n* folleto *m* (*en forma de cuaderno*).

boom /bu:m/ **I** *n* **1.** (*noise*) estruendo *m*. **2.** (*Fin*) boom *m*: **there has been a boom** *in* **the services sector** se ha producido un boom en el sector de servicios. **3.** (*Naut*) botalón *m*.
II *vi* **[booms, booming, boomed] 1.** (*noise*) atronar. **2.** (*Fin*) estar en auge.
to **boom out** *vi* retumbar: **her message boomed out over the loudspeakers** su mensaje retumbaba por el altavoz.
boom town *n*: *ciudad que experimenta un boom económico.*

boomerang /ˈbu:məræŋ/ *n* bumerán *m*.

boon /bu:n/ *n* ventaja *f*: **it's a real boon having a washing machine** es una gran ventaja tener una lavadora.

boorish /ˈbʊərɪʃ/ *adj* (*frml*) burdo -da, tosco -ca.

boost /bu:st/ **I** *vt* **[boosts, boosting, boosted] 1.** (*prices*) aumentar. **2.** (*morale*) levantar: **passing the exam has really boosted her confidence** aprobar el examen le ha dado más confianza en sí misma.
II *n* empuje *m*: **it was a tremendous boost** *for* **our morale** nos levantó muchísimo la moral; **seeing his photo in the paper was a real boost** *for* **his ego** ver su foto en el periódico fue todo un espaldarazo para su ego.

booster /ˈbu:stə/ *n* **1.** (*rocket*) cohete *m* propulsor. **2.** (*injection*) segunda dosis *f* (*de una vacuna*).

boot /bu:t/ **I** *n* **1.** (*Clothing*) bota *f*: **she was wearing suede boots** llevaba botas de ante • **the boot's on the other foot now** ahora se han cambiado las tornas • **they're getting a bit too big for their boots** se están volviendo muy creídos • **he was given the boot for being lazy** lo despidieron por vago • **it's all expenses paid and spending money to boot** es con todo pagado y, encima, dinero para gastos. **2.** (*GB*: *of car*) maletero *m*.
II *vt* **[boots, booting, booted] 1.** (*Sport*) chutar. **2.** (*Inform*) arrancar.
♦ *vi* (*Inform*) arrancar.
to **boot out** *vt* (*fam*) echar a patadas: **they were booted out for causing a disruption** los echaron a patadas por armar alboroto.
bootlace *n* cordón *m* de bota.

bootee /ˈbu:ti:/ *n* patuco *m*.

booth /bu:ð/ *n* **1.** (*gen*) cabina *f*. **2.** (*for telephone*) cabina *f* (telefónica). **3.** (*at fairground*) puesto *m*.

bootleg /ˈbu:tleg/ *adj* de contrabando.

booty /ˈbu:tɪ/ *n* botín *m*.

booze /bu:z/ (*fam*) **I** *n* bebida *f* (*alcohólica*) • **they've been on the booze again** ya han estado bebiendo otra vez.
II *vi* **[boozes, boozing, boozed]** empinar el codo, beber (*alcohol*), (*Amér L*) tomar: **they were boozing all night** se pasaron toda la noche bebiendo.
booze-up *n* (*GB*: *fam*) juerga *f* (*con mucho alcohol*): **her birthday party was a real booze-up** en su fiesta de cumpleaños todos bebieron como esponjas.

border /ˈbɔ:də/ **I** *n* **1.** (*Geog*) frontera *f*. **2.** (*of flowers*) arriate *m*. **3.** (*of page*) margen *m*. **4.** (*sewing*) ribete *m*, borde *m*.

II the Borders *n pl*: *la región fronteriza entre Escocia e Inglaterra.*

III *vt* **[borders, bordering, bordered] 1.** (*a country*) limitar con. **2.** (*to surround*) rodear: **the lake was bordered by trees** el lago estaba rodeado de árboles; (*to line*) bordear: **a row of houses bordered the road** una fila de casas bordeaba la carretera.

to **border on** *vt* **1.** (*gen*) lindar con: **his farm borders on our land** su finca linda con nuestra tierra; (*country*) limitar con. **2.** (*to verge on*) rayar en: **that film bordered on the obscene** esa película rayaba en lo obsceno.

borderline I *n* **1.** (*Geog*) frontera *f*. **2.** (*division*) línea *f* divisoria: **he was** *on* **the borderline** *between* **pass and fail** estaba entre el aprobado y el suspenso.

II *adj* dudoso -sa.

bore /bɔː/ **I** *pretérito de* ⇨ bear

II *n* **1.** (*person*) pesado -da *m/f*, pelmazo -za *m/f*; (*activity*) rollo *m*, pesadez *f*: **housework is such a bore** limpiar la casa es un rollo. **2.** (*of gun, pipe*) calibre *m*.

III *vt* **[bores, boring, bored] 1.** (*to drill*) taladrar: **they bored a hole** *in* ✱ *into* **the rockface** hicieron un agujero en la roca con el taladro. **2.** (*not to interest*) aburrir: **documentaries really bore me** los documentales me aburren mucho.

♦ *vi* taladrar.

bored /bɔːd/ *adj* aburrido -da: **I'm bored** *of* ✱ *with* **this game** este juego me aburre ● **we were bored stiff at that party** en esa fiesta nos aburrimos como ostras.

boredom /ˈbɔːdəm/ *n* aburrimiento *m*.

boring /ˈbɔːrɪŋ/ *adj* aburrido -da: **it's very boring working in an office** es muy aburrido trabajar en una oficina.

born /bɔːn/ **I to be born** *[verbo en pasiva]* nacer: **she was born in 1978** nació en 1978; **where were you born?** ¿dónde naciste? ● **do you think I was born yesterday?** ¿es que crees que nací ayer? ● **he was born and bred in Edinburgh** nació y se crió en Edimburgo.

II -born *[parte de un compuesto]*: **a French play by the Irish-born writer Beckett** una obra en francés del escritor irlandés Beckett.

III *adj* (*innate*) nato -ta: **she's a born actress** es una actriz nata.

borne /bɔːn/ *participio pasado de* ⇨ bear

borough /ˈbʌrə/ *n* **1.** (*district*) distrito *m*; (*town*) ciudad *f*. **2.** (*GB: constituency*) circunscripción *f*.

borrow /ˈbɒrəʊ/ *vt* **[borrows, borrowing, borrowed]** tomar prestado: **I borrowed his car** tomé prestado su coche; **she borrowed money** *from* **her parents** le prestaron dinero sus padres; **he's borrowed the theme** *from* **a folksong** ha tomado el tema de una canción popular.

borrower /ˈbɒrəʊə/ *n* prestatario -ria *m/f*.

borrowing /ˈbɒrəʊɪŋ/ *n* (*Fin*) préstamos *m pl*.

borstal /ˈbɔːstəl/ *n* (*GB*) reformatorio *m*.

Bosnia /ˈbɒznɪə/, **Bosnia-Hercegovina** /ˌbɒznɪəhɜːtsəgəʊˈviːnə/ *n* Bosnia (Herzegovina) *f*.

bosom /ˈbʊzəm/ *n* (*gen*) pecho *m*; (*female*) pechos *m pl*.

boss /bɒs/ **I** *n* **[bosses]** jefe -fa *m/f*: **who's boss around here?** ¿quién es el jefe aquí? ● **I like being my own boss** me gusta ser mi propio jefe.

II *vt* **[bosses, bossing, bossed]** dar órdenes a: **stop bossing me** *around* deja de darme órdenes.

bossiness /ˈbɒsɪnəs/ *n*: **she's well known for her bossiness** tiene fama de ser muy mandona.

bossy /ˈbɒsɪ/ *adj* **[bossier, bossiest]** mandón -dona.

bosun, boatswain /ˈbəʊsən/ *n* contramaestre *m*.

botanic /bəˈtænɪk/, **botanical** /bəˈtænɪkəl/ *adj* botánico -ca.

botanic(al) gardens *n pl* jardín *m* botánico.

botanist /ˈbɒtənɪst/ *n* botánico -ca *m/f*.

botany /ˈbɒtənɪ/ *n* botánica *f*.

botch /bɒtʃ/ (*fam*) **I** *vt* (*también* **botch up**) **[botches, botching, botched]** echar a perder: **they've botched up the repairs** los arreglos que han hecho son una verdadera chapuza.

II *n* **[botches]** chapuza *f*, chapucería *f*.

botch-up *n* chapuza *f*: **he made a real botch-up of his speech** su discurso fue una auténtica chapuza.

both /bəʊθ/ **I** *adj* ambos -bas, los/las dos: **both (the) skirts fitted her perfectly** las dos faldas le quedaban perfectamente.

II *pron* ambos -bas, los/las dos: **the winners are two students, both living in London** los ganadores son dos estudiantes, ambos residentes en Londres; **both** *of* **her sons are married now** los dos hijos están casados ya; **they both enjoy cycling** a los dos les gusta montar en bicicleta; **"Do you prefer vanilla or chocolate?" "I love them both!"** "¿Cuál prefieres, vainilla o chocolate?" "¡Me encantan los dos!"

III *adv*: **both he and his girlfriend have a car** tanto él como su novia tienen coche; **that was both unkind and unnecessary** eso fue cruel e innecesario.

bother /ˈbɒðə/ **I** *vi* **[bothers, bothering, bothered]** (*to make an effort*) molestarse, tomarse la molestia: **she didn't even bother to say thank you** ni siquiera se molestó en dar las gracias, ni siquiera se tomó la molestia de decir gracias; **you needn't bother to get a receipt** no hace falta que traigas el recibo; **he didn't bother** *about* **changing the sheets** no se molestó en cambiar las sábanas.

♦ *vt* **1.** (*to annoy, pester*) molestar: **is the radio bothering you?** ¿te molesta la radio?; **don't bother her now, she's not well** no la molestes ahora, no se encuentra bien ● **I can't be bothered to cook anything special** no tengo ganas de molestarme en hacer nada especial. **2.** (*to preoccupy*) preocupar: **something's bothering her** está preocupada por algo; **it doesn't bother me what you wear as long as you're comfortable** me da igual lo que te pongas con tal de que estés cómodo.

II *n* **1.** (*difficulty*) problemas *m pl*: **I've never had any bother with this car** nunca he tenido problemas con este coche. **2.** (*nuisance*) fastidio *m*: **it's a real bother having to pay a deposit** es un fastidio tener que dar una señal.

III *excl* (*GB*) demonio: **bother! it's still engaged** ¡demonio, todavía está comunicando!

bottle /ˈbɒtəl/ **I** *n* **1.** (*of wine, beer, milk*) botella *f*: **he drank a whole bottle of wine** se bebió una botella entera de vino; (*of medicine, scent*) frasco *m*: **he gave me a bottle of perfume** me regaló un frasco de perfume. **2.** (*for baby food*) biberón *m*: **it's time to give the baby his bottle** es hora de darle el biberón al niño.

II *vt* **[bottles, bottling, bottled]** (*liquid*) embotellar; (*fruit, pickles*) envasar.

to **bottle up** *vt* reprimir: **don't bottle it up - tell me what's wrong** no te lo tragues, dime qué pasa.

bottle bank *n* contenedor *m* de vidrio (*para reciclar*).

bottle green I *n* verde *m* botella.

II bottle-green *adj* verde botella *adj inv*.

bottleneck *n*: *lugar donde se producen frecuentes embotellamientos o situación que produce retrasos.*

bottle opener *n* abrebotellas *m inv.*

bottled /'bɒtəld/ *adj* (*liquid*) embotellado -da; (*fruit, pickles*) envasado -da.

bottom /'bɒtəm/ **I** *n* **1.** (*of river, lake, etc.*) fondo *m*: **it was lying** *at* **the bottom of the lake** estaba en el fondo del lago; **can you touch the bottom (of the pool)?** ¿haces pie? **2.** (*of glass, bottle*) fondo *m*: **the bottom of the glass is dirty** el fondo del vaso está sucio ● **bottoms up!** ¡salud! **3.** (*of a garden*): **she built a fire** *at* **the bottom of the garden** hizo una fogata * un fuego al fondo del jardín; (*of stairs*): **she shouted from the bottom of the stairs** gritó desde el pie de las escaleras. **4.** (*of page*) final *m*: **add your name** *to* **the bottom of the list** pon tu nombre al final de la lista; **she put a note** *at* **the bottom of the page** puso una nota a pie de página; **I found the form** *at* **the bottom of the pile** encontré el impreso justo al final del montón; (*of league table, group*): **he's** *at* **the bottom of his French class** es el último de la clase en francés. **5.** (*origin*): **I'm sure he's at the bottom of all this** estoy seguro de que él está detrás de todo esto; **she was determined to get to the bottom of it** estaba resuelta a llegar al fondo del asunto. **6.** (*Anat: fam*) trasero *m*.
II *adj*: **I always sleep in the bottom bunk** yo siempre duermo en la litera de abajo; **he stood on the bottom rung of the ladder** estaba en el primer peldaño de la escalera; **you'll have to go up the hill in bottom gear** tendrás que subir la cuesta en primera.
to **bottom out** *vi* [**bottoms, bottoming, bottomed**] (*Fin*) tocar fondo.

bottomless /'bɒtəmləs/ *adj* sin fondo: **his stomach is like a bottomless pit!** ¡su estómago es como un pozo sin fondo!

bough /baʊ/ *n* (*Bot: frml*) rama *f*.

bought /bɔ:t/ *pretérito y participio pasado de* ➪ buy

boulder /'bəʊldə/ *n* pedrusco *m*, roca *f* grande: **boulders blocked the road** unos pedruscos cortaban la carretera.

boulevard /'bu:lɪvɑ:d/ *n* bulevar *m*.

bounce /baʊns/ **I** *vi* [**bounces, bouncing, bounced**] **1.** (*ball*) botar: **this tennis ball doesn't bounce very well** esta pelota de tenis no bota muy bien; **the cart bounced** *along* **the bumpy road** el carro iba dando botes por aquel camino pedregoso; **she was bouncing** *about* **on the trampoline** estaba saltando en la cama elástica; **he bounced** *in* **looking pleased with himself** irrumpió en la habitación muy contento. **2.** (*cheque*) *ser devuelto por el banco por no haber fondos*.
♦ *vt* botar: **the player bounced the ball before throwing in** el jugador botó el balón antes de sacar.
II *n* **1.** (*of ball*) bote *m*. **2.** (*of hair*): **this conditioner really gives your hair bounce** este suavizante deja tu cabello muy suelto.
to **bounce back** *vi* **1.** (*to rebound*) rebotar. **2.** (*after illness*) recuperarse.

bouncer /'baʊnsə/ *n* (*fam*) matón *m* (*para evitar disturbios en bares, discotecas*).

bouncy /'baʊnsɪ/ *adj* [**bouncier, bounciest**] **1.** (*person*) activo -va, vivaz. **2.** (*ball*) que bota bien.

bound /baʊnd/ **I** *pretérito y participio pasado de* ➪ bind
II *adj* **1.** (*book*) encuadernado -da. **2.** (*tied*) atado -da: **he handed me a parcel bound** *with* **string** me dio un paquete atado con una cuerda; **climatic changes are bound** *up with* **pollution** los cambios climatológicos están estrechamente ligados a la contaminación. **3.** (*obliged*) obligado -da: **he felt bound to resign** se sintió obligado a dimitir; **they're bound** *by* **law to pay tax** están obligados por ley a pagar impuestos. **4.** (*highly probable*): **it's bound to rain** lo más probable es que llueva; **he's bound to forget** seguro que se le olvida; (*in retrospect*) destinado -da: **it was bound to break sooner or later** se tenía que romper tarde o temprano. **5.** (*heading for*): **they boarded a ship bound** *for* **New York** embarcaron en una nave con destino a Nueva York.
III *vi* [**bounds, bounding, bounded**] saltar: **the dog came bounding** *up* **to greet me** el perro vino saltando a saludarme.
IV *n* (*leap*) salto *m*.
V bounds *n pl* (*limits*) límites *m pl*: **it's beyond the bounds of reason** está fuera de los límites de la razón ● **her jealousy knew no bounds** sus celos no tenían límites ● **the science block is out of bounds at lunchtime** está prohibido entrar en el edificio de ciencias durante la hora de comer.

boundary /'baʊndərɪ/ *n* [**boundaries**] **1.** (*limit*) límite *m*: **he went outside the school boundaries** salió de los límites del colegio. **2.** (*border*) frontera *f*: **they live** *on* **the boundary** *between* **two states** viven en la frontera entre dos estados.

boundless /'baʊndləs/ *adj* ilimitado -da.

bounteous /'baʊntɪəs/ *adj* (*frml*) generoso -sa.

bountiful /'baʊntɪfʊl/ *adj* (*frml*) abundante.

bounty /'baʊntɪ/ *n* (*frml*) generosidad *f*.

bouquet /bʊ'keɪ/ *n* **1.** (*of flowers*) ramo *m*. **2.** (*of wine*) buqué *m*.

bourbon /'bɜ:bən/ *n* (*whisky*) bourbon *m*.

bourgeois /'bʊəʒwɑ:/ *adj, n* burgués -guesa *adj, m/f*.

bourgeoisie /ˌbʊəʒwɑ:'zi:/ *n* burguesía *f*.

bout /baʊt/ *n* **1.** (*of malaria, flu*) ataque *m*; (*of depression*): **she's suffering from a bout of depression** está muy deprimida últimamente. **2.** (*in boxing*) combate *m*.

boutique /bu:'ti:k/ *n* boutique *f*.

bovine /'bəʊvaɪn/ *adj* bovino -na.

bow I *n* **1.** /bəʊ/ (*of ribbon, shoelace*) lazo *m*. **2.** /bəʊ/ (*in archery, for violin*) arco *m*. **3.** /baʊ/ (*to audience, royalty*) reverencia *f*: **he came onto the stage to take another bow** salió al escenario a saludar otra vez. **4.** (*también* **bows** *n pl*) /baʊ(z)/ (*Naut*) proa *f*.
II *vi* [**bows, bowing, bowed**] **1.** /baʊ/ (*gen*) inclinarse: **he bowed politely and left** se inclinó cortésmente y se marchó ● **I bow to your superior knowledge** reconozco que tú sabes más; (*after a performance*) saludar (*al final de la obra*). **2.** /bəʊ/ (*to sag*) combarse: **the shelf bowed under the weight of the books** con el peso de los libros se combó la balda.
♦ *vt* /baʊ/ (*head*) agachar.
to **bow out** /baʊ aʊt/ *vi* retirarse: **he bowed out** *of* **the leadership, leaving his deputy in charge** se retiró de la dirección y dejó el cargo a su ayudante.

bow-legged /bəʊ'legd/ *adj* patizambo -ba.

bow tie /bəʊ taɪ/ *n* pajarita *f* (*corbata*).

bowed *adj* **1.** /baʊd/ (*person*) encorvado -da. **2.** /bəʊd/ (*legs*) arqueado -da.

bowel /'baʊəl/ **I** *n* (*Med*) intestino *m*: **cancer of the bowel** cáncer de colon.
II bowels *n pl* intestino *m* ● **the bunker is in the bowels of the earth** el búnker está en las entrañas de la tierra.

bower /'baʊə/ *n* emparrado *m*.

bowl /bəʊl/ **I** *n* **1.** (*for food*) tazón *m*, bol *m*: **I have a bowl of cereal every morning** me tomo un tazón de cereales cada mañana; **I tipped the bowl of soup all**

over him le eché encima el tazón de sopa sin querer. **2.** (*for washing up*) palangana *f.* **3.** (*of toilet*) taza *f.* **4.** (*used in game*) bola *f* (*usada en el juego de* ⇨ bowls). **5. bowls** *[lleva el verbo en singular]* (*game*) *juego en el que se hacen rodar unas bolas grandes, intentando acercarlas lo más posible a otra más pequeña.*

II *vi* [**bowls, bowling, bowled**] (*in cricket*) lanzar la pelota.

♦ *vt* (*ball*) lanzar.

to **bowl over** *vt* derribar ● **I was completely bowled over when he asked me out** me sorprendió muchísimo cuando me pidió que saliera con él.

bowler /ˈbəʊlə/ *n* **1.** (*in cricket*) lanzador -dora *m/f.* **2.** (*también* **bowler hat**) (*GB*: *Clothing*) sombrero *m* hongo, bombín *m.*

bowling /ˈbəʊlɪŋ/ *n* bolos *m pl.*

bowling alley *n* bolera *f.*

box /bɒks/ **I** *n* [**boxes**] **1.** (*gen*) caja *f*: **put the jigsaw away in its box** guarda el puzzle en su caja. **2.** (*on a form*) casilla *f*, recuadro *m*: **tick one box only** marque sólo una casilla. **3.** (*in theatre*) palco *m.* **4. the box** (*GB*: *fam, television*) la tele: **what's** *on* **the box tonight?** ¿qué dan en la tele esta noche?

II *vt* [**boxes, boxing, boxed**] (*to put in a box*) poner * meter en una caja; (*to put in boxes*) poner * meter en cajas: **the books are boxed automatically** los libros se embalan en cajas automáticamente.

♦ *vi* (*Sport*) boxear.

to **box in** *vt* encajonar: **we were boxed in by a truck** quedamos encajonados por un camión ● **he feels boxed in working in an office** se siente como enjaulado trabajando en una oficina.

to **box up** *vt* meter en una caja: **I've boxed everything up and put it in the attic** he metido todo en una caja y lo he puesto en el ático.

box number *n* apartado *m* de correos: **Box No. 34** apartado de correos núm. 34, (*Amér L*) casilla de correos núm. 34.

box office *n* taquilla *f.*

boxroom *n* trastero *m.*

boxer /ˈbɒksə/ **I** *n* **1.** (*person*) boxeador *m.* **2.** (*dog*) bóxer *m.*

II boxers *n pl* (*también* **boxer shorts**) calzoncillos *m pl* (*tipo boxeador*).

boxing /ˈbɒksɪŋ/ *n* boxeo *m.*

boxing gloves *n pl* guantes *m pl* de boxeo.

boxing match *n* encuentro *m* de boxeo.

boxing ring *n* cuadrilátero *m.*

Boxing Day /ˈbɒksɪŋ deɪ/ *n* (*GB*) *primer día laborable después del día de Navidad, en el que se guarda fiesta.*

boy /bɔɪ/ **I** *n* **1.** (*male child*) niño *m*; (*young man*) chico *m*, muchacho *m* ● **boys will be boys!** ¡típico de chicos! ● **they're having a boys' night out on the town** van a salir de juerga, pero sin chicas. **2.** (*son*) hijo *m*: **our boys love basketball** a nuestros hijos les encanta el baloncesto.

II *excl* (*US*): **boy (oh boy)!** ¡vaya! * ¡madre mía!

boyfriend *n* novio *m.*

boy scout *n* boy scout *m.*

boycott /ˈbɔɪkɒt/ **I** *n* boicot *m.*

II *vt* [**boycotts, boycotting, boycotted**] boicotear.

boyhood /ˈbɔɪhʊd/ *n* (*childhood*) niñez *f*; (*youth*) juventud *f.*

boyish /ˈbɔɪɪʃ/ *adj* de chico.

BR /biːˈɑː/ *n* (*abreviatura de* **British Rail**) *compañía estatal de ferrocarriles en Gran Bretaña.*

bra /brɑː/ *n* sujetador *m*, sostén *m.*

brace /breɪs/ **I** *n* **1.** (*Tec*) abrazadera *f.* **2.** (*for teeth*) aparato *m* (*de los dientes*): **she has to wear a brace** tiene que llevar aparato. **3.** [*pl* **brace**] (*Culin*: *of pheasants, partridges, etc.*) par *m.*

II braces *n pl* (*GB*: *for trousers*) tirantes *m pl.*

III *vt* [**braces, bracing, braced**]: **he braced himself** *against* * *for* **the imminent explosion** se preparó para la inminente explosión; **I'm bracing myself** *for* **criticism** estoy preparado para hacerle frente a la crítica.

bracelet /ˈbreɪslɪt/ *n* pulsera *f.*

bracing /ˈbreɪsɪŋ/ *adj* vigorizante.

bracken /ˈbrækən/ *n* helecho *m.*

bracket /ˈbrækɪt/ **I** *n* **1.** (*parenthesis: round*) paréntesis *m inv*: **put your name** *in* **brackets** pon tu nombre entre paréntesis; (*: square*) corchete *m.* **2.** (*support*) soporte *m*, palomilla *f.* **3.** (*division*) grupo *m*: **we're targetting a slightly higher age bracket** nuestro objetivo es un grupo de edad algo mayor; **they're in the lowest tax bracket** están en la banda impositiva más baja; (*range*): **these houses are in the forty to fifty thousand pound price bracket** esas casas cuestan entre cuarenta y cincuenta mil libras.

II *vt* [**brackets, bracketing, bracketed**] **1.** (*Ling*) poner entre paréntesis. **2.** (*people, things*) equiparar: **those two points cannot be bracketed** *together* esas dos cosas no se pueden meter en el mismo cajón de sastre.

brag /bræg/ *vi* [**brags, bragging, bragged**] presumir: **he's always bragging** *about* **how rich his parents are** está siempre presumiendo de lo ricos que son sus padres.

braid /breɪd/ **I** *n* **1.** (*decoration*) galón *m.* **2.** (*US*: *of hair*) trenza *f.*

II *vt* [**braids, braiding, braided**] (*US*) trenzar.

Braille /breɪl/ *n* braille *m.*

brain /breɪn/ **I** *n* cerebro *m*: **she'll pick it up quickly, she has a good brain** lo entenderá rápido, es muy capaz ● **she's got food on the brain** está obsesionada con la comida ● **I've got that tune on the brain** no me puedo quitar esa melodía de la cabeza.

II brains *n pl* **1.** (*Culin, Anat*) sesos *m pl* ● **I've come to pick your brains** he venido a preguntarte algo ● **she racked her brains trying to think of an excuse** se devanó los sesos buscando una excusa ● **he blew his brains out** se voló la tapa de los sesos. **2.** (*person*) cerebro *m*: **he's the brains behind the company** es el cerebro de la empresa.

III *vt* [**brains, braining, brained**] (*fam*) romperle la crisma a: **he nearly brained himself on the doorframe** por poco se rompe la crisma con el marco de la puerta.

brainchild *n* creación *f.*

brain damage *n* lesión *f* cerebral.

braindead *adj* **1.** (*Med*) clínicamente muerto -ta. **2.** (*fam: stupid*) estúpido -da.

brain death *n* (*Med*) muerte *f* cerebral.

brain drain *n* fuga *f* de cerebros.

brain scan *n* electroencefalograma *m.*

brainstorm *n* **1.** (*GB*: *mental block*) bloqueo *m* mental. **2.** (*US*: *bright idea*) idea *f* genial.

brainstorming *n*: **we had a brainstorming session to think up a name for the new product** nos reunimos para barajar ideas sobre qué nombre ponerle al nuevo producto.

brain-teaser *n* rompecabezas *m inv.*

brainwash *vt* [**brainwashes, brainwashing, brainwashed**] lavar el cerebro a: **they brainwashed her** *into* **thinking she was evil** le lavaron el cerebro para

hacerla creer que era mala.
brainwashing *n* lavado *m* de cerebro.
brain wave *n* idea *f* genial.

brainless /ˈbreɪnləs/ *adj* (*fam*) estúpido -da.

brainy /ˈbreɪnɪ/ *adj* [**brainier, brainiest**] (*fam*) listo -ta.

braise /breɪz/ *vt* [**braises, braising, braised**] estofar.

brake /breɪk/ **I** *n* freno *m*: **he slammed on the brakes** dio un frenazo • **they need to put the brakes on inflation** tienen que poner freno a la inflación.
II *vi* [**brakes, braking, braked**] frenar: **try to brake smoothly** intenta frenar suavemente.
brake block *n* (*for bicycle*) zapata *f* del freno.
brake drum *n* tambor *m* del freno.
brake fluid *n* líquido *m* de frenos.
brake lights *n* luces *f pl* de freno.
brake pad *n* pastilla *f* de frenos.
brake shoe *n* zapata *f* de frenos.

bramble /ˈbræmbəl/ *n* (*bush*) zarza *f*; (*blackberry*) zarzamora *f*.
bramble patch *n* zarzal *m*.

bran /bræn/ *n* (*Culin*) salvado *m*.

branch /brɑːntʃ/ **I** *n* [**branches**] **1.** (*Bot*) rama *f*. **2.** (*también* **branch line**) (*railway line*) ramal *m*. **3.** (*of subject*) rama *f*: **she works in a different branch of engineering** se dedica a una rama distinta de la ingeniería. **4.** (*Fin*) sucursal *f*: **he has been transferred to the London branch** lo han trasladado a la sucursal de Londres.
II *vi* [**branches, branching, branched**] (*in two*) bifurcarse; (*in more than two*) ramificarse.
to **branch off** *vi*: **the line branches off to go to Nottingham** hay un ramal que va a Nottingham.
to **branch out** *vi* diversificarse.
branch manager *n* director -tora *m/f* de sucursal.

brand /brænd/ **I** *n* **1.** (*commercial*) marca *f*: **they're promoting a new brand of washing powder** están promocionando una nueva marca de detergente. **2.** (*Agr*: *stamp*) hierro *m*. **3.** (*sort*) tipo *m*: **he has developed a distinctive brand of comedy** ha desarrollado un tipo de humor muy particular.
II *vt* [**brands, branding, branded**] **1.** (*Agr*) marcar (*al hierro*). **2.** (*person*) tildar: **she branded him** *as* **ignorant** lo tildó de ignorante; **he was branded a liar** fue tildado de mentiroso.
brand name *n* nombre *m* de marca.

brandish /ˈbrændɪʃ/ *vt* [**brandishes, brandishing, brandished**] blandir.

brand-new /ˌbrændˈnjuː/ *adj* completamente nuevo -va, nuevecito -ta.

brandy /ˈbrændɪ/ *n* [**brandies**] coñac *m*.

brash /bræʃ/ *adj* (*salesman, manner*) avasallador -dora.

brass /brɑːs/ *n* **1.** (*metal*) latón *m*. **2. the brass** (*Mus*) los metales.
brass band *n* (*Mus*) banda *f* (*de instrumentos de metal*).

brassiere /ˈbræsɪə/ *n* sujetador *m*, sostén *m*.

brassy /ˈbrɑːsɪ/ *adj* [**brassier, brassiest**] **1.** (*of brass*) de latón. **2.** (*sound*) estridente.

brat /bræt/ *n* (*fam*) bicho *m* (*niño malo*).

bravado /brəˈvɑːdəʊ/ *n* bravuconería *f*.

brave /breɪv/ **I** *adj* valiente.
II *n* (*Red Indian warrior*) guerrero *m* indio.
III *vt* [**braves, braving, braved**] hacer frente a, desafiar: **they braved gunfire to rescue the wounded** hicieron frente a los disparos para rescatar a los heridos.

bravely /ˈbreɪvlɪ/ *adv* valientemente.

bravery /ˈbreɪvərɪ/ *n* valentía *f*, valor *m*.

bravo /brɑːˈvəʊ/ *excl* bravo.

brawl /brɔːl/ **I** *n* bronca *f*, pelea *f*.
II *vi* [**brawls, brawling, brawled**] armar bronca.

brawn /brɔːn/ *n* **1.** (*strength*) fuerza *f* física • **he's the brawn and I'm the brains** él es la fuerza física y yo la materia gris. **2.** (*Culin*) queso *m* de cerdo, cabeza *f* de cerdo ✱ de jabalí.

brawny /ˈbrɔːnɪ/ *adj* [**brawnier, brawniest**] musculoso -sa.

bray /breɪ/ **I** *vi* [**brays, braying, brayed**] rebuznar.
II *n* rebuzno *m*.

brazen /ˈbreɪzən/ **I** *adj* (*person*) descarado -da.
II *vt* [**brazens, brazening, brazened**] • **he knew he was wrong but tried to brazen it out** sabía que no tenía razón, pero siguió con lo mismo.

brazenly /ˈbreɪzənlɪ/ *adv* descaradamente.

brazier /ˈbreizjə/ *n* brasero *m*.

Brazil /brəˈzɪl/ *n* (el) Brasil.
brazil nut *n* nuez *f* del Brasil.

Brazilian /brəˈzɪlɪən/ *adj*, *n* brasileño - ña *adj*, *m/f*.

breach /briːtʃ/ **I** *n* [**breaches**] **1.** (*Law*) incumplimiento *m*: **they sued her for breach of contract** la demandaron por incumplimiento de contrato. **2.** (*gap*) grieta *f* • **one player broke his leg so Lee stepped into the breach** un jugador se rompió la pierna así que Lee lo sustituyó.
II *vt* [**breaches, breaching, breached**] (*Law*) contravenir.
breach of confidence *n* abuso *m* de confianza.
breach of faith *n* falta *f* de lealtad.
breach of the law *n* violación *f* de la ley.
breach of the peace *n* alteración *f* del orden público.

bread /bred/ *n* pan *m*: **we need some bread** necesitamos pan; **cut me another slice of bread please** por favor, córtame otra rebanada de pan; **I prefer brown/white bread** prefiero el pan integral/blanco; **sliced bread is handy for sandwiches** el pan de molde viene bien para hacer sandwiches; **a piece of bread and butter** una rebanada de pan con mantequilla • **writing newspaper reviews is his bread and butter** se gana la vida escribiendo reseñas para los periódicos • **she knows which side her bread is buttered on** ella sabe lo que más le conviene.
breadbasket *n* cesta *f* del pan.
breadbin *n* panera *f*.
breadboard *n* tabla *f* (*para cortar pan*).
breadcrumb I *n* miga *f* de pan.
II breadcrumbs *n pl* (*for coating fish, etc.*) pan *m* rallado.
breadknife *n* [**breadknives**] cuchillo *m* (de pan).
breadline *n* • **they're on the breadline** apenas tienen para vivir.
bread sauce *n*: *salsa hecha con leche y pan.*
breadwinner *n* el/la que gana el sustento.

breadth /bredθ/ *n* **1.** (*Meas*) ancho *m*: **the pool is fifteen metres** *in* **breadth** la piscina tiene quince metros de ancho. **2.** (*range*) amplitud *f*: **the breadth of her knowledge is amazing** la amplitud de sus conocimientos es increíble.

break /breɪk/ **I** *n* **1.** (*gen*) rotura *f*; (*of bone*) fractura *f*: **the X-ray shows a break** *in* **the femur** en la radiografía se aprecia una fractura del fémur; (*in transmission*) interrupción *f*: **we apologize for the break** *in* **transmission** pedimos disculpas por la interrupción de la transmisión; (*in relations*) ruptura *f* • **he has made a break with his old friends** ha roto la relación con sus viejos amigos. **2.** (*sudden rush*): **he**

made a break *for* **the door** salió corriendo hacia la puerta. **3.** (*at school*) recreo *m*: **the children play outside at * during break** los niños juegan afuera en el recreo; (*in work*) pausa *f*, descanso *m*: **we usually have a break around eleven** normalmente hacemos una pausa * nos tomamos un descanso a las once • **give the poor girl a break!** ¡deja en paz a la pobre chica! **4.** (*on television*) intermedio *m*, pausa *f* comercial: **the news is on after the break** después del intermedio vienen las noticias. **5.** (*holiday*) vacaciones *f pl*: **I could really do with a break** *from* **work** me vendría muy bien un descanso, me vendrían muy bien unas vacaciones; **we had a weekend break in Dublin** fuimos a Dublín a pasar un fin de semana. **6.** (*chance*) oportunidad *f*: **the show gave her the break she needed** el show le brindó la oportunidad que necesitaba; **he owes his success to a series of lucky breaks** debe su éxito a una serie de golpes de suerte.

II *vt* [**breaks, breaking, broke,** *participio pasado* **broken**] **1.** (*gen*) romper: **she's broken her arm** se ha roto el brazo; **break the eggs into a bowl** casca los huevos en un cuenco; **she broke the bar of chocolate in half** partió la barra de chocolate por la mitad; **he's broken my heart** me ha roto el corazón. **2.** (*to render inoperative*) romper, estropear: **you've broken my camera!** ¡me has roto la cámara! **3.** (*to fail to observe: a promise*) no cumplir: **he broke all his promises** no cumplió ninguna de sus promesas; (*: the law*) infringir: **we didn't know we were breaking the law** no sabíamos que estábamos infringiendo la ley • **rules are made to be broken** las reglas se han hecho para romperse. **4.** (*to destroy*): **nothing can break his will to succeed** nada puede quebrantar su voluntad de triunfar; **he was broken by suffering** el sufrimiento lo destrozó. **5.** (*to end: silence*) romper; (*: habit*) quitarse: **he'll never break his drugs habit** nunca podrá sobreponerse a su adicción a la droga; **we must break this deadlock** tenemos que salir de este impasse. **6.** (*to interrupt*): **we broke the journey at York** paramos en York; **the safety net broke his fall** cayó en la red; (*in tennis*): **Morton broke Lyle's serve in the second set** Morton rompió el servicio de Lyle en el segundo set. **7.** (*to tell*): **have you broken the news to your parents?** ¿les has dado la noticia a tus padres?; **try to break it to him gently** trata de prepararlo para la noticia. **8.** (*code*) descifrar: **the experts are trying to break the code** los expertos están tratando de descifrar el código. **9.** (*record*) batir, superar: **he broke the world record** batió el récord mundial.

♦ *vi* **1.** (*gen*) romperse: **the handle broke as soon as he picked up the bag** el asa se rompió en cuanto levantó la bolsa; **the waves were breaking against the sea wall** las olas rompían contra el espigón. **2.** (*to become inoperative*) romperse, estropearse: **my watch has broken** se me ha roto el reloj. **3.** (*to have an interval*) parar: **what time do you break** *for* **lunch?** ¿a qué hora paras para comer? **4.** (*to begin: day*): **we left as dawn * day was breaking** salimos cuando amanecía * al despuntar el alba; (*: storm*) desatarse, empezar: **the storm broke at midday** la tormenta se desató al mediodía; (*to be revealed: news*) hacerse público -ca: **the news broke in the press the next day** la noticia salió en la prensa al día siguiente. **5.** (*to change*): **my brother's voice has just broken** mi hermano acaba de mudar la voz; **the fine weather is forecast to break tomorrow** se prevé que el buen tiempo terminará mañana.

to **break away** *vi* (*to become separated*) separarse: **she had broken away** *from* **the group** se había separado del grupo; **a small group broke away** *from* **the main party** un grupo pequeño se escindió del partido; (*to escape*) escapar(se): **he broke away** *from* **his captors** (se) escapó de sus captores.

to **break down** *vi* **1.** (*to collapse: person*): **he broke down and confessed his guilt** no pudo más y confesó su culpa; **she broke down in tears** se puso * se echó a llorar; (*: negotiations*) fracasar: **the talks broke down after two days** las conversaciones fracasaron a los dos días. **2.** (*to cease to function*) estropearse, (*Amér L*) descomponerse: **the washing machine has broken down again** la lavadora se ha estropeado otra vez.

♦ *vt* **1.** (*to divide*) dividir: **the results are broken down** *into* **four groups** los resultados se dividen en cuatro grupos; **fibre is not broken down during digestion** la fibra no se digiere. **2.** (*to demolish*): **let me in or I'll break the door down!** ¡déjame entrar o echo la puerta abajo!; **they're trying to break down his resistance** están intentando quebrantar su resistencia.

to **break free, break loose** *vi* soltarse: **the boat broke free * loose from its moorings** el barco se soltó de sus amarras.

to **break in** *vt* **1.** (*to soften up*): **I'll have to break in these shoes before the party** tendré que domar estos zapatos antes de la fiesta. **2.** (*to accustom*): **he needs breaking in** *to* **our ways** necesita acostumbrarse a nuestra forma de hacer las cosas. **3.** (*US*: *Auto*) rodar.

♦ *vi* **1.** (*to enter illegally*) forzar la entrada: **they broke in through the back door** forzaron la entrada por la puerta trasera. **2.** (*to interrupt*) interrumpir: **may I break in at this point?** ¿me permiten interrumpir en este punto?; **he broke in** *on * upon* **us without warning** irrumpió de pronto en la habitación donde estábamos.

to **break into** *vt* **1.** (*to begin*): **the horse broke into a trot** el caballo empezó a trotar; **they broke into song** se pusieron a cantar; **his face broke into a smile** una sonrisa le iluminó la cara. **2.** (*to enter by force*): **he admitted breaking into seven houses** admitió haber forzado la entrada en siete casas; **the house had been broken into and the painting was gone** habían entrado ladrones en la casa y se habían llevado el cuadro. **3.** (*to use, to start on*): **I'll have to break into a twenty pound note** tendré que cambiar un billete de veinte libras. **4.** (*to become involved in*) introducirse en: **he wants to break into journalism** quiere introducirse en el mundo periodístico.

to **break loose** *vi* ⇨ *to* break free

to **break off** *vi* **1.** (*to stop*): **he suddenly broke off in mid-sentence** de pronto, se interrumpió a mitad de una frase. **2.** (*to become detached*) romperse: **you can't adjust the volume - the control's broken off** no se puede ajustar el volumen, se ha roto el botón.

♦ *vt* **1.** (*to stop: negotiations*) interrumpir: **she broke off the lesson to restore order** interrumpió la clase para restablecer el orden; (*: relationship*) romper: **he was the one who broke off the relationship** él fue quien rompió la relación. **2.** (*to detach*) partir: **he broke off a hunk of bread** partió un trozo de pan.

to **break out** *vi* **1.** (*to begin: gen*) empezar: **the fire broke out in the laboratory** el incendio empezó en el laboratorio; (*: war*) estallar. **2.** (*to become covered in*): **he broke out** *in* **spots** le salieron granos; **the sun makes her break out** *in* **a rash** el sol hace que le salga un sarpullido; **I broke out** *in* **a cold sweat** empecé a sentir un sudor frío. **3.** (*to escape*) fugarse: **his at-**

tempt to break out *of* **prison failed** su intento de fugarse de la cárcel fracasó.

to **break through** *vt* **1.** (*a barrier*) atravesar: **demonstrators broke through the police cordon** los manifestantes atravesaron * rompieron el cordón policial. **2.** (*sun, moon*): **the moon broke through the clouds** la luna asomó por entre las nubes.

♦*vi* (*sun, moon*) salir: **the sun finally broke through** finalmente salió el sol.

to **break up** *vi* **1.** (*to end*) terminar: **when did the party break up?** ¿cuándo terminó la fiesta?; **their marriage broke up some time ago** hace ya un tiempo que se separaron; **Claire and Robert have broken up** Claire y Robert han roto; **the girls break up for Christmas tomorrow** las niñas empiezan las vacaciones de Navidad mañana. **2.** (*to disintegrate*) desintegrarse.

♦*vt* (*to separate*): **she broke the chocolate up** *into* **pieces** partió el chocolate en trozos; **security forces broke up the demonstrators** las fuerzas de seguridad dispersaron a los manifestantes • **you two, break it up!** ¡vosotros dos, basta ya!

to **break with** *vt* (*a boyfriend, girlfriend*) terminar con: **she has just broken with Ben** acaba de romper con Ben; (*tradition, the past*) romper con: **the Expressionists broke with artistic tradition** los expresionistas rompieron con la tradición artística.

breakaway *adj* disidente.

breakdown *n* **1.** (*analysis*) desglose *m*: **we need a breakdown of costs** necesitamos un desglose de los costos. **2.** (*collapse: of person*) colapso *m* nervioso: **he suffered a breakdown** sufrió un colapso nervioso; (*: of talks*) fracaso *m*: **the breakdown of negotiations may lead to a strike** el fracaso de las negociaciones puede llevar a una huelga. **3.** (*of machine, vehicle*) avería *f*: **they had a breakdown on the way home** tuvieron una avería en el camino a casa; **this is the third system breakdown this week** ésta es la tercera vez que se estropea el sistema en lo que va de semana; **we must prevent the breakdown of moral values** debemos evitar el derrumbamiento de los valores morales.

breakdown truck, breakdown van *n* grúa *f* (*del servicio de asistencia en carretera*).

break-in *n*: *entrada forzada a un edificio o una vivienda*: **there was a break-in on our street last night** anoche entraron ladrones en una casa de nuestra calle.

breakneck *adj*: **she drove at breakneck speed all the way home** fue a una velocidad suicida todo el camino a casa.

break of day *n* (*frml*) amanecer *m*, alba *f* [takes ***el*** or ***un*** in singular].

breakthrough *n* gran avance *m*, gran paso *m* adelante: **we're on the verge of an important breakthrough** estamos en puertas de un importantísimo avance.

break-up *n* (*of talks, marriage*) fracaso *m*; (*of empire, federation*) desintegración *f*, desmembramiento *m*; (*of partnership*) disolución *f*.

breakwater *n* rompeolas *m inv*, espigón, m.

breakable /ˈbreɪkəbəl/ **I** *adj* (*fragile*) frágil.

II breakables *n pl* (*fragile objects*) objetos *m pl* frágiles.

breakage /ˈbreɪkɪdʒ/ *n* **1.** (*act of breaking*) rotura *f*: **breakage of any piece of equipment is the client's responsibility** el cliente es responsable de la rotura de cualquier parte del equipo. **2.** (*thing broken*): **you'll have to pay for any breakages** tendrás que pagar cualquier objeto que se rompa.

breaker /ˈbreɪkə/ *n* (*wave*) ola *f* (*de gran altura*).

breakfast /ˈbrekfəst/ **I** *n* desayuno *m*: **I usually have toast for breakfast** normalmente desayuno tostadas; **come and have your breakfast** ven a desayunar.

II *vi* [**breakfasts, breakfasting, breakfasted**] (*frml*) desayunar.

breakfast cereal *n* cereales *m pl* (*para el desayuno*).

breakfast television *n* televisión *f* matinal.

breast /brest/ *n* **1.** (*of woman*) pecho *m*, seno *m*; (*chest*) pecho *m* • **I advise you to make a clean breast of it** te aconsejo que confieses. **2.** (*of poultry*) pechuga *f*.

breastbone *n* esternón *m*.

breast-feed *vt* [**breast-feeds, breast-feeding, breast-fed**] amamantar, darle de mamar a.

breaststroke *n* (*in swimming*) braza *f*.

breath /breθ/ *n* (*air breathed in or out*) aliento *m*: **he's got bad breath** tiene mal aliento; (*breathing*) respiración *f*: **he held his breath** contuvo la respiración; **she took a deep breath and dived in** respiró hondo y se zambulló • **she was out of breath** se había quedado sin aliento • **I'll explain when I get my breath back** te lo explicaré cuando haya recobrado el aliento • **the sight of the shore took our breath away** cuando vimos la costa, nos quedamos boquiabiertos • **she swore under her breath** soltó una palabrota en voz baja • **you're wasting your breath trying to reason with him** pierdes el tiempo intentando convencerlo • **I need a breath of fresh air** necesito un poco de aire fresco.

breathalyze /ˈbreθəlaɪz/ *vt* [**breathalyzes, breathalyzing, breathalyzed**] (*GB*) hacerle la prueba del alcohol * de la alcoholemia a: **he was breathalyzed** le hicieron la prueba del alcohol.

Breathalyzer® /ˈbreθəlaɪzə/ *n* (*GB*) alcoholímetro *m*.

breathe /briːð/ *vt* [**breathes, breathing, breathed**] **1.** (*fresh air, fumes*) respirar: **don't breathe smoke on me!** ¡no me eches el humo! • **he breathed his last** exhaló el último suspiro. **2.** (*to say quietly*) decir en voz baja.

♦*vi* respirar • **I'll be able to breathe again when I know I've passed** no voy a respirar tranquilo hasta que sepa que he aprobado.

to **breathe in** *vi* aspirar.

to **breathe out** *vi* espirar.

breather /ˈbriːðə/ *n* (*fam*) respiro *m*: **they took a breather before carrying on** se tomaron un respiro antes de continuar.

breathing /ˈbriːðɪŋ/ *n* respiración *f*.

breathing space *n* momento *m* de respiro, respiro *m*: **we didn't get any breathing space between the talks** no tuvimos un momento de respiro entre conferencia y conferencia.

breathless /ˈbreθləs/ *adj* jadeante.

breathtaking /ˈbreθteɪkɪŋ/ *adj* **1.** (*beauty*) imponente, impresionante: **the view was breathtaking** el panorama era de los que quitan el aliento. **2.** (*speed*) vertiginoso -sa, de vértigo.

bred /bred/ *pretérito y participio pasado de* ⇨ breed

breeches /ˈbriːtʃɪz/ *n pl* **1.** (*for hiking*) pantalones *m pl* de excursionista (*tipo bombacho*). **2.** (*también* **riding breeches**) pantalones *m pl* de montar.

breed /briːd/ **I** *vt* [**breeds, breeding, bred**] **1.** (*animals*) criar; (*plant strain*) cultivar. **2.** (*to encourage*) engendrar, generar: **these attitudes breed intolerance** estas actitudes engendran la intolerancia.

♦*vi* (*animals*) reproducirse.

II *n* **1.** (*of animal*) raza *f* • **men like him are a dying**

breed ya quedan pocos hombres como él. 2. (*type*) generación *f*: **it belongs to a new breed of cars** pertenece a una nueva generación de coches.

breeding /ˈbriːdɪŋ/ *n* 1. (*of animals: by humans*) cría *f*; (*: by reproduction*) reproducción *f*: **this is the breeding season for deer** ésta es la época de reproducción de los ciervos. 2. (*refinement*) educación *f*, clase *f*.

breeding ground *n* 1. (*for animals*) criadero *m*. 2. (*for ideas, attitudes*) caldo *m* de cultivo, semillero *m*.

breeze /briːz/ I *n* brisa *f*.
II *vi* [**breezes, breezing, breezed**]: **she breezed** *in* **without even an apology** entró tan tranquila, sin siquiera disculparse.

breeze block *n* bloque *m* de cemento.

breezy /ˈbriːzɪ/ *adj* [**breezier, breeziest**] 1. (*person*) despreocupado -da y jovial. 2. (*weather*): **the weather was nice and breezy** soplaba una brisa agradable.

brethren /ˈbreðrən/ *n pl* hermanos *m pl* (*en una comunidad religiosa*).

brevity /ˈbrevətɪ/ *n* brevedad *f*.

brew /bruː/ I *vt* [**brews, brewing, brewed**] (*tea*) preparar, hacer; (*beer*) elaborar.
♦*vi* 1. (*tea*) reposar: **allow the tea to brew before pouring** deje reposar el té antes de servirlo; (*beer*) fermentar. 2. (*storm*) prepararse. 3. (*problem*) avecinarse: **there's something brewing at the office** se traen algo entre manos en la oficina.
II *n* 1. (*tea*) té *m*: **this is a strong brew!** ¡qué fuerte está este té!; (*beer*) cerveza *f*. 2. (*fam: concoction*) brebaje *m*.

brewer /bruːə/ *n* fabricante *m/f* de cerveza, cervecero -ra *m/f*.

brewery /ˈbruːərɪ/ *n* [**breweries**] (*company, place*) cervecería *f*, fábrica *f* de cerveza.

briar /ˈbraɪə/ *n* 1. (*wood*) madera *f* de brezo. 2. (*wild rose*) rosal *m* silvestre, escaramujo *m*.

bribe /braɪb/ I *n* soborno *m*: **he was accused of taking bribes** lo acusaron de aceptar sobornos.
II *vt* [**bribes, bribing, bribed**] sobornar: **they bribed a guard to let them in** sobornaron a un guarda para que los dejara entrar.

bribery /ˈbraɪbərɪ/ *n* soborno *m*: **he was accused of attempted bribery** lo acusaron de intento de soborno; **that's bribery!** ¡eso es un chantaje!

bric-a-brac /ˈbrɪkəbræk/ *n* chucherías *f pl*.

brick /brɪk/ *n* 1. (*for building*) ladrillo *m*: **they were building a brick wall** estaban construyendo un muro de ladrillo • **it's like talking to a brick wall** es como si le hablaras a la pared. 2. (*as a toy*) cubo *m*.

to **brick up** *vt* [**bricks, bricking, bricked**] (*window, door*) tapiar (con ladrillos): **they had bricked up the fireplace** habían tapiado el hueco de la chimenea.

bricklayer /ˈbrɪkleɪə/ *n* albañil *m/f*.

bridal /ˈbraɪdəl/ *adj* (*suite, feast*) nupcial.

bride /braɪd/ *n* novia *f*: **the bride and groom** los novios.

bridegroom /ˈbraɪdgrʊm/ *n* novio *m*.

bridesmaid /ˈbraɪdzmeɪd/ *n*: *dama de honor o niña que acompaña a la novia en una boda.*

bridge /brɪdʒ/ I *n* 1. (*on river, teeth, guitar*) puente *m*: **the bridge** *over* **the Avon** el puente sobre el río Avon • **you've really burnt your bridges now** ahora sí que no puedes echarte atrás. 2. (*of nose*) puente *m*, caballete *m*. 3. **the bridge** (*on ship*) el puente (de mando). 4. (*card game*) bridge *m*.
II *vt* [**bridges, bridging, bridged**] 1. (*river*) construir un puente sobre. 2. (*gap*): **all attempts to bridge the gap between the two sides failed** todos los intentos de acortar las distancias entre ambas partes fracasaron.

bridle /ˈbraɪdəl/ I *n* brida *f*.
II *vt* [**bridles, bridling, bridled**] (*a horse*) embridar.
♦*vi* (*to show anger*) molestarse: **she bridled** *at* **my comment** se molestó por mi comentario.

bridle path *n* camino *m* de herradura.

brief /briːf/ I *adj* 1. (*explanation, visit*) breve, corto -ta: **her answers were brief and to the point** sus respuestas fueron breves y al grano; (*moment*) breve, fugaz: **our stay there was brief** nuestra estancia allí fue breve • **in brief, this is what happened** resumiendo, lo que sucedió fue esto. 2. (*Clothing*): **she was wearing the briefest of bikinis** llevaba un diminuto bikini. 3. (*in newspaper*): **news in brief** (noticias) breves.
II *n* (*for job, task*) instrucciones *f pl*: **they could only act according to their brief** sólo podían actuar según sus instrucciones.
III **briefs** *n pl* 1. (*for men*) calzoncillos *m pl*. 2. (*for women*) bragas *f pl*.
IV *vt* [**briefs, briefing, briefed**] informar: **staff were briefed** *on* **the new fire regulations** se informó al personal sobre las nuevas medidas contra incendios.

briefcase /ˈbriːfkeɪs/ *n* maletín *m*, portafolios *m inv*.

briefing /ˈbriːfɪŋ/ *n* 1. (*on situation*) información *f*. 2. (*for reporters, minister*) sesión *f* informativa. 3. (*before mission*) briefing *m* (*reunión en la cual se imparten instrucciones*).

briefly /ˈbriːflɪ/ *adv* (*in a few words*) brevemente: **I spoke to her only briefly** sólo hablé un momento con ella; **briefly, it wasn't what we wanted** en una palabra, no era lo que queríamos.

brier /ˈbraɪə/ *n* ⇨ briar

brigade /brɪˈgeɪd/ *n* brigada *f*.

brigadier /ˌbrɪgəˈdɪə/ *n* general *m/f* de brigada.

bright /braɪt/ *adj* 1. (*light, star*) brillante: **it was a bright morning** era una mañana soleada; **it's too bright outside** hay demasiado resplandor afuera. 2. (*colour*) vivo -va, fuerte; (*lurid*) chillón -llona: **he was wearing a bright green tie** llevaba una corbata de un verde chillón. 3. (*clever*) listo -ta, inteligente: **he had the bright idea of pretending to be ill** tuvo la brillante idea de fingir que estaba enfermo. 4. (*cheerful*) alegre: **the future looked bright** las perspectivas para el futuro eran halagüeñas • **he was up bright and early** se levantó bien tempranito.

brighten /ˈbraɪtən/ *vi* [**brightens, brightening, brightened**] 1. (*expression*) iluminarse: **her face brightened** se le iluminó la expresión. 2. (*weather*) aclarar: **it brightened** *up* **in the afternoon** por la tarde salió el sol ✻ aclaró.
♦*vt* 1. (*to make lighter*) iluminar: **fireworks brightened the sky** los fuegos artificiales iluminaron el cielo. 2. (*to cheer up*) alegrar: **buy some flowers to brighten** *up* **the room** compra unas flores para alegrar un poco la habitación; **the news brightened** *up* **my day** la noticia me alegró el día.

brilliance /ˈbrɪlɪəns/ *n* brillantez *f*.

brilliant /ˈbrɪlɪənt/ *adj* 1. (*bright*) brillante: **the sea was a brilliant blue** el mar era de un azul brillante. 2. (*wonderful*) fabuloso -sa, estupendo -da: **I have a brilliant idea** tengo una idea brillante ✻ genial. 3. (*very clever*) brillante: **he is a brilliant mathematician** es un matemático brillante.

brilliantly /ˈbrɪlɪəntlɪ/ *adv* 1. (*very brightly*): **the sun shone brilliantly all day** el sol resplandeció todo el día; **it was brilliantly sunny** hacía un sol radiante; **a necklace of brilliantly coloured stones** un collar de piedras de colores brillantes. **2.** (*very cleverly*) con brillantez: **the film is brilliantly directed** la película está dirigida con brillantez.

brim /brɪm/ **I** *n* (*of container*) borde *m*: **the bin was full to the brim with rubbish** el cubo estaba (lleno) hasta los topes de basura; (*of hat*) ala *f* [takes ***el*** or ***un*** in singular].
II *vi* (*también* **brim over**) [**brims, brimming, brimmed**] **1.** (*container*) rebosar, desbordarse: **the jug's brimming over** la jarra está rebosando. **2.** (*person*): **he was brimming (over) with happiness when he got the prize** estaba desbordante ✱ rebosante de alegría cuando recibió el premio.

brimful /ˌbrɪmˈfʊl/ *adj* desbordante, rebosante.

brine /braɪn/ *n* (*Culin*) salmuera *f*.

bring /brɪŋ/ *vt* [**brings, bringing, brought**] **1.** (*to fetch*) traer: **bring me those papers** *from* **the desk** tráeme esos papeles del escritorio. **2.** (*to come with*) traer: **I've brought Colin to help us** he traído a Colin para que nos ayude; **have you brought your swimsuit?** ¿has traído el traje de baño?; (*to go with, to take*) llevar: **she asked if she could bring her boyfriend** preguntó si podía llevar a su novio; **I'll bring some beers** llevaré unas cervezas; **this brings me** *to* **the question of finance** esto me lleva al tema de la financiación. **3.** (*to move*): **bring your arms** *together* **above your head** junta los brazos sobre la cabeza; **he brought a bunch of flowers** *from* **behind his back** sacó un ramo de flores que tenía escondido detrás. **4.** (*to cause to come*) traer: **what brings you here?** ¿qué te trae por aquí?; **the festival brings thousands of people** *to* **Edinburgh** el festival atrae ✱ trae a miles de personas a Edimburgo; **the cold air brought a flush** *to* **his cheeks** el aire frío les dio color a sus mejillas; **the heavy snow brought chaos** *to* **the roads** las intensas nevadas produjeron el caos en las carreteras; **nothing brings people** *together* **like a crisis** no hay nada como una crisis para unir a la gente; **it was this film that brought him** *into* **the public eye** fue ésta la película que lo dio a conocer • (*frml*) **she brought four children into the world** trajo cuatro hijos al mundo • **pressure is being brought to bear on the unions** están ejerciendo presión sobre los sindicatos • **I couldn't bring myself to tell him the truth** no tuve el valor suficiente para decirle la verdad. **5.** (*charge*) formular: **the police have brought charges** *against* **him** la policía formuló cargos en su contra.

to **bring about** *vt* causar, ocasionar: **the accident was brought about by their negligence** el accidente fue causado por su negligencia.

to **bring along** *vt* (*to come with*) traer: **he brought his girlfriend along** trajo a su novia; (*to go with*) llevar: **can I bring my sister along?** ¿puedo llevar a mi hermana?

to **bring back** *vt* **1.** (*to fetch*) traer: **she brought me back a souvenir from Paris** me trajo un recuerdo de París; **who's going to bring you back from the party?** ¿quién te va a traer de la fiesta? **2.** (*to return*) devolver: **I'll bring it back tomorrow** mañana te lo devuelvo. **3.** (*to reintroduce*) volver a introducir: **he thinks they should bring back corporal punishment** es de la opinión de que se debería volver a introducir el castigo corporal. **4.** (*to evoke*) traer: **the smell of basil brings back memories of Italy** el olor a albahaca me trae recuerdos de Italia.

to **bring down** *vt* **1.** (*to cause to descend: prices*) hacer bajar; (*: tree, plane*) derribar: **the storm brought down two trees** la tormenta derribó dos árboles; **his plane was brought down in enemy territory** derribaron su avión en territorio enemigo. **2.** (*to overthrow*) derrocar: **the regime was brought down by a coup** el régimen fue derrocado por un golpe de estado.

to **bring forward** *vt* **1.** (*to propose*) presentar: **she brought forward some interesting ideas** presentó algunas ideas interesantes. **2.** (*to advance*) adelantar: **they have brought the date of their wedding forward** han adelantado la fecha de la boda.

to **bring in** *vt* **1.** (*to introduce*): **experts were brought in to give their opinion** trajeron a expertos para que dieran su opinión; **loans were brought in to replace student grants** introdujeron un sistema de préstamos en lugar de las becas. **2.** (*wages*) cobrar, sacar: **his job brings in far more than mine does** su trabajo reporta ingresos mucho mayores que el mío. **3.** (*Law*): **the jury brought in a verdict of not guilty** el veredicto del jurado fue que era inocente.

to **bring off** *vt*: **they brought off a massive fraud** lograron llevar a cabo un enorme fraude.

to **bring on** *vt* **1.** (*a fit, an attack*) ocasionar, producir • **she brought this misfortune on herself** ella misma se ha buscado esta desgracia. **2.** (*a player, substitute*) hacer salir (*al campo de juego*).

to **bring out** *vt* **1.** (*to produce*) sacar: **bring out the champagne!** ¡saca el champán!; **she brought the bicycle out** *of* **the shed** sacó la bicicleta del cobertizo. **2.** (*to make public*) sacar: **he's just brought out a new record** acaba de sacar un nuevo disco. **3.** (*to enhance*) realzar: **that blue dress brings out the colour of your eyes** ese vestido azul realza el color de tus ojos • **drink tends to bring out the worst in him** la bebida acentúa sus peores cualidades. **4.** (*person*): **some company would bring her out a bit** un poco de vida social la volvería menos reservada.

to **bring round** *vt* **1.** (*to restore to consciousness*) hacer volver en sí, reanimar: **we brought her round by splashing water on her face** la hicimos volver en sí tirándole agua a la cara. **2.** (*to win over*) convencer: **I'll never bring him round** *to* **my point of view** nunca lo convenceré de que tengo razón.

to **bring to** *vt* hacer volver en sí, reanimar: **we were unable to bring her to** no pudimos hacer que volviera en sí.

to **bring up** *vt* **1.** (*to rear: a child*) criar: **he was brought up by his aunt** lo crió su tía. **2.** (*to raise: a subject*) sacar: **he never brings up the subject of his family** nunca saca el tema de su familia; (*: a problem, question*) plantear: **I intend to bring this up** *with* **the management** pienso plantear esto ante la dirección. **3.** (*to vomit*) devolver: **I gave her some milk but she brought it up** le di un poco de leche pero la devolvió.

brink /brɪŋk/ *n* borde *m*: **we were** *on* **the brink** *of* **disaster** estábamos al borde del desastre; **they were** *on* **the brink** *of* **agreeing** estuvieron a punto de aceptar.

brisk /brɪsk/ *adj* **1.** (*quick, lively: pace*) enérgico -ca: **she goes for a brisk walk every morning** cada mañana sale a dar una caminata a paso ligero; (*: business*): **trading was brisk on the stock exchange** hubo un alto nivel de operaciones en la bolsa. **2.** (*businesslike*): **she has a very brisk manner** da la impresión de ser dinámica y eficiente.

briskly /ˈbrɪsklɪ/ *adv* **1.** (*to walk*) a paso ligero. **2.** (*of manner*): **I'll deal with that, she said briskly** yo me encargo de eso, dijo con energía.

bristle /'brɪsəl/ **I** *n* (*on brush, animal*) cerda *f*; (*of plastic*) púa *f*.
II bristles *n pl* (*beard*) barba *f*.
III *vi* [**bristles, bristling, bristled**] (*hair, fur*) erizarse.
to **bristle with** *vt* **1.** (*place*): **the hotel was bristling with security guards** el hotel estaba lleno de guardas de seguridad. **2.** (*person*): **she was bristling with indignation** estaba indignadísima.

bristly /'brɪsəlɪ/ *adj* [**bristlier, bristliest**] (*hair, beard*) hirsuto -ta; (*chin*) con la barba crecida.

Brit /brɪt/ *n* (*fam*) británico -ca *m/f*.

Britain /'brɪtən/ *n* Gran Bretaña *f*.

britches /'brɪtʃɪz/ *n pl* ⇨ breeches

British /'brɪtɪʃ/ **I** *adj* británico -ca.
II the British *n pl* los británicos.
British Isles *n pl*: **the British Isles** las Islas Británicas.

Britisher /'brɪtɪʃə/ *n* (*US*) británico -ca *m/f*.

Briton /'brɪtən/ *n* (*frml*) ciudadano *m* británico, ciudadana *f* británica.

brittle /'brɪtəl/ *adj* **1.** (*material*) quebradizo -za, frágil. **2.** (*manner, laugh*) crispado -da.

broach /brəʊtʃ/ *vt* [**broaches, broaching, broached**] abordar: **he found it difficult to broach the subject** le resultó difícil abordar el tema.

broad /brɔ:d/ *adj* **1.** (*wide*) ancho -cha: **he has broad shoulders** es ancho de hombros. **2.** (*unspecific*) general: **she talked about the problem in broad terms** habló del problema en términos generales. **3.** (*coverage*) amplio -plia: **they study a broad range of subjects** estudian una amplia gama de asignaturas; **I'm using the term in its broadest sense** utilizo el término en su sentido más amplio. **4.** (*accent*) marcado -da, cerrado -da.
broad bean *n* haba *f*.
broad-gauge *adj* de vía ancha, (*Amér S*) de trocha angosta.

B road /bi: rəʊd/ *n* (*in GB*) carretera *f* secundaria.

broadcast /'brɔ:dkɑ:st/ **I** *n* emisión *f*.
II *vt* [**broadcasts, broadcasting, broadcast**] **1.** (*on television, radio*) emitir, transmitir. **2.** (*to make public*) publicar.
♦ *vi* emitir, transmitir: **the new channel will broadcast to the whole of Europe** el nuevo canal emitirá para toda Europa.

broadcaster /'brɔ:dkɑ:stə/ *n* locutor -tora *m/f*.

broadcasting /'brɔ:dkɑ:stɪŋ/ *n* (*by radio*) radiodifusión *f*, radio *f*; (*by television*) televisión *f*.

broaden /'brɔ:dən/ *vt* [**broadens, broadening, broadened**] (*to make wider*) ensanchar: **the footpath was broadened** ensancharon la acera; (*to enlarge*) ampliar: **they want to broaden the scope of the enquiry** quieren ampliar el campo de la investigación.
♦ *vi* (*stream, road*) ensancharse: **his interests have broadened over the years** ha ido ampliando sus intereses con el paso del tiempo; **his smile broadened** su sonrisa se hizo más abierta.
to **broaden out** *vi* ensancharse: **the track broadens out** *into* **a road** el camino se ensancha y se convierte en una carretera.

broadly /'brɔ:dlɪ/ *adv*: **his views were broadly conservative** era de opiniones más bien conservadoras; **broadly speaking, this is an advantage** en términos generales, esto es una ventaja.

broadminded /ˌbrɔ:d'maɪndɪd/ *adj* de criterio amplio, de mentalidad abierta.

brocade /brəʊ'keɪd/ *n* brocado *m*.

broccoli /'brɒkəlɪ/ *n* brécol *m*, brócoli *m*.

brochure /'brəʊʃə/ *n* folleto *m* (*en forma de revista*).

broil /brɔɪl/ *vt* [**broils, broiling, broiled**] (*US*: *with heat from above*) hacer al grill; (*: with heat from below*) asar a la parilla: **broiled chicken** pollo a la parrilla.

broiler /'brɔɪlə/ *n* (*US*: *with heat from above*) grill *m*; (*: with heat from below*) parrilla *f*.

broke /brəʊk/ **I** *pretérito de* ⇨ break
II *adj* (*fam*): **we were completely broke** estábamos pelados, no teníamos ni un duro • **the company went broke last year** la compañía quebró el año pasado.

broken /'brəʊkən/ **I** *participio pasado de* ⇨ break
II *adj* **1.** (*gen*) roto -ta: **his glasses were broken** tenía las gafas rotas; **he has a broken leg** tiene la pierna rota; **she had no broken bones** no tenía fracturas; (*mechanism*) averiado -da, (*Amér L*) descompuesto -ta. **2.** (*journey*) interrumpido -da. **3.** (*person*) destrozado -da: **he was a broken man** estaba destrozado. **4.** (*rough*) accidentado -da: **an area of broken ground** un terreno accidentado. **5.** (*language*): **she spoke broken Spanish** hablaba bastante mal el español.
broken-down *adj* (*machine, car*) averiado -da, (*Amér L*) descompuesto -ta; (*building*) destartalado -da.
broken-hearted *adj* muerto -ta de pena, con el corazón destrozado.
broken home *n* hogar *m* deshecho.
broken marriage *n* matrimonio *m* deshecho.

broker /'brəʊkə/ *n* **1.** (*on stock exchange*) corredor -dora *m/f* de bolsa ✻ de valores. **2.** (*for insurance*) agente *m/f* ✻ corredor -dora *m/f* de seguros.

brolly /'brɒlɪ/ *n* [**brollies**] (*GB*: *fam*) paraguas *m inv*.

bronchitis /brɒŋ'kaɪtɪs/ *n* bronquitis *f inv*.

bronze /brɒnz/ **I** *n* **1.** (*material*) bronce *m*: **it was made of bronze** era de bronce; (*colour*) color *m* bronce: **his skin was a deep bronze** tenía la piel muy bronceada. **2.** (*también* **bronze medal**) (*Sport*) medalla *f* de bronce.
II *adj* **1.** (*made of bronze*) de bronce. **2.** (*también* **bronze-coloured**) (*gen*) color bronce; (*skin*) bronceado -da.
Bronze Age *n* Edad *f* de(l) Bronce.

bronzed /brɒnzd/ *adj* bronceado -da.

brooch /brəʊtʃ/ *n* [**brooches**] broche *m*, prendedor *m*.

brood /bru:d/ **I** *n* (*of chicks*) pollada *f*.
II *vi* [**broods, brooding, brooded**] **1.** (*hen*) empollar. **2.** (*person*) rumiar: **he brooded** *over* **their argument for days** estuvo dándole vueltas a la discusión que habían tenido durante días.

brooding /'bru:dɪŋ/ *adj* (*sky*) amenazador -dora; (*landscape*) perturbador -dora.

broody /'bru:dɪ/ *adj* [**broodier, broodiest**] **1.** (*hen*) clueca; (*woman*): **she's feeling broody** está con ganas de tener un niño. **2.** (*unhappy*) melancólico -ca.

brook /brʊk/ *n* arroyo *m*.

broom /bru:m/ *n* **1.** (*for sweeping*) escoba *f*. **2.** (*Bot*) retama *f*.
broomstick *n* (*broom*) escoba *f*; (*handle*) palo *m* de escoba.

broth /brɒθ/ *n* (*soup*) caldo *m*.

brothel /'brɒθəl/ *n* burdel *m*.

brother /'brʌðə/ *n* **1.** (*member of family, religion*) hermano *m*: **he has no brothers or sisters** no tiene hermanos; **Brother Michael** el hermano Michael. **2.** (*comrade*) compañero *m*.
brother-in-law *n* [**brothers-in-law**] cuñado *m*.

brotherhood /'brʌðəhʊd/ *n* **1.** (*feeling*) fraternidad *f*, hermandad *f*. **2.** (*group*) hermandad *f*.

brotherly /'brʌðəlɪ/ *adj* fraternal.

brought /brɔ:t/ *pretérito y participio pasado de* ➪ bring

brow /braʊ/ *n* **1.** (*forehead*) frente *f*; (*eyebrow*) ceja *f* ● **he knitted his brows** frunció el ceño. **2.** (*of hill*) cima *f*.

browbeat /'braʊbi:t/ *vt* [**browbeats, browbeating, browbeat,** *participio pasado* **browbeaten**] intimidar: **she was browbeaten** *into* **signing** la intimidaron para que firmara.

browbeaten /'braʊbi:tn/ *participio pasado de* ➪ browbeat

brown /braʊn/ **I** *adj* **1.** (*gen*) marrón; (*eyes*) marrón, castaño -ña; (*hair*) castaño -ña: **he's got dark brown hair** tiene el pelo castaño oscuro. **2.** (*suntanned*) moreno -na, bronceado -da: **she doesn't go brown** no se pone morena, no se broncea. **3.** (*bread, rice, flour*) integral.
II *n* (*colour: gen*) marrón *m*; (*: of hair, eyes*) castaño *m*.
III *vi* [**browns, browning, browned**] dorarse: **leave it in the oven to brown** déjelo en el horno hasta que se dore.
♦*vt* dorar: **first brown the onions** primero dore las cebollas.

brown paper *n* papel *m* de estraza.

brown sugar *n* azúcar *m* moreno.

brownish /'braʊnɪʃ/ *adj* pardusco -ca.

browse /braʊz/ *vi* [**browses, browsing, browsed**] mirar: **I didn't want to buy anything, I was just browsing** no quería comprar nada, estaba mirando ✻ curioseando; **he was browsing** *through* **the catalogue** estaba hojeando el catálogo.

bruise /bru:z/ **I** *n* (*on person*) moratón *m*, cardenal *m*; (*on fruit*) maca *f*, magulladura *f*.
II *vt* [**bruises, bruising, bruised**] (*person*) magullar: **I bruised my arm** me magullé el brazo; (*fruit*) magullar: **try not to bruise the pears** ten cuidado de no magullar las peras.
♦*vi* (*person*): **she bruises easily** le salen moratones muy fácilmente; (*fruit*) magullarse.

brunch /brʌntʃ/ *n* [**brunches**] *combinación de desayuno y almuerzo que se come alrededor del mediodía*.

brunette, (*US*) **brunet** /bru:'net/ *n* morena *f*.

brunt /brʌnt/ *n* ● **the prime minister had to bear** ✻ **take the brunt of the criticism** el primer ministro fue el blanco de la mayoría de las críticas.

brush /brʌʃ/ **I** *n* [**brushes**] **1.** (*for clothes, hair, scrubbing*) cepillo *m*; (*for sweeping*) escobillón *m*, cepillo *m*. **2.** (*fine, for art*) pincel *m*; (*broad paintbrush*) brocha *f*. **3.** (*action*): **give your jacket a brush** cepíllate la chaqueta ● **he'd had a brush with the boss** había tenido un roce ✻ un enfrentamiento con el jefe. **4.** (*también* **brushwood**) (*bushes*) maleza *f*.
II *vt* [**brushes, brushing, brushed**] **1.** (*clothes, hair*) cepillar; (*teeth*) lavar, cepillar. **2.** (*to touch*) rozar: **a branch brushed the top of her head** una rama le rozó la cabeza; **she brushed an insect** *off* **her arm** se sacudió un insecto del brazo; **he brushed** *past* **me and left** pasó rozándome y se fue.

to **brush aside** *vt* hacer caso omiso de, pasar por alto: **they brushed all my objections aside** hicieron caso omiso de todas mis objeciones.

to **brush away** *vt* apartar: **he brushed her hand away** le apartó la mano.

to **brush up** *vt/i*: **I need to brush up** *(on)* **my French** necesito mejorar mi francés.

brushoff *n* ● **I tried to be friendly but they gave me the brushoff** quise ser amable con ellos pero no me hicieron ni caso.

brusque /brʊsk/ *adj* brusco -ca.

Brussels /'brʌsəlz/ *n* Bruselas *f*.

Brussels sprout /'brʌsəl spraʊt/ *n* col *f* de Bruselas, (*Amér S*) repollito *m* de Bruselas.

brutal /'bru:təl/ *adj* (*murder, attack*) brutal, salvaje: **the brutal truth is that...** la cruda verdad es que....

brutality /bru:'tælətɪ/ *n* [**brutalities**] brutalidad *f*.

brutalize /'bru:təlaɪz/ *vt* [**brutalizes, brutalizing, brutalized**] embrutecer.

brute /bru:t/ *n* **1.** (*person*) bruto -ta *m/f*, bestia *f*. **2.** (*animal*) bestia *f*.

brutish /'bru:tɪʃ/ *adj* bruto -ta.

BSc /bi:es'si:/, (*US*) **BS** /bi:'es/ *n* (*abreviatura de* **Bachelor of Science**) **1.** (*person*) Ldo./Lda. en Ciencias (licenciado/licenciada en Ciencias): **Karen Pitt, BSc** Karen Pitt, Lda. en Ciencias. **2.** (*title*) licenciatura *f* en Ciencias: **he has a BSc** *in* **Mathematics** es licenciado en Matemáticas.

B-side /'bi:saɪd/ *n* cara *f* B.

bubble /'bʌbəl/ **I** *n* (*in liquid*) burbuja *f*; (*floating in air*) pompa *f*: **the child was blowing soap bubbles** el niño hacía pompas de jabón.
II *vi* [**bubbles, bubbling, bubbled**] **1.** (*champagne, boiling liquid*) burbujear; (*spring*) borbotear. **2.** (*person*): **they were bubbling with joy** estaban desbordantes de alegría.

bubble bath *n* (*substance*) gel *m* de baño; (*bath*) baño *m* de espuma.

bubble gum *n* chicle *m* (*que hace globos*).

bubbly /'bʌblɪ/ **I** *adj* [**bubblier, bubbliest**] **1.** (*liquid*) burbujeante. **2.** (*person, personality*) alegre, lleno -na de vida.
II *n* (*fam*) champán *m*.

buck /bʌk/ **I** *n* **1.** (*US: fam, dollar*) dólar *m* ● **they just want to make a fast buck** lo que quieren es hacer dinero fácil ● **the Minister was accused of passing the buck** acusaron al ministro de intentar rehuir sus responsabilidades ✻ de querer pasar la pelota. **2.** (*male animal: gen*) macho *m*; (*: deer*) ciervo *m*.
II *vi* [**bucks, bucking, bucked**] (*horse*) brincar, corcovear.

to **buck up** *vi* (*fam: to hurry*) darse prisa; (*to put in more effort*) poner más empeño.
♦*vt* (*to cheer up*) darle ánimo a, animar: **he needs something to buck him up a bit** necesita algo que le dé un poco de ánimo.

bucket /'bʌkɪt/ *n* cubo *m*, (*Méx*) cubeta *f*, (*Amér S*) balde *m* ● **it rained buckets** llovió a cántaros ● **he kicked the bucket** estiró la pata.

to **bucket down** *vi* [**buckets, bucketing, bucketed**] (*GB: fam*) llover a cántaros.

bucket shop *n* agencia *f* de viajes (*que vende billetes de avión a bajo precio*).

bucketful /'bʌkɪtfʊl/ *n* cubo *m*, balde *m*, (*Méx*) cubeta *f* (*el contenido*).

buckle /'bʌkəl/ **I** *n* hebilla *f*.
II *vt* [**buckles, buckling, buckled**] **1.** (*to fasten*) abrochar: **the little girl buckled her shoes** la niña se abrochó los zapatos. **2.** (*to bend*) torcer: **the bonnet of the car was buckled** el coche tenía el capó torcido.
♦*vi* (*girder, rail*) torcerse: **her legs buckled under her** le fallaron las piernas.

to **buckle down** *vi*: **you need to buckle down** *to* **your work** necesitas ponerte a trabajar con empeño.

bud /bʌd/ **I** *n* **1.** (*leaves*) brote *m*; (*of flower*) capullo *m*,

pimpollo *m* • **that kind of behaviour should be nipped in the bud** hay que cortar de raíz ese tipo de comportamiento. **2.** (*US*: *as form of address*) ⇨ buddy **2**
II *vi* [**buds, budding, budded**] echar brotes.

Buddha /ˈbʊdə/ *n* Buda *m*.

Buddhism /ˈbʊdɪzəm/ *n* budismo *m*.

Buddhist /ˈbʊdɪst/ *n* budista *m/f*.

budding /ˈbʌdɪŋ/ *adj* en ciernes: **that boy is a budding genius** ese chico es un genio en ciernes.

buddy /ˈbʌdɪ/ *n* [**buddies**] (*fam*) **1.** (*friend*) compinche *m*. **2.** (*US*: *as form of address*) amigo, tío.

budge /bʌdʒ/ *vi* [**budges, budging, budged**] **1.** (*to move*) moverse. **2.** (*to give in*) ceder: **they wouldn't budge** *on* **that point** no hubo forma de que cedieran (un ápice) en ese punto.
♦ *vt* (*heavy object*) mover.

budgerigar /ˈbʌdʒərɪgɑː/ *n* periquito *m*.

budget /ˈbʌdʒɪt/ **I** *n* **1.** (*for company, household*) presupuesto *m*: **at that time, we were on a very tight budget** en aquella época estábamos muy apretados de dinero; **we mustn't run over budget** no debemos gastar más de lo presupuestado. **2. the Budget** (*in GB*) el Presupuesto, los Presupuestos Generales del Estado.
II *adj* de bajo precio.
III *vi* [**budgets, budgeting, budgeted**]: **we had not budgeted** *for* **such an expensive meal** no habíamos previsto gastar tanto en una comida; **they had not budgeted** *for* **general repairs** su presupuesto no incluía una partida para reparaciones.

budgie /ˈbʌdʒɪ/ *n* (*fam*) periquito *m*.

buff /bʌf/ **I** *adj* beige *adj inv*.
II *vt* [**buffs, buffing, buffed**] pulir, sacarle brillo a.
III *n* (*fam*) aficionado -da *m/f*, apasionado -da *m/f*: **she's a movie buff** es una gran cinéfila, es una gran aficionada al cine ✻ apasionada del cine.

buffalo /ˈbʌfələʊ/ *n* [**buffaloes** ✻ **buffalo**] (*African*) búfalo *m*; (*American bison*) bisonte *m*.

buffer /ˈbʌfə/ *n* **1.** (*gen*) amortiguador *m* • **the company's reserves acted as a buffer during the recession** las reservas de la empresa sirvieron para amortiguar el efecto de la recesión. **2.** (*on train*) tope *m*; (*in station*) parachoques *m inv*. **3.** (*in computing*) memoria *f* intermedia.

buffer zone *n* zona *f* intermedia.

buffet I /ˈbʌfɪt/ *vt* [**buffets, buffeting, buffeted**] azotar: **the wind buffeted the tiny cottage** el viento azotaba la casita.
II /ˈbʊfeɪ/ *n* **1.** (*meal*) bufé *m*. **2.** (*bar, restaurant*) cafetería *f*.

buffet car /ˈbʊfeɪ kaː/ *n* vagón *m* del bar.

bug /bʌg/ **I** *n* **1.** (*insect*) bicho *m*, insecto *m*. **2.** (*Med*: *fam, germ*) microbio *m*, virus *m inv*; (*Inform*) error *m*: **the program had a bug in it** el programa tenía un error. **3.** (*for listening in*) micrófono *m* oculto. **4.** (*fam*: *interest*) fiebre *f*: **she's got the mountaineering bug** le ha dado la fiebre del montañismo.
II *vt* [**bugs, bugging, bugged**] **1.** (*for spying*) pinchar, intervenir: **my room had been bugged** habían puesto micrófonos ocultos en mi habitación. **2.** (*fam*: *to irritate*) sacar de quicio, fastidiar: **she really bugs me** me saca de quicio.

buggy /ˈbʌgɪ/ *n* [**buggies**] (*GB*: *pushchair*) sillita *f* (de paseo); (*US*: *baby carriage*) cochecito *m* (de niño).

bugle /ˈbjuːgəl/ *n* clarín *m*, corneta *f*.

build /bɪld/ **I** *vt* [**builds, building, built**] **1.** (*house*) construir, edificar: **the town hall was built in 1900** el ayuntamiento se construyó en 1900; (*ship, bridge*) construir. **2.** (*to develop*) desarrollar: **these courses can help to build your confidence** estos cursos te pueden ayudar a desarrollar una mayor confianza en ti mismo.
♦ *vi* construir, edificar.
II *n* complexión *f*, constitución *f*: **he is of slight build** es de complexión menuda.

to **build into** *vt* incorporar a: **regular tests are built into the system** el sistema incorpora pruebas periódicas.

to **build on** *vt* **1.** (*in construction*) construir, añadir (*a una construcción*): **they built on a garage at the side** construyeron ✻ añadieron un garaje al lado. **2.** (*to make the most of*): **we hope to build on past successes** esperamos seguir adelante sobre la base de los logros que hemos obtenido en el pasado. **3.** (*to base on*) fundar en, basar en: **their relationship is built on trust** su relación está fundada ✻ basada en la confianza mutua.

to **build up** *vt* (*experience*) acumular; (*confidence*) desarrollar; (*speed*) coger, (*Amér L*) agarrar: **they had built up a network of contacts** habían desarrollado una amplia red de contactos • **she had built up her hopes** se había hecho muchas ilusiones.
♦ *vi* (*debts, dirt*) acumularse: **the work soon builds up** el trabajo se te acumula enseguida; (*tension, pressure*) aumentar.

build-up *n* **1.** (*accumulation*) acumulación *f*; (*increase*) aumento *m*. **2.** (*before an event*): **the poll was conducted during the build-up** *to* **the elections** la encuesta se realizó en medio de la intensa actividad que precedió a las elecciones.

builder /ˈbɪldə/ *n* (*company*) empresa *f* constructora; (*owner of company*) constructor -tora *m/f*; (*construction worker*) albañil *m/f*.

building /ˈbɪldɪŋ/ *n* **1.** (*place*) edificio *m*. **2.** (*business*) construcción *f*: **he works in building** trabaja en la construcción.

building site *n* obra *f*.

building society *n* (*GB*) sociedad *f* de crédito hipotecario.

built /bɪlt/ **I** *pretérito y participio pasado de* ⇨ build
II *adj*: **she wasn't built to work on a farm** no tenía la constitución ✻ el físico para trabajar en el campo.

built-in *adj* **1.** (*furniture*) empotrado -da. **2.** (*incorporated*) incorporado -da: **the camera has a built-in flash** la cámara tiene flash incorporado.

built-up *adj* (*area*) urbanizado -da.

bulb /bʌlb/ *n* **1.** (*lightbulb*) bombilla *f*, (*Méx*) foco *m*, (*Arg, Urug*) bombita *f*, lamparita *f*, (*Chi*) ampolleta *f*, (*Amér C, Col, Ven*) bombillo *m*. **2.** (*of plant*) bulbo *m*.

bulbous /ˈbʌlbəs/ *adj* bulboso -sa.

Bulgaria /bʌlˈgeərɪə/ *n* Bulgaria *f*.

Bulgarian /bʌlˈgeərɪən/ **I** *adj* búlgaro -ra.
II *n* (*person*) búlgaro -ra *m/f*; (*language*) búlgaro *m*.

bulge /bʌldʒ/ **I** *vi* [**bulges, bulging, bulged**]: **his suitcase was bulging** *with* **clothes** tenía la maleta repleta de ropa.
II *n* bulto *m*.

bulging /ˈbʌldʒɪŋ/ *adj* (*pocket, bag*) repleto -ta; (*muscles*) protuberante; (*eyes*) saltón -tona.

bulimia /bjuːˈlɪmɪə/ *n* (*también* **bulimia nervosa**) bulimia *f*.

bulk /bʌlk/ **I** *n* (*mass*) volumen *m*: **he lowered his huge bulk into the chair** dejó caer su voluminoso cuerpo en el sillón; (*majority*): **the bulk of the students will pass their exams** la mayoría de los estudiantes aprobará los exámenes.

II in bulk *adv* **1.** (*in large quantities*) al por mayor, en grandes cantidades: **it is cheaper to buy in bulk** sale más barato comprar al por mayor. **2.** (*not bottled or packed*) a granel, suelto -ta: **they buy their wine in bulk** compran el vino a granel.

bulky /ˈbʌlkɪ/ *adj* [**bulkier, bulkiest**] voluminoso -sa.

bull /bʊl/ *n* **1.** (*Zool*) toro *m* • **he was charging around like a bull in a china shop** andaba por allí como un elefante en una cristalería • **we must take the bull by the horns** tenemos que coger * agarrar al toro por los cuernos. **2.** (*Relig*) bula *f*.

bullfight *n* corrida *f* de toros.

bullfighter *n* torero -ra *m/f*.

bullfighting *n* toreo *m*, tauromaquia *f*; **the art of bullfighting** el arte del toreo; **he's not interested in bullfighting** no le interesan los toros.

bullring *n* plaza *f* de toros.

bulldog /ˈbʊldɒg/ *n* buldog *m*, bulldog *m*.

bulldoze /ˈbʊldəʊz/ *vt* [**bulldozes, bulldozing, bulldozed**] **1.** (*building*) derribar: **the houses were bulldozed to make way for the new road** derribaron las casas para construir una nueva carretera; **they bulldozed the area** nivelaron la zona. **2.** (*fam: person*): **he was bulldozed** *into* **accepting their proposals** lo forzaron a aceptar sus propuestas.

bulldozer /ˈbʊldəʊzə/ *n* buldozer *m*, bulldozer *m*.

bullet /ˈbʊlɪt/ *n* bala *f*.

bulletproof *adj* antibalas *adj inv*, a prueba de balas: **he was wearing a bulletproof vest** llevaba un chaleco antibalas.

bulletin /ˈbʊlətɪn/ *n* (*on radio, television*) boletín *m* (informativo); (*newspaper*) boletín *m*, hoja *f* informativa.

bulletin board *n* (*US*) tablón *m* de anuncios.

bullion /ˈbʊlɪən/ *n* lingotes *m pl* (*de oro o plata*): **they stole gold bullion worth a million dollars** robaron un millón de dólares en lingotes de oro.

bullock /ˈbʊlək/ *n* buey *m* (joven).

bull's-eye /ˈbʊlzaɪ/ *n* diana *f*: **it's a bull's-eye!** ¡ha dado en la diana * en el blanco!

bully /ˈbʊlɪ/ **I** *n* [**bullies**] (*child*) matón -tona *m/f*; (*adult*) *persona que amedrenta a otras para lograr lo que quiere*: **his boss is a real bully** su jefe es un tirano.

II *vt* [**bullies, bullying, bullied**] amedrentar: **he was being bullied at school** los matones del colegio lo amedrentaban; **they bullied her** *into* **accepting the job** la acosaron hasta que aceptó el trabajo.

bullying /ˈbʊlɪɪŋ/ *n* (*at school*) *maltrato e intimidación sistemática de niños por parte de sus propios compañeros.*

bulwark /ˈbʊlwək/ *n* baluarte *m*.

bum /bʌm/ *n* (*fam*) **1.** (*GB: bottom*) trasero *m*. **2.** (*US: tramp*) vagabundo -da *m/f*; (*: layabout*) vago -ga *m/f*.

bumble /ˈbʌmbəl/ *vi* [**bumbles, bumbling, bumbled**] (*in speech*) mascullar; (*in movement*) andar con torpeza.

bumblebee /ˈbʌmbəlbiː/ *n* abejorro *m*.

bumbling /ˈbʌmblɪŋ/ *adj* torpe.

bump /bʌmp/ **I** *n* **1.** (*action, noise*) golpe *m*: **she looked up when she heard the bump** levantó la mirada al oír el golpe; **...and he landed on the floor with a bump** ...y ¡paf!, aterrizó en el suelo. **2.** (*lump: on body*) chichón *m*; (*: on road*) bache *m*.

II *vt* [**bumps, bumping, bumped**] (*to hit*) golpear: **he bumped his head** *on* **the beam** se dio (un golpe) en la cabeza contra * con la viga.

♦ *vi* **1.** (*to hit*): **the wheel bumped** *against* **the rock** la rueda dio en * contra la piedra. **2.** (*to move up and down*) dar botes * tumbos: **the plane bumped** *along* **the runway** el avión iba por la pista dando botes * tumbos.

to **bump into** *vt* **1.** (*to hit*) chocar contra: **we bumped into their car** chocamos contra su coche. **2.** (*to meet*) encontrarse con: **I bumped into your mother at the shop** me encontré con tu madre en la tienda.

to **bump off** *vt* (*fam*) liquidar, darle el pasaporte a.

to **bump up** *vt* (*fam*) aumentar.

bumper /ˈbʌmpə/ **I** *n* (*GB*) parachoques *m inv*.

II *adj* (*crop, harvest*) récord: **we had a bumper harvest** tuvimos una cosecha récord.

bumpkin /ˈbʌmpkɪn/ *n* rústico -ca *m/f*, paleto -ta *m/f*.

bumpy /ˈbʌmpɪ/ *adj* [**bumpier, bumpiest**] (*road*) lleno -na de baches: **we had a bumpy drive to the farm** íbamos dando botes por el camino a la granja.

bun /bʌn/ *n* **1.** (*cake*) bollo *m*; (*bread roll*) panecillo *m* redondo. **2.** (*in hair*) moño *m*.

bunch /bʌntʃ/ *n* [**bunches**] (*of flowers*) ramo *m*; (*of grapes, bananas*) racimo *m*; (*of keys*) manojo *m*; (*of people*) grupo *m*: **the pupils are a mixed bunch** los alumnos son un grupo muy variopinto.

to **bunch together * up** *vi* [**bunches, bunching, bunched**] apiñarse.

bundle /ˈbʌndəl/ *n* (*of newspapers*) paquete *m*, atado *m*; (*of documents*) fajo *m*; (*of clothes*) fardo *m*; (*of firewood*) haz *m* • **he was a bundle of nerves before his exam** era un manojo de nervios antes del examen.

to **bundle into** *vt* [**bundles, bundling, bundled**]: **they bundled her into the car** la metieron aprisa en el coche.

to **bundle off** *vt*: **the children were bundled off to their aunt's house** despacharon a los niños a casa de su tía.

to **bundle up** *vt* liar, atar.

bung /bʌŋ/ **I** *n* tapón *m*.

II *vt* [**bungs, bunging, bunged**] (*GB: fam*) poner: **just bung your coat on that chair** pon el abrigo en esa silla.

to **bung up** *vt* (*fam*) atascar: **you've bunged up the sink again** ya has vuelto a atascar el fregadero; **my nose is all bunged up** tengo la nariz tapada.

bungalow /ˈbʌŋgələʊ/ *n* chalé *m* (*de una sola planta*), bungalow *m*.

bungle /ˈbʌŋgəl/ *vt* [**bungles, bungling, bungled**] (*fam*) fastidiar: **he bungled his first chance of a goal** desaprovechó su primera oportunidad de gol.

♦ *vi* (*fam*) pifiarla.

bungling /ˈbʌŋglɪŋ/ *adj* torpe.

bunion /ˈbʌnjən/ *n* juanete *m*.

bunk /bʌŋk/ *n* litera *f* • **he did a bunk with the money** se largó con el dinero.

bunk bed *n* litera *f*.

bunker /ˈbʌŋkə/ *n* **1.** (*for coal*) carbonera *f*. **2.** (*for shelter*) búnker *m*. **3.** (*in golf*) búnker *m*.

bunny /ˈbʌnɪ/ *n* [*pl* **bunnies**] (*también* **bunny rabbit**, *pl* **bunny rabbits**) conejito *m*.

Bunsen burner /ˈbʌnsən ˈbɜːnə/ *n* mechero *m* Bunsen.

bunting /ˈbʌntɪŋ/ *n* banderines *m pl*.

buoy (*GB*) /bɔɪ/ (*US*) /ˈbuːɪ/ *n* boya *f*.

to **buoy up** *vt* [**buoys, buoying, buoyed**] **1.** (*to cheer up*) animar: **they were buoyed up by their initial success** su éxito inicial los animó mucho * les levantó mucho el ánimo. **2.** (*currency*) fortalecer.

buoyancy /ˈbɔɪənsɪ/ *n* **1.** (*of object*) capacidad *f* para flotar. **2.** (*of person*) optimismo *m*, confianza *f*. **3.** (*of financial markets*) tendencia *f* al alza.

buoyant /ˈbɔɪənt/ *adj* **1.** (*floating*) flotante. **2.** (*person, mood*) optimista. **3.** (*financial markets*) alcista: **the markets were still buoyant** los mercados mantenían su tendencia alcista.

burble /ˈbɜːbəl/ *vi* [**burbles, burbling, burbled**] **1.** (*river*) borbotear. **2.** (*person*): **what is he burbling** *on* **about?** ¿qué es lo que está farfullando?

burden /ˈbɜːdən/ **I** *n* **1.** (*responsibility*) carga *f*: **the old woman didn't want to be a burden** *to* **them** la anciana no quería ser una carga para ellos. **2.** (*frml: load*) carga *f*.
II *vt* [**burdens, burdening, burdened**] (*with work, responsibilities*) cargar: **I don't want to burden you** *with* **my problems** no quiero agobiarte con mis problemas.

bureau /ˈbjʊərəʊ/ *n* [**bureaus** * **bureaux** /ˈbjʊərəʊz/] **1.** (*GB: desk*) escritorio *m*, buró *m*. **2.** (*US: chest of drawers*) cómoda *f*. **3.** (*office*) agencia *f*, oficina *f*.

bureaucracy /bjʊəˈrɒkrəsɪ/ *n* [**bureaucracies**] burocracia *f*.

bureaucrat /ˈbjʊərəkræt/ *n* burócrata *m/f*.

bureaucratic /ˌbjʊərəˈkrætɪk/ *adj* burocrático -ca.

burette, (*US*) **buret** /bjʊəˈret/ *n* bureta *f*.

burger /ˈbɜːgə/ *n* (*fam*) hamburguesa *f*.

burglar /ˈbɜːglə/ *n* ladrón -rona *m/f* (*que entra a robar en una casa o edificio*).
burglar alarm *n* alarma *f* antirrobo.

burglarize /ˈbɜːgləraɪz/ *vt* [**burglarizes, burglarizing, burglarized**] (*US*) ⇨ burgle

burglary /ˈbɜːglərɪ/ *n* [**burglaries**] robo *m* (*en casa o edificio*): **he was convicted of burglary** lo condenaron por robo (con escalamiento); **there have been several burglaries in the area** ha habido varios robos en la zona.

burgle /ˈbɜːgəl/ *vt* [**burgles, burgling, burgled**] (*person, family*): **they were burgled while they were on holiday** entraron a robar a su casa mientras ellos estaban de vacaciones; (*building*) entrar a robar en: **the office was burgled last night** anoche entraron a robar en la oficina.

burial /ˈberɪəl/ *n* entierro *m*.

buried /ˈberɪd/ *pretérito y participio pasado de* ⇨ bury

burly /ˈbɜːlɪ/ *adj* [**burlier, burliest**] fornido -da.

Burma /ˈbɜːmə/ *n* Birmania *f*.

burn /bɜːn/ **I** *n* quemadura *f*.
II *vt* [**burns, burning, burnt** * **burned**] (*gen*) quemar: **he burnt his hand cooking** se quemó la mano cocinando; **she burned a hole in the carpet** hizo un agujero al quemar la moqueta; **I burned the bread** se me quemó el pan.
♦ *vi* [**burns, burning, burned**] **1.** (*building*): **the building burned to the ground** el edificio quedó reducido a escombros por el incendio; **the house was burning when they got there** la casa ardía en llamas * se estaba incendiando cuando llegaron. **2.** (*food*) quemarse: **the toast is burning** se están quemando las tostadas; **I can smell burning** huele a quemado. **3.** (*fire*) arder: **the fire burned all night** el fuego estuvo ardiendo toda la noche. **4.** (*with emotions*) arder: **he was burning** *with* **passion** ardía de pasión; **she was burning to see what was in the package** ardía en deseos de saber qué había en el paquete, se moría por saber qué había en el paquete. **5.** (*light, lamp*) estar encendido -da. **6.** (*to sting*) escocer.
to **burn away** *vi* consumirse (*ardiendo*).
♦ *vt* quemar.
to **burn down** *vi* incendiarse: **the house burned down** la casa se incendió, la casa quedó destruida por el incendio.
♦ *vt*: **they tried to burn the shop down** intentaron incendiar la tienda.
to **burn off** *vt* quemar.
to **burn out** *vt* **1.** (*an engine*) quemar. **2.** (*person*): **after working for two years without a break she was completely burnt out** después de estar trabajando dos años sin interrupción estaba completamente agotada; **by the age of thirty he was burnt out** a los treinta años ya estaba acabado.
♦ *vi* (*engine*) quemarse; (*fire*) extinguirse.
to **burn up** *vt* (*fuel*) consumir: **his motorbike burns up a lot of oil** su moto gasta mucho aceite.

burner /ˈbɜːnə/ *n* quemador *m*.

burning /ˈbɜːnɪŋ/ *adj* **1.** (*on fire*) en llamas: **there were burning vehicles in the streets** había coches en llamas en las calles. **2.** (*very hot*) ardiente: **his face was burning (hot)** le ardía la cara. **3.** (*urgent*) candente: **unemployment was a burning issue** el desempleo era una cuestión candente. **4.** (*very strong*) ardiente: **this was one of her burning ambitions** era una de sus mayores ambiciones.

burnished /ˈbɜːnɪʃt/ *adj* pulido -da, bruñido -da.

burnt /bɜːnt/ *pretérito y participio pasado de* ⇨ burn

burnt-out /ˈbɜːntaʊt/ *adj* calcinado -da: **the plane was a burnt-out shell** el avión había quedado reducido a un casco calcinado.

burp /bɜːp/ **I** *vi* [**burps, burping, burped**] eructar.
♦ *vt* (*baby*) hacer eructar.
II *n* eructo *m*.

burrow /ˈbʌrəʊ/ **I** *n* madriguera *f*.
II *vi* [**burrows, burrowing, burrowed**] (*to dig*) cavar: **moles had burrowed under the lawn** los topos habían cavado madrigueras en el césped; **she was burrowing in her bag for her purse** hurgaba en su bolso tratando de encontrar el monedero.

bursar /ˈbɜːsə/ *n* administrador -dora *m/f* (*de un colegio*).

bursary /ˈbɜːsərɪ/ *n* [**bursaries**] beca *f*.

burst /bɜːst/ **I** *n* **1.** (*in pipe*) reventón *m*. **2.** (*of activity, speed*) arranque *m*: **he did it in a sudden burst of generosity** lo hizo en un arranque de generosidad; (*of applause*) salva *f*: **there was a burst of laughter** se oyeron risas; (*of fire*) ráfaga *f*: **there was a burst of gunfire** hubo una ráfaga de tiros.
II *vi* [**bursts, bursting, burst**] **1.** (*balloon, tyre*) reventar(se): **one of our tyres burst** se nos reventó una rueda • **the door burst open** la puerta se abrió de repente. **2.** (*person*): **he was bursting to tell them the news** se moría por contarles la noticia. **3.** (*place*): **the place was bursting** *with* **tourists** el sitio estaba hasta los topes de turistas.
♦ *vt* (*balloon, tyre*) reventar: **it was feared the river would burst its banks** se temía que el río se desbordara * se saliera de madre.
to **burst in** *vi* entrar (*de manera brusca*): **she burst in without knocking** irrumpió en la habitación sin llamar.
to **burst into** *vt* irrumpir en: **he burst into the room shouting** irrumpió en la sala gritando.
to **burst out** *vi* **1.** (*to spill out*): **he's so fat, he's bursting out** *of* **his trousers** está tan gordo que los pantalones le quedan a reventar. **2.** (*to say loudly*) soltar • **they burst out laughing** se echaron a reír • **she burst out crying** se echó * se puso a llorar.

bury /ˈberɪ/ *vt* [**buries, burying, buried**] enterrar: **they buried him yesterday** lo enterraron ayer; **they were buried by the avalanche** quedaron sepultados por la avalancha; **his T-shirt was buried at the bottom of a drawer** su camiseta estaba en el fondo de un cajón • **she buried herself in her book** se enfrascó en su libro • **he was buried in thought** estaba muy pensativo.

bus /bʌs/ **I** *n* [**buses**] autobús *m*, (*Amér C, Méx*) camión *m*, (*Arg*) colectivo *m*, (*Chi*) micro *f*, (*Perú, Urug*) ómnibus *m*: **I missed the bus** perdí el autobús; **she refuses to travel by bus** se niega a ir en autobús; **he takes the bus to go to work** toma el autobús para ir al trabajo.
II *vt* [**bus(s)es, bus(s)ing, bus(s)ed**] llevar en autobús: **refugees were bussed out of the city** sacaron a los refugiados de la ciudad en autobús.
bus conductor *n* cobrador -dora *m/f*.
bus driver *n* conductor -tora *m/f* de autobús.
bus station *n* estación *f* ✻ terminal *f* de autobuses.
bus stop *n* parada *f*.

bush /bʊʃ/ *n* [**bushes**] **1.** (*plant*) arbusto *m* • **stop beating about the bush and tell me what happened** déjate de rodeos ✻ no te andes con rodeos y dime qué pasó. **2. the bush** el monte (*particularmente en África y Australia*).

bushy /ˈbʊʃɪ/ *adj* [**bushier, bushiest**] (*beard, eyebrows*) poblado -da, tupido -da; (*tail*) peludo -da.

busied /ˈbɪzɪd/ *pretérito y participio pasado de* ➪ busy

busily /ˈbɪzəlɪ/ *adv* con diligencia.

business /ˈbɪznɪs/ *n* [**businesses**] **1.** (*company, firm*) negocio *m*: **the family business was started in 1909** el negocio familiar se fundó en 1909; (*commercial activity, trade*) negocios *m pl*: **business is bad at the moment** los negocios andan mal en este momento; **we get a lot of business from overseas** hacemos muchos negocios con el extranjero; **she's** *in* **the antiques business** se dedica a la compra y venta de antigüedades • **he was in Madrid on business** estaba en Madrid en viaje de negocios • **the government will not do business with terrorists** el gobierno no negociará con terroristas • **let's get down to business straight away** vayamos directamente al grano • **the supermarket put the local shop out of business** la tienda del barrio tuvo que cerrar por culpa del supermercado • **this time he means business** esta vez está hablando en serio. **2.** (*concern, responsibility*) asunto *m* • **what I do is none of your business** lo que yo haga no es asunto tuyo • **mind your own business!** ¡no te metas en lo que no te incumbe! • **you had no business to open my letters** no tenías ningún derecho a abrir mi correspondencia. **3.** (*matter, situation*) asunto *m*: **it was a very nasty business** fue un asunto muy desagradable; **what's all this business about you wanting to leave school?** ¿qué es esto de que quieres dejar los estudios?
business hours *n pl* (*working hours*) horas *f pl* de oficina; (*open to the public*) horario *m* de atención al público.
businesslike *adj* (*efficient*) eficiente; (*serious*) serio -ria.
businessman *n* [*pl* **businessmen**] hombre *m* de negocios: **he's not a very good businessman** no es muy bueno para los negocios.
business trip *n* viaje *m* de negocios.
businesswoman *n* [*pl* **businesswomen**] mujer *f* de negocios: **what a businesswoman you are!** ¡hiciste un buen negocio!

busk /bʌsk/ *vi* [**busks, busking, busked**] *tocar música en la calle u otro lugar público.*

busker /ˈbʌskə/ *n* músico -ca *m/f* callejero -ra.

bust /bʌst/ **I** *n* **1.** (*of woman*) busto *m*, pecho *m*. **2.** (*sculpture*) busto *m*.
II *adj* (*fam*) **1.** (*broken*) kaputt, estropeado -da: **the photocopier's bust** la fotocopiadora está kaputt. **2.** (*bankrupt*): **the firm went bust last year** la empresa quebró el año pasado.
III *vt* [**busts, busting, bust ✻ busted**] (*fam*: *to break*) romper, estropear: **he bust my bike** me rompió la bici.
to **bust up** *vi* (*fam*) romper: **he's bust up** *with* **his girlfriend** ha roto con su novia.
bust-up *n* (*fam*) **1.** (*fight*) pelea *f*. **2.** (*of relationship*) ruptura *f*.

bustle /ˈbʌsəl/ **I** *vi* [**bustles, bustling, bustled**] (*person*) *ir y venir muy ocupado*: **she was bustling around, organizing the food** iba de aquí para allá, organizando la comida; **the market was bustling** *with* **people** el mercado bullía de gente.
II *n* bullicio *m*: **she loved the bustle of the harbour** le encantaba el bullicio del puerto.

bustling /ˈbʌslɪŋ/ *adj* (*market, street*) animado -da, de mucho movimiento; (*crowd*) bullicioso -sa.

busy /ˈbɪzɪ/ **I** *adj* [**busier, busiest**] **1.** (*person*) ocupado -da, atareado -da: **I was too busy to go out for lunch** estaba demasiado ocupado para salir a comer; **she's a busy woman** es una mujer muy ocupada; (*day, month*) ajetreado -da: **he's had a busy week** ha tenido una semana muy ajetreada. **2.** (*place*) animado -da, de mucho movimiento: **Didsbury is a busy little place** Didsbury es un sitio muy animado; **the shops were busy** había mucha gente en las tiendas; (*road*) de mucho tráfico. **3.** (*telephone line*): **the line was busy when I called** estaba comunicando cuando llamé.
II *vt* [**busies, busying, busied**]: **she busied herself doing the garden** se entretuvo arreglando el jardín, se puso a arreglar el jardín.

busybody /ˈbɪzɪbɒdɪ/ *n* [**busybodies**] metomentodo *m/f*.

but /bʌt/ **I** *conj* **1.** (*gen*) pero: **I would have phoned, but I didn't have your number** hubiera llamado, pero no tenía tu teléfono • **he passed his exam, but then he did work hard** aprobó, pero la verdad es que había estudiado mucho. **2.** (*clarifying a negative statement*) sino: **they had not one, but three houses!** ¡tenían no una, sino tres casas!
II *prep* menos, excepto: **he ate all but one of the cakes** se comió todos los pasteles menos uno; **she's anything but stupid** tiene de todo menos de tonta; **no one but you would have thought that** a nadie más que a ti se le habría ocurrido eso; **I had no choice but to tell her** no tuve más remedio que decírselo • **but for him, I would have given up studying** de no ser por él, habría dejado mis estudios.
III buts *n pl*: **off to bed now, and no buts** a la cama, y no hay pero que valga.

butcher /ˈbʊtʃə/ **I** *n* **1.** (*person*) carnicero -ra *m/f*. **2. butcher's** (*shop*) carnicería *f*.
II *vt* [**butchers, butchering, butchered**] (*animal*) matar; (*people*) masacrar.

butchery /ˈbʊtʃərɪ/ *n* matanza *f*, carnicería *f*.

butler /ˈbʌtlə/ *n* mayordomo *m*.

butt /bʌt/ **I** *n* **1.** (*of a rifle*) culata *f*. **2.** (*of a cigarette*) colilla *f*. **3.** (*of a joke*) blanco *m*: **they made her the butt of their jokes** la hicieron el blanco de todas sus bromas. **4.** (*US*: *fam, bottom*) trasero *m*.

II *vt* [**butts, butting, butted**] topetear.
to **butt in** *vi* interrumpir, meter baza: **how can we talk when you keep butting in!** ¿cómo podemos hablar tranquilos si nos interrumpes cada dos por tres?
butter /ˈbʌtə/ I *n* mantequilla *f*, (*Arg, Urug*) manteca *f* • **butter wouldn't melt in his mouth** es una mosquita muerta.
II *vt* [**butters, buttering, buttered**] ponerle mantequilla a, (*Arg, Urug*) ponerle manteca a.
to **butter up** *vt* (*fam*) hacerle la pelota a: **she's just buttering you up** sólo te está haciendo la pelota.
butter bean *n* judía *f* blanca, (*Amér L*) frijol *m* blanco, (*Arg, Urug*) poroto *m* de manteca.
butter dish *n* mantequera *f*.
butterfingers *n* manazas *m/f inv*.
buttercup /ˈbʌtəˌkʌp/ *n* (*Bot*) botón *m* de oro.
butterfly /ˈbʌtəˌflaɪ/ *n* **1.** [**butterflies**] (*insect*) mariposa *f* • **she had butterflies in her stomach** sentía los nervios en el estómago. **2.** (*in swimming*) (estilo *m*) mariposa *f*.
buttock /ˈbʌtək/ *n* nalga *f*.
button /ˈbʌtən/ I *n* **1.** (*on clothing, machine*) botón *m*: **she fastened the buttons on her coat** se abrochó el abrigo; **push the red button** aprieta el botón rojo. **2.** (*US: badge*) pin *m*.
II *vt* [**buttons, buttoning, buttoned**] (*también* **button up**) abrochar: **he buttoned his shirt (up)** se abrochó la camisa.
buttonhole I *n* ojal *m*. II *vt* [**buttonholes, buttonholing, buttonholed**] (*fam*) abordar, acorralar.
buttress /ˈbʌtrəs/ *n* [**buttresses**] (*in architecture*) contrafuerte *m*; (*temporary support*) puntal *m*.
buxom /ˈbʌksəm/ *adj* (*woman: big-breasted*) con mucho pecho, pechugona; (*: healthy*) robusta.
buy /baɪ/ I *vt* [**buys, buying, bought**] **1.** (*to purchase*) comprar: **you never buy me anything** nunca me compras nada; **he bought some flowers** *for* **his mother** compró unas flores para su madre, le compró unas flores a su madre; **I bought this camera** *from* ∗ *off* **a friend** le compré esta cámara a un amigo. **2.** (*fam: to believe*) creerse, tragarse: **I just don't buy that** eso no me lo creo ∗ no me lo trago.
♦ *vi* comprar.
II *n* compra *f*: **that car was a good buy** ese coche fue una buena compra.
to **buy off** *vt* comprar: **the witness was bought off** compraron al testigo.
to **buy out** *vt*: **his partner bought him out** su socio le compró su parte del negocio.
to **buy up** *vt* comprar: **a single investor bought up all the remaining shares** un solo inversor compró el resto de las acciones.
buyer /ˈbaɪə/ *n* comprador -dora *m/f*.
buzz /bʌz/ I *n* **1.** (*sound*) zumbido *m*. **2.** (*fam: telephone call*) telefonazo *m*: **why don't you give her a buzz?** ¿por qué no le das ∗ pegas un telefonazo? **3.** (*feeling*) excitación *f*: **all the attention gives him a buzz** lo excita que estén pendientes de él.
II *vi* [**buzzes, buzzing, buzzed**] (*gen*) zumbar: **my ears were buzzing** me zumbaban los oídos; **the hall buzzed** *with* **anticipation** la sala bullía de expectación.
♦ *vt* llamar.
buzzard /ˈbʌzəd/ *n* (*European bird*) águila *f* ratonera [takes ***el*** or ***un*** in singular]; (*American bird*) aura *f* [takes ***el*** or ***un*** in singular].
buzzer /ˈbʌzə/ *n* timbre *m*, chicharra *f*.
by /baɪ/ I *prep* **1.** (*indicating agent*) por: **this building was designed by Rogers** este edificio fue diseñado por Rogers; **he bought a painting by a famous artist** compró un cuadro de un pintor famoso; **she was accompanied by her family** iba acompañada de ∗ por su familia; (*indicating cause*): **I was shocked by his attitude** me escandalizó su actitud. **2.** (*by means of*) por: **they travelled by land** viajaron por tierra; **he picked up the book by the cover** tomó el libro por la tapa; **he was reading by the light of a candle** estaba leyendo a la luz de una vela; (*followed by gerund*): **he passed his exam by cheating** aprobó el examen copiando; **you should begin by reading this** deberías empezar por leer esto. **3.** (*when quoting*): **by "modern" we mean contemporary** al decir "moderno" queremos decir contemporáneo. **4.** (*near*) junto a, al lado de: **he was sitting by the fire** estaba sentado junto al fuego; **the hotel is by the lake** el hotel está a orillas del lago; (*past*): **she was walking by the church when I saw her** pasaba por la iglesia cuando la vi. **5.** (*with expressions of time*) para, antes de: **she needs the report by four o'clock** necesita el informe para las cuatro; **by the time we get there, they'll be gone** (para) cuando lleguemos ya se habrán ido; **the work had run out by the end of the year** para ∗ a finales de año ya no quedaba trabajo. **6.** (*according to*) según, de acuerdo a: **we went by the regulations** lo hicimos según el reglamento; **we'll leave early, if that's all right by you** saldremos temprano, si le parece bien ∗ si usted no tiene inconveniente. **7.** (*in measurements, sums*) por: **the book measures fifteen centimetres by ten** el libro mide quince centímetros por diez; **three multiplied by two is six** tres multiplicado por dos son seis; **prices have increased by ten percent** los precios han subido un diez por ciento; **we sell them by the dozen** los vendemos por docena; **I'm paid by the hour** me pagan por hora • **we got letters by the thousand** recibimos miles de cartas.
II *adv*: **he ran by without stopping** pasó corriendo sin parar; **a bird flew by** pasó un pájaro volando.
by-election *n (in GB): elecciones para cubrir el cargo de diputado por una determinada circunscripción electoral cuando aquél ha quedado vacante.*
bylaw *n* ordenanza *f* municipal.
bypass I *n* [**bypasses**] **1.** (*road*) carretera *f* de circunvalación. **2.** (*for heart*) bypass *m*.
II *vt* [**bypasses, bypassing, bypassed**] evitar: **we bypassed the town centre** no entramos en el centro de la ciudad; **I'm hoping to bypass any bureaucracy** espero poder evitar los trámites burocráticos.
by-product *n* **1.** (*product*) subproducto *m*, producto *m* derivado. **2.** (*consequence*) consecuencia *f*.
bystander *n*: **innocent bystanders were injured in the explosion** varias personas que se encontraban en los alrededores resultaron heridas en la explosión.
byword *n* sinónimo *m*: **Paris became a byword** *for* **fashion** París llegó a ser sinónimo de moda.
bye /baɪ/, **bye-bye** /ˈbaɪbaɪ/ *excl* (*fam*) adiós, (*Amér L*) chau ∗ chao.
bygone /ˈbaɪgɒn/ I *adj* (*frml*) pasado -da: **hers is the story of a bygone era** su historia pertenece a una época pasada.
II **bygones** *n pl* • **we should let bygones be bygones** lo pasado, pasado está.
byte /baɪt/ *n* byte *m*.

C

C, c /si:/ *n* (*letter*) C, c *f*; (*name of letter*) ce *f*.
C /si:/ *n* **1.** (*mark*) *tercera nota más alta de aprobado en el sistema educativo británico*. **2.** (*Mus*) do *m*.
C /si:/ **1.** *léase* /ˈsentɪgreɪd/ (*abreviatura de* **Centigrade**) C (centígrado). **2.** *léase* /ˈselsɪəs/ (*abreviatura de* **Celsius**) C (Celsius).
c. **1.** *léase* /sent/ (*abreviatura de* **cent**) cent. (centavo). **2.** *léase* /ˈsɜ:kə/ (*abreviatura de* **circa**) h. (hacia). **3.** *léase* /ˈsentʃʊrɪ/ (*abreviatura de* **century**) s. (siglo).
cab /kæb/ *n* **1.** (*taxi*) taxi *m*. **2.** (*of truck*) cabina *f*.
cab driver *n* taxista *m*.
cabaret /ˈkæbəreɪ/ *n* cabaré *m*, cabaret *m*.
cabbage /ˈkæbɪdʒ/ *n* col *f*, repollo *m*.
cabin /ˈkæbɪn/ *n* **1.** (*hut*) cabaña *f*. **2.** (*Naut*) camarote *m*. **3.** (*Av*: *of pilot*) cabina *f* (de mando); (*: of passengers*) cabina *f* (de pasajeros).
cabin crew *n* auxiliares *m pl* de vuelo.
cabinet /ˈkæbɪnət/ *n* **1.** (*for displaying china*) vitrina *f*; (*in bathroom*) armario *m*. **2.** (*Pol*) gobierno *m*, gabinete *m*.
cabinet meeting *n* consejo *m* de ministros.
cabinet minister *n* ministro -tra *m/f*.
cabinet reshuffle *n* reorganización *f* del gobierno * gabinete.
cable /ˈkeɪbəl/ **I** *n* **1.** (*wire, rope*) cable *m*. **2.** (*telegram*) cable *m*.
II *vt* [**cables, cabling, cabled**] cablegrafiar.
cable car *n* teleférico *m*.
cable railway *n* funicular *m*.
cable television *n* televisión *f* por cable.
cache /kæʃ/ *n* **1.** (*of drugs*) alijo *m*. **2.** (*of arms*) arsenal *m* (*de una banda criminal, terrorista*): **a cache of arms was found at the house used by the terrorists** encontraron un arsenal de armas en la casa que usaban los terroristas.
cackle /ˈkækəl/ **I** *vi* [**cackles, cackling, cackled**] **1.** (*hen*) cacarear. **2.** (*person, witch*) reírse con grandes risotadas.
II *n* **1.** (*of hen*) cacareo *m*. **2.** (*of person, witch*) risotada *f*.
cacophony /kæˈkɒfənɪ/ *n* cacofonía *f*.
cactus /ˈkæktəs/ *n* [**cactuses** * **cacti** /ˈkæktaɪ/] cactus *m inv*, cacto *m*.
cadaver /kəˈdeɪvə/ *n* (*frml*) cadáver *m*.
cadaverous /kəˈdævərəs/ *adj* (*frml*) cadavérico -ca.
caddie, caddy /ˈkædɪ/ *n* caddie *m/f*.
cadence /ˈkeɪdəns/ *n* cadencia *f*.
cadet /kəˈdet/ *n* cadete *m/f*.
cadge /kædʒ/ *vt* [**cadges, cadging, cadged**] (*fam*) gorronear: **he's always trying to cadge a free meal** siempre intenta comer de gorra.
♦*vi*: **cadge** *off* **someone else for a change!** ¡vete a sablear a otro, para variar!
Caesarean, (*US*) **Cesarean** /sɪˈzeərɪən/ *n* cesárea *f*: **she may need to have a Caesarean** a lo mejor hay que hacerle la cesárea.
Caesarean section, (*US*) **Cesarean section** *n* cesárea *f*.
cafe, café /ˈkæfeɪ/ *n* café *m*.
cafeteria /ˌkæfəˈtɪərɪə/ *n* cafetería *f* (*en una fábrica, universidad, estación etc.*).
caffeine /ˈkæfi:n/ *n* cafeína *f*.
cage /keɪdʒ/ *n* jaula *f*.
caged /keɪdʒd/ *adj* enjaulado -da: **she's been prowling around the place like a caged animal** ha estado paseándose de un lado para otro como una fiera enjaulada.
cagey /ˈkeɪdʒɪ/ *adj* [**cagier, cagiest**] reservado -da: **he is very cagey** *about* **his job** es muy reservado en lo que respecta a su trabajo.
cagily /ˈkeɪdʒəlɪ/ *adv* con mucha reserva.
cagoule /kəˈgu:l/ *n* chubasquero *m*.
cajole /kəˈdʒəʊl/ *vt* [**cajoles, cajoling, cajoled**] engatusar: **she cajoled him** *into* **buying her a sports car** lo engatusó para que le comprara un deportivo.
cake /keɪk/ *n* **1.** (*Culin*: *individual*) pastel *m*; (*: large*) pastel *m*, tarta *f*; (*: sponge cake*) bizcocho *m* ● **persuading them to come was a piece of cake** convencerlos para que vinieran fue pan comido ● **their records are selling like hot cakes** sus discos se están vendiendo como rosquillas ● **you can't have your cake and eat it** no puedes nadar y guardar la ropa. **2.** (*of soap*) pastilla *f*.
cake shop *n* pastelería *f*.
cake tin *n* molde *m* para pastel.
caked /keɪkt/ *adj*: **the tyres were caked** *with* * *in* **mud** las ruedas estaban totalmente embarradas.
cal. /kæl/ (*abreviatura de* **calorie**) caloría *f*.
calamine lotion /ˈkæləmaɪn ˈləʊʃən/ *n* loción *f* de calamina.
calamitous /kəˈlæmɪtəs/ *adj* calamitoso -sa.
calamity /kəˈlæmətɪ/ *n* [**calamities**] calamidad *f*.
calcium /ˈkælsɪəm/ *n* calcio *m*.
calculate /ˈkælkjʊleɪt/ *vt* [**calculates, calculating, calculated**] calcular: **the film was calculated to shock** la intención de la película era impactar al público.
calculated /ˈkælkjʊleɪtɪd/ *adj* premeditado -da.
calculating /ˈkælkjʊleɪtɪŋ/ *adj* calculador -dora.
calculation /ˌkælkjʊˈleɪʃən/ *n* cálculo *m*.
calculator /ˈkælkjʊleɪtə/ *n* calculadora *f*.
calculus /ˈkælkjʊləs/ *n* cálculo *m*.
caldron /ˈkɔ:ldrən/ *n* (*US*) caldero *m* (*de brujas*).
calendar /ˈkæləndə/ *n* calendario *m*.
calendar month *n* mes *m* del calendario.
calendar year *n* año *m* del calendario.
calf /kɑ:f/ *n* [**calves** /kɑ:vz/] **1.** (*of cow*) becerro *m*, ternero *m*; (*of other animals*) cría *f*. **2.** (*Anat*) pantorrilla *f*.
calfskin *n* (piel *f* de) becerro *f*.
calibre, (*US*) **caliber** /ˈkælɪbə/ *n* **1.** (*of gun*) calibre *m*. **2.** (*quality*) calibre *m*.
calico /ˈkælɪkəʊ/ *n* calicó *m*.

California /kælɪ'fɔ:njə/ *n* California *f*.

Californian /kælɪ'fɔ:njən/ *adj, n* californiano -na *adj, m/f*.

calipers /'kælɪpəz/ *n pl* (*US*) ⇨ callipers

call /kɔ:l/ **I** *n* **1.** (*gen*) llamada *f*: **he felt the call of the wild** sintió la llamada de la naturaleza. **2.** (*of bird*) canto *m*: **can you recognize the call of the blackbird?** ¿reconoces el canto del mirlo? **3.** (*Telec*) llamada *f*: **who took the call?** ¿quién contestó a la llamada? • **give me a call this evening** llámame esta tarde. **4.** (*visit*) visita *f*: **it's time we paid a call** *on* **the Gibsons** ya es hora de que les hagamos una visita a los Gibson. **5.** (*duty*): **he was** *on* **call all weekend** estuvo de guardia todo el fin de semana. **6.** (*need*) demanda *f*: **there's not much call** *for* **language teachers** no hay mucha demanda de profesores de idiomas • **there's no call for that** no hace falta ponerse así. **7.** (*demand*) llamamiento *m*: **there was a call to reduce ministerial salaries** hubo un llamamiento para que se redujeran los sueldos ministeriales.
II *vt* [**calls, calling, called**] **1.** (*aloud, by phone*) llamar: **the referee called him** *over* el árbitro lo llamó para que se acercara; **he called the children** *in* **for tea** llamó a los niños para que entraran a cenar; **shall we call a taxi?** ¿llamamos a un taxi? • **let's call it fifty pounds** vamos a dejarlo en cincuenta libras • **I couldn't call his address to mind** no podía acordarme de su dirección. **2.** (*by name*) llamar: **we call him Mike for short** lo llamamos Mike para abreviar; **I still call her** *by* **her maiden name** todavía la llamo por su apellido de soltera. **3.** (*to give a name to*): **what are you going to call him?** ¿qué nombre le van a poner?; **they've called her Alice** le han puesto Alice; **she's called Alice** se llama Alice. **4.** (*to classify as*) llamar: **would you call this an efficient system?** ¿a esto lo llamas un sistema eficiente?; **I'd call him dishonest** lo calificaría de deshonesto. **5.** (*meeting, election*) convocar. **6.** (*to summon*): **he was called** *away* **to a conference** tuvo que ir a un congreso.
♦ *vi* **1.** (*aloud, by phone*) llamar: **please tell her that Frances called** por favor, dígale que la ha llamado Frances; **she called** *for* **an ambulance** llamó a una ambulancia. **2.** (*to visit*) hacer una visita: **I called** *(round* ✱ *in)* **to see him after school** fui a verlo después del colegio; **I'll call** *for* **you at five** pasaré a buscarte a las cinco. **3.** (*Transp*: *to stop*) parar: **this train is for London, calling** *at* **Reading** este tren va a Londres y tiene parada en Reading. **4.** (*to demand*) exigir: **the rise in crime calls** *for* **tough action** el aumento de la delincuencia exige que se tomen medidas severas; **he called** *for* **silence** pidió silencio.
to **call back** *vt* **1.** (*to a person to return*): **she was about to leave when they called her back** ya se iba y entonces la llamaron para que volviera. **2.** (*Telec*: *to return a call*) llamar, devolver una llamada: **they never called me back** no me llamaron; (*: to call again*) volver a llamar.
♦ *vi* **1.** (*Telec*: *to return a call*) llamar, devolver una llamada; (*: to call again*) volver a llamar: **I'll call back later** volveré a llamar más tarde. **2.** (*at house, shop*) volver: **I'll call back later** ya volveré más tarde.
to **call in** *vi* ir a ver: **she called in** *on* **her grandmother** fue a ver a su abuela.
♦ *vt* llamar a: **the police were called in** llamaron a la policía.
to **call off** *vt* **1.** (*match, talks*) suspender; (*strike*) desconvocar; (*business deal*): **we decided to call off the deal** decidimos no seguir adelante con el trato. **2.** (*to order away*): **call your dogs off!** ¡por favor, llame a sus perros!
to **call on** *vt* **1.** (*to visit*) ir a ver. **2.** (*to make a demand on*) pedir: **they called on the headmaster to resign** pidieron la dimisión del director.
to **call out** *vt* **1.** (*to shout out*) gritar: **don't call out the answer - put your hand up** no grites la respuesta, levanta la mano. **2.** (*to summon*) hacer venir: **they called the fire brigade out unnecessarily** hicieron venir los bomberos sin necesidad; (*on strike*) llamar a la huelga.
♦ *vi* gritar: **he called out in surprise** gritó sorprendido.
to **call up** *vt* (*Mil*) reclutar (*para el servicio militar obligatorio*).
to **call upon** *vt* (*frml*) pedir: **they called upon the UN for assistance** pidieron ayuda a la ONU ✱ apelaron a la ONU para que ayudara.
call box *n* cabina *f* telefónica.
call-up *n* (*Mil*) reclutamiento *m* (*para el servicio militar obligatorio*).

caller /'kɔ:lə/ *n* **1.** (*to door*) visitante *m/f*: **she is not accepting any callers today** hoy no recibe visitas. **2.** (*Telec*) comunicante *m/f*.

calligrapher /kə'lɪgrəfə/ *n* calígrafo -fa *m/f*.

calligraphy /kə'lɪgrəfɪ/ *n* caligrafía *f*.

calling /'kɔ:lɪŋ/ *n* vocación *f*: **she felt a calling to be a social worker** tenía vocación de asistente social.
calling card *n* tarjeta *f* de visita.

callipers /'kælɪpəz/ *n pl* **1.** (*Tec*) calibrador *m*. **2.** (*Med*) aparato *m* ortopédico (*para las piernas*).

callous /'kæləs/ *adj* desalmado -da.

callously /'kæləslɪ/ *adv* cruelmente.

callousness /'kæləsnəs/ *n* insensibilidad *f*.

callus /'kæləs/ *n* [**calluses**] callo *m*.

calm /kɑ:m/ **I** *adj* **1.** (*person*) tranquilo -la • **keep calm and don't panic** ¡tranquilo, no te asustes! **2.** (*weather*) en calma.
II *n* **1.** (*of weather, sea*) calma *f* • **the calm after the storm** después de la tempestad viene la calma. **2.** (*of person*) tranquilidad *f*.
III *vt* [**calms, calming, calmed**] (*person*) calmar, tranquilizar; (*feelings*): **we tried to calm their fears** intentamos disipar sus temores.
to **calm down** *vt* tranquilizar: **I calmed her down with a drink** la tranquilicé dándole algo de beber.
♦ *vi* tranquilizarse: **calm down!** ¡tranquilízate!

calmly /'kɑ:mlɪ/ *adv* con calma.

calorie /'kælərɪ/ *n* caloría *f*: **he's on a calorie-controlled diet** sigue un régimen bajo en calorías.

calorific /ˌkælə'rɪfɪk/ *adj* calorífico -ca.

calves /kɑ:vz/ *plural de* ⇨ calf

calypso /kə'lɪpsəʊ/ *n* calipso *m*.

camaraderie /ˌkæmə'rɑ:dərɪ/ *n* compañerismo *m*.

Cambodia /kæm'bəʊdɪə/ *n* Camboya *f*.

Cambodian /kæm'bəʊdɪən/ *adj, n* camboyano -na *adj, m/f*.

camcorder /'kæmkɔ:də/ *n* videocámara *f*.

came /keɪm/ *pretérito de* ⇨ come

camel /'kæməl/ *n* camello *m*.

cameo /'kæmɪəʊ/ *n* camafeo *m*.

camera /'kæmərə/ *n* **1.** (*for photography*) cámara *f*. **2.** (*Law*) • **the trial was held in camera** el juicio se celebró a puerta cerrada.
cameraman *n* [*pl* **cameramen**] cámara *m/f*.

camomile tea /'kæməmaɪl ti:/ *n* manzanilla *f*.

camouflage /'kæmʊflɑ:ʒ/ **I** *n* camuflaje *m*.

II *vt* [**camouflages, camouflaging, camouflaged**] camuflar.

camp /kæmp/ **I** *n* **1.** (*tents*) campamento *m*: **they pitched/struck camp at midday** instalaron/levantaron el campamento al mediodía. **2.** (*Pol*) facción *f*.
II *adj* afeminado -da.
III *vi* [**camps, camping, camped**] acampar: **we camped** *(out)* **in the garden** acampamos en el jardín.
camp bed *n* catre *m*.
campfire *n* fogata *f*.
camp site *n* camping *m*.

campaign /kæm'peɪn/ **I** *n* campaña *f*: **he led a campaign** *against* **the new power station** dirigió una campaña en contra de la nueva central eléctrica; **they started a campaign** *against* **him** emprendieron una campaña en su contra.
II *vi* [**campaigns, campaigning, campaigned**] hacer una campaña: **they are campaigning** *for* **better public transport** están haciendo una campaña para que se mejoren los transportes públicos.

campaigner /kæm'peɪnə/ *n* partidario -ria *m/f*.

camper /'kæmpə/ *n* **1.** (*person*) campista *m/f*. **2.** (*Auto*) caravana *f*.

camphor /'kæmfə/ *n* alcanfor *m*.

camping /'kæmpɪŋ/ *n* camping *m*: **we go camping every summer** (*in campsite*) vamos de camping todos los veranos; (*in the open*) vamos de acampada todos los veranos.
camping stove *n* hornillo *m* de camping.

campus /'kæmpəs/ *n* [**campuses**] campus *m inv*, ciudad *f* universitaria.

can /kæn/ **I** *n* **1.** (*for food*) lata *f*: **get me a can of beer please** tráeme una lata de cerveza, por favor • **the reevaluation of salaries was a real can of worms** la revisión salarial destapó una serie de problemas. **2.** (*for petrol, etc.*) bidón *m* • **as usual I was left to carry the can** como siempre tuve que pagar el pato.
II *vt* [**cans, canning, canned**] enlatar: **canned peaches in syrup** melocotones en almíbar de lata.
III *v aux* [*neg* **cannot** * **can't**] [***cannot*** *es uso formal o enfático*] ⇨ gramática en el apéndice (Verbos Auxiliares Modales) **1.** (*making a request*) poder: **can you open the door for me?** ¿me puedes abrir la puerta? • **can't you just be nice to him?** ¿no podrías ser amable con él? **2.** (*expressing ability*) saber: **she can't swim** no sabe nadar; **she can play the piano very well** toca muy bien el piano; **he can't sing** canta muy mal. **3.** (*with verbs of the senses*): **I can't hear you** no te oigo; **I can smell burning** huele a quemado. **4.** (*expressing possibility*) poder: **I cannot imagine why she likes him** no puedo entender que le guste; **getting a passport can take a long time** pueden tardar bastante en darte el pasaporte; **wherever can they be?** ¿dónde estarán? • **you can't be serious!** ¿lo dices en serio? • **he can hardly have finished already** no puede haber terminado ya. **5.** (*indicating permission*) poder: **if you don't do your homework, you can't go out** si no haces los deberes, no puedes salir.
can-opener *n* abrelatas *m inv*.

Canada /'kænədə/ *n* (el) Canadá.

Canadian /kə'neɪdɪən/ *adj*, *n* canadiense *adj*, *m/f*.

canal /kə'næl/ *n* canal *m*.

canapé /'kænəpeɪ/ *n* canapé *m*.

canary /kə'neərɪ/ *n* [**canaries**] canario *m*.

Canary Islands /kə'neərɪ 'aɪləndz/ *n pl*: **the Canary Islands** (*también* **the Canaries**) las (islas) Canarias.

cancel /'kænsəl/ *vt* [**cancels, cancelling, cancelled**] (*gen*) cancelar: **the flight was cancelled** cancelaron el vuelo; (*match, show*) suspender.
to **cancel out** *vt* contrarrestar: **the success of the new product was cancelled out by the effects of the recession** los efectos de la crisis contrarrestaron el éxito del nuevo producto.

cancellation /ˌkænsə'leɪʃən/ *n* cancelación *f*.

Cancer /'kænsə/ *n* **1.** (*star sign*) Cáncer *m*. **2.** (*person*) cáncer *m/f inv*. ⇨ Aquarius

cancer /'kænsə/ *n* cáncer *m*: **he has cancer of the lung** * **lung cancer** tiene cáncer de pulmón.
cancer research *n* investigación *f* contra el cáncer.

Cancerian /kæn'sɪərɪən/ *n* cáncer *m/f inv*. ⇨ Aquarian

cancerous /'kænsərəs/ *adj* canceroso -sa.

candelabra /ˌkændə'lɑːbrə/ *n* candelabro *m*.

candid /'kændɪd/ *adj* franco -ca.

candidacy /'kændɪdəsɪ/ *n* candidatura *f*.

candidate /'kændɪdət/ *n* **1.** (*for election*) candidato -ta *m/f*: **there are five candidates** *for* **the Nobel prize** hay cinco candidatos al premio Nobel. **2.** (*for exam*) **all candidates must be there at ten** las persons que se examinan tienen que estar allí a las diez. **3.** (*for job*) aspirante *m/f*, candidato -ta *m/f*.

candidature /'kændɪdətʃə/ *n* candidatura *f*.

candidly /'kændɪdlɪ/ *adv* con franqueza.

candle /'kændəl/ *n* vela *f* • **he is burning the candle at both ends** quiere hacer tantas cosas que está agotado.
candlelight *n* luz *f* de vela: **they had to work** *by* **candlelight** tuvieron que trabajar a la luz de una vela.
candlestick *n* (*gen*) candelero *m*; (*round dish with handle*) palmatoria *f*.
candle wax *n* cera *f*.

candour, (*US*) **candor** /'kændə/ *n* franqueza *f*.

candy /'kændɪ/ *n* [**candies**] (*US*) caramelo *m*: **they went to buy candy** fueron a comprar caramelos.
candyfloss *n* algodón *m* de azúcar.
candy store *n* (*US*) confitería *f*.

cane /keɪn/ **I** *n* **1.** (*gen*) caña *f*: **we bought some cane furniture** compramos unos muebles de caña. **2.** (*walking stick*) bastón *m*. **3.** (*for punishment*) vara *f*: **he got** * **was given the cane** le dieron unos varazos.
II *vt* [**canes, caning, caned**] azotar con la vara.

canine /'keɪnaɪn/ **I** *adj* (*Zool*) canino -na.
II *n* (*también* **canine tooth**) canino *m*, colmillo *m*.

canister /'kænɪstə/ *n* bote *m*.

cannabis /'kænəbɪs/ *n* cannabis *m inv*.

canned /kænd/ *adj* enlatado -da: **canned tuna** atún en lata.
canned music *n* música *f* enlatada.

cannibal /'kænɪbəl/ *n* caníbal *m/f*.

cannibalism /'kænɪbəlɪzəm/ *n* canibalismo *m*.

cannibalize /'kænɪbəlaɪz/ *vt* [**cannibalizes, cannibalizing, cannibalized**] *desmontar (una máquina) para usar las piezas sueltas*.

cannon /'kænən/ *n* [**cannons** * **cannon**] cañón *m*.
to **cannon into** *vt* [**cannons, cannoning, cannoned**] colisionar con, estrellarse contra: **he cannoned into the wall** se estrelló contra el muro.
cannonball *n* bala *f* de cañón.
cannon fodder *n* carne *f* de cañón.

cannot /'kænɒt/ **can not** ⇨ can **III**

canny /'kænɪ/ *adj* [**cannier, canniest**] astuto -ta.

canoe /kə'nuː/ **I** *n* (*for racing*) piragua *f*; (*open*) canoa *f*.
II *vi* [**canoes, canoeing, canoed**] ir en canoa: **we canoed down the rapids** bajamos en canoa por los rápidos.

canoeing /kə'nuːɪŋ/ *n* piragüismo *m*: **they went canoeing for their holidays** pasaron las vacaciones practicando el piragüismo.

canoeist /kə'nu:ɪst/ *n* piragüista *m/f*.

canon /'kænən/ *n* **1.** (*precept*) canon *m*. **2.** (*priest*) canónigo *m*. **3.** (*Lit*) obra *f* literaria.

canonical /kə'nɒnɪkəl/ *adj* canónico -ca.

canonize /'kænənaɪz/ *vt* [**canonizes, canonizing, canonized**] canonizar.

canopy /'kænəpɪ/ *n* [**canopies**] (*over entrance*) toldo *m*; (*over bed*) dosel *m*.

can't /kɑ:nt/ *contracción de* **can not** ⇨ can **III**

Cantabrian /kæn'teɪbrɪən/ *adj* cantábrico -ca.

cantankerous /kæn'tæŋkərəs/ *adj* irascible.

cantankerously /kæn'tæŋkərəslɪ/ *adv* de manera irascible.

canteen /kæn'ti:n/ *n* **1.** (*in school, factory, etc.*) comedor *m*. **2.** (*of cutlery*) cubertería *f*. **3.** (*for drink*) cantimplora *f*.

canter /'kæntə/ **I** *n* medio galope *m*.
II *vi* [**canters, cantering, cantered**] ir a medio galope.

canvas /'kænvəs/ *n* [**canvases**] **1.** (*cloth*) lona *f* • **they spent the night under canvas** pasaron la noche en una tienda de campaña. **2.** (*Art*) lienzo *m*.

canvass /'kænvəs/ *vi* [**canvasses, canvassing, canvassed**] hacer propaganda electoral (*yendo de casa en casa*): **he's canvassing** *for* **the Labour Party** va por las casas haciendo propaganda electoral del Partido Laborista.
♦ *vt* (*voters*) pedirle el voto a; (*opinion*) hacer un sondeo de: **they canvassed opinion on the factory floor** hicieron un sondeo de opinión en la fábrica.

canyon /'kænjən/ *n* (*Geog*) cañón *m*.

cap /kæp/ **I** *n* **1.** (*Clothing*) gorra *f* • **if the cap fits, wear it** el que se pica, ajos come. **2.** (*top: of pen*) capuchón *m*; (*: of bottle, petrol tank, car radiator*) tapón *m*. **3.** (*Med*) diafragma *m* (*método anticonceptivo*). **4.** (*for toy gun*) pistón *m*.
II *vt* [**caps, capping, capped**] **1.** (*to put a lid on*) tapar. **2.** (*with snow*) coronar: **snow-capped mountains** montañas coronadas de nieve. **3.** (*a tooth*) poner una corona a. **4.** (*to go one better*) superar: **he always tries to cap other people's stories** siempre tiene que contar una historia mejor que la de los demás • **to cap it all, when I arrived the shop was closed** para colmo, cuando llegué la tienda estaba cerrada. **5.** (*Fin: spending, expenses*) limitar.

capability /ˌkeɪpə'bɪlətɪ/ *n* [**capabilities**] habilidad *f*.

capable /'keɪpəbəl/ *adj* **1.** (*competent*) competente: **he's a capable mechanic** es un mecánico competente. **2.** (*physically or mentally able*) capaz: **you're capable** *of* **much better work than this** tú puedes hacerlo mucho mejor; **will he be capable** *of* **lifting it on his own?** ¿será capaz de levantarlo él solo?

capably /'keɪpəblɪ/ *adv* hábilmente.

capacity /kə'pæsətɪ/ *n* **1.** (*gen*) capacidad *f*: **the coach has a seating capacity** *of* **fifty people** el autocar tiene capacidad para cincuenta personas; **the hall was filled** *to* **capacity** la sala de conciertos registraba un lleno completo; **the brewery's output was** *at* **capacity** la fábrica de cerveza estaba rindiendo al máximo. **2.** (*ability*) capacidad *f*: **her capacity** *for* **losing things is extraordinary** tiene una facilidad extraordinaria para perder cosas. **3.** (*function*) calidad *f*: **in her official capacity** *as* **guide she will look after the visitors** en su calidad de guía se encargará de atender a los visitantes.

cape /keɪp/ *n* **1.** (*Clothing*) capa *f*. **2.** (*Geog*) cabo *m*: **Cape Horn** Cabo de Hornos.

caper /'keɪpə/ **I** *n* **1.** (*Culin*) alcaparra *f*. **2.** (*leap*) brinco *m*. **3.** (*escapade*) travesura *f*.
II *vi* [**capers, capering, capered**] retozar.

capful /'kæpfʊl/ *n* tapón *m*: **use one capful of detergent** poner un tapón de detergente.

capillary /kə'pɪlərɪ/ **I** *n* [**capillaries**] capilar *m*.
II *adj* capilar.

capital /'kæpɪtəl/ **I** *n* **1.** (*city*) capital *f*. **2.** (*letter*) mayúscula *f*: **please write** *in* **capitals** escriba en mayúsculas. **3.** (*money*) capital *m*.
II *adj* **1.** (*Fin, Geog, Law*) capital. **2.** (*letter*) mayúscula: **Work with a capital W** "Work" con "W" mayúscula.

capital gains tax *n* plusvalía *f*.

capital goods *n pl* bienes *m pl* de producción.

capital letter *n* mayúscula *f*: **she wrote her name in capital letters** escribió su nombre en mayúsculas.

capital punishment *n* pena *f* capital.

capitalism /'kæpɪtəlɪzəm/ *n* capitalismo *m*.

capitalist /'kæpɪtəlɪst/ *adj, n* capitalista *adj, m/f*.

capitalize /'kæpɪtəlaɪz/ *vi* [**capitalizes, capitalizing, capitalized**] (*Fin*) capitalizar: **the team capitalized** *on* **the mistakes of their opponents and won the game** el equipo supo capitalizar los errores del contrario y ganó.

capitulate /kə'pɪtjʊleɪt/ *vi* [**capitulates, capitulating, capitulated**] capitular: **the management capitulated** *to* **the workers' demands** la dirección capituló a las peticiones de los trabajadores.

capitulation /kəˌpɪtjʊ'leɪʃən/ *n* capitulación *f*.

cappuccino /ˌkæpʊ'tʃi:nəʊ/ *n* capuchino *m*.

caprice /kə'pri:s/ *n* capricho *m*.

capricious /kə'prɪʃəs/ *adj* caprichoso -sa.

Capricorn /'kæprɪkɔ:n/ *n* **1.** (*star sign*) Capricornio *m*. **2.** (*person*) capricornio *m/f inv*. ⇨ Aquarius

capsize /kæp'saɪz/ *vi* [**capsizes, capsizing, capsized**] volcar, zozobrar.

capsule /'kæpsju:l/ *n* cápsula *f*.

captain /'kæptɪn/ **I** *n* **1.** (*Sport*) capitán -tana *m/f*. **2.** (*Naut, Mil, Av*) capitán -tana *m/f*.
II *vt* [**captains, captaining, captained**] capitanear.

caption /'kæpʃən/ *n* (*under picture*) pie *m* de foto; (*heading*) título *m*; (*subtitle*) subtítulo *m*.

captivate /'kæptɪveɪt/ *vt* [**captivates, captivating, captivated**] cautivar.

captivating /'kæptɪveɪtɪŋ/ *adj* cautivador -dora.

captive /'kæptɪv/ **I** *n* cautivo -va *m/f*, prisionero -ra *m/f*: **they were taken captive** los hicieron prisioneros.
II *adj*: **the people in the queue are a captive audience for the street musicians** la gente que hace cola no tiene más remedio que escuchar a los músicos callejeros.

captivity /kæp'tɪvətɪ/ *n* (*for person*) cautiverio *m*: **the prisoners spent several months** *in* **captivity** los prisioneros vivieron varios meses de cautiverio; (*for animal*) cautividad *f*: **animals live** *in* **captivity in the zoo** en el zoo los animales viven en cautividad.

captor /'kæptə/ *n* (*gen*) captor -tora *m/f*: **he easily escaped from his captors** se escapó fácilmente de sus captores ✱ de quienes lo habían apresado; (*kidnapper*) secuestrador -dora *m/f*.

capture /'kæptʃə/ **I** *vt* [**captures, capturing, captured**] **1.** (*person, animal*) capturar. **2.** (*a place*) tomar. **3.** (*in images, music*) captar: **his poetry captures the Romantic spirit** su poesía capta el espíritu romántico.
II *n* **1.** (*of person*) captura *f*: **he evaded capture by going abroad** evitó que lo capturaran marchándose

al extranjero. **2.** (*of place*) toma *f*.

car /kɑː/ *n* **1.** (*gen*) coche *m*, (*Amér L*) carro *m*, (*Arg, Chi, Urug*) auto *m*: **shall we go** *by* **car?** ¿vamos en coche? **2.** (*of train*) vagón *m*, coche *m*: **on the sleeping car** en el coche cama.

car bomb *n* coche *m* bomba.

car-boot sale *n* (*GB*) *mercadillo al que los vendedores acuden con la mercancía (generalmente objetos usados) en el maletero de su automóvil.*

car hire *n* alquiler *m* de coches.

car park *n* aparcamiento *m*, parking *m* (*pl* parkings), (*Amér L*) parqueadero *m*, (*Arg, Chi, Urug*) estacionamiento *m*.

car phone *n* teléfono *m* de coche.

carport *n* cochera *f*.

carsick *adj*: **I get carsick on long journeys** me mareo en los viajes largos en coche.

car wash *n* túnel *m* de lavado.

carafe /kəˈræf/ *n*: *botella de boca ancha para servir vino.*

caramel /ˈkærəmel/ *n* **1.** (*toffee*) caramelo *m*. **2.** (*liquid*) azúcar *m* quemado.

carat /ˈkærət/ *n* quilate *m*.

caravan /ˈkærəvæn/ *n* **1.** (*mobile home*) roulotte *f*, caravana *f*. **2.** (*travelling group*) caravana *f*.

caravan site *n* camping *m* para roulottes.

caravanning /ˈkærəvænɪŋ/ *n*: **we went caravanning in France** hicimos un viaje por Francia en roulotte.

caraway seed /ˈkærəweɪ siːd/ *n* carvi *m*.

carbohydrate /ˌkɑːbəʊˈhaɪdreɪt/ *n* hidrato *m* de carbono.

carbolic acid /kɑːˈbɒlɪk æsɪd/ *n* fenol *m*.

carbon /ˈkɑːbən/ *n* carbono *m*.

carbon copy *n* copia *f* hecha con papel carbón.

carbon date *vt* [**carbon dates, carbon dating, carbon dated**] datar mediante la prueba del carbono 14.

carbon dating *n* datación *f* por carbono 14.

carbon dioxide *n* dióxido *m* de carbono.

carbon monoxide *n* monóxido *m* de carbono.

carbon paper *n* papel *m* carbón.

carbonated /ˈkɑːbəneɪtɪd/ *adj* (*water, drink*) con gas.

carbuncle /ˈkɑːbʌŋkəl/ *n* **1.** (*Med*) carbunco *m*. **2.** (*precious stone*) granate *m*.

carburettor, (*US*) **carburetor** /ˌkɑːbjʊˈretə/ *n* carburador *m*.

carcass, **carcase** /ˈkɑːkəs/ *n* [**carcasses** * **carcases**] res *f* muerta.

carcinogenic /ˌkɑːsɪnəˈdʒenɪk/ *adj* cancerígeno -na.

card /kɑːd/ *n* **1.** (*stiff paper*) cartulina *f*. **2.** (*greetings, credit, phone*) tarjeta *f*: **here's my (business) card** aquí le dejo mi tarjeta; **I'll pay with my card** pagaré con la tarjeta. **3.** (*document*) carné *m*, carnet *m*: **you have to show your membership card to get in** para entrar hay que enseñar el carné de socio. **4.** (*Games*) naipe *m*, carta *f*: **we need two packs of cards** necesitamos dos barajas; **let's play cards** * **have a game of cards** vamos a echar una partida de cartas • **it's quite on the cards that the match will be cancelled** es muy probable que se suspenda el partido • **she played her cards right and got a promotion** jugó bien sus cartas y la ascendieron • **he put** * **laid all his cards on the table** puso todas las cartas sobre la mesa • **I still have a card up my sleeve** todavía tengo algo guardado en la manga.

card index *n* fichero *m*.

cardphone *n* teléfono *m* público (*que acepta tarjetas*).

cardsharp *n* fullero -ra *m/f*.

card table *n* mesa *f* de juego.

card trick *n* truco *m* (*de cartas*).

cardboard /ˈkɑːdbɔːd/ *n* cartón *m*: **the books were stored in cardboard boxes** guardaron los libros en cajas de cartón.

cardiac /ˈkɑːdɪæk/ *adj* cardiaco -ca.

cardiac arrest *n* paro *m* cardiaco.

cardigan /ˈkɑːdɪgən/ *n* chaqueta *f* (de punto).

cardinal /ˈkɑːdɪnəl/ **I** *n* **1.** (*Relig*) cardenal *m*. **2.** (*también* **cardinal number**) (*Maths*) número *m* cardinal.
II *adj* **1.** (*number, point*) cardinal. **2.** (*sin*) mortal.

cardiologist /kɑːdɪˈɒlədʒɪst/ *n* cardiólogo -ga *m/f*.

cardiology /kɑːdɪˈɒlədʒɪ/ *n* cardiología *f*.

care /keə/ **I** *n* **1.** (*caution*) cuidado *m*: **take care crossing the road** ten cuidado al cruzar la calle; **he takes good care** *of* **his younger sister** cuida muy bien de su hermana pequeña • **see you soon, take care!** ¡hasta pronto! ¡cuídate! • **he was fined for not driving with due care and attention** lo multaron por no conducir con el debido cuidado y atención • (*on parcel*) **handle with care!** frágil * muy frágil. **2.** (*social, medical*): **they desperately need basic medical care** necesitan urgentemente asistencia médica básica; **the children were taken** *into* **care** pusieron a los niños al cuidado de los servicios sociales. **3.** (*charge, control*) cargo *m*: **we're leaving the house** *in* **your care tonight** esta noche vamos a dejar la casa a tu cargo; **I'll take care** *of* **the paperwork** yo me encargaré del papeleo • **this spray will soon take care of the weeds!** ¡este spray se encargará de las malas hierbas! • (*on letter*) **to Mr Adams, care of Miss Morgan** Srta. Morgan (para entregar al Sr. Adams). **4.** (*anxiety*) preocupación *f* • **they haven't a care in the world** no tienen una sola preocupación en la vida.
II *vi* [**cares, caring, cared**] **1.** (*to be interested, concerned*) preocuparse: **it is our duty to care** *about* **the environment** es nuestro deber preocuparnos por el medio ambiente; **I don't care if I never see them again** no me importa nada si no los vuelvo a ver nunca • **I couldn't care less!** ¡me importa un bledo! • **she can go to blazes, for all I care!** por lo que a mí respecta, se puede ir a la porra. **2.** (*to have affection for*) querer: **he does it because he cares** *about* **you** lo hace porque te quiere. **3.** (*frml: to like to*): **would you care to join us for dinner?** ¿le gustaría sentarse a cenar con nosotros?; **would you care to open the window?** ¿le importaría abrir la ventana?
♦ *vt*: **she doesn't care what people think of her** no le preocupa lo que la gente piense de ella.

to **care for** *vt* **1.** (*to look after*) cuidar: **a book on how to care for your pets** un libro sobre cómo cuidar a los animales domésticos. **2.** (*frml: to like*): **he doesn't care much for pop music** no le interesa mucho la música pop; **would you care for the next dance?** ¿me concede el honor de este baile? **3.** (*to have affection for*) querer: **your parents are worried because they care for you** tus padres están preocupados porque te quieren.

career /kəˈrɪə/ **I** *n* carrera *f*: **his career** *as* **a dancer lasted twenty-five years** su carrera de bailarín duró veinticinco años; **she's attracted by a career** *in* **engineering** le atrae una carrera profesional en el campo de la ingeniería.
II *vi* [**careers, careering, careered**] ir a toda velocidad: **they went careering round the corner and landed in a ditch** doblaron la esquina a toda velocidad y acabaron en la cuneta.

carefree /ˈkeəfriː/ *adj* despreocupado -da.

careful /ˈkeəfʊl/ *adj* **1.** (*cautious*) cuidadoso -sa: **he was**

careful to hide his feelings tuvo buen cuidado de ocultar sus sentimientos; **be careful** *with* **that knife, it's sharp** ten cuidado con ese cuchillo, está afilado; **careful how you go, it's icy** ¡ve con cuidado, hay hielo en la carretera!; **she's a careful eater** es muy cuidadosa con lo que come • **you can't be too careful** toda precaución es poca. **2.** (*giving attention to detail*): **he made a careful examination of the evidence** inspeccionó las pruebas con mucha atención.

carefully /ˈkeəfʊlɪ/ *adv* con cuidado: **she closed the door carefully so as not to wake them** cerró la puerta con cuidado para no despertarlos; **she carefully avoided mentioning the subject** tuvo gran cuidado de no mencionar el tema.

carefulness /ˈkeəfʊlnəs/ *n* **1.** (*caution*) cuidado *m*, cautela *f*. **2.** (*thought*) cuidado *m*, esmero *m*.

careless /ˈkeələs/ *adj* **1.** (*without caution*) descuidado -da: **she's careless** *with* **her money** es muy descuidada con el dinero; **he's a careless driver** es un conductor muy negligente. **2.** (*without proper attention*) poco atento -ta: **he has a careless attitude towards his work** presta muy poca atención a su trabajo; **she's very careless** *with* **accents** es muy descuidada en lo que se refiere al uso del acento. **3.** (*thoughtless: talk, comment*) imprudente. **4.** (*unconcerned*) despreocupado -da: **what is it to me? he said with a careless laugh** ¿a mí qué me importa?, rió despreocupado.

carelessly /ˈkeəlɪslɪ/ *adv* (*negligently, untidily*) descuidadamente: **he had carelessly left the door open** había dejado la puerta abierta, lo que mostraba gran descuido por su parte; **his essay was carelessly presented** presentó un trabajo muy descuidado; (*unconcernedly*) despreocupadamente: **they won't mind, she said carelessly** no les importará, dijo despreocupadamente.

carelessness /ˈkeəlɪsnəs/ *n* (*lack of attention to detail*) falta *f* de atención; (*lack of caution*) negligencia *f*: **the accident was caused by the driver's carelessness** el accidente se debió a la negligencia del conductor.

carer /ˈkeərə/ *n*: *persona que cuida a un enfermo o a un anciano en casa, sin recibir remuneración por ello.*

caress /kəˈres/ **I** *n* [**caresses**] caricia *f*.
II *vt* [**caresses, caressing, caressed**] acariciar.

caretaker /ˈkeəteɪkə/ *n* portero -ra *m/f*, conserje *m/f*.
caretaker government *n* gobierno *m* provisional.

cargo /ˈkɑːgəʊ/ *n* [**cargos** * **cargoes**] carga *f*.

Caribbean /ˌkærɪˈbiːən/ (*US*) /kəˈrɪbɪən/ **I** *adj* caribeño -ña.
II *n*: **the Caribbean** (*sea, region*) el Caribe: **he comes from the Caribbean** es caribeño.

caricature /ˈkærɪkətjʊə/ **I** *n* caricatura *f*.
II *vt* [**caricatures, caricaturing, caricatured**] caricaturizar.

caring /ˈkeərɪŋ/ *adj* bueno -na.

carnage /ˈkɑːnɪdʒ/ *n* carnicería *f*, matanza *f*.

carnal /ˈkɑːnəl/ *adj* carnal.

carnation /kɑːˈneɪʃən/ *n* clavel *m*.

carnival /ˈkɑːnɪvəl/ *n* carnaval *m*.

carnivore /ˈkɑːnɪvɔː/ *n* carnívoro *m*.

carnivorous /kɑːˈnɪvərəs/ *adj* carnívoro -ra.

carol /ˈkærəl/ *n* villancico *m*.

carousel /kærʊˈsel/ *n* **1.** (*in fair*) carrusel *m*, caballitos *m pl*. **2.** (*for luggage*) cinta *f* de equipajes. **3.** (*for slides*) carro *m* de diapositivas.

carp /kɑːp/ **I** *n* [*pl* **carp**] (*Zool*) carpa *f*.
II *vi* [**carps, carping, carped**] (*fam*) quejarse.

carpenter /ˈkɑːpəntə/ *n* carpintero -ra *m/f*.

carpentry /ˈkɑːpəntrɪ/ *n* carpintería *f*.

carpet /ˈkɑːpɪt/ **I** *n* **1.** (*fitted*) moqueta *f*, (*Amér L*) alfombra *f* (*de pared a pared*). **2.** (*not fitted*) alfombra *f*.
II *vt* [**carpets, carpeting, carpeted**] enmoquetar, (*Amér L*) alfombrar (*de pared a pared*): **all the offices are carpeted** todas las oficinas están enmoquetadas • **the garden was carpeted with snow** una alfombra de nieve cubría el jardín.
carpet-sweeper *n* cepillo *m* mecánico (*para alfombras y moquetas*).

carriage /ˈkærɪdʒ/ *n* **1.** (*of train*) vagón *m*. **2.** (*of typewriter*) carro *m*. **3.** (*Hist: vehicle*) coche *m* de caballos. **4.** (*of freight*) porte *m*. **5.** (*frml: posture*) porte *m*.
carriage return *n* retorno *m* del carro.
carriageway *n* calzada *f*.

carrier /ˈkærɪə/ *n* **1.** (*Transp*) transportista *m/f*. **2.** (*Med: of disease*) portador -dora *m/f*.
carrier bag *n* bolsa *f* de tienda o supermercado.
carrier pigeon *n* paloma *f* mensajera.

carrion /ˈkærɪən/ *n* carroña *f*.
carrion crow *n* corneja *f* negra.

carrot /ˈkærət/ *n* zanahoria *f*.

carry /ˈkærɪ/ *vt* [**carries, carrying, carried**] **1.** (*gen*) llevar: **don't try to carry too many plates at once** no intentes llevar tantos platos a la vez; **this taxi can carry a maximum of four passengers** este taxi puede llevar un máximo de cuatro pasajeros; **the strong current carried us along** la fuerte corriente nos arrastraba; (*on one's person*): **he always carries a spare set of keys** siempre lleva encima un segundo juego de llaves. **2.** (*in writing*) llevar: **all cigarette packets carry a health warning** todos los paquetes de tabaco llevan una advertencia de las autoridades sanitarias; (*Media*): **every newspaper carried the story of the hostages** todos los periódicos publicaron la historia de los rehenes. **3.** (*to entail*) conllevar: **teaching carries the advantage of long holidays** la enseñanza tiene la ventaja de que las vacaciones son largas; **drug-trafficking should carry a longer sentence** el tráfico de drogas debería castigarse con penas más largas. **4.** (*Med: disease*) ser portador -dora de. **5.** (*in pregnancy*) estar embarazada: **at the time she was carrying Angela** en aquel entonces estaba embarazada de Angela. **6.** (*Maths*) llevarse: **five plus seven is twelve, carry one** cinco más siete son doce, y me llevo una. **7.** (*Pol, Law: a motion*) aprobar.
♦*vi* (*sound*) llegar: **his voice doesn't carry to the back rows** en las últimas filas no se le oye.

to **carry away** *vt*: **I only meant to read the first chapter, but I got carried away** sólo iba a leer el primer capítulo, pero luego no pude dejarlo; **he got carried away and started shouting** se exaltó y empezó a gritar.

to **carry forward** *vt* (*Fin, Maths*) pasar a la columna o página siguiente (*una cifra*).

to **carry off** *vt* ganar: **he carried off two gold medals at the Olympics** ganó dos medallas de oro en los Juegos Olímpicos • **it's a difficult piece, but she managed to carry it off** es una pieza difícil, pero la interpretó muy bien.

to **carry on** *vt/i* seguir, continuar: **carry straight on until the traffic lights** sigue todo recto hasta llegar al semáforo; **she carried on writing** continuó escribiendo.

to **carry out** *vt* **1.** (*plans*) llevar a cabo. **2.** (*orders, threat*) cumplir. **3.** (*investigation, test, repairs*) hacer.

to **carry through** *vt* 1. (*to put into effect*) completar. 2. (*to support*) ayudar a superar: **her friendship carried him through his depression** su amistad lo ayudó a superar la depresión.

carrycot *n*: *cestillo de un cochecito de niño que se puede separar de las ruedas.*

carry-on *n* • **what a carry-on!** ¡qué lío!

carry-out *n* comida *f* para llevar.

cart /kɑ:t/ **I** *n* carro *m* • **don't put the cart before the horse** no empieces la casa por el tejado.

II *vt* [**carts, carting, carted**] (*fam*) cargar: **I had to cart the shopping** *around* **with me** tuve que cargar con la compra todo el rato.

to **cart off** *vt* llevar: **he was very drunk so they carted him off to bed** estaba muy borracho así que lo llevaron a la cama.

carthorse *n* caballo *m* de tiro.

carte blanche /kɑ:t 'blɑ:nʃ/ *n* (*frml*) carta *f* blanca: **I was given carte blanche to design the logo** me dieron carta blanca a la hora de diseñar el logotipo.

cartel /kɑ:'tel/ *n* cártel *m*.

cartilage /'kɑ:tɪlɪdʒ/ *n* (*gen*) cartílago *m*; (*of the knee*) menisco *m*.

cartographer /kɑ:'tɒgrəfə/ *n* cartógrafo -fa *m/f*.

cartography /kɑ:'tɒgrəfɪ/ *n* cartografía *f*.

carton /'kɑ:tən/ *n* (*for milk, juice, etc.*) caja *f*.

cartoon /kɑ:'tu:n/ *n* 1. (*political, humorous*) viñeta *f*. 2. (*comic strip*) tira *f* cómica. 3. (*on film*) dibujos *m pl* animados.

cartoonist /kɑ:'tu:nɪst/ *n* dibujante *m/f* (*de tiras cómicas o viñetas*).

cartridge /'kɑ:trɪdʒ/ *n* (*for gun, camera, ink-pen*) cartucho *m*.

cartwheel /'kɑ:twi:l/ **I** *n* 1. (*in gymnastics*) voltereta *f* lateral. 2. (*for cart*) rueda *f* de carro.

II *vi* [**cartwheels, cartwheeling, cartwheeled**] dar volteretas laterales.

carve /kɑ:v/ *vt* [**carves, carving, carved**] 1. (*Art, Archit*) tallar: **he carved animals** *out of* **wood** tallaba animales de madera. 2. (*Culin*) trinchar.

♦ *vi*: **shall I carve?** ¿trincho?

to **carve out** *vt*: **she carved out a career for herself in marketing** se labró un porvenir en marketing.

to **carve up** *vt* dividir: **the estate was carved up** *into* **separate farms** dividieron la finca en varias granjas separadas.

carving /'kɑ:vɪŋ/ *n* (*Art*) talla *f*.

carving knife *n* cuchillo *m* de trinchar.

cascade /kæs'keɪd/ **I** *n* cascada *f*.

II *vi* [**cascades, cascading, cascaded**] caer en cascada.

case /keɪs/ *n* 1. (*situation*) caso *m*: **if that is the case, we may as well go tomorrow** en ese caso, igual dará que vayamos mañana; **it is no longer the case that...** ya no es cierto que...; **there may not be enough milk, in which case I'll have my coffee black** puede que no haya suficiente leche, en cuyo caso tomaré el café solo; **"It's two o'clock." "In that case, they'll be closed."** "Son las dos." "En ese caso ya habrán cerrado."; **it's just a case of being patient** sólo se trata de tener paciencia • **their management is a case in point** su forma de llevar los asuntos es un buen ejemplo • **it would have been too late in any case** en cualquier caso, habría sido demasiado tarde • **in case of emergency, ring the bell** en caso de emergencia, toque el timbre • **make two copies, just in case** haz dos copias por si acaso • **bring the map (just) in case we get lost** trae el mapa por si acaso nos perdemos. 2. (*Med*) caso *m*: **an isolated case of typhoid** un caso aislado de tifus. 3. (*Law*) argumentos *m pl*: **he presented the case for the prosecution** la acusación presentó sus argumentos. 4. (*suitcase*) maleta *f*, (*Méx*) petaca *f*, (*Arg, Urug*) valija *f*. 5. (*protective covering: soft*) funda *f*; (*: hard*) estuche *m*. 6. (*of wine*) caja *f*. 7. (*Ling*) caso *m*.

case history *n* historial *m* clínico.

case study *n* estudio *m* de casos.

casement window /'keɪsmənt 'wɪndəʊ/ *n* ventana *f* (*con bisagras*).

cash /kæʃ/ **I** *n* dinero *m* (*en metálico*): **I've got plenty of cash** tengo bastante dinero; **there's a discount if you pay** *(in)* **cash** hacen descuento si pagas en efectivo * al contado.

II *vt* [**cashes, cashing, cashed**] (*a cheque*) cobrar.

to **cash in** *vt* (*Fin*: *insurance policy*) cobrar.

♦ *vi* sacar provecho: **other people tried to cash in** *on* **his success** otros trataron de sacar provecho de su éxito.

cash account *n* cuenta *f* de caja.

cash-and-carry *n* almacén *m* de venta al por mayor.

cash box *n* caja *f* (*para guardar dinero*).

cash card *n* tarjeta *f* (*de cajero automático*).

cash crop *n* cultivo *m* comercial.

cash desk *n* caja *f* (*donde se paga al cajero -ra*).

cash dispenser *n* cajero *m* automático.

cash flow *n* flujo *m* de fondos.

cash machine *n* cajero *m* automático.

cash register *n* caja *f* registradora.

cashew /'kæʃu:/ *n* (*también* **cashew nut**) anacardo *m*.

cashier /kæ'ʃɪə/ *n* cajero -ra *m/f*.

cashmere /'kæʃmɪə/ *n* cachemir *m*.

casing /'keɪsɪŋ/ *n* cubierta *f* protectora: **the lens has lost its protective casing** la lente ha perdido la cubierta protectora.

casino /kə'si:nəʊ/ *n* casino *m*.

cask /kɑ:sk/ *n* tonel *m*, barril *m*.

casket /'kɑ:skɪt/ *n* 1. (*for jewellery*) cofre *m*. 2. (*US: coffin*) ataúd *m*.

casserole /'kæsərəʊl/ *n* 1. (*vessel*) cazuela *f*, cacerola *f*: **we had chicken casserole** comimos pollo a la cazuela. 2. (*stew*) guiso *m*.

cassette /kə'set/ *n* (*tape*) cinta *f*, cassette *f*.

cassette player *n* cassette *m*, (*Amér L*) casetera *f*.

cassette recorder *n* cassette *m*, grabadora *f*, (*Amér L*) grabador *m*.

cassock /'kæsək/ *n* sotana *f*.

cast /kɑ:st/ **I** *n* 1. (*of play*) reparto *m*. 2. (*of plaster*) escayola *f*. 3. (*mould*) molde *m*.

II *vt* [**casts, casting, cast**] 1. (*gen*) echar: **he cast his line further out** echó el sedal más lejos; **the teacher cast them a disapproving glance** la profesora les dirigió una mirada de desaprobación; **the candle cast strange shadows** la vela proyectaba extrañas sombras; **it cast doubt** *on* **the future of the hospital** ponía en duda el futuro del hospital; **cast your mind back to this time last year** piensa en estos mismos días hace un año. 2. (*in a play*) dar el papel: **he was cast** *as* **the grandfather** le dieron el papel del abuelo. 3. (*Pol: vote*) emitir: **only seven votes were cast in favour** sólo hubo siete votos a favor. 4. (*Tec: metal*) moldear.

to **cast about** *vi* buscar: **he cast about** *for* **an excuse** estaba buscando una excusa.

to **cast aside** *vt* (*object*) desechar; (*person*) rechazar.

to **cast off** *vi* 1. (*Naut*) soltar las amarras. 2. (*knitting*) cerrar los puntos.

♦*vt* (*knitting*) cerrar.
to **cast on** *vi* (*knitting*) montar los puntos.
♦*vt* montar.
cast iron **I** *n* hierro *m* colado.
II cast-iron *adj* de hierro fundido.
castoff *n* (*Clothing*): **I get my big sister's castoffs** yo heredo la ropa que mi hermana mayor ya no quiere.
castanets /kæstə'nets/ *n pl* castañuelas *f pl*.
castaway /'kɑːstəweɪ/ *n* náufrago -ga *m/f*.
caste /kɑːst/ *n* casta *f*.
caster, **castor** /'kɑːstə/ *n* (*on furniture*) rueda *f*.
caster sugar, **castor sugar** *n* azúcar *m* extrafino, azúcar *m* lustre.
castigate /'kæstɪgeɪt/ *vt* [**castigates, castigating, castigated**] (*frml*) castigar.
Castile /kæ'stɪːl/ *n* Castilla *f*.
Castilian /kæ'stɪlɪən/ **I** *adj* castellano -na.
II *n* (*person*) castellano -na *m/f*; (*language*) castellano *m*.
casting /'kɑːstɪŋ/ *n* **1.** (*of play, film*) reparto *m* de papeles. **2.** (*Tec*) vaciado *m*.
casting vote *n* voto *m* de calidad.
castle /'kɑːsəl/ *n* **1.** (*Archit*) castillo *m* • **he's always building castles in the air** siempre está construyendo castillos en el aire. **2.** (*chesspiece*) torre *f*.
castor /'kɑːstə/ *n* ⇨ caster
castor oil *n* aceite *m* de ricino.
castrate /kæ'streɪt/ *vt* [**castrates, castrating, castrated**] castrar.
castration /kæ'streɪʃən/ *n* castración *f*.
casual /'kæʒjʊəl/ **I** *adj* **1.** (*Clothing*) de sport, informal: **is it casual or smart for your party?** ¿hay que ir arreglado o de sport a tu fiesta? **2.** (*informal*): **it was only a casual arrangement** no lo teníamos organizado de forma fija. **3.** (*work*) temporal: **are you looking for casual workers over the summer?** ¿busca empleados temporales para este verano? **4.** (*relaxed*) tranquilo -la: **he's very casual** *about* **collecting the rent** es muy tranquilo a la hora de cobrar el alquiler; (*uninvolved*): **to the casual observer, it's just another painting** para el espectador poco atento, no es sino un cuadro más. **5.** (*chance*) por casualidad: **a casual encounter led to a job offer** un encuentro fortuito condujo a una oferta de trabajo.
II casuals *n pl* ropa *f* informal: **he came to work in casuals** vino al trabajo con ropa informal.
casually /'kæʒjʊəlɪ/ *adv* **1.** (*informally*) de manera informal: **we have discussed the matter, but only casually** hemos discutido el asunto, pero sólo de manera informal. **2.** (*nonchalantly*) sin darle importancia.
casualty /'kæʒjʊəltɪ/ *n* [**casualties**] **1.** (*person: wounded*) herido -da *m/f*: **there were many casualties after the explosion** la explosión causó muchos heridos; (*: killed*) baja *f*: **the Russians suffered heavy casualties** los rusos sufrieron numerosas bajas; (*: affected*): **many pupils have been casualties** *of* **the teachers' dispute** muchos alumnos han sufrido las consecuencias del conflicto en el sector de la enseñanza. **2.** (*part of hospital*) urgencias *f pl*: **she was rushed to casualty** la llevaron rápidamente a urgencias.
cat /kæt/ *n* (*domestic*) gato -ta *m/f*; (*lion, tiger*) felino *m*: **the big cats** los grandes felinos • **who let the cat out of the bag?** ¿quién se ha ido de la lengua? • **her arrival really put the cat among the pigeons** con ella llegó la revolución • **it was raining cats and dogs** llovía a cántaros • **you couldn't swing a cat in here** aquí no hay sitio para nada • **she's playing cat and mouse with him** está jugando con él.
cataclysm /'kætəˌklɪzəm/ *n* cataclismo *m*.
cataclysmic /ˌkætə'klɪzmɪk/ *adj* turbulento -ta.
catacombs /'kætəkuːmz/ *n pl* catacumbas *f pl*.
Catalan /'kætəlæn/ **I** *adj* catalán -lana.
II *n* (*person*) catalán -lana *m/f*; (*language*) catalán *m*.
catalogue, (*US*) **catalog** /'kætəlɒg/ **I** *n* catálogo *m*.
II *vt* [**catalogues, cataloguing, catalogued**] catalogar.
Catalonia /ˌkætə'ləʊnɪə/ *n* Cataluña *f*.
Catalonian /ˌkætə'ləʊnɪən/ *adj* catalán -lana.
catalyst /'kætəlɪst/ *n* catalizador *m*.
catalytic /ˌkætə'lɪtɪk/ *adj* catalítico -ca.
catalytic converter *n* catalizador *m*.
catapult /'kætəpʌlt/ **I** *n* **1.** (*Hist*) catapulta *f*. **2.** (*Games: for firing pebbles*) tirachinas *m inv*.
II *vt* [**catapults, catapulting, catapulted**] catapultar: **he was catapulted** *out of* **the car** salió disparado del coche.
cataract /'kætərækt/ *n* (*Med, Geog*) catarata *f*.
catarrh /kə'tɑː/ *n* (*condition*) catarro *m*; (*mucus*) mucosidad *f*.
catastrophe /kə'tæstrəfɪ/ *n* catástrofe *f*.
catastrophic /ˌkætə'strɒfɪk/ *adj* catastrófico -ca.
catch /kætʃ/ **I** *n* [**catches**] **1.** (*by goalkeeper*) parada *f*; (*in baseball, cricket*): **he took the catch with one hand** cogió la pelota con una mano; **they were playing catch** jugaban a tirarse la pelota. **2.** (*fish*) pesca *f*, captura *f*. **3.** (*on door, window, gate*) pestillo *m*. **4.** (*snag*) pega *f*: **that sounds too good to be true - what's the catch?** suena demasiado bien, ¿no habrá gato encerrado?
II *vt* [**catches, catching, caught**] **1.** (*ball*) coger, (*Amér L*) atajar; (*bus, train, taxi*) coger, tomar: **I have to catch the bus** tengo que tomar el autobús. **2.** (*to capture*) capturar, coger: **the thieves were caught** cogieron a los ladrones. **3.** (*fish*) pescar: **did you catch anything?** ¿has pescado algo? **4.** (*unexpectedly*) pillar, sorprender: **he caught me in my pyjamas** me pilló en pijama; **she caught him looking in her handbag** lo pilló fisgando en su bolso; **he caught us at a very bad moment** nos pilló en muy mal momento. **5.** (*to hear*) oír: **I only caught the end of the conversation** sólo oí el final de la conversación; (*to understand*): **did you catch what he said?** ¿entendiste lo que dijo?; (*to see*): **I caught sight of them leaving the cinema** los vi cuando salían del cine. **6.** (*illness*) coger, pillar: **I've caught your cold** me has pegado el resfriado. **7.** (*to snag*) engancharse: **she caught her heel** *in* **the grating** se le enganchó el tacón en la rejilla. **8.** (*to hit accidentally*) dar: **he caught his elbow on the corner of the desk** se dio con el codo en la esquina de la mesa. **9.** (*to reflect*) reflejar: **her earrings caught the light** sus pendientes reflejaban la luz.
♦*vi* **1.** (*fire*) incendiarse. **2.** (*to snag*) engancharse: **her handbag caught** *on* **the door handle** se le enganchó el bolso en la manilla de la puerta.
to **catch on** *vi* **1.** (*to become fashionable*) hacerse popular. **2.** (*to realize*) caer en la cuenta: **he finally caught on** por fin, cayó en la cuenta.
to **catch out** *vt* coger en una falta.
to **catch up** *vt* alcanzar: **quick! they're catching us up!** ¡rápido, nos están alcanzando! • **we were caught up in a demonstration** nos vimos metidos en una manifestación.
♦*vi* **1.** (*to reach*) alcanzar: **they'll never catch up** no nos van a alcanzar; (*with work, etc.*) ponerse al día: **it**

took him the whole term to catch up *with* **the others** le llevó todo el trimestre ponerse al nivel de los demás. **2.** (*to get up to date*) ponerse al día: **she wanted to catch up** *on* **the gossip** quería ponerse al día de todos los chismes.

catch phrase *n* frase *f* de moda.

catch twenty-two *n*: **it's a catch twenty-two situation** es un círculo vicioso.

catchword *n* muletilla *f*.

catcher /ˈkætʃə/ *n* (*in baseball*) receptor -tora *m/f*.

catching /ˈkætʃɪŋ/ *adj* (*fam*) contagioso -sa: **I'm sure yawning must be catching!** ¡estoy segura de que bostezar es contagioso!

catchment area /ˈkætʃmənt ˈeərɪə/ *n* zona *f* de captación *(de un colegio, un hospital, etc.)*.

catchy /ˈkætʃɪ/ *adj* [**catchier, catchiest**] pegadizo -za: **it has a catchy theme tune** tiene una melodía muy pegadiza.

categorical /ˌkætəˈgɒrɪkəl/ *adj* (*gen*) categórico -ca; (*denial, refusal*) categórico -ca, rotundo -da.

categorically /ˌkætəˈgɒrɪkəlɪ/ *adv* (*gen*) categóricamente; (*to deny, refuse*) categóricamente, rotundamente.

categorize /ˈkætɪgəraɪz/ *vt* [**categorizes, categorizing, categorized**] clasificar: **it can be categorized** *as* **a reptile** se puede clasificar como reptil.

category /ˈkætɪgərɪ/ *n* [**categories**] categoría *f*.

cater /ˈkeɪtə/ *vi* [**caters, catering, catered**] (*to provide food*): **who will be catering at the wedding?** ¿quién se encargará del servicio de restauración para la boda?

to **cater for** *vt* (*to provide a service for*) atender: **the hotel can only cater for two hundred guests** el hotel sólo puede atender a doscientos invitados; (*to take into account*): **the organizers had not catered for handicapped people** los organizadores no habían previsto las necesidades de los minusválidos; **the show caters for a very young audience** el espectáculo está dirigido a un público muy joven.

to **cater to** *vt* satisfacer: **this magazine caters to people's love of scandal** esta revista intenta satisfacer el gusto de la gente por el escándalo.

caterer /ˈkeɪtərə/ *n* proveedor -dora *m/f*.

catering /ˈkeɪtərɪŋ/ *n* restauración *f*: **who's doing the catering?** ¿quién se va a encargar de proveer la comida y la bebida?

catering industry * trade *n* hostelería *f*, restauración *f*.

caterpillar /ˈkætəpɪlə/ *n* (*Zool*) oruga *f*.

caterpillar track *n* oruga *f* (*de excavadora, tanque etc.*).

cathedral /kəˈθiːdrəl/ *n* catedral *f*.

Catholic /ˈkæθəlɪk/ **I** *n* (*Relig*) católico -ca *m/f*: **is he a Catholic?** ¿es católico?

II *adj* **1.** (*Relig*) católico -ca. **2. catholic** (*universal*): **they have very catholic tastes** tienen gustos de la más variada índole.

Catholicism /kəˈθɒlɪsɪzəm/ *n* catolicismo *m*.

catkin /ˈkætkɪn/ *n* candelilla *f*.

catnap /ˈkætnæp/ **I** *n* cabezada *f*, siestecita *f*: **he had a quick catnap on the train** echó una cabezadita en el tren.

II *vi* [**catnaps, catnapping, catnapped**] dormitar.

Cat's-eye® /ˈkætsaɪ/ *n* catafaros *m inv*.

catsup /ˈketʃʌp/ *n* (*US*) ketchup *m*, catchup *m*.

cattle /ˈkætəl/ *n pl* ganado *m* (vacuno): **a hundred (head of) cattle** cien cabezas de ganado, cien reses.

cattle-grid *n* reja *f* (*que impide el paso del ganado*).

cattle market *n* feria *f* de ganado.

catty /ˈkætɪ/ *adj* [**cattier, cattiest**] (*fam*) malicioso -sa.

catwalk /ˈkætwɔːk/ *n* pasarela *f*.

caught /kɔːt/ *pretérito y participio pasado de* ⇨ catch

cauldron /ˈkɔːldrən/ *n* caldero *m* (*de brujas*).

cauliflower /ˈkɒlɪˌflaʊwə/ *n* coliflor *f*.

cauliflower ear *n* oreja *f* deformada.

cause /kɔːz/ **I** *n* **1.** (*of problem, accident*) causa *f*: **it was the cause** *of* **his downfall** fue la causa de su perdición. **2.** (*reason*) motivo *m*: **you have no cause** *for* **anxiety** no tienes ningún motivo para inquietarte; **the company's finances are giving cause** *for* **concern** la situación económica de la compañía es motivo de preocupación. **3.** (*movement, charity*) causa *f*: **the money went to a good cause** el dinero se destinó a una buena causa; **he took up the cause of democracy** abrazó la causa democrática • **that boy is a lost cause** ese chico es un caso perdido.

II *vt* [**causes, causing, caused**] causar: **he's always causing trouble for us** siempre nos está causando * ocasionando problemas; **this caused him to change his mind** esto hizo que cambiara de idea.

causeway /ˈkɔːzweɪ/ *n* carretera *f* elevada.

caustic /ˈkɔːstɪk/ *adj* (*substance*) cáustico -ca; (*comment*) cáustico -ca, mordaz: **she made a very caustic remark** hizo un comentario muy mordaz.

caustic soda *n* sosa *f* * soda *f* cáustica.

caution /ˈkɔːʃən/ **I** *n* **1.** (*care*) cautela *f*, prudencia *f*: **you should proceed with caution** deberías proceder con cautela; **the minister urged caution in the matter** el ministro instó a que se procediera con cautela • **he threw caution to the winds** echó la precaución por la borda • **we erred on the side of caution** pecamos de cautelosos. **2.** (*warning*) amonestación *f*: **she was let off with a caution** se libró con sólo una amonestación.

II *vt* [**cautions, cautioning, cautioned**] **1.** (*to warn*) advertir: **she cautioned me** *against* **rushing into a decision** me advirtió que no tomara una decisión precipitada. **2.** (*Law*) amonestar: **the police cautioned me** *for* **speeding** la policía me amonestó por exceso de velocidad.

cautionary /ˈkɔːʃənərɪ/ *adj* (*story, tale*) aleccionador -dora.

cautious /ˈkɔːʃəs/ *adj* cauteloso -sa, prudente: **we told him to be cautious** *of* **strangers** le dijimos que fuera cauteloso con los extraños; **you should be more cautious** *with* **your credit cards** deberías tener más cuidado con las tarjetas de crédito.

cautiously /ˈkɔːʃəslɪ/ *adv* cautelosamente, prudentemente: **he always drives cautiously** siempre conduce con prudencia.

cavalcade /ˌkævəlˈkeɪd/ *n* (*of vehicles*) desfile *m*; (*of riders*) cabalgata *f*.

cavalier /ˌkævəˈlɪə/ **I** *n* (*Hist*) caballero *m*.

II *adj* displicente: **you can't be so cavalier about the law** no se debe tomar la ley tan a la ligera.

cavalry /ˈkævəlrɪ/ *n* caballería *f*.

cave /keɪv/ *n* cueva *f*, caverna *f*.

to **cave in** *vi* [**caves, caving, caved**] **1.** (*to collapse*) derrumbarse: **the tunnel caved in** el túnel se derrumbó. **2.** (*fam*: *to give in*) ceder: **the managers finally caved in** *to* **the union's demands** los empresarios finalmente cedieron a las demandas del sindicato.

caveman *n* [*pl* **cavemen**] cavernícola *m*.

cave painting *n* pintura *f* rupestre.

cavern /'kævən/ *n* caverna *f*.
cavernous /'kævənəs/ *adj* (*hall*) grande y oscuro -ra; (*eyes*) hundido -da; (*voice*) cavernoso -sa.
caviar, **caviare** /'kævɪɑː/ *n* caviar *m*.
caving /'keɪvɪŋ/ *n* espeleología *f*: **they go caving at weekends** los fines de semana practican espeleología.
cavity /'kævətɪ/ *n* [**cavities**] (*frml*) **1.** (*gen*) cavidad *f*. **2.** (*Med: in teeth*) caries *f inv*: **eating too much sugar causes dental cavities** comer demasiado azúcar caria los dientes.
cavity wall *n* pared *f* con cámara de aire.
cavity wall insulation *n* aislamiento *m* térmico (*utilizando la cámara de aire de una pared*).
cavort /kə'vɔːt/ *vi* [**cavorts, cavorting, cavorted**] brincar: **stop cavorting** *around*, **you'll break something!** ¡deja de dar brincos, que vas a romper algo!
caw /kɔː/ **I** *vi* [**caws, cawing, cawed**] graznar.
II *n* graznido *m*.
CB /siː'biː/ (*abreviatura de* **Citizens' Band (Radio)**) banda *f* ciudadana.
CBI /siːbiː'aɪ/ *n* (*abreviatura de* **Confederation of British Industry**) *confederación de organizaciones empresariales de Gran Bretaña.*
cc /siː'siː/ **1.** (*abreviatura de* **cubic centimetre**) c.c. (centímetro cúbico). **2.** (*on a letter*): **cc Clive Peters** copia a Clive Peters.
CD /siː'diː/ *n* (*abreviatura de* **compact disc**). **1.** (*disc*) CD *m* (disco compacto ✱ compact disc). **2.** (*machine*) compact disc *m*.
CD player *n* compact disc *m*.
CD-ROM *n* CD-ROM *m*.
cease /siːs/ *vi* [**ceases, ceasing, ceased**]: **negotiations will cease tomorrow** mañana se pondrá fin a las negociaciones; **it has ceased to be a problem for us** ha dejado de ser un problema para nosotros.
♦*vt* dejar de: **they ceased firing at noon** iniciaron el alto el fuego ✱ dejaron de disparar al mediodía; **the company will cease trading with effect from next week** la compañía dejará de comerciar a partir de la semana que viene.
cease-fire *n* alto *m* el fuego: **they agreed a cease-fire** acordaron un alto el fuego.
ceaseless /'siːsləs/ *adj* constante, incesante: **a ceaseless struggle against injustice** una lucha constante ✱ sin cuartel contra la injusticia.
ceaselessly /'siːslɪslɪ/ *adv* sin cesar: **he talked ceaselessly all night** no paró de hablar en toda la noche.
cedar /'siːdə/ *n* cedro *m*.
cede /siːd/ *vt* [**cedes, ceding, ceded**] ceder.
cedilla /sɪ'dɪlə/ *n* cedilla *f*.
ceiling /'siːlɪŋ/ *n* **1.** (*Archit*) techo *m*, cielo *m* raso. **2.** (*limit*) límite *m*, tope *m*: **the ceiling** *on* **expenditure was fixed at £50,000** se fijó un límite ✱ un tope de 50.000 libras para los gastos.
celebrate /'selɪbreɪt/ *vi* [**celebrates, celebrating, celebrated**]: **it's my birthday, let's celebrate** hoy es mi cumpleaños, vamos a celebrarlo.
♦*vt* **1.** (*an occasion*) celebrar, festejar: **we celebrated his promotion with a bottle of champagne** celebramos su ascenso con una botella de champán; **they're celebrating their tenth wedding anniversary today** hoy cumplen diez años de casados. **2.** (*Relig: mass*) celebrar.
celebrated /'selɪbreɪtɪd/ *adj* célebre, famoso -sa: **at the age of twenty-five she was already a celebrated writer** a los veinticinco años era ya una célebre ✱ famosa escritora; **this area is celebrated** *for* **its wine** esta región es famosa por su vino.
celebration /ˌselɪ'breɪʃən/ *n* (*celebrating*) celebración *f*; (*party*) fiesta *f*, festejo *m*: **they're having a family celebration** están celebrando un acontecimiento familiar; **the celebrations lasted for over a week** las fiestas ✱ los festejos duraron más de una semana; **this calls for a celebration** esto hay que celebrarlo ✱ festejarlo.
celebrity /sɪ'lebrətɪ/ *n* [**celebrities**] celebridad *f*: **he became something of a celebrity in the village** se convirtió en una especie de celebridad ✱ de personaje en el pueblo; **there was a celebrity audience for the first night** la noche del estreno el público estaba compuesto por famosos.
celery /'selərɪ/ *n* apio *m*: **a head of celery** un apio; **a stick of celery** un tallo de apio.
celestial /sə'lestɪəl/ *adj* **1.** (*of heaven*) celestial. **2.** (*of the sky*) celeste.
celibacy /'selɪbəsɪ/ *n* celibato *m*.
celibate /'selɪbət/ *adj*, *n* célibe *adj*, *m/f*.
cell /sel/ *n* **1.** (*Biol*) célula *f*: **cell division is a rapid process** la división celular es un proceso rápido. **2.** (*of prisoner, monk*) celda *f*. **3.** (*Phys, Tec*) elemento *m*. **4.** (*Pol*) célula *f*: **a terrorist cell was operating in the area** una célula terrorista operaba en la zona.
cellar /'selə/ *n* **1.** (*under house*) sótano *m*. **2.** (*for storing wine, store of wine*) bodega *f*.
cellist /'tʃelɪst/ *n* violonchelista *m/f*.
cello /'tʃeləʊ/ *n* [**cellos** ✱ **celli** /'tʃeliː/] (*instrument*) chelo *m*, violonchelo *m*; (*player*) chelo *m/f*, violonchelo *m/f*.
Cellophane® /'seləfeɪn/ *n* celofán *m*.
cellular /'seljʊlə/ *adj* celular.
cellular phone *n* teléfono *m* celular.
cellulite /'seljʊlaɪt/ *n* celulitis *f inv*.
celluloid /'seljʊlɔɪd/ *n* celuloide *m*.
cellulose /'seljʊləʊs/ *n* celulosa *f*.
Celsius /'selsɪəs/ *adj* Celsius, centígrado -da: **fifty degrees Celsius** cincuenta grados Celsius ✱ centígrados.
Celt /kelt/ *n* celta *m/f*.
Celtic /'keltɪk, 'seltɪk/ **I** *adj* celta, céltico -ca.
II *n* (*language*) celta *m*.
cement /sɪ'ment/ **I** *n* cemento *m*.
II *vt* [**cements, cementing, cemented**] **1.** (*to cover with cement*) cubrir ✱ revestir de cemento: **they had cemented the path** *(over)* habían revestido el camino de cemento; (*to join with cement*) unir con cemento: **she cemented the bricks** *together* unió los ladrillos con cemento. **2.** (*friendship*) cimentar, consolidar.
cement mixer *n* hormigonera *f*.
cemetery /'semətrɪ/ *n* [**cemeteries**] cementerio *m*.
censor /'sensə/ **I** *vt* [**censors, censoring, censored**] censurar: **her letter had been censored by the authorities** las autoridades habían censurado su carta; **they showed a censored version of the movie** dieron una versión de la película cortada por la censura.
II *n* censor *m*.
censorship /'sensəʃɪp/ *n* censura *f*.
censure /'senʃə/ **I** *vt* [**censures, censuring, censured**] (*frml*) censurar: **the minister was censured** *for* **using bad language** el ministro fue censurado por utilizar un lenguaje soez.
II *n* censura *f*.
census /'sensəs/ *n* [**censuses**] censo *m*: **they carried out a traffic census** hicieron un control de tráfico.

cent /sent/ *n* centavo *m*.
centenary /sen'ti:nərɪ/ *n* [**centenaries**] centenario *m*: **next year will be the centenary of his death** el año que viene se cumple el centenario de su muerte.
centennial /sen'tenɪəl/ *n* (*US*) ⇨ centenary
center /'sentə/ *n, vt/i* [**centers, centering, centered**] *y palabras compuestas* (*US*) ⇨ centre
centigrade /'sentɪgreɪd/ *adj* centígrado -da.
centimetre, (*US*) **centimeter** /'sentɪˌmi:tə/ *n* centímetro *m*.
central /'sentrəl/ *adj* **1.** (*gen*) central: **their office is in central Paris** su oficina está en el centro de París. **2.** (*very important: role*) fundamental, primordial: **this point is central** *to* **her argument** éste es un punto clave en su argumento; (*: character*) principal. **3.** (*situated in the centre*) céntrico -ca: **the flat is very central** el piso es muy céntrico.
Central America *n* Centroamérica *f*, América *f* Central.
Central American *adj* centroamericano -na.
central government *n* gobierno *m* central.
central heating *n* (*for hotel, office, etc.*) calefacción *f* central; (*for apartment, house*) calefacción *f* (individual).
central nervous system *n* sistema *m* nervioso central.
central processing unit *n* procesador *m* central.
central reservation *n* (*GB*) mediana *f*.
centralization /ˌsentrəlaɪ'zeɪʃən/ *n* centralización *f*.
centralize /'sentrəlaɪz/ *vt* [**centralizes, centralizing, centralized**] centralizar.
centre, (*US*) **center** /'sentə/ **I** *n* (*gen*) centro *m*: **he works in the centre of London** trabaja en el centro de Londres; **he was the centre of attention** era el centro de atención; **his politics were left of centre** políticamente era de centro izquierda.
II *vt* [**centres, centring, centred**]: **it was difficult to centre the titles on the page** era difícil centrar los títulos en la página; **fighting is centred** *on* **the capital** la lucha se centra en la capital; **the main tourist sights are centred** *around* ✻ *round* **the cathedral** los principales monumentos turísticos están concentrados en los alrededores de la catedral.
♦ *vi* (*Sport*) centrar.
to **centre around** ✻ **round** *vt* girar en torno a: **her life centres around him** su vida gira en torno a él.
centrefold, (*US*) **centerfold** *n* encarte *m* central.
centre forward, (*US*) **center forward** *n* delantero -ra *m/f* centro.
centre half, (*US*) **center half** *n* medio *m/f* centro.
centre of gravity, (*US*) **center of gravity** *n* centro *m* de gravedad.
centrepiece, (*US*) **centerpiece** *n* (*on a table*) centro *m* de mesa: **his juggling act was the centrepiece of the show** su número de malabarismo era el plato fuerte del espectáculo.
centurion /sen'tjʊərɪən/ *n* centurión *m*.
century /'sentʃʊrɪ/ *n* [**centuries**] **1.** (*period of time*) siglo *m*: **they dominated the region for nearly three centuries** ejercieron la hegemonía en la región durante casi tres siglos; **he's interested in eighteenth century Spanish art** le interesa el arte español del siglo XVIII. **2.** (*in cricket, basketball*) centena *f*.
ceramic /sə'ræmɪk/ **I** *adj* de cerámica.
II ceramics *n [lleva el verbo en singular]* (*art*) cerámica *f*.
III ceramics *n pl* (*objects*) cerámicas *f pl*, objetos *m pl* de cerámica: **she makes some beautiful ceramics** hace unas cerámicas preciosas ✻ unos objetos de cerámica preciosos.
cereal /'sɪərɪəl/ *n* **1.** (*Bot*) cereal *m*: **the cereal harvest was very poor this year** la cosecha de cereales ha sido muy pobre este año. **2.** (*Culin*) cereales *m pl*: **I have cereal and toast for breakfast** para desayunar tomo cereales y tostadas.
cerebral /'serəbrəl/ *adj* cerebral: **his books are too cerebral for my taste** sus libros son demasiado intelectuales ✻ cerebrales para mi gusto.
cerebral palsy *n* parálisis *f inv* cerebral.
ceremonial /ˌserɪ'məʊnɪəl/ *adj, n* ceremonial *adj, m*.
ceremonially /ˌserɪ'məʊnɪəlɪ/ *adv* con gran ceremonia: **the flag was ceremonially burned** quemaron la bandera con gran ceremonia.
ceremonious /ˌserɪ'məʊnɪəs/ *adj* ceremonioso -sa.
ceremoniously /ˌserɪ'məʊnɪəslɪ/ *adv* ceremoniosamente.
ceremony /'serɪmənɪ/ *n* [**ceremonies**] ceremonia *f*: **he handed over the trophy with great ceremony** entregó el trofeo con gran ceremonia; **the King was at the opening ceremony of the Olympics** el rey asistió a la ceremonia de apertura de los Juegos Olímpicos • **please don't stand on ceremony with us** por favor, no te andes con cumplidos con nosotros.
certain /'sɜ:tən/ **I** *adj* **1.** (*convinced, sure*) seguro -ra: **I'm absolutely certain (that) I saw her** estoy absolutamente seguro de que la vi; **we can be certain** *of* **his discretion** podemos confiar plenamente en su discreción; **he is certain to notice it** con seguridad que lo va a notar; **we should make certain (that) he can come** deberíamos asegurarnos de que puede venir. **2.** (*definite*) seguro -ra: **it's not certain that the factory will close** no es seguro que la fábrica vaya a cerrar; **this will mean certain defeat for the team** esto significará una derrota segura para el equipo • **we don't yet know for certain** todavía no lo sabemos a ciencia cierta ✻ con certeza. **3.** (*some*) cierto -ta: **I can see what he means to a certain extent** hasta cierto punto entiendo lo que quiere decir. **4.** (*particular*) cierto -ta: **I have certain things to attend to** tengo ciertos asuntos que atender; (*used with names*): **he accused a certain Mrs Jones** acusó a una tal señora Jones.
II *pron* (*some*) algunos -nas: **certain** *of* **those present haven't paid their subscription** algunos de los presentes no han pagado la suscripción.
certainly /'sɜ:tənlɪ/ *adv* **1.** (*admittedly*) ciertamente: **it's certainly going to be difficult, but not impossible** ciertamente ✻ sin duda va a ser difícil, pero no imposible. **2.** (*definitely*): **it certainly isn't expensive** no cabe duda de que no es caro; **she is certainly very confident for her age** no cabe duda de que es muy segura de sí misma para su edad; **I can't promise, but I'll certainly try** no puedo prometer nada, pero tenga la certeza de que lo intentaré. **3.** (*in response to a question*) por supuesto, desde luego, cómo no: **"Could you take it for me?" "Certainly."** "¿Me lo puedes llevar?" "Claro que sí." ✻ "Por supuesto."; **"Did you tell them?" "Certainly not!"** "¿Se lo dijiste?" "¡Claro que no!"; **"Can I come too?" "Certainly not!"** "¿Puedo ir yo también?" "¡Ni hablar!" ✻ "¡De ninguna manera!"
certainty /'sɜ:təntɪ/ *n* [**certainties**] seguridad *f*, certeza *f*: **she said it with such certainty I was sure it must be true** lo dijo con tal seguridad que quedé convencido de que era verdad; **his conviction is now a certainty** que será condenado ya es un hecho.
certificate /sə'tɪfɪkət/ *n* certificado *m*: **she got a certi-**

ficate for passing the exam le dieron un certificado por haber aprobado el examen; **it's an X certificate film** es una película prohibida para menores de dieciocho años.

certify /'sɜ:tɪfaɪ/ *vt* [**certifies, certifying, certified**] 1. (*Law*) certificar: **I had to certify that it was her signature** tuve que dar fe de que era su firma. 2. (*Med: person*) declarar demente: **he was certified (insane)** lo declararon demente.

cervical /'sɜ:vɪkəl, sə'vaɪkəl/ *adj* (*of the neck of the womb*) del cuello del útero.

cervical cancer *n* cáncer *m* de cérvix.

cervical smear *n* citología *f*, frotis *m* cervical.

cervix /'sɜ:vɪks/ *n* [**cervixes** * **cervices** /'sɜ:vɪsi:z/] (*part of uterus*) cuello *m* del útero.

Cesarean /sɪ'zeərɪən/ *n y palabras compuestas* (*US*) ⇨ Caesarean

cessation /se'seɪʃən/ *n* (*frml*) cese *m*: **a cessation of hostilities was declared** se declaró el cese de hostilidades.

cesspit /'sespɪt/, **cesspool** /'sespu:l/ *n* pozo *m* negro * séptico.

cf. /si:'ef/ *(abreviatura latina que significa* **compare***)* cf., cfr. (*compárese, cotéjese*).

ch. *léase* /'tʃæptə/ (*abreviatura de* **chapter**) c. * cap. (capítulo).

chafe /tʃeɪf/ *vt* [**chafes, chafing, chafed**] rozar.
♦*vi* 1. (*to rub: garment, shoe*) rozar; (*to become sore: skin*) escocerse. 2. (*to feel annoyed*) estar airado: **he was chafing** *at* **having to wait so long** estaba airado por tener que esperar tanto tiempo.

chaff /tʃɑ:f/ *n* (*Agr*) granzas *f pl*.

chaffinch /'tʃæfɪntʃ/ *n* [**chaffinches**] pinzón *m*.

chain /tʃeɪn/ **I** *n* 1. (*gen*) cadena *f*: **she was wearing a gold chain** llevaba una cadena de oro; **they were kept** *in* **chains for several days** los mantuvieron encadenados durante varios días; **the demonstrators formed a (human) chain** los manifestantes formaron una cadena (humana); **an unhappy chain of events led up to his suicide** una desafortunada cadena de sucesos lo condujo al suicidio. 2. (*Geog*) cadena *f*: **a chain of mountains** una cordillera, una cadena de montañas. 3. (*of shops, hotels*) cadena *f*: **he owns a chain of supermarkets * a supermarket chain** es dueño de una cadena de supermercados.
II *vt* [**chains, chaining, chained**] encadenar: **they were chained** *together* **in the cell** estaban encadenados el uno al otro en la celda; **their dog is chained** *(up)* **to the railings** tienen el perro encadenado a las rejas • **she felt chained to the house because of the children** se sentía atada a la casa por los niños.

chain letter *n* carta *f* (*de una cadena*).

chain mail *n* cota *f* de malla.

chain reaction *n* reacción *f* en cadena.

chain saw *n* motosierra *f*, sierra *f* de cadena.

chain-smoke *vi* [**chain-smokes, chain-smoking, chain-smoked**] fumar un cigarrillo tras otro.

chain smoker *n* fumador *m* empedernido, fumadora *f* empedernida.

chain store *n*: *tienda perteneciente a una cadena.*

chair /tʃeə/ **I** *n* 1. (*gen*) silla *f*; (*armchair*) sillón *m*, butaca *f*. 2. (*electric chair*) silla *f* eléctrica: **he was sentenced to the chair** lo condenaron a la silla eléctrica. 3. (*office of chairman*) presidencia *f*: **James Scott was** *in* **the chair * took the chair** James Scott presidió la reunión; **please address your complaints to the chair** por favor, dirija sus quejas a la presidencia * al presidente. 4. (*in a university*) cátedra *f*.
II *vt* [**chairs, chairing, chaired**] presidir: **Alan Tomkins chaired the meeting** Alan Tomkins presidió la reunión.

chair lift *n* (*on ski slope*) telesilla *m*.

chairman *n* [*pl* **chairmen**] presidente *m*.

chairmanship *n* presidencia *f*.

chairperson *n* [**chairpersons**] presidente -ta *m/f*.

chairwoman *n* [*pl* **chairwomen**] presidenta *f*.

chalet /'ʃæleɪ/ *n* chalé *m*, chalet *m* (*generalmente de madera*).

chalice /'tʃælɪs/ *n* cáliz *m*.

chalk /tʃɔ:k/ **I** *n* 1. (*rock*) creta *f* • **they are as different as chalk and cheese** son tan parecidos como el día y la noche. 2. (*for writing*) tiza *f*: **we need a piece of chalk** necesitamos una tiza • **his essay was the best by a long chalk** su trabajo era con mucho el mejor.
II *vt* [**chalks, chalking, chalked**] escribir con tiza: **he chalked the numbers on the rock** escribió los números en la piedra con tiza.

to **chalk up** *vt* apuntar, anotar: **she chalked up the scores on the blackboard** anotó los resultados en la pizarra; **United chalked up yet another home win last night** el United se volvió a anotar una victoria en casa anoche.

chalky /'tʃɔ:kɪ/ *adj* [**chalkier, chalkiest**] cretáceo -cea, calcáreo -rea.

challenge /'tʃælɪndʒ/ **I** *n* 1. (*demanding situation*) desafío *m*, reto *m*: **the course will be an enormous challenge** *for* **him** el curso será un tremendo desafío para él. 2. (*invitation*) reto *m*: **he issued a challenge** *to* **the government to have a referendum on the issue** desafió al gobierno a que sometiera la cuestión a un plebiscito; **he accepted * took up the challenge** aceptó el reto. 3. (*act of confrontation*) desafío *m*: **their attitude was a challenge** *to* **her authority** su actitud constituía un desafío a su autoridad. 4. (*Sport*): **this is the team's third European Cup challenge** es la tercera vez que el equipo intenta hacerse con la Copa de Europa.
II *vt* [**challenges, challenging, challenged**] 1. (*to test*) constituir un desafío * un reto para, poner a prueba: **this exam will really challenge the students** este examen constituirá un verdadero desafío para los estudiantes. 2. (*to invite*) desafiar, retar: **she challenged him** *to* **prove his story** lo desafió a que probara su versión de los hechos. 3. (*to question*) cuestionar: **he felt that his authority was being challenged** sintió que se estaba cuestionando su autoridad. 4. (*to stop and question*) dar el alto a: **he entered the office without being challenged by the security guards** entró en la oficina sin que los guardias de seguridad intentaran impedirle el paso.

challenger /'tʃælɪndʒə/ *n* rival *m/f*: **he was never a serious challenger** *for* **the leadership** como aspirante al liderazgo nunca fue un rival digno de ser tenido en cuenta.

challenging /'tʃælɪndʒɪŋ/ *adj* (*provocative*) desafiante; (*difficult*): **it was not a particularly challenging job** no era un trabajo que constituyera un gran desafío; **I found the novel very challenging** me pareció que es una novela que exige mucho del lector.

chamber /'tʃeɪmbə/ **I** *n* 1. (*gen*) cámara *f*. 2. (*Pol: place for debates etc.*) sala *f*; (*: legislative body*) cámara *f*. 3. (*in a gun*) recámara *f*, cámara *f*. 4. (*Anat*) cámara *f*, cavidad *f*; (*of heart*) ventrículo *m*. 5. (*Hist: bedroom*) aposento *m*.
II chambers *n pl* (*in GB: legal offices*) bufete *m*.

chambermaid *n* camarera *f* (*en un hotel*).
chamber music *n* música *f* de cámara.
chamber pot *n* orinal *m*.
chameleon /kəˈmiːlɪən/ *n* camaleón *m*.
champ /tʃæmp/ I *vt/i* [**champs, champing, champed**] mascar.
II *n* (*fam*) campeón -peona *m/f*.
champagne /ʃæmˈpeɪn/ *n* champán *m*, champaña *m*.
champion /ˈtʃæmpɪən/ I *n* 1. (*Sport*) campeón -ona *m/f*: **she was a champion swimmer** era campeona de natación; **he is the reigning chess champion** él es el campeón actual de ajedrez. 2. (*of a cause*) paladín *m*, defensor -sora *m/f*: **she was known as a champion** *of* **civil liberties** se la conocía como un paladín de los derechos civiles.
II *vt* [**champions, championing, championed**] defender: **he championed their cause** defendió su causa.
championship /ˈtʃæmpɪənʃɪp/ *n* (*event, title*) campeonato *m*.
chance /tʃɑːns/ I *n* 1. (*fate, luck*) casualidad *f*: **we met** *by* **chance** nos encontramos por casualidad; **it was a chance meeting** fue un encuentro casual * fortuito; **games of chance** juegos de azar • **I don't suppose you know Jim, by any chance?** ¿no conocerás a Jim por casualidad? 2. (*opportunity*) oportunidad *f*: **it was the chance of a lifetime** era una oportunidad irrepetible; **I didn't get the chance to phone you** no tuve oportunidad * ocasión de llamarte; **I'll come and see you if I get the chance** iré a verte si se me presenta la oportunidad * ocasión; **he had no chance to escape** no tuvo oportunidad de escaparse • **I'll have to take my chances along with everyone else** tendré que competir en igualdad de condiciones con todos los demás • **given half a chance, he'd be off** si tuviera la más mínima oportunidad, se iría. 3. (*likelihood, possibility*) posibilidad *f*: **there was no chance** *of* **seeing her** no había posibilidad de verla; **the chances** *of* **my getting the job are slim** es muy poco probable que me den el puesto; **he has a good chance** *of* **winning** tiene bastantes posibilidades de ganar; **is there any chance** *of* **a cup of tea?** ¿sería posible tomar un té? • **he doesn't stand a chance of passing** no tiene la más mínima posibilidad de aprobar • **the chances are that we'll see each other again soon** lo más probable es que nos volvamos a ver dentro de poco • **"Will you lend me ten pounds?" "No chance!"** "¿Me prestas diez libras?" "¡Ni hablar!" 4. (*risk*) riesgo *m*: **you certainly took a chance by coming here** te has arriesgado mucho al venir aquí; **we can't take any chances** no podemos correr ningún riesgo.
II *vi* [**chances, chancing, chanced**] (*frml*): **if you should chance to see her, give her my regards** si por casualidad la llegaras a ver, dale saludos de mi parte.
♦ *vt* arriesgar: **they decided to chance it** decidieron arriesgarse * correr el riesgo.
to **chance on** * **upon** *vt* (*frml*) encontrar por casualidad.
chancellor /ˈtʃɑːnsələ/ *n* 1. (*Pol*: *head of state*) canciller *m/f*. 2. (*in GB: at a university*) rector *m* (honorario), rectora *f* (honoraria).
Chancellor of the Exchequer *n* (*in GB*) ministro -tra *m/f* de Economía y Hacienda.
chandelier /ʃændəˈlɪə/ *n* (lámpara *f* de) araña *f*.
change /tʃeɪndʒ/ I *n* 1. (*gen*) cambio *m*: **there has been a slight change** *of* **plan** ha habido un pequeño cambio de planes; **we have seen great changes** *in* **his behaviour** hemos observado grandes cambios en su comportamiento; **it needs very little change** hay que hacerle muy pocos cambios • **he had had a change of heart** había cambiado de idea • **I feel like a change of scene * air** me apetece un cambio de aires • **he ordered salmon just for a change** pidió salmón simplemente para variar • **it would make a nice change if you could lend a hand** no estaría nada mal que para variar nos echaras una mano. 2. (*spare set*): **he took a change** *of* **clothes with him** llevó una muda de ropa. 3. (*Transp*) transbordo *m*: **I have to make three changes to get to work** para llegar al trabajo tengo que hacer transbordo tres veces. 4. (*Fin*: *gen*) cambio *m*: **do you have change** *for* **a five pound note?** ¿tiene cambio de cinco libras?; (*: coins*) cambio *m*, dinero *m* suelto: **I'm sorry, I don't have any change** lo siento pero no tengo cambio; (*: money returned*) cambio *m*, vuelta *f*: **you've given me the wrong change** se ha equivocado al darme el cambio • **you won't get much change out of her** no conseguirás mucho de ella.
II *vt* [**changes, changing, changed**] 1. (*to alter: timetable, approach*) cambiar; (*to replace: sheets, oil, light bulb*) cambiar: **this dress has changed colour** este vestido ha cambiado de color; **she changed her name** se cambió el nombre, se cambió de nombre; **he's changed jobs** ha cambiado de trabajo; **don't change the subject** no cambies de tema; (*to exchange*) cambiar: **I have to change these dollars** *into* * *for* **pounds** tengo que cambiar estos dólares en * a libras; **she changed it** *for* **a bigger size** lo cambió por una talla más grande. 2. (*Transp*): **we changed trains at Birmingham** hicimos transbordo en Birmingham. 3. (*Auto*): **he changed gear** cambió de marcha.
♦ *vi* 1. (*gen*) cambiar: **he hasn't changed very much since we last saw him** no ha cambiado mucho desde la última vez que lo vimos; **the traffic light changed** *from* **green** *to* **red** el semáforo cambió de verde a rojo; **this shop has changed for the better/worse** esta tienda ha cambiado para mejor/peor. 2. (*into different clothes*) cambiarse: **if we're going to the party I'd better change** si vamos a ir a la fiesta, más vale que me cambie; **she changed** *into* **an old dress** (se cambió y) se puso un vestido viejo. 3. (*Transp*) hacer transbordo: **passengers travelling to London should change at Crewe** los pasajeros con destino a Londres deben hacer transbordo en Crewe.
to **change down** *vi* (*Auto*: *referring to gear change*) cambiar de marcha (*a una inferior*).
to **change into** *vt* convertirse en: **the tadpoles have all changed into frogs** todos los renacuajos se han convertido en ranas.
to **change over** *vi* cambiar: **we've changed over** *to* **a new system** hemos cambiado a un nuevo sistema; **they were constantly changing over** *from* **one channel** *to* **another** no paraban de cambiar de un canal a otro.
to **change up** *vi* (*Auto*: *referring to gear change*) cambiar de marcha (*a una superior*).
changeable /ˈtʃeɪndʒəbəl/ *adj* 1. (*Meteo*) inestable, variable. 2. (*humour*) cambiante: **she has very changeable moods** tiene constantes cambios de humor.
changeover /ˈtʃeɪndʒəʊvə/ *n* cambio *m*.
changing room /ˈtʃeɪndʒɪŋ rʊm/ *n* 1. (*in sports centre*) vestuario *m*. 2. (*in shop*) probador *m*.
channel /ˈtʃænəl/ I *n* 1. (*gen*) canal *m*. 2. (*Geog, Naut*) estrecho *m*: **the ships had to sail through a channel**

los barcos tenían que navegar por un estrecho. **3.** (*on television*) canal *m*: **which channel is it** *on*? ¿en qué canal está? **4. the Channel * the English Channel** el Canal de la Mancha. **5.** (*course*) camino *m*: **this served as a channel** *for* **her energies** esto sirvió para canalizar sus energías.
II channels *n pl* (*system*) vías *f pl*: **you will have to apply** *through* **the usual channels** tendrá que presentar su solicitud por las vías acostumbradas; **all channels of communication between the two countries have broken down** todas las vías de comunicación entre ambos países han quedado cortadas.
III *vt* [**channels, channelling, channelled**] canalizar: **we must find a way of channelling her energies** tenemos que encontrar una manera de canalizar * encauzar sus energías.

Channel Islands, Channel Isles *n pl*: **the Channel Islands** las islas del Canal de la Mancha.

chant /tʃɑːnt/ **I** *n* **1.** (*Mus, Relig*) canto *m*. **2.** (*by a crowd*) consignas *f pl* (*entonadas a coro*); (*by sports fans celebrating victory*) alirón *m*.
II *vt* [**chants, chanting, chanted**] **1.** (*Mus, Relig*) cantar. **2.** (*crowd*) corear: **they kept chanting the goalkeeper's name** repetían a coro el nombre del guardameta.
♦ *vi* cantar.

chaos /ˈkeɪɒs/ *n* caos *m inv*: **the office was** *in* **(a state of) chaos** en la oficina reinaba el caos.

chaotic /keɪˈɒtɪk/ *adj* caótico -ca.

chap /tʃæp/ *n* (*fam*) tipo *m*, tío *m*: **he's a really nice chap** es un tipo muy simpático.

chapel /ˈtʃæpəl/ *n* **1.** (*gen*) capilla *f*. **2.** (*non-conformist church*) templo *m*.

chaperone, chaperon /ˈʃæpərəʊn/ **I** *n* acompañante *f*.
II *vt* [**chaperones, chaperoning, chaperoned**] acompañar.

chaplain /ˈtʃæplɪn/ *n* capellán *m*.

chapped /tʃæpt/ *adj* agrietado -da.

chapter /ˈtʃæptə/ *n* **1.** (*Lit*) capítulo *m*: **in chapter three the boy gets killed** en el capítulo tres matan al niño • **he was able to quote the relevant law, chapter and verse** pudo citar textualmente la ley aplicable al caso. **2.** (*in time*) capítulo *m*: **those events marked the beginning of a new chapter in Spanish history** esos sucesos marcaron el principio de un nuevo capítulo en la historia de España.

character /ˈkærəktə/ *n* **1.** (*of person, place*) carácter *m* (*pl* caracteres): **she has a very awkward character** tiene un carácter muy difícil; **this village has a lot of character** este pueblo tiene mucho carácter • **reacting like that is rather out of character for him** una reacción de ese tipo no es muy característica * muy típica de él. **2.** (*también* **good character**) (*reputation*) reputación *f*. **3.** (*in novel, play*) personaje *m*: **the main character is an old man** el protagonista * el personaje principal es un hombre viejo. **4.** (*fam: person*) tipo -pa *m/f*: **he struck me as an unreliable character** me dio la impresión de ser un tipo poco fiable; **his wife is quite a character** su mujer es un caso. **5.** (*letter*) carácter *m* (*pl* caracteres): **Japanese characters are difficult to learn** los caracteres japoneses son difíciles de aprender.

characteristic /ˌkærəktəˈrɪstɪk/ **I** *n* característica *f*.
II *adj* característico -ca: **this behaviour is characteristic** *of* **the illness** este comportamiento es característico de la enfermedad.

characterization /ˌkærəktəraɪˈzeɪʃən/ *n* caracterización *f*.

characterize /ˈkærəktəraɪz/ *vt* [**characterizes, characterizing, characterized**] **1.** (*to typify*) caracterizar: **he is characterized** *by* **his charm and generosity** se caracteriza por su generosidad y encanto. **2.** (*Lit*) caracterizar: **his biographer characterizes him** *as* **a shy person** su biógrafo lo presenta como una persona tímida.

charade /ʃəˈrɑːd/ *n* **1.** (*pretence*) farsa *f*: **their apparent generosity was just a charade** su aparente generosidad no era más que una farsa. **2. charades** *[lleva el verbo en singular]* (*game*) charadas *f pl*.

charcoal /ˈtʃɑːkəʊl/ *n* **1.** (*fuel*) carbón *m* (vegetal). **2.** (*Art*) carboncillo *m*: **a charcoal drawing * a drawing** *in* **charcoal** un dibujo al carboncillo.

charge /tʃɑːdʒ/ **I** *n* **1.** (*Fin: fee*): **there will be no charge** *for* **the service** no se cobrará por el servicio; **he had to pay bank charges** tuvo que pagar comisión bancaria; **there is a 15% service charge** hay un recargo del 15% por el servicio; **repairs will be carried out free of charge** las reparaciones se harán gratuitamente; (*Telec*): **whenever he calls, he reverses the charges** siempre llama a cobro revertido. **2.** (*Law: accusation*) acusación *f*, cargo *m*: **he had to answer a charge** *of* **manslaughter** tuvo que responder a la acusación de homicidio sin premeditación; **all charges** *against* **him were dropped** se retiraron todos los cargos en su contra • **they decided not to bring * press charges** decidieron no formular cargos. **3.** (*responsibility*) cargo *m*: **who's** *in* **charge?** ¿quién manda?, ¿quién es el responsable?; **I am** *in* **charge** *of* **the administration** tengo la administración a mi cargo; **he took charge** *of* **the situation** se hizo cargo de la situación; **she was left in the charge** *of* **a nanny** la dejaron a cargo de una niñera. **4.** (*electrical, explosive*) carga *f*. **5.** (*Mil: attack*) carga *f*. **6.** (*frml: child*): **her young charges behaved exceptionally well** los niños que tenía a su cargo se comportaron excepcionalmente bien.
II *vi* [**charges, charging, charged**] **1.** (*Fin*): **they didn't charge** *for* **service** no cobraron el servicio. **2.** (*Mil: to attack*) atacar. **3.** (*to move quickly*): **the dogs were charging up and down the garden** los perros corrían de un lado al otro del jardín; **she charged** *into* **the kitchen in a fury** irrumpió furiosamente en la cocina. **4.** (*Tec*) cargarse: **I couldn't get the batteries to charge** no pude conseguir que las pilas se cargaran.
♦ *vt* **1.** (*Fin*) cobrar: **they charged me five pounds** *for* **the book** me cobraron cinco libras por el libro; **how much do you charge an hour?** ¿cuánto cobra por hora?; **we do not charge commission** no cobramos comisión. **2.** (*Law*) acusar: **he was charged** *with* **murder** lo acusaron de asesinato. **3.** (*Mil: to attack*) cargar * arremeter contra: **the police charged the demonstrators** la policía cargó contra los manifestantes. **4.** (*Tec: battery*) cargar. **5.** (*frml: to give responsibility to*) encomendar, encargar.

charge card *n* tarjeta *f* de crédito.

charged /tʃɑːdʒd/ *adj* (*Phys: battery*) cargado -da • **the atmosphere was charged with tension** la atmósfera estaba cargada de tensión • **the whole issue is charged with emotion** el tema tiene una gran carga emotiva.

chargrilled /ˈtʃɑːgrɪld/ *adj* a la parrilla.

chariot /ˈtʃærɪət/ *n* carro *m* de guerra.

charisma /kəˈrɪzmə/ *n* carisma *m*.

charismatic /ˌkærɪzˈmætɪk/ *adj* carismático -ca.

charitable /ˈtʃærɪtəbəl/ *adj* **1.** (*organization*) benéfico

-ca, de beneficencia. **2.** (*person: generous*) caritativo -va, generoso -sa; (*: understanding*) generoso -sa, de buenos sentimientos; (*attitude, remark*) generoso -sa: **try to be a little more charitable** *about* **her** trata de ser un poco más generoso cuando hablas de ella.

charity /'tʃærətɪ/ *n* **[charities]** **1.** (*kindness*) caridad *f*, generosidad *f*. **2.** (*relief work*) beneficencia *f*: **he lived on charity for many years** vivió muchos años de la beneficencia; **all the money will go to charity** todo el dinero se destinará a fines benéficos; **a charity ball** un baile benéfico ● **charity begins at home** la caridad bien entendida empieza por uno mismo * (*Amér L*) por casa. **3.** (*organization*) organización *f* benéfica * de beneficencia: **give the money to the charity of your choice** da el dinero a la organización benéfica de tu elección.

charlatan /'ʃɑːlətən/ *n* farsante *m/f*, charlatán -tana *m/f*.

charm /tʃɑːm/ **I** *n* **1.** (*attractiveness*) encanto *m*: **the charm of rural England** el encanto de la Inglaterra rural ● **he's very good at turning on the charm** sabe muy bien utilizar su encanto * atractivo. **2.** (*lucky object*) amuleto *m*; (*on bracelet*) dije *m*, colgante *m*. **3.** (*spell*) hechizo *m* ● **this new stain remover works like a charm** este nuevo quitamanchas funciona de maravilla.

II *vt* **[charms, charming, charmed]** **1.** (*to attract, delight*) deleitar: **the children charmed us** *with* **their antics** los niños nos deleitaron con sus gracias. **2.** (*with magic*) hechizar: **she charmed them** *into* **giving her the money** los engatusó para que le dieran el dinero; **you seem to live a charmed life** parece que tienes suerte en la vida.

charm bracelet *n* pulsera *f* de dijes * colgantes.

charming /'tʃɑːmɪŋ/ *adj* (*person*) encantador -dora: **what charming children!** ¡qué niños más encantadores!; (*village, house*) precioso -sa, encantador -dora.

charred /tʃɑːd/ *adj* carbonizado -da.

chart /tʃɑːt/ **I** *n* **1.** (*table*) tabla *f*, cuadro *m*; (*graph*) gráfico *m*, gráfica *f*. **2.** (*map*) mapa *m*; (*Av, Naut*) carta *f*; (*Meteo*) carta *f*, mapa *m*: **let's have a look at the weather chart** veamos la carta meteorológica.

II the charts *n pl* (*Mus*) lista *f* de éxitos: **she's had two records** *in* **the charts this year** este año ha tenido dos discos en la lista de éxitos.

III *vt* **[charts, charting, charted]** (*to record: information*) representar gráficamente: **they charted his progress across the Atlantic** trazaron en un mapa su travesía por el Atlántico; **he was the first to chart those waters** fue el primero en trazar el mapa de aquellos mares.

charter /'tʃɑːtə/ **I** *n* **1.** (*Pol: statement of principles, aims*) estatutos *m pl*; (*: statement of rights*) carta *f* de derechos. **2.** (*Hist: of a town*) fuero *m*: **special privileges were granted to the town by royal charter** una cédula real concedió privilegios especiales a la ciudad. **3.** (*of plane, boat*) fletamento *m*.

II *vt* **[charters, chartering, chartered]** fletar: **the yacht had been chartered in St Tropez** el yate se había fletado en San Tropez.

charter flight *n* (vuelo *m*) chárter *m inv*.

chartered accountant /'tʃɑːtəd ə'kaʊntənt/ *n* auditor -tora *m/f* de cuentas.

chary /'tʃeərɪ/ *adj* **[charier, chariest]**: **he's always been a bit chary** *about* * *of* **meeting new people** siempre ha sido un poco reacio a relacionarse con gente nueva.

chase /tʃeɪs/ **I** *n* **1.** (*gen*) persecución *f*: **that's the film with the famous car chase** esa es la película con la famosa escena de la persecución de coches ● **the shopkeeper gave chase and caught the thief** el tendero le dio caza al ladrón y lo agarró. **2. the chase** (*hunting*) la caza.

II *vt* **[chases, chasing, chased]** **1.** (*to follow*) perseguir: **the detective chased him down the street** el detective corrió tras él * lo persiguió calle abajo. **2.** (*to make leave*) echar: **we were chased** *out of* **the kitchen** nos echaron de la cocina. **3.** (*to try to get*): **there were sixty people chasing the same job** había sesenta personas tras el mismo trabajo.

to **chase about** *vi* ⇨ *to* chase around

to **chase after** *vt* correr tras.

to **chase around** * **about** *vi* estar de aquí para allá: **I've been chasing around all morning looking for you** he estado toda la mañana de aquí para allá buscándote.

to **chase away** * **off** *vt* ahuyentar: **we chased the cat away** ahuyentamos el gato.

to **chase up** *vt*: **if they don't call you back, make sure you chase them up** si no te llaman, no dejes tú de llamarlos a ellos; **I'm going to chase him up** *about* **that fifty pounds** voy a intentar que me pague aquellas cincuenta libras; **we must chase up all these orders** tenemos que tratar de concretar la entrega de todos estos pedidos.

chasm /'kæzəm/ *n* (*Geog*) sima *f*: **there is a huge chasm** *between* **the two sides of the party** hay un verdadero abismo entre las dos alas del partido.

chassis /'ʃæsɪ/ *n* [*pl* **chassis**] chasis *m inv*.

chaste /tʃeɪst/ *adj* casto -ta.

chasten /'tʃeɪsən/ *vt* **[chastens, chastening, chastened]** (*frml*) **1.** (*to deflate, subdue*) hacer escarmentar: **he seemed chastened by the turn of events** al parecer, lo que pasó lo hizo escarmentar. **2.** (*to punish*) castigar, darle un escarmiento a.

chastening /'tʃeɪsənɪŋ/ *adj* aleccionador -dora.

chastise /tʃæ'staɪz/ *vt* **[chastises, chastising, chastised]** (*frml: to reprimand*) reprender, regañar: **he was severely chastised** *for* **his rudeness** recibió una severa reprimenda por su grosería; (*: to punish*) castigar.

chastity /'tʃæstətɪ/ *n* castidad *f*.

chat /tʃæt/ **I** *n* charla *f*, (*Amér C, Méx*) plática *f*: **they were having a chat** estaban charlando * de charla; **I had a chat** *with* **her yesterday** ayer estuve charlando con ella; **you should have a chat** *to* **a lawyer** *about* **this** deberías hablar de esto con un abogado.

II *vi* **[chats, chatting, chatted]** charlar, conversar, (*Amér C, Méx*) platicar: **they were chatting** *(away)* **about this and that** estaban charlando (animadamente) sobre una cosa y otra; **he was chatting** *to* **my sister** estaba charlando con mi hermana.

to **chat up** *vt* (*fam*) tratar de ligar con: **he was chatting her up** estaba tratando de ligar con ella.

chat show *n* tertulia *f*, programa *m* de entrevistas.

chateau /'ʃætəʊ/ *n* [*pl* **chateaux**] castillo *m* (*en Francia*).

chatter /'tʃætə/ **I** *n* **1.** (*conversation*) charla *f*; (*too much talking*) parloteo *m*, cháchara *f*: **stop your chatter and get on with some work** deja de parlotear y ponte a trabajar. **2.** (*of birds*) gorjeo *m*; (*of monkeys*) parloteo *m*. **3.** (*noise: of teeth*) castañeteo *m*.

II *vi* **[chatters, chattering, chattered]** **1.** (*to talk*) charlar; (*to talk excessively*) parlotear: **she was chattering** *(away)* **on the telephone** estaba charlando (animadamente) por teléfono. **2.** (*bird*) gorjear; (*mon-*

key) parlotear. **3.** (*teeth*) castañetear: **her teeth were chattering** le castañeteaban los dientes.

chatterbox *n* [**chatterboxes**] (*fam*) hablador -dora *m/f*, cotorra *f*.

chatty /ˈtʃætɪ/ *adj* [**chattier, chattiest**] (*fam*) **1.** (*person*) hablador -dora, conversador -dora: **he was very chatty yesterday** estaba muy hablador ayer. **2.** (*style*) informal, coloquial: **a lively, chatty magazine for young people** una revista para gente joven de estilo informal y dinámico; **she wrote us a long, chatty letter** nos escribió una larga y simpática carta.

chauffeur /ˈʃəʊfə/ **I** *n* chófer *m*, (*Amér L*) chofer *m*.
II *vt* [**chauffeurs, chauffeuring, chauffeured**] llevar en coche ✻ (*Amér L*) auto: **I spend my time chauffeuring him** *around* me paso todo el tiempo llevándolo en coche de aquí para allá.

chauvinism /ˈʃəʊvɪnɪzəm/ *n* **1.** (*aggressive patriotism*) chovinismo *m*, patriotería *f*. **2.** (*también* **male chauvinism**) (*Sociol*) machismo *m*.

chauvinist /ˈʃəʊvɪnɪst/ *n* **1.** (*aggressive patriot*) chovinista *m/f*, patriotero -ra *m/f*. **2.** (*también* **male chauvinist**) (*Sociol*) machista *m/f*.

cheap /tʃiːp/ **I** *adj* **1.** (*in price*) barato -ta: **air fares are cheaper at this time of year** las tarifas aéreas son más baratas en esta época del año; **human life seems cheap in wartime** la vida humana se tiene en poco en época de guerra ● **they sell cheap and nasty clothes** venden ropa muy ordinaria. **2.** (*joke*) de mal gusto; (*behaviour*) indigno -na: **the way they treated me made me feel cheap** me sentí humillada ✻ rebajada por la forma en que me trataron.
II *adv* barato: **I got it cheap** lo conseguí barato ● **I managed to get one on the cheap** pude conseguir uno muy barato.

cheapen /ˈtʃiːpən/ *vt* [**cheapens, cheapening, cheapened**] **1.** (*to make cheaper*) abaratar. **2.** (*to degrade*) rebajar, degradar: **you cheapen yourself by behaving like that** te rebajas comportándote de esa manera.

cheaply /ˈtʃiːplɪ/ *adv* (*to buy, sell*) barato: **we travelled very cheaply** viajamos muy barato ✻ muy económicamente; **the apartment was cheaply furnished** el apartamento había sido amueblado con poco dinero.

cheat /tʃiːt/ **I** *n* **1.** (*at cards, games*) tramposo -sa *m/f*, fullero -ra *m/f*. **2.** (*crook*) estafador -dora *m/f*.
II *vi* [**cheats, cheating, cheated**] **1.** (*in an exam*) copiar. **2.** (*in games*) hacer trampas: **she cheats** *at* **bridge** hace trampas cuando juega al bridge. **3.** (*in a relationship*): **he's cheating** *on* **his wife** está engañando a su mujer.
♦ *vt* (*to deceive*) engañar, timar: **they were cheated** *out of* **all their savings** los estafaron y perdieron todos sus ahorros.

check /tʃek/ **I** *n* **1.** (*US*: *Fin*) *y palabras compuestas* ➪ cheque **2.** (*US*: *bill*) cuenta *f*. **3.** (*examination, inspection*) control *m*, (*Amér L*) chequeo *m*: **it's a routine security check** es un control de seguridad de rutina; **I'll have another check and see if I can find it** echaré otro vistazo a ver si puedo encontrarlo; **can you give these figures a check?** ¿podrías comprobar ✻ verificar estas cifras? **4.** (*watch*) control *m*: **it's hard to keep a check** *on* **what you spend** es difícil llevar el control de lo que se gasta. **5.** (*restraint*) freno *m*, control *m*: **fear of unemployment acts as a check** *on* **spending** el miedo al desempleo actúa como un freno al consumo ● **the police presence held the crowd in check** la presencia policial mantuvo controlada a la multitud ● **he couldn't keep his anger in check** no pudo contener su ira. **6.** (*square in pattern*) cuadro *m*; (*cloth*) tela *f* a cuadros: **a check skirt** una falda a cuadros. **7.** (*in chess*) jaque *m*.
II *vt* [**checks, checking, checked**] **1.** (*to examine*) revisar, (*Amér L*) chequear: **can you check the brakes for me?** ¿me puede revisar los frenos?; **she checked the oil** comprobó el nivel del aceite. **2.** (*to verify*) comprobar, (*Amér L*) chequear: **she checked the names** *against* **the list** cotejó los nombres con los de la lista; **he checked that everything was ready** se aseguró de que todo estuviera listo. **3.** (*to control*) controlar: **the measures are designed to check further increases in crime** las medidas están diseñadas para controlar mayores incrementos del crimen; **you must learn to check your temper** debes aprender a controlarte. **4.** (*in chess*) dar jaque a.
♦ *vi* comprobar, (*Amér L*) chequear: **I only wanted to check** sólo quería comprobar ✻ asegurarme; **I don't know, I'll just check with the manager** no lo sé, voy a consultarlo con el gerente; **let me just check to see if she's in** déjame ver si está.

to **check in** *vi* (*at hotel*) registrarse: **she checked in** *at* **the hotel yesterday** se registró ayer en el hotel; (*at airport*) facturar (el equipaje).
♦ *vt* facturar: **do you have any luggage to check in?** ¿tiene equipaje para facturar?

to **check out** *vi* irse (*de un hotel*): **she checked out (***of* **the hotel) this morning** se fue (del hotel) esta mañana.
♦ *vt* (*to investigate: information*) verificar, comprobar, (*Amér L*) chequear: **I decided to check out his story** decidí comprobar la veracidad de su versión; **we wanted to check the place out** queríamos ver cómo era el lugar.

to **check over** ✻ **through** *vt* revisar: **check through** ✻ **over your exam paper before handing it in** revisa el examen antes de entregarlo.

to **check up on** *vt* investigar: **she checked up on his background** investigó sus antecedentes; **I'll check up on that and let you know** lo confirmaré y te avisaré.

check-in *n* facturación *f*: **the check-in time is one o'clock** hay que presentarse a la una.

check list *n* lista *f* (*para cotejar o comprobar algo*).

checkmate I *n* jaque *m* mate.
II *vt* [**checkmates, checkmated, checkmating**] darle mate a.

checkout *n* (*in a supermarket*) caja *f*.

checkpoint *n* control *m*.

checkup *n* revisión *f* (médica), chequeo *m*.

checked /tʃekt/ *adj* (*material, shirt*) a cuadros.

checkered /ˈtʃekəd/ *adj* (*US*) ➪ chequered

checkers /ˈtʃekəz/ *n [lleva el verbo en singular]* (*US*) damas *f pl*.

cheddar /ˈtʃedə/ *n* queso *m* Cheddar.

cheek /tʃiːk/ **I** *n* **1.** (*Anat*) mejilla *f*. **2.** (*rudeness*) descaro *m*, frescura *f*: **he had the cheek to tell me it was my fault** tuvo el descaro de decirme que la culpa la tenía yo; **what a cheek!** ¡qué descaro! ¡qué cara (más dura)!
II *vt* [**cheeks, cheeking, cheeked**] ser descarado con.

cheekbone *n* pómulo *m*.

cheekily /ˈtʃiːkəlɪ/ *adv* descaradamente.

cheekiness /ˈtʃiːkɪnəs/ *n* descaro *m*, frescura *f*.

cheeky /ˈtʃiːkɪ/ *adj* [**cheekier, cheekiest**] **1.** (*rude*) descarado -da, fresco -ca: **she was punished for being cheeky** *to* **the teacher** fue castigada por ser descarada con el profesor. 2. (*saucy*) pícaro -ra, pillo -lla: **he's got such a cheeky smile** tiene una sonrisa de pícaro.

cheep /tʃi:p/ **I** *n* pío *m*.
II *vi* [**cheeps, cheeping, cheeped**] piar.

cheer /tʃɪə/ **I** *n* 1. (*shout*) viva *m*: **we could hear the cheers of the crowd** oíamos los vivas ∗ los vítores de la multitud • **three cheers for the happy couple!** ¡tres vivas por la feliz pareja! 2. (*happiness*) alegría *f*.
II cheers *excl* 1. (*when drinking*) salud. 2. (*fam*: *thank you*) gracias. 3. (*goodbye*) hasta luego.
III *vi* [**cheers, cheering, cheered**] dar vítores.
♦*vt* 1. (*to encourage, acclaim*) vitorear, aclamar: **the crowd cheered the new leader** el público vitoreaba al nuevo líder. 2. (*to make happy*) animar: **the news cheered me a little** la noticia me animó un poco.
to **cheer on** *vt* alentar: **they went to cheer their team on** fueron a alentar a su equipo.
to **cheer up** *vi* animarse: **she cheered up a bit after a glass of wine** se animó un poco con un vaso de vino; **cheer up! it could be a lot worse!** ¡ánimo! ¡podría ser mucho peor!
♦*vt* animar, levantarle el ánimo a.

cheerful /ˈtʃɪəfʊl/ *adj* (*permanent personal characteristic*) alegre; (*in a good mood*) de buen humor, alegre: **he always seems cheerful despite his illness** siempre está de buen humor a pesar de su enfermedad; (*colour*) alegre: **we painted it a cheerful shade of yellow** lo pintamos de un amarillo muy alegre.

cheerfully /ˈtʃɪəfʊlɪ/ *adv* alegremente: **she whistled cheerfully as she walked** andaba silbando alegremente • **he'd cheerfully eat the whole cake if you let him** si lo dejaras, se comería todo el pastel y se quedaría tan contento • **I could cheerfully strangle her** de buena gana la mataría.

cheerfulness /ˈtʃɪəfʊlnəs/ *n* alegría *f*.

cheerily /ˈtʃɪərəlɪ/ *adv* alegremente.

cheerio /tʃɪərɪˈəʊ/ *excl* (*GB*: *fam*) adiós.

cheerless /ˈtʃɪələs/ *adj* triste, sombrío -bría: **a cheerless December afternoon** una tarde sombría de diciembre.

cheery /ˈtʃɪərɪ/ *adj* [**cheerier, cheeriest**] alegre: **she gave me a cheery wave as she passed** al pasar me saludó alegremente con la mano.

cheese /tʃi:z/ *n* queso *m*.
to **cheese off** *vt* [**cheese, cheesing, cheesed**] (*fam*) hartar: **I'm really cheesed off** *with* **work** el trabajo me tiene harto ∗ hasta las narices.
cheeseburger *n* hamburguesa *f* con queso.
cheesecake *n* tarta *f* de queso.

cheesy /ˈtʃi:zɪ/ *adj* [**cheesier, cheesiest**] 1. (*smell, taste*) a queso. 2. (*smile*): **he gave a big cheesy grin** sonrió enseñando todos los dientes.

cheetah /ˈtʃi:tə/ *n* guepardo *m*.

chef /ʃef/ *n* chef *m/f*, jefe -fa *m/f* de cocina.

chemical /ˈkemɪkəl/ **I** *n* producto *m* químico.
II *adj* químico -ca: **a chemical reaction took place** se produjo una reacción química.

chemically /ˈkemɪkəlɪ/ *adv* químicamente.

chemist /ˈkemɪst/ *n* 1. (*scientist*) químico -ca *m/f*. 2. (*pharmacist*) farmacéutico -ca *m/f*. 3. **chemist's** (*GB*: *pharmacy*) farmacia *f*: **they sell it at the chemist's** lo venden en la farmacia.

chemistry /ˈkemɪstrɪ/ *n* química *f*.

chemotherapy /ˌki:məʊˈθerəpɪ/ *n* quimioterapia *f*.

cheque, (*US*) **check** /tʃek/ *n* cheque *m*: **I'm going to pay** *by* **cheque** voy a pagar con cheque; **make the cheque out to J. Smith** extienda el cheque a favor de J. Smith; **he gave me a blank cheque** me dio un cheque en blanco.
cheque book, (*US*) **checkbook** *n* talonario *m* de cheques.
cheque card *n* tarjeta *f* de identificación bancaria.

chequered /ˈtʃekəd/ *adj* 1. (*with pattern of squares*) a cuadros. 2. (*of mixed fortunes*) con altibajos: **he had had a very chequered career** había tenido una carrera con muchos altibajos.

cherish /ˈtʃerɪʃ/ *vt* [**cherishes, cherishing, cherished**] (*frml*) 1. (*person*) querer (y proteger); (*friendship*) tener en mucho. 2. (*memory*) atesorar; (*hope*) albergar, abrigar: **she cherishes the illusion that one day he'll come back** abriga ∗ acaricia la ilusión de que algún día él volverá.

cherry /ˈtʃerɪ/ *n* [**cherries**] 1. (*fruit*) cereza *f*. 2. (*tree, wood*) cerezo *m*.

cherub /ˈtʃerəb/ *n* [**cherubs** ∗ **cherubim** /ˈtʃerəbɪm/] querubín *m*.

chess /tʃes/ *n* ajedrez *m*.
chessboard *n* tablero *m* de ajedrez.

chest /tʃest/ *n* 1. (*Anat*) pecho *m*: **what size chest are you?** ¿cuánto mides de pecho?; **he has a bad chest** está mal de los bronquios • **I'm glad to have got that off my chest** me alegro de haberme desahogado. 2. (*for blankets, linen*) arcón *m*; (*for jewellery, valuables*) cofre *m*.
chest of drawers *n* cómoda *f*.

chestnut /ˈtʃesnʌt/ **I** *n* 1. (*tree, wood*) castaño *m*. 2. (*nut*) castaña *f*. 3. (*horse*) alazán -zana *m/f*.
II *adj* (*hair*) (de color) castaño; (*horse*) alazán -zana.

chesty /ˈtʃestɪ/ *adj* 1. (*Med*): **he has a nasty chesty cough** tiene una tos de pecho bastante fea. 2. (*fam*: *woman*) pechugona.

chew /tʃu:/ *vt/i* [**chews, chewing, chewed**] masticar, mascar: **she was chewing a sweet** masticaba un caramelo; **the dog was chewing** *(on)* **a bone** el perro estaba mordisqueando un hueso.
to **chew over** *vt* estudiar detenidamente: **we chewed over the various possibilities** estudiamos detenidamente las diferentes posibilidades; **they're still chewing over the problem** aún le están dando vueltas al problema.
to **chew up** *vt* (*fam*) estropear.

chewing gum /ˈtʃu:ɪŋ gʌm/ *n* chicle *m*.

chewy /ˈtʃu:ɪ/ *adj* [**chewier, chewiest**] (*meat*) duro -ra; (*toffee*) masticable.

chic /ʃi:k/ **I** *adj* elegante, chic.
II *n* elegancia *f*, chic *m*, estilo *m*.

chick /tʃɪk/ *n* (*gen*) polluelo *m*; (*young chicken*) pollito *m*, polluelo *m*.

chicken /ˈtʃɪkɪn/ **I** *n* 1. (*Zool*: *young*) pollo *m*; (*hen*) gallina *f*: **go and feed the chickens** ve a darles de comer a las gallinas • **don't count your chickens before they are hatched** no seas como la lechera del cuento. 2. (*Culin*) pollo *m*; (*older, for boiling*) gallina *f*: **fried/roast chicken** pollo frito/asado; **chicken soup** sopa de pollo ∗ de gallina. 3. (*fam*: *cowardly person*) gallina *m/f*: **don't be such a chicken!** ¡no seas gallina! 4. (*young person*): **she's no (spring) chicken** ya no es ninguna jovencita.
II *adj* (*fam*: *cowardly*) gallina.
to **chicken out** *vi* [**chickens, chickening, chickened**] acobardarse, rajarse: **I chickened out** *of* **going** no me atreví a ir.
chicken feed *n* (*fam*): **his salary is chicken feed** gana una miseria.

chickenpox *n* varicela *f*.

chicken wire *n* tela *f* metálica.

chickpea /ˈtʃɪkpiː/ *n* garbanzo *m*.

chicory /ˈtʃɪkərɪ/ *n* **1.** (*white-leaved vegetable*) endibia *f*. **2.** (*coffee substitute*) achicoria *f*.

chide /tʃaɪd/ *vt* [**chides, chiding, chided**] (*frml*) reprender.

chief /tʃiːf/ **I** *n* jefe -fa *m/f*: **the chief of a tribe** el jefe * el cacique de una tribu.
II *adj* **1.** (*most senior*): **he consulted the chief architect** consultó con el arquitecto jefe. **2.** (*principal*) principal, más importante: **that is the chief reason for going** ésa es la razón más importante para ir.

chief of police *n* jefe -fa *m/f* de policía.

chiefly /ˈtʃiːflɪ/ *adv* principalmente: **we are chiefly concerned with preventing another crime** nuestra mayor preocupación es la prevención de otro delito.

chieftain /ˈtʃiːftən/ *n* jefe -fa *m/f*, cacique *m*.

chiffon /ˈʃɪfɒn/ *n* gasa *f*.

chilblain /ˈtʃɪlbleɪn/ *n* sabañón *m*.

child /tʃaɪld/ *n* [*pl* **children** /ˈtʃɪldrən/] **1.** (*young person*) niño -ña *m/f*: **we've known them since we were children** los conocemos desde que éramos pequeños *niños; **he was always very shy** *as* **a child** de niño * de pequeño siempre fue muy tímido. **2.** (*son, daughter*) hijo -ja *m/f*: **they have four children** tienen cuatro hijos ● **he thinks computers are child's play** piensa que la informática es un juego de niños.

child abuse *n* (*ill-treatment*) malos tratos *m pl*; (*sexual*) abusos *m pl* deshonestos * sexuales (*a un niño*).

child-bearing *adj*: **she is still of child-bearing age** está todavía en edad de tener hijos.

childbirth *n* parto *m*: **she died** *in* **childbirth** murió en el parto.

child minder *n*: *persona que cuida niños en su propia casa mientras los padres trabajan.*

child-proof *adj* a prueba de niños: **the car is fitted with child-proof locks** el coche está equipado con cerraduras a prueba de niños.

childhood /ˈtʃaɪldhʊd/ *n* niñez *f*, infancia *f*: **he had a very happy childhood** tuvo una niñez muy feliz; **childhood diseases** enfermedades de la infancia.

childish /ˈtʃaɪldɪʃ/ *adj* **1.** (*immature*) infantil, pueril: **stop being so childish!** ¡no seas niño! **2.** (*like a child*) infantil.

childishly /ˈtʃaɪldɪʃlɪ/ *adv*: **I think you're behaving very childishly** me parece que te estás portando como un niño.

childishness /ˈtʃaɪldɪʃnəs/ *n* puerilidad *f*, niñerías *f pl*: **I've had quite enough of his childishness** ya estoy harta de sus niñerías.

childless /ˈtʃaɪldləs/ *adj* (*couple*) sin hijos.

childlike /ˈtʃaɪldlaɪk/ *adj* (*innocence, faith*) de niño, infantil.

children /ˈtʃɪldrən/ *plural de* ⇨ child

Chile /ˈtʃɪlɪ/ *n* Chile *m*.

Chilean /ˈtʃɪlɪən/ (*US*) /tʃɪˈleɪən/ *adj*, *n* chileno -na *adj*, *m/f*.

chill /tʃɪl/ **I** *n* **1.** (*Med*: *cold*) resfriado *m*: **he caught a chill** se resfrió. **2.** (*Meteo*: *coldness*): **there's a chill in the air** hace fresco; **she lit a fire to take the chill off the room** encendió el fuego para caldear un poco la habitación. **3.** (*bad feeling*): **his angry outburst cast a chill over the meeting** su arrebato de ira creó un ambiente de tensión en la reunión.
II *adj* frío -a: **there was a chill wind blowing** soplaba un viento frío.
III *vt* [**chills, chilling, chilled**] (*wine*) enfriar: **serve chilled** sírvase frío; (*meat*) refrigerar; (*person*): **the cold wind chilled me to the bone** el viento frío me heló hasta los huesos.

chilli /ˈtʃɪlɪ/ *n* [**chillies**] **1.** (*vegetable*) chile *m*, (*Amér L*) ají *m* (picante). **2.** (*también* **chilli con carne**) (*dish*) chile *m* con carne.

chilli powder *n* chile *m* * ají *m* en polvo.

chilling /ˈtʃɪlɪŋ/ *adj* (*tale, thought*) escalofriante.

chilly /ˈtʃɪlɪ/ *adj* [**chillier, chilliest**] **1.** (*cold*) frío -a: **it's going to be another chilly morning** vamos a tener otra mañana fría. **2.** (*unfriendly*) frío -a: **we had a very chilly reception** nos recibieron muy fríamente * con mucha frialdad.

chime /tʃaɪm/ **I** *n* **1.** (*set of bells*) carillón *m*. **2.** (*sound of bells*) campanadas *f pl*, repique *m*: **we heard the chime of the cathedral bells** oímos el repique de las campanas de la catedral. **3.** (*sound as clock strikes*) campanada *f*; (*tone of strike*) repique *m*: **this clock has a beautiful chime** este reloj tiene un repique precioso.
II *vi* [**chimes, chiming, chimed**] (*gen*) sonar; (*bell*) repicar.
♦*vt* (*the hour*) repicar, tocar: **the clock chimed midnight** el reloj dio las doce.

to **chime in** *vi* (*fam*) intervenir: **she's always chiming in** *with* **silly suggestions** siempre interviene para hacer sugerencias tontas; **what about me? he chimed in** ¿y yo qué? saltó.

chimney /ˈtʃɪmnɪ/ *n* chimenea *f* ● **she smokes like a chimney** fuma como un carretero * como una chimenea.

chimney pot *n* (*Archit*) cañón *m* de chimenea.

chimney sweep *n* deshollinador -dora *m/f*.

chimp /tʃɪmp/ *n* (*fam*) chimpancé *m*.

chimpanzee /ˌtʃɪmpænˈziː/ *n* chimpancé *m*.

chin /tʃɪn/ *n* barbilla *f*, mentón *m*.

China /ˈtʃaɪnə/ *n* (la) China.

china /ˈtʃaɪnə/ *n* **1.** (*material*) loza *f*; (*porcelain*) porcelana *f*: **a china cup** una taza de porcelana. **2.** (*crockery*) vajilla *f*, loza *f*: **we got out the best china** sacamos la mejor vajilla que teníamos.

Chinese /tʃaɪˈniːz/ **I** *adj* chino -na.
II *n* **1.** [*pl* **Chinese**] (*person*) chino -na *m/f*. **2.** (*language*) chino *m*.
III the Chinese *n pl* los chinos.

chink /tʃɪŋk/ **I** *n* **1.** (*crack*) grieta *f*; (*narrow gap*) rendija *f*: **my keys fell through a chink in the rock** se me colaron las llaves por una grieta de la roca. **2.** (*of light*) rayo *m*: **a chink of light came through the curtains** entraba un rayo de luz por la rendija entre las cortinas. **3.** (*sound*) tintineo *m*: **we heard the chink of glasses** oímos el tintineo de copas.
II *vi* [**chinks, chinking, chinked**] tintinear.

chintz /tʃɪnts/ *n* chintz *m*.

chip /tʃɪp/ **I** *n* **1.** (*GB*: *french fry*) patata *f* frita, (*Amér L*) papa *f* frita. **2.** (*también* **potato chip**) (*US*: *packaged snack*) patata *f* frita (*en paquete*), (*Amér L*) papa *f* * papita *f* frita (*en paquete*). **3.** (*Inform*) chip *m*. **4.** (*of wood*) astilla *f* ● **he's a chip off the old block** de tal palo tal astilla ● **he's got a chip on his shoulder about his background** está muy acomplejado por su origen social. **5.** (*piece missing*) desconchado *m*. **6.** (*in a casino*) ficha *f* ● **when the chips are down, it's who you know that counts** a la hora de la verdad, lo que cuenta son los contactos ● **he's had his chips now** ahora sí que está acabado.

II *vi* [**chips, chipping, chipped**] desconcharse, desportillarse: **earthenware chips easily** la loza se desconcha muy fácilmente.
♦*vt* desconchar, desportillar.
to **chip away** *vt* picar: **the sculptor chipped away the outer layer** el escultor picó la capa exterior.
♦*vi*: **he chipped away** *at* **the stone with a chisel** picaba * trabajaba la piedra con un cincel.
to **chip in** *vi* (*fam*) **1.** (*with money*) contribuir: **we all chipped in** *for * towards* **his present** todos contribuimos para hacerle un regalo. **2.** (*to say something*) meter baza, intervenir: **when I heard that, I couldn't help chipping in** cuando oí eso, no pude menos que meter baza * meterme (en la conversación).
chipboard *n* aglomerado *m* (*de madera prensada*).
chipmunk /ˈtʃɪpmʌŋk/ *n* ardilla *f* listada.
chiropodist /kɪˈrɒpədɪst/ *n* podólogo -ga *m/f*.
chiropody /kɪˈrɒpədɪ/ *n* podología *f*.
chirp /tʃɜ:p/ **I** *vi* [**chirps, chirping, chirped**] **1.** (*bird*) gorjear. **2.** (*insect*) chirriar.
II *n* **1.** (*of bird*) gorjeo *m*. **2.** (*of insect*) chirrido *m*.
chirpy /ˈtʃɜ:pɪ/ *adj* [**chirpier, chirpiest**] (*fam*) alegre, animado -da.
chisel /ˈtʃɪzəl/ **I** *n* (*for stone, metal*) cincel *m*, escoplo *m*; (*for wood*) formón *m*, escoplo *m*.
II *vt* [**chisels, chiselling, chiselled**] cincelar.
chitchat /ˈtʃɪtʃæt/ *n* (*fam*) cháchara *f*.
chivalrous /ˈʃɪvəlrəs/ *adj* caballeroso -sa.
chivalry /ˈʃɪvəlrɪ/ *n* (*Hist*) caballería *f*; (*courtesy*) caballerosidad *f* ● **(the age of) chivalry is not dead** aún existe la caballerosidad.
chives /tʃaɪvz/ *n pl* cebollinos *m pl*.
chlorinate /ˈklɔ:rɪneɪt/ *vt* [**chlorinates, chlorinating, chlorinated**] tratar con cloro.
chlorination /ˌklɔ:rɪˈneɪʃən/ *n* cloración *f*.
chlorine /ˈklɔ:ri:n/ *n* cloro *m*.
chloroform /ˈklɒrəfɔ:m/ *n* cloroformo *m*.
chlorophyll /ˈklɒrəfɪl/ *n* clorofila *f*.
chock /tʃɒk/ *n* calzo *m*, cuña *f*.
chock-a-block /ˌtʃɒkəˈblɒk/ *adj* (*fam*) abarrotado -da: **the entrance was chock-a-block** *with* **luggage** la entrada estaba abarrotada de equipaje; **the airport was chock-a-block** el aeropuerto estaba hasta los topes.
chock-full /tʃɒkˈfʊl/ *adj* abarrotado -da: **his room is chock-full** *of* **junk** tiene la habitación hasta los topes de cachivaches.
chocolate /ˈtʃɒkələt/ *n* **1.** (*in a block*) chocolate *m*: **a bar of chocolate** una tableta de chocolate; (*individual sweet*) bombón *m*: **he bought her a box of chocolates** le compró una caja de bombones. **2.** (*for drinking*) chocolate *m*: **I fancy a cup of (drinking * hot) chocolate** me apetece una taza de chocolate.
chocolate bar *n* chocolatina *f*.
choice /tʃɔɪs/ **I** *n* **1.** (*act of choosing*) elección *f*: **the choice is yours** la elección es tuya; **I hope I've made the right choice** espero haber elegido bien; **it was a choice** *between* **going late or not going at all** tenía que elegir entre ir tarde o no ir en absoluto; **she didn't do it** *out of * from * by* **choice** no lo hizo porque quería; **first prize is the holiday** *of* **your choice** el primer premio es unas vacaciones a elección del ganador; (*possibility of choosing*): **he had no choice** no tuvo otra alternativa; **freedom of choice** libertad de elección. **2.** (*thing or person chosen*): **that candidate was not my first choice** ese candidato no era el que yo habría preferido; **there are three choices open to us** tenemos tres opciones * posibilidades. **3.** (*range*) selección *f*, surtido *m*: **they have a good choice** *of* **records** tienen una buena selección de discos ● **we were spoilt for choice** teníamos mucho donde elegir.
II *adj* **1.** (*of good quality*) de primera calidad. **2.** (*phrase*) bien escogido -da.
choir /ˈkwaɪə/ *n* coro *m*.
choirboy *n* niño *m* de coro.
choke /tʃəʊk/ **I** *n* (*Auto*) estárter *m*: **it needs a bit more choke** necesita que le des un poco más al estárter.
II *vt* [**chokes, choking, choked**] ahogar, estrangular: **this collar's choking me** este cuello me está estrangulando; **the town centre was choked** *with* **traffic** el centro de la ciudad estaba congestionado de tráfico; **he replied in a voice choked** *with* **emotion** contestó con la voz estrangulada por la emoción.
♦*vi* asfixiarse: **he choked to death** murió asfixiado; **she nearly choked** *on* **a fishbone** casi se atraganta con una espina de pescado; **we were choking** *with* **laughter** nos desternillábamos de la risa.
to **choke back** *vt* tragarse: **he choked back the tears** se tragó las lágrimas.
cholera /ˈkɒlərə/ *n* cólera *m*.
cholesterol /kəˈlestərɒl/ *n* colesterol *m*.
choose /tʃu:z/ *vt* [**chooses, choosing, chose,** *participio pasado* **chosen**] **1.** (*to select*) elegir, escoger: **he chose the red one** eligió * escogió el rojo; **the team was chosen last night** anoche se hizo la selección del equipo; **he was chosen** *as* **the class representative** fue elegido delegado de clase; **she was chosen to receive the award** fue designada para recibir el galardón. **2.** (*to decide*) decidir, optar por: **in the end he chose not to go** al final optó por no ir.
♦*vi* **1.** (*to make a selection*) elegir, escoger: **they're all so nice it's difficult to choose** todos son tan bonitos que me cuesta elegir; **you'll have to choose** *between* **coming with us and staying on your own** tienes dos alternativas: o vienes con nosotros o te quedas sola; **there's a lot to choose** *from* hay mucho de donde elegir. **2.** (*to decide*): **they can take time off whenever they choose** pueden tomarse tiempo libre cuando quieren; **I'm free to do as I choose** soy libre de hacer lo que quiera * lo que se me antoje.
choosy /ˈtʃu:zɪ/ *adj* [**choosier, choosiest**] exigente: **he's very choosy** *about* **restaurants** es muy exigente en lo que se refiere a restaurantes.
chop /tʃɒp/ **I** *n* **1.** (*Culin*) chuleta *f*. **2.** (*with an axe*) hachazo *m* ● **he got * was given the chop** lo echaron del trabajo.
II *vt* [**chops, chopping, chopped**] **1.** (*wood, sticks*) cortar, partir: **he's chopping** *(up)* **logs for firewood** está cortando leña para el fuego. **2.** (*onions, herbs*) picar; (*meat, potatoes*) cortar en trocitos: **chop the apple (up)** *into* **small pieces** corta la manzana en trocitos pequeños. **3.** (*fam*: *to cut*) cortar: **she's had her hair chopped** *(off)* se ha cortado el pelo ● **I wish they'd stop chopping and changing** ojalá dejaran de cambiar constantemente de opinión.
to **chop down** *vt* talar, cortar: **they've chopped three trees down** han talado tres árboles.
chopper /ˈtʃɒpə/ *n* **1.** (*knife*) cuchillo *m* de carnicero. **2.** (*fam*: *helicopter*) helicóptero *m*.
choppy /ˈtʃɒpɪ/ *adj* [**choppier, choppiest**] (*sea*) picado -da.
chopsticks /ˈtʃɒpstɪks/ *n pl* palillos *m pl*.
choral /ˈkɔ:rəl/ *adj* coral.

chord /kɔːd/ *n* **1.** (*Mus*) acorde *m* • **her helplessness struck a painful chord** su desamparo le tocó la fibra sensible. **2.** (*Maths*) cuerda *f.*

chore /tʃɔː/ *n* **1.** (*routine task*) tarea *f*, faena *f*: **he was sick of household chores** estaba harto de las tareas * las faenas de la casa. **2.** (*unwelcome task*): **cleaning the oven is a real chore** limpiar el horno es un trabajo odioso.

choreographer /ˌkɒrɪˈɒgrəfə/ *n* coreógrafo -fa *m/f.*

choreography /ˌkɒrɪˈɒgrəfɪ/ *n* coreografía *f.*

chorister /ˈkɒrɪstə/ *n* integrante *m/f* de un coro.

chortle /ˈtʃɔːtəl/ *vi* [**chortles, chortling, chortled**] reírse con satisfacción.

chorus /ˈkɔːrəs/ **I** *n* [**choruses**] **1.** (*in song*) estribillo *m* • **there was a chorus of protests** todos protestaron a coro; (*piece of music*) coral *m.* **2.** (*choral group: in Greek theatre, in musicals*) coro *m.*
II *vt* [**choruses, chorusing, chorused**] decir/cantar a coro.

chorus girl *n* corista *f.*

chose /tʃəʊz/ *pretérito de* ➪ choose

chosen /ˈtʃəʊzən/ *participio pasado de* ➪ choose

Christ /kraɪst/ *n* Cristo *m*, Jesucristo *m.*

christen /ˈkrɪsən/ *vt* [**christens, christening, christened**] (*child*) bautizar con el nombre de: **they christened her Emily** la bautizaron con el nombre de Emily, le pusieron (por nombre) Emily; (*place, ship, etc.*): **the mountain had been christened "the Old Man"** se había dado en llamar a la montaña "the Old Man"

christening /ˈkrɪsənɪŋ/ *n* bautizo *m.*

Christian /ˈkrɪstɪən/ *adj, n* cristiano -na *adj, m/f.*

Christian name *n* nombre *m* de pila.

Christianity /ˌkrɪstɪˈænətɪ/ *n* cristianismo *m.*

Christmas /ˈkrɪsməs/ *n* [**Christmases**] Navidad *f*: **she always goes home** *at* **Christmas** siempre va a casa a pasar las Navidades; **Merry * Happy Christmas!** ¡feliz Navidad! ¡felices Pascuas!

Christmas card *n* tarjeta *f* de Navidad, christmas *m inv.*

Christmas carol *n* villancico *m.*

Christmas Day *n* día *m* de Navidad.

Christmas Eve *n* Nochebuena *f.*

Christmas tree *n* árbol *m* de Navidad.

chrome /krəʊm/ *n* ➪ chromium

chromium /ˈkrəʊmɪəm/ *n* cromo *m.*

chromium-plated, **chrome-plated** *adj* cromado -da.

chromosome /ˈkrəʊməˌsəʊm/ *n* cromosoma *m.*

chronic /ˈkrɒnɪk/ *adj* **1.** (*Med*) crónico -ca: **she is a chronic asthma sufferer** es asmática. **2.** (*severe*) grave: **there were chronic housing problems** había graves problemas de vivienda. **3.** (*fam: extremely bad*) fatal, horroroso -sa.

chronicle /ˈkrɒnɪkəl/ **I** *n* crónica *f.*
II *vt* [**chronicles, chronicling, chronicled**] hacer una crónica de.

chronological /ˌkrɒnəˈlɒdʒɪkəl/ *adj* cronológico -ca.

chronologically /ˌkrɒnəˈlɒdʒɪkəlɪ/ *adv* cronológicamente.

chrysalis /ˈkrɪsəlɪs/ *n* [**chrysalises**] crisálida *f.*

chrysanthemum /krɪˈsænθəməm/ *n* crisantemo *m.*

chubby /ˈtʃʌbɪ/ *adj* [**chubbier, chubbiest**] (*person*) gordinflón -flona, regordete -ta: **a girl with chubby cheeks** una niña mofletuda.

chuck /tʃʌk/ *vt* [**chucks, chucking, chucked**] (*fam*) tirar, lanzar: **he chucked a stone** *at* **me** me tiró una piedra.

to **chuck away** *vt* (*fam*) tirar.

to **chuck in** *vt* (*GB: fam, an activity*) abandonar, dejar: **he used to be a football player, but he chucked it in** antes era futbolista, pero lo dejó.

to **chuck out** *vt* (*fam: people*) echar; (*: unwanted things*) tirar.

to **chuck up** *vi* (*fam*) vomitar.

chuckle /ˈtʃʌkəl/ **I** *n* risita *f*, risa *f* ahogada.
II *vi* [**chuckles, chuckling, chuckled**] reír(se) entre dientes.

chug /tʃʌg/ *vi* [**chugs, chugging, chugged**]: **the lorry chugged up the hill** el camión subió la colina dando resoplidos.

chum /tʃʌm/ *n* (*fam*) amigo -ga *m/f*, compinche *m/f.*

chunk /tʃʌŋk/ *n* pedazo *m*, trozo *m.*

chunky /ˈtʃʌŋkɪ/ *adj* [**chunkier, chunkiest**] **1.** (*jewellery*) grande, grueso -sa; (*knitwear*) gordo -da. **2.** (*marmalade*) *con trozos grandes de fruta.* **3.** (*physique*) fornido -da.

church /tʃɜːtʃ/ *n* [**churches**] **1.** (*building*) iglesia *f*: **does he go to church?** ¿va a la iglesia? **2.** (*también* **Church**) (*organization*) Iglesia *f*: **the Orthodox Church** la Iglesia Ortodoxa.

churchgoer *n* practicante *m/f.*

church hall *n* sala *f* parroquial.

churchyard *n* cementerio *m*, camposanto *m* (*al lado de la iglesia*).

churlish /ˈtʃɜːlɪʃ/ *adj* (*bad-tempered*) de mal genio; (*ungracious*) grosero -ra: **it would be churlish not to reply** sería una grosería no contestar.

churn /tʃɜːn/ **I** *n* (*for milk*) lechera *f*; (*for making butter*) mantequera *f.*
II *vi* [**churns, churning, churned**] agitarse, revolverse: **my stomach was churning** tenía el estómago revuelto.
♦ *vt* (*milk, cream*) batir; (*water: to disturb*) agitar, revolver.

to **churn out** *vt* (*fam*): **he churns out several novels a year** escribe varias novelas por año, como quien fabrica salchichas.

to **churn up** *vt* remover.

chute /ʃuːt/ *n* (*gen*) conducto *m*; (*for rubbish*) *hueco por el que se tira la basura (en un piso)*; (*for grain*) tolva *f.*

chutney /ˈtʃʌtnɪ/ *n*: *conserva agridulce elaborada a base de frutas o vegetales.*

CIA /ˌsiːaɪˈeɪ/ *n* (*in US*) (*abreviatura de* **Central Intelligence Agency**) CIA *f* (*Servicio Central de Información*).

CID /ˌsiːaɪˈdiː/ *n* (*in GB*) (*abreviatura de* **Criminal Investigation Department**) Departamento *m* de Investigación Criminal.

cider /ˈsaɪdə/ *n* sidra *f.*

cigar /sɪˈgɑː/ *n* puro *m*, habano *m*, cigarro *m.*

cigar case *n* cigarrera *f.*

cigarette /ˌsɪgəˈret/ *n* cigarrillo *m*, cigarro *m.*

cigarette butt *n* (*US*) colilla *f.*

cigarette case *n* pitillera *f*, (*Amér L*) cigarrera *f.*

cigarette end *n* (*GB*) colilla *f.*

cigarette holder *n* boquilla *f.*

cigarette lighter *n* encendedor *m*, mechero *m.*

cinch /sɪntʃ/ *n* • **it's a cinch** está tirado, es pan comido.

cinder /ˈsɪndə/ **I** *n* (*ember*) brasa *f*, carbonilla *f* • **the food was burnt to a cinder** la comida se carbonizó.
II cinders *n pl* (*ashes*) ceniza *f*, cenizas *f pl*; (*embers*) rescoldo *m.*

cinema /ˈsɪnəmə/ *n* **1.** (*GB*: *building*) cine *m*: **we went**

to the cinema fuimos al cine. 2. (*art, industry*) cine *m*: **she did cinema studies** estudió cinematografía.

cinnamon /'sɪnəmən/ *n* canela *f*.

cipher, cypher /'saɪfə/ *n* 1. (*code*) código *m*, clave *f*. 2. (*Maths*) cifra *f*, dígito *m*.

circa /'sɜːkə/ *prep* (*frml*) hacia: **circa 1700** hacia el año 1700.

circle /'sɜːkəl/ I *n* 1. (*shape*) círculo *m*; (*of people*) corro *m*: **they stood *in* a circle** formaron un corro • **he goes * runs round in circles without getting anything done** corre de aquí para allá sin lograr hacer nada • **the course of events has come full circle** el curso de los acontecimientos ha vuelto al punto de partida. 2. (*social group*) círculo *m*: **she's well known in literary circles** es muy conocida en círculos literarios * en el mundo literario. 3. (*in theatre, cinema*) anfiteatro *m*.
II *vt* [**circles, circling, circled**] 1. (*to move around*) dar vueltas alrededor de. 2. (*to surround*) rodear. 3. (*in writing*) trazar un círculo alrededor de.
♦ *vi* dar vueltas.

circuit /'sɜːkɪt/ *n* 1. (*electrical*) circuito *m*. 2. (*racing track*) pista *f*; (*lap*) vuelta *f*. 3. (*circular journey*) recorrido *m*. 4. (*of competitions*) circuito *m*.

circuitous /sə'kjuːɪtəs/ *adj* largo -ga y tortuoso -sa.

circular /'sɜːkjʊlə/ I *adj* circular.
II *n* (*letter*) circular *f*.

circulate /'sɜːkjʊleɪt/ *vt* [**circulates, circulating, circulated**] (*information*) divulgar, hacer circular.
♦ *vi* (*blood, traffic, information*) circular.

circulation /ˌsɜːkjʊ'leɪʃən/ *n* 1. (*Media*: *number of copies*) tirada *f*: **the newspaper has a small circulation** el periódico tiene una tirada reducida. 2. (*of blood*) circulación *f*: **her ring was so tight it stopped the circulation** el anillo le quedaba tan apretado que le impedía la circulación. 3. (*of information*) difusión *f* • **those notes are no longer in circulation** esos billetes han sido retirados de la circulación.

circulatory system /sɜːkjʊ'leɪtərɪ 'sɪstəm/ *n* aparato *m* circulatorio.

circumcise /'sɜːkəmˌsaɪz/ *vt* [**circumcises, circumcising, circumcised**] circuncidar.

circumcision /'sɜːkəmˌsɪʒən/ *n* circuncisión *f*.

circumference /sə'kʌmfərəns/ *n* circunferencia *f*.

circumnavigate /sɜːkəm'nævɪgeɪt/ *vt* [**circumnavigates, circumnavigating, circumnavigated**] circunnavegar.

circumscribe /'sɜːkəmskraɪb/ *vt* [**circumscribes, circumscribing, circumscribed**] circunscribir.

circumspect /'sɜːkəmspəkt/ *adj* cauto -ta, prudente.

circumspection /ˌsɜːkəm'spekʃən/ *n* actitud *f* cautelosa.

circumstance /'sɜːkəmstæns/ I *n* (*gen*) circunstancia *f* • **in the circumstances, I doubt it** dadas las circunstancias, lo dudo • **he won't allow it under any circumstances** no lo permitirá bajo ninguna circunstancia.
II **circumstances** *n pl* (*frml*) situación *f* económica: **her circumstances would not permit her to buy a house** su situación económica no le permitiría comprar una casa.

circumstantial evidence /ˌsɜːkəm'stænʃəl 'evɪdəns/ *n* pruebas *f pl* circunstanciales.

circumvent /ˌsɜːkəm'vent/ *vt* [**circumvents, circumventing, circumvented**] (*frml*: *rules*) burlar; (*obstacle*) salvar.

circus /'sɜːkəs/ *n* [**circuses**] 1. (*entertainment*) circo *m*. 2. (*GB*: *street layout*) glorieta *f*, rotonda *f* (*en una ciudad*).

cissy /'sɪsɪ/ *n* [**cissies**] (*fam*) gallina *m/f*, mariquita *m/f*.

cistern /'sɪstən/ *n* (*gen*) depósito *m* (*de agua*); (*for WC*) cisterna *f*.

citadel /'sɪtədəl/ *n* (*Archit*) ciudadela *f*; (*fig*) baluarte *m*.

citation /saɪ'teɪʃən/ *n* 1. (*quotation*) cita *f*. 2. (*official recommendation*) mención *f*.

cite /saɪt/ *vt* [**cites, citing, cited**] citar.

citizen /'sɪtɪzən/ *n* (*of country*) ciudadano -na *m/f*; (*of city, town*) habitante *m/f*.

citizenship /'sɪtɪzənʃɪp/ *n* ciudadanía *f*.

citric acid /'sɪtrɪk 'æsɪd/ *n* ácido *m* cítrico.

citrus fruit /'sɪtrəs fruːt/ *n* fruto *m* cítrico, cítrico *m*.

city /'sɪtɪ/ *n* [**cities**] 1. (*gen*) ciudad *f*: **she's not used to city life** no está acostumbrada a la vida urbana * de ciudad. 2. (*GB*) **the City** *el centro financiero de Londres*.
city centre *n* centro *m* de la ciudad.
city council *n* municipio *m*, ayuntamiento *m*.
city hall *n* ayuntamiento *m*.

civic /'sɪvɪk/ *adj* (*duties, education*) cívico -ca; (*authorities*) municipal.
civic centre *n* (*GB*) *parte del centro de una ciudad donde se encuentran el ayuntamiento y otros edificios municipales*.

civil /'sɪvəl/ *adj* 1. (*gen*) civil: **they had a civil wedding** se casaron por lo civil; **she specializes in civil law** se especializa en derecho civil. 2. (*well-mannered*) educado -da, cortés.
civil action *n* acción *f* civil.
civil defence *n* protección *f* civil.
civil engineer *n* ingeniero -ra *m/f* de caminos, canales y puertos, ingeniero -ra *m/f* civil.
civil engineering *n* ingeniería *f* de caminos, canales y puertos, ingeniería *f* civil.
civil liberties *n pl* derechos *m pl* civiles.
civil rights *n pl* derechos *m pl* civiles.
civil servant *n* funcionario -ria *m/f* (del Estado).
Civil Service, civil service *n* administración *f* pública.
civil war *n* guerra *f* civil.

civilian /sɪ'vɪlɪən/ I *adj* civil: **he was dressed in civilian clothes** estaba vestido de paisano * de civil; **there were many civilian casualties** hubo muchas bajas entre la población civil.
II *n* civil *m/f*.

civility /sɪ'vɪlətɪ/ *n* [**civilities**] cortesía *f*, urbanidad *f*.

civilization /ˌsɪvɪlaɪ'zeɪʃən/ *n* civilización *f*.

civilize /'sɪvɪlaɪz/ *vt* [**civilizes, civilizing, civilized**] civilizar.

civilized /'sɪvɪlaɪzd/ *adj* (*country, people*) civilizado -da • **she asked him to call back at a more civilized hour** le pidió que volviera a llamar a una hora menos intempestiva.

clad /klæd/ *adj* (*frml*) vestido -da: **a man clad *in* black approached the house** un hombre vestido de negro se acercó a la casa.

claim /kleɪm/ I *vt* [**claims, claiming, claimed**] 1. (*to demand: prize, inheritance*) reclamar; (*: right*) reivindicar • **the explosion claimed fifteen lives** la explosión se cobró quince vidas. 2. (*benefits*) solicitar: **you can claim your expenses back** puedes solicitar que te devuelvan el dinero de los gastos. 3. (*to assert*) afirmar: **he claims to have seen an eagle** afirma haber visto un águila; **she claims (that) I didn't go** alega * sostiene que yo no fui; **I can't claim to be an**

expert no puedo pretender ser un experto.
♦*vi* (*in insurance*) reclamar: **he claimed** *on* **his insurance when his camera was stolen** reclamó al seguro cuando le robaron la cámara.
II *n* **1.** (*Fin*: *demand*) reclamación *f*; (*Law*: *demand*) demanda *f*: **the injured man put in a claim** *for* **damages** la víctima presentó una demanda por daños y perjuicios; **they are laying claim** *to* **a strip of our land** reclaman ✻ reivindican como suya una franja de nuestro terreno. **2.** (*right*) derecho *m*: **the deceased's uncle has a claim** *on* **part of the inheritance** el tío del difunto tiene derecho a una parte de la herencia ● **her only claim to fame is her fluency in Japanese** lo único por lo que sobresale es su dominio del japonés. **3.** (*assertion*) afirmación *f*: **there are no facts to support his claim** no hay hechos que respalden su afirmación.

claimant /ˈkleɪmənt/ *n* (*in court*) demandante *m/f*; (*of state benefits*) solicitante *m/f*.

clairvoyant /kleəˈvɔɪənt/ *adj*, *n* clarividente *adj*, *m/f*.

clam /klæm/ *n* almeja *f*.
to **clam up** *vi* [**clams, clamming, clammed**] (*fam*) quedarse callado -da ✻ mudo -da.

clamber /ˈklæmbə/ *vi* [**clambers, clambering, clambered**] moverse con dificultad: **we had to clamber over the fallen tree** tuvimos que pasar por encima del árbol caído.

clammy /ˈklæmɪ/ *adj* [**clammier, clammiest**] (*hands*) frío -a y húmedo -da; (*weather*) húmedo -da.

clamour, (*US*) **clamor** /ˈklæmə/ *n* **1.** (*shouting*) griterío *m*, vocerío *m*; (*confused noise*) clamor *m*. **2.** (*protest*) clamor *m*.
to **clamour for** *vt* [**clamours, clamouring, clamoured**] clamar (por), pedir a voces ✻ a gritos: **the public were clamouring for justice** la gente clamaba (por) justicia.

clamp /klæmp/ **I** *n* **1.** (*gen*) abrazadera *f*; (*in carpentry*) tornillo *m* de banco. **2.** (*también* **wheel clamp**) cepo *m*.
II *vt* [**clamps, clamping, clamped**] **1.** (*to fasten*) sujetar (*con abrazaderas*). **2.** (*car*) ponerle el cepo a.
to **clamp down on** *vt* tomar medidas drásticas contra, intentar ponerle freno a: **the police are clamping down on drug trafficking** la policía está tomando medidas drásticas contra el narcotráfico.

clampdown /ˈklæmpdaʊn/ *n*: **there has been a clampdown** *on* **underage drinking** se han tomado medidas drásticas para poner freno al consumo de alcohol por parte de menores.

clan /klæn/ *n* clan *m*; (*fig*) facción *f*.

clandestine /klænˈdestɪn/ *adj* clandestino -na.

clang /klæŋ/ **I** *n*: *sonido metálico hueco*: **she heard the clang of the gate closing** oyó el ruido de la verja al cerrarse.
II *vi* [**clangs, clanging, clanged**] sonar: **the metal door clanged shut** la puerta de metal sonó al cerrarse.
♦*vt* hacer sonar.

clanger /ˈklæŋə/ *n* ● **you dropped a clanger when you mentioned the quarrel** metiste la pata ✻ (*Amér L*) te tiraste una plancha al mencionar la pelea.

clank /klæŋk/ **I** *n*: *sonido metálico como de cadenas*.
II *vi* [**clanks, clanking, clanked**] sonar: **the car was making a clanking noise** el coche estaba haciendo un ruido metálico.
♦*vt* hacer sonar.

clap /klæp/ **I** *vt* [**claps, clapping, clapped**] **1.** : **to clap one's hands** batir palmas, dar palmadas. **2.** (*to show approval*) aplaudir: **everyone clapped him at the end of his speech** todo el mundo lo aplaudió cuando terminó el discurso. **3.** (*fam*: *to put, place*): **they clapped a pair of handcuffs on him and took him off to prison** le encajaron las esposas y se lo llevaron preso ● **he was clapped in jail** lo metieron en chirona ● **I've never clapped eyes on him before** no lo he visto en mi vida.
♦*vi* **1.** (*to applaud*) aplaudir. **2.** (*in rhythm*) batir palmas, dar palmadas.
II *n* **1.** (*gen*) palmada *f*; (*applause*) aplauso *m*: **let's give the boys a clap!** ¡un aplauso para los chicos! ● **he deserves a clap on the back** merece una palmadita en la espalda. **2.** (*noise*): **a clap of thunder** un trueno.

clapper /ˈklæpə/ *n* (*of bell*) badajo *m*.

clapping /ˈklæpɪŋ/ *n* (*rhythmical*) palmadas *f pl*; (*applause*) aplausos *m pl*.

claptrap /ˈklæptræp/ *n* (*fam*) paparruchas *f pl*.

claret /ˈklærət/ *n*: *tipo de vino tinto, especialmente burdeos*.

clarification /ˌklærɪfɪˈkeɪʃən/ *n* aclaración *f*.

clarify /ˈklærɪfaɪ/ *vt* [**clarifies, clarifying, clarified**] aclarar.

clarinet /ˌklærɪˈnət/ *n* (*instrument*) clarinete *m*; (*player*) clarinete *m/f*.

clarinettist /ˌklærɪˈnetɪst/ *n* clarinetista *m/f*.

clarity /ˈklærətɪ/ *n* claridad *f*.

clash /klæʃ/ **I** *vi* [**clashes, clashing, clashed**] **1.** (*viewpoints, interests*) estar en conflicto: **he clashed** *with* **his colleague over the policy change** tuvo un enfrentamiento con su colega sobre el cambio de política; (*armies*) enfrentarse, chocar. **2.** (*colours*) no pegar, desentonar: **her blouse clashes** *with* **her skirt** la blusa no le pega con la falda. **3.** (*dates*) coincidir: **the meeting clashes** *with* **the director's visit** la reunión coincide con la visita de la directora. **4.** (*Mus*: *cymbals*) sonar.
II *n* [**clashes**] **1.** (*of interests, viewpoints*) conflicto *m*; (*of dates, times*) coincidencia *f*. **2.** (*fighting*) choque *m*, enfrentamiento *m*: **there were reports of clashes on the border** se informó sobre choques en la zona fronteriza. **3.** (*sound*) *sonido metálico*: **the clash of cymbals** el sonido de los platillos.

clasp /klɑːsp/ **I** *vt* [**clasps, clasping, clasped**] (*gen*) agarrar, asir: **she advanced slowly, clasping a knife** se acercó lentamente, con un cuchillo en la mano; (*garment*) abrochar; (*hand*) apretar; (*person*) abrazar.
II *n* (*gen*) cierre *m*; (*on jewellery*) broche *m*; (*on belt*) hebilla *f*.

clasp knife *n* navaja *f*.

class /klɑːs/ **I** *n* [**classes**] **1.** (*social stratum*) clase *f*: **the middle class** la clase media. **2.** (*at school*) clase *f*: **there's a new pupil in my class** hay un nuevo alumno en mi clase; **the class of '94** la promoción del 94. **3.** (*Bot, Zool*: *group*) clase *f* ● **he's in a class of his own** no tiene igual ✻ parangón. **4.** (*quality*) clase *f*, categoría *f*: **a top class restaurant** un restaurante de primera clase; **a first class wine** un vino de primera; (*on transport*) clase *f*: **she always travels (in) first class** siempre viaja en primera clase. **5.** (*fam*: *elegance*) clase *f*, distinción *f*: **he's got a lot of class** tiene mucha clase.
II *vt* [**classes, classing, classed**] catalogar: **this wine is classed** *as* **a table wine** este vino está catalogado ✻ considerado como vino de mesa.

class-conscious *adj* con conciencia de clase.

classmate *n* compañero -ra *m/f* de clase.

classroom *n* aula *f* [takes ***el*** or ***un*** in singular], (sala *f* de) clase *f*.

classic /ˈklæsɪk/ **I** *adj* clásico -ca.
II *n* **1.** (*literary work*) clásico *m*, obra *f* clásica; (*author*) clásico -ca *m/f*. **2. Classics** *[lleva el verbo en singular]* (Lengua y Literatura) Clásicas *f pl*.

classical /ˈklæsɪkəl/ *adj* clásico -ca.

classification /ˌklæsɪfɪˈkeɪʃən/ *n* clasificación *f*.

classified /ˈklæsɪfaɪd/ *adj* secreto -ta: **that information is classified** esa información es secreta.
classified advertisements, **classified ads** *n pl* anuncios *m pl* por palabras.

classify /ˈklæsɪfaɪ/ *vt* [**classifies, classifying, classified**] clasificar.

classy /ˈklɑ:sɪ/ *adj* [**classier, classiest**] (*fam*) elegante, con clase.

clatter /ˈklætə/ **I** *n* (*gen*) estrépito *m*: **a pan fell to the floor with a clatter** un cazo se cayó al suelo con gran estrépito; (*of hooves*) ruido *m*; (*of machine*) traqueteo *m*.
II *vi* [**clatters, clattering, clattered**] (*gen*) hacer ruido: **she came clattering in** entró haciendo mucho ruido; (*machine*) traquetear.
♦ *vt* hacer ruido con.

clause /klɔ:z/ *n* (*in document, grammar*) cláusula *f*.

claustrophobia /ˌklɒstrəˈfəʊbɪə/ *n* claustrofobia *f*.

claustrophobic /ˌklɒstrəˈfəʊbɪk/ *adj* (*place*) claustrofóbico -ca; (*person*): **she's claustrophobic** sufre de claustrofobia.

claw /klɔ:/ **I** *n* (*of large mammal*) garra *f*, zarpa *f*; (*of bird*) garra *f*; (*of domestic cat*) uña *f*; (*of crab, lobster*) pinza *f*.
II *vt* [**claws, clawing, clawed**] arañar.
to **claw at** *vt* arañar.
to **claw back** *vt* recuperar (*dinero, inversiones*).

clay /kleɪ/ *n* arcilla *f*, greda *f*.
clay court *n* pista *f* (de tenis) de tierra batida.
clay pigeon shooting *n* tiro *m* al plato.
clay pit *n* gredal *m*.

clean /kli:n/ **I** *adj* **1.** (*not dirty*) limpio -pia: **my hands are clean** tengo las manos limpias. **2.** (*unused*) nuevo -va: **she started a clean page** empezó una nueva página. **3.** (*complying with regulations*) limpio -pia: **it was a clean contest** fue una pelea limpia; **does he have a clean driving licence?** ¿tiene alguna sanción en su carnet de conducir? **4.** (*life*) decente, sin tacha; (*joke, language*) decente. **5.** (*clearly defined: features*) bien definido -da; (*: cut*) limpio -pia: **all his designs have very clean lines** todos sus diseños son de una gran pureza de líneas.
II *adv* (*fam: completely*): **she clean forgot to write** se le olvidó por completo escribir; **the murderer got clean away** el asesino despareció sin dejar rastro ● **he came clean about breaking the window** confesó haber roto la ventana.
III *n* limpieza *f*: **let's give the kitchen a good clean** limpiemos la cocina a fondo.
IV *vt* [**cleans, cleaning, cleaned**] **1.** (*windows, house, room*) limpiar; (*vegetables*) lavar; (*blackboard*) borrar: **I forgot to clean my teeth** se me olvidó lavarme los dientes. **2.** (*to dry-clean*) limpiar en seco: **I must take this to be cleaned** tengo que llevar esto a la tintorería.
♦ *vi* hacer la limpieza.
to **clean off** *vt* quitar: **clean the mud off your shoes** quítate el barro de los zapatos.
to **clean out** *vt* **1.** (*to clean thoroughly*) limpiar a fondo. **2.** (*to empty: cupboard, room*) vaciar y limpiar.
to **clean up** *vt/i* limpiar: **we spent all morning cleaning up** nos pasamos la mañana entera limpiando; **it's time the police cleaned up the area** ya es hora de que la policía limpie la zona.
clean-shaven *adj*: *sin barba ni bigote.*

cleaner /ˈkli:nə/ *n* **1.** (*person*) encargado -da *m/f* de la limpieza. **2. cleaner's** (*shop*) tintorería *f* ● **they took us to the cleaner's** nos desplumaron.

cleaning /ˈkli:nɪŋ/ *n* limpieza *f*.
cleaning lady ∗ **woman** *n* señora *f* de la limpieza, asistenta *f*.

cleanliness /ˈklenlɪnəs/ *n* (*gen*) limpieza *f*; (*personal*) aseo *m* personal.

cleanly /ˈkli:nlɪ/ *adv* limpiamente.

cleanse /klenz/ *vt* [**cleanses, cleansing, cleansed**] (*gen*) limpiar; (*spiritually*) purificar.

cleanser /ˈklenzə/ *n* loción *f* limpiadora ∗ de limpieza.

cleansing lotion /ˈklenzɪŋ ˈləʊʃən/ *n* loción *f* limpiadora ∗ de limpieza.

clear /klɪə/ **I** *adj* [**clearer, clearest**] **1.** (*obvious, unambiguous*) claro -ra: **it was clear that he was lying** estaba claro ∗ era evidente que mentía; **it's not clear** *to* **me why that happens** no tengo muy claro por qué ocurre eso; **he doesn't have a clear understanding of the problem** no entiende cabalmente el problema; **do I make myself clear?** ¿me explico?; **they won by a clear majority** ganaron por amplia mayoría. **2.** (*road*): **the motorway is now clear** *of* **obstructions** la autopista ya está libre de obstáculos; **the road is clear** la carretera está despejada. **3.** (*picture, photograph*) claro -ra, nítido -da; (*water*) claro -ra, límpido -da; (*day, sky*) despejado -da; (*skin, eyes*): **she has a clear complexion** tiene buen cutis; **clear blue eyes** ojos azul claro; (*mind*) lúcido -da, claro -ra. **4.** (*Fin: net*) limpio -pia: **we made five hundred pounds clear profit** sacamos quinientas libras limpias de ganancia. **5.** (*whole*): **twelve clear days** doce días enteros.
II *adv* (*at a distance*): **keep clear** *of* **the machinery** no te acerques a la maquinaria; **steer clear** *of* **him, he's in a bad mood** trata de evitarlo, está de mal humor.
III *n* ● **he has an alibi, he's in the clear** tiene una coartada, está libre de toda sospecha.
IV *vt* [**clears, clearing, cleared**] **1.** (*surface, desk*) despejar: **tell him to clear the table** dile que quite la mesa; (*area, building*) evacuar: **I cleared the room** *of* **his old books** quité todos sus viejos libros del cuarto; **we'll have to clear a space for the cot** tendremos que hacer (un) sitio para la cuna. **2.** (*objects*) quitar; (*crowd*) dispersar. **3.** (*path*) abrir; (*land*) desbrozar: **large areas of forest have been cleared** han talado grandes extensiones de bosques; (*drains*) desatascar. **4.** (*to pass through*): **once you've cleared customs...** una vez que hayas pasado por la aduana...; **the car just cleared the gateposts** el coche pasó muy justo entre los postes ∗ casi rozando los postes; (*to go over*): **she cleared the bar with inches to spare** saltó varias pulgadas por encima del listón. **5.** (*debt, unsold stock*) liquidar; (*cheque*) compensar. **6.** (*Law: defendant*) absolver, declarar inocente: **she was cleared** *of* **theft** fue absuelta del cargo de robo. **7.** (*to authorize*) autorizar, aprobar, dar el visto bueno a: **this has to be cleared** *with* **the headmaster** esto necesita la aprobación ∗ el visto bueno del director.
♦ *vi* **1.** (*sky, fog*) despejarse. **2.** (*to disappear: rash, etc.*) irse. **3.** (*cheque*): **how long does a cheque take to clear?** ¿cuánto se tarda en compensar un cheque?
to **clear away** *vt* quitar.
♦ *vi* (*gen*) ordenar; (*after a meal*) quitar la mesa.
to **clear off** *vi* (*fam*) largarse.

to **clear out** *vt* **1.** (*to empty*) vaciar; (*to clean*) limpiar a fondo. **2.** (*unwanted objects*) tirar, (*Amér L*) botar.

to **clear up** *vt* **1.** (*place*) ordenar; (*objects*) recoger: **clear that mess up!** ¡limpia eso! **2.** (*problem, misunderstanding*) aclarar; (*mystery*) resolver, esclarecer.
♦ *vi* **1.** (*Meteo*: *weather*) despejarse. **2.** (*symptoms*) desaparecer: **your cold seems to have cleared up** parece que se te ha quitado ✻ ido el resfriado.

clear-cut *adj* bien definido -da, claro -ra: **there are no clear-cut solutions** no hay soluciones fáciles.

clear-headed *adj* (*alert*) lúcido -da, perspicaz; (*sensible*) sensato -ta.

clear-sighted *adj* perspicaz, lúcido -da.

clearance /ˈklɪərəns/ *n* **1.** (*of space*) despeje *m*; (*of land for cultivation*) desmonte *m*; (*of slums*) erradicación *f*. **2.** (*permission*) autorización *f*: **they were given clearance to enter the building** les dieron autorización para entrar en el edificio. **3.** (*of stock*) liquidación *f*. **4.** (*of a cheque*) compensación *f*. **5.** (*distance: between components*) holgura *f*; (*: from vehicle to ground*) altura *f* libre.

clearing /ˈklɪərɪŋ/ *n* (*in wood*) claro *m*.

clearing bank *n* (*GB*) banco *m* de compensación.

clearing house *n* cámara *f* de compensación.

clearly /ˈklɪəlɪ/ *adv* **1.** (*in a clear manner*) claramente: **it is stated clearly on the box** lo dice claramente en la caja. **2.** (*evidently*) evidentemente: **clearly his work is not good enough** evidentemente, su trabajo no es lo suficientemente bueno.

cleavage /ˈkliːvɪdʒ/ *n* **1.** (*of a woman*) escote *m* (*especialmente la línea entre los senos*). **2.** (*frml*: *division*) división *f*, escisión *f*.

clef /klef/ *n* (*Mus*) clave *f*.

cleft /kleft/ *n* grieta *f*, hendidura *f*.

cleft palate *n* fisura *f* palatina.

clemency /ˈklemənsɪ/ *n* clemencia *f*.

clench /klenʃ/ *vt* [**clenches, clenching, clenched**] (*gen*) agarrar; (*teeth, fists*) apretar: **he was clenching his teeth with rage** apretaba los dientes de rabia.

clergy /ˈklɜːdʒɪ/ *n* clero *m*: **the clergy were very conservative** el clero era muy conservador.

clergyman *n* [*pl* **clergymen**] clérigo *m*.

clergywoman *n* [*pl* **clergywomen**] clériga *f*.

clerical /ˈklerɪkəl/ *adj* **1.** (*Relig*) eclesiástico -ca, clerical. **2.** (*work, job*) de oficina.

clerical worker *n* oficinista *m/f*, administrativo -va *m/f*.

clerk /klɑːk/ (*US*) /klɜːk/ *n* **1.** (*in office*) oficinista *m/f*, empleado -da *m/f*; (*in bank*) empleado -da *m/f*. **2.** (*US*: *shop assistant*) vendedor -dora *m/f*, dependiente -ta *m/f*; (*: in hotel*) recepcionista *m/f*.

Clerk of the Court *n* actuario -ria *m/f*.

clever /ˈklevə/ *adj* **1.** (*person: intelligent*) listo -ta, inteligente; (*: skilful*) hábil, diestro -tra: **he's very clever** *at* **woodwork** tiene mucha habilidad para la carpintería. **2.** (*idea, device*) ingenioso -sa.

cleverclogs *n* (*fam*) sabelotodo *m/f*.

cleverly /ˈklevəlɪ/ *adv* (*intelligently*) con inteligencia; (*skilfully*) hábilmente.

cleverness /ˈklevənəs/ *n* **1.** (*intelligence*) inteligencia *f*; (*skill*) habilidad *f*. **2.** (*of idea, scheme*) ingenio *m*.

cliché /ˈkliːʃeɪ/ *n* lugar *m* común, cliché *m*.

click /klɪk/ **I** *vi* [**clicks, clicking, clicked**] **1.** (*to make a sharp sound*) hacer clic ● **at last I clicked** finalmente caí en la cuenta. **2.** (*fam*: *to become friendly*) congeniar, entenderse: **she clicked** *with* **her classmates straight away** enseguida congenió con sus compañeros de clase.
♦ *vt* (*tongue, fingers*) chasquear: **he clicked his heels** dio un taconazo.
II *n* (*gen*) clic *m*; (*with tongue*) chasquido *m*.

client /ˈklaɪənt/ *n* cliente -ta *m/f*.

clientele /ˌkliːɒnˈtel/ *n* clientela *f*.

cliff /klɪf/ *n* acantilado *m*.

cliffhanger *n* situación *f* de gran tensión.

climactic /klaɪˈmæktɪk/ *adj* culminante.

climate /ˈklaɪmɪt/ *n* (*Meteo*) clima *m*: **these birds live in cold climates** estos pájaros viven en climas fríos; **it wouldn't be advisable in the current political climate** no sería aconsejable con el clima político actual.

climatic /klaɪˈmætɪk/ *adj* climático -ca.

climax /ˈklaɪmæks/ *n* [**climaxes**] (*gen*) punto *m* culminante; (*of drama*) clímax *m inv*.

climb /klaɪm/ **I** *vt* [**climbs, climbing, climbed**] (*tree*) trepar(se) a; (*wall*) trepar por; (*mountain*) escalar; (*stairs*) subir: **he was keen to climb the social ladder** tenía mucho interés en subir en la escala social.
♦ *vi* **1.** (*gen*) subir: **the child climbed** *onto* **the table** el niño se subió ✻ se encaramó a la mesa; **prices have climbed sharply in recent years** los precios se han disparado en los últimos años; (*plants*) trepar. **2.** (*Sport*) hacer alpinismo ✻ montañismo: **she had an accident while she was climbing** sufrió un accidente cuando estaba haciendo alpinismo.
II *n* **1.** (*gen*) subida *f*; (*of mountain*) escalada *f*. **2.** (*of a plane*) ascenso *m*.

to **climb down** *vi* **1.** (*from tree*) bajar(se). **2.** (*to admit a mistake*) ceder, dar el brazo a torcer.

to **climb in** *vi*: **she climbed into bed exhausted** se metió en la cama agotada; **he opened the window and climbed in** abrió la ventana y entró.

to **climb out** *vi*: **he climbed out** *of* **the car with difficulty** salió del coche con dificultad; **he climbed out** *of* **his wet clothes** se quitó la ropa mojada.

climb-down *n* marcha *f* atrás.

climber /ˈklaɪmə/ *n* **1.** (*mountaineer*) escalador -dora *m/f*, alpinista *m/f*. **2.** (*plant*) enredadera *f*, trepadora *f*.

climbing /ˈklaɪmɪŋ/ *n* montañismo *m*, alpinismo *m*: **she goes climbing** hace montañismo.

clinch /klɪntʃ/ *vt* [**clinches, clinching, clinched**] (*fam*: *argument*) resolver; (*: title*) hacerse con: **he's clinched a deal with an Italian firm** ha conseguido un acuerdo con una empresa italiana.

cling /klɪŋ/ *vi* [**clings, clinging, clung**] **1.** (*to grasp*) agarrarse: **he clung** *to* **the life raft** se agarró a la balsa salvavidas; **he still clings** *to* **outmoded doctrines** sigue aferrado a doctrinas anticuadas. **2.** (*to adhere*) pegarse.

clinging /ˈklɪŋɪŋ/ *adj* **1.** (*clothes, material*) que se ciñe al cuerpo. **2.** (*boyfriend, girlfriend*) pegajoso -sa; (*child*) enmadrado -da.

clinic /ˈklɪnɪk/ *n* (*specialized hospital*) *hospital especializado, generalmente pequeño*; (*private hospital*) clínica *f*; (*for outpatients*) consultorio *m*, ambulatorio *m*.

clinical /ˈklɪnɪkəl/ *adj* **1.** (*Med*) clínico -ca. **2.** (*unfeeling*) frío -a.

clink /klɪŋk/ **I** *vi* [**clinks, clinking, clinked**] tintinear.
♦ *vt* hacer tintinear.
II *n* **1.** tintineo *m*. **2.** (*fam*: *prison*) chirona *f*.

clip /klɪp/ **I** *vt* [**clips, clipping, clipped**] **1.** (*hair, nails, wings*) cortar; (*hedge*) podar; (*paper*) recortar; (*tickets*)

picar. **2.** (*to fasten*) sujetar, prender (*con un clip*): **he clipped a photo to his application form** adjuntó una foto a la solicitud; **her hair was clipped back** llevaba el pelo recogido con un pasador. **3.** (*fam: to hit*) abofetear.
II *n* **1.** (*fastener*) clip *m*. **2.** (*of film, video*) clip *m*, fragmento *m*. **3.** (*fam: blow*) bofetada *f*, galleta *f* • **that child deserves a clip round the ear** ese niño se merece un bofetón.
clipboard *n* tablilla *f* con sujetapapeles.
clip-on *adj* (*earrings, sunglasses*) de clip.
clippers /ˈklɪpəz/ *n pl* (*for fingernails*) cortaúñas *m inv*; (*for hair*) maquinilla *f*; (*for hedge*) tijeras *f pl* de podar.
clipping /ˈklɪpɪŋ/ *n* (*from newspaper*) recorte *m*.
clique /kliːk/ *n* camarilla *f*.
cliquey /ˈkliːkɪ/ *adj* (*group*) cerrado -da.
clitoris /ˈklɪtərɪs/ *n* [**clitorises**] clítoris *m inv*.
cloak /kləʊk/ **I** *n* (*Clothing*) capa *f*; (*fig*) manto *m*: *under* **the cloak of scientific research** con apariencias de investigación científica.
II *vt* [**cloaks, cloaking, cloaked**] (*frml: to conceal*) encubrir; (*in mist, fog*) envolver.
cloak-and-dagger *adj* (*Lit*) de capa y espada.
cloakroom *n* **1.** (*for leaving coats*) guardarropa *m*. **2.** (*GB: in private house: toilet*) lavabo *m*, (*Amér L*) baño *m*; (*public toilets*) aseos *m pl*, servicios *m pl*, (*Amér L*) baños *m pl*.
clobber /ˈklɒbə/ (*GB: fam*) **I** *n* trastos *m pl*, bártulos *m pl*.
II *vt* [**clobbers, clobbering, clobbered**] (*to hit, to defeat*) darle una paliza a.
clock /klɒk/ **I** *n* **1.** (*for telling time*) reloj *m* • **this policy puts * turns the clock back twenty years** esta política supone una marcha atrás de veinte años • **you can't put the clock back** no se puede volver atrás • **we put the clocks back/forward tonight, the clocks go back/forward tonight** esta noche hay que atrasar/adelantar los relojes * la hora • **the rescue team is working against the clock** el equipo de rescate está trabajando contra reloj. **2.** (*fam: in car*) cuentakilómetros *m* • **it has 30,000 miles on the clock** ha hecho 30.000 millas.
II *vt* [**clocks, clocking, clocked**] (*to time*) cronometrar; (*to achieve a time of*): **he clocked 9.8 in the hundred metres** hizo un tiempo de 9,8 en los cien metros.
to **clock in * on** *vi* (*at work*) fichar, marcar tarjeta (*al entrar al trabajo*).
to **clock out * off** *vi* (*from work*) fichar, marcar tarjeta (*al salir del trabajo*).
to **clock up** *vt* (*fam: miles, overtime*) hacer.
clock radio *n* radiodespertador *m*.
clockwise *adj, adv* en el sentido de las agujas del reloj: **turn the dial clockwise** gira el botón hacia la derecha.
clockwork I *adj* de cuerda.
II *n* mecanismo *m* (de relojería) • **the plan went like clockwork** el proyecto marchó sobre ruedas.
clog /klɒg/ **I** *n* zueco *m*.
II *vt* [**clogs, clogging, clogged**] (*también* **clog up**) atascar.
♦ *vi* atascarse.
cloister /ˈklɔɪstə/ *n* claustro *m*.
cloistered /ˈklɔɪstəd/ *adj* enclaustrado -da: **he had led a cloistered life** había vivido recluido * enclaustrado.
clone /kləʊn/ **I** *n* clon *m*.
II *vt* [**clones, cloning, cloned**] clonar.
cloning /ˈkləʊnɪŋ/ *n* clonación *f*.
close I /kləʊs/ *adj* **1.** (*near*): **the hotel was close** *to* **the beach** el hotel estaba cerca de la playa; **the houses are very close together** las casas están muy cerca las unas de las otras; **that's the bank which is closest** *to* **our offices** ése es el banco más cercano * próximo a nuestras oficinas; **she was close** *to* **tears** estaba a punto de echarse a llorar. **2.** (*friendship, friend*) íntimo -ma: **she's very close** *to* **her sister** tiene una relación muy estrecha con su hermana; (*relative*) cercano -na; (*connection, collaboration*) estrecho -cha: **we're in close contact with the Madrid branch** nos mantenemos en contacto directo con la sucursal de Madrid; **there's a very close resemblance between them** tienen un gran parecido; **this is the closest thing to an evening dress that I have** esto es lo más parecido que tengo a un traje de noche. **3.** (*contest*) reñido -da. **4.** (*examination*) minucioso -sa; (*surveillance*) estrecho -cha: **pay close attention to what he says** presta mucha atención a lo que dice. **5.** (*day, weather*) bochornoso -sa: **the atmosphere in the room was close** el ambiente de la sala era sofocante.
II /kləʊs/ *adv* **1.** (*gen*) cerca: **she lives close by** vive muy cerca; **the other car was following close behind us** el otro coche nos seguía de cerca; **she came closer to have a look** se acercó para ver. **2. close to * up** de cerca: **it was the first time she'd seen the Queen close up** era la primera vez que veía a la Reina de cerca. **3. close on** casi: **it's close on three o'clock** son casi las tres.
III *n* **1.** /kləʊz/ (*end*) final *m*, conclusión *f* • **he brought the meeting to a close** puso fin a la reunión • **the summer was drawing to a close** el verano tocaba a su fin. **2.** /kləʊs/ (*street*) *calle pequeña, gen sin salida*.
IV /kləʊz/ *vt* [**closes, closing, closed**] **1.** (*a door, book, shop, road*) cerrar: **she closed her eyes and went to sleep** cerró los ojos y se durmió. **2.** (*an account, a file*) cerrar; (*meeting*) poner fin a, clausurar.
♦ *vi* **1.** (*book, eyes*) cerrarse: **the door won't close** la puerta no cierra; **the door closes automatically** la puerta se cierra automáticamente. **2.** (*shop, shopkeeper*) cerrar: **we close early on Wednesdays** cerramos temprano los miércoles. **3.** (*to end*) acabar, terminar: **the conference closed on an optimistic note** el congreso acabó en un ambiente de optimismo.
to **close down** *vt/i* cerrar (*definitivamente*).
to **close in** *vi* **1.** (*autumn days*) acortarse. **2.** (*night*) caer. **3.** (*pursuer*) acercarse: **the wolves closed in** *on* **the deer** los lobos rodearon * cercaron al venado.
to **close up** *vi* (*wound, flower*) cerrarse.
close-fitting /ˌkləʊsˈfɪtɪŋ/ *adj* ajustado -da, ceñido -da.
close-knit /ˌkləʊsˈnɪt/ *adj* (*family, community*) unido -da.
close season /kləʊz ˈsiːzən/ *n* veda *f*.
close-set /ˌkləʊsˈset/ *adj* (*eyes*) junto -ta.
close-shaven /ˌkləʊsˈʃeɪvən/ *adj* sin barba.
close-up /ˈkləʊsʌp/ *n* primer plano *m*.
closed /kləʊzd/ *adj* **1.** (*shut*) cerrado -da: **his eyes were closed** tenía los ojos cerrados. **2.** (*group, community*) cerrado -da.
closed-circuit television *n* televisión *f* por circuito cerrado.
closed season *n* veda *f*.
closed shop *n*: *empresa que sólo emplea a trabajadores de un determinado sindicato.*
closely /ˈkləʊslɪ/ *adv* (*to follow*) de cerca; (*to resemble*)

mucho: **they are closely related** los une un parentesco cercano; **she works closely with the local police** trabaja en estrecha colaboración con la policía local; **it was a closely fought contest** fue una competición muy reñida.

closet /ˈklɒzɪt/ **I** *n* (*US*) armario *m*.
II *vt* [**closets, closeting, closeted**] • **he's closeted with his associates** está encerrado con sus socios.
III *adj* no declarado -da: **she's a closet conservative** es una conservadora no declarada.

closure /ˈkləʊʒə/ *n* cierre *m*.

clot /klɒt/ **I** *vi* [**clots, clotting, clotted**] (*milk, cream*) cuajar; (*blood*) coagularse.
II *n* **1.** (*Med*) coágulo *m*. **2.** (*GB*: *fam*) papanatas *m/f inv*.

cloth /klɒθ/ *n* [**cloths** /klɒθs/] **1.** (*for clothing*) tela *f*. **2.** (*for cleaning*) trapo *m*, paño *m*, bayeta *f*. **3.** (*for table*) mantel *m*.

clothe /kləʊð/ *vt* [**clothes, clothing, clothed**] (*frml*) vestir: **she was clothed** *in* **scarlet** estaba vestida de escarlata.

clothes /kləʊðz/ *n pl* ropa *f*: **you can't wear these dirty clothes** no te puedes poner esta ropa sucia; **I had no clothes on** estaba desnudo; **put your clothes on** vístete.
clothes brush *n* cepillo *m* de la ropa.
clothes hanger *n* percha *f*.
clothesline *n* tendedero *m* (de la ropa), cuerda *f* de la ropa.
clothes peg, (*US*) **clothes pin** *n* pinza *f*, (*Arg, Urug*) broche *m*.

clothing /ˈkləʊðɪŋ/ *n* ropa *f*: **an article of clothing** una prenda de vestir.

clotted cream /ˈklɒtɪd kri:m/ *n* nata *f* * (*Amér L*) crema *f* (*muy espesa que se come con bollos y mermelada*).

cloud /klaʊd/ **I** *n* (*single*) nube *f*; (*as a mass*) nubes *f pl*: **there were patches of cloud** había nubes aisladas; (*of dust, insects, smoke*) nube *f* • **she's been on cloud nine since she heard the news** ha estado en el séptimo cielo desde que se enteró • **he left the company under a cloud** se fue de la empresa en circunstancias poco claras.
II *vt* [**clouds, clouding, clouded**] (*liquid*) enturbiar; (*vision*) nublar; (*eyes, reputation*) empañar: **tears clouded her eyes** las lágrimas le empañaron los ojos; **old age had clouded his reasoning** la vejez le había nublado la razón • **they seem to be trying to cloud the issue** parecen empeñados en que no se vean las cosas claras.
to **cloud over** *vi* nublarse: **it clouded over in the afternoon** se nubló por la tarde.
cloudburst *n* chaparrón *m*.

cloudy /ˈklaʊdɪ/ *adj* [**cloudier, cloudiest**] (*sky*) nublado -da, encapotado -da; (*liquid*) turbio -bia.

clout /klaʊt/ **I** *vt* [**clouts, clouting, clouted**] (*fam*) abofetear, darle un tortazo a.
II *n* (*fam*) **1.** (*blow with hand*) tortazo *m*. **2.** (*influence*) influencia *f*: **these people have a lot of clout** esta gente tiene mucha influencia.

clove /kləʊv/ *n* **1.** (*spice*) clavo *m* (*especia*). **2.** (*of garlic*) diente *m*.

clover /ˈkləʊvə/ *n* trébol *m*.

clown /klaʊn/ **I** *n* payaso -sa *m/f*.
II *vi* [**clowns, clowning, clowned**] payasear, hacer el payaso: **she never stops clowning** *about* * *around* siempre está haciendo el payaso * (*Amér L*) payaseando.

cloying /ˈklɔɪɪŋ/ *adj* empalagoso -sa.

club /klʌb/ **I** *n* **1.** (*association*) club *m*, círculo *m*. **2.** (*in golf*) palo *m*. **3.** (*weapon*) porra *f*, garrote *m*.
II clubs *n pl* (*in cards*) tréboles *m pl*.
III *vt* [**clubs, clubbing, clubbed**] aporrear: **the seals are clubbed to death** matan a las focas a palos.
to **club together** *vi*: **they all clubbed together to buy it** todos contribuyeron para comprarlo.
clubhouse *n*: *local de un club*.

cluck /klʌk/ **I** *vi* [**clucks, clucking, clucked**] cloquear.
II *n* cloqueo *m*.

clue /klu:/ *n* **1.** (*piece of evidence*) indicio *m*, pista *f*: **this could be the clue** *to* **finding her** ésta podría ser la pista que nos lleve a encontrarla • **I haven't a clue how much it costs** no tengo la menor idea de cuánto cuesta • **don't ask him - he hasn't a clue** no le preguntes a él - no tiene la más mínima * la menor idea. **2.** (*to crossword*) clave *f*.

clued-up /klu:d ʌp/ *adj* (*fam*) bien informado -da.

clueless /ˈklu:ləs/ *adj* (*fam*): **he's clueless** no tiene la más mínima idea.

clump /klʌmp/ **I** *n* **1.** (*of earth*) terrón *m*. **2.** (*of trees*) grupo *m*; (*of flowers*) mata *f*.
II *vi* [**clumps, clumping, clumped**] pisar fuerte.

clumsily /ˈklʌmzəlɪ/ *adv* torpemente.

clumsiness /ˈklʌmzɪnəs/ *n* (*of behaviour*) torpeza *f*; (*of remark*) falta *f* de tacto.

clumsy /ˈklʌmzɪ/ *adj* [**clumsier, clumsiest**] (*person*) torpe, patoso -sa; (*remark*) poco delicado -da; (*style*) poco pulido -da.

clung /klʌŋ/ *pretérito y participio pasado de* ⇨ cling

cluster /ˈklʌstə/ **I** *n* (*of houses, people*) grupo *m*; (*of fruit*) racimo *m*; (*of plants*) mata *f*; (*of stars*) enjambre *m*.
II *vi* [**clusters, clustering, clustered**] (*people*) agruparse, apiñarse: **the pupils clustered** *around* **the teacher** los alumnos se apiñaron en torno a la maestra; (*fruit, plants*) arracimarse.

clutch /klʌtʃ/ **I** *n* [**clutches**] **1.** (*in car*) embrague *m*: **I forgot to let in/out the clutch** se me olvidó apretar/soltar el embrague. **2.** (*of eggs*) nidada *f*; (*of chickens*) pollada *f*. **3.** (*hold*): **he released his clutch** *on* **the money** soltó el dinero • **at last I have you in my clutches** por fin caíste en mis garras.
II *vt* [**clutches, clutching, clutched**] (*to grasp*) agarrar; (*to hold tightly*) tener apretado en las manos.
to **clutch at** *vt* tratar de agarrarse de: **she clutched at my arm as I went past** trató de agarrarme del brazo cuando pasé.

clutter /ˈklʌtə/ **I** *n* desorden *m*, revoltijo *m*: **wait while I move my clutter** espera que quite todos mis trastos de en medio; **there was a clutter of tools all over the table** había un montón de herramientas regadas por la mesa.
II *vt* [**clutters, cluttering, cluttered**] (*también* **clutter up**) abarrotar: **my wardrobe is cluttered (up)** *with* **your shoes** mi armario está abarrotado de zapatos tuyos.

cm *léase* /ˈsentɪmi:tə/ (*abreviatura de* (*GB*) **centimetre,** (*US*) **centimeter**) cm (centímetro).

CND /si:enˈdi:/ *n* (*in GB*) (*abreviatura de* **Campaign for Nuclear Disarmament**) Campaña *f* pro Desarme Nuclear.

CO /si:ˈəʊ/ *n* (*abreviatura de* **Commanding Officer**) comandante *m/f*.

Co. **1.** /kəʊ/ (*abreviatura de* **Company**) Cía. * C.ª (Compañía). **2.** *léase* /ˈkaʊntɪ/ (*abreviatura de* **County**) condado *m*.

c/o *léase* /keəˈrɒv/ (*abreviatura de* **care of**) (*in ad-*

dresses): **Mrs H Summers, c/o Mr H Boggard,...** Sr. don H. Boggard (a la atención de Dña. H. Summers); (*by hand*): **Mr J Howard, c/o Mrs S Martin** Dña. S. Martin (para entregar al Sr. J. Howard).

coach /kəʊtʃ/ **I** *n* [**coaches**] **1.** (*GB*: *bus*) autocar *m*, (*Amér L*) autobús *m*, (*Arg*) ómnibus *m* (*de larga distancia*): **we went by coach** fuimos en autocar; (*: railway car*) vagón *m*. **2.** (*horse-drawn*) carruaje *m*, coche *m* de caballos. **3.** (*teacher*) profesor -sora *m/f* particular. **4.** (*trainer*) entrenador -dora *m/f*.
II *vt* [**coaches, coaching, coached**] **1.** (*Educ*: *to teach*) darle clases a: **I'm coaching him** *in* **physics** le doy clases de física; (*: for an exam*) preparar. **2.** (*to train*) entrenar.

coagulate /kəʊ'ægjʊleɪt/ *vi* [**coagulates, coagulating, coagulated**] coagularse.

coal /kəʊl/ *n* carbón *m* (mineral) • **the boss hauled me over the coals** el jefe me puso las peras al cuarto.
coalfield *n* yacimiento *m* de carbón.
coalman *n* [*pl* **coalmen**] (*GB*) carbonero *m*.
coal merchant *n* carbonero -ra *m/f*.
coal mine *n* mina *f* de carbón.
coal miner *n* minero -ra *m/f* de carbón.

coalesce /ˌkəʊə'les/ *vi* [**coalesces, coalescing, coalesced**] (*frml*) unirse, fusionarse.

coalition /ˌkəʊə'lɪʃən/ *n* coalición *f*.

coarse /kɔːs/ *adj* **1.** (*material*) basto -ta, tosco -ca; (*sand, salt*) grueso -sa, gordo -da; (*skin*) áspero -ra; (*features*) tosco -ca. **2.** (*behaviour, language*) basto -ta, ordinario -ria.

coarsen /'kɔːsən/ *vt* [**coarsens, coarsening, coarsened**] **1.** (*material*) volver áspero -ra; (*skin*) curtir. **2.** (*manners, behaviour*) volver más basto -ta.
♦ *vi* (*material*) volverse más áspero -ra; (*skin*) curtirse; (*person*) volverse más basto -ta; (*features*) volverse más tosco -ca.

coarseness /'kɔːsnəs/ *n* **1.** (*of material, features*) tosquedad *f*; (*of skin*) aspereza *f*. **2.** (*of behaviour, language*) ordinariez *f*.

coast /kəʊst/ **I** *n* costa *f*, litoral *m* • **the coast is clear** no hay moros en la costa.
II *vi* [**coasts, coasting, coasted**] *deslizarse (un vehículo) cuesta abajo en punto muerto*.
coastguard *n* (*person*) guardacostas *m/f inv*.
coastline *n* costa *f*.

coastal /'kəʊstəl/ *adj* costero -ra.

coaster /'kəʊstə/ *n* posavasos *m inv*.

coat /kəʊt/ **I** *n* **1.** (*long: man's*) abrigo *m*, (*Arg, Urug*) sobretodo *m*; (*: woman's*) abrigo *m*, (*Arg, Chi, Urug*) tapado *m*; (*short*) chaquetón *m*. **2.** (*of dog, cat, horse*) pelaje *m*. **3.** (*of paint*) mano *f*, capa *f*: **the kitchen needs a coat of paint** la cocina necesita una mano de pintura.
II *vt* [**coats, coating, coated**] cubrir: **biscuits coated** *with* **chocolate** galletas cubiertas de * bañadas en chocolate.
coat hanger *n* percha *f*.
coat of arms *n* escudo *m* de armas.

coating /'kəʊtɪŋ/ *n* (*gen*) revestimiento *m*, capa *f*; (*of paint*) mano *f*; (*of liquids*) baño *m*.

coax /kəʊks/ *vt* [**coaxes, coaxing, coaxed**] convencer (*con paciencia*): **I tried to coax her** *into* **coming with us** con paciencia traté de convencerla de que nos acompañara; **we coaxed the answer** *out of* **him** le sonsacamos la respuesta.

coaxing /'kəʊksɪŋ/ *n* persuasión *f*.

cobble /'kɒbəl/ *n* ⇨ cobblestone

cobbled /'kɒbəld/ *adj* adoquinado -da.

cobbler /'kɒblə/ *n* zapatero *m* (*remendón*).

cobblestone /'kɒbəlˌstəʊn/ *n* adoquín *m*.

cobra /'kəʊbrə, 'kɒbrə/ *n* cobra *f*.

cobweb /'kɒbweb/ *n* telaraña *f*.

cocaine /kəʊ'keɪn/ *n* cocaína *f*: **she's a cocaine addict** es cocainómana.

cock /kɒk/ **I** *n* (*GB*: *rooster*) gallo *m*; (*: male bird*) macho *m*.
II *vt* [**cocks, cocking, cocked**] **1.** (*gun*) amartillar. **2.** (*head*) inclinar; (*leg, ears*) levantar.
cock-and-bull story *n* cuento *m* chino.
cockfight *n* pelea *f* de gallos.

cock-a-doodle-doo /ˌkɒkədu:dəl'du:/ *n* quiquiriquí *m*.

cockatoo /ˌkɒkə'tu:/ *n* cacatúa *f*.

cockerel /'kɒkərəl/ *n* gallo *m* joven.

cockeyed /'kɒkaɪd/ *adj* (*fam*: *not straight*) torcido -da; (*: badly planned*) disparatado -da.

cockle /'kɒkel/ *n* berberecho *m*.

cockney, Cockney /'kɒknɪ/ *n* **1.** (*person*) *persona oriunda de los barrios obreros del East End londinense*. **2.** (*dialect*) *dialecto de esos barrios*.

cockpit /'kɒkpɪt/ *n* cabina *f* (de mando), carlinga *f*.

cockroach /'kɒkrəʊtʃ/ *n* [**cockroaches**] cucaracha *f*.

cocktail /'kɒkteɪl/ *n* (*food, drink*) cóctel *m*, coctel *m*: **seafood cocktail** cóctel de mariscos.
cocktail party *n* cóctel *m*, coctel *m*.

cocky /'kɒkɪ/ *adj* [**cockier, cockiest**] (*fam*) gallito -ta, chulo -la.

cocoa /'kəʊkəʊ/ *n* (*powder*) cacao *m*; (*drink*) chocolate *m*.
cocoa bean *n* grano *m* de cacao.
cocoa butter *n* manteca *f* de cacao.

coconut /'kəʊkənʌt/ *n* coco *m*.
coconut palm *n* cocotero *m*.

cocoon /kə'ku:n/ *n* capullo *m*.

cocooned /kə'ku:nd/ *adj* **1.** (*wrapped up*) envuelto -ta. **2.** (*protected*) protegido -da; (*isolated*) aislado -da.

COD /si:əʊ'di:/ (*abreviatura de* **cash on delivery**) contra reembolso.

cod /kɒd/ *n* [*pl* **cod**] bacalao *m*.

code /kəʊd/ **I** *n* **1.** (*gen*) código *m*: **each entry on the computer is assigned a code** cada entrada en el ordenador tiene asignado un código; (*rules, norms*): **banks must abide by their code of practice** los bancos deben atenerse a su código de conducta. **2.** (*Telec*) prefijo *m*: **what's the code** *for* **Manchester?** ¿cuál es el prefijo para Manchester? **3.** (*secret writing*) clave *f*: **we couldn't crack the code** no logramos descifrar la clave secreta; **the document was** *in* **code** el documento estaba en clave.
II *vt* [**codes, coding, coded**] **1.** (*to write in code*) poner en clave: **we received a coded message** recibimos un mensaje en clave. **2.** (*to assign a code to*) codificar: **the data had been wrongly coded** habían codificado mal los datos.

co-driver /'kəʊdraɪvə/ *n* copiloto *m/f*.

co-ed /kəʊ'ed/ (*Educ*) **I** *adj* mixto -ta.
II *n* **1.** (*GB*: *school*) colegio *m* mixto. **2.** (*US*: *pupil*) alumna *f* de un colegio mixto.

co-educational /ˌkəʊedjʊ'keɪʃənəl/ *adj* (*school*) mixto -ta.

coerce /kəʊ'ɜ:s/ *vt* [**coerces, coercing, coerced**] (*frml*) coaccionar: **he was coerced** *into* **joining the party** se hizo miembro del partido coaccionado.

coercion /kəʊ'ɜ:ʃən/ *n* (*frml*) coacción *f*.

coercive /kəʊ'ɜːsɪv/ *adj* (*frml*) coercitivo -va, coactivo -va.
co-exist /ˌkəʊɪg'zɪst/ *vi* [**co-exists, co-existing, co-existed**] coexistir.
co-existence /ˌkəʊɪg'zɪstəns/ *n* coexistencia *f*.
C of E /siːɒv'iː/, **CE** /siː'iː/ (*abreviatura de* **Church of England**) Iglesia *f* Anglicana.
coffee /'kɒfɪ/ *n* café *m*; (*GB*): **two white coffees and one black, please** dos cafés con leche y uno solo, por favor; (*US*): **coffee with cream** café con leche.
coffee bean *n* grano *m* de café.
coffee break *n* descanso *m* (*para tomar un café*).
coffee cup *n* taza *f* (*para café*).
coffee grinder *n* molinillo *m* de café.
coffee machine * maker *n* cafetera *f* eléctrica.
coffee morning *n*: *reunión para tomar café cuyo fin es, a menudo, conseguir dinero para obras benéficas.*
coffeepot *n* cafetera *f* (*para servir café*).
coffee shop *n* cafetería *f*.
coffee table *n* mesa *f* baja.
coffers /'kɒfəz/ *n pl* fondos *m pl*.
coffin /'kɒfɪn/ *n* ataúd *m*, féretro *m*.
cog /kɒg/ *n* rueda *f* dentada, diente *m* (*de mecanismo*).
cogent /'kəʊdʒənt/ *adj* (*frml*) muy convincente.
cogently /'kəʊdʒəntlɪ/ *adv* (*frml*) de forma muy convincente.
cognac /'kɒnjæk/ *n* coñac *m*.
cohabit /kəʊ'hæbɪt/ *vi* [**cohabits, cohabiting, cohabited**] cohabitar.
cohabitation /ˌkəʊhæbɪ'teɪʃən/ *n* cohabitación *f*.
coherence /kəʊ'hɪərəns/ *n* coherencia *f*.
coherent /kəʊ'hɪərənt/ *adj* (*gen*) coherente; (*reasoning*) lógico -ca.
coherently /kəʊ'hɪərəntlɪ/ *adv* (*gen*) coherentemente, con coherencia; (*clearly*) claramente.
cohesion /kəʊ'hiːʒən/ *n* cohesión *f*.
cohesive /kəʊ'hiːsɪv/ *adj* cohesivo -va, que tiene cohesión.
coiffure /kwɑː'fjʊə/ *n* (*frml*) peinado *m*.
coil /kɔɪl/ **I** *n* **1.** (*turn*) vuelta *f*; (*of smoke*) espiral *f*; (*of rope*) rollo *m*. **2.** (*Tec*) bobina *f*. **3.** (*contraceptive*) espiral *f* (intrauterina).
II *vi* [**coils, coiling, coiled**] enroscarse: **the snake coiled** *around* **a branch** la serpiente se enroscó en la rama.
♦*vt* (*también* **coil up**) enroscar, enrollar: **she coiled (up) the rope** enrolló la cuerda.
coin /kɔɪn/ **I** *n* moneda *f*.
II *vt* [**coins, coining, coined**] **1.** (*Fin*) acuñar. **2.** (*word, idea*) inventar, acuñar.
coinage /'kɔɪnɪdʒ/ *n* sistema *m* monetario.
coincide /ˌkəʊɪn'saɪd/ *vi* [**coincides, coinciding, coincided**] coincidir: **unfortunately his party coincided** *with* **mine** desgraciadamente su fiesta coincidió con la mía; **our tastes coincide** nuestros gustos coinciden.
coincidence /kəʊ'ɪnsɪdəns/ *n* coincidencia *f*: **I'm Scorpio too - what a coincidence!** yo también soy escorpio, ¡qué coincidencia!; **we met** *by* **coincidence** nos encontramos de casualidad.
coincidental /ˌkəʊɪnsɪ'dentəl/ *adj* casual: **he's adopted; any family likeness is purely coincidental** es adoptado, así que cualquier parecido con su familia es pura coincidencia.
coincidentally /ˌkəʊɪnsɪ'dentəlɪ/ *adv* casualmente, por casualidad.
coke /kəʊk/ *n* **1.** (*fuel*) coque *m*. **2.** (*fam*: *cocaine*) coca *f*, cocaína *f*. **3. Coke®** Coca-Cola® *f*.
colander /'kʌləndə/ *n* escurridor *m*, colador *m* (para verduras).
cold /kəʊld/ **I** *adj* **1.** (*gen*) frío -a: **it's cold in here!** ¡qué frío hace aquí!; **you'll be cold without a coat** tendrás frío sin un abrigo; **hurry up, your dinner's getting cold** date prisa, que se te enfría la cena. **2.** (*unfriendly*) frío -a: **her expression was very cold** tenía una expresión muy fría. **3.** (*unmoved*) indiferente: **his attempts to be romantic leave me cold** sus romanticismos me dejan indiferente.
II *n* **1.** (*gen*) frío *m*: **many animals died from the cold** muchos animales murieron a causa del frío; **old people notice the cold more** los ancianos son más frioleros • **the youngest child was always left out in the cold by his brothers** los hermanos mayores siempre dejaban al pequeño al margen. **2.** (*Med*) resfriado *m*, constipado *m*, (*Amér S*) resfrío *m*: **I've got a terrible cold** tengo un catarro horroroso; **you'll catch cold if you don't wear a hat** vas a pillar un resfriado si no te pones un gorro.
cold-blooded *adj* **1.** (*animal*) de sangre fría. **2.** (*murder*) a sangre fría.
cold cream *n* crema *f* hidratante.
cold-hearted *adj* insensible.
cold meats *n pl* fiambres *m pl*.
cold sore *n* pupa *f* (*que aparece en los labios, producida por un catarro*).
cold storage *n* conservación *f* en cámara frigorífica.
cold turkey *n* (*fam*: *withdrawal symptoms*) síndrome *m* de abstinencia, mono *m*.
cold war *n* guerra *f* fría.
coldly /'kəʊldlɪ/ *adv* fríamente, con frialdad.
coldness /'kəʊldnəs/ *n* **1.** (*temperature*) frío *m*. **2.** (*of character*) frialdad *f*.
coleslaw /'kəʊlslɔː/ *n* ensalada *f* de col * repollo.
colic /'kɒlɪk/ *n* cólico *m*.
collaborate /kə'læbəreɪt/ *vi* [**collaborates, collaborating, collaborated**] colaborar: **he collaborated** *with* **the professor** *on* **the study** colaboró con el catedrático para hacer el estudio.
collaboration /kəˌlæbə'reɪʃən/ *n* **1.** (*gen*) colaboración *f*: **this programme was made** *in* **collaboration** *with* **Southside TV** este programa se realizó en colaboración con Southside TV. **2.** (*Pol*) colaboracionismo *m*.
collaborator /kə'læbəreɪtə/ *n* **1.** (*Pol*) colaboracionista *m/f*. **2.** (*colleague*) colaborador -dora *m/f*.
collage /'kɒlɑːʒ/ *n* collage *m*.
collapse /kə'læps/ **I** *vi* [**collapses, collapsing, collapsed**] **1.** (*person*) perder el sentido: **he collapsed during the concert** perdió el sentido durante el concierto; (*object*) hundirse: **the chair collapsed under his weight** la silla se hundió bajo su peso. **2.** (*to fall through*) fracasar: **their businesses abroad have collapsed** sus negocios en el extranjero han fracasado.
♦*vt* plegar.
II *n* **1.** (*of object*) derrumbamiento *m*, desplome *m*. **2.** (*Med*: *of person*) síncope *m*, colapso *m*. **3.** (*of government*) caída *f*; (*of price, value*) caída *f* en picado.
collapsible /kə'læpsəbəl/ *adj* plegable.
collar /'kɒlə/ **I** *n* **1.** (*of shirt, coat, etc.*) cuello *m* • **he gets hot under the collar about racist comments** los comentarios racistas lo sacan de sus casillas. **2.** (*for pet*) collar *m*.
II *vt* [**collars, collaring, collared**] detener: **he collared me in the foyer as I arrived** me detuvo en la entrada cuando llegué.
collarbone *n* clavícula *f*.

collate /kɒ'leɪt/ *vt* [**collates, collating, collated**] (*to gather together*) reunir; (*to order*) compaginar.

collateral /kə'lætərəl/ *n* (*frml*) garantía *f* (crediticia).

collation /kɒ'leɪʃən/ *n* (*food*) colación *f*; (*comparison*) cotejo *m*.

colleague /'kɒli:g/ *n* (*in same occupation*) colega *m/f*; (*in same place of work*) compañero -ra *m/f*.

collect /kə'lekt/ **I** *vt* [**collects, collecting, collected**] **1.** (*to take away*) recoger: **they collect the rubbish on Fridays** recogen la basura los viernes; **she collected her pension** cobró la pensión; **they're collecting money** *for* **the children's home** están recaudando fondos para el hogar infantil. **2.** (*to pick up*) ir a recoger ✻ a buscar: **I'll call and collect you on my way home** pasaré a buscarte de camino a casa. **3.** (*as hobby*) coleccionar: **my sister collects T-shirts** mi hermana colecciona camisetas. **4.** (*into a group*) reunir: **collect eight tokens and get a free packet** reúna ocho vales y le daremos un paquete gratis; **I need a moment to collect my thoughts** necesito un momento para ordenar mis ideas.
♦*vi* **1.** (*to gather*) amontonarse: **dust collects in no time** el polvo se acumula enseguida; **wasps collected** *around* **the orange juice** las avispas se arremolinaron alrededor del zumo de naranja. **2.** (*money*) recolectar dinero, hacer una colecta: **we're collecting** *for* **a new ambulance** estamos recolectando dinero para comprar otra ambulancia.
II *adv* (*US*: *Telec*): **you can call collect** se puede llamar a cobro revertido.

collect call *n* (*US*) llamada *f* a cobro revertido.

collected /kə'lektɪd/ *adj* **1.** (*person*) tranquilo -la: **she was cool, calm and collected** estaba completamente tranquila. **2.** (*Lit*): **she bought the collected works of Virginia Woolf** compró las obras completas de Virginia Woolf.

collection /kə'lekʃən/ *n* **1.** (*act of removal*) recogida *f*: **there are three collections of post a day** recogen el correo tres veces al día; **your lenses are ready for collection** ya puede pasar a recoger las lentillas. **2.** (*group*) colección *f*: **he showed me his CD collection** me enseñó su colección de (discos) compactos. **3.** (*of money*) colecta *f*.

collective /kə'lektɪv/ **I** *adj* **1.** (*shared*) colectivo -va. **2.** (*Fin, Agr*) cooperativo -va.
II *n* (*Fin, Agr*) cooperativa *f*.

collectively /kə'lektɪvlɪ/ *adv* colectivamente.

collector /kə'lektə/ *n* coleccionista *m/f*: **he's a collector of antique jewellery** es coleccionista de joyas antiguas.

college /'kɒlɪdʒ/ *n* **1.** (*gen*) colegio *m*; (*for training*) escuela *f*; (*in GB: of further education*) escuela *f* de formación profesional. **2.** (*in GB: sixth form*) colegio *m* (*que ofrece exclusivamente los dos cursos anteriores a la universidad*). **3.** (*in GB: part of a university*) *cada uno de los colegios universitarios que forman ciertas universidades, en los que los estudiantes viven y estudian.* **4.** (*university*) universidad *f*: **where did he go** *to* **college?** ¿en qué universidad estudió?; **my daughter is** *at* **college** mi hija está en la universidad.

collide /kə'laɪd/ *vi* [**collides, colliding, collided**] chocar: **I went round the corner and collided** *with* **a teacher** al doblar la esquina, choqué con un profesor.

collie /'kɒlɪ/ *n* collie *m*.

colliery /'kɒlɪərɪ/ *n* [**collieries**] (*GB*) mina *f* (de carbón).

collision /kə'lɪʒən/ *n* **1.** (*crash*) colisión *f*, choque *m*: **there was a head-on collision** *between* **two trucks** dos camiones chocaron de frente. **2.** (*of ideas, opinions*) choque *m*, enfrentamiento *m* ● **the two sides were on a collision course** las dos partes iban camino de un enfrentamiento.

colloquial /kə'ləʊkwɪəl/ *adj* coloquial.

colloquialism /kə'ləʊkwɪəlɪzəm/ *n* palabra *f* ✻ expresión *f* coloquial.

colloquially /kə'ləʊkwɪəlɪ/ *adv* coloquialmente: **this word is only used colloquially** esta palabra sólo se usa en estilo coloquial.

collude /kə'lu:d/ *vi* [**colludes, colluding, colluded**] confabularse: **they colluded** *with* **the enemy** se confabularon con el enemigo.

collusion /kə'lu:ʒən/ *n* confabulación *f*: **they were** *in* **collusion** *with* **the criminals** estaban confabulados con los criminales.

cologne /kə'ləʊn/ *n* colonia *f*.

Colombia /kə'lɒmbɪə/ *n* Colombia *f*.

Colombian /kə'lɒmbɪən/ *adj*, *n* colombiano -na *adj*, *m/f*.

colon /'kəʊlən/ *n* **1.** (*Ling*) dos puntos *m pl*. **2.** (*Anat*) colon *m*.

colonel /'kɜ:nəl/ *n* coronel *m*.

colonial /kə'ləʊnɪəl/ *adj* colonial.

colonialism /kə'ləʊnɪəlɪzəm/ *n* colonialismo *m*.

colonist /'kɒlənɪst/ *n* colonizador -dora *m/f*, colono *m*.

colonization /ˌkɒlənaɪ'zeɪʃən/ *n* colonización *f*.

colonize /'kɒlənaɪz/ *vt* [**colonizes, colonizing, colonized**] colonizar.

colonnade /ˌkɒlə'neɪd/ *n* columnata *f*.

colony /'kɒlənɪ/ *n* [**colonies**] colonia *f*.

color /'kʌlə/ *n*, *vt/i* [**colors, coloring, colored**] *y palabras compuestas* (*US*) ⇨ colour

colored /'kʌləd/ *adj* (*US*) ⇨ coloured

colorful /'kʌləfʊl/ *adj* (*US*) ⇨ colourful

coloring /'kʌlərɪŋ/ *n* (*US*) ⇨ colouring

colorless /'kʌləlәs/ *adj* (*US*) ⇨ colourless

colossal /kə'lɒsəl/ *adj* colosal.

colour, (*US*) **color** /'kʌlə/ **I** *n* **1.** (*gen*) color *m*: **a book with full colour illustrations** un libro con ilustraciones a todo color; **isn't that film** *in* **colour?** esa película es en color, ¿no?; **what colour eyes does she have?** ¿de qué color tiene los ojos?; **the country air put some colour into her cheeks** el aire del campo le dio color a las mejillas. **2.** (*interest, detail*) colorido *m*: **the flamenco dancers added a touch of local colour** los bailarines de flamenco ponían un toque de colorido local.
II colours *n pl* **1.** (*Art: pencils*) lápices *m pl* de colores. **2.** (*Sport*) colores *m pl*. **3.** (*Mil*) bandera *f* ● **he passed his exams with flying colours** aprobó los exámenes con notas brillantes.
III *vt* [**colours, colouring, coloured**] **1.** (*with colouring pencils*) colorear: **she coloured the sky blue** coloreó el cielo de azul. **2.** (*to influence*) influir en: **fear coloured his reaction** su reacción estaba influida por el miedo.
♦*vi* (*person*) ponerse rojo -ja: **his face coloured** *with* **rage** se puso rojo de ira.

to **colour in** *vt* colorear.

colour bar, (*US*) **color bar** *n* discriminación *f* racial.

colour-blind, (*US*) **color-blind** *adj* daltónico -ca.

colour blindness, (*US*) **color blindness** *n* daltonismo *m*.

colour code, (*US*) **color code** *n* código *m* de colores.

colour film, (*US*) **color film** *n* carrete *m* ✻ rollo *m* en color.

colour scheme, (*US*) **color scheme** *n* combinación *f* de colores.

colour supplement *n* (*GB*) suplemento *m* (dominical) en color.

colour television, (*US*) **color television** *n* televisión *f* en color.

coloured, (*US*) **colored** /ˈkʌləd/ *adj* **1.** (*person*) de color. **2.** (*object*) de colores: **the sunblinds were made of coloured silk** las persianas estaban hechas de seda de colores; **she wore a coffee-coloured blouse** llevaba una blusa de color café.

colourful, (*US*) **colorful** /ˈkʌləfʊl/ *adj* **1.** (*having bright colours*) lleno -na de color: **her paintings are very colourful** sus cuadros tienen mucho colorido; (*eccentric*) pintoresco -ca. **2.** (*description*): **he gave a colourful account of the party** describió con mucho colorido la fiesta.

colouring, (*US*) **coloring** /ˈkʌlərɪŋ/ *n* **1.** (*of person*) colores *m pl.* **2.** (*dye*) colorante *m.* **3.** (*with crayons*): **children of that age enjoy colouring** a esa edad a los niños les encanta pintar con colores; **a colouring book** un libro para colorear.

colourless, (*US*) **colorless** /ˈkʌləlǝs/ *adj* **1.** (*with no colour*) incoloro -ra, sin color. **2.** (*uninteresting*) apagado -da: **he is rather a colourless character** es un poco soso.

colt /kəʊlt/ *n* potro *m.*

column /ˈkɒləm/ *n* columna *f*: **he has a weekly column in the Herald** tiene una columna semanal en el Herald; **a column of soldiers paraded past the stand** una columna de soldados desfiló ante la tribuna; **a column of smoke rose from the blaze** una columna de humo ascendía del lugar donde se había producido el incendio.

columnist /ˈkɒləmɪst/ *n* columnista *m/f.*

coma /ˈkəʊmə/ *n* coma *m*: **she went into a coma soon after the accident** cayó en coma poco después de producirse el accidente.

comatose /ˈkəʊmətəʊs/ *adj* comatoso -sa.

comb /kəʊm/ **I** *n* **1.** (*for hair*) peine *m.* **2.** (*on cockerel*) cresta *f.*
II *vt* [**combs, combing, combed**] **1.** (*hair*): **she combed her hair** se peinó. **2.** (*to search*) peinar, registrar minuciosamente: **the police combed the area in search of the terrorists** la policía peinó la zona en busca de los terroristas.

combat /ˈkɒmbæt/ **I** *n* combate *m*: **he was killed in combat** murió en combate.
II *vt* [**combats, combatting, combatted**] combatir: **measures were taken to combat drug abuse** se tomaron medidas para combatir el consumo de drogas.

combat jacket *n* guerrera *f.*

combatant /ˈkɒmbətənt/ *n* combatiente *m/f.*

combination /ˌkɒmbɪˈneɪʃən/ *n* combinación *f*: **she chose a strange combination of colours** eligió una extraña combinación de colores; **do you know the combination for my bike lock?** ¿sabes la combinación del candado de mi bici?; **the two classes in combination put on a Christmas play** las dos clases representaron una función de Navidad conjuntamente.

combination lock *n* cerradura *f* de combinación.

combine **I** /kəmˈbaɪn/ *vt* [**combines, combining, combined**] combinar: **he had to combine his studies with work** tenía que combinar el estudio con el trabajo.
♦*vi* combinarse: **the sun and the landscape combine to make it a perfect spot** el sol y el paisaje se combinan para hacer de ese sitio un lugar perfecto.
II /ˈkɒmbaɪn/ *n* **1.** (*Fin*) asociación *f.* **2.** (*también* **combine harvester**) (*Agr*) cosechadora *f.*

combustible /kəmˈbʌstəbəl/ *adj* combustible.

combustion /kəmˈbʌstʃən/ *n* combustión *f.*

combustion chamber *n* cámara *f* de combustión.

come /kʌm/ *vi* [**comes, coming, came,** *participio pasado* **come**] **1.** (*gen*) venir: **come and sit beside me** ven, siéntate a mi lado; **come and see what I've found** ven a ver lo que he encontrado; **May comes before June** mayo viene antes de junio; **the children came running out to meet her** los niños corrieron a su encuentro; **"Are you going to be long?" "No, I'm coming."** "¿Vas a tardar mucho?" "No, ya voy."; **"I'm going to the library." "Can I come with you?"** "Voy a la biblioteca." "¿Puedo ir contigo?" ✱ "¿Puedo acompañarte?" • **her symptoms come and go** sus síntomas aparecen y desaparecen • **they've been coming and going all day** han estado todo el día de aquí para allá ✱ para arriba y para abajo. **2.** (*to arrive*) llegar: **I've just come** *from* **the airport** acabo de llegar del aeropuerto; **has the post come yet?** ¿ha llegado ya el correo?; **the trains from Chester come** *into* **Euston station** los trenes que vienen de Chester llegan a la estación de Euston; **what time does Peter come home?** ¿a qué hora llega Peter a casa?; **he came fifth** llegó en quinto lugar • **the news came as a terrible shock** la noticia nos afectó terriblemente. **3.** (*to reach*) llegar: **go on until you come** *to* **the bridge** siga hasta llegar al puente; **the water only came** *to* **our ankles** el agua apenas nos llegaba a los tobillos; **have they come** *to* **an agreement?** ¿han llegado a un acuerdo? • **he had it coming to him from the start** se lo estaba buscando desde el principio. **4.** (*to be available*) venir: **our clothes come in three sizes** nuestras prendas vienen en tres tallas; **does it come in blue?** ¿viene también en azul? • **he's as lazy as they come** es de lo más vago que hay. **5.** (*to result*): **that's what comes** *of* **ignoring my advice!** ¡eso te pasa por no hacerme caso!; **I'll see no harm comes** *to* **them** me cuidaré de que no les pase nada. **6.** (*to become*): **all her dreams have come true** todos sus sueños se han hecho realidad; **your bow has come undone** se te ha deshecho el lazo; **it just came** *to* **pieces** se hizo pedazos. **7.** (*to begin*): **now I come to think of it, you're right** ahora que lo pienso, tiene usted razón; **he came to believe what they said was true** llegó a creer que lo que decían era cierto. **8.** (*to happen*): **how did you come to meet?** ¿cómo se conocieron ustedes? **9.** (*with expressions of time*): **she'll be fifteen come March** cumplirá quince años en marzo; **you'll be fed up with this come September** para septiembre ya estarás harto de esto • **you'll thank me for this in years to come** me lo agradecerás en el futuro.

to **come about** *vi* suceder, ocurrir: **how did the accident come about?** ¿cómo ocurrió el accidente?

to **come across** *vt* (*to find: object*) encontrar: **let me know if you come across my keys** si encuentras mis llaves, dímelo; (*: person*) encontrarse con: **I came across him as I was leaving** me encontré con él al salir.
♦*vi* **1.** (*to approach*) acercarse: **she came across to speak to us** se acercó para hablar con nosotros. **2.** (*to be perceived*): **he always comes across** *as* **sarcastic** siempre da la impresión de ser sarcástico; **that is not how she comes across** ésa no es la imagen que proyecta.

to **come along** *vi* 1. (*to be present*) venir: **do you mind if David comes along?** ¿te importa si viene David?; **can I come along?** ¿puedo ir yo también? 2. (*to arrive*) llegar: **a policeman came along just in time** un policía llegó justo a tiempo • **come along, you can do better than that!** ¡vamos, que lo puedes hacer mejor! 3. (*to develop*): **how's your French coming along?** ¿qué tal va tu francés?

to **come apart** *vi* deshacerse, romperse: **the ladder was so rotten it came apart in my hands** la escalera estaba tan podrida que se deshizo nada más tocarla.

to **come at** *vt* atacar: **he came at us with a stick** nos atacó con un palo.

to **come away** *vi* 1. (*to leave*) salir: **she came away** *from* **the meeting in a rage** salió de la reunión furiosa; **come away** *from* **the edge!** ¡apártate del borde! 2. (*to become detached*) desprenderse: **the paper is coming away** *from* **the wall** el papel se está despegando de la pared.

to **come back** *vi* 1. (*to return*) volver: **I'll come back tomorrow** volveré mañana; **to come back** *to* **what I was saying...** volviendo a lo que decía antes...; **short hair is coming back** *into* **fashion** se vuelve a llevar el pelo corto • **I'll come back to you on that one** se lo comunicaré en cuanto lo sepa. 2. (*to remember*): **it's all coming back** *to* **me now** estoy empezando a recordarlo todo.

to **come between** *vt* interponerse entre: **nothing can come between us** nada puede interponerse entre nosotros.

to **come by** *vt* conseguir: **fresh meat was hard to come by during the war** era difícil conseguir carne fresca durante la guerra.

to **come down** *vi* 1. (*to climb down*) bajar: **come down from there this minute!** ¡bájate de ahí ahora mismo!; (*prices, temperature*) bajar: **computers have really come down in price** los ordenadores han bajado muchísimo de precio; (*aeroplane*) estrellarse: **the plane came down in the mountains** el avión se estrelló en las montañas; (*rain, snow*) caer. 2. (*to reach*) llegar: **her hair comes down** *to* **her shoulders** el pelo le llega a los hombros. 3. (*to pass*) pasar: **the tradition has come down** *from* **father** *to* **son** la tradición ha pasado de padre a hijo. 4. (*building*): **those houses should have come down years ago** deberían haber derribado esas casas hace años. 5. (*to decide*): **we came down in favour of a French car** nos decidimos por un coche francés • **he always comes down on her side** siempre toma partido por ella ✻ se pone de su lado.

♦ *vt* (*the stairs*) bajar.

to **come down on** *vt* (*to punish*) castigar: **they should come down harder on drug pushers** deberían castigar con más severidad a los traficantes de drogas • **she came down on me like a ton of bricks** fue muy dura conmigo.

to **come down to** *vt* reducirse a: **it all comes down to money in the end** al final todo se reduce a una cuestión de dinero.

to **come down with** *vt* caer enfermo de: **Matthew has come down with chickenpox** Matthew ha caído enfermo de varicela.

to **come forward** *vi* ofrecerse: **several people came forward as volunteers** varias personas se ofrecieron como voluntarios.

to **come from** *vt* 1. (*to originate in*) ser de: **her husband comes from Ireland** su marido es de Irlanda ✻ es irlandés; **where do you come from?** ¿de dónde eres?; **where in Spain do you come from?** ¿de qué parte de España eres?; **she comes from a good family** es de buena familia. 2. (*to appear from*): **where did that box come from?** ¿de dónde ha salido esa caja?

to **come in** *vi* 1. (*to enter*) entrar: **come in!** ¡pase! 2. (*to arrive*) llegar: **what time does the train come in?** ¿a qué hora llega el tren?; **reports of another explosion are coming in** nos llegan noticias de otra explosión • **where does Clare come in?** ¿qué pinta Clare en esto? 3. (*tide*) subir. 4. (*in election*): **the Democrats came in** *with* **a large majority** los demócratas ganaron por amplia mayoría; (*in race, competition*) llegar. 5. (*to become fashionable*) ponerse de moda: **those hairstyles are coming in again** esos peinados están poniéndose de moda otra vez. 6. (*to turn out to be*): **a penknife always comes in useful** una navaja siempre viene bien ✻ resulta útil.

to **come in for** *vt* ser objeto de: **his proposals have come in for criticism** sus propuestas han sido objeto de críticas.

to **come in on** *vt* participar en: **he only wanted to come in on the profits** sólo quería participar en los beneficios.

to **come into** *vt* 1. (*to enter*) entrar: **they came into my room without knocking** entraron en mi habitación sin llamar • **she's really come into her own in that job** está en su elemento en ese trabajo • **money doesn't come into it at all** no se trata de dinero en absoluto. 2. (*to inherit*) heredar: **he came into a large fortune** heredó una gran fortuna.

to **come off** *vi* 1. (*stain*) quitarse; (*button, handle*) caerse: **your button's come off** se te ha caído el botón. 2. (*to take place*) concretarse: **our holiday never came off** nuestras vacaciones no se concretaron. 3. (*to turn out*): **his speech came off very well** le salió muy bien el discurso; **we came off worst in the deal** nosotros fuimos los que peor parados salimos del asunto.

♦ *vt* (*to become detached from*) salirse de: **the chain came off my bike** se me salió la cadena de la bici • **come off it, I'm not that stupid!** ¡venga ya! ¡no soy tan tonto!

to **come on** *vi* 1. (*to make progress*) progresar: **his thesis is coming on very well** está avanzando muy bien con la tesis. 2. (*to start*): **what time does the news come on?** ¿a qué hora empiezan las noticias?; **I felt a sore throat coming on** empezó a dolerme la garganta • **come on, I can't wait all day** date prisa, no puedo esperar todo el día. 3. (*to switch on*) encenderse: **when does the heating come on?** ¿a qué hora se enciende la calefacción?

to **come on to** *vt* pasar a: **we'll come on to your proposal shortly** pasaremos a ocuparnos de su propuesta en un momento.

to **come out** *vi* 1. (*gen*) salir: **the sun came out in the afternoon** por la tarde salió el sol; **a few daffodils have come out already** ya han salido algunos narcisos; (*book*) publicarse; (*film*) estrenarse. 2. (*photograph*) salir: **none of the photos came out** no salió ninguna foto. 3. (*to emerge*) revelarse, salir a la luz: **it came out that he had accepted bribes** se reveló que se había dejado sobornar; **the entire scandal came out in the press** todo el escándalo salió a la luz en los periódicos. 4. (*to finish*): **our team came out on top** terminamos ganando nosotros. 5. (*stain*) quitarse: **will these stains come out?** ¿se quitarán estas manchas?; (*colour*): **the colour came out in the wash** destiñó al lavarlo. 6. (*to declare oneself*): **the teachers have come out** *against* **the proposal** los profesores se han declarado en contra de la propuesta; **the miners** have come out on strike los mineros se han declarado en huelga.

to **come out in** *vt*: **he came out in a rash** le salió un sarpullido; **chocolate makes me come out in spots** el chocolate hace que me salgan granos.

to **come out with** *vt* (*fam*) salir con: **she comes out with the strangest things** sale con cada cosa..., tiene unas salidas rarísimas.

to **come over** *vi* **1.** (*gen*) venir: **she came over to say hello** vino a saludarnos; **they came over for dinner last night** ayer vinieron a cenar a casa; **is he home? I'll come over and see him, then** ¿está en casa? entonces ahora voy a verlo. **2.** (*fam: to feel suddenly*): **I came over all dizzy** me mareé. **3.** (*to be perceived*): **he came over well in the interview** causó buena impresión en la entrevista.

♦*vt*: **I don't know what came over me to act that way** no sé qué me pasó para actuar así; **a sudden fear came over him** de repente le entró miedo.

to **come round** *vi* **1.** (*to visit*) venir: **why don't you come round and have coffee?** ¿por qué no vienes a tomar café? **2.** (*to occur*): **the summer holidays are coming round again** se aproximan nuevamente las vacaciones de verano. **3.** (*to accept*) aceptar: **they'll never come round** *to* **the idea** nunca aceptarán la idea. **4.** (*to regain consciousness*) volver en sí.

to **come through** *vi* **1.** (*into a house, room*) pasar: **come through, please** pase, por favor. **2.** (*telephone call*): **a call came through from Bombay** recibimos una llamada de Bombay; (*results*): **we're waiting for the results to come through** estamos esperando a que nos den los resultados. **3.** (*to survive*) salir adelante: **he always comes through in the end** al final siempre sale adelante.

♦*vt* sobrevivir a: **he came through a horrific car crash** sobrevivió a un accidente de tráfico terrible.

to **come to** *vi* (*to regain consciousness*) volver en sí: **she'll come to in a moment** volverá en sí enseguida.

♦*vt* **1.** (*to reach*) llegar a: **a new president has come to power** un nuevo presidente ha llegado al poder. **2.** (*to be a question of*): **when it comes to helping with the housework, she doesn't want to know** cuando se trata de ayudar con las tareas domésticas, ella no tiene el más mínimo interés; **he's hopeless when it comes to maths** es negado para las matemáticas. **3.** (*to add up to*) ascender a: **how much does the invoice come to?** ¿a cuánto asciende la factura?, ¿cuál es el total de la factura? **4.** (*idea, etc.*): **the idea came to me in the middle of the night** la idea se me ocurrió durante la noche; **the truth came to me in a flash** de repente me di cuenta de la verdad.

to **come under** *vt* **1.** (*to be classified under*) estar clasificado bajo: **software comes under the heading "computers"** el software está clasificado bajo "ordenadores" **2.** (*to be subject to*) ser competencia de: **road tax comes under the Ministry of Transport** el impuesto de circulación es competencia del Ministerio de Transporte; **everything I said came under attack** criticaron todo lo que dije.

to **come up** *vi* **1.** (*sun, moon*) salir; (*plants, flowers*) crecer. **2.** (*to approach*) acercarse: **he came up and asked me to dance** se acercó y me invitó a bailar. **3.** (*to happen, arise*): **their wedding anniversary is coming up soon** pronto es su aniversario de boda; **something came up at the last minute and I couldn't go** me surgió un imprevisto de última hora y no pude ir. **4.** (*for election, promotion*): **he comes up** *for* **re-election next year** el año que viene tiene que presentarse para ser reelegido; **she's coming up** *for* **promotion at work** le corresponde ser considerada para un ascenso en el trabajo. **5.** (*to be mentioned*) mencionarse: **the matter came up during the meeting** el asunto se mencionó en la reunión.

♦*vt* (*the stairs*) subir.

to **come up against** *vt* tropezar * toparse con: **we came up against fierce opposition** tropezamos * nos topamos con una oposición muy fuerte.

to **come upon** *vt* dar con, encontrar: **luckily we came upon the path again** afortunadamente volvimos a dar con el camino.

to **come up to** *vt* **1.** (*to approach*) aproximarse: **a woman came up to me in the street** se me acercó una mujer en la calle; **he's coming up to forty** pronto cumplirá los cuarenta. **2.** (*to reach*) llegar a: **the water came up to my knees** el agua me llegaba a las rodillas.

to **come up with** *vt*: **she has come up with some excellent ideas** ha sugerido * se le han ocurrido unas ideas excelentes.

comeback /ˈkʌmbæk/ *n* (*return*) reaparición *f*: **he's hoping to make a comeback with a new show** espera volver a la escena con un nuevo espectáculo; **that hairstyle is making a comeback** ese peinado está poniéndose de moda otra vez.

comedian /kəˈmiːdɪən/ *n* humorista *m/f*.

comedienne /kəˌmiːdɪˈen/ *n* humorista *f*.

comedown /ˈkʌmdaʊn/ *n* (*fam*): **he's working as a clerk now? that's a bit of a comedown!** ¿ahora trabaja como administrativo? ¡pues sí que ha bajado de categoría!; **the youth hostel was a bit of a comedown after that hotel** era venir un poco a menos estar en el albergue juvenil después de haber estado en aquel hotel.

comedy /ˈkɒmɪdɪ/ *n* [**comedies**] comedia *f*.

comet /ˈkɒmɪt/ *n* cometa *m*.

comfort /ˈkʌmfət/ **I** *n* **1.** (*physical*) comodidad *f*: **they live** *in* **comfort** viven con todas las comodidades; **this furniture wasn't designed for comfort** no diseñaron estos muebles pensando en la comodidad; **the hotel offers all the comforts of home** el hotel ofrece todo el confort de una casa; **that truck came rather too close for comfort** el camión pasó tan cerca que nos dio un susto. **2.** (*consolation*) consuelo *m*: **I took comfort from his words** sus palabras me sirvieron de consuelo; **knowing that other people had failed wasn't much of a comfort** *to* **me** el saber que otros también habían fracasado no me servía de consuelo; **he has been a great comfort** *to* **me** ha sido un gran consuelo tenerlo a mi lado.

II *vt* [**comforts, comforting, comforted**] consolar, confortar: **she needs comforting** necesita que la consuelen.

comfort room * station *n* (*US*) servicios *m pl*.

comfortable /ˈkʌmfətəbəl/ *adj* **1.** (*physically*) cómodo -da: **this armchair is very comfortable** este sillón es muy cómodo; **are you comfortable?** ¿estás cómoda?; **I can't get comfortable** no puedo encontrar una posición cómoda; **I feel more comfortable in jeans** voy más a gusto con vaqueros; **the patient is now more comfortable** el paciente ya se siente mejor. **2.** (*psychologically*) tranquilo -la: **I don't feel comfortable at their house** no me encuentro a gusto en su casa. **3.** (*financially*) acomodado -da: **he earns a comfortable wage** gana un buen sueldo.

comfortably /ˈkʌmfətəblɪ/ *adv* **1.** (*gen*) cómodamente: **I was sitting comfortably at home when the doorbell rang** estaba cómodamente sentada en casa cuando sonó el timbre; **they won comfortably** ganaron con facilidad. **2.** (*financially*): **their father left them comfortably off** el padre los dejó en una buena posición económica.

comfy /'kʌmfɪ/ *adj* [**comfier, comfiest**] (*fam*) cómodo -da.

comic /'kɒmɪk/ **I** *n* **1.** (*magazine: gen*) revista *f* de historietas, tebeo *m*; (*for adults*) cómic *m*. **2.** (*person*) humorista *m/f*.
II *adj* cómico -ca.

comic opera *n* ópera *f* bufa.

comic strip *n* tira *f* (cómica), historieta *f*.

comical /'kɒmɪkəl/ *adj* cómico -ca.

coming /'kʌmɪŋ/ **I** *n* venida *f*, llegada *f*: **this heralded the coming of the computer age** este hecho anunciaba la llegada de la era de la informática • **they watched all the comings and goings backstage** observaron las idas y venidas entre bastidores.
II *adj* (*in the near future*) próximo -ma: **she starts school this coming September** (la niña) empieza el colegio este mes de septiembre; **the coming weeks are going to be hectic** las próximas semanas van a ser muy ajetreadas; (*future*) venidero -ra.

coming of age *n* mayoría *f* de edad.

comma /'kɒmə/ *n* (*Ling*) coma *f*.

command /kə'mɑ:nd/ **I** *vt* [**commands, commanding, commanded**] **1.** (*gen*) ordenar: **he commanded them to be silent** les ordenó que se callasen. **2.** (*Mil*) mandar. **3.** (*respect*) infundir.
II *n* **1.** (*order*) orden *f*: **you will obey my commands** obedecerán (ustedes) mis órdenes. **2.** (*Mil*) mando *m*: **he had hundreds of soldiers** *under* **his command** tenía centenares de soldados a su mando; **the rebels took command** *of* **the television station** los rebeldes se apoderaron de los estudios de televisión; **he was** *in* **command** *of* **the situation** controlaba la situación. **3.** (*Inform*) instrucción *f* (*para que se realice una función*), comando *m*. **4.** (*grasp*) dominio *m*: **her command** *of* **English is amazing** su dominio del inglés es asombroso.

commandant /'kɒməndænt/ *n* comandante *m*.

commandeer /ˌkɒmən'dɪə/ *vt* [**commandeers, commandeering, commandeered**] requisar.

commander /kə'mɑ:ndə/ *n* **1.** (*Mil*) comandante *m*. **2.** (*Naut*) capitán -tana *m/f* de fragata.

commander in chief *n* [**commanders in chief**] comandante *m* en jefe.

commanding /kə'mɑ:ndɪŋ/ *adj* (*manner*) dominante: **they occupied a commanding position in the world of computer technology** ocupaban una posición líder dentro del mundo de la informática; **the barracks occupies a commanding position on the banks of the Severn** el cuartel ocupa una posición dominante en las orillas del Severn.

commanding officer *n* comandante *m/f*.

commandment /kə'mɑ:ndmənt/ *n* mandamiento *m*: **the Ten Commandments** los Diez Mandamientos.

commando /kə'mɑ:ndəʊ/ *n* [**commandos * commandoes**] comando *m*.

commemorate /kə'meməreɪt/ *vt* [**commemorates, commemorating, commemorated**] conmemorar.

commemoration /kəˌmemə'reɪʃən/ *n* conmemoración *f*: **they held a service** *in* **commemoration** *of* **the foundation of the school** se celebró un acto en conmemoración de la fundación del colegio.

commence /kə'mens/ *vt/i* [**commences, commencing, commenced**] (*frml*) comenzar, empezar: **let me commence by thanking our hosts** permítanme comenzar dando las gracias a nuestros anfitriones; **the bidding commenced at one thousand pounds** la puja empezó en mil libras.

commencement /kə'mensmənt/ *n* (*US: frml*) ceremonia *f* de graduación.

commend /kə'mend/ *vt* [**commends, commending, commended**] **1.** (*to acclaim*) elogiar: **they were commended** *for* **their bravery** recibieron elogios por su valentía. **2.** (*recommend*) recomendar: **they didn't do much to commend themselves** *to* **us** no nos causaron muy buena impresión.

commendable /kə'mendəbəl/ *adj* encomiable, loable: **their efficiency is highly commendable** su eficacia es muy encomiable.

commendation /ˌkɒmen'deɪʃən/ *n* **1.** (*praise*) elogio *m*. **2.** (*recognition*) distinción *f*: **he was given a special commendation** *for* **his long service** se le otorgó una distinción especial por su largo servicio.

commensurate /kə'menʃərət/ *adj* (*frml*): **the punishment is not commensurate** *with* **the crime** el castigo no está de acuerdo con el delito; **holiday entitlement is commensurate** *with* **the number of months worked** el número de días de vacaciones depende de cuántos meses se haya trabajado.

comment /'kɒment/ **I** *n* comentario *m*, observación *f*: **he made a rather cutting comment** hizo un comentario bastante mordaz; **the teacher made various comments** *about* **the exhibition** el profesor hizo algunas observaciones sobre la exposición • **"What are your thoughts on the present crisis?" "No comment."** "¿Qué opina de la crisis actual?" "Sin comentarios." • **the Minister was not available for comment** no se pudo obtener una declaración del Ministro.
II *vi* [**comments, commenting, commented**] hacer un comentario * una observación: **I refrained from commenting** *on* **his odd socks** me contuve de hacer ningún comentario sobre el hecho de que llevara los calcetines desparejados.
♦*vt* comentar: **he commented that it was nearly time to leave** comentó que casi era la hora de marcharse.

commentary /'kɒməntərɪ/ *n* [**commentaries**] comentario *m* • **he kept up a running commentary throughout the meal** no dejó de hablar en toda la comida.

commentate /'kɒmənteɪt/ *vi* [**commentates, commentating, commentated**] hacer los comentarios: **John Morton will be commentating for the Liverpool match** John Morton será el comentarista del partido del Liverpool.

commentator /'kɒmənteɪtə/ *n* comentarista *m/f*.

commerce /'kɒmɜ:s/ *n* comercio *m*.

commercial /kə'mɜ:ʃəl/ **I** *n* anuncio *m* (*en televisión, radio*), spot *m* (publicitario).
II *adj* comercial: **the idea was a commercial disaster** la idea resultó un desastre desde el punto de vista comercial.

commercial traveller *n* viajante *m/f* (de comercio).

commercialized /kə'mɜ:ʃəlaɪzd/ *adj* comercializado -da.

commercially /kə'mɜ:ʃəlɪ/ *adv* comercialmente: **the business is no longer commercially viable** este negocio ha dejado de ser factible desde el punto de vista comercial.

commiserate /kə'mɪzəreɪt/ *vi* [**commiserates, commiserating, commiserated**]: **he commiserated** *with* **me** *over* **not getting the promotion** me dijo que sentía mucho que no me hubieran ascendido.

commiseration /kəˌmɪzəˈreɪʃən/ *n* conmiseración *f*: **our commiserations** *to* **the losers** lo sentimos mucho por los perdedores.

commission /kəˈmɪʃən/ **I** *n* **1.** (*contract*) encargo *m*: **he was given the commission to design the new theatre** le encargaron el proyecto del nuevo teatro • **the ship was temporarily out of commission** el barco estaba temporalmente fuera de servicio. **2.** (*Fin, Pol*) comisión *f*: **he gets commission** *on* **everything he sells** lleva comisión en todo lo que vende; **the sales assistants are** *on* **commission** los vendedores trabajan a comisión. **3.** (*group of people*) comisión *f*. **4.** (*Mil*) despacho *m*, nombramiento *m*.
II *vt* [**commissions, commissioning, commissioned**] **1.** (*to order*) encargar: **she was commissioned** *to* **write an opera** recibió el encargo de componer una ópera. **2.** (*Mil*) nombrar. **3.** (*to bring into service*) poner en funcionamiento.

commissionaire /kəˌmɪʃəˈneə/ *n* portero -ra *m*.

commissioner /kəˈmɪʃənə/ *n* comisario -ria *m/f*.

commit /kəˈmɪt/ *vt* [**commits, committing, committed**] **1.** (*a crime*) cometer: **he was accused of a crime he didn't commit** lo acusaron de un crimen que no había cometido; **she committed suicide** se suicidó. **2.** (*to devote*) destinar: **we have committed a great deal of money** *to* **the plan** hemos destinado mucho dinero a ese plan; **the government has committed itself** *to* **lowering inflation** el gobierno se ha comprometido a reducir la inflación • **we asked her if she was staying, but she refused to commit herself** le preguntamos si se iba a quedar, pero no quiso comprometerse • **he committed his instructions to paper** puso las instrucciones por escrito. **3.** (*to put into*): **he was committed** *to* **prison** lo enviaron a la cárcel; **his family had him committed** su familia lo recluyó en un hospital psiquiátrico.

commitment /kəˈmɪtmənt/ *n* **1.** (*regular*) obligación *f*, compromiso *m*: **she has too many commitments** tiene demasiados compromisos. **2.** (*devotion*) devoción *f*, dedicación *f*: **his commitment** *to* **his work is excessive** su dedicación al trabajo es excesiva.

committal /kəˈmɪtəl/ *n* (*frml*: *to prison*) encarcelamiento *m*; (*to mental hospital*) ingreso *m*.

committed /kəˈmɪtɪd/ *adj* comprometido -da: **we are committed** *to* **improving standards of education** nos hemos comprometido a la mejora de los niveles de educación; **he is a committed environmentalist** es un ecologista muy comprometido.

committee /kəˈmɪtɪ/ *n* comité *m*, comisión *f*: **the disciplinary committee decided not to punish him** el comité disciplinario decidió no castigarlo; **when's the next committee meeting?** ¿cuándo es la próxima reunión de la comisión ✻ del comité?

commodity /kəˈmɒdətɪ/ *n* [**commodities**] (*raw material*) materia *f* prima; (*manufactured product*) artículo *m*, mercancía *f*.

common /ˈkɒmən/ **I** *adj* **1.** (*normal*) corriente, común: **computers are common in the schools** los ordenadores son una cosa muy corriente en las escuelas; **it is quite common to take a year out before university** es bastante corriente que los estudiantes se tomen un año libre antes de ir a la universidad; **it's only common courtesy to apologize** lo mínimo que se puede hacer es pedir disculpas; (*Bot, Zool*): **the common cormorant** el cormorán común. **2.** (*communal, shared*) común: **our common heritage** nuestro patrimonio común; **this theme is common** *to* **all his novels** este tema es común a todas sus novelas; **by common consent the matter was dropped** se abandonó el asunto de común acuerdo; **it's all for the common good** todo es por el bien común; **what do Kenya and Ecuador have** *in* **common?** ¿qué tienen en común Kenia y Ecuador?; **I have nothing** *in* **common** *with* **him** (él y yo) no tenemos nada en común. **3.** (*pejorative*) ordinario -ria.
II *n* (*land*) campo *m* comunal.
III Commons *n pl* (*Pol*: *in UK*) Cámara *f* de los Comunes: **he has a seat in the Commons** ocupa un escaño en la Cámara de los Comunes.

common cold *n* resfriado *m* (*común y corriente*).

common denominator *n* denominador *m* común.

common factor *n* factor *m* común.

common law I *n* derecho *m* consuetudinario.
II common-law *adj*: **his common-law wife** su concubina.

Common Market *n* Mercado *m* Común.

common noun *n* nombre *m* común.

common or garden *adj*: **a common or garden raincoat; nothing fancy** un abrigo corriente y moliente... nada especial.

common room *n* (*for students*) *sala destinada al uso de estudiantes universitarios o de los alumnos de los cursos superiores de un colegio*; (*for teachers*) sala *f* de profesores.

common sense *n* sentido *m* común.

commoner /ˈkɒmənə/ *n* plebeyo -ya *m/f*.

commonly /ˈkɒmənlɪ/ *adv* comúnmente: **Nicholas, commonly known as Nick** Nicholas, comúnmente conocido como Nick; **these plants are most commonly found in the tropics** estas plantas se encuentran generalmente en zonas trópicales.

commonplace /ˈkɒmənˌpleɪs/ **I** *adj* corriente.
II *n* (*Ling*) tópico *m*, lugar *m* común.

Commonwealth /ˈkɒmənwelθ/ *n*: **the Commonwealth** la Commonwealth (*organización que agrupa a Gran Bretaña y sus ex colonias*), la Mancomunidad Británica de Naciones.

commotion /kəˈməʊʃən/ *n* confusión *f*, revuelo *m*.

communal /ˈkɒmjʊnəl/ *adj* comunitario -ria.

communally /ˈkɒmjʊnəlɪ/ *adv* en comunidad.

commune I /ˈkɒmjuːn/ *n* comuna *f*.
II /kəˈmjuːn/ *vi* [**communes, communing, communed**]: **commune** *with* **nature in our country retreats** vive en íntima comunión con la naturaleza en nuestros refugios campestres.

communicable /kəˈmjuːnɪkəbəl/ *adj* (*disease*) transmisible.

communicant /kəˈmjuːnɪkənt/ *n* comulgante *m/f*.

communicate /kəˈmjuːnɪkeɪt/ *vi* [**communicates, communicating, communicated**] comunicarse: **we were unable to communicate** *with* **the outside world** no podíamos comunicarnos con el mundo exterior; **they communicate by tapping on the wall** se comunican por medio de golpes en la pared.
♦*vt* comunicar, transmitir: **he communicated his emotion** *to* **the audience** transmitió su emoción al público.

communicating /kəˈmjuːnɪkeɪtɪŋ/ *adj*: **the communicating door was locked** la puerta de comunicación entre los dos cuartos estaba cerrada con llave.

communication /kəˌmjuːnɪˈkeɪʃən/ **I** *n* **1.** (*gen*) comunicación *f*: **communication was only possible by radio** la comunicación sólo era posible por radio. **2.** (*frml*: *message*) comunicado *m*.
II communications *n pl* comunicaciones *f pl*: **they**

have an efficient communications network tienen una red de comunicaciones muy eficiente; **all communications** *with* **the city have been severed** se han cortado todas las comunicaciones con la ciudad.

communicative /kə'mju:nɪkətɪv/ *adj* comunicativo -va.

communion /kə'mju:nɪən/ *n* (*gen*) comunión *f*; (*Relig*): **she took communion** comulgó; **she felt she was** *in* **communion** *with* **nature** se sentía en comunión con la naturaleza.

communiqué /kə'mju:nɪˌkeɪ/ *n* (*frml*) comunicado *m*.

communism /'kɒmjʊnɪzəm/ *n* comunismo *m*.

communist /'kɒmjʊnɪst/ *adj*, *n* comunista *adj*, *m/f*.

community /kə'mju:nətɪ/ *n* [**communities**] comunidad *f*: **they are trying to develop links with the local community** están intentando crear vínculos con las organizaciones de la localidad; **there is a large Italian community in Argentina** en Argentina hay una gran colonia * colectividad italiana.

community centre *n* centro *m* social.

community charge *n* (*in GB*) impuesto *m* municipal.

community health centre *n* centro *m* médico.

community spirit *n* espíritu *m* comunitario.

commute /kə'mju:t/ *vi* [**commutes, commuting, commuted**] *viajar a diario para ir a trabajar*: **he commutes** *from* **Richmond** *to* **London every day** vive en Richmond y trabaja en Londres, así que tiene que desplazarse cada día.

♦ *vt* (*Law*) conmutar.

commuter /kə'mju:tə/ *n*: *persona que se desplaza a diario para ir a trabajar*.

commuter train *n*: *tren de cercanías utilizado principalmente por viajeros que se desplazan para ir a trabajar*.

compact I /kəm'pækt/ *adj* compacto -ta.

II /'kɒmpækt/ *n* (*for face powder*) polvera *f*.

compact disc /'kɒmpækt dɪsk/ *n* compact *m* (disc), disco *m* compacto.

compact disc player *n* reproductor *m* de discos compactos.

compacted /kəm'pæktɪd/ *adj* compacto -ta.

companion /kəm'pænjən/ *n* **1.** (*person*) compañero -ra *m/f*. **2.** (*Lit*) manual *m*, guía *f*.

companionable /kəm'pænjənəbəl/ *adj* sociable.

companionship /kəm'pænjənʃɪp/ *n* compañerismo *m*.

company /'kʌmpənɪ/ *n* [**companies**] **1.** (*gen*) compañía *f*: **he is a member of a ballet company** forma parte de una compañía de ballet; **I enjoy her company** su compañía me resulta muy agradable; **he tends to show off** *in* **company** tiene tendencia a querer lucirse cuando está con gente • **they parted company after a difference of opinion** se separaron tras una diferencia de opiniones • **the radio keeps me company** la radio me hace compañía • **they're good company** son buena compañía • **he got into bad company** se juntó con malas compañías • **two's company, three's a crowd** dos es compañía, tres es multitud. **2.** (*Fin*) empresa *f*, compañía *f*: **she set up her own company** montó su propia empresa.

company car *n* coche *m* de la empresa.

comparable /'kɒmpərəbəl/ *adj* comparable: **your situation is not comparable** *to* **mine** tu situación no se puede comparar con la mía; **her playing is comparable** *with* **that of a professional** toca como una profesional; **it's hard finding a replacement of comparable quality** es difícil encontrar un sustituto de la misma categoría.

comparative /kəm'pærətɪv/ I *adj* **1.** (*relative*) relativo -va: **he remarked on the comparative efficiency of the new system** hizo una observación sobre la eficacia del nuevo sistema comparado con el anterior. **2.** (*drawing comparisons*) comparativo -va: **she made a comparative study of Western and Eastern music** hizo un estudio comparativo de la música occidental y la oriental. **3.** (*Ling*) comparativo -va.

II *n* (*Ling*) comparativo *m*.

comparatively /kəm'pærətɪvlɪ/ *adv* relativamente.

compare /kəm'peə/ I *vt* [**compares, comparing, compared**] (*gen*) comparar: **I hate being compared** *with* * *to* **my sister** odio que me comparen con mi hermana; **she compared her school** *to* **a prison** comparó su colegio con una prisión; **he compared prices** comparó los precios • **compared with * to his father he's tiny** en comparación con su padre, es muy bajo; (*texts, lists*) cotejar, comparar.

♦ *vi*: **ready-prepared meals don't compare** *with* **home cooking** los platos precocinados no tienen ni punto de comparación con la cocina casera; **her progress compares favourably** *with* **that of the other pupils** en comparación con los otros alumnos ha adelantado bastante.

II *n* (*frml*): **her beauty was beyond compare** su belleza no tenía igual.

comparison /kəm'pærɪsən/ *n* comparación *f*: **she made a comparison** *of* **architectural styles in different countries** comparó los estilos arquitectónicos de diversos países; **try another** *for* **comparison** pruebe otro y compare; **my problems appear trivial** *in* **comparison (***with* **his)** mis problemas parecen insignificantes en comparación (con los suyos); **our previous house was big; this flat is a box** *by* **comparison** este piso es un pañuelo comparado con la casa en la que vivíamos antes; **there's no comparison** *between* **them** no se pueden comparar.

compartment /kəm'pɑ:tmənt/ *n* compartimento *m*, compartimiento *m*.

compartmentalize /ˌkɒmpɑ:t'mentəlaɪz/ *vt* [**compartmentalizes, compartmentalizing, compartmentalized**] compartimentar.

compass /'kʌmpəs/ I *n* **1.** (*for determining direction*) brújula *f*. **2.** (*for drawing circles*) compás *m*. **3.** (*scope*) alcance *m*.

II **compasses** *n pl* compás *m*.

compassion /kəm'pæʃən/ *n* compasión *f*.

compassionate /kəm'pæʃənət/ *adj* compasivo -va.

compassionate leave *n*: *permiso para ausentarse del trabajo por fallecimiento o enfermedad de un familiar*.

compassionately /kəm'pæʃənətlɪ/ *adv* con compasión.

compatibility /kəmˌpætə'bɪlətɪ/ *n* compatibilidad *f*.

compatible /kəm'pætəbəl/ *adj* compatible: **his job was not compatible** *with* **his family life** su trabajo no era compatible con su vida familiar; **these two computers are not compatible** estos dos ordenadores son incompatibles.

compatriot /kəm'pætrɪət/ *n* compatriota *m/f*.

compel /kəm'pel/ *vt* [**compels, compelling, compelled**] obligar: **he was compelled to resign** lo obligaron a dimitir; **his reputation compelled respect** su reputación imponía respeto.

compelling /kəm'pelɪŋ/ *adj* **1.** (*persuasive*) convincente: **her argument was compelling** su argumento era de lo más convincente. **2.** (*exciting*) cautivador -dora.

compendium /kəm'pendɪəm/ *n* [**compendiums** *

compendia /kəm'pendɪə/] (*frml*) compendio *m*.

compensate /'kɒmpenseɪt/ *vi* [**compensates, compensating, compensated**] compensar: **the view more than compensated** *for* **the climb** la vista compensaba con creces el esfuerzo de subir.
♦*vt* indemnizar, compensar: **they were compensated** *for* **damages** los indemnizaron por los daños.

compensation /ˌkɒmpen'seɪʃən/ *n* **1.** (*gen*) compensación *f*. **2.** (*Fin*) indemnización *f*: **we will get compensation** *for* **lost revenue** van a indemnizarnos por las ganancias perdidas.

compensatory /kəm'pensətərɪ/ *adj* compensatorio -ria.

compere, **compère** /'kɒmpeə/ **I** *n* presentador -dora *m/f*.
II *vt* [**comperes, compering, compered**] presentar.

compete /kəm'pi:t/ *vi* [**competes, competing, competed**] competir: **small shops cannot compete** *with* **supermarket chains** el pequeño comercio no puede competir con las cadenas de supermercados; **they were competing** *against* **the best teams in the world** estaban compitiendo con los mejores equipos del mundo; **they were competing** *for* **second place** se disputaban el segundo lugar.

competence /'kɒmpɪtəns/ *n* competencia *f*: **her competence is not in doubt** nadie pone en duda su competencia.

competent /'kɒmpɪtənt/ *adj* competente: **the mechanic was extremely competent** el mecánico era muy competente; **she's very competent** *in* **Maths** es muy buena en mátematicas.

competently /'kɒmpɪtəntlɪ/ *adv* competentemente, de modo eficaz.

competition /ˌkɒmpə'tɪʃən/ *n* **1.** (*Games*) concurso *m*; (*Sport*) competición *f*: **they held a swimming competition** se celebró una competición de natación. **2.** (*Fin*) competencia *f*: **competition is fierce** *between* **car manufacturers** hay una fuerte competencia en el mercado automovilístico; **you will be** *in* **competition** *with* **some of the most talented youngsters in the country** competirás con algunos de los jóvenes con más talento del país. **3. the competition** la competencia *f*: **he disclosed our plans to the competition** le reveló nuestros planes a la competencia.

competitive /kəm'petɪtɪv/ *adj* (*business, sport, prices*) competitivo -va: **she's very competitive about marks** tiene una actitud muy competitiva por lo que respecta a las notas.

competitively /kəm'petɪtɪvlɪ/ *adv* con espíritu competitivo.

competitiveness /kəm'petɪtɪvnəs/ *n* competitividad *f*.

competitor /kəm'petɪtə/ *n* **1.** (*in business*) competidor -dora *m/f*. **2.** (*Sport*) competidor -dora *m/f*, participante *m/f*; (*in non-sporting contest*) concursante *m/f*.

compilation /ˌkɒmpɪ'leɪʃən/ *n* (*Lit*: *collecting*) recopilación *f*, compilación *f*; (*: of a dictionary, encyclopedia*) redacción *f*.

compile /kəm'paɪl/ *vt* [**compiles, compiling, compiled**] **1.** (*Lit*: *to collect together*) recopilar, compilar; (*: dictionary, encyclopedia*) redactar; (*: evidence*) reunir. **2.** (*Inform*) compilar.

compiler /kəm'paɪlə/ *n* **1.** (*Lit*: *of anthology*) recopilador -dora *m/f*, compilador -dora *m/f*; (*: of dictionary, encyclopedia*) redactor -tora *m/f*. **2.** (*Inform*) compilador *m*.

complacency /kəm'pleɪsənsɪ/ *n* autocomplacencia *f*.

complacent /kəm'pleɪsənt/ *adj* satisfecho -cha (con uno mismo ✱ una misma).

complacently /kəm'pleɪsəntlɪ/ *adv* con satisfacción, con complacencia.

complain /kəm'pleɪn/ *vi* [**complains, complaining, complained**] quejarse: **he complained to the waiter that his soup was cold** se quejó al camarero de que la sopa estaba fría; **she cannot complain** *about* **her salary** no se puede quejar de su sueldo.

complaint /kəm'pleɪnt/ *n* **1.** (*gen*) queja *f*: **I want to make a complaint** *about* **the room service** quiero presentar una queja sobre el servicio de habitaciones; **we lodged a complaint** *against* **the company** presentamos una reclamación contra la empresa. **2.** (*Med*) dolencia *f*.

complement /'kɒmplɪmənt/ **I** *n* (*gen*) complemento *m*: **a spicy sauce is the ideal complement** *to* **this dish** una salsa picante es el complemento ideal de este plato.
II *vt* [**complements, complementing, complemented**] complementar.

complementary /ˌkɒmplɪ'mentərɪ/ *adj* complementario -ria.

complete /kəm'pli:t/ **I** *adj* **1.** (*gen*) completo -ta: **is that pack of cards complete?** ¿está completa esa baraja?; **the complete works of Thomas Hardy** las obras completas de Thomas Hardy ● **she wore a new outfit complete with matching hat** llevaba un conjunto nuevo con sombrero a juego incluido. **2.** (*finished*) terminado -da: **the alterations should be complete by June** las reformas deberían estar terminadas antes de junio. **3.** (*total*) total: **the party was a complete disaster** la fiesta fue un desastre total; **he's a complete madman** está totalmente chiflado.
II *vt* [**completes, completing, completed**] (*gen*) completar: **she failed to complete the course** no llegó a terminar el curso; (*to fill in*) rellenar: **he completed the questionnaire** rellenó el cuestionario.

completely /kəm'pli:tlɪ/ *adv* completamente, por completo.

completion /kəm'pli:ʃən/ *n* finalización *f*: **on completion** *of* **the course they received a certificate** al terminar el curso les dieron un diploma; **the new sports hall is nearing completion** falta poco para que terminen de construir el nuevo polideportivo.

complex /'kɒmpleks/ **I** *adj* complejo -ja.
II *n* [**complexes**] **1.** (*psychological*) complejo *m*: **he has a complex** *about* **his weight** está acomplejado por su peso. **2.** (*Archit*) complejo *m*: **they are building a new sports complex** están construyendo un nuevo complejo deportivo.

complexion /kəm'plekʃən/ *n* **1.** (*Anat*: *in terms of quality, type*) cutis *m*; (*: with emphasis on colour*) tez *f*. **2.** (*aspect*) cariz *m*: **his failure puts a different complexion** *on* **the matter** su fracaso le da otro cariz al asunto.

complexity /kəm'pleksətɪ/ *n* [**complexities**] complejidad *f*.

compliance /kəm'plaɪəns/ *n* conformidad *f*, acuerdo *m*: **he fitted an alarm** *in* **compliance** *with* **the regulations** instaló una alarma, tal y como exigían las normas.

compliant /kəm'plaɪənt/ *adj* sumiso -sa.

complicate /'kɒmplɪkeɪt/ *vt* [**complicates, complicating, complicated**] complicar: **don't let's complicate the issue** no compliquemos más el asunto; **her cold was complicated** *by* **an ear infection** se le complicó el resfriado con una infección de oído.

complicated /'kɒmplɪkeɪtɪd/ *adj* complicado -da.

complication /ˌkɒmplɪˈkeɪʃən/ *n* complicación *f*: **there were some last minute complications** surgieron complicaciones de última hora; **the operation was carried out without any complication** la operación se realizó sin ninguna complicación.

complicity /kəmˈplɪsətɪ/ *n* complicidad *f*.

compliment /ˈkɒmplɪmənt/ **I** *n* cumplido *m*: **I'll take it as a compliment** lo tomaré como un cumplido; **she paid us the compliment of coming to the opening** nos hizo el honor de venir a la inauguración.
II compliments *n pl* saludos *m pl* • **please accept this gift with the compliments of the management** le rogamos que acepte este regalo, con los mejores deseos de parte de la dirección • **my compliments to the chef** mi enhorabuena al cocinero.
III *vt* [**compliments, complimenting, complimented**] felicitar: **I must compliment you** *on* **your work** tengo que felicitarte por tu trabajo.

complimentary /ˌkɒmplɪˈmentərɪ/ *adj* **1.** (*flattering*) halagador -dora: **his remarks were highly complimentary** sus comentarios fueron muy halagadores. **2.** (*free*) de regalo, gratis: **each performer receives two complimentary tickets** cada artista recibe dos entradas de regalo.

comply /kəmˈplaɪ/ *vi* [**complies, complying, complied**] (*frml*): **this product does not comply** *with* **EU standards** este producto no cumple con los requisitos de la UE; **she was given the order but she refused to comply** se le dio la orden pero se negó a acatarla.

component /kəmˈpəʊnənt/ *adj*, *n* (*Tec*) componente *adj*, *m*.

compose /kəmˈpəʊz/ *vt* [**composes, composing, composed**] **1.** (*Lit, Mus*) componer. **2.** (*to form*): **the committee is composed** *of* **representatives from all over the country** el comité se compone de representantes de todo el país. **3.** (*to calm down*): **I managed to compose myself** conseguí tranquilizarme.
♦ *vi* (*Mus*) componer.

composed /kəmˈpəʊzd/ *adj* tranquilo -la: **she seemed very composed** parecía muy tranquila.

composer /kəmˈpəʊzə/ *n* compositor -tora *m/f*.

composite /ˈkɒmpəzɪt/ *adj* (*frml*) compuesto -ta (*de varios elementos*).

composition /ˌkɒmpəˈzɪʃən/ *n* **1.** (*Chem, Lit, Mus*) composición *f*: **the chemical composition of a substance** la composición química de una sustancia; **a composition for piano** una composición para piano. **2.** (*Educ*) redacción *f*, composición *f*.

compost /ˈkɒmpɒst/ *n* abono *m* orgánico.

composure /kəmˈpəʊʒə/ *n* serenidad *f*, calma *f*: **he had lost his composure** había perdido la calma; **she gradually regained her composure** poco a poco se fue serenando.

compound I /ˈkɒmpaʊnd/ *n* **1.** (*enclosure*) recinto *m*. **2.** (*combination*) combinación *f*. **3.** (*Chem*) compuesto *m*; (*Ling*) nombre *m* compuesto.
II /ˈkɒmpaʊnd/ *adj* compuesto -ta: **a compound flower** una flor compuesta.
III /kəmˈpaʊnd/ *vt* [**compounds, compounding, compounded**] **1.** (*problem*) agravar: **our problems were compounded by the government's attitude** nuestros problemas se agravaron debido a la actitud del gobierno. **2.** (*to combine*): **their outlook was compounded** *of* **pessimism and caution** su actitud era una mezcla de pesimismo y precaución.

compound fracture /ˈkɒmpaʊnd ˈfræktʃə/ *n* fractura *f* (*en la que el hueso roto atraviesa la piel*).

compound interest /ˈkɒmpaʊnd ˈɪntərest/ *n* intereses *m pl* compuestos.

comprehend /ˌkɒmprɪˈhend/ *vt* [**comprehends, comprehending, comprehended**] (*frml*) comprender, entender: **I cannot comprehend his behaviour** no comprendo por qué se comporta así.

comprehensible /ˌkɒmprɪˈhensəbəl/ *adj* comprensible.

comprehension /ˌkɒmprɪˈhenʃən/ *n* **1.** (*understanding*) comprensión *f*, entendimiento *m*: **it is** *beyond* **my comprehension** no puedo entenderlo. **2.** (*test*): **we did a listening comprehension** hicimos un ejercicio de comprensión auditiva; **reading comprehension** ejercicio de comprensión escrita.

comprehensive /ˌkɒmprɪˈhensɪv/ **I** *adj* **1.** (*all-inclusive*) extenso -sa, amplio -plia: **we have a comprehensive range of dictionaries** tenemos una amplia gama de diccionarios; **a comprehensive study of wildlife in the area** un estudio exhaustivo de la fauna de la zona. **2.** (*insurance*) a todo riesgo. **3.** (*GB*: *Educ*) *relativo al sistema de educación secundaria en el que no se separa a los alumnos según sus logros académicos*.
II *n* (*también* **comprehensive school**) (*GB*: *Educ*) instituto *m* de enseñanza secundaria (*al que asisten alumnos de todos los niveles académicos*).

compress /kəmˈpres/ *vt* [**compresses, compressing, compressed**] (*gen*) comprimir; (*text*) condensar: **he had compressed the entire story** *into* **a paragraph** había condensado toda la historia en un párrafo.

compressed air /kəmˈprest ˈeə/ *n* aire *m* comprimido.

compression /kəmˈpreʃən/ *n* compresión *f*.

comprise /kəmˈpraɪz/ *vt* [**comprises, comprising, comprised**] **1.** (*to consist of*) comprender: **the set menu comprises a starter, main course and dessert** el menú del día comprende un entrante, segundo plato y postre. **2.** (*to form*) constituir: **Asians comprise three percent of the population** los asiáticos constituyen un tres por ciento de la población.

compromise /ˈkɒmprəmaɪz/ **I** *n* (*between people*) acuerdo *m*: **they tried to reach a compromise** intentaron llegar a un acuerdo; (*between things*): **we found a compromise** *between* **our differing requirements** encontramos una solución intermedia entre lo que cada uno pretendía.
II *vi* [**compromises, compromising, compromised**] (*to meet half way*) llegar a un acuerdo (*haciendo concesiones mutuas*): **we had to compromise** *over* **the price** tuvimos que llegar a un acuerdo sobre el precio; (*to give way*) hacer concesiones, transigir: **they refused to compromise** *on* **the issue of pay** se negaron a hacer concesiones en el tema de los salarios.
♦ *vt* comprometer: **they compromised their integrity** comprometieron su integridad; **in accepting the money, she has compromised herself** al aceptar el dinero, se ha comprometido.

compulsion /kəmˈpʌlʃən/ *n* **1.** (*desire*) tendencia *f* obsesiva, obsesión *f*. **2.** (*obligation*) obligación *f*: **she only did it** *under* **compulsion** sólo lo hizo coaccionada ✱ bajo coacción.

compulsive /kəmˈpʌlsɪv/ *adj* **1.** (*liar*) redomado -da; (*gambler*) empedernido -da: **he's a compulsive eater** no puede dejar de comer. **2.** (*activity*) absorbente: **that programme makes compulsive watching** es un programa que te absorbe.

compulsory /kəmˈpʌlsərɪ/ *adj* obligatorio -ria: **English is a compulsory subject** el inglés es una asignatura obligatoria.

compunction /kəmˈpʌŋkʃən/ *n* (*frml*) remordimiento *m*: **he accepted bribes without compunction** aceptaba sobornos sin el menor escrúpulo.

compute /kəm'pju:t/ *vt* [**computes, computing, computed**] (*frml*) calcular.

computer /kəm'pju:tə/ *n* ordenador *m*, computadora *f*: **all the work is done** *on* **computer** todo el trabajo se hace con ordenador.

computer game *n* videojuego *m*.

computer program *n* programa *m* informático.

computer programmer *n* programador -dora *m/f* de ordenadores.

computer science *n* informática *f*.

computerization /kəm,pju:tərar'zeɪʃən/ *n* **1.** (*of factory, process*) automatización *f*. **2.** (*of office, data*) informatización *f*.

computerize /kəm'pju:təraɪz/ *vt* [**computerizes, computerizing, computerized**] **1.** (*factory, process*) automatizar: **the warehouse is computerized** el almacén está automatizado. **2.** (*office*) informatizar; (*data*) informatizar, computerizar: **our financial records are computerized** nuestros archivos financieros están informatizados * computerizados.

computing /kəm'pju:tɪŋ/ *n* informática *f*, (*Amér L*) computación *f*.

comrade /'kɒmreɪd/ (*US*) /'kɒmræd/ *n* **1.** (*Pol*) camarada *m/f*. **2.** (*frml*: *friend*) compañero -ra *m/f*.

comradeship /'kɒmreɪdʃɪp/ (*US*) /'kɒmrədʃɪp/ *n* camaradería *f*.

con /kɒn/ (*fam*) **I** *vt* [**cons, conning, conned**] estafar, timar: **you've been conned!** ¡te han timado!; **they conned him** *into* **buying a fake** lo camelaron para que comprara una falsificación; **she was conned** *out of* **her savings** la embaucaron para que les diera sus ahorros.
II *n* **1.** (*trick*) estafa *f*, timo *m*. **2.** (*también* **con man**) (*fam*: *person*) estafador *m*.

concave /'kɒnkeɪv/ *adj* cóncavo -va.

conceal /kən'si:l/ *vt* [**conceals, concealing, concealed**] (*frml*) **1.** (*gen*) ocultar: **are you concealing something** *from* **me?** ¿me estás ocultando algo? **2.** (*feelings*) disimular: **he always conceals his true feelings** siempre disimula sus verdaderos sentimientos.

concealed door /kən'si:ld dɔ:/ *n* puerta *f* disimulada.

concealed lighting /kən'si:ld 'laɪtɪŋ/ *n* luz *f* indirecta.

concede /kən'si:d/ *vt* [**concedes, conceding, conceded**] **1.** (*to admit*) conceder, admitir: **I am prepared to concede that we made a mistake** estoy dispuesto a admitir que nos hemos equivocado; **they seem unable to concede defeat** parecen incapaces de admitir la derrota. **2.** (*to surrender*) ceder: **she won the game without conceding a point** ganó el partido sin ceder ni un solo punto.

conceit /kən'si:t/ *n* engreimiento *m*, presunción *f*.

conceited /kən'si:tɪd/ *adj* (*arrogant*) engreído -da, presuntuoso -sa.

conceivable /kən'si:vəbəl/ *adj* concebible: **it was conceivable that he was still alive** cabía la posibilidad de que todavía estuviera vivo.

conceivably /kən'si:vəblɪ/ *adv* posiblemente: **he could just conceivably be right** cabe la posibilidad de que tenga razón.

conceive /kən'si:v/ *vi* [**conceives, conceiving, conceived**] imaginarse: **why she did that, I cannot conceive** no me puedo imaginar por qué hizo eso; **he could not conceive** *of* **a future without her** no concebía un futuro sin ella.
♦ *vt* (*Biol*) concebir: **the child was conceived in May** el niño fue concebido en mayo.

concentrate /'kɒnsəntreɪt/ **I** *vi* [**concentrates, concentrating, concentrated**] concentrarse: **concentrate** *on* **the road!** ¡concéntrate en la carretera!; **I wasn't concentrating** no estaba concentrada.
♦ *vt* concentrar: **the poorest areas are concentrated around the port** los barrios más pobres se concentran alrededor del puerto; **they concentrated their efforts** *on* **winning** todos sus esfuerzos se dirigían a ganar.
II *n* concentrado *m*.

concentrated /'kɒnsəntreɪtɪd/ *adj* **1.** (*substance*) concentrado -da: **concentrated orange juice** zumo * jugo concentrado de naranja. **2.** (*effort*) grande; (*study*) intenso -sa.

concentration /,kɒnsən'treɪʃən/ *n* concentración *f*: **you've ruined my concentration** me has hecho perder la concentración; **they found high concentrations of lead in the air** descubrieron una concentración de plomo muy alta en la atmósfera.

concentration camp *n* campo *m* de concentración.

concentric /kən'sentrɪk/ *adj* concéntrico -ca.

concept /'kɒnsəpt/ *n* concepto *m*.

conception /kən'sepʃən/ *n* **1.** (*Biol*) concepción *f*. **2.** (*idea*) concepto *m*: **he has no clear conception of his rights** no tiene una idea muy clara de sus derechos.

concern /kən'sɜ:n/ **I** *vt* [**concerns, concerning, concerned**] **1.** (*to affect*) concernir, afectar: **this does not concern us** esto no nos concierne • (*in open letter*) **to whom it may concern** a quien corresponda. **2.** (*to worry*) preocupar: **what most concerns us is their recklessness** lo que más nos preocupa es su temeridad • **he doesn't concern himself much with his health** no cuida mucho su salud.
II *n* **1.** (*worry*) preocupación *f*: **he showed no concern** *for* **the child's health** no se preocupó en absoluto por la salud del niño; **it is no concern of yours what I do** lo que yo hago no es asunto tuyo; **old age is** *of* **concern to us all** la tercera edad nos concierne a todos. **2.** (*Fin*) negocio *m*: **foreign concerns in the UK** empresas extranjeras en el Reino Unido.

concerned /kən'sɜ:nd/ *adj* **1.** (*worried*) preocupado -da: **police are concerned** *for* **his safety** la policía está preocupada por su seguridad; **they are concerned** *about* **pollution** les preocupa el tema de la contaminación. **2.** (*involved*) involucrado -da: **the new rules were welcomed by all those concerned** las nuevas normas fueron bien recibidas por todos los interesados • **a pamphlet concerned with AIDS** un folleto acerca del sida • **as far as I am concerned the matter is closed** por lo que a mí respecta el asunto está concluido • **she's hopeless where cooking is concerned** es un desastre en lo que a la cocina se refiere.

concerning /kən'sɜ:nɪŋ/ *prep* con respecto a, acerca de: **I am writing to you concerning your recent advertisement** le escribo a propósito de su reciente anuncio.

concert /'kɒnsɜ:t/ *n* (*Mus*) concierto *m*.

concerted /kən'sɜ:tɪd/ *adj* **1.** (*joint*) conjunto -ta. **2.** (*determined*) decidido -da.

concertina /,kɒnsə'ti:nə/ *n* concertina *f*.

concerto /kən'tʃɜ:təʊ/ *n* [**concertos * concerti** /kən'tʃɜ:ti:/] concierto *m*: **a piano concerto** un concierto para piano.

concession /kən'seʃən/ *n* concesión *f*: **she makes no**

concessions *to* **fashion** no le hace concesiones a la moda.

conciliate /kən'sılıeıt/ *vt* [**conciliates, conciliating, conciliated**] (*frml*) conciliar.

conciliation /kən,sılı'eıʃən/ *n* conciliación *f*.

conciliatory /kən'sılıətərı/ *adj* conciliador -dora.

concise /kən'saıs/ *adj* conciso -sa.

concisely /kən'saıslı/ *adv* concisamente, de forma concisa: **she spoke clearly and concisely** habló de manera clara y concisa.

conclude /kən'klu:d/ *vi* [**concludes, concluding, concluded**] (*to end*) concluir, terminar: **talks on the environment concluded yesterday** las conversaciones sobre el medio ambiente concluyeron ayer.
♦*vt* 1. (*to bring to an end*) concluir, terminar. 2. (*to decide*) llegar a la conclusión: **I can only conclude that he is innocent** la única conclusión a la que puedo llegar es que es inocente. 3. (*treaty*) firmar.

concluding /kən'klu:dıŋ/ *adj* final.

conclusion /kən'klu:ʒən/ *n* conclusión *f*: **the conclusions we reached were not valid** las conclusiones que sacamos no eran válidas; **I came to the conclusion that he was mad** llegué a la conclusión de que estaba loco • **let's not jump to conclusions** no nos precipitemos en sacar conclusiones • **in conclusion...** en conclusión... • **their defeat was a foregone conclusion** se veía venir que iban a perder.

conclusive /kən'klu:sıv/ *adj* concluyente, indiscutible.

conclusively /kən'klu:sıvlı/ *adv* concluyentemente, indiscutiblemente.

concoct /kən'kɒkt/ *vt* [**concocts, concocting, concocted**] 1. (*story, plot*) inventarse: **he concocted a very complicated excuse** se inventó una excusa complicadísima. 2. (*product*) preparar: **she had concocted a wonderful drink** había preparado una bebida estupenda.

concoction /kən'kɒkʃən/ *n* (*gen*) mejunje *m*; (*drink*) brebaje *m*, mejunje *m*.

concomitant /kən'kɒmıtənt/ *adj* (*frml*) concomitante.

concord /'kɒnkɔ:d/ *n* (*frml*) concordia *f*.

concourse /'kɒnkɔ:s/ *n* 1. (*in railway station*) vestíbulo *m*. 2. (*gathering*) concurrencia *f*.

concrete /'kɒnkri:t/ I *adj* 1. (*gen*) concreto -ta: **they had no concrete plans for the weekend** no tenían planes concretos para el fin de semana; **a concrete noun** un nombre concreto. 2. (*Archit*) de hormigón.
II *n* hormigón *m*.
III *vt* [**concretes, concreting, concreted**] revestir de hormigón: **they had concreted the drive** *(over)* habían revestido de hormigón el camino de entrada.

concrete mixer *n* hormigonera *f*.

concur /kən'kɜ:/ *vi* [**concurs, concurring, concurred**] estar de acuerdo: **the head concurred** *with* **the teachers' committee** la directora estuvo de acuerdo con los representantes de los profesores.

concurrent /kən'kʌrənt/ *adj* simultáneo -nea.

concurrently /kən'kʌrəntlı/ *adv* simultáneamente, al mismo tiempo.

concussed /kən'kʌst/ *adj*: **she was concussed** sufría conmoción cerebral.

concussion /kən'kʌʃən/ *n* conmoción *f* cerebral.

condemn /kən'dem/ *vt* [**condemns, condemning, condemned**] 1. (*Law*) condenar, sentenciar: **the murderer was condemned** *to* **death** el asesino fue condenado a la pena de muerte; **the condemned prisoners were led away** se llevaron a los prisioneros que habían sido sentenciados. 2. (*to criticize: gen*) criticar: **the new regulations were condemned** criticaron la nueva normativa; (*: behaviour*) condenar, denunciar. 3. (*building*) declarar inhabitable: **that house has been condemned** esa casa ha sido declarada inhabitable.

condemnation /,kɒndem'neıʃən/ *n* (*criticism*) condena *f*.

condensation /,kɒnden'seıʃən/ *n* (*gen*) condensación *f*; (*on windows*) vaho *m*.

condense /kən'dens/ *vt* [**condenses, condensing, condensed**] (*gas*) condensar; (*text*) condensar, resumir: **he condensed his report** *into* **a paragraph** condensó el contenido de su informe en un párrafo.
♦*vi* condensarse: **steam condenses** *into* **droplets** el vapor de agua se condensa en gotitas.

condensed milk /kən'denst mılk/ *n* leche *f* condensada.

condensed soup /kən'denst su:p/ *n* sopa *f* concentrada.

condescend /,kɒndı'send/ *vi* [**condescends, condescending, condescended**] 1. (*to bring oneself to*) dignarse: **so you finally condescended to phone** por fin te dignaste a llamar. 2. (*frml: to patronize*) tratar con superioridad: **he is incapable of speaking to us without condescending** es incapaz de hablarnos sin adoptar ese aire de superioridad.

condescending /,kɒndı'sendıŋ/ *adj* con aire de superioridad: **she is very condescending** *with* * *to* * *towards* **the students** trata a los estudiantes con mucha superioridad.

condescension /,kɒndı'senʃən/ *n* aire *m* de superioridad.

condiment /'kɒndımənt/ *n* condimento *m*.

condition /kən'dıʃən/ I *n* 1. (*proviso*) condición *f*: **you should read the conditions of purchase** deberías leer las condiciones de compra • **I'll go, on condition that you go with me** iré, a condición de que vayas conmigo • **you can go out, on one condition...** puedes salir, con una condición... • **on no condition leave her alone** no la dejes sola bajo ninguna circunstancia. 2. (*state*) condición *f*, estado *m*: **the flat was in very good condition** el piso estaba en muy buenas condiciones * en muy buen estado • **you're in no condition to work** no estás en condiciones de trabajar • **he fought poorly because he was out of condition** no peleó bien porque no estaba en forma. 3. (*Med*) afección *f*: **he has a liver condition** padece del hígado.
II **conditions** *n pl* condiciones *f pl*: **working conditions are terrible** las condiciones de trabajo son pésimas.
III *vt* [**conditions, conditioning, conditioned**] 1. (*person*) condicionar. 2. (*hair, skin*) suavizar.

conditional /kən'dıʃənəl/ *adj* (*dependent*) condicional: **the trip was conditional** *on* **their good behaviour** que fueran o no al viaje dependía de su buen comportamiento; (*in grammar*): **a conditional sentence** una frase condicional.

conditioner /kən'dıʃənə/ *n* suavizante *m*: **fabric conditioner** suavizante para la ropa.

conditioning /kən'dıʃənıŋ/ *n* condicionamiento *m*.

condo /'kɒndəʊ/ *n* (*US: fam*) ⇨ condominium

condolence /kən'dəʊləns/ *n* pésame *m*: **she wrote to offer her condolences** escribió para dar el pésame; **please accept our condolences** le acompañamos en el sentimiento; **hundreds of people sent letters of**

condolence cientos de personas enviaron cartas de pésame.

condom /ˈkɒndəm/ *n* preservativo *m*, condón *m*.

condominium /ˌkɒndəˈmɪnɪəm/ *n* (*US*) **1.** (*block of apartments*) bloque *m* de pisos * departamentos (*de propiedad privada*). **2.** (*apartment*) piso *m*.

condone /kənˈdəʊn/ *vt* [**condones, condoning, condoned**] justificar, consentir: **we cannot condone terrorism** no podemos justificar el terrorismo.

conducive /kənˈdjuːsɪv/ *adj* (*frml*) conducente, que conduce: **the atmosphere here is not conducive** *to* **working** el ambiente aquí no es propicio para trabajar.

conduct **I** /kənˈdʌkt/ *vt* [**conducts, conducting, conducted**] **1.** (*gen*) conducir • **he conducted himself with great dignity** se condujo con gran dignidad. **2.** (*enquiry, survey*) llevar a cabo: **they were conducting a large-scale survey** estaban realizando una encuesta a gran escala. **3.** (*Mus*) dirigir. **4.** (*electricity*) conducir.
♦*vi* (*Mus*) dirigir.
II /ˈkɒndʌkt/ *n* **1.** (*behaviour*) comportamiento *m*, conducta *f*. **2.** (*management*) dirección *f*.

conducted tour /kənˈdʌktɪd ˈtʊə/ *n* visita *f* con guía.

conductor /kənˈdʌktə/ *n* **1.** (*Mus*) director -tora *m/f*. **2.** (*on train*) revisor - sora *m/f*; (*on bus*) cobrador - dora *m/f*. **3.** (*Phys*) conductor *m*: **metals are good conductors** los metales son buenos conductores.

cone /kəʊn/ *n* **1.** (*Maths*) cono *m*. **2.** (*Bot*) piña *f*. **3.** (*for ice cream*) cucurucho *m* de barquillo.

confectionery /kənˈfekʃənərɪ/ *n* dulces *m pl*.

confederacy /kənˈfedərəsɪ/ *n* [**confederacies**] (*frml*) confederación *f*.

confederate /kənˈfedərət/ *n* **1.** (*member of confederacy*) confederado -da *m/f*. **2.** (*accomplice*) cómplice *m/f*.

confederation /kənˌfedəˈreɪʃən/ *n* confederación *f*.

confer /kənˈfɜː/ *vt* [**confers, conferring, conferred**] conferir, otorgar: **the new law conferred special status** *on* **some schools** la nueva ley otorgaba un estatus especial a algunos colegios.
♦*vi* consultar: **I would like to confer** *with* **other teachers** me gustaría consultar con otros profesores; **students should not confer during this exercise** los alumnos no pueden consultarse unos a otros al hacer este ejercicio.

conference /ˈkɒnfərəns/ *n* conferencia *f*: **she is attending a conference** *on* **Mexican art** está en una conferencia sobre arte mexicano • **the Minister was in conference** el ministro estaba en una reunión.

confess /kənˈfes/ *vt* [**confesses, confessing, confessed**] confesar: **he confessed his part in the robbery** confesó su participación en el robo.
♦*vi* **1.** (*gen*) confesar(se): **she never confessed** *to* **the crime** nunca se confesó autora del crimen; **he confesses** *to* **a liking for romantic novels** se confiesa aficionado a las novelas de amor • **I must confess I find his films boring** he de confesar que sus películas me resultan aburridas. **2.** (*Relig*) confesarse.

confession /kənˈfeʃən/ *n* confesión *f*: **he said he had a confession to make** nos dijo que tenía que hacernos una confesión; **she never goes to confession** nunca se confiesa.

confetti /kənˈfetɪ/ *n* confeti *m*.

confidant, **confidante** [*forma femenina*] /ˌkɒnfɪˈdænt/ *n* (*frml*) confidente *m/f*.

confide /kənˈfaɪd/ *vt* [**confides, confiding, confided**] confiar: **he confided his secret** *to* **a friend** le confió su secreto a un amigo; **she confided that she had never liked her job** me confió que nunca le había gustado su trabajo.
♦*vi* confiar, fiarse: **she was never able to confide** *in* **him** nunca pudo confiar en * fiarse de él.

confidence /ˈkɒnfɪdəns/ *n* **1.** (*belief*) confianza *f*: **I lost confidence** *in* **the system** perdí confianza en el sistema; **he has always lacked confidence** siempre le ha faltado confianza (en sí mismo); **I have every confidence** *in* **you** tengo absoluta confianza en ti. **2.** (*Pol*): **there was a vote of no confidence against the government** hubo un voto de censura contra el gobierno. **3.** (*secret*) confidencia *f*, secreto *m*: **I told you that** *in* **confidence!** ¡te dije eso en secreto!; **we took him into our confidence** le confiamos nuestro secreto.

confident /ˈkɒnfɪdənt/ *adj* seguro -ra: **we are confident** *of* **their support** estamos seguros de que tendremos su apoyo; **he was confident that he would pass** tenía mucha confianza en que aprobaría; **she was very confident when she was young** de joven tenía mucha seguridad en sí misma.

confidential /ˌkɒnfɪˈdenʃəl/ *adj* confidencial: **the newspaper obtained confidential papers** el periódico obtuvo documentos confidenciales.

confidentiality /ˌkɒnfɪdenʃɪˈælətɪ/ *n* confidencialidad *f*.

confidentially /ˌkɒnfɪˈdenʃəlɪ/ *adv* confidencialmente, de forma confidencial: **she was told confidentially that she would be promoted** le dijeron confidencialmente que la iban a ascender.

confidently /ˈkɒnfɪdəntlɪ/ *adv* con seguridad, con confianza: **he spoke confidently about the company's future** habló del futuro de la empresa con mucha confianza.

confine /kənˈfaɪn/ *vt* [**confines, confining, confined**] **1.** (*to shut in*) encerrar: **I can't stand being confined** *to* **this house** no aguanto estar encerrado en esta casa; **she was confined** *to* **bed** tuvo que guardar cama. **2.** (*to restrict*) ceñirse a, limitar: **he never confines himself** *to* **the topic in hand** nunca se ciñe al tema que se está discutiendo; **these diseases are confined** *to* **the poor** estas enfermedades sólo se dan entre los pobres.

confined /kənˈfaɪnd/ *adj* reducido -da: **she can't stand confined spaces** no aguanta los espacios reducidos.

confinement /kənˈfaɪnmənt/ *n* **1.** (*restricted freedom*) encierro *m*: **he was kept** *in* **confinement** lo tuvieron encerrado; (*prison*) prisión *f*: **he had changed during the years of his confinement** había cambiado durante los años de prisión. **2.** (*Med*) parto *m*.

confines /ˈkɒnfaɪnz/ *n pl* límites *m pl*: **he grew up** *within* **the confines of the palace** se crió dentro de los límites del palacio.

confirm /kənˈfɜːm/ *vt* [**confirms, confirming, confirmed**] **1.** (*reservation*) confirmar: **I would like to confirm my flight to Barcelona** quisiera confirmar mi vuelo a Barcelona; **reports of a big fire have been confirmed** se ha confirmado la noticia de que ha habido un gran incendio. **2.** (*Relig*): **he was confirmed last year** se confirmó el año pasado.

confirmation /ˌkɒnfəˈmeɪʃən/ *n* confirmación *f*.

confirmed /kənˈfɜːmd/ *adj* convencido -da: **he's a confirmed atheist** es un ateo convencido; **a confirmed bachelor** un soltero empedernido.

confiscate /ˈkɒnfɪskeɪt/ *vt* [**confiscates, confiscating, confiscated**] confiscar, decomisar: **customs**

officials confiscated ten kilos of heroin confiscaron diez kilos de heroína en la aduana.

confiscation /ˌkɒnfɪ'skeɪʃən/ *n* confiscación *f*, decomiso *m*.

conflict I /'kɒnflɪkt/ *n* conflicto *m*: **there seems to be no solution to the conflict** *between* **the two sides** no parece haber solución al conflicto entre las dos partes; **a conflict of interests** un conflicto de intereses; **we came into conflict** *with* **the council** entramos en conflicto con el ayuntamiento.
II /kən'flɪkt/ *vi* [**conflicts, conflicting, conflicted**] estar reñido -da: **his story conflicted** *with* **witnesses' accounts** su relato no coincidía con el de los testigos.

conflicting /kən'flɪktɪŋ/ *adj* (*theories, evidence*) contradictorio -ria; (*opinions*) encontrado -da.

conform /kən'fɔ:m/ *vi* [**conforms, conforming, conformed**] **1.** (*gen*) conformarse: **she always refused to conform** siempre fue muy inconformista; **we had to conform** *to* **their wishes** tuvimos que hacer lo que querían. **2.** (*to fulfil*) ajustarse: **the design did not conform** *to* **our specifications** el diseño no se ajustaba a nuestros requisitos.

conformist /kən'fɔ:mɪst/ *adj*, *n* conformista *adj*, *m/f*.

conformity /kən'fɔ:mətɪ/ *n* (*gen*) conformidad *f*: **the design is** *in* **conformity** *with* **the latest environmental theories** está diseñado conforme a las últimas teorías ecológicas; (*with social customs, etc.*) aceptación *f* de las normas sociales.

confound /kən'faʊnd/ *vt* [**confounds, confounding, confounded**] confundir: **his theory confounded his listeners** su teoría confundió al auditorio.

confront /kən'frʌnt/ *vt* [**confronts, confronting, confronted**] **1.** (*to deal with*) hacerle frente a, afrontar: **he refuses to confront the problem** se niega a afrontar el problema. **2.** (*to face*): **a terrible sight confronted me** me vi enfrentado a un terrible espectáculo; **why don't you confront him** *with* **the evidence?** ¿por qué no le presentas las pruebas a ver qué dice?

confrontation /ˌkɒnfrʌn'teɪʃən/ *n* confrontación *f*.

confuse /kən'fju:z/ *vt* [**confuses, confusing, confused**] **1.** (*accidentally*) confundir: **I confused my bag** *with* **hers** confundí mi bolso con el suyo; **the new road signs confused him** las nuevas señales lo confundieron. **2.** (*deliberately: person*) hacer que alguien se confunda, embarullar; (*: subject*) complicar, hacer confuso -sa: **you seem to be deliberately confusing the issue** parece que estés complicando el tema a propósito.

confused /kən'fju:zd/ *adj* **1.** (*person*) confundido -da: **I got confused and took the wrong road** me confundí y tomé la carretera equivocada. **2.** (*issue, reasoning*) confuso -sa: **his explanation was very confused** su explicación fue muy confusa.

confusing /kən'fju:zɪŋ/ *adj* confuso -sa.

confusion /kən'fju:ʒən/ *n* confusión *f*: **in all the confusion, I forgot to call** en medio de aquella confusión, se me olvidó llamar; **put your name on all the sheets to avoid confusion** para evitar confusiones, pongan el nombre en todas las hojas; **we were thrown into confusion by his arrival** su llegada nos causó confusión.

congeal /kən'dʒi:l/ *vt* [**congeals, congealing, congealed**] coagular.
♦ *vi* coagularse.

congenial /kən'dʒi:nɪəl/ *adj* (*frml*: *place, person*) agradable.

congenital /kən'dʒenɪtəl/ *adj* congénito -ta.

conger /'kɒngə/ *n* (*también* **conger eel**) congrio *m*.

congested /kən'dʒestɪd/ *adj* (*Med, Transp*) congestionado -da.

congestion /kən'dʒestʃən/ *n* (*Med, Transp*) congestión *f*.

conglomerate /kən'glɒmərət/ *n* grupo *m* ✻ consorcio *m* de empresas, conglomerado *m*.

conglomeration /kənˌglɒmə'reɪʃən/ *n* conglomerado *m*.

congratulate /kənˌgrætjʊleɪt/ *vt* [**congratulates, congratulating, congratulated**] felicitar: **she congratulated them** *on* **their success** les felicitó por el éxito que habían tenido.

congratulation /kənˌgrætjʊ'leɪʃən/ *n* felicitación *f*, enhorabuena *f* • **congratulations!** ¡enhorabuena! ✻ ¡felicidades! • **congratulations on your new job** enhorabuena por el nuevo trabajo.

congregate /'kɒŋgrɪgeɪt/ *vi* [**congregates, congregating, congregated**] congregarse, juntarse: **a crowd of people had congregated in the square** una multitud se había congregado en la plaza.

congregation /ˌkɒŋgrɪ'geɪʃən/ *n* (*Relig*) fieles *m pl*: **the congregation is ✻ are dwindling** el número de fieles está descendiendo.

congress /'kɒŋgres/ *n* [**congresses**] **1.** (*conference*) congreso *m*: **he attended a congress on nuclear arms** asistió a un congreso sobre armas nucleares. **2. Congress** (*in US*) el Congreso: **the move was rejected by Congress** el Congreso rechazó la propuesta.
congressman *n* [*pl* **congressmen**] (*US*) miembro *m* del Congreso, congresista *m*.
congresswoman *n* [*pl* **congresswomen**] (*US*) congresista *f*.

congressional /kəŋ'greʃənəl/ *adj* del congreso.

conical /'kɒnɪkəl/ *adj* cónico -ca.

conifer /'kɒnɪfə/ *n* conífera *f*.

coniferous /kə'nɪfərəs/ *adj* conífero -ra.

conjecture /kən'dʒektʃə/ I *n* conjetura *f*: **that is pure conjecture** ésas no son más que conjeturas.
II *vi* [**conjectures, conjecturing, conjectured**] hacer conjeturas: **they were conjecturing** *about* **the future of the project** hacían conjeturas acerca del futuro del proyecto.

conjugal /'kɒndʒʊgəl/ *adj* (*frml*) conyugal.

conjugate /'kɒndʒʊgeɪt/ *vt* [**conjugates, conjugating, conjugated**] conjugar.

conjugation /ˌkɒndʒʊ'geɪʃən/ *n* conjugación *f*.

conjunction /kən'dʒʌŋkʃən/ *n* conjunción *f*: **these tablets should not be taken** *in* **conjunction** *with* **other drugs** estas pastillas no deben tomarse conjuntamente con otros medicamentos.

conjure /'kʌndʒə/ *vt* [**conjures, conjuring, conjured**] hacer aparecer: **he conjured a rabbit** *out of* **a hat** sacó un conejo del sombrero.
♦ *vi* hacer juegos de manos.
to **conjure up** *vt* **1.** (*to evoke*) evocar: **the smell of the sea conjured up memories of the past** el olor del mar evocó recuerdos del pasado. **2.** (*to produce*) sacar: **he'd conjured up some figures out of nowhere** había sacado unas cifras no sé de dónde.

conjurer /'kʌndʒərə/ *n* prestidigitador -dora *m/f*.

conjuring /'kʌndʒərɪŋ/ *n* juegos *m pl* de manos, prestidigitación *f*.

conjuror /'kʌndzərə/ *n* ilusionista *m/f*.

conker /'kɒŋkə/ *n* (*fruit*) castaña *f* (de Indias); (*tree*) castaño *m* de Indias.

connect /kə'nekt/ *vt* [**connects, connecting, connected**] 1. (*gen*) conectar: **connect the hose** *to* **the tap** conectar la manguera al grifo; **you must connect these wires first** primero tienes que conectar estos cables; **have you connected** *up* **the printer** *to* **the computer?** ¿has conectado la impresora al ordenador? 2. (*Transp*) unir. 3. (*on telephone*): **I am trying to connect you** estoy intentando ponerle en comunicación.
♦*vi* 1. (*gen*) relacionarse: **the two events didn't connect in my mind** no relacioné los dos sucesos; **they were not connected** *with* **the fraud** no tenían nada que ver con el fraude. 2. (*train*) enlazar: **this train connects** *with* **another in Crewe** este tren enlaza con otro en Crewe.

connection /kə'nekʃən/ I *n* 1. (*of telephone, electricity, etc.*) conexión *f*: **there is a connection charge** hay que pagar los gastos de conexión. 2. (*relationship*) relación *f*, conexión *f*: **there is no connection** *between* **the two crimes** no hay conexión entre los dos delitos • **I am writing in connection with your advertisement** le escribo a propósito de su anuncio. 3. (*on train*) enlace *m*: **I missed my connection** perdí el enlace; (*on metro*) correspondencia *f*, enlace *m*; (*on plane*): **because of the delay I missed my connection in Frankfurt** debido al retraso perdí la conexión en Frankfurt ✱ perdí el avión que tenía que tomar en Frankfurt.
II **connections** *n pl* conexiones *f pl*, contactos *m pl*: **he has connections in the Foreign Office** tiene contactos en el Ministerio de Asuntos Exteriores.

connive /kə'naɪv/ *vi* [**connives, conniving, connived**] 1. (*to be involved in wrongdoing*) ser cómplice. 2. (*to overlook deliberately*): **they had connived** *at* **the swindle** se había producido una estafa y ellos habían hecho la vista gorda.

connoisseur /ˌkɒnə'sɜː/ *n* entendido -da *m/f*, experto -ta *m/f*: **she is a connoisseur** *of* **French cheeses** es una entendida en quesos franceses.

connotation /ˌkɒnə'teɪʃən/ *n* connotación *f*: **that word has racist connotations** esa palabra tiene connotaciones racistas.

conquer /'kɒŋkə/ *vt* [**conquers, conquering, conquered**] 1. (*country*) conquistar; (*enemy*) vencer. 2. (*emotion*) vencer: **he was never able to conquer his fear of spiders** nunca pudo vencer su miedo a las arañas.
♦*vi* conquistar.

conqueror /'kɒŋkərə/ *n* conquistador -dora *m/f*.

conquest /'kɒŋkwest/ *n* conquista *f*.

conscience /'kɒnʃəns/ *n* conciencia *f*: **my conscience is clear** tengo la conciencia tranquila; **Paul had her dismissal** *on* **his conscience** Paul tenía cargo de conciencia por su despido; **he had a guilty conscience** *about* **the affair** se sentía culpable de lo ocurrido ✱ le remordía la conciencia por lo ocurrido • **you cannot, in all conscience, think that is fair** si eres honesto contigo mismo, tienes que reconocer que eso no es justo.

conscientious /ˌkɒnʃɪ'enʃəs/ *adj* concienzudo -da.

conscientious objector *n* objetor -tora *m/f* de conciencia.

conscious /'kɒnʃəs/ *adj* 1. (*Med*) consciente: **the patient was conscious** el enfermo estaba consciente. 2. (*aware*): **when he left, he was conscious** *of* **what he was doing** cuando se fue, era consciente de lo que hacía • **I became conscious that I had made a mistake** me di cuenta de que había cometido un error. 3. (*effort, decision*) deliberado -da: **he made a conscious effort to be nice** hizo un esfuerzo deliberado por ser agradable.

consciously /'kɒnʃəslɪ/ *adv* deliberadamente: **he didn't do it consciously** no lo hizo deliberadamente; **she is not consciously stubborn** no se da cuenta de que es tan obstinada.

consciousness /'kɒnʃəsnəs/ *n* 1. (*Med*) conocimiento *m*: **he lost consciousness** perdió el conocimiento; **she regained consciousness in the hospital** recuperó el conocimiento en el hospital. 2. (*perception*) conciencia *f*, consciencia *f*: **we need to increase the public's consciousness** *of* **the AIDS problem** es preciso que la gente tome conciencia del problema del sida.

conscript I /kən'skrɪpt/ *vt* [**conscripts, conscripting, conscripted**] reclutar: **he was conscripted** *into* **the army** el ejército lo llamó a filas.
II /'kɒnskrɪpt/ *n* recluta *m/f*.

conscription /kən'skrɪpʃən/ *n* servicio *m* militar obligatorio.

consecrate /'kɒnsɪkreɪt/ *vt* [**consecrates, consecrating, consecrated**] consagrar.

consecration /ˌkɒnsɪ'kreɪʃən/ *n* consagración *f*.

consecutive /kən'sekjʊtɪv/ *adj* consecutivo -va: **they have won three consecutive games** han ganado tres partidos consecutivos.

consensus /kən'sensəs/ *n* consenso *m*: **the committee could not reach a consensus** el comité no llegó a un consenso; **there was no consensus of opinion on the subject** no se pusieron de acuerdo sobre el tema.

consent /kən'sent/ I *vi* [**consents, consenting, consented**] consentir: **I cannot consent** *to* **him staying** no puedo consentir que se quede; **they finally consented** *to* **the plan** al final aceptaron el plan.
II *n* consentimiento *m*: **he gave his consent** *to* **the proposal** dio su consentimiento a la propuesta • **by common consent, they banned smoking in the office** decidieron, de común acuerdo, prohibir que se fumara en la oficina.

consequence /'kɒnsɪkwəns/ *n* consecuencia *f*: **we decided to withdraw and take the consequences** decidimos echarnos atrás y asumir las consecuencias; **they lost the contract, and as a consequence went bankrupt** perdieron el contrato y, a consecuencia de ello, quebraron • **his problems are of little consequence to me** no me interesan sus problemas.

consequent /'kɒnsɪkwənt/ *adj* consiguiente: **the introduction of the tax and the consequent outcry** la introducción del impuesto y las consiguientes protestas.

consequently /'kɒnsɪkwəntlɪ/ *adv* por consiguiente.

conservation /kɒnsə'veɪʃən/ *n* conservación *f*.

conservationist /kɒnsə'veɪʃənɪst/ *n* ecologista *m/f*.

conservatism /kən'sɜːvətɪzəm/ *n* conservadurismo *m*.

conservative /kən'sɜːvətɪv/ I *adj* 1. (*in attitude*) conservador -dora. 2. (*cautious*) moderado -da: **it's a conservative estimate** es un cálculo tirando por lo bajo. 3. **Conservative** (*Pol*) conservador -dora: **the Conservative Party** el Partido Conservador.
II **Conservative** *n* conservador -dora *m/f*.

conservatively /kən'sɜːvətɪvlɪ/ *adv* de manera conservadora: **he was very conservatively dressed** iba vestido de manera muy clásica.

conservatory /kən'sɜːvətrɪ/ *n* [**conservatories**] 1. (*glazed room*) galería *f* (*adosada a la planta baja de* *una casa y con las paredes y los techos cubiertos de cristales*). **2.** (*Mus*) conservatorio *m*.

conserve /kən'sɜːv/ *vt* [**conserves, conserving, conserved**] conservar • **he is conserving his strength for the final** está reservando las fuerzas para la final.

consider /kən'sɪdə/ *vt* [**considers, considering, considered**] **1.** (*gen*) considerar: **consider yourself lucky you're alive** considérate afortunado de estar con vida; **he considered it a great honour** lo consideró un gran honor. **2.** (*wishes, needs*) tener en cuenta, pensar en: **they never consider our feelings** nunca tienen en cuenta lo que nosotros sentimos.
♦ *vi* reflexionar: **I will need time to consider** necesitaré tiempo para reflexionar.

considerable /kən'sɪdərəbəl/ *adj* considerable.

considerably /kən'sɪdərəblɪ/ *adv* de forma considerable, bastante: **our flat is considerably smaller** nuestro piso es bastante más pequeño; **the sweater had shrunk considerably** el jersey se había encogido de forma considerable.

considerate /kən'sɪdərət/ *adj* considerado -da, amable: **it was very considerate of him to wait** fue muy amable de su parte esperar.

considerately /kən'sɪdərətlɪ/ *adv* con consideración.

consideration /kənsɪdə'reɪʃən/ *n* (*deliberation, thoughtfulness*) consideración *f*: **she doesn't show much consideration** *for* **others** no tiene mucha consideración con los demás; **we hadn't taken the weather** *into* **consideration** no habíamos tenido en cuenta el tiempo que iba a hacer; **she did not complain** *out of* **consideration** *for* **her father** no se quejó por consideración hacia su padre; (*factor*) factor *m*: **money is not a consideration** *for* **him** el dinero no es un factor que él tenga que tener en cuenta; **his desire to succeed overrode all other considerations** sus deseos de triunfar pudieron más que todo.

considered /kən'sɪdəd/ *adj* considerado -da: **is that your considered decision?** ¿has recapacitado bien esa decisión? • **all things considered, the party went well** en general, la fiesta salió bien.

considering /kən'sɪdərɪŋ/ **I** *conj*: **he has visited a lot of places, considering he hates travelling** para ser una persona a la que no le gusta nada viajar, ha visitado muchos lugares.
II *prep* a pesar de: **she did a lot of work, considering the noise** hizo mucho trabajo, a pesar del ruido.

consign /kən'saɪn/ *vt* [**consigns, consigning, consigned**] (*frml*) consignar: **this policy was eventually consigned** *to* **the scrapheap** al final se desechó esa política.

consignment /kən'saɪnmənt/ *n* **1.** (*goods*) partida *f*, remesa *f*: **a consignment of arms destined for Iraq** una partida de armas con destino a Irak. **2.** (*dispatch*) envío *m*.

consist /kən'sɪst/ *vi* [**consists, consisting, consisted**] consistir: **his success consists** *in* **perseverance** su éxito radica en su perseverancia; **a skateboard consists** *of* **a board with wheels** un monopatín se compone de * consiste en una tabla con ruedas.

consistency /kən'sɪstənsɪ/ *n* **1.** (*of substance*) consistencia *f*: **the custard had the wrong consistency** la crema no tenía la consistencia adecuada. **2.** (*of purpose, aims*) coherencia *f*; (*of results*) lo uniforme.

consistent /kən'sɪstənt/ *adj* **1.** (*steady*) constante: **he is a very consistent player** es un jugador muy constante. **2.** (*coherent*) consecuente, coherente: **his reasoning is not consistent** le falta coherencia a su razonamiento; **his findings are not consistent** *with* **ours** sus resultados no concuerdan con los nuestros.

consistently /kən'sɪstəntlɪ/ *adv* constantemente: **his results are consistently good** siempre saca buenas notas.

consolation /ˌkɒnsə'leɪʃən/ *n* consuelo *m*: **redundancy money is little consolation** *to* **people who lose their jobs** el dinero de la indemnización no sirve de mucho consuelo para el que se queda sin trabajo.

console **I** /kən'səʊl/ *vt* [**consoles, consoling, consoled**] consolar: **we tried to console him** *over* **being dropped from the team** tratamos de consolarlo por haber sido omitido del equipo; **he consoled himself with the thought that...** se consolaba pensando que....
II /'kɒnsəʊl/ *n* (*Tec, Inform*) consola *f*.

consolidate /kən'sɒlɪdeɪt/ *vt* [**consolidates, consolidating, consolidated**] **1.** (*to strengthen*) consolidar. **2.** (*to join together*) unificar.
♦ *vi* **1.** (*to strengthen*) consolidarse. **2.** (*to join together*) unirse.

consolidation /kənˌsɒlɪ'deɪʃən/ *n* **1.** (*of position*) consolidación *f*. **2.** (*of parts*) concentración *f*.

consommé /'kɒnsɒmeɪ/ *n* consomé *m*.

consonant /'kɒnsənənt/ *n* consonante *f*.

consort **I** /kən'sɔːt/ *vi* [**consorts, consorting, consorted**] asociarse: **he is known to consort** *with* **drug dealers** se sabe que trata con narcotraficantes.
II /'kɒnsɔːt/ *n* (*frml*) consorte *m/f*.

consortium /kən'sɔːtɪəm/ *n* [**consortiums** * **consortia** /kən'sɔːtɪə/] consorcio *m*.

conspicuous /kən'spɪkjʊəs/ *adj* **1.** (*easily seen*) visible: **we need to make the sign more conspicuous** es preciso hacer la señal más visible. **2.** (*drawing attention*) llamativo -va, que llama la atención: **she felt conspicuous in her new clothes** tenía la impresión de que iba llamando la atención con la ropa nueva • **he was conspicuous by his absence** brilló por su ausencia. **3.** (*obvious*) obvio -via, notable: **there is a conspicuous lack of enthusiasm for the plan** hay una notable falta de entusiasmo por el plan.

conspiracy /kən'spɪrəsɪ/ *n* [**conspiracies**] conspiración *f*.

conspirator /kən'spɪrətə/ *n* conspirador -dora *m/f*.

conspire /kən'spaɪə/ *vi* [**conspires, conspiring, conspired**] conspirar: **they were accused of conspiring** *against* **the government** se les acusó de conspirar contra el gobierno.

constable /'kʌnstəbəl/ *n* (*GB*) policía *m/f*, guardia *m/f*.

constabulary /kən'stæbjʊlərɪ/ *n* [**constabularies**] (*GB*) dotación *f* policial (*de una ciudad o condado*).

constant /'kɒnstənt/ *adj* **1.** (*unchanging*) constante: **these plants need constant temperatures** estas plantas necesitan una temperatura constante. **2.** (*incessant*) continuo -nua: **I can't stand the constant traffic jams** no aguanto los continuos atascos de tráfico.

constantly /'kɒnstəntlɪ/ *adv* constantemente.

constellation /ˌkɒnstə'leɪʃən/ *n* constelación *f*.

consternation /ˌkɒnstə'neɪʃən/ *n* consternación *f*.

constipated /'kɒnstɪpeɪtɪd/ *adj* estreñido -da: **this medicine might make you constipated** es posible que esta medicina le produzca estreñimiento.

constipation /ˌkɒnstɪ'peɪʃən/ *n* estreñimiento *m*.

constituency /kən'stɪtjʊənsɪ/ *n* [**constituencies**] circunscripción *f* electoral.

constituent /kən'stɪtjʊənt/ *n* **1.** (*Pol*) elector -tora *m/f*, votante *m/f.* **2.** (*part*) constituyente *m.*

constitute /ˈkɒnstɪtjuːt/ *vt* [**constitutes, constituting, constituted**] (*frml*) constituir: **rice constitutes a large part of their diet** el arroz constituye una parte importante de su dieta; **his remarks constitute a threat to security** sus comentarios constituyen una amenaza para la seguridad.

constitution /ˌkɒnstɪˈtjuːʃən/ *n* (*Pol, Med*) constitución *f*: **he has a weak constitution** es de constitución débil.

constitutional /ˌkɒnstɪˈtjuːʃənəl/ *adj* constitucional.

constrain /kənˈstreɪn/ *vt* [**constrains, constraining, constrained**] (*frml*) obligar, forzar.

constrained /kənˈstreɪnd/ *adj* obligado -da, forzado -da: **she felt constrained** *to* **refuse their request** se vio obligada a rechazar su petición.

constraint /kənˈstreɪnt/ *n* **1.** (*restriction*) limitación *f*: **they were working** *under* **strict time constraints** trabajaban con muchas limitaciones de tiempo. **2.** (*pressure*) presión *f*, coacción *f*.

constrict /kənˈstrɪkt/ *vt* [**constricts, constricting, constricted**] **1.** (*to squeeze*) apretar. **2.** (*to restrict*) restringir.

constriction /kənˈstrɪkʃən/ *n* opresión *f*, constricción *f*.

construct /kənˈstrʌkt/ *vt* [**constructs, constructing, constructed**] construir.

construction /kənˈstrʌkʃən/ *n* **1.** (*gen*) construcción *f*: **the temple is an elaborate construction** el templo es una construcción muy ornamentada; **the school is still** *under* **construction** la escuela todavía está en construcción. **2.** (*in grammar*) construcción *f*.

constructive /kənˈstrʌktɪv/ *adj* constructivo -va: **constructive criticism** una crítica constructiva.

construe /kənˈstruː/ *vt* [**construes, construing, construed**] (*frml*) interpretar.

consul /ˈkɒnsəl/ *n* cónsul *m/f.*

consulate /ˈkɒnsjʊlət/ *n* consulado *m.*

consult /kənˈsʌlt/ *vt/i* [**consults, consulting, consulted**] consultar: **has he consulted** *with* **his colleagues?** ¿ha consultado a sus compañeros?; **consult a dictionary for the words you don't understand** consulta en un diccionario las palabras que no entiendas.

consultancy /kənˈsʌltənsɪ/ *n* [**consultancies**] asesoría *f.*

consultant /kənˈsʌltənt/ *n* **1.** (*Med*) especialista *m/f.* **2.** (*for business, industry*) asesor -sora *m/f.*

consultation /ˌkɒnsəlˈteɪʃən/ *n* consulta *f*: **the management is in consultation** *with* **a team of experts** la directiva se está asesorando con un equipo de expertos.

consulting room /kənˈsʌltɪŋ rʊm/ *n* consulta *f*, consultorio *m.*

consume /kənˈsjuːm/ *vt* [**consumes, consuming, consumed**] (*frml*) consumir: **this car consumes a lot of fuel** este coche consume mucha gasolina; **the top floor was consumed by fire** las llamas consumieron el último piso; **he was consumed by remorse** lo consumía el remordimiento.

consumer /kənˈsjuːmə/ *n* consumidor -dora *m/f.*

consumer goods *n* bienes *m pl* de consumo.

consumer society *n* sociedad *f* de consumo.

consuming /kənˈsjuːmɪŋ/ *adj* dominante: **golf is his consuming passion** tiene una pasión enorme por el golf.

consummate I /ˈkɒnsəmeɪt/ *vt* [**consummates, consummating, consummated**] consumar: **the marriage was never consummated** el matrimonio nunca se consumó.

II /ˈkɒnsəmɪt/ *adj* consumado -da: **she is a consummate writer of detective stories** es una consumada escritora de novelas policiacas.

consumption /kənˈsʌmpʃən/ *n* **1.** (*gen*) consumo *m*: **we managed to cut down on petrol consumption** hemos conseguido reducir el consumo de gasolina. **2.** (*Med*) tisis *f inv.*

cont. *léase* /kənˈtɪnjuːd/ (*abreviatura de* **continued**) sigue.

contact /ˈkɒntækt/ I *n* **1.** (*gen*) contacto *m*: **they lost contact over the years** perdieron el contacto con el paso de los años; **we have made contact** *with* **the expedition** hemos establecido contacto con la expedición; **I got** *in* **contact** *with* **the bank** me puse en contacto con el banco • **we worked for the same company, but we never came into contact** aunque trabajábamos para la misma empresa, nunca llegamos a conocernos. **2.** (*person*) contacto *m*: **he has contacts in the Ministry** tiene algunos contactos en el ministerio.

II *vt* [**contacts, contacting, contacted**] ponerse en contacto con, contactar con: **we tried to contact him by telephone** intentamos contactar con él por teléfono.

contact lens *n* lente *f* de contacto, lentilla *f.*

contagious /kənˈteɪdʒəs/ *adj* contagioso -sa.

contain /kənˈteɪn/ *vt* [**contains, containing, contained**] contener: **she avoids foods which contain animal fats** no consume alimentos que contienen grasas animales; **he tried to contain a feeling of panic** trató de controlar el pánico que sentía • **she could hardly contain herself** apenas pudo contenerse.

container /kənˈteɪnə/ *n* **1.** (*gen*) recipiente *m*; (*of a product*) envase *m.* **2.** (*for transporting goods*) contenedor *m*, container *m.*

contaminate /kənˈtæmɪneɪt/ *vt* [**contaminates, contaminating, contaminated**] contaminar: **the water had been contaminated by the chemicals** el agua se había contaminado de los productos químicos.

contamination /kənˌtæmɪˈneɪʃən/ *n* contaminación *f.*

contd. *léase* /kənˈtɪnjuːd/ (*abreviatura de* **continued**) sigue.

contemplate /ˈkɒntəmpleɪt/ *vt* [**contemplates, contemplating, contemplated**] **1.** (*to consider*) considerar: **he was contemplating changing his job** estaba contemplando la posibilidad de cambiar de trabajo. **2.** (*frml*: *to look at*) contemplar.

contemplation /ˌkɒntəmˈpleɪʃən/ *n* contemplación *f.*

contemplative /ˈkɒntəmˌpleɪtɪv/ *adj* contemplativo -va.

contemporary /kənˈtemprərɪ/ I *adj* contemporáneo -nea.

II *n* [**contemporaries**] contemporáneo -nea *m/f.*

contempt /kənˈtempt/ *n* desprecio *m*: **she showed great contempt** *for* **modern art** mostraba un gran desprecio por el arte moderno • **he held their efforts in contempt** despreciaba los esfuerzos que estaban haciendo.

contempt of court *n* (*Law*) desacato *m* al tribunal.

contemptible /kənˈtemptəbəl/ *adj* despreciable.

contemptuous /kənˈtemptjʊəs/ *adj* despectivo -va: **he gave them a contemptuous look** les lanzó una mirada despectiva.

contend /kən'tend/ *vi* [**contends, contending, contended**] 1. (*with problems, etc.*): **you'll have to contend *with* his bad moods** tendrás que lidiar con sus cambios de humor. 2. (*to compete*) competir, contender: **our product can contend *with* the best in the world** nuestro producto está a la par de los mejores del mundo.

♦ *vt* (*frml*: *to maintain*) mantener: **the government contends that the rumours are untrue** el gobierno mantiene que los rumores son falsos.

contender /kən'tendə/ *n* contendiente *m/f*.

content I /'kɒntent/ *n* contenido *m*: **the programme had very little content** el programa no tenía mucho contenido; **yoghurt has a low fat content** el yogur tiene muy poca grasa.

II **contents** /'kɒntents/ *n pl* 1. (*what something contains*) contenido *m*: **she was unaware of the contents of the letter** ignoraba el contenido de la carta. 2. (*as heading in book*) índice *m* de materias.

III /kən'tent/ *adj* contento -ta, satisfecho -cha: **people are never content *with* what they have** la gente nunca está contenta con lo que tiene; **he was not content to listen** no se conformaba con escuchar.

IV /kən'tent/ *vt* [**contents, contenting, contented**] contentar: **he had to content himself with second class** tuvo que contentarse con viajar en segunda clase.

contented /kən'tentɪd/ *adj* contento -ta, satisfecho -cha.

contentedly /kən'tentɪdlɪ/ *adv* con satisfacción: **she smiled contentedly** sonrió satisfecha.

contention /kən'tenʃən/ *n* 1. (*disagreement*) controversia *f* • **Germany and Holland are still in contention for the World Cup** Alemania y Holanda siguen en la contienda por la copa del mundo. 2. (*opinion*) opinión *f*: **it was the government's contention that the recession had ended** el gobierno mantenía que la crisis había terminado.

contentious /kən'tenʃəs/ *adj* conflictivo -va.

contentment /kən'tentmənt/ *n* satisfacción *f*.

contest I /'kɒntest/ *n* 1. (*gen*) concurso *m*; (*Sport*) competición *f*. 2. (*struggle*) lucha *f*.

II /kən'test/ *vt* [**contests, contesting, contested**] 1. (*to compete for*) luchar por: **three politicians contested the leadership** tres políticos se disputaban el liderazgo. 2. (*to dispute*): **he contested his opponent's theory** mostró desacuerdo con la teoría de su oponente; (*decision*) impugnar.

contestant /kən'testənt/ *n* (*in game*) concursante *m/f*; (*in competition*) contendiente *m/f*; (*for a post*) candidato -ta *m/f*.

context /'kɒntekst/ *n* contexto *m*: **these reforms have to be seen in their historical context** estas reformas han de considerarse dentro de su contexto histórico; **the phrase had no meaning** *out of* **context** la frase no tenía sentido fuera de contexto.

continent /'kɒntɪnənt/ *n* 1. (*Geog*) continente *m*. 2. **the Continent** Europa *f* (*continental, excluyendo las Islas Británicas*): **they took their holidays *on* the Continent** pasaron las vacaciones en Europa.

continental /ˌkɒntɪ'nentəl/ *adj* 1. (*Geog*) continental: **Madrid has a continental climate** Madrid tiene un clima continental. 2. (*también* **Continental**) (*from Europe*) europeo -pea (*del continente, excluyendo las Islas Británicas*).

continental breakfast *n* desayuno *m* continental.

continental quilt *n* (*GB*) edredón *m*.

continental shelf *n* plataforma *f* continental.

contingency /kən'tɪndʒənsɪ/ *n* [**contingencies**] contingencia *f*, eventualidad *f*.

contingent /kən'tɪndʒənt/ I *n* (*Mil*) contingente *m*; (*group*) grupo *m*: **the French contingent withdrew from the conference** la delegación francesa abandonó el congreso.

II *adj* (*frml*) contingente • **the way we proceed is contingent on the results of the tests** las medidas que tomemos dependen del resultado de las pruebas.

continual /kən'tɪnjʊəl/ *adj* continuo -nua, constante: **his continual complaining drove me mad** sus continuas quejas me sacaron de quicio.

continually /kən'tɪnjʊəlɪ/ *adv* constantemente: **he is continually making mistakes** se equivoca constantemente.

continuation /kənˌtɪnjʊ'eɪʃən/ *n* continuación *f*: **this programme is a continuation of a previous one** este programa es continuación de otro anterior; **we oppose the continuation of the strike** estamos en contra de que continúe la huelga.

continue /kən'tɪnju:/ *vt/i* [**continues, continuing, continued**] continuar, seguir: **they continue to deny the truth** siguen negando la verdad; **fighting continues in the area** continúan los enfrentamientos en la zona; **she could not continue *with* her studies** no pudo continuar sus estudios; **they continue arguing** siguen discutiendo; **to be continued** continuará; **they continued *(on)* their journey** reemprendieron el viaje.

continuous /kən'tɪnjʊəs/ *adj* (*line, noise, process*) continuo -nua: **there has been continuous emigration from the region** la emigración de la zona ha sido constante; (*Ling*): **the present continuous** el presente continuo.

continuous assessment *n* evaluación *f* continua.

continuously /kən'tɪnjʊəslɪ/ *adv* continuamente, sin parar: **he smoked continuously throughout the evening** no paró de fumar en toda la tarde.

contort /kən'tɔ:t/ *vt* [**contorts, contorting, contorted**] retorcer: **her face was contorted *with* pain** tenía la cara desencajada por el dolor.

contorted /kən'tɔ:tɪd/ *adj* (*gen*) retorcido -da; (*by pain*) desencajado -da, contraído -da.

contortion /kən'tɔ:ʃən/ *n* contorsión *f*.

contortionist /kən'tɔ:ʃənɪst/ *n* contorsionista *m/f*.

contour /'kɒntʊə/ *n* 1. (*outline*) contorno *m*. 2. (*on map*) curva *f* de nivel.

contraband /'kɒntrəbænd/ *n* contrabando *m*: **contraband liquor** licores de contrabando.

contraception /ˌkɒntrə'sepʃən/ *n* anticoncepción *f*, contracepción *f*.

contraceptive /ˌkɒntrə'septɪv/ I *adj* anticonceptivo -va.

II *n* anticonceptivo *m*.

contract I /'kɒntrækt/ *n* contrato *m*: **he drew up a contract** redactó un contrato; **they entered into a contract** hicieron un contrato.

II *vi* [**contracts, contracting, contracted**] 1. /'kɒntrækt/ (*Fin, Law*) hacer un contrato: **they contracted to supply fresh fish to the restaurant** en el contrato se comprometían a abastecer al restaurante de pescado fresco; **we contracted *with* a Spanish firm** firmamos un contrato con una empresa española. 2. /kən'trækt/ (*Phys, Biol*) contraerse: **the heart contracts to pump blood** el corazón se contrae para bombear la sangre.

♦ *vt* 1. /'kɒntrækt/ (*Fin, Law*) contratar: **they contracted a journalist on a part-time basis** contrataron a un periodista a tiempo parcial. **2.** /kən'trækt/ (*Med*) contraer.

to **contract out** /'kɒntrækt/ *vt* (*work*) subcontratar.

contraction /kən'trækʃən/ *n* contracción *f*.

contractor /kən'træktə/ *n* contratista *m/f*.

contractual /kən'træktjʊəl/ *adj* contractual.

contractually /kən'træktjʊəlɪ/ *adv* contractualmente: **we're contractually bound to finish the work by June** el contrato nos compromete a terminar el trabajo para junio.

contradict /ˌkɒntrə'dɪkt/ *vt* [**contradicts, contradicting, contradicted**] contradecir: **she contradicts everything her mother says** contradice a su madre en todo; **his actions contradict his words** sus hechos se contradicen con sus palabras.

♦*vi*: **don't contradict!** ¡no me contradigas!

contradiction /ˌkɒntrə'dɪkʃən/ *n* contradicción *f*: **there is a contradiction** *between* **the two instructions** estas dos instrucciones se contradicen ● **a square circle is a contradiction in terms** un "círculo cuadrado" es un concepto contradictorio ∗ una contradicción.

contradictory /ˌkɒntrə'dɪktərɪ/ *adj* contradictorio -ria.

contralto /kən'træltəʊ/ *n* (*person*) contralto *f*; (*voice*) contralto *m*.

contraption /kən'træpʃən/ *n* artilugio *m*.

contrary I /'kɒntrərɪ/ *adv* en contra de, contrariamente ● **contrary to expectations, the home team lost** contrariamente a lo que se esperaba, el equipo de casa perdió ● **contrary to popular belief he wasn't German** en contra de lo que se suele creer, no era alemán. II /'kɒntrərɪ/ **the contrary** *n* lo contrario ● **on the contrary, it's a very cheap restaurant** todo lo contrario ∗ al revés: es un restaurante muy barato ● **unless you hear to the contrary, I'll be arriving at ten** a menos que ∗ a no ser que te diga lo contrario llegaré a las diez ● **I've heard no news to the contrary** no tengo noticias que indiquen lo contrario. III *adj* **1.** /'kɒntrərɪ/ (*opposing*) opuesto -ta, contrario -ria: **there are many contrary views on the subject** hay muchas opiniones opuestas sobre el tema. **2.** /kən'treərɪ/ (*person*) que siempre lleva la contraria.

contrast I /'kɒntrɑːst/ *n* contraste *m*: **there's a great contrast** *between* **the two styles** hay un gran contraste entre los dos estilos; **he looks quite pale** *by* ∗ *in* **contrast** está bastante pálido en comparación; *in* **contrast** *with* ∗ *to* **the previous one, their latest album has been a huge success** a diferencia del anterior, su último álbum ha tenido mucho éxito.

II /kən'trɑːst/ *vt* [**contrasts, contrasting, contrasted**] comparar: **in her book she contrasted the two traditions** en la obra comparaba las dos tradiciones.

♦*vi* contrastar: **my findings contrasted significantly** *with* **his** mis descubrimientos diferían sustancialmente de los suyos.

contrasting /kən'trɑːstɪŋ/ *adj* (*colour, style*) contrastante.

contravene /ˌkɒntrə'viːn/ *vt* [**contravenes, contravening, contravened**] contravenir.

contravention /ˌkɒntrə'venʃən/ *n* contravención *f*.

contribute /kən'trɪbjuːt/ *vt* [**contributes, contributing, contributed**] **1.** (*money, to conversation*) contribuir con, aportar: **her parents contributed a hundred pounds** *towards* **her holiday** sus padres contribuyeron con cien libras a sus vacaciones; **can you contribute anything useful** *to* **the discussion?** ¿puedes aportar algo útil a la discusión? **2.** (*Media: article*) escribir.

♦*vi* **1.** (*money*) contribuir: **she contributes regularly** da donativos regularmente. **2.** (*to conversation*) participar, intervenir: **he never contributes** *to* **our seminars** nunca interviene en los seminarios que organizamos. **3.** (*Media*) escribir, colaborar: **she contributes** *to* **a women's magazine** escribe para ∗ colabora en una revista femenina.

contribution /ˌkɒntrɪ'bjuːʃən/ *n* **1.** (*gen*) aportación *f*: **the wine was my contribution** *to* **the meal** el vino fue mi aportación a la comida. **2.** (*Fin*) contribución *f*: **he made a contribution** *to* **their restoration fund** contribuyó con una donación al proyecto de restauración. **3.** (*Media*) colaboración *f*: **contributions are needed for a new student newspaper** se precisan colaboraciones para un nuevo periódico estudiantil.

contributor /kən'trɪbjʊtə/ *n* **1.** (*Fin*) contribuyente *m/f*. **2.** (*Media*) colaborador -dora *m/f*.

contributory /kən'trɪbjʊtərɪ/ *adj* (*factor, cause*) que contribuye.

contrite /'kɒntraɪt/ *adj* contrito -ta.

contrive /kən'traɪv/ *vt* [**contrives, contriving, contrived**] inventarse.

♦*vi* ingeniárselas: **he contrived** *to* **get her to sign** se las ingenió para que firmara.

contrived /kən'traɪvd/ *adj* artificial: **the dialogues are contrived** los diálogos suenan forzados.

control /kən'trəʊl/ I *n* **1.** (*gen*) control *m*: **they're testing a new system of traffic control** están probando un nuevo sistema para controlar el tráfico; **the lorry went** *out of* **control and crashed** el conductor perdió el control del camión y se estrelló; **I don't feel** *in* **control** *of* **the situation** tengo la impresión de no tener el control de la situación; **keep your dog** *under* **control** controle a su perro ● **it's all ∗ everything's under control** todo está bajo control. **2.** (*charge*) mando *m*: **the hijackers took control** *of* **the aeroplane** los secuestradores se hicieron con el control del avión. **3.** (*knob*) botón *m*: **the volume control doesn't work** no funciona el botón del volumen.

II **controls** *n pl* mandos *m pl*: **the pilot is** *at* **the controls** el piloto está a los mandos del avión; **once you've mastered the controls it's easy** una vez que dominas los mandos, es fácil.

III *vt* [**controls, controlling, controlled**] controlar: **his company controls the importation of gas** su empresa controla la importación de gas; **control yourself!** ¡contrólate!

control group *n* grupo *m* de control.

control panel *n* tablero *m* de mandos.

control room *n* sala *f* de control.

control tower *n* torre *f* de control.

controller /kən'trəʊlə/ *n* (*gen*) controlador -dora *m/f*.

controversial /ˌkɒntrə'vɜːʃəl/ *adj* polémico -ca, controvertido -da.

controversially /ˌkɒntrə'vɜːʃəlɪ/ *adv* de forma polémica ∗ controvertida.

controversy /kən'trɒvəsɪ/ *n* [**controversies**] polémica *f*, controversia *f*.

conundrum /kə'nʌndrəm/ *n* (*frml*) **1.** (*difficult problem*) enigma *m*. **2.** (*riddle*) acertijo *m*.

conurbation /ˌkɒnɜː'beɪʃən/ *n* conurbación *f*.

convalesce /ˌkɒnvə'les/ *vi* [**convalesces, convalescing, convalesced**] convalecer.

convalescence /ˌkɒnvə'lesəns/ *n* convalecencia *f*.

convalescent /ˌkɒnvə'lesənt/ *adj, n* convaleciente *adj, m/f*.

convection /kən'vekʃən/ *n* convección *f*.

convection current *n* movimiento *m* de convección.

convene /kən'vi:n/ *vt* [**convenes, convening, convened**] convocar.
♦ *vi* reunirse.

convenience /kən'vi:nɪəns/ **I** *n* conveniencia *f*: **we parked close to the station** *for* **convenience** aparcamos cerca de la estación para mayor comodidad; **do it** *at* **your convenience** hágalo cuando le venga bien.
II conveniences *n pl* **1.** (*in hotel, boarding house*): **all modern conveniences** totalmente equipado. **2.** (*GB: frml, toilets*): **where are the public conveniences?** ¿dónde están los aseos públicos?

convenience food *n* comida *f* preparada.

convenient /kən'vi:nɪənt/ *adj* **1.** (*suitable*) oportuno -na: **would eleven o'clock be convenient?** ¿le viene bien a las once? **2.** (*handy*): **it's convenient** *for* **the market** está bien situado ✱ queda práctico para ir al mercado; **there is a very convenient bus service** hay un servicio de autobuses muy bueno.

conveniently /kən'vi:nɪəntlɪ/ *adv* oportunamente: **a taxi conveniently drew up as we emerged** al salir nosotros un taxi pasaba oportunamente por allí.

convent /'kɒnvənt/ *n* convento *m*.

convention /kən'venʃən/ *n* convención *f*.

conventional /kən'venʃənəl/ *adj* convencional.

conventionally /kən'venʃənəlɪ/ *adv* de manera convencional, tradicionalmente.

converge /kən'vɜ:dʒ/ *vi* [**converges, converging, converged**] converger: **five streets converge** *at* **the square** en la plaza convergen cinco calles; **students were converging** *on* **the main square in protest** los estudiantes se estaban juntando en la plaza mayor para protestar.

convergence /kən'vɜ:dʒəns/ *n* convergencia *f*.

convergent /kən'vɜ:dʒənt/ *adj* convergente.

conversant /kən'vɜ:sənt/ *adj* (*frml*) versado -da, familiarizado -da: **I'm still not conversant** *with* **computer terminology** todavía no estoy familiarizado con la terminología informática.

conversation /ˌkɒnvə'seɪʃən/ *n* conversación *f*: **I asked about his job just to make conversation** le pregunté sobre su trabajo por hablar de algo; *in* **conversation** *with* **her mother, I discovered that Laura was adopted** conversando con su madre, me enteré de que Laura era adoptada.

conversational /ˌkɒnvə'seɪʃənəl/ *adj* coloquial: **the emphasis is on conversational use of the language** se pone el énfasis en el uso coloquial del idioma.

converse I /kən'vɜ:s/ *vi* [**converses, conversing, conversed**] (*frml*) hablar, conversar: **they converse** *in* **a mixture of English and German** hablan entre ellos en una mezcla de inglés y alemán.
II /'kɒnvɜ:s/ *n* inverso *m*.

conversely /'kɒnvɜ:slɪ/ *adv* (*frml*) a la inversa.

conversion /kən'vɜ:ʃən/ *n* **1.** (*Maths, Relig*) conversión *f*: **their mission was the conversion** *to* **Christianity of all the native tribes** su misión era convertir a todas las tribus indígenas al cristianismo. **2.** (*Archit*): **they carried out the conversion of the old cinema** *into* **a bingo hall** ellos hicieron las obras para transformar el viejo cine en una sala de bingo. **3.** (*in rugby*) transformación *f*.

conversion course *n* curso *m* puente.

convert I /'kɒnvɜ:t/ *n* (*Relig*) converso -sa *m/f*.
II /kən'vɜ:t/ *vt* [**converts, converting, converted**] **1.** (*Relig*) convertir: **he tried to convert me** *to* **Islam** trató de convertirme al Islam. **2.** (*Maths*) convertir: **how do you convert miles** *to* **kilometres?** ¿cómo se convierten las millas en kilómetros? **3.** (*Archit*) transformar (*un edificio en algo diferente*): **the warehouse was converted** *into* **a hotel** transformaron el almacén en un hotel. **4.** (*in rugby*) transformar, convertir.
♦ *vi* **1.** (*gen*) convertirse: **his trailer converts** *into* **a tent** su remolque se convierte en una tienda de campaña. **2.** (*Relig*) convertirse: **she converted** *to* **Islam** se convirtió al Islam.

convertible /kən'vɜ:təbəl/ **I** *n* (*car*) descapotable *m*.
II *adj* (*gen*) convertible.

convex /'kɒnveks/ *adj* convexo -xa.

convey /kən'veɪ/ *vt* [**conveys, conveying, conveyed**] **1.** (*emotions, ideas*) transmitir, expresar: **his poems convey a sense of loss** sus poemas transmiten un sentido de pérdida. **2.** (*goods*) transportar. **3.** (*sound, smell*) transmitir.

conveyor belt, (*US*) **conveyer belt** /kən'veɪə belt/ *n* cinta *f* transportadora.

convict I /'kɒnvɪkt/ *n* presidiario -ria *m/f*.
II /kən'vɪkt/ *vt* [**convicts, convicting, convicted**] condenar, declarar culpable: **he was convicted** *of* **treason** lo declararon culpable de traición.

conviction /kən'vɪkʃən/ *n* **1.** (*Law*) condena *f*: **he has had four convictions** *for* **burglary** ha sido condenado por robo cuatro veces. **2.** (*certainty*) convicción *f*: **he spoke without conviction** habló sin convicción; **her words carried conviction** habló con convicción.

convince /kən'vɪns/ *vt* [**convinces, convincing, convinced**] convencer: **he convinced them that they could win** los convenció de que podían ganar; **he had convinced himself that he was a failure** se había (auto)convencido de que era un fracasado.

convincing /kən'vɪnsɪŋ/ *adj* convincente.

convincingly /kən'vɪnsɪŋlɪ/ *adv* convincentemente, de forma ✱ modo convincente: **he played the part of the monster very convincingly** representó el papel del monstruo de un modo muy convincente.

convivial /kən'vɪvɪəl/ *adj* (*frml*) sociable.

convoluted /'kɒnvəlu:tɪd/ *adj* enrevesado -da, complejo -ja: **he gave some long and convoluted excuse** dio una excusa larga y enrevesada.

convoy /'kɒnvɔɪ/ *n* convoy *m*: **they travelled** *in* **convoy across the desert** formaron un convoy para cruzar el desierto; **the two removal vans went** *in* **convoy** los dos camiones de mudanzas fueron juntos.

convulsed /kən'vʌlst/ *adj* crispado -da ● **they were convulsed with laughter** se partían de risa.

convulsion /kən'vʌlʃən/ *n* convulsión *f*.

convulsive /kən'vʌlsɪv/ *adj* convulsivo -va.

coo /ku:/ *vi* [**coos, cooing, cooed**] (*dove*) emitir arrullos.

cook /kʊk/ **I** *n* cocinero -ra *m/f*: **I'm not a very good cook** no soy muy buen cocinero.
II *vi* [**cooks, cooking, cooked**] **1.** (*to prepare food*) cocinar, guisar: **he cooks very well** guisa muy bien; **it's dull cooking for one** es aburrido cocinar para uno solo. **2.** (*to become cooked*) hacerse, cocerse: **this will cook in no time** esto se hace en un momento.
♦ *vt* **1.** (*a meal, dish*) hacer, preparar: **who's cooking the dinner tonight?** ¿a quién le toca hacer la cena hoy?; (*to apply heat to*) cocer: **cook it for half an hour** déjelo cocer durante media hora. **2.** (*fam: to falsify*) falsificar: **he cooked the results of his experiment** falsificó el resultado del experimento.
to **cook up** *vt* (*fam: a plan*) maquinar; (*: a lie*) inventarse: **he cooked up some story of a puncture**

se inventó una historia de que había tenido un pinchazo.

cookbook *n* libro *m* de cocina.

cooker /'kʊkə/ *n* cocina *f*: **we have an electric/gas cooker** tenemos una cocina eléctrica/de gas.

cookery /'kʊkərı/ *n* cocina *f*: **he goes to cookery classes** va a clases de cocina.

cookery book *n* libro *m* de cocina.

cookie /'kʊkı/ *n* (*US*) galleta *f* • **she's a tough cookie** es dura de pelar.

cooking /'kʊkıŋ/ *n* cocina *f*: **I like Italian cooking** me gusta la cocina italiana; **my cooking is very unadventurous** no soy muy imaginativo cocinando.

cooking apple *n*: *variedad de manzana que sólo se usa para cocinar*.

cooking chocolate *n* chocolate *m* (*que se usa para preparar productos de repostería*).

cool /ku:l/ **I** *adj* **1.** (*not warm*) fresco -ca: **vegetables should be stored in a cool place** las verduras se tienen que guardar en un sitio fresco; **it's still rather cool for sitting outside** aún hace demasiado frío para sentarse fuera; **this dress is nice and cool** este vestido es muy fresco; **I had a cool drink** tomé un refresco; **it's cooler indoors** se está más fresco dentro. **2.** (*unfriendly*) frío -a: **she was very cool** *to* * *towards* **me the next day** estuvo muy fría conmigo al día siguiente. **3.** (*calm*) tranquilo -la: **read the questions and keep cool** lee las preguntas y no te precipites • **play it cool, you don't have to give an answer yet** tómatelo con calma, no tienes que dar una respuesta todavía. **4.** (*fam*: *stylish*): **he thinks he's so cool in his new gear** se cree que va muy elegante con esa ropa nueva; **what a cool car!** ¡cómo farda ese coche! **5.** (*fam*: *for emphasis*): **I paid a cool three million** pagué la friolera de tres millones.

II *n* **1.** (*Meteo*) fresco *m*: **it's more pleasant in the cool of the evening** es más agradable por la tarde, cuando refresca. **2.** (*composure*) calma *f*: **he lost his cool and started shouting** perdió la calma y se puso a gritar.

III *vi* [**cools, cooling, cooled**] enfriarse: **the pudding takes several hours to cool** el pastel tarda varias horas en enfriarse.

♦*vt* enfriar: **cool the jelly in the fridge** ponga a enfriar la gelatina en la nevera • **cool it!** ¡cálmate!

to **cool down** *vi* **1.** (*something hot*) enfriarse: **let the engine cool down** deja que el motor se enfríe. **2.** (*fam*: *people*) tranquilizarse: **cool down, everyone, and stop shouting** que todo el mundo se tranquilice y deje de gritar.

to **cool off** *vi* **1.** (*to get cool*) refrescarse: **she dived into the pool to cool off** se tiró a la piscina para refrescarse. **2.** (*to wane*) enfriarse: **their holiday romance soon cooled off** su romance de verano pronto se enfrió.

cool box *n* nevera *f* portátil.

coolant /'ku:lənt/ *n* líquido *m* refrigerante.

cooling /'ku:lıŋ/ *n* refrigeración *f*.

cooling system *n* sistema *m* de refrigeración, refrigeración *f*.

cooling tower *n* torre *f* de refrigeración.

coolly /'ku:llı/ *adv* **1.** (*in an unfriendly way*) fríamente. **2.** (*calmly*) tranquilamente.

coolness /'ku:lnəs/ *n* **1.** (*Meteo*) frescura *f*, frescor *m*. **2.** (*calmness*) calma *f*, tranquilidad *f*; (*in dangerous situation*) sangre *f* fría. **3.** (*unfriendliness*) frialdad *f*.

coop /ku:p/ *n* (*for hens*) gallinero *m*.

to **coop up** *vt* [**coops, cooping, cooped**] encerrar: **I hate being cooped up in this classroom** odio estar encerrado en esta clase.

co-op /'kəʊɒp/ *n* (*apócope de* **co-operative**) cooperativa *f*.

cooperate, **co-operate** /kəʊ'ɒpəreıt/ *vi* [**cooperates, cooperating, cooperated**] cooperar: **he cooperated** *with* **the police investigation** colaboró en la investigación policial.

cooperation, **co-operation** /ˌkəʊɒpə'reıʃən/ *n* cooperación *f*, colaboración *f*: **your cooperation in this matter would be appreciated** le agradeceríamos que cooperara con nosotros (en este tema); **they produced a play** *in* **cooperation** *with* **the local school** montaron una obra de teatro en colaboración con la escuela local.

cooperative, **co-operative** /ˌkəʊ'ɒpərətıv/ **I** *adj* **1.** (*willing*) cooperativo -va. **2.** (*Agr*) cooperativista.

II *n* (*Agr*) cooperativa *f*.

cooperatively, **co-operatively** /ˌkəʊ'ɒpərətıvlı/ *adv* conjuntamente.

co-opt /kəʊ'ɒpt/ *vt* [**co-opts, co-opting, co-opted**] *incorporar a una comisión*.

coordinate, **co-ordinate** **I** /kəʊ'ɒrdınət/ *n* (*on map*) coordenada *f*.

II /kəʊ'ɔ:dıneıt/ *vt* [**coordinates, coordinating, coordinated**] coordinar.

♦*vi* (*of clothes*) hacer juego.

coordination, **co-ordination** /kəʊˌɔ:dı'neıʃən/ *n* coordinación *f*.

coot /ku:t/ *n* (*Zool*) focha *f*.

cop /kɒp/ **I** *n* (*fam*: *policeman*) poli *m* • **they were playing cops and robbers** estaban jugando a policías y ladrones.

II *vt* [**cops, copping, copped**] (*fam*): **you'll cop it when Mum finds out** te va a caer una buena cuando mamá lo descubra.

to **cop out** *vi* rajarse: **he copped out** *of* **signing the petition** se rajó y no firmó la petición.

cop-out *n* (*fam*) escaqueo *m*: **his speech was a real cop-out; he dodged the main issue** su discurso fue un escaqueo total, evitó tratar el asunto más importante.

cope /kəʊp/ *vi* [**copes, coping, coped**] **1.** (*to manage*) arreglárselas: **we'll cope somehow** nos las arreglaremos de una forma u otra; **he can't cope** no puede hacer frente a la situación. **2.** (*to deal*): **I can't cope** *with* **the amount of work** no doy abasto * no puedo con tanto trabajo; **she coped very well** *with* **that task** se defendió muy bien en el cumplimiento de esa tarea.

Copenhagen /ˌkəʊpən'heıgən/ *n* Copenhague *f*.

co-pilot /'kəʊˌpaılət/ *n* copiloto *m/f*.

copious /'kəʊpıəs/ *adj* abundante.

copiously /'kəʊpıəslı/ *adv* en abundancia, copiosamente.

copper /'kɒpə/ **I** *n* **1.** (*Chem*) cobre *m*. **2.** (*GB*: *fam, coins*) moneda *f* de poco valor. **3.** (*GB*: *fam, policeman*) poli *m*.

II *adj* (*también* **copper-coloured**) (*colour*) cobrizo -za.

copper beech *n* haya *f* roja [takes ***el*** or ***un*** in singular].

copperplate *n* **1.** (*Chem*) lámina *f* de cobre. **2.** (*writing*) letra *f* caligráfica.

copper sulphate, (*US*) **copper sulfate** *n* sulfato *m* de cobre.

copse /kɒps/ *n* bosquecillo *m*.

copulate /'kɒpjʊleıt/ *vi* [**copulates, copulating, copulated**] copular.

copulation /ˌkɒpjʊ'leıʃən/ *n* copulación *f*.

copy /ˈkɒpɪ/ **I** *n* **[copies] 1.** (*not original*) copia *f*: **could I have copies** *of* **some of your photos?** ¿puedes hacerme copias de algunas de tus fotos? **2.** (*single book*) ejemplar *m*: **there aren't enough copies to go round** no hay suficientes ejemplares para todo el mundo. **3.** (*Media*: *unedited*) manuscrito *m*, original *m*.
II *vt/i* **[copies, copying, copied]** copiar: **copy** *down* **what's on the blackboard** copia lo que hay en la pizarra; **she copied the whole paragraph** *out of* **a book** copió el párrafo entero de un libro.
copycat I *n* (*fam*: *person*) copión -piona *m/f*.
II *adj* (*fam*: *murder, crime*) *en el que el autor imita otro caso anterior*.
copy typist *n* mecanógrafo -fa *m/f*.

copyright /ˈkɒpɪraɪt/ **I** *n* copyright *m*, derechos *m pl* de propiedad intelectual: **the copyright** *in* **the illustrations has expired** el copyright de las ilustraciones ha expirado.
II *adj* protegido -da por los derechos de propiedad intelectual: **it's copyright** está protegido por los derechos de propiedad intelectual.
III *vt* **[copyrights, copyrighting, copyrighted]** registrar como propiedad intelectual.

coral /ˈkɒrəl/ *n* coral *m*.
coral island *n* isla *f* de coral.
coral reef *n* arrecife *m* de coral.

cord /kɔ:d/ **I** *n* **1.** (*thin rope*) cuerda *f*. **2.** (*of phone, electrical appliance*) cordón *m*. **3.** (*fabric*) pana *f*.
II cords *n pl* pantalones *m pl* de pana.

cordial /ˈkɔ:dɪəl/ **I** *adj* (*frml*) cordial.
II *n* extracto *m* (*para refrescos*): **blackcurrant cordial** extracto de grosella negra.

cordially /ˈkɔ:dɪəlɪ/ *adv* (*frml*) cordialmente.

cordless /ˈkɔ:dləs/ *adj* (*phone*) inalámbrico -ca; (*electrical appliance*) sin cordón.

cordon /ˈkɔ:dən/ *n* (*barrier*) cordón *m*.
to **cordon off** *vt* **[cordons, cordoning, cordoned]** acordonar.

corduroy /ˈkɔ:dərɔɪ/ *n* pana *f*.

core /kɔ:/ **I** *n* **1.** (*of fruit*) corazón *m* ● **he's German to the core** es alemán hasta la médula. **2.** (*Geol, Tec*) núcleo *m*. **3.** (*central part*) esencia *f*.
II *vt* **[cores, coring, cored]** quitarle el corazón a.

coriander /ˌkɒrɪˈændə/ *n* cilantro *m*, culantro *m*.

cork /kɔ:k/ **I** *n* **1.** (*material*) corcho *m*. **2.** (*in bottle*) tapón *m* (de corcho), corcho *m*: **I can't get the cork out** no puedo sacar el corcho.
II *vt* **[corks, corking, corked]** poner el corcho ✱ tapón a.

corkscrew /ˈkɔ:kskru:/ *n* sacacorchos *m inv*.

cormorant /ˈkɔ:mərənt/ *n* cormorán *m*.

corn /kɔ:n/ *n* **1.** (*Bot*: *gen*) cereales *m pl*; (*: grain*) granos *m pl*; (*: wheat*) trigo *m*; (*US*: *sweetcorn*) maíz *m*, (*Amér S*) choclo *m*, (*Méx*) elote *m*. **2.** (*Med*) callo *m*.
cornflakes *n* copos *m pl* de maíz.
cornflour *n* (*GB*) maicena® *f*.
corn on the cob *n* mazorca *f* de maíz, (*Amér S*) choclo *m*, (*Méx*) elote *m*.
cornstarch *n* (*US*) maicena® *f*.

cornea /ˈkɔ:nɪə/ *n* córnea *f*.

corned beef /kɔ:nd bi:f/ *n* corned beef *m* (*carne enlatada*).

corner /ˈkɔ:nə/ **I** *n* **1.** (*of street, table*) esquina *f*: **there's a postbox** *on* **the corner of the street** hay un buzón en la esquina; (*in room*) rincón *m*: **write your name** *at* ✱ *in* **the top right-hand corner** escribe tu nombre en el margen superior derecho; **I saw something moving** *out of* **the corner of my eye** por el rabillo del ojo vi algo que se movía ● **teams from the four corners of the earth came to the games** equipos de todos los rincones del mundo vinieron a los juegos ● **I got myself into a tight corner** me metí en un buen lío. **2.** (*bend*) curva *f*: **he took the corner rather fast and skidded** tomó la curva a mucha velocidad y derrapó ● **he's always cutting corners to get things done** siempre hace las cosas corriendo y deprisa. **3.** (*Sport*) córner *m*, saque *m* de esquina.
II *vt* **[corners, cornering, cornered] 1.** (*person*) arrinconar: **he cornered me and demanded an explanation** me arrinconó y me exigió una explicación. **2.** (*to monopolize*) monopolizar, acaparar: **they've cornered the CD market** han acaparado el mercado de discos compactos.
♦*vi* tomar una curva: **the car corners well** con este coche se toman muy bien las curvas.
corner cupboard *n* rinconera *f*.
cornerstone *n* piedra *f* angular.

cornet /ˈkɔ:nɪt/ *n* **1.** (*instrument*) corneta *f*; (*player*) corneta *m/f*. **2.** (*GB*: *Culin, for ice cream*) cucurucho *m*.

cornice /ˈkɔ:nɪs/ *n* cornisa *f*.

Cornish pasty /ˈkɔ:nɪʃ ˈpæstɪ/ *n*: *empanada de carne y legumbres*.

corny /ˈkɔ:nɪ/ *adj* **[cornier, corniest]** (*joke*) gastado -da; (*book, film, behaviour*) sensiblero -ra.

corollary /kəˈrɒlərɪ/ *n* **[corollaries]** (*frml*) corolario *m*.

coronary /ˈkɒrənərɪ/ **I** *adj* coronario -ria.
II *n* [*pl* **coronaries**] (*también* **coronary thrombosis**, *pl* **coronary thromboses**) trombosis *f* (coronaria): **he had a coronary and died** murió de una trombosis.

coronation /ˌkɒrəˈneɪʃən/ *n* coronación *f*.

coroner /ˈkɒrənə/ *n* juez *m/f* de instrucción (*encargado de determinar las causas de una defunción*).

coronet /ˈkɒrənɪt/ *n* diadema *f*.

corporal /ˈkɔ:pərəl/ **I** *n* (*Mil*) cabo *m*.
II *adj* corporal.
corporal punishment *n* castigo *m* corporal.

corporate /ˈkɔ:pərət/ *adj* corporativo -va, de la empresa.
corporate finance *n* finanzas *f pl* de la empresa.
corporate image *n* imagen *f* de la empresa.

corporation /ˌkɔ:pəˈreɪʃən/ *n* **1.** (*Fin*: *company*) empresa *f*. **2.** (*Pol*: *council*) corporación *f* municipal, ayuntamiento *m*.

corps, Corps /kɔ:/ *n* [*pl* **corps**] (*Mil, Pol*) cuerpo *m*.

corpse /kɔ:ps/ *n* cadáver *m*.

corpulence /ˈkɔ:pjʊləns/ *n* corpulencia *f*.

corpulent /ˈkɔ:pjʊlənt/ *adj* corpulento -ta.

corpus /ˈkɔ:pəs/ *n* [*pl* **corpora**] corpus *m*: **the corpus of Cervantes' works** el corpus cervantino.

corpuscle /ˈkɔ:pʌsəl/ *n* corpúsculo *m*.

corral /kɒˈrɑ:l/ *n* (*US*) corral *m*.

correct /kəˈrekt/ **I** *adj* **1.** (*right*) correcto -ta: **you're correct** *in* **saying that** tienes razón al decir eso. **2.** (*Sociol*: *proper*) formal, correcto -ta.
II *vt* **[corrects, correcting, corrected]** corregir.

correction /kəˈrekʃən/ *n* corrección *f*.

corrective /kəˈrektɪv/ *adj* correctivo -va, corrector -tora.

correctly /kəˈrektlɪ/ *adv* correctamente.

correctness /kəˈrektnəs/ *n* **1.** (*in behaviour*) corrección *f*. **2.** (*exactness*) exactitud *f*.

correlate /ˈkɒrəleɪt/ *vi* **[correlates, correlating, cor-**

related] guardar correlación, estar relacionado -da. ♦*vt* establecer una correlación entre: **it is easy to correlate smoking** *with* **lung cancer** es fácil establecer una correlación entre el hecho de fumar y el cáncer de pulmón.

correlation /kɒrə'leɪʃən/ *n* correlación *f*: **is there a correlation** *between* **video games and violence?** ¿hay una correlación entre videojuegos y violencia?

correspond /kɒrɪ'spɒnd/ *vi* [**corresponds, corresponding, corresponded**] **1.** (*to match*) corresponder (se): **the graph doesn't correspond** *with* **the data** el gráfico no se corresponde con los datos. **2.** (*to be equivalent*) equivaler: **this qualification corresponds** *to* **a university degree** esta titulación equivale a un título universitario. **3.** (*by letter*) mantener correspondencia: **I still correspond** *with* **him** aún mantengo correspondencia con él.

correspondence /kɒrɪ'spɒndəns/ *n* **1.** (*letters*) correspondencia *f*. **2.** (*relationship*) relación *f*, correspondencia *f*: **there's very little correspondence** *between* **spelling and pronunciation** hay muy poca relación entre la ortografía y la pronunciación.

correspondence course *n* curso *m* por correspondencia.

correspondent /kɒrɪ'spɒndənt/ *n* corresponsal *m/f*: **he's our correspondent in Bogotá** es nuestro corresponsal en Bogotá.

corresponding /kɒrɪ'spɒndɪŋ/ *adj* correspondiente.

correspondingly /kɒrɪ'spɒndɪŋlɪ/ *adv* en consecuencia: **they take huge risks, but their wages are correspondingly higher** se arriesgan muchísimo, pero reciben sueldos más altos por ello.

corridor /'kɒrɪdɔː/ *n* pasillo *m*, corredor *m*.

corroborate /kə'rɒbəreɪt/ *vt* [**corroborates, corroborating, corroborated**] corroborar.

corroboration /kəˌrɒbə'reɪʃən/ *n* corroboración *f*.

corroborative /kə'rɒbərətɪv/ *adj* que corrobora, corroborante.

corrode /kə'rəʊd/ *vt* [**corrodes, corroding, corroded**] corroer.
♦*vi* corroerse.

corrosion /kə'rəʊʒən/ *n* corrosión *f*.

corrosive /kə'rəʊsɪv/ *adj* corrosivo -va.

corrugated /'kɒrʊgeɪtɪd/ *adj* ondulado -da: **a sheet of corrugated iron** una hoja de chapa de cinc.

corrupt /kə'rʌpt/ **I** *adj* (*gen*) corrupto -ta: **a corrupt political system** un sistema político corrupto; (*person*) corrompido -da, corrupto -ta.
II *vt* [**corrupts, corrupting, corrupted**] corromper.
♦*vi* corromperse.

corruptible /kə'rʌptəbəl/ *adj* corruptible.

corruption /kə'rʌpʃən/ *n* corrupción *f*.

corset /'kɔːsɪt/ *n* faja *f*, corsé *m*.

Corsica /'kɔːsɪkə/ *n* Córcega *f*.

Corsican /'kɔːsɪkən/ *adj, n* corso -sa *adj, m/f*.

cortege, cortège /kɔː'teʒ/ *n* cortejo *m* (fúnebre).

cortisone /'kɔːtɪzəʊn/ *n* cortisona *f*.

cosh /kɒʃ/ *n* [**coshes**] (*fam*) cachiporra *f*.

cosily /'kəʊzəlɪ/ *adv* cómoda y agradablemente.

cosiness /'kəʊzɪnəs/ *n* (*gen*) lo agradable; (*of room*) lo acogedor.

cosmetic /kɒz'metɪk/ **I** *adj* cosmético -ca.
II cosmetics *n pl* cosméticos *m pl*.

cosmetic surgery *n* cirugía *f* estética.

cosmic /'kɒzmɪk/ *adj* cósmico -ca.

cosmonaut /'kɒzmənɔːt/ *n* cosmonauta *m/f*.

cosmopolitan /kɒzmə'pɒlɪtən/ *adj* cosmopolita.

cosmos /'kɒzmɒs/ *n* cosmos *m*.

cosset /'kɒsɪt/ *vt* [**cossets, cosseting, cosseted**] mimar.

cost /kɒst/ **I** *n* **1.** (*gen*) coste *m*, (*Amér L*) costo *m*: **it's not worth the cost of repairing it** no vale la pena repararlo; **the cost of computers is prohibitive** el precio de los ordenadores es prohibitivo; **I'll pay, whatever the cost** pagaré, cueste lo que cueste. **2.** (*personal price*): **I must pass this exam** *at* **all costs** tengo que aprobar este examen a toda costa; **don't let him see you** *at* **any cost** no dejes que te vea por nada del mundo ● **you can't drink and drive, as he found out to his cost** no se puede conducir cuando se ha bebido, lección que le costó muy caro aprender ● **she gives up all her free time and never counts the cost** renuncia a su tiempo libre de la forma más desinteresada.
II costs *n pl* (*Law*) costas *f pl*.
III *vt* [**costs, costing, cost**] **1.** (*to be valued at*) costar: **CDs cost more than tapes** los discos compactos cuestan más que las cintas. **2.** (*to have as a result*) costar: **his reckless driving cost him his licence** la forma temeraria que tiene de conducir le costó el carné ✻ el permiso. **3.** [**costs, costing, costed**] (*to price*) presupuestar: **she costed the renovation** *at* **half a million pounds** presupuestó las reformas en medio millón de libras.

cost accountant *n* contable *m/f* (*cuyo cometido es controlar los gastos de producción, etc.*).

cost-effective *adj* económico -ca.

cost of living *n* coste *m* ✻ (*Amér L*) costo *m* de vida.

cost price *n* precio *m* de coste ✻ (*Amér L*) de costo: **he gets them** *at* **cost price** los consigue a precio de coste.

co-star /'kəʊstɑː/ **I** *n* coprotagonista *m/f*.
II *vi* [**co-stars, co-starring, co-starred**]: **she co-starred** *with* **Cindy Westwood** *in* **"Time to Remember"** coprotagonizó "Time to Remember" junto a Cindy Westwood; **"Moscow Superagent", co-starring Sean Williams and Marvin Harrison** "Moscow Superagent", con Sean Williams y Marvin Harrison en los papeles principales.
♦*vt* coprotagonizar.

Costa Rica /'kɒstə 'riːkə/ *n* Costa Rica *f*.

Costa Rican /'kɒstə 'riːkən/ *adj, n* costarricense, costarriqueño -ña *adj, m/f*.

costly /'kɒstlɪ/ *adj* [**costlier, costliest**] **1.** (*in money*) caro -ra, costoso -sa. **2.** (*in life, time, effort*) costoso -sa: **it was a costly mistake** aquel error les costó caro.

costume /'kɒstjuːm/ *n* (*gen*) traje *m*: **the folk band were wearing regional costume** el grupo de música folk llevaba el traje típico regional; (*for swimming*) traje *m* de baño, bañador *m*, (*Arg*) malla *f* de baño.

costume jewellery *n* bisutería *f*.

cosy /'kəʊzɪ/ *adj* [**cosier, cosiest**] (*place*) acogedor -dora: **what a cosy room!** ¡qué cuarto más acogedor!; **it's very cosy by the fire** se está muy bien junto al fuego; (*garment*) calentito -ta: **this sweater is really cosy for the winter** este suéter es muy calentito para el invierno; (*chat*) íntimo -ma.

cot /kɒt/ *n* cuna *f*.

cot death *n* muerte *f* de cuna.

cottage /'kɒtɪdʒ/ *n* casa *f* pequeña (*generalmente antigua*).

cottage cheese *n* requesón *m*.

cottage industry *n* industria *f* artesanal.

cottage pie *n*: *pastel de carne picada cubierta de puré de patatas*.

cotton /'kɒtən/ *n* **1.** (*cloth*) algodón *m*: **a cotton skirt** una falda de algodón; **the cotton industry** la industria algodonera; **this T-shirt is a hundred per cent cotton** esta camiseta es cien por cien algodón. **2.** (*thread*) hilo *m*.

to **cotton on** *vi* [**cottons, cottoning, cottoned**] percatarse: **she soon cottoned on** *to* **my little joke** se percató enseguida de que estaba gastándole una broma.

cotton candy *n* (*US*) algodón *m* de azúcar.

cotton wool *n* algodón *m* (hidrófilo).

couch /kaʊtʃ/ **I** *n* [**couches**] (*in home*) sofá *m*; (*psychiatrist's*) diván *m*; (*doctor's*) camilla *f*.

II *vt* [**couches, couching, couched**] expresar: **the letter was couched** *in* **threatening terms** la carta estaba redactada en un tono amenazador.

couchette /ku:ˈʃet/ *n* (*on train*) litera *f*.

cough /kɒf/ **I** *n* tos *f*: **she's got an awful cough** tiene una tos espantosa.

II *vi* [**coughs, coughing, coughed**] toser.

to **cough up** *vt* **1.** (*Med*) escupir (*al toser*), expectorar. **2.** (*fam: money*) soltar, apoquinar.

♦*vi* apoquinar: **it's time to cough up** ya es hora de apoquinar.

cough medicine, cough mixture *n* jarabe *m* para la tos.

could /kʊd/ *v aux* [*neg* **could not** ✻ **couldn't**] [***could not*** *es uso formal o enfático*] ➪gramática en el apéndice (Verbos Auxiliares Modales) **1.** (*in requests*) poder: **could you lend me ten pounds?** ¿podrías dejarme diez libras?; **close the door, could you?** ¿puedes cerrar la puerta? **2.** (*expressing ability*) saber: **he could read when he was four** a los cuatro años sabía leer. **3.** (*with verbs of the senses*): **he couldn't see a thing** no veía nada; **he could smell food** notaba un olor a comida. **4.** (*in suggestions*): **you could always go by train** siempre podrías ir en tren. **5.** (*expressing possibility*): **you could cause an accident doing that** podrías causar un accidente haciendo eso; **you could have told me you were coming!** ¡podías haberme dicho que ibas a venir!; **they still haven't arrived; I suppose they could have got lost** todavía no han llegado; puede que se hayan perdido. **6.** (*expressing permission*): **prisoners couldn't leave their cells** los prisioneros no podían salir de las celdas. **7.** (*in indirect speech: for requests, possibility*): **he warned me it could take a long time** me advirtió que podría llevar un buen rato; **they asked me if I could come earlier** me preguntaron si podía venir un poco antes; (*: ability*): **they asked if I could speak French** me preguntaron si hablaba ✻ si sabía hablar francés.

couldn't /ˈkʊdənt/ *contracción de* **could not** ➪ could

council /ˈkaʊnsəl/ *n* **1.** (*assembly*) consejo *m*. **2.** (*GB: local government*) ayuntamiento *m*: **many public services are provided by the council** muchos de los servicios públicos los proporciona el ayuntamiento; **this land is council property** este terreno es propiedad municipal.

council estate *n* (*GB*) *zona de viviendas sociales de alquiler que son propiedad del ayuntamiento.*

council house *n* (*GB*) *vivienda social de alquiler propiedad del ayuntamiento.*

councillor, (*US*) **councilor** /ˈkaʊnsələ/ *n* concejal -jala *m/f*.

counsel /ˈkaʊnsəl/ **I** *n* **1.** (*Law: lawyer*) abogado -da *m/f*: **the counsel** *for* **the defence** el abogado defensor ✻ la abogada defensora; **the counsel** *for* **the prosecution** el ✻ la fiscal. **2.** (*frml: advice*) consejo *m*.

II *vt* [**counsels, counselling, counselled**] aconsejar.

counselling, (*US*) **counseling** /ˈkaʊnsəlɪŋ/ *n* (*gen*) asesoramiento *m*, orientación *f*; (*psychological*) terapia *f* (de apoyo): **the survivors were given counselling** los supervivientes recibieron una terapia (de apoyo).

counsellor, (*US*) **counselor** /ˈkaʊnsələ/ *n* **1.** (*gen*) asesor -sora *m/f*, consejero -ra *m/f*: **the accident victims were helped by trained counsellors** las víctimas del accidente recibieron la asistencia de terapeutas especializados. **2.** (*US: Law*) abogado -da *m/f*.

count /kaʊnt/ **I** *n* **1.** (*gen*) cuenta *f*: **I've lost count** *of* **how many girlfriends he's had!** he perdido la cuenta de todas las novias que ha tenido; **keep a count** *of* **how much you spend** lleva la cuenta de lo que gastas; **I had forty-three CDs** *at* **the last count** la última vez que los conté tenía cuarenta y tres discos compactos • **he was out for the count** estaba fuera de combate. **2.** (*of votes*) recuento *m*. **3.** (*Law*) cargo *m* • **you're wrong on both counts** te equivocas en las dos cosas. **4.** (*Sociol*) conde *m*: **Count Dracula** el Conde Drácula.

II *vt* [**counts, counting, counted**] **1.** (*gen*) contar: **count the number of mistakes you've made in your dictation** cuenta el número de faltas que has tenido en el dictado; (*to include*): **there were only twelve at the concert, not counting the performers** sólo había doce personas en el concierto, sin contar a los artistas; (*to regard*): **he counted himself lucky not to have been caught** se consideraba afortunado de que no lo hubieran pillado. **2.** (*votes*) escrutar.

♦*vi* **1.** (*gen*) contar: **he can already count** *to* **a hundred** ya sabe contar hasta cien. **2.** (*to qualify*) contar, valer: **words with fewer than three letters don't count** no valen las palabras con menos de tres letras; **does the letter Y count** *as* **a vowel?** ¿se considera a la i griega como vocal? **3.** (*to matter*) contar, valer: **the oral paper counts** *for* **forty percent of the total** el examen oral vale un cuarenta por ciento de la nota final; **the project counts** *towards* **my final mark** el proyecto cuenta para mi nota final • **your lack of experience might count against you** puede que la falta de experiencia juegue en tu contra.

to **count in** *vt* • **count me in if you're planning a party** cuenta conmigo si estás planeando una fiesta.

to **count on** *vt* contar con: **can I count on your help on Saturday?** ¿puedo contar con tu ayuda el sábado?; **you can count on Mike** *to* **be late!** ¡cuenta con que Mike va a llegar tarde!

to **count out** *vt* **1.** (*money*) contar (*de uno en uno*): **he counted out two pounds in twenty pence pieces** contó dos libras en monedas de veinte peniques. **2.** (*to exclude*): **count me out; I'm useless at hockey** no cuentes conmigo, soy negado para el hockey. **3.** (*in boxing*) declarar fuera de combate.

countdown *n* cuenta *f* atrás.

countable noun /ˈkaʊntəbəl naʊn/ *n* (*Ling*) nombre *m* contable.

countenance /ˈkaʊntənəns/ *n* (*frml*) semblante *m*.

counter /ˈkaʊntə/ **I** *n* **1.** (*in shop*) mostrador *m*; (*in bank*) ventanilla *f* • **you can't buy them over the counter** no se pueden comprar sin receta médica. **2.** (*meter*) contador *m*. **3.** (*Games*) ficha *f*.

II *adv* en contra: **their policies run counter** *to* **those of the ecologists** la política que siguen se opone a la de los ecologistas.

III *vi* [**counters, countering, countered**] contestar: **she countered by saying that it wasn't her respon-**

sibility contestó diciendo que eso no era responsabilidad suya.
♦*vt* rebatir: **he countered their accusations** rebatió las acusaciones.
counteract *vt* [**counteracts, counteracting, counteracted**] contrarrestar.
counterattack I *n* contraataque *m*.
II *vt/i* [**counterattacks, counterattacking, counterattacked**] contraatacar.
counterbalance I *n* contrapeso *m*.
II *vt* [**counterbalances, counterbalancing, counterbalanced**] compensar, contrapesar.
counterclockwise *adj, adv* (*US*) *en sentido contrario al de las agujas del reloj*.
counterintelligence *n* contraespionaje *m*.
counteroffensive *n* contraofensiva *f*.
counterpart *n* homólogo -ga *m/f*.
counterproductive *adj* contraproducente.
counterproposal *n* contrapropuesta *f*.
countersign *vt* [**countersigns, countersigning, countersigned**] refrendar.
counterfeit /ˈkaʊntəfɪt/ **I** *adj* falso -sa, falsificado -da: **they were arrested for producing counterfeit banknotes** los arrestaron por falsificar dinero.
II *vt* [**counterfeits, counterfeiting, counterfeited**] falsificar.
counterfeiter /ˈkaʊntəˌfɪtə/ *n* falsificador -dora *m/f*.
counterfoil /ˈkaʊntəfɔɪl/ *n* (*of cheque*) matriz *f*, resguardo *m*.
countermand /ˈkaʊntəmɑːnd/ *vt* [**countermands, countermanding, countermanded**] revocar.
counterpane /ˈkaʊntəpeɪn/ *n* colcha *f*, cubrecama *m*.
countess /ˈkaʊntes/ *n* [**countesses**] condesa *f*.
countless /ˈkaʊntləs/ *adj* innumerable, incontable.
country /ˈkʌntrɪ/ *n* [**countries**] **1.** (*nation*) país *m*: **he died fighting for his country** murió luchando por su patria ✱ país. **2.** (*not urban*) campo *m*: **they've just bought a house in the country** acaban de comprarse una casa en el campo; **we went along the country roads** fuimos por carreteras comarcales.
country and western *n* música *f* country.
country dancing *n* baile *m* regional.
countryman /ˈkʌntrɪmən/ *n* [*pl* **countrymen**] compatriota *m*.
countryside /ˈkʌntrɪsaɪd/ *n* **1.** (*area*) campo *m*. **2.** (*landscape*) paisaje *m*.
county /ˈkaʊntɪ/ *n* [**counties**] condado *m*.
county seat *n* (*US*) capital *f* de condado.
county town *n* (*GB*) capital *f* de condado.
coup /kuː/ *n* **1.** (*Mil, Pol*) golpe *m*. **2.** (*success*) éxito *m*: **the cake was a real coup** el pastel tuvo un éxito inesperado.
coup d'état /kuːdeɪtæ/ *n* golpe *m* de estado.
coupé /ˈkuːpeɪ/ *n* cupé *m*.
couple /ˈkʌpəl/ **I** *n* **1.** (*gen*) par *m*: **we've only been there a couple of times** sólo hemos estado allí un par de veces; **I took a couple of photos** tomé un par de fotos. **2.** (*people*) pareja *f*: **there are lots of young couples in this area** hay muchas parejas jóvenes en este barrio.
II *vt* [**couples, coupling, coupled**] (*trains*) enganchar; (*events, ideas*) unir: **the late night, coupled** *with* **too much alcohol, made him feel terrible** el trasnochar y el exceso de alcohol hicieron que se sintiera fatal.
couplet /ˈkʌplɪt/ *n* pareado *m*.
coupon /ˈkuːpɒn/ *n* **1.** (*Fin*) cupón *m*. **2.** (*for the football pools*) boleto *m*.
courage /ˈkʌrɪdʒ/ *n* valor *m*, coraje *m* ● **he has not got the courage of his convictions** no es consecuente con sus principios.
courageous /kəˈreɪdʒəs/ *adj* valiente, valeroso -sa.
courageously /kəˈreɪdʒəslɪ/ *adv* valientemente, valerosamente.
courgette /kʊəˈʒet/ *n* calabacín *m* (*de pequeño tamaño*).
courier /ˈkʊrɪə/ *n* **1.** (*for parcels*) mensajero -ra *m/f*: **he has set up a courier service** ha creado un servicio de mensajeros. **2.** (*in the tourist industry*) guía *m/f* (*que representa a la agencia de viajes durante un viaje*).
course /kɔːs/ *n* **1.** (*gen*) curso *m*: **he went** *on* **a Spanish course for foreigners** hizo un curso de español para extranjeros; **very few trainees last the course** muy pocos aprendices completan el curso; **follow the course of the river** sigue el curso del río; **things changed over ✱ in the course of a week** las cosas cambiaron en el curso de una semana; **the illness is following its usual course** la enfermedad está siguiendo su curso normal; **the only possible course of action was to close the factory** lo único que se podía hacer era cerrar la fábrica ● **let things take their course** deja que las cosas sigan su curso ● **they're on course for winning the final** parece que van a ganar la final ● **the matter will be dealt with in due course** el problema se tratará a su debido tiempo ● **all babies are vaccinated as a matter of course** como norma se vacuna a todos los bebés. **2.** (*Naut*) rumbo *m*: **the yacht went** *off* **course in high winds** el yate perdió el rumbo a causa de los fuertes vientos. **3.** (*surface prepared for racing*) pista *f*; (*place: for horse-racing*) hipódromo *m*; (*: for golf*) campo *m*. **4.** (*Culin*) plato *m*: **the main course was steak** de segundo plato tenían bistec. **5. of course** claro, por supuesto: **"Could I have some more potatoes?" "Of course! Help yourself."** "¿Puedo comer más patatas?" "Por supuesto, sírvete."; **of course it's safe!** ¡claro que es seguro!; **"Do you mind if I leave early?" "Of course not!"** "¿Te importa si salgo un poco antes?" "¡Claro que no!"
court /kɔːt/ **I** *n* **1.** (*Law*) tribunal *m*: **they appeared** *in* **court on several charges** comparecieron ante el tribunal acusados de varios delitos; **the dispute was settled** *out of* **court** la disputa se resolvió sin ir a juicio ● **she took the publishers to court** llevó a los editores a juicio. **2.** (*Hist: royal*) corte *f*. **3.** (*Sport: for tennis, squash*) pista *f*, (*Amér L*) cancha *f*: **they were** *on* **court for two hours** estuvieron jugando dos horas; (*: for basketball*) cancha *f*. **4.** (*Archit*) patio *m*.
II *vt* [**courts, courting, courted**] jugar con, buscar ● **they courted danger by not using safety nets** corrieron un gran peligro al no usar redes de seguridad.
court of appeal *n* tribunal *m* de apelación ✱ casación.
court of inquiry *n* comisión *f* de investigación.
court of justice *n* tribunal *m* de justicia.
court order *n* orden *f* judicial.
courtroom *n* sala *f* de justicia.
courteous /ˈkɜːtɪəs/ *adj* cortés.
courteously /ˈkɜːtɪəslɪ/ *adv* cortésmente.
courtesy /ˈkɜːtəsɪ/ *n* cortesía *f*: **we had a splendid meal courtesy** *of* **our sponsors** la estupenda cena que comimos fue gentileza de nuestros patrocinadores.
courtier /ˈkɔːtɪə/ *n* cortesano *m*.
court-martial /kɔːtˈmɑːʃəl/ **I** *vt* [**court-martials, court-martialling, court-martialled**] someter a consejo de guerra.

II **court martial** *n* [**courts martial** * **court martials**] consejo *m* de guerra.

courtship /'kɔːtʃɪp/ *n* **1.** (*Zool*) cortejo *m*. **2.** (*Sociol*) noviazgo *m*.

courtyard /'kɔːtjɑːd/ *n* patio *m*.

cousin /'kʌzən/ *n* primo -ma *m/f*: **she's my second cousin** es mi prima segunda; **she's my first cousin once removed** (*my cousin's daughter*) es mi sobrina segunda; (*my mother's or my father's cousin*) es mi tía segunda.

cove /kəʊv/ *n* ensenada *f*, cala *f*.

coven /'kʌvən/ *n* aquelarre *m*.

covenant /'kʌvənənt/ *n* **1.** (*treaty*) pacto *m*, convenio *m*. **2.** (*Fin*) *donación periódica hecha a fundaciones benéficas, etc.*

Coventry /'kɒvəntrɪ/ *n* • **his colleagues sent him to Coventry** sus compañeros le hicieron el vacío.

cover /'kʌvə/ I *n* **1.** (*gen*) cubierta *f*. **2.** (*of book*) tapa *f*, cubierta *f* • **I've read the book from cover to cover** me he leído el libro de cabo a rabo; (*of magazine*) portada *f*. **3.** (*for pillow, duvet, typewriter*) funda *f*. **4.** (*bedspread*) colcha *f*. **5.** (*shelter*) abrigo *m*: **it's better to store the bicycles** *under* **cover** es mejor guardar las bicicletas bajo techo • **they entered the village under cover of darkness** entraron en el pueblo al amparo de la noche • **we took cover because it was pouring with rain** nos pusimos a cubierto porque llovía a cántaros • **he broke cover and ran** salió al descubierto y echó a correr. **6.** (*front*) tapadera *f*: **the warehouse was a cover** *for* **counterfeiters** los falsificadores usaban el almacén como tapadera • **she blew my cover** me delató sin querer. **7.** (*when sending objects by post*): **the package is being sent** *under* **separate cover** el paquete se envía por separado. **8.** (*for insurance purposes*) cobertura *f*. **9.** (*Mil*) cobertura *f*: **American planes provided air cover** los aviones norteamericanos proporcionaron cobertura aérea.

II **covers** *n pl* (*bedclothes*) mantas *f pl*.

III *vt* [**covers, covering, covered**] **1.** (*gen*) cubrir: **the table was covered** *with* **papers** la mesa estaba cubierta de papeles; **she covered the furniture** *with* **dustsheets** cubrió * tapó los muebles con sábanas; (*financially*) cubrir: **her salary covers the household expenses** su sueldo cubre los gastos de la casa. **2.** (*to insure*) cubrir: **I'm not covered** *against* **flooding** el seguro no me cubre contra inundaciones; **they are covering themselves in case anything goes wrong** están tratando de cubrirse por si algo sale mal. **3.** (*distance*) recorrer, cubrir: **in an hour we covered six miles** recorrimos seis millas en una hora. **4.** (*to deal with*) cubrir: **the leaflet covers all the main points** el folleto cubre todos los puntos principales; **we've only covered part of the syllabus** sólo hemos cubierto parte del programa; (*a news story*) cubrir: **he covered the royal visit** cubrió la visita real. **5.** (*Mil*) cubrir. **6.** (*Sport*) marcar, cubrir.

to **cover for** *vi* (*to substitute for*): **we need a supply teacher to cover** *for* **Jones** necesitamos un profesor suplente para cubrir la baja de Jones.

to **cover up** *vt* **1.** (*gen*) cubrir, tapar: **she put a rug down to cover up the stain** puso una alfombra para tapar la mancha. **2.** (*an action, emotion*) encubrir: **he tried to cover up the truth** trató de encubrir la verdad; **she tends to cover up her feelings** tiende a no mostrar lo que siente.

♦*vi* encubrir: **all the suspects covered up** *for* **one another** los sospechosos se encubrieron entre ellos.

cover charge *n* precio *m* del cubierto.

cover note *n* (*GB*) certificado *m* provisional de seguro.

cover story *n* artículo *m* principal (*que aparece en portada*).

cover-up *n* encubrimiento *m*.

coverage /'kʌvərɪdʒ/ *n* reportaje *m*: **the wedding got full media coverage** la boda recibió una gran cobertura informativa.

coveralls /'kʌvərɔːlz/ *n pl* (*US*) mono *m* de trabajo.

covering /'kʌvərɪŋ/ *n* envoltura *f*, cubierta *f*: **put a covering** *over* **the rest of the meat** cubre la carne que ha sobrado con una tapa.

covering letter *n* carta *f* adjunta.

covert /'kʌvət/ *adj* secreto -ta.

covertly /'kʌvətlɪ/ *adv* en secreto.

covet /'kʌvɪt/ *vt* [**covets, coveting, coveted**] codiciar.

covetous /'kʌvɪtəs/ *adj* codicioso -sa.

cow /kaʊ/ I *n* **1.** (*Zool*) vaca *f* • **they could consider it till the cows come home and they still wouldn't reach a decision** podrían estar discutiendo hasta que las ranas críen pelo y, aun así, no llegarían a ninguna conclusión; (*female mammal*) hembra *f*: **I saw a cow seal and its calf** vi una foca con su cría. **2.** (*fam: unpleasant woman*): **she's a silly cow!** ¡es una imbécil!

II *vt* [**cows, cowing, cowed**] intimidar.

cowpat *n* boñiga *f*.

cowshed *n* establo *m*.

coward /'kaʊwəd/ *n* cobarde *m/f*.

cowardice /'kaʊwədɪs/ *n* cobardía *f*.

cowardly /'kaʊwədlɪ/ I *adj* cobarde.

II *adv* cobardemente, de forma cobarde.

cowboy /'kaʊbɔɪ/ *n* **1.** (*Agr: in the Wild West*) vaquero *m*: **they were playing cowboys and indians** estaban jugando a indios y vaqueros. **2.** (*GB: fam, cheat*): **those decorators were complete cowboys** esos decoradores eran muy poco honrados.

cowboy boots *n pl* (botas *f pl*) camperas *f pl*.

cower /'kaʊə/ *vi* [**cowers, cowering, cowered**] encogerse (de miedo).

cowslip /'kaʊslɪp/ *n* prímula *f*, primavera *f*.

cox /kɒks/ I *n* [**coxes**] timonel *m*.

II *vi* [**coxes, coxing, coxed**] hacer de timonel.

♦*vt* gobernar.

coy /kɔɪ/ *adj* (*smile*) fingidamente tímido -da; (*coquettish*) reservado -da: **she was coy** *about* **her relationship with James** no soltaba prenda en cuanto a su relación con James.

coyly /'kɔɪlɪ/ *adv*: **she smiled coyly** sonrió haciéndose la tímida; (*coquettishly*) sonrió con coquetería.

coyote /kɔɪ'əʊtɪ/ *n* coyote *m*.

cozily /'kəʊzəlɪ/ *adv* (*US*) ➪ cosily

coziness /'kəʊzɪnəs/ *n* (*US*) ➪ cosiness

cozy /'kəʊzɪ/ *adj* [**cozier, coziest**] (*US*) ➪ cosy

crab /kræb/ *n* cangrejo *m*.

crab apple *n* manzana *f* silvestre.

crabby /'kræbɪ/ *adj* [**crabbier, crabbiest**] malhumorado -da.

crack /kræk/ I *n* **1.** (*in wall, road*) grieta *f*: **there's a crack in the ceiling** hay una grieta en el techo; (*in cup, plate*) raja *f*, resquebrajadura *f* • **he gets up at the crack of dawn to milk the cows** se levanta al alba para ordeñar las vacas. **2.** (*sharp sound*) crujido *m*: **the shelf gave way with a crack** se oyó un crujido y la estantería se cayó; **the crack of the rifle startled the birds** la detonación del fusil asustó a los pájaros.

3. (*blow*) golpe *m*: **he didn't duck in time and got a crack** *on* **the forehead** no se agachó a tiempo y recibió un golpe en la frente • **let me have a crack at mending it** déjame probar a ver si puedo arreglarlo. 4. (*fam*: *drug*) crack *m*.

II *vi* [**cracks, cracking, cracked**] 1. (*wall, door*) agrietarse; (*cup, plate*) resquebrajarse. 2. (*to make a cracking noise: gen*) crujir: **twigs cracked underfoot** las ramas crujían al pisarlas; (*: whip*) restallar, chasquear. 3. (*voice*) soltar un gallo: **her voice cracked on the high notes** soltaba gallos cuando trataba de dar las notas altas. 4. (*fam*: *to lose one's grip*) desquiciarse.

♦ *vt* 1. (*to make a crack in*) rajar; (*a nut, an egg*) cascar; (*a safe*) forzar. 2. (*to make a cracking sound: gen*) hacer crujir: **stop cracking your knuckles** deja de hacer crujir los nudillos; (*: a whip*) hacer restallar, chasquear. 3. (*to hit*) darse un golpe en: **she cracked her head as she got out of the car** se dio un golpe en la cabeza al bajarse del coche. 4. (*to solve*) descifrar: **we cracked the code** desciframos el código • **I've cracked it!** ¡ya lo tengo! 5. (*a joke*) contar.

to **crack down** *vi* tomar medidas enérgicas: **they are cracking down** *on* **under-age drinking** están tomando medidas enérgicas contra el consumo de alcohol entre los menores de edad.

to **crack up** *vi* (*fam*: *person*) desquiciarse.

♦ *vt* • **being a rockstar isn't all it's cracked up to be** ser una estrella de rock no es tan maravilloso como dicen.

crackdown /ˈkrækdaʊn/ *n* (*fam*) medidas *fpl* enérgicas: **there has been a crackdown** *on* **juvenile crime recently** recientemente, se han tomado medidas enérgicas contra la delincuencia juvenil.

cracked /krækt/ *adj* 1. (*plate, etc.*) rajado, resquebrajado -da. 2. (*fam*: *crazed*) chiflado -da: **he's totally cracked** está completamente chiflado.

cracker /ˈkrækə/ I *n* 1. (*Culin*) galleta *f* salada. 2. (*party toy*) *paquete sorpresa típico de Navidad que, al abrirlo tirando de los extremos, hace un chasquido.* 3. (*firework*) petardo *m*.

II **crackers** *adj* (*fam*) chiflado -da, pirado -da.

crackle /ˈkrækəl/ I *vi* [**crackles, crackling, crackled**] (*fire*) crepitar, chisporrotear; (*radio*) chirriar.

II *n* crepitación *f*, chisporroteo *m*.

crackling /ˈkræklɪŋ/ *n* 1. (*sound*) crepitación *f*, chisporroteo *m*. 2. (*Culin*: *crisp pork fat*) chicharrón *m*.

crackpot /ˈkrækpɒt/ *adj*, *n* (*fam*) chiflado -da *adj*, *m/f*.

cradle /ˈkreɪdəl/ I *n* 1. (*for baby*) cuna *f*. 2. (*of phone*) horquilla *f*. 3. (*for workmen*) andamio *m* (*que cuelga y se puede subir o bajar*).

II *vt* [**cradles, cradling, cradled**] acunar, mecer: **she cradled the baby in her arms** mecía al bebé en sus brazos.

cradlesong *n* canción *f* de cuna, nana *f*.

craft /krɑːft/ *n* 1. [*pl* **crafts**] (*trade*) oficio *m*: **I bought these earrings at a craft fair** compré estos pendientes en una feria de artesanía; (*art*) arte *m*; (*skill*) destreza *f*. 2. [*pl* **craft**] (*Naut*) barco *m*.

craftily /ˈkrɑftəlɪ/ *adv* astutamente.

craftiness /ˈkrɑːftɪnəs/ *n* astucia *f*.

craftsman /ˈkrɑːftsmən/ *n* [*pl* **craftsmen**] artesano -na *m/f*.

craftsmanship /ˈkrɑːftsmənʃɪp/ *n* destreza *f*.

crafty /ˈkrɑːftɪ/ *adj* [**craftier, craftiest**] astuto -ta.

crag /kræg/ *n* peñasco *m*.

craggy /ˈkrægɪ/ *adj* [**craggier, craggiest**] escarpado -da.

cram /kræm/ *vt* [**crams, cramming, crammed**] embutir, meter: **he crammed food** *into* **his mouth** se embutió comida en la boca; **the rooms were crammed** *with* **furniture** las habitaciones estaban atiborradas de muebles.

♦ *vi* (*fam*: *for exam*) empollar.

cramp /kræmp/ I *n* (*Med*: *of a muscle*) calambre *m*: **he got cramp in his leg** le dio un calambre en la pierna; (*: pain*) dolor *m*: **I get stomach cramps** me dan dolores ✻ retortijones de estómago.

II *vt* [**cramps, cramping, cramped**] • **I wouldn't want to cramp your style** no quiero que te sientas cohibido por mí.

cramped /kræmpt/ *adj* (*handwriting*) apretado -da; (*space*) reducido -da: **his office is very cramped** su despacho es diminuto; **we were terribly cramped in the back seat** íbamos todos apretados en el asiento trasero.

cranberry /ˈkrænbərɪ/ *n* [**cranberries**] arándano *m* rojo.

crane /kreɪn/ I *n* 1. (*machine*) grúa *f*. 2. (*bird*) grulla *f*.

II *vt* [**cranes, craning, craned**]: **they were craning their necks to see** estiraban el cuello para ver.

cranium /ˈkreɪnɪəm/ *n* [**craniums** ✻ **crania** /ˈkreɪnɪə/] (*frml*) cráneo *m*.

crank /kræŋk/ I *n* 1. (*Tec*) manivela *f*. 2. (*fam*: *person*) excéntrico -ca *m/f*, raro -ra *m/f*.

II *vt* [**cranks, cranking, cranked**] hacer arrancar con manivela.

cranny /ˈkrænɪ/ *n* [**crannies**] ➪ nook

crash /kræʃ/ I *n* [**crashes**] 1. (*in car*) choque *m*, accidente *m*; (*in plane*) accidente *m*: **he died in a plane crash** murió en un accidente de avión; **he had a crash on his motor-bike** chocó ✻ se estrelló con la moto. 2. (*noise*) estrépito *m*, estruendo *m*: **the dishes fell to the floor with a crash** los platos cayeron al suelo con gran estrépito. 3. (*Fin*: *of stock market*) crac *m*.

II *vi* [**crashes, crashing, crashed**] 1. (*vehicle*) chocar, estrellarse: **the bus crashed** *into* **a tree** el autobús chocó ✻ se estrelló contra un árbol; (*plane*) estrellarse: **the plane crashed in the mountains** el avión se estrelló en las montañas. 2. (*to make a noise*): **the shelves crashed to the floor** los estantes cayeron al suelo con gran estruendo; (*thunder*) retumbar. 3. (*Fin*: *bank, company*) quebrar; (*stocks and shares*) caer a pique: **the stock exchange crashed** hubo un crac en la bolsa. 4. (*Inform*): **the system crashed** el sistema dejó de funcionar.

♦ *vt* (*vehicle*) chocar con, estrellar: **he crashed his car** chocó con el coche; **he crashed his car** *into* **a wall** estrelló el coche contra un muro; (*plane*) estrellar.

to **crash out** *vi* (*fam*) caer rendido -da.

crash barrier *n* barrera *f* de protección.

crash course *n* curso *m* intensivo.

crash diet *n* régimen *m* drástico.

crash helmet *n* casco *m* protector.

crash-land *vi* [**crash-lands, crash-landing, crash-landed**] hacer un aterrizaje forzoso.

crash-landing *n* aterrizaje *m* forzoso.

crass /kræs/ *adj* 1. (*ignorance*) supino -na. 2. (*insensitive*): **that was a crass thing to say** ¡qué poco tacto, decir una cosa así!

crate /kreɪt/ *n* cajón *m* (*de embalaje*).

crater /ˈkreɪtə/ *n* cráter *m*.

cravat /krəˈvæt/ *n* chalina *f* (*de hombre*).

crave /kreɪv/ *vt* [**craves, craving, craved**] (*food*): **she craved a coffee** se moría por un café; (*attention*) ansiar: **the child craved affection** el niño tenía ansias de cariño.

craving /ˈkreɪvɪŋ/ *n* (*for food, during pregnancy*) antojo *m*: **I had a sudden craving** *for* **ice cream** de repente se me antojó un helado; (*for affection, etc.*) ansias *f pl*.

crawl /krɔːl/ **I** *vi* [**crawls, crawling, crawled**] **1.** (*child*) gatear; (*insect*): **a spider was crawling up the wall** una araña trepaba por la pared; (*to move slowly*) arrastrarse; (*traffic*): **the cars were crawling along** los coches iban a paso de tortuga • **the place was crawling with reporters** el lugar estaba plagado de periodistas • **he makes my skin crawl** me da repelús. **2.** (*fam*: *to ingratiate oneself*): **I refuse to crawl** *to* **them** no pienso rebajarme a hacerles la pelota.
II *n* **1.** (*in swimming*) (estilo *m*) crol *m*. **2.** (*movement*): **the traffic was moving** *at* **a crawl** el tráfico avanzaba a paso de tortuga.

crayfish /ˈkreɪfɪʃ/ *n* [**crayfishes** * **crayfish**] (*freshwater*) cangrejo *m* de río; (*saltwater*) cigala *f*.

crayon /ˈkreɪən/ *n* (*coloured pencil*) lápiz *m* de color; (*made of wax*) lápiz *m* de cera.

craze /kreɪz/ *n* moda *f*, manía *f*: **the current craze** *for* **Greek food** la moda * la manía actual por la cocina griega.

crazed /kreɪzd/ *adj* enloquecido -da.

crazily /ˈkreɪzəlɪ/ *adv* locamente.

crazy /ˈkreɪzɪ/ *adj* [**crazier, craziest**] loco -ca: **I must be going crazy** me debo de estar volviendo loco; **it would be crazy to attempt it** sería una locura intentarlo; **he's crazy** *about* **tennis** se enloquece por el tenis; **she was crazy** *about* **him** estaba loca por él • **the work drove me crazy** el trabajo me volvió loco • **he was driving like crazy to get there on time** conducía como un loco para llegar allí a tiempo.

creak /kriːk/ **I** *vi* [**creaks, creaking, creaked**] (*when pressed*) crujir: **the chair creaked when he sat down** la silla crujió cuando se sentó; (*when moved*) chirriar: **the door creaked open** la puerta chirrió al abrirse.
II *n* (*of floorboards, etc.*) crujido *m*; (*of door opening, etc.*) chirrido *m*.

creaky /ˈkriːkɪ/ *adj* [**creakier, creakiest**]: **a creaky bed** una cama que chirría.

cream /kriːm/ **I** *n* **1.** (*Culin*) nata *f*, (*Amér L*) crema *f*: **a cream cake** un pastel de nata; **add the whipped cream** añadir la nata montada * (*Amér L*) la crema batida; (*soup*) crema *f*: **cream of asparagus soup** crema de espárragos; (*sweet*) *caramelo blando*. **2.** (*cosmetic*) crema *f*; (*medicinal*) pomada *f*, crema *f*. **3.** (*colour*) (color *m*) crema *m*.
II *adj* (*colour*) (de color) crema *adj inv*.
III *vt* [**creams, creaming, creamed**] batir: **cream the butter and sugar** batir la mantequilla con el azúcar.
to **cream off** *vt* seleccionar.
cream cheese *n* queso *m* crema.
cream tea *n* (*GB*) *té con bollos, nata * crema y mermelada*.

creamer /ˈkriːmə/ *n*: *sustitutivo de la leche para añadirlo al café o al té*.

creamy /ˈkriːmɪ/ *adj* [**creamier, creamiest**] cremoso -sa.

crease /kriːs/ **I** *vi* [**creases, creasing, creased**] arrugarse: **this fabric creases easily** esta tela se arruga con facilidad.
♦ *vt* arrugar: **you'll crease your suit** te vas a arrugar el traje.
II *n* **1.** (*wrinkle*) arruga *f*. **2.** (*in trousers*) raya *f*: **he put a crease in his trousers** les planchó la raya a los pantalones.

create /kriːˈeɪt/ *vt* [**creates, creating, created**] crear: **we need to create new jobs** hace falta crear nuevos puestos de trabajo; **he created the wrong impression** causó mala impresión; **they created such a commotion** armaron tal barullo.

creation /kriːˈeɪʃən/ *n* creación *f*.

creative /kriːˈeɪtɪv/ *adj* creativo -va.

creativity /ˌkriːeɪˈtɪvətɪ/ *n* creatividad *f*.

creator /kriːˈeɪtə/ *n* creador -dora *m/f*. **the Creator** el Creador.

creature /ˈkriːtʃə/ *n* (*being in general*) criatura *f*; (*animal*) animal *m*: **he is a really peculiar creature** es un bicho raro • **she is a creature of habit** es un animal de costumbres.

crèche /kreʃ/ *n* (*GB*) guardería *f*.

credence /ˈkriːdəns/ *n* (*frml*: *acceptance as true*) crédito *m*; (*: trustworthiness*) credibilidad *f*.

credentials /krɪˈdenʃəlz/ *n pl* **1.** (*suitability*): **he has the right credentials for the job** es la persona idónea para el puesto. **2.** (*of ambassador*) cartas *f pl* credenciales.

credibility /ˌkredəˈbɪlətɪ/ *n* credibilidad *f*.

credible /ˈkredəbəl/ *adj* **1.** (*believable*) creíble, verosímil. **2.** (*trustworthy*) fiable, digno -na de crédito.

credit /ˈkredɪt/ **I** *n* **1.** (*Fin*) crédito *m*: **he bought a car** *on* **credit** se compró un coche a crédito * a plazos; (*in bank account, company accounts*) haber *m*: **is his account** *in* **credit?** ¿tiene saldo positivo en la cuenta? **2.** (*recognition, praise*) reconocimiento *m*: **he is never given any credit** *for* **his work** nunca reconocen el mérito de su trabajo; **give me some credit** *for* **thinking of the idea** por lo menos reconoce que fue idea mía • **these pupils are a credit to the school** estos alumnos son un orgullo para el colegio • **his patience does him credit** es digno de admiración por la paciencia que tiene • **to their credit, they refused all bribes** hay que reconocer que no aceptaron ningún soborno • **she has several awards to her credit** ya tiene varios galardones en su haber. **3.** (*Educ*) mención *f*.
II credits *n pl* (*for a film*) títulos *m pl* de crédito, créditos *m pl*.
III *vt* [**credits, crediting, credited**] **1.** (*to believe*) dar crédito a: **I could not credit the rumours** no podía dar crédito a los rumores. **2.** (*Fin*): **we will credit your account** *with* **the interest** abonaremos los intereses en su cuenta • **the journal is credited with discovering his work** el descubrimiento de su obra se le atribuye a la revista.
credit card *n* tarjeta *f* de crédito.

creditable /ˈkredɪtəbəl/ *adj* encomiable.

creditor /ˈkredɪtə/ *n* acreedor -dora *m/f*.

credulity /krɪˈdjuːlətɪ/ *n* credulidad *f*.

credulous /ˈkredjʊləs/ *adj* crédulo -la.

creed /kriːd/ *n* credo *m*.

creek /kriːk/ *n* **1.** (*GB*: *inlet*) ensenada *f*. **2.** (*US*: *stream*) riachuelo *m*, arroyo *m*.

creep /kriːp/ **I** *n* (*fam*) pelota *m/f*, adulador -dora *m/f*.
II creeps *n pl*: **he gives me the creeps** me da repelús.
III *vi* [**creeps, creeping, crept**] **1.** (*to move slowly*) arrastrarse; (*to move quietly*): **he crept downstairs** bajó las escaleras sigilosamente; **the time crept** *by* las horas pasaban lentamente; **temperatures crept** *up* **to forty degrees** la temperatura fue subiendo poco a poco hasta alcanzar los cuarenta grados. **2.** (*fam*: *to a person*): **they're always creeping** *to* **the teacher** siempre están adulando al profesor.

to **creep into** *vt*: **an aggressive tone had crept into his voice** su voz había adquirido un tono agresivo; **she crept into bed** se metió en la cama sin hacer ruido.
to **creep up on** *vt* acercarse sigilosamente a: **old age had crept up on her** había envejecido sin darse cuenta.
creeper /'kri:pə/ *n* trepadora *f*, enredadera *f*.
creepy /'kri:pɪ/ *adj* [**creepier, creepiest**] (*story, movie*) espeluznante; (*person*) repelente.
cremate /krɪ'meɪt/ *vt* [**cremates, cremating, cremated**] incinerar.
cremation /krɪ'meɪʃən/ *n* cremación *f*, incineración *f*.
crematorium /ˌkremə'tɔ:rɪəm/ *n* [**crematoriums** ✻ **crematoria** /ˌkremə'tɔ:rɪə/] crematorio *m*.
crematory /'kremətɔ:rɪ/ *n* [**crematories**] (*US*) crematorio *m*.
crème caramel /krem kærə'mel/ *n* flan *m*.
crepe, **crêpe** /kreɪp/ *n* **1.** (*fabric*) crepé *m*, crespón *m*. **2.** (*rubber*) crepé *m*. **3.** (*pancake*) crêpe *f*.
crepe paper *n* papel *m* crepé.
crept /krept/ *pretérito y participio pasado de* ➪ creep
crescendo /krɪ'ʃendəʊ/ *n* crescendo *m*.
crescent /'kresənt/ *n* **1.** (*shape*) medialuna *f*. **2.** (*street*) *calle en forma semicircular*.
cress /kres/ *n* mastuerzo *m*.
crest /krest/ *n* **1.** (*of a hill*) cima *f*, cresta *f*. **2.** (*of a wave*) cresta *f* • **the company was riding on the crest of a wave** la compañía estaba en la cresta de la ola. **3.** (*of a bird: feathers*) penacho *m*, cresta *f*; (*: fleshy*) cresta *f*. **4.** (*insignia*) blasón *m*.
crestfallen /'krestfɔ:lən/ *adj* alicaído -da.
Crete /kri:t/ *n* Creta *f*.
cretin /'kretɪn/ *n* cretino -na *m/f*.
crevasse /krɪ'væs/ *n* grieta *f* (*esp en una masa de hielo*).
crevice /'krevɪs/ *n* grieta *f*.
crew /kru:/ *n* **1.** (*on ship, plane*) tripulación *f*. **2.** (*for film, television*) equipo *m*.
crew cut *n* corte *m* al rape.
crew member *n* tripulante *m/f*.
crib /krɪb/ **I** *n* cuna *f*.
II *vt* [**cribs, cribbing, cribbed**] copiar, fusilar(se): **he cribbed whole paragraphs** *from* **my book** copió ✻ (se) fusiló párrafos enteros de mi libro.
crib death *n* ➪ cot death
crick /krɪk/ **I** *n*: **she had a crick in her neck** tenía tortícolis.
II *vt* [**cricks, cricked, cricking**]: **he cricked his neck** le dio tortícolis.
cricket /'krɪkɪt/ *n* **1.** (*Sport*) críquet *m*. **2.** (*insect*) grillo *m*.
cricketer /'krɪkɪtə/ *n* jugador -dora *m/f* de críquet.
cried /kraɪd/ *pretérito y participio pasado de* ➪ cry
crime /kraɪm/ *n* **1.** (*gen*) delito *m*: **he had committed a crime** había cometido un delito; (*criminal acts*) delincuencia *f*: **crime is on the increase** está aumentando la delincuencia • **it's a crime to stay in on such a nice day** es un crimen no salir con el buen tiempo que hace. **2.** (*murder, action causing serious injury*) crimen *m*.
crime novel *n* novela *f* policiaca.
criminal /'krɪmɪnəl/ **I** *n* (*gen*) delincuente *m/f*; (*murderer, etc.*) criminal *m/f*.
II *adj* (*organization*) delictivo -va, criminal; (*act*) delictivo -va: **a criminal offence** un delito • **it was criminal to take the child away** fue un crimen llevarse al niño.
Criminal Investigation Department *n* ➪ CID
criminal law *n* derecho *m* penal.
criminal record *n* antecedentes *m pl* penales.
criminally /'krɪmɪnəlɪ/ *adv*: **he was proved to be criminally negligent** se demostró que era culpable del delito de negligencia; **the criminally insane** los delincuentes perturbados mentales.
crimson /'krɪmzən/ *adj*, *n* carmesí *adj*, *m*.
cringe /krɪndʒ/ *vi* [**cringes, cringing, cringed**] encogerse: **his jokes made me cringe** *with* **embarrassment** me moría de vergüenza con sus chistes.
crinkle /'krɪŋkəl/ **I** *vt* [**crinkles, crinkling, crinkled**] arrugar.
♦ *vi* arrugarse.
II *n* arruga *f*.
crinkly /'krɪŋkəlɪ/ *adj* arrugado -da.
cripple /'krɪpəl/ **I** *vt* [**cripples, crippling, crippled**] **1.** (*person*) lisiar: **she was crippled as the result of an accident** quedó lisiada como resultado de un accidente. **2.** (*business, industry*) paralizar: **high interest rates crippled the economy** tasas de interés muy altas paralizaron la economía.
II *n* tullido -da *m/f*, lisiado -da *m/f*.
crippling /'krɪplɪŋ/ *adj*: **they were left with crippling debts** se quedaron con unas deudas agobiantes.
crisis /'kraɪsɪs/ *n* [**crises** /'kraɪsi:z/] crisis *f inv*: **the country was in a state of crisis** el país estaba en (estado de) crisis; **he's having an emotional crisis** está sufriendo una crisis emocional.
crisp /krɪsp/ **I** *n* (*GB*) patata *f* frita (*de paquete*), (*Amér L*) papa *f* frita (*de paquete*).
II *adj* **1.** (*salad*) fresco -ca; (*biscuit*) crujiente. **2.** (*banknote*) nuevo -va; (*fabric*) con apresto: **she was wearing a crisp cotton dress** llevaba un vestido de algodón muy bien planchado. **3.** (*reply*) seco -ca. **4.** (*day*) frío -a y seco -ca.
crisply /'krɪsplɪ/ *adv* (*to speak*) secamente.
crispy /'krɪspɪ/ *adj* [**crispier, crispiest**] crujiente.
crisscross /'krɪskrɒs/ **I** *adj*: **a crisscross pattern** un diseño de líneas entrecruzadas.
II *vt* [**crisscrosses, crisscrossing, crisscrossed**] entrecruzar: **roads crisscross the region** carreteras atraviesan la región en todas las direcciones.
criterion /kraɪ'tɪərɪən/ *n* [**criterions** ✻ **criteria** /kraɪ'tɪərɪə/] criterio *m*.
critic /'krɪtɪk/ *n* (*reviewer*) crítico -ca *m/f*; (*detractor*) detractor -tora *m/f*.
critical /'krɪtɪkəl/ *adj* **1.** (*disapproving*) crítico -ca: **they are very critical** *of* **her work** tienen una actitud muy crítica para con su trabajo; (*analytical*) crítico -ca: **a critical analysis of the play** un análisis crítico de la obra. **2.** (*crucial*) crítico -ca: **he arrived at the critical moment** llegó en el momento crítico; (*serious*) crítico -ca, grave: **the patient's condition is critical** el estado del paciente es crítico.
critically /'krɪtɪkəlɪ/ *adv* **1.** (*disapprovingly*) con actitud crítica. **2.** (*crucially*): **these measures were critically important** estas medidas eran de fundamental importancia; (*seriously*) gravemente: **he was critically ill for a month** estuvo un mes en estado crítico ✻ gravemente enfermo.
criticism /'krɪtɪsɪzəm/ *n* **1.** (*censure, censorious comment*) crítica *f*: **his action generated criticism** su acción fue motivo de crítica; **I didn't mean it as a criticism** no fue mi intención hacer una crítica. **2.** (*analysis*) crítica *f*: **literary criticism** crítica literaria.
criticize /'krɪtɪsaɪz/ *vt/i* [**criticizes, criticizing, criti-**

cized] criticar: **she was criticized** *for* **her rudeness** se la criticó por su grosería.
critique /krɪ'ti:k/ *n* crítica *f*.
croak /krəʊk/ I *vi* [**croaks, croaking, croaked**] (*person*) hablar con voz ronca; (*frog*) croar; (*bird*) graznar.
♦ *vt* decir con voz ronca.
II *n* (*of person*) voz *f* ronca; (*of frog*) canto *m*; (*of bird*) graznido *m*.
Croat /'krəʊæt/ *adj, n* croata *adj, m/f*.
Croatia /krəʊ'eɪʃjə/ *n* Croacia *f*.
Croatian /krəʊ'eɪʃjən/ *adj, n* croata *adj, m/f*.
crochet /'krəʊʃeɪ/ I *n* ganchillo *m*, croché *m*.
II *vi* [**crochets, crocheting, crocheted**] hacer ganchillo.
♦ *vt* hacer a ganchillo.
crockery /'krɒkərɪ/ *n* vajilla *f*, loza *f*.
crocodile /'krɒkədaɪl/ *n* cocodrilo *m*.
crocodile tears *n pl* lágrimas *f pl* de cocodrilo.
crocus /'krəʊkəs/ *n* [**crocuses**] (*Bot*) azafrán *m* (de primavera).
croissant /'krwɑ:sɑ:ŋ/ *n* cruasán *m*, croissant *m*, medialuna *f*.
crony /'krəʊnɪ/ *n* [**cronies**] (*fam*) amigote -ta *m/f*, compinche *m/f*.
crook /krʊk/ I *n* **1.** (*fam*: *unscrupulous person*) sinvergüenza *m/f*; (*: criminal*) delincuente *m/f*. **2.** (*Anat*) *pliegue del codo*.
II *vt* [**crooks, crooking, crooked**] doblar: **he crooked his finger to call us over** nos hizo señas con el dedo para que nos acercáramos.
crooked /'krʊkɪd/ *adj* **1.** (*twisted*) torcido -da. **2.** (*fam*: *dishonest: person*) deshonesto -ta; (*: deal*) sucio -cia.
croon /kru:n/ *vt/i* [**croons, crooning, crooned**] cantar con voz suave.
crop /krɒp/ I *n* **1.** (*Agr*: *produce*) cultivo *m*: **their staple crop is rice** su cultivo principal es el arroz; (*: harvest*) cosecha *f* ● **the latest crop of students** la última remesa * tanda de estudiantes. **2.** (*for riding*) fusta *f*.
II *vt* [**crops, cropping, cropped**] **1.** (*to graze*) pacer. **2.** (*hair*) cortar muy corto.
to **crop up** *vi* surgir: **if anything crops up, let me know** si surge algo * si se presenta algún problema, avísame.
croquet /'krəʊkeɪ/ *n* croquet *m*.
croquette /krɒ'ket/ *n* croqueta *f* (*rellena de patata*).
cross /krɒs/ I *adj* enfadado -da, enojado -da: **she got cross** *with* **us** se enfadó * se enojó con nosotros.
II *n* [**crosses**] **1.** (*shape*) cruz *f*: **put a cross in the appropriate box** ponga una cruz en la casilla correspondiente. **2.** (*también* **Cross**) (*Relig*) cruz *f*: **he made the sign of the cross** hizo la señal de la cruz ● **we all have our cross to bear** todos tenemos nuestra cruz. **3.** (*plant, animal*) cruce *m*: **it's a cross** *between* **an orange and a grapefruit** es un cruce de naranja y pomelo.
III *vt* [**crosses, crossing, crossed**] **1.** (*road, sea, border, mountains*) cruzar: **he saw them and crossed the road** los vio y cruzó la calle; **a black cat crossed my path** un gato negro se cruzó en mi camino; (*legs*) cruzar: **she crossed her legs** cruzó las piernas, se cruzó de piernas. **2.** (*Bot, Zool*) cruzar. **3.** (*to oppose*) contrariar: **I wouldn't cross him if I were you** yo que tú procuraría no contrariarlo. **4.** (*Relig*): **she crossed herself** se santiguó * persignó.
♦ *vi* cruzar: **is it safe to cross now?** ¿se puede cruzar sin peligro ahora?; **they crossed** *into* **France during the night** cruzaron la frontera a Francia durante la noche.
to **cross off** *vt* tachar: **she crossed his name off the list** tachó su nombre de la lista.
to **cross out** *vt* tachar: **a word has been crossed out** se ha tachado una palabra.
to **cross over** *vt/i* cruzar: **they crossed over (the road)** cruzaron la calle.
crossbar *n* travesaño *m*, larguero *m*.
crossbreed *n* cruce *m*.
cross-country I *adj* (*route*) a campo traviesa, a campo través: **he enjoys cross-country running** le gusta hacer cross.
II *n* cross *m*.
cross-examination *n* interrogatorio *m*, repreguntas *f pl*.
cross-examine *vt* [**cross-examines, cross-examining, cross-examined**] interrogar, repreguntar.
cross-eyed *adj* bizco -ca.
crossfire *n* fuego *m* cruzado.
cross-legged *adj, adv* con las piernas cruzadas.
cross-purposes *n pl* ● **they were talking at cross-purposes** estaban hablando de cosas distintas.
cross-refer *vt/i* remitir (*a otra parte de un texto*).
cross-reference *n* remisión *f*.
crossroads *n [lleva el verbo en singular]* cruce *m*, (*Méx*) crucero *m* ● **she had come to a crossroads in her career** había llegado a una encrucijada en su carrera.
cross-section *n* **1.** (*of people*) muestra *f* (representativa): **the poll consulted a cross-section of the community** el sondeo se basó en una muestra representativa de la comunidad. **2.** (*Tec*) sección *f* transversal.
crosswalk *n* (*US*) paso *m* de peatones.
crossword *n* (*también* **crossword puzzle**) crucigrama *m*.
crossing /'krɒsɪŋ/ *n* **1.** (*of railway lines, roads*) cruce *m*, (*Méx*) crucero *m*. **2.** (*también* **pedestrian crossing**) (*for people*) paso *m* de peatones. **3.** (*across the sea*) travesía *f*: **the ferry crossing takes five hours** la travesía en ferry dura cinco horas.
crotch /krɒtʃ/ *n* [**crotches**] entrepierna *f*.
crotchet /'krɒtʃɪt/ *n* (*Mus*) negra *f*.
crotchety /'krɒtʃətɪ/ *adj* (*fam*) cascarrabias *adj inv*.
crouch /kraʊtʃ/ *vi* [**crouches, crouching, crouched**] agacharse, ponerse en cuclillas: **he crouched** *(down)* **beside her** se agachó a su lado; **she was crouched over a book** estaba acurrucada leyendo un libro.
croupier /'kru:pɪə/ *n* crupier *m/f*.
crouton /'kru:tɒn/ *n* crutón *m*, picatoste *m*.
crow /krəʊ/ I *n* cuervo *m* ● **as the crow flies** en línea recta.
II *vi* [**crows, crowing, crowed**] **1.** (*cock*) cantar, cacarear. **2.** (*to boast*) pavonearse, cacarear: **what is he crowing** *about* **now?** ¿de qué se pavonea ahora?
crowbar *n* palanqueta *f*.
crow's-feet *n pl* patas *f pl* de gallo.
crowd /kraʊd/ I *n* **1.** (*gen*) multitud *f*, muchedumbre *f*: **crowds of people had gathered at the entrance** se había congregado una multitud a la entrada. **2.** (*of spectators*) público *m*: **the crowd cheered** el público aplaudió. **3.** (*fam*: *of friends*) grupo *m*, panda *f*: **they are not part of her crowd** no forman parte de su grupo.
II *vi* [**crowds, crowding, crowded**] apiñarse, aglomerarse: **journalists crowded** *around* **the Minister** los periodistas se apiñaron alrededor del ministro; **they crowded into the room** entraron en tropel en la habitación.

♦*vt* abarrotar: **tourists crowded the museum** los turistas abarrotaron el museo.

crowded /ˈkraʊdɪd/ *adj* (*bar, room, bus*) abarrotado -da ✻ atestado -da de gente: **it was too crowded on the dance floor** había demasiada gente en la pista de baile.

crown /kraʊn/ **I** *n* **1.** (*of monarch*) corona *f*: **the Spanish Crown** la Corona Española. **2.** (*on tooth*) corona *f*. **3.** (*of head*) coronilla *f*. **4.** (*of hill*) cima *f*.

II *vt* [**crowns, crowning, crowned**] **1.** (*monarch*) coronar ● **his efforts were crowned by success** el éxito coronó sus esfuerzos ● **he lost his car, his home, and to crown it all, his job** perdió el coche, la casa, y para rematarla, el trabajo. **2.** (*a tooth*) ponerle una corona a.

crown jewels *n pl* joyas *f pl* de la corona.

crown prince *n* príncipe *m* heredero.

crowning /ˈkraʊnɪŋ/ *adj* (*moment*) culminante; (*achievement*) mayor.

crucial /ˈkru:ʃəl/ *adj* (*moment*) crítico -ca, crucial; (*important*) importantísimo -ma, de fundamental ✻ crucial importancia.

crucially /ˈkru:ʃəlɪ/ *adv*: **this deal is crucially important for us** este acuerdo es de máxima importancia para nosotros.

crucifix /ˈkru:sɪfɪks/ *n* [**crucifixes**] crucifijo *m*.

crucifixion /ˌkru:sɪˈfɪkʃən/ *n* crucifixión *f*.

crucify /ˈkru:sɪfaɪ/ *vt* [**crucifies, crucifying, crucified**] crucificar.

crude /kru:d/ **I** *adj* **1.** (*manners, jokes*) grosero -ra, ordinario -ria. **2.** (*substance*) crudo -da. **3.** (*basic*) rudimentario -ria, tosco -ca: **they used crude stone tools** empleaban útiles de piedra rudimentarios.

II *n* (*también* **crude oil**) crudo *m*.

crudely /ˈkru:dlɪ/ *adv* **1.** (*vulgarly*) groseramente. **2.** (*roughly*) toscamente: **a crudely drawn map** un mapa toscamente trazado.

cruel /ˈkrʊəl/ *adj* [**crueller, cruellest**] cruel: **he was cruel** *to* **his children** era cruel con sus hijos.

cruelly /ˈkrʊəlɪ/ *adv* cruelmente: **he was cruelly indifferent to their suffering** mostraba una indiferencia cruel ante su sufrimiento.

cruelty /ˈkrʊəltɪ/ *n* [**cruelties**] crueldad *f*: **the society was founded to prevent cruelty** *to* **children** la asociación se fundó para prevenir la crueldad para con los niños.

cruise /kru:z/ **I** *n* crucero *m*: **they went on a cruise down the Nile** hicieron un crucero por el Nilo.

II *vi* [**cruises, cruising, cruised**] (*plane*) ir a la velocidad de crucero; (*in car*): **we were cruising along the motorway at sixty miles an hour** íbamos por la autopista a una velocidad constante de sesenta millas por hora.

cruiser /ˈkru:zə/ *n* **1.** (*motor boat*) yate *m*. **2.** (*Mil*) crucero *m*.

crumb /krʌm/ *n* miga *f*.

crumble /ˈkrʌmbəl/ *vi* [**crumbles, crumbling, crumbled**] **1.** (*cheese, pastry*) desmenuzarse, deshacerse; (*building*) desmoronarse: **the sculptures are crumbling** *away* las esculturas se están desmoronando; **the old city had crumbled** *into* **ruins** la antigua ciudad había quedado reducida a ruinas. **2.** (*government*) derrumbarse.

♦*vt* (*biscuits*) desmenuzar.

crumbly /ˈkrʌmblɪ/ *adj* [**crumblier, crumbliest**] que se desmenuza con facilidad.

crumpet /ˈkrʌmpɪt/ *n*: *tipo de bollo para tostar.*

crumple /ˈkrʌmpəl/ *vt* [**crumples, crumpling, crumpled**] (*paper*) estrujar: **she crumpled** *up* **the paper and threw it away** estrujó el papel y lo tiró a la basura; (*fabric*) arrugar: **this suit is crumpled** este traje está arrugado.

♦*vi* **1.** (*fabric*) arrugarse. **2.** (*structure*) venirse abajo.

to **crumple up** *vi* (*structure*) venirse abajo.

crunch /krʌntʃ/ **I** *vi* [**crunches, crunching, crunched**] (*snow, gravel*) crujir: **footsteps crunched in the snow** se oyó crujir pasos en la nieve.

♦*vt* (*apple, carrot*) mascar ruidosamente.

II *n* crujido *m*: **the crunch of footsteps in the snow** el crujido de pasos en la nieve ● **when it comes to the crunch, he always backs down** a la hora de la verdad, siempre se echa atrás.

crunchy /ˈkrʌntʃɪ/ *adj* [**crunchier, crunchiest**] crujiente.

crusade /kru:ˈseɪd/ **I** *n* cruzada *f*: **he fought in the Crusades** luchó en las cruzadas; **they fought a crusade** *against* **sex discrimination** hicieron una campaña ✻ una cruzada contra la discriminación sexual.

II *vi* [**crusades, crusading, crusaded**] luchar, hacer una campaña ✻ una cruzada.

crush /krʌʃ/ **I** *vt* [**crushes, crushing, crushed**] **1.** (*to squash*) aplastar: **people were crushed** *against* **the barrier** la gente quedó aplastada contra la barrera; (*to grind*) machacar, majar: **crush the spices and garlic** machaque las especias y el ajo; **crushed ice** hielo picado. **2.** (*underfoot*) aplastar, pisar: **he crushed the spider with his foot** aplastó la araña con el pie. **3.** (*fabric, dress*) arrugar. **4.** (*an enemy*) derrotar: **attempts were made to crush the rebellion** intentaron reprimir ✻ aplastar la rebelión.

♦*vi* (*people*): **they all crushed** *into* **the tiny room** se metieron todos apretados en la diminuta habitación; (*fabric*) arrugarse.

II *n* **1.** (*of people*) aglomeración *f*: **I got caught in the crush** me encontré en medio de la aglomeración. **2.** (*drink*) refresco *m* (*de frutas*). **3.** (*fam: attraction*) enamoramiento *m*: **he had a crush** *on* **the girl next door** estaba loco por la chica de al lado.

crust /krʌst/ *n* **1.** (*of bread*) corteza *f*; (*of pastry*) tapa *f*. **2.** (*Geol*) corteza *f*: **the earth's crust** la corteza terrestre.

crustacean /krʌˈsteɪʃən/ *n* crustáceo *m*.

crusty /ˈkrʌstɪ/ *adj* [**crustier, crustiest**] **1.** (*bread*) *con corteza crujiente*. **2.** (*person*) malhumorado -da, irritable.

crutch /krʌtʃ/ *n* [**crutches**] **1.** (*Med*) muleta *f*: **he was** *on* **crutches for six months** anduvo seis meses con muletas; (*support*): **she used the society as a crutch when her husband died** la sociedad le sirvió de muleta ✻ de sostén cuando murió su marido. **2.** (*Anat, Clothing*) ⇨ crotch

crux /krʌks/ *n* ● **that is the crux of the matter** ése es el quid del asunto.

cry /kraɪ/ **I** *n* [**cries**] **1.** (*weep*) llanto *m*: **she had a good cry** se desahogó llorando. **2.** (*shout*) grito *m*: **we could hear their cries of panic** oíamos sus gritos de pánico ● **this is a far cry from what I expected** esto no es ni con mucho lo que yo esperaba. **3.** (*of bird, animal*) chillido *m*.

II *vi* [**cries, crying, cried**] **1.** (*to weep*) llorar: **don't cry** no llores. **2.** (*to shout*) gritar: **someone was crying** *for* **help** alguien pedía ayuda a gritos.

♦*vt* **1.** (*to weep*) llorar: **they cried tears of joy** lloraron (lágrimas) de alegría; **she cried herself to sleep** lloró hasta quedarse dormida. **2.** (*to shout*) gritar: **come back! he cried** ¡vuelve!, gritó; **he was crying her name** gritaba su nombre.

to **cry off** *vi* echarse atrás: **we had arranged a meeting with them, but they cried off** habíamos previsto una reunión con ellos, pero se echaron atrás.

to **cry out** *vi* gritar: **she cried out in horror** gritó horrorizada.

to **cry out for** *vt* pedir a gritos: **this car is crying out for an overhaul** este coche está pidiendo a gritos una revisión.

crying /'kraɪɪŋ/ *adj* • **there is a crying need for a school here** aquí hay una necesidad apremiante de construir una escuela • **the old school is to be pulled down; it's a crying shame** van a demoler la vieja escuela, es una verdadera pena * lástima.

crypt /krɪpt/ *n* cripta *f.*

cryptic /'krɪptɪk/ *adj* **1.** (*remark*) enigmático -ca, críptico -ca. **2.** (*crossword clue*) críptico -ca.

cryptically /'krɪptɪkəlɪ/ *adv* enigmáticamente.

crystal /'krɪstəl/ *n* cristal *m.*

crystal ball *n* bola *f* de cristal.

crystal clear *adj* (*water*) cristalino -na; (*meaning*) clarísimo -ma, más claro -ra que el agua: **it's crystal clear** está clarísimo * más claro que el agua.

crystallize /'krɪstəlaɪz/ *vt* [**crystallizes, crystallizing, crystallized**] (*Chem*) cristalizar.

♦ *vi* (*Chem*) cristalizarse; (*idea*) cristalizarse, tomar forma: **the talks crystallized** *into* **an agreement** las conversaciones cristalizaron en un acuerdo.

crystallized /'krɪstəlaɪzd/ *adj* (*fruit*) confitado -da.

cu. *léase* /'kju:bɪk/ (*abreviatura de* **cubic**) cúbico -ca.

cub /kʌb/ *n* **1.** (*animal*) cachorro *m.* **2. Cub (Scout)** (*member of youth organization*) lobato *m* (*división intermedia de los boy scouts*).

Cuba /'kju:bə/ *n* Cuba *f.*

Cuban /'kju:bən/ *adj, n* cubano -na *adj, m/f.*

cube /kju:b/ **I** *n* **1.** (*Maths*) cubo *m.* **2.** (*of sugar*) terrón *m*; (*of cheese, ham*) dado *m*: **cut the beef into cubes** corte la carne en trozos.

II *vt* [**cubes, cubing, cubed**] (*Maths*) elevar al cubo: **two cubed is eight** dos elevado al cubo es ocho.

cube root *n* raíz *f* cúbica.

cubic /'kju:bɪk/ *adj* cúbico -ca.

cubicle /'kju:bɪkəl/ *n* (*gen*) cubículo *m*; (*in shop*) probador *m.*

Cubism /'kju:bɪzm/ *n* cubismo *m.*

Cubist /'kju:bɪst/ *n* cubista *m/f.*

cuckoo /'kʊku:/ *n* cuco *m*, cucú *m.*

cuckoo clock *n* reloj *m* de cuco * de cucú.

cucumber /'kju:kʌmbə/ *n* pepino *m* • **she went into the exam as cool as a cucumber** se fue a hacer el examen tan tranquila.

cud /kʌd/ *n*: **cows chew the cud** las vacas son rumiantes.

cuddle /'kʌdəl/ **I** *n* abrazo *m*, mimo *m.*

II *vi* [**cuddles, cuddling, cuddled**] hacerse mimos.

♦ *vt* abrazar, hacerle mimos a.

to **cuddle up** *vi* acurrucarse: **she cuddled up** *to* **me** se acurrucó junto a mí.

cuddly /'kʌdəlɪ/ *adj* [**cuddlier, cuddliest**] (*person*): **she's so cuddly!** ¡dan tantas ganas de abrazarla!

cuddly toy *n* muñeco *m* de peluche.

cue /kju:/ *n* **1.** (*actor's*) pie *m*; (*musician's*) entrada *f* • **the food arrived right on cue** la comida llegó en el momento justo • **she took her cue from the chairman** siguió el ejemplo del presidente. **2.** (*for snooker*) taco *m.*

cuff /kʌf/ **I** *n* (*on sleeve*) puño *m*; (*US*: *on trousers*) vuelta *f* • **off the cuff, I'd say it will be about fifty pounds** así, sin pensarlo, diría que costará unas cincuenta libras.

II *vt* [**cuffs, cuffing, cuffed**] abofetear.

cuff links *n pl* gemelos *m pl.*

cuisine /kwi:'zi:n/ *n* cocina *f*: **Italian cuisine** la cocina italiana.

cul-de-sac /'kʌldəsæk/ *n* calle *f* sin salida.

culinary /'kʌlɪnərɪ/ *adj* culinario -ria.

cull /kʌl/ **I** *vt* [**culls, culling, culled**] **1.** (*animals*) sacrificar: **a percentage of the deer are culled every year** todos los años se sacrifica un porcentaje de los ciervos. **2.** (*information*) obtener, sacar.

II *n*: *matanza selectiva de animales.*

cullender /'kʌlɪndə/ *n* ⇨ colander

culminate in /'kʌlmɪneɪt ɪn/ *vt* [**culminates, culminating, culminated**] culminar en, terminar en: **it culminated in the Minister's dismissal** culminó en la destitución del ministro.

culmination /ˌkʌlmɪ'neɪʃən/ *n* culminación *f.*

culottes /kju:'lɒts/ *n pl* falda *f* pantalón.

culprit /'kʌlprɪt/ *n* culpable *m/f*, responsable *m/f.*

cult /kʌlt/ *n* culto *m*: **the film is a cult classic** la película es un clásico de culto.

cultivate /'kʌltɪveɪt/ *vt* [**cultivates, cultivating, cultivated**] (*Agr, Bot*) cultivar: **they were keen to cultivate possible sponsors** tenían mucho interés en cultivar la relación con posibles patrocinadores.

cultivated /'kʌltɪveɪtɪd/ *adj* **1.** (*land, plants*) cultivado -da. **2.** (*person*) cultivado -da, culto -ta.

cultural /'kʌltʃərəl/ *adj* cultural.

culturally /'kʌltʃərəlɪ/ *adv* culturalmente.

culture /'kʌltʃə/ *n* **1.** (*gen*) cultura *f*: **Thai culture** la cultura tailandesa; **she is a woman of culture** es una mujer culta * cultivada; **people from different cultures** gente de diferentes culturas. **2.** (*Biol*) cultivo *m.*

cultured /'kʌltʃəd/ *adj* (*person*) culto -ta, cultivado -da.

cultured pearl *n* perla *f* cultivada * de cultivo.

cum, -cum- /kʌm/ *particle*: **a kitchen-cum-dining room** una cocina-comedor; **a bedroom-cum-study** un dormitorio-estudio.

cumbersome /'kʌmbəsəm/ *adj* **1.** (*awkward*) incómodo -da: **it's not heavy, but it's cumbersome to carry** no es pesado, pero es voluminoso y difícil de llevar. **2.** (*system*) poco práctico -ca; (*explanation*) enrevesado -da.

cumulative /'kju:mjʊlətɪv/ *adj* acumulativo -va: **the effects of the drug are cumulative** los efectos de la droga son acumulativos.

cunning /'kʌnɪŋ/ **I** *adj* (*person*) astuto -ta; (*idea, plan*) ingenioso -sa.

II *n* (*ability to deceive*) astucia *f*; (*craftiness*) picardía *f.*

cunningly /'kʌnɪŋlɪ/ *adv* (*with deception*) astutamente; (*craftily*) con picardía.

cup /kʌp/ *n* **1.** (*for drinks*) taza *f*: **a cup and saucer** una taza y un platillo; **she ordered a cup of tea** pidió un té * una taza de té • **reggae music is not my cup of tea** el reggae no es lo mío. **2.** (*trophy*) copa *f.*

Cup Final *n* final *f* de copa.

cupful *n* taza *f*: **add two cupfuls of flour** añada dos tazas de harina.

cupboard /'kʌbəd/ *n* (*gen*) armario *m*; (*for crockery*) aparador *m*; (*for food*) despensa *f.*

curable /'kjʊərəbəl/ *adj* curable.

curate /'kjʊərət/ *n* coadjutor *m.*

curator /kjʊ'reɪtə/ *n* (*of museum, gallery*) conservador -dora *m/f*.

curb /kɜ:b/ **I** *vt* [**curbs, curbing, curbed**] (*temper*) controlar; (*spending*) frenar, controlar: **the government will take steps to curb public spending** el gobierno tomará medidas para frenar el gasto público.
II *n* **1.** (*on spending, temper*) freno *m*. **2.** (*US: in street*) ⇨ kerb

curdle /'kɜ:dəl/ *vi* [**curdles, curdling, curdled**] cortarse: **the milk has curdled** la leche se ha cortado.
♦ *vt* cortar.

curds /kɜ:dz/ *n pl* cuajada *f*.

cure /kjʊə/ **I** *vt* [**cures, curing, cured**] **1.** (*disease*) curar: **that cured me** *of* **any desire to go back** eso me quitó todas las ganas de volver. **2.** (*food*) curar.
II *n* (*treatment*) cura *f*: **it's the best cure** *for* **a hangover** es la mejor cura para la resaca.

curfew /'kɜ:fju:/ *n* toque *m* de queda.

curiosity /kjʊərɪ'ɒsətɪ/ *n* curiosidad *f*: **I only asked** *out of* **curiosity** pregunté sólo por curiosidad.

curious /'kjʊərɪəs/ *adj* **1.** (*inquisitive*) curioso -sa: **aren't you curious** *about* **her husband?** ¿no tienes curiosidad por saber cómo es su marido?; **I was curious to see her house** tenía curiosidad por ver su casa. **2.** (*odd*) curioso -sa, extraño -ña: **she had a curious way of pronouncing her "R's"** pronunciaba las erres de una manera curiosa.

curiously /'kjʊərɪəslɪ/ *adv* **1.** (*strangely*) curiosamente: **she was curiously silent** curiosamente, estaba callada; **curiously enough, they're twins** fíjate qué curioso, son gemelos. **2.** (*with curiosity*) con curiosidad.

curl /kɜ:l/ **I** *n* **1.** (*of hair*) rizo *m*, rulo *m*. **2.** (*of smoke*) espiral *f*.
II *vt* [**curls, curling, curled**] **1.** (*hair*) rizar, ondular: **she's had her hair curled** se ha rizado el pelo; (*lip*): **she curled her lip in disdain** hizo un gesto de desdén. **2.** (*forming a spiral*) enroscar: **the snake curled its body around a branch** la serpiente se enroscó en una rama.
♦ *vi* **1.** (*hair*) rizarse, ondularse: **his hair curls naturally** tiene el pelo naturalmente rizado. **2.** (*pages*) enrollarse. **3.** (*smoke*): **smoke curled up from the fire** del fuego salían espirales de humo.
to **curl up** *vi* **1.** (*person, animal*) hacerse una bola ✱ un ovillo: **the hedgehog curled up** *into* **a ball** el erizo se hizo una bola ● **I wanted to curl up and die** quería que me tragara la tierra. **2.** (*papers*) enrollarse.

curler /'kɜ:lə/ *n* rulo *m*.

curly /'kɜ:lɪ/ *adj* [**curlier, curliest**] rizado -da, ondulado -da.

currant /'kʌrənt/ *n* **1.** (*Culin*) pasa *f* de Corinto. **2.** (*Bot*) grosella *f*.

currency /'kʌrənsɪ/ *n* [**currencies**] **1.** (*Fin*) moneda *f*: **strong/weak currencies** monedas fuertes/débiles; **the banks will exchange foreign currency** los bancos cambiarán divisa ✱ moneda extranjera. **2.** (*acceptance*) ● **this idea is gaining currency among politicians** esta idea está ganando cada vez más adeptos entre los políticos.

current /'kʌrənt/ **I** *n* **1.** (*of air, water*) corriente *f*: **we were swimming against the current** estábamos nadando contra corriente ● **a current of opinion** una corriente de opinión. **2.** (*electrical*) corriente *f*.
II *adj* (*contemporary*) actual: **current fashions tend to be nostalgic** la moda actual tiende a la nostalgia; (*in use*): **is that expression current?** ¿esa expresión es de uso corriente?
current account *n* cuenta *f* corriente.
current affairs *n pl* actualidades *f pl*.

currently /'kʌrəntlɪ/ *adv* actualmente: **she is currently unavailable for comment** de momento no quiere hacer ningún comentario.

curriculum /kə'rɪkjʊləm/ *n* [**curriculums ✱ curricula** /kə'rɪkjʊlə/] (*contents of a course*) programa *m* (de estudios), currículo *m*.
curriculum vitae *n* currículum *m* (vitae), currículo *m*.

curried /'kʌrɪd/ *adj* (*Culin*) al curry.

curry /'kʌrɪ/ **I** *n* [**curries**] curry *m*: **I ordered the lamb curry** pedí el cordero al curry.
II *vt* [**curries, currying, curried**] hacer al curry.
curry powder *n* curry *m*.

curse /kɜ:s/ **I** *vt* [**curses, cursing, cursed**] maldecir: **I curse the day I bought this house!** ¡maldigo el día en que compré esta casa!; **I was cursing John** *for* **making me late** yo pensaba: ¡maldito John!, me ha hecho llegar tarde.
♦ *vi* decir palabrotas: **he was cursing and swearing at the top of his voice** estaba diciendo palabrotas y jurando a voz en cuello.
II *n* **1.** (*spell*) maldición *f*, maleficio *m*: **there seemed to be a curse** *on* **the project** parecía que pesaba una maldición sobre el proyecto ● **corruption is the curse of our society** la corrupción es la lacra de nuestra sociedad. **2.** (*swearword*) palabrota *f*.

cursor /'kɜ:sə/ *n* cursor *m*.

cursory /'kɜ:sərɪ/ *adj* superficial: **he gave my article a cursory glance** echó un vistazo muy por encima a mi artículo.

curt /kɜ:t/ *adj* brusco -ca, cortante.

curtail /kɜ:'teɪl/ *vt* [**curtails, curtailing, curtailed**] (*expenditure*) reducir; (*visit, stay*) acortar: **the president's visit had to be curtailed** hubo que acortar la visita del presidente; (*rights*) cercenar, limitar.

curtain /'kɜ:tən/ *n* (*gen*) cortina *f*: **draw the curtains, will you?** ¿quieres correr las cortinas, por favor?; (*in theatre*) telón *m* ● **the curtain goes up at eight** la obra empieza a las ocho.
to **curtain off** *vt* [**curtains, curtaining, curtained**] separar con una cortina.

curtly /'kɜ:tlɪ/ *adv* bruscamente.

curtsey /'kɜ:tsɪ/ *n, vi* [**curtseys, curtseying, curtseyed**] ⇨ curtsy

curtsy /'kɜ:tsɪ/ **I** *n* [**curtsies**] reverencia *f* (*de una mujer*).
II *vi* [**curtsies, curtsying, curtsied**] hacer una reverencia (*una mujer*): **she curtsied** *to* **the Queen** hizo una reverencia ante la Reina.

curve /kɜ:v/ **I** *n* curva *f*.
II *vi* [**curves, curving, curved**] describir una curva: **the river curves round towards the South** el río tuerce hacia el sur.
♦ *vt* curvar.

cushion /'kʊʃən/ **I** *n* cojín *m*, almohadón *m*.
II *vt* [**cushions, cushioning, cushioned**] **1.** (*fall, blow*) amortiguar, suavizar: **his heavy coat cushioned the blow** el grueso abrigo le amortiguó el golpe. **2.** (*effect*) mitigar: **there was nothing to cushion the impact of their defeat** no había nada que mitigara el efecto de la derrota.

cushy /'kʊʃɪ/ *adj* [**cushier, cushiest**] (*fam: life*) regalado -da: **he has a really cushy job** su trabajo es un chollo.

custard /'kʌstəd/ *n*: *crema de natillas que se sirve como acompañamiento de tartas, etc.*

custodian /kʌ'stəʊdɪən/ *n* (*of museum, art collection*) conservador -dora *m/f*: **he regards himself as the custodian of public morals** se cree el custodio de la moral pública.

custody /'kʌstədɪ/ *n* **1.** (*of children*) custodia *f*: **the judge awarded her custody of her son** el juez le otorgó la custodia de su hijo. **2.** (*imprisonment*): **he was remanded** *in* **custody** quedó detenido (*en prisión preventiva*).

custom /'kʌstəm/ **I** *n* **1.** (*tradition, routine*) costumbre *f*: **they have preserved ancient customs** han conservado las antiguas costumbres ✻ tradiciones; **he got up early, as was his custom** se levantó temprano, como de costumbre ✻ como tenía por costumbre. **2.** (*customers*) clientes *m pl*: **the new shop is trying to attract custom** la nueva tienda está intentando atraer clientes.

II customs, **Customs** *n pl* aduana *f*: **he was stopped going through Customs** lo pararon al pasar por la aduana.

custom-built, **custom-made** *adj* hecho -cha de encargo.

Customs officer *n* agente *m/f* de aduana.

customary /'kʌstəmərɪ/ *adj* habitual: **she greeted me with her customary bad temper** me saludó con su habitual mal genio; **is it customary to shake hands here?** ¿se acostumbra dar la mano aquí?

customer /'kʌstəmə/ *n* **1.** (*in shop*) cliente -ta *m/f*. **2.** (*fam*: *person*): **he's a tough customer** es una persona difícil ● **he's a cool customer** es un caradura ✻ descarado.

customized /'kʌstəmaɪzd/ *adj* hecho -cha de encargo (*según las especificaciones del cliente*).

cut /kʌt/ **I** *n* **1.** (*gen*) corte *m*: **he made a small cut with a knife** hizo un pequeño corte con un cuchillo; **he had a cut** *on* **his arm** tenía un corte ✻ tajo en el brazo; (*of hair, clothes*) corte *m*. **2.** (*in services, budget, wages*) recorte *m*: **they predict a cut** *in* **interest rates** pronostican una reducción de los tipos de interés. **3.** (*share*) parte *f*: **the agency takes a cut** *of* **the profits** la agencia se queda con una parte de los beneficios ● **their merchandise is a cut above the rest** venden productos superiores a los demás. **4.** (*of meat*) corte *m*.

II *vt* [**cuts, cutting, cut**] **1.** (*gen*) cortar: **he cut himself shaving** se cortó al afeitarse; **she cut the cake** *into* **six** cortó el pastel en seis trozos; **he cut a hole** *in* **the carpet** hizo un agujero en la moqueta; **where did you have your hair cut?** ¿dónde te cortaste el pelo?; (*key*) tallar. **2.** (*film*) cortar; (*text*) acortar: **that scene was cut** *from* **the film** cortaron esa escena de la película. **3.** (*services*) recortar, hacer recortes en; (*taxes*) reducir, rebajar; (*number*) reducir. **4.** (*teeth*): **the baby is cutting his teeth** al niño le están saliendo los dientes. **5.** (*cards*) cortar: **he cut the pack twice** cortó la baraja dos veces. **6.** (*record*) grabar.

♦ *vi* **1.** (*gen*) cortar: **this knife doesn't cut** este cuchillo no corta ● **that cuts both ways** tiene sus ventajas y sus desventajas. **2.** (*in cards*) cortar.

to **cut across** *vt* **1.** (*woods, park*) cortar camino por, tomar un atajo por: **we could cut across country** podríamos cortar camino yendo a campo traviesa. **2.** (*ideas, beliefs*) trascender: **these traditions cut across geographical borders** estas tradiciones trascienden las fronteras geográficas.

to **cut back** *vt* (*plant*) podar.

to **cut back on** *vt* (*expenditure*) reducir: **we need to cut back on expenses** necesitamos reducir los gastos.

to **cut down** *vt* (*trees, forest*) talar, cortar.

♦ *vi*: **you must try to cut down** *on* **sugar** debe tratar de restringir el consumo de azúcar.

to **cut in** *vi* (*in car*): **another car cut in in front of us** otro coche se nos coló delante ✻ nos cortó el paso; (*in conversation*) interrumpir.

to **cut off** *vt* (*branch, hair*) cortar: **cut the fat off the meat** quítele la grasa a la carne; **he cut his finger off on the machine** la máquina le cortó ✻ le cercenó el dedo; (*electricity*) cortar el suministro de; (*on the phone*): **I got cut off** se cortó la llamada; (*to isolate*) aislar: **I felt cut off** *from* **the world** me sentía aislada del mundo; **he cut himself off** *from* **his old friends** se distanció de sus antiguos amigos.

to **cut open** *vt* abrir: **he cut his head open on a rock** se abrió la cabeza en una roca.

to **cut out** *vt* **1.** (*with scissors*) recortar: **he cut a picture out** *of* **a magazine** recortó una foto de una revista ● **he's not cut out to be ✻ for being a policeman** no tiene madera de policía. **2.** (*to stop*): **cut that noise out, will you?** ¡para de hacer ese ruido!; **that tree cuts out the light** ese árbol nos quita luz; **she cut out meat from her diet** eliminó la carne de su dieta.

♦ *vi* (*engine*) pararse.

to **cut short** *vt* (*holiday, visit*) acortar.

to **cut through** *vt* cortar camino por: **we cut through the town centre** cortamos camino por el centro de la ciudad.

to **cut up** *vt* (*meat, paper*) cortar (en trozos): **you don't need to cut the whole cake up** no hace falta cortar todo el pastel ● **he was very cut up when she left** lo afectó mucho que ella se fuera.

cut-and-dried *adj*: **there is no cut-and-dried solution** no hay una solución fácil.

cutback *n* (*in funds, services*) recorte *m*: **there were cutbacks** *in* **educational spending** hubo recortes en el presupuesto destinado a educación.

cut glass *n* cristal *m* tallado.

cut-off *n* límite *m*: **there has to be a cut-off date for applications** tiene que haber una fecha límite ✻ fecha tope para la presentación de solicitudes.

cut-price *adj* (*articles*) rebajado -da, a precio reducido.

cut-throat *adj*: **this is a cut-throat business** en este negocio la competencia es feroz ✻ despiadada.

cute /kju:t/ *adj* (*child*) mono -na, rico -ca; (*US*: *guy*) guapo.

cuticle /'kju:tɪkəl/ *n* cutícula *f*.

cutlery /'kʌtlərɪ/ *n* cubiertos *m pl*.

cutlet /'kʌtlɪt/ *n* chuleta *f* (*pequeña, gen de cordero*).

cutout, **cut-out** /'kʌtaʊt/ *n* **1.** (*in motor*) cortacircuitos *m*. **2.** (*figure*) figura *f* (*recortada*), recortable *m*: **a cardboard cutout** una figura de cartón.

cutting /'kʌtɪŋ/ **I** *n* **1.** (*of plant*) esqueje *m*. **2.** (*from newspaper*) recorte *m*. **3.** (*on railway*) zanja *f*.

II *adj* **1.** (*wind*) frío y cortante. **2.** (*remark*) mordaz, hiriente.

cutting edge *n*: **we are** *at* **the cutting edge of technological development** estamos en la vanguardia del desarrollo tecnológico.

CV, **cv** /si:'vi:/ *n* (*abreviatura de* **curriculum vitae**) currículum *m* (vitae), currículo *m*.

cwt *léase* /'hʌndrədweɪt/ (*abreviatura de* **hundredweight**) ➪ hundredweight

cyanide /'saɪənaɪd/ *n* cianuro *m*.

cycle /'saɪkəl/ **I** *n* **1.** (*of events*) ciclo *m*: **they had got into an endless cycle of debt** estaban metidos en un círculo vicioso de deudas; **the life cycle of the butterfly** el ciclo vital de la mariposa. **2.** (*of machine*)

ciclo *m*, programa *m*: **wash it *on* the wool cycle** lávalo en el programa para lana. **3.** (*bicycle*) bicicleta *f*.
II *vi* [**cycles, cycling, cycled**] ir en bicicleta: **I cycle to school** voy al colegio en bicicleta; **we cycled twenty kilometres** hicimos veinte kilómetros en bicicleta.
cycle lane, **cycle track** *n* carril *m* para bicicletas.
cyclic /ˈsaɪklɪk/, **cyclical** /ˈsaɪklɪkəl/ *adj* cíclico -ca.
cycling /ˈsaɪklɪŋ/ *n* ciclismo *m*.
cyclist /ˈsaɪklɪst/ *n* ciclista *m/f*.
cyclone /ˈsaɪkləʊn/ *n* ciclón *m*.
cygnet /ˈsɪgnɪt/ *n* pollo *m* de cisne.
cylinder /ˈsɪlɪndə/ *n* **1.** (*Eng, Maths*) cilindro *m*. **2.** (*of gas*) bombona *f*.
cylindrical /sɪˈlɪndrɪkəl/ *adj* cilíndrico -ca.
cymbal /ˈsɪmbəl/ *n* (*Mus*) platillo *m*, címbalo *m*.
cynic /ˈsɪnɪk/ *n* cínico -ca *m/f*.
cynical /ˈsɪnɪkəl/ *adj* cínico -ca.
cynically /ˈsɪnɪklɪ/ *adv* cínicamente.
cynicism /ˈsɪnɪsɪzəm/ *n* cinismo *m*.
cypress /ˈsaɪprəs/ *n* [**cypresses**] ciprés *m*.
Cypriot /ˈsɪprɪət/ *adj*, *n* chipriota *adj*, *m/f*.
Cyprus /ˈsaɪprəs/ *n* Chipre *m*.
cyst /sɪst/ *n* quiste *m*.
czar /zɑː/ *n* zar *m*.
Czech /tʃek/ **I** *adj* checo -ca.
II *n* (*person*) checo -ca *m/f*; (*language*) checo *m*.

D

D, d /diː/ *n* (*letter*) D, d *f*; (*name of letter*) de *f*.
D /diː/ *n* **1.** (*Educ*: *mark*) *cuarta nota de aprobado en el sistema educativo británico*. **2.** (*Mus*) re *m inv*.
d' /d/ *contracción de* **do**: **d'you think so?** ¿te parece?
d. *léase* /daɪd/ (*abreviatura de* **died**) fallecido -da en.
dab /dæb/ **I** *vt* [**dabs, dabbing, dabbed**] (*ointment, paint, etc.*) dar toques de, aplicar (*dando golpecitos*): **she dabbed cream *on* her face** se dio unos toques de crema en la cara.
♦*vi*: **she dabbed *at* the stain with a sponge** frotó la mancha ligeramente con una esponja.
II *n* toque *m*: **a dab of ointment** un toque * un poquito de ungüento • **Joan's a dab hand at carpentry** Joan es muy mañosa para la carpintería.
dabble /ˈdæbəl/ *vi* [**dabbles, dabbling, dabbled**]: **she's dabbled *in* the occult** ha hecho incursiones en el mundo del ocultismo; **he dabbles in stocks and shares** de vez en cuando juega a la bolsa.
dachshund /ˈdækshʊnd/ *n* perro *m* salchicha.
dad /dæd/ *n* papá *m*: **her dad is a lawyer** su papá * (*Esp*) padre es abogado.
daddy /ˈdædɪ/ *n* [**daddies**] (*fam*) papá *m*, papi *m*.
daddy-longlegs /ˌdædɪˈlɒŋlegz/ *n* (*GB*) típula *f*.
daffodil /ˈdæfədɪl/ *n* narciso *m*.
daft /dɑːft/ *adj* (*fam*) bobo -ba: **don't be so daft!** ¡no seas tan bobo!
dagger /ˈdægə/ *n* puñal *m*, daga *f* • **they are constantly at daggers drawn** se llevan a matar • **she was looking daggers at me** me miraba como si me quisiera fulminar.
dahlia /ˈdeɪlɪə/ *n* dalia *f*.
daily /ˈdeɪlɪ/ **I** *adj* (*visit, routine, occurrence*) diario -ria, cotidiano -na.
II *adv* (*to meet, bath*) a diario, diariamente, todos los días: **the mail is delivered twice daily** el correo llega dos veces al día.
III *n* [**dailies**] **1.** (*newspaper*) diario *m*. **2.** (*cleaning lady*) asistenta *f*.
dainty /ˈdeɪntɪ/ *adj* [**daintier, daintiest**] delicado -da: **tea was served in dainty little cups** sirvieron el té en unas tacitas muy delicadas.
dairy /ˈdeərɪ/ *n* [**dairies**] (*on farm*) establo *m*; (*milk processing plant*) central *f* lechera; (*shop*) lechería *f*.
dairy cow *n* vaca *f* lechera.
dairy farm *n* vaquería *f*.
dairy farming *n* industria *f* lechera.

dairy produce * products *n pl* productos *m pl* lácteos.

dais /ˈdeɪɪs/ *n* estrado *m*.

daisy /ˈdeɪzɪ/ *n* [**daisies**] margarita *f* • **he's pushing up daisies** está criando malvas.

dale /deɪl/ *n* valle *m*.

dally /ˈdælɪ/ *vi* [**dallies, dallying, dallied**] entretenerse: **stop dallying, it's getting late** no te entretengas, que se está haciendo tarde; **she was dallying** *over* **her breakfast** se eternizaba desayunando.

to **dally with** *vt* (*affections*) jugar con; (*person*) coquetear con.

Dalmatian, dalmatian /dælˈmeɪʃən/ *n* dálmata *m*.

dam /dæm/ **I** *n* (*wall*) dique *m* (de contención); (*structure and water*) presa *f*, represa *f*, embalse *m*.
II *vt* [**dams, damming, dammed**] construir un dique en, represar.

damage /ˈdæmɪdʒ/ **I** *n* (*gen*) daño *m*: **her remarks did a lot of damage** sus comentarios hicieron mucho daño; **it caused permanent damage** *to* **his eyesight** le dañó permanentemente la vista; (*caused by an accident, a storm, etc.*) daños *m pl*.
II damages *n pl* (*Law*) daños y perjuicios *m pl*: **he had to pay £7,000** *in* **damages** tuvo que pagar 7.000 libras en concepto de daños y perjuicios.
III *vt* [**damages, damaging, damaged**] **1.** (*object*) dañar, estropear: **crops were badly damaged by the storm** la tormenta hizo estragos en la cosecha. **2.** (*health*): **tobacco seriously damages your health** fumar perjudica seriamente la salud. **3.** (*pride*) hacer mella en; (*confidence*) minar; (*reputation*) perjudicar, dañar: **this could damage their chances of success** esto podría afectar sus posibilidades de tener éxito.

dame /deɪm/ *n* **1.** (*GB: title*) *título honorífico dado a una mujer*. **2.** (*US: !!*) tipa *f*, tía *f*.

damn /dæm/ **I** *vt* [**damns, damning, damned**] **1.** (*to condemn*) condenar: **the trip was damned from the beginning** el viaje estuvo condenado al fracaso desde el principio. **2.** (*!!: when angry*): **damn it!** ¡maldita sea!
II *adj* (*!!*) condenado -da, maldito -ta: **I can't get the damn machine to work!** ¡no logro hacer que funcione la condenada máquina!; **you're a damn fool!** ¡eres un idiota redomado!
III *n* (*fam*): **you don't give a damn, do you?** a ti te importa un bledo * un comino, ¿no?
IV *adv* (*!!*): **he knew damn well what I was talking about** ¡sabía de sobra de qué estaba hablando!
V *excl* (*!!*) maldita sea.

damnation /dæmˈneɪʃən/ *n* condenación *f*.

damned /dæmd/ *adj* (*!!*) maldito -ta, condenado -da: **the damned train never arrived** el maldito tren no apareció.

damning /ˈdæmɪŋ/ *adj* condenatorio -ria: **this is a damning indictment of their policies** esto constituye una durísima crítica de sus políticas.

damp /dæmp/ **I** *adj* húmedo -da.
II *n* humedad *f*.
III *vt* [**damps, damping, damped**] (*también* **damp down**) **1.** (*fire*) sofocar. **2.** (*enthusiasm*) hacer perder: **none of these problems damped (down) his spirits** ninguno de estos problemas lo desanimó.

dampen /ˈdæmpən/ *vt* [**dampens, dampening, dampened**] **1.** (*to moisten*) humedecer. **2.** (*enthusiasm*) hacer perder: **I hope I haven't dampened your spirits** espero no haberte desanimado.

damper /ˈdæmpə/ *n* **1.** (*Mus*) apagador *m*. **2.** (*of fire*) regulador *m* de tiro • **this will put a damper on their trip** esto arruinará su viaje.

dampness /ˈdæmpnəs/ *n* humedad *f*.

damson /ˈdæmzən/ *n* ciruela *f* damascena.

dance /dɑːns/ **I** *vi* [**dances, dancing, danced**] bailar: **can you dance?** ¿sabes bailar?; **the children were dancing** *about* **in the garden** los niños saltaban en el jardín.
♦ *vt* bailar: **they were dancing a waltz** bailaban un vals.
II *n* (*art form, act of dancing*) baile *m*, danza *f*: **he loves classical dance** le encanta el baile clásico; (*party*) baile *m*: **they went to a dance** fueron a un baile.

dance floor *n* pista *f* de baile.

dancer /ˈdɑːnsə/ *n* bailarín -rina *m/f*.

dandelion /ˈdændɪlaɪən/ *n* diente *m* de león.

dandruff /ˈdændrəf/ *n* caspa *f*.

Dane /deɪn/ *n* danés -nesa *m/f*.

danger /ˈdeɪndʒə/ *n* peligro *m*: **his life is** *in* **danger** su vida está en peligro; **they're** *in* **danger** *of* **losing everything they have** corren peligro de perder todo lo que tienen; **he's** *out of* **danger now** ya está fuera de peligro; **there's no danger of that happening** no hay ningún peligro * riesgo de que ocurra eso; **danger! high voltage!** ¡peligro! ¡alto voltaje!

danger list *n*: **he's** *on* **the danger list** está en estado crítico.

danger money *n* plus *m* de peligrosidad.

danger zone *n* zona *f* de peligro.

dangerous /ˈdeɪndʒərəs/ *adj* (*situation, disease, criminal, etc.*) peligroso -sa: **it would be dangerous to attempt it** sería peligroso * arriesgado intentarlo; (*chemicals*) tóxico -ca.

dangerously /ˈdeɪndʒərəslɪ/ *adv* peligrosamente: **we were dangerously close to the edge** era peligroso lo cerca que estábamos del borde; **he was dangerously ill** estaba gravemente enfermo; **he likes living dangerously** le gusta correr riesgos.

dangle /ˈdæŋgəl/ *vt* [**dangles, dangling, dangled**]: **he dangled the watch** *before* **her eyes** hizo oscilar el reloj delante de sus ojos • **they dangled a very attractive offer in front of her** intentaron tentarla con una oferta muy atractiva.
♦ *vi* pender, colgar.

Danish /ˈdeɪnɪʃ/ **I** *adj* danés -nesa.
II *n* (*language*) danés *m*.
III the Danish *n pl* (*people*) los daneses.

Danish pastry *n*: *bollo dulce de masa hojaldrada con pasas, compota de manzanas o almendras, etc.*

dank /dæŋk/ *adj* frío -a y húmedo -da.

dapper /ˈdæpə/ *adj* atildado -da: **you're looking very dapper today** estás impecable hoy.

dare /deə/ **I** *vt* [**dares, daring, dared**] **1.** (*to challenge*) retar, desafiar: **she dared him to eat it** lo retó a comérselo; **ask her out! I dare you!** ¡invítala a salir!, ¿a que no te atreves? **2.** (*to be courageous enough*) atreverse a: **we didn't dare (to) show her the photographs** no nos atrevimos a mostrarle las fotos; **I daren't look** no me atrevo a mirar; (*frml*) **they dared not say a word** no se atrevieron a decir * no osaron decir ni una palabra • **I dare say * I daresay he'll arrive eventually** supongo * me imagino que tarde o temprano llegará • **don't you dare touch anything!** ¡no te atrevas a tocar nada! ¡no se te ocurra tocar nada! • **how dare you say that to me!** ¡cómo te atreves a decirme eso!
II *n* desafío *m*: **we did it** *for* **a dare** lo hicimos como un desafío.

daredevil /ˈdeədevəl/ *n*: **Nicky's such a daredevil when she's driving** Nicky es una temeraria al volante.

daren't /deənt/ *contracción de* **dare not** ⇨ dare

daresay /ˌdeə'seɪ/ ⇨ dare **I, 2**

daring /'deərɪŋ/ **I** *adj* (*person*) osado -da, audaz; (*feat*) audaz.
II *n* (*courage*) coraje *m*, audacia *f*.

dark /dɑ:k/ **I** *adj* **1.** (*day, place, colour*) oscuro -ra: **I hope we arrive before it gets dark** espero que lleguemos antes de que anochezca; **why is it so dark in here?** ¿por qué está tan oscuro aquí dentro?; **I prefer dark colours** prefiero los colores oscuros; (*eyes, hair*) oscuro -ra: **he's got dark eyes** tiene los ojos oscuros; **she has a dark complexion** es de tez morena. **2.** (*gloomy: thoughts*) sombrío -bría: **even when things were at their darkest, I never gave up hope** aun cuando las cosas parecían más negras, nunca perdí las esperanzas.
II *n* **1. the dark** (*darkness*): **I used to be afraid of the dark** antes me daba miedo la oscuridad; **what are you doing here in the dark?** ¿qué haces aquí a oscuras? • **don't keep me in the dark** no me tengas sin saber qué pasa. **2.** (*nightfall*): **we set off before/after dark** partimos antes/después del anochecer.
dark glasses *n pl* gafas *f pl* negras * oscuras, (*Amér L*) anteojos *m pl* oscuros.
darkroom *n* cuarto *m* oscuro.

darken /'dɑ:kən/ *vi* [**darkens, darkening, darkened**] (*colour, hair*) oscurecerse, ponerse más oscuro -ra: **the sky was darkening** el cielo se estaba poniendo oscuro • **his face darkened** frunció el ceño.
♦ *vt* oscurecer.

darkly /'dɑ:klɪ/ *adv* en tono sombrío: **he will not return, she said darkly** no regresará, dijo en tono sombrío.

darkness /'dɑ:knəs/ *n* oscuridad *f*: **suddenly the room was plunged into darkness** de pronto la habitación quedó sumida en la oscuridad; **the house was in complete darkness** la casa estaba completamente a oscuras.

darling /'dɑ:lɪŋ/ **I** *n* **1.** (*as a term of endearment*) cariño: **would you make me some tea, darling?** ¿me haces un té, cariño?; **be a darling and bring me some tea** anda, sé un encanto y tráeme un poco de té. **2.** (*favourite person*): **she's the darling of the media** es la niña mimada de la prensa.
II *adj* querido -da.

darn /dɑ:n/ **I** *vt/i* [**darns, darning, darned**] zurcir.
II *n* zurcido *m*.
III *adj, adv* (*también* **darned**) (*fam*) maldito -ta.
IV *excl* (*fam*) caray.

dart /dɑ:t/ **I** *n* **1.** (*as weapon, for game*) dardo *m*. **2.** (*in sewing*) pinza *f*. **3. darts** *[lleva el verbo en singular]* (*game*) dardos *m pl*.
II *vi* [**darts, darting, darted**]: **she darted** *out* **before I could speak to her** salió disparada antes de que pudiera hablarle; **they darted** *into* **the classroom** se metieron rápidamente en la clase.
♦ *vt* lanzar: **she darted a look at them** les lanzó una rápida mirada.

dash /dæʃ/ **I** *n* [**dashes**] **1.** (*of pepper, nutmeg, etc.*) pizca *f*, poquito *m*: **add a dash of vinegar** añadir unas gotas * un chorrito de vinagre. **2.** (*punctuation mark*) guión *m* (*entre números o para indicar pausa*). **3.** (*rush, sprint*): **they all made a dash** *for* **the swings** todos se precipitaron hacia los columpios; (*US: Sport*) sprint *m*.
II *vi* [**dashes, dashing, dashed**]: **I really must dash** tengo que irme volando.
♦ *vt*: **the waves dashed the boat against the rocks** las olas lanzaron el barco contra las rocas.
to **dash off** *vi* (*to hurry away*) salir corriendo: **he dashed off into the night** desapareció en la oscuridad de la noche.
♦ *vt* (*to compose quickly*): **she can dash off a poem in no time** es capaz de escribir un poema en un momento.

dashboard /'dæʃbɔ:d/ *n* (*of car*) salpicadero *m*, (*Amér L*) tablero *m*; (*of plane, boat*) tablero *m* de mandos, panel *m*.

dashing /'dæʃɪŋ/ *adj* gallardo -da, apuesto -ta.

data /'deɪtə/ *n* datos *m pl*: **the data is held on computer** los datos están computerizados.
database *n* base *f* de datos.
data capture *n* captura *f* de datos.
data processing *n* proceso *m* * procesamiento *m* de datos.
data transmission *n* transmisión *f* de datos.

date /deɪt/ **I** *n* **1.** (*day*) fecha *f*: **what's today's date?** * **what date is it today?** ¿qué fecha es hoy?, ¿a cuántos estamos?; **the date was 5 June 1923** la fecha era 5 de junio de 1923; **we've had no news of them** *to* **date** no hemos recibido noticias suyas hasta la fecha. **2.** (*meeting with boyfriend, girlfriend*): **they went** *on* **a date last night** salieron juntos ayer por la noche; (*person*): **who's your date tonight?** ¿con quién has quedado para salir esta noche? **3.** (*fruit*) dátil *m*.
II *vt* [**dates, dating, dated**] **1.** (*letter*) fechar: **a letter dated 30 November 1991** una carta con fecha del 30 de noviembre de 1991; (*fossil, archaeological finding*) datar. **2.** (*US: person*) salir con: **he dated my sister for a while** salió un tiempo con mi hermana.
♦ *vi* **1.** (*building*) datar: **it dates** *from* **the tenth century** data del siglo X; **a tradition which dates** *from* * *back to* **the fifteenth century** una tradición cuyos orígenes se remontan al siglo XV. **2.** (*to become old-fashioned*): **extreme styles date very quickly** los estilos muy extravagantes se pasan de moda enseguida. **3.** (*US: person*): **she hasn't started dating yet** todavía no ha empezado a salir con chicos; **how long have they been dating?** ¿cuánto tiempo llevan saliendo juntos?
date of birth *n* fecha *f* de nacimiento: **what's his date of birth?** ¿cuál es su fecha de nacimiento?
date rape *n* violación *f* en una cita.
date stamp *n* (*instrument, mark*) matasellos *m*.

dated /'deɪtɪd/ *adj* pasado -da de moda, anticuado -da.

dative /'deɪtɪv/ (*Ling*) **I** *adj* dativo -va.
II *n* dativo *m*.

daub /dɔ:b/ *vt* [**daubs, daubing, daubed**] embadurnar: **she daubed the walls** *with* **thick, red paint** embadurnó las paredes con una pintura roja y espesa.

daughter /'dɔ:tə/ *n* hija *f*.
daughter-in-law *n* [**daughters-in-law**] nuera *f*.

daunt /dɔ:nt/ *vt* [**daunts, daunting, daunted**]: **we were daunted** *by* **the thought of all that work** nos sentíamos amilanados ante la perspectiva de tanto trabajo.

daunting /'dɔ:ntɪŋ/ *adj*: **the journey was a daunting prospect** me sentía amilanado ante la perspectiva del viaje; **it was a daunting task** nos sentíamos amilanados ante la envergadura de la tarea.

dawdle /'dɔ:dəl/ *vi* [**dawdles, dawdling, dawdled**] perder el tiempo: **stop dawdling and get ready for school** deja de hacerte el remolón y prepárate para ir al colegio; **don't dawdle** *over* **your dinner** no te eternices cenando.

dawn /dɔ:n/ **I** *n* **1.** (*of day*) amanecer *m*, alba *f* [takes ***el***

or ***un*** in singular]: **we leave *at* dawn** partimos al amanecer; **they work hard *from* dawn *to* dusk** trabajan duro de sol a sol; **he woke up as dawn was breaking** se despertó al amanecer * al romper el alba. **2.** (*of era*) despertar *m*, albores *m pl*: **this was the dawn of the computer age** éste fue el despertar * éstos fueron los albores de la era de la informática.
II *vi* [**dawns, dawning, dawned**] **1.** (*day*) amanecer. **2.** (*idea, fact*): **then it dawned *on* me why she wasn't coming** entonces caí en la cuenta de por qué ella no iba a venir.

day /deɪ/ *n* día *m*: **she works a three-day week** trabaja tres días a la semana; **what day is it today?** ¿qué día es hoy?; **we arrive the day before the wedding** llegamos la víspera de la boda; **we didn't see her (on) the following day** al día siguiente no la vimos; **Mother's Day** el día de la madre; **in the days before antibiotics, infections could kill** cuando todavía no había antibióticos, las infecciones podían provocar la muerte • **she'll be here any day now** llegará cualquier día de éstos • **it's difficult to get a job these days** es difícil encontrar trabajo hoy en día • **it's early days yet** todavía es pronto • **vinyl records have had their day** los discos de vinilo ya han tenido su cuarto de hora • **in the good old days the cinema was cheap** en los viejos tiempos el cine era barato • **those were the days!** ¡qué tiempos aquéllos! • **the hotel had seen better days** el hotel había tenido épocas mejores • **I think we should call it a day** creo que basta por hoy • **her letter made my day** su carta me alegró el día • **it's a year to the day since we met** hoy hace exactamente un año que nos conocimos • **I was there just the other day** estuve allí el otro día * hace un par de días • **you'll be sorry one * some day** va a llegar el día en que te arrepientas • **they haven't spoken to this day** hasta el día de hoy no se hablan • **he ended his days in poverty** acabó sus días en la pobreza • **the situation gets worse by the day** cada día que pasa empeora la situación • **"Maybe Bob will offer to do it." "That'll be the day!"** "Quizás Bob se ofrezca a hacerlo." "¡Sí, cuando las ranas críen cola!" • **they're saving for a rainy day** están ahorrando por si llega la época de las vacas flacas.

daybreak *n* amanecer *m*, alba *f* [takes ***el*** or ***un*** in singular].

daydream I *n* ensueño *m*.
II *vi* [**daydreams, daydreaming, daydreamed**] soñar despierto.

day off *n* día *m* libre.

day return *n*: *billete de ida y vuelta a precio reducido válido por un día.*

day shift *n* turno *m* de día.

day trip *n* excursión *f* (*de un día*): **we went on a day trip to Calais** fuimos de excursión a Calais.

daylight /ˈdeɪlaɪt/ *n* (*daybreak*) amanecer *m*; (*light*) luz *f* • **their house was burgled in broad daylight** les entraron a robar en pleno día.

daze /deɪz/ **I** *vt* [**dazes, dazing, dazed**] aturdir: **he was dazed but otherwise unhurt** quedó aturdido pero no se hizo daño.
II *n*: **they left the hospital *in* a daze** salieron del hospital como aturdidos.

dazzle /ˈdæzəl/ *vt* [**dazzles, dazzling, dazzled**] deslumbrar: **they were all dazzled *by* her beauty** quedaron deslumbrados por su belleza.

dazzling /ˈdæzəlɪŋ/ *adj* deslumbrante.

DC /diːˈsiː/ **1.** (*abreviatura de* **Direct Current**) corriente *f* continua. **2.** (*in US*) (*abreviatura de* **District of Columbia**) distrito *m* de Columbia.

deacon /ˈdiːkən/ *n* diácono *m*.

deaconess /ˈdiːkənes/ *n* [**deaconesses**] diaconisa *f*.

dead /ded/ **I** *adj* **1.** (*not alive*) muerto -ta: **I realized he was dead** me di cuenta de que estaba muerto; **she's been dead for years** hace años que murió; **police discovered a dead body** la policía encontró un cadáver • **I wouldn't be seen dead in that coat!** ¡no me pongo ese abrigo ni muerta! **2.** (*language*) muerto -ta. **3.** (*not functioning*): **these batteries are dead** estas pilas están gastadas; **you won't get through, the line's dead** no conseguirás llamar, no hay línea. **4.** (*numb*) dormido -da: **my foot's gone dead** se me ha dormido el pie. **5.** (*silence*) sepulcral, absoluto -ta; (*calm*) absoluto -ta.
II *adv* (*fam*) **1.** (*totally*) completamente: **we were dead tired** estábamos muertos de cansancio; **it was dead easy** fue facilísimo; **she's dead against emigrating** está totalmente en contra de la idea de emigrar. **2.** (*exactly*): **he was dead right as usual** dio en el clavo, como de costumbre; **she arrived dead *on* six** llegó a las seis en punto * a las seis clavadas.
III *n* **1.** (*people*): **the dead were buried in France** los muertos fueron enterrados en Francia; **there were five hundred dead** hubo quinientos muertos. **2.** (*middle*): **the ghost always appears *at* the dead of night** el fantasma siempre se aparece en plena noche.

dead end *n* callejón *m* sin salida: **the talks reached a dead end** las conversaciones entraron en un callejón sin salida; **this job is a dead end** este trabajo no tiene futuro ninguno.

deadline *n* fecha *f* límite * tope: **when's the deadline *for* this essay?** ¿hasta cuándo hay de plazo para entregar este trabajo?

deadlock *n* punto *m* muerto.

deadpan *adj* inexpresivo -va: **her humour is very deadpan** es de los humoristas que mantienen un rostro totalmente inexpresivo.

Dead Sea *n*: **the Dead Sea** el mar Muerto.

deaden /ˈdedən/ *vt* [**deadens, deadening, deadened**] (*blow*) amortiguar; (*pain*) calmar, aliviar.

deadly /ˈdedlɪ/ **I** *adj* [**deadlier, deadliest**] **1.** (*disease, sting*) mortal; (*weapon*) mortífero -ra. **2.** (*fam: boring*) aburridísimo -ma.
II *adv* (*extremely*): **it was deadly boring * dull** era aburridísimo.

deaf /def/ **I** *adj* sordo -da: **he went deaf very young** se quedó sordo muy joven; **they were deaf *to* our warnings** hicieron oídos sordos a nuestras advertencias.
II the deaf *n pl* los sordos.

deaf-and-dumb *adj* sordomudo -da.

deafen /ˈdefən/ *vt* [**deafens, deafening, deafened**] ensordecer: **stop shouting, you're deafening me!** ¡deja de gritar, me vas a dejar sordo!

deafening /ˈdefənɪŋ/ *adj* ensordecedor -dora.

deaf-mute /defˈmjuːt/ *n* sordomudo -da *m/f*.

deafness /ˈdefnəs/ *n* sordera *f*.

deal /diːl/ **I** *n* **1.** (*business agreement*) acuerdo *m*: **OK, it's a deal then!** de acuerdo, ¡trato hecho!; **do we have a deal?** ¿cerramos trato? • **he feels he's had a raw deal from the company** piensa que la empresa se portó muy mal con él • **so you lost, big deal!** bueno, perdiste, ¿y qué? • **he didn't have to make such a big deal out of it** no tenía por qué darle tanta importancia. **2.** (*in card game*): **it's your deal, Clive** te toca dar a ti, Clive. **3.** (*amount*): **they put a great deal**

of effort into it pusieron muchísimo empeño en ello; **you've lost a good deal of weight** has adelgazado mucho.
II *vt* [**deals, dealing, dealt**] (*cards, blow*) dar.
♦ *vi* (*in card game*) dar.
to **deal in** *vt* negociar con: **she deals in antiques** compra y vende antigüedades; **he was arrested for dealing in stolen goods** lo detuvieron por negociar con objetos robados.
to **deal with** *vt* (*to tackle*): **we must find a way to deal with this problem** debemos encontrar la manera de solucionar este problema; **who deals with the post?** ¿quién se ocupa del correo?; **and as for Sam, I'll deal with him later** y en cuanto a Sam, ya me ocuparé yo de él; (*to have as subject*) tratar de; (*to treat*) tratar: **the report deals with the problem in depth** el informe trata el problema a fondo; (*to conduct business with*) tratar con: **we prefer to deal always with the same company** preferimos tratar siempre con la misma compañía.

dealer /ˈdiːlə/ *n* **1.** (*in business*) comerciante *m/f*; (*representing a large company*) representante *m/f*; (*dealing in drugs, weapons*) traficante *m/f*. **2.** (*in card game*) *persona que reparte las cartas*.

dealing /ˈdiːlɪŋ/ **I** *n* (*treatment*) trato *m*: **she was noted for her fair dealing with her staff** era famosa por el trato justo que daba a sus empleados.
II dealings *n pl* (*contact*) trato *m*, relaciones *f pl*: **I'd rather not have any dealings *with* them** preferiría no tener que tratar con ellos.

dealt /delt/ *pretérito y participio pasado de* ⇨ deal

dean /diːn/ *n* **1.** (*Relig*) deán *m*. **2.** (*Educ*) decano -na *m/f*.

dear /dɪə/ **I** *adj* **1.** (*beloved*) querido -da: **she's one of my dearest friends** es una de mis amigas más queridas. **2.** (*in correspondence*): **Dear Helen** Querida Helen; **Dear Sir** Estimado Señor; **Dear Madam** Estimada Señora; **Dear Mr and Mrs Appleby** Estimados Sres. Appleby. **3.** (*expensive*) caro -ra.
II *n* (*term of affection*) cariño: **how are you feeling today, dear?** ¿cómo te sientes hoy, cariño?
III *excl*: **oh dear! I've broken it!** ¡uy! se me ha roto; **dear oh dear!** ¡Dios mío!

dearly /ˈdɪəlɪ/ *adv* mucho: **he loved his children dearly** quería mucho a sus hijos; **she'll make you pay dearly for that** te lo va a hacer pagar caro.

dearth /dɜːθ/ *n* escasez *f*.

death /deθ/ *n* muerte *f*: **they had been beaten *to* death** las habían matado a golpes; **they froze/starved *to* death** (se) murieron de frío/de hambre; **he was sentenced * condemned *to* death** fue condenado a muerte; **he was put *to* death** lo ejecutaron; **the railway era marked the death of canal transport** la era del ferrocarril significó el ocaso del transporte por canal • **she was bored to death** se aburría como una ostra • **I'm sick to death of work!** ¡estoy hasta las narices del trabajo! • **we were frightened to death by the avalanche** el alud nos dio un susto de muerte • **I held on like grim death** me agarré como si mi vida dependiera de ello.
deathbed *n* lecho *m* de muerte.
death certificate *n* partida *f* * certificado *m* de defunción.
death duties *n pl* derechos *m pl* de sucesión, impuesto *m* a la herencia.
death penalty *n* pena *f* de muerte.
death rate *n* índice *m* de mortalidad.
death sentence *n* condena *f* a muerte.
deathtrap *n*: **the old building is a deathtrap** el viejo edificio es un auténtico peligro.

deathly /ˈdeθlɪ/ **I** *adj* (*silence*) sepulcral.
II *adv*: **her face was deathly white** tenía una palidez mortal * cadavérica.

debar /dɪˈbɑː/ *vt* [**debars, debarring, debarred**] excluir: **they were debarred *from* the club** se les prohibió la entrada al club.

debase /dɪˈbeɪs/ *vt* [**debases, debasing, debased**] degradar.

debatable /dɪˈbeɪtəbəl/ *adj* discutible: **whether he's a competent employee is debatable** es discutible que sea un empleado competente.

debate /dɪˈbeɪt/ **I** *vt* [**debates, debating, debated**] (*to discuss*) debatir, discutir: **yesterday they debated the economic crisis** ayer se debatió la crisis económica; (*to consider*) deliberar: **I'm debating whether or not to go to Madrid** estoy deliberando * tratando de decidir si ir o no a Madrid.
♦ *vi* debatir, discutir.
II *n* debate *m*: **the issue is still *under* debate** se sigue debatiendo el tema; **after considerable debate, the government decided against a referendum** tras largas deliberaciones, el gobierno decidió no convocar un referéndum • **this interpretation is open to debate** esta interpretación es discutible.

debauched /dɪˈbɔːtʃt/ *adj* (*person, behaviour*) libertino -na, licencioso -sa; (*life*) disipado -da.

debauchery /dɪˈbɔːtʃərɪ/ *n* libertinaje *m*.

debilitate /dɪˈbɪlɪteɪt/ *vt* [**debilitates, debilitating, debilitated**] debilitar: **he has a debilitating illness** padece una enfermedad debilitante.

debit /ˈdebɪt/ **I** *n* debe *m*.
II *vt* [**debits, debiting, debited**] cargar: **twenty pounds was debited *from* his account each month** cargaban veinte libras al mes a su cuenta.
debit card *n* tarjeta *f* de débito.

debrief /diːˈbriːf/ *vt* [**debriefs, debriefing, debriefed**] pedirle informes a: **the soldiers were debriefed after the mission** los soldados rindieron informes al regresar de la misión.

debriefing /diːˈbriːfɪŋ/ *n*: *sesión en la cual se informa sobre una misión que se ha llevado a cabo.*

debris /ˈdebrɪ/ *n* escombros *m pl*.

debt /det/ *n* deuda *f*: **they had got *into* debt** se habían endeudado; **I am six hundred pounds *in* debt at the moment** en este momento mis deudas ascienden a seiscientas libras; **I cannot thank you enough, I will always be *in* your debt** no tengo palabras para expresar mi agradecimiento, siempre estaré en deuda contigo.
debt collector *n* cobrador -dora *m/f* de deudas.

debtor /ˈdetə/ *n* deudor -dora *m/f*.

debunk /diːˈbʌŋk/ *vt* [**debunks, debunking, debunked**] (*theory, person, administration*) desacreditar.

debut /ˈdeɪbjuː/ *n* debut *m*: **she made her debut at La Scala in 1969** hizo su debut en la Scala en 1969.

Dec. *léase* /dɪˈsembə/ (*abreviatura de* **December**) diciembre *m*.

decade /ˈdekeɪd/ *n* década *f*, decenio *m*.

decadence /ˈdekədəns/ *n* decadencia *f*.

decadent /ˈdekədənt/ *adj* decadente.

decaffeinated /diːˈkæfɪneɪtɪd/ *adj* descafeinado -da.

decant /dɪˈkænt/ *vt* [**decants, decanting, decanted**] decantar.

decanter /dɪˈkæntə/ *n* licorera *f*.

decapitate /dɪˈkæpɪteɪt/ *vt* [**decapitates, decapita-**

ting, decapitated] decapitar.

decathlon /dɪ'kæθlɒn/ *n* decatlón *m*.

decay /dɪ'keɪ/ **I** *n* (*of teeth*) caries *f inv*; (*of organic matter*) descomposición *f*; (*of house, church*) deterioro *m*: **the old town hall is in a terrible state of decay** el antiguo ayuntamiento está desmoronándose; **the decay of moral standards** la decadencia moral.
II *vt* [**decays, decaying, decayed**] (*teeth*) cariar.
♦*vi* (*teeth*) cariarse; (*vegetation, corpse*) pudrirse, descomponerse: **the old town had gradually decayed over the years** el casco antiguo se había ido deteriorando con el paso de los años.

deceased /dɪ'si:st/ **I** *adj* difunto -ta.
II the deceased *n* (*one person*) el difunto, la difunta: **the deceased has left no will** el difunto no ha dejado testamento; (*more than one person*) los difuntos, las difuntas.

deceit /dɪ'si:t/ *n* engaño *m*, embuste *m*: **that is what happens when you practise deceit** eso es lo que ocurre cuando se miente.

deceitful /dɪ'si:tfʊl/ *adj* (*person*) embustero -ra, mentiroso -sa: **the money was obtained by deceitful means** obtuvieron el dinero valiéndose de engaños.

deceitfully /dɪ'si:tfʊlɪ/ *adv* de manera engañosa: **he behaved deceitfully towards his family** engañó a su familia.

deceive /dɪ'si:v/ *vt* [**deceives, deceiving, deceived**] engañar: **you're deceiving yourself if you think he's telling the truth** te engañas si crees que dice la verdad; **I was deceived** *into* **thinking they'd be there** me hicieron creer que estarían allí.

December /dɪ'sembə/ *n* diciembre *m*. ➪ June

decency /'di:sənsɪ/ *n* **1.** (*in morals, modesty*) decencia *f*, decoro *m*. **2.** (*courtesy*) cortesía *f*: **it's only common decency to ask first** se pregunta primero, es una cuestión de elemental cortesía; **you might have had the decency to invite me as well** podrías haber tenido la delicadeza de invitarme también a mí.

decent /'di:sənt/ *adj* **1.** (*respectable*) decente: **that bikini isn't decent!** ¡ese bikini no es decente * decoroso! **2.** (*satisfactory: meal, tip, wage*) decente. **3.** (*amiable*) gentil, amable: **it was very decent of him to take us to lunch** fue muy gentil de su parte llevarnos a comer.

decently /'di:səntlɪ/ *adv* **1.** (*respectably: to live*) decentemente; (*: to dress, behave*) decentemente, decorosamente: **I'm not decently dressed yet** todavía no estoy presentable. **2.** (*kindly*) gentilmente, amablemente.

decentralization /di:ˌsentrəlaɪ'zeɪʃən/ *n* descentralización *f*.

decentralize /di:'sentrəlaɪz/ *vt* [**decentralizes, decentralizing, decentralized**] descentralizar.

deception /dɪ'sepʃən/ *n* engaño *m*.

deceptive /dɪ'septɪv/ *adj* engañoso -sa.

decibel /'desɪbel/ *n* decibel *m*, decibelio *m*.

decide /dɪ'saɪd/ *vt* [**decides, deciding, decided**] **1.** (*to choose*) decidir: **they've decided to come with me** han decidido acompañarme; **he decided not to tell her** decidió no decírselo; (*to cause to choose*) decidir: **what finally decided you to leave?** ¿qué te decidió a irte? **2.** (*to resolve*) decidir: **the tournament will be decided by Saturday's match** el torneo se decidirá en el partido del sábado; **money was a deciding factor in her taking the post** el dinero fue un factor decisivo para que ella aceptase el puesto.
♦*vi* (*to choose*) decidir: **we haven't yet decided** *on* **where to live** todavía no hemos decidido dónde vivir; **in the end, they decided** *against* **inviting her** al final decidieron no invitarla; (*to make up one's mind*) decidir(se): **I just can't decide** no (me) puedo decidir; **she finally decided** *on* **the small one** al final se decidió por el pequeño.

decided /dɪ'saɪdɪd/ *adj* marcado -da, claro -ra: **there is a decided difference in quality between them** hay una marcada diferencia de calidad entre ellos; **there has been a decided improvement in your work** tu trabajo ha mejorado sensiblemente.

decidedly /dɪ'saɪdɪdlɪ/ *adv* decididamente.

deciduous /dɪ'sɪdjʊəs/ *adj* de hoja caduca.

decimal /'desɪməl/ *adj*, *n* decimal *adj*, *m*.
decimal fraction *n* fracción *f* decimal.
decimal place *n* decimal *m*.
decimal point *n* coma *f* decimal, (*Col, Méx*) punto *m* decimal.
decimal system *n* sistema *m* métrico (decimal).

decimalize /'desɪməlaɪz/ *vt* [**decimalizes, decimalizing, decimalized**] decimalizar.

decimate /'desɪmeɪt/ *vt* [**decimates, decimating, decimated**] (*frml*) diezmar.

decipher /dɪ'saɪfə/ *vt* [**deciphers, deciphering, deciphered**] descifrar.

decision /dɪ'sɪʒən/ *n* decisión *f*: **they haven't come to * reached a decision yet** todavía no han tomado una decisión; **the government seems to lack decision** al gobierno parece faltarle decisión.

decisive /dɪ'saɪsɪv/ *adj* **1.** (*factor*) decisivo -va; (*victory*) concluyente, decisivo -va. **2.** (*person*) decidido -da, resuelto -ta: **his problem is that he's not decisive enough** su problema es que no es lo suficientemente decidido.

deck /dek/ *n* **1.** (*of ship*) cubierta *f*: **he was** *on* **deck sunbathing** estaba tomando el sol en cubierta; (*of bus*) piso *m*. **2.** (*of playing cards*) baraja *f*, mazo *m*.
to **deck out** *vt* [**decks, decking, decked**] decorar: **the church was decked out** *with* **flowers** la iglesia estaba decorada con flores.

deck chair /'dektʃeə/ *n* tumbona *f*, silla *f* de playa.

declaration /deklə'reɪʃən/ *n* declaración *f*.

declare /dɪ'kleə/ *vt* [**declares, declaring, declared**] declarar: **the government has declared its interest in the scheme** el gobierno ha declarado * manifestado su interés en el proyecto; **they have declared war** han declarado la guerra; **have you anything to declare?** ¿tiene algo que declarar?

decline /dɪ'klaɪn/ **I** *n* **1.** (*decrease*) descenso *m*: **recent months have seen a decline** *in* **unemployment** en los últimos meses se ha producido un descenso en las cifras del desempleo; **the crime rate in this area is** *on* **the decline** el índice de criminalidad está bajando en esta zona. **2.** (*decadence*) declive *m*, decadencia *f*.
II *vi* [**declines, declining, declined**] **1.** (*to become worse: health*) empeorar, deteriorarse; (*: standards*) decaer. **2.** (*to become smaller*) disminuir: **membership of the organization has declined steadily** el número de miembros de la organización ha ido disminuyendo a ritmo constante. **3.** (*to refuse*): **I'd like to come, but I must decline** me gustaría ir, pero me temo que no puedo aceptar.
♦*vt* (*to refuse*) no aceptar, declinar: **she declined his offer** no aceptó su oferta.

decode /di:'kəʊd/ *vt* [**decodes, decoding, decoded**] descodificar, descifrar.

decoder /di:'kəʊdə/ *n* descodificador *m*.

decompose /diːkəmˈpəʊz/ *vi* [**decomposes, decomposing, decomposed**] descomponerse, pudrirse.

decomposition /ˌdiːkɒmpəˈzɪʃən/ *n* descomposición *f*.

decompression /ˌdiːkəmˈpreʃən/ *n* descompresión *f*.

decompression chamber *n* cámara *f* de descompresión.

décor, **decor** /ˈdeɪkɔː/ *n* (*in a house, restaurant*) decoración *f*; (*on stage*) escenografía *f*, decorado *m*.

decorate /ˈdekəreɪt/ *vt* [**decorates, decorating, decorated**] **1.** (*cake, hall for a party*) decorar: **they decorated the room** *with* **ivy** decoraron la sala con hiedra; (*house, room: with paint*) pintar; (*: with wallpaper*) empapelar. **2.** (*Mil*) condecorar: **several soldiers were decorated** *for* **bravery** varios soldados fueron condecorados por su valentía.
♦ *vi* (*with paint*) pintar; (*with wallpaper*) empapelar.

decoration /ˌdekəˈreɪʃən/ *n* **1.** (*act of decorating: gen*) decoración *f*; (*: a room, a house*) pintura *f* y/o empapelado *m*. **2.** (*adornment*) adorno *m*: **we bought some decorations for the Christmas tree** compramos unos adornos para el árbol de Navidad. **3.** (*award*) condecoración *f*.

decorative /ˈdekərətɪv/ *adj* decorativo -va.

decorator /ˈdekəreɪtə/ *n* pintor -tora *m/f*.

decorum /dɪˈkɔːrəm/ *n* decoro *m*.

decoy /ˈdiːkɔɪ/ *n* señuelo *m*.

decrease /dɪˈkriːs/ **I** *vt* [**decreases, decreasing, decreased**] reducir: **we aim to decrease the number of burglaries in the area** nuestro objetivo es reducir el número de robos en la zona.
♦ *vi* (*output, number*) disminuir; (*interest, demand*) decaer.
II *n* descenso *m*, disminución *f*: **there has been a decrease** *in* **reservations this month** ha habido un descenso en las reservas este mes.

decree /dɪˈkriː/ **I** *n* decreto *m*.
II *vt* [**decrees, decreeing, decreed**] decretar.

decrepit /dɪˈkrepɪt/ *adj* decrépito -ta: **he's very old and decrepit now** está envejecido y decrépito; **they live in a decrepit Victorian mansion** viven en una vetusta y deteriorada mansión victoriana.

decry /dɪˈkraɪ/ *vt* [**decries, decrying, decried**] (*frml*) censurar, condenar.

dedicate /ˈdedɪkeɪt/ *vt* [**dedicates, dedicating, dedicated**] dedicar: **he dedicated his first novel** *to* **his sister** le dedicó su primera novela a su hermana; **they dedicate all their time** *to* **fighting for equal opportunities** dedican todo su tiempo a luchar por la igualdad de oportunidades.

dedicated /ˈdedɪkeɪtɪd/ *adj* dedicado -da: **I've never known anyone so dedicated** *to* **their work** nunca conocí a nadie tan dedicado a su trabajo.

dedication /ˌdedɪˈkeɪʃən/ *n* **1.** (*to a project, task*) dedicación *f*. **2.** (*of a book*) dedicatoria *f*.

deduce /dɪˈdjuːs/ *vt* [**deduces, deducing, deduced**] deducir: **we deduced that he was the only one who could have done it** dedujimos que ✻ llegamos a la conclusión de que sólo él podría haberlo hecho; **this cannot be deduced** *from* **the information we have** esto no se desprende de la información que tenemos.

deduct /dɪˈdʌkt/ *vt* [**deducts, deducting, deducted**] descontar: **the money will be deducted** *from* **your salary** se le descontará el dinero del sueldo.

deductible /dɪˈdʌktəbəl/ *adj* (*gen*) descontable; (*for tax purposes*) desgravable: **these are deductible expenses** estos gastos son desgravables.

deduction /dɪˈdʌkʃən/ *n* **1.** (*reasoning*) deducción *f*. **2.** (*from salary, for tax, etc.*) retención *f*: **is that all you're left with after deductions?** ¿es eso todo lo que te queda después de las retenciones?

deed /diːd/ *n* **1.** (*action*) obra *f*: **now I've done my good deed for the day** acabo de hacer mi buena obra del día; (*feat*) hazaña *f*. **2.** (*legal document*) escritura *f*.

deed poll *n* escritura *f* unilateral: **he changed his name** *by* **deed poll** se cambió el nombre oficialmente.

deem /diːm/ *vt* [**deems, deeming, deemed**] (*frml*) considerar, juzgar: **he deemed it necessary to inform the parents** consideró ✻ juzgó necesario informar a los padres.

deep /diːp/ **I** *adj* **1.** (*gen*) profundo -da: **you shouldn't swim there, it's very deep** no deberías nadar allí, es muy profundo ✻ hondo; **she had a deep cut on her knee** tenía una herida profunda en la rodilla; **he fell into a deep sleep** quedó profundamente dormido; **she took several deep breaths to calm herself** respiró profundamente varias veces para tranquilizarse; (*in measurements*): **a hole ten metres deep** un agujero de diez metros de profundidad; **how deep is the pool?** ¿qué profundidad tiene la piscina? **2.** (*sound*) grave, bajo -ja: **her voice is deeper than mine** tiene la voz más grave que yo. **3.** (*colour*) intenso -sa, fuerte: **she chose a deep purple** eligió un morado intenso. **4.** (*serious*): **you are in deep trouble** estás metido en un buen lío. **5.** (*person, thinking*) profundo -da.
II *adv*: **you have to dig down deep to find gold** tienes que excavar hondo para encontrar oro; **deep down she regretted it** en el fondo lo sentía; **people were standing ten deep on the platform** la gente esperaba en el andén en filas de diez en fondo; **she was deep in thought** estaba sumida en sus cavilaciones • **feelings of resentment run deep in the community** hay unos sentimientos de rencor muy arraigados en la comunidad.

deep end *n* (*of a swimming pool*) parte *f* honda • **Mickey went off the deep end when we told him** Mickey se puso como una fiera cuando se lo dijimos • **I was thrown in at the deep end** me metieron de lleno en lo más difícil.

deepfreeze *n* congelador *m*, (*Amér L*) freezer *m*.

deep-rooted, **deep-seated** *adj* muy arraigado -da.

deep-sea fishing *n* pesca *f* de altura.

deepen /ˈdiːpən/ *vt* [**deepens, deepening, deepened**] (*hole*) ahondar, hacer más profundo ✻ hondo; (*knowledge*) profundizar, ahondar.
♦ *vi* (*waters, stream*) hacerse más profundo: **just at the point where the river deepens** justo donde el río se hace más profundo; (*voice*) hacerse más grave; (*interest, knowledge*) aumentar: **she watched with deepening concern** observaba con creciente preocupación; **his colour deepened as he became angrier** le iban subiendo los colores a medida que se ponía más furioso.

deeply /ˈdiːplɪ/ *adv* (*to breathe, move*) profundamente: **we are deeply sorry to hear of your loss** sentimos profundamente tu pérdida; **she was deeply hurt by the remark** el comentario la hirió en lo más profundo.

deer /dɪə/ *n* [*pl* **deer**] ciervo *m*.

deface /dɪˈfeɪs/ *vt* [**defaces, defacing, defaced**] estropear, desfigurar.

defamation /ˌdefəˈmeɪʃən/ *n* (*frml*) difamación *f*.

defamatory /dɪˈfæmətərɪ/ *adj* (*frml*) difamatorio -ria.

defame /dɪˈfeɪm/ *vt* [**defames, defaming, defamed**] (*frml*) difamar.

default /dɪˈfɔːlt/ **I** *vi* [**defaults, defaulting, defaulted**]

1. (*to fail to pay*) dejar de pagar: **we've never defaulted** *on* **our mortgage payments** siempre hemos pagado los plazos de la hipoteca. **2.** (*in sporting event*) no presentarse.

II *n* **1.** (*Fin*) mora *f*, impago *m*. **2.** (*absence*): **I won the match** *by* **default** gané el partido por incomparecencia de mi adversario; **he was chosen** *by* **default** resultó elegido a falta de otros candidatos. **3.** (*Inform*): **the default keyboard setting is Spanish** la opción por defecto es el teclado español.

defeat /dɪˈfi:t/ **I** *n* derrota *f* • **we had to admit defeat** nos tuvimos que dar por vencidos.

II *vt* [**defeats, defeating, defeated**] derrotar: **Yates defeated Decker in the final** Yates derrotó a Decker en la final; **the crossword defeated us in the end** el crucigrama era tan difícil que al final nos dimos por vencidos; **why he wants to do that defeats me** no logro entender por qué quiere hacer eso.

defeatism /dɪˈfi:tɪzəm/ *n* derrotismo *m*.

defeatist /dɪˈfi:tɪst/ *adj, n* derrotista *adj, m/f*.

defecate /ˈdefɪkeɪt/ *vi* [**defecates, defecating, defecated**] (*frml*) defecar.

defect I /ˈdi:fekt/ *n* defecto *m*.

II /dɪˈfekt/ *vi* [**defects, defecting, defected**] pasarse al bando contrario: **she defected** *from* **Cuba** *to* **Mexico in 1968** huyó de Cuba a México en 1968.

defective /dɪˈfektɪv/ *adj* (*product, mechanism*) defectuoso -sa; (*verb*) defectivo -va.

defence, (*US*) **defense** /dɪˈfens/ *n* defensa *f*: **billions are invested yearly in defence** anualmente se invierten billones en defensa; **however, I will say this** *in* **their defence...** sin embargo, voy a añadir esto en su defensa...; **Mrs Gilling was called as a witness** *for* **the defence** llamaron a la señora Gilling como testigo de la defensa.

defence forces, (*US*) **defense forces** *n pl* fuerzas *f pl* defensivas.

defence mechanism, (*US*) **defense mechanism** *n* mecanismo *m* de defensa.

defenceless /dɪˈfensləs/ *adj* indefenso -sa.

defend /dɪˈfend/ *vt* [**defends, defending, defended**] defender: **the country was unable to defend itself** *against* **enemy attack** el país no pudo defenderse del ataque enemigo; **Miss Johnson is the defending champion** la señorita Johnson es la campeona que defiende su título.

♦ *vi* defender: **United are defending very well** el United está defendiendo muy bien; **the castle was built to defend** *against* **attack from the Danes** el castillo fue construido como defensa contra los ataques de los daneses.

defendant /dɪˈfendənt/ *n* acusado -da *m/f*.

defense /dɪˈfens/ *n y palabras compuestas* (*US*) ➪ defence

defenseless /dɪˈfensləs/ *adj* (*US*) indefenso -sa.

defensive /dɪˈfensɪv/ **I** *adj* defensivo -va.

II *n* • **United were on the defensive throughout the game** el United estuvo a la defensiva durante todo el partido.

defer /dɪˈfɜ:/ *vt* [**defers, deferring, deferred**] aplazar, posponer.

♦ *vi*: **we have to defer** *to* **the management's decision on this matter** en este asunto hay que someterse a ✱ acatar la decisión de la administración.

deference /ˈdefərəns/ *n* (*frml*) deferencia *f*: **we only attended** *in* **deference** *to* **our visitor** sólo fuimos por deferencia hacia nuestro huésped.

deferential /ˌdefəˈrenʃəl/ *adj* (*frml*) deferente, respetuoso -sa.

defiance /dɪˈfaɪəns/ *n* actitud *f* desafiante: **it was clearly an act of defiance** fue claramente una provocación; **they did it** *in* **defiance** *of* **their parents' wishes** lo hicieron a despecho de los deseos de sus padres.

defiant /dɪˈfaɪənt/ *adj* (*disrespectful*) insolente; (*challenging*) desafiante, provocador -dora.

defiantly /dɪˈfaɪəntlɪ/ *adv* (*disrespectfully*) insolentemente; (*in a challenging way*) de modo desafiante ✱ provocador.

deficiency /dɪˈfɪʃənsɪ/ *n* [**deficiencies**] **1.** (*insufficiency*) insuficiencia *f*, deficiencia *f*: **she has a vitamin E deficiency** tiene insuficiencia de vitamina E. **2.** (*imperfection*) defecto *m*.

deficient /dɪˈfɪʃənt/ *adj* deficiente: **their diet is deficient** *in* **protein** su alimentación es deficiente en proteínas.

deficit /ˈdefɪsɪt/ *n* déficit *m*.

defile /dɪˈfaɪl/ *vt* [**defiles, defiling, defiled**] (*frml*: *reputation*) mancillar; (*: sacred place*) profanar.

define /dɪˈfaɪn/ *vt* [**defines, defining, defined**] (*word, concept*) definir; (*problem, duties*) definir, delimitar.

definite /ˈdefɪnɪt/ *adj* **1.** (*final*) definitivo -va: **we need a definite answer by Friday** necesitamos una respuesta definitiva antes del viernes; (*certain*) seguro -ra: **she seemed quite definite about wanting to go** parecía estar muy segura de que quería ir; **it's not definite that they'll come** no es seguro que vayan a venir; (*clear, appreciable*) sensible: **I've noticed a definite improvement in your work** he notado una sensible mejora en tu trabajo. **2.** (*exact*) específico -ca: **there are definite guidelines to be followed** hay unas pautas específicas que hay que seguir.

definite article *n* artículo *m* definido.

definitely /ˈdefɪnɪtlɪ/ *adv*: **she's definitely a lot happier now** no cabe duda de que ahora está mucho más contenta; **is James definitely going to be there?** ¿seguro que James va a estar allí?; **he's definitely not Spanish** seguro que no es español.

definition /ˌdefɪˈnɪʃən/ *n* definición *f*: **it is impractical** *by* **definition** es poco práctico por definición.

definitive /dɪˈfɪnɪtɪv/ *adj* definitivo -va: **the definitive biography of the princess** el libro de mayor autoridad sobre la vida de la princesa.

deflate /dɪˈfleɪt/ *vt* [**deflates, deflating, deflated**] **1.** (*balloon*) desinflar; (*economy*) deflactar. **2.** (*to depress*) desanimar, desalentar; (*to humble*): **that certainly deflated his ego** eso sí que le bajó los humos.

♦ *vi* (*balloon*) desinflarse.

deflation /dɪˈfleɪʃən/ *n* (*Fin*) deflación *f*.

deflect /dɪˈflekt/ *vt* [**deflects, deflecting, deflected**] desviar.

deforestation /di:fɒrəˈsteɪʃən/ *n* despoblación *f* forestal, deforestación *f*.

deform /dɪˈfɔ:m/ *vt* [**deforms, deforming, deformed**] deformar: **the accident left her foot deformed** le quedó el pie deformado a causa del accidente.

deformity /dɪˈfɔ:mətɪ/ *n* [**deformities**] deformidad *f*, deformación *f*.

defraud /dɪˈfrɔ:d/ *vt* [**defrauds, defrauding, defrauded**] estafar a: **they defrauded the state** *of* **millions of dollars** estafaron millones de dólares al estado.

defrost /di:ˈfrɒst/ *vt* [**defrosts, defrosting, defrosted**] **1.** (*refrigerator, food*) descongelar. **2.** (*US*: *Auto*) deshelar, quitar el hielo de.

♦ *vi* (*refrigerator*) descongelarse.

deft /deft/ *adj* diestro -tra, hábil.

defunct /dɪ'fʌŋkt/ *adj* desaparecido -da: **I was working for the now defunct Amity Organization** trabajaba para la desaparecida Amity Organization.

defuse /di:'fju:z/ *vt* [**defuses, defusing, defused**] (*a bomb*) desactivar • **fortunately, we were able to defuse the situation** por suerte, pudimos apaciguar los ánimos.

defy /dɪ'faɪ/ *vt* [**defies, defying, defied**] **1.** (*to disobey*) desacatar, desobedecer: **how dare you defy my orders!** ¿cómo se atreve a desacatar mis órdenes? **2.** (*to challenge*) desafiar: **I defy you to tell him that I did it** ¿a que no te atreves a decirle que lo hice yo? **3.** (*to resist*): **it defies all logic** no tiene ninguna lógica; **a novel which defies comparison** una novela que no admite comparación; **his behaviour defies description** su comportamiento no tiene nombre.

degenerate I /dɪ'dʒenəreɪt/ *vi* [**degenerates, degenerating, degenerated**] degenerar: **the argument degenerated** *into* **a fight** la discusión degeneró en pelea.
II /dɪ'dʒenərət/ *adj* degenerado -da.

degradation /ˌdegrə'deɪʃən/ *n* degradación *f*.

degrade /dɪ'greɪd/ *vt* [**degrades, degrading, degraded**] degradar.

degrading /dɪ'greɪdɪŋ/ *adj* degradante.

degree /dɪ'gri:/ *n* **1.** (*unit of measurement*) grado *m*: **the maximum temperature tomorrow will be eighteen degrees Celsius** la (temperatura) máxima de mañana será de dieciocho grados centígrados; **draw an angle of forty five degrees** dibuja un ángulo de cuarenta y cinco grados; (*amount*) grado *m*: **there is a degree of danger involved** conlleva cierto grado de peligro; **that is true,** *to* **a certain degree** eso es verdad, hasta cierto punto • **we're getting the work done by degrees** estamos haciendo el trabajo poco a poco. **2.** (*Educ*) título *m* universitario: **he's doing a degree course at Richmond University** está haciendo una carrera en la universidad de Richmond; **she has a degree** *in* **Biology** *from* **Granada University** es licenciada en Biología por la Universidad de Granada.

dehydrate /ˌdi:haɪ'dreɪt/ *vi* [**dehydrates, dehydrating, dehydrated**] deshidratar(se).
♦ *vt* deshidratar.

dehydration /ˌdi:haɪ'dreɪʃən/ *n* deshidratación *f*.

deign /deɪn/ *vi* [**deigns, deigning, deigned**] (*frml*) dignarse: **he wouldn't deign** *to* **see us** no se dignó a recibirnos.

deity /'deɪətɪ/ *n* [**deities**] deidad *f*.

dejected /dɪ'dʒektɪd/ *adj* desanimado -da, abatido -da.

dejectedly /dɪ'dʒektɪdlɪ/ *adv* con desaliento.

dejection /dɪ'dʒekʃən/ *n* abatimiento *m*, descorazonamiento *m*.

delay /dɪ'leɪ/ I *vt* [**delays, delaying, delayed**] **1.** (*to postpone*) posponer: **we had to delay our plans for a few months** tuvimos que posponer nuestros planes unos meses. **2.** (*to make late*) retrasar, demorar: **our plane was delayed for hours in Lima** el avión se retrasó * se demoró horas en Lima; **sorry we're late, we were delayed in the traffic** perdón por llegar tarde, nos retrasó el tráfico.
♦ *vi* tardar, demorar: **whatever you do, don't delay** hagas lo que hagas, no tardes * no demores.
II *n* retraso *m*, demora *f*: **we had a three-hour delay because of fog** tuvimos un retraso * una demora de tres horas debido a la niebla; **I want this letter sent without delay** quiero que esta carta se envíe inmediatamente * sin demora.

delectable /dɪ'lektəbəl/ *adj* delicioso -sa.

delegate I /'delɪgət/ *n* delegado -da *m/f*.
II /'delɪgeɪt/ *vi* [**delegates, delegating, delegated**] delegar: **she has no idea how to delegate** no sabe delegar.
♦ *vt* delegar: **she delegates some jobs** *to* **her assistant** delega algunas tareas en su ayudante; **Carter was delegated to welcome the visitors** designaron a Carter para recibir a los invitados.

delegation /ˌdelɪ'geɪʃən/ *n* (*body of representatives*) delegación *f*.

delete /dɪ'li:t/ *vt* [**deletes, deleting, deleted**] suprimir, borrar: **he had deleted the data** *from* **the hard disk** había borrado * eliminado los datos del disco duro.

deliberate I /dɪ'lɪbərət/ *adj* **1.** (*intended*) deliberado -da, premeditado -da: **I'm sorry, it wasn't deliberate** lo siento, no lo hice adrede * a propósito. **2.** (*unhurried*) pausado -da.
II /dɪ'lɪbəreɪt/ *vi* [**deliberates, deliberating, deliberated**] deliberar.
♦ *vt* deliberar sobre: **we've been deliberating whether or not to attend** hemos estado deliberando si asistir o no.

deliberately /dɪ'lɪbərətlɪ/ *adv* (*with intent*) a propósito: **he did it deliberately just to annoy me** lo hizo adrede * a propósito para fastidiarme; (*slowly*) pausadamente.

deliberation /dɪˌlɪbə'reɪʃən/ *n* deliberación *f*: **after much deliberation, we went ahead with our plan** tras largas deliberaciones, seguimos adelante con nuestro plan.

delicacy /'delɪkəsɪ/ *n* **1.** (*tact, fragility*) delicadeza *f*. **2.** [**delicacies**] (*food*) manjar *m*, exquisitez *f*: **we were served all kinds of delicacies** nos sirvieron todo tipo de manjares.

delicate /'delɪkət/ *adj* delicado -da: **he had long, delicate fingers** tenía los dedos largos y delicados; **this is still a delicate topic** todavía es un asunto delicado.

delicatessen /ˌdelɪkə'tesən/ *n* charcutería *f*.

delicious /dɪ'lɪʃəs/ *adj* delicioso -sa.

delight /dɪ'laɪt/ I *n* placer *m*, deleite *m*: **it's a delight to hear her sing** es un placer * da gusto oírla cantar; **she takes great delight in other people's misfortunes** se regodea con las desgracias ajenas.
II *vt* [**delights, delighting, delighted**] deleitar: **Tambini will delight you with his magic tricks** Tambini los deleitará con sus trucos de magia; **the news delighted his parents** sus padres quedaron encantados con la noticia.
♦ *vi*: **my sister delights** *in* **embarrassing me** a mi hermana le encanta hacerme pasar vergüenza.

delighted /dɪ'laɪtɪd/ *adj* encantado -da: **she was delighted to be asked** le encantó que la invitasen; **we'd be delighted!** ¡estaríamos encantados!; **I'd be delighted to help you** yo te ayudaría encantada.

delightful /dɪ'laɪtfʊl/ *adj* (*person, manners*) encantador -dora; (*evening*) muy agradable.

delinquency /dɪ'lɪŋkwənsɪ/ *n* delincuencia *f*: **juvenile delinquency is on the increase** la delincuencia juvenil está en aumento.

delinquent /dɪ'lɪŋkwənt/ *n* delincuente *m/f* (*generalmente joven*).

delirious /dɪ'lɪrɪəs/ *adj* **1.** (*Med*) delirante: **the fever made him delirious** la fiebre lo hacía delirar. **2.** (*ecstatic*): **we were delirious** *with* **joy when we found out** cuando lo supimos nos pusimos locos de alegría.

delirium /dɪˈlɪrɪəm/ *n* delirio *m*.

deliver /dɪˈlɪvə/ *vt* [**delivers, delivering, delivered**] **1.** (*to hand over*) entregar: **when was the parcel delivered?** ¿cuándo se entregó el paquete?; (*to distribute*) repartir; (*to take*) llevar: **we need a courier to deliver this package to the printer's** necesitamos un mensajero para llevar este paquete a la imprenta. **2.** (*speech*) pronunciar. **3.** (*baby*): **the baby was delivered at four in the morning** el niño nació a las cuatro de la mañana. **4.** (*to give*) asestar: **he delivered a blow to Smith's chin** le asestó un golpe en el mentón a Smith.

delivery /dɪˈlɪvərɪ/ *n* [**deliveries**] **1.** (*of post, etc.*) reparto *m*: **we have two deliveries a day** hay dos repartos de correo al día; (*of goods*) entrega *f*. **2.** (*of a speech: act of making*): **during the delivery of his speech he was interrupted several times** lo interrumpieron varias veces mientras pronunciaba el discurso; (*: manner of speaking*): **what he said was interesting but his delivery was poor** lo que dijo era interesante, pero como orador dejaba bastante que desear. **3.** (*Med*) parto *m*, alumbramiento *m*.

delivery man *n* repartidor *m*.

delivery van *n* camioneta *f* de reparto.

delta /ˈdeltə/ *n* delta *m*.

delude /dɪˈlu:d/ *vt* [**deludes, deluding, deluded**] engañar: **don't delude yourself** no te engañes; **I was deluded** *into* **believing him** me hicieron creer que era de fiar.

deluded /dɪˈlu:dɪd/ *adj* ingenuo -nua: **I was deluded enough to believe him** fui lo bastante ingenuo como para creerle; **they are completely deluded** están completamente engañados.

deluge /ˈdelju:dʒ/ (*frml*) **I** *n* diluvio *m*: **we've received a deluge of complaints** hemos recibido un aluvión de quejas.
II *vt* [**deluges, deluging, deluged**] inundar: **they've been deluged** *with* **orders for the new model** han recibido un aluvión de pedidos del nuevo modelo.

delusion /dɪˈlu:ʒən/ *n* ilusión *f*: **I was** *under* **the delusion that they'd offer me the job** me había hecho ilusiones de que me darían el trabajo.

delusions of grandeur *n pl* delirios *m pl* de grandeza.

deluxe, **de luxe** /dəˈlʌks/ *adj* de lujo.

delve /delv/ *vi* [**delves, delving, delved**] (*into one's pocket, into the past, etc.*) hurgar; (*into a subject*) ahondar: **journalists have been delving** *into* **the details of the deal** los periodistas han estado tratando de averiguar los detalles del acuerdo.

demagogue /ˈdeməgɒg/ *n* demagogo -ga *m/f*.

demand /dɪˈmɑ:nd/ **I** *vt* [**demands, demanding, demanded**] **1.** (*to insist on*) exigir: **Raymond demanded an apology** Raymond exigió una disculpa; **they are demanding better working conditions** exigen mejores condiciones laborales. **2.** (*to ask forcefully*): **where's my money? she demanded** ¿dónde está mi dinero? quiso saber. **3.** (*to require*) requerir, exigir: **this exam will demand a lot of hard work** este examen requerirá mucho trabajo.
II *n* **1.** (*for a product*) demanda *f*: **there is little demand** *for* **typewriters nowadays** hoy en día no hay mucha demanda de máquinas de escribir; **they are** *in* **tremendous demand right now** en este momento están muy solicitadas. **2.** (*request*): **tickets must be produced** *on* **demand** debe presentar la entrada cuando se la soliciten; (*claim*) exigencia *f*: **he mustn't keep making demands** *on* **you like this** no debe seguir exigiéndote tanto. **3.** (*in an industrial dispute*) reivindicación *f*: **they won't return until their demands have been met** no regresarán hasta que sean atendidas sus reivindicaciones.

demanding /dɪˈmɑ:ndɪŋ/ *adj* (*person*) exigente: **she has a very demanding job** tiene un trabajo que le exige muchísimo.

demarcation /ˌdi:mɑ:ˈkeɪʃən/ *n* demarcación *f*.

demean /dɪˈmi:n/ *vt* [**demeans, demeaning, demeaned**]: **you mustn't demean yourself like that** no deberías rebajarte así; **it's such a demeaning job** es un trabajo denigrante.

demeanour, (*US*) **demeanor** /dɪˈmi:nə/ *n* (*conduct*) comportamiento *m*, conducta *f*.

demented /dɪˈmentɪd/ *adj* demente.

demise /dɪˈmaɪz/ *n* (*frml*) muerte *f*.

demo /ˈdeməʊ/ *n* (*apócope de* **demonstration**) (*fam*) **1.** (*march, rally*) manifestación *f*. **2.** (*of how something functions*) demostración *f*.

demobilization /di:ˌməʊbɪlaɪˈzeɪʃən/ *n* desmovilización *f*.

demobilize /di:ˈməʊbɪlaɪz/ *vt* [**demobilizes, demobilizing, demobilized**] desmovilizar.

democracy /dɪˈmɒkrəsɪ/ *n* [**democracies**] democracia *f*.

democrat /ˈdeməkræt/ *n* demócrata *m/f*.

democratic /ˌdeməˈkrætɪk/ *adj* democrático -ca.

demography /di:ˈmɒgrəfɪ/ *n* demografía *f*.

demolish /dɪˈmɒlɪʃ/ *vt* [**demolishes, demolishing, demolished**] **1.** (*building*) derribar, demoler. **2.** (*argument, theory*) echar por tierra.

demolition /ˌdeməˈlɪʃən/ *n* demolición *f*, derribo *m*.

demon /ˈdi:mən/ *n* demonio *m*.

demonstrate /ˈdemənstreɪt/ *vt* [**demonstrates, demonstrating, demonstrated**] demostrar: **she demonstrated how to put the lifejacket on** demostró cómo ponerse el chaleco salvavidas.
♦ *vi* manifestarse: **we're demonstrating** *against* **the new motorway** nos estamos manifestando contra la nueva autopista.

demonstration /ˌdemənˈstreɪʃən/ *n* **1.** (*march, rally*) manifestación *f*. **2.** (*of how something functions*) demostración *f*: **go on then, give us a demonstration** anda, haznos una demostración.

demonstrative /dɪˈmɒnstrətɪv/ *adj* **1.** (*effusive*): **he's not a very demonstrative person** no es el tipo de persona que exterioriza sus sentimientos. **2.** (*Ling*) demostrativo -va.

demonstrator /ˈdemənstreɪtə/ *n* manifestante *m/f*.

demoralize /dɪˈmɒrəlaɪz/ *vt* [**demoralizes, demoralizing, demoralized**] desmoralizar.

demote /dɪˈməʊt/ *vt* [**demotes, demoting, demoted**] **1.** (*in armed services*) degradar. **2.** (*in organization, company*) rebajar de categoría.

demotion /dɪˈməʊʃən/ *n* **1.** (*in armed services*) degradación *f*. **2.** (*in organization, company*): **I left after my demotion** me fui después de que me rebajaran de categoría.

demur /dɪˈmɜ:/ (*frml*) **I** *vi* [**demurs, demurring, demurred**] vacilar: **he demurred** *at* **the idea of going alone** vacilaba ante la idea de ir solo.
II *n*: **they agreed without demur** aceptaron sin poner ningún reparo.

demure /dɪˈmjʊə/ *adj* **1.** (*modest*) recatado -da: **she gave a demure smile** sonrió con recato. **2.** (*affected*) afectado -da.

demurely /dɪˈmjʊəlɪ/ *adv* **1.** (*with modesty*) recatadamente, con pudor. **2.** (*with affectation*) afectadamente.

den /den/ *n* **1.** (*of animals*) guarida *f*. **2.** (*secret place*) antro *m*: **that bar is a den of iniquity** ese bar es un antro de perversión; **the police discovered an illegal gambling den** la policía descubrió un garito ilegal. **3.** (*fam: room*) *habitación destinada a fines recreativos.*

denial /dɪ'naɪəl/ *n* **1.** (*of accusation*) desmentido *m*: **the government issued a denial of the accusation** el gobierno desmintió la acusación. **2.** (*of request*) negativa *f*. **3.** (*of a principle*) negación *f*: **this law is a denial of democracy** esta ley es una negación de la democracia.

denier /'denɪˌeɪ/ *n* (*of tights, stockings*) denier *m inv*.

denigrate /'denɪgreɪt/ *vt* [**denigrates, denigrating, denigrated**] denigrar.

denim /'denɪm/ **I** *n* (*material*) tela *f* de vaqueros, (*Amér C, Chi, Méx*) mezclilla *f*: **a denim waistcoat** un chaleco vaquero ✱ tejano.

II denims *n pl* vaqueros *m pl*, tejanos *m pl*, (*Amér L*) (blue)jeans *m pl*.

Denmark /'denmɑːk/ *n* Dinamarca *f*.

denomination /dɪnɒmɪ'neɪʃən/ *n* **1.** (*Relig*) confesión *f*. **2.** (*Fin: of coins, banknotes*) valor *m*.

denominational /dɪˌnɒmɪ'neɪʃənəl/ *adj* confesional: **a non-denominational school** una escuela no confesional.

denote /dɪ'nəʊt/ *vt* [**denotes, denoting, denoted**] (*frml*) **1.** (*to indicate*) indicar: **the letter R denotes a registered trademark** la letra R indica que se trata de una marca registrada. **2.** (*to mean*) significar.

denounce /dɪ'naʊns/ *vt* [**denounces, denouncing, denounced**] (*gen*) denunciar: **the press denounced the misuse of public funds** la prensa denunció la malversación de fondos; (*a person*) acusar: **he was denounced** *as* **a traitor** lo acusaron de ser un traidor.

dense /dens/ *adj* **1.** (*forest*) denso -sa, frondoso -sa. **2.** (*cloud, fog*) denso -sa, espeso -sa. **3.** (*fam: stupid*) burro -rra, corto -ta de entendederas.

densely /'denslɪ/ *adv* densamente: **the island is densely populated** la isla está densamente poblada ✱ tiene una gran densidad de población.

density /'densətɪ/ *n* [**densities**] densidad *f*: **oxygen has a lower density than iron** el oxígeno tiene menos densidad que el hierro; **the city has a high population density** la ciudad tiene una gran densidad de población.

dent /dent/ **I** *n* **1.** (*in surface*) abolladura *f*, bollo *m*: **the brick made a dent** *in* **the roof of the car** el ladrillo abolló el techo del coche. **2.** (*fam: in finances*): **the cost of the repair made a dent** *in* **our savings** el coste de la reparación se comió buena parte de nuestros ahorros.

II *vt* [**dents, denting, dented**] **1.** (*surface*) abollar: **he dented the door** *with* **his suitcase** abolló la puerta con la maleta. **2.** (*fam: reputation*) hacer mella en: **the scandal dented his reputation** el escándalo hizo mella en su reputación.

dental /'dentəl/ *adj* dental.

dental clinic *n* consultorio *m* dental.

dental floss *n* seda *f* dental.

dental surgeon *n* odontólogo -ga *m/f*.

dentist /'dentɪst/ *n* dentista *m/f*: **he's gone to the dentist's** ha ido al dentista.

dentistry /'dentɪstrɪ/ *n* odontología *f*.

dentures /'dentʃəz/ *n pl* dentadura *f* postiza.

denude /dɪ'njuːd/ *vt* [**denudes, denuding, denuded**] despojar.

denunciation /dɪˌnʌnsɪ'eɪʃən/ *n* denuncia *f*.

deny /dɪ'naɪ/ *vt* [**denies, denying, denied**] **1.** (*a fact*) negar: **he denies (that) we gave him the money** niega que le hayamos dado el dinero; **she denies knowing him** niega conocerlo ● **there's no denying that she's a very intelligent woman** no se puede negar que es una mujer muy inteligente; (*reports*) desmentir: **the government strongly denied allegations of corruption** el gobierno desmintió con firmeza las acusaciones de corrupción. **2.** (*to prohibit*) denegar: **we were denied access** no nos fue permitida la entrada. **3.** (*to repudiate*) renegar de: **he has denied all his former beliefs** ha renegado de todas sus antiguas creencias.

deodorant /diː'əʊdərənt/ *n* desodorante *m*.

depart /dɪ'pɑːt/ *vi* [**departs, departing, departed**] marcharse, partir: **our train departs at midnight** nuestro tren sale a medianoche.

to **depart from** *vt* (*frml: script, standard practice*) apartarse de: **he has departed from his former conservatism** se ha alejado de las posturas conservadoras que había mantenido hasta la fecha.

departed /dɪ'pɑːtɪd/ (*frml*) **I** *adj* (*dead*) difunto -ta.

II the departed *n* (*one person*) el difunto, la difunta; (*more than one person*) los difuntos, las difuntas.

department /dɪ'pɑːtmənt/ *n* **1.** (*in office, bank, shop*) sección *f*: **he works in another department** trabaja en otra sección; **the sportswear department is on the ground floor** la sección de ropa de deporte está en la planta baja; (*in university, school*) departamento *m*: **this is the Science Department** aquí está el Departamento de Ciencias. **2.** (*Pol*) ministerio *m*: **the Department of Trade and Industry** el Ministerio de Industria y Comercio; **the State Department** el Departamento de Estado. **3.** (*fam: speciality*) especialidad *f*: **gardening isn't my department** la jardinería no es lo mío.

department store *n* grandes almacenes *m pl*: **she works in a department store** trabaja en unos grandes almacenes.

departmental /ˌdiːpɑːt'mentəl/ *adj* departamental: **a departmental reorganization was announced** anunciaron una reestructuración del departamento.

departure /dɪ'pɑːtʃə/ *n* **1.** (*leaving*) partida *f*: **she felt elated after his departure** estaba muy contenta de que él se hubiera ido. **2.** (*of train, plane*) salida *f*: **the departure of flight 103 was delayed for one hour** el vuelo 103 salió con una hora de retraso. **3.** (*change, deviation*): **in a complete departure** *from* **previous statements...** contrariamente a todo lo que habían afirmado hasta la fecha...; **her research represents a new departure** *in* **linguistics** sus investigaciones constituyen una nueva orientación dentro de la lingüística.

departure lounge *n* sala *f* de embarque.

depend /dɪ'pend/ *vi* [**depends, depending, depended**] depender: **it depends** depende; **that depends** eso depende ● **well, it all depends** bueno, depende.

to **depend on** *vt* **1.** (*to need*) depender de: **the country depends on its income from tourism** el país depende de los ingresos del turismo. **2.** (*to count on*) contar con: **you can never depend on Mary to arrive on time** nunca se puede contar con que Mary llegue a la hora; **I wouldn't depend on him if I were you** yo que tú no confiaría demasiado en él. **3.** (*to be decided by*) depender de: **where we go depends on how much money we save** depende de cuánto dinero ahorremos iremos a un sitio o a otro.

dependability /dɪˌpendə'bɪlətɪ/ *n* **1.** (*of people*) formalidad *f*. **2.** (*of things, machinery*) fiabilidad *f*.

dependable /dɪˈpendəbəl/ *adj* **1.** (*people*) formal, responsable: **don't worry, he's a dependable person** no te preocupes, es una persona responsable. **2.** (*things, machinery*) fiable.

dependant /dɪˈpendənt/ *n*: *persona que depende económicamente de otra (generalmente un familiar)*: **how many dependants do you have?** ¿cuántas personas tiene a su cargo?

dependence /dɪˈpendəns/, (*US*) **dependency** /dɪˈpendənsɪ/ *n* (*continuous need, addiction*) dependencia *f*: **he showed an increasing dependence** *on* * *upon* **his wife** mostraba una dependencia cada vez mayor de su esposa; **she suffers from severe alcohol dependence** padece una fuerte dependencia del alcohol.

dependent /dɪˈpendənt/ **I** *adj* **1.** (*in need of*) dependiente: **my grandparents are dependent** *on* **me** mis abuelos dependen de mí. **2.** (*decided by*): **your earnings will be dependent** *on* **your ability to work** el sueldo dependerá de su capacidad de trabajo.
II *n* (*US*) ➪ dependant

depict /dɪˈpɪkt/ *vt* [**depicts, depicting, depicted**] **1.** (*visually, in music*) representar: **the painting depicts the Queen's coronation** el cuadro representa la coronación de la reina. **2.** (*in writing*) describir, pintar: **in the novel he is depicted** *as* **a religious bigot** la novela lo pinta como un fanático religioso.

depiction /dɪˈpɪkʃən/ *n* **1.** (*visual, musical*) representación *f*. **2.** (*written*) descripción *f*.

deplete /dɪˈpliːt/ *vt* [**depletes, depleting, depleted**] (*frml*) reducir.

depletion /dɪˈpliːʃən/ *n* reducción *f*, agotamiento *m*.

deplorable /dɪˈplɔːrəbəl/ *adj* (*frml*) lamentable, deplorable: **it was a deplorable misuse of resources** fue un desperdicio de recursos lamentable.

deplorably /dɪˈplɔːrəblɪ/ *adv* (*frml*) deplorablemente, de forma deplorable.

deplore /dɪˈplɔː/ *vt* [**deplores, deploring, deplored**] (*frml*) deplorar: **the minister deplored the outrage** el ministro condenó el atentado.

deploy /dɪˈplɔɪ/ *vt* [**deploys, deploying, deployed**] **1.** (*troops*) desplegar: **their troops are deployed on both sides of the valley** han desplegado sus tropas a ambos lados del valle. **2.** (*to use*) emplear, utilizar: **all the company's resources were deployed** la empresa empleó todos sus recursos.

deployment /dɪˈplɔɪmənt/ *n* **1.** (*of troops*) despliegue *m*. **2.** (*use*) uso *m*.

depopulation /dɪˌpɒpjʊˈleɪʃən/ *n* despoblación *f*.

deport /dɪˈpɔːt/ *vt* [**deports, deporting, deported**] deportar: **the refugees were deported** *from* **the United States** *to* **their country of origin** Estados Unidos deportó a los refugiados a su país de origen.

deportation /ˌdiːpɔːˈteɪʃən/ *n* deportación *f*.

deportment /dɪˈpɔːtmənt/ *n* (*frml*) **1.** (*conduct*) comportamiento *m*. **2.** (*bearing*) porte *m*.

depose /dɪˈpəʊz/ *vt* [**deposes, deposing, deposed**] deponer, destituir: **the King was deposed by the army** el ejército depuso al rey.

deposit /dɪˈpɒzɪt/ **I** *vt* [**deposits, depositing, deposited**] **1.** (*to place, to put in a safe place*) depositar: **please deposit all valuables in the hotel safe** se ruega que depositen todos sus objetos de valor en la caja fuerte del hotel. **2.** (*to pay in*) ingresar: **I deposited fifty pounds** *in* **your account** ingresé cincuenta libras en tu cuenta.
II *n* **1.** (*of minerals*) depósito *m*, yacimiento *m*; (*in wine*) poso *m*. **2.** (*in account*) depósito *m*, ingreso *m*: **he has ten thousand dollars** *on* **deposit** tiene diez mil dólares a plazo fijo. **3.** (*on house, car*) entrada *f*: **we've put a deposit** *on* **a house** hemos dado una entrada para una casa; (*on less valuable item*) señal *f*: **he paid a sixty pound deposit** dejó una señal de sesenta libras. **4.** (*returnable payment*) depósito *m*, fianza *f*: **we need a month's rent as a deposit** necesitamos un mes de alquiler como depósito.

deposit account *n* cuenta *f* a plazo.

depot /ˈdepəʊ/ (*US*) /ˈdiːpəʊ/ *n* **1.** (*storage area*) almacén *m*: **he works in a spare parts depot** trabaja en un almacén de repuestos * recambios; (*Mil*) depósito *m*: **the arms depot was bombed** bombardearon el depósito de armas. **2.** (*GB*: *for vehicles*) cochera *f*: **the bus was taken back to the depot** se llevaron el autobús a la cochera. **3.** (*US*: *station*) estación *f*, terminal *f*: **is it far to the bus depot?** ¿queda lejos la estación de autobuses?

depraved /dɪˈpreɪvd/ *adj* depravado -da.

depravity /dɪˈprævətɪ/ *n* [**depravities**] depravación *f*.

depreciate /dɪˈpriːʃɪeɪt/ *vi* [**depreciates, depreciating, depreciated**] depreciarse, perder valor.

depreciation /dɪˌpriːʃɪˈeɪʃən/ *n* depreciación *f*.

depress /dɪˈpres/ *vt* [**depresses, depressing, depressed**] **1.** (*Med*: *to sadden*) deprimir: **this climate depresses me** este clima me deprime. **2.** (*Fin*: *to reduce*): **the recession has depressed house prices** la crisis ha hecho que baje el precio de la vivienda. **3.** (*frml*: *to press down*) apretar, presionar: **he depressed the clutch** pisó el embrague.

depressed /dɪˈprest/ *adj* **1.** (*sad*) deprimido -da: **she is depressed** *about* **her work** el trabajo la deprime. **2.** (*area*) deprimido -da (*económicamente*).

depressing /dɪˈpresɪŋ/ *adj* deprimente.

depression /dɪˈpreʃən/ *n* **1.** (*gen*) depresión *f*: **he's been suffering from depression for some time** lleva ya tiempo sufriendo una depresión. **2.** (*in economy*) crisis *f inv* económica, depresión *f*. **3.** (*Meteo*) borrasca *f*, depresión *f* atmosférica.

deprive /dɪˈpraɪv/ *vt* [**deprives, depriving, deprived**] privar: **she was deprived** *of* **her freedom** se vio privada de su libertad; **he was deprived** *of* **his only source of income** se quedó sin su única fuente de ingresos.

deprived /dɪˈpraɪvd/ *adj* (*area*) pobre: **she works in a deprived neighbourhood** trabaja en un barrio muy pobre; (*people*) desheredado -da, que pasa privaciones: **he had a deprived childhood** de niño pasó muchas privaciones.

dept. *léase* /dɪˈpɑːtmənt/ (*abreviatura de* **department**) dpto. (departamento).

depth /depθ/ **I** *n* **1.** (*Meas*) profundidad *f*: **the well has a depth of twenty metres** el pozo tiene veinte metros de profundidad; **a drawer twenty centimetres** *in* **depth** un cajón de veinte centímetros de profundidad; **he got** *out of* **his depth in the river** perdió pie en el río • **she was clearly out of her depth in the physics lesson** se veía que no entendía nada en la clase de física • **she was out of her depth in that job** ese trabajo le venía grande. **2.** (*of knowledge, crisis*) profundidad *f*: **they studied the question** *in* **depth** estudiaron el asunto a fondo * en profundidad; **many people don't realize the depth of the crisis** mucha gente no se da cuenta de lo profunda que es la crisis; (*of feeling*) intensidad *f*: **the depth of his despair was frightening** estaba tan desesperado que daba miedo.

II depths *n pl* profundidades *f pl*: **it's buried in the depths of the sea** está enterrado en las profundidades marinas • **they live in the depths of the country** viven en el campo en un sitio muy aislado • **it happened in the depths of winter** ocurrió en pleno invierno • **she was in the depths of despair** estaba totalmente desesperada.

deputation /ˌdepjʊˈteɪʃən/ *n* delegación *f*.

deputize /ˈdepjʊtaɪz/ *vi* [**deputizes, deputizing, deputized**] sustituir: **he deputized** *for* **me while I was away** me sustituyó durante mi ausencia.

deputy /ˈdepjʊtɪ/ *n* [**deputies**] **1.** (*second-in-command*): **he's been the deputy chairman for seven years** lleva siete años como vicepresidente; **he was elected deputy leader of the party** fue elegido vicepresidente del partido; **she's the deputy head of the school** es la subdirectora de la escuela. **2.** (*substitute*) sustituto -ta *m/f*: **who will be your deputy when you're away?** ¿quién te sustituirá mientras estés fuera? **3.** (*member of parliament*) diputado -da *m/f*.

derail /dɪˈreɪl/ *vt* [**derails, derailing, derailed**]: **the train was derailed** el tren descarriló; **the bandits derailed the train** los bandidos hicieron descarrilar el tren.

derailment /dɪˈreɪlmənt/ *n* descarrilamiento *m*.

deranged /dɪˈreɪndʒd/ *adj* perturbado -da, trastornado -da.

derangement /dɪˈreɪndʒmənt/ *n* trastorno *m* mental.

derelict /ˈderəlɪkt/ *adj* abandonado -da: **the town centre was full of derelict buildings** el centro de la ciudad estaba lleno de edificios abandonados.

deride /dɪˈraɪd/ *vt* [**derides, deriding, derided**] (*frml*) mofarse de.

derision /dɪˈrɪʒən/ *n* mofa *f*: **the proposal was received with derision** se mofaron de la propuesta.

derisive /dɪˈraɪsɪv/ *adj* (*tone*) de mofa, burlón -lona.

derisory /dɪˈraɪzərɪ/ *adj* **1.** (*offer*) irrisorio -ria: **he's paid a derisory salary** le pagan un sueldo irrisorio. **2.** (*comment*) desdeñoso -sa.

derivation /ˌderɪˈveɪʃən/ *n* (*Ling*): **what is the derivation of the word "Orphic"?** ¿de qué palabra deriva "órfico"?

derivative /dɪˈrɪvətɪv/ **I** *adj* (*Lit, Mus*) poco original.
II *n* (*Ling, Chem*) derivado *m*.

derive /dɪˈraɪv/ *vt* [**derives, deriving, derived**] (*frml*) obtener: **she derives a great deal of pleasure** *from* **her garden** el jardín le proporciona mucho placer; **he derived enormous profits** *from* **the sale of the factory** obtuvo cuantiosas ganancias por la venta de la fábrica.
♦ *vi* **1.** (*income, skill*) provenir. **2.** (*word*) derivar, provenir: **the word "bungalow" derives** *from* **Hindi** el vocablo "bungalow" proviene del hindi.

dermatitis /ˌdɜːməˈtaɪtɪs/ *n* dermatitis *f inv*.

dermatology /ˌdɜːməˈtɒlədʒɪ/ *n* dermatología *f*.

derogatory /dɪˈrɒgətərɪ/ *adj* despectivo -va.

derrick /ˈderɪk/ *n* **1.** (*crane*) grúa *f*. **2.** (*on oil rig*) torre *f* de perforación.

derv /dɜːv/ *n* (*GB*) gasoil *m*, gasóleo *m*.

DES /diːiːˈes/ *n* (*in GB*) (*abreviatura de* **Department of Education and Science**) Ministerio *m* de Educación.

descend /dɪˈsend/ *vt* [**descends, descending, descended**] bajar.
♦ *vi* **1.** (*to come down*) descender, bajar. **2.** (*to do something unworthy*) llegar: **he even descended** *to* **theft** llegó incluso a robar.

to **descend on** ✱ **upon** *vt* (*to overwhelm*) caer sobre: **on Sunday all my cousins descended on us** el domingo nos invadieron todos mis primos.

descendant /dɪˈsendənt/ *n* descendiente *m/f*: **he is a descendant** *of* **William Tell** es descendiente de Guillermo Tell.

descended /dɪˈsendɪd/ *adj*: **she is descended** *from* **Charles II** desciende de Carlos II.

descent /dɪˈsent/ *n* **1.** (*from a place, by plane*) descenso *m*. **2.** (*from ancestors*) ascendencia *f*: **he is** *of* **Mexican descent** es de ascendencia mexicana; **the family can trace its descent back to...** el árbol genealógico de la familia está documentado hasta....

describe /dɪˈskraɪb/ *vt* [**describes, describing, described**] **1.** (*appearance, place, situation*) describir: **can you describe it to me?** ¿me lo puede describir? **2.** (*to judge*) calificar: **I wouldn't describe him** *as* **a liar** no lo calificaría de mentiroso.

description /dɪˈskrɪpʃən/ *n* **1.** (*account*) descripción *f*: **he answers to the description given by the police** responde a la descripción que ha dado la policía; **the film was so bad it defied description** faltan palabras para describir lo mala que era la película. **2.** (*type*) clase *f*: **his bag was full of medicines of every description** llevaba la bolsa llena de medicinas de todas clases; **you must take a coat of some description** tienes que llevar algo de abrigo.

descriptive /dɪˈskrɪptɪv/ *adj* descriptivo -va.

desecrate /ˈdesɪkreɪt/ *vt* [**desecrates, desecrating, desecrated**] profanar.

desecration /ˌdesɪˈkreɪʃən/ *n* profanación *f*.

desert **I** /ˈdezət/ *n* desierto *m*: **the Gobi Desert** el desierto del Gobi.
II /dɪˈzɜːt/ *vt* [**deserts, deserting, deserted**] abandonar: **he deserted his wife and children** abandonó a su esposa y a sus hijos; **the soldier was accused of deserting his post** acusaron al soldado de abandonar su puesto.
♦ *vi* desertar: **my brother deserted** *from* **the Foreign Legion** mi hermano desertó de la Legión Extranjera.

desert island /ˈdezət ˈaɪlənd/ *n* isla *f* desierta.

deserted /dɪˈzɜːtɪd/ *adj* (*family, place*) abandonado -da: **they came to a deserted farmhouse** llegaron a una granja abandonada; **the bar was completely deserted** no había ni un alma en el bar.

deserter /dɪˈzɜːtə/ *n* desertor -tora *m/f*.

desertification /ˌdezətɪfɪˈkeɪʃən/ *n* desertización *f*.

desertion /dɪˈzɜːʃən/ *n* **1.** (*gen*) abandono *m*. **2.** (*Mil*) deserción *f*.

deserts /dɪˈzɜːts/ *n pl* • **he got his just deserts** se llevó su merecido.

deserve /dɪˈzɜːv/ *vt* [**deserves, deserving, deserved**] merecer(se): **she deserved to win** (se) mereció ganar; **after all your hard work you deserve your promotion** después de haber trabajado tanto, te mereces el ascenso; **she got what she deserved** se llevó su merecido.

deservedly /dɪˈzɜːvɪdlɪ/ *adv* merecidamente: **she got the job, and deservedly so** le dieron el puesto, y bien que se lo merecía.

deserving /dɪˈzɜːvɪŋ/ *adj* (*frml*): **they are deserving** *of* **our support** (se) merecen nuestro apoyo; **we should give the money to a deserving charity** deberíamos darle el dinero a alguna obra benéfica que lo merezca.

desiccated /ˈdesɪkeɪtɪd/ *adj* disecado -da.

desiccated coconut *n* coco *m* rallado.

design /dɪˈzaɪn/ **I** *n* **1.** (*gen*) diseño *m*. **2.** (*sketch: for a* *painting, sculpture*) boceto *m*; (: *for a building, machine*) plano *m*. **3.** (*pattern*) dibujo *m*. **4.** (*plan*) plan *m*; (*intention*) propósito *m* • **he did it by design** lo hizo a próposito • **she has designs on that post in New York** tiene puestas las miras en ese empleo en Nueva York.

II *vt* [**designs, designing, designed**] **1.** (*gen*) diseñar: **the church was designed by Christopher Wren** la iglesia la diseñó Christopher Wren; **he designs dresses for Princess Tanya** diseña vestidos para la Princesa Tanya. **2.** (*to intend*) concebir: **it's designed to sound the alarm if anyone enters** está programado para que suene la alarma si entra alguien.

♦ *vi* (*Art*) diseñar.

designate /ˈdezɪgneɪt/ **I** *vt* [**designates, designating, designated**] **1.** (*to name*) nombrar, designar: **they designated her to supervise construction** la designaron para supervisar la construcción; **he's been designated deputy director** lo han nombrado subdirector; **the valley was designated** *(as)* **a national park** el valle fue declarado parque natural. **2.** (*to show*) señalar: **these stones designate the boundary of his land** estas piedras señalan el límite de sus tierras.

II *adj*: **the director designate** el nuevo director (*que no ha asumido aún sus funciones*).

designation /ˌdezɪgˈneɪʃən/ *n* (*frml*) **1.** (*for a post, job*) designación *f*. **2.** (*name, title*) denominación *f*.

designer /dɪˈzaɪnə/ **I** *n* **1.** (*gen*) diseñador -dora *m/f*. **2.** (*draughtsperson*) delineante *m/f*.

II *adj* de diseño: **he wears designer suits** lleva trajes de diseño.

desirable /dɪˈzaɪərəbəl/ *adj* **1.** (*property*) atractivo -va: **they live in a highly desirable area** viven en una zona muy cotizada. **2.** (*course of action*) conveniente.

desire /dɪˈzaɪə/ **I** *vt* [**desires, desiring, desired**] desear: **this hotel leaves a lot to be desired** este hotel deja mucho que desear.

II *n* deseo *m*: **he expressed a desire to see his daughter before he died** expresó su deseo de ver a su hija antes de morir; **I haven't the slightest desire to live here for the rest of my life** no tengo el menor deseo de vivir aquí el resto de mi vida.

desirous /dɪˈzaɪərəs/ *adj* (*frml*) deseoso -sa.

desist /dɪˈsɪst/ *vi* [**desists, desisting, desisted**] (*frml*) desistir.

desk /desk/ *n* **1.** (*in office*) mesa *f*, escritorio *m*. **2.** (*in school*) pupitre *m*. **3.** (*in hotel*): **please leave your key at the (reception) desk** por favor, dejen las llaves en recepción. **4.** (*in shop, restaurant*) caja *f*: **please pay at the desk** pague en la caja, por favor.

desktop publishing *n* autoedición *f*.

desolate /ˈdesələt/ *adj* **1.** (*place*) desolado -da. **2.** (*person*) afligido -da, desolado -da.

desolation /ˌdesəˈleɪʃən/ *n* **1.** (*of place*) desolación *f*. **2.** (*grief*) aflicción *f*, desolación *f*.

despair /dɪˈspeə/ **I** *vi* [**despairs, despairing, despaired**] desesperar, perder la esperanza: **he despaired** *of* **ever finding the ring** había perdido la esperanza de volver a encontrar el anillo; **sometimes I despair** *at* **your ignorance** tu ignorancia a veces me desespera; **don't despair!** ¡no te desanimes!

II *n* desesperación *f*: **she's** *in* **despair** está desesperada • **he drives me to despair with his questions** me desespera con sus preguntas.

despairing /dɪˈspeərɪŋ/ *adj* (*look*) desesperado -da; (*cry*) de desesperación.

despairingly /dɪˈspeərɪŋlɪ/ *adv* con desesperación.

despatch /dɪˈspætʃ/ *n, vt* [**despatches, despatching, despatched**] *y palabras compuestas* ⇨ dispatch

desperate /ˈdespərət/ *adj* **1.** (*without hope*) desesperado -da: **she was getting more and more desperate** cada vez estaba más desesperada. **2.** (*serious*) grave: **we're in a desperate situation** nos encontramos en una situación muy grave. **3.** (*in urgent need*) necesitado -da: **the survivors were desperate** *for* **food and water** los supervivientes necesitaban urgentemente comida y agua; **I'm desperate** *for* **the loo!** ¡me muero por ir al servicio! **4.** (*ruthless*) *capaz de cometer cualquier fechoría*: **four desperate criminals have escaped from prison** cuatro peligrosos delincuentes se han fugado de prisión.

desperately /ˈdespərətlɪ/ *adv* **1.** (*hopelessly*) desesperadamente: **we swam desperately against the current** nadamos desesperadamente contra la corriente; **they fought desperately, but the stronger team won** lucharon denodadamente, pero el otro equipo era mejor y ganó. **2.** (*extremely*) gravemente: **he's desperately ill** está gravemente enfermo; **I desperately need some new shoes** me hacen muchísima falta unos zapatos nuevos; **they were desperately in love** estaban locamente enamorados.

desperation /ˌdespəˈreɪʃən/ *n* desesperación *f*: *in* **desperation, she robbed a bank** desesperada, atracó un banco.

despicable /dɪˈspɪkəbəl/ *adj* **1.** (*conduct*) rastrero -ra. **2.** (*person*) despreciable.

despicably /dɪˈspɪkəblɪ/ *adv* de forma despreciable.

despise /dɪˈspaɪz/ *vt* [**despises, despising, despised**] despreciar.

despite /dɪˈspaɪt/ *prep* a pesar de: **despite the rain, the beach was full of people** a pesar de que llovía, la playa estaba llena de gente; **I had to laugh, despite myself** aunque no quería, no tuve más remedio que reír.

despondency /dɪˈspɒndənsɪ/ *n* desaliento *m*, abatimiento *m*.

despondent /dɪˈspɒndənt/ *adj* desalentado -da, abatido -da.

despondently /dɪˈspɒndəntlɪ/ *adv* con desaliento * abatimiento.

despot /ˈdespɒt/ *n* déspota *m/f*.

despotism /ˈdespɒtɪzəm/ *n* despotismo *m*.

dessert /dɪˈzɜːt/ *n* postre *m*: **they had ice cream** *for* **dessert** de postre tomaron helado.

dessertspoon *n* **1.** (*piece of cutlery*) cuchara *f*. **2.** (*también* **dessertspoonful**) (*measurement*) cucharada *f*.

destination /ˌdestɪˈneɪʃən/ *n* destino *m*.

destined /ˈdestɪnd/ *adj* **1.** (*fated*) destinado -da: **the project was destined to be a failure** el proyecto estaba condenado al fracaso; **we were destined to come here** el destino quiso que viniéramos aquí; **she is destined** *for* **a brilliant career** le espera una brillante carrera. **2.** (*bound*) con destino: **an aircraft destined** *for* **Caracas** un avión con destino a Caracas.

destiny /ˈdestɪnɪ/ *n* [**destinies**] destino *m*.

destitute /ˈdestɪtjuːt/ *adj* indigente, en la miseria.

destitution /ˌdestɪˈtjuːʃən/ *n* indigencia *f*, miseria *f*.

destroy /dɪˈstrɔɪ/ *vt* [**destroys, destroying, destroyed**] **1.** (*buildings*) destruir: **the earthquake destroyed most of the town** el terremoto destruyó casi totalmente la ciudad; (*aspirations, reputation*) echar por tierra: **all hopes of peace were destroyed by the attack** el ataque echó por tierra toda esperanza de paz; **the article destroyed his professional reputa-**

tion el artículo destrozó su reputación profesional. **2.** (*animal*) sacrificar: **the horse had to be destroyed** tuvieron que sacrificar al caballo.

destroyer /dɪ'strɔɪə/ *n* (*Naut*) destructor *m*.

destruction /dɪ'strʌkʃən/ *n* **1.** (*act of destroying*) destrucción *f*: **he ordered the destruction of the documents** ordenó que se destruyeran los documentos; **the earthquake caused a lot of destruction** el terremoto produjo graves destrozos. **2.** (*downfall*) ruina *f*, perdición *f*: **alcohol was his destruction** su perdición fue el alcohol.

destructive /dɪ'strʌktɪv/ *adj* **1.** (*causing physical damage*) destructor -tora: **the destructive force of the waves demolished the wall** la fuerza destructora de las olas derribó el muro; (*person*): **he's a very destructive child** es un niño muy destrozón. **2.** (*critical*) destructivo -va: **her comments were very destructive** su crítica fue muy destructiva.

destructiveness /dɪ'strʌktɪvnəs/ *n* **1.** (*physical*) poder *m* destructor. **2.** (*of criticism, comments*) poder *m* destructivo.

desultory /'desəltərɪ/ *adj* (*frml*) **1.** (*person, way of working*) poco metódico -ca. **2.** (*remarks*) inconexo -xa.

detach /dɪ'tætʃ/ *vt* [**detaches, detaching, detached**] **1.** (*a cover, a cable*) quitar; (*a document*) separar: **the door became detached** *from* **its frame** la puerta se salió del marco. **2.** (*Mil*) destacar.

detachable /dɪ'tætʃəbəl/ *adj* separable, desmontable: **a detachable collar** un cuello de quita y pon.

detached /dɪ'tætʃt/ *adj* **1.** (*unconnected*) separado -da, suelto -ta. **2.** (*uninvolved*): **it's difficult to remain detached** *about* **the war** es difícil mantenerse indiferente ante esta guerra; **doctors try to remain detached** *from* **their patients** los médicos intentan no coger apego a sus pacientes; **he took a detached interest in the dispute** se interesaba de manera desapasionada por el conflicto.

detached house *n* casa *f* (*que no está adosada a otra*), chalé *m*.

detached retina *n* retina *f* desprendida.

detachment /dɪ'tætʃmənt/ *n* **1.** (*absence of involvement*) indiferencia *f*; (*objectivity*) imparcialidad *f*. **2.** (*of soldiers*) destacamento *m*.

detail /'di:teɪl/ **I** *n* **1.** (*gen*) detalle *m*, pormenor *m*: **he described the process** *in* **detail** describió el proceso con todo detalle; **I haven't time to go into detail** no tengo tiempo para entrar en detalles; **he has a good eye for detail** tiene buen ojo para los detalles; **call this number for more * further details** para más información, llame a este número. **2.** (*of soldiers*) destacamento *m*.

II *vt* [**details, detailing, detailed**] **1.** (*to list*) detallar, enumerar. **2.** (*soldiers*) destacar.

detailed /'di:teɪld/ *adj* detallado -da, pormenorizado -da: **he gave a detailed description of his attacker to the police** le dio a la policía una descripción detallada de su agresor.

detain /dɪ'teɪn/ *vt* [**detains, detaining, detained**] **1.** (*Law*) retener: **the suspect was detained at the airport for questioning** retuvieron al sospechoso en el aeropuerto para interrogarlo. **2.** (*frml: to delay*) entretener, retener: **I won't detain you for more than a few minutes** sólo voy a entretenerlo unos minutos.

detect /dɪ'tekt/ *vt* [**detects, detecting, detected**] **1.** (*to find out*) descubrir: **no evidence of corruption has been detected** no se ha descubierto ningún indicio de corrupción. **2.** (*to perceive*) detectar: **the device can detect an intruder at fifty metres** el dispositivo puede detectar la presencia de un intruso a cincuenta metros de distancia; **do I detect a hint of sarcasm?** ¿detecto un tono de sarcasmo en lo que dices?

detection /dɪ'tekʃən/ *n* (*gen*) descubrimiento *m*: **his fraud escaped detection for ten years** sus fraudes pasaron desapercibidos durante diez años; (*of the presence of a substance, etc.*) detección *f*.

detective /dɪ'tektɪv/ *n* detective *m/f*.

detective novel * story *n* novela *f* policiaca.

detector /dɪ'tektə/ *n* detector *m*.

détente, detente /deɪ'tɑ:nt/ *n* distensión *f*.

detention /dɪ'tenʃən/ *n* **1.** (*Law, Mil*) detención *f*, arresto *m*: **the culprit is** *in* **detention** el culpable está detenido. **2.** (*GB: Educ*): **he was given (a) detention** lo castigaron a quedarse después de clase.

detention centre *n* (*gen*) *establecimiento de detención*; (*GB: for young offenders*) correccional *m*.

deter /dɪ'tɜ:/ *vt* [**deters, deterring, deterred**] **1.** (*to discourage*) disuadir: **fines do not deter people** *from* **not paying their fares** con multas no se consigue disuadir a la gente de que viaje sin pagar; **this failure will not deter me** *from* **trying again** este fracaso no hará que desista de volver a intentarlo. **2.** (*to prevent*) impedir: **I couldn't deter her** *from* **leaving** no pude impedir que se fuera.

detergent /dɪ'tɜ:dʒənt/ *n* detergente *m*.

deteriorate /dɪ'tɪərɪəreɪt/ *vi* [**deteriorates, deteriorating, deteriorated**] deteriorarse, empeorar: **her sight began to deteriorate when she reached sixty** su vista empezó a deteriorarse después de cumplir los sesenta años.

deterioration /dɪˌtɪərɪə'reɪʃən/ *n* deterioro *m*: **there's been a deterioration** *in* **diplomatic relations** sus relaciones diplomáticas se han deteriorado.

determination /dɪˌtɜ:mɪ'neɪʃən/ *n* determinación *f*, resolución *f*: **he tackled the problem** *with* **determination** abordó el problema con resolución; **his determination to pass the exam had never been stronger** estaba más determinado que nunca a pasar el examen.

determine /dɪ'tɜ:mɪn/ *vt* [**determines, determining, determined**] **1.** (*to verify*) determinar: **they were unable to determine the cause of the accident** no lograron determinar la causa del accidente; **use the data to determine the speed of the vehicle** a partir de estos datos, determinar * calcular la velocidad del vehículo. **2.** (*to decide*) determinar: **his fitness will determine his chances of winning** su estado físico será lo que determine sus posibilidades de ganar. **3.** (*to resolve*) decidir, resolver: **he determined to give up smoking** decidió dejar de fumar.

determined /dɪ'tɜ:mɪnd/ *adj* **1.** (*person*) decidido -da, resuelto -ta: **he's a very determined politician** es un político muy decidido; **she's determined** *to* **return to Italy** está resuelta a volver a Italia. **2.** (*effort*) denodado -da.

determiner /dɪ'tɜ:mɪnə/ *n* determinante *m*.

deterrent /dɪ'terənt/ **I** *n* elemento *m* disuasorio * disuasivo: **the troops acted as a deterrent** *to* **further violence** la presencia de las tropas actuó como elemento disuasorio y previno una escalada de la violencia; **the alarm was no deterrent** *for* **the burglars** la alarma no detuvo a los ladrones.

II *adj* disuasorio -ria, disuasivo -va.

detest /dɪ'test/ *vt* [**detests, detesting, detested**] odiar, detestar.

detonate /'detəneɪt/ *vt* [**detonates, detonating,**

detonated] hacer detonar * explotar.
♦ *vi* detonar, explotar.

detonation /ˌdetəˈneɪʃən/ *n* detonación *f*.

detonator /ˈdetəˌneɪtə/ *n* detonador *m*.

detour /ˈdiːˌtʊə/ *n* **1.** (*gen*) rodeo *m*: **he took a detour to avoid the city centre** dio un rodeo para evitar el centro; **we made a detour to visit a church** dimos un rodeo para visitar una iglesia. **2.** (*US*: *to avoid roadworks*) desvío *m*.

detract /dɪˈtrækt/ *vi* [**detracts, detracting, detracted**]: **today's failure does not detract** *from* **her previous successes** el fracaso de hoy no les resta valor a * no les quita mérito a sus éxitos anteriores.

detriment /ˈdetrɪmənt/ *n* (*frml*) detrimento *m*, perjuicio *m*: **this pesticide may be used without detriment** *to* **the environment** el uso de este pesticida no daña el medio ambiente.

detrimental /ˌdetrɪˈmentəl/ *adj* perjudicial, nocivo -va: **fatty foods can be detrimental** *to* **your health** los alimentos grasos pueden ser perjudiciales para la salud.

deuce /djuːs/ *n* (*in tennis*) cuarenta iguales *m pl*.

devaluation /ˌdiːvæljuːˈeɪʃən/ *n* devaluación *f*.

devalue /diːˈvæljuː/ *vt* [**devalues, devaluing, devalued**] devaluar.

devastate /ˈdevəsteɪt/ *vt* [**devastates, devastating, devastated**] **1.** (*place*) devastar, asolar: **the fire devastated the city centre** el incendio devastó el centro de la ciudad. **2.** (*person*) destrozar: **we were devastated by the news** la noticia nos dejó destrozados.

devastating /ˈdevəsteɪtɪŋ/ *adj* **1.** (*hurricane, flood*) devastador -dora. **2.** (*effect*) abrumador -dora; (*news*) de efecto abrumador.

develop /dɪˈveləp/ *vt* [**develops, developing, developed**] **1.** (*gen*) desarrollar: **he's developed huge biceps since he began rowing** ha desarrollado mucho los bíceps desde que hace remo; **the machine had developed a fault** había surgido un problema con la máquina; (*trade*) impulsar, potenciar. **2.** (*to build on*) urbanizar: **the council plans to develop this land** el ayuntamiento proyecta urbanizar estas tierras. **3.** (*to work on*) desarrollar, trabajar en: **they are developing a new technique** están desarrollando una nueva técnica; **the oil fields will be developed as soon as possible** la explotación de los yacimientos petrolíferos comenzará lo más pronto posible. **4.** (*to acquire*) adquirir: **she's developing expensive tastes** está adquiriendo gustos caros; **he's developed an interest in the subject** se ha interesado en el tema. **5.** (*Med*: *illness*) contraer: **he's HIV positive, but hasn't developed AIDS** es seropositivo pero no tiene el sida; **he's developed a rash on his back** le ha salido una erupción en la espalda. **6.** (*photograph*) revelar: **you can get photos developed in an hour** se revelan fotos en una hora.
♦ *vi* **1.** (*gen*) desarrollarse; (*into something different*): **it has developed** *from* **a local event** *into* **a national festival** ha pasado de ser un acontecimiento local a ser un festival a nivel nacional. **2.** (*to come about*) producirse: **a situation has developed where many workers are over-qualified** hemos llegado a una situación en la que hay muchos trabajadores demasiado cualificados; **the story developed** *from* **this idea** la historia se elaboró a partir de esta idea; **new opportunities are developing all the time** constantemente surgen nuevas oportunidades.

developer /dɪˈveləpə/ *n* **1.** (*person*) promotor *m* inmobiliario, promotora *f* inmobiliaria. **2.** (*company*) promotora *f* inmobiliaria, inmobiliaria *f*.

developing country /dɪˈveləpɪŋ ˈkʌntrɪ/ *n* país *m* en vías de desarrollo.

development /dɪˈveləpmənt/ *n* **1.** (*of a person, a disease*) desarrollo *m*. **2.** (*improvement*) avance *m*, progreso *m*. **3.** (*change, occurrence*): **recent developments in the area are very worrying** los acontecimientos que recientemente han tenido lugar en la zona son muy inquietantes; **keep me informed of any further developments** manténgame informado sobre cualquier novedad. **4.** (*Archit*: *action, group of houses*) urbanización *f*: **the town council opposes the development of this area** el ayuntamiento se opone a la urbanización de esta zona; **a luxury housing development is to be built here** aquí se va a construir una urbanización de viviendas de lujo. **5.** (*exploitation*) explotación *f*: **development of another oil field has begun** se ha iniciado la explotación de otro yacimiento petrolífero; **an agricultural development scheme** un proyecto de explotación agrícola.

deviant /ˈdiːvɪənt/ **I** *adj* (*behaviour*) anómalo -la, que se aparta de la norma; (*sexually*) pervertido -da.
II *n* (*gen*) *persona cuya conducta se aparta de la norma*; (*sexual*) pervertido -da *m/f*.

deviate /ˈdiːvɪeɪt/ *vi* [**deviates, deviating, deviated**] desviarse: **his account deviates** *from* **the truth** su relato se aleja bastante de la verdad.

deviation /ˌdiːvɪˈeɪʃən/ *n* (*from norm*) desviación *f*: **this result shows a deviation** *from* **what we expected** este resultado se aparta de lo que esperábamos.

device /dɪˈvaɪs/ *n* **1.** (*Tec*) aparato *m*. **2.** (*scheme*) estratagema *f*, ardid *m* • **let's leave the children to their own devices** vamos a dejar a los niños a su aire.

devil /ˈdevəl/ *n* **1.** (*Relig*) diablo *m*, demonio *m*: **the Devil** el Diablo, el Demonio • **better the devil you know...** más vale malo conocido... • **talk of the devil** hablando del rey de Roma (por la puerta asoma) • **what the devil do you think you're doing?** ¿qué demonios crees que estás haciendo? • **we had a devil of a job getting the piano up the stairs** sudamos tinta para subir el piano por la escalera. **2.** (*fam*: *child*) diablillo *m*.

devilish /ˈdevəlɪʃ/ *adj* diabólico -ca.

devilishly /ˈdevəlɪʃlɪ/ *adv* (*fam*) sumamente: **it's a devilishly difficult piece to play** es una pieza la mar de difícil de tocar.

devious /ˈdiːvɪəs/ *adj* **1.** (*person*) taimado -da, artero -ra: **it was rather devious of him not to tell us** fue poco honesto de su parte no decirnos nada; (*plan*) astuto -ta. **2.** (*path*) tortuoso -sa: **she led us there by a very devious route** nos llevó hasta allí por un camino muy tortuoso.

deviousness /ˈdiːvɪəsnəs/ *n*: **his deviousness means he can't be trusted** uno no puede fiarse de una persona tan taimada.

devise /dɪˈvaɪz/ *vt* [**devises, devising, devised**] (*plan, plot*) tramar, urdir: **they devised a way of not paying income tax** urdieron un plan para no pagar impuestos; (*system, machine*) crear, inventar.

devoid /dɪˈvɔɪd/ *adj* desprovisto -ta: **this book is totally devoid** *of* **humour** se trata de un libro totalmente desprovisto de humor.

devolution /ˌdiːvəˈluːʃən/ *n* autonomía *f* (*regional*).

devolve /dɪˈvɒlv/ *vt* [**devolves, devolving, devolved**] (*frml*: *powers*) delegar.
♦ *vi*: **in his absence, the chairman's duties devolve**

on **the secretary** cuando el presidente está ausente sus funciones recaen sobre el secretario.

devote /dɪ'vəʊt/ *vt* [**devotes, devoting, devoted**] dedicar: **he devotes all his spare time** *to* **tennis** dedica todo su tiempo libre al tenis.

devoted /dɪ'vəʊtɪd/ *adj* **1.** (*to a person*): **he was a devoted husband and father** fue un amante padre y esposo; **they're absolutely devoted** *to* **each other** se quieren muchísimo. **2.** (*given over to*): **most of the book is devoted** *to* **photographs** la mayor parte del libro está dedicada a fotografías.

devotee /ˌdevəʊ'ti:/ *n* **1.** (*Relig*) devoto -ta *m/f*. **2.** (*follower: of a person, an idea*) adepto -ta *m/f*: **she's a devotee** *of* **Brahms** tiene devoción por la música de Brahms.

devotion /dɪ'vəʊʃən/ **I** *n* **1.** (*Relig*) devoción *f*. **2.** (*affection*) afecto *m*, cariño *m*; (*loyalty*) fidelidad *f*, lealtad *f*. **3.** (*dedication*) dedicación *f*: **she shows total devotion** *to* **her work** está totalmente dedicada a su trabajo.
II devotions *n pl* (*Relig*) oraciones *f pl*.

devour /dɪ'vaʊə/ *vt* [**devours, devouring, devoured**] (*gen*) devorar: **she was devoured** *by* **hatred** la consumía el odio.

devout /dɪ'vaʊt/ *adj* devoto -ta.

devoutly /dɪ'vaʊtlɪ/ *adv* con devoción.

dew /dju:/ *n* rocío *m*.
dewdrop *n* gota *f* de rocío.

dewy /'dju:ɪ/ *adj* [**dewier, dewiest**] cubierto -ta de rocío.

dexterity /deks'terətɪ/ *n* destreza *f*.

dexterous, dextrous /'dekstrəs/ *adj* diestro -tra.

DFE /di:ef'i:/ *n* (*in GB*) (*abreviatura de* **Department for Education**) Ministerio *m* de Educación.

diabetes /ˌdaɪə'bi:ti:z/ *n* diabetes *f*.

diabetic /daɪə'betɪk/ *adj*, *n* diabético -ca *adj*, *m/f*.

diabolical /daɪə'bɒlɪkəl/ *adj* (*fam*: *dreadful*) espantoso -sa.

diagnose /ˌdaɪəg'nəʊz/ *vt* [**diagnoses, diagnosing, diagnosed**] diagnosticar: **he has been diagnosed as having cancer** le han diagnosticado cáncer.

diagnosis /ˌdaɪəg'nəʊsɪs/ *n* [*pl* **diagnoses** /ˌdaɪəg'nəʊsi:z/] diagnóstico *m*.

diagnostic /daɪəg'nɒstɪk/ *adj* diagnóstico -ca.

diagonal /daɪ'ægənəl/ *adj*, *n* diagonal *adj*, *f*.

diagonally /daɪ'ægənəlɪ/ *adv* diagonalmente, en diagonal.

diagram /'daɪəgræm/ *n* (*Tec*) diagrama *m*, esquema *m*.

diagrammatic /ˌdaɪəgrə'mætɪk/ *adj* esquemático -ca.

dial /'daɪəl/ **I** *n* **1.** (*of radio*) dial *m*. **2.** (*on telephone*) disco *m*, dial *m*. **3.** (*of clock, gauge*) esfera *f*.
II *vt* [**dials, dialling, dialled**] marcar: **I dialled the wrong number** marqué un número equivocado.
♦ *vi* marcar el número.
dial code *n* prefijo *m*.
dial tone *n* señal *f* de marcar.

dialect /'daɪəlekt/ *n* dialecto *m*.

dialling code /'daɪəlɪŋ kəʊd/ *n* prefijo *m*.

dialling tone /'daɪəlɪŋ təʊn/ *n* señal *f* de marcar.

dialogue, (*US*) **dialog** /'daɪəlɒg/ *n* diálogo *m*.

dialysis /daɪ'æləsɪs/ *n* diálisis *f*.

diameter /daɪ'æmɪtə/ *n* diámetro *m*.

diametrically /ˌdaɪə'metrɪkəlɪ/ *adv* diametralmente: **his theory is diametrically opposed to mine** su teoría es diametralmente opuesta a la mía.

diamond /'daɪəmənd/ **I** *n* **1.** (*Geol*) diamante *m*: **he gave her a diamond necklace** le regaló un collar de brillantes. **2.** (*shape*) rombo *m*.
II diamonds *n pl* (*in cards*) diamantes *m pl*.
diamond wedding (anniversary) *n* bodas *f pl* de diamante.

diaper /'daɪəpə/ *n* (*US*) pañal *m*.

diaphragm /'daɪəfræm/ *n* diafragma *m*.

diarrhoea, (*US*) **diarrhea** /ˌdaɪə'rɪə/ *n* diarrea *f*.

diary /'daɪərɪ/ *n* [**diaries**] **1.** (*daily record*) diario *m*: **she kept a diary all those years** llevó un diario durante todos esos años. **2.** (*for appointments*) agenda *f*.

dice /daɪs/ **I** *n* [*pl* **dice**] **1.** (*object*) dado *m*: **it's your turn to throw * roll the dice** te toca tirar. **2.** (*game*) dados *m pl*: **they were playing dice** estaban jugando a los dados.
II *vt* [**dices, dicing, diced**] (*Culin*) cortar en forma de dados: **add the diced carrots** añadir las zanahorias troceadas.
♦ *vi* (*to gamble*): **you're dicing** *with* **death trying to cross that road** el que trata de cruzar esa carretera se juega la vida.

dicey /'daɪsɪ/ *adj* [**dicier, diciest**] (*fam*: *dangerous*) arriesgado -da; (*: uncertain*) incierto -ta.

dichotomy /daɪ'kɒtəmɪ/ *n* [**dichotomies**] (*frml*) dicotomía *f*.

Dictaphone® /'dɪktəfəʊn/ *n* dictáfono® *m*.

dictate /dɪk'teɪt/ *vt* [**dictates, dictating, dictated**] **1.** (*notes, letters*) dictar. **2.** (*to impose*) imponer: **the hijackers dictated terms for the release of the hostages** los secuestradores impusieron condiciones para la liberación de los rehenes.
♦ *vi* (*to command*) dar órdenes, mandar: **I won't be dictated** *to* **(by anyone)** a mí no me manda nadie.

dictation /dɪk'teɪʃən/ *n* dictado *m*.

dictator /dɪk'teɪtə/ *n* dictador -dora *m/f*.

dictatorial /ˌdɪktə'tɔ:rɪəl/ *adj* dictatorial.

dictatorship /dɪk'teɪtəʃɪp/ *n* dictadura *f*.

diction /'dɪkʃən/ *n* dicción *f*.

dictionary /'dɪkʃənrɪ/ *n* [**dictionaries**] diccionario *m*.

did /dɪd/ *pretérito de* ⇨ do

didactic /daɪ'dæktɪk/ *adj* didáctico -ca.

diddle /dɪdəl/ *vt* [**diddles, diddling, diddled**] (*fam*) timar: **I was diddled** *over* **the vegetables** me timaron con las verduras.

didn't /'dɪdənt/ *contracción de* **did not** ⇨ do

die /daɪ/ **I** *vi* [**dies, dying, died**] **1.** (*to perish*) morir: **she died** *of* **leukaemia** murió de leucemia; (*in informal conversation*) morirse: **I nearly died when I saw him** casi me muero cuando lo vi; **her parents died when she was three** se le murieron los padres cuando tenía tres años. **2.** (*expressing wish, need*) morirse: **I'm dying to meet her** me muero de ganas de conocerla; **we were dying** *for* **a drink** estábamos muertos de sed; **I'm dying** *for* **the loo** me muero de ganas de ir al servicio.
♦ *vt*: **she died a terrible death in the accident** murió en el accidente de una forma espantosa.
II *n* **1.** (*Eng, Tec*) troquel *m*. **2.** [*pl* **dice**] (*Games*) dado *m* • **the die is cast** la suerte está echada.
to **die away** *vi* (*a sound*) desvanecerse.
to **die down** *vi* (*commotion*) disminuir; (*storm*) amainar; (*fire*) apagarse.
to **die off** *vi* morirse (*uno tras otro*): **all his friends were dying off** todos sus amigos se iban muriendo uno tras otro.
to **die out** *vi* **1.** (*species*) extinguirse. **2.** (*tradition, community*) desaparecer: **the last forest tribes are dying out** las últimas tribus de la selva están desapare-

ciendo.

die-hard *n* intransigente *m/f*: **he's a die-hard conservative** es un conservador recalcitrante.

diesel, **Diesel** /'di:zəl/ *n* **1.** (*también* **diesel oil**) (*fuel*) gasoil *m*, gasóleo *m*. **2.** (*car*): **they've bought a diesel** se han comprado un Diesel.

diesel engine *n* motor *m* Diesel.

diet /'daɪət/ **I** *n* **1.** (*usual food intake*) dieta *f*, alimentación *f*: **she lives** *on* **a diet of cereal and salad** se mantiene a base de cereales y ensaladas. **2.** (*restricted food intake*) régimen *m*, dieta *f*: **he's** *on* **a diet** está a régimen; **I must go** *on* **a diet** tengo que ponerme a régimen.

II *vi* [**diets, dieting, dieted**] estar a régimen.

dietician /ˌdaɪə'tɪʃən/ *n* especialista *m/f* en dietética.

differ /'dɪfə/ *vi* [**differs, differing, differed**] **1.** (*to be different*) diferenciarse, ser distinto: **the new model differs in many ways** *from* **the previous one** el nuevo modelo se diferencia del anterior en muchos aspectos; **she differs completely** *from* **her brother** es totalmente distinta de * a su hermano. **2.** (*to disagree*) discrepar: **I differ** *with* **him on religious matters** discrepo de él en cuestiones religiosas.

difference /'dɪfrəns/ *n* **1.** (*gen*) diferencia *f*: **there's a huge difference** *between* **them** hay una diferencia enorme entre ellos • **to make a difference**: **what difference does it make?** ¿qué importa?; **that won't make any difference** con eso no va a cambiar nada; **changing the carpet really made a difference to the room** al cambiar la moqueta la habitación tenía un aspecto totalmente distinto • **it was a party with a difference** fue una fiesta muy especial • **it makes no difference to me if you don't come** me da igual * me da lo mismo que vengas o no. **2.** (*disagreement*) desacuerdo *m*, diferencia *f*: **they have their little differences, but basically they get on** tienen sus más y sus menos, pero en el fondo se llevan bien.

different /'dɪfrənt/ *adj* **1.** (*showing a difference*) diferente, distinto -ta: **they are twins but quite different in character** son gemelos, pero tienen un carácter muy diferente; **our customs are different** *from* * *to* **theirs** nuestras costumbres son distintas de * a las suyas. **2.** (*various*) varios -rias: **several different people have asked me this question** varias personas me han hecho esta pregunta; **he is the director of three different companies** dirige tres empresas diferentes.

differential /ˌdɪfə'renʃəl/ *n* (*Auto, Maths*) diferencial *m*.

differentiate /ˌdɪfə'renʃɪeɪt/ *vt* [**differentiates, differentiating, differentiated**] **1.** (*to make different*) diferenciar: **what differentiates the two species is...** lo que diferencia a las dos especies es.... **2.** (*to tell apart*) distinguir: **I can't differentiate oak** *from* **walnut** no puedo distinguir la madera de roble de la de nogal.

♦ *vi* distinguir: **how can you differentiate** *between* **originals and copies?** ¿cómo es posible distinguir entre originales y copias?

differently /'dɪfrəntlɪ/ *adv* de otra manera, de forma distinta: **couldn't you word it differently?** ¿no podrías decirlo de otra manera?

difficult /'dɪfɪkəlt/ *adj* **1.** (*not easy*) difícil: **it will be difficult to pass the exam** será difícil aprobar el examen; **getting up in the morning is quite difficult** *for* **her** le cuesta mucho levantarse por las mañanas. **2.** (*hard to please*) difícil: **he's just being difficult** sólo lo hace por fastidiar.

difficulty /'dɪfɪkəltɪ/ *n* [**difficulties**] **1.** (*of exam, task*) dificultad *f*. **2.** (*problem*) problema *m*, dificultad *f*: **are you having difficulty?** ¿tienes algún problema?; **she had difficulty** *(in)* **translating the letter** le costó traducir la carta; **we reached the summit** *with* **great difficulty** llegamos a la cima con muchas dificultades; **they had difficulties when they first set up the business** al principio de montar el negocio pasaron muchas dificultades.

diffidence /'dɪfɪdəns/ *n* falta *f* de confianza en sí mismo -ma.

diffident /'dɪfɪdənt/ *adj* falto -ta de confianza en sí mismo -ma: **he's very diffident in meetings** demuestra poca confianza en sí mismo en las reuniones.

diffidently /'dɪfɪdəntlɪ/ *adv* con poca confianza en sí mismo -ma.

diffuse **I** /dɪ'fju:z/ *vt* [**diffuses, diffusing, diffused**] difundir.

♦ *vi* difundirse.

II /dɪ'fju:s/ *adj* **1.** (*light*) difuso -sa. **2.** (*wordy*) prolijo -ja.

diffusely /dɪ'fju:slɪ/ *adv* difusamente.

diffusion /dɪ'fju:ʒən/ *n* difusión *f*.

dig /dɪg/ **I** *n* **1.** (*with elbow*) codazo *m*: **she gave me a sharp dig** *in* **the ribs** me dio un codazo en las costillas. **2.** (*for archaeological remains*) excavación *f*. **3.** (*sarcastic comment*) pulla *f*: **he was having a dig** *at* **me about my clothes** se estaba metiendo conmigo por la ropa que llevaba.

II digs *n pl* (*GB*: *fam*) alojamiento *m*.

III *vt* [**digs, digging, dug**] **1.** (*hole, well, ditch*) cavar; (*tunnel*) excavar: **they dug a tunnel under the wall** excavaron un túnel por debajo del muro. **2.** (*nails*) clavar: **she dug her nails** *into* **my arm** me clavó las uñas en el brazo; **he dug his spoon** *into* **the pudding** hundió la cuchara en el postre.

♦ *vi* **1.** (*people: gen*) cavar: **he's digging in the garden** está removiendo la tierra en el jardín. **2.** (*animals*) escarbar. **3.** (*to cut*) clavarse: **my ring is digging** *into* **my finger** el anillo se me clava en el dedo.

to **dig in** *vi* (*GB*: *fam*) atacar: **don't wait for me; just dig in!** no me esperen, ¡vayan atacando!

to **dig out** *vt* desenterrar, sacar: **he dug out a coat he had not worn for years** sacó * desenterró un abrigo que no se había puesto desde hacía años.

to **dig up** *vt* (*something buried*) desenterrar; (*weeds*) arrancar; (*information*) sacar: **he dug up a lot of information in the archives** sacó mucha información de los archivos; **they were digging up the road** estaban levantando la calle.

digest **I** /daɪ'dʒest/ *vt* [**digests, digesting, digested**] **1.** (*food*) digerir. **2.** (*information*) asimilar, digerir.

II /'daɪdʒest/ *n* resumen *m*.

digestible /daɪ'dʒestəbəl/ *adj* digerible, digestible.

digestion /daɪ'dʒestʃən/ *n* (*of food*) digestión *f*.

digestive /daɪ'dʒestɪv/ *adj* digestivo -va.

digestive biscuit *n* galleta *f* integral.

digestive system *n* aparato *m* digestivo.

digger /'dɪgə/ *n* excavadora *f*.

digit /'dɪdʒɪt/ *n* **1.** (*Maths*) dígito *m*, cifra *f*. **2.** (*Anat*: *frml*) dedo *m* (*de la mano o del pie*).

digital /'dɪdʒɪtəl/ *adj* digital: **a digital clock/watch** un reloj digital.

dignified /'dɪgnɪfaɪd/ *adj* digno -na.

dignitary /'dɪgnɪtərɪ/ *n* [**dignitaries**] dignatario -ria *m/f*.

dignity /'dɪgnətɪ/ *n* dignidad *f*.

digress /daɪ'gres/ *vi* [**digresses, digressing, digres-**

sed] apartarse del tema, hacer una digresión: **if I may digress for a moment...** si me permiten una pequeña digresión....
digression /daɪ'greʃən/ *n* digresión *f*.
dike /daɪk/ *n* dique *m*.
dilapidated /dɪ'læpɪdeɪtɪd/ *adj* (*building*) decrépito -ta, ruinoso -sa; (*vehicle*) destartalado -da; (*piece of furniture*) desvencijado -da.
dilapidation /dɪlæpɪ'deɪʃən/ *n* deterioro *m*.
dilate /daɪ'leɪt/ *vi* [**dilates, dilating, dilated**] dilatarse. ♦*vt* dilatar.
dilation /daɪ'leɪʃən/ *n* dilatación *f*.
dilatory /'dɪlətərɪ/ *adj* (*frml*): **the government was very dilatory** *in* * *about* **taking action** el gobierno tardó mucho en tomar medidas.
dilemma /daɪ'lemə/ *n* dilema *m*: **I'm** *in* **a dilemma about whether to invite him or not** estoy en el dilema de si invitarlo o no.
dilettante /ˌdɪlɪ'tæntɪ/ *n* [*pl* **dilettantes** * **dilettanti** /ˌdɪlɪ'tænti:/] diletante *m/f*.
diligence /'dɪlɪdʒəns/ *n* diligencia *f*.
diligent /'dɪlɪdʒənt/ *adj* diligente, concienzudo -da.
diligently /'dɪlɪdʒəntlɪ/ *adv* con diligencia, con esmero.
dilly-dally /'dɪlɪˌdælɪ/ *vi* [**dilly-dallies, dilly-dallying, dilly-dallied**] (*fam*) titubear, vacilar: **stop dilly-dallying and make up your mind!** ¡déjate de titubeos y decídete!
dilute /daɪ'lu:t/ **I** *vt* [**dilutes, diluting, diluted**] (*gen*) diluir; (*on a label*): **dilute to taste** añada agua a su gusto.
II *adj* diluido -da.
dilution /daɪ'lu:ʃən/ *n* dilución *f*.
dim /dɪm/ **I** *adj* [**dimmer, dimmest**] **1.** (*light*) tenue: **the lights went dim** las luces se hicieron más tenues; (*outlook*) sombrío -bría: **prospects for the New Year seem rather dim** las perspectivas para el año entrante son más bien sombrías; (*outline, shape*) borroso -sa: **a dim shape appeared in the distance** apareció una silueta borrosa en la distancia; **my memory is rather dim on that matter** recuerdo el asunto muy vagamente. **2.** (*fam*: *stupid*) corto -ta, tardo -da.
II *vt* [**dims, dimming, dimmed**] (*light*) bajar. ♦*vi* bajarse.
dime /daɪm/ *n* (*US*) moneda *f* de diez centavos.
dimension /daɪ'menʃən/ *n* (*Maths*) dimensión *f*; (*measurement*) medida *f*: **what are the dimensions of the table?** ¿qué medidas tiene la mesa?
diminish /dɪ'mɪnɪʃ/ *vi* [**diminishes, diminishing, diminished**] (*gen*) disminuir; (*amount*) disminuir, reducirse; (*enthusiasm*) disminuir, mermar: **the supplies were diminishing fast** las provisiones estaban mermando con rapidez.
diminished /dɪ'mɪnɪʃt/ *adj* (*supplies, funds*) reducido -da.
diminution /ˌdɪmɪ'nju:ʃən/ *n* disminución *f*, reducción *f*.
diminutive /dɪ'mɪnjʊtɪv/ **I** *adj* **1.** (*frml*: *very small*) diminuto -ta. **2.** (*Ling*) diminutivo -va.
II *n* (*Ling*) diminutivo *m*.
dimly /'dɪmlɪ/ *adv* débilmente: **the room was dimly lit** había una luz muy débil en la habitación.
dimmer switch /'dɪmə swɪtʃ/ *n*: *conmutador para regular la mayor o menor intensidad de una luz*.
dimple /'dɪmpəl/ *n* hoyuelo *m*.
dimwit /'dɪmwɪt/ *n* (*fam*) imbécil *m/f*.
dimwitted /dɪm'wɪtəd/ *adj* (*fam*) imbécil, de pocas luces.
din /dɪn/ *n* estruendo *m*.
dine /daɪn/ *vi* [**dines, dining, dined**] (*frml*) cenar: **last night we dined** *on* **lobster** anoche cenamos langosta; **they always dine at seven** siempre cenan a las siete.
to **dine out** *vi* salir a cenar.
diner /'daɪnə/ *n* **1.** (*person*) comensal *m/f*. **2.** (*US*: *on train*) vagón *m* * coche *m* restaurante. **3.** (*US*: *cheap restaurant*) restaurante *m* económico.
ding-dong /'dɪŋdɒŋ/ *n* **1.** (*sound*) din don *m*. **2.** (*fam: argument, disagreement*) bronca *f*, agarrada *f*.
dinghy /'dɪŋgɪ/ *n* [**dinghies**] bote *m*.
dingy /'dɪndʒɪ/ *adj* [**dingier, dingiest**] (*room*) sórdido -da; (*dirty*) sucio -cia; (*faded*) descolorido -da.
dining car /'daɪnɪŋ kɑ:/ *n* (*on train*) vagón *m* * coche *m* restaurante.
dining room /'daɪnɪŋ rʊm/ *n* comedor *m*.
dinner /'dɪnə/ *n* **1.** (*in the evening*) cena *f*, (*Amér L*) comida *f*: **we had dinner at the hotel** cenamos * (*Amér L*) comimos en el hotel. **2.** (*at midday*) comida *f*, almuerzo *m*. **3.** (*formal occasion*) cena *f*, banquete *m*.
dinner jacket *n* esmoquin *m*, smoking *m*.
dinner lady *n* (*GB*) *señora que supervisa las comidas escolares*.
dinner party *n* cena *f*, (*Amér L*) comida *f* (*en casa, con invitados*).
dinner plate *n* plato *m* llano.
dinner service *n* servicio *m* de mesa.
dinner time *n* **1.** (*in the evening*) hora *f* de cenar, (*Amér L*) hora *f* de comer. **2.** (*at midday*) hora *f* de comer, hora *f* del almuerzo.
dinosaur /'daɪnəsɔ:/ *n* dinosaurio *m*.
dint /dɪnt/ *n* ● **by dint of saving we were able to buy a house** a fuerza de ahorrar pudimos comprarnos una casa.
diocese /'daɪəsɪs/ *n* diócesis *f inv*.
dip /dɪp/ **I** *n* **1.** (*hollow*) depresión *f*; (*slope*) declive *m*, pendiente *f*. **2.** (*fam*: *swim*) chapuzón *m*: **we went for a dip in the river** nos dimos un chapuzón en el río. **3.** (*in temperature, sales*) descenso *m*. **4.** (*Culin*) salsa *f* (*con la que se acompañan verduras crudas y otros entremeses que se sirven en fiestas o con el aperitivo*).
II *vt* [**dips, dipping, dipped**] **1.** (*into liquid: gen*) meter: **he dipped his fingers into the water** metió los dedos en el agua; (*: pen*) mojar; (*: food*) rebozar: **dip the croquettes in egg before frying** reboce las croquetas antes de freírlas. **2.** (*Auto*): **dip your headlights** cambie a las luces de cruce.
♦*vi* (*land, road, temperature*) bajar.
to **dip into** *vt* **1.** (*money*) echar mano de: **he had to dip into his savings to buy the car** tuvo que echar mano de sus ahorros para comprar el coche. **2.** (*report, book*) hojear.
dipstick *n* (*Auto*) varilla *f* (*para comprobar el nivel del aceite*).
dip switch *n* palanca *f* de luces (*para cambiar de luces de carretera a luces de cruce*).
Dip., dip. /dɪp/ (*abreviatura de* **Diploma**) diploma *m*.
diphtheria /dɪf'θɪərɪə/ *n* difteria *f*.
diphthong /'dɪfθɒŋ/ *n* diptongo *m*.
diploma /dɪ'pləʊmə/ *n* diploma *m*: **he has a diploma** *in* **accountancy** es diplomado en contabilidad.
diplomacy /dɪ'pləʊməsɪ/ *n* diplomacia *f*.
diplomat /'dɪpləmæt/ *n* diplomático -ca *m/f*.
diplomatic /ˌdɪplə'mætɪk/ *adj* diplomático -ca.
diplomatic corps *n* cuerpo *m* diplomático.
dire /'daɪə/ *adj* **1.** (*dreadful*) espantoso -sa, calamitoso -sa: **the concert was dire** el concierto fue espantoso.

2. (*urgent*) urgente: **they are in dire need of vaccines** necesitan vacunas urgentemente.

direct /daɪ'rekt/ **I** *adj* **1.** (*gen*) directo -ta: **he is her direct descendant** es su descendiente directo; **he scored a direct hit with the last bullet** dio en el blanco con la última bala. **2.** (*quotation*) textual, literal: **it's a direct quotation from the Bible** es una cita textual de la Biblia. **3.** (*person's manner*) franco -ca, sincero -ra. **4.** (*absolute*): **this is the direct opposite of what I was told yesterday** esto es todo lo contrario de lo que me dijeron ayer.

II *vt* [**directs, directing, directed**] **1.** (*to control, to aim*) dirigir: **I'm sure his comments were directed** *at* **me** estoy seguro de que sus comentarios iban por mí. **2.** (*to give directions to*) indicar: **he asked me to direct him** *to* **the cathedral** me pidió que le indicara cómo llegar a la catedral. **3.** (*to order*) mandar, ordenar: **she directed the bank to stop her cheque** dio orden en el banco de anular su cheque. **4.** (*a movie, play*) dirigir.

III *adv* (*to travel*) directamente: **the coach goes direct** *from* **Cambridge** *to* **London** el autocar va directo de Cambridge a Londres.

direct current *n* corriente *f* continua.

direct debit *n* domiciliación *f* bancaria.

direct object *n* (*Ling*) complemento *m* directo.

direct speech *n* estilo *m* directo.

direction /daɪ'rekʃən/ **I** *n* **1.** (*line of movement*) dirección *f*: **they were going** *in* **the direction** *of* **Soria** iban en dirección a Soria; **he went off in the other * opposite direction** se marchó en dirección contraria. **2.** (*control, management*) dirección *f*: **the work progressed more quickly** *under* **his direction** el trabajo avanzó más rápido bajo su dirección.

II directions *n pl* **1.** (*for use*) instrucciones *f pl* (de uso), modo *m* de empleo. **2.** (*to a place*): **she gave me directions** *to* **her office** me explicó cómo llegar a su oficina; **ask that man for directions** pregúntale a ese señor por dónde se va.

directive /daɪ'rektɪv/ *n* (*frml*) directriz *f*, directiva *f*.

directly /daɪ'rektlɪ/ **I** *adv* **1.** (*in a straight line*) directamente: **he is directly descended from Charles II** desciende en línea directa de Carlos II. **2.** (*exactly*) exactamente: **we parked directly opposite the house** aparcamos justo en frente de la casa; **there's a bird's nest directly above my window** hay un nido justo encima de mi ventana. **3.** (*sincerely*) francamente, sinceramente. **4.** (*immediately*) en seguida: **I'll come directly** voy en seguida.

II *conj* en cuanto: **come back directly you finish** vuelve en cuanto termines.

director /daɪ'rektə/ *n* director -tora *m/f*: **she became general director after five years** llegó a directora general al cabo de cinco años; **he's on the board of directors** es miembro del consejo de administración; **she's the new director of studies** es la nueva jefa de estudios.

Director of Public Prosecutions *n* (*GB*: *Law*) Fiscal *m/f* General del Estado (*en Gran Bretaña e Irlanda*).

directory /daɪ'rektərɪ/ *n* [**directories**] **1.** (*reference book, in computers*) directorio *m*. **2.** (*Telec*) guía *f* telefónica: **they are ex-directory** su número de teléfono no está en la guía.

directory enquiries *n* información *f* [never used with an article].

dirge /dɜ:dʒ/ *n* canto *m* fúnebre.

dirt /dɜ:t/ *n* **1.** (*gen*) suciedad *f* • **they treat him like dirt** lo tratan como a un trapo. **2.** (*earth*) tierra *f*; (*US: mud*) barro *m*.

dirt-cheap *adj* (*fam*) baratísimo -ma, regalado -da.

dirt road *n* pista *f* de tierra.

dirt track *n* pista *f* de tierra.

dirty /'dɜ:tɪ/ **I** *adj* [**dirtier, dirtiest**] **1.** (*gen*) sucio -cia; (*muddy*) lleno -na de barro, enfangado -da. **2.** (*nasty*): **she gave me a dirty look** me lanzó una mirada asesina. **3.** (*obscene*) verde: **he knows hundreds of dirty jokes** sabe un montón de chistes verdes; **she's got such a dirty mind!** ¡tiene una mente tan calenturienta! • **he's a dirty old man** es un viejo verde.

II *vt* [**dirties, dirtying, dirtied**] ensuciar.

dirty trick *n* mala jugada *f*: **he played a dirty trick on me** me hizo una mala jugada.

dirty word *n* palabrota *f*.

dirty work *n* trabajo *m* sucio: **I'm fed up of doing his dirty work for him** estoy harto de hacerle el trabajo sucio.

disability /ˌdɪsə'bɪlətɪ/ *n* [**disabilities**] incapacidad *f*, discapacidad *f*.

disability allowance * pension *n* pensión *f* de invalidez.

disable /dɪs'eɪbəl/ *vt* [**disables, disabling, disabled**] **1.** (*person*) dejar incapacitado. **2.** (*weapon, machinery*) inutilizar.

disabled /dɪs'eɪbəld/ **I** *adj* minusválido -da, incapacitado -da, discapacitado -da.

II the disabled *n pl* los minusválidos, los discapacitados: **this building has easy access for the disabled** este edificio cuenta con accesos para minusválidos.

disadvantage /ˌdɪsəd'vɑ:ntɪdʒ/ *n* desventaja *f*, inconveniente *m*: **the main disadvantage is the lack of space** el mayor inconveniente es la falta de espacio; **living so far away puts him** *at* **a disadvantage** vivir tan lejos lo pone en una situación desventajosa.

disadvantaged /ˌdɪsəd'vɑ:ntɪdʒd/ *adj* desfavorecido -da.

disadvantageous /dɪsˌædvən'teɪdʒəs/ *adj* desventajoso -sa, desfavorable.

disaffected /ˌdɪsə'fektɪd/ *adj* desafecto -ta.

disaffection /ˌdɪsə'fekʃən/ *n* desafección *f*, descontento *m*.

disagree /ˌdɪsə'gri:/ *vi* [**disagrees, disagreeing, disagreed**] **1.** (*to differ*) no estar de acuerdo, discrepar: **we always disagree** *about* * *on* **politics** nunca estamos de acuerdo * siempre discrepamos en cuestiones de política; **they disagree** *over* **money matters** discrepan en cuestiones de dinero. **2.** (*to be different*) no coincidir: **his list disagrees** *with* **mine** su lista no coincide con la mía. **3.** (*food*): **cheese disagrees** *with* **me** el queso me sienta mal.

disagreeable /ˌdɪsə'grɪəbəl/ *adj* (*gen*) desagradable; (*bad-tempered*) antipático -ca.

disagreement /ˌdɪsə'gri:mənt/ *n* **1.** (*difference of opinion*) desacuerdo *m*: **we are** *in* **disagreement** *about* * *on* **this matter** no estamos de acuerdo en este asunto. **2.** (*quarrel*) desacuerdo *m*, discrepancia *f* de opiniones: **they've had a slight disagreement** han tenido un pequeño desacuerdo.

disallow /ˌdɪsə'laʊ/ *vt* [**disallows, disallowing, disallowed**] **1.** (*a goal*) anular. **2.** (*a claim*) rechazar.

disappear /ˌdɪsə'pɪə/ *vi* [**disappears, disappearing, disappeared**] desaparecer: **he disappeared in Cairo** desapareció en El Cairo.

disappearance /ˌdɪsə'pɪərəns/ *n* desaparición *f*.

disappoint /ˌdɪsə'pɔɪnt/ *vt* [**disappoints, disappointing, disappointed**] **1.** (*person*) decepcionar, defraudar: **I was very disappointed** *by* **the trip** la excursión me defraudó mucho; **she's very disappointed** *in* **him** la ha defraudado mucho. **2.** (*hopes*) frustrar.

disappointed /ˌdɪsə'pɔɪntɪd/ *adj* decepcionado -da: **she was disappointed** *at* **not being invited** la decepcionó que no la invitaran; **I'm disappointed** *in* **you** me has decepcionado * desilusionado; **he was disappointed** *with * by* **the election result** se llevó una decepción con el resultado de las elecciones.

disappointing /ˌdɪsə'pɔɪntɪŋ/ *adj* decepcionante.

disappointment /ˌdɪsə'pɔɪntmənt/ *n* decepción *f*, desilusión *f*: **you are a great disappointment** *to* **us** nos has decepcionado mucho * nos hemos llevado una desilusión contigo.

disapproval /ˌdɪsə'pru:vəl/ *n* desaprobación *f*.

disapprove /ˌdɪsə'pru:v/ *vi* [**disapproves, disapproving, disapproved**] **1.** (*of actions, situations*) desaprobar, estar en contra: **his parents disapprove** *of* **his conduct** sus padres desaprueban su conducta. **2.** (*of people*) estar en contra: **my mother disapproves** *of* **my boyfriend** a mi madre no le gusta mi novio.

disapproving /ˌdɪsə'pru:vɪŋ/ *adj* desaprobador -dora, de desaprobación: **he gave me a disapproving look** me echó una mirada de desaprobación.

disapprovingly /ˌdɪsə'pru:vɪŋlɪ/ *adv* con desaprobación.

disarm /dɪs'ɑ:m/ *vi* [**disarms, disarming, disarmed**] (*Mil*) desarmarse.
♦ *vt* desarmar: **his apology completely disarmed me** su disculpa me desarmó totalmente.

disarmament /dɪs'ɑ:məmənt/ *n* desarme *m*.

disarming /dɪs'ɑ:mɪŋ/ *adj* (*manner, smile*) que desarma: **he gave me a disarming smile** me lanzó una sonrisa que me desarmó.

disarray /ˌdɪsə'reɪ/ *n* desorden *m*: **the whole house was** *in* **disarray** toda la casa estaba desordenada; **the meeting broke up** *in* **disarray** cuando la reunión terminó la desorganización fue total.

disassociate /ˌdɪsə'səʊʃɪeɪt/ *vt* [**disassociates, disassociating, disassociated**] ⇨ dissociate

disaster /dɪ'zɑ:stə/ *n* (*gen*) desastre *m*; (*accident, tragedy*) catástrofe *f*: **more than two hundred people died in the disaster** la catástrofe se cobró más de doscientas vidas.

disastrous /dɪ'zɑ:strəs/ *adj* desastroso -sa, catastrófico -ca.

disastrously /dɪ'zɑ:strəslɪ/ *adv* catastróficamente: **everything went disastrously wrong** todo salió catastróficamente mal.

disband /dɪs'bænd/ *vt* [**disbands, disbanding, disbanded**] disolver.
♦ *vi* disolverse.

disbelief /ˌdɪsbɪ'li:f/ *n* incredulidad *f*: **he looked at me** *in* **disbelief** me miró incrédulo.

disbelieve /ˌdɪsbɪ'li:v/ *vt* [**disbelieves, disbelieving, disbelieved**] (*frml*) no creer.

disc /dɪsk/ *n* ⇨ disk

discard /dɪs'kɑ:d/ *vt* [**discards, discarding, discarded**] desechar.

discern /dɪ'sɜ:n/ *vt* [**discerns, discerning, discerned**] (*frml: the truth*) discernir; (*figure, shape*) distinguir: **I thought I could discern a smile on his lips** me pareció distinguir una sonrisa en sus labios.

discernible /dɪ'sɜ:nəbəl/ *adj* perceptible, visible.

discernibly /dɪ'sɜ:nəblɪ/ *adv* visiblemente, de forma perceptible.

discerning /dɪ'sɜ:nɪŋ/ *adj* (*tastes, customers, palate*) exigente.

discharge I /dɪs'tʃɑ:dʒ/ *vt* [**discharges, discharging, discharged**] **1.** (*electricity*) descargar. **2.** (*Med*): **the wound was discharging pus** la herida supuraba. **3.** (*debt*) saldar. **4.** (*duty*) desempeñar, cumplir. **5.** (*from hospital*) dar de alta: **he was discharged** *from* **hospital two days later** lo dieron de alta a los dos días; (*from prison*) poner en libertad; (*from army*) licenciar.
II /'dɪstʃɑ:dʒ/ *n* **1.** (*gen*) emisión *f*; (*of liquid*) vertido *m*; (*Med*) supuración *f*; (*electrical*) descarga *f*. **2.** (*of debt*) pago *m*. **3.** (*of task*) desempeño *m*, cumplimiento *m*. **4.** (*from hospital*) alta *f* [takes ***el*** or ***un*** in singular]; (*from prison*) puesta *f* en libertad; (*from army*) baja *f*.

disciple /dɪ'saɪpəl/ *n* discípulo -la *m/f*.

disciplinary /'dɪsɪˌplɪnərɪ/ *adj* disciplinario -ria: **disciplinary action was taken against them** se tomaron medidas disciplinarias contra ellos.

discipline /'dɪsɪplɪn/ **I** *n* disciplina *f*.
II *vt* [**disciplines, disciplining, disciplined**] **1.** (*to train*) disciplinar: **you must discipline yourself if you're going to pass the exam** necesitas más autodisciplina si quieres aprobar el examen. **2.** (*employee*) sancionar. **3.** (*child*) disciplinar.

disc jockey /dɪsk 'dʒɒkɪ/ *n* disc-jockey *m/f*, pinchadiscos *m/f inv*.

disclaim /dɪs'kleɪm/ *vt* [**disclaims, disclaiming, disclaimed**] negar: **they continue to disclaim responsibility for the crisis** siguen negando ser los responsables de la crisis.

disclose /dɪs'kləʊz/ *vt* [**discloses, disclosing, disclosed**] revelar: **I am unable to disclose such information** no puedo revelar ese tipo de información.

disclosure /dɪs'kləʊʒə/ *n* revelación *f*.

disco /'dɪskəʊ/ *n* (*GB*) discoteca *f*.

discolour, (*US*) **discolor** /dɪs'kʌlə/ *vi* [**discolours, discolouring, discoloured**] perder color.
♦ *vt* (*to stain*) manchar; (*to fade, bleach*): **the sun has discoloured the curtains** las cortinas están descoloridas por el sol.

discomfort /dɪs'kʌmfət/ *n* **1.** (*slight pain*) molestia *f*: **the patient was** *in* **some discomfort** el paciente tenía algunas molestias. **2.** (*embarrassment*) vergüenza *f*: **the arrival of his parents just added to his discomfort** cuando llegaron sus padres se sintió todavía más incómodo. **3.** (*inconvenience*) incomodidad *f*: **all the discomforts of camping** todas las incomodidades de ir de camping.

disconcert /ˌdɪskən'sɜ:t/ *vt* [**disconcerts, disconcerting, disconcerted**] desconcertar.

disconcerting /ˌdɪskən'sɜ:tɪŋ/ *adj* desconcertante.

disconnect /ˌdɪskə'nekt/ *vt* [**disconnects, disconnecting, disconnected**] (*gen*) desconectar; (*electricity, telephone, etc.*) cortar: **the phone company threatened to disconnect us** la telefónica nos amenazó con cortarnos la línea.

disconnected /ˌdɪskə'nektɪd/ *adj* inconexo -xa: **a string of disconnected ideas** una serie de ideas inconexas.

disconnection /ˌdɪskə'nekʃən/ *n* desconexión *f*.

disconsolate /dɪs'kɒnsələt/ *adj* desconsolado -da.

disconsolately /dɪs'kɒnsələtlɪ/ *adv* desconsoladamente.

discontent /ˌdɪskən'tent/, **discontentment** /ˌdɪskən'tentmənt/ *n* descontento *m*: **she has publicly expressed her discontent** ha expresado públicamente su descontento.

discontented /ˌdɪskənˈtentɪd/ *adj* descontento -ta.

discontinue /ˌdɪskənˈtɪnjuː/ *vt* [**discontinues, discontinuing, discontinued**] (*frml*) interrumpir: **work on the building was discontinued in 1990** el trabajo en el edificio se interrumpió en 1990; **that sofa is a discontinued line** ese sofá ya no se fabrica.

discord /ˈdɪskɔːd/ *n* **1.** (*frml: disagreement*) discordia *f.* **2.** (*Mus*) disonancia *f.*

discordant /dɪsˈkɔːdənt/ *adj* **1.** (*opinions*) discordante. **2.** (*Mus*) disonante.

discotheque /ˈdɪskəˌtek/ *n* (*frml*) discoteca *f.*

discount I /ˈdɪskaʊnt/ *n* descuento *m*: **they are offering a twenty percent discount** ofrecen un descuento del veinte por ciento • **schools can buy books at a discount** los colegios pueden comprar libros a precios reducidos.
II /dɪsˈkaʊnt/ *vt* [**discounts, discounting, discounted**] descartar: **we have discounted that theory** hemos descartado esa teoría.

discourage /dɪsˈkʌrɪdʒ/ *vt* [**discourages, discouraging, discouraged**] **1.** (*in spirits*) desanimar, desalentar: **he was discouraged by the results** los resultados lo desanimaron. **2.** (*to deter, dissuade*): **I would have gone, but I was discouraged by the price** hubiera ido, pero no pude por el precio; **she tried to discourage his advances** intentó que no se propasara. **3.** (*to advise against*) desaconsejar, disuadir: **he was discouraged** *from* **moving** lo disuadieron para que no se cambiara de casa; **I was discouraged** *from* **taking Latin** me aconsejaron que no hiciera latín.

discouraged /dɪsˈkʌrɪdʒd/ *adj* desanimado -da.

discouragement /dɪsˈkʌrɪdʒmənt/ *n* **1.** (*in spirits*) desaliento *m*: **a sense of discouragement** una sensación de desaliento. **2.** (*deterrent*) impedimento *m*: **the difficulty of the journey was not a discouragement to them** no se amilanaron ante la dificultad del viaje.

discouraging /dɪsˈkʌrɪdʒɪŋ/ *adj* desalentador -dora.

discourse /ˈdɪskɔːs/ *n* (*frml*) discurso *m.*

discourteous /dɪsˈkɜːtɪəs/ *adj* (*frml*) descortés.

discover /dɪsˈkʌvə/ *vt* [**discovers, discovering, discovered**] **1.** (*gen*) descubrir: **I discovered later that he had been lying** más tarde descubrí que me había estado mintiendo. **2.** (*to find*) encontrar: **they discovered the missing child three days later** encontraron a la niña desaparecida tres días después.

discovery /dɪsˈkʌvərɪ/ *n* [**discoveries**] descubrimiento *m*: **they have made an important discovery** han hecho un descubrimiento importante; **he was hurt by the discovery of her affair** se sintió muy dolido al descubrir que le era infiel.

discredit /dɪsˈkredɪt/ I *vt* [**discredits, discrediting, discredited**] desacreditar: **these ideas have since been discredited** estas ideas quedaron luego desacreditadas.
II *n* descrédito *m*: **these measures brought discredit on the government** estas medidas desacreditaron al gobierno; **to their discredit, they ignored the problem** hicieron caso omiso del problema, lo que dice mucho en su contra.

discreet /dɪˈskriːt/ *adj* discreto -ta.

discreetly /dɪˈskriːtlɪ/ *adv* discretamente.

discrepancy /dɪˈskrepənsɪ/ *n* [**discrepancies**] discrepancia *f*: **there are some discrepancies between the two accounts** hay ciertas discrepancias entre las dos versiones.

discrete /dɪˈskriːt/ *adj* (*frml*) diferente: **this word has several discrete meanings** esta palabra tiene varios significados diferentes.

discretion /dɪˈskreʃən/ *n* discreción *f* • **she is the soul of discretion** es la discreción en persona • **I'll leave that to your discretion** lo dejo a tu discreción • **admission is at the management's discretion** la dirección se reserva el derecho de admisión.

discriminate /dɪˈskrɪmɪneɪt/ *vi* [**discriminates, discriminating, discriminated**] **1.** (*to treat differently*) discriminar: **that firm discriminates** *against* **women employees** esa empresa discrimina a las empleadas mujeres; **they felt discriminated** *against* **from the start** se sintieron discriminados desde el principio. **2.** (*to differentiate*) distinguir, discernir: **he can't discriminate** *between* **good wines and bad** no sabe distinguir el vino bueno del malo, no sabe discernir entre el buen vino y el malo.

discriminating /dɪˈskrɪmɪneɪtɪŋ/ *adj* (*person*) entendido -da; (*palate*) refinado -da.

discrimination /dɪˌskrɪmɪˈneɪʃən/ *n* **1.** (*racial, religious*) discriminación *f*: **they were accused of discrimination** *against* **Asians** los acusaron de discriminar a los asiáticos. **2.** (*in matters of taste and manners*) discernimiento *m.* **3.** (*differentiation*) distinción *f.*

discursive /dɪˈskɜːsɪv/ *adj* (*frml*) prolijo -ja.

discus /ˈdɪskəs/ *n* [**discuses**] (*Sport*) disco *m*: **she's good at throwing the discus** es muy buena en lanzamiento de disco.

discuss /dɪˈskʌs/ *vt* [**discusses, discussing, discussed**] (*to talk about*) discutir: **we need to discuss this problem** tenemos que discutir este problema; **we were discussing the film** estábamos hablando de la película.

discussion /dɪˈskʌʃən/ *n* discusión *f*: **they're having a discussion** *about* **contracts** están discutiendo los contratos; **salary increases are still** *under* **discussion** todavía se están discutiendo los aumentos salariales.

disdain /dɪsˈdeɪn/ I *n* desdén *m*, desprecio *m.*
II *vt* [**disdains, disdaining, disdained**] (*frml*) desdeñar: **she disdained to speak to us** no se dignó a hablar con nosotros.

disdainful /dɪsˈdeɪnfʊl/ *adj* despectivo -va, desdeñoso -sa: **he was disdainful** *of* **our achievements** desdeñaba nuestros logros.

disdainfully /dɪsˈdeɪnfʊlɪ/ *adv* con desdén.

disease /dɪˈziːz/ *n* (*of a particular type*) enfermedad *f*: **patients with infectious diseases are kept in isolation** se mantiene aislados a los pacientes con enfermedades contagiosas; (*in general*) enfermedades *fpl*: **rats spread disease** las ratas transmiten enfermedades; **smoking causes lung disease** el tabaco causa enfermedades pulmonares.

diseased /dɪˈziːzd/ *adj* (*organ*) enfermo -ma, afectado -da; (*animal*) enfermo -ma: **he's had a diseased hip from birth** tiene una lesión de cadera de nacimiento.

disembark /ˌdɪsɪmˈbɑːk/ *vi* [**disembarks, disembarking, disembarked**] desembarcar.

disembarkation /ˌdɪsembɑːˈkeɪʃən/ *n* desembarco *m.*

disembodied /ˌdɪsɪmˈbɒdɪd/ *adj* incorpóreo -rea.

disenchanted /ˌdɪsɪnˈtʃɑːntɪd/ *adj* desilusionado -da, desencantado -da: **she became disenchanted** *with* **her life** se sentía desilusionada con su vida.

disenchantment /ˌdɪsɪnˈtʃɑːntmənt/ *n* desencanto *m.*

disengage /ˌdɪsɪnˈgeɪdʒ/ (*frml*) *vt* [**disengages, disengaging, disengaged**] **1.** (*to set free*) soltar: **she**

disengaged herself from his embrace se soltó de sus brazos. **2.** (*Tec*) desconectar; (*Auto*): **now disengage the clutch** ahora desembrague. **3.** (*Mil*) retirar: **their forces were disengaged from the conflict** retiraron sus fuerzas del conflicto.
♦ *vi* (*Mil*) retirarse.

disentangle /ˌdɪsɪnˈtæŋgəl/ *vt* [**disentangles, disentangling, disentangled**] desenredar.

disfavour, (*US*) **disfavor** /ˌdɪsˈfeɪvə/ *n* (*frml*) desaprobación *f*: **this expression has fallen** *into* **disfavour** esta expresión ya no se considera aceptable; **he had fallen** *into* **disfavour with the king** había caído en desgracia con el rey.

disfigure /ˌdɪsˈfɪgə/ *vt* [**disfigures, disfiguring, disfigured**] desfigurar: **his face was disfigured in the accident** el accidente le desfiguró la cara.

disgrace /dɪsˈgreɪs/ **I** *n* **1.** (*shame*) vergüenza *f*: **you're a disgrace** *to* **the school** eres la vergüenza del colegio; **you look a disgrace!** ¡estás hecho una vergüenza!; **they have brought disgrace** *on* **the nation** han deshonrado al país. **2.** (*loss of reputation*) desgracia *f*: **many party members have fallen** *into* **disgrace** muchos miembros del partido han caído en desgracia; **I'm** *in* **disgrace for coming home late** están enfadados porque llegué tarde a casa.
II *vt* [**disgraces, disgracing, disgraced**] deshonrar: **you have disgraced yourself** te has puesto en ridículo.

disgraceful /dɪsˈgreɪsfʊl/ *adj* vergonzoso -sa: **they left the house in a disgraceful state** dejaron la casa en un estado vergonzoso.

disgracefully /dɪsˈgreɪsfʊlɪ/ *adv* vergonzosamente.

disgruntled /dɪsˈgrʌntəld/ *adj* contrariado -da.

disguise /dɪsˈgaɪz/ **I** *n* disfraz *m*: **he was wearing a disguise** iba disfrazado; **the princess was** *in* **disguise** la princesa iba disfrazada.
II *vt* [**disguises, disguising, disguised**] **1.** (*appearance*) disfrazar: **he was disguised** *as* **a policeman** iba disfrazado de policía; **she disguised herself and left the house** se disfrazó y salió de casa; (*voice, writing, accent*) cambiar: **she disguised her voice** cambió la voz. **2.** (*to conceal*) disimular: **she could not disguise her dislike** no pudo disimular su disgusto.

disgust /dɪsˈgʌst/ **I** *n* **1.** (*revulsion*) asco *m*: **the smell filled her with disgust** el olor le dio asco; **she looked at me** *in* **disgust** me miró con cara de asco. **2.** (*disapproval*) indignación *f*: **they walked out of the cinema** *in* **disgust** se salieron del cine, indignados.
II *vt* [**disgusts, disgusting, disgusted**] **1.** (*to repel*) dar asco: **your room disgusts me** tu habitación da asco. **2.** (*to outrage*) indignar: **they were disgusted by his attitude** su actitud los indignó.

disgusted /dɪsˈgʌstɪd/ *adj* **1.** (*revolted*) asqueado -da. **2.** (*outraged*) indignado -da: **I am disgusted** *with* **you** estoy muy enfadada contigo.

disgusting /dɪsˈgʌstɪŋ/ *adj* **1.** (*revolting, horrible*) repugnante, asqueroso -sa: **what a disgusting colour!** ¡qué color más espantoso! **2.** (*outrageous*) vergonzoso -sa: **the prices they charge are disgusting!** ¡es una vergüenza lo que cobran!

disgustingly /dɪsˈgʌstɪŋlɪ/ *adv* **1.** (*revoltingly*): **it was disgustingly dirty** estaba tan sucio que daba asco. **2.** (*extremely*) muy: **they are disgustingly rich** están podridos de dinero.

dish /dɪʃ/ **I** *n* [**dishes**] **1.** (*for serving food*) fuente *f*. **2.** (*food*) plato *m*: **they do several vegetarian dishes** tienen varios platos vegetarianos.
II dishes *n pl* (*washing-up*) platos *m pl* **I'll do * wash the dishes** voy a fregar los platos; **do you want a hand with the dishes?** ¿te echo una mano para fregar los platos?
to **dish out** *vt* [**dishes, dishing, dished**] (*food*) servir; (*money, tickets*) repartir.
to **dish up** *vt* servir: **he dished up a revolting meal** nos sirvió una comida malísima.
dishcloth *n* bayeta *f*, trapo *m*.
dishwasher *n* (*machine*) lavavajillas *m inv*, lavaplatos *m inv*; (*person*) lavaplatos *m/f inv*.

disheartened /dɪsˈhɑːtənd/ *adj* descorazonado -da.

disheartening /dɪsˈhɑːtənɪŋ/ *adj* descorazonador -dora.

dishevelled /dɪˈʃevəld/ *adj* (*hair*) despeinado -da; (*appearance*) desaliñado -da; (*clothes*) desarreglado -da.

dishonest /dɪsˈɒnɪst/ *adj* deshonesto -ta, poco honesto -ta: **he got the money by dishonest means** consiguió el dinero por medios poco honestos.

dishonestly /dɪsˈɒnɪstlɪ/ *adv* deshonestamente: **he behaved dishonestly** se comportó de forma deshonesta.

dishonesty /dɪsˈɒnɪstɪ/ *n* falta *f* de honradez.

dishonour, (*US*) **dishonor** /dɪsˈɒnə/ (*frml*) **I** *n* deshonra *f*.
II *vt* [**dishonours, dishonouring, dishonoured**] deshonrar.

dishonourable, (*US*) **dishonorable** /dɪsˈɒnərəbəl/ *adj* deshonroso -sa.

disillusion /ˌdɪsɪˈluːʒən/ *vt* [**disillusions, disillusioning, disillusioned**] desilusionar.

disillusionment /ˌdɪsɪˈluːʒənmənt/ *n* desilusión *f*.

disinclined /ˌdɪsɪnˈklaɪnd/ *adj* poco dispuesto -ta: **I felt disinclined** *to* **help them** no tenía ningunas ganas de ayudarlos.

disinfect /ˌdɪsɪnˈfekt/ *vt* [**disinfects, disinfecting, disinfected**] desinfectar.

disinfectant /ˌdɪsɪnˈfektənt/ *n* desinfectante *m*.

disinfection /ˌdɪsɪnˈfekʃən/ *n* desinfección *f*.

disinherit /ˌdɪsɪnˈherɪt/ *vt* [**disinherits, disinheriting, disinherited**] desheredar.

disintegrate /dɪsˈɪntɪgreɪt/ *vi* [**disintegrates, disintegrating, disintegrated**] desintegrarse.

disintegration /dɪsˌɪntɪˈgreɪʃən/ *n* desintegración *f*.

disinterest /ˌdɪsˈɪntərest/ *n* desinterés *m*: **they showed a total disinterest** *in* **our plans** mostraron un desinterés total por nuestros planes.

disinterested /dɪsˈɪntrɪstɪd/ *adj* imparcial: **I speak as a disinterested observer** hablo como observador imparcial.

disjointed /dɪsˈdʒɔɪntɪd/ *adj* (*ideas*) inconexo -xa; (*dialogue*) incoherente.

disk /dɪsk/ *n* **1.** (*gen*) disco *m*: **he's slipped a disk** tiene una hernia discal. **2.** (*Inform*) disco *m*.
disk drive *n* disquetera *f*.

diskette /dɪsˈket/ *n* disquete *m*, diskette *m*.

dislike /dɪsˈlaɪk/ **I** *n* antipatía *f*: **his obvious dislike** *for* **children** su evidente antipatía hacia los niños • **I took a dislike to her** le cogí antipatía • **she's taken a dislike to swimming** le ha cogido manía a la natación.
II *vt* [**dislikes, disliking, disliked**]: **she dislikes flying** no le gusta viajar en avión; **I disliked him immediately** me cayó mal desde el principio.

dislocate /ˈdɪsləkeɪt/ *vt* [**dislocates, dislocating, dislocated**] dislocar: **he dislocated his shoulder** se dislocó el hombro.

dislocation /ˌdɪslə'keɪʃən/ *n* dislocación *f*.

dislodge /dɪs'lɒdʒ/ *vt* [**dislodges, dislodging, dislodged**] 1. (*to remove*) sacar: **I can't dislodge the diskette from the disk drive** no puedo sacar el disquete de la disquetera. 2. (*to move out of place*): **the explosion had dislodged part of the railway track** la explosión había hecho saltar un tramo de la vía férrea.

disloyal /dɪs'lɔɪəl/ *adj* desleal: **I think you're being disloyal** *to* **your sister** creo que le estás siendo desleal a tu hermana.

disloyalty /dɪs'lɔɪəltɪ/ *n* [**disloyalties**] deslealtad *f*.

dismal /'dɪzməl/ *adj* 1. (*gloomy: outlook*) sombrío -bría; (*: place*) deprimente; (*: tone*) muy triste. 2. (*awful*) pésimo -ma: **we had dismal weather** tuvimos un tiempo pésimo; **the exam results were dismal** los resultados de los exámenes fueron pésimos.

dismantle /dɪs'mæntəl/ *vt* [**dismantles, dismantling, dismantled**] (*machine, structure*) desmontar; (*political system*) desmantelar.
♦*vi* desmontarse: **that table will dismantle** esa mesa se desmonta.

dismay /dɪs'meɪ/ I *vt* [**dismays, dismaying, dismayed**] (*to worry*) dejar consternado -da: **we were dismayed by the news** la noticia nos dejó consternados; (*to disappoint*) decepcionar.
II *n* (*disappointment*) decepción *f*; (*worry*) consternación *f*: **she realized** *with* **dismay that she'd lost her bag** se dio cuenta con gran consternación de que había perdido el bolso.

dismember /dɪs'membə/ *vt* [**dismembers, dismembering, dismembered**] desmembrar.

dismiss /dɪs'mɪs/ *vt* [**dismisses, dismissing, dismissed**] 1. (*to sack*) despedir: **he was dismissed** *for* **misconduct** lo despidieron por mala conducta. 2. (*frml: to send away*): **she dismissed them early** los dejó salir temprano. 3. (*idea*) descartar; (*proposal*) rechazar: **she dismissed the suggestion out of hand** rechazó de plano la propuesta. 4. (*Law: appeal*) desestimar; (*case*) sobreseer, declarar sin lugar: **the case was dismissed at the first hearing** el caso fue sobreseído tras la primera vista; **case dismissed!** no ha lugar a la demanda.

dismissal /dɪs'mɪsəl/ *n* 1. (*from a job*) despido *m*: **he accused the company of unfair * wrongful dismissal** acusó a la empresa de despido improcedente. 2. (*of idea, proposal*) rechazo *m*. 3. (*Law*) sobreseimiento *m*.

dismissive /dɪs'mɪsɪv/ *adj*: **she was very dismissive** *of* **our problems** se tomó nuestros problemas muy a la ligera.

dismount /dɪs'maʊnt/ *vi* [**dismounts, dismounting, dismounted**] (*from a horse, bicycle*) desmontar, bajarse.

disobedience /ˌdɪsəʊ'bi:dɪəns/ *n* desobediencia *f*.

disobedient /ˌdɪsəʊ'bi:dɪənt/ *adj* desobediente.

disobey /ˌdɪsəʊ'beɪ/ *vt* [**disobeys, disobeying, disobeyed**] desobedecer: **he disobeyed orders** desobedeció las órdenes.
♦*vi* desobedecer: **his mother punished him for disobeying** su madre lo castigó por desobedecer * por desobediente.

disorder /dɪs'ɔ:də/ *n* 1. (*confusion*) desorden *m*: **the whole house was** *in* **disorder** toda la casa estaba desordenada; **after several days of public disorder** tras varios días de disturbios callejeros. 2. (*Med*) afección *f*: **she suffers from a skin disorder** tiene una afección de la piel.

disorderly /dɪs'ɔ:dəlɪ/ *adj* 1. (*untidy*) desordenado -da. 2. (*frml: behaviour*) escandaloso -sa: **he was arrested for disorderly conduct** lo detuvieron por alterar el orden público.

disorganization /dɪsˌɔ:gənaɪ'zeɪʃən/ *n* desorganización *f*.

disorganized /dɪs'ɔ:gənaɪzd/ *adj* desorganizado -da.

disorient /dɪs'ɔ:rɪənt/ *vt* [**disorients, disorienting, disoriented**] desorientar.

disorientate /dɪs'ɔ:rɪənteɪt/ *vt* [**disorientates, disorientating, disorientated**] desorientar.

disorientation /dɪsˌɔ:rɪən'teɪʃən/ *n* desorientación *f*.

disown /dɪs'əʊn/ *vt* [**disowns, disowning, disowned**] repudiar, renegar de: **her family disowned her** su familia renegó de ella.

disparage /dɪ'spærɪdʒ/ *vt* [**disparages, disparaging, disparaged**] (*frml*) menospreciar.

disparaging /dɪ'spærɪdʒɪŋ/ *adj* (*frml*) despreciativo -va: **they made disparaging remarks about my work** hicieron algunos comentarios en tono despreciativo sobre mi trabajo.

disparate /'dɪspərət/ *adj* (*frml*) dispar, diferente.

disparity /dɪ'spærətɪ/ *n* [**disparities**] (*frml*) disparidad *f*.

dispassionate /dɪs'pæʃənət/ *adj* desapasionado -da.

dispatch, despatch /dɪ'spætʃ/ I *vt* [**dispatches, dispatching, dispatched**] 1. (*to send*) enviar, mandar. 2. (*to deal with*) despachar: **I'll dispatch that job in no time** ese trabajo yo lo despacho en un abrir y cerrar de ojos.
II *n* [**dispatches**] 1. (*report*) informe *m*; (*Mil*) parte *m*. 2. (*act of sending*) envío *m*.

dispatch rider, despatch rider *n* mensajero -ra *m/f*.

dispel /dɪ'spel/ *vt* [**dispels, dispelling, dispelled**] disipar.

dispensable /dɪ'spensəbəl/ *adj* innecesario -ria.

dispensary /dɪ'spensərɪ/ *n* [**dispensaries**] farmacia *f* (*dentro de un hospital*).

dispensation /ˌdɪspen'seɪʃən/ *n* dispensa *f*.

dispense /dɪ'spens/ *vt* [**dispenses, dispensing, dispensed**] 1. (*to give out*) repartir. 2. (*justice*) administrar. 3. (*medicines*) preparar y expender.
to **dispense with** *vt* prescindir de: **we can dispense with these passes now** ahora podemos prescindir de estos pases.

dispenser /dɪ'spensə/ *n* máquina *f* expendedora: **a soap dispenser** un dosificador de jabón.

dispersal /dɪ'spɜ:səl/ *n* dispersión *f*.

disperse /dɪ'spɜ:s/ *vt* [**disperses, dispersing, dispersed**] 1. (*people*) dispersar: **the police dispersed the crowd** la policía dispersó a la muchedumbre. 2. (*clouds, smoke*) disipar.
♦*vi* 1. (*people*) dispersarse. 2. (*clouds, smoke*) disiparse.

dispirited /dɪ'spɪrɪtɪd/ *adj* (*frml*) desesperanzado -da.

displace /dɪs'pleɪs/ *vt* [**displaces, displacing, displaced**] (*an object, liquid*) desplazar; (*a bone*) dislocar.

displaced person *n* desplazado -da *m/f*.

display /dɪ'spleɪ/ I *vt* [**displays, displaying, displayed**] 1. (*goods, works of art*) exponer. 2. (*emotion*) manifestar; (*courage*) mostrar.
II *n* 1. (*of goods, works of art*) exposición *f* ● **they had a lot of books on display** tenían expuestos muchos libros. 2. (*of emotion*) manifestación *f*: **she is not given to displays of emotion** no es muy dada a manifestar sus emociones. 3. (*of skills*) exhibición *f*: **a gymnastics display** una exhibición de gimnasia.

displease /dɪsˈpliːz/ *vt* [**displeases, displeasing, displeased**] (*frml*) disgustar, contrariar: **we are displeased** *with* **their attitude** estamos muy disgustados por la actitud que han adoptado.

displeasing /dɪsˈpliːzɪŋ/ *adj* (*frml*: *unpleasant*) desagradable; (: *unsatisfactory*) insatisfactorio -ria.

displeasure /dɪsˈpleʒə/ *n* (*frml*) desagrado *m*.

disposable /dɪˈspəʊzəbəl/ *adj* desechable, de usar y tirar: **disposable gloves** guantes desechables * de usar y tirar.

disposable income *n* ingresos *m pl* netos.

disposal /dɪˈspəʊzəl/ *n* **1.** (*of rubbish*) eliminación *f*: **the disposal of nuclear waste** la eliminación de desechos nucleares. **2.** (*frml*: *distribution, arrangement*) disposición *f*, colocación *f* • **we are always at your disposal** estamos siempre a su disposición. **3.** (*sale*) traspaso *m*.

disposed /dɪˈspəʊzd/ *adj* dispuesto -ta: **I was not disposed** *to* **help them** no estaba dispuesto a ayudarles • **she didn't feel well disposed towards them** no estaba muy bien dispuesta hacia ellos.

dispose of /dɪˈspəʊz ɒv/ *vt* [**disposes, disposing, disposed**] **1.** (*rubbish*) tirar; (*waste*) eliminar. **2.** (*dilemma*) resolver: **they soon disposed of the problem** resolvieron el problema con facilidad. **3.** (*to get rid of*) deshacerse de: **the killers disposed of the body in the woods** los asesinos se deshicieron del cuerpo en el bosque. **4.** (*time*): **I have got half an hour to dispose of before the train leaves** tengo media hora antes de que salga el tren.

disposition /ˌdɪspəˈzɪʃən/ *n* **1.** (*personality*) carácter *m*: **he was** *of* **a nervous disposition** tenía un carácter nervioso. **2.** (*inclination*) intención *f*: **she showed no disposition to leave** no parecía tener intención de marcharse. **3.** (*frml*: *order, distribution*) disposición *f*.

dispossess /ˌdɪspəˈzes/ *vt* [**dispossesses, dispossessing, dispossessed**] desposeer: **they were dispossessed** *of* **their property** los desposeyeron de sus propiedades.

disproportionate /ˌdɪsprəˈpɔːʃənət/ *adj* desproporcionado -da: **the punishment seemed disproportionate** *to* **the crime** el castigo parecía desproporcionado con respecto al delito.

disproportionately /ˌdɪsprəˈpɔːʃənətlɪ/ *adv* desproporcionadamente.

disprove /dɪsˈpruːv/ *vt* [**disproves, disproving, disproved**] refutar: **new evidence disproved our theory** nuevos descubrimientos refutaron nuestra teoría.

disputable /dɪˈspjuːtəbəl/ *adj* discutible.

dispute /dɪˈspjuːt/ **I** *vt* [**disputes, disputing, disputed**] **1.** (*gen*) negar, discutir: **we do not dispute that fact** no negamos ese hecho; **we do not dispute that the accident was our fault** no negamos que el accidente fuera culpa nuestra; **we have always disputed that claim** siempre hemos negado que tuvieran razón. **2.** (*land*) disputar: **the disputed territory** el territorio en disputa.

II *n* **1.** (*argument*) disputa *f*, enfrentamiento *m*: **the details of the contract are still** *in* * *under* **dispute** aún no se ha resuelto el enfrentamiento sobre los detalles del contrato; **China was** *in* **dispute** *with* **the British government** China estaba enfrentada con el gobierno británico. **2.** (*industrial*) conflicto *m*.

disqualification /dɪsˌkwɒlɪfɪˈkeɪʃən/ *n* descalificación *f*.

disqualify /dɪsˈkwɒlɪfaɪ/ *vt* [**disqualifies, disqualifying, disqualified**] **1.** (*Sport*) descalificar: **he was disqualified** *from* **the competition** lo descalificaron de la competición. **2.** (*to make unsuitable*) incapacitar: **his eyesight disqualifies him** *from* **being a pilot** sus problemas con la vista lo incapacitan para ser piloto.

disquiet /dɪsˈkwaɪət/ *n* (*frml*) intranquilidad *f*.

disquieting /dɪsˈkwaɪətɪŋ/ *adj* preocupante.

disregard /ˌdɪsrɪˈgɑːd/ **I** *n* indiferencia *f*: **he showed a total disregard** *for* **the rules** mostró una total indiferencia por las reglas.

II *vt* [**disregards, disregarding, disregarded**] hacer caso omiso de: **they disregarded our advice** hicieron caso omiso de nuestros consejos.

disrepair /ˌdɪsrɪˈpeə/ *n* deterioro *m* • **the building had fallen into disrepair** el edificio estaba muy deteriorado.

disreputable /dɪsˈrepjʊtəbəl/ *adj* de mala reputación.

disrepute /ˌdɪsrɪˈpjuːt/ *n* descrédito *m* • **their actions have brought the nation into disrepute** su actuación ha desacreditado al país • **the company fell into disrepute** la compañía se desacreditó mucho.

disrespect /ˌdɪsrɪˈspekt/ *n* falta *f* de respeto.

disrespectful /ˌdɪsrɪˈspektfʊl/ *adj* irrespetuoso -sa: **she is very disrespectful** *towards* **them** es muy poco respetuosa con ellos.

disrespectfully /ˌdɪsrɪˈspektfəlɪ/ *adv* irrespetuosamente.

disrupt /dɪsˈrʌpt/ *vt* [**disrupts, disrupting, disrupted**] **1.** (*transport, meeting, work*) interrumpir: **work on the project was disrupted by the strike** la huelga interrumpió el trabajo en el proyecto. **2.** (*plans, harmony*) trastornar: **that child disrupts the whole class** ese niño molesta a toda la clase.

disruption /dɪsˈrʌpʃən/ *n* **1.** (*of transport, meeting, work*) interrupción *f*. **2.** (*of harmony*) trastorno *m*: **the bad weather caused disruption on the roads** el mal tiempo causó problemas en las carreteras.

disruptive /dɪsˈrʌptɪv/ *adj* (*student, employee*) problemático -ca, conflictivo -va; (*influence*) negativo -va, perjudicial.

dissatisfaction /ˌdɪsætɪsˈfækʃən/ *n* descontento *m*, insatisfacción *f*: **they voiced their dissatisfaction** *with* **the law** expresaron su insatisfacción con la ley.

dissatisfied /dɪsˈsætɪsfaɪd/ *adj* insatisfecho -cha: **we were dissatisfied** *with* **the result** estábamos muy insatisfechos con el resultado.

dissect /daɪˈsekt/ *vt* [**dissects, dissecting, dissected**] **1.** (*Med*: *to cut up*) diseccionar. **2.** (*to analyse in detail*) analizar minuciosamente.

dissection /daɪˈsekʃən/ *n* disección *f*.

disseminate /dɪˈsemɪneɪt/ *vt* [**disseminates, disseminating, disseminated**] (*frml*) diseminar.

dissemination /dɪˌsemɪˈneɪʃən/ *n* (*frml*) diseminación *f*.

dissent /dɪˈsent/ (*frml*) **I** *n* disensión *f*.

II *vi* [**dissents, dissenting, dissented**] disentir.

dissertation /ˌdɪsəˈteɪʃən/ *n* tesina *f*.

disservice /dɪsˈsɜːvɪs/ *n* perjuicio *m*: **it was a great disservice** *to* **the nation** fue un gran perjuicio para el país; **they are doing us a disservice** nos están perjudicando.

dissident /ˈdɪsɪdənt/ *n* disidente *m/f*.

dissimilar /dɪˈsɪmɪlə/ *adj* diferente, distinto -ta: **his policy is dissimilar** *to* **the other headmaster's** su política es distinta a la del otro director.

dissipate /ˈdɪsɪpeɪt/ *vt* [**dissipates, dissipating, dissipated**] **1.** (*to make something disappear*) disipar.

2. (*to waste*) derrochar.
♦*vi* disiparse.

dissociate /dɪ'səʊʃɪeɪt/ *vt* [**dissociates, dissociating, dissociated**] disociar: **I wish to dissociate myself** *from* **this decision** quiero desvincularme de esta decisión.

dissolute /'dɪsəluːt/ *adj* (*frml*) disoluto -ta.

dissolution /ˌdɪsə'luːʃən/ *n* disolución *f*.

dissolve /dɪ'zɒlv/ *vt* [**dissolves, dissolving, dissolved**] disolver: **he dissolved the tablets in water** disolvió los comprimidos en agua; **the Queen has the power to dissolve parliament** la reina tiene poder para disolver el parlamento.
♦*vi* 1. (*substances*) disolverse. 2. (*hopes, fears*) desvanecerse.
to **dissolve in** ✻ **into** *vt* romper a: **the children dissolved** *in* **tears** los niños rompieron a llorar.

dissuade /dɪ'sweɪd/ *vt* [**dissuades, dissuading, dissuaded**] disuadir: **we tried to dissuade him** *from* **leaving** tratamos de disuadirlo de que se fuera.

distance /'dɪstəns/ **I** *n* distancia *f*: **they travel long distances for food** recorren grandes distancias para conseguir comida; **it is quite a distance to the centre** el centro está bastante lejos; **it's no distance to the park** el parque está a un paso • **I saw a castle in the distance** vi un castillo a lo lejos ✻ en la lejanía • **I only saw him from a distance** sólo lo vi de lejos • **he's very nice, but he keeps his distance** es muy amable, pero guarda las distancias.
II *vt* [**distances, distancing, distanced**] distanciar: **he distanced himself** *from* **the affair** se distanció del asunto.
distance race *n* carrera *f* de fondo.
distance runner *n* corredor -dora *m/f* de fondo.

distant /'dɪstənt/ *adj* 1. (*faraway*) lejano -na: **in a distant village** en un pueblo lejano; **at some point in the distant past** en un pasado lejano; (*relative*) lejano -na. 2. (*cold*) distante.

distantly /'dɪstəntlɪ/ *adv* 1. (*remotely*): **we are distantly related** somos parientes lejanos. 2. (*absently*) distraídamente.

distaste /dɪs'teɪst/ *n* aversión *f*: **his distaste** *for* **pop music** su aversión a la música pop; **they were looking at me** *in* **distaste** me miraban con cara de disgusto.

distasteful /dɪs'teɪstfʊl/ *adj* 1. (*unpleasant*) desagradable. 2. (*in bad taste*) de mal gusto.

distended /dɪ'stendɪd/ *adj* (*frml*) hinchado -da.

distil /dɪ'stɪl/ *vt* [**distils, distilling, distilled**] destilar: **distilled water** agua destilada.

distillation /ˌdɪstɪ'leɪʃən/ *n* destilación *f*.

distillery /dɪ'stɪlərɪ/ *n* [**distilleries**] destilería *f*.

distinct /dɪ'stɪŋkt/ *adj* 1. (*different*) distinto -ta: **there are three distinct types** hay tres tipos distintos • **mammals, as distinct from other animals** los mamíferos, a diferencia de otros animales. 2. (*noticeable*) marcado -da: **a distinct smell of alcohol** un fuerte olor a alcohol; (*chance, sign*) claro -ra: **there's a distinct possibility I'll fail** es muy posible que suspenda.

distinction /dɪ'stɪŋkʃən/ *n* 1. (*differentiation*) distinción *f*: **they draw** ✻ **make no distinction between locals and tourists** no hacen ninguna distinción entre residentes y turistas. 2. (*refinement, excellence*) distinción *f*: **a woman of some distinction** una mujer muy distinguida. 3. (*GB: Educ*) *calificación extraordinaria que otorgan algunas instituciones académicas británicas*.

distinctive /dɪ'stɪŋktɪv/ *adj* distintivo -va.

distinctively /dɪ'stɪŋktɪvlɪ/ *adv* inconfundiblemente.

distinctly /dɪ'stɪŋktlɪ/ *adv* claramente: **they were distinctly unfriendly** eran muy antipáticos.

distinguish /dɪ'stɪŋgwɪʃ/ *vt* [**distinguishes, distinguishing, distinguished**] distinguir: **she doesn't distinguish good literature** *from* **bad** no distingue la buena literatura de la mala; **they distinguished themselves** *by* **their courage** se distinguieron por su valor.
♦*vi* distinguir: **he can't distinguish** *between* **right and wrong** no sabe distinguir entre el bien y el mal.

distinguishable /dɪ'stɪŋgwɪʃəbəl/ *adj* distinguible: **the male is easily distinguishable** *from* **the female** el macho y la hembra se distinguen fácilmente.

distinguished /dɪ'stɪŋgwɪʃt/ *adj* distinguido -da.

distinguishing /dɪs'tɪŋgwɪʃɪŋ/ *adj* distintivo -va, característico -ca.
distinguishing feature ✻ **mark** *n* marca *f* distintiva.

distort /dɪ'stɔːt/ *vt* [**distorts, distorting, distorted**] (*facts, truth*) distorsionar, falsear: **the newspaper distorted the facts** el periódico distorsionó los hechos; **his face was distorted** *with* **pain** tenía el rostro contraído por el dolor.

distortion /dɪ'stɔːʃən/ *n* deformación *f*, distorsión *f*: **that is a distortion of the truth** eso es una deformación de la verdad.

distract /dɪ'strækt/ *vt* [**distracts, distracting, distracted**] distraer: **she's easily distracted** se distrae con facilidad; **I got distracted** me despisté.

distracted /dɪ'stræktɪd/ *adj* distraído -da.

distractedly /dɪ'stræktɪdlɪ/ *adv* distraídamente.

distracting /dɪ'stræktɪŋ/ *adj*: **the noise is distracting** me distrae el ruido.

distraction /dɪ'strækʃən/ *n* distracción *f*: **I can't work at home - there are too many distractions** no puedo trabajar en casa, tengo demasiadas distracciones • **that woman drives me to distraction** esa mujer me saca de quicio.

distraught /dɪ'strɔːt/ *adj* angustiado -da.

distress /dɪ'stres/ **I** *n* 1. (*psychological*) angustia *f*, aflicción *f*: **the news caused them a lot of distress** la noticia los afligió mucho. 2. (*physical*) dolor *m*: **the patient was** *in* **distress** el enfermo tenía fuertes dolores • **a boat in distress** un barco en apuros.
II *vt* [**distresses, distressing, distressed**] afectar: **she was very distressed about the divorce** estaba muy afectada por lo del divorcio; **try not to distress the patient** trate de no alterar al enfermo.
distress signal *n* señal *f* de socorro.

distressing /dɪ'stresɪŋ/ *adj* (*causing anxiety*) angustioso -sa; (*upsetting*) desagradable: **some scenes in the film were very distressing** la película tenía escenas muy desagradables.

distribute /dɪ'strɪbjuːt/ *vt* [**distributes, distributing, distributed**] distribuir.

distribution /ˌdɪstrɪ'bjuːʃən/ *n* distribución *f*.

distributor /dɪ'strɪbjʊtə/ *n* 1. (*of goods*) distribuidor -dora *m/f*. 2. (*Auto*) delco *m*, distribuidor *m*.

district /'dɪstrɪkt/ *n* (*of country*) región *f*; (*of town*) distrito *m*.
district attorney *n* (*US*) fiscal *m/f* del distrito.
district council *n* (*GB*) *gobierno municipal de un distrito*.
district nurse *n* (*GB*) *enfermero -ra encargado -da de las visitas a domicilio en una zona*.

distrust /dɪs'trʌst/ **I** *vt* [**distrusts, distrusting, dis-**

trusted] desconfiar de: **he distrusts his colleagues** desconfía de sus compañeros.
II *n* desconfianza *f*: **his distrust** *of* **politicians** su falta de confianza en los políticos; **they regard her** *with* **distrust** la miran con desconfianza.

distrustful /dɪsˈtrʌstfʊl/ *adj* desconfiado -da: **they are distrustful** *of* **us** desconfían de nosotros.

disturb /dɪˈstɜːb/ *vt* [**disturbs, disturbing, disturbed**] **1.** (*person: gen*) molestar: **do not disturb** se ruega no molestar; **I hope I didn't disturb you** espero no haberte molestado; (*: from sleep*) despertar: **don't disturb the baby** no despiertes al niño; **something disturbed my sleep** algo me despertó. **2.** (*to upset*) preocupar: **we are very disturbed** *by* **our findings** estamos muy preocupados por lo que hemos descubierto. **3.** (*papers, objects*) desordenar: **my papers have been disturbed** alguien ha desordenado mis papeles; (*soil*) remover.

disturbance /dɪˈstɜːbəns/ *n* **1.** (*interruption*) molestia *f*: **they apologized for the disturbance** pidieron disculpas por las molestias causadas; (*noise*) alboroto *m*, jaleo *m*: **I couldn't work with so much disturbance** no podía trabajar con tanto alboroto; (*of order, plans*) alteración *f*. **2.** (*Law*) disturbio *m*: **he was charged with causing a disturbance** lo acusaron de alterar el orden público. **3.** (*mental, emotional*) trastorno *m*.

disturbed /dɪˈstɜːbd/ *adj* **1.** (*worried*) preocupado -da: **we were disturbed to hear of his decision** cuando nos enteramos de lo que había decidido nos quedamos muy preocupados. **2.** (*psychologically*) perturbado -da: **an emotionally disturbed child** un niño desequilibrado emocionalmente.

disturbing /dɪˈstɜːbɪŋ/ *adj* **1.** (*worrying*) preocupante. **2.** (*unpleasant*) desagradable: **there were very disturbing scenes in the movie** la película tenía escenas muy desagradables.

disuse /dɪsˈjuːs/ *n* desuso *m* • **these remedies have fallen into disuse** estos remedios han caído en desuso.

disused /dɪsˈjuːzd/ *adj* abandonado -da.

ditch /dɪtʃ/ **I** *n* [**ditches**] (*gen*) zanja *f*; (*at side of road*) cuneta *f*; (*part of fortifications*) foso *m* • **they made a last-ditch attempt to rescue the company** hicieron un último esfuerzo para salvar la empresa.
II *vt* [**ditches, ditching, ditched**] (*fam: plan*) abandonar; (*: object, person*) deshacerse de: **I'd ditch him if I were you** yo que tú lo mandaría a la porra.

dither /ˈdɪðə/ *vi* [**dithers, dithering, dithered**] (*fam*) vacilar: **I could have done it myself while you were dithering** *(around)* podía haberlo hecho yo misma en el tiempo que te ha costado decidirte.

ditto /ˈdɪtəʊ/ **I** *n* (*Ling*) comillas *f pl* (*para no repetir en una lista*).
II *adv* ídem: **"I'm exhausted." "Ditto."** "Estoy agotado." "Yo, ídem de ídem."

divan /dɪˈvæn/ *n* **1.** (*bed*) cama *f* turca. **2.** (*sofa*) diván *m*.

dive /daɪv/ **I** *n* **1.** (*into water*) salto *m* de cabeza; (*in competition*) salto *m*: **she performed a perfect dive** realizó un salto perfecto. **2.** (*under water*) buceo *m*. **3.** (*of bird, plane*) picado *m*. **4.** (*rapid movement*): **he made a dive** *for* **the door** fue hacia la puerta como una flecha. **5.** (*fam: place*) antro *m*: **that place was a real dive** aquel sitio era un antro.
II *vi* [**dives, diving, dived**] **1.** (*into water*) tirarse de cabeza: **she dived** *into* **the pool** se tiró de cabeza a la piscina. **2.** (*under water*) bucear: **they were diving** *for* **pearls** buceaban en busca de perlas. **3.** (*plane, bird*) descender en picado. **4.** (*submarine*) sumergirse. **5.** (*to move quickly*): **he dived** *for* **the ball** se tiró para coger el balón; **she dived** *behind* **the screen** se escondió precipitadamente detrás del biombo; **she dived** *into* **her bag for some change** echó mano al bolso para ver si tenía alguna moneda.
to **dive in** *vi* tirarse de cabeza: **he dived in head first** se tiró de cabeza.

diver /ˈdaɪvə/ *n* **1.** (*from oilrig, etc.*) buzo *m*. **2.** (*under the water*) submarinista *m/f*, buceador -dora *m/f*; (*into the water*) saltador -dora *m/f*.

diverge /daɪˈvɜːdʒ/ *vi* [**diverges, diverging, diverged**] (*frml: interests, views*) divergir: **our opinions diverge on this point** nuestras opiniones divergen en este tema.

divergence /daɪˈvɜːdʒəns/ *n* (*frml*) divergencia *f*.

divergent /daɪˈvɜːdʒənt/ *adj* (*frml*) divergente.

diverse /daɪˈvɜːs/ *adj* (*frml*) diverso -sa.

diversification /daɪˌvɜːsɪfɪˈkeɪʃən/ *n* diversificación *f*.

diversify /daɪˈvɜːsɪfaɪ/ *vt* [**diversifies, diversifying, diversified**] diversificar.
♦ *vi* diversificarse: **we diversified** *into* **clothing last year** el año pasado empezamos a vender ropa.

diversion /daɪˈvɜːʃən/ *n* **1.** (*of traffic*) desvío *m*. **2.** (*distraction*) distracción *f*. **3.** (*entertainment*) diversión *f*.

diversity /daɪˈvɜːsətɪ/ *n* diversidad *f*.

divert /daɪˈvɜːt/ *vt* [**diverts, diverting, diverted**] desviar: **they had to divert the traffic after the accident** después del accidente tuvieron que desviar el tráfico; **the government will divert funds** *into* **housing** el gobierno va a transferir fondos de otras partidas para construir viviendas; **the river was diverted to create a lake** desviaron el río para crear un lago • **they tried to divert my attention** trataron de distraerme.

divest /daɪˈvest/ *vt* [**divests, divesting, divested**] (*frml*) privar: **these measures divested the council** *of* **its power** estas medidas privaron al consejo de su poder • **the government has divested itself of all responsibility for the railways** el gobierno ha dejado de asumir la responsabilidad en todo lo que se refiere a los ferrocarriles.

divide /dɪˈvaɪd/ *vt* [**divides, dividing, divided**] **1.** (*Maths*) dividir: **six divided by two is three** seis dividido entre dos son tres. **2.** (*to share out*) dividir: **they divided the work** *between* **them** se dividieron el trabajo entre todos; **he divided the food** *into* **three** dividió la comida en tres partes. **3.** (*to cause a rift between*) dividir: **this issue divided the party** esta cuestión dividió al partido.
♦ *vi* dividirse: **the children divided** *into* **groups** los niños se dividieron en grupos.
to **divide up** *vt* dividir.

dividend /ˈdɪvɪdend/ *n* (*Fin*) dividendo *m* • **their prudence paid dividends in later life** su prudencia les reportó beneficios más adelante.

divine /dɪˈvaɪn/ **I** *adj* divino -na: **divine inspiration** inspiración divina; **you look divine, darling!** ¡estás preciosa, cariño!
II *vt* [**divines, divining, divined**] (*frml*) adivinar: **it was impossible to divine their intention** era imposible adivinar sus intenciones.

diving /ˈdaɪvɪŋ/ *n* **1.** (*under water*) buceo *m*, submarinismo *m*. **2.** (*as a competition*) saltos *m pl* de trampolín.
diving board *n* trampolín *m*.

divinity /dɪˈvɪnətɪ/ *n* [**divinities**] **1.** (*godliness, god*) divinidad *f*. **2.** (*as a subject*) teología *f*.

divisible /dɪˈvɪzəbəl/ *adj* divisible: **four is divisible** *by* **two** cuatro es divisible por dos.

division /dɪˈvɪʒən/ *n* **1.** (*split*) división *f*: **there is a division of opinion** hay división de opiniones. **2.** (*in business, army*) división *f*: **the foreign division of the bank** la división de comercio exterior del banco. **3.** (*Sport*) división *f*: **they were promoted to the first division** ascendieron a primera división. **4.** (*Maths*) división *f*: **the children were learning division** los niños estaban aprendiendo a dividir.

division sign *n* signo *m* de dividir.

divisive /dɪˈvaɪsɪv/ *adj*: **his appointment had a divisive effect on the party** su nombramiento creó divisiones dentro del partido.

divorce /dɪˈvɔːs/ **I** *n* divorcio *m*: **they got a divorce last year** obtuvieron el divorcio el año pasado.
II *vt* [**divorces, divorcing, divorced**] (*husband, wife*) divorciarse de: **she divorced him** se divorció de él.
♦*vi* divorciarse: **they divorced in 1990** se divorciaron en 1990; **her parents got divorced** sus padres se divorciaron • **their ideas seem divorced from reality** sus ideas parecen estar divorciadas de la realidad.

divorced /dɪˈvɔːst/ *adj* divorciado -da: **they are both divorced** los dos están divorciados.

divorcee /dɪvɔːˈsiː/ *n* divorciado -da *m/f*.

divulge /daɪˈvʌldʒ/ *vt* [**divulges, divulging, divulged**] (*frml*) divulgar: **they were suspected of divulging state secrets** se sospechaba que habían divulgado secretos de Estado.

DIY /diːaɪˈwaɪ/ *n* (*GB*) (*abreviatura de* **do-it-yourself**) bricolaje *m*: **he's a DIY expert** es un experto en bricolaje; **a DIY store** una tienda de bricolaje.

dizziness /ˈdɪzɪnəs/ *n* mareo *m*.

dizzy /ˈdɪzɪ/ *adj* [**dizzier, dizziest**] mareado -da: **he was feeling dizzy** estaba mareado; **heights make me dizzy** las alturas me dan vértigo.

DJ /ˈdiːdʒeɪ/ *n* (*abreviatura de* **disc jockey**) disc-jockey *m/f*, pinchadiscos *m/f*.

DNA /diːenˈeɪ/ *n* (*abreviatura de* **deoxyribonucleic acid**) ADN *m* (ácido desoxirribonucleico).

do /duː/ **I** *n* [*pl* **do's, dos**] **1.** (*fam*: *party*) fiesta *f*: **is it going to be a big do?** ¿va a ser una fiesta a lo grande? **2.** (*in phrases*) •**here are some dos and don'ts for beginners** he aquí unos consejos para principiantes sobre qué hacer y qué no hacer • (*GB*) **fair dos! you had the biggest cake yesterday!** ¡sé justo! ¡tú te comiste el pastel más grande ayer!
II *vt* [**does, doing, did,** *participio pasado* **done**] **1.** (*gen*) hacer: **what are you doing tonight?** ¿qué vas a hacer esta noche?; **he does nothing but complain** no hace más que quejarse; **there isn't anything to do around here** aquí no hay nada que hacer; **we should do something to help her** deberíamos hacer algo para ayudarla; **will you do me a favour?** ¿me haces un favor?; **what does he do for a living?** ¿en qué trabaja?; **there's nothing I can do** *about* **it** no hay nada que yo pueda hacer al respecto • **what can I do for you?** ¿en qué puedo servirla? • **well done!** ¡así se hace! **2.** (*to produce*) hacer: **I did the translation in two hours** hice la traducción en dos horas; **I'll do you two copies of each page** te haré dos fotocopias de cada página; **my uncle did that watercolour** mi tío pintó esa acuarela; **who does the cooking in your house?** ¿quién cocina en tu casa?; **they do all the washing by hand** lavan toda la ropa a mano. **3.** (*to solve*) hacer: **I couldn't do my maths homework** no supe hacer los deberes de matemáticas; **she likes doing crosswords** le gusta hacer crucigramas. **4.** (*to study*) hacer, estudiar: **my father did law at university** mi padre hizo ✱ estudió derecho en la universidad; **we did the Incas and the Aztecs last term** el trimestre pasado estudiamos a los incas y los aztecas. **5.** (*to travel*) ir: **he was doing at least ninety miles an hour** iba por lo menos a noventa millas por hora; **we did London to Edinburgh in five hours** fuimos de Londres a Edimburgo en cinco horas; **they did Europe in two weeks** recorrieron Europa en dos semanas; **the car's only done seven thousand miles** el coche sólo ha hecho siete mil millas. **6.** (*to prepare food*) preparar, hacer: **they do an excellent sole** preparan ✱ hacen un lenguado buenísimo; **how do you like your steak done?** ¿cómo te gusta el filete? **7.** (*to clean*): **do your teeth before you go to bed** lávate los dientes antes de acostarte; **it's your turn to do the dishes** te toca a ti fregar. **8.** (*to put in order*): **she has her hair done every week** va a la peluquería todas las semanas; **we usually do the garden on Sundays** normalmente arreglamos el jardín los domingos. **9.** (*fam*: *to cheat*) timar: **you've been done!** ¡te han timado! **10.** (*fam*: *to prosecute*): **she was done for going through a red light** le pusieron una multa por saltarse un semáforo en rojo. **11.** (*fam*: *to be enough for*) alcanzarle a: **that should do me** con eso debería alcanzarme.
♦*vi* **1.** (*to act*): **do as you're told!** ¡haz lo que te dicen!; **he'd do well to take their advice** haría bien en seguir sus consejos. **2.** (*to get on*): **she always did well at school** siempre le fue bien en el colegio; **how's the roast doing?** ¿qué tal va el asado?; **how are you doing?** ¿qué tal estás?; **how do you do?** mucho gusto. **3.** (*fam*: *to finish*) acabar: **have you done wasting my time?** ¿has terminado ya de hacerme perder el tiempo?; **I've done** *with* **being a secretary!** ¡ya basta de trabajar de secretaria! **4.** (*to be adequate*) servir: **this sheet will do** *as* **a curtain** esta sábana puede servir de cortina; **will margarine do? I haven't got any butter** ¿puede ser margarina?, no tengo mantequilla • **this just won't do!** ¡esto no puede ser!; (*to be enough*) alcanzar: **five pounds should do** con cinco libras alcanza • **that will do!** ¡basta ya!
III *v aux* [**does, did**] ⇨ gramática en el apéndice (Verbos Auxiliares) **1.** (*forming questions*): **do you speak English?** ¿hablas inglés?; **doesn't he work here any more?** ¿ya no trabaja aquí? **2.** (*forming negatives*): **he didn't understand me** no me entendió; **I don't smoke** no fumo; **don't go near the edge!** ¡no te acerques al borde! **3.** (*replacing a previous verb*): **she knows the way better than you do** conoce el camino mejor que tú; **he hates cheese and so do I** odia el queso y yo también; **"Rachel won the biology prize!" "She didn't!"** "Rachel ganó el premio de biología." "¡No me digas!"; **"Could I use the phone?" "Please do."** "¿Puedo llamar por teléfono?" "Por supuesto." **4.** (*in question tags*): **you come from London, don't you?** eres de Londres, ¿verdad? ✱ ¿no?; **she doesn't live alone, does she?** no vive sola, ¿verdad? **5.** (*for emphasis*): **do come to the party!** ¡anda, ven a la fiesta!; **we did offer to help** nos ofrecimos a ayudar, de veras.

to **do away with** *vt* **1.** (*to get rid of*: *gen*) eliminar; (: *institution, law, etc.*) abolir: **they did away with the death penalty years ago** abolieron la pena de muerte hace muchos años. **2.** (*fam*: *to kill*) matar, eliminar: **people say he did away with his wife** se dice que mató a su mujer.

to **do down** *vt*: **she's always doing him down** siempre habla de él en términos despectivos; **don't do your-**

self down no seas tan crítico contigo mismo.

to **do in** *vt* (*fam*) cargarse, darle el pasaporte a: **he was done in by the Mafia** la mafia se lo cargó.

to **do out of** *vt* (*fam*) estafar: **he was done out of a week's wages** le estafaron el sueldo de una semana.

to **do up** *vt* **1.** (*buttons, etc.*) abrochar: **do up your coat** abróchate el abrigo; **help your sister do up her laces** ayuda a tu hermana a atarse los cordones. **2.** (*to renovate: a house*) renovar, reformar; (*: an antique*) restaurar. **3.** (*to decorate*) arreglar: **we're planning to do up the bathroom** estamos planeando arreglar el cuarto de baño; (*fam*) **she was all done up for the party** iba toda emperifollada para la fiesta. **4.** (*to wrap*) envolver.

to **do with** *vt* **1.** (*gen*): **what have I done with my keys?** ¿qué he hecho con las llaves? **2.** (*expressing connection, involvement*): **that has nothing to do with what we're discussing** eso no tiene nada que ver con lo que estamos tratando; **it has nothing to do with money** no es en absoluto una cuestión de dinero; **she's got something to do with the council** tiene alguna conexión con el ayuntamiento; **I don't want anything to do with his mad schemes** no quiero tener nada que ver con sus descabellados planes ● **what's it got to do with you?** ¿y a ti qué te importa? **3.** (*expressing need*) [*usado con* **can** *y* **could**]: **the kitchen could do with a spring clean** a la cocina no le vendría mal una limpieza general; **we could all do with a rest** a todos nos vendría bien un descanso.

to **do without** *vt* arreglárselas sin: **you'll have to do without milk - we've run out** tendrás que arreglártelas sin leche, se ha terminado; **you can't do without a telephone nowadays** hoy en día el teléfono es imprescindible.

docile /ˈdəʊsaɪl/ *adj* dócil.

dock /dɒk/ **I** *n* **1.** (*Naut*) muelle *m*: **the Salford docks** la zona portuaria de Salford. **2.** (*in court*) banquillo *m* (de los acusados).

II *vt* [**docks, docking, docked**] **1.** (*ship*) atracar. **2.** (*money*) descontar: **they docked fifty pounds** *from* **his wages** le descontaron cincuenta libras del sueldo; **I had my wages docked** me descontaron parte del sueldo.

♦*vi* (*ship*) atracar: **we docked at Perth** atracamos en Perth.

docker /ˈdɒkə/ *n* estibador -dora *m/f*.

doctor /ˈdɒktə/ **I** *n* **1.** (*Med*) médico -ca *m/f*, doctor -tora *m/f*: **Doctor Blunt** el doctor Blunt. **2. the doctor's** (*surgery, office*): **I had to go to the doctor's** tuve que ir al médico. **3.** (*Educ*: *title*) doctor -tora *m/f*: **Doctor** *of* **Philosophy** Doctor en Filosofía.

II *vt* [**doctors, doctoring, doctored**] **1.** (*figures, results*) falsear, amañar: **they were accused of doctoring the results** los acusaron de falsear los resultados. **2.** (*food*) adulterar.

doctorate /ˈdɒktərət/ *n* doctorado *m*.

doctrinaire /ˌdɒktrɪˈneə/ *adj* doctrinario -ria.

doctrine /ˈdɒktrɪn/ *n* doctrina *f*.

document /ˈdɒkjʊmənt/ **I** *n* documento *m*: **do you have the documents for the car?** ¿tienes la documentación del coche?

II *vt* [**documents, documenting, documented**] documentar.

documentary /ˌdɒkjʊˈmentərɪ/ *adj*, *n* [**documentaries**] documental *adj*, *m*: **documentary evidence** pruebas documentales.

documentation /ˌdɒkjʊmenˈteɪʃən/ *n* documentación *f*.

doddle /ˈdɒdəl/ *n* (*GB*: *fam*): **the interview was a doddle!** ¡la entrevista fue pan comido!

dodge /dɒdʒ/ **I** [**dodges, dodging, dodged**] *vt* (*person, object*) esquivar; (*responsibility, problem*) eludir: **ministers tried to dodge the issue** los ministros intentaron eludir el tema; (*taxes*) evadir; (*class*): **he dodged class to go to the cinema** faltó a clase para ir al cine.

♦*vi* escabullirse: **I dodged round a corner to avoid him** me escabullí doblando la esquina, para que no me viera.

II *n* (*of taxes*): **the trip was just a tax dodge** el viaje fue un pretexto para evadir impuestos.

dodgy /ˈdɒdʒɪ/ *adj* [**dodgier, dodgiest**] (*GB*: *fam*) **1.** (*situation*) arriesgado -da. **2.** (*deal*) poco honesto -ta, turbio -bia; (*person*) poco fiable.

dodo /ˈdəʊdəʊ/ *n* dodo *m* ● **he's as dead as a dodo** está muerto y bien muerto.

doe /dəʊ/ *n* (*female deer*) cierva *f*; (*female rabbit*) coneja *f*.

does /dʌz/ *tercera persona del singular del presente de* ⇨ do

doesn't /ˈdʌzənt/ *contracción de* **does not** ⇨ do

dog /dɒg/ **I** *n* (*a male or female dog*) perro -rra *m/f*; (*a male dog*) perro *m* ● **it's a dog's life** ¡qué vida más perra! ● **the country has gone to the dogs** el país se ha ido al garete ● **we didn't have a dog's chance of winning** no teníamos la más mínima posibilidad de ganar ● **she was dressed up like a dog's dinner** estaba hecha un mamarracho.

II *vt* [**dogs, dogging, dogged**] seguir: **a stranger dogged our footsteps** un desconocido nos seguía los pasos ● **the expedition was dogged by ill fortune from the outset** la expedición estuvo gafada desde el principio.

dogcollar *n* alzacuello *m*.

dog-eared *adj* sobado -da.

doghouse *n* (*US*: *kennel*) caseta *f* del perro ● **you'll be in the doghouse if you forget her birthday** como te olvides de su cumpleaños, lo tienes claro.

dogsbody *n* [**dogsbodies**] (*GB*: *fam*) burro *m* de carga.

dogged /ˈdɒgɪd/ *adj* tenaz.

doggedly /ˈdɒgɪdlɪ/ *adv* con tenacidad.

dogma /ˈdɒgmə/ *n* dogma *m*.

dogmatic /ˌdɒgˈmætɪk/ *adj* dogmático -ca.

dogmatically /ˌdɒgˈmætɪklɪ/ *adv* dogmáticamente.

doing /ˈduːɪŋ/ **I** *gerundio de* ⇨ do

II *n* (*act*): **is this your doing?** ¿eres tú el responsable de esto?

III doings *n pl* (*activities*) actividades *f pl*.

do-it-yourself /ˌduːɪtjəˈself/ *n* bricolaje *m*.

doldrums /ˈdɒldrəmz/ *n pl* ● **to be in the doldrums** (*to be stagnant*): **business was in the doldrums** el negocio estaba estancado; (*to be depressed*): **she was in the doldrums** estaba muy deprimida.

dole /dəʊl/ *n*: **the dole** (*fam*) subsidio *m* de paro: **he's been** *on* **the dole for two years** lleva dos años cobrando el paro.

to **dole out** *vt* [**doles, doling, doled**] repartir.

doleful /ˈdəʊlfʊl/ *adj* lastimero -ra.

doll /dɒl/ *n* muñeca *f*.

to **doll up** *vt* [**dolls, dolling, dolled**] (*fam*): **she had dolled herself up** * **she had got dolled up** se había acicalado.

dollar /ˈdɒlə/ *n* (*currency*) dólar *m*.

dollop /ˈdɒləp/ *n* (*fam*: *of mashed potato, etc.*) porción *f*:

she put a dollop of cream on top le puso una cucharada de nata encima.

dolphin /ˈdɒlfɪn/ *n* delfín *m*.

domain /dəˈmeɪn/ *n* **1.** (*of knowledge*) campo *m*, ámbito *m*: *in* **the domain of physics** en el ámbito de la física; **the affair is now** *in* **the public domain** el asunto es ya de dominio público. **2.** (*of authority*) competencia *f*: **that question is** *outside* **my domain** ese asunto no es de mi competencia.

dome /dəʊm/ *n* cúpula *f*.

domestic /dəˈmestɪk/ *adj* **1.** (*of or for the home*) doméstico -ca: **this product is not for domestic use** este producto no es para uso doméstico. **2.** (*not international*) nacional: **all domestic flights are subject to delays** puede que haya retrasos en todos los vuelos nacionales; (*trade, produce*) nacional; (*Fin: market*) interno -na.

domesticate /dəˈmestɪkeɪt/ *vt* [**domesticates, domesticating, domesticated**] domesticar.

domesticated /dəˈmestɪkeɪtɪd/ *adj* **1.** (*animal*) domesticado -da. **2.** (*person*) hogareño -ña, de su casa.

domesticity /ˌdəʊmeˈstɪsətɪ/ *n* vida *f* de hogar.

domicile /ˈdɒmɪsaɪl/ *n* (*frml*) domicilio *m*.

dominance /ˈdɒmɪnəns/ *n* dominio *m*.

dominant /ˈdɒmɪnənt/ *adj* dominante: **the genes for brown eyes are dominant** genéticamente, el color castaño de ojos es dominante; **the environment was the dominant theme at the conference** el medio ambiente fue el tema que dominó el congreso.

dominate /ˈdɒmɪneɪt/ *vt/i* [**dominates, dominating, dominated**] dominar.

domination /ˌdɒmɪˈneɪʃən/ *n* dominación *f*.

domineering /ˌdɒmɪˈnɪərɪŋ/ *adj* dominante.

Dominican /dəˈmɪnɪkən/ **I** *adj* (*Geog*) dominicano -na; (*Relig*) dominico -ca, (*Amér L*) domínico -ca.
II *n* (*Geog*) dominicano -na *m/f*; (*Relig*) dominico -ca *m/f*, (*Amér L*) domínico -ca *m/f*.

Dominican Republic *n* República *f* Dominicana.

dominion /dəˈmɪnɪən/ *n* (*frml*) dominio *m*.

domino /ˈdɒmɪnəʊ/ *n* [**dominoes**] **1.** (*piece*) ficha *f* de dominó. **2. dominoes** *[lleva el verbo en singular]* (*game*) dominó *m*: **he loves playing dominoes** le gusta mucho jugar al dominó.

don /dɒn/ *n* (*at a university*) *profesor universitario o profesora universitaria, especialmente de las universidades de Oxford y Cambridge*.

donate /dəʊˈneɪt/ *vt* [**donates, donating, donated**] donar.

donation /dəʊˈneɪʃən/ *n* **1.** (*thing donated*) donativo *m*, donación *f*: **would you like to make a donation?** ¿quiere hacer algún donativo? **2.** (*act*) donación *f*.

done /dʌn/ **I** *participio pasado de* ➪ do
II *adj* **1.** (*completed*) terminado -da • **I'm done with exams** he terminado ✱ acabado con los exámenes • **"My final offer is five hundred pounds." "Done!"** "Quinientas libras es mi última oferta." "¡Trato hecho!" **2.** (*cooked*) hecho -cha: **it's nearly done** está casi hecho; **he likes his steak well done** le gusta el filete muy hecho. **3.** (*socially*): **it just isn't done to turn up late** está mal visto llegar tarde.

done for *adj* agotado -da, rendido -da: **I'm done for after all those stairs** he quedado agotado después de subir tantas escaleras • **if he tells the police, we're done for** si va con el cuento a la policía, estamos perdidos.

donkey /ˈdɒŋkɪ/ *n* burro *m* • **he's lived here for donkey's years** hace siglos que vive aquí.

donkey jacket *n* chaquetón *m* (*de trabajo*).

donkey-work *n*: *trabajo duro y aburrido*: **I did all the donkey-work but he got all the credit** yo me llevé la peor parte del trabajo y él toda la gloria.

donor /ˈdəʊnə/ *n* donante *m/f*.

don't /dəʊnt/ *contracción de* **do not** ➪ do

donut /ˈdəʊnʌt/ *n* (*US*) rosquilla *f*, dónut *m*.

doodle /ˈduːdəl/ **I** *vi* [**doodles, doodling, doodled**] hacer garabatos, garabatear.
II *n* garabato *m*.

doom /duːm/ *n* **1.** (*death*) muerte *f*; (*fate*) sino *m*. **2.** (*foreboding*) presagio *m*: **an atmosphere of doom overshadowed the meeting** reinaba el catastrofismo en la reunión • **he's all doom and gloom** todo lo ve negro ✱ es muy catastrofista.

doomed /duːmd/ *adj* **1.** (*certain to fail*) condenado -da ✱ llamado -da al fracaso. **2.** (*destined*) malhadado -da.

door /dɔː/ *n* puerta *f*: **there was a knock** *at* **the door** llamaron a la puerta; **he went to answer the door** fue a abrir la puerta; **we met** *at* **the door** nos encontramos en la puerta ✱ la entrada; **she slammed the door as she went out** dio un portazo al salir; **she slammed the door in his face** le dio con la puerta en las narices; **can we get tickets at the door?** ¿podemos sacar entradas allí mismo? • **when he started insulting us we showed him the door** cuando se puso a insultarnos lo echamos ✱ le enseñamos la puerta • **please show Mrs Smith the door** por favor, acompañe a la señora Smith a la salida • **we like eating out of doors** nos gusta comer al aire libre.

doorbell *n* timbre *m*.

doorknob *n* pomo *m* de la puerta.

doorman *n* [*pl* **doormen**] portero *m*.

doormat *n* felpudo *m*.

doorstep *n* umbral *m*: **the school is on my doorstep** el colegio me queda prácticamente al lado de casa.

doorstop *n* tope *m* de la puerta.

door-to-door *adj* (*delivery*) a domicilio; (*sales*) de puerta en ✱ a puerta.

doorway *n* entrada *f*: **you're blocking the doorway** estás obstruyendo la entrada.

dope /dəʊp/ **I** *n* **1.** (*fam: idiot*) pasmarote *m/f*. **2.** (*!!: drugs*) droga *f*; (*marihuana*) maría *f*, yerba *f*.
II *vt* [**dopes, doping, doped**] dopar, drogar.

dopey /ˈdəʊpɪ/ *adj* [**dopier, dopiest**] **1.** (*from medication*) grogui, atontado -da. **2.** (*stupid*) bobo -ba.

dorm /dɔːm/ *n* (*apócope de* **dormitory**) (*fam*) ➪ dormitory

dormant /ˈdɔːmənt/ *adj* **1.** (*volcano*) inactivo -va. **2.** (*disease, feeling*) latente: **the virus can lie dormant for years** el virus puede permanecer años en estado latente.

dormitory /ˈdɔːmɪtrɪ/ *n* [**dormitories**] **1.** (*bedroom*) dormitorio *m* (*en un colegio, etc.*). **2.** (*US: student accommodation*) residencia *f* de estudiantes, colegio *m* mayor.

dormouse /ˈdɔːmaʊs/ *n* [*pl* **dormice**] lirón *m*.

dorsal /ˈdɔːsəl/ *adj* dorsal.

DOS /dɒs/ *n* (*abreviatura de* **Disk Operating System**) (*Inform*) DOS *m* (*sistema operativo de discos*).

dosage /ˈdəʊsɪdʒ/ *n* dosis *f inv*.

dose /dəʊs/ **I** *n* dosis *f inv*: **this substance is harmful in large doses** esta sustancia es nociva en grandes dosis ✱ cantidades.
II *vt* [**doses, dosing, dosed**]: **he dosed himself** *(up)* **with aspirin** se tomó muchas aspirinas.

doss /dɒs/ *n* (*fam*): **the exam was a real doss** el examen fue pan comido, el examen estaba tirado.

to **doss around** *vi* [**dosses, dossing, dossed**] (*fam*) holgazanear, gandulear: **stop dossing around and do some work** déjate de holgazanear y ponte a trabajar.

to **doss down** *vi* (*fam*) dormir: **you could doss down at my place** podrías dormir en mi casa.

dosser /'dɒsə/ *n* (*fam*) holgazán -zana *m/f*, vago -ga *m/f*.

dossier /'dɒsɪeɪ/ *n* dossier *m*, expediente *m*.

dot /dɒt/ **I** *n* punto *m* • **they arrived at seven thirty on the dot** * **on the dot of seven thirty** llegaron a las siete y media en punto • **she has photographs from the year dot** tiene fotografías del año de la pera * del año de Maricastaña.

II *vt* [**dots, dotting, dotted**] **1.** (*to mark a dot on*) ponerle el punto a: **tear along the dotted line** cortar por la línea de puntos. **2.** (*to space randomly*): **there were ashtrays dotted** *around* * *about* **the room** había ceniceros aquí y allá por toda la sala.

dot-matrix printer *n* (*Inform*) impresora *f* de matriz de puntos, impresora *f* matricial.

dotage /'dəʊtɪdʒ/ *n*: **she's in her dotage** está chocheando ya.

dote on /dəʊt ɒn/ *vt* [**dotes, doting, doted**] adorar: **she dotes on her grandchildren** adora a sus nietos.

double /'dʌbəl/ **I** *adj* (*portion, pay, purpose*) doble: **it's spelt with a double "s"** se escribe con doble ese * con dos eses; **we'd like a double room** quisiéramos una habitación doble; **we'll have to use double quantities** vamos a tener que doblar las cantidades; **their house is double the size of ours** su casa es el doble de grande que la nuestra; **his income is double mine** gana el doble que yo; (*in telephone numbers*): **their code is seven double eight** su código es siete ochenta y ocho.

II *adv* (*twice*) doble: **I thought I was seeing double for a moment** por un momento creí que estaba viendo doble; (*in half*) por la mitad: **she folded the letter double** dobló la carta por la mitad; **he was bent double with pain** se retorcía de dolor.

III *n* (*actor, lookalike*) doble *m/f*: **she was a double** *for* **Marilyn Monroe** hacía de doble de Marilyn Monroe; **she's the exact double of that television presenter** es idéntica a esa presentadora de televisión.

IV doubles *n pl* (*Sport*) dobles *m pl*: **we could play mixed doubles** podríamos jugar un partido de dobles mixtos.

V *pron* el doble: **he earns double by working overtime** gana el doble haciendo horas extras • **he rushed round the supermarket at the double** fue corriendo por el supermercado.

VI *vi* [**doubles, doubling, doubled**] **1.** (*in number*) duplicarse, doblarse: **sales doubled overnight** las ventas se duplicaron de la noche a la mañana. **2.** (*in function*): **the study doubles** *as* **a spare bedroom** el estudio sirve también de cuarto de invitados.

♦ *vt* duplicar, doblar: **you can double your chances of winning** puedes duplicar tus posibilidades de ganar; **double the quantities for a larger cake** doble las cantidades para hacer un pastel más grande.

to **double back** *vi* volver sobre sus pasos: **he doubled back to shake off his pursuers** volvió sobre sus pasos para deshacerse de sus perseguidores.

to **double up** *vt/i*: **she was doubled up in pain** se retorcía de dolor; **they doubled up with laughter at the photos** se troncharon de (la) risa al ver las fotos.

double-barrelled *adj* **1.** (*name*) compuesto. **2.** (*gun*) de dos cañones.

double bass /dʌbəl 'beɪs/ *n* contrabajo *m*.

double bed *n* cama *f* de matrimonio.

double bill *n* programa *m* doble.

double-book *vt* [**double-books, double-booking, double-booked**]: **the airline double-booked the seats** la línea aérea había reservado los asientos por partida doble.

double-breasted /ˌdʌbəl'brestɪd/ *adj* (*jacket*) cruzado -da, de doble botonadura.

double-check *vi* [**double-checks, double-checking, double-checked**] verificar por partida doble, asegurarse.

♦ *vt* (*information*) verificar por partida doble.

double chin *n* papada *f*.

double cream *n* nata *f* (*espesa*), (*Amér L*) crema *f* (*espesa*).

double-cross *vt* [**double-crosses, double-crossing, double-crossed**] traicionar.

double-decker *adj* (*bus*) de dos pisos.

double door *n* puerta *f* de doble hoja.

double Dutch *n* (*fam*): **the instructions were double Dutch to me** las instrucciones me sonaban a chino.

double-edged *adj* (*blade*) de doble filo; (*remark*) de doble sentido.

double glazing *n* doble acristalamiento *m*, doble ventana *f*.

double-park *vt/i* [**double-parks, double-parking, double-parked**] aparcar en doble fila.

double-quick I *adj* rapidísimo -ma.

II *adv* rapidísimo, a toda prisa.

double standards *n pl* doble moral *f*.

double entendre /'du:bəl ɑ:n'tɑ:ndrə/ *n* frase *f* de doble sentido.

doubly /'dʌblɪ/ *adv* doblemente: **we were doubly fortunate in that...** tuvimos suerte por partida doble porque....

doubt /daʊt/ **I** *vt* [**doubts, doubting, doubted**] **1.** (*to mistrust*) dudar de: **I don't doubt her integrity** no dudo de su integridad, no pongo en duda su integridad. **2.** (*to find unlikely*) dudar: **I doubt that he'll pass first time** dudo que apruebe a la primera; **I doubt whether they can afford it** dudo que se lo puedan permitir; **"Will you be going?" "I (very much) doubt it."** "¿Vas a ir?" "Lo dudo (mucho)."

II *n* duda *f*: **I have my doubts** *about* **it** tengo mis dudas al respecto; **there's no doubt that she's intelligent** no cabe duda de que es inteligente; **there's some doubt as to whether he'll get a grant** no es seguro que le den una beca • **she is, without doubt, the best player in the team** es sin duda alguna la mejor jugadora del equipo • **he was proved innocent beyond all doubt** demostraron su inocencia sin lugar a duda • **the future of the hospital is in doubt** el futuro del hospital es incierto • **if in doubt, ask the manager** en caso de duda, pregúntale al director • **no doubt there will be other such problems** seguramente surgirán problemas similares.

doubter /'daʊtə/ *n* escéptico -ca *m/f*.

doubtful /'daʊtfʊl/ *adj* **1.** (*uncertain*): **I'm doubtful** *about* **taking that step** no estoy convencido de que debería dar ese paso; **he was looking doubtful** parecía dudar, parecía indeciso. **2.** (*dubious*) dudoso -sa: **he has a doubtful reputation** es de dudosa reputación. **3.** (*unlikely*): **it's doubtful that we'll win** no es probable que ganemos.

doubtfully /'daʊtfəlɪ/ *adv*: **I suppose they might come, she said doubtfully** supongo que es posible que vengan, dijo nada convencida * con poca convicción.

doubtless /ˈdaʊtləs/ *adv* (*certainly*) seguramente, sin duda: **doubtless he'll find some excuse not to come** seguramente encontrará alguna excusa para no venir.

dough /dəʊ/ *n* **1.** (*gen*) masa *f.* **2.** (*fam: money*) pasta *f*, guita *f.*

doughnut /ˈdəʊnʌt/ *n* rosquilla *f*, dónut *m.*

dour /dʊə/ *adj* adusto -ta.

douse /daʊs/ *vt* [**douses, dousing, doused**] **1.** (*fire, flames*) apagar (*con agua*). **2.** (*to soak*) mojar.

dove I /dʌv/ *n* paloma *f.*
II /dəʊv/ (*US*) *pretérito de* ➪ dive

dovetail /ˈdʌvteɪl/ I *vi* [**dovetails, dovetailing, dovetailed**] encajar: **his holiday plans dovetailed nicely** *with* **the end of term** sus planes para las vacaciones encajaban perfectamente con el fin del trimestre.
II *n* cola *f* de milano.

dowdy /ˈdaʊdɪ/ *adj* [**dowdier, dowdiest**] poco atractivo -va, sin gracia.

down /daʊn/ I *prep* (*indicating a downward movement*): **it fell down the hole** se cayó por el agujero; **he came down the stairs** bajó las escaleras; **he spilled wine down his shirt** se manchó la camisa de vino; (*indicating a place*): **we drove down the coast to Newhaven** fuimos por la costa hasta Newhaven; **they live a little further down the street** viven un poco más adelante (sobre la misma calle).
II *adv* **1.** (*in a downward direction*): **he looked down** miró hacia abajo; **please pull the blind down** baja la persiana por favor; **she fell down and hurt her knee** se cayó y se hizo daño en la rodilla; **get down from there** bájate de ahí. **2.** (*indicating place*) abajo: **the village is down in the valley** el pueblo está abajo, en el valle • **all his clothes matched, (right) down to his handkerchief** toda su ropa hacía juego, hasta el pañuelo • **from the deluxe model down to the basic** desde el modelo de lujo hasta el más sencillo • **down with homework!** ¡abajo los deberes! • (*to a dog*) **down boy!** ¡quieto! **3.** (*towards or in the south*): **they've gone down to Cornwall** se han ido a Cornualles. **4.** (*indicating reduction, a difference*): **the number of complaints went down** disminuyó el número de quejas; **the river has gone down** ha bajado el nivel del río; **prices are down** los precios han bajado; **we were two goals down** íbamos perdiendo por dos goles; **she was down** *to* **her last ten pounds** sólo le quedaban diez libras. **5.** (*with a disease*): **all the children are down** *with* **measles** todos los niños tienen el sarampión. **6.** (*in time*): **down** *to* **the present day** hasta el día de hoy. **7.** (*in writing*): **take down his details** tómele los datos; **I've put myself down for Greek** me he apuntado en la clase de griego; **he was down in their records as a disabled person** en sus datos figuraba como minusválido.
III *adj* **1.** (*depressed*) deprimido -da: **she's been a bit down lately** ha estado un poco deprimida últimamente. **2.** (*Inform: not working*): **the system is down** el sistema no funciona. **3.** (*tyre*) desinflado -da.
IV *n* **1.** (*soft feathers*) plumón *m.* **2.** (*soft hair*) vello *m*, pelusilla *f.*
V *vt* [**downs, downing, downed**] **1.** (*a drink*) beber de un trago: **he downed it in one** se lo bebió de un trago. **2.** (*to make fall*) derribar: **he downed his opponent** derribó a su contrincante.

down-and-out *n* [**down-and-outs**] vagabundo -da *m/f.*

downcast *adj* deprimido -da, alicaído -da.

downfall *n* (*of person*) perdición *f*, ruina *f*: **that policy was the government's downfall** esa política fue la ruina del gobierno.

downhearted *adj* desesperanzado -da, descorazonado -da.

down-in-the-mouth *adj* contrariado -da.

down-market *adj* (*product*) de poca calidad, concebido -da para el sector popular del mercado; (*area, neighbourhood*) popular, de poca categoría: **this shop has gone down-market** esta tienda ha perdido categoría.

down payment *n* (*Fin*) pago *m* inicial, entrega *f* inicial.

downpour *n* chaparrón *m*, aguacero *m.*

down-river *adv* ➪ downstream

downstairs I /daʊnˈsteəz/ *adv* abajo: **she's downstairs** está abajo; **he fell downstairs** se cayó por las escaleras; **he ran downstairs** bajó (las escaleras) corriendo.
II /ˈdaʊnsteəz/ *adj* de abajo, de la planta baja.
III /ˈdaʊnsteəz/ *n* planta *f* baja: **the downstairs had flooded** la planta baja se había inundado.

downstream *adv* aguas abajo, río abajo: **the bridge is downstream** *from* * *of* **the waterfall** el puente está aguas abajo, pasado el salto de agua.

down-to-earth *adj* sensato -ta y práctico -ca.

downtown, (*US*) I *adj* (*school, restaurant*) céntrico -ca: **in downtown Atlanta** en el centro de Atlanta.
II *adv* (*towards the centre*) al centro; (*in the centre*) en el centro.

downtrodden *adj* oprimido -da.

down under *n* (*fam*) *Australia o Nueva Zelanda.*

downwind *adj, adv* en la dirección del viento.

downer /ˈdaʊnə/ *n* • **it's a bit of a downer** es un poco deprimente.

downgrade /ˈdaʊnˌgreɪd/ *vt* [**downgrades, downgrading, downgraded**] (*in rank*) degradar; (*hotel*) bajar de categoría.

downhill /ˌdaʊnˈhɪl/ I *n* (*in skiing*): **we watched the men's downhill** vimos la carrera masculina de descenso.
II *adj* (*ride, path*) cuesta abajo: **there's a downhill slope into the village** hay una pendiente que baja hacia el pueblo.
III *adv* **1.** (*gen*) cuesta abajo: **the boulder rolled downhill** el peñasco rodó cuesta abajo • **it's all downhill from now on** se hace todo más fácil a partir de ahora. **2.** (*in quality*): **that restaurant has gone downhill** ese restaurante se ha venido abajo.

downright /ˈdaʊnraɪt/ I *adv*: **that was downright irresponsible** eso fue realmente irresponsable; **it was downright rude** fue una verdadera grosería.
II *adj*: **that is downright selfishness** eso no es más que puro egoísmo.

Down's syndrome /ˈdaʊnz ˈsɪndrəʊm/ *n* (*Med*) síndrome *m* de Down.

downward /ˈdaʊnwəd/ I *adj* (*direction*) hacia abajo; (*movement*) descendente.
II *adv* (*también* **downwards**) hacia abajo: **put it face downwards** ponlo boca abajo.

downy /ˈdaʊnɪ/ *adj* [**downier, downiest**] aterciopelado -da.

dowry /ˈdaʊərɪ/ *n* [**dowries**] dote *f.*

dowse /daʊz/ *vt* [**dowses, dowsing, dowsed**] ➪ douse

doze /dəʊz/ I *n* siestecita *f*: **she had a doze on the train** se echó una siestecita en el tren.
II *vi* [**dozes, dozing, dozed**] dormitar.
to **doze off** *vi* quedarse dormido -da, dormirse.

dozen /ˈdʌzən/ *n* [**dozens** * **dozen**] docena *f*: **eggs cost eighty pence for half a dozen** los huevos están a ochenta peniques la media docena; **there were at least a dozen people waiting for the train** había por lo menos una docena de personas esperando el tren • **she's had dozens of boyfriends** ha tenido un montón de novios.

DPhil /di:ˈfɪl/ *n* (*abreviatura de* **Doctor of Philosophy**) ➪PhD

DPW /ˌd:pi:ˈdʌbəlju:/ *n* (*in US*) (*abreviatura de* **Department of Public Works**) Ministerio *m* de Obras Públicas.

Dr *léase* /ˈdɒktə/ (*abreviatura de* **Doctor**) Dr. *m*; Dra. *f* (Doctor -tora).

drab /dræb/ *adj* [**drabber, drabbest**] (*colour*) apagado -da, triste; (*decor*) sin gracia; (*life*) aburrido -da, gris.

draft /drɑ:ft/ **I** *n* **1.** (*version*) versión *f*: **she read the final draft** leyó la versión final; **this is only a rough draft** este no es más que un borrador. **2.** (*Fin*) cheque *m* ✱ giro *m* bancario. **3.** (*US: of air*) corriente *f*. **4.** (*US: of liquid*) trago *m* • **beer on draft tastes better** la cerveza de barril sabe mejor. **5. the draft** (*US: Mil*) la llamada a filas.
II *vt* [**drafts, drafting, drafted**] **1.** (*letter, document*) redactar (el borrador de). **2.** (*US: Mil*) llamar a filas: **he was drafted** *into* **the army** lo llamaron a filas. **3.** (*to bring in*): **extra police were drafted** *in* **for the demonstration** se enviaron refuerzos policiales para la manifestación.

draft beer *n* (*US*) cerveza *f* de barril ✱ a presión.

draftsman *n* [*pl* **draftsmen**] (*US*) delineante *m*, dibujante *m*.

drafty /ˈdrɑ:ftɪ/ *adj* [**draftier, draftiest**] (*US*) ➪draughty

drag /dræg/ **I** *n* **1.** (*Av, Naut*) resistencia *f*. **2.** (*something which impedes movement*) carga *f*: **the drag of the chains on his legs** el peso de las cadenas en sus piernas. **3.** (*fam: a bore*) lata *f*, rollo *m*: **having to go there is a real drag** es una lata ✱ un rollo tener que ir allí. **4.** (*fam: on cigarette*) calada *f*. **5.** (*fam: transvestite dress*): **there was a man** *in* **drag at the bar** había un hombre vestido de mujer en el bar.
II *vt* [**drags, dragging, dragged**] **1.** (*gen*) arrastrar: **they dragged the boat** *up* **the beach** arrastraron el bote por la playa; **stop dragging your feet** deja de arrastrar los pies; **the protesters were dragged** *away* se llevaron a los manifestantes a rastras • **her boyfriend drags her along to rugby games** su novio la lleva a rastras a los partidos de rugby. **2.** (*to dredge*) dragar: **they dragged the river for the body** dragaron el río en busca del cuerpo.
♦ *vi* **1.** (*to trail*) arrastrar: **the hem of her coat dragged** *along* **the floor** el dobladillo del abrigo le arrastraba por el suelo. **2.** (*to get behind*) quedarse atrás: **that class is dragging** *behind* esta clase se está quedando atrás. **3.** (*to seem endless*) hacerse eterno -na: **this morning is really dragging** esta mañana se está haciendo eterna.

to **drag down** *vt* agobiar: **he felt dragged down by the weight of his responsibilities** el peso de sus responsabilidades lo agobiaba.

to **drag on** *vi* hacerse eterno -na.

to **drag out** *vt* prolongar.

to **drag up** *vt* sacar a relucir: **he keeps dragging up the same old stories** siempre saca a relucir las mismas historias.

dragon /ˈdrægən/ *n* dragón *m* • **she's a real dragon** es un ogro.

dragonfly /ˈdrægənˌflaɪ/ *n* [**dragonflies**] libélula *f*.

drain /dreɪn/ **I** *n* **1.** (*outlet for water, sewage: on house*) (tubería *f* de) desagüe *m*: **we've got problems with the drains** tenemos problemas con las tuberías de desagüe; (*: in street*) alcantarilla *f*: **they still have open drains** todavía no tienen cloaca • **that's a month's wages down the drain** es como tirar el sueldo de un mes a la basura. **2.** (*on strength, resources*): **running the car fleet is a drain** *on* **our resources** mantener el parque móvil es una sangría para nuestros recursos.
II *vt* [**drains, draining, drained**] **1.** (*Agr, Med*) drenar. **2.** (*vegetables*) escurrir. **3.** (*to empty completely*) vaciar: **he drained his glass** apuró la copa.
♦ *vi* (*to drip dry*) escurrir, escurrirse: **leave the dishes to drain** deja que escurran los platos; (*liquid*) irse, escurrirse: **all the water has drained away** se ha ido toda el agua; **their enthusiasm seemed to have drained away** parecía que habían perdido el entusiasmo.

drainpipe *n* tubo *m* de desagüe.

drainage /ˈdreɪnɪdʒ/ *n* **1.** (*urban*) alcantarillado *m*; (*of house or reservoir*) desagüe *m*. **2.** (*of swampy area*) drenaje *m*.

drained /dreɪnd/ *adj* (*emotionally, physically*) exhausto -ta, agotado -da.

draining board /ˈdreɪnɪŋ bɔ:d/ *n* escurridero *m*.

drake /dreɪk/ *n* pato *m* (*macho*).

dram /dræm/ *n* copita *f*.

drama /ˈdrɑ:mə/ *n* **1.** (*art form*) arte *m* dramático, teatro *m*. **2.** (*play*) obra *f* dramática, drama *m*. **3.** (*exciting event*) drama *m*: **he made a real drama out of their visit** hizo de su visita un verdadero drama. **4.** (*dramatic quality*) dramatismo *m*.

dramatic /drəˈmætɪk/ **I** *adj* **1.** (*relating to the theatre*) dramático -ca, teatral: **dramatic arts** arte dramático. **2.** (*exaggerated*) dramático -ca, histriónico -ca: **she's always so dramatic!** ¡es siempre tan dramática! **3.** (*recovery, increase*) espectacular: **the business has suffered a dramatic decline** el negocio se ha venido abajo de manera espectacular.
II dramatics *n pl* (*fam*) histrionismo *m*, teatro *m*.

dramatist /ˈdrɑ:mətɪst/ *n* dramaturgo -ga *m/f*.

dramatization /ˌdræmətaɪˈzeɪʃən/ *n* adaptación *f* teatral, dramatización *f*.

dramatize /ˈdræmətaɪz/ *vt* [**dramatizes, dramatizing, dramatized**] (*for the stage*) dramatizar, adaptar al teatro; (*to overstate*) exagerar.
♦ *vi* (*to exaggerate*) dramatizar.

drank /dræŋk/ *pretérito de* ➪drink

drape /dreɪp/ **I** *vt* [**drapes, draping, draped**] (*with material*) cubrir (*con una tela, etc., de manera que ésta forme pliegues*): **the altar was draped** *with* **purple** el altar estaba decorado con una tela púrpura; (*to place*) poner (*de manera que cuelgue*): **he draped his jacket** *over* **the back of a chair** puso su chaqueta en el respaldo de una silla; **she draped her arm** *around* **his shoulders** le puso el brazo en el hombro.
II drapes *n pl* (*US: curtains*) cortinas *f pl*.

draper /ˈdreɪpə/ *n* (*GB*) **1.** (*person*) pañero -ra *m/f*. **2. draper's** (*shop*) tienda *f* de telas, pañería *f*.

drastic /ˈdræstɪk/ *adj* drástico -ca: **the manager took drastic action** el director tomó medidas drásticas.

drastically /ˈdræstɪkəlɪ/ *adv* de manera drástica, drásticamente: **his weight dropped drastically** perdió peso de manera drástica.

draught, (*US*) **draft** /drɑ:ft/ *n* **1.** (*of air*) corriente *f*. **2.** (*of liquid*) trago *m* • **beer on draught tastes better** la cerveza de barril sabe mejor. **3.** (*piece*) dama *f*. **4. draughts** *[lleva el verbo en singular]* (*game*) damas *f pl*.

draught beer, (*US*) **draft beer** *n* cerveza *f* de barril ✱ a presión.

draught excluder *n* burlete *m*.
draughtsman, (*US*) **draftsman** *n* [*pl* **draughtsmen**] delineante *m*, dibujante *m*.
draughty /ˈdrɑːftɪ/ *adj* [**draughtier, draughtiest**] (*place*) *con muchas corrientes de aire*: **it's really draughty in here** aquí hay mucha corriente.
draw /drɔː/ **I** *n* **1.** (*Sport*) empate *m*: **the match was a draw** el partido terminó en empate. **2.** (*raffle*) sorteo *m*.
II *vi* [**draws, drawing, drew,** *participio pasado* **drawn**] **1.** (*to sketch*) dibujar. **2.** (*Sport*) empatar: **they drew three all** empataron a tres * empataron tres a tres. **3.** (*to move gradually*): **as we drew nearer we could hear it more clearly** a medida que nos íbamos acercando lo oíamos mejor; **they drew level with the traffic lights** llegaron hasta el semáforo; **he drew back from the cliff edge** retrocedió del borde del acantilado. **4.** (*fire*) tirar: **the fire isn't drawing properly** el fuego no tira bien.
♦*vt* **1.** (*tree, house, person*) dibujar; (*line*) trazar: **he drew a map of the area** hizo un mapa de la zona. **2.** (*gun*) sacar; (*sword*) desenvainar: **I'll have to draw some money** *out of* **my account** tendré que sacar dinero de mi cuenta; **the cut drew blood** salió sangre de la herida. **3.** (*to establish: conclusion*) sacar: **there's a lesson to be drawn from this experience** podemos aprender una lección de esta experiencia; (*: comparison*) hacer. **4.** (*to move*): **draw the chair nearer** acerca más la silla; **he drew her to one side** la llevó a un lado; (*curtains: to open*) (des)correr; (*: to close*) correr. **5.** (*to attract*) atraer: **the fire-eater drew a large crowd** el tragafuegos atrajo a mucha gente; **my attention was drawn** *to* **the photograph** la foto me llamó la atención; **I was drawn** *into* **their argument** me enredaron en su discusión.
to **draw in** *vi* **1.** (*vehicle*) hacerse a un lado: **the tractor drew in to let us pass** el tractor se hizo a un lado para que pasáramos. **2.** (*to become shorter*) hacerse más corto -ta: **the evenings are drawing in now** las tardes ya se están haciendo más cortas.
to **draw on * upon** *vt* utilizar, hacer uso de: **the novel draws on her experiences in Africa** la novela se inspira en sus experiencias en África.
to **draw out** *vt* (*money*) retirar, sacar: **I would like to draw some money out (***of* **my account)** quisiera retirar dinero (de mi cuenta).
♦*vi* (*to become longer*) hacerse más largo -ga: **the days are drawing out** los días se están haciendo más largos.
to **draw up** *vt* **1.** (*document, plan*) preparar; (*list*) hacer. **2.** (*chair*) acercar.
♦*vi* detenerse: **a van drew up in front of the house** una camioneta se detuvo delante de la casa.
drawback *n* desventaja *f*.
drawbridge *n* puente *m* levadizo.
drawstring *n* cordón *m*.
drawer /drɔː/ *n* cajón *m*.
drawing /ˈdrɔːɪŋ/ *n* (*activity, picture*) dibujo *m*.
drawing board *n* tablero *m* de dibujo ● **back to the drawing board!** ¡a empezar de nuevo!
drawing pin *n* chincheta *f*.
drawing room *n* salón *m*, sala *f* (*de una casa particular*).
drawl /drɔːl/ **I** *n*: *modo de hablar arrastrando las palabras*: **she speaks with a Southern drawl** habla con acento del Sur (*de los EE. UU.*).
II *vi* [**drawls, drawling, drawled**] hablar arrastrando las palabras.
drawn /drɔːn/ **I** *participio pasado de* ⇨ draw
II *adj*: **he looked drawn** estaba demacrado.
dread /dred/ **I** *n* temor *m*, pavor *m*.
II *vt* [**dreads, dreading, dreaded**]: **I dread having to meet his parents** me aterra la idea de tener que conocer a sus padres; **she dreads exams** les tiene terror * pavor a los exámenes; **I dread to think when he last washed** no quiero ni pensar cuándo fue la última vez que se lavó.
dreadful /ˈdredfʊl/ *adj* (*noise, weather, suffering*) espantoso -sa, atroz, terrible: **she looked absolutely dreadful** (*ill*) tenía muy mala cara; (*badly dressed, etc.*) estaba espantosa; **he's a dreadful bore** es pesadísimo; **she made a dreadful mistake** cometió un gravísimo error.
dreadfully /ˈdredfəlɪ/ *adv* (*tired, late*) terriblemente: **she was dreadfully upset** estaba sumamente disgustada.
dream /driːm/ **I** *n* (*in sleep, imagination*) sueño *m*: **I had a dream** *about* **you** soñé contigo; **he keeps having bad dreams** sigue teniendo pesadillas; **my dream was to visit Egypt** mi sueño dorado era visitar Egipto ● **it's like a dream come true** es como un sueño hecho realidad ● **she became famous beyond her wildest dreams** llegó a ser más famosa de lo que jamás había soñado ● **the concert went like a dream** el concierto salió a las mil maravillas.
II *adj* ideal: **it was a dream holiday** fue un viaje de ensueño.
III *vt* [**dreams, dreaming, dreamt * dreamed**] soñar: **I dreamed that I was invisible** soñé que era invisible; **I must have dreamt the whole thing** debo de haberlo imaginado todo.
♦*vi* soñar: **I dreamt** *about* **my French teacher** soñé con mi profesor de francés; **he dreams** *of* **becoming an astronaut** sueña con ser astronauta ● **I wouldn't dream of complaining** no se me ocurriría quejarme.
to **dream up** *vt* (*plan*) idear: **whoever would dream a thing like that up?** ¿a quién se le puede ocurrir una cosa así?
dream world *n* mundo *m* imaginario.
dreamer /ˈdriːmə/ *n* soñador -dora *m/f*, romántico -ca *m/f*.
dreamily /ˈdriːməlɪ/ *adv* como en sueño, distraídamente.
dreamt /dremt/ *pretérito y participio pasado de* ⇨ dream
dreamy /ˈdriːmɪ/ *adj* [**dreamier, dreamiest**] **1.** (*smile, look, person*) soñador -dora. **2.** (*sound*) suave. **3.** (*fantastic*) de ensueño.
drearily /ˈdrɪərəlɪ/ *adv*: **the room was drearily decorated** la habitación estaba decorada sin ninguna gracia.
dreariness /ˈdrɪərɪnəs/ *n* (*of weather*) lo deprimente; (*of life*) monotonía *f*.
dreary /ˈdrɪərɪ/ *adj* [**drearier, dreariest**] (*room, weather*) deprimente: **it's been a very dreary day** ha hecho un día muy deprimente; (*life*) monótono -na, aburrido -da; (*person*) soso -sa.
dredge /dredʒ/ *vt/i* [**dredges, dredging, dredged**] dragar.
to **dredge up** *vt*: **they dredged up a bicycle from the river** sacaron una bicicleta del río ● **there's no point in dredging up the past** no sirve de nada hurgar en el pasado.
dredger /ˈdredʒe/ *n* draga *f*.
dregs /dregz/ *n pl* (*of drink, society*) posos *m pl*, heces *f pl*: **they were the dregs of society** eran la hez * la escoria de la sociedad.
drench /drentʃ/ *vt* [**drenches, drenching, drenched**]

empapar: **we got absolutely drenched** nos mojamos hasta los huesos.

dress /dres/ I *n* 1. [**dresses**] (*for woman*) vestido *m*. 2. (*type of clothing*) ropa *f*: **casual dress is not appropriate** la ropa de sport no es apropiada; **he was wearing evening dress** iba vestido de etiqueta.
II *vt* [**dresses, dressing, dressed**] 1. (*Clothing*) vestir: **she was dressed** *in* **a linen suit** llevaba un traje de lino; **the girls were dressed** *in* **white** las niñas iban vestidas de blanco; **he's still not dressed** todavía no se ha vestido. 2. (*Med*: *wound*) vendar. 3. (*salad*) aliñar, aderezar; (*fish, poultry*) limpiar; (*crab*) preparar. 4. (*shop window*) decorar.
♦ *vi* (*to put one's clothes on*) vestirse; (*referring to style of clothes*) vestir, vestirse: **she dresses very stylishly** (se) viste con mucho estilo.
to **dress up** *vi* 1. (*smartly*) ponerse elegante. 2. (*for fun*) disfrazarse: **he dressed up** *as* **a clown** se disfrazó de payaso.
♦ *vt*: **they got dressed up for the occasion** se pusieron elegantes para la ocasión.
dress circle *n* primer piso *m*, principal *m*.
dress designer *n* (*man*) diseñador *m*, modisto *m*; (*woman*) diseñadora *f*.
dressmaker *n* modisto -ta *m/f*.
dressmaking *n* costura *f*.
dress rehearsal *n* ensayo *m* general.

dresser /ˈdresə/ *n* 1. (*for crockery*) aparador *m*. 2. (*US*: *dressing table*) tocador *m*. 3. (*in theatre*) ayudante *m/f* de camerino. 4. (*wearer of clothes*): **he's a very scruffy dresser** viste muy mal, anda siempre muy desaliñado.

dressing /ˈdresɪŋ/ *n* 1. (*Culin*) aliño *m*, aderezo *m*. 2. (*Med*) vendaje *m*.
dressing-down *n* reprimenda *f*.
dressing gown *n* bata *f*, (*Arg, Chi*) salto *m* de cama.
dressing room *n* (*in theatre*) camerino *m*; (*Sport*) vestuario *m*.
dressing table *n* tocador *m*.

dressy /ˈdresɪ/ *adj* [**dressier, dressiest**] (*fam*: *clothes*) elegante, de vestir.

drew /druː/ *pretérito de* ⇨ draw

dribble /ˈdrɪbəl/ I *vi* [**dribbles, dribbling, dribbled**] 1. (*liquid: gen*) chorrear; (*: drop by drop*) gotear: **it's dribbling down the side of the bottle** está goteando por el lado de la botella; (*person: from mouth*) babear: **the baby's dribbling** el bebé está babeando. 2. (*Sport*) driblar, regatear.
♦ *vt* 1. (*liquid*) *dejar caer en chorritos*: **dribble the sauce over the chicken** rocíe el pollo con la salsa; (*from mouth*): **the baby is dribbling milk on his clothes** el bebé se está manchando la ropa de leche. 2. (*Sport*): **he dribbled the ball past the goalkeeper** dribló * regateó al guardameta.
II *n* (*from mouth*) baba *f*; (*trickle*) hilo *m*.

dribs /drɪbz/ *n pl* • **people arrived at the beach in dribs and drabs** la gente fue llegando a la playa poco a poco.

dried /draɪd/ I *pretérito y participio pasado de* ⇨ dry
II *adj* seco -ca: **dried figs** higos secos; **dried milk** leche en polvo.

drier /ˈdraɪə/ I *comparativo de* ⇨ dry
II *n* (*for washing*) secadora *f*; (*for hair*) secador *m*.

drift /drɪft/ I *n* 1. (*of snow*) montón *m* (*de nieve*). 2. (*of water, people*) flujo *m*: **there has been a general drift southwards** ha habido un desplazamiento general de la población hacia el sur. 3. (*sense*) sentido *m* • **do you get my drift?** ¿entiendes lo que quiero decir?
II *vi* [**drifts, drifting, drifted**] 1. (*snow*) amontonarse. 2. (*a boat*) ir a la deriva: **the boat was drifting out to sea** el bote se alejaba de la costa arrastrado por la corriente. 3. (*a person*): **she just drifts** *through* **life** va a la deriva por la vida; **they gradually drifted apart** se fueron distanciando poco a poco.
to **drift off** *vi* (*fam*: *to fall asleep*) quedarse dormido -da.
driftwood *n* madera *f* de playa.

drifter /ˈdrɪftə/ *n*: **he's a drifter** es de los que van a la deriva por la vida.

drill /drɪl/ I *vi* [**drills, drilling, drilled**] (*to make a hole*) taladrar; (*for oil*): **they are drilling** *for* **oil** están perforando el terreno en busca de petróleo.
♦ *vt* 1. (*wood, wall*) taladrar; (*tooth*) trabajar con la fresa, hacer un agujero en: **we'll have to drill a hole** vamos a tener que hacer un agujero con el taladro. 2. (*to train*) entrenar.
II *n* 1. (*tool*) taladro *m*; (*dentist's*) fresa *f*, torno *m*. 2. (*Mil*: *training*) instrucción *f*. 3. (*learning exercise*) ejercicio *m*: **we spent the whole class doing pronunciation drills** nos pasamos toda la clase haciendo ejercicios de pronunciación.

drily /ˈdraɪlɪ/ *adv* secamente.

drink /drɪŋk/ I *n* 1. (*gen*) bebida *f*: **I need a drink of water** necesito beber agua; **do you want a drink?** ¿quieres algo de beber? 2. (*alcoholic*) copa *f*: **I'll buy you a drink** te invito a una copa; **what you need is a stiff drink** lo que te hace falta es un trago fuerte.
II *vi* [**drinks, drinking, drank,** *participio pasado* **drunk**] (*gen*) beber, (*Amér L*) tomar: **she doesn't drink** no bebe (alcohol); (*to propose a toast*): **they drank** *to* **the chef** brindaron por el chef.
♦ *vt* (*gen*) beber, tomar: **you can't drink the water** el agua no es potable * no se puede beber; **he drank two glasses of milk** (se) bebió dos vasos de leche; (*when offering a drink*): **what are you drinking?** ¿qué vas a tomar?
to **drink in** *vt* (*fig*) absorber: **they drank in the exoticism of the East** se empaparon del exotismo del Oriente.
to **drink up** *vt* beberse, tomarse.
♦ *vi*: **drink up! we've got to go** ¡termina de bebértelo, tenemos que irnos!
drink driving *n*: *delito de conducir bajo la influencia del alcohol*: **he was jailed for drink driving** lo metieron en la cárcel por conducir bebido; **drink driving campaign** campaña para que no se conduzca si se ha consumido alcohol.

drinker /ˈdrɪŋkə/ *n*: **he was a heavy drinker** era un bebedor empedernido; **I'm only a social drinker** sólo bebo cuando estoy con gente.

drinking water /ˈdrɪŋkɪŋ ˈwɔːtə/ *n* agua *f* potable [takes ***el*** or ***un*** in singular].

drip /drɪp/ I *vi* [**drips, dripping, dripped**] (*tap*) gotear; (*liquid*): **some water dripped onto my head** me cayeron unas gotas de agua en la cabeza.
II *n* 1. (*action*) goteo *m*. 2. (*Med*) gotero *m*, gota a gota *m inv*: **she's on a drip** le han puesto un gotero; **he's being drip-fed** lo alimentan con suero. 3. (*fam*: *person*) muermo -ma *m/f*.
drip-dry *adj* (*garment*) *que no requiere planchado*.

dripping /ˈdrɪpɪŋ/ I *n* (*Culin*) *grasa que suelta la carne al asarse*.
II *adj* (*wet*) empapado -da.

drive /draɪv/ I *n* 1. (*outing in car*) paseo *m* * vuelta *f* en coche: **they go for a drive every Sunday** todos los domingos salen a dar un paseo en coche; (*journey by car*): **it's a very long drive** es un viaje muy largo;

we're only ten minutes' drive from the station estamos a sólo diez minutos de la estación en coche. **2.** (*in front of house*) entrada *f* (para coches). **3.** (*street*): **they live in Pinetree Drive** viven en la calle Pinetree. **4.** (*Inform*) disquetera *f*. **5.** (*combined effort*) campaña *f*: **the publicity drive was a success** la campaña publicitaria fue un éxito. **6.** (*dynamism*) dinamismo *m*, empuje *m*: **she has a lot of drive** tiene mucho dinamismo. **7.** (*instinctive force*) instinto *m*. **8.** (*in tennis*) drive *m*; (*in golf*) golpe *m* largo.

II *vi* [**drives, driving, drove,** *participio pasado* **driven**] conducir, (*Amér L*) manejar: **she can't drive** no sabe conducir; **he drives like a maniac** conduce como un loco; **he drives** *to* **school** va al colegio en coche • **what exactly are you driving at?** ¿qué es lo que estás insinuando?

♦*vt* **1.** (*person, group*) llevar (*en coche, autobús, etc.*): **he drove us** *to* **the airport** nos llevó al aeropuerto (en coche); (*car, van*): **I'd never driven a truck** nunca había conducido un camión; **she drives a Ferrari** tiene un Ferrari. **2.** (*with force*): **it is driven** *by* **steam** funciona a vapor. **3.** (*to push*): **depression drove him** *to* **drink** la depresión lo llevó a la bebida; **she drives her students very hard** hace trabajar mucho a sus alumnos • **it's driving me mad** me está volviendo loca. **4.** (*to hammer*): **he drove the post into the ground** clavó el poste en el suelo • **he drove the message home** hizo entender su mensaje. **5.** (*Sport*: *in tennis*) darle un golpe natural a; (*: in golf*) darle un golpe largo a. **6.** (*to herd*) arrear.

to **drive off** *vi* irse (*en coche, etc.*).

♦*vt* ahuyentar: **he tried to drive off the swarm of bees** intentó ahuyentar el enjambre de abejas.

drive-in *n*: *restaurante o cine donde no hace falta salir del automóvil.*

drivel /'drɪvəl/ *n* tonterías *fpl*: **his essay was just drivel** no decía más que tonterías en su trabajo.

driven /'drɪvən/ *participio pasado de* ⇨ drive

driver /'draɪvə/ *n* **1.** (*gen*) conductor -tora *m/f*: **a bad driver** un mal conductor; (*of bus*) conductor -tora *m/f*, (*Amér L*) chofer *m/f*; (*of taxi*) taxista *m/f*, (*Amér L*) chofer *m/f*: **he's a truck driver** es camionero. **2.** (*of train*) maquinista *m/f*.

driver's license *n* (*US*) carné *m* * permiso *m* de conducir, (*Amér L*) licencia *f* * carné *m* de manejar.

driving /'draɪvɪŋ/ I *n*: **we shared the driving** nos turnamos para conducir * (*Amér L*) manejar; **his driving is atrocious** conduce * (*Amér L*) maneja terriblemente mal.

II *adj* (*rain*) torrencial.

driving instructor *n* profesor -sora *m/f* de autoescuela.

driving lesson *n* clase *f* de conducir, (*Amér L*) clase *f* de manejar.

driving licence *n* (*GB*) carné *m* * permiso *m* de conducir, (*Amér L*) licencia *f* * carné *m* de manejar.

driving school *n* autoescuela *f*, (*Amér L*) academia *f* (de choferes * de manejo).

driving seat *n* asiento *m* del conductor • **the right wing of the party is in the driving seat** la derecha es la que tiene el control del partido.

driving test *n* examen *m* de conducir * (*Amér L*) manejar.

drizzle /'drɪzəl/ I *n* llovizna *f*.

II *vi* [**drizzles, drizzling, drizzled**] lloviznar.

droll /drəʊl/ *adj* gracioso -sa.

dromedary /'drɒmədərɪ/ *n* [**dromedaries**] dromedario *m*.

drone /drəʊn/ I *n* **1.** (*buzzing noise*) zumbido *m*. **2.** (*Zool: bee*) zángano *m*.

II *vi* [**drones, droning, droned**] zumbar.

to **drone on** *vi* hablar en tono monótono: **she drones on incessantly** habla constantemente y siempre en el mismo tono.

drool /dru:l/ *vi* [**drools, drooling, drooled**] (*baby*) babear.

droop /dru:p/ *vi* [**droops, drooping, drooped**] **1.** (*plants*) ponerse mustio -tia, marchitarse. **2.** (*with tiredness*): **her eyelids started to droop** se le empezaron a cerrar los ojos; **the students were starting to droop** los estudiantes estaban empezando a dar muestras de cansancio. **3.** (*to hang down*): **his shoulders drooped** era caído de hombros.

drop /drɒp/ I *n* **1.** (*of liquid*) gota *f*: **a drop of blood** una gota de sangre; **can I have a drop more milk, please?** ¿me das un poquito más de leche, por favor? • **it's a drop in the ocean** es un grano de arena en el desierto. **2.** (*sweet, pastille*) pastilla *f*: **lemon drops** pastillas de limón. **3.** (*Geog*) caída *f*. **4.** (*on a scale*) descenso *m*: **they noticed a sudden drop** *in* **the temperature** notaron un descenso repentino de la temperatura; (*in prices*) caída *f*, descenso *m*: **there was a drop** *in* **share prices** se produjo una caída de las cotizaciones. **5.** (*from a plane*) lanzamiento *m* • **we could be sacked at the drop of a hat** podrían despedirnos sin más ni más.

II **drops** *n pl* (*Med*) gotas *fpl*: **she needs eye drops twice a day** tiene que ponerse gotas en los ojos dos veces al día.

III *vt* [**drops, dropping, dropped**] **1.** (*by accident*): **she dropped her keys** se le cayeron las llaves; **I dropped the dish and it broke** el plato se me cayó y se rompió; **careful, don't drop it!** ¡cuidado, que no se te vaya a caer!; (*purposely*) dejar caer: **she dropped her handkerchief** dejó caer el pañuelo; **don't drop litter** no tires basura al suelo • **he really dropped me in it** me puso en un verdadero aprieto. **2.** (*to lower*) bajar: **she dropped her voice as we entered the cathedral** bajó la voz cuando entramos en la catedral. **3.** (*passenger*) dejar: **drop me opposite the market** déjeme enfrente del mercado. **4.** (*to leave out*): **the "s" is dropped in the plural** se omite la "s" en el plural; **she was dropped from the cast** la dejaron sin papel en la obra. **5.** (*to give up*) abandonar: **he dropped French after a year** abandonó el francés después de un año; **the charges against her were dropped** retiraron los cargos en su contra. **6.** (*fam*: *postcard*) escribir, mandar: **he dropped me a line** me escribió unas líneas.

♦*vi* **1.** (*temperature, prices*) bajar: **the noise level dropped** bajó el nivel de ruido. **2.** (*object*) caerse: **her jaw dropped in amazement** se quedó boquiabierta * con la boca abierta; (*fam*: *from tiredness*) caer rendido -da: **we were fit to drop after the hike** estábamos que nos caíamos de cansancio después de la excursión • **he dropped dead of a heart attack** cayó fulminado por un ataque al corazón. **3.** (*to slope downwards*) descender: **the path dropped sharply** el camino descendía abruptamente. **4.** (*wind*) amainar, calmarse: **when the wind drops it's quite warm** cuando amaina el viento hace bastante calor.

to **drop by** * **in** *vi* pasar: **she dropped by** * **in for a coffee** pasó a tomar un café.

to **drop off** *vi* (*to fall asleep*) quedarse dormido -da, dormirse.

♦*vt* (*from a vehicle*) dejar: **we dropped him off at the corner** lo dejamos en la esquina.

to **drop out** *vi* (*of study*) abandonar los estudios: **he**

dropped out of the competition se retiró del concurso * de la competición.
to **drop round** *vi*: **he drops round quite often** viene * pasa por aquí a menudo.
♦*vt* (*object*) traer: **could you drop the books round sometime?** ¿me podrías traer los libros cuando te vaya bien?
dropout *n* **1.** (*from school*) *persona que ha abandonado los estudios*. **2.** (*from society*) marginado -da *m/f*.
dropper /'drɒpə/ *n* cuentagotas *m inv*.
droppings /'drɒpɪŋz/ *n pl* excremento *m*, cagadas *f pl*.
drought /draʊt/ *n* sequía *f*.
drove /drəʊv/ **I** *pretérito de* ➪ drive
II *n* (*of goats, sheep*) rebaño *m* • **the daytrippers arrived at the beach in droves** llegaban montones de excursionistas a la playa.
drown /draʊn/ *vt* [**drowns, drowning, drowned**] ahogar: **they drowned the kitten** ahogaron al gatito; **the food was drowned** *in* **oil** la comida nadaba en aceite • **he's in the bar drowning his sorrows** está en el bar ahogando sus penas.
♦*vi* ahogarse, morir ahogado -da: **they drowned** se ahogaron.
to **drown out** *vt* (*sound*) ahogar: **his speech was drowned (out) by booing** la silba impedía oír su discurso.
drowse /draʊz/ *vi* [**drowses, drowsing, drowsed**] dormitar.
drowsiness /'draʊzɪnəs/ *n* somnolencia *f*, modorra *f*.
drowsy /'draʊzɪ/ *adj* [**drowsier, drowsiest**] (*sleepy*) somnoliento -ta, soñoliento -ta: **it makes you feel drowsy** te amodorra, te da sueño; (*afternoon*) soporífero -ra.
drudge /drʌdʒ/ *n* esclavo -va *m/f* del trabajo.
drudgery /'drʌdʒərɪ/ *n* monotonía *f*, pesadez *f* (*de un trabajo*).
drug /drʌg/ **I** *n* **1.** (*Med*) medicamento *m*, fármaco *m*: **he's** *on* **drugs to ease the pain** le están dando calmantes para aliviar el dolor. **2.** (*narcotic*) droga *f*, estupefaciente *m*: **he takes drugs** se droga • **power is a drug for her** el poder es como una droga para ella.
II *vt* [**drugs, drugging, drugged**] drogar: **the kidnappers drugged him** los secuestradores lo drogaron.
drug addict *n* drogadicto -ta *m/f*, toxicómano -na *m/f*.
drug addiction *n* drogadicción *f*, toxicomanía *f*.
drug dealer *n* traficante *m/f* de drogas.
drug pusher *n* (*fam*) traficante *m/f* de drogas, camello *m/f*.
drugstore *n* (*US*) farmacia *f* (*que también vende periódicos, comestibles, etc.*).
druggist /'drʌgɪst/ *n* (*US*) farmacéutico -ca *m/f*.
druid /'dru:ɪd/ *n* druida *m*.
drum /drʌm/ **I** *n* **1.** (*Mus*) tambor *m*: **he plays the drums in a rock band** toca la batería en un grupo de rock. **2.** (*cylindrical part*) tambor *m*: **the drum of the washing machine** el tambor de la lavadora. **3.** (*for oil*) bidón *m*.
II *vi* [**drums, drumming, drummed**] (*with fingers*) tamborilear; (*rain*) repiquetear.
♦*vt*: **he drummed his fingers on the desk** tamborileaba con los dedos en la mesa • **I had grammar drummed into me at school** me hicieron machacar la gramática en el colegio.
to **drum up** *vt* (*support*) tratar de conseguir: **it's hard to drum up enthusiasm amongst them** es difícil despertarles el entusiasmo.
drumstick *n* **1.** (*for playing drums*) palillo *m*, baqueta *f*. **2.** (*of chicken, turkey*) pata *f*, muslo *m*.
drummer /'drʌmə/ *n* (*in group*) batería *m/f*, baterista *m/f*; (*in military band*) tambor *m/f*.
drunk /drʌŋk/ **I** *participio pasado de* ➪ drink
II *adj* borracho -cha: **she got drunk at the party** se emborrachó en la fiesta.
III *n* borracho -cha *m/f*.
drunk driving *n* ➪ drink driving
drunkard /'drʌŋkəd/ *n* borracho -cha *m/f*.
drunken /'drʌŋkən/ *adj* (*person*) borracho -cha; (*state, behaviour*): **you were in a drunken stupor** tú estabas tan borracho que no te enterabas de nada.
drunken driving *n* ➪ drink driving
drunkenly /'drʌŋkənlɪ/ *adv* (*to say*) con voz de borracho; (*to walk*) haciendo eses.
drunkenness /'drʌŋkənnəs/ *n* (*state*) borrachera *f*; (*problem*) alcoholismo *m*.
drunkometer /drʌŋ'kɒmɪtə/ *n* (*US*) alcoholímetro *m*.
dry /draɪ/ **I** *adj* [**drier, driest**] **1.** (*not wet*) seco -ca: **the clothes are dry** la ropa está seca; (*heat, weather, hair skin*) seco -ca; (*not sweet*): **a dry white wine** un vino blanco seco. **2.** (*humour*) mordaz, incisivo -va.
II *vt* [**dries, drying, dried**] secar: **they're drying the dishes** están secando los platos; **he dried himself on a towel** se secó con una toalla; **she dried her hair** se secó el pelo.
♦*vi* secarse: **the washing took ages to dry** la ropa tardó siglos en secarse.
to **dry out** *vi* **1.** (*gen*) secarse. **2.** (*alcoholic*) desalcoholizarse.
♦*vt* secar.
to **dry up** *vi* **1.** (*river*) secarse; (*supply*) agotarse. **2.** (*in speech*): **she dried up** se quedó en blanco. **3.** (*after washing up*) secar (los platos): **I'll dry up** yo seco (los platos).
dry-clean *vt* [**dry-cleans, dry-cleaning, dry-cleaned**] limpiar en seco.
dry-cleaner's *n* tintorería *f*.
dry-cleaning *n* limpieza *f* en seco.
dry dock *n* (*Naut*) dique *m* seco.
dry ice *n* hielo *m* seco.
dry land *n* tierra *f* firme.
dry rot *n* (*Archit*) *podredumbre en la madera causada por un hongo*.
dry run *n* ensayo *m*.
dryer /'draɪə/ *n* (*for clothes*) secadora *f*; (*for hair*) secador *m*.
dryly /'draɪlɪ/ *adv* secamente.
dryness /'draɪnəs/ *n* sequedad *f*.
DSS /di:es'es/ *n* (*in GB*) (*abreviatura de* **Department of Social Security**) Seguridad *f* Social.
DTI /di:ti:'aɪ/ *n* (*in GB*) (*abreviatura de* **Department of Trade and Industry**) Ministerio *m* de Comercio e Industria.
DTP /di:ti:'pi:/ (*abreviatura de* **Desktop Publishing**) edición *f* electrónica, autoedición *f*.
dual /'djʊəl/ *adj* doble.
dual carriageway *n* (*GB*) autovía *f*.
dual-control *adj* de doble mando.
dual nationality *n* doble nacionalidad *f*.
dub /dʌb/ *vt* [**dubs, dubbing, dubbed**] **1.** (*a film*) doblar: **the film was dubbed** *into* **English** doblaron la película al inglés. **2.** (*with nickname*) apodar.
dubious /'dju:bɪəs/ *adj* **1.** (*honour, taste*) dudoso -sa; (*suspect*) sospechoso -sa: **it all seems highly dubious to me** todo me parece muy sospechoso. **2.** (*unsure*): **I'm dubious** *about* **buying it** no sé si comprarlo o no.
dubiously /'dju:bɪəslɪ/ *adv* (*with suspicion*) con recelo:

he eyed his food dubiously miró la comida con recelo; (*arousing suspicion*) de manera sospechosa.

Dublin /ˈdʌblɪn/ *n* Dublín *m*.

duchess /ˈdʌtʃes/ *n* [**duchesses**] duquesa *f*.

duck /dʌk/ **I** *n* (*Zool*) pato *m*; (*female*) pata *f*; (*Culin*) pato *m* ● **she took to ice-skating like a duck to water** el patinaje sobre hielo se le dio muy bien desde el principio.

II *vi* [**ducks, ducking, ducked**] (*to crouch down*) agacharse: **he ducked to avoid a branch** se agachó para esquivar una rama; **she ducked underwater** se sumergió en el agua.

♦ *vt* **1.** (*to evade, dodge*) eludir: **the government seem to be ducking the issue** parece que el gobierno está eludiendo el asunto. **2.** (*to push under water*) hundir.

duckling /ˈdʌklɪŋ/ *n* patito *m* ● **she's the ugly duckling of the family** ella es el patito feo de la familia.

duct /dʌkt/ *n* **1.** (*Anat*) conducto *m*, canal *m*. **2.** (*in machinery*) conducto *m*.

dud /dʌd/ **I** *n* porquería *f*: **this watch is a dud** este reloj es una porquería.

II *adj* (*money*) falso -sa; (*battery*) gastado -da: **they found a dud shell** encontraron un proyectil que no había estallado.

dud cheque *n* cheque *m* sin fondos.

dude /du:d/ *n* (*fam*) tipo *m*, tío *m*: **he's a cool dude** es un tío guay ✱ un tipo muy en la onda.

due /dju:/ **I** *adj* **1.** (*scheduled, expected*): **the ferry is due to depart at noon** la salida del ferry está prevista para el mediodía; **the President is due back on Tuesday** el regreso del Presidente está previsto para el martes; **her baby is due in March** espera el niño para marzo; **I'm due to play squash with him on Saturday** quedamos en jugar al squash el sábado. **2.** (*owing, owed*): **you will be paid what is due** *to* **you** se le pagará lo que se le debe ✱ lo que se le adeuda; **the balance is due next month** hay que pagar el saldo el mes que viene; **the instalments are ✱ fall due on the 20th of every month** los plazos se pagan el día 20 de cada mes; **when's that essay due?** ¿cuándo tienes que entregar ese trabajo?; **congratulations are due** *to* **the winner** hay que felicitar al ganador; **I'm due** *for* **a haircut soon** ya pronto tengo que cortarme el pelo. **3.** (*indicating cause*): **the delay was due** *to* **circumstances beyond our control** el retraso se debió a causas ajenas a nuestra voluntad. **4.** (*frml*: *regard, respect*) debido -da: **we have given the matter due consideration** hemos considerado el asunto con el debido detenimiento.

II *adv* (*with points of the compass*): **they walked due west** caminaron en dirección oeste; **it's due south of Boston** está directamente al sur de Boston.

III *n* ● **to give her her due, she's very patient** seamos justos, hay que reconocer que tiene mucha paciencia.

IV dues *n pl* (*for club, union*) cuota *f*.

duel /ˈdjʊəl/ *n* duelo *m*: **they fought a duel** se batieron en duelo.

duet /dju:ˈet/ *n* dueto *m*, dúo *m*.

duff /dʌf/ (*GB*) *adj* (*fam*) malo -la: **the stereo's got a duff speaker** uno de los bafles del equipo no funciona.

to **duff up** *vt* [**duffs, duffing, duffed**] (*fam*) darle una paliza a: **my brother will duff you up** mi hermano te dará una buena paliza.

duffel coat, duffle coat /ˈdʌfel keʊt/ *n* trenca *f*.

dug /dʌg/ *pretérito y participio pasado de* ⇨ dig

dugout /ˈdʌgaʊt/ *n* **1.** (*Mil*) refugio *m* subterráneo. **2.** (*canoe*) piragua *f*.

duke /dju:k/ *n* duque *m*.

dull /dʌl/ **I** *adj* **1.** (*boring*) aburrido -da, pesado -da: **much of the work is dull and routine** gran parte del trabajo es rutinario y aburrido. **2.** (*weather*) gris: **what a dull day!** ¡qué día más gris! **3.** (*colour*) apagado -da: **the walls were painted a dull yellow** las paredes estaban pintadas de un color amarillo apagado. **4.** (*pain, sound*) sordo -da. **5.** (*stupid*) corto -ta.

II *vt* [**dulls, dulling, dulled**] (*deaden: senses*) entorpecer, embotar; (*: sound*) amortiguar; (*: pain*) aliviar.

duly /ˈdjʊlɪ/ *adv* (*as it should be*) debidamente; (*as expected*): **they duly arrived at ten** llegaron a las diez, como estaba previsto; **they were duly impressed** quedaron muy bien impresionados, como era de esperar.

dumb /dʌm/ **I** *adj* **1.** (*Med*) mudo -da: **he was born deaf and dumb** nació sordomudo ● **he was struck dumb with amazement** se quedó pasmado. **2.** (*fam*: *stupid*) tonto -ta.

II the dumb *n pl* los mudos.

dumbbells *n pl* pesas *f pl*, mancuernas *f pl*.

dumbfounded /dʌmˈfaʊndɪd/ *adj* pasmado -da: **I was dumbfounded** me quedé pasmada.

dumbly /ˈdʌmlɪ/ *adv* sin decir palabra: **he nodded dumbly** asintió con la cabeza.

dumbness /ˈdʌmnəs/ *n* (*Med*) mudez *f*.

dummy /ˈdʌmɪ/ *n* [**dummies**] **1.** (*GB*: *for babies*) chupete *m*. **2.** (*in shop window*) maniquí *m*. **3.** (*for ventriloquist, used in stunts*) muñeco -ca *m/f*. **4.** (*fam*: *fool*) tonto -ta *m/f*.

dump /dʌmp/ **I** *vt* [**dumps, dumping, dumped**] **1.** (*rubbish*) tirar; (*industrial waste, etc.*) verter: **they keep dumping toxic waste into the river** siguen vertiendo desechos tóxicos en el río. **2.** (*fam*: *to drop*) tirar: **she just dumped it all on the floor** lo tiró todo en el suelo sin más; (*: boyfriend, girlfriend*) plantar. **3.** (*Fin*: *market*): **they dump cheap electrical goods here** inundan nuestro mercado con electrodomésticos baratos.

II *n* (*for rubbish*) vertedero *m*: **the area is a dump** es un lugar de mala muerte ● **she's down in the dumps** está con la depre.

dumper truck /ˈdʌmpə trʌk/ *n* volquete *m*.

dumpling /ˈdʌmplɪŋ/ *n* **1.** (*savoury*) *bola de masa servida en un guisado*. **2.** (*sweet*) *postre de fruta envuelta en masa*.

dumpy /ˈdʌmpɪ/ *adj* [**dumpier, dumpiest**] rechoncho -cha.

dunce /dʌns/ *n* burro -rra *m/f*.

dune /dju:n/ *n* duna *f*.

dung /dʌŋ/ *n* (*Agr*) bosta *f*; (*as manure*) estiércol *m*.

dungarees /ˌdʌŋgəˈri:z/ *n pl* (pantalón *m* de) peto *m*.

dungeon /ˈdʌndʒən/ *n* calabozo *m*, mazmorra *f*.

dunk /dʌŋk/ *vt* [**dunks, dunking, dunked**] (*fam*: *bread, biscuit*) mojar.

duo /ˈdju:əʊ/ *n* dúo *m*.

duodenum /ˌdju:əʊˈdi:nəm/ *n* [**duodenums ✱ duodena** /ˌdju:əʊˈdi:nə/] duodeno *m*.

dupe /dju:p/ **I** *n* (*person*) inocentón -tona *m/f*.

II *vt* [**dupes, duping, duped**] engañar, embaucar: **they duped me** *into* **paying for everything** me engañaron y acabé pagándolo todo.

duplex /ˈdju:pleks/ *n* (*US*) [**duplexes**] dúplex *m*.

duplicate I /ˈdju:plɪkeɪt/ *vt* [**duplicates, duplicating, duplicated**] (*document*) hacer un duplicado de, duplicar; (*work*) hacer por partida doble.

II /ˈdju:plɪkət/ *n* duplicado *m*, copia *f*.

duplication /ˌdju:plɪˈkeɪʃən/ *n* duplicación *f.*
duplicity /dju:ˈplɪsətɪ/ *n* duplicidad *f*, doblez *f.*
durability /ˌdjʊərəˈbɪlətɪ/ *n* durabilidad *f.*
durable /ˈdjʊərəbəl/ *adj* (*relationship, peace*) duradero -ra; (*material*) durable, duradero -ra.
duration /djʊəˈreɪʃən/ *n* duración *f*: **he was injured for the duration of the season** estuvo lesionado durante toda la temporada.
duress /djʊəˈres/ *n* • **he joined the strike under duress** se unió a la huelga bajo presión.
during /ˈdjʊərɪŋ/ *prep* durante.
dusk /dʌsk/ *n* anochecer *m*, crepúsculo *m*: **the park closes** *at* **dusk** el parque cierra al anochecer.
dusky /ˈdʌskɪ/ *adj* [**duskier, duskiest**] (*complexion*) moreno -na.
dust /dʌst/ **I** *n* polvo *m* • **another major company bites the dust** otra compañía importante que se va a pique.
II *vt* [**dusts, dusting, dusted**] **1.** (*furniture, room*) quitar el polvo de: **you haven't dusted the top shelf** no has quitado el polvo de la estantería de arriba • **she dusted herself down** se sacudió el polvo. **2.** (*to put powder on*) espolvorear: **dust the pie with sugar** espolvoree la tarta con azúcar.
♦ *vi* quitar el polvo.
dustbin *n* (*GB*) cubo *m* de la basura, (*Amér C, Méx*) bote *m* de la basura, (*Arg, Chi, Urug*) tacho *m* de la basura: **don't forget to put the dustbin out** no te olvides de sacar la basura.
dustcart *n* (*GB*) camión *m* de la basura.
dust cloud *n* polvareda *f.*
dustman *n* (*GB*) [*pl* **dustmen**] basurero *m.*
dustpan *n* recogedor *m*, pala *f.*
duster /ˈdʌstə/ *n* (*cloth*) trapo *m*; (*made of feathers*) plumero *m*; (*for blackboard*) borrador *m.*
dusty /ˈdʌstɪ/ *adj* [**dustier, dustiest**] (*road*) polvoriento -ta; (*furniture*) cubierto -ta de polvo; (*room*) lleno -na de polvo.
Dutch /dʌtʃ/ **I** *adj* holandés -desa • **shall we go Dutch?** ¿pagamos a escote?
II *n* (*language*) holandés *m.*
III the Dutch *n pl* (*people*) los holandeses.
Dutch courage *n* (*fam*) *valentía que da la bebida.*
Dutchman *n* [*pl* **Dutchmen**] holandés *m.*
Dutchwoman *n* [*pl* **Dutchwomen**] holandesa *f.*
dutiful /ˈdju:tɪfʊl/ *adj* consciente de sus obligaciones.
duty /ˈdju:tɪ/ *n* [**duties**] **1.** (*moral*) deber *m*: **she helped them out of a sense of duty** los ayudó porque se lo exigía su sentido del deber. **2.** (*job*) obligación *f*, deber *m*: **it's your duty to ensure customer satisfaction** usted tiene la obligación de asegurarse de que el cliente quede satisfecho; **the police are only doing their duty** la policía no hace más que cumplir con su deber • **who's on duty?** (*of doctors, nurses*) ¿quién está de guardia?; (*of policemen*) ¿quién está de servicio? • **he wears ordinary clothes off duty** cuando no está de servicio lleva ropa de calle. **3.** (*tax*) impuesto *m.*
duty-bound *adj* obligado -da (*moralmente*).
duty-free I *adj* (*untaxed*) libre de impuestos.
II *adv* sin pagar impuestos.
III *n* (*también* **duty-free shop**) tienda *f* libre de impuestos.
duvet /ˈdu:veɪ/ *n* edredón *m* (nórdico).
DVLA /di:vi:elˈeɪ/ *n* (*in GB*) (*abreviatura de* **Driver and Vehicle Licensing Agency**) *organismo que expide permisos de conducir y patentes de vehículos.*
dwarf /dwɔ:f/ **I** *n* [**dwarfs** ✻ **dwarves** /dwɔ:vz/] enano -na *m/f.*
II *vt* [**dwarfs, dwarfing, dwarfed**] (*building, person*) hacer parecer pequeño -ña; (*achievements*) eclipsar.
dwarves /dwɔ:vz/ *plural de* ➪ dwarf
dwell /dwel/ *vi* [**dwells, dwelling, dwelled** ✻ **dwelt**] (*frml*) morar, habitar.
to **dwell on** ✻ **upon** *vt*: **we won't dwell on that** no nos detendremos en ese punto; **you shouldn't dwell too much on what he said** no deberías pensar demasiado en lo que dijo.
dweller /ˈdwelə/ *n*: **city dwellers** los habitantes de las ciudades.
dwelling /ˈdwelɪŋ/ *n* (*frml*) morada *f*, vivienda *f.*
dwelt /dwelt/ *pretérito y participio pasado de* ➪ dwell
dwindle /ˈdwɪndəl/ *vi* [**dwindles, dwindling, dwindled**] disminuir, reducirse: **it dwindled to nothing** quedó reducido a nada.
dye /daɪ/ **I** *n* tinte *m*, tintura *f.*
II *vt* [**dyes, dyeing, dyed**] teñir: **I dyed my shoes purple** teñí los zapatos de morado; **I'm sure her hair is dyed** estoy seguro de que se tiñe el pelo.
dyed-in-the-wool /ˈdaɪd ɪn ði: wʊl/ *adj* recalcitrante.
dying /ˈdaɪɪŋ/ **I** *gerundio de* ➪ die
II *adj* (*person*) moribundo -da; (*tradition, art*) en vías de extinción.
III the dying *n pl* los moribundos.
dyke /daɪk/ *n* (*Archit*) dique *m.*
dynamic /daɪˈnæmɪk/ **I** *adj* dinámico -ca.
II dynamics *n [lleva el verbo en singular]* dinámica *f.*
dynamically /daɪˈnæmɪkəlɪ/ *adv* con dinamismo.
dynamism /ˈdaɪnəmɪzəm/ *n* dinamismo *m.*
dynamite /ˈdaɪnəmaɪt/ **I** *n* dinamita *f* • **their new singer is dynamite** la nueva cantante es pura dinamita.
II *vt* [**dynamites, dynamiting, dynamited**] dinamitar.
dynamo /ˈdaɪnəməʊ/ *n* dinamo *f*, dínamo *f.*
dynastic /dɪˈnæstɪk/ (*US*) /daɪˈnæstɪk/ *adj* dinástico -ca.
dynasty /ˈdɪnəstɪ/ (*US*) /ˈdaɪnəstɪ/ *n* [**dynasties**] dinastía *f.*
dysentery /ˈdɪsəntrɪ/ *n* disentería *f.*
dyslexia /dɪsˈleksɪə/ *n* dislexia *f.*
dyslexic /dɪsˈleksɪk/ *adj, n* disléxico -ca *adj, m/f.*

E

E, e /iː/ *n* (*letter*) E, e *f*.

E /iː/ *n* **1.** (*Mus*) mi *m*. **2.** (*mark*) *quinta nota de aprobado en el sistema educativo británico*.

E 1. *léase* /iːst/ (*abreviatura de* **East**) E (Este). **2.** *léase* /ˈiːstən/ (*abreviatura de* **Eastern**) del este, oriental.

each /iːtʃ/ **I** *adj* cada: **each CD lasts approximately seventy minutes** cada disco compacto dura unos setenta minutos; **each person has their own computer** cada persona tiene su propio ordenador; **each day he takes the train to Madrid** va a Madrid en tren todos los días.

II *pron* cada uno, cada una: **she gave a present to each of them** le regaló algo a cada uno de ellos; **she spoke to each in turn** fue hablando con ellos uno por uno; **can I try one of each, please?** ¿puedo probar uno de cada (uno), por favor?

III *adv*: **programmes are three pounds each** los programas cuestan tres libras cada uno; **there are only enough for one each** nos toca sólo a uno por cabeza.

each other *pron*: **they tickled each other** se hacían cosquillas (el uno al otro); **they often borrow each other's clothes** se prestan la ropa a menudo; **they don't speak to each other** no se hablan; **they have no respect for each other** no se respetan (mutuamente).

eager /ˈiːgə/ *adj* deseoso -sa: **they were eager** *to* **please** se mostraban deseosos de ✱ ansiosos por complacer; **they were eager** *for* **the holidays to start** estaban deseando que empezaran las vacaciones; **we are eager** *to* **start the building work** estamos impacientes por empezar las obras.

eagerly /ˈiːgəlɪ/ *adv*: **they were eagerly awaiting his arrival** esperaban ansiosamente ✱ impacientemente su llegada; **she read the letter eagerly** leyó la carta con avidez; **they looked at her eagerly** la miraron llenos de expectativa.

eagerness /ˈiːgənəs/ *n* afán *m*: **his eagerness** *to* **please is his best quality** su afán por complacer es su mejor cualidad; **in their eagerness** *to* **finish the game they lost track of the time** tenían tantas ganas de acabar el partido que se les pasó la hora.

eagle /ˈiːgəl/ *n* águila *f* [takes ***el*** or ***un*** in singular].

eagle-eyed *adj* que tiene vista de lince.

ear /ɪə/ *n* **1.** (*Anat*) oreja *f*; (*inner part*) oído *m*: **she had her ears pierced** le perforaron las orejas; **I had an ear infection** tuve una infección de oído • **I'm all ears** soy todo oídos • **it just goes in one ear and out the other** por un oído le entra y por el otro le sale • **keep your ear to the ground** estáte al tanto • **her request for help fell on deaf ears** desoyeron su petición de ayuda • **I'm up to my ears in work** estoy hasta el cuello de trabajo • **behave, or you'll be out on your ear** pórtate bien o te pondrán de patitas en la calle • **our new teacher is a bit wet behind the ears** nuestro nuevo profesor está un poco verde. **2.** (*sense of hearing*) oído *m*: **she has a good ear** *for* **languages** tiene buen oído para los idiomas; **he can play the piano** *by* **ear** toca el piano de oído • **I don't know how they're going to react, I'll just have to play it by ear** no sé cómo van a reaccionar, tendré que ver qué hago sobre la marcha. **3.** (*of cereal*) espiga *f*.

earache *n* dolor *m* de oídos.

eardrum *n* tímpano *m*.

ear lobe *n* lóbulo *m* de la oreja.

earmuffs *n pl* orejeras *f pl*.

earphones *n pl* auriculares *m pl*, cascos *m pl*.

earplugs *n pl* tapones *m pl* para los oídos.

earring *n* pendiente *m*, (*Amér L*) arete *m*.

earshot *n*: **I called him but he was** *out of* **earshot** lo llamé pero estaba demasiado lejos para oírme; **she was** *within* **earshot of the explosion** estaba lo suficientemente cerca como para oír la explosión.

earful /ˈɪəfʊl/ *n* • **he gave me an earful about drinking** me echó un sermón sobre la bebida.

earl /ɜːl/ *n* conde *m*.

earldom /ˈɜːldəm/ *n* condado *m*.

early /ˈɜːlɪ/ **I** *adj* [**earlier, earliest**] **1.** (*age, rains, harvest*) temprano -na; (*potatoes, strawberries*) tempranero -ra, temprano -na: **we had an early spring** la primavera se adelantó; **you're early today!** ¡qué temprano vienes hoy!; **I was ten minutes early** llegué con diez minutos de anticipación; **the baby was two weeks early** el niño nació dos semanas antes de tiempo; **the programme will now be broadcast at the earlier time of...** la emisión del programa se ha adelantado a las.... **2.** (*initial*): **in the early years of his reign...** en los primeros años de su reinado...; **this is one of his earlier paintings** éste es uno de sus primeros cuadros ✱ un cuadro de su primera época; **he died in the early hours of Friday** murió en la madrugada del viernes; **he must be in his early fifties by now** andará por los cincuenta y pocos años; **we took the earliest possible train** tomamos el primer tren que pudimos; **Christmas preparations begin** *as* **early** *as* **October** los preparativos de Navidad empiezan ya en octubre; **lunch won't be ready until two o'clock at the earliest** la comida no estará lista hasta las dos como mínimo.

II *adv* **1.** (*before the expected time*) temprano, pronto: **he had to leave early** tuvo que irse temprano; **she got up very early** se levantó muy temprano; **get there a few minutes early to prepare everything** ve un poco antes para preparar todo; **you have to book early** hay que hacer la reserva con bastante anticipación; **Friday is the earliest I could do it** no lo podría hacer antes del viernes. **2. earlier** (*previously*) antes: **here's one I prepared earlier** aquí tengo uno que he preparado antes.

earmark /ˈɪəmɑːk/ *vt* [**earmarks, earmarking, earmarked**] destinar: **I've earmarked these** *for* **your brother** he reservado éstos para tu hermano; **this hospital is earmarked** *for* **closure** este hospital es uno de los destinados a cerrar.

earn /ɜ:n/ *vt* **[earns, earning, earned]** 1. (*a wage*) ganar: **they earn enough to keep two houses** ganan lo suficiente para mantener dos casas. 2. (*respect, approval*) ganarse: **they have earned a very good reputation for quality** se han ganado muy buena fama por la calidad de sus productos. 3. (*interest*) devengar: **your savings will earn ten per cent interest** sus ahorros devengarán * le producirán el diez por ciento de interés.

earnest /ˈɜ:nɪst/ I *adj* serio -ria.
II *n*: **this time I am** *in* **earnest** *about* **losing weight** esta vez lo de adelgazar va en serio; **the campaign won't begin** *in* **earnest until next month** la campaña no empezará de veras hasta el mes que viene.

earnestly /ˈɜ:nɪstlɪ/ *adv* con seriedad.

earnings /ˈɜ:nɪŋz/ *n pl* ingresos *m pl*.

earth /ɜ:θ/ I *n* 1. (*también* **Earth**) (*planet*) tierra *f* • **he's very down to earth** tiene los pies firmemente asentados en el suelo • **the news brought him down to earth with a bump** la noticia lo devolvió bruscamente a la realidad • **it costs the earth to phone the States from here** cuesta una fortuna llamar a los Estados Unidos desde aquí • **what on earth do you think you're doing?** ¿qué demonios estás haciendo? • **who on earth can be phoning at this time of night?** ¿quién demonios puede llamar a estas horas de la noche? 2. (*soil*) tierra *f*. 3. (*GB*: *of electrical appliance*) toma *f* de tierra. 4. (*of fox*) madriguera *f*.
II *vt* **[earths, earthing, earthed]** (*GB*: *an appliance*) conectar a tierra.
earthquake *n* terremoto *m*.
earthworm *n* lombriz *f*.

earthenware /ˈɜ:θənweə/ I *n* vajilla *f* de barro (cocido).
II *adj* de barro (cocido).

earthly /ˈɜ:θlɪ/ *adj* 1. (*on earth*) terrenal: **the whole of our earthly life** toda nuestra vida terrenal. 2. (*possible*): **there's no earthly explanation for it** no tiene una explicación racional; **there's no earthly reason not to do it** no existe ningún motivo para no hacerlo.

earthy /ˈɜ:θɪ/ *adj* **[earthier, earthiest]** 1. (*in colour, taste*) terroso -sa. 2. (*humour*) desinhibido -da.

earwig /ˈɪəwɪg/ *n* tijereta *f*.

ease /i:z/ I *n* 1. (*simplicity*) facilidad *f*: **he returned the serve** *with* **ease** devolvió el saque con facilidad; **the seatbelt is adjustable for ease of movement** el cinturón es ajustable para facilitar el movimiento; **they live a life of ease in the country** llevan una vida desahogada en el campo. 2. (*calm*): **his friendly manner put me** *at* **(my) ease** su trato amable me tranquilizó • **I feel ill at ease in his company** no estoy relajado * a gusto cuando estoy con él.
II *vt* **[eases, easing, eased]** 1. (*screw, nut*) aflojar. 2. (*pain, tension*) aliviar: **she has massage to ease the pain** va a que le den masajes para aliviar el dolor. 3. (*to move carefully*): **she eased her arm** *into* **the sling** puso el brazo en el cabestrillo con mucho cuidado.
♦*vi* (*pain*) calmarse, aliviarse: **the stiffness in his neck gradually eased** la tortícolis se le fue poco a poco.
to **ease off** *vt* (*to remove gently*): **he eased the handbrake off** quitó el freno de mano despacio.
♦*vi* (*tension*) disminuir; (*pain*) calmarse, aliviarse: **the pressure at work has eased off a little** la presión en el trabajo ha disminuido un poco; **the rain had eased off** había amainado.

easel /ˈi:zəl/ *n* caballete *m*.

easily /ˈi:zəlɪ/ *adv* 1. (*without difficulty*) fácilmente, con facilidad: **they break very easily** se rompen con mucha facilidad. 2. (*by far*) con mucho: **they are easily the best team in the league** es con mucho el mejor equipo de la liga. 3. (*at least*) por lo menos, fácilmente: **that sort of thing costs over a million, easily** ese tipo de cosa sale más de un millón, por lo menos.

east /i:st/ I *n* este *m*: **the mountains lie** *to* **the east** *of* **the river** las montañas están al este del río; **the lounge looks * faces east** la sala de estar da al este; **the wind is blowing from the east** hay viento de levante * del este; **East-West relations have improved** las relaciones Este-Oeste han mejorado; **traders brought spices from the East** los mercaderes traían especias de Oriente.
II *adj* (*también* **East**) (*gen*) este *adj inv*, oriental: **she lives on the east coast of Scotland** vive en la costa este de Escocia; (*wind*) del este.
III *adv* (*también* **East**) (*with verb of movement*) al * hacia el este: **the tribe headed east** la tribu se dirigía al este; (*indicating location*) al este: **the village is east of Richmond** el pueblo queda al este de Richmond.

eastbound /ˈi:stbaʊnd/ *adj*: *en dirección al este*: **eastbound trains were cancelled** todo los trenes que iban hacia el este fueron cancelados; **the eastbound carriageway is blocked** el carril en dirección este está cortado.

Easter /ˈi:stə/ *n* (*day*) Pascua *f* (de Resurrección); (*holiday period*) Semana *f* Santa: **are you going away** *at* **Easter?** ¿te vas a ir de vacaciones en Semana Santa?
Easter egg *n* huevo *m* de Pascua.
Easter Sunday, **Easter Day** *n* Domingo *m* de Pascua * de Resurrección.

easterly /ˈi:stəlɪ/ I *adj* 1. (*wind*) del este, de levante. 2. (*direction*): **they were travelling in an easterly direction** iban hacia el este; (*location*): **this is the most easterly point of Brazil** este es el lugar más oriental de Brasil.
II *n* **[easterlies]** (*wind*) viento *m* del este * de levante, levante *m*.

eastern, **Eastern** /ˈi:stən/ *adj* 1. (*gen*) del este: **there will be rain in eastern parts** habrá precipitaciones en las regiones del este; **Eastern European immigrants** inmigrantes de Europa oriental * del este. 2. (*relating to the Far East*) oriental: **an ancient Eastern art** un antiguo arte oriental.
easternmost *adj* más al este: **the easternmost part of the country** la parte más al este del país.

Easterner, **easterner** /ˈi:stənə/ *n* 1. (*from a country in the East*) oriental *m/f*. 2. (*from a region in the east*) *persona de la zona este*.

eastward /ˈi:stwəd/ I *adj*: **they were moving in an eastward direction** iban en dirección este.
II *adv* (*también* **eastwards**) hacia el este.

easy /ˈi:zɪ/ **[easier, easiest]** I *adj* 1. (*simple*) fácil: **it's easy to learn** es fácil de aprender; **it's an easy game** es un juego fácil * sencillo; **that wouldn't make things any easier** eso no facilitaría para nada las cosas; **the house is within easy reach of the beach** la casa está muy cerca de la playa • **they have an easy time of it** lo tienen muy fácil. 2. (*gentle*) • **his music is very easy on the ear** su música es muy agradable al oído.
II *adv* • **he takes life easy** se toma la vida con calma • **take it easy** tómatelo con calma • **it's easier said than done** se dice muy pronto • **go easy on the mustard!** ¡no te pases con la mostaza!

easy chair *n* sillón *m*, butaca *f*.
easy-going *adj* (*undemanding*) poco exigente.
eat /iːt/ *vt/i* [**eats, eating, ate,** *participio pasado* **eaten**] comer: **she hasn't eaten for four days** hace cuatro días que no come * que no prueba bocado; **let's eat outside** vamos a comer al aire libre; **she doesn't eat butter** no come mantequilla; **we ate lunch on the patio** almorzamos en el patio.
to **eat away** *vt/i* (*acid*) corroer; (*termites, woodworm*) carcomer; (*mice*) roer: **pollution has eaten away** *(at)* **the stonework** la contaminación ha corroído la piedra.
to **eat into** *vt* (*metal*) corroer; (*wood*) carcomer • **the cost of the repairs ate into their savings** el costo de las reparaciones les comió parte de los ahorros.
to **eat out** *vi* comer fuera.
to **eat up** *vt* (*food*) comerse, terminar: **he ate it all up** se lo comió todo; **public telephones eat up your money** los teléfonos públicos te tragan el dinero; **she was eaten up** *with* **remorse** le remordía la conciencia.
eatable /ˈiːtəbəl/ *adj* comible, pasable.
eaten /ˈiːtən/ *participio pasado de* ⇨ eat
eater /ˈiːtə/ *n*: **she's a slow eater** come muy despacio; **he's a big eater** es muy comilón.
eau de Cologne /əʊ də kəˈləʊn/ *n* agua *f* de colonia [takes ***el*** or ***un*** in singular], colonia *f*.
eaves /iːvz/ *n pl* alero *m*.
eavesdrop /ˈiːvzdrɒp/ *vi* [**eavesdrops, eavesdropping, eavesdropped**] escuchar (*subrepticiamente*): **were you eavesdropping** *on* **our conversation?** ¿estabas escuchando nuestra conversación?
eavesdropper /ˈiːvzˌdrɒpə/ *n* fisgón -gona *m/f*.
ebb /eb/ **I** *n* reflujo *m*: **they were watching the ebb and flow of the water** miraban el flujo y reflujo del agua • **I'm at my lowest ebb** tengo el ánimo por los suelos.
II *vi* [**ebbs, ebbing, ebbed**] **1.** (*water*) bajar. **2.** (*to lessen*): **his strength was ebbing** *away* iba perdiendo las fuerzas.
ebony /ˈebənɪ/ **I** *n* ébano *m*.
II *adj* de ébano.
ebullience /ɪˈbʌlɪəns/ *n* (*frml*) efervescencia *f*, vivacidad *f*.
ebullient /ɪˈbʌlɪənt/ *adj* (*frml*: *person*) lleno -na de vida: **he arrived in an ebullient mood** llegó desbordante de entusiasmo.
EC /iːˈsiː/ *n* (*abreviatura de* **European Community**) CE *f* (Comunidad Europea).
eccentric /ɪkˈsentrɪk/ *adj, n* excéntrico -ca *adj, m/f*.
eccentricity /ˌeksenˈtrɪsətɪ/ *n* [**eccentricities**] excentricidad *f*.
ecclesiastical /ɪˌkliːzɪˈæstɪkəl/ *adj* eclesiástico -ca.
ECG /iːsiːˈdʒiː/ *n* (*abreviatura de* **electrocardiogram**) electro *m* (electrocardiograma).
echelon /ˈeʃəlɒn/ *n* (*frml*): **few women reach the higher echelons of the civil service** pocas mujeres alcanzan los puestos más altos del funcionariado.
echo /ˈekəʊ/ **I** *vi* [**echoes, echoing, echoed**] (*voice*) resonar, hacer eco: **a clap of thunder echoed** *around* **the mountains** un trueno retumbó por las montañas; **the workshop echoed** *to* * *with* **the sound of hammering** el ruido de los martillazos retumbaba en el taller.
♦*vt*: **that echoes my feelings exactly** eso refleja exactamente lo que siento.
II *n* [**echoes**] eco *m*.
echo chamber *n* cámara *f* acústica.
éclair /eɪˈkleə/ *n* petisú *m*.
eclectic /eˈklektɪk/ *adj* ecléctico -ca.
eclipse /ɪˈklɪps/ **I** *n* eclipse *m*.
II *vt* [**eclipses, eclipsing, eclipsed**] eclipsar.
ecological /ˌiːkəˈlɒdʒɪkəl/ *adj* ecológico -ca.
ecologically /ˌiːkəˈlɒdʒɪkəlɪ/ *adv* ecológicamente: **it's ecologically sound to use recycled paper** desde un punto de vista ecológico, tiene sentido usar papel reciclado.
ecologist /iːˈkɒlədʒɪst/ *n* ecologista *m/f*.
ecology /iːˈkɒlədʒɪ/ *n* ecología *f*.
economic /ˌiːkəˈnɒmɪk/ **I** *adj* **1.** (*relating to economics*) económico -ca. **2.** (*profit-making*) rentable.
II economics *n* *[lleva el verbo en singular]* (*Educ*: *science*) economía *f*.
III economics *n pl* (*Fin*): **the economics of his plan are faulty** en el aspecto económico, su plan contiene errores.
economical /ˌiːkəˈnɒmɪkəl/ *adj* (*car, system, person*) económico -ca: **it's an economical method of heating** es un sistema de calefacción económico; **it's very economical** *on* **fuel** consume muy poco combustible; **we try to be economical** *with* **the electricity** intentamos ahorrar * economizar electricidad.
economically /ˌiːkəˈnɒmɪkəlɪ/ *adv* (*to live, to use*) económicamente: **economically, it would have disastrous consequences** desde el punto de vista económico, tendría consecuencias nefastas.
economist /ɪˈkɒnəmɪst/ *n* economista *m/f*.
economize /ɪˈkɒnəmaɪz/ *vi* [**economizes, economizing, economized**] economizar: **economize** *on* **paper by writing on both sides** escribe en las dos caras para economizar * ahorrar papel.
economy /ɪˈkɒnəmɪ/ **I** *n* [**economies**] **1.** (*of country*) economía *f*: **Japan has one of the world's strongest economies** el Japón tiene una de las economías más fuertes del mundo. **2.** (*in resources*) economía *f*, ahorro *m*: **they are making economies by not repairing the roads** para ahorrar dinero no están reparando las carreteras.
II *adj*: **he has ordered an economy drive** ha impuesto un programa de ahorro; **an economy-sized packet** un envase tamaño familiar.
economy class *n* clase *f* turista.
ecosystem /ˈiːkəʊˌsɪstəm/ *n* ecosistema *m*.
ecstasy /ˈekstəsɪ/ *n* [**ecstasies**] éxtasis *m inv*: **she goes into ecstasies** *over* **him** está extasiada con él.
ecstatic /ɪkˈstætɪk/ *adj* (*person*) extático -ca; (*applause*) clamoroso -sa.
ECU, ecu /ˈeɪkjuː/ *n* (*abreviatura de* **European Currency Unit**) ECU * ecu *m* (*Unidad Monetaria Europea*).
Ecuador /ˈekwədɔː/ *n* Ecuador *m*.
Ecuadorian /ˌekwəˈdɔːrɪən/, **Ecuadoran** /ˌekwəˈdɔːrən/ *adj, n* ecuatoriano -na *adj, m/f*.
ecumenical /ˌiːkjuːˈmenɪkəl/ *adj* ecuménico -ca.
eczema /ˈeksɪmə/ *n* eccema *m*, eczema *m*.
eddy /ˈedɪ/ **I** *n* [**eddies**] arremolinamiento *m*.
II *vi* [**eddies, eddying, eddied**] arremolinarse.
Eden /ˈiːdən/ *n* Edén *m*.
edge /edʒ/ **I** *n* (*gen*) borde *m*; (*of knife*) filo *m*: **they walked along the edge of the cliff** caminaron por el borde del acantilado; **we were sitting** *at* **the water's edge** estábamos sentados en la orilla • **the long walk put an edge on his appetite** la larga caminata le abrió más el apetito • **the home team had the edge**

on * over their opponents el equipo local era superior a sus adversarios • **she always seems to be on edge** siempre parece tener los nervios a flor de piel. **II** *vt* [**edges, edging, edged**] **1.** (*in sewing*) poner un borde a, ribetear. **2.** (*to move slowly*): **she edged her seat closer to the radiator** poco a poco fue acercando su silla al radiador; **he managed to edge his way to the front of the hall** se fue abriendo paso hasta llegar al frente de la sala.

♦*vi*: **the queue of traffic edged** *forward* la fila de vehículos avanzaba lentamente; **the fireman edged closer to the trapped children** el bombero se fue aproximando a los niños atrapados.

edgeways /ˈedʒweɪz/, (*US*) **edgewise** /ˈedʒwaɪz/ *adv* de lado • **he couldn't get a word in edgeways** no pudo meter baza.

edging /ˈedʒɪŋ/ *n* (*in sewing*) ribete *m*.

edgy /ˈedʒɪ/ *adj* [**edgier, edgiest**] con los nervios a flor de piel.

edible /ˈedəbəl/ *adj* comestible.

edict /ˈiːdɪkt/ *n* edicto *m*, decreto *m*.

edification /ˌedɪfɪˈkeɪʃən/ *n* edificación *f* (*del espíritu*).

edifice /ˈedɪfɪs/ *n* (*building*) edificio *m* (*imponente*); (*fig: institution*): **the whole edifice of government was under threat** todo el aparato de gobierno se veía amenazado.

edify /ˈedɪfaɪ/ *vt* [**edifies, edifying, edified**] edificar (*en sentido espiritual*).

edifying /ˈedɪfaɪɪŋ/ *adj* edificante.

Edinburgh /ˈedɪnbərə/ *n* Edimburgo *m*.

edit /ˈedɪt/ *vt* [**edits, editing, edited**] **1.** (*to correct, alter*) corregir: **I am still editing the first draft** todavía estoy corrigiendo el primer borrador. **2.** (*for printing*) preparar la edición de, editar: **she edited "The Last Commander"** preparó la edición de "The Last Commander". **3.** (*newspaper*) dirigir. **4.** (*film, tape*) editar. **5.** (*Inform*) editar.

to **edit out** *vt* suprimir: **they edited out all four-letter words** suprimieron todas las palabrotas.

edition /ɪˈdɪʃən/ *n* edición *f*: **I bought the paperback edition** compré la edición en rústica; **the hundredth edition of the magazine** el número cien de la revista.

editor /ˈedɪtə/ *n* **1.** (*of newspaper*) director -tora *m/f*, redactor -tora *m/f* responsable: **she is the editor of an art magazine** es directora de una revista de arte. **2.** (*of text*) redactor -tora *m/f*, corrector -tora *m/f* de estilo. **3.** (*of book*) editor -tora *m/f*.

editorial /ˌedɪˈtɔːrɪəl/ **I** *n* (*in newspaper*) editorial *m*, artículo *m* de fondo.

II *adj* editorial: **the editorial staff are highly efficient** el equipo de la redacción es muy eficiente.

educate /ˈedjuːkeɪt/ *vt* [**educates, educating, educated**] educar: **she was educated in Scotland** se educó en Escocia.

educated /ˈedjuːkeɪtɪd/ *adj* (*person, speech, usage*) culto -ta.

education /ˌedjuːˈkeɪʃən/ *n* (*instruction*) enseñanza *f*, educación *f*; (*as subject*) educación *f*, pedagogía; (*in academic record*) formación *f* académica, estudios *m pl*: **her formal education suffered** sus estudios se vieron afectados; (*culture*) cultura *f*.

educational /ˌedjuːˈkeɪʃənəl/ *adj* (*experience, programme*) educativo -va, instructivo -va: **they went on an educational exchange to Italy** fueron a Italia en un intercambio (de estudios); (*toy*) didáctico -ca.

educationalist /ˌedjuːˈkeɪʃənəlɪst/, **educationist** /ˌedjuːˈkeɪʃənɪst/ *n* pedagogo -ga *m/f*.

educationally /ˌedjuːˈkeɪʃənəlɪ/ *adv*: **educationally speaking her methods are highly questionable** desde el punto de vista pedagógico sus métodos son muy cuestionables; **educationally subnormal children** niños con dificultades de aprendizaje.

Edwardian /edˈwɔːdɪən/ *adj*, *n* (*Hist*) eduardiano -na *adj*, *m/f*.

eel /iːl/ *n* anguila *f*.

eerie /ˈɪərɪ/ *adj* [**eerier, eeriest**] (*story*) espeluznante: **there was an eerie silence** había un silencio sobrecogedor * que ponía los pelos de punta.

efface /ɪˈfeɪs/ *vt* [**effaces, effacing, effaced**] borrar.

effect /ɪˈfekt/ **I** *n* **1.** (*gen*) efecto *m*: **the wine had no effect** *on* **me** el vino no me afectó para nada • **the ban will come into * will take effect next week** la prohibición entrará en vigor la semana próxima • **the sleeping pills soon took effect** los somníferos no tardaron en surtir efecto • **in effect they were powerless to help** en realidad no podían hacer nada para ayudar • **he said he was sorry, or words to that effect** dijo que lo sentía, o algo por el estilo • **he wrote us a letter to the effect that...** nos escribió una carta expresando que.... **2.** (*impact*) impresión *f*: **the overall effect was most impressive** la impresión general era muy positiva; **she does it** *for* **effect** lo hace para impactar * para llamar la atención.

II effects *n pl* **1.** (*también* **personal effects**) (*possessions*) enseres *m pl*, efectos *m pl* personales. **2.** (*también* **special effects**) (*in movie*) efectos *m pl* especiales.

III *vt* [**effects, effecting, effected**] (*changes*) hacer, llevar a cabo; (*a cure*) lograr.

effective /ɪˈfektɪv/ *adj* **1.** (*that works well*) eficaz: **it's very effective** *for* **removing stains** es muy eficaz para quitar manchas; **he makes effective use of colour** hace un uso muy hábil del color. **2.** (*in real terms*) efectivo -va: **the effective gain is minimal** la ganancia real es mínima.

effectively /ɪˈfektɪvlɪ/ *adv* **1.** (*in reality*) de hecho, en realidad: **he is effectively saying no** de hecho está diciendo que no. **2.** (*well*) eficazmente: **the problem was dealt with effectively by the authorities** las autoridades resolvieron eficazmente el problema; **the stage was effectively decorated** el escenario estaba hábilmente decorado.

effectiveness /ɪˈfektɪvnəs/ *n* eficacia *f*.

effeminacy /ɪˈfemɪnəsɪ/ *n* afeminamiento *m*.

effeminate /ɪˈfemɪnət/ *adj* afeminado -da.

effervesce /ˌefəˈves/ *vi* [**effervesces, effervescing, effervesced**] (*Chem*) entrar en * hacer efervescencia.

effervescence /ˌefəˈvesəns/ *n* (*Chem*) efervescencia *f*.

effervescent /ˌefəˈvesənt/ *adj* (*Chem*) efervescente.

efficacious /efɪˈkeɪʃəs/ *adj* (*frml*) eficaz.

efficacy /ˈefɪkəsɪ/ *n* eficacia *f*.

efficiency /ɪˈfɪʃənsɪ/ *n* (*of person*) eficiencia *f*; (*of machine*) rendimiento *m*.

efficient /ɪˈfɪʃənt/ *adj* (*person*) eficiente; (*machine*) de buen rendimiento: **he does not make efficient use of his time** no usa su tiempo de manera eficiente.

efficiently /ɪˈfɪʃəntlɪ/ *adv* (*to work, organize*) eficientemente, con eficiencia: **the new boilers use fuel more efficiently** las nuevas calderas obtienen un mayor rendimiento del combustible.

effigy /ˈefədʒɪ/ *n* [**effigies**] efigie *f*.

effluent /ˈefluənt/ *n* (*frml*) aguas *f pl* residuales.

effort /ˈefət/ *n* **1.** (*hard work*) esfuerzo *m*: **the play took a lot of effort to produce** nos costó mucho esfuerzo montar la obra; **you didn't put much effort into it** no te esforzaste mucho, no pusiste mucho empeño. **2.** (*attempt*) esfuerzo *m*: **I'll make every effort to be here** trataré por todos los medios de venir; **he made no effort to help us** no intentó siquiera ayudarnos.

effortless /ˈefətləs/ *adj* (*movement*) fluido -da, realizado -da sin esfuerzo: **his playing looks so effortless** no parece realizar ningún esfuerzo al jugar.

effortlessly /ˈefətlɪslɪ/ *adv* sin esfuerzo.

effrontery /ɪˈfrʌntərɪ/ *n* (*frml*) descaro *m*, osadía *f*.

effusive /ɪˈfju:sɪv/ *adj* efusivo -va.

effusively /ɪˈfju:sɪvlɪ/ *adv* efusivamente.

EFL /i:efˈel/ *n* (*abreviatura de* **English as a Foreign Language**) inglés *m* para extranjeros.

e.g. /i:ˈdʒi:/ (*abreviatura latina que significa* **for example**) p. ej. (por ejemplo).

egalitarian /ɪˌgælɪˈteərɪən/ *adj* igualitario -ria.

egg /eg/ *n* huevo *m*: **I fancy scrambled egg** me apetecen huevos revueltos • **don't put all your eggs in one basket** no te lo juegues todo a una carta.

to **egg on** *vt* [**eggs, egging, egged**] incitar: **they egged him on to drink the whole bottle** lo incitaron a que se bebiera toda la botella.

egg-and-spoon race *n*: *carrera en la que hay que llevar un huevo en una cuchara sin dejarlo caer.*

egg cup *n* huevera *f*.

egghead *n* (*fam*) cerebro *m*.

eggshell *n* cáscara *f* de huevo.

egg timer *n* reloj *m* de arena.

egg whisk *n* batidor *m*.

egg white *n* clara *f* de huevo.

egg yolk *n* yema *f* de huevo.

eggplant /ˈegplɑ:nt/ *n* berenjena *f*.

ego /ˈi:gəʊ/ *n* **1.** (*Freudian*) **the ego** el ego, el yo. **2.** (*self-importance*) ego *m*: **he has such a big ego!** ¡menudo ego tiene! • **his poor marks deflated his ego** sus malas notas le bajaron los humos.

ego trip *n* • **the conference was just an ego trip for the politicians** el congreso sirvió sólo para satisfacer el ego de los políticos.

egocentric /ˌi:gəʊˈsentrɪk/ *adj* egocéntrico -ca.

egoism /ˈi:gəʊɪzəm/ *n* egoísmo *m*.

egoist /ˈi:gəʊɪst/ *n* egoísta *m/f*.

egotism /ˈi:gəʊtɪzəm/ *n* egotismo *m*.

egotist /ˈi:gəʊtɪst/ *n* egotista *m/f*.

egotistic /ˌi:gəʊˈtɪstɪk/ *adj* egotista.

egotistical /ˌi:gəʊˈtɪstɪkəl/ *adj* egotista.

Egypt /ˈi:dʒɪpt/ *n* Egipto *m*.

Egyptian /ɪˈdʒɪpʃən/ *adj*, *n* egipcio -cia *adj*, *m/f*.

eiderdown /ˈaɪdədaʊn/ *n* edredón *m*.

eight /eɪt/ *adj*, *n* ocho *adj inv*, *m*: **eight hundred** ochocientos -tas • **he's had one over the eight** lleva una copa de más. ➪ five

eighteen /eɪˈtɪ:n/ *adj*, *n* dieciocho *adj inv*, *m*. ➪ five

eighteenth /eɪˈti:nθ/ **I** *adj* decimoctavo -va, dieciocho.
II *n* **1.** (*in order: gen*) decimoctavo -va *m/f*; (*: date, monarch*) dieciocho *m*. **2.** (*one part*) decimoctava parte *f*; (*fraction*) dieciochoavo *m*. ➪ sixteenth

eighth /eɪtθ/ **I** *adj* octavo -va.
II *n* **1.** (*in order: gen*) octavo -va *m/f*; (*: date*) ocho *m*. **2.** (*one part*) octava parte *f*; (*fraction*) octavo *m*. ➪ fifth

eighth note *n* (*US: Mus*) corchea *f*.

eightieth /ˈeɪtɪɪθ/ **I** *adj* octogésimo -ma, ochenta.
II *n* **1.** (*in order*) octogésimo -ma *m/f*. **2.** (*one part*) ochentava parte *f*; (*fraction*) ochentavo *m*. ➪ sixteenth

eighty /ˈeɪtɪ/ *adj*, *n* [**eighties**] ochenta *adj inv*, *m*. ➪ fifty

Eire /ˈeərə/ *n* Eire *m*, República *f* de Irlanda.

either /ˈaɪðə, ˈi:ðə/ **I** *conj* o: **either you behave or you go straight to bed** o te portas bien o te vas a la cama; **"Which of them won?" "It was either Denmark or Holland."** "¿Quién ganó?" "Fue o Dinamarca u Holanda."; **she doesn't eat either meat or fish** no come ni carne ni pescado.
II *pron* **1.** (*in affirmative sentences*) cualquiera (de los/las dos): **"Red or white wine?" "Either suits me."** "¿Vino tinto o blanco?" "Para mí cualquiera (de los dos)." **2.** (*in negative sentences*) ninguno (de los dos), ninguna (de las dos): **she has two jackets and she won't wear either of them** tiene dos chaquetas y no quiere ponerse ni la una ni la otra * ninguna de las dos. **3.** (*in questions*) alguno (de los dos), alguna (de las dos): **is either of them a vegetarian?** ¿alguno de los dos es vegetariano?
III *adj* (*each*) ambos -bas, cada: **there was a door on either side of the hallway** había una puerta a ambos lados * a cada lado del vestíbulo; (*one or the other*): **you can have either one** puedes quedarte con cualquiera de los dos; **he didn't read either article** no leyó ninguno de los dos artículos.
IV *adv* tampoco: **they are not millionaires, but they are not poor either** no son millonarios, pero tampoco son pobres.

ejaculate /ɪˈdʒækjʊleɪt/ *vi* [**ejaculates, ejaculating, ejaculated**] eyacular.

ejaculation /ɪˌdʒækjʊˈleɪʃən/ *n* eyaculación *f*.

eject /ɪˈdʒekt/ *vt* [**ejects, ejecting, ejected**] echar: **he was forcibly ejected** *from* **the room** lo echaron de la sala por la fuerza.
♦ *vi* (*from aircraft*) eyectarse.

ejection /ɪˈdʒekʃən/ *n* **1.** (*gen*) expulsión *f*. **2.** (*from aircraft*) eyección *f*.

ejector seat /ɪˈdʒektə si:t/ *n* asiento *m* eyectable.

eke out /i:k aʊt/ *vt* [**ekes, eking, eked**] (*supplies, funds*) hacer rendir, estirar.

elaborate I /ɪˈlæbərət/ *adj* (*carving, tapestry, etc.*) muy trabajado -da, elaborado -da; (*meal*) complicado -da; (*plan*) detallado -da, minucioso -sa.
II /ɪˈlæbəreɪt/ *vi* [**elaborates, elaborating, elaborated**] dar más detalles: **could you elaborate** *on* **that point?** ¿podría explicar ese punto en mayor detalle?
♦ *vt* desarrollar: **he elaborates this theme in later chapters** desarrolla este tema en capítulos posteriores.

elapse /ɪˈlæps/ *vi* [**elapses, elapsing, elapsed**] transcurrir: **two months have elapsed since then** han transcurrido dos meses desde entonces.

elastic /ɪˈlæstɪk/ **I** *adj* (*material*) elástico -ca; (*timetable*) flexible.
II *n* elástico *m*.

elastic band *n* goma *f* (elástica).

elasticity /ˌɪlæsˈtɪsətɪ/ *n* elasticidad *f*.

Elastoplast® /ɪˈlæstəˌplɑ:st/ *n* tirita® *f*, (*Amér L*) curita® *f*.

elated /ɪˈleɪtɪd/ *adj* eufórico -ca: **the team was elated** *by* **its success** el equipo estaba eufórico por la victoria.

elation /ɪˈleɪʃən/ *n* euforia *f*, exultación *f*.

elbow /ˈelbəʊ/ **I** *n* codo *m* • **give me a bit of elbow room** dame un poco de espacio.
II *vt* [**elbows, elbowing, elbowed**] darle un codazo a: **she elbowed me in the ribs** me dio un codazo en las costillas • **he elbowed his way to the front of the queue** se abrió paso a codazos y se puso primero en la cola.

elder /ˈeldə/ **I** *adj* mayor (*de dos personas*): **her elder**

sister still lives at home su hermana mayor aún vive con sus padres.
II *n* **1.** (*of two people*) mayor *m/f* (*de dos personas*): **she is the elder of the sisters** es la mayor de las (dos) hermanas. **2.** (*person commanding respect*) mayor *m/f*. **3.** (*tree*) saúco *m*.

elderberry /ˈeldəˌberɪ/ *n* [**elderberries**] baya *f* del saúco.

elderly /ˈeldəlɪ/ **I** *adj* anciano -na.
II the elderly *n pl* los ancianos: **they run a home for the elderly** dirigen una residencia de ancianos.

eldest /ˈeldɪst/ **I** *adj* mayor (*de tres o más personas*).
II *n* mayor *m/f* (*de tres o más personas*): **the eldest has just got married** el mayor/la mayor acaba de casarse.

elect /ɪˈlekt/ **I** *vt* [**elects, electing, elected**] **1.** (*Pol*) elegir: **she was elected** *(as)* **their representative** la eligieron como su representante. **2.** (*to choose*) optar por, decidir: **he elected to resign rather than be dismissed** optó por dimitir antes de que lo despidieran.
II *adj* *[va después del sustantivo al que califica]* electo -ta: **the president elect gave a moving speech** el presidente electo pronunció un discurso conmovedor.
III the elect *n pl* los elegidos.

election /ɪˈlekʃən/ *n* (*gen*) elección *f*; (*Pol*) elecciones *f pl*: **they have called a general election** han convocado elecciones generales ● **he was up for election last year** se presentó como candidato el año pasado.
election campaign *n* campaña *f* electoral.

electioneering /ɪˌlekʃəˈnɪərɪŋ/ **I** *n* **1.** (*propaganda*) electoralismo *m*: **the minister was accused of electioneering** el ministro fue acusado de electoralismo. **2.** (*campaigning*) campaña *f* electoral.
II *adj* electoralista.

elector /ɪˈlektə/ *n* elector -tora *m/f*.

electoral /ɪˈlektərəl/ *adj* electoral.
electoral register, **electoral roll** *n* censo *m* electoral, registro *m* electoral.

electorate /ɪˈlektərət/ *n* electorado *m*.

electric /ɪˈlektrɪk/ *adj* eléctrico -ca ● **the atmosphere in the concert hall was electric** había una atmósfera electrizante en el auditorio.
electric blanket *n* manta *f* eléctrica, (*Amér L*) frazada *f* ✻ cobija *f* eléctrica.
electric chair *n* silla *f* eléctrica.
electric current *n* corriente *f* eléctrica.
electric guitar *n* guitarra *f* eléctrica.
electric light *n* luz *f* eléctrica.
electric motor *n* electromotor *m*.
electric razor *n* máquina *f* de afeitar (eléctrica).
electric shock *n* descarga *f* eléctrica: **I got an electric shock from the plug** recibí una descarga eléctrica del enchufe.
electric storm *n* tormenta *f* eléctrica.

electrical /ɪˈlektrɪkəl/ *adj* eléctrico -ca: **it was due to a minor electrical fault** se debió a un pequeño fallo eléctrico; **they sell electrical goods** venden electrodomésticos.
electrical engineer *n* (*technician*) técnico -ca *m/f* electricista; (*with degree*) ingeniero *m* electrónico, ingeniera *f* electrónica.
electrical engineering *n* electrotecnia *f*, ingeniería *f* eléctrica.

electrically /ɪˈlektrɪkəlɪ/ *adv*: **they are developing an electrically powered car** están desarrollando un coche eléctrico.

electrician /elekˈtrɪʃən/ *n* electricista *m/f*.

electricity /elekˈtrɪsətɪ/ *n* electricidad *f*: **our electricity was cut off** nos cortaron la electricidad.
electricity meter *n* contador *m* de la luz.

electrification /ɪˌlektrɪfɪˈkeɪʃən/ *n* (*Phys*) electrificación *f*.

electrify /ɪˈlektrɪfaɪ/ *vt* [**electrifies, electrifying, electrified**] electrificar.

electrifying /ɪˈlektrɪfaɪɪŋ/ *adj* electrizante.

electrocardiogram /ɪˌlektrəʊˈkɑːdɪəgræm/ *n* (*Med*) electrocardiograma *m*.

electrocardiograph /ɪˌlektrəʊˈkɑːdɪəgrɑːf/ *n* (*Med*) electrocardiógrafo *m*.

electrocute /ɪˈlektrəkjuːt/ *vt* [**electrocutes, electrocuting, electrocuted**] electrocutar: **I nearly electrocuted myself** por poco me electrocuto.

electrocution /ɪˌlektrəˈkjuːʃən/ *n* electrocución *f*.

electrode /ɪˈlektrəʊd/ *n* electrodo *m*.

electrolysis /ˌelekˈtrɒləsɪs/ *n* electrólisis *f*.

electrolyte /ɪˈlektrəʊlaɪt/ *n* electrólito *m*.

electrolyze /ɪˈlektrəʊlaɪz/ *vt* [**electrolyzes, electrolyzing, electrolyzed**] electrolizar.

electromagnet /ɪˌlektrəʊˈmægnɪt/ *n* electroimán *m*.

electromagnetic /ɪˌlektrəʊmagˈnetɪk/ *adj* electromagnético -ca.

electron /ɪˈləktrɒn/ *n* electrón *m*.

electronic /ˌelekˈtrɒnɪk/ **I** *adj* electrónico -ca.
II electronics *n* *[lleva el verbo en singular]* electrónica *f*.
electronic engineer, **electronics engineer** *n* ingeniero *m* electrónico, ingeniera *f* electrónica.
electronic engineering *n* ingeniería *f* electrónica.
electronic mail *n* correo *m* electrónico.

electronically /ˌelekˈtrɒnɪkəlɪ/ *adv* electrónicamente.

electroplated /ɪˌlektrəʊˈpleɪtɪd/ *adj* galvanizado -da.

elegance /ˈelɪgəns/ *n* elegancia *f*.

elegant /ˈelɪgənt/ *adj* elegante.

elegantly /ˈelɪgəntlɪ/ *adv* con elegancia, elegantemente.

elegy /ˈelədʒɪ/ *n* [**elegies**] elegía *f*.

element /ˈelɪmənt/ **I** *n* **1.** (*gen*) elemento *m*: **there was** *an* **element** *of* **doubt in his voice** había cierta sombra de duda en su voz; **there is** *an* **element** *of* **truth about it** hay algo de verdad en ello ● **the children were in their element playing in the snow** los niños estaban en su elemento jugando en la nieve. **2.** (*in electrical appliance*) resistencia *f*.
II the elements *n pl* los elementos: **they were battling against the elements** luchaban contra los elementos.

elemental /elɪˈmentəl/ *adj* (*gen*) primario -ria; (*forces*) de los elementos.

elementary /elɪˈmentərɪ/ *adj* **1.** (*basic*) básico -ca, elemental: **she teaches elementary chemistry** es profesora de química básica. **2.** (*simple*) sencillo -lla, fácil.
elementary school *n* (*US*) escuela *f* (de enseñanza) primaria.

elephant /ˈelɪfənt/ *n* elefante *m*.

elephantine /elɪˈfæntaɪn/ *adj* (*clumsy*) desgarbado -da.

elevate /ˈelɪveɪt/ *vt* [**elevates, elevating, elevated**] (*frml*) **1.** (*to raise*) elevar. **2.** (*to promote*) ascender, promover.

elevated /ˈelɪveɪtɪd/ *adj* elevado -da.

elevation /elɪˈveɪʃən/ *n* **1.** (*raising*) elevación *f*. **2.** (*Archit*) alzado *m*. **3.** (*Geog*: *above sea level*) altitud *f*, altura *f*. **4.** (*in rank*) ascenso *m*.

elevator /ˈelɪveɪtə/ *n* (*US*) ascensor *m*.

eleven /ɪˈlevən/ *adj*, *n* once *adj inv*, *m*. ⇨ five

elevenses /ɪˈlevənzɪz/ *n* (*fam*) *[lleva el verbo en singular] refrigerio que se toma a media mañana.*

eleventh /ɪˈlevənθ/ **I** *adj* undécimo -ma, once.
II *n* **1.** (*in order: gen*) undécimo -ma *m/f*; (*: date, monarch*) once *m*. **2.** (*one part*) undécima parte *f*; (*fraction*) onceavo *m*. ➪ sixteenth

elf /elf/ *n* [**elves** /elvz/] elfo *m*, duende *m*.

elicit /ɪˈlɪsɪt/ *vt* [**elicits, eliciting, elicited**] (*information*) obtener; (*a reaction*) provocar.

eligible /ˈelɪdʒəbəl/ *adj* **1.** (*entitled*): **we are eligible** *for* **a tax rebate** tenemos derecho a una devolución de impuestos. **2.** (*fam: romantically*): **Mum is always finding me eligible young men** mi madre no deja de buscarme buenos partidos.

eliminate /ɪˈlɪmɪneɪt/ *vt* [**eliminates, eliminating, eliminated**] (*gen*) eliminar: **they were eliminated in the first round** quedaron eliminados en la primera vuelta; (*possibility*) descartar: **one of the suspects was eliminated** *from* **the inquiry** los investigadores descartaron a uno de los sospechosos.

elimination /ɪˌlɪmɪˈneɪʃən/ *n* eliminación *f*: **their elimination** *from* **the games was a great disappointment** fue muy decepcionante que quedaran eliminados de los juegos • **by a process of elimination, this must be your room** por eliminación, éste tiene que ser tu dormitorio.

elision /ɪˈlɪʒən/ *n* (*Ling*) elisión *f*.

elite, élite /eˈliːt/ **I** *n* élite *f*.
II *adj* de élite, selecto -ta: **they are an elite fighting force** son un grupo de combate de élite.

elitism, élitism /eˈliːtɪzəm/ *n* elitismo *m*.

elitist, élitist /eˈliːtɪst/ *adj* elitista.

elixir /ɪˈlɪksə/ *n* elixir *m*.

Elizabethan /ɪˌlɪzəˈbiːθən/ *adj, n* isabelino -na *adj, m/f* (*del reinado de Isabel I de Inglaterra*).

elk /elk/ *n* (*European, Asiatic*) alce *m*; (*American*) uapití *m*.

ellipse /ɪˈlɪps/ *n* elipse *f*.

ellipsis /ɪˈlɪpsɪs/ *n* [*pl* **ellipses** /ɪˈlɪpsiːz/] elipsis *f*.

elliptical /ɪˈlɪptɪkəl/ *adj* elíptico -ca.

elliptically /ɪˈlɪptɪkəlɪ/ *adv* de forma elíptica.

elm /elm/ *n* olmo *m*.

elocution /ˌeləˈkjuːʃən/ *n* dicción *f*, elocución *f*.

elongate /ˈiːlɒŋgeɪt/ *vt* [**elongates, elongating, elongated**] alargar.

elongated /ˈiːlɒŋgeɪtɪd/ *adj* alargado -da.

elope /ɪˈləʊp/ *vi* [**elopes, eloping, eloped**] fugarse (*con el/la amante*): **he eloped** *with* **a ballet dancer** se fugó con una bailarina.

elopement /ɪˈləʊpmənt/ *n* fuga *f* (*con el/la amante*).

eloquence /ˈeləkwəns/ *n* elocuencia *f*.

eloquent /ˈeləkwənt/ *adj* elocuente.

eloquently /ˈeləkwəntlɪ/ *adv* elocuentemente.

El Salvador /el ˈsælvədɔː/ *n* El Salvador.

else /els/ *adv* **1.** (*other*): **have you told anyone else?** ¿se lo has dicho a alguien más ✱ a alguna otra persona?; **where else do they sell stamps?** ¿en qué otro sitio venden sellos?; **everything else is ready** todo lo demás está preparado; **she's going out with someone else** sale con otro *[**anywhere else**, **nowhere else**, **somewhere else**, etc.* ➪ anywhere, nowhere, somewhere, etc.*]*. **2. or else** (*otherwise*) si no: **don't move or else...** no te muevas, que si no...; **close the door or else the dog will get out** cierra la puerta que si no se va a escapar el perro.

elsewhere /elsˈweə/ *adv* (*in another place*) en otro sitio, en otra parte: **this is not the case elsewhere in Europe** esto no sucede en otras partes de Europa; (*to another place*) a otro sitio, a otra parte: **I shall take my custom elsewhere** me voy a ir a comprar a otra parte.

ELT /iːelˈtiː/ *n* (*abreviatura de* **English Language Teaching**) *enseñanza del inglés como lengua extranjera.*

elucidate /ɪˈluːsɪdeɪt/ *vt* [**elucidates, elucidating, elucidated**] (*frml*) aclarar, elucidar.

elude /ɪˈluːd/ *vt* [**eludes, eluding, eluded**] (*escape*) eludir: **he eluded the police** eludió a la policía; **the word I'm looking for eludes me** no doy con la palabra que estoy buscando.

elusive /ɪˈluːsɪv/ *adj* (*person*) escurridizo -za; (*success*) esquivo -va; (*solution*) evasivo -va.

elusiveness /ɪˈluːsɪvnəs/ *n* (*of person*) lo escurridizo; (*of success*) lo esquivo; (*of solution, answer*) lo evasivo.

elver /ˈelvə/ *n* angula *f*.

elves /elvz/ *plural de* ➪ elf

emaciated /ɪˈmeɪsɪˌeɪtɪd/ *adj* escuálido -da, consumido -da.

E-mail /ˈiːmeɪl/ *n* correo *m* electrónico.

emanate /ˈeməneɪt/ *vi* [**emanates, emanating, emanated**] emanar: **a strong smell emanated** *from* **the kitchen** de la cocina emanaba un fuerte olor.

emancipate /ɪˈmænsɪpeɪt/ *vt* [**emancipates, emancipating, emancipated**] emancipar.

emancipation /ɪˌmænsɪˈpeɪʃən/ *n* emancipación *f*.

embalm /ɪmˈbɑːm/ *vt* [**embalms, embalming, embalmed**] embalsamar.

embankment /ɪmˈbæŋkmənt/ *n* (*for railway*) terraplén *m*; (*by river*) dique *m*.

embargo /ɪmˈbɑːgəʊ/ **I** *n* [**embargoes**] embargo *m*: **they put an embargo** *on* **all luxury imports** prohibieron la importación de todo tipo de artículos de lujo.
II *vt* [**embargoes, embargoing, embargoed**] (*cargo, goods*) embargar; (*sales, trade*) prohibir; (*news*) prohibir la divulgación de.

embark /ɪmˈbɑːk/ *vi* [**embarks, embarking, embarked**] embarcar(se): **they embarked in Santander** (se) embarcaron en Santander • **they embarked on a new business venture together** emprendieron una nueva operación conjunta.

embarkation /ˌembɑːˈkeɪʃən/ *n* embarque *m*.

embarrass /ɪmˈbærəs/ *vt* [**embarrasses, embarrassing, embarrassed**] hacer pasar vergüenza, avergonzar: **he embarrassed me in front of my friends** me hizo pasar vergüenza delante de mis amigos.

embarrassed /ɪmˈbærəst/ *adj* (*person*) avergonzado -da, abochornado -da; (*silence*) violento -ta.

embarrassing /ɪmˈbærəsɪŋ/ *adj* (*situation*) violento -ta, embarazoso -sa: **it was a very embarrassing situation** fue una situación muy violenta; **it was one of the most embarrassing moments of my life** no he pasado más vergüenza en mi vida; **his speech was so bad, it was embarrassing** su discurso fue tan malo que daba vergüenza ajena.

embarrassment /ɪmˈbærəsmənt/ *n* vergüenza *f*, bochorno *m*: **much to my embarrassment we lost** para gran vergüenza mía, perdimos; **teenagers often find their parents an embarrassment** muchas veces los adolescentes se avergüenzan de sus padres.

embassy /ˈembəsɪ/ *n* [**embassies**] embajada *f*.

embedded /ɪmˈbedɪd/ *adj* incrustado -da: **there are fossils embedded** *in* **the rocks** hay fósiles incrustados en las rocas.

embellish /ɪmˈbelɪʃ/ *vt* [**embellishes, embellishing,**

embellished] (*visually*) embellecer, adornar; (*in music*) ornamentar; (*a story*) adornar.

embellishment /ɪm'belɪʃmənt/ *n* (*of décor*) embellecimiento *m*; (*of story*) ornamentación *f*; (*detail, frill*) adorno *m*; (*in music*) floritura *f*.

ember /'embə/ *n* brasa *f*, ascua *f* [takes ***el*** or ***un*** in singular].

embezzle /ɪm'bezəl/ *vt* [**embezzles, embezzling, embezzled**] malversar, desfalcar.

embezzlement /ɪm'bezəlmənt/ *n* malversación *f* de fondos, desfalco *m*.

embezzler /ɪm'bezələ/ *n* desfalcador -dora *m/f*.

embittered /ɪm'bɪtəd/ *adj* amargado -da, resentido -da.

emblem /'embləm/ *n* emblema *m*.

emblematic /ˌemblə'mætɪk/ *adj* emblemático -ca.

embodiment /ɪm'bɒdɪmənt/ *n* encarnación *f*, personificación *f*.

embody /ɪm'bɒdɪ/ *vt* [**embodies, embodying, embodied**] encarnar, personificar.

embolism /'embəlɪzəm/ *n* embolia *f*.

emboss /ɪm'bɒs/ *vt* [**embosses, embossing, embossed**] repujar, estampar en relieve.

embrace /ɪm'breɪs/ **I** *n* abrazo *m*.

II *vi* [**embraces, embracing, embraced**] abrazarse: **the two mothers embraced** las dos madres se abrazaron.

♦ *vt* **1.** (*a person, a religion*) abrazar: **he embraced her** la abrazó; **they embraced Catholicism** abrazaron la fe católica. **2.** (*to cover*) abarcar: **the programme embraces a variety of topics** el programa abarca una diversidad de temas.

embroider /ɪm'brɔɪdə/ *vt* [**embroiders, embroidering, embroidered**] (*to sew*) bordar; (*fig*: *a story*) adornar.

embroidery /ɪm'brɔɪdərɪ/ *n* bordado *m*.

embroiled /ɪm'brɔɪld/ *adj* envuelto -ta: **they became embroiled in the family quarrel** se vieron envueltos en la disputa familiar.

embryo /'embrɪəʊ/ *n* embrión *m*.

embryonic /ˌembrɪ'ɒnɪk/ *adj* embrionario -ria: **the design is still at the embryonic stage** el diseño aún está en su fase embrionaria.

emend /ɪ'mend/ *vt* [**emends, emending, emended**] enmendar.

emerald /'emərəld/ **I** *n* **1.** (*stone*) esmeralda *f*. **2.** (*colour*) verde *m* esmeralda.

II *adj* (de color) verde esmeralda *adj inv*: **she was wearing an emerald green blouse** llevaba una blusa verde esmeralda.

emerge /ɪ'mɜːdʒ/ *vi* [**emerges, emerging, emerged**] **1.** (*to come out*) salir: **he emerged** *from* **the bar** salió del bar; **she emerged, blinking,** *into* **the daylight** salió, parpadeando, a la luz del día. **2.** (*from investigation*) surgir: **nothing interesting has emerged** *from* **this research** nada interesante ha surgido de esta investigación, esta investigación no ha revelado nada interesante.

emergence /ɪ'mɜːdʒəns/ *n* (*gen*) aparición *f*: **the case was reopened after the emergence of new evidence** reabrieron el caso tras la aparición de nuevas pruebas; (*of a movement, party*) surgimiento *m*.

emergency /ɪ'mɜːdʒənsɪ/ *n* [**emergencies**] (*gen*) emergencia *f*: **in an emergency, pull the communication cord** en caso de emergencia, tire del cable; (*Med*) urgencia *f*.

emergency exit *n* salida *f* de emergencia.

emergency landing *n* aterrizaje *m* forzoso.

emergency meeting *n* reunión *f* extraordinaria.

emergency services *n pl* servicios *m pl* de emergencia.

emergency stop *n* (*Auto*) parada *f* en seco.

emergent /ɪ'mɜːdʒənt/ *adj* emergente, incipiente: **they invested in the emergent countries of South America** invertieron en los países en vías de desarrollo de América del Sur.

emery board /'emərɪ bɔːd/ *n* lima *f* de esmeril.

emigrant /'emɪgrənt/ *adj*, *n* emigrante *adj*, *m/f*.

emigrate /'emɪgreɪt/ *vi* [**emigrates, emigrating, emigrated**] emigrar: **we are thinking of emigrating** *to* **Australia** pensamos emigrar a Australia.

emigration /emɪ'greɪʃən/ *n* emigración *f*.

émigré /'emɪgreɪ/ *n* refugiado *m* político, refugiada *f* política.

eminence /'emɪnəns/ *n* eminencia *f*: **His Eminence the Cardinal** Su Eminencia el cardenal.

eminent /'emɪnənt/ *adj* (*scientist, scholar, etc.*) eminente.

eminently /'emɪnəntlɪ/ *adv* sumamente.

emissary /'emɪsərɪ/ *n* [**emissaries**] emisario -ria *m/f*.

emission /ɪ'mɪʃən/ *n* emisión *f*: **car emission levels must be regulated** hay que regular el nivel de emisiones de los coches.

emit /ɪ'mɪt/ *vt* [**emits, emitting, emitted**] (*light, heat*) emitir; (*smell, gas*) despedir.

emoluments /ɪ'mɒljʊmənts/ *n pl* (*frml*) emolumentos *m pl*, honorarios *m pl*.

emotion /ɪ'məʊʃən/ *n* (*feeling*) sentimiento *m*: **the situation aroused conflicting emotions in him** la situación despertaba en él sentimientos contradictorios; (*sign of being moved*) emoción *f*: **he said it without showing any emotion** lo dijo sin demostrar ninguna emoción.

emotional /ɪ'məʊʃənəl/ *adj* **1.** (*relating to emotions*) afectivo -va: **his emotional problems stem from...** sus problemas afectivos provienen de...; **he's a very emotional person** es muy emotivo. **2.** (*moving*) conmovedor -dora, emotivo -va: **it was a very emotional play** fue una obra muy conmovedora.

emotionally /ɪ'məʊʃənəlɪ/ *adv*: **he had an emotionally disturbed childhood** tuvo muchos problemas afectivos durante su niñez; **an emotionally charged atmosphere** un ambiente cargado de gran emotividad; **they are emotionally involved** tienen una relación sentimental.

emotive /ɪ'məʊtɪv/ *adj* emotivo -va.

empathy /'empəθɪ/ *n* empatía *f*.

emperor /'empərə/ *n* emperador *m*.

emphasis /'emfəsɪs/ *n* [*pl* **emphases** /'emfəsiːz/] **1.** (*extra importance*) énfasis *m inv*: **their campaign laid great emphasis** *on* **low taxation** su campaña hizo mucho hincapié en la bajada de los impuestos. **2.** (*Ling*) acento *m*.

emphasize /'emfəsaɪz/ *vt* [**emphasizes, emphasizing, emphasized**] hacer hincapié en, enfatizar: **he emphasized the importance of learning languages** hizo hincapié en la importancia de aprender idiomas; **her tan emphasizes the colour of her eyes** el bronceado resalta el color de sus ojos.

emphatic /ɪm'fætɪk/ *adj* (*tone*) enfático -ca, enérgico -ca: **her denunciation of their behaviour was most emphatic** denunció su conducta de una manera muy enfática ✱ enérgica; (*refusal*) categórico -ca, rotundo -da.

emphatically /ɪm'fætɪkəlɪ/ *adv* categóricamente.

empire /'empaɪə/ *n* imperio *m*.

empirical /em'pɪrɪkəl/ *adj* empírico -ca.

empirically /em'pɪrɪkəlɪ/ *adv* empíricamente.

empiricism /em'pɪrɪsɪzəm/ *n* empirismo *m*.

employ /ɪm'plɔɪ/ *vt* [**employs, employing, employed**] 1. (*to give a job to*) emplear: **he was employed to do the filing** lo emplearon * contrataron para archivar; **she was employed** *as* **a research assistant** trabajaba como ayudante de investigación. 2. (*to use*) emplear, usar: **they employed specialized equipment** emplearon instrumental especializado.

employee /ˌemplɔɪ'iː/ *n* (*en EE. UU. se puede usar también* **employe**) empleado -da *m/f*.

employer /ɪm'plɔɪə/ *n* (*gen*) empleador -dora *m/f*; (*of waiter, domestic worker, etc.*) patrón -trona *m/f*; (*company, organization*): **they were one of the largest employers in the country** era una de las empresas con mayor número de empleados de todo el país; **many protested against the employers' decision** muchos protestaron contra la decisión patronal.

employment /ɪm'plɔɪmənt/ *n* 1. (*work*) trabajo *m*, empleo *m*: **she is now** *in* **full-time employment** ahora tiene un trabajo a tiempo completo; **we will never have full employment** nunca vamos a llegar a una situación de pleno empleo. 2. (*use*) empleo *m*, uso *m*.

employment agency *n* agencia *f* de trabajo.

employment office *n* oficina *f* de empleo.

empower /ɪm'paʊə/ *vt* [**empowers, empowering, empowered**] autorizar: **they are empowered to confiscate your licence** están autorizados a retirarle la licencia.

empress /'empres/ *n* [**empresses**] emperatriz *f*.

emptiness /'emptɪnəs/ *n* vacío *m*.

empty /'emptɪ/ I *adj* [**emptier, emptiest**] (*gen*) vacío -cía: **the biscuit tin is empty** la caja de galletas está vacía; **this house has stood empty for years** esta casa está vacía * deshabitada desde hace años; **don't drink on an empty stomach** no bebas con el estómago vacío; **his life felt empty without her** sin ella, sentía un gran vacío en su vida; (*words, promises*) vano -na: **those are just empty threats** no son más que amenazas que no piensan cumplir.

II *vt* [**empties, emptying, emptied**] vaciar: **she emptied the bottle** vació la botella.

♦ *vi* (*place*) vaciarse, quedar desierto -ta: **the alarm went off and the hall emptied in seconds** sonó la alarma y la sala se vació en cuestión de segundos; (*river*) desembocar, desaguar: **it empties** *into* **the Amazon** desemboca en el Amazonas.

to **empty out** *vt* vaciar: **he emptied out his pockets** vació los bolsillos.

empty-handed *adj* con las manos vacías: **the delegation returned empty-handed** la delegación volvió de vacío * de manos vacías.

EMS /iːem'es/ *n* (*abreviatura de* **European Monetary System**) SME *m* (Sistema Monetario Europeo).

emu /'iːmjuː/ *n* emú *m*.

emulate /'emjʊleɪt/ *vt* [**emulates, emulating, emulated**] emular.

emulation /ˌemjʊ'leɪʃən/ *n* emulación *f*.

emulsion /ɪ'mʌlʃən/ *n* (*gen*) emulsión *f*; (*paint*) pintura *f* de emulsión.

enable /ɪ'neɪbəl/ *vt* [**enables, enabling, enabled**] permitir: **the scholarship enabled him to study at a university** la beca le permitió cursar estudios universitarios.

enact /ɪ'nækt/ *vt* [**enacts, enacting, enacted**] 1. (*to act out*) representar. 2. (*to make law*) promulgar.

enactment /ɪ'næktmənt/ *n* 1. (*acting out*) representación *f*. 2. (*of a law*) promulgación *f*.

enamel /ɪ'næməl/ I *n* (*on teeth, on pottery, type of paint*) esmalte *m*.

II *vt* [**enamels, enamelling, enamelled**] esmaltar.

enamoured, (*US*) **enamored** /ɪ'næməd/ *adj*: **I am not very enamoured** *of* **the idea** no me atrae para nada la idea.

en bloc /ɒn'blɒk/ *adv* en bloque.

encamp /ɪn'kæmp/ *vt* [**encamps, encamping, encamped**] acampar.

encampment /ɪn'kæmpmənt/ *n* campamento *m*.

encapsulate /ɪn'kæpsjʊleɪt/ *vt* [**encapsulates, encapsulating, encapsulated**] (*problem, issue*) compendiar, encerrar la esencia de.

encase /ɪn'keɪs/ *vt* [**encases, encasing, encased**] recubrir: **her ankle was encased** *in* **plaster** tenía el tobillo escayolado.

enchant /ɪn'tʃɑːnt/ *vt* [**enchants, enchanting, enchanted**] encantar, cautivar.

enchanted /ɪn'tʃɑːntɪd/ *adj* encantado -da.

enchanter /ɪn'tʃɑːntə/ *n* hechicero *m*, mago *m*.

enchanting /ɪn'tʃɑːntɪŋ/ *adj* encantador -dora.

enchantment /ɪn'tʃɑːntmənt/ *n* encanto *m*.

enchantress /ɪn'tʃɑːntres/ *n* [**enchantresses**] hechicera *f*, maga *f*.

encircle /ɪn'sɜːkəl/ *vt* [**encircles, encircling, encircled**] rodear: **the pond was encircled** *by* **shrubs** el estanque estaba rodeado de arbustos; **the police encircled the car** la policía rodeó el coche.

encl. *léase* /ɪŋ'kləʊʒə(z)/ (*abreviatura de* **enclosure(s)**) documento *m* adjunto, documentos *m pl* adjuntos.

enclave /'enkleɪv/ *n* enclave *m*.

enclose /ɪn'kləʊz/ *vt* [**encloses, enclosing, enclosed**] 1. (*in an envelope*) adjuntar: **please find enclosed my curriculum vitae** adjunto le envío mi currículum. 2. (*a space*): **they enclosed the garden** *with* **a fence** cercaron el jardín; **the field is entirely enclosed** *by* **a stone wall** el campo está totalmente rodeado por un muro de piedra.

enclosure /ɪn'kləʊʒə/ *n* 1. (*in envelope*) anexo *m*, documento *m* adjunto. 2. (*for animals*) cercado *m*. 3. (*Sport: for spectators*) *recinto reservado para un grupo de personas*. 4. (*act of enclosing*) cercamiento *m*.

encompass /ɪn'kʌmpəs/ *vt* [**encompasses, encompassing, encompassed**] abarcar: **this textbook encompasses the whole of European history** este libro abarca toda la historia europea.

encore /'ɒŋkɔː/ I *excl* otra.

II *n* bis *m*: **they played no less than three encores** interpretaron nada menos que tres bises.

encounter /ɪn'kaʊntə/ I *n* encuentro *m*: **she had a close encounter** *with* **a grizzly bear** tuvo un encontronazo con un oso pardo.

II *vt* [**encounters, encountering, encountered**] (*problems*) tropezar con: **we encountered a lot of bureaucratic difficulties** tropezamos con muchas dificultades de tipo burocrático; (*people*) encontrarse con: **I encountered a group of students** me encontré con un grupo de estudiantes.

encourage /ɪn'kʌrɪdʒ/ *vt* [**encourages, encouraging, encouraged**] 1. (*to animate*) animar, alentar: **we were encouraged to take part** nos animaron a participar. 2. (*to favour: competition, development*) fomentar, favorecer: **regular watering encourages**

speedy germination of seeds el riego frecuente favorece la germinación rápida de las semillas.

encouragement /ɪnˈkʌrɪdʒmənt/ *n* (*given to a person*) aliento *m*: **he needs no encouragement** no necesita que lo animen ✻ que le den aliento; (*of competition, development*) fomento *m*.

encouraging /ɪnˈkʌrɪdʒɪŋ/ *adj* alentador -dora: **all the signs are very encouraging** todos los indicios son muy alentadores ✻ halagüeños; **she gave him an encouraging wink** le hizo un guiño alentador.

encouragingly /ɪnˈkʌrɪdʒɪŋlɪ/ *adv*: **he nodded encouragingly to them** les hizo un gesto alentador.

encroach /ɪnˈkrəʊtʃ/ *vi* [**encroaches, encroaching, encroached**] invadir: **the neighbouring tribe was encroaching** *on* **their land** la tribu vecina estaba invadiendo ✻ usurpando sus tierras; **his love of sport encroached** *upon* **his studies** su afición por los deportes quitaba tiempo a sus estudios; **the press encroached** *on* **her privacy** la prensa no respetó su vida privada.

encroachment /ɪnˈkrəʊtʃmənt/ *n* (*on land*) invasión *f*: **it's an encroachment** *on* **my time** me quita mucho tiempo.

encrusted /ɪnˈkrʌstɪd/ *adj* con una capa: **the rock was encrusted** *with* **barnacles** la roca tenía percebes incrustados ✻ estaba recubierta de percebes.

encumber /ɪnˈkʌmbə/ *vt* [**encumbers, encumbering, encumbered**] obstaculizar.

encumbrance /ɪnˈkʌmbrəns/ *n* estorbo *m*.

encyclopedia, **encyclopaedia** /enˌsaɪkləʊˈpiːdɪə/ *n* enciclopedia *f*.

encyclopedic, **encyclopaedic** /enˌsaɪkləʊˈpiːdɪk/ *adj* enciclopédico -ca.

end /end/ **I** *n* **1.** (*of stick, nose*) punta *f*; (*of corridor, queue*) final *m*: **they ran to the end of the street** corrieron hasta el final de la calle; *at* **the other end of the garden/room/building** en el otro extremo del jardín/de la habitación/del edificio; **the end of the rope was frayed** el extremo de la cuerda estaba deshilachado • **put the boxes on end** pon las cajas de lado • **they put the benches end to end** juntaron los bancos por los extremos • **he got the wrong end of the stick** lo entendió todo al revés • **I'm at the end of my tether** ya no puedo más • **we were at a loose end after the exams** después de los exámenes no sabíamos qué hacer • **there are still a few loose ends to tie up** todavía quedan algunos cabos sueltos por atar • **she couldn't make ends meet** no podía llegar a fin de mes con el dinero • **we were on the receiving end of his bad temper** nos tocó sufrir su mal genio. **2.** (*on the telephone*): **the person** *on* **the other end hung up** la persona al otro lado de la línea colgó. **3.** (*Sport*: *of pitch*): **they changed ends at half-time** cambiaron de campo después del descanso. **4.** (*remaining part*) resto *m*: **I've just got the end of a packet of flour left** sólo me queda el resto de un paquete de harina. **5.** (*of process, story, film*) final *m*, fin *m*: **we missed the end of the programme** nos perdimos el final del programa; (*of period of time*) fin *m*: **can you wait till the end of the month?** ¿puedes esperar hasta fin de mes? • **let's put an end to this silly argument** pongámosle fin a esta tonta discusión • **they succeeded in bringing the fighting to an end** lograron poner fin a la lucha • **these racist attacks must be brought to an end** hay que poner fin a estos ataques racistas • **the dictatorship is finally at an end** por fin ha terminado la dictadura • **the negotiations were drawing to an end** las negociaciones tocaban a su fin • **she watches television for hours on end** se pasa horas y horas viendo la tele • **we had no end of problems finding a house** tuvimos un sinfín de problemas para encontrar casa • **they fought to the bitter end** lucharon con todas sus fuerzas hasta el último momento • **like most gangsters he came to a sticky end** acabó mal, igual que la mayoría de los gángsteres • **in the end he gave himself up to the police** al final se entregó a la policía • **at the end of the day, the responsibility is yours** a fin de cuentas, la responsabilidad es tuya • **come on, it's not the end of the world** vamos, no es para tanto ✻ no es la muerte de nadie • **you're not going and that's the end of that!** ¡no vas y se acabó ✻ y que no se hable más! **6.** (*objective*) objetivo *m*, fin *m*: **does the end really justify the means?** ¿es cierto que el fin justifica los medios?

II *vi* [**ends, ending, ended**] terminar, acabar: **lessons end at four o'clock** las clases terminan a las cuatro; **the match ended** *in* **a draw** el partido terminó en empate.

♦*vt* (*argument, discussion*) terminar, poner fin a; (*speculation*) acabar con, poner fin a: **that ended their hopes of promotion** eso echó por tierra sus esperanzas de ascender.

to **end up** *vi* acabar, terminar: **I ended up paying for everything** terminé pagándolo todo yo; **you'll end up** *as* **an alcoholic** acabarás siendo un alcohólico.

end product *n* producto *m* final.

end result *n* resultado *m* (final).

endanger /ɪnˈdeɪndʒə/ *vt* [**endangers, endangering, endangered**] poner en peligro, hacer peligrar: **they protect endangered species** protegen a las especies en peligro de extinción.

endearing /ɪnˈdɪərɪŋ/ *adj* (*person*) entrañable; (*habit*) simpático -ca.

endearingly /ɪnˈdɪərɪŋlɪ/ *adv* (*to smile*) de manera entrañable.

endearment /ɪnˈdɪəmənt/ *n* apelativo *m* cariñoso: **"sweetie" is a term of endearment** "sweetie" es un apelativo cariñoso.

endeavour, (*US*) **endeavor** /ɪnˈdevə/ **I** *vt* [**endeavours, endeavouring, endeavoured**] procurar: **you must endeavour to be early** debe procurar llegar temprano.

II *n* esfuerzo *m*.

endemic /ɪnˈdemɪk/ *adj* (*Med*) endémico -ca.

ending /ˈendɪŋ/ *n* **1.** (*of story, etc.*) final *m*, desenlace *m*: **his books rarely have a happy ending** sus libros rara vez tienen un final feliz. **2.** (*Ling*) desinencia *f*.

endive /ˈendaɪv/ *n* **1.** (*GB*: *type of lettuce*) escarola *f*. **2.** (*US*: *white-leaved vegetable*) endibia *f*.

endless /ˈendles/ *adj* **1.** (*countless*) infinito -ta: **there are endless varieties of grass** hay infinitas variedades de hierba. **2.** (*interminable*) eterno -na, interminable: **the wait seemed endless** la espera se hizo eterna.

endlessly /ˈendlɪslɪ/ *adv* interminablemente.

endocrine /ˈendəʊkraɪn/ *adj* endocrino -na.

endocrinologist /ˌendəʊkraɪˈnɒlədʒɪst/ *n* endocrinólogo -ga *m/f*.

endocrinology /ˌendəʊkraɪˈnɒlədʒɪ/ *n* endocrinología *f*.

endorse /ɪnˈdɔːs/ *vt* [**endorses, endorsing, endorsed**] **1.** (*a cheque*) endosar. **2.** (*to support: a decision, an opinion*) aprobar, respaldar. **3.** (*GB*: *Auto*): **his licence has been endorsed twice** en su carné de conducir constan dos infracciones.

endorsement /ɪnˈdɔːsmənt/ *n* **1.** (*of cheque, etc.*)

endoso *m*. **2.** (*approval*) aprobación *f*, aval *m*. **3.** (*GB*: *Auto*) anotación *f* de infracción.

endow /ɪn'daʊ/ *vt* [**endows, endowing, endowed**] dotar: **she is endowed** *with* **exceptional patience** está dotada de una paciencia excepcional.

endowment /ɪn'daʊmənt/ *n* dotación *f*.

endurance /ɪn'djʊərəns/ *n* resistencia *f*, aguante *m*: **it was a test of their endurance** puso a prueba su resistencia; **her suffering was** *beyond* **endurance** su sufrimiento era inaguantable * insoportable.

endure /ɪn'djʊə/ *vt* [**endures, enduring, endured**] (*to suffer*) soportar, aguantar: **he has to endure immense pain** tiene que soportar un dolor atroz.
♦ *vi* (*to remain*) perdurar: **the memory of them will endure for ever** su recuerdo perdurará para siempre.

enduring /ɪn'djʊərɪŋ/ *adj* duradero -ra.

enema /'enɪmə/ *n* enema *m*.

enemy /'enəmɪ/ **I** *n* [**enemies**] enemigo -ga *m/f*: **the enemy is * are gaining ground** el enemigo está ganando terreno; **she made enemies by being superior** se granjeaba enemigos por su actitud de superioridad; **I don't want to make an enemy of her** no quiero que se convierta en mi enemiga.
II *adj* enemigo -ga: **they hid behind enemy lines** se escondieron detrás de las líneas enemigas.

energetic /enə'dʒetɪk/ *adj* enérgico -ca.

energetically /enə'dʒetɪkəlɪ/ *adv* enérgicamente.

energy /'enədʒɪ/ **I** *n* energía *f*.
II energies *n pl* fuerzas *f pl*, energías *f pl*: **she devotes all her energies to fundraising** dedica todas sus energías a trabajar para recaudar fondos.

energy crisis *n* crisis *f* energética.

energy-saving *adj* que ahorra energía.

enforce /ɪn'fɔːs/ *vt* [**enforces, enforcing, enforced**] hacer cumplir, hacer respetar: **the regulations are not enforced** el reglamento no se hace cumplir.

enforceable /ɪn'fɔːsəbəl/ *adj*: **the new law is enforceable from June** la nueva ley entrará en vigor a partir de junio.

enforcement /ɪn'fɔːsmənt/ *n* imposición *f*.

engage /en'geɪdʒ/ *vt* [**engages, engaging, engaged**] **1.** (*for work*) contratar: **they engaged a band to play at the fete** contrataron a una banda para tocar en la fiesta. **2.** (*Eng, Tec*) engranar con; (*Auto*): **engage first gear** mete la primera; **try to engage the clutch smoothly** trata de apretar el embrague suavemente. **3.** (*in conversation, battle*): **she always engages me** *in* **earnest conversation** siempre entabla diálogos muy serios conmigo.
♦ *vi* (*in conversation*): **they engaged** *in* **a heated debate** se enzarzaron en una acalorada discusión.

engaged /en'geɪdʒd/ *adj* **1.** (*intending to be married*) prometido -da: **he's engaged** *to* **a French girl** se ha prometido con una francesa; **they got engaged on Valentine's day** se prometieron el Día de San Valentín. **2.** (*GB*: *Telec*): **it's still engaged** todavía está comunicando, (*Amér L*) todavía está ocupado. **3.** (*GB*: *on toilet door*) ocupado. **4.** (*occupied*) ocupado -da: **he was busily engaged** *in* **mending the hi-fi** estaba muy ocupado arreglando el equipo de música.

engagement /en'geɪdʒmənt/ *n* **1.** (*to be married*) compromiso *m*: **the engagement is announced of...** se anuncia el compromiso de...; (*period*) noviazgo *m*: **their engagement was very long** tuvieron un noviazgo muy largo. **2.** (*appointment*) compromiso *m*: **she had a previous engagement** tenía un compromiso previo.

engagement ring *n* anillo *m* de compromiso.

engaging /en'geɪdʒɪŋ/ *adj* atractivo -va: **he has a very engaging smile** tiene una sonrisa muy atractiva.

engender /ɪn'dʒendə/ *vt* [**engenders, engendering, engendered**] engendrar.

engine /'endʒɪn/ *n* **1.** (*gen*) motor *m*: **keep the engine running** deja el motor en marcha. **2.** (*of train*) locomotora *f*.

engine driver *n* maquinista *m/f*.

engine room *n* (*Naut*) sala *f* de máquinas.

engineer /ˌendʒɪ'nɪə/ **I** *n* (*graduate in engineering*) ingeniero -ra *m/f*: **my father is a chemical engineer** mi padre es ingeniero químico; (*technician*) técnico -ca *m/f*: **they sent an engineer to mend the washing machine** mandaron un técnico para reparar la lavadora.
II *vt* [**engineers, engineering, engineered**] (*somebody's ruin, downfall*) urdir, tramar: **the rescue was engineered as a publicity stunt** el rescate fue todo un montaje publicitario; **he engineered it so that we got in free** se las arregló para que entráramos gratis.

engineering /ˌendʒɪ'nɪərɪŋ/ *n* ingeniería *f*.

England /'ɪŋglənd/ *n* Inglaterra *f*.

English /'ɪŋglɪʃ/ **I** *adj* inglés -glesa.
II *n* (*language*) inglés *m*.
III the English *n pl* (*people*) los ingleses.

Englishman *n* [*pl* **Englishmen**] inglés *m*.

English-speaking *adj* de habla inglesa.

Englishwoman *n* [*pl* **Englishwomen**] inglesa *f*.

engrave /ɪn'greɪv/ *vt* [**engraves, engraving, engraved**] grabar.

engraver /ɪn'greɪvə/ *n* grabador -dora *m/f*.

engraving /ɪn'greɪvɪŋ/ *n* grabado *m*.

engrossed /ɪn'grəʊst/ *adj* absorto -ta: **he's engrossed** *in* **his book** está absorto en su libro.

engulf /ɪn'gʌlf/ *vt* [**engulfs, engulfing, engulfed**] (*flames*) envolver: **the island was engulfed** *by* **a tidal wave** una ola gigante cubrió la isla.

enhance /ɪn'hɑːns/ *vt* [**enhances, enhancing, enhanced**] (*beauty, quality*) realzar: **a little spice enhances the flavour** una pizca de especia realza el sabor; (*value*) aumentar; (*performance*) mejorar.

enigma /e'nɪgmə/ *n* enigma *m*.

enigmatic /ˌenɪg'mætɪk/ *adj* enigmático -ca.

enigmatically /ˌenɪg'mætɪklɪ/ *adv* enigmáticamente.

enjoy /ɪn'dʒɔɪ/ *vt* [**enjoys, enjoying, enjoyed**] **1.** (*to gain pleasure from*) disfrutar de: **I really enjoyed that meal** disfruté mucho de aquella comida; **she enjoys playing squash** le gusta jugar al squash • **enjoy yourself this evening** que lo pases bien * que te diviertas esta noche. **2.** (*to possess*) gozar de: **he enjoys excellent health** goza de excelente salud; **they enjoy a busy social life** llevan una vida social muy ajetreada.

enjoyable /ɪn'dʒɔɪəbəl/ *adj* (*visit, evening*) agradable; (*film*) entretenido -da.

enjoyably /ɪn'dʒɔɪəblɪ/ *adv*: **we spent the evening most enjoyably playing cards** pasamos una tarde de lo más agradable jugando a las cartas.

enjoyment /ɪn'dʒɔɪmənt/ *n* gusto *m*, placer *m*.

enlarge /ɪn'lɑːdʒ/ *vt* [**enlarges, enlarging, enlarged**] agrandar, ampliar: **the diagram has been enlarged for clarity** se ha ampliado el diagrama para mayor claridad.
♦ *vi*: **could you enlarge** *on* * *upon* **that statement?** ¿podría ampliar esa declaración?

enlargement /ɪn'lɑːdʒmənt/ *n* (*of a photograph*) ampliación *f*.

enlighten /ɪn'laɪtən/ *vt* **[enlightens, enlightening, enlightened]**: **could you enlighten me** *as to* **how this works?** ¿me podrías explicar cómo funciona esto?

enlightened /ɪn'laɪtənd/ *adj* (*person, policy*) progresista.

enlightening /ɪn'laɪtənɪŋ/ *adj* (*informative*) informativo -va.

enlightenment /ɪn'laɪtənmənt/ *n*: **the Age of Enlightenment** el Siglo de las Luces, la Ilustración.

enlist /ɪn'lɪst/ *vi* **[enlists, enlisting, enlisted]** (*Mil*) alistarse: **he enlisted** *in* **the Navy** se alistó en la marina.
♦*vt* **1.** (*to obtain*) conseguir: **they enlisted the support of the police** consiguieron el apoyo de la policía. **2.** (*Mil*) reclutar.

enliven /ɪn'laɪvən/ *vt* **[enlivens, enlivening, enlivened]** animar: **the meeting was enlivened by the arrival of Sophie** la llegada de Sophie animó la reunión.

en masse /ɒn'mæs/ *adv* en masa: **they arrived en masse** llegaron en masa.

enmity /'enmətɪ/ *n* enemistad *f.*

ennoble /ɪ'nəʊbəl/ *vt* **[ennobles, ennobling, ennobled]** ennoblecer.

enormity /ɪ'nɔ:mətɪ/ *n* enormidad *f.*

enormous /ɪ'nɔ:məs/ *adj* enorme: **there's an enormous difference between them** hay una diferencia abismal ✻ una enorme diferencia entre ellos; **it cost an enormous amount of money** costó una enormidad; **they showed enormous enthusiasm** se mostraron enormemente entusiastas.

enormously /ɪ'nɔ:məslɪ/ *adv* enormemente: **we were enormously impressed** quedamos enormemente impactados.

enough /ɪ'nʌf/ **I** *adj, pron* **1.** (*sufficient*) bastante, suficiente: **we've got enough food for tomorrow** tenemos bastante comida para mañana; **I've had enough to eat** he comido (lo) suficiente; **five pounds will be enough** con cinco libras alcanza ✻ es suficiente; **that's reason enough for me** para mí ése es motivo suficiente ● **enough is enough!** ¡basta ya! ✻ ¡ya está bien! ● **that's enough of that!** ¡basta ya de eso! ● **that's enough complaining!** ¡basta de quejas! ● **I've had enough of you** me tienes harta. **2.** (*with a negative*) suficiente: **I haven't enough money** no tengo suficiente dinero; **there aren't enough chairs for everyone** las sillas no alcanzan para todos ● **it isn't enough to apologize** pedir perdón no es suficiente, no alcanza con pedir perdón.
II *adv*: **you don't eat enough** no comes lo suficiente; **you didn't try hard enough** no te esforzaste lo suficiente; **you're not old enough to do that** todavía no tienes edad para hacer eso ● **it's difficult enough, without you interfering** ya es bastante difícil sin que tú te metas ● **they're pleasant enough people** es gente bastante agradable ● **funnily** ✻ **strangely** ✻ **oddly enough, I like them** por raro que parezca, me caen bien.

enquire /ɪn'kwaɪə/ *vt/i* **[enquires, enquiring, enquired]** ➪ inquire

enquiring /ɪn'kwaɪərɪŋ/ *adj* ➪ inquiring

enquiry /ɪn'kwaɪərɪ/ *n* **[enquiries]** ➪ inquiry

enrage /ɪn'reɪdʒ/ *vt* **[enrages, enraging, enraged]** enfurecer: **he was enraged** *by* **their attitude** su actitud lo enfureció.

enrich /ɪn'rɪtʃ/ *vt* **[enriches, enriching, enriched]** enriquecer: **vitamin-enriched fruit juice** zumo de frutas enriquecido con vitaminas.

enrichment /ɪn'rɪtʃmənt/ *n* enriquecimiento *m.*

enrol, **enroll** /ɪn'rəʊl/ *vt* **[enrols, enrolling, enrolled]** matricular.
♦*vi* matricularse, inscribirse: **she enrolled** *on* **a French course** se matriculó en un curso de francés.

enrolment, **enrollment** /ɪn'rəʊlmənt/ *n* inscripción *f*: **enrolments are down this year** el número de inscripciones ha sido menor este año.

en route /ɒn'ru:t/ *adv* de camino: **we can call at your house en route** podemos pasar por tu casa de camino; **I was en route** *to* **the bank** iba de camino al banco.

ensemble /ɒn'sɒmbəl/ *n* (*group, outfit of clothes*) conjunto *m.*

enshrined /ɪn'ʃraɪnd/ *adj* (*frml*) consagrado -da.

enslave /ɪn'sleɪv/ *vt* **[enslaves, enslaving, enslaved]** esclavizar.

enslavement /ɪn'sleɪvmənt/ *n* esclavización *f.*

ensue /ɪn'sju:/ *vi* **[ensues, ensuing, ensued]** seguir, venir a continuación: **a terrible argument ensued** a continuación tuvo lugar una terrible discusión.

ensuing /ɪn'sju:ɪŋ/ *adj* (*following*) siguiente: **many people died in the ensuing riots** mucha gente murió en los disturbios que siguieron ✻ que tuvieron lugar a continuación; (*resulting*) resultante.

ensure /ɪn'ʃʊə/ *vt* **[ensures, ensuring, ensured]** **1.** (*to make sure*) asegurarse de: **please ensure that the door is locked** por favor, asegúrese de que la puerta esté cerrada con llave. **2.** (*to guarantee*) asegurar: **the film ensured her success** la película le aseguró el éxito.

entail /ɪn'teɪl/ *vt* **[entails, entailing, entailed]** (*to involve*) implicar: **what does the course entail?** ¿en qué consiste el curso?; (*expense*) acarrear.

entangle /ɪn'tæŋgəl/ *vt* **[entangles, entangling, entangled]** enredar: **she didn't want to get entangled** *in* **their affairs** no quería enredarse ✻ verse envuelta en sus asuntos.

entanglement /ɪn'tæŋgəlmənt/ *n* enredo *m.*

enter /'entə/ *vt* **[enters, entering, entered]** **1.** (*a building, room*) entrar en: **you can't enter the building without a pass** no se puede entrar en el edificio sin un pase; (*to come into*): **she said the first thing that entered her head** dijo lo primero que se le ocurrió; **the thought wouldn't have entered my mind** ni se me hubiera ocurrido. **2.** (*to take part*) tomar parte en, participar en: **she entered the competition and won** tomó parte en el concurso y ganó; (*to register*) inscribir: **I've entered myself** *for* **the marathon** me he inscrito en el maratón. **3.** (*to begin*) entrar en: **the negotiations entered their second week** las negociaciones entraron en la segunda semana. **4.** (*to write down*) anotar: **he entered the figures** *on* **the sheet** anotó las cifras en la hoja; (*Inform*) introducir: **the data is entered** *on* **the computer** se introducen los datos en el ordenador. **5.** (*profession*): **he entered the priesthood** se hizo sacerdote; **she decided to enter the medical profession** decidió dedicarse a la medicina.
♦*vi* **1.** (*to come inside*) entrar: **please knock and enter** llame y entre; **enter!** ¡pase! ✻ ¡adelante! **2.** (*in competition: to register*) inscribirse; (*: to take part*) participar, tomar parte.

to **enter into** *vt* **1.** (*gen*) entrar en: **that did not enter into my plans** eso no entraba en mis planes; (*a discussion*) tomar parte en. **2.** (*to be relevant*): **my own**

preferences do not enter into it mis preferencias personales no cuentan * no tienen nada que ver.

enterprise /'entəpraɪz/ *n* **1.** (*company, plan*) empresa *f*: **they believe in free enterprise** son partidarios de la libertad de empresa. **2.** (*initiative*) iniciativa *f*: **the government encourages private enterprise** el gobierno fomenta la iniciativa privada.

enterprising /'entəpraɪzɪŋ/ *adj* emprendedor -dora.

entertain /ˌentə'teɪn/ *vt* [**entertains, entertaining, entertained**] **1.** (*to amuse*) entretener, divertir; (*to provide hospitality*): **he often entertains clients at home** a menudo invita a sus clientes a casa * recibe a sus clientes en casa. **2.** (*to consider*) contemplar: **how could you have entertained such an idea?** ¿cómo pudiste contemplar semejante idea?
♦ *vi* (*to provide hospitality*): **I'm entertaining this evening** tengo invitados esta noche.

entertainer /ˌentə'teɪnə/ *n* (*on stage*) artista *m/f* (*del espectáculo*); (*at children's parties*) animador -dora *m/f*.

entertaining /ˌentə'teɪnɪŋ/ *adj* entretenido -da, divertido -da.

entertainment /ˌentə'teɪnmənt/ *n* diversión *f*: **much to the entertainment of the group, he fell over** se cayó, para gran regocijo de los demás; **does this newspaper list entertainments?** ¿este periódico trae una guía de espectáculos?

enthral, enthrall /ɪn'θrɔːl/ *vt* [**enthrals, enthralling, enthralled**] cautivar.

enthuse /ɪn'θuːz/ *vi* [**enthuses, enthusing, enthused**]: **they enthused** *about* * *over* **the film** hablaron de la película en términos muy elogiosos.

enthusiasm /ɪn'θuːzɪˌæzəm/ *n* entusiasmo *m*.

enthusiast /ɪn'θuːzɪˌæst/ *n* entusiasta *m/f*: **he's a cinema enthusiast** es un entusiasta del cine.

enthusiastic /ɪnˌθuːzɪ'æstɪk/ *adj* entusiasta: **they weren't very enthusiastic** *about* **the idea** no se mostraron muy entusiasmados con la idea; **she didn't get a very enthusiastic reception** su recibimiento no fue muy caluroso * entusiasta.

enthusiastically /ɪnˌθuːzɪ'æstɪklɪ/ *adv* con entusiasmo.

entice /ɪn'taɪs/ *vt* [**entices, enticing, enticed**] tentar, atraer: **they enticed him** *into* **joining their company** lograron persuadirle para que se incorporara a su empresa.

enticing /ɪn'taɪsɪŋ/ *adj* tentador -dora.

entire /ɪn'taɪə/ *adj* entero -ra: **I waited the entire evening** esperé toda la tarde * la tarde entera.

entirely /ɪn'taɪəlɪ/ *adv* completamente, totalmente: **I don't entirely agree** no estoy totalmente de acuerdo; **I'm not entirely convinced** no estoy absolutamente * totalmente convencida.

entirety /ɪn'taɪərətɪ/ *n* • **he donated his art collection in its entirety** donó la totalidad de su colección de arte.

entitle /ɪn'taɪtəl/ *vt* [**entitles, entitling, entitled**] **1.** (*to give the right*) dar (el) derecho: **the ticket entitles you** *to* **one free drink** la entrada te da (el) derecho a una consumición; **she is entitled to know the truth** tiene (el) derecho a saber la verdad. **2.** (*to give a title to*) titular: **a book entitled "Rose Growing"** un libro que se titula * que lleva por título "Rose Growing"

entitlement /ɪn'taɪtəlmənt/ *n* (*frml*) derecho *m*.

entity /'entətɪ/ *n* [**entities**] entidad *f*: **these companies are two separate entities** estas compañías son dos entidades distintas.

entomology /ˌentə'mɒlədʒɪ/ *n* entomología *f*.

entourage /ˌɒntʊ'rɑːʒ/ *n* (*frml*) séquito *m*.

entrails /'entreɪlz/ *n pl* entrañas *f pl*.

entrance **I** /'entrəns/ *n* entrada *f*: **where's the entrance?** ¿dónde está la entrada?; **they were refused entrance** *to* **the club** no los dejaron entrar en el club • **she made a grand entrance at eight o'clock** hizo una entrada triunfal a las ocho.
II /ɪn'trɑːns/ *vt* [**entrances, entrancing, entranced**] extasiar, cautivar: **they were entranced by her performance** quedaron extasiados con su interpretación.

entrance exam * examination *n* examen *m* de ingreso.

entrance fee *n* (*for admittance*) entrada *f*: **there's an entrance fee, but then you can use all the facilities for free** hay que pagar entrada, pero luego no hace falta pagar para usar las instalaciones; (*for membership*) cuota *f*.

entrant /'entrənt/ *n* (*competitor*) participante *m/f*; (*in exam*) candidato -ta *m/f*.

entreat /ɪn'triːt/ *vt* [**entreats, entreating, entreated**] suplicar, rogar: **he entreated us to forgive him** nos suplicó que lo perdonáramos.

entreaty /ɪn'triːtɪ/ *n* [**entreaties**] (*frml*) súplica *f*, ruego *m*.

entrée /'ɒntreɪ/ *n* (*main course*) plato *m* principal, plato *m* fuerte.

entrenched /ɪn'trentʃt/ *adj* **1.** (*attitude*) arraigado -da. **2.** (*in trenches*) atrincherado -da.

entrepreneur /ˌɒntrəprə'nɜː/ *n* empresario -ria *m/f*.

entrust /ɪn'trʌst/ *vt* [**entrusts, entrusting, entrusted**] confiar: **that task was entrusted** *to* **you** la tarea se te confió a ti; **I would not entrust him** *with* **the business** no le confiaría el negocio.

entry /'entrɪ/ *n* [**entries**] **1.** (*entrance*) entrada *f*: **no entry** prohibida la entrada; **his entry went unnoticed** su entrada pasó desapercibida; **they were refused entry** *to* **the United States** no se les permitió la entrada a los Estados Unidos. **2.** (*in competition*): **the competition attracted many entries** el concurso atrajo una gran participación; **his entry was a photograph of London Bridge** presentó una fotografía de London Bridge; (*competitor*) participante *m/f*. **3.** (*in dictionary*) entrada *f*; (*in ledger*) asiento *m*; (*in diary*) anotación *f*.

Entryphone® /'entrɪfəʊn/ *n* portero *m* automático.

entwine /ɪn'twaɪn/ *vt* [**entwines, entwining, entwined**] entrelazar.

enumerate /ɪ'njuːməreɪt/ *vt* [**enumerates, enumerating, enumerated**] enumerar.

enunciate /ɪ'nʌnsɪeɪt/ *vt* [**enunciates, enunciating, enunciated**] (*to pronounce*) pronunciar, articular; (*to express*) enunciar.

envelop /ɪn'veləp/ *vt* [**envelops, enveloping, enveloped**] envolver: **mist enveloped the village** la niebla envolvió el pueblo.

envelope /'envələʊp, 'ɒnvələʊp/ *n* sobre *m*.

enviable /'envɪəbəl/ *adj* envidiable: **she enjoys enviable good health** tiene una salud envidiable.

envious /'envɪəs/ *adj* envidioso -sa: **he is envious** *of* **their wealth** envidia su dinero; **he is envious** *of* **his brother** tiene envidia de su hermano; **it makes me very envious** me da mucha envidia.

enviously /'envɪəslɪ/ *adv* con envidia.

environment /ɪn'vaɪrənmənt/ *n* **1.** (*gen*) ambiente *m*, entorno *m*, medio *m*: **this is not an ideal environment** *for* **a child** éste no es el ambiente ideal para un niño. **2. the environment** el medio ambiente: **governments are working to protect the environment** los gobiernos están tomando medidas para proteger el medio ambiente.

environmental /ɪnˌvaɪrənˈmentəl/ *adj* ambiental, medioambiental: **the report focused on environmental issues** el informe se centró en cuestiones relacionadas con el medio ambiente.

environmental pollution *n* contaminación *f* ambiental ✱ del medio ambiente.

environmentalist /ˌɪnvaɪrənˈmentəlɪst/ *n* ecologista *m/f.*

environmentally /ɪnˌvaɪrənˈmentəlɪ/ *adv* ecológicamente: **these lightbulbs are environmentally friendly** estas bombillas no perjudican al medio ambiente.

envisage /ɪnˈvɪzɪdʒ/ *vt* [**envisages, envisaging, envisaged**] **1.** (*to foresee*) prever: **I had not envisaged these problems** no había previsto estos problemas. **2.** (*to imagine*) imaginar: **she had not envisaged failing** no había imaginado que fracasaría.

envision /ɪnˈvɪʒən/ *vt* [**envisions, envisioning, envisioned**] (*US*) prever, imaginar: **she envisioned a career in law** se imaginaba una carrera en derecho; **she did not envision any difficulties** no preveía ninguna dificultad.

envoy /ˈenvɔɪ/ *n* enviado -da *m/f.*

envy /ˈenvɪ/ **I** *n* envidia *f* ● **they were green with envy** se morían de envidia ● **her new car was the envy of the neighbourhood** su coche nuevo era la envidia del barrio.

II *vt* [**envies, envying, envied**] envidiar: **I envy her** la envidio, le tengo envidia; **they envied him his good fortune** le envidiaban su suerte ● **I don't envy you that job!** ¡no te envidio esa tarea!

enzyme /ˈenzaim/ *n* enzima *f.*

ephemeral /ɪˈfemərəl/ *adj* efímero -ra.

epic /ˈepɪk/ **I** *adj* épico -ca: **an epic poem** un poema épico; **it was a scandal of epic proportions** fue un escándalo mayúsculo ✱ descomunal.

II *n* epopeya *f*, poema *m* épico: **the movie was an epic** era una película épica.

epidemic /epɪˈdemɪk/ **I** *n* epidemia *f.*

II *adj* epidémico -ca.

epigram /ˈepɪgræm/ *n* epigrama *m.*

epigraph /ˈepigrɑːf/ *n* epígrafe *m.*

epilepsy /ˈepɪlepsɪ/ *n* epilepsia *f.*

epileptic /epɪˈleptɪk/ *adj* epiléptico -ca.

epileptic fit *n* ataque *m* epiléptico.

epilogue, (*US*) **epilog** /ˈepɪlɒg/ *n* epílogo *m.*

episode /ˈepɪsəʊd/ *n* episodio *m.*

epistle /ɪˈpɪsəl/ *n* (*frml*) epístola *f.*

epitaph /ˈepɪtɑːf/ *n* epitafio *m.*

epithet /ˈepɪθet/ *n* epíteto *m.*

epitome /ɪˈpɪtəmɪ/ *n* (*frml*) personificación *f*: **she was the epitome of kindness** era la bondad personificada.

epitomize /ɪˈpɪtəmaɪz/ *vt* [**epitomizes, epitomizing, epitomized**] (*to personify*) personificar, ser la personificación de; (*to typify*) ser el perfecto ejemplo de.

epoch /ˈiːpɒk/ *n* (*frml*) época *f*, era *f.*

equable /ˈekwəbəl/ *adj* ecuánime.

equal /ˈiːkwəl/ **I** *adj* igual: **these two factors are equal** *in* **importance** estos dos factores son igualmente importantes ✱ de igual importancia; **the payment will be equal** *to* **a month's salary** el pago será equivalente al salario de un mes ● **he wasn't equal to the task** no estuvo a la altura de la tarea ● **the two companies were not competing on equal terms** las dos compañías no competían en igualdad de condiciones ● **all things being equal, I'll arrive about nine** si no surge ningún problema, llegaré alrededor de las nueve.

II *n* igual *m/f*: **she never treated me as an equal** nunca me trató de igual a igual ● **he is without equal as a pianist** como pianista no tiene par.

III *vt* [**equals, equalling, equalled**] igualar: **we could never equal their achievements** nunca podríamos igualar sus logros; (*Maths*): **five minus three equals two** cinco menos tres son dos ✱ es igual a dos.

equal opportunities *n pl* igualdad *f* de oportunidades.

equal rights *n pl* igualdad *f* de derechos.

equal sign, **equals sign** *n* igual *m*, signo *m* de igualdad.

equality /ɪˈkwɒlətɪ/ *n* igualdad *f.*

equalize /ˈiːkwəlaɪz/ *vi* [**equalizes, equalizing, equalized**] (*Sport*) empatar: **Italy equalized just before half-time** Italia empató justo antes del descanso.

♦ *vt* igualar.

equally /ˈiːkwəlɪ/ *adv* **1.** (*similarly*) igualmente: **his brother was equally stupid** su hermano era igual de tonto. **2.** (*fairly*) equitativamente: **wealth is not equally distributed** la riqueza no está distribuida equitativamente; **the teams are not equally matched** los equipos no son del mismo nivel.

equanimity /ˌekwəˈnɪmətɪ/ *n* (*frml*) ecuanimidad *f.*

equate /ɪˈkweɪt/ *vt* [**equates, equating, equated**] equiparar: **you cannot equate success** *with* **happiness** no se puede equiparar el éxito con la felicidad; **he equated his job** *to* **mine** equiparó su trabajo con el mío ✱ al mío.

equation /ɪˈkweɪʒən/ *n* ecuación *f.*

equator /ɪˈkweɪtə/ *n* ecuador *m.*

equatorial /ˌekwəˈtɔːrɪəl/ *adj* ecuatorial.

equestrian /ɪˈkwestrɪən/ *adj* ecuestre.

equidistant /ˌekwɪˈdɪstənt/ *adj* equidistante.

equilateral /ˌiːkwɪˈlætərəl/ *adj* equilátero -ra.

equilibrium /ˌiːkwɪˈlɪbrɪəm/ *n* equilibrio *m*: **we are trying to maintain the equilibrium** estamos tratando de mantener el equilibrio.

equine /ˈekwaɪn/ *adj* equino -na.

equinox /ˈekwɪnɒks/ *n* [**equinoxes**] equinoccio *m.*

equip /ɪˈkwɪp/ *vt* [**equips, equipping, equipped**] **1.** (*to provide with equipment*) equipar: **the kitchen was very well equipped** la cocina estaba muy bien equipada; **we were equipped** *with* **a map and compass** íbamos provistos de mapa y brújula; **we're not equipped to go climbing** no contamos con el equipo necesario para hacer alpinismo. **2.** (*to prepare*) preparar: **I was not equipped** *for* **a career in politics** no estaba preparado para una carrera política.

equipment /ɪˈkwɪpmənt/ *n* (*gen*) equipo *m*; (*machinery*) aparatos *m pl*, maquinaria *f*; (*of a factory, etc.*) equipamiento *m*; (*in chemistry, medicine*) instrumental *m*: **laboratory equipment** equipo de laboratorio; **office equipment** mobiliario y material de oficina; **the best in kitchen equipment** lo mejor para el equipamiento de su cocina.

equitable /ˈekwɪtəbəl/ *adj* equitativo -va.

equities /ˈekwətɪz/ *n pl* (*Fin*) acciones *f pl.*

equivalence /ɪˈkwɪvələns/ *n* equivalencia *f.*

equivalent /ɪˈkwɪvələnt/ **I** *adj* (*job, value*) equivalente: **that is equivalent** *to* **a week's wages for me** eso equivale a una semana de sueldo para mí.

II *n* equivalente *m*: **the Spanish equivalent** *of* **the Riviera** el equivalente español de la Riviera; **there is no European equivalent** *to* **Hollywood** no hay nada comparable a Hollywood en Europa.

equivocal /ɪ'kwɪvəkəl/ *adj* equívoco -ca.

era /'ɪərə/ *n* era *f*, época *f*: **this is the beginning of a new era** éste es el comienzo de una nueva era.

eradicate /ɪ'rædɪkeɪt/ *vt* [**eradicates, eradicating, eradicated**] erradicar.

eradication /ɪ,rædɪ'keɪʃən/ *n* erradicación *f*.

erase /ɪ'reɪz/ *vt* [**erases, erasing, erased**] borrar.

eraser /ɪ'reɪzə/ *n* goma *f* (de borrar).

erect /ɪ'rekt/ **I** *vt* [**erects, erecting, erected**] (*monument*) erigir, levantar: **they erected a monument to the hero** erigieron un monumento al héroe; (*tent*) montar; (*wall*) levantar, construir.

II *adj* **1.** (*upright*) erguido -da: **he was sitting erect in a chair** estaba sentado en posición erguida en una silla. **2.** (*penis*) erecto -ta.

erection /ɪ'rekʃən/ *n* **1.** (*of monument, building*) construcción *f*, erección *f*. **2.** (*of penis*) erección *f*.

ermine /'ɜ:mɪn/ *n* (*fur*) armiño; (*animal*) armiño *m* (*de pelaje blanco*).

erode /ɪ'rəʊd/ *vt* [**erodes, eroding, eroded**] (*rocks*) erosionar; (*self confidence, power*) menoscabar, minar: **their power base has been eroded** su base de poder se ha visto menoscabada.

♦ *vi* erosionarse.

erosion /ɪ'rəʊʒən/ *n* **1.** (*of soil, rock*) erosión *f*: **soil erosion** la erosión del suelo. **2.** (*of values, living standards, etc.*) deterioro *m*.

erotic /ɪ'rɒtɪk/ *adj* erótico -ca.

erotically /ɪ'rɒtɪklɪ/ *adv* eróticamente.

eroticism /ɪ'rɒtɪsɪzəm/ *n* erotismo *m*.

err /ɜ:/ *vi* [**errs, erring, erred**] (*frml*) errar, equivocarse.

errand /'erənd/ *n* recado *m*, mandado *m*: **would you mind doing * running an errand for me?** ¿te importaría hacerme un recado?

erratic /ɪ'rætɪk/ *adj* irregular: **the results were erratic** los resultados fueron irregulares.

erratically /ɪ'rætɪklɪ/ *adv* de manera irregular.

erroneous /ɪ'rəʊnɪəs/ *adj* (*frml*) erróneo -nea.

erroneously /ɪ'rəʊnɪəslɪ/ *adv* (*frml*) erróneamente.

error /'erə/ *n* error *m*, equivocación *f*: **you made several errors in your report** cometiste varios errores en tu informe; **they committed a grave error of judgement** cometieron una grave equivocación; **they acted** *in* **error** obraron por error • **he saw the error of his ways** se arrepintió de haber obrado mal.

erudite /'eru:daɪt/ *adj* erudito -ta.

erupt /ɪ'rʌpt/ *vi* [**erupts, erupting, erupted**] (*volcano*) entrar en erupción; (*violence*) estallar; (*to become angry*) estallar en cólera: **the audience erupted** el público se exaltó.

eruption /ɪ'rʌpʃən/ *n* (*volcanic*) erupción *f*; (*of violence*) estallido *m*.

escalate /'eskəleɪt/ *vi* [**escalates, escalating, escalated**] (*problem, situation*) agravarse, intensificarse: **violence escalated in the city yesterday** hubo una escalada de violencia en la ciudad ayer; **the situation escalated** *into* **war** la situación degeneró en una guerra; (*prices*) aumentar.

♦ *vt* agravar.

escalation /,eskə'leɪʃən/ *n* (*of a problem*) intensificación *f*; (*of violence*) escalada *f*; (*of prices*) aumento *m*, escalada *f*.

escalator /'eskəleɪtə/ *n* escalera *f* mecánica.

escapade /'eskəpeɪd/ *n* aventura *f*.

escape /ɪ'skeɪp/ **I** *vi* [**escapes, escaping, escaped**] **1.** (*to run away*) escaparse, fugarse: **he escaped** *from* **jail** se escapó * se fugó de la cárcel; **they escaped** *to* **France** se fugaron a Francia; **she would escape** *into* **a dream world** solía refugiarse en un mundo imaginario. **2.** (*from an accident, etc.*): **she escaped** *with* **a few bruises** sólo sufrió algunas contusiones; **they escaped** *with* **their lives** salieron con vida.

♦ *vt* escapar a: **the government did not escape criticism** el gobierno no escapó a las críticas; **he hid in an attempt to escape punishment** se escondió para tratar de librarse del castigo • **that fact had escaped her notice** ese hecho le había pasado desapercibido • **his name escapes me** no recuerdo su nombre, se me ha olvidado su nombre.

II *n* fuga *f*, huida *f*: **he made his escape at nightfall** se escapó al caer la noche; **television was an escape from her daily life** la televisión era para ella una evasión de su rutina diaria • **that was a narrow escape!** ¡esta vez sí que nos libramos por poco!

escape route *n* vía *f* de escape.

escapism /ɪ'skeɪpɪzəm/ *n* evasión *f*, escapismo *m*.

escapist /ɪ'skeɪpɪst/ *adj* escapista, de evasión.

escarpment /ɪ'ska:pmənt/ *n* escarpadura *f*.

escort I /ɪs'kɔ:t/ *vt* [**escorts, escorting, escorted**] (*to accompany*) acompañar: **we will escort you to your room** la acompañaremos a su habitación; (*prisoner, important person*) escoltar.

II /'eskɔ:t/ *n* **1.** (*by police*) escolta *f*: **he went to court** *under* **police escort** fue al juzgado escoltado por la policía * con escolta policial. **2.** (*for social event*) acompañante *m/f*.

Eskimo /'eskɪməʊ/ **I** *adj* esquimal.

II *n* (*person*) esquimal *m/f*; (*language*) esquimal *m*.

ESL /i:es'el/ *n* (*abreviatura de* **English as a Second Language**) inglés *m* como segunda lengua.

esophagus /ɪ'sɒfəgəs/ *n* [**esophaguses * esophagi** /ɪ'sɒfəgaɪ/] (*US*) esófago *m*.

esoteric /,esəʊ'terɪk/ *adj* (*frml*) esotérico -ca.

ESP /i:es'pi:/ *n* **1.** (*abreviatura de* **extra-sensory perception**) percepción *f* extrasensorial. **2.** (*abreviatura de* **English for Specific * Special Purposes**) inglés *m* para fines específicos.

especial /ɪ'speʃəl/ *adj* especial.

especially /ɪ'speʃəlɪ/ *adv* especialmente: **I got this especially for you** compré esto especialmente para ti; **I like England - especially London** me gusta Inglaterra, especialmente * particularmente * sobre todo Londres; **"Do you like coffee?" "Not especially."** "¿Te gusta el café?" "No especialmente * particularmente."

espionage /'espɪənɑ:ʒ/ *n* espionaje *m*.

esplanade /,esplə'neɪd/ *n* paseo *m* marítimo.

espouse /ɪ'spaʊz/ *vt* [**espouses, espousing, espoused**] (*frml*) abrazar.

Esq. *léase* /es'kwaɪə/ (*GB*) (*abreviatura de* **Esquire**) Sr. D. (Señor Don): **James Potts, Esq.** Sr. D. James Potts.

essay /'eseɪ/ *n* **1.** (*piece of schoolwork*) composición *f*, redacción *f*. **2.** (*Lit*) ensayo *m*.

essence /'esəns/ *n* esencia *f* • **this is, in essence, a question of politics** esto es, esencialmente * fundamentalmente, un problema político • **speed was of the essence** la rapidez era esencial * fundamental.

essential /ɪ'senʃəl/ **I** *adj* esencial, fundamental: **it is essential that you pay attention** es esencial que

prestes atención; **there were very few essential differences** había muy pocas diferencias sustanciales; **secretary wanted: experience essential** se precisa secretaria, experiencia imprescindible.
II the essentials *n pl* lo esencial: **let's concentrate on the essentials** vamos a concentrarnos en lo esencial; **I will only take the bare essentials** llevaré exclusivamente lo imprescindible.

essentially /ɪˈsenʃəlɪ/ *adv* esencialmente, fundamentalmente: **it is essentially a problem of money** esencialmente es un problema de dinero.

establish /ɪˈstæblɪʃ/ *vt* [**establishes, establishing, established**] establecer: **the firm was established in 1901** la empresa se estableció * se fundó en 1901; **she is trying to establish herself** *as* **a designer** está intentando establecerse como diseñadora; **we have established the time of the accident** hemos establecido la hora del accidente.

establishment /ɪˈstæblɪʃmənt/ *n* **1.** (*of a shop, business*) establecimiento *m*. **2. the establishment** el sistema, el establishment.

estate /ɪˈsteɪt/ *n* **1.** (*in country*) propiedad *f*, finca *f*. **2.** (*inheritance*) bienes *m pl*: **he left his entire estate to me** me dejó todos sus bienes. **3.** (*of houses*) urbanización *f*. **4.** (*también* **estate car**) (*GB*) coche *m* familiar, ranchera *f*.
estate agent *n* (*GB*) agente *m/f* inmobiliario -ria.
estate agent's *n* (*GB*) agencia *f* inmobiliaria.

esteem /ɪˈsti:m/ **I** *n* estima *f*: **she was held in great esteem** se la tenía en gran estima.
II *vt* [**esteems, esteeming, esteemed**] (*frml: to respect*) estimar, apreciar: **her work was very highly esteemed** se estimaba * apreciaba mucho su trabajo; (*to consider*) estimar, considerar: **I esteem it a great honour** lo estimo * considero un gran honor.

esthetic /i:sˈθetɪk/ *adj* (*US*) ⇨ aesthetic

esthetically /i:sˈθetɪkəlɪ/ *adv* (*US*) estéticamente.

esthetics /i:sˈθetɪks/ *n* (*US*) ⇨ aesthetic

estimable /ˈestɪməbəl/ *adj* (*frml*) estimable.

estimate **I** /ˈestɪmət/ *n* **1.** (*for work to be done*) presupuesto *m*: **I'll get an estimate for repairs to the car** pediré un presupuesto de lo que costaría reparar el coche. **2.** (*approximate figure*) cálculo *m*: **it's just a rough estimate** no es más que un cálculo aproximado; **according to our estimates, it will take three weeks** según nuestros cálculos, llevará tres semanas.
II /ˈestɪmeɪt/ *vt/i* [**estimates, estimating, estimated**] calcular: **they estimated the cost** *at* **a hundred pounds** calcularon que costaría cien libras; **an estimated one thousand people have died** se calcula que unas mil personas han muerto.

estimation /ˌestɪˈmeɪʃən/ *n* **1.** (*judgement*) opinión *f*: **they have gone up** *in* **my estimation** ahora tengo mejor opinión de ellos; *in* **my estimation it's a serious mistake** en mi opinión es un grave error. **2.** (*calculation*) cálculo *m*.

Estonia /eˈstəʊnɪə/ *n* Estonia *f*.

Estonian /eˈstəʊnɪən/ *adj, n* estoniano -na, estonio -nia *adj, m/f*.

estranged /ɪˈstreɪndʒd/ *adj* separado -da: **she is his estranged wife** es su mujer, pero viven separados.

estuary /ˈestjʊərɪ/ *n* [**estuaries**] estuario *m*.

ETA /i:ti:ˈeɪ/ (*abreviatura de* **estimated time of arrival**) hora *f* prevista de llegada.

etc. *léase* /etˈsetərə/ (*abreviatura de* **et cetera**) etc. (etcétera).

etch /etʃ/ *vt* [**etches, etching, etched**] (*on paper*) grabar; (*on glass, metal*) grabar al agua fuerte ● **her words were etched in my memory** tenía sus palabras grabadas en la memoria.

etching /ˈetʃɪŋ/ *n* aguafuerte *m*.

eternal /ɪˈtɜ:nəl/ *adj* eterno -na.

eternally /ɪˈtɜ:nəlɪ/ *adv* (*forever*) eternamente: **we will be eternally grateful** estaremos eternamente agradecidos; (*always*) siempre: **she was eternally optimistic** siempre se mostraba optimista.

eternity /ɪˈtɜ:nətɪ/ *n* [**eternities**] eternidad *f*: **for all eternity** para toda la eternidad ● **the wait seemed an eternity** la espera se hizo eterna.

ether /ˈi:θə/ *n* éter *m*.

ethereal /ɪˈθɪərɪəl/ *adj* (*frml*) etéreo -rea.

ethic /ˈeθɪk/ **I** *n* (*ideal*) principio *m*.
II ethics *n pl* (*morals*) ética *f*: **it is a question of ethics** es una cuestión de ética; **medical ethics** la ética médica.

ethical /ˈeθɪkəl/ *adj* ético -ca.

ethically /ˈeθɪkəlɪ/ *adv* éticamente.

Ethiopia /ˌi:θɪˈəʊpɪə/ *n* Etiopía *f*.

Ethiopian /ˌi:θɪˈəʊpɪən/ *adj, n* etíope *adj, m/f*.

ethnic /ˈeθnɪk/ *adj* étnico -ca.

ethos /ˈi:θɒs/ *n* sistema *m* de valores.

etiquette /ˈetɪket/ *n* etiqueta *f*: **palace etiquette** la etiqueta de palacio.

etymology /ˌetɪˈmɒlədʒɪ/ *n* [**etymologies**] etimología *f*.

EU /i:ˈju:/ *n* (*abreviatura de* **European Union**) UE *f* (Unión Europea).

eucalyptus /ju:kəˈlɪptəs/ *n* [**eucalyptuses** * **eucalypti** /ju:kəˈlɪptaɪ/] eucalipto *m*.

Eucharist /ˈju:kərɪst/ *n* Eucaristía *f*.

eulogize /ˈju:lədʒaɪz/ *vt* [**eulogizes, eulogizing, eulogized**] (*frml*) elogiar.

eulogy /ˈju:lədʒɪ/ *n* [**eulogies**] (*frml*) elogio *m*.

eunuch /ˈju:nək/ *n* eunuco *m*.

euphemism /ˈju:fəmɪzəm/ *n* eufemismo *m*.

euphemistic /ˌju:fəˈmɪstɪk/ *adj* eufemístico -ca.

euphoria /ju:ˈfɔ:rɪə/ *n* (*frml*) euforia *f*.

euphoric /ju:ˈfɒrɪk/ *adj* (*frml*) eufórico -ca: **they were euphoric** *at* **their team's victory** estaban eufóricos por la victoria de su equipo.

Euro-MP /ˈjʊərəʊemˌpi:/ *n* eurodiputado -da *m/f*.

Europe /ˈjʊərəp/ *n* Europa *f*.

European /jʊərəˈpi:ən/ *adj, n* europeo -pea *adj, m/f*.
European Commission *n* Comisión *f* Europea.
European (Economic) Community *n* Comunidad *f* (Económica) Europea.
European Monetary System *n* Sistema *m* Monetario Europeo.
European Parliament *n* Parlamento *m* Europeo.
European Union *n* Unión *f* Europea.

euthanasia /ju:θəˈneɪzɪə/ *n* eutanasia *f*.

evacuate /ɪˈvækjʊeɪt/ *vt* [**evacuates, evacuating, evacuated**] evacuar: **the entire zone was evacuated** evacuaron toda la zona.

evacuation /ɪˌvækjʊˈeɪʃən/ *n* evacuación *f*.

evacuee /ɪˌvækjʊˈɪ:/ *n* evacuado -da *m/f*.

evade /ɪˈveɪd/ *vt* [**evades, evading, evaded**] **1.** (*question*) eludir; (*responsibility*) eludir, evadir: **they always evade the issue** siempre eluden el tema; **he was charged with evading taxes** lo acusaron de evasión de impuestos * de defraudar a Hacienda; **success has always evaded us** el éxito siempre nos ha sido esquivo. **2.** (*capture*) evadir.

evaluate /ɪˈvæljʊeɪt/ *vt* [**evaluates, evaluating, evaluated**] (*frml*) evaluar: **we will be evaluating the situation** vamos a evaluar la situación.
evaluation /ɪˌvæljʊˈeɪʃən/ *n* evaluación *f*.
evangelical /ˌiːvænˈdʒelɪkəl/ *adj* evangélico -ca.
evangelism /ɪˈvændʒəlɪzəm/ *n* evangelismo *m*.
evangelist /ɪˈvændʒəlɪst/ *n* evangelista *m/f*.
evaporate /ɪˈvæpəreɪt/ *vi* [**evaporates, evaporating, evaporated**] evaporarse: **her confidence seemed to evaporate** su confianza pareció desvanecerse.
♦ *vt* evaporar.
evaporated milk /ɪˈvæpəreɪtɪd mɪlk/ *n* leche *f* evaporada.
evaporation /ɪˌvæpəˈreɪʃən/ *n* evaporación *f*.
evasion /ɪˈveɪʒən/ *n* **1.** (*act of avoiding*) evasión *f*: **he was fined for evasion of taxes** lo multaron por evasión de impuestos. **2.** (*evasive response*) evasiva *f*.
evasive /ɪˈveɪsɪv/ *adj* evasivo -va: **he took evasive action to avoid an accident** realizó una maniobra evasiva para evitar un accidente; **he gave them evasive answers** les contestó con evasivas.
evasively /ɪˈveɪsɪvlɪ/ *adv* evasivamente: **he always answered evasively** siempre respondía con evasivas.
eve /iːv/ *n* víspera *f*: **on the eve of the wedding, he suddenly announced...** la víspera de su boda, de repente anunció que... • **on the eve of the First World War** en vísperas de la primera guerra mundial.
even /ˈiːvən/ **I** *adj* **1.** (*smooth*) liso -sa: **an even surface** una superficie lisa. **2.** (*level*) nivelado -da, (*Amér L*) parejo -ja: **your hem isn't even** el dobladillo está cosido de forma desigual. **3.** (*in results, games*) igualado -da, (*Amér L*) parejo -ja: **the results were very even** los resultados estaban muy igualados; **there is an even chance of him recovering** hay el cincuenta por ciento de posibilidades de que se recupere • **now we're even** ahora estamos en paz • **I'll get even with you!** ¡me las vas a pagar! **4.** (*uniform: in temperature*) constante; (*: in colour*) uniforme: **their progress was more or less even** progresaban de forma más o menos regular. **5.** (*Maths*) par.
II *adv* **1.** (*gen*) aun, hasta, incluso: **even Judith disliked her** le cayó mal hasta * aun * incluso a Judith • **I couldn't leave even if I wanted to** no podría irme ni aunque quisiera • **she played, even though she didn't feel like it** jugó, a pesar de que no tenía ganas • **she's very busy, but even so, she could have called** está muy ocupada, pero aun así podría haber llamado • **I often think of them, even now** pienso mucho en ellos, aun ahora • **all this is happening even as we speak** todo esto está pasando en este mismo momento. **2.** (*with comparative*) aún, todavía: **he's even fatter now** ahora está aún * todavía más gordo. **3.** (*with negative*): **she didn't even thank me** ni siquiera me dio las gracias; **he left without even saying goodbye** se fue sin siquiera despedirse.
to **even out** *vt* [**evens, evening, evened**] (*wrinkles*) distribuir uniformemente; (*prices*) igualar.
♦ *vi* igualarse.
even number *n* número *m* par: **three is not an even number** tres no es un número par.
even-tempered *adj* sereno -na.
evening /ˈiːvnɪŋ/ *n* (*early*) tarde *f*; (*after dark*) noche *f*: **good evening!** ¡buenas tardes! * ¡buenas noches!; **yesterday evening** (*early*) ayer por la tarde; (*after dark*) anoche; **tomorrow evening** (*early*) mañana por la tarde; (*after dark*) mañana por la noche.
evening class *n* clase *f* nocturna.
evening dress *n* (*man's*) traje *m* de etiqueta; (*woman's*) traje *m* de noche.
evenly /ˈiːvənlɪ/ *adv* **1.** (*to spread, sprinkle*) uniformemente: **you have to spread the cream evenly** hay que extender la crema uniformemente. **2.** (*justly*) equitativamente: **the sweets were evenly distributed amongst the children** los caramelos se repartieron equitativamente entre los niños; **the teams were not evenly matched** los equipos no eran del mismo nivel. **3.** (*calmly*) con calma: **she spoke quietly and evenly** habló en voz baja y conservando la calma.
event /ɪˈvent/ *n* **1.** (*incident*) acontecimiento *m*, suceso *m*: **the events which led up to the war** los acontecimientos que precedieron a la guerra • **in the event of an accident, ring 999** en caso de accidente, llamar al 999 • **in the event, I got there in time** después de todo, llegué a tiempo • **it's easy to talk like that after the event** es muy fácil hablar así a posteriori • **in any event let me know** en cualquier caso házmelo saber. **2.** (*social occasion*) acontecimiento *m*: **the Pope's visit to Spain was quite an event** la visita del Papa a España fue todo un acontecimiento. **3.** (*Sport*) prueba *f*.
eventful /ɪˈventfʊl/ *adj* lleno -na de acontecimientos, azaroso -sa: **it was an eventful trip** fue un viaje lleno de acontecimientos * incidentes.
eventual /ɪˈventʃʊəl/ *adj*: **his eventual failure was due to lack of initial planning** el hecho de que finalmente fracasara se debió a la falta de planeamiento inicial; **the eventual result came as a surprise to us** el resultado que finalmente se obtuvo nos sorprendió; **nothing you say will affect the eventual result** nada que usted pueda decir va a incidir sobre el resultado final * sobre lo que finalmente suceda.
eventuality /ɪˌventʃʊˈælətɪ/ *n* [**eventualities**] eventualidad *f*: **we were prepared for all eventualities** estábamos preparados para cualquier eventualidad.
eventually /ɪˈventʃʊəlɪ/ *adv* finalmente, al final: **we eventually got there at nine o'clock** finalmente llegamos a las nueve; **we were going to drive, but eventually we came by bus** íbamos a venir en coche, pero al final vinimos en autobús; **if I study hard, eventually I'll pass** si estudio mucho, algún día aprobaré.
ever /ˈevə/ *adv* **1.** (*at any time*): **don't you ever say that again!** ¡nunca vuelvas a decir eso!; **the biggest dog you've ever seen** el perro más grande que jamás hayas visto; **nothing ever worries her** nunca se preocupa por nada; **he is thinner than ever** está más delgado que nunca • **she's lived there ever since she got married** ha vivido allí desde que se casó • **for ever and ever** por siempre jamás. **2.** (*in questions*): **have you ever been to France?** ¿has estado alguna vez en Francia?; **will they ever learn?** ¿aprenderán algún día?; **did she ever see it?** ¿llegó a verlo?; **doesn't he ever call?** ¿nunca llama? **3.** (*for emphasis*): **how did she ever find it?** ¿cómo llegó a encontrarlo? • **they were ever so friendly** eran simpatiquísimos • **it was ever such a big house** era una casa enorme • **the ever-charming John** el siempre encantador John.
evergreen /ˈevəgriːn/ **I** *adj* de hoja perenne.
II *n* (*tree*) árbol *m* de hoja perenne; (*plant*) planta *f* de hoja perenne.
everlasting /ˌevəˈlɑːstɪŋ/ *adj* eterno -na.

evermore /ˌevəˈmɔː/ *adv* eternamente: **those days have gone** *for* **evermore** esa época ha desaparecido para siempre.

every /ˈevrɪ/ *adj* **1.** (*all*) todos -das: **I go swimming every day** voy a la piscina todos los días; **every Friday** todos los viernes; **every single one is broken** absolutamente todos están rotos; **she has every reason to be suspicious** tiene sobrados motivos para sospechar; **he has every chance of survival** tiene muchas probabilidades de sobrevivir; (*each*) cada: **I see them every time I go** los veo cada vez que voy. **2.** (*in expressions of time*): **I go every six months** voy cada seis meses ● **I see him every other day** lo veo cada dos días, lo veo un día sí y otro no ● **she works every other week** trabaja una semana sí y otra no ● **every so often** * **every now and then** de vez en cuando. **3.** (*in statistics*) cada: **one woman in every six is a smoker** una de cada seis mujeres es fumadora.

everybody /ˈevrɪˌbɒdɪ/ *pron* todo el mundo, todos -das: **everybody thinks she's wonderful** todo el mundo piensa que es maravillosa; **he hated everyone there** odiaba a todos los de allí; **everyone else enjoyed the film** a todos los demás les gustó la película.

everyday /ˈevrɪdeɪ/ *adj* (*gen*) cotidiano -na, de todos los días: **it is part of my everyday life** forma parte de mi vida cotidiana * diaria; **it has become an everyday occurrence** se ha convertido en algo cotidiano * de todos los días; (*clothes*) de diario.

everyone /ˈevrɪwʌn/ *pron* ⇨ everybody

everything /ˈevrɪθɪŋ/ *pron* todo: **everything was all right in the end** al final todo salió bien; **you can't have everything** no puedes tenerlo todo; **everything else seemed boring in comparison** todo lo demás parecía aburrido en comparación; **everything of theirs/ours goes in this suitcase** todo lo suyo/lo nuestro va en esta maleta.

everywhere /ˈevrɪweə/ *adv* a/en/por todas partes: **I've looked everywhere for you!** te he buscado por todas partes; **she goes everywhere by car** va en coche a todas partes; **it's sunny everywhere else** hace sol en todos los demás sitios; **everywhere you look there is poverty** existe miseria donde quiera que mires; **everywhere in the country** por todo el país; **children everywhere love sweets** a todos los niños les gustan los caramelos.

evict /ɪˈvɪkt/ *vt* [**evicts, evicting, evicted**] desahuciar, desalojar.

eviction /ɪˈvɪkʃən/ *n* desahucio *m*, desalojo *m*.

evidence /ˈevɪdəns/ *n* **1.** (*proof*) pruebas *f pl*: **there is not enough evidence against her** no hay pruebas suficientes contra ella; **a piece of evidence** una prueba. **2.** (*in court*) testimonio *m*, declaración *f*: **I have to give evidence in court** tengo que prestar declaración en un juicio. **3.** (*signs*) indicios *m pl*: **there was no evidence of a break-in** no había indicios de que hubieran entrado a robar; **there is some evidence that the government knew** hay indicios de que el gobierno estaba al tanto ● **tourists were much in evidence** se notaba la presencia de los turistas.

evident /ˈevɪdənt/ *adj* (*visible*) patente; (*obvious*) evidente, claro -ra: **it was evident that she could not complete her programme** era evidente que * estaba claro que no podía llevar a cabo su programa.

evidently /ˈevɪdəntlɪ/ *adv* evidentemente: **"Do we have to pay?" "Evidently (we do)."** "¿Tenemos que pagar?" "Eso parece."

evil /ˈiːvəl/ **I** *adj* (*bad*) malo -la: **she was an evil influence on him** ejerció una influencia nefasta sobre él; (*dangerous*) nocivo -va; (*fam: terrible*) espantoso -sa.
II *n* mal *m*: **the forces of evil** las fuerzas del mal; **the evils of alcohol** la influencia nefasta del alcohol.

evil spirit *n* espíritu *m* maligno.

evocative /ɪˈvɒkətɪv/ *adj* evocador -dora.

evoke /ɪˈvəʊk/ *vt* [**evokes, evoking, evoked**] evocar.

evolution /ˌiːvəˈluːʃən/ *n* **1.** (*Biol*) evolución *f*: **the theory of evolution** el evolucionismo. **2.** (*development*) desarrollo *m*, evolución *f*.

evolve /ɪˈvɒlv/ *vi* [**evolves, evolving, evolved**] (*Biol*) evolucionar: **the cheetah has evolved** *into* **an efficient killer** el guepardo ha evolucionado hasta convertirse en un gran cazador; (*to develop*) desarrollarse. ♦ *vt* desarrollar.

ewe /juː/ *n* oveja *f*.

ex /eks/ *n* [**exes * ex's**] (*fam*) ex *m/f*: **I've just seen your ex** acabo de ver a tu ex.

ex- /eks/ *pref* ex, ex-: **the ex-president** el ex presidente; **her ex-husband** su ex marido.

exacerbate /ɪgˈzæsəbeɪt/ *vt* [**exacerbates, exacerbating, exacerbated**] (*frml*) exacerbar.

exact /ɪgˈzækt/ **I** *adj* exacto -ta: **they're South Americans, Peruvians to be exact** son sudamericanos, peruanos para ser preciso * exacto.
II *vt* [**exacts, exacting, exacted**] **1.** (*to demand*) exigir (*y obtener*): **she exacts a high standard of work from her students** les exige un nivel de rendimiento muy alto a sus estudiantes. **2.** (*a promise*): **they have exacted an undertaking from the management** han obtenido una garantía por parte de la dirección.

exacting /ɪgˈzæktɪŋ/ *adj* exigente.

exactly /ɪgˈzæktlɪ/ *adv* exactamente: **it was exactly what I wanted** era exactamente lo que quería; **it is exactly nine o'clock** son las nueve en punto; **"You mean you're leaving?" "Exactly."** "¿Quieres decir que te vas?" "Exacto."; **you didn't exactly try very hard** no te esforzaste demasiado que digamos.

exactness /ɪgˈzæktnəs/ *n* exactitud *f*.

exaggerate /ɪgˈzædʒəreɪt/ *vt/i* [**exaggerates, exaggerating, exaggerated**] exagerar: **don't exaggerate!** ¡no exageres!; **the situation was exaggerated** exageraron la situación.

exaggeration /ɪgˌzædʒəˈreɪʃən/ *n* exageración *f*.

exalt /ɪgˈzɔːlt/ *vt* [**exalts, exalting, exalted**] (*frml*) exaltar ● **he occupies an exalted position as ambassador** como embajador tiene una posición muy elevada.

exam /ɪgˈzæm/ *n* examen *m*: **he takes his exams in June** se examina en junio; **I have to sit an exam** tengo que presentarme a un examen.

examination /ɪgˌzæmɪˈneɪʃən/ *n* **1.** (*Educ*) examen *m*: **the students are sitting * taking their history examinations** los estudiantes se están examinando de historia. **2.** (*Med*) reconocimiento *m*. **3.** (*investigation*) investigación *f*: **we need a thorough examination of the facts** es necesaria una investigación minuciosa de los hechos.

examine /ɪgˈzæmɪn/ *vt* [**examines, examining, examined**] **1.** (*Educ*) examinar: **he was examined** *in* **five subjects** se examinó de cinco asignaturas. **2.** (*Med*) reconocer, examinar. **3.** (*to inspect*) inspeccionar, examinar; (*to look into*) estudiar: **the police are examining the evidence** la policía está estudiando las pruebas. **4.** (*Law*) interrogar: **the defence counsel examined the witness** la defensa interrogó al testigo.

examiner /ɪgˈzæmɪnə/ *n* examinador -dora *m/f*.

example /ɪgˈzɑ:mpəl/ *n* ejemplo *m*: **try to follow the example in the text** intenta seguir el ejemplo del texto; **this piece is a good example of baroque music** esta obra es un buen exponente de la música barroca • **we could go to Wales, for example** podríamos ir a Gales, por ejemplo • **he set his friends a bad example** dio un mal ejemplo a sus compañeros • **he is an example to us all** es un modelo a seguir por todos nosotros • **they made an example of him** le dieron un castigo ejemplar.

exasperate /ɪgˈzɑ:spəreɪt/ *vt* [**exasperates, exasperating, exasperated**] exasperar.

exasperating /ɪgˈzɑ:spəreɪtɪŋ/ *adj* exasperante.

exasperation /ɪgˌzɑ:spəˈreɪʃən/ *n* exasperación *f*.

excavate /ˈekskəveɪt/ *vt/i* [**excavates, excavating, excavated**] excavar.

excavation /ˌekskəˈveɪʃən/ *n* excavación *f*.

excavator /ˈekskəˌveɪtə/ *n* (*machine*) excavadora *f*; (*person*) excavador -dora *m/f*.

exceed /ɪkˈsi:d/ *vt* [**exceeds, exceeding, exceeded**] (*to be greater than*) exceder: **the weight exceeded two kilos** el peso excedía los dos kilos; (*to go beyond*) sobrepasar: **you are exceeding the speed limit** estás sobrepasando el límite de velocidad.

exceedingly /ɪkˈsi:dɪŋlɪ/ *adv* extremadamente.

excel /ekˈsel/ *vi* [**excels, excelling, excelled**] sobresalir: **he excelled** *in* **French** destacaba en francés; **she excels** *at* **sports** sobresale * descolla en deportes.
♦ *vt* • **you've excelled yourself with the food** te has lucido con la comida.

excellence /ˈeksələns/ *n* excelencia *f*.

Excellency /ˈeksələnsɪ/ *n* [**Excellencies**] Excelencia *f*: **his Excellency wishes to see you** su Excelencia desea verla.

excellent /ˈeksələnt/ *adj* excelente.

excellently /ˈeksələntlɪ/ *adv* muy bien, estupendamente.

except /ɪkˈsept/ *prep, conj* menos, excepto: **we're all going except you** vamos todos menos tú; **these two cars are the same except** *for* **the colour** estos dos coches son iguales salvo en el color.

excepted /ɪkˈseptɪd/ *adj*: **Spanish excepted, he's not interested in languages** quitando el español * a excepción del español, no le interesan los idiomas • **present company excepted** exceptuando a los aquí presentes.

excepting /ɪkˈseptɪŋ/ *prep* excepto.

exception /ɪkˈsepʃən/ *n* excepción *f*: **they all agreed,** *with* **the exception** *of* **Jim** todos estuvieron de acuerdo, a excepción de Jim • **they were all late, without exception** llegaron todos tarde, sin excepción • **I don't see why we should make an exception for you** no veo por qué hemos de hacer una excepción contigo • **she took exception to what he said** se ofendió por lo que dijo.

exceptional /ɪkˈsepʃənəl/ *adj* excepcional.

exceptionally /ɪkˈsepʃənəlɪ/ *adv* excepcionalmente.

excerpt /ˈeksɜ:pt/ *n* pasaje *m*.

excess I /ɪkˈses/ *n* **1.** (*too much*) exceso *m*: **he drinks and smokes** *to* **excess** bebe y fuma en exceso • **he took his criticisms to excess** sus críticas fueron excesivas * exageradas. **2.** (*extra, surplus*) excedente *m* • **they have debts in excess of five thousand pounds** sus deudas sobrepasan las cinco mil libras.
II excesses /ɪkˈsesəz/ *n pl* (*abuse*) excesos *m pl*: **the worst excesses of the regime** los peores excesos del régimen.
III /ˈekses/ *adj* excedente: **you will have to pay for the excess baggage** tendrá que pagar por el exceso de equipaje.

excessive /ɪkˈsesɪv/ *adj* excesivo -va.

excessively /ɪkˈsesɪvlɪ/ *adv* excesivamente.

exchange /ɪksˈtʃeɪndʒ/ **I** *n* **1.** (*swap*) intercambio *m*: **there will be no exchange of prisoners** no habrá intercambio * canje de prisioneros • **I gave her some books in exchange for her camera** le di unos libros a cambio de su cámara. **2.** (*Educ*) intercambio *m*. **3.** (*of gunfire*) tiroteo *m*. **4.** (*of conversation*): **there were heated exchanges in Parliament yesterday** hubo enfrentamientos acalorados en el parlamento ayer. **5.** (*Fin*: *of currencies*) cambio *m*. **6.** (*Telec*) central *f* telefónica.
II *vt* [**exchanges, exchanging, exchanged**] cambiar: **you can exchange it** *for* **another size** lo puedes cambiar por otra talla; **we are unable to exchange sale goods** no admitimos cambios en los artículos de rebajas; **we exchanged addresses** nos intercambiamos las direcciones; **they exchanged glances** se miraron.

exchange rate *n* tasa *f* de cambio, tipo *m* de cambio.

Exchequer /ɪksˈtʃekə/ *n*: **the Exchequer** la Hacienda Pública, el tesoro público.

excise I /ˈeksaɪz/ *n* (*Fin*) impuesto *m* indirecto * sobre los bienes de consumo.
II /ɪkˈsaɪz/ *vt* [**excises, excising, excised**] (*frml*) extirpar.

excitable /ɪkˈsaɪtəbəl/ *adj* excitable.

excite /ɪkˈsaɪt/ *vt* [**excites, exciting, excited**] **1.** (*to work up*) excitar, poner nervioso -sa: **don't excite the children** no excites a los niños. **2.** (*to make enthusiastic*) emocionar. **3.** (*to awaken*) suscitar: **the story excited a lot of interest** la historia suscitó * despertó gran interés.

excited /ɪkˈsaɪtɪd/ *adj* (*enthusiastic*) entusiasmado -da: **are you excited** *about* **going on holiday?** ¿te hace ilusión ir de vacaciones?; **they got very excited** *about* **the film** se entusiasmaron mucho con la película; (*nervous*): **the doctor said he mustn't get excited** el médico ha dicho que no debe excitarse * agitarse.

excitedly /ɪkˈsaɪtɪdlɪ/ *adv* (*enthusiastically*) con entusiasmo; (*nervously*) con excitación.

excitement /ɪkˈsaɪtmənt/ *n* **1.** (*emotional*) emoción *f*: **the excitement of seeing him again** la emoción de volverlo a ver; **the news caused great excitement** la noticia causó una gran conmoción. **2.** (*enthusiasm*) entusiasmo *m*; (*nervousness*) excitación *f*, nerviosismo *m*.

exciting /ɪkˈsaɪtɪŋ/ *adj* (*film, adventure*) emocionante: **the menu's not very exciting** el menú no es muy original.

exclaim /ɪkˈskleɪm/ *vt/i* [**exclaims, exclaiming, exclaimed**] exclamar.

exclamation /ˌekskləˈmeɪʃən/ *n* exclamación *f*.

exclamation mark, (*US*) **exclamation point** *n* signo *m* de admiración.

exclude /ɪkˈsklu:d/ *vt* [**excludes, excluding, excluded**] excluir: **I was excluded** *from* **their plans** me excluyeron de sus planes; **we cannot exclude that possibility** no podemos descartar esa posibilidad.

excluding /ɪkˈsklu:dɪŋ/ *prep* **1.** (*except*) excepto, menos: **they are open all week, excluding Sunday**

abren todos los días excepto * menos el domingo. **2.** (*without counting*) sin contar: **there are six of us, excluding Alexandra** somos seis, sin contar a Alexandra; **fifty pounds, excluding VAT** cincuenta libras, sin el IVA.

exclusion /ɪk'sklu:ʒən/ *n* exclusión *f*.

exclusive /ɪk'sklu:sɪv/ **I** *adj* **1.** (*club, society*) selecto -ta, exclusivo -va. **2.** (*sole*) exclusivo -va: **they have exclusive rights to the movie** tienen la exclusiva de la película. **3.** (*not including*) exclusive: **this amount is exclusive** *of* **VAT** esta cifra no incluye el IVA • **those two solutions are mutually exclusive** esas dos soluciones se excluyen mutuamente.
II *n* exclusiva *f*.

exclusively /ɪk'sklu:sɪvlɪ/ *adv* exclusivamente.

excommunicate /ˌekskə'mju:nɪkeɪt/ *vt* [**excommunicates, excommunicating, excommunicated**] excomulgar.

excommunication /ekskəˌmju:nɪ'keɪʃən/ *n* excomunión *f*.

excrement /'ekskrəmənt/ *n* (*frml*) excremento *m*.

excrete /ɪk'skri:t/ *vt/i* [**excretes, excreting, excreted**] (*frml*) excretar.

excretion /ɪk'skri:ʃən/ *n* (*frml*) excreción *f*.

excruciating /ɪk'skru:ʃɪeɪtɪŋ/ *adj* insoportable.

excruciatingly /ɪk'skru:ʃɪeɪtɪŋlɪ/ *adv* (*painful, boring*) terriblemente.

excursion /ɪk'skɜ:ʃən/ *n* excursión *f*.

excusable /ɪk'skju:zəbəl/ *adj* perdonable.

excuse I /ɪk'skju:s/ *n* **1.** (*apology*) disculpa *f*: **she made her excuses and left** presentó sus disculpas y se marchó; **he didn't offer any excuse** *for* **being so late** no nos dio ninguna disculpa por llegar tan tarde; **there's no excuse** *for* **what you did** lo que hiciste no tiene perdón. **2.** (*reason*) excusa *f*: **you're always making excuses** siempre encuentras excusa para todo; **any excuse to have a drink!** ¡cualquier pretexto es bueno para tomar una copa!
II /ɪk'skju:z/ *vt* [**excuses, excusing, excused**] **1.** (*to forgive*) perdonar: **we can never excuse them** *(for)* **their behaviour** no les podemos perdonar su comportamiento • **excuse me, please, could I get past?** con permiso, por favor • **excuse me, is this seat free?** perdón, ¿está libre este asiento? **2.** (*to justify*) justificar: **that doesn't excuse her attitude** eso no justifica su actitud. **3.** (*for absence*) excusar: **if you'll excuse me, I have to go** si me perdonan, tengo que irme; **she excused herself and left** se excusó y se marchó. **4.** (*to exempt*) eximir: **she was excused** *(from)* **games** la eximieron de hacer deportes; **could I be excused** *from* **the meeting?** ¿podría faltar a la reunión?

execute /'eksɪkju:t/ *vt* [**executes, executing, executed**] (*person, task, manoeuvre*) ejecutar.

execution /ˌeksɪ'kju:ʃən/ *n* ejecución *f*.

executioner /ˌeksɪ'kju:ʃənə/ *n* verdugo *m*.

executive /eg'zekju:tɪv/ **I** *adj* ejecutivo -va.
II *n* (*person*) ejecutivo -va *m/f*; (*committee*) ejecutiva *f*.

exemplary /ɪg'zemplərɪ/ *adj* ejemplar.

exemplify /ɪg'zemplɪfaɪ/ *vt* [**exemplifies, exemplifying, exemplified**] ejemplificar.

exempt /ɪg'zempt/ **I** *adj* exento -ta: **they are exempt** *from* **taxes** están exentos de impuestos.
II *vt* [**exempts, exempting, exempted**] eximir: **he was exempted** *from* **military service** lo eximieron del servicio militar.

exemption /ɪg'zempʃən/ *n* exención *f*.

exercise /'eksəsaɪz/ **I** *n* **1.** (*physical, practical*) ejercicio *m*: **you should take more exercise** deberías hacer más ejercicio; **the exercises are at the back of the book** los ejercicios están al final del libro; (*Mil*): **naval exercises** maniobras navales. **2.** (*operation*): **that is not the object of the exercise** ése no es el objetivo que se persigue; **it's an exercise** *in* **raising the public's awareness of environmental issues** se hace para concienciar a la gente sobre los problemas del medio ambiente.
II *vt* [**exercises, exercising, exercised**] **1.** (*right, power*) ejercer: **you should exercise your right to vote** deberías ejercer el derecho al voto. **2.** (*muscles, memory, animals, etc.*) ejercitar.
♦*vi* hacer ejercicio: **you don't exercise enough** no haces suficiente ejercicio.

exercise book *n* libreta *f*, cuaderno *m*.

exert /ɪg'zɜ:t/ *vt* [**exerts, exerting, exerted**] **1.** (*influence, pressure*) ejercer. **2.** (*to make an effort*): **he won't exert himself to overcome his problems** no se esfuerza por * no pone empeño en superar sus problemas.

exertion /ɪg'zɜ:ʃən/ *n* esfuerzo *m*: **in spite of all my exertions, I couldn't open it** a pesar de todos mis esfuerzos, no pude abrirlo.

exhale /eks'heɪl/ *vt* [**exhales, exhaling, exhaled**] (*frml*) espirar.

exhaust /ɪg'zɔ:st/ **I** *vt* [**exhausts, exhausting, exhausted**] agotar: **the race exhausted me** la carrera me dejó agotado; **our stocks are exhausted** se nos han agotado las existencias.
II *n* **1.** (*también* **exhaust pipe**) (*Auto*) tubo *m* de escape, (*Arg, Urug*) caño *m* de escape. **2.** (*emissions*) gases *m pl* de escape.

exhausted /ɪg'zɔ:stɪd/ *adj* agotado -da.

exhausting /ɪg'zɔ:stɪŋ/ *adj* agotador -dora.

exhaustion /ɪg'zɔ:stʃən/ *n* agotamiento *m*: **the climbers were suffering from exhaustion after their ordeal** los escaladores estaban extenuados tras su dura prueba.

exhaustive /ɪg'zɔ:stɪv/ *adj* exhaustivo -va: **the police are conducting exhaustive inquiries** la policía está llevando a cabo una investigación exhaustiva * minuciosa.

exhibit /ɪg'zɪbɪt/ **I** *n* **1.** (*in gallery*) pieza *f* de exposición. **2.** (*evidence*) *objeto que se presenta como prueba en un juicio*.
II *vt* [**exhibits, exhibiting, exhibited**] **1.** (*works of art*) exponer: **his work has been exhibited all over the world** su obra ha sido expuesta en todo el mundo. **2.** (*symptom, quality*) presentar: **he's exhibiting all the signs of dehydration** presenta todos los síntomas de deshidratación; (*feeling*) dar muestras de: **she exhibited no sign of remorse** no dio ninguna muestra * ningún indicio de estar arrepentida.

exhibition /ˌeksɪ'bɪʃən/ *n* exposición *f*: **the sculpture will be** *on* **exhibition from June** la escultura se expondrá a partir de junio • **you really made an exhibition of yourself in the restaurant** verdaderamente te luciste en el restaurante.

exhibitionism /ˌeksɪ'bɪʃənɪzəm/ *n* exhibicionismo *m*.

exhibitionist /ˌeksɪ'bɪʃənɪst/ *n* exhibicionista *m/f*.

exhibitor /ɪg'zɪbɪtə/ *n* expositor -tora *m/f*.

exhilarate /ɪg'zɪləreɪt/ *vt* [**exhilarates, exhilarating, exhilarated**] (*to stimulate*) estimular; (*to make cheerful*) llenar de alegría, poner eufórico: **he was exhilarated** *at* **winning the scholarship** estaba eufórico por haber ganado la beca.

exhilarating /ɪgˈzɪləˌreɪtɪŋ/ *adj* excitante: **she finds skiing exhilarating** el esquí le parece muy excitante.

exhilaration /ɪgˌzɪləˈreɪʃən/ *n*: **hang-gliding off that mountain gives you an incredible feeling of exhilaration** bajar en ala delta desde esa montaña es increíblemente excitante.

exhort /ɪgˈzɔ:t/ *vt* [**exhorts, exhorting, exhorted**] (*frml*) exhortar.

exhumation /eksˌhju:mˈeiʃən/ *n* exhumación *f*.

exhume /eksˈhju:m/ *vt* [**exhumes, exhuming, exhumed**] (*frml*) exhumar.

exile /ˈeksaɪl/ **I** *n* **1.** (*enforced stay abroad*) exilio *m*, destierro *m*: **he spent years** *in* **exile** pasó muchos años en el exilio; **he was forced to go into exile in Panama** se vio obligado a exiliarse en Panamá. **2.** (*person*) exiliado -da *m/f*.
II *vt* [**exiles, exiling, exiled**] desterrar, enviar al exilio: **he was exiled** *to* **Elba** lo desterraron a Elba.

exiled /ˈeksaɪld/ *adj* exiliado -da.

exist /ɪgˈzɪst/ *vi* [**exists, existing, existed**] **1.** (*to be*) existir: **he is looking for something which doesn't exist** está buscando algo que no existe. **2.** (*to survive*) subsistir: **they were existing** *on* **a diet of nuts and berries** subsistían a base de frutos secos y bayas.

existence /ɪgˈzɪstəns/ *n* existencia *f*: **the organization came into existence after the war** la organización se creó * fue fundada después de la guerra.

existential /ˌegzɪˈstenʃəl/ *adj* existencial.

existentialism /ˌegzɪˈstenʃəlɪzəm/ *n* existencialismo *m*.

existentialist /ˌegzɪˈstenʃəlɪst/ *adj, n* existencialista *adj, m/f*.

existing /ɪgˈzɪstɪŋ/ *adj* existente: **the existing fire escape is unsafe** la escalera de incendios existente * actual es peligrosa.

exit /ˈeksɪt/ **I** *n* (*of building, motorway*) salida *f* ● **they made a discreet exit** salieron * se retiraron discretamente.
II *vi* [**exits, exiting, exited**] **1.** (*gen*) salir: **exit the sailor** sale el marinero. **2.** (*Inform*) salir del programa: **press the space bar to exit** pulse el espaciador para salir del programa.
♦*vt* salir de: **to exit this program press F4** pulsar la tecla F4 para salir del programa.

exodus /ˈeksədəs/ *n* éxodo *m* ● **there was a mass exodus** hubo un éxodo masivo.

ex officio /ˌeksəˈfɪʃɪəʊ/ *adj, adv* ex oficio.

exonerate /ɪgˈzɒnəreɪt/ *vt* [**exonerates, exonerating, exonerated**] (*from blame*) exonerar; (*from a charge*) absolver, exculpar: **the minister was exonerated** *from* **the charge** el ministro fue absuelto * exculpado del cargo.

exorbitant /ɪgˈzɔ:bɪtənt/ *adj* exorbitante.

exorcism /ˈeksɔ:sɪzəm/ *n* exorcismo *m*.

exorcist /ˈeksɔ:sɪst/ *n* exorcista *m/f*.

exorcize /ˈeksɔ:saɪz/ *vt* [**exorcizes, exorcizing, exorcized**] (*Relig*) exorcizar; (*memory*) conjurar.

exotic /ɪgˈzɒtɪk/ *adj* exótico -ca.

expand /ɪkˈspænd/ *vi* [**expands, expanding, expanded**] **1.** (*business*) crecer, expandirse; (*population*) crecer: **the town is expanding on the other side of the river** la ciudad se está extendiendo al otro lado del río. **2.** (*material*) dilatarse, expandirse: **the metallic strip in the thermostat expands** la lámina metálica del termostato se dilata; (*gas*) expandirse.
♦*vt* **1.** (*business*) expandir; (*area of influence*) extender: **the restaurant has been expanded** han ampliado el restaurante. **2.** (*material*) dilatar.
to **expand on** *vt* ampliar, extenderse sobre: **could you expand on that last point?** ¿podría ampliar ese último punto?

expandable /ɪkˈspændəbəl/ *adj* extensible.

expanse /ɪkˈspæns/ *n* extensión *f*: **a vast expanse of green fields** una vasta extensión de campos verdes.

expansion /ɪkˈspænʃən/ *n* **1.** (*gen*) expansión *f*: **the expansion of the market meant more business for us** la expansión * la ampliación del mercado supuso un mayor volumen de negocios para nosotros. **2.** (*of material*) dilatación *f*, expansión *f*; (*of gas*) expansión *f*.

expansive /ɪkˈspænsɪv/ *adj* expansivo -va, comunicativo -va.

expatriate /eksˈpætrɪət/ *n* expatriado -da *m/f*.

expect /ɪkˈspekt/ *vt* [**expects, expecting, expected**] **1.** (*gen*) esperar: **I was expecting to find the ironing done** esperaba encontrarme la ropa planchada; **we're not expecting much response** no esperamos obtener mucha respuesta; **she didn't know what to expect** *of* * *from* **university life** no sabía qué esperar de la vida universitaria; **roadworks at Junction 10 - delays expected** obras en el cruce 10 - se prevé que habrá demoras; **he half expected to find the house flooded** no le habría sorprendido encontrarse la casa inundada; **"They're not here yet." "Well, what did you expect?"** "Aún no han llegado." "¿Y tú qué esperabas?" **2.** (*to find likely*) suponer, imaginarse: **I expect he'll want to have a rest** supongo * me imagino que querrá descansar; **"Will you bring the car?" "I expect so."** "¿Vas a venir en coche?" "Supongo que sí." ● **it was only to be expected that they wouldn't come** como era de suponer, no vinieron. **3.** (*to be waiting for: gen*) esperar, aguardar: **I'm expecting a visitor** estoy esperando una visita; (*: a baby*): **she's expecting her first child** está esperando su primer hijo. **4.** (*to require*): **you are expected to stand when she enters the room** hay que ponerse de pie cuando ella entra; **we expect you to be loyal** exigimos que sea usted leal.
♦*vi* (*to be pregnant*): **she's expecting** está embarazada.

expectancy /ɪkˈspektənsɪ/ *n* expectación *f*.

expectant /ɪkˈspektənt/ *adj* **1.** (*hopeful*) expectante. **2.** (*mother*) embarazada.

expectantly /ɪkˈspektəntlɪ/ *adv* con expectación.

expectation /ˌekspekˈteɪʃən/ *n* **1.** (*hope*) expectativa *f*: **our expectations had been too high** habíamos esperado demasiado; **it's exceeded our wildest expectations** ha superado todas nuestras expectativas ● **the trip didn't live up to our expectations** el viaje nos decepcionó * defraudó. **2.** (*the expected*) esperanza *f* ● **contrary to expectation(s) the weather stayed fine** contrariamente a lo que se esperaba, siguió haciendo buen tiempo.

expediency /ɪkˈspi:dɪənsɪ/ *n* conveniencia *f*.

expedient /ɪkˈspi:dɪənt/ **I** *adj* conveniente: **it was considered expedient to delay publication of the report** se consideró conveniente posponer la publicación del informe.
II *n* expediente *m*.

expedite /ˈekspɪdaɪt/ *vt* [**expedites, expediting, expedited**] (*frml*) acelerar.

expedition /ˌekspɪˈdɪʃən/ *n* expedición *f*.

expel /ɪkˈspel/ *vt* [**expels, expelling, expelled**] expulsar: **they were expelled** *from* **school** fueron expulsados del colegio.

expend /ɪk'spend/ *vt* [**expends, expending, expended**] (*energy, time, money*) gastar.

expendable /ɪk'spendəbəl/ *adj* prescindible.

expenditure /ɪk'spendɪtʃə/ *n* (*spending*) gasto *m*: **he announced reductions in public expenditure** anunció recortes en el gasto público; (*amount spent*) gastos *m pl*: **we have to limit expenditure** *on* **luxuries** tenemos que gastar menos en cosas superfluas; **it was done with the minimum expenditure of effort** se hizo empleando un mínimo de esfuerzo.

expense /ɪk'spens/ *n* **1.** (*money*) gasto *m*: **the company will pay travelling expenses** la compañía pagará los gastos de viaje; **I don't want to go to that expense** no quiero gastar tanto; **he bought a replacement at great expense** compró un repuesto que le costó carísimo; **I did it at my own expense** me lo pagué de mi propio bolsillo; **she travelled to India at her parents' expense** viajó a la India a costa * a expensas de sus padres; **she spent a week in Belgium, all expenses paid** pasó una semana en Bélgica con todos los gastos pagados; **no expense was spared on the wedding** no repararon en gastos para la boda. **2.** (*in phrases*) •**they're always having a joke at her expense** siempre se están riendo a su costa • **she spends her time on ballet at the expense of her schoolwork** dedica todo su tiempo al ballet a expensas de su trabajo escolar.

expensive /ɪk'spensɪv/ *adj* caro -ra.

expensively /ɪk'spensɪvlɪ/ *adv*: **she was expensively dressed** iba vestida con ropa cara.

experience /ɪk'spɪərɪəns/ **I** *n* experiencia *f*: **he was speaking** *from* **experience** hablaba basándose en su propia experiencia; **"They always keep their word." "That hasn't been our experience."** "Nunca faltan a su palabra." "Pues no ha sido así con nosotros."

II *vt* [**experiences, experiencing, experienced**] **1.** (*feeling, sensation*) experimentar: **she experienced a sharp pain** sintió un dolor agudo. **2.** (*loss, delay*) sufrir: **we experienced a great deal of opposition** nos vimos enfrentados a mucho antagonismo.

experienced /ɪk'spɪərɪənst/ *adj* (*surgeon, driver*) experimentado -da: **I need an experienced secretary** necesito una secretaria con experiencia; **he's experienced** *at* **dealing with people** tiene mucha experiencia en tratar con la gente.

experiment /ɪk'sperɪmənt/ **I** *n* experimento *m*, experiencia *f*.

II *vi* [**experiments, experimenting, experimented**] experimentar, hacer experimentos: **they do not experiment** *on* **animals** no experimentan con animales; **he is experimenting** *with* **different techniques** está experimentando con distintas técnicas.

experimental /ɪkˌsperɪ'mentəl/ *adj* experimental.

experimentally /ɪkˌsperɪ'mentəlɪ/ *adv* de forma experimental.

expert /'ekspɜ:t/ **I** *n* experto -ta *m/f*: **he's an expert** *in* **marine biology** es un experto en biología marina; **she's an expert** *on* **the Ancient Greeks** es experta en la historia de los antiguos griegos.

II *adj* experto -ta: **we need expert advice** necesitamos el asesoramiento de un experto; **she's expert** *at* **doing crosswords** es una experta en crucigramas.

expertise /ˌekspɜ:'ti:z/ *n* pericia *f*.

expertly /'ekspɜ:tlɪ/ *adv* con pericia: **he handled the situation expertly** se hizo cargo de la situación como un experto.

expire /ɪk'spaɪə/ *vi* [**expires, expiring, expired**] **1.** (*ticket, visa, passport, licence*) caducar; (*lease*) vencer. **2.** (*frml: to die*) expirar; (*fam*): **I nearly expired it was so hot in there!** hacía tanto calor allí dentro que casi me muero.

expiry /ɪk'spaɪərɪ/ *n* (*of ticket, visa, passport, licence*) caducidad *f*; (*of lease*) vencimiento *m*.

expiry date *n* fecha *f* en la que caduca * vence.

explain /ɪk'spleɪn/ *vt* [**explains, explaining, explained**] explicar: **could you explain this** *to* **me?** ¿me podrías explicar * aclarar esto?; **I explained** *to* **them why it was important** les expliqué por qué era importante; **let me explain the situation** permítame que le explique la situación; **that explains his behaviour** eso explica su comportamiento • **I was furious and asked him to explain himself** estaba furioso y le pedí explicaciones.

to **explain away** *vt*: **he couldn't explain away the missing money** no pudo explicar por qué faltaba el dinero; **we'll see how he explains that away!** veremos qué excusas da para explicar eso.

explanation /ˌeksplə'neɪʃən/ *n* **1.** (*clarification*) explicación *f*, aclaración *f*: **give us an explanation** *of* **the rules** explíquenos las reglas. **2.** (*reason*): **there's no explanation** *for* **it** no tiene explicación.

explanatory /ɪk'splænətərɪ/ *adj* explicativo -va.

expletive /ɪk'spli:tɪv/ *n* (*frml*) palabra *f* soez.

explicable /ɪk'splɪkəbəl/ *adj* explicable.

explicably /ɪk'splɪkəblɪ/ *adv* explicablemente.

explicit /ɪk'splɪsɪt/ *adj* explícito -ta.

explicitly /ɪk'splɪsɪtlɪ/ *adv* explícitamente.

explode /ɪk'spləʊd/ *vi* [**explodes, exploding, exploded**] estallar, explotar: **a bomb exploded in the shopping centre** estalló una bomba en el centro comercial • **she looked in the mirror and exploded with laughter** se miró al espejo y estalló de risa.

♦*vt* **1.** (*bomb*) hacer explotar. **2.** (*idea, theory*) echar por tierra, refutar.

exploit **I** /'eksplɔɪt/ *n* hazaña *f*, proeza *f*.

II /ɪk'splɔɪt/ *vt* [**exploits, exploiting, exploited**] (*people, resources*) explotar: **United were able to exploit their advantage** el United supo capitalizar su ventaja.

exploitation /ˌeksplɔɪ'teɪʃən/ *n* explotación *f*.

exploitative /ɪk'splɔɪtətɪv/ *adj* explotador -dora.

exploration /ˌeksplə'reɪʃən/ *n* exploración *f*.

exploratory /ɪk'splɒrətərɪ/ *adj* exploratorio -ria.

explore /ɪk'splɔ:/ *vt* [**explores, exploring, explored**] **1.** (*Geog*) explorar. **2.** (*ideas, possibilities*) examinar, estudiar.

explorer /ɪk'splɔ:rə/ *n* explorador -dora *m/f*.

explosion /ɪk'spləʊʒən/ *n* explosión *f*, estallido *m*.

explosive /ɪk'spləʊsɪv/ **I** *adj* explosivo -va.

II *n* explosivo *m*.

explosively /ɪk'spləʊsɪvlɪ/ *adv* de modo explosivo.

exponent /ek'spəʊnənt/ *n* exponente *m/f*: **he's the chief exponent of Spanish lyricism** es el máximo exponente de la lírica española.

export **I** /ek'spɔ:t/ *vt* [**exports, exporting, exported**] exportar.

II /'ekspɔ:t/ *n* **1.** (*trade*) exportación *f*. **2.** (*item*) artículo *m* de exportación; (*produce*) producto *m* de exportación.

exportation /ˌekspɔ:'teɪʃən/ *n* exportación *f*.

exporter /ek'spɔ:tə/ *n* exportador -dora *m/f*.

expose /ɪk'spəʊz/ *vt* [**exposes, exposing, exposed**]

1. (*gen*) exponer: **fair skins should not be exposed** *to* **too much sun** las personas de piel delicada no deberían exponerse mucho al sol • **he was arrested for exposing himself** lo detuvieron por exhibicionismo. **2.** (*secret*) revelar, descubrir; (*person*) desenmascarar: **he was exposed** *as* **a fraud** quedó en evidencia que era un farsante.

exposé /ɪk'spəʊzeɪ/ *n* revelación *f*.

exposed /ɪk'spəʊzd/ *adj* (*to weather*) desprotegido -da.

exposition /ˌekspə'zɪʃən/ *n* **1.** (*of facts*) exposición *f*. **2.** (*exhibition*) exposición *f*.

exposure /ɪk'spəʊʒə/ *n* **1.** (*gen*) exposición *f*: **exposure** *to* **sunlight can cause colours to fade** los colores pueden desteñir si se exponen a la luz. **2.** (*to cold*): **many newborn lambs died of exposure** muchos corderos recién nacidos murieron de frío. **3.** (*in developing a photograph*) exposición *f*; (*photograph*) toma *f*. **4.** (*of a secret*) revelación *f*: **fearing exposure, he fled the country** abandonó el país por temor a quedar al descubierto.

expound /ɪk'spaʊnd/ *vt* [**expounds, expounding, expounded**] (*frml*: *idea, theory*) exponer.

express /ɪk'spres/ **I** *n* [**expresses**] (*train*) expreso *m*, rápido *m*.
II *adv* (*to send*) por correo exprés * urgente.
III *adj* **1.** (*fast*) expreso -sa, rápido -da: **an express letter** una carta exprés * urgente. **2.** (*intention*) expreso -sa: **her express aim was to teach them to read** se proponía expresamente enseñarles a leer.
IV *vt* [**expresses, expressing, expressed**] **1.** (*to state, describe*) expresar: **she expressed a desire to visit Italy** expresó * manifestó el deseo de visitar Italia; **words cannot express my delight** no tengo palabras para expresar mi alegría; **he has difficulty expressing himself** le cuesta expresarse. **2.** (*frml*: *to show*) expresar: **express your answer as a fraction** exprese la solución en forma de fracción.

expression /ɪk'spreʃən/ *n* (*facial, verbal, musical*) expresión *f*: **I don't know that expression** no conozco esa expresión; **she plays the piano with real expression** toca el piano de una manera muy expresiva; **he had an expression of disbelief on his face** tenía una expresión de incredulidad.

expressionism /ɪk'spreʃənɪzəm/ *n* expresionismo *m*.

expressionist /ɪk'spreʃənɪst/ *adj*, *n* expresionista *adj*, *m/f*.

expressionless /ɪk'spreʃənləs/ *adj* inexpresivo -va.

expressive /ɪk'spresɪv/ *adj* expresivo -va.

expressively /ɪk'spresɪvlɪ/ *adv* expresivamente.

expressly /ɪk'spreslɪ/ *adv* expreso, expresamente: **they did it expressly to annoy me** lo hicieron expreso * expresamente para fastidiarme.

expressway /ɪk'spresweɪ/ *n* (*US*) autopista *f*.

expropriate /eks'prəʊprɪeɪt/ *vt* [**expropriates, expropriating, expropriated**] (*frml*) expropiar.

expropriation /eksˌprəʊprɪ'eɪʃən/ *n* (*frml*) expropiación *f*.

expulsion /ɪk'spʌlʃən/ *n* expulsión *f*.

expurgate /'ekspɜːgeɪt/ *vt* [**expurgates, expurgating, expurgated**] expurgar.

exquisite /'ekskwɪzɪt/ *adj* exquisito -ta.

exquisitely /'ekskwɪzɪtlɪ/ *adv* exquisitamente.

extemporize /eks'tempəraɪz/ *vi* [**extemporizes, extemporizing, extemporized**] (*frml*) improvisar.

extend /ɪk'stend/ *vi* [**extends, extending, extended**] **1.** (*in space*) extenderse: **the suburbs extend** *for* **miles** los barrios de las afueras abarcan una gran extensión de terreno. **2.** (*in time*) prolongarse: **the talks extended** *into* **the early hours** las conversaciones se prolongaron hasta la madrugada.
♦ *vt* **1.** (*over time*) prolongar: **she extended her membership** *for* **a further year** renovó su carnet de socia para otro año. **2.** (*one's influence*) extender, ampliar: **the Saturday opening hours have been extended** han ampliado el horario de atención al público de los sábados. **3.** (*a house*) ampliar; (*a road*) prolongar. **4.** (*to give out*): **they extended an invitation** *to* **all the participants** se invitó a todos los participantes; **we'd like to extend a warm welcome** *to*... quisiéramos darle una calurosa bienvenida a...; **their hospitality was extended** *to* **all** ofrecieron hospitalidad a todo el mundo.

extended family /ɪk'stendɪd 'fæməlɪ/ *n* familia *f* (*en su sentido más amplio*).

extension /ɪk'stenʃən/ *n* **1.** (*Telec*) extensión *f*: **can I have extension twelve please?** ¿me pone con la extensión doce, por favor? **2.** (*Archit*): **they've had an extension built** han hecho ampliaciones. **3.** (*in time*) prórroga *f*: **she asked for an extension on her assignment** pidió una prórroga del plazo de entrega del trabajo.

extension cable, **extension lead** *n* alargadera *f*, alargador *m*.

extensive /ɪk'stensɪv/ *adj* **1.** (*far-reaching*): **there was extensive media coverage of the event** los medios de comunicación dieron amplia cobertura al suceso; **the fire caused extensive damage** el incendio causó daños importantes. **2.** (*area, gardens*) extenso -sa: **the house has extensive grounds** la casa posee una gran extensión de terreno. **3.** (*search, investigation*) minucioso -sa, exhaustivo -va.

extensively /ɪk'stensɪvlɪ/ *adv* (*to a large extent*): **the palace has been altered extensively since then** han hecho importantes reformas al palacio desde entonces; **she dealt extensively with the subject** trató el tema en detalle; **the dictionary has been extensively revised** han revisado el diccionario a fondo; (*widely*): **the orchestra has toured extensively** la orquesta ha hecho numerosas giras.

extent /ɪk'stent/ *n* **1.** (*expanse*) extensión *f*; (*of problem*) alcance *m*: **we don't know the full extent of the damage** desconocemos el verdadero alcance de los daños. **2.** (*point*) punto *m*: **to what extent can we be objective?** ¿hasta qué punto * en qué medida podemos ser objetivos?; **we are, to some extent * to a certain extent, wasting our time** hasta cierto punto estamos perdiendo el tiempo; **to a large extent the work is routine** el trabajo es en gran medida rutinario • **she pestered me to such an extent * to the extent that I lost my temper** me incordió hasta tal punto que perdí los estribos.

extenuating circumstances /eks'tenjʊˌeɪtɪŋ 'sɜːkəmˌstænsɪz/ *n pl* circunstancias *f pl* atenuantes.

exterior /ɪk'stɪərɪə/ **I** *n* (*of building*) exterior *m*: **underneath this calm exterior, she was furious** tras esa apariencia de calma, estaba furiosa.
II *adj* exterior, externo -na.

exterminate /ɪk'stɜːmɪneɪt/ *vt* [**exterminates, exterminating, exterminated**] exterminar.

extermination /ɪkˌstɜːmɪ'neɪʃən/ *n* (*of insects, rats*) exterminio *m*, exterminación *f*; (*of population*) exterminio *m*.

external /ek'stɜːnəl/ *adj* externo -na.

externally /ek'stɜːnəlɪ/ *adv* por fuera: **the exam pa-**

pers are marked externally los exámenes son calificados por un tribunal externo.
extinct /ek'stɪŋkt/ *adj* (*species, volcano*) extinto -ta.
extinction /ɪk'stɪŋkʃən/ *n* extinción *f*: **this species is in danger of extinction** esta especie está en peligro de extinción.
extinguish /ɪk'stɪŋgwɪʃ/ *vt* [**extinguishes, extinguishing, extinguished**] (*fire*) extinguir: **they extinguished the blaze** extinguieron el incendio.
extinguisher /ɪk'stɪŋgwɪʃə/ *n* extintor *m* de incendios.
extol, (*US*) **extoll** /ɪk'stəʊl/ *vt* [**extols, extolling, extolled**] ponderar, encomiar.
extort /ɪk'stɔ:t/ *vt* [**extorts, extorting, extorted**] sacar: **he extorted money** *from* **them by threats of violence** los extorsionaba con amenazas de violencia.
extortion /ɪk'stɔ:ʃən/ *n* extorsión *f*.
extortionate /ɪk'stɔ:ʃənət/ *adj* (*price*) abusivo -va; (*interest rates*) de usura.
extra /'ekstrə/ **I** *adj* **1.** (*supplementary*) extra: **home delivery at no extra charge** entrega a domicilio sin recargo; **I need an extra pair of hands!** necesito otro par de manos; **I'll buy a couple of extra onions** compraré un par de cebollas de más. **2.** (*leftover*) que sobra: **who wants the extra bun?** ¿quién quiere el bollo que sobra?
II *adv*: **you pay extra for a single room** hay que pagar suplemento por la habitación individual; **I'm prepared to pay a little extra for that** estoy dispuesto a pagar un poco más por eso; **as an extra special favour** como un favor muy especial; **he bought me an extra large T-shirt** me compró una camiseta de la talla extra grande.
III *n* **1.** (*addition*) extra *m*. **2.** (*in a film*) extra *m/f*, figurante *m/f*.
extra time *n* (*GB*) prórroga *f*: **they played extra time** jugaron una prórroga.
extract I /'ekstrækt/ *n* **1.** (*from a text*) fragmento *m*: **he read an extract** *from* **Othello** leyó un fragmento de Otelo. **2.** (*substance*) extracto *m*: **yeast extract** extracto de levadura.
II /ɪk'strækt/ *vt* [**extracts, extracting, extracted**] **1.** (*medical, mechanical process*) extraer: **oil is extracted** *from* **the olives** se extrae aceite de las aceitunas. **2.** (*information*) sacar: **try to extract the main points** *from* **the article** trata de sacar los puntos principales del artículo; (*a promise*) arrancar.
extraction /ɪk'strækʃən/ *n* **1.** (*removal*) extracción *f*. **2.** (*background*) origen *m*: **she's of German extraction** es de origen alemán.
extractor fan /ɪk'stræktə fæn/ *n* extractor *m* (de aire).
extracurricular /ˌekstrəkə'rɪkjʊlə/ *adj* extracurricular.
extradite /'ekstrədaɪt/ *vt* [**extradites, extraditing, extradited**] extraditar.
extradition /ˌekstrə'dɪʃən/ *n* extradición *f*.
extramarital /ˌekstrə'mærɪtəl/ *adj* extramatrimonial.
extramural /ˌekstrə'mjʊərəl/ *adj* para alumnos externos.
extraneous /ek'streɪnɪəs/ *adj* superfluo -flua: **there was a lot of extraneous information in his essay** su trabajo contenía mucha información ajena al tema * superflua.
extraordinarily /ɪk'strɔ:dənrəlɪ/ *adv* extraordinariamente.
extraordinary /ɪk'strɔ:dənrɪ/ *adj* **1.** (*exceptional*) extraordinario -ria; (*odd*) extraño -ña: **she wears the most extraordinary clothes** lleva una ropa de lo más extravagante; (*unbelievable*) increíble, insólito -ta: **I find it extraordinary that he should have been offered the job** me parece increíble * que le hayan ofrecido el puesto. **2.** (*meeting*) extraordinario -ria.
extrapolate /ek'stræpəleɪt/ *vt* [**extrapolates, extrapolating, extrapolated**] extrapolar.
extrapolation /ekˌstræpə'leɪʃən/ *n* extrapolación *f*.
extrasensory perception /ˌekstrə'sensərɪ pə'sepʃən/ *n* percepción *f* extrasensorial.
extraterrestrial /ˌekstrətə'restrɪəl/ *adj, n* extraterrestre *adj, m/f*.
extravagance /ɪk'strævəgəns/ *n* (*with money*) derroche *m*: **that meal was our one extravagance** esa comida fue el único lujo que nos permitimos.
extravagant /ɪk'strævəgənt/ *adj* **1.** (*wasteful with money*) derrochador -dora: **they have a very extravagant lifestyle** viven a lo grande * por todo lo alto. **2.** (*idea, plan*) descabellado -da; (*decor, costume*) extravagante, estrafalario -ria.
extravagantly /ɪk'strævəgəntlɪ/ *adv* **1.** (*referring to money*) por todo lo alto: **they live extravagantly** viven por todo lo alto; (*sumptuously*) suntuosamente. **2.** (*flamboyantly*) de manera extravagante.
extreme /ɪk'stri:m/ **I** *adj* **1.** (*views, ideas*) extremado -da, muy radical; (*political ideas, measures*) extremo -ma: **her reaction was somewhat extreme** su reacción fue algo exagerada * extremada. **2.** (*heat*) intensísimo -ma: **they lived in extreme poverty** vivían en la más absoluta miseria; **the weather conditions were extreme** las condiciones atmosféricas eran extremas. **3.** (*furthest*) extremo -ma.
II *n* extremo *m* • **she's bossy in the extreme** es extremadamente mandona • **he goes to extremes to win** es capaz de hacer cualquier cosa por ganar • **she takes generosity to extremes** es exageradamente generosa • **she goes from one extreme to the other** pasa de un extremo al otro.
extremely /ɪk'stri:mlɪ/ *adv* sumamente: **it's extremely difficult** es sumamente difícil, es dificilísimo; **I'm extremely sorry** lo siento muchísimo.
extremism /ɪk'stri:mɪzəm/ *n* extremismo *m*.
extremist /ɪk'stri:mɪst/ *adj, n* extremista *adj, m/f*.
extremity /ɪk'stremətɪ/ **I** *n* [**extremities**] (*point*) extremo *m*.
II extremities *n pl* (*of body*) extremidades *f pl*.
extricate /'ekstrɪkeɪt/ *vt* [**extricates, extricating, extricated**] sacar: **how will the government extricate itself** *from* **this mess?** ¿cómo se las arreglará el gobierno para salir de este apuro?
extrovert /'ekstrəvɜ:t/ *adj, n* extrovertido -da *adj, m/f*.
exuberance /ɪg'zju:bərəns/ *n* **1.** (*joy*) euforia *f*. **2.** (*of foliage*) exuberancia *f*.
exuberant /ɪg'zju:bərənt/ *adj* **1.** (*joyous*) eufórico -ca. **2.** (*luxuriant*) exuberante.
exuberantly /ɪg'zju:bərəntlɪ/ *adv* eufóricamente.
exude /ɪg'zju:d/ *vt* [**exudes, exuding, exuded**] **1.** (*smell, liquid*) exudar. **2.** (*quality, feeling*) rebosar: **he exudes self-confidence** rebosa confianza en sí mismo.
♦ *vi* exudar.
exult /ɪg'zʌlt/ *vi* [**exults, exulting, exulted**] exultar, alborozarse: **they exulted** *in* **their victory** estaban alborozados por su victoria.
exultant /ɪg'zʌltənt/ *adj* exultante, alborozado -da.
exultation /ˌegzʌl'teɪʃən/ *n* exultación *f*, alborozo *m*.

eye /aɪ/ **I** *n* (*of person, needle, storm, potato*) ojo *m*: **he got a black eye** le pusieron un ojo morado; (*gaze*) mirada *f*: **all eyes were on them** todas las miradas estaban puestas en ellos • **I couldn't believe my eyes** no podía dar crédito a mis ojos, no podía creer lo que estaba viendo • **there was nothing but sand as far as the eye could see** no había más que arena hasta donde alcanzaba la vista • **they're too small to see with the naked eye** son demasiado pequeños para verlos a simple vista • **there's more to ice-skating than meets the eye** el patinaje sobre hielo es más difícil de lo que parece • **to catch the eye** (*to draw attention*): **that red jumper caught my eye** ese jersey rojo me llamó la atención; (*to signal*): **she tried to catch his eye** intentó atraer su atención • **the cake disappeared before my very eyes** el pastel desapareció delante de mis propios ojos • **she cried her eyes out** lloró a lágrima viva • **the royal family is constantly in the public eye** la familia real está constantemente en el punto de mira • **keep an eye on the sauce while I answer the phone** vigílame la salsa mientras contesto el teléfono • **keep an eye out for any suspicious packages** mantén los ojos bien abiertos por si ves algún paquete sospechoso • **keep your eyes skinned * peeled** estáte ojo avizor • **to be a teacher you need eyes in the back of your head** para ser profesor necesitas tener cien ojos • **I've got my eye on that dress in the window** le he echado el ojo a ese vestido del escaparate • **he was making eyes at me** me estaba lanzando miraditas • **he shuts his eyes to emotional problems** cierra los ojos a los problemas de orden afectivo • **the company turns a blind eye to private phonecalls** la compañía hace la vista gorda a las llamadas telefónicas particulares • **he only had eyes for Janet** sólo tenía ojos para Janet • **she has an eye for detail** tiene buen ojo para los detalles • **in the eyes of society they are failures** para la sociedad son unos fracasados, la sociedad los considera unos fracasados • **she went into it with her eyes open** sabía muy bien en qué se estaba metiendo • **those two have never seen eye to eye** esos dos nunca han sido de la misma opinión • **I'm up to my eyes in paperwork** estoy hasta los ojos de trabajo administrativo.

II *vt* [**eyes, eyeing, eyed**] mirar: **she eyed the food suspiciously** miraba la comida con recelo.

eyeball *n* globo *m* ocular.

eyebrow *n* ceja *f*: **she raised her eyebrows** enarcó las cejas • **his frankness raised a few eyebrows** su franqueza causó cierto asombro.

eyebrow pencil *n* lápiz *m* de cejas.

eye-catching *adj* llamativo -va.

eye drops *n pl* gotas *f pl* para los ojos.

eyelash *n* [**eyelashes**] pestaña *f*.

eye level *n* altura *f* de la vista.

eyelid *n* párpado *m* • **when he announced his resignation she didn't bat an eyelid** cuando él anunció su dimisión, ella ni se inmutó.

eyeliner *n* delineador *m*.

eye-opener *n* revelación *f*.

eye-shadow *n* sombra *f* de ojos.

eyesight *n* vista *f*.

eyesore *n* (*fam*) monstruosidad *f*.

eyestrain *n* vista *f* cansada.

eyewitness *n* [**eyewitnesses**] testigo *m/f* presencial * ocular.

eyrie /ˈɪərɪ/ *n* aguilera *f*.

F

F, f /ef/ *n* (*letter*) F, f *f*; (*name of letter*) efe *f*.

F /ef/ *n* (*Mus*) fa *m inv*.

F *léase* /ˈfærənˌhaɪt/ (*abreviatura de* **Fahrenheit**) F (Fahrenheit).

f **1.** *léase* /ˈfiːmeɪl/ (*abreviatura de* **female**) m (mujer). **2.** *léase* /ˈfemɪnɪn/ (*abreviatura de* **feminine**) f (femenino).

FA /efˈeɪ/ *n* (*in GB*) (*abreviatura de* **Football Association**) Federación *f* de Fútbol.

fable /ˈfeɪbəl/ *n* fábula *f*.

fabric /ˈfæbrɪk/ *n* **1.** (*Clothing*) tela *f*. **2.** (*of a building, structure*) estructura *f*.

fabricate /ˈfæbrɪkeɪt/ *vt* [**fabricates, fabricating, fabricated**] (*a story*) inventar.

fabrication /ˌfæbrɪˈkeɪʃən/ *n* invención *f*: **his alibi was pure fabrication** su coartada era pura invención.

fabulous /ˈfæbjʊləs/ *adj* fabuloso -sa.

façade, facade /fəˈsɑːd/ *n* (*building, pretence*) fachada *f*: **his confidence is merely a façade** su confianza en sí mismo es pura fachada.

face /feɪs/ **I** *n* **1.** (*Anat*) cara *f*, rostro *m*: **he stood face** *to* **face** *with* **his rival** estaba cara a cara con su rival; **she was lying face** *down/up* estaba tumbada boca abajo/arriba • **the solution was staring me in the face** tenía la solución delante de las narices • **she told him to his face that he was ugly** le dijo a la cara que era feo • **she left, slamming the door in my face** salió y me dio con la puerta en las narices • **the child fell flat on his face in the mud** el niño se cayó de bruces al barro • **don't show your face in here again!** ¡no quiero volver a verte aquí nunca! • **her actions flew in the face of convention** actuaba en contra de toda convención • **I'm not just a pretty face you know!** ¡soy más inteligente de lo que tú piensas! • **he has a very long face today** hoy anda con cara larga • **you can shout till you're blue in the face but he won't hear you** puedes gritar hasta desgañitarte, que no te va a oír • **she only apologized to save face** sólo pidió perdón para guardar las apariencias. **2.** (*expression*) cara *f*, expresión *f*: **he was pulling funny faces** estaba haciendo muecas; **she was very disappointed but put a brave face on it** estaba muy desilusionada pero puso buena cara; **she couldn't keep a straight face** no pudo contener la risa • **her face fell** se le notaba en la cara que estaba decepcionada. **3.** (*surface: of planet*) superficie *f* • **he**

seemed to have disappeared off the face of the earth parecía que había desaparecido de la faz de la tierra; (*: of watch, clock*) esfera *f*; (*: of coin, mountain*) cara *f*. **4.** (*outward impression*) aspecto *m*: **you can't take his promises at face value** sus promesas no se pueden tomar en serio • **on the face of it, the economy is improving** por lo que parece, la economía está mejorando • **she kept calm in the face of disaster** mantuvo la calma ante la adversidad.

II *vt* [**faces, facing, faced**] **1.** (*direction*) dar a: **my bedroom faces south** mi dormitorio da al sur; **the building facing us is a bank** el edificio de enfrente es un banco. **2.** (*prospect, situation*) enfrentarse a: **many workers are faced** *with* **redundancy** muchos trabajadores se enfrentan al despido; **he could face life imprisonment** podría ser condenado a cadena perpetua. **3.** (*to recognize*) admitir: **he's going to win anyway, let's face it** va a ganar de todos modos, seamos realistas. **4.** (*to bear*) soportar: **I can't face telling her the news** no soporto la idea de tener que darle la noticia.

to **face up to** *vt* aceptar: **she won't face up to her husband's death** no acepta la muerte de su marido.

face cloth *n* [**face cloths**] toallita *f* (*para lavarse*).

face cream *n* crema *f* de belleza.

face-lift *n* **1.** (*cosmetic*) lifting *m*. **2.** (*of building*) remozamiento *m*.

faceless /ˈfeɪsləs/ *adj* anónimo -ma.

facet /ˈfæsɪt/ *n* faceta *f*.

facetious /fəˈsiːʃəs/ *adj* burlón -lona: **stop making facetious remarks!** ¡ya basta de burlas!; **his tone was rather facetious** lo dijo en un tono burlón * guasón.

facial /ˈfeɪʃəl/ I *adj* facial.

II *n* (*cosmetic treatment*) tratamiento *m* facial.

facile /ˈfæsaɪl/ *adj* superficial.

facilitate /fəˈsɪlɪteɪt/ *vt* [**facilitates, facilitating, facilitated**] (*frml*) facilitar.

facility /fəˈsɪlətɪ/ I *n* [**facilities**] **1.** (*skill*) facilidad *f*: **she has a tremendous facility** *for* **remembering dates** tiene una facilidad tremenda para recordar fechas. **2.** (*function*) función *f*.

II **facilities** *n pl* instalaciones *f pl*: **there are no sports facilities in the area** no hay instalaciones deportivas en la zona; **shopping facilities** tiendas; **banking facilities** bancos.

facing /ˈfeɪsɪŋ/ I *prep* frente a: **the library is the building facing the Town Hall** la biblioteca es el edificio que está enfrente del ayuntamiento; **she sat facing me** se sentó enfrente de mí.

II *adj* de enfrente: **look at the photograph on the facing page** mira la fotografía de la página de al lado.

III *n* **1.** (*in sewing*) vuelta *f*. **2.** (*Archit: of a wall*) revestimiento *m*.

facsimile /fækˈsɪməlɪ/ I *n* facsímil *m*, facsímile *m*.

II *adj* facsímil.

fact /fækt/ *n* **1.** (*piece of information*) hecho *m*: **just stick to the facts** aténgase a los hechos; **get your facts straight before you interfere** antes de entrometerte comprueba los hechos; **the fact that he speaks German got him the job** el hecho de que hablara alemán fue lo que hizo que le dieran el puesto; **the fact is that we are short-staffed** el hecho es que estamos escasos de personal • **I know for a fact that she won't go** sé a ciencia cierta que no irá • **it's time we faced facts** ya es hora de que aceptemos la realidad. **2.** (*reality*): **fact is sometimes stranger than fiction** a veces la realidad supera a la ficción • **the fact (of the matter) is that they don't get on** el hecho es que no se llevan bien • **in fact, he's quite right** de hecho, tiene razón • **they claim to be sisters, but in actual fact they aren't related** dicen que son hermanas, pero la verdad es que ni están emparentadas • **it's a fact of life that we get older** hacerse viejo es ley de vida.

facts of life *n pl* (*Biol*) *los detalles de cómo se reproducen los seres humanos.*

faction /ˈfækʃən/ *n* facción *f*: **warring factions have caused many deaths in the area** las distintas facciones en guerra han causado muchas muertes en la región.

factor /ˈfæktə/ *n* **1.** (*contributory aspect*) factor *m*: **many factors contributed to the fall of the dictatorship** en la caída de la dictadura contribuyeron muchos factores. **2.** (*Maths*) divisor *m*: **find the common factors** halla los divisores comunes.

factory /ˈfæktərɪ/ *n* [**factories**] fábrica *f*.

factory farming *n* ganadería *f* intensiva.

factual /ˈfæktʃʊəl/ *adj* factual: **a factual account of the Crimean War** una explicación, basada en los hechos, de la guerra de Crimea.

faculty /ˈfækəltɪ/ *n* [**faculties**] **1.** (*at university*) facultad *f*. **2.** (*capacity*) facultad *f*: **he's still in possession of all his faculties** todavía está en plena posesión de sus facultades.

fad /fæd/ *n* manía *f*: **her latest fad is to dress all in black** su última manía es vestirse toda de negro.

fade /feɪd/ *vi* [**fades, fading, faded**] **1.** (*to lose colour*) desteñir, descolorarse: **the cover of this book has faded in the sun** la portada de este libro ha desteñido con el sol; **jeans fade in the wash** los vaqueros pierden color * destiñen al lavarlos. **2.** (*to become fainter*) desvanecerse: **his memories of the accident gradually faded** poco a poco se fueron desvaneciendo sus recuerdos del accidente; **daylight was fading fast** anochecía * oscurecía rápidamente.

♦ *vt* desteñir.

to **fade away** *vi* apagarse: **his voice faded away** *to* **nothing** su voz se fue apagando hasta dejar de oírse.

to **fade in** *vt* (*images*) fundir; (*sound*) aumentar gradualmente el volumen de.

♦ *vi* (*images*) fundirse; (*sound*) aumentar gradualmente de volumen.

to **fade out** *vt* (*images*) fundir; (*sound*) *hacer disminuir el volumen gradualmente.*

♦ *vi* (*images*) fundirse; (*sound*) oírse cada vez menos.

faded /ˈfeɪdɪd/ *adj* **1.** (*clothes, colours*) descolorido -da, desteñido -da. **2.** (*flowers*) marchito -ta.

faeces /ˈfiːsiːz/ *n pl* heces *f pl*.

fag /fæg/ *n* **1.** (*fam: chore*) pesadez *f*: **it's a real fag having to clean the windows** limpiar los cristales es una pesadez. **2.** (*GB: fam, cigarette*) pitillo *m*, cigarro *m*.

Fahrenheit /ˈfærənˌhaɪt/ *n* Fahrenheit *m*.

fail /feɪl/ I *n* **1.** (*Educ*) suspenso *m*, (*Amér L*) reprobado *m*. **2.** (*neglect*): **I want it done by tomorrow** *without* **fail** quiero que esté hecho para mañana sin falta.

II *vt* [**fails, failing, failed**] **1.** (*a test*) suspender, (*Amér L*) reprobar, no aprobar: **she failed her chemistry exam** suspendió el examen de química; (*a student*) suspender, (*Amér L*) reprobar, (*Arg*) aplazar. **2.** (*to desert*): **his strength failed him on the final lap** le fallaron las fuerzas en la última vuelta; **I can count on Martin, he's never failed me yet** puedo contar con Martin, hasta ahora nunca me ha fallado.

♦ *vi* **1.** (*in an exam*) suspender, (*Amér L*) reprobar.

2. (*to be unsuccessful*) fracasar: **she failed in her attempt to beat the world record** fracasó en su intento de batir el récord del mundo; **he failed to complete the course** no acabó el curso; **I fail to understand what you are saying** no logro entender lo que dices; **her cakes never fail to turn out well** siempre le salen bien los pasteles; **the way he dresses never fails to amaze me** no deja de sorprenderme con su forma de vestir. **3.** (*machine, brakes*) fallar: **the back-up generator failed** falló el generador auxiliar. **4.** (*Fin: business*) fracasar. **5.** (*harvest, crop*) echarse a perder.

failing /ˈfeɪlɪŋ/ **I** *n* defecto *m*.
II *prep*: **I'll see you tomorrow, failing that Friday** te veré mañana y si no, el viernes.

failure /ˈfeɪljə/ *n* **1.** (*gen*) fracaso *m*: **that play was doomed to failure** esa obra estaba condenada al fracaso. **2.** (*person*) fracasado -da *m/f*: **I felt a complete failure** me sentía un fracasado. **3.** (*technical*) fallo *m*, avería *f*: **the trains aren't running because of a power failure** los trenes no están en servicio por un fallo eléctrico. **4.** (*neglect*) falta *f*: **failure to pay fines will result in prosecution** se emprenderá acción judicial contra los que no paguen las multas.

faint /feɪnt/ **I** *adj* **1.** (*weak: sound, voice*) débil: **they heard a faint cry for help** oyeron una voz débil pidiendo socorro; **their hopes grew fainter as time wore on** iban perdiendo las esperanzas a medida que pasaba el tiempo; (*: smell, taste, resemblance*) ligero -ra: **he bears a faint resemblance to his uncle** tiene cierto parecido * un ligero parecido con su tío. **2.** (*slight, small*) remoto -ta: **there's a faint possibility that we might win the match** hay una remota posibilidad de que ganemos el partido. **3.** (*queasy*) mareado -da: **he feels faint at the sight of blood** se marea al ver sangre.
II *n* desmayo *m*.
III *vi* [**faints, fainting, fainted**] desmayarse.

faintly /ˈfeɪntlɪ/ *adv* ligeramente: **it all seemed faintly ridiculous** todo parecía ligeramente ridículo.

fair /feə/ **I** *n* feria *f*.
II *adv* • **if they had played fair we would have won** si hubieran jugado limpio habríamos ganado • **his dart hit the bull's-eye fair and square** su dardo dio justo en el centro de la diana • **if you decide not to stay that's fair enough** si decides no quedarte no pasa nada.
III *adj* **1.** (*just*) justo -ta: **they deserve a fair trial** merecen un juicio justo; **the referee ensured fair play** el árbitro se encargó de que se jugara limpio; **it's not fair, she has more than me** no hay derecho, ella tiene más que yo. **2.** (*hair*) rubio -bia; (*skin*) blanco -ca. **3.** (*considerable*): **he has a fair grasp of the subject** domina bastante bien el tema; **we eat out a fair amount** comemos fuera bastante a menudo. **4.** (*weather*) bueno -na: **tomorrow looks like being fair** parece que mañana hará buen tiempo.
fairground *n recinto donde se celebra una feria.*
fair-haired *adj* rubio -bia.
fair-skinned *adj* de piel blanca.

fairly /ˈfeəlɪ/ *adv* **1.** (*quite*) bastante: **I'm fairly sure that's how it's spelt** estoy bastante seguro de que se escribe así; **my parents live in a fairly large house** mis padres viven en una casa bastante grande. **2.** (*justly*) con justicia: **the profits were fairly divided** repartieron los beneficios equitativamente.

fairness /ˈfeənəs/ *n* **1.** (*of skin*) blancura *f*; (*of hair*) *cualidad de rubio.* **2.** (*justice*) justicia *f* • **in all fairness he has done his best** para ser justos, ha hecho todo lo que ha podido.

fairy /ˈfeərɪ/ *n* [**fairies**] hada *f* [takes ***el*** or ***un*** in singular].
fairy godmother *n* hada *f* madrina [takes ***el*** or ***un*** in singular].
fairyland *n* el país de las hadas.
fairy lights *n pl* luces *f pl* de colores (*especialmente para árbol de Navidad*).
fairytale *n* cuento *m* de hadas: **it had a fairy-tale ending** todo salió como en un cuento de hadas.

fait accompli /fet ækɒmˈpli:/ *n* hecho *m* consumado.

faith /feɪθ/ *n* **1.** (*Relig*) fe *f*: **everyone is welcome, whatever their faith** todo el mundo es bien recibido, sean cuales sean sus creencias. **2.** (*confidence*) confianza *f*: **you must have faith *in* your own abilities** tienes que tener confianza en tu capacidad; *in* **good/bad faith** de buena/mala fe.
faith healer *n* curandero -ra *m/f*.

faithful /ˈfeɪθfʊl/ **I** *adj* **1.** (*friend*) leal; (*spouse*) fiel. **2.** (*copy, account, etc.*) fiel.
II the faithful *n pl* (*Relig*) los fieles.
III *n* • **he's a real old faithful who never misses a match** es un auténtico forofo que no se pierde un solo partido.

faithfully /ˈfeɪθfʊlɪ/ *adv* **1.** (*gen*) fielmente. **2.** (*in a formal letter*): **Yours faithfully,** Le saluda atentamente.

faithfulness /ˈfeɪθfʊlnəs/ *n* fidelidad *f*.

fake /feɪk/ **I** *adj* falso -sa.
II *n* **1.** (*person*) impostor -tora *m/f*: **the conjuror was nothing but a fake** el prestidigitador no era más que un impostor. **2.** (*object, work of art*) falsificación *f*.
III *vt* [**fakes, faking, faked**] **1.** (*to counterfeit*) falsificar: **they faked their identification papers** falsificaron sus documentos de identidad. **2.** (*to simulate*): **he faked an injury in order to get sympathy** fingió que estaba herido para dar pena.
♦ *vi* fingir.
fake fur *n* piel *f* sintética.

falcon /ˈfɔ:lkən/ *n* halcón *m*.

Falklands /ˈfɔ:lkləndz/ *n pl*: **the Falklands** (*también* **the Falkland Islands**) las (islas) Malvinas.

fall /fɔ:l/ **I** *n* **1.** (*gen*) caída *f*: **she had several falls last winter** sufrió varias caídas el invierno pasado; **the people were celebrating the fall of the dictator** el pueblo celebraba la caída del dictador; (*of snow*) nevada *f*; (*of rocks, earth*) desprendimiento *m*. **2.** (*sudden drop*) descenso *m*: **there was a fall *in* temperature at the weekend** durante el fin de semana se produjo un descenso de las temperaturas; **the company suffered a sharp fall *in* profits last year** los beneficios de la empresa experimentaron un drástico descenso el año pasado. **3.** (*US: season*) otoño *m*.
II falls *n pl* cataratas *f pl*: **the Victoria Falls** las cataratas Victoria.
III *vi* [**falls, falling, fell,** *participio pasado* **fallen**] **1.** (*gen*) caerse: **she fell and broke her ankle** se cayó y se rompió el tobillo; **a plate fell *from* the top shelf** se cayó un plato del estante más alto; **he fell flat on his back** (se) cayó de espaldas; **the ball fell in the pool** la pelota cayó en la piscina. **2.** (*to happen*) caer: **my birthday falls *on* a Monday this year** mi cumpleaños cae en lunes este año; **night fell** cayó la noche; **it fell *to* me to decide** me tocó a mí decidir • **his jokes about secretaries fell flat at work** sus chistes de secretarias no hicieron gracia en la oficina. **3.** (*to go down: temperature, prices*) bajar: **he's fallen in their estimation** ya no tienen tan buena opinión de él;

profits fell *to* **record lows last year** los beneficios alcanzaron un mínimo histórico el año pasado • **his performance has fallen short of expectations** su rendimiento no ha estado a la altura de lo que se esperaba de él. **4.** (*to be defeated: city, government*) caer; (*frml: to die*) caer: **thousands of soldiers fell on the battlefield** miles de soldados cayeron en el campo de batalla. **5.** (*to become*): **she fell ill on her return from India** enfermó al volver de la India; **they fell silent** se quedaron callados.

to **fall about** *vi* desternillarse ✱ morirse de risa: **they fell about (laughing) when he came in** se desternillaron de risa cuando entró.

to **fall apart** *vi* caerse a pedazos: **the house is falling apart** la casa está que se cae a pedazos.

to **fall away** *vi* caerse.

to **fall back** *vi* (*to move aside*) hacerse a un lado; (*to retreat*) retirarse.

to **fall back on** *vt* recurrir a: **he always falls back on his parents when he needs money** siempre recurre a sus padres cuando necesita dinero.

to **fall behind** *vi* **1.** (*with work*) atrasarse: **we have fallen behind** *with* **the work** nos hemos atrasado con el trabajo. **2.** (*when walking, in race, etc.*) quedarse atrás.

to **fall down** *vi* (*person*) caerse; (*building*) hundirse. ♦*vt*: **he fell down the stairs** se cayó por las escaleras.

to **fall for** *vt* **1.** (*to believe*) tragarse: **his story sounded so plausible that I fell for it** su explicación me pareció tan convincente que me la tragué. **2.** (*to fall in love with*) enamorarse de: **she's fallen for her history teacher** se ha enamorado de su profesor de historia.

to **fall in** *vi* **1.** (*to collapse*) hundirse: **the roof fell in** se hundió el tejado. **2.** (*Mil*) formar filas.

to **fall into** *vt* **1.** (*gen*) caer en: **the information fell into the hands of a spy** la información cayó en manos de un espía; **she fell into the pool** se cayó a la piscina. **2.** (*to separate into*): **her paintings fall into three categories** sus cuadros pertenecen a tres categorías distintas.

to **fall in with** *vt* **1.** (*people*) juntarse con: **he fell in with bad company** se juntó con malas compañías. **2.** (*plans*) aceptar: **I'll fall in with whatever you decide** aceptaré lo que decidas.

to **fall off** *vt* caerse de: **a tile fell off the roof** una teja se cayó del tejado.
♦*vi* **1.** (*gen*) caerse. **2.** (*to diminish*) disminuir: **subscriptions have fallen off this month** el número de suscripciones ha disminuido este mes.

to **fall out** *vi* **1.** (*gen*) caerse. **2.** (*to come unstuck*) desprenderse: **this atlas is so old that all the pages are falling out** este atlas es tan viejo que se están desprendiendo todas las páginas. **3.** (*to break a friendship*) reñir: **she's fallen out** *with* **her boyfriend** ha reñido con su novio; **they've fallen out** *over* **the heating bills** han reñido por los recibos de la calefacción. **4.** (*Mil*) romper filas.

to **fall over** *vi* caerse: **the lamp wobbled and fell over** la lámpara se tambaleó y se cayó.
♦*vt*: **he fell over the edge of a cliff** se cayó por un acantilado • **they were falling over backwards to help us** se desvivían por ayudarnos.

to **fall through** *vi* fracasar: **the deal fell through** no se concretó el trato.

fallacious /fəˈleɪʃəs/ *adj* falaz.

fallacy /ˈfæləsɪ/ *n* **[fallacies]** falacia *f*.

fallen /ˈfɔːlən/ **I** *participio pasado de* ⇨ fall
II *adj* **1.** (*physically*) caído -da. **2.** (*morally*) deshonrado -da.
III the fallen *n pl* (*war casualties*) los caídos.

fallible /ˈfæləbəl/ *adj* (*frml*) falible.

falling-off /ˌfɔːlɪŋˈɒf/ *n* disminución *f*.

fallout /ˈfɔːlaʊt/ *n* lluvia *f* radiactiva.
fallout shelter *n* refugio *m* antiatómico.

fallow /ˈfæləʊ/ *adj* en barbecho.

false /fɔːls/ *adj* **1.** (*untrue*) falso -sa: **true or false?** ¿verdadero o falso?; **she gave them a false name and address** les dio un nombre y una dirección falsos. **2.** (*artificial*) postizo -za: **he was wearing a false moustache** llevaba un bigote postizo; **his enthusiasm seems false** su entusiasmo parece fingido.
false alarm *n* falsa alarma *f*.
false bottom *n* doble fondo *m*.
false friend *n* (*Ling*) falso amigo *m*.
false teeth *n pl* dentadura *f* postiza.

falsetto /fɔːlˈsetəʊ/ *n* falsete *m*.

falsification /ˌfɔːlsɪfɪˈkeɪʃən/ *n* falsificación *f*.

falsify /ˈfɔːlsɪfaɪ/ *vt* **[falsifies, falsifying, falsified]** falsificar: **she was accused of falsifying the accounts** la acusaron de falsificar las cuentas.

falter /ˈfɔːltə/ *vi* **[falters, faltering, faltered]** **1.** (*to waver*) flaquear: **they never faltered** *in* **their determination** su determinación no flaqueó en ningún momento. **2.** (*to tremble*) temblar: **his voice faltered with emotion** le temblaba la voz de la emoción.

fame /feɪm/ *n* fama *f*.

famed /feɪmd/ *adj* famoso -sa: **the town is famed** *for* **its aqueduct** la ciudad es famosa por su acueducto.

familiar /fəˈmɪlɪə/ *adj* **1.** (*recognizable*) familiar: **that tune sounds familiar** *to* **me** esa melodía me resulta familiar. **2.** (*well known*) conocido -da: **he's a familiar figure on children's television** es un personaje conocido en los programas infantiles. **3.** (*with facts*) familiarizado -da: **I'm still not familiar** *with* **computer jargon** todavía no estoy familiarizado con la terminología informática. **4.** (*in speech, behaviour*): **the teacher was becoming too familiar for her liking** le parecía que el profesor se estaba tomando demasiadas libertades.

familiarity /fəmɪlɪˈærətɪ/ *n* familiaridad *f* • **familiarity breeds contempt** no se sabe apreciar lo que se tiene.

familiarize /fəˈmɪlɪəraɪz/ *vt* **[familiarizes, familiarizing, familiarized]** familiarizar: **you should familiarize yourself** *with* **the fire regulations** tendrías que familiarizarte con la normativa de incendios.

family /ˈfæməlɪ/ **I** *n* **[families]** familia *f*: **artistic talent runs in the family** el talento artístico viene de familia; **she's such a regular visitor she's almost part of the family** la vemos tan a menudo que es como de la familia.
II *adj* familiar: **their wedding was a great family celebration** su boda fue una gran celebración familiar.
family doctor *n* médico -ca *m/f* de cabecera.
family name *n* apellido *m*.
family photograph *n* fotografía *f* de familia.
family planning *n* planificación *f* familiar.
family tree *n* árbol *m* genealógico.

famine /ˈfæmɪn/ *n* hambruna *f*.

famished /ˈfæmɪʃt/ *adj* (*fam*) muerto -ta de hambre.

famous /ˈfeɪməs/ *adj* famoso -sa: **the town is famous** *for* **its springs** la ciudad es famosa por sus aguas.

famously /ˈfeɪməslɪ/ *adv* (*fam*) fenomenal: **they used**

to hate each other but now they get on famously antes se odiaban pero ahora se llevan fenomenal.

fan /fæn/ **I** *n* **1.** (*hand-held*) abanico *m*; (*electric*) ventilador *m*. **2.** (*enthusiast*) hincha *m/f*, forofo -fa *m/f*: **the football fans crowded into the stadium** los hinchas entraron en tropel al estadio. **3.** (*admirer, devotee*) admirador -dora *m/f*, fan *m/f*: **I'm a great Spielberg fan * a great fan** *of* **Spielberg('s)** soy un gran admirador de Spielberg.

II *vt* [**fans, fanning, fanned**] **1.** (*a person*) abanicar: **she fanned herself vigorously** se abanicaba enérgicamente. **2.** (*flames, feelings*) avivar.

to **fan out** *vi* desplegarse: **the search party fanned out across the moor** el equipo de búsqueda se desplegó por el páramo.

fan belt *n* correa *f* del ventilador.

fan club *n* club *m* de fans.

fan mail *n* cartas *f pl* de los fans.

fanatic /fəˈnætɪk/ *n* fanático -ca *m/f*.

fanatical /fəˈnætɪkəl/ *adj* fanático -ca: **he's fanatical** *about* **cycling** es un fanático del ciclismo.

fanaticism /fəˈnætɪsɪzəm/ *n* fanatismo *m*.

fanciful /ˈfænsɪfʊl/ *adj* **1.** (*idea*) imaginario -ria. **2.** (*character*) soñador -dora.

fancy /ˈfænsɪ/ **I** *vt* [**fancies, fancying, fancied**] **1.** (*to like the idea of*): **I fancy taking the day off tomorrow** me apetece tomarme el día libre mañana. **2.** (*fam: a person*): **all the girls fancy the new Maths teacher** a todas las chicas les gusta el nuevo profesor de matemáticas • **she fancies herself as a model** se las da de modelo. **3.** (*to rate highly*) • **I don't much fancy their chances in the Olympics** creo que no tienen muchas posibilidades en las Olimpiadas. **4.** (*to imagine*): **fancy not inviting her mother to the wedding!** ¡mira que no invitar a su madre a la boda!; **fancy meeting you here!** ¡qué casualidad encontrarte aquí!

II *n* **1.** (*imagination*) imaginación *f*. **2.** (*liking: for person*): **she's taken rather a fancy** *to* **her new boss** está colada por el nuevo jefe; (*: for thing*): **he took a fancy** *to* **the suit in the window** se encaprichó del traje del escaparate.

III *adj* (*extravagant*) especial: **I don't want anything fancy, just a simple meal** no quiero nada especial, sólo una comida sencilla; **she always wears fancy clothes** siempre lleva ropa muy vistosa.

fancy dress *n* disfraz *m*: **we're having a fancy dress party** vamos a hacer una fiesta de disfraces.

fancy-free *adj* sin ataduras.

fanfare /ˈfænfeə/ *n* fanfarria *f*.

fang /fæŋ/ *n* colmillo *m* (*de lobo, serpiente*).

fantasize /ˈfæntəsaɪz/ *vi* [**fantasizes, fantasizing, fantasized**] fantasear, soñar: **he fantasized** *about* **owning a sports car** soñaba con tener un deportivo.

fantastic /fænˈtæstɪk/ *adj* **1.** (*fam: excellent*) fantástico -ca, estupendo -da: **we had a fantastic holiday in Mexico** pasamos unas vacaciones estupendas en México. **2.** (*imaginary*) fantástico -ca.

fantasy /ˈfæntəsɪ/ *n* [**fantasies**] fantasía *f*.

far /fɑː/ [**farther * further, farthest * furthest**] **I** *adv* **1.** (*a long way*) lejos: **it's far** *from* **where they live** queda lejos de donde viven; **how far is it** *to* **the nearest bank?** ¿a qué distancia está el banco más cercano?; **is it far** *to* **Segovia?** ¿queda lejos Segovia?; **how far** *away* **is the station?** ¿está lejos la estación?; **we watched the eagle far** *(away)* **in the distance** mirábamos el águila a lo lejos; (*indicating extent*): **how far can we trust them?** ¿hasta qué punto podemos fiarnos de ellos?; **I'm far** *from* **being an expert on the subject** disto mucho de ser un experto en la materia; **he's no athlete - far** *from* **it!** ¡no es un atleta, ni mucho menos! • **they searched far and wide for the little boy** buscaron al pequeño por todas partes • **as far as I know, they haven't moved yet** que yo sepa, todavía no se han mudado • **far be it from me to complain** Dios me libre de quejarme. **2.** (*used with* **to go**): **with dedication you'll go far** con dedicación llegarás lejos; **this joke has gone too far** esta broma ha ido demasiado lejos; **I'd go as * so far as to say he's a fraud** me atrevería a decir que es un impostor; **one bottle of wine won't go far between six people** una botella de vino no va a dar para mucho entre seis personas. **3.** (*in time*): **they had to work far** *into* **the night** tuvieron que trabajar hasta entrada la noche; **as far** *back* **as the Middle Ages** ya en la Edad Media • **so far we've had no problems** hasta ahora no hemos tenido ningún problema • **so far, so good** hasta ahora todo va bien. **4.** (*used with comparatives*) mucho: **our brand of coffee is far superior** nuestra marca de café es mucho mejor * muy superior; **she is far taller than you** es mucho más alta que tú; (*used with superlatives*): **this shirt is far too small** esta camisa es demasiado pequeña • **it's far and away his best idea yet** es la mejor idea que ha tenido, con diferencia • **she's by far the best pupil** es la mejor alumna con diferencia • **you're not far wrong * off * out** no vas mal encaminado.

II *adj* **1.** (*distant*) lejano -na: **she lives in the far north of the island** vive en el extremo norte de la isla; **we could see the castle in the far distance** a lo lejos se divisaba el castillo; **put the desk in the far corner** pon el escritorio en el rincón del fondo; **cattle were grazing on the far side of the field** el ganado pastaba en el otro extremo del prado. **2.** (*Pol: extreme*) extremo -ma: **those on the far right voted in favour** los de extrema derecha votaron a favor.

faraway *adj* **1.** (*place*) lejano -na. **2.** (*expression*) ausente.

Far East *n*: **the Far East** el Lejano * Extremo Oriente.

Far Eastern *adj* del Lejano * Extremo Oriente.

far-fetched *adj* inverosímil.

far-flung *adj* **1.** (*remote*) remoto -ta. **2.** (*extensive*) amplio -plia.

far-off *adj* lejano -na: **they set sail for far-off lands** zarparon hacia tierras lejanas.

far-reaching *adj* de mucho alcance * mucha envergadura: **his decision to resign had far-reaching consequences** su decisión de dimitir tuvo consecuencias de mucho alcance * mucha envergadura.

far-sighted *adj* **1.** (*prudent*) precavido -da, previsor -sora. **2.** (*Med*) hipermétrope.

farce /fɑːs/ *n* **1.** (*in theatre*) farsa *f*. **2.** (*meaningless activity*) farsa *f*: **the meeting was a complete farce** la reunión fue totalmente absurda.

farcical /ˈfɑːsɪkəl/ *adj* absurdo -da: **with only one candidate the election was farcical** con un solo candidato las elecciones fueron una farsa.

fare /feə/ **I** *n* **1.** (*for transport*) precio *m* del billete: **they've put the fares up again** han vuelto a subir las tarifas; **she paid my (air) fare** me pagó el pasaje * el billete (aéreo). **2.** (*food*) comida *f*.

II *vi* [**fares, faring, fared**]: **I fared well/badly in the last test** me fue bien/mal en el último examen.

farewell /feəˈwel/ **I** *excl* adiós.

II *adj* de despedida: **they put on a farewell concert for him** le organizaron un concierto de despedida.

farm /fɑːm/ **I** *n* (*on a small scale*) granja *f*; (*on a large scale*) hacienda *f*.
II *vi* [**farms, farming, farmed**] trabajar la tierra: **their family has been farming here for hundreds of years** su familia lleva trabajando estas tierras desde hace cientos de años.
♦ *vt* cultivar.
to **farm out** *vt* (*work*) dar a otro: **some of the work had to be farmed out** *to* **another department** tuvimos que pasar parte del trabajo a otro departamento.
farm hand *n* peón *m*, jornalero -ra *m/f*.
farmhouse *n* casa *f* de labranza, alquería *f*.
farm produce *n* productos *m pl* agrícolas.
farmyard *n* patio *m* de granja.
farmer /ˈfɑːmə/ *n* granjero -ra *m/f*, agricultor -tora *m/f*.
farming /ˈfɑːmɪŋ/ **I** *n* (*crop cultivation*) agricultura *f*; (*stockbreeding*) ganadería *f*.
II *adj* (*equipment, methods, etc.*) agrícola.
fart /fɑːt/ (*fam*) **I** *n* pedo *m*.
II *vi* [**farts, farting, farted**] tirarse un pedo.
farther /ˈfɑːðə/ *adv* [*comparativo de* ***far***]: **the next service station is ten kilometres farther** *on* la próxima gasolinera está diez kilómetros más adelante.
farthest /ˈfɑːðest/ [*superlativo de* ***far***] **I** *adj* el más lejano, la más lejana: **our tent is the farthest** *from* **the washrooms** nuestra tienda es la que está más lejos de las duchas.
II *adv* más lejos: **he can jump the farthest** es el que más salta.
fascinate /ˈfæsɪneɪt/ *vt* [**fascinates, fascinating, fascinated**] fascinar.
fascinating /ˈfæsɪneɪtɪŋ/ *adj* fascinante.
fascination /ˌfæsɪˈneɪʃən/ *n* fascinación *f*.
fascism /ˈfæʃɪzəm/ *n* fascismo *m*.
fascist /ˈfæʃɪst/ *adj*, *n* fascista *adj*, *m/f*.
fashion /ˈfæʃən/ **I** *n* **1.** (*Clothing*) moda *f*: **short skirts are** *in* **fashion** ∗ **are the fashion** la falda corta está muy de moda; **styles soon go** *out of* **fashion** los distintos estilos pasan de moda pronto; **they are coming back** *into* **fashion** se están poniendo de moda otra vez. **2.** (*vogue*): **it was the fashion to wear a wig** estaba de moda llevar peluca. **3.** (*manner, way*) modo *m*, manera *f*: **please complete the order form** *in* **the usual fashion** rellene el pedido del modo habitual • **I can make croissants, after a fashion** sé hacer cruasanes, a mi manera.
II *vt* [**fashions, fashioning, fashioned**] (*clay*) modelar; (*metal*) forjar.
fashion designer *n* diseñador -dora *m/f* de moda.
fashion house *n* casa *f* de modas.
fashion magazine *n* revista *f* de modas.
fashion parade *n* desfile *m* ∗ pase *m* de modelos.
fashion sense *n*: **he has no fashion sense whatsoever!** nunca va vestido a la moda.
fashion show *n* desfile *m* ∗ pase *m* de modelos.
fashionable /ˈfæʃənəbəl/ *adj* de moda: **she moves in fashionable circles** frecuenta los ambientes de moda.
fast /fɑːst/ **I** *adj* **1.** (*speedy*) rápido -da: **he loves driving fast cars** le encanta conducir coches rápidos • **he pulled a fast one on his boss** le jugó una mala pasada a su jefe. **2.** (*watch, clock*) adelantado -da: **your watch must be (ten minutes) fast** me parece que llevas el reloj adelantado (diez minutos). **3.** • (*secure*) **there are no hard and fast rules about dress** en cuanto al vestir no hay reglas estrictas. **4.** (*dye*) resistente: **check the colour is fast before washing the shirt** comprueba que el color es resistente antes de lavar la camisa.
II *adv* **1.** (*quickly*) rápido, rápidamente: **she reads very fast** lee muy rápido • **not so fast!** ¡un momento! ∗ ¡no tan rápido! • **he was taking notes fast and furiously** tomaba apuntes a toda velocidad. **2.** (*firmly*) firmemente: **he held fast to his principles** se aferraba a sus principios; **the window is stuck fast** se ha atrancado la ventana. **3.** (*soundly*) • **she's fast asleep** está profundamente dormida.
III *vi* [**fasts, fasting, fasted**] ayunar.
IV *n* ayuno *m*.
fast food *n* comida *f* rápida.
fast lane *n* (*Transp*: *in GB*) carril *m* de la derecha; (*: in US, Continental Europe*) carril *m* de la izquierda • **they live life in the fast lane** viven a tope.
fasten /ˈfɑːsən/ *vt* [**fastens, fastening, fastened**] **1.** (*gen*) sujetar: **he fastened the papers** *together* **with a paperclip** sujetó los papeles con un clip. **2.** (*clothes*) abrochar: **have you fastened your seatbelt?** ¿te has abrochado el cinturón de seguridad? **3.** (*to shut*) cerrar: **he had difficulty fastening his suitcase** tuvo problemas para cerrar la maleta.
♦ *vi* **1.** (*clothes*) abrocharse. **2.** (*to shut*) cerrarse.
fastener /ˈfɑːsənə/ *n* **1.** (*gen*) cierre *m*. **2.** (*on clothing*) broche *m*.
fastening /ˈfɑːsənɪŋ/ *n* cierre *m*.
fastidious /fæˈstɪdɪəs/ *adj* **1.** (*concerned with detail*) meticuloso -sa. **2.** (*difficult to satisfy*) exigente.
fat /fæt/ **I** *adj* [**fatter, fattest**] **1.** (*people or animals*) gordo -da: **you'll get fat eating so much chocolate** vas a engordar de comer tanto chocolate. **2.** (*fam: large*) grande: **I'm sure he has a fat bank balance** estoy seguro de que tiene mucho dinero en el banco • **a fat lot of help you are!** ¡pues sí que eres tú buena ayuda! • **a fat lot of good that is!** ¡eso no sirve para nada!
II *n* (*gen*) materia *f* grasa: **this yogurt is low in fat** este yogur tiene bajo contenido de materia grasa; (*of meat*) grasa *f*.
fat-free *adj* sin grasas.
fatal /ˈfeɪtəl/ *adj* **1.** (*resulting in death*) mortal: **he had a fatal car accident** tuvo un accidente de coche mortal. **2.** (*disastrous*) gravísimo -ma: **she made the fatal error of trusting him** cometió el gravísimo error de confiar en él.
fatalism /ˈfeɪtəlɪzəm/ *n* fatalismo *m*.
fatalist /ˈfeɪtəlɪst/ *n* fatalista *m/f*.
fatalistic /ˌfeɪtəˈlɪstɪk/ *adj* fatalista.
fatality /fəˈtælətɪ/ *n* **1.** (*fatalism*) fatalidad *f*. **2.** [**fatalities**] (*death*) víctima *f* (mortal): **the number of fatalities has still not been established** aún no se ha determinado el número de víctimas.
fatally /ˈfeɪtəlɪ/ *adv* mortalmente: **he was fatally wounded** estaba herido de muerte.
fate /feɪt/ *n* destino *m*, sino *m* • **as fate would have it, we were separated** el destino quiso que nos separáramos • **his fate was sealed** su suerte estaba echada • **it would be tempting fate to say that he's fully cured** decir que está totalmente curado sería tentar a la suerte • **Christmas with them would be a fate worse than death** ¿pasar las Navidades con ellos? ¡antes me pego un tiro!
fated /ˈfeɪtɪd/ *adj* predestinado -da: **he was fated never to finish his work** estaba condenado a no terminar nunca el trabajo.
fateful /ˈfeɪtfʊl/ *adj* fatídico -ca.
father /ˈfɑːðə/ **I** *n* **1.** (*of family*) padre *m*: **he was like a**

father to me fue como un padre para mí • **like father, like son** de tal palo, tal astilla. **2.** (*también* **Father**) (*addressing a priest*) padre. **3. Father** (*God*) Padre *m*: **the Our Father** el Padre nuestro ✻ el padrenuestro; **the Father, the Son and the Holy Spirit** el Padre, el Hijo y el Espíritu Santo.
II *vt* [**fathers, fathering, fathered**] engendrar.

Father Christmas *n* Papá *m* Noel.

father-figure *n*: **they needed a father-figure** necesitaban la figura de un padre.

father-in-law *n* [**fathers-in-law**] suegro *m*.

fatherland *n* patria *f*.

fatherhood /ˈfɑːðəhʊd/ *n* paternidad *f*.

fatherless /ˈfɑːðələs/ *adj* sin padre *m/f*.

fatherly /ˈfɑːðəlɪ/ *adj* paternal.

fathom /ˈfæðəm/ I *n* (*Naut*) braza *f*.
II *vt* [**fathoms, fathoming, fathomed**] (*también* **fathom out**) descifrar: **I can't fathom (out) the meaning of his letter** no logro descifrar el significado de su carta.

fatigue /fəˈtiːɡ/ I *n* fatiga *f*, cansancio *m*.
II **fatigues** *n pl* (*Mil*) traje *m* de faena.
III *vt* [**fatigues, fatiguing, fatigued**] (*frml*) fatigar.

fatten /ˈfætən/ *vt* [**fattens, fattening, fattened**] (*Agr*: *animals*) engordar.
to **fatten up** *vt* (*animals, people*) engordar.

fattening /ˈfætənɪŋ/ *adj* que hace engordar: **alcohol is fattening** las bebidas alcohólicas engordan.

fatty /ˈfætɪ/ *adj* [**fattier, fattiest**] (*Culin*) graso -sa: **she eats too much fatty food** come demasiadas grasas.

fatuous /ˈfætjʊəs/ *adj* fatuo -tua, estúpido -da.

faucet /ˈfɔːsɪt/ *n* (*US*) grifo *m*, (*Amér L*) llave *f*, (*Arg, Urug*) canilla *f*.

fault /fɔːlt/ I *n* **1.** (*of character*) defecto *m*: **his one fault is his lack of patience** su único defecto es su falta de paciencia • **her parents are generous to a fault** sus padres se pasan de generosos. **2.** (*in goods*) desperfecto *m*: **this skirt has a fault in the hem** esta falda tiene una falta en el dobladillo • **she finds fault with everything** a todo le saca faltas. **3.** (*in errors, mistakes*) culpa *f*: **it's not my fault that you forgot your keys** no tengo la culpa de que se te olvidaran las llaves; **it's his own fault** *for* **trying to be too clever** es culpa suya por pasarse de listo • **the committee was at fault** fue culpa de la comisión • **they are in this predicament through no fault of their own** se encuentran en este aprieto sin habérselo buscado. **4.** (*Geol*) falla *f*. **5.** (*Sport*: *in tennis*) falta *f*; (*: in showjumping*) penalización *f*.
II *vt* [**faults, faulting, faulted**]: **I cannot fault your logic** no veo fallo alguno en tu razonamiento.

fault-finding *adj* criticón -cona.

faultless /ˈfɔːltləs/ *adj* impecable: **his pronunciation is faultless** su pronunciación es impecable.

faultlessly /ˈfɔːltlɪslɪ/ *adv* impecablemente.

faulty /ˈfɔːltɪ/ *adj* [**faultier, faultiest**] defectuoso -sa.

fauna /ˈfɔːnə/ *n* fauna *f*.

faux pas /fəʊˈpɑː/ *n* [*pl* **faux pas**] error *m*, metedura *f* de pata.

favour, (*US*) **favor** /ˈfeɪvə/ I *n* **1.** (*act of kindness*) favor *m*: **could you do me a favour and post these letters for me?** ¿puedes hacerme el favor de echar estas cartas?; **can I ask you a favour?** ¿puedo pedirte un favor?; **they did it as a special favour** lo hicieron como un favor especial • **do me a favour!** ¡hazme el favor! **2.** (*approval, popularity*) favor *m*: **he is** *in* **favour** *with* **the president** goza del favor del presidente; **her boyfriend is** *out of* **favour** su novio ha caído en desgracia • **she curries favour with the boss to get promotion** intenta congraciarse con el jefe para que la asciendan. **3. in favour of** (*pro*): **they voted in favour of the motion** votaron a favor de la moción; **I'm all in favour of freedom of speech** estoy totalmente a favor de la libertad de expresión; (*in preference to*): **they abandoned the kitchen in favour of eating out** en lugar de cocinar decidieron ir a comer fuera. **4.** (*advantage*) • **the odds are in our favour** tenemos muchas probabilidades de ganar.
II *vt* [**favours, favouring, favoured**] **1.** (*to benefit*) favorecer: **this system favours the wealthy** este sistema favorece a los ricos. **2.** (*to prefer*) estar a favor de: **the company favours foreign investment** la empresa está a favor de invertir en el extranjero.

favourable, (*US*) **favorable** /ˈfeɪvərəbəl/ *adj* favorable, bueno -na: **her politeness made a favourable impression on me** su cortesía me dio una impresión muy favorable.

favourably, (*US*) **favorably** /ˈfeɪvərəblɪ/ *adv* favorablemente: **their rates compare favourably with the banks'** sus tipos de interés son más ventajosos que los de los bancos.

favourite, (*US*) **favorite** /ˈfeɪvərɪt/ I *adj* favorito -ta, preferido -da.
II *n* (*gen*) favorito -ta *m/f*; (*in a race, contest*) • **he's the hot favourite** es el favorito.

favouritism, (*US*) **favoritism** /ˈfeɪvərɪtɪzəm/ *n* favoritismo *m*.

fawn /fɔːn/ I *n* **1.** (*Zool*) cervato *m*. **2.** (*colour*) marrón *m* claro.
II *adj* de color marrón claro.
to **fawn on** *vt* [**fawns, fawning, fawned**] adular a.

fax /fæks/ I *n* [**faxes**] (tele)fax *m*.
II *vt* [**faxes, faxing, faxed**] enviar por fax: **he faxed me the information** me envió la información por fax.

FBI /efbiːˈaɪ/ *n* (*in US*) (*abreviatura de* **Federal Bureau of Investigation**) FBI *m* (*Oficina Federal de Investigación*).

FCO /efsiːˈəʊ/ *n* (*in GB*) (*abreviatura de* **Foreign and Commonwealth Office**) Ministerio *m* de Asuntos Exteriores.

fear /fɪə/ I *n* **1.** (*fright*) miedo *m*, temor *m*: **the escaped prisoners were** *in* **constant fear** *of* **being discovered** los prisioneros fugados temían constantemente que los descubrieran; **our worst fears were confirmed** nuestros temores se confirmaron; **I kept quiet** *for* **fear** *of* **waking the baby** no hice ruido por miedo a despertar al bebé. **2.** (*phobia*) terror *m*: **he has a real fear** *of* **flying** le aterra volar • **the headmaster put the fear of God into his pupils** el director aterrorizaba a los alumnos. **3.** (*likelihood*): **there's no fear of us being discovered** no hay peligro de que nos descubran • **no fear!** ¡ni hablar!
II *vt* [**fears, fearing, feared**] temer: **he feared he would lose his job** temía perder su trabajo; **I fear that it's bad news** me temo que es una mala noticia.
♦ *vi*: **they feared** *for* **her safety** temían por su seguridad.

fearful /ˈfɪəfʊl/ *adj* **1.** (*awful*) espantoso -sa: **my neighbour's dog makes a fearful din** el perro de mi vecino arma una bulla espantosa; **his bedroom was in a fearful mess** su dormitorio estaba patas arriba ✻ hecho un desastre. **2.** (*afraid*) temeroso -sa: **I'm fearful** *of* **upsetting her** temo preocuparla.

fearfully /ˈfɪəfʊlɪ/ *adv* **1.** (*extremely*): **I'm fearfully sorry** lo siento muchísimo. **2.** (*timidly*) con miedo.

fearless /'fɪələs/ *adj* impávido -da, valeroso -sa.

fearlessly /'fɪəlɪslɪ/ *adv* sin temor, audazmente.

fearsome /'fɪəsəm/ *adj* terrible, pavoroso -sa.

feasibility /ˌfi:zə'bɪlətɪ/ *n* viabilidad *f*.

feasibility study *n* estudio *m* de viabilidad.

feasible /'fi:zəbəl/ *adj* **1.** (*in theory*) viable. **2.** (*in practice*) realizable, factible.

feasibly /'fi:zəblɪ/ *adv*: **we cannot feasibly finish the work by this evening** nos es materialmente imposible acabar el trabajo para esta tarde.

feast /fi:st/ **I** *n* **1.** (*Culin*) banquete *m*, festín *m*. **2.** (*Relig*) festividad *f*.
II *vi* [**feasts, feasting, feasted**]: **they feasted** *on* **lobster** se dieron un festín de langosta.
♦ *vt* (*fig*): **she feasted her eyes** *upon* **the beautiful paintings** se deleitó con las maravillosas pinturas.

feat /fi:t/ *n* **1.** (*act of courage*) hazaña *f*, proeza *f*. **2.** (*achievement*) prodigio *m*: **the new bridge is a feat of modern engineering** el nuevo puente es un prodigio de la ingeniería moderna ● **making him understand was no mean feat** hacerle comprender fue toda una hazaña.

feather /'feðə/ *n* pluma *f* ● **you could have knocked him down with a feather** se quedó patitieso ● **it's as light as a feather** es ligero como una pluma.

feather duster *n* plumero *m* (*para quitar el polvo*).

featherweight *n* (*Sport*) peso *m* pluma.

feature /'fi:tʃə/ **I** *n* **1.** (*attribute*) característica *f*: **vivid colour is a feature of his paintings** los colores intensos son una característica de sus cuadros; **this model has several new features** este modelo tiene varias innovaciones ● **her only redeeming feature is her honesty** lo único que la salva es su honestidad. **2.** (*Media*: *article*) artículo *m*.
II features *n pl* facciones *f pl*: **he has sharp features** tiene las facciones muy marcadas.
III *vt* [**features, featuring, featured**] (*movie*) tener como protagonista: **a new film featuring Stan Harrison opens today** hoy se estrena una película que tiene a Stan Harrison como protagonista; **the film features a talking parrot** en la película sale un loro que habla.
♦ *vi* (*to appear*) figurar: **her name featured** *among* * *amongst* **the prizewinners** su nombre figuraba entre los premiados.

feature film *n* largometraje *m*.

featureless /'fi:tʃələs/ *adj* sin características distintivas: **a featureless landscape** un paisaje monótono.

Feb. *léase* /'februərɪ/ (*abreviatura de* **February**) febrero *m*.

February /'februərɪ/ *n* febrero *m*. ➪ June

feces /'fi:si:z/ *n pl* (*US*) heces *f pl*.

feckless /'fekləs/ *adj* inepto -ta.

fed /fed/ *pretérito y participio pasado de* ➪ feed

federal /'fedərəl/ *adj* federal.

Federal Republic of Germany *n* República *f* Federal de Alemania.

federalism /'fedərəlɪzm/ *n* federalismo *m*.

federation /ˌfedə'reɪʃən/ *n* federación *f*.

fed up /fe'dʌp/ *adj* harto -ta: **she was feeling fed up** estaba harta; **I am fed up** *with* **being told what to do** estoy harto de que me digan lo que tengo que hacer.

fee /fi:/ *n* **1.** (*gen*): **they charge a fee for the inspection** cobran una pequeña cantidad por hacer la inspección; *for* **a small fee, they'll clean your car for you** a cambio de una pequeña cantidad le limpiarán el coche. **2.** (*professional, legal*) honorarios *m pl*. **3.** (*for university*) matrícula *f*; (*for school*) cuota *f* (*mensual o trimestral*).

feeble /'fi:bəl/ *adj* **1.** (*weak: physically*) débil, enclenque; (*: excuse*) poco convincente; (*: joke*) malo -la. **2.** (*half-hearted*): **he made a feeble attempt at conversation** intentó entablar una conversación, sin mucho entusiasmo.

feeble-minded *adj* imbécil.

feebly /'fi:blɪ/ *adv* débilmente: **I thought it was you, he said feebly** me imaginaba que serías tú, dijo con un hilo de voz.

feed /fi:d/ **I** *vt* [**feeds, feeding, fed**] **1.** (*to give food to: gen*) alimentar: **the lions are fed** *on* **raw meat** alimentan a los leones a base de carne cruda; (*: in a particular instance*) darle de comer a: **she was feeding the baby** estaba dando de comer al niño. **2.** (*to supply*) introducir: **the data are fed** *into* **the computer for analysis** se introducen los datos en el ordenador para que los analice; **this device feeds paper** *into* **the machine** este dispositivo introduce papel en la máquina.
♦ *vi* alimentarse: **the cows feed** *on* **hay during the winter** durante el invierno las vacas comen heno * se alimentan de heno.
II *n* **1.** (*for animals*) pienso *m*. **2.** (*for a baby*): **it's time for his feed** es la hora de su comida.
to **feed up** *vt* engordar: **you need feeding up** tienes que engordar.

feedback /'fi:dbæk/ *n* **1.** (*electronic*) retroalimentación *f*. **2.** (*reactions*) reacciones *f pl*, observaciones *f pl*: **we've had no feedback yet** *on* **our report** todavía no conocemos las reacciones a nuestro informe.

feeding bottle /'fi:dɪŋ 'bɒtəl/ *n* biberón *m*.

feel /fi:l/ **I** *vt* [**feels, feeling, felt**] **1.** (*to be aware of*) sentir: **she felt a fly on her arm** sintió una mosca en el brazo; **old people feel the cold more** los ancianos sienten más el frío. **2.** (*to touch*) tocar: **let me feel your forehead and see if you have a temperature** deja que te toque la frente a ver si tienes fiebre; **they felt their way up the stairs** subieron las escaleras a tientas. **3.** (*to notice*) notar: **they are feeling the effects of the recession** están notando los efectos de la recesión. **4.** (*to believe*) creer: **we felt (that) he had done the right thing** creímos que había hecho lo que debía.
♦ *vi* **1.** (*to experience: physically*) sentirse: **they all felt exhausted** todos se sentían agotados; **she felt cold without a coat** tenía frío sin el abrigo; **travelling by car makes him feel sick** viajar en coche lo marea; **how are you feeling after the operation?** ¿qué tal te encuentras después de la operación?; (*: emotionally*): **she felt obliged to leave** se sintió obligada a marcharse; **how do you feel** *about* **going to India on holiday?** ¿qué te parecería ir a la India de vacaciones?; **he felt** *(like)* **a complete idiot** se sintió un perfecto idiota; **she felt** *as if* **she had been tricked** sentía que la habían engañado; **I feel** *as though* **I've been here before** tengo la sensación de que ya he estado aquí. **2.** (*to perceive by touching*): **my boots feel damp inside** tengo las botas húmedas por dentro; **just feel how soft this satin is!** ¡toca, mira qué suave es este satén! **3.** (*to have an opinion*): **he feels strongly** *about* **preserving the environment** es un acérrimo defensor de la protección del medio ambiente.
II *n* **1.** (*physical sensation*) tacto *m*: **silk has a very smooth feel** *to* **it** la seda es muy suave al tacto. **2.** (*atmosphere*) ambiente *m*: **her house has a homely feel** en su casa se respira un ambiente muy hogareño

• **I found the school daunting until I got the feel of the place** el colegio me pareció un lugar amedrentador hasta que me acostumbré a él.

to **feel for** *vt* **1.** (*with hands*): **he felt for his wallet** se tanteó los bolsillos buscando la cartera. **2.** (*to empathize*) sentirlo mucho por: **she really felt for him when his father died** lo sintió mucho por él cuando se murió su padre.

to **feel like** *vt* **1.** (*to resemble*): **it's so hot it feels like the tropics** hace tanto calor que parece que estamos en los trópicos. **2.** (*to fancy*): **I feel like a coffee** me apetece un café; **she felt like screaming** le entraron ganas de gritar.

feelers /ˈfiːləz/ *n pl* (*of insect*) antena *f.*

feeling /ˈfiːlɪŋ/ **I** *n* **1.** (*physical sensation*) sensación *f*: **he had a sinking feeling in his stomach** tenía una sensación de vacío en el estómago. **2.** (*sentiment*) sentimiento *m*: **he admitted to a feeling** *of* **guilt** reconoció que se sentía culpable. **3.** (*physical awareness*) sensibilidad *f*: **the injection left him with no feeling** *in* **his gums** la inyección lo dejó sin sensibilidad en las encías. **4.** (*intuition*) impresión *f*: **I have a feeling that I forgot to lock the door** tengo la impresión de que me he olvidado de cerrar la puerta con llave; **she had a (funny) feeling he was watching her** tenía la (extraña) sensación de que la estaba observando. **5.** (*attitude*) opinión *f*: **his feeling** *on* **the matter is clear** su opinión sobre el asunto está clara; **I don't have any strong feelings** *about* **that** la verdad es que me es un tanto indiferente; **there was a lot of bad feeling when he was promoted** su ascenso provocó muchos resentimientos. **6.** (*sensitivity, taste*) sensibilidad *f*: **that child has a real feeling** *for* **music** ese niño tiene una gran sensibilidad musical.

II feelings *n pl* sentimientos *m pl*: **don't laugh, you will hurt his feelings** no te rías, vas a herir sus sentimientos • **I have no hard feelings about the way they treated me** no les guardo ningún rencor por cómo me trataron • **no hard feelings** vamos a olvidarlo • **I've got mixed feelings about moving to the country** tengo sentimientos encontrados sobre lo de irme a vivir al campo.

feet /fiːt/ *plural de* ➪ foot

feign /feɪn/ *vt* [**feigns, feigning, feigned**] (*frml*) fingir, simular: **she feigned ignorance of the rules** fingió no conocer las reglas.

feint /feɪnt/ *n* finta *f.*

feline /ˈfiːlaɪn/ **I** *adj* felino -na.

II *n* felino *m.*

fell /fel/ **I** *pretérito de* ➪ fall

II *vt* [**fells, felling, felled**] (*a tree*) talar.

III *n* (*GB*: *mountain*) monte *m*; (*: high moor*) páramo *m* alto (*en el norte de Inglaterra*).

fell-walking *n* (*GB*) senderismo *m* (por el monte).

fellow /ˈfeləʊ/ **I** *n* **1.** (*chap*) tío *m*, tipo *m.* **2.** (*of a university: teacher*) profesor -sora *m/f* (*que además pertenece al consejo rector*); (*: postgraduate student*) estudiante *m/f* de un curso de posgrado (*que combina la investigación y la docencia*). **3.** (*of an academy*) académico -ca *m/f.*

II *adj* **1.** (*in the same situation*): **he didn't get on with his fellow classmates** no se llevaba bien con sus compañeros de clase; **her fellow workers are mainly women** la mayoría de sus compañeros de trabajo son mujeres. **2.** (*friendly*): **there is great fellow feeling amongst musicians** hay un gran sentimiento de compañerismo entre los músicos.

fellow citizen *n* conciudadano -na *m/f.*

fellow countryman/countrywoman *n* compatriota *m/f.*

fellow men *n pl* prójimo *m.*

fellowship /ˈfeləʊʃɪp/ *n* **1.** (*feeling*) camaradería *f*, compañerismo *m.* **2.** (*Educ*: *university teaching post*) beca *f* de investigación; (*grant*) beca *f.*

felony /ˈfelənɪ/ *n* [**felonies**] delito *m* grave.

felt /felt/ **I** *pretérito y participio pasado de* ➪ feel

II *n* fieltro *m.*

felt-tip (pen) *n* rotulador *m.*

female /ˈfiːmeɪl/ **I** *n* **1.** (*woman*) mujer *f.* **2.** (*animal, plant*) hembra *f.*

II *adj* **1.** (*person: gen*) femenino -na; (*: in occupations*): **female students** las estudiantes; **female police officers** mujeres policía. **2.** (*Zool*) (de) hembra: **this is a female characteristic** ésta es una característica de la hembra.

feminine /ˈfemɪnɪn/ **I** *adj* femenino -na.

II *n* femenino *m*: *in* **the feminine** en femenino.

femininity /ˌfemɪˈnɪnətɪ/ *n* feminidad *f.*

feminism /ˈfemɪnɪzəm/ *n* feminismo *m.*

feminist /ˈfemɪnɪst/ *adj, n* feminista *adj, m/f.*

femur /ˈfiːmə/ *n* fémur *m.*

fen /fen/ *n* marisma *f*, pantano *m.*

fence /fens/ **I** *n* **1.** (*around property, etc.*) cerca *f*, valla *f* • **the minister was accused of sitting on the fence** acusaron al ministro de no querer mojarse. **2.** (*fam*: *of stolen goods*) perista *m/f*, (*Amér S*) reducidor -dora *m/f.*

II *vi* [**fences, fencing, fenced**] (*Sport*) hacer esgrima.

to **fence in** *vt* cercar.

to **fence off** *vt* separar con valla: **they fenced off the play area** separaron la zona de juegos con una valla.

fencing /ˈfensɪŋ/ *n* **1.** (*Sport*) esgrima *f.* **2.** (*around property*) cercado *m*, vallado *m.*

fend /fend/ [**fends, fending, fended**]

to **fend for** *vt*: **young birds soon learn to fend for themselves** las crías de los pájaros aprenden pronto a valerse por sí mismas.

to **fend off** *vt* **1.** (*to fight off*) rechazar: **he tried to fend off his assailant** trató de rechazar a su agresor. **2.** (*to avoid*) eludir: **they kept fending off questions about the new bypass** seguían eludiendo las preguntas sobre la circunvalación.

fender /ˈfendə/ *n* **1.** (*of fireplace*) pantalla *f.* **2.** (*Auto: US*) guardabarros *m inv*; (*: GB*) parachoques *m inv.*

fennel /ˈfenəl/ *n* hinojo *m.*

ferment I /fɜːˈment/ *vt/i* [**ferments, fermenting, fermented**] fermentar.

II /ˈfɜːment/ *n* (*agitation*) agitación *f*: **the country was in a state of great ferment** había un estado de gran agitación en el país.

fermentation /ˌfɜːmenˈteɪʃən/ *n* fermentación *f.*

fern /fɜːn/ *n* helecho *m.*

ferocious /fəˈrəʊʃəs/ *adj* **1.** (*animal*) feroz. **2.** (*action*) atroz.

ferociously /fəˈrəʊʃəslɪ/ *adv* con fiereza.

ferociousness /fəˈrəʊʃəsnəs/ *n* ferocidad *f.*

ferocity /fəˈrɒsətɪ/ *n* ferocidad *f.*

ferret /ˈferɪt/ *n* (*Zool*) hurón *m.*

to **ferret about** *vi* [**ferrets, ferreting, ferreted**] husmear.

to **ferret out** *vt* averiguar: **he ferreted out her secret** consiguió averiguar su secreto.

ferry /ˈferɪ/ **I** *n* [**ferries**] (*gen*) ferry *m*, transbordador *m*; (*for pedestrians*) transbordador *m*: **we got to the island** *by* **ferry** llegamos a la isla en el transbordador.

II *vt* [**ferries, ferrying, ferried**] transportar, llevar.
ferryman *n* [*pl* **ferrymen**] barquero *m*.
fertile /ˈfɜːtaɪl/ *adj* 1. (*Agr, Biol*) fértil. 2. (*creative*): **she has a fertile imagination** tiene una gran imaginación.
fertility /fɜːˈtɪlətɪ/ *n* fertilidad *f*.
fertility drug *n* medicamento *m* contra la esterilidad.
fertility treatment *n* tratamiento *m* contra la esterilidad.
fertilization /ˌfɜːtɪlaɪˈzeɪʃən/ *n* (*Biol*) fecundación *f*.
fertilize /ˈfɜːtɪlaɪz/ *vt* [**fertilizes, fertilizing, fertilized**] 1. (*land*) abonar, fertilizar. 2. (*Biol*) fecundar.
fertilizer /ˈfɜːtɪlaɪzə/ *n* (*Agr*) fertilizante *m*.
fervent /ˈfɜːvənt/ *adj* ferviente: **he was her most fervent admirer** era su más ferviente admirador.
fervently /ˈfɜːvəntlɪ/ *adv* fervientemente.
fervour, (*US*) **fervor** /ˈfɜːvə/ *n* fervor *m*: **they were full of religious fervour** tenían un gran fervor religioso.
fester /ˈfestə/ *vi* [**festers, festering, festered**] (*Med*) supurar.
festival /ˈfestɪvəl/ *n* 1. (*artistic*) festival *m*: **are you competing in the music festival?** ¿vas a participar en el festival de música? 2. (*religious*) fiesta *f*: **our church is holding its harvest festival this Sunday** nuestra parroquia va a celebrar la fiesta de la cosecha este domingo.
festive /ˈfestɪv/ *adj* festivo -va.
festivity /feˈstɪvətɪ/ *n* [**festivities**] fiesta *f*, festividad *f*: **the festivities began with a fireworks display** las fiestas se inauguraron con fuegos artificiales.
festoon /feˈstuːn/ *vt* [**festoons, festooning, festooned**] adornar con guirnaldas.
fetal /ˈfiːtəl/ *adj* (*US*) fetal.
fetch /fetʃ/ *vt* [**fetches, fetching, fetched**] 1. (*to bring*) traer: **fetch me a bucket** tráeme un cubo • **I've been fetching and carrying all morning** he estado trayendo y llevando cosas toda la mañana. 2. (*to go for*) ir por: **fetch some milk for breakfast** ve por leche para el desayuno. 3. (*in a sale*) venderse por: **this wardrobe should fetch a good price** creo que este armario se venderá a un buen precio.
fetching /ˈfetʃɪŋ/ *adj* (*fam*) atractivo -va.
fête /feɪt/ I *n* fiesta *f* al aire libre (*con juegos, competiciones y un mercadillo*).
II *vt* [**fêtes, fêting, fêted**] festejar.
fetid /ˈfetɪd/ *adj* fétido -da.
fetish /ˈfetɪʃ/ *n* [**fetishes**] fetiche *m*.
fetishism /ˈfetɪʃɪzəm/ *n* fetichismo *m*.
fetishist /ˈfetɪʃɪst/ *n* fetichista *m/f*.
fetter /ˈfetə/ (*frml*) I *vt* [**fetters, fettering, fettered**] encadenar.
II **fetters** *n pl* grillos *m pl*, grilletes *m pl*.
fettle /ˈfetəl/ *n* • **he was in fine fettle on the morning of the race** estaba en plena forma la mañana de la carrera.
fetus /ˈfiːtəs/ *n* [**fetuses**] (*US*) feto *m*.
feud /fjuːd/ I *n* enfrentamiento *m* (duradero): **a bitter family feud broke out over their grandfather's will** el testamento del abuelo provocó una enconada disputa familiar.
II *vi* [**feuds, feuding, feuded**] reñir, pelear.
feudal /ˈfjuːdəl/ *adj* feudal.
feudalism /ˈfjuːdəlɪzəm/ *n* feudalismo *m*.
fever /ˈfiːvə/ *n* fiebre *f* • **their screams rose to fever pitch when the pop star appeared on stage** cuando el cantante salió al escenario se produjeron gritos de delirio.
feverish /ˈfiːvərɪʃ/ *adj* 1. (*Med*) febril. 2. (*frenzied*) febril: **the scene in the factory was one of feverish activity** en la fábrica había una actividad febril; **he knocked on the door with feverish excitement** llamó a la puerta lleno de agitación.
few /fjuː/ I *adj* 1. (*not many*) pocos -cas: **they have few possessions** tienen muy pocas posesiones; **he has fewer lessons** *than* **she does** tiene menos clases que ella; **he has made (the) fewest mistakes** es el que ha cometido menos errores; **I've been living here for the past few months** vivo aquí desde hace unos meses; **your pay cheque will arrive within the next few days** el sueldo te llegará dentro de unos pocos días • **good teachers are few and far between** los buenos profesores escasean. 2. **a few** (*several*) algunos -nas: **I have a few phonecalls to make** tengo que hacer algunas llamadas • **I bet he gets a good few complaints from the neighbours!** ¡me imagino que debe de recibir muchas quejas de sus vecinos!
II *pron* 1. (*not many*) pocos -cas: **few of his friends came** vinieron pocos amigos suyos; **fewer** *than* **four out of ten refugees survived** sobrevivieron menos del cuarenta por ciento de los refugiados • **she won no fewer than five gold medals** ganó nada menos que cinco medallas de oro. 2. **a few** (*several*) unos cuantos, unas cuantas: **a few of his friends came** vinieron unos cuantos amigos suyos; **"Have you had any letters?" "A few."** "¿Has recibido alguna carta?" "Unas cuantas." • **quite a few of us stayed at home** fuimos bastantes los que nos quedamos en casa.
fez /fez/ *n* [**fezzes**] fez *m*.
fiancé /fɪˈɒnseɪ/ *n* prometido *m*.
fiancée /fɪˈɒnseɪ/ *n* prometida *f*.
fiasco /fɪˈæskəʊ/ *n* fiasco *m*.
fib /fɪb/ (*fam*) I *n* trola *f*, bola *f*.
II *vi* [**fibs, fibbing, fibbed**] meter trolas: **she fibbed** *about* **her age** metió una trola sobre su edad.
fibber /ˈfɪbə/ *n* (*fam*) trolero -ra *m/f*.
fibre, (*US*) **fiber** /ˈfaɪbə/ *n* 1. (*thread, part of plant*) fibra *f*: **she's on a high-fibre diet** sigue un régimen con mucha fibra. 2. (*of character*) fibra *f* • **he lacks moral fibre** le falta carácter.
fibreglass, (*US*) **fiberglass** *n* fibra *f* de vidrio.
fibre optics, (*US*) **fiber optics** *n pl* fibra *f* óptica.
fibre-tip (pen) *n* rotulador *m*.
fibrous /ˈfaɪbrəs/ *adj* fibroso -sa.
fibula /ˈfɪbjʊlə/ *n* peroné *m*.
fickle /ˈfɪkəl/ *adj* voluble.
fiction /ˈfɪkʃən/ *n* 1. (*novels*) obras *f pl* de ficción. 2. (*something untrue*) embuste *m*.
fictional /ˈfɪkʃənəl/ *adj* 1. (*untrue*) ficticio -cia. 2. (*of novels*) novelesco -ca.
fictitious /fɪkˈtɪʃəs/ *adj* ficticio -cia.
fiddle /ˈfɪdəl/ I *n* 1. (*instrument*) violín *m* • **she's tired of playing second fiddle to her sister** está harta de ser la segundona con respecto a su hermana • **he's as fit as a fiddle** está como un roble. 2. (*fam*: *dishonest action*) trampa *f*, chanchullo *m*: **a tax fiddle** una trampa para no pagar impuestos • **they're all on the fiddle here** aquí todos hacen algún chanchullo.
II *vt* [**fiddles, fiddling, fiddled**] (*fam*: *to cheat*) amañar: **he fiddled the accounts for years** estuvo amañando las cuentas durante años.
♦ *vi* (*también* **fiddle about * around**) (*to play*) juguetear: **will you stop fiddling (around * about)** *with* **your food!** ¡deja ya de juguetear con la comida!
fiddler /ˈfɪdələ/ *n* violinista *m/f*.

fiddly /ˈfɪdəlɪ/ *adj* [**fiddlier, fiddliest**] complicado -da: **the clasp on this necklace is very fiddly** abrir el cierre de este collar es muy complicado; **threading needles is a fiddly job** enhebrar agujas requiere mucha habilidad.

fidelity /fɪˈdeləti/ *n* fidelidad *f.*

fidget /ˈfɪdʒɪt/ *vi* [**fidgets, fidgeting, fidgeted**] moverse (*constantemente o con impaciencia*): **that child can't stop fidgeting** ese niño no puede estarse quieto.

field /fiːld/ **I** *n* **1.** (*agricultural*) campo *m*, sembrado *m*: **the house is surrounded by fields** la casa está rodeada de sembrados; **a field of wheat * a wheat field** un trigal; **a field of maize * a maize field** un maizal. **2.** (*for sports*) campo *m*, (*Amér L*) cancha *f.* **3.** (*Tec*) campo *m*: **my field of vision is restricted** tengo restringido el campo visual. **4.** (*of study*) campo *m*: **her field is psychology** su campo (de estudio) es la psicología; **astronomy is not my field** la astronomía no es mi campo de trabajo • **Japan leads the field in electronics** Japón está a la cabeza en electrónica. **5.** (*Geol*) yacimiento *m*: **the gold fields attracted many immigrants** los yacimientos de oro atrajeron a muchos inmigrantes.

II *vt* [**fields, fielding, fielded**] **1.** (*Sport*: *in baseball, cricket*) parar y devolver (*la pelota al lanzador*). **2.** (*to reply to*): **he fielded the questions with ease** supo responder a las preguntas con facilidad.

♦*vi* (*in baseball, cricket*) defender (*para que el equipo contrario no consiga carreras*).

field day *n* • **when the divorce was announced, the press had a field day** cuando anunciaron el divorcio, los periodistas estuvieron encantados.

field event *n* prueba *f* de saltos/de lanzamiento (*en atletismo*).

field glasses *n pl* gemelos *m pl*, prismáticos *m pl.*

field hockey *n* (*US*) hockey *m* sobre hierba.

field marshal *n* (*Mil*) mariscal *m* de campo.

field trip *n* viaje *m* de estudios: **we went** *on* **a field trip to the Alps** fuimos a los Alpes de viaje de estudios.

field work *n* trabajo *m* de campo.

fielder /ˈfiːldə/ *n* (*in baseball, cricket*) defensa *m/f.*

fiend /fiːnd/ *n* **1.** (*cruel person*) desalmado -da *m/f.* **2.** (*fam*: *enthusiast*) fanático -ca *m/f*: **she's a cycling fiend** es una fanática del ciclismo.

fiendish /ˈfiːndɪʃ/ *adj* **1.** (*wicked*) diabólico -ca. **2.** (*fam*: *brilliant, excellent*) genial: **he's a fiendish chess-player** es un jugador de ajedrez genial.

fiendishly /ˈfiːndɪʃlɪ/ *adv* **1.** (*with great cruelty*) despiadadamente. **2.** (*fam*: *incredibly*) increíblemente: **she's fiendishly cunning** es increíblemente astuta.

fierce /fɪəs/ *adj* **1.** (*savage*) fiero -ra: **a fierce dog** un perro fiero. **2.** (*heat*) sofocante; (*competition*) intenso -sa; (*desire*) ardiente; (*hatred*) intenso -sa; (*fight*) encarnizado -da, a muerte: **after a fierce struggle they won back the bridge** reconquistaron el puente tras una lucha encarnizada. **3.** (*wind*) muy fuerte.

fiercely /ˈfɪəslɪ/ *adv* **1.** (*intensely*) extremadamente: **he's fiercely loyal** es extremadamente leal. **2.** (*to love*) con ardor; (*to fight*) a muerte. **3.** (*to blow*) con violencia: **the wind was blowing fiercely** el viento soplaba con violencia.

fierceness /ˈfɪəsnəs/ *n* (*of animal, look*) fiereza *f*; (*of heat, competition*) intensidad *f*; (*of wind*) violencia *f.*

fiery /ˈfaɪərɪ/ *adj* **1.** (*red colour*) encendido -da: **she had fiery red hair** tenía el pelo de un rojo encendido. **2.** (*food*) picante. **3.** (*temperament*) fogoso -sa; (*outburst*) acalorado -da: **the minister delivered a fiery speech** el ministro pronunció un acalorado discurso.

fifteen /fɪfˈtiːn/ *adj, n* quince *adj inv, m.* ➪ five

fifteenth /fɪfˈtiːnθ/ **I** *adj* decimoquinto -ta, quince.

II *n* **1.** (*in order: gen*) decimoquinto -ta *m/f*; (*: date, monarch*) quince *m.* **2.** (*one part*) decimoquinta parte *f*; (*fraction*) quinceavo *m.* ➪ sixteenth

fifth /fɪfθ/ **I** *adj* quinto -ta: **the fifth letter of the alphabet** la quinta letra del alfabeto; **the 5th century** (*the fifth century*) el siglo V (*el siglo quinto*).

II *n* **1.** (*in order*) quinto -ta *m/f*: **Gary was the fifth** *to* **arrive** Gary fue el quinto en llegar; **Paula was * came fifth in the marathon** Paula fue (la) quinta en la maratón; **Henry V** (*Henry the fifth*) Enrique V (*Enrique quinto*). **2.** (*date*) cinco *m*: (*GB*) **the fifth of November *** (*US*) **November fifth** el (día) cinco de noviembre; **they're leaving** *on* **the fifth** se van el día cinco. **3.** (*one part*) quinta parte *f*: **a fifth * one fifth of a litre** la quinta parte de un litro; (*fraction*) quinto *m*: **three fifths** tres quintos; **what is two thirds divided by one fifth?** ¿cuánto es dos tercios dividido por un quinto?

fifth column *n* quinta columna *f.*

fiftieth /ˈfɪftɪɪθ/ **I** *adj* quincuagésimo -ma, cincuenta.

II *n* **1.** (*in order*) quincuagésimo -ma *m/f.* **2.** (*one part*) cincuentava parte *f*; (*fraction*) cincuentavo *m.* ➪ sixteenth

fifty /ˈfɪftɪ/ **I** *adj, n* cincuenta *adj inv, m*: **fifty kilometres an hour** cincuenta kilómetros por hora; **it cost me fifty pounds** me costó cincuenta libras.

II fifties *n pl* **1.** (*age*): **she was** *in* **her fifties when she died** tenía cincuenta y tantos años cuando murió; **a man/woman** *in* **his/her fifties** un cincuentón/una cincuentona. **2.** (*decade*) los años cincuenta: **he lived here during the fifties** vivió aquí en los años cincuenta; **she was wearing a fifties dress** llevaba un vestido estilo años cincuenta. **3. the fifties** (*temperature*): **the temperature was** *in* **the fifties** la temperatura era de más de cincuenta grados Fahrenheit.

fifty-fifty **I** *adv* al cincuenta por ciento: **we paid for the meal fifty-fifty** pagamos la comida a medias.

II *adj*: **he has a fifty-fifty chance of passing** tiene un cincuenta por ciento de posibilidades de aprobar.

fig /fɪg/ *n* (*Bot*) **1.** (*fruit*) higo *m.* **2.** (*también* **fig tree**) higuera *f.*

fig. *léase* /ˈfɪgə/ (*abreviatura de* **figure**) fig. (figura).

fight /faɪt/ **I** *vt* [**fights, fighting, fought**] **1.** (*gen*) combatir, luchar contra: **they fought the blaze for ten hours** combatieron el incendio durante diez horas; **she fought her attacker and he fled** se enfrentó a su atacante y éste huyó; **she's fighting cancer** está luchando contra el cáncer; **we are fighting injustice and oppression** luchamos contra la injusticia y la opresión • **I fought my way to the exit** me abrí camino hasta la salida como pude • **the police and the Mafia are fighting it out** la policía y la mafia están enfrentadas en una lucha a muerte. **2.** (*election*) presentarse a: **he will fight the next election** se va a presentar a las próximas elecciones.

♦*vi* **1.** (*with another person*) pelearse: **they were fighting in the street** se estaban peleando en la calle; **they're always fighting** *over* **the car** siempre se están peleando por el coche; (*in war*) combatir, luchar: **he fought** *against* **the Japanese in the Pacific** combatió contra los japoneses en el Pacífico. **2.** (*for a principle, goal*) luchar: **we're fighting** *for* **equal rights** estamos luchando por la igualdad de derechos; **she's fighting to keep her job** está luchando por mantener su trabajo.

II *n* **1.** (*gen*) lucha *f*: **the fight** *against* **crime** la lucha contra la delincuencia; **the fight** *for* **democracy** la lucha por la democracia; **a fight** *to* **the death** una lucha a muerte; (*physical combat*) pelea *f*: **he got into a fight** *with* **the visiting fans** se enzarzó en una pelea con los hinchas del equipo visitante • **he was trying to pick a fight with me** estaba buscando pelea conmigo. **2.** (*boxing match*) combate *m*. **3.** (*dispute*) querella *f*. **4.** (*fighting spirit*) ánimo *m*: **despite her illness she still has plenty of fight** a pesar de su enfermedad todavía tiene mucho ánimo; **he had no fight left in him** ya no le quedaba ánimo para seguir luchando.

to **fight back** *vt* (*emotions*) reprimir: **she tried to fight back her anger** trató de reprimir su cólera.

♦ *vi* defenderse: **Italy fought back in the second half** Italia contraatacó en la segunda mitad.

to **fight off** *vt* vencer: **they fought off their attackers** vencieron a sus atacantes; **he fought off his cold in time for the match** se recuperó del catarro a tiempo para el partido.

fighter /ˈfaɪtə/ *n* **1.** (*in war*) combatiente *m/f*. **2.** (*boxer*) boxeador *m*. **3.** (*determined person*) luchador -dora *m/f*. **4.** (*plane*) caza *m*, avión *m* de caza.

figment /ˈfɪgmənt/ *n* • **it's just a figment of your imagination** no es más que un producto de tu imaginación.

figurative /ˈfɪgərətɪv/ *adj* (*art*) figurativo -va; (*language*) figurado -da: **he wrote in a richly figurative style** empleaba un estilo muy metafórico al escribir.

figuratively /ˈfɪgərətɪvlɪ/ *adv*: **she was speaking figuratively** lo dijo en sentido figurado.

figure /ˈfɪgə/ **I** *n* **1.** (*number*) cifra *f*, número *m*: **he wrote the figure five** escribió el número cinco; **he's been offered a five figure sum** le han ofrecido más de diez mil (*libras, dólares, etc.*); **the output figures** * **the figures for output are down** las cifras de producción han bajado; **they're asking an extortionate figure** piden una cifra astronómica. **2.** (*illustration*) ilustración *f*, dibujo *m*; (*in geometry*) figura *f*: **a four-sided figure** un cuadrado * cuadrilátero. **3.** (*human form*) figura *f*: **a landscape with three figures** un paisaje con tres figuras. **4.** (*body*) tipo *m*, figura *f*: **she still has a good figure** todavía tiene buen tipo * buena figura; **do you exercise to keep your figure?** ¿haces ejercicio para guardar la línea? **5.** (*important person*) figura *f*: **a key figure in Peruvian literature** una figura clave de la literatura peruana.

II *vt* [**figures, figuring, figured**] (*to calculate, estimate*) figurarse: **I figured she'd refuse** me figuré que se negaría.

♦ *vi* (*to appear, be included*) figurar: **she figures in all the anthologies** figura en todas las antologías; **his name does not figure on the list** su nombre no figura en la lista • **that figures!** ¡es lógico! ¡me lo esperaba!

to **figure out** *vt* explicarse: **we can't figure out how they escaped** no nos explicamos cómo lograron escaparse; **I can't figure her out** no logro comprenderla.

figure of speech *n* [**figures of speech**] figura *f* retórica.

figure skating *n* patinaje *m* artístico.

figurehead /ˈfɪgəhed/ *n* **1.** (*powerless leader*) figura *f* decorativa: **the president is merely a figurehead** el presidente no es más que una figura decorativa. **2.** (*Naut*) mascarón *m* de proa.

filament /ˈfɪləmənt/ *n* filamento *m*.

filch /fɪltʃ/ *vt* [**filches, filching, filched**] (*fam*) sisar.

file /faɪl/ **I** *n* **1.** (*metal-working tool*) lima *f*. **2.** (*line*) fila *f* • **stand in single file** pónganse en fila de a uno • **we walked in Indian file** íbamos en fila india. **3.** (*folder*) carpeta *f*. **4.** (*también* **box file**) archivador *m*. **5.** (*collection of documents*) expediente *m*: **the file** *on* **the case has been closed** han archivado el caso; **we'll keep your letter** *on* **file** vamos a guardar su carta en nuestros archivos; (*in police records*) ficha *f*: **a police file** una ficha policial; **the police have a file** *on* **him** la policía lo tiene fichado. **6.** (*Inform*) archivo *m*, fichero *m*.

II *vt* [**files, filing, filed**] **1.** (*to smooth*) limar: **she's filing her nails** se está limando las uñas. **2.** (*letters, information*) archivar: **I filed the invoices** *under* **"Domestic Expenses"** archivé las facturas bajo "Gastos Domésticos" **3.** (*Law*) presentar: **he's filed a petition for divorce** ha presentado una demanda de divorcio.

♦ *vi* **1.** (*to walk singly*) marchar en fila: **the students filed** *into* **the classroom** los estudiantes entraron al aula en fila; **we filed** *past* **the podium** desfilamos ante el podio. **2.** (*Law*) demandar: **she filed** *for* **divorce** ha pedido el divorcio. **3.** (*to put away, order*) archivar: **I spent all morning filing** me pasé toda la mañana archivando papeles.

filet /ˈfɪlɪt/ *n* filete *m*.

filial /ˈfɪlɪəl/ *adj* (*frml*) filial.

filigree /ˈfɪlɪgriː/ *n* filigrana *f*.

filing cabinet /ˈfaɪlɪŋ ˈkæbɪnət/ *n* archivador *m*.

filings /ˈfaɪlɪŋz/ *n pl* limaduras *f pl*: **iron filings** limaduras de hierro.

Filipino /fɪlɪˈpiːnəʊ/ *adj, n* filipino -na *adj, m/f*.

fill /fɪl/ **I** *vi* [**fills, filling, filled**] llenarse: **the hall filled as soon as the doors were opened** la sala se llenó en cuanto abrieron las puertas.

♦ *vt* **1.** (*gen*) llenar: **she filled the jug** *with* **wine** llenó la jarra de vino; **his reply filled me** *with* **anxiety** su respuesta me llenó de ansiedad; **I filled the wheelbarrow** *with* **sand** llené la carretilla de arena; (*Culin*) rellenar: **these cakes are filled** *with* **cream** estos pasteles están rellenos de nata. **2.** (*crack, defect*) tapar: **she filled the holes** *with* **putty** tapó los agujeros con masilla. **3.** (*decayed tooth*) empastar: **the dentist filled three teeth for me** el dentista me empastó tres muelas. **4.** (*time*) ocupar: **research fills my whole day** el trabajo de investigación me ocupa todo el día. **5.** (*vacancy*) cubrir: **we need to fill three positions** tenemos que cubrir tres vacantes. **6.** (*requirements*) satisfacer: **none of the candidates fills our requirements** ninguno de los solicitantes satisface nuestros requisitos.

II *n*: **we ate our fill** *of* **seafood** nos hartamos de marisco; **eat your fill!** ¡coman todo lo que quieran!; **I've had my fill** *of* **his rudeness** estoy harto de su mala educación.

to **fill in** *vt* **1.** (*gen*) rellenar: **the holes in the road were filled in** *with* **earth** rellenaron los baches de la carretera con tierra; **we used plaster to fill in the cracks** usamos yeso para tapar las grietas. **2.** (*form*) rellenar: **have you filled in the application form?** ¿has rellenado la solicitud? **3.** (*fam: to inform*): **let me fill you in** ya voy a ponerte al corriente.

♦ *vi* sustituir: **I'm filling in** *for* **David** estoy sustituyendo a David.

to **fill out** *vt* **1.** (*form*) rellenar: **please fill out your application in ink** por favor, rellene su solicitud con bolígrafo. **2.** (*sails*) hinchar.

♦ *vi* (*sails*) hincharse.

to **fill up** *vi* llenarse: **the lecture hall slowly filled up** (*with* **people)** la sala se llenó (de gente) poco a poco.

♦ *vt* (*gen*) llenar: **I filled up my bottle** *with* **water** llené mi botella de agua; **they've filled him up** *with* **sweets** lo han atiborrado de caramelos; (*petrol tank*): **fill her up!** ¡llénelo!

fillet /ˈfɪlɪt/ **I** *n* filete *m*.
II *vt* [**fillets, filleting, filleted**] cortar en filetes.

filling /ˈfɪlɪŋ/ **I** *n* **1.** (*in tooth*) empaste *m*. **2.** (*in cake, pie, etc.*) relleno *m*.
II *adj* (*food*) que llena mucho: **pasta is very filling** la pasta llena mucho.

filling station *n* gasolinera *f*, estación *f* de servicio.

filly /ˈfɪlɪ/ *n* [**fillies**] (*Zool*) potra *f*.

film /fɪlm/ **I** *n* **1.** (*thin layer*) película *f*: **a thin plastic film** una fina película de plástico; **a film of dust covered the furniture** una película * una capa de polvo cubría los muebles. **2.** (*for photography*) carrete *m*, rollo *m*: **a film suitable for underwater photography** un carrete para fotografía subacuática; **do you sell colour films?** ¿venden carretes en color? **3.** (*in cinema, on television*) película *f*, filme *m*: **she made two films in Uruguay** rodó dos películas en Uruguay.
II *vt* [**films, filming, filmed**] **1.** (*movie*) rodar: **I'm filming a documentary** estoy rodando un documental. **2.** (*programme*) grabar. **3.** (*event*) filmar: **did they film the race?** ¿filmaron la carrera?
♦ *vi* rodar: **tomorrow we start filming at six** mañana empezamos a rodar a las seis.

film-maker *n* cineasta *m/f*.

filmset *n* plató *m*.

film star *n* estrella *f* de cine.

filmy /ˈfɪlmɪ/ *adj* [**filmier, filmiest**] (*fabric*) transparente.

filter /ˈfɪltə/ **I** *n* **1.** (*gen*) filtro *m*. **2.** (*on traffic lights*) *en un semáforo, flecha que regula el tráfico que se desvía a derecha o izquierda*.
II *vt* [**filters, filtering, filtered**] filtrar: **all the drinking water must be filtered** hay que filtrar toda el agua potable.
♦ *vi* filtrarse.

to **filter out** *vt* (*waste matter*) eliminar.

to **filter through** *vt* pasar por: **the water filters through the coffee into this jug** el agua pasa por el café y cae a esta jarra.
♦ *vi* **1.** (*to pass through*): **after the meal the guests filtered through** *to* **the garden** después de la comida los invitados fueron pasando al jardín; **sunlight filtered through the blinds** los rayos del sol se filtraban por la persiana. **2.** (*to become known*): **the scandal filtered through** *to* **the staffroom** el escándalo llegó hasta la sala de profesores.

filter coffee *n* café *m* (*hecho con cafetera de filtro de papel*).

filter paper *n* filtro *m* de papel.

filth /fɪlθ/ *n* **1.** (*dirt*) suciedad *f*, porquería *f*: **the floor is covered with filth** el suelo está lleno de porquería. **2.** (*reading matter*) guarradas *f pl*: **this magazine is pure filth** esta revista no trae más que guarradas.

filthy /ˈfɪlθɪ/ *adj* [**filthier, filthiest**] **1.** (*dirty*) sucísimo -ma. **2.** (*morally offensive*) obsceno -na, asqueroso -sa: **he was telling filthy jokes** estaba contando unos chistes verdes asquerosos.

fin /fɪn/ *n* (*Zool*) aleta *f*.

final /ˈfaɪnəl/ **I** *adj* **1.** (*last*) último -ma, final: **the heroine reappears in the final chapter** la protagonista reaparece en el último capítulo; **he's giving it the final touches** le está dando los toques finales * los últimos toques. **2.** (*conclusive*) definitivo -va: **the final version of my poem** la versión definitiva de mi poema • **I won't see her, and that's final!** ¡no quiero verla, y se acabó!
II *n* (*Sport*) final *f*.
III finals *n pl* exámenes *m pl* finales: **when do you sit your finals?** ¿cuándo tienes los exámenes finales?

finale /fɪˈnɑːlɪ/ *n* (*of piece of music*) final *m*; (*of play, show*) escena *f* final.

finalist /ˈfaɪnəlɪst/ *n* finalista *m/f*.

finalize /ˈfaɪnəlaɪz/ *vt* [**finalizes, finalizing, finalized**] ultimar: **the details must be finalized by tomorrow** hay que ultimar los pormenores para mañana.

finally /ˈfaɪnəlɪ/ *adv* **1.** (*lastly*) por último: **finally, I should like to ask...** por último, quisiera preguntar.... **2.** (*in the end*) al final, por fin: **we finally arrived after midnight** al final llegamos después de medianoche. **3.** (*conclusively*) definitivamente: **the dispute has not yet been finally resolved** el pleito aún no se ha resuelto de forma definitiva.

finance /ˈfaɪnæns/ **I** *n* **1.** (*management of money*) finanzas *f pl*. **2.** (*monetary resources*) fondos *m pl*: **the bank provided the finance** el banco facilitó los fondos; **our finances are very limited** tenemos unos fondos muy limitados.
II *vt* [**finances, financing, financed**] financiar.

Finance Minister *n* ministro -tra *m/f* de Hacienda.

financial /faɪˈnænʃəl/ *adj* financiero -ra: **a financial expert** un experto en finanzas.

financial year *n* (*GB*: *of government*) año *m* fiscal; (*: of company*) ejercicio *m*.

financier /faɪˈnænsɪə/ *n* financiero -ra *m/f*.

finch /fɪntʃ/ *n* [**finches**] pinzón *m*.

find /faɪnd/ **I** *vt* [**finds, finding, found**] **1.** (*to discover*) encontrar, hallar: **we found your lost earrings** hemos encontrado los pendientes que habías perdido; **they've found oil in the north** han encontrado petróleo en el norte; **he found that he could not trust her** se dio cuenta de que no se podía fiar de ella; **can you find your way to the station?** ¿sabes cómo llegar hasta la estación?; **we found them stealing the jewels** los sorprendimos robando las joyas. **2.** (*to consider*) encontrar: **how do you find it here?** ¿qué tal te parece esto?; **she found the work too difficult** encontraba el trabajo demasiado difícil; **I find him very funny** lo encuentro muy divertido. **3.** (*Law*) declarar: **she was found innocent** la declararon inocente. **4.** (*to have enough of*): **I never find the time to...** nunca tengo tiempo para...; **he can never find the money to pay his debts** nunca tiene dinero para pagar las deudas.
♦ *vi* (*Law*) fallar: **the court found in favour of the plaintiff** el tribunal falló a favor del demandante.
II *n* hallazgo *m*: **an archaeological find** un hallazgo arqueológico • **she's a real find** es todo un descubrimiento.

to **find out** *vt* **1.** (*facts*) descubrir: **I found out where she lived** descubrí dónde vivía; **has he found out who did it?** ¿ha descubierto quién lo hizo? **2.** (*to unmask*) pillar: **he's been found out at last** por fin lo han pillado.
♦ *vi* **1.** (*to obtain information*) informarse: **I have to find out** *about* **dates** tengo que informarme de las fechas. **2.** (*to learn*) enterarse: **I was shocked when I found out** me quedé de piedra cuando me enteré.

finding /ˈfaɪndɪŋ/ *n* resultado *m*, conclusión *f*: **the committee will publish its findings tomorrow** la comisión publicará sus conclusiones mañana.

fine /faɪn/ **I** *n* multa *f*.

II *vt* [**fines, fining, fined**] multar: **I was fined fifty pounds** me pusieron una multa de cincuenta libras.

III *adj* **1.** (*of good quality*) magnífico -ca, excelente: **the house has a fine view** la casa tiene una magnífica vista; **he's a fine player** es un excelente jugador; **they use only the finest ingredients** sólo usan ingredientes de primera calidad. **2.** (*referring to the weather*) bueno -na: **it's fine today** hoy hace buen tiempo * hace bueno. **3.** (*hair, sand*) fino -na: **a fine layer of dust** una capa de polvo muy fina. **4.** (*delicate*) fino -na: **they use a fine net to catch the fish** utilizan una red muy fina para coger a los peces; **there's a fine distinction between Indonesian and Malaysian cooking** hay una sutil diferencia entre la cocina indonesia y la malasia. **5.** (*acceptable*): **"How is he?" "He's fine."** "¿Cómo está?" "Está bien."; **that's fine (by me)** por mí no hay ningún inconveniente.

IV *adv* bien: **she and I get on fine** ella y yo nos llevamos bien • **your appointment is at four? you're cutting it fine!** ¿tienes hora a las cuatro? ¡vas a llegar por los pelos! • **he's cutting it fine if he wants his application to arrive by Thursday!** lo está dejando para muy tarde si quiere que su solicitud llegue antes del jueves.

fine arts *n pl* bellas *f pl* artes.

finely /ˈfaɪnlɪ/ *adv* **1.** (*carefully, delicately*) minuciosamente: **the engine needs to be very finely tuned** hay que ajustar el motor con mucha precisión. **2.** (*in small pieces*): **finely chopped carrots** zanahorias picadas muy finas.

finery /ˈfaɪnərɪ/ *n* galas *f pl*.

finesse /fɪˈnes/ *n* delicadeza *f*, tacto *m*: **she handled the problem with finesse** trató el problema con gran tacto.

finger /ˈfɪŋgə/ **I** *n* (*of hand, glove*) dedo *m* • **he has a finger in every pie** está metido en todo • **I never laid a finger on the money!** ¡no toqué el dinero para nada! • **you've put your finger on the problem** has puesto el dedo en la llaga • **"Will he come tomorrow?" "Keep your fingers crossed."** "¿Vendrá mañana?" "Toca madera." • **she doesn't lift * raise a finger all day long** no da golpe en todo el santo día • **my uncle has green fingers** mi tío tiene muy buena mano para las plantas • **she has him twisted round her little finger** baila al son que ella le toca • **he has no right to point the finger at you** no tiene derecho a acusarte de nada • **if you want to pass your exams, you'll have to get * pull your finger out** si quieres aprobar los exámenes, tienes que espabilarte.

II *vt* [**fingers, fingering, fingered**] tocar, manosear.

fingernail *n* uña *f* (*de un dedo de la mano*).

fingerprint *n* huella *f* dactilar * digital.

fingertip *n* punta *f* del dedo • **he has it all at his fingertips** se lo sabe todo al dedillo.

finicky /ˈfɪnɪkɪ/ *adj* **1.** (*person*) melindroso -sa, remilgado -da. **2.** (*task*) engorroso -sa.

finish /ˈfɪnɪʃ/ **I** *n* [**finishes**] **1.** (*end*) fin *m*; (*of race*) llegada *f*: **it was a close finish** fue un final muy igualado. **2.** (*on furniture, etc.*) acabado *m*.

II *vi* [**finishes, finishing, finished**] **1.** (*gen*) acabar, terminar: **what time does school finish?** ¿a qué hora acaban las clases? **2.** (*in race*): **who finished first?** ¿quién llegó el primero?

♦ *vt* **1.** (*gen*) acabar, terminar: **they arrived as I was finishing my lunch** llegaron cuando estaba terminando de comer; (*Sport*): **he didn't finish the race** no terminó la carrera. **2.** (*to consume the remainder of*): **finish your soup** termínate la sopa. **3.** (*fam*: *to tire out*) acabar con: **that walk has finished me** esa caminata ha acabado conmigo; **the scandal finished him as a politician** el escándalo acabó con su carrera política.

to **finish off** *vt* **1.** (*to complete*) terminar: **I finished off my homework in no time** terminé los deberes volando; **finish off the cheese** cómete el queso que queda. **2.** (*to kill*) rematar.

to **finish up** *vt* terminar: **finish up your food** termínate la comida.

♦ *vi* ir a parar: **they finished up in some nightclub or other** fueron a parar a no sé qué discoteca.

to **finish with** *vt* **1.** (*to need no longer*): **I've finished with these tools** ya no necesito estas herramientas. **2.** (*to end relationship with*) terminar con: **he's finished with his girlfriend** ha terminado con su novia.

finished /ˈfɪnɪʃt/ *adj* **1.** (*without a future*) acabado -da: **he's finished** *as* **a teacher now** como profesor, está acabado. **2.** (*very tired*): **I'm finished!** ¡estoy agotado! **3.** (*completed*): **an exquisitely finished piece of jewellery** una joya con un acabado bellísimo.

finishing line /ˈfɪnɪʃɪŋ laɪn/ *n* línea *f* de meta.

finishing school /ˈfɪnɪʃɪŋ skuːl/ *n*: *escuela privada para señoritas, en la que se aprende cómo comportarse en sociedad.*

finite /ˈfaɪnaɪt/ *adj* **1.** (*Maths*) finito -ta. **2.** (*Ling*) personal: **a finite form of the verb** una forma personal del verbo.

Finland /ˈfɪnlənd/ *n* Finlandia *f*.

Finn /fɪn/ *n* (*inhabitant of Finland*) finés -nesa *m/f*, finlandés -desa *m/f*.

Finnish /ˈfɪnɪʃ/ **I** *adj* finés -nesa, finlandés -desa.

II *n* (*language*) finés *m*, finlandés *m*.

fiord /fjɔːd/ *n* fiordo *m*.

fir /fɜː/ *n* abeto *m*.

fire /ˈfaɪə/ **I** *n* **1.** (*gen*) fuego *m*: **we lit a fire in the cave** encendimos un fuego en la cueva; **when she got home the fire had gone out** cuando llegó a casa, se había apagado el fuego. **2.** (*heater*) estufa *f*: **a gas fire** una estufa de gas. **3.** (*uncontrolled*) incendio *m*: **every summer there are forest fires around here** cada verano hay incendios forestales en la zona; **the blanket caught fire** la manta se prendió; **the barn is** *on* **fire** el granero está ardiendo; **she set the house** *on* **fire * set fire** *to* **the house** le pegó fuego a la casa. **4.** (*from gun, artillery*) fuego *m*: **the snipers opened fire** los francotiradores abrieron fuego; **UN troops came** *under* **fire** atacaron a las tropas de la ONU • **the government has come under fire again** el gobierno, una vez más, ha sido objeto de críticas.

II *vt* [**fires, firing, fired**] **1.** (*a shot*) disparar: **they surrendered without firing a shot** se rindieron sin disparar un solo tiro • **they fired one question after another at us** nos acribillaron a preguntas. **2.** (*an employee*) despedir: **he was fired for not meeting his sales targets** lo despidieron por no alcanzar sus objetivos de ventas. **3.** (*pottery*) cocer. **4.** (*to encourage*): **the speech fired us** *with* **enthusiasm** el discurso nos llenó de entusiasmo.

♦ *vi* **1.** (*to shoot*) disparar: **they're firing** *at* **the palace** están disparando contra el palacio; **did he fire** *at* **you?** ¿te disparó? **2.** (*Auto*: *engine, cylinder*) arrancar.

fire alarm *n* alarma *f* de incendios.

firearm *n* arma *f* de fuego [takes ***el*** or ***un*** in singular].

fire brigade, (*US*) **fire department** *n* cuerpo *m* de bomberos: **call the fire brigade!** ¡llama a los bomberos!

fire engine *n* (*GB*) camión *m* de bomberos.

fire escape *n* escalera *f* de incendios.
fire extinguisher *n* extintor *m*.
firefighter *n* bombero -ra *m/f*.
fireguard *n* pantalla *f* (*delante de la chimenea*).
fire hydrant *n* boca *f* de incendios.
fireman *n* [*pl* **firemen**] bombero *m*.
fireplace *n* chimenea *f*.
fireplug *n* (*US*) boca *f* de incendios.
fire power *n* (*Mil*) potencia *f* de fuego.
fireproof I *adj* incombustible, ignífugo -ga: **a fireproof blanket** una manta ignífuga.
II *vt* [**fireproofs, fireproofing, fireproofed**] hacer ignífugo.
fire raiser *n* incendiario -ria *m/f*.
fireside *n*: **by the fireside** cerca del fuego * de la chimenea.
fire station *n* parque *m* * cuartel *m* de bomberos.
fire truck *n* (*US*) camión *m* de bomberos.
firewood *n* leña *f*.
fireworks *n pl* fuegos *m pl* artificiales.
firing line /'faɪərɪŋ laɪn/ *n* línea *f* de fuego • **our department will be in the firing line** nuestro departamento va a ser el que va a recibir todas las críticas.
firing squad /'faɪərɪŋ skwɒd/ *n* pelotón *m* de fusilamiento.
firm /fɜ:m/ I *adj* 1. (*strong*) fuerte: **a firm cardboard box** una caja de cartón fuerte; **the mixture should have a firm consistency** la mezcla debe tener mucha consistencia. 2. (*certain*): **the police lack firm proof of his guilt** la policía no tiene pruebas contundentes de su culpabilidad; **he's had two firm offers for the house** le han hecho dos ofertas en firme por la casa. 3. (*strict*) firme: **you need to be firm with the children** tienes que ser firme con los niños. 4. (*stable*) estable: **prices remain firm on the Stock Exchange** en la Bolsa los precios se mantienen estables.
II *n* empresa *f*, firma *f*.
firmament /'fɜ:məmənt/ *n* firmamento *m*.
first /fɜ:st/ I *adj* primero -ra, primer [**primer** is used before masculine singular nouns]: **the first year** el primer año; **they live in the first house on the left** viven en la primera casa a mano izquierda; **the 1st century** *(the first century)* el siglo I *(el siglo primero)*.
II *adv* 1. (*before anyone or anything else*) primero, en primer lugar: **Mr Kay will speak first** primero hablará el señor Kay; **go out if you like, but eat first** sal si quieres, pero come antes • **at first I didn't believe her** al principio no la creí • **first of all we had to clean the walls** primero tuvimos que limpiar las paredes. 2. (*for the first time*) por primera vez: **I first wrote to him a year ago** le escribí por primera vez hace un año. 3. (*of priority concern*): **hygiene must always come first** la higiene debe ser siempre lo primero.
III *n* 1. (*in order*) primero -ra *m/f*: **she was the first** *to* **arrive** fue la primera en llegar; **she came * was first in the 200 metres** llegó la primera en los 200 metros; **Philip I** *(Philip the First)* Felipe I *(Felipe primero)*; (*GB*) **the first of March** * (*US*) **March first** el primero * uno de marzo • **we knew from the first that she wouldn't come back** sabíamos desde el principio que no volvería • **this award was a first for us** es la primera vez que ganamos este premio. 2. (*Auto*: *gear*) primera *f* (*marcha* * *velocidad*): **he came up the hill** *in* **first** subió la pendiente en primera. 3. (*GB*: *Educ*) ➪ first class degree
first aid *n* primeros auxilios *m pl*: **I found some painkillers in the first aid kit** encontré unos analgésicos en el botiquín (de primeros auxilios).
first class I *n* primera clase *f*.
II *adj* (*también* **first-class**) 1. (*Transp*) de primera clase: **a first class ticket** un billete de primera clase. 2. (*of highest quality*) de primera: **a first-class show** un espectáculo de primera (calidad). 3. (*in GB: letter, stamp, etc.*) *relativo a* ➪ first class postage.
III *adv* 1. (*to travel*) en primera (clase). 2. (*Telec*): **I sent the parcel first class** envié el paquete por correo preferente.
first class degree *n* (*GB*) *título universitario de primera clase (normalmente la categoría más alta)*.
first class postage *n* (*in GB*) *servicio de correos que ofrece el reparto de las cartas al día siguiente*.
first cousin *n* primo -ma *m/f* carnal, primo hermano *m*, prima hermana *f*.
first floor *n* 1. (*GB*: *one level above ground*) primer piso *m*. 2. (*US*: *at ground level*) planta *f* baja.
first-hand I *adj* (*account*) de primera mano.
II *adv* directamente: **we heard the news first-hand from the president** oímos la noticia directamente del presidente.
first lady, First Lady *n* (*US*) primera dama *f*.
first mate *n* primer oficial *m*.
first name *n* nombre *m* (de pila) • **we're on first name terms** nos tuteamos.
first person *n* (*Ling*) primera persona *f*: **the first person plural of the preterite** la primera persona del plural del pretérito.
first-rate *adj* de primera calidad.
firstly /'fɜ:stlɪ/ *adv* en primer lugar, primeramente.
firtree /'fɜ:tri:/ *n* abeto *m*.
fiscal /'fɪskəl/ *adj* fiscal (*del fisco*).
fish /fɪʃ/ I *n* [**fishes * fish**] 1. (*single specimen*) pez *m*: **the beach was covered with dead fish** la playa estaba llena de peces muertos; **we caught two fish** cogimos dos peces • **I feel like a fish out of water** me siento como un pez fuera del agua • **he drinks like a fish** bebe como una esponja. 2. (*as food*) pescado *m*: **first clean * gut the fish** primero limpia el pescado; **don't you like fish?** ¿no te gusta el pescado? • **she's got other fish to fry** tiene cosas más importantes que hacer.
II *vt/i* [**fishes, fishing, fished**] pescar: **he's fishing** *for* **mackerel** está pescando caballa; **we went fishing last night** anoche fuimos a pescar; **I've fished the best rivers in Ireland** he pescado en los mejores ríos de Irlanda.
to **fish for** *vt* buscar: **she's always fishing for compliments** está siempre buscando que la halaguen.
to **fish out** *vt* sacar: **he fished a comb out** *of* **his pocket** sacó un peine del bolsillo.
fish and chips *n* (*GB*) pescado *m* rebozado con patatas fritas.
fish bone *n* espina *f*.
fish cake *n*: *especie de croqueta de patata y pescado*.
fish farm *n* piscifactoría *f*.
fishfingers *n pl* palitos *m pl* de pescado rebozados (*que se compran congelados*).
fish hook *n* anzuelo *m*.
fishmonger *n* 1. (*person*) pescadero -dera *m/f*. 2. **fishmonger's** (*shop*) pescadería *f*.
fish pond *n* estanque *m*.
fish tank *n* acuario *m* (*en una casa*).
fisherman /'fɪʃəmən/ *n* [*pl* **fishermen**] pescador *m*.
fishing /'fɪʃɪŋ/ *n* pesca *f*: **deep-sea fishing** pesca de altura.

fishing line *n* sedal *m*.
fishing net *n* red *f* de pesca.
fishing rod *n* caña *f* de pescar.
fishy /'fɪʃɪ/ *adj* **[fishier, fishiest]** 1. (*smelling or tasting like fish*): **a fishy smell** un olor a pescado. 2. (*fam: suspicious*) sospechoso -sa: **he came up with a very fishy excuse** salió con una excusa muy poco creíble; **there's something fishy going on here** aquí hay gato encerrado.
fission /'fɪʃən/ *n* fisión *f*.
fissure /'fɪʃə/ *n* 1. (*in rock*) grieta *f*, hendidura *f*. 2. (*Anat*) fisura *f*.
fist /fɪst/ *n* puño *m*: **he shook his fist at me** me amenazó con el puño.
fistful /'fɪstfʊl/ *n* puñado *m*.
fit /fɪt/ **I** *vt* **[fits, fitting, fitted** ✻ (*US*) **fit]** 1. (*referring to clothing*) estar ✻ quedar bien a: **do the shoes fit you?** ¿te están ✻ te quedan bien los zapatos?; **this jacket doesn't fit me** esta chaqueta no me está bien ✻ no me vale. 2. (*to find space for*): **I couldn't fit my shopping** *into* **the bag** lo que había comprado no me cabía en la bolsa; **do these records fit** *onto* **the shelf?** ¿caben estos discos en el estante? 3. (*to be appropriate to*): **not one candidate fits the requirements** ninguno de los candidatos reúne los requisitos; **this vehicle fits the description he gave me** este vehículo responde a la descripción que me dio. 4. (*to adapt*) adaptar: **I fitted my timetable** *to* **his** adapté mi horario al suyo. 5. (*to make suitable*) capacitar: **her work with the elderly fits her** *for* **the post** su trabajo con los ancianos la capacita para el puesto. 6. (*to assemble*) ensamblar: **you have to fit these parts** *together* tienes que ensamblar estas piezas. 7. (*to install*) instalar: **we had an alarm fitted** instalamos una alarma; **you should fit a bolt on this window** deberías poner un cerrojo en esta ventana; **the car was fitted** *with* **chains** el coche llevaba puestas las cadenas.
♦ *vi* 1. (*referring to size*) encajar: **this valve doesn't fit** esta válvula no encaja; (*clothes*): **does the suit fit?** ¿te está bien el traje? 2. (*referring to available space*) caber: **my suitcase won't fit under the bed** mi maleta no cabe debajo de la cama; **will we all fit** *into* **the van?** ¿cabemos todos en la furgoneta?
II *n* 1. (*of clothes*): **these shoes are a perfect fit** estos zapatos me están estupendamente; **it's a good fit (for you)** te queda muy bien. 2. (*of components*): **this part is not a very good fit** esta pieza no encaja bien. 3. (*physical, emotional*) ataque *m*: **a fit of nerves** un ataque de nervios; **a fit of madness** un acceso de locura; **a fit of anger** un arrebato de cólera; **she had a fit of uncontrollable laughter** le dio un ataque de risa incontrolable • **he'll throw** ✻ **have a fit when he finds out** le va a dar un ataque cuando se entere • **this machine only works in fits and starts** esta máquina sólo funciona a trompicones.
III *adj* **[fitter, fittest]** 1. (*in good health*) sano -na: **she's very fit despite her age** está muy bien para su edad; (*Sport*) en forma: **will he be fit** *for* **the next match?** ¿estará en forma para el próximo partido?; **I keep fit by running** me mantengo en forma corriendo. 2. (*prepared*) capacitado -da: **he's not fit to undertake so many responsibilities** no está capacitado para asumir tantas responsabilidades. 3. (*worthy*) digno -na: **a palace fit** *for* **an emperor** un palacio digno de un emperador; **he's not fit to belong to this team** no es digno de pertenecer a este equipo. 4. (*appropriate*) conveniente: **tell him whatever you think fit** dile lo que te parezca conveniente; **he saw fit to cancel his order** le pareció conveniente anular su pedido • **by the end of the day he was fit to drop** al acabar el día estaba destrozado.
to **fit in** *vt* 1. (*physically*): **can we fit in one more passenger?** ¿hay sitio para un pasajero más? 2. (*in a timetable*): **he was too busy to fit me in** estaba demasiado ocupado como para hacerme un hueco en su agenda.
♦ *vi* (*to suit: things, events*) encajar: **it doesn't fit in** *with* **my plans** no encaja con mis planes; (*: people*) integrarse: **he has fitted in** *with* **the team very quickly** se ha integrado enseguida en el equipo; **he doesn't fit in** *with* **the others** no se lleva bien con los demás.
to **fit out** *vt* 1. (*building*) acondicionar: **the church had been fitted out** *as* **a theatre** habían acondicionado la iglesia para teatro. 2. (*person, ship*) equipar: **we'll fit you out** *with* **all you'll need** te equiparemos con todo lo que te haga falta.
fitful /'fɪtfʊl/ *adj* discontinuo -nua, intermitente: **she fell into a fitful sleep** se durmió, pero se despertó muchas veces.
fitfully /'fɪtfʊlɪ/ *adv* esporádicamente.
fitment /'fɪtmənt/ *n* mueble *m*.
fitness /'fɪtnəs/ *n* 1. (*health*) salud *f*, forma *f* física. 2. (*suitability*) capacidad *f*.
fitted /'fɪtɪd/ *adj* 1. (*kitchen*) amueblado -da; (*cupboard*) empotrado -da. 2. (*Clothing*) entallado -da: **a fitted jacket** una chaqueta entallada.
fitted carpet *n* moqueta *f*, (*Amér L*) alfombra *f* (*de pared a pared*).
fitter /'fɪtə/ *n* montador -dora *m/f*.
fitting /'fɪtɪŋ/ **I** *adj* (*appropriate*) apropiado -da, adecuado -da: **it was fitting that he should have won** que él ganara era lo que correspondía.
II *n* prueba *f* (*en la modista o el sastre*).
III fittings *n pl*: *accesorios de una vivienda, que el propietario puede llevarse al mudarse*: **electrical fittings** interruptores, enchufes, etc.; **bathroom fittings** accesorios de baño (*toalleros, repisas, etc.*).
five /faɪv/ *adj, n* cinco *adj inv, m*: **he stayed in Peru for five years** se quedó cinco años en Perú; **he's five (years old)** tiene cinco años; **number five!** ¡el cinco!; **a five per cent increase** una subida del cinco por ciento; **five hundred** quinientos -tas; **it's five o'clock** son las cinco; **before half past five** antes de las cinco y media; **it's five to seven** son las siete menos cinco; **it's five past seven/it's five** (*US*) **after seven** son las siete y cinco; **United won five-nil** el United ganó el partido cinco a cero; **we need to split the money five ways** tenemos que repartir el dinero en cinco partes; **these pens are sold** *in* **fives** estos bolígrafos se venden en paquetes de cinco.
five-a-side (football) *n* fútbol-sala *m*, futbito *m*.
fiver /'faɪvə/ *n* (*GB: fam*) billete *m* de cinco libras: **he owes me a fiver** me debe cinco libras.
fix /fɪks/ **I** *n* **[fixes]** 1. (*difficult situation*) apuro *m*, aprieto *m*: **I'm in a bit of a fix** estoy en un aprieto. 2. (*dishonest arrangement*) tongo *m*: **it was a fix!** ¡hubo tongo!; **the raffle was a fix** el sorteo fue un tongo. 3. (*fam: dose of a drug*) dosis *f*.
II *vt* **[fixes, fixing, fixed]** 1. (*to attach*) sujetar, fijar: **I fixed the shelves** *to* **the wall** fijé la estantería a la pared • **they fixed the blame on me** me echaron la culpa a mí. 2. (*attention, stare*) fijar: **she fixed her eyes** *on* **the screen** fijó los ojos en la pantalla; **he fixed me** *with* **a cold stare** me miró fija y fríamente. 3. (*to establish: gen*) decidir: **everything's been fixed** ya se

ha decidido todo; (: *a date, meeting*) fijar: **have they fixed a date for the wedding?** ¿han fijado la fecha de la boda? **4.** (*fam*: *game, result*) amañar: **the game was fixed** el partido estaba amañado; **it was fixed!** ¡hubo tongo! **5.** (*to repair, improve*) arreglar, reparar: **can you fix my camera?** ¿puedes arreglarme la cámara?; **fix your hair before you go out** arréglate el pelo antes de salir. **6.** (*fam*: *to prepare*) preparar: **he fixed me a gin and tonic** me preparó un gin tonic.

to **fix on** *vt* fijar: **have they fixed on a date?** ¿han fijado la fecha?

to **fix up** *vt* **1.** (*to arrange*) organizar: **we've fixed up another meeting** hemos organizado otra reunión; **he's fixed us up** *with* **a car** nos ha conseguido un coche. **2.** (*to install*) poner: **I fixed up an awning over the door** puse un toldo sobre la puerta.

fixation /fɪk'seɪʃən/ *n* fijación *f*, manía *f*: **she has a fixation** *about* **cats** está obsesionada con los gatos.

fixed /fɪkst/ *adj* **1.** (*unmovable, unchangeable*) fijo -ja: **the interest rate is fixed** el tipo de interés es fijo; **he has fixed ideas on that** tiene ideas fijas al respecto • **how are they fixed for time?** ¿cómo andan de tiempo? **2.** (*game, result*) amañado -da.

fixedly /'fɪksɪdlɪ/ *adv* fijamente: **she stared fixedly at him** lo miraba fijamente.

fixture /'fɪkstʃə/ *n* **1.** (*Sport*) encuentro *m*, partido *m*: **all of today's fixtures have been cancelled** se han cancelado todos los encuentros de hoy. **2.** (*fixed furnishing*) *accesorio que forma parte integrante de una vivienda* (*como una chimenea, los sanitarios, etc.*).

fizz /fɪz/ **I** *vi* [**fizzes, fizzing, fizzed**] (*liquids*) burbujear.

II *n* (*of liquid*) efervescencia *f*.

fizzle /'fɪzəl/ *vi* [**fizzles, fizzling, fizzled**] burbujear.

to **fizzle out** *vi* acabar: **the party fizzled out around three** la fiesta acabó a eso de las tres; **the campaign soon fizzled out** la campaña perdió fuerza muy pronto.

fizzy /'fɪzɪ/ *adj* [**fizzier, fizziest**] (*liquids*) con gas: **this drink is very fizzy** esta bebida tiene mucho gas.

fizzy drink *n* bebida *f* con gas.

fjord /fjɔ:d/ *n* fiordo *m*.

flabbergasted /'flæbəˌgɑ:stɪd/ *adj* (*fam*) asombrado -da, atónito -ta: **she was flabbergasted** *at* * *by* **the news** la noticia la dejó atónita.

flabby /'flæbɪ/ *adj* [**flabbier, flabbiest**] (*physique*) blando -da; (*part of the body*) fofo -fa: **he has a flabby stomach** tiene la barriga fofa.

flag /flæg/ **I** *n* **1.** (*of country*) bandera *f*. **2.** (*sold for charity*) banderita *f*. **3.** (*Naut*) pabellón *m*. **4.** (*también* **flagstone**) (*large*) losa *f*; (*small*) loseta *f*.

II *vi* [**flags, flagging, flagged**] **1.** (*to lose strength*) flaquear: **twenty kilometres later I started to flag** veinte kilómetros más adelante empecé a flaquear. **2.** (*to peter out*) decaer: **the conversation flagged** la conversación decayó.

to **flag down** *vt*: **I was flagged down by a policeman** un policía me hizo señales para que parara.

flagpole *n* asta *f* de bandera [takes ***el*** or ***un*** in singular].

flagship *n* buque *m* insignia.

flagrant /'fleɪgrənt/ *adj* flagrante.

flail /fleɪl/ *vi* [**flails, flailing, flailed**] agitar: **he fell on his back with legs flailing** se cayó de espaldas agitando las piernas en el aire.

flair /fleə/ *n* don *m*: **she has a flair** *for* **painting** tiene un don para la pintura; **his problem is that he has no flair** su problema es que no tiene ningún talento.

flake /fleɪk/ **I** *n* **1.** (*of paint, plaster*) trozo *m* (*de pintura o escayola desprendidas*). **2.** (*of snow*) copo *m*.

II *vi* [**flakes, flaking, flaked**] desconcharse: **the plaster is flaking** *away from* * *off* **the wall** se está desconchando la pared.

to **flake out** *vi* caer rendido -da.

flaky /'fleɪkɪ/ *adj* [**flakier, flakiest**] **1.** (*skin*) escamoso -sa; (*paint*) desconchado -da. **2.** (*US*: *fam, crazy*) chiflado -da.

flaky pastry *n*: *tipo de hojaldre*.

flamboyance /flæm'bɔɪəns/ *n* extravagancia *f*.

flamboyant /flæm'bɔɪənt/ *adj* extravagante.

flame /fleɪm/ *n* llama *f*: **the hostel was** *in* **flames** el albergue estaba en llamas * ardiendo • **the car burst into flames** el coche estalló en llamas • **the whole building went up in flames** se incendió el edificio entero • **he's one of her old flames** es uno de sus antiguos admiradores.

flameproof *adj* ignífugo -ga.

flamenco /flə'meŋkəʊ/ **I** *adj* flamenco -ca: **the flamenco guitar** la guitarra flamenca.

II *n* flamenco *m*: **do you like flamenco?** ¿te gusta el flamenco?

flaming /'fleɪmɪŋ/ *adj* **1.** (*in flames*) en llamas. **2.** (*eyes, cheeks, colour*) encendido -da: **she has flaming red hair** tiene el pelo de un rojo encendido. **3.** (*fam*: *intense*): **they had a flaming row when they got home** tuvieron una bronca de padre y muy señor mío al llegar a casa.

flamingo /flə'mɪŋgəʊ/ *n* [**flamingos** * **flamingoes**] (*Zool*) flamenco *m*.

flammable /'flæməbəl/ *adj* inflamable.

flan /flæn/ *n* tarta *f* (*dulce o salada, con base de masa o bizcocho*).

flange /flændʒ/ *n* pestaña *f* (*de rueda o moldura*).

flank /flæŋk/ **I** *n* **1.** (*Anat*) ijada *f*, ijar *m*. **2.** (*of army*) flanco *m*.

II *vt* [**flanks, flanking, flanked**] flanquear: **trees flanked the avenue** los árboles flanqueaban la avenida.

flannel /'flænəl/ **I** *n* **1.** (*type of material*) franela *f*. **2.** (*for washing*) toallita *f* (*para lavarse*).

II flannels *n pl* (*trousers*) pantalones *m pl* de franela.

flap /flæp/ **I** *n* **1.** (*of book jacket, pocket*) solapa *f*. **2.** (*of coat*) faldón *m*; (*earflap*) orejera *f*. **3.** (*of table*) hoja *f* abatible. **4.** (*of sails, wings*) aleteo *m*. **5.** (*fam*: *fluster*): **when they didn't arrive he got into a flap** como no llegaban, se puso muy nervioso; **they were in a flap** estaban muy nerviosos.

II *vt* [**flaps, flapping, flapped**] (*wings*) batir: **the duck flapped its wings** el pato batía las alas; (*arms*) agitar. ♦*vi* **1.** (*sails, clothes*) agitarse. **2.** (*fam*: *to panic*): **he always flaps in a crisis** se pone muy nervioso cuando hay dificultades.

flapjack /'flæpdʒæk/ *n* (*GB*: *of oats*) *galleta dulce hecha con avena*; (*US*: *pancake*) crêpe *f*, (*Amér L*) panqueque *m*.

flare /fleə/ **I** *n* **1.** (*sudden flame*) llamarada *f*. **2.** (*Mil*: *signal*) bengala *f* (*de alarma*).

II flares *n pl* (*trousers*) pantalones *m pl* acampanados.

III *vi* [**flares, flaring, flared**] llamear: **the flame flared briefly and went out** la llama ardió un poco y se apagó.

to **flare up** *vi* **1.** (*to break out*) estallar: **violence has flared up again in the border zone** ha vuelto a estallar la violencia en la zona fronteriza. **2.** (*to become angry*) encolerizarse: **he flared up when I said no** se encolerizó cuando le dije que no.

flare-up *n* (*of conflict, violence*) estallido *m*.

flared /fleəd/ *adj* (*Clothing*) acampanado -da.

flash /flæʃ/ I *vt* [**flashes, flashing, flashed**] 1. (*a light*): **I flashed the torch** *at* **the clock** dirigí la luz de la linterna hacia el reloj; **don't flash the light** *in* **my eyes** aparta la luz, me está dando en los ojos; **he flashed his headlights** *at* **them** les hizo señales con los faros. 2. (*a look, smile*): **she flashed a look** *at* **me** me lanzó una mirada.
♦*vi* 1. (*to shine*) destellar: **the police car's lights flashed in the darkness** las luces del coche patrulla destellaban en la oscuridad. 2. (*to pass quickly*): **a hundred thoughts flashed** *through* **my brain** mil ideas me pasaron por la cabeza.
II *n* [**flashes**] 1. (*of light*) destello *m*, centelleo *m*; (*of lightning*) relámpago *m*: **there was a flash of lightning** hubo un relámpago; (*from firearm*) fogonazo *m* • **I had a sudden flash of inspiration** tuve un destello de inspiración • **he answered in a flash * quick as a flash** contestó como un rayo • **it's likely to be just a flash in the pan** es muy probable que sea sólo un éxito pasajero. 2. (*for camera*) flash *m*.
to **flash back** *vi*: **the movie flashes back** *to* **the hero's childhood** la película retrocede a la infancia del protagonista.
to **flash past** *vi* pasar como un rayo * un relámpago: **he flashed past on his new motorbike** pasó como un rayo en su moto nueva.
flashback *n* flash-back *m*, escena *f* retrospectiva.
flashlight *n* linterna *f*.
flashpoint *n* (*fig*) punto *m* álgido.

flashy /ˈflæʃɪ/ *adj* [**flashier, flashiest**] (*fam*: *gen*) charro -rra, ostentoso -sa; (: *colour*) chillón -llona.

flask /flɑːsk/ *n* 1. (*gen*) frasco *m*. 2. (*for hot or cold liquids*) termo *m*. 3. (*used in laboratory*) matraz *m*.

flat /flæt/ I *adj* [**flatter, flattest**] 1. (*land, terrain*) llano -na: **the flat landscape of Holland** el llano paisaje de Holanda; (*surface*) plano -na, liso -sa: **we paved the terrace with flat stones** pavimentamos la terraza con losas planas. 2. (*shoes*) de tacón bajo: **I prefer flat heels** prefiero los tacones bajos. 3. (*tyre*): **my tyre's flat** tengo un pinchazo. 4. (*electric battery*) descargado -da. 5. (*fizzy drink*): **this beer is flat** a esta cerveza se le ha ido el gas. 6. (*Mus*: *out of tune*) desafinado -da; (: *a semitone below a note*) bemol. 7. (*occasion, party*) aburrido -da: **things were very flat after Harry left** todo se volvió muy aburrido cuando se fue Harry; (*style*) soso -sa. 8. (*Fin*: *price, rate*) fijo -ja. 9. (*refusal*) categórico -ca: **he gave a flat denial** se negó categóricamente.
II *adv* 1. (*Mus*: *out of tune*) desafinadamente: **you're singing * playing flat** estás desafinando. 2. (*exactly*): **he arrived in five minutes flat** llegó en cinco minutos justos. 3. (*uncompromisingly*) categóricamente: **I turned it down flat** lo rechacé categóricamente • **he's working flat out** está trabajando a todo gas.
III *n* 1. (*GB*: *apartment*) apartamento *m*, piso *m*, (*Amér L*) departamento *m*: **a block of flats** un bloque de pisos. 2. (*flat surface*): **the flat of her hand was covered in blisters** tenía la palma de la mano cubierta de ampollas. 3. (*Mus*) bemol *m*. 4. (*fam*: *deflated tyre*): **we had a flat** tuvimos un pinchazo.
flat feet *n pl* pies *m pl* planos.
flat-footed *adj* que tiene los pies planos.
flatmate *n* compañero -ra *m/f* de piso.
flat-racing *n* carreras *f pl* de caballos (*sin obstáculos*).

flatly /ˈflætlɪ/ *adv* 1. (*uncompromisingly*) categóricamente: **he flatly refused to consider the proposal** se negó categóricamente a considerar la propuesta. 2. (*in a dull voice*): **they've gone, he said flatly** se han ido, dijo con voz monótona.

flatten /ˈflætən/ *vt* [**flattens, flattening, flattened**] 1. (*a surface*) aplanar, allanar. 2. (*to crush*) aplastar: **the rain flattened the vines** la lluvia aplastó las vides. 3. (*to press against*): **he flattened himself against the wall** se apretó contra la pared. 4. (*to knock down*) derribar, tumbar: **she flattened him with one blow** lo derribó de un puñetazo.

flatter /ˈflætə/ *vt* [**flatters, flattering, flattered**] 1. (*to praise*) halagar: **I was flattered to be considered for the job** fue muy halagador que me consideraran para el puesto • **I flatter myself that I can recognize good literature** me precio de saber reconocer la buena literatura. 2. (*to improve appearance*) favorecer: **that hat flatters you** ese sombrero te favorece.

flattering /ˈflætərɪŋ/ *adj* 1. (*improving appearance*) favorecedor -dora. 2. (*full of praise*) halagador -dora: **his description of them is not very flattering** la descripción que hace de ellos no es muy halagadora; **he made a few flattering remarks** hizo unos comentarios muy halagadores.

flattery /ˈflætərɪ/ *n* adulación *f*, halagos *m pl*.

flatulence /ˈflætjʊləns/ *n* flatulencia *f*.

flaunt /flɔːnt/ *vt* [**flaunts, flaunting, flaunted**] hacer ostentación de: **they flaunt their wealth** hacen ostentación de su riqueza.

flautist /ˈflɔːtɪst/ *n* flautista *m/f*.

flavour, (*US*) **flavor** /ˈfleɪvə/ I *n* (*of food*) sabor *m*, gusto *m*: **a song with a Latin flavour** una canción con sabor latino.
II *vt* [**flavours, flavouring, flavoured**] condimentar: **I flavoured the stew with paprika** condimenté el guiso con pimentón dulce; **coffee-flavoured ice cream is hard to find** es difícil encontrar helado con sabor a café.

flavouring, (*US*) **flavoring** /ˈfleɪvərɪŋ/ *n* condimento *m*, aderezo *m*: **no artificial flavourings** sin aromatizantes artificiales.

flavourless, (*US*) **flavorless** /ˈfleɪvələs/ *adj* insípido -da, soso -sa.

flaw /flɔː/ *n* 1. (*in product, character*) defecto *m*: **there's a flaw in the design** el diseño tiene un defecto. 2. (*in reasoning*) fallo *m*: **his argument contained various flaws** su argumentación tenía varios fallos.

flawed /flɔːd/ *adj* 1. (*design*) defectuoso -sa. 2. (*theory*) erróneo -nea: **that is a popular but flawed argument** ésos son unos argumentos comúnmente aceptados pero erróneos.

flawless /ˈflɔːləs/ *adj* perfecto -ta, sin defecto.

flax /flæks/ *n* lino *m*.

flaxen /ˈflæksən/ *adj* (*frml*: *hair*) muy rubio -bia.

flea /fliː/ *n* pulga *f* • **he was sent away with a flea in his ear** lo echaron con cajas destempladas.
flea market *n* rastro *m*, mercadillo *m*.

fleck /flek/ I *n* mota *f*: **a fleck of paint** una mota de pintura.
II *vt* [**flecks, flecking, flecked**] motear, salpicar: **my shirt was flecked** *with* **mud** tenía la camisa salpicada de barro.

flee /fliː/ *vt* [**flees, fleeing, fled**] huir de: **they fled the country** huyeron del país.
♦*vi* huir: **when the police arrived we fled** huimos cuando llegó la policía; **she fled** *from* **the war zone** huyó de la zona de guerra.

fleece /fliːs/ I *n* (*wool*) lana *f*; (*shorn wool*) vellón *m*.

II *vt* **[fleeces, fleecing, fleeced]** (*fam*: *to swindle*) timar: **we were fleeced** *by* **a taxi-driver** nos timó un taxista.

fleet /fli:t/ *n* (*of ships, aircraft*) flota *f*: **a fishing fleet** una flota pesquera; **the Spanish fleet** la Armada (de Guerra) española.

fleeting /ˈfli:tɪŋ/ *adj* (*visit*) breve; (*glance*) fugaz.

flesh /fleʃ/ *n* **1.** (*of animal*) carne *f* • **we saw him in the flesh** lo vimos en carne y hueso • **she's your own flesh and blood** es de tu misma sangre. **2.** (*of fruit*) carne *f*, pulpa *f*.

fleshy /ˈfleʃɪ/ *adj* **[fleshier, fleshiest] 1.** (*person*) gordo -da, metido -da en carnes. **2.** (*fruit*) carnoso -sa.

flew /flu:/ *pretérito de* ➪ fly

flex /fleks/ **I** *vt* **[flexes, flexing, flexed]** flexionar.
II *n* **[flexes]** (*electrical cable*) cable *m*.

flexibility /ˈfleksəbɪlətɪ/ *n* flexibilidad *f*.

flexible /ˈfleksəbəl/ *adj* (*materials, attitude, schedule*) flexible.

flick /flɪk/ **I** *n* (*with fingers*) papirotazo *m*, capirotazo *m*; (*of whip*) latigazo *m*: *at* **the flick of a switch** con sólo darle a un interruptor.
II *vt* **[flicks, flicking, flicked] 1.** (*to move quickly*): **the horse flicked its tail** el caballo dio un coletazo. **2.** (*to remove*): **he flicked the ash** *from* **his cigar** tiró la ceniza del puro; **she was flicking crumbs** *from* **her skirt** se sacudió las migas de la falda. **3.** (*switch*): **she flicked the switch and the light went out** le dio al interruptor y se apagó la luz.
to **flick through** *vt* (*a book, magazine*) hojear.
flick knife *n* navaja *f* automática.

flicker /ˈflɪkə/ **I** *vi* **[flickers, flickering, flickered]** (*light*) parpadear; (*flame*) vacilar: **the shadows flickered on the wall** las sombras se movían en la pared.
II *n* (*of light*) parpadeo *m* • **he didn't show a flicker of recognition** no dio ninguna muestra de reconocerme.

flier /ˈflaɪə/ *n* **1.** (*pilot*) aviador -dora *m/f*. **2.** (*leaflet*) folleto *m*.

flight /flaɪt/ *n* **1.** (*of bird, aeroplane*) vuelo *m*: **the next flight to Havana** el próximo vuelo para La Habana • **I had to interrupt him in full flight** lo tuve que interrumpir en medio de lo que estaba diciendo • **the birds took flight** los pájaros emprendieron el vuelo. **2.** (*escape*) huida *f*: **the police were unable to stop their flight** la policía no pudo evitar que huyeran. **3.** (*of steps*) tramo *m*.
flight attendant *n* auxiliar *m/f* de vuelo.
flight path *n* trayectoria *f* de vuelo.

flightless /ˈflaɪtləs/ *adj* (*bird*) que no vuela.

flighty /ˈflaɪtɪ/ *adj* **[flightier, flightiest]** (*behaviour, person*) frívolo -la.

flimsy /ˈflɪmzɪ/ *adj* **[flimsier, flimsiest] 1.** (*gen*) frágil; (*clothing*) ligero -ra. **2.** (*unconvincing*) poco convincente: **he came up with a very flimsy excuse** se le ocurrió una excusa muy poco convincente.

flinch /flɪntʃ/ *vi* **[flinches, flinching, flinched]** estremecerse: **she flinched when the dentist touched a nerve** se estremeció cuando el dentista tocó un nervio • **they didn't flinch from the task** no se acobardaron ante la tarea.

fling /flɪŋ/ **I** *n* **1.** (*celebration*) juerga *f*. **2.** (*fam*: *affair*) aventura *f* (amorosa).
II *vt* **[flings, flinging, flung]** lanzar: **she flung the door open** abrió la puerta de golpe; **he flung his coat** *onto* **the sofa** echó su abrigo al sofá; **we had just enough time to fling** *together* **our belongings** tuvimos el tiempo justo de empaquetar nuestras cosas; **she flung her arms** *around* **my neck** me echó los brazos al cuello.
to **fling out** *vt* (*object*) tirar; (*person*) echar: **he was flung out of college** lo expulsaron de la universidad.

flint /flɪnt/ *n* **1.** (*Geol*: *material*) sílex *m*; (*a piece*) pedernal *m*. **2.** (*tool*) sílex *m*. **3.** (*of cigarette lighter*) piedra *f* de mechero.

flip /flɪp/ *vt* **[flips, flipping, flipped]**: **we flipped a coin** lo echamos a cara o cruz; **she flipped the omelette** *over* le dio la vuelta a la tortilla en el aire; **he flipped open the lid** abrió la tapa de golpe.
♦ *vi* (*fam*) **1.** (*to go crazy*): **he's flipped** se ha vuelto loco. **2.** (*to get angry*) enfadarse.
to **flip through** *vt* (*book, report*) echar un vistazo a.

flippancy /ˈflɪpənsɪ/ *n* falta *f* de seriedad.

flippant /ˈflɪpənt/ *adj* poco serio -ria.

flipper /ˈflɪpə/ *n* (*of marine animal, of swimmer*) aleta *f*.

flirt /flɜ:t/ **I** *vi* **[flirts, flirting, flirted]** coquetear: **she was flirting with the guide** estaba coqueteando con el guía.
II *n* coqueto -ta *m/f*.

flirtatious /flɜ:ˈteɪʃəs/ *adj* coqueto -ta.

flit /flɪt/ *vi* **[flits, flitting, flitted] 1.** (*butterfly*) revolotear. **2.** (*person*): **he constantly flits from one subject to another** cambia de tema continuamente.

float /fləʊt/ **I** *vi* **[floats, floating, floated]** flotar: **will it sink or float?** ¿se hundirá o flotará?; **the raft floated out to sea** la balsa se hizo a la mar; **debris from the wreck floated** *to* **the surface** los restos del naufragio salieron a flote; **leaves floated** *down* **in the still autumn air** las hojas caían flotando en el tranquilo aire otoñal.
♦ *vt* **1.** (*a boat*) poner a flote. **2.** (*Fin*: *a company*) lanzar a bolsa; (*: shares*) emitir: **the company floated 50,000 shares** la empresa emitió 50.000 acciones; (*: a currency*) dejar flotar.
II *n* **1.** (*for fishing line, net*) flotador *m*: **he learnt to swim using a float** aprendió a nadar con un flotador. **2.** (*carnival vehicle*) carroza *f*. **3.** (*petty cash*) cambio *m*.

floating /ˈfləʊtɪŋ/ *adj* **1.** (*on water*) flotante. **2.** (*not permanent*): **the floating population of this city** la población flotante de esta ciudad. **3.** (*undecided*) indeciso -sa: **floating voters will decide the election** los votantes indecisos determinarán las elecciones.

flock /flɒk/ **I** *n* (*of sheep, goats*) rebaño *m*; (*of birds*) bandada *f*; (*of people*): **a flock of tourists** un tropel de turistas; (*Relig*) rebaño *m*.
II *vi* **[flocks, flocking, flocked]** acudir: **people flocked** *to* **the stadium** la gente acudió en masa al estadio.

flog /flɒg/ *vt* **[flogs, flogging, flogged] 1.** (*to beat, whip*) azotar: **he was flogged** *to* **death** lo azotaron hasta matarlo. **2.** (*fam*: *to sell*): **he had to flog his car** tuvo que vender su coche.

flogging /ˈflɒgɪŋ/ *n* flagelación *f*.

flood /flʌd/ **I** *n* **1.** (*gen*) inundación *f*: **the cattle were drowned in the floods** el ganado pereció en la inundación; **all the rivers were** *in* **flood** todos los ríos se habían desbordado • **the family was in floods of tears** la familia lloraba a mares. **2. the Flood** (*Relig*) el Diluvio (Universal).
II *vt* **[floods, flooding, flooded] 1.** (*with water*) inundar: **the houses were flooded** se inundaron las casas. **2.** (*with letters, phonecalls, etc.*): **we've been flooded** *with* **complaints** nos han llovido las quejas.
♦ *vi* **1.** (*river*) desbordarse: **the river flooded last night** anoche se desbordó el río. **2.** (*people, offers, etc.*):

the fans flooded *into* **the stadium** los hinchas entraron al estadio en tropel; **the offers are flooding** *in* nos están llegando montones de ofertas.

floodgate *n* compuerta *f*.

floodlight I *n* foco *m*.

II *vt* [**floodlights, floodlighting, floodlighted** * **floodlit**] iluminar con focos: **the castle is floodlit** el castillo está iluminado con focos.

flood tide *n* pleamar *f*.

flooding /'flʌdɪŋ/ *n* inundaciones *fpl*: **there was flooding all along the coast** hubo inundaciones por toda la costa.

floor /flɔ:/ **I** *n* **1.** (*gen*) suelo *m*, piso *m*; (*for dancing*) pista *f* • **his rival wiped the floor with him** su rival le hizo morder el polvo. **2.** (*level of building*) piso *m*, planta *f*: **we live** *on* **the seventh floor** vivimos en el séptimo piso. **3.** (*in meeting, debate*): **the treasurer took the floor** el tesorero hizo uso de la palabra; **Mr Allen has the floor** el señor Allen tiene la palabra.

II *vt* [**floors, flooring, floored**] derribar, echar al suelo: **he floored me with a blow** me derribó de un golpe • **I was floored by the second question** la segunda pregunta me apabulló.

floorboard *n* tabla *f* (*del suelo*).

flooring /'flɔ:rɪŋ/ *n* pavimento *m*.

flop /flɒp/ **I** *vi* [**flops, flopping, flopped**] **1.** (*to sit, lie down heavily*) dejarse caer: **he flopped** *down* **on the sofa** se dejó caer en el sofá. **2.** (*fam*: *to fail*) fracasar estrepitosamente: **the movie flopped in the States** la película fracasó estrepitosamente en Estados Unidos.

II *n* (*fam*: *failure*) fracaso *m*.

floppy /'flɒpɪ/ **I** *adj* [**floppier, floppiest**] blando -da.

II *n* [*pl* **floppies**] (*también* **floppy disk**, *pl* **floppy disks**) disquete *m*, disco *m* flexible.

flora /'flɔ:rə/ *n* (*Bot*) flora *f*.

floral /'flɔ:rəl/ *adj* floral.

floral tribute *n* ofrenda *f* floral.

florid /'flɒrɪd/ *adj* (*frml*) **1.** (*language, style*) florido -da. **2.** (*complexion*) colorado -da.

florist /'flɒrɪst/ *n* **1.** (*person*) florista *m/f*. **2. florist's** (*shop*) floristería *f*.

flounce /flaʊns/ *vi* [**flounces, flouncing, flounced**]: **she flounced** *out* **in a temper** salió hecha una furia; **she flounced** *into* **the room** entró airada en la habitación.

flounder /'flaʊndə/ *vi* [**flounders, floundering, floundered**] **1.** (*in water*) bracear intentando mantenerse a flote; (*in mud*) luchar por avanzar. **2.** (*to be hesitant*): **when I asked her that, she floundered** cuando le pregunté eso, no supo qué contestar; (*to be in confusion*): **"How are you getting on?" "I'm floundering."** "¿Qué tal lo llevas?" "Pues la verdad es que no lo veo muy claro."

flour /'flaʊə/ *n* harina *f*.

flourish /'flʌrɪʃ/ **I** *vi* [**flourishes, flourishing, flourished**] (*business, industry*) florecer, prosperar: **the business flourished** el negocio floreció; **"How's Jane?" "She's flourishing."** "¿Cómo está Jane?" "Cada día mejor."

♦ *vt* agitar, blandir: **she came in flourishing a piece of paper** entró agitando un papel.

II *n* [**flourishes**] **1.** (*gesture*) gesto *m* exagerado: **he took his hat off with a flourish** se quitó el sombrero con un gesto teatral. **2.** (*on signature*) rúbrica *f*.

flourishing /'flʌrɪʃɪŋ/ *adj* floreciente.

flout /flaʊt/ *vt* [**flouts, flouting, flouted**] **1.** (*tradition*) ignorar: **she flouted convention by refusing to marry** no hizo caso de las convenciones sociales y se negó a casarse. **2.** (*the law*) incumplir.

flow /fləʊ/ **I** *vi* [**flows, flowing, flowed**] **1.** (*river*) fluir: **the river flowed gently south** el río fluía mansamente hacia el sur; (*tears*) resbalar: **tears flowed** *down* **his cheeks** le resbalaban las lágrimas por las mejillas. **2.** (*traffic, ideas*) circular; (*people, goods*): **aid flowed into the region** la ayuda llegó de forma constante a la región. **3.** (*hair*) ondear.

II *n* **1.** (*gen*) flujo *m*: **they attempted to stop the flow of goods from the West** intentaron detener el flujo de productos occidentales * de occidente; (*of river*) corriente *f* • **she was in full flow when I went in** estaba muy metida en su discurso cuando entré. **2.** (*of traffic, ideas*) circulación *f*.

flower /'flaʊə/ **I** *n* flor *f*: **the cherry tree is** *in* **flower** el cerezo está en flor • **he was in the flower of his youth** estaba en la flor de la juventud.

II *vi* [**flowers, flowering, flowered**] florecer.

flowerbed *n* macizo *m* (*de flores*).

flowerpot *n* maceta *f*, tiesto *m*.

flowered /'flaʊəd/ *adj* floreado -da.

flowery /'flaʊərɪ/ *adj* (*pattern*) floreado -da; (*speech*) florido -da.

flowing /'fləʊɪŋ/ *adj* (*river*) que fluye; (*hair, clothes*) suelto -ta; (*writing*) fluido -da.

flown /fləʊn/ *participio pasado de* ⇨ fly

flu /flu:/ *n* gripe *f*.

fluctuate /'flʌktjʊeɪt/ *vi* [**fluctuates, fluctuating, fluctuated**] (*prices*) fluctuar; (*feelings*) oscilar: **her feelings fluctuated** *between* **anger and fear** sus sentimientos oscilaban entre la cólera y el miedo.

fluctuation /ˌflʌktjʊ'eɪʃən/ *n* fluctuación *f*.

flue /flu:/ *n* (*of chimney*) cañón *m*; (*of boiler*) tubo *m* de extracción.

fluency /'flu:ənsɪ/ *n* fluidez *f*: **she achieved a high level of fluency** *in* **German** consiguió dominar muy bien el alemán.

fluent /'flu:ənt/ *adj*: **he is fluent** *in* **English** * **he speaks fluent English** habla inglés con mucha soltura * fluidez, domina el inglés.

fluently /'flu:əntlɪ/ *adv* con fluidez.

fluff /flʌf/ **I** *n* pelusa *f*.

II *vi* [**fluffs, fluffing, fluffed**]: **she fluffed** *out* **her hair** se ahuecó el pelo; **the bird fluffed** *out* * *up* **its feathers** el pájaro se encrespó.

♦ *vt* (*fam*: *to make a mistake in*): **he fluffed his lines** se equivocó al recitar su papel.

fluffy /'flʌfɪ/ *adj* [**fluffier, fluffiest**] **1.** (*toy*) de peluche: **a fluffy kitten** un gatito de peluche; (*wool*) esponjoso -sa. **2.** (*hair*) hueco -ca.

fluid /'flu:ɪd/ **I** *n* fluido *m*.

II *adj* **1.** (*liquid*) fluido -da. **2.** (*idea*) flexible.

fluid ounce *n* onza *f* líquida.

fluidity /flu:'ɪdətɪ/ *n* fluidez *f*.

fluke /flu:k/ *n* (*fam*) chiripa *f*: **we won** *by* **a fluke** ganamos de chiripa.

flummoxed /'flʌməkst/ *adj* (*fam*) desconcertado -da.

flung /flʌŋ/ *pretérito y participio pasado de* ⇨ fling

fluorescent /ˌflʊə'resənt/ *adj* fluorescente.

fluorescent light *n* luz *f* fluorescente.

fluoride /'flʊəraɪd/ *n* (*in toothpaste*) flúor *m*.

fluorine /'flʊəri:n/ *n* flúor *m*.

flurry /'flʌrɪ/ *n* [**flurries**] **1.** (*energetic burst*) agitación *f*: **there was a flurry of activity** súbitamente hubo mucha actividad. **2.** (*of snow, wind*) ráfaga *f*.

flush /flʌʃ/ **I** *adj* **1.** (*level*): **the table is flush** *with* **the**

work surface la mesa está al mismo nivel que la encimera. 2. (*fam*: *rich*): **I'm flush this week** esta semana estoy muy bien de dinero.

II *n* [**flushes**] 1. (*blush*) rubor *m*; **she's not in the first flush** *of* **youth** ya no es una jovencita que digamos. 2. (*of excitement*) euforia *f*: **in the first flush** *of* **success...** con la euforia inicial del triunfo.... 3. (*of toilet*) cisterna *f*.

III *vt* [**flushes, flushing, flushed**]: **flush the toilet** tira de la cadena; **do not flush paper towels** *down* **the toilet** se ruega no tirar toallitas de papel en el wáter.

♦*vi* 1. (*toilet*): **the toilet won't flush** la cisterna no funciona. 2. (*to redden*) ponerse colorado, sonrojarse: **he flushed** se puso colorado.

to **flush out** *vt* 1. (*with water*) limpiar con un chorro de agua. 2. (*to force out of hiding*) hacer salir: **attempts to flush out the terrorists failed** los intentos para que los terroristas salieran de sus escondites fracasaron.

flushed /flʌʃt/ *adj* 1. (*blushing*) sonrojado -da. 2. (*looking pleased*): **they were flushed** *with* **excitement** resplandecían de emoción.

fluster /'flʌstə/ I *vt* [**flusters, flustering, flustered**] confundir, poner nervioso -sa: **they always fluster me** siempre me ponen nerviosa.

II *n* • **I was all in a fluster** estaba muy nervioso.

flustered /'flʌstəd/ *adj* nervioso -sa: **she started to get flustered** empezó a ponerse nerviosa.

flute /flu:t/ *n* (*instrument*) flauta *f*; (*player*) flauta *m*.

flutist /'flu:tɪst/ *n* (*US*) flautista *m/f*.

flutter /'flʌtə/ I *vi* [**flutters, fluttering, fluttered**] 1. (*leaves, bird, insect*) revolotear. 2. (*fabric*) ondear: **the flag fluttered in the breeze** la bandera ondeaba con la brisa. 3. (*heart*) palpitar.

♦*vt*: **the birds fluttered their wings** los pájaros aleteaban.

II *n* revoloteo *m* • **they were all in a flutter** estaban todos muy agitados.

flux /flʌks/ *n* 1. (*change*) incertidumbre *f* • **things were in a state of flux** la situación cambiaba constantemente. 2. (*flow*) flujo *m*.

fly /flaɪ/ I *n* [**flies**] 1. (*insect*) mosca *f*. 2. (*on trousers*) bragueta *f*.

II **flies** *n pl* (*on trousers*) bragueta *f*.

III *vi* [**flies, flying, flew,** *participio pasado* **flown**] 1. (*gen*) volar: **Aeroflights fly all over the world** Aeroflights vuela a todo el mundo; **an eagle flew overhead** un águila pasó volando en lo alto. 2. (*to travel by plane*) viajar en avión: **they flew to Madrid** fueron a Madrid en avión; **I don't like flying** no me gusta viajar en avión. 3. (*time*): **the days flew** *(by)* los días pasaron volando • **doesn't time fly!** ¡cómo vuela el tiempo! 4. (*to move quickly*) ir volando: **she flew** *out of* **the house** salió de casa volando; **he flew** *past* **on his bike** pasó volando en la bici • **I must fly!** ¡tengo que irme volando! • **she flew into a rage** se puso furiosa • **he suddenly let fly** de repente, me atacó • **she tripped and went flying** tropezó y salió disparada • **careful! you almost knocked * sent me flying** ten cuidado, casi me tiras al suelo • **when I dropped my bag it flew open** el bolso se abrió al caer. 5. (*flag, hair, clothing*) ondear, flotar: **her hair was flying in the wind** su pelo ondeaba al viento.

♦*vt* 1. (*plane*) pilotar. 2. (*cargo*) transportar (en avión): **food supplies were flown** *into* **the region** las provisiones fueron transportadas a la zona en avión; (*passengers*) llevar (en avión): **Aeroflights can fly you** *to* **hundreds of destinations worldwide** Aeroflights lo lleva a usted a cientos de destinos en todo el mundo. 3. (*flag*) tener izado -da: **the building was flying the Russian flag** en el edificio estaba izada la bandera rusa.

to **fly at** *vt* abalanzarse sobre: **she flew at him in a temper** se abalanzó furiosa sobre él.

to **fly away** *vi* (*bird, insect*) irse volando.

to **fly off** *vi* (*bird, insect*) irse volando; (*top, cover*) salir volando: **the lid flew off** la tapa salió volando.

flyover *n* paso *m* elevado.

flyweight *n* peso *m* mosca.

flyer /'flaɪə/ *n* ⇨ flier

flying saucer /'flaɪɪŋ 'sɔ:sə/ *n* platillo *m* volador * volante.

FM /efem/ (*abreviatura de* **frequency modulation**) frecuencia *f* modulada.

FO /efəʊ/ *n* (*in GB*) (*abreviatura de* **Foreign Office**) Ministerio *m* de Asuntos Exteriores.

foal /fəʊl/ *n* potro *m*.

foam /fəʊm/ I *n* (*froth, sponge*) espuma *f*: **a foam cushion** un cojín de espuma; **the car was covered in foam** el coche estaba cubierto de espuma.

II *vi* [**foams, foaming, foamed**] 1. (*liquid*) hacer espuma. 2. (*person*) echar espumarajos • **he was foaming at the mouth** echaba espumarajos de lo enfadado que estaba.

foam bath *n* espuma *f* de baño.

foam rubber *n* gomaespuma *f*.

fob off /fɒb ɒf/ *vt* [**fobs, fobbing, fobbed**] sacarse de encima: **they always try to fob you off** *with* **some story or other** siempre tratan de enredarte con una historia u otra.

focal point /'fəʊkəl pɔɪnt/ *n* centro *m*, elemento *m* central: **she became the focal point of his life** ella se convirtió en el centro de su vida; **it's the focal point of the whole exhibition** es el elemento central de la exposición.

focus /'fəʊkəs/ I *n* [**focuses * foci** /'fəʊki:/] 1. (*Phys*) foco *m*: **all the photographs are** *out of* **focus** todas las fotos han salido borrosas; **it isn't** *in* **focus** está desenfocado. 2. (*of interest*) centro *m*: **she was the focus of attention** toda la atención estaba centrada en ella.

II *vt* [**focus(s)es, focus(s)ing, focus(s)ed**] 1. (*camera*) enfocar: **focus the camera** *on* **the central figure** enfoca la cámara en la figura central. 2. (*to concentrate*) centrar: **he focused his efforts** *on* **winning** centró sus esfuerzos en ganar.

♦*vi* 1. (*camera*) enfocar: **this camera doesn't focus properly** esta cámara no enfoca bien. 2. (*eyes*): **his eyes focused** *on* **a distant figure** dirigió la mirada a una figura distante. 3. (*to concentrate*) centrarse: **the campaign focused** *on* **economic matters** la campaña se centró en cuestiones económicas.

fodder /'fɒdə/ *n* forraje *m*, pienso *m*.

foe /fəʊ/ *n* (*frml*) enemigo -ga *m/f*.

foetal /'fi:təl/ *adj* fetal.

foetus /'fi:təs/ *n* [**foetuses**] feto *m*.

fog /fɒg/ *n* niebla *f*.

fogbound *adj (airport)* cerrado -da por la niebla.

fog lamp *n* faro *m* antiniebla.

foggy /'fɒgɪ/ *adj* [**foggier, foggiest**]: **it's foggy** hay niebla; **it was a very foggy day** era un día de mucha niebla • **I haven't the foggiest (idea)** no tengo la menor idea.

fogy, fogey /'fəʊgɪ/ *n* [**fogies * fogeys**] (*fam*) persona *f* chapada a la antigua, carroza *m/f*.

foible /'fɔɪbəl/ *n* (*frml*) manía *f*.

foil /fɔɪl/ I *n* 1. (*aluminium*) papel *m* de aluminio. 2. (*contrast*) contraste *m*. 3. (*in fencing*) florete *m*.
II *vt* [**foils, foiling, foiled**] frustrar: **that's foiled your little plan!** eso te ha chafado el plan, ¿eh? • **foiled again!** ¡otro intento frustrado!

foist /fɔɪst/ *vt* [**foists, foisting, foisted**] endosar: **he always foists the nasty jobs** *on* **me** siempre me endosa las tareas más desagradables.

fold /fəʊld/ I *n* 1. (*in material, paper, rock*) pliegue *m*. 2. (*for sheep*) redil *m*.
II *vt* [**folds, folding, folded**] 1. (*clothes, paper*) doblar: **he folded his sweater** *(up)* **and put it away** dobló el jersey y lo guardó; **fold it** *in* **half** dóblalo por la mitad; (*furniture*) plegar: **fold the chairs and put them away** pliega las sillas y guárdalas. 2. (*to cross*) cruzar: **he folded his arms** cruzó los brazos.
♦*vi* 1. (*furniture*) plegarse: **the chair folded** *up* **as I sat down** la silla se plegó cuando me senté. 2. (*to go bankrupt*) quebrar: **the business folded** el negocio quebró.
to **fold away** *vt* (*furniture*) plegar.
♦*vi* plegarse: **the bed folds away** la cama es plegable.

folder /ˈfəʊldə/ *n* carpeta *f*.

folding /ˈfəʊldɪŋ/ *adj* plegable.

foliage /ˈfəʊlɪɪdʒ/ *n* follaje *m*.

folk /fəʊk/ I *n pl* (*fam*) gente *f*: **old folk don't like that** a la gente mayor no le gusta eso.
II **folks** *n pl* (*US: relatives*) familia *f*: **I'm going to visit my folks in Montana** voy a Montana a visitar a mi familia * a mi gente.
III *adj* folclórico -ca, popular: **folk art** arte popular.
folk dance *n* baile *m* popular.
folk singer *n* cantante *m/f* de música folk * tradicional.
folk song *n* canción *f* popular * tradicional.
folk story * tale *n* cuento *m* popular.

folklore /ˈfəʊklɔː/ *n* folclore *m*.

follow /ˈfɒləʊ/ *vt* [**follows, following, followed**] 1. (*gen*) seguir: **I was followed** me siguieron; **I followed your advice** seguí tu consejo; **they followed her instructions** siguieron sus instrucciones; **symptoms of depression often follow an accident** después de un accidente a menudo aparecen síntomas de depresión. 2. (*a television programme, sporting event*) seguir: **I haven't been following the Tour de France** no he estado siguiendo el Tour de Francia; (*a sport*): **I don't follow football** no me interesa el fútbol; **my father follows Rangers** mi padre es seguidor del Rangers. 3. (*explanation, reasoning*) entender, seguir: **I couldn't follow the conversation** no podía seguir la conversación.
♦*vi* 1. (*gen*) seguir: **you go ahead, I'll follow (behind)** vete delante, que yo te sigo • **her instructions were as follows...** sus instrucciones fueron las siguientes... • **to follow we had coffee and sweets** a continuación tomamos café y dulces. 2. (*explanation, reasoning*) entender: **what are you saying? I don't follow** ¿qué dices? no te entiendo. 3. (*logically*): **just because she works hard, it doesn't follow that she'll succeed** el hecho de que trabaje mucho no implica que vaya a triunfar; **I don't think that follows** no creo que eso sea lógico.
to **follow on** *vi* continuar: **following on from what we said earlier...** continuando con lo que decíamos antes...; **those numbers don't follow on** esos números no son consecutivos.
to **follow through** *vt* concluir: **they didn't follow the plan through** no llevaron a cabo el plan.
to **follow up** *vt* poner en práctica: **they never followed her proposal up** su sugerencia nunca se puso en práctica.
follow-up I *adj*: **we will be sending out follow-up letters** enviaremos cartas de seguimiento.
II *n* continuación *f*: **the book is a follow-up** *to* **the television series** el libro fue escrito a partir de la serie de televisión.

follower /ˈfɒləʊə/ *n* seguidor -dora *m/f*.

following /ˈfɒləʊɪŋ/ I *adj* siguiente: **we went home (on) the following day** al día siguiente nos fuimos a casa.
II *n* partidarios *m pl*, seguidores *m pl*: **the Party has a large following in the South** el partido tiene muchos seguidores en el sur.
III *prep* después de: **following the election...** después de las elecciones....

folly /ˈfɒlɪ/ *n* [**follies**] locura *f*: **it would be folly to turn back now** sería una locura regresar ahora.

fond /fɒnd/ *adj* 1. (*affectionate*) tierno -na, cariñoso -sa: **I have fond memories of Paris** recuerdo París con mucho cariño; **he is very fond** *of* **his niece** le tiene mucho cariño a su sobrina. 2. (*keen*) aficionado -da: **I'm not too fond** *of* **museums** no soy muy aficionado a los museos. 3. (*hopes, expectations*): **he cherished fond hopes of a reunion with her** deseaba de todo corazón reconciliarse con ella.

fondle /ˈfɒndəl/ *vt* [**fondles, fondling, fondled**] acariciar.

fondly /ˈfɒndlɪ/ *adv* 1. (*affectionately*) con cariño. 2. (*innocently*) ingenuamente: **he fondly thought it would be easy** el muy ingenuo pensó que iba a ser fácil.

fondness /ˈfɒndnəs/ *n* 1. (*affection*) cariño *m*. 2. (*partiality*) afición *f*.

font /fɒnt/ *n* 1. (*Relig*) pila *f* bautismal. 2. (*Inform*) tipo *m* (de letra).

food /fuːd/ *n* comida *f* • **the programme gave us food for thought** el programa nos dio mucho que pensar.
food poisoning *n* intoxicación *f* alimenticia.
food processor *n* robot *m* de cocina.
foodstuffs *n pl* alimentos *m pl*.
food supplies *n pl* víveres *m pl*.

fool /fuːl/ I *n* 1. (*person*) tonto -ta *m/f*, idiota *m/f*: **how could you be such a fool?** ¿cómo has podido ser tan tonto?; **you stupid fool!** ¡imbécil! • **he made a fool of himself at the meeting** hizo el ridículo en la reunión • **they are making a fool of you** te están poniendo en ridículo • **we were living in a fool's paradise** vivíamos en un mundo de ilusiones • **stop acting * playing the fool!** ¡deja de hacerte el tonto! • **she is not one to suffer fools gladly** no aguanta a los imbéciles. 2. (*dessert*) mousse *f* de fruta.
II *vt* [**fools, fooling, fooled**] engañar: **you can't fool me** no puedes engañarme.
to **fool about * around** *vi* hacer el tonto: **he was fooling around** *with* **some matches** estaba haciendo el tonto con unas cerillas.
foolproof *adj* infalible.

foolhardy /ˈfuːlˌhɑːdɪ/ *adj* temerario -ria.

foolish /ˈfuːlɪʃ/ *adj* tonto -ta: **it was very foolish** *of* **him to give her the keys** fue una tontería de su parte darle las llaves; **what a foolish thing to say in front of the manager!** ¡qué tontería decir eso delante del gerente!; **you made him look foolish in front of his classmates** lo pusiste en ridículo delante de sus compañeros.

foolishly /ˈfuːlɪʃlɪ/ *adv* tontamente: **I foolishly said I would go** como un tonto, acepté ir.

foot /fʊt/ **I** *n* [*pl* **feet**] **1.** (*Anat*: *of person*) pie *m*; (*of animal*) pata *f*: **he got to his feet** se puso de pie; **he jumped in the water feet first** se tiró al agua de pie; **she was walking around** *in* **her bare feet** andaba descalza por allí; **I'll go** *on* **foot** iré a pie; **I've been** *on* **my feet all day** he estado de pie todo el día • **she'll be on her feet in a few days** se repondrá en cuestión de unos días • **I've never set foot in that bar** nunca he puesto los pies en ese bar • **why don't you put your feet up?** ¿por qué no descansas un rato? • **we have been rushed off our feet all day** no hemos parado en todo el día • **the children walked us off our feet** los niños nos agotaron a fuerza de caminar • **you have to learn to stand on your own two feet** tienes que aprender a valerte por ti mismo • **he always falls on his feet** tiene mucha suerte • **she put her foot in it** metió la pata • **she put her foot down and refused to go** se mantuvo firme y se negó a ir • **when I get on the motorway, I'll put my foot down** cuando llegue a la autopista, le pisaré al acelerador • **she didn't put a foot wrong** no cometió ningún error • **I got cold feet and didn't go** cambié de idea y no fui • **he's got itchy feet** tiene muchas ganas de viajar • **it took them a few days to find their feet** les llevó unos días aclimatarse. **2.** (*of stairs, page etc.*) pie *m*: *at* **the foot of the bed** a los pies de la cama. **3.** (*measurement, music, verse*) pie *m*: **the door is three feet wide** la puerta tiene tres pies de ancho; **he is five foot eight** mide cinco pies y ocho pulgadas; **he's six foot * feet tall** mide seis pies; **a twenty-foot wall** un muro de veinte pies de altura.

II *vt* [**foots, footing, footed**] (*to pay*) pagar • **the company will foot the bill** la empresa correrá con los gastos.

footbridge *n* puente *m* para peatones.

foothills *n pl* estribaciones *f pl*.

foothold *n* (*in climbing*) lugar *m* para apoyar el pie • **she tried to gain a foothold in the organization** intentó introducirse en la organización.

footlights *n pl* candilejas *f pl*.

footman *n* [*pl* **footmen**] lacayo *m*.

footnote *n* nota *f* a pie de página.

footpath *n* sendero *m*.

footprint *n* pisada *f*.

footsore *adj*: **I was footsore** me dolían los pies.

footstep *n* paso *m* • **he wanted to follow in his father's footsteps** quería seguir los pasos de su padre.

footstool *n* escabel *m* (*banquillo para apoyar los pies*).

footwear *n* calzado *m*.

footwork *n* (*Sport*) juego *m* de piernas.

football /ˈfʊtbɔːl/ *n* **1.** (*soccer*) fútbol *m*, (*Amér C, Méx*) futbol *m*: **we're going to have a game of football** vamos a jugar al fútbol; **American football** fútbol americano. **2.** (*ball*) balón *m*, pelota *f* (*de fútbol*).

football field *n* campo *m* de fútbol, terreno *m* (de juego), (*Amér L*) cancha *f* de fútbol.

football ground *n* campo *m* de fútbol, estadio *m*.

football match *n* partido *m* de fútbol.

football pitch *n* ⇨ football field

football pools *n pl* quiniela *f* * quinielas *f pl* (*basadas en los resultados de los partidos de la liga de fútbol*).

footballer /ˈfʊtbɔːlə/ *n* futbolista *m/f*.

footing /ˈfʊtɪŋ/ *n* **1.** (*balance*) equilibrio *m*: **she almost lost her footing** estuvo a punto de perder el equilibrio. **2.** (*relationship*): **he wasn't** *on* **a very good footing** *with* **the manager** no mantenía muy buenas relaciones con el gerente. **3.** (*basis*) nivel *m*: **they will only negotiate** *on* **an equal footing** sólo aceptarán negociar en pie de igualdad.

for /fɔː/ **I** *prep* **1.** (*intended for*) para: **is that for me?** ¿eso es para mí?; **she wrote a poem for him** le escribió un poema; **I don't have the stamina for that** no tengo la resistencia para eso; **it's a big bed for such a small room** es una cama muy grande para un cuarto tan pequeño • **you're for it!** ¡te vas a llevar una buena! **2.** (*indicating purpose*) para: **what did you buy it for?** ¿para qué lo compraste?; **what's this for?** ¿para qué sirve esto?; **a tool for mending punctures** una herramienta para arreglar pinchazos; **for more details, telephone...** para obtener más detalles, llame al.... **3.** (*indicating a reason*) por: **I was told off for arriving late** me riñeron por llegar tarde; **I'm going for some bread** voy a por pan * a comprar pan. **4.** (*for the sake of*) por: **but for you I would have left** si no hubiera sido por ti, me habría ido • **for all I know he could be in Australia** podría incluso estar en Australia, ¿yo qué sé? • **as for him, he's useless** en cuanto a él, es un inútil. **5.** (*employed by*) para: **he works for a German company** trabaja para una empresa alemana; **she writes for a newspaper** escribe para un periódico. **6.** (*representing*): **S for Simon** S de Simon; **what's the Spanish for "hand"?** ¿cómo se dice "hand" en español?; **a voucher for twenty pounds** un vale de veinte libras. **7.** (*in place of*) por: **you play for me** juega por mí; **let me carry it for you** deja que te lo lleve; **I'll give you my pen for your pencil** te cambio mi pluma por tu lápiz. **8.** (*with prices*) por: **I bought it for twenty pounds** lo compré por veinte libras. **9.** (*towards*) por: **she has a lot of affection for her sister** siente mucho cariño por su hermana; **I felt sorry for them** me dieron pena. **10.** (*destined for*) para: **they left for Madrid yesterday** salieron para Madrid ayer. **11.** (*with distances*): **they walked for ten miles** caminaron diez millas. **12.** (*with expressions of time: during*): **he lived there for many years** vivió allí muchos años; **I've been here for a month** hace un mes que estoy aquí; **how long are you on holiday for?** ¿cuánto tiempo vas a estar de vacaciones?; **it had remained unchanged for many years** no había cambiado desde hacía muchos años; (*: specifying times or dates*) para: **we've planned a party for Saturday** hemos planeado una fiesta para el sábado; **try to be there for five** trata de llegar antes de las cinco; **I got a jumper for my birthday** para mi cumpleaños me regalaron un jersey. **13.** (*in favour of*) a favor de: **did you vote for or against the proposal?** ¿votaste a favor o en contra de la propuesta? • **I'm all for it!** ¡estoy totalmente a favor! **14.** (*despite*) a pesar de: **for all her experience, she still makes mistakes** a pesar de la experiencia que tiene, sigue cometiendo algunos errores. **15.** (*in statistics*) de: **for every ten machines, six were faulty** de cada diez máquinas, seis eran defectuosas. **16.** (*after an adjective*): **it's impossible for me to go** me es imposible ir. **17.** (*followed by object + infinitive*): **I left this for you to do** dejé esto para que lo hicieras tú; **it's time for us to go home** es hora de que nos vayamos a casa.

II *conj* (*frml*) ya que: **we were thrown out onto the streets, for we had no money** nos echaron a la calle, ya que no teníamos dinero.

forage /ˈfɒrɪdʒ/ *vi* [**forages, foraging, foraged**] **1.** (*for food*) buscar (*comida*). **2.** (*to rummage*) hurgar: **she was foraging** *around* **in her bag** estaba hurgando en el bolso.

foray /ˈfɒreɪ/ *n* incursión *f*.

forbade /fəˈbæd/ *pretérito de* ➪ forbid

forbear /fɔːˈbeə/ *vi* [**forbears, forbearing, forbore,** *participio pasado* **forborne**] (*frml*) abstenerse (de).

forbearance /fɔːˈbeərəns/ *n* (*frml*) paciencia *f*.

forbearing /fɔːˈbeərɪŋ/ *adj* (*frml*) paciente y amable.

forbid /fəˈbɪd/ *vt* [**forbids, forbidding, forbade,** *participio pasado* **forbidden**] prohibir: **taking photographs is strictly forbidden** se prohíbe terminantemente hacer fotografías; **I forbid you to mention his name** te prohíbo que menciones su nombre; **examination rules forbid the use of a dictionary** según las normas del examen, no está permitido el uso del diccionario.

forbidden /fəˈbɪdn/ *participio pasado de* ➪ forbid

forbidding /fəˈbɪdɪŋ/ *adj* (*person*) severo -ra; (*atmosphere, place*) amenazador -dora.

force /fɔːs/ **I** *n* **1.** (*gen*) fuerza *f*: **the force of gravity** la fuerza de gravedad; **the forces of evil** las fuerzas del mal; **Germany is a powerful force in Europe** Alemania es una gran potencia en Europa • **he used brute force and broke the lock on the door** usó fuerza bruta y rompió la cerradura de la puerta • **she's the driving force behind this company** es la alma mater de esta empresa • **he was thrown out by force** lo echaron a la fuerza • **I switched the light off from force of habit** apagué la luz por (fuerza de) costumbre • **the tourists were out in force** habían acudido muchísimos turistas • **the law will come into force in June** la ley entrará en vigor en junio • **teachers joined forces with students in the protests** los profesores se unieron a los estudiantes en las protestas. **2.** (*Mil*): **the (armed) forces** las fuerzas armadas; **the (police) force** el cuerpo de policía.

II *vt* [**forces, forcing, forced**] **1.** (*to oblige*) forzar, obligar: **they forced me to go** me obligaron a ir; **I had to force myself to eat it** me tuve que forzar a comerlo; **they're always forcing gifts** *on* **me** siempre me están obligando a aceptar regalos. **2.** (*to use physical pressure*) forzar: **they forced the lock** forzaron la cerradura; **he forced the door** *open* abrió la puerta a la fuerza; **she forced her way** *into* **the house** entró en la casa a la fuerza.

force-feed *vt* [**force-feeds, force-feeding, force-fed**] alimentar a la fuerza.

forced /fɔːst/ *adj* **1.** (*smile, laugh*) forzado -da. **2.** (*landing*) forzoso -sa: **the plane made a forced landing** el avión realizó un aterrizaje forzoso.

forced labour, (*US*) **forced labor** *n* trabajos *m pl* forzados.

forceful /ˈfɔːsfʊl/ *adj* **1.** (*person*) enérgico -ca. **2.** (*reminder*) vigoroso -sa; (*argument*) convincente.

forcefully /ˈfɔːsfʊlɪ/ *adv* con fuerza, enérgicamente.

forceps /ˈfɔːseps/ *n pl* fórceps *m inv*.

forcible /ˈfɔːsəbəl/ *adj* **1.** (*using force*): **they made a forcible entry to the house** entraron en la casa por la fuerza. **2.** (*argument*) contundente.

forcibly /ˈfɔːsəblɪ/ *adv* **1.** (*with physical force*) a la fuerza. **2.** (*emphatically*) enérgicamente.

ford /fɔːd/ **I** *n* vado *m*.

II *vt* [**fords, fording, forded**] vadear.

fore /fɔː/ *n* • **economic problems have come to the fore** los problemas económicos han adquirido especial relevancia ✻ han pasado a un primer plano.

forearm /ˈfɔːrɑːm/ *n* antebrazo *m*.

forebears /ˈfɔːbeəz/ *n pl* antepasados *m pl*.

foreboding /fɔːˈbəʊdɪŋ/ *n* presentimiento *m* (*de que va a pasar algo malo*).

forecast /ˈfɔːkɑːst/ **I** *n* (*gen*) pronóstico *m*, previsión *f*; (*Meteo*) pronóstico *m* del tiempo.

II *vt* [**forecasts, forecasting, forecast**] pronosticar: **they are forecasting rain for tomorrow** se prevé lluvia para mañana.

forecourt /ˈfɔːkɔːt/ *n*: *lugar descubierto (y generalmente asfaltado) que hay delante de un hospital, estación de servicio, etc.*

forefather /ˈfɔːˌfɑːðə/ *n* antepasado *m*.

forefinger /ˈfɔːˌfɪŋgə/ *n* (dedo *m*) índice *m*.

forefront /ˈfɔːfrʌnt/ *n* vanguardia *f* • **his designs are in the forefront of fashion** sus diseños están a la vanguardia de la moda.

forego /fɔːˈgəʊ/ *vt* [**foregoes, foregoing, forewent,** *participio pasado* **foregone**] (*frml*) renunciar a: **she had to forego her weekend in Paris** tuvo que renunciar al fin de semana en París.

foregone /ˈfɔːgɒn/ **I** *participio pasado de* ➪ forego

II *adj*: **the election results were a foregone conclusion** el resultado de las elecciones fue el inevitable.

foreground /ˈfɔːgraʊnd/ *n* primer plano *m*: **the painting shows a landscape, with a village in the foreground** el cuadro muestra un paisaje con un pueblo en primer plano.

forehand /ˈfɔːhænd/ *n* golpe *m* de derecho: **she's got a good forehand** tiene un golpe de derecho muy bueno.

forehead /ˈfɔːhed/ *n* (*Anat*) frente *f*.

foreign /ˈfɒrən/ *adj* **1.** (*from another country*) extranjero -ra: **the school offers three foreign languages** el colegio ofrece tres lenguas extranjeras. **2.** (*frml: unfamiliar*) ajeno -na: **it would be foreign** *to* **her** ella lo encontraría muy extraño.

foreign affairs *n pl* asuntos *m pl* exteriores.

foreign body *n* cuerpo *m* extraño.

foreign currency *n* divisas *f pl*.

foreign exchange *n* divisas *f pl*.

foreign legion *n* legión *f* extranjera.

Foreign Minister *n* ministro -tra *m/f* de Asuntos Exteriores, (*Amér L*) canciller *m/f*.

Foreign Office *n* (*in GB*) Ministerio *m* de Asuntos Exteriores.

Foreign Secretary *n* (*in GB*) ministro -tra *m/f* de Asuntos Exteriores, (*Amér L*) canciller *m*.

foreigner /ˈfɒrənə/ *n* extranjero -ra *m/f*.

foreman /ˈfɔːmən/ *n* [*pl* **foremen**] capataz *m*.

foremost /ˈfɔːməʊst/ **I** *adj* principal.

II *adv* • **Manchester was, first and foremost, an industrial city** Manchester era, ante todo, una ciudad industrial.

forename /ˈfɔːneɪm/ *n* nombre *m* de pila.

forensic /fəˈrenzɪk/ *adj* forense.

forensic medicine *n* medicina *f* forense.

forensic scientist *n* forense *m/f*.

forerunner /ˈfɔːˌrʌnə/ *n* precursor -sora *m/f*.

foresaw /fɔːˈsɔː/ *pretérito de* ➪ foresee

foresee /fɔːˈsiː/ *vt* [**foresees, foreseeing, foresaw,** *participio pasado* **foreseen**] prever.

foreseeable /fɔːˈsiːəbəl/ *adj* previsible • **no changes are contemplated in the foreseeable future** no se piensa llevar a cabo ningún cambio en un futuro inmediato ✻ dentro de lo que cabe prever.

foreseen /fɔːˈsiːn/ *participio pasado de* ➪ foresee

foreshadow /fɔːˈʃædəʊ/ *vt* [**foreshadows, foreshadowing, foreshadowed**] anunciar, presagiar.

foresight /ˈfɔːsaɪt/ *n* previsión *f*: **they showed an amazing lack of foresight** demostraron una falta de previsión increíble.

foreskin /'fɔ:skɪn/ *n* prepucio *m*.

forest /'fɒrɪst/ *n* **1.** (*gen*) bosque *m*: **the area is covered in forest** es una zona de bosques; **they live in the forests of Northern Thailand** viven en los bosques del norte de Tailandia. **2.** (*jungle*) selva *f*.
forest fire *n* incendio *m* forestal.
forest ranger *n* guarda *m/f* forestal.

forestall /fɔ:'stɔ:l/ *vt* [**forestalls, forestalling, forestalled**] (*a crime*) prevenir: **I was about to object, but a colleague forestalled me** iba a intervenir para oponerme, pero un compañero se me adelantó.

forestry /'fɒrɪstrɪ/ *n* silvicultura *f*.

foretaste /'fɔ:teɪst/ *n* anticipo *m*, muestra *f*: **this was just a foretaste of what was to come** sólo era una muestra de lo que se avecinaba.

foretell /fɔ:'tel/ *vt* [**foretells, foretelling, foretold**] predecir.

forethought /'fɔ:θɔ:t/ *n* previsión *f*: **he acted without any forethought whatever** actuó sin prever para nada lo que podía ocurrir.

foretold /fɔ:'təʊld/ pretérito y participio pasado de ➪ foretell

forever /fɔ:'revə/ *adv* **1.** (*eternally*) para siempre: **nothing can last forever** nada dura para siempre; (*fam*) **he takes forever in the bathroom** se pasa horas en el baño. **2.** (*always*) siempre: **he's forever complaining** siempre está quejándose.

forewarn /fɔ:'wɔ:n/ *vt* [**forewarns, forewarning, forewarned**] prevenir.

forewent /fɔ:'went/ pretérito de ➪ forego

foreword /'fɔ:wɜ:d/ *n* prefacio *m*.

forfeit /'fɔ:fɪt/ **I** *vt* [**forfeits, forfeiting, forfeited**] (*a right, a deposit*) perder: **in doing this, he forfeited the right to the throne** al hacer esto, perdió su derecho al trono.
II *n* **1.** (*fig: price*) precio *m*: **they will have to pay the forfeit for their recklessness** tendrán que pagar el precio de su irresponsabilidad. **2.** (*in games*) prenda *f*.

forgave /fə'geɪv/ pretérito de ➪ forgive

forge /fɔ:dʒ/ **I** *n* **1.** (*for metal*) fragua *f*. **2.** (*workshop*) forja *f*.
II *vt* [**forges, forging, forged**] **1.** (*money, documents, signature*) falsificar. **2.** (*metal*) forjar, fraguar. **3.** (*alliance, links*) formar: **China hoped to forge links with the West** China esperaba establecer relaciones con Occidente.
♦*vi*: **France forged** *into* **the lead** Francia se puso en primera posición.
to **forge ahead** *vi* progresar rápidamente: **we are forging ahead with the project** estamos progresando rápidamente con el proyecto.

forger /'fɔ:dʒə/ *n* falsificador -dora *m/f*.

forgery /'fɔ:dʒərɪ/ *n* [**forgeries**] falsificación *f*: **he was charged with forgery of documents** lo acusaron de falsificar documentos; **the painting is a forgery** el cuadro es una falsificación.

forget /fə'get/ *vi* [**forgets, forgetting, forgot,** *participio pasado* **forgotten**] olvidar(se): **I was going to phone, but I forgot** iba a llamar por teléfono, pero se me olvidó; **I won't forget** *about* **you** no te olvidaré.
♦*vt* olvidar, olvidarse de: **you always forget my birthday** siempre te olvidas de mi cumpleaños; **he forgot to tell me** se le olvidó decírmelo; **let's forget it, shall we?** olvidémoslo, ¿vale?; **he'd forgotten (that) she was away** se había olvidado de que ella estaba fuera; **she'd forgotten how to use the machine** se le había olvidado cómo usar la máquina ● **he forgot himself and shouted at them** perdió el control y les gritó.

forgetful /fə'getfʊl/ *adj* **1.** (*absent-minded*) despistado -da, olvidadizo -za. **2.** (*unmindful*): **she was forgetful** *of* **her own safety** no le daba mucha importancia a su propia seguridad.

forgetfulness /fə'getfʊlnəs/ *n* despiste *m*.

forgive /fə'gɪv/ *vt* [**forgives, forgiving, forgave,** *participio pasado* **forgiven**] perdonar: **they never forgave him** *for* **leaving** nunca le perdonaron que se fuera; **she forgave him his rudeness** le disculpó su grosería ● **you could be forgiven for thinking it was January** no sería de extrañar que pensaras que estamos en enero.
♦*vi*: **you must learn to forgive and forget** tienes que aprender a perdonar y olvidar.

forgiven /fə'gɪvən/ participio pasado de ➪ forgive

forgiveness /fə'gɪvnəs/ *n* perdón *m*: **he asked their forgiveness** les pidió perdón.

forgiving /fə'gɪvɪŋ/ *adj* compasivo -va, clemente.

forgo /fɔ:'gəʊ/ *vt* [**forgoes, forgoing, forwent,** *participio pasado* **forgone**] ➪ forego

forgone /fɔ:'gɒn/ participio pasado de ➪ forgo

forgot /fə'gɒt/ pretérito de ➪ forget

forgotten /fə'gɒtən/ participio pasado de ➪ forget

fork /fɔ:k/ **I** *n* **1.** (*for eating*) tenedor *m*. **2.** (*for heavy digging*) horca *f*; (*for light digging*) horquilla *f*. **3.** (*in road*) bifurcación *f*.
II *vi* [**forks, forking, forked**] bifurcarse.
to **fork out** *vt* (*fam*) pagar.
♦*vi* desembolsar: **we had to fork out** *for* **a new car** tuvimos que desembolsar para comprar un coche nuevo.

forked /fɔ:kt/ *adj* **1.** (*road*) bifurcado -da. **2.** (*lightning*) en zigzag. **3.** (*tongue*) bífido -da.

fork-lift truck /'fɔ:klɪft trʌk/ *n* carretilla *f* elevadora (de horquilla).

forlorn /fə'lɔ:n/ *adj* **1.** (*person*) desolado -da, triste. **2.** (*hopes*) vano -na.

forlornly /fə'lɔ:nlɪ/ *adv* tristemente.

form /fɔ:m/ **I** *n* **1.** (*gen*) forma *f*: **he made a cake** *in* **the form** *of* **a star** hizo un pastel en forma de estrella; **what's the plural form of "child"?** ¿cuál es la forma plural de "child"?; **the medicine comes** *in* **the form** *of* **tablets** el medicamento viene en forma de pastillas. **2.** (*figure*) figura *f*: **a strange form emerged from the mist** una figura extraña surgió de la niebla. **3.** (*type*) tipo *m*: **this was a form of punishment** era un tipo de castigo; **there are no alternative forms of transport** no hay medios de transporte alternativos. **4.** (*physical condition*) forma *f* física: **he isn't** *on* **form** no está en forma; **they are not playing** *to* **form** no están jugando a su nivel habitual; **I'm** *in* **fine form** estoy en muy buena forma ● **true to form, he arrived late** llegó tarde, como es habitual en él. **5.** (*document*) impreso *m*, formulario *m*: **you need to fill in a form** necesitas rellenar un formulario. **6.** (*Educ: class*) grupo *m*: **there are five forms in each year** hay cinco grupos en cada curso; (*: year, intake*) curso *m*: **he's in form one** ✻ **the first form** está en primero.
II *vt* [**forms, forming, formed**] formar: **the children formed a circle** los niños formaron un círculo; **I formed a bad impression of him** me formé una mala impresión de él; **they formed a queue** se pusieron en fila.
♦*vi* formarse: **a crowd formed at the entrance** se formó una multitud en la entrada.

formal /ˈfɔːməl/ *adj* **1.** (*language*) formal; (*person, manner*) ceremonioso -sa: **he is always very formal** siempre es muy ceremonioso. **2.** (*dress, dinner*) de etiqueta. **3.** (*request*) oficial, formal: **you should make a formal complaint** deberías hacer una reclamación formal; **she's had no formal education** no tiene estudios.

formality /fɔːˈmæləti/ *n* [**formalities**] formalidad *f*: **their agent will deal with all the formalities** su representante se ocupará de todas las formalidades; **their visit was just a formality** su visita fue una mera formalidad; **he was received with great formality** lo recibieron con mucho protocolo.

formalize /ˈfɔːməlaɪz/ *vt* [**formalizes, formalizing, formalized**] formalizar.

formally /ˈfɔːməli/ *adv* **1.** (*politely*) ceremoniosamente. **2.** (*officially*) oficialmente, formalmente.

format /ˈfɔːmæt/ **I** *n* formato *m*.
II *vt* [**formats, formatting, formatted**] (*Inform*) formatear.

formation /fɔːˈmeɪʃən/ *n* **1.** (*shape, arrangement*) formación *f*: **the rock formations there are of especial interest** las formaciones rocosas que se encuentran allí son de especial interés; **the planes were flying in formation** los aviones volaban en formación. **2.** (*creation*) creación *f*: **the party has grown rapidly since its formation** el partido ha crecido muy rápido desde su creación.

formative /ˈfɔːmətɪv/ *adj* formativo -va: **in a child's formative years** en los años de formación de un niño.

former /ˈfɔːmə/ **I** *adj* **1.** (*from earlier times*) antiguo -gua: **she came across a former teacher** se encontró con un antiguo profesor; **my former husband** mi ex marido; **in former days * times this was a theatre** antiguamente eso era un teatro. **2.** (*previously mentioned*) primer -mera.
II the former *n* **1.** (*person, object*) aquél *m*, aquélla *f*: **we spoke to both men and women; the former were more approachable** hablamos con hombres y mujeres, demostrando los primeros ser mucho más accesibles. **2.** (*option, idea*) lo primero: **they will either leave or stay, but the former seems unlikely** tienen la posibilidad de irse o de quedarse, pero lo primero parece poco probable.

formerly /ˈfɔːməli/ *adv* antiguamente.

formidable /ˈfɔːmɪdəbəl/ *adj* **1.** (*impressive*) formidable. **2.** (*daunting*) que impone: **she was a formidable opponent** era un adversario imponente.

formless /ˈfɔːmləs/ *adj* informe.

formula /ˈfɔːmjʊlə/ *n* [**formulas * formulae** /ˈfɔːmjʊliː/] fórmula *f*: **they are still working out a peace formula** todavía no han alcanzado una fórmula que garantice la paz.

Formula One *n* fórmula *f* uno.

formulate /ˈfɔːmjʊleɪt/ *vt* [**formulates, formulating, formulated**] formular.

formulation /ˌfɔːmjʊˈleɪʃən/ *n* formulación *f*.

fornicate /ˈfɔːnɪkeɪt/ *vi* [**fornicates, fornicating, fornicated**] fornicar.

fornication /ˌfɔːnɪˈkeɪʃən/ *n* fornicación *f*.

forsake /fɔːˈseɪk/ *vt* [**forsakes, forsaking, forsook,** *participio pasado* **forsaken**] **1.** (*family, country*) abandonar. **2.** (*ideal, plan*) renunciar a.

forsaken /fɔːˈseɪkən/ *participio pasado de* ➪ forsake

forsook /fɔːˈsʊk/ *pretérito de* ➪ forsake

fort /fɔːt/ *n* fuerte *m* • **would you mind holding the fort while I'm away?** ¿te importaría hacerte cargo mientras estoy fuera?

forte /ˈfɔːteɪ/ *n* fuerte *m*: **French is not my forte** el francés no es mi fuerte.

forth /fɔːθ/ *adv* • **they sold paints, brushes and so forth** vendían pinturas, brochas y cosas así • **we went back and forth a hundred times** fuimos cien veces de acá para allá • **from that day forth** de ese día en adelante.

forthcoming /fɔːθˈkʌmɪŋ/ *adj* **1.** (*about to appear*) próximo -ma: **they showed a section from his forthcoming film** mostraron imágenes de su próxima película. **2.** (*available*) disponible: **help was not forthcoming** no se nos ofreció ninguna ayuda. **3.** (*ready to talk*) comunicativo -va: **none of them were very forthcoming** ninguno fue muy comunicativo.

forthright /ˈfɔːθraɪt/ *adj* (*person, manner*) directo -ta; (*condemnation*) sin contemplaciones.

forthwith /fɔːθˈwɪθ/ *adv* (*frml*) inmediatamente.

fortieth /ˈfɔːtiɪθ/ **I** *adj* cuadragésimo -ma, cuarenta.
II *n* **1.** (*in order*) cuadragésimo -ma *m/f*. **2.** (*one part*) cuarentava parte *f*; (*fraction*) cuarentavo *m*. ➪ sixteenth

fortification /ˌfɔːtɪfɪˈkeɪʃən/ *n* fortificación *f*.

fortified wine /ˈfɔːtɪfaɪd waɪn/ *n* vino *m* licoroso.

fortify /ˈfɔːtɪfaɪ/ *vt* [**fortifies, fortifying, fortified**] **1.** (*Mil*) fortificar. **2.** (*to reinforce*) fortalecer.

fortitude /ˈfɔːtɪtjuːd/ *n* fortaleza *f* (*de una persona*).

fortnight /ˈfɔːtnaɪt/ *n* quince días *m pl*, quincena *f*: **she sees him once a fortnight** lo ve cada quince días; **I had a fortnight's holiday** tuve quince días de vacaciones.

fortnightly /ˈfɔːtnaɪtli/ **I** *adv* cada quince días.
II *adj* quincenal: **we have fortnightly meetings** nos reunimos cada quince días.

fortress /ˈfɔːtrəs/ *n* [**fortresses**] (*Archit*) fortaleza *f*.

fortuitous /fɔːˈtjuːɪtəs/ *adj* fortuito -ta, casual.

fortunate /ˈfɔːtʃənət/ *adj* afortunado -da: **we're very fortunate** somos muy afortunados; **it's fortunate** *for* **you he wasn't there** ¡tuviste suerte de que él no estuviera allí!

fortunately /ˈfɔːtʃənətli/ *adv* afortunadamente: **fortunately** *for* **me it didn't rain** por suerte para mí, no llovió.

fortune /ˈfɔːtʃuːn/ **I** *n* **1.** (*money*) fortuna *f*: **she has a large personal fortune** cuenta con una considerable fortuna personal • **she earns a fortune** gana una fortuna • **it's worth a fortune** vale una fortuna • **it must have cost her a (small) fortune** le habrá costado un dineral • **he went off to seek his fortune** se marchó a buscar fortuna. **2.** (*luck, fate*) suerte *f*, fortuna *f*: **I had the good fortune to find a job** tuve la suerte de conseguir un trabajo • **I had my fortune told** me dijeron la buenaventura.
II fortunes *n pl*: **the novel deals with the changing fortunes of a Spanish family** la novela trata de las vicisitudes de una familia española.

fortune teller *n* adivino -na *m/f*.

forty /ˈfɔːti/ *adj*, *n* [**forties**] cuarenta *adj inv*, *m*. ➪ fifty

forum /ˈfɔːrəm/ *n* [**forums * fora** /ˈfɔːrə/] **1.** (*Archit*) foro *m*. **2.** (*for debate, discussion*) foro *m*.

forward /ˈfɔːwəd/ **I** *adj* **1.** (*movement*) hacia adelante: **this could be a forward step for the company** éste podría ser un paso hacia adelante para la empresa; **a forward motion** un movimiento hacia adelante.

2. (*behaviour*) atrevido -da: **that was very forward of you** fue muy atrevido por tu parte.
II *adv* (*también* **forwards**) 1. (*in space*) hacia adelante: **he took a step forward** dio un paso (hacia) adelante; **they were moving slowly forwards** avanzaban lentamente. 2. (*in time*) en adelante: **from this day forward** de hoy en adelante.
III *n* (*Sport*) delantero -ra *m/f*.
IV *vt* [**forwards, forwarding, forwarded**] (*post*) remitir: **I'll ask someone to forward our mail** encargaré a alguien que nos remita el correo; **please forward to...** remítase a....
forward-looking *adj* previsor -sora.
forward planning *n* planificación *f* a largo plazo.
forward roll *n* voltereta *f* (hacia delante).
forwarding address /'fɔ:wədɪŋ ə'dres/ *n* nueva dirección *f* (*a la que se puede remitir correspondencia*).
forwent /fɔ:'went/ *pretérito de* ➪ forgo
fossil /'fɒsəl/ *n* fósil *m*.
fossil fuel *n* combustible *m* fósil.
fossilized /'fɒsəlaɪzd/ *adj* fosilizado -da.
foster /'fɒstə/ *vt* [**fosters, fostering, fostered**] 1. (*to encourage*) fomentar, promover: **they hoped to foster goodwill between the European nations** esperaban fomentar la buena voluntad entre los países europeos. 2. (*children*) acoger temporalmente.
foster child *n*: *niño temporalmente al cuidado de una familia de acogida*.
foster family *n* familia *f* de acogida.
foster parent *n*: *persona que se hace cargo temporalmente de un niño*.
fought /fɔ:t/ *pretérito y participio pasado de* ➪ fight
foul /faʊl/ I *adj* 1. (*place*) sucísimo -ma; (*smell*) fétido -da; (*weather, taste*) horrible: **she was in a foul temper** estaba de un humor de perros ● **he fell foul of the Mafia** se echó a la mafia encima. 2. (*language*) grosero -ra, soez: **he was sent off for using foul language** lo expulsaron por decir palabrotas.
II *n* falta *f*: **he committed a foul *on* the centre forward** le hizo falta al delantero centro.
III *vt* [**fouls, fouling, fouled**] 1. (*to soil*) ensuciar. 2. (*Sport*) hacer (una) falta a.
♦ *vi* (*Sport*) hacer una falta.
to **foul up** *vt* fastidiar: **he fouled everything up** lo fastidió todo.
foul-mouthed *adj* grosero -ra, malhablado -da.
foul play *n* 1. (*in sport, dirty tricks*) juego *m* sucio. 2. (*Law*) acto *m* criminal (*que causa la muerte de alguien*).
found /faʊnd/ I *pretérito y participio pasado de* ➪ find
II *vt* [**founds, founding, founded**] fundar: **the firm was founded in 1903** la empresa se fundó en 1903; **that story is founded *on* a lie** esa historia está basada en una mentira.
foundation /faʊn'deɪʃən/ I *n* 1. (*act of establishing, society*) fundación *f*. 2. (*basis*) base *f*, fundamento *m*: **the rumour has no foundation in fact** el rumor no tiene ninguna base. 3. (*make-up*) base *f*.
II **foundations** *n pl* (*of building*) cimientos *m pl* ● **the party has laid the foundations for success** el partido ha puesto los cimientos para triunfar.
foundation course *n* (*in GB*) curso *m* de introducción (*que es obligatorio en algunas carreras universitarias antes de especializarse*).
founder /'faʊndə/ I *n* fundador -dora *m/f*.
II *vi* [**founders, foundering, foundered**] 1. (*ship*) hundirse. 2. (*club, scheme, idea*) fracasar.
founder member *n* (*GB*) socio *m* fundador, socia *f* fundadora.
foundry /'faʊndrɪ/ *n* [**foundries**] fundición *f*.
fount *n* 1. /fɒnt/ (*script*) tipo *m* (de letra). 2. /faʊnt/ (*source*): **he's the fount of all knowledge** es la fuente de toda ciencia.
fountain /'faʊntɪn/ *n* fuente *f*.
fountain pen *n* (pluma *f*) estilográfica *f*.
four /fɔ:/ *adj, n* cuatro *adj inv, m*: **four hundred** cuatrocientos -tas ● **she was down on all fours looking for an earring** andaba a gatas buscando un pendiente. ➪ five
four-legged *adj* de cuatro patas: **a four-legged animal** un cuadrúpedo.
four-letter word *n* palabrota *f*.
four-poster bed *n* cama *f* con dosel.
four-wheel drive *n* (*type of transmission*) tracción *f* integral, doble tracción *f*; (*vehicle*) todoterreno *m*.
foursome /'fɔ:səm/ *n*: *grupo de cuatro personas*: **they went out as a foursome** salieron los cuatro.
fourteen /fɔ:'ti:n/ *adj, n* catorce *adj inv, m*. ➪ five
fourteenth /fɔ:'ti:nθ/ I *adj* decimocuarto -ta, catorce.
II *n* 1. (*in order: gen*) decimocuarto -ta *m/f*; (*: date, monarch*) catorce *m*. 2. (*one part*) decimocuarta parte *f*; (*fraction*) catorceavo *m*. ➪ sixteenth
fourth /fɔ:θ/ I *adj* cuarto -ta.
II *n* 1. (*in order: gen*) cuarto -ta *m/f*; (*: date*) cuatro *m*. 2. (*fraction*) cuarto *m*. 3. (*gear*) cuarta *f* (velocidad): **put it into fourth** mete (la) cuarta. ➪ fifth
fowl /faʊl/ *n* [**fowl** ✱ **fowls**] ave *f* de corral [takes ***el*** or ***un*** in singular].
fox /fɒks/ I *n* [**foxes**] zorro *m*.
II *vt* [**foxes, foxing, foxed**] 1. (*to confuse*) confundir: **I was foxed** me dejó perplejo. 2. (*to deceive*) engañar.
foyer /'fɔɪeɪ/ *n* vestíbulo *m* (*de teatro, cine, etc.*).
fracas /'frækɑ:/ *n* [*pl* **fracas**] reyerta *f*.
fraction /'frækʃən/ *n* 1. (*Maths*) fracción *f*, quebrado *m*. 2. (*very small part*) parte muy pequeña *f*: **we only paid a fraction of what it actually cost** sólo pagamos una mínima parte del precio real; **the reaction takes a fraction of a second** la reacción tarda una fracción de segundo.
fractionally /'frækʃənəlɪ/ *adv* ligeramente: **it was fractionally larger** era ligeramente más grande.
fracture /'fræktʃə/ I *n* fractura *f*.
II *vt* [**fractures, fracturing, fractured**] fracturar: **he fractured his skull** se fracturó el cráneo.
♦ *vi* fracturarse.
fragile /'frædʒaɪl/ *adj* (*object*) frágil; (*health*) delicado -da.
fragility /frə'dʒɪlətɪ/ *n* fragilidad *f*.
fragment I /'frægmənt/ *n* fragmento *m*.
II /fræg'ment/ *vi* [**fragments, fragmenting, fragmented**] fragmentarse.
fragmentary /'frægməntərɪ/ *adj* fragmentario -ria.
fragmentation /ˌfrægmen'teɪʃən/ *n* fragmentación *f*.
fragrance /'freɪgrəns/ *n* fragancia *f*.
fragrant /'freɪgrənt/ *adj* aromático -ca.
frail /freɪl/ *adj* (*easily damaged*) frágil; (*weak*) débil, de salud delicada.
frailty /'freɪltɪ/ *n* [**frailties**] debilidad *f*: **it is one of his frailties** es una de sus debilidades.
frame /freɪm/ I *n* 1. (*of picture, window*) marco *m*; (*of glasses*) montura *f*; (*of tent*) armazón *m* ✱ *f*; (*of bicycle*) cuadro *m* ● **I'm not in the right frame of mind for reading** no estoy con ánimo para leer. 2. (*build*)

constitución *f*: **she has a small frame** es de complexión menuda. **3.** (*cinema*) fotograma *m*.
II *vt* [**frames, framing, framed**] **1.** (*a picture*) enmarcar. **2.** (*a question, proposal*) formular. **3.** (*fam: a person*): **she was framed** montaron un tinglado para hacerla aparecer como culpable.
framework *n* **1.** (*of structure*) armazón *m* ∗ *f*. **2.** (*of rules, ideas*) marco *m*.
franc /fræŋk/ *n* (*currency*) franco *m*.
France /frɑːns/ *n* Francia *f*.
franchise /ˈfræntʃaɪz/ *n* **1.** (*Pol*) derecho *m* al voto: **universal franchise** sufragio universal. **2.** (*Fin*) concesión *f*, franquicia *f*.
frank /fræŋk/ I *adj* franco -ca, sincero -ra: **to be quite frank with you, I don't care** si te soy sincero, no me importa.
II *vt* [**franks, franking, franked**] (*stamps*) franquear.
frankly /ˈfræŋklɪ/ *adv* francamente: **I hate him, quite frankly** francamente lo odio; **he never speaks frankly about anything** nunca habla de nada con franqueza.
frankness /ˈfræŋknəs/ *n* franqueza *f*.
frantic /ˈfræntɪk/ *adj* **1.** (*hectic*) frenético -ca: **we've had a frantic week** hemos tenido una semana loca. **2.** (*distraught*): **they were frantic** *with* **worry** estaban preocupadísimos.
frantically /ˈfræntɪklɪ/ *adv* desesperadamente.
fraternal /frəˈtɜːnəl/ *adj* fraternal, fraterno -na.
fraternity /frəˈtɜːnətɪ/ *n* [**fraternities**] **1.** (*friendship*) fraternidad *f*. **2.** (*group*): **the banking fraternity** el mundo de la banca; **the medical fraternity** la profesión médica. **3.** (*US: for college students*) asociación *f* de estudiantes (*varones*).
fraternize /ˈfrætənaɪz/ *vi* [**fraternizes, fraternizing, fraternized**] confraternizar: **I don't think you should be fraternizing** *with* **them** me parece que no deberías relacionarte con ellos.
fraud /frɔːd/ *n* **1.** (*Law*) fraude *m*: **he was prosecuted for fraud** lo procesaron por fraude; (*fam*) **what a fraud!** ¡qué engaño! **2.** (*person*) farsante *m/f*.
fraudulent /ˈfrɔːdjʊlənt/ *adj* fraudulento -ta.
fraught /frɔːt/ *adj* **1.** (*full*): **the expedition was fraught** *with* **difficulties** la expedición estuvo llena de contratiempos. **2.** (*fam: anxious*) tenso -sa: **we were feeling rather fraught** estábamos bastante tensos.
fray /freɪ/ I *vi* [**frays, fraying, frayed**] (*fabric*) deshilacharse.
II **the fray** *n* la lucha: **I wasn't ready to return to the fray** no me sentía con fuerzas para volver al ataque; **a Swedish firm has entered the fray** una compañía sueca ha entrado en liza.
frayed /freɪd/ *adj* **1.** (*fabric*) deshilachado -da. **2.** (*temper, nerves*): **tempers were frayed** los ánimos estaban crispados; **my nerves were frayed** estaba nerviosa.
freak /friːk/ I *n* **1.** (*unnatural person, animal*) monstruo *m*; (*weirdo*) tipo *m* raro. **2.** (*strange event*) anomalía *f*. **3.** (*fam: enthusiast*) fanático -ca *m/f*: **she's a sports freak** es una fanática de los deportes.
II *adj* (*storm, wave, etc.*) anormal: **freak weather conditions** condiciones meteorológicas anormales.
to **freak out** *vt* [**freaks, freaking, freaked**] (*fam*): **it freaks me out** me flipa.
♦ *vi* (*fam*) perder el control, flipar.
freakish /ˈfriːkɪʃ/ *adj* (*unusual*) insólito -ta; (*abnormal*) anormal.
freckle /ˈfrekəl/ *n* peca *f*.
freckled /ˈfrekəld/ *adj* pecoso -sa.
freckly /ˈfrekəlɪ/ *adj* [**frecklier, freckliest**] pecoso -sa.
free /friː/ I *adj* [**freer, freest**] **1.** (*at liberty*) libre: **you are free to do as you wish** eres libre de hacer lo que quieras • **feel free to leave if you want** vete si quieres, no te sientas obligado a quedarte • **they had a free and easy attitude towards their children** no eran nada estrictos con los niños. **2.** (*not busy*) libre: **are you free on Thursday?** ¿estás libre el jueves?; **what do you do in your free time?** ¿qué haces en tu tiempo libre? **3.** (*not in use*) libre, desocupado: **there were no free taxis** no había taxis libres. **4.** (*untouched*) libre: **they were free** *from* **blame** estaban libres de culpa; **we aim to keep the city centre free** *of* **traffic** queremos eliminar la circulación del centro de la ciudad. **5.** (*costing nothing*) gratis, gratuito -ta: **it's free to go in** la entrada es gratis; **free health care** asistencia médica gratuita; **they mended my car free** *of* **charge** ∗ *for* **free** me repararon el coche gratis. **6.** (*generous*): **you're very free** *with* **your advice today** hoy estás repartiendo consejos a todo el mundo.
II *adv* **1.** (*without paying*) gratis: **we went in free** entramos gratis. **2.** (*without restraints*): **the wheel has worked free** se ha aflojado la rueda • **the murderer went free** el asesino salió libre • **he was set free** lo pusieron en libertad.
III *vt* [**frees, freeing, freed**] **1.** (*animal*) soltar; (*prisoner*) poner en libertad: **all political prisoners were freed** pusieron en libertad a todos los presos políticos; (*person: from duty, oppression*) liberar: **that freed him** *from* **his obligations** eso lo eximió de sus obligaciones. **2.** (*trapped object*) soltar; (*trapped person*): **they attempted to free passengers** *from* **the wreckage** trataron de rescatar a los pasajeros atrapados entre los restos. **3.** (*resources*) facilitar: **the council will free funds for the housing project** el ayuntamiento facilitará fondos para la construcción de esas viviendas.
free enterprise *n* libre empresa *f*.
free-for-all *n* pelea *f*.
free hand *n* • **he gave them a free hand with the project** les dio carta blanca con el proyecto.
free kick *n* (*in football, rugby*) saque *m* de falta.
free-range *adj* (*eggs, chickens*) de granja.
free speech *n* libertad *f* de expresión.
freestyle *n* (*in swimming*) estilo *m* libre.
freethinker *n* librepensador -dora *m/f*.
freewheel *vi* [**freewheels, freewheeling, freewheeled**] (*car*) ir en punto muerto: **he's been freewheeling all year and his results show it** se ha pasado el año sin dar golpe y se nota en sus resultados.
free will *n* libre albedrío *m*: **he did it** *of* **his own free will** lo hizo motu proprio ∗ por voluntad propia.
freedom /ˈfriːdəm/ *n* libertad *f*: **freedom of speech** libertad de expresión; **these drugs provide freedom** *from* **pain** estos fármacos liberan del dolor.
freedom fighter *n* guerrillero -ra *m/f*.
freelance /ˈfriːlɑːns/ I *adj* por cuenta propia, independiente: **she is a freelance editor** trabaja como redactora por cuenta propia.
II *adv* por cuenta propia: **she works freelance** trabaja por cuenta propia.
III *n*: *persona que trabaja por cuenta propia.*
freelancer /ˈfriːlɑːnsə/ *n*: *persona que trabaja por cuenta propia.*
freely /ˈfriːlɪ/ *adv* **1.** (*without restriction*) con libertad, libremente: **you can speak freely, we're alone** estamos solos, puedes hablar con toda libertad. **2.** (*eas-*

ily) con facilidad: **contraceptives were freely available** los anticonceptivos se conseguían con facilidad. **3.** (*openly*) abiertamente: **he freely admitted his mistake** reconoció abiertamente su error. **4.** (*abundantly*) abundantemente: **he was perspiring freely** sudaba mucho.

freemason, Freemason /ˈfriːmeɪsən/ *n* francmasón -sona *m/f*, masón -sona *m/f*.

freemasonry /ˈfriːˌmeɪsənrɪ/ *n* francmasonería *f*.

freeway /ˈfriːweɪ/ *n* (*US*) autopista *f*.

freeze /friːz/ **I** *n* **1.** (*of weather*) helada *f*: **the freeze lasted till the end of February** las heladas duraron hasta finales de febrero. **2.** (*of prices, wages*) congelación *f*: **there has been a freeze** *on* **pensions** han congelado las pensiones.

II *vi* [**freezes, freezing, froze,** *participio pasado* **frozen**] **1.** (*gen*) helarse: **the pond sometimes freezes** el estanque se hiela a veces; **the bird froze to death** el pájaro se murió de frío • **he froze when he heard the siren** se quedó helado al oír la sirena. **2.** (*weather*) helar: **wrap up warm, it's going to freeze tonight** abrígate bien porque esta noche va a helar. **3.** (*food*) congelarse: **this lettuce has frozen** esta lechuga se ha congelado; **does cheese freeze well?** ¿se puede congelar el queso?

♦*vt* **1.** (*water*) helar. **2.** (*food, prices, wages*) congelar: **I freeze most of the vegetables I grow** congelo la mayoría de las verduras que cultivo.

to **freeze over** *vi* helarse, cubrirse de hielo: **the lake froze over last winter** el lago se heló el invierno pasado; **all the windows have frozen over** todas las ventanas están cubiertas de hielo.

to **freeze up** *vi* helarse completamente: **my windscreen washer has frozen up** se me ha congelado el líquido para el limpiaparabrisas.

freeze-dried *adj* liofilizado -da: **freeze-dried coffee** café liofilizado.

freezer /ˈfriːzə/ *n* congelador *m*.

freezer compartment *n* congelador *m* (*de una nevera*).

freezing /ˈfriːzɪŋ/ **I** *adj* glacial: **their house is freezing (cold)** en su casa hace muchísimo frío; **my nose is freezing** tengo la nariz helada.

II *n* **1.** (*of food*) congelación *f*: **freezing is not recommended** no se recomienda congelarlo. **2.** (*of weather*): **temperatures are expected to fall below freezing** se pronostican temperaturas bajo cero.

freezing fog *n* niebla *f* (*que se congela al ponerse en contacto con una superficie*).

freezing point *n* punto *m* de congelación.

freight /freɪt/ *n* **1.** (*transport*) transporte *m*, flete *m*: **air freight is expensive** el transporte aéreo de mercancías resulta caro. **2.** (*cargo*) carga *f*, flete *m*. **3.** (*price charged*) flete *m*.

freight car *n* (*US*) vagón *m* de mercancías.

freight train *n* tren *m* de mercancías.

freighter /ˈfreɪtə/ *n* (*ship*) buque *m* de carga, carguero *m*; (*plane*) avión *m* de carga, carguero *m*.

French /frentʃ/ **I** *adj* francés -cesa: **French cuisine** la cocina francesa; **a French dictionary** un diccionario de francés.

II *n* (*language*) francés *m*: **my French isn't very good** no hablo muy bien francés.

III the French *n pl* los franceses: **the French go on holiday in August** los franceses van de vacaciones en agosto.

French bean *n* judía *f* verde.

French-Canadian *adj, n* francocanadiense *adj, m/f*.

French dressing *n* vinagreta *f*.

French fries *n pl* patatas *f pl* fritas.

French horn *n* cuerno *m* ✻ trompa *f* de caza.

Frenchman *n* [*pl* **Frenchmen**] francés *m*.

French-speaking *adj* (*country*) de habla francesa, francófono -na.

French stick *n* barra *f* de pan.

French windows *n pl* puerta *f* vidriera.

Frenchwoman *n* [*pl* **Frenchwomen**] francesa *f*.

frenetic /frəˈnetɪk/ *adj* frenético -ca.

frenzied /ˈfrenzɪd/ *adj* (*activity*) frenético -ca: **he made a frenzied attempt to rescue them** intentó desesperadamente rescatarlos.

frenzy /ˈfrenzɪ/ *n* [**frenzies**] frenesí *m*: **the children were** *in* **a frenzy of excitement** los niños estaban muy excitados.

frequency /ˈfriːkwənsɪ/ *n* [**frequencies**] frecuencia *f*.

frequent I /ˈfriːkwənt/ *adj* frecuente, habitual: **he's a frequent guest on the programme** es un invitado habitual en el programa.

II /frɪˈkwent/ *vt* [**frequents, frequenting, frequented**] frecuentar.

frequently /ˈfriːkwəntlɪ/ *adv* frecuentemente, con frecuencia.

fresco /ˈfreskəʊ/ *n* [**frescoes**] (*Art*) fresco *m*.

fresh /freʃ/ *adj* **1.** (*new*) nuevo -va: **he started on a fresh sheet of paper** empezó en una hoja de papel nueva; **they've issued fresh regulations** han sacado una nueva reglamentación. **2.** (*recent*) reciente: **there were fresh tyre marks in the mud** había huellas recientes de neumáticos en el barro; **my new assistant is fresh** *from* ✻ *out of* **college** mi nuevo ayudante está recién salido de la universidad; **write up your notes while the memory is still fresh** toma notas mientras lo tienes fresco en la memoria. **3.** (*food*) fresco -ca: **fresh vegetables** verduras frescas; **we sell fresh bread** vendemos pan del día. **4.** (*clean*) limpio -pia: **I'll get you a fresh towel** ahora te doy una toalla limpia; **the room smelled fresh** la habitación olía a limpio. **5.** (*cool and windy*) fresco -ca. **6.** (*healthy*) sano -na: **use every day for fresh skin** utilizar a diario para conseguir una piel sana; (*not tired*) fresco -ca: **you'll feel fresher after a nap** te sentirás mejor después de una siesta. **7.** (*cheeky*) fresco -ca.

fresh air *n* aire *m* puro: **we went for a walk in the fresh air** fuimos a dar un paseo al aire libre; **I need a breath of fresh air** necesito tomar el aire.

freshman *n* [*pl* **freshmen**] (*at college, university*) novato -ta *m/f*.

fresh water I *n* agua *f* dulce [takes ***el*** or ***un*** in singular].

II freshwater *adj* de agua dulce.

freshen /ˈfreʃən/ *vi* [**freshens, freshening, freshened**] (*wind*) arreciar.

to **freshen up** *vi* asearse: **I'll need to freshen up before we go out** necesito asearme antes de salir.

fresher /ˈfreʃə/ *n* (*at college, university*) novato -ta *m/f*.

freshly /ˈfreʃlɪ/ *adv* recién: **freshly made sandwiches** sandwiches recién hechos; **freshly ground coffee** café recién molido.

freshness /ˈfreʃnəs/ *n* frescura *f*, frescor *m*.

fret /fret/ *vi* [**frets, fretting, fretted**] preocuparse, inquietarse: **he's fretting** *about* **the journey** está preocupado por el viaje.

fretful /ˈfretfʊl/ *adj* **1.** (*worried*) preocupado -da. **2.** (*complaining*) fastidioso -sa: **the baby was fretful all day** el niño estuvo fastidioso todo el día.

Fri. *léase* /ˈfraɪdeɪ/ (*abreviatura de* **Friday**) viernes *m inv*.

friar /ˈfraɪə/ *n* fraile *m*.

friction /ˈfrɪkʃən/ *n* **1.** (*between people*) fricción *f*: **his arrogance is causing friction in the department** su arrogancia está causando roces en el departamento. **2.** (*rubbing*) rozamiento *m*.

Friday /ˈfraɪdeɪ/ *n* viernes *m inv*. ➪ Thursday

fridge /frɪdʒ/ *n* (*apócope de* **refrigerator**) (*GB*) nevera *f*, frigorífico *m*, (*Amér L*) refrigerador *m*, (*Arg, Chi, Urug*) heladera *f*.

fried /fraɪd/ *pretérito y participio pasado de* ➪ fry

friend /frend/ *n* **1.** (*gen*) amigo -ga *m/f*: **he's an old friend** es un amigo de toda la vida; **she's my best friend** es mi mejor amiga; **I've been friends** *with* **him since we were at school** somos amigos desde que íbamos al colegio; **she invited all her friends** invitó a todos sus amigos * a todas sus amistades • **he made friends with the old lady** trabó amistad con la anciana • **she finds it hard to make friends** le resulta difícil hacer amigos • **they've made friends again after their quarrel** han hecho las paces después de la riña • **she has friends in high places** está muy bien relacionada. **2.** (*colleague, schoolfriend*) compañero -ra *m/f*.

friendliness /ˈfrendlɪnəs/ *n* amabilidad *f*, simpatía *f*.

friendly /ˈfrendlɪ/ **I** *adj* [**friendlier, friendliest**] **1.** (*amiable, easy to get on with*) simpático -ca: **my neighbours are not very friendly** mis vecinos no son muy simpáticos; (*having friendship*): **she's friendly** *with* **my sister** es amiga de mi hermana. **2.** (*place*) de ambiente acogedor: **it's a very friendly school** es un colegio de ambiente muy acogedor. **3.** (*animal*) cariñoso -sa. **4.** (*Sport*: *match*) amistoso -sa: **friendly rivalry between the teams** una rivalidad amistosa entre los equipos.

II *n* [**friendlies**] partido *m* amistoso.

friendly society *n* (*GB*) mutua *f*.

friendship /ˈfrendʃɪp/ *n* amistad *f*.

frieze /friːz/ *n* friso *m*.

frigate /ˈfrɪgɪt/ *n* fragata *f*.

fright /fraɪt/ *n* **1.** (*shock*) susto *m*: **you gave me a fright!** ¡qué susto me has dado!; **he got a terrible fright when the cooker blew up** se llevó un susto terrible cuando explotó la cocina; **I almost died of fright** casi me muero del susto. **2.** (*terror*) miedo *m* • **the child took fright at the siren** el niño se asustó con la sirena.

frighten /ˈfraɪtən/ *vt* [**frightens, frightening, frightened**] asustar, dar miedo: **the future frightens me** me da miedo el futuro; **she frightened him** *into* **confessing** le hizo confesar a fuerza de meterle el miedo en el cuerpo.

to **frighten away** *vt* ahuyentar: **his dog frightened the burglar away** su perro ahuyentó al ladrón.

to **frighten off** *vt* espantar.

frightened /ˈfraɪtənd/ *adj* asustado -da: **I'm frightened** *of* **spiders** me asustan * les tengo miedo a las arañas; **she was frightened** *of* **falling** tenía miedo de caerse; **I'm frightened to ask him** me da miedo preguntárselo; **he was frightened (that) she might leave** temía que ella se marchase.

frightening /ˈfraɪtənɪŋ/ *adj* espantoso -sa: **it was a frightening journey** fue un viaje espantoso; **the price of housing is frightening** el precio de la vivienda es espantoso.

frighteningly /ˈfraɪtənɪŋlɪ/ *adv*: **the fire spread frighteningly quickly** el fuego se extendió con una rapidez espantosa.

frightful /ˈfraɪtfʊl/ *adj* espantoso -sa, horroroso -sa: **her injuries are frightful** tiene unas heridas horrorosas; **the weather was frightful** hizo un tiempo espantoso.

frightfully /ˈfraɪtfʊlɪ/ *adv* tremendamente: **I'm frightfully busy at the moment** ahora mismo estoy tremendamente ocupado.

frigid /ˈfrɪdʒɪd/ *adj* **1.** (*tone, manner, climate*) glacial, muy frío -a. **2.** (*sexually*) frígido -da.

frill /frɪl/ **I** *n* volante *m*.

II frills *n pl* extras *m pl*: **we want a simple photocopier, without any frills** queremos una fotocopiadora sencilla, sin extras.

frilly /ˈfrɪlɪ/ *adj* [**frillier, frilliest**] con volantes.

fringe /frɪndʒ/ **I** *n* **1.** (*on material*) fleco *m*. **2.** (*GB*: *of hair*) flequillo *m*. **3.** (*edge*) borde *m* • **he stayed on the fringe of university life** se quedó al margen de la vida universitaria.

II *vt* [**fringes, fringeing, fringed**] bordear: **the road is fringed** *by* * *with* **pine trees** hay pinos bordeando la carretera.

fringe benefits *n pl* extras *m pl* (*que se reciben además del sueldo*).

fringe theatre *n* teatro *m* alternativo.

frisk /frɪsk/ *vi* [**frisks, frisking, frisked**] (*to play*) retozar, juguetear: **the puppies were frisking in the snow** los cachorros estaban retozando en la nieve.

♦*vt* (*fam*: *to search*) cachear, registrar: **we were frisked at the airport** nos cachearon en el aeropuerto.

frisky /ˈfrɪskɪ/ *adj* [**friskier, friskiest**] juguetón -tona.

fritter /ˈfrɪtə/ *n* (*Culin*) *trozo de patata, fruta, etc. rebozado y frito.*

to **fritter away** *vt* [**fritters, frittering, frittered**] (*time, money*) malgastar.

frivolity /frɪˈvɒlətɪ/ *n* [**frivolities**] frivolidad *f*.

frivolous /ˈfrɪvələs/ *adj* **1.** (*idea, suggestion*) frívolo -la. **2.** (*detail*) nimio -mia, sin importancia.

frizzy /ˈfrɪzɪ/ *adj* [**frizzier, frizziest**] (*hair*) crespo -pa, rizado -da.

fro /frəʊ/ *adv* • **everyone was running to and fro** todos corrían de un lado para otro.

frock /frɒk/ *n* vestido *m*.

frog /frɒg/ *n* rana *f* • **I've got a frog in my throat** tengo carraspera.

frogman *n* [*pl* **frogmen**] hombre *m* rana.

frogmarch *vt* [**frogmarches, frogmarching, frogmarched**] llevar a la fuerza (*cogido -da por los brazos*).

frogspawn *n* huevas *f pl* de rana.

frolic /ˈfrɒlɪk/ *vi* [**frolics, frolicking, frolicked**] juguetear: **the children frolicked in the water** los niños jugueteaban en el agua.

from /frɒm/ *prep* **1.** (*indicating origin*) de: **where's your teacher from?** ¿de dónde es tu profesora?; **these dates come from Israel** estos dátiles son de Israel; **I got a postcard from Sally** recibí una postal de Sally; **wine is made from grapes** el vino se hace de la uva; **it's been translated from (the) Mandarin** está traducido del mandarín; **the plot is from an old fairy tale** el argumento proviene de un viejo cuento de hadas; **you have to get a form from the police** hay que obtener el impreso en la comisaría. **2.** (*indicating distance, position*) de, desde: **the hotel is two kilometres from the airport** el hotel está a dos kilómetros del aeropuerto; **they took the train from Montreal to Toronto** tomaron el tren de Montreal a Toronto; **the plane from Bogotá arrived late** el avión (procedente) de Bogotá llegó con retraso; **it will take you half an hour from here** te llevará media hora desde aquí; **you can see the sea from our house**

desde nuestra casa se ve el mar. **3.** (*indicating a return*) de: **is he back from his holidays?** ¿ha vuelto ya de las vacaciones? **4.** (*with times, dates*) desde: **the play will run from 19 March till 24 April** la obra estará en cartel desde el 19 de marzo hasta el 24 de abril; **I felt uneasy from the start** desde el principio me sentí incómoda. **5.** (*indicating a range*) desde: **compact discs from five pounds** discos compactos desde cinco libras; **their products vary from very good to mediocre** sus productos van desde los que son muy buenos a los que son mediocres. **6.** (*indicating removal*) a: **I took the stick from the dog** le quité el palo al perro. **7.** (*out of*) de: **she took some letters from the drawer** sacó unas cartas del cajón; **she drank from the bottle** bebió de la botella. **8.** (*Maths*): **three from eight is five** de tres a ocho van cinco; **subtract the total from five hundred** restar el total a quinientos. **9.** (*because of*) por: **my eyes were stinging from the smoke** me picaban los ojos por el humo; **he only offered from politeness** sólo nos lo ofreció por educación; **he suffers from bronchitis** padece bronquitis * sufre de bronquitis. **10.** (*according to*): **from her letter, I'd say she was unhappy** a juzgar por su carta, diría que no es feliz; **he writes from his own experience** escribe basándose en su propia experiencia. **11.** (*when differentiating things*): **I can't tell a New Zealand accent from an Australian one** no distingo entre el acento neozelandés y el australiano.

front /frʌnt/ **I** *n* **1.** (*gen*) parte *f* delantera: **there's a garden** *at* **the front (of the house)** hay un jardín en la parte de delante (de la casa); **he wrote his name** *in* **the front of the book** puso su nombre al principio del libro; **he spilt coffee** *down* **the front of his shirt** se le cayó café en la pechera de la camisa; **he usually sits** *at* **the front of the class** normalmente se sienta en las primeras filas de la clase. **2.** (*façade of building*) fachada *f*. **3.** (*pretence*) fachada *f*: **his confidence is just a front** su aire de seguridad es pura fachada; **that job is a front for his shady deals** ese trabajo es la tapadera de sus negocios sucios. **4.** (*Meteo*) frente *m*: **a warm front** un frente de aire caliente. **5.** (*Mil*) frente *m*: **he was sent to the front** lo enviaron al frente. **6.** (*by seaside*) paseo *m* marítimo.

II *adj* de delante, delantero -ra: **we sat in the front row** nos sentamos en primera fila; **there was a photograph of her on the front cover** había una fotografía suya en la portada.

III in front *adv* delante: **the guide walked in front** el guía iba delante; **let Tom sit in (the) front** deja que Tom se siente delante; **the bus stops in front** *of* **the cinema** el autobús para delante del cine; **that horse stayed in front all the way** el caballo ganador fue delante toda la carrera; **United are in front** el United va ganando.

IV *vt* [**fronts, fronting, fronted**] **1.** (*an organization*) estar al frente de. **2.** (*a television programme*) presentar.

to **front onto** *vt* dar a: **the hotel fronts onto the lake** el hotel está a orillas del lago.

front bench *n* (*for cabinet ministers*) *escaños donde se sientan los ministros del gobierno*; (*for shadow cabinet*) *escaños donde se sientan el jefe de la Oposición y los portavoces de su partido*.

front door *n* puerta *f* principal.

front garden *n* jardín *m* en la parte de delante.

front line *n* frente *m*: **front-line troops** tropas en primera línea de combate.

front page *n* (*of newspaper*) primera plana *f*: **the demonstration made front-page news** la manifestación fue noticia de primera plana.

front room *n* salón *m*.

front seat *n* asiento *m* delantero * de delante.

front tooth *n* incisivo *m*.

front wheel *n* rueda *f* delantera * de delante.

front-wheel drive I *n* tracción *f* delantera.

II *adj* con tracción delantera.

frontage /ˈfrʌntɪdʒ/ *n* fachada *f*: **the office has river frontage** la fachada de la oficina da al río.

frontal /ˈfrʌntəl/ *adj* frontal.

frontier /ˈfrʌntɪə/ *n* frontera *f* • **new technology has advanced the frontiers of space exploration** la nueva tecnología ha ampliado las fronteras de la exploración espacial.

frost /frɒst/ *n* **1.** (*frozen vapour*) escarcha *f*: **the ground was covered in thick frost** el terreno estaba cubierto de escarcha. **2.** (*freeze*) helada *f*: **there was a frost last night** ayer por la noche hubo helada.

to **frost over** *vi* [**frosts, frosting, frosted**] helarse, cubrirse de escarcha: **the lawn had frosted over** el césped estaba cubierto de escarcha.

to **frost up** *vi* cubrirse de escarcha: **the windscreen had frosted up** se había formado escarcha en el parabrisas.

frostbite *n* (*Med*) congelación *f*.

frostbitten *adj* (*Med*) congelado -da: **his toes were frostbitten** tenía síntomas de congelación en los dedos de los pies.

frosted /ˈfrɒstɪd/ *adj* **1.** (*glass*) esmerilado -da. **2.** (*a cake*) cubierto -ta de azúcar glasé * glaseado.

frosting /ˈfrɒstɪŋ/ *n* (*for cake*) azúcar *m* glasé * glaseado.

frosty /ˈfrɒstɪ/ *adj* [**frostier, frostiest**] **1.** (*of weather*) de helada: **it was a frosty day** hacía un día de helada; **it's been frosty all week** ha habido heladas toda la semana. **2.** (*covered in frost*) cubierto -ta de escarcha: **the fields were frosty this morning** los campos estaban cubiertos de escarcha esta mañana. **3.** (*very cold*) glacial: **she gave me a frosty smile** me dirigió una sonrisa glacial.

froth /frɒθ/ **I** *n* espuma *f*.

II *vi* [**froths, frothing, frothed**] hacer espuma: **the dog was frothing** *at* **the mouth** el perro echaba espumarajos por la boca.

frothy /ˈfrɒθɪ/ *adj* [**frothier, frothiest**] (*drink*) espumoso -sa.

frown /fraʊn/ **I** *n* ceño *m*.

II *vi* [**frowns, frowning, frowned**] fruncir el ceño: **he frowned** *at* **his sister** le frunció el ceño a su hermana.

to **frown on * upon** *vt* desaprobar: **the practice is frowned on * upon** eso no está bien visto, lo ven con muy malos ojos.

froze /frəʊz/ *pretérito de* ➪ freeze

frozen /ˈfrəʊzən/ **I** *participio pasado de* ➪ freeze

II *adj* **1.** (*gen*) helado -da: **my nose is frozen** tengo la nariz helada; **she was frozen stiff** estaba aterida de frío. **2.** (*food*) congelado -da: **frozen peas** guisantes congelados.

frugal /ˈfruːgəl/ *adj* frugal.

fruit /fruːt/ *n* **1.** (*for eating*) fruta *f*: **I had a piece of fruit for dessert** tomé fruta de postre; **would you like some fruit?** ¿quieres fruta? **2.** (*Bot*) fruto *m*: **the acorn is the fruit of the oak tree** la bellota es el fruto del roble. **3.** (*successful result*) fruto *m*: **his careful planning bore fruit** su esmerada planificación dio fruto; **the fruits of their training could be seen in**

the team's success el triunfo del equipo fue fruto del entrenamiento.

fruit bowl *n* frutero *m*.

fruitcake *n* pastel *m* de frutas confitadas y frutos secos.

fruit farm *n* huerta *f* de árboles frutales.

fruit juice *n* zumo *m* (de fruta), (*Amér L*) jugo *m* (de fruta).

fruit machine *n* máquina *f* tragaperras.

fruit salad *n* macedonia *f* (*de frutas*), ensalada *f* de frutas.

fruit tree *n* árbol *m* frutal.

fruitful /ˈfruːtfʊl/ *adj* (*meeting, discussion*) fructífero -ra.

fruition /fruːˈɪʃən/ *n* realización *f* • **after all their planning, the trip never came to fruition** después de tanto planearlo, el viaje no se llevó a cabo.

fruitless /ˈfruːtləs/ *adj* inútil, infructuoso -sa: **my attempts to persuade her were fruitless** mis esfuerzos para convencerla fueron inútiles.

fruity /ˈfruːtɪ/ *adj* [**fruitier, fruitiest**] **1.** (*flavour*) afrutado -da. **2.** (*fam: laugh, voice*) pastoso -sa.

frump /frʌmp/ *n* (*fam*) adefesio *m*.

frustrate /frʌˈstreɪt/ *vt* [**frustrates, frustrating, frustrated**] frustrar: **the rain frustrated our plans to go camping** la lluvia echó a perder nuestros planes de ir de acampada; **his inability to speak the language frustrated him** se sentía frustrado por su incapacidad para hablar el idioma.

frustrated /frʌˈstreɪtɪd/ *adj* frustrado -da: **I felt frustrated** ***by*** **their lack of interest** me sentía frustrado por su falta de interés.

frustrating /frʌˈstreɪtɪŋ/ *adj* frustrante: **I've had a frustrating day** he tenido un día frustrante.

frustration /frʌˈstreɪʃən/ *n* frustración *f*.

fry /fraɪ/ **I** *vt* [**fries, frying, fried**] freír: **first fry the onions** primero fríe las cebollas; **fried eggs** huevos fritos; **fry the onions lightly in oil** rehogar las cebollas en aceite.

♦ *vi* freírse: **while the bacon was frying** mientras se freía el tocino ✻ bacon.

II *n pl* (*fish*) pescaditos *m pl*, alevines *m pl* • **those people are just small fry** es gente de poca monta.

frypan *n* (*US*) sartén *f*.

frying pan /ˈfraɪɪŋ pæn/ *n* sartén *f* • **it was out of the frying pan and into the fire** fue salir de una mala para meterse en otra peor.

ft. (*Meas*) **1.** *léase* /fʊt/ (*abreviatura de* **foot**) pie *m*. **2.** *léase* /fiːt/ (*abreviatura de* **feet**) pies *m pl*.

fuchsia /ˈfjuːʃə/ *n* **1.** (*Bot*) fucsia *f*. **2.** (*colour*) (color) fucsia *m*.

fuddy-duddy /ˈfʌdɪˌdʌdɪ/ *n* (*fam*) [**fuddy-duddies**] persona *f* chapada a la antigua.

fudge /fʌdʒ/ **I** *n*: *caramelo hecho de azúcar, leche y mantequilla.*

II *vt* [**fudges, fudging, fudged**] (*statistics*) amañar: **the Minister was accused of fudging the issue** acusaron al ministro de dar rodeos para ocultar la verdad.

fuel /fjʊəl/ **I** *n* combustible *m*, carburante *m*: **their fuel bill must be enormous** deben de pagar una barbaridad en gas ✻ electricidad; **we stopped there for fuel** paramos allí para echar gasolina • **her comments added fuel to the rumours** los comentarios que hizo echaron leña al fuego.

II *vt* [**fuels, fuelling, fuelled**] **1.** (*to power*): **a car fuelled by solar energy** un coche impulsado por energía solar. **2.** (*to encourage*) estimular: **his jealousy was fuelled by his sister's success** sus celos aumentaron con el éxito de su hermana.

fuel oil *n* fuel *m*, fuel-oil *m*.

fuel pump *n* surtidor *m* de gasolina.

fuel tank *n* depósito *m* de combustible.

fugitive /ˈfjuːdʒɪtɪv/ *adj, n* fugitivo -va *adj, m/f*, prófugo -ga *m/f*.

fulcrum /ˈfʊlkrəm/ *n* [**fulcrums** ✻ **fulcra** /ˈfʊlkrə/] punto *m* de apoyo.

fulfil, (*US*) **fulfill** /fʊlˈfɪl/ *vt* [**fulfils, fulfilling, fulfilled**] **1.** (*to realize: dream, ambition*) realizar: **she never fulfilled her ambition to go to Rome** nunca realizó su sueño de ir a Roma; (*: promise, obligation*) cumplir: **he was determined to fulfil his vow** estaba decidido a cumplir su promesa; (*: potential*): **he never fulfilled his potential as an actor** prometía como actor, pero nunca estuvo a la altura de lo que se esperaba de él. **2.** (*to satisfy*) satisfacer: **the candidate fulfils all the requirements** el candidato satisface todos los requisitos.

fulfilled /fʊlˈfɪld/ *adj* realizado -da: **she felt fulfilled in her new job** se sentía realizada con su nuevo trabajo.

fulfilling /fʊlˈfɪlɪŋ/ *adj* (*work*) *que le hace a uno sentirse realizado.*

fulfilment, (*US*) **fulfillment** /fʊlˈfɪlmənt/ *n* **1.** (*of project*) realización *f*, cumplimiento *m*: **this is the fulfilment of my life's ambition** es la ambición de mi vida hecha realidad. **2.** (*emotional*) satisfacción *f*; (*professional*) realización *f*: **he felt a sense of fulfilment** se sentía realizado.

full /fʊl/ **I** *adj* **1.** (*gen*) lleno -na: **the glass was half full** el vaso estaba medio lleno; **the theatre was full** el teatro estaba lleno; **don't speak with your mouth full** no hables con la boca llena; **the hotel is full** *(up)* **tonight** el hotel está lleno ✻ completo esta noche; **no pudding, thanks - I'm full** *(up)* no quiero postre, gracias, estoy lleno. **2. full of** (*things, people*) lleno -na de: **the box is full of old photographs** la caja está llena de viejas fotografías; **he was full of sympathy for them** sentía mucha compasión por ellos • **that boy is too full of himself** ese chico es demasiado creído. **3.** (*complete*) completo -ta: **she made a full recovery** se curó completamente; **they were in full regional dress** llevaban el traje regional al completo; **illustrated in full colour** ilustrado a todo color. **4.** (*detailed*) detallado -da: **his parents want a full explanation** sus padres quieren una explicación detallada; **please give full details of your education** por favor, dé todos los detalles sobre su formación académica. **5.** (*text, salary, price*) íntegro -gra: **the full price was twenty pounds** sin descuento costaba veinte libras. **6.** (*busy*) apretado -da: **Mr Thomson has a very full schedule** el señor Thomson tiene un programa muy apretado. **7.** (*large, wide*) rechoncho -cha: **she has a full face** tiene la cara rechoncha ✻ llena; **clothes for the fuller figure** ropa de tallas especiales; **a full skirt** una falda de vuelo.

II *adv*: **the blow hit him full in the face** el golpe le dio de lleno en la cara; **the air conditioning was full** *on* el aire acondicionado estaba puesto al máximo; **you know full well that he can be trusted** sabes de sobra que se puede confiar en él.

III *n* • **write your name in full** escriba su nombre completo • **all breakages must be paid for in full** si se rompe algo, hay que pagar su precio íntegro • **they used the hotel's facilities to the full** aprovecharon las instalaciones del hotel al máximo.

fullback *n* defensa *m/f* central.

full-blown *adj*: **the protest became a full-blown strike** la protesta se convirtió en una huelga generalizada.
full board *n* pensión *f* completa.
full-bodied *adj* (*wines*) con cuerpo.
full-cream *adj* (*milk*) entero -ra.
full employment *n* pleno empleo *m*.
full-grown *adj* adulto -ta.
full house *n* (*in the theatre*) lleno *m*: **they played to a full house** actuaron con un lleno total.
full-length I *adj* 1. (*film*): **this is her first full-length feature** éste es su primer largometraje. 2. (*mirror*) de cuerpo entero. 3. (*dress, skirt*) largo -ga (hasta los pies).
II *adv*: **the little boy fell full-length** el crío se cayó de bruces.
full moon *n* luna *f* llena.
full name *n* nombre y apellidos.
full-scale *adj* 1. (*drawing, model*) de tamaño natural. 2. (*complete*) completo -ta, total: **a full-scale investigation** una investigación exhaustiva.
full-size *adj* (*model*) de tamaño natural.
full stop *n* punto *m*.
full time I *n (Sport)* final *m* del partido.
II *adv*: **he works full time at the garage** trabaja a jornada completa en el taller.
III **full-time** *adj* (*work*) de jornada completa: **the correspondence alone is a full-time job** sólo la correspondencia le llevaría a una persona todo el día.
fullness /ˈfʊlnəs/ *n* amplitud *f* • **you will appreciate their efforts in the fullness of time** con el tiempo apreciarás ∗ valorarás sus esfuerzos.
fully /ˈfʊlɪ/ *adv* 1. (*totally*) completamente, enteramente: **I am fully aware of his objections** soy completamente consciente de su objeciones; **he's a fully qualified vet** es un veterinario titulado; **he doesn't fully realize how difficult it is** no se da cuenta del todo de lo difícil que es. 2. (*at least*) por lo menos, al menos: **it was fully two months before they replied** pasaron por lo menos dos meses antes de que contestaran.
fully comprehensive *adj* (*insurance*) a todo riesgo.
fully fledged *adj*: **he's a fully fledged lawyer** es abogado con todas las de la ley.
fully grown *adj* (*plant*) crecido -da; (*person, animal*) adulto -ta.
fumble /ˈfʌmbəl/ *vi* [**fumbles, fumbling, fumbled**]: **he fumbled** *for* **his handkerchief in his pocket** se hurgó en el bolsillo buscando el pañuelo; **we were fumbling** *around* ∗ *about* **in the dark** andábamos a tientas en la oscuridad; **I fumbled** *with* **the switch** intentó torpemente darle al interruptor.
fume /fjuːm/ I *vi* [**fumes, fuming, fumed**] echar humo • **he was fuming (with rage) about the damage to his car** estaba que echaba humo por los desperfectos que había sufrido su coche.
II **fumes** *n pl* humo *m*, gases *m pl*.
fumigate /ˈfjuːmɪgeɪt/ *vt* [**fumigates, fumigating, fumigated**] fumigar.
fun /fʌn/ I *n* 1. (*enjoyment*) diversión *f*: **have fun!** ¡que lo pases bien! ∗ ¡que te diviertas!; **we had great fun at the ice-rink** nos lo pasamos muy bien en la pista de patinaje; **the party was fun** fue una fiesta divertida; **what fun!** ¡qué divertido!; **Kate is great fun ∗ full of fun** Kate es muy divertida; **he's always spoiling my fun** siempre está aguándome la fiesta • **you'll have fun and games with that old car** ese coche tan viejo te va a dar muchos problemas. 2. (*amusement*) gracia *f*: **he couldn't see the fun of it** no le veía la gracia; **it was no fun going to the beach alone** ir solo a la playa no tenía gracia; **they hid her car keys (just)** *for* **the fun of it** le escondieron las llaves del coche por hacer la gracia; **I only said it** *in* ∗ *for* **fun** sólo lo dije en broma • **they used to make fun of him ∗ poke fun at him because of his big feet** solían reírse de él ∗ burlarse de él porque tenía los pies grandes.
II *adj* (*fam*) divertido -da: **we had a fun time** nos divertimos mucho.
funfair *n* (*GB*) parque *m* de atracciones.
fun run *n*: *carrera con fines benéficos*.
function /ˈfʌŋkʃən/ I *n* 1. (*use*) función *f*: **it serves the function of filtering the water** desempeña la función de filtrar el agua; **in his function** *as* **stage manager** en su calidad de director de escena. 2. (*Maths*) función *f*. 3. (*ceremony*) acto *m*; (*reception*) recepción *f*: **the restaurant also caters for private functions** el restaurante organiza también recepciones privadas; **we met at a social function last year** nos conocimos en una reunión social el año pasado.
II *vi* [**functions, functioning, functioned**] funcionar: **the radio also functions** *as* **an alarm clock** la radio funciona también de despertador.
function key *n* tecla *f* de función.
functional /ˈfʌŋkʃənəl/ *adj* 1. (*practical*) práctico -ca, funcional. 2. (*working properly*): **the machine is now fully functional** la máquina funciona ahora perfectamente.
fund /fʌnd/ I *n* 1. (*money*) fondo *m*: **a fund** *for* **the repair of the church roof** un fondo para reparar el tejado de la iglesia; **we are raising funds** *for* **the children's ward** estamos recaudando fondos para el pabellón de pediatría. 2. (*large amount*): **the library has a fund of information about local history** la biblioteca tiene mucho material sobre la historia local.
II *vt* [**funds, funding, funded**] (*project, campaign, exhibition*) patrocinar: **the expedition was funded by several companies** la expedición fue patrocinada por varias empresas.
fund-raising *n* recaudación *f* de fondos.
fundamental /ˌfʌndəˈmentəl/ I *adj* fundamental, básico -ca.
II **fundamentals** *n pl* fundamentos *m pl*.
fundamentalism /ˌfʌndəˈmentəlɪzəm/ *n* integrismo *m*.
fundamentalist /ˌfʌndəˈmentəlɪst/ *adj*, *n* integrista *adj*, *m/f*.
fundamentally /ˌfʌndəˈmentəlɪ/ *adv* (*basically*) fundamentalmente, esencialmente; (*radically*) radicalmente: **the two sisters are fundamentally different** las dos hermanas son radicalmente distintas.
funding /ˈfʌndɪŋ/ *n* financiación *f*: **funding is the biggest difficulty** conseguir fondos es la mayor dificultad.
funeral /ˈfjuːnərəl/ *n* (*service*) funeral *m*; (*for an important person*) funerales *m pl*, funeral *m*; (*burial*) entierro *m*: **all his colleagues attended the funeral** todos sus compañeros de trabajo asistieron al funeral • **if you don't read the instructions that's your funeral!** si te empeñas en no leer las instrucciones ¡allá te las compongas!.
funeral director *n* director -tora *m/f* de una funeraria.
funeral parlour *n* funeraria *f*.
funeral procession *n* cortejo *m* fúnebre.
funeral service *n* funeral *m*.
funereal /fjuːˈnɪərɪəl/ *adj* fúnebre.
fungus /ˈfʌŋgəs/ *n* [**funguses ∗ fungi** /ˈfʌŋgaɪ/] hongo *m*.

funnel /ˈfʌnəl/ I *n* 1. (*for pouring liquids*) embudo *m*. 2. (*of ship, train*) chimenea *f*.
II *vt* [**funnels, funnelling, funnelled**] (*liquid*) verter por un embudo.
♦ *vi*: **a strong wind funnels** *down* **this gully** un fuerte viento baja por esta garganta.

funnily /ˈfʌnəlɪ/ *adv* 1. (*strangely*) de forma extraña: **funnily enough, I read an article about that only yesterday** es curioso, ayer leí un artículo sobre ese tema. 2. (*comically*) de forma graciosa ✻ divertida.

funny /ˈfʌnɪ/ *adj* [**funnier, funniest**] 1. (*amusing*) gracioso -sa, divertido -da: **it's a very funny play** es una obra muy divertida; **she can be very funny** es muy graciosa a veces; **that's not funny** no tiene gracia. 2. (*strange*) raro -ra, curioso -sa: **it smells funny** huele raro; **that's funny, I'm sure I locked the door** ¡qué raro!, estoy segura de que cerré la puerta con llave; **the funny thing is that...** lo curioso del caso es que.... 3. (*fam: ill*) enfermo -ma: **cheese makes me feel funny** el queso me sienta mal ✻ me hace sentir mal.

fur /fɜː/ *n* 1. (*on animal*) pelo *m*, pelaje *m*. 2. (*material, garment*) piel *f*: **furs have gone out of fashion** las prendas de piel han pasado de moda. 3. (*in kettle, pipes, etc.*) sarro *m*; (*on tongue*) sarro *m*.

fur coat *n* abrigo *m* de pieles.

furious /ˈfjʊərɪəs/ *adj* 1. (*angry*) furioso -sa: **she was furious** *with* **them** estaba furiosa ✻ muy enfadada con ellos; **he will be furious** *at* **their inefficiency** se pondrá furioso por su incompetencia. 2. (*violent*) violento -ta, furioso -sa: **after a furious fight** después de una violenta pelea; **she drove at a furious speed** conducía a una velocidad vertiginosa.

furiously /ˈfjʊərɪəslɪ/ *adv* con furia.

furlong /ˈfɜːlɒŋ/ *n*: *medida equivalente a 201 metros usada en carreras de caballos.*

furnace /ˈfɜːnɪs/ *n* horno *m*.

furnish /ˈfɜːnɪʃ/ *vt* [**furnishes, furnishing, furnished**] 1. (*house*) amueblar: **a furnished apartment** un piso ✻ departamento amueblado. 2. (*to provide*) suministrar, proporcionar: **they were each furnished** *with* **a map and a compass** se le proporcionó a cada uno un mapa y una brújula.

furnishings /ˈfɜːnɪʃɪŋz/ *n pl*: *muebles, cortinas y alfombras.*

furniture /ˈfɜːnɪtʃə/ *n* muebles *m pl*, mobiliario *m*: **the furniture is very old-fashioned** los muebles son muy anticuados; **what a beautiful piece of furniture!** ¡qué mueble más bonito!

furore /fjʊˈrɔːrɪ, fjʊəˈrɔː/, (*US*) **furor** /fjʊəˈrɔː/ *n* revuelo *m*.

furrow /ˈfʌrəʊ/ I *n* (*in field*) surco *m*.
II *vt* [**furrows, furrowing, furrowed**] 1. (*Agr*) hacer surcos en. 2. (*brow*) arrugar.

furry /ˈfɜːrɪ/ *adj* [**furrier, furriest**] 1. (*animal, material*) peludo -da: **I gave my nephew a furry toy** le regalé a mi sobrino un muñeco de peluche. 2. (*kettle, tongue*) con sarro, sarroso -sa.

further /ˈfɜːðə/ I *adv* 1. [*comparativo de* **far**] (*referring to distance*) más lejos: **it's further than I remembered** está más lejos de lo que recordaba; **move the chair further along** mueve la silla más allá; **her house is further down the road** su casa está unas puertas más abajo. 2. (*additionally*) más: **we shan't delay you further** no lo entretendremos más; **the journalist is investigating further into the matter** el periodista está investigando el asunto más a fondo; **without hesitating further** sin más vacilaciones. 3. (*in letter*): **further** *to* **your letter of 16 June** con referencia a su carta del 16 de junio.
II *adj* (*additional*) nuevo -va, adicional: **there have been no further developments** no se ha producido ningún cambio; **a further two hundred jobs will be created** se crearán doscientos puestos de trabajo nuevos; **further research is needed to find a cure** hace falta seguir investigando para encontrar una cura.
III *vt* [**furthers, furthering, furthered**] fomentar, del público promover: **an exhibition to further public interest in...** una exposición para fomentar el interés del público por....

further education *n* estudios *m pl* de formación profesional.

furthermore /ˌfɜːðəˈmɔː/ *adv* además.

furthermost /ˈfɜːðəməʊst/ *adj* más lejano -na.

furthest /ˈfɜːðɪst/ [*superlativo de* **far**] I *adj* más lejano -na: **the furthest mountains** las montañas más lejanas.
II *adv* más, más lejos: **who ran the furthest?** ¿quién llegó más lejos corriendo?; **she is the furthest advanced on the course** es la más adelantada entre los de su curso.

furtive /ˈfɜːtɪv/ *adj* furtivo -va.

furtively /ˈfɜːtɪvlɪ/ *adv* furtivamente, a escondidas.

fury /ˈfjʊərɪ/ *n* [**furies**] furia *f*: **the article put her in a fury** se puso hecha una furia al leer el artículo; **he slammed the door in his fury** dio un portazo furioso ● **they were pedalling like fury** pedaleaban como locos.

fuse /fjuːz/ I *n* 1. (*of an appliance*) fusible *m*: **the heater has blown a fuse** se ha fundido el fusible de la estufa ● **she was about to blow a fuse** estaba a punto de estallar; (*of a building*): **I had to change a fuse** tuve que cambiar los plomos. 2. (*wick*) mecha *f*: **he lit the fuse** encendió la mecha; (*detonator*) espoleta *f*.
II *vi* [**fuses, fusing, fused**] 1. (*of electricity*): **the lights fused** se fundieron los plomos, saltaron los fusibles. 2. (*metal*) fundirse: **the pieces of copper fused** *(together)* los trozos de cobre se fundieron. 3. (*to join together*) confundirse: **fact and fiction had fused in her mind** la realidad y la ficción se habían confundido en su mente.
♦ *vt* 1. (*of electricity*): **you'll fuse the lights** vas a hacer fundir los plomos, vas a hacer saltar los fusibles; **he fused the circuit** provocó un cortocircuito. 2. (*metal*) fundir. 3. (*to join together*) fusionar: **the two departments will be fused** van a fusionar los dos departamentos.

fuse box *n* caja *f* de fusibles.

fuse wire *n* alambre *m* de fusible.

fuselage /ˈfjuːzɪlɑːʒ/ *n* fuselaje *m*.

fusion /ˈfjuːʒən/ *n* fusión *f*.

fuss /fʌs/ I *n* 1. (*commotion*) revuelo *m*, alboroto *m*: **there was a tremendous fuss when the results came out** se armó un tremendo revuelo cuando se anunciaron los resultados. 2. (*complaint*) queja *f*: **stop making such a fuss** deja de quejarte tanto; **she accepted the decision without any fuss** aceptó la decisión sin rechistar; **what a fuss** *over* **a little cut!** ¡es un corte de nada, no es para tanto! 3. (*attention*): **his grandparents always made a fuss** *of* **him** sus abuelos siempre lo mimaron.
II *vi* [**fusses, fussing, fussed**] (*to worry*) preocuparse: **please stop fussing** por favor, deja de preocuparte; **he's always fussing** *about* **hygiene** está obsesionado con la higiene.

to **fuss over** *vt* (*details*) preocuparse demasiado por; (*person*) mimar.

fussy /ˈfʌsɪ/ *adj* [**fussier, fussiest**] **1.** (*particular*) exigente, quisquilloso -sa: **he's fussy** *about* **his clothes** es muy exigente en lo que respecta a su vestimenta; **I'm not fussy** me da igual. **2.** (*clothing, etc.*) recargado -da: **her taste in décor is very fussy** en decoración le gustan las cosas recargadas.

futile /ˈfju:taɪl/ *adj* vano -na, inútil.

futility /fju:ˈtɪlətɪ/ *n* inutilidad *f.*

future /ˈfju:tʃə/ **I** *n* **1.** (*gen*) futuro *m*, porvenir *m*: **in the future we may not use money** en el futuro quizá no usemos dinero; **we have no plans to go on holiday in the near future** no tenemos planes de ir de vacaciones en un futuro próximo; **that club has no future** ese club no tiene ningún porvenir • **in future you must be home by ten o'clock** en lo sucesivo tendrás que volver a casa antes de las diez. **2.** (*también* **future tense**) (*Ling*) futuro *m*: **a verb in the future (tense)** un verbo en el (tiempo) futuro.
II *adj* futuro -ra: **his future brother-in-law** su futuro cuñado; **at a future date** en otra ocasión.

futuristic /ˌfju:tʃəˈrɪstɪk/ *adj* futurista.

fuzz /fʌz/ *n* **1.** (*fam*: *hair*) vello *m*. **2. the fuzz** (*fam*: *the police*) la policía.

fuzzy /ˈfʌzɪ/ *adj* [**fuzzier, fuzziest**] **1.** (*hair*) muy rizado -da. **2.** (*image, memory*) borroso -sa.

G

G, g /dʒi:/ *n* (*letter*) G, g *f*; (*name of letter*) ge *f.*

G /dʒi:/ *n* (*Mus*) sol *m inv.*

g 1. /dʒi:/ (*abreviatura de* **gravity**) g (gravedad). **2.** *léase* /græm/ (*abreviatura de* **gram**) g (gramo).

gabardine, gaberdine /gæbəˈdi:n/ *n* gabardina *f.*

gabble /ˈgæbəl/ *vt* [**gabbles, gabbling, gabbled**] farfullar: **embarrassed, he gabbled an excuse** azorado, farfulló una excusa.
♦ *vi* farfullar.

gable /ˈgeɪbəl/ *n* gablete *m.*

gadget /ˈgædʒɪt/ *n* artilugio *m*, cacharro *m.*

gaffe /gæf/ *n* metedura *f* de pata: **you made a terrible gaffe** metiste la pata hasta el fondo.

gag /gæg/ **I** *n* **1.** (*for mouth*) mordaza *f.* **2.** (*fam*: *joke*) chiste *m.*
II *vt* [**gags, gagging, gagged**] (*to tie on a gag*) amordazar: **the law effectively gagged many writers** esa ley supuso una mordaza para muchos escritores.
♦ *vi* (*to choke on food*) tener náuseas.

gaga /ˈga:ga:/ *adj* (*fam*) chocho -cha.

gage /geɪdʒ/ *n, vt* [**gages, gaging, gaged**] (*US*) ⇨ gauge

gaiety /ˈgeɪətɪ/ *n* alegría *f*, regocijo *m.*

gaily /ˈgeɪlɪ/ *adv* alegremente.

gain /geɪn/ **I** *n* **1.** (*increase*) aumento *m*: **gains in productivity were enormous** el aumento de la productividad fue enorme. **2.** (*advantage, improvement*) mejora *f*: **there were no significant gains for workers** no hubo mejoras significativas para los trabajadores. **3.** (*profit*) ganancia *f*, beneficio *m*: **he got involved purely for personal gain** se metió en ello únicamente para sacar beneficios.
II *vt* [**gains, gaining, gained**] **1.** (*to increase*): **the car gained momentum as it rolled downhill** la velocidad del coche aumentó al bajar la pendiente; **the baby has gained very little weight** el bebé ha engordado muy poco. **2.** (*to acquire*) ganar, conseguir: **what did you hope to gain by insulting her?** ¿qué pensabas conseguir insultándola?; **what does he stand to gain from arguing with them?** ¿qué va a conseguir discutiendo con ellos?; **it took him a while to gain confidence** le llevó un tiempo adquirir confianza • **the campaign to protect the environment is gaining ground** el movimiento de protección del medio ambiente está ganando terreno.

3. (*watch, clock*) adelantarse: **my watch has gained ten minutes** mi reloj se ha adelantado diez minutos.
♦*vi* **1.** (*to increase*): **the minister has gained** *in* **stature** el prestigio del ministro ha aumentado. **2.** (*to benefit*) beneficiarse: **it's the high earner who will gain** *from* **this tax** son los que más ganan los que se van a beneficiar con este impuesto.
to **gain on** *vt* ganarle terreno a: **he's gaining on the leaders** les está ganando terreno a los líderes.

gainful /'geɪnfʊl/ *adj* remunerado -da.

gait /geɪt/ *n* manera *f* de andar.

gala /'gɑ:lə/ *n* (*celebration*) gala *f*, fiesta *f*.

Galapagos Islands /gə'læpəgəs 'aɪləndz/ *n pl* Islas *f pl* Galápagos.

galaxy /'gæləksɪ/ *n* [**galaxies**] galaxia *f*.

gale /geɪl/ *n* (*Meteo*) temporal *m* (*de viento*): **it's blowing a gale** hay temporal; **gale force 10** viento de fuerza 10; **there were gale force winds last night** anoche hubo vientos muy fuertes.

Galicia /gə'lɪʃɪə/ *n* Galicia *f*.

Galician /gə'lɪʃɪən/ *adj, n* gallego -ga *adj, m/f*.

gall /gɔ:l/ *n* descaro *m*: **they had the gall to criticize her performance** tuvieron el descaro de criticar su actuación.
gall bladder *n* vesícula *f* biliar.
gallstone *n* cálculo *m* biliar.

gallant /'gælənt/ *adj* **1.** (*courageous*) gallardo -da. **2.** (*courteous*) cortés.

gallantry /'gæləntrɪ/ *n* **1.** (*bravery*) gallardía *f*. **2.** (*courtesy*) cortesía *f*.

galleon /'gælɪən/ *n* galeón *m*.

gallery /'gælərɪ/ *n* [**galleries**] **1.** (*large*) museo *m* (*de pintura*); (*small, commercial*) galería *f* de arte. **2.** (*in theatre, court, mine, etc.*) galería *f* • **she always plays to the gallery** siempre lo hace todo para la galería.

galley /'gælɪ/ *n* **1.** (*ship's kitchen*) cocina *f* (*en un barco*). **2.** (*ship*) galera *f*.

Gallic /'gælɪk/ *adj* **1.** (*frml: French*) galo -la, francés -cesa. **2.** (*of Gaul*) galo -la.

galling /'gɔ:lɪŋ/ *adj* (*exasperating*) exasperante; (*humiliating*) humillante.

gallon /'gælən/ *n* galón *m* (*en GB 4,55 litros; en EE.UU. 3,79 litros*).

gallop /'gæləp/ **I** *n* galope *m*: **they crossed the field** *at* **a gallop** cruzaron el prado al galope.
II *vi* [**gallops, galloping, galloped**] galopar, marchar al galope: **they galloped** *off* ∗ *away* se alejaron al galope.

galloping /'gæləpɪŋ/ *adj* galopante: **there was galloping inflation throughout the seventies** hubo una inflación galopante durante los años setenta.

gallows /'gæləʊz/ *n* [*pl* **gallows**] horca *f*.

galore /gə'lɔ:/ *adj* (*fam*) en cantidad: **there was food galore at the party** en la fiesta había comida en cantidad.

galoshes /gə'lɒʃɪz/ *n pl* chanclos *m pl*.

galvanize /'gælvənaɪz/ *vt* [**galvanizes, galvanizing, galvanized**] **1.** (*metal*) galvanizar. **2.** (*people*) hacer reaccionar: **at last the government was galvanized** *into* **action** al final, hicieron reaccionar al gobierno y éste actuó.

gambit /'gæmbɪt/ *n* (*in chess*) gambito *m*; (*manoeuvre*) maniobra *f*: **her opening gambit was to offer them fifty thousand pounds** su maniobra inicial fue ofrecerles cincuenta mil libras.

gamble /'gæmbəl/ **I** *n* **1.** (*bet*) apuesta *f*. **2.** (*risk*) riesgo *m*: **they took a gamble when they bought that company** se arriesgaron mucho cuando compraron esa empresa.
II *vi* [**gambles, gambling, gambled**] **1.** (*in games of chance*) jugar: **he gambled** *away* **his entire salary** se jugó todo el sueldo. **2.** (*to take a risk*) arriesgarse: **she gambled** *on* **the house being empty** se arriesgó, con la esperanza de que no hubiera nadie en la casa.

gambler /'gæmblə/ *n* jugador -dora *m/f*.

gambling /'gæmblɪŋ/ *n* juego *m* (*en casino, a la lotería, etc.*).

game /geɪm/ **I** *n* **1.** (*gen*) juego *m*: **do you know any card games?** ¿sabes algún juego de cartas?; **a game of chance** un juego de azar; **this isn't a game!** ¡esto no es un juego!; **the noise put him off his game** el ruido lo distrajo del juego • **she beat them at their own game** les ganó usando las mismas tretas que ellos • **two can play at that game** donde las dan las toman. **2.** (*match: of football, tennis*) partido *m*: **they scored a goal right at the end of the game** marcaron un gol justo al final del partido; (*: of cards*) partida *f*. **3.** (*part of a match*) juego *m*: **she won by six games to two** ganó por seis juegos a dos. **4.** (*wild animals or birds*) caza *f*: **they wanted to see the big game of Kenya** querían ver la caza mayor de Kenia • **she was easy game** fue presa fácil. **5.** (*secret, plan*) plan *m*: **I know what your game is** sé lo que planeas; **she gave the game away** se fue de la lengua • **the game is up** ¡se acabó, te hemos descubierto!
II games *n pl* (*sports*) juegos *m pl*, educación *f* física: **he's very good at games** es muy buen deportista; **she's a games teacher** es profesora de educación física.
III *adj* (*willing*) dispuesto -ta: **she's game** *for* **anything** está dispuesta a todo; (*brave*) valiente.
game bird *n* ave *m* de caza [takes ***el*** or ***un*** in singular].
gamekeeper *n* guardabosque *m/f*, guardabosques *m/f inv*.
game park, **game reserve** *n* reserva *f* (*de animales salvajes*).

gammon /'gæmən/ *n* (*GB*) *variedad de jamón, ahumado o curado*.

gamut /'gæmət/ *n* gama *f*, serie *f*.

gander /'gændə/ *n* ganso *m* macho.

gang /gæŋ/ *n* (*of criminals*) banda *f*; (*of young people, friends*) pandilla *f*: **what shall we do, gang?** ¿qué hacemos, chicos?; (*of workers*) cuadrilla *f*.
to **gang up** *vi* [**gangs, ganging, ganged**] conchabarse: **they ganged up** *on* ∗ *against* **him** se conchabaron contra él.

gangplank /'gæŋplæŋk/ *n* (*Naut*) pasarela *f*.

gangrene /'gæŋgri:n/ *n* gangrena *f*.

gangrenous /'gæŋgrɪnəs/ *adj* gangrenoso -sa.

gangster /'gæŋstə/ *n* gángster *m*.

gangway /'gæŋweɪ/ *n* (*on bus, plane, in theatre*) pasillo *m*; (*on ship's side*) pasarela *f*: **gangway!** ¡abran paso!

gaol /dʒeɪl/ *n, vt* (*GB*) ⇨ jail

gap /gæp/ *n* **1.** (*space*) hueco *m*: **there was a gap** *in* **the hedge** había una abertura en el seto; **she has a gap** *between* **her teeth** tiene los dientes separados; **our car won't go through that gap** nuestro coche no pasará por ese hueco; (*in text*) espacio *m* en blanco: **fill in the gaps** *in* **these sentences** rellena los espacios en blanco en estas frases. **2.** (*unfilled time*) hueco *m*: **he has several gaps** *in* **his timetable** tiene varios huecos en el horario; **there is a gap** *between* **one song and the next** hay una pausa entre una canción y la siguiente. **3.** (*something missing*) laguna *f*: **there are important gaps** *in* **his version of events** hay grandes lagunas en su versión de los hechos; **we have identified a gap** *in* **the market** hemos identificado una laguna en el mercado. **4.** (*difference, separation*) diferencia *f*: **there is quite an age gap** *between* **them** hay bastante diferencia de edad entre ellos • **it was an attempt to bridge the gap between the public and the police** fue un intento de salvar las diferencias entre la policía y el público.

gape /geɪp/ *vi* [**gapes, gaping, gaped**] **1.** (*to stare*) mirar boquiabierto: **she just sat there, gaping** *at* **me** estaba sentada allí, mirándome boquiabierta. **2.** (*to open wide*) abrirse: **her dress gaped at the neck** el vestido que llevaba se abría mucho en el escote.

gaping /ˈgeɪpɪŋ/ *adj* **1.** (*very large: hole*) enorme: **there was a gaping hole in the roof** había un agujero enorme en el tejado; (*: wound*) profundo -da. **2.** (*staring*) boquiabierto -ta.

garage /ˈgærɑːdʒ/ *n* (*for fuel*) estación *f* de servicio, gasolinera *f*; (*for repairs*) taller *m* mecánico; (*for parking*) garaje *m*.

garb /gɑːb/ *n* (*frml*) atuendo *m*, atavío *m*.

garbage /ˈgɑːbɪdʒ/ *n* **1.** (*rubbish*) basura *f*. **2.** (*stupid talk, ideas*) tonterías *f pl*: **don't talk garbage** no digas tonterías.

garbage can *n* (*US*) ⇨ dustbin

garbage collector *n* (*US*) basurero -ra *m/f*.

garbage truck *n* (*US*) camión *m* de la basura.

garbled /ˈgɑːbəld/ *adj* embrollado -da: **she gave a garbled explanation of her behaviour** nos dio una explicación incomprensible de su comportamiento.

garden /ˈgɑːdən/ **I** *n* jardín *m*: **the hotel has a roof garden** el hotel tiene un jardín en la azotea • **they led him up the garden path** lo embaucaron.

II *vi* [**gardens, gardening, gardened**] trabajar en el jardín: **she's been gardening all morning** ha estado trabajando en el jardín toda la mañana.

garden centre *n* centro *m* de jardinería.

garden hose *n* manguera *f*.

garden party *n* recepción *f* al aire libre.

gardener /ˈgɑːdənə/ *n* jardinero -ra *m/f*: **she's a keen gardener** es muy aficionada a la jardinería.

gardening /ˈgɑːdənɪŋ/ *n* jardinería *f*.

gargantuan /gɑːˈgæntjʊən/ *adj* gigantesco -ca.

gargle /ˈgɑːgəl/ *vi* [**gargles, gargling, gargled**] hacer gárgaras.

gargoyle /ˈgɑːgɔɪl/ *n* gárgola *f*.

garish /ˈgeərɪʃ/ *adj* chillón -llona.

garland /ˈgɑːlənd/ *n* guirnalda *f*.

garlic /ˈgɑːlɪk/ *n* ajo *m*: **she bought two bulbs of garlic** compró dos cabezas de ajo; **a clove of garlic** un diente de ajo.

garlic bread *n* pan *m* de ajo.

garlic press *n*: *utensilio en forma de tenacillas usado para triturar dientes de ajo.*

garment /ˈgɑːmənt/ *n* prenda *f* de vestir.

garnet /ˈgɑːnɪt/ *n* granate *m*.

garnish /ˈgɑːnɪʃ/ **I** *n* [**garnishes**] (*Culin: as decoration*) adorno *m*: **a cake with a garnish of cherries** un pastel adornado con cerezas; (*: as accompaniment*) guarnición *f*: **a steak with a garnish of mushrooms** un filete con una guarnición de champiñones.

II *vt* [**garnishes, garnishing, garnished**] adornar.

garret /ˈgærət/ *n* (*Hist*) buhardilla *f*.

garrison /ˈgærɪsən/ **I** *n* (*Mil*) guarnición *f*.

II *vt* [**garrisons, garrisoning, garrisoned**] acantonar: **the troops were garrisoned in a nearby village** acantonaron a las tropas en un pueblo cercano.

garrulous /ˈgærʊləs/ *adj* parlanchín -china, hablador -dora.

garter /ˈgɑːtə/ *n* liga *f*.

garter belt *n* (*US*) liguero *m*.

gas /gæs/ **I** *n* [**gases** ✱ **gasses**] **1.** (*chemical, for heating, etc.*) gas *m*: **chlorine is a poisonous gas** el cloro es un gas tóxico; **we forgot to pay the gas bill** se nos olvidó pagar el recibo del gas. **2.** (*fam: anaesthetic*) gas *m*: **I had gas** me anestesiaron. **3.** (*US: gasoline*) gasolina *f*, (*Chi*) bencina *f*, (*Arg, Urug*) nafta *f*: **we ran out of gas** nos quedamos sin gasolina. **4.** (*fam: delightful person or thing*): **it was a real gas** fue divertidísimo.

II *vt* [**gases** ✱ **gasses, gassing, gassed**] asfixiar con gas.

♦ *vi* (*fam: to talk*) estar de palique: **they stood gassing for hours** estuvieron de palique horas y horas.

gas chamber *n* cámara *f* de gas.

gas-fired *adj*: **we have gas-fired central heating** tenemos calefacción central de gas.

gas mask *n* máscara *f* antigás.

gas meter *n* contador *m* del gas.

gas ring *n* (*stove*) cocina *f* de gas; (*on cooker*) quemador *m*.

gas station *n* (*US*) gasolinera *f*.

gasworks *n* [*pl* **gasworks**] fábrica *f* de gas.

gaseous /ˈgæsɪəs/ *adj* gaseoso -sa.

gash /gæʃ/ **I** *n* [**gashes**] tajo *m*, corte *m* profundo.

II *vt* [**gashes, gashing, gashed**] cortar: **she gashed her arm on a rock** se cortó el brazo con una roca.

gasket /ˈgæskɪt/ *n* junta *f* (*entre dos tubos*) • **he'll blow a gasket when he finds out** se va a poner como una fiera cuando lo descubra.

gasoline /ˈgæsəliːn/ *n* (*US*) ⇨ gas **I,3**

gasp /gɑːsp/ **I** *n* grito *m* sofocado: **she gave a gasp of horror** dio un grito sofocado de terror.

II *vi* [**gasps, gasping, gasped**] **1.** (*to breathe with difficulty*) jadear: **he was gasping** *for* **air** jadeaba, intentando recobrar el aliento • **I'm gasping for a cup of tea** me muero por una taza de té. **2.** (*to show shock, surprise, etc.*) quedarse boquiabierto: **I gasped in amazement** me quedé boquiabierto (de asombro).

♦ *vt* (*to say with difficulty*) decir con dificultad: **he gasped** *out* **his name** dijo su nombre con dificultad.

gassy /ˈgæsɪ/ *adj* [**gassier, gassiest**] gaseoso -sa.

gastric /ˈgæstrɪk/ *adj* gástrico -ca.

gastric juices *n pl* jugos *m pl* gástricos.

gastric ulcer *n* úlcera *f* de estómago.

gastritis /gæˈstraɪtɪs/ *n* gastritis *f inv*.

gastroenteritis /ˌgæstrəʊˌentəˈraɪtɪs/ *n* gastroenteritis *f inv*.

gastronomic /ˌgæstrəˈnɒmɪk/ *adj* gastronómico -ca.

gastronomy /gæˈstrɒnəmɪ/ *n* gastronomía *f*.

gate /geɪt/ *n* **1.** (*to garden, field, open space*) puerta *f*; (*of metal*) verja *f*. **2.** (*of city, castle*) puerta *f*. **3.** (*at airport*) puerta *f*: **would passengers please proceed to gate fifteen** se ruega a los señores pasajeros que se dirijan a la puerta número quince. **4.** (*at sportsground: entrance, number of spectators*) entrada *f*; (*: money taken*) taquilla *f*, recaudación *f*.

gatecrash *vt* [**gatecrashes, gatecrashing, gatecrashed**] colarse en.

♦ *vi* colarse.

gatecrasher *n* (*at a party*) colado -da *m/f*.

gatepost *n* poste *m*.

gateway *n* entrada *f*, puerta *f* • **she hoped this job would be the gateway to a successful career** esperaba que este trabajo fuera la puerta hacia su éxito profesional.

gateau /ˈgætəʊ/ *n* **[gateaux** /ˈgætəʊz/] tarta *f*.

gather /ˈgæðə/ *vt* **[gathers, gathering, gathered]** 1. (*to collect*) juntar: **he gathered his papers** *together* juntó sus papeles; **they have been gathering information for several years** han estado recogiendo información durante años; **gather** *up* **your possessions** recoge tus cosas • **let me gather my thoughts** deja que ponga mis pensamientos en orden. **2.** (*to increase*) ganar, cobrar: **the train gathered speed** el tren ganó velocidad. **3.** (*to infer*): **I gather that I'm not needed** por lo que veo, no me necesitan; **as you may have gathered...** como quizá ya se ha dado cuenta.... **4.** (*wild mushrooms, fruit, etc.*) recoger, coger: **they gathered** *in* **the barley** cosecharon la cebada. **5.** (*in sewing*) fruncir.

♦*vi* **1.** (*to collect*) juntarse: **the journalists gathered near the exit** los periodistas se juntaron ✱ se congregaron cerca de la salida; **the prisoners gathered** *together* **by the wall** los presos se juntaron al lado del muro; **they gathered** *round* **the injured man** rodearon al herido. **2.** (*Meteo*): **clouds are gathering, it'll rain soon** se está nublando, va a llover pronto; **a storm was gathering** amenazaba tormenta.

gathering /ˈgæðərɪŋ/ **I** *n* reunión *f*: **we had a family gathering at Christmas** tuvimos una reunión familiar en Navidad.

II *adj* creciente: **in the gathering darkness** en la creciente oscuridad; **the fishing boat left despite the gathering storm** el pesquero salió a pesar de que se aproximaba una tormenta.

GATT /ˈgæt/ *n* (*abreviatura de* **General Agreement on Tariffs and Trade**) el GATT (*Acuerdo General sobre Aranceles Aduaneros y Comercio*).

gauche /gəʊʃ/ *adj* (*person*) cohibido -da, poco desenvuelto -ta; (*remark*) torpe.

gaudily /ˈgɔːdəlɪ/ *adv* de forma chillona.

gaudy /ˈgɔːdɪ/ *adj* **[gaudier, gaudiest]** chillón -llona.

gauge /geɪdʒ/ **I** *n* **1.** (*instrument for measuring*) indicador *m*: **the petrol gauge showed empty** el indicador de la gasolina estaba a cero; **he checked the tyres with a pressure gauge** comprobó la presión de las ruedas con un manómetro. **2.** (*of railway track*) ancho *m*: **a narrow gauge railway** un ferrocarril de vía estrecha ✱ (*Amér S*) de trocha angosta; (*of gun*) calibre *m*. **3.** (*pointer*) indicación *f*, indicador *m*: **exam results are not a good gauge of the teacher's ability** los resultados de los exámenes no son un buen indicador de la habilidad del profesor.

II *vt* **[gauges, gauging, gauged]** **1.** (*to measure*) medir. **2.** (*to judge*) determinar: **we were unable to gauge what the consequences might be** fuimos incapaces de determinar las posibles consecuencias.

gaunt /gɔːnt/ *adj* demacrado -da.

gauntlet /ˈgɔːntlɪt/ *n* (*part of suit of armour*) guantelete *m*; (*for riding motorbike*) guante *m* • **he had to run the gauntlet of their questions** tuvo que someterse a su interrogatorio • **they have thrown down the gauntlet to us** nos han retado • **he refused to pick up the gauntlet** no aceptó su reto.

gauze /gɔːz/ *n* gasa *f*.

gave /geɪv/ *pretérito de* ➪ give

gawky /gɔːkɪ/ *adj* **[gawkier, gawkiest]** desgarbado -da.

gay /geɪ/ **I** *adj* **1.** (*homosexual: man*) gay; (*: woman*) lesbiana. **2.** (*happy*) alegre.

II *n* (*man*) gay *m*; (*woman*) lesbiana *f*.

gaze /geɪz/ **I** *n* mirada *f* fija: **she fixed her troubled gaze on the children** fijó su mirada preocupada en los niños.

II *vi* **[gazes, gazing, gazed]** mirar fijamente: **she gazed** *at* **her reflection in the mirror** miraba fijamente su reflejo en el espejo.

gazelle /gəˈzel/ *n* gacela *f*.

gazette /gəˈzet/ *n* gaceta *f*.

gazetteer /ˌgæzəˈtɪə/ *n* enciclopedia *f* geográfica.

GB /dʒiːˈbiː/ (*abreviatura de* **Great Britain**) GB (Gran Bretaña).

GCE /dʒiːsiːˈiː/ *n* (*in GB*) (*abreviatura de* **General Certificate of Education**) ➪ A levels, O levels

GCE A level *n* ➪ A levels

GCSE /dʒiːsiːesˈiː/ *n* (*in GB*) (*abreviatura de* **General Certificate of Secondary Education**) *estudios que se realizan durante el cuarto y quinto curso de la enseñanza secundaria en preparación para los exámenes del mismo nombre (que suelen tener lugar cuando el estudiante tiene alrededor de dieciséis años).*

GDP /dʒiːdiːˈpiː/ *n* (*abreviatura de* **Gross Domestic Product**) PIB *m* (producto interior bruto).

gear /gɪə/ **I** *n* **1.** (*mechanism*) engranaje *m*. **2.** (*speed: in cars, bicycles*) velocidad *f*, marcha *f*: **she parked the car and left it** *in* **gear** aparcó el coche y dejó una marcha metida; **it isn't** *in* **gear** no ha entrado la marcha; **she put the car** *in* **first gear** metió la primera velocidad; **why don't you change gear?** ¿por qué no cambias de velocidad?; **he changed** *into* **second gear** cambió a segunda; **where is reverse gear on this car?** ¿dónde está la marcha atrás en este coche? **3.** (*equipment*) equipo *m*: **his fishing gear was stolen** le robaron el equipo de pesca; (*belongings*) efectos *m pl* personales. **4.** (*fam: clothes*) ropa *f*: **she wears all the latest gear** siempre viste a la última.

II *vt* **[gears, gearing, geared]** (*to adapt*) adaptar: **the course is geared** *to* ✱ *towards* **beginners** el curso está pensado para principiantes • **he was geared up to meet the bank manager** estaba preparado para entrevistarse con el director del banco.

gearbox *n* caja *f* de cambios.

gear lever *n* palanca *f* de cambios (*en bicicleta*).

gearstick, (*US*) **gearshift** *n* palanca *f* de cambios (*en coche*).

geese /giːs/ *plural de* ➪ goose

gel /dʒel/ **I** *n* gel *m*: **hair gel** gomina *f*, fijador *m*.

II *vt* **[gels, gelling, gelled]** engominarse: **he gels his hair** se engomina el pelo.

♦*vi* (*people*) congeniar: **as soon as they met, they gelled** congeniaron nada más conocerse; (*idea, thought*) tomar forma: **their ideas gelled** sus ideas tomaron forma.

gelatin /ˈdʒelətɪn/, **gelatine** /ˈdʒelətiːn/ *n* gelatina *f*.

gelignite /ˈdʒelɪgnaɪt/ *n* gelignita *f*.

gem /dʒem/ *n* (*jewel*) gema *f* • **she's a gem** es una joya • **that comment was a real gem!** ¡fue un comentario de antología!

Gemini /ˈdʒemɪnaɪ/ *n* **1.** (*star sign*) Géminis *m*. **2.** (*person*) géminis *m/f inv*. ➪ Aquarius

gen /dʒen/ *n* (*fam*) información *f*, datos *m pl*: **I've got all the gen** *on* **our holiday** ya tengo toda la información sobre las vacaciones.

to **gen up** *vi* **[gens, genning, genned]** (*fam*) informarse: **I'm genning up** *on* **the rules** me estoy informando sobre las reglas.

Gen. *léase* /ˈdʒenərəl/ (*Mil*) (*abreviatura de* **General**) Gral. (General).

gender /ˈdʒendə/ *n* (*Ling*) género *m*; (*sex*) sexo *m*.

gene /dʒi:n/ *n* gen *m*.
genealogy /ˌdʒi:nɪ'ælədʒɪ/ *n* [**genealogies**] genealogía *f*.
general /'dʒenərəl/ **I** *n* (*también* **General**) (*Mil*) general *m*: **General Haig met the other allied generals** el general Haig se reunió con los otros generales aliados.
II *adj* general: **the general public is not aware of the danger** el público en general no es consciente del peligro; **as a general rule, we visit them once a week** por regla general, los visitamos una vez a la semana; **business is good, in general** el negocio va bien en general.
general anaesthetic *n* anestesia *f* general ✻ total.
general election *n* elecciones *f pl* generales.
general hospital *n* hospital *m*.
general knowledge *n* cultura *f* general.
general practice *n* medicina *f* general.
general practitioner *n* (*frml*) médico -ca *m/f* de medicina general: **consult your general practitioner** consulte a su médico de cabecera.
general-purpose *adj* de uso general.
general store *n* almacén *m* de comestibles.
general strike *n* huelga *f* general.
generality /ˌdʒenə'rælətɪ/ *n* [**generalities**] generalidad *f*.
generalization /ˌdʒenrəlaɪ'zeɪʃən/ *n* generalización *f*.
generalize /'dʒenrəlaɪz/ *vi* [**generalizes, generalizing, generalized**] generalizar: **don't generalize, not all young people are the same** no generalices, todos los jóvenes no son iguales.
generally /'dʒenrəlɪ/ *adv* generalmente: **generally speaking I don't like jazz, but this is wonderful** generalmente no me gusta el jazz, pero esto es estupendo.
generate /'dʒenəreɪt/ *vt* [**generates, generating, generated**] (*electricity, enthusiasm*) generar ● **he tried to generate some interest in local history** intentó crear interés por la historia local.
generation /ˌdʒenə'reɪʃən/ *n* (*Sociol, Tec*) generación *f*: **the younger generation** la juventud ✻ los jóvenes; **this is the new generation of computers** ésta es la nueva generación de ordenadores.
generation gap *n* conflicto *m* generacional.
generator /'dʒenəreɪtə/ *n* generador *m*.
generic /dʒɪ'nerɪk/ *adj* genérico -ca.
generosity /ˌdʒenə'rɒsətɪ/ *n* generosidad *f*.
generous /'dʒenərəs/ *adj* generoso -sa: **that was very generous** *of* **you!** fuiste muy generoso; **thank you for your generous present** muchas gracias por su generoso regalo; **they gave us very generous portions** nos sirvieron unas raciones muy generosas.
generously /'dʒenərəslɪ/ *adv* con generosidad: **please give generously** por favor, sean generosos.
genesis /'dʒenəsɪs/ *n* **1.** [**geneses** /'dʒenəsi:z/] (*beginning*) génesis *f inv*. **2. Genesis** (*Relig*) Génesis *m*.
genetic /dʒə'netɪk/ **I** *adj* genético -ca.
II genetics *n* *[lleva el verbo en singular]* genética *f*.
genetic engineering *n* ingeniería *f* genética.
Geneva /dʒə'ni:və/ *n* Ginebra *f*.
genial /'dʒi:nɪəl/ *adj* cordial, amable.
genitals /'dʒenɪtəlz/ *n pl* genitales *m pl*.
genitive /'dʒenɪtɪv/ (*Ling*) **I** *adj* genitivo -va.
II *n* genitivo *m*.
genius /'dʒi:nɪəs/ *n* **1.** [**geniuses**] (*person*) genio *m*: **she was a mathematical genius** era un genio de las matemáticas; **Helen really is a genius** Helen sí que es un genio. **2.** (*brillance*) genio *m*: **the composition was a work of genius** la composición era la obra de un genio; (*gift*) don *m*: **he has a genius** *for* **saying the wrong thing** tiene un don especial para decir lo que no debe.
genocide /'dʒenəsaɪd/ *n* genocidio *m*.
genre /'ʒɑ:nrə/ *n* (*Lit*) género *m*.
gent /dʒent/ *n* **1.** (*apócope de* **gentleman**) (*fam*) señor *m*, caballero *m*: **gents' clothing** ropa de caballero. **2. the gents** (*toilet*) el servicio de caballeros.
genteel /dʒen'ti:l/ *adj* refinado -da.
gentile, Gentile /'dʒentaɪl/ **I** *n* (*not Jew*) no judío -día *m/f*.
II *adj* (*not Jewish*) no judío -día.
gentle /'dʒentəl/ *adj* (*person*) dulce, tierno -na; (*movement, breeze*) suave.
gentleman /'dʒentəlmən/ *n* [*pl* **gentlemen**] caballero *m*, señor *m*: **he's a real gentleman** es todo un caballero; **ladies and gentlemen!** ¡señoras y señores!; **a gentleman's agreement** un acuerdo ✻ un pacto entre caballeros.
gentleness /'dʒentəlnəs/ *n* amabilidad *f*.
gently /'dʒentlɪ/ *adv* (*to speak*) despacio; (*to move*) con cuidado: **she pushed him gently** lo empujó suavemente; **go gently with that tray** ten mucho cuidado con esa bandeja.
gentry /'dʒentrɪ/ *n* alta burguesía *f*.
genuine /'dʒenjʊɪn/ *adj* **1.** (*real*) auténtico -ca, genuino -na: **it's a genuine emerald** es una esmeralda auténtica; **they found a genuine Rembrandt in the attic** encontraron un Rembrandt auténtico en el desván. **2.** (*honest, sincere*): **he's a very genuine person** es una persona sin dobleces; **is their offer genuine?** ¿su oferta es seria?
genuinely /'dʒenjʊɪnlɪ/ *adv* de verdad: **do you genuinely believe that?** ¿de verdad crees eso?; **I'm genuinely sorry** lo siento de veras.
geographer /dʒɪ'ɒgrəfə/ *n* geógrafo -fa *m/f*.
geographic /ˌdʒɪə'græfɪk/, **geographical** /ˌdʒɪə'græfɪkəl/ *adj* geográfico -ca.
geography /dʒɪ'ɒgrəfɪ/ *n* geografía *f*.
geological /dʒɪə'lɒdʒɪkəl/ *adj* geológico -ca.
geologist /dʒɪ'ɒlədʒɪst/ *n* geólogo -ga *m/f*.
geology /dʒɪ'ɒlədʒɪ/ *n* geología *f*.
geometric /ˌdʒɪə'metrɪk/, **geometrical** /ˌdʒɪə'metrɪkəl/ *adj* geométrico -ca.
geometry /dʒɪ'ɒmətrɪ/ *n* geometría *f*.
Georgia /'dʒɔ:dʒɪə/ *n* (*in USA, Caucasus*) Georgia *f*.
Georgian /'dʒɔ:dʒɪən/ **I** *adj* **1.** (*Geog*: *of Georgia*) georgiano -na. **2.** (*Archit, Art*) georgiano -na (*de la época de los reyes Jorge I a IV de Inglaterra, de 1711 a 1830*).
II *n* (*person*) georgiano -na *m/f*; (*language*) georgiano *m*.
geranium /dʒə'reɪnɪəm/ *n* geranio *m*.
geriatric /ˌdʒerɪ'ætrɪk/ **I** *adj* geriátrico -ca: **a geriatric hospital** un hospital geriátrico.
II *n* (*fam*: *person*) viejo -ja *m/f*.
III geriatrics *n pl* *[lleva el verbo en singular]* geriatría *f*.
germ /dʒɜ:m/ *n* **1.** (*Biol*) germen *m*: **don't breathe your germs on me!** ¡no me eches los microbios! **2.** (*beginning, seed*) germen *m*: **it's just the germ of an idea at the moment** por el momento, es sólo el embrión de una idea.
germ warfare *n* guerra *f* bacteriológica.
German /'dʒɜ:mən/ **I** *adj* alemán -mana.
II *n* (*person*) alemán -mana *m/f*; (*language*) alemán *m*.
German measles *n* [lleva el verbo en singular] rubeola *f*.

German shepherd *n* pastor *m* alemán.

Germany /ˈdʒɜːmənɪ/ *n* Alemania *f*: **East Germany** Alemania Oriental; **West Germany** Alemania Occidental.

germinate /ˈdʒɜːmɪneɪt/ *vi* [**germinates, germinating, germinated**] (*plant, idea*) germinar.
♦*vt*: **the seeds are germinated in glasshouses** las semillas se dejan germinar en invernaderos.

germination /ˌdʒɜːmɪˈneɪʃən/ *n* germinación *f*.

gerund /ˈdʒerənd/ *n* gerundio *m* (*que actúa como sustantivo*).

gesticulate /dʒeˈstɪkjʊleɪt/ *vi* [**gesticulates, gesticulating, gesticulated**] gesticular.

gesticulation /dʒeˌstɪkjʊˈleɪʃən/ *n* gesticulación *f*.

gesture /ˈdʒestʃə/ **I** *n* **1.** (*movement*) gesto *m*, ademán *m*. **2.** (*sign of intent*) gesto *m*: **it was a very noble gesture** fue un gesto muy noble; **as a gesture of friendship, he invited them to the party** en señal de amistad, los invitó a la fiesta; **I appreciate the gesture** agradezco el detalle.
II *vi* [**gestures, gesturing, gestured**] hacer gestos: **he gestured** *to* **them to come in** les hizo gestos para que entraran.

get /get/ *vt* [**gets, getting, got,** *participio pasado* **got** ∗ (*US*) **gotten**] **1.** (*to obtain: gen*) conseguir: **where did you get that?** ¿dónde conseguiste ∗ de dónde sacaste eso?; **I got what I wanted** conseguí lo que quería; **they got a divorce** se divorciaron; **I'm getting a lift with Chris** me va a llevar Chris; **I'm not getting enough sleep** no estoy durmiendo lo suficiente; **let's get something to eat** comamos algo; (*: permission*) obtener: **he got permission to do it** le dieron permiso para hacerlo, obtuvo permiso para hacerlo; (*: a prize, a mark*) sacar, obtener: **Peter got the first prize** Peter sacó el primer premio; **he usually gets good marks** suele sacar buenas notas. **2.** (*to buy*) comprar: **she got a ticket for her brother** ∗ **she got her brother a ticket** le compró una entrada a su hermano; **she gets all her clothes from the same shop** se compra toda la ropa en la misma tienda. **3.** (*to receive: a letter, a present*) recibir: **we got your postcard yesterday** recibimos tu postal ayer; **she got many presents** recibió ∗ le hicieron muchos regalos; **I got a bicycle for Christmas** me regalaron una bicicleta para Navidad; **she gets a huge salary** gana muchísimo dinero; **where did you get that idea?** ¿de dónde sacaste esa idea?; **we got a bad impression of him** nos causó mala impresión. **4.** (*to catch: a person*) atrapar: **the police got the thief in the end** al final la policía atrapó al ladrón; **they'll get you for this!** te las van a hacer pagar por esto; (*: an illness*) pillar, coger: **he got flu** pilló ∗ cogió una gripe. **5.** (*to take: a train, etc.*) tomar, coger: **they got a taxi** tomaron ∗ cogieron un taxi; **why don't we get the bus?** ¿por qué no tomamos ∗ cogemos el autobús? **6.** (*to convey*): **how did she get him home?** ¿cómo lo llevó a casa?; **the train won't get us there in time** con el tren no llegaremos a tiempo. **7.** (*to fetch*) buscar: **he went to the kitchen to get some beers** fue a la cocina a buscar unas cervezas; **go and get Mary** vete a buscar a Mary. **8.** (*to prepare: a meal*) preparar, hacer: **do you want me to get you something to eat?** ¿quieres que te prepare ∗ te haga algo de comer? **9.** (*used with an adjective*): **he got breakfast ready** preparó el desayuno; **don't get the book wet** que no se te moje el libro; **we got him drunk** lo emborrachamos. **10.** (*used with past participle*): **he got his homework finished early** terminó los deberes temprano; **we're going to get the roof mended** vamos a hacer arreglar el tejado; **he got his hair cut** se cortó el pelo; **I got my finger trapped in the door** me pillé el dedo en la puerta. **11.** (*used with infinitive*): **I got my brother to help me** le pedí a mi hermano que me ayudara; **can you get him to listen to us?** ¿podrás convencerlo para que nos escuche?; **I would get a doctor to look at her** yo la haría ver por un médico; **please get Mr Wilson to call me** por favor, dígale al señor Wilson que me llame; **we finally got the car to start** por fin logramos que el coche arrancara. **12.** (*to start*): **in the end he got it going** al final logró ponerlo en marcha. **13. to have got** [*uso típico del inglés británico*] ⇨ have **II,1** **14.** (*fam: to annoy*): **it really gets him that she never does any work** le fastidia mucho ∗ le da mucha rabia que ella nunca haga nada. **15.** (*to understand*) entender: **I don't get it** no lo entiendo; **none of them got the joke** ninguno de ellos entendió el chiste.
♦*vi* **1.** (*to a place*) llegar: **they got home at midnight** llegaron a casa a medianoche; **how do you get** *to* **the hospital from here?** ¿cómo se va al hospital desde aquí?; **where has Richard got** *to*? ¿dónde se ha metido Richard? • **the talks are finally getting somewhere** por fin las conversaciones van bien encaminadas • **you'll never get anywhere if you don't try** nunca llegarás a nada si no te esfuerzas. **2.** (*used with infinitive: to manage*): **he never got to visit Toledo** nunca llegó a visitar Toledo; (*: to be allowed*): **don't I get to have a look?** ¿a mí no me lo enseñas? **3.** (*used with an adjective*): **it's getting late** se está haciendo tarde; **he's getting old** está envejeciendo; **the weather was getting worse** el tiempo estaba empeorando; **don't get hysterical** no te pongas histérico; [often translated by a pronominal verb in Spanish]: **we got wet** nos mojamos; **he got drunk** se emborrachó; **I hope they haven't got lost** espero que no se hayan perdido. **4.** (*in passive constructions*): **he got fired last week** lo despidieron la semana pasada; **it got trodden on** lo pisaron. **5.** (*to start*) empezar: **I'm getting to understand him now** estoy empezando a entenderlo • **get going with your homework** empieza a hacer los deberes • **they got talking at the party** entablaron conversación ∗ se pusieron a hablar en la fiesta. **6. to have got to** ⇨ have **II,9** **7.** (*fam: to annoy*): **his attitude is getting** *to* **me** su actitud me está fastidiando.

to **get about** *vi* **1.** (*news, information*) difundirse: **we don't want this to get about** no queremos que esto se difunda ∗ se sepa. **2.** (*to go out*) salir: **my grandfather doesn't get about much now** mi abuelo no sale mucho ahora; (*to travel*) viajar: **they certainly get about!** ¡cómo viajan!

to **get across** *vt* **1.** (*to cross over*) cruzar: **how did they get across the river?** ¿cómo cruzaron el río? **2.** (*to explain*) hacer entender: **she had difficulty getting the message across to them** le costó hacerles entender lo que quería decirles.

to **get along** *vi* **1.** (*in a relationship*) llevarse bien: **she doesn't get along** *with* **her cousin** no se lleva bien con su prima; (*with a task*): **how are you getting along** *with* **your essay?** ¿qué tal te va con el trabajo? **2.** (*to go*) irse: **I'd better be getting along** más vale que me vaya.

to **get around** *vi* **1.** (*information*) difundirse: **the news got around** la noticia se propagó ∗ se difundió. **2.** (*to go out*) salir: **she doesn't get around much now** ya no sale mucho; (*to travel*) viajar: **she gets around a lot in her job** viaja mucho por cuestiones de trabajo.
♦*vt* (*to avoid*): **we might be able to get around the**

rules quizás podamos evitar tener que cumplir las normas; **they managed to get around the problem** se las ingeniaron para sortear el obstáculo.

to **get around to * round to** *vt*: **he never got around to * round to phoning** al final entre una cosa y otra no llamó; **he finally got around to * round to cleaning the car** finalmente limpió el coche.

to **get at** *vt* **1.** (*to reach*) alcanzar * llegar a: **make sure the dog can't get at the meat** no dejes la carne al alcance del perro. **2.** (*to be unpleasant to*) meterse con: **why are you getting at her?** ¿por qué te metes con ella? **3.** (*to mean*): **what is he getting at?** ¿qué es lo que quiere decir?

to **get away** *vi* **1.** (*to leave*) irse: **I got away** *from* **work early** me fui temprano del trabajo. **2.** (*to escape*) escaparse: **he was arrested but managed to get away** lo detuvieron pero logró escaparse; **you can't get away** *from* **the fact that it's illegal** no puedes dejar de reconocer que es ilegal.

to **get away with** *vt*: **we won't let him get away with it** no dejaremos que se salga con la suya.

to **get back** *vi* **1.** (*to return*) volver, regresar: **when did you get back** *from* **Spain?** ¿cuándo volviste de España?; **we got back** *to* **the hotel at midnight** volvimos al hotel a medianoche; **the office soon got back** *to* **normal** la oficina pronto volvió a la normalidad. **2.** (*to move away*): **get back** *from* **the edge!** ¡aléjate del borde!

♦*vt* (*to recover*): **I haven't got that book back** *from* **Joe yet** Joe todavía no me ha devuelto el libro.

to **get back at** *vt* vengarse de: **he did it to get back at her** lo hizo para vengarse de ella.

to **get back to** *vt* volver a ponerse en contacto con: **they never got back to us about our offer** no volvieron a ponerse en contacto con nosotros acerca de nuestra oferta.

to **get behind** *vi* atrasarse: **she got behind** *with* **her work** se atrasó con el trabajo.

to **get by** *vi* arreglárselas: **they get by** *on* **forty pounds a week** se las arreglan con cuarenta libras a la semana; **we have enough to get by** nos alcanza para ir tirando.

to **get down** *vi* (*to descend*) bajar: **he got down** *from* **the roof** bajó del tejado.

♦*vt* **1.** (*gen*) bajar: **she got the box down** *from* **the shelf** bajó la caja del estante. **2.** (*to swallow*) tragar: **I couldn't get the medicine down** no podía tragar la medicina. **3.** (*to record*): **get that down** anota eso; **you must get it down in writing** debes ponerlo por escrito. **4.** (*to depress*) deprimir: **the atmosphere at work gets him down** el ambiente del trabajo lo deprime.

to **get down to** *vt* ponerse a: **she got down to (doing) her homework** se puso a hacer los deberes.

to **get in** *vi* **1.** (*to enter*) entrar: **how did you get in?** ¿cómo entraste? **2.** (*to arrive: gen*) llegar: **what time does the train get in?** ¿a qué hora llega el tren?; (*: home*): **his parents insist that he gets in before midnight** sus padres insisten en que llegue a casa antes de las doce. **3.** (*to win an election*) ganar las elecciones: **the Democrats got in for the third time** los demócratas ganaron las elecciones por tercera vez. **4.** (*to become involved*) meterse: **Magnacorp got in** *on* **the deal** Magnacorp se metió en el trato.

♦*vt* **1.** (*to insert*) meter: **I couldn't get these things in my suitcase** no pude meter estas cosas en la maleta. **2.** (*to buy*) comprar: **I'll get in some wine for the weekend** voy a comprar vino para el fin de semana. **3.** (*to summon*) llamar: **they got an electrician in** llamaron a un electricista.

to **get into** *vt* **1.** (*to arrive at*) llegar a: **she had a cup of coffee when she got into work** se tomó un café cuando llegó al trabajo; (*to enter*) meterse en: **we got into the back of the car** nos metimos en la parte de atrás del coche; (*to fit into*): **I can't get into those trousers** esos pantalones no me entran ● **I don't know what's got into her** no sé qué mosca la ha picado. **2.** (*to become involved in*): **he's trying to get into advertising** está tratando de meterse en publicidad; **we got into an argument** nos pusimos a discutir; **he got them into trouble for being late** los metió en un lío por llegar tarde.

to **get off** *vi* **1.** (*to descend*) bajarse: **the bus stopped and six people got off** el autobús paró y se bajaron seis personas. **2.** (*fam: to depart*) irse: **we want to get off by six o'clock** queremos irnos antes de las seis; (*: to stop work*) salir (de trabajar): **what time do you get off?** ¿a qué hora sales (de trabajar)? **3.** (*to escape*): **this time he got off** *with* **a caution** esta vez tan sólo le hicieron una advertencia; **you got off lightly!** ¡te libraste con bien poco!

♦*vt* **1.** (*train, bus*) bajar de. **2.** (*to remove: a garment*) quitarse: **let me get my gloves off** espera que me quite los guantes. **3.** (*to take away from*) quitar de: **get your hands off that!** ¡quita las manos de ahí! **4.** (*fam: school, work*) salir de. **5.** (*to help escape*) librar: **he was charged with assault but his lawyer got him off** fue acusado de agresión pero su abogado lo libró.

to **get off with** *vt* (*fam: a member of the opposite sex*) ligar con.

to **get on** *vi* **1.** (*to climb into*) subir: **the train stopped and several people got on** el tren paró y subieron varias personas. **2.** (*in a relationship*): **they don't get on** no se llevan bien; **he gets on well** *with* **Simon** se lleva bien con Simon. **3.** (*to progress*): **the work is getting on well** el trabajo marcha bien; **how are you getting on** *with* **the translation?** ¿qué tal te va con la traducción?; **I'd better go, time's getting on** me tengo que ir, se está haciendo tarde ● **it's easier to get on if you have connections** es más fácil abrirse camino en la vida si se tienen buenos contactos. **4.** (*to continue*) continuar: **get on** *with* **your work** continúa con lo que estás haciendo. **5.** (*to become old*): **he's getting on (in years)** ya está viejo. **6.** (*to approach*): **there are getting on** *for* **five hundred names on the petition** casi quinientas personas han firmado ya la petición; **she's getting on** *for* **sixty** ya va para sesenta.

♦*vt* **1.** (*to climb into: a train, a bus*) subir(se) a. **2.** (*to put on: gen*) poner; (*: a garment*) ponerse: **get your coat on and we'll go for a walk** ponte el abrigo y vamos a dar un paseo.

to **get onto, get on to** *vt* **1.** (*a bus, a train*) subir(se) a: **she refused to get onto the plane** se negó a subir al avión. **2.** (*to contact*): **I'll get on to the suppliers straight away** enseguida me pongo en contacto con los distribuidores. **3.** (*a subject*) pasar a: **we'll get onto that in a minute** pasaremos a ese tema en un momento.

to **get out** *vi* **1.** (*to leave*) salir: **he got out** *of* **prison** salió de la cárcel; **get out** *of* **here!** ¡fuera de aquí!; **I can't get out** *of* **the habit** no me puedo quitar la costumbre. **2.** (*to become known*): **the plans for the wedding got out** todo el mundo se enteró de los planes para la boda.

♦*vt* **1.** (*to take out*) sacar: **he got his wallet out** *of* **his pocket** sacó la cartera del bolsillo; **get those children out** *of* **here!** ¡saquen a esos niños de aquí! **2.** (*to *remove: a mark, a stain*) quitar: **I can't get this stain out** no puedo quitar esta mancha. **3.** (*information*): **she tried to get their destination out** *of* **him** intentó sonsacarle adónde iban • **I didn't get anything out of that lecture** no aprendí nada en esa conferencia. **4.** (*to produce*) sacar: **it was an effort to get the newspaper out on time** nos costó un gran esfuerzo sacar el periódico a tiempo.

to **get out of** *vt* librarse de: **she tried to get out of going to church** intentó librarse de tener que ir a la iglesia.

to **get over** *vt* **1.** (*obstacle*): **they managed to get over the wall** consiguieron pasar por encima del muro. **2.** (*to recover from*) recuperarse de: **he hasn't got over his disappointment yet** todavía no se ha recuperado de la decepción que se llevó • **I can't get over how much she has grown** no puedo creer cómo ha crecido. **3.** (*to finish*) acabar: **I want to get this work over** *with* quiero acabar de una vez con este trabajo • **I just want to get this over and done with** quiero terminar con esto de una vez por todas.

to **get round** *vi* (*news, information*): **we don't want this to get round** no queremos que esto se sepa.
♦*vt* **1.** (*to avoid*): **they got round the regulations** encontraron la forma de saltarse las reglas; **we'll find a way to get round the problem** encontraremos una manera de sortear este obstáculo. **2.** (*to persuade*) convencer: **I might be able to get round her** a lo mejor puedo convencerla.

to **get round to** *vt* ⇨ *to* get around to

to **get through** *vt* **1.** (*exam, test*) aprobar: **he finally got through the exam** finalmente aprobó el examen. **2.** (*ordeal*): **the thought of the holidays got me through the week** pensar en las vacaciones me ayudó a terminar la semana. **3.** (*to use up: food, money, etc.*): **they got through four bottles of wine** se bebieron cuatro botellas de vino; **she got through five hundred dollars in three days** se gastó quinientos dólares en tres días. **4.** (*to communicate*): **I can't get it through** *to* **her that it's too late** no puedo hacerle entender que ya es demasiado tarde.
♦*vi* (*to communicate*): **I've never been able to get through** *to* **my brother** nunca he sido capaz de entenderme con mi hermano; (*on the telephone*): **she phoned twice but couldn't get through (***to* **the hospital)** llamó dos veces (al hospital) pero no se pudo comunicar.

to **get together** *vi* (*family, friends*) reunirse.

to **get up** *vi* **1.** (*to rise*) levantarse: **she never gets up before eight** nunca se levanta antes de las ocho; **she got up** *from* **the table** se levantó de la mesa. **2.** (*to get stronger*): **the wind has got up since lunchtime** se ha levantado viento desde el mediodía.
♦*vt* **1.** (*to climb*) subirse a: **how did he get up that tree?** ¿cómo se subió a ese árbol? **2.** (*out of bed*): **he got me up three times last night** anoche me hizo levantarme tres veces. **3.** (*fam*: *to dress*): **he got himself up in his best gear** se puso sus mejores galas; **she got herself up as a witch** se disfrazó de bruja.

to **get up to** *vt* **1.** (*to reach*) llegar a: **I've got up to part three** he llegado a la tercera parte. **2.** (*to do*): **what does he get up to, locked in his room?** ¿qué es lo que hace, encerrado en su habitación?; **what's he getting up to these days?** ¿en qué anda últimamente?

getaway *n* fuga *f*: **the burglars made a quick getaway** los ladrones se dieron a la fuga; **they abandoned the getaway car** abandonaron el coche utilizado para la fuga.

get-together *n* reunión *f*.

get-up *n* (*outfit*) atuendo *m*, atavío *m*; (*disguise*) disfraz *m*.

get-well card *n*: *tarjeta para desear una pronta recuperación.*

geyser /ˈgiːzə/ (*US*) /ˈgaɪzə/ *n* (*hot spring*) géiser *m*.

ghastly /ˈgɑːstlɪ/ *adj* [**ghastlier, ghastliest**] (*fam*) **1.** (*awful*) espantoso -sa, horroroso -sa. **2.** (*ill*): **you look ghastly!** ¡estás palidísimo!

gherkin /ˈgɜːkɪn/ *n* pepinillo *m*.

ghetto /ˈgetəʊ/ *n* [**ghettos** ∗ **ghettoes**] gueto *m*.

ghetto blaster /ˈgetəʊ ˈblɑːstə/ *n* (*fam*) *radiocasete portátil grande.*

ghost /gəʊst/ *n* fantasma *m* • **there's not the ghost of a chance of finding it** no tenemos ni la más mínima posibilidad de encontrarlo • **the television has given up the ghost** la tele se ha escacharrado sin remedio.

ghost story *n* cuento *m* de fantasmas.

ghost town *n* ciudad *f* fantasma.

ghostly /ˈgəʊstlɪ/ *adj* [**ghostlier, ghostliest**] fantasmal.

GI /dʒiːˈaɪ/ *n* [**GIs** ∗ **GI's**] (*fam*) *soldado del ejército estadounidense.*

giant /ˈdʒaɪənt/ **I** *n* gigante -ta *m/f*: **the giants of the motor industry** los gigantes de la industria automovilística.
II *adj* gigante, gigantesco -ca: **that's a giant pizza you've got there!** ¡esa pizza es gigantesca!

gibberish /ˈdʒɪbərɪʃ/ *n* galimatías *m inv*: **these instructions are gibberish** estas instrucciones son un galimatías.

gibe /dʒaɪb/ *n* pulla *f*, burla *f*.

giblets /ˈdʒɪblɪts/ *n pl* menudillos *m pl*.

Gibraltar /dʒɪˈbrɔːltə/ *n* Gibraltar *m*.

Gibraltarian /dʒɪbrɔːlˈteərɪən/ *adj, n* gibraltareño -ña *adj, m/f*.

giddiness /ˈgɪdɪnəs/ *n* mareo *m*.

giddy /ˈgɪdɪ/ *adj* [**giddier, giddiest**] mareado -da: **I feel giddy** estoy mareada; **looking down from the tower made me giddy** mirar hacia abajo desde la torre me daba vértigo.

gift /gɪft/ *n* **1.** (*present*) regalo *m*: **it was a free gift** fue un regalo; **she made me a gift of her pearl necklace** me regaló su collar de perlas • **never look a gift horse in the mouth** a caballo regalado no le mires el dentado. **2.** (*bargain*) regalo *m*: **fifty pounds for that camera? it was a gift!** ¿cincuenta libras por esa cámara? ¡fue un regalo!; **the first question was a gift** la primera pregunta estaba chupada. **3.** (*special ability*) don *m*: **he has a gift** *for* **languages** tiene un don especial para los idiomas • **that girl has the gift of the gab** esa chica tiene un pico de oro.

gift shop *n* tienda *f* de regalos.

gift token ∗ **voucher** *n* vale *m* (*que se da a una persona para que elija el regalo que quiera*), cheque regalo *m*.

giftwrapped *adj* envuelto -ta para regalo.

gifted /ˈgɪftɪd/ *adj* **1.** (*good at something*) dotado -da: **he's a gifted musician** está muy dotado para la música. **2.** (*very clever*) con mucho talento: **she's a very gifted child** es una niña con mucho talento.

gig /gɪg/ *n* (*fam*) actuación *f* (*musical*).

gigantic /dʒaɪˈgæntɪk/ *adj* gigantesco -ca.

giggle /ˈgɪgəl/ **I** *n* risita *f*, risa *f* tonta: **she got the giggles** le dio la risa tonta; **we hid his bike** *for* **a giggle** le escondimos la bici para reírnos.
II *vi* [**giggles, giggling, giggled**] reírse tontamente.

gild /gɪld/ *vt* [**gilds, gilding, gilded**] dorar.

gill *n* **1.** /gɪl/ (*of fish*) branquia *f*, agalla *f*. **2.** /dʒɪl/ (*Meas*) *medida de líquidos (0,142 litro).*

gilt /gɪlt/ *adj* dorado -da.

gimlet /'gɪmlɪt/ *n* barrena *f* (*herramienta de mano*).

gimmick /'gɪmɪk/ *n* (*fam*) ardid *m*: **that special offer was a great gimmick for attracting clients** esa oferta especial fue un excelente ardid * reclamo para atraer clientes.

gin /dʒɪn/ *n* ginebra *f*: **a gin and tonic** un gin tonic.

ginger /'dʒɪndʒə/ **I** *n* (*plant*) jengibre *m*.
II *adj* **1.** (*Culin*) de jengibre. **2.** (*colour*): **she has ginger hair** es pelirroja.

ginger ale *n*: *refresco elaborado con jengibre.*

ginger beer *n*: *bebida alcohólica o sin alcohol elaborada con jengibre.*

gingerbread *n*: *bizcocho o galleta de jengibre.*

gingerly /'dʒɪndʒəlɪ/ *adv* cautelosamente.

gingham /'gɪŋəm/ *n*: *tejido de algodón de cuadros blancos y de otro color.*

gipsy /'dʒɪpsɪ/ *n* [**gipsies**] gitano -na *m/f*.

giraffe /dʒɪ'rɑːf/ *n* jirafa *f*.

girder /'gɜːdə/ *n* viga *f* (*de acero o hierro*).

girdle /'gɜːdəl/ *n* faja *f*.

girl /gɜːl/ *n* **1.** (*female child*) niña *f*: **a little girl came to the door** una niña acudió a la puerta; **there are only three girls in this class** en esta clase hay sólo tres niñas; (*young woman*) chica *f*, joven *f*: **a French girl sat down next to me on the train** una chica francesa se sentó a mi lado en el tren. **2.** (*daughter*) hija *f*: **they have two girls and a boy** tienen dos hijas y un hijo.

girlfriend *n* (*partner*) novia *f*; (*friend*) amiga *f*.

girl guide, (*US*) **girl scout** *n* guía *f* (*en el movimiento scout*).

girlhood /'gɜːlhʊd/ *n* (*childhood*) niñez *f*; (*youth*) juventud *f*.

girlish /'gɜːlɪʃ/ *adj* de niña.

giro /'dʒaɪrəʊ/ *n* (*GB*: *at bank or post office*) transferencia *f*.

girth /gɜːθ/ *n* **1.** (*circumference*) circunferencia *f*. **2.** (*of saddle*) cincha *f*.

gist /dʒɪst/ *n* esencia *f*: **I think I got the gist of what she said** creo que entendí la esencia de lo que dijo.

give /gɪv/ **I** *n* (*elasticity*) elasticidad *f*: **there isn't much give in this fabric** esta tela no es muy elástica.
II *vt* [**gives, giving, gave**; *participio pasado* **given**] **1.** (*to hand over*) dar: **give the dog some water** dale agua al perro; **give me the money!** ¡dame el dinero!; **give me the case** dame la maleta; **she never gave him the message** nunca le dio el recado. **2.** (*a present, gift*) regalar: **he gave her his photograph** le regaló una fotografía suya; **she gave him a watch** *for* **his birthday** le regaló un reloj por su cumpleaños; **she gave it to him** se lo regaló (a él); **he gave the doorman a tip** le dio una propina al portero. **3.** (*to afford, provide*) dar: **it gives them the opportunity they are looking for** les da * les proporciona la oportunidad que están buscando; **it gives you all the information you need** te da toda la información que necesitas; **can you give me more time?** ¿me puedes dar * conceder más tiempo?; **I'll give you one more week** te doy una semana más; **I'd give it another month** yo le daría un mes más; **give the matter some thought** piensa un poco sobre el asunto; **it only gives us fifteen minutes to get to the airport** sólo nos deja quince minutos para llegar al aeropuerto • **give me beer every time** a mí la cerveza es lo que más me gusta • **he's given me to understand that she's leaving** me ha dado a entender que se marcha • **he's about fifty, give or take a few years** tiene cincuenta años más o menos • **it certainly wasn't easy, I'll give you that** la verdad es que no fue fácil, lo reconozco. **4.** (*to do something*): **she gave us a look of horror** nos dirigió una mirada de pánico; **he's giving a series of lectures** está dando una serie de conferencias; **he gave him a dig in the ribs** le dio un codazo en las costillas; **we're giving a party on Saturday** vamos a dar una fiesta el sábado. **5. to give way** ceder: **she gave way and let us come back at twelve** cedió y nos dejó volver a las doce; **they gave way** *on* **all the points** cedieron en todos los puntos; **his joy gave way** *to* **despair** su alegría dio paso a la desesperación; **the chair gave way beneath him** la silla cedió por su peso; **records gave way** *to* **CDs** los discos fueron sustituidos por los discos compactos; (*GB*: *on road signs*): **give way** ceda el paso. **6.** (*to pay*) dar: **I'll give you a fiver for it** te doy cinco libras por él • **he'd give anything for a comfortable bed** daría cualquier cosa por una cama cómoda.
♦*vi* **1.** (*to stretch*) dar de sí, ceder: **the shoes will give with wear** los zapatos darán de sí con el uso. **2.** (*to break, fall down*) caerse: **the arch is beginning to give** el arco está empezando a caerse.

to **give away** *vt* **1.** (*to donate*) dar: **he's given away millions to charity** ha dado millones a obras benéficas. **2.** (*in marriage*): **she was given away by her father** su padre la llevó al altar. **3.** (*to reveal, disclose*) revelar: **he gave our secret away** reveló nuestro secreto; **they gave themselves away by laughing** se delataron al reírse.

to **give back** *vt* devolver: **give them back later** devuélvelos más adelante; **I've already given them back** *to* **you** ya te los he devuelto.

to **give in** *vt* (*to hand over*) entregar: **give your assignments in at the end of class** entreguen sus trabajos al terminar la clase; **give it in at reception** entréguelo en recepción.
♦*vi* **1.** (*to yield*) ceder: **he swore never to give in** *to* **blackmail** juró que jamás cedería al chantaje. **2.** (*to admit defeat*) rendirse.

to **give off** *vt* (*fumes, smell*) despedir, emitir: **it gave off a strong smell of burning** despedía un fuerte olor a quemado.

to **give out** *vt* (*to hand out*) repartir: **she gave out the essays** repartió las redacciones.
♦*vi* (*to fail*): **at fifty his health gave out** a los cincuenta años le falló la salud.

to **give over** *vt* dedicar: **most of the land is given over** *to* **growing wheat** la mayor parte de la tierra se dedica al cultivo de trigo.
♦*vi* (*fam*: *to stop*): **give over making that noise** deja de hacer ese ruido.

to **give up** *vt* (*to abandon, stop*) abandonar: **he had to give up the idea of moving to France** tuvo que abandonar la idea de trasladarse a Francia; **you should give up smoking** debería dejar de fumar; **I've given up** *on* **it** lo he dejado por imposible • **they had been given up for dead long ago** los habían dado por muertos mucho antes; (*to surrender*) entregarse: **they gave themselves up** *to* **the police** se entregaron a la policía.
♦*vi* darse por vencido: **I can't give up now** ahora no me puedo dar por vencido.

give-and-take *n* toma y daca *m inv*: **there has to be some give-and-take** tiene que haber un toma y daca.

giveaway I *n* (*betrayal*): **that suitcase she was carrying was a bit of a giveaway** esa maleta que llevaba la delató.
II *adj* (*bargain*) de saldo: **winter coats at giveaway prices!** abrigos de invierno a precios de saldo.

given /ˈgɪvən/ I *participio pasado de* ⇨ give
II *adj* (*particular*) dado -da: **if at any given moment you should want to...** si en un momento dado usted quisiera...; **at any given time, we have...** en todo momento, tenemos... • **she's given to lying** es muy dada a mentir.
III *prep* (*considering*): **given his qualifications he performed very badly** teniendo en cuenta los estudios que tiene, lo hizo muy mal; (*if*): **given the opportunity I would go to China** si tuviera la oportunidad, iría a China.
given name *n* nombre *m* de pila.

glacé /ˈglæseɪ/ *adj* escarchado -da.
glacé cherry *n* cereza *f* escarchada.

glacial /ˈgleɪsɪəl/ *adj* **1.** (*of glacier*) glaciar. **2.** (*fig: frosty*) glacial.

glacier /ˈglæsɪə/ *n* glaciar *m*.

glad /glæd/ *adj* [**gladder, gladdest**] **1.** (*pleased*) contento -ta, alegre: **I'm glad** *about* **your job** me alegro de que hayas encontrado trabajo; **I'm glad she's only staying a week** me alegro de que sólo se quede una semana. **2.** (*willing*): **he'd be glad** *to* **give her a lift** estará encantado de llevarla. **3.** (*grateful*) agradecido -da: **I'd be glad** *of* **some blankets** ¡cómo agradecería tener unas mantas!

glade /gleɪd/ *n* claro *m* (*en el bosque*).

gladiator /ˈglædɪeɪtə/ *n* gladiador *m*.

gladiolus /ˌglædɪˈəʊləs/ *n* [*pl* **gladioli** /ˌglædɪˈəʊlaɪ/] gladiolo *m*.

gladly /ˈglædlɪ/ *adv* con mucho gusto: **I'll gladly do that** lo haré con mucho gusto.

glamor /ˈglæmə/ *n* (*US*) ⇨ glamour

glamorize /ˈglæməraɪz/ *vt* [**glamorizes, glamorizing, glamorized**] hacer atractivo -va: **television programmes should not glamorize violence** los programas de televisión no deberían convertir la violencia en algo atractivo.

glamorous /ˈglæmərəs/ *adj* **1.** (*woman, outfit*) elegante y llamativo -va. **2.** (*job*) atractivo -va. **3.** (*resort*) de mucho postín.

glamour, (*US*) **glamor** /ˈglæmə/ *n* **1.** (*of woman, place*) glamour *m*. **2.** (*of job*) atractivo *m*.

glance /glɑːns/ I *n* mirada *f*, vistazo *m*: **one glance** *at* **the engine told me what was wrong** con sólo echar un vistazo al motor supe lo que pasaba; *at* **first glance our hotel room looked comfortable** a primera vista la habitación del hotel parecía cómoda; **I could tell** *at* **a glance that he was hiding something** supe de inmediato que ocultaba algo.
II *vi* [**glances, glancing, glanced**] (*to look quickly*) echar un vistazo: **she glanced** *at* **the scoreboard** echó un vistazo al marcador; **he glanced** *round* **the restaurant** paseó la mirada por el restaurante; **have I got time to glance** *through* **my notes?** ¿me da tiempo de echar un vistazo a los apuntes?
to **glance off** *vt* rebotar en: **the ball glanced off Murphy and went into the goal** la pelota rebotó en Murphy y entró en la portería.

glancing /ˈglɑːnsɪŋ/ *adj*: **a bag fell out of the rack and caught me a glancing blow on the shoulder** se cayó una bolsa del portaequipajes y me dio de refilón en el hombro.

gland /glænd/ *n* glándula *f*.

glandular /ˈglændjʊlə/ *adj* glandular.
glandular fever *n* mononucleosis *f* infecciosa.

glare /gleə/ I *n* **1.** (*look*): **she gave me such a glare** me lanzó una mirada llena de furia. **2.** (*harsh light*) brillo *m*: **he was dazzled by the glare of the lights** el brillo de las luces lo deslumbraba • **the glare of publicity surrounding the wedding proved too much for them** toda la publicidad que rodeó la boda fue demasiado para ellos.
II *vi* [**glares, glaring, glared**] lanzar una mirada furiosa: **she glared** *at* **him** lo miró enfurecida.

glaring /ˈgleərɪŋ/ *adj* **1.** (*bright*) deslumbrante. **2.** (*noticeable, obvious*) manifiesto -ta: **there was a glaring omission in his report** en su informe había una omisión manifiesta.

glaringly /ˈgleərɪŋlɪ/ *adv* de manera evidente: **his dislike of them was glaringly obvious** su antipatía hacia ellos era muy evidente.

glass /glɑːs/ I *n* [**glasses**] **1.** (*material*) cristal *m*, vidrio *m*: **those two panes of glass need replacing** hace falta reemplazar estos dos cristales; **the floor was covered with broken glass** el suelo estaba lleno de cristales rotos ✻ de vidrios rotos. **2.** (*for drinking: tumbler*) vaso *m*; (*: with stem*) copa *f*.
II **glasses** *n pl* (*spectacles*) gafas *f pl*, anteojos *m pl*: **he wears glasses** lleva gafas; **a pair of glasses** unas gafas.
glass door *n* puerta *f* de cristal.
glassful *n* vaso *m* (*contenido*).
glassware /ˈglɑːsweə/ *n* cristalería *f*.

glassy /ˈglɑːsɪ/ *adj* [**glassier, glassiest**] **1.** (*like glass*) vítreo -trea. **2.** (*sea, lake*) cristalino -na. **3.** (*stare, eyes*) vidrioso -sa.

glaze /gleɪz/ I *n* **1.** (*on pottery*) vidriado *m*. **2.** (*on food*) glaseado *m*.
II *vt* [**glazes, glazing, glazed**] **1.** (*pottery*) vidriar. **2.** (*food*) glasear. **3.** (*door, window*) acristalar.
to **glaze over** *vi*: **halfway through my explanation her eyes started to glaze over** a mitad de lo que le estaba explicando empezó a poner mirada de cansancio.

glazed /gleɪzd/ *adj* **1.** (*pottery*) vidriado -da. **2.** (*food*) glaseado -da. **3.** (*window, door*) acristalado -da. **4.** (*look, expression*) ausente: **she looked glazed after eight hours at the computer** tras ocho horas delante del ordenador tenía una expresión ausente.

glazier /ˈgleɪzɪə/ *n* cristalero -ra *m/f*.

gleam /gliːm/ I *n* brillo *m*: **there was a gleam in her eye as she spoke** hablaba con un brillo en los ojos • **she showed a gleam of interest** mostró una chispa de interés.
II *vi* [**gleams, gleaming, gleamed**] brillar, relucir: **the glasses gleamed in the candlelight** las copas brillaban a la luz de las velas; **the moonlight gleamed on the water** el agua brillaba a la luz de la luna; **the windows you washed are gleaming** los cristales que has limpiado están relucientes.

glean /gliːn/ *vt* [**gleans, gleaning, gleaned**] **1.** (*after harvest*) espigar. **2.** (*to obtain*) obtener: **they tried to glean some information about her** intentaron obtener información sobre ella.

glee /gliː/ *n* regocijo *m*: **you'll be at work tomorrow and I won't, she said with glee** tú vas a trabajar mañana y yo no, dijo con regocijo.

glen /glen/ *n*: *valle estrecho y profundo.*

glib /glɪb/ *adj* [**glibber, glibbest**] (*person*) que tiene mucha labia: **he gave a glib explanation for his**

absence usó mucha verborrea para explicar su ausencia.

glide /glaɪd/ *vi* [**glides, gliding, glided**] **1.** (*to slide*) deslizarse; (*to move silently*): **she glided into the room** entró en la habitación sin hacer ningún ruido. **2.** (*bird, aeroplane*) planear.

glider /ˈglaɪdə/ *n* planeador *m*.

gliding /ˈglaɪdɪŋ/ *n* vuelo *m* sin motor.

glimmer /ˈglɪmə/ **I** *n* **1.** (*light*) luz *f* tenue: **from his window he saw the glimmer of the moonlight on the sea** desde la ventana veía la tenue luz de la luna reflejada en el mar. **2.** (*a small amount*) resquicio *m*: **there's still a glimmer of hope** todavía queda un resquicio de esperanza.
II *vi* [**glimmers, glimmering, glimmered**] titilar: **the lake glimmered in the twilight** las aguas del lago titilaban al atardecer.

glimpse /glɪmps/ **I** *n*: **I caught a glimpse of him in the corridor** alcancé a verlo (fugazmente) en el pasillo.
II *vt* [**glimpses, glimpsing, glimpsed**] (*to catch sight of*) alcanzar a ver: **she glimpsed them through the crowd** alcanzó a verlos (fugazmente) entre la multitud.

glint /glɪnt/ **I** *n* (*gleam*) destello *m*: **there was a mocking glint in his eye** hubo un destello burlón en sus ojos.
II *vi* [**glints, glinting, glinted**] (*to glisten*) refulgir: **the windows glinted in the sun** las ventanas refulgían al sol; **her eyes glinted** *with* **joy** los ojos le refulgían de contento.

glisten /ˈglɪsən/ *vi* [**glistens, glistening, glistened**] brillar: **the horse was glistening** *with* **sweat** el pelo del caballo brillaba por el sudor.

glitter /ˈglɪtə/ **I** *n* **1.** (*sparkle*) brillo *m*, centelleo *m*. **2.** (*splendour*) esplendor *m*: **the public loves the glitter of these occasions** al público le encanta el esplendor de estas ocasiones. **3.** (*for decorating Christmas cards*) purpurina *f*.
II *vi* [**glitters, glittering, glittered**] centellear: **his eyes were glittering** *with* **excitement** los ojos le centelleaban de emoción.

glittering /ˈglɪtərɪŋ/ *adj* **1.** (*diamonds, stars*) brillante, refulgente. **2.** (*event*) esplendoroso -sa: **their wedding was a glittering occasion** su boda fue esplendorosa.

gloat /gləʊt/ *vi* [**gloats, gloating, gloated**] regodearse: **they were gloating** *over* **the other team's failure** se regodeaban con el fracaso del otro equipo; **secretly she gloated** *about* **the news** en su fuero interno, se alegró cuando lo supo.

global /ˈgləʊbəl/ *adj* **1.** (*worldwide*) mundial. **2.** (*comprehensive*) global: **word processors are able to make global changes to the text** los procesadores de textos pueden hacer cambios globales.

global warming *n* calentamiento *m* de la atmósfera.

globe /gləʊb/ *n* **1.** (*sphere*) esfera *f*. **2.** (*world*) mundo *m*: **delegates from all over the globe attended the conference** asistieron a la conferencia delegados de todo el mundo; (*map of the world*) globo *m* terráqueo.

globetrotter *n* trotamundos *m/f inv*.

globule /ˈglɒbjuːl/ *n* glóbulo *m*.

gloom /gluːm/ *n* **1.** (*dim light*) penumbra *f*: **why are you sitting here in the gloom?** ¿por qué estás aquí sentado en penumbra? **2.** (*feeling*) tristeza *f*: **thinking about the future filled him with gloom** pensar en el futuro lo llenaba de tristeza.

gloomily /ˈgluːməlɪ/ *adv* tristemente: **he gloomily watched them leave** los vio partir, lleno de tristeza; **it's raining, she said gloomily** está lloviendo, dijo tristemente.

gloomy /ˈgluːmɪ/ *adj* [**gloomier, gloomiest**] **1.** (*dark, unpleasant*) oscuro -ra y deprimente: **it's a gloomy room** es un cuarto oscuro y deprimente; **the weather was gloomy all week** tuvimos un tiempo gris y deprimente toda la semana. **2.** (*depressed*) deprimido -da: **I'm feeling gloomy** lo veo todo negro; (*pessimistic*) pesimista: **she was gloomy** *about* **her chances of success** era muy pesimista sobre sus posibilidades de éxito.

glorify /ˈglɔːrɪfaɪ/ *vt* [**glorifies, glorifying, glorified**] glorificar: **the author was accused of glorifying violence** acusaron al autor de glorificar la violencia • **that yacht is just a glorified fishing boat** ese yate no es más que un pesquero con pretensiones.

glorious /ˈglɔːrɪəs/ *adj* **1.** (*deserving fame*) glorioso -sa. **2.** (*wonderful*) maravilloso -sa: **we had glorious weather** nos hizo un tiempo maravilloso.

glory /ˈglɔːrɪ/ **I** *n* **1.** (*fame, honour*) gloria *f*: **he didn't do it for the glory** no lo hizo por la gloria; **it was her moment of glory** fue su momento de gloria. **2.** [**glories**] (*beauty, splendour*) esplendor *m*: **the glories of Rome** las glorias de Roma • **they restored the palace to its former glory** restauraron el palacio a su antiguo esplendor.
II *vi* [**glories, glorying, gloried**] enorgullecerse: **he gloried** *in* **his daughter's success** se enorgullecía del éxito de su hija.

gloss /glɒs/ **I** *n* [**glosses**] **1.** (*shine*) brillo *m*. **2.** (*también* **gloss paint**) pintura *f* esmalte. **3.** (*explanation*) glosa *f* • **that puts a new gloss on the situation** eso le da un cariz distinto a la situación.
II *vt* [**glosses, glossing, glossed**] explicar.
to **gloss over** *vt*: **we'll gloss over your recent behaviour** pasaremos por alto cómo te has comportado últimamente.

glossary /ˈglɒsərɪ/ *n* [**glossaries**] glosario *m*.

glossy /ˈglɒsɪ/ *adj* [**glossier, glossiest**] lustroso -sa, brillante.

glossy magazine *n* revista *f* ilustrada (*de lectura fácil, generalmente de moda, sociedad, etc.*).

glove /glʌv/ *n* guante *f*: **I need a new pair of gloves** necesito un par de guantes nuevos • **those jeans fit you like a glove** esos vaqueros te están muy bien.

glove compartment *n* guantera *f*.

glove puppet *n* marioneta *m* (*en la que se introduce la mano*).

glow /gləʊ/ **I** *n* **1.** (*light*) brillo *m*: **she stared into the glow of the embers** miraba fijamente el brillo de las ascuas; **the metal is heated to a white-hot glow** se calienta el metal hasta que está incandescente. **2.** (*on face*) color *m*: **the long walk brought a glow to her cheeks** la larga caminata dio color a sus mejillas. **3.** (*feeling*) sensación *f*: **he felt a glow of contentment** lo invadió una sensación de alegría.
II *vi* [**glows, glowing, glowed**] (*sun, fire*) resplandecer: **a single candle glowed in the dark** una única vela ardía en la oscuridad; **iron glows when it is very hot** el hierro se pone incandescente cuando está muy caliente • **she's glowing with happiness** rebosa felicidad.

glow-worm *n* luciérnaga *f*.

glowing /ˈgləʊɪŋ/ *adj* **1.** (*colour, light*) intenso -sa: **the picture has been painted in glowing colours** el cuadro ha sido pintado con colores intensos. **2.** (*fire, metal*): **the room was softly lit by the glowing embers of the fire** las ascuas encendidas iluminaban ligeramente la habitación. **3.** (*cheeks*) encendido -da. **4.** (*enthusiastic*) entusiasta: **he gave us a glowing account of her progress** nos hizo un entusiasta relato de sus progresos.

glucose /ˈgluːkəʊz/ *n* glucosa *f*.

glue /gluː/ **I** *n* pegamento *m*, cola *f*. **II** *vt* [**glues, gluing, glued**] pegar: **he glued the model plane** *together* pegó las piezas de la maqueta del avión; **we must glue the handle** *onto* **the jug** tenemos que pegarle el asa a la jarra • **the children were glued to the television** los niños estaban pegados a la televisión.

glue-sniffing *n* inhalación *f* de pegamento.

glum /glʌm/ *adj* [**glummer, glummest**] desanimado -da: **you look very glum** te veo muy desanimado.

glumly /ˈglʌmlɪ/ *adv*: **he went glumly back to his desk** se volvió a su mesa muy desanimado.

glut /glʌt/ *n* superabundancia *f*, exceso *m*.

glutinous /ˈgluːtɪnəs/ *adj* pegajoso -sa.

glutton /ˈglʌtən/ *n* glotón -tona *m/f* • **you're a glutton for punishment, going to the office at the weekend** eres masoquista, mira que ir a la oficina el fin de semana.

gluttonous /ˈglʌtənəs/ *adj* glotón -tona.

gluttony /ˈglʌtənɪ/ *n* glotonería *f*, gula *f*.

glycerine, glycerin /ˈglɪsəriːn/ *n* glicerina *f*.

gm *léase* /græm/ (*abreviatura de* **gram**) g (gramo).

GMT /dʒiːemˈtiː/ (*abreviatura de* **Greenwich Mean Time**) hora *f* de Greenwich.

gnarled /nɑːld/ *adj* (*hands, tree*) nudoso -sa.

gnat /næt/ *n* mosquito *m*.

gnaw /nɔː/ *vt/i* [**gnaws, gnawing, gnawed**] roer: **the dog gnawed** *(on)* **its bone** el perro roía el hueso.

to **gnaw (away) at** *vt* (*desire, feeling*) corroer; (*conscience*) remorder: **his conscience was gnawing (away) at him** le remordía la conciencia.

gnawing /ˈnɔːɪŋ/ *adj* constante: **she suffered gnawing pains in her stomach** tenía dolores de estómago constantemente.

gnome /nəʊm/ *n* gnomo *m*.

GNP /dʒiːenˈpiː/ *n* (*abreviatura de* **Gross National Product**) PNB *m* (producto nacional bruto).

gnu /nuː/ *n* ñu *m*.

go /gəʊ/ **I** *n* [**goes**] (*try, attempt*) intento *m*: **have a go** pruébalo * inténtalo • **he was miserable from the word go** estuvo de mal humor desde el principio • **he's made a go of his shop** ha sacado adelante la tienda • **she's got plenty of go** tiene mucho empuje • **I've been on the go since five this morning** no he parado desde las cinco de la mañana • **he's always on the go** no para • **she's been having a go at me again** se ha estado metiendo conmigo otra vez.

II *vi* [**goes, going, went,** *participio pasado* **gone**] **1.** (*to move*) ir: **he went to the café** fue al café; **she was going very slowly** iba muy despacio; **he went inside** entró; **shall we go outside?** ¿vamos fuera?; **there he goes!** ¡por allá va!; **you go first** usted primero; **what time do you have to go?** ¿a qué hora tienes que irte?; **the bus goes in twenty minutes** el autobús sale en veinte minutos; **let's go and see if the letter has come** vamos a ver si ha llegado la carta • **we'd better get going** más vale que nos vayamos • **I bet he'll go and tell her** te apuesto algo a que se lo dice • **there goes my holiday in Florida** adiós a mis vacaciones en Florida • **it's satisfactory as far as it goes** está bien, para lo que es. **2.** (*with activities*) ir: **he's gone shopping** ha ido de compras; **we went** *for* **a walk** fuimos a dar un paseo; **they're going** *on* **a trip to Paris** van a hacer un viaje a París. **3. to be going to** (*with future meaning*): **are you going to ask her?** ¿vas a preguntárselo?; **that building is going to be a library** ese edificio va a ser una biblioteca; **I was just going to make coffee, do you want one?** estaba a punto de hacer café, ¿quieres? **4.** (*time: to pass*) pasar: **the time went really quickly** el tiempo pasó muy rápido; **there are still two weeks to go** todavía faltan dos semanas; **there are only two hours to go** sólo faltan dos horas. **5.** (*to function*) funcionar: **my first car is still going** mi primer coche todavía funciona; **the washing machine was still going at midnight** la lavadora seguía en marcha a las doce de la noche; **it was going at full speed** estaba funcionando a toda pastilla. **6.** (*to turn out*) salir, ir: **the party went well** la fiesta salió muy bien; **things have gone very well** las cosas han salido muy bien • **how's it going?** ¿qué tal? **7.** (*to wear out*) desgastarse: **his trousers have gone** *at* **the knees** se le han desgastado los pantalones por las rodillas. **8.** (*to complement each other*): **you can't wear that shirt and those trousers together, they don't go** esa camisa no queda bien con esos pantalones; **the bedspread doesn't go** *with* **those curtains** la colcha no pega con esas cortinas. **9.** (*when putting away: correctly, in order*) ir: **where do the plates go?** ¿dónde van los platos?; **the laundry goes in that corner** la ropa sucia va en ese rincón; **this page goes first, then the other one** esta hoja va primero y luego la otra; (*: to fit*): **the tools won't all go in the drawer** todas las herramientas no caben en el cajón. **10.** (*to become*): **he went blind** se quedó ciego; **she's going grey** se le está poniendo el pelo gris; **I nearly went mad with all the noise** casi me vuelvo loco con todo ese ruido. **11.** (*to fail*): **his hearing is going** se está quedando sordo; **her legs had gone** no tenía fuerza en las piernas; **the lights have gone** se ha ido la luz. **12.** (*to be in a certain state*): **many went hungry** muchos pasaron hambre; **I will not allow that remark to go unchallenged** no voy a dejar que ese comentario se quede sin contestar. **13.** (*to be spent, finished*): **most of my salary goes** *on* **food and rent** la mayor parte del sueldo se me va en la comida y el alquiler; **all his money went** *on* **drink** se gastaba todo el dinero en alcohol; **the sugar's all gone** se ha acabado el azúcar. **14.** (*to be sold*): **the table went** *for* **seventy pounds** la mesa se vendió por setenta libras • **it hasn't got much going for it** no tiene muchas ventajas • **he's got a lot going for him** tiene muchas posibilidades. **15.** (*to be awarded*) ir a parar: **the prize for best actor went** *to* **Arthur Leigh** el premio al mejor actor fue para Arthur Leigh; **the credit for this must go** *to* **you** el mérito de esto es tuyo. **16.** (*to attend*): **we go** *to* **church most Sundays** vamos a misa casi todos los domingos; **he goes** *to* **York University** estudia en la universidad de York; **where do you go** *to* **school?** ¿adónde vas al colegio? **17.** (*to say*): **as the proverb goes...** como dice el refrán...; **the full text goes as follows...** el texto íntegro reza como sigue...; **I can't remember how the tune goes** no me acuerdo de cómo es la música. **18.** (*to begin motion*): **ready, steady, go!** preparados, listos, ¡ya!

to **go about** *vi* **1.** (*to spend time*): **he's going about** *with* **a really nice group** sale con un grupo de gente muy simpática * maja. **2.** (*to circulate: person*): **he's been going about saying I'm leaving** ha ido por ahí diciendo que me voy; (*: illness*): **there's a lot of flu going about** hay mucha gripe. **3.** (*to deal with*): **how do I go about getting a driving licence?** ¿qué tengo que hacer para sacarme el carné de conducir?

to **go after** *vt* **1.** (*to follow*) seguir. **2.** (*to try to get*) buscar: **they went after a house in Richmond** intentaron comprar una casa en Richmond.

to **go against** *vt* ir en contra de: **it goes against my principles** va en contra de mis principios; **the judge's decision went against him** el juez falló en su contra.

to **go ahead** *vi* (*to continue*): **"Shall I go straight in?" "Yes, go ahead!"** "¿Ya puedo pasar?" "¡Sí, pase, pase!"; **"Can I help myself to a biscuit?" "Go ahead!"** "¿Puedo coger una galleta?" "¡No faltaba más!"; **we're going ahead** *with* **building the pool** hemos decidido construir la piscina.

to **go along** *vt*: **we went along the river as far as the bridge** fuimos por el río hasta llegar al puente.
♦*vi* **1.** (*to proceed*) proceder: **you'll pick up the rules as we go along** aprenderás las reglas sobre la marcha. **2.** (*to agree*): **we'll go along** *with* **anything you suggest** aceptaremos lo que sugieras tú.

to **go around * round** *vi* **1.** (*to provide for everyone*): **is there enough bread to go around * round?** ¿hay suficiente pan para todos? **2.** (*to spend time*): **she doesn't go around * round** *with* **them any more** ya no sale con ellos. **3.** (*to travel around: gen*): **you shouldn't go around * round saying things like that** no deberías ir por ahí diciendo cosas así; (*: illness*): **there's a bug going around * round** hay un virus por ahí suelto; (*: news*): **there's a rumour going around * round that you're leaving** corre el rumor de que te vas. **4.** (*to revolve*) girar.
♦*vt* **1.** (*news, virus*) extenderse por: **the rumour soon went around * round the school** el rumor se extendió muy pronto por todo el colegio; (*person*): **he went around the university spreading rumours about me** fue por toda la universidad contando historias sobre mí. **2.** (*to revolve around*) girar alrededor de.

to **go away** *vi* marcharse: **go away!** ¡vete!

to **go back** *vi* **1.** (*to a place*) volver, regresar: **she never went back** *to* **Buenos Aires** nunca volvió a Buenos Aires; (*to a subject*): **she went back** *to* **the subject after lunch** volvió al mismo tema después del almuerzo. **2.** (*in time*) remontarse: **his family goes back** *to* **the times of Elizabeth I** su familia se remonta a la época de Elizabeth I.

to **go by** *vi* pasar: **time is going by and we're not making progress** el tiempo pasa y no estamos progresando; **a bus full of tourists went by** pasó un autobús lleno de turistas.
♦*vt* **1.** (*to travel by*) pasar por: **we have to go by your house, we'll pick you up** tenemos que pasar por tu casa, ya te recogemos. **2.** (*to stick to*) atenerse a: **he always goes by the rules** siempre se atiene a las reglas.

to **go down** *vi* **1.** (*boat*) hundirse: **the ship went down with all hands** el barco se hundió con toda la tripulación; (*prices*) bajar; (*sun, moon*) ponerse: **the sun has gone down** se ha puesto el sol. **2.** (*to become ill*): **she's gone down** *with* **flu** ha cogido la gripe. **3.** (*to be accepted*): **the proposal went down well/badly** *with* **the voters** la propuesta cayó bien/mal entre el electorado. **4.** (*fam: to visit*): **she's just gone down** *to* **the shop** ha bajado un momento a la tienda. **5.** (*to lose air*) desinflarse: **the tyres had gone down** los neumáticos se habían desinflado.
♦*vt* bajar: **they went down the hill at top speed** bajaron la pendiente a toda velocidad.

to **go for** *vt* **1.** (*to attack*) atacar: **the dog suddenly went for me** de repente el perro me atacó. **2.** (*to try to obtain*): **if that's what you want, go for it!** si eso es lo que quieres, ¡a por ello! **3.** (*fam: to like*): **they didn't much go for that idea** no les gustó mucho esa idea. **4.** (*to be true for*): **that goes for all of you** eso va por todos ustedes.

to **go in** *vi* entrar: **why don't you go in? it's cold out here** ¿por qué no entras? hace frío aquí afuera.

to **go in for** *vt* **1.** (*to be enthusiastic about*): **she goes in for tennis in a big way** es muy aficionada al tenis. **2.** (*to take part in*): **are you going in for the football trials?** ¿te vas a presentar a las pruebas de fútbol?; **he's going in for a scientific career** va a hacer una carrera científica.

to **go into** *vt* **1.** (*to enter*) entrar en: **she went into the room and closed the door** entró en la habitación y cerró la puerta; **the plane went into a dive** el avión entró en picado; **I think you should go into law** creo que deberías dedicarte al derecho. **2.** (*detailed analysis*): **we didn't go into my academic career** no hablamos de mis estudios. **3.** (*to be invested in*) invertir en: **years of research went into this book** en este libro se invirtieron años de investigación. **4.** (*Maths*): **three into six goes twice** seis dividido entre tres es igual a dos.

to **go off** *vi* **1.** (*fam: to leave*) marcharse: **she went off before I could speak to her** se marchó antes de que pudiera hablar con ella • **he's gone off with my lighter** se ha llevado mi mechero. **2.** (*alarm clock*) sonar. **3.** (*to explode*) explotar, estallar: **a bomb went off in the High Street** una bomba explotó en la calle Mayor. **4.** (*to become rotten*): **the milk has gone off** se ha cortado la leche; **this meat has gone off** esta carne está mala. **5.** (*to be extinguished*) apagarse: **what time does the heating go off?** ¿a qué hora se apaga la calefacción?
♦*vt* **1.** (*to depart from*): **try not to go off the subject** procura no salirte del tema. **2.** (*a food*): **I've gone off cheese** ya no me gusta el queso; (*a person*): **I've gone off him** ya no me cae bien; (*an idea*): **I've gone off the idea** ya no me atrae la idea.

to **go on** *vt* (*to rely on*): **there is little to go on** no hay mucho en que basarse.
♦*vi* **1.** (*to happen*): **what's going on here?** ¿qué pasa aquí?; **the meeting is still going on** todavía sigue la reunión; (*to continue*): **he went on writing after the exam had stopped** siguió escribiendo cuando ya había terminado el tiempo del examen • **here's some money to be going on with** aquí tienes algo de dinero para que vayas tirando. **2.** (*to pass*) pasar: **the day went on and still no phone call** pasaba el día y no se recibía llamada alguna. **3.** (*to become illuminated*) encenderse: **the street lights go on at sundown** las farolas se encienden al anochecer. **4.** (*encouraging someone: to speak*): **go on, she said** continúa, dijo; (*: to act*): **go on! try some** ¡anda! pruébalo. **5.** (*in disbelief*): **go on! you're pulling my leg!** ¡venga ya! ¡me estás tomando el pelo! **6.** (*to talk at length*): **he went on and on** *about* **his holiday** habló sin parar de sus vacaciones; **she's been going on** *at* **him to take her to the theatre** le ha estado dando la lata para que la lleve al teatro. **7.** (*to continue an activity elsewhere*): **afterwards they went on to a club** después se fueron a una discoteca; **she went on to study law in Madrid** después fue a estudiar derecho a Madrid.

to **go out** *vi* **1.** (*of a room, house*) salir: **she went out** *into* **the street** salió a la calle; **what time are you going out tonight?** ¿a qué hora vas a salir esta noche? **2.** (*to socialize regularly*): **Bill's going out** *with* **Nancy now** Bill sale ahora con Nancy; **they have been going**

out *together* **for months** llevan varios meses saliendo juntos. **3.** (*to become extinguished*) apagarse: **the light went out** se apagó la luz. **4.** (*to become unfashionable*): **that went out years ago** eso pasó de moda hace años.

to **go over** *vt* repasar: **let's go over the plan again** vamos a repasar el plan una vez más; **he went over the same points several times** repasó los mismos puntos varias veces.

♦*vi* **1.** (*to walk across*): **he went over to ask her how she was** fue a preguntarle cómo estaba. **2.** (*to change sides*): **he went over** *to* **the opposition** se pasó a la oposición.

to **go round** *vt/i* ⇨ *to* go around

to **go through** *vt* **1.** (*to move through*): **she went through the gate** pasó por la puerta. **2.** (*to examine*) revisar: **they went through our luggage** nos revisaron el equipaje. **3.** (*to explain*) explicar: **do you want me to go through that again?** ¿quieres que te lo explique otra vez? **4.** (*to endure*) pasar: **you don't know what I went through** no sabes lo que he pasado.

♦*vi* **1.** (*to carry to a conclusion*): **I couldn't go through** *with* **the operation in the end** al final, no pude seguir adelante con la operación; (*to be concluded*) cerrarse: **the deal went through at the end of the year** el trato se cerró a finales de año. **2.** (*in a competition*) pasar: **our team went through** *to* **the second round** nuestro equipo pasó a la segunda ronda.

to **go towards** *vt* **1.** (*to move in the direction of*) dirigirse hacia: **they went towards the river** se dirigieron hacia el río. **2.** (*money*) contribuir para: **his holiday earnings went towards the cost of a new motorbike** lo que ganó durante las vacaciones lo ayudó a pagar una moto nueva.

to **go under** *vi* hundirse: **the business went under** el negocio se fue a pique.

♦*vt*: **go under the bridge then turn right** pasa por debajo del puente y luego tuerce a la derecha.

to **go up** *vi* **1.** (*to move upwards*) subir: **she went up** *to* **the sports department** subió a la planta de deportes; **the water went up** *to* **above her knees** el agua le llegaba por encima de las rodillas; **Richmond went up** *to* **the first division** el Richmond subió a la primera división. **2.** (*fam*: *to go towards*): **she went up** *to* **him and offered him a drink** se le acercó y lo invitó a tomar algo. **3.** (*to increase*) subir, aumentar: **house prices are going up** el precio de la vivienda está subiendo. **4.** (*to be built*): **new hotels are going up all along the coast** están construyendo nuevos hoteles por toda la costa.

♦*vt* subir.

to **go with** *vt* (*to accompany*) acompañar: **do you want me to go with you?** ¿quieres que te acompañe?; **a company car goes with the job** el empleo conlleva el uso de un coche de la empresa.

to **go without** *vt* arreglárselas sin: **they had to go without sugar** se las tuvieron que arreglar sin azucar.

♦*vi*: **you'll just have to go without** tendrás que pasar sin ello.

goad /gəʊd/ *vt* [**goads, goading, goaded**] provocar: **she goaded him** *into* **a rage with all her teasing** tanto lo provocó tomándole el pelo que al final estalló; **he was only goaded** *into* **action by threats** sólo las amenazas lo hicieron reaccionar.

to **goad on** *vt* provocar.

go-ahead /ˈgəʊəˌhed/ **I** *n* luz *f* verde: **at last we can give them the go-ahead** por fin podemos darles luz verde.

II *adj* (*fam*) emprendedor -dora: **he's a very go-ahead person** es una persona muy emprendedora.

goal /gəʊl/ *n* **1.** (*area*) portería *f*: **he plays in goal** juega de portero. **2.** (*point*) gol *m*: **we won by two goals to one** ganamos por dos goles a uno; **did you score a goal?** ¿marcaste algún gol? **3.** (*objective*) objetivo *m*: **he sets very difficult goals for his students** marca unos objetivos muy altos a sus alumnos.

goalkeeper *n* (*Sport*) portero -ra *m/f*, (*Amér L*) arquero -ra *m/f*.

goalpost *n* poste *m* ● **they keep moving the goalposts** están cambiando las reglas constantemente.

goat /gəʊt/ *n* cabra *f* ● **it gets my goat** me saca de quicio.

gobble /ˈgɒbəl/ *vt* [**gobbles, gobbling, gobbled**] (*también* **gobble up** ✻ **down**) (*food*) zampar.

♦*vi* (*of turkeys*) gluglutear.

gobbledegook, **gobbledygook** /ˈgɒbəldɪˌgu:k/ *n* jerga *f* burocrática.

go-between /ˈgəʊbɪˌtwi:n/ *n* intermediario -ria *m/f*.

goblet /ˈgɒblɪt/ *n* copa *f* (*de vino*).

goblin /ˈgɒblɪn/ *n* duende *m* malo.

god /gɒd/ *n* **1.** (*any deity*) dios *m*: **the god of war** el dios de la guerra. **2. God** (*in monotheistic religions*) Dios *m* ● **good God!** ✻ **my God!** ¡Dios mío! ● **for God's sake!** ¡por el amor de Dios! ● **God (only) knows where she is now** ¡sabe Dios dónde andará ahora! ● **thank God you arrived safely!** ¡gracias a Dios que llegaste sano y salvo! ● **God forbid my mother should see this!** ¡quiera Dios que mi madre no vea esto! ● **God forbid!** ¡no lo quiera Dios!

godchild *n* (*male*) ahijado *m*; (*female*) ahijada *f*.

goddaughter *n* ahijada *f*.

godfather *n* padrino *m*.

god-fearing *adj* piadoso -sa.

godforsaken *adj* dejado -da de la mano de Dios: **who would want to live in such a godforsaken place?** ¿a quién le gustaría vivir en ese sitio dejado de la mano de Dios?

godmother *n* madrina *f*.

godparent *n* (*male*) padrino *m*; (*female*) madrina *f*.

godsend *n* don *m* del cielo.

godson *n* ahijado *m*.

goddess /ˈgɒdes/ *n* [**goddesses**] diosa *f*.

goes /gəʊz/ **I** *plural del sustantivo* ⇨ go

II *tercera persona del singular del presente de* ⇨ go

goggle /ˈgɒgəl/ **I** *vi* [**goggles, goggling, goggled**] mirar atónito.

II goggles *n pl* gafas *f pl* (*para usos especiales*): **swimming goggles** gafas de bucear.

going /ˈgəʊɪŋ/ **I** *gerundio de* ⇨ go

II *n* **1.** (*departure*) partida *f*. **2.** (*on race course*) estado *m* del suelo ● **I would advise you to get out while the going is good** yo te aconsejaría que lo dejaras antes de que sea demasiado tarde ● **that's pretty good going** eso sí es avanzar ● **that lesson was heavy going** esa sí que fue una clase difícil.

III *adj* **1.** (*rate*) vigente. **2.** (*on offer*): **there are some good jobs going at Watson's Stores** están ofreciendo buenos empleos en Watson's Stores.

going-over *n* revisión *f*: **he gave the engine a thorough going-over** le hizo una buena revisión al motor.

goings-on *n pl* (*fam*) tejemanejes *m pl*: **there have been some strange goings-on next door** ha habido muchos tejemanejes en la casa de al lado.

gold /gəʊld/ **I** *n* **1.** (*metal*) oro *m*. **2.** (*también* **gold medal**) (*Sport*) medalla *f* de oro.
II *adj* **1.** (*made of gold*) de oro: **a gold ring** un anillo de oro. **2.** (*también* **gold-coloured**) dorado -da.
gold dust *n* oro *m* en polvo.
gold leaf *n* pan *m* de oro.
gold mine *n* mina *f* de oro.
gold-plated /gəʊld'pleɪtɪd/ *adj* chapado -da en oro.
goldsmith *n* orfebre *m/f* (*que trabaja el oro*).
gold standard *n* patrón *m* oro.

golden /'gəʊldən/ *adj* de oro.
golden eagle *n* águila *f* real [takes ***el*** or ***un*** in singular].
golden syrup *n*: *líquido dulce de color marrón claro que se utiliza para endulzar pasteles y postres.*
golden wedding (anniversary) *n* bodas *f pl* de oro.

goldfinch /'gəʊldfɪntʃ/ *n* [**goldfinches**] jilguero *m*.

goldfish /'gəʊldfɪʃ/ *n* [**goldfishes** * **goldfish**] pez *m* de colores.
goldfish bowl *n* pecera *f*.

golf /gɒlf/ *n* golf *m*.
golf ball *n* pelota *f* de golf.
golf club *n* (*place*) club *m* de golf; (*implement*) palo *m* de golf.
golf course *n* campo *m* de golf.

golfer /'gɒlfə/ *n* golfista *m/f*.

gone /gɒn/ **I** *participio pasado de* ➪ go
II *prep* (*after*): **it was gone three before they returned** ya eran más de las tres cuando volvieron.

gong /gɒŋ/ *n* gong *m*.

gonna /'gɒnə/ (*fam*) *contracción de* **going to** (*future use*): **you're gonna pay for this!** ¡me las vas a pagar!

good /gʊd/ **I** *adj* [**better, best**] **1.** (*gen*) bueno -na, buen [**buen** is used before masculine singular nouns]: **it was a good trip** fue un buen viaje; **we had a good time** lo pasamos muy bien; **it's a very good make** es una marca muy buena; **it's good enough for me** me parece aceptable • **that's not good enough** con eso no alcanza • **they offered to make good the damage** se ofrecieron a reparar los daños • **he was as good as starving when we found him** estaba casi muerto de hambre cuando lo encontramos. **2.** (*kind*) bueno -na: **that was very good** *of* **him** fue muy amable de su parte; **they were very good** *to* **us** fueron muy amables * muy buenos con nosotros. **3.** (*advisable*) bueno -na: **it's not good to lie in the sun all day** no es bueno estar tumbado al sol todo el día. **4.** (*beneficial*) bueno -na: **oranges are very good** *for* **you** las naranjas son muy buenas para la salud. **5.** (*skilful*): **he's good** *at* **chess** juega muy bien al ajedrez; **she's good** *with* **children** sabe tratar a los niños; **he's good** *with* **his hands** es muy hábil para los trabajos manuales. **6.** (*well-behaved*) bueno -na: **be good** sé bueno, pórtate bien. **7.** (*showing degree: in number*): **a good number go on to university** muchos van luego a la universidad; **it's a good ten miles** son diez millas largas; **they expect a good deal of opposition** esperan encontrar bastante oposición; (*: thorough*) bueno -na: **he gave it a good brush** le dio un buen cepillado; **our team got a good thrashing** le dieron una buena paliza a nuestro equipo; **we arrived in good time for the parade** llegamos con tiempo de sobra para el desfile; (*: for emphasis*): **what I need is a good hot bath** lo que necesito es un buen baño caliente. **8.** (*in exclamations*): **good!** ¡muy bien!; **good God!** * **good heavens!** ¡Dios mío!; **good for you!** ¡bien hecho!
II *n* **1.** (*benefit*) bien *m*: **it's** *for* **the good of the country** es por el bien del país; **he did it** *for* **her own good** lo hizo por su propio bien; **it will do you good** te hará bien; **what's the good** *of* **complaining now?** ¿de qué sirve quejarse ahora? • **this pen is no good** este bolígrafo no sirve para nada • **it's no good, we'll have to go back** no hay remedio, tendremos que regresar. **2.** (*moral rightness*) bien *m*: **good and evil** el bien y el mal. **3. for good** para siempre: **they've gone for good** se han marchado para siempre.
III goods *n pl* **1.** (*possessions*) bienes *m pl*. **2.** (*merchandise: for trade*) mercancías *f pl* • **they couldn't deliver * come up with the goods** no pudieron cumplir lo acordado; (*: in shop*) artículos *m pl*: **kitchen goods are on the first floor** los artículos de cocina están en la primera planta.
good-for-nothing (*fam*) **I** *adj* inútil.
II *n* inútil *m/f*.
Good Friday *n* Viernes *m inv* Santo.
good-humoured, (*US*) **good-humored** *adj* de buen humor.
good-looking *adj* guapo -pa.
good-natured *adj* bueno -na, bondadoso -sa.
goods train *n* tren *m* de mercancías.
good-tempered *adj* de buen carácter.
goodwill *n* buena voluntad *f*.

goodbye /gʊd'baɪ/ *excl* (*gen*) adiós; (*expecting to meet later*) hasta luego; (*expecting to meet after considerable time*) adiós, hasta la vista: **he said goodbye to us** se despidió de nosotros.

goodness /'gʊdnəs/ *n* **1.** (*in human nature*) bondad *f* • **thank goodness!** ¡gracias a Dios! • **for goodness' sake!** ¡por Dios! **2.** (*in food*): **if you cook vegetables too long they lose their goodness** las verduras pierden la sustancia si las hierves demasiado.

goody /'gʊdɪ/ **I** *excl* ¡qué bien!
II *n* [**goodies**] (*fam*: *good person*) bueno *m*: **the goodies and the baddies** los buenos y los malos.
III goodies *n pl* (*fam*: *good things*) cosas *f pl*: **they had all sorts of goodies for Christmas** tenían muchas cosas ricas en Navidad.
goody-goody *n* [**goody-goodies**] santito -ta *m/f*.

gooey /'gu:ɪ/ *adj* [**gooier, gooiest**] (*fam*) **1.** (*sticky*) pringoso -sa. **2.** (*film, story*) empalagoso -sa.

goof /gu:f/ **I** *n* (*fam*) metedura *f* de pata.
II *vi* [**goofs, goofing, goofed**] meter la pata: **you've goofed again** has metido la pata otra vez.

goofy /'gu:fɪ/ *adj* [**goofier, goofiest**] **1.** (*silly*) tonto -ta. **2.** (*Anat: teeth*) dentón -na.

goon /gu:n/ *n* (*fam*) idiota *m/f*.

goose /gu:s/ *n* [*pl* **geese**] ganso *m*.
gooseflesh *n*, **goose pimples** *n pl* carne *f* de gallina: **just thinking about it gives me gooseflesh** sólo de pensarlo se me pone carne de gallina.

gooseberry /'gʊzbərɪ/ *n* [**gooseberries**] **1.** (*Bot*) grosella *f* espinosa. **2.** (*fam: third person*) carabina *f*.

gore /gɔ:/ **I** *vt* [**gores, goring, gored**] cornear: **the bull gored him in the chest** el toro le dio una cornada en el pecho.
II *n* sangre *f* coagulada.

gorge /gɔ:dʒ/ **I** *n* (*Geog*) garganta *f*, quebrada *f*.
II *vt* [**gorges, gorging, gorged**] atiborrarse: **they gorged themselves** *on* **sweets** se atiborraron de caramelos.

gorgeous /'gɔ:dʒəs/ *adj* **1.** (*baby*) precioso -sa. **2.** (*day, weather*) estupendo -da: **what a gorgeous day!** ¡qué día tan estupendo! **3.** (*luxurious*) rico -ca.

gorilla /gə'rɪlə/ *n* gorila *m*.

gorse /gɔ:s/ *n* aulaga *f*.

gory /'gɔ:rɪ/ *adj* [**gorier, goriest**] sangriento -ta.

gosh /gɒʃ/ *excl* caramba: **gosh! I never realized** ¡caramba, no me había dado cuenta!

gosling /ˈgɒzlɪŋ/ *n* ansarino *m*.

go-slow /gəʊˈsləʊ/ *n* huelga *f* de celo.

gospel /ˈgɒspəl/ *n* (*Relig*) evangelio *m*: **they spread the gospel** predican el evangelio • **it's the gospel truth!** ¡es más verdad que el evangelio!

gospel music *n* música *f* espiritual negra.

gossamer /ˈgɒsəmə/ *n* **1.** (*web*) telaraña *f*. **2.** (*fabric*) gasa *f*.

gossip /ˈgɒsɪp/ **I** *vi* [**gossips, gossiping, gossiped**] chismorrear, cotillear: **she's always gossiping** *about* **her neighbours** siempre está cotilleando de los vecinos.

II *n* **1.** (*stories*) chismes *m pl*: **they were having a gossip** estaban cotilleando; **she told me a good piece of gossip** me estuvo contando chismes. **2.** (*person*) chismoso -sa *m/f*.

gossip column *n*: *en una publicación, sección dedicada a contar chismes de los famosos.*

gossipy /ˈgɒsɪpɪ/ *adj* chismoso -sa, hablador -dora.

got /gɒt/ *pretérito y participio pasado de* ⇨ get

Gothic /ˈgɒθɪk/ *adj* gótico -ca.

gotta /ˈgɒtə/ (*fam*) **1.** *contracción de* **got to**: **we gotta get goin'** tenemos que irnos. **2.** *contracción de* **have you got a**: **gotta light?** ¿tienes fuego?

gotten /ˈgɒtən/ (*US*) *participio pasado de* ⇨ get

gouge /gaʊdʒ/ *vt* [**gouges, gouging, gouged**]: **he gouged a hole in the wood** hizo un agujero en la madera con la gubia; **she gouged** *out* **the dirt with her fingernails** sacó la porquería con las uñas.

gourd /gʊəd/ *n* calabaza *f*.

gourmet /ˈgʊəmeɪ/ *n* gastrónomo -ma *m/f*, gourmet *m/f*.

gout /gaʊt/ *n* (*Med*) gota *f*.

govern /ˈgʌvən/ *vt* [**governs, governing, governed**] gobernar: **the country was governed by a military junta** una junta militar gobernaba el país.

♦ *vi* gobernar: **they are unable to govern** son incapaces de gobernar.

governess /ˈgʌvənəs/ *n* [**governesses**] institutriz *f*.

government /ˈgʌvənmənt/ *n* gobierno *m*: **he had no experience of government** no tenía ninguna experiencia de gobierno; **the government fell that same year** el gobierno cayó ese mismo año; **there will be a government enquiry** habrá una investigación por parte del gobierno.

governmental /gʌvənˈmentəl/ *adj* gubernamental.

governor /ˈgʌvənə/ *n* **1.** (*of state, bank*) gobernador -dora *m/f*. **2.** (*of prison*) director -tora *m/f*. **3.** (*of school, hospital, etc.*) *miembro del consejo rector*.

gown /gaʊn/ *n* (*woman's*) traje *m* de noche; (*in hospital*) bata *f*; (*of judge*) toga *f*.

GP /dʒiːˈpiː/ *n* (*abreviatura de* **General Practitioner**) médico -ca *m/f* de medicina general: **he's my GP** es mi médico de cabecera.

grab /græb/ **I** *vt* [**grabs, grabbing, grabbed**] **1.** (*to seize*) agarrar, asir: **he grabbed my bag and fled** me cogió el bolso y se largó corriendo; (*to snatch*): **she grabbed the money** *out of* **my hand** me quitó el dinero de la mano; **I've just time to grab a coffee** tengo el tiempo justo para tomarme un café. **2.** (*chance, opportunity*) aprovechar: **you ought to grab the chance** deberías aprovechar la oportunidad • **how does that grab you?** ¿qué te parece eso?

♦ *vi* tratar de agarrar: **he grabbed** *at* **the rope** trató de agarrar la cuerda.

II *n* agarre *m*: **she made a grab** *for* **my arm** intentó agarrarme del brazo • **it's up for (the) grabs** la oportunidad está ahí para quien quiera aprovecharla.

grace /greɪs/ *n* **1.** (*in movement*) gracia *f*. **2.** (*in manner*) cortesía *f*: **she admitted her mistake with good grace** admitió su error de buen grado; **she didn't even have the grace to apologize** ni siquiera tuvo la delicadeza de disculparse. **3.** (*blessing: before eating*) bendición *f*; (*: from God*): **king by the grace of God** rey por la gracia de Dios • **her saving grace is her honesty** lo único que la salva es su honradez. **4.** (*delay*): **we were given three days' grace to pay** nos concedieron un plazo de tres días para pagar. **5. Your Grace** (*as form of address: gen*) Excelencia *f*; (*: to Bishop*) Ilustrísima *f*.

graceful /ˈgreɪsfʊl/ *adj* **1.** (*figure, movement*) grácil. **2.** (*reply, manner*) cortés.

gracefully /ˈgreɪsfʊlɪ/ *adv* **1.** (*in movement*) grácilmente. **2.** (*in manner*) cortésmente.

graceless /ˈgreɪsləs/ *adj* **1.** (*movement*) desgarbado -da. **2.** (*reply*) descortés.

gracious /ˈgreɪʃəs/ *adj* **1.** (*courteous*) cortés. **2.** (*stylish*): **gracious living** vida de lujo • **good ✻ goodness gracious!** ¡Dios mío!

grade /greɪd/ **I** *vt* [**grades, grading, graded**] clasificar: **the eggs are graded** *by* **size** clasifican los huevos según su tamaño.

II *n* **1.** (*quality*) calidad *f*: **this mine produces a high grade of ore** esta mina produce mineral de gran calidad. **2.** (*point on scale*) grado *m* • **he'll never make the grade** nunca alcanzará el nivel requerido. **3.** (*US: at school*) curso *m*: **he's in first grade** está en primer curso. **4.** (*mark*) nota *f*: **his grades were not very good** no ha sacado buenas notas.

grade crossing *n* (*US*) paso *m* a nivel, (*Méx*) crucero *m*.

grade school *n* (*US*) escuela *f* (de enseñanza) primaria.

gradient /ˈgreɪdɪənt/ *n* pendiente *f*: **a gradient of 1 in 10** una pendiente del 10 por 100.

gradual /ˈgrædjʊəl/ *adj* gradual, paulatino -na: **there was a gradual drop in temperature** hubo un descenso gradual de las temperaturas.

gradually /ˈgrædjʊəlɪ/ *adv* gradualmente: **they gradually got used to the idea** poco a poco se hicieron a la idea.

graduate I /ˈgrædjʊət/ *n* **1.** (*from a university*) licenciado -da *m/f*, graduado -da *m/f*: **she's a graduate** *in* **mathematics** *from* **Seville University** es licenciada en matemáticas por la Universidad de Sevilla. **2.** (*US: from secondary education*) *persona que ha finalizado la enseñanza secundaria*.

II /ˈgrædjʊeɪt/ *vi* [**graduates, graduating, graduated**] **1.** (*to qualify*) licenciarse, graduarse: **she graduated** *in* **mathematics** se licenció en matemáticas. **2.** (*to progress*): **after a year as a salesman he graduated** *to* **management** después de un año de vendedor ascendió a la dirección.

♦ *vt* graduar: **the pay scale is graduated** el sistema de salarios está dividido en niveles.

graduation /ˌgrædjʊˈeɪʃən/ *n* **1.** (*ceremony*) *ceremonia de entrega de los títulos universitarios o, en Estados Unidos, los títulos de enseñanza secundaria*. **2.** (*stage*): **after graduation he had various jobs** después de graduarse ✻ licenciarse tuvo varios empleos.

graffiti /grəˈfiːtiː/ *n* graffiti *m inv*.

graft /grɑːft/ **I** *n* **1.** (*Bot, Med*) injerto *m*. **2.** (*corruption*) corrupción *f*. **3.** (*fam: work*): **he got to the top by hard graft** llegó a la cima trabajando muy duro.

II *vt* [**grafts, grafting, grafted**] (*plants, skin*) injertar:

skin from his thigh was grafted *onto* **his neck** le injertaron piel del muslo en el cuello.

grain /greɪn/ *n* **1.** (*cereals*) cereal *m*: **the grain harvest** la cosecha de cereal. **2.** (*of sand, salt, seed*) grano *m* • **there wasn't a grain of truth in the article** en el artículo no había ni un ápice de verdad. **3.** (*in wood*) veta *f*; (*of fabric*) fibra *f* • **it goes against the grain** va en contra de mis principios.

grainy /'greɪnɪ/ *adj* [**grainier, grainiest**] **1.** (*photograph*) de grano grande. **2.** (*substance, surface*) granuloso -sa.

gram, gramme /græm/ *n* gramo *m*.

grammar /'græmə/ *n* **1.** (*of a language*) gramática *f*. **2.** (*book*) libro *m* de gramática.

grammar school *n* (*GB: Educ*) instituto *m* de enseñanza secundaria (*al que se ingresa tras aprobar un examen de aptitud*).

grammarian /grə'meərɪən/ *n* gramático -ca *m/f*.

grammatical /grə'mætɪkəl/ *adj* gramatical.

gramme /græm/ *n* gramo *m*.

gramophone /'græməfəʊn/ *n* gramófono *m*.

gran /græn/ *n* (*fam*) abuela *f*.

granary /'grænərɪ/ *n* [**granaries**] granero *m*.

Granary® bread *n* pan *m* con granos de trigo enteros.

grand /grænd/ **I** *adj* **1.** (*palace, quarters*) imponente. **2.** (*person, job*) importante. **3.** (*fam: very good*) estupendo -da.

II *n* **1.** (*también* **grand piano**) piano *m* de cola. **2.** [*pl* **grand**] (*fam: thousand*): **he paid fifteen grand for it** le costó quince mil (dólares/libras).

Grand Canyon *n* Gran Cañón *m* del Colorado.

grandad, granddad /'grændæd/ *n* (*fam*) abuelo *m*.

grandchild /'græntʃaɪld/ *n* [*pl* **grandchildren**] nieto -ta *m/f*: **have you any grandchildren?** ¿tiene usted nietos?

granddaughter /'græn,dɔ:tə/ *n* nieta *f*.

grandeur /'grændʒə/ *n* grandeza *f*.

grandfather /'græn,fɑ:ðə/ *n* abuelo *m*.

grandfather clock *n* reloj *m* de pie.

grandiose /'grændɪəʊs/ *adj* (*building*) ostentoso -sa; (*scheme*) ambicioso -sa.

grandly /'grændlɪ/ *adv* ostentosamente.

grandma /'grænmɑ:/ *n* (*fam*) abuela *f*.

grandmother /'græn,mʌðə/ *n* abuela *f*.

grandpa /'grænpɑ:/ *n* (*fam*) abuelo *m*.

grandparent /'græn,peərənt/ *n* abuelo -la *m/f*: **his grandparents live in Rome** sus abuelos viven en Roma.

grandson /'grænsʌn/ *n* nieto *m*.

grandstand /'grænstænd/ *n* (*Sport*) tribuna *f*.

granite /'grænɪt/ *n* granito *m*.

granny /'grænɪ/ *n* [**grannies**] (*fam*) abuela *f*.

grant /grɑ:nt/ **I** *n* **1.** (*for development, project*) subvención *f*, ayuda *f* económica. **2.** (*GB: to student*) beca *f*.

II *vt* [**grants, granting, granted**] **1.** (*interview, independence*) conceder: **they were granted the right of entry** les concedieron el derecho de entrada; **his request was not granted** no accedieron a su petición • **he takes their support for granted** da por sentado que le apoyarán • **he takes her for granted** no la valora como debería. **2.** (*the truth of something*) admitir: **granted, that not all children can read at six...** si se acepta que no todos los niños pueden leer a los seis años....

granulated /'grænjʊ,leɪtɪd/ *adj* (*coffee, sugar*) granulado -da.

granule /'grænju:l/ *n* gránulo *m*.

grape /greɪp/ *n* uva *f* • **she said the job would have been boring anyway, but that's just sour grapes** dijo que en cualquier caso el trabajo habría resultado aburrido, pero era sólo por envidia.

grape harvest *n* vendimia *f*.

grapefruit /'greɪpfru:t/ *n* [**grapefruit** ✻ **grapefruits**] pomelo *m*.

grapevine /'greɪpvaɪn/ *n* (*Bot*) parra *f* • **I heard on the grapevine that they're getting divorced** he oído por ahí que van a divorciarse.

graph /grɑ:f/ *n* gráfico *m*, gráfica *f*.

graphic /'græfɪk/ **I** *adj* (*design, description*) gráfico -ca: **she's a graphic designer** es diseñadora gráfica; **he gave a graphic account of the accident** hizo un relato muy gráfico del accidente.

II graphics *n pl* **1.** (*in magazine, book*) parte *f* gráfica. **2.** (*Inform*) gráficos *m pl*, gráficas *f pl*.

graphically /'græfɪklɪ/ *adv* (*vividly*) gráficamente.

graphite /'græfaɪt/ *n* grafito *m*.

grapple with /'græpəl wɪð/ *vt* [**grapples, grappling, grappled**] (*person*) luchar con; (*problem*) tratar de resolver.

grasp /grɑ:sp/ **I** *vt* [**grasps, grasping, grasped**] **1.** (*physically*) asir, agarrar. **2.** (*mentally*) captar, comprender: **you have not grasped the idea** no has comprendido la idea.

♦ *vi* agarrarse: **he grasped** *at* **the first opportunity** aprovechó la primera oportunidad.

II *n* **1.** (*grip*): **he loosened his grasp** *on* **the rope** dejó de agarrar la cuerda con tanta fuerza. **2.** (*reach*) alcance *m*: **wealth was now** *within* **his grasp** la posibilidad de enriquecerse estaba a su alcance. **3.** (*understanding*) comprensión *f*: **she has a good grasp of Arabic** domina bastante bien el árabe.

grasping /'grɑ:spɪŋ/ *adj* codicioso -sa.

grass /grɑ:s/ **I** *n* [**grasses**] **1.** (*lawn*) césped *m*, hierba *f*, (*Amér L*) pasto *m*: **shall we sit on the grass?** ¿nos sentamos en el césped?; (*as cattle food*) pasto *m*; (*plant*) hierba *f*: **it's one of the grasses found around here** es una de las hierbas que se encuentran en la zona. **2.** (*fam: marijuana*) hierba *f*. **3.** (*GB: fam, informer*) soplón -plona *m/f*, chivato -ta *m/f*.

II *vt* [**grasses, grassing, grassed**] (*to cover with grass*) plantar césped ✻ hierba.

♦ *vi* (*fam: to inform*): **they grassed** *on* **us** nos delataron.

grass court *n* (*Sport*) pista *f* de hierba.

grassland *n* pradera *m*, pastizal *m*.

grass roots *n pl* (*Pol*) bases *f pl*: **the grass roots of the party** los militantes de base ✻ las bases del partido.

grass widow *n*: *mujer que está sola porque su marido está ausente.*

grass widower *n* (*Esp*) Rodríguez *m* (*hombre que está solo porque su mujer está ausente.*).

grasshopper /'grɑ:s,hɒpə/ *n* saltamontes *m inv*.

grassy /'grɑ:sɪ/ *adj* [**grassier, grassiest**] cubierto -ta de hierba.

grate /greɪt/ **I** *vt* [**grates, grating, grated**] (*food*) rallar.

♦ *vi* **1.** (*of chalk*) rechinar. **2.** (*to irritate*) crispar: **his voice grates** *on* **my nerves** su voz me crispa.

II *n* (*in fireplace*) parrilla *f* (*donde arde la madera*).

grateful /'greɪtfʊl/ *adj* agradecido -da: **he's very grateful** *to* **you** *for* **your help** te está muy agradecido por tu ayuda; **I would be very grateful if you would move your car** le agradecería que moviera el coche.

gratefully /'greɪtfʊlɪ/ *adv* agradecidamente, con agradecimiento.

grater /'greɪtə/ *n* rallador *m*.

gratification /ˌgrætɪfɪ'keɪʃən/ *n* satisfacción *f*.

gratify /'grætɪfaɪ/ *vt* [**gratifies, gratifying, gratified**] **1.** (*to make happy*) complacer, gratificar: **I'm gratified to know that my advice was correct** me complace saber que aconsejé lo que era correcto. **2.** (*to satisfy*) satisfacer: **the visit was just to gratify his curiosity** fuimos de visita sólo para satisfacer su curiosidad.

gratifying /'grætɪfaɪɪŋ/ *adj* (*results, response*) satisfactorio -ria.

grating /'greɪtɪŋ/ **I** *n* reja *f*.
II *adj* (*noise*) estridente; (*voice*) chillón -llona.

gratitude /'grætɪtju:d/ *n* gratitud *f*, agradecimiento *m*.

gratuitous /grə'tju:ɪtəs/ *adj* (*action*) innecesario -ria: **the violence in the film is quite gratuitous** la violencia en la película resulta gratuita.

gratuity /grə'tju:ətɪ/ *n* [**gratuities**] **1.** (*to waiter, servant*) propina *f*. **2.** (*financial reward*) gratificación *f*.

grave /greɪv/ **I** *n* sepultura *f*, tumba *f* ● **you're digging your own grave** estás cavando tu propia tumba ✻ sepultura ● **he must be turning in his grave** estará revolviéndose en su tumba.
II *adj* (*tone, face*) serio -ria; (*situation*) grave.
gravestone *n* lápida *f*.
graveyard *n* cementerio *m*.

gravel /'grævəl/ *n* (*gen*) grava *f*; (*small stones*) gravilla *f*.

gravelly /'grævəlɪ/ *adj* **1.** (*covered with gravel*) pedregoso -sa. **2.** (*voice, tone*) áspero -ra.

gravely /'greɪvlɪ/ *adv* gravemente.

gravitate /'grævɪteɪt/ *vi* [**gravitates, gravitating, gravitated**] (*stars*) gravitar; (*people*): **little by little the guests gravitated** *towards* **the dining room** poco a poco los invitados fueron pasando al comedor.

gravitation /ˌgrævɪ'teɪʃən/ *n* gravitación *f*.

gravity /'grævətɪ/ *n* **1.** (*Phys*) gravedad *f*. **2.** (*seriousness*) gravedad *f*.

gravy /'greɪvɪ/ *n* [**gravies**] salsa *f* (*que se prepara con el jugo del asado*).

gray /greɪ/ *adj, n, vi* [**grays, graying, grayed**] *y palabras compuestas* ➪ grey

grayish /'greɪɪʃ/ *adj* (*US*) grisáceo -cea.

graze /greɪz/ **I** *vi* [**grazes, grazing, grazed**] (*cows, sheep*) pastar.
♦ *vt* (*to scratch*) rasguñar, arañar: **I grazed my elbow against the wall** me arañé el codo con la pared; **the bullet grazed his shoulder** la bala le rozó el hombro.
II *n* rasguño *m*: **he only had a few cuts and grazes** sólo sufrió heridas leves.

grease /gri:s/ **I** *n* **1.** (*for machinery*) lubricante *m*. **2.** (*in food, skin, hair*) grasa *f*.
II *vt* [**greases, greasing, greased**] **1.** (*machinery*) engrasar. **2.** (*baking tin*) engrasar. **3.** (*hair*) ponerse brillantina: **he wears his hair greased** *back* se pone brillantina en el pelo.
greaseproof *adj* impermeable a la grasa.

greasy /'gri:sɪ/ *adj* [**greasier, greasiest**] **1.** (*cloth, rag*) grasiento -ta; (*hair, skin*) graso -sa; (*food*) aceitoso -sa. **2.** (*road*) resbaladizo -za.

great /greɪt/ **I** *adj* [**greater, greatest**] **1.** (*in size, amount, importance: gen*) grande, gran [**gran** is used before singular nouns]: **his death was a great loss** su muerte fue una gran pérdida; **a great deal of time was wasted** se perdió mucho tiempo; **he had great difficulty in understanding the speech** le costó mucho entender el discurso; **she was now in greater danger than before** corría mayor peligro que antes; **he was a great poet** fue un gran poeta; **he was the greatest poet of his time** fue el mejor poeta de su época; **Rome was then the greatest city in Europe** en esa época Roma era la ciudad más importante de Europa; **it was a great help during my illness** fue de gran ayuda cuando estuve enfermo; (*: for emphasis*): **he was wearing a great big red hat** llevaba un enorme sombrero rojo. **2.** (*fam: excellent*) estupendo -da: **that's a great idea!** ¡es una idea excelente! **3.** (*fam: enthusiastic*): **he's a great climber ✻ a great one for climbing** le encanta el alpinismo.
II *n* grande *m/f*: **one of Hollywood's greats** una de las grandes estrellas de Hollywood.
great-aunt *n* tía *f* abuela.
Great Barrier Reef *n*: **the Great Barrier Reef** la Gran Barrera.
Great Britain *n* Gran Bretaña *f*.
Great Dane *n* gran danés *m*.
great-granddaughter *n* bisnieta *f*.
great-grandfather *n* bisabuelo *m*.
great-grandmother *n* bisabuela *f*.
great-grandson *n* bisnieto *m*.
great-great-grandfather *n* tatarabuelo *m*.
great-great-grandmother *n* tatarabuela *f*.
great-nephew *n* sobrino *m* nieto.
great-niece *n* sobrina *f* nieta.
great-uncle *n* tío *m* abuelo.
Great Wall of China *n* la Gran Muralla china ✻ de China.

greatly /'greɪtlɪ/ *adv* mucho, muy: **they were greatly impressed** estaban muy impresionados; **it doesn't greatly surprise me** no me sorprende demasiado.

greatness /'greɪtnəs/ *n* grandeza *f*.

Greece /gri:s/ *n* Grecia *f*.

greed /gri:d/ *n* **1.** (*for possessions*) codicia *f*, avaricia *f*; (*for power*) avidez *f*. **2.** (*for food*) glotonería *f*, gula *f*: **he had more pudding** *out of* **sheer greed** se sirvió más postre por pura glotonería.

greedily /'gri:dəlɪ/ *adv* **1.** (*gen*) ávidamente. **2.** (*to eat, to drink*) con gula.

greediness /'gri:dɪnəs/ *n* ➪ greed

greedy /'gri:dɪ/ *adj* [**greedier, greediest**] **1.** (*for possessions*) codicioso -sa; (*for power, knowledge*) ávido -da: **they were greedy** *for* **knowledge** estaban ávidos de conocimientos. **2.** (*for food*) glotón -tona.

Greek /gri:k/ **I** *adj* griego -ga.
II *n* (*person*) griego -ga *m/f*; (*language*) griego *m* ● **this manual is Greek to me** no entiendo ni una palabra ✻ ni jota de este manual.

green /gri:n/ **I** *adj* **1.** (*colour, fruit*) verde: **the city needs more green spaces** la ciudad necesita más zonas verdes; **these bananas are still green** estos plátanos todavía están verdes ● **when he sees my new car, he'll be green with envy** cuando vea el coche que me he comprado, se va a morir de envidia. **2.** (*pale*) pálido -da: **she turned green at the thought** se puso pálida sólo de pensarlo. **3.** (*inexperienced*) verde, inexperto -ta; (*naïve*) ingenuo -nua. **4.** (*party*) verde, ecologista; (*issues*) ecológico -ca: **more people are becoming aware of green issues** cada vez más gente se preocupa por los temas ecológicos.
II *n* **1.** (*colour*) verde *m*. **2.** (*grassy area*) césped *m*; (*in golf*) green *m* (*césped que rodea a un hoyo*). **3.** (*Pol*) verde *m/f*.
III greens *n pl* (*vegetables*) verduras *f pl*.
green bean *n* judía *f* verde.

green belt *n* zona *f* verde (*que rodea una ciudad o pueblo*).
green card *n* **1.** (*in GB, Europe: for car insurance*) carta *f* verde. **2.** (*in US: for immigration*) permiso *m* de trabajo.
green onion *n* (*US*) cebolleta *f*.
Green Party *n* Partido *m* Verde ✱ Ecologista.
green pepper *n* pimiento *m* verde.
green salad *n* ensalada *f* verde.
greenery /'gri:nərɪ/ *n* follaje *m*.
greenfly /'gri:nflaɪ/ *n* [**greenflies**] pulgón *m*.
greengage /'gri:ngeɪdʒ/ *n* ciruela *f* claudia.
greengrocer /'gri:n,grəʊsə/ *n* **1.** (*person*) verdulero -ra *m/f*. **2. greengrocer's (shop)** verdulería *f*.
greenhouse /'gri:nhaʊs/ *n* invernadero *m*.
greenhouse effect *n* efecto *m* invernadero.
greenish /'gri:nɪʃ/ *adj* verdoso -sa.
Greenland /'gri:nlənd/ *n* Groenlandia *f*.
Greenlander /'gri:nləndə/ *n* groenlandés -desa *m/f*.
Greenwich Mean Time /'grenɪtʃ mi:n taɪm/ *n* hora *f* de Greenwich.
greet /gri:t/ *vt* [**greets, greeting, greeted**] **1.** (*gen*) recibir: **the announcement was greeted** *with* **more complaints** el anuncio fue recibido con más quejas. **2.** (*to welcome*) dar la bienvenida a; (*to say hello*) saludar.
greeting /'gri:tɪŋ/ *n* saludo *m*: **greetings to all the family** saludos a toda la familia.
greetings card *n* tarjeta *f* de felicitación.
gregarious /grɪ'geərɪəs/ *adj* **1.** (*person*) sociable. **2.** (*animal*) gregario -ria.
grenade /grɪ'neɪd/ *n* (*Mil*) granada *f*.
grew /gru:/ *pretérito de* ⇨ grow
grey, **gray** /greɪ/ **I** *adj* (*colour, sky*) gris: **it's a grey morning** es una mañana gris ✱ triste; **the sky's gone grey** se ha nublado; (*hair*) cano -na: **she's going grey** le están saliendo canas; (*complexion*) pálido -da ● **legally, it is a grey area** la ley no se pronuncia claramente al respecto.
II *n* [**greys**] (*colour*) gris *m*.
III *vi* [**greys, greying, greyed**] encanecer, blanquear: **his hair is greying at the temples** le están saliendo canas en las sienes.
grey-haired, gray-haired *adj* canoso -sa, de pelo cano.
greyhound /'greɪhaʊnd/ *n* galgo *m*.
greyish /'greɪɪʃ/ *adj* grisáceo -cea.
grid /grɪd/ *n* **1.** (*gen*) reja *f*. **2.** (*on map*) cuadrícula *f*: **could you give me a grid reference?** ¿puedes darme las coordenadas? **3.** (*for electricity*) red *f* de suministro.
gridlock *n* colapso *m* total (*del tráfico*).
griddle /'grɪdəl/ *n* (*Culin*) plancha *f*.
grief /gri:f/ *n* dolor *m*, pena *f*: **the family was grief-stricken** la familia estaba desconsolada ● **good grief!** ¡Dios mío! ● **you'll come to grief if you drive like that** vas a tener un accidente si conduces de esa manera ● **United came to grief in the second half** el United se hundió en la segunda parte.
grievance /'gri:vəns/ *n* motivo *m* de queja, agravio *m*: **a meeting was held for the miners to air their grievances** se celebró una reunión para que los mineros expusiesen sus quejas.
grieve /gri:v/ *vt* [**grieves, grieving, grieved**] dar pena, apenar: **it grieves me to see him like this** me da pena verlo así.
♦*vi* afligirse, apenarse: **he's grieving** *for* **his mother** está afligido por la muerte de su madre; **the whole town grieved** *over* **the accident** el pueblo entero se lamentaba del accidente.
grievous /'gri:vəs/ *adj* (*loss*) penoso -sa; (*injury*) doloroso -sa; (*mistake, crime*) grave.
grievous bodily harm *n* (*Law*) lesiones *f pl* graves de pronóstico reservado.
grill /grɪl/ **I** *n* (*with heat from above*) grill *m*: **brown** *under* **the grill** dorar al grill; (*with heat from below*) parrilla *f*.
II *vt* [**grills, grilling, grilled**] **1.** (*in oven*) *asar un alimento usando el grill*; (*to chargrill*) asar a la parrilla: **grilled trout** trucha a la parrilla. **2.** (*fam*: *to interrogate*) acribillar a preguntas.
grille, **grill** /grɪl/ *n* (*for window*) reja *f*; (*for machinery*) rejilla *f*.
grilling /'grɪlɪŋ/ *n* (*fam*) interrogatorio *m* exhaustivo: **they gave me quite a grilling at the interview** me acribillaron a preguntas durante la entrevista.
grim /grɪm/ *adj* [**grimmer, grimmest**] **1.** (*gloomy*) sombrío -bría, lúgubre; (*unpleasant*) horroroso -sa: **they live in a really grim part of town** viven en una parte de la ciudad realmente horrorosa. **2.** (*manner*) adusto -ta: **he came out of the interview looking grim** salió de la entrevista con el gesto adusto; **she gave us a grim smile** hizo una mueca que quería ser una sonrisa. **3.** (*resolute*): **with grim determination she finished it alone** con una voluntad de hierro lo terminó sola. **4.** (*fam*: *unwell*): **I feel pretty grim** me encuentro bastante mal.
grimace /'grɪməs/ **I** *n* mueca *f*: **she gave a grimace of disgust** puso cara de asco.
II *vi* [**grimaces, grimacing, grimaced**] hacer una mueca: **she grimaced** *at* **my comment** hizo una mueca cuando dije eso.
grime /graɪm/ *n* mugre *f*, roña *f*.
grimly /'grɪmlɪ/ *adv* **1.** (*to smile, laugh*) de manera forzada. **2.** (*with determination*) inexorablemente.
grimy /'graɪmɪ/ *adj* [**grimier, grimiest**] mugriento -ta, roñoso -sa.
grin /grɪn/ **I** *n* sonrisa *f*: **he gave a reluctant grin** sonrió de mala gana.
II *vi* [**grins, grinning, grinned**] sonreír: **he grinned broadly** *at* **me** me sonrió abiertamente ● **you'll have to grin and bear it** no tendrás más remedio que poner al mal tiempo buena cara.
grind /graɪnd/ **I** *n* **1.** (*work*) trabajo *m* pesado: **back to the daily grind!** ¡vuelta a la rutina diaria!; **what a grind!** ¡qué rollo! **2.** (*US*: *fam, studious person*) empollón -llona *m/f*.
II *vt* [**grinds, grinding, ground**] **1.** (*to crush*) moler, triturar: **grind the spices** *into* **a powder** moler las especias hasta pulverizarlas; (*to sharpen*) afilar. **2.** (*teeth*) hacer rechinar: **she grinds her teeth when she's asleep** le rechinan los dientes cuando duerme.
♦*vi* **1.** (*to make a noise*) rechinar. **2.** (*US*: *to study*) machacar.
to **grind away** *vi* (*to work hard*) bregar: **they've been grinding away** *at* **that for hours** llevan horas puestos en eso.
to **grind down** *vt* oprimir: **this heat is grinding me down** este calor me está dejando molido.
to **grind up** *vt* triturar, moler: **this machine grinds up rubbish** esta máquina tritura la basura.
grinder /'graɪndə/ *n* **1.** (*for coffee, spices*) molinillo *m*. **2.** (*for crushing*) trituradora *f*.
grinding /'graɪndɪŋ/ *adj* ● **they witnessed grinding poverty** fueron testigos de la miseria más espantosa.
grip /grɪp/ **I** *n* **1.** (*tight hold*) asimiento *m*: **she loose-**

ned her grip *on* **my arm** dejó de agarrarme del brazo con tanta fuerza; **these tyres offer improved grip in wet weather** estos neumáticos ofrecen un mejor agarre cuando llueve. **2.** (*control*) control *m*: **he has tightened his grip** *on* **the party** ha consolidado su control dentro del partido • **he's losing his grip** está perdiendo el control • **get a grip on yourself!** ¡contrólate! • **we have to come * get to grips with the problem** tenemos que afrontar el problema. **3.** (*US: small bag*) bolsa *f* de viaje.
II *vt* [**grips, gripping, gripped**] **1.** (*to hold*) agarrar, asir: **the little boy gripped her hand** el pequeño iba agarrado de su mano. **2.** (*to fascinate*): **I wasn't gripped** *by* **the story** la historia no me cautivó; **she was gripped** *by* **remorse** era presa del remordimiento.

gripe /graɪp/ I *n* **1.** (*stomach ache*) retortijón *m*. **2.** (*fam: dissatisfaction*) queja *f*: **their only gripe was that there was no swimming pool** su única queja era que no había piscina.
II *vi* [**gripes, griping, griped**] (*fam: to complain*) quejarse: **my neighbours are always griping** *about* **the noise** mis vecinos siempre están quejándose del ruido.

gripping /'grɪpɪŋ/ *adj* apasionante: **she phoned me in the middle of a gripping programme** me llamó en medio de un programa apasionante.

grisly /'grɪzlɪ/ *adj* [**grislier, grisliest**] horripilante, espeluznante.

gristle /'grɪsəl/ *n* cartílago *m*, ternilla *f*.

gristly /'grɪslɪ/ *adj* [**gristlier, gristliest**] cartilaginoso -sa.

grit /grɪt/ I *n* **1.** (*fine gravel*) gravilla *f*; (*sand*) arena *f*: **I've got grit in my eye** se me ha metido arena en el ojo. **2.** (*fam: courage*) valor *m*, coraje *m*.
II *vt* [**grits, gritting, gritted**] (*Auto: road*) *esparcir gravilla para que esté menos resbaladiza*.

gritty /'grɪtɪ/ *adj* [**grittier, grittiest**] arenoso -sa: **this spinach is gritty** estas espinacas tienen arena.

grizzle /'grɪzəl/ *vi* [**grizzles, grizzling, grizzled**] lloriquear.

grizzly /'grɪzlɪ/ *n* [*pl* **grizzlies**] (*también* **grizzly bear**, *pl* **grizzly bears**) oso *m* pardo (*norteamericano*).

groan /grəʊn/ I *n* (*of pain*) gemido *m*, quejido *m*; (*of reluctance, annoyance, etc.*) rezongo *m*.
II *vi* [**groans, groaning, groaned**] **1.** (*in pain*) gemir, quejarse; (*in complaint*) rezongar, quejarse: **not again! she groaned** ¡otra vez! rezongó. **2.** (*trees, wood*) crujir.

grocer /'grəʊsə/ *n* **1.** (*person*) tendero -ra *m/f*. **2. grocer's** (*shop*) tienda *f* de ultramarinos * comestibles.

groceries /'grəʊsərɪz/ *n pl* comestibles *m pl*.

grocery /'grəʊsərɪ/ *n* [**groceries**] tienda *f* de ultramarinos * comestibles.

groggy /'grɒgɪ/ *adj* [**groggier, groggiest**] (*fam*) grogui.

groin /grɔɪn/ *n* ingle *f*.

groom /gru:m/ I *n* **1.** (*bridegroom*) novio *m*. **2.** (*for horses*) mozo *m* de cuadra.
II *vt* [**grooms, grooming, groomed**] **1.** (*animal*) cepillar. **2.** (*person*): **she was groomed** *for* **stardom from an early age** la criaron desde pequeña para que fuera una estrella.

groove /gru:v/ *n* (*gen*) ranura *f*; (*of record*) surco *m*.

grope /grəʊp/ *vi* [**gropes, groping, groped**] (*to find by feeling*) andar a tientas: **we had to grope** *about* **in the dark** tuvimos que andar a tientas en la oscuridad; **we were groping** *for* **a solution to the problem** andábamos buscando una solución al problema.
♦ *vt* (*fam: to touch up*) sobar.

gross /grəʊs/ I *adj* **1.** (*disgusting*) grosero -ra. **2.** (*very fat*) muy gordo -da. **3.** (*very bad, unacceptable*) flagrante: **the council is guilty of gross negligence** es una flagrante negligencia por parte del ayuntamiento. **4.** (*profit, sales, weight*) bruto -ta: **his gross income is four thousand pounds a month** su sueldo bruto es cuatro mil libras al mes.
II *n* [*pl* **gross**] (*Meas*) gruesa *f* (*doce docenas*).
III *vt* [**grosses, grossing, grossed**] ingresar: **the company grossed £500,000 last month** el mes pasado la empresa tuvo unos ingresos brutos de medio millón de libras.

gross domestic product *n* producto *m* interno bruto.

gross national product *n* producto *m* nacional bruto.

grossly /'grəʊslɪ/ *adv* enormemente: **the damage was grossly under-estimated** subestimaron mucho la magnitud de los desperfectos; **he's being grossly extravagant** está actuando de forma muy extravagante.

grotesque /grəʊ'tesk/ *adj* grotesco -ca.

grotto /'grɒtəʊ/ *n* [**grottoes * grottos**] gruta *f*.

grotty /'grɒtɪ/ *adj* [**grottier, grottiest**] (*fam*) **1.** (*unpleasant*) de mala muerte: **we stayed in a grotty hotel** nos alojamos en un hotel de mala muerte. **2.** (*unwell*): **she was feeling grotty so she went home** se fue a casa porque se encontraba fatal.

ground /graʊnd/ I *pretérito y participio pasado de* ⇨ grind
II *adj* (*coffee, nuts, etc.*) molido -da; (*meat*) picado -da.
III *n* **1.** (*surface of earth, floor*) suelo *m*, tierra *f*: **they sat** *on* **the ground** se sentaron en el suelo; **the ground was frozen solid** el suelo estaba totalmente congelado; **a telegraph pole crashed to the ground** un poste de telégrafos se cayó al suelo; **the plane got** *off* **the ground with difficulty** el avión despegó con dificultad • **it will take time for the new system to get off the ground** pasará algún tiempo hasta que el sistema esté en funcionamiento • **that job suits him down to the ground** es un trabajo que parece pensado expresamente para él • **good plumbers are thin on the ground** los buenos fontaneros escasean • **his ideas fell on stony ground** sus ideas no suscitaron ningún interés. **2.** (*piece of land, territory*) terreno: **we're gaining ground** estamos ganando terreno; **these attitudes are now losing ground** estas ideas están perdiendo terreno • **she stood her ground** se mantuvo firme • **the laboratory has broken fresh ground** el laboratorio ha abierto nuevos horizontes • **they're breaking new ground in the treatment of cancer** están haciendo trabajo de pioneros en el tratamiento del cáncer. **3.** (*subject*): **we've been** *over* **that ground before** eso ya lo hemos hablado otras veces • **you're on dangerous ground if you mention football** no menciones el tema del fútbol * el tema del fútbol es demasiado delicado. **4.** (*Sport*) campo *m*: **the ground was already full an hour before kick-off** el campo se había llenado una hora antes del comienzo del partido. **5.** (*US: Tec, in electrical wiring*) toma *f* de tierra.
IV **grounds** *n pl* **1.** (*reason*) motivo *m*, motivos *m pl*: **there may be grounds** *for* **divorce** puede que exista motivo de divorcio; **he resigned** *on* **medical grounds** dimitió por motivos de salud; **they have no grounds** *for* **objecting** no tienen motivos para oponerse • **he was sacked on (the) grounds of incompetence** lo

despidieron por incompetente. **2.** (*property*) terreno *m*: **the school has extensive grounds** el colegio tiene un terreno muy grande; (*gardens*) parque *m*, jardines *m pl*. **3.** (*of coffee*) poso *m*, sedimento *m*.

V *vi* [**grounds, grounding, grounded**] (*boat*) encallar, varar: **the boat grounded on a sandbank** la barca encalló * varó en un banco de arena.

♦*vt* **1.** (*boat*) varar; (*plane*): **the planes were grounded because of snow** los aviones no pudieron despegar por culpa de la nieve. **2.** (*argument, opinion*): **their conclusions were not grounded** *in* * *on* **fact** sus conclusiones no se basaban en hechos • **she's well grounded in maths** tiene buena base en matemáticas. **3.** (*US*: *in electrical wiring*) conectar a tierra.

ground-breaking *adj* (*discovery*) original.

ground control *n* (*Av*) control *m* de tierra.

ground crew *n* (*Av*) personal *m* de tierra.

ground floor *n* planta *f* baja.

ground frost *n* escarcha *f*.

ground level *n* **1.** (*low altitude*): **pilots were warned of dense fog** *at* **ground level** advirtieron a los pilotos de que había niebla baja. **2.** (*in building*) planta *f* baja: **the cloakroom is located** *at* **ground level** el guardarropa está situado en la planta baja.

groundnut *n* cacahuete *m*.

groundsheet *n* lona *f* impermeable.

groundsman *n* [*pl* **groundsmen**] (*Sport*) cuidador *m* del campo.

ground swell *n* **1.** (*Naut*) mar *m* de fondo. **2.** (*sudden increase*) aumento *m*: **there was a ground swell of protest** hubo una oleada de protestas.

groundwork *n* trabajo *m* preparatorio * preliminar.

grounding /'graʊndɪŋ/ *n* (*basic skill or knowledge*) base *f*: **I have a good grounding** *in* **computing** tengo una buena base en informática.

groundless /'graʊndləs/ *adj* (*accusation, suspicion*) sin fundamento.

group /gru:p/ **I** *n* **1.** (*gen*) grupo *m*: **the children work in groups** los niños trabajan en grupos. **2.** (*band*) grupo *m*, conjunto *m*: **he plays in a rock group** toca en un conjunto de rock.

II *vt* [**groups, grouping, grouped**] agrupar, juntar: **insects can be grouped** *into* **families** los insectos se pueden agrupar en familias.

♦*vi*: **they grouped** *together* **to protest about the closure** se juntaron para protestar por el cierre.

group practice *n* gabinete *m* médico.

group therapy *n* terapia *f* de grupo.

grouping /'gru:pɪŋ/ *n* grupo *m*, agrupación *f*.

grouse /graʊs/ **I** *n* **1.** [*pl* **grouse**] (*bird*) urogallo *m*. **2.** (*fam*: *complaint*) queja *f*.

II *vi* [**grouses, grousing, groused**] (*fam*: *to complain*) quejarse: **what are you grousing** *about*? ¿de qué te quejas?

grove /grəʊv/ *n* arboleda *f*, bosquecillo *m*: **an olive grove** un olivar; **an orange grove** un naranjal.

grovel /'grɒvəl/ *vi* [**grovels, grovelling, grovelled**] humillarse, rebajarse: **she made him grovel** *for* **forgiveness** hizo que se humillara para pedir perdón.

grow /grəʊ/ *vt* [**grows, growing, grew**; *participio pasado* **grown**] **1.** (*plants*) cultivar. **2.** (*hair*) dejarse crecer: **he's growing a moustache** se está dejando bigote.

♦*vi* **1.** (*to get bigger*) crecer, aumentar: **the population grew quickly** la población creció rápidamente; **her fears grew** sus temores aumentaron. **2.** (*plant, person, hair*) crecer: **moss grows in damp places** el musgo crece en lugares húmedos; **your hair's grown!** ¡cómo te ha crecido el pelo! • **James is growing on me** cada vez me gusta más James. **3.** (*to become: with a state of mind*) ponerse: **she grew very angry** se puso furiosa; **I'm growing bored with television** me estoy empezando a aburrir de la televisión; (*: with a permanent characteristic*) hacerse, volverse: **he grew bitter** se volvió un amargado; **they are growing old** se están haciendo viejos; **it began to grow light** empezó a clarear • **I'm growing to enjoy living in the country** está empezando a gustarme la vida del campo.

to **grow away** *vi* distanciarse: **he's grown away** *from* **his friends since he changed school** se ha distanciado de sus amigos desde que cambió de colegio.

to **grow into** *vt* **1.** (*a type of person or thing*) hacerse: **he grew into a pleasant young man** se convirtió en un joven encantador. **2.** (*clothes, shoes*): **she'll grow into her sister's clothes** cuando crezca, podrá usar la ropa de su hermana.

to **grow out of** *vt* **1.** (*to leave behind one*): **she'll grow out of that habit** ya se le quitará esa manía; (*to become too big for*): **that child grows out of his shoes in no time** a ese niño se le quedan los zapatos pequeños enseguida. **2.** (*to evolve from*): **this practice grew out of an old tradition** esta costumbre brotó de una antigua tradición.

to **grow up** *vi* **1.** (*to become an adult*) crecer, hacerse mayor: **we grew up together** nos criamos juntos. **2.** (*to develop*) surgir: **hotels grew up along the coast** surgieron hoteles a lo largo de la costa.

grower /'grəʊə/ *n* cultivador -dora *m/f*.

growing /'grəʊɪŋ/ *adj* (*child, plant*) que crece; (*industry, problem, etc.*) creciente.

growing pains *n pl* (*in child*) dolores *m pl* durante el crecimiento • **the industry is bound to experience some growing pains** inevitablemente la industria sufrirá algunos problemas iniciales.

growl /graʊl/ **I** *n* gruñido *m*.

II *vi* [**growls, growling, growled**] (*animal*) gruñir; (*person*) refunfuñar.

grown /grəʊn/ **I** *participio pasado de* ➪ grow

II *adj* adulto -ta: **the chicks leave the nest when they are fully grown** los polluelos abandonan el nido cuando son adultos; **you are a grown man now** ahora ya eres todo un hombre.

grown-up **I** /grəʊn'ʌp/ *adj* adulto -ta: **your daughter is quite grown-up now** tu hija ya es una mujer hecha y derecha.

II /'grəʊnʌp/ *n* adulto -ta *m/f*: **the grown-ups had all fallen asleep** todos los mayores se habían quedado dormidos.

growth /grəʊθ/ *n* **1.** (*in physical size*) crecimiento *m*: **the growth of the plant is carefully monitored** están controlando cuidadosamente el crecimiento de la planta; (*in number*) aumento *m*; (*of economy, industry*) crecimiento *m*, desarrollo *m*: **we need to stimulate economic growth** hace falta estimular el crecimiento económico; **this is one of our growth industries** ésta es una de nuestras industrias en expansión. **2.** (*Med*) tumor *m*, bulto *m*.

grub /grʌb/ *n* **1.** (*insect larva*) larva *f*. **2.** (*fam*: *food*) comida *f*, papeo *m*.

grubby /'grʌbɪ/ *adj* [**grubbier, grubbiest**] (*gen*) sucio -cia; (*book*) manoseado -da.

grudge /grʌdʒ/ **I** *n* rencor *m*: **he bears a grudge** *against* **her for sacking him** le guarda rencor por haberlo despedido.

II *vt* [**grudges, grudging, grudged**] **1.** (*to do resent-*

fully): **I grudged paying twenty pounds for it** las veinte libras que me costó las pagué de mala gana. **2.** (*to envy*): **she grudges him his popularity** le envidia la popularidad que tiene.

grudging /ˈgrʌdʒɪŋ/ *adj* (*reply, praise*) poco generoso -sa.

grudgingly /ˈgrʌdʒɪŋlɪ/ *adv* de mala gana.

gruelling, (*US*) **grueling** /ˈgru:əlɪŋ/ *adj* duro -ra, agotador -dora.

gruesome /ˈgru:səm/ *adj* espantoso -sa, horripilante.

gruff /grʌf/ *adj* (*voice*) áspero -ra; (*person, manner*) brusco -ca: **he can be a bit gruff at times** puede resultar un poco brusco a veces.

gruffly /ˈgrʌflɪ/ *adv* en un tono brusco.

grumble /ˈgrʌmbəl/ **I** *n* queja *f*: **she went to bed without a grumble** se acostó sin rechistar.
II *vi* **[grumbles, grumbling, grumbled]** quejarse, refunfuñar: **he grumbled** *about* **the delay** se quejó del retraso.

grumpy /ˈgrʌmpɪ/ *adj* **[grumpier, grumpiest]** gruñón -ñona.

grunt /grʌnt/ **I** *n* gruñido *m*.
II *vi* **[grunts, grunting, grunted]** gruñir.
♦*vt* decir de forma arisca: **what do you want? he grunted** ¿qué quieres? preguntó de forma arisca.

guarantee /ˌgærənˈti:/ **I** *n* (*gen*) garantía *f*: **it's still** *under* **guarantee** todavía está en garantía; **the cooker has a three-year guarantee** la cocina tiene garantía por tres años; **he gave his signature as a guarantee** dejó su firma como garantía; **there is no guarantee that it will arrive in time** no hay ninguna garantía de que llegue a tiempo.
II *vt* **[guarantees, guaranteeing, guaranteed]** (*gen*) garantizar: **they guarantee the cars for six months** garantizan los coches durante seis meses; **this yoghurt is guaranteed free of additives** aseguran que este yogur no lleva aditivos; **I can guarantee that she will be there** le aseguro que estará presente; (*loan*) avalar: **his father guaranteed the loan** su padre avaló el préstamo.

guard /gɑ:d/ **I** *n* **1.** (*protection, observation*) guardia *f*: **who's** *on* **guard?** ¿quién está de guardia?; **they kept** ∗ **stood guard** *over* **the prisoner** tuvieron al prisionero bajo vigilancia; **the prisoners were brought in** *under* **guard** los prisioneros fueron escoltados por unos guardias; **the boxer dropped his guard** el boxeador bajó la guardia • **he was on his guard** estaba en guardia • **she caught him off (his) guard** lo pilló desprevenido • **a sudden noise put him on his guard** un ruido imprevisto lo puso en guardia • **she dropped her guard and smiled at him** se relajó y le sonrió. **2.** (*person*) guardia *m/f*; (*group*) guardia *f*: **the palace guard** la guardia de palacio. **3.** (*GB: on train*) jefe -fa *m/f* de tren. **4.** (*safety device*) seguro *m*.
II *vt* **[guards, guarding, guarded]** **1.** (*to protect*) defender, proteger: **the house is heavily guarded** la casa está muy vigilada; **they tried to guard the company** *against* **a takeover** trataron de evitar la adquisición de la empresa por otra compañía • **the recipe is a closely guarded secret** la receta se mantiene celosamente en secreto. **2.** (*prisoner*) vigilar.

to **guard against** *vt* guardarse de: **journalists should guard against exaggeration** los periodistas deben guardarse de exagerar.

guard dog *n* perro *m* guardián.

guard of honour, (*US*) **guard of honor** *n* guardia *f* de honor.

guarded /ˈgɑ:dɪd/ *adj* (*remark, statement*) precavido -da, cauteloso -sa: **she was guarded in her reply** respondió con mucha cautela.

guardedly /ˈgɑ:dɪdlɪ/ *adv* con cautela.

guardian /ˈgɑ:dɪən/ *n* **1.** (*gen*) guardián -diana *m/f*: **he sees himself as a guardian of moral standards** se considera un guardián de los valores morales. **2.** (*of child*) tutor -tora *m/f*.

guardian angel *n* ángel *m* de la guarda.

Guatemala /ˌgwɑ:tɪˈmɑ:lə/ *n* Guatemala *f*.

Guatemalan /ˌgwɑ:tɪˈmɑ:lən/ *adj*, *n* guatemalteco -ca *adj*, *m/f*.

guava /ˈgwɑ:və/ *n* guayaba *f*.

Guernsey /ˈgɜ:nzɪ/ *n* Guernesey *m*.

guerrilla, **guerilla** /gəˈrɪlə/ *n* guerrillero -ra *m/f*.

guerilla warfare *n* guerra *f* de guerrillas.

guess /ges/ **I** *n* **[guesses]** (*gen*) conjetura *f*, suposición *f*: **he had** ∗ **made a guess** *at* **the price** dijo un precio para ver si acertaba; **that was a good guess** has acertado; **I'll give you three guesses** ¡a ver si aciertas! te dejo que pruebes tres veces; (*estimate*) cálculo *m*, estimación *f*: **my guess is that you would have to pay...** calculo que tendrías que pagar...; *at* **a guess, I'd say it weighs two kilos** a ojo diría que pesa dos kilos • **it's anyone's guess what happened** ¡vete tú a saber qué ocurrió! • **he hazarded a guess** aventuró una respuesta.
II *vt/i* **[guesses, guessing, guessed]** **1.** (*gen*) adivinar: **guess where we went yesterday!** ¡adivina adónde fuimos ayer!; **she didn't know the answer, so she guessed** no estaba segura de la respuesta, pero dijo ∗ puso algo a ver si acertaba; **he guessed right/wrong** acertó/no acertó • **I guessed as much** ya me lo imaginaba • **they are keeping the public guessing** mantienen al público en la incertidumbre ∗ en ascuas. **2.** (*fam: to suppose*) creer, suponer: **I guess not** creo ∗ supongo que no; **I guess you don't like this school** tengo la impresión de que no te gusta este colegio.

guesswork *n* conjetura *f*.

guest /gest/ *n* (*in hotel*) huésped *m/f*; (*in private home*) invitado -da *m/f*: **she was the guest of honour** era la invitada de honor • **"Can I take this chair?" "Be my guest!"** "¿Me puedo llevar esta silla?" "¡Por supuesto! ∗ ¡Cómo no!"

guesthouse *n* casa *f* de huéspedes, pensión *f*.

guest room *n* cuarto *m* de los invitados, cuarto *m* de huéspedes.

guest star *n* estrella *f* invitada.

guffaw /gʌˈfɔ:/ **I** *n* carcajada *f*.
II *vi* **[guffaws, guffawing, guffawed]** reírse a carcajadas.

guidance /ˈgaɪdəns/ *n* orientación *f*, consejos *m pl*: **we were given no guidance** *on* **how to proceed** no nos dieron ninguna orientación sobre cómo proceder.

guide /gaɪd/ **I** *n* **1.** (*person*) guía *m/f*. **2.** (*también* **guidebook**) guía *f*. **3.** (*handbook*) manual *m*. **4.** (*indication*) modelo *m*, ejemplo *m*: **the drawing is only a guide** el dibujo es solamente para dar una idea; **as a rough guide, it should take you three hours** debería llevarte unas tres horas aproximadamente. **5. Guide** guía *f* (*en el movimiento scout*).
II *vt* **[guides, guiding, guided]** guiar, orientar: **the birds are guided by their instinct when they migrate** cuando emigran, los pájaros se guían por su instinto.

guide dog *n* perro *m* lazarillo.

guideline *n* directriz *f*, pauta *f*: **these are the new**

guidelines éstas son las nuevas directrices * directivas; **the report will serve as a guideline** *for* **future policy** el informe servirá de pauta para decidir la política a seguir en el futuro.

guided /'gaɪdɪd/ *adj* dirigido -da.

guided missile *n* misil *m* * proyectil *m* teledirigido.

guided tour *n* (*in a house, museum*) visita *f* con guía; (*of a town, quarter*) viaje *m* * excursión *f* con guía.

guiding /'gaɪdɪŋ/ *adj* (*principle*) director -tora, rector -tora.

guild /gɪld/ *n* gremio *m*.

guilder /'gɪldə/ *n* florín *m*.

guile /gaɪl/ *n* astucia *f*.

guillotine /'gɪlə,ti:n/ **I** *n* guillotina *f*.
II *vt* [**guillotines, guillotining, guillotined**] guillotinar.

guilt /gɪlt/ *n* **1.** (*feeling*) culpabilidad *f*: **he felt a sense of guilt** tenía un sentimiento de culpabilidad. **2.** (*Law: blame*) culpabilidad *f*, culpa *f*: **her guilt has never been proved** nunca se probó su culpabilidad.

guilty /'gɪltɪ/ *adj* [**guiltier, guiltiest**] culpable: **he was found guilty** *of* **murder** lo declararon culpable de homicidio; **she pleaded guilty/not guilty** se declaró culpable/inocente; **the guilty person * party** el * la culpable; **I feel very guilty** *about* **leaving them on their own** me da mucho cargo de conciencia dejarlos solos; **she must have a guilty conscience** debe estar remordiéndole la conciencia.

guinea fowl /'gɪnɪ faʊl/ *n* (*Zool*) pintada *f*.

guinea pig /'gɪnɪ pɪg/ *n* conejillo *m* de Indias, cobaya *f*, cobayo *m* • **they were guinea pigs for the new drug** sirvieron de cobayas * de conejillos de Indias para el nuevo medicamento.

guise /gaɪz/ *n* (*frml: appearance*) aspecto *m* • **the changes were introduced under the guise of improving efficiency** se introdujeron los cambios con el pretexto de aumentar la eficiencia.

guitar /gɪ'tɑ:/ *n* guitarra *f*.

guitarist /gɪ'tɑ:rɪst/ *n* (*player of classical instrument*) guitarrista *m/f*; (*player in rock band*) guitarrista *m/f*, guitarra *m/f*.

gulf /gʌlf/ *n* **1.** (*Geog*) golfo *m*. **2.** (*rift, difference*) abismo *m*.

Gulf of Mexico *n* Golfo *m* de México.

Gulf States *n pl* países *m pl* del Golfo Pérsico.

Gulf Stream *n* corriente *f* del Golfo.

gull /gʌl/ *n* gaviota *f*.

gullet /'gʌlɪt/ *n* esófago *m*.

gullible /'gʌləbəl/ *adj* crédulo -la.

gully, gulley /gʌlɪ/ *n* [**gullies * gulleys**] barranco *m*.

gulp /gʌlp/ **I** *n* trago *m*: **she swallowed the medicine** *in* **one gulp** se tomó la medicina de un trago; **he gave a nervous gulp** tragó saliva nervioso.
II *vt* [**gulps, gulping, gulped**] tragar.
♦*vi* tragarse: **I gulped** *back* **my tears** me tragué las lágrimas; **she gulped nervously** tragó saliva nerviosa; **he gulped** *down* **his beer** se tomó la cerveza de un trago.

gum /gʌm/ **I** *n* **1.** (*in mouth*) encía *f*. **2.** (*natural substance*) goma *f*. **3.** (*sweet*) pastilla *f* de goma: **fruit gums** pastillas de goma con sabores a fruta. **4.** (*también* **chewing gum**) chicle *m*. **5.** (*glue*) pegamento *m*, goma *f*.
II *vt* [**gums, gumming, gummed**] pegar con goma: **a gummed label** una etiqueta gomosa * engomada; **my eyes are all gummed** *up* tengo los ojos pegados.

gumboil *n* flemón *m*.

gumboots *n pl* botas *f pl* de agua.

gumshield *n* protector *m*.

gumption /'gʌmpʃən/ *n* (*fam: courage*) agallas *f pl*; (*: initiative*) iniciativa *f*.

gun /gʌn/ *n* **1.** (*gen*) arma *f* de fuego [takes ***el*** or ***un*** in singular]: **she was carrying * she had a gun** iba armada • **don't jump the gun** no te adelantes • **he stuck to his guns** se mantuvo en sus trece; (*pistol*) pistola *f*, revólver *m*; (*shotgun*) escopeta *f*; (*rifle*) fusil *m*, rifle *m*. **2.** (*cannon*) cañón *m*: **a twenty-one gun salute** una salva de veintiún cañonazos.

to **gun down** *vt* [**guns, gunning, gunned**] matar a tiros.

to **gun for** *vt* **1.** (*to hound*): **the press seem to be gunning for the Minister** la prensa anda a la caza del ministro. **2.** (*to try to obtain*): **she's gunning for a place on the board** anda detrás de un puesto en el consejo.

gunboat *n* lancha *f* cañonera.

gun dog *n* perro *m* de caza.

gunfight *n* pelea *f* a tiros.

gunfire *n* tiros *m pl*, tiroteo *m*.

gun licence *n* permiso *m* * licencia *f* de armas.

gunman *n* [*pl* **gunmen**] pistolero -ra *m/f*.

gunpoint *n*: **they forced him into the car** *at* **gunpoint** lo obligaron a subir al coche a punta de pistola.

gunpowder *n* pólvora *f*.

gunrunner *n* traficante *m/f* de armas.

gunrunning *n* tráfico *m* de armas.

gunshot *n* disparo *m*, tiro *m*: **the body had several gunshot wounds** el cadáver presentaba varias heridas de bala.

gunsmith *n* armero -ra *m/f*.

gunner /'gʌnə/ *n* artillero -ra *m/f*.

gurgle /'gɜ:gəl/ **I** *n* (*of liquid*) gorgoteo *m*, gluglú *m*; (*of baby*) balbuceo *m*, gorjeo *m*.
II *vi* [**gurgles, gurgling, gurgled**] (*liquid*) gorgotear; (*baby*) balbucear, gorjear.

guru /'gʊru:/ *n* gurú *m*.

gush /gʌʃ/ **I** *n* [**gushes**] **1.** (*of water*) chorro *m*; (*of blood*) borbotón *m*. **2.** (*of emotion*) efusión *f*: **yes! let's go, he said with a gush of enthusiasm** ¡sí, venga, vamos!, dijo rebosante de entusiasmo.
II *vi* [**gushes, gushing, gushed**] **1.** (*liquid*) brotar: **blood gushed from his arm** la sangre le salía del brazo a borbotones. **2.** (*in speaking*): **how absolutely marvellous! she gushed** ¡es absolutamente maravilloso!, exclamó efusivamente.

gust /gʌst/ *n* ráfaga *f*: **a gust of wind blew the signpost over** una ráfaga de aire derribó la señal.

gusto /'gʌstəʊ/ *n* placer *m*, entusiasmo *m*: **she was playing the piano with gusto** estaba tocando el piano con mucho entusiasmo.

gut /gʌt/ **I** *n* **1.** (*Anat*) tripa *f*, intestino *m*. **2.** (*for fishing, stitching, musical instrument*) cuerda *f* de tripa.
II guts *n pl* **1.** (*entrails*) entrañas *f pl*, tripas *f pl* • **he hates your guts** no te puede ni ver • **I worked my guts out for that company** me dejé la piel trabajando para esa empresa. **2.** (*fam: courage*) coraje *m*, valentía *f* • **she had the guts to say it to his face** tuvo el coraje * las agallas de decírselo a la cara.
III *vt* [**guts, gutting, gutted**] **1.** (*fish, animal*) destripar, limpiar. **2.** (*to destroy*) destruir el interior: **the building was completely gutted** el interior del edificio quedó destruido por completo.

gut reaction *n* reacción *f* instintiva: **my gut reaction was to say no** mi reacción instintiva fue decir que no.

gutter /ˈgʌtə/ *n* **1.** (*on road*) cuneta *f* • **we rescued him from the gutter** nosotros lo sacamos de la pobreza. **2.** (*on roof*) canalón *m*, canal *m*.
gutter press *n* prensa *f* amarilla.
guttural /ˈgʌtərəl/ *adj* gutural.
guy /gaɪ/ *n* **1.** (*fam*: *man*) tipo *m*, tío *m*: **let's go, guys!** ¡vamos, tíos!; **the good/bad guys** los buenos/los malos; **he fancies himself as a tough guy** se cree que es un tipo duro. **2.** (*también* **guy rope**) (*of a tent*) viento *m*, cuerda *f*.
Guyana /gaɪˈɑːnə/ *n* Guyana *f*.
Guyanan /gaɪˈɑːnən/, **Guyanese** /ˌgaɪəˈniːz/ *adj*, *n* guyanés -nesa *adj*, *m/f*.
guzzle /ˈgʌzəl/ *vt* [**guzzles, guzzling, guzzled**] (*fam*) engullir, tragar.
gym /dʒɪm/ *n* **1.** (*apócope de* **gymnasium**) gimnasio *m*. **2.** (*apócope de* **gymnastics**) gimnasia *f*.
gym shoes *n pl* zapatillas *f pl* de gimnasia, tenis *m pl*.
gymkhana /dʒɪmˈkɑːnə/ *n*: *competición ecuestre que consta de varias pruebas.*
gymnasium /dʒɪmˈneɪzɪəm/ *n* [**gymnasiums** * **gymnasia** /dʒɪmˈneɪzɪə/] gimnasio *m*.
gymnast /ˈdʒɪmnæst/ *n* gimnasta *m/f*.
gymnastics /ˌdʒɪmˈnæstɪks/ *n* [*lleva el verbo en singular*] gimnasia *f*.
gynaecologist, (*US*) **gynecologist** /ˌgaɪnəˈkɒlədʒɪst/ *n* ginecólogo -ga *m/f*.
gynaecology, (*US*) **gynecology** /ˌgaɪnəˈkɒlədʒɪ/ *n* ginecología *f*.
gypsy /ˈdʒɪpsɪ/ *n* [**gypsies**] gitano -na *m/f*.
gyrate /dʒaɪˈreɪt/ *vi* [**gyrates, gyrating, gyrated**] girar, dar vueltas.
gyroscope /ˈdʒaɪrəskəʊp/ *n* giroscopio *m*, giróscopo *m*.

H

H, h /eɪtʃ/ *n* (*letter*) H, h *f*; (*name of letter*) hache *f*.
ha /hɑː/ *excl* (*expressing triumph*) ajá.
ha. *léase* /ˈhekteə/ (*abreviatura de* **hectare**) Ha (hectárea).
haberdashery /ˌhæbəˈdæʃərɪ/ *n* **1.** (*GB*: *sewing materials*) artículos *m pl* de mercería; (*: shop or department*) mercería *f*. **2.** (*US*: *men's clothing*) ropa *f* de hombre; (*: shop*) tienda *f* de ropa para hombre; (*: department*) sección *f* de caballeros.
habit /ˈhæbɪt/ *n* **1.** (*practice*) hábito *m*, costumbre *f*: **biting your nails is a bad habit** comerse las uñas es una costumbre muy fea; **she has a habit** *of* **talking too loudly** tiene la mala costumbre de hablar demasiado fuerte; **he turned left** *out of* **habit** torció a la izquierda por costumbre; **we're** *in* **the habit of going there on Fridays** tenemos por costumbre ir allí los viernes • **you can borrow the car this once, but don't make a habit of it** esta vez te presto el coche, pero no te acostumbres • **I've got into the habit of getting up early** me he acostumbrado a madrugar • **drivers soon get into bad habits** los conductores en seguida cogen vicios • **he's got out of the habit of writing letters** ha perdido la costumbre de escribir cartas • **I'm trying to break * kick the habit** estoy intentando dejar el vicio • **old habits die hard** es muy difícil cambiar las costumbres de toda la vida. **2.** (*clothing*) hábito *m*.
habit-forming *adj* (*drug*) que crea dependencia.
habitable /ˈhæbɪtəbəl/ *adj* habitable.
habitat /ˈhæbɪtæt/ *n* hábitat *m*.
habitation /ˌhæbɪˈteɪʃən/ *n* (*frml*) habitación *f*: **those houses are barely fit for habitation** esas casas apenas reúnen los requisitos para ser habitables.
habitual /həˈbɪtjʊəl/ *adj* **1.** (*usual*) habitual, acostumbrado -da: **Jan arrived with her habitual punctuality** Jan llegó con su acostumbrada puntualidad; **we went for our habitual evening walk** salimos a dar nuestro habitual paseo vespertino. **2.** (*confirmed*) empedernido -da: **she was a habitual drinker** era una bebedora empedernida.
habitually /həˈbɪtjʊəlɪ/ *adv* habitualmente, por costumbre.
hack /hæk/ **I** *n* **1.** (*in journalism*) gacetillero -ra *m/f*, periodista *m/f* de poca monta. **2.** (*in politics*) politicastro -tra *m/f*. **3.** (*in computing*): **Steve is a computer hack** Steve es un fanático de la informática. **4.** (*old*

horse) jamelgo *m*.

II *vt* [**hacks, hacking, hacked**] 1. (*wood*) cortar: **they hacked the fence** *to* **pieces** cortaron la cerca a hachazos; **he hacked his way** *through* **the weeds** se abrió camino por la maleza con el machete; (*person*): **he was hacked** *to* **death** lo descuartizaron. 2. (*text*): **the chief editor hacked my article about** el redactor jefe mutiló mi artículo.

to **hack away** *vi* dar tajos: **he was hacking away** *at* **the nettles** estaba cortando las ortigas a tajos.

hacker /'hækə/ *n* pirata *m/f* informático -ca.

hacking /'hækɪŋ/ *adj*: **a hacking cough** una tos seca.

hackneyed /'hæknɪd/ *adj* (*phrase, saying*) trillado -da, gastado -da.

hacksaw /'hæksɔ:/ *n* sierra *f* para metales.

had /hæd/ *pretérito y participio pasado de* ⇨ have

haddock /'hædək/ *n* [*pl* **haddock**] abadejo *m* (*tipo de pez parecido al bacalao*).

hadn't /'hædənt/ *contracción de* **had not** ⇨ have

haematology /ˌhi:mə'tɒlədʒɪ/ *n* hematología *f*.

haemoglobin /ˌhi:mə'gləʊbɪn/ *n* hemoglobina *f*.

haemophilia /ˌhi:mə'fɪlɪə/ *n* hemofilia *f*.

haemophiliac /ˌhi:mə'fɪlɪæk/ *adj, n* hemofílico -ca *adj, m/f*.

haemorrhage /'hemərɪdʒ/ I *n* hemorragia *f*.

II *vi* [**haemorrhages, haemorrhaging, haemorrhaged**] tener una hemorragia.

haemorrhoids /'hemərɔɪdz/ *n pl* hemorroides *f pl*.

hag /hæg/ *n* bruja *f*.

haggard /'hægəd/ *adj* ojeroso -sa.

haggis /'hægɪs/ *n*: *estómago de cordero relleno con las vísceras del animal (plato típico de Escocia).*

haggle /'hægəl/ *vi* [**haggles, haggling, haggled**] regatear: **they haggled** *over* **the price** regatearon el precio.

Hague /heɪg/ *n*: **the Hague** La Haya.

ha-ha /hɑ:'hɑ:/ *excl* ja, ja.

hail /heɪl/ I *n* (*Meteo*) granizo *m* • **a hail of bullets** una lluvia de balas.

II *vt* [**hails, hailing, hailed**] 1. (*to call*) llamar: **she hailed a taxi** llamó un taxi. 2. (*to honour*) aclamar, proclamar: **he was hailed** *as* **a hero of his country** fue aclamado como un héroe de la patria. 3. (*frml*: *to greet*) saludar.

♦ *vi* (*Meteo*) granizar.

to **hail from** *vt* ser natural de: **she hails from Dublin** es (natural) de Dublín.

Hail Mary *n* avemaría *f* [takes ***el*** or ***un*** in singular].

hailstone *n* pedrisco *m*.

hailstorm *n* granizada *f*.

hair /heə/ *n* 1. (*on head: one*) pelo *m*, cabello *m*: **she picked a hair off her sweater** se quitó un pelo del jersey; (*: many*) pelo *m*: **she has long hair** tiene el pelo largo; **his girlfriend has red hair** su novia es pelirroja; **she's washing her hair** está lavándose el pelo * la cabeza; **just wait while I do my hair** espérate un momento mientras me arreglo el pelo * me peino; **I'm going to get my hair cut** voy a cortarme el pelo; **she's got a hair appointment at three o'clock** tiene hora en la peluquería a las tres • **her screams made my hair stand on end** sus gritos me pusieron los pelos de punta • **she never has a hair out of place** siempre va impecable • **he really let his hair down at the party** se desmadró en la fiesta • **the car missed her by a hair's breadth** el coche no la atropelló por un pelo • **to complain about the date would be to split hairs** quejarse de la fecha sería hilar muy fino • **he never turned a hair** ni se inmutó • **keep your hair on!** ¡no te pongas histérico! 2. (*on chest, legs*) vello *m*, pelo *m*. 3. (*of animal*) pelo *m*.

hairband *n* cinta *f* (para el pelo).

hairbrush *n* [**hairbrushes**] cepillo *m* (para el pelo).

haircut *n* corte *m* de pelo: **you need (to have) a haircut** tienes que cortarte el pelo.

hairdo *n* (*fam*) peinado *m*.

hairdresser *n* peluquero -ra *m/f*.

hairdresser's *n* peluquería *f*.

hairdressing *n* (*profession*) peluquería *f*.

hairdrier, hairdryer *n* secador *m* (de pelo).

hair gel *n* gomina *f*, fijador *m*.

hairgrip *n* horquilla *f*, pasador *m*.

hair lacquer *n* laca *f*.

hairline I *n* nacimiento *m* del pelo: **he's only twenty, but he already has a receding hairline** sólo tiene veinte años, pero ya tiene entradas.

II *adj* muy fino -na: **a hairline fracture** una fractura casi imperceptible.

hairnet *n* redecilla *f*.

hairpiece *n* peluquín *m*, postizo *m*.

hairpin *n* horquilla *f*.

hairpin bend *n* curva *f* cerrada * peligrosa.

hair-raising *adj* espeluznante, que pone los pelos de punta.

hair slide *n* pasador *m*.

hair spray *n* laca *f*.

hairstyle *n* peinado *m*.

hairy /'heərɪ/ *adj* [**hairier, hairiest**] 1. (*covered with hair*) peludo -da. 2. (*fam*: *scary*) espantoso -sa: **we had a hairy couple of hours in Customs** pasamos un par de horas espantosas en la aduana.

Haiti /'heɪtɪ/ *n* Haití *m*.

Haitian /'heɪʃɪən/ *adj, n* haitiano -na *adj, m/f*.

hake /heɪk/ *n* [*pl* **hake**] merluza *f*.

hale /heɪl/ *adj* sano -na • **Granddad is looking very hale and hearty, isn't he?** el abuelo tiene muy buen aspecto, ¿verdad?

half /hɑ:f/ I *n* [**halves** /hɑ:vz/] 1. (*part*) mitad *f*: **she cut the apple** *in* **half** cortó la manzana por la mitad; **the workforce has been reduced** *by* **half** han recortado la plantilla en un cincuenta por ciento; (*after a number*) medio: **we came here two and a half years ago** vinimos aquí hace dos años y medio; **she's six and a half** tiene seis años y medio • **she never does things by halves** nunca hace las cosas a medias • **that's a camera and a half!** ¡ésa sí que es una señora cámara! • **they decided to pay half and half** decidieron pagar a medias • **I'll go halves with you** iré a medias contigo. 2. (*Sport*: *period of match*) parte *f*, tiempo *m*: **Clark scored a try in the second half** Clark logró un ensayo en el segundo tiempo; (*: player*) medio *m*. 3. (*of beer, cider*) media pinta *f*.

II *adj* 1. (*followed by a noun*) medio -dia: **a half bottle of wine** media botella de vino. 2. (*followed by indefinite article*) medio -dia: **I live half a kilometre away** mi casa está a medio kilómetro de aquí; **half a dozen eggs** media docena de huevos; **she's been here for half an hour** lleva media hora aquí. 3. (*followed by definite article or possessive*) la mitad de: **half the cards were missing** faltaban la mitad de las cartas; **half the class was ill** la mitad de la clase estaba enferma; **he spends half his wages on clothes** se gasta la mitad del sueldo en ropa; **our house is only half the size of yours** tu casa es el doble de grande que la nuestra.

III *pron* la mitad: **half** *of* **those books are mine** la mitad de esos libros son míos; **I don't want a whole orange - just give me half** no quiero una naranja entera, dame la mitad sólo • **you're too clever by half** te pasas de listo.

IV *adv* **1.** (*with an adjective*) medio: **he's half asleep** está medio dormido; **she is half French** es medio francesa; **the door was half open** la puerta estaba entreabierta; **he was half amused and half angry** estaba entre divertido y enojado • **you pay half as much again for the best seats** las mejores localidades son un cincuenta por ciento más caras (que las demás). **2.** (*when telling the time*) media: **it's half past four** son las cuatro y media. **3.** (*with a verb*): **I half hoped he wouldn't be there** en el fondo esperaba que él no estuviera allí.

half-baked *adj* (*idea, suggestion*) mal concebido -da.

half board *n* media pensión *f*.

half-brother *n* hermanastro *m* (*con un progenitor en común*).

half-caste *adj, n* mestizo -za *adj, m/f*.

half-day *n* media jornada *f*.

half-empty *adj* medio vacío -cía.

half-fare *n* tarifa *f* a mitad de precio: **children under the age of eleven only pay half-fare** los niños menores de once años pagan la mitad del precio del billete.

half-hearted *adj* (*attempt*) poco entusiasta.

half-hour *n* media hora *f*.

half-life *n* (*Phys*: *of a substance*) media vida *f*.

half-mast *n*: **the flag was flying** *at* **half-mast** la bandera estaba izada a media asta.

half-moon *n* media luna *f*.

half note *n* (*US*: *Mus*) blanca *f*.

halfpenny /ˈheɪpnɪ/ *n* [**halfpennies**] medio penique *m*.

half-price *adv, adj* a mitad de precio.

half-sister *n* hermanastra *f* (*con un progenitor en común*).

half term *n* (*GB*: *Educ*) *semana de vacaciones a la mitad de un trimestre escolar*.

half time *n* (*Sport*) descanso *m*.

halfway I *adv* **1.** (*between places*) a mitad de camino, a medio camino: **they live halfway** *between* **Madrid and Salamanca** viven a mitad de camino entre Madrid y Salamanca • **the management met the unions halfway** la dirección llegó a un compromiso con los sindicatos. **2.** (*in time*): **they're halfway** *through* **the project** van por la mitad del proyecto.

II *adj* intermedio -dia, medio -dia: **we have reached the halfway stage** hemos llegado a la etapa intermedia.

halfwit *n* imbécil *m/f*.

half year *n* semestre *m*, medio año *m*.

half-yearly *adj* semestral.

halibut /ˈhælɪbət/ *n* [*pl* **halibut**] mero *m*.

hall /hɔ:l/ *n* **1.** (*entrance*) vestíbulo *m*, entrada *f*. **2.** (*large public room, building*) sala *f*: **a lecture/concert hall** una sala de conferencias/conciertos. **3.** (*large house*) mansión *f*.

hall of residence *n* residencia *f* universitaria, colegio *m* mayor.

hallelujah /ˌhælɪˈlu:jə/ **I** *n* aleluya *m* [sometimes feminine].

II *excl* aleluya.

hallmark /ˈhɔ:lmɑ:k/ *n* **1.** (*on precious metal*) contraste *m*. **2.** (*significant feature*) distintivo *m*, sello *m*: **attention to composition is the hallmark of a good photographer** la atención prestada a la composición es el distintivo de todo buen fotógrafo.

hallo /həˈləʊ/ *excl* ➪ hello

hallowed /ˈhæləʊd/ *adj* (*frml*) santificado -da, santo -ta.

Hallowe'en /ˌhæləʊˈi:n/ *n* víspera *f* de Todos los Santos.

hallucinate /həˈlu:sɪneɪt/ *vi* [**hallucinates, hallucinating, hallucinated**] alucinar.

hallucination /həˌlu:sɪˈneɪʃən/ *n* alucinación *f*.

hallway /ˈhɔ:lweɪ/ *n* vestíbulo *m*.

halo /ˈheɪləʊ/ *n* [**halos** * **haloes**] aureola *f*, halo *m*.

halogen /ˈhalədzən/ *n* halógeno *m*.

halt /hɔ:lt/ **I** *n* alto *m*, parada *f*: **the bus came** *to* **a halt** el autobús se detuvo • **the general called a halt to the manoeuvres** el general ordenó que se interrumpieran las maniobras • **the car ground to a halt** el coche perdió velocidad y se paró.

II *vt* [**halts, halting, halted**] (*traffic*) detener, parar.

♦*vi* detenerse, pararse: **halt!** ¡alto!

halter /ˈhɔ:ltə/ *n* (*for horse*) ronzal *m*, cabestro *m*.

halting /ˈhɔ:ltɪŋ/ *adj* (*steps, speech*) vacilante, titubeante.

halve /hɑ:v/ *vt* [**halves, halving, halved**] **1.** (*to divide in half*) partir por la mitad: **first, you have to halve the avocado** primero, tienes que partir el aguacate por la mitad. **2.** (*to lessen by half*) reducir a la mitad: **grants have been halved** las becas se han reducido a la mitad.

halves /hɑ:vz/ *plural de* ➪ half

ham /hæm/ *n* **1.** (*meat*) jamón *m*: **cooked ham** jamón cocido * en dulce * de York; **cured ham** jamón serrano. **2.** (*radio operator*) radioaficionado -da *m/f*. **3.** (*también* **ham actor**) actor *m* histriónico.

to **ham up** *vt* [**hams, hamming, hammed**] sobreactuar: **they hammed it up** sobreactuaron.

hamburger *n* hamburguesa *f*.

ham-fisted *adj* (*clumsy*) torpe.

hamlet /ˈhæmlɪt/ *n* aldea *f* (*muy pequeña*).

hammer /ˈhæmə/ **I** *n* **1.** (*tool*) martillo *m* • **they were at it hammer and tongs** luchaban a brazo partido. **2.** (*of piano*) macillo *m*. **3.** (*of gun*) percusor *m*.

II *vt* [**hammers, hammering, hammered**] **1.** (*to strike with a hammer*) martillear, martillar: **he hammered a nail into the wall** clavó una punta en la pared • **she hammered good manners into them** les inculcó buenos modales • **they really hammered it home** lo repitieron hasta la saciedad. **2.** (*fam*: *to defeat*) darle una paliza a: **Rovers hammered United** el Rovers le dio una paliza al United.

♦*vi* martillear, martillar: **the policeman hammered** *at* **the door** el policía aporreó la puerta; **they've been hammering** *away* **all morning** han estado dale que te pego con el martillo toda la mañana.

to **hammer out** *vt* (*plan, agreement*): **they hammered out the details of the contract** al final se pusieron de acuerdo en los detalles del contrato.

hammock /ˈhæmək/ *n* hamaca *f*.

hamper /ˈhæmpə/ **I** *n* cesta *f*.

II *vt* [**hampers, hampering, hampered**] estorbar, obstaculizar.

hamster /ˈhæmstə/ *n* hámster *m*.

hamstring /ˈhæmstrɪŋ/ *n* tendón *m* de la corva.

hand /hænd/ **I** *n* **1.** (*on body, in cards, worker*) mano *f*: **it was made** *by* **hand** estaba hecho a mano; **the letter was delivered** *by* **hand** la carta fue entregada en mano; **he was** *on* **his hands and knees looking for the contact lens** se había puesto a gatas para buscar la lentilla; **he dug a hole with his bare hands** cavó un hoyo con sus propias manos; **he couldn't wait to get his hands on the money** se moría de ganas de echarle el guante al dinero • **I'll lend you a hand** te echaré una mano • **they gave us a helping hand** nos echaron una mano • **she has her hands full right now** ahora mismo está ocupadísima • **I don't have my cheque book to hand** no tengo mi talonario a mano • **she's got her nephews on her hands for the whole summer** tiene que cuidar a sus sobrinos todo el verano • **Stella has had a hand in this** aquí se nota la mano de Stella • **Henry was on hand and helped us** Henry estaba allí y nos ayudó • **they work hand in glove with each other** colaboran muy estrechamente • **she's got him eating out of her hand** lo tiene totalmente en el bote • **he was given a free hand in choosing the players** le dieron total libertad para seleccionar a los jugadores • **after that, he washed his hands of them** después de eso, no quiso saber nada de ellos • **I'd like to help you, but my hands are tied** me gustaría ayudarte, pero estoy atado de manos • **he can turn his hand to almost anything** él puede hacer prácticamente de todo • **I'd like to try my hand at windsurfing** me gustaría probar el windsurfing • **the restaurant has changed hands** el restaurante ha cambiado de dueño • **don't play into his hands, tell him no** no le hagas el juego, dile que no • **hands off! that's mine!** ¡no lo toques! ¡es mío! • **hands off free education!** ¡no se metan con la educación gratuita! **2. at hand**: **fortunately help was at hand** afortunadamente no tardaron en ayudarnos; **the station is close at hand** la estación está muy cerca; **he knows the problem at first hand** conoce el problema por experiencia propia. **3. hand in hand**: **they were walking hand in hand** iban cogidos * (*Amér L*) tomados de la mano; **the two go hand in hand** una cosa va unida a la otra. **4. in hand**: **the job is well in hand** el trabajo ya está bastante avanzado; **he has several projects in hand** tiene varios proyectos entre manos; **he never confines himself to the topic in hand** le es imposible ceñirse al tema que se está discutiendo; **it's time she took that boy in hand** ya va siendo hora de que meta a ese niño en cintura. **5. out of hand**: **the idea was dismissed out of hand** descartaron la idea sin más ni más; **after midnight the party got out of hand** después de la medianoche la fiesta se desmadró. **6.** (*when giving directions*): **the bank is on your left hand** el banco está a mano izquierda. **7.** (*aspect of a situation*) **on the one hand ..., on the other hand...**: **on the one hand, it seems like a good idea** por una parte * por un lado, parece una buena idea; **on the other hand, you can always do it later** por otra parte, siempre puedes hacerlo más tarde. **8.** (*round of applause*) aplauso *m*: **and now, a big hand for...** y ahora un aplauso muy fuerte para.... **9.** (*of clock, watch*) manecilla *f*, aguja *f*. **10.** (*member of crew*): **the ship went down with all hands** el buque se hundió con toda la tripulación • **he's an old hand at climbing** tiene mucha experiencia en alpinismo. **11.** (*measure for horses*) palmo *m*.

II *vt* [**hands, handing, handed**] (*to pass*) pasar, dar: **he handed her the parcel** le dio el paquete.

to **hand down** *vt* pasar, transmitir: **a legend handed down through the generations** una leyenda transmitida a través de generaciones.

to **hand in** *vt* (*assignment, essay*) entregar; (*resignation*) presentar.

to **hand on** *vt* pasar: **when you've read it, hand it on** *to* **someone else** cuando lo hayas leído, pásaselo a otro * dáselo a otro.

to **hand out** *vt* distribuir: **he handed out the tickets** *to* **each of us** nos repartió las entradas.

to **hand over** *vt* entregar: **he reluctantly handed over his passport** entregó el pasaporte a regañadientes; **they handed him over** *to* **the police** lo entregaron a la policía.

♦*vi* entregar, ceder: **he wants to hand over** *to* **a younger man** quiere entregarle la dirección a un hombre más joven.

to **hand round** *vt* repartir, ofrecer: **she was handing round the sandwiches** estaba repartiendo los bocadillos.

handbag *n* bolso *m*, (*Amér S*) cartera *f*, (*Méx*) bolsa *f*.

hand baggage *n* (*US*) equipaje *m* de mano.

handball *n* (*ball game*) balonmano *m*.

handbook *n* (*Educ*) manual *m*.

handbrake *n* freno *m* de mano.

handcuff *vt* [**handcuffs, handcuffing, handcuffed**] esposar.

handcuffs *n pl* esposas *f pl*: **he was taken away** *in* **handcuffs** se lo llevaron esposado.

hand grenade *n* granada *f* de mano.

hand luggage *n* equipaje *m* de mano.

handmade *adj* hecho -cha a mano.

handover *n* relevo *m*.

hand-pick *vt* [**hand-picks, hand-picking, hand-picked**] seleccionar: **all the trainees are hand-picked by the manager** el gerente selecciona personalmente a todos los empleados en prácticas.

handrail *n* pasamano *m*, pasamanos *m inv*.

handshake *n* apretón *m* de manos.

handstand *n* (*Sport*) pino *m*: **I can do a handstand** sé hacer el pino.

hand-to-mouth /ˌhændtəˈmaʊθ/ *adj*: **he leads a hand-to-mouth existence** vive al día.

handful /ˈhændfʊl/ *n* (*quantity*) puñado *m*: **only a handful of people were there** sólo había un puñado de gente • **she's quite a * a real handful** es muy traviesa.

handicap /ˈhændɪˌkæp/ **I** *n* **1.** (*disability*) minusvalía *f*, discapacidad *f*. **2.** (*disadvantage*) desventaja *f*. **3.** (*in golf*) hándicap *m*.

II *vt* [**handicaps, handicapping, handicapped**] dificultar: **he's been handicapped by his poor maths** lo ha puesto en desventaja lo poco que sabe de matemáticas.

handicapped /ˈhændɪˌkæpt/ **I** *adj* (*physically*) minusválido -da; (*mentally*) disminuido psíquico, disminuida psíquica: **her brother is mentally handicapped** su hermano es disminuido psíquico.

II the handicapped *n pl* (*physically*) los minusválidos; (*mentally*) los disminuidos psíquicos.

handicraft /ˈhændɪˌkrɑːft/ *n* (*skill*) artesanía *f*; (*object*) (objeto *m* de) artesanía *f*.

handiwork /ˈhændɪˌwɜːk/ *n* trabajo *m*: **I was just admiring your handiwork** estaba admirando tu trabajo; **it's my own handiwork** lo hice yo mismo; **this is the handiwork of the Mafia** esto es obra de la mafia.

handkerchief /ˈhæŋkətʃɪf/ *n* [**handkerchiefs * handkerchieves** /ˈhæŋkətʃiːvz/] pañuelo *m*.

handle /ˈhændəl/ **I** *n* (*on door: round*) pomo *m*; (*: long*) manilla *f*, manija *f*; (*on drawer*) tirador *m*; (*on cup, suitcase*) asa *f* [takes ***el*** or ***un*** in singular]; (*of saucepan, broom*) mango *m*; (*of umbrella*) puño *m* • **when I told her, she flew off the handle** cuando se lo dije, perdió los estribos.

II *vt* [**handles, handling, handled**] **1.** (*to touch*) tocar:

be careful how you handle it: it is very expensive trátalo con cuidado: es muy caro. **2.** (*to manipulate*) manejar: **he has no idea how to handle a gun** no tiene ni idea de cómo se maneja un arma; **she handles the car very well** lleva * maneja el coche muy bien. **3.** (*to deal with: a situation*) manejar, hacerse cargo de: **fortunately, James knew how to handle the situation** afortunadamente, James supo manejar la situación; **she handles the sales** se encarga de las ventas; (*: people*) tratar: **he can be very bad-tempered, but I know how to handle him** a veces se pone de muy mal humor, pero yo sé cómo tratarlo. **4.** (*Sport*) tocar con la mano: **he handled the ball in the goal area** tocó el balón con la mano dentro del área.

handlebars /'hændəlbɑ:z/ *n pl* manillar *m*.

handler /'hændlə/ *n* (*of animals*) cuidador -dora *m/f*.

handout /'hændaʊt/ *n* **1.** (*financial help*) ayuda *f* económica, caridad *f*: **the industry depends on government handouts** la industria depende del dinero que le da el gobierno. **2.** (*leaflet: in advertising*) folleto *m* publicitario; (*: to accompany a lecture*) hoja *f* informativa.

handsome /'hændsəm/ *adj* **1.** (*good-looking*) guapo -pa, bien parecido -da, (*Amér L*) buenmozo, buenamoza. **2.** (*offer, sum*) generoso -sa; (*profit*) considerable.

handsomely /'hændsəmlɪ/ *adv* generosamente: **they were handsomely paid * rewarded for their work** les pagaron muy generosamente por su trabajo.

handwriting /'hænd,raɪtɪŋ/ *n* letra *f*.

handy /'hændɪ/ *adj* [**handier, handiest**] (*fam*) **1.** (*practical*) útil, práctico -ca: **that's a very handy tool** es una herramienta muy práctica. **2.** (*well-situated*) cercano -na: **the campsite is very handy** *for* **the beach** el camping está muy cerca de la playa; (*close*) a mano: **I always keep some aspirins handy** siempre tengo aspirinas a mano. **3.** (*skilled*) hábil: **he's surprisingly handy** *with* **a needle** es sorprendente la destreza con que maneja la aguja.

handyman /'hændɪmæn/ *n* [*pl* **handymen**] manitas *m inv*.

hang /hæŋ/ **I** *vt* [**hangs, hanging, hung**] **1.** (*gen*) colgar: **hang your coat behind the door** cuelga el abrigo detrás de la puerta. **2.** (*to kill by hanging*) [*participio pasado y pretérito* **hanged**] ahorcar: **he was hanged** *for* **high treason** lo ahorcaron por alta traición; **she hanged herself** se ahorcó.

♦ *vi* **1.** (*gen*) colgar: **it was hanging** *from* **the ceiling** colgaba * estaba colgado del techo. **2.** (*threat*) pender: **the threat of closure was hanging** *over* **them** pendía sobre ellos la amenaza de cierre.

II *n* (*fam*) tranquillo *m*: **I never got the hang of windsurfing** nunca le cogí el tranquillo al windsurf.

to **hang about * around** *vi* (*to wait*) esperar: **we hung around for half an hour in case he showed up** esperamos media hora por si venía; (*to loiter*) rondar: **what are you doing hanging around here?** ¿tú qué haces rondando por aquí?

♦ *vt* (*to wait*): **I had to hang around the airport for three hours** tuve que esperar tres horas en el aeropuerto.

to **hang on** *vi* **1.** (*fam: to wait*) esperar: **could you hang on for a couple more minutes?** ¿puedes esperarte un poco más?; **hang on, you're not changing your mind, are you?** espera un momento, ¿no has cambiado de idea, verdad? • **hang on in there!** ¡no te desanimes! **2.** (*in difficult situation*) aguantar, resistir.

♦ *vt* **1.** (*to depend on*) depender de: **a lot hangs on their decision** muchas cosas dependen de su decisión. **2.** (*to pay close attention to*) estar pendiente: **she hangs on John's every word** está pendiente de todo lo que dice John.

to **hang onto, hang on to** *vt* **1.** (*to grip*) aferrarse a: **she managed to hang onto the ledge until the rescue party arrived** se mantuvo aferrada al saliente hasta que llegó el equipo de rescate. **2.** (*to keep*) quedarse: **you hang onto it, it's no use to me** quédatelo, ya no me sirve; **he tried to hang onto the house after he lost his job** cuando se quedó sin trabajo, hizo todo lo posible para no tener que vender la casa.

to **hang out** *vt* tender.

♦ *vi* (*fam*) frecuentar: **where does he hang out now?** ¿qué sitios frecuenta ahora?

to **hang up** *vi* (*on telephone*) colgar: **he gave his order and hung up** después de hacer el pedido, colgó; **she hung up** *on* **him** le colgó el teléfono.

♦ *vt* colgar: **shall I hang your coat up?** ¿quieres que cuelgue el abrigo?

hang-glider *n* ala *f* delta [takes ***el*** or ***un*** in singular].

hang-gliding *n* ala *f* delta [takes ***el*** or ***un*** in singular].

hangman *n* [*pl* **hangmen**] verdugo *m*.

hangover *n* **1.** (*from drinking*) resaca *f*. **2.** (*from previous era*) vestigio *m*: **it's a hangover** *from* **the previous regime** es un vestigio del régimen anterior.

hang-up *n* (*fam*) **1.** (*complex*) inhibición *f*, complejo *m*. **2.** (*fear*) miedo *m*: **he has a hang-up** *about* **spiders** les tiene pánico a las arañas.

hangar /'hæŋə/ *n* hangar *m*.

hanger /'hæŋə/ *n* percha *f*.

hanger-on /,hæŋər'ɒn/ *n* [*pl* **hangers-on**] (*fam*) parásito *m/f*: **the sheikh arrived with numerous hangers-on** el jeque llegó acompañado de los numerosos parásitos que siempre lo rodean.

hanging /'hæŋɪŋ/ *n* ahorcamiento *m*.

hanker /'hæŋkə/ *vi* [**hankers, hankering, hankered**]: **he hankered** *after* * *for* **recognition** anhelaba que se reconociera su trabajo.

hankering /'hæŋkərɪŋ/ *n* anhelo *m*, ansia *f* [takes ***el*** or ***un*** in singular]: **she felt a hankering** *for* * *after* **city life** echaba de menos la vida de la ciudad.

hankie, hanky /'hæŋkɪ/ *n* (*apócope de* **handkerchief**) [*pl* **hankies**] (*fam*) pañuelo *m*.

haphazard /hæp'hæzəd/ *adj* (*lacking order*) desordenado -da.

hapless /'hæpləs/ *adj* desdichado -da, desgraciado -da.

happen /'hæpən/ *vi* [**happens, happening, happened**] **1.** (*to take place*) pasar, ocurrir: **it happened before I arrived** ocurrió antes de que yo llegara; **it's happened** *to* **me too** eso me ha pasado a mí también; **what's happening?** ¿qué pasa?; **she sat there as if nothing had happened** se quedó sentada como si nada. **2.** (*by chance*): **she happened to be catching the same train as me** dio la casualidad de que los dos íbamos a coger el mismo tren; **as it happens, I have the timetable with me** pues mira por dónde, aquí tengo el horario; **it so happens that we're from the same village** da la casualidad de que somos del mismo pueblo.

happening /'hæpənɪŋ/ *n* acontecimiento *m*, suceso *m*.

happily /'hæpəlɪ/ *adv* **1.** (*joyfully*) alegremente, felizmente. **2.** (*luckily*) afortunadamente: **happily, I was able to change the tickets** afortunadamente pude cambiar los billetes.

happiness /'hæpɪnəs/ *n* felicidad *f*.

happy /'hæpɪ/ *adj* [**happier, happiest**] **1.** (*childhood, marriage, ending*) feliz: **happy birthday/Happy**

New Year! ¡feliz cumpleaños/año nuevo! **2.** (*personality*) alegre: **she is a very happy child** es una niña muy alegre. **3.** (*pleased*) contento -ta, feliz: **he's very happy living in Richmond** está muy contento viviendo en Richmond; **she'd be happy to see you at any time** estaría encantada de verte en cualquier momento • **we would be more than happy to help** estaríamos encantados de ayudarte; (*satisfied*) contento -ta: **we are not happy** *with* **your report** no estamos satisfechos con su informe; **are you happy** *about* **going alone?** ¿no te importa ir solo?

happy-go-lucky *adj* (*carefree*) despreocupado -da.

happy medium *n* justo término *m* medio.

harangue /hə'ræŋ/ **I** *n* (*speech*) arenga *f*.

II *vt* [**harangues, haranguing, harangued**] arengar.

harass /'hærəs, hə'ræs/ *vt* [**harasses, harassing, harassed**] **1.** (*person*) acosar. **2.** (*Mil*: *enemy*) hostigar.

harassed /'hærəst, hə'ræst/ *adj* (*hard-pressed*) agobiado -da.

harassment /'hærəsmənt, hə'ræsmənt/ *n* **1.** (*gen*) acoso *m*. **2.** (*of enemy*) hostigamiento *m*.

harbour, (*US*) **harbor** /'hɑ:bə/ **I** *n* puerto *m*.

II *vt* [**harbours, harbouring, harboured**] **1.** (*suspicion, grudge*) albergar, abrigar. **2.** (*fugitive*) dar albergue ∗ abrigo a, esconder.

hard /hɑ:d/ **I** *adj* **1.** (*to the touch*) duro -ra, firme: **the ground was hard and dry** el suelo estaba seco y duro. **2.** (*difficult*) difícil, duro -ra: **she's had a hard life** ha tenido una vida muy dura; **it's hard for her to understand** le cuesta entenderlo; **I'm finding it hard to adapt** me está costando adaptarme • **I had a hard time in Malta** lo pasé muy mal en Malta. **3.** (*requiring physical effort*) duro -ra, agotador -dora: **it's hard work** es un trabajo duro • **the journey to Guadalajara was hard going** el viaje a Guadalajara fue pesado ∗ se les hizo cuesta arriba. **4.** (*diligent*): **she's a hard worker** es muy trabajadora. **5.** (*energetic*) fuerte: **give it a hard kick** ¡dale una patada bien fuerte! **6.** (*harsh, strict*) duro -ra, severo -ra: **he's a hard man** es un hombre severo; **she's very hard** *on* **her children** es muy severa con sus hijos; **it was a hard winter** fue un invierno riguroso; **he's hard to please** es muy exigente. **7.** (*incontrovertible*): **those are the hard facts** estos son los hechos; **we need hard evidence** necesitamos pruebas tangibles.

II *adv* **1.** (*with physical effort*) con fuerza: **he pushed hard and the door opened** empujó con fuerza y la puerta se abrió; **she struggled hard, but couldn't free herself** forcejeó con insistencia, pero no pudo liberarse; **she laughed so hard that she cried** se rió tanto que se le saltaron las lágrimas. **2.** (*with mental effort*) mucho: **I thought long and hard** lo pensé detenidamente; **she has studied hard** ha estudiado mucho; **he tried hard to convince them** se esforzó para convencerlos; **you would have to look hard to spot the difference** sería muy difícil encontrar ∗ ver la diferencia • **he's been hard at it all afternoon** ha estado dale que te pego toda la tarde • **he was hard put to decide** le costó mucho decidirse. **3.** (*intensely*): **it was raining hard** llovía mucho ∗ torrencialmente. **4.** (*with pain, distress*): **he took his daughter's death very hard** la muerte de su hija fue un golpe muy duro para él • **the coal industry has been hard hit** la industria del carbón ha resultado gravemente afectada • **he's feeling hard done by** cree que lo han tratado injustamente.

hard-and-fast *adj* (*rule*) fijo -ja; (*decision*) irrevocable.

hardback *n* libro *m* de tapas duras.

hardboard *n*: *tipo de madera que se vende en chapas.*

hard-boiled *adj* **1.** (*egg*) duro -ra. **2.** (*fam*: *unsentimental*) duro -ra, insensible.

hard cash *n* dinero *m* en metálico, dinero *m* contante y sonante.

hard copy *n* (*Inform*) *copia obtenida mediante una impresora*.

hard-core *adj* **1.** (*supporter*) incondicional. **2.** (*pornography, rock music*) duro -ra.

hard currency *n* divisa *f* fuerte.

hard disk *n* (*Inform*) disco *m* duro.

hard drugs *n pl* drogas *f pl* duras.

hard-earned *adj* (*cash*) ganado -da con esfuerzo.

hard-headed *adj* (*businessman*) realista, poco sentimental.

hard-hearted *adj* cruel, insensible.

hard labour, (*US*) **hard labor** *n* trabajos *m pl* forzados.

hard left *n* extrema izquierda *f*.

hardline *adj* de línea dura.

hardliner *n* partidario -ria *m/f* de la línea dura.

hard of hearing *adj* duro -ra de oído.

hard-pressed *adj* que pasa apuros: **we're going to be hard-pressed to get there in time** vamos a tenerlo difícil para llegar a la hora.

hard right *n* extrema derecha *f*.

hard shoulder *n* (*GB*) arcén *m*.

hard up *adj* mal de dinero, pelado -da: **we were very hard up** estábamos mal de dinero.

hard-wearing *adj* (*clothing, shoes*) duradero -ra, resistente.

hardwood *n* madera *f* dura.

hard-working *adj* trabajador -dora.

harden /'hɑ:dən/ *vt* [**hardens, hardening, hardened**] endurecer: **I had to harden my heart before telling them the news** tuve que hacer de tripas corazón para darles la noticia.

♦ *vi* endurecerse, curtirse.

hardened /'hɑ:dənd/ *adj* (*insensitive*) insensible: **he's become hardened** *to* **criticism** se ha vuelto insensible a las críticas; (*unrepentant*): **he is a hardened criminal** es un criminal habitual.

hardly /'hɑ:dlɪ/ *adv* **1.** (*scarcely*) apenas: **I can hardly see it** apenas lo veo; **she was hardly aware of the children** apenas se daba cuenta de que los niños estaban allí; (*when used with* **any** *or words beginning with* **any-**) casi: **he has hardly any money** casi no tiene dinero; **I know hardly anyone in the village** no conozco a casi nadie en el pueblo; **there was hardly anything left** no quedaba casi nada. **2. hardly ever** casi nunca: **they're hardly ever at home** casi nunca están en casa. **3.** (*emphasizing something very unlikely*) difícilmente: **I'm hardly likely to tell my parents what happened** difícilmente puedo contarles a mis padres lo que pasó.

hardness /'hɑ:dnəs/ *n* **1.** (*gen*) dureza *f*. **2.** (*complexity*) dificultad *f*, complejidad *f*. **3.** (*emotional*) insensibilidad *f*.

hardship /'hɑ:dʃɪp/ *n* (*suffering*) penalidad *f*; (*deprivation*) privación *f*, apuro *m*.

hardware /'hɑ:dweə/ *n* **1.** (*ironmongery*) ferretería *f*. **2.** (*Inform*) hardware *m*.

hardware shop, (*US*) **hardware store** *n* ferretería *f*.

hardy /'hɑ:dɪ/ *adj* [**hardier, hardiest**] (*robust*) robusto -ta; (*plant*) resistente.

hare /heə/ *n* liebre *f*.

harebell /'heəbəl/ *n* (*Bot*) campanilla *f*.

harebrained /'heəbreɪnd/ *adj* (*plan, idea*) absurdo -da, ridículo -la.

harelip /ˈheəlɪp/ *n* labio *m* leporino.

harem /hɑːˈriːm/ *n* harén *m*.

haricot /ˈhærɪkəʊ/ *n* (*también* **haricot bean**) alubia *f*, judía *f* blanca, (*Amér L*) frijol *m* blanco, (*Arg*, *Chi*, *Urug*) poroto *m* blanco.

hark /hɑːk/ *excl* (*frml*) escucha.

to **hark back** *vi* [**harks, harking, harked**]: **he is always harking back** *to* **his years in France** siempre está hablando de los años que pasó en Francia.

harm /hɑːm/ **I** *n* daño *m*, perjuicio *m*: **it wouldn't do you any harm to take some exercise** no te haría daño hacer algo de ejercicio; **the article did her a lot of harm** el artículo la perjudicó mucho; **there's no harm** *in* **asking** no se pierde nada por preguntar; **I don't see any harm** *in* **the plan** no veo nada de malo en el plan • **the passengers came to no harm** a los pasajeros no les pasó nada • **he means no harm** tiene buenas intenciones • **no harm done** tranquilo, no pasa nada • **leave the saw out of harm's way** deja la sierra en un lugar donde nadie se pueda hacer daño.
II *vt* [**harms, harming, harmed**] (*person*) hacer daño a, dañar; (*relationship, chances, health*) perjudicar: **will it harm his chances of being accepted?** ¿perjudicará sus posibilidades de que lo acepten?

harmful /ˈhɑːmfʊl/ *adj* nocivo -va, perjudicial: **the harmful effects of alcohol** los efectos nocivos del alcohol; **this could be harmful** *to* **young children** podría ser nocivo * perjudicial para los niños.

harmless /ˈhɑːmləs/ *adj* (*gen*) inofensivo -va, inocuo -cua; (*animal*) inofensivo -va.

harmonica /hɑːˈmɒnɪkə/ *n* armónica *f*.

harmonious /hɑːˈməʊnɪəs/ *adj* armonioso -sa.

harmonize /ˈhɑːmənaɪz/ *vi* [**harmonizes, harmonizing, harmonized**] **1.** (*Mus*) armonizar. **2.** (*to fit in*) encajar: **the sculpture harmonizes perfectly** *with* **its surroundings** la escultura encaja muy bien con el entorno.

harmony /ˈhɑːmənɪ/ *n* [**harmonies**] armonía *f*: **why can't they live** *in* **harmony?** ¿por qué no pueden vivir en armonía?

harness /ˈhɑːnɪs/ **I** *n* [**harnesses**] arreos *m pl*.
II *vt* [**harnesses, harnessing, harnessed**] **1.** (*horse*) poner los arreos a, enjaezar. **2.** (*energy, etc.*) utilizar: **we are able to harness the energy of the waves** podemos utilizar la energía de las olas.

harp /hɑːp/ *n* arpa *f* [takes ***el*** or ***un*** in singular].

to **harp on** *vi* [**harps, harping, harped**] hablar continuamente: **I wish she'd stop harping on** ojalá se callara un ratito; **he's always harping on** *about* **the cost of living** no para de hablar de lo caro que está todo.

harpist /ˈhɑːpɪst/ *n* arpista *m/f*.

harpoon /hɑːˈpuːn/ **I** *n* arpón *m*.
II *vt* [**harpoons, harpooning, harpooned**] arponear.

harpsichord /ˈhɑːpsɪˌkɔːd/ *n* clavicémbalo *m*.

harrowing /ˈhærəʊɪŋ/ *adj* (*distressing*) terrible, horroroso -sa.

harsh /hɑːʃ/ *adj* **1.** (*treatment, punishment*) duro -ra, severo -ra: **don't you think you've been a bit harsh** *on* **the children?** ¿no crees que has sido un poco dura con los niños?; **he had a few harsh words to say to them** tenía que decirles cuatro cosas. **2.** (*weather*) severo -ra. **3.** (*colour*) chillón -llona.

harshly /ˈhɑːʃlɪ/ *adv* **1.** (*to treat*) severamente, duramente: **she had been treated harshly as a child** de niña la habían tratado severamente. **2.** (*to speak*) ásperamente, duramente.

harvest /ˈhɑːvɪst/ **I** *n* cosecha *f*.
II *vt* [**harvests, harvesting, harvested**] cosechar, recoger.
harvest festival *n* fiesta *f* de la cosecha.

harvester /ˈhɑːvɪstə/ *n* **1.** (*person*) segador -dora *m/f*. **2.** (*machine*) cosechadora *f*, segadora *f*.

has /hæz/ *tercera persona del singular del presente de* ⇨ have

has-been /ˈhæzbiːn/ *n* (*fam*) vieja gloria *f*.

hash /hæʃ/ *n* **1.** (*Culin*) sofrito *m* de carne. **2.** (*fam: mess*): **she made a real hash of painting the ceiling** hizo una verdadera chapuza al pintar el techo. **3.** (*fam: drug*) hachís *m*.

hashish /ˈhæʃiːʃ/ *n* hachís *m*.

hasn't /ˈhæzənt/ *contracción de* **has not** ⇨ have

hassle /ˈhæsəl/ (*fam*) **I** *n* (*difficulty, problem*) rollo *m*, lío *m*: **it was a hassle getting tickets** fue un lío comprar los billetes; **we've been having a lot of hassle at work** hemos tenido muchos follones en el trabajo.
II *vt* [**hassles, hassling, hassled**] (*to cause annoyance to*) molestar, fastidiar: **he kept hassling them** *for* **money** no dejaba de fastidiarles tratando de sacarles dinero; **he's always hassling me** *about* **the garden** siempre me está dando la paliza con el jardín.

haste /heɪst/ *n* prisa *f*: *in* **her haste, she forgot to give me her address** con las prisas, se olvidó de darme su dirección.

hasten /ˈheɪsən/ *vt* [**hastens, hastening, hastened**] precipitar, acelerar: **fresh evidence hastened his arrest** nuevas pruebas precipitaron su arresto.
♦ *vi* apresurarse, darse prisa: **they hastened towards the station** se dieron prisa para llegar a la estación; **he hastened** *to* **reassure her** se apresuró a tranquilizarla.

hastily /ˈheɪstəlɪ/ *adv* **1.** (*speedily*) deprisa: **she hastily gathered up her belongings and left the house** recogió sus cosas deprisa y corriendo y se fue de la casa. **2.** (*without thinking*) a la ligera: **she spoke hastily** habló a la ligera.

hasty /ˈheɪstɪ/ *adj* [**hastier, hastiest**] **1.** (*rushed*) apresurado -da: **she just had time for a hasty breakfast** tuvo el tiempo justo para desayunar deprisa y corriendo. **2.** (*action, reaction*) precipitado -da: **I admit I was a little hasty** admito que me precipité un poco.

hat /hæt/ *n* (*gen*) sombrero *m*; (*of paper, fur, wool*) gorro *m* • **I take my hat off to the organizers** me quito el sombrero ante los organizadores • **she kept her promotion under her hat for two months** guardó en secreto su ascenso durante dos meses • **he's talking through his hat** está diciendo tonterías • **that trick is old hat** ese truco es muy viejo • **if they win the elections I'll eat my hat** si ganan las elecciones, me meto a monja * me hago cura.
hatpin *n* alfiler *m* de sombrero.
hat stand *n* perchero *m*.
hat trick *n* (*Sport*) *tres tantos de un mismo jugador en un partido*: **Frost scored a hat trick** Frost marcó tres goles.

hatch /hætʃ/ **I** *n* [**hatches**] **1.** (*on boat, plane*) escotilla *f*. **2.** (*in kitchen*) ventanilla *f*.
II *vt* [**hatches, hatching, hatched**] **1.** (*eggs*) empollar, incubar. **2.** (*plan, plot*) urdir, tramar: **he's hatched a clever plan** ha urdido un plan muy inteligente.
♦ *vi* (*bird*): **the ducklings hatched** *(out)* **yesterday** los patitos rompieron el cascarón ayer.

hatchback /ˈhætʃbæk/ I *n* coche *m* de cinco * tres puertas.
II *adj* de cinco * tres puertas.

hatchet /ˈhætʃɪt/ *n* hacha *f* [takes ***el*** or ***un*** in singular] • **they've finally decided to bury the hatchet** por fin han decidido hacer las paces.

hate /heɪt/ I *vt* [**hates, hating, hated**] 1. (*to dislike intensely*) odiar, aborrecer: **they hate each other** se odian; **he hates cheese** no puede ver el queso; **I would hate to live in the country** no me gustaría nada vivir en el campo. 2. (*in reluctant statements*) sentir, lamentar: **I hate to tell you this, but...** lamento decirte esto, pero....
II *n* odio *m*.

hateful /ˈheɪtfʊl/ *adj* odioso -sa.

hatred /ˈheɪtrɪd/ *n* odio *m*.

hatter /ˈhætə/ *n* • **he's as mad as a hatter** está loco de atar.

haughtily /ˈhɔːtəlɪ/ *adv* arrogantemente, con soberbia.

haughty /ˈhɔːtɪ/ *adj* [**haughtier, haughtiest**] arrogante, soberbio -bia.

haul /hɔːl/ I *n* 1. (*tug: on rope*), tirón *m*: **with one last haul they pulled the boat ashore** dieron un último tirón y sacaron la barca del agua. 2. (*journey*) trayecto *m*, viaje *m*: **it was quite a long haul from Birmingham to Rochester** el viaje de Birmingham a Rochester fue largo y pesado. 3. (*of fish*) redada *f*. 4. (*stolen goods*) botín *m*: **the thieves got away with a good haul of jewels** los ladrones se llevaron un botín importante en joyas.
II *vt* [**hauls, hauling, hauled**] 1. (*to pull hard*) tirar de, arrastrar. 2. (*to take, carry*) acarrear: **I was left to haul their luggage** ***up*** **the stairs** me tocó a mí acarrear sus maletas escaleras arriba.
to **haul up** *vt* (*fam*) llevar: **he was hauled up** ***in*** **court on a charge of petty theft** lo llevaron a juicio acusado de hurto menor.

haulage /ˈhɔːlɪdʒ/ *n* transporte *m*: **the buyer must pay the haulage (costs)** el comprador debe pagar los portes.
haulage contractor *n* (*person*) transportista *m/f*; (*company*) empresa *f* de transportes.

haunch /hɔːntʃ/ *n* [**haunches**] 1. (*Anat, Zool*) anca *f* [takes ***el*** or ***un*** in singular]: **you have to get down** ***on*** **your haunches to do this exercise** para hacer este ejercicio, tienes que ponerte en cuclillas. 2. (*Culin*) pernil *m*.

haunt /hɔːnt/ I *n* (*place*) lugar *m* que se frecuenta: **she visited all her old haunts** visitó todos los sitios que solía frecuentar.
II *vt* [**haunts, haunting, haunted**] 1. (*ghost*) aparecer en. 2. (*memory*) perseguir: **he is haunted by the memory of his accident** le atormenta el recuerdo del accidente.

haunted /ˈhɔːntɪd/ *adj* 1. (*by ghosts*) embrujado -da. 2. (*troubled*) atormentado -da.

haunting /ˈhɔːntɪŋ/ *adj* (*memory*) obsesionante; (*music, beauty*) inolvidable.

Havana /həˈvænə/ *n* La Habana.

have /hæv/ I *v aux* [**has, having, had**] ⇨ gramática en el apéndice (Verbos Auxiliares) 1. (*used to form perfect and pluperfect tenses*) haber: **they have bought the house** han comprado la casa; **have you eaten all the bread?** ¿te has comido todo el pan?; **you've told him, haven't you?** se lo has dicho, ¿verdad?; **they had been to Germany before** ya habían estado en Alemania antes; **he had had no sleep** no había dormido nada; **it hadn't snowed for years** hacía años que no nevaba; **once we had finished, we decided to go out** una vez que hubimos terminado, decidimos salir; **we've lived here since 1988** vivimos aquí desde 1988; **she has lived in Spain all her life** ha vivido en España toda su vida. 2. (*used in responses*): **"You've left the light on." "So I have."** "Te has dejado la luz encendida." "Sí, es verdad."; **"He's taken my wallet." "He has not. It's here!"** "Se ha llevado mi cartera." "No, no se la ha llevado. ¡Está aquí!" 3. (*used with* ***just***) ⇨ just **II, 2**
II *vt* [**has, having, had**] 1. (*to own, possess*) *[en inglés británico más normal* ***have got]*** tener: **most of them have (got) a car** la mayoría de ellos tiene coche; **he has (got) blue eyes** tiene los ojos azules; **they have (got) two children** tienen dos hijos; **I haven't got * I don't have a job** no tengo trabajo; **she had not got * she did not have any money** no tenía dinero; **I can't come out, I've got * I have too much to do** no puedo salir, tengo muchas cosas por hacer; **there were no more to be had** no quedaba ninguno; (*used with illnesses*): **she has * she's got chicken pox** tiene la varicela. 2. (*to receive*) recibir, tener: **have they had any news?** ¿han recibido * tenido noticias?; **let me have your telephone number** deme su número de teléfono; **can I have that screwdriver?** ¿me pasas ese destornillador?; **I must have your answer by tomorrow** necesito una respuesta para mañana; **he had an idea** se le ocurrió una idea. 3. (*to experience*): **we had a good time at the party** nos lo pasamos muy bien en la fiesta; **he's having a difficult time** está pasando una mala temporada; **did you have a good holiday?** ¿qué tal las vacaciones?; **they're having a meeting** están reunidos; **I had a shock when I saw him** me quedé de piedra cuando lo vi • **he's been had over that car** lo han timado con ese coche. 4. (*used with activities*): **let's have a game of tennis** ¿jugamos un partido de tenis?; (*to take*): **she's having a bath** está bañándose. 5. (*to eat, drink*) tomar: **what are you going to have?** ¿qué vas a tomar?; **shall we have a drink?** ¿nos tomamos algo?; **I haven't had (my) breakfast yet** aún no he desayunado; **we had chicken for dinner** cenamos pollo; **have some more coffee** sírvete más café. 6. (*to permit, tolerate*) permitir: **he won't have that sort of language in his house** no permite que se hable así en su casa; **I won't have it!** ¡no lo consentiré! 7. (*to cause something to be done or to happen*): **I'm going to have my hair cut** voy a cortarme el pelo; **he had two teeth** ***out*** le sacaron dos muelas; **you need to have your roof mended** tienes que hacerte arreglar el tejado; **I've had my bike stolen** me han robado la bici; **they had us** ***round*** * ***over*** **to dinner** nos invitaron a cenar; **she had him clean the windows** le hizo limpiar los cristales; **have him come down to my office** dígale que baje a mi oficina • **he was had up for drunken driving** tuvo que presentarse ante el juez por conducir bebido. 8. (*to give birth to*) dar a luz, tener: **she had a baby last week** tuvo un niño la semana pasada. 9. **have to, have got to** (*used to express obligation*) tener que: **you have to press that button to operate the printer** tienes que * hay que pulsar ese botón para hacer funcionar la impresora; **he had to leave before the play had finished** tuvo que irse antes de que terminara la obra; **do I have to visit Aunt Violet?** ¿tengo que ir a ver a la tía Violet?; **you have got to earn some money** tienes que intentar ganar algo de dinero. 10. (*in expressions with* ***it***): • **I have it! we'll ask Sam** ¡ya lo tengo! le pediremos a Sam • **the story has it that...** dicen que... * se dice que... • **I've had it, let's go home** no puedo más, vámonos a casa • **if you get caught,**

you've had it si te pillan, te la vas a cargar * se te va a caer el pelo • **my washing machine's had it** la lavadora se ha estropeado • **he has it in for you** te la tiene jurada • **I'm going to have it out with the boss** voy a hablarle al jefe claramente • **tell her now and have done with it** díselo de una vez. **11.** (*to concern, be concerned with*) •**to have to do with**: **our conversation has nothing to do with you!** nuestra conversación no tiene nada que ver contigo; **he has something to do with the oil industry** trabaja en algo relacionado con la industria petrolera; **it has to do with her business affairs** tiene que ver con sus negocios.

III the haves *n pl*: **the haves and the have-nots** los ricos y los pobres.

to **have on** *vt* **1.** *[en inglés británico se puede decir* ***have got on****]* (*clothes*) llevar: **she had a red dress on** * **she'd got a red dress on** llevaba un vestido rojo; **he had (got) nothing on** iba desnudo; (*date, appointment*): **I've (got) nothing on tonight, so let's eat out** no tengo nada que hacer esta noche, ¿por qué no cenamos fuera? **2.** (*to joke with*): **don't listen to her, she's having you on** no le hagas caso, está tomándote el pelo.

haven /ˈheɪvən/ *n* **1.** (*place of safety*) refugio *m*: **the exiles found a haven in Switzerland** los exiliados encontraron refugio * asilo en Suiza; **the centre is a haven** *for* **many needy people** el centro da refugio a mucha gente necesitada. **2.** (*for ships*) puerto *m*.

haven't /ˈhævənt/ *contracción de* **have not** ⇨ have

haversack /ˈhævəˌsæk/ *n* mochila *f*.

havoc /ˈhævək/ *n* estragos *m pl* • **the snow played * wreaked havoc with the train timetable** la nieve provocó el caos en el horario de los trenes.

Hawaii /həˈwɑɪi:/ *n* Hawai *m*.

Hawaiian /həˈwaɪən/ *adj*, *n* hawaiano -na *adj*, *m/f*.

hawk /hɔ:k/ **I** *n* (*Zool*) halcón *m*.

II *vt* [**hawks, hawking, hawked**] (*to sell*) vender (en la calle).

hawker /ˈhɔ:kə/ *n* vendedor -dora *m/f* ambulante.

hawthorn /ˈhɔ:θɔ:n/ *n* (*Bot*) espino *m*.

hay /heɪ/ *n* heno *m* • **make hay while the sun shines** la ocasión la pintan calva.

hay fever *n* fiebre *f* del heno.

haystack *n* almiar *m*.

haywire /ˈheɪˌwaɪə/ *adj* • **your dad will go haywire when he finds out** tu padre se va a subir por las paredes cuando se entere • **the computer suddenly went haywire** de repente el ordenador se volvió loco.

hazard /ˈhæzəd/ **I** *n* riesgo *m*, peligro *m*: **the waste from the factory is a health hazard** los vertidos de la fábrica representan un riesgo para la salud.

II *vt* [**hazards, hazarding, hazarded**] **1.** (*frml*: *to put in danger*) poner en peligro, arriesgar. **2.** (*to guess, estimate*): **I don't know how much it cost, but I would hazard around a thousand pounds** no sé cuánto costó exactamente, pero diría que unas mil libras.

hazardous /ˈhæzədəs/ *adj* peligroso -sa, arriesgado -da.

haze /heɪz/ *n* neblina *f* • **everything that had happened before the accident was just a haze** todo lo que había ocurrido antes del accidente estaba muy confuso en mi mente.

hazel /ˈheɪzəl/ **I** *n* (*tree*) avellano *m*.

II *adj* (*eyes*) de color castaño verdoso.

hazelnut *n* avellana *f*.

hazy /ˈheɪzɪ/ *adj* [**hazier, haziest**] **1.** (*misty*) brumoso -sa. **2.** (*idea, impression*) vago -ga.

H-bomb /ˈeɪtʃbɒm/ *n* bomba *f* H.

he /hi:/ *pron* él [often omitted in Spanish]: **here he is** aquí está; **it was he who started it** fue él quien empezó; **"Who's Frank?" "He is."** "¿Quién es Frank?" "Ése."; **he who has a guilty conscience should...** el que se sienta culpable debería....

head /hed/ **I** *n* **1.** (*part of body*) cabeza *f*: **the branch hit her on the head** la rama le dio en la cabeza; **he was covered in mud** *from* **head** *to* **toe * foot** estaba cubierto de lodo de pies a cabeza; **he shook/nodded his head** negó/asintió con la cabeza • **she hung her head in shame** agachó la cabeza avergonzada • **her horse won by a head** su caballo ganó por una cabeza • **he tripped and went head over heels** tropezó y se cayó patas arriba • **they are head over heels in love** están locamente enamorados • **they went over the manager's head to complain** pasaron por encima del director para presentar una queja • **the company is managing to keep its head above water** la empresa se mantiene a flote • **asking them to help is like banging your head against a brick wall** pedirles a ellos que nos ayuden es perder el tiempo • **the teacher bit his head off** el profesor le dio un rapapolvo • **the baby was screaming its head off** el bebé lloraba sin parar • **he laughed his head off when he saw me** se partió de risa al verme • **if you leave school now, on your (own) head be it!** si dejas de estudiar ahora, ¡allá te las compongas! • **he always seems to have his head in the clouds** está siempre pensando en las musarañas. **2.** (*mind*) mente *f*: **I can't work out percentages** *in* **my head** no puedo calcular porcentajes mentalmente; **I can't get that formula** *into* **my head** no hay forma de que me acuerde de esa fórmula; **I can't get that tune** *out of* **my head** no consigo quitarme esa melodía de la cabeza; **she took it** *into* **her head to learn to fly** se le metió en la cabeza aprender a pilotar aviones; **cider goes** *to* **my head** la sidra se me sube a la cabeza • **the promotion has gone to his head** el ascenso se le ha subido a la cabeza • **trigonometry goes right over my head** de trigonometría no entiendo nada • **he's got a good head for figures** se le dan bien los números • **I have no head for heights** no me gustan las alturas • **she kept her head despite the chaos** mantuvo la calma a pesar del caos que reinaba • **you must be off your head to work for them** tienes que estar mal de la cabeza para trabajar con ellos • **we put our heads together and came up with an idea** nos pusimos a pensar juntos y surgió la idea • **two heads are better than one** cuatro ojos ven más que dos. **3.** (*top part*) parte *f* superior: **write your name at the head of the page** escriban su nombre y apellidos en la parte superior de la página; (*of bed, table*) cabecera *f*; (*of flower*) flor *f*; (*on beer*) espuma *f*; (*of cassette player, razor*) cabezal *m*; (*of pin*) cabeza *f* • **matters have come to a head** la situación ya pasa de castaño oscuro • **I can't make head or tail of this diagram** no le veo ni pies ni cabeza a este diagrama. **4.** (*individual: person*) cabeza *f*: **the outing will cost five pounds a * per head** la excursión cuesta cinco libras por cabeza; (*: animal*): **they have one thousand head of cattle** tienen mil cabezas de ganado vacuno. **5.** (*person in charge: of family*) cabeza *m/f*: **he's the head of the family now** ahora él es el cabeza de familia; (*: of company, school*) director -tora *m/f*: **they made her head of the company last year** el año pasado la nombraron directora de la empresa; **they have appointed a new head** han nombrado un nuevo director.

II **heads** *n pl* cara *f*: **heads or tails?** ¿cara o cruz?
III *adj* principal: **the head mechanic** el mecánico jefe.
IV *vt* [**heads, heading, headed**] 1. (*to be at the top of*) encabezar: **his family headed the procession** su familia encabezaba la procesión. 2. (*to give a title*) titular: **read the section headed "Industry"** lean el apartado titulado "Industria" 3. (*in football*): **Phillips headed the ball** Phillips cabeceó.
♦ *vi* dirigirse: **she headed** *towards* * *for* **the car park** se dirigió al aparcamiento; **when we arrived he headed straight** *for* **the bar** en cuanto llegamos se fue directo al bar; **the company is heading** *for* **disaster** la empresa va en camino de quebrar.
to **head off** *vi* marcharse: **they headed off towards the river** se marcharon hacia el río.
♦ *vt* desviar: **we headed the cows off before they got into the garden** espantamos a las vacas antes de que se metieran en el jardín.
headache *n* dolor *m* de cabeza: **I've got a headache** tengo dolor de cabeza • **transport is their main headache** el transporte es su principal quebradero de cabeza.
headband *n* cinta *f* (*para la frente*).
headboard *n* cabecera *f* (*de una cama*).
head boy *n*: *alumno (uno por colegio) que ayuda a mantener la disciplina y actúa en representación de los estudiantes en ciertos actos.*
head cold *n* resfriado *m* de cabeza.
headdress *n* [**headdresses**] tocado *m*.
head girl *n*: *alumna (una por colegio) que ayuda a mantener la disciplina y actúa en representación de los estudiantes en ciertos actos.*
headhunter *n* cazatalentos *m/f inv*.
headlamp *n* (*Auto*) faro *m*.
headland *n* promontorio *m*, punta *f*.
headlight *n* (*Auto*) faro *m*.
headline I *n* (*in newspaper*) titular *m* • **their divorce hit the headlines** su divorcio saltó a los titulares.
II **headlines** *n pl* (*on television, radio*) resumen *m* de las noticias más destacadas.
headmaster *n* director *m*.
headmistress *n* [**headmistresses**] directora *f*.
head office *n* oficina *f* central.
head-on I *adj* frontal: **a head-on collision between two cars** un choque frontal entre dos coches.
II *adv* de frente.
headphones *n pl* auriculares *m pl*.
headquarters *n pl* 1. (*gen*) sede *f* (central). 2. (*Mil*) cuartel *m* general.
headrest *n* reposacabezas *m inv*, cabezal *m*.
headroom *n* (*on a sign*) altura *f* libre.
headscarf *n* [**headscarfs** * **headscarves**] pañuelo *m* (*que se lleva en la cabeza*).
headset *n* auriculares *m pl*.
head start *n* ventaja *f*: **they've had a head start (***over* * *on* **us), so they'll probably win** nos llevan ventaja, así que es probable que ganen.
headstone *n* lápida *f* (mortuoria).
headstrong *adj* (*obstinate*) testarudo -da, obstinado -da.
head teacher *n* director -tora *m/f*.
head waiter *n* maître *m*, jefe *m* de comedor.
headway *n* avance *m*, progreso *m*: **we're finally managing to make headway** por fin hemos conseguido hacer progresos.
headwind *n* viento *m* de proa.
headword *n* lema *m*, palabra *f* que encabeza un artículo.
headed /'hedəd/ *adj* (*notepaper*) con membrete.
header /'hedə/ *n* (*Sport*) cabezazo *m*.
headfirst /'hedfɜ:st/ *adv* de cabeza, de bruces: **he fell headfirst into the canal** se cayó de cabeza al canal.
heading /'hedɪŋ/ *n* 1. (*gen*) título *m*. 2. (*in correspondence*) membrete *m*.
headlong /'hedlɒŋ/ I *adv* de cabeza, de bruces: **she fell headlong** se cayó de bruces; **you shouldn't rush headlong into things like that** no deberías precipitarte a hacer cosas así.
II *adj*: **there was a headlong scramble for the exit** todo el mundo se precipitó hacia la salida.
heady /'hedɪ/ *adj* [**headier, headiest**] 1. (*drink*) fuerte. 2. (*exciting*): **the speech was a heady mixture of idealism and enthusiasm** el discurso mezcló de forma vibrante el idealismo y el entusiasmo.
heal /hi:l/ *vi* [**heals, healing, healed**] cicatrizar: **the wound has healed** *(up)* **now** la herida ya ha cicatrizado.
♦ *vt* curar: **it might heal your eczema** eso podría curarte el eczema.
healer /'hi:lə/ *n* curandero -ra *m/f*.
health /helθ/ *n* (*gen*) salud *f*: **she's** *in* **good/bad health** está bien/mal de salud; **it's bad for your health** es malo para la salud; (*of nation*) sanidad *f*: **the government is making health a priority** el gobierno le está dando prioridad a la sanidad • (*when making a toast*) **your (good) health!** ¡salud!
health centre *n* centro *m* médico.
health farm *n* clínica *f* de adelgazamiento.
health food(s) *n pl* alimentos *m pl* naturales.
health food shop *n* tienda *f* de alimentos naturales.
Health Service *n* Dirección *f* General de Sanidad, Seguridad *f* Social.
health visitor *n* auxiliar sanitario -ria *m/f* que visita a domicilio.
healthily /'helθɪlɪ/ *adv* sanamente: **they eat healthily and take lots of exercise** comen de forma sana y hacen mucho ejercicio.
healthy /'helθɪ/ *adj* [**healthier, healthiest**] 1. (*person*) sano -na. 2. (*climate, lifestyle*) saludable. 3. (*robust*): **she has a healthy appetite** tiene muy buen apetito; **in those days we had a healthy economy** en aquella época disfrutábamos de una economía próspera. 4. (*outlook, attitude*) sano -na.
heap /hi:p/ I *n* montón *m*: **there was a heap of bricks by the door** había una pila de ladrillos al lado de la puerta • **they've got heaps of money** tienen mucho dinero • **she's got heaps of old photographs** tiene montones de fotos antiguas.
II *vt* [**heaps, heaping, heaped**] 1. (*to pile*) amontonar: **she left the papers heaped in a corner** dejó los periódicos amontonados en un rincón. 2. (*criticism, praise*) colmar: **the critics heaped praise** *on* **her** los críticos la colmaron de elogios. 3. (*Culin*): **a heaped spoonful of flour** una cucharada colmada de harina.
hear /hɪə/ *vt* [**hears, hearing, heard**] 1. (*to be aware of a sound*) oír: **can you hear the bells?** ¿oyes las campanas?; **she heard someone shouting** oyó a alguien que gritaba; **the teacher couldn't make himself heard** el profesor no podía hacerse oír • **to hear him speak, you'd think he was a millionaire** oyéndolo hablar parece que sea millonario. 2. (*to listen to*) escuchar: **she heard the concert on the radio** escuchó el concierto por la radio. 3. (*to find out*): **I hear you've been to Jakarta** he oído que has estado en Yakarta;

I have heard a lot *about* **you** he oído hablar mucho de usted; **have you heard the news?** ¿te has enterado? **4.** (*Law*) ver: **the case was heard by a well-known judge** el caso fue visto por un juez muy conocido.
♦ *vi* (*gen*) oír: **the people at the back couldn't hear** la gente sentada al final no podía oír • **hear, hear!** ¡bien dicho!

to **hear about** *vt* enterarse de: **I've just heard about your promotion** me acabo de enterar de tu ascenso.

to **hear from** *vt* tener noticias de: **have you heard from Charles lately?** ¿has tenido noticias de Charles últimamente?

to **hear of** *vt* **1.** (*to know about*): **they'd never heard of Giorgione** nunca habían oído hablar de Giorgione; **that's the first I've heard of it** es la primera noticia que tengo. **2.** (*to allow*): **your mother won't hear of it!** tu madre no lo permitirá; **I won't hear of it!** ¡ni hablar!

to **hear out** *vt* escuchar hasta el final: **please hear me out before you decide** por favor, escúchenme hasta el final antes de tomar una decisión.

heard /hɜːd/ *pretérito y participio pasado de* ⇨ hear

hearer /ˈhɪərə/ *n* oyente *m/f*.

hearing /ˈhɪərɪŋ/ *n* **1.** (*faculty*) oído *m*: **he's got good hearing** tiene muy buen oído; **my hearing's getting worse** cada vez oigo menos; **Mary told me** *in* ∗ *within* **Jane's hearing** cuando Mary me lo dijo, Jane estaba cerca y pudo haberla oído. **2.** (*Law*) audiencia *f*: **the committee gave him a fair hearing** tuvo la posibilidad de exponer sus puntos de vista ante el comité.

hearing aid *n* audífono *m*.

hearsay /ˈhɪəseɪ/ *n* rumores *m pl*: **it may be only hearsay, but I've heard that he is going to resign** puede que no sean más que rumores, pero he oído que va a dimitir.

hearse /hɜːs/ *n* coche *m* fúnebre.

heart /hɑːt/ **I** *n* **1.** (*Anat, Med*) corazón *m*: **he has heart trouble** ∗ **a weak heart** padece del corazón • **she loved him with all her heart** lo quería con toda su alma • **her son's behaviour broke her heart** el comportamiento de su hijo le partió ∗ rompió el corazón • **she was crying** ∗ **sobbing her heart out** estaba llorando a lágrima viva • **when I found out, my heart sank** cuando lo supe, se me cayó el alma a los pies • **her heart leapt** se puso muy contenta • **he finally won her heart** al final consiguió que ella se enamorara de él • **her heart was in her mouth** ∗ **she had her heart in her mouth** tenía el alma en vilo • **they took our criticism to heart** se tomaron las críticas muy a pecho • **my grandfather was strict but he had a kind heart** mi abuelo era muy estricto, pero era una buena persona • **at heart she was reluctant to leave** en el fondo no quería marcharse • **his protest came from the heart** su protesta era totalmente sincera • **have a heart!** ¡ten piedad! • **he's a man after my own heart** es una persona con la que tengo mucho en común • **I know that poem by heart** me sé ese poema de memoria • **in his heart of hearts, he's sorry** en su fuero interno, se arrepiente • **it's a subject dear to my heart** es un tema que me toca muy de cerca. **2.** (*bravery*) valor *m*: **he hasn't the heart to disappoint her** no se atreve a defraudarla. **3.** (*enthusiasm*): **they've lost heart in the project** han perdido la ilusión por el proyecto; **we can take heart from this month's figures** los resultados de este mes deberían darnos ánimos • **his heart isn't in his training any more** ha perdido el interés por entrenar • **she's set her heart on becoming a ballet dancer** se ha empeñado en ser bailarina de ballet. **4.** (*centre*) corazón *m*: **their office is in the heart of the city** su oficina está en pleno corazón de la ciudad; (*Culin*) cogollo *m*: **the heart of a lettuce is the best part** lo mejor de la lechuga es el cogollo • **this is the heart of the matter** éste es el meollo de la cuestión. **5.** (*shape*) corazón *m*.
II hearts *n pl* (*in cards*) corazones *m pl*.

heartache *n* pena *f*: **she has caused us a lot of heartache in the past** nos ha dado muchos disgustos en el pasado.

heart attack *n* infarto *m* (de miocardio).

heartbeat *n* latido *m* (del corazón).

heartbreaking *adj* (*story*) desgarrador -dora.

heartbroken *adj* afligido -da, destrozado -da: **he was heartbroken when his sister died** la muerte de su hermana le partió el corazón.

heartburn *n* acidez *m* de estómago.

heart disease *n* deficiencia *f* cardiaca.

heart failure *n* paro *m* cardiaco.

heartfelt *adj* sincero -ra.

heart-rending *adj* desgarrador -dora, conmovedor -dora.

heart-to-heart *n*: *conversación en la que se tocan con franqueza temas personales*: **they had a heart-to-heart** hablaron con franqueza de temas muy íntimos.

heart transplant *n* trasplante *m* de corazón.

heartening /ˈhɑːtənɪŋ/ *adj* (*encouraging*) alentador -dora.

hearth /hɑːθ/ *n* chimenea *f*, hogar *m*.

heartily /ˈhɑːtəlɪ/ *adv* **1.** (*cheerfully*) de buen humor: **we laughed heartily** nos reímos de buena gana. **2.** (*with gusto*) con apetito: **she ate heartily after her swim** comió con mucho apetito después de nadar. **3.** (*completely*) completamente: **I'm heartily sick of travelling by train** estoy hasta las narices de viajar en tren.

heartless /ˈhɑːtləs/ *adj* insensible, sin entrañas.

hearty /ˈhɑːtɪ/ *adj* [**heartier, heartiest**] **1.** (*person*) campechano -na: **he has a hearty manner** es muy campechano. **2.** (*feelings*) cordial: **they gave us a hearty welcome** nos recibieron cordialmente. **3.** (*meal*) abundante: **we ate a hearty breakfast** tomamos un copioso desayuno; (*appetite*) bueno -na: **Helen has a hearty appetite** Helen es de buen comer.

heat /hiːt/ **I** *n* **1.** (*warmth*) calor *m*: **I can't work in this heat** no puedo trabajar con este calor • **in the heat of the moment, she forgot to lock the car** con las prisas se olvidó de cerrar el coche con llave; (*temperature*) temperatura *f*: **check the heat of the milk** comprueba la temperatura de la leche; (*when cooking*): **cook the fish** *on* ∗ *over* **a low heat** cocer el pescado a fuego lento. **2.** (*Zool*): **my dog is** *on* ∗ *in* **heat** mi perra está en celo. **3.** (*Sport*: *contest*) eliminatoria *f*, serie *f* • **the race ended in a dead heat** (llegaron tan igualados que) los jueces declararon que el resultado era un empate.
II *vt* [**heats, heating, heated**] calentar.

to **heat up** *vt* calentar: **I'll heat up some soup for you** te voy a calentar un poco de sopa; **he lit the fire to heat the room up** encendió el fuego para que se caldeara el cuarto.
♦ *vi* calentarse.

heat rash *n* sarpullido *m*.

heat-resistant *adj* (*container*) termorresistente.

heatstroke *n* insolación *f*.

heat wave *n* ola *f* de calor.

heated /ˈhiːtɪd/ *adj* **1.** (*provided with heating*) con calefacción: **is this room heated?** ¿hay calefacción en este cuarto?; **they have a heated swimming pool** tienen una piscina climatizada. **2.** (*intense, animated*) acalorado -da: **a heated argument** una discusión acalorada ● **he got * became quite heated with the receptionist** se acaloró mucho discutiendo con el recepcionista.

heater /ˈhiːtə/ *n* calentador *m*.

heath /hiːθ/ *n* brezal *m*.

heathen /ˈhiːðən/ *adj*, *n* pagano -na *adj*, *m/f*.

heather /ˈheðə/ *n* brezo *m*.

heating /ˈhiːtɪŋ/ *n* calefacción *f*.

heave /ˈhiːv/ **I** *n* (*tug*) tirón *m*; (*push*) empujón *m*: **with one last heave they pushed the car into the garage** con un último empujón consiguieron meter el coche en el garaje.

II *vt* [**heaves, heaving, heaved**] (*to tug*) tirar; (*to lift*) levantar: **he heaved the sack** *onto* **his shoulder** se echó el saco al hombro; **she heaved herself** *to* **her feet** se levantó con un gran esfuerzo; (*to push*) empujar: **they heaved the sofa** *into* **the van** con gran esfuerzo consiguieron meter el sofá en la furgoneta.

♦ *vi* **1.** (*to retch*) hacer arcadas: **the smell made me heave** el olor me dio arcadas * me hizo hacer arcadas; (*to vomit*) vomitar. **2.** (*to move up and down*) subir y bajar: **he sat crying, his shoulders heaving** estaba sentado llorando y sus hombros se movían al compás del llanto; (*boat*) cabecear.

heaven /ˈhevən/ **I** *n* cielo *m* ● **heaven knows why he bought it** quién sabe por qué lo compró ● **heaven forbid that I should interfere** ¡Dios me libre de entrometerme! ● **for heaven's sake turn the volume down!** ¡por el amor de Dios, baja el volumen! ● **thank heavens you've come!** ¡gracias a Dios que has venido!

II heavens *excl* (*expressing surprise*) cielos: **(good) heavens! it's snowing!** ¡cielos, si está nevando!

heavenly /ˈhevənlɪ/ *adj* **1.** (*of or from heaven*) celestial. **2.** (*delightful, delicious*) estupendo -da, divino -na.

heavenly body *n* cuerpo *m* celeste.

heavily /ˈhevəlɪ/ *adv* **1.** (*to fall*) pesadamente. **2.** (*to sleep, sigh*) profundamente: **she slept heavily** durmió profundamente; **he was breathing heavily after climbing the stairs** respiraba con dificultad tras subir las escaleras. **3.** (*in quantity*) mucho: **it was snowing heavily** nevaba mucho; **she smokes/drinks heavily** fuma/bebe mucho; **he is heavily in debt** está cargado de deudas * muy endeudado; **they depend heavily on volunteers** dependen mucho de voluntarios.

heavily-built *adj* (*person*) corpulento -ta.

heavy /ˈhevɪ/ *adj* [**heavier, heaviest**] **1.** (*person, weight*) pesado -da: **it's very heavy** pesa mucho; **how heavy is it?** ¿cuánto pesa?; **he has quite a heavy build** es de complexión bastante corpulenta; (*meal*) pesado -da; (*movement*) torpe. **2.** (*great in volume*): **the traffic is very heavy this morning** hay mucho tráfico esta mañana; **he's a heavy drinker** bebe mucho; **they set out in heavy rain** salieron bajo una lluvia torrencial; **he was given a heavy fine** le pusieron una multa muy cuantiosa. **3.** (*large in number*) numeroso -sa: **there were heavy casualties in the outrage** hubo muchas víctimas en el atentado; (*Fin*) cuantioso -sa: **the company suffered heavy losses** la empresa sufrió grandes pérdidas. **4.** (*sarcasm, irony*): **don't strain yourself, she said with heavy sarcasm** no te vayas a herniar, dijo con mucho sarcasmo. **5.** (*sleep*) profundo -da: **she's a heavy sleeper** tiene el sueño muy profundo; (*cold*) fuerte: **he had a heavy cold** tenía un constipado muy fuerte. **6.** (*physically demanding*) pesado -da: **let the young people do the heavy work** que los jóvenes hagan el trabajo más pesado. **7.** (*busy*) cargado -da, apretado -da: **they had a heavy schedule** tenían un programa muy apretado.

heavy-duty *adj* (*clothing*) resistente; (*equipment*) sólido -da; (*battery*) de larga duración.

heavy goods vehicle *n* camión *m* de carga pesada.

heavy-handed *adj* **1.** (*ham-fisted*) torpe. **2.** (*strict*) autoritario -ria, duro -ra.

heavy industry *n* industria *f* pesada.

heavyweight *n* peso *m* pesado.

Hebrew /ˈhiːbruː/ **I** *adj* hebreo -brea.

II *n* (*person*) hebreo -brea *m/f*; (*language*) hebreo *m*.

heckle /ˈhekəl/ *vt/i* [**heckles, heckling, heckled**] interrumpir (*a un orador con abucheos*): **they heckled him throughout his speech** no dejaron de interrumpirlo durante todo el discurso.

heckler /ˈheklə/ *n* follonero -ra *m/f*: **he was very good at putting the hecklers down** sabía cómo hacer callar a la gente que lo interrumpía.

hectare /ˈhekteə/ *n* hectárea *f*.

hectic /ˈhektɪk/ *adj* (*busy, tiring*) ajetreado -da, agitado -da.

he'd /hiːd/ **I** *contracción de* **he had**: **he realized that he'd made a mistake** se dio cuenta de que se había equivocado.

II *contracción de* **he would**: **he'd make a good teacher** sería un buen profesor.

hedge /hedʒ/ **I** *n* seto *m* vivo.

II *vi* [**hedges, hedging, hedged**] (*to avoid answering*) contestar con evasivas.

♦ *vt* (*to surround with a hedge*) cercar con un seto.

hedgehog /ˈhedʒhɒg/ *n* erizo *m*.

hedgerow /ˈhedʒrəʊ/ *n* seto *m* vivo.

hedonism /ˈhedənɪzm/ *n* hedonismo *m*.

heed /hiːd/ (*frml*) **I** *n* atención *f*: **you should take heed** *of* **what he says** deberías prestar atención a lo que dice; **he took no heed** *of* * **paid no heed** *to* **the warning** hizo caso omiso del aviso.

II *vt* [**heeds, heeding, heeded**] prestar atención a, hacer caso de.

heedless /ˈhiːdləs/ *adj* (*frml*) desatento -ta, sin hacer caso: **they carried on, heedless** *of* **my advice** continuaron, sin hacer caso de mis consejos.

heel /hiːl/ **I** *n* **1.** (*of foot*) talón *m* ● **she followed close on * at his heels** iba pegada a sus talones ● **the police are hot on the heels of the murderer** la policía le está pisando los talones al asesino ● **he panicked and took to his heels** le entró el pánico y se dio a la fuga ● **I've been cooling * kicking my heels outside the office** he estado esperando un buen rato a la entrada de la oficina ● **she dug in her heels and wouldn't be persuaded** se mantuvo en sus trece y no hubo quien la convenciera. **2.** (*part of sock*) talón *m*; (*part of shoe, boot*) tacón *m*.

II *vt* [**heels, heeling, heeled**] poner tacón a.

hefty /ˈheftɪ/ *adj* [**heftier, heftiest**] **1.** (*person*) fornido -da; (*object*) pesado -da. **2.** (*sum of money*) grande: **a hefty payment** un pago cuantioso; **a hefty fine** una multa muy cara.

height /haɪt/ *n* **1.** (*gen*) altura *f*: **he fell from a great height** se cayó desde mucha altura; **the aeroplane lost height** el avión perdió altura; **at shoulder height** a la altura del hombro; **I'm frightened of heights** tengo vértigo; (*with specific measurements*):

it's fifty metres *in* **height** tiene cincuenta metros de altura, mide cincuenta metros de alto; **what height is the Eiffel Tower?** ¿qué altura tiene la torre Eiffel? **2.** (*of person*) estatura *f*: **he's of average height** es de estatura mediana. **3.** (*extreme*): **arriving late is the height of bad manners** llegar tarde es el colmo de la mala educación; **it's the height of fashion** está muy de moda; **she is at the height of her powers** está en su mejor momento. **4.** (*climax*) apogeo *m*: **the scandal reached its height during the election** el escándalo alcanzó su apogeo durante las elecciones; **at the height of the tourist season** en el apogeo de la temporada turística.

heighten /ˈhaɪtən/ *vt* [**heightens, heightening, heightened**] (*to intensify: tension, fears*) aumentar: **his speech heightened tension even more** su discurso aumentó aún más la tensión; (*: effect*) acentuar. ♦*vi* aumentar: **tension heightened as he rose to speak** la tensión aumentó cuando se levantó para hablar.

heinous /ˈheɪnəs/ *adj* (*frml*) atroz.

heir /eə/ *n* heredero -ra *m/f*: **he is the heir** *to* **a large fortune** es el heredero de una gran fortuna.

heir apparent *n* (*male*) heredero *m* forzoso; (*female*) heredera *f* forzosa.

heiress /ˈeəres/ *n* [**heiresses**] heredera *f*.

heirloom /ˈeəluːm/ *n* reliquia *f* de familia.

held /held/ *pretérito y participio pasado de* ⇨ hold

helicopter /ˈhelɪˌkɒptə/ *n* helicóptero *m*: **he's a helicopter pilot** es piloto de helicópteros.

heliport /ˈhelɪpɔːt/ *n* helipuerto *m*.

helium /ˈhiːlɪəm/ *n* helio *m*.

hell /hel/ **I** *n* **1.** (*Relig*) infierno *m* ● **those children have been through hell** esos niños han pasado un calvario. **2.** ● (*fam, in phrases*) **what the hell is he doing here?** ¿qué demonios está haciendo aquí? ● **to hell with the housework, let's go for a picnic!** al diablo con las tareas de la casa, ¡vámonos de picnic! ● **go to hell!** ¡vete al diablo! ● **that's one hell of a motorbike** ésa es una moto de aúpa ● **his parents gave him hell when he got back** sus padres le metieron una bronca de aúpa cuando volvió ● **they ran like hell** corrieron como locos ● **the injection hurt like hell** la inyección le hizo ver las estrellas ● **they set off the fire alarm (just) for the hell of it** conectaron la alarma de incendios porque sí ● **my son makes my life hell** mi hijo me trae ✱ me lleva por la calle de la amargura ● **when the news came out, all hell broke loose** cuando se supo la noticia, se armó un gran revuelo ● **come hell or high water, we're going to win this contract** pase lo que pase vamos a conseguir este contrato. **3. a hell of** (*fam*) mucho -cha: **the printer makes a hell of a noise** la impresora hace un ruido atroz; **she spends a hell of a lot on petrol** gasta un dineral en gasolina.

II *excl* demonio: **oh hell! I've left my keys in the office!** ¡demonio! ¡me he dejado las llaves en la oficina!

he'll /hiːl/ *contracción de* **he will**

hellish /ˈhelɪʃ/ *adj* (*fam*) infernal, horrible.

hello /həˈləʊ/ *excl* **1.** (*greeting*) hola; (*used to attract attention*): **hello! is anybody (at) home?** ¡hola! ¿hay alguien?; (*when passing someone in the street*) adiós. **2.** (*on telephone*) diga, (*Méx*) bueno, (*Amér S*) aló, (*Arg, Urug*) olá.

helm /helm/ *n* timón *m* ● **with Johnson at the helm, sales figures improved dramatically** con Johnson al timón de la empresa, las ventas mejoraron considerablemente.

helmet /ˈhelmɪt/ *n* casco *m*.

help /help/ **I** *n* **1.** (*gen*) ayuda *f*: **ask for help if you need it** pide ayuda si la necesitas; **he gave them some help with the painting** les echó una mano pintando; *with* **the help** *of* **a ladder, we managed to mend the roof** con ayuda de una escalera de mano pudimos arreglar el tejado; **can I be** *of* **any help?** ¿puedo ayudarle en algo? **2.** (*person, object, advice*): **his directions were no help** sus indicaciones no nos sirvieron de nada; **she was a great help** me ayudó mucho; **if you could fetch them, that would be a help** si los pudieras recoger tú, me iría muy bien. **3.** (*when in trouble, danger*): **they shouted for help** se pusieron a gritar pidiendo socorro.

II *excl* socorro: **help! I can't swim!** ¡socorro! ¡no sé nadar!

III *vt* [**helps, helping, helped**] **1.** (*to assist*) ayudar: **can you help me** *with* **this suitcase?** ¿me ayudas con esta maleta?; **they helped her to paint the kitchen** la ayudaron a pintar la cocina; **he helped his grandmother up the stairs** ayudó a su abuela a subir las escaleras; **the money helped (to) build a new ward** el dinero ayudó a que se pudiera construir un nuevo pabellón. **2.** (*in shop, reception*): **may I help you?** ¿en qué puedo servirla/lo? **3.** (*pain, suffering*) aliviar: **he was given some pills to help the pain** le dieron unas pastillas para aliviar el dolor. **4.** (*to avoid*) evitar: **he couldn't help smiling** no pudo evitar sonreír; **I can't help it if the shops are closed** yo no tengo la culpa de que las tiendas estén cerradas; **it can't be helped: we'll have to buy a new one** no tiene arreglo: tendremos que comprar uno nuevo; **"They plan to stay with us." "Not if I can help it!"** "Tienen pensado quedarse con nosotros." "No si yo puedo evitarlo." **5.** (*to serve*) servir: **help yourselves!** ¡sírvanse!; **she helped him** *to* **a slice of cake** le sirvió un trozo de tarta. **6.** (*fam: to steal*): **those boys just helped themselves** *to* **our apples** esos chicos se llevaron las manzanas que quisieron con toda la cara. ♦*vi* ayudar: **can I do anything to help?** ¿puedo ayudarte en algo?; **the diagram didn't help at all** el diagrama no sirvió de nada.

to **help out** *vt/i* ayudar: **they helped him out** *with* **the shopping when he was ill** cuando estuvo enfermo, para ayudarlo le hacían la compra; **I help out in the shop at weekends** ayudo en la tienda los fines de semana.

helper /ˈhelpə/ *n* ayudante *m/f*, colaborador -dora *m/f*.

helpful /ˈhelpfʊl/ *adj* **1.** (*person*) atento -ta, servicial: **you're not being very helpful!** ¡no estás sirviendo de mucha ayuda! **2.** (*object*) útil, práctico -ca: **speaking to the doctor was helpful** me fue muy bien hablar con el médico.

helpfully /ˈhelpfʊlɪ/ *adv* **1.** (*willing to help*) amablemente. **2.** (*usefully*): **the books were helpfully arranged in alphabetical order** los libros estaban ordenados alfabéticamente, lo cual era muy útil.

helpfulness /ˈhelpfʊlnəs/ *n* amabilidad *f*.

helping /ˈhelpɪŋ/ *n* porción *f*, ración *f*: **a huge helping of stew** una ración de estofado enorme; **does anyone want a second helping?** ¿alguien quiere repetir?

helpless /ˈhelpləs/ *adj* **1.** (*vulnerable*) desamparado -da, indefenso -sa: **the helpless victims of the famine** las víctimas indefensas del hambre. **2.** (*incapable of action*) incapaz, impotente: **we were helpless** *to* **stop them** fuimos incapaces de detenerlos; **she was helpless** *with* **laughter** estaba muerta de risa.

helplessly /ˈhelplɪslɪ/ *adv* **1.** (*in vain*) en vano, inútilmente: **the dog struggled helplessly** el perro forcejeaba en vano. **2.** (*unable to act*) con impotencia: **he watched helplessly as they drove away** vio cómo se alejaba el coche, sin poder hacer nada; **she shrugged helplessly** se encogió de hombros impotente.

helplessness /ˈhelplɪsnəs/ *n* (*vulnerability*) desamparo *m*, indefensión *f*; (*inability to act*) impotencia *f*.

helter-skelter /ˌheltəˈskeltə/ **I** *n* tobogán *m*.
II *adv* atropelladamente.

hem /hem/ **I** *n* dobladillo *m*.
II *vt* [**hems, hemming, hemmed**] hacerle el dobladillo a.
to **hem in** *vt* bloquear: **they were hemmed in by cars** no podían salir porque estaban bloqueados por otros coches • **he felt hemmed in living with his grandparents** viviendo con sus abuelos se sentía como preso.
hemline *n* bajo *m*.

hematology /ˌhiːməˈtɒlədʒɪ/ *n* (*US*) hematología *f*.

hemisphere /ˈhemɪsfɪə/ *n* hemisferio *m*.

hemlock /ˈhemlɒk/ *n* cicuta *f*.

hemoglobin /ˌhiːməˈgləʊbɪn/ *n* (*US*) hemoglobina *f*.

hemophilia /ˌhiːməˈfɪlɪə/ *n* (*US*) hemofilia *f*.

hemophiliac /ˌhiːməˈfɪlɪæk/ *adj*, *n* (*US*) hemofílico -ca *adj*, *m/f*.

hemorrhage /ˈhemərɪdʒ/ (*US*) **I** *n* hemorragia *f*.
II *vi* [**hemorrhages, hemorrhaging, hemorrhaged**] tener una hemorragia.

hemorrhoids /ˈhemərɔɪdz/ *n pl* (*US*) hemorroides *f pl*.

hemp /hemp/ *n* **1.** (*Bot*) cáñamo *m*. **2.** (*drug*) hachís *m*, marihuana *f*.

hen /hen/ *n* (*chicken*) gallina *f*; (*female bird*) hembra *f*: **a hen partridge** una perdiz hembra.
henhouse *n* gallinero *m*.
hen party *n* (*fam*) despedida *f* de soltera.

hence /hens/ *adv* (*frml*) **1.** (*therefore*) de ahí, por lo tanto: **he lived in Mexico for fifteen years, hence his accent** vivió quince años en México, de ahí el acento. **2.** (*from now*) de aquí a: **five weeks hence we'll be in the new office** de aquí a cinco semanas estaremos en la nueva oficina.

henceforth /hensˈfɔːθ/ *adv* (*frml*) de ahora en adelante.

henchman /ˈhentʃmən/ *n* [*pl* **henchmen**] secuaz *m*.

henna /ˈhenə/ *n* alheña *f*, henna *f*.

henpecked /ˈhenpekt/ *adj* (*fam*): **a henpecked husband** un calzonazos.

hepatitis /hepəˈtaɪtɪs/ *n* hepatitis *f inv*.

her /hɜː/ **I** *adj* [*implica un solo poseedor, de género femenino*] **1.** (*with singular noun*) su; (*with plural noun*) sus: **she came with her father** vino con su padre; **her books are here** sus libros están aquí; **one of her paintings** un cuadro suyo ✻ uno de sus cuadros; **is this her dog or his?** ¿el perro es de ella o de él? **2.** (*with parts of the body, etc.*) [translated by **el**, **la**, **los** or **las**]: **she's broken her arm** se ha roto el brazo; **she cleaned her shoes** se limpió los zapatos.
II *pron* **1.** (*as direct object*) la: **do you know her?** ¿la conoces? **2.** (*as indirect object: gen*) le: **I gave her some earrings** le regalé unos pendientes; (*: before another pronoun*) se: **they returned it to her** se lo devolvieron. **3.** (*after a preposition*) ella: **they left without her** se fueron sin ella; **she brought the baby with her** trajo al bebé consigo. **4.** (*fam: after* **than, as,** *and* **to be**) ella: **he's older than her** él es mayor que ella; **you're not as thin as her** no estás tan delgada como ella; **it's her again!** ¡es ella otra vez!

herald /ˈherəld/ **I** *n* **1.** (*Hist*) heraldo *m*. **2.** (*frml: sign*) anuncio *m*, precursor -sora *m/f*.
II *vt* [**heralds, heralding, heralded**] anunciar: **her arrival heralded many changes** su llegada anunciaba muchos cambios.

heraldry /ˈherəldrɪ/ *n* heráldica *f*.

herb /hɜːb/ (*US*) /ɜːrb/ *n* (*Culin*) hierba *f*.
herb tea *n* infusión *f* de hierbas.

herbaceous /hɜːˈbeɪʃəs/ *adj* herbáceo -cea.
herbaceous border *n* arriate *m* de plantas.

herbal /ˈhɜːbəl/ (*US*) /ˈɜːrbəl/ *adj* de hierbas.
herbal remedy *n* cura *f* de hierbas.
herbal tea *n* infusión *f* de hierbas.

herbalist /ˈhɜːbəlɪst/ *n* herbolario -ria *m/f*.

herbicide /ˈhɜːbɪsaɪd/ *n* herbicida *m*.

herbivore /ˈhɜːbɪvɔː/ *n* herbívoro -ra *m/f*.

herbivorous /hɜːˈbɪvərəs/ *adj* herbívoro -ra.

herd /hɜːd/ **I** *n* (*of sheep, goats*) rebaño *m*; (*of cattle*) manada *f*; (*of pigs*) piara *f*; (*fam: of people*) multitud *f* • **she always follows ✻ goes with the herd** siempre sigue a la masa ✻ a la manada.
II *vt* [**herds, herding, herded**] (*sheep, cattle*) conducir; (*people*): **the children were herded** *towards* **the exit** llevaron a los niños hacia la salida.

herdsman /ˈhɜːdzmən/ *n* [*pl* **herdsmen**] (*for cattle*) vaquero *m*; (*for sheep, goats*) pastor *m*.

here /hɪə/ *adv* **1.** (*gen*) aquí: **he's lived here all his life** ha vivido aquí toda su vida; **write your address here** escriba su dirección aquí; **come here!** ¡ven aquí ✻ acá!; **here's your dad now** ya está aquí tu padre; **here comes Craig** ahí viene Craig; **"Where's Mark?" "Here I am."** "¿Dónde está Mark?" "Aquí."; **here are the tomatoes** aquí tienes los tomates; **here you are!** ¡aquí tienes! ✻ ¡ten!; **we saw windmills here and there** aquí y allá se veían molinos de viento • **your objections are neither here nor there** tus objeciones no vienen al caso • **here's to the bride and groom!** ¡brindemos por los novios! • **there's nothing to lose - so here goes!** no tengo nada que perder, así que a ver qué pasa. **2.** (*preceded by a preposition*): **it's warm** *in* **here** hace calor aquí dentro; **the hospital is five kilometres** *from* **here** el hospital está a cinco kilómetros de aquí; **I can see your house** *from up* **here** veo tu casa desde aquí arriba; **a lot of actors live** *around* **here** por aquí viven muchos actores; **bring that table** *over* **here** trae aquí esa mesa. **3.** (*at roll call*): **here!** ¡presente!
here and now *n*: **the here and now** el presente.

hereafter /hɪərˈɑːftə/ **I** *adv* (*frml*) de ahora en adelante.
II the hereafter *n* el más allá.

hereby /hɪəˈbaɪ/ *adv* (*frml: in document*) por la presente; (*: in statement*): **I hereby declare this festival open** declaro este festival inaugurado oficialmente.

hereditary /hɪˈredɪtərɪ/ *adj* (*Biol, Law*) hereditario -ria.

heredity /hɪˈredɪtɪ/ *n* herencia *f* (*genética*).

heresy /ˈherəsɪ/ *n* [**heresies**] herejía *f*.

heretic /ˈherətɪk/ *n* hereje *m/f*.

heretical /həˈretɪkəl/ *adj* herético -ca.

herewith /hɪəˈwɪð/ *adv* (*frml*) adjunto: **I enclose herewith my application form** adjunto le remito mi solicitud.

heritage /ˈherɪtɪdʒ/ *n* patrimonio *m*: **these castles are part of our national heritage** estos castillos forman parte de nuestro patrimonio nacional; **Spain's cultural heritage** el acervo cultural de España.

hermetic /hɜːˈmetɪk/ *adj* hermético -ca.

hermetically /hɜːˈmetɪkəlɪ/ *adv*: **the jar is hermetically sealed** el bote está cerrado herméticamente.
hermit /ˈhɜːmɪt/ *n* ermitaño -ña *m/f*, eremita *m*.
hernia /ˈhɜːnɪə/ *n* hernia *f*.
hero /ˈhɪərəʊ/ *n* [**heroes**] **1.** (*good or brave man*) héroe *m*. **2.** (*in novel, play*) protagonista *m*, personaje *m* principal.
heroic /heˈrəʊɪk/ **I** *adj* heroico -ca.
II heroics *n pl* (*talk*) grandilocuencia *f*; (*behaviour*) acción *f* heroica: **this is no time for heroics** no es momento de hacerse el héroe.
heroin /ˈherəʊɪn/ *n* heroína *f*.
heroin addict *n* heroinómano -na *m/f*.
heroine /ˈherəʊɪn/ *n* **1.** (*good or brave woman*) heroína *f*. **2.** (*in novel, play*) protagonista *f*, personaje *m* principal.
heroism /ˈherəʊɪzəm/ *n* heroísmo *m*.
heron /ˈherən/ *n* garza *f* (real).
herpes /ˈhɜːpiːz/ *n* herpe *m*, herpes *m inv*.
herring /ˈherɪŋ/ *n* [*pl* **herring**] arenque *m*.
hers /hɜːz/ *pron [implica un solo poseedor, de género femenino]* (*one thing or person*) (el) suyo, (la) suya; (*more than one*) (los) suyos, (las) suyas: **my bag was next to hers** mi bolso estaba junto al suyo; **an aunt of hers gave her some money** una tía suya le dio dinero; **it's not his, it's hers** no es de él, es de ella; **"Whose is this sweater?" "It's hers."** "¿De quién es este jersey?" "Es suyo."
herself /həˈself/ *pron* **1.** (*used reflexively*) se: **she hurt herself** se hizo daño. **2.** (*for emphasis*) ella misma: **she told me herself** me lo contó ella misma; **I spoke to the head herself** hablé con la directora misma. **3.** (*after a preposition*) sí ✱ ella (misma): **she said it to herself** lo dijo para sí misma; **she didn't buy anything for herself** para ella no se compró nada ● **she's (all) by herself in that big house** vive sola en esa casa tan grande.
he's /hiːz/ **I** *contracción de* **he is**: **he's a doctor** es médico.
II *contracción de* **he has**: **do you think he's forgotten?** ¿crees que se ha olvidado?
hesitant /ˈhezɪtənt/ *adj* indeciso -sa, vacilante.
hesitantly /ˈhezɪtəntlɪ/ *adv* indecisamente, vacilantemente.
hesitate /ˈhezɪteɪt/ *vi* [**hesitates, hesitating, hesitated**] vacilar: **he did it without hesitating** lo hizo sin vacilar; **she hesitated before replying** titubeó antes de contestar; **don't hesitate to ask for help** no dudes en pedir ayuda; **I'm hesitating** *over* ✱ *about* **buying that car** estoy dudando si comprarme ese coche o no; **I hesitate to criticize, but...** no quiero criticar, pero....
hesitation /ˌhezɪˈteɪʃən/ *n* indecisión *f*, vacilación *f*: **she agreed without hesitation** consintió sin vacilar; **I have no hesitation** *in* **recommending Harvey** recomiendo a Harvey sin dudarlo un momento.
heterogeneous /ˌhetərəʊˈdʒiːnɪəs/ *adj* heterogéneo -nea.
heterosexual /ˌhetərəʊˈseksjʊəl/ *adj, n* heterosexual *adj, m/f*.
het up /hetˈʌp/ *adj* (*fam*) nervioso -sa: **he's (all) het up** *about* **his operation** está muy nervioso por lo de la operación.
hew /hjuː/ *vt* [**hews, hewing, hewed,** *participio pasado* **hewn**] (*stone, rock*) tallar, labrar.
hewn /hjuːn/ *participio pasado de* ➪ hew
hexagon /ˈheksəgən/ *n* hexágono *m*.
hexagonal /hekˈsægənəl/ *adj* hexagonal.
hey /heɪ/ *excl* (*gen*) oiga; (*to a friend, a child*) oye.
heyday /ˈheɪdeɪ/ *n* apogeo *m*: **that was in the heyday of cinema** eso era en los buenos tiempos del cine; **in her heyday she was an excellent tennis player** en sus años de apogeo era una tenista excelente.
HGV /eɪtʃdʒiːˈviː/ *n* (*GB*) (*abreviatura de* **heavy goods vehicle**) vehículo *m* de carga pesada.
hi /haɪ/ *excl* (*fam*) hola.
hiatus /haɪˈeɪtəs/ *n* (*frml*) pausa *f*: **after the hiatus** *between* **Christmas and the New Year** después de la interrupción que se produce entre Navidad y Año Nuevo.
hibernate /ˈhaɪbəneɪt/ *vi* [**hibernates, hibernating, hibernated**] hibernar, invernar.
hibernation /ˌhaɪbəˈneɪʃən/ *n* hibernación *f*, letargo *m*.
hiccup, hiccough /ˈhɪkʌp/ **I hiccups** *n pl* hipo *m*: **the beer gave him hiccups** la cerveza le dio hipo; **I've got hiccups** tengo hipo.
II *n* (*problem*) contratiempo *m*: **despite some minor hiccups, the concert started on time** a pesar de que hubo unos pequeños contratiempos, el concierto empezó a la hora.
III *vi* [**hiccups, hiccupping, hiccupped**] hipar.
hid /hɪd/ *pretérito de* ➪ hide
hidden /ˈhɪdən/ *participio pasado de* ➪ hide
hide /haɪd/ **I** *vi* [**hides, hiding, hid,** *participio pasado* **hidden**] esconderse, ocultarse: **he hid** *from* **his aunt in the cupboard** se escondió de su tía en el armario.
♦*vt* (*gen*) esconder, ocultar: **they found it hidden** *(away)* **in the loft** lo encontraron escondido en el desván; (*secret, emotion*) ocultar, disimular: **he hid the truth** *from* **his mother** le ocultó a su madre la verdad.
II *n* **1.** (*animal skin*) piel *f*. **2.** (*for bird/animal watching*) escondite *m*, puesto *m* de observación.
hide-and-seek *n* escondite *m*: **they were playing hide-and-seek** estaban jugando al escondite.
hide-out *n* escondrijo *m*, escondite *m*.
hidebound /ˈhaɪdbaʊnd/ *adj* (*conservative*) aferrado -da a la tradición.
hideous /ˈhɪdɪəs/ *adj* **1.** (*ugly*) espantoso -sa, horroroso -sa: **it was painted a hideous shade of yellow** estaba pintado de un amarillo espantoso. **2.** (*terrible*) atroz, horrible: **a hideous crime** un crimen atroz; **she suffered hideous burns** sufrió quemaduras horribles.
hideously /ˈhɪdɪəslɪ/ *adv* horriblemente, horrorosamente: **he was hideously disfigured by the accident** el accidente lo dejó horriblemente desfigurado.
hiding /ˈhaɪdɪŋ/ *n* **1.** (*concealment*): **the bank robbers went** *into* **hiding** los atracadores se escondieron; **he stayed** *in* **hiding until the danger had passed** permaneció escondido hasta que pasó el peligro. **2.** (*fam: beating*) paliza *f*: **she gave him a good hiding** le dio una buena paliza.
hiding place *n* escondrijo *m*, escondite *m*.
hierarchical /haɪəˈrɑːkɪkəl/ *adj* jerárquico -ca.
hierarchy /ˈhaɪərɑːkɪ/ *n* [**hierarchies**] jerarquía *f*.
hieroglyphics /ˌhaɪərəʊˈglɪfɪks/ *n pl* jeroglíficos *m pl*.
hi-fi /ˈhaɪfaɪ/ **I** *n* (*apparatus*) equipo *m* de música, cadena *f* de música ✱ de sonido.
II *adj* de alta fidelidad: **a hi-fi system** un sistema de alta fidelidad.
higgledy-piggledy /ˌhɪgəldɪˈpɪgəldɪ/ (*fam*) **I** *adj* desordenado -da.
II *adv* en desorden, patas arriba.
high /haɪ/ **I** *adj* **1.** (*tall*) alto -ta: **it's a very high**

building es un edificio muy alto; **how high is the Eiffel Tower?** ¿qué altura tiene la Torre Eiffel?; **the hedge was a metre high** el seto tenía un metro de altura. **2.** (*elevated*) alto -ta: **she put the medicine on the highest shelf** puso la medicina en el estante más alto; **their house has high ceilings** su casa tiene los techos altos; **the highest city in the country** la ciudad situada a más altura en el país • **she left me high and dry in Badajoz** me dejó plantado en Badajoz. **3.** (*greater than normal: gen*) alto -ta, elevado -da: **these trains travel at very high speeds** estos trenes alcanzan velocidades muy altas; **the price of imported goods is high** los artículos de importación son muy caros; **investment to help areas where unemployment is high** inversiones para ayudar a las zonas en las que hay mucho desempleo; (*: wind*) fuerte: **high winds are forecast for tomorrow** han pronosticado fuertes vientos para mañana; (*: temperature, blood pressure*) alto -ta: **the patient has a high temperature** el enfermo tiene mucha fiebre. **4.** (*very good*) (muy) bueno -na: **he achieved high marks in the test** sacó buenas notas en el examen; **I have a high opinion of their policies** tengo muy buena opinión de su programa (político); **he has a high opinion of himself** se cree muy listo; **the school has a high standard of teaching** el colegio tiene un alto nivel de enseñanza; **he has reached the high point of his career** ha llegado al cénit de su carrera. **5.** (*important*) alto -ta, importante: **he holds a high position within the company** tiene una posición de mucha responsabilidad en la empresa. **6.** (*Mus*) alto -ta: **I can't sing the high notes** no puedo cantar los agudos. **7.** (*fam: on drugs*) colocado -da.

II *adv* alto, a gran altura: **the kite was flying high** la cometa volaba a gran altura; **the plane rose high** *up* **into the sky** el avión se elevó a gran altura; **she's high** *up* **in the police force** tiene un puesto importante en la policía • **she searched high and low for her keys** buscó sus llaves por todas partes.

III *n* **1.** (*record level*) punto *m* máximo, récord *m*: **our sales have reached an all-time high** nuestras ventas han alcanzado cifras récord. **2.** (*fam: feeling of happiness*): **she was** *on* **a high after passing her driving test** estaba eufórica de haber aprobado el examen de conducir.

high altar *n* altar *m* mayor.

highbrow *adj* intelectual, culto -ta.

highchair *n* silla *f* alta.

high-class *adj* de mucha categoría.

High Commission *n* embajada *f* (*de un país de la Commonwealth en otro país también miembro de la organización*).

High Court *n* Tribunal *m* Supremo (*para casos civiles*).

high explosive *n* explosivo *m* de gran potencia.

high fidelity *adj* de alta fidelidad.

high-flier, high-flyer *n* persona *f* ambiciosa.

high-flown *adj* (*language*) pomposo -sa.

high-handed *adj* despótico -ca.

high-heeled *adj* de tacones altos.

high jump *n* salto *m* de altura • **here's the boss; you'll be for the high jump!** ahí viene el jefe, ¡verás la bronca que te echa!

high-level *adj* (*conferences, talks*) de alto nivel.

high mass *n* (*Relig*) misa *f* mayor.

high-minded *adj* (*principled*) noble, con principios.

high-pitched *adj* (*sound*) agudo -da.

high plateau *n* altiplanicie *f*, altiplano *m*.

high-powered *adj* (*executive*) dinámico -ca; (*machine*) de gran potencia.

high-pressure *adj* de alta presión.

high priest *n* sumo sacerdote *m*.

high-profile *adj* destacado -da.

high-ranking *adj* de alto rango: **according to a high-ranking ministry official...** según un alto cargo del ministerio....

high-rise *adj* de muchos pisos: **high-rise buildings economize on space** los edificios de muchos pisos ahorran espacio.

high school *n* **1.** (*GB: for secondary education*) instituto *m* de enseñanza secundaria (*para alumnos entre once y dieciocho años*). **2.** (*US: for higher education*) instituto *m* de enseñanza secundaria (*para alumnos entre quince y dieciocho años*).

high season *n* temporada *f* alta.

high-speed *adj* (*train, etc.*) rápido -da, de alta velocidad.

high-spirited *adj* (*child*) muy animado -da; (*of animals*) fogoso -sa, brioso -sa.

high street *n* calle *f* mayor.

high tea *n*: *comida entre merienda y cena.*

high-tech *adj* (*fam*) de tecnología punta: **a high-tech solution** una solución de tecnología punta.

high technology *n* tecnología *f* punta.

high tide *n* marea *f* alta, pleamar *f*.

high time *n* • **it's high time he found a job** ya va siendo hora de que encuentre trabajo.

high treason *n* alta traición *f*.

higher /ˈhaɪə/ *adj* superior: **I must refer this matter to a higher authority** tengo que remitir este asunto a una autoridad superior.

higher education *n* enseñanza *f* superior.

highland /ˈhaɪlənd/ **I** *adj* (*area*) montañoso -sa; (*cattle*) de las montañas.

II the Highlands *n pl* las tierras altas (*de Escocia*).

Highlander /ˈhaɪləndə/ *n* habitante *m/f* de las tierras altas (*de Escocia*).

highlight /ˈhaɪlaɪt/ **I** *n* (*best part*) momento *m* culminante: **the fireworks display was the highlight of the evening** los fuegos artificiales fueron el momento estelar de la velada.

II highlights *n pl* **1.** (*in hair*) reflejos *m pl*, mechas *f pl*: **she had blonde highlights** tenía mechas rubias. **2.** (*most important aspects*) resumen *m*: **and now for the highlights of today's events** y, a continuación, el resumen de las pruebas celebradas hoy; **you can see the highlights (of the match) at ten thirty** se ofrecerá el resumen del partido a las diez y media.

III *vt* [**highlights, highlighting, highlighted**] **1.** (*to pick out*) destacar: **the brochure highlights the hotel's main attractions** el folleto destaca los principales atractivos del hotel. **2.** (*using a pen*) marcar (*con un rotulador fosforescente*): **she highlighted the important quotations** marcó * subrayó las citas más importantes.

highly /ˈhaɪlɪ/ *adv* **1.** (*very*) muy: **he is highly suspicious of salesmen** desconfía mucho de los vendedores. **2.** (*positively*): **she spoke very highly of you** habló muy bien de ti.

highly regarded *adj* bien considerado -da.

highly strung *adj* muy nervioso -sa.

Highness /ˈhaɪnəs/ *n* [**Highnesses**] alteza *f*: **Her/His Royal Highness** su Alteza Real.

highway /ˈhaɪweɪ/ *n* (*gen*) carretera *f*; (*US: main road*) autopista *f*.

highway code *n* (*GB*) código *m* de circulación.

highwayman *n* [*pl* **highwaymen**] salteador *m* (de caminos).

hijack /ˈhaɪdʒæk/ **I** *vt* [**hijacks, hijacking, hijacked**] secuestrar.
II *n* secuestro *m*.

hijacker /ˈhaɪˌdʒækə/ *n* secuestrador -dora *m/f*.

hijacking /ˈhaɪˌdʒækɪŋ/ *n* secuestro *m*.

hike /haɪk/ **I** *n* **1.** (*long walk*) excursión *f* (*a pie*), caminata *f*: **we went** *on* ∗ *for* **a hike in the mountains** hicimos una excursión (a pie) por las montañas. **2.** (*US*: *fam, rise*) aumento *m*: **sales figures fell after a hike** *in* **prices** tras una brusca subida de precios, las ventas disminuyeron.
II *vi* [**hikes, hiking, hiked**] ir de excursión (*a pie*): **they spent the week hiking in the Lake District** pasaron la semana en la región de los Lagos e hicieron varias excursiones.

hiker /ˈhaɪkə/ *n* senderista *m/f*.

hilarious /hɪˈleərɪəs/ *adj* divertidísimo -ma, graciosísimo -ma.

hilarity /hɪˈlærətɪ/ *n* risas *f pl*, hilaridad *f*.

hill /hɪl/ *n* colina *f* • **at forty-one you're over the hill!** con cuarenta y un años, uno ya va cuesta abajo • **this recipe is as old as the hills** esta receta es del año de Maricastaña.

hillock /ˈhɪlək/ *n* montículo *m*.

hillside /ˈhɪlsaɪd/ *n* ladera *f*.

hilltop /ˈhɪltɒp/ *n* cumbre *f*, cima *f*.

hilly /ˈhɪlɪ/ *adj* [**hillier, hilliest**] montañoso -sa.

hilt /hɪlt/ *n* empuñadura *f* • **up to the hilt** (*unreservedly*): **they supported us (up) to the hilt** nos apoyaron incondicionalmente; (*overwhelmingly*): **they are in debt up to the hilt** están agobiados de deudas.

him /hɪm/ *pron* **1.** (*as direct object*) lo, (*Esp*) le: **have you met him?** ¿lo conoces? **2.** (*as indirect object: gen*) le: **did you give him your phone number?** ¿le diste tu número de teléfono?; (*: before another pronoun*) se: **I handed it to him** se lo di. **3.** (*after a preposition*) él: **is this for him?** ¿esto es para él?; **he brought the papers with him** trajo los papeles consigo. **4.** (*fam: after* **than, as,** *and* **to be**) él: **that's him!** ¡es él!; **she's taller than him** ella es más alta que él; **they aren't as stupid as him** no son tan tontos como él.

Himalayas /hɪməˈleɪəz/ *n pl*: **the Himalayas** el Himalaya.

himself /hɪmˈself/ *pron* **1.** (*used reflexively*) se: **he rubbed himself with the towel** se frotó con la toalla. **2.** (*for emphasis*) él mismo: **he had approved the decision himself** él mismo había aprobado ∗ había dado su visto bueno a la decisión; **I spoke to the director himself** hablé con el director mismo. **3.** (*after a preposition*) sí ∗ él (mismo): **he's talking about himself as usual** está hablando de sí mismo como siempre; **he didn't buy anything for himself** para él no se compró nada • **he was (all) by himself in the library** estaba solo en la biblioteca.

hind /haɪnd/ **I** *adj* (*leg*) trasero -ra, posterior.
II *n* (*Zool*) cierva *f*.

hinder /ˈhɪndə/ *vt* [**hinders, hindering, hindered**] (*journey, progress*) dificultar, entorpecer; (*somebody's efforts*) estorbar.

hindrance /ˈhɪndrəns/ *n* estorbo *m*, obstáculo *m*.

hindsight /ˈhaɪndsaɪt/ *n* • **with (the benefit of) hindsight I realize we made a mistake** con la perspectiva del tiempo, veo que cometimos un error • **it's easy to say with the benefit of hindsight that we made the wrong decision** es muy fácil decir a posteriori que nos equivocamos.

Hindu /ˈhɪndu:/ *adj, n* hindú *adj, m/f*.

Hinduism /ˈhɪndu:ɪzəm/ *n* hinduismo *m*.

hinge /hindʒ/ **I** *n* bisagra *f*, gozne *m*.
II *vi* [**hinges, hinging, hinged**] (*to depend*) depender: **his whole career hinged** *on* ∗ *upon* **one decision** toda su carrera dependía de una sola decisión.

hint /hɪnt/ **I** *n* **1.** (*suggestion*) indirecta *f*: **he kept dropping hints about coming with us** no paraba de lanzar indirectas de que quería venir con nosotros • **I kept looking at my watch, but he didn't take the hint** yo miraba constantemente el reloj, pero no se dio por aludido. **2.** (*clue*) pista *f*: **you'll have to give me a hint** tendrás que darme una pista. **3.** (*piece of advice*) consejo *m*: **practical hints for the beginner** consejos prácticos para principiantes. **4.** (*trace*) indicio *m*: **I detect a hint of garlic** tiene un ligero sabor a ajo; **she has brown hair with a hint of red** tiene el pelo castaño con un ligero tono rojizo; **he said it without a hint of irony** lo dijo sin ningún asomo de ironía.
II *vi* [**hints, hinting, hinted**] **1.** (*to drop hints*) lanzar ∗ soltar indirectas. **2.** (*to insinuate*) insinuar: **their letters hinted** *at* **a reconciliation** en sus cartas se insinuaba la posibilidad de una reconciliación.
♦ *vt* insinuar: **she hinted that she would like the job** insinuó que estaría interesada en el trabajo.

hinterland /ˈhɪntəˌlænd/ *n* interior *m*.

hip /hɪp/ **I** *n* cadera *f*.
II hip hip, hooray *excl* hurra.
hip flask *n* petaca *f*.

hippie /ˈhɪpɪ/ *n* hippie *m/f*.

hippo /ˈhɪpəʊ/ *n* (*apócope de* **hippopotamus**) (*fam*) hipopótamo *m*.

hippopotamus /ˌhɪpəˈpɒtəməs/ *n* [*pl* **hippopotamuses** ∗ **hippopotami** /ˌhɪpəˈpɒtəmaɪ/] hipopótamo *m*.

hippy /ˈhɪpɪ/ *n* [**hippies**] hippie *m/f*.

hire /ˈhaɪə/ **I** *n* (*gen*) alquiler *m*: **deck chairs** *for* **hire** se alquilan tumbonas; (*in taxi*): **"for hire"** "libre".
II *vt* [**hires, hiring, hired**] **1.** (*a bicycle, equipment, etc.*) alquilar. **2.** (*a person*) contratar: **we need to hire a waiter** hay que contratar a un camarero.
to **hire out** *vt* **1.** (*bicycles, equipment, etc.*) alquilar (*el propietario*). **2.** (*services*) ofrecer: **he hires out his services as a chef** ofrece sus servicios como cocinero.
hire purchase *n* (*GB*) compra *f* ∗ venta *f* a plazos: **they bought their car** *on* **hire purchase** compraron el coche a plazos.

hired assassin /ˈhaɪəd əˈsæsɪn/ *n* asesino *m* a sueldo.

his /hɪz/ *[implica un solo poseedor, de género masculino]*
I *adj* **1.** (*with singular noun*) su; (*with plural noun*) sus: **she is his girlfriend** es su novia; **are those his books?** ¿ésos son sus libros?; **one of his brothers** uno de sus hermanos; **is it his car or hers?** ¿el coche es de él o de ella? **2.** (*with parts of the body, etc.*) [translated by **el, la, los** or **las**]: **he sprained his ankle** se torció el tobillo; **he's lost his gloves** ha perdido los guantes.
II *pron* (*one thing or person*) (el) suyo, (la) suya; (*more than one*) (los) suyos, (las) suyas: **my desk is behind his** mi mesa está detrás de la suya; **"Whose is this essay?" "It's his."** "¿De quién es este trabajo?" "Es suyo."; **he came with a friend of his** vino con un amigo suyo; **it's his, not hers** es de él, no de ella.

Hispanic /hɪˈspænɪk/ **I** *adj* **1.** (*referring to Spain or Spanish people*) hispánico -ca. **2.** (*US: referring to Americans of Latin American descent*) hispano -na.
II *n* (*US*) hispano -na *m/f*.

Hispanicist /hɪ'spænɪsɪst/, **Hispanist** /'hɪspənɪst/ *n* hispanista *m/f*.

hiss /hɪs/ I *vi* [**hisses, hissing, hissed**] (*to make the sound of escaping air*) sisear; (*to show contempt*) silbar. ♦*vt* 1. (*to say in a low voice*) decir entre dientes: **be quiet! she hissed** ¡silencio!, dijo entre dientes. 2. (*to show contempt for*) abuchear.
II *n* [**hisses**] (*sound of escaping air*) silbido *m*; (*showing contempt*) silbido *m*, abucheo *m*.

hissing /'hɪsɪŋ/ *n* (*of escaping air*) silbido *m*; (*to show contempt*) silbido *m*, abucheo *m*.

historian /hɪ'stɔːrɪən/ *n* historiador -dora *m/f*.

historic /hɪ'stɒrɪk/ *adj* (*important*) histórico -ca: **a historic moment** un momento histórico.

historical /hɪ'stɒrɪkəl/ *adj* histórico -ca.

history /'hɪstərɪ/ *n* 1. (*gen*) historia *f*: **her discovery made history** su descubrimiento hizo historia • **he went down in history as the first astronaut** pasó a la historia como el primer astronauta. 2. (*Med*): **her family has a history of mental illness** en su familia ha habido casos de enfermedades mentales.

histrionic /hɪstrɪ'ɒnɪk/ I *adj* histriónico -ca.
II **histrionics** *n pl* histrionismo *m*.

hit /hɪt/ I *n* 1. (*by bomb, shell*) impacto *m*: **the missile made a direct hit** *on* **the factory** el misil dio de lleno en la fábrica; (*with bat, fist*) golpe *m*. 2. (*success*) éxito *m*: **the play was a real hit** *with* **the children** la obra tuvo mucho éxito entre los niños.
II *vt* [**hits, hitting, hit**] 1. (*to strike: a person*) pegarle a, golpear: **he hit her** le pegó; (*: a ball*) darle a: **he hit the ball very hard** le dio muy fuerte a la pelota; (*: a target*) dar en, hacer blanco en: **the missile hit the church** el misil dio en la iglesia. 2. (*to knock*) darse (un golpe) con, pegarse con: **I hit my elbow** *on* **the table** me di con el codo en la mesa; (*to bump into*): **I hit the pillar when I was parking the car** me di un golpe con la columna aparcando el coche; (*to crash into*): **I hit the car in front** choqué contra el coche que iba delante • **the full horror of it suddenly hit me** de repente me di cuenta de lo horrible que era aquello • **they hit it off straight away** hicieron buenas migas enseguida. 3. (*to affect badly*) afectar: **the recession hit the company very hard** la empresa sufrió mucho debido a la crisis. 4. (*fam*: *to reach*) alcanzar: **turn right when you hit the main road** gira a la derecha al llegar a la carretera principal; **he hit a bad patch just before the exams** pasó una mala época justo antes de los exámenes.
♦*vi* (*to attack*) atacar.
to **hit back** *vi* devolver el ataque: **he hit back** *at* **those who had criticized him** replicó duramente a los que lo habían criticado.
to **hit on** * **upon** *vt* dar con: **she hit upon an idea for fundraising** dio con una idea para recaudar fondos.
to **hit out** *vi* atacar: **he hit out** *at* **his critics** atacó a sus detractores.

hit-and-miss *adj*: **their attempt was somewhat hit-and-miss** lo intentaron a la buena de Dios.

hit-and-run I *n*: *accidente en el que el conductor se da a la fuga*.
II *adj*: **a hit-and-run driver** un conductor que se da a la fuga tras atropellar a alguien.

hit list *n* lista *f* negra (*de personas a eliminar*).

hit man *n* (*fam*) asesino *m* a sueldo.

hitch /hɪtʃ/ I *n* [**hitches**] 1. (*problem*) contratiempo *m*: **the opening ceremony went** *without* **a hitch** la ceremonia inaugural se desarrolló sin contratiempos; **it's just a technical hitch** no es más que un fallo técnico. 2. (*knot*) vuelta *f* de cabo.
II *vt* [**hitches, hitching, hitched**] 1. (*to tie*) atar: **he hitched the trailer** *to* **his car** enganchó el remolque a su coche. 2. (*fam*: *a ride, a lift*): **they hitched a ride * a lift** hicieron auto-stop, fueron a dedo, (*Méx*) pidieron aventón.
♦*vi* (*fam*) hacer auto-stop, (*Méx*) ir de aventón.
to **hitch up** *vt* remangarse: **she hitched her sleeves up to wash her hands** se remangó antes de lavarse las manos.

hitchhike /'hɪtʃˌhaɪk/ *vi* [**hitchhikes, hitchhiking, hitchhiked**] hacer auto-stop, ir a dedo, (*Méx*) ir de aventón.

hitch-hiker /'hɪtʃˌhaɪkə/ *n* autoestopista *m/f*.

hitchhiking /'hɪtʃˌhaɪkɪŋ/ *n* auto-stop *m*: **he went hitchhiking in France** se fue a viajar por Francia haciendo auto-stop * (*Méx*) de aventón.

hitherto /ˌhɪðə'tuː/ *adv* (*frml*) hasta la fecha, hasta ahora.

HIV /eɪtʃaɪ'viː/ *n* (*abreviatura de* **human immunodeficiency virus**) VIH *m* (virus de la inmunodeficiencia humana): **he's HIV positive** es seropositivo.

hive /haɪv/ *n* 1. (*Zool*) colmena *f*. 2. (*fam*: *busy place*) *sitio donde hay mucha actividad*: **the kitchen was a hive of industry * activity** la cocina era un hervidero de actividad.

HM /eɪtʃ'em/ (*abreviatura de* **Her/His Majesty**) S.M. (Su Majestad).

HMS /ˌeɪtʃem'es/ (*abreviatura de* **Her/His Majesty's Ship**) barco *m* de la Armada real.

HND /ˌeɪtʃen'diː/ *n* (*in GB*) (*abreviatura de* **Higher National Diploma**) *diploma de formación profesional*.

hoard /hɔːd/ I *n* (*of food, money*) reserva *f* secreta; (*of precious items*) tesoro *m*: **they discovered a hoard of silver in the cave** encontraron montones de objetos de plata escondidos en la cueva.
II *vt* [**hoards, hoarding, hoarded**] (*possessions*) amontonar; (*money*) atesorar.

hoarder /'hɔːdə/ *n* acaparador -dora *m/f*.

hoarding /'hɔːdɪŋ/ *n* (*GB*: *billboard*) valla *f*.

hoarse /hɔːs/ *adj* ronco -ca: **I'm hoarse** *from* **shouting** me he quedado ronca de tanto gritar.

hoarsely /'hɔːslɪ/ *adv* con voz ronca.

hoarseness /'hɔːsnəs/ *n* ronquera *f*.

hoax /həʊks/ I *n* [**hoaxes**] engaño *m*.
II *vt* [**hoaxes, hoaxing, hoaxed**] engañar.

hob /hɒb/ *n*: *parte de una cocina donde están los quemadores*.

hobble /'hɒbəl/ *vi* [**hobbles, hobbling, hobbled**] andar cojeando: **she hobbled** *along* **leaning on her friend's shoulder** iba cojeando, apoyada en el hombro de su amigo.

hobby /'hɒbɪ/ *n* [**hobbies**] pasatiempo *m*, hobby *m*.

hobbyhorse /'hɒbɪˌhɔːs/ *n* 1. (*toy*) caballito *m* de madera * juguete. 2. (*favourite theme*) tema *m* preferido: **conservation is her main hobbyhorse** la defensa del medio ambiente es su tema favorito.

hobnailed /'hɒbneɪld/ *adj* (*boots*) con clavos.

hobnob /'hɒbnɒb/ *vi* [**hobnobs, hobnobbing, hobnobbed**] (*fam*) codearse: **you'll be hobnobbing** *with* **the jet-set** te vas a codear con la jet set.

hobo /'həʊbəʊ/ *n* [**hobos * hoboes**] (*US*: *fam*) vagabundo -da *m/f*.

hock /hɒk/ *n* 1. (*Culin*) vino *m* del Rin. 2. (*of animal*) corvejón *m*.

hockey /'hɒkɪ/ *n* **1.** (*on grass*) hockey *m* (sobre hierba). **2.** (*US*: *on ice*) ➪ ice hockey

hod /hɒd/ *n*: *receptáculo que usan los albañiles para llevar ladrillos.*

hoe /həʊ/ **I** *n* azada *f*, azadón *m*.
II *vt* [**hoes, hoeing, hoed**] cavar con la azada * el azadón.

hog /hɒg/ **I** *n* cerdo *m* • **let's go the whole hog and take a taxi** venga, tiremos la casa por la ventana y cojamos un taxi.
II *vt* [**hogs, hogging, hogged**] (*fam*) monopolizar: **stop hogging the bathroom!** ¡deja de monopolizar el cuarto de baño!

hoist /hɔɪst/ **I** *vt* [**hoists, hoisting, hoisted**] (*gen*) subir, alzar; (*flag*) izar: **they hoisted the royal flag** izaron la bandera real.
II *n* montacargas *m inv*.

hold /həʊld/ **I** *vt* [**holds, holding, held**] **1.** (*to carry*) tener: **can you hold this for me?** ¿me tienes * me sostienes esto un momento?; **she was holding the baby** tenía al bebé en brazos; (*to grasp*) agarrar: **he held his knee in pain** se agarraba la rodilla a causa del dolor; (*to embrace*) abrazar: **she held me while I cried** me abrazó mientras yo lloraba • **she holds her own easily with the older girls** se defiende bien con las niñas mayores • **hold it!** ¡para el carro! **2.** (*to position*) mantener: **hold your arms out while I sew this button on** mantén los brazos en alto mientras coso este botón; **she holds herself in a very regal manner** tiene un porte muy majestuoso. **3.** (*to bear*) aguantar: **this shelf won't hold the weight of all those books** este estante no va a aguantar el peso de todos esos libros. **4.** (*to detain*) retener: **they were held hostage** los retuvieron como rehenes; **he was held** *for* **questioning** la policía lo retuvo para interrogarlo. **5.** (*to keep in place*): **it was held** *together* **by string** se mantenía unido por un cordel. **6.** (*to have a capacity of*): **each barrel holds forty gallons** cada barril tiene una capacidad de cuarenta galones; **the stadium holds 30,000 people** el estadio tiene capacidad para 30.000 espectadores • **what does the future hold for us?** ¿qué nos deparará el futuro? **7.** (*to possess*): **she holds the record for the one hundred metres** ostenta el récord de los cien metros; **do you hold a valid work permit?** ¿tiene permiso de trabajo en regla? **8.** (*to believe*) sostener: **he holds the view** *that...* sostiene que...; **I have always held** *that* **her decision was unfair** siempre he sostenido que su decisión fue injusta. **9.** (*meeting, wedding, election*) celebrar: **the tournament was held in Sydney** el torneo se celebró en Sidney; **it was too noisy to hold a conversation** había demasiado ruido como para mantener una conversación.
♦*vi* **1.** (*to remain in place*) aguantar: **fortunately, the roof held** el tejado aguantó, afortunadamente. **2.** (*to remain the same*) mantenerse: **the weather held until the end of their holiday** el buen tiempo se mantuvo hasta el final de sus vacaciones; **our offer still holds** nuestra oferta sigue en pie. **3.** (*to wait*) esperar: **she's on the other line, will you hold?** está hablando en la otra línea, ¿le importa esperar?
II *n* **1.** (*of ship, plane*) bodega *f*. **2.** (*power*) influencia *f*, dominio *m*: **that woman has a hold** *over* **you** esa mujer te tiene dominado. **3.** (*grip*): **he took hold** *of* **my sleeve** me agarró de la manga • **by then the fire had really taken hold** para entonces el fuego ya se había extendido. **4. to get hold of** (*something needed, information*) conseguir: **she's trying to get hold of tickets** está tratando de conseguir entradas; (*impression, idea*) formarse: **he got hold of the wrong idea** se formó una idea equivocada; (*a person*) localizar: **I couldn't get hold of her all weekend** no pude localizarla en todo el fin de semana; **wait until I get hold of him** espera a que le ponga las manos encima.

to **hold against** *vt* (*a grudge*): **she's held it against me ever since** nunca me lo ha perdonado.

to **hold back** *vt* **1.** (*person*) contener: **they were unable to hold him back** no pudieron retenerlo. **2.** (*tears, crowd*) contener: **she tried to hold back her tears** trató de contener las lágrimas. **3.** (*truth*) ocultar: **he held back the truth** *from* **his colleagues** les ocultó la verdad a sus compañeros. **4.** (*to hinder*) refrenar: **his lack of confidence holds him back** su falta de confianza en sí mismo le impide mejorar su situación.
♦*vi* (*to refrain*): **she held back** *from* **telling him** se contuvo y no se lo dijo.

to **hold down** *vt* **1.** (*to keep low*) mantener: **they've held their prices down since last winter** han mantenido los mismos precios desde el invierno pasado. **2.** (*to keep*) retener: **his illness makes it difficult for him to hold down a job** le resulta difícil retener ningún empleo por culpa de su enfermedad.

to **hold forth** *vi* (*frml*) hablar largo y tendido: **he held forth** *about* * *on* **the need for restraint** habló largo y tendido sobre la necesidad de actuar con moderación.

to **hold off** *vi*: **the rain held off until morning** no llovió hasta la mañana siguiente.
♦*vt* mantener a raya: **he held the dog off with a stick** mantuvo el perro a raya con un bastón.

to **hold on** *vi* **1.** (*to keep gripping*) asirse, agarrarse: **hold on tight!** ¡agárrense bien! **2.** (*fam*: *to wait*) esperar: **can you hold on a moment?** ¿puedes esperar un momento?; **hold on, I'll ask them** un momento, voy a preguntarles.

to **hold onto** *vt* **1.** (*to grip*) asirse a, agarrarse a: **hold onto the handrail** agárrate al pasamanos. **2.** (*to retain*): **she held onto her beliefs** se mantuvo firme en sus creencias.

to **hold out** *vt* **1.** (*to offer*) ofrecer: **she held out her hand** le ofreció * tendió la mano. **2.** (*to have*) tener: **they didn't hold out much hope that the factory would stay open** no tenían muchas esperanzas de que la fábrica siguiera abierta.
♦*vi* **1.** (*to manage to last*) resistir: **they held out until the search party arrived** resistieron hasta que llegó el equipo de rescate. **2.** (*to insist*): **the workers are holding out** *for* **a ten per cent increase** los trabajadores siguen reclamando un aumento del diez por ciento.

to **hold over** *vt* aplazar: **the game was held over until the next day** el partido se aplazó hasta el día siguiente.

to **hold to** *vt*: **she held him to his word** lo obligó a cumplir su palabra.

to **hold up** *vt* **1.** (*to lift*) levantar: **he held his hand up** levantó la mano. **2.** (*to delay*) retrasar, atrasar: **we were held up by a traffic jam** un embotellamiento nos retrasó. **3.** (*at gunpoint*) atracar: **they held up fifteen banks before they were caught** atracaron quince bancos antes de que los detuvieran. **4.** (*to present*) presentar: **she is often held up as an example of a successful businesswoman** a menudo la presentan * la ponen como ejemplo de una mujer que ha triunfado en el mundo de los negocios.

to **hold with** *vt* estar de acuerdo con: **he doesn't hold**

with the new curriculum no está de acuerdo con el nuevo programa de estudios.

holdall *n* bolsa *f* de viaje.

hold-up *n* 1. (*delay*) retraso *m*; (*of traffic*) atasco *m*. 2. (*robbery*) atraco *m*.

holder /ˈhəʊldə/ *n* 1. (*owner: gen*) poseedor -dora *m/f*: **the first prize goes to the holder of ticket number 953** el primer premio es para el poseedor del número 953; (*: of passport, bank account*) titular *m/f*. 2. (*Sport: of title, championship*) campeón -ona *m/f*: **he is the present holder of the trophy** es el actual campeón. 3. (*for cigarettes*) boquilla *f*; (*for plantpots*) macetero *m*.

holding /ˈhəʊldɪŋ/ *n* (*investment*) participación *f*.

holding company *n* holding *m*.

hole /həʊl/ I *n* 1. (*in roof, bucket, clothes*) agujero *m*: **there's a hole** *in* **your sleeve** tienes un agujero en la manga; **he made a hole** *in* **the wall** hizo un agujero en la pared; **the explosion made a hole** *in* **the wall** la explosión abrió un boquete en la pared • **they kept picking holes in my argument** criticaban mi argumento constantemente. 2. (*in road*) bache *m*: **the road is full of holes** el camino está lleno de baches. 3. (*in the ground, in golf*) hoyo *m*: **the hole for the post is too shallow** el hoyo para el poste no tiene la profundidad suficiente; **an eighteen-hole golf course** un campo de golf de dieciocho hoyos. 4. (*for rabbits*) madriguera *f*; (*for rats, mice*) ratonera *f*. 5. (*fam: horrible place*): **his house is a hole** vive en una casa horrible; **there isn't even a café in this hole** no hay ni un café en este pueblucho.

II *vt* [**holes, holing, holed**] agujerear: **the ship's hull was holed by the torpedo** el torpedo abrió un boquete en el casco del barco.

to **hole up** *vi* (*fam*) refugiarse.

holed up *adj* (*fam*): **the robbers were holed up in Las Vegas** los ladrones se habían refugiado en Las Vegas.

holiday /ˈhɒlɪdeɪ/ I *n* (*single day*) día *m* festivo * de fiesta; (*more than one day*) vacaciones *f pl*: **we're** *on* **holiday** estamos de vacaciones; **I'm not going** *on* **holiday this year** no voy a ir de vacaciones este año; **where did you spend your summer holidays?** ¿dónde veraneaste?

II *vi* [**holidays, holidaying, holidayed**] (*gen*) pasar las vacaciones; (*in the summer*) veranear.

holidaymaker *n* (*gen*) turista *m/f*; (*in the summer*) veraneante *m/f*.

holiness /ˈhəʊlɪnəs/ *n* (*Relig*) santidad *f*; (*title given to Pope*): **His Holiness the Pope** Su Santidad el Papa.

Holland /ˈhɒlənd/ *n* Holanda *f*.

holler /ˈhɒlə/ *vt/i* [**hollers, hollering, hollered**] (*US: fam*) gritar.

hollow /ˈhɒləʊ/ I *adj* 1. (*empty*) hueco -ca: **a hollow tree** un árbol hueco. 2. (*eyes, cheeks*) hundido -da; (*voice*) cavernoso -sa, hueco -ca. 3. (*not genuine*) falso -sa: **I'm fed up of your hollow promises** estoy harto de oír tus falsas promesas. 4. (*pointless*) vano -na: **a hollow triumph** un triunfo vano.

II *n* hondonada *f*, depresión *f*: **our house stands in a hollow** nuestra casa se encuentra en una hondonada.

to **hollow out** *vt* [**hollows, hollowing, hollowed**] ahuecar: **they hollowed out a tree trunk** ahuecaron el tronco de un árbol.

holly /ˈhɒlɪ/ *n* acebo *m*.

holocaust /ˈhɒləkɔːst/ *n* holocausto *m*.

hologram /ˈhɒləgræm/ *n* holograma *m*.

holster /ˈhəʊlstə/ *n* (*for gun*) pistolera *f*, funda *f* de pistola.

holy /ˈhəʊlɪ/ *adj* [**holier, holiest**] santo -ta, sagrado -da.

Holy Bible *n* Santa Biblia *f*.

Holy Communion *n* Sagrada Comunión *f*.

Holy Ghost *n* Espíritu *m* Santo.

Holy Land *n* Tierra *f* Santa.

Holy Orders *n pl* órdenes *f pl* sagradas: **he took Holy Orders** se ordenó (sacerdote).

Holy See *n* Santa Sede *f*.

Holy Spirit *n* Espíritu *m* Santo.

Holy Week *n* Semana *f* Santa.

homage /ˈhɒmɪdʒ/ *n* homenaje *m*: **they paid homage** *to* **those who had died** rindieron homenaje a los que habían fallecido.

home /həʊm/ I *n* 1. (*house, place where one lives*) casa *f*, hogar *m*: **this is my home** ésta es mi casa; **she left home at sixteen** se marchó de casa a los dieciséis años • **this is a real home from home** esto es como estar en casa. 2. **at home** (*in the house*): **she's not at home** no está en casa; (*in one's own country*): **the reaction, both at home and abroad, has been surprising** la reacción, tanto en nuestro país como en el extranjero, ha sido sorprendente; (*Sport*): **they're playing the semifinal at home** juegan la semifinal en campo propio * en casa; (*comfortable*): **I feel at home here** aquí me siento como en casa; **make yourself at home** tú, como si estuvieras en tu casa; **she feels more at home working with animals** se siente más a gusto trabajando con animales. 3. (*native land*) tierra *f* (natal): **how I long to go home!** ¡qué ganas tengo de volver a mi tierra! 4. (*of phenomenon*) cuna *f*: **France, the home of good cooking** Francia, cuna de la buena cocina. 5. (*institution*) residencia *f*: **a home** *for* **the elderly** una residencia de la tercera edad; **an old people's home** una residencia de ancianos.

II *adv* 1. (*homewards*) a casa: **they went home** se fueron a casa • **his words went * struck home** sus palabras dieron en el blanco • **my mistake came home to me** caí en la cuenta de mi error • **the film brought home the realities of war** la película nos acercó a la realidad de la guerra • **it's nothing to write home about** no es nada del otro mundo • **they pressed home their advantage** sacaron partido de la ventaja que tenían. 2. (*US: at home*) en casa: **I think I'll stay home** creo que me quedaré en casa.

III *adj* 1. (*improvements, comforts, etc.*) en * de casa, en * del hogar. 2. (*made at home*) casero -ra: **a home remedy** un remedio casero. 3. (*national*) nacional: **the home news** las noticias nacionales. 4. (*Sport*): **they lost the next home game** perdieron el siguiente partido en casa.

to **home in** *vi* [**homes, homing, homed**]: **the missile homed in** *on* **the target** el misil se dirigía hacia el blanco.

home address *n* domicilio *m* (particular): **what is your home address?** ¿cuál es su domicilio?

home affairs *n pl* asuntos *m pl* interiores.

homecoming *n* regreso *m* (a casa).

home cooking *n* cocina *f* casera.

Home Counties *n pl*: **the Home Counties** *en Inglaterra, los condados más próximos a Londres.*

home economics *n [lleva el verbo en singular]* (**Educ**) economía *f* doméstica, ciencia *f* del hogar.

home help *n* (*GB*) asistenta *f* (*sobre todo la que trabaja a cargo de la seguridad social para personas necesitadas*).

homeland *n* (*native land*) patria *f*, tierra *f* natal.
home life *n* vida *f* familiar.
home-loving *adj* hogareño -ña.
home-made *adj* casero -ra, elaborado -da * hecho -cha en casa.
Home Office *n* (*in GB*) Ministerio *m* del Interior.
home owner *n* propietario -ria *m/f* de una vivienda.
home port *n* puerto *m* de origen.
home rule *n* autonomía *f*, autodeterminación *f*.
Home Secretary *n* (*in GB*) ministro -tra *m/f* del Interior.
homesick *adj* nostálgico -ca: **I'm homesick** *for* **Wales** echo de menos Gales; **are you homesick?** ¿tienes morriña?
homesickness *n* nostalgia *f*, morriña *f*.
homespun *adj* (*unsophisticated*) sencillo -lla.
homestead *n* (*US*) granja *f*.
home straight, **home stretch** *n* (*of a race, an activity*) recta *f* final: **the home stretch of our journey was the most difficult** la última etapa de nuestro viaje fue la más difícil.
home team *n* equipo *m* local * de casa.
home town *n* ciudad *f* natal.
home truths *n pl* verdades *f pl*: **I told him a few home truths** le dije cuatro verdades.
homework *n* **1.** (*schoolwork*) deberes *m pl*, tarea *f*. **2.** (*fam: preparation*): **the Minister hadn't done his homework** el ministro no se había preparado lo suficiente.

homeless /ˈhəʊmləs/ **I** *adj* sin hogar.
II the homeless *n pl* las personas sin un hogar.

homely /ˈhəʊmlɪ/ *adj* **1.** (*unsophisticated*) sencillo -lla: **her family were kind, homely people** su familia era gente amable y sencilla. **2.** (*atmosphere, décor*) acogedor -dora. **3.** (*US: plain*): **a homely girl** una chica del montón.

homeopath /ˈhəʊmɪəˌpæθ/ *n* homeópata *m/f*.

homeopathic /ˌhəʊmɪəˈpæθɪk/ *adj* (*practitioner*) homeópata; (*medicine*) homeopático -ca.

homeopathy /ˌhəʊmɪˈɒpəθɪ/ *n* homeopatía *f*.

homeward /ˈhəʊmwɜːd/ **I** *adj* (*journey*) de regreso.
II *adv* (*también* **homewards**) hacia casa.

homicidal /hɒmɪˈsaɪdəl/ *adj* homicida.

homicide /ˈhɒmɪsaɪd/ *n* **1.** (*murder*) homicidio *m*. **2.** (*murderer*) homicida *m/f*.

homily /ˈhɒməlɪ/ *n* [**homilies**] **1.** (*Relig*) homilía *f*. **2.** (*dull speech*) sermón *m*.

homing /ˈhəʊmɪŋ/ *adj* **1.** (*Mil: missile*) *con guía para dar en el blanco*. **2.** (*Zool*): **most animals have a strong homing instinct** la mayoría de animales tiende, por instinto, a volver al sitio donde viven.
homing pigeon *n* paloma *f* mensajera.

homoeopath /ˈhəʊmɪəˌpæθ/ *n* homeópata *m/f*.

homoeopathic /ˌhəʊmɪəˈpæθɪk/ *adj* ➪ homeopathic

homoeopathy /ˌhəʊmɪˈɒpəθɪ/ *n* homeopatía *f*.

homogeneity /ˌhəʊmədʒəˈniːətɪ/ *n* homogeneidad *f*.

homogeneous /ˌhəʊməˈdʒiːnɪəs/ *adj* homogéneo -nea.

homogenize /hɒˈmɒdʒənaɪz/ *vt* [**homogenizes, homogenizing, homogenized**] homogeneizar.

homogenous /həˈmɒdʒɪnəs/ *adj* homogéneo -nea.

homograph /ˈhɒməʊgrɑːf/ *n* homógrafo *m*.

homonym /ˈhɒməʊnɪm/ *n* homónimo *m*.

homosexual /ˌhəʊməˈseksjʊəl/ *adj, n* homosexual *adj, m/f*.

Hon. *léase* /ˈɒnərəbəl/ (*abreviatura de* **Honourable**) ilustre.

Honduran /hɒnˈdjʊərən/ *adj, n* hondureño -ña *adj, m/f*.

Honduras /hɒnˈdjʊərəs/ *n* Honduras *m*.

hone /həʊn/ *vt* [**hones, honing, honed**] (*frml*) afilar.

honest /ˈɒnɪst/ *adj* **1.** (*decent, honourable*) honrado -da, honesto -ta: **it's hard to earn an honest living** es difícil ganarse la vida honradamente; (*just*) recto -ta: **an honest referee** un árbitro recto. **2.** (*frank*) sincero -ra: **my honest opinion** mi sincera opinión; **come on, be honest...** venga, dime la verdad...; **to be honest with you, I don't know the answer** si te soy sincero, desconozco la respuesta.

honestly /ˈɒnɪstlɪ/ *adv* **1.** (*without deceit*) honradamente. **2.** (*truthfully*) sinceramente, francamente: **thanks but, honestly, we've got to go** se lo agradezco pero, de verdad, tenemos que irnos. **3.** (*expressing surprise*): **honestly?** ¿de veras?; (*expressing exasperation*): **honestly!** ¡hay que ver!

honesty /ˈɒnɪstɪ/ *n* **1.** (*moral integrity*) honradez *f*, honestidad *f*. **2.** (*truthfulness*) sinceridad *f*, franqueza *f* • **in all honesty, this car is not worth repairing** sinceramente, no vale la pena gastarse dinero en reparar este coche.

honey /ˈhʌnɪ/ *n* **1.** (*Culin*) miel *f*. **2.** (*US: fam, darling*) cariño.

honeycomb /ˈhʌnɪˌkəʊm/ *n* panal *m*.

honeymoon /ˈhʌnɪˌmuːn/ **I** *n* (*after wedding*) luna *f* de miel, viaje *m* de novios; (*phase of optimism*): **the honeymoon period is over for the new government** ha terminado el periodo de gracia para el nuevo gobierno.
II *vi* [**honeymoons, honeymooning, honeymooned**] pasar la * ir de luna de miel: **they honeymooned in Acapulco** fueron de luna de miel a Acapulco.

honeysuckle /ˈhʌnɪˌsʌkəl/ *n* madreselva *f*.

honk /hɒŋk/ **I** *vi* [**honks, honking, honked**] **1.** (*goose*) graznar. **2.** (*driver*) tocar la bocina.
♦ *vt* (*car horn*): **she honked her horn** *at* **me** me dio un bocinazo * me pitó.
II *n* **1.** (*of goose*) graznido *m*. **2.** (*of horn*) bocinazo *m*.

honor /ˈɒnə/ *n, vt* [**honors, honoring, honored**] (*US*) ➪ honour

honorable /ˈɒnərəbəl/ *adj* (*US*) ➪ honourable

honorably /ˈɒnərəblɪ/ *adv* (*US*) ➪ honourably

honorary /ˈɒnərərɪ/ *adj* **1.** (*unpaid*) honorario -ria, no remunerado -da. **2.** (*given as sign of respect*) de honor, honorífico -ca: **he is an honorary member of the club** es miembro honorífico del club.
honorary degree *n* doctorado *m* "honoris causa"

honour /ˈɒnə/ **I** *n* **1.** (*privilege*) honor *m*: **it is an honour to meet you** es un honor conocerlo; **I had the honour** *of* **meeting the President** tuve el honor de conocer al presidente. **2.** (*reputation*) honor *m*, honra *f*: **our honour is at stake** nuestro honor está en juego. **3.** (*credit*) orgullo *m*: **they are an honour** *to* **their country** son un orgullo para su patria. **4.** (*award*) honores *m pl*. **5. Honour** (*used as title*) señoría *f*: **His Honour the Mayor** Su Señoría el Alcalde.
II *vt* [**honours, honouring, honoured**] **1.** (*person*): **they honoured their fallen comrades** rindieron homenaje a sus camaradas caídos; **I was honoured to be invited** tuve el honor de que me invitaran; **our village is honoured by your visit** nuestro pueblo se honra con su visita • **so you decided to come? we're honoured!** ¿así que decidiste venir? ¡qué honrados nos sentimos! **2.** (*commitment*) cumplir con: **she honoured her obligations** cumplió con su deber. **3.** (*debt, cheque*) pagar: **the company honoured its debts** la empresa pagó sus deudas.

honours degree, (*US*) **honors degree** *n* licenciatura *f* (*excluyendo la de nota más baja*).

honourable /ˈɒnərəbəl/ *adj* **1.** (*action*) honroso -sa, honorable: **it was the only honourable thing to do** era la única cosa honrosa que se podía hacer. **2.** (*person*) de honor, honrado -da: **he has always been an honourable man** siempre ha sido un hombre de honor. **3.** (*as courtesy title*) ilustre: **the Honourable Member for Winchester** el ilustre diputado por Winchester; **the Honourable gentleman is mistaken** su señoría se equivoca.

honourably /ˈɒnərəblɪ/ *adv* honrosamente: **we settled our dispute honourably** resolvimos la disputa de manera honrosa.

Hons. /ɒnz/ (*abreviatura de* **honours degree**) *se usa detrás de la abreviatura del título universitario* ➪ honours degree.

hood /hʊd/ *n* **1.** (*on garment*) capucha *f*. **2.** (*of pram, car roof*) capota *f*. **3.** (*US*: *of car engine*) capó *m*.

hooded /ˈhʊdɪd/ *adj* **1.** (*garment*) con capucha. **2.** (*eyes*) entornado -da.

hoodwink /ˈhʊdwɪŋk/ *vt* [**hoodwinks, hoodwinking, hoodwinked**] (*fam*: *to deceive*) engañar.

hoof /hu:f/ *n* [**hoofs** ✻ **hooves** /hu:vz/] (*of horse*) casco *m*; (*of cow, deer*) pezuña *f*.

hook /hʊk/ **I** *n* **1.** (*gen*) gancho *m*; (*for fishing*) anzuelo *m*; (*on garment*) corchete *m*; (*butcher's*) garfio *m* • **he swallowed it hook, line and sinker** se lo tragó completamente • **I'll find out by hook or by crook** me enteraré por las buenas o por las malas • **she paid my fine to get me off the hook** pagó la multa que me habían puesto para sacarme del apuro. **2.** (*Telec*): **the phone's** *off* **the hook** el teléfono está descolgado. **3.** (*in boxing*) gancho *m*.
II *vt* [**hooks, hooking, hooked**] **1.** (*ball: gen*) golpear (*con efecto*); (*: in rugby scrum*) talonear. **2.** (*fish*) pescar.
♦ *vi*: **the chain hooks** *onto* **this metal ring** la cadena se engancha en esta argolla metálica; **the two parts of the safety belt hook** *together* las dos partes del cinturón de seguridad van enganchadas.
to **hook up** *vt* (*telephones, computers*) conectar: **we haven't hooked the fax up yet** todavía no hemos conectado el fax.

hooked /hʊkt/ *adj* **1.** (*like a hook*) ganchudo -da: **a hooked nose** una nariz ganchuda. **2.** (*fam*: *addicted to a drug*) enganchado -da: **he's hooked** *on* **cocaine** está enganchado a la cocaína; (*: addicted to a hobby, interest etc.*) entusiasmado -da: **she's hooked** *on* **hard rock** el rock duro la vuelve loca.

hooker /ˈhʊkə/ *n* **1.** (*in rugby*) talonador *m*. **2.** (*US*: *fam, prostitute*) prostituta *f*.

hooligan /ˈhu:lɪgən/ *n* gamberro -rra *m/f*, vándalo -la *m/f*.

hooliganism /ˈhu:lɪgəˌnɪzəm/ *n* (*gen*) gamberrismo *m*; (*in football*) *comportamiento violento de ciertos hinchas*.

hoop /hu:p/ *n* **1.** (*ring*) aro *m*. **2.** (*on barrel*) fleje *m*. **3.** (*Clothing*: *stripe*) raya *f* horizontal.

hooray /hu:ˈreɪ/ *excl* hurra, viva: **hooray** *for* **the holidays!** ¡vivan las vacaciones!

hoot /hu:t/ **I** *vi* [**hoots, hooting, hooted**] **1.** (*owl*) ulular; (*train*) pitar, silbar; (*ship*) tocar la sirena; (*car*) dar un bocinazo, pitar: **he hooted** *at* **the sheep blocking his way** pitó a las ovejas que le impedían el paso. **2.** (*showing disapproval*): **the crowd was hooting and jeering** el público silbaba y abucheaba. **3.** (*showing glee*): **she hooted** *with* **laughter** soltó una carcajada.
♦ *vt* (*car horn*) tocar.
II *n* (*of an owl*) ulular *m*; (*of a train*) pitido *m*; (*of a ship*) toque *m* de sirena; (*of a car*) bocinazo *m*: **he gave a hoot of laughter** soltó una risotada • **he doesn't care a hoot** ✻ **two hoots** le importa un pito • **I don't give two hoots for your reputation** me importa un pito tu reputación.

hooter /ˈhu:tə/ *n* **1.** (*in factory*) sirena *f*; (*on vehicle*) bocina *f*, claxon *m*. **2.** (*GB*: *fam, nose*) nariz *f*.

hoover® /ˈhu:və/ **I** *n* (*también* **Hoover**®) aspiradora *f*, aspirador *m*.
II *vt* [**hoovers, hoovering, hoovered**] pasar la aspiradora en ✻ por: **have you hoovered the bedrooms?** ¿has pasado la aspiradora en los dormitorios?
♦ *vi* pasar la aspiradora.

hooves /hu:vz/ *plural de* ➪ hoof

hop /hɒp/ **I** *n* **1.** (*jump*) salto *m*, saltito *m*; (*on one leg*) salto *m* a la pata coja • **I caught him on the hop** lo pillé desprevenido. **2.** (*fam*: *short plane journey*) vuelo *m* de corta duración: **it's just a short hop from London to Manchester** el vuelo de Londres a Manchester es muy corto. **3.** (*fam*: *dance*) baile *m*. **4.** (*Bot*) lúpulo *m*.
II *vi* [**hops, hopping, hopped**] (*to jump*) saltar, dar saltitos; (*on one leg*) saltar a la pata coja • **Dad's hopping mad** papá está que echa chispas • **hop it!** ¡lárgate!
to **hop in** *vt* (*car*) subir a.
♦ *vi* subir: **hop in and I'll take you home** sube, que te llevo a casa.
to **hop off** *vt* (*bus, train*) bajar de: **she hopped off the bus near the market** bajó del autobús cerca del mercado.
♦ *vi* bajar.
to **hop on** *vt* (*bus, train*) subir a.
♦ *vi* subir.
to **hop over** *vi* cruzar: **we hopped over** *to* **Calais for the day** cruzamos a Calais para pasar el día.

hope /həʊp/ **I** *n* esperanza *f*: **there's no hope for him now** ya no le queda ninguna esperanza; **he's** *beyond* **hope** es un caso perdido; **don't build up your hopes** no te hagas ilusiones; **she hasn't much hope** *of* **recovering** no hay muchas esperanzas de que se recupere; **it's cruel to raise their hopes** es una crueldad darles esperanzas • **him arrive on time? some hope!** ¿llegar a la hora él? ¡ni hablar! • **she went to London in the hope of finding a job** fue a Londres con la esperanza de encontrar trabajo • **he hasn't a hope in hell of passing his driving test** no tiene ni la más mínima posibilidad de aprobar el examen de conducir • **the incident dashed our hopes of winning the race** el incidente echó por tierra nuestras ilusiones de ganar la carrera.
II *vt* [**hopes, hoping, hoped**] esperar: **I hope he arrives soon** espero que llegue pronto; **let's hope so** esperemos que sí; **I hope not** espero que no ✻ ojalá que no; **we hope to see them tomorrow** esperamos verlos mañana; **I hope you feel better soon** espero que te mejores pronto; **I hope you have a good trip** que tengas un buen viaje.
♦ *vi*: **we'll just have to hope** *for* **the best** sólo nos queda esperar que todo salga bien; **she's hoping** *for* **a girl** le gustaría que fuera (una) niña.

hopeful /ˈhəʊpfʊl/ **I** *adj* **1.** (*person*) esperanzado -da, lleno -na de esperanzas: **I'm hopeful** *that* **they'll come** tengo muchas esperanzas de que vengan. **2.** (*en-

couraging) esperanzador -dora, alentador -dora: **this was hopeful news** fue una noticia alentadora.
II *n* aspirante *m/f*.

hopefully /ˈhəʊpfʊlɪ/ *adv* **1.** (*in a hopeful way*) con ilusión: **is there any post for me? she asked hopefully** ¿hay cartas para mí?, preguntó ilusionada. **2.** (*with any luck*) con un poco de suerte: **hopefully, they won't see us** con un poco de suerte no nos verán.

hopefulness /ˈhəʊpfʊlnəs/ *n* optimismo *m*.

hopeless /ˈhəʊpləs/ *adj* (*attempt, situation*) sin esperanzas: **she was hopeless** *at* **music** era negada para la música.

hopscotch /ˈhɒpskɒtʃ/ *n* rayuela *f*, tejo *m*.

horde /hɔːd/ *n* **1.** (*in history*) horda *f*. **2.** (*crowd*) multitud *f*: **there were hordes** *of* **kids at the pool** había una multitud de niños en la piscina.

horizon /həˈraɪzən/ *n* horizonte *m*: **there was a ship** *on* **the horizon** se veía un buque en el horizonte • **the new job will broaden her horizons** el nuevo trabajo ampliará sus horizontes.

horizontal /ˌhɒrɪˈzɒntəl/ **I** *adj* horizontal.
II *n* línea *f* horizontal.

horizontal bar *n* (*Sport*) barra *f* fija.

horizontally /ˌhɒrɪˈzɒntəlɪ/ *adv* horizontalmente.

hormone /ˈhɔːməʊn/ *n* hormona *f*.

horn /hɔː/ *n* **1.** (*on animal*) cuerno *m*, asta *f* [takes ***el*** or ***un*** in singular] • **he was on the horns of a dilemma** estaba entre la espada y la pared. **2.** (*on car*) bocina *f*, claxon *m*. **3.** (*Mus*) cuerno *m*, trompa *f*.

horn player *n* (*in orchestra*) trompa *m*.

hornet /ˈhɔːnɪt/ *n* avispón *m* • **they have stirred up a hornet's nest** se han metido en un avispero * un lío.

horny /ˈhɔːnɪ/ *adj* [**hornier, horniest**] (*skin*) calloso -sa.

horoscope /ˈhɒrəskəʊp/ *n* horóscopo *m*.

horrendous /həˈrendəs/ *adj* horroroso -sa, horrendo -da.

horrible /ˈhɒrəbəl/ *adj* **1.** (*gen*) horrible, horroroso -sa, espantoso -sa: **the weather was horrible** hizo un tiempo horrible; **that colour is horrible** ese color es espantoso; **how horrible!** ¡qué horrible!; **I have a horrible suspicion that...** tengo la terrible sospecha de que.... **2.** (*person*) antipático -ca: **they were really horrible** *to* **me** estuvieron muy antipáticos conmigo.

horribly /ˈhɒrəblɪ/ *adv* horriblemente, espantosamente: **he dresses horribly** viste de pena; **it's horribly cold here** hace un frío espantoso aquí; **it went horribly wrong from the start** fue muy mal desde el principio.

horrid /ˈhɒrɪd/ *adj* **1.** (*gen*) horrible, horroroso -sa, espantoso -sa: **the whole experience was horrid** en general, fue una experiencia horrible; **I've had a horrid day** he tenido un día horrible. **2.** (*person*) antipático -ca; (*behaviour*): **he's always horrid** *to* **his sister** siempre está fastidiando a su hermana.

horrific /hɒˈrɪfɪk/ *adj* horrendo -da, horroroso -sa.

horrifically /hɒˈrɪfɪkəlɪ/ *adv* horrorosamente, espantosamente.

horrify /ˈhɒrɪfaɪ/ *vt* [**horrifies, horrifying, horrified**] horrorizar: **he was horrified by what he saw** se quedó horrorizado por lo que vio.

horrifying /ˈhɒrɪfaɪɪŋ/ *adj* (*scene*) horroroso -sa, horrible; (*results,*) pésimo -ma; (*figures*) terrible.

horror /ˈhɒrə/ *n* **1.** (*feeling, something which horrifies*) horror *m*: **I have a horror** *of* **rats** les tengo horror a las ratas; **they have suffered the horrors of war** han sufrido los horrores de la guerra; **she looked at me** *in* **horror** me miró horrorizada; *to* **her horror, the car was heading towards the cliff** comprobó horrorizada que el coche se dirigía hacia el precipicio. **2.** (*fam*: *unpleasant child*): **your brother's a little horror** tu hermanito es un diablo.

horror film, **horror movie** *n* película *f* de terror * de miedo.

horror story *n* (*in book*) historia *f* de miedo; (*unpleasant experience*) historia *f* espantosa.

hors d'oeuvres /ɔːˈdɜːvrə/ *n pl* entremeses *m pl*.

horse /hɔːs/ *n* **1.** (*gen*) caballo *m* • **I could eat a horse** me comería un buey • **I got it straight from the horse's mouth** lo sé de buena tinta • **he's flogging a dead horse** está perdiendo el tiempo • **she's a dark horse** es una caja de sorpresas • **he's on his high horse about modern youth again** ya está otra vez con lo de la juventud de hoy. **2.** (*gymnastic apparatus*) potro *m*.

horseback *n*: **a woman** *on* **horseback passed by** pasó una mujer a caballo.

horseback riding *n* (*US*) equitación *f*.

horsebox *n* [**horseboxes**] vagón *m* * furgón *m* para transportar caballos.

horse chestnut *n* (*tree*) castaño *m* de Indias; (*fruit*) castaña *f* de Indias.

horse-drawn *adj* tirado -da por caballo.

horsefly *n* [**horseflies**] tábano *m*.

horseman *n* [*pl* **horsemen**] jinete *m*.

horseplay *n* payasadas *f pl*.

horsepower *n* (*Auto*) caballo *m* (de vapor * de fuerza): **a fifty horsepower engine** un motor de cincuenta caballos.

horse racing *n* carreras *f pl* de caballos.

horseradish *n* rábano *m* picante.

horse-riding *n* equitación *f*: **I love horse-riding** me encanta montar a caballo.

horseshoe *n* herradura *f*.

horsewoman *n* [*pl* **horsewomen**] amazona *f*.

horsy, **horsey** /ˈhɔːsɪ/ *adj* **1.** (*of a horse*): **a horsy smell** un olor a caballo; (*like a horse*) caballuno -na: **a horsy face** una cara caballuna * de caballo. **2.** (*fam*: *keen on horses*) aficionado -da a los caballos: **she's very horsy** es muy aficionada a los caballos.

horticulture /ˈhɔːtɪˌkʌltʃə/ *n* horticultura *f*.

hose /həʊz/ **I** *n* (*también* **hose-pipe**) manguera *f*, manga *f* de riego.
II *vt* [**hoses, hosing, hosed**] regar con una manguera.

to **hose down** *vt* (*a street*) limpiar con una manguera.

hosiery /ˈhəʊzɪərɪ/ *n*: *sección donde se venden calcetines y medias.*

hospice /ˈhɒspɪs/ *n* **1.** (*hospital*) residencia *f* para enfermos terminales. **2.** (*hostel*) hospicio *m* (*para viajeros*).

hospitable /hɒˈspɪtəbəl/ *adj* hospitalario -ria, acogedor -dora.

hospitably /hɒˈspɪtəblɪ/ *adv* de una manera hospitalaria.

hospital /ˈhɒspɪtəl/ *n* hospital *m*: **my sister's** *in* **hospital** * *(US) in the* **hospital** mi hermana está ingresada (en el hospital); **he had to go to hospital** tuvo que ir al hospital; **hospital staff are badly paid** en los hospitales el personal está mal pagado; **there is a shortage of hospital beds** hay escasez de camas de hospital.

hospitality /ˌhɒspɪˈtælətɪ/ *n* hospitalidad *f*, acogida *f*: **thank you for your hospitality** gracias por vuestra hospitalidad.

hospitalize /ˈhɒspɪtəlaɪz/ *vt* [**hospitalizes, hospitali-**

zing, hospitalized] hospitalizar, ingresar (*en un hospital*).

host /həʊst/ **I** *n* **1.** (*at party, reception*) anfitrión -triona *m/f*; (*on television show*) presentador -dora *m/f*: **the host country will provide accommodation for the athletes** el país organizador proporcionará alojamiento para los atletas. **2.** (*Biol, Zool*) huésped *m*. **3.** (*large number: of people*) grupo *m* numeroso: **a host of his supporters greeted him** un numeroso grupo de seguidores fue a darle la bienvenida; (*: of things*) montón *m*: **I have a whole host of questions** tengo un montón de preguntas. **4.** (*Relig*) hostia *f*.
II *vt* [**hosts, hosting, hosted**] **1.** (*to be host for*) actuar de anfitrión en: **the Queen will host a reception at the British Embassy** la Reina ofrecerá una recepción en la Embajada Británica. **2.** (*television show*) presentar.

hostage /ˈhɒstɪdʒ/ *n* rehén *m*: **the passengers were taken hostage** tomaron a los pasajeros como rehenes.

hostel /ˈhɒstəl/ *n* **1.** (*for travellers*) albergue *m*, hostal *m*. **2.** (*GB: for students, employees*) residencia *f*.

hostess /ˈhəʊstes/ *n* [**hostesses**] **1.** (*at party, reception*) anfitriona *f*. **2.** (*on television show*) presentadora *f*. **3.** (*on plane*) azafata *f*.

hostile /ˈhɒstaɪl/ *adj* **1.** (*environment, person*) hostil: **this was interpreted as a hostile act** lo interpretaron como un acto hostil; **he is hostile *to* change** se opone a cualquier cambio. **2.** (*territory*) enemigo -ga.

hostility /hɒˈstɪlətɪ/ **I** *n* hostilidad *f*: **his hostility *to* the plan was clear** su oposición al plan era evidente.
II hostilities *n pl* (*Mil*) hostilidades *f pl*.

hot /hɒt/ *adj* [**hotter, hottest**] **1.** (*high in temperature*) caliente: **there was no hot water in the hotel** no había agua caliente en el hotel; **the hot sun made her dizzy** se mareó por efecto del fuerte sol. **2.** (*climate*) cálido -da: **a hot country** un país cálido; (*weather*) caluroso -sa: **it was a very hot day** ese día hizo mucho calor; **it's very hot outside** hace mucho calor fuera; (*person*): **are you hot?** ¿tienes calor? **3.** (*food: very warm*) caliente: **they serve hot meals** sirven comidas calientes; (*: spicy*) picante. **4.** (*excitable*): **he has a hot temper** tiene mal genio • **there's no point in getting hot and bothered** no vale la pena enfadarse. **5.** (*fam: recent*) reciente: **the trail is still hot** el rastro está todavía fresco; (*: interesting*) interesante: **I've got some hot news for you** tengo noticias muy interesantes para ti. **6.** (*fam: talented*) bueno -na: **he's good at maths, but he's not so hot when it comes to languages** es muy bueno en matemáticas, pero no tanto en idiomas; **he's very hot *on* history** es un hacha en historia. **7.** (*fam: goods*) robado -da.
to **hot up** *vi* [**hots, hotting, hotted**] (*fam: to become more intense*): **the match hotted up in the last ten minutes** el partido se puso al rojo vivo en los diez últimos minutos.

hot air *n* (*fam*) palabrería *f*.

hot-air balloon *n* globo *m* aerostático.

hotbed *n* semillero *m*: **the academy was a hotbed of sedition** la academia fue un semillero de sedición.

hot-blooded *adj* apasionado -da.

hot dog *n* perrito *m* caliente, (*Arg, Urug*) pancho *m*.

hotfoot I *adv* (*in haste*) a toda prisa.
II *vt* [**hotfoots, hotfooting, hotfooted**] (*fam*): **we hotfooted it back home** volvimos a casa a toda prisa.

hothead *n* impulsivo -va *m/f*.

hot-headed *adj* **1.** (*impetuous*) impulsivo -va, irreflexivo -va. **2.** (*easily angered*) irascible.

hothouse *n* invernadero *m*.

hot line *n* teléfono *m* rojo.

hotplate *n* (*on a cooker*) placa *f* (de cocina); (*for plates*) calientaplatos *m inv*.

hotpot *n* estofado *m*.

hot potato *n* (*fam*) tema *m* candente.

hot spot *n* **1.** (*fashionable place*) lugar *m* de moda. **2.** (*dangerous place*) lugar *m* conflictivo.

hot-water bottle *n* bolsa *f* de agua caliente.

hotchpotch /ˈhɒtʃpɒtʃ/ *n* batiburrillo *m*.

hotel /həʊˈtel/ *n* hotel *m*.

hotel industry *n* industria *f* hotelera.

hotelier /həʊˈtelɪə/ *n* hotelero -ra *m/f*.

hotly /ˈhɒtlɪ/ *adv* **1.** (*vehemently*) vehementemente: **he hotly denied the accusation** desmintió la acusación con vehemencia; **she hotly rejected my suggestion** se opuso vehementemente a mi sugerencia. **2.** (*closely*) de cerca: **he ran off, hotly pursued by the police** huyó, seguido de cerca por la policía.

hound /haʊnd/ **I** *n* perro *m* de caza.
II *vt* [**hounds, hounding, hounded**] acosar.

hour /ˈaʊə/ *n* **1.** (*gen*) hora *f*: **phone me in an hour** llámame * telefonéame dentro de una hora; **half an hour** media hora; **a quarter of an hour** un cuarto de hora; **the shops won't be open *at* this hour** las tiendas no estarán abiertas a estas horas; **I've been waiting *for* hours** llevo horas esperando; ***after* hours you can contact the doctor at this number** fuera de horario puede contactar con el médico en este número; **they're paid *by* the hour** les pagan por horas; **buses arrive *on* the hour and leave *on* the half hour** los autobuses llegan a las horas y salen a las medias; **the clock struck the hour** el reloj dio la hora; **at eighty kilometres *an* hour** a ochenta kilómetros por hora; **the lunch hour** la hora de comer * del almuerzo; **working hours** horas de trabajo • **they released the hostages at the eleventh hour** liberaron a los rehenes en el último momento. **2.** (*frml: when telling the time*): **the satellite was launched *at* sixteen hundred hours** el lanzamiento del satélite tuvo lugar a las dieciséis horas.

hourglass *n* [**hourglasses**] reloj *m* de arena.

hour hand *n* (*on watch or clock*) manecilla *f* de las horas.

hourly /ˈaʊəlɪ/ **I** *adj* **1.** (*once an hour*) cada hora: **there's an hourly train to Santiago** hay un tren para Santiago cada hora. **2.** (*per hour*) por hora: **an hourly wage** un sueldo por horas.
II *adv* **1.** (*every hour*) cada hora: **a bus leaves hourly for the capital** cada hora sale un autobús para la capital. **2.** (*per hour*) por hora: **these workers are paid hourly** estos trabajadores cobran por horas. **3.** (*soon*): **I'm expecting him hourly** espero su llegada de un momento a otro.

house I /haʊs/ *n* **1.** (*home*) casa *f*: **I've never been to their house** nunca he estado en su casa • **there's no need to pay, it's on the house** no me deben nada, invita la casa • **your sister and I get on like a house on fire** tu hermana y yo nos llevamos de maravilla. **2.** (*commercial firm*) casa *f*: **she works in a publishing house** trabaja en una (casa) editorial; **a fashion house** una casa de modas. **3.** (*también* **House**) (*Pol*) cámara *f*: **this House supports a federal constitution** esta Cámara está a favor de una constitución federal. **4.** (*también* **House**) (*noble family*) casa *f*: **the House of Hapsburg** la Casa de Habsburgo. **5.** (*theatre audience*) público *m*: **the house became restless during the third act** el público empezó a impacientarse durante el tercer acto • **the new song brought the house down** cuando interpretó su nueva canción, casi se viene abajo el teatro con los aplausos.

II /haʊz/ *vt* [**houses, housing, housed**] **1.** (*to provide accommodation for*) alojar: **the new hall will house two hundred students** la nueva residencia alojará a doscientos estudiantes. **2.** (*to contain*): **the new building houses the library and two classrooms** el edificio nuevo contiene la biblioteca y dos aulas.

house arrest *n* arresto *m* domiciliario.

house boat *n* casa *f* flotante.

housebound *adj*: **I was housebound for three weeks** tuve que quedarme en casa tres semanas.

housebreaker *n* ladrón -drona *m/f*.

housebreaking *n* robo *m* en un domicilio.

housecoat *n* bata *f*.

housefly *n* [**houseflies**] mosca *f*.

household I *n* (*everyone in a house*): **the whole household used to get up early** todo el mundo en la casa tenía la costumbre de madrugar; (*family*) hogar *m*, familia *f*: **I grew up in an Italian household** me crié en el seno de una familia italiana.

II *adj* **1.** (*domestic*) de la casa * del hogar: **the household expenses** los gastos de la casa. **2.** (*well-known*): **she soon became a household name** en poco tiempo se hizo famosísima; **ecology is now a household word** hoy en día todo el mundo habla de ecología.

householder *n* (*owner*) propietario -ria *m/f* de una casa, dueño -ña *m/f* de una casa; (*tenant*) inquilino -na *m/f*.

housekeeper *n* ama *f* de llaves [takes ***el*** or ***un*** in singular].

housekeeping *n* **1.** (*money*) dinero *m* para los gastos de la casa. **2.** (*management*) administración *f* de la casa.

houseman *n* [*pl* **housemen**] (*junior doctor*) (médico) *m* interno, (médica) *f* interna.

House of Commons *n* (*in GB*) Cámara *f* de los Comunes.

House of Lords *n* (*in GB*) Cámara *f* de los Lores.

House of Representatives *n* (*in US*) Cámara *f* de Representantes (*cámara baja del Congreso norteamericano*).

house plant *n* planta *f* de interior.

house-proud *adj*: **he's very house-proud** es muy quisquilloso para la casa.

Houses of Parliament *n pl*: **the Houses of Parliament** (*in GB*) el Parlamento.

house-to-house *adj*: **the police conducted house-to-house inquiries** la policía efectuó investigaciones casa por casa.

house-trained *adj* bien enseñado -da, domesticado -da.

housewarming *n* estreno *m* de una casa: **we're going to hold a housewarming (party)** vamos a hacer una fiesta para estrenar la casa.

housewife *n* [*pl* **housewives**] ama *f* de casa [takes ***el*** or ***un*** in singular].

house wine *n* vino *m* de la casa.

housework *n* quehaceres *m pl* domésticos, tareas *f pl* del hogar.

housing /ˈhaʊzɪŋ/ *n* vivienda *f*, alojamiento *m*: **the housing shortage is growing worse** cada vez hay más escasez de vivienda; **our city needs more housing** hacen falta más viviendas en nuestra ciudad.

housing association *n* (*in GB*) *asociación que se encarga de construir o reparar viviendas de bajo alquiler*.

housing estate *n* (*GB*) urbanización *f*.

hovel /ˈhɒvəl/ *n* casucha *f*.

hover /ˈhɒvə/ *vi* [**hovers, hovering, hovered**] **1.** (*helicopter, large bird*) permanecer inmóvil en el aire; (*butterfly, small bird*) revolotear. **2.** (*fam: to linger*) esperar: **he was hovering at the door trying to catch my eye** estaba esperando en la puerta intentando llamar mi atención.

hovercraft *n* [*pl* **hovercraft**] aerodeslizador *m*.

how /haʊ/ *adv* **1.** (*in direct questions: expecting a specific reply*) cómo: **how did he do it?** ¿cómo lo hizo?; (*: expecting a more general reply*) cómo, qué tal: **how did you get on in the exam?** ¿qué tal * cómo te fue el examen?; **how are you?** ¿cómo está (usted)?; **how else could he afford it?** ¿de qué otra manera podría permitírselo? • **how do you do?** encantado -da * mucho gusto • **how is it you always arrive last?** ¿cómo es que llegas siempre tarde? **2.** (*in indirect questions*) cómo: **we don't know how they found it** no sabemos cómo lo encontraron; **he asked me how you were** me preguntó que qué tal estabas; **where did he learn how to play the piano?** ¿dónde aprendió a tocar el piano?; **he doesn't know how to play chess** no sabe jugar al ajedrez. **3.** (*when asking about a quantity, amount*) cuánto: **how wide is it?** ¿cuánto mide de ancho?; **how old are you?** ¿cuántos años tienes?; **how often does he come here?** ¿cada cuánto viene aquí? **4.** (*in exclamations*) cómo: **how I envy you this beautiful garden!** ¡cómo te envidio esta preciosidad de jardín!; **how glad I am to see you!** ¡cuánto me alegro de verte! **5. how about**: **how about going to the beach?** ¿qué te parece si vamos a la playa?; **and how about us?** ¿y nosotros qué? **6. how come** (*fam*): **how come you're not going out tonight?** ¿cómo es que no sales esta noche? **7. how much** (*with quantities*) cuánto -ta: **how much flour do you need?** ¿cuánta harina necesitas?; (*with prices*) cuánto: **how much is it?** ¿cuánto vale * cuesta * es?; **how much are these shoes?** ¿cuánto cuestan estos zapatos? **8. how many** cuántos -tas: **how many eggs did they buy?** ¿cuántos huevos compraron?; **how many people speak Esperanto?** ¿cuántas personas hablan esperanto? * ¿cuánta gente habla esperanto? **9. how ever** ⇨ however **4**

however /haʊˈevə/ *adv* **1.** (*nevertheless*) sin embargo, no obstante: **the room is very small; we'll take it, however** la habitación es muy pequeña; sin embargo, nos quedaremos con ella. **2.** (*no matter how*): **send it to me however you can** envíamelo como puedas; **...by car or train, or however they came** ...en coche, en tren o comoquiera que vinieran. **3.** (*before an adjective or adverb*): **he has to do it, however much he complains** tiene que hacerlo, por más que se queje; **however big it is * may be** por muy grande que sea; **however much it rains tomorrow** por mucho que llueva mañana; (*before **much, many***): **ten or fifteen, or however many there were** o diez o quince, o los que fueran; **I can't afford a hundred pounds, or however much it cost** no puedo gastar cien libras o lo que cueste. **4.** (*también* **how ever**) (*expressing surprise*) cómo: **however did you get here?** ¿cómo llegaste hasta aquí?

howitzer /ˈhaʊɪtsə/ *n* obús *m*.

howl /haʊl/ **I** *vi* [**howls, howling, howled**] **1.** (*animal*) aullar. **2.** (*wind*) rugir. **3.** (*baby*) berrear: **the child didn't stop howling all night** el niño no dejó de berrear en toda la noche; (*angry crowd*): **the mob was howling** *for* **revenge** la multitud clamaba venganza.

II *n* **1.** (*of animal*) aullido *m*. **2.** (*of wind*) rugido *m*, bramido *m*. **3.** (*shout*): **this suggestion was greeted**

with howls of derision la sugerencia fue recibida con burlas; (*of baby*) berrido *m*; (*of pain*) alarido *m*.

HP /eɪtʃ'piː/ *n* **1.** (*abreviatura de* **hire purchase**) compra *f* a plazos: **he bought his motorbike** *on* **HP** compró la moto a plazos. **2.** (*abreviatura de* **horsepower**) CV (caballo de vapor ✻ de fuerza).

HQ /eɪtʃ'kjuː/ *n* (*abreviatura de* **headquarters**) cuartel *m* general.

hr *léase* /'aʊə/ (*abreviatura de* **hour**) h (hora).

HRH /eɪtʃɑː'reɪtʃ/ (*abreviatura de* **His/Her Royal Highness**) S.A.R. (Su Alteza Real).

hub /hʌb/ *n* **1.** (*of wheel*) cubo *m*. **2.** (*of place, area*) centro *m*: **Puerta del Sol was the hub of Madrid** la Puerta del Sol era el punto neurálgico de Madrid.

hubcap *n* tapacubos *m inv*.

hubbub /'hʌbʌb/ *n* alboroto *m*, vocerío *m*.

huddle /'hʌdəl/ **I** *vi* [**huddles, huddling, huddled**] apiñarse, amontonarse: **they were huddled** *round* **the fire** estaban apiñados alrededor del fuego; **they huddled** *together* **for warmth** se apretaban unos contra otros para entrar en calor.

II *n*: **a huddle** *of* **onlookers stood on the jetty** había un grupo de mirones en el muelle.

hue /hjuː/ *n* **1.** (*frml*: *colour*) color *m*; (*: shade*) tono *m*. **2.** (*protest*) • **the villagers raised a hue and cry about the closure of the bridge** los vecinos protestaron (clamorosamente) contra el cierre del puente.

huff /hʌf/ **I** *n* (*fam*) mal humor *m*: **she was** *in* **a huff when she arrived** llegó de mal humor; **are you** *in* **a huff with me?** ¿estás enfadado conmigo?

II *vi* [**huffs, huffing, huffed**] • **he huffed and puffed his way up the hill** subió el monte jadeando.

hug /hʌg/ **I** *vt* [**hugs, hugging, hugged**] **1.** (*to embrace*) abrazar: **they were hugging each other after their win** se abrazaban unos a otros tras la victoria. **2.** (*to remain close to*): **because of the fog I hugged the kerb all the way** conduje cerca del bordillo todo el camino a causa de la niebla.

II *n* abrazo *m*: **she gave me a big hug** me dio un fuerte abrazo.

huge /hjuːdʒ/ *adj* enorme: **their dog is huge** tienen un perro enorme; **the party was a huge success** la fiesta fue un éxito enorme.

hugely /'hjuːdʒlɪ/ *adv* enormemente: **we enjoyed ourselves hugely** lo pasamos estupendamente; **the book was hugely successful** el libro tuvo muchísimo éxito.

huh /hʌ/ *excl* **1.** (*expressing disapproval or contempt*) bah: **huh! what does he care about pollution?** ¡bah! ¿qué le importa a él la contaminación? **2.** (*when asking a question*) eh: **what do you think of that, huh?** ¿qué te parece eso, eh?

hulk /hʌlk/ *n* **1.** (*disused ship*) casco *m*. **2.** (*bulky person*) mole *f*; (*bulky thing*) armatoste *m*.

hulking /'hʌlkɪŋ/ *adj* corpulento -ta.

hull /hʌl/ **I** *n* (*of ship*) casco *m*.

II *vt* [**hulls, hulling, hulled**] (*peas*) desvainar; (*strawberries*) quitarles las hojas.

hullabaloo /ˌhʌləbə'luː/ *n* (*noise*) bullicio *m*, jaleo *m*; (*outcry*) revuelo *m*.

hullo /hə'ləʊ/ *excl* ⇨ hello

hum /hʌm/ **I** *vi* [**hums, humming, hummed**] **1.** (*person*) canturrear. **2.** (*bees, machinery*) zumbar. **3.** (*with activity*): **the market is humming by nine o'clock** a las nueve ya hay mucho bullicio en el mercado.

♦ *vt* (*person*) tararear, canturrear: **he hummed a song as he worked** canturreaba una canción mientras trabajaba.

II *n* **1.** (*of people talking*) murmullo *m*. **2.** (*of bees, machinery*) zumbido *m*.

human /'hjuːmən/ **I** *n* ser *m* humano.

II *adj* humano -na.

human being *n* ser *m* humano.

humankind *n* la humanidad.

human nature *n* naturaleza *f* humana.

human race *n* raza *f* humana.

human rights *n pl* derechos *m pl* humanos.

humane /hjuː'meɪn/ *adj* humano -na, compasivo -va.

humanely /hjuː'meɪnlɪ/ *adv* humanamente, compasivamente.

humanism /'hjuːmənɪzəm/ *n* humanismo *m*.

humanist /'hjuːmənɪst/ *adj*, *n* humanista *adj*, *m/f*.

humanitarian /hjuːˌmænɪ'teərɪən/ **I** *n* filántropo -pa *m/f*.

II *adj* humanitario -ria.

humanity /hjuː'mænətɪ/ **I** *n* **1.** (*the human race*) la humanidad, la raza humana. **2.** (*human qualities*) humanidad *f*, compasión *f*: **they were treated with humanity and respect** los trataron con humanidad y respeto.

II humanities *n pl* (*Educ*) humanidades *f pl*.

humanize /'hjuːmənaɪz/ *vt* [**humanizes, humanizing, humanized**] humanizar.

humanly /'hjuːmənlɪ/ *adv* humanamente: **it is not humanly possible to finish it in time** es humanamente imposible terminarlo a tiempo.

humble /'hʌmbəl/ **I** *adj* **1.** (*submissive*) humilde: **in my humble opinion...** en mi humilde opinión.... **2.** (*lowly*) humilde: **he comes from a humble background** es de origen humilde.

II *vt* [**humbles, humbling, humbled**] (*to humiliate*) humillar; (*to make feel ashamed*) avergonzar: **I felt humbled by her generosity** me sentí un poco avergonzado por su generosidad.

humbug /'hʌmbʌg/ *n* **1.** (*misleading information*) mentiras *f pl*: **that's a load of humbug** eso no son más que mentiras. **2.** (*sweet*) caramelo *m* de menta.

humdrum /'hʌmdrʌm/ *adj* monótono -na, aburrido -da: **he lived a humdrum existence** llevaba una existencia monótona.

humerus /'hjuːmərəs/ *n* [*pl* **humeri** /'hjuːməraɪ/] húmero *m*.

humid /'hjuːmɪd/ *adj* (*climate*) húmedo -da.

humidifier /hjuː'mɪdɪfaɪer/ *n* humidificador *m*.

humidity /hjuː'mɪdətɪ/ *n* (*in atmosphere*) humedad *f*.

humiliate /hjuː'mɪlɪeɪt/ *vt* [**humiliates, humiliating, humiliated**] humillar.

humiliating /hjuː'mɪlɪeɪtɪŋ/ *adj* humillante.

humiliation /hjuːˌmɪlɪ'eɪʃən/ *n* humillación *f*.

humility /hjuː'mɪlətɪ/ *n* humildad *f*.

humor /'hjuːmə/ *n*, *vt* [**humors, humoring, humored**] (*US*) ⇨ humour

humorist /'hjuːmərɪst/ *n* humorista *m/f*.

humorous /'hjuːmərəs/ *adj* **1.** (*play, novel*) humorístico -ca. **2.** (*conversation, people*) divertido -da, chistoso -sa: **she kept us entertained with her humorous remarks** nos entretuvo con sus divertidos comentarios.

humour /'hjuːmə/ **I** *n* **1.** (*mood*) humor *m*: **he's** *in* **a good/bad humour** está de buen/mal humor; **she did the work with her usual good humour** hizo el trabajo con el buen humor que la caracteriza. **2.** (*comedy*) humor *m*: **British and American humour are**

very different el humor británico y el norteamericano son muy diferentes. 3. (*sense of humour*) sentido *m* del humor: **he is renowned for his dry humour** tiene fama por su irónico sentido del humor. 4. (*amusement*) gracia *f*: **she failed to see the humour** *of* **the situation** no le veía la gracia a la situación.

II *vt* [**humours, humouring, humoured**] complacer: **we'll just have to humour him** tendremos que seguirle la corriente.

hump /hʌmp/ I *n* 1. (*on person's back, on camel*) joroba *f*, giba *f*. 2. (*bump: gen*) montículo *m*; (*: for slowing down traffic*) resalte *m* (*en una calle para que los vehículos disminuyan la velocidad*).

II *vt* [**humps, humping, humped**] (*fam: to carry*): **I have to hump all these books to the library** tengo que cargar con todos estos libros hasta la biblioteca.

humpback /ˈhʌmpbæk/ *n* (*person*) jorobado -da *m/f*.

humpback bridge *n* puente *m* de marcada pendiente.

humus /ˈhjuːməs/ *n* humus *m inv*, mantillo *m*.

hunch /hʌntʃ/ I *n* [**hunches**] corazonada *f*, presentimiento *m*: **I have a hunch we won't see her again** tengo el presentimiento de que no volveremos a verla.

II *vt* [**hunches, hunching, hunched**] (*shoulders*) encorvar.

♦*vi*: **we sat hunched** *over* **the fire** nos acurrucamos cerca del fuego.

hunchback *n* (*person*) jorobado -da *m/f*.

hundred /ˈhʌndrəd/ I **a * one hundred** *adj, pron* 1. (*number*) cien: **a * one hundred per cent** cien por cien; **it happened a hundred years ago** sucedió hace cien años • **a hundred or so spectators** un centenar de espectadores más o menos. 2. (*part of a number*) ciento: **a * one hundred and nine** ciento nueve; **it cost a hundred and twenty pounds** costó ciento veinte libras; **a * one hundred thousand** cien mil.

II *n* 1. (*Maths*): **hundreds, tens and units** centenares, decenas y unidades; **how many hundreds are there in a thousand?** ¿cuántas centenas hay en un millar? 2. (*when referring to dates*): **during the fourteen hundreds** durante el siglo XV; **1100 AD** (*eleven hundred AD*) 1100 d.C. (*mil cien después de Cristo*).

III **hundreds** *n pl* (*many*): **we saw hundreds of birds** vimos cientos de pájaros.

hundredweight *n* [*pl* **hundredweight**] (*unit of weight: in GB*) *ciento doce libras*; (*: in US*) *cien libras*.

hundredth /ˈhʌndrədθ/ I *adj* centésimo -ma: **the hundredth edition of the magazine** el número cien de la revista.

II *n* 1. (*in order*) centésimo -ma *m/f*, número *m* cien: **he was * came hundredth in the competition** quedó en el puesto número cien en la competición. 2. (*one part*) centésima parte *f*; (*fraction*) centésimo *m*. 3. (*measurement of time*) centésima *f*: **three hundredths of a second** tres centésimas de segundo.

hung /hʌŋ/ *pretérito y participio pasado de* ➪ hang

Hungarian /hʌŋˈgeərɪən/ I *adj* húngaro -ra.

II *n* (*person*) húngaro -ra *m/f*; (*language*) húngaro *m*.

Hungary /ˈhʌŋgərɪ/ *n* Hungría *f*.

hunger /ˈhʌŋgə/ *n* 1. (*desire to eat*) hambre *f* [takes ***el*** or ***un*** in singular]; (*famine*) hambruna *f*. 2. (*for knowledge*) sed *f*: **her hunger** *for* **new experiences took her to...** la sed de experiencias nuevas la llevó a....

to **hunger after * for** *vt* [**hungers, hungering, hungered**] ansiar: **he hungered after * for recognition** ansiaba que reconocieran su talento.

hunger strike *n* huelga *f* de hambre.

hungrily /ˈhʌŋgrəlɪ/ *adv* con hambre.

hungry /ˈhʌŋgrɪ/ *adj* [**hungrier, hungriest**] hambriento -ta: **are you hungry?** ¿tienes hambre?; **when we were students we often went hungry** cuando éramos estudiantes a menudo pasamos hambre; **she is hungry** *for* **revenge * vengeance** está sedienta de venganza.

hunk /hʌŋk/ *n* (*of bread, meat*) trozo *m*, pedazo *m*.

hunt /hʌnt/ I *n* 1. (*Sport*) caza *f*. 2. (*search*) búsqueda *f*: **the hunt** *for* **the missing documents continues** continúa la búsqueda de los documentos desaparecidos. 3. (*pursuit*) persecución *f*, caza *f*: **the hunt** *for* **the murderer is over** la caza del asesino ha acabado.

II *vt* [**hunts, hunting, hunted**] 1. (*animals, birds*) cazar. 2. (*criminals*) perseguir, dar caza a.

♦*vi* 1. (*for sport, food*) cazar: **killer whales hunt in packs** las orcas cazan en grupo. 2. (*to search*) buscar: **I've hunted** *for* **it everywhere** lo he buscado por todas partes; **he was hunting** *around for* **his passport** estaba buscando su pasaporte.

to **hunt down** *vt* perseguir.

hunter /ˈhʌntə/ *n* cazador -dora *m/f*.

hunting /ˈhʌntɪŋ/ *n* caza *f*.

hurdle /ˈhɜːdəl/ I *n* 1. (*Sport*) valla *f*: **the two hundred metres hurdles (race)** (la carrera de) los doscientos metros vallas. 2. (*obstacle*) obstáculo *m*.

II *vi* [**hurdles, hurdling, hurdled**] saltar (*vallas, etc.*).

hurdler /ˈhɜːdlə/ *n* corredor -dora *m/f* de vallas.

hurl /hɜːl/ *vt* [**hurls, hurling, hurled**] 1. (*gen*) arrojar, lanzar: **she hurled the vase** *against* **the wall** arrojó el jarrón contra la pared; **he hurled himself** *off* **the bridge** se tiró del puente. 2. (*abuse, insult*): **he hurled a string of insults** *at* **me** me soltó una sarta de insultos.

hurly-burly /ˈhɜːlɪˌbɜːlɪ/ *n* (*noisy activity*) barullo *m*, tumulto *m*.

hurrah /hʊˈrɑː, hʊˈreɪ/ *excl* ➪ hooray

hurray /hʊˈreɪ/ *excl* ➪ hooray

hurricane /ˈhʌrɪkən/ *n* huracán *m*, ciclón *m*.

hurricane lamp *n* farol *m*.

hurricane season *n* temporada *f* ciclónica.

hurried /ˈhʌrɪd/ *adj* (*activity*) apresurado -da: **she ate a hurried breakfast and went out** desayunó deprisa y se fue.

hurriedly /ˈhʌrɪdlɪ/ *adv* apresuradamente, precipitadamente: **he hurriedly withdrew his accusation** retiró su acusación apresuradamente.

hurry /ˈhʌrɪ/ I *n* prisa *f*: **I'm** *in* **a hurry** tengo prisa; **we're** *in* **a hurry to go** tenemos prisa por irnos; **what's the hurry?** ¿a qué viene tanta prisa?; **are you** *in* **a hurry** *for* **this repair?** ¿te corre prisa esta reparación?

II *vi* [**hurries, hurrying, hurried**] (*to do something*) apresurarse, darse prisa: **she hurried to pay in the cheque** se apresuró a ingresar el cheque; (*to go somewhere*): **he hurried** *back* **to the factory** volvió a toda prisa a la fábrica; **I hurried up the street** subí la calle deprisa; **the passengers hurried** *onto* **the bus** los pasajeros subieron apresuradamente al autobús.

♦*vt* meterle prisa a, apurar: **he's doing fine, don't hurry him** lo está haciendo muy bien, no le metas prisa; **the police hurried him** *out of* **the theatre** la policía lo sacó a toda prisa del teatro; **there's no need to hurry your lunch** no hace falta que comas tan deprisa.

to **hurry up** *vi* darse prisa, apurarse: **hurry up!** ¡date prisa! ¡apúrate!

♦*vt* (*person*) meterle prisa a, apurar; (*process*): **we could try and hurry things up** podríamos intentar que las cosas fueran un poco más deprisa.

hurt /hɜ:t/ **I** *vi* [**hurts, hurting, hurt**] **1.** (*to be in pain*) doler: **my foot hurts** me duele el pie. **2.** (*to cause pain*) hacer daño: **these shoes are hurting** estos zapatos me hacen daño.
♦ *vt* **1.** (*physically*) lastimar, hacer daño: **did you hurt yourself?** ¿te hiciste daño?; **she hurt her ankle playing tennis** se hizo daño en el tobillo jugando al tenis. **2.** (*to upset*) herir: **she hurt my feelings** hirió mis sentimientos; **what hurt me most was his refusal to see me** lo que más me dolió fue que se negara a verme ● **it wouldn't hurt him to say hello** no le costaría nada saludar * devolver el saludo. **3.** (*to damage*) perjudicar: **the recession has hurt his business** su negocio se ha visto perjudicado por la crisis.
II *adj* **1.** (*physically*) herido -da, lesionado -da: **he was not badly * seriously hurt** no resultó gravemente herido. **2.** (*emotionally*) dolido -da: **I was deeply hurt by his reply** estaba muy dolida por su contestación; **he looked hurt** parecía dolido.

hurtful /ˈhɜ:tfʊl/ *adj* (*remark*) hiriente.

hurtle /ˈhɜ:təl/ *vi* [**hurtles, hurtling, hurtled**] precipitarse: **she hurtled** *down* **the stairs and out of the door** bajó precipitadamente las escaleras y salió; **the motorbike hurtled** *past * by* la moto pasó como un rayo.

husband /ˈhʌzbənd/ *n* esposo *m*, marido *m*.

hush /hʌʃ/ **I** *n* [**hushes**] silencio *m*: **there was a hush when she entered** cuando ella entró, se hizo un silencio.
II *vt* [**hushes, hushing, hushed**] hacer callar.
III *excl* chitón, silencio: **hush! here he comes** ¡chitón! ahí viene.
to **hush up** *vt* encubrir: **the government hushed up the scandal** el gobierno echó tierra al escándalo.

hushed /hʌʃt/ *adj* (*voice, tone*) callado -da; (*place*) silencioso -sa.

husk /hʌsk/ **I** *n* (*of cereals, grains*) cáscara *f*.
II *vt* [**husks, husking, husked**] (*cereals*) descascarillar.

husky /ˈhʌskɪ/ **I** *adj* [**huskier, huskiest**] (*voice*) ronco -ca.
II *n* [**huskies**] perro *m* esquimal.

hustings /ˈhʌstɪŋz/ *n pl* (*Pol*): **their last week was spent** *on * at* **the hustings** pasaron la última semana haciendo campaña electoral.

hustle /ˈhʌsəl/ **I** *vt* [**hustles, hustling, hustled**]: **she was hustled** *into* **the lift** la hicieron entrar en el ascensor a empujones; **the body guard hustled him** *out* **of the building** el guardaespaldas lo sacó del edificio a toda prisa.
II *n* ● **she loves the hustle and bustle of the market** le encanta el bullicio del mercado.

hustler /ˈhʌslə/ *n* (*fam*) **1.** (*swindler*) estafador -dora *m/f*, timador -dora *m/f*. **2.** (*US: fam, prostitute*) prostituta *f*.

hut /hʌt/ *n* **1.** (*gen*) choza *f*, cabaña *f*. **2.** (*in garden*) cobertizo *m*.

hutch /hʌtʃ/ *n* [**hutches**] conejar *m*, conejera *f*.

hyacinth /ˈhaɪəsɪnθ/ *n* jacinto *m*.

hybrid /ˈhaɪbrɪd/ **I** *adj* híbrido -da.
II *n* híbrido *m*.

hydrangea /haɪˈdreɪndʒə/ *n* (*Bot*) hortensia *f*.

hydrant /ˈhaɪdrənt/ *n* (*también* **fire hydrant**) boca *f* de incendios.

hydraulic /haɪˈdrɔ:lɪk/ **I** *adj* hidráulico -ca.
II hydraulics *n [lleva el verbo en singular]* hidráulica *f*.
hydraulic brakes *n pl* frenos *m pl* hidráulicos.
hydraulic power *n* energía *f* hidráulica.

hydroelectric /ˌhaɪdrəʊɪˈlektrɪk/ *adj* hidroeléctrico -ca.
hydroelectric power *n* energía *f* hidroeléctrica.

hydrofoil /ˈhaɪdrəʊˌfɔɪl/ *n* hidroala *m*.

hydrogen /ˈhaɪdrədʒən/ *n* hidrógeno *m*.

hydrotherapy /ˌhaidrəʊˈθerəpɪ/ *n* hidroterapia *f*.

hyena /haɪˈi:nə/ *n* hiena *f*.

hygiene /ˈhaɪdʒi:n/ *n* higiene *f*.

hygienic /haɪˈdʒi:nɪk/ *adj* higiénico -ca.

hygienically /haɪˈdʒi:nɪkəlɪ/ *adv* higiénicamente.

hymen /ˈhaimen/ *n* himen *m*.

hymn /hɪm/ *n* himno *m*.

hype /haɪp/ (*fam*) **I** *n* propaganda *f* exagerada, bombo *m*: **despite all the hype, the movie was very disappointing** a pesar del bombo que le habían dado, la película me decepcionó.
II *vt* [**hypes, hyping, hyped**] dar mucho bombo a.
to **hype up** *vt* (*fam*) exagerar, dar mucho bombo a.

hyperactive /haɪpərˈæktiv/ *adj* hiperactivo -va.

hyperbole /haɪˈpɜ:bəlɪ/ *n* hipérbole *f*.

hypermarket /ˈhaɪpəˌmɑ:kɪt/ *n* (*GB*) hipermercado *m*.

hyphen /ˈhaɪfən/ *n* guion *m* (*entre palabras o a final de línea*).

hyphenate /ˈhaɪfəneɪt/ *vt* [**hyphenates, hyphenating, hyphenated**] (*gen*) unir con guion: **is "hard-hearted" hyphenated?** ¿"hard-hearted" se escribe con guion?

hypnosis /hɪpˈnəʊsɪs/ *n* hipnosis *f inv*: **she's** *under* **hypnosis** está hipnotizada.

hypnotic /hɪpˈnɒtɪk/ *adj* hipnotizador -dora.

hypnotically /hɪpˈnɒtɪkəlɪ/ *adv* hipnóticamente.

hypnotism /ˈhɪpnətɪzəm/ *n* hipnotismo *m*.

hypnotist /ˈhɪpnətɪst/ *n* hipnotizador -dora *m/f*.

hypnotize /ˈhɪpnətaɪz/ *vt* [**hypnotizes, hypnotizing, hypnotized**] hipnotizar.

hypochondria /ˌhaɪpəˈkɒndrɪə/ *n* hipocondría *f*.

hypochondriac /ˌhaɪpəˈkɒndrɪæk/ *adj*, *n* hipocondriaco -ca, hipocondríaco -ca *adj*, *m/f*.

hypocrisy /hɪˈpɒkrəsɪ/ *n* [**hypocrisies**] hipocresía *f*.

hypocrite /ˈhɪpəkrɪt/ *n* hipócrita *m/f*.

hypocritical /ˌhɪpəˈkrɪtɪkəl/ *adj* hipócrita.

hypodermic /ˌhaɪpəˈdɜ:mɪk/ *adj* hipodérmico -ca.
hypodermic needle *n* aguja *f* hipodérmica.
hypodermic syringe *n* jeringa *f* hipodérmica.

hypothermia /haɪpəˈθɜ:mɪə/ *n* hipotermia *f*.

hypothesis /haɪˈpɒθəsɪs/ *n* [*pl* **hypotheses** /haɪˈpɒθəsi:z/] hipótesis *f inv*.

hypothetical /ˌhaɪpəˈθetɪkəl/ *adj* hipotético -ca.

hysterectomy /ˌhɪstəˈrektəmɪ/ *n* [**hysterectomies**] histerectomía *f*.

hysteria /hɪˈstɪərɪə/ *n* histeria *f*.

hysterical /hɪˈsterɪkəl/ *adj* **1.** (*suffering an attack of hysteria*) histérico -ca. **2.** (*fam: very funny*): **the film was hysterical** la película fue graciosísima * de morirse de risa.

hysterically /hɪˈsterɪkəlɪ/ *adv* **1.** (*to shout, scream, laugh*) histéricamente. **2.** (*fam: extremely*): **it was hysterically funny** era para morirse de risa.

hysterics /hɪˈsterɪks/ *n pl* **1.** (*attack of hysteria*) ataque *m* de nervios: **she had a fit of hysterics** tuvo un ataque de nervios. **2.** (*fam: hysterical laughter*) ataque *m* de risa: **he went into hysterics at the sight of them** casi se muere de risa al verlos.

I

I, i /aɪ/ *n* (*letter*) I, i *f*; (*name of letter*) i latina *f*.

I /aɪ/ *pron* [often omitted in Spanish] yo: **here I am** aquí estoy; **I don't like cheese** no me gusta el queso; **"Which one of you is Susan Mills?" "I am."** "¿Quién de ustedes es Susan Mills?" "Yo."; **my mother and I went to the theatre** mi madre y yo fuimos al teatro; **if you won't do it, I will** si tú no quieres hacerlo, lo hago yo.

I. **1.** *léase* /ˈaɪlənd/ (*abreviatura de* **island**) isla *f*. **2.** *léase* /aɪl/ (*abreviatura de* **isle**) isla *f*.

IAEA /aɪeɪiːˈeɪ/ *n* (*abreviatura de* **International Atomic Energy Agency**) OIEA *m* (Organismo Internacional para la Energía Atómica).

IBA /aɪbiːˈeɪ/ *n* (*in GB*) (*abreviatura de* **Independent Broadcasting Authority**) *entidad que controla a las empresas de radio y televisión privadas*.

Iberia /aɪˈbɪərɪə/ *n* Iberia *f*.

Iberian /aɪˈbɪərɪən/ *adj* ibérico -ca: **the Iberian Peninsula** la Península Ibérica.

ice /aɪs/ **I** *n* **1.** (*substance*) hielo *m*: **there is ice on the roads** las carreteras están heladas; **my hands are like ice * as cold as ice** tengo las manos heladas • **they put on some music to break the ice** pusieron música para romper el hielo • **his excuse cut no ice with the teacher** su excusa no ablandó al profesor • **we'll put the plans on ice** dejaremos los planes para más adelante • **I'll keep their offer on ice** a lo mejor acepto su oferta en el futuro • **they're skating on thin ice** están pisando un terreno resbaladizo. **2.** (*ice cream*) helado *m*.
II *vt* [**ices, icing, iced**] (*cake*) recubrir con azúcar glaseado, glasear.
to **ice over** *vi* helarse: **the pond ices over in winter** el estanque se hiela en invierno.
to **ice up** *vi* helarse, cubrirse de hielo: **the windscreen has iced up** el parabrisas se ha helado.
Ice Age *n* era *f* glacial.
ice axe, (*US*) **ice ax** *n* piolet *m*, piqueta *f* (*de alpinista*).

iceberg /ˈaɪsbɜːg/ *n* iceberg *m*.
icebox *n* [**iceboxes**] **1.** (*GB*: *freezer compartment*) congelador *m*. **2.** (*US*: *refrigerator*) ➪ refrigerator
icebreaker *n* rompehielos *m inv*.
ice bucket *n* cubo *m* para el hielo.
icecap *n* casquete *m* glaciar.
ice-cold *adj* helado -da: **an ice-cold beer** una cerveza bien fría.
ice cream *n* helado *m*.
ice-cream cone *n* cucurucho *m* (de helado).
ice-cream seller *n* heladero -ra *m/f*.
ice cube *n* cubito *m* de hielo.
ice field *n* (*Geol*) banquisa *f*.
ice floe *n* témpano *m*.
ice hockey *n* hockey *m* sobre hielo.
ice lolly *n* (*GB*: *Culin*) polo® *m*.
ice pack *n* bolsa *f* de hielo.
ice rink *n* pista *f* de patinaje sobre hielo.
ice skate **I** *n* patín *m* (*de cuchilla*).
II ice-skate *vi* [**ice-skates, ice-skating, ice-skated**] patinar sobre hielo.
ice-skating *n* patinaje *m* sobre hielo.

iced /aɪst/ *adj* **1.** (*cake*) con azúcar glaseado. **2.** (*drink*) con hielo.
iced lolly *n* (*GB*: *Culin*) polo® *m*.

Iceland /ˈaɪslənd/ *n* Islandia *f*.

Icelander /ˈaɪsləndə/ *n* islandés -desa *m/f*.

Icelandic /aɪsˈlændɪk/ **I** *adj* islandés -desa.
II *n* (*language*) islandés *m*.

icicle /ˈaɪsɪkəl/ *n* carámbano *m*.

icily /ˈaɪsəlɪ/ *adv* glacialmente: **he stared at me icily** me dirigió una mirada glacial.

icing /ˈaɪsɪŋ/ *n* (*hard*) azúcar *m* glaseado; (*soft*) baño *m* de fondant • **the end-of-year bonus was just the icing on the cake** la bonificación de fin de año no era más que la guinda encima de un suculento pastel.
icing sugar *n* azúcar *m* glas, (*Arg*, *Urug*) azúcar *m* impalpable.

ICJ /aɪsiːˈdʒeɪ/ *n* (*abreviatura de* **International Court of Justice**) CIJ *f* (Corte Internacional de Justicia).

icon /ˈaɪkɒn/ *n* (*Art, Relig, Inform*) icono *m*.

icy /ˈaɪsɪ/ *adj* [**icier, iciest**] **1.** (*very cold*) helado -da: **the old man's hands felt icy** el anciano tenía las manos heladas. **2.** (*covered in ice*) helado -da, cubierto -ta de hielo. **3.** (*expression, breeze*) glacial, gélido -da: **she gave them an icy smile** les sonrío con frialdad * fríamente; **an icy wind was blowing** soplaba un viento glacial.

ID /aɪˈdiː/ *n* (*abreviatura de* **identification**) identificación *f*: **they have not yet obtained a positive ID on the victim** todavía no se ha identificado a la víctima.
ID card *n* (*abreviatura de* **identity card**) carnet *m* de identidad.

I'd /aɪd/ **I** *contracción de* **I had**: **I'd lost my wallet** había perdido la cartera.
II *contracción de* **I would**: **I'd love to come** me encantaría venir.

idea /aɪˈdɪə/ *n* **1.** (*thought, plan*) idea *f*: **I have an idea** tengo * se me ocurre una idea; **who's been putting those ideas into your head?** ¿quién te ha estado metiendo esas ideas en la cabeza? • **they'll have to buck up their ideas** van a tener que poner más empeño. **2.** (*notion, inkling*) idea *f*: **what gave you the idea that she was French?** ¿qué te hizo pensar que era francesa?; **I had no idea that it was so far** no tenía idea de que estaba tan lejos • **I haven't the slightest * foggiest * faintest idea** no tengo la más mínima idea. **3.** (*impression*) impresión *f*: **I have an idea that they're in Germany** tengo la impresión de que están en Alemania; **we got the wrong idea about him** nos formamos una falsa impresión * idea de él. **4.** (*belief, viewpoint*) idea *f*: **they have some strange ideas** tienen unas ideas muy raras. **5.** (*concept*) idea *f*: **a private swimming pool is my idea of luxury** mi idea del lujo es tener una piscina; **going camping is not his idea of a holiday** ir de camping no es lo que él entiende por ir de vacaciones • **do you get the idea?** ¿comprendes? * ¿entiendes? • **move your left foot first, that's the idea!** ¡primero el pie izquierdo, así se hace!

ideal /aɪˈdɪəl/ **I** *adj* ideal: **in an ideal world, there would be no crime** en un mundo ideal no existiría el crimen; **he's ideal** *for* **the job** es la persona idónea para el puesto.
II *n* ideal *m*: **it was my ideal of how a holiday should be** era mi idea perfecta de cómo deberían ser unas vacaciones; **he has high ideals** es muy idealista.

idealism /aɪˈdɪəlɪzəm/ *n* idealismo *m*.

idealist /aɪˈdɪəlɪst/ *n* idealista *m/f*.

idealistic /ˌaɪdɪəˈlɪstɪk/ *adj* idealista.

idealize /aɪˈdɪəlaɪz/ *vt* [**idealizes, idealizing, idealized**] idealizar.

ideally /aɪˈdɪəlɪ/ *adv* **1.** (*under perfect conditions*) idealmente: **ideally, we should be selling fifty boxes a day** lo ideal sería que vendiéramos cincuenta cajas al día. **2.** (*matched, positioned*) a la perfección: **they thought we were ideally suited** creían que formábamos una pareja perfecta; **he's ideally suited to be a civil servant** es la persona idónea para ser un funcionario.

identical /aɪˈdentɪkəl/ *adj* idéntico -ca: **his son is identical** *to* **him** su hijo es idéntico a él.
identical twins *n pl* (*gen*) gemelos *m pl* idénticos; (*female only*) gemelas *f pl* idénticas.

identically /aɪˈdentɪkəlɪ/ *adv* idénticamente: **the boys were identically dressed** los niños iban vestidos igual.

identification /aɪˌdentɪfɪˈkeɪʃən/ *n* **1.** (*documents*) documentación *f*: **may I see your identification please** muéstreme la documentación, por favor. **2.** (*act, process*) identificación *f*: **identification of the victims took a long time** tardaron mucho en identificar a las víctimas; **have you any means of identification?** ¿lleva algún documento consigo que lo identifique?

identify /aɪˈdentɪfaɪ/ *vt* [**identifies, identifying, identified**] **1.** (*gen*) identificar: **he identified the thief** identificó al ladrón; **the cause of the failure was identified** identificaron la causa de la avería. **2.** (*to equate*) asociar: **the company name is identified** *with* **quality** el nombre de la compañía es sinónimo de calidad.
to **identify with** *vi* identificarse con: **I find it hard to identify with her** me resulta muy difícil identificarme con ella.

Identikit® /aɪˈdentɪkɪt/ *n*: **an identikit picture of the suspect** un retrato robot del sospechoso.

identity /aɪˈdentətɪ/ *n* [**identities**] identidad *f*: **the community seems to have lost its sense of identity** la comunidad parece haber perdido su identidad; **it was a case of mistaken identity** se trataba de un caso de identificación errónea.
identity card *n* carnet *m* de identidad.
identity papers *n pl* documentación *f*.
identity parade *n* rueda *f* de reconocimiento.

ideological /ˌaɪdɪəˈlɒdʒɪkəl/ *adj* ideológico -ca.

ideology /ˌaɪdɪˈɒlədʒɪ/ *n* [**ideologies**] ideología *f*.

idiom /ˈɪdɪəm/ *n* **1.** (*expression, phrase*) modismo *m*, locución *f*: **a book of Spanish idioms** un libro de expresiones españolas. **2.** (*language, use of language*) lenguaje *m*: **the novel was written in the idiom of the time** la novela estaba escrita en el lenguaje de la época.

idiomatic /ˌɪdɪəˈmætɪk/ *adj* **1.** (*phrase*) idiomático -ca: **sometimes it's difficult to translate idiomatic expressions** a veces es difícil traducir modismos * locuciones. **2.** (*natural, colloquial*) con soltura: **she speaks good, idiomatic Spanish** habla el español sin cometer errores y con mucha soltura.

idiosyncrasy /ˌɪdɪəʊˈsɪŋkrəsɪ/ *n* [**idiosyncrasies**] (*of a person*) manía *f*, particularidad *f*; (*of a machine, system*) particularidad *f*.

idiot /ˈɪdɪət/ *n* idiota *m/f*, imbécil *m/f*.

idiotic /ˌɪdɪˈɒtɪk/ *adj* tonto -ta, idiota.

idiotically /ˌɪdɪˈɒtɪkəlɪ/ *adv* estúpidamente.

idle /ˈaɪdəl/ **I** *adj* **1.** (*unoccupied*) ocioso -sa: **the idle rich** los ricos ociosos. **2.** (*lazy*) holgazán -zana. **3.** (*workforce*) sin poder trabajar; (*machine, industry*) parado -da: **the machinery stood idle** la maquinaria estaba parada. **4.** (*purposeless*): **don't pay any attention, it's just idle talk * gossip** no hay que hacerles caso, no tienen nada mejor de qué hablar; **she asked out of idle curiosity** preguntó por pura curiosidad.
II *vi* [**idles, idling, idled**] **1.** (*person*) gandulear. **2.** (*Auto, Tec*) funcionar al ralentí: **I left the engine idling for a minute or two** dejé el motor al ralentí durante un minuto o dos.
to **idle away** *vt* desperdiciar: **he idled away the whole weekend** desperdició todo el fin de semana.

idleness /ˈaɪdəlnəs/ *n* **1.** (*laziness*) holgazanería *f*: **we were shocked at her idleness** su holgazanería nos dejó escandalizados. **2.** (*lack of useful activity*): **he was glad to be active again after months of idleness** estaba contento de tener algo que hacer después de tantos meses sin trabajar.

idler /ˈaɪdlə/ *n* **1.** (*unoccupied person*) ocioso -sa *m/f*. **2.** (*lazy person*) holgazán -zana *m/f*.

idly /ˈaɪdlɪ/ *adv* **1.** (*lazily*) perezosamente: **they sit around idly all day** se pasan el día sin hacer nada. **2.** (*casually*) distraídamente, despreocupadamente: **she was flicking idly through the magazine** estaba hojeando distraídamente la revista; **he idly suggested that they sell the house** sugirió despreocupadamente que vendieran la casa.

idol /ˈaɪdəl/ *n* ídolo *m*.

idolize /ˈaɪdəlaɪz/ *vt* [**idolizes, idolizing, idolized**] idolatrar (*a una persona*).

idyllic /ɪˈdɪlɪk/ *adj* idílico -ca.

i.e. /aɪˈiː/ *abbr* esto es, es decir.

if /ɪf/ **I** *conj* **1.** (*in conditional clauses*) si: **if she had time she would go away on holiday** si tuviera tiempo, se iría de vacaciones; **if necessary switch on the heating** enciende la calefacción si hace falta; **do you mind if I sit here?** ¿le importa si me siento aquí?; **"I'll drive you there." "Only if it's no trouble."** "Te llevaré en coche." "Sólo si no te supone una molestia." • **if I were you, I'd book a seat** yo que tú reservaría un asiento • **we'll go even if it rains** iremos aunque llueva • **I think we're invited: if so, I'll let you know** creo que nos han invitado, si es así * de ser así, te avisaré; **if ever you come back, you must get in touch** si vuelves algún día, ponte en contacto con nosotros. **2.** (*in indirect questions*) si: **he asked if he could help** preguntó si podía ayudar; **do you know if John has arrived or not?** ¿sabes si John ha llegado? **3.** (*introducing a contrast*): **it was enjoyable, if rather long** fue muy entretenido, aunque bastante largo; **I'll see you on Friday, if not before** si no nos vemos antes, hasta el viernes. **4. if only**: **if only she'd waited...** si hubiera esperado...; **if only he were here!** ¡ojalá estuviera aquí!
II *n*: **if he's back in time, and it's a big if, he'll come**

and see you si llega a tiempo (lo cual es bastante dudoso) vendrá a verte • **don't give me any ifs and buts** no me vengas con excusas.

igloo /ˈɪgluː/ *n* iglú *m*.

ignite /ɪgˈnaɪt/ *vt* [**ignites, igniting, ignited**] prender fuego a.
♦ *vi* prender fuego: **the fireworks failed to ignite** la mecha de los cohetes no prendió.

ignition /ɪgˈnɪʃən/ *n* 1. (*Phys, Tec*) ignición *f*. 2. (*Auto*) encendido *m*: **she switched the ignition on** hizo girar la llave de contacto; **she switched the ignition off** cerró * quitó el contacto.

ignition switch *n* encendido *m*.

ignoramus /ˌɪgnəˈreɪməs/ *n* [*pl* **ignoramuses**] ignorante *m/f*.

ignorance /ˈɪgnərəns/ *n* ignorancia *f*: **I was amazed at their ignorance of history** me sorprendió lo poco que sabían de historia; **they were kept** *in* **ignorance** *of* **the facts** les ocultaron los hechos.

ignorant /ˈɪgnərənt/ *adj* 1. (*unknowing*) ignorante: **many immigrants are ignorant** *of* **their rights** muchos inmigrantes desconocen sus derechos; **I'm very ignorant** *about* **wild flowers** no sé nada de flores silvestres. 2. (*impolite*) grosero -ra: **she was upset by his ignorant remarks** los comentarios tan groseros que hizo la ofendieron.

ignore /ɪgˈnɔː/ *vt* [**ignores, ignoring, ignored**] 1. (*advice, warning*) ignorar, no hacer caso a/de: **I advised him not to go but he ignored me** le aconsejé que no fuera, pero no me hizo ni caso; (*regulations*) saltarse, pasar por alto: **she thinks she can ignore the rules** cree que puede saltarse las reglas. 2. (*person*) ignorar, no hacer (ningún) caso: **you've been ignoring me all day** no me has hecho caso en todo el día; **I passed him on the way to work but he ignored me completely** me crucé con él de camino al trabajo, pero me ignoró por completo.

ill /ɪl/ **I** *adj* [**worse, worst**] 1. (*sick*) enfermo -ma: **she felt ill** se encontraba * se sentía mal; **you look ill** tienes mala cara • **he fell * took * was taken ill on holiday** se puso enfermo durante las vacaciones. 2. (*bad*) malo -la: **she suffers from ill health** está mal de salud; **the ill effects of poor diet are many** los efectos negativos de una dieta desequilibrada son innumerables; **there was much ill feeling towards the director** había mucho resentimiento contra el director.
II *adv* 1. (*hardly*) difícilmente: **they can ill afford to lose another match** difícilmente pueden permitirse perder otro partido. 2. (*badly*) mal: **her suggestions were ill received** sus sugerencias fueron mal acogidas; **you mustn't speak ill of your parents** no debes hablar mal de tus padres.
III the ill *n pl* (*sick people*) los enfermos: **she was in a home for the mentally ill** estaba en un asilo para enfermos mentales.
IV ills *n pl* (*frml*) 1. (*problems*) desgracias *f pl*. 2. (*evils*) males *m pl*: **politicians regard it as a cure for all ills** los políticos lo consideran el remedio contra * de todos los males.

ill-advised *adj* 1. (*action*) imprudente, desatinado -da. 2. (*person*) imprudente: **you'd be ill-advised to pursue the matter further** harías mal en seguir adelante con ese asunto.

ill-assorted *adj* mal avenido -da: **they are an ill-assorted group** es un grupo mal avenido.

ill-considered *adj* poco meditado -da.

ill-disposed *adj* (*frml*) mal dispuesto -ta: **they felt ill-disposed** *towards* **their new colleague** estaban mal predispuestos hacia el nuevo compañero.

ill-equipped *adj* 1. (*for an activity*) mal equipado -da: **they were ill-equipped** *for* **the weather conditions** iban muy mal equipados para el tiempo que hacía. 2. (*in life*) mal preparado -da: **these students are ill-equipped** *for* **the world of work** estos estudiantes salen mal preparados para el mercado laboral.

ill-fated *adj* nefasto -ta, funesto -ta: **they had been on that ill-fated expedition** habían formado parte de aquella funesta expedición.

ill-founded *adj* (*rumours, assumptions*) infundado -da.

ill-gotten *adj* obtenido -da ilegalmente.

ill-informed *adj* 1. (*person*) mal informado -da. 2. (*judgement, choice*) erróneo -nea.

ill-mannered *adj* maleducado -da.

ill-natured *adj* desagradable, antipático -ca.

ill-suited *adj* 1. (*incompatible*) mal avenido -da: **they are an ill-suited couple** es una pareja mal avenida. 2. (*inappropriate*): **she is ill-suited** *to* **that job** no es la persona indicada para ese puesto.

ill-timed *adj* (*remark, joke*) inoportuno -na.

ill-treat *vt* [**ill-treats, ill-treating, ill-treated**] maltratar.

ill-treatment *n* malos tratos *m pl*, maltrato *m*.

I'll /aɪl/ *contracción de* **I will * I shall**: **I'll wash up** yo fregaré los platos.

illegal /ɪˈliːgəl/ *adj* ilegal, ilícito -ta.

illegally /ɪˈliːgəlɪ/ *adv* ilegalmente, ilícitamente.

illegible /ɪˈledʒəbəl/ *adj* ilegible.

illegitimate /ˌɪlɪˈdʒɪtɪmət/ *adj* 1. (*child*) ilegítimo -ma. 2. (*use, purpose*) ilícito -ta: **they considered it an illegitimate diversion of public funds** lo consideraron desvío ilícito de fondos públicos.

illicit /ɪˈlɪsɪt/ *adj* (*sale, relationship*) ilícito -ta.

illiteracy /ɪˈlɪtərəsɪ/ *n* analfabetismo *m*.

illiterate /ɪˈlɪtərət/ *adj* (*unable to read*) analfabeto -ta; (*uneducated*) ignorante, inculto -ta.

illness /ˈɪlnəs/ *n* [**illnesses**] enfermedad *f*: **she has a serious illness** padece una grave enfermedad; **we lost many working days because of illness** perdimos muchos días de trabajo por bajas de enfermedad.

illogical /ɪˈlɒdʒɪkəl/ *adj* ilógico -ca.

illuminate /ɪˈluːmɪneɪt/ *vt* [**illuminates, illuminating, illuminated**] 1. (*room, street*) iluminar, alumbrar. 2. (*to explain, make clear*) clarificar: **the lecture helped to illuminate a complex subject** la conferencia ayudó a clarificar un tema complejo.

illuminated /ɪˈluːmɪneɪtɪd/ *adj* 1. (*gen*) iluminado -da: **an illuminated sign** una señal luminosa. 2. (*manuscript*) iluminado -da, ilustrado -da.

illuminating /ɪˈluːmɪneɪtɪŋ/ *adj* 1. (*helpful, explanatory*) instructivo -va: **we had an illuminating conversation** mantuvimos una conversación muy instructiva. 2. (*revealing*) revelador -dora.

illumination /ɪˌluːmɪˈneɪʃən/ *n* 1. (*in street, gallery*) iluminación *f*. 2. (*decoration of manuscript*) iluminación *f*.

illusion /ɪˈluːʒən/ *n* ilusión *f*: **he had no illusions** *about* **his new boss** no se hacía muchas ilusiones respecto al nuevo jefe; **he's** *under* **the illusion that she'll come back to him** cree, erróneamente, que ella va a volver con él.

illustrate /ˈɪləstreɪt/ *vt* [**illustrates, illustrating, illustrated**] 1. (*using pictures*) ilustrar. 2. (*using examples*) ilustrar, ejemplificar. 3. (*point, idea*) corroborar.

illustration /ˌɪləˈstreɪʃən/ *n* 1. (*act of illustrating, picture*) ilustración *f*. 2. (*example*) ilustración *f*, ejemplo *m*: **this is a good illustration of the difficulties we are facing** ilustra muy bien las dificultades que afrontamos.

illustrative /ˈɪləstrətɪv/ *adj* (*frml*) ilustrativo -va: **this family is illustrative** *of* **the many which need help** esta familia es un ejemplo ilustrativo de otras muchas que necesitan ayuda.

illustrator /ˈɪləstreɪtə/ *n* ilustrador -dora *m/f*.

illustrious /ɪˈlʌstrɪəs/ *adj* ilustre.

I'm /aɪm/ *contracción de* **I am** ⇨ be

image /ˈɪmɪdʒ/ *n* **1.** (*in art, photography, language*) imagen *f*: **the image looks blurred** la imagen se ve borrosa • **you're the (living * spitting) image of your mother** eres el vivo retrato * la viva imagen de tu madre. **2.** (*mental picture*) imagen *f*: **I had formed a mental image of what they would be like** me había formado una imagen de cómo serían. **3.** (*in public relations*) imagen *f*: **the company is trying to improve its image** la empresa está intentando mejorar su imagen.

imagery /ˈɪmɪdʒərɪ/ *n* imágenes *f pl*.

imaginable /ɪˈmædʒɪnəbəl/ *adj* imaginable: **I've had the worst day imaginable** he tenido el peor día que te puedas imaginar.

imaginary /ɪˈmædʒɪnərɪ/ *adj* imaginario -ria.

imagination /ɪˌmædʒɪˈneɪʃən/ *n* imaginación *f*: **the play caught * captured their imagination** la obra hizo volar su imaginación; **perhaps it's my imagination but he looks taller** a lo mejor son cosas mías, pero parece más alto; **it's probably all in his imagination** probablemente son imaginaciones suyas.

imaginative /ɪˈmædʒɪnətɪv/ *adj* (*novel, design, person*) imaginativo -va.

imaginatively /ɪˈmædʒɪnətɪvlɪ/ *adv* con mucha imaginación.

imagine /ɪˈmædʒɪn/ *vt* [**imagines, imagining, imagined**] **1.** (*to form a mental image of*) imaginarse: **I can't imagine him** *as* **a father** no me lo imagino como padre; **just imagine!** ¡imagínate!; **try to imagine yourself on a tropical beach** imagínate que estás en una playa tropical; **can you imagine how I felt?** ¿te puedes imaginar cómo me sentí? **2.** (*to believe mistakenly*) imaginarse: **she imagined she could hear noises** se imaginó que oía ruidos; **you're imagining things** te lo estás imaginando. **3.** (*to suppose*) imaginarse, suponer: **I imagine you must be hungry** me imagino que tendrás hambre; **he never imagined that he would win the prize** nunca se le ocurrió que ganaría el premio.

imbalance /ˌɪmˈbæləns/ *n* desequilibrio *m*.

imbecile /ˈɪmbɪsiːl/ *n* imbécil *m/f*.

imbue /ɪmˈbjuː/ *vt* [**imbues, imbuing, imbued**] (*frml*) imbuir: **the whole work is imbued** *with* **a sense of despair** toda la obra está imbuida de desesperación.

IMF /aɪemˈef/ *n* (*abreviatura de* **International Monetary Fund**) FMI *m* (Fondo Monetario Internacional).

imitate /ˈɪmɪteɪt/ *vt* [**imitates, imitating, imitated**] **1.** (*to copy*) imitar, copiar: **younger children imitate the behaviour of their elders** los niños pequeños imitan a los mayores. **2.** (*for amusement*) imitar: **he's good at imitating politicians** es muy bueno imitando a políticos.

imitation /ˌɪmɪˈteɪʃən/ **I** *n* **1.** (*gen*) imitación *f*: **beware of imitations** desconfíe de las imitaciones; **he does a good imitation of Charlie Chaplin** hace una buena imitación de Charlie Chaplin. **2.** (*Art*) copia *f*: **it wasn't a genuine Picasso, but a very good imitation** no era un verdadero Picasso, sino una copia muy buena.
II *adj* (*gold, jewellery, etc.*) de imitación: **an imitation leather handbag** un bolso de piel de imitación.

imitator /ˈɪmɪteɪtə/ *n* imitador -dora *m/f*.

immaculate /ɪˈmækjʊlət/ *adj* **1.** (*clean*) impecablemente limpio -pia: **the children are always immaculate** los niños siempre van impecables; (*tidy*) impecablemente ordenado -da. **2.** (*faultless*) impecable, perfecto -ta: **he gave an immaculate rendering of the poem** leyó el poema de forma impecable.

Immaculate Conception *n* Inmaculada Concepción *f*.

immaculately /ɪˈmækjʊlətlɪ/ *adv* de forma impecable: **they were immaculately turned out** iban impecables.

immaterial /ˌɪməˈtɪərɪəl/ *adj* irrelevante: **the distance is immaterial** la distancia es lo de menos; **it is immaterial whether we have the documents or not** da lo mismo que tengamos la documentación o no.

immature /ɪməˈtʃʊə/ *adj* inmaduro -ra.

immeasurable /ɪˈmeʒərəbəl/ *adj* incalculable, inconmensurable.

immediate /ɪˈmiːdɪət/ *adj* **1.** (*made or done at once*) inmediato -ta: **will you be able to give us an immediate answer?** ¿podrá darnos una respuesta inmediata? **2.** (*most urgent*) más urgente, principal: **our immediate concern is to get the survivors out** lo que más nos preocupa ahora es rescatar a los supervivientes. **3.** (*close: in time*) inmediato -ta: **we have no plans to sell in the immediate future** no tenemos intención de vender en un futuro inmediato; **there is no immediate danger** no hay peligro inminente; (*: in space*) cercano -na: **there were few shops in the immediate vicinity** había pocas tiendas en las inmediaciones; (*: in relationship*) directo -ta: **the funeral will be attended by immediate family only** al funeral sólo asistirán los familiares más allegados; **the clause excludes your immediate heirs** la cláusula excluye a los herederos directos. **4.** (*direct*) directo -ta: **the immediate cause of death is unknown** se desconoce aún la causa directa de la muerte.

immediately /ɪˈmiːdɪətlɪ/ **I** *adv* **1.** (*instantly*) inmediatamente: **put that down immediately!** ¡deja eso inmediatamente!; **we went out immediately after he phoned** salimos inmediatamente después de que él llamara. **2.** (*directly*) directamente: **this doesn't immediately concern you** esto no te concierne directamente; **I visited her often in the months immediately after her husband's death** fui a verla a menudo durante los meses que siguieron a la muerte de su marido; **we were standing immediately opposite the bank** nosotros estábamos justo enfrente del banco.
II *conj* en cuanto: **immediately he left the phone rang** nada más irse sonó el teléfono.

immense /ɪˈmens/ *adj* inmenso -sa, enorme.

immensely /ɪˈmenslɪ/ *adv* sumamente: **he's immensely powerful** es sumamente poderoso; **I enjoyed myself immensely** lo pasé muy bien.

immensity /ɪˈmensətɪ/ *n* inmensidad *f*.

immerse /ɪˈmɜːs/ *vt* [**immerses, immersing, immersed**] **1.** (*in a liquid*) sumergir: **immerse it** *in* **cold water** mételo en agua fría. **2.** (*in an activity*): **she was too immersed** *in* **her reading to hear us** estaba demasiado absorta en la lectura para oírnos.

immersion /ɪˈmɜːʃən/ *n* inmersión *f*.

immersion heater *n* (*GB*) calentador *m* eléctrico.

immigrant /ˈɪmɪgrənt/ *adj, n* inmigrante *adj, m/f*.

immigrate /ˌɪmɪˈgreɪt/ *vi* [**immigrates, immigrating, immigrated**] inmigrar.

immigration /ˌɪmɪˈgreɪʃən/ *n* inmigración *f*.

imminent /ˈɪmɪnənt/ *adj* inminente.

immobile /ɪˈməʊbaɪl/ *adj* inmóvil: **the arm must be kept completely immobile** tiene que mantener el brazo totalmente inmóvil.

immobilize /ɪˈməʊbɪlaɪz/ *vt* [**immobilizes, immobilizing, immobilized**] inmovilizar.

immoderate /ɪˈmɒdərət/ *adj* **1.** (*claim, measure*) excesivo -va. **2.** (*language*): **he is well known for his immoderate language** tiene fama de no usar un lenguaje muy fino.

immodest /ɪˈmɒdɪst/ *adj* **1.** (*conceited*) engreído -da: **he is very immodest when talking about his career** se vuelve muy engreído hablando de su carrera. **2.** (*improper*) indecente.

immoral /ɪˈmɒrəl/ *adj* inmoral.

immorality /ˌɪməˈræləti/ *n* inmoralidad *f*.

immortal /ɪˈmɔːtəl/ *adj* **1.** (*gen*) inmortal: **they believe that the human soul is immortal** creen que el alma es inmortal; **in the immortal words of Caesar...** en las inmortales palabras de César.... **2.** (*glory, fame*) imperecedero -ra.

immortality /ˌɪmɔːˈtæləti/ *n* inmortalidad *f*.

immortalize /ɪˈmɔːtəlaɪz/ *vt* [**immortalizes, immortalizing, immortalized**] inmortalizar.

immune /ɪˈmjuːn/ *adj* **1.** (*Med*) inmune: **he's immune** *to* **mumps** es inmune a las paperas. **2.** (*unaffected*): **she's immune** *to* **criticism** no la afectan las críticas para nada. **3.** (*from duty*) exento -ta: **they are immune** *from* **taxation in this country** están exentos de impuestos en este país.

immune system *n* sistema *m* inmunológico.

immunity /ɪˈmjuːnəti/ *n* (*Med, Law, Pol*) inmunidad *f*: **they have been granted immunity** *from* **prosecution** les han concedido inmunidad judicial.

immunization /ˌɪmjʊnaɪˈzeɪʃən/ *n* inmunización *f*.

immunize /ˈɪmjʊnaɪz/ *vt* [**immunizes, immunizing, immunized**] inmunizar: **the children were immunized** *against* **cholera** inmunizaron a los niños contra el cólera.

imp /ɪmp/ *n* **1.** (*fairy*) duendecillo *m*. **2.** (*naughty child*) diablillo *m*: **come here, you little imp!** ven acá, diablillo.

impact /ˈɪmpækt/ *n* **1.** (*impression*) impacto *m*, impresión *f*: **the book made a tremendous impact** *on* **them** el libro les produjo una tremenda impresión. **2.** (*of a collision*) impacto *m*: **she was knocked unconscious by the impact** el impacto la dejó inconsciente; **the rocket broke up** *on* **impact** el cohete hizo explosión al chocar.

impacted /ɪmˈpæktɪd/ *adj* (*tooth*) enquistado -da.

impair /ɪmˈpeə/ *vt* [**impairs, impairing, impaired**] **1.** (*gen*) perjudicar: **her vision is partially impaired** su vista ha quedado parcialmente dañada; **his personal involvement impaired his judgement** al estar involucrado personalmente no podía juzgar de forma objetiva. **2.** (*Culin*) estropear: **storage in direct sunlight will impair the flavour** la exposición directa a la luz solar puede alterar el sabor.

impart /ɪmˈpɑːt/ *vt* [**imparts, imparting, imparted**] (*frml*) **1.** (*to communicate*) comunicar: **she had little news to impart** tenía pocas novedades que contar. **2.** (*to give*) dar: **this carpet will impart a sense of luxury** *to* **any room** esta alfombra le proporcionará un aspecto lujoso a cualquier habitación.

impartial /ɪmˈpɑːʃəl/ *adj* imparcial.

impassable /ɪmˈpɑːsəbəl/ *adj* **1.** (*bridge, road*) intransitable: **the floods made the road impassable** las inundaciones dejaron la carretera intransitable. **2.** (*obstacle, barrier*) infranqueable.

impassioned /ɪmˈpæʃənd/ *adj* (*plea*) apasionado -da; (*discussion*) acalorado -da.

impassive /ɪmˈpæsɪv/ *adj* impasible, imperturbable: **she wore an impassive expression throughout the trial** se mantuvo impasible durante el juicio.

impassively /ɪmˈpæsɪvli/ *adv* impasiblemente: **he received the news impassively** recibió la noticia sin inmutarse.

impatience /ɪmˈpeɪʃəns/ *n* impaciencia *f*.

impatient /ɪmˈpeɪʃənt/ *adj* **1.** (*unwilling to wait*) impaciente: **she was impatient** *for* **her lunch** estaba impaciente por comer. **2.** (*annoyed, irritable*) irritable: **he gave an impatient reply** respondió visiblemente irritado; **I get impatient** *with* **my sister-in-law** mi cuñada me hace perder la paciencia.

impatiently /ɪmˈpeɪʃəntli/ *adv* **1.** (*with anxious anticipation*) impacientemente: **I waited impatiently for news** esperé con impaciencia * impacientemente tener noticias. **2.** (*angrily*): **he snapped at the boy impatiently** perdió la paciencia y le contestó de mala manera al niño.

impeach /ɪmˈpiːtʃ/ *vt* [**impeaches, impeaching, impeached**] (*Law: president, judge*) procesar (*a un personaje político de primer orden, a un miembro de la judicatura, etc*).

impeccable /ɪmˈpekəbəl/ *adj* impecable: **her spoken German is impeccable** habla un alemán impecable.

impeccably /ɪmˈpekəbli/ *adv* impecablemente: **they behaved impeccably** se comportaron impecablemente.

impede /ɪmˈpiːd/ *vt* [**impedes, impeding, impeded**] impedir: **the building work has been impeded by high winds** los fuertes vientos han impedido el trabajo de construcción.

impediment /ɪmˈpedɪmənt/ *n* **1.** (*hindrance*) obstáculo *m*. **2.** (*Law*) impedimento *m*. **3.** (*in speech*) defecto *m* del habla.

impel /ɪmˈpel/ *vt* [**impels, impelling, impelled**] (*frml*) impulsar: **he felt impelled to act** se sintió impulsado a actuar.

impending /ɪmˈpendɪŋ/ *adj* (*disaster, retirement*) inminente.

impenetrable /ɪmˈpenɪtrəbəl/ *adj* **1.** (*jungle, undergrowth*) impenetrable. **2.** (*text, document*) incomprensible.

imperative /ɪmˈperətɪv/ **I** *adj* **1.** (*authoritative*) imperativo -va, imperioso -sa: **he spoke in an imperative voice** habló en tono imperativo. **2.** (*essential*) imprescindible: **it is imperative that we know before tomorrow** es imprescindible que lo sepamos antes de mañana.
II *n* (*Ling*) imperativo *m*.

imperceptible /ˌɪmpəˈseptəbəl/ *adj* imperceptible.

imperfect /ɪmˈpɜːfɪkt/ **I** *adj* **1.** (*knowledge*) incompleto -ta. **2.** (*jewel*) imperfecto -ta. **3.** (*Ling*) imperfecto -ta.
II *n* (*también* **imperfect tense**) (*Ling*) imperfecto *m*: **a verb** *in* **the imperfect** un verbo en imperfecto.

imperfection /ˌɪmpəˈfekʃən/ *n* **1.** (*state, quality*) imperfección *f*. **2.** (*flaw*) defecto *m*, desperfecto *m*.

imperial /ɪmˈpɪəriəl/ *adj* **1.** (*power, palace, ruler*) imperial. **2.** (*in weights and measures*) inglés -glesa: **an imperial gallon** un galón inglés.

imperialism /ɪm'pɪərɪəlɪzəm/ *n* imperialismo *m*.

imperialist /ɪm'pɪərɪəlɪst/ *adj, n* imperialista *adj, m/f*.

imperil /ɪm'perəl/ *vt* [**imperils, imperilling, imperilled**] (*frml*) poner en peligro.

imperious /ɪm'pɪərɪəs/ *adj* (*frml: manner, voice, expression*) imperioso -sa.

impersonal /ɪm'pɜ:sənəl/ *adj* impersonal.

impersonate /ɪm'pɜ:səneɪt/ *vt* [**impersonates, impersonating, impersonated**] **1.** (*to pass oneself off as someone else*) hacerse pasar por: **she got in by impersonating her boss** consiguió entrar haciéndose pasar por su jefe. **2.** (*as entertainment*) imitar: **he's good at impersonating film stars** es muy bueno imitando a las estrellas de cine.

impersonation /ɪm,pɜ:sə'neɪʃən/ *n* **1.** (*unlawful*): **he was arrested for impersonation** *of* **a police officer** lo arrestaron por hacerse pasar por agente de policía. **2.** (*as entertainment*) imitación *f*.

impertinence /ɪm'pɜ:tɪnəns/ *n* impertinencia *f*.

impertinent /ɪm'pɜ:tɪnənt/ *adj* impertinente.

impervious /ɪm'pɜ:vɪəs/ *adj* **1.** (*to water*) impermeable. **2.** (*to remarks*) insensible: **she's impervious** *to* **criticism** es insensible a las críticas.

impetuous /ɪm'petjʊəs/ *adj* impetuoso -sa, impulsivo -va.

impetus /'ɪmpɪtəs/ *n* ímpetu *m*: **the verdict gave fresh impetus to their campaign** el veredicto le dio nuevo ímpetu a su campaña.

impinge /ɪm'pɪndʒ/ *vi* [**impinges, impinging, impinged**] (*frml*) repercutir, afectar: **his domestic problems began to impinge** *on* **his work** los problemas que tenía en casa empezaban a repercutir en su trabajo.

implant I /'ɪmplɑ:nt/ *n* (*Med*) implante *m*.
II /ɪm'plɑ:nt/ *vt* [**implants, implanting, implanted**] **1.** (*Med*) implantar. **2.** (*ideas*) implantar, inculcar.

implausible /ɪm'plɔ:zəbəl/ *adj* inverosímil.

implement I /'ɪmplɪmənt/ *n* (*in kitchen*) utensilio *m*; (*in workshop*) herramienta *f*: **they sell all kinds of gardening implements** venden todo tipo de herramientas de jardinería.
II /'ɪmplɪment/ *vt* [**implements, implementing, implemented**] (*reforms, plan*) llevar a cabo; (*instructions*) poner en práctica: **the new law has already been implemented** ya ha entrado en vigor la nueva ley.

implicate /'ɪmplɪkeɪt/ *vt* [**implicates, implicating, implicated**] (*frml*) implicar: **the accused's statement implicated several people in the assault** en su declaración el acusado implicó a varias personas en el atraco.

implication /,ɪmplɪ'keɪʃən/ *n* **1.** (*suggestion*) insinuación *f*: **I resented the implication that I was involved** la insinuación de que yo había tomado parte me ofendió • **he criticized the exam results and, by implication, the teachers** criticó los resultados de los exámenes e, indirectamente, a los profesores. **2.** (*end result*) consecuencia *f*: **this plan has wider implications** *for* **the village** este plan tiene otras repercusiones para el pueblo.

implicit /ɪm'plɪsɪt/ *adj* **1.** (*absolute*) absoluto -ta: **they have implicit faith in the system** tienen una fe absoluta en el sistema. **2.** (*suggested*) implícito -ta: **he noted the implicit criticism in his sister's remark** se dio cuenta de que había una crítica implícita en el comentario de su hermana.

implicitly /ɪm'plɪsɪtlɪ/ *adv* implícitamente.

implied /ɪm'plaɪd/ *adj* implícito -ta: **we took it as an implied refusal** nos lo tomamos como una negativa implícita.

implore /ɪm'plɔ:/ *vt* [**implores, imploring, implored**] (*frml*) implorar, suplicar: **we implored him to come back** le suplicamos que volviera.

imply /ɪm'plaɪ/ *vt* [**implies, implying, implied**] **1.** (*to suggest*) dar a entender: **her tone implied that she didn't want to go** su tono daba a entender que no quería ir. **2.** (*to involve*) implicar, suponer: **the alterations will imply a lot of work** las reformas supondrán mucho trabajo.

impolite /,ɪmpə'laɪt/ *adj* (*person*) maleducado -da, descortés; (*behaviour, remark*) de mala educación: **that was most impolite** *of* **you** fue de muy mala educación por tu parte.

import I /'ɪmpɔ:t/ *n* **1.** (*product, commodity*) artículo *m* importado, importación *f*: **the value of imports has fallen** el valor de las importaciones ha bajado. **2.** (*process*) importación *f*: **the import of foreign cars has increased** ha aumentado la importación de coches extranjeros. **3.** (*frml: significance*) importancia *f*: **they considered it of little import** lo consideraron de poca importancia.
II /ɪm'pɔ:t/ *vt* [**imports, importing, imported**] importar.

import duty *n* derechos *m pl* de importación.

import licence *n* permiso *m* de importación.

importance /ɪm'pɔ:təns/ *n* **1.** (*value*) importancia *f*: **these are matters of great/little importance** son temas de suma/poca importancia; **he attaches great importance to punctuality** le da mucha importancia a la puntualidad. **2.** (*status*) envergadura *f*, importancia *f*: **she's full of her own importance** se cree muy importante * es muy engreída.

important /ɪm'pɔ:tənt/ *adj* importante: **her independence is very important** *to* **her** para ella es muy importante mantener su independencia; **don't worry, it's not important** no te preocupes, no importa * no tiene importancia.

importer /'ɪmpɔ:tə/ *n* importador -dora *m/f*.

impose /ɪm'pəʊz/ *vt* [**imposes, imposing, imposed**] **1.** (*to apply*) imponer: **they impose large fines** *on* **traffic offenders** imponen multas muy altas a los que infringen las normas de tráfico. **2.** (*to force to accept*) imponer: **she's always trying to impose her ideas** *on* **everyone else** siempre está intentando imponerles sus ideas a los demás.
♦*vi* abusar: **we don't want to impose** *on* **your generosity** no queremos abusar de su generosidad.

imposing /ɪm'pəʊzɪŋ/ *adj* (*building, figure*) imponente.

imposition /ɪmpə'zɪʃən/ *n* **1.** (*of fine, tax*) imposición *f*. **2.** (*unreasonable demand*) abuso *m*: **that's a bit of an imposition!** ¡es pedir mucho!

impossibility /ɪm,pɒsə'bɪlətɪ/ *n* imposibilidad *f*: **finding her in the crowd was an impossibility** era imposible encontrarla entre el gentío.

impossible /ɪm'pɒsəbəl/ **I** *adj* **1.** (*not possible*) imposible: **it was impossible to find the exit** era imposible encontrar la salida; **she made it impossible** *for* **them to refuse** lo dijo de forma que no pudieron negarse. **2.** (*unbearable*) imposible, insoportable: **he made my life impossible * he made life impossible** *for* **me** me hizo la vida imposible; **that child is impossible** es un niño insoportable.
II the impossible *n* lo imposible; **she's asking for the impossible** pide lo imposible.

impossibly /ɪm'pɒsəblɪ/ *adv* **1.** (*unbelievably*) increíblemente: **she was impossibly rude** fue increíblemente grosera; **she found the exam impossibly difficult** el examen le pareció extremadamente difícil. **2.** (*to behave*) de forma imposible * insoportable: **the children behaved impossibly** los niños estuvieron insoportables.

impostor, imposter /ɪm'pɒstə/ *n* impostor -tora *m/f.*

impotence /'ɪmpətəns/ *n* impotencia *f.*

impotent /'ɪmpətənt/ *adj* (*Med*) impotente.

impound /ɪm'paʊnd/ *vt* [**impounds, impounding, impounded**] embargar, incautarse de.

impoverished /ɪm'pɒvərɪʃt/ *adj* **1.** (*population*) empobrecido -da, necesitado -da. **2.** (*land*) agotado -da.

impracticable /ɪm'præktɪkəbəl/ *adj* impracticable, imposible de poner en práctica.

impractical /ɪm'præktɪkəl/ *adj* **1.** (*inexpert in practicalities*) poco práctico -ca. **2.** (*not feasible*) poco viable * factible: **it was a rather impractical suggestion** era una sugerencia poco factible.

imprecise /ˌɪmprɪ'saɪs/ *adj* impreciso -sa.

impregnable /ɪm'pregnəbəl/ *adj* inexpugnable.

impregnate /'ɪmpregneɪt/ *vt* [**impregnates, impregnating, impregnated**] **1.** (*Biol: frml*) fecundar. **2.** (*to saturate*) impregnar, empapar: **impregnate the cotton wool** *with* **alcohol** empape el algodón de alcohol.

impresario /ˌɪmprə'sɑːrɪəʊ/ *n* empresario -ria *m/f* teatral.

impress /ɪm'pres/ *vt* [**impresses, impressing, impressed**] **1.** (*to convey*): **he had the importance of honesty impressed** *on* **him from an early age** se le quedó grabada desde pequeño la idea de que era muy importante ser honrado; **he tried to impress** *on* **them the seriousness of the situation** trató de convencerlos de la gravedad de la situación. **2.** (*to inspire admiration in*) impresionar: **the demonstration impressed me very much** la demostración me impresionó mucho; **I was not impressed** *with* * *by* **the result** el resultado me dejó bastante frío.

♦*vi* impresionar: **he only did it in order to impress** sólo lo hizo para impresionar.

impression /ɪm'preʃən/ *n* **1.** (*mark*) impresión *f*, señal *f*: **the impression of the tyres could be seen in the mud** se podía ver la huella de los neumáticos en el barro. **2.** (*idea, sensation*) impresión *f*: **he got a bad impression of the school** el colegio le causó muy mala impresión; **she's trying to make an impression * a good impression** *on* **the new manager** está intentando causarle una buena impresión al nuevo gerente; **he gives the impression of being insensitive** da la impresión de ser poco sensible; **I was** *under* **the impression that he was your brother** me pensaba que era hermano tuyo. **3.** (*impersonation*) imitación *f*: **he does a good impression of the headmaster** imita muy bien al director. **4.** (*printing*) edición *f.*

impressionable /ɪm'preʃənəbəl/ *adj* impresionable: **these young people seem very impressionable** estos jóvenes parecen fácilmente impresionables.

impressionism /ɪm'preʃənɪzəm/ *n* impresionismo *m.*

impressionist /ɪm'preʃənɪst/ *adj, n* impresionista *adj, m/f.*

impressive /ɪm'presɪv/ *adj* impresionante.

imprint I /'ɪmprɪnt/ *n* **1.** (*mark made: by stamping*) sello *m*; (*: by pressing*) huella *f*. **2.** (*name of a publisher's list of books*) colección *f*; (*bibliographic information*) pie *m* de imprenta.

II /ɪm'prɪnt/ *vt* [**imprints, imprinting, imprinted**] (*to make a mark on*) dejar huella: **they left clear tracks imprinted** *in* **the snow** dejaron huellas muy visibles en la nieve; **to this day her advice remains imprinted** *on* **my mind** todavía conservo sus consejos grabados en mi memoria.

imprison /ɪm'prɪzən/ *vt* [**imprisons, imprisoning, imprisoned**] encarcelar.

imprisonment /ɪm'prɪzənmənt/ *n* encarcelamiento *m.*

improbable /ɪm'prɒbəbəl/ *adj* (*unlikely*) improbable: **it seems improbable that they will reach Jupiter** parece improbable que lleguen a Júpiter; (*scarcely believable*) inverosímil: **he gave an improbable excuse** dio una excusa inverosímil.

impromptu /ɪm'prɒmptjuː/ *adj* (*frml*) improvisado -da, sin preparación: **he made an impromptu statement to the press** hizo unas declaraciones improvisadas a la prensa.

improper /ɪm'prɒpə/ *adj* **1.** (*procedure, manner, use*) incorrecto -ta: **they carried out the investigation in a highly improper way** no llevaron a cabo la investigación como era debido. **2.** (*dishonest*) deshonesto -ta: **they were accused of improper business practices** los acusaron de llevar el negocio de forma deshonesta. **3.** (*inappropriate*) indecoroso -sa: **improper dress will not be tolerated** no se permitirán los atuendos indecorosos; (*indecent*) indecente: **she said he had made improper suggestions to her** dijo que le había hecho proposiciones deshonestas.

improperly /ɪm'prɒpəlɪ/ *adv* **1.** (*incorrectly*) incorrectamente: **the survey was improperly carried out** la encuesta no se llevó a cabo como era debido; **their accounts had been improperly kept** no llevaban las cuentas debidamente. **2.** (*indecently*) indecentemente.

impropriety /ˌɪmprə'praɪətɪ/ *n* [**improprieties**] (*frml*) **1.** (*malpractice*) irregularidad *f.* **2.** (*unseemly behaviour*) falta *f* de decoro: **no impropriety had taken place** no había tenido lugar nada indecoroso.

improve /ɪm'pruːv/ *vt* [**improves, improving, improved**] (*to make better: quality, situation*) mejorar; (*: language*) perfeccionar: **I want to improve my German** quiero perfeccionar mi alemán; (*: profits, output*) aumentar: **computer skills will improve your chances** saber informática te dará más posibilidades.

♦*vi* **1.** (*to become better*) mejorar: **things are improving** las cosas están mejorando; **his driving has improved a lot** conduce mucho mejor. **2.** (*profits, output*) aumentar: **sales have improved since last year** las ventas han aumentado desde el año pasado.

to **improve on** *vt* mejorar: **no one can improve on her solution** la solución que ha propuesto es inmejorable; **who can improve on the last offer?** ¿quién puede superar la última oferta?

improvement /ɪm'pruːvmənt/ *n* **1.** (*gen*) mejora *f*: **there's been an improvement** *in* **the weather** ha habido una mejora del tiempo; **that job is an improvement** *on* **your old one** ese trabajo es mejor que el que tenías antes; **company fortunes are showing signs of improvement** la situación de la compañía está mejorando. **2.** (*Med*) mejoría *f.* **3.** (*Archit*) reforma *f*, mejora *f.*

improvisation /ˌɪmprəvaɪ'zeɪʃən/ *n* improvisación *f.*

improvise /'ɪmprəvaɪz/ *vt/i* [**improvises, improvising, improvised**] improvisar: **we'll have to improvise (something)** tendremos que improvisar (algo).

imprudent /ɪm'pruːdənt/ *adj* imprudente.

impudence /'ɪmpjʊdəns/ *n* insolencia *f.*

impudent /'ɪmpjʊdənt/ *adj* insolente, descarado -da.

impudently /'ɪmpjʊdəntlɪ/ *adv* insolentemente.

impulse /ˈɪmpʌls/ *n* impulso *m*: **he bought it** *on* **impulse** tuvo un impulso y lo compró; **acting** *on* **impulse, she phoned the number** se dejó llevar por un impulso y llamó a ese número de teléfono; **I resisted a sudden impulse to laugh** contuve las ganas que me entraron de reír.

impulse buy *n* compra *f* sin pensar: **these trousers were another of my impulse buys** estos pantalones también me los compré sin pensar.

impulsive /ɪmˈpʌlsɪv/ *adj* impulsivo -va.

impulsively /ɪmˈpʌlsɪvlɪ/ *adv* de forma impulsiva.

impunity /ɪmˈpjuːnətɪ/ *n* impunidad *f*: **don't think you can break the rules** *with* **impunity** no te vayas a creer que puedes infringir las normas impunemente.

impure /ɪmˈpjʊə/ *adj* **1.** (*Chem*) impuro -ra; (*tainted*) adulterado -da. **2.** (*immoral*) impuro -ra, impúdico -ca.

impurity /ɪmˈpjʊərətɪ/ *n* [**impurities**] **1.** (*Chem*) impureza *f*. **2.** (*immorality*) falta *f* de pudor.

in /ɪn/ **I** *prep* **1.** (*indicating place*) en: **my bag is in the wardrobe** mi bolso está en el armario; **he's in prison/in hospital** está en la cárcel/en el hospital; **are you still in bed?** ¿todavía estás en la cama?; **she is the youngest person in the company** es la persona más joven de la empresa; **we're playing in Madrid next week** la semana que viene vamos a jugar en Madrid; **he works in Germany** trabaja en Alemania. **2.** (*with verbs indicating destination*) a: **throw it in the bin** tíralo a la basura; **they arrived in London yesterday** llegaron a Londres ayer. **3.** (*referring to people*) en: **this behaviour is not usual in a man of his age** su comportamiento no es normal en un hombre de su edad. **4.** (*with expressions of time: gen*) en: **she died in 1985** murió en 1985; **in winter/spring** en invierno/primavera; **there was a lot of rain in April** llovió mucho en abril; **she was still a child in those days** en aquel entonces era todavía una niña; **I sleep in the daytime** duermo durante el día; (*: with parts of the day*) por, (*Amér L*) en, (*Arg*) a: **he'll go in the morning** irá por la mañana ✱ (*Amér L*) en la mañana ✱ (*Arg*) a la mañana; (*: with time of day*): **she has a snack at 4 o'clock in the afternoon** merienda a las 4 de la tarde; (*: indicating indefinite time*): **I haven't played tennis in years** hace años que no juego al tenis; (*: indicating time to come*) dentro de: **phone me in twenty minutes** llámame dentro de veinte minutos; **we're going to Spain in two weeks** dentro de dos semanas nos vamos a España; (*: indicating time taken*) en: **I did it in an hour** lo hice en una hora. **5.** (*wearing*): **you can't go outside in pyjamas** no puedes salir en pijama; **he looks good in that suit** ese traje le queda muy bien; **the woman in black** la mujer vestida de negro. **6.** (*indicating manner, condition, means*) en: **he read out the poem in a loud voice** leyó el poema en voz alta; **the letter was in Italian** la carta estaba escrita en italiano; **write it in pencil** escríbelo a lápiz; **she made them sit in little groups** hizo que se sentaran en grupos pequeños. **7.** (*indicating material*) en: **it was sculpted in marble** estaba esculpido en mármol; **it's painted in oils** está pintado al óleo. **8.** (*with specified emotion*): **she was in a marvellous/terrible mood** estaba de muy buen/mal humor; **she looked round in surprise** miró alrededor sorprendida; **he was in a rage** estaba que mordía. **9.** (*with certain weather conditions*): **they sat in the sun** se sentaron al sol; **I don't like walking in the rain** no me gusta caminar bajo la lluvia; (*with daylight, darkness*): **the house was in darkness** la casa estaba a oscuras; **I've never seen their house in daylight** nunca he visto su casa de día. **10.** (*with jobs, activities*) en: **he's in the oil industry** trabaja en la industria petrolera; **she has starred in three films** ha protagonizado tres películas; **he's running in a race this weekend** corre en una carrera este fin de semana. **11.** (*with measurements*) de: **it was three metres in height** medía tres metros de alto. **12.** (*with expressions of number*): **people were fleeing the country in (their) thousands** la gente huía del país a millares; **they came on stage in fours** entraron al escenario de cuatro en cuatro; (*expressing a ratio*) de: **one in ten will go on to university** una de cada diez personas va a la universidad. **13.** (*with ages*): **she's in her thirties** tiene treinta y pico años.

II *adv* **1.** (*with relation to a house*): **there is nobody in** no hay nadie; **is Jim in?** ¿está Jim en casa?; **come in!** pasa, pasa; **they asked us in** nos invitaron a entrar; **let's go in** vamos dentro. **2.** (*relating to room, space*): **I'm in here** estoy aquí dentro; **he's in there** está ahí dentro; **our bus isn't in yet** nuestro autobús aún no ha llegado; **they got everything in before it rained** lo recogieron todo antes de que lloviera • **she's well in with the director** tiene (mucha) confianza con el director. **3.** (*tide*): **we can't cross if the tide is in** no podemos pasar si la marea está alta. **4.** (*Sport: batting*): **Australia is in now** está bateando Australia; (*: within the area of play*): **that ball was in!** ¡la bola no había salido fuera! **5.** (*in fashion*) de moda. **6. in between** entre: **it's in between the table and the bookcase** está entre la mesa y la estantería; **in between times she worked in a bar** en el periodo intermedio trabajó en un bar. **7. in for**: **she doesn't know what she's in for!** ¡no sabe lo que le espera!; **you're in for a lot of trouble** vas a tener muchos problemas. **8. in on** al tanto: **I wasn't in on the beginning of the conversation** no estaba muy al tanto al principio de la conversación; **is your brother in on the secret?** ¿tu hermano está al tanto del secreto? **9. in so far as** en la medida que: **they make the lessons interesting in so far as they are able** hacen las lecciones interesantes en la medida de lo posible. **10. in that**: **the minister's visit was beneficial in that it provided publicity for our cause** la visita del ministro fue beneficiosa puesto que le dio publicidad a nuestra causa.

III *adj* (*fam*) **1.** (*private*): **it's an in joke** es una broma nuestra. **2.** (*fashionable*) de moda: **this club is the in place to be seen** esta discoteca es el sitio de moda; **the in crowd** la gente que se mueve en los sitios de moda.

IV *n* • **it's difficult to understand all the ins and outs of the legal system** cuesta entender todos los detalles del funcionamiento de la ley.

in-flight *adj* (*entertainment, meal*) durante el vuelo.

in house I *adv* en la sede de la empresa: **all the data is processed in house** todos los datos se procesan en la oficina.

II in-house *adj*: **they are improving in-house training** están mejorando la formación interna de los trabajadores de la empresa.

in-laws *n pl* (*parents-in-law*) suegros *m pl*; (*spouse's family*) familia *f* política.

in. *léase* /ɪntʃ/ (*abreviatura de* **inch**) pulgada *f*.

inability /ˌɪnəˈbɪlətɪ/ *n* incapacidad *f*.

inaccessible /ˌɪnækˈsesəbəl/ *adj* **1.** (*place*) inaccesible. **2.** (*ideas, music, art*) inaccesible, poco accesible: **his writings are inaccessible** *to* **the ordinary reader** su obra es poco accesible para el lector medio.

inaccuracy /ɪnˈækjʊrəsɪ/ *n* [**inaccuracies**] **1.** (*mistake*) error *m*: **the report was full of inaccuracies** el informe estaba lleno de errores. **2.** (*lack of precision*) inexactitud *f*: **the inaccuracy of the figures led us to the wrong conclusions** la inexactitud de las cifras nos hizo llegar a conclusiones erróneas.

inaccurate /ɪn'ækjʊrət/ *adj* (*not accurate*) inexacto -ta; (*not correct*) incorrecto -ta: **the statistics proved to be inaccurate** las estadísticas resultaron ser incorrectas.

inactive /ɪn'æktɪv/ *adj* inactivo -va.

inadequacy /ɪn'ædɪkwəsɪ/ *n* [**inadequacies**] **1.** (*of resources*) insuficiencia *f*: **they complain about the inadequacy of funding** se quejan de la insuficiencia de fondos. **2.** (*lack of self-confidence*): **he felt a sense of inadequacy** se sentía incapaz de hacerle frente a la situación. **3.** (*weakness*) defecto *m*: **the report deals with the inadequacies of the system** el informe estudia los defectos del sistema.

inadequate /ɪn'ædɪkwət/ *adj* **1.** (*supplies*) insuficiente; (*unsatisfactory*) inadecuado -da: **their training was inadequate** su preparación no era la más adecuada; **their clothing was inadequate** *for* **the winter** tenían ropa muy poco adecuada para el invierno. **2.** (*person*): **she felt inadequate** se sentía incapaz de hacer frente a la situación.

inadvertently /ˌɪnəd'vɜːtəntlɪ/ *adv* por descuido, sin querer.

inadvisable /ˌɪnəd'vaɪzəbəl/ *adj* poco aconsejable: **it is inadvisable to park here** es imprudente aparcar aquí.

inane /ɪn'eɪn/ *adj* tonto -ta: **we had an inane discussion about hamster food** tuvimos una conversación muy tonta sobre lo que comen los hámsters.

inanimate /ɪn'ænɪmət/ *adj* inanimado -da.

inapplicable /ˌɪnə'plɪkəbəl/ *adj* inaplicable.

inappropriate /ˌɪnə'prəʊprɪət/ *adj* (*time, comment*) inoportuno -na; (*dress*) poco apropiado -da: **jeans are inappropriate** *for* **a cocktail party** los vaqueros no son lo más apropiado para ir a un cóctel.

inarticulate /ˌɪnɑː'tɪkjʊlət/ *adj* (*person*) incapaz de expresarse; (*piece of writing*) mal expresado -da: **I thought it was a most inarticulate lecture** la conferencia me pareció muy poco clara.

inasmuch as /ɪnəz'mʌtʃ æz/ *conj* (*frml*) en la medida que: **she is a teacher inasmuch as she gives private English lessons** es profesora en la medida que da clases particulares.

inattention /ˌɪnə'tenʃən/ *n* falta *f* de atención.

inattentive /ˌɪnə'tentɪv/ *adj* poco atento -ta.

inaudible /ɪn'ɔːdəbəl/ *adj* inaudible.

inaugural /ɪn'ɔːgjʊrəl/ *adj* (*ceremony, speech*) inaugural, de apertura.

inaugurate /ɪn'ɔːgjʊreɪt/ *vt* [**inaugurates, inaugurating, inaugurated**] **1.** (*project, civic centre*) inaugurar. **2.** (*frml: mayor, president*) investir.

inauguration /ɪnˌɔːgjʊ'reɪʃən/ *n* **1.** (*opening ceremony*) inauguración *f*. **2.** (*investiture*) investidura *f*.

inauspicious /ɪnɔː'spɪʃəs/ *adj* (*frml: occasion, beginning*) poco afortunado -da.

inborn /ˌɪn'bɔːn/ *adj* innato -ta.

Inc., inc. /ɪŋk/ (*in US*) (*abreviatura de* **Incorporated**) S.A. (Sociedad Anónima), (*Méx*) S.A. de C.V. (Sociedad Anónima de Capital Variable).

Inca /'ɪŋkə/ **I** *adj* incaico -ca, inca.
II *n* inca *m/f*.

incalculable /ɪn'kælkjʊləbəl/ *adj* (*wealth, risk*) incalculable.

incandescent /ˌɪnkæn'desənt/ *adj* incandescente.

incapable /ɪn'keɪpəbəl/ *adj* incapaz: **she's incapable** *of* **making a decision** es incapaz de decidirse; **he's incapable** *of* **cruelty** es incapaz de hacerle daño a nadie; **she's totally incapable** es totalmente incompetente.

incapacitate /ˌɪnkə'pæsɪteɪt/ *vt* [**incapacitates, incapacitating, incapacitated**] incapacitar.

incapacity /ˌɪnkə'pæsətɪ/ *n* incapacidad *f*.

incarcerate /ɪn'kɑːsəreɪt/ *vt* [**incarcerates, incarcerating, incarcerated**] encarcelar.

incarnation /ˌɪnkɑː'neɪʃən/ *n* encarnación *f*.

incendiary /ɪn'sendɪərɪ/ **I** *n* [**incendiaries**] bomba *f* incendiaria.
II *adj* incendiario -ria.

incendiary bomb *n* bomba *f* incendiaria.

incense I /'ɪnsens/ *n* incienso *m*.
II /ɪn'sens/ *vt* [**incenses, incensing, incensed**] enfurecer, indignar: **she was incensed** *at* **their lack of sensitivity** la enfurecía la falta de sensibilidad que mostraban.

incentive /ɪn'sentɪv/ *n* **1.** (*encouragement*) incentivo *m*, aliciente *m*: **that gave me an incentive** *for* **learning Spanish** me sirvió de aliciente para aprender español. **2.** (*bonus*) incentivo *m* económico.

incessant /ɪn'sesənt/ *adj* ininterrumpido -da, incesante: **we had several days of incessant rain** estuvo lloviendo sin parar durante varios días; **I refused to give in to their incessant demands for more money** me negué a ceder a sus constantes peticiones de dinero.

incessantly /ɪn'sesəntlɪ/ *adv* sin cesar * parar: **it snowed incessantly** nevó sin parar.

incest /'ɪnsest/ *n* incesto *m*.

incestuous /ɪn'sestjʊəs/ *adj* incestuoso -sa.

inch /ɪntʃ/ **I** *n* [**inches**] pulgada *f*: **it's only a few inches long** sólo tiene unas pulgadas de largo; **inch** *by* **inch she crept forward** fue avanzando poco a poco; **he missed the goal by inches** falló el tiro a gol por muy poco ● **he was within an inch of resigning** estuvo a punto de dimitir ● **he wouldn't budge an inch** no cedió ni lo más mínimo.
II *vi* [**inches, inching, inched**] avanzar lentamente: **the queue of cars inched** *forward* la cola de coches avanzó poco a poco; **slowly the bus inched** *through* **the gap between the parked cars** el autobús pasó con cuidado por el espacio entre los coches aparcados. ♦ *vt*: **cautiously he inched his way along the ledge** avanzó con cuidado por la cornisa.

incidence /'ɪnsɪdəns/ *n* (*of disease*) incidencia *f*: **the area has a high incidence of car theft** el número de robos de coches en la zona es elevado.

incident /'ɪnsɪdənt/ *n* **1.** (*happening*) incidente *m*: **it nearly turned into a major international incident** estuvo a punto de convertirse en un incidente internacional. **2.** (*problem, disturbance*) incidente *m*: **the rally ended without incident** el mitin concluyó sin incidentes.

incidental /ˌɪnsɪ'dentəl/ **I** *adj* **1.** (*minor*) secundario -ria. **2.** (*connected*) inherente: **these risks are incidental** *to* **the job** estos riesgos son inherentes al trabajo.
II incidentals *n pl* (*expenses*) gastos *m pl* imprevistos.

incidental music *n* música *f* de fondo.

incidentally /ˌɪnsɪ'dentəlɪ/ *adv* (*by the way*) por cierto, a propósito: **incidentally, where did you park the car?** a propósito, ¿dónde has dejado aparcado el coche?; **he's been offered a job in London which, incidentally, was offered to me previously** le han ofrecido un trabajo en Londres que, dicho sea de paso, me ofrecieron a mí antes; **other students, incidentally, manage to study and earn money** otros estudiantes sí que se las arreglan para estudiar y trabajar.

incinerate /ɪnˈsɪnəreɪt/ *vt* [**incinerates, incinerating, incinerated**] incinerar.

incinerator /ɪnˈsɪnəreɪtə/ *n* incinerador *m*.

incipient /ɪnˈsɪpɪənt/ *adj* (*frml*) incipiente.

incision /ɪnˈsɪʒən/ *n* incisión *f*.

incisive /ɪnˈsaɪsɪv/ *adj* (*remark, wit*) mordaz, incisivo -va; (*mind, analysis*) penetrante: **his criticism of the play was the most incisive I have read** su crítica de la obra es la más penetrante que he leído.

incisor /ɪnˈsaɪzə/ *n* (diente *m*) incisivo *m*.

incite /ɪnˈsaɪt/ *vt* [**incites, inciting, incited**] incitar: **he was arrested for inciting violence** lo detuvieron por incitar a la violencia; **he incited his colleagues to strike** incitó a sus compañeros a que hicieran huelga.

inclement /ɪnˈklemənt/ *adj* (*frml*: *weather*) inclemente.

inclination /ˌɪnklɪˈneɪʃən/ *n* **1.** (*slope*) inclinación *f*, pendiente *f*. **2.** (*wish*) inclinación *f*: **my inclination is to send it back** me inclino por devolverlo; **she shows no inclination to return** no parece tener intención de volver. **3.** (*tendency*) tendencia *f*: **the clutch has a slight inclination to slip** el embrague tiende a irse un poco. **4.** (*of the head*) inclinación *f*.

incline I /ˈɪnklaɪn/ *n* inclinación *f*, pendiente *f*.
II /ɪnˈklaɪn/ *vt* [**inclines, inclining, inclined**] (*frml*) **1.** (*to predispose*) predisponer: **his love of the countryside inclined him** *towards* **studying ecology** su afición al campo lo predisponía a estudiar ecología. **2.** (*to bend*) inclinar: **the princess inclined her head** la princesa inclinó * bajó la cabeza.
♦*vi* estar inclinado -da, inclinarse: **their manifesto inclines** *towards* **federalism** su manifiesto tiende al federalismo.

inclined /ɪnˈklaɪnd/ *adj* **1.** (*showing willingness, desire*): **I'm inclined to believe her** me inclino a creerla; **if you feel inclined to mow the lawn...** si tienes ganas de cortar el césped.... **2.** (*with tendency*): **that door is inclined to stick** esa puerta tiene tendencia a atrancarse; **she's artistically inclined** se le da muy bien el arte.

include /ɪnˈklu:d/ *vt* [**includes, including, included**] incluir: **service is not included** el servicio no va incluido; **Martin was included on the list** Martin figuraba en la lista; **they sold everything, the dog included** vendieron todo lo que tenían, incluso el perro.

including /ɪnˈklu:dɪŋ/ *prep* inclusive: **there'll be ten of us, including us** seremos diez, incluyéndonos nosotros; **that comes to a hundred pounds, not including tax** son cien libras, sin incluir los impuestos; **we'll be on holiday up to and including New Year's Day** estaremos de vacaciones hasta Año Nuevo inclusive; **they all came, including your cousin** vinieron todos, incluyendo tu prima.

inclusive /ɪnˈklu:sɪv/ *adj* (*in time*) inclusive: **the course is from Tuesday to Saturday inclusive** el curso dura desde el martes hasta el sábado inclusive; (*with prices*): **the price is inclusive** *of* **all meals** el precio incluye todas las comidas.

incognito /ɪnkɒgˈni:təʊ/ *adv* de incógnito: **she was travelling incognito** viajaba de incógnito.

incoherent /ˌɪnkəʊˈhɪərənt/ *adj* incoherente.

income /ˈɪnkʌm/ *n* ingresos *m pl*: **his gross/net income is £20,000** sus ingresos en bruto/netos son de veinte mil libras; **it affects all income groups** afecta a todo el mundo sean cuales sean sus ingresos.
income tax *n* impuesto *m* sobre la renta.

incoming /ˈɪnˌkʌmɪŋ/ *adj* **1.** (*arriving*): **all incoming flights were delayed** todos los vuelos de llegada sufrieron retrasos; **incoming passengers must go through passport control** todos los pasajeros que llegan tienen que pasar por el control de pasaportes; **this phone is for incoming calls only** este teléfono sólo es para recibir llamadas. **2.** (*tide*) ascendiente. **3.** (*president, chairman, etc.*) entrante, nuevo -va.

incomparable /ɪnˈkɒmpərəbəl/ *adj* incomparable.

incompatibility /ˌɪnkəmˌpætəˈbɪlətɪ/ *n* incompatibilidad *f*.

incompatible /ˌɪnkəmˈpætəbəl/ *adj* (*people, software*) incompatible: **the decision is incompatible** *with* **our policy** la decisión es incompatible con nuestra política.

incompetence /ɪnˈkɒmpɪtəns/ *n* incompetencia *f*.

incompetent /ɪnˈkɒmpɪtənt/ *adj* incompetente, inepto -ta.

incomplete /ˌɪnkəmˈpli:t/ *adj* **1.** (*not finished*) sin terminar: **the restoration of the church is still incomplete** la restauración de la iglesia está sin terminar. **2.** (*not entire*) incompleto -ta: **the coffee service is incomplete** el juego de café está incompleto.

incomprehensible /ˌɪnkɒmprɪˈhensəbəl/ *adj* incomprensible: **this legal jargon is incomprehensible** *to* **me** esta jerga legal me resulta incomprensible.

incomprehension /ˌɪnkɒmprɪˈhenʃən/ *n* incomprensión *f*.

inconceivable /ˌɪnkənˈsi:vəbəl/ *adj* inconcebible.

inconclusive /ˌɪnkənˈklu:sɪv/ *adj* **1.** (*discussion, meeting*) sin resultado. **2.** (*investigation, result*) no concluyente: **the evidence against her was inconclusive** las pruebas contra ella no eran concluyentes.

incongruous /ɪnˈkɒŋgrʊəs/ *adj* fuera de lugar: **she looked incongruous among the holidaymakers** se la veía fuera de lugar entre los veraneantes.

inconsiderable /ˌɪnkənˈsɪdərəbəl/ *adj* insignificante.

inconsiderate /ˌɪnkənˈsɪdərət/ *adj* inconsiderado -da, desconsiderado -da: **it was inconsiderate** *of* **you not to phone us** ¡qué falta de consideración por tu parte no llamarnos!

inconsistency /ˌɪnkənˈsɪstənsɪ/ *n* [**inconsistencies**] **1.** (*contradiction*) contradicción *f*: **there were many inconsistencies in his thesis** su tesis estaba llena de contradicciones. **2.** (*variability*) carencia *f* de uniformidad: **she was accused of inconsistency in her treatment of the staff** la acusaron de no tratar a todos sus subordinados igual.

inconsistent /ˌɪnkənˈsɪstənt/ *adj* **1.** (*in contradiction*) contradictorio -ria, ilógico -ca: **that is inconsistent** *with* **their earlier statement** eso no concuerda con lo que declararon en un principio. **2.** (*variable*) irregular: **her playing has been inconsistent this season** su juego ha sido muy irregular esta temporada.

inconspicuous /ˌɪnkənˈspɪkjʊəs/ *adj* **1.** (*event*) que pasa desapercibido -da: **he made an inconspicuous stage debut** su debut teatral pasó casi desapercibido. **2.** (*place*) discreto -ta: **it's a small, inconspicuous little shop** es una tienda pequeña y discreta; (*person*) que no llama la atención, discreto -ta: **try to be as**

inconspicuous as possible intenta ser lo más discreto posible.

incontinence /ɪnˈkɒntɪnəns/ *n* incontinencia *f*.

incontinent /ɪnˈkɒntɪnənt/ *adj* incontinente.

incontrovertible /ˌɪnkɒntrəˈvɜːtəbəl/ *adj* (*frml*) incontrovertible.

inconvenience /ˌɪnkənˈviːnɪəns/ **I** *n* inconveniente *m*: **I went to great inconvenience to arrange it** tuve muchos inconvenientes para arreglarlo; **we apologize for any inconvenience caused** les rogamos que nos disculpen por cualquier inconveniente que les hayamos causado.
II *vt* [**inconveniences, inconveniencing, inconvenienced**] causar molestia a: **we don't want to inconvenience you** no queremos causarle molestias.

inconvenient /ˌɪnkənˈviːnɪənt/ *adj* **1.** (*unsuitable*): **I'll come tomorrow if it's not inconvenient** *for* **you** vendré mañana si no es mucha molestia; **he rang at an inconvenient time** llamó en un momento inoportuno. **2.** (*awkward*): **it's inconvenient having the photocopier in another office** presenta bastantes inconvenientes tener la fotocopiadora en otra oficina; **the surgery is very inconvenient** *for* **parking** la clínica está en un sitio en el que es muy difícil encontrar aparcamiento.

incorporate /ɪnˈkɔːpəreɪt/ *vt* [**incorporates, incorporating, incorporated**] **1.** (*to contain*) incluir: **the new hotel will incorporate a leisure centre** el nuevo hotel incluirá instalaciones deportivas. **2.** (*to include: suggestion, change*) incluir; (*: person*) incorporar: **two more researchers were incorporated** *into* **the project** se incorporaron dos investigadores más al proyecto.

incorporated /ɪnˈkɔːpəreɪtəd/ *adj* (*referring to a company*): **Multifab Incorporated** Multifab Sociedad Anónima.

incorrect /ˌɪnkəˈrekt/ *adj* **1.** (*result, number*) incorrecto -ta, equivocado -da: **she gave two incorrect answers** dio dos respuestas incorrectas; (*person*): **he was incorrect** *in* **saying that** se equivocó al decir eso. **2.** (*inappropriate*) no apropiado -da: **that was an incorrect way of greeting an ambassador** saludó al embajador de una forma poco apropiada.

incorrectly /ɪnkəˈrektlɪ/ *adv* **1.** (*inaccurately*) incorrectamente: **she assumed, incorrectly, that I would be available** supuso, incorrectamente, que yo estaría libre. **2.** (*inappropriately*) de forma poco apropiada: **she was incorrectly dressed for the occasion** no iba vestida de forma apropiada para la ocasión.

incorrigible /ɪnˈkɒrɪdʒəbəl/ *adj* incorregible.

incorruptible /ˌɪnkəˈrʌptəbəl/ *adj* incorruptible, insobornable.

increase **I** /ˈɪnkriːs/ *n* **1.** (*gen*) aumento *m*, incremento *m*: **there was an increase** *in* **the number of...** hubo un aumento del número de..., hubo un incremento en el número de...; **she was hoping for a salary increase** esperaba que le aumentaran el sueldo ● **crime is on the increase** la delincuencia está en alza ✱ aumento. **2.** (*in prices*) subida *f*.
II /ɪnˈkriːs/ *vt* [**increases, increasing, increased**] **1.** (*gen*) aumentar: **productivity has been increased this year** este año ha aumentado la productividad; **she increased her speed on the last bend** aceleró en la última curva. **2.** (*price*) subir: **they've increased the price again** han vuelto a subir el precio.
♦*vi* **1.** (*gen*) aumentar: **the number of cinemas has increased** ha aumentado el número de cines; **the size of the problem is increasing every day** el problema va en aumento cada día. **2.** (*price*) subir: **the cost of living has increased enormously** el coste de la vida ha subido enormemente.

increasingly /ɪnˈkriːsɪŋlɪ/ *adv* cada vez más: **we are becoming increasingly concerned for his safety** cada vez estamos más preocupados por lo que le pueda haber pasado.

incredible /ɪnˈkredəbəl/ *adj* (*gen*) increíble: **he won an incredible amount of money** ganó una cantidad de dinero increíble; **it's incredible that she never suspected it** parece mentira que nunca lo sospechara; (*fam: very good*): **we had an incredible holiday** pasamos unas vacaciones increíbles.

incredibly /ɪnˈkredəblɪ/ *adv* increíblemente: **incredibly, no one was killed** por increíble que parezca, nadie murió; **the hotel was incredibly expensive** el hotel era increíblemente caro.

incredulity /ˌɪnkrɪˈdjuːlətɪ/ *n* (*frml*) incredulidad *f*.

incredulous /ɪnˈkredjʊləs/ *adj* (*frml*) incrédulo -la.

increment /ˈɪnkrɪmənt/ *n* incremento *m*, aumento *m*.

incriminate /ɪnˈkrɪmɪneɪt/ *vt* [**incriminates, incriminating, incriminated**] incriminar.

incubate /ˈɪnkjʊbeɪt/ *vt/i* [**incubates, incubating, incubated**] incubar.

incubation /ˌɪnkjʊˈbeɪʃən/ *n* incubación *f*.

incubator /ˈɪnkjʊˌbeɪtə/ *n* incubadora *f*.

incur /ɪnˈkɜː/ *vt* [**incurs, incurring, incurred**] (*frml*) **1.** (*anger*) provocar: **the planners incurred the fury of the local residents** los urbanistas provocaron la indignación de los residentes de la zona. **2.** (*Fin: debt*) contraer: **he had incurred many debts** había contraído muchas deudas; (*: loss*) sufrir: **the company incurred heavy losses** la empresa sufrió graves pérdidas.

incurable /ɪnˈkjʊərəbəl/ *adj* **1.** (*Med*) incurable. **2.** (*unchangeable*) incorregible: **she's an incurable romantic** es una romántica incorregible.

incursion /ɪnˈkɜːʃən/ *n* incursión *f*.

indebted /ɪnˈdetɪd/ *adj* en deuda: **I am indebted** *to* **my parents for their support** estoy en deuda con mis padres por su apoyo.

indecency /ɪnˈdiːsənsɪ/ *n* (*of behaviour, a comment*) indecencia *f*; (*Law*) obscenidad *f*.

indecent /ɪnˈdiːsənt/ *adj* (*remark, outfit*) indecente.
indecent assault *n* abusos *m pl* deshonestos.
indecent exposure *n* exhibicionismo *m*.

indecipherable /ˌɪndɪˈsaɪfərəbəl/ *adj* indescifrable.

indecision /ˌɪndɪˈsɪʒən/ *n* indecisión *f*.

indecisive /ˌɪndɪˈsaɪsɪv/ *adj* **1.** (*irresolute*) indeciso -sa. **2.** (*inconclusive*) no decisivo -va: **the vote was indecisive** la votación no resultó decisiva.

indeed /ɪnˈdiːd/ *adv* **1.** (*for emphasis: gen*): **it is very important indeed** es sumamente importante; **thank you very much indeed** muchísimas gracias; **I'm very sorry indeed for the trouble I have caused** siento muchísimo los problemas que he causado; **that was indeed an achievement** eso sí que fue un logro; (*: when answering*): **yes indeed!** ¡claro que sí!; **"I see you went to Cambridge." "I did indeed."** "Veo que estudió usted en Cambridge." "Efectivamente ✱ En efecto."; **"Did you close all the doors?" "Indeed I did."** "¿Cerraste todas las puertas?" "Por supuesto."; **"I broke it." "Did you indeed?"** "Lo rompí yo." "¿Ah sí?" **2.** (*frml: in fact*): **she wasn't pleased; indeed, she was furious** no estaba muy contenta; de hecho, estaba furiosa. **3.** (*certainly*) efectivamente: **he did**

indeed offend them, but not intentionally es cierto que los ofendió, pero no lo hizo a propósito.

indefensible /ˌɪndɪˈfensəbəl/ *adj* **1.** (*idea, statement*) indefendible, insostenible: **his arguments for the new road are indefensible** sus argumentos en defensa de la nueva carretera son insostenibles. **2.** (*behaviour*) imperdonable, inexcusable: **that kind of behaviour is utterly indefensible** ese tipo de comportamiento es absolutamente imperdonable.

indefinable /ˌɪndɪˈfaɪnəbəl/ *adj* indefinible.

indefinite /ɪnˈdefɪnət/ *adj* **1.** (*answer, views*) impreciso -sa, indefinido -da. **2.** (*unspecified*) indefinido -da: **he has gone away for an indefinite period** se ha ido por un periodo de tiempo indefinido.

indefinite article *n* artículo *m* indefinido.

indefinitely /ɪnˈdefɪnətlɪ/ *adv* indefinidamente: **the match has been postponed indefinitely** el partido se ha aplazado indefinidamente.

indelible /ɪnˈdeləbəl/ *adj* indeleble.

indemnify /ɪnˈdemnɪfaɪ/ *vt* [**indemnifies, indemnifying, indemnified**] indemnizar: **he was indemnified** *for* **the damage** lo indemnizaron por los daños.

indemnity /ɪnˈdemnətɪ/ *n* [**indemnities**] **1.** (*compensation*) indemnización *f*. **2.** (*guarantee, insurance*) indemnización *f*.

indent /ɪnˈdent/ *vt* [**indents, indenting, indented**] (*text, paragraph*) sangrar.

indentation /ˌɪndenˈteɪʃən/ *n* **1.** (*in text*) sangrado *m*, sangría *f*. **2.** (*mark*) mella *f*: **there were some little indentations on the table** la mesa tenía unas pequeñas mellas.

independence /ˌɪndɪˈpendəns/ *n* independencia *f*: **she got her independence** *from* **her parents when she started working** se independizó de sus padres cuando empezó a trabajar; **Jamaica gained full independence in 1962** Jamaica logró su plena independencia en 1962.

independent /ˌɪndɪˈpendənt/ *adj* independiente: **it is an independent republic** es una república independiente; **the two investigations are independent** *of* **each other** las investigaciones son independientes la una de la otra; **an independent inquiry was set up** se abrió una investigación independiente.

independent school *n* (*GB*) colegio *m* privado (*no subvencionado*).

independently /ˌɪndɪˈpendəntlɪ/ *adv* independientemente.

indescribable /ˌɪndɪˈskraɪbəbəl/ *adj* indescriptible.

indestructible /ˌɪndɪˈstrʌktəbəl/ *adj* indestructible.

indeterminate /ˌɪndɪˈtɜːmɪnət/ *adj* indeterminado -da.

index /ˈɪndeks/ **I** *n* [**indexes * indices** /ˈɪndɪsiːz/] **1.** (*list: in book*) índice *m*; (*: of publications, exhibits*) catálogo *m*, índice *m*. **2.** (*Fin*) índice *m*. **3.** (*Maths*) exponente *m*.
II *vt* [**indexes, indexing, indexed**] **1.** (*book*) poner un índice a. **2.** (*Fin*) indexar: **it is not indexed** *to* **the rate of inflation** no está indexado a la tasa de inflación * no está ligado a las variaciones de la tasa de inflación.

index card *n* ficha *f*.

index finger *n* dedo *m* índice.

index-linked *adj* indexado -da (*variable según un índice de precios o la tasa de inflación*).

India /ˈɪndɪə/ *n* (la) India.

Indian /ˈɪndɪən/ **I** *adj* (*of or from India or America*) indio -dia.
II *n* (*native of India or America*) indio -dia *m/f*.

Indian ink *n* tinta *f* china.

Indian Ocean *n* Océano *m* Índico.

indian summer *n* veranillo *m* de San Martín.

indicate /ˈɪndɪkeɪt/ *vt* [**indicates, indicating, indicated**] **1.** (*to mention*) manifestar: **she has indicated that there may be money available** ha manifestado que podría haber fondos disponibles. **2.** (*to show*) indicar: **an arrow indicated the way to the farm** una flecha indicaba el camino a la granja; **the change in colour indicates the presence of acid** el cambio de color indica la presencia de un ácido. **3.** (*to make a signal: gen*) hacer señas de: **the policeman indicated that we should stop** el guardia nos hizo señas de que paráramos; (*: while driving*): **he indicated that he was going to turn left** señalizó que iba a girar a la izquierda.
♦ *vi* (*Auto*) poner el intermitente.

indication /ˌɪndɪˈkeɪʃən/ *n* indicio *m*: **his letter gives some indication of his real feelings** la carta deja entrever cuáles son sus verdaderos sentimientos; **there is every indication that the party will split** todo hace suponer que el partido va a escindirse.

indicative /ɪnˈdɪkətɪv/ **I** *adj* **1.** (*of a situation, an attitude*) indicativo -va: **it is indicative** *of* **their determination** da idea de su determinación. **2.** (*Ling*) indicativo -va.
II *n* (*Ling*) indicativo *m*.

indicator /ˈɪndɪˌkeɪtə/ *n* **1.** (*of temperature, trend*) indicador *m*. **2.** (*Auto*) intermitente *m*, (*Méx*) direccional *m*.

indices /ˈɪndɪsiːz/ *plural de* ⇨ index

indict /ɪnˈdaɪt/ *vt* [**indicts, indicting, indicted**] (*frml*) presentar cargos contra: **he was indicted** *for* **fraud** presentaron cargos contra él por fraude.

indictment /ɪnˈdaɪtmənt/ *n* **1.** (*Law*) sumario *m*: **they brought an indictment** *against* **her** presentaron cargos contra ella. **2.** (*criticism*) crítica *f*: **it is a damning indictment of their social policy** es una crítica durísima de su política social.

indifference /ɪnˈdɪfərəns/ *n* indiferencia *f*: **she showed complete indifference** *to* **their suffering** mostró una indiferencia total ante su sufrimiento.

indifferent /ɪnˈdɪfərənt/ *adj* **1.** (*uncaring*) indiferente: **she was indifferent** *to* **gossip** las habladurías la traían sin cuidado. **2.** (*rather poor*) mediocre: **he had an indifferent singing voice** tenía una voz bastante mediocre para cantar.

indigenous /ɪnˈdɪdʒɪnəs/ *adj* **1.** (*population, culture*) indígena, nativo -va. **2.** (*animal, plant*) autóctono -na: **it is not an indigenous species** no es una especie autóctona.

indigestible /ˌɪndaɪˈdzestɪbəl/ *adj* indigesto -ta.

indigestion /ˌɪndɪˈdʒestʃən/ *n* indigestión *f*: **it gave me indigestion** me dio una indigestión; **he suffers from indigestion** es muy propenso a las indigestiones; **you'll get indigestion if you eat so quickly** te va a dar una indigestión si comes tan rápido.

indignant /ɪnˈdɪgnənt/ *adj* indignado -da: **the longer he waited, the more indignant he grew** cuanto más esperaba, más se indignaba.

indignantly /ɪnˈdɪgnəntlɪ/ *adv* con indignación: **are you accusing me? he said indignantly** ¿me estás acusando?, preguntó indignado.

indignation /ˌɪndɪgˈneɪʃən/ *n* indignación *f*.

indignity /ɪnˈdɪgnətɪ/ *n* [**indignities**] indignidad *f*: **no one wants to suffer the indignities of old age** nadie quiere sufir las miserias de la vejez.

indigo /ˈɪndɪgəʊ/ **I** *n* añil *m*.

II *adj* de color añil, añil *adj inv*.
indirect /ˌɪndaɪ'rekt/ *adj* indirecto -ta.
indirect object *n* complemento *m* indirecto.
indirect speech *n* estilo *m* indirecto.
indirectly /ˌɪndaɪ'rektlɪ/ *adv* indirectamente, de forma indirecta.
indiscreet /ˌɪndɪ'skriːt/ *adj* indiscreto -ta, poco discreto -ta.
indiscretion /ˌɪndɪ'skreʃən/ *n* indiscreción *f*.
indiscriminate /ˌɪndɪ'skrɪmɪnət/ *adj* **1.** (*bombing, shooting*) indiscriminado -da: **these attacks have been totally indiscriminate** estos ataques han sido totalmente indiscriminados. **2.** (*person*) poco selectivo -va, sin criterio: **he is indiscriminate in his choice of reading matter** no es nada selectivo a la hora de elegir libros.
indiscriminately /ˌɪndɪ'skrɪmɪnətlɪ/ *adv* **1.** (*to bomb, shoot*) indiscriminadamente. **2.** (*to watch, read*) sin criterio, de forma poco selectiva.
indispensable /ˌɪndɪ'spensəbəl/ *adj* indispensable, imprescindible: **the doctor was indispensable** *to* **the community** el médico era indispensable para la comunidad.
indisposed /ˌɪndɪ'spəʊzd/ *adj* (*Med*: *frml*) indispuesto -ta.
indisputable /ˌɪndɪ'spjuːtəbəl/ *adj* indiscutible, incuestionable.
indisputably /ˌɪndɪ'spjuːtəblɪ/ *adv* sin lugar a dudas: **he is indisputably the most skilful player** es, sin lugar a dudas, el jugador más hábil.
indistinct /ˌɪndɪ'stɪŋkt/ *adj* borroso -sa: **the indistinct silhouette of a man** la silueta borrosa de un hombre; **my memories of that day are indistinct** mis recuerdos de aquel día son confusos.
indistinguishable /ˌɪndɪ'stɪŋgwɪʃəbəl/ *adj* indistinguible: **it is indistinguishable** *from* **real cream** no se distingue de la nata de verdad.
individual /ˌɪndɪ'vɪdjʊəl/ **I** *adj* **1.** (*of or for one*) individual: **they are sold in individual packets** los venden en paquetes individuales; **every child gets individual attention** cada niño recibe atención personalizada ✱ individualizada. **2.** (*single, separate*): **each individual component must be checked** hay que comprobar todos y cada uno de los componentes; **he spoke to each individual patient** habló con cada uno de los pacientes. **3.** (*particular*) particular: **each bird has its individual song** cada pájaro tiene una forma particular de cantar; **he has a very individual acting style** tiene una forma muy personal de actuar.
II *n* (*person*) individuo *m*; (*fam*): **he's a strange individual** es un tipo ✱ un individuo raro.
individuality /ɪndɪˌvɪdjʊ'ælətɪ/ *n* individualidad *f*.
individually /ˌɪndɪ'vɪdjʊəlɪ/ *adv* individualmente, por separado: **each case has to be considered individually** hay que considerar cada caso por separado ✱ individualmente.
indivisible /ˌɪndɪ'vɪzəbəl/ *adj* indivisible.
indoctrinate /ɪn'dɒktrɪneɪt/ *vt* [**indoctrinates, indoctrinating, indoctrinated**] adoctrinar: **they have been indoctrinated by the regime** el régimen les ha lavado el cerebro.
indoctrination /ɪnˌdɒktrɪ'neɪʃən/ *n* adoctrinamiento *m*.
indolent /'ɪndələnt/ *adj* (*frml*) perezoso -sa, indolente.
indomitable /ɪn'dɒmɪtəbəl/ *adj* (*frml*: *spirit, pride*) indomable.
Indonesia /ˌɪndəʊ'niːzɪə/ *n* Indonesia *f*.
Indonesian /ˌɪndəʊ'niːzɪən/ **I** *adj* indonesio -sia.
II *n* (*person*) indonesio -sia *m/f*; (*language*) indonesio *m*.
indoor I /'ɪndɔː/ *adj* **1.** (*plant, photography*) de interior. **2.** (*sport*) de sala. **3.** (*swimming pool, tennis court*) cubierto -ta.
II indoors /ɪn'dɔːz/ *adv*: **they stayed indoors all morning** no salieron en toda la mañana; **she went indoors when she finished the gardening** cuando terminó de trabajar en el jardín, entró en la casa.
indoor football *n* fútbol-sala *m*.
indoor games *n pl* juegos *m pl* de salón.
induce /ɪn'djuːs/ *vt* [**induces, inducing, induced**] **1.** (*frml*: *to persuade*) persuadir: **nothing would induce me to stay** nada podría hacer que me quedara. **2.** (*illness, nausea*) producir, causar: **it may induce drowsiness** puede producir somnolencia. **3.** (*in childbirth*) provocar: **she had to be induced** le tuvieron que provocar el parto.
inducement /ɪn'djuːsmənt/ *n* (*frml*) incentivo *m*, estímulo *m*.
induction /ɪn'dʌkʃən/ *n* **1.** (*to a profession, company*) iniciación *f*: **a two-week induction course** un curso de iniciación de dos semanas. **2.** (*in childbirth*) inducción *f*. **3.** (*Phys, Tec*) inducción *f*.
indulge /ɪn'dʌldʒ/ *vt* [**indulges, indulging, indulged**] **1.** (*to spoil*) mimar, consentir. **2.** (*to treat*) complacer: **she indulges herself occasionally** de vez en cuando se da algún que otro gusto. **3.** (*to satisfy*): **this programme indulges the public's taste for violence** este programa le da al público lo que le gusta: violencia; **in his free time he indulges his passion for sailing** en su tiempo libre practica su gran afición: la vela.
♦*vi*: **she indulged** *in* **an ice cream** se dio el gusto de comerse un helado; **we don't drink much, but we do indulge at Christmas** no bebemos mucho, pero en Navidades hacemos una excepción.
indulgence /ɪn'dʌldʒəns/ *n* **1.** (*tolerance*) indulgencia *f*, tolerancia *f*. **2.** (*satisfaction, treat*) gusto *m* que uno se da: **he allowed himself the indulgence** *of* **a brandy** se dio el gusto de tomarse un coñac.
indulgent /ɪn'dʌldʒənt/ *adj* (*attitude*) indulgente; (*to someone*) complaciente.
industrial /ɪn'dʌstrɪəl/ *adj* (*gen*) industrial: **it is a very industrial area of Germany** es una zona de Alemania muy industrializada.
industrial accident *n* accidente *m* laboral.
industrial action *n* huelga *f*: **the miners took industrial action** los mineros se declararon en huelga.
industrial dispute *n* conflicto *m* laboral.
industrial espionage *n* espionaje *m* industrial.
industrial estate, (*US*) **industrial park** *n* polígono *m* ✱ zona *f* industrial.
industrial relations *n pl* relaciones *f pl* laborales.
industrial tribunal *n* juzgado *f* de lo social: **she took her case to an industrial tribunal** llevó su caso al juzgado de lo social.
industrial unrest *n* conflictividad *f* laboral.
industrial waste *n* residuos *m pl* industriales.
industrialist /ɪn'dʌstrɪəlɪst/ *n* industrial *m/f*.
industrialization /ɪnˌdʌstrɪəlaɪ'zeɪʃən/ *n* industrialización *f*.
industrialize /ɪn'dʌstrɪəlaɪz/ *vt* [**industrializes, industrializing, industrialized**] industrializar.
industrious /ɪn'dʌstrɪəs/ *adj* trabajador -dora: **he is a very industrious pupil** es un alumno muy trabajador.

industriously /ɪnˈdʌstrɪəslɪ/ *adv* (*to work*) laboriosamente: **she studied industriously for the exams** estudió con aplicación para los exámenes.

industry /ˈɪndəstrɪ/ *n* [**industries**] **1.** (*gen*) industria *f*: **she works in the sugar industry** trabaja en la industria azucarera. **2.** (*frml*: *hard work*) diligencia *f*, esfuerzo *m*: **their industry has borne fruit** su esfuerzo ha dado fruto.

inebriated /ɪnˈiːbrɪeɪtɪd/ *adj* (*frml*) ebrio -bria.

inedible /ɪnˈedəbəl/ *adj* incomestible, incomible.

ineffective /ˌɪnɪˈfektɪv/ *adj* **1.** (*system, treatment*) ineficaz: **all the measures were ineffective** *against* **the crime wave** todas las medidas fueron ineficaces para combatir la ola de delincuencia; **our campaign was completely ineffective** nuestra campaña no surtió efecto alguno. **2.** (*person*) incompetente.

ineffectual /ˌɪnɪˈfektjʊəl/ *adj* (*person*) ineficaz; (*action, policy*) que no da resultado: **they made some ineffectual attempts at reform** trataron sin éxito, de introducir algunas reformas.

inefficiency /ˌɪnɪˈfɪʃənsɪ/ *n* **1.** (*of machine, procedure*) ineficacia *f*, poca eficacia *f*. **2.** (*of staff*) poca eficiencia *f*.

inefficient /ˌɪnɪˈfɪʃənt/ *adj* (*machine, system*) ineficaz, poco eficaz: **this process proved very inefficient** este procedimiento resultó ser muy ineficaz; (*person*) poco eficiente: **the delay was due to their inefficient handling of the problem** el retraso fue debido a la incompetencia con la que llevaron el asunto.

ineligible /ɪnˈelɪdʒəbəl/ *adj*: **he is ineligible** *for* **a grant** no tiene derecho a beca.

inept /ɪnˈept/ *adj* **1.** (*unskilled*) inepto -ta: **their inept handling of the situation** la ineptitud con la que han llevado el asunto; **she's totally inept** *at* **sewing** es absolutamente inepta para coser. **2.** (*inappropriate*) inoportuno -na: **he made a few inept remarks at the funeral** hizo unos comentarios muy inoportunos durante el funeral.

inequality /ˌɪnɪˈkwɒlətɪ/ *n* [**inequalities**] desigualdad *f*.

inert /ɪnˈɜːt/ *adj* **1.** (*Chem*) inerte. **2.** (*person*) inerte, inmóvil.

inertia /ɪnˈɜːʃə/ *n* **1.** (*Phys*) inercia *f*. **2.** (*lethargy*) inercia *f*: **clients remain with the bank** *out of* **sheer inertia** los clientes mantienen cuentas en el banco por pura inercia.

inescapable /ˌɪnɪˈskeɪpəbəl/ *adj* inevitable, ineludible.

inessential /ˌɪnɪˈsenʃəl/ *adj* no esencial.

inevitable /ɪnˈevɪtəbəl/ **I** *adj* **1.** (*unavoidable*) inevitable: **it was inevitable that the marriage would break up** la ruptura de su matrimonio era inevitable. **2.** (*fam*: *usual*): **she was surrounded by the inevitable crowd of admiring men** estaba rodeada de un grupo de admiradores como de costumbre.
II the inevitable *n* lo inevitable: **and then the inevitable happened: it started to rain** y entonces sucedió lo inevitable: empezó a llover.

inevitably /ɪnˈevɪtəblɪ/ *adv* inevitablemente.

inexact /ˌɪnɪɡˈzækt/ *adj* inexacto -ta.

inexcusable /ˌɪnɪkˈskjuːzəbəl/ *adj* imperdonable, inexcusable: **his behaviour was utterly inexcusable** su comportamiento fue totalmente imperdonable.

inexcusably /ˌɪnɪkˈskjuːzəblɪ/ *adv* sin excusas, imperdonablemente: **we were inexcusably late** llegamos con un retraso imperdonable.

inexhaustible /ˌɪnɪɡˈzɔːstəbəl/ *adj* inagotable.

inexorable /ɪnˈeksərəbəl/ *adj* (*frml*) inexorable.

inexpensive /ˌɪnɪkˈspensɪv/ *adj* económico -ca, barato -ta.

inexperience /ˌɪnɪkˈspɪərɪəns/ *n* inexperiencia *f*.

inexperienced /ˌɪnɪkˈspɪərɪənst/ *adj* sin experiencia, inexperto -ta: **they often employ inexperienced staff** a menudo contratan a personal sin experiencia.

inexplicable /ˌɪnɪkˈsplɪkəbəl/ *adj* inexplicable.

inexpressible /ˌɪnɪkˈspresəbəl/ *adj* inefable, inexpresable.

inexpressive /ˌɪnɪkˈspresɪv/ *adj* inexpresivo -va.

inextricable /ɪnˈekstrɪkəbəl/ *adj* (*frml*) inextricable: **there is an inextricable link between the two factors** los dos factores están inextricablemente unidos.

inextricably /ˌɪnɪkˈstrɪkəblɪ/ *adv* inextricablemente: **the development of these two countries is inextricably linked** el desarrollo de estos dos países está unido de forma inextricable.

infallible /ɪnˈfæləbəl/ *adj* infalible.

infamous /ˈɪnfəməs/ *adj* tristemente célebre.

infancy /ˈɪnfənsɪ/ *n* (*childhood*) infancia *f*, niñez *f* • **this technique is still in its infancy** esta técnica está aún en pañales.

infant /ˈɪnfənt/ *n* (*baby, small child: gen*) bebé *m*; (*: boy*) niño *m* pequeño; (*: girl*) niña *f* pequeña.

infant mortality *n* mortalidad *f* infantil.

infant school *n* (*in GB*) *escuela para niños de cinco a siete años.*

infant teacher *n* profesor -sora *m/f* de niños de cinco a siete años.

infantile /ˈɪnfəntaɪl/ *adj* infantil: **will you stop that infantile giggling!** ¡déjate de risitas infantiles!

infantry /ˈɪnfəntrɪ/ *n* infantería *f*.

infantryman *n* [*pl* **infantrymen**] soldado *m* de infantería.

infatuated /ɪnˈfætjʊeɪtɪd/ *adj* encaprichado -da: **he's infatuated** *with* **her** está encaprichado con * de ella.

infatuation /ɪnˌfætjʊˈeɪʃən/ *n* encaprichamiento *m*: **I don't think his infatuation with her will last** no creo que su encaprichamiento con ella dure.

infect /ɪnˈfekt/ *vt* [**infects, infecting, infected**] **1.** (*wound*) infectar: **the cut had become infected** la herida se le había infectado; (*person*) contagiar: **she infected the whole class** contagió a toda la clase; **many of the inhabitants had been infected** *with* **the disease** muchos de los habitantes habían contraído la enfermedad • **she infected me with her enthusiasm** me contagió su entusiasmo. **2.** (*food, medicine*) contaminar.

infection /ɪnˈfekʃən/ *n* **1.** (*Med*: *of wound, organ*) infección *f*: **she had an ear infection** tenía una infección de oído; **after this type of operation the risk of infection is high** después de este tipo de operación existe un riesgo elevado de infección; (*: transmission of disease*) contagio *m*: **precautions against infection** medidas para evitar el contagio. **2.** (*of food, medicine*) contaminación *f*.

infectious /ɪnˈfekʃəs/ *adj* (*disease*) infeccioso -sa, contagioso -sa • **his laughter was infectious** tenía una risa muy contagiosa.

infer /ɪnˈfɜː/ *vt* [**infers, inferring, inferred**] deducir, inferir: **I inferred** *from* **his silence that he was not pleased** por su silencio deduje que no estaba muy contento.

inference /ˈɪnfərəns/ *n* deducción *f*, conclusión *f*.

inferior /ɪnˈfɪərɪə/ **I** *adj* (*person, work, goods*) inferior:

he feels inferior *to* **his brother** se siente inferior a su hermano.
II *n* inferior *m/f*: **he treats us like inferiors** nos trata como si fuéramos inferiores.

inferiority /ɪn͵fɪərɪ'ɒrətɪ/ *n* inferioridad *f*.
inferiority complex *n* complejo *m* de inferioridad.

infernal /ɪn'fɜ:nəl/ *adj* **1.** (*Relig*) infernal. **2.** (*awful*): **will you stop that infernal racket!** ¿quieres dejar de hacer ese ruido tan espantoso?

inferno /ɪn'fɜ:nəʊ/ *n* incendio *m*: **minutes later the hotel was an inferno** minutos después el hotel estaba en llamas.

infertile /ɪn'fɜ:taɪl/ *adj* estéril.

infertility /͵ɪnfə'tɪlətɪ/ *n* esterilidad *f*.

infest /ɪn'fest/ *vt* [**infests, infesting, infested**] infestar: **the garden is infested** *with* **slugs** el jardín está infestado * plagado de babosas.

infidelity /͵ɪnfɪ'delətɪ/ *n* infidelidad *f*.

infiltrate /'ɪnfɪltreɪt/ *vt* [**infiltrates, infiltrating, infiltrated**] infiltrarse en: **the group had been infiltrated by government agents** agentes del gobierno se habían infiltrado en el grupo.

infinite /'ɪnfɪnət/ *adj* infinito -ta: **they looked after her with infinite patience** cuidaron de ella con una paciencia infinita.

infinitely /'ɪnfɪnətlɪ/ *adv* **1.** (*limitlessly*) infinitamente. **2.** (*much*): **she has infinitely more self-confidence now** ahora tiene muchísima más confianza en sí misma.

infinitive /ɪn'fɪnətɪv/ *n* infinitivo *m*.

infinity /ɪn'fɪnətɪ/ *n* **1.** (*Maths*) infinito *m*. **2.** (*large number*) infinidad *f*.

infirm /ɪn'fɜ:m/ (*frml*) **I** *adj* (*weak*) débil; (*ill*) enfermo -ma.
II the infirm *n pl* (*weak people*) los débiles, (*sick people*) los enfermos.

infirmary /ɪn'fɜ:mərɪ/ *n* [**infirmaries**] (*in a school, barracks*) enfermería *f*; (*hospital*) hospital *m*.

infirmity /ɪn'fɜ:mətɪ/ *n* [**infirmities**] (*frml*: *weakness*) debilidad *f*; (*: illness*): **one of the infirmities that come with old age** uno de los achaques de la vejez.

inflamed /ɪn'fleɪmd/ *adj* inflamado -da: **the wound became inflamed** la herida se inflamó.

inflammable /ɪn'flæməbəl/ *adj* inflamable • **it was an inflammable situation** era una situación explosiva.

inflammation /͵ɪnflə'meɪʃən/ *n* inflamación *f*.

inflammatory /ɪn'flæmətərɪ/ *adj* **1.** (*Med*) inflamatorio -ria. **2.** (*speech*) incendiario -ria.

inflatable /ɪn'fleɪtəbəl/ *adj* inflable, hinchable.

inflate /ɪn'fleɪt/ *vt* [**inflates, inflating, inflated**] **1.** (*with air, gas*) inflar, hinchar. **2.** (*Fin*) inflar, hacer aumentar.
♦*vi* inflarse, hincharse: **the balloon wouldn't inflate** el globo no se inflaba.

inflated /ɪn'fleɪtɪd/ *adj* **1.** (*balloon, tyre*) hinchado -da, inflado -da. **2.** (*opinion*) exagerado -da: **she has an inflated opinion of her own importance** se cree mucho más importante de lo que es. **3.** (*prices*) excesivo -va.

inflation /ɪn'fleɪʃən/ *n* (*Fin*) inflación *f*.

inflationary /ɪn'fleɪʃənərɪ/ *adj* inflacionista, inflacionario -ria.

inflexible /ɪn'fleksəbəl/ *adj* (*person, attitude*) inflexible; (*material*) inflexible, rígido -da.

inflict /ɪn'flɪkt/ *vt* [**inflicts, inflicting, inflicted**] (*punishment*) infligir; (*grief, pain*) causar: **he inflicted great suffering** *on* **them** les causó un gran sufrimiento; **he inflicted a series of punches** *on* **his rival** le propinó una serie de puñetazos a su rival • **she inflicted herself on George for two weeks** George tuvo que aguantarla dos semanas.

influence /'ɪnflʊəns/ **I** *n* influencia *f*: **he has * is a good influence** *on* **them** ejerce una buena influencia sobre ellos; **I have no influence** *over* **what he does** no tengo ninguna influencia en lo que hace; **he used his influence to get me a job** utilizó sus influencias para conseguirme un trabajo; **she was accused of driving while under the influence of alcohol** la acusaron de conducir cuando estaba bajo la influencia del alcohol.
II *vt* [**influences, influencing, influenced**] influir en: **price influenced our choice** el precio influyó en nuestra elección; **he was influenced** *by* **greed** lo movió la codicia; **she's easily influenced** es muy influenciable.

influential /͵ɪnflʊ'enʃəl/ *adj* influyente: **he was influential** *in* **the peace process** desempeñó un papel importante en el proceso de paz.

influenza /͵ɪnflʊ'enzə/ *n* gripe *f*.

influx /'ɪnflʌks/ *n* [**influxes**] afluencia *f*: **we expect a large influx of visitors** *into* **the area** esperamos una gran afluencia de visitantes a la zona.

info /'ɪnfəʊ/ *n* (apócope de **information**) (*fam*) información *f*.

inform /ɪn'fɔ:m/ *vt* [**informs, informing, informed**] (*frml*) informar: **they informed us** *of* **the attack** nos informaron del ataque; **they informed us** *about* **the attack** nos informaron sobre el ataque; **the police have been informed** *of* **the robbery** la policía ha sido informada del robo; **she likes to be kept informed** le gusta que la tengan al corriente; **she informed us that she was leaving** nos comunicó que se marchaba.
♦*vi* (*Law*): **he informed** *against* * *on* **his friends** denunció * delató a sus amigos.

informal /ɪn'fɔ:məl/ *adj* **1.** (*event, atmosphere*) informal: **it will be an informal occasion** será una cosa informal; (*Clothing*): **most people were wearing informal dress** la mayoría de la gente llevaba ropa informal; (*person*) sencillo -lla. **2.** (*not official*) extraoficial, informal: **the president made an informal visit to the hospital** el presidente realizó una visita extraoficial al hospital. **3.** (*casual*): **we had an informal arrangement to meet the following day** habíamos hablado de quedar el día siguiente.

informally /ɪn'fɔ:məlɪ/ *adv* informalmente.

informant /ɪn'fɔ:mənt/ *n* (*gen*) informante *m/f*: **she refused to name her informant** se negó a dar el nombre de la persona que le había facilitado la información; (*to police*) informador -dora *m/f*, confidente *m/f*.

information /͵ɪnfə'meɪʃən/ *n* información *f*: **he asked for information** *on* * *about* **the course** pidió información sobre el curso; **according to our information, she is living in Paris** según nuestros datos, está viviendo en París; **he gave me a useful piece of information** me dio una información * un dato útil • **for your information, he's gone away** para que lo sepas, se ha marchado.
information desk *n* mostrador *m* de información, información *f* [never used with an article].
information science * technology *n* informática *f*.
information superhighway *n* (*Telec*) superautopista *f* de la información.

informative /ɪn'fɔ:mətɪv/ *adj* informativo -va.

informed /ɪn'fɔ:md/ *adj* (*source*) bien informado -da:

an informed opinion la opinión de alguien que conoce el tema.

informer /ɪn'fɔːmə/ *n* informador -dora *m/f*, confidente *m/f*.

infrared /ˌɪnfrə'red/ *adj* infrarrojo -ja.

infrastructure /'ɪnfrəˌstrʌktʃə/ *n* infraestructura *f*.

infrequent /ɪn'friːkwənt/ *adj* poco frecuente, infrecuente: **trains are infrequent on Sundays** los trenes circulan con menos frecuencia los domingos.

infringe /ɪn'frɪndʒ/ *vt* [**infringes, infringing, infringed**] infringir, violar.
♦ *vi*: **it infringes** *on* **our rights** atenta contra nuestros derechos.

infringement /ɪn'frɪndʒmənt/ *n* (*of rules, laws*) violación *f*: **she sees it as an infringement** *of* **her privacy** ella lo ve como una invasión en su vida privada.

infuriate /ɪn'fjʊərɪeɪt/ *vt* [**infuriates, infuriating, infuriated**] enfurecer.

infuriating /ɪn'fjʊərɪeɪtɪŋ/ *adj* exasperante.

infuse /ɪn'fjuːz/ *vt* [**infuses, infusing, infused**] **1.** (*to fill*): **she infused the pupils** *with* **enthusiasm** les infundió entusiasmo a los alumnos. **2.** (*Culin: herbs, leaves, etc.*) hacer una infusión de.

infusion /ɪn'fjuːʒən/ *n* (*drink*) infusión *f*.

ingenious /ɪn'dʒiːnɪəs/ *adj* (*person, method, device*) ingenioso -sa: **it is an ingenious device** es un aparato muy ingenioso; (*idea*) genial.

ingenuity /'ɪndʒɪnjuːətɪ/ *n* ingenio *m*, inventiva *f*.

ingenuous /ɪn'dʒenjʊəs/ *adj* ingenuo -nua.

ingot /'ɪŋgət/ *n* lingote *m*.

ingrained /ɪn'greɪnd/ *adj* **1.** (*grease, dirt*) incrustado -da. **2.** (*idea, habit*) muy arraigado -da: **they have an ingrained prejudice against new ideas** tienen un prejuicio muy arraigado contra las nuevas ideas.

ingratiate /ɪn'greɪʃɪeɪt/ *vt* [**ingratiates, ingratiating, ingratiated**]: **he ingratiated himself** *with* **the headmaster** se congració con el director.

ingratiating /ɪn'greɪʃɪeɪtɪŋ/ *adj* adulador -dora, zalamero -ra.

ingratitude /ɪn'grætɪtjuːd/ *n* ingratitud *f*.

ingredient /ɪn'griːdɪənt/ *n* **1.** (*in cooking*) ingrediente *m*. **2.** (*element*) elemento *m*: **travel was an important ingredient in his development** los viajes fueron un elemento muy importante en su formación.

ingrowing /'ɪnˌgrəʊɪŋ/ *adj*: **an ingrowing toenail** un uñero.

inhabit /ɪn'hæbɪt/ *vt* [**inhabits, inhabiting, inhabited**] (*frml*) habitar, vivir en: **they have inhabited these islands for four hundred years** hace cuatrocientos años que viven en estas islas.

inhabitant /ɪn'hæbɪtənt/ *n* habitante *m/f*.

inhale /ɪn'heɪl/ *vt* [**inhales, inhaling, inhaled**] (*drug*) inhalar; (*air*) respirar, aspirar: **he inhaled the fresh mountain air** aspiró el aire fresco de la montaña; (*smoke*) tragar: **don't inhale the smoke** no te tragues el humo.
♦ *vi* (*when breathing*) aspirar, respirar; (*when smoking*) tragarse el humo.

inhaler /ɪn'heɪlə/ *n* inhalador *m*.

inherent /ɪn'herənt/ *adj* inherente: **this is one of the problems inherent** *in* **the system** es uno de los problemas inherentes al sistema.

inherit /ɪn'herɪt/ *vt* [**inherits, inheriting, inherited**] heredar: **they inherited a fortune** *from* **their uncle** heredaron una fortuna de su tío; **she has inherited her mother's temperament** ha heredado el genio de su madre.

inheritance /ɪn'herɪtəns/ *n* **1.** (*money, property, title*) herencia *f*: **she's just come into an inheritance** acaba de heredar. **2.** (*process*): **power should not be passed on** *by* **inheritance** el poder no debería cederse de forma hereditaria.

inheritance tax *n* impuesto *m* de sucesiones.

inhibit /ɪn'hɪbɪt/ *vt* [**inhibits, inhibiting, inhibited**] **1.** (*to hold back*) inhibir: **this drug inhibits cell growth** este fármaco inhibe el crecimiento de las células; **their educational development was inhibited by the war** la guerra retrasó su desarrollo educativo. **2.** (*to prevent*) impedir, restringir. **3.** (*socially, psychologically*) cohibir: **our presence seemed to inhibit the children** nuestra presencia parecía cohibir a los niños.

inhibited /ɪn'hɪbɪtɪd/ *adj* cohibido -da.

inhibition /ɪnhɪ'bɪʃən/ *n* inhibición *f*.

inhospitable /ɪnhɒs'pɪtəbəl/ *adj* (*family, people*) poco hospitalario -ria, poco acogedor -dora; (*landscape, place*) inhóspito -ta.

inhuman /ɪn'hjuːmən/ *adj* **1.** (*cruel*) inhumano -na. **2.** (*not human*) no humano -na.

inhumane /ˌɪnhjuː'meɪn/ *adj* inhumano -na, cruel.

inhumanity /ˌɪnhjuː'mænɪtɪ/ *n* falta *f* de humanidad, crueldad *f*.

inimitable /ɪn'ɪmɪtəbəl/ *adj* inimitable.

iniquitous /ɪ'nɪkwɪtəs/ *adj* (*frml*) totalmente injusto -ta.

iniquity /ɪ'nɪkwətɪ/ *n* [**iniquities**] (*frml*) injusticia *f*.

initial /ɪ'nɪʃəl/ **I** *adj* inicial, primero -ra: **my initial reaction was one of horror** mi primera reacción fue de espanto; **they spent a lot of money in the initial stages** gastaron mucho dinero en la etapa inicial.
II *n* (*gen*) inicial *f*: **he carved his initials on the bench** grabó sus iniciales en el banco; (*in abbreviations*): **the initials of the railwaymen's union** las siglas del sindicato de los trabajadores ferroviarios.
III *vt* [**initials, initialling, initialled**] firmar con las iniciales: **she initialled the document** firmó el documento con sus iniciales.

initially /ɪ'nɪʃəlɪ/ *adv* al principio: **I was initially a little nervous** al principio estaba un poco nervioso.

initiate /ɪ'nɪʃɪeɪt/ *vt* [**initiates, initiating, initiated**] **1.** (*to start*) iniciar: **they have initiated talks with the rebels** han iniciado * entablado conversaciones con los rebeldes. **2.** (*to introduce*) iniciar.

initiation /ɪˌnɪʃɪ'eɪʃən/ *n* **1.** (*beginning*) comienzo *m*. **2.** (*introduction*) iniciación *f*: **an initiation ceremony** una ceremonia de iniciación.

initiative /ɪ'nɪʃətɪv/ *n* iniciativa *f*: **he welcomed the new peace initiative** acogió con agrado la nueva iniciativa de paz; **she went to Japan** *on* **her own initiative** fue a Japón por iniciativa propia; **she showed great initiative** demostró una gran iniciativa; **he finally took the initiative and asked her out** al final tomó la iniciativa y la invitó a salir.

inject /ɪn'dʒekt/ *vt* [**injects, injecting, injected**] **1.** (*person*) ponerle una inyección a: **he was injected** *with* **morphine** le pusieron una inyección de morfina; **she injected herself** se inyectó. **2.** (*drug*) inyectar: **the substance is injected intravenously** la sustancia se inyecta por vía intravenosa. **3.** (*to provide, to put in*) inyectar: **he injected enthusiasm** *into* **the team** le inyectó entusiasmo al equipo; **they injected funds** *into* **the company** aportaron fondos a la empresa.

injection /ɪn'dʒekʃən/ *n* 1. (*Med*) inyección *f*: **the vet gave the cow an injection** el veterinario le puso una inyección a la vaca. 2. (*of funds, enthusiasm*): **the project needs an injection of cash** el proyecto necesita una inyección de dinero.

injunction /ɪn'dʒʌŋkʃən/ *n* requerimiento *m* judicial.

injure /'ɪndʒə/ *vt* [**injures, injuring, injured**] 1. (*Med*) lesionar: **he injured himself in the race** se lesionó durante la carrera; **she has injured her leg very badly** se ha lesionado gravemente la pierna. 2. (*to damage: gen*) perjudicar: **the article may injure their reputation** el artículo puede perjudicar su reputación; (*: emotionally*) herir: **their words injured her feelings** le hirió lo que dijeron.

injured /'ɪndʒəd/ I *adj* 1. (*Med*) lesionado -da: **he couldn't put any weight on the injured leg** no podía apoyarse en la pierna lesionada; **he was injured in the accident** resultó herido en el accidente. 2. (*pride, feelings*) herido -da: **she gave me an injured look** me miró ofendida. 3. (*Law*) perjudicado -da: **the injured party will receive compensation** la persona perjudicada recibirá una indemnización.
II **the injured** *n pl* los heridos.

injury /'ɪndʒərɪ/ *n* [**injuries**] 1. (*Med*) lesión *f*: **he's recovering from (an) injury** está recuperándose de una lesión; **the injuries he suffered in the accident** las lesiones * heridas que sufrió en el accidente; **you'll do yourself an injury if you lift that box** te vas a hacer daño si levantas esa caja. 2. (*damage*): **our image has suffered serious injury** nuestra imagen ha salido muy perjudicada.

injury time *n* (tiempo *m* de) descuento *m*.

injustice /ɪn'dʒʌstɪs/ *n* injusticia *f*: **you are doing her an injustice** eres injusto con ella.

ink /ɪŋk/ *n* tinta *f*: **please write *in* ink** escriba con bolígrafo o pluma.

ink-jet printer *n* impresora *f* de inyección de tinta.

ink pen *n* pluma *f*, estilográfica *f*.

inkling /'ɪŋklɪŋ/ *n* idea *f*, noción *f*: **we had an inkling that something was wrong** sospechábamos que algo marchaba mal.

inky /'ɪŋkɪ/ *adj* [**inkier, inkiest**] 1. (*covered in ink*) manchado -da de tinta. 2. (*black*) negro -gra como la tinta.

inlaid /'ɪnleɪd/ *adj* con incrustaciones: **an inlaid table** una mesa con incrustaciones (de marquetería); **a box inlaid *with* jewels** una caja con incrustaciones de piedras preciosas.

inland I /'ɪnlənd/ *adj* (*town, region*) del interior: **the inland waterways of France** los ríos y canales navegables de Francia.
II /ɪn'lænd/ *adv* tierra adentro: **they live a few miles inland** viven unas cuantas millas tierra adentro; **we'll head inland from here** desde aquí vamos tierra adentro * vamos hacia el interior.

Inland Revenue *n* (*GB*) Hacienda *f*: **she worked for the Inland Revenue** trabajaba en Hacienda.

inlet /'ɪnlet/ *n* 1. (*pipe, valve*) entrada *f*. 2. (*Geog*) ensenada *f*, cala *f*.

inmate /'ɪnmeɪt/ *n* 1. (*prisoner*) preso -sa *m/f*, interno -na *m/f*. 2. (*in psychiatric hospital*) paciente *m/f*, internado -da *m/f*.

inn /ɪn/ *n* posada *f*, mesón *m*.

innards /'ɪnədz/ *n pl* tripas *f pl*.

innate /ɪ'neɪt/ *adj* innato -ta.

inner /'ɪnə/ *adj* interior: **we went through to the inner office** pasamos a la oficina interior; **she kept her inner feelings to herself** no revelaba lo que sentía por dentro.

inner city *n*: *barrios pobres del centro de una ciudad.*

inner ear *n* oído *m* interno.

inner tube *n* cámara *f*.

innermost /'ɪnəˌməʊst/ *adj* 1. (*furthest inside*): **the innermost rooms were dark and gloomy** las habitaciones de más adentro eran oscuras y lúgubres. 2. (*feelings*) más íntimo -ma.

innings /'ɪnɪŋz/ *n* [**innings**] (*in baseball, cricket*) turno *m* (de batear) • **he had a good innings** tuvo una vida larga y dichosa.

innkeeper /'ɪnki:pə/ *n* mesonero -ra *m/f*.

innocence /'ɪnəsəns/ *n* inocencia *f*: **I asked, *in* all innocence, if she had seen him** le pregunté, con toda la inocencia del mundo, si lo había visto.

innocent /'ɪnəsənt/ *adj* 1. (*Law*) inocente: **she is innocent *of* any crime** es inocente de todo delito; **he is innocent until proven guilty** es inocente hasta que se demuestre lo contrario. 2. (*child*) inocente. 3. (*inoffensive*) inocente, inofensivo -va: **it was a perfectly innocent remark** fue un comentario inocente.

innocently /'ɪnəsəntlɪ/ *adv* inocentemente.

innocuous /ɪ'nɒkjʊəs/ *adj* (*frml*) inocuo -cua.

innovation /ˌɪnə'veɪʃən/ *n* 1. (*process*) innovación *f*, cambio *m* 2. (*new idea*) innovación *f*, novedad *f*: **this product is a great innovation** este producto es una gran novedad.

innovative /'ɪnəvətɪv/ *adj* innovador -dora.

innuendo /ˌɪnjʊ'endəʊ/ *n* [**innuendoes * innuendos**] insinuación *f*: **his speeches are full of innuendo** sus discursos están llenos de insinuaciones; **I'm tired of his innuendos** estoy harto de sus indirectas * insinuaciones.

innumerable /ɪ'nju:mərəbəl/ *adj* innumerable.

inoculate /ɪ'nɒkjʊleɪt/ *vt* [**inoculates, inoculating, inoculated**] (*substance*) inocular; (*person*) vacunar: **she was inoculated *against* yellow fever** se vacunó contra la fiebre amarilla.

inoculation /ɪnɒkjʊ'leɪʃən/ *n* 1. (*procedure*) inoculación *f*, vacunación *f*: **an inoculation programme** una campaña de vacunación. 2. (*single injection*) vacuna *f*: **you can have your inoculations done here** te puedes vacunar aquí.

inoffensive /ɪnə'fensɪv/ *adj* inofensivo -va.

inordinate /ɪ'nɔ:dɪnət/ *adj* (*frml*: *pleasure*) enorme; (*: ambition*) desmesurado -da; (*: amount*) desorbitado -da: **there was an inordinate delay in processing it** hubo un retraso excesivo a la hora de tramitarlo; **they spent inordinate amounts of money** gastaron una cantidad de dinero desorbitada.

inorganic /ˌɪnɔ:'gænɪk/ *adj* inorgánico -ca.

inpatient /'ɪnˌpeɪʃənt/ *n* (*Med*) interno -na *m/f*, internado -da *m/f*.

input /'ɪnpʊt/ I *n* 1. (*gen*) aportación *f*: **we need a greater input of ideas from other departments** necesitamos que los demás departamentos aporten más ideas; **the input of new funds is essential** es imprescindible que se aporten más fondos. 2. (*Inform*) entrada *f*.
II *vt* [**inputs, inputting, input**] (*Inform*) introducir, entrar.

inquest /'ɪnkwest/ *n* 1. (*gen*) investigación *f*: **they are holding an inquest *into* their election defeat** están llevando a cabo una investigación sobre las causas de su derrota electoral. 2. (*into a death*) investigación *f* judicial.

inquire /ɪn'kwaɪə/ *vt* [**inquires, inquiring, inquired**] preguntar: **a man came inquiring where you were** vino un hombre preguntando dónde estabas.
♦*vi* preguntar: **I'll inquire at reception** preguntaré en recepción; **I came to inquire** *about* **holidays in Italy** quiero información sobre vacaciones en Italia.
to **inquire after** *vt* preguntar por: **she inquired after you** preguntó por ti.
to **inquire into** *vt* indagar, investigar: **the authorities are inquiring into the affair** las autoridades están investigando el asunto.

inquiring /ɪn'kwaɪərɪŋ/ *adj* (*mind*) curioso -sa, inquieto -ta; (*look, expression*) de curiosidad: **he looked at me with an inquiring expression** me miró con cara de curiosidad.

inquiry /ɪn'kwaɪərɪ/ (*US*) /'ɪnkwərɪ/ *n* [**inquiries**] **1.** (*question*): **we've had a lot of inquiries about the concert** mucha gente ha pedido información sobre el concierto; **I shall make inquiries** pediré información * me informaré. **2.** (*investigation*) investigación *f*: **the union is calling for an inquiry** *into* **the accident** el sindicato ha pedido que se investigue el accidente • **a man is helping police with their inquiries** la policía está interrogando a un sospechoso. **3. Inquiries** *[lleva el verbo en singular]* (*office*) Información *f*.

inquisition /ˌɪnkwɪ'zɪʃən/ *n* **1.** (*interrogation*) interrogatorio *m*. **2. the (Spanish) Inquisition** (*Relig*) la Inquisición, el Santo Oficio.

inquisitive /ɪn'kwɪzətɪv/ *adj* (*mind, nature*) inquisidor -dora; (*person*) curioso -sa, preguntón -tona: **you shouldn't be so inquisitive** no deberías ser tan curioso.

inroads /'ɪnrəʊdz/ *n pl*: **they've made tremendous inroads** *into* **the backlog of work** han reducido de forma impresionante el trabajo que tenían atrasado; **the company has made substantial inroads** *into* **the Asian market** la empresa ha logrado avances significativos en el mercado asiático.

insane /ɪn'seɪn/ **I** *adj* loco -ca, demente: **have you gone insane?** ¿te has vuelto loco?; **she's driving us insane with that music** nos está volviendo locos con esa música; **this is totally insane** esto es una locura.
II the insane *n pl* los enfermos mentales.
insane asylum *n* (*US*) manicomio *m*.

insanely /ɪn'seɪnlɪ/ *adv*: **she's insanely jealous of me** está terriblemente celosa de mí.

insanitary /ɪn'sænɪtərɪ/ *adj* insalubre, poco higiénico -ca.

insanity /ɪn'sænətɪ/ *n* (*Med*) demencia *f*, enajenación *f* mental.

insatiable /ɪn'seɪʃəbəl/ *adj* (*frml*) insaciable.

inscribe /ɪn'skraɪb/ *vt* [**inscribes, inscribing, inscribed**] grabar, inscribir: **the trophy was inscribed** *with* **the date** el trofeo llevaba inscrita la fecha.

inscription /ɪn'skrɪpʃən/ *n* inscripción *f*.

inscrutable /ɪn'skru:təbəl/ *adj* inescrutable.

insect /'ɪnsekt/ *n* insecto *m*.
insect bite *n* picadura *f* (*de un insecto*).
insect repellent *n* loción *f* contra insectos.

insecticide /ɪn'sektɪsaɪd/ *n* insecticida *m*.

insecure /ˌɪnsɪ'kjʊə/ *adj* (*person*) inseguro -ra; (*fixture*) poco seguro -ra.

insecurity /ˌɪnsɪ'kjʊərətɪ/ *n* inseguridad *f*.

insemination /ɪnˌsemɪ'neɪʃən/ *n* inseminación *f*.

insensitive /ɪn'sensətɪv/ *adj* insensible: **it was a very insensitive remark** fue un comentario muy poco sensible; **he's insensitive** *to* **criticism** las críticas lo traen sin cuidado.

insensitivity /ɪnˌsensɪ'tɪvətɪ/ *n* (*to pain, light*) insensibilidad *f*; (*to emotions*) falta *f* de sensibilidad, insensibilidad *f*.

inseparable /ɪn'sepərəbəl/ *adj* inseparable: **as children they were inseparable** de niños eran inseparables.

insert /ɪn'sɜ:t/ *vt* [**inserts, inserting, inserted**] **1.** (*an object*) introducir, insertar: **insert the coin** *into* **the slot** introduzca la moneda en la ranura. **2.** (*a comment, correction*) insertar.

insertion /ɪn'sɜ:ʃən/ *n* inserción *f*.

inshore /'ɪnʃɔ:/ **I** *adv* hacia la costa: **the wind was carrying us inshore** el viento nos llevaba hacia la costa.
II *adj* costero -ra.
inshore fishing *n* pesca *f* costera * de bajura.

inside /ɪn'saɪd/ **I** *n* **1.** (*inner part*) interior *m*: **the inside of the building looked very pleasant** el interior del edificio parecía muy agradable; **the door was locked** *from* **the inside** la puerta estaba cerrada con llave por dentro. **2. inside out** al * del revés (*con lo de dentro fuera*): **you have your sweater on inside out** llevas el jersey al revés; **he turned the jacket inside out** puso la chaqueta del revés • **she knows the subject inside out** se sabe el tema al dedillo.
II insides *n pl* tripas *f pl*.
III *prep* **1.** (*a place*) dentro de: **inside the house everything was quiet** dentro de la casa reinaba la tranquilidad. **2.** (*a period of time*): **he finished inside fifteen minutes** lo terminó en menos de quince minutos; **she finished four seconds inside the record** superó el récord en cuatro segundos.
IV *adv* **1.** (*gen*) dentro: **they were sitting inside** estaban sentados dentro; **let's go inside** vamos adentro. **2.** (*fam*: *in prison*) entre rejas: **her brother's inside** su hermano está entre rejas * en chirona.
V *adj* **1.** (*inner*) interior: **my wallet was in my inside pocket** llevaba la cartera en el bolsillo interior; **the inside walls had been painted** habían pintado las paredes de dentro * del interior. **2.** (*fam*: *from within an organization*): **the theft was an inside job** el robo fue cometido por alguien de dentro.
inside forward *n* interior *m/f*.
inside information *n* información *f* confidencial.
inside lane *n* **1.** (*Auto*: *in GB*) carril *m* de la izquierda; (*: in US, Europe*) carril *m* de la derecha. **2.** (*on a running track*) calle *f* de dentro.

insider /ɪn'saɪdə/ *n*: *persona con acceso a información confidencial.*
insider trading *n*: *uso indebido de información confidencial en Bolsa.*

insidious /ɪn'sɪdɪəs/ *adj* (*frml*) insidioso -sa.

insight /'ɪnsaɪt/ *n* **1.** (*perceptiveness*) perspicacia *f*, penetración *f*: **a novelist of great insight** un novelista de gran perspicacia. **2.** (*view, understanding*) idea *f*: **it gave me a new insight** *into* **the world of politics** cambió la idea que tenía del mundo de la política.

insignia /ɪn'sɪgnɪə/ *n* [*pl* **insignia**] insignia *f*.

insignificance /ˌɪnsɪg'nɪfɪkəns/ *n* insignificancia *f* • **my troubles pale into insignificance beside hers** mis problemas no son nada comparados con los suyos.

insignificant /ˌɪnsɪg'nɪfɪkənt/ *adj* insignificante.

insincere /ˌɪnsɪn'sɪə/ *adj* poco sincero -ra, insincero -ra.

insincerity /ˌɪnsɪn'serətɪ/ *n* insinceridad *f*.

insinuate /ɪn'sɪnjʊeɪt/ *vt* [**insinuates, insinuating,**

insinuated] 1. (*to imply*) insinuar: **are you insinuating that they're dishonest?** ¿está usted insinuando que no son honrados? 2. (*to get into*): **he insinuated himself** *onto* **the committee** se las ingenió para entrar en la comisión.

insinuation /ɪnˌsɪnjʊ'eɪʃən/ *n* insinuación *f*, indirecta *f*.

insipid /ɪn'sɪpɪd/ *adj* (*meal*) insípido -da, insulso -sa; (*character*) soso -sa, insulso -sa.

insist /ɪn'sɪst/ *vi* [**insists, insisting, insisted**] insistir: **let me pay, I insist!** insisto: déjame pagar; **he insists** *on* **travelling first class** insiste en viajar en primera; **he insisted** *on* **paying** se empeñó en pagar; **he insisted that I bought it** * **that I should buy it** insistió en que lo comprara.

♦ *vt* insistir en: **he insisted that he was not to blame** insistió en que no era culpable.

insistence /ɪn'sɪstəns/ *n* insistencia *f*: **I only went** *at* **his insistence** sólo fui porque él insistió.

insistent /ɪn'sɪstənt/ *adj* 1. (*person*) insistente. 2. (*noise*) persistente.

insofar as /ɪnsəʊ'fɑː æz/ *conj* en la medida que.

insolence /'ɪnsələns/ *n* insolencia *f*.

insolent /'ɪnsələnt/ *adj* insolente.

insoluble /ɪn'sɒljʊbəl/ *adj* 1. (*Chem*) insoluble. 2. (*problem*) que no tiene solución, insoluble.

insolvent /ɪn'sɒlvənt/ *adj* insolvente.

insomnia /ɪn'sɒmnɪə/ *n* insomnio *m*.

insomniac /ɪn'sɒmnɪæk/ *n*: *persona que padece insomnio*.

inspect /ɪn'spekt/ *vt* [**inspects, inspecting, inspected**] 1. (*accounts, work, machines*) inspeccionar, examinar: **she inspected the files carefully** examinó detenidamente los expedientes; **her mother inspected the kitchen** su madre inspeccionó la cocina. 2. (*a factory, restaurant*) inspeccionar: **the school is inspected every year** se realiza una inspección anual de la escuela. 3. (*Mil*: *troops*) pasar revista a.

inspection /ɪn'spekʃən/ *n* 1. (*of work, files, machines*) inspección *f*, examen *m*: **closer inspection revealed defects in the suspension** un examen más detallado reveló defectos en la suspensión. 2. (*of a factory, school, restaurant*) visita *f* de inspección.

inspector /ɪn'spektə/ *n* 1. (*in police force*) inspector -tora *m/f* (de policía). 2. (*of taxes, schools, health*) inspector -tora *m/f*. 3. (*on buses, trains*) revisor -sora *m/f*.

inspiration /ˌɪnspə'reɪʃən/ *n* inspiración *f*: **that view provided the inspiration** *for* **the painting** esa vista sirvió de inspiración para el cuadro; **he was the team's inspiration** fue él quien inspiró al equipo; **she is an inspiration** *to* **us all** para todos nosotros ella es un ejemplo a seguir.

inspire /ɪn'spaɪə/ *vt* [**inspires, inspiring, inspired**] 1. (*confidence, respect*) inspirar: **she doesn't inspire much enthusiasm** *in* **the pupils** no les inspira mucho entusiasmo a los alumnos. 2. (*to encourage*) animar, estimular: **his example inspired me to try it myself** su ejemplo me animó a intentarlo. 3. (*Art*) inspirar.

inspired /ɪn'spaɪəd/ *adj* (*person, performance*) inspirado -da: **it was an inspired guess** acerté por pura inspiración.

instability /ˌɪnstə'bɪlətɪ/ *n* inestabilidad *f*.

install, **instal** /ɪn'stɔːl/ *vt* [**installs, installing, installed**] instalar • **she installed herself in my office** se instaló en mi despacho.

instalment, (*US*) **installment** /ɪn'stɔːlmənt/ *n* 1. (*of a story*) entrega *f*; (*of a serial*) episodio *m*. 2. (*payment*) plazo *m*: **we decided to pay** *by* **instalments** optamos por pagar a plazos; **she still has three monthly instalments to pay** le quedan tres mensualidades por pagar.

installment plan *n* (*US*) compraventa *f* a plazos.

instance /'ɪnstəns/ *n* caso *m*: **there have been several instances of discrimination** ha habido varios casos de discriminación; **in this instance I am prepared to overlook your behaviour** en este caso, estoy dispuesto a pasar por alto lo que has hecho • **Jane, for instance, is not forty yet** Jane, por ejemplo, tiene menos de cuarenta años • **in the first instance you must contact...** en primer lugar debe ponerse en contacto con....

instant /'ɪnstənt/ I *n* instante *m*, momento *m*: **I did not believe it for one instant** no me lo creí ni por un momento • **come here, this instant!** ¡ven aquí, inmediatamente! • **he came the instant he heard** vino en cuanto se enteró.

II *adj* inmediato -ta: **they want to make an instant profit** quieren obtener un beneficio inmediato; **I took an instant dislike to him** me cayó mal desde el primer momento.

instant coffee *n* café *m* instantáneo.

instantaneous /ˌɪnstən'teɪnɪəs/ *adj* instantáneo -nea.

instantly /'ɪnstəntlɪ/ *adv* al instante, inmediatamente: **I realized my mistake instantly** al instante * inmediatamente me di cuenta de mi error; **he died instantly** murió en el acto; **she was instantly recognizable** se la reconocía enseguida.

instead /ɪn'sted/ I *adv*: **we went to the country instead** en lugar de eso * en vez de eso nos fuimos al campo; **I would rather he came instead** preferiría que él viniera (en tu/su lugar); **the coffee was finished so I had tea instead** se había acabado el café, así que tomé té.

II **instead of** *prep* en lugar de, en vez de: **I ordered fish instead of meat** pedí pescado en lugar de carne; **instead of worrying, why don't you telephone?** en lugar de preocuparte tanto, ¿por qué no llamas por teléfono?

instep /'ɪnstep/ *n* empeine *m*.

instigate /'ɪnstɪgeɪt/ *vt* [**instigates, instigating, instigated**] (*frml*) iniciar, promover.

instigation /ˌɪnstɪ'geɪʃən/ *n* (*frml*) instigación *f* • **he did it at the instigation of his lawyer** lo hizo a instancias de su abogado.

instigator /'ɪnstɪgeɪtə/ *n* instigador -dora *m/f*, incitador -dora *m/f*.

instil, (*US*) **instill** /ɪn'stɪl/ *vt* [**instils, instilling, instilled**] 1. (*an idea, a belief*) inculcar: **he instilled a love of nature** *into* * *in* **his pupils** les inculcó a sus alumnos el amor por la naturaleza. 2. (*hope, courage*) infundir.

instinct /'ɪnstɪŋkt/ *n* instinto *m*: **they return to their nests** *by* **instinct** vuelven a sus nidos por instinto; **she followed her instincts and decided to reject the offer** hizo caso de su intuición y decidió rechazar la oferta; **his first instinct was to resign** su primera idea fue dimitir.

instinctive /ɪn'stɪŋktɪv/ *adj* instintivo -va.

instinctively /ɪn'stɪŋktɪvlɪ/ *adv* instintivamente: **she knew instinctively that something was wrong** supo instintivamente que algo estaba mal.

institute /'ɪnstɪtjuːt/ I *n* (*centre*) instituto *m*, centro *m*; (*group of professionals*) colegio *m*.

II *vt* [**institutes, instituting, instituted**] (*frml*) **1.** (*reforms*) introducir; (*an investigation*) entablar, iniciar: **legal proceedings were instituted against him** entablaron procedimientos legales contra él. **2.** (*system*) establecer.

institution /ˌɪnstɪ'tjuːʃən/ *n* **1.** (*college, school, etc.*) institución *f*; (*mental home*) hospital *m* psiquiátrico. **2.** (*established custom*) tradición *f*, institución *f*: **the Christmas day concert has become quite an institution** el concierto del día de Navidad se ha convertido en toda una institución. **3.** (*of reforms*) introducción *f*; (*of investigation, proceedings*) iniciación *f*.

institutionalize /ˌɪnstɪ'tjuːʃənəlaɪz/ *vt* [**institutionalizes, institutionalizing, institutionalized**] **1.** (*to make established*) institucionalizar: **they have institutionalized this form of punishment** este tipo de castigo se ha institucionalizado. **2.** (*person*) internar (*en una cárcel/un hospital psiquiátrico*).

instruct /ɪn'strʌkt/ *vt* [**instructs, instructing, instructed**] **1.** (*to order*) ordenar, dar instrucciones a: **I instructed him to pay the bill** le ordené que pagara la factura; **I have been instructed by my client to make the following statement** mi cliente me ha dado instrucciones de que haga la siguiente declaración. **2.** (*Educ: frml*) instruir: **she instructed them** *in* **the art of programming** los instruyó en el arte de la programación.

instruction /ɪn'strʌkʃən/ **I** *n* (*Educ*) enseñanza *f*: **the pilot was** *under* **instruction** el piloto estaba aprendiendo a volar.
II instructions *n pl* (*directions, orders*) instrucciones *fpl*: **she followed my instructions to the letter** siguió mis instrucciones al pie de la letra.
instructions for use *n pl* modo *m* de empleo.

instructive /ɪn'strʌktɪv/ *adj* instructivo -va.

instructor /ɪn'strʌktə/ *n* (*gen*) instructor -tora *m/f*, profesor -sora *m/f*: **she is a flying instructor** es instructora de vuelo; (*of driving*) profesor -sora *m/f* de autoescuela.

instrument /'ɪnstrəmənt/ *n* instrumento *m*: **I don't play a musical instrument** no toco ningún instrumento.
instrument panel *n* tablero *m* de instrumentos.

instrumental /ˌɪnstrə'mentəl/ *adj* **1.** (*music*) instrumental. **2.** (*in a task*): **she was instrumental** *in* **negotiating the agreement** su intervención fue decisiva en la negociación del acuerdo.

insubordinate /ˌɪnsə'bɔːdɪnət/ *adj* (*frml*) insubordinado -da.

insubordination /ˌɪnsəbɔːdɪ'neɪʃən/ *n* (*frml*) insubordinación *f*.

insubstantial /ˌɪnsəb'stænʃəl/ *adj* (*argument*) insustancial; (*structure*) poco sólido -da; (*evidence*) poco consistente; (*food*): **the first course was very insubstantial** el primer plato fue muy poco consistente.

insufferable /ɪn'sʌfərəbəl/ *adj* (*rudeness, person*) insoportable, insufrible.

insufficient /ˌɪnsə'fɪʃənt/ *adj* insuficiente: **there were insufficient books** *for* **everyone** no había suficientes libros para todos.

insufficiently /ɪnsə'fɪʃəntlɪ/ *adv* insuficientemente: **the expedition was insufficiently funded** la expedición no contaba con fondos suficientes; **he didn't make it sufficiently clear** no se expresó con la suficiente claridad.

insular /'ɪnsjʊlə/ *adj* **1.** (*of* * *from an island*) insular. **2.** (*in ideas, way of life*) estrecho -cha de miras: **he has a rather insular outlook** es más bien estrecho de miras.

insulate /'ɪnsjʊleɪt/ *vt* [**insulates, insulating, insulated**] (*cable, loft*) aislar: **we insulated the tank** *against* **heat loss** aislamos el depósito para evitar pérdida de calor; (*against sound*) insonorizar; (*people*): **they are insulated** *from* **economic realities** son ajenos a la realidad económica.

insulating tape /'ɪnsjʊˌleɪtɪŋ teɪp/ *n* cinta *f* aislante.

insulation /ˌɪnsjʊ'leɪʃən/ *n* aislamiento *m*.

insulin /'ɪnsjʊlɪn/ *n* insulina *f*.

insult I /'ɪnsʌlt/ *n* insulto *m*: **she shouted insults at us** se puso a insultarnos a gritos; **these exams are an insult** *to* **our intelligence** estos exámenes son una ofensa a nuestra inteligencia; **he might take it as an insult if you didn't go** podría ofenderse si no vas • **to add insult to injury I had to pay for his meal** y para colmo tuve que pagarle la comida.
II /ɪn'sʌlt/ *vt* [**insults, insulting, insulted**] insultar: **he insulted me in front of the whole class** me insultó delante de toda la clase; **I was insulted** *by* **their indifference** me sentí ofendido por su indiferencia.

insulting /ɪn'sʌltɪŋ/ *adj* (*remarks*) insultante; (*behaviour*) ofensivo -va: **they were insulting** *to* **the shopkeeper** fueron muy maleducados con el dependiente.

insuperable /ɪn'sjuːpərəbəl/ *adj* (*frml*) insuperable, insalvable.

insurance /ɪn'ʃʊərəns/ *n* seguro *m*: **you will need travel insurance** necesitarás un seguro de viaje; **she works in insurance** trabaja en una compañía de seguros; **I took out insurance** *against* **it being lost or damaged** lo aseguré contra pérdida y daños.
insurance broker *n* agente *m/f* * corredor -dora *m/f* de seguros.
insurance company *n* compañía *f* de seguros, aseguradora *f*.
insurance policy *n* póliza *f* de seguros.
insurance premium *n* prima *f* de seguros.

insure /ɪn'ʃʊə/ *vt* [**insures, insuring, insured**] **1.** (*Fin*) asegurar: **they insured the premises** *against* **burglary** aseguraron el local contra robo; **she insured her husband's life** *for* **fifty thousand pounds** hizo un seguro de vida para su marido por cincuenta mil libras. **2.** (*US*) ⇨ ensure
♦*vi*: **the government had not insured** *against* **that possibility** el gobierno no había tomado medidas para prevenir esa eventualidad.

insured /ɪn'ʃʊəd/ **I** *adj* asegurado -da: **are you insured** *for* * *against* **theft?** ¿tiene un seguro contra robo?
II the insured *n*, *n pl* (*one person*) el asegurado, la asegurada; (*more than one*) los asegurados, las aseguradas.

insurer /ɪn'ʃʊərə/ *n* compañía *f* de seguros, aseguradora *f*.

insurmountable /ˌɪnsə'maʊntəbəl/ *adj* (*frml*) insuperable, insalvable.

insurrection /ˌɪnsə'rekʃən/ *n* insurrección *f*.

intact /ɪn'tækt/ *adj* intacto -ta: **the set is still intact** el juego está todavía intacto; **he emerged from the scandal with his public image intact** salió del escándalo con la reputación intacta.

intake /'ɪnteɪk/ *n* **1.** (*of water, gas*) toma *f*: **the intake valve is faulty** la toma de gas tiene la válvula estropeada. **2.** (*of protein, fluids*) consumo *m*. **3.** (*of students*) *el número de estudiantes matriculados*: **they had a smaller intake this year** este año el número de matriculados ha sido menor.

intangible /ɪn'tændʒɪbəl/ *adj* intangible.

integral /ˈɪntɪgrəl/ *adj* **1.** (*Maths*) integral. **2.** (*essential*) esencial, fundamental: **it is an integral part of the agreement** es una parte fundamental del acuerdo. **3.** (*built-in*) incorporado -da.

integrate /ˈɪntɪgreɪt/ *vt* [**integrates, integrating, integrated**] integrar: **the idea is to integrate them** *into* **society** la idea es hacer que se integren en la sociedad. ♦*vi* integrarse: **they never integrated** *into* **the community** no se integraron nunca en la comunidad.

integrated /ˈɪntɪgreɪtɪd/ *adj* integrado -da: **this country needs a fully integrated transport system** este país necesita un sistema de transportes totalmente coordinado; **an integrated school** un colegio con alumnos de distintas razas y religiones.

integrated circuit *n* circuito *m* integrado.

integration /ˌɪntɪˈgreɪʃən/ *n* integración *f*.

integrity /ɪnˈtegrətɪ/ *n* **1.** (*honesty*) rectitud *f*, integridad *f*: **he is a man of the highest integrity** es un hombre de suma rectitud. **2.** (*of a territory*) unidad *f*, integridad *f*.

intellect /ˈɪntɪlekt/ *n* intelecto *m*.

intellectual /ɪntɪˈlektjʊəl/ *adj, n* intelectual *adj, m/f*.

intelligence /ɪnˈtelɪdʒəns/ *n* **1.** (*mental ability*) inteligencia *f*: **she showed great intelligence** demostró tener mucha inteligencia. **2.** (*Mil, Pol*) información *f*: **they had been gathering intelligence** *on* **him for some time** llevaban tiempo reuniendo información sobre él.

intelligence service *n* servicio *m* de información ✻ de inteligencia.

intelligence test *n* prueba *f* de inteligencia.

intelligent /ɪnˈtelɪdʒənt/ *adj* inteligente.

intelligently /ɪnˈtelɪdʒəntlɪ/ *adv* inteligentemente.

intelligible /ɪnˈtelɪdʒəbəl/ *adj* inteligible, comprensible: **the message was barely intelligible** el mensaje era apenas inteligible.

intend /ɪnˈtend/ *vt* [**intends, intending, intended**] **1.** (*for somebody*) dirigir: **the letter was intended** *for* **you** la carta iba dirigida a ti; **the course is intended** *for* **teachers** el cursillo va dirigido a los profesores. **2.** (*to mean, to propose*) pensar, tener intención de: **she intends to do it tomorrow** tiene la intención de hacerlo mañana; **do you intend telling her?** ¿piensas decírselo?; **I've stayed longer than I intended** me he quedado más tiempo de lo que pensaba.

intended /ɪnˈtendɪd/ *adj* (*desired*) deseado -da: **the campaign did not have the intended impact** la campaña no tuvo el impacto deseado; (*planned*): **the intended victim was in the other car** la verdadera víctima iba en el otro coche; **my intended trip to Venezuela** el viaje que tenía previsto hacer a Venezuela.

intense /ɪnˈtens/ *adj* **1.** (*heat, activity, debate*) intenso -sa: **he was the subject of intense media interest** fue objeto de gran interés por parte de los medios de comunicación; **suddenly she felt an intense dislike of her colleague** de repente sintió mucha antipatía hacia su compañera. **2.** (*person*) serio -ria.

intensely /ɪnˈtenslɪ/ *adv* sumamente: **they hated each other intensely** se odiaban a muerte; **he's intensely concerned about their welfare** está muy preocupado por su bienestar.

intensify /ɪnˈtensɪfaɪ/ *vt* [**intensifies, intensifying, intensified**] intensificar, aumentar: **they have intensified their campaign** han intensificado su campaña; **this intensified the pain** esto hizo aumentar el dolor. ♦*vi* aumentar, intensificarse.

intensity /ɪnˈtensətɪ/ *n* intensidad *f*.

intensive /ɪnˈtensɪv/ *adj* intensivo -va.

intensive care *n* cuidados *m pl* intensivos: **he's in intensive care** está en cuidados intensivos, está en la UVI ✻ la UCI.

intensive care unit *n* unidad *f* de cuidados intensivos, unidad *f* de vigilancia intensiva.

intent /ɪnˈtent/ **I** *n* intención *f*: **their intent was to disrupt the meeting** su intención era interrumpir el mitin • **to all intents and purposes he's one of the family** a todos los efectos es uno más de la familia.
II *adj* **1.** (*concentrated*) absorto -ta, concentrado -da: **he was too intent** *on* **his work to notice us** estaba demasiado absorto en su trabajo para advertir nuestra presencia. **2.** (*determined*) decidido -da: **she's intent** *on* **studying medicine** tiene el firme propósito de estudiar medicina.

intention /ɪnˈtenʃən/ *n* intención *f*: **his intention is to leave tomorrow** tiene intención de irse mañana; **in this case good intentions were not enough** en este caso no bastaron las buenas intenciones.

intentional /ɪnˈtenʃənəl/ *adj* intencionado -da, deliberado -da: **I'm sure it wasn't intentional** estoy segura de que no lo hizo a propósito.

intentionally /ɪnˈtenʃənəlɪ/ *adv* a propósito, adrede: **he did it intentionally** lo hizo a propósito.

intently /ɪnˈtentlɪ/ *adv*: **she listened intently to the news broadcast** escuchó atentamente las noticias; **he stared at us intently** se quedó mirándonos fijamente.

inter /ɪnˈtɜː/ *vt* [**inters, interring, interred**] (*frml*) sepultar, enterrar.

interact /ˌɪntərˈækt/ *vi* [**interacts, interacting, interacted**] **1.** (*Chem*) reaccionar. **2.** (*Sociol*) relacionarse.

interaction /ˌɪntərˈækʃən/ *n* **1.** (*Chem*) interacción *f*. **2.** (*Sociol*) relación *f*.

interactive /ˌɪntərˈæktɪv/ *adj* interactivo -va.

interactive compact disc *n* disco *m* compacto interactivo.

intercede /ˌɪntəˈsiːd/ *vi* [**intercedes, interceding, interceded**] (*frml*) interceder.

intercept /ˌɪntəˈsept/ *vt* [**intercepts, intercepting, intercepted**] (*gen*) interceptar: **the defender intercepted the pass** el defensa interceptó el pase; **the suspect was intercepted at Frankfurt airport** detuvieron al sospechoso en el aeropuerto de Frankfurt; (*mail*) intervenir.

interchange I /ˈɪntəˌtʃeɪndʒ/ *n* **1.** (*of ideas*) intercambio *m*. **2.** (*in road system*) intersección *f*, enlace *m*.
II /ˌɪntəˈtʃeɪndʒ/ *vt* [**interchanges, interchanging, interchanged**] intercambiar.

interchangeable /ˌɪntəˈtʃeɪndʒəbəl/ *adj* intercambiable.

intercom /ˈɪntəkɒm/ *n* interfono *m*.

intercontinental /ˌɪntəkɒntɪˈnentəl/ *adj* intercontinental.

intercourse /ˈɪntəˌkɔːs/ *n* **1.** (*sexual*) relaciones *f pl* sexuales. **2.** (*social*) trato *m*.

interest /ˈɪntrest/ **I** *n* **1.** (*gen*) interés *m*: **I have no interest** *in* **ballet** no me interesa para nada el ballet; **would this be** *of* **interest** *to* **you?** ¿te interesaría esto?; **he seems to have lost interest** *in* **her** parece que ha perdido el interés en ella; **she no longer takes an interest** *in* **the news** ya no se interesa por las noticias. **2.** (*benefit*) interés *m*: **the interests of the children were overlooked** se pasaron por alto los intereses de los niños; **it's** *in* **your own interest** es por tu propio bien; **they have signed the document** *in* **the interest(s)** *of* **world peace** han firmado el documento en beneficio de la paz mundial. **3.** (*hobby*) afición *f*: **his interests are hunting and fishing** es aficionado a la caza y la pesca. **4.** (*on a loan*) interés *m*: **he bought it on interest-free credit** lo compró a plazos sin interés * sin intereses. **5.** (*shareholding*) participación *f*: **I hold an interest** *in* **the company** tengo una participación en la empresa.

II *vt* [**interests, interesting, interested**] interesar: **politics don't interest me** no me interesa la política; **can we interest you** *in* **a free ticket?** ¿le interesaría una entrada gratis?

interest rate *n* tipo *m* de interés.

interested /'ɪntrestɪd/ *adj* **1.** (*in a subject, hobby*) interesado -da: **they became very interested** *in* **the case** se interesaron mucho en el caso; **I'm not very interested** *in* **physics** no me interesa mucho la física; **she's interested** *in* **knowing more** quiere saber más. **2.** (*personally involved*) interesado -da: **the interested parties will be contacted** nos pondremos en contacto con las partes interesadas.

interesting /'ɪntrestɪŋ/ *adj* interesante.

interestingly /'ɪntrestɪŋlɪ/ *adv*: **interestingly (enough), she's never been to Madrid** por raro que parezca, nunca ha estado en Madrid; **interestingly (enough), I know the person you're talking about** ¡qué casualidad!, conozco a la persona de la que estás hablando.

interface /'ɪntəfeɪs/ *n* interfaz *m* * *f*.

interfere /ˌɪntə'fɪə/ *vi* [**interferes, interfering, interfered**] **1.** (*in someone's business*) inmiscuirse, meterse: **he's always interfering** *in* **my affairs** siempre se está metiendo en mis asuntos. **2.** (*to get in the way*) interferir: **she did not allow family life to interfere** *with* **her ambitions** no permitió que su vida familiar interfiriera en el logro de sus ambiciones.

interference /ˌɪntə'fɪərəns/ *n* **1.** (*in someone's affairs*) intromisión *f*, injerencia *f*: **his constant interference** *in* **my private life** sus constantes injerencias en mi vida privada. **2.** (*in broadcast*) interferencia *f*.

interfering /ˌɪntə'fɪərɪŋ/ *adj* entrometido -da: **she's an interfering old so-and-so** es una vieja entrometida.

interim /'ɪntərɪm/ **I** *adj* provisional: **these are only the interim accounts** éstas sólo son las cuentas provisionales.

II *n* (*frml*) intervalo *m* de tiempo, ínterin *m*: **in the interim they had moved house** en ese intervalo de tiempo * en el ínterin se habían cambiado de casa.

interior /ɪn'tɪərɪə/ **I** *adj* interior.

II *n* **1.** (*Geog*) interior *m*: **they travelled into the interior of the country** viajaron al interior del país. **2.** (*of a building*) interior *m*.

interior design *n* interiorismo *m*.

interior designer *n* interiorista *m/f*.

interjection /ˌɪntə'jekʃən/ *n* interjección *f*.

interloper /'ɪntəˌləʊpə/ *n* intruso -sa *m/f*.

interlude /'ɪntəˌlu:d/ *n* **1.** (*Mus*) interludio *m*. **2.** (*interval: in theatre*) intermedio *m*; (*: in negotiations*) pausa *f*: **talks resumed after a brief interlude** las conversaciones se reanudaron tras una breve pausa.

intermarriage /ˌɪntə'mærɪdʒ/ *n* (*between different races, religions*) matrimonio *m* mixto; (*within same family/group*) matrimonio *m* endogámico.

intermarry /ˌɪntə'mærɪ/ *vi* [**intermarries, intermarrying, intermarried**] **1.** (*with other racial or religious groups*): **the colonists intermarried** *with* **the natives** hubo matrimonios mixtos de colonizadores y nativos. **2.** (*with members of own family/group*): **the people in this region have been intermarrying for centuries** hace siglos que la gente de esta región sólo se casan entre sí.

intermediary /ˌɪntə'mi:dɪərɪ/ *n* [**intermediaries**] intermediario -ria *m/f*.

intermediate /ˌɪntə'mi:dɪət/ *adj* intermedio -dia.

interminable /ɪn'tɜ:mɪnəbəl/ *adj* interminable.

intermission /ˌɪntə'mɪʃən/ *n* (*in concert, movie*) intervalo *m*, intermedio *m*.

intermittent /ˌɪntə'mɪtənt/ *adj* intermitente.

intermittently /ˌɪntə'mɪtəntlɪ/ *adv* intermitentemente: **it rained intermittently all morning** estuvo lloviendo intermitentemente toda la mañana.

intern I /ɪn'tɜ:n/ *vt* [**interns, interning, interned**] internar (*en una prisión, un campo de prisioneros, etc.*).

II /'ɪntɜ:n/ *n* (*US*: *junior doctor*) (médico) *m* interno, (médica) *f* interna.

internal /ɪn'tɜ:nəl/ *adj* **1.** (*Med*) interno -na: **he had severe internal injuries** sufría graves lesiones internas. **2.** (*within system*) interno -na: **an internal enquiry was held** se llevó a cabo una investigación interna. **3.** (*trade*) interior; (*affairs*) interno -na, interior; (*flight*) nacional.

internal-combustion engine *n* motor *m* de explosión.

Internal Revenue Service *n* (*US*) Hacienda *f* [used without an article].

internally /ɪn'tɜ:nəlɪ/ *adv*: **he was bleeding internally** sufría una hemorragia interna; **(this medicine is) not to be taken internally** (esta medicina es de) uso externo; **the document was circulated internally** el documento se distribuyó dentro de la empresa.

international /ˌɪntə'næʃənəl/ **I** *adj* internacional.

II *n* (*Sport*: *match*) partido *m* internacional; (*: player*) internacional *m/f*.

International Date Line *n* línea *f* internacional de cambio de fecha.

International Monetary Fund *n* Fondo *m* Monetario Internacional.

internationally /ˌɪntə'næʃənəlɪ/ *adv* internacionalmente: **he's an internationally famous pianist** es un pianista conocido internacionalmente.

interpret /ɪn'tɜ:prɪt/ *vi* [**interprets, interpreting, interpreted**] (*Ling*) hacer de intérprete.

♦ *vt* **1.** (*to read meaning into*) interpretar: **how do you interpret their story?** ¿cómo interpretas su historia?; **his absence will be interpreted** *as* **an admission of guilt** su ausencia se interpretará como una admisión de culpabilidad. **2.** (*role, part*) interpretar.

interpretation /ɪnˌtɜ:prɪ'teɪʃən/ *n* interpretación *f*: **what did you think of his interpretation of the role?** ¿qué te pareció su interpretación del papel?

interpreter /ɪn'tɜ:prɪtə/ *n* intérprete *m/f*.

interrelated /ˌɪntərɪ'leɪtɪd/ *adj* interrelacionado -da.

interrogate /ɪn'terəgeɪt/ *vt* [**interrogates, interrogating, interrogated**] interrogar.

interrogation /ɪnˌterə'geɪʃən/ *n* interrogatorio *m*.

interrogative /ˌɪntə'rɒgətɪv/ *adj* interrogativo -va.

interrogator /ɪn'terəgeɪtə/ *n* interrogador -dora *m/f*.

interrupt /ˌɪntə'rʌpt/ *vt* [**interrupts, interrupting, interrupted**] interrumpir.

♦ *vi* interrumpir: **don't interrupt** no interrumpas.

interruption /ˌɪntə'rʌpʃən/ *n* interrupción *f*.

intersect /ˌɪntə'sekt/ *vt* [**intersects, intersecting, intersected**] cruzar.

♦ *vi* (*lines, paths*) cruzarse.

intersection /'ɪntəˌsekʃən/ *n* **1.** (*crossroads*) cruce *m*, intersección *f*. **2.** (*of lines*) intersección *f*.

intersperse /ˌɪntə'spɜ:s/ *vt* [**intersperses, intersper-**

sing, interspersed] entremezclar: **the old houses were interspersed** *with* **modern buildings** había edificios modernos entremezclados con las casas antiguas.

interstate /ˈɪntəsteɪt/ *n* (*US*) carretera *f* nacional.

intertwine /ˌɪntəˈtwaɪn/ *vt* [**intertwines, intertwining, intertwined**] entrelazar.
♦*vi* entrelazarse.

interval /ˈɪntəvəl/ *n* **1.** (*at conference, etc.*) descanso *m*; (*in theatre, cinema*) intervalo *m*, intermedio *m*; (*in conversation*) pausa *f*; (*GB*: *in sport*) descanso *m*. **2.** (*space of time*) intervalo *m*: **he comes back** *at* **regular intervals** vuelve con regularidad; **the announcement was repeated** *at* **hourly intervals** repetían el aviso a intervalos de una hora; **after a reasonable interval we called again** después de un tiempo razonable volvimos a llamar. **3.** (*Meteo*) intervalo *m*: **it will be generally wet with some sunny intervals** habrá predominio de chubascos con algún intervalo soleado. **4.** (*distance*) intervalo *m*: **the posts were placed** *at* **intervals of four metres** pusieron los postes a intervalos de cuatro metros. **5.** (*Mus*) intervalo *m*.

intervene /ˌɪntəˈviːn/ *vi* [**intervenes, intervening, intervened**] **1.** (*to become involved*) intervenir: **he intervened on our behalf** intervino a nuestro favor. **2.** (*time*) interponerse: **we would have finished if Christmas had not intervened** habríamos terminado si las Navidades no se hubieran puesto por medio.

intervening /ˌɪntəˈviːnɪŋ/ *adj*: **in the intervening years she tried to forget about him** en los años que transcurrieron trató de olvidarlo.

intervention /ˌɪntəˈvenʃən/ *n* intervención *f*: **police intervention prevented a major incident** la intervención de la policía impidió que se produjera un incidente grave.

interview /ˈɪntəvjuː/ **I** *n* entrevista *f*: **the candidates were invited for interview** convocaron a los candidatos para entrevistarlos; **she does not give interviews to reporters** no concede entrevistas a los periodistas.
II *vt* [**interviews, interviewing, interviewed**] entrevistar: **they interviewed me** *for* **the job** me entrevistaron para el puesto.

interviewer /ˈɪntəˌvjuːə/ *n* entrevistador -dora *m/f*.

interweave /ˌɪntəˈwiːv/ *vt* [**interweaves, interweaving, interwove,** *participio pasado* **interwoven**] entretejer.

interwove /ˌɪntəˈwəʊvə/ *pretérito de* ➪ interweave

interwoven /ˌɪntəˈwəʊvən/ **I** *participio pasado de* ➪ interweave
II *adj* entretejido -da: **the two themes are closely interwoven** los dos temas están estrechamente entretejidos.

intestate /ɪnˈtesteɪt/ *adj* (*Law*: *frml*) intestado -da.

intestinal /ɪnˈtestɪnəl/ *adj* intestinal.

intestine /ɪnˈtestɪn/ *n* intestino *m*: **the large/small intestine** el intestino grueso/delgado.

intimacy /ˈɪntɪməsɪ/ *n* **1.** (*quietness, privacy*) intimidad *f*. **2.** (*sexual relations*) relaciones *f pl* (sexuales ✻ íntimas).

intimate **I** /ˈɪntɪmət/ *adj* **1.** (*quiet, private*) íntimo -ma: **we liked the intimate atmosphere of the restaurant** nos gustaba el ambiente íntimo del restaurante. **2.** (*close*) íntimo -ma: **we had an intimate friendship** éramos amigos íntimos; **he has an intimate knowledge of my affairs** conoce mis asuntos a fondo. **3.** (*frml*: *implying sexual relations*) íntimo -ma: **they had never been intimate** nunca habían tenido relaciones íntimas ✻ sexuales.
II /ˈɪntɪmeɪt/ *vt* [**intimates, intimating, intimated**] (*frml*) dar a entender: **they intimated that it might be possible in the future** dieron a entender que podría ser posible en el futuro.

intimation /ˌɪntɪˈmeɪʃən/ *n* (*frml*) indicación *f*: **she gave no intimation of her decision** no dio indicación alguna de cuál era su decisión.

intimidate /ɪnˈtɪmɪdeɪt/ *vt* [**intimidates, intimidating, intimidated**] intimidar: **they were intimidated** *into* **making contributions** los intimidaron para que contribuyeran; **I felt intimidated by their presence** su presencia me intimidaba.

intimidated /ɪnˈtɪmɪdeɪtɪd/ *adj* intimidado -da.

intimidating /ɪnˈtɪmɪdeɪtɪŋ/ *adj* **1.** (*idea, prospect*) que infunde temor. **2.** (*person*) amenazador -dora: **the rival team looked intimidating** el equipo contrario tenía un aspecto amenazador.

intimidation /ɪnˌtɪmɪˈdeɪʃən/ *n* intimidación *f*.

into /ˈɪntuː/ *prep* **1.** (*indicating movement*) en, a: **they've gone into the library** han entrado en la biblioteca; **he threw it into the canal** lo tiró al canal; **he put the note into his pocket** se metió la nota en el bolsillo; **get into the car!** ¡súbete al coche!; **we crashed into a fence** nos estrellamos contra una valla; **I'm going to change into something more comfortable** me voy a poner algo más cómodo ● **he must be into his thirties** tiene que tener treinta y algo ● **he's really into ceramics** le interesa mucho la cerámica. **2.** (*indicating transformation*) en: **I want to change some pesetas into dollars** quiero cambiar pesetas a dólares; **it broke into four (pieces)** se partió en cuatro trozos; **can you translate this into Polish?** ¿puedes traducir esto al polaco? **3.** (*Maths*): **two into six goes three times** seis dividido entre dos es igual a tres.

intolerable /ɪnˈtɒlərəbəl/ *adj* intolerable: **the noise was intolerable** el ruido era intolerable; **it's intolerable that these things should still happen** es intolerable que estas cosas todavía ocurran.

intolerant /ɪnˈtɒlərənt/ *adj* intolerante: **he's intolerant** *of* **criticism** no tolera ninguna crítica.

intonation /ˌɪntəʊˈneɪʃn/ *n* entonación *f*.

intoxicate /ɪnˈtɒksɪkeɪt/ *vt* [**intoxicates, intoxicating, intoxicated**] **1.** (*Med*) intoxicar. **2.** (*alcohol*) embriagar.

intoxicated /ɪnˈtɒksɪkeɪtɪd/ *adj* **1.** (*Med*) intoxicado -da. **2.** (*drunk*) ebrio -bria, embriagado -da. **3.** (*elated*) embriagado -da: **he felt intoxicated** *by* ✻ *with* **his triumph** estaba embriagado por el triunfo.

intoxicating /ɪnˈtɒksɪkeɪtɪŋ/ *adj* **1.** (*drink, liquor*) alcohólico -ca. **2.** (*air, smell, experience*) embriagador -dora: **the fresh air was intoxicating after a day in the office** el aire fresco resultaba embriagador después de todo el día en la oficina.

intoxication /ɪnˌtɒksɪˈkeɪʃən/ *n* **1.** (*Med*) intoxicación *f*. **2.** (*from alcohol*) embriaguez *f*.

intractable /ɪnˈtræktəbəl/ *adj* (*frml*) **1.** (*problem*) difícil de solucionar. **2.** (*person*) difícil, obstinado -da.

intransigent /ɪnˈtrænsɪdʒənt/ *adj* (*frml*) intransigente.

intransitive /ɪnˈtrænsɪtɪv/ *adj* intransitivo -va.

intravenous /ˌɪntrəˈviːnəs/ *adj* intravenoso -sa.

intrepid /ɪnˈtrepɪd/ *adj* intrépido -da.

intricacy /ˈɪntrɪkəsɪ/ *n* [**intricacies**] complejidad *f*.

intricate /ˈɪntrɪkət/ *adj* **1.** (*pattern*) intrincado -da. **2.** (*plot, reasoning*) complejo -ja.

intrigue I /ˈɪntri:g/ *n* intriga *f*: **it was a tale of intrigue and passion** era una historia de intriga y pasión.
II /ɪnˈtri:g/ *vi* [**intrigues, intriguing, intrigued**] (*frml: to plot*) intrigar: **they were suspected of intriguing** *against* **the chairman** se sospechaba que estaban intrigando contra el presidente.
♦*vt* (*to fascinate*) intrigar: **he was intrigued** *by* **the news** la noticia lo dejó intrigado.

intriguing /ɪnˈtri:gɪŋ/ *adj* fascinante: **her story was an intriguing one** la suya era una historia fascinante.

intrinsic /ɪnˈtrɪnsɪk/ *adj* (*frml*) intrínseco -ca.

introduce /ˌɪntrəˈdju:s/ *vt* [**introduces, introducing, introduced**] **1.** (*socially*) presentar: **may I introduce you** *to* **Mr Taylor?** le presento al señor Taylor; **he introduced himself** *as* **Doctor James** se presentó como el doctor James. **2.** (*a programme, a performer*) presentar. **3.** (*frml: to insert*) meter, introducir: **the tube is introduced** *into* **the lung** el tubo se introduce en el pulmón. **4.** (*a product, system*) introducir: **they introduced new farming methods** *into* **the region** introdujeron nuevos sistemas de cultivo en la región. **5.** (*to a hobby, habit*) iniciar: **he introduced her** *to* **the world of the theatre** la inició en el mundo del teatro.

introduction /ˌɪntrəˈdʌkʃən/ *n* **1.** (*of book, essay*) introducción *f*. **2.** (*to person*) presentación *f*: **my brother made the introductions** mi hermano hizo las presentaciones; **our next speaker needs no introduction** nuestro próximo orador no necesita presentación. **3.** (*of methods, machinery*) introducción *f*: **the business was transformed by the introduction of computer technology** la introducción de la informática transformó el negocio. **4.** (*to an interest, a habit*) iniciación *f*: **my introduction** *to* **skiing** mi iniciación al esquí.

introductory /ˌɪntrəˈdʌktərɪ/ *adj* (*offer, remark*) introductorio -ria.

introspection /ˌɪntrəˈspekʃən/ *n* (*frml*) introspección *f*.

introvert /ˈɪntrəˌvɜ:t/ *n* introvertido -da *m/f*.

introverted /ˈɪntrəˌvɜ:tɪd/ *adj* introvertido -da.

intrude /ɪnˈtru:d/ *vi* [**intrudes, intruding, intruded**] importunar: **I felt I was intruding** sentí que estaba importunando ✱ molestando.

intruder /ɪnˈtru:də/ *n* intruso -sa *m/f*.

intrusion /ɪnˈtru:ʒən/ *n* intromisión *f*: **I'm sorry for the intrusion, this won't take long** perdonen la intromisión, esto no tardará nada; **he resented the intrusion** *into* **his domestic arrangements** le molestaba que se entrometieran en su vida privada.

intrusive /ɪnˈtru:sɪv/ *adj* (*person, presence*) que molesta: **I don't wish to be intrusive, but could I ask you something?** no quisiera molestar, pero ¿te puedo hacer una pregunta?

intuition /ˌɪntjʊˈɪʃən/ *n* intuición *f*.

intuitive /ɪnˈtjʊɪtɪv/ *adj* intuitivo -va.

intuitively /ɪnˈtjʊɪtɪvlɪ/ *adv* por intuición.

inundate /ˈɪnʌndeɪt/ *vt* [**inundates, inundating, inundated**] inundar: **they were inundated** *with* **offers of help** les llovieron las ofertas de ayuda.

invade /ɪnˈveɪd/ *vt* [**invades, invading, invaded**] invadir: **the Moors invaded Spain in 711** los moros invadieron España en el año 711; **the fans invaded the pitch** los hinchas invadieron el campo.

invader /ɪnˈveɪdə/ *n* invasor -sora *m/f*.

invalid I /ɪnˈvælɪd/ *adj* **1.** (*argument, reasoning*) no válido -da. **2.** (*ticket*) no válido -da; (*election*) nulo -la.
II /ˈɪnvəlɪd/ *n* (*disabled person*) inválido -da *m/f*: **he cares for his invalid sister** cuida de su hermana inválida.
to **invalid out** /ˈɪnvəlɪd aut/ *vt* [**invalids, invaliding, invalided**] (*Mil*) licenciar por invalidez: **he was invalided out** *of* **the army** lo licenciaron por invalidez.
invalid chair /ˈɪnvəlɪd tʃeə/ *n* silla *f* de ruedas.

invalidate /ɪnˈvælɪdeɪt/ *vt* [**invalidates, invalidating, invalidated**] invalidar: **her second marriage invalidated the will** su segundo matrimonio invalidó el testamento.

invaluable /ɪnˈvæljʊəbəl/ *adj* inestimable: **his advice has been invaluable** *to* **us** sus consejos nos han resultado inestimables.

invariable /ɪnˈveərɪəbəl/ *adj* invariable.

invariably /ɪnˈveərɪəblɪ/ *adv* (*frml*) siempre: **he is invariably punctual** siempre es puntual.

invasion /ɪnˈveɪʒən/ *n* invasión *f*: **the annual tourist invasion has begun** ha empezado la invasión anual de turistas; **it is an appalling invasion** *of* **their privacy** es una intrusión intolerable en su vida privada.

invective /ɪnˈvektɪv/ *n* (*frml*) invectiva *f*.

invent /ɪnˈvent/ *vt* [**invents, inventing, invented**] inventar.

invention /ɪnˈvenʃən/ *n* **1.** (*device, system*) invento *m*; (*act of inventing*) invención *f*: **the industry has been revolutionized by the invention** *of* **this instrument** la invención de este aparato ha revolucionado la industria; **she was amazed at the child's powers of invention** la inventiva del niño la maravillaba. **2.** (*untruth*) invención *f*: **his story about missing the bus is pure invention** la historia de que perdió el autobús es pura invención.

inventive /ɪnˈventɪv/ *adj* (*mind, person*) ingenioso -sa; (*design*) original.

inventor /ɪnˈventə/ *n* inventor -tora *m/f*.

inventory /ˈɪnvəntərɪ/ *n* [**inventories**] inventario *m*.

inverse /ˈɪnvɜ:s/ I *adj* inverso -sa.
II **the inverse** *n* lo contrario.

invert /ɪnˈvɜ:t/ *vt* [**inverts, inverting, inverted**] invertir: **the subject and the verb are inverted** se invierten el sujeto y el verbo.

invertebrate /ɪnˈvɜ:tɪbrət/ *n* invertebrado -da *m/f*.

inverted commas /ɪnˈvɜ:tɪd ˈkɒməz/ *n pl* comillas *f pl*.

invest /ɪnˈvest/ *vt* [**invests, investing, invested**] (*money, funds, time*) invertir: **they invest millions of dollars** *in* **research** invierten millones de dólares en investigación; **we have already invested a lot of time** *in* **this** ya hemos invertido mucho tiempo en esto.
♦*vi* invertir: **he suggested investing** *in* **shares** sugirió que invirtieran en acciones; **she's invested** *in* **a new computer** se ha comprado otro ordenador.

investigate /ɪnˈvestɪgeɪt/ *vt* [**investigates, investigating, investigated**] investigar: **the committee is to investigate the accusations** la comisión investigará las acusaciones; **we are still investigating that possibility** seguimos estudiando esa posibilidad.
♦*vi*: **the police are investigating** la policía está investigando.

investigation /ɪnˌvestɪˈgeɪʃən/ *n* investigación *f*: **an investigation has been launched** *into* **the affair** se ha abierto una investigación sobre el caso; **the matter is** *under* **investigation** se está llevando a cabo una investigación sobre el asunto; **he was kept in hospital for further investigations** lo internaron en el hospital para hacerle más pruebas.

investigative /ɪnˈvestɪgətɪv/ *adj* de investigación.
investigative journalism *n* periodismo *m* de investigación.

investigator /ɪnˈvestɪgeɪtə/ *n* investigador -dora *m/f*: **he is a private investigator** es detective * investigador privado.

investment /ɪnˈvestmənt/ *n* inversión *f*: **public investment has declined** la inversión pública ha disminuido; **a greater investment of time and energy is required** hay que dedicarle más tiempo y energía.
investment income *n* rentas *f pl*.

investor /ɪnˈvestə/ *n* inversor -sora *m/f*, inversionista *m/f*.

inveterate /ɪnˈvetərət/ *adj* (*frml*) redomado -da: **he turned out to be an inveterate liar** resultó ser un mentiroso redomado.

invidious /ɪnˈvɪdɪəs/ *adj* (*frml*) **1.** (*unfair*) injusto -ta. **2.** (*likely to cause resentment*) ingrato -ta: **he had the invidious task of choosing between them** le correspondió la ingrata tarea de elegir entre ellos.

invigilate /ɪnˈvɪdʒɪleɪt/ *vt/i* [**invigilates, invigilating, invigilated**] (*GB*) vigilar (*en un examen*).

invigilator /ɪnˈvɪdʒɪˌleɪtə/ *n* (*GB*) *persona encargada de supervisar un examen*.

invigorating /ɪnˈvɪgəˌreɪtɪŋ/ *adj* estimulante.

invincible /ɪnˈvɪnsəbəl/ *adj* invencible.

invisible /ɪnˈvɪzəbəl/ *adj* invisible: **these particles are invisible** *to* **the naked eye** estas partículas son invisibles al ojo humano.
invisible ink *n* tinta *f* invisible * simpática.
invisible mending *n* zurcido *m* invisible.

invitation /ˌɪnvɪˈteɪʃən/ *n* invitación *f*: **they sent me an invitation** *to* **the wedding** me mandaron una invitación a la boda; **entry is** *by* **invitation only** entrada únicamente con invitación • **leaving the key in the ignition is an open invitation to thieves** dejar la llave de contacto puesta es tentar a los ladrones.

invite I /ˈɪnvaɪt/ *n* (*fam*) invitación *f*.
II /ɪnˈvaɪt/ *vt* [**invites, inviting, invited**] **1.** (*to dinner, party*) invitar: **we invited them** *to* **dinner on Thursday** los invitamos a cenar el jueves. **2.** (*to request*) pedir: **he invited comments from the audience** pidió al público que diera su opinión • **that would be inviting trouble** eso sería buscarse problemas.
to **invite in** *vt* hacer pasar.
to **invite out** *vt* invitar a salir: **he's invited me out on Saturday** me ha invitado a salir el sábado.
to **invite over * round** *vt* invitar a casa: **they've invited us over * round for dinner** nos han invitado a su casa a cenar.

inviting /ɪnˈvaɪtɪŋ/ *adj* (*appealing*) atractivo -va: **a very inviting shop window** un escaparate muy atractivo; **the pool looked inviting** la piscina tenía un aspecto tentador; (*appetizing*): **there was an inviting smell coming from the kitchen** de la cocina venía un olor exquisito.

invoice /ˈɪnvɔɪs/ I *n* factura *f*.
II *vt* [**invoices, invoicing, invoiced**] facturar: **we haven't been invoiced** *for* **the books yet** todavía no nos han pasado (la) factura de los libros.

invoke /ɪnˈvəʊk/ *vt* [**invokes, invoking, invoked**] (*frml*) **1.** (*Law*) invocar. **2.** (*to summon*) invocar: **it was said that they used to invoke demons** se decía que invocaban a los demonios. **3.** (*to beg for*) suplicar: **the prisoner invoked their compassion** el prisionero les suplicó que tuvieran compasión.

involuntary /ɪnˈvɒləntərɪ/ *adj* involuntario -ria.

involve /ɪnˈvɒlv/ *vt* [**involves, involving, involved**] **1.** (*to entail*) suponer, conllevar: **does it involve any risks?** ¿supone algún riesgo?; **making the movie involved a lot of research** la realización de la película supuso mucha investigación. **2.** (*to bring in*) meter: **don't involve me** *in* **your arguments** no me metas en tus discusiones; **don't involve yourself** *in* **a lot of extra expense** no te metas en gastos innecesarios. **3.** (*to concern, affect*) afectar: **this involves all of us** esto nos afecta a todos; **the conference doesn't involve them** la conferencia no tiene nada que ver con ellos.

involved /ɪnˈvɒlvd/ *adj* **1.** (*complex*) complicado -da: **it's rather an involved story** es una historia bastante complicada. **2.** (*implicated, associated*) metido -da: **how did he come to be involved in this?** ¿y cómo se metió él en este asunto?; **police are questioning the people involved** la policía está interrogando a los involucrados; **don't get involved** *in* **their arguments** no te metas en sus discusiones; **they were involved** *in* **an accident** tuvieron un accidente; **he was involved** *with* **a bad crowd** se había juntado con mala gente. **3.** (*included, entailed*): **what's involved** *in* **this experiment?** ¿en qué consiste este experimento?; **you have to examine all the factors involved** hay que estudiar todos los factores que intervienen. **4.** (*emotionally*): **he's involved** *with* **another woman** tiene relaciones con otra mujer; **she didn't want to get too involved** no quería una relación demasiado seria.

involvement /ɪnˈvɒlvmənt/ *n* **1.** (*in an activity*) participación *f*; (*in crime*) implicación *f*: **she knew of his involvement** *with* **the terrorists** sabía que estaba involucrado con los terroristas; **what's your involvement** *in* **this nasty affair?** ¿qué tienes que ver tú en este asunto tan feo? **2.** (*emotional, sexual*) lío *m*.

invulnerable /ɪnˈvʌlnərəbəl/ *adj* invulnerable.

inward /ˈɪnwəd/ I *adj* **1.** (*on the inside*) interior: **his inward feelings were known to no-one** nadie sabía lo que sentía en su interior. **2.** (*towards the inside*) hacia dentro, hacia el interior.
II *adv* (*también* **inwards**) hacia dentro, hacia el interior.

inwardly /ˈɪnwədlɪ/ *adv* interiormente: **she laughed inwardly at the boy's curiosity** se rió para sus adentros ante la curiosidad del niño.

I/O *léase* /ˈɪnpʊt ˈaʊtpʊt/ (*abreviatura de* **input/output**) entrada/salida.

IOC /aɪəʊˈsiː/ *n* (*abreviatura de* **International Olympic Committee**) COI *m* (Comité Olímpico Internacional).

iodine /ˈaɪədiːn/ *n* yodo *m*.

ion /ˈaɪən/ *n* ion *m*.

iota /aɪˈəʊtə/ *n* pizca *f* • **there's not an iota of common sense in that family** en esa familia no hay ni pizca de sentido común.

IOU /aɪəʊˈjuː/ *n* (*abreviatura de* **I owe you**) pagaré *m*.

IPA /aɪpiːˈeɪ/ *n* (*abreviatura de* **International Phonetic Alphabet**) AFI *m* (Alfabeto Fonético Internacional).

IQ /aɪˈkjuː/ *n* (*abreviatura de* **intelligence quotient**) CI *m* (coeficiente intelectual).

IRA /aɪɑːˈreɪ/ *n* **1.** (*abreviatura de* **Irish Republican Army**) IRA *m* (*Ejército Republicano Irlandés*). **2.** (*abreviatura de* **Individual Retirement Account**) (*in US*) *cuenta bancaria en la que se ahorra para la jubilación*.

Iran /ɪ'rɑ:n/ *(US)* /aɪ'ræn/ *n* Irán *m*.
Iranian /ɪ'reɪnɪən/ *(US)* /aɪ'reɪnɪən/ **I** *adj* iraní.
II *n* (*person*) iraní *m/f*; (*language*) persa *m*.
Iraq /ɪ'rɑ:k/ *n* Irak *m*.
Iraqi /ɪ'rɑ:kɪ/ *adj*, *n* iraquí *adj*, *m/f*.
irascible /ɪ'ræsəbəl/ *adj* (*frml*) irascible.
irate /aɪ'reɪt/ *adj* airado -da.
Ireland /'aɪələnd/ *n* Irlanda *f*.
iris /'aɪrɪs/ *n* **[irises]** **1.** (*of eye*) iris *m*. **2.** (*flower*) lirio *m*.
Irish /'aɪrɪʃ/ **I** *adj* irlandés -desa.
II *n* (*language*) irlandés *m*.
III the Irish *n pl* (*people*) los irlandeses.
Irish coffee *n* café *m* irlandés.
Irishman *n* [*pl* **Irishmen**] irlandés *m*.
Irish Sea *n*: **the Irish Sea** el mar de Irlanda.
Irish whiskey *n* whisky *m* irlandés.
Irishwoman *n* [*pl* **Irishwomen**] irlandesa *f*.
irk /ɜ:k/ *vt* **[irks, irking, irked]** irritar: **his indifference irked her** la irritaba * le fastidiaba su indiferencia.
irksome /'ɜ:ksəm/ *adj* fastidioso -sa.
iron /'aɪən/ **I** *n* **1.** (*metal*) hierro *m*, (*Amér L*) fierro *m* • **he has a will of iron * an iron will** tiene una voluntad de hierro • **my granddad has an iron constitution** mi abuelo tiene una salud de hierro • **you'd better strike while the iron is hot and tell him now** mejor que se lo digas ahora, en caliente • **they have too many irons in the fire** tienen demasiadas cosas entre manos. **2.** (*for clothes*) plancha *f*. **3.** (*in golf*) palo *m* de hierro, hierro *m*.
II irons *n pl* (*chains*) grilletes *m pl*.
III *vt* **[irons, ironing, ironed]** (*clothes*) planchar.
to **iron out** *vt*: **let me iron out those creases for you** deja que te planche esas arrugas • **these problems were soon ironed out** estos problemas se solucionaron pronto.
Iron Age *n* Edad *f* de(l) Hierro.
Iron Curtain *n* telón *m* de acero.
iron lung *n* pulmón *m* de acero.
iron ore *n* mineral *m* de hierro.
ironic /aɪ'rɒnɪk/ *adj* irónico -ca.
ironing /'aɪənɪŋ/ *n*: **I still have a lot of ironing to do** todavía me queda mucha ropa por planchar; **I listen to the radio while I do the ironing** escucho la radio mientras plancho.
ironing board *n* tabla *f* de planchar.
ironmonger /'aɪən,mʌŋgə/ *n* (*GB*) **1.** (*person*) ferretero -ra *m/f*. **2. ironmonger's** (*shop*) ferretería *f*.
ironmongery /'aɪən,mʌŋgərɪ/ *n* ferretería *f*.
irony /'aɪrənɪ/ *n* **[ironies]** ironía *f*: **one of life's ironies** una de las ironías de la vida; **the irony (of it) was that she knew all the time** la ironía del caso es que lo sabía desde el principio.
irrational /ɪ'ræʃənəl/ *adj* irracional.
irreconcilable /ɪ,rekən'saɪləbəl/ *adj* (*frml*) irreconciliable.
irrefutable /,ɪrɪ'fju:təbəl/ *adj* (*frml*) irrefutable.
irregular /ɪ'regjʊlə/ *adj* **1.** (*gen*) irregular: **she has to work irregular hours** tiene un horario de trabajo muy irregular; **it is published at irregular intervals** no tiene un calendario fijo de publicación; **the irregular coastline of Galicia** la costa recortada de Galicia. **2.** (*unusual, abnormal*) raro -ra: **his behaviour has been most irregular** se ha estado comportando de forma muy rara; **this is a highly irregular request** ésta es una petición muy poco común. **3.** (*Ling*) irregular.
irregularity /ɪ,regjʊ'lærətɪ/ *n* **[irregularities]** irregularidad *f*: **they had spotted some irregularities in the files** habían advertido algunas irregularidades en los archivos; **from the air you can see the irregularity of the coastline** desde el aire se aprecia lo recortada que es la costa.
irrelevance /ɪ'reləvəns/ *n* **1.** (*matter*) cosa *f* que no viene al caso: **this is an irrelevance** esto no viene al caso; (*remark*) observación *f* que no viene al caso. **2.** (*state of being irrelevant*) falta *f* de pertinencia.
irrelevancy /ɪ'reləvənsɪ/ *n* **[irrelevancies]** ➪ irrelevance
irrelevant /ɪ'reləvənt/ *adj* **1.** (*not important*) poco importante, irrelevante: **the cost is totally irrelevant** *to* **them** para ellos, el precio no tiene ninguna importancia; **what he thinks is irrelevant** lo que piense él es totalmente irrelevante. **2.** (*out of place*): **he made some irrelevant remark** hizo algún comentario que no venía al caso.
irreligious /,ɪrɪ'lɪdʒəs/ *adj* irreverente.
irreparable /ɪ'repərəbəl/ *adj* irreparable.
irreplaceable /,ɪrɪ'pleɪsəbəl/ *adj* irreemplazable.
irrepressible /,ɪrɪ'presəbəl/ *adj* irreprimible, incontenible.
irreproachable /,ɪrɪ'prəʊtʃəbəl/ *adj* irreprochable, intachable.
irresistible /,ɪrɪ'zɪstəbəl/ *adj* irresistible.
irresolute /ɪ'rezəlu:t/ *adj* irresoluto -ta, indeciso -sa.
irrespective /,ɪrɪ'spektɪv/ *adj*: **irrespective of** sin tener en cuenta, sin distinción de: **it is available to everyone, irrespective of nationality** está a disposición de todos, sin distinción de nacionalidad.
irresponsibility /,ɪrɪspɒnsə'bɪlətɪ/ *n* irresponsabilidad *f*.
irresponsible /,ɪrɪ'spɒnsəbəl/ *adj* (*action, person*) irresponsable: **it was very irresponsible** *of* **him to leave her alone** fue muy irresponsable de su parte dejarla sola.
irresponsibly /,ɪrɪ'spɒnsəblɪ/ *adv* irresponsablemente.
irretrievable /,ɪrɪ'tri:vəbəl/ *adj* **1.** (*loss*) irrecuperable. **2.** (*mistake*) irremediable: **the crisis is now irretrievable** la crisis es ya irremediable.
irreverence /ɪ'revərəns/ *n* irreverencia *f*.
irreverent /ɪ'revərənt/ *adj* irreverente.
irreversible /,ɪrɪ'vɜ:səbəl/ *adj* irreversible.
irrevocable /ɪ'revəkəbəl/ *adj* irrevocable.
irrigate /'ɪrɪgeɪt/ *vt* **[irrigates, irrigating, irrigated]** regar, irrigar: **most of the region was irrigated** la mayor parte de la región era de regadío.
irrigation /,ɪrɪ'geɪʃən/ *n* riego *m*, irrigación *f*.
irrigation channel *n* acequia *f*.
irritable /'ɪrɪtəbəl/ *adj* irritable.
irritate /'ɪrɪteɪt/ *vt* **[irritates, irritating, irritated]** **1.** (*Med*) irritar: **this cream may irritate the skin** esta pomada puede irritar la piel. **2.** (*to annoy*) irritar.
irritating /'ɪrɪteɪtɪŋ/ *adj* irritante, molesto -ta.
irritation /,ɪrɪ'teɪʃən/ *n* **1.** (*Med*) irritación *f*. **2.** (*cause of annoyance*) fastidio *m*, molestia *f*: **the delay was yet another irritation** el retraso fue otra molestia más; (*anger*) enfado *m*, irritación *f*: **he was unable to hide his irritation** no podía disimular su enfado.
IRS /aɪɑ:'res/ *n* (*in US*) (*abreviatura de* **Internal Revenue Service**) Hacienda *f* [used without an article].
is /ɪz/ *tercera persona del singular del presente de* ➪ be
Islam /'ɪzlɑ:m/ *n* Islam *m*.
Islamic /ɪz'læmɪk/ *adj* islámico -ca.

island /ˈaɪlənd/ *n* **1.** (*Geog*) isla *f.* **2.** (*Auto*) isla *f* peatonal * de peatones, isleta *f.*

islander /ˈaɪləndə/ *n* isleño -ña *m/f.*

isle /aɪl/ *n* isla *f.*

isn't /ˈɪzənt/ *contracción de* **is not** ⇨ be

isobar /ˈaɪsəbɑː/ *n* isobara *f.*

isolate /ˈaɪsəleɪt/ *vt* [**isolates, isolating, isolated**] aislar: **they isolated him** *from* **the other prisoners** lo aislaron de los demás prisioneros.

isolated /ˈaɪsəleɪtɪd/ *adj* **1.** (*place, person*) aislado -da: **she felt totally isolated in that huge city** se sintió totalmente aislada en aquella ciudad tan enorme. **2.** (*single, individual*) aislado -da: **it proved to be an isolated case** resultó ser un caso aislado.

isolation /ˌaɪsəˈleɪʃən/ *n* aislamiento *m*: **they live** *in* **total isolation** viven totalmente aislados • **looking at the figures in isolation, you get a clearer picture** si analizas las cifras por separado se ve todo mucho más claro.

isolation ward *n* pabellón *m* de infecciosos.

Israel /ˈɪzreɪəl/ *n* Israel *m.*

Israeli /ɪzˈreɪlɪ/ **I** *n* israelí *m/f.*
II *adj* israelí.

issue /ˈɪʃuː/ **I** *n* **1.** (*subject*) cuestión *f*, tema *m*: **they discussed the key issues** discutieron las cuestiones más importantes; **he raised the issue of housing** planteó el tema de la vivienda; **that's a side issue** ésa es una cuestión secundaria; **don't avoid the issue** no evites el tema; **the strike has confused the issue** la huelga ha complicado el asunto • **do you have to make an issue of this?** ¿tienes que darle tanta importancia a esto? • **we agreed not to force the issue** acordamos no forzar una decisión • **he took issue with the management over safety measures** manifestó su desacuerdo con la dirección respecto a las medidas de seguridad • **her honesty is not at issue** su integridad no se cuestiona. **2.** (*act of issuing: licence, passport*) expedición *f*; (*: shares, banknotes*) emisión *f.* **3.** (*of a magazine*) número *m*: **she was trying to find a back issue** estaba intentando localizar un número atrasado. **4.** (*frml*: *children*) descendencia *f*: **the king died without issue** el rey murió sin dejar descendencia.
II *vt* [**issues, issuing, issued**] **1.** (*a publication*) publicar; (*a licence, passport*) expedir; (*shares, banknotes*) emitir. **2.** (*provisions, guns*) distribuir, dar: **the refugees were issued** *with* **food and blankets** * **food and blankets were issued** *to* **the refugees** distribuyeron comida y mantas entre los refugiados. **3.** (*statement*) hacer público: **police have issued a warning to motorists** la policía ha hecho público un aviso para los automovilistas; **his lawyer issued a statement** su abogado hizo pública una declaración; **he issued orders that they should retreat** dio órdenes de que se retiraran.
♦*vi* (*frml*) salir: **a delicious smell issued** *from* **the kitchen** de la cocina salía un olor exquisito.

isthmus /ˈɪsməs/ *n* [**isthmuses**] istmo *m.*

IT /aɪˈtiː/ *n* (*abreviatura de* **information technology**) informática *f.*

it /ɪt/ **I** *pron* [referring to a person, an animal or a thing]. **1.** (*as subject*) [often omitted in Spanish] él, ella, ello: **"Where's my umbrella?" "It's in the hall."** "¿Dónde está mi paraguas?" "Está en el vestíbulo." **2.** (*as direct object*) lo, la: **give it to me** dámelo; **she found a bracelet and handed it in to the police** se encontró una pulsera y la entregó a la policía; **no cream for me, I don't like it** no me pongas nata, no me gusta; **he's done it** lo ha hecho. **3.** (*as indirect object*) le: **she gave it a coat of paint** le dio una mano de pintura. **4.** (*after preposition*) él, ella, ello: **the bus stopped and we walked towards it** el autobús se paró y nos dirigimos hacia él; **they never speak about it** nunca hablan de ello; **I'll think about it** me lo pensaré. **5.** (*referring to people*): **who is it?** ¿quién es?; **it's me** soy yo.
II *pron* [used impersonally, often omitted in Spanish]. **1.** (*referring to the weather*): **it's snowing** está nevando; **it's windy** hace viento. **2.** (*referring to the time*): **it's 4 o'clock** son las cuatro; **it's time to go** es hora de irse. **3.** (*referring to the day or date*): **it's the fourth of June** estamos a cuatro de junio; **it's Tuesday today** hoy es martes. **4.** (*referring to distances*): **it's five miles from Eastmoor to Bardock** de Eastmoor a Bardock hay cinco millas. **5.** (*referring to a situation or fact*): **it wasn't easy for him to do that** hacer eso no fue fácil para él; **he finds it difficult to make friends** le resulta difícil hacer amigos • **what is it? why are you crying?** ¿qué pasa? ¿por qué lloras? • **hello, Pete! how's it going?** ¡hola, Pete! ¿qué tal? **6.** (*used to stress part of a sentence*): **it was in Paris that they met, not Rome** se conocieron en París, no en Roma. **7. that's it**: **"Try it the other way around." "That's it!"** "Prueba al revés." "¡Eso es!"; **that's it, I've finished** ya está, he terminado; **that's it! I'm never going to help them again!** ¡ya me he cansado, no pienso volver a ayudarlos!

Italian /ɪˈtælɪən/ **I** *adj* italiano -na.
II *n* (*person*) italiano -na *m/f*; (*language*) italiano *m.*

italic /ɪˈtælɪk/ *n* cursiva *f*, itálica *f*: **the title was in italics** el título estaba en cursiva.

Italy /ˈɪtəlɪ/ *n* Italia *f.*

itch /ɪtʃ/ **I** *n* [**itches**] picor *m*, picazón *f* • **I have an itch to go skiing again** tengo ganas de ir a esquiar otra vez.
II *vi* [**itches, itching, itched**] **1.** (*skin*) picar: **my arms itch** me pican los brazos; **this powder makes you itch** estos polvos producen picor. **2.** (*to do something*): **she was itching to do it** tenía muchas ganas de hacerlo; **I can tell you're itching for a try** ¡cómo se nota que tienes ganas de probarlo!

itchy /ˈɪtʃɪ/ *adj* [**itchier, itchiest**] que pica: **I had an itchy leg** me picaba la pierna.

it'd /ˈɪtəd/ (*fam*) **I** *contracción de* **it had**: **it'd been snowing** había estado nevando.
II *contracción de* **it would**: **it'd be typical of them!** ¡sería típico de ellos!

item /ˈaɪtəm/ *n* **1.** (*object*) artículo *m*: **he looked at all the items on show** echó un vistazo a todos los artículos expuestos; **she has a few items of furniture** tiene unos cuantos muebles; **everyone donated an item of clothing** todos dieron alguna que otra prenda. **2.** (*topic*) punto *m*: **let's deal with the next item on the agenda** vamos a ocuparnos del siguiente punto del orden del día; **an interesting news item** una noticia muy interesante. **3.** (*Fin*) partida *f.*

itemize /ˈaɪtəmaɪz/ *vt* [**itemizes, itemizing, itemized**] desglosar, detallar: **the phone company send us an itemized bill** la compañía telefónica nos manda el recibo con las llamadas desglosadas.

itinerant /aɪˈtɪnərənt/ *adj* (*frml*) itinerante, ambulante.

itinerary /aɪˈtɪnərərɪ/ *n* [**itineraries**] itinerario *m.*

it'll /ˈɪtəl/ *contracción de* **it will**

its /ɪts/ *adj* (*with singular noun*) su: **the dog buried its bone** el perro enterró su hueso; (*with plural noun*) sus: **the school publishes its exam results in the newspaper** el colegio publica los resultados de sus exámenes en el periódico.

it's /ɪts/ **I** *contracción de* **it is**: **it's easy when you know how** es muy fácil una vez que sabes cómo hacerlo.
II *contracción de* **it has**: **it's left a mark on the table** ha dejado una marca en la mesa.

itself /ɪt'self/ *pron* **1.** (*used reflexively*) se: **the bird had hurt itself** el pájaro se había hecho daño; **the college earned itself a good reputation** el colegio se ganó una buena reputación. **2.** (*for emphasis*): **the statues are in the cathedral itself** las estatuas están en la misma catedral • **he's generosity itself** es la generosidad personificada. **3.** (*after a preposition*): **is determination enough in itself?** ¿basta con tener determinación?; **the machine changes the paper by itself** la máquina cambia el papel automáticamente.

ITV /aɪti:'vi:/ *n* (*in GB*) (*abreviatura de* **Independent Television**) *cadena de televisión privada en el Reino Unido.*

IUD /aɪju:'di:/ *n* (*abreviatura de* **intrauterine device**) diu * DIU *m inv* (dispositivo intrauterino).

I've /aɪv/ *contracción de* **I have**

IVF /aɪvi:'ef/ *n* (*abreviatura de* **in vitro fertilization**) FIV *f* (fecundación in vitro).

ivory /'aɪvərɪ/ **I** *n* [**ivories**] marfil *m*.
II *adj* **1.** (*made of ivory*) de marfil. **2.** (*ivory-coloured*) de color marfil, marfil *adj inv*.
ivory tower *n* torre *f* de marfil.

ivy /'aɪvɪ/ *n* [**ivies**] hiedra *f*, yedra *f*.
Ivy League *n* (*Educ: in US*) *conjunto de ocho prestigiosas universidades que se encuentran en Nueva Inglaterra (EE. UU).*

J

J, j /dʒeɪ/ *n* (*letter*) J, j *f*; (*name of letter*) jota *f*.

jab /dʒæb/ **I** *n* (*with stick*) golpe *m*, pinchazo *m*; (*with elbow*) codazo *m*; (*fam: injection*) inyección *f*.
II *vt* [**jabs, jabbing, jabbed**] pinchar, darle un pinchazo a: **she jabbed it with her needle** lo pinchó con la aguja.

jabber /'dʒæbə/ *vt/i* [**jabbers, jabbering, jabbered**] farfullar: **they kept jabbering away in Arabic** siguieron parloteando en árabe.

jack /dʒæk/ *n* **1.** (*for vehicle*) gato *m*. **2.** (*in cards*) valet *m*, jota *f*; (*in Spanish pack*) sota *f*.
to **jack in** *vt* [**jacks, jacking, jacked**] (*fam*) dejar, plantar: **he's jacked his job in** ha dejado * plantado su trabajo.
to **jack up** *vt* levantar con un gato.

jackdaw /'dʒækdɔ:/ *n* grajilla *f*.

jacket /'dʒækɪt/ *n* **1.** (*gen*) chaqueta *f*; (*man's*) americana *f*, (*Amér L*) saco *m* (sport). **2.** (*of book*) sobrecubierta *f*, camisa *f*.
jacket potato *n* patata *f* asada * al horno (*con la piel*), (*Amér L*) papa *f* asada * al horno (*con la cáscara*).

jackknife /'dʒæknaɪf/ **I** *n* [**jackknives**] navaja *f*.
II *vi* [**jackknifes, jackknifing, jackknifed**] (*of articulated lorry*): **the truck had jackknifed across the road** el camión había quedado plegado en medio de la carretera.

jackpot /'dʒækpɒt/ *n* (*biggest prize*) gordo *m* • **he hit the jackpot** le tocó el gordo; (*accumulated prize money*) bote *m*.

jade /dʒeɪd/ *n* jade *m*.

jaded /'dʒeɪdɪd/ *adj* hastiado -da, falto -ta de entusiasmo.

jagged /'dʒægɪd/ *adj* (*metal, edge*) dentado -da; (*cliffs*) abrupto -ta.

jaguar /'dʒægjʊə/ *n* jaguar *m*.

jail /dʒeɪl/ **I** *n* cárcel *f*, prisión *f*: **he's *in* jail** está preso, está en la cárcel * en prisión; **he was sent to jail for four years** lo condenaron a cuatro años de prisión; **she was given a fifteen-year jail sentence** se le impuso una condena de quince años de prisión.
II *vt* [**jails, jailing, jailed**] encarcelar: **he was jailed for life** lo condenaron a cadena perpetua.

jailer /'dʒeɪlə/ *n* carcelero -ra *m/f*.

jam /dʒæm/ **I** *n* **1.** (*preserve*) mermelada *f*. **2.** (*of cars*) atasco *m*, embotellamiento *m*. **3.** (*problem*) apuro *m*,

aprieto *m*: **I'm in a real jam now** ahora sí que estoy en un apuro * aprieto.
II *vt* [**jams, jamming, jammed**] **1.** (*to push, to force*) meter (*a la fuerza*): **she jammed the notes** *into* **her handbag** se metió los billetes en el bolso; **he jammed his hat** *onto* **his head** se encasquetó el sombrero; **she jammed** *on* **the brakes** frenó en seco. **2.** (*to cause to stick*) atrancar: **you've jammed the key in the lock** has atrancado la llave en la cerradura; **I'll jam the door open with a brick** voy a poner un ladrillo para que no se cierre la puerta.
♦*vi* (*to get stuck*) atascarse: **the key has jammed** la llave se ha atascado.

jam jar *n* tarro *m*, bote *m* (*de mermelada*).

jam-packed *adj*: **the train was jam-packed** el tren iba hasta los topes.

jam tart *n* tarta *f* de mermelada.

Jamaica /dʒəˈmeɪkə/ *n* Jamaica *f*.

Jamaican /dʒəˈmeɪkən/ *adj*, *n* jamaicano -na *adj*, *m/f*.

Jan. *léase* /ˈdʒænjʊərɪ/ (*abreviatura de* **January**) enero *m*.

jangle /ˈdʒæŋgəl/ *vi* [**jangles, jangling, jangled**] sonar (*con sonido metálico*).
♦*vt* hacer sonar.

janitor /ˈdʒænɪtə/ *n* **1.** (*in apartment block*) portero -ra *m/f*. **2.** (*in school*) portero -ra *m/f*, bedel *m*.

January /ˈdʒænjʊərɪ/ *n* enero *m*. ⇨ June

Japan /dʒəˈpæn/ *n* (el) Japón.

Japanese /ˌdʒæpəˈni:z/ **I** *adj* japonés -nesa.
II *n* **1.** [*pl* **Japanese**] (*person*) japonés -nesa *m/f*. **2.** (*language*) japonés *m*.
III the Japanese *n pl* los japoneses.

jar /dʒɑ:/ **I** *n* tarro *m*, bote *m*.
II *vi* [**jars, jarring, jarred**] (*colours*) desentonar: **the music jars** *on* **my nerves** la música me crispa los nervios; **his whole manner jars** su actitud en general es fuera de tono.
♦*vt*: **I fell and jarred my spine** me caí y me hice mucho daño en la columna.

jargon /ˈdʒɑ:gən/ *n* jerga *f*: **his articles are full of computer jargon** sus artículos están llenos de jerga informática.

jasmine /ˈdʒæzmɪn/ *n* jazmín *m*.

jaundice /ˈdʒɔ:ndɪs/ *n* ictericia *f*.

jaundiced /ˈdʒɔ:ndɪst/ *adj* • **he takes a jaundiced view of charity dinners** adopta una actitud cínica con respecto a las cenas benéficas.

jaunt /dʒɔ:nt/ *n* (*fam*) excursión *f*: **the company paid for his jaunt to Las Vegas** la compañía pagó su escapada a Las Vegas.

jaunty /ˈdʒɔ:ntɪ/ *adj* [**jauntier, jauntiest**] (*manner*) desenfadado -da; (*tone*) jovial.

javelin /ˈdʒævəlɪn/ *n* jabalina *f*.

jaw /dʒɔ:/ **I** *n* **1.** (*Anat*) mandíbula *f*, maxilar *m*. **2.** (*of large animal*) quijada *f*.
II jaws *n pl* (*of tiger, lion*) fauces *f pl*.

jay /dʒeɪ/ *n* arrendajo *m* (común).

jaywalker /ˈdʒeɪˌwɔ:kə/ *n*: *peatón que cruza la calle de manera imprudente*.

jazz /dʒæz/ *n* jazz *m* • **she'd had enough of cathedrals, museums and all that jazz** ya estaba harta de catedrales, museos y todo ese rollo.

to **jazz up** *vt* [**jazzes, jazzing, jazzed**] (*fam*) darle más vida a, alegrar: **the first thing he did was jazz up the decor** lo primero que hizo fue darle más vida a la decoración.

jealous /ˈdʒeləs/ *adj* **1.** (*in relationships*) celoso -sa: **the relationship failed because she was very jealous** la relación fracasó porque ella era muy celosa; **he's terribly jealous** *of* **his wife** tiene muchos celos de su mujer. **2.** (*envious*) envidioso -sa: **she's jealous** *of* **her sister's success** tiene envidia del éxito de su hermana.

jealously /ˈdʒeləslɪ/ *adv* celosamente: **the recipe is a jealously guarded secret** la receta es un secreto celosamente guardado.

jealousy /ˈdʒeləsɪ/ *n* [**jealousies**] **1.** (*towards a person*) celos *m pl*: **his jealousy made her life hell** sus celos le hacían la vida imposible. **2.** (*of a person's wealth, success*) envidia *f*: **he couldn't hide his jealousy** *of* **Peter's success** no podía ocultar su envidia del éxito de Peter.

jeans /dʒi:nz/ *n pl* vaqueros *m pl*, tejanos *m pl*, jeans *m pl*: **she was wearing an old pair of jeans** llevaba unos vaqueros viejos.

jeep, **Jeep**® /dʒi:p/ *n* (vehículo *m*) todoterreno *m*, jeep *m*.

jeer /ˈdʒɪə/ *vi* [**jeers, jeering, jeered**] burlarse, mofarse: **they jeered** *at* **the old man** se burlaban del anciano; **instead of encouraging her, he just jeers** *at* **everything she does** en vez de darle ánimos, lo único que hace es reírse de todo lo que hace.
♦*vt* abuchear: **the crowd jeered the referee** la muchedumbre abucheó al árbitro.

Jehovah /dʒɪˈhəʊvə/ *n* Jehová *m*.

Jell-o® /ˈdʒeləʊ/ *n* (*US*) gelatina *f* (*con sabor a frutas*).

jelly /ˈdʒelɪ/ *n* [**jellies**] (*as dessert*) gelatina *f* (*con sabor a frutas*); (*clear jam*) jalea *f*; (*savoury*) gelatina *f*, cola *f* de pescado.

jeopardize /ˈdʒepədaɪz/ *vt* [**jeopardizes, jeopardizing, jeopardized**] poner en peligro, hacer peligrar: **the signing of the contract has been jeopardized by the strike** la huelga ha puesto en peligro la firma el contrato.

jeopardy /ˈdʒepədɪ/ *n* peligro *m*: **his career is** *in* **jeopardy** su carrera peligra * está en peligro.

jerk /dʒɜ:k/ **I** *n* **1.** (*on rope*) tirón *m*; (*of car*) sacudida *f*, movimiento *m* brusco: **she woke with a jerk** se despertó sobresaltada. **2.** (*!!: idiot*) gilipollas *m/f inv*, (*Amér L*) huevón -vona *m/f*: **he's a stupid jerk** es un gilipollas.
II *vt* [**jerks, jerking, jerked**] tirar bruscamente de: **she jerked it from my hand** me lo quitó de la mano de un tirón.
♦*vi*: **the car jerked to a halt** el coche se detuvo bruscamente * con una sacudida.

Jersey /ˈdʒɜ:zɪ/ *n* (*Geog*) Jersey *f*.

jersey /ˈdʒɜ:zɪ/ *n* **1.** (*sweater*) suéter *m*, jersey *m*, (*pl* jerséis). **2.** (*material*) jersey *m*.

Jerusalem /dʒəˈru:sələm/ *n* Jerusalén *m*.

jest /dʒest/ *n*: **she said it** *in* **jest** lo dijo en broma.

Jesuit /ˈdʒezjʊɪt/ *adj*, *n* jesuita *adj*, *m*.

Jesus /ˈdʒi:zəs/ *n* Jesús *m*: **Jesus Christ** Jesucristo.

jet /dʒet/ *n* **1.** (*of water, air*) chorro *m*. **2.** (*on gas cooker*) quemador *m*. **3.** (*Av*) reactor *m*, jet *m*.

jet-black *adj* negro -gra como el azabache.

jet engine *n* reactor *m*, turborreactor *m*.

jet lag *n* desfase *m* horario: **he's suffering from jet lag** está sufriendo los efectos del desfase horario.

jet set *n* (*fam*) jet (set) *f*.

jettison /ˈdʒetɪsən/ *vt* [**jettisons, jettisoning, jettisoned**] (*belongings*) tirar, deshacerse de; (*from ship*) echar por la borda; (*idea, plan*) rechazar, abandonar.

jetty /ˈdʒetɪ/ *n* [**jetties**] embarcadero *m*, malecón *m*.

Jew /dʒuː/ *n* judío -día *m/f*.

jewel /ˈdʒuːəl/ *n* (*piece of jewellery*) joya *f*, alhaja *f*; (*precious stone*) piedra *f* preciosa.

jeweller, (*US*) **jeweler** /ˈdʒuːələ/ *n* joyero -ra *m/f*.

jewellery, (*US*) **jewelry** /ˈdʒuːəlrɪ/ *n* joyas *f pl*, alhajas *f pl*.

Jewess /ˈdʒuːes/ *n* [**Jewesses**] judía *f*.

Jewish /ˈdʒuːɪʃ/ *adj* judío -día.

jibe /dʒaɪb/ *n* burla *f*, pulla *f*.

jiffy /ˈdʒɪfɪ/ *n* (*fam*): **I'll be back** *in* **a jiffy** enseguida vuelvo; **he can fix that** *in* **a jiffy** eso él te lo arregla en un santiamén.

jigsaw /ˈdʒɪgsɔː/ *n* (*también* **jigsaw puzzle**) puzzle *m*, rompecabezas *m inv*.

jilt /dʒɪlt/ *vt* [**jilts, jilting, jilted**] dejar: **she jilted him a month before the wedding** lo dejó un mes antes de la boda.

jingle /ˈdʒɪŋgəl/ **I** *n* tintineo *m*: **an advertising jingle** una canción publicitaria.
II *vi* [**jingles, jingling, jingled**] tintinear.
♦ *vt* hacer tintinear.

jingoism /ˈdʒɪŋgəʊɪzəm/ *n* patriotería *f* (belicista), chovinismo *m* (belicista).

jinx /dʒɪŋks/ *n* [**jinxes**] **1.** (*bad luck*) mala suerte *f*: **someone's put a jinx** *on* **this machine** alguien le ha hecho un maleficio a esta máquina. **2.** (*person*) gafe *m/f*.

jitters /ˈdʒɪtəz/ *n pl* (*fam*): **I get the jitters every time I think of that** me pongo nerviosísimo cada vez que pienso en eso.

jittery /ˈdʒɪtərɪ/ *adj* (*fam*) nervioso -sa.

job /dʒɒb/ *n* **1.** (*post*) trabajo *m*, puesto *m*, empleo *m*: **she's looking for a job** está buscando trabajo; **jobs are scarce** hay poca oferta de empleo; **he lost his job** se quedó sin trabajo; **she has a good job in a bank** tiene un buen puesto en un banco; **he has a job** *as* **a gardener** trabaja de ∗ como jardinero; **he found her a job in an agency** la colocó en una agencia. **2.** (*task, responsibility*) trabajo *m*, tarea *f*: **I have lots of jobs for you** tengo muchos trabajos para ti; **it's not my job to clean up** no me corresponde a mí hacer la limpieza • **I had a real job getting them to go** ∗ **to get them to go** me costó mucho (trabajo) conseguir que se fueran. **3.** • **a good/bad job**: **what a good job she stayed!** ¡menos mal que se quedó!; **he gave it up as a bad job** lo dejó porque era un caso perdido; **this is just the job for you** esto es ideal para ti; **you didn't make a very good job of those curtains** esas cortinas no te quedaron muy bien que digamos.
jobcentre *n* bolsa *f* de trabajo, oficina *f* de empleo.
job creation *n* creación *f* de empleo.
job satisfaction *n* satisfacción *f* profesional.

jobless /ˈdʒɒbləs/ **I** *adj* desempleado -da, sin empleo.
II the jobless *n pl* los desempleados, los parados.

jockey /ˈdʒɒkɪ/ **I** *n* jockey *m/f*.
II *vi* [**jockeys, jockeying, jockeyed**]: **the rival candidates jockeyed** *for* **position** los candidatos rivales estaban realizando maniobras para asegurar sus posiciones.

jockstrap /ˈdʒɒkstræp/ *n* suspensorio *m*.

jocular /ˈdʒɒkjʊlə/ *adj* jocoso -sa, divertido -da.

jog /dʒɒg/ **I** *vt* [**jogs, jogging, jogged**] empujar: **she jogged my elbow and I dropped it** me dio un empujón en el codo y se me cayó; **let me jog your memory** permíteme que te refresque la memoria.
♦ *vi* (*to half run*) correr a ritmo moderado; (*for exercise*) hacer footing ∗ jogging.
II *n* **1.** (*run*): **she goes for a jog every morning** todas las mañanas sale a hacer footing ∗ jogging; **he came at a jog** vino al trote ∗ trotando. **2.** (*push*) empujoncito *m*.

jogging /ˈdʒɒgɪŋ/ *n* footing *m*, jogging *m*.

join /dʒɔɪn/ **I** *n* juntura *f*, unión *f*.
II *vt* [**joins, joining, joined**] **1.** (*to put together: gen*) juntar: **let's join the tables together** juntemos las mesas; (*: pieces, parts*) unir, empalmar; (*: cables, wires*) conectar. **2.** (*people*): **he joined the group in Paris** se unió al grupo en París; **I'll join you in the café** nos vemos en la cafetería; **do you mind if I join you?** ¿les importa si me siento con ustedes?; **please join us for dinner** por favor, venga a cenar con nosotros; **they joined the queue for tickets** se pusieron en la cola de las entradas. **3.** (*road*): **you join the main road at Bristol** llega a la carretera principal en Bristol; **this road joins** *(up with)* **the motorway at Milton** esta carretera empalma con la autopista en Milton. **4.** (*to become a member of: club*) hacerse socio de; (*: army*) alistarse en; (*: organization*) entrar en; (*: political party*) afiliarse a.
to **join in** *vi* tomar parte, participar: **she doesn't join in** *with* **the other children** no toma parte en las actividades de los otros niños.
♦ *vt* tomar parte en, participar en: **he didn't join in the discussion** no tomó parte en la discusión.
to **join up** *vt* unir: **join up the dots** une los puntos.
♦ *vi* (*in armed forces*) alistarse.

joiner /ˈdʒɔɪnə/ *n* carpintero -ra *m/f*.

joint /dʒɔɪnt/ **I** *adj* (*declaration*) conjunto -ta; (*prize*) compartido -da; (*committee*) mixto -ta: **selling the house was a joint decision** la venta de la casa fue una decisión tomada de común acuerdo.
II *n* **1.** (*Anat*) articulación *f*. **2.** (*in pipe*) unión *f*, juntura *f*. **3.** (*roasted meat*) asado *m*. **4.** (*fam*: *place*) antro *m*. **5.** (*!!: for smoking*) porro *m*, canuto *m*.
joint account *n* cuenta *f* conjunta, cuenta *f* a nombre de más de un titular.
joint ownership *n* copropiedad *f*.
joint responsibility *n* responsabilidad *f* común.

joist /dʒɔɪst/ *n* viga *f*.

joke /dʒəʊk/ **I** *n* (*story*) chiste *m*: **they were telling jokes until midnight** estuvieron contando chistes hasta medianoche; (*act*) broma *f*: **they played a joke** *on* **their teacher** le gastaron una broma al profesor; **he loves playing practical jokes** le encanta gastarle ∗ hacerle bromas a la gente; **it was only a joke** era sólo una broma; **you can't take a joke** a ti no se te puede hacer una broma • **her plan is a joke** su plan da risa ∗ es una ridiculez • **his cooking has become a standing joke** ha llegado a ser famoso por lo mal que cocina.
II *vi* [**jokes, joking, joked**] bromear: **she's only joking** sólo está bromeando ∗ lo dice en broma nada más; **he can joke about it now** ahora se da cuenta de lo gracioso que fue • **work on a Sunday? you must be joking!** ¿trabajar un domingo? ¡tú debes de estar loco!

joker /ˈdʒəʊkə/ *n* **1.** (*in cards*) comodín *m*. **2.** (*person*) bromista *m/f*, gracioso -sa *m/f*.

jolly /ˈdʒɒlɪ/ **I** *adj* [**jollier, jolliest**] (*cheerful: person*) alegre, jovial: **she's very jolly** es muy alegre; (*: laugh*) alegre; (*amusing*) divertido -da: **it was a jolly outing** fue una excursión muy divertida.
II *adv* (*GB*: *fam*): **"I'll bring some records." "Jolly good."** "Yo traeré algunos discos." "Muy bien."; **it's jolly hard** es dificilísimo; **she jolly well will pay!** ¡por supuesto que pagará!

jolt /dʒəʊlt/ **I** *vt* [**jolts, jolting, jolted**] sacudir: **he jolted my arm** me sacudió el brazo; **she was jolted** *out of* **her sleep** se despertó sobresaltada.
♦*vi* (*vehicle*): **the taxi jolted down the street** el taxi bajó la calle dando tumbos.
II *n* (*of train, bus*) sacudida *f* • **the news gave me a jolt** la noticia me produjo una impresión enorme.

jostle /ˈdʒɒsəl/ *vt* [**jostles, jostling, jostled**] empujar, darle empujones a: **he was jostled as he came out** le dieron empujones a la salida.

jostling /ˈdʒɒsəlɪŋ/ *n*: **there was a lot of jostling at the ticket office** todo el mundo intentaba abrirse paso a empujones en la taquilla.

jot /dʒɒt/ **I** *n* (*fam*): **I don't care a jot** (no) me importa un bledo * un comino; **there's not a jot of truth in what she says** no hay ni pizca * ni un ápice de verdad en lo que dice.
II *vt* [**jots, jotting, jotted**]: **he jotted** *down* **the dates** tomó nota de * apuntó las fechas.

jotter /ˈdʒɒtə/ *n* cuaderno *m*, bloc *m*.

journal /ˈdʒɜːnəl/ *n* **1.** (*publication*) boletín *m*, publicación *f*. **2.** (*diary*) diario *m*.

journalese /ˌdʒɜːnəˈliːz/ *n* jerga *f* de los periodistas.

journalism /ˈdʒɜːnəlɪzəm/ *n* periodismo *m*.

journalist /ˈdʒɜːnəlɪst/ *n* periodista *m/f*.

journey /ˈdʒɜːnɪ/ *n* (*gen*) viaje *m*: **the journey to work takes an hour** el viaje al trabajo me lleva una hora; **I'll tell you about it** *on* **the journey** te lo contaré por el camino; (*distance*) trayecto *m*, recorrido *m*: **it's a fifteen-kilometre journey** es un trayecto de quince kilómetros.

jovial /ˈdʒəʊvɪəl/ *adj* jovial, alegre.

joy /dʒɔɪ/ *n* alegría *f*, dicha *f*: **it's a joy to have you here** es un placer tenerte aquí; **that's one of the joys of working at home** ésa es una de las ventajas de trabajar desde casa • **I got no joy out of Lost Property** no pudieron ayudarme en la oficina de objetos perdidos.

joyful /ˈdʒɔɪfʊl/ *adj* (*person*) dichoso -sa, feliz; (*event*) feliz.

joyless /ˈdʒɔɪləs/ *adj* (*marriage*) sin amor; (*life*) triste.

joyride /ˈdʒɔɪraɪd/ *n*: **the boys went for a joyride in a stolen car** los chicos se fueron a dar una vuelta en un coche robado.

joyrider /ˈdʒɔɪˌraɪdə/ *n*: *persona que roba un coche para dar una vuelta y luego abandonarlo.*

jubilant /ˈdʒuːbɪlənt/ *adj* jubiloso -sa: **she was jubilant** *at* **the news** estalló de júbilo al oír la noticia.

jubilee /ˈdʒuːbɪˌliː/ *n* festejos *m pl* conmemorativos (*de un aniversario*).

Judaism /ˈdʒuːdeɪɪzəm/ *n* judaísmo *m*.

judge /dʒʌdʒ/ **I** *n* (*man*) juez *m*; (*woman*) juez *f*, jueza *f*: **he's not a good judge of character** no sabe juzgar a las personas.
II *vt* [**judges, judging, judged**] (*Law*) juzgar; (*to consider*) considerar: **she judged it wiser to stay silent** consideró que lo más aconsejable era callar; (*to estimate*) calcular: **he judged the distance perfectly** calculó la distancia a la perfección.
♦*vi* juzgar: **judging** *from* * **to judge** *from* **their reply, they will not agree** a juzgar por su respuesta, no accederán.

judgement, **judgment** /ˈdʒʌdʒmənt/ *n* **1.** (*by judge*) sentencia *f*, fallo *m*: **judgement will be passed on the case tomorrow** dictarán sentencia mañana. **2.** (*opinion*) opinión *f*, juicio *m*: **in my judgement, it's worth a lot more** en mi opinión vale mucho más; **I agreed, against my better judgement** accedí, aunque sabía que estaba cometiendo un error. **3.** (*capacity to judge*) criterio *m*.

judicial /dʒuːˈdɪʃəl/ *adj* judicial.

judiciary /dʒuːˈdɪʃərɪ/ *n* judicatura *f*.

judicious /dʒuːˈdɪʃəs/ *adj* (*person*) sensato -ta, de criterio; (*decision*) tomado -da con criterio; (*analysis*) serio -ria, hecho -cha con criterio.

judo /ˈdʒuːdəʊ/ *n* judo *m*.

jug /dʒʌg/ *n* jarra *f*, jarro *m*.

juggernaut /ˈdʒʌgənɔːt/ *n* camión *m* pesado.

juggle /ˈdʒʌgəl/ *vi* [**juggles, juggling, juggled**] hacer malabarismos.
♦*vt* (*balls*) hacer malabarismos con: **they accused him of juggling the figures** lo acusaron de falsear las cifras • **they had to juggle the dates** tuvieron que cambiar todas las fechas.

juggler /ˈdʒʌgələ/ *n* malabarista *m/f*.

jugular /ˈdʒʌgjʊlə/ *n* (*también* **jugular vein**) yugular *f*.

juice /dʒuːs/ *n* **1.** (*from meat*) jugo *m*: **the juices from the roast** el jugo del asado • **leave him to stew in his own juice for a bit** déjalo que se preocupe un rato. **2.** (*from fruit, vegetables*) zumo *m*, (*Amér L*) jugo *m*. **3.** (*Anat*) jugo *m*: **gastric juices** jugos gástricos.

juicy /ˈdʒuːsɪ/ *adj* [**juicier, juiciest**] jugoso -sa • **she knows all the juicy scandal** está al tanto de todos los escándalos más jugosos * picantes.

jukebox /ˈdʒuːkbɒks/ *n* [**jukeboxes**] máquina *f* de discos, gramola *f*.

Jul. *léase* /dʒuːˈlaɪ/ (*abreviatura de* **July**) julio *m*.

July /dʒuːˈlaɪ/ *n* julio *m*. ⇨ June

jumble /ˈdʒʌmbəl/ **I** *n* mezcolanza *f*, revoltijo *m*.
II *vt* [**jumbles, jumbling, jumbled**] mezclar, revolver: **she jumbled** *up* **the index cards** mezcló todas las fichas.

jumble sale *n* venta *f* de objetos de segunda mano (*con fines benéficos*).

jumbo /ˈdʒʌmbəʊ/ **I** *adj* (*fam*) gigante.
II *n* (*también* **jumbo jet**) jumbo *m*.

jump /dʒʌmp/ **I** *vi* [**jumps, jumping, jumped**] saltar, brincar: **she jumped** *off* * *down from* **the wall** saltó del muro, bajó del muro de un salto; **he jumped** *off* **the train** se bajó de prisa del tren; **he jumped** *on* **a bus** se subió de prisa a un autobús; **he jumped** *out of* **the plane** se tiró del avión; **it jumped** *through* **the window** saltó por la ventana; **he jumped** *to* **his feet** * **he jumped** *up* se puso de pie de un salto; **you made me jump!** ¡qué susto me has dado!; **jump in, I'll give you a lift** súbete que te llevo • **they jumped at the offer** aceptaron la oferta de inmediato.
♦*vt* (*hurdle, obstacle*) saltar • **the train jumped the rails** el tren descarriló.
II *n* salto *m*: **a jump** *in* **prices** un aumento súbito de los precios; **our horse fell** *at* **the first jump** nuestro caballo cayó al primer obstáculo • **he's always one jump ahead of us** nos lleva siempre la delantera.

jumper /ˈdʒʌmpə/ *n* suéter *m*, jersey *m* (*pl* jerséis).

jumpy /ˈdʒʌmpɪ/ *adj* [**jumpier, jumpiest**] (*fam*) nervioso -sa.

Jun. *léase* /dʒuːn/ (*abreviatura de* **June**) junio *m*.

junction /ˈdʒʌŋkʃən/ *n* (*of roads*) cruce *m*; (*of railways*) empalme *m*.

juncture /ˈdʒʌŋktʃə/ *n* • **we have no plans for expansion at this juncture** en este momento no tenemos planes de expansión.

June /dʒuːn/ *n* junio *m*: **he was born on the second of June** nació el dos de junio; **they arrive on the**

seventeenth of June llegan el diecisiete de junio; **early** *in* **June** a principios de junio; *in* **the month of June** en el mes de junio; **there are thirty days** *in* **June** junio tiene treinta días; **we haven't seen her since last June** no la hemos visto desde junio ∗ el junio pasado.

jungle /ˈdʒʌŋgəl/ *n* jungla *f*: **the urban jungle** la jungla de asfalto.

junior /ˈdʒu:nɪə/ **I** *adj* **1.** (*in rank*) subalterno -na: **the junior officers** los oficiales subalternos. **2.** (*in age*) menor: **he's junior** *to* **her** es menor ∗ más joven que ella; **the junior team** el equipo juvenil. **3.** (*in hierarchy*) de menor antigüedad.
II *n* **1.** (*of lower rank*) subalterno -na *m/f*: **he started as the office junior** empezó en la oficina como aprendiz. **2.** (*younger person*): **he's seven years my junior** es siete años menor que yo. **3.** (*US*: *fam, son*) hijo *m*, júnior *m*. **4.** (*GB*: *Educ*) *alumno de 7 a 11 años*; (*US*) *estudiante del penúltimo año del colegio o la universidad*.

junior high school *n* (*US*) instituto *m* de enseñanza media (*para niños de 12 a 15 años*).

junior school *n* (*GB*) escuela *f* primaria (*para niños de 7 a 11 años*).

juniper /ˈdʒu:nɪpə/ *n* enebro *m*, junípero *m*.

junk /dʒʌŋk/ *n* (*things*) trastos *m pl*, cachivaches *m pl*: **get your junk out of here!** ¡quita tus trastos de en medio!; (*rubbish*) basura *f*.

junk food *n* comida *f* basura.

junk heap *n* (*fig*) basurero *m*.

junk mail *n* propaganda *f* (*que se recibe por correo*).

junk shop *n* tienda *f* de artículos de segunda mano.

junkie /ˈdʒʌŋkɪ/ *n* (*fam*) yonqui *m/f*.

junta /ˈdʒʌntə/ *n* junta *f* (militar).

Jupiter /ˈdʒupitə/ *n* Júpiter *m*.

jurisdiction /ˌdʒʊərəsˈdɪkʃən/ *n* competencia *f*, jurisdicción *f*: **that's** *outside* **my jurisdiction** eso está fuera de mi competencia.

juror /ˈdʒʊərə/ *n* miembro *m* de un jurado.

jury /ˈdʒʊərɪ/ *n* [**juries**] jurado *m*.

just /dʒʌst/ **I** *adj* justo -ta: **their decision was not just** su decisión no fue justa.
II *adv* **1.** (*exactly*) justo, precisamente: **that's just what I thought** eso es justo ∗ precisamente lo que yo pensé; **it's just seven o'clock** son las siete en punto; **he arrived just as I was leaving** llegó justo cuando yo salía; **that's just what we need** es justo lo que nos hace falta; (*ironically*) ¡lo que nos faltaba!; **the colour's just right** el color es ideal; **he's just as rude as she is** él es tan grosero como ella; **that's just the point!** ¡ése es el quid de la cuestión!; **it'll be ready in just a minute** estará listo en un segundo ∗ minuto; **I can just imagine how you must have felt** me imagino perfectamente cómo te debes de haber sentido. **2.** (*with the verb* **to have**): **I've just finished** acabo de terminar; **he had just gone out, when it started to rain** acababa de salir cuando se puso a llover. **3.** (*nearly*): **it's just about to begin** está a punto de empezar; **I've had just about enough of him** ya me estoy empezando a hartar de él. **4.** (*only*) sólo: **these are just some of the replies** éstas son sólo algunas de las respuestas; **it's just a scratch** no es más que un rasguño; (*simply*): **you're just lucky** lo que pasa es que tienes suerte; **just listen carefully to what she says** simplemente presta atención a lo que ella diga. **5.** (*by a small margin*): **he could just hear her** apenas ∗ a duras penas la oía; **she might just come** podría ser que viniera; **we just missed the flight** perdimos el vuelo por muy poco. **6.** (*for emphasis*): **just you listen to me!** ¡escucha lo que te voy a decir!; **she was just dying to tell him** estaba que se moría por decírselo.

justice /ˈdʒʌstɪs/ *n* justicia *f*: **they brought the criminals** *to* **justice** llevaron a los delincuentes ante los tribunales; **they didn't do their case justice** no supieron presentar bien su caso • **that portrait doesn't do her justice** ese retrato no le hace justicia.

justifiable /ˌdʒʌstɪˈfaɪəbəl/ *adj* justificable.

justified /ˈdʒʌstɪfaɪd/ *adj* justificado -da: **they are quite justified** *in* **refusing** tienen toda la razón en negarse.

justify /ˈdʒʌstɪfaɪ/ *vt* [**justifies, justifying, justified**] justificar: **my suspicions were justified** mis sospechas resultaron ser fundadas.

jut /dʒʌt/ *vi* [**juts, jutting, jutted**]: **the roof juts** *out* el tejado sobresale; **the cliffs jut** *out over* **the sea** los acantilados se proyectan sobre el mar.

juvenile /ˈdʒu:vənaɪl/ *adj* juvenil: **don't be so juvenile** no seas tan infantil.

juvenile delinquency *n* delincuencia *f* juvenil.

juxtaposition /ˌdʒʌkstəpəˈzɪʃən/ *n* yuxtaposición *f*.

K

K, k /keɪ/ *n* (*letter*) K, k *f*; (*name of letter*) ka *f*.

K /keɪ/ (*abreviatura de* **1,000**) (*Fin*: *fam*): **salary: £25K** sueldo: 25.000 libras.

kagoul, kagoule /kəˈguːl/ *n* chubasquero *m*.

kaleidoscope /kəˈlaɪdəskəʊp/ *n* caleidoscopio *m*, calidoscopio *m*.

kangaroo /ˌkæŋgəˈruː/ *n* (*Zool*) canguro *m*.

kangaroo court *n* comité *m* ilegal (*formado por trabajadores o soldados que penalizan a compañeros*).

karat /ˈkærət/ *n* (*US*) quilate *m*.

karate /kəˈrɑːtɪ/ *n* kárate *m*, karate *m*: **a karate chop** un golpe de kárate.

kebab /kəˈbæb/ *n* kebab *m*, brocheta *f*.

keel /kiːl/ *n* quilla *f* ● **the company is back on an even keel again** la empresa vuelve a estar en una situación estable.

to **keel over** *vi* [**keels, keeling, keeled**] (*boat, ship*) volcar; (*person*): **he keeled over at the bus stop** se cayó en redondo en la parada de autobús.

keen /kiːn/ *adj* **1.** (*interest, desire*) vivo -va, profundo -da; (*mind, appreciation*) agudo -da: **you need a keen eye for detail** tienes que ser cuidadoso con los detalles; (*competition*) reñido -da; (*knife*) afilado -da; (*wind*) penetrante. **2.** (*GB*: *enthusiastic*): **he's a keen gardener** es muy aficionado a la jardinería; **she's keen** *to* **emigrate** está deseando emigrar; **they're not keen** *about* **leaving** no quieren marcharse; **I'm very keen** *on* **the idea** me atrae mucho la idea; **he's very keen** *on* **Rose** le gusta mucho Rose.

keenly /ˈkiːnlɪ/ *adv* **1.** (*to feel*) profundamente. **2.** (*to compete*) con ahínco, con entusiasmo. **3.** (*to look, watch*): **he watched the scoreboard keenly** observaba el marcador con mucho interés; **she looked at him keenly** le lanzó una mirada penetrante.

keenness /ˈkiːnnəs/ *n* **1.** (*of a person*) entusiasmo *m*. **2.** (*of a blade*) agudeza *f*.

keep /kiːp/ **I** *n* **1.** (*upkeep*) sustento *m*: **she gives her parents money to pay for her keep** les da dinero a sus padres para pagar su manutención. **2.** (*of a castle*) torreón *m*.

II *vt* [**keeps, keeping, kept**] **1.** (*to retain*) conservar: **he kept his job** conservó el trabajo; **he kept all his girlfriend's letters** conservó todas las cartas de su novia; **when they divorced she kept the house** cuando se divorciaron ella se quedó con la casa; **keep the change** quédese con la vuelta; **she kept the best part to the end** se guardó lo mejor para el final. **2.** (*to store*) guardar: **he keeps it in the garage** lo guarda en el garaje; **where do you keep the sugar?** ¿dónde tienes * guardas el azúcar? **3.** (*information*): **can you keep this** *to* **yourself, please?** ¿me guardas el secreto?; **she kept it** *from* **her parents** no se lo dijo a sus padres. **4.** (*to preserve, maintain*) mantener: **he kept his expenditure to a minimum** mantuvo sus gastos al mínimo; **they kept her alive** la mantuvieron con vida; **keep a grip on your wallet** agarra bien la cartera; **you must keep it clean** debes mantenerlo limpio ● **they keep themselves to themselves** no tienen mucha vida social. **5.** (*a bargain, promise*) cumplir (con): **she didn't keep her side of the deal** no cumplió con lo que habían acordado; **he always keeps his appointments** nunca falta a una cita. **6.** (*to make stay*): **they kept her in hospital for three weeks** la tuvieron en el hospital tres semanas; **what kept you?** ¿por qué llegas tarde?; **she kept me waiting for an hour** me hizo esperar una hora. **7.** (*cat, dog*) tener; (*chickens*) criar. **8.** (*diary, shop*) llevar: **keep a record of the expenses** apunta los gastos.

♦*vi* **1.** (*to stay fresh*) conservarse: **the milk won't keep** la leche se echará a perder. **2.** (*of health*): **how are you keeping?** ¿cómo estás?, ¿cómo te encuentras?; **she's keeping better, thank you** está mejor, gracias. **3.** (*to continue*) seguir, continuar: **keep looking for it** continúa * sigue buscándolo; **he keeps (on) making the same mistake** sigue cometiendo el mismo error; **keep right * to the right** sigan por la derecha. **4.** (*to remain*) permanecer: **keep together** no se separen ● **keep still!** ¡no te muevas!

to **keep back** *vt* (*tears, crowd*) contener: **keep the children back** no dejes que se acerquen los niños; (*evidence*) no divulgar; (*supplies, food*) guardar, quedarse con.

♦*vi* mantenerse alejado -da: **keep back!** ¡quédate ahí!

to **keep down** *vt* **1.** (*gen*): **they've kept their prices down** han mantenido los precios bajos; **keep your head down** no levantes la cabeza. **2.** (*food, drink*) retener: **he can't keep his food down** no puede retener lo que come.

♦*vi*: **keep down, they'll see you!** ¡quédate agachado, que te van a ver!

to **keep in** *vt* (*sick person*) no dejar salir de casa: **his mother kept him in for a few days** su madre lo hizo quedarse en casa varios días; (*pupils*) dejar castigado -da: **the whole class was kept in** toda la clase tuvo que quedarse castigada después del colegio.

♦*vi* (*in relationships*): **it's important that you keep in** *with* **them** es importante que mantengas buenas relaciones con ellos.

to **keep off** *vt* **1.** (*to provide protection from*) proteger de: **it keeps the rain off** me protege de la lluvia. **2.** (*to avoid*): **keep off the subject of divorce** no menciones el tema del divorcio; **keep off fatty foods** no tome comidas grasas. **3.** (*a place*): **"keep off the grass"** "prohibido pisar el césped"; **keep your dog off the tennis court** no deje entrar a su perro en la pista de tenis; **keep him off school for a week** que no vaya al colegio durante una semana.

to **keep on** *vi* **1.** (*gen*) continuar, seguir: **keep on as far as the end of the road** continúe * siga hasta el final de la calle. **2.** (*at somebody*): **he kept on** *at* **her until she agreed** no la dejó en paz hasta que accedió; (*about something*): **she kept on** *about* **wanting a car** no paró de decir que quería un coche.

to **keep out** *vt* (*of a place*) impedirle la entrada a: **she**

kept him out of the kitchen no lo dejó entrar en la cocina; (*of a situation*): **I asked him to keep me out of this** le pedí que no me metiera en esto.
♦*vi* (*on a sign*): **keep out** prohibida la entrada.
to **keep to** *vt* atenerse a: **she kept to the letter of the agreement** cumplió (con) el acuerdo al pie de la letra.
to **keep up** *vi* **1.** (*gen*) mantenerse al nivel * ritmo: **she walked so fast, I couldn't keep up (*with* her)** caminaba tan rápido que no pude mantenerme a su ritmo; **salaries are not keeping up *with* the cost of living** los sueldos no se mantienen al nivel del coste de la vida. **2.** (*with news, changes*) mantenerse informado -da: **he keeps up *with* all the latest news** se mantiene informado * al día • **they try to keep up with the Joneses** no quieren ser menos que los vecinos.
♦*vt* **1.** (*to continue with*) seguir, continuar: **keep up the good work!** ¡sigan trabajando así de bien!; **he's kept his Spanish up** ha mantenido su nivel de español. **2.** (*to stop from sleeping*): **they kept me up until two in the morning** no me dejaron dormir hasta las dos de la madrugada.
keeper /ˈkiːpə/ *n* **1.** (*in zoo*) cuidador -dora *m/f*; (*in museum*) conservador -dora *m/f*; (*in park*) guarda *m/f*. **2.** (*fam*: *goalkeeper*) portero -ra *m/f*, (*Amér L*) arquero -ra *m/f*.
keeping /ˈkiːpɪŋ/ *n* **1.** (*agreement*) consonancia *f* • **it is not in keeping with the rest of the furniture** no está en consonancia con el resto de los muebles • **it was out of keeping with his usual behaviour** normalmente no se comportaba así. **2.** (*care, charge*) cuidado *m* • **the money is in safe keeping** el dinero está en buenas manos.
keepsake /ˈkiːpˌseɪk/ *n* recuerdo *m*.
keg /keg/ *n* barril *m*.
kennel /ˈkenəl/ **I** *n* **1.** (*for dog to sleep in*) caseta *f* del perro. **2.** (*US*: *for temporary stay*) ⇨ kennels
II kennels *n pl* residencia *f* canina: **they left their dog in kennels** dejaron el perro en una residencia canina.
Kenya /ˈkenjə/ *n* Kenia *f*.
Kenyan /ˈkenjən/ *adj, n* keniano -na *adj, m/f*.
kept /kept/ *participio pasado y pretérito de* ⇨ keep
kerb /kɜːb/ *n* bordillo *m*: **the car hit the kerb** el coche chocó contra el bordillo; **the bus pulled into the kerb** el autobús paró junto al bordillo.
kernel /ˈkɜːnəl/ *n* **1.** (*of nut, fruit*) semilla *f*; (*of grain*) grano *m*. **2.** (*most important part*): **the kernel of the report** la esencia del informe.
kerosene /ˈkerəsiːn/ *n* queroseno *m*.
kestrel /ˈkestrəl/ *n* cernícalo *m*.
ketchup /ˈketʃʌp/ *n* ketchup *m*, catchup *m*.
kettle /ˈketəl/ *n*: *utensilio, en forma de tetera, para hervir agua*; (*Arg*) pava *f*: **I'll put the kettle on** voy a poner el agua a hervir; **the kettle's boiling** el agua está hirviendo • **that's a different kettle of fish** eso es harina de otro costal.
key /kiː/ **I** *n* **1.** (*for lock*) llave *f*: **the key *to* the cellar** la llave del sótano; **can I borrow your car keys?** ¿me dejas las llaves del coche?; **turn the key twice** dale dos vueltas a la llave. **2.** (*to a map, code, solution*) clave *f*: **advertising was the key *to* their success** la publicidad fue la clave de su éxito. **3.** (*of typewriter, computer, piano*) tecla *f*. **4.** (*Mus*) tono *m*: **minor key** tono menor; **in the key of C** en clave de do; **she's off key** desafina.
II *adj* (*person, issue*) clave *adj inv*, fundamental: **fishing is the island's key industry** la pesca es la industria clave de la isla; **the key factors** los factores clave; **taxation is the key issue** los impuestos son el tema clave * fundamental.
III *vt* [**keys, keying, keyed**] (*Inform*: *data*) introducir.
keyboard I *n* (*on piano, computer*) teclado *m*.
II *vt* [**keyboards, keyboarding, keyboarded**] (*data*) introducir.
keyhole *n* ojo *m* de la cerradura.
keynote *n* **1.** (*in music, speech*) tónica *f*. **2.** (*central idea*) tónica *f*: **the keynote of the conference was ecology** el tema dominante * la tónica del congreso fue la ecología; **the President gave the keynote speech** el Presidente pronunció el discurso que marcó la tónica del congreso.
keyring *n* llavero *m*.
kg *léase* /ˈkɪləgræm/ (*abreviatura de* **kilogram**) Kg, kg (kilogramo).
khaki /ˈkɑːkɪ/ **I** *n* (color *m*) caqui *m*.
II *adj* de color caqui, caqui *adj inv*.
kick /kɪk/ **I** *n* **1.** (*by person*) patada *f*, puntapié *m*: **he gave it a kick** le dio una patada • **he needs a kick in the pants** necesita que alguien lo haga espabilar; (*by animal*) coz *f*. **2.** (*fam*: *excitement*): **I get a kick out of parachuting** me encanta el paracaidismo • **they do it (just) for kicks** lo hacen sólo para divertirse.
II *vi* [**kicks, kicking, kicked**] **1.** (*adult*) dar patadas; (*baby*) patalear, dar pataditas • **he had to be dragged out kicking and screaming** lo tuvieron que sacar a la fuerza. **2.** (*horse, mule*) dar coces, cocear.
♦*vt* dar una patada * un puntapié a: **she kicked me under the table** me dio una patada por debajo de la mesa; **they kicked the door *down* * *in*** echaron la puerta abajo a patadas; **he kicked the ball *into* the garden next door** le dio una patada a la pelota y fue a parar al jardín de al lado • **I could have kicked myself** me tiraba de los pelos.
to **kick about** *vi* (*fam*) andar por ahí: **these invoices have been kicking about the office for ages** estas facturas llevan un montón de tiempo por la oficina.
to **kick around** (*fam*) *vi* andar por ahí.
♦*vt* discutir: **we've been kicking the idea around for days** hemos estado dándole vueltas a la idea desde hace días.
to **kick off** *vi* **1.** (*in football or rugby*) hacer el saque inicial: **the visiting team kicked off** sacó el equipo visitante. **2.** (*fam*: *meeting, discussion*) empezar: **he kicked off with an easy question** empezó con una pregunta fácil.
to **kick out** *vt* echar: **they kicked him out of the bar** lo echaron a patadas del bar; **his parents have kicked him out** sus padres lo han echado de casa.
to **kick up** *vt* armar: **she kicked up a real fuss** armó mucho jaleo.
kickoff *n* saque *m* inicial: **kickoff is at seven o'clock** el partido empieza a las siete.
kick-start I *n* (*of a motorbike*) pedal *m* de arranque.
II *vt* [**kick-starts, kick-starting, kick-started**] (*a motorbike*) arrancar (*con el pedal de arranque*).
kid /kɪd/ **I** *n* **1.** (*fam*: *child*) chiquillo -lla *m/f*, crío -a *m/f*: **they have three kids** tienen tres críos * hijos; **my kid sister** mi hermana menor, mi hermanita. **2.** (*fam*: *young adult*) chaval -vala *m/f*. **3.** (*young goat*) cabrito *m*; (*leather*) cabritilla *f* • **she has to be handled with kid gloves** hay que tratarla con mucho tacto.
II *vi* [**kids, kidding, kidded**] (*fam*) bromear: **he's only kidding** sólo está bromeando • **no kidding, it weighed twenty kilos** ¡te lo juro! pesaba veinte kilos • **"They got married in Japan." "No kidding!"** "Se casaron en Japón." "¡No me digas!"

♦*vt*: **they're just kidding you** te están tomando el pelo; **don't kid yourself!** ¡no te hagas ilusiones!

kidnap /ˈkɪdnæp/ *vt* [**kidnaps, kidnapping, kidnapped**] secuestrar, raptar.

kidnapper /ˈkɪdnæpə/ *n* secuestrador -dora *m/f*.

kidnapping /ˈkɪdnæpɪŋ/ *n* secuestro *m*, rapto *m*.

kidney /ˈkɪdnɪ/ *n* riñón *m*: **he has kidney trouble** tiene problemas renales ✻ de riñón.

kidney bean *n* alubia *f*, judía *f*, (*Amér L*) frijol *m*, (*Arg, Chi, Urug*) poroto *m*.

kidney machine *n* riñón *m* artificial.

kidney stone *n* cálculo *m* renal.

kill /kɪl/ **I** *n* (*prey, animal*) pieza *f*; (*action*): **the lion moved in for the kill** el león se preparó para acabar con su presa • **he likes to be in at the kill** le gusta estar presente en el desenlace.

II *vt* [**kills, killing, killed**] **1.** (*to cause to die*) matar: **they killed him because he knew too much** lo mataron porque sabía demasiado; **her sister was killed in a car crash** su hermana se mató en un accidente (de coche); **she killed herself** se mató ✻ se suicidó; **he was killed in action** murió en acto de servicio; **the frost killed the lettuces** la helada acabó con las lechugas • **they were killing themselves laughing** se morían de risa. **2.** (*fam: to hurt*): **these shoes are killing me** estos zapatos me están matando • **don't kill yourself!** no te mates a trabajar. **3.** (*to put an end to*) acabar con: **that killed any hope of a reconciliation** eso dio al traste con cualquier esperanza de reconciliación. **4.** (*to pass*): **I did the crossword to kill time** hice el crucigrama para matar el tiempo ✻ para pasar el rato; **we had two hours to kill** teníamos dos horas muertas.

to **kill off** *vt* exterminar, acabar con: **the drought killed off all the trees** la sequía acabó con todos los árboles.

killjoy *n* aguafiestas *m/f inv*.

killer /ˈkɪlə/ *n* **1.** (*person*) asesino -na *m/f*. **2.** (*fam: exhausting activity*): **the course is a killer** el curso es agotador.

killer whale *n* orca *f*.

killing /ˈkɪlɪŋ/ **I** *n* asesinato *m*: **a series of killings** una serie de asesinatos; **he condemned the killing of civilians** condenó la matanza de civiles • (*Fin*) **he made a killing** ganó una fortuna.

II *adj* (*exhausting*) agotador -dora.

kiln /kɪln/ *n* horno *m* (*para ladrillos, porcelana*).

kilo /ˈkiːləʊ/ *n* kilo *m*.

kilobyte /ˈkɪləbaɪt/ *n* kilobyte *m*.

kilogram, kilogramme /ˈkɪləgræm/ *n* kilogramo *m*.

kilometre, (*US*) **kilometer** /kɪˈlɒmɪtə/ *n* kilómetro *m*.

kilowatt /ˈkɪləˌwɒt/ *n* kilovatio *m*.

kilt /kɪlt/ *n* falda *f* escocesa.

kimono /kɪˈməʊnəʊ/ *n* kimono *m*, quimono *m*.

kin /kɪn/ *n*: **the next of kin have been informed** se ha informado a los parientes más cercanos; **kith and kin** familiares y amigos.

kind /kaɪnd/ **I** *n* **1.** (*sort, type*) clase *f*, tipo *m*: **it's a new kind of treatment** es un nuevo tipo de tratamiento; **what kind of car have you got?** ¿qué tipo de coche tienes?; **they sell various different kinds of chocolate** venden varios tipos de chocolate; **it's the only one of its kind** es el único de su clase; **I don't like that kind of person** no me gusta ese tipo ✻ esa clase de gente; **all kinds of people go there** a ese sitio va todo tipo de gente; **they sell maps and that kind of thing** venden mapas y cosas por el estilo; **you know the kind of thing I mean** ya sabes a lo que me refiero • **I said nothing of the kind** no dije nada por el estilo. **2.** (*something similar to*) especie *f*: **it's a kind of greenish blue** es una especie de azul verdoso. **3. in kind**: **they are paid in kind** les pagan en especie • **he insulted her and she replied in kind** la insultó y ella le pagó con la misma moneda. **4. of a kind**: **they gave us coffee, of a kind** nos sirvieron café, por llamarlo de alguna manera • **she's one of a kind** es única • **they're two of a kind** son tal para cual.

II kind of *adv* (*fam*): **we were kind of impatient** estábamos algo impacientes; **I kind of hoped they'd invite me** esperaba que me invitasen.

III *adj* amable: **she's a very kind person** es una persona muy amable; **it was kind of you to write to me** fue muy amable de su parte escribirme; **they were very kind to us** fueron muy amables con nosotros; **would you be kind enough to help us?** ✻ **would you be so kind as to help us?** ¿tendría la amabilidad de ayudarnos?

kind-hearted *adj* bondadoso -sa, de buen corazón.

kindergarten /ˈkɪndəˌgɑːtən/ *n* jardín *m* de infancia, parvulario *m*.

kindle /ˈkɪndəl/ *vt* [**kindles, kindling, kindled**] **1.** (*fire*) encender. **2.** (*hope*) dar; (*interest, jealousy*) despertar.

kindly /ˈkaɪndlɪ/ **I** *adv* **1.** (*to act*) con amabilidad: **they kindly offered to help** tuvieron la gentileza de ofrecerse para ayudarnos. **2.** (*expressing annoyance*): **kindly explain to me why you did it** haz el favor de explicarme por qué lo hiciste. **3.** (*expressing politeness*): **would passengers kindly refrain from smoking** se ruega a los pasajeros que no fumen. **4.** (*favourably*): **they don't look kindly on people who cheat** no miran con buenos ojos a la gente que hace trampa; **he didn't take kindly to the interruption** la interrupción no le hizo ninguna gracia.

II *adj* [**kindlier, kindliest**] (*person*) bondadoso -sa, amable: **with a kindly smile** con una sonrisa bondadosa.

kindness /ˈkaɪndnəs/ *n* [**kindnesses**] **1.** (*quality*) amabilidad *f*, bondad *f*: **he did it (purely) out of the kindness of his heart** lo hizo con la intención más noble. **2.** (*favour*) favor *m*: **he thanked them for all their kindnesses** les agradeció todos los favores que le habían hecho.

kindred /ˈkɪndrɪd/ *adj* (*related*) emparentado -da: **they are kindred spirits** son almas gemelas.

kinetic /kɪˈnetɪk/ *adj* cinético -ca.

king /kɪŋ/ *n* **1.** (*también* **King**) (*sovereign*) rey *m*: **King Charles** el rey Carlos; **the King of Spain** el rey de España • **he lives like a king** vive a cuerpo de rey. **2.** (*in cards, chess*) rey *m*.

king-size, king-sized *adj* (*bed*) de tamaño extragrande; (*packet*) de tamaño familiar; (*cigarette*) extralargo -ga.

kingdom /ˈkɪŋdəm/ *n* reino *m*: **the kingdom of heaven** el reino de los cielos.

kingfisher /ˈkɪŋˌfɪʃə/ *n* martín *m* pescador.

kink /kɪŋk/ *n* (*in rope*) vuelta *f*, retorcimiento *m*; (*in hair*) onda *f*, rizo *m*.

kinship /ˈkɪnʃɪp/ *n* (*with relatives*) parentesco *m*; (*with friends, colleagues*) afinidad *f*.

kiosk /ˈkiːɒsk/ *n* **1.** (*selling newspapers, magazines*) quiosco *m*. **2.** (*también* **telephone kiosk**) (*Telec*) cabina *f* (telefónica ✻ de teléfono).

kip /kɪp/ (*fam*) **I** *n*: **he's upstairs, having a kip** está arriba, echando una cabezada.

II *vi* [**kips, kipping, kipped**] dormir.

kipper /ˈkɪpə/ *n* arenque *m* ahumado.

kiss /kɪs/ **I** *n* [**kisses**] (*gen*) beso *m*: **she gave him a kiss** le dio un beso • **the loss of the leading lady was the kiss of death for the production** el golpe de gracia para la obra fue perder a la actriz principal; (*in a letter*): **love and kisses, Ann** besos y abrazos de Ann.
II *vt* [**kisses, kissing, kissed**] besar: **they kissed each other** se besaron, se dieron un beso; **she kissed his cheek** le dio un beso en la mejilla; **he kissed his son good night** le dio un beso de buenas noches a su hijo • **you can kiss your holiday goodbye** despídete de las vacaciones.
♦ *vi* besarse.
kiss of life *n*: **I gave him the kiss of life** le hice el boca a boca * la respiración artificial.

kit /kɪt/ *n* **1.** (*equipment*) equipo *m*; (*personal effects*) cosas *f pl*; (*of a soldier*) equipo *m*. **2.** (*clothes*) ropa *f*: **where's my gym kit?** ¿dónde está mi ropa de gimnasia? **3.** (*for assembly*) *objeto que se vende en piezas para montar*: **he bought a model aeroplane kit** se compró una maqueta de avión.
to **kit out** *vt* [**kits, kitting, kitted**] equipar, suministrarle el equipo a: **the hotel can kit us out** *with* **ski equipment** el hotel puede suministrarnos el equipo de esquí; **we kitted ourselves out for the trip** nos equipamos para el viaje.
kitbag *n* (*Mil*) petate *m*.

kitchen /ˈkɪtʃɪn/ *n* cocina *f*.
kitchen garden *n* huerto *m*.
kitchen sink *n* fregadero *m* • **they took everything but the kitchen sink** se fueron de viaje con la casa a cuestas.
kitchen unit *n* mueble *m* de cocina.

kitchenette /kɪtʃɪˈnet/ *n* cocina *f* pequeña.

kite /kaɪt/ *n* **1.** (*toy*) cometa *f*. **2.** (*bird*) milano *m*.

kith /kɪθ/ *n* ⇨ kin

kitten /ˈkɪtən/ *n* gatito -ta *m/f* • **she nearly had kittens when I told her** casi le da un ataque cuando se lo dije.

kitty /ˈkɪtɪ/ *n* [**kitties**] **1.** (*in cards*) bote *m*. **2.** (*for purchases*) fondo *m* común: **there's nothing left in the kitty** no nos queda nada en el fondo común.

Kiwi /ˈki:wi:/ *adj*, *n* (*fam*) neozelandés -desa *adj*, *m/f*.

kiwi /ˈki:wi:/ *n* (*bird*) kiwi *m*.
kiwi fruit *n* kiwi *m*.

kleptomaniac /ˌkleptəʊˈmeɪnɪæk/ *n* cleptómano -na *m/f*.

km, Km *léase* /kɪˈlɒmɪtə/ (*abreviatura de* (*GB*) **kilometre,** (*US*) **kilometer**) Km * km (kilómetro).

knack /næk/ *n* habilidad *f*, destreza *f* • **it's easy once you get the knack** es fácil una vez que le coges el tranquillo.

knapsack /ˈnæpsæk/ *n* mochila *f*.

knead /ni:d/ *vt* [**kneads, kneading, kneaded**] (*Culin*) amasar.

knee /ni:/ **I** *n* (*of leg, clothes*) rodilla *f*: **Tommy was sitting on his mother's knee** Tommy estaba sentado en las rodillas de su madre; **the pilgrims fell to their knees** los peregrinos se arrodillaron; **he was on his knees** estaba de rodillas • **the country was brought to its knees** el país estaba al borde del desastre.
II *vt* [**knees, kneeing, kneed**] dar un rodillazo a.
kneecap *n* rótula *f*.
knee-deep *adj*: **the streets were knee-deep** *in* **water** el agua en las calles llegaba a la altura de las rodillas.
knee pad *n* rodillera *f*.

kneel /ni:l/ *vi* [**kneels, kneeling, knelt * kneeled**] (*to be in a kneeling position*) estar arrodillado * de rodillas; (*to adopt a kneeling position*) arrodillarse, ponerse de rodillas: **he knelt** *(down)* **beside her** se arrodilló * se puso de rodillas a su lado.

knew /nju:/ *pretérito de* ⇨ know

knickers /ˈnɪkəz/ *n pl* (*GB*) bragas *f pl*, braga *f*: **a pair of knickers** unas bragas, un par de bragas.

knife /naɪf/ **I** *n* [**knives** /naɪvz/] cuchillo *m* • **the deal was balanced on a knife-edge** el acuerdo estaba pendiente de un hilo.
II *vt* [**knifes, knifing, knifed**] acuchillar, apuñalar.

knight /naɪt/ **I** *n* **1.** (*Hist*) caballero *m*; (*title in GB*) caballero *m* (*persona que puede usar el título de* Sir). **2.** (*chesspiece*) caballo *m*.
II *vt* [**knights, knighting, knighted**] (*Hist*) armar caballero; (*in modern times*) nombrar caballero, darle el título de *Sir* a: **he was knighted in 1989** le dieron el título de *Sir* en 1989.

knighthood /ˈnaɪthʊd/ *n* (*Hist*) título *m* de caballero; (*title in GB*) título *m* de caballero * de *Sir*.

knit /nɪt/ *vi* [**knits, knitting, knitted *** (*US*) **knit**] hacer punto, tejer.
♦ *vt* (*garment*) tejer.
knitwear *n* géneros *m pl* de punto.

knitted /ˈnɪtɪd/ *adj* de punto.

knitting /ˈnɪtɪŋ/ *n* labor *f*: **where have I put my knitting?** ¿dónde he puesto mi labor?; **I don't like knitting** no me gusta hacer punto.
knitting machine *n* tricotosa *f*.
knitting needle *n* aguja *f* de hacer punto.

knives /naɪvz/ *plural de* ⇨ knife

knob /nɒb/ *n* **1.** (*of drawer, door*) tirador *m*; (*of stick, umbrella*) puño *m*. **2.** (*Culin*): **a knob of butter** un trocito de mantequilla.

knobbly /ˈnɒblɪ/ *adj* [**knobblier, knobbliest**] nudoso -sa.

knock /nɒk/ **I** *n* golpe *m*: **he took quite a knock** se llevó un buen golpe; **there was a knock** *at* * *on* **the door** llamaron a la puerta.
II *vt* [**knocks, knocking, knocked**] **1.** (*to hit*): **he knocked his head** *against* **the door frame** se dio con la cabeza contra el marco de la puerta; **he was knocked unconscious** el golpe lo dejó sin sentido; **she knocked a nail** *into* **the wood** clavó un clavo en la madera. **2.** (*to make fall*) tirar (al suelo): **she was knocked** *to* **the ground** la tiraron al suelo; **he knocked a book** *off* **the desk** tiró uno de los libros que estaban en la mesa. **3.** (*fam*: *to criticize*) criticar.
♦ *vi* **1.** (*to hit: gen*) dar golpes, golpear; (*: on door, window*) llamar: **someone knocked** *at* * *on* **the door** llamaron a la puerta. **2.** (*engine, motor*) golpetear.
to **knock about * around** *vi* (*fam*: *to be in the vicinity*) rondar, estar por ahí: **it's knocking around downstairs** está por ahí abajo; **he knocks around** *with* **the same gang** va con * se junta con la misma pandilla; **he's knocked about a bit** ha visto mucho mundo.
♦ *vt* (*to hit*) pegar: **he knocked the children around** les pegaba a los niños.
to **knock back** *vt* (*fam*) beber: **he can really knock them back** bebe como un cosaco; **she knocked back her drink and we left** se tomó la bebida de un trago y nos fuimos.
to **knock down** *vt* **1.** (*a wall, building*) derribar: **they have knocked all those old houses down** han derribado todas esas casas viejas. **2.** (*a person: gen*) atropellar: **he was knocked down by a bus** lo atropelló un autobús; (*: to push over*) tirar al suelo.

3. (*goods, a price*): **he knocked the price down** *to* **ten dollars** rebajó el precio a diez dólares.

to **knock off** *vt* **1.** (*to make fall*) tirar: **he knocked it off the shelf** lo tiró de la estantería. **2.** (*to reduce*): **she knocked thirty pounds off the price** bajó treinta libras del precio • **knock it off!** ¡ya está bien! * ¡ya vale! **3.** (*fam*: *to steal*) birlar.

♦*vi* (*fam*: *to stop work*): **we knock off at six o'clock** terminamos de trabajar a las seis.

to **knock out** *vt* **1.** (*to make unconscious*) dejar K.O., dejar sin sentido: **the medicine knocked me out for three hours** el medicamento me dejó grogui tres horas. **2.** (*of a competition*) eliminar: **they were knocked out in the semifinal** los eliminaron en la semifinal.

to **knock over** *vt* (*an object*) tirar: **she knocked a vase over** tiró un florero; (*person: gen*) atropellar; (*: to push over*) tirar al suelo.

knockdown *adj* (*price*) regalado -da.

knock-kneed *adj* patizambo -ba.

knock-on *adj*: **the knock-on effect** la reacción en cadena.

knockout I *n* **1.** (*in boxing*) K.O. *m*. **2.** (*fam*: *expressing appreciation*): **that dress is a knockout** ¡ése es un vestido despampanante!

II *adj* (*competition*) eliminatorio -ria.

knocker /ˈnɒkə/ *n* aldaba *f*.

knot /nɒt/ **I** *n* **1.** (*in string, in wood*) nudo *m*: **he tied a knot in it** le hizo un nudo. **2.** (*of people*) grupo *m*. **3.** (*unit of speed*) nudo *m*.

II *vt* [**knots, knotting, knotted**] anudar, atar.

knotty /ˈnɒtɪ/ *adj* [**knottier, knottiest**] **1.** (*hair*) enredado -da. **2.** (*tricky*) complicado -da, enrevesado -da: **a knotty problem** un problema complicado.

know /nəʊ/ **I** *vt* [**knows, knowing, knew,** *participio pasado* **known**] **1.** (*facts, details, language*) saber: **he knew all about it** ya lo sabía; **do you know what time he arrives?** ¿sabes a qué hora llega?; **he knows some Italian** sabe algo de italiano; **do you know how to get there?** * **do you know the way?** ¿sabes (cómo) ir hasta allí?; **he knows more than you think** sabe más de lo que parece; **she knows a lot about painting** sabe mucho de pintura; **he doesn't know what's going on** no sabe lo que está pasando; **let me know when you arrive** avísame cuando llegues; **I've never known anything like it** en mi vida he visto cosa igual • **she knows what's what** sabe lo que se trae entre manos • **I know for a fact that...** sé de buena tinta que... • **do you know something? this is the wrong street** ¿sabes qué?, nos hemos equivocado de calle • **do you know what? he said he was leaving** ¿sabes qué?, me dijo que se marchaba. **2.** (*people, places*) conocer: **do you know David?** ¿conoces a David?; **they've known each other for a long time** se conocen desde hace mucho tiempo; **I only know her by sight** sólo la conozco de vista; **I got to know him very well** llegué a conocerlo muy bien; **make yourself known at the entrance** preséntese en la entrada; **I know Lisbon quite well** conozco Lisboa bastante bien • **she's better known as Rita Goodens** es más conocida como Rita Goodens; **in America they are known as...** en Estados Unidos los llaman.... **3.** (*to recognize*) reconocer: **you'll know the song when you hear the tune** reconocerás la canción en cuanto oigas la música.

♦*vi* saber: **no one knows** nadie lo sabe, no se sabe; **I don't know** no (lo) sé; **that was the first we knew** *of* **the accident** eso fue lo primero que supimos del accidente; **he knows** *about* **computers** sabe * entiende de informática; **I don't know** *about* **you but I love them** yo no sé tú, pero a mí me encantan; **it's very cheap, you know** es muy barato, ¿sabes?; **it's a real problem, I know** es un gran problema, ya lo sé; **I know!... we could send it by post** ¡ya lo tengo!... podríamos mandarlo por correo • **I knew better than to believe her** no fui tan tonta como para creerla • **mother knows best** tu madre sabe lo que se hace • **as far as I know they're still in France** que yo sepa todavía están en Francia • **for all I know he could be in Australia** podría incluso estar en Australia, ¿yo qué sé? • **you're old enough to know better** ya eres mayorcito para esas cosas.

II *n* • **are they in the know?** ¿están enterados?

know-all *n* (*fam*) sabelotodo *m/f*.

know-how *n* conocimientos *m pl*: **they don't have the know-how to do it** no tienen los conocimientos para hacerlo.

knowing /ˈnəʊɪŋ/ *adj* (*look, smile*) de complicidad.

knowingly /ˈnəʊɪŋlɪ/ *adv* **1.** (*meaningfully*): **he winked knowingly at them** les hizo un guiño muy significativo. **2.** (*on purpose*) a sabiendas: **they would never knowingly betray us** nunca nos traicionarían a sabiendas.

knowledge /ˈnɒlɪdʒ/ *n* **1.** (*of a fact*): **he did it without the knowledge** *of* **his guardian** lo hizo sin que lo supiera su tutor; **they have no knowledge** *of* **his current whereabouts** desconocen su paradero actual • **it is common knowledge that he has been in prison** es del dominio público que ha estado en la cárcel • **to my knowledge no one has touched the computer** que yo sepa nadie ha tocado el ordenador • **they worked on, secure in the knowledge that help was near** siguieron trabajando, en la certeza de que pronto recibirían ayuda. **2.** (*of a subject*) conocimientos *m pl*: **her knowledge of German is minimal** sus conocimientos de alemán son mínimos.

knowledgeable /ˈnɒlɪdʒəbəl/ *adj*: **she's very knowledgeable** *about* **gardening** está muy enterada de jardinería.

known /nəʊn/ **I** *participio pasado de* ⇨ know

II *adj* conocido -da: **he's a known supporter of the rebels** es sabido que apoya a los rebeldes; **there is no known cure** no tiene cura.

knuckle /ˈnʌkəl/ *n* nudillo *m* • **I had my knuckles rapped over being late again** me llamaron la atención por llegar tarde otra vez.

koala /kəʊˈɑːlə/ *n* (*también* **koala bear**) koala *m*.

Koran /kɔːˈrɑːn/ *n* Corán *m*.

Korea /kəˈrɪə/ *n* Corea *f*.

Korean /kəˈrɪən/ **I** *adj* coreano -na.

II *n* (*person*) coreano -na *m/f*; (*language*) coreano *m*.

kosher /ˈkəʊʃə/ *adj*: *conforme a la ley judía*.

kowtow /kaʊˈtaʊ/ *vi* [**kowtows, kowtowing, kowtowed**] (*fam*) doblegarse: **they were accused of kow-towing** *to* **the drug barons** se les acusó de doblegarse ante los capos de la droga.

kph /ˌkeɪpiːˈeɪtʃ/ (*abreviatura de* **kilometres per hour**) km/h (kilómetros por hora).

kudos /ˈkjuːdɒs/ *n* prestigio *m*.

L

L, l /el/ *n* (*letter*) L, l *f*; (*name of letter*) ele *f*.
L /el/ (*abreviatura de* **learner**) *símbolo que indica que el conductor está aprendiendo*.
l *léase* /ˈliːtə/ (*abreviatura de* (*GB*) **litre,** (*US*) **liter**) l (litro).
lab /læb/ *n* (*apócope de* **laboratory**) (*fam*) laboratorio *m*.
lab assistant *n* ayudante *m/f* de laboratorio.
lab coat *n* bata *f* de laboratorio.
label /ˈleɪbəl/ **I** *n* etiqueta *f*: **she only buys well-known labels** sólo se compra ropa de marca.
II *vt* [**labels, labelling, labelled**] etiquetar: **he was labelled (as) an anarchist** lo tacharon de anarquista.
labor /ˈleɪbə/ *n, vt/i* [**labors, laboring, labored**] *y palabras compuestas* (*US*) ➪ labour
laboratory /ləˈbɒrətərɪ/ (*US*) /ˈlæbrəˌtɔːrɪ/ *n* [**laboratories**] laboratorio *m*.
laboratory assistant *n* ayudante *m/f* de laboratorio.
labored /ˈleɪbəd/ *adj* (*US*) ➪ laboured
laborer /ˈleɪbərə/ *n* (*US*) peón *m*, obrero -ra *m/f*.
laborious /ləˈbɔːrɪəs/ *adj* laborioso -sa.
laboriously /ləˈbɔːrɪəslɪ/ *adv* laboriosamente.
labour, (*US*) **labor** /ˈleɪbə/ **I** *n* **1.** (*work*) trabajo *m*: **a labour of love** un trabajo hecho con mucho amor. **2.** (*workforce*) mano *f* de obra: **there is a shortage of labour** hay escasez de mano de obra; **skilled/unskilled labour** mano de obra cualificada/no cualificada. **3.** (*Med*) parto *m*: **she went *into* labour at five o'clock** se puso de parto a las cinco; **she is *in* labour** está de parto. **4. Labour** *[sin artículo]* (*Pol*) el Partido Laborista: **she voted Labour** votó al Partido Laborista.
II *vi* [**labours, labouring, laboured**] **1.** (*to work*) trabajar: **we laboured in vain** trabajamos en balde • **she was labouring under the delusion that he loved her** se hacía ilusiones de que él la quería. **2.** (*to move with difficulty*): **she laboured up the hill** subía la cuesta con dificultad.
♦*vt*: **he really laboured the point** insistió mucho sobre esto.
labour camp, (*US*) **labor camp** *n* campo *m* de trabajos forzados.
labour pains, (*US*) **labor pains** *n pl* dolores *m pl* del parto.
Labour Party *n* (*Pol*) Partido *m* Laborista.
labour relations, (*US*) **labor relations** *n pl* relaciones *f pl* laborales.
labour-saving, (*US*) **labor-saving** *adj*: **labour-saving devices** máquinas que ahorran trabajo.
laboured /ˈleɪbəd/ *adj* (*breathing*) trabajoso -sa; (*style*) forzado -da.
labourer /ˈleɪbərə/ *n* peón *m*, obrero -ra *m/f*.
laburnum /ləˈbɜːnəm/ *n* (*Bot*) codeso *m*.
labyrinth /ˈlæbərɪnθ/ *n* laberinto *m*.
lace /leɪs/ **I** *n* **1.** (*cloth*) encaje *m*. **2.** (*for shoes*) cordón *m*.
II *vt* [**laces, lacing, laced**] **1.** (*shoe*) poner los cordones (*de los zapatos*). **2.** (*drink, food*): **he laced the punch *with* vodka** añadió vodka al ponche.
lace-up I *n* zapato *m* de cordones.
II *adj* (*shoe, boot*) de cordones.
lacerate /ˈlæsəreɪt/ *vt* [**lacerates, lacerating, lacerated**] (*frml*) lacerar.
lack /læk/ **I** *n* falta *f*: **it closed through lack of funds** se cerró por falta ✻ carencia de fondos; **he showed a complete lack of understanding** demostró una falta total de comprensión; **she had no lack of boyfriends** no le faltaban novios.
II *vt* [**lacks, lacking, lacked**] carecer de: **they lacked any enthusiasm for the scheme** carecían de todo entusiasmo por el plan.
lacking /ˈlækɪŋ/ *adj*: **I was totally lacking *in* energy** no tenía energía para nada.
lacklustre, (*US*) **lackluster** /ˈlæklʌstə/ *adj* (*player, performer*) mediocre; (*performance, work*) pobre.
laconic /ləˈkɒnɪk/ *adj* lacónico -ca.
lacquer /ˈlækə/ *n* laca *f*: **hair lacquer** laca para el pelo.
lad /læd/ *n* (*fam*) chico *m* • **he's a bit of a lad** es una buena pieza.
ladder /ˈlædə/ **I** *n* **1.** (*equipment*) escalera *f* (de mano). **2.** (*GB*: *in stocking*) carrera *f*.
II *vi* [**ladders, laddering, laddered**]: **my tights laddered** se me hizo una carrera en los pantis.
♦*vt*: **I've laddered my tights** me he hecho una carrera en los pantis.
laden /ˈleɪdən/ *adj* cargado -da: **the tree was laden *with* apples** el árbol estaba cargado de manzanas; **he arrived laden *with* gifts** llegó cargado de regalos.
ladle /ˈleɪdəl/ **I** *n* cucharón *m*.
II *vt* [**ladles, ladling, ladled**] servir con cazo.
lady /ˈleɪdɪ/ *n* [**ladies**] **1.** (*woman*) señora *f*: **good evening, ladies and gentlemen** buenas tardes, señoras y señores; **ladies only** sólo señoras. **2. Lady** (*as title*) Lady *f*. **3.** (*US*: *when addressing a woman*) señora *f*: **excuse me, lady** perdone, señora. **4. Ladies** *[lleva el verbo en singular]* (*toilet*) servicios *m pl* (*de señoras*): **where is the Ladies, please?** ¿dónde están los servicios, por favor?
lady-in-waiting *n* [**ladies-in-waiting**] dama *f* de honor.
ladybird /ˈleɪdɪbɜːd/ *n* (*GB*) mariquita *f*.
ladybug /ˈleɪdɪbʌg/ *n* (*US*) mariquita *f*.
ladylike /ˈleɪdɪlaɪk/ *adj* refinado -da.
ladyship /ˈleɪdɪʃɪp/ *n* señoría *f*.
lag /læg/ **I** *vt* [**lags, lagging, lagged**] (*to insulate*) revestir (*con aislante térmico*).
♦*vi* (*person*) rezagarse; (*production*) descender.
II *n* intervalo *m*.
to **lag behind** *vi* rezagarse: **stop lagging behind!** ¡no te rezagues!
lager /ˈlɑːgə/ *n* cerveza *f* (rubia).
lagoon /ləˈguːn/ *n* laguna *f*.
laid /leɪd/ *pretérito y participio pasado de* ➪ lay

laid-back /leɪdˈbæk/ *adj* (*fam*) tranquilo -la: **he's very laid-back** no se inmuta.
lain /leɪn/ *participio pasado de* ⇨ lie
lair /leə/ *n* guarida *f*.
lake /leɪk/ *n* lago *m* • **I told her to go jump in a lake** la mandé a paseo.
lamb /læm/ *n* (*animal*) cordero *m*; (*meat*) cordero *m*, carne *f* de cordero.
lamb chop *n* chuleta *f* de cordero.
lambswool *n* lana *f*.
lame /leɪm/ *adj* **1.** (*Med*) cojo -ja. **2.** (*weak*) poco convincente: **he made a very lame excuse** sus excusas no eran nada convincentes.
lame duck *n* inútil *m/f*.
lamely /ˈleɪmlɪ/ *adv* sin convicción.
lament /ləˈment/ (*frml*) **I** *vt* [**laments, lamenting, lamented**] **1.** (*to complain about*) lamentarse de: **she lamented the fact that things always went wrong for her** se lamentaba de que todo le saliera siempre mal. **2.** (*to grieve for*) llorar.
♦ *vi* lamentarse: **the poet is lamenting** *for* ∗ *over* **his lost youth** el poeta se lamenta por la juventud perdida.
II *n* lamento *m*.
lamentable /ˈlæməntəbəl/ *adj* lamentable.
lamentably /ˈlæməntəblɪ/ *adv* lamentablemente.
laminated /ˈlæmɪneɪtɪd/ *adj* **1.** (*covered in plastic*) plastificado -da. **2.** (*in thin sheets*) laminado -da.
lamp /læmp/ *n* lámpara *f*.
lamplight *n* luz *f* de (la) farola.
lamppost *n* farola *f*.
lampshade *n* pantalla *f* (*de lámpara*).
lampoon /læmˈpuːn/ *vt* [**lampoons, lampooning, lampooned**] satirizar.
lance /lɑːns/ **I** *vt* [**lances, lancing, lanced**] (*Med*) sajar.
II *n* (*Mil*) lanza *f*.
land /lænd/ **I** *n* **1.** (*gen*) tierra *f*: **they worked the land** trabajaban la tierra; **they travelled** *by* ∗ *over* **land** viajaron por tierra; **they own some land near here** tienen tierras por aquí. **2.** (*country*) país *m*, tierra *f*: **the law of the land** las leyes del país; **faraway lands** tierras lejanas; **they returned to their native land** volvieron a su país de origen ∗ a su tierra natal.
II *vi* [**lands, landing, landed**] **1.** (*from fall, throw*) caer: **the ball landed** *in* **their garden** la pelota cayó en su jardín; **he fell off a wall and landed** *on* **his head** se cayó de una tapia y se dio de cabeza en el suelo. **2.** (*from a ship*) desembarcar: **we landed** *at* **Dover** desembarcamos en Dover. **3.** (*plane*) aterrizar: **we will be landing at nine o'clock** aterrizaremos a las nueve.
♦ *vt* **1.** (*cargo*) desembarcar. **2.** (*plane*): **the pilot was unable to land the plane** el piloto no pudo realizar el aterrizaje. **3.** (*person*): **that's going to land you** *in* **trouble** eso te va a crear problemas • **you've really landed me in it!** ¡me has metido en una buena! • **I got landed with telling her** me tocó a mí decírselo.
to **land up** *vi* acabar: **we finally landed up** *in* **Paris** al final, acabamos en París; **they landed up** *in* **a mess** acabaron metidos en un lío.
landlocked *adj* sin acceso al mar.
landmark *n* **1.** (*Geog*) punto *m* de referencia: **the rock served as a landmark for sailors** la roca servía de punto de referencia a los marineros; (*in a city*) *edificio* ∗ *monumento muy conocido*. **2.** (*in history*) hito *m*.
land mine *n* mina *f* terrestre.
land office *n* (*US*) registro *m* de la propiedad.
land registry *n* (*GB*) registro *m* de la propiedad.
landslide *n* **1.** (*Geol*) corrimiento *m* de tierras. **2.** (*Pol: victory*) victoria *f* arrolladora: **they won** *by* **a landslide** ganaron por una mayoría abrumadora.
landed /ˈlændɪd/ *adj* terrateniente: **the landed gentry** los terratenientes.
landing /ˈlændɪŋ/ *n* **1.** (*in a plane*) aterrizaje *m*: **the plane made an emergency landing** el avión realizó un aterrizaje de emergencia. **2.** (*on a staircase*) rellano *m*, descansillo *m*.
landing card *n* tarjeta *f* de inmigración.
landing craft *n* [*pl* **landing craft**] lancha *f* de desembarco.
landlady /ˈlændˌleɪdɪ/ *n* [**landladies**] (*of house, apartment*) dueña *f*; (*of guesthouse*) patrona *f*; (*of pub*) encargada *f*.
landlord /ˈlændlɔːd/ *n* (*of house, apartment*) dueño *m*; (*of pub*) encargado *m*.
landscape /ˈlændskeɪp/ **I** *n* paisaje *m*.
II *vt* [**landscapes, landscaping, landscaped**] (*urban areas*) ajardinar; (*parks, gardens*) diseñar.
landscape gardener *n* jardinero -ra *m/f* paisajista.
landscape gardening *n* diseño *m* de parques y jardines.
lane /leɪn/ *n* **1.** (*narrow road*) camino *m*. **2.** (*part of a road*) carril *m*: **the bus lane** el carril de autobuses. **3.** (*Sport*) calle *f*. **4.** (*Naut*) ruta *f*.
language /ˈlæŋgwɪdʒ/ *n* **1.** (*gen*) lenguaje *m*: **poetic language** lenguaje poético • **he uses a lot of bad language** es muy mal hablado. **2.** (*of a nation*) idioma *m*, lengua *f*: **she speaks seven languages** habla siete idiomas. **3.** (*Inform*) lenguaje *m*.
language assistant *n* (*in university*) lector -tora *m/f*; (*in school*) auxiliar *m/f*.
language laboratory *n* (*también* (*fam*) **language lab**) laboratorio *m* de idiomas.
language school *n* academia *f* de idiomas.
languid /ˈlæŋgwɪd/ *adj* lánguido -da.
languish /ˈlæŋgwɪʃ/ *vi* [**languishes, languishing, languished**] **1.** (*idea, design, papers*) quedar en el olvido: **they languished in jail** se consumieron en la cárcel. **2.** (*to wilt*) languidecer.
lank /læŋk/ *adj* (*hair*) largo y desaliñado.
lanky /ˈlæŋkɪ/ *adj* [**lankier, lankiest**] (*fam*) larguirucho -cha.
lanolin, lanoline /ˈlænəʊlɪn/ *n* lanolina *f*.
lantern /ˈlæntən/ *n* farol *m*.
lap /læp/ **I** *n* **1.** (*Anat*) regazo *m*: **she had the baby on her lap** tenía al bebé en el regazo • **they live in the lap of luxury** viven a todo lujo. **2.** (*Sport*) vuelta *f*: **a lap of honour** una vuelta de honor.
II *vt* [**laps, lapping, lapped**] **1.** (*in a race*) doblar: **he was lapped by the French runner** el corredor francés le sacó una vuelta de ventaja. **2.** (*cat, dog, etc.*) beber (*a lengüetazos*).
♦ *vi* (*water*): **the water lapped** *against* **the rocks** el agua lamía las rocas.
to **lap up** *vt* (*cat, dog, etc.*) beberse (*a lengüetazos*) • **you can praise her as much as you like, she just laps it up** puedes hacerle todo tipo de halagos, a ella le encanta • **they lapped up everything she said** la escuchaban extasiados, pendientes de cada palabra.
laptop *n* ordenador *m* portátil.
lapel /ləˈpel/ *n* solapa *f*.
lapse /læps/ **I** *n* **1.** (*failure*) fallo *m*: **a lapse of attention** una falta momentánea de atención; (*mistake*) lapsus *m inv*. **2.** (*of time*) lapso *m*: **there was a three-month lapse before they replied** hubo un lapso de tres meses antes de que contestasen.

II *vi* [**lapses, lapsing, lapsed**] **1.** (*to fail, stop*): **my attention lapsed** me distraje un momento; **they lapsed** *into* **silence** se quedaron en silencio. **2.** (*contract, licence*) caducar. **3.** (*time*) pasar: **an hour lapsed without her noticing** pasó una hora sin que se diera cuenta.

larceny /ˈlɑːsənɪ/ *n* (*Law*) latrocinio *m*.

larch /lɑːtʃ/ *n* [**larches**] alerce *m*.

lard /lɑːd/ *n* manteca *f* (de cerdo).

larder /ˈlɑːdə/ *n* despensa *f*.

large /lɑːdʒ/ **I** *adj* **1.** (*in size*) grande, gran [**gran** is used before singular nouns]: **it's too large for this room** es demasiado grande para esta habitación; **as the city grew larger** según crecía la ciudad • **at large** (*in general*): **the world at large** el mundo en general; (*on the run*): **the thief is still at large** el ladrón sigue en libertad • **by and large, the organization is good** en general, la organización es buena. **2.** (*in amount*): **a large family** una familia numerosa; **a large number of children** un gran número de niños; **a large fine** una multa muy alta * muy cuantiosa.

II *n* (*clothes size*) talla *f* grande: **they didn't have it in a large** no tenían la (talla) grande.

large scale I *n* gran escala *f*: **the project was planned on a large scale** el proyecto se planificó a gran escala.
II **large-scale** *adj*: **a large-scale ecological disaster** un desastre ecológico a gran escala.

largely /ˈlɑːdʒlɪ/ *adv* en gran parte * medida: **it was largely due to his incompetence** se debió en gran parte a su incompetencia.

largeness /ˈlɑːdʒnəs/ *n* grandeza *f*.

largesse /lɑːˈʒes/ *n* generosidad *f*.

lark /lɑːk/ *n* **1.** (*bird*) alondra *f*. **2.** (*fam: joke*) broma *f*.

to **lark about * around** *vi* [**larks, larking, larked**] (*fam*) hacer el tonto.

larva /ˈlɑːvə/ *n* [*pl* **larvae** /ˈlɑːviː/] larva *f*.

laryngitis /lærɪnˈdʒaɪtɪs/ *n* laringitis *f inv*.

larynx /ˈlærɪŋks/ *n* [**larynxes**] laringe *f*.

lasagne /ləˈsænjə/ *n* lasaña *f*.

lascivious /ləˈsɪvɪəs/ *adj* lascivo -va.

laser /ˈleɪzə/ *n* láser *m*.

laser beam *n* rayo *m* láser.

laser printer *n* impresora *f* (de) láser.

lash /læʃ/ **I** *n* [**lashes**] **1.** (*eyelash*) pestaña *f*. **2.** (*with a whip*) latigazo *m*.

II *vt* [**lashes, lashing, lashed**] **1.** (*waves, rain, with whip*) azotar. **2.** (*to tie*) atar.

♦*vi*: **the rain lashed** *against* **the roof** la lluvia azotaba el tejado.

to **lash out** *vi* atacar: **she lashed out** *at* **me in a fury** me atacó hecha una furia.

lashings /ˈlæʃɪŋz/ *n pl* (*large amount*): **with lashings of cream** con un montón de nata.

lass /læs/ *n* [**lasses**] (*fam*) chica *f*.

lasso /læˈsuː/ **I** *n* [**lassoes * lassos**] lazo *m* (*de vaquero*).

II *vt* [**lassoes, lassoing, lassoed**] echar el lazo a.

last /lɑːst/ **I** *adj* **1.** (*with expressions of time*) pasado -da: **last year** el año pasado; **last Monday** el lunes pasado; **last night** anoche. **2.** (*in a series*) último -ma: **this is your last chance** ésta es tu última oportunidad • **Paul would be the last person to do that** Paul jamás haría eso • **that's the last thing I want to do** eso es lo último que quiero hacer.

II *n, pron*: **you're always the last to arrive** siempre llegas el último; **she ate the last of the cheese** se comió lo que quedaba del queso • **our house is the last but one on the left** nuestra casa es la penúltima a mano izquierda • **that was the last we ever heard of him** nunca más supimos de él • **I'll be glad to see the last of them** me voy a alegrar mucho cuando los pierda de vista • **at (long) last!** ¡por fin! • **he was a socialist to the last** fue socialista hasta el final.

III *adv* **1.** (*with expressions of time*) por última vez: **I last saw him * I saw him last three years ago** la última vez que lo vi fue hace tres años. **2.** (*in a series*) en último lugar: **he came last in the race** llegó el último en la carrera; **you left last** tú fuiste el último en salir • **I finished last but one** acabé en penúltimo lugar • **last of all** por último • **and, last but not least,...** y en último lugar, pero no por ello menos importante...

IV *vi* [**lasts, lasting, lasted**] durar: **the film lasts** *(for)* **an hour** la película dura una hora; **we had enough provisions to last** *(for)* **a month** teníamos provisiones para un mes.

♦*vt*: **these shoes haven't lasted me long** estos zapatos no me han durado mucho.

to **last out** *vi* resistir: **we can last out until the end of the winter** podemos resistir hasta el final del invierno.

♦*vt* (*an ordeal*) resistir.

last-ditch *adj* (*attempt*) último -ma; (*fight, struggle*) a la desesperada.

last-minute *adj* de última hora.

lasting /ˈlɑːstɪŋ/ *adj* duradero -ra.

lastly /ˈlɑːstlɪ/ *adv* por último: **lastly, there is the question of the salary** por último, está la cuestión del salario.

latch /lætʃ/ *n* [**latches**] pestillo *m* (*de una cerradura*) • **they left the door on the latch** pusieron el pestillo de forma que la puerta podía abrirse sin llave.

to **latch on** *vi* [**latches, latching, latched**] comprender.

to **latch onto** *vt* **1.** (*a person*) pegarse a. **2.** (*an idea, concept*) captar, entender: **they all latched onto the idea very quickly** captaron la idea muy rápidamente.

late /leɪt/ **I** *adv* tarde: **she arrived late** llegó tarde; **he's working late tonight** hoy trabaja hasta muy tarde; **the train's running late** el tren lleva retraso; **very late at night** muy tarde por la noche • **it's a bit late in the day to apologize** ya es un poco tarde para pedir perdón • **she married late in life** se casó bastante mayor • **as late as 1985** todavía en 1985 • **I left it too late to get tickets** lo dejé hasta muy tarde y no pude conseguir entradas • **better late than never** más vale tarde que nunca.

II *adj* **1.** (*gen*): **we were late** *for* **work** llegamos tarde al trabajo; **we were five minutes late** llegamos con cinco minutos de retraso; **I had a late night** me acosté tarde; **we had a late breakfast** desayunamos tarde • **too late! he's already gone** ¡demasiado tarde! ya se ha ido • **they've been spending a lot of money of late** últimamente han estado gastando mucho dinero. **2.** (*with expressions of time*): **in late June** a finales de junio; **in late summer** a finales del verano; (*with ages*): **he is in his late fifties** tiene cerca de sesenta años. **3.** (*deceased*) difunto -ta: **the late John Smith** el difunto John Smith. **4.** (*work of art*) tardío -día: **a late Monet** una obra tardía de Monet.

latecomer *n*: *persona o cosa que llega tarde.*

lately /ˈleɪtlɪ/ *adv* últimamente.

latent /ˈleɪtənt/ *adj* latente.

later /ˈleɪtə/ **I** *adj* **1.** (*gen*): **he was even later than me** él llegó aún más tarde que yo; **we had a later**

breakfast than usual desayunamos más tarde de lo normal; **I caught a later flight** tomé un vuelo posterior; **in later life she withdrew from the public eye** más adelante se retiró de la vida pública; **that can be arranged at a later date** eso se puede organizar más adelante. **2.** (*work of art*) tardío -día: **one of his later plays** una de sus obras tardías.
II *adv* más tarde, después: **I'll do it later** lo haré más tarde; **six hours later** seis horas después • **why don't we go out later on?** ¿por qué no salimos más tarde? • **see you later** hasta luego.

lateral /ˈlætərəl/ *adj* lateral.

latest /ˈleɪtɪst/ **I** *adj* último -ma: **his latest film** su última película; **the latest fashion** la última moda.
II the latest *n* **1.** (*development*) lo último: **this is the latest** *in* **computers** esto es lo último en ordenadores. **2.** (*in expressions of time*): **I'll be there by five at the latest** llegaré como muy tarde a las cinco. **3.** (*fam: news*): **what's the latest?** ponme al corriente.

latex /ˈleɪteks/ *n* látex *m.*

lathe /leɪð/ *n* torno *m* (*de carpintero*).

lather /ˈlɑːðə/ **I** *n* espuma *f.*
II *vi* [**lathers, lathering, lathered**] hacer espuma.
♦ *vt* enjabonar.

Latin /ˈlætɪn/ **I** *adj* latino -na.
II *n* latín *m*: **we had to do a Latin translation** tuvimos que hacer una traducción de latín.
Latin America *n* Latinoamérica *f*, América *f* Latina.
Latin American *adj* latinoamericano -na.

latitude /ˈlætɪtjuːd/ *n* **1.** (*Geog*) latitud *f.* **2.** (*frml: freedom*) libertad *f.*

latrine /ləˈtriːn/ *n* letrina *f.*

latter /ˈlætə/ **I** *adj* **1.** (*last mentioned*): **we spoke to teachers and parents, the latter group being the more helpful** hablamos con profesores y padres, y fueron estos últimos los que más nos ayudaron. **2.** (*in expressions of time*) segundo -da: **in the latter half of the eleventh century** en la segunda mitad del siglo XI.
II *pron* (*last mentioned: singular noun*) éste -ta: **we visited Athens and Istanbul; the latter was my favourite** visitamos Atenas y Estambul; esta última me gustó más; (*: plural noun*) éstos -tas: **the trip is for both pupils and teachers; the latter will not have to pay** el viaje es para alumnos y profesores; estos últimos no tendrán que pagar.
latter-day *adj* de nuestros días.

latterly /ˈlætəlɪ/ *adv* últimamente.

lattice /ˈlætɪs/ *n* enrejado *m*, celosía *f.*

Latvia /ˈlætvɪə/ *n* Letonia *f.*

Latvian /ˈlætvɪən/ *adj, n* letón -tona *adj, m/f.*

laudable /ˈlɔːdəbəl/ *adj* (*frml*) elogiable.

laugh /lɑːf/ **I** *vi* [**laughs, laughing, laughed**] reír(se): **he always makes me laugh** siempre me hace reír • **she burst out laughing** se echó a reír.
II *n* (*gen*): **I heard a loud laugh** oí una risa ruidosa; **his jokes didn't get * raise a laugh** sus chistes no hicieron reír a nadie • **I only did it for a laugh** sólo lo hice para divertirme • **we had a good laugh about that** nos reímos mucho con eso • **she's a good laugh** es muy divertida.
to **laugh at** *vt* reírse de: **stop laughing at me!** ¡deja de reírte de mí!
to **laugh off** *vt* tomarse a risa: **she tried to laugh off the comments** intentó tomarse los comentarios a risa.

laughable /ˈlɑːfəbəl/ *adj* irrisorio -ria, ridículo -la.

laughingly /ˈlɑːfɪŋlɪ/ *adv* entre risas.

laughter /ˈlɑːftə/ *n* risa *f*: **they roared with laughter** se reían a carcajadas; **you could hear laughter in the garden** se oían risas en el jardín; **there was a lot of laughter over supper** nos reímos mucho durante la cena.

launch /lɔːnʃ/ **I** *vt* [**launches, launching, launched**] **1.** (*a product, missile, rocket*) lanzar: **the government launched a campaign against smoking** el gobierno lanzó una campaña antitabaco; **they launched an attack on the northern front** lanzaron un ataque en el frente norte. **2.** (*a ship*) botar. **3.** (*a company*) fundar. **4.** (*a film, play*) estrenar.
II *n* [**launches**] **1.** (*of product, rocket*) lanzamiento *m.* **2.** (*of ship*) botadura *f.* **3.** (*of company*) fundación *f.* **4.** (*motor boat*) lancha *f.*
launch pad, launching pad *n* plataforma *f* de lanzamiento.

launder /ˈlɔːndə/ *vt* [**launders, laundering, laundered**] **1.** (*clothes*) lavar y planchar. **2.** (*money*) blanquear.

Launderette® /ˌlɔːndəˈret/ *n* lavandería *f* (*en la que hay lavadoras que funcionan con monedas*).

Laundromat® /ˈlɔːndrəˌmat/ *n* (*US*) lavandería *f* (*en la que hay lavadoras que funcionan con monedas*).

laundry /ˈlɔːndrɪ/ *n* [**laundries**] **1.** (*place*) lavandería *f* (*en la que hay empleados que lavan la ropa*). **2.** (*dirty clothes*) ropa *f* sucia; (*washed clothes*) colada *f*; (*process*): **I need to do the laundry** tengo que hacer la colada.
laundry basket *n* canasta *f* * cesto *m* de la ropa sucia.

laurel /ˈlɒrəl/ *n* laurel *m* • **they have been resting on their laurels** se han dormido en los laureles.

lava /ˈlɑːvə/ *n* lava *f.*

lavatory /ˈlævətrɪ/ *n* [**lavatories**] (*appliance*) wáter *m*, retrete *m*; (*room*) lavabo *m*, wáter *m*, baño *m.*

lavender /ˈlævəndə/ *n* lavanda *f.*

lavish /ˈlævɪʃ/ **I** *adj* **1.** (*generous*) generoso -sa: **she was very lavish** *with* **her praise** nos colmó de elogios. **2.** (*extravagant*) lujoso -sa: **the wedding was a very lavish affair** la boda fue principesca.
II *vt* [**lavishes, lavishing, lavished**] (*to give in abundance*): **she lavished attention** *on* **her little boy** prodigaba a su hijo toda clase de mimos; **they lavished gifts** *on* **us** nos colmaron de regalos.

lavishly /ˈlævɪʃlɪ/ *adv* lujosamente.

law /lɔː/ *n* **1.** (*gen*) ley *f*: **you must wear a seat belt** *by* **law** la ley obliga a ponerse el cinturón de seguridad; **the law** *on* **divorce** la ley del divorcio; **there should be a law** *against* **it** debería haber una ley que lo prohibiera; **you have broken the law** has cometido un delito; **the police must maintain law and order** la policía debe mantener el orden público • **it is against the law** va en contra de la ley • **they took the law into their own hands** se tomaron la justicia por su mano • **she's always laying down the law** siempre está dando órdenes • **he's a law unto himself** hace lo que le da la gana. **2.** (*rule*) ley *f*: **the laws of nature** las leyes de la naturaleza; **the law of gravity** la ley de la gravedad. **3.** (*Educ*) Derecho *m*: **she studied law at university** estudió Derecho en la universidad. **4. the Law** (*fam: the police*) la poli.
law-abiding *adj* que respeta la ley.
lawbreaker *n* delincuente *m/f.*
law court *n* tribunal *m* de justicia.
law school *n* facultad *f* de Derecho.
lawsuit *n* pleito *m.*

lawful /ˈlɔːfʊl/ *adj* legítimo -ma.

lawless /ˈlɔːləs/ *adj* (*country*) sin ley; (*society, people*) anárquico -ca.
lawlessness /ˈlɔːlɪsnəs/ *n* anarquía *f.*
lawn /lɔːn/ *n* césped *m.*
lawnmower *n* cortacésped *m.*
lawyer /ˈlɔɪə/ *n* abogado -da *m/f.*
lax /læks/ *adj* (*slack*) poco estricto -ta: **the headmaster was very lax with the children** el director era muy poco estricto con los niños; **security at the airport was lax** la seguridad en el aeropuerto era muy relajada; (*morally*) relajado -da.
laxative /ˈlæksətɪv/ *adj, n* laxante *adj, m.*
laxity /ˈlæksətɪ/ *n* (*lack of discipline*) falta *f* de disciplina; (*lack of morals*) relajación *f.*
lay /leɪ/ **I** *pretérito de* ➪ lie
II *adj* **1.** (*Relig*) laico -ca. **2.** (*non-specialist*) profano -na.
III *vt* [**lays, laying, laid**] **1.** (*to put*) colocar, poner: **we had a new carpet laid** nos pusieron una moqueta nueva; **she laid a blanket over the child** tapó al niño con una manta • **the government laid themselves open to criticism** el gobierno se expuso a las críticas • **she was laid low with a fever** estaba mala con fiebre • **if I lay hold of that boy, I'll kill him** si agarro a ese niño, lo mato • **their assurances did nothing to lay my fears to rest** sus garantías no consiguieron calmar mis temores. **2.** (*a cable*) tender, echar; (*foundations*) poner. **3.** (*an egg*) poner. **4.** (*the table*) poner.
to **lay aside** *vt* dejar a un lado.
to **lay by** *vt* poner a un lado.
to **lay down** *vt* (*a pen, tool*) dejar; (*rules*) sentar, establecer; (*arms*) deponer.
to **lay in** *vt* (*food, supplies*) proveerse de.
to **lay into** *vt* atacar.
to **lay off** *vt* **1.** (*GB: workers*) despedir (*temporalmente*); (*US: workers*) despedir (*definitivamente*). **2.** (*fam: to stop*) dejar de: **lay off (criticizing) will you?** ¿quieres dejar de criticar?
to **lay on** *vt* proporcionar: **all sorts of entertainments were laid on** proporcionaron toda clase de diversiones.
to **lay out** *vt* **1.** (*to display*) exponer; (*to arrange*): **the city is laid out on a grid plan** la ciudad está organizada en forma de cuadrícula ✱ damero. **2.** (*a body*) amortajar.
to **lay up** *vt*: **he was laid up with flu** estuvo enfermo con gripe.
layabout *n* vago -ga *m/f.*
lay-by *n* (*GB*) área *f* de descanso [takes ***el*** or ***un*** in singular].
layman *n* [*pl* **laymen**] (*Relig*) laico -ca *m/f*; (*non-specialist*) profano -na *m/f*, lego -ga *m/f.*
layout *n* (*of building, city*) plano *m*; (*of page*) diseño *m.*
layer /ˈleɪə/ **I** *n* capa *f.*
II *vt* [**layers, layering, layered**]: **you layer the pasta and the meat** se va alternando una capa de pasta y otra de carne.
layered /ˈleɪəd/ *adj*: **her hair is layered** lleva el pelo a capas.
laze /leɪz/ *vi* [**lazes, lazing, lazed**] holgazanear: **she lazed around the house all day** se pasó el día en casa holgazaneando ✱ sin hacer nada.
lazily /ˈleɪzəlɪ/ *adv* (*idly*) perezosamente; (*without hurrying*) lentamente.
laziness /ˈleɪzɪnəs/ *n* (*idleness*) pereza *f*; (*slowness*) lentitud *f.*
lazy /ˈleɪzɪ/ *adj* [**lazier, laziest**] (*person*) perezoso -sa, vago -ga; (*movement*) lento -ta: **we had a couple of lazy days there** pasamos un par de días allí sin hacer nada.
lazybones /ˈleɪzɪbəʊnz/ *n* [*pl* **lazybones**] (*fam*) vago -ga *m/f.*
lb *léase* /paʊnd/ [*pl* **lbs** ✱ **lb**] (*abreviatura de* **pound**) libra *f* (*medida de peso*): **5lb of potatoes** cinco libras de patatas.
lead I *n* **1.** /led/ (*metal*) plomo *m*; (*in pencil*) mina *f.* **2.** /liːd/ (*first place*) cabeza *f*, primer puesto *m*: **he was in the lead for most of the race** estuvo en cabeza la mayor parte de la carrera • **the USA took the lead in space research** los Estados Unidos se pusieron a la cabeza de la investigación espacial; (*advantage*) ventaja *f*: **Germany took the lead** Alemania tomó ventaja; **they had a lead of three points** llevaban una ventaja de tres puntos. **3.** /liːd/ (*example*) ejemplo *m*: **other countries should follow Spain's lead** otros países deberían seguir el ejemplo de España. **4.** /liːd/ (*clue*) pista *f*: **the police have no leads at present** de momento la policía no tiene pista alguna. **5.** /liːd/ (*main role in a film*) papel *m* principal. **6.** /liːd/ (*for a dog*) correa *f*; (*electrical*) cable *m.*
II /liːd/ *adj* principal: **the group's lead singer** el cantante del grupo.
III /liːd/ *vt* [**leads, leading, led**] **1.** (*to take*) conducir, llevar: **she led me** *to* **a table** me llevó a una mesa; **a policeman led him** *away* un policía se lo llevó • **this led me to believe he was lying** esto me hizo pensar que estaba mintiendo • **she is easily led** se deja llevar fácilmente. **2.** (*to direct, govern*): **he was leading the procession** encabezaba la procesión; **she led the team** *to* **victory** condujo al equipo a la victoria; **he has led the party for many years** ha dirigido el partido durante muchos años. **3.** (*a way of life*) llevar: **he leads a quiet life** lleva una vida sosegada.
♦ *vi* **1.** (*to a place, situation*) llevar: **a path leading** *to* **the church** un camino que lleva a la iglesia; **this is leading nowhere** esto no nos lleva a ninguna parte; **this led** *to* **a rise in prices** esto produjo un aumento de precios. **2.** (*in a race, competition*) ir en cabeza: **the French runner led all the way** el corredor francés estuvo siempre en cabeza; **Italy lead three-nil** Italia va ganando tres a cero.
to **lead on** *vt* engañar: **they had been leading him on from the start** habían estado engañándolo desde el principio.
to **lead up** *vi* llevar, conducir: **the circumstances which led up** *to* **his death** las circunstancias que condujeron a su muerte.
lead-free /ledˈfriː/ *adj* sin plomo.
leaden /ˈledən/ *adj* (*colour*) plomizo -za; (*heavy*) pesado -da.
leader /ˈliːdə/ *n* **1.** (*of an organization*) líder *m/f*, dirigente *m/f* • **she's a born leader** es una líder nata. **2.** (*Sport*) líder *m/f.* **3.** (*newspaper article*) editorial *m.*
leadership /ˈliːdəʃɪp/ *n* dirección *f*, liderazgo *m.*
leading /ˈliːdɪŋ/ *adj* **1.** (*foremost*) más importante: **the world's leading scientists** los científicos más importantes del mundo. **2.** (*actor, role*) principal: **the leading lady** la actriz principal.
leaf /liːf/ *n* [**leaves** /liːvz/] **1.** (*of a tree, plant*) hoja *f*: **the trees aren't** *in* **leaf yet** todavía no les han salido las hojas a los árboles. **2.** (*of paper*) hoja *f* • **you ought to take a leaf out of your sister's book** deberías seguir el ejemplo de tu hermana • **he's trying to turn over a new leaf** se ha propuesto cambiar.
to **leaf through** *vt* [**leafs, leafing, leafed**] hojear: **he**

was leafing through a magazine estaba hojeando una revista.

leaflet /ˈliːflɪt/ **I** *n* folleto *m*.
II *vt* [**leaflets, leafleting, leafleted**] repartir folletos en.

leafy /ˈliːfɪ/ *adj* [**leafier, leafiest**] **1.** (*trees, branches*) frondoso -sa. **2.** (*suburb, roads*) con muchos árboles.

league /liːg/ *n* **1.** (*society*) liga *f*, sociedad *f* • **he was in league with the criminals** estaba confabulado con los delincuentes. **2.** (*Sport*) liga *f* • **these two books are not in the same league** estos dos libros no se pueden comparar. **3.** (*Meas*) legua *f*.

leak /liːk/ **I** *n* **1.** (*of water, in building*) gotera *f*; (*in container*) agujero *m*; (*of gas, chemicals*) escape *m*; (*in boat*) vía *f* de agua: **the boat sprang a leak** la barca empezó a hacer agua. **2.** (*of information*) filtración *f*.
II *vi* [**leaks, leaking, leaked**] (*liquid*) salirse: **that bottle leaks** esa botella pierde agua; **when it rains the roof leaks** cuando llueve tenemos goteras; (*gas, chemicals*) escaparse: **toxic waste was leaking** *from* **the pipeline** había un escape de residuos tóxicos en el conducto; (*boat*) hacer agua.
♦*vt* **1.** (*a liquid, gas*) perder: **the tank was leaking petrol** el depósito estaba perdiendo gasolina; **the car is leaking oil** el coche pierde aceite. **2.** (*information*) filtrar: **the news was leaked** *to* **the press** filtraron la noticia a la prensa.
to **leak out** *vi* (*liquid*) salirse: **all the wine leaked out** se salió todo el vino; (*gas, chemicals*) escaparse; (*information*) filtrarse.

leakage /ˈliːkɪdʒ/ *n* escape *m*.

leaky /ˈliːkɪ/ *adj* [**leakier, leakiest**] (*container*) que se sale; (*roof*) con goteras; (*boat*) que hace agua.

lean /liːn/ **I** *adj* **1.** (*meat*) magro -gra. **2.** (*person*) delgado -da. **3.** (*profits*) escaso -sa; (*harvest*) malo -la.
II *vi* [**leans, leaning, leant** * **leaned**] **1.** (*person*) apoyarse: **don't lean** *on* **me!** ¡no te apoyes en mí!; **there were two boys leaning** *against* **the wall** había dos chicos apoyados en la pared. **2.** (*to one side*) inclinarse: **that wall seems to be leaning** *forward* parece que esa pared está inclinada hacia adelante; **politically, she leans** *to* **the left** en política, tiende hacia la izquierda.
♦*vt* apoyar: **she leant the book** *against* **the speaker** apoyó el libro en el altavoz; **she leant her elbows** *on* **the table** puso los codos en la mesa.
to **lean across** * **over** *vi*: **he leant across and whispered in my ear** se inclinó hacia mí y me susurró al oído.
to **lean back** *vi*: **she leant back in her chair** se recostó en la silla.
to **lean down** *vi* agacharse.
to **lean on** *vt* presionar: **if you lean on them they'll change their minds** si los presionas, cambiarán de opinión.
to **lean out** *vi* asomarse: **don't lean out** *of* **the window** no te asomes por la ventana.

leaning /ˈliːnɪŋ/ *n* tendencia *f*.

leant /lent/ *pretérito y participio pasado de* ⇨ leantlean

leap /liːp/ **I** *vi* [**leaps, leaping, leapt** * **leaped**] saltar: **she leapt** *over* **the wall** saltó el muro; **he leapt** *out of* **bed** saltó de la cama; **he leapt** *to* **his feet** se levantó de un salto; **she leapt** *up* **from the chair** se levantó de la silla de un salto; **profits leapt** los beneficios se dispararon; **he leapt** *to* **my defence** saltó en mi defensa • **my heart leapt** me dio un vuelco el corazón • **he would leap at the chance to go** aprovecharía la oportunidad de ir sin dudarlo.
II *n* salto *m*: **he took a flying leap and landed on the sofa** pegó un salto enorme y aterrizó en el sofá; **a sudden leap in sales** un aumento repentino de las ventas • **she is getting better by leaps and bounds** está progresando a pasos agigantados.
leapfrog *n* pídola *f*.
leap year *n* año *m* bisiesto.

leapt /lept/ *pretérito y participio pasado de* ⇨ leap

learn /lɜːn/ *vt* [**learns, learning, learnt** * **learned**] **1.** (*to acquire knowledge, a skill*) aprender: **he's learning Spanish** está aprendiendo español; **he learnt (how) to swim** aprendió a nadar. **2.** (*to find out about*) enterarse de: **we finally learnt the truth** al final nos enteramos de la verdad.
♦*vi* **1.** (*to acquire knowledge, a skill*) aprender: **children learn quickly** los niños aprenden con facilidad; **I had to learn the hard way** tuve que aprender de mis errores. **2.** (*to find out*) enterarse: **he learned** *about* * *of* **the accident on the radio** se enteró del accidente por la radio.

learned /ˈlɜːnɪd/ *adj* culto -ta.

learner /ˈlɜːnə/ *n* estudiante *m/f*: **it is designed for learners of English** está pensado para estudiantes de inglés; **she's a fast learner** aprende muy deprisa.
learner driver *n*: **he's a learner driver** está aprendiendo a conducir.

learning /ˈlɜːnɪŋ/ *n* conocimientos *m pl*, erudición *f*: **a woman of great learning** una mujer de gran erudición.

learnt /lɜːnt/ *pretérito y participio pasado de* ⇨ learn

lease /liːs/ **I** *n* contrato *m* de arrendamiento • **I felt I had been given a new lease of life** me sentí renacer • **the plan will give the area a new lease of life** el plan servirá para revitalizar la zona.
II *vt* [**leases, leasing, leased**] arrendar: **we leased the house** *from* **him** le arrendamos la casa (*como arrendatarios*); **we leased the house** *to* **him** le arrendamos la casa (*como propietarios*).
leasehold *n* derechos *m pl* de arrendamiento.

leash /liːʃ/ *n* [**leashes**] correa *f*.

least /liːst/ *[superlativo de* ***little****]* **I** *adv* menos: **just when I least expected it** justo cuando menos lo esperaba; **the least attractive man I've ever seen** el hombre menos atractivo que he visto en mi vida; **that seems the least likely possibility** eso parece lo menos probable • **nobody was worried, least of all me** nadie estaba preocupado, y yo menos que nadie • **the film was a great success, not least in Spain** la película tuvo también mucho éxito en España.
II *adj* menor: **at the least sign of trouble, he'll leave** al menor problema, se largará; **Alan does (the) least work** Alan es el que menos trabajo hace • **it wasn't the least bit difficult** no era nada difícil.
III *pron*: **she ate (the) least** ella fue la que menos comió; **you have (the) least to worry about** tú eres el que menos te tienes que preocupar • **I need two hours at (the) very least** necesito dos horas como mínimo • **he's at least forty** tiene por lo menos cuarenta años • **it might be cold, but at least it's not raining** hace frío, pero por lo menos no llueve • **nobody saw him, at least as far as I know** no lo vio nadie, al menos que yo sepa • **she wasn't sorry in the least** no se arrepentía en absoluto • **the interview is the least of it** la entrevista es lo de menos • **he was rude to say the least** estuvo grosero, y me quedo corto • **that's the least of our worries** eso es lo que menos nos preocupa.

leather /ˈleðə/ *n* cuero *m*, piel *f*.

leathery /ˈleðərɪ/ *adj* (*skin*) curtido -da; (*meat*) correoso -sa.

leave /liːv/ **I** *n* **1.** (*holiday*) vacaciones *fpl*: **annual leave** vacaciones anuales; **she's** *on* **leave** está de vacaciones; (*Mil*) permiso *m*. **2.** (*frml*: *permission*) permiso *m* • **without so much as a by your leave, he joined the party** se unió al grupo sin pedir permiso a nadie • **have you taken leave of your senses?** ¿te has vuelto loco? • **he took his leave of us** se despidió de nosotros.

II *vi* [**leaves, leaving, left**] **1.** (*to go away*) irse: **don't leave without saying goodbye** no te vayas sin despedirte; **they're leaving** *for* **Italy** se van a Italia. **2.** (*train*) salir: **the train leaves at four** el tren sale a las cuatro.

♦ *vt* **1.** (*a country, place: gen*) irse de: **they left Spain in 1973** se fueron de España en 1973; **she left home** se fue de casa; **they leave school at sixteen** terminan el colegio a los dieciséis años; (*: to go out of*) salir de: **I leave the office at five** salgo de la oficina a las cinco. **2.** (*a person, an object, food*) dejar: **she left him for someone else** lo dejó por otro; **it left us bankrupt** nos dejó en la bancarrota; **they left all their money to me** me dejaron todo su dinero; **it left a mark** dejó una marca; **that just leaves the cleaning to do** ya sólo nos queda limpiar; **I'll leave the arrangements to you** te dejo encargado de los preparativos • **leave me alone** * **be!** ¡déjame en paz! • **leave those sweets alone** no toques esos caramelos • **leave go of me!** ¡suéltame! • **why don't we leave it at that?** ¿por qué no lo dejamos así? **3. to be left** (*to remain*) quedar: **there is nothing left** no queda nada; **how much money is left (over)?** ¿cuánto dinero queda?; **the house was left in ruins** la casa quedó en ruinas.

to **leave behind** *vt* dejarse: **I left my umbrella behind** me dejé * me olvidé el paraguas; **I was left behind** me dejaron atrás.

to **leave off** *vt* (*fam*: *to stop*) dejar de: **shall we start where we left off?** ¿empezamos donde lo dejamos?; **leave off complaining, will you?** deja de quejarte, ¿quieres?; (*a light, an appliance*) dejar apagado -da.

to **leave on** *vt* **1.** (*a light, an appliance*) dejar encendido -da: **you left the oven on** te dejaste el horno encendido. **2.** (*clothing*) dejar puesto -ta: **I'll leave my coat on - I'm cold** me voy a dejar el abrigo puesto, tengo frío.

to **leave out** *vt* **1.** (*outside*) dejar fuera. **2.** (*to exclude*) excluir: **I was feeling left out** me sentía excluido; **he was left out of the team** lo dejaron fuera del equipo. **3.** (*fam*: *to stop*): **leave it out, will you?** déjalo, por favor.

leaves /liːvz/ *plural de* ➪ leaf

Lebanese /lebəˈniːz/ **I** *adj* libanés -nesa.

II *n* [*pl* **Lebanese**] (*person*) libanés -nesa *m/f*.

III the Lebanese *n pl* los libaneses.

Lebanon /ˈlebənən/ *n* (*también* **the Lebanon**) el Líbano.

lectern /ˈlektɜːn/ *n* atril *m*.

lecture /ˈlektʃə/ **I** *n* **1.** (*at conference, to public*) conferencia *f*: **she gave a lecture** *on* **Galdós** dio una conferencia sobre Galdós; (*at university*) clase *f*: **I have lectures all day tomorrow** mañana tengo clases todo el día. **2.** (*scolding*) sermón *m*: **he gave us a stern lecture about punctuality** nos dio un sermón sobre la puntualidad.

II *vi* [**lectures, lecturing, lectured**] (*at conference, to public*) dar conferencias * una conferencia; (*at university*) dar clases: **he lectures** *on* **French literature** da clases de * enseña literatura francesa.

♦ *vt* (*to scold*) sermonear: **she's always lecturing me** *about* **my appearance** siempre me está sermoneando acerca de mi aspecto.

lecture hall *n* sala *f* de conferencias.

lecture room * **theatre** *n* aula *f* [takes ***el*** or ***un*** in singular].

lecturer /ˈlektʃərə/ *n* **1.** (*at conference*) conferenciante *m/f*. **2.** (*at university*) profesor -sora *m/f*: **she's a lecturer** *in* **accountancy** es profesora de contabilidad.

lectureship /ˈlektʃeʃɪp/ *n* cargo *m* de profesor (*en la universidad*).

led /led/ *pretérito y participio pasado de* ➪ lead

ledge /ledʒ/ *n* **1.** (*of window*) alféizar *m*; (*small shelf*) repisa *f*. **2.** (*on cliff*) saliente *m*.

ledger /ˈledʒə/ *n* libro *m* mayor.

lee /liː/ *n* (*Naut*) sotavento *m*: *in* **the lee** *of* **the headland** al abrigo del promontorio.

leech /liːtʃ/ *n* [**leeches**] sanguijuela *f*.

leek /liːk/ *n* puerro *m*.

leer /lɪə/ **I** *vi* [**leers, leering, leered**] mirar con lascivia: **he was leering** *at* **me** me miraba con lascivia.

II *n* mirada *f* lasciva.

leeway /ˈliːweɪ/ *n* flexibilidad *f*: **this will give us some leeway** esto nos dará cierto margen de flexibilidad.

left /left/ **I** *pretérito y participio pasado de* ➪ leave

II *adj* izquierdo -da: **he writes with his left hand** escribe con la mano izquierda.

III *adv* a la izquierda: **turn left here** tuerce a la izquierda aquí.

IV *n* **1.** (*of position, direction*) izquierda *f*: **our house is** *on* **the left** nuestra casa está a la izquierda; **it's** *to* **the left of the sugar** está a la izquierda del azúcar. **2. the left, the Left** (*Pol*) la izquierda: **the politics of the extreme left** la política de la extrema izquierda.

left-hand *adj* izquierdo -da: **the left-hand page** la página de la izquierda; **on the left-hand side** a mano izquierda.

left-hand drive *adj* (*Auto*) con el volante a la izquierda.

left-handed *adj* zurdo -da.

left wing (*Pol*) **I** *n* izquierda *f*, ala *f* izquierda [takes ***el*** or ***un*** in singular].

II *adj* (*también* **left-wing**) izquierdista, de izquierdas: **they are very left wing** son muy de izquierdas.

left-winger *n* (*Pol*) izquierdista *m/f*.

left-luggage office /leftˈlʌgɪdʒ ˈɒfɪs/ *n* consigna *f* (de equipajes).

leftover /ˈleftˌəʊvə/ **I** *adj* que sobra: **I gave the leftover meat to the dog** le di al perro la carne que sobró.

II leftovers *n pl* sobras *fpl*.

leg /leg/ *n* **1.** (*Anat*) pierna *f*: **she's broken her leg** se ha roto la pierna • **I was pulling your leg** te estaba tomando el pelo • **I'm going to stretch my legs** voy a estirar las piernas • **he doesn't have a leg to stand on** no puede justificarse • **by five o'clock I was on my last legs** a las cinco, estaba que no me tenía. **2.** (*of chair, table*) pata *f*. **3.** (*of animal, insect*) pata *f* • **his wife can talk the hind leg off a donkey** su mujer habla por los codos. **4.** (*Culin*: *of chicken*) muslo *m*; (*: of lamb*) pierna *f*. **5.** (*of trousers*) pernera *f*. **6.** (*of journey, race*) etapa *f*: **we have completed the first leg** hemos terminado la primera etapa.

legroom *n*: **there isn't much legroom in the back** en la parte de atrás no hay mucho sitio para las piernas.

legacy /ˈlegəsɪ/ *n* [**legacies**] legado *m*.

legal /ˈliːgəl/ *adj* **1.** (*lawful*) legal: **it is a perfectly**

legal way of making money es una forma de ganar dinero totalmente legal. **2.** (*relating to the law*) jurídico -ca, legal: **the legal system** el sistema jurídico; **it is a legal matter** es un asunto jurídico * legal; **a legal error** un error judicial; **they took legal action against the company** presentaron una demanda contra la compañía; **they sought legal advice** se asesoraron con un abogado.

legal aid *n* asesoramiento *m* jurídico (*que paga el estado a las personas que tienen pocos recursos*).

legal tender *n* moneda *f* de curso legal.

legality /lɪ'gælətɪ/ *n* legalidad *f*.

legalization /ˌli:gəlaɪ'zeɪʃən/ *n* legalización *f*.

legalize /'li:gəlaɪz/ *vt* [**legalizes, legalizing, legalized**] legalizar.

legally /'li:gəlɪ/ *adv* legalmente • **the agreement is legally binding** el acuerdo tiene fuerza de ley.

legend /'ledʒənd/ *n* leyenda *f*.

legendary /'ledʒəndərɪ/ *adj* legendario -ria.

leggings /'legɪŋz/ *n pl* mallas *f pl*, leggings *m pl*.

leggy /'legɪ/ *adj* [**leggier, leggiest**] (*person*) con las piernas muy largas; (*plant*) con el tallo muy largo.

legible /'ledʒəbəl/ *adj* legible.

legibly /'ledʒəblɪ/ *adv* de forma legible.

legion /'li:dʒən/ **I** *n* legión *f*.
II *adj*: **his failings are legion** tiene muchos defectos.

legionnaire /ˌli:dʒə'neə/ *n* legionario *m*.

legislate /'ledʒɪsleɪt/ *vi* [**legislates, legislating, legislated**] legislar.

legislation /ˌledʒɪ'sleɪʃən/ *n* legislación *f*.

legislative /'ledʒɪslətɪv/ *adj* legislativo -va.

legislator /'ledʒɪsleɪtə/ *n* legislador -dora *m/f*.

legislature /'ledʒɪsˌleɪtʃə/ *n* asamblea *f* legislativa.

legitimacy /lə'dʒɪtɪməsɪ/ *n* legitimidad *f*.

legitimate /lə'dʒɪtɪmət/ *adj* legítimo -ma.

legitimately /lə'dʒɪtɪmətlɪ/ *adv* legítimamente.

leisure /'leʒə/ *n* ocio *m* • **I'll do it at my leisure** lo haré cuando me convenga.

leisure centre *n* centro *m* cultural y deportivo.

leisure time *n* tiempo *m* libre.

leisure wear *n* ropa *f* deportiva * informal.

leisurely /'leʒəlɪ/ *adj*: **she was walking at a leisurely pace** caminaba sin prisa ninguna.

lemon /'lemən/ **I** *n* (*fruit, colour*) limón *m*.
II *adj* (amarillo) limón *adj inv*.

lemon cheese * curd *n*: *crema de limón que se pone en tostadas, pasteles, etc.*

lemon tea *n* té *m* con limón.

lemon tree *n* limonero *m*.

lemonade /ˌlemə'neɪd/ *n* (*traditional*) limonada *f*; (*clear, fizzy*) gaseosa *f*.

lend /lend/ *vt* [**lends, lending, lent**] **1.** (*on a temporary basis*) prestar, dejar: **I lent her some money * I lent some money** *to* **her** le presté dinero; **will you lend me your car?** ¿me dejas el coche? **2.** (*to give, impart*) prestar, dar: **it lends credibility** *to* **their campaign** le da credibilidad a su campaña • **this room doesn't lend itself to parties** esta habitación no se presta para fiestas.

length /leŋθ/ *n* **1.** (*measurement*) largo *m*, longitud *f*: **it is ten metres** *in* **length** tiene una longitud de diez metros; **what length is that skirt?** ¿cuánto tiene de largo esa falda?; **he was surprised at the length of the book** se sorprendió de lo largo que era el libro. **2.** (*of fabric, of pool*) largo *m*: **I did three lengths (of the pool)** me hice tres largos (de la piscina); **a length of cloth** un largo de tela; **I walked the length of the beach** me recorrí de punta a punta la playa paseando. **3.** (*of time*) duración *f*: **the length of the film** la duración de la película; **the length of time we spent there** el tiempo que pasamos allí • **he would go to any lengths to get a job** haría cualquier cosa para conseguir trabajo • **we talked at length about the problem** hablamos largo y tendido del problema • **at length, they left** después de mucho tiempo, se fueron • **he went to great * considerable lengths to get it** se tomó muchas molestias para conseguirlo.

lengthen /'leŋθən/ *vt* [**lengthens, lengthening, lengthened**] **1.** (*a skirt, one's stride, etc.*) alargar. **2.** (*a visit*) prolongar.
♦ *vi* alargarse.

lengthways /'leŋθweɪz/ *adv* a lo largo: **cut the cloth lengthways** corte la tela a lo largo.

lengthy /'leŋθɪ/ *adj* [**lengthier, lengthiest**] largo -ga.

lenient /'li:nɪənt/ *adj* indulgente.

leniently /'li:nɪəntlɪ/ *adv* con indulgencia.

lens /lenz/ *n* [**lenses**] **1.** (*in microscope, binoculars*) lente *f*; (*contact lens*) lentilla *f*, lente *f* de contacto; (*in glasses*) cristal *m*; (*in camera*) objetivo *m*. **2.** (*Anat*: *in eye*) cristalino *m*.

lent /lent/ **I** *pretérito y participio pasado de* ⇨ lend
II Lent *n* (*Relig*) cuaresma *f*.

lentil /'lentəl/ *n* lenteja *f*.

Leo /'li:əʊ/ *n* **1.** (*star sign*) Leo *m*. **2.** (*person*) leo *m/f inv*. ⇨ Aquarius

leopard /'lepəd/ *n* leopardo *m*.

leotard /'li:ətɑ:d/ *n* (*for ballet, gymnastics*) malla *f*.

leper /'lepə/ *n* **1.** (*Med*) leproso -sa *m/f*. **2.** (*fam*: *outcast*) paria *m/f*.

leprosy /'leprəsɪ/ *n* lepra *f*.

lesbian /'lezbɪən/ **I** *n* lesbiana *f*.
II *adj* lesbiano -na.

lesion /'li:ʒən/ *n* (*Med*) lesión *f*.

less /les/ [*como adjetivo, pronombre y adverbio es comparativo de* ***little***] **I** *adj* menos: **could you put less milk in my coffee?** ¿a mí me puedes poner menos leche en el café?
II *pron* menos: **it was less of a bore** *than* **I thought** fue menos aburrido de lo que esperaba; **the journey took less** *than* **twenty minutes** el viaje duró menos de veinte minutos • **she was less than friendly** no era lo que se dice simpática • **I don't think less of him because of it** no lo tengo en menos por eso • **no less than half the crop was ruined** se echó a perder nada menos que la mitad de la cosecha.
III *adv* menos: **I like it less** *than* **I used to** ya no me gusta tanto; **are you any less tired?** ¿estás menos cansado? • **he spoke to the Pope, no less** habló con el mismísimo Papa • **I go swimming less and less** voy a la piscina cada vez menos.
IV *prep* menos: **it's ten pounds, less what I owe you for the flowers** son diez libras, menos lo que te debo por las flores; **five hundred pounds, less tax** quinientas libras, menos los impuestos.

lessen /'lesən/ *vt* [**lessens, lessening, lessened**] disminuir, reducir.
♦ *vi* disminuir, reducirse.

lesser /'lesə/ *adj* menor: **it seemed the lesser of two evils** parecía ser el mal menor • **to a lesser extent * degree** en menor medida.

lesson /'lesən/ *n* **1.** (*Educ*: *class*) clase *f*: **I'm having * taking French lessons** voy a clases de francés; **he had to give a lesson for another teacher** tuvo que dar la clase de otro profesor; (*: in a book*) lección *f*: **we**

are on lesson twelve vamos por la lección doce • **let that be a lesson to you** que eso te sirva de lección • **will you never learn your lesson?** ¿no vas a aprender nunca? **2.** (*Relig*) lectura *f*.

lest /lest/ *prep* (*frml*) para que no: **I kept quiet lest anyone should think me rude** me quedé callado para que nadie me considerara un maleducado.

let /let/ **I** *n* **1.** (*of property*) período *m* de alquiler. **2.** (*in tennis*) red *f*.
II *vt* [**lets, letting, let**] **1.** (*GB*: *house*) alquilar (*el propietario*): **we let our house when we went abroad** alquilamos la casa cuando nos fuimos al extranjero; **the house has been let** *to* **a group of students** han alquilado la casa a un grupo de estudiantes; (*on signs, etc.*): **room to let** se alquila habitación. **2.** (*to allow to*) dejar: **let her go to the party** déjala ir a la fiesta; **let her do it on her own** deja que lo haga sola; **he let the opportunity slip** dejó escapar la oportunidad; **let me take your coat** permítame su abrigo; **she never lets herself be seen without make-up** no permite que nadie la vea sin maquillaje; **I let myself be persuaded** me dejé convencer • **let me know if you change your mind** avísame si cambias de opinión • **let us know what you decide** comuníquenos su decisión • **let me go!** ✻ **let go of me!** ¡suéltame! • **I can let you have it back tomorrow** te lo puedo devolver mañana • **don't let go of the handrail** no sueltes el pasamanos • **you should let yourself go more often** deberías echar una cana al aire con más frecuencia • **he can't boil an egg, let alone cook a meal** ¡ni siquiera sabe freír un huevo, ni hablar de preparar una comida! **3.** (*Maths*): **let x equal three** supongamos que x es igual a tres. **4.** (*to leave*) dejar: **let the poor child alone!** ¡déja al pobre niño en paz!
III *v aux* **1.** (*used to form the first person plural imperative*) **let us** ✻ **let's**: **let us pray** oremos; **let's go out for a walk** salgamos a dar un paseo, ¿por qué no salimos a dar un paseo?; **let's go, it's late** vámonos, que es tarde • **let's see..., I think Tuesday would be a good day to meet** veamos ✻ ¿a ver?..., creo que el martes sería un buen día para reunirnos. **2.** (*used to give commands, express wishes, defiance, etc.; equivalent to* **que + subjunctive** *in Spanish*): **let that be a lesson to us** que nos sirva de lección; **let her earn the money herself if she wants to go on the school trip** que gane el dinero ella misma si quiere ir de viaje con el colegio; **let that be perfectly clear!** ¡que eso quede absolutamente claro!; **let them go without me - I don't care!** ¡que se vayan sin mí, no me importa!; **don't let me see you do that again!** ¡que no te vuelva a ver haciendo eso!; **please God, let him succeed this time** Dios mío, que lo logre esta vez, por favor.
to **let down** *vt* **1.** (*to lower: gen*) bajar: **he let down the blind** bajó la persiana; (*: hair*) soltar: **my hair reaches my waist when I let it down** el pelo me llega hasta la cintura cuando me lo suelto; (*: clothes*) alargar: **I'll have to let that dress down** tendré que alargar ese vestido. **2.** (*tyre*) desinflar. **3.** (*to disappoint*) fallar: **he let me down the last time** la última vez me falló; **this car has never let me down** este coche nunca me ha fallado.
to **let in** *vt* (*to allow to enter*) dejar entrar: **let me in!** ¡déjame entrar!; **the roof lets in water when it rains** el tejado deja pasar el agua cuando llueve; (*to show in*) hacer pasar: **she let us in** *through* **the back door** nos hizo pasar por la puerta trasera.
to **let in on** *vt*: **she let me in on the secret** me confió el secreto; **they agreed to let him in on the deal** acordaron que lo dejarían participar en el negocio.
to **let off** *vt* **1.** (*bomb*) hacer estallar; (*cracker, rocket*) tirar. **2.** (*to excuse from*) perdonar: **she let us off our chores** nos perdonó las tareas. **3.** (*not to punish*) perdonar: **I'll let you off this time** por esta vez te perdono; **he could have lost his licence but he was let off** *with* **a fine** le podrían haber quitado el carné pero sólo le hicieron pagar una multa.
to **let on** *vi* (*fam*): **he never let on that he'd seen her** no dijo que la había visto.
to **let out** *vt* **1.** (*to allow out*) dejar salir: **we were let out of school early** nos dejaron salir de la escuela temprano; **he let the air out of my tyres** me desinfló los neumáticos. **2.** (*sigh*) dar: **we all let out a sigh of relief** todos dimos un suspiro de alivio, todos suspiramos aliviados; **he let out a loud yell** soltó un alarido. **3.** (*clothes*) agrandar, ensanchar: **she's had to let out all my clothes** me ha tenido que agrandar toda la ropa. **4.** (*room*) alquilar (*el propietario*).
to **let up** *vi* parar: **he didn't let up complaining** no paró de quejarse; **the rain didn't let up all week** no paró de llover en toda la semana.

letdown *n*: **the concert's been cancelled, what a letdown!** han suspendido el concierto, ¡qué desilusión!; **the movie was a bit of a letdown** la película fue bastante decepcionante.

let-up *n* descanso *m*: **there was no let-up** *in* **the noise** el ruido continuó sin descanso.

lethal /ˈliːθəl/ *adj* (*poison, weapon*) letal, mortal.

lethargic /ləˈθɑːdʒɪk/ *adj* letárgico -ca.

lethargy /ˈleθədʒɪ/ *n* letargo *m*.

let's /lets/ *contracción de* **let us** ➪ let **III**

letter /ˈletə/ **I** *n* **1.** (*correspondence*) carta *f*. **2.** (*of alphabet*) letra *f*: **the letter "G"** la letra "G" • **they insisted on keeping to the letter of the agreement** insistieron en seguir el acuerdo al pie de la letra • **I followed the recipe to the letter** seguí la receta al pie de la letra.
II letters *n pl* letras *f pl*: **a man of letters** un hombre de letras.

letter bomb *n* carta *f* bomba.

letter box *n* [**letter boxes**] buzón *m*.

letterhead *n* membrete *m*.

letter-opener *n* abrecartas *m inv*.

lettering /ˈletərɪŋ/ *n* (*on stone, metal*) inscripción *f*; (*on poster, sign*) letras *f pl*.

lettuce /ˈletɪs/ *n* lechuga *f*.

leukaemia, **leukemia** /luːˈkiːmɪə/ *n* leucemia *f*.

level /ˈlevəl/ **I** *adj* **1.** (*flat, even: gen*) llano -na, plano -na: **pitch the tent on level ground** monta la tienda de campaña en terreno llano; **make sure the shelf is level** asegúrate de que el estante esté horizontal; (*: spoonful*) raso -sa: **add a level tablespoonful of flour** añada una cucharada rasa de harina. **2.** (*at the same height*) a la misma altura, al nivel: **it's level** *with* **the window** está al nivel de ✻ a la misma altura que la ventana. **3.** (*equal*) igualado -da: **our team is level** *with* **theirs in the league** nuestro equipo va igualado con el suyo en la liga. **4.** (*voice, tone*): **she spoke in a level tone** habló con voz monótona.
II *adv*: **when the boat drew level** *with* **us** cuando la barca llegó a nuestra altura; **the price has kept level** *with* **inflation** el precio se ha mantenido a la par de la inflación.
III *n* **1.** (*physical position, point on scale*) nivel *m*: **the level of the water has dropped** el nivel del agua ha bajado; **it was** *on* **a level** *with* **his shoulder** le llegaba

por el hombro; **the game has three levels of difficulty** el juego tiene tres niveles de dificultad; **it is used at secondary school level** se utiliza en la enseñanza secundaria; **he kept his demonstration to the children's level** hizo la demostración a un nivel adecuado para los niños. **2. on the level** (*fam*: *honest*): **don't worry, Jim's on the level** no te preocupes, Jim es honrado.

IV *vt* [**levels, levelling, levelled**] **1.** (*to make flat, even*) nivelar, allanar: **they have levelled the ground** han allanado el terreno. **2.** (*to cut down, demolish*) demoler: **they've levelled the old barn** han demolido el granero viejo. **3.** (*to aim*) dirigir: **she levelled a pistol** *at* **him** le apuntó con una pistola; **many criticisms have been levelled** *at* * *against* **her** ha recibido muchas críticas.

to **level off** * **out** *vi* **1.** (*ground*) nivelarse. **2.** (*prices*) estabilizarse: **demand has levelled off in the last few weeks** la demanda se ha estabilizado en las últimas semanas. **3.** (*aircraft*) enderezarse.

level crossing *n* paso *m* a nivel, (*Méx*) crucero *m*.

level-headed *adj* sensato -ta.

lever /'li:və/ I *n* (*Eng, Phys*) palanca *f* • **they will use it as a lever in the negotiations** lo emplearán para presionar en las negociaciones.

II *vt* [**levers, levering, levered**] hacer palanca: **he levered the top** *off* **the drum** quitó la tapa del bidón haciendo palanca; **we managed to lever the drawer open** conseguimos abrir el cajón haciendo palanca.

leverage /'li:vərɪdʒ/ *n* **1.** (*use of lever*) efecto *m* de la palanca. **2.** (*influence*) influencia *f*, palanca *f*.

levitate /'levɪteɪt/ *vi* [**levitates, levitating, levitated**] levitar.

levity /'levətɪ/ *n* ligereza *f*.

levy /'levɪ/ I *n* [**levies**] impuesto *m*.

II *vt* [**levies, levying, levied**] (*a tax, charge*) imponer.

lewd /lu:d/ *adj* **1.** (*person*) lascivo -va. **2.** (*comment*) obsceno -na: **he told a lewd joke** contó un chiste verde.

liability /ˌlaɪə'bɪlətɪ/ I *n* [**liabilities**] **1.** (*Law*) responsabilidad *f*: **the hospital will not accept liability** el hospital no se hace responsable. **2.** (*nuisance*) estorbo *m*, incordio *m*: **he's a liability to other drivers** es un incordio para los otros conductores.

II **liabilities** *n pl* (*Fin*) pasivo *m*.

liable /'laɪəbəl/ *adj* **1.** (*Law*: *responsible*) responsable: **you will be (held) liable** *for* **any damage to the property** será (considerado) responsable de cualquier daño que sufra el inmueble; (*: subject to*): **offenders will be liable** *to* **a fine of fifty pounds** los infractores se exponen a tener que pagar una multa de cincuenta libras. **2.** (*likely*): **this car is liable to overheat** este coche tiene tendencia a recalentarse; **he's liable to forget his passport** es muy probable que se le olvide el pasaporte.

liaise /li:'eɪz/ *vi* [**liaises, liaising, liaised**]: **his job is to liaise** *between* **the company and its clients** su trabajo consiste en hacer de intermediario entre la empresa y sus clientes; **I liaised** *with* **the other school to organize the match** estuve en contacto con el otro colegio para organizar el partido.

liaison /li:'eɪzɒn/ *n* **1.** (*communication*) cooperación *f*: **liaison** *between* **the police and social workers is vital** la cooperación entre la policía y los asistentes sociales es esencial. **2.** (*relationship*) relación *f* (amorosa).

liar /'laɪə/ *n* mentiroso -sa *m/f*.

libel /'laɪbəl/ I *n* (*defamation*) difamación *f*; (*text*) libelo *m*.

II *vt* [**libels, libelling, libelled**] difamar (*por escrito*).

libellous, (*US*) **libelous** /'laɪbələs/ *adj* difamatorio -ria.

liberal /'lɪbərəl/ I *adj* **1.** (*Pol*) liberal: **he comes from a liberal family** pertenece a una familia de tradición liberal; (*tolerant*) tolerante: **a more liberal attitude towards first-time offenders** una actitud más tolerante con los delincuentes sin antecedentes penales. **2.** (*choice, selection*) amplio -plia. **3.** (*quantity*) abundante.

II *n* liberal *m/f*.

liberal-minded *adj* liberal.

liberalism /'lɪbərəlɪzəm/ *n* liberalismo *m*.

liberalize /'lɪbrəlaɪz/ *vt* [**liberalizes, liberalizing, liberalized**] liberalizar.

liberally /'lɪbərəlɪ/ *adv* abundantemente: **he poured cream liberally over his pie** se puso mucha nata en el pastel.

liberate /'lɪbəreɪt/ *vt* [**liberates, liberating, liberated**] liberar: **the hostages were liberated yesterday** los rehenes fueron liberados ayer.

liberated /'lɪbəreɪtɪd/ *adj* liberado -da.

liberation /lɪbə'reɪʃən/ *n* liberación *f*.

liberty /'lɪbətɪ/ *n* [**liberties**] libertad *f*: **you are** *at* **liberty to leave when you wish** es usted libre de irse cuando quiera; **I took the liberty** *of* **adding your name to the list** me tomé la libertad de poner tu nombre en la lista; **he takes too many liberties** *with* **the director** se toma demasiadas libertades con el director.

Libra /'li:brə/ *n* **1.** (*star sign*) Libra *f*. **2.** (*person*) libra *m/f inv*. ⇨ Aquarius

Libran /'li:brən/ *n* libra *m/f inv*. ⇨ Aquarian

librarian /laɪ'breərɪən/ *n* bibliotecario -ria *m/f*.

library /'laɪbrərɪ/ *n* [**libraries**] biblioteca *f*.

library book *n* libro *m* de biblioteca.

library card *n* carné *m* de biblioteca * de lector.

Libya /'lɪbɪə/ *n* Libia *f*.

Libyan /'lɪbɪən/ *adj*, *n* libio -bia *adj*, *m/f*.

lice /laɪs/ *plural de* ⇨ louse

licence, (*US*) **license** /'laɪsəns/ *n* **1.** (*permission, document*) licencia *f*, permiso *m*: **a gun licence** una licencia de armas; **you need a licence to store these chemicals** se necesita una licencia para almacenar estos productos químicos; **produced** *under* **licence by Chemcorps** fabricado por Chemcorps bajo licencia. **2.** (*freedom*) libertad *f*, licencia *f*.

license /'laɪsəns/ I *vt* [**licenses, licensing, licensed**] autorizar, dar licencia a: **they are not licensed to use that software** no están autorizados para usar ese software.

II *n* (*US*) ⇨ licence

license plate *n* (*US*) matrícula *f*.

licensed /'laɪsənst/ *adj* autorizado -da: **a licensed dealership** un concesionario autorizado; **a licensed restaurant** un restaurante con licencia para vender bebidas alcohólicas.

licentious /laɪ'senʃes/ *adj* (*frml*) licencioso -sa.

lichen /'lɪtʃɪn/ *n* liquen *m*.

lick /lɪk/ I *vt* [**licks, licking, licked**] **1.** (*with the tongue*) lamer: **she licked the cream** *off* **her fingers** se relamió la nata de los dedos. **2.** (*fam*: *to defeat*) machacar: **we got licked last Saturday** el sábado pasado nos machacaron.

II *n* **1.** (*by an animal*) lametón *m*; (*of icecream, sauce*) lengüetazo *m*. **2.** (*fam: of paint, varnish*) mano *f*.

licorice /ˈlɪkərɪs/ *n* regaliz *m*.

lid /lɪd/ *n* **1.** (*of container*) tapa *f*, tapadera *f*. **2.** (*eyelid*) párpado *m*.

lie /laɪ/ **I** *n* mentira *f*: **you shouldn't tell lies** no deberías decir mentiras.

II *vi* [**lies, lying, lied**] (*to say something untrue*) mentir: **he lied** *about* **his age** mintió acerca de su edad.

III *vi* [**lies, lying, lay,** *participio pasado* **lain**] **1.** (*to be in a horizontal position*) estar tumbado -da: **she lay in the garden all morning** estuvo tumbada en el jardín toda la mañana; **that tree's been lying there for months** ese árbol lleva meses ahí caído; (*on tombstone*): **here lies...** aquí yace.... **2.** (*to get into a horizontal position*) echarse, tumbarse: **lie on the sofa till you feel better** échate en el sofá hasta que te sientas mejor; **the cat went and lay by the fire** el gato fue y se tumbó al lado de la chimenea. **3.** (*to be*) estar, encontrarse: **their farm lies near the coast** su granja está cerca de la costa; **the responsibility lies** *with* **the supplier** la responsabilidad recae en el proveedor; **many difficulties lie ahead of us** tenemos muchas dificultades por delante • **she tried to find out what lay behind their decision** intentó averiguar qué había detrás de su decisión. **4.** (*to stay*) permanecer, estar: **his bicycle lay in the garage for years** su bicicleta permaneció años en el garaje • **he lay low till the investigation was over** no se dejó ver hasta que acabaron la investigación.

to **lie about** * **around** *vi* **1.** (*person*): **we lay about reading the papers** estábamos repantigados leyendo los periódicos. **2.** (*object*): **you shouldn't leave your credit cards lying around** no deberías dejar las tarjetas de crédito por ahí; **clothes were lying around everywhere** había ropa tirada por todos sitios.

to **lie back** *vi* recostarse.

to **lie down** *vi* echarse, tumbarse: **he lay down** *on* **the bed** se tumbó en la cama • **when you tell him, he won't take it lying down** cuando se lo digas, no se va a quedar de brazos cruzados.

to **lie in** *vi* quedarse en la cama.

lie detector *n* detector *m* de mentiras.

lie-down *n*: **after a lie-down, his headache went** después de estar echado un rato, se le quitó el dolor de cabeza.

lie-in *n*: **it's Sunday, so we can have a lie-in** es domingo, así que podemos levantarnos tarde.

lieu /lju:/ *n*: **we were paid extra,** *in* **lieu** *of* **holiday** nos dieron una paga extra en lugar de vacaciones.

lieutenant /lefˈtenənt/ (*US*) /lu:ˈtenənt/ *n* teniente *m/f*.

life /laɪf/ *n* [**lives** /laɪvz/] **1.** (*existence*) vida *f*: **the value of human life** el valor de la vida humana; **plant and animal life** flora y fauna; **the painting is true to life** es una pintura realista; **he was brought back to life** lo reavivaron; **ten people lost their lives in the crash** diez personas perdieron la vida en el accidente; **she took her own life** se quitó la vida • **for the life of me I can't see why they live there** no puedo entender por qué viven allí • **the teacher frightened the life out of him** el profesor le dio un susto de muerte • **that's life!** ¡así es la vida! • **it's a matter of life and death** es cuestión de vida o muerte • **you're taking your life in your hands letting him drive!** ¡te juegas la vida dejándole conducir a él! • **he risked life and limb to save them** arriesgó su vida para salvarlos. **2.** (*period*) vida *f*: **I've been a vegetarian all my life** he sido vegetariana toda mi vida; **I've never seen such a thing in (all) my life** no he visto cosa igual en (toda) mi vida; **later in life he suffered from arthritis** años más tarde padeció de artritis; **they made her life impossible** le hicieron la vida imposible; **it has a longer life than the previous model** tiene una vida más larga que el modelo anterior • **not on your life!** ¡ni hablar! **3.** (*Law*) cadena *f* perpetua: **he was sent to prison for life** fue condenado a cadena perpetua. **4.** (*way of living*) vida *f*: **do you like city life?** ¿te gusta la vida en la ciudad?; **they live * lead a very active life** llevan una vida muy activa; **the quality of life there is terrible** la calidad de vida allí es pésima; **dancing is her life** el baile es su vida • **how's life?** ¿qué tal? * ¿cómo te va (la vida)? • **this is the life!** ¡esto es vida! **5.** (*energy*) vida *f*: **her little boy's full of life** su hijo es un niño lleno de vida • **he was the life and soul of the party** fue el alma de la fiesta • **he's put * breathed new life into the business** le ha dado un nuevo impulso al negocio.

life assurance *n* (*GB*) seguro *m* de vida.

life belt *n* salvavidas *m inv*.

lifeboat *n* (*on ship*) bote *m* salvavidas; (*for rescue*) lancha *f* salvavidas * de socorro.

life buoy *n* flotador *m* salvavidas.

life cycle *n* ciclo *m* vital.

life expectancy *n* esperanza *f* de vida.

lifeguard *n* socorrista *m/f*.

life imprisonment *n* cadena *f* perpetua.

life insurance *n* seguro *m* de vida.

life jacket *n* chaleco *m* salvavidas.

lifelike *adj* realista.

lifeline *n* cuerda *f* de salvamento • **reading was my lifeline during that long illness** la lectura fue mi tabla de salvación durante aquella larga enfermedad.

lifelong *adj* de toda la vida: **that has been my lifelong ambition** ésa ha sido mi ambición de toda la vida.

life preserver *n* (*US*) chaleco *m* salvavidas.

life raft *n* balsa *f* salvavidas.

life-saver *n* socorrista *m/f*.

life sentence *n* cadena *f* perpetua.

life-size, **life-sized** *adj* (*sculpture, model*) a * de tamaño natural.

life span *n* vida *f*.

life story *n* biografía *f*: **he told us his whole life story** nos contó la historia de su vida.

lifestyle *n* estilo *m* de vida.

life-support machine *n* máquina *f* de vida artificial.

lifetime *n* vida *f*: **he never thought he'd see it in his lifetime** pensó que no llegaría a verlo; **this expedition is the chance of a lifetime** esta expedición es una oportunidad única en la vida.

lifeless /ˈlaɪfləs/ *adj* **1.** (*dead*) sin vida, inerte: **the lifeless corpse** el cuerpo sin vida. **2.** (*not lively*): **the whole class was lifeless today** toda la clase estaba muy apagada hoy.

lift /lɪft/ **I** *n* **1.** (*GB: Archit*) ascensor *m*. **2.** (*in car*): **he gave her a lift to the airport** la llevó (en coche) al aeropuerto; **do you want a lift?** ¿quieres que te acerque con el coche? • **the news gave him a lift** la noticia le subió la moral.

II *vt* [**lifts, lifting, lifted**] **1.** (*to raise*) levantar, alzar: **can you help me lift this table?** ¿puedes ayudarme a levantar esta mesa?; **lift your arms** *above* **your head** levanta los brazos por encima de la cabeza; **she lifted the baby** *out of* **its chair** sacó al bebé de la silla; **he lifted the box** *off* **the shelf** * *down from* **the shelf** bajó la caja de la estantería; **she lifted the dog** *over* **the gate** pasó al perro por encima de la verja; **she lifted**

(*up*) **the trophy** levantó el trofeo; **he lifted his gaze** *from* **the newspaper** levantó la vista del periódico. **2.** (*to remove*) quitar: **the ban on this drug has been lifted** se ha levantado la prohibición de vender este fármaco. **3.** (*fam*: *to copy*) copiar, plagiar: **the idea for the film was lifted straight** *from* **his book** el argumento de la película es un plagio descarado de su libro. **4.** (*fam*: *to steal*) robar.

♦*vi* **1.** (*cloud, fog*) disiparse. **2.** (*spirits*) levantarse: **his heart lifted when he reached his home town** se le levantó la moral cuando llegó a su ciudad natal.

to **lift off** *vi* (*rocket*) despegar.

liftoff *n* (*of a rocket*) despegue *m*: **ready for liftoff** preparado para el despegue.

ligament /ˈlɪgəmənt/ *n* ligamento *m*.

light /laɪt/ **I** *n* **1.** (*natural*) luz *f*: **they walked home** *by* **the light of the moon** fueron a casa caminando a la luz de la luna; **you're** *in* **my light** me estás tapando la luz • **we set out at first light** nos pusimos en camino al amanecer • **a vital clue has come to light** ha salido a la luz una pista fundamental • **she finally saw the light and left him** finalmente se dio cuenta de la verdad y lo dejó • **in the light of what we now know,...** a la luz de lo que sabemos ahora,... • **let's see if he can shed any light on this business** a ver si puede aclararnos un poco este asunto • **I see her in a different light now** la veo de otra forma ahora • **she was a leading light in modern dance** era una de las grandes figuras de la danza moderna. **2.** (*artificial*) luz *f*: **switch * turn * put the light** *on*, **please** por favor, enciende la luz; **she switched * turned the light** *off* ***she put the light** *out* apagó la luz; **the factory lights were still** *on* las luces de la fábrica todavía estaban encendidas • **I got into bed and went out like a light** me dormí nada más meterme en la cama. **3.** (*on car*) luz *f*: **you've left your lights on** te has dejado las luces (del coche) encendidas. **4.** (*también* **traffic light**) semáforo *m*: **the lights were red** el semáforo estaba en rojo • **plans for the new swimming pool have been given the green light** han dado luz verde a la construcción de la nueva piscina. **5.** (*fire*) fuego *m*: **they set light to the paper** prendieron fuego al papel. **6.** (*match*): **do you have a light?** ¿tienes fuego?

II *adj* **1.** (*not heavy*) ligero -ra: **aluminium is a light metal** el aluminio es un metal ligero; **there may be some light rain this afternoon** puede que haya alguna llovizna esta tarde; **we have a light meal in the evening** por la noche comemos algo ligero. **2.** (*reading*) de ocio: **they play light music in the restaurant** en el restaurante ponen una música suave • **she made light of her accident** no le dio importancia al accidente. **3.** (*illuminated*) luminoso -sa: **a light, spacious studio** un estudio grande y luminoso; **I'll work in the garden while it's light** voy a trabajar en el jardín mientras haya luz. **4.** (*of colour*) claro -ra: **light green** verde claro; **light blue** azul celeste.

III *adv*: **we're travelling light** vamos ligeros de equipaje.

IV *vt* [**lights, lighting, lit**] **1.** (*fire, lamp*) encender. **2.** (*to illuminate*) iluminar: **the room was lit by candles** la sala estaba iluminada con velas.

♦*vi* encenderse: **the fire won't light if the wood is damp** el fuego no se encenderá si la leña está húmeda.

to **light up** *vi* **1.** (*room*) iluminarse • **her face lit up when she saw them** se le iluminó la cara cuando los vio. **2.** (*fam*: *to start smoking*) encender un cigarrillo.

♦*vt* **1.** (*room*) iluminar: **the bonfire lit up the children's faces** la hoguera iluminaba las caras de los niños. **2.** (*fam*: *a cigarette*) encender.

light bulb *n* bombilla *f*.

light-coloured *adj* claro -ra.

light-fingered *adj* (*fam*) que tiene las manos largas.

light-headed *adj* (*giddy*) mareado -da; (*excited*) exaltado -da: **she was light-headed** *with* **joy** estaba exultante de alegría.

light-hearted *adj* **a light-hearted remark** un comentario hecho en un tono poco serio; **a light-hearted film** una película de puro entretenimiento.

lighthouse *n* faro *m*.

light industry *n* industria *f* ligera.

light meter *n* fotómetro *m*.

light opera *n* opereta *f*.

light pen *n* lápiz *m* óptico.

light reading *n* lectura *f* fácil.

lightweight **I** *adj* **1.** (*not heavy*) ligero -ra: **a lightweight jacket** una chaqueta ligera. **2.** (*not serious*): **lightweight television programmes** programas televisivos de evasión. **3.** (*in boxing*) de peso ligero.

II *n* (*in boxing*) peso *m* ligero.

light year *n* año *m* luz.

lighted /ˈlaɪtɪd/ *adj* **1.** (*cigarette, match*) encendido -da. **2.** (*window*) iluminado -da.

lighten /ˈlaɪtən/ *vi* [**lightens, lightening, lightened**] **1.** (*to become paler, brighter*) aclararse: **his hair lightens in the sun** con el sol se le aclara el pelo. **2.** (*to become more cheerful*) alegrarse: **the mood of the play lightens in Act II** el tono de la obra se vuelve más alegre en el segundo acto.

♦*vt* **1.** (*to make less heavy*) aligerar: **three boxes were taken off to lighten the load** quitaron tres cajas para aligerar la carga. **2.** (*to make less difficult*) reducir: **she wanted to lighten the workload** quería reducir la cantidad de trabajo.

lighter /ˈlaɪtə/ *n* encendedor *m*, mechero *m*.

lighting /ˈlaɪtɪŋ/ *n* (*lamps*) alumbrado *m*; (*illumination*) iluminación *f*.

lighting-up time *n* (*GB*: *Auto*) *hora a la que se hace obligatorio conducir con las luces puestas.*

lightly /ˈlaɪtlɪ/ *adv* **1.** (*not heavily*) ligeramente: **he sleeps very lightly** tiene un sueño muy ligero; **she ran lightly down the stairs** bajó las escaleras corriendo sin apenas hacer ruido. **2.** (*not excessively*) ligeramente: **lightly steamed vegetables** verduras hervidas ligeramente. **3.** (*not seriously*) a la ligera: **this warning is not to be taken lightly** esta advertencia no se debe tomar a la ligera; **he got off lightly: they fined him fifty pounds** se libró con poco: le pusieron una multa de cincuenta libras.

lightning /ˈlaɪtnɪŋ/ **I** *n* rayo *m*: **the tree was struck by lightning** el árbol fue alcanzado por un rayo; **a flash of lightning** un relámpago • **she changed the wheel as quick as lightning * like lightning** cambió la rueda con la velocidad de un rayo.

II *adj* (*visit, trip*) muy rápido -da: **a lightning visit** una visita relámpago; **he had to make a lightning decision** tuvo que tomar una decisión rapidísimamente.

lightning conductor *n* pararrayos *m inv*.

lightning strike *n* huelga *f* relámpago.

like /laɪk/ **I** *vt* [**likes, liking, liked**] **1.** (*to take pleasure in*): **I like pasta** me gusta la pasta; **she likes your brother** le gusta tu hermano; **he's never liked swimming** nunca le ha gustado nadar; **she doesn't like the way he drives** no le gusta cómo conduce; **which bicycle do you like best?** ¿qué bicicleta te gusta más?; **I like the look of that camera** me gusta la pinta que tiene esa cámara • **curried sardines? I don't like the sound of that!** ¿sardinas al curry? ¡no creo que me gusten! • **how do you like university?** ¿cómo te va en la universidad? • **she says I'm lazy? Well, I like that!** ¿dice que soy vago? ¡qué bonito! **2.** (*to prefer*) preferir: **they like the children to come home by bus** prefieren que los niños vengan a casa en autobús; **I like my steaks well done** me gustan los filetes muy hechos. **3.** (*to want*) querer: **I'd like to go for a walk** me gustaría salir a dar un paseo; **he'd like them to be there** le gustaría que estuvieran presentes; **would you like a glass of wine?** ¿quieres * te apetece un vaso de vino?; **I don't like to sound ungrateful** no quisiera parecer desagradecido; **they have to stay, whether they like it or not** tienen que quedarse, les guste o no.

♦*vi* querer: **"Do you want me to tell him?" "As you like."** "¿Quieres que se lo diga yo?" "Como quieras."; **you can take the car if you like** puedes llevarte el coche si quieres; **come whenever you like** ven cuando quieras; **they let you camp where you like** te dejan acampar donde quieras.

II *prep* **1.** (*similar to*) como: **she wants a watch like this** quiere un reloj como éste; **it's very much like the one I lost** es muy parecida a * se parece mucho a la que perdí; **this wine tastes like vinegar** este vino sabe a vinagre; **was it like you imagined?** ¿fue como te lo imaginabas?; **I've never seen anything like this rain** nunca he visto llover de esta manera; **she's behaving like an idiot** se está portando como una idiota; **like her, I was shocked** al igual que ella, me quedé pasmado. **2.** (*after the verb* **to look***: resembling*): **he looks like his uncle** se parece a su tío; **the shoes looked like new** los zapatos parecían nuevos; (*: about to*): **it looks like snow** parece que va a nevar. **3.** (*in direct or indirect questions after* **what**): **what were the roads like today?** ¿cómo estaban las carreteras hoy?; **I don't know what she's like** no sé cómo es; **what was Portugal like?** ¿qué te pareció Portugal? **4. like this, like that** así: **our economy doesn't work like that** nuestra economía no funciona así; **do it like this** hazlo así. **5.** (*typical of*): **it was just like my brother to forget the address** típico de mi hermano, se olvidó la dirección. **6.** (*for example*) como: **some people, like my father, are allergic to cats** hay gente, como mi padre, que tiene alergia a los gatos; **I prefer Dutch artists like Hals and Vermeer** prefiero los artistas holandeses como Hals y Vermeer. **7.** (*ready for*): **she felt like crying** tenía ganas de llorar; **I feel like a holiday** me apetecen unas vacaciones.

III *adj* (*frml*) semejante: **malaria, yellow fever and like tropical diseases** malaria, fiebre amarilla y otras enfermedades tropicales semejantes.

IV *n* **1.** (*preference*) gusto *m*: **I know her likes and dislikes** sé lo que le gusta y lo que no le gusta. **2.** (*type of person*): **I've never met his like before** jamás he conocido a nadie como él • **she's too snooty to go out with the likes of us** es demasiado creída para salir con gente como nosotros. **3.** (*type of thing*): **pliers, screwdrivers and the like** alicates, destornilladores y cosas por el estilo.

likeable, likable /ˈlaɪkəbəl/ *adj* simpático -ca, agradable.

likelihood /ˈlaɪklɪhʊd/ *n* probabilidad *f*: **in all likelihood it will succeed** será un éxito con toda probabilidad; **there's every likelihood that they will refuse** lo más probable es que se nieguen.

likely /ˈlaɪklɪ/ **I** *adj* [**likelier, likeliest**] **1.** (*probable*) probable: **he is likely to forget** es probable que se le olvide; **it is not likely that they'll let you travel free** no es probable que te dejen viajar gratis; **when is he likely to telephone?** ¿cuándo es más probable que llame? • **that's a likely story!** ¡eso no hay quien se lo crea! **2.** (*with potential*): **he looks a likely champion** se está perfilando como un posible campeón; **it didn't look a likely place for a swim** no parecía un lugar adecuado para nadar; **she's the most likely person for the part** es la persona más indicada para el papel.
II *adv* probablemente: **"Will you be going?" "Very likely."** "¿Vas a ir?" "Probablemente." • **he'll be late, as likely as not** * **most likely** lo más probable es que llegue tarde • **do the washing-up? not likely!** ¿que friegue los platos? ¡ni hablar!

like-minded /laɪkˈmaɪndəd/ *adj* de mentalidad parecida.

liken /ˈlaɪkən/ *vt* [**likens, likening, likened**] comparar: **he likened the city** *to* **an ant's nest** comparó la ciudad con un hormiguero.

likeness /ˈlaɪknəs/ *n* [**likenesses**] parecido *m*: **the portrait is a good likeness of my grandmother** el retrato tiene gran parecido con mi abuela; **you can see a family likeness** se nota un aire de familia.

likewise /ˈlaɪkwaɪz/ *adv* **1.** (*as well*): **pollution has increased dramatically in the Mediterranean, likewise in the Black Sea** la contaminación en el Mediterráneo ha aumentado de manera dramática, y lo mismo se puede decir del mar Negro. **2.** (*the same*): **he turned left and the other car did likewise** giró a la izquierda y el otro coche hizo lo mismo.

liking /ˈlaɪkɪŋ/ *n* (*for somebody*) cariño *m*: **my grandma's taken a liking** *to* **the new doctor** mi abuela le ha cogido cariño al médico nuevo; (*for something*) gusto *m*: **he's always had a liking** *for* **birdwatching** siempre le ha gustado la ornitología; **his paintings are too violent** *for* **my liking** sus cuadros son demasiado violentos para mi gusto; (*frml*) **is the steak** *to* **your liking?** ¿el filete está a su gusto?

lilac /ˈlaɪlək/ **I** *n* **1.** (*flower*) lila *f*; (*tree*) lilo *m*. **2.** (*colour*) lila *m*.
II *adj* lila *adj inv*.

Lilo®, lilo /ˈlaɪleʊ/ *n* colchoneta *f* (de aire).

lilt /lɪlt/ *n* cadencia *f*.

lilting /ˈlɪltɪŋ/ *adj* melodioso -sa.

lily /ˈlɪlɪ/ *n* [**lilies**] lirio *m*, azucena *f*.
lily of the valley *n* lirio *m* de los valles.

limb /lɪm/ *n* **1.** (*of person, animal*) miembro *m*. **2.** (*of tree*) rama *f* • **he went out on a limb by defending the research** se quedó solo defendiendo el proyecto de investigación.

limber up /ˈlɪmbə ʌp/ *vi* [**limbers, limbering, limbered**] (*Sport*) hacer precalentamiento.

limbo /ˈlɪmbəʊ/ *n* limbo *m* • **the project has been left in limbo** el proyecto se quedó en el aire.

lime /laɪm/ *n* **1.** (*Bot: fruit*) lima *f*; (*: fruit tree*) limero *m*; (*: linden tree*) tilo *m*. **2.** (*Agr, Chem*) cal *f*.
limescale *n* sarro *m*.
limestone *n* piedra *f* caliza.

limelight /ˈlaɪmlaɪt/ *n*: **he is still in the limelight after all these years** después de tantos años, sigue estando en el candelero.

limerick /ˈlɪmərɪk/ *n* quintilla *f* humorística.

limit /ˈlɪmɪt/ **I** *n* **1.** (*outer part*) límite *m*: **we were nearing the limits of the forest** nos acercábamos al límite del bosque. **2.** (*maximum*) límite *m*: **the speed limit** el límite de velocidad; **the training stretched**

their endurance *to* **the limit** el entrenamiento puso a prueba su resistencia; **there is no limit** *to* **the number of attempts** se puede intentar tantas veces como se quiera, no hay límite • **the top floor is off limits** está prohibido subir al último piso • **we can order any equipment we want, within limits** dentro de ciertos límites, podemos pedir todo el equipo que queramos • **Jack is the limit!** ¡Jack es el colmo! • **he was well over the limit (for driving)** había bebido demasiado como para poder conducir.
II *vt* [**limits, limiting, limited**] limitar: **they have limited water consumption because of the drought** debido a la sequía han limitado el consumo de agua; **I'm limiting myself** *to* **three coffees a day** me he puesto un límite de tres cafés diarios.

limitation /ˌlɪmɪˈteɪʃən/ *n* **1.** (*restriction*) restricción *f*: **there are strict limitations** *on* **imports** las importaciones están sujetas a restricciones muy estrictas. **2.** (*ability*) limitación *f*: **he knows his limitations** es consciente de sus limitaciones.

limited /ˈlɪmɪtɪd/ *adj* limitado -da: **the restaurant had a limited selection of wines** el restaurante tenía una carta de vinos muy limitada; **she has limited use of her limbs** el movimiento de sus miembros es limitado.

limited company *n* sociedad *f* de responsabilidad limitada.

limited edition *n* edición *f* limitada.

limiting /ˈlɪmɪtɪŋ/ *adj* restrictivo -va.

limitless /ˈlɪmɪtləs/ *adj* ilimitado -da, sin límites.

limousine /ˈlɪməziːn/ *n* limusina *f*.

limp /lɪmp/ **I** *n* cojera *f*: **my father has a limp** ✻ **walks with a limp** mi padre cojea.
II *vi* [**limps, limping, limped**] cojear: **Peter limped** *in* Peter entró cojeando; **she limped** *off* se fue cojeando.
III *adj* **1.** (*hair, flowers*) lacio -cia. **2.** (*relaxed*) relajado -da: **she let herself go limp** relajó los músculos; (*weak*) débil.

limpet /ˈlɪmpɪt/ *n* lapa *f*.

limply /ˈlɪmplɪ/ *adv* sin fuerza.

linchpin /ˈlɪntʃpɪn/ *n*: **he's the linchpin of the team** es el alma del equipo; **fitness was the linchpin of the team's success** la forma física fue la clave del éxito del equipo.

linctus /ˈlɪnktʌs/ *n* [**linctuses**] jarabe *m* (*para la tos*).

line /laɪn/ **I** *n* **1.** (*gen*) línea *f*: **draw a straight/diagonal line** traza una línea recta/diagonal; **she drew a line under the title** subrayó el título; **he put a line through the first paragraph** tachó el primer párrafo; **furniture with simple lines** muebles de líneas sencillas • **he drew the line at lending them money** lo que no estaba dispuesto a hacer era prestarles dinero • **he's being made to toe the line** lo están obligando a seguir la línea del partido • **the strikers have been brought into line** han parado los pies a los huelguistas • **if you don't finish on time, you won't be paid - that's the bottom line** si no acabas a tiempo, no se te pagará, a eso se reduce • **you're on the right lines, try again** vas por buen camino, inténtalo otra vez • **his second book was on the same lines** su segundo libro estaba en la misma línea. **2.** (*on skin*) arruga *f*: **he had lines under his eyes** tenía arrugas debajo de los ojos. **3.** (*written*) línea *f*, renglón *m*: **his letter was only three lines long** su carta no tenía más que tres líneas; **(start a) new line** punto y aparte; **a few lines of poetry** unos versos de poesía • **she dropped him a line telling him when she would arrive** le escribió una nota diciéndole cuándo llegaría • **reading between the lines, I'd say they have financial problems** leyendo entre líneas, yo diría que tienen problemas económicos. **4.** (*in play*): **I've got to learn my lines** tengo que aprenderme el papel. **5.** (*rope*) cuerda *f*: **I hung the washing on the (clothes) line** tendí la ropa; (*wire*) cable *m*. **6.** (*for fishing*) sedal *m*. **7.** (*Transp*: *track*) vía *f*: **do not cross the line** no cruzar la vía; (*: route*) línea *f*: **the London to Liverpool line** la línea Londres-Liverpool. **8.** (*Telec*) línea *f*: **we have a crossed line** hay un cruce de líneas; **please hold the line** no cuelgue, por favor; **there's a call for you on line one** hay una llamada para usted en la línea uno; **the line went dead** se cortó la comunicación. **9.** (*Mil*) línea *f*. **10.** (*Inform*): **check that the printer is** *on* **line** asegúrese de que la impresora esté conectada. **11.** (*limit*) límite *m*, línea *f*: **the dividing line between rich and poor** la línea que divide a ricos y pobres • **there is a fine line between exaggerating and lying** hay una diferencia muy sutil entre exagerar y mentir. **12.** (*row*) hilera *f*, fila *f*: **a line of pine trees on the horizon** una hilera de pinos en el horizonte; (*US*: *of people*) cola *f*: **they stood** *in* **line outside the bakery** hacían cola delante de la panadería. **13.** (*in succession*) línea *f*: **the first in a long line of champions** el primero de una larga sucesión de campeones; **he's the next** *in* **line to the throne** es el primero en la línea de sucesión al trono. **14.** (*interest, speciality*) especialidad *f*, rama *f*: **what's your line (of business)?** ¿a qué se dedica usted?; **golf is not** *(in)* **my line** el golf no es lo mío. **15.** (*range*) línea *f*, gama *f*: **the company launched a new line of products** la firma lanzó al mercado una nueva línea de productos. **16.** (*attitude, opinion, course*) línea *f*: **the court takes the line that...** el tribunal es de la opinión que...; **what is the company's line** *on* **equal opportunities?** ¿qué política sigue la empresa en cuanto a la igualdad de oportunidades?; **the teacher took a firm line** *with* **the truants** el profesor adoptó una actitud firme con los alumnos que faltaban a clase. **17. along the line**: **she had suspected him all along the line** había sospechado de él desde el principio; **somewhere along the line they lost the briefcase** perdieron el maletín en alguna parte. **18. in line**: **the equipment is in line** *with* **EU safety guidelines** el equipo se ajusta a las directivas de seguridad de la UE. **19. out of line**: **this interrogation was out of line** *with* **normal police practice** el interrogatorio no se ajustaba a las prácticas policiales normales; **he keeps stepping out of line** se salta las normas muy a menudo. **20. on the line**: **his job is on the line** su puesto de trabajo está en peligro.
II *vt* [**lines, lining, lined**] **1.** (*a pipe, box*) revestir: **the box is lined** *with* **lead** la caja está revestida de plomo; (*clothes*) forrar: **it's lined** *with* **blue silk** está forrado de seda azul. **2.** (*to form a row along*): **his fans lined the streets** sus fans abarrotaban las calles; **poplars lined the road** la carretera estaba bordeada de álamos.

to **line up** *vi*: **they lined up to buy tickets** hicieron cola para comprar entradas.
♦ *vt*: **he lined the bottles up** puso las botellas en fila • **she has something special lined up for his birthday** ha planeado algo especial para su cumpleaños.

line judge *n* (*in tennis*) juez *m/f* de línea.

line of fire *n* línea *f* de fuego.

line-out *n* saque *m* (*en rugby*).

linesman *n* [**linesmen**] juez *m* de línea.

line-up *n* **1.** (*of a team*) alineación *f*. **2.** (*for a performance*) reparto *m*. **3.** (*identity parade*) rueda *f* de reconocimiento.

lineage /ˈlɪnɪdʒ/ *n* linaje *m*.

linear /ˈlɪnɪə/ *adj* lineal.

lined /laɪnd/ *adj* **1.** (*with ruled lines*): **use lined paper** utilice papel rayado. **2.** (*face*) arrugado -da. **3.** (*Clothing*: *with a lining*) forrado -da.

linen /ˈlɪnɪn/ *n* **1.** (*cloth*) lino *m*: **a linen skirt** una falda de lino. **2.** (*sheets, tablecloths, etc.*) ropa *f* blanca • **let's not wash our dirty linen in public** no saquemos los trapos sucios a relucir en público.

linen basket *n* (*for dirty clothes, etc.*) cesto *m*, (*Amér L*) canasto *m*.

liner /ˈlaɪnə/ *n* **1.** (*ship*) transatlántico *m*. **2.** (*protective lining*) forro *m*.

linger /ˈlɪŋgə/ *vi* [**lingers, lingering, lingered**] **1.** (*person*): **they lingered until Robert came home** se quedaron esperando hasta que Robert llegó a casa; **she was tired and lingered behind** estaba cansada y se rezagaba; **on Sundays we linger** *over* **breakfast** los domingos desayunamos sin prisas. **2.** (*to persist*) tardar en desaparecer: **the smell of garlic lingered for several days** el olor a ajo tardó varios días en irse; **her suspicions still lingered** aún tenía sospechas.

lingerie /ˈlænʒərɪ/ *n* lencería *f*.

linguist /ˈlɪngwɪst/ *n* lingüista *m/f*.

linguistic /lɪŋˈgwɪstɪk/ **I** *adj* lingüístico -ca.
II linguistics *n [lleva el verbo en singular]* lingüística *f*.

liniment /ˈlɪnəmənt/ *n* linimento *m*.

lining /ˈlaɪnɪŋ/ *n* **1.** (*Clothing*) forro *m*. **2.** (*Tec*) revestimiento *m*.

link /lɪŋk/ **I** *n* **1.** (*in chain*) eslabón *m* • **this evidence is the missing link** esta prueba es la pieza * el eslabón que faltaba. **2.** (*connection*) conexión *f*: **a possible link** *between* **diet and intelligence** una posible conexión entre la dieta y la inteligencia; **this could endanger trading links** esto podría perjudicar los vínculos comerciales; **he has severed all links** *with* **his family** ha cortado todo vínculo con su familia. **3.** (*Transp*) enlace *m*: **a ferry link** *between* **the islands** un enlace por ferry entre las islas.
II links *n pl* (*Sport*) campo *m* de golf.
III *vt* [**links, linking, linked**] **1.** (*establish a relationship*) vincular: **her name has been linked** *with* **the organization** su nombre ha sido vinculado al de la organización; **the two schools are closely linked** los dos colegios tienen vínculos muy estrechos. **2.** (*to connect*): **the bridge that links the island** *to* **the mainland** el puente que une la isla con el resto del país; **the children linked arms** los niños se cogieron del brazo.

to **link up** *vt* unir: **a railway links up the two airports** una línea de ferrocarril une los dos aeropuertos.
♦ *vi* unirse, conectarse.

linkup *n* **1.** (*Telec*) conexión *f*. **2.** (*of spacecraft*) acoplamiento *m*.

lino /ˈlaɪnəʊ/ *n* (*apócope de* **linoleum**) linóleo *m*.

linoleum /lɪˈnəʊlɪəm/ *n* linóleo *m*.

lint /lɪnt/ *n* **1.** (*for wound*) gasa *f*. **2.** (*fluff*) pelusa *f*.

lintel /ˈlɪntəl/ *n* dintel *m*.

lion /ˈlaɪən/ *n* león *m* • **she received the lion's share of the land** ella recibió la parte del león * la mejor parte de la tierra.

lion cub *n* cachorro -rra *m/f* de león.

lion-tamer *n* domador -dora *m/f* de leones.

lioness /ˈlaɪənes/ *n* [**lionesses**] leona *f*.

lip /lɪp/ *n* (*of person*) labio *m* • **he licked * smacked his lips when he saw the buffet** se relamió cuando vio el bufé • **my lips are sealed** mis labios están sellados • **they merely pay lip-service to tradition** son tradicionales de boquilla • **he kept a stiff upper lip despite all his problems** a pesar de todos sus problemas mantuvo la compostura.

lip-read *vi* [**lip-reads, lip-reading, lip-read** /ˈlɪpred/] leer los labios.

lip-reading *n* lectura *f* de labios.

lipstick *n* barra *f* de labios.

liquefy /ˈlɪkwɪfaɪ/ *vt* [**liquefies, liquefying, liquefied**] licuar.
♦ *vi* licuarse.

liqueur /lɪˈkjʊə/ *n* licor *m*.

liquid /ˈlɪkwɪd/ **I** *adj* líquido -da.
II *n* líquido *m*.

liquidate /ˈlɪkwɪdeɪt/ *vt* [**liquidates, liquidating, liquidated**] **1.** (*to kill*) liquidar, matar. **2.** (*Fin*) liquidar.

liquidation /ˌlɪkwɪˈdeɪʃən/ *n* liquidación *f*: **the company has gone into liquidation** la empresa ha entrado en liquidación.

liquidity /lɪˈkwɪdətɪ/ *n* liquidez *f*.

liquidize /ˈlɪkwɪdaɪz/ *vt* [**liquidizes, liquidizing, liquidized**] licuar.

liquidizer /ˈlɪkwɪdaɪzə/ *n* licuadora *f*.

liquor /ˈlɪkə/ *n* alcohol *m*, bebida *f* alcohólica.

liquorice /ˈlɪkərɪs/ *n* regaliz *m*.

lira /ˈliːrə/ *n* [**lire**] (*currency*) lira *f*.

Lisbon /ˈlɪzbən/ *n* Lisboa *f*.

lisp /lɪsp/ **I** *n* ceceo *m*: **he speaks with a lisp** cecea al hablar.
II *vi* [**lisps, lisping, lisped**] cecear.

list /lɪst/ **I** *n* **1.** (*written record*) lista *f*: **her name was at the top/bottom of the list** su nombre estaba el primero/el último de la lista; **she drew up a list of the guests** hizo una lista de los invitados. **2.** (*Naut*) escora *f*.
II *vt* [**lists, listing, listed**] **1.** (*to write*) poner en una lista: **the ingredients are listed on the packet** hay una lista de los ingredientes en el paquete. **2.** (*to detail*): **he listed what was wrong with my car** me hizo una lista de todo lo que le pasaba al coche; **list the functions of the liver** enumere las funciones del hígado.
♦ *vi* (*ship*) escorar.

listed /ˈlɪstɪd/ *adj* (*Archit*: *building*) protegido -da (*por su interés histórico * artístico*).

listen /ˈlɪsən/ *vi* [**listens, listening, listened**] **1.** (*gen*) escuchar: **I listen** *to* **the radio at breakfast** escucho la radio mientras desayuno; **he refused to listen** *to* **my advice** no quiso escuchar mis consejos; **listen, why don't you give them a ring?** escucha, ¿por qué no los llamas por teléfono? **2.** (*to pay attention*) prestar atención: **you should have listened the first time** deberías haber prestado atención la primera vez.

to **listen for, listen out for** *vt* estar atento -ta a: **she listened (out) for their car** estaba atenta a ver si oía su coche.

to **listen in** *vi* **1.** (*to radio*) escuchar: **for all the children who are listening in this morning...** para todos los niños que nos escuchan esta mañana.... **2.** (*to spy*) escuchar disimuladamente: **he was listening in** *on* **the other extension** estaba escuchando la conversación por el otro teléfono.

to **listen out for** *vt* ➪ *to* listen for

listener /ˈlɪsənə/ *n* **1.** (*to radio*) oyente *m/f*. **2.** (*to person, problems*): **she's a good listener** sabe escuchar.

listing /ˈlɪstɪŋ/ **I** *n* (*list, printout*) listado *m*.

II listings *n pl* guía *f* del ocio.
listless /ˈlɪstləs/ *adj* decaído -da, lánguido -da.
lit /lɪt/ *pretérito y participio pasado de* ⇨ light
litany /ˈlɪtənɪ/ *n* [**litanies**] letanía *f*.
liter /ˈliːtə/ *n* (*US*) litro *m*.
literacy /ˈlɪtərəsɪ/ *n* alfabetización *f*: **measures to improve literacy in some areas** medidas para extender la alfabetización en algunas regiones.
literal /ˈlɪtərəl/ *adj* literal.
literally /ˈlɪtərəlɪ/ *adv* literalmente: **the hotel is literally falling down** el hotel está cayéndose a pedazos literalmente; **I didn't mean you to take it literally** no pretendía que te lo tomaras al pie de la letra.
literary /ˈlɪtərərɪ/ *adj* literario -ria.
literate /ˈlɪtərət/ *adj* **1.** (*able to read and write*) que sabe leer y escribir, alfabetizado -da. **2.** (*learned*) culto -ta.
literature /ˈlɪtrətʃə/ *n* **1.** (*novels, plays*) literatura *f*. **2.** (*documents, leaflets*): **all the literature that came with the computer** toda la información que mandaron con el ordenador.
lithe /laɪð/ *adj* (*frml*) ágil.
lithograph /ˈlɪθəgrɑːf/ *n* litografía *f*.
Lithuania /ˌlɪθjʊˈeɪnɪə/ *n* Lituania *f*.
Lithuanian /ˌlɪθjʊˈeɪnɪən/ **I** *adj* lituano -na.
II *n* (*person*) lituano -na *m/f*; (*language*) lituano *m*.
litigant /ˈlɪtɪgənt/ *n* (*Law*) litigante *m/f*.
litigate /ˈlɪtɪgəɪt/ *vi* [**litigates, litigating, litigated**] (*Law*) litigar.
litigation /lɪtɪˈgeɪʃən/ *n* (*Law*) litigación *f*.
litmus paper /ˈlɪtməs ˈpeɪpə/ *n* (*Chem*) papel *m* de tornasol.
litre /ˈliːtə/ *n* litro *m*.
litter /ˈlɪtə/ **I** *n* **1.** (*rubbish*) basura *f*: **there was litter all over the square** la plaza estaba llena de basura. **2.** (*of young animals*) camada *f*.
II *vt* [**litters, littering, littered**]: **the cinema floor was littered** *with* **sweet papers** el suelo del cine estaba lleno de papeles de caramelos; **plastic bottles litter the beaches** las playas están llenas de botellas de plástico.
litter bin *n* papelera *f*.
little /ˈlɪtəl/ **I** *adj* [referring to size] **1.** (*small*) pequeño -ña: **a little kitten** un gatito pequeño; **poor little boy!** ¡pobrecito! ✻ ¡pobrecillo!; (*expressing approval*): **they've got a really nice little house** tienen una casita muy mona; (*expressing disapproval*): **I'm sick of his nasty little comments** estoy harta de sus comentarios desagradables. **2.** (*young*) pequeño -ña: **a little girl** una niña pequeña; **the little ones go home at three** los pequeñitos se van a casa a las tres.
II *adj* [referring to amounts] [**less, least**] poco -ca: **we have very little time** tenemos muy poco tiempo; **we have** *a* **little money** tenemos un poco de dinero.
III *pron* poco -ca: **he has so little** tiene tan poco; **little of the food remained** quedaba muy poca comida; **I'll have** *a* **little of that cake** tomaré un poco de esa tarta.
IV *adv* [**less, least**] poco: **he spoke very little** habló muy poco; **our house is** *a* **little smaller than this one** nuestra casa es un poco más pequeña que ésta; **I was** *a* **little surprised** me sorprendió un poco • **little by little she learned to walk again** poco a poco aprendió a andar de nuevo • **he made little of their achievement** menospreció su logro • **little do they know that we saw them** lo que no se imaginan es que los vimos.
little finger *n* dedo *m* meñique.
liturgy /ˈlɪtədʒɪ/ *n* [**liturgies**] liturgia *f*.
live **I** /laɪv/ *adj* **1.** (*alive*) vivo -va: **I met a real live explorer** conocí a un explorador de carne y hueso. **2.** (*active: wire*) con corriente; (*: bomb*) sin estallar. **3.** (*broadcast*) en directo: **a live performance** una actuación en directo.
II /laɪv/ *adv* en directo: **he was interviewed live on television** lo entrevistaron en directo en la televisión.
III /lɪv/ *vt* [**lives, living, lived**] vivir: **she lives a very active life** lleva una vida muy activa; **he's been living a lie for twenty years** lleva veinte años viviendo una mentira.
♦ *vi* **1.** (*to reside*) vivir: **he lived** *in* **Paris when he was young** de joven vivió en París; **where do they live?** ¿dónde viven?; **no one lives** *on* **the third floor** en el tercer piso no vive nadie; **Martin and Sarah live together** Martin y Sarah viven juntos. **2.** (*to exist*) vivir: **they live comfortably** llevan una vida holgada; **the principles** *by* **which he lives** los principios que rigen su vida; **my grandfather lived to be ninety** mi abuelo vivió hasta los noventa años; **I'll never eat oysters again as long as I live** no voy a volver a comer ostras en la vida; **long live the king!** ¡viva el rey!; **she lives** *for* **her children** vive para sus hijos; **she had nothing left to live** *for* ya no le quedaba ninguna razón para vivir; **he has lived** *through* **a very traumatic period** ha pasado una época muy traumática; **she learned to live** *with* **her disappointment** se acostumbró a vivir con esa decepción • **live and let live** vive y deja vivir • **you live and learn** viviendo y aprendiendo • **they all lived happily ever after** fueron felices y comieron perdices.
to **live down** *vt*: **he'll never live it down** nunca podrá olvidarlo.
to **live in** *vi*: **during my first nursing job I lived in** en mi primer empleo de enfermera vivía en el hospital.
to **live off** *vt*: **they lived off the rent from their tenants** vivían de las rentas de sus inquilinos.
to **live on** *vt* (*to eat*) vivir de: **whales live on plankton** las ballenas se alimentan de plancton.
♦ *vi* (*to continue living: gen*) seguir viviendo: **she lived on for many years** siguió viviendo muchos años; (*: memories*) persistir: **his reputation as a great footballer lives on** su fama de gran futbolista aún persiste.
to **live up** *vi*: **the holiday didn't live up** *to* **our expectations** las vacaciones no fueron lo que esperábamos; **he never lived up** *to* **his early promise** no llegó a estar a la altura de lo que prometía de joven.
♦ *vt* • **they're living it up in Jamaica** se están dando la gran vida en Jamaica.
live-in /ˈlɪvɪn/ *adj*: **they have a live-in gardener** tienen un jardinero residente; **the salary is lower because it is a live-in job** el sueldo es más bajo porque proporcionan alojamiento.
livelihood /ˈlaɪvlɪhʊd/ *n* sustento *m*: **their livelihood depends on the sea** el mar es su sustento.
lively /ˈlaɪvlɪ/ *adj* [**livelier, liveliest**] **1.** (*person*) lleno -na de vida. **2.** (*performance*) animado -da: **a lively political argument** una discusión política muy animada; **the club isn't very lively** el club no tiene mucho ambiente; **he still takes a lively interest in school events** sigue teniendo un gran interés por los acontecimientos del colegio.
liven up /ˈlaɪvən ʌp/ *vt* [**livens, livening, livened**] animar: **his arrival livened the meeting up** la reunión se animó cuando él llegó.
♦ *vi* animarse: **she livened up when she heard the music** se animó al oír la música.

liver /'lɪvə/ *n* hígado *m*.
lives /laɪvz/ *plural de* ➪ life
livestock /'laɪvstɒk/ *n* ganado *m*.
livid /'lɪvɪd/ *adj* **1.** (*bruise, skin*) lívido -da. **2.** (*pale*) lívido -da. **3.** (*fam*: *angry*) furioso -sa.
living /'lɪvɪŋ/ **I** *adj* **1.** (*still alive*) vivo -va: **he only has two living relatives** no tiene más que dos parientes vivos; **the finest living sculptor** el mejor escultor vivo. **2.** (*not inanimate*) viviente: **all living things** todos los seres vivientes.
II *n* **1.** (*money*): **he earns his * a living** *as* **a journalist** se gana la vida como periodista; **he cleans chimneys** *for* **a living** se gana la vida limpiando chimeneas; **they made a living** *out of* **selling old books** se ganaban la vida vendiendo libros antiguos. **2.** (*way of life*) vida *f*: **the doctor recommended quiet living** el médico recomendó una vida tranquila.
III the living *n pl* (*people who are alive*) los vivos.
living conditions *n pl* condiciones *f pl* de vida.
living quarters *n pl* vivienda *f*: **the fire started in the living quarters** el incendio empezó en la (parte destinada a) vivienda.
living room *n* sala *f* de estar.
living standards *n pl* nivel *m* de vida: **living standards have dropped** el nivel de vida ha descendido.
lizard /'lɪzəd/ *n* (*long*) lagarto *m*; (*short*) lagartija *f*.
llama /'lɑ:mə/ *n* llama *f*.
load /ləʊd/ **I** *n* **1.** (*amount carried*) carga *f*: **a load** *of* **bricks** una carga de ladrillos; **the van's load was too heavy** la camioneta llevaba demasiada carga • **his letter has taken a load off my mind** su carta me ha quitado un peso de encima. **2.** (*for washing machine, dishwasher*) tanda *f*. **3.** (*electrical*) carga *f*. **4.** (*fam*: *large quantity*) montón *m*: **he was talking a load** *of* **nonsense** estaba diciendo una sarta de tonterías; **we saw loads** *of* **pelicans** vimos montones de pelícanos; **they have loads** *of* **money** tienen muchísimo dinero.
II *vi* [**loads, loading, loaded**] cargar: **the ship loaded at Cork** el buque cargó en Cork.
♦ *vt* (*gun, camera*) cargar: **they loaded the ship** *with* **bales of cotton** cargaron el barco con fardos de algodón; **they loaded the tea** *onto* **the ship** cargaron el té en el barco; **load the clothes** *into* **the washing machine** mete la ropa en la lavadora; (*Inform*): **to load the program press F2** para cargar el programa pulse la tecla F2.
to **load down** *vt* cargar: **the porter was loaded down** *with* **suitcases** el mozo iba cargado de maletas.
to **load up** *vt* cargar.
♦ *vi* cargar.
loaded /'ləʊdɪd/ *adj* **1.** (*gun, camera, truck*) cargado -da: **a cart loaded** *with* **melons** un carro cargado de melones. **2.** (*biased*): **it was a loaded question** fue una pregunta tendenciosa. **3.** (*dice*) trucado -da • **the dice are loaded against us** todo está en contra nuestra. **4.** (*fam*: *rich*) forrado -da: **she's loaded** está forrada.
loading bay /'ləʊdɪŋ beɪ/ *n* muelle *m* de carga, cargadero *m*.
loaf /ləʊf/ *n* [**loaves** /ləʊvz/] pan *m*: **a loaf of bread** (*long and thin*) una barra de pan; (*bigger and thicker*) una hogaza; (*baked in a tin*) un pan de molde; **a sliced loaf** un pan de molde en rebanadas.
to **loaf about * around** *vi* [**loafs, loafing, loafed**] gandulear.
loan /ləʊn/ **I** *n* préstamo *m*: **we asked for a bank loan** pedimos un préstamo bancario; **this camera is** *on* **loan from my brother** esta cámara me la ha prestado mi hermano; **you can have the loan** *of* **my computer** te puedo prestar mi ordenador.
II *vt* [**loans, loaning, loaned**] prestar: **I loaned Sarah my calculator * I loaned my calculator** *to* **Sarah** le presté a Sarah mi calculadora.
loanword /'ləʊnwɜ:d/ *n* préstamo *m*: **"vendetta" is an Italian loanword** "vendetta" es un préstamo del italiano.
loath, loth /ləʊθ/ *adj* (*frml*): **I am loath to contradict you, but...** me cuesta tener que contradecirle, pero....
loathe /ləʊð/ *vt* [**loathes, loathing, loathed**] odiar: **he loathes hot weather** odia el calor; **I've always loathed ironing** siempre he odiado planchar.
loathing /'ləʊðɪŋ/ *n* odio *m*.
loathsome /'ləʊðsəm/ *adj* odioso -sa.
loaves /ləʊvz/ *plural de* ➪ loaf
lob /lɒb/ **I** *n* (*in tennis*) lob *m*, globo *m*.
II *vt* [**lobs, lobbing, lobbed**] **1.** (*in tennis*): **she lobbed the ball** *into* **the corner** hizo un globo y envió la pelota a la esquina. **2.** (*fam*: *to throw*): **he lobbed the can** *into* **the bin** lanzó * tiró la lata a la basura.
lobby /'lɒbɪ/ **I** *n* [**lobbies**] **1.** (*Archit*) vestíbulo *m*. **2.** (*Pol*) grupo *m* de presión: **the conservation lobby opposed the proposal** el grupo de presión ecologista se opuso a la propuesta.
II *vt* [**lobbies, lobbying, lobbied**] presionar: **the residents resolved to lobby the town hall** los residentes decidieron presionar al ayuntamiento.
♦ *vi* presionar: **teachers have been lobbying for a review of the curriculum** los profesores han estado presionando para que se revise el plan de estudios.
lobe /ləʊb/ *n* lóbulo *m*.
lobster /'lɒbstə/ *n* bogavante *m*, langosta *f*.
local /'ləʊkəl/ **I** *adj* **1.** (*of a community*) local: **the local newspaper is going to close** el periódico local va a cerrar; **the local people** la gente del pueblo; (*of a neighbourhood*) del barrio: **the local shops** las tiendas del barrio. **2.** (*of a region*) de la región * zona: **have you tried the local cheese?** ¿has probado el queso de la región?; **local farmers have suffered badly in the drought** los agricultores de la región han perdido mucho con la sequía.
II *n* **1.** (*person*) vecino -na *m/f*: **the locals are fighting the plan** los vecinos están luchando contra el plan; **I asked one of the locals** le pregunté a una persona del pueblo. **2.** (*fam*: *bar*) bar *m* del barrio.
local anaesthetic *n* anestesia *f* local: **I had it done under (a) local anaesthetic** me lo hicieron con anestesia local.
local authority *n* (*in GB*) municipio *m*, ayuntamiento *m*.
local call *n* (*Telec*) llamada *f* urbana.
local government *n* (*of town*) gobierno *m* municipal; (*of county, province*) gobierno *m* regional.
local time *n* hora *f* local: **the bomb exploded at nine o'clock, local time** la bomba explotó a las nueve, hora local.
locality /ləʊ'kælətɪ/ *n* [**localities**] zona *f*: **is there a campsite in the locality?** ¿hay algún camping en la zona?
localize /'ləʊkəlaɪz/ *vt* [**localizes, localizing, localized**] localizar: **a localized infection** una infección localizada.
locally /'ləʊkəlɪ/ *adv* en la vecindad: **the cheese is made locally** el queso se elabora en la vecindad; **he lives locally** vive en la zona.
locate /ləʊ'keɪt/ *vt* [**locates, locating, located**] **1.** (*to find*) localizar: **it was easy to locate the culprits**

resultó fácil localizar a los culpables. **2.** (*to put, situate*) situar, ubicar: **the villa is located to the south of the village** el chalé está situado al sur del pueblo.

location /ləʊˈkeɪʃən/ *n* **1.** (*place*) lugar *m*: **it's an ideal location for bird-watching** es un lugar ideal para la observación de las aves. **2.** (*act of putting, situating*) ubicación *f*, emplazamiento *m*. **3.** (*for a movie*): **the movie was shot** *on* **location in Canada** rodaron la película en Canadá.

loch /lɒx/ *n* lago *m* (*en Escocia*).

lock /lɒk/ **I** *n* **1.** (*of door, box*) cerradura *f*: **the burglars forced the lock on the safe** los ladrones forzaron la cerradura de la caja fuerte; **turn the key twice in the lock** dale dos vueltas a la llave; (*bolt*) cerrojo *m*: **we put locks on the windows** pusimos cerrojos en las ventanas; (*padlock*) candado *m*: **I've lost my bicycle lock** he perdido el candado de la bicicleta • **he keeps his tools under lock and key** guarda las herramientas bajo siete llaves • **he sold the business, lock, stock and barrel** se deshizo completamente de la empresa. **2.** (*of hair*) mechón *m*, mecha *f*. **3.** (*on canal*) esclusa *f*.

II *vt* [**locks, locking, locked**] **1.** (*door*) cerrar (*con llave*): **the garage was locked** el garaje estaba cerrado con llave; **he always locks his gun in a cupboard** siempre guarda la escopeta bajo llave en un armario. **2.** (*in a conflict*): **the two countries are locked** *in* **a trade dispute** los dos países están enzarzados en una disputa comercial.

♦ *vi* **1.** (*door*) cerrarse (*con llave*): **my suitcase won't lock** no puedo cerrar la maleta con llave. **2.** (*wheels*) bloquearse: **the wheels locked and the car skidded** se bloquearon las ruedas y el coche derrapó.

to **lock away** *vt* (*objects*) guardar bajo llave: **lock all poisonous substances away** guarda todas las sustancias tóxicas bajo llave; (*fam*: *person*) encerrar: **he should be locked away** deberían encerrarlo.

to **lock in** *vt* encerrar: **I got locked in** me quedé encerrado.

to **lock out** *vt*: **I've locked myself out** estaba fuera y se me ha cerrado la puerta, y no tengo la llave.

to **lock up** *vt* (*place*) cerrar: **he's responsible for locking up the building** es el responsable de cerrar el edificio; (*objects*): **she keeps her papers locked up** tiene los documentos bajo llave; (*person*): **those vandals should be locked up** deberían encerrar a esos gamberros.

lockout *n* cierre *m* patronal.

locksmith *n* cerrajero -jera *m/f*.

locker /ˈlɒkə/ *n* taquilla *f*.

locker room *n* vestuario *m* (*con taquillas*).

locket /ˈlɒkɪt/ *n* relicario *m* (*en forma de medallón*).

locomotion /ˌləʊkəˈməʊʃən/ *n* locomoción *f*.

locomotive /ˌləʊkəˈməʊtɪv/ *n* locomotora *f*.

locum /ˈləʊkəm/ *n* suplente *m/f*.

locust /ˈləʊkəst/ *n* (*insect*) langosta *f*.

lodge /lɒdʒ/ **I** *n* **1.** (*for porter*) conserjería *f*. **2.** (*gatehouse*) casa *f* del guarda. **3.** (*for hunting, fishing, skiing*) refugio *m*. **4.** (*of masonic order*) logia *f*.

II *vt* [**lodges, lodging, lodged**] **1.** (*to accommodate*) alojar: **the students have been lodged** *with* **local families** han alojado a los estudiantes con familias de la zona. **2.** (*to report*) presentar: **I am going to lodge a complaint** *with* **your superiors** voy a presentar una queja a sus superiores. **3.** (*money, valuables*) depositar: **she lodged her jewellery at the bank** depositó sus joyas en el banco.

♦ *vi* **1.** (*to live temporarily*) alojarse: **they're lodging** *with* **my parents** ∗ *in* **my parents' house** están alojados en casa de mis padres. **2.** (*to get stuck*) alojarse: **the bullet lodged** *in* **his lung** la bala se le alojó en el pulmón.

lodger /ˈlɒdʒə/ *n* huésped *m/f*.

lodging /ˈlɒdʒɪŋ/ **I** *n* (*somewhere to stay*) alojamiento *m*, hospedaje *m*: **board and lodging for fifteen pounds a day** pensión completa por quince libras al día.

II lodgings *n pl* (*temporary home*) pensión *f*: **I stayed in lodgings when I first arrived** cuando llegué aquí vivía en una pensión.

lodging house *n* pensión *f*, casa *f* de huéspedes.

loft /lɒft/ *n* desván *m*, altillo *m*.

lofty /ˈlɒftɪ/ *adj* [**loftier, loftiest**] **1.** (*building*) alto -ta. **2.** (*feelings*) elevado -da. **3.** (*manner*) arrogante.

log /lɒg/ **I** *n* **1.** (*Bot*) tronco *m* • **he sleeps like a log** duerme como un tronco. **2.** (*Naut*) diario *m* de a bordo; (*Av*) diario *m* de vuelo. **3.** (*también* **logarithm**) (*Maths*) logaritmo *m*.

II *vt* [**logs, logging, logged**] (*to record*) registrar.

to **log in** ∗ **on** *vi* (*Inform*) entrar (en el sistema).

to **log out** ∗ **off** *vi* (*Inform*) salir (del sistema).

logbook *n* (*Naut*) diario *m* de a bordo; (*Av*) diario *m* de vuelo.

log cabin *n* cabaña *f* de troncos.

log fire *n* fuego *m* de leña.

logarithm /ˈlɒgəˌrɪðəm/ *n* logaritmo *m*.

loggerheads /ˈlɒgəˌhedz/ *n pl* • **they've been at loggerheads for months** hace meses que están enfrentados.

logic /ˈlɒdʒɪk/ *n* lógica *f*.

logical /ˈlɒdʒɪkəl/ *adj* lógico -ca.

logically /ˈlɒdʒɪklɪ/ *adv* lógicamente.

logistics /lɒˈdʒɪstɪks/ *n pl* logística *f*.

logo /ˈləʊgəʊ/ *n* logotipo *m*.

loin /lɔɪn/ *n* (*Culin*: *of pork*) lomo *m*; (*: of beef*) solomillo *m*.

loincloth *n* taparrabos *m inv*.

loiter /ˈlɔɪtə/ *vi* [**loiters, loitering, loitered**] (*to delay: gen*) entretenerse: **don't loiter on your way to school** no te entretengas camino del colegio; (*: delinquent*) merodear: **there was a man loitering outside the jewellery shop** había un hombre merodeando cerca de la joyería.

loll /lɒl/ *vi* [**lolls, lolling, lolled**] **1.** (*to hang limply*) colgar. **2.** (*to laze*): **he lolled** *about* ∗ *around* **on the sofa all afternoon** estuvo repantigado en el sofá toda la tarde.

lollipop /ˈlɒlɪpɒp/ *n* pirulí *m*, chupa-chups® *m*.

lollipop lady, lollipop man *n* (*in GB*) *persona que detiene el tráfico para que crucen los niños.*

lolly /ˈlɒlɪ/ *n* [**lollies**] (*fam*) **1.** (*Culin*) pirulí *m*, chupa-chups® *m*. **2.** (*money*) dinero *m*.

London /ˈlʌndən/ *n* Londres *m*.

Londoner /ˈlʌndənə/ *n* londinense *m/f*.

lone /ləʊn/ *adj* (*person, building*) solitario -ria; (*parent, mother*) soltero -ra.

loneliness /ˈləʊnlɪnəs/ *n* soledad *f*.

lonely /ˈləʊnlɪ/ *adj* [**lonelier, loneliest**] **1.** (*person*) solo -la, solitario -ria: **phone me if you feel lonely** llámame si te sientes sola. **2.** (*place*) aislado -da, solitario -ria: **they live on a lonely farm** viven en una finca aislada.

loner /ˈləʊnə/ *n* solitario -ria *m/f*.

lonesome /ˈləʊnsəm/ *adj* (*US*) ⇨ lonely

long /lɒŋ/ **I** *adj* **1.** (*in distance, size*) largo -ga: **the**

sleeves are too long las mangas son demasiado largas; **there's still a long way to go** todavía queda mucho camino; **how long is your car?** ¿cuánto mide tu coche (de largo)?; **the table is two metres long** la mesa tiene dos metros de largo; **the book is over six hundred pages long** el libro tiene más de seiscientas páginas • **he's long on criticism but short on suggestions** critica mucho pero no sugiere alternativas. **2.** (*in time*) largo -ga: **the play was too long** la obra fue demasiado larga; **it took me a long time to find him** me costó mucho tiempo encontrarlo; **how long is the movie?** ¿cuánto dura la película?; **the exam was three hours long** el examen duró tres horas • **I've passed my driving test at long last** por fin he aprobado el examen de conducir.

II *n*: **I didn't stay** *for* **long** no me quedé mucho tiempo; **does it take long to walk there?** ¿se tarda mucho en llegar andando?; **he'll be wanting a motorbike** *before* **long** dentro de poco nos pedirá una moto • **the long and short of it is that we have failed** en resumidas cuentas, hemos fracasado.

III *adv*: **this type of battery lasts longest** este tipo de pila es el que más dura; **we have waited long enough** ya hemos esperado bastante; **don't be too long** no tardes mucho; **my postcard arrived long** *after* **I got home** mi postal llegó mucho después de que yo volviera; **he died not long** *before* **they arrived** murió poco antes de que llegaran; **how long did you go out with him (for)?** ¿cuánto tiempo estuviste saliendo con él?; **how long will you be?** ¿cuánto vas a tardar?; **hold your breath for as long as you can** aguanta la respiración todo el tiempo que puedas • **I've long since given up complaining** hace mucho que dejé de quejarme • **she gave up the violin long ago** hace mucho que dejó de tocar el violín • **as * so long as you're here I shall feel safe** mientras estés aquí me sentiré seguro • **I'll eat them as long as they're properly cooked** me los comeré con tal de que estén bien hechos • **he snored all night long!** ¡estuvo roncando toda la santa noche! • **I am no longer a member of the club** ya no soy socio del club • **I can't stay any longer** no puedo quedarme más (tiempo) • **we can't go on like this much longer** no podemos continuar así mucho más.

IV *vi* [**longs, longing, longed**] **1.** (*to yearn*) añorar: **he longed** *for* **his home country** añoraba su patria. **2.** (*to have a great desire*) anhelar: **she longed to escape that humdrum existence** anhelaba escaparse de esa vida tan aburrida; **I was longing to give him a piece of my mind** me moría de ganas de decirle cuatro cosas.

long-distance *adj* de larga distancia.

long-distance call *n* (*Telec*) conferencia *f*.

long-distance race *n* carrera *f* de fondo.

long-distance runner *n* corredor -dora *m/f* de fondo.

long drink *n*: *bebida alcóholica de baja graduación.*

long-haired *adj* de pelo largo.

longhand *n* escritura *f* a mano: **I wrote it out (in) longhand** lo escribí a mano.

long jump *n* salto *m* de longitud.

long-life *adj* (*milk*) de larga duración, uperizado -da; (*lightbulb, battery*) de larga duración.

long-lost *adj*: **he welcomed his long-lost son** le dio la bienvenida al hijo al que hacía tanto que no veía.

long-range *adj*: **long-range missiles** misiles de largo alcance; **the long-range weather forecast** la predicción meteorológica a largo plazo.

long-sighted *adj* (*Med*) hipermétrope.

long-standing *adj* de tiempo atrás: **this is a long-standing agreement** éste es un acuerdo que viene de antiguo.

long-suffering *adj* sufrido -da: **he has a very long-suffering wife** su mujer es muy sufrida.

long-term *adj* a largo plazo: **the long-term prospects are not very good** las perspectivas a largo plazo no son muy buenas.

long wave *n* (*Telec*) onda *f* larga.

long weekend *n*: fin *m* de semana largo: **we're going to go to Paris for a long weekend** vamos a ir a París a pasar un fin de semana largo.

long-winded /lɒŋ'wɪndɪd/ *adj* prolijo -ja.

longevity /lɒn'dʒevətɪ/ *n* longevidad *f*.

longing /'lɒŋɪŋ/ *n* **1.** (*desire*) deseo *m*: **he had a secret longing to be a writer** secretamente anhelaba ser escritor; **the people's longing** *for* **peace** las ansias * el anhelo de paz del pueblo. **2.** (*nostalgia*) añoranza *f*, nostalgia *f*: **she felt a longing** *for* **her home** sentía añoranza de su casa.

longingly /'lɒŋɪŋlɪ/ *adv* **1.** (*with desire*) con intensidad. **2.** (*with nostalgia*) con añoranza: **he spoke longingly of returning home** hablaba de la vuelta a su hogar con añoranza.

longitude /'lɒŋgɪtju:d/ *n* longitud *f*.

longitudinal /ˌlɒŋgɪ'tju:dɪnəl/ *adj* longitudinal.

longways /'lɒŋweɪz/ *adv* a lo largo: **he cut the wood longways** cortó la madera a lo largo.

loo /lu:/ *n* (*GB*: *fam*) wáter *m*.

look /lʊk/ **I** *n* **1.** (*glance: gen*) mirada *f*: **he gave me a scornful look** me lanzó una mirada desdeñosa; **people always give him funny looks** la gente lo mira siempre como si fuera un bicho raro; **let's have a look** *at* **the timetable** miremos el horario; **take a look** *at* **it from my point of view** míralo * trata de verlo desde mi punto de vista; (*: quick*) vistazo *m*: **have a look round** echa un vistazo; **could you have a look** *at* **my essay?** ¿podrías echarle un vistazo * una ojeada a mi trabajo? **2.** (*appearance*) aspecto *m*, pinta *f*: **I don't like the look of the weather** no me gusta nada cómo pinta el tiempo; **by the look of it, nobody has lived here for years** por lo que parece, hace años que nadie vive aquí; (*style*) estilo *m*, look *m*: **the romantic look is out of fashion now** el estilo * el look romántico está pasado de moda. **3.** (*expression*) cara *f*: **you should have seen the look on her face** tenías que haber visto la cara que puso. **4.** (*search*): **have you had a good look** *for* **it?** ¿lo has buscado bien?

II looks *n pl* (*beauty*) belleza *f*: **looks aren't everything** la belleza no lo es todo.

III *vi* [**looks, looking, looked**] **1.** (*gen*) mirar: **she's always looking** *out of* **the window** se pasa la vida mirando por la ventana; **I'm just looking, thank you** (*in a shop*) sólo estoy mirando, gracias; **I looked** *away* aparté la vista; **she saw it when she looked** *down* lo vio cuando bajó la vista; **he looked** *up* **as I came in** alzó la vista cuando entré • **look * look here, it isn't my fault** mira, no es culpa mía. **2.** (*to face*) dar a, estar orientado -da a: **the living room looks east** la sala de estar da al este. **3.** (*to seem*) parecer: **he looks exhausted** parece (que está) agotado; **it looks** *as if* **you were right after all** parece que, después de todo, tenías razón; **it looks** *like* * **it looks** *as if* **he's going to win** parece que va a ganar; **red looks nice on you** el rojo te favorece; **the dress looks better on her than on me** el vestido le queda mejor a ella que a mí; **you look just** *like* **your sister** te pareces muchísimo a tu hermana, eres idéntica a tu hermana; **it doesn't look**

like **lamb to me** a mí no me parece (que sea) cordero. **4.** (*to search*) buscar, mirar: **I've looked everywhere** he buscado * mirado por todas partes.

♦ *vt* **1.** (*to face*) mirar: **I can never look her in the eye * face again** no podré volver a mirarla a la cara. **2.** (*to appear to be*) aparentar: **he doesn't look his age** no aparenta la edad que tiene. **3.** (*to watch*) mirar: **look what you've made me do!** ¡mira lo que he hecho por tu culpa!; **look where you're going!** ¡mira por dónde vas!

to **look after** *vt* (*children*) cuidar, cuidar de: **they don't look after that child properly** no cuidan bien a * de ese niño; (*patients, clients*) atender: **were you well looked after in hospital?** ¿te atendieron bien en el hospital?; (*toys, books, money*) cuidar: **he's employed to look after the garden** su trabajo es ocuparse del jardín; **I can look after myself** yo sé cuidarme.

to **look ahead** *vi* (*to plan*) hacer planes: **it makes sense to look ahead** *to* **your retirement** conviene hacer planes de cara a la jubilación.

to **look around** *vt*: **they want to look around the house again** quieren volver a ver la casa; **she loves looking around the shops** le encanta ir a curiosear a las tiendas.

♦ *vi* (*to search*) buscar: **I'm looking around** *for* **a good used car** estoy buscando un coche de segunda mano que esté bien.

to **look at** *vt* **1.** (*to observe*) mirar: **look at me** mírame; **we were looking at the map** estábamos mirando el mapa • **he's not much to look at** no es muy guapo que digamos. **2.** (*to consider*): **we are looking at the different possibilities** estamos estudiando * considerando las distintas posibilidades; **look at it** *from* **my point of view** míralo desde mi punto de vista; **today we'll be looking at the French Revolution** hoy vamos a hablar de la Revolución Francesa; (*to read*) leer: **I haven't had time to look at the paper** no he tenido tiempo de leer el periódico.

to **look back** *vi* **1.** (*to face backwards*) mirar (hacia) atrás: **he walked off without looking back** se marchó sin mirar (hacia) atrás • **she's never looked back since she left him** nunca ha tenido ocasión de arrepentirse desde que lo dejó. **2.** (*to remember*) recordar: **I'll always look back** *on* **it as my happiest holiday** siempre las recordaré como las vacaciones más felices de mi vida.

to **look down on** *vt* **1.** (*to have a view of*): **the farm looks down on the village** desde la granja se domina todo el pueblo. **2.** (*to despise*) mirar por encima del hombro, despreciar: **he looks down on anyone without a degree** mira por encima del hombro a cualquiera que no tenga un título universitario.

to **look for** *vt* (*to search for*) buscar: **he's looking for work** está buscando trabajo; **I'm looking for Tom** estoy buscando a Tom.

to **look forward to** *vt* (*gen*): **I'm looking forward to the weekend** tengo muchas ganas de que llegue el fin de semana; **I'm really looking forward to her coming** estoy deseando que llegue, me hace mucha ilusión que venga; **she's not looking forward to the interview** no le apetece para nada ir a la entrevista; (*frml: in a letter*): **We look forward to hearing from you. Yours sincerely...** A la espera de sus noticias lo saluda atentamente....

to **look into** *vt* (*to examine*) examinar, estudiar: **we've looked into the case very carefully** hemos examinado el caso muy detenidamente.

to **look on** *vi* (*to watch*) mirar: **we looked on as the children played** estuvimos mirando mientras los niños jugaban; **the journalists looked on helplessly as the fire...** los periodistas no pudieron hacer otra cosa que mirar impotentes cómo el fuego....

♦ *vt* (*to consider*) plantearse, ver: **she looks on it** *as* **an investment** se lo plantea como una inversión, lo ve como una inversión.

to **look out** *vt* (*to search for*) buscar: **he promised to look out the books for me** prometió buscarme los libros.

♦ *vi* (*to take care*): **look out, there's a car coming!** ¡ojo * cuidado, que viene un coche!

to **look out for** *vt* (*to watch for*): **look out for a red car** estáte al tanto a ver si ves un coche rojo; **look out for pickpockets!** ¡cuidado con los carteristas!

to **look over** *vt* (*place*) inspeccionar: **the architects have looked over the site** los arquitectos han inspeccionado el solar; (*document*) estudiar, examinar: **our lawyer is looking over the contract** nuestro abogado está estudiando el contrato.

to **look round** *vi* (*to turn around*) volverse: **don't look round now** no te vuelvas ahora. ⇨ *to* look around

to **look through** *vt* **1.** (*aperture*) mirar por: **look through the window and see if he's in** mira por la ventana a ver si está. **2.** (*magazine*) hojear, echarle un vistazo a: **I looked through my address book for the number** busqué el número en mi agenda.

to **look up** *vi* (*to improve*) mejorar: **employment prospects are looking up** las perspectivas de trabajo están mejorando.

♦ *vt* **1.** (*to search for*) buscar: **we looked it up in the encyclopedia/dictionary** lo buscamos en la enciclopedia/en el diccionario. **2.** (*to visit*) visitar: **she looked us up when she was in London** vino a vernos * a visitarnos cuando estuvo en Londres.

to **look upon** *vt* plantearse: **I looked upon it as a practice for the marathon** me lo planteé como un entrenamiento de cara al maratón.

to **look up to** *vt* (*to admire*) admirar: **he really looks up to his father** admira mucho a su padre.

lookout /'lʊkaʊt/ *n* **1.** (*Mil*) centinela *m/f*; (*Naut*) vigía *m/f*. **2.** (*post*) atalaya *f* • **the police are on the lookout for them** la policía anda tras ellos • **if anything goes wrong, it'll be your lookout** si algo va mal, es problema tuyo.

loom /lu:m/ **I** *n* telar *m*.

II *vi* [**looms, looming, loomed**] **1.** (*object*) surgir: **a ship loomed** *up* **out of the darkness** un barco surgió de la oscuridad. **2.** (*situation, event*): **the day of the interview was looming** el día de la entrevista se acercaba amenazadoramente; **the threat of plague loomed** *over* **the city** la amenaza de una epidemia se cernía sobre la ciudad.

loony /'lu:nɪ/ (*fam*) **I** *adj* [**loonier, looniest**] chiflado -da, majara.

II *n* [**loonies**] chiflado -da *m/f*.

loony bin *n* (*fam*) manicomio *m*.

loop /lu:p/ **I** *n* **1.** (*coil*) lazo *m*. **2.** (*también* **belt loop**) (*on trousers*) trabilla *f*. **3.** (*Av*) rizo *m*: **the aeroplane looped the loop** el avión rizó el rizo.

II *vt* [**loops, looping, looped**]: **he looped a piece of rope** *round* * *over* **the branch** pasó una cuerda alrededor de la rama.

loophole *n*: **we managed to find a loophole** *in* **the regulations** encontramos una laguna en el reglamento.

loose /lu:s/ **I** *adj* **1.** (*untied, separate*) suelto -ta: **my hair is too long to wear loose** tengo el pelo demasiado largo para llevarlo suelto; **give me all your**

loose change dame todo el dinero suelto; **they sell pistachios loose or in packets** venden pistachos a granel o en paquetes. **2.** (*not tight: gen*) flojo -ja: **this nut has worked loose** esta tuerca se ha aflojado; (*: clothes*) holgado -da: **she always wears loose clothes** siempre lleva ropa muy holgada. **3.** (*not secure*) suelto -ta: **this paving stone is loose** esta losa está suelta; **there must be a loose connection somewhere** debe de haber un cable suelto en alguna parte. **4.** (*free*): **they set the guard dog loose** soltaron al perro guardián • **it was a mistake to let him loose with a paintbrush!** ¡fue un error dejar que pintara él! **5.** (*inexact*) aproximado -da: **a loose translation will do** basta con una traducción aproximada.

II *n* • **there's a murderer on the loose** anda suelto un asesino.

loose covers *n pl* fundas *f pl* (*para sofás y sillones, que se pueden poner y quitar*).

loose-leaf *adj*: **a loose-leaf file** una carpeta de hojas sueltas.

loosely /ˈluːslɪ/ *adv* **1.** (*not tightly*): **the bow was loosely tied** el lazo estaba atado sin apretar. **2.** (*roughly*) libremente: **loosely translated it means...** traducido libremente significa.... **3.** (*indirectly*): **she is loosely connected with the project** tiene una cierta conexión con el proyecto.

loosen /ˈluːsən/ *vt* [**loosens, loosening, loosened**] (*clothes*) aflojar: **he loosened his tie** se aflojó la corbata.

to **loosen up** *vi* relajarse: **loosen up, you're really tense!** relájate, estás muy tenso; **always loosen up before doing these exercises** hay que hacer el precalentamiento antes de hacer estos ejercicios.

loot /luːt/ **I** *n* botín *m*.

II *vi* [**loots, looting, looted**] saquear.

♦*vt* saquear: **the thieves looted the jeweller's** los ladrones saquearon la joyería.

looter /ˈluːtə/ *n* saqueador -dora *m/f*.

looting /ˈluːtɪŋ/ *n* pillaje *m*.

lop off /lɒp ɒf/ *vt* [**lops, lopping, lopped**] cortar: **he lopped some branches off the tree** cortó algunas ramas del árbol.

lopsided /lɒpˈsaɪdəd/ *adj* **1.** (*crooked*) ladeado -da: **that picture is lopsided** ese cuadro está ladeado. **2.** (*uneven*): **his hair is lopsided** tiene el pelo más largo por un lado que por el otro. **3.** (*face, smile*) torcido -da.

loquacious /lɒˈkweɪʃəs/ *adj* (*frml*) locuaz.

lord /lɔːd/ **I** *n* (*también* **Lord**) **1.** (*in nobility*) lord *m*. **2. my Lord** (*as form of address: to a judge*) señoría *f*; (*: to a bishop*) Ilustrísima *f*; (*: to a nobleman*) señor *m*. **3.** (*Relig*): **let us give thanks to the Lord** ¡demos gracias al Señor! • **Good Lord!** ¡Dios mío! **4.** (*master*) señor *m*. **5.** (*GB: Pol*) lord *m* (*pl* lores).

II *vt* [**lords, lording, lorded**] • **he lorded it over his less wealthy friends** trataba a sus amigos menos adinerados con aires de superioridad.

Lord Mayor *n* (*GB*) alcalde *m* (*de Londres o de otras ciudades importantes*).

Lord's Prayer *n* Padre nuestro *m*, padrenuestro *m*.

lordly /ˈlɔːdlɪ/ *adj* altanero -ra.

lordship, Lordship /ˈlɔːdʃɪp/ *n* (*referring to or addressing: a judge*) señoría *f*; (*: a bishop*) Ilustrísima *f*; (*: a nobleman*) señor *m*.

lore /lɔː/ *n* tradición *f*.

lorry /ˈlɒrɪ/ *n* [**lorries**] (*GB*) camión *m*.

lorrydriver *n* camionero -ra *m/f*.

lorryload *n*: **a lorryload of melons** un camión de melones.

lose /luːz/ *vt* [**loses, losing, lost**] **1.** (*to misplace*) perder: **she lost her handbag** perdió el bolso; **they lost their way in the centre of Paris** se perdieron en el centro de París. **2.** (*to get rid of*) perder: **he lost six kilos** perdió seis kilos; **they were following us, but we managed to lose them** nos seguían, pero logramos deshacernos de ellos. **3.** (*to suffer a loss*) perder: **poetry loses something in translation** la poesía pierde algo al traducirla; **he is losing interest in his work** está perdiendo el interés por su trabajo. **4.** (*permanently*) perder: **he lost a leg in an industrial accident** perdió una pierna en un accidente laboral; **many workers have lost their jobs** muchos trabajadores han perdido el empleo; **the fact that he is losing his hair makes him look older** el hecho de que se le está cayendo el pelo lo hace parecer mayor; **my watch loses a couple of minutes a day** mi reloj atrasa un par de minutos al día. **5.** (*Sport, Games*) perder: **they lost the match** perdieron el partido. **6.** (*Fin*) perder.

♦*vi* (*Sport*) perder: **we lost** *by* **five points** perdimos por cinco puntos.

to **lose out** *vi* salir perdiendo: **we always seem to lose out** parece que siempre salimos perdiendo.

loser /ˈluːzə/ *n* perdedor -dora *m/f* • **he's a bad loser** es muy mal perdedor • **you seem to be a born loser!** ¡parece que has nacido con mala estrella! • **you're onto a loser with that car!** ¡con ese coche tienes todas las de perder!

losing /ˈluːzɪŋ/ *adj* perdedor -dora.

loss /lɒs/ *n* [**losses**] **1.** (*gen*) pérdida *f*: **he suffered a temporary loss** *of* **hearing** sufrió una pérdida temporal de oído; **her retirement was a great loss to us** su retiro fue una gran pérdida para nosotros; **there was great loss** *of* **life during the war** hubo un gran número de víctimas durante la guerra • **she was at a loss for words** no encontraba palabras para expresarse • **as far as football goes, he's a dead loss** por lo que al fútbol respecta, no tiene nada que hacer. **2.** (*Fin*) pérdida *f*: **it is running** *at* **a huge loss** opera con enormes pérdidas; **we made a loss** *on* **that product** perdimos dinero con ese producto • **we should cut our losses and abandon the deal** deberíamos cortar por lo sano y abandonar el negocio.

lost /lɒst/ **I** *pretérito y participio pasado de* ⇨ lose

II *adj* perdido -da: **she regretted her lost childhood** se lamentaba de su infancia perdida • **I always get lost around here** siempre me pierdo por esta zona • **get lost!** ¡desaparece! • **he stood lost in thought** estaba ensimismado • **your jokes are lost on him** no entiende ✻ capta tus chistes.

lost and found department *n* (*US*) oficina *f* de objetos perdidos.

lost property *n* objetos *m pl* perdidos.

lost property office *n* oficina *f* de objetos perdidos.

lot /lɒt/ **I** *n* **1. a lot** (*large amount*): **I put a lot** *of* **effort into it** me costó mucho trabajo; (*a large number*): **we kept some of the books, but we gave a lot away** nos quedamos con algunos libros, pero dimos muchos; **she has a lot** *of* **problems** tiene muchos problemas; **what a lot** *of* **people!** ¡cuánta gente! **2. the lot** (*everything*): **take the lot! I don't want them** ¡llévatelos todos! no los quiero; **I offered him some cake and he ate the lot** le ofrecí un poco de tarta y se la comió toda. **3.** (*fam: group of people*): **are you lot coming to watch the match?** ¿vais ✻ (*Amér L*) van a venir a ver el partido?; **I'm not inviting that lot!** ¡a ésos no los pienso invitar! **4.** (*destiny*) suerte *f*: **he is never happy with his lot** nunca está contento con su suerte • **they drew lots to decide who should go first** echaron a suertes a ver quién iba primero. **5.** (*at an auction*) lote *m*. **6.** (*US*: *piece of land*) parcela *f*.

II a lot *adv* (*very much*) mucho: **the suitcase weighed a lot** la maleta pesaba mucho; **this crossword is a lot easier** este crucigrama es mucho más fácil; **thanks a lot!** ¡muchas gracias!; (*often*): **he goes swimming a lot** va mucho a nadar.

III lots *n* **1.** (*large amount*): **we eat lots** *of* **bread** comemos mucho pan; **I only use a little salt, but she uses lots** yo le pongo poca sal, pero ella le pone mucha * muchísima. **2.** (*large number*): **"How many children do they have?" "Lots!"** "¿Cuántos hijos tienen?" "¡Muchos!"; **she bought lots** *of* **bottles of wine** compró muchas botellas de vino.

lotion /ˈləʊʃən/ *n* (*cosmetic*) loción *f*.

lottery /ˈlɒtərɪ/ *n* [**lotteries**] lotería *f* • **the exam is a real lottery** el examen es una auténtica lotería.

lottery ticket *n* billete *m* de lotería, número *m* de lotería.

lotus /ˈləʊtəs/ *n* [**lotuses**] loto *m*.

loud /laʊd/ **I** *adj* **1.** (*sound*) fuerte: **there was a loud explosion** hubo una explosión muy fuerte; (*music, voices*) alto -ta: **I could hear loud voices in the other room** se oían voces muy altas en la habitación de al lado; **there was a sudden burst of loud laughter** de repente se oyeron unas risotadas; (*event*) ruidoso -sa: **the party gradually got louder and louder** la fiesta se hacía cada vez más ruidosa * escandalosa. **2.** (*colour*) chillón -llona: **she wears loud clothes** siempre va vestida de colores muy chillones. **3.** (*character*) basto -ta: **why are all his friends so loud?** ¿por qué son tan bastos todos sus amigos? **4.** (*protest*) ruidoso -sa.

II *adv*: **who can sing loudest?** ¿quién canta más fuerte? • **I find it easier to think out loud** me resulta más fácil pensar en voz alta • **we heard her, loud and clear** la oíamos, alto y claro.

loud-hailer *n* megáfono *m*.

loudmouth *n* (*fam*) bocazas *m/f inv*.

loudmouthed *adj* bocazas *adj inv*.

loudspeaker *n* altavoz *m*, (*Amér L*) altoparlante *m*.

loudly /ˈlaʊdlɪ/ *adv* **1.** (*noisily*) de forma ruidosa: **he laughed loudly** se rió a carcajadas; **the audience clapped loudly** el público aplaudió a rabiar. **2.** (*in a loud voice*): **I'm leaving, she said loudly** me voy, dijo en voz muy alta. **3.** (*in a vulgar way*) de forma exagerada.

Louisiana /luːˌiːzɪˈænə/ *n* Luisiana *f*.

lounge /laʊndʒ/ **I** *n* **1.** (*in house*) salón *m*, sala *f* de estar; (*in hotel*) salón *m*. **2.** (*también* **lounge bar**) (*in GB*) *en un pub, sala decorada con un poco más de lujo*.

II *vi* [**lounges, lounging, lounged**]: **she lounged** *about* * *around* **in her dressing gown all morning** estuvo toda la mañana en bata sin hacer nada.

lounge suit *n* traje *m*.

louse /laʊs/ *n* [*pl* **lice** /laɪs/] **1.** (*insect*) piojo *m*. **2.** (*fam*: *person*) canalla *m/f*.

lousy /ˈlaʊzɪ/ *adj* [**lousier, lousiest**] (*fam*) malísimo -ma: **we had a fortnight of lousy weather** tuvimos dos semanas de un tiempo malísimo; **he felt lousy after having the vaccination** se encontraba fatal después de la vacuna.

lout /laʊt/ *n* (*fam*) gamberro *m*.

lovable /ˈlʌvəbəl/ *adj* adorable.

love /lʌv/ **I** *n* **1.** (*romantic attraction*) amor *m* • **I'm in love again!** ¡estoy enamorado otra vez! • **she fell in love with him** se enamoró de él • **they made love** hicieron el amor. **2.** (*great affection*) cariño *m*: **William sends you his love** William te envía un abrazo • **there's no love lost between those two** esos dos se llevan muy mal • **I wouldn't do that for love nor money** no haría eso por nada del mundo. **3.** (*enthusiasm*) pasión *f*: **she has a great love** *of* **dancing** tiene pasión por el baile; **the theatre has always been her first love** siempre ha preferido el teatro. **4.** (*person*) amor *m*: **she was the love of his life** ella fue el gran amor de su vida; (*fam*: *as a term of endearment*): **are you feeling better, love?** ¿estás mejor, cariño? **5.** (*at end of letter*): **Love, Marilyn** Un abrazo, Marilyn. **6.** (*in tennis*) nada *f*: **fifteen love** quince a nada.

II *vt* [**loves, loving, loved**] **1.** (*a person*) querer: **he said he would love her forever** dijo que la querría siempre. **2.** (*a thing, an activity*): **she loves chocolate** le encanta el chocolate; **they loved windsurfing** les encantaba el windsurfing; **"Would you like some coffee?" "I'd love some."** "¿Quieres café?" "Sí, muchas gracias."; **I'd love to go to the States** me encantaría ir a los Estados Unidos.

love affair *n* relación *f*, lío *m* amoroso.

love letter *n* carta *f* de amor.

love life *n* (*romantic*) vida *f* sentimental; (*sexual*) vida *f* amorosa.

loveliness /ˈlʌvlɪnəs/ *n* belleza *f*.

lovely /ˈlʌvlɪ/ *adj* [**lovelier, loveliest**] **1.** (*beautiful*) precioso -sa. **2.** (*in character*) encantador -dora: **she's a lovely little girl** es una niña encantadora. **3.** (*enjoyable*): **we had a lovely time in Spain** lo pasamos muy bien en España; **they had a lovely holiday in Greece** pasaron unas vacaciones estupendas en Grecia. **4.** (*food*) delicioso -sa.

lover /ˈlʌvə/ *n* **1.** (*outside marriage*) amante *m/f*. **2.** (*fan*) aficionado -da *m/f*: **he's a great lover** *of* **the outdoor life** es muy aficionado a la vida al aire libre; **they're real nature lovers** son amantes de la naturaleza.

loving /ˈlʌvɪŋ/ *adj* cariñoso -sa.

lovingly /ˈlʌvɪŋlɪ/ *adv* con cariño, con ternura.

low /ləʊ/ **I** *adj* **1.** (*in height, position*) bajo -ja: **their house has very low ceilings** su casa tiene los techos muy bajos; **my bicycle saddle is too low** el sillín de mi bicicleta está demasiado bajo. **2.** (*on a scale*) bajo -ja: **I was attracted by the low prices** me atrajeron los precios bajos * baratos; **he will only eat food which is low** *in* **fat** sólo come comida con poca grasa; **she got very low marks in the exam** sacó unas notas bajísimas en los exámenes; **he can't sing the low notes** no puede cantar las notas bajas. **3.** (*fam*: *depressed*) deprimido -da: **his departure left her feeling rather low** cuando él se marchó, se quedó bastante deprimida. **4.** (*poor*) bajo -ja: **I hold a very low opinion of people like that** tengo una opinión muy baja de la gente así.

II *adv* bajo: **you have to aim slightly low** tienes que apuntar un poco bajo; **the plane flew low over the hills** el avión volaba bajo sobre los montes • **we're running low on fuel** estamos bajos de combustible.

III *n* **1.** (*Meteo*) borrasca *f*. **2.** (*Fin*): **sales figures have reached an all-time low** las cifras de ventas han bajado a un mínimo histórico.

IV *vi* [**lows, lowing, lowed**] (*frml*: *cattle*) mugir.

low-cost *adj* económico -ca.

lowdown *n* (*fam*): **can you give me the lowdown** *on* **him?** ¿puedes darme información sobre él?
low-key *adj* discreto -ta.
lowlands *n pl* tierras *f pl* bajas.
low-lying *adj* bajo -ja.
low tide *n* marea *f* baja.
lower /ˈləʊə/ **I** *comparativo de* ⇨ low **I**
II *adj* **1.** (*in height, position*) inferior: **he fractured his lower jaw** se fracturó la mandíbula inferior; **the lower floors were not affected by the fire** el fuego no afectó a los pisos de más abajo. **2.** (*Geog, Pol*) bajo -ja: **they are to be found in the lower Nile region** se encuentran en la zona del bajo Nilo.
III *vt* [**lowers, lowering, lowered**] **1.** (*in volume*) bajar: **she lowered her voice** bajó la voz. **2.** (*to bring down*) bajar: **he lowered his pistol** bajó la pistola; **they lowered prices even further** bajaron los precios todavía más. **3.** (*to abase*): **he wouldn't lower himself to do such a thing** no se rebajaría a hacer tal cosa.
lower case I *n* minúsculas *f pl*: **this word should be** *in* **lower case** esta palabra debería ir en minúsculas.
II lower-case *adj* minúsculo -la: **use only lower-case letters** utilice sólo letras minúsculas.
lower chamber, lower house *n* (*Pol*) cámara *f* baja.
lower middle classes *n pl* pequeña burguesía *f*.
lowliness /ˈləʊlɪnəs/ *n* humildad *f*.
lowly /ˈləʊlɪ/ *adj* [**lowlier, lowliest**] humilde.
loyal /ˈlɔɪəl/ *adj* leal.
loyalist /ˈlɔɪəlɪst/ *n* (*Pol*) **1.** (*gen*) leal *m/f*. **2. Loyalist** (*in Northern Ireland*) *partidario de seguir formando parte del Reino Unido*.
loyally /ˈlɔɪəlɪ/ *adv* lealmente, con lealtad.
loyalty /ˈlɔɪəltɪ/ *n* [**loyalties**] lealtad *f*: **she felt a strong loyalty** *to* **her former boss** era muy leal a su antiguo jefe.
lozenge /ˈlɒzɪndʒ/ *n* pastilla *f*.
LP /elˈpiː/ *n* (*abreviatura de* **long-playing record**) elepé *m*.
L-plate /ˈelpleɪt/ *n* L *f* (*que se lleva en el coche cuando se está aprendiendo a conducir*).
LSD /elesˈdiː/ *n* LSD *m*.
Ltd. *léase* /ˈlɪmɪtɪd/ (*abreviatura de* **Limited**) sociedad *f* de responsabilidad limitada.
lubricant /ˈluːbrɪkənt/ *n* lubricante *m*.
lubricate /ˈluːbrɪkeɪt/ *vt* [**lubricates, lubricating, lubricated**] lubricar.
lubrication /ˌluːbrɪˈkeɪʃən/ *n* lubricación *f*.
lucid /ˈluːsɪd/ *adj* lúcido -da.
lucidity /luːˈsɪdətɪ/ *n* lucidez *f*.
lucidly /ˈluːsɪdlɪ/ *adv* lúcidamente, con lucidez.
luck /lʌk/ *n* suerte *f*: **with any luck** ∗ **with a bit of luck we'll get in free** con un poco de suerte podremos entrar gratis; **best of luck** ∗ **good luck for your exams!** ¡que tengas suerte en los exámenes!; **bad** ∗ **hard luck! better luck next time!** ¡mala suerte! que tengas más suerte la próxima vez; **knowing my luck, the shop will be shut** con la suerte que tengo, seguro que la tienda está cerrada • **we're in luck** ∗ **our luck's in - there are two tickets left** estamos de suerte, quedan dos entradas • **any luck with selling your car yet?** ¿has podido vender el coche ya? • **I have to go to the dentist's again, worse luck** tengo que volver a ir al dentista, ¡qué mala pata! • **and if you don't like it, tough luck!** y si no te gusta, mala suerte • **as luck would have it the train was cancelled** la suerte quiso que cancelaran el tren • **watch it, you're pushing your luck** ten cuidado, estás tentando a la suerte • **it's just the luck of the draw** ¡qué vamos a hacer, es mala suerte!
luckily /ˈlʌkəlɪ/ *adv* afortunadamente, por suerte.
lucky /ˈlʌkɪ/ *adj* [**luckier, luckiest**] afortunado -da: **you're so lucky having your own flat** ¡qué suerte tienes, tener piso propio!; **it's lucky we read the small print** menos mal que leímos la letra pequeña • **third time lucky!** a la tercera va la vencida.
lucky break *n* golpe *m* de suerte.
lucky charm *n* amuleto *m* (de la suerte).
lucky dip *n*: *cubo lleno de serrín en el que se esconden regalos y juego que consiste en tratar de encontrarlos*.
lucky number *n* número *m* de la suerte.
lucrative /ˈluːkrətɪv/ *adj* lucrativo -va.
ludicrous /ˈluːdɪkrəs/ *adj* absurdo -da.
ludo /ˈluːdəʊ/ *n* parchís *m*.
lug /lʌg/ *vt* [**lugs, lugging, lugged**]: **she lugged her suitcase** *up* **the stairs** subió la maleta a rastras por las escaleras; **I've been lugging this bag** *around* **all day** llevo todo el día cargando con esta bolsa.
luggage /ˈlʌgɪdʒ/ *n* equipaje *m*.
luggage label *n* etiqueta *f* de equipaje.
luggage rack *n* (*in train*) portaequipajes *m inv*; (*on car*) portaequipajes *m inv*, baca *f*.
lugubrious /ləˈguːbrɪəs/ *adj* (*frml*) lúgubre.
lukewarm /luːkˈwɔːm/ *adj* tibio -bia: **lukewarm water** agua tibia; **we had a lukewarm reception when we arrived** cuando llegamos el recibimiento fue más bien tibio.
lull /lʌl/ **I** *vt* [**lulls, lulling, lulled**]: **the rocking motion of the boat lulled us** *to* **sleep** el balanceo del barco nos adormeció; **we were lulled** *into* **a false sense of security** nos infundió una falsa sensación de seguridad.
II *n* **1.** (*in weather*) calma *f*. **2.** (*in fighting*) tregua *f*.
lullaby /ˈlʌləbaɪ/ *n* [**lullabies**] canción *f* de cuna, nana *f*.
lumbago /lʌmˈbeɪgəʊ/ *n* lumbago *m*.
lumber /ˈlʌmbə/ **I** *vi* [**lumbers, lumbering, lumbered**] moverse pesadamente.
♦ *vt* **1.** (*to burden*): **I was lumbered** *with* **carrying the picnic** tuve que cargar con la merienda; **I got lumbered with the neighbours' children** tuve que cargar con los niños de los vecinos. **2.** (*US*: *trees*) talar.
II *n* **1.** (*junk*) trastos *m pl*. **2.** (*US*: *timber*) madera *f*.
lumber room *n* trastero *m*.
lumberjack /ˈlʌmbəˌdʒæk/ *n* leñador -dora *m/f*.
luminous /ˈluːmɪnəs/ *adj* luminoso -sa.
lump /lʌmp/ **I** *n* **1.** (*piece*) trozo *m*, pedazo *m*. **2.** (*in cooking*) grumo *m*: **there were too many lumps in the mixture** la mezcla tenía muchos grumos. **3.** (*of sugar*) terrón *m*. **4.** (*on body*) bulto *m* • **I had a lump in my throat after the movie** cuando acabó la película tenía un nudo en la garganta.
II *vt* [**lumps, lumping, lumped**]: **lump it all** *together* **for the moment** déjalo todo junto de momento • **you two are sharing, like it or lump it** vosotros dos tenéis que compartir, os guste o no.
lump sum *n*: **in a lump sum** todo el dinero de una vez.
lumpy /ˈlʌmpɪ/ *adj* [**lumpier, lumpiest**] **1.** (*containing hard lumps*) lleno -na de bultos: **this cushion is really lumpy** este cojín está lleno de bultos. **2.** (*sauce, custard*) lleno -na de grumos.
lunacy /ˈluːnəsɪ/ *n* locura *f*: **it would be sheer lunacy to drive in this weather** sería una locura conducir con este tiempo.
lunar /ˈluːnə/ *adj* lunar.

lunar eclipse *n* eclipse *m* lunar.
lunar month *n* mes *m* lunar.

lunatic /ˈluːnətɪk/ *adj, n* lunático -ca *adj, m/f*: **he was driving like a lunatic** iba conduciendo como un loco.
lunatic asylum *n* manicomio *m*.

lunch /lʌntʃ/ **I** *n* [**lunches**] almuerzo *m*, comida *f*: **did you bring any lunch with you?** ¿te has traído el almuerzo * la comida?; **have you had lunch yet?** ¿has almorzado * comido ya?; **she's gone to lunch** se ha ido a comer.
II *vi* [**lunches, lunching, lunched**] (*frml*) almorzar, comer: **they lunched at the club** comieron en el club.
lunch box *n* fiambrera *f* (*que se lleva al trabajo*).
lunch break * hour, lunchtime *n* hora *f* de la comida * del almuerzo.

luncheon /ˈlʌntʃən/ *n* (*frml*) almuerzo *m*, comida *f*.

lung /lʌŋ/ *n* pulmón *m*: **he had lung cancer** tenía cáncer de pulmón.

lunge /lʌndʒ/ **I** *vi* [**lunges, lunging, lunged**] **1.** (*to throw oneself*) abalanzarse: **he lunged** *forward* **menacingly** se abalanzó de modo amenazador. **2.** (*in fencing*) atacar.
II *n* (*sudden forward movement*) embestida *f*.

lurch /lɜːtʃ/ **I** *n* [**lurches**] sacudida *m*: **with a sudden lurch, the car started** el coche dio una sacudida al arrancar • **they all ran off and left me in the lurch** todos salieron corriendo y me dejaron plantado.
II *vi* [**lurches, lurching, lurched**] (*car*) dar sacudidas; (*person*) tambalearse: **she lurched** *forward*, **spilling her drink** se tambaleó hacia delante y derramó la bebida.

lure /lʊə/ **I** *vt* [**lures, luring, lured**] atraer (*con artimañas*): **they were lured to the area with the promise of work** los atrajeron a la zona con promesas de trabajo; **they lured the lioness** *away* **from her cubs** atrajeron a la leona y la alejaron de los cachorros.
II *n* cebo *m*: **the lure of fame draws many actors to Hollywood** el señuelo de la fama es lo que atrae a Hollywood a muchos actores.

lurid /ˈlʊərɪd/ *adj* **1.** (*colour*) chillón -llona. **2.** (*narrative*) escabroso -sa: **spare me the lurid details** ahórrate los detalles escabrosos.

lurk /lɜːk/ *vi* [**lurks, lurking, lurked**] estar escondido -da: **there was someone lurking in the bushes** había alguien escondido en los arbustos.

luscious /ˈlʌʃəs/ *adj* delicioso -sa.

lush /lʌʃ/ *adj* (*vegetation*) exuberante.

lust /lʌst/ *n* (*sexual*) lujuria *f*; (*for possessions, power*) ansia *f* [takes ***el*** or ***un*** in singular]: **their lust** *for* **money was their ruin** el ansia de dinero fue su perdición.

luster /ˈlʌstə/ *n* (*US*) lustre *m*.

lustful /ˈlʌstfʊl/ *adj* lujurioso -sa.

lustfully /ˈlʌstfʊlɪ/ *adv* con lujuria.

lustre /ˈlʌstə/ *n* lustre *m*.

lusty /ˈlʌstɪ/ *adj* [**lustier, lustiest**] robusto -ta.

lute /luːt/ *n* laúd *m*.

Luxembourg /ˈlʌksəmˌbɜːg/ *n* Luxemburgo *m*.

Luxembourger /ˈlʌksəmˌbɜːgə/ *n* luxemburgués -guesa *m/f*.

luxuriance /lʌgˈzjʊərɪəns/ *n* (*of vegetation*) exuberancia *f*.

luxuriant /lʌgˈzjʊərɪənt/ *adj* (*vegetation*) exuberante.

luxuriate /lʌgˈzjʊərɪeɪt/ *vi* [**luxuriates, luxuriating, luxuriated**]: **she luxuriated** *in* **the feeling of power** se deleitaba con la sensación de poder.

luxurious /lʌgˈzjʊərɪəs/ *adj* lujoso -sa.

luxuriously /lʌgˈzjʊərɪəslɪ/ *adv* lujosamente.

luxury /ˈlʌkʃərɪ/ **I** *n* [**luxuries**] lujo *m*: **we can't afford such luxuries** no nos podemos permitir esos lujos; **they live in luxury** viven lujosamente.
II *adj* de lujo: **a luxury development** una urbanización de lujo.

LW *léase* /lɒŋ weɪv/ (*abreviatura de* **long wave**) onda *f* larga.

lychee /laɪˈtʃiː/ *n* lichi *m*.

Lycra® /ˈlaɪkrə/ *n* licra *f*, lycra *f*.

lying /ˈlaɪɪŋ/ **I** *gerundio de* ➪ lie
II *adj* mentiroso -sa.
III *n*: **he was accused of lying** lo acusaron de mentir; **lying is the worst sin** mentir es el peor pecado.

lynch /lɪntʃ/ *vt* [**lynches, lynching, lynched**] linchar.

lynx /lɪŋks/ *n* [**lynx * lynxes**] lince *m*.

lyre /ˈlaɪə/ *n* lira *f*.

lyric /ˈlɪrɪk/ **I** *adj* lírico -ca.
II lyrics *n pl* letra *f* (*de una canción*).

lyrical /ˈlɪrɪkəl/ *adj* (*Lit*) lírico -ca • **he was waxing lyrical about his trip to Italy** hablaba maravillas de su viaje a Italia.

lyricism /ˈlɪrɪsɪzəm/ *n* lirismo *m*.

lyricist /ˈlɪrɪsɪst/ *n* letrista *m/f*.

M

M, m /em/ *n* (*letter*) M, m *f*; (*name of letter*) eme *f*.

M **1.** *léase* /ˈmiːdɪəm/ (*abreviatura de* **medium**) (*Clothing*) (talla) mediana *f*. **2.** *léase* /em/ (*in GB*) (*abreviatura de* **motorway**) *letra que indica que se trata de una autopista*: **delays are expected** *on* **the M4** se espera que haya atascos en la M4.

m **1.** *léase* /ˈmiːtə/ (*abreviatura de* (*GB*) **metre,** (*US*) **meter**) m (metro). **2.** *léase* /maɪl/ (*abreviatura de* **mile**) milla *f*. **3.** *léase* /ˈmɪljən/ (*abreviatura de* **million**) millón *m*. **4.** *léase* /meɪl/ (*abreviatura de* **male**) v (varón). **5.** *léase* /ˈmæskjʊlɪn/ (*abreviatura de* **masculine**) m (masculino).

MA /emˈeɪ/ *n* (*Educ*) (*abreviatura de* **Master of Arts**). **1.** (*person*) *licenciado en Filosofía y Letras que además ha hecho un curso de posgrado o máster en su especialidad*. **2.** (*title*) *curso de posgrado o máster en Filosofía y Letras y título que se obtiene a su término*: **she got her MA last year** hizo un máster en Filosofía y Letras el año pasado.

mac /mæk/ *n* (*GB*: *fam*, *gen*) impermeable *m*; (*: tailored*) gabardina *f*.

macabre /məˈkɑːbrə/ *adj* macabro -bra.

macaroni, **maccaroni** /mækəˈrəʊnɪ/ *n* (*Culin*) macarrones *m pl*.

macaroni cheese *n* macarrones *m pl* al queso.

mace /meɪs/ *n* maza *f*.

machete /məˈtʃetɪ/ *n* machete *m*.

machinations /ˌmæʃɪˈneɪʃənz/ *n pl* maquinaciones *f pl*.

machine /məˈʃiːn/ **I** *n* **1.** (*Tec*) máquina *f*: **the parts are assembled** *by* **machine** el ensamblaje de las piezas se hace a máquina. **2.** (*system*) aparato *m*: **this could disrupt the party machine** esto podría trastocar el aparato del partido.
II *vt* [**machines, machining, machined**] hacer a máquina: **I'll machine the hem of this skirt** voy a coser el dobladillo de esta falda a máquina.

machine gun *n* (*light*) metralleta *f*; (*heavy*) ametralladora *f*.

machine readable *adj* (*Inform*) legible por la máquina.

machinery /məˈʃiːnərɪ/ *n* **1.** (*Tec*) maquinaria *f*. **2.** (*system*): **the well-oiled machinery of the civil service** la buena organización del cuerpo de funcionarios.

macho /ˈmætʃəʊ/ *adj* (*virile: man*) macho, viril; (*: image*) de macho; (*male chauvinist*) machista.

mackerel /ˈmækrəl/ *n* caballa *f*.

mackintosh /ˈmækɪntɒʃ/ *n* [**mackintoshes**] (*GB*: *gen*) impermeable *m*; (*: tailored*) gabardina *f*.

macrobiotic /ˌmækrəʊbaɪˈɒtɪk/ *adj* macrobiótico -ca.

macrocosm /ˈmækrəˌkɒzəm/ *n* macrocosmo *m*.

macroeconomics /ˌmækrəʊiːkəˈnɒmɪks/ *n* *[lleva el verbo en singular]* macroeconomía *f*.

mad /mæd/ *adj* [**madder, maddest**] **1.** (*insane*) loco -ca: **she was mad** estaba loca • **she is stark raving mad** está como una cabra • **he was scribbling like mad** escribía y escribía como un poseso • **that dripping tap is driving me mad** ese grifo que gotea me está poniendo los nervios de punta. **2.** (*scheme, idea*) disparatado -da, descabellado -da: **you were mad to buy him a motorbike!** fue un disparate comprarle una moto. **3.** (*furious*) furioso -sa: **they were mad** *at* * *with* **him for wasting their time** estaban furiosos con él por haberles hecho perder el tiempo. **4.** (*keen*) loco -ca: **she's mad** *on* * *about* **horses** los caballos la vuelven loca.

madman *n* [*pl* **madmen**] loco *m*.

madwoman *n* [*pl* **madwomen**] loca *f*.

madam, **Madam** /ˈmædəm/ *n* (*frml*: *as form of address*) señora *f*: **can I help you, Madam?** ¿en qué puedo servirla, señora?; (*: in a letter*): **Dear Madam, ...** Estimada Señora:... • **she's a proper little madam** es una niña un poco repipi.

madden /ˈmædən/ *vt* [**maddens, maddening, maddened**] enfurecer, exasperar.

maddening /ˈmædənɪŋ/ *adj* exasperante.

made /meɪd/ *pretérito y participio pasado de* ➪ make

made-to-measure *adj* hecho -cha a la medida.

made-to-order *adj* hecho -cha de encargo.

made-up *adj* **1.** (*invented*) inventado -da. **2.** (*face*) maquillado -da.

Madeira /məˈdɪərə/ *n* **1.** (*Geog*) Madeira *f*. **2.** (*wine*) madeira *m*.

madly /ˈmædlɪ/ *adv* **1.** (*passionately*) locamente: **he fell madly in love with her** se enamoró locamente de ella. **2.** (*in a frenzy*) como loco -ca: **she rushed madly around the shops** fue de tienda en tienda como loca.

madness /ˈmædnəs/ *n* **1.** (*insanity*) locura *f*. **2.** (*stupidity*) locura *f*, estupidez *f*: **this is sheer madness** esto es una auténtica locura.

Madonna /məˈdɒnə/ *n* (*Art, Relig*) Virgen *f*.

madrigal /ˈmædrɪgəl/ *n* (*Mus*) madrigal *m*.

maelstrom /ˈmeɪlstrəʊm/ *n* vorágine *f*.

maestro /ˈmaɪstrəʊ/ *n* maestro *m*.

mafia /ˈmæfɪə/ *n* mafia *f*.

magazine /mægəˈziːn/ *n* **1.** (*publication*) revista *f*. **2.** (*of gun*) cargador *m*.

magenta /məˈdʒentə/ **I** *n* magenta *m*.
II *adj* de color magenta, magenta *adj inv*.

maggot /ˈmægət/ *n* gusano *m* (*larva de mosca, etc. en materia descompuesta*).

Magi /ˈmeɪdʒaɪ/ *n pl*: **the three Magi** Los Reyes Magos *m pl*.

magic /ˈmædʒɪk/ **I** *n* magia *f*: **as if** *by* **magic, they disappeared** desaparecieron como por arte de magia.
II *adj* **1.** (*magical*) mágico -ca. **2.** (*fam*: *wonderful*) estupendo -da.

magic carpet *n* alfombra *f* mágica * voladora.

magic spell *n* hechizo *m*, encanto *m*.

magic trick *n* truco *m* de magia.

magic wand *n* varita *f* mágica.

magical /ˈmædʒɪkəl/ *adj* mágico -ca.
magically /ˈmædʒɪkəlɪ/ *adv* como por arte de magia: **the caterpillar was magically transformed into a butterfly** la oruga se transformó en mariposa como por arte de magia.
magician /məˈdʒɪʃən/ *n* mago -ga *m/f*, prestidigitador -dora *m/f*.
magisterial /ˌmædʒɪˈstɪərɪəl/ *adj* magistral.
magistrate /ˈmædʒɪstreɪt/ *n* juez *m/f* de primera instancia * de instrucción.
magistrate's court *n* juzgado *m* de primera instancia * de instrucción.
magnanimity /ˌmægnəˈnɪmətɪ/ *n* magnanimidad *f*.
magnanimous /mægˈnænɪməs/ *adj* magnánimo -ma.
magnate /ˈmægneɪt/ *n* magnate *m*.
magnesium /mægˈniːzɪəm/ *n* magnesio *m*.
magnet /ˈmægnɪt/ *n* imán *m*.
magnetic /mægˈnetɪk/ *adj* **1.** (*Phys*) magnético -ca. **2.** (*person*) carismático -ca, con gran magnetismo: **he has a magnetic personality** es una persona con gran magnetismo.
magnetic field *n* campo *m* magnético.
magnetic pole *n* polo *m* magnético.
magnetic resonance *n* resonancia *f* magnética.
magnetic strip *n* banda *f* magnética.
magnetic tape *n* cinta *f* magnética.
magnetism /ˈmægnətɪzəm/ *n* magnetismo *m*.
magnetize /ˈmægnətaɪz/ *vt* [**magnetizes, magnetizing, magnetized**] magnetizar, imantar.
magnification /ˌmægnɪfɪˈkeɪʃən/ *n* aumento *m*.
magnificence /mægˈnɪfɪsəns/ *n* magnificencia *f*.
magnificent /mægˈnɪfɪsənt/ *adj* magnífico -ca.
magnificently /mægˈnɪfɪsəntlɪ/ *adv* magníficamente.
magnify /ˈmægnɪfaɪ/ *vt* [**magnifies, magnifying, magnified**] **1.** (*image*) agrandar, aumentar de tamaño. **2.** (*to overstate, exaggerate*) exagerar: **the problem had been magnified out of all proportion** habían exagerado el problema muchísimo.
magnifying glass /ˈmægnɪfaɪɪŋ glɑːs/ *n* lupa *f*: **you have to read the contract with a magnifying glass** hay que leer el contrato con lupa.
magnitude /ˈmægnɪtjuːd/ *n* magnitud *f*.
magnolia /mægˈnəʊlɪə/ *n* (*tree*) magnolio *m*; (*flower*) magnolia *f*.
magpie /ˈmægpaɪ/ *n* urraca *f*.
mahogany /məˈhɒgənɪ/ **I** *n* (*wood*) caoba *f*.
II *adj* **1.** (*made of mahogany*) de caoba. **2.** (*colour*) (de color) caoba.
maid /meɪd/ *n* criada *f*, chica *f* de servicio, (*Amér S*) mucama *f*.
maid of honour *n* [**maids of honour**] (*at wedding*) dama *f* de honor.
maiden /ˈmeɪdən/ **I** *n* (*frml*) doncella *f*.
II *adj* inaugural: **the plane crashed on its maiden flight** el avión se estrelló en su vuelo inaugural.
maiden name *n* apellido *m* de soltera.
mail /meɪl/ **I** *n* (*system, letters*) correo *m*: **I sent it** *by* **mail** lo mandé por correo.
II *vt* [**mails, mailing, mailed**] (*to send by post*) mandar * enviar por correo: **we can mail you a catalogue** podemos mandarle un catálogo por correo; (*US*: *to put in the mailbox*): **I could mail that for you** si quieres, te lo echo al buzón.
mailbag *n* saca *f* de correos.
mailbox *n* [**mailboxes**] (*US*) buzón *m*.
mailman *n* [*pl* **mailmen**] (*US*) cartero *m*.
mail order *n* compra *f* por correo: **she buys everything** *by* **mail order** lo compra todo por correo * por catálogo.
mail train *n* tren *m* correo.
mail truck *n* (*US*) camioneta *f* de correos.
mail van *n* camioneta *f* de correos.
mailing list /ˈmeɪlɪŋ lɪst/ *n* lista *f* de direcciones (*con fines publicitarios o de márketing*).
maim /meɪm/ *vt* [**maims, maiming, maimed**] lisiar.
main /meɪn/ **I** *adj* (*principal*) principal: **my main objective is to study Spanish culture** mi objetivo principal es estudiar la cultura española; **you've passed and that's the main thing** has aprobado y eso es lo principal.
II *n* **1.** (*supply pipe*) tubería *f* de suministro; (*for electricity*) cable *m* de suministro. **2. in the main** (*in the majority*): **in the main, our pupils are Catholic** la mayoría de nuestros alumnos son católicos; (*generally*): **he's quite shy in the main** por lo general es muy tímido.
III mains *n pl*: **the mains** la red (de suministro): **it can be plugged into the mains** se puede conectar a la red.
main course *n* plato *m* principal, segundo plato *m*.
main drag *n* (*US*: *fam*) calle *f* principal.
mainframe (computer) *n* ordenador *m* central, unidad *f* principal.
main-line *adj* (*on railway*) para viajes interurbanos.
main road *n* carretera *f* principal.
mainspring *n* **1.** (*of clock, watch*) muelle *m* real. **2.** (*key element*) elemento *m* clave.
main square *n* plaza *f* mayor.
mainstay *n* (*main point*) pilar *m* principal: **oil is the mainstay of their economy** el petróleo es el pilar principal de su economía.
mainstream I *n* corriente *f* principal (*de opinión, pensamiento, etc.*).
II *adj*: **her views are mainstream** sus opiniones coinciden con las ideas dominantes.
main street *n* calle *f* mayor.
mainland /ˈmeɪnlənd/ *n*: *masa grande de terreno en contraposición a una isla*: **flights between Mallorca and the mainland are very frequent** los vuelos entre Mallorca y la Península son muy frecuentes.
mainly /ˈmeɪnlɪ/ *adv* principalmente, sobre todo: **we deal mainly with European companies** trabajamos principalmente con empresas europeas.
maintain /meɪnˈteɪn/ *vt* [**maintains, maintaining, maintained**] **1.** (*to preserve*) mantener: **the school maintains its high standards** el colegio mantiene su alto nivel. **2.** (*to support*) mantener: **she struggled alone to maintain her family** luchó sola para mantener a su familia. **3.** (*to state, insist on*) mantener: **he maintained that he had a right to know** mantenía que tenía derecho a saberlo. **4.** (*to keep in good condition*) mantener: **it is the council's job to maintain the roads** el mantenimiento de las carreteras corresponde al ayuntamiento.
maintenance /ˈmeɪntənəns/ *n* **1.** (*care*) mantenimiento *m*, manutención *f*: **these machines need regular maintenance** estas máquinas necesitan un mantenimiento periódico. **2.** (*allowance*) pensión *f* (*que se paga a un ex cónyuge*).
maisonette /ˌmeɪzəˈnet/ (*GB*) *n* dúplex *m*.
maize /meɪz/ *n* (*GB*) maíz *m*.
majestic /məˈdʒestɪk/ *adj* majestuoso -sa.
majestically /məˈdʒestɪklɪ/ *adv* majestuosamente.
majesty /ˈmædʒəstɪ/ *n* **1.** (*magnificence*) majestad *f*. **2.** [**majesties**] (*referring to a monarch*) majestad *f*: **Their Majesties the King and Queen of Spain** Sus Majestades los Reyes de España.

major /ˈmeɪdʒə/ **I** *adj* **1.** (*important*) importante: **this became a major problem** esto se convirtió en un problema muy importante * serio; **one of the firm's major shareholders** uno de los accionistas principales de la empresa; **the blast caused major structural damage to the building** la explosión produjo daños considerables en la estructura del edificio. **2.** (*Mus*) mayor: **a symphony in D major** una sinfonía en re mayor.
II *n* **1.** (*Mil*) comandante *m/f*. **2.** (*US: Educ*) especialidad *f*.
III *vi* [**majors, majoring, majored**] (*Educ*): **she's majoring** *in* **Medieval History** ha escogido Historia Medieval como asignatura principal.

Majorca /məˈjɔːkə/ *n* Mallorca *f*.

Majorcan /məˈjɔːkən/ **I** *adj* mallorquín -quina.
II *n* mallorquín -quina *m/f*.

majority /məˈdʒɒrətɪ/ *n* [**majorities**] mayoría *f*: **the majority of our visitors** *are* **American** la mayoría de nuestros visitantes son americanos; **the majority of the population** *is* **right-handed** la mayor parte de la población es diestra; **the majority** *is* * *are* **in favour** la mayoría está a favor; **non-smokers like you are** *in* **the majority** los no fumadores como usted son (la) mayoría; **it was passed** *with* **a majority of seventeen** se aprobó por una mayoría de diecisiete votos.

majority rule *n* gobierno *m* mayoritario.

make /meɪk/ **I** *n* (*brand*) marca *f*: **what make are your jeans?** ¿de qué marca son tus vaqueros? • **he's always on the make** está siempre a la que salta.
II *vt* [**makes, making, made**] **1.** (*a call, a journey, a suggestion, a noise, a change*) hacer: **she's going to make a speech** va a pronunciar un discurso; **she made a big mistake** cometió un grave error; **if you don't concentrate, you'll make a mistake** si no te concentras, te vas a equivocar; **have you made your bed?** ¿te has hecho la cama? **2.** (*a dress, a jumper, a cake, a meal*) hacer: **my mother made me this skirt** mi madre me hizo esta falda; **I might make this material** *into* **a blouse** a lo mejor hago una blusa con esta tela; **I made it** *out of* **an old coat** lo hice con la tela de un abrigo viejo; **shall I make some tea?** ¿quieres que haga té?; **everyone knows that wine is made** *from* **grapes** todo el mundo sabe que el vino se saca de la uva; **her dress was made** *of* **silk** su vestido era de seda; **he's just made a new record** acaba de grabar un nuevo disco • **she was made for ballet** nació para bailar. **3.** (*to manufacture*) fabricar: **all our products are made in Spain** todos nuestros productos se fabrican en España. **4.** (*to earn*) ganar: **she only makes fifty pounds a week** sólo gana * saca cincuenta libras a la semana; **he made a fortune** *out of* **that business** hizo una fortuna con ese negocio; **we expected to make a profit, not a loss** esperábamos obtener beneficios, no sufrir pérdidas. **5.** (*to cause to be*): **the heat made us all bad-tempered** el calor nos puso a todos de mal humor; **it makes me very sad** me da mucha tristeza * me entristece mucho; **that smell has made me hungry** ese olor me ha dado hambre * me ha abierto el apetito; (*to cause to*): **they made her cry** la hicieron llorar; **it makes me want to vomit** me dan ganas de vomitar; **that suntan makes him look almost handsome** con ese bronceado parece hasta guapo • **we'll have to make do as best we can** tendremos que arreglárnoslas lo mejor que podamos • **she'll have to make do without a new dress** se las tendrá que arreglar sin un vestido nuevo. **6.** (*to oblige to*) hacer: **she made us wait for an hour** nos hizo esperar una hora; **they must be made to apologize** hay que exigirles que se disculpen. **7.** (*to add up to*) ser: **one thousand metres make a kilometre** mil metros es * son un kilómetro; **five and nine make fourteen** cinco y nueve son catorce. **8.** (*to reckon*): **I make your share to be nine pounds** calculo que te corresponden nueve libras; **what time do you make it?** ¿qué hora tienes?; **what did you make** *of* **the play?** ¿qué te pareció la obra?; **I don't know what to make** *of* **our neighbours** no sé qué pensar de nuestros vecinos. **9.** (*to be*) ser: **a book always makes a good present** un libro es siempre un buen regalo; **he'll make you a good husband** será un buen marido para ti. **10.** (*to appoint*) nombrar: **he was made director of studies** lo nombraron jefe de estudios. **11.** (*to reach*) llegar a: **will we make Rochester by six o'clock?** ¿llegaremos a Rochester para las seis? • **we just made it on time!** ¡llegamos justo a tiempo!; (*to attend*): **I'm sorry I couldn't make it** *to* **your party** siento no haber podido ir a tu fiesta; (*to become*) llegar a (ser): **she'll never make prime minister with those ideas** con esas ideas, nunca llegará a (ser) primera ministra • **he'll never make it as an actor** nunca triunfará como actor. **12.** (*to assure*): **that film made her reputation as a director** esa película la consagró como directora • **with so many contacts, he has it made** con tantos contactos, todo va a ser coser y cantar.
♦ *vi*: **he made** *as if* **to grab my handbag** hizo como si fuera a quitarme el bolso, hizo un amago de quitarme el bolso; **she made** *to* **leave** hizo ademán de marcharse.

to **make for** *vt* **1.** (*to head for*): **the ship made for port** el barco se dirigió a puerto. **2.** (*to lead to*): **money doesn't always make for happiness** el dinero no siempre hace la felicidad; **that should make for a difficult trip** es probable que eso haga el viaje difícil.

to **make off** *vi* irse corriendo: **he made off down the street** salió corriendo calle abajo.

to **make off with** *vt* llevarse: **someone's made off with my umbrella** alguien se me ha llevado el paraguas.

to **make out** *vt* **1.** (*to see*) distinguir: **I couldn't make out their faces in the darkness** no podía distinguir sus caras en la oscuridad; (*to read*) descifrar: **can you make out what this says?** ¿puedes leer * descifrar lo que pone aquí?; (*to hear*): **he spoke so quietly I could only just make out what he said** hablaba tan bajo que apenas podía entender lo que decía • **I can't make him out at all** no lo entiendo en absoluto. **2.** (*a cheque*) extender: **who shall I make the cheque out** *to*? ¿a nombre de quién extiendo el cheque?; (*a list*) hacer: **make out a list of the guests** haz una lista de los invitados. **3.** (*to pretend*) fingir: **he made out he didn't know anything about it** fingió que no sabíanada del asunto; **he makes himself out to be a computer expert** se las da de experto en informática; (*to imply*) dar a entender: **she made out that I was lying** dio a entender que yo estaba mintiendo.
♦ *vi* (*fam: to make progress*): **she's making out well for a beginner** le va muy bien para ser principiante.

to **make over** *vt* (*frml: to transfer*): **he's made everything over** *to* **his second wife** ha puesto todo a nombre de su segunda mujer.

to **make up** *vt* **1.** (*to prepare*) preparar: **the chemist will make up your prescription** el farmacéutico le preparará la receta. **2.** (*to compose*) formar: **atoms combine to make up molecules** los átomos se combinan para formar moléculas; **the team is made up** *of* **twelve players** el equipo está formado * integrado por doce jugadores. **3.** (*to complete*) completar: **her latest**

novel makes up the trilogy su última novela completa la trilogía; **I had saved a few hundred pounds and my parents made it up to a thousand** había ahorrado unos cientos de libras y mis padres me dieron lo que me faltaba para llegar a mil; **we can still make up lost time** todavía podemos recuperar el tiempo perdido; **we need one more to make up a team** nos hace falta uno más para formar un equipo. **4.** (*to invent*) inventarse: **you're making it all up!** ¡te lo estás inventando todo! **5.** (*with cosmetics*) maquillar: **it takes her ages to make herself up** tarda siglos en maquillarse. **6.** (*after an argument, etc.*) reconciliarse, hacer las paces: **they'd had a row but they've made it up now** se habían peleado pero ya se han reconciliado ✱ ya han hecho las paces; **I've made (it) up** *with* **him** me he reconciliado con él; (*to make amends*): **he tried to make it up to me** intentó compensarme ✱ resarcirme.

♦*vi* **1.** (*with cosmetics*) maquillarse. **2.** (*to settle a quarrel*) reconciliarse, hacer las paces: **we always make up in the end** al final siempre nos reconciliamos ✱ siempre hacemos las paces.

to **make up for** *vt*: **I hope this will make up for all the time you lost** espero que esto te compense por todo el tiempo que perdiste.

make-believe *n* fantasía *f*: **her story is pure make-believe** su historia es pura fantasía.

makeshift *adj* improvisado -da: **they made a makeshift stage by putting some tables together** juntando unas mesas improvisaron un escenario.

make-up *n* **1.** (*cosmetics*) maquillaje *m*: **she wears too much make-up** lleva demasiado maquillaje. **2.** (*character*) carácter *m*: **selfishness is part of his make-up** el egoísmo es parte integral de su carácter.

make-up remover *n* desmaquillador *m*.

maker /'meɪkə/ *n* **1.** (*manufacturer*) fabricante *m/f*. **2. Maker** (*Relig*) Creador *m*.

making /'meɪkɪŋ/ *n* **1.** (*manufacture: gen*) fabricación *f*; (*: of clothes*) confección *f*; (*filming*) rodaje *m* ● **this is history in the making** asistimos a un acontecimiento histórico. **2. makings** *n pl*: **he has the makings** *of* **an actor** tiene madera de actor.

maladjusted /ˌmælə'dʒʌstɪd/ *adj* inadaptado -da.

malady /'mælədɪ/ *n* [**maladies**] enfermedad *f*.

malaise /mæ'leɪz/ *n* malestar *m*.

malaria /mə'leərɪə/ *n* malaria *f*, paludismo *m*.

Malaysia /mə'leɪzɪə/ *n* Malasia *f*.

Malaysian /mə'leɪzɪən/ **I** *adj* malasio -sia.
II *n* (*person*) malasio -sia *m/f*.

male /meɪl/ **I** *n* **1.** (*man, boy*) varón *m*. **2.** (*animal, plant*) macho *m*.
II *adj* **1.** (*person*) varón; (*sex*) masculino -na: **his typically male arrogance** su arrogancia típicamente masculina. **2.** (*animal, plant*) macho: **we have two male hamsters and one female** tenemos dos hámsters machos y uno hembra.

male chauvinist *n* machista *m*.

male nurse *n* enfermero *m*.

malevolence /mə'levələns/ *n* malevolencia *f*.

malevolent /mə'levələnt/ *adj* malévolo -la.

malevolently /mə'levələntlɪ/ *adv* con malevolencia.

malformation /ˌmælfɔː'meɪʃən/ *n* malformación *f*.

malfunction /mæl'fʌŋkʃən/ **I** *vi* [**malfunctions, malfunctioning, malfunctioned**] funcionar mal, fallar.
II *n* mal funcionamiento *m*, fallo *m*.

malice /'mælɪs/ *n* mala intención *f* ● **I bear him no malice** no le guardo ningún rencor.

malicious /mə'lɪʃəs/ *adj* malicioso -sa.

maliciously /mə'lɪʃəslɪ/ *adv* maliciosamente.

malign /mə'laɪn/ **I** *vt* [**maligns, maligning, maligned**] difamar, calumniar.
II *adj* maligno -na, malévolo -la.

malignant /mə'lɪgnənt/ *adj* **1.** (*Med*) maligno -na. **2.** (*behaviour, person*) malvado -da.

malinger /mə'lɪŋgə/ *vi* [**malingers, malingering, malingered**] fingirse enfermo.

malingerer /mə'lɪŋgərə/ *n* enfermo *m* fingido, enferma *f* fingida.

mall /mæl, mɔːl/ *n* (*shopping centre*) centro *m* comercial.

mallard /'mælɑːd/ *n* pato *m* real.

malleable /'mælɪəbəl/ *adj* maleable.

mallet /'mælɪt/ *n* mazo *m*.

malnourished /mæl'nʌrɪʃt/ *adj* desnutrido -da.

malnutrition /ˌmælnjuː'trɪʃən/ *n* desnutrición *f*.

malpractice /mæl'præktɪs/ *n* negligencia *f*.

malt /mɔːlt/ *n* malta *f*.

malt whisky *n* whisky *m* de malta.

Malta /'mɔːltə/ *n* Malta *f*.

Maltese /mɔːl'tiːz/ **I** *adj* maltés -tesa.
II *n* **1.** [*pl* **Maltese**] (*person*) maltés -tesa *m/f*. **2.** (*language*) maltés *m*.
III the Maltese *n pl* los malteses.

maltreat /mæl'triːt/ *vt* [**maltreats, maltreating, maltreated**] maltratar.

mammal /'mæməl/ *n* mamífero *m*.

mammoth /'mæməθ/ **I** *adj* (*task, undertaking*) gigantesco -ca: **the store is having a mammoth sale this month** la tienda ofrece fantásticas rebajas este mes.
II *n* mamut *m*.

man /mæn/ **I** *n* [*pl* **men**] **1.** (*male human*) hombre *m*: **who's that young man?** ¿quién es ese chico?; **an old man asked me the time** un anciano me preguntó la hora; **you're a fortunate man** eres un hombre afortunado ● **he's a man of the world** es un hombre de mundo ● **the man in the street isn't interested in the economy** al hombre de la calle no le interesa la economía. **2.** (*the human race*) el hombre: **modern man is highly dependent on technology** el hombre moderno depende mucho de la tecnología. **3.** (*individual*): **if you want someone reliable, he's your man** si buscas a alguien de confianza, él es la persona indicada ● **they saluted him as one man** lo saludaron todos a la vez ● **they were sacked to a man** los despidieron absolutamente a todos ● **every man for himself!** ¡sálvese quien pueda! **4.** (*worker, employee*) empleado *m*: **we need more men on the assembly line** necesitamos más empleados ✱ más personal en la cadena de montaje; **contact our man in Mexico** póngase en contacto con nuestro representante en México. **5.** (*male companion*) novio *m*: **have you met her latest man?** ¿conoces a su último novio?; **they are now officially man and wife** ya son oficialmente marido y mujer. **6.** (*in board games*) pieza *f*.
II *vt* [**mans, manning, manned**] **1.** (*to staff*): **the shop is manned by volunteers** la tienda está atendida por voluntarios. **2.** (*ship, lifeboat*) tripular; (*gun*) manejar.
III *excl* tío, amigo.

man-hour *n* hora *f* hombre.

man-made *adj* (*environment, lake*) artificial; (*fabric*) sintético -ca.

man-made fibre *n* fibra *f* sintética.

man-to-man *adj* de hombre a hombre.

manacles /'mænəkəlz/ *n pl* grilletes *m pl*.

manage /'mænɪdʒ/ *vt* [**manages, managing, managed**] **1.** (*a large firm*) dirigir, ser el gerente * el director de; (*a small enterprise*) ser el encargado de; (*property*) administrar. **2.** (*to deal with*) manejar: **he manages his money very carefully** maneja su dinero con mucha prudencia. **3.** (*to succeed*) lograr: **she managed to finish it on time** logró terminarlo a tiempo; **I didn't manage to find a house** no pude encontrar casa.
♦*vi* (*to cope*): **I don't know how she manages with five children** ¡no sé cómo se las arregla con cinco niños!; **he couldn't manage without a state pension** no podría arreglárselas si no fuera porque recibe una pensión del estado; **I can manage, thank you** puedo solo, gracias; **can you manage with all that luggage?** ¿puedes con todo ese equipaje?

manageable /'mænɪdʒəbəl/ *adj* manejable.

management /'mænɪdʒmənt/ *n* **1.** (*administration*) dirección *f*, administración *f*. **2.** (*people in charge*) gerencia *f*, dirección *f*.

management consultant *n* consultor -tora *m/f* en administración * dirección de empresas.

management studies *n* estudios *m pl* de administración * dirección de empresas.

manager /'mænɪdʒə/ *n* (*of a factory, company, large store*) gerente *m/f*, director -tora *m/f*; (*of a small enterprise*) encargado -da *m/f*; (*of a bank*) director -tora *m/f* (de sucursal); (*in football, of boxer, etc.*) manager *m/f*.

manageress /ˌmænɪdʒə'res/ *n* [**manageresses**] encargada *f*.

managerial /ˌmænɪ'dʒɪərɪəl/ *adj* directivo -va.

managing director /'mænədʒɪŋ daɪ'rektə/ *n* director *m* ejecutivo, directora *f* ejecutiva.

Mandarin /'mændərɪn/ *n* (*language*) mandarín *m*.

mandarin /'mændərɪn/ *n* (*también* **mandarin orange**) mandarina *f*.

mandate /'mændeɪt/ *n* mandato *m*.

mandatory /'mændətərɪ/ *adj* obligatorio -ria.

mandolin, mandoline /'mændəlɪn/ *n* mandolina *f*.

mane /meɪn/ *n* (*of horse*) crin *f*; (*of lion, person*) melena *f*.

maneuver /mə'nuːvə/ *n, vt/i* [**maneuvers, maneuvering, maneuvered**] (*US*) ➪ manoeuvre

maneuverable /mə'nuːvərəbəl/ *adj* (*US*) ➪ manoeuvrable

manfully /'mænfʊlɪ/ *adv* valientemente.

manger /'meɪndʒə/ *n* pesebre *m*.

mangle /'mæŋgəl/ **I** *n* (*for clothes*) rodillo *m* (*para escurrir ropa*).
II *vt* [**mangles, mangling, mangled**]: **the mangled remains of the plane lay on the mountainside** los restos destrozados del avión estaban esparcidos por la ladera del monte.

mango /'mæŋgəʊ/ *n* [**mangos * mangoes**] mango *m*.

mangy /'meɪndʒɪ/ *adj* [**mangier, mangiest**] **1.** (*blanket, carpet*) raído -da. **2.** (*dog*) sarnoso -sa.

manhandle /'mænˌhændəl/ *vt* [**manhandles, manhandling, manhandled**] maltratar.

manhole /'mænhəʊl/ *n* boca *f* de acceso.

manhole cover *n* tapa *f* de registro.

manhood /'mænhʊd/ *n* (*age*) edad *f* viril; (*virility*) hombría *f*, virilidad *f*.

mania /'meɪnɪə/ *n* (*Med*) manía *f*; (*passion*) pasión *f*.

maniac /'meɪnɪæk/ *n* (*Med*) maníaco -ca *m/f*: **he's a maniac behind the wheel** es un loco al volante.

manic /'mænɪk/ *adj* maníaco -ca.

manic-depressive *adj, n* maníaco -ca depresivo -va *adj, m/f*.

manicure /'mænɪˌkjʊə/ **I** *n* manicura *f*.
II *vt* [**manicures, manicuring, manicured**]: **she manicures her nails regularly** se hace la manicura con regularidad.

manicurist /'mænɪˌkjʊərɪst/ *n* manicuro -ra *m/f*.

manifest /'mænɪfest/ **I** *adj* evidente.
II *vt* [**manifests, manifesting, manifested**] manifestar: **the disease manifests itself with a high fever** la enfermedad se manifiesta con una fiebre muy alta.

manifestation /ˌmænɪfe'steɪʃən/ *n* manifestación *f*.

manifestly /'mænɪfestlɪ/ *adv* (*frml*) evidentemente.

manifesto /ˌmænɪ'festəʊ/ *n* manifiesto *m*.

manifold /'mænɪfəʊld/ *adj* (*frml*): **his reasons for resigning were manifold** tenía múltiples razones para dimitir.

manilla, manila /mə'nɪlə/ *n*: **a packet of ten manilla envelopes** un paquete de diez sobres marrones.

manipulate /mə'nɪpjʊleɪt/ *vt* [**manipulates, manipulating, manipulated**] manipular: **the movie manipulates the audience's emotions** la película manipula las emociones del público.

manipulation /məˌnɪpjʊ'leɪʃən/ *n* manipulación *f*.

manipulative /mə'nɪpjʊlətɪv/ *adj* manipulador -dora.

manipulator /mə'nɪpjʊleɪtə/ *n* manipulador -dora *m/f*.

mankind /mæn'kaɪnd/ *n* el género humano, la humanidad.

manliness /'mænlɪnəs/ *n* hombría *f*.

manly /'mænlɪ/ *adj* [**manlier, manliest**] varonil, viril.

mannequin /'mænɪkɪn/ *n* maniquí *m*.

manner /'mænə/ **I** *n* **1.** (*mode*) manera *f*, modo *m*: **his manner of running was very comical** corría de una manera muy cómica • **in a manner of speaking** por así decirlo. **2.** (*bearing*) aire *m*: **she has a haughty manner** tiene un aire altanero. **3.** (*type*) clase *f*, tipo *m*: **his record collection contains all manner of music** en su colección de discos tiene toda clase de música.
II manners *n pl* modales *m pl*: **he has no manners** no tiene modales.

mannered /'mænəd/ *adj* amanerado -da.

mannerism /'mænərɪzəm/ *n* gesto *m* peculiar.

mannerly /'mænəlɪ/ *adj* cortés.

mannish /'mænɪʃ/ *adj* hombruno -na, marimacho -cha.

manoeuvrable /mə'nuːvərəbəl/ *adj* manejable: **power steering makes it even more manoeuvrable** la dirección asistida lo hace aún más fácil de maniobrar * más maniobrable.

manoeuvre /mə'nuːvə/ **I** *vi* [**manoeuvres, manoeuvring, manoeuvred**] maniobrar: **she was manoeuvring** *out of* **the garage when the accident happened** estaba maniobrando para salir del garaje cuando ocurrió el accidente.
♦*vt*: **he had to manoeuvre the crane** *into* **position** tuvo que maniobrar con la grúa hasta colocarla en la posición deseada; **they had manoeuvred the management** *into* **agreeing** mediante maniobras habían conseguido que la dirección accediera.
II *n* maniobra *f*: **the driving test involves several specific manoeuvres** el examen de conducir incluye varias maniobras específicas; **this was a cunning manoeuvre on the part of the opposition** fue una astuta maniobra de la oposición • **there isn't much room for manoeuvre here** no tenemos mucho margen de acción.
III manoeuvres *n pl* (*Mil*) maniobras *f pl*: **the sol-**

diers were *on* **manoeuvres** los soldados estaban de maniobras.

manor /ˈmænə/ *n* casa *f* solariega.

manpower /ˈmænˌpaʊə/ *n* mano *f* de obra: **we're short of manpower** andamos escasos de mano de obra.

mansion /ˈmænʃən/ *n* mansión *f.*

manslaughter /ˈmænˌslɔːtə/ *n* homicidio *m.*

mantelpiece /ˈmæntəlˌpiːs/ *n* repisa *f* (*de la chimenea*).

manual /ˈmænjʊəl/ **I** *adj* (*involving the hands*) manual: **manual dexterity** habilidad manual; (*not automatic, electrical*): **a manual typewriter** una máquina de escribir manual.
II *n* (*instruction booklet*) manual *m.*
manual labour * (*US*) **labor** *n* trabajo *m* físico: **this job involves hard manual labour** este trabajo conlleva un gran esfuerzo físico.

manufacture /ˌmænjʊˈfæktʃə/ **I** *n* fabricación *f.*
II *vt* [**manufactures, manufacturing, manufactured**] fabricar.

manufacturer /ˌmænjʊˈfæktʃərə/ *n* fabricante *m/f.*

manufacturing /ˌmænjʊˈfæktʃərɪŋ/ *adj* industrial: **manufacturing companies are booming** las empresas del sector industrial están en auge.

manure /məˈnjʊə/ *n* estiércol *m.*

manuscript /ˈmænjʊˌskrɪpt/ *n* manuscrito *m.*

many /ˈmenɪ/ [**more, most**] **I** *adj* muchos -chas: **she has a great many admirers** tiene muchísimos admiradores; **attempt** *as* **many questions** *as* **possible** intenta contestar tantas preguntas como puedas; **there aren't many people here** no hay mucha gente *[**how many**, **so many**, **too many** ➪ how, so, too].*
II *pron* muchos -chas: **many were wounded** hubo muchos heridos; **many of you already know me** muchos de ustedes ya me conocen; **take** *as* **many** *as* **you like** llévate todos los que quieras *[**how many**, **so many**, **too many** ➪ how, so, too].*

map /mæp/ **I** *n* (*of a country, an area*) mapa *m*: **they bought a map of Spain** compraron un mapa de España • **the new company has put the town on the map** la ciudad se ha dado a conocer gracias a la nueva empresa; (*of a city, transport network*) plano *m.*
II *vt* [**maps, mapping, mapped**] trazar un mapa * un plano de.
to **map out** *vt*: **while we are at school our lives are mapped out for us by our teachers and parents** mientras estamos en edad de ir al colegio nuestra vida está planificada por los profesores y por nuestros padres.

maple /ˈmeɪpəl/ *n* arce *m.*
maple syrup *n*: *jarabe muy dulce que se hace con la savia del arce.*

mar /mɑː/ *vt* [**mars, marring, marred**] deslucir: **the occasion was marred by her absence** el acontecimiento se vio deslucido por su ausencia; **the play was marred by technical problems** los problemas técnicos deslucieron la obra; **it marred an otherwise impeccable record** empañó * deslució un historial impecable.

Mar. *léase* /mɑːtʃ/ (*abreviatura de* **March**) marzo *m.*

marathon /ˈmærəθən/ *n* **1.** (*race*) maratón *m* * *f*: **I was asked to take part in a marathon swim** me pidieron que participara en una maratón de natación. **2.** (*fam: lengthy event*): **it was a marathon meeting!** ¡fue una reunión maratoniana!; **the dress rehearsal turned into a real marathon** el ensayo general se hizo interminable.

marauding /məˈrɔːdɪŋ/ *adj* (*band*) de maleantes; (*hordes*) depredador -dora.

marble /ˈmɑːbəl/ *n* **1.** (*material*) mármol *m.* **2.** (*glass toy*) canica *f*: **the children were playing marbles on the floor** los niños estaban jugando a las canicas en el suelo • **he's lost his marbles** está chalado.

March /mɑːtʃ/ *n* marzo *m.* ➪ June

march /mɑːtʃ/ **I** *n* [**marches**] **1.** (*military, musical*) marcha *f* • **the march of time** el paso del tiempo. **2.** (*in protest*) marcha *f*: **the students went on a march against the government** los estudiantes hicieron una marcha contra el gobierno.
II *vi* [**marches, marching, marched**] marchar: **they marched in time to the military band** marchaban al compás de la banda militar; **she marched** *up to* **the headmaster** se dirigió resueltamente al director.
♦ *vt*: **he marched his men to the border** hizo marchar a sus soldados hasta la frontera; **we marched four miles in an hour** anduvimos cuatro millas en una hora • **she was marched to the headmaster's office** la llevaron al despacho del director.
to **march in** *vi* (*with determination*) entrar con determinación; (*in haste*) entrar precipitadamente.
to **march into** *vt* (*with determination*) entrar con determinación en; (*in haste*) entrar precipitadamente en.
to **march out** *vi* (*with determination*) salir con determinación; (*in haste*) salir precipitadamente: **he marched out** *of* **the house** salió de la casa precipitadamente/con determinación.

mare /meə/ *n* yegua *f.*

margarine /ˌmɑːdʒəˈriːn/ *n* margarina *f.*

margin /ˈmɑːdʒɪn/ **I** *n* **1.** (*on paper*) margen *m*: **write the date** *in* **the margin** pongan la fecha en el margen. **2.** (*amount*) margen *m*: **the motion was carried** *by* **a narrow margin** la moción se aprobó por un pequeño margen • **the margin of error is quite wide** el margen de error es bastante amplio.
II margins *n pl*: **they live** *on* **the margins of society** viven al margen de la sociedad.

marginal /ˈmɑːdʒɪnəl/ *adj* (*not central*) secundario -ria, marginal: **these issues were considered marginal** estos temas se consideraban secundarios * marginales; (*small*): **he made a marginal contribution to the total** hizo una contribución mínima al total.
marginal constituency *n*: *circunscripción electoral en la que se ha ganado con una pequeña mayoría de votos.*

marginally /ˈmɑːdʒɪnəlɪ/ *adv* ligeramente.

marigold /ˈmærɪgəʊld/ *n* caléndula *f.*

marijuana, **marihuana** /ˌmærɪˈhwɑːnə/ *n* marihuana *f*, mariguana *f.*

marina /məˈriːnə/ *n* puerto *m* deportivo.

marinade /mærɪˈneɪd/ **I** *n* adobo *m.*
II *vt* [**marinades, marinading, marinaded**] adobar.

marinate /ˈmærɪneɪt/ *vt* [**marinates, marinating, marinated**] adobar.

marine /məˈriːn/ **I** *n* (*Mil*) infante *m* de marina: **my cousin is in the Marines** mi primo está en la infantería de marina.
II *adj* (*Bot, Zool*) marino -na.
marine biology *n* biología *f* marina.
marine life *n* flora *f* y fauna *f* marinas.

marital /ˈmærɪtəl/ *adj* marital, conyugal.
marital status *n* estado *m* civil.

maritime /ˈmærɪtaɪm/ *adj* marítimo -ma.

marjoram /ˈmɑːdʒərəm/ *n* mejorana *f.*

mark /mɑːk/ **I** *n* **1.** (*imprint*) marca *f*: **the table left**

marks on the rug la mesa dejó marcas en la alfombra; **she squeezed my arm so hard it left a mark** me apretó tanto el brazo que me dejó una marca. **2.** (*stain*) mancha *f*. **3.** (*sign*) señal *f*: **they bowed their heads** *as* **a mark** *of* **respect** bajaron la cabeza en señal de respeto; **this is the mark of a true intellectual** por eso se reconoce al verdadero intelectual. **4.** (*Educ*: *grade*) nota *f*: **he got a high/low mark in maths** sacó buena/mala nota en matemáticas; **he got full marks in the test** sacó la nota máxima en la prueba. **5.** (*on a scale*): **fill the jug up to the halfway mark** llena la jarra hasta la mitad; **the funds raised have now passed the £50,000 mark** el dinero recolectado supera ya las 50.000 libras ● **their products are not quite up to the mark** sus productos no llegan a alcanzar el nivel de calidad deseado. **6.** (*model in a series*) modelo *m*: **the new Mark Five is the fastest car they have ever produced** el nuevo modelo cinco es el coche más rápido que han fabricado hasta la fecha. **7.** (*effect, influence*) impronta *f*, huella *f*: **he made his mark in showbusiness** dejó su impronta en el mundo del espectáculo; **all the suffering has left its mark on her** tanto sufrimiento la ha dejado marcada. **8.** (*in sport*): **on your marks, get set, go!** ¡preparados, listos, ya! ● **he's quick/slow off the mark** es muy espabilado/alelado ● **her guess was wide of the mark** se equivocó por mucho. **9.** (*currency*) marco *m*.

II *vt* [**marks, marking, marked**] **1.** (*to stain*) manchar. **2.** (*in writing*) marcar: **mark all belongings with your name** marquen todas sus pertenencias con su nombre; **all items at half the marked price** todo a mitad de precio. **3.** (*to signal*) marcar, señalar: **a buoy marks the position of the net** una boya señala la posición de la red; **his death marks the end of an era** su muerte marca el fin de una era. **4.** (*to correct*) corregir; (*to give a grade*) calificar, puntuar: **her essay was marked very low** le calificaron la redacción muy bajo. **5.** (*Sport*: *to cover*) marcar.

to **mark down** *vt* (*in a sale*) rebajar.

to **mark out** *vt* **1.** (*an area*) delimitar: **they marked out the area with chalk** delimitaron la zona con tiza. **2.** (*a person*): **he was marked out** *for* **the presidency** se habló de él como futuro presidente.

to **mark up** *vt* (*prices*) aumentar.

mark-up *n* margen *m* comercial.

marked /mɑːkt/ *adj* marcado -da: **there was a marked difference in his attitude** había una marcada * notoria diferencia en su actitud; **she had a marked southern accent** tenía un marcado * fuerte acento del sur.

markedly /ˈmɑːkɪdlɪ/ *adv* notablemente: **his command of English has improved markedly** su dominio del inglés ha mejorado notablemente.

marker /ˈmɑːkə/ *n* **1.** (*indicator*) señal *f*; (*in book*) registro *m*, señal *f*. **2.** (*Educ*) examinador -dora *m/f*. **3.** (*también* **marker pen**) rotulador *m* (grueso).

market /ˈmɑːkɪt/ **I** *n* **1.** (*place, event*) mercado *m*: **it's always busy on market day** siempre hay mucho ajetreo los días de mercado. **2.** (*for a product*) mercado *m*: **there's a growing market** *for* **electronic games** cada vez es mayor el mercado de los videojuegos; **these are the cheapest videos** *on* **the market** éstos son los vídeos más baratos del mercado.

II *vt* [**markets, marketing, marketed**] (*to sell*) comercializar; (*to promote*) promocionar: **we are marketing a new type of soap** estamos promocionando un nuevo tipo de jabón.

market forces *n pl* leyes *f pl* del mercado.

market garden *n* huerta *f* (*de productos para vender*).

market leader *n* líder *m* del mercado.

market place *n* mercado *m*.

market price *n* precio *m* en el mercado.

market research *n* estudio *m* de mercado.

market square *n* plaza *f* del mercado.

market stall *n* puesto *m* del mercado.

market town *n* ciudad *f* con mercado.

market value *n* valor *m* en el mercado.

marketable /ˈmɑːkɪtəbəl/ *adj* comercializable.

marketing /ˈmɑːkɪtɪŋ/ *n* márketing *m*, mercadotecnia *f*.

marking /ˈmɑːkɪŋ/ **I** *n* (*of exams, homework*): **I'm behind with my marking** estoy atrasada con lo que tengo que corregir.

II markings *n pl* (*on animal*) manchas *f pl*.

marksman /ˈmɑːksmən/ *n* [**marksmen**] tirador *m*.

marksmanship /ˈmɑːksmənʃɪp/ *n* puntería *f*.

marmalade /ˈmɑːməleɪd/ *n* mermelada *f* (*de cítricos*).

maroon /məˈruːn/ **I** *n* granate *m*.

II *adj* (de color) granate.

III *vt* [**maroons, marooning, marooned**] aislar: **we ran out of petrol and were marooned in the middle of the countryside** se nos acabó la gasolina y nos quedamos tirados en medio del campo.

marquee /mɑːˈkiː/ *n* carpa *f*, entoldado *m*.

marquess /ˈmɑːkwɪs/ *n* [**marquesses**] marqués *m*.

marquis /ˈmɑːkwɪs/ *n* [**marquises** * **marquis**] marqués *m*.

marriage /ˈmærɪdʒ/ *n* **1.** (*state, relationship*) matrimonio *m*: **they had a very happy marriage** fueron muy felices en su matrimonio. **2.** (*ceremony*) boda *f*, casamiento *m*.

marriage bureau *n* agencia *f* matrimonial.

marriage certificate *n* certificado *m* de matrimonio.

marriage guidance *n* orientación *f* matrimonial.

marriage vows *n pl* votos *m pl* matrimoniales.

married /ˈmærɪd/ *adj* **1.** (*status*) casado -da: **she's married** *to* **a Frenchman** está casada con un francés. **2. to get married** casarse: **they got married in a registry office** se casaron por lo civil.

married life *n* vida *f* conyugal.

married name *n* apellido *m* de casada.

marrow /ˈmærəʊ/ *n* **1.** (*Anat, Med*) médula *f*. **2.** (*vegetable*) *tipo de calabaza alargada y de color verde*.

marry /ˈmærɪ/ *vt* [**marries, marrying, married**] (*to get married to*) casarse con: **she married one of her neighbours** se casó con un vecino; (*to officiate at a marriage*) casar: **they were married by the local priest** los casó el cura del pueblo.

♦ *vi* casarse. ➪ married **2**

Mars /mɑːz/ *n* Marte *m*.

marsh /mɑːʃ/ *n* [**marshes**] pantano *m*.

marshal /ˈmɑːʃəl/ **I** *n* **1.** (*Mil*) mariscal *m*. **2.** (*steward*) *persona que colabora en el buen funcionamiento de acontecimientos deportivos, manifestaciones, etc.* **3.** (*US*: *of police or fire department*) jefe -fa *m/f* de policía * de bomberos.

II *vt* [**marshals, marshalling, marshalled**] **1.** (*Mil*) formar. **2.** (*crowds*) organizar.

marshmallow /mɑːʃˈmæləʊ/ *n*: *golosina de textura esponjosa*.

marshy /ˈmɑːʃɪ/ *adj* [**marshier, marshiest**] pantanoso -sa.

marsupial /mɑːˈsjuːpɪəl/ *n* marsupial *m*.

martial /ˈmɑːʃəl/ *adj* marcial.

martial arts *n pl* artes *f pl* marciales.

martial law *n* ley *f* marcial.

Martian /ˈmɑːʃən/ *adj*, *n* marciano -na *adj*, *m/f*.

martyr /ˈmɑːtə/ **I** *n* mártir *m/f* • **don't be such a martyr!** ¡no te hagas el mártir!
II *vt* [**martyrs, martyring, martyred**] martirizar.
martyrdom /ˈmɑːtədəm/ *n* martirio *m.*
marvel /ˈmɑːvəl/ **I** *n* maravilla *f*: **this computer is a marvel of modern technology** este ordenador es una maravilla de la tecnología moderna.
II *vi* [**marvels, marvelling, marvelled**] maravillarse: **they marvelled** *at* **the acrobats' agility** se maravillaron ante la agilidad de los acróbatas.
♦*vt*: **I marvel that she is fluent in so many languages** me maravilla que domine tantos idiomas.
marvellous, (*US*) **marvelous** /ˈmɑːvələs/ *adj* maravilloso -sa.
marvellously, (*US*) **marvelously** /ˈmɑːvələslɪ/ *adv* maravillosamente.
Marxism /ˈmɑːksɪzəm/ *n* marxismo *m.*
Marxist /ˈmɑːksɪst/ *adj*, *n* marxista *adj*, *m/f.*
marzipan /ˈmɑːzɪpæn/ *n* mazapán *m.*
mascara /mæsˈkɑːrə/ *n* rímel *m.*
mascot /ˈmæskɒt/ *n* mascota *f.*
masculine /ˈmæskjʊlɪn/ **I** *adj* masculino -na.
II *n* masculino *m*: *in* **the masculine** en masculino.
masculinity /mɑskjʊˈlɪnətɪ/ *n* masculinidad *f.*
mash /mæʃ/ **I** *vt* [**mashes, mashing, mashed**] hacer puré: **mashed potatoes** puré de patatas, (*Amér L*) puré de papas.
II *n* (*fam*: *of potato*) puré *m* de patatas, (*Amér L*) puré *m* de papas.
mask /mɑːsk/ **I** *n* **1.** (*gen*) máscara *f*; (*for fancy dress*) antifaz *m*, careta *f*. **2.** (*in hospital, factory*) mascarilla *f.*
II *vt* [**masks, masking, masked**] **1.** (*to disguise*) disfrazar; (*to hide*) ocultar: **she found it hard to mask her feelings of resentment** le resultaba difícil ocultar su rencor. **2.** (*to cover*) cubrir, tapar: **mask the area around the part to be painted** cubra la parte que rodea el trozo que se va a pintar.
masked /mɑːskd/ *adj* enmascarado -da.
masked ball *n* baile *m* de disfraces.
masochism /ˈmæsəkɪzəm/ *n* masoquismo *m.*
masochist /ˈmæsəkɪst/ *n* masoquista *m/f.*
masochistic /mæsəˈkɪstɪk/ *adj* masoquista.
mason /ˈmeɪsən/ *n* **1.** (*stone cutter*) cantero -ra *m/f*; (*builder*) mampostero -ra *m/f*. **2. Mason** (*Freemason*) masón -sona *m/f.*
Masonic /məˈsɒnɪk/ *adj* (*of the Freemasons*) masónico -ca.
masonry /ˈmeɪsənrɪ/ *n* (*craft*) mampostería *f*; (*stones*): **he was hit by falling masonry** se le cayeron unos escombros encima.
masquerade /ˌmæskəˈreɪd/ **I** *n* mascarada *f.*
II *vi* [**masquerades, masquerading, masqueraded**]: **he masqueraded** *as* **a foreign student** se hizo pasar por un estudiante extranjero.
mass /mæs/ **I** *n* [**masses**] **1.** (*large amount*) montón *m*: **the garden was just a mass of weeds** el jardín no era más que un montón de malas hierbas. **2.** (*Relig*) **Mass** misa *f*: **they heard Mass in the cathedral** oyeron misa en la catedral. **3.** (*Phys*) masa *f.*
II masses *n pl* **1.** (*a large amount*) montones *m pl*: **she has masses** *of* **books** tiene montones de libros; **they had prepared masses** *of* **food** habían preparado montones de comida. **2. the masses** (*the general population*) las masas, el pueblo.
III *adj*: **they staged a mass demonstration** organizaron una manifestación multitudinaria; **it caused mass hysteria** provocó la histeria colectiva.
IV *vi* [**masses, massing, massed**]: **crowds massed at the entrance to the football ground** una muchedumbre se congregó a la entrada del campo de fútbol.
mass media *n pl* medios *m pl* de comunicación.
mass murder *n* matanza *f.*
mass murderer *n* autor -tora *m/f* de una matanza.
mass production *n* fabricación *f* en serie.
massacre /ˈmæsəkə/ **I** *n* masacre *f*, matanza *f.*
II *vt* [**massacres, massacring, massacred**] masacrar.
massage /ˈmæsɑːʒ/ **I** *n* masaje *m*: **massage helps relieve stress** el masaje ayuda a aliviar el estrés.
II *vt* [**massages, massaging, massaged**] **1.** (*person, part of the body*) dar masajes a: **could you massage my back for me?** ¿me puedes dar un masaje en la espalda? **2.** (*fam*: *to enhance*): **they had massaged the sales figures** habían manipulado las cifras de ventas.
masseur /mæˈsɜː/ *n* masajista *m.*
masseuse /mæˈsɜːz/ *n* masajista *f.*
massive /ˈmæsɪv/ *adj* enorme: **the explosion left a massive hole in the road** la explosión dejó un socavón enorme en la carretera; **the massive bulk of the castle** la gran masa del castillo.
mast /mɑːst/ *n* **1.** (*of ship*) mástil *m*. **2.** (*for radio, television*) torre *f.*
master /ˈmɑːstə/ **I** *n* **1.** (*of animal*) dueño *m*, amo *m*. **2.** (*GB*: *schoolteacher*) profesor *m*. **3.** (*frml*: *on letter*): **Master Peter Jones** Sr. Peter Jones (*cuando el destinatario es un niño*). **4.** (*expert*) maestro *m*: **he's a master of irony** es un maestro de la ironía • **he did not feel he was master of the situation** no se sentía dueño de la situación • **I want to be my own master** quiero ser mi dueño y señor.
II *adj* **1.** (*expert*) maestro -tra. **2.** (*original, central*) original: **I've made several copies of the master tape** he hecho varias copias de la cinta original.
III *vt* [**masters, mastering, mastered**] llegar a dominar: **he soon mastered the basic technique** pronto llegó a dominar las técnicas básicas; **he hasn't yet mastered the art of diplomacy** todavía no domina el arte de la diplomacia.
master baker *n* maestro *m* panadero.
master builder *n* maestro *m* de obras.
master chef *n* cocinero *m* jefe.
master class *n* (*Mus*) clase *f* magistral.
master copy *n* original *m.*
master key *n* llave *f* maestra.
mastermind **I** *vt* [**masterminds, masterminding, masterminded**] ser el cerebro de: **he masterminded the robbery** fue el cerebro del robo.
II *n* cerebro *m.*
Master of Arts *n* ⇨ MA
Master of Ceremonies *n* maestro *m* de ceremonias.
Master of Science *n* ⇨ MSc
masterpiece *n* obra *f* maestra.
master plan *n* plan *m* general.
Master's degree *n* (*Educ*) *curso de posgrado o máster, y título que se obtiene a su término.*
master switch *n* interruptor *m* general.
masterful /ˈmɑːstəfʊl/ *adj* **1.** (*powerful*) dominante. **2.** (*skilful*) magistral.
masterfully /ˈmɑːstəfʊlɪ/ *adv* imperiosamente.
masterly /ˈmɑːstəlɪ/ *adj* magistral.
mastery /ˈmɑːstərɪ/ *n* **1.** (*of a technique, method*) maestría *f*, pericia *f*. **2.** (*power*) dominio *m*: **she was able to gain mastery** *over* **her opponent** consiguió dominar a su contrincante.
mastiff /ˈmæstɪf/ *n* mastín *m.*

masturbation /ˌmæstəˈbeɪʃən/ *n* masturbación *f*.

mat /mæt/ *n* **1.** (*gen*) estera *f*; (*at main door*) felpudo *m*; (*in bathroom*) alfombrilla *f*. **2.** (*on table: for serving dishes, etc.*) salvamanteles *m inv*; (*: for plate*) mantel *m* individual. **3.** (*in gymnasium*) colchoneta *f*.

match /mætʃ/ **I** *n* **[matches] 1.** (*Sport*) partido *m*: **they have won every match this season** esta temporada han ganado todos los partidos. **2.** (*for lighting something*) fósforo *m*, cerilla *f*, (*Amér C, Méx*) cerillo *m*. **3.** (*equal*): **they're no match for such experienced players** no pueden competir con jugadores con tanta experiencia • **he has met his match in John** John es la horma de su zapato. **4.** (*combination*): **this wineglass is not a very good match** *with* **the rest** esta copa no pega mucho con las demás; **this blouse is the perfect match** *for* **my new skirt** esta blusa queda fenomenal con la falda nueva.

II *vt* **[matches, matching, matched] 1.** (*of colours*) hacer juego con: **the cushions match the bedspread** los cojines hacen juego con la colcha. **2.** (*to equal*) igualar: **no one could match him** *for* **punctuality** a puntual nadie lo igualaba. **3.** (*to fit*) encajar con: **she matches your description exactly** encaja exactamente con tu descripción.

♦*vi* hacer juego: **none of these socks matches** ninguno de estos calcetines hace juego.

matchbox *n* **[matchboxes]** caja *f* de fósforos.

matchmaker *n* casamentero -tera *m/f*.

match point *n* (*in tennis*) bola *f* de partido.

matching /ˈmætʃɪŋ/ *adj* que hace juego.

matchless /ˈmætʃləs/ *adj* inigualable, sin igual.

mate /meɪt/ **I** *n* **1.** (*companion*) compañero -ra *m/f*, amigo -ga *m/f*. **2.** (*GB: fam, addressing someone*) *entre hombres, para dirigirse a un amigo o a un desconocido*. **3.** (*animal*) pareja *f*. **4.** (*on ship*) oficial *m/f* de cubierta.

II *vi* **[mates, mating, mated]** aparearse.

♦*vt* aparear.

material /məˈtɪərɪəl/ **I** *n* **1.** (*substance*) material *m* • **is she really university material?** ¿tiene realmente madera de estudiante universitaria? **2.** (*fabric*) tejido *m*, tela *f*: **there's enough material for two skirts** hay tela suficiente para dos faldas. **3.** (*facts*) material *m*: **the newspapers provided them with plenty of reading material** los periódicos les proporcionaban bastante material de lectura.

II materials *n pl* (*equipment*) material *m*: **we are short of classroom materials** estamos escasos de material escolar; **they sell building materials** venden materiales para la construcción.

III *adj* material: **there's more to life than material wealth** la riqueza material no lo es todo en la vida.

materialism /məˈtɪərɪəlɪzəm/ *n* materialismo *m*.

materialist /məˈtɪərɪəlɪst/ *n* materialista *m/f*.

materialistic /məˌtɪərɪəˈlɪstɪk/ *adj* materialista.

materialize /məˈtɪərɪəlaɪz/ *vi* **[materializes, materializing, materialized] 1.** (*to become a reality*) materializarse: **the plan for a new hospital never materialized** la idea de un nuevo hospital nunca se materializó. **2.** (*to turn up*) aparecer: **we ordered a taxi but it didn't materialize** llamamos a un taxi pero no apareció.

materially /məˈtɪərɪəlɪ/ *adv* materialmente.

maternal /məˈtɜːnəl/ *adj* **1.** (*sentiment*) maternal. **2.** (*relative*) materno -na: **my maternal grandmother is Greek** mi abuela materna es griega.

maternally /məˈtɜːnəlɪ/ *adv* maternalmente.

maternity /məˈtɜːnətɪ/ *n* maternidad *f*.

maternity dress *n* vestido *m* premamá.

maternity hospital *n* maternidad *f*, hospital *m* de maternidad.

maternity leave *n* baja *f* ✻ (*Amér L*) licencia *f* por maternidad.

maternity ward *n* maternidad *f*, sala *f* de maternidad.

math /mæθ/ *n* (*apócope de* **mathematics**) (*US*) matemáticas *f pl*.

mathematical /ˌmæθəˈmætɪkəl/ *adj* matemático -ca.

mathematically /ˌmæθəˈmætɪkəlɪ/ *adv* matemáticamente.

mathematician /ˌmæθəməˈtɪʃən/ *n* matemático -ca *m/f*.

mathematics /ˌmæθəˈmætɪks/ *n* *[lleva el verbo en singular]* matemáticas *f pl*.

maths /mæθs/ *n* (*apócope de* **mathematics**) matemáticas *f pl*.

matinée /ˈmætɪneɪ/ *n* matiné *f*.

mating /ˈmeɪtɪŋ/ *n* apareamiento *m*.

mating call *n* reclamo *m*.

mating season *n* época *f* de celo.

matriarch /ˈmeɪtrɪɑːk/ *n* matriarca *f*.

matriarchy /ˈmeɪtrɪɑːkɪ/ *n* **[-archies]** matriarcado *m*.

matriculate /məˈtrɪkjʊleɪt/ *vi* **[matriculates, matriculating, matriculated]** matricularse.

♦*vt* matricular.

matriculation /məˌtrɪkjʊˈleɪʃən/ *n* matrícula *f*.

matrimonial /ˌmætrɪˈməʊnɪəl/ *adj* matrimonial.

matrimony /ˈmætrɪmənɪ/ *n* (*Law, Sociol*) matrimonio *m*.

matrix /ˈmeɪtrɪks/ *n* **[matrixes ✻ matrices** /ˈmeɪtrɪsiːz/**]** matriz *f*.

matron /ˈmeɪtrən/ *n* **1.** (*in boarding school*) ama *f* de llaves [takes ***el*** or ***un*** in singular]. **2.** (*in hospital*) enfermera *f* jefa.

matt /mæt/ *adj* mate: **I prefer photos with a matt finish** me gustan más las fotos en mate.

matted /ˈmætɪd/ *adj* (*of hair, fur*) enredado -da, enmarañado -da.

matter /ˈmætə/ **I** *n* **1.** (*in the physical world*) la materia • **use your grey matter!** ¡utiliza la materia gris! **2.** (*material*) material *m*: **this envelope contains printed matter** este sobre contiene material impreso. **3.** (*situation, question*) cuestión *f*, asunto *m*: **there's the matter of finding enough money to go** está la cuestión de conseguir el dinero para ir; **it's just a matter of patience** es sólo cuestión de paciencia • **this is no laughing matter** esto no es cosa de risa • **the house was built in a matter of weeks** construyeron la casa en cuestión de semanas • **I carry a spare key as a matter of course** tengo por costumbre llevar una llave de repuesto • **as a matter of fact, today is my birthday** de hecho, hoy es mi cumpleaños • **your hands are filthy - but so are mine, for that matter!** tienes las manos asquerosas; bueno, ¡y yo también! **4.** (*something wrong*): **what's the matter (*with* you)?** ¿qué (te) pasa? • **there's something the matter with this watch** a este reloj le pasa algo. **5. no matter** (*regardless of*): **no matter how hard I try...** por mucho que lo intento...; **no matter how poor they are...** por muy pobres que sean...; **no matter what he says...** diga lo que diga...; **no matter when she arrives...** cuando quiera que llegue....

II matters *n pl*: **you can't trust him in money matters** no puedes fiarte de él en asuntos de dinero • **to make matters worse, she was going down with a cold** para colmo de males, se estaba acatarrando.

III *vi* **[matters, mattering, mattered]** importar: **it doesn't matter** no importa; **all that matters (*to* me)**

is your happiness lo único que (me) importa es que seas feliz.

matter-of-fact *adj*: **I've lost my job, she said, in a matter-of-fact way** me he quedado sin trabajo, dijo, como si la cosa no fuera con ella.

matting /'mætɪŋ/ *n* estera *f*.

mattress /'mætrəs/ *n* [**mattresses**] colchón *m*.

mature /mə'tjʊə/ **I** *adj* **1.** (*person*) maduro -ra. **2.** (*wine, cheese*) añejo -ja; (*cheese*) curado -da.
II *vi* [**matures, maturing, matured**] madurar.

mature student *n* (*GB*) *estudiante que empieza sus estudios universitarios después de los veinticinco años.*

maturity /mə'tjʊərətɪ/ *n* madurez *f*.

maudlin /'mɔ:dlɪn/ *adj* sentimentaloide.

maul /mɔ:l/ *vt* [**mauls, mauling, mauled**] **1.** (*prey by lion*) atacar, agredir. **2.** (*person*) manosear.

Maundy Thursday /'mɔ:ndɪ 'θɜ:zdeɪ/ *n* Jueves *m inv* Santo.

mausoleum /,mɔ:sə'lɪəm/ *n* mausoleo *m*.

mauve /məʊv/ *adj*, *n* malva *adj inv*, *m*.

maverick /'mævərɪk/ *n*: *persona que actúa independientemente de cualquier grupo o facción*: **politically, he was always a maverick** en el terreno político fue siempre muy independiente.

max. *léase* /'mæksɪməm/ (*abreviatura de* **maximum**) máx. (máximo).

maxim /'mæksɪm/ *n* máxima *f*.

maximize /'mæksɪmaɪz/ *vt* [**maximizes, maximizing, maximized**] aumentar al máximo.

maximum /'mæksɪməm/ **I** *adj* máximo -ma: **it was on maximum volume** tenía el volumen al máximo.
II *n* [**maximums** * **maxima** /'mæksɪmə/] máximo *m*.

May /meɪ/ *n* mayo *m*. ⇨ June

may /meɪ/ *v aux* ⇨ gramática en el apéndice (Verbos Auxiliares Modales) **1.** (*asking for or giving permission*) poder: **you may go now** ya puedes irte; **may I use your phone?** ¿puedo * me permite usar su teléfono? **2.** (*indicating possibility*): **this may not work** puede que esto no funcione; **she may decide to stay** es posible que decida quedarse; **they may have called while you were out** puede que hayan llamado cuando no estabas • **it may be expensive but it's worth it** puede que sea caro, pero vale la pena • **they may well make a complaint** bien puede ser que presenten una queja • **be that as it may** * **that's as may be...** sea como sea... • **come what may...** pase lo que pase... • **we may as well leave now** lo mismo nos podemos ir ahora. **3.** (*to express a desire*): **what lovely weather - long may it last!** ¡qué buen tiempo! ¡ojalá que dure!

maybe /'meɪbi:/ *adv* quizá, quizás, a lo mejor.

Mayday /'meɪdeɪ/ *n* SOS *m*.

May Day /meɪ deɪ/ *n* el primero * uno de mayo.

mayhem /'meɪhem/ *n* desbarajuste *m*.

mayonnaise /,meɪə'neɪz/ *n* mayonesa *f*, mahonesa *f*.

mayor /meə/ *n* alcalde -desa *m/f*.

mayoress /'meəres/ *n* [**mayoresses**] (*mayor's wife*) alcaldesa *f*, esposa *f* del alcalde; (*woman mayor*) alcaldesa *f*.

maypole /'meɪpəʊl/ *n* mayo *m* (*palo adornado alrededor del cual se baila en algunas festividades*).

maze /meɪz/ *n* laberinto *m*.

MB /em'bi:/ *n* (*abreviatura de* **Bachelor of Medicine**) **1.** (*person*) Ldo./Lda. en Medicina (licenciado -da en Medicina): **Matthew Gibson, MB** Matthew Gibson, Ldo. en Medicina. **2.** (*title*) licenciatura *f* en Medicina.

MD /em'di:/ *n* **I** (*abreviatura de* **Managing Director**) director *m* ejecutivo, directora *f* ejecutiva.
II (*abreviatura de* **Doctor of Medicine**) **1.** (*person*) Dr. * Dra. en Medicina (doctor -tora en Medicina): **Tom Watkins, MD** Tom Watkins, Dr. en Medicina. **2.** (*title*) doctorado *m* en Medicina.

me /mi:/ *pron* **1.** (*as direct or indirect object*) me: **help me** ayúdame; **give me your phone number** dame tu número de teléfono. **2.** (*after a preposition*) mí: **are these chocolates for me?** ¿son para mí estos bombones?; **I've brought my luggage with me** he traído las maletas conmigo. **3.** (*fam*: *after* **than, as,** *and* **to be**) yo: **don't worry, it's only me!** tranquila, soy yo; **he's cleverer than me** es más inteligente que yo; **she isn't as tall as me** no es tan alta como yo.

meadow /'medəʊ/ *n* prado *m*.

meagre, (*US*) **meager** /'mi:gə/ *adj* exiguo -gua, escaso -sa.

meal /mi:l/ *n* **1.** (*gen*) comida *f*: **you shouldn't eat between meals** no deberías comer entre horas; **enjoy your meal!** ¡que aproveche! • **this is my first square meal this week** ésta es la primera comida como Dios manda que como esta semana • **to make a meal of: he made such a meal of apologizing** ¡creía que no iba a terminar nunca de pedir disculpas!; **stop making such a meal of it!** ¡deja de darle tantas vueltas! **2.** (*powdered grain*) harina *f*; (*as food for animals*) pienso *m*.

mealtime *n* hora *f* de comer.

mean /mi:n/ **I** *vt* [**means, meaning, meant**] **1.** (*to signify*) significar: **that bleeping means that the machine has jammed** ese pitido significa que la máquina se ha atascado; **what does this word mean?** ¿qué significa * qué quiere decir esta palabra?; **money means nothing to him** el dinero no significa nada para él; **your friendship means a lot to me** tu amistad significa mucho para mí; **this means trouble** esto significa que tenemos problemas. **2.** (*to imply*) querer decir: **what do you mean by that?** ¿qué quieres decir con eso?; **"He's left." "You mean for good?"** "Se ha marchado." "Pero, ¿para siempre?" • **when I say the flat was small, I mean small** cuando digo que el piso era pequeño, me refiero a que era realmente pequeño • **no wonder he's upset, I mean, he did all the work and she got all the credit** no me extraña que esté disgustado: lo hizo todo él y ella se llevó la gloria • **they're coming on Tuesday... I mean Thursday** vienen el martes, digo, el jueves. **3.** (*to intend*): **I didn't mean to offend you** no fue mi intención ofenderla; **I mean to get to the bottom of this** me he propuesto llegar al fondo de la cuestión; **I keep meaning to invite them round** hace tiempo que quiero invitarlos a casa; **I didn't mean to break it - it was an accident!** no lo quería romper, fue sin querer; **don't worry about what she said - she didn't mean it** no te preocupes por lo que dijo, no lo decía en serio • **she's abrupt but she means well** es un poco brusca pero, en el fondo, tiene buenas intenciones. **4. to be meant** (*to be intended*): **these sweets are meant** *for* **everyone** estos caramelos son para todos; **you were meant to laugh** se supone que te tenías que reír; **you're not meant to arrive after the bride** se supone que debes llegar antes que la novia; (*to be designed*): **boots are meant** *for* **getting muddy** las botas están hechas para ensuciarse; (*to be reputed*): **that shop is meant to be good for sports wear** dicen que esa tienda es muy buena para ropa de deporte. **5.** (*to refer to*): **I don't know which book you mean** no sé a qué libro te refieres. **6.** (*to entail, necessitate*) conllevar: **becoming a ballet dancer means a lot of hard work** hacerse bailarina conlleva mucho trabajo; **that would mean buying a larger flat** eso conllevaría comprar un piso más grande.

II *adj* 1. (*with money*) tacaño -ña. 2. (*with people*) malo -la, mezquino -na: **it was mean to raise her hopes like that** fue una maldad darle esperanzas de esa manera; **I feel mean about not helping** me siento mezquina por no ayudar. 3. (*vicious*) amenazador -dora: **his bodyguards look really mean** sus guardaespaldas tienen un aspecto muy amenazador. 4. (*fam: excellent*): **she's just bought a mean sports car** se acaba de comprar un deportivo estupendo • **he's no mean skier** es un esquiador de primera. 5. (*average*) medio -dia.
III *n* (*average*) media *f*, promedio *m*.
IV **means** *n* *[puede llevar el verbo en singular o plural]* (*way*) medio *m*: **I have no means** *of* **getting there** no tengo ningún medio para llegar hasta allí; **he filled the jar** *by* **means** *of* **a funnel** llenó el frasco usando un embudo • **his apparent generosity was a means to an end** su aparente generosidad era un recurso para conseguir su objetivo • **by all means have a go** por supuesto, inténtalo • **he was by no means the last to arrive** no llegó el último, ni mucho menos • **you're not the youngest by any means** no eres la más joven, ni mucho menos.
V **means** *npl* (*financial*) recursos *m pl* económicos • **only people of means live in this area** en esta zona sólo vive gente que tiene dinero • **she's living beyond her means** vive por encima de sus posibilidades.
means test *n investigación de los recursos económicos de una persona para comprobar si tiene derecho a ciertas ayudas.*
meander /mɪ'ændə/ I *n* meandro *m*.
II *vi* [**meanders, meandering, meandered**] 1. (*river*) serpentear; (*person*) deambular, vagar. 2. (*to get away from the point*) divagar.
meaning /'mi:nɪŋ/ *n* 1. (*significance*) significado *m*: **this word has several different meanings** esta palabra tiene varios significados * varias acepciones diferentes • **how dare you interrupt us! what is the meaning of this?** ¡cómo se atreve a interrumpirnos! ¿qué significa esto? 2. (*value, sense*) sentido *m*: **without friends her life lacked meaning** sin amigos su vida carecía de sentido.
meaningful /'mi:nɪŋfʊl/ *adj* 1. (*look, remark*) significativo -va. 2. (*sentence, explanation*) comprensible, con sentido.
meaningfully /'mi:nɪŋfʊlɪ/ *adv*: **he winked meaningfully at me** me guiñó de manera muy significativa.
meaningless /'mi:nɪŋləs/ *adj* sin sentido.
meanness /'mi:nnəs/ *n* 1. (*stinginess: of a person*) tacañería *f*; (*: of a portion*) escasez *f*, mezquindad *f*. 2. (*evil nature*) maldad *f*, mezquindad *f*.
meant /ment/ *pretérito y participio pasado de* ➪ mean
meantime /'mi:ntaɪm/ *n*: *for* * *in* **the meantime, we'll manage with one computer** mientras tanto nos las arreglaremos con un solo ordenador.
meanwhile /'mi:nwaɪl/ *adv* mientras tanto: **he devised a plan, but meanwhile the situation had changed** concibió un plan, pero mientras tanto la situación había cambiado.
measles /'mi:zəlz/ *n [lleva el verbo en singular]* sarampión *m*.
measly /'mi:zlɪ/ *adj* (*fam*) miserable: **what a measly helping of pudding!** ¡qué trozo de tarta más raquítico!
measurable /'meʒərəbəl/ *adj* apreciable.
measurably /'meʒərəblɪ/ *adv* apreciablemente.
measure /'meʒə/ I *vt* [**measures, measuring, measured**] medir: **measure your height without shoes on** mídete sin zapatos; **the distance is measured** *in* **light years** la distancia se mide en años luz; **the hole measured eighty centimetres across** el agujero medía ochenta centímetros de diámetro • **the suit was made to measure** el traje fue confeccionado a la medida.
II *n* (*unit, indication, action*) medida *f*: **we have taken measures to ensure your safety** hemos tomado medidas de seguridad • **there was some measure of doubt as to his competence** existían ciertas dudas sobre su competencia • **...and one more spoonful for good measure** ...y una cucharada más por si acaso.
to **measure up** *vi* medir: **she was measured up for her wedding dress** le tomaron las medidas para el vestido de novia • **the goods didn't measure up to the required standard** la calidad de las mercancías no llegaba al nivel requerido.
measured /'meʒəd/ *adj* 1. (*movement*) acompasado -da: **he walked up the stairs with a measured tread** subió las escaleras acompasadamente. 2. (*speech*) comedido -da.
measurement /'meʒəmənt/ *n* 1. (*size*) medida *f*: **the dressmaker took her measurements** la modista le tomó las medidas. 2. (*action*) medición *f*.
measuring tape /'meʒərɪŋ teɪp/ *n* metro *m*, cinta *f* métrica.
meat /mi:t/ *n* (*Culin*) carne *f* • **the story had no real meat to it** la historia no tenía mucha miga.
meatball *n* albóndiga *f*.
meaty /'mi:tɪ/ *adj* [**meatier, meatiest**] sustancioso -sa: **a meaty stew** un guiso de carne muy sustancioso; **he wrote a meaty essay on the subject** escribió un ensayo con mucha miga sobre el tema.
Mecca /'mekə/ *n* la Meca • **Salzburg is a mecca for Mozart-lovers** Salzburgo es la meca de los amantes de Mozart.
mechanic /mə'kænɪk/ *n* mecánico -ca *m/f*.
mechanical /mə'kænɪkəl/ *adj* 1. (*Tec*) mecánico -ca. 2. (*gesture, movement*) mecánico -ca.
mechanical engineer *n* ingeniero *m* mecánico, ingeniera *f* mecánica.
mechanically /mə'kænɪkəlɪ/ *adv* mecánicamente: **she ate her food mechanically** comía mecánicamente.
mechanics /mə'kænɪks/ I *n [lleva el verbo en singular]* (*science*) mecánica *f*.
II *n pl* (*working parts*) mecanismo *m* • **the mechanics of the campaign are complex** la mecánica de la campaña es compleja.
mechanism /'mekənɪzəm/ *n* mecanismo *m*: **telling lies is a common defence mechanism** mentir es un mecanismo de defensa muy normal.
mechanization /ˌmekənaɪ'zeɪʃən/ *n* mecanización *f*.
mechanize /'mekənaɪz/ *vt* [**mechanizes, mechanizing, mechanized**] mecanizar.
medal /'medəl/ *n* medalla *f*.
medal winner *n* medallista *m/f*.
medalist /'medəlɪst/ *n* (*US*) ➪ medallist
medallion /mə'dælɪən/ *n* medallón *m*.
medallist /'medəlɪst/ *n* medallista *m/f*: **an Olympic medallist** un medallista olímpico; **she was an Olympic gold medallist** fue medalla de oro en los Juegos Olímpicos.
meddle /'medəl/ *vi* [**meddles, meddling, meddled**] 1. (*to interfere*) entrometerse: **he's always meddling** *in* **other people's affairs** siempre se está metiendo en los asuntos de los demás. 2. (*with a machine, with controls*): **don't meddle** *with* **the computer** no toques el ordenador.
media /'mi:dɪə/ I *plural de* ➪ medium **II, 1, 2**

II the media *n pl* (*newspapers, television, radio*) los medios de comunicación: **the media have exposed his illegal activities** los medios de comunicación han destapado sus actividades ilegales.

mediaeval /ˌmedɪ'iːvəl/ *adj* medieval.

median strip /'miːdɪən strɪp/ *n* (*US*: *Auto*) mediana *f*.

mediate /'miːdɪeɪt/ *vt* [**mediates, mediating, mediated**]: **the United Nations mediated a truce** las Naciones Unidas intervinieron para llegar a una tregua.
♦*vi* mediar: **he mediated** *between* **the strikers and the management** medió entre los huelgistas y la dirección.

mediation /ˌmiːdɪ'eɪʃən/ *n* mediación *f*.

mediator /'miːdɪeɪtə/ *n* mediador -dora *m/f*.

medic /'medɪk/ *n* (*fam*) **1.** (*doctor*) médico -ca *m/f*. **2.** (*student doctor*) estudiante *m/f* de medicina.

medical /'medɪkəl/ **I** *adj* médico -ca: **he's a medical student** es estudiante de medicina.
II *n* (*examination*) reconocimiento *m* médico.
medical record *n* historial *m* clínico.
medical school *n* facultad *f* de medicina.

medicated /'medɪkeɪtɪd/ *adj* (*soap, shampoo*) medicinal.

medication /ˌmedɪ'keɪʃən/ *n* medicación *f*.

medicinal /me'dɪsɪnəl/ *adj* medicinal.

medicine /'medɪsɪn/ *n* **1.** (*science*) medicina *f*. **2.** (*remedy*) medicina *f*, medicamento *m*.
medicine cabinet *n* botiquín *m*.
medicine man *n* hechicero *m*.

medieval /ˌmedɪ'iːvəl/ *adj* medieval.

mediocre /miːdɪ'əʊkə/ *adj* mediocre.

mediocrity /miːdɪ'ɒkrətɪ/ *n* mediocridad *f*.

meditate /'medɪteɪt/ *vi* [**meditates, meditating, meditated**] **1.** (*Relig*) meditar. **2.** (*to think at length*) reflexionar: **he meditated** *on* **the problem before deciding** reflexionó mucho sobre el problema antes de decidir.

meditation /ˌmedɪ'teɪʃən/ *n* meditación *f*.

meditative /'medɪtətɪv/ *adj* meditabundo -da.

Mediterranean /ˌmedɪtə'reɪnɪən/ **I** *n*: **the Mediterranean (Sea)** el (mar) Mediterráneo.
II *adj* mediterráneo -nea.

medium /'miːdɪəm/ **I** *adj* medio -dia: **she was described as being of medium height** la describieron como una mujer de estatura media; **a medium-sized kitchen** una cocina de tamaño medio.
II *n* **1.** [*pl* **media**] (*means, channel*) medio *m*. **2.** [*pl* **media**] (*environment*) medio *m*: **the bacteria multiply in the culture medium** las bacterias se multiplican en el caldo de cultivo. **3.** (*middle ground*) término *m* medio • **it's difficult to strike a happy medium between smartness and informality** es difícil encontrar un término medio entre ir elegante o ir informal. **4.** [*pl* **mediums**] (*Clothing*) talla *f* mediana: **I tried on the medium** me probé la (talla) mediana. **5.** [*pl* **mediums**] (*spiritualist*) médium *m/f*.
medium wave *n* onda *f* media.

meek /miːk/ *adj* manso -sa, dócil.

meekness /'miːknəs/ *n* mansedumbre *f*, docilidad *f*.

meet /miːt/ *vt* [**meets, meeting, met**] **1.** (*for the first time*) conocer: **I met my husband in Santiago** conocí a mi esposo en Santiago; **(I'm) pleased to meet you** encantado de conocerlo * mucho gusto. **2.** (*someone you already know: by chance*) encontrarse con: **do you know who we met yesterday?** ¿sabes con quién nos encontramos ayer?; **she met the postman on the corner** se encontró con el cartero en la esquina; (*: by arrangement*): **we arranged to meet him at three o'clock** quedamos con él a las tres * quedamos en encontrarnos con él a las tres. **3.** (*someone travelling*) ir a buscar: **they met us at the station** nos fueron a buscar a la estación. **4.** (*for discussion*): **the Prime Minister went to the palace to meet the President** el Primer Ministro fue al palacio para entrevistarse con el Presidente • **if he won't agree to this, we'll have to meet him halfway** si no accede a esto, tendremos que llegar a un compromiso. **5.** (*to encounter*) enfrentarse a: **they met countless dangers on the journey** se enfrentaron a innumerables peligros durante el viaje; **he met his death in a skiing accident** encontró la muerte en un accidente de esquí. **6.** (*to satisfy*) satisfacer: **it meets all the requirements** satisface todos los requisitos; **he was unable to meet his debts** no pudo pagar sus deudas.
♦*vi* **1.** (*to become acquainted*) conocerse: **we met ten years ago** nos conocimos hace diez años; **had you two already met?** ¿os conocíais? * ¿se conocían? **2.** (*with someone you already know: by chance*): **my sister and I met in the street** me encontré con mi hermana en la calle; (*: by arrangement*): **when did they last meet?** ¿cuándo fue la última vez que se vieron?; **we'll meet at three o'clock** nos vemos a las tres. **3.** (*to assemble*) reunirse: **the club meets every Sunday** el club se reúne todos los domingos. **4.** (*to cross paths*) cruzarse: **their eyes met** sus miradas se cruzaron; **the branches meet over the path** las ramas se cruzan por encima del camino. **5.** (*to come together*) juntarse: **the two roads meet near the castle** los dos caminos se juntan cerca del castillo. **6.** (*to compete*): **Spain and Italy will meet in the final** España e Italia se enfrentarán en la final.
to **meet up** *vi*: **shall we meet up after work?** ¿nos vemos después del trabajo?; **I met up** *with* **my cousin on Friday** estuve con mi primo el viernes.
to **meet with** *vt* **1.** (*to encounter unexpectedly*): **he met with a serious accident** sufrió un grave accidente; **my suggestion met with a blunt refusal** mi sugerencia fue recibida con una rotunda negativa; **the campaign has met with success** la campaña ha tenido éxito. **2.** (*a committee, a delegation*) reunirse con: **she met with her advisers to discuss the crisis** se reunió con sus asesores para discutir la crisis; (*US*: *a friend*) encontrarse con.

meeting /'miːtɪŋ/ *n* **1.** (*encounter*) encuentro *m*: **a chance meeting in the park** un encuentro fortuito en el parque; **a meeting of two cultures** un encuentro de dos culturas. **2.** (*formal assembly*) reunión *f*: **this will be discussed at the board meeting** esto se tratará en la reunión de la junta directiva; **he stood up to address the meeting** se puso en pie para tomar la palabra. **3.** (*Pol*) mitin *m*: **an anti-racism meeting** un acto para manifestarse contra el racismo.
meeting place *n* lugar *m* de reunión.
meeting point *n* punto *m* de encuentro.

megabyte /'megəbaɪt/ *n* megabyte *m*.

megalomania /ˌmegələʊ'meɪnɪə/ *n* megalomanía *f*.

megalomaniac /ˌmegələʊ'meɪnɪæk/ *adj*, *n* megalómano -na *adj*, *m/f*.

megaphone /'megəfəʊn/ *n* megáfono *m*.

megaton /'megətʌn/ *n* megatón *m*: **a ten megaton bomb** una bomba de diez megatones.

melancholy /'melənkəlɪ/ **I** *n* melancolía *f*.
II *adj* **1.** (*person*) melancólico -ca. **2.** (*thing, experience*) triste.

melee, **mêlée** /'meleɪ/ *n* refriega *f*.

mellow /'meləʊ/ I *adj* 1. (*wine*) añejo -ja. 2. (*colour*) suave. 3. (*sound*) melodioso -sa. 4. (*character*) sereno -na, apacible.
II *vt* [**mellows, mellowing, mellowed**] serenar, amansar.
♦ *vi* amansarse: **we don't all mellow as we grow old** no todos nos amansamos al envejecer.

melodious /mɪ'ləʊdɪəs/ *adj* melodioso -sa.

melodrama /'melə,drɑːmə/ *n* melodrama *m*.

melodramatic /,melədrə'mætɪk/ *adj* melodramático -ca.

melody /'melədɪ/ *n* [**melodies**] melodía *f*.

melon /'melən/ *n* melón *m*.

melt /melt/ *vt* [**melts, melting, melted**] 1. (*ice, wax*) derretir: **the sun melted the snow** el sol derritió la nieve; **add the melted butter** añadir la mantequilla derretida. 2. (*metal*) fundir.
♦ *vi* (*ice, wax*) derretirse: **those chocolates will melt by the radiator** esos bombones se van a derretir al lado del radiador; (*metal*) fundirse • **he melted when he saw his grandson's photo** se enterneció al ver la foto de su nieto.
to **melt away** *vi* (*to disperse quickly*) esfumarse: **the crowd melted away in no time** la muchedumbre se esfumó en un santiamén.
to **melt down** *vt* fundir.

melting point /'meltɪŋ pɔɪnt/ *n* punto *m* de fusión.

member /'membə/ *n* (*gen*) miembro *m*: **a member of your family may accompany you** puede acompañarlo un familiar; **we interviewed members of the public in Leeds** entrevistamos a ciudadanos de Leeds; **a member country of the UN** un país miembro de la ONU; (*of a club, society*) socio -cia *m/f*; (*of a political party*) afiliado -da *m/f*.
Member of Parliament *n* [**Members of Parliament**] diputado -da *m/f*.

membership /'membəʃɪp/ *n* 1. (*number of members*): **we have a membership of two hundred** tenemos doscientos socios; **half the membership** la mitad de los socios. 2. (*status as a member*): **I applied for membership** *of* **the club** solicité el ingreso en el club.
membership card *n* (*of a club, society*) carné *m* de socio; (*of a political party*) carné *m* de afiliado.
membership fee *n* cuota *f* (*que paga un socio o un afiliado*).

membrane /'membreɪn/ *n* membrana *f*.

memento /mɪ'mentəʊ/ *n* [**mementos** * **mementoes**] recuerdo *m*.

memo /'meməʊ/ *n* memorando *m*, memorándum *m*.

memoirs /'memwɑːz/ *n pl* memorias *f pl*.

memorable /'memərəbəl/ *adj* memorable.

memorandum /memə'rændəm/ *n* [**memorandums** * **memoranda** /memə'rændə/] memorando *m*, memorándum *m*.

memorial /mɪ'mɔːrɪəl/ I *n* monumento *m* conmemorativo: **a war memorial** un monumento a los caídos.
II *adj* conmemorativo -va: **there's a memorial plaque on the bridge** en el puente hay una placa conmemorativa.
memorial service *n* misa *f* de difuntos.

memorize /'meməraɪz/ *vt* [**memorizes, memorizing, memorized**] memorizar: **I've memorized the poem** me he aprendido el poema de memoria.

memory /'memərɪ/ *n* [**memories**] 1. (*something remembered*) recuerdo *m*: **I have pleasant memories of that summer** tengo gratos recuerdos de ese verano. 2. (*capacity to remember*) memoria *f*: **my mother is losing her memory** a mi madre le está fallando la memoria; **commit it** *to* **memory** apréndetelo de memoria; **he can quote the letter** *from* **memory** se sabe la carta de memoria; **his memory** *for* **numbers is extraordinary** tiene una memoria extraordinaria para los números; **if my memory serves me correctly** si la memoria no me engaña; **the driest summer in living memory** el verano más seco que se recuerda; **a plaque was unveiled** *in* **memory** *of* **the poet** se descubrió una placa en memoria del poeta • **perhaps this photo will refresh your memory** quizás esta foto te refresque la memoria. 3. (*Inform*) memoria *f*: **with sixteen megabytes of memory** con dieciséis megabytes de memoria.

men /men/ *plural de* ⇨ man

menace /'menɪs/ I *n* 1. (*danger*) amenaza *f*: **a menace** *to* **public health** una amenaza para la salud pública. 2. (*fam: troublesome person*): **that boy's a menace** ese chico es un peligro. 3. (*threatening attitude*): **there was no mistaking the menace in his questions** había un evidente tono amenazador en sus preguntas.
II *vt* [**menaces, menacing, menaced**] amenazar.

menacing /'menəsɪŋ/ *adj* amenazador -dora.

menagerie /mə'nædʒərɪ/ *n*: *colección de animales salvajes*.

mend /mend/ I *vt* [**mends, mending, mended**] 1. (*a machine*) reparar, arreglar: **they're mending the road** están arreglando la carretera. 2. (*shoes*) arreglar; (*clothes, a rip, a hole: gen*) coser; (*: by darning*) zurcir; (*: by patching*) remendar • **he'll have to mend his ways** tendrá que enmendarse.
♦ *vi* (*to recover*) curarse: **her ankle took three months to mend** el tobillo tardó tres meses en curarse.
II *n* (*darn*) zurcido *m*; (*patch*) remiendo *m* • **I'm glad to know you're on the mend** me alegra saber que te estás recuperando.

mending /'mendɪŋ/ *n*: **I have a lot of mending to do** tengo mucho que remendar.

menial /'miːnɪəl/ *adj* de poca categoría: **he had a menial job in the firm** tenía un puesto de poca categoría en la empresa.

meningitis /,menɪn'dʒaɪtɪs/ *n* meningitis *f inv*.

menopause /'menəpɔːz/ *n* menopausia *f*.

menstrual /'menstrʊəl/ *adj* (*Biol*) menstrual: **the menstrual cycle** el ciclo menstrual.

menstruate /'menstrʊeɪt/ *vi* [**menstruates, menstruating, menstruated**] menstruar.

menstruation /,menstrʊ'eɪʃən/ *n* menstruación *f*.

mental /'mentəl/ *adj* 1. (*concerning the mind*) mental: **he's quick at mental arithmetic** es muy rápido para el cálculo mental. 2. (*fam: crazy*) chiflado -da.
mental handicap *n* minusvalía *f* psíquica.
mental health *n* salud *f* mental.
mental hospital *n* hospital *m* psiquiátrico.
mental illness *n* enfermedad *f* mental.

mentality /men'tælətɪ/ *n* [**mentalities**] mentalidad *f*.

mentally /'mentəlɪ/ *adv* mentalmente.
mentally handicapped *adj* disminuido -da psíquico -ca.
mentally ill *adj* enfermo -ma mental.

menthol /'menθɒl/ *n* mentol *m*.

mention /'menʃən/ I *vt* [**mentions, mentioning, mentioned**] mencionar: **don't mention divorce to her** no le menciones el tema del divorcio; **did she mention me in the article?** ¿me mencionó en el artículo? • **he had three suitcases, not to mention the rucksack**

llevaba tres maletas, y además la mochila • **don't mention it** de nada * no hay de qué.

II *n* mención *f*: **our team got a mention in the local paper** en el periódico local había una mención de * a nuestro equipo; **was there some mention of coffee?** ¿alguien ha mencionado la palabra café?

mentor /'mentɔ:/ *n* (*man*) mentor *m*, consejero *m*; (*woman*) consejera *f*.

menu /'menju:/ *n* **1.** (*Culin*) menú *m*, carta *f*. **2.** (*Inform*) menú *m*.

MEP /emi:'pi:/ *n* (*abreviatura de* **Member of the European Parliament**) eurodiputado -da *m/f*.

mercenary /'mɜ:sɪnərɪ/ **I** *n* [**mercenaries**] (*Mil*) mercenario -ria *m/f*.

II *adj* **1.** (*materialistic*) negociante. **2.** (*Mil*) mercenario -ria.

merchandise /'mɜ:tʃəndaɪs/ *n* mercancías *f pl*.

merchant /'mɜ:tʃənt/ *n* comerciante *m/f*.

merchant bank *n* (*GB*) banco *m* comercial.

merchant navy *n* marina *f* mercante.

merchant ship * **vessel** *n* barco *m* * buque *m* mercante.

merciful /'mɜ:sɪfʊl/ *adj* (*forgiving*) misericordioso -sa, compasivo -va.

mercifully /'mɜ:sɪfʊlɪ/ *adv* **1.** (*compassionately*) compasivamente. **2.** (*fortunately*) afortunadamente: **mercifully, the siege did not last long** afortunadamente, el asedio duró poco.

merciless /'mɜ:sɪləs/ *adj* despiadado -da.

mercilessly /'mɜ:sɪlɪslɪ/ *adv* despiadadamente.

Mercury /'mɜ:kju:rɪ/ *n* Mercurio *m*.

mercury /'mɜ:kjʊrɪ/ *n* mercurio *m*.

mercy /'mɜ:sɪ/ *n* [**mercies**] compasión *f*, clemencia *f*: **have mercy** *on* **us** ten compasión de nosotros; **they begged for mercy** pidieron clemencia; **I am** *at* **your mercy** estoy en tus manos.

mercy killing *n* eutanasia *f*.

mere /'mɪə/ *adj* [*no tiene ni comparativo ni superlativo; la forma* ***merest*** *sólo se usa para dar énfasis*]: **I'm a mere beginner** no soy más que un principiante; **it was mere coincidence that I should arrive just at that moment** fue mera casualidad que llegara en ese momento.

merely /'mɪəlɪ/ *adv* sólo, solamente: **the buttons are merely decorative** los botones son sólo de adorno; **when I asked him, he merely nodded** cuando se lo pregunté, se limitó a asentir con la cabeza.

merge /mɜ:dʒ/ *vt* [**merges, merging, merged**] fusionar: **the leaders agreed to merge their parties** los líderes acordaron que sus partidos se fusionaran.

♦ *vi* **1.** (*organizations*) fusionarse: **the three sects have merged** las tres sectas se han fusionado. **2.** (*routes*): **the road merges** *with* **the A43** la carretera se junta con la A43. **3.** (*to blend*) fundirse: **here the red merges** *into* **the violet** aquí el rojo se funde con el violeta.

merger /'mɜ:dʒə/ *n* fusión *f*.

meridian /mə'rɪdɪən/ *n* meridiano *m*.

meringue /mə'ræŋ/ *n* merengue *m*.

merit /'merɪt/ **I** *n* **1.** (*praiseworthiness*) mérito *m*: **he's an artist of great merit** es un artista de gran mérito. **2.** (*quality*) cualidad *f*: **we judged it** *on* **its merits** lo juzgamos exclusivamente por sus cualidades. **3.** (*Educ*): **she passed the exam** *with* **merit** aprobó el examen con mención especial.

II *vt* [**merits, meriting, merited**] (*frml*) merecer: **such a rude letter doesn't merit a reply** una carta tan descortés ni siquiera merece contestación.

meritorious /ˌmerɪ'tɔ:rɪəs/ *adj* (*frml*) meritorio -ria.

mermaid /'mɜ:meɪd/ *n* sirena *f*.

merrily /'merəlɪ/ *adv* **1.** (*happily*) alegremente. **2.** (*fam*: *carelessly*) sin darse cuenta.

merriment /'merɪmənt/ *n* risas *f pl*.

merry /'merɪ/ *adj* [**merrier, merriest**] **1.** (*person*) alegre; (*occasion*) feliz: **Merry Christmas!** ¡Feliz Navidad! • **the more the merrier** cuanta más gente mejor. **2.** (*fam*: *slightly drunk*) alegre: **we got merry at the party** en la fiesta nos pusimos un poco alegres.

merry-go-round *n* tiovivo *m*.

mesh /meʃ/ **I** *n* [**meshes**] **1.** (*of fence, net*) malla *f*: **a fine mesh net** una red de malla fina. **2.** (*netlike material*): **wire mesh** tela metálica.

II *vi* [**meshes, meshing, meshed**] (*to fit together*) engranar: **the chain meshes** *with* **this sprocket** la cadena engrana con este piñón.

mesmerize /'mezməraɪz/ *vt* [**mesmerizes, mesmerizing, mesmerized**]: **the child was mesmerized** *by* **the clowns** el niño se quedó fascinado con los payasos.

mess /mes/ *n* [**messes**] **1.** (*dirt*): **who has made this mess on the floor?** ¿quién ha ensuciado el suelo? **2.** (*untidiness*) desorden *m*: **what a mess!** ¡qué desorden!; **her room was a complete mess** tenía la habitación patas arriba. **3.** (*awkward situation*) lío *m*: **now you're really in a mess** te has metido en un buen lío • **she made a mess of her first exam** su primer examen fue un desastre. **4.** (*Mil*) comedor *m*.

to **mess about** * **around** (*fam*) *vi* [**messes, messing, messed**] **1.** (*to waste time*): **I spent the whole week messing about** me pasé toda la semana sin hacer nada; **he likes messing around** *with* **old cars** le gusta entretenerse arreglando coches viejos. **2.** (*to act silly*) hacer el tonto.

♦ *vt* (*to cause problems for*) jorobar: **he messed the rest of the players about** estuvo jorobando a los demás jugadores.

to **mess up** *vt* (*fam*) estropear: **who messed up my drawing?** ¿quién me ha estropeado el dibujo?

message /'mesɪdʒ/ *n* **1.** (*on phone, written*) recado *m*: **do you want to leave him a message?** ¿quiere dejarle un recado?; **there's a message for you on the answerphone** hay un recado para ti en el contestador. **2.** (*idea*) mensaje *m*: **the novel has a political message** la novela tiene un mensaje político • **do you get the message?** ¿me explico?

messenger /'mesɪndʒə/ *n* mensajero -ra *m/f*.

messiah /mə'saɪə/ *n* **1. the Messiah** el Mesías. **2.** (*leader*) mesías *m inv*.

Messrs /'mesəz/ [*plural escrito de* ***Mr***] Sres. (Señores).

messy /'mesɪ/ *adj* [**messier, messiest**] **1.** (*untidy*) desordenado -da. **2.** (*dirty*) sucio -cia: **he's a messy eater** se mancha mucho al comer. **3.** (*troublesome*): **they got themselves into a messy situation** se metieron en un lío.

met /met/ *pretérito y participio pasado de* ⇨ meet

metabolism /me'tæbəlɪzəm/ *n* metabolismo *m*.

metal /'metəl/ *n* metal *m*.

metal detector *n* detector *m* de metales.

metal fatigue *n* fatiga *f* del metal.

metalwork *n* metalistería *f*.

metallic /mɪ'tælɪk/ *adj* metálico -ca.

metallurgy /me'tælɜ:dzɪ/ *n* metalurgia *f*.

metamorphosis /ˌmetə'mɔ:fəsɪs/ *n* [*pl* **metamorphoses** /ˌmetə'mɔ:fəsi:z/] metamorfosis *f inv*.

metaphor /'metəfɔ:/ *n* metáfora *f*.

metaphorical /ˌmetə'fɒrɪkəl/ *adj* metafórico -ca.

metaphorically /ˌmetəˈfɒrɪkəlɪ/ *adv* metafóricamente.
meteor /ˈmiːtɪə/ *n* meteoro *m*.
meteoric /ˌmiːtɪˈɒrɪk/ *adj* **1.** (*Astron*) meteórico -ca. **2.** (*sudden, brief*) meteórico -ca, fulgurante: **his meteoric rise to fame** su meteórico ascenso a la fama.
meteorite /ˈmiːtɪəraɪt/ *n* meteorito *m*.
meteorological /ˌmiːtɪərəˈlɒdʒɪkəl/ *adj* meteorológico -ca.
meteorologist /ˌmiːtɪəˈrɒlədʒɪst/ *n* meteorólogo -ga *m/f*.
meteorology /ˌmiːtɪəˈrɒlədʒɪ/ *n* meteorología *f*.
mete out /miːt aʊt/ *vt* [**metes, meting, meted**] imponer: **severe punishments were meted out** *to* **the culprits** impusieron severos castigos a los culpables.
meter /ˈmiːtə/ *n* **1.** (*gauge*) contador *m*: **he came to read the gas meter** vino a leer el contador del gas. **2.** (*US: Meas, Lit*) ⇨ metre
methane /ˈmiːθeɪn/ *n* metano *m*.
method /ˈmeθəd/ *n* método *m*: **he practises traditional methods of farming** cultiva la tierra según métodos tradicionales; **there's no method in his work** en su trabajo no hay método alguno ● **there's method in my madness** aunque no lo parezca, lo que hago tiene su lógica.
methodical /məˈθɒdɪkəl/ *adj* metódico -ca.
Methodist /ˈmeθədɪst/ *adj, n* metodista *adj, m/f*.
methodology /ˌmeθəˈdɒlədʒɪ/ *n* [**methodologies**] metodología *f*.
meths /meθs/ *n* *[lleva el verbo en singular]* (*apócope de* **methylated spirits**) (*fam*) alcohol *m* desnaturalizado ∗ metílico.
methylated spirits /ˈmeθəleɪtɪd ˈspɪrɪts/ *n pl* alcohol *m* desnaturalizado ∗ metílico.
meticulous /məˈtɪkjʊləs/ *adj* meticuloso -sa.
metre /ˈmiːtə/ *n* **1.** (*Meas*) metro *m*: **ten square metres** diez metros cuadrados. **2.** (*Lit*) metro *m*.
metric /ˈmetrɪk/ *adj* métrico -ca.
metro, **Metro** /ˈmetrəʊ/ *n* (*Transp*) metro *m*.
metropolis /məˈtrɒpəlɪs/ *n* [**metropolises**] metrópoli *f*.
metropolitan /ˌmetrəˈpɒlɪtən/ *adj* metropolitano -na.
mew /mjuː/ *vi* [**mews, mewing, mewed**] maullar.
Mexican /ˈmeksɪkən/ *adj, n* mexicano -na *adj, m/f*.
Mexico /ˈmeksɪkəʊ/ *n* México *m*.
Mexico City *n* Ciudad *f* de México.
mg *léase* /ˈmɪlɪgræm/ (*abreviatura de* **milligram**) mg (miligramo).
MI5 /emaɪˈfaɪv/ *n* (*in GB*) (*abreviatura de* **Military Intelligence, Section 5**) *departamento de contraespionaje*.
MI6 /emaɪˈsɪks/ *n* (*in GB*) (*abreviatura de* **Military Intelligence, Section 6**) *departamento de espionaje*.
miaow /mɪˈaʊ/ **I** *vi* [**miaows, miaowing, miaowed**] maullar.
II *n* maullido *m*.
mice /maɪs/ *plural de* ⇨ mouse
mickey /ˈmɪkɪ/ *n* (*fam*): **he's always taking the mickey out of me** siempre se está riendo de mí.
microbe /ˈmaɪkrəʊb/ *n* microbio *m*.
microbiology /ˌmaɪkrəʊbaɪˈɒlədʒɪ/ *n* microbiología *f*.
microchip /ˈmaɪkrəʊˌtʃɪp/ *n* microchip *m*.
microcomputer /ˈmaɪkrəʊkəmˌpjuːtə/ *n* microordenador *m*.
microcosm /ˈmaɪkrəʊˌkɒzəm/ *n* microcosmo *m*.
microfiche /ˈmaɪkrəʊˌfiːʃ/ *n* microficha *f*.
microfilm /ˈmaɪkrəʊˌfɪlm/ *n* microfilme *m*, microfilm *m*.
microphone /ˈmaɪkrəˌfəʊn/ *n* micrófono *m*.
microprocessor /ˌmaɪkrəʊˈprəʊsesə/ *n* microprocesador *m*.
microscope /ˈmaɪkrəˌskəʊp/ *n* microscopio *m*.
microscopic /ˌmaɪkrəˈskɒpɪk/ *adj* microscópico -ca.
microwave /ˈmaɪkrəʊˌweɪv/ *n* **1.** (*in communications*) microonda *f*. **2.** (*también* **microwave oven**) (*Culin*) microondas *m inv*.
midday /mɪdˈdeɪ/ *n* mediodía *m*: **they arrived** *at* **midday** llegaron al mediodía.
middle /ˈmɪdəl/ **I** *n* **1.** (*gen*) medio *m*: **they were chatting** *in* **the middle of the road** estaban charlando en medio de la calle; **I sneezed** *in* **the middle of his speech** estornudé en medio de su discurso; **she cut the fabric** *down* **the middle** cortó la tela por la mitad ∗ por el medio; **don't interrupt when I'm** *in* **the middle of a story** no me interrumpas cuando estoy contando una historia; **the course ends** *in* **the middle of July** el curso termina a mediados de julio ● **they live in the middle of nowhere** viven en el quinto pino. **2.** (*fam: waist*) cintura *f*: **I've put on weight** *round* **my middle** he engordado de cintura.
II *adj*: **there are three houses - ours is the middle one** hay tres casas, la nuestra es la de en medio; **she is the middle child** ella es la hija mediana.
middle age *n* edad *f* madura.
middle-aged *adj* de mediana edad.
Middle Ages *n pl*: **the Middle Ages** la Edad Media.
middle class **I** *n* clase *f* media.
II *adj* (*también* **middle-class**) de clase media.
middle-distance race *n* carrera *f* de medio fondo.
middle-distance runner *n* mediofondista *m/f*, corredor -dora *m/f* de medio fondo.
Middle East *n*: **the Middle East** (el) Oriente Medio.
Middle Eastern *adj* de(l) Oriente Medio.
middle finger *n* dedo *m* corazón.
middleman *n* [*pl* **middlemen**] intermediario -ria *m/f*.
middle name *n*: *segundo nombre de pila*: **his middle name is Peter** su segundo nombre es Peter.
middle-of-the-road *adj* moderado -da.
middleweight *n* (*in boxing*) peso *m* medio.
middling /ˈmɪdəlɪŋ/ *adj* regular.
midfield /mɪdˈfiːld/ *n* (*in soccer*) centro *m* del campo: **he plays** *at* ∗ *in* **midfield** juega en el centro del campo.
midfield player *n* centrocampista *m/f*.
midge /mɪdʒ/ *n* jején *m* (*insecto más pequeño que el mosquito, de picadura muy irritante*).
midget /ˈmɪdʒɪt/ *n* enano -na *m/f*.
Midlands /ˈmɪdləndz/ *n pl*: **the Midlands** *los condados centrales de Inglaterra*.
midnight /ˈmɪdnaɪt/ *n* medianoche *f*: **we went to bed** *at* **midnight** nos acostamos a las doce.
midriff /ˈmɪdrɪf/ *n* (*diaphragm*) diafragma *m*; (*stomach*) estómago *m*.
midst /mɪdst/ *n* (*frml*): **there's a thief** *in* **our midst** hay un ladrón entre nosotros; *in* **the midst of all the chaos, we lost Frank** en medio de todo aquel desorden, perdimos a Frank.
midway /mɪdˈweɪ/ *adv* (*halfway*) a medio camino: **we ran out of petrol midway** *between* **the two towns** se nos acabó la gasolina a medio camino entre los dos pueblos; **we rested midway** *through* **the hike** descansamos a mitad de la caminata.
midweek **I** /ˈmɪdwiːk/ *adj* de entre semana: **midweek performances are cheaper** las funciones de entre semana son más baratas.
II /mɪdˈwiːk/ *adv* entre semana: **we met midweek** nos vimos entre semana.

midwife /'mɪdwaɪf/ *n* [**midwives** /'mɪdwaɪvz/] (*female*) comadrona *f*, partera *f*; (*male*) partero *m*.

might /maɪt/ **I** *v aux* [*neg* **might not** ✻ **mightn't**] [**might not** *es uso formal o enfático*] ➪ gramática en el apéndice (Verbos Auxiliares Modales) **1.** (*frml*: *in polite requests*): **might I ask you a favour?** ¿podría pedirle un favor? **2.** (*indicating possibility*): **I might go and see her this weekend** a lo mejor voy a verla este fin de semana; **they might have left by now** a lo mejor ya se han ido; **he might have been killed** podía ✻ podría haberse matado • **I might have known you'd be late** me debería haber imaginado que llegarías tarde • **it might be cold, but at least it isn't raining** hace frío, pero por lo menos no llueve. **3.** (*when making suggestions*): **you might like to call later this afternoon** si quiere, puede volver a llamar esta tarde; **you might at least have mentioned it!** ¡podías ✻ podrías haberlo dicho! • **we might as well go home** mejor nos vamos a casa, ¿total?...
II *n* (*frml*) fuerza *f*, poder *m*: **she pedalled with all her might** pedaleaba con todas sus fuerzas.

mightn't /'maɪtənt/ *contracción de* **might not** ➪ might

mighty /'maɪtɪ/ **I** *adj* [**mightier, mightiest**] poderoso -sa: **he was a mighty warrior** era un guerrero poderoso.
II *adv* (*fam*) muy: **it's mighty big** es enorme.

migraine /'mi:greɪn/ *n* migraña *f*, jaqueca *f*: **I get terrible migraines** tengo unas jaquecas horrorosas.

migrant /'maɪgrənt/ **I** *adj* itinerante.
II *n* (*bird*) ave *f* migratoria [takes ***el*** or ***un*** in singular].
migrant worker *n* trabajador -dora *m/f* itinerante.

migrate /maɪ'greɪt/ *vi* [**migrates, migrating, migrated**] migrar.

migration /maɪ'greɪʃən/ *n* migración *f*.

migratory /'maɪgrətərɪ/ *adj* migratorio -ria.

mike /maɪk/ *n* (*apócope de* **microphone**) (*fam*) micrófono *m*.

mild /maɪld/ *adj* **1.** (*person*) apacible, bondadoso -sa. **2.** (*weather*) agradable: **it was mild yesterday** ayer hizo un tiempo agradable; **the island has a mild climate** la isla tiene un clima templado. **3.** (*punishment*) poco severo -ra: **he had a mild bout of flu** tuvo la gripe, pero no muy fuerte. **4.** (*flavour*) suave: **I ordered a mild curry** pedí un curry poco picante.

mildew /'mɪldju:/ *n* (*on wood, paper, etc.*) moho *m*; (*on vines*) mildiu *m*.

mildly /'maɪldlɪ/ *adv* **1.** (*gently*) suavemente: **he speaks mildly without raising his voice** habla suavemente, sin alzar la voz. **2.** (*slightly*) ligeramente: **she was mildly annoyed** estaba un poco enfadada • **he's not very clever, to put it mildly** no es demasiado listo, por no decir otra cosa.

mildness /'maɪldnəs/ *n* **1.** (*of a person*) bondad *f*, afabilidad *f*. **2.** (*of weather, food*) suavidad *f*.

mile /maɪl/ *n* milla *f* • **it's miles better than that one** es muchísimo mejor que ése • **it's miles to the nearest bank** el banco más cercano está lejísimos • **she stood out a mile in her pink hat** llamaba mucho la atención con su sombrero rosa.

mileage /'maɪlɪdʒ/ *n* (*total distance travelled*): **what's the mileage** *on* **this truck?** ¿cuántas millas ha hecho este camión?; (*rate of fuel consumption*): **what mileage do you get from your car?** ¿cuántos litros gasta tu coche a los cien kilómetros? • **the press got a lot of mileage out of it** la prensa le sacó mucho jugo al asunto.

mileometer /maɪ'lɒmɪtə/ *n* cuentakilómetros *m inv*.

milestone /'maɪlstəʊn/ *n* hito *m*, jalón *m* • **it was a milestone in his career** fue todo un hito en su carrera.

milieu /'mi:ljɜ:/ *n* [**milieus** ✻ **milieux** /'mi:ljɜ:/] entorno *m*, ámbito *m* social.

militancy /'mɪlɪtənsɪ/ *n* militancia *f*.

militant /'mɪlɪtənt/ *adj, n* militante *adj, m/f*.

military /'mɪlɪtərɪ/ **I** *adj* militar.
II the military *n pl* los militares.
military police *n* policía *f* militar.
military service *n* servicio *m* militar: **he's doing his military service** está haciendo el servicio militar.

militate /'mɪlɪteɪt/ *vi* [**militates, militating, militated**] (*frml*): **the evidence militated** *for/against* **me** las pruebas iban a mi favor/en mi contra.

militia /mɪ'lɪʃə/ *n* milicia *f*.
militiaman *n* [*pl* **militiamen**] miliciano *m*.

milk /mɪlk/ **I** *n* leche *f*: **she's allergic to milk products** es alérgica a los productos lácteos • **it's no use crying over spilt milk** a lo hecho, pecho.
II *vt* [**milks, milking, milked**] **1.** (*an animal*) ordeñar. **2.** (*to exploit*) explotar: **they milked the opportunity for all it was worth** aprovecharon la oportunidad al máximo.
milk chocolate *n* chocolate *m* con leche.
milk float *n* (*GB*) *vehículo, generalmente eléctrico, que se usa para el reparto de leche.*
milkman *n* [*pl* **milkmen**] lechero *m*.
milk shake *n* batido *m* (de leche).
milk tooth *n* diente *m* de leche.

milky /'mɪlkɪ/ *adj* [**milkier, milkiest**] **1.** (*containing milk*) con leche: **she likes her coffee very milky** le gusta el café con mucha leche. **2.** (*resembling milk*) lechoso -sa; (*whitish*) blanquecino -na.
Milky Way *n* Vía *f* Láctea.

mill /mɪl/ **I** *n* **1.** (*for grinding cereals*) molino *m*; (*for spices, coffee*) molinillo *m*. **2.** (*factory*) fábrica *f*: **I work in a cotton mill** trabajo en una fábrica de algodón.
II *vt* [**mills, milling, milled**] (*cereals, coffee*) moler.
to **mill about** ✻ **around** *vt*: **the crowd milled about** ✻ **around the stadium after the match** los espectadores se quedaron alrededor del estadio después del partido.
millstone *n* piedra *f* de molino, muela *f* • **this debt is a millstone around my neck** esta deuda es una cruz que llevo a cuestas.

millenium /mɪ'lenɪəm/ *n* [**milleniums** ✻ **millenia** /mɪ'lenɪə/] milenio *m*.

millennium /mɪ'lenɪəm/ *n* [**millenniums** ✻ **millennia** /mɪ'lenɪə/] milenio *m*.

miller /'mɪlə/ *n* molinero -ra *m/f*.

millet /'mɪlɪt/ *n* mijo *m*.

milligram, milligramme /'mɪlɪˌgræm/ *n* miligramo *m*.

millilitre, (*US*) **milliliter** /'mɪlɪˌli:tə/ *n* mililitro *m*.

millimetre, (*US*) **millimeter** /'mɪlɪˌmi:tə/ *n* milímetro *m*.

million /'mɪljən/ *n* millón *m*: **a million pounds** un millón de libras; **ten million inhabitants** diez millones de habitantes; **millions of dollars were wasted** se malgastaron millones de dólares.

millionaire /mɪljə'neə/ *n* millonario -ria *m/f*.

millionth /'mɪljənθ/ **I** *adj* millonésimo -ma.
II *n* millonésimo *m*.

millipede /'mɪlɪpi:d/ *n* milpiés *m inv*.

milometer /maɪ'lɒmɪtə/ *n* cuentakilómetros *m inv*.

mime /maɪm/ **I** *n* (*theatrical genre*) mimo *m*: **he's a famous mime artist** es un mimo famoso; (*performance*) representación *f* de mimo.
II *vi* [**mimes, miming, mimed**] actuar de mimo.

♦*vt* (*to imitate by actions*): **she mimed someone washing dishes** hizo mímica como si estuviera fregando los platos.

mimic /ˈmɪmɪk/ **I** *vt* [**mimics, mimicking, mimicked**] imitar: **he entertains the class by mimicking the teacher** divierte a la clase imitando al profesor.
II *n* imitador -dora *m/f*: **that child's a born mimic** ese niño lo imita todo.

min. **1.** *léase* /ˈmɪnɪt/ (*abreviatura de* **minute**) min (minuto). **2.** *léase* /ˈmɪnɪməm/ (*abreviatura de* **minimum**) mín. (mínimo).

minaret /mɪnəˈret/ *n* alminar *m*, minarete *m*.

mince /mɪns/ **I** *vt* [**minces, mincing, minced**] (*meat, fish*) picar: **minced lamb** carne de cordero picada; **minced meat** carne picada.
♦*vi* andar con amaneramiento.
II *n* (*GB*) carne *f* picada.

mincemeat /ˈmɪnsmiːt/ *n* **1.** (*GB*: *sweet*) *conserva de fruta picada con especias*. **2.** (*US*: *minced meat*) carne *f* picada ● **she made mincemeat of the defence lawyer's arguments and won the case** hizo picadillo los argumentos del abogado defensor y ganó el pleito.

mincer /ˈmɪnsə/ *n* picadora *f*.

mind /maɪnd/ **I** *n* **1.** (*consciousness, awareness*) cabeza *f*, mente *f*: **it's the only thing that comes ✻ springs** *to* **mind** es lo único que se me ocurre; **I can't get the idea out of my mind** no me puedo quitar la idea de la cabeza; **his state of mind is unpredictable** su estado de ánimo es impredecible; **keep your mind on the job** presta atención a lo que estás haciendo; **he put his mind to preparing the speech** se dedicó a preparar concienzudamente el discurso ● **it didn't even cross his mind** ni se le pasó por la cabeza ● **is there something on your mind?** ¿te preocupa algo? ● **the movie helped to take my mind off my problems** la película me sirvió para olvidarme de mis problemas ● **in his mind's eye he saw himself as the director** se imaginaba a sí mismo como director ● **these experiences broaden the mind** estas experiencias lo hacen a uno más abierto. **2.** (*mentality*) mentalidad *f*, inteligencia *f*: **he has a brilliant mind** es muy inteligente ✻ es muy brillante. **3.** (*intelligent person*) cerebro *m* ● **great minds think alike** (*humorously*) los genios siempre llegamos a la misma conclusión. **4.** (*viewpoint, opinion*) parecer *m*, opinión *f*: **he's changed his mind** ha cambiado de parecer; *to* **my mind, he can't be trusted** en mi opinión, no se puede confiar en él; **are we** *of* **the same mind?** ¿estamos de acuerdo? ● **I always speak my mind** siempre digo lo que pienso ● **one must keep an open mind** hay que estar libre de prejuicios ● **he was in two minds about whether to tell her** no sabía si decírselo o no. **5.** (*intention*) intención *f* ● **I've a good mind to sack her** me dan ganas ✻ tengo muchas ganas de despedirla ● **I've half a mind to go home** estoy tentado de irme a casa ● **tell him to make up his mind ✻ make his mind up** dile que se decida. **6.** (*memory*) memoria *f*: **it's slipped my mind** no puedo acordarme; **bear** *in* **mind that you must be back by six** ten en cuenta que tienes que volver antes de las seis; **his story brought** *to* **mind a similar incident** su relato me trajo a la memoria otro incidente parecido. **7.** (*sanity*) juicio *m*: **he's lost his mind** ha perdido el juicio; **she's not** *in* **her right mind** no está en su sano juicio; **he's** *out* **of his mind** está loco.
II *vt* [**minds, minding, minded**] **1.** (*to care for, guard: children*) cuidar: **he asked me to mind the cash desk** me pidió que atendiera la caja. **2.** (*to ensure, take care*): **mind you don't lose anything** ten cuidado, no vayas a perder nada; **mind you don't catch cold** ten cuidado de no resfriarte; **mind the door** ten cuidado con la puerta ● **mind you, he's not the only one** te advierto que no es el único. **3.** (*to be bothered by*): **do you mind me leaving this here?** ¿te importa que deje esto aquí?; **would you mind not smoking?** ¿te importaría no fumar?; **I don't mind the noise** no me molesta el ruido; **I wouldn't mind a cup of coffee** no me vendría mal un cafecito ● **never mind ✻ don't mind what she says** no te preocupes por lo que ella diga.
♦*vi* (*to worry*) preocuparse: **never mind** *about* **the broken record** no te preocupes por el disco roto; **I don't mind if they arrive late** a mí no me preocupa ✻ importa que lleguen tarde; **do you mind if I sit here?** ¿le importa si me siento aquí?; **I don't mind** no me importa; **"Would you like a drink?" "I don't mind if I do."** "¿Quieres tomar una copa?" "Bueno." ● **never mind** no importa ✻ no te preocupes ● **mind out!** ¡cuidado!

mind-boggling *adj* (*fam*) alucinante, inconcebible: **the concept is mind-boggling** es un concepto difícil de concebir.

mind-reader *n* adivino -na *m/f*.

mindful /ˈmaɪndfʊl/ *adj* consciente.

mindless /ˈmaɪndləs/ *adj* **1.** (*thoughtless*) estúpido -da, sin sentido. **2.** (*monotonous*): **he has a mindless job in a supermarket** tiene un trabajo muy aburrido en un supermercado.

mine /maɪn/ **I** *pron* (*one thing, person*) (el) mío, (la) mía; (*more than one*) (los) míos, (las) mías: **this coat is mine** este abrigo es mío; **here's your key, but where's mine?** aquí tienes tu llave, pero ¿dónde está la mía?; **her car was parked behind mine** su coche estaba aparcado detrás del mío; **some friends of mine are coming on Friday** el viernes vienen unos amigos míos.
II *n* **1.** (*Geol*) mina *f*: **a diamond mine** una mina de diamantes ● **she's a mine of information** es una mina de información. **2.** (*Mil*) mina *f*.
III *vt* [**mines, mining, mined**] **1.** (*coal, gold, etc.*) extraer: **a million tonnes of coal were mined that year** aquel año se extrajo un millón de toneladas de carbón; (*deposits*) explotar: **this area has been mined for years** en esta zona ha habido explotaciones mineras desde hace muchos años. **2.** (*Mil*) minar, sembrar de minas.
♦*vi* (*for coal, gold, etc.*) excavar: **they're mining** *for* **gold** están excavando en busca de oro; (*in an area*) explotar las minas.

minefield *n* campo *m* minado ✻ de minas: **the whole subject is a minefield** el tema es un campo minado.

mineshaft *n* pozo *m* de mina.

minesweeper *n* dragaminas *m inv*.

miner /ˈmaɪnə/ *n* minero -ra *m/f*.

mineral /ˈmɪnərəl/ **I** *n* mineral *m*.
II *adj* mineral: **the island is rich in mineral deposits** la isla es rica en recursos minerales.

mineral water *n* agua *f* mineral [takes ***el*** or ***un*** in singular].

mineralogy /mɪnəˈrælədʒɪ/ *n* mineralogía *f*.

mingle /ˈmɪŋgəl/ *vt* [**mingles, mingling, mingled**] mezclar: **her tears were mingled** *with* **laughter** reía y lloraba a la vez.
♦*vi* mezclarse: **they mingled** *with* **the crowd** se mezclaron con la muchedumbre.

mini /ˈmɪniː/ *n* (*skirt*) minifalda *f*.

miniature /ˈmɪnətʃə/ **I** *adj* en miniatura: **a miniature model of the hospital** una maqueta en miniatura del hospital.
II *n* miniatura *f*: **in miniature** en miniatura.

minibus /ˈmɪnɪbʌs/ *n* [**minibuses**] microbús *m*.

minim /ˈmɪnɪm/ *n* (*Mus*) blanca *f*.

minimal /ˈmɪnɪməl/ *adj* mínimo -ma: **for a minimal amount of money** por poquísimo dinero.

minimally /ˈmɪnɪməlɪ/ *adv* mínimamente.

minimize /ˈmɪnɪmaɪz/ *vt* [**minimizes, minimizing, minimized**] reducir al mínimo, minimizar: **they increased profits by minimizing spending** aumentaron los beneficios reduciendo los gastos al mínimo.

minimum /ˈmɪnɪməm/ **I** *adj* mínimo -ma.
II *n* [**minimums** ✻ **minima** /ˈmɪnɪmə/] mínimo *m*: **we try to keep disruption** *to* **a minimum** procuramos que las molestias sean mínimas.

mining /ˈmaɪnɪŋ/ *n* minería *f*: **the mining industry** la industria minera.

minion /ˈmɪnɪən/ *n* subalterno -na *m/f*.

miniseries /ˌmɪniːˈsɪəriːz/ *n* [*pl* **miniseries**] miniserie *f* (*de televisión*).

miniskirt /ˈmɪniːskɜːt/ *n* minifalda *f*.

minister /ˈmɪnɪstə/ **I** *n* **1.** (*Pol*) ministro -tra *m/f*: **the Minister of Agriculture** el ministro de Agricultura. **2.** (*Relig*) ministro -tra *m/f*, pastor -tora *m/f*.
II *vi* [**ministers, ministering, ministered**] (*frml*): **the volunteers ministered** *to* **the earthquake victims** los voluntarios atendieron a las víctimas del terremoto.

ministerial /mɪnɪˈstɪərɪəl/ *adj* (*Pol*) ministerial.

ministry /ˈmɪnɪstrɪ/ *n* [**ministries**] **1.** (*Pol*) ministerio *m*: **the Ministry of Defence** el Ministerio de Defensa. **2.** (*Relig*) sacerdocio *m*: **he wants to enter the ministry** quiere hacerse sacerdote.

mink /mɪŋk/ *n* visón *m*: **she was wearing a mink (coat)** llevaba un abrigo de visón.

minnow /ˈmɪnəʊ/ *n* alevín *m*.

minor /ˈmaɪnə/ **I** *adj* **1.** (*unimportant*) de poca importancia: **it's a minor detail** es un detalle sin importancia; **I had a minor infection** tuve una infección sin importancia; **a minor composer** un compositor menor. **2.** (*Mus*) menor: **B minor** si menor.
II *n* (*Law*) menor *m/f* de edad: **your son is still a minor** su hijo es todavía menor de edad.

minority /maɪˈnɒrətɪ/ **I** *n* [**minorities**] minoría *f*: **pupils from several ethnic minorities** alumnos de diversas minorías étnicas; **only a small minority of people voted** votó muy poca gente; **teetotallers are** *in* **the minority** los abstemios son una minoría.
II *adj* minoritario -ria.

minstrel /ˈmɪnstrəl/ *n* juglar *m*.

mint /mɪnt/ **I** *n* **1.** (*herb*) menta *f*, hierbabuena *f*. **2.** (*confectionery*) caramelo *m* de menta. **3.** (*Fin*) casa *f* de la moneda • **he made a mint selling insurance** se hizo de oro vendiendo seguros • **the books are in mint condition** los libros están en perfecto estado.
II *vt* [**mints, minting, minted**] acuñar.

mint sauce *n* salsa *f* de menta.

mint tea *n* infusión *f* de menta.

minuet /mɪnjʊˈet/ *n* minué *m*.

minus /ˈmaɪnəs/ **I** *prep* **1.** (*less*) menos: **ten minus four is six** diez menos cuatro son seis. **2.** (*of temperature*): **it was minus five degrees** estábamos a cinco grados bajo cero. **3.** (*without*) sin: **it left him minus his savings** lo dejó sin ahorros.
II *n* [**minuses**] (*también* **minus sign**) (*Maths*) (signo *m*) menos *m*.
III *adj* negativo -va.

minuscule /ˈmɪnəskjuːl/ *adj* minúsculo -la.

minute I /ˈmɪnɪt/ *n* **1.** (*sixty seconds*) minuto *m*: **come back** *in* **ten minutes** vuelve dentro de diez minutos; **it's twelve minutes** *to* **six** ✻ *(US) of* **six** son las seis menos doce minutos. **2.** (*fam*: *moment*) momento *m*: **I'll be there** *in* **a minute** voy en un momento; **just a minute, please** un momento, por favor; **he should arrive** *at* **any minute** llegará de un momento a otro; **the minute she saw him, she burst into tears** en cuanto lo vio se echó a llorar; **we arrived** *at* **the last minute as usual** llegamos, como siempre, en el último momento; **come here this minute** ven acá ahora mismo. **3.** (*Maths*: *in degree measurements*) minuto *m*.
II minutes /ˈmɪnɪts/ *n pl* acta *f*: **he asked me to take the minutes of the meeting** me pidió que levantara acta de la reunión.
III /maɪˈnjuːt/ *adj* **1.** (*very small*) diminuto -ta: **a minute insect** un insecto diminuto. **2.** (*very precise*) minucioso -sa, detallado -da: **they studied the plans in minute detail** estudiaron los planes con todo detalle.

minute hand /ˈmɪnɪt hænd/ *n* minutero *m*.

minutely /maɪˈnjuːtlɪ/ *adv* minuciosamente, detalladamente.

miracle /ˈmɪrəkəl/ *n* milagro *m* • **it was a miracle they offered me the job** fue un milagro que me ofrecieran el trabajo.

miracle cure *n* cura *f* milagrosa.

miraculous /mɪˈrækjʊləs/ *adj* milagroso -sa.

mirage /ˈmɪrɑːʒ/ *n* espejismo *m*.

mirror /ˈmɪrə/ **I** *n* (*gen*) espejo *m*; (*in car*) retrovisor *m*.
II *vt* [**mirrors, mirroring, mirrored**] reflejar: **the novel mirrors the author's life** la novela refleja la propia vida del autor.

mirth /mɜːθ/ *n* regocijo *m*, alegría *f*.

misadventure /ˌmɪsədˈventʃə/ *n* (*Law*): **it was death** *by* **misadventure** fue una muerte accidental.

misanthropic /ˌmɪzənˈθrɒpɪk/ *adj* misantrópico -ca.

misanthropist /mɪˈzænθrəpɪst/ *n* misántropo -pa *m/f*.

misapply /ˌmɪsəˈplaɪ/ *vt* [**misapplies, misapplying, misapplied**] (*frml*: *to use incorrectly*) usar indebidamente; (*: to use wastefully*) malgastar; (*: to use dishonestly*) malversar.

misapprehend /ˌmɪsæprɪˈhend/ *vt* [**misapprehends, misapprehending, misapprehended**] (*frml*) entender mal.

misapprehension /ˌmɪsæprɪˈhenʃən/ *n* (*frml*) malentendido *m*: **the driver was under the misapprehension that the lights were green** el conductor se confundió y creyó que el semáforo estaba en verde • **he's labouring under the misapprehension that no one likes him** está convencido de que no le cae bien a nadie.

misappropriate /ˌmɪsəˈprəʊprɪeɪt/ *vt* [**misappropriates, misappropriating, misappropriated**] (*frml*): **he was accused of misappropriating company funds** lo acusaron de apropiamiento indebido de fondos de la empresa.

misappropriation /ˌmɪsəprəʊprɪˈeɪʃən/ *n* (*frml*) apropiamiento *m* indebido.

misbehave /ˌmɪsbɪˈheɪv/ *vi* [**misbehaves, misbehaving, misbehaved**] portarse mal.

misbehaviour, (*US*) **misbehavior** /ˌmɪsbɪˈheɪvjə/ *n* mal comportamiento *m*, mala conducta *f*.

miscalculate /mɪsˈkælkjʊleɪt/ *vt/i* [**miscalculates, miscalculating, miscalculated**] calcular mal.

miscalculation /ˌmɪskælkjʊˈleɪʃən/ *n* error *m* de cálculo.

miscarriage /ˈmɪskærɪdʒ/ *n* (*Med*) aborto *m* espontá-

neo: **she had a miscarriage owing to the accident** abortó a consecuencia del accidente.
miscarriage of justice /mɪsˈkærɪdʒ əv ˈdʒʌstɪs/ *n* error *m* judicial.
miscarry /mɪsˈkærɪ/ *vi* [**miscarries, miscarrying, miscarried**] **1.** (*Med*) abortar (*espontáneamente*). **2.** (*plan*) fracasar.
miscellaneous /ˌmɪsəˈleɪnɪəs/ *adj* diverso -sa: **miscellaneous goods** géneros diversos.
mischief /ˈmɪstʃɪf/ *n* (*naughtiness*): **those children are constantly** *up to* * **getting** *into* **mischief** esos niños se pasan la vida haciendo travesuras; **try to keep him** *out of* **mischief** trata de impedir que haga travesuras.
mischievous /ˈmɪstʃɪvəs/ *adj* **1.** (*playful*) travieso -sa: **a mischievous child** un niño travieso; **he said it with a mischievous smile** lo dijo con una sonrisa pícara. **2.** (*spiteful*) malicioso -sa: **it's all just mischievous gossip** no son más que chismes malintencionados.
mischievously /ˈmɪstʃɪvəslɪ/ *adv* con picardía.
misconceived /ˌmɪskənˈsiːvd/ *adj* erróneo -nea.
misconception /ˌmɪskənˈsepʃən/ *n* idea *f* equivocada.
misconduct /mɪsˈkɒndʌkt/ *n* mala conducta *f*.
misconstrue /ˌmɪskənˈstruː/ *vt* [**misconstrues, misconstruing, misconstrued**] (*frml*) interpretar mal.
misdeed /mɪsˈdiːd/ *n* fechoría *f*.
misdemeanour, (*US*) **misdemeanor** /ˌmɪsdɪˈmiːnə/ *n* **1.** (*Law*: *frml*) delito *m* menor, infracción *f*. **2.** (*wrongdoing*) falta *f*: **we forgave his little misdemeanours** le perdonábamos sus faltas.
misdirect /ˌmɪsdaɪˈrekt/ *vt* [**misdirects, misdirecting, misdirected**] dirigir mal: **I asked a policeman the way but he misdirected me** le pregunté el camino a un policía pero me dio mal las indicaciones.
miser /ˈmaɪzə/ *n* avaro -ra *m/f*.
miserable /ˈmɪzərəbəl/ *adj* **1.** (*very sad*) afligido -da, abatido -da: **what are you so miserable** *about*? ¿por qué estás tan abatido?; (*unfortunate*) desgraciado -da, desdichado -da. **2.** (*poor*) miserable: **he's paid a miserable wage** le pagan un sueldo miserable. **3.** (*bad*): **we had miserable weather all week** tuvimos un tiempo fatal toda la semana.
miserably /ˈmɪzərəblɪ/ *adv* **1.** (*unhappily*) tristemente. **2.** (*pathetically*) vergonzosamente: **we lost miserably** perdimos de la manera más vergonzosa.
miserly /ˈmaɪzəlɪ/ *adj* avaro -ra.
misery /ˈmɪzərɪ/ *n* [**miseries**] **1.** (*unhappiness*) desdicha *f*. **2.** (*suffering*) aflicción *f*, sufrimiento *m* • **he makes my life a misery** me hace la vida imposible. **3.** (*poverty*) miseria *f*.
misfire /mɪsˈfaɪə/ *vi* [**misfires, misfiring, misfired**] fallar • **the joke misfired** le salió el tiro por la culata con la broma.
misfit /ˈmɪsfɪt/ *n* inadaptado -da *m/f*.
misfortune /mɪsˈfɔːtʃən/ *n* desgracia *f*, infortunio *m*: **I had the misfortune to lose my ticket** tuve la desgracia * la mala fortuna de perder el billete.
misgiving /mɪsˈgɪvɪŋ/ *n* **1.** (*suspicion*) recelo *m*: **she looked at the car with misgiving** miró el coche con recelo. **2.** (*doubt*) duda *f*.
misguided /mɪsˈgaɪdɪd/ *adj* equivocado -da: **his theories are rather misguided** sus teorías están equivocadas.
mishandle /mɪsˈhændəl/ *vt* [**mishandles, mishandling, mishandled**] **1.** (*affair*) llevar mal: **he mishandled the business from the start** llevó mal el asunto desde el comienzo. **2.** (*to handle roughly*) maltratar.
mishap /ˈmɪshæp/ *n* percance *m*.
misinform /ˌmɪsɪnˈfɔːm/ *vt* [**misinforms, misinforming, misinformed**] informar mal: **I was misinformed** *about* **the arrangement** me informaron mal de los planes.
misinterpret /ˌmɪsɪnˈtɜːprɪt/ *vt* [**misinterprets, misinterpreting, misinterpreted**] interpretar mal: **he misinterpreted my directions and got lost** interpretó mal mis instrucciones y se perdió.
misinterpretation /ˌmɪsɪntɜːprɪˈteɪʃən/ *n* interpretación *f* errónea.
misjudge /mɪsˈdʒʌdʒ/ *vt* [**misjudges, misjudging, misjudged**] juzgar mal: **if you think she's a thief you're misjudging her** la estás juzgando mal si la crees capaz de robar; **the rider misjudged the width of the stream** el jinete calculó mal la anchura del arroyo.
mislay /mɪsˈleɪ/ *vt* [**mislays, mislaying, mislaid**] extraviar: **I've mislaid my keys** no sé dónde he dejado las llaves.
mislead /mɪsˈliːd/ *vt* [**misleads, misleading, misled**] engañar: **I was misled by the advertisement** me confundió el anuncio.
misleading /mɪsˈliːdɪŋ/ *adj* engañoso -sa: **the guidebook was very misleading** la guía daba una idea equivocada.
misled /mɪsˈled/ *pretérito y participio pasado de* ⇨ mislead
mismanage /mɪsˈmænɪdʒ/ *vt* [**mismanages, mismanaging, mismanaged**] administrar mal.
mismanagement /mɪsˈmænɪdʒmənt/ *n* mala administración *f*.
misnomer /mɪsˈnəʊmə/ *n* nombre *m* inapropiado: **it would be a misnomer to call it a luxury car** sería poco apropiado llamarlo un coche de lujo.
misogynist /mɪˈsɒdʒɪnɪst/ *n* misógino *m*.
misplace /mɪsˈpleɪs/ *vt* [**misplaces, misplacing, misplaced**] **1.** (*object*) extraviar. **2.** (*trust*): **her confidence in her lawyer was misplaced** se equivocaba al confiar en su abogado.
misprint /ˈmɪsprɪnt/ *n* errata *f*.
mispronounce /ˌmɪsprəˈnaʊns/ *vt* [**mispronounces, mispronouncing, mispronounced**] pronunciar mal.
mispronunciation /ˌmɪsprənʌnsɪˈeɪʃən/ *n* mala pronunciación *f*.
misquotation /ˌmɪskwəʊˈteɪʃən/ *n* cita *f* inexacta, cita *f* errónea.
misquote /mɪsˈkwəʊt/ *vt* [**misquotes, misquoting, misquoted**] citar incorrectamente.
misread /mɪsˈriːd/ *vt* [**misreads, misreading, misread** /mɪsˈred/] **1.** (*a sentence, name*) leer mal. **2.** (*a situation*) interpretar mal: **you have completely misread the situation** has interpretado la situación de forma totalmente errónea.
misrepresent /ˌmɪsreprɪˈzent/ *vt* [**misrepresents, misrepresenting, misrepresented**] tergiversar: **the press misrepresented what he said** la prensa tergiversó sus palabras.
misrepresentation /mɪsˌreprɪzenˈteɪʃən/ *n* deformación *f*.
Miss /mɪs/ *n* [**Misses**] **1.** (*gen*) señorita: **good afternoon, Miss Watson** buenas tardes, señorita Watson; **Miss Morris has arrived** ha llegado la señorita Morris; **the new Miss Spain** la nueva Miss España; (*in correspondence, lists of names, etc*): **Miss J. Carter** Srta. * Dña. J. Carter. **2.** (*when addressing a female teacher*) señorita *f*.
miss /mɪs/ **I** *n* [**misses**] (*failed attempt*) fallo *m*, tiro *m*

fallido • **that was a near miss!** ¡qué poco ha faltado! • **he gave the meeting a miss** decidió no acudir a la reunión.

II *vt* [**misses, missing, missed**] 1. (*to fail to hit*): **she missed the ball** no le dio a la pelota; **the arrow missed the target** la flecha no dio en el blanco; **that lorry just missed us** por poco nos atropella ese camión. 2. (*a bus, plane, etc.*) perder: **hurry up, you'll miss the train** date prisa, vas a perder el tren. 3. (*a programme, appointment*) perderse: **I missed the last episode of the series** me perdí el último capítulo de la serie; **he missed the last meeting** no asistió a la última reunión; **he's missed so many chances** ha desperdiciado tantas oportunidades. 4. (*to fail to hear*) no oír: **I missed what she said** no oí lo que dijo. 5. (*to fail to see, meet*): **I must have missed them in the crowd** me habrán pasado desapercibidos entre la multitud; **he's incredibly tall - you can't miss him** es altísimo, no te puede pasar desapercibido. 6. (*to avoid*) evitar: **we left early to miss the traffic** salimos pronto para evitar el tráfico; **I just missed bumping into him** por poco me encuentro con él. 7. (*to notice the loss of*) echar en falta: **when did you miss your wallet?** ¿cuándo echaste en falta la cartera? 8. (*to regret the absence of*) echar de menos: **I miss you terribly** te echo muchísimo de menos.

♦*vi* fallar: **he took the penalty and missed** lanzó el penalti y falló; **he tried to catch the ball but missed** trató de coger la pelota pero falló.

to **miss out** *vt* saltarse: **the typist missed out a paragraph** la mecanógrafa se saltó un párrafo.

♦*vi*: **you missed out by not coming with us** tú te lo perdiste por no venir con nosotros; **he's missed out** *on* **three outings already** ya se ha perdido tres excursiones.

misshapen /mɪsˈʃeɪpən/ *adj* deformado -da.

missile /ˈmɪsaɪl/ (*US*) /ˈmɪsəl/ *n* (*rocket*) misil *m*; (*stone, bottle*) proyectil *m*.

missile launcher *n* lanzamisiles *m inv*.

missing /ˈmɪsɪŋ/ *adj* 1. (*lost: object*) perdido -da: **I found the missing shoe** encontré el zapato que se había perdido; (*: person*) desaparecido -da: **he was reported as missing in action** lo declararon desaparecido en combate; **the number of missing persons has risen** ha aumentado el número de personas desaparecidas. 2. (*absent*) ausente: **several pupils were missing** faltaban varios alumnos; **certain details are missing** *from* **this report** en este informe faltan ciertos detalles.

mission /ˈmɪʃən/ *n* 1. (*task*) misión *f*: **did he carry out his mission?** ¿cumplió su misión?; **my mission is to fight for justice** mi misión es luchar por la justicia. 2. (*Relig*) misión *f*: **the mission hospital** el hospital de la misión.

missionary /ˈmɪʃənərɪ/ *n* [**missionaries**] misionero -ra *m/f*.

misspell /mɪsˈspel/ *vt* [**misspells, misspelling, misspelt** ✱ **misspelled**] escribir mal ✱ incorrectamente.

misspelling /mɪsˈspelɪŋ/ *n* falta *f* de ortografía.

misspelt /mɪsˈspelt/ *pretérito y participio pasado de* ➪ misspell

misspend /mɪsˈspend/ *vt* [**misspends, misspending, misspent**] 1. (*time*) desaprovechar, desperdiciar: **he regretted his misspent youth** lamentaba cómo había desaprovechado su juventud. 2. (*money*) malgastar.

mist /mɪst/ I *n* neblina *f*, bruma *f*.

II *vi* [**mists, misting, misted**]: **her eyes misted** *with* **tears** los ojos se le llenaron de lágrimas.

to **mist over** *vi* empañarse: **the mirror misted over** el espejo se empañó.

to **mist up** *vt* empañar: **the steam misted up the windowpanes** el vapor empañó los cristales.

♦*vi* empañarse: **the windscreen misted up** se empañó el parabrisas.

mistake /mɪˈsteɪk/ I *n* error *m*, equivocación *f*: **you've made a mistake** te has equivocado ✱ has cometido un error; **he made a number of silly mistakes in his maths test** cometió varios errores tontos en el examen de matemáticas; **I turned off the light** *by* **mistake** apagué la luz por equivocación; **surely there's some mistake** tiene que haber algún error.

II *vt* [**mistakes, mistaking, mistook,** *participio pasado* **mistaken**] 1. (*to misinterpret*) interpretar mal: **he mistook my intentions** interpretó mal mis intenciones. 2. (*to wrongly identify*): **I mistook him** *for* **my cousin** lo confundí con mi primo; **she mistook my coat** *for* **hers** confundió mi abrigo con el suyo; **we mistook the house** nos equivocamos de casa.

mistaken /mɪˈsteɪkən/ I *participio pasado de* ➪ mistake

II *adj* equivocado -da: **you are mistaken** *about* **his age** en cuanto a su edad, estás equivocado; **he had the mistaken idea we were going to visit him** tenía la idea equivocada de que íbamos a ir a visitarlo • **if I'm not mistaken, this is her now** si no me equivoco, ahí viene.

mistaken identity *n* identificación *f* errónea.

Mister /ˈmɪstə/ *n [generalmente se usa la forma abreviada* ***Mr****]* señor *m* ➪ Mr

mistime /mɪsˈtaɪm/ *vt* [**mistimes, mistiming, mistimed**] hacer a destiempo: **the athlete mistimed her jump** la atleta saltó a destiempo.

mistletoe /ˈmɪsəltəʊ/ *n* muérdago *m*.

mistook /mɪˈstʊk/ *pretérito de* ➪ mistake

mistress /ˈmɪstrəs/ *n* [**mistresses**] 1. (*of a house*) señora *f*: **the mistress of the house** la señora de la casa; (*of a pet*) dueña *f*, ama *f* [takes ***el*** or ***un*** in singular]. 2. (*lover*) amante *f*, querida *f*. 3. (*GB: teacher*) profesora *f*: **the art mistress** la profesora de arte.

mistrust /mɪsˈtrʌst/ I *vt* [**mistrusts, mistrusting, mistrusted**] desconfiar de: **she mistrusted his displays of affection** desconfiaba de sus demostraciones de cariño; **I mistrust my ability to keep a secret** no confío en mi capacidad de guardar un secreto.

II *n* recelo *m*, desconfianza *f*.

mistrustful /mɪsˈtrʌstfʊl/ *adj* desconfiado -da.

misty /ˈmɪstɪ/ *adj* [**mistier, mistiest**] 1. (*weather*): **a very misty morning** una mañana de mucha niebla. 2. (*eyes, glass*) empañado -da.

misty-eyed *adj* con los ojos empañados en lágrimas.

misunderstand /ˌmɪsʌndəˈstænd/ *vt/i* [**misunderstands, misunderstanding, misunderstood**] entender mal: **we misunderstood your instructions** entendimos mal tus instrucciones.

misunderstanding /ˌmɪsʌndəˈstændɪŋ/ *n* 1. (*confusion*) malentendido *m*. 2. (*disagreement*) desacuerdo *m*, discrepancia *f*: **it wasn't really an argument, just a misunderstanding** no fue una pelea realmente, sólo un malentendido.

misunderstood /mɪsˌʌndəˈstʊd/ *pretérito y participio pasado de* ➪ misunderstand

misuse I /mɪsˈjuːz/ *vt* [**misuses, misusing, misused**] 1. (*machinery*) manejar ✱ emplear mal: **my students still misuse the subjunctive** mis alumnos siguen usando mal el subjuntivo. 2. (*funds*) malversar. 3. (*power, influence*) abusar de: **the mayor misused his authority** el alcalde abusó de su autoridad.

II /mɪs'ju:s/ *n* **1.** (*of machinery*) mal manejo *m.* **2.** (*of funds*) malversación *f.* **3.** (*of power*) abuso *m.*

mite /maɪt/ *n* **1.** (*Zool*) ácaro *m.* **2.** (*fam: small child*) chiquillo -lla *m/f.* **3.** (*fam: a little*) poco *m*: **I'm a mite fed up of his grumbling** ya me tiene un poco aburrida con sus quejas.

miter /'maɪtə/ *n* (*US*) mitra *f.*

mitigate /'mɪtɪgeɪt/ *vt* [**mitigates, mitigating, mitigated**] (*frml*) mitigar, atenuar: **mitigating circumstances** circunstancias atenuantes.

mitigation /ˌmɪtɪ'geɪʃən/ *n* mitigación *f*, atenuación *f.*

mitre /'maɪtə/ *n* mitra *f.*

mitten /'mɪtən/ *n* manopla *f.*

mix /mɪks/ **I** *vt* [**mixes, mixing, mixed**] **1.** (*gen*) mezclar: **I mixed the dates** *with* **the raisins** mezclé los dátiles con las pasas; **he mixes diverse musical styles** mezcla distintos estilos musicales. **2.** (*to prepare*): **he mixed me a drink** me preparó un cóctel.
♦ *vi* **1.** (*gen*) mezclarse. **2.** (*to make social contact*): **who does he mix** *with* **at university?** ¿con quién se relaciona en la universidad?; **he doesn't mix very well** no sabe relacionarse con la gente.
II *n* [**mixes**] mezcla *f*: **an interesting mix of architectural styles** una mezcla interesante de estilos arquitectónicos.
to **mix in** *vt* añadir: **mix in the flour and then the eggs** añada la harina y, después, los huevos.
to **mix up** *vt* **1.** (*to confuse*) confundir: **I always mix her up** *with* **her sister** siempre la confundo con su hermana; **he got the keys mixed up and couldn't open the door** se confundió de llave y no podía abrir la puerta. **2.** (*to involve*): **he got mixed up** *in* **drug-trafficking** se metió en el narcotráfico; **I refuse to get mixed up** *with* **your weird friends** me niego a mezclarme con esos amigos tuyos tan raros. **3.** (*to disarrange*) desordenar: **who's mixed up my records?** ¿quién me ha desordenado los discos?
mix-up *n* malentendido *m.*

mixed /mɪkst/ *adj* **1.** (*gen*) mezclado -da; (*varied*) variado -da, surtido -da. **2.** (*Educ, Sport*) mixto -ta: **they played a mixed doubles match** jugaron un partido de dobles mixtos; **the children go to a mixed school** los niños van a un colegio mixto ✻ una escuela mixta. **3.** (*contradictory*) contradictorio -ria: **her letter left me with mixed feelings** su carta me causó sentimientos encontrados.
mixed grill *n* parrillada *f.*
mixed salad *n* ensalada *f* mixta.

mixer /'mɪksə/ *n* **1.** (*machine*) batidora *f.* **2.** (*person*) persona *f* sociable: **your brother's a good mixer** tu hermano es muy sociable. **3.** (*drink*) *refresco que se suele mezclar con bebidas alcohólicas.*
mixer tap *n* grifo *m* monobloc.

mixing bowl /'mɪksɪŋ bəʊl/ *n* bol *m*, cuenco *m* (*para mezclar ingredientes en la cocina*).

mixture /'mɪkstʃə/ *n* mezcla *f*: **a mixture of honey and lemon juice** una mezcla de miel y jugo de limón; **transfer the cake mixture to a tin** poner la mezcla del pastel en un molde; **the building was a strange mixture of styles** el edificio era una extraña mezcla de estilos.

mm *léase* /'mɪlɪmi:tə/ (*abreviatura de* (*GB*) **millimetre,** (*US*) **millimeter**) mm (milímetro).

moan /məʊn/ **I** *vi* [**moans, moaning, moaned**] **1.** (*in pain*) gemir. **2.** (*fam: to complain*) quejarse: **he's always moaning** *about* **having no money** siempre se está quejando de que no tiene dinero.
II *n* **1.** (*of pain*) gemido *m.* **2.** (*fam: grumble*) queja *f.*

moat /məʊt/ *n* foso *m.*

mob /mɒb/ **I** *n* **1.** (*crowd*) muchedumbre *f*, multitud *f.* **2.** (*group, gang*) panda *f*, banda *f.*
II *vt* [**mobs, mobbing, mobbed**] **1.** (*to surround*) acosar. **2.** (*to attack*) atacar: **he was mobbed by angry protesters** lo atacaron unos manifestantes enfurecidos.

mobile /'məʊbaɪl/ **I** *n* (*Art*) móvil *m.*
II *adj* **1.** (*able to move*) móvil: **old people are often not very mobile** a menudo, los ancianos tienen problemas de movilidad. **2.** (*Sociol*): **people are more socially mobile than before** hoy día existe un mayor grado de movilidad social.
mobile home *n* caravana *f* (*que se usa como vivienda permanente*).
mobile phone *n* teléfono *m* portátil.

mobility /məʊ'bɪlətɪ/ *n* movilidad *f.*

mobilization /ˌməʊbɪlaɪ'zeɪʃən/ *n* movilización *f.*

mobilize /'məʊbɪlaɪz/ *vt* [**mobilizes, mobilizing, mobilized**] movilizar.

moccasin /'mɒkəsɪn/ *n* mocasín *m.*

mock /mɒk/ **I** *vt* [**mocks, mocking, mocked**] burlarse de: **they mocked her old-fashioned ideas** se burlaban de sus ideas anticuadas; **they mocked him** *for* **being scared** se burlaron de él por tener miedo.
♦ *vi* burlarse: **you needn't mock - you're no better** no te burles, que tú eres igual.
II *adj* **1.** (*simulated*) simulado -da: **we took part in a mock battle** participamos en una batalla simulada; **mock Tudor houses** casas que imitan el estilo Tudor. **2.** (*Educ*): **the mock exams** los exámenes de prueba.

mockery /'mɒkərɪ/ *n* [**mockeries**] **1.** (*ridicule*) burla *f.* **2.** (*travesty*) farsa *f*: **the meeting was a mockery** la reunión fue una farsa ● **this decision makes a mockery of the Prime Minister's speech** esta decisión ridiculiza el discurso del Primer Ministro.

mocking /'mɒkɪŋ/ *adj* burlón -lona.

mockingbird /'mɒkɪŋˌbɜ:d/ *n* sinsonte *m.*

mockingly /'mɒkɪŋlɪ/ *adv* de manera burlona, con sorna.

MoD, MOD /eməʊ'di:/ *n* (*in GB*) (*abreviatura de* **Ministry of Defence**) Ministerio *m* de Defensa.

modal verb /'məʊdəl vɜ:b/ *n* verbo *m* modal.

mod cons /mɒd'kɒnz/ *n pl* (*apócope de* **modern conveniences**): **flat to let, all mod cons** se alquila piso totalmente equipado.

mode /məʊd/ *n* **1.** (*way*) modo *m*: **he used a formal mode of address** utilizó un tratamiento formal; **an unusual mode of transport** un medio de transporte poco común. **2.** (*Inform*) modalidad *f.* **3.** (*Ling, Mus*) modo *m.*

model /'mɒdəl/ **I** *n* **1.** (*example*) modelo *m*: **their education system follows the American model** su sistema educativo sigue el modelo americano; **she is a model of politeness** es un modelo de cortesía; **follow the model and write your own sentences** escribe frases siguiendo el modelo. **2.** (*to scale*) maqueta *f*: **he made a model of the bridge** hizo una maqueta del puente. **3.** (*in fashion, for artist*) modelo *m/f*: **she's a famous model** es una modelo famosa. **4.** (*of a car, product*) modelo *m*: **the latest model is the XRT-15** el último modelo es el XRT-15.
II *adj* **1.** (*train set, aeroplane*) en miniatura. **2.** (*perfect*) ejemplar: **she's a model pupil** es una alumna ejemplar ✻ modelo.
III *vt* [**models, modelling, modelled**] **1.** (*clothes*): **she was modelling clothes in Milan** trabajaba de modelo en Milán. **2.** (*to imitate*): **the Town Hall is modelled**

on **a French design** el ayuntamiento está inspirado en un diseño francés; **teenagers often model themselves** *on* **a pop star** a menudo los adolescentes toman como modelo a una estrella del pop. **3.** (*to sculpt*) modelar: **she models wax figures** modela figuras de cera.
♦*vi* **1.** (*Clothing*) trabajar de modelo: **he models for the top designers** trabaja de modelo para los mejores diseñadores. **2.** (*to sit for an artist*) posar. **3.** (*to sculpt*): **I model** *in* ✻ *with* **clay** modelo figuras de barro.
modelling, (*US*) **modeling** /'mɒdəlɪŋ/ *n* **1.** (*as a job*) profesión *f* de modelo. **2.** (*making models*) modelado *m*.
modem /'məʊdem/ *n* módem *m*.
moderate **I** /'mɒdərət/ *adj* **1.** (*average*) mediano -na: **they are paid a moderate salary** les pagan un sueldo aceptable. **2.** (*temperature*) moderado -da. **3.** (*Pol: views, policy*) moderado -da. **4.** (*climate*) templado -da.
II /'mɒdərət/ *n* (*Pol*) moderado -da *m/f*.
III /'mɒdəreɪt/ *vt* [**moderates, moderating, moderated**] **1.** (*reduce*) moderar: **you should moderate your speed when it's raining** deberías moderar la velocidad cuando llueve. **2.** (*to control*) controlar: **you must learn to moderate your temper** tienes que aprender a controlar tu genio.
♦*vi* **1.** (*weather conditions*) calmarse. **2.** (*to arbitrate*) hacer de moderador -dora.
moderately /'mɒdərətlɪ/ *adv* medianamente: **I found his book moderately entertaining** su libro me pareció bastante entretenido.
moderation /ˌmɒdə'reɪʃən/ *n* moderación *f*: **he drinks** *in* **moderation** bebe con moderación.
modern /'mɒdən/ *adj* moderno -na.
modern language *n* idioma *m* moderno: **she studied modern languages at university** estudió idiomas en la universidad.
modernism /'mɒdənɪzm/ *n* modernismo *m*.
modernization /ˌmɒdənaɪ'zeɪʃən/ *n* modernización *f*.
modernize /'mɒdənaɪz/ *vt* [**modernizes, modernizing, modernized**] modernizar.
♦*vi* modernizarse.
modest /'mɒdɪst/ *adj* modesto -ta: **she's very modest** *about* **her musical talents** es muy modesta en cuanto a sus dotes musicales; **his home is modest but comfortable** su hogar es modesto pero cómodo; **there has been a modest increase** ha habido un pequeño aumento.
modestly /'mɒdɪstlɪ/ *adv* modestamente.
modesty /'mɒdɪstɪ/ *n* modestia *f*.
modicum /'mɒdɪkəm/ *n* (*frml*) mínimo *m*.
modification /ˌmɒdɪfɪ'keɪʃən/ *n* modificación *f*.
modifier /'mɒdɪfaɪə/ *n* (*Ling*) modificador *m*.
modify /'mɒdɪfaɪ/ *vt* [**modifies, modifying, modified**] modificar.
modulate /'mɒdjʊleɪt/ *vt/i* [**modulates, modulating, modulated**] modular.
modulation /ˌmɒdjʊ'leɪʃən/ *n* modulación *f*.
module /'mɒdju:l/ *n* módulo *m*.
mogul /'məʊgəl/ *n* magnate *m/f*.
mohair /'məʊheə/ *adj, n* mohair *adj inv, m*.
Mohammed /məʊ'hæmɪd/ *n* Mahoma *m*.
moist /mɔɪst/ *adj* húmedo -da: **put the cake in a tin to keep it moist** pon el pastel en una lata para que no se seque.
moisten /'mɔɪsən/ *vt* [**moistens, moistening, moistened**] humedecer.
moisture /'mɔɪstʃə/ *n* humedad *f*.
moisturize /'mɔɪstʃəraɪz/ *vt* [**moisturizes, moisturizing, moisturized**] hidratar.
moisturizer /'mɔɪstʃəˌraɪzə/ *n* crema *f* hidratante.
molar /'məʊlə/ *n* muela *f*.
molasses /mə'læsɪs/ *n* *[lleva el verbo en singular]* melaza *f*.
mold /məʊld/ *n, vt* [**molds, molding, molded**] (*US*) ➪ mould
moldy /'məʊldɪ/ *adj* [**moldier, moldiest**] (*US*) ➪ mouldy
mole /məʊl/ *n* **1.** (*on skin*) lunar *m*. **2.** (*Zool*) topo *m*. **3.** (*spy*) topo *m*.
molehill *n* topera *f*.
molecular /mə'lekjʊlə/ *adj* molecular.
molecule /'mɒlɪkju:l/ *n* molécula *f*.
molest /mə'lest/ *vt* [**molests, molesting, molested**] **1.** (*sexually*) propasarse con. **2.** (*to bother*) importunar.
mollify /'mɒlɪfaɪ/ *vt* [**mollifies, mollifying, mollified**] apaciguar.
mollusc, (*US*) **mollusk** /'mɒləsk/ *n* molusco *m*.
mollycoddle /'mɒlɪˌkɒdəl/ *vt* [**mollycoddles, mollycoddling, mollycoddled**] (*fam*) mimar.
molt /məʊlt/ *vi* [**molts, molting, molted**] (*US*) ➪ moult
molten /'məʊltən/ *adj* (*metal*) fundido -da; (*rock, lava*) líquido -da.
mom /mɒm/ *n* (*US: fam*) mamá *f*.
moment /'məʊmənt/ *n* **1.** (*point in time*) momento *m*: **I'm very busy (just)** *at* **the moment** estoy muy ocupado en este momento; *at* **this precise moment in time they will be flying over the Pacific** ahora mismo estarán sobrevolando el Pacífico; *at* **that moment she realized the truth** en ese momento se dio cuenta de la verdad; **sorry, I've just this moment sold the last copy** lo siento, acabo de vender el último ejemplar ahora mismo; **I saw him the moment I walked in the door** lo vi nada más entrar por la puerta. **2.** (*suitable time*): **this is not the moment to have second thoughts** ahora no es momento para arrepentirse. **3.** (*second, minute*) momento *m*: **can you spare a moment?** ¿tiene un momento?; **he left a moment ago** ha salido hace un momento ✻ instante; **he backed out** *at* **the last moment** se echó atrás en el último momento ✻ instante; **the train will be here any moment now** el tren llegará en cualquier momento. 4. (*frml: significance*) importancia *f*: **a decision of great historical moment** una decisión de gran importancia histórica.
momentarily /ˌməʊmən'terəlɪ/ *adv* **1.** (*temporarily*) momentáneamente: **the bird hit the window and was momentarily stunned** el pájaro chocó contra la ventana y quedó momentáneamente aturdido. **2.** (*US: very soon*) dentro de un momento.
momentary /'məʊməntərɪ/ *adj* momentáneo -nea.
momentous /məʊ'mentəs/ *adj* trascendental: **the signing of the treaty was a momentous occasion** la firma del tratado fue una ocasión trascendental.
momentum /məʊ'mentəm/ *n* **1.** (*gen*) velocidad *f*: **the vehicle gained** ✻ **gathered momentum** el vehículo fue cobrando velocidad. **2.** (*Phys*) momento *m*. **3.** (*driving force*) ímpetu *m*: **the conservation scheme has lost its momentum** el proyecto de conservación ha perdido todo su ímpetu.
momma /'mɒmə/ *n* (*US: fam*) mamá *f*.
mommy /'mɒmɪ/ *n* [**mommies**] (*US: fam*) mamá *f*.
Mon. *léase* /'mʌndeɪ/ (*abreviatura de* **Monday**) lunes *m inv*.
Monaco /'mɒnəkəʊ/ *n* Mónaco *m*.
monarch /'mɒnək/ *n* monarca *m/f*.
monarchical /mɒ'nɑ:kɪkəl/ *adj* monárquico -ca.
monarchist /'mɒnəkɪst/ *n* monárquico -ca *m/f*.

monarchy /ˈmɒnəkɪ/ *n* [**monarchies**] monarquía *f*.
monastery /ˈmɒnəstərɪ/ *n* [**monasteries**] monasterio *m*.
monastic /məˈnæstɪk/ *adj* monástico -ca: **the monastic life** vida monacal ✱ monástica.
Monday /ˈmʌndeɪ/ *n* lunes *m inv*. ⇨ Thursday
Monegasque /ˌmɒnɪˈgæsk/ *adj* monegasco -ca.
monetarism /ˈmʌnɪtərɪzəm/ *n* monetarismo *m*.
monetarist /ˈmʌnɪtərɪst/ *adj*, *n* monetarista *adj*, *m/f*.
monetary /ˈmʌnɪtərɪ/ *adj* monetario -ria.
money /ˈmʌnɪ/ *n* **1.** (*cash*) dinero *m*, (*Amér L*) plata *f*: **I ran out of money** me quedé sin dinero; **did you have any money on you?** ¿llevabas dinero encima? ● **the portions are huge - you really get your money's worth** las raciones son enormes, está muy bien para lo que se paga. **2.** (*riches*) dinero *m*: **he made his money in the textile industry** hizo su dinero en la industria textil ● **I'll pay, I'm in the money this week** pago yo, esta semana estoy forrado ● **they had money to burn** les sobraba el dinero ● **they were made of money** estaban forrados (de dinero) ● **they were rolling in money** estaban podridos de dinero ✱ (*Amér L*) podridos en plata ● **it's money for old rope** es un dinero ganado de la manera más fácil. **3.** (*in a bet*): **I'd put (my) money on them getting back together** me apostaría algo a que hacen las paces ● **let's see you put your money where your mouth is!** ¡a ver si obras en consecuencia con lo que dices!
moneybags *n* [*pl* **moneybags**] (*fam*) ricachón -chona *m/f*.
money box *n* hucha *f*.
money-grubbing *adj* (*fam*) avaro -ra.
moneylender *n* prestamista *m/f*.
moneymaking *adj* lucrativo -va.
money market *n* mercado *m* monetario.
money order *n* giro *m* postal.
Mongol /ˈmɒŋgəl/ **I** *adj* mongol -gola.
II *n* (*person*) mongol -gola *m/f*; (*language*) mongol *m*.
mongol /ˈmɒŋgəl/ *adj*, *n* (*Med*) mongólico -ca *adj*, *m/f*.
mongolism /ˈmɒŋgəlɪzəm/ *n* (*Med*) mongolismo *m*.
mongoose /ˈmɒŋguːs/ *n* mangosta *f*.
mongrel /ˈmʌŋgrəl/ *n* perro *m* mestizo.
monies /ˈmʌnɪz/ *n pl* (*Law: frml*) dinero *m*: **all monies will be collected at the end of the month** se recaudará todo el dinero a finales de mes.
monitor /ˈmɒnɪtə/ **I** *vt* [**monitors, monitoring, monitored**] **1.** (*to observe*) observar, vigilar: **doctors are monitoring the patient's progress** los médicos están observando ✱ siguiendo la evolución del paciente; **they monitor the level of toxic waste** vigilan el nivel de los vertidos tóxicos. **2.** (*a broadcast*) escuchar.
II *n* **1.** (*Inform*) monitor *m*. **2.** (*Telec: person*) escucha *m/f*. **3.** (*in GB: school prefect*) *alumno que ayuda a los profesores en ciertas tareas*.
monk /mʌŋk/ *n* monje *m*.
monkey /ˈmʌŋkɪ/ *n* **1.** (*Zool*) mono -na *m/f*. **2.** (*fam: child*) mico -ca *m/f*.
monkey nut *n* (*GB*) cacahuete *m*.
monkey puzzle *n* (*Bot*) araucaria *f*.
monkey wrench *n* llave *f* inglesa.
mono /ˈmɒnəʊ/ *n*: **it was recorded** *in* **mono** se grabó en mono.
monochrome /ˈmɒnəˌkrəʊm/ *adj* (*of a single colour*) monocromo -ma; (*in black and white*) en blanco y negro.
monocle /ˈmɒnəkəl/ *n* monóculo *m*.
monogamous /məˈnɒgəməs/ *adj* monógamo -ma.
monogamy /məˈnɒgəmɪ/ *n* monogamia *f*.
monogram /ˈmɒnəgræm/ *n* monograma *m*.
monogrammed /ˈmɒnəgræmd/ *adj* marcado -da con monograma.
monolingual /ˌmɒnəˈlɪŋgwəl/ *adj* monolingüe.
monolith /ˈmɒnəlɪθ/ *n* monolito *m*.
monolithic /ˌmɒnəˈlɪθɪk/ *adj* monolítico -ca.
monologue, (*US*) **monolog** /ˈmɒnəlɒg/ *n* monólogo *m*.
monoplane /ˈmɒnəʊpleɪn/ *n* monoplano *m*.
monopolize /məˈnɒpəlaɪz/ *vt* [**monopolizes, monopolizing, monopolized**] **1.** (*Fin*) monopolizar. **2.** (*to take over*) acaparar, monopolizar: **they monopolized the guest all evening** acapararon al invitado durante toda la noche.
monopoly /məˈnɒpəlɪ/ *n* [**monopolies**] monopolio *m*: **their monopoly** *of* **the market must stop** su monopolio del mercado no puede continuar; **you don't have a monopoly** *on* **my time** no tienes el monopolio de mi tiempo.
monorail /ˈmɒnəʊreɪl/ *n* monorraíl *m*.
monosodium glutamate /ˌmɒnəˈsəʊdɪəm ˈgluːtəmeɪt/ *n* glutamato *m* monosódico.
monosyllabic /ˌmɒnəʊsɪˈlæbɪk/ *adj* monosílabo -ba, monosilábico -ca.
monosyllable /ˈmɒnəʊsɪləbəl/ *n* monosílabo *m*.
monotheism /ˈmɒnəʊθiːˌɪzəm/ *n* monoteísmo *m*.
monotone /ˈmɒnəˌtəʊn/ *n*: **she delivered the whole speech in a monotone** pronunció todo su discurso en el mismo tono.
monotonous /məˈnɒtənəs/ *adj* monótono -na.
monotonously /məˈnɒtənəslɪ/ *adv* monótonamente.
monotony /məˈnɒtənɪ/ *n* monotonía *f*.
monsignor /mɒnˈsiːnjɔː/ *n* monseñor *m*.
monsoon /mɒnˈsuːn/ *n* (*season, wind*) monzón *m*; (*rains*) lluvias *f pl* monzónicas.
monster /ˈmɒnstə/ **I** *n* monstruo *m*.
II *adj* (*fam: huge*) gigantesco -ca: **he ate a monster ice cream** se comió un helado gigantesco.
monstrosity /mɒnˈstrɒsətɪ/ *n* [**monstrosities**] monstruosidad *f*.
monstrous /ˈmɒnstrəs/ *adj* **1.** (*atrocious*) monstruoso -sa, atroz. **2.** (*shameful*) vergonzoso -sa. **3.** (*huge*) gigantesco -ca.
monstrously /ˈmɒnstrəslɪ/ *adv* sumamente: **the way he was treated was monstrously unfair** el modo en que lo trataron fue sumamente injusto.
montage /mɒnˈtɑːʒ/ *n* (*Art*) montaje *m*.
month /mʌnθ/ *n* mes *m*: **I have my hair cut once a month** me corto el pelo una vez al mes; **it's her birthday on the fifteenth of this month** su cumpleaños es el quince de este mes; **she visits him every month** le hace una visita todos los meses; **my exams finish a month today** acabo los exámenes dentro de un mes exactamente; **her baby was crawling at nine months** su bebé ya gateaba a los nueve meses; **we move house next month** nos cambiamos de casa el mes que viene; **I forgot to pay last month's bill** se me olvidó pagar el recibo del mes pasado ● **you'll never persuade her in a month of Sundays!** no vas a convencerla ni en sueños.
monthly /ˈmʌnθlɪ/ **I** *adj* mensual: **they produce a monthly magazine** publican una revista mensual; **you can pay in monthly instalments** se puede pagar en mensualidades.
II *adv* mensualmente: **the newsletter is issued monthly** el boletín se publica mensualmente ✱ cada mes; **we are paid monthly** nos pagan mensualmente.

monument /ˈmɒnjʊmənt/ *n* monumento *m*: **they erected a monument in memory of him** erigieron un monumento en su memoria.

monumental /ˌmɒnjʊˈmentəl/ *adj* monumental.

moo /mu:/ **I** *vi* [**moos, mooing, mooed**] mugir.
II *n* mugido *m*.

mood /mu:d/ *n* **1.** (*emotional state*) humor *m*: **the boss is** *in* **a good/bad mood today** el jefe está de buen/mal humor hoy; **she's** *in* **no mood for jokes** no está (de humor) para bromas; **I'm not** *in* **the mood to go out** no tengo ganas de salir; **the guests were** *in* **a festive mood** los invitados estaban muy animados; **her mood has changed since this morning** desde esta mañana le ha cambiado el humor. **2.** (*sulk*): **she gets** *in* **a mood about the slightest thing** se molesta * se enfada por lo más mínimo. **3.** (*Ling*) modo *m*. **4.** (*in music*) tono *m*.

moodily /ˈmu:dəlɪ/ *adv* con mal humor: **he stared moodily at the wall** miraba a la pared, con aire de estar malhumorado.

moodiness /ˈmu:dɪnəs/ *n* **1.** (*sulkiness, grumpiness*) mal humor *m*. **2.** (*changeable emotions*) humor *m* variable.

moody /ˈmu:dɪ/ *adj* [**moodier, moodiest**] **1.** (*sulky, grumpy*) malhumorado -da. **2.** (*unpredictable*) variable.

moon /mu:n/ *n* luna *f*: **the moon rose** salió la luna; **the first moon voyage** el primer viaje lunar * a la luna • **she was over the moon about passing her exams** estaba loca de contenta por haber aprobado los exámenes • **he only goes to town once in a blue moon** sólo va a la ciudad de Pascuas a Ramos.

to **moon about * around** *vi* [**moons, mooning, mooned**]: **she spends half her time mooning around** se pasa la mitad del tiempo pensando en las musarañas.

moonbeam *n* rayo *m* de luna.

moonlight I *n* luz *f* de la luna: *by* **moonlight** a la luz de la luna.
II *vi* [**moonlights, moonlighting, moonlighted**] (*fam*: *to work unofficially*): **he was moonlighting to earn some extra cash** estaba pluriempleado para ganar un poco de dinero extra.

moonlighting *n* (*fam*: *unofficial employment*) pluriempleo *m* (*que no se declara a Hacienda*).

moonlit *adj*: **a moonlit night** una noche de luna; **a dramatic moonlit scene** una dramática escena a la luz de la luna.

Moor /mɔ:/ *n* (*Hist*: *person*) moro -ra *m/f*.

moor /mɔ:/ **I** *vt* [**moors, mooring, moored**] amarrar: **they moored the boat** *to* **a buoy** amarraron la barca a una boya.
II *n* (*Geog*) páramo *m*: **a child got lost** *on* **the moors** un niño se perdió en el páramo.

moorland *n* páramo *m*: **their house looks onto open moorland** su casa da al páramo.

moorhen /ˈmɔ:hen/ *n* polla *f* de agua.

mooring /ˈmɔ:rɪŋ/ **I** *n* amarradero *m*.
II moorings *n pl* (*ropes*) amarras *f pl*.

Moorish /ˈmʊərɪʃ/ *adj* (*gen*) árabe; (*Art*): **Moorish architecture** arquitectura mudéjar.

moose /mu:s/ *n* alce *m*.

moot /mu:t/ *vt* [**moots, mooting, mooted**] proponer: **a change to the regulations was mooted** se propuso un cambio en el reglamento.

moot point *n*: **it's a moot point where it should be built** el lugar donde se debería construir es un tema a debatir.

mop /mɒp/ **I** *n* **1.** (*for floor*) fregona *f*. **2.** (*of hair*) greñas *f pl*: **he has a mop of dark brown hair** tiene unas greñas de color castaño oscuro.
II *vt* [**mops, mopping, mopped**] **1.** (*a floor*) fregar. **2.** (*to dry*) enjugar: **she mopped her forehead** se enjugó la frente.

to **mop up** *vt* secar, enjugar: **he mopped up the water he'd spilt** secó el agua que había derramado.

mope /məʊp/ *vi* [**mopes, moping, moped**] estar abatido -da.

to **mope about * around** *vi* andar desanimado -da.

moped /ˈməʊped/ *n* ciclomotor *m*, velomotor *m*.

moral /ˈmɒrəl/ **I** *n* (*of a story*) moraleja *f*.
II morals *n pl* moral *f*, moralidad *f*.
III *adj* moral, ético -ca: **they have a highly moral family background** pertenecen a una familia con un alto sentido de la moral; **I refused on moral grounds** me negué por razones éticas.

moral support *n* apoyo *m* moral: **his mother gave him moral support** su madre le prestó apoyo moral.

moral victory *n* victoria *f* moral.

morale /mɒˈrɑ:l/ *n* moral *f*: **the team's morale is at an all-time low** la moral del equipo está por los suelos; **this boosted their morale** esto les subió la moral.

moralist /ˈmɒrəlɪst/ *n* moralista *m/f*.

moralistic /ˌmɒrəˈlɪstɪk/ *adj* moralizador -dora.

morality /mɒˈræləti/ *n* moralidad *f*.

moralize /ˈmɒrəlaɪz/ *vi* [**moralizes, moralizing, moralized**] moralizar.

morally /ˈmɒrəlɪ/ *adv* moralmente.

morass /məˈræs/ *n* **1.** (*muddle*): **he had to interpret a morass of notes** tuvo que descifrar un montón de notas desordenadas. **2.** (*Geog*) ciénaga *f*.

moratorium /ˌmɒrəˈtɔ:rɪəm/ *n* [**moratoriums * moratoria** /ˌmɒrəˈtɔ:rɪə/] moratoria *f*.

morbid /ˈmɔ:bɪd/ *adj* morboso -sa: **people have a morbid fascination with disasters** la gente tiene una fascinación morbosa por los desastres.

morbidity /mɔ:ˈbɪdətɪ/ *n* (*también* **morbidity rate**) (*Med*) morbididad *f*, morbilidad *f*.

morbidly /ˈmɔ:bɪdlɪ/ *adv* morbosamente.

morbidness /ˈmɔ:bɪdnəs/ *n* morbosidad *f*.

more /mɔ:/ **I** *adv* [*comparativo de* **much**] **1.** (*used to form comparatives*) más: **this test will be more difficult** *than* **the last** esta prueba será más difícil que la anterior; **he walks more slowly** *than* **I do** anda más despacio que yo • **everything is becoming more and more expensive** las cosas están cada vez más caras. **2.** (*to a greater degree*) más: **she stutters more when she's nervous** tartamudea más cuando está nerviosa; **they have more** *than* **enough money** tienen dinero más que suficiente • **my essay is more or less finished** tengo el trabajo más o menos terminado • **he lied to me and, what's more, he lied to his family** me mintió y, lo que es más, mintió a su propia familia.
II *adj* [*comparativo de* **much, many**] más: **fetch a couple more chairs** trae un par de sillas más • **he seems to spend more and more money** parece gastar cada vez más dinero.
III *pron* [*comparativo de* **much, many**] más: **"Were there many people?" "More** *than* **last time."** "¿Había mucha gente?" "Más que la última vez."; **there seem to be more** *of* **these books every day** parece que cada vez hay más libros de este tipo • **the more you earn the more you spend** cuanto más ganas más gastas • **I'd like to see more of my family** me gustaría ver más a mi familia.

moreover /mɔ:ˈrəʊvə/ *adv* (*frml*) además, lo que es

más: **we got there late and, moreover, exhausted** llegamos tarde y, además, agotadas.

morgue /mɔ:g/ *n* depósito *m* de cadáveres.

moribund /ˈmɒrɪbʌnd/ *adj* (*Med*) moribundo -da: **a moribund television company** una empresa de televisión a punto de desaparecer.

Mormon /ˈmɔ:mən/ *adj, n* (*Relig*) mormón -mona *adj, m/f*.

morning /ˈmɔ:nɪŋ/ *n* mañana *f*: **(good) morning!** ¡buenos días!; **we have lectures** *in* **the morning** tenemos clases por la mañana; **they meet** *on* **Saturday mornings** se reúnen los sábados por la mañana; **see you tomorrow morning!** ¡hasta mañana por la mañana!; **he's gone for his morning stroll** se ha ido a dar su paseo matutino; **we have morning coffee at eleven** nos tomamos un café a las once; **she goes for a jog early** *in* **the morning** va a correr por la mañana temprano; **the phone rang at three** *in* **the morning** el teléfono sonó a las tres de la mañana * madrugada.

morning paper *n* diario *m* de la mañana.

morning sickness *n* náuseas *f pl* del embarazo.

Moroccan /məˈrɒkən/ *adj, n* marroquí *adj, m/f*.

Morocco /məˈrɒkəʊ/ *n* Marruecos *m*.

moron /ˈmɔ:rɒn/ *n* (*fam*) idiota *m/f*.

moronic /mɔ:ˈrɒnɪk/ *adj* tonto -ta.

morose /məˈrəʊs/ *adj* de mal genio.

morosely /məˈrəʊslɪ/ *adv* de mal humor.

morphine /ˈmɔ:fi:n/ *n* morfina *f*.

morris dance /ˈmɒrɪs dɑ:ns/ *n*: *baile tradicional inglés*.

Morse /mɔ:s/ *n* (*también* **Morse code**) (alfabeto *m*) morse *m*.

morsel /ˈmɔ:səl/ *n* pedacito *m*.

mortal /ˈmɔ:təl/ **I** *adj* mortal.

II *n* mortal *m/f*.

mortal remains *n pl* restos *m pl* mortales.

mortal sin *n* pecado *m* mortal.

mortality /mɔ:ˈtælətɪ/ *n* **1.** (*human condition*) mortalidad *f*. **2.** (*también* **mortality rate**) (*Med*) índice *m* de mortalidad.

mortally /ˈmɔ:təlɪ/ *adv* mortalmente • **she was mortally offended by his remarks** sus comentarios la ofendieron muchísimo.

mortar /ˈmɔ:tə/ *n* (*weapon, cement, bowl*) mortero *m*.

mortarboard *n* birrete *m*.

mortgage /ˈmɔ:gɪdʒ/ **I** *n* hipoteca *f*: **they asked for a mortgage to buy the house** pidieron un préstamo hipotecario para comprar la casa.

II *vt* [**mortgages, mortgaging, mortgaged**] hipotecar.

mortician /mɔ:ˈtɪʃən/ *n* (*US*) director -tora *m/f* de pompas fúnebres.

mortification /ˌmɔ:tɪfɪˈkeɪʃən/ *n* mortificación *f*.

mortify /ˈmɔ:tɪfaɪ/ *vt* [**mortifies, mortifying, mortified**] (*to make ashamed*) avergonzar: **he was mortified to discover that he was wrong** se sintió avergonzado cuando descubrió que se había equivocado.

mortuary /ˈmɔ:tʃʊərɪ/ *n* [**mortuaries**] depósito *m* de cadáveres.

mosaic /məʊˈzeɪɪk/ *n* mosaico *m*.

Moscow /ˈmɒskəʊ/ (*US*) /ˈmɒskaʊ/ *n* Moscú *m*.

Moses basket /ˈməʊsəs ˈbɑ:skɪt/ *n* moisés *m inv*, capazo *m*.

Moslem /ˈmʊzləm/ *adj, n* musulmán -mana *adj, m/f*.

mosque /mɒsk/ *n* mezquita *f*.

mosquito /mɒˈski:təʊ/ *n* [**mosquitos * mosquitoes**] mosquito *m*, (*Amér L*) zancudo *m*.

mosquito bite *n* picadura *f* de mosquito.

mosquito net *n* mosquitera *f*, mosquitero *m*.

moss /mɒs/ *n* [**mosses**] musgo *m*.

mossy /ˈmɒsɪ/ *adj* [**mossier, mossiest**] musgoso -sa.

most /məʊst/ **I** *adv* [*superlativo de* **much**] **1.** (*used to form superlatives*) más: **trust him to choose the most expensive dish!** ¡tenía que escoger el plato más caro! **2.** (*to the highest degree*) más: **I like French most of all** lo que más me gusta es el francés. **3.** (*extremely*) muy: **that seems most unlikely** eso me parece muy improbable; **I found the brochure most informative** el folleto me pareció de lo más informativo; **they'll most likely cancel the flight** lo más probable es que cancelen el vuelo.

II *adj* [*superlativo de* **much, many**] **1.** (*the majority of*) la mayoría de: **most athletes train every day** la mayoría de los atletas entrenan todos los días • **our work is for the most part routine** la mayor parte de nuestro trabajo es rutinario. **2.** (*greatest in number or degree*) más: **he receives by far the most letters** es con diferencia el que más cartas recibe; **he likes all the sciences but he takes most interest in physics** le gustan todas las ciencias, pero lo que más le interesa es la física.

III *pron* [*superlativo de* **much, many**] **1.** (*the majority*) la mayor parte: **most of this essay is incomprehensible** la mayor parte de este trabajo es incomprensible; **most decided to stay** la mayoría decidió quedarse. **2.** (*maximum*) máximo: **you have most to lose** tú eres el que más puede perder • **I'll only score forty percent at (the) most** como máximo sacaré un cuarenta por ciento de nota • **we must make the most of this lovely weather** tenemos que aprovechar al máximo este buen tiempo.

mostly /ˈməʊstlɪ/ *adv* **1.** (*mainly*): **the class was mostly girls** en la clase había mayoría de chicas; **the beaches are mostly deserted at this time of year** la mayoría de las playas están desiertas en esta época. **2.** (*usually*) generalmente: **the weather was mostly good** en general hizo buen tiempo.

MOT /eməʊˈti:/ *n* (*in GB*) (*abreviatura de* **Ministry of Transport (test)**) ITV *f* (Inspección Técnica de Vehículos) (*requerida anualmente para todos los vehículos de más de tres años*): **my car scraped through its MOT** mi coche pasó la revisión por los pelos.

motel /məʊˈtel/ *n* motel *m*.

moth /mɒθ/ *n* polilla *f*.

mothball *n* bola *f* de naftalina, bola *f* de alcanfor.

moth-eaten *adj* apolillado -da.

mother /ˈmʌðə/ **I** *n* **1.** (*member of family*) madre *f*: **she's the mother of five children** es madre de cinco hijos. **2.** (*también* **Mother**) (*addressing a nun*) madre.

II *vt* [**mothers, mothering, mothered**] mimar.

mother country *n* (madre *f*) patria *f*.

mother-in-law *n* [**mothers-in-law**] suegra *f*.

mother nature *n* la madre *f* naturaleza.

mother-of-pearl *n* nácar *m*, madreperla *f*.

Mother's Day *n* día *m* de la madre.

mother superior *n* madre *f* superiora.

mother-to-be *n* [**mothers-to-be**] futura madre *f*.

mother tongue *n* lengua *f* materna.

motherhood /ˈmʌðəhʊd/ *n* maternidad *f*.

Mothering Sunday /ˈmʌðərɪŋ ˈsʌndeɪ/ *n* Día *m* de la Madre (*en el calendario religioso*).

motherly /ˈmʌðəlɪ/ *adj* maternal.

motif /məʊˈti:f/ *n* (*Art, Mus*) motivo *m*.

motion /ˈməʊʃən/ **I** *n* **1.** (*movement*) movimiento *m*: **the motion of the ship** el movimiento del barco • **they**

went through the motions of interviewing him lo entrevistaron por pura formalidad. **2. in motion** en marcha: **the train is still in motion** el tren está aún en marcha; **the scheme has now been set in motion** ya han puesto en marcha el proyecto. **3.** (*gesture*) gesto *m*: **she dismissed him with a motion of her hand** lo despidió con un gesto de la mano. **4.** (*Pol*) moción *f*: **she proposed/seconded the motion** propuso/apoyó la moción; **the motion was carried * passed** la moción fue aprobada.
II *vi* [**motions, motioning, motioned**] hacer señas: **she motioned** *to* **me to keep quiet** me hizo señas para que no dijera nada.
♦ *vt* hacerle señas a.
motion picture *n* película *f*.
motion sickness *n* mareo *m*.
motionless /ˈməʊʃənləs/ *adj* inmóvil.
motivate /ˈməʊtɪveɪt/ *vt* [**motivates, motivating, motivated**] motivar: **I can't motivate myself to work** no consigo motivarme para trabajar.
motivation /ˌməʊtɪˈveɪʃən/ *n* motivación *f*.
motive /ˈməʊtɪv/ *n* motivo *m*: **the motive for the murder is still unknown** todavía se desconoce el móvil * el motivo del asesinato.
motley /ˈmɒtlɪ/ *adj* variopinto -ta: **the employees here are a real motley crew** aquí los empleados son de lo más variopinto.
motor /ˈməʊtə/ **I** *n* (*engine*) motor *m*.
II *adj*: **a motor mower** un cortacésped a motor.
III *vi* [**motors, motoring, motored**] viajar * ir en coche ● **now we're really motoring!** ¡ahora sí que marchan las cosas!
motorbike *n* motocicleta *f*, moto *f*.
motorboat *n* motora *f*.
motorcar *n* (*frml*) coche *m*, automóvil *m*.
motorcycle *n* motocicleta *f*.
motorcyclist *n* motorista *m/f*, motociclista *m/f*.
motor racing *n* carreras *f pl* de coches.
motor scooter *n* Vespa® *f*, escúter *m*.
motor show *n* salón *m* del automóvil.
motor vehicle *n* (*frml*) automóvil *m*.
motorway *n* (*GB*) autopista *f*.
motoring /ˈməʊtərɪŋ/ **I** *n* automovilismo *m*.
II *adj* automovilístico -ca: **they went on a motoring holiday in Spain** se fueron de vacaciones a España con el coche.
motorist /ˈməʊtərɪst/ *n* conductor -tora *m/f*, automovilista *m/f*.
motorized /ˈməʊtəraɪzd/ *adj* motorizado -da.
mottled /ˈmɒtəld/ *adj* **1.** (*speckled*) moteado -da. **2.** (*complexion*) con manchas: **the cold water left his skin mottled** el agua fría le produjo manchas en la piel.
motto /ˈmɒtəʊ/ *n* [**mottos * mottoes**] lema *m*.
mould /məʊld/ **I** *n* **1.** (*fungal growth*) moho *m*. **2.** (*Art, Culin: for creating shapes*) molde *m* ● **he is cast in the same mould as all politicians** está cortado por el mismo patrón que todos los políticos.
II *vt* [**moulds, moulding, moulded**] **1.** (*clay*) modelar; (*plastic, metal*) moldear. **2.** (*one's personality*) moldear: **these experiences played an important part in moulding his character** estas experiencias influyeron mucho en la formación de su carácter * en moldear su carácter.
mouldy /ˈməʊldɪ/ *adj* [**mouldier, mouldiest**] mohoso -sa: **this cheese is going mouldy** este queso se está enmoheciendo.
moult, (*US*) **molt** /məʊlt/ *vi* [**moults, moulting, moulted**] (*cat, dog, etc.*) mudar de pelo; (*bird*) mudar el plumaje.
mound /maʊnd/ *n* **1.** (*Geog*) montículo *m*. **2.** (*heap*) pila *f*: **a mound of dirty clothes was piling up** se estaba empezando a formar una pila de ropa sucia.
mount /maʊnt/ **I** *n* **1.** (*horse*) montura *f*. **2.** (*of gem*) montura *f*, engaste *m*. **3.** (*for picture, print*) paspartú *m*. **4. Mount** (*Geog*): **Mount Kenya** el Monte Kenya.
II *vt* [**mounts, mounting, mounted**] **1.** (*a horse*) montar. **2.** (*a precious stone*) engastar, engarzar. **3.** (*a picture, print*) montar. **4.** (*to organize: a play, show*) montar: **we mounted a production of Romeo and Juliet** montamos * pusimos en escena Romeo y Julieta; **he is planning to mount an exhibition of his paintings** está planeando montar una exposición de sus cuadros; (*: a demonstration*) organizar: **they mounted a protest outside the building** organizaron una protesta ante el edificio.
♦ *vi* **1.** (*to increase*) aumentar: **tension mounted as they waited for the results** la tensión aumentaba mientras esperaban los resultados. **2.** (*to get on a horse*) montar.
to **mount up** *vi* acumularse: **the backlog of work has mounted up this week** esta semana se ha acumulado el trabajo atrasado.
mountain /ˈmaʊntɪn/ *n* montaña *f* ● **he always makes a mountain out of a molehill** siempre hace una montaña de un grano de arena.
mountain bike *n* bicicleta *f* de montaña.
mountain climber *n* alpinista *m/f*, montañero -ra *m/f*.
mountain climbing *n* alpinismo *m*, montañismo *m*.
mountain range *n* sierra *f*, cordillera *f*.
mountaineer /ˌmaʊntɪˈnɪə/ *n* alpinista *m/f*, montañero -ra *m/f*.
mountaineering /ˌmaʊntɪˈnɪərɪŋ/ *n* alpinismo *m*, montañismo *m*.
mountainous /ˈmaʊntɪnəs/ *adj* montañoso -sa.
mourn /mɔːn/ *vt* [**mourns, mourning, mourned**] llorar (la muerte de): **he is still mourning his wife** todavía llora a su mujer.
♦ *vi*: **she mourned** *for* **her husband** llevaba luto por su marido.
mourner /ˈmɔːnə/ *n* acompañante *m/f* (*que asiste a un entierro*): **the mourners** el cortejo fúnebre.
mournful /ˈmɔːnfʊl/ *adj* apenado, triste.
mournfully /ˈmɔːnfʊlɪ/ *adv* con tristeza, tristemente.
mourning /ˈmɔːnɪŋ/ *n* luto *m*: **the family are still** *in* **mourning** la familia todavía está de luto; **the widow was dressed** *in* **mourning** la viuda iba de luto.
mouse /maʊs/ *n* [*pl* **mice** /maɪs/] (*Zool, Inform*) ratón *m*.
mousetrap *n* ratonera *f*.
mouselike /ˈmauslaɪk/ *adj* (*shy*) tímido -da.
mousse /muːs/ *n* **1.** (*Culin*) mousse *f*. **2.** (*for hair-styling*) espuma *f* moldeadora.
moustache /məˈstɑːʃ/ *n* (*GB*) bigote *m*.
mousy /ˈmaʊsɪ/ *adj* [**mousier, mousiest**] **1.** (*hair*) (de color) castaño claro. **2.** (*timid*) tímido -da.
mouth I /maʊθ/ *n* **1.** (*Anat*) boca *f*: **I didn't dare open my mouth** no me atrevía a abrir la boca ● **just the thought of food makes my mouth water** se me hace la boca agua con sólo pensar en comer ● **they have four hungry mouths to feed** tienen cuatro bocas hambrientas que alimentar ● **keep your mouth shut, or else...** cierra el pico, si no... ● **shut your mouth!** ¡calla la boca! ● **she's been down in the mouth since she heard the results** ha estado muy baja de moral desde que supo los resultados ● **he's always shooting**

his mouth off about what he did in the Army siempre está presumiendo de lo que hizo en el ejército. **2.** (*of cave, bottle*) boca *f*; (*of river*) desembocadura *f*.
II /maʊð/ *vt* [**mouths, mouthing, mouthed**] (*to say insincerely*): **he mouthed an apology** se disculpó de boquilla.
mouth organ *n* armónica *f*.
mouthpiece *n* **1.** (*Mus*: *of wind instrument*) boquilla *f*. **2.** (*of phone*) micrófono *m*. **3.** (*spokesperson*) portavoz *m/f*.
mouth-to-mouth resuscitation *n* boca a boca *m*: **he was given mouth-to-mouth resuscitation** le hicieron el boca a boca.
mouthwash *n* [**mouthwashes**] enjuague *m* bucal.
mouth-watering *adj* apetitoso -sa.

mouthful /ˈmaʊθfʊl/ *n* **1.** (*of drink*) sorbo *m*; (*of food*) bocado *m*: **just try a mouthful** mira, prueba un bocado. **2.** (*fam*: *words*): **call me Bart, Bartholomew is such a mouthful** llámame Bart, Bartholomew es demasiado largo.

movable, moveable /ˈmuːvəbəl/ *adj* movible.

move /muːv/ **I** *n* **1.** (*movement*) movimiento *m*: **he made a move towards the telephone** hizo ademán de ir hacia el teléfono • **it's high time we made a move** ya va siendo hora de que nos vayamos • **that family are always on the move** esa familia siempre anda de un sitio para otro • **get a move on, we're late!** ¡date prisa, que es tarde! **2.** (*change of house*) mudanza *f*: **we found the move rather disruptive** la mudanza nos causó bastantes problemas; (*change of job*) traslado *m*: **he was hoping for a move to another department** esperaba que lo trasladaran a otro departamento. **3.** (*in board game*) jugada *f*: **is it my move?** ¿me toca a mí? **4.** (*strategy*): **it was a wise move not to sign** fue una decisión muy sensata no firmar • **let them make the first move** deja que ellos den el primer paso.
II *vi* [**moves, moving, moved**] **1.** (*gen*) moverse: **she didn't move** no se movió; **the crowd moved back to let him pass** la muchedumbre retrocedió para dejarlo pasar; **she moved to get a better view of the stage** se cambió de asiento para ver mejor el escenario. **2.** (*to a different house*) mudarse (de casa): **we're moving in the spring** vamos a mudarnos (de casa) en primavera; **she moved away from the area** se fue de la zona. **3.** (*to a new job*): **he moved to the transport division** se trasladó a la sección de transportes. **4.** (*to leave*) irse: **it's time we were moving** ya es hora de irnos. **5.** (*in board game*) jugar. **6.** (*to be in motion*) estar en marcha: **he tried to jump off while the bus was moving** intentó bajarse del autobús en marcha. **7.** (*to advance*) avanzar: **we are moving** *towards* **a more unified nation** avanzamos hacia una nación más unificada; **things are really moving on the work front** las cosas marchan muy bien en el trabajo.
♦ *vt* **1.** (*gen*) mover: **I moved my bag out of her way** quité el bolso para que no la estorbara; **he moved his bed next to the window** puso ✻ colocó su cama al lado de la ventana. **2.** (*house*): **they have moved house so many times!** ¡se han mudado (de casa) tantas veces! **3.** (*to propose*) proponer: **he moved that we should put it to the vote** propuso que lo sometiéramos a votación. **4.** (*to motivate*): **we felt moved to complain** sentimos que teníamos que presentar una queja. **5.** (*to sway*): **they will not be moved on the subject of human rights** no cederán en lo que se refiere a los derechos humanos. **6.** (*emotionally*) conmover: **I was moved** *by* **her kindness** su amabilidad me conmovió; **his beautiful playing moved me** *to* **tears** tocaba tan maravillosamente que me hizo llorar.
to **move about ✻ around** *vi* **1.** (*in agitation*) moverse. **2.** (*traveller*) viajar de aquí para allá.
♦ *vt*: **they have moved around the country a lot** han vivido en muchos sitios por todo el país.
to **move along** *vi* (*to advance*): **if you move along a bit, the four of us can fit on the sofa** si te corres un poco, cabremos los cuatro en el sofá; **the queue is moving along slowly** la cola avanza despacio.
♦ *vt*: **move along the bus, please** vayan hacia el fondo del autobús, por favor.
to **move in** *vi* **1.** (*to a house*) mudarse: **we had to redecorate as soon as we moved in** tuvimos que pintar la casa en cuanto nos mudamos. **2.** (*to come closer*) acercarse: **the vultures moved in** *on* **the carcass** los buitres se acercaron a la res muerta.
to **move into** *vt* mudarse a: **when do you move into your new house?** ¿cuándo se mudan ustedes a la casa nueva?
to **move off** *vi* (*vehicle*) ponerse en marcha: **the car moved off** el coche se puso en marcha.
to **move on** *vi* **1.** (*to another place*): **they camped there for one night and then moved on** acamparon allí una noche y luego se fueron a otro sitio. **2.** (*to progress*): **let's move on** *to* **the next chapter** pasemos al siguiente capítulo.
♦ *vt* (*a person*): **the police moved the tramp on** la policía hizo que el vagabundo se marchara.
to **move out** *vi* (*of a house*) mudarse: **I'm moving out at the end of the month** me mudo a finales de mes.
to **move over ✻ up** *vi* moverse: **move over, you're hogging the seat!** ¡muévete, que ocupas todo el asiento!

movement /ˈmuːvmənt/ *n* **1.** (*gen*) movimiento *m*: **try to avoid sudden movements** trata de evitar los movimientos bruscos; **they recorded the suspect's movements** tomaron nota de los movimientos del sospechoso; **he has lost all movement in his legs** ha perdido la movilidad en las piernas. **2.** (*Art, Lit, Pol*) movimiento *m*: **the Surrealist movement** el movimiento surrealista. **3.** (*Mus*) movimiento *m*. **4.** (*of a watch*) mecanismo *m*. **5.** (*transportation*) transporte *m*: **the movement of freight** el transporte de mercancías.

movie /ˈmuːvɪ/ *n* película *f*: **do you fancy going to the movies?** ¿te apetece ir al cine?
movie star *n* estrella *f* de cine.

moving /ˈmuːvɪŋ/ *adj* **1.** (*emotionally*) conmovedor -dora. **2.** (*physically*) móvil: **hold the moving handrail** agárrese al pasamanos móvil.

mow /məʊ/ *vt* [**mows, mowing, mowed,** *participio pasado* **mown**] cortar: **the lawn needs mowing** hay que cortar el césped.
to **mow down** *vt* (*in a car*) atropellar; (*with weapons*) acribillar a balazos.

mower /ˈməʊə/ *n* cortacésped *m*.

mown /məʊn/ *participio pasado de* ➪ mow

MP /emˈpiː/ *n* (*abreviatura de* **Member of Parliament**) diputado -da *m/f*: **she became an MP** salió elegida diputada; **he is the MP** *for* **Bolton** es diputado por Bolton; **Marion Harvey, MP** Marion Harvey, diputada.

mpg /empiːˈdʒiː/ (*abreviatura de* **miles per gallon**) millas *f pl* por galón.

mph /empiːˈeɪtʃ/ (*abreviatura de* **miles per hour**) millas *f pl* por hora.

MPhil /em'fɪl/ *n* (*Educ*) (*abreviatura de* **Master of Philosophy**). **1.** (*person*) *licenciado en Filosofía que además ha hecho un curso de posgrado o máster en su especialidad.* **2.** (*title*) *curso de posgrado o máster en Filosofía y título que se obtiene a su término.*

Mr *léase* /'mɪstə/ (*abreviatura de* **Mister**) (*gen*) Sr. (Señor): **we are waiting for Mr Clarke** estamos esperando al señor Clarke; **yes, Mr President** sí, Señor Presidente; (*on an envelope*) D. (Don): **Mr H. Jones** D. * Sr. H. Jones.

Mrs *léase* /'mɪsɪz/ *n* (*gen*) Sra. (señora): **Mrs Pryce telephoned** llamó la señora Pryce; (*on an envelope*) Dña. (Doña): **Mrs H. Jones** Dña. * Sra. H. Jones.

MS *léase* /'mænjʊˌskrɪpt/ (*abreviatura de* **manuscript**) MS. (manuscrito).

Ms *léase* /məz/ *n*: *título dado a una mujer que no indica su estado civil*: **Ms Caroline Bowditch** Sra. Caroline Bowditch.

MSc /emes'si:/ *n* (*Educ*) (*abreviatura de* **Master of Science**). **1.** (*person*) *licenciado en Ciencias que además ha hecho un curso de posgrado o máster en su especialidad.* **2.** (*title*) *curso de posgrado o máster en Ciencias y título que se obtiene a su término*: **she got her MSc last year** hizo un máster en Ciencias el año pasado.

Mt. *léase* /maʊnt/ (*abreviatura de* **Mount**) Monte *m*.

much /mʌtʃ/ [**more, most**] **I** *adv* mucho: **he doesn't drive much any more** ya no conduce mucho; **your help is much appreciated** apreciamos mucho su ayuda; **he is feeling much better today** hoy se siente mucho mejor; **she's not much good at French** no es muy buena en francés ● **all these different brands taste much the same** todas estas marcas distintas saben más o menos igual ● **much as I like chocolate, I've had enough** por mucho que me guste el chocolate, ya he comido bastante ● **much to my amazement I passed** para gran sorpresa mía, aprobé ● **I thought as much** ya me lo imaginaba ● **she can't make an omelette, much less a soufflé** no sabe hacer una tortilla, no digamos ya un souflé.
II *adj* mucho -cha: **is there much work to do?** ¿hay mucho trabajo que hacer?; **there isn't much milk** no hay mucha leche; **take** *as* **much money** *as* **you need** toma (todo) el dinero que necesites *[**how much**, **so much**, **too much** ⇨ how, so, too].*
III *pron* mucho -cha: **I haven't got much to do** no tengo mucho que hacer; **eat** *as* **much** *as* **you can** come lo que puedas; **"Is there anything on television?" "Not much."** "¿Hay algo en la tele?" "No mucho." ● **he's not much of a linguist** no se le dan bien los idiomas ● **his essay wasn't up to much** su trabajo no valía gran cosa ● **he made much of being related to the President** se daba mucha importancia por ser pariente del presidente ● **it's a bit much to expect us to walk there** pretender que vayamos a pie es pasarse un poco *[**how much**, **so much**, **too much** ⇨ how, so, too].*

muck /mʌk/ *n* (*fam*) **1.** (*dirt*) suciedad *f*. **2.** (*Agr*: *excrement*) estiércol *m*: **she trod in some horse muck** pisó caca de caballo.
to **muck about** * **around** (*fam*) *vi* [**mucks, mucking, mucked**]: **he's always mucking around in lessons** siempre está haciendo el mono en clase; **someone has been mucking about** *with* **the controls** alguien ha estado jugueteando con los mandos.
♦*vt*: **they mucked us around** nos trataron con muy poca seriedad.
to **muck in** *vi* (*fam*): **it's much quicker when everyone mucks in** se hace mucho más rápido cuando todo el mundo arrima el hombro.
to **muck out** *vt* (*stable, stall*) limpiar.
to **muck up** *vt* (*fam*): **I mucked up the test** hice mal la prueba; **that's mucked up my plans** eso me ha desbaratado los planes.

mucky /'mʌkɪ/ *adj* [**muckier, muckiest**] (*fam*) sucio -cia.

mucus /'mju:kəs/ *n* mucosidad *f*, moco *m*.

mud /mʌd/ *n* barro *m*, lodo *m* ● **his rivals have made his name mud** sus adversarios han dejado su reputación por los suelos.
mud bath *n* **1.** (*medicinal bath*) baño *m* de lodo. **2.** (*dirty place*): **the pitch was a mud bath** el campo era un barrizal.
mud flat *n* marisma *f* (*en un estuario*).
mudguard *n* guardabarros *m inv*.
mudpack *n* (*in cosmetics*) mascarilla *f*.

muddle /'mʌdəl/ **I** *n* **1.** (*untidiness*) desorden *m*: **my room is** *in* **a real muddle** mi cuarto está patas arriba. **2.** (*confusion*) lío *m*: **he got into a muddle on the computer** se hizo un lío con el ordenador.
II *vt* [**muddles, muddling, muddled**] **1.** (*to make a mess of*) embarullar: **don't muddle my system** *(up)* no me embarulles el sistema. **2.** (*to confuse*) confundir: **he keeps muddling me by changing the rules** no hace más que confundirme, cambiando las reglas continuamente; **I still muddle their surnames** *up* todavía confundo sus apellidos.
to **muddle along** *vi* apañárselas: **she doesn't know much Spanish but she muddles along** no habla mucho español, pero se las apaña.
to **muddle through** *vi*: **we'll have to muddle through without them** tendremos que arreglárnoslas lo mejor que podemos sin ellos.

muddled /'mʌdəld/ *adj* confuso -sa.

muddy /'mʌdɪ/ *adj* [**muddier, muddiest**] **1.** (*path, field*) embarrado -da: **they left muddy footprints on the floor** dejaron marcas de barro en el suelo. **2.** (*clothing*) lleno -na de barro: **my trousers are all muddy** tengo los pantalones llenos de barro. **3.** (*river*) fangoso -sa.

muesli /'mju:zlɪ/ *n* muesli *m* (*cereales con frutos secos, pasas, etc.*).

muff /mʌf/ *n* (*Clothing*) manguito *m*.

muffin /'mʌfɪn/ *n* **1.** (*GB*: *roll*) *tipo de bollo que se toma tostado y con mantequilla.* **2.** (*US*: *cake*) *pastelito similar a una magdalena, pero más grande.*

muffle /'mʌfəl/ *vt* [**muffles, muffling, muffled**] (*sounds*) amortiguar: **she closed the door, muffling their shouts** cerró la puerta para amortiguar sus gritos.
to **muffle up** *vt* (*for warmth*): **she was muffled up in a woolly scarf** iba toda tapada con una bufanda de lana.

muffled /'mʌfəld/ *adj* sordo -da: **he heard the muffled thump of something hitting the floor** oyó el ruido sordo de algo al caer al suelo.

muffler /'mʌflə/ *n* (*US*: *Auto*) silenciador *m*.

mug /mʌg/ **I** *n* **1.** (*for hot drinks*) taza *f* (*cilíndrica, más alta que ancha y sin platillo*); (*for beer*) jarra *f*. **2.** (*fam*: *gullible person*) bobo -ba *m/f*. **3.** (*fam*: *face*) jeta *f*, cara *f*.
II *vt* [**mugs, mugging, mugged**] atracar: **he was mugged on the way home** lo atracaron cuando volvía a casa.
to **mug up** *vt/i* (*fam*) empollar: **she mugged up** *(on)* **her chemistry on the day of the exam** se empolló la química el mismo día del examen.

mugger /'mʌgə/ *n* atracador -dora *m/f*.

mugging /ˈmʌgɪŋ/ *n* atraco *m* (*a una persona*).
muggy /ˈmʌgɪ/ *adj* [**muggier, muggiest**] bochornoso -sa.
Muhammad /mʊˈhæmɪd/ *n* Mahoma *m*.
mulberry /ˈmʌlbərɪ/ *n* [**mulberries**] (*fruit*) mora *f*; (*tree*) morera *f*.
mule /mju:l/ *n* mulo -la *m/f* • **he's as stubborn as a mule** es más terco que una mula.
mull /mʌl/ *vt* [**mulls, mulling, mulled**] (*wine*) calentar (con azúcar y especias).
to **mull over** *vt*: **I've been mulling it over since he told me** he estado dándole vueltas desde que me lo dijo.
multicoloured, (*US*) **multicolored** /ˈmʌltɪˌkʌləd/ *adj* multicolor.
multicultural /ˌmʌltɪˈkʌltʃərəl/ *adj* multicultural.
multifarious /ˌmʌltɪˈfeərɪəs/ *adj* (*frml*) múltiple, diverso -sa.
multigym /ˈmʌltɪˌdʒɪm/ *n* aparato *m* de gimnasia (*para realizar ejercicios diversos*).
multilateral /ˌmʌltɪˈlætərəl/ *adj* multilateral.
multilingual /ˌmʌltɪˈlɪŋgwəl/ *adj* plurilingüe, multilingüe.
multimillionaire /ˌmʌltɪˌmɪljəˈneə/ *n* multimillonario -ria *m/f*.
multinational /ˌmʌltɪˈnæʃənəl/ *adj*, *n* multinacional *adj*, *f*.
multiple /ˈmʌltɪpəl/ **I** *adj* múltiple.
II *n* (*Maths*) múltiplo *m*: **fourteen is the lowest common multiple of two and seven** catorce es el mínimo común múltiplo de dos y siete.
multiple choice *adj* (*Educ*): **the exam was mainly multiple choice** el examen era principalmente tipo test.
multiple sclerosis *n* esclerosis *f* múltiple.
multiplication /ˌmʌltɪplɪˈkeɪʃən/ *n* multiplicación *f*.
multiplication sign *n* signo *m* de multiplicar.
multiplication table *n* tabla *f* de multiplicar.
multiplicity /ˌmʌltɪˈplɪsətɪ/ *n* multiplicidad *f*.
multiply /ˈmʌltɪplaɪ/ *vt* [**multiplies, multiplying, multiplied**] multiplicar: **multiply the first figure** *by* **the second** multiplica la primera cifra por la segunda; **by smoking you multiply the risks of cancer** fumando se multiplica el riesgo de cáncer.
♦ *vi* multiplicarse.
multipurpose /ˌmʌltɪˈpɜ:pəs/ *adj* multiuso *adj inv*.
multiracial /ˌmʌltɪˈreɪʃəl/ *adj* multirracial.
multistorey, (*US*) **multistory** /ˌmʌltɪˈstɔ:rɪ/ **I** *adj* (*car park, building*) de varios pisos * varias plantas.
II *n* (*también* **multistorey car park**) aparcamiento *m* * parking *m* de varias plantas.
multitude /ˈmʌltɪtju:d/ *n* multitud *f*.
multitudinous /ˌmʌltɪˈtju:dɪnəs/ *adj* multitudinario -ria.
mum /mʌm/ **I** *n* (*GB*) mamá *f*: **where are your mum and dad?** ¿dónde están tus padres?
II *adj* • **I promise to keep mum about it** prometo no decir ni mu.
mumble /ˈmʌmbəl/ *vt/i* [**mumbles, mumbling, mumbled**] farfullar: **he got flustered and mumbled an excuse** se puso nervioso y farfulló una excusa.
mummify /ˈmʌmɪfaɪ/ *vt* [**mummifies, mummifying, mummified**] momificar.
mummy /ˈmʌmɪ/ *n* [**mummies**] **1.** (*mother*) mamá *f*. **2.** (*preserved body*) momia *f*.
mumps /mʌmps/ *n* [*lleva el verbo en singular*] paperas *f pl*.
munch /mʌntʃ/ *vt* [**munches, munching, munched**] mascar ruidosamente.
mundane /mʌnˈdeɪn/ *adj* anodino -na.
municipal /mju:ˈnɪsɪpəl/ *adj* municipal.
municipality /mju:ˌnɪsɪˈpælətɪ/ *n* [**municipalities**] municipio *m*.
munificence /mju:ˈnɪfɪsəns/ *n* (*frml*) munificencia *f*.
munificent /mju:ˈnɪfɪsənt/ *adj* (*frml*) munificente.
munitions /mju:ˈnɪʃənz/ *n pl* municiones *f pl*.
mural /ˈmju:rəl/ *n* mural *m*.
murder /ˈmɜ:də/ **I** *n* (*gen*) asesinato *m*: **there has been another murder in the area** ha habido otro asesinato en el barrio; (*in police, legal reports*) homicidio *m*: **she was charged with murder** la acusaron de homicidio; **the police have discovered the murder weapon** la policía ha descubierto el arma homicida • **to be murder: the journey was murder** el viaje fue espantoso; **it was murder getting the sofa up the stairs!** fue dificilísimo subir el sofá por las escaleras • **her kids get away with murder** sus hijos hacen lo que les da la gana.
II *vt* [**murders, murdering, murdered**] **1.** (*Law*) asesinar. **2.** (*fam*: *a song, play, etc.*) destrozar: **he murdered the song** destrozó la canción.
murderer /ˈmɜ:dərə/ *n* (*gen*) asesino -na *m/f*; (*in police, legal reports*) homicida *m/f*.
murderess /ˈmɜ:dəres/ *n* [**murderesses**] asesina *f*.
murderous /ˈmɜ:dərəs/ *adj* (*look, intention*) asesino -na.
murky /ˈmɜ:kɪ/ *adj* [**murkier, murkiest**] **1.** (*dark*) oscuro -ra. **2.** (*water*) turbio -bia. **3.** (*history*) turbio -bia: **he has a very murky past** tiene un pasado muy turbio.
murmur /ˈmɜ:mə/ **I** *vt/i* [**murmurs, murmuring, murmured**] murmurar.
II *n* murmullo *m* • **he paid the fine without a murmur** pagó la multa sin rechistar.
muscle /ˈmʌsəl/ *n* músculo *m* • **he's made of muscle** es puro músculo • **don't move a muscle** no te muevas.
to **muscle in** *vi* [**muscles, muscling, muscled**] entrometerse: **he muscles in** *on* **all our meetings** se entromete en todas nuestras reuniones.
muscular /ˈmʌskjʊlə/ *adj* (*build*) musculoso -sa; (*pain, problem*) muscular.
muscular distrophy /ˈmʌskjʊlə ˈdɪstrəfɪ/ *n* distrofia *f* muscular.
muse /mju:z/ **I** *n* musa *f*.
II *vi* [**muses, musing, mused**] meditar: **he was musing** *about* * *on* **his recent failure** estaba meditando sobre su reciente fracaso.
museum /mju:ˈzi:əm/ *n* museo *m*.
mush /mʌʃ/ *n* **1.** (*food*) papilla *f*: **the vegetables were just a mush** las verduras estaban hechas una papilla. **2.** (*sentimentality*) sensiblería *f*: **her books are full of mush** sus libros son muy sensibleros.
mushroom /ˈmʌʃrʊm/ **I** *n* (*gen*) seta *f*; (*small white, closed*) champiñón *m*.
II *vi* [**mushrooms, mushrooming, mushroomed**] extenderse muy rápido: **the software industry has mushroomed over the last decade** la industria del software ha crecido rapidísimamente en la última década.
mushy /ˈmʌʃɪ/ *adj* [**mushier, mushiest**] **1.** (*food*) blando -da. **2.** (*novel, movie*) sensiblero -ra.
music /ˈmju:zɪk/ *n* **1.** (*gen*) música *f*: **can you read music?** ¿sabes leer música?; **he has set the poem to music** le ha puesto música al poema • **her reply was**

music to my ears su respuesta me produjo una satisfacción enorme • **it's your turn to face the music** ahora te toca a ti dar la cara. **2.** (*score*) partitura *f*.

music box *n* caja *f* de música.
music centre *n* (*hi-fi*) cadena *f* musical * de música.
music critic *n* crítico -ca *m/f* musical * de música.
music festival *n* festival *m* de música.
music hall *n* music-hall *m*, teatro *m* de variedades.
music-lover *n* melómano -na *m/f*.
music stand *n* atril *m*.

musical /ˈmjuːzɪkəl/ **I** *adj* musical: **she's very musical** tiene un gran sentido musical.
II *n* musical *m*.

musical box *n* caja *f* de música.
musical chairs *n* *[lleva el verbo en singular]* el juego de las sillas.
musical instrument *n* instrumento *m* musical.

musicality /ˌmjuːzɪˈkælətɪ/ *n* musicalidad *f*.
musically /ˈmjuːzɪkəlɪ/ *adv*: **she is not musically gifted** no tiene talento para la música.
musician /mjuːˈzɪʃən/ *n* músico *m/f*.
musicologist /ˌmjuːzɪˈkɒlədʒɪst/ *n* musicólogo -ga *m/f*.
musk /mʌsk/ *n* almizcle *m*.
Muslim /ˈmʊzləm/ *adj*, *n* musulmán -mana *adj*, *m/f*.
mussel /ˈmʌsəl/ *n* mejillón *m*.

must /mʌst/ **I** *v aux* [*neg* **must not** * **mustn't**] *[**must not** es uso formal o enfático]* ⇨ gramática en el apéndice (Verbos Auxiliares Modales) **1.** (*expressing obligation*) deber: **you must tell her** debes decírselo • **I am forty-nine, if you must know** tengo cuarenta y nueve años, si tanto te interesa • **"Can I put the television on?" "If you must."** "¿Puedo poner la tele?" "Si insistes..." **2.** (*expressing intention*) tener que: **I must remember to lock the door** tengo que acordarme de cerrar la puerta con llave; **they mustn't find out** que no se enteren • **I must admit I'm very tempted** tengo que reconocer que es muy tentador. **3.** (*making suppositions*) deber (de): **I must have pressed the wrong key** me debo (de) haber equivocado de tecla; **it must be about ten o'clock** deben (de) ser alrededor de las diez • **"Are you paying?" "You must be joking!"** "¿Vas a pagar tú?" "¡Tú debes (de) estar loco!" **4.** (*making suggestions*) tener que: **we must go for a drink sometime** tenemos que ir a tomar una copa un día de éstos.
II *n*: **good trainers are a must for runners** un buen par de zapatillas de deporte es imprescindible para un corredor.

mustache /ˈmʌstæʃ/ *n* (*US*) bigote *m*.
mustard /ˈmʌstəd/ *n* mostaza *f*.

muster /ˈmʌstə/ **I** *vt* [**musters, mustering, mustered**] **1.** (*people*) reunir: **it won't be hard to muster an audience** no será difícil reunir público suficiente. **2.** (*también* **muster up**) (*courage, strength*): **he mustered (up) the courage to refuse** se armó de valor y se negó; **I mustered (up) the strength to carry on** saqué fuerzas de flaqueza para seguir adelante.
♦ *vi* (*to gather*) reunirse, agruparse.
II *n* • **it'll just about pass muster** es pasable.

mustiness /ˈmʌstɪnəs/ *n* olor *m* a humedad.
mustn't /ˈmʌsənt/ *contracción de* **must not** ⇨ must
musty /ˈmʌstɪ/ *adj* [**mustier, mustiest**] (*room*) que huele a humedad: **there was a musty smell** olía a humedad.
mutant /ˈmjuːtənt/ *adj*, *n* mutante *adj*, *m/f*.
mutate /mjuːˈteɪt/ *vt* [**mutates, mutating, mutated**] mutar.
♦ *vi* mutarse.
mutation /mjuːˈteɪʃən/ *n* mutación *f*.

mute /mjuːt/ **I** *adj* mudo -da.
II *n* **1.** (*Med*: *person*) mudo -da *m/f*. **2.** (*Mus*) sordina *f*.
III *vt* [**mutes, muting, muted**] (*Mus*) ponerle sordina a.

muted /ˈmjuːtɪd/ *adj* (*sound, colour*) apagado -da; (*Mus*) con sordina.
mutilate /ˈmjuːtɪleɪt/ *vt* [**mutilates, mutilating, mutilated**] mutilar.
mutilation /ˌmjuːtɪˈleɪʃən/ *n* mutilación *f*.
mutineer /ˌmjuːtɪˈnɪə/ *n* amotinado -da *m/f*.
mutinous /ˈmjuːtɪnəs/ *adj* amotinado -da.
mutiny /ˈmjuːtənɪ/ **I** *n* [**mutinies**] motín *m*.
II *vi* [**mutinies, mutinying, mutinied**] amotinarse.
mutter /ˈmʌtə/ *vt/i* [**mutters, muttered, muttering**] murmurar: **what are you muttering *(about)* now?** ¿qué es lo que estás murmurando?
mutton /ˈmʌtən/ *n* (*Culin*) carne *f* de oveja.
mutual /ˈmjuːtʃʊəl/ *adj* **1.** (*reciprocal*) mutuo -tua: **it was decided by mutual agreement** lo decidieron de mutuo acuerdo * de común acuerdo. **2.** (*in common*) común: **we have several mutual friends** tenemos varios amigos comunes * en común.
mutually /ˈmjuːtʃʊəlɪ/ *adv* mutuamente.

muzzle /ˈmʌzəl/ **I** *n* **1.** (*of animal*) hocico *m*. **2.** (*worn by dog*) bozal *m*. **3.** (*of gun*) boca *f*.
II *vt* [**muzzles, muzzling, muzzled**] **1.** (*to put a muzzle on*) poner un bozal a. **2.** (*to silence*) amordazar: **they are attempting to muzzle the pressure groups** están intentando amordazar a los grupos de presión.

MW *léase* /ˈmiːdɪəm weɪv/ (*abreviatura de* **medium wave**) onda *f* media.

my /maɪ/ *adj* **1.** (*with singular noun*) mi; (*with plural noun*) mis: **my sister is twenty-five** mi hermana tiene veinticinco años; **he is one of my teachers** es uno de mis profesores * es un profesor mío. **2.** (*with parts of the body, etc.*) [translated by **el**, **la**, **los** or **las**]: **I fell and cut my knee** me caí y me corté la rodilla; **I left my bag on the bus** me dejé la bolsa en el autobús.

myopia /maɪˈəʊpɪə/ *n* miopía *f*.
myopic /maɪˈɒpɪk/ *adj* miope.
myriad /ˈmɪrɪəd/ *n* miríada *f*.
myrrh /mɜː/ *n* mirra *f*.

myself /maɪˈself/ *pron* **1.** (*used reflexively*) me: **I burnt myself on the iron** me quemé con la plancha; **I made myself a new skirt** me hice otra falda. **2.** (*for emphasis*) yo mismo -ma: **I wrote it myself** lo escribí yo mismo. **3.** (*after a preposition*) mí mismo -ma: **I'm angry with myself for not going** estoy enfadada conmigo misma por no ir; **I have the house to myself this weekend** tengo la casa para mí solo este fin de semana • **I drive the tractor (all) by myself now** ya conduzco el tractor yo solo • **I looked round the museum by myself** visité el museo solo.

mysterious /mɪsˈtɪərɪəs/ *adj* misterioso -sa.
mysteriously /mɪsˈtɪərɪəslɪ/ *adv* misteriosamente.
mystery /ˈmɪstərɪ/ *n* [**mysteries**] misterio *m*.
mystic /ˈmɪstɪk/ *adj*, *n* místico -ca *adj*, *m/f*.
mystical /ˈmɪstɪkəl/ *adj* místico -ca.
mysticism /ˈmɪstɪsɪzəm/ *n* misticismo *m*.
mystify /ˈmɪstɪfaɪ/ *vt* [**mystifies, mystifying, mystified**] dejar perplejo -ja: **he was mystified by the whole business** aquello lo dejó totalmente perplejo.
mystique /mɪˈstiːk/ *n* **1.** (*awe*) fascinación *f*: **the mystique of Hollywood** la fascinación de Hollywood. **2.** (*mystery*) misterio *m*.

myth /mɪθ/ *n* mito *m*.
mythical /ˈmɪθɪkəl/ *adj* mítico -ca.
mythological /ˌmɪθəˈlɒdʒɪkəl/ *adj* mitológico -ca.
mythology /mɪˈθɒlədʒɪ/ *n* [**mythologies**] mitología *f*.
myxomatosis /ˌmɪksəməˈtəʊsɪs/ *n* mixomatosis *f inv*.

N

N, n /en/ *n* (*letter*) N, n *f*; (*name of letter*) ene *f*.

N 1. *léase* /nɔːθ/ (*abreviatura de* **North**) N (Norte): **N America** Norteamérica. 2. *léase* /ˈnɔːðən/ (*abreviatura de* **Northern**) del norte, septentrional.

n /en/ *n* (*indefinite number*) n: **n represents the number of molecules** n representa el número de moléculas.

'n' /ən/ (*fam*) *contracción de* **and**: **fish 'n' chips** pescado rebozado con patatas fritas.

nab /næb/ *vt* [**nabs, nabbing, nabbed**] (*fam*) pillar: **the police nabbed the robber as he came out of the bank** la policía pilló al ladrón cuando salía del banco.

NAFTA /ˈnæftə/ *n* (*abreviatura de* **North American Free Trade Agreement**) NAFTA (Zona de Libre Comercio del Atlántico Norte).

nag /næg/ **I** *vt* [**nags, nagging, nagged**] **1.** (*to persuade*) dar la lata a: **he nagged me** *into* **going with him** no paró de darme la lata hasta que fui con él. **2.** (*to scold*) regañar, reñir: **she nags her son all the time** *about* **his long hair** siempre está riñendo a su hijo por llevar el pelo largo.
♦ *vi* quejarse: **stop nagging!** ¡deja de quejarte!
II *n* (*horse*) rocín *m*, jamelgo *m*.

nagging /ˈnægɪŋ/ *adj* (*pain, doubt, worry*) persistente.

nail /neɪl/ **I** *n* **1.** (*Tec*) clavo *m* • **you've hit the nail on the head** has dado en el clavo • **he's as hard as nails** (*physically*) es muy fuerte; (*emotionally*) no tiene corazón. **2.** (*Anat*) uña *f*.
II *vt* [**nails, nailing, nailed**] **1.** (*to fix*) clavar: **I nailed it** *to* **the wall** lo clavé en la pared. **2.** (*fam*: *to catch*) pillar: **the police have nailed the culprit** la policía ha pillado al culpable.
to **nail down** *vt* **1.** (*to secure with nails*) clavar: **I nailed down the board** sujeté la tabla con clavos. **2.** (*fam*: *to make somebody agree*): **try to nail her down** *to* **a time and a place** trata de que se comprometa a una hora y un lugar.
to **nail up** *vt* cerrar con clavos: **all the doors and windows were nailed up** habían sellado todas las puertas y ventanas para que no se pudieran abrir.
nailbrush *n* [**nailbrushes**] cepillo *m* de uñas.
nail clippers *n pl* cortaúñas *m inv*.
nail file *n* lima *f* de uñas.
nail polish, **nail varnish** *n* laca *f* ✱ esmalte *m* de uñas.

naive, naïve /naɪˈiːv/ *adj* ingenuo -nua, inocente.

naivety, **naïveté** /naɪ'i:vətɪ/ *n* ingenuidad *f*, inocencia *f*.

naked /'neɪkɪd/ *adj* **1.** (*unclothed*) desnudo -da: **he was naked from the waist up** estaba desnudo de cintura para arriba. **2.** (*unprotected*): **a naked flame** una llama ✻ un fuego sin pantalla.

nakedness /'neɪkɪdnəs/ *n* desnudez *f*.

name /neɪm/ **I** *n* **1.** (*gen*) nombre *m*: **what's your cousin's name?** ¿cómo se llama tu primo?; **a singer** *by* **the name of Alan Jones** un cantante llamado Alan Jones; **I already knew him** *by* **name** ya lo conocía de nombre; **he put his name down for the contest** se apuntó al concurso; **that sounds interesting, put my name down** eso suena interesante, apúntame; **in the name of the Irish people** en nombre del pueblo irlandés • **he was calling me names** me estaba insultando • **she was president in all but name** aunque no figuraba como tal, a todos los efectos era la presidenta. **2.** (*reputation*) fama *f*: **he made a name** *for* **himself** *as* **a painter** se dio a conocer como pintor; **he had a name** *for* **eccentricity** tenía fama de excéntrico; **you'll get yourself a bad name** te crearás mala fama.
II *vt* [**names, naming, named**] **1.** (*to give a name to*) llamar: **they named their son David** a su hijo lo llamaron David; **I was named** *after* ✻ (*US*) *for* **my grandfather** me pusieron el nombre de mi abuelo. **2.** (*to identify*): **he couldn't name anyone in the photo** no pudo identificar a nadie en la foto; **the police have named the alleged murderer** la policía ha dado a conocer el nombre del supuesto asesino. **3.** (*to appoint*) nombrar, designar: **he was named** *as* **secretary general** lo nombraron secretario general. **4.** (*to fix*) fijar: **have they named the date for the wedding?** ¿han fijado la fecha de la boda?; **name your price** ¿cuánto quieres por él?

nameless /'neɪmləs/ *adj* **1.** (*without a name*) anónimo -ma: **an informant who must remain nameless** un confidente que debe permanecer en el anonimato. **2.** (*indescribable*): **a nameless dread** un temor indescriptible; **nameless acts of barbarity** barbaridades que no tienen nombre.

namely /'neɪmlɪ/ *adv* a saber, es decir: **the new chairman, namely Martin Spencer** el nuevo presidente, a saber Martin Spencer.

namesake /'neɪmseɪk/ *n* tocayo -ya *m/f*.

nanny /'nænɪ/ *n* [**nannies**] niñera *f*.
nanny goat *n* cabra *f* (*hembra*).

nap /næp/ **I** *n* (*sleep*) siesta *f*: **he usually has a nap after lunch** suele echarse una siesta después de comer.
II *vi* [**naps, napping, napped**] dormir la siesta • **he caught us napping** nos pilló desprevenidos.

napalm /'neɪpɑ:m/ *n* napalm *m*.

nape /neɪp/ *n* (*también* **nape of the neck**) nuca *f*, cogote *m*.

napkin /'næpkɪn/ *n* servilleta *f*.

nappy /'næpɪ/ *n* [**nappies**] (*GB*) pañal *m*.

narcissus /nɑ:'sɪsəs/ *n* [*pl* **narcissi** /nɑ:'sɪsaɪ/] narciso *m*.

narcotic /nɑ:'kɒtɪk/ (*Med*) **I** *n* estupefaciente *m*, narcótico *m*: **narcotics dealers** narcotraficantes; **narcotics smuggling** el narcotráfico.
II *adj* narcótico -ca.

narrate /nə'reɪt/ *vt* [**narrates, narrating, narrated**] narrar, contar.

narration /nə'reɪʃən/ *n* narración *f*, relato *m*.

narrative /'nærətɪv/ **I** *n* (*art of narrating*) narrativa *f*; (*account*) relato *m*.
II *adj* narrativo -va: **a narrative poem** un poema narrativo.

narrator /nə'reɪtə/ *n* narrador -dora *m/f*.

narrow /'nærəʊ/ **I** *adj* **1.** (*in width*) estrecho -cha, angosto -ta: **they turned into a narrow street** giraron por una calle estrecha; **a narrow skirt** una falda estrecha. **2.** (*in quantity*) reducido -da: **he won by a narrow majority** ganó por una pequeña mayoría • **we had a narrow escape** nos escapamos por los pelos. **3.** (*idea, view*) restringido -da.
II *vi* [**narrows, narrowing, narrowed**] estrecharse: **the road narrows just before the bridge** la carretera se estrecha justo antes del puente.
♦*vt* estrechar: **they sought to narrow the gap between private and state education** querían reducir la diferencia entre la enseñanza privada y la estatal • **he narrowed his eyes** entornó los ojos.
to **narrow down** *vt* reducir: **we narrowed the list down** *to* **four candidates** redujimos la lista a cuatro candidatos.
narrow-gauge *adj* de vía estrecha.
narrow-minded *adj* estrecho -cha de miras.
narrow-mindedness *n* estrechez *f* de miras.

narrowly /'nærəʊlɪ/ *adv* por poco: **she narrowly missed hitting a pedestrian** por poco atropella a un peatón.

nasal /'neɪzəl/ *adj* nasal: **he has an unpleasant nasal voice** tiene una voz gangosa y desagradable.

nasty /'nɑ:stɪ/ *adj* [**nastier, nastiest**] **1.** (*unpleasant*) desagradable: **it tastes nasty** tiene un sabor desagradable; **the weather was nasty** hizo un tiempo fatal; **he has a nasty habit of drinking too much at parties** tiene la mala costumbre de emborracharse en las fiestas; **things were beginning to turn nasty** la cosa se estaba poniendo fea. **2.** (*serious, very bad*): **they had a very nasty accident** tuvieron un accidente muy grave; **a nasty bruise** una contusión seria; **a nasty stretch of road** un tramo peligroso de carretera. **3.** (*unkind*) antipático -ca: **why are you so nasty** *to* **your sister?** ¿por qué te portas tan mal con tu hermana?

nation /'neɪʃən/ *n* nación *f*.

national /'næʃənəl/ **I** *adj* nacional: **the Welsh national costume** el traje nacional galés.
II *n* ciudadano -na *m/f*: **she is a Peruvian national** es ciudadana peruana.
national anthem *n* himno *m* nacional.
national grid *n* red *f* nacional de suministro de electricidad.
National Health Service *n* (*in GB*) *sanidad pública*.
National Insurance *n* (*in GB*) Seguridad *f* Social.
national park *n* parque *m* nacional.
national service *n* (*GB*) servicio *m* militar.

nationalism /'næʃənə,lɪzəm/ *n* nacionalismo *m*.

nationalist /'næʃənəlɪst/ *adj, n* nacionalista *adj, m/f*.

nationalistic /,næʃənə'lɪstɪk/ *adj* nacionalista: **the dictator appealed to their nationalistic sentiments** el dictador apeló a sus sentimientos nacionalistas.

nationality /,næʃə'nælətɪ/ *n* [**nationalities**] nacionalidad *f*: **she holds dual nationality** tiene doble nacionalidad.

nationalization /,næʃənəlaɪ'zeɪʃən/ *n* nacionalización *f*.

nationalize /'næʃənəlaɪz/ *vt* [**nationalizes, nationalizing, nationalized**] (*Fin*) nacionalizar.

nationwide /'neɪʃən,waɪd/ **I** *adj* nacional: **a nation-**

wide campaign una campaña a escala nacional; **a nationwide appeal was made for blood donors** se hizo un llamamiento nacional a los ciudadanos para que donasen sangre.

II *adv* en * por todo el país: **the show toured nationwide** el espectáculo realizó una gira por todo el país.

native /'neɪtɪv/ I *adj* **1.** (*person*) indígena: **the native peoples of Brazil** los pueblos indígenas del Brasil; **his native land** su tierra natal * su patria; **only native Turks are entitled to vote** sólo los turcos de origen tienen derecho al voto; (*plant, animal*) originario -ria: **a species native** *to* **this region** una especie originaria de esta región; (*language*) materno -na: **their native language is Quechua** su lengua materna es el quechua; **English native speakers have problems with** *ser* **and** *estar* los angloparlantes tienen problemas con *ser* y *estar*. **2.** (*innate*) innato -ta.

II *n* (*person*) nativo -va *m/f*, natural *m/f*: **he's a native** *of* **Birmingham** es natural de Birmingham; **the natives were driven from the island** los indígenas fueron expulsados de la isla.

Nativity /nə'tɪvətɪ/ *n* natividad *f*.

NATO /'neɪtəʊ/ *n* (*abreviatura de* **North Atlantic Treaty Organization**) la OTAN (Organización del Tratado del Atlántico Norte).

natter /'nætə/ (*fam*) I *vi* [**natters, nattering, nattered**] charlar.

II *n* charla *f*: **we were having a natter** estuvimos charlando.

natural /'nætʃərəl/ I *adj* **1.** (*occurring in nature*) natural: **made from natural ingredients** hecho con ingredientes naturales; **a country rich in natural resources** un país rico en recursos naturales. **2.** (*gift, aptitude*) innato -ta: **she's a natural athlete** es una atleta nata. **3.** (*not affected*) natural: **she behaved in a very natural way** se comportó de forma muy natural. **4.** (*logical*) lógico -ca, normal: **it's (only) natural that he feels offended** es lógico que se sienta ofendido. **5.** (*father, mother*) biológico -ca.

II *n* (*person*): **he's a natural** *at* **chess** es un ajedrecista nato.

natural causes *n pl*: **he died of natural causes** murió de muerte natural.

natural disaster *n* desastre *m* natural.

natural gas *n* gas *m* natural.

natural history *n* historia *f* natural.

natural sciences *n pl* ciencias *f pl* naturales.

natural wastage *n* bajas *f pl* vegetativas.

naturalist /'nætʃərəlɪst/ *n* naturalista *m/f*.

naturalization /ˌnætʃərəlaɪ'zeɪʃən/ *n* (*Pol*) naturalización *f*, nacionalización *f*.

naturalization papers *n* carta *f* de naturaleza.

naturalize /'nætʃərəlaɪz/ *vt* [**naturalizes, naturalizing, naturalized**] (*Pol*) naturalizar, nacionalizar: **he was naturalized in 1963** se nacionalizó en 1963.

naturally /'nætʃərəlɪ/ *adv* **1.** (*not artificially*) naturalmente: **her hair is naturally blonde** tiene el pelo rubio natural. **2.** (*innately*) por naturaleza: **he's naturally clever** es inteligente por naturaleza. **3.** (*not affectedly*) con naturalidad: **although nervous, I tried to speak naturally** aunque estaba nervioso, traté de hablar con naturalidad. **4.** (*of course*) desde luego, naturalmente: **naturally he was upset when she left** naturalmente estaba triste cuando ella se fue.

nature /'neɪtʃə/ *n* **1.** (*gen*) naturaleza *f*: **the laws of nature** las leyes de la naturaleza. **2.** (*essential quality*) esencia *f*, naturaleza *f* • **it is in the nature of things that...** es natural que.... **3.** (*temperament*) naturaleza *f*, temperamento *m*: **she is aggressive** *by* **nature** es agresiva por naturaleza; **it's not** *in* **his nature to complain** no es propio de él quejarse • **skiing is second nature to her** tiene una gran facilidad para el esquí. **4.** (*type*) tipo *m*, índole *f*: **our problem is of a different nature** nuestro problema es de otra índole; **he's a psychologist or something of that nature** es psicólogo o algo por el estilo.

nature reserve *n* reserva *f* natural.

nature trail *n* senda *f* natural.

naught /'nɔ:t/ *n* cero *m*.

naughty /'nɔ:tɪ/ *adj* [**naughtier, naughtiest**] **1.** (*badly behaved*) travieso -sa, revoltoso -sa: **you have been very naughty** te has portado muy mal. **2.** (*rude*) atrevido -da: **a naughty song** una canción picante.

nausea /'nɔ:zɪə/ *n* (*Med*) náusea *f*.

nauseate /'nɔ:zɪeɪt/ *vt* [**nauseates, nauseating, nauseated**] **1.** (*to cause nausea in*): **the smell of meat nauseates me** el olor de la carne me produce náuseas. **2.** (*to disgust*) repugnar: **we were nauseated** *by* **the violence we saw** nos repugnó la violencia que vimos.

nauseating /'nɔ:zɪeɪtɪŋ/ *adj* (*gen*) repugnante; (*smell*) nauseabundo -da: **a nauseating stench** una peste nauseabunda.

nauseous /'nɔ:zɪəs/ *adj* con náuseas: **she feels nauseous** tiene náuseas; **that smell makes me nauseous** ese olor me da náuseas.

nautical /'nɔ:tɪkəl/ *adj* náutico -ca.

nautical mile *n* milla *f* marina.

naval /'neɪvəl/ *adj* naval: **the naval attaché** el agregado naval; **a naval officer** un oficial de marina; **a great naval power** una gran potencia marítima.

Navarre /nə'vɑ:/ *n* Navarra *f*.

nave /neɪv/ *n* (*Archit*) nave *f*.

navel /'neɪvəl/ *n* ombligo *m*.

navigable /'nævɪgəbəl/ *adj* navegable.

navigate /'nævɪgeɪt/ *vi* [**navigates, navigating, navigated**] navegar.

♦ *vt* (*ship*) gobernar: **only the best sailors can navigate this channel** sólo los mejores marineros pueden navegar por este canal.

navigation /ˌnævɪ'geɪʃən/ *n* (*Naut, Av*) navegación *f*.

navigator /'nævɪgeɪtə/ *n* (*Naut, Av*) navegante *m/f*; (*Auto*) copiloto *m/f*.

navvy /'nævɪ/ *n* [**navvies**] (*GB*) peón *m* caminero.

navy /'neɪvɪ/ *n* **1.** [**navies**] (*Mil*) armada *f*, marina *f* de guerra: **he's in the Navy** está en la Armada. **2.** (*también* **navy blue**) (*colour*) azul *m* marino.

NB /en'bi:/ (*abreviatura latina que significa* **take note**) N.B. (*obsérvese*).

NCO /ensi:'əʊ/ *n* (*abreviatura de* **non-commissioned officer**) suboficial *m/f*.

NE **1.** *léase* /nɔ:θ'i:st/ (*abreviatura de* **northeast**) NE (noreste * nordeste). **2.** *léase* /nɔ:θ'i:stən/ (*abreviatura de* **northeastern**) del noreste * nordeste.

near /nɪə/ I *adv* **1.** (*in space*) cerca: **it passed very near** pasó muy cerca. **2.** (*in time*): **the big day was getting * drawing nearer** se acercaba el gran día.

II *prep* **1.** (*in space*) cerca de: **their house is near the river** su casa queda cerca del río; **who's nearest** *(to)* **the phone?** ¿quién está más cerca del teléfono? **2.** (*in time*): **my birthday is near Christmas** mi cumpleaños es poco antes de Navidad; **near the middle of October** hacia mediados de octubre • **she was near to tears** estaba a punto de llorar.

III *adj* **1.** (*in space*) cercano -na: **the nearest village** el pueblo más cercano. **2.** (*in time*): **the near future** el futuro próximo. **3.** (*relative*) cercano -na.

IV *vt* [**nears, nearing, neared**] acercarse a: **we were nearing the bridge** nos acercábamos al puente; **he looks younger, but he's nearing seventy** aparenta menos, pero tiene casi setenta años.

♦*vi* acercarse: **the end of our stay was nearing** se acercaba el fin de nuestra estancia.

near side *n* (*Auto*) lado *m* del pasajero.

near-sighted *adj* miope.

nearby I /ˈnɪəbaɪ/ *adj* cercano -na: **a nearby bakery** una panadería cercana.

II /ˌnɪəˈbaɪ/ *adv* cerca: **there's a shop nearby** hay una tienda por aquí cerca.

nearly /ˈnɪəlɪ/ *adv* casi: **nearly five metres** casi cinco metros; **nearly a month ago** hace casi un mes; **it's nearly six o'clock** son casi las seis; **it's nearly December** falta poco para diciembre; **he nearly fell over** por poco se cae • **he hasn't nearly enough money to buy it** no tiene suficiente dinero para comprarlo ni mucho menos.

neat /niːt/ *adj* **1.** (*room*) ordenado -da: **he keeps the house neat and tidy** siempre tiene la casa muy ordenada; (*handwriting*) claro -ra. **2.** (*in one's appearance*) pulcro -cra; (*in one's work*): **she's a very neat worker** es muy esmerada trabajando. **3.** (*plan, scheme*) ingenioso -sa. **4.** (*alcohol*) solo -la: **a neat whisky** un whisky solo. **5.** (*US*: *fam, very good*) estupendo -da, guay, chulo -la, (*Arg, Urug*) macanudo -da, (*Méx*) padre.

neatly /ˈniːtlɪ/ *adv* **1.** (*carefully*) con esmero, cuidadosamente. **2.** (*impeccably*) pulcramente: **he's always neatly dressed** siempre va impecablemente vestido; **this fitted my theory very neatly** esto encajaba muy bien con mi teoría.

neatness /ˈniːtnəs/ *n* (*of a house*) limpieza *f*, pulcritud *f*; (*of handwriting*) claridad *f*; (*of one's appearance*) pulcritud *f*; (*of work*) esmero *m*.

nebulous /ˈnebjʊləs/ *adj* (*vague*) vago -ga.

necessarily /nesəˈserɪlɪ/ *adv* necesariamente: **her refusal is not necessarily final** su negativa no es necesariamente definitiva; **demand for the product necessarily falls in winter** la demanda del producto baja forzosamente en invierno.

necessary /ˈnesɪsərɪ/ *adj* **1.** (*essential*) necesario -ria, preciso -sa: **I brought all the necessary tools** traje todas las herramientas necesarias; **is it necessary** *for* **your sister to hear this?** ¿es preciso que tu hermana oiga esto?; **I'll go and fetch them if necessary** iré a recogerlos si hace falta. **2.** (*inevitable*) inevitable: **a necessary evil** un mal inevitable ✱ necesario.

necessitate /nəˈsesɪteɪt/ *vt* [**necessitates, necessitating, necessitated**] (*frml*) exigir: **the bad weather necessitated an early departure** el mal tiempo hizo que fuera necesario salir temprano.

necessity /nɪˈsesətɪ/ *n* **1.** (*need*) necesidad *f*: **necessity drove him to steal** la necesidad lo obligó a robar; **there's no necessity** *for* **us all to go** no es necesario que vayamos todos • **our budget is of necessity small** nuestro presupuesto es bajo por fuerza. **2.** [**necessities**] (*essential item*): **for many people a car is a necessity** para mucha gente el coche es imprescindible; **they took only the bare necessities** no llevaron nada más que lo estrictamente necesario.

neck /nek/ **I** *n* **1.** (*of person, bottle, garment*) cuello *m*: **a blouse with a low neck** una blusa escotada • **she's up to her neck in debt** está hasta el cuello de deudas • **he broke his neck to finish the job on time** se mató a trabajar para terminar a tiempo • **I stuck my neck out and offered him the job** me arriesgué y le ofrecí el trabajo • **I had the boss breathing down my neck all day** tuve al jefe detrás de mí todo el día • **the two runners are neck and neck** los dos corredores van parejos. **2.** (*of animal*) pescuezo *m*, cuello *m*.

II *vi* [**necks, necking, necked**] (*fam*) besuquearse.

necklace /ˈneklɪs/ *n* collar *m*.

neckline /ˈneklaɪn/ *n* escote *m*.

necktie /ˈnektaɪ/ *n* (*US*) corbata *f*.

nectar /ˈnektə/ *n* néctar *m*.

nectarine /ˈnektəriːn/ *n* nectarina *f*.

née /neɪ/ *adj* de soltera: **Mrs Jane Thompson, née Davies** la señora Jane Thompson, de soltera Davies.

need /niːd/ **I** *n* necesidad *f*: **her bodily and spiritual needs** sus necesidades físicas y espirituales; **he's** *in* **urgent need** *of* **a blood transfusion** necesita urgentemente una transfusión de sangre; **is there any need** *for* **me to stay?** ¿es necesario que me quede? • **there's no need for you to lose your temper** no hace falta que te enfades • **I'll go at once if need be** iré en seguida si es necesario ✱ si hace falta • **they try to help those in need** intentan ayudar a la gente necesitada.

II *vt* [**needs, needing, needed**] necesitar: **you don't need so much flour** no necesitas tanta harina; **I need to see you straight away** tengo que verte en seguida; **how much time do you need?** ¿cuánto tiempo te hace falta?; **it's a task needing patience** es una tarea que requiere paciencia; **it's just what I need!** me viene de perlas • **that's all we need!** ¡lo que nos faltaba!

III *v aux* [*neg* **need not** ✱ **needn't**] [***need not*** *es uso formal o enfático*] ➪ gramática en el apéndice (Verbos Auxiliares Modales): **need you be so rude?** ¿qué necesidad tienes de ser tan grosero?; **you needn't get up so early** no hace falta que te levantes tan temprano; **we needn't have come at all** no hacía falta que hubiéramos venido.

needle /ˈniːdəl/ **I** *n* (*for sewing, knitting*) aguja *f*: **a hypodermic needle** una aguja hipodérmica • **it's like looking for a needle in a haystack** es como buscar una aguja en un pajar.

II *vt* [**needles, needling, needled**] (*fam*) pinchar, hacer rabiar: **stop needling me!** ¡deja de meterte conmigo ✱ de pincharme!

needlework *n* (*gen*) costura *f*; (*embroidery*) bordado *m*.

needless /ˈniːdləs/ *adj* innecesario -ria, inútil • **needless to say, he didn't call me back** sobra ✱ huelga decir que no me devolvió la llamada.

needn't /ˈniːdənt/ *contracción de* **need not** ➪ need

needy /ˈniːdɪ/ **I** *adj* [**needier, neediest**] necesitado -da.

II the needy *n pl* los necesitados.

negate /nɪˈgeɪt/ *vt* [**negates, negating, negated**] (*frml*) **1.** (*an effort, a theory*) invalidar: **this attack negates any chance of a peace settlement** este ataque anula la posibilidad de un acuerdo de paz. **2.** (*a fact, statement*) negar.

negation /nɪˈgeɪʃən/ *n* (*frml*) negación *f*.

negative /ˈnegətɪv/ **I** *adj* **1.** (*number, answer,*) negativo -va: **the test was negative** la prueba dio resultado negativo. **2.** (*pessimistic*) negativo -va.

II *n* **1.** (*in photography*) negativo *m*. **2.** (*Ling*) negación *f*: **a verb followed by a negative** un verbo seguido de una negación • **she replied in the negative** contestó con una negativa.

neglect /nɪˈglekt/ **I** *vt* [**neglects, neglecting, neglected**] **1.** (*responsibilities*) descuidar, desentenderse de: **if you neglect your studies, you'll fail the exam** si te desentiendes de los estudios, vas a suspender el examen; (*people*): **he neglects his children** no se ocupa de sus hijos. **2.** (*to fail*): **he neglected to tell us the house had no heating** omitió decirnos que la casa no tenía calefacción.

II *n* **1.** (*action*) descuido *m*, negligencia *f*: **the crop was lost** *through* **neglect** la cosecha se echó a perder por negligencia. **2.** (*condition*) abandono *m*: **the farmhouse was in a state of neglect** la granja estaba muy abandonada.

neglected /nɪ'glektɪd/ *adj* (*not looked after*) descuidado -da: **the whole place looked neglected** el lugar presentaba un aspecto muy descuidado; (*ignored*): **I was feeling a bit neglected** me sentía abandonada.

neglectful /nɪ'glektfʊl/ *adj* negligente: **neglectful parents** padres negligentes; **he was neglectful** *of* **his responsibilities** desatendió sus responsabilidades.

negligee, negligée /'neglɪʒeɪ/ *n* salto *m* de cama.

negligence /'neglɪdʒəns/ *n* negligencia *f*.

negligent /'neglɪdʒənt/ *adj* negligente: **the teacher was negligent** *in* **leaving the children alone** fue una negligencia por parte del profesor dejar a los niños solos.

negligible /'neglɪdʒəbəl/ *adj* insignificante.

negotiable /nɪ'gəʊʃɪəbəl/ *adj* **1.** (*open to discussion*) negociable: **our prices are not negotiable** nuestras tarifas no son negociables. **2.** (*road*) transitable.

negotiate /nɪ'gəʊʃɪeɪt/ *vi* [**negotiates, negotiating, negotiated**] negociar: **the government refused to negotiate** *with* **the rebel leader** el gobierno se negó a negociar con el líder de los rebeldes.

♦*vt* **1.** (*an agreement*) negociar: **a peace treaty was negotiated** se negoció un tratado de paz; (*a loan*) gestionar. **2.** (*difficulty*) superar; (*obstacle*) franquear.

negotiation /nɪˌgəʊʃɪ'eɪʃən/ *n* negociación *f*: **the union entered into negotiations with the management** el sindicato entró en negociaciones con la dirección; **the matter is** *under* **negotiation** se está negociando el asunto.

negotiator /nɪ'gəʊʃɪeɪtə/ *n* negociador -dora *m/f*.

neigh /neɪ/ **I** *vi* [**neighs, neighing, neighed**] relinchar.

II *n* relincho *m*.

neighbour, (*US*) **neighbor** /'neɪbə/ *n* **1.** (*person living close by*) vecino -na *m/f*. **2.** (*Relig*) prójimo *m*.

neighbourhood, (*US*) **neighborhood** /'neɪbəhʊd/ *n* (*inhabitants*) vecindario *m*; (*area*) barrio *m*, vecindad *f*: **he lives in my neighbourhood** vive en mi barrio • **Theresa must be somewhere in the neighbourhood** Theresa debe de andar por aquí cerca • **the price is in the neighbourhood of ten million** cuesta diez millones aproximadamente.

neighbouring, (*US*) **neighboring** /'neɪbərɪŋ/ *adj* vecino -na, cercano -na: **the threat to neighbouring countries** la amenaza para los países vecinos.

neighbourly, (*US*) **neighborly** /'neɪbəlɪ/ *adj* amable: **thank you, that's very neighbourly** *of* **you** muchas gracias, es usted muy amable.

neither /'naɪðə, 'ni:ðə/ **I** *adv, conj*: **neither she nor her brother went** ni ella ni su hermano fueron; **he can neither read nor write** no sabe ni leer ni escribir; **I don't speak German and neither does she** yo no hablo alemán ni ella tampoco; **"We haven't seen them." "Neither have I."** "No los hemos visto." "Yo tampoco." • **what he may think is neither here nor there** lo que piense él es totalmente irrelevante.

II *adj, pron* ninguno (de los dos), ninguna (de las dos): **neither waistcoat fitted him** ninguno de los dos chalecos le quedaba bien; **neither of these telephones works** ninguno de estos dos teléfonos funciona; **"Which tie do you want?" "Neither of them."** "¿Qué corbata quieres?" "Ninguna de las dos."

Neolithic, neolithic /ˌni:əʊ'lɪθɪk/ **I** *adj* neolítico -ca.

II *n* neolítico *m*.

neon /'ni:ɒn/ *n* neón *m*.

neon light *n* lámpara *f* de neón.

neon sign *n* letrero *m* luminoso.

nephew /'nefju:/ *n* sobrino *m*.

nepotism /'nepətɪzəm/ *n* nepotismo *m*.

Neptune /'neptju:n/ *n* Neptuno *m*.

nerve /nɜ:v/ **I** *n* **1.** (*Anat, Bot*) nervio *m* • **the remark touched a raw nerve** el comentario la hirió en lo más vivo. **2.** (*courage*) valor *m*: **I didn't have the nerve to tell him** no tuve valor para decírselo • **these pilots have nerves of steel** estos pilotos tienen nervios de acero • **he lost his nerve and didn't ask her** al final no tuvo el coraje de preguntárselo. **3.** (*insolence*) descaro *m*, caradura *f*: **she had the nerve to demand an apology** tuvo la caradura de exigir que le pidiera perdón; **what a nerve!** ¡qué cara!

II nerves *n pl* (*nervous tension*) nervios *m pl*: **that noise gets** *on* **my nerves** ese ruido me crispa los nervios; **her nerves got the better of her** los nervios se apoderaron de ella.

nerve cell *n* neurona *f*.

nerve-racking *adj* angustioso -sa: **it was a nerve-racking wait** fue una espera angustiosa.

nervous /'nɜ:vəs/ *adj* **1.** (*Anat, Med*: *complaint*) nervioso -sa: **a nervous disorder** una enfermedad nerviosa. **2.** (*apprehensive*) nervioso -sa: **she always gets nervous before a concert** siempre se pone nerviosa antes de un concierto; **I'm nervous** *of* **horses** me dan miedo los caballos.

nervous breakdown *n* crisis *f* nerviosa, colapso *m* nervioso.

nervous system *n* sistema *m* nervioso.

nervously /'nɜ:vəslɪ/ *adv* nerviosamente.

nervousness /'nɜ:vəsnəs/ *n* (*anxious state*) nerviosismo *m*, nervios *m pl*; (*fear*) miedo *m*; (*timidity*) timidez *f*.

nervy /'nɜ:vɪ/ *adj* [**nervier, nerviest**] (*fam*) **1.** (*anxious, nervous*) nervioso -sa. **2.** (*US*: *insolent*) descarado -da, fresco -ca.

nest /nest/ **I** *n* (*gen*) nido *m*; (*of ants*) hormiguero *m*; (*of wasps*) avispero *m* • **he's feathered his nest at the taxpayer's expense** se ha puesto las botas a costa del contribuyente.

II *vi* [**nests, nesting, nested**] anidar.

nest egg *n* (*fig*) ahorros *m pl*: **they spent their nest egg on a new car** gastaron sus ahorros en un coche nuevo.

nest of tables *n* mesas *f pl* nido.

nestle /'nesəl/ *vi* [**nestles, nestling, nestled**] **1.** (*person*) arrellanarse: **he nestled** *into* **the armchair** se arrellanó en la butaca; **she nestled** *against* **his shoulder** recostó la cabeza sobre su hombro; (*animal*): **the chicks nestled** *up to* **the hen** los polluelos se arrimaron a la gallina. **2.** (*village, town*): **a village nestling in the foothills of the Pyrenees** una aldea situada en las estribaciones de los Pirineos.

net /net/ **I** *n* red *f*: **a hair net** una redecilla del pelo • **the thieves fell into the net** los ladrones cayeron en la trampa * en la red.

II *vt* [**nets, netting, netted**] **1.** (*to catch*) pescar: **we netted a lot of shrimps** cogimos * pescamos muchos camarones • **he's netted himself a rich wife** ha pescado una esposa rica. **2.** (*Fin*): **the sale of the building netted three million clear profit** la venta del inmueble produjo un beneficio de tres millones.

III *adj* (*también* **nett**) neto -ta: **net profit** ganancia neta ✻ beneficio neto; **net weight** peso neto; **he earned thirty thousand pounds net** ganó treinta mil libras netas • **the net result was a loss in popularity for the party** el resultado final fue que el partido perdió popularidad.

net curtain *n* visillo *m*.

netball /'netbɔ:l/ *n* (*GB*) *deporte femenino parecido al baloncesto*.

Netherlands /'neðələndz/ *n pl*: **the Netherlands** los Países Bajos, Holanda *f*.

nett /net/ *adj* ➪ net **III**

netting /'netɪŋ/ *n* malla *f*, redes *f pl*: **a fence made of wire netting** una cerca de tela metálica.

nettle /'netəl/ *n* ortiga *f* • **it's time we grasped the nettle** es hora de coger ✻ agarrar al toro por los cuernos.

network /'netwɜ:k/ **I** *n* red *f*: **the railway network** la red ferroviaria; **the national road network** la red nacional de carreteras; **a television network** una red de cadenas de televisión.

II *vt* [**networks, networking, networked**] (*Inform*) interconectar.

neurosis /ˌnjʊə'rəʊsɪs/ *n* [*pl* **neuroses** /ˌnjʊə'rəʊsi:z/] neurosis *f inv*.

neurotic /ˌnjʊə'rɒtɪk/ *adj*, *n* neurótico -ca *adj*, *m/f*.

neuter /'nju:tə/ **I** *adj* (*Ling*) neutro -tra: **a neuter noun** un sustantivo neutro.

II *vt* [**neuters, neutering, neutered**] (*cat, dog*) esterilizar.

neutral /'nju:trəl/ **I** *adj* **1.** (*country, observer*) neutral. **2.** (*Chem, Phys*) neutro -tra: **a neutral solution** una solución neutra; **the neutral wire** el cable neutro. **3.** (*colour*) neutro -tra.

II *n* (*Auto*) punto *m* muerto: **I left the car** *in* **neutral** dejé el coche en punto muerto.

neutrality /nju:'trælətɪ/ *n* neutralidad *f*.

neutralize /'nju:trəlaɪz/ *vt* [**neutralizes, neutralizing, neutralized**] neutralizar.

neutron /'nju:trɒn/ *n* neutrón *m*.

neutron bomb *n* bomba *f* de neutrones.

never /'nevə/ *adv* **1.** (*not ever*) nunca, jamás: **she never writes to me** no me escribe nunca ✻ nunca me escribe; **we never saw him again** no volvimos a verlo nunca más; **"Would you ever go there again?" "Never!"** "¿Volverías alguna vez allí?" "¡Jamás!"; **I had never seen anything like it in my life** nunca en mi vida había visto nada igual • **never ever say that again** no vuelvas a decir eso (nunca) jamás. **2.** (*did not*): **he never came** no vino • **never mind!** ¡no te preocupes! ✻ ¡no importa! **3.** (*fam: indicating disbelief*): **you never believed it!** ¡no me digas que te lo creíste! • **never!** ✻ **well, I never!** ¡no me digas!

never-ending *adj* interminable.

never-never *n* (*GB: fam*): **she buys everything** *on* **the never-never** lo compra todo a plazos.

nevertheless /ˌnevəðə'les/ *adv* no obstante, sin embargo: **the weather had worsened but they decided to set out nevertheless** el tiempo había empeorado; no obstante, decidieron ponerse en camino.

new /nju:/ (*US*) /nu:/ *adj* [**newer, newest**] **1.** (*not used, recently produced*) nuevo -va: **new and secondhand books** libros nuevos y de ocasión; **it was a new car** era un coche nuevo; **that theory is new** *to* **me** esa teoría es nueva para mí; **he's new** *to* **the job** es nuevo en el trabajo; **we're new** *to* ✻ *in* **the village** hace poco que vivimos en el pueblo • **she repaired it and it's as good as new** lo arregló y está como nuevo. **2.** (*different*) nuevo -va [placed before the noun], otro -tra: **when does she start her new job** ¿cuándo empieza en su nuevo trabajo?; **they bought a new car** se compraron otro coche.

New Mexico *n* Nuevo México *m*.

new moon *n* luna *f* nueva.

New Testament *n*: **the New Testament** el Nuevo Testamento.

New World *n*: **the New World** el Nuevo Mundo.

New Year *n* Año *m* Nuevo: **happy New Year!** ¡feliz Año (Nuevo)!

New Year's Day *n* día *m* de Año Nuevo.

New Year's Eve *n* Nochevieja *f*.

New York /nju: jɔ:k/ *n* Nueva York *f*.

New Yorker /nju: jɔ:kə/ *n* neoyorquino -na *m/f*.

New Zealand /nju: 'zi:lənd/ *n* Nueva Zelanda *f*.

New Zealander /nju: 'zi:ləndə/ *n* neozelandés -desa *m/f*, neocelandés -desa *m/f*.

newborn /'nju:bɔ:n/ *adj* recién nacido -da.

newcomer /'nju:kʌmə/ *n* (*to a place*) recién llegado -da *m/f*; (*to an activity*): **I'm a newcomer** *to* **tennis** en tenis sólo soy un principiante.

newfangled /nju:'fæŋgəld/ *adj*: **I can't stand all these newfangled ideas** no soporto todas estas ideas tan modernas.

newfound, **new-found** /'nju:faʊnd/ *adj* recién adquirido -da: **a newfound skill** una habilidad recién adquirida; **a newfound friend** un nuevo amigo.

newly /'nju:lɪ/ *adv* recientemente, recién: **a newly refurbished hotel** un hotel recién renovado; **a newly qualified teacher** un profesor recién licenciado.

newlywed /'nju:lɪˌwed/ *n* recién casado -da *m/f*.

news /nju:z/ *n* [*lleva el verbo en singular*] **1.** (*item of information*) noticia *f*: **the news of her death** la noticia de su muerte; **you'll have to break the news to him** tú tendrás que darle la noticia; **a piece of news** una noticia; **you passed? that's wonderful news!** ¿has aprobado? ¡qué buena noticia! • **it was news to me** me pilló de nuevas; (*information*) noticias *f pl*: **the latest news** las últimas noticias; **national and international news** noticias nacionales e internacionales; **I have some good news for you** te traigo buenas noticias. **2.** (*on radio, television*) noticias *f pl*: **it was on the nine o'clock news** lo dijeron en las noticias de las nueve; **would you like to watch/listen to the news?** ¿quieres ver/oír las noticias?; **cycling is very much in the news** el ciclismo está de actualidad.

news agency *n* agencia *f* de noticias.

newsagent *n* (*GB*) *persona que lleva un* ➪ newsagent's.

newsagent's *n*: *tienda en la que se venden periódicos, revistas, tabaco y golosinas*.

newscaster *n* ➪ newsreader

news conference *n* rueda *f* de prensa.

newsflash *n* [**newsflashes**] avance *m* informativo, noticia *f* de última hora.

newsletter *n* boletín *m*, hoja *f* informativa.

newsprint *n*: *papel utilizado para imprimir periódicos*.

newsreader *n* presentador -dora *m/f* (*de un informativo*).

newsreel *n* noticiario *m*, (*Amér L*) noticiero *m* (*en el cine*).

news stand *n* quiosco *m* de prensa, puesto *m* de periódicos.

newsworthy *adj* de interés periodístico.

newspaper /'nju:z,peɪpə/ *n* **1.** (*publication*) periódico *m*, diario *m*. **2.** (*material*) papel *m* de periódico: **I wrapped the plates in newspaper** envolví los platos en papel de periódico.

newt /nju:t/ *n* tritón *m*.

next /nekst/ **I** *adj* **1.** (*in time, in a sequence*) próximo -ma: **the next time I see her** la próxima vez que la vea; **next week** la semana que viene; **next Sunday** el domingo que viene; **the next day he called me** al día siguiente me llamó; **take the next exit** toma la próxima salida; **the next train but one** el próximo tren, no; el siguiente; **who's next?** ¿a quién le toca?; **next, please!** ¡el/la siguiente! **2.** (*in space, position*) de al lado: **in the next office** en la oficina de al lado.
II *adv* **1.** (*in time: afterwards*) después, luego: **next we visited the museum** después visitamos el museo; (*: immediately afterwards*): **where are you going next?** ¿adónde vas a ir ahora?; **next, we present a documentary on whales** a continuación les ofrecemos un documental sobre las ballenas. **2. next to** (*almost*) casi: **it's next to impossible** es prácticamente * casi imposible • **it cost me next to nothing** me costó poquísimo.
III next to *prep* (*in space*): **the girl next to Mary** la chica (que está) al lado de Mary; **he was sitting next to the window** estaba sentado junto a la ventana.
next-door I *adj* de al lado: **my next-door neighbour** el vecino de al lado.
II *adv*: **she lives next door** vive en la casa de al lado; **next door but one** *to* **us** dos casas * puertas más allá de la nuestra.
next of kin *n* [*pl* **next of kin**] pariente *m/f* más cercano -na.

NHS /eneɪtʃ'es/ *n* (*in GB*) (*abreviatura de* **National Health Service**) *sanidad pública en Gran Bretaña.*

nib /nɪb/ *n* plumilla *f*.

nibble /'nɪbəl/ *vt/i* [**nibbles, nibbling, nibbled**] (*person*) mordisquear: **she was nibbling** *at* * *on* **a carrot** estaba mordisqueando una zanahoria; (*mouse: cheese*) mordisquear; (*fish*) picar.

Nicaragua /nɪkə'rægjʊə/ *n* Nicaragua *f*.

Nicaraguan /nɪkə'rægjʊən/ *adj, n* nicaragüense *adj, m/f*.

nice /naɪs/ *adj* **1.** (*likeable, good-natured*) simpático -ca, agradable: **what a nice girl!** ¡qué chica más simpática!; **they're very nice people** son muy buena gente; (*kind*): **thank you, that's very nice** *of* **you** gracias, es usted muy amable; **he was very nice** *to* **us** se portó muy bien con nosotros. **2.** (*pleasant, good*) agradable: **a nice neighbourhood** un barrio agradable; **nice weather** buen tiempo; **a nice film** una película bonita; **it was a really nice meal** fue una comida deliciosa; **does it taste nice?** ¿sabe bien?; **it's been very nice talking to you** ha sido un placer hablar con usted • **have a nice day** que lo pase bien. **3.** (*attractive: person*) guapo -pa: **you look very nice** estás muy guapa; (*: place, object*) bonito -ta: **what a nice house!** ¡qué casa más bonita! **4.** (*decent, respectable*) decente: **nice girls don't go to places like that** las buenas chicas no frecuentan esos lugares. **5.** (*for emphasis*): **a nice big icecream** un helado bien grande; **a nice cold beer** una cerveza bien fría • **you'll be nice and comfortable here** aquí estarás muy cómodo • **the flat is nice and roomy** el piso es bastante espacioso. **6.** (*subtle*) sutil: **a nice distinction** una distinción sutil.
nicely /'naɪslɪ/ *adv* **1.** (*kindly*) amablemente: **they treated us very nicely** nos trataron con mucha amabilidad. **2.** (*pleasantly*): **a very nicely decorated room** una habitación decorada con mucho gusto. **3.** (*satisfactorily*) bien: **"How are you doing?" "Very nicely, thanks."** "¿Cómo te va?" "Muy bien, gracias."; **"Is that enough?" "Yes, that will do nicely."** "¿Está bien así?" "Sí, está muy bien."

nicety /'naɪsətɪ/ *n* [**niceties**] sutileza *f*: **he doesn't care about the niceties of protocol** no le interesan las sutilezas del protocolo.

niche /ni:ʃ/ *n* **1.** (*in wall*) hornacina *f*. **2.** (*in the market, in society*) hueco *m*.

nick /nɪk/ **I** *n* **1.** (*scratch, cut*) muesca *f*, mella *f* • **I arrived (just) in the nick of time** llegué justo a tiempo. **2.** (*GB*: *fam, condition*) estado *m*: **in good * bad nick** en buen * mal estado. **3.** (*GB*: *fam, prison*) chirona *f*.
II *vt* [**nicks, nicking, nicked**] **1.** (*to mark*) hacer muescas en, mellar; (*to cut*) cortar: **I nicked myself shaving** me corté al afeitarme. **2.** (*GB*: *fam, to steal*) birlar, afanar.

nickel /'nɪkəl/ *n* **1.** (*metal*) níquel *m*. **2.** (*US*: *coin*) moneda *f* de cinco centavos.

nickname /'nɪkneɪm/ **I** *n* mote *m*, apodo *m*.
II *vt* [**nicknames, nicknaming, nicknamed**] apodar: **they nicknamed him "the Cowboy"** le pusieron de mote * lo apodaron "el Vaquero"

nicotine /'nɪkəti:n/ *n* nicotina *f*.

niece /ni:s/ *n* sobrina *f*.

nifty /'nɪftɪ/ *adj* [**niftier, niftiest**] (*fam*: *idea*) genial; (*: device*) ingenioso -sa; (*: dress*) elegante.

Nigeria /naɪ'dʒɪərɪə/ *n* Nigeria *f*.

Nigerian /naɪ'dʒɪərɪən/ *adj, n* nigeriano -na *adj, m/f*.

niggardly /'nɪgədlɪ/ *adj* **1.** (*person*) tacaño -ña, avaro -ra. **2.** (*quantity*) insignificante: **they gave him a niggardly sum of money** le dieron una cantidad de dinero insignificante.

niggle /'nɪgəl/ *vi* [**niggles, niggling, niggled**] (*to fuss*) pararse en pequeñeces.
♦ *vt* (*to annoy*) fastidiar.

niggling /'nɪgəlɪŋ/ *adj* **1.** (*annoying*) molesto -ta: **I still had a few niggling doubts** aun así todavía tenía unas cuantas dudas. **2.** (*details*) engorroso -sa.

night /naɪt/ **I** *n* noche *f*: **every night** todas las noches; **night after night** noche tras noche; *on* **Tuesday night** el martes por la noche; **good night!** *[sólo se usa al despedirse]* ¡buenas noches!; **day and night * night and day** día y noche; **I went out last night** anoche * ayer por la noche salí; **the night before last** anteanoche * antes de anoche; **tomorrow night** mañana por la noche; **the night before the examination** la noche antes del examen; **it was already night when she called** ya era de noche cuando llamó; **it's eleven o'clock** *at* **night** son las once de la noche; **we arrived** *at* **night** llegamos por la noche; **we heard shots** *in* * *during* **the night** oímos disparos durante la noche; **he waited far into the night** estuvo esperando hasta muy entrada la noche; **I didn't sleep a wink all night** no pegué ojo en toda la noche; **he has a lot of late nights** se acuesta tarde muchos días; **I think I'll have an early night** me parece que voy a acostarme temprano; **the first night of her latest play** la noche del estreno de su última obra.
II *adj* nocturno -na: **a night flight** un vuelo nocturno.
nightcap *n*: *bebida (generalmente alcohólica) que se toma antes de acostarse*: **shall we have a nightcap?** ¿te apetece tomarte una copa antes de acostarte?
nightclub *n* sala *f* de fiestas.
nightdress *n* [**nightdresses**] camisón *m*.

nightfall *n* caída *f* de la noche, anochecer *m*: **they left** *at* **nightfall** salieron al anochecer.
nightgown *n* camisón *m*.
night hawk *n* ➪ night owl
nightlife *n* vida *f* nocturna.
night owl *n* noctámbulo -la *m/f*.
night school *n* escuela nocturna *f*.
night shift *n* turno *m* de noche.
night-time *n* noche *f*: **at night-time** por la noche * de noche.
night watchman *n* [*pl* **night watchmen**] vigilante *m* nocturno.

nightie, nighty /'naɪtɪ/ *n* (*fam*) camisón *m*.

nightingale /'naɪtɪŋ,geɪl/ *n* ruiseñor *m*.

nightly /'naɪtlɪ/ **I** *adv* (*every night*) cada noche: **we broadcast nightly to Latin America** transmitimos todas las noches para América Latina.
II *adj* de cada noche: **he pays us a nightly visit** nos visita todas las noches.

nightmare /'naɪtmeə/ *n* pesadilla *f*.

nightmarish /'naɪtmeərɪʃ/ *adj* de pesadilla, espantoso -sa.

nil /nɪl/ *n* (*GB*: *Sport*) cero *m*: **they beat us five nil** nos ganaron cinco a cero.

Nile /naɪl/ *n*: **the Nile** el Nilo.

nimble /'nɪmbəl/ *adj* ágil: **he has a nimble mind** tiene una mente ágil.

nincompoop /'nɪŋkəm,pu:p/ *n* (*fam*) tonto -ta *m/f*, bobo -ba *m/f*.

nine /naɪn/ *adj*, *n* nueve *adj inv*, *m*: **nine hundred** novecientos -tas • **nine times out of ten** en la gran mayoría de los casos • **she was dressed up to the nines** iba vestida de punta en blanco. ➪ five

nineteen /naɪn'ti:n/ *adj*, *n* diecinueve *adj inv*, *m* • **she talks nineteen to the dozen** habla por los codos. ➪ five

nineteenth /naɪn'ti:nθ/ **I** *adj* decimonoveno -na, diecinueve.
II *n* **1.** (*in order: gen*) decimonoveno -na *m/f*; (*: date, monarch*) diecinueve *m*. **2.** (*one part*) decimonovena parte *f*; (*fraction*) diecinueveavo *m*. ➪ sixteenth

ninetieth /'naɪntɪɪθ/ **I** *adj* nonagésimo -ma, noventa.
II *n* **1.** (*in order*) nonagésimo -ma *m/f*. **2.** (*one part*) noventava parte *f*; (*fraction*) noventavo *m*. ➪ sixteenth

ninety /'naɪntɪ/ *adj*, *n* [**nineties**] noventa *adj inv*, *m*. ➪ fifty

ninny /'nɪnɪ/ *n* [**ninnies**] (*fam*) lelo -la *m/f*, mentecato -ta *m/f*.

ninth /naɪnθ/ **I** *adj* noveno -na.
II *n* **1.** (*in order: gen*) noveno -na *m/f*; (*: date*) nueve *m*. **2.** (*one part*) novena parte *f*; (*fraction*) noveno *m*. ➪ fifth

nip /nɪp/ **I** *vt* [**nips, nipping, nipped**] **1.** (*to bite*) morder, mordisquear: **his dog nipped me on the ankle** su perro me mordió el tobillo. **2.** (*to pinch*) pillar, pellizcar: **she nipped her finger in the lid of the chest** se pellizcó el dedo con la tapa del baúl.
♦ *vi* (*fam*): **I'll just nip** *in* **and say hello** voy a entrar un momentito a saludarlos; **he nipped** *over* **to the shop** se acercó un momento a la tienda.
II *n* **1.** (*bite*) mordisco *m*. **2.** (*pinch*) pellizco *m*. **3.** (*chill*): **there's a nip in the air today** hoy se nota el frío. **4.** (*fam*: *of alcohol*) trago *m*.

nipper /'nɪpə/ *n* (*fam*: *small child*) chiquillo -lla *m/f*, mocoso -sa *m/f*.

nipple /'nɪpəl/ *n* **1.** (*of female*) pezón *m*; (*of male*) tetilla *f*. **2.** (*US*: *of feeding bottle*) tetina *f*.

nippy /'nɪpɪ/ *adj* [**nippier, nippiest**] (*fam*) **1.** (*slightly cold*): **it's nippy today** hace fresco hoy. **2.** (*fast*) rápido -da.

nit /nɪt/ *n* **1.** (*in hair*) liendre *f*. **2.** (*fam*: *idiot*) memo -ma *m/f*.

nitpicking /'nɪt,pɪkɪŋ/ *n* (*fam*): **I'm tired of your constant nitpicking** estoy harto de que seas tan quisquilloso.

nitrate /'naɪtreɪt/ *n* nitrato *m*.

nitric acid /'naɪtrɪk 'æsɪd/ *n* ácido *m* nítrico.

nitrogen /'naɪtrədʒən/ *n* nitrógeno *m*.

nitroglycerine, nitroglycerin /,naɪtrəʊ'glɪsəri:n/ *n* nitroglicerina *f*.

nitwit /'nɪtwɪt/ *n* (*fam*) memo -ma *m/f*.

no /nəʊ/ **I** *adv* no: **"Do you want more rice?" "No, thank you."** "¿Quieres más arroz?" "No, gracias."; **"Did he write to you?" "No, he didn't."** "¿Te escribió?" "No."; **she no longer works here** ya no trabaja aquí; **no more than fifty pounds** cincuenta libras como máximo; **no sooner had he set out than it started to rain** acababa de salir cuando empezó a llover; **his guitar is no better than mine** su guitarra no es mejor que la mía; **I won't take no for an answer** no aceptaré un no por respuesta.
II *adj* **1.** (*with countable nouns*) ningún -guna: **no cat can climb that high** ningún gato puede trepar tan alto; **he has no idea of the problem** no tiene ni idea del problema; **she's no friend of mine** no es amiga mía. **2.** (*with uncountable nouns, etc.*): **there's no coffee** no hay café; **he arrived with no luggage** llegó sin equipaje; **that screwdriver is no good * no use** ese destornillador no sirve; **there's no knowing what he'll say** es imposible saber lo que va a decir; (*on signs*): **no smoking** prohibido fumar; **no entry** prohibido el paso.
III *n* no *m*, (*pl* noes): **they replied with an emphatic no** su respuesta fue un no rotundo.

No. *léase* /'nʌmbə/ [**Nos.**] (*abreviatura de* **number**) n.º (número).

nobility /nəʊ'bɪlətɪ/ *n* **1.** (*quality*) honradez *f*, nobleza *f*. **2.** (*social class*) nobleza *f*.

noble /'nəʊbəl/ **I** *adj* **1.** (*character*) noble, generoso -sa. **2.** (*appearance*) grandioso -sa. **3.** (*aristocratic*) noble: **a gentleman of noble descent** un caballero de noble alcurnia.
II *n* (*aristocrat*) noble *m/f*.
nobleman *n* [*pl* **noblemen**] noble *m*.
noblewoman *n* [*pl* **noblewomen**] noble *f*.

nobly /'nəʊblɪ/ *adv* generosamente: **despite the snow, he nobly went to collect them** a pesar de la nieve, fue caballerosamente a buscarlos.

nobody /'nəʊbədɪ/ **I** *pron* nadie: **nobody came** no vino nadie; **we saw nobody** no vimos a nadie; **was there nobody else?** ¿no había nadie más?
II *n* [**nobodies**] don *m inv* nadie.

nocturnal /nɒk'tɜ:nəl/ *adj* (*animal, predator*) nocturno -na.

nod /nɒd/ **I** *vi* [**nods, nodding, nodded**] **1.** (*in agreement*) asentir con la cabeza: **he nodded but didn't reply** asintió con la cabeza, pero no dijo nada; (*to indicate something or somebody*): **she nodded** *towards* **the door** señaló la puerta con la cabeza; (*in greeting*) saludar con un movimiento de la cabeza: **she nodded shyly** *at* **me when I came in** me saludó con un tímido movimiento de la cabeza cuando entré. **2.** (*from tiredness*) dar cabezadas. **3.** (*trees, flowers*) mecerse: **the sunflowers nodded in the breeze** la brisa mecía los girasoles.

♦ *vt*: **he nodded his head in agreement** asintió con la cabeza.
II *n* (*in agreement*) asentimiento *m* con la cabeza; (*to indicate something or somebody*) movimiento *m* de la cabeza (*para indicar algo*); (*in greeting*) saludo *m* con la cabeza.
to **nod off** *vi*: **I nodded off in front of the television** me quedé dormido viendo la tele.

Noel /nəʊ'el/ *n* (*in carols*) Navidad *f*.

noise /nɔɪz/ *n* ruido *m*: **tell the children not to make so much noise** diles a los niños que no hagan tanto ruido; **what's that humming noise?** ¿qué es ese zumbido? ● **he made encouraging noises about my ideas** se mostró muy positivo acerca de mis ideas.

noiseless /'nɔɪzləs/ *adj* silencioso -sa.

noiselessly /'nɔɪzlɪslɪ/ *adv* sin hacer ruido, silenciosamente.

noisy /'nɔɪzɪ/ *adj* [**noisier, noisiest**] ruidoso -sa: **a noisy machine** una máquina ruidosa; **a noisy child** un niño que hace mucho ruido; **the students were very noisy** los estudiantes estaban armando mucho ruido; **it's very noisy in here** hay mucho ruido aquí; **a noisy street** una calle en la que hay mucho ruido; **a noisy demonstration** una manifestación bulliciosa.

nomad /'nəʊmæd/ *n* nómada *m/f*.

nomadic /nəʊ'mædɪk/ *adj* nómada.

no-man's-land /'nəʊmænz,lænd/ *n* tierra *f* de nadie.

nom de plume /nɒm də plu:m/ *n* [*pl* **noms de plume**] seudónimo *m*.

nominal /'nɒmɪnəl/ *adj* **1.** (*ostensible*) teórico -ca: **the nominal leader of the government** el jefe del gobierno en teoría. **2.** (*symbolic*) simbólico -ca: **a nominal sum** una cantidad simbólica.

nominate /'nɒmɪneɪt/ *vt* [**nominates, nominating, nominated**] **1.** (*to propose*) proponer: **they nominated him** *as* **treasurer** ✱ *for* **the post of treasurer** lo propusieron para (el cargo de) tesorero; **he has been nominated** *for* **an Oscar** ha sido nominado para el Oscar. **2.** (*to appoint*) nombrar: **he was nominated to lead the delegation** lo nombraron jefe de la delegación.

nomination /,nɒmɪ'neɪʃən/ *n* **1.** (*proposal as candidate*) nominación *f*: **will they support his nomination** *for* **the presidency?** ¿apoyarán su nominación para la presidencia? **2.** (*appointment*) nombramiento *m*.

nominative /'nɒmɪnətɪv/ (*Ling*) **I** *adj* nominativo -va.
II *n* nominativo *m*.

nominee /,nɒmɪ'ni:/ *n* **1.** (*candidate*) persona *f* propuesta, candidato -ta *m/f*. **2.** (*appointee*) persona *f* nombrada.

non-aggression /,nɒnə'greʃən/ *n* no agresión *f*: **a non-aggression pact** un pacto de no agresión.

non-alcoholic /,nɒnælkə'hɒlɪk/ *adj* no alcohólico -ca, sin alcohol: **non-alcoholic drinks** bebidas sin alcohol.

non-aligned /,nɒnə'laɪnd/ *adj* no alineado -da.

non-believer /,nɒnbɪ'li:və/ *n* no creyente *m/f*.

nonchalance /'nɒnʃələns/ *n* despreocupación *f*.

nonchalant /'nɒnʃələnt/ *adj* despreocupado -da.

nonchalantly /'nɒnʃələntlɪ/ *adv* con depreocupación, despreocupadamente.

non-combatant /nɒn'kɒmbətənt/ *n* no combatiente *m/f*.

non-commissioned officer /,nɒnkə'mɪʃənd 'ɒfɪsə/ *n* suboficial *m/f*.

noncommittal /,nɒnkə'mɪtəl/ *adj* evasivo -va: **she was very noncommittal** *about* **the proposal** se mostró muy evasiva respecto a la propuesta.

nonconformist /,nɒnkən'fɔ:mɪst/ **I** *adj* (*views, politics*) inconformista.
II *n* **1.** (*person who does not conform*) inconformista *m/f*. **2.** (*Relig*) *miembro de cualquiera de las Iglesias escindidas de la Iglesia Anglicana*.

nondescript /'nɒndɪskrɪpt/ *adj* anodino -na.

none /nʌn/ **I** *pron* **1.** (*not one, not any*) ninguno -na: **none of his colleagues has** ✱ **have a car** ninguno de sus compañeros tiene coche; **I invited the girls but none of them came** invité a las chicas pero no vino ninguna; **"Is there some more pudding?" "There's none left."** "¿Queda más postre?" "No queda nada."; **"Have you got any change?" "No, none at all."** "¿Tienes suelto?" "No, nada." ● **it's none of your business!** ¡no es asunto tuyo! ● **I'll have none of that in this house!** ¡no voy a tolerar eso en esta casa! ● **we use none but the purest ingredients in our products** en nuestros productos sólo empleamos los ingredientes más naturales. **2.** (*no one*) nadie: **none but he knew the truth** nadie más que él sabía la verdad; **they were all relieved, but none more so than Jill** fue un alivio para todos, sobre todo para Jill ● **the order came from none other than the Prime Minister** la orden vino nada menos que del Primer Ministro.
II *adv*: **he seems none the worse for his accident** parece que el accidente no lo ha afectado mucho; **I'm none the wiser after reading the manual** he leído las instrucciones y me he quedado como estaba; **he seemed none too happy about the decision** no parecía estar muy contento con la decisión.

nonentity /nɒn'entətɪ/ *n* [**nonentities**] cero *m* a la izquierda, persona *f* insignificante.

nonetheless /,nʌnðə'les/ *adv* ⇨ nevertheless

non-event /,nɒnɪ'vent/ *n* decepción *f*: **the official visit turned out to be a non-event** la visita oficial pasó sin pena ni gloria.

non-existent /,nɒnɪg'zɪstənt/ *adj* inexistente.

non-fattening /nɒn'fætənɪŋ/ *adj* que no engorda.

non-fiction /nɒn'fɪkʃən/ *n* no ficción *f*.

non-flammable /nɒn'flæməbəl/ *adj* incombustible.

non-intervention /,nɒnɪntə'venʃən/ *n* no intervención *f*.

non-member /nɒn'membə/ *n* no socio -cia *m/f*.

non-nuclear /nɒn'nju:klɪə/ *adj* (*weapon, war*) convencional.

no-nonsense /nəʊ'nɒnsəns/ *adj* sensato -ta.

non-payment /nɒn'peɪmənt/ *n* impago *m*.

nonplussed /nɒn'plʌst/ *adj* perplejo -ja: **scientists are nonplussed by this phenomenon** este fenómeno ha dejado perplejos a los científicos.

non-profit-making /nɒn'prɒfɪt,meɪkɪŋ/ *adj* sin ánimo de lucro.

non-returnable /,nɒnrɪ'tɜ:nəbəl/ *adj* (*deposit, bottle, etc.*) no retornable.

nonsense /'nɒnsəns/ *n* tonterías *fpl*: **don't talk nonsense** no digas tonterías; **stop that nonsense** deja de hacer tonterías; **it's nonsense to say it is all over** decir que todo ha terminado es una tontería; **this article is a piece** ✱ **load of nonsense** este artículo no dice más que tonterías; **nonsense! you're perfectly well enough to go to school!** ¡déjate de tonterías! estás perfectamente bien para ir al colegio ● **this tax increase makes a nonsense of the party's election**

promise esta subida de impuestos ha roto la promesa electoral del partido.

nonsensical /nɒn'sensɪkəl/ *adj* absurdo -da.

non sequitur /nɒn'sekwɪtə/ *n* incongruencia *f*.

non-smoker /nɒn'sməʊkə/ *n* no fumador -dora *m/f*.

non-smoking /nɒn'sməʊkɪŋ/ *adj* de no fumadores.

nonstarter /nɒn'stɑ:tə/ *n*: **his idea for the school trip was a nonstarter** su idea para el viaje de estudios estaba destinada al fracaso.

non-stick /nɒn'stɪk/ *adj* (*pan, surface*) antiadherente.

non-stop /nɒn'stɒp/ **I** *adj* (*flight*) sin escalas; (*train journey*) sin paradas.

II *adv* sin parar: **his sister talks non-stop** su hermana habla sin parar; **we have been wallpapering non-stop all weekend** hemos estado todo el fin de semana empapelando; **they fly from Paris to San Francisco non-stop** vuelan de París a San Francisco sin escalas.

non-transferable /ˌnɒntræns'fɜ:rəbəl/ *adj* intransferible.

non-violence /nɒn'vaɪələns/ *n* no violencia *f*.

non-violent /nɒn'vaɪələnt/ *adj* no violento -ta.

noodles /'nu:dəlz/ *n pl* fideos *m pl*.

nook /nʊk/ *n* rincón *m*: **her favourite nook in the library** su rincón preferido en la biblioteca • **we looked in every nook and cranny in the house** buscamos por todos los rincones de la casa.

noon /nu:n/ *n* mediodía *m*: **I'll meet you** *at* **noon** te veré al mediodía.

no one, no-one /'nəʊwʌn/ *pron* ⇨ nobody

noose /nu:s/ *n* lazo *m* (*formado en una cuerda, como los usados en la horca*).

nor /nɔ:/ *conj* (*used after* **neither**) ni: **neither she nor her husband will be there** ni ella ni su marido van a estar allí; **he neither wrote to us nor telephoned** ni nos escribió ni nos llamó; (*used after another negative*) ni: **"I've never been to Holland." "Nor have I."** "Nunca he estado en Holanda." "Ni yo (tampoco)."; **I don't know if they've sold their house, nor do I care** no sé si han vendido la casa, ni me importa.

Nordic /'nɔdɪk/ *adj* nórdico -ca.

norm /nɔ:m/ *n* norma *f* • **owning a car was not the norm in those days** en aquella época lo normal era no tener coche.

normal /'nɔ:məl/ **I** *adj* normal.

II *n*: **wait till the house is back to normal** espera hasta que la casa haya vuelto a la normalidad; **temperatures will be below normal for the time of year** las temperaturas serán inferiores a lo que es normal en esta época del año.

normality /nɔ:'mæləti/ *n* normalidad *f*.

normalize /'nɔ:məlaɪz/ *vt* [**normalizes, normalizing, normalized**] normalizar.

♦ *vi* normalizarse.

normally /'nɔ:məlɪ/ *adv* **1.** (*as expected*) con normalidad: **the engine is running normally** el motor funciona con normalidad. **2.** (*usually*) normalmente: **I normally leave the office by six** normalmente salgo de la oficina antes de las seis.

Norman /'nɔ:mən/ **I** *n* normando -da *m/f*.

II *adj* (*gen*) normando -da; (*Archit*) románico -ca (*en Gran Bretaña*).

north /nɔ:θ/ **I** *n* norte *m*: **the mountains lie** *to* **the north** *of* **the river** las montañas están al norte del río; **my bedroom looks * faces north** mi dormitorio da al norte; **it is colder in the North** en el norte del país hace más frío.

II *adj* (*también* **North**) (*gen*) norte *adj inv*, septentrional: **he's from a village on the north coast of the island** es de un pueblo en la costa norte de la isla; (*wind*) del norte.

III *adv* (*también* **North**) (*with verb of movement*) al * hacia el norte: **they travelled north for four days** estuvieron viajando hacia el norte durante cuatro días; (*indicating location*) al norte: **it's north** *of* **Dallas** está al norte de Dallas • **they went to live up North** se fueron a vivir al norte.

North Africa *n* África *f* del Norte [takes the definite article ***el***].

North African *adj, n* norteafricano -na *adj, m/f*.

North America *n* América *f* del Norte, Norteamérica *f*.

North American *adj, n* norteamericano -na *adj, m/f*.

North Carolina *n* Carolina *f* del Norte.

North Dakota *n* Dakota *f* del Norte.

North Korea *n* Corea *f* del Norte.

North Korean *adj, n* norcoreano -na *adj, m/f*.

North Pole *n* Polo *m* Norte.

North Sea *n*: **the North Sea** el mar del Norte.

northbound /'nɔ:θbaʊnd/ *adj*: *en dirección al norte*: **all northbound trains will be subject to delay** todos los trenes hacia el norte experimentarán retrasos; **the northbound carriageway has been closed** la calzada en dirección norte está cerrada.

northeast /nɔ:θ'i:st/ **I** *n* (*también* **Northeast**) noreste *m*, nordeste *m*: **industry has suffered most in the Northeast** donde más ha sufrido la industria ha sido en el noreste.

II *adj* (*también* **Northeast**) del noreste * nordeste: **a northeast wind was blowing** soplaba un viento del noreste.

III *adv* (*with verb of movement*) al * hacia el noreste * nordeste: **we flew northeast** volamos hacia el noreste; (*indicating location*) al noreste * nordeste: **it's northeast** *of* **Madrid** está al noreste de Madrid.

northeasterly /nɔ:θ'i:stəlɪ/ **I** *adj* **1.** (*wind*) del noreste * nordeste. **2.** (*direction*) noreste, nordeste: **they were moving in a northeasterly direction** iban en dirección noreste.

II *n* [**northeasterlies**] viento *m* del noreste * nordeste.

northeastern /nɔ:θ'i:stən/ *adj* del noreste * nordeste.

northerly /'nɔ:ðəlɪ/ **I** *adj* **1.** (*wind*) del norte. **2.** (*direction*): **they were travelling in a northerly direction** iban en dirección norte; (*location*): **it is the most northerly point of the British Isles** es el lugar más al norte en las Islas Británicas.

II *n* [**northerlies**] viento *m* del norte.

northern, Northern /'nɔ:ðən/ *adj* del norte, septentrional: **he was born in Northern Italy** nació en el norte de Italia.

Northern hemisphere *n* hemisferio *m* norte.

northern lights *n pl* aurora *f* boreal.

Northern Ireland *n* Irlanda *f* del Norte.

Northern Irish I *adj* norirlandés -desa, de Irlanda del Norte.

II the Northern Irish *n pl* los norirlandeses.

northernmost *adj* más septentrional * al norte: **the northernmost part of the island** la parte más septentrional de la isla.

Northerner, northerner /'nɔ:ðənə/ *n* norteño -ña *m/f*: **we could tell he was a Northerner** se le notaba que era norteño * del norte.

northward /'nɔ:θwəd/ **I** *adj*: **they were travelling in a northward direction** viajaban en dirección norte.

II *adv* (*también* **northwards**) hacia el norte.

northwest /'nɔ:θwest/ **I** *n* (*también* **Northwest**) noroeste *m*: **we spent our holiday in the northwest of Spain** pasamos las vacaciones en el noroeste de España.

II *adj* (*también* **Northwest**) del noroeste: **a northwest wind was blowing** soplaba un viento del noroeste.

III *adv* (*with verb of movement*) al * hacia el noroeste: **on leaving Oslo we travelled northwest** cuando salimos de Oslo fuimos hacia el noroeste; (*indicating location*) al noroeste: **it's northwest** *of* **Manchester** está al noroeste de Manchester.

northwesterly /nɔːθ'westəlɪ/ I *adj* 1. (*wind*) del noroeste. 2. (*direction*) noroeste: **they were heading in a northwesterly direction** avanzaban en dirección noroeste.

II *n* [**northwesterlies**] viento *m* del noroeste.

northwestern /nɔːθ'westən/ *adj* del noroeste.

Norway /'nɔːweɪ/ *n* Noruega *f*.

Norwegian /nɔː'wiːdʒən/ I *adj* noruego -ga.

II *n* (*person*) noruego -ga *m/f*; (*language*) noruego *m*.

nose /nəʊz/ I *n* 1. (*Anat*) nariz *f*: **blow your nose** suénate (la nariz); **her nose was bleeding** le sangraba la nariz • **she was copying right under the teacher's nose** estaba copiando delante de las narices del profesor • **her voice really gets up my nose** su voz me pone enferma • **he's always sticking * poking his nose into our business** siempre está metiendo las narices en nuestros asuntos • **they paid through the nose for that car** ese coche les costó un ojo de la cara • **she turned her nose up at my friends** miraba a mis amigos por encima del hombro • **I'll have to keep my nose to the grindstone until the exam is over** voy a tener que hincar los codos hasta que terminen los exámenes • **there's no need to rub my nose in it** no hace falta que me lo restriegues * refriegues por las narices. 2. (*sense of smell*) olfato *m* • **she has a good nose for business** tiene buen olfato para los negocios. 3. (*of car, aeroplane*) morro *m* • **we were nose to tail all the way to the airport** la caravana de coches se extendía hasta el aeropuerto.

II *vi* [**noses, nosing, nosed**] avanzar poco a poco: **the ferry nosed** *towards* **the dock** el ferry se fue acercando poco a poco al muelle.

♦ *vt*: **the car nosed its way** *down* **the narrow street** el coche fue avanzando lentamente por la estrecha calle.

to **nose about * around** *vi* curiosear.

to **nose into** *vt* entrometerse en: **stop nosing into my private things!** ¡deja de entrometerte en mis cosas!

to **nose out** *vt*: **she loves nosing out bargains** le encanta encontrar gangas.

nosebleed *n* hemorragia *f* nasal: **I keep having nosebleeds** me sangra la nariz con frecuencia.

nosedive I *n* (*Av*) picado *m*: **the plane went into a nosedive** el avión comenzó a descender en picado.

II **nose-dive** *vi* [**nose-dives, nose-diving, nose-dived**] caer en picado.

nostalgia /nɒ'stældʒə/ *n* nostalgia *f*.

nostalgic /nɒ'stældʒɪk/ *adj* nostálgico -ca.

nostril /'nɒstrəl/ *n* fosa *f* nasal.

nosy, **nosey** /'nəʊzɪ/ *adj* [**nosier, nosiest**] entrometido -da.

not /nɒt/ *adv* (*gen*) no: **they have not * they haven't paid yet** todavía no han pagado; **he is not * he isn't here** no está; **I do not * don't care** no me importa; **it's a goose, not a duck *** (*frml*) **it's not a duck but a goose** no es un pato sino un ganso; (*in question tags*): **he's in your class, isn't he?** está en tu clase, ¿verdad?; **I can go, can't I?** puedo ir, ¿no?; (*in short replies*): **"She may be ill." "I hope not."** "A lo mejor está mala." "Espero que no."; **"I haven't done my homework." "Why not?"** "No he hecho los deberes." "¿Y por qué no?"; **"Can you help me?" "Not now."** "¿Puedes ayudarme?" "Ahora no."; **"Have you asked him?" "Not yet."** "¿Se lo has preguntado?" "Todavía no."; **"Will you come to the cinema?" "Not if Sam is going."** "¿Vienes al cine?" "Si va Sam, no."; (*before a pronoun*): **"Who did this?" "Not me."** "¿Quién ha hecho esto?" "Yo no."; (*before an infinitive*): **they asked us not to park there** nos pidieron que no aparcáramos ahí; (*before* **every** *or* **all**): **not every football fan is a hooligan * not all football fans are hooligans** no todos los hinchas de fútbol son gamberros; (*used emphatically*): **not a word was spoken** no se dijo ni palabra; **not one of my pupils was there** no asistió ninguno de mis alumnos • **she can't come to the lecture, not that she's interested anyway** no puede asistir a la conferencia; de todos modos, no es que le interesara • **not at all**: **"Do you mind if they come?" "Not at all."** "¿Te importa que vengan?" "En absoluto."; **"Thanks for your help." "Not at all."** "Gracias por tu ayuda." "De nada" * "No faltaba más."

notable /'nəʊtəbəl/ *adj* notable.

notably /'nəʊtəblɪ/ *adv* (*particularly*) en particular; (*remarkably*): **several people arrived late, notably the headmistress** varias personas llegaron tarde; la directora entre ellas, por cierto.

notary /'nəʊtərɪ/ *n* [**notaries**] notario - ria *m/f*.

notation /nəʊ'teɪʃən/ *n* notación *f*.

notch /nɒtʃ/ I *n* [**notches**] (*cut*) muesca *f* • **the team's reputation has risen a few notches this season** la reputación del equipo ha subido varios puntos esta temporada.

II *vt* [**notches, notching, notched**] hacer muescas/ una muesca en.

to **notch up** *vt*: **we've notched up several wins this month** este mes nos hemos apuntado varios triunfos.

note /nəʊt/ I *n* 1. (*reminder, short letter, written comment*) nota *f*: **consult the notes at the foot of the page** consulte las notas a pie de página; **the pupils were asked to take notes** pidieron a los alumnos que tomaran notas; **just a short note to thank you for your help** sólo cuatro líneas * letras para agradecerte la ayuda que nos prestaste • **he made a note of the price** tomó nota del precio • **she made a (mental) note not to buy that brand again** tomó buena nota, para no volver a comprar esa marca • **they were comparing notes about life in India** cambiaban impresiones sobre la vida en la India. 2. (*Mus*: *on scale*) nota *f*; (*: key on piano*) tecla *f*. 3. (*GB*: *Fin*) billete *m* (*de banco*): **a twenty pound note** un billete de veinte libras. 4. (*hint*) nota *f*: **the play ends on a humorous note** la obra termina con una nota de humor; **there was a warning note in her voice** su voz tenía un tono de advertencia. 5. (*attention*) consideración *f*: **his contribution is worthy of note** su contribución es digna de mención • **she took note of their criticisms** prestó atención a sus críticas. 6. (*reputation*): **she is a journalist of great note** es una periodista muy conocida.

II *vt* [**notes, noting, noted**] 1. (*to write down*) apuntar, anotar: **he noted the dates on the back of an envelope** apuntó * anotó las fechas en el dorso de un sobre. 2. (*to notice*) notar: **they noted his absence from the meeting** notaron su ausencia en la reunión; **please note that the museum is closed on Wednesdays** recuerde que el museo cierra los miércoles; **note**

the delicate brushstrokes nótese la delicadeza de las pinceladas.

to **note down** *vt* apuntar, anotar: **the policeman noted down his address** el policía apuntó su dirección.

notebook *n* cuaderno *m*, libreta *f*.

notepad *n* bloc *m* de notas.

notepaper *n* papel *m* de cartas.

noted /ˈnəʊtɪd/ *adj* célebre: **he's a noted architect** es un arquitecto célebre; **she is not noted** *for* **her tact** no destaca por su tacto.

noteworthy /ˈnəʊtˌwɜːðɪ/ *adj* digno -na de mención.

nothing /ˈnʌθɪŋ/ *pron* **1.** (*gen*) nada: **there was nothing in the cupboard** no había nada en el armario; **he behaved as if nothing had happened** actuó como si no hubiera pasado nada; **"Have you hurt yourself?" "It's nothing."** "¿Te has hecho daño?" "No es nada."; **there is nothing I can do about it** no puedo hacer nada al respecto; **he seemed worried, but that's nothing new** parecía preocupado, pero eso no es nada nuevo; **his childhood home means nothing to him** la casa de su infancia no significa nada para él; **nothing else will do** ninguna otra cosa servirá; **we get nothing but junk mail** no recibimos nada más que propaganda; **we did all that work for nothing!** ¡hicimos todo ese trabajo para nada! ● **there turned out to be nothing in the rumours** resultó que los rumores eran infundados ● **she's nothing if not enthusiastic** es entusiasta al máximo ● **he thinks he's handsome, but he's nothing of the sort** se cree muy guapo pero no lo es en absoluto ● **there was nothing for it but to ask him to leave** no tuvimos más remedio que pedirle que se fuera ● **I've been skiing before - there's nothing to it!** yo ya he esquiado antes, ¡es facilísimo! ● **she'll stop at nothing to get her own way** no parará hasta salirse con la suya ● **their behaviour was nothing less than scandalous** su comportamiento fue escandaloso, ni más ni menos ● **these lads think nothing of walking twenty kilometres in the rain** para estos chicos caminar veinte kilómetros lloviendo no es nada. **2.** (*before an infinitive*): **I have nothing to say** no tengo nada que decir; **you have nothing to be ashamed of** no tienes por qué avergonzarte ● **it's nothing to do with him** no tiene nada que ver con él ● **I'll have nothing to do with them** no quiero tener nada que ver con ellos. **3.** (*when referring to prices*): **she got the fridge for nothing** la nevera no le costó nada; **sixty pounds a week is nothing for that flat** sesenta libras a la semana por ese piso es una ganga. **4. nothing like**: **she's nothing like her sister** no se parece a su hermana en nada; **there's nothing like a cold shower to wake you up** no hay nada como una ducha fría para despertarse; **we're nothing like as busy as we were last week** no estamos ni la mitad de ocupados que la semana pasada. **5. nothing on**: **she had nothing on** estaba desnuda; **if you have nothing on for tomorrow, we could have lunch** si no tienes nada que hacer mañana, podríamos comer juntos.

notice /ˈnəʊtɪs/ **I** *n* **1.** (*sign*) letrero *m*: **the notice said "Keep Out"** el letrero decía "Prohibida la entrada" **2.** (*in newspaper*) anuncio *m*. **3.** (*warning, notification*) aviso *m*: **we were given no notice** *of* **the strike** no nos avisaron de la huelga; **they turned our electricity off without notice** nos cortaron la electricidad sin avisarnos; **no one is to use these machines until further notice** estas máquinas no se deben usar hasta nuevo aviso; **he had to leave** *at* **short notice** tuvo que irse con muy poco tiempo de aviso; **we're ready to leave** *at* **a moment's notice** estamos listos para irnos en el momento en que nos avisen; (*when leaving job, accommodation*): **the tenant must give a month's notice** el inquilino debe comunicar que se marcha con un mes de antelación. **4.** (*letter of resignation*) carta *f* de dimisión: **I've handed in my notice** he dimitido. **5.** (*attention*) atención *f*: **it has come** *to* **my notice that staff are leaving early** ha llegado a mi conocimiento que algunos empleados salen antes de la hora; **the problem was brought** *to* **my notice last week** me advirtieron del problema la semana pasada; **nothing escapes his notice** no se le escapa nada; **politicians should take more notice** *of* **public opinion** los políticos deberían tener más en cuenta la opinión pública; **take no notice** *of* **them** * **don't take any notice** *of* **them** no les hagas caso.

II *vi* [**notices, noticing, noticed**] darse cuenta: **we got upstairs without the porter noticing** subimos sin que se diera cuenta el portero.

♦ *vt* darse cuenta de: **I've noticed that he's unhappy** me he dado cuenta de que no es feliz; **he didn't notice the difference** no notó la diferencia; **I didn't notice them arriving** no me di cuenta de que habían llegado; **did you notice if she had a handbag?** ¿te diste cuenta de si llevaba bolso?; **have you ever noticed where she leaves the key?** ¿te has fijado alguna vez dónde deja la llave?

notice board *n* tablón *m* de anuncios.

noticeable /ˈnəʊtɪsəbəl/ *adj* evidente, que se nota: **it has had no noticeable effect** si ha tenido algún efecto, no se ha notado; **the scar is hardly noticeable** la cicatriz apenas se nota; **a noticeable increase in temperatures is forecast** se prevé un aumento sensible de las temperaturas.

noticeably /ˈnəʊtɪsəblɪ/ *adv* sensiblemente: **her condition is noticeably worse** su estado ha empeorado sensiblemente; **he was noticeably embarrassed** estaba visiblemente avergonzado.

notification /ˌnəʊtɪfɪˈkeɪʃən/ *n* notificación *f*.

notify /ˈnəʊtɪfaɪ/ *vt* [**notifies, notifying, notified**] **we were notified of their decision** nos informaron de su decisión; **you must notify the authorities** tiene que notificarlo a las autoridades; **he was notified** *of* **his father's death** le comunicaron la muerte de su padre; **you must notify us beforehand** nos tiene que avisar de antemano; **we have just been notified of the result of the vote** nos acaban de comunicar el resultado de la votación.

notion /ˈnəʊʃən/ **I** *n* (*idea*) idea *f*: **he had no notion of what was going on** no tenía ni idea de lo que pasaba; **she has no notion of economy** no tiene ni idea de cómo ahorrar.

II notions *n pl* (*US*: *for sewing*) mercería *f*, artículos *m pl* de mercería.

notions store *n* (*US*) mercería *f*.

notoriety /ˌnəʊtəˈraɪətɪ/ *n* (mala) fama *f*: **he achieved notoriety for the size of his debts** llegó a ser muy conocido por la cuantía de sus deudas; **his notoriety as a womanizer was well deserved** tenía muy merecida su fama de mujeriego.

notorious /nəʊˈtɔːrɪəs/ *adj* que tiene mala fama: **he's notorious** *for* **his drinking** tiene mucha fama de bebedor; **that line is notorious** *for* **delays** esa línea es famosa por los retrasos.

notoriously /nəʊˈtɔːrɪəslɪ/ *adv*: **she's notoriously forgetful** de todos es sabido que es muy olvidadiza; **this road is notoriously dangerous** esta carretera tiene fama de peligrosa.

notwithstanding /ˌnɒtwɪθˈstændɪŋ/ (*frml*) **I** *prep* (*in*

spite of) a pesar de: **notwithstanding her parents' opposition, she went to China** a pesar de la oposición de sus padres, se fue a China; **icy roads notwithstanding, they managed to drive home** a pesar del hielo en las carreteras, lograron llegar a casa.
II *adv* (*nevertheless*) no obstante: **she knew that it was of poor quality, but she bought it notwithstanding** sabía que era de mala calidad, no obstante lo compró.

nougat /ˈnuːgɑː, ˈnʌgət/ *n: dulce parecido al turrón duro.*

nought /nɔːt/ *n* cero *m.*

noughts and crosses *n [lleva el verbo en singular]* tres *m* en raya.

noun /naʊn/ *n* sustantivo *m*, nombre *m.*

nourish /ˈnʌrɪʃ/ *vt* [**nourishes, nourishing, nourished**] (*to feed*) alimentar, nutrir.

nourishing /ˈnʌrɪʃɪŋ/ *adj* nutritivo -va.

nourishment /ˈnʌrɪʃmənt/ *n* alimentación *f*, nutrición *f.*

Nov. *léase* /nəʊˈvembə/ (*abreviatura de* **November**) noviembre *m.*

novel /ˈnɒvəl/ **I** *n* novela *f.*
II *adj* novedoso -sa: **it's a novel solution, but will it work?** es una solución novedosa, pero ¿funcionará?

novelist /ˈnɒvəlɪst/ *n* novelista *m/f.*

novelty /ˈnɒvəltɪ/ *n* [**novelties**] **1.** (*new thing, exciting quality*) novedad *f*: **electric cars are still a novelty** los coches eléctricos son todavía una novedad; **the novelty soon wore off** la novedad pasó pronto. **2.** (*gift, souvenir*) bagatela *f.*

November /nəʊˈvembə/ *n* noviembre *m.* ⇨ June

novice /ˈnɒvɪs/ *n* **1.** (*beginner*) novato -ta *m/f*, principiante *m/f*: **I'm a novice** *at* ∗ *in* **accountancy** soy novato en contabilidad. **2.** (*Relig*) novicio -cia *m/f.*

now /naʊ/ **I** *adv* **1.** (*at present*) ahora: **he's at university now** ahora va a la universidad; **the word isn't used much now** hoy en día no se utiliza mucho la palabra; **he's on the phone right now** en este momento está hablando por teléfono; **they'll be in Birmingham by now** ya estarán en Birmingham; **up to ∗ until now she's been content to live with her parents** hasta ahora se ha conformado con vivir con sus padres; **from now on you can iron your own clothes!** de ahora en adelante, te vas a planchar tú la ropa; **three weeks from now he'll be a qualified doctor** dentro de tres semanas será licenciado en medicina; **you've peeled enough potatoes for now** de momento no hace falta que peles más patatas; **it's a long time now since I've driven a car** hace mucho tiempo que no conduzco • **(every) now and then ∗ (every) now and again they close the airport** de vez en cuando cierran el aeropuerto. **2.** (*next*) ahora: **now let's look at some slides** ahora, pasemos a ver unas diapositivas. **3.** (*in the past*) ya: **the storm had now passed** la tormenta ya había pasado. **4.** (*used to punctuate sentences*): **now the wolf was very cunning, so...** pero el lobo era muy astuto, así que...; **now, what do you want to eat?** bueno, ¿qué quieres comer? • **now then, has anyone got any ideas?** ¡bueno! ¿alguien quiere sugerir algo? • **now then you two! stop arguing!** ¡eh, ustedes dos, dejen de discutir! • **now, now, things aren't that bad** ¡venga, no lo veas todo tan negro!
II *conj* ahora que: **now (that) the computers have been installed we can start work properly** ahora que han instalado los ordenadores podemos ponernos a trabajar de verdad.

nowadays /ˈnaʊədeɪz/ *adv* actualmente, hoy en día.

nowhere /ˈnəʊweə/ *adv* **1.** (*gen*) en ningún sitio, en ninguna parte: **nowhere else in Europe is housing so expensive** en ninguna otra parte de Europa es tan cara la vivienda; **his passport was nowhere to be found** no encontraba el pasaporte por ningún sitio; **the police car appeared** *out of* ∗ *from* **nowhere** el coche de la policía apareció como por arte de magia; **there was nowhere to stay in the village** no había dónde alojarse en el pueblo • **it's nowhere near finished** no está terminado ni mucho menos. **2.** (*with verbs of movement*) a ningún sitio, a ninguna parte: **this argument is getting us nowhere** con esta discusión no vamos a ninguna parte; **after several months' work we seemed to be going nowhere** tras varios meses de trabajo parecía que aún estábamos donde empezamos.

noxious /ˈnɒkʃəs/ *adj* (*frml*) nocivo -va.

nozzle /ˈnɒzəl/ *n* boquilla *f.*

NSPCC /ˌenespiːsiːˈsiː/ *n* (*in GB*) (*abreviatura de* **National Society for the Prevention of Cruelty to Children**) *asociación para la protección de los menores.*

nth /enθ/ *adj* enésimo -ma.

nuance /ˈnjuːɑːns/ *n* matiz *m.*

nubile /ˈnjuːbaɪl/ *adj* núbil.

nuclear /ˈnjuːklɪə/ *adj* nuclear.

nuclear disarmament *n* desarme *m* nuclear.

nuclear energy *n* energía *f* nuclear.

nuclear fission *n* fisión *f* nuclear.

nuclear-free zone *n* zona *f* no nuclear.

nuclear fusion *n* fusión *f* nuclear.

nuclear holocaust *n* holocausto *m* nuclear.

nuclear missile *n* misil *m* nuclear.

nuclear power *n* energía *f* nuclear.

nuclear power station *n* central *f* nuclear.

nuclear reactor *n* reactor *m* nuclear.

nuclear weapons *n pl* armas *f pl* nucleares.

nucleus /ˈnjuːklɪəs/ *n* [*pl* **nuclei** /ˈnjuːklɪaɪ/] **1.** (*Biol, Phys*) núcleo *m.* **2.** (*central part*) núcleo *m*: **there is still a nucleus of rebels left** aún queda un núcleo rebelde; **these essays form the nucleus of the book** estos ensayos constituyen el elemento central del libro.

nude /njuːd/ **I** *adj* desnudo -da.
II *n* (*photograph, painting, sculpture*) desnudo *m* • **they were bathing in the nude** estaban bañándose desnudos.

nudge /nʌdʒ/ **I** *vt* [**nudges, nudging, nudged**] dar un codazo a: **she nudged me when the book was mentioned** me dio un codazo cuando mencionaron el libro.
II *n* codazo *m*: **I gave him a nudge to wake him up** le di un codazo para despertarlo.

nudism /ˈnjuːdɪzm/ *n* nudismo *m.*

nudist /ˈnjuːdɪst/ *adj, n* nudista *adj, m/f*: **a nudist beach** una playa nudista.

nudity /ˈnjuːdətɪ/ *n* desnudez *f.*

nugget /ˈnʌgɪt/ *n* pepita *f*: **a gold nugget** una pepita de oro.

nuisance /ˈnjuːsəns/ *n* (*situation*) fastidio *m*, molestia *f*: **what a nuisance ∗ it's a nuisance that the iron won't work!** ¡qué fastidio que se haya estropeado la plancha!; (*person*) pesado -da *m/f*: **my little sister is a real nuisance** mi hermana pequeña es una pesada; **he's been making a nuisance of himself again** ha estado dando la lata otra vez.

null /nʌl/ *adj* nulo -la.

nullify /ˈnʌlɪfaɪ/ *vt* [**nullifies, nullifying, nullified**] (*frml*) anular.

numb /nʌm/ **I** *adj* (*with cold*) entumecido -da: **my toes were numb** *with* **cold** tenía los dedos de los pies entumecidos por el frío; (*with fear*) paralizado -da: **she was numb** *with* **shock** se quedó parada de la impresión.
II *vt* [**numbs, numbing, numbed**] (*cold*) entumecer: **the cold wind numbed their faces** el viento frío les dejó la cara entumecida.

number /ˈnʌmbə/ **I** *n* **1.** (*gen*) número *m*: **the serial number is BX15498** el número de serie es BX15498; **turn to page number fifty-five** pasen a la página cincuenta y cinco; **the people at number fifteen** los del número quince; **I've forgotten his (phone) number** no me acuerdo de su número (de teléfono); **I think you've got the wrong number** creo que se ha equivocado de número. **2.** (*amount*) número *m*: **a large number of spectators attended** acudió un gran número de espectadores; **the explorers were six** *in* **number** eran seis exploradores; **a number of people refused to sign the petition** varias personas se negaron a firmar la petición • **there are any number of possible solutions to the problem** el problema tiene infinidad de soluciones. **3.** (*copy of magazine, etc.*) número *m*. **4.** (*song, act*) número *m*: **his last number was very popular** su último número tuvo un gran éxito.
II *vt* [**numbers, numbering, numbered**] **1.** (*to put numbers on*) numerar: **number your answers clearly** numera las respuestas claramente. **2.** (*to total*): **the casualties numbered sixty-five** hubo sesenta y cinco heridos en total. **3.** (*to include*): **he is numbered among the greatest European composers** se encuentra entre los mejores compositores europeos.
number plate *n* (*GB*) matrícula *f*.
Number Ten *n*: *residencia del primer ministro británico.*

numbness /ˈnʌmnəs/ *n* (*of limbs*) entumecimiento *m*; (*of emotions*) insensibilidad *f*.

numeral /ˈnju:mərəl/ *n* número *m*.

numerate /ˈnju:mərət/ *adj*: **numerate graduates required** se necesitan licenciados con facilidad para las matemáticas.

numerical /nju:ˈmerɪkəl/ *adj* numérico -ca: **in numerical order** por orden numérico.

numerically /nju:ˈmerɪkəlɪ/ *adv* numéricamente.

numerous /ˈnju:mərəs/ *adj* numeroso -sa: **he's had numerous opportunities** ha tenido numerosas oportunidades.

nun /nʌn/ *n* monja *f*.

nuptial /ˈnʌpʃəl/ **I** *adj* nupcial.
II nuptials *n pl* (*frml*: *wedding*) nupcias *f pl*.

nurse /nɜ:s/ **I** *n* **1.** (*Med*) enfermero -ra *m/f*. **2.** (*looking after children*) niñera *f*.
II *vt* [**nurses, nursing, nursed**] **1.** (*a sick person*) cuidar: **she nursed him** *through* **a long illness** lo cuidó durante una larga enfermedad; **they nursed the child back to health** cuidaron al niño hasta que se repuso; (*an illness, injury*): **he's been off work nursing his bad back** ha estado unos días sin trabajar para reponerse del dolor de espalda. **2.** (*grievance, grudge*) guardar: **she still nurses a grudge against them** todavía les guarda rencor; **he secretly nursed an ambition to be an actor** tenía la ambición secreta de ser actor. **3.** (*to breastfeed*) amamantar, criar. **4.** (*to hold in one's arms*) acunar en los brazos: **they let her nurse her baby brother** la dejaron que acunara a su hermanito en los brazos.
♦*vi* **1.** (*to work as a nurse*) trabajar de enfermero -ra: **she spent three years nursing in Manchester** estuvo tres años en Manchester trabajando de enfermera. **2.** (*to breastfeed*): **not suitable for nursing mothers** no aconsejable para madres durante el periodo de lactancia.
nursemaid *n* niñera *f*.

nursery /ˈnɜ:sərɪ/ *n* [**nurseries**] **1.** (*establishment for young children*) guardería *f*. **2.** (*children's room*) cuarto *m* de los niños. **3.** (*for plants*) vivero *m*, centro *m* de jardinería.
nursery rhyme *n* canción *f* infantil.
nursery school *n* parvulario *m*, jardín *m* de infancia.
nursery slopes *n pl* (*for skiing*) pistas *f pl* para principiantes.

nursing /ˈnɜ:sɪŋ/ *n* **1.** (*occupation*) profesión *f* de enfermero -ra, enfermería *f*: **my sisters all went into nursing** todas mis hermanas estudiaron enfermería; **nursing staff** personal de enfermería. **2.** (*care*) cuidado *m*, asistencia *f*: **with careful nursing, his leg should heal** con los cuidados necesarios su pierna se curará.
nursing home *n* residencia *f* de ancianos.

nurture /ˈnɜ:tʃə/ *vt* [**nurtures, nurturing, nurtured**] (*frml*) **1.** (*a child, plant*) criar, cuidar. **2.** (*feelings*) albergar.

nut /nʌt/ *n* **1.** (*Culin*) fruto *m* seco. **2.** (*Tec*) tuerca *f* • **the booklet explains the nuts and bolts of the system** el folleto explica lo fundamental del sistema. **3.** (*fam*: *head*) cabeza *f*, coco *m* • **he did his nut when he saw the broken window** se puso como una fiera cuando vio el cristal roto • **she must be off her nut!** ¡debe de estar chalada! **4.** (*fam*: *crazy person, fanatic*) chalado -da *m/f*, loco -ca *m/f*.
nutcase *n* (*fam*) chiflado -da *m/f*, chalado -da *m/f*, loco -ca *m/f*.
nutcracker *n*, **nutcrackers** *n pl* cascanueces *m inv*.
nutmeg *n* nuez *f* moscada.
nutshell *n* cáscara *f* (*de avellana, nuez, etc.*) • **that's the situation in a nutshell** en pocas palabras ésa es la situación.

nutrient /ˈnju:trɪənt/ *n* nutriente *m*.

nutrition /nju:ˈtrɪʃən/ *n* nutrición *f*.

nutritious /nju:ˈtrɪʃəs/ *adj* nutritivo -va.

nuts /nʌts/ *adj* (*fam*) chalado -da, loco -ca: **I'd go nuts if I had to live there** me volvería loco si tuviera que vivir allí; **my brother is nuts** *about* **computer games** a mi hermano le chiflan los videojuegos.

nutter /ˈnʌtə/ *n* (*fam*) chalado -da *m/f*, loco -ca *m/f*.

nutty /ˈnʌtɪ/ *adj* [**nuttier, nuttiest**] **1.** (*containing nuts*) con frutos secos; (*tasting of walnuts*) con sabor a nueces. **2.** (*fam*: *crazy*) chalado -da, loco -ca.

nuzzle /ˈnʌzəl/ *vt* [**nuzzles, nuzzling, nuzzled**] acariciar con el hocico.
to **nuzzle up** *vi* arrimarse: **the dog nuzzled up** *against* **her** el perro se arrimó a ella.

NW **1.** *léase* /nɔ:θˈwest/ (*abreviatura de* **northwest**) NO (noroeste). **2.** *léase* /nɔ:θˈwestən/ (*abreviatura de* **northwestern**) del noroeste.

nylon /ˈnaɪlɒn/ *n* nailon *m*, nylon *m*.

nymph /nɪmf/ *n* ninfa *f*.

O

O, o /əʊ/ *n* (*letter*) O, o *f*.

O /əʊ/ (*when saying a number*) cero *m*.

oaf /əʊf/ *n* **1.** (*stupid person*) tarugo *m*, zoquete *m*. **2.** (*clumsy person*) bruto -ta *m/f*, manazas *m/f inv*.

oak /əʊk/ *n* roble *m*.

OAP /əʊeɪ'pi:/ *n* (*GB*) (*abreviatura de* **old age pensioner**) jubilado -da *m/f*.

oar /ɔ:/ *n* remo *m* • **he's always sticking his oar in** siempre está metiendo cuchara.

oarsman *n* [*pl* **oarsmen**] remero *m*.

OAS /əʊeɪ'es/ *n* (*abreviatura de* **Organization of American States**) OEA *f* (Organización de Estados Americanos).

oasis /əʊ'eɪsɪs/ *n* [*pl* **oases** /əʊ'eɪsi:z/] oasis *m inv* • **an oasis of peace right in the city centre** un remanso de paz en pleno centro de la ciudad.

oath /əʊθ/ *n* **1.** (*Law*) juramento *m*: **I gave evidence** *under* ✻ *on* **oath** presté declaración bajo juramento; **we took ✻ we swore an oath of loyalty** prestamos juramento de lealtad. **2.** (*curse*) juramento *m*.

oatmeal /'əʊtmi:l/ *n* harina *f* de avena.

oats /əʊts/ *n pl* avena *f*.

obduracy /'ɒbdjʊrəsɪ/ *n* (*frml*) terquedad *f*, obstinación *f*.

obdurate /'ɒbdjʊrət/ *adj* (*frml*) terco -ca, obstinado -da.

obedience /əʊ'bi:dɪəns/ *n* obediencia *f*.

obedient /əʊ'bi:dɪənt/ *adj* obediente.

obediently /əʊ'bi:dɪəntlɪ/ *adv* obedientemente.

obese /əʊ'bi:s/ *adj* obeso -sa.

obesity /əʊ'bi:sətɪ/ *n* obesidad *f*.

obey /əʊ'beɪ/ *vt* [**obeys, obeying, obeyed**] (*person, order*) obedecer: **she always obeys her mother** obedece siempre a su madre; **you must obey his orders** debes obedecer sus órdenes; (*law, regulation*) cumplir: **he obeyed the rules** actuó conforme al reglamento.
♦*vi* obedecer.

obituary /ə'bɪtjʊərɪ/ **I** *n* [**obituaries**] (*article*) nota *f* necrológica.
II obituaries *n pl* (*section in newspaper*) defunciones *f pl*, necrológicas *f pl*, obituario *m*.

object I /əb'dʒekt/ *vi* [**objects, objecting, objected**] oponerse: **no one objected when I brought my dog** nadie puso reparos ✻ se opuso cuando traje a mi perro; **would you object if I opened the window?** ¿le molestaría que abriera la ventana?; **I object** *to* **being treated like a child** me molesta que me traten como a un niño.
♦*vt* objetar: **he objected that it was too expensive** objetó que ✻ puso la objeción de que era demasiado caro.
II /'ɒbdʒekt/ *n* **1.** (*thing, article*) objeto *m*, cosa *f*. **2.** (*aim, purpose*) objetivo *m*, meta *f*: **what's the object of the exercise?** ¿cuál es el objetivo que se persigue? **3.** • (*obstacle*) **he said money was no object** dijo que el dinero no era un problema. **4.** (*Ling*) complemento *m*. **5.** (*recipient*): **he has made himself an object of ridicule** se ha puesto en ridículo.

objection /əb'dʒekʃən/ *n* objeción *f*: **do you have any objection?** ¿tienes alguna objeción?; **they have no objection** *to* **your coming** no tienen inconveniente en que vengas; **I see no objection** no veo ningún inconveniente; **he raised endless objections** *to* **the idea** puso un sinfín de reparos a la idea.

objectionable /əb'dʒekʃənəbəl/ *adj* **1.** (*person*) insufrible, insoportable: **he's a most objectionable person** es una persona absolutamente insufrible. **2.** (*behaviour*) censurable. **3.** (*opinion, idea*) inadmisible.

objective /əb'dʒektɪv/ **I** *adj* (*unbiased*) objetivo -va: **he made an objective analysis of the situation** hizo un análisis objetivo de la situación.
II *n* (*aim, purpose*) objetivo *m*, propósito *m*: **none of the objectives of the plan has been met** no se ha cumplido ninguno de los objetivos del programa.

objectively /əb'dʒektɪvlɪ/ *adv* con objetividad, objetivamente.

objectivity /əb'dʒektɪvɪtɪ/ *n* objetividad *f*.

objet d'art /'ɒbʒeɪ dɑ:/ *n* [*pl* **objets d'art** /'ɒbʒeɪ dɑ:/] objeto *m* de arte.

obligation /,ɒblɪ'geɪʃən/ *n* obligación *f*, compromiso *m*: **please don't feel you're** *under* **any obligation** por favor, no se sienta obligado.

obligatory /ə'blɪgətərɪ/ *adj* obligatorio -ria.

oblige /ə'blaɪdʒ/ *vt* [**obliges, obliging, obliged**] **1.** (*to compel*) obligar: **I felt obliged to lend it to him** me sentí obligado a prestárselo; **he was obliged to sell the farm** se vio obligado a vender la granja. **2.** (*to please*): **I'd be obliged if you would return the key at once** le agradecería que me devolviera la llave enseguida; **we're much obliged** *to* **you for your help** le agradecemos mucho su ayuda.

obliging /ə'blaɪdʒɪŋ/ *adj* complaciente, servicial.

oblique /ə'bli:k/ *adj* **1.** (*angle*) oblicuo -cua. **2.** (*indirect*) indirecto -ta: **she made an oblique reference to his criminal record** hizo una alusión indirecta a sus antecedentes penales.

obliterate /ə'blɪtəreɪt/ *vt* [**obliterates, obliterating, obliterated**] **1.** (*to destroy*) destruir, arrasar: **the earthquake obliterated the village** el terremoto destruyó el pueblo. **2.** (*to erase*) borrar: **he wanted to obliterate all memory of them** quería borrar todo recuerdo de ellos.

oblivion /ə'blɪvɪən/ *n* **1.** (*being forgotten*) olvido *m*: **the success of the film saved him from oblivion** el éxito de la película lo rescató del olvido. **2.** (*unawareness*) inconsciencia *f*.

oblivious /ə'blɪvɪəs/ *adj* (*unaware, uncaring*) inconsciente, ajeno -na: **he is quite oblivious** *of* **the risks** no es consciente de los riesgos; **she read on, oblivious** *to* **what was happening** siguió leyendo, ajena a lo que estaba pasando.

oblong /'ɒblɒŋ/ **I** *adj* rectangular.

II *n* rectángulo *m*.

obnoxious /əb'nɒkʃəs/ *adj* (*person*) odioso -sa, repugnante; (*smell*) repugnante.

oboe /'əʊbəʊ/ *n* (*instrument*) oboe *m*; (*player*) oboe *m/f*.

obscene /əb'si:n/ *adj* **1.** (*rude: gen*) obsceno -na, indecente; (*: language*) obsceno -na, procaz. **2.** (*unacceptable*): **it was an obscene waste of money** fue una inmoralidad dilapidar tanto dinero.

obscenity /əb'senəti/ *n* [**obscenities**] obscenidad *f*.

obscure /əb'skʊə/ **I** *adj* **1.** (*dark, not clear*) oscuro -ra: **his style is very obscure** su estilo es muy oscuro. **2.** (*little known*) oscuro -ra, poco conocido -da: **an obscure Sicilian poet won the prize** ganó el premio un oscuro poeta siciliano.
II *vt* [**obscures, obscuring, obscured**] (*to block, hide*) ocultar, esconder: **the mist obscured the view** la niebla ocultaba el paisaje; **the affected style obscures the meaning of the poem** el estilo rebuscado oculta el sentido del poema.

obsequious /əb'si:kwɪəs/ *adj* servil.

observance /əb'zɜ:vəns/ *n* **1.** (*of a regulation*) observancia *f*, acatamiento *m*: **we demand strict observance of the rules** exigimos la estricta observancia del reglamento. **2.** (*of a custom*) práctica *f*: **religious observance is declining in Europe** la práctica religiosa está en declive en Europa.

observant /əb'zɜ:vənt/ *adj* observador -dora.

observation /ˌɒbzə'veɪʃən/ *n* **1.** (*surveillance*) observación *f*: **the police are keeping the house** *under* **observation** la policía está vigilando la casa; **she was kept in hospital overnight for observation** pasó la noche en el hospital en observación. **2.** (*remark*) observación *f*, comentario *m*: **he made some observations** *about* * *on* **my conduct** hizo algunos comentarios sobre mi conducta.

observatory /əb'zɜ:vətəri/ *n* [**observatories**] observatorio *m*.

observe /əb'zɜ:v/ *vt* [**observes, observing, observed**] **1.** (*to watch*) observar: **the king observed the manoeuvres from the top of a hill** el rey siguió las maniobras desde lo alto de una colina. **2.** (*frml: to notice*): **I observed that he had a finger missing** observé * me di cuenta de que le faltaba un dedo. **3.** (*to respect*) respetar: **we must observe local customs** hay que respetar las costumbres locales; **they observed a minute's silence** guardaron un minuto de silencio. **4.** (*to remark*) comentar, observar: **she observed that it was getting dark** comentó que se estaba haciendo de noche.

observer /əb'zɜ:və/ *n* observador -dora *m/f*.

obsess /əb'ses/ *vt* [**obsesses, obsessing, obsessed**] obsesionar: **he is obsessed by the memory of the accident** el recuerdo del accidente lo obsesiona; **she's obsessed** *with* **winning the contest** está obsesionada con la idea de ganar el concurso.

obsession /əb'seʃən/ *n* obsesión *f*: **he has an obsession** *about* **tidiness** tiene una obsesión con el orden.

obsessive /əb'sesɪv/ *adj* obsesivo -va: **he's obsessive** *about* **cleanliness** tiene una obsesión con la limpieza.

obsolescent /ˌɒbsə'lesənt/ *adj* (*equipment, technology*) que se está quedando anticuado -da.

obsolete /'ɒbsəli:t/ *adj* obsoleto -ta.

obstacle /'ɒbstəkəl/ *n* obstáculo *m*, estorbo *m*: **there were many obstacles** *to* **our plan** había muchos obstáculos para la realización de nuestro plan.
obstacle race *n* carrera *f* de obstáculos, gincana *f*.

obstetric /ɒb'stetrɪk/ **I** *adj* obstétrico -ca.
II obstetrics *n* *[lleva el verbo en singular]* obstetricia *f*, tocología *f*.

obstetrician /ˌɒbste'trɪʃən/ *n* obstetra *m/f*, tocólogo -ga *m/f*.

obstinacy /'ɒbstɪnəsi/ *n* obstinación *f*, terquedad *f*.

obstinate /'ɒbstɪnət/ *adj* testarudo -da, obstinado -da: **he's too obstinate to apologize** es demasiado testarudo para pedir disculpas.

obstruct /əb'strʌkt/ *vt* [**obstructs, obstructing, obstructed**] **1.** (*to block*) obstruir, atascar: **there's something obstructing the pipe** hay algo obstruyendo la cañería; **a removal van was obstructing the entrance** un camión de mudanzas estaba bloqueando la entrada; **the hotel obstructs our view of the bay** el hotel nos tapa la vista de la bahía. **2.** (*to hinder*) entorpecer, dificultar: **they were accused of obstructing the investigation** se les acusó de entorpecer la investigación.

obstruction /əb'strʌkʃən/ *n* **1.** (*blockage*) obstrucción *f*. **2.** (*hindrance*): **the motion was passed despite their attempts at obstruction** se aprobó la moción a pesar de sus intentos de impedirlo; **he was charged with obstruction** lo acusaron de obstaculizar la investigación policial.

obstructive /əb'strʌktɪv/ *adj*: **the opposition used obstructive tactics** la oposición empleó tácticas obstruccionistas; **John tends to be obstructive** John tiene tendencia a poner muchas dificultades.

obtain /əb'teɪn/ *vt* [**obtains, obtaining, obtained**] obtener, conseguir: **where can you obtain tickets?** ¿dónde pueden conseguirse las entradas?; **he obtained the information from a travel agency** obtuvo la información a través de una agencia de viajes; **most of it is obtained from fossil fuels** la mayor parte proviene de combustibles fósiles.

obtainable /əb'teɪnəbəl/ *adj*: **obtainable** *at* * *from* **your chemist's** de venta en farmacias; **the part we need is no longer obtainable** la pieza que necesitamos ya no se vende.

obtrusive /əb'tru:sɪv/ *adj* molesto -ta: **I find his presence very obtrusive** me molesta su presencia.

obtuse /əb'tju:s/ *adj* **1.** (*angle*) obtuso -sa. **2.** (*slow-witted*) obtuso -sa, negado -da.

obvious /'ɒbvɪəs/ *adj* obvio -via, evidente: **the answer is obvious** la respuesta es evidente; **it's obvious that he doesn't mind** está claro que no le importa.

obviously /'ɒbvɪəslɪ/ *adv* obviamente, evidentemente: **obviously I can't be in two places at once** como es natural, no puedo estar en dos sitios a la vez; **she was obviously drunk** se veía claramente que estaba borracha.

occasion /ə'keɪʒən/ *n* **1.** (*specific event*) ocasión *f*: **she wrote to me** *on* **several occasions** me escribió en varias ocasiones; **they've only been here** *on* **one occasion** sólo han estado aquí una vez; **he was given a watch** *on* **the occasion of his retirement** le regalaron un reloj con motivo de su jubilación • **we go swimming on occasion** vamos a nadar de vez en cuando. **2.** (*special event*) acontecimiento *m*: **the wedding was quite an occasion** la boda fue todo un acontecimiento • **they really rose to the occasion** estuvieron a la altura de las circunstancias. **3.** (*suitable time*) momento *m* propicio: **should the occasion arise** si llega el momento; **this is not the occasion to discuss money** no es el momento (propicio) para hablar de dinero. **4.** (*cause*) motivo *m*: **he had no occasion to criticize me** no le di ningún motivo para criticarme.

occasional /ə'keɪʒənəl/ *adj* (*showers, sunny intervals*) esporádico -ca: **he sends me the occasional postcard** de vez en cuando me envía una postal.

occasionally /ə'keɪʒənəlɪ/ *adv* de vez en cuando: **I see her occasionally in the market** la veo de vez en cuando en el mercado.

occult /'ɒkʌlt/ **I** *adj* oculto -ta.
II the occult *n* las ciencias ocultas, el ocultismo.

occupant /'ɒkjʊpənt/ *n* ocupante *m/f*.

occupation /ˌɒkjʊ'peɪʃən/ *n* **1.** (*employment*) ocupación *f*: **write your name, age and occupation** escriba su nombre, edad y profesión. **2.** (*leisure activity*) pasatiempo *m*: **my favourite occupation is fishing** mi pasatiempo favorito es la pesca. **3.** (*of territory*) ocupación *f*.

occupational /ˌɒkjʊ'peɪʃənəl/ *adj* profesional: **in this job falls are an occupational hazard** las caídas son un riesgo inherente a este tipo de trabajo.
occupational therapist *n* terapeuta *m/f* ocupacional.

occupier /'ɒkjʊpaɪə/ *n* ocupante *m/f*.

occupy /'ɒkjʊpaɪ/ *vt* [**occupies, occupying, occupied**] (*a place*) ocupar: **he and his family occupy the top floor** él y su familia ocupan el último piso; **I'm sorry, this seat is occupied** lo siento, este asiento está ocupado; **enemy forces have occupied the city** las fuerzas enemigas han ocupado la ciudad; (*a post*) ocupar: **who occupies the post of chief editor?** ¿quién ocupa el cargo de redactor jefe?; (*time*): **he occupies his time** *(in)* **writing poetry** ocupa el tiempo escribiendo poesía; **how do you keep yourself occupied?** ¿cómo ocupas el tiempo?

occur /ə'kɜː/ *vi* [**occurs, occurring, occurred**] **1.** (*to happen*) ocurrir, producirse: **the break-in occurred at midday** el robo se produjo al mediodía; **I hope it doesn't occur again** espero que no vuelva a ocurrir; **the explosion occurred in the workshop** la explosión se produjo en el taller. **2.** (*to exist*) encontrarse, darse: **this species does not occur on the island** esta especie no se da en la isla. **3.** (*to spring to mind*) ocurrirse: **it occurred** *to* **me that he didn't know my address** se me ocurrió que no sabía mi dirección.

occurrence /ə'kʌrəns/ *n* acontecimiento *m*: **thunder storms are a common occurrence in summer** las tormentas son frecuentes en verano.

ocean /'əʊʃən/ *n* océano *m*: **the Atlantic Ocean** el océano Atlántico; **ocean currents** corrientes oceánicas; **a room with a view over the ocean** una habitación con vistas al mar.
ocean-going *adj* de alta mar: **an ocean-going tug** un remolcador de altura.

Oceania /ˌəʊʃɪ'ɑːnɪə/ *n* Oceanía *f*.

ochre, (*US*) **ocher** /'əʊkə/ *adj, n* ocre *adj inv, m*.

o'clock /ə'klɒk/ *adv*: **it's seven o'clock** son las siete; **we arrived** *at* **one o'clock** llegamos a la una.

Oct. *léase* /ɒk'təʊbə/ (*abreviatura de* **October**) octubre *m*.

octagon /'ɒktəgən/ *n* octágono *m*, octógono *m*.

octagonal /ɒk'tægənəl/ *adj* octagonal, octogonal.

octave /'ɒktɪv/ *n* (*Mus*) octava *f*.

octet /ɒk'tet/ *n* octeto *m*.

October /ɒk'təʊbə/ *n* octubre *m*. ⇨ June

octogenarian /ˌɒktəʊdʒɪ'neərɪən/ *adj, n* octogenario -ria *adj, m/f*.

octopus /'ɒktəpəs/ *n* [**octopuses**] pulpo *m*.

oculist /'ɒkjʊlɪst/ *n* oculista *m/f*.

odd /ɒd/ **I** *adj* **1.** (*strange*) raro -ra, extraño -ña: **he's an odd character** es un tipo raro; **it's an odd story** es una historia extraña; **it's odd you didn't see it** me extraña que no lo vieras. **2.** (*occasional*) esporádico -ca: **I enjoy the odd visit to London** me gusta ir a Londres de tanto en tanto; **the odd tourist stays here in summer** algún que otro turista se hospeda aquí en verano. **3.** (*approximate*): **she sold a hundred odd books** vendió ciento y pico de libros; **that was sixty odd years ago** hace sesenta y pico de años. **4.** (*of a pair*) desparejado -da: **an odd glove** un guante desparejado; (*of a set*): **an odd volume of the encyclopedia** un tomo suelto de la enciclopedia. **5.** (*Maths*) impar.
II odds *n pl* **1.** (*probability*) probabilidades *f pl*: **the odds are that it will rain** lo más probable es que llueva; (*in betting*): **the odds are twenty to one** se ofrece veinte contra uno • **the odds are in our favour** tenemos muchas probabilidades de ganar • **he won against all the odds** ganó contra todo pronóstico. **2.** (*difference*): • **it makes no odds** es igual * da lo mismo • **to be at odds**: **he's always at odds with his brother** siempre está peleado con su hermano; **it is at odds with the principles of the cooperative** está reñido con los principios de la cooperativa.
odd job man *n*: *persona que se dedica a todo tipo de tareas.*
odd jobs *n pl* trabajillos *m pl*, chapuzas *f pl*.
odd number *n* número *m* impar.
odds and ends *n pl* cosas *f pl*: **there were only a few odds and ends left in the drawer** quedaban sólo unas cuantas cosas en el cajón.
odds-on *adj* (*fam*) **1.** (*very probable*) casi seguro -ra: **we have an odds-on chance (of winning)** tenemos muchísimas probabilidades de ganar. **2.** (*in betting*): **the odds-on favourite** el (caballo/galgo) al que se da como favorito en las apuestas.

oddity /'ɒdətɪ/ *n* [**oddities**] **1.** (*strange thing*) curiosidad *f*. **2.** (*quirk of behaviour*) excentricidad *f*: **he has his oddities, but he's a good sort** tiene sus rarezas, pero es buena persona.

oddly /'ɒdlɪ/ *adv* extrañamente: **she was walking very oddly** caminaba de una manera muy rara • **oddly enough, we didn't see each other** por extraño que parezca, no nos vimos.

oddments /'ɒdmənts/ *n pl* (*of leftover fabric*) retales *m pl*, retazos *m pl*.

odds /ɒdz/ *n pl* ⇨ odd

ode /əʊd/ *n* oda *f*.

odious /'əʊdɪəs/ *adj* odioso -sa.

odour, (*US*) **odor** /'əʊdə/ *n* (*gen*) olor *m*; (*pleasant*) perfume *m*, fragancia *f*.

odourless, (*US*) **odorless** /'əʊdələs/ *adj* inodoro -ra.

oesophagus /i'sɒfəgəs/ *n* [**oesophaguses** * **oesophagi** /i'sɒfəgaɪ/] esófago *m*.

of /ɒv/ *prep* **1.** (*gen*) de: **the fifth of July** el cinco de julio; (*containing*): **a glass of milk** un vaso de leche; (*portraying*): **a photograph of my uncle** una fotografía de mi tío; (*with directions*): **the lake is to the west of the city** el lago está al oeste de la ciudad; (*belonging to*): **the secretary of the organization** el secretario de la organización. **2.** (*with possessives*): **a cousin of mine** una prima mía; **a doctor friend of his** un médico amigo suyo; **a painting of Renoir's** un cuadro de Renoir. **3.** (*with numbers*): **there are five of them** son cinco; **there are too many of us** somos demasiados. **4.** (*US*: *in expressions of time*): **it's a quarter of seven** son las siete menos cuarto. **5.** (*with senses, emotions*) a: **his love of opera** su afición a la ópera; **a smell of fried fish** un olor a pescado frito; **she has a hatred of violence** odia la violencia; **a feeling of**

tiredness una sensación de cansancio. **6.** (*describing people*): **it was stupid of him** fue una estupidez de su parte; **that's very kind of you** es muy amable de tu parte.

off /ɒf/ **I** *adv* **1.** (*indicating movement away*): **the handle of the jug fell off** se despegó el asa del jarro; **we're off** *to* **the beach** nos vamos a la playa; **I took my shirt off** me quité la camisa • **off you go** hala, ya puedes irte. **2.** (*indicating distance*): **the beach was ten kilometres off** la playa quedaba a diez kilómetros; (*in time*): **the elections are five days off** faltan cinco días para las elecciones. **3.** (*away from work*): **she took the day off** se tomó el día libre * de vacaciones. **4.** (*not in use*): **the tap was off** el grifo estaba cerrado; **turn the light off** apaga la luz; (*disconnected*): **the water is off** han cortado el agua. **5.** (*indicating a discount*): **he took twenty percent off for me** me hizo un descuento del veinte por ciento. **6.** (*not taking place*): **the party's off** la fiesta se ha suspendido; **we had to call the meeting off** tuvimos que suspender la reunión.

II *prep* **1.** (*away from*) de: **I took the picture off the wall** quité el cuadro de la pared; **somebody left the top off the bottle** alguien dejó la botella destapada; **we got off the train** bajamos del tren; **keep off the grass** prohibido pisar el césped; **she's off work today** hoy no trabaja. **2.** (*next to*): **the shop is just off the main street** la tienda está cerca de la calle principal; **the ship went down off Malacca** el barco se hundió a la altura de Malaca. **3.** (*not consuming*): **he says he's off the drink** dice que ya no bebe; **he seems to be off his food** parece haber perdido el apetito.

III *adj* **1.** (*rotten*): **this fish smells off** este pescado huele como si estuviera pasado; **the milk is off** la leche está cortada. **2.** (*bad*): **I had an off day yesterday** ayer tuve un mal día • **that's a bit off!** ¡eso no se hace!

off chance *n*: **I didn't think he was in, but I went** *on* **the off chance** no pensaba encontrarlo en casa, pero fui por si acaso.

off-colour, (*US*) **off-color** *adj* (*fam*) indispuesto -ta, pachucho -cha: **she's feeling a bit off-colour** está un poco indispuesta.

offhand I *adj* (*abrupt*) brusco -ca, descortés: **he was very offhand** *with* **me** me trató de una manera poco cortés.

II *adv* (*without thinking hard*): **offhand I can give you two examples** sin pensarlo mucho te puedo dar dos ejemplos.

off-licence *n* (*GB*) *comercio en el que se venden bebidas alcohólicas (para llevar).*

off-peak *adj*: *fuera de las horas de mayor consumo/afluencia*: **off-peak electricity** electricidad a tarifas reducidas.

off season *n* temporada *f* baja.

offshoot *n* **1.** (*Bot*) retoño *m*, brote *m*. **2.** (*Fin, Pol*): **it's an offshoot of the Anallitnas Corporation** es una filial de la Anallitnas Corporation.

offshore I *adj* **1.** (*out at sea*): **offshore fishing** pesca de altura; **offshore oilfields** yacimientos petrolíferos en el mar; **an offshore wind** un viento que sopla de la costa para fuera. **2.** (*Fin*) en un paraíso fiscal.

II *adv* mar adentro: **the ship lay five miles offshore** el barco estaba anclado a cinco millas de la costa.

offside I *adv* (*Sport*) fuera de juego: **the centre forward was offside** el delantero centro estaba (en) fuera de juego.

II *n* (*GB*: *of car*) lado *m* del conductor.

offstage I *adv*: **he walked slowly offstage** salió despacio del escenario; **then a gunshot is heard offstage** entonces se oye un disparo entre bastidores.

II *adj* (*voice*) en off.

off-the-peg I *adj* (*clothing*) confeccionado -da.

II off the peg *adv*: **he's too tall to buy clothes off the peg** es demasiado alto para comprarse la ropa ya hecha.

off the record I *adj* extraoficial.

II *adv* extraoficialmente.

off-white *adj* blancuzco -ca: **an off-white jacket** una chaqueta de color hueso.

offal /'ɒfl/ *n* asadura *f*, despojos *m pl*.

offence /ə'fens/ *n* **1.** (*crime*) delito *m*: **he committed a string of minor offences** cometió una serie de delitos poco importantes. **2.** (*cause for resentment*) ofensa *f*: **your remarks caused offence** *to* **several people** tus comentarios ofendieron a varias personas; **he took offence** *at* **the joke I told** se ofendió por el chiste que conté.

offend /ə'fend/ *vt* [**offends, offending, offended**] ofender: **he was offended** *that* **we didn't invite him** se ofendió porque no lo invitamos; **he's easily offended** es muy susceptible.

♦*vi* **1.** (*to transgress*): **he had offended** *against* **the unwritten rules of good taste** había infringido las tácitas normas del buen gusto. **2.** (*Law*) delinquir, cometer un delito.

offender /ə'fendə/ *n* delincuente *m/f*.

offense /ə'fens/ *n* (*US*) ➪ offence

offensive /ə'fensɪv/ **I** *adj* **1.** (*behaviour*) ofensivo -va, insultante. **2.** (*smell*) repugnante. **3.** (*of attack*): **the accused was carrying an offensive weapon** el acusado llevaba un arma ofensiva.

II *n* ofensiva *f*: **the enemy took the offensive** el enemigo emprendió la ofensiva.

offer /'ɒfə/ **I** *vt* [**offers, offering, offered**] ofrecer: **may I offer you a drink?** ¿puedo ofrecerle algo de beber?; **they offered us a good price** *for* **the car** nos ofrecieron un buen precio por el coche; **I offered** *to* **go with her to the hospital** me ofrecí a acompañarla al hospital.

II *n* **1.** (*proposal*) oferta *f*, propuesta *f*: **she had three job offers** recibió tres ofertas de trabajo; **they made me an offer I couldn't refuse** me hicieron una oferta que no pude rechazar. **2.** (*on product*) oferta *f*: **the salmon was** *on* **offer today** hoy el salmón estaba de oferta; **she always buys the special offers** siempre compra lo que está de oferta.

offering /'ɒfərɪŋ/ *n* ofrenda *f*.

office /'ɒfɪs/ *n* **1.** (*building, workplace*) oficina *f*: **the company's head office is in Madrid** la oficina central de la empresa está en Madrid; (*room*) oficina *f*, despacho *m*: **the director's office** el despacho del director. **2.** (*post*) cargo *m*: **the president has been** *in* **office for a year** el presidente lleva un año en el cargo • **the party took office four years ago** el partido llegó al poder hace cuatro años.

office worker *n* oficinista *m/f*.

officer /'ɒfɪsə/ *n* **1.** (*Mil*) oficial *m/f*: **a naval officer** un oficial de marina. **2.** (*in police force*) policía *m/f*, agente *m/f* de policía. **3.** (*civil servant*) funcionario -ria *m/f*; (*of company*) ejecutivo -va *m/f*.

official /ə'fɪʃəl/ **I** *adj* oficial: **he ordered an official enquiry** ordenó que se realizara una investigación oficial; **the news is not official yet** todavía no se ha confirmado oficialmente la noticia.

II *n* (*civil servant*) funcionario -ria *m/f*: **a high-ranking official in the ministry** un funcionario de alto rango en el ministerio; **according to UN officials** según representantes de la ONU; (*of company*) empleado -da *m/f*.

officially /əˈfɪʃəlɪ/ *adv* **1.** (*formally*) oficialmente: **the rumour has been officially denied** el rumor ha sido desmentido oficialmente. **2.** (*ostensibly*): **officially he's at a meeting, but in fact he's playing golf** según la versión oficial está en una reunión, pero en realidad está jugando al golf.

officiate /əˈfɪʃɪeɪt/ *vi* [**officiates, officiating, officiated**] oficiar.

officious /əˈfɪʃəs/ *adj* mandón -dona.

offing /ˈɒfɪŋ/ *n*: **there was a row** *in* **the offing** había una discusión en perspectiva ✻ en puertas.

offset /ˈɒfset/ *vt* [**offsets, offsetting, offset**] compensar: **the high price of the car is offset by its low fuel consumption** el bajo consumo de combustible compensa el elevado precio del coche.

offspring /ˈɒfsprɪŋ/ *n* [*pl* **offspring**] vástago *m*, retoño *m*.

often /ˈɒftən/ *adv* a menudo, con frecuencia: **we see each other often** nos vemos a menudo; **how often does he come here?** ¿cada cuánto viene aquí?; **how often do you go out during the week?** ¿cuántas veces sales durante la semana?; **it's quite often difficult to tell them apart** muchas veces es difícil distinguirlos ● **as often as not he arrives late** la mitad de las veces llega con retraso ● **more often than not he comes home drunk** la mayoría de los días llega a casa borracho.

ogle /ˈəʊgəl/ *vt* [**ogles, ogling, ogled**] comerse con los ojos.

ogre /ˈəʊgə/ *n* ogro *m*.

oh /əʊ/ *excl* (*in surprise, pleasure*) oh, ah; (*in disbelief, irony*): **oh yes?** ah, ¿sí?; **oh, really!** ¡no me digas!

oil /ɔɪl/ **I** *n* **1.** (*for cooking, lubrication, fuel*) aceite *m* ● **he's burning the midnight oil to get the work done** se está acostando a las tantas de la madrugada para acabar el trabajo. **2.** (*mineral*) petróleo *m*: **an oil company** una compañía petrolífera.

II oils *n pl* (*Art*): **a painting** *in* **oils** una pintura al óleo.

III *vt* [**oils, oiling, oiled**] lubricar, lubrificar: **my bike needs oiling** tengo que ponerle aceite a la bici ● **he's well oiled** está como una cuba.

oilcan *n* aceitera *f*.

oilcloth *n* hule *m*.

oil field *n* yacimiento *m* petrolífero ✻ de petróleo.

oil-fired *adj*: **oil-fired central heating** calefacción central de gasóleo ✻ fuel-oil.

oil lamp *n* quinqué *m*.

oil painting *n* pintura *f* al óleo.

oil refinery *n* refinería *f* de petróleo.

oil rig *n* plataforma *f* petrolífera.

oilskin I *n* (*fabric*) hule *m*.

II oilskins *n pl* (*garments*) ropa *f* impermeable.

oil slick *n* marea *f* negra.

oil tanker *n* (buque *m*) petrolero *m*.

oil well *n* pozo *m* petrolero ✻ de petróleo.

oily /ˈɔɪlɪ/ *adj* [**oilier, oiliest**] **1.** (*covered with oil*) grasiento -ta: **my hands were oily** tenía las manos grasientas; (*containing oil*) aceitoso -sa: **oily food** comida aceitosa; **it's an oily fish** es un pescado grasiento; **she has oily skin** tiene el cutis graso. **2.** (*fam*: *manner, person*) empalagoso -sa, lisonjero -ra.

ointment /ˈɔɪntmənt/ *n* ungüento *m*, pomada *f*.

OK, okay /əʊˈkeɪ/ **I** *adv* (*fam*) muy bien, de acuerdo, vale: **"See you tomorrow." "OK."** "Nos vemos mañana." "De acuerdo."; **we'll meet in the bar, okay?** nos vemos en el bar, ¿vale?; **she sings OK, doesn't she?** canta bien, ¿no?

II *adj* (*fam*) bien: **"How do you feel?" "I'm OK."** "¿Cómo te sientes?" "Estoy bien."; **it's OK** *with* **me** a mí me parece bien; **is it okay** *with* **you if I leave early?** ¿te importa que me vaya temprano?

III *n* visto *m* bueno: **she gave our plan the okay** dio el visto bueno a nuestro plan.

IV *vt* [**okays, okaying, okayed**] (*a plan, an idea*) aprobar: **he okayed my application** dio el visto bueno a mi solicitud.

old /əʊld/ **I** *adj* **1.** (*person*) viejo -ja: **I'm too old for that** soy demasiado viejo para eso; **he's an old man now** ya es muy mayor; **the old man was knocked down outside his house** atropellaron al anciano delante de su casa; **her brother is older than she is** su hermano es mayor que ella; (*wine, spirits*) añejo -ja; (*food*) pasado -da. **2.** (*not new, not modern*) antiguo -gua: **old paintings sell for very high prices** los cuadros antiguos se venden a precios muy elevados; **we're old friends** somos viejos amigos; **they were looking at some old family photos** estuvieron viendo unas viejas fotos de familia; **she was wearing one of her mother's old dresses** llevaba un vestido que había sido de su madre. **3.** (*with ages*): **how old are you?** ¿cuántos años tienes?; **how old is the baby?** ¿qué tiempo tiene el bebé?; **he's fifteen years old** tiene quince años; **a fifty-year-old woman** una mujer de cincuenta años; **is he old enough to drive?** ¿tiene ya edad de conducir? **4.** (*former*): **she visited her old school** visitó su antigua escuela; **things were better in the old days** las cosas eran mejores antaño. **5.** (*familiar*) de siempre: **the same old faces turn up every week** cada semana acuden las mismas personas; **it's the same old routine** es la misma rutina de siempre.

II *n* ● (*a long time*) **I know him of old** lo conozco de antiguo.

III the old *n pl* ancianos *m pl*, personas *f pl* mayores.

old age *n* vejez *f*: **old age brings many problems** la vejez trae muchos problemas.

old age pension *n* (*GB*) jubilación *f*.

old age pensioner *n* (*GB*) jubilado -da *m/f*.

old boy *n* (*GB*) antiguo alumno *m*, ex alumno *m*.

old-fashioned *adj* anticuado -da, pasado -da de moda.

old girl *n* (*GB*) antigua alumna *f*, ex alumna *f*.

old maid *n* (*fam*) solterona *f*.

old master, Old Master *n* (*painting*) obra *f* maestra de la pintura clásica; (*painter*) gran maestro *m* de la pintura clásica.

old people's home *n* asilo *m* de ancianos.

Old Testament *n* (*Relig*) Antiguo Testamento *m*.

old-timer *n* (*fam*) **1.** (*veteran*) veterano -na *m/f*. **2.** (*old person*) anciano -na *m/f*.

old wives' tale *n* cuento *m* de viejas.

olden /ˈəʊldən/ *adj*: **in olden days ✻ times** antaño.

O levels /əʊ ˈlevəlz/ *n pl* (*GB*) *estudios que anteriormente se realizaban durante la enseñanza secundaria obligatoria en preparación para los exámenes del mismo nombre (que solía tener lugar cuando el alumno tenía dieciséis años).*

oligarchy /ˈɒlɪgɑːkɪ/ *n* [**oligarchies**] oligarquía *f*.

olive /ˈɒlɪv/ *n* **1.** (*tree*) olivo *m*; (*fruit*) aceituna *f*, oliva *f*. **2.** (*colour*) verde *m* oliva: **she has olive skin** tiene una tez aceitunada.

olive branch *n* ● **they accepted the olive branch she offered** aceptaron su propuesta de reconciliación.

olive oil *n* aceite *m* de oliva.

Olympic /ə'lɪmpɪk/ I *adj* olímpico -ca: **he's an Olympic athlete** es un atleta olímpico.
II **the Olympics** *n pl* (*también* **the Olympic Games**) los Juegos Olímpicos, la Olimpiada.
Olympic Village *n* villa *f* olímpica.

ombudsman /'ɒmbʊdzmən/ *n* [*pl* **ombudsmen**] **1.** (*investigating complaints about government*) defensor -sora *m/f* del pueblo, ombudsman *m*. **2.** (*investigating complaints about other institutions*) defensor -sora *m/f* de los intereses de los consumidores, ombudsman *m*.

omega /'əʊmɪgə/ *n* omega *f*.

omelette, omelet /'ɒmlɪt/ *n* tortilla *f* (francesa), (*Arg, Chi, Urug*) omelette *f*: **I ordered a cheese omelette** pedí una tortilla de queso.

omen /'əʊmən/ *n* presagio *m*: **we took it as a good omen** lo interpretamos como un buen presagio; **it's a bad omen** es un mal augurio.

ominous /'ɒmɪnəs/ *adj*: **we heard an ominous noise** oímos un ruido inquietante.

ominously /'ɒmɪnəslɪ/ *adv* de manera inquietante: **she remained ominously quiet** mantuvo un silencio que no auguraba nada bueno.

omission /əʊ'mɪʃən/ *n* omisión *f*.

omit /əʊ'mɪt/ *vt* [**omits, omitting, omitted**] **1.** (*to leave out*) omitir: **we had been omitted** *from* **the invitation list** nos habían omitido de la lista de invitados. **2.** (*to forget*) olvidar: **I omitted to switch off the heating** se me olvidó apagar la calefacción.

omnibus /'ɒmnɪbʌs/ *n* [**omnibuses**] antología *f*.
omnibus edition *n* (*of television, radio series*) *programa que contiene dos o más episodios*; (*book*) *libro que contiene dos o más obras del mismo autor o personaje*.

omnipotence /ɒm'nɪpətəns/ *n* omnipotencia *f*.

omnipotent /ɒm'nɪpətənt/ *adj* omnipotente.

omniscience /ɒm'nɪsɪəns/ *n* omnisciencia *f*.

omniscient /ɒm'nɪsɪənt/ *adj* omnisciente.

on /ɒn/ I *prep* **1.** (*gen*) en, sobre: **my bag's on the table** mi bolso está en la mesa; **I didn't have any money on me** no llevaba dinero; **what's on television?** ¿qué ponen * dan en la tele?; **there's a bakery on the main street** hay una panadería en la calle principal; **London is on the Thames** Londres está a orillas del Támesis • **the meal is on us** la comida corre de nuestra cuenta. **2.** (*with directions*) a: **the bank is on the left** el banco está a la izquierda; **on the right/left hand side** a mano derecha/izquierda. **3.** (*using: a bus, plane*) en: **there was nobody on the bus** no había nadie en el autobús, el autobús iba vacío; (*: equipment*): **she's on the telephone** está hablando por teléfono; **he spends hours on the computer** se pasa horas sentado frente al ordenador; (*: medicine, drugs*): **she's on tranquillizers** está tomando sedantes; **he's on fifty cigarettes a day** fuma cincuenta cigarrillos al día. **4.** (*with days, dates*): **on Thursday we went out for a meal** el jueves salimos a cenar; **on my birthday** el día de mi cumpleaños. **5.** (*as a result of*) al: **on receiving your letter, I telephoned her** al recibir tu carta, la llamé por teléfono. **6.** (*about, concerning*) sobre, acerca de: **a book on butterflies** un libro sobre mariposas. **7.** (*Fin: supported by*): **she's on a very good salary** gana un salario muy bueno; **how do you manage to live on so little?** ¿cómo te las arreglas para vivir con tan poco (dinero)?; **they travelled around Europe on thirty dollars a day** viajaron por Europa con un presupuesto de treinta dólares diarios.
II *adv* **1.** (*functioning*): **the light is on** la luz está encendida; **he left the tap on** dejó el grifo abierto; (*cooking*): **are the carrots on?** ¿has puesto las zanahorias a cocer? **2.** (*happening, showing*): **there's a good film on tomorrow** mañana dan una buena película; **is the party still on?** ¿sigue en pie lo de la fiesta?; **when the war was on...** cuando * durante la guerra... • **that's not on** eso no se hace. **3.** (*with clothing*): **he had a green shirt on** llevaba puesta una camisa verde; **I had nothing on** estaba desnudo. **4.** (*without stopping*) sin parar: **they worked on until dusk** trabajaron hasta que se hizo de noche; **we rode on and on** cabalgamos sin parar. **5.** (*forwards: in space*): **further on I spotted a cave** más allá divisé una cueva; (*: in time*): **from June on, things will change** a partir de junio, las cosas cambiarán; **from that moment on...** a partir de ese momento...; **ten years on the situation was different** diez años más tarde la situación había cambiado • **we only go to see him on and off** sólo vamos a verlo de vez en cuando. **6.** (*fam: complaining, insisting*): **he's always on** *at* **me** siempre se está metiendo conmigo; **she's always on** *to* * *at* **me to buy a car** siempre me está detrás para que me compre un coche. **7.** (*in theatre*): **you're on in two minutes** te toca actuar dentro de dos minutos.
oncoming *adj*: **oncoming vehicles** vehículos que circulan en dirección contraria.
ongoing *adj* en curso: **the ongoing debate on education** el debate actual sobre la enseñanza; **our ongoing commitments could prove to be a heavy burden** los compromisos que ya tenemos adquiridos podrían suponer una carga muy pesada.
onlooker *n* espectador -dora *m/f*.
onset *n* principio *m*: **with the onset of autumn there were more gales** al comienzo del otoño hubo más temporales; **this could be the onset of pneumonia** podría tratarse de un ataque de neumonía.
onshore I *adj* (*on or close to the shore*) litoral: **an onshore wind** un viento que sopla hacia la tierra.
II *adv* (*towards the shore*) hacia la costa.
onside *adj, adv* (*in football, rugby*) en posición reglamentaria.
onstage *adv*: **he walked onstage** salió al escenario.

once /wʌns/ I *adv* **1.** (*one time*) una vez: **I've only been there once** sólo he estado allí una vez; **she calls in once a day** pasa por aquí una vez al día; **call her once more** llámala una vez más • **he's written to me once or twice** me ha escrito un par de veces • **I see her once in a while** la veo de vez en cuando • **let's get it over with once and for all** acabemos de una vez (para siempre) • **for once I was right** por una vez yo tenía razón • **come at once** ven enseguida • **don't all talk at once** no hablen todos a la vez • **all at once it started to rain** de repente empezó a llover • **the peso has been devalued once again** el peso se ha devaluado nuevamente * otra vez. **2.** (*some time ago*) antes: **I knew how to do this once** antes sabía hacer esto; **we had a Jaguar once** hace unos años teníamos un Jaguar • **once upon a time...** érase una vez....
II *conj* una vez que: **once I find out where he lives I'll visit him** una vez que averigüe dónde vive iré a visitarlo.
once-over *n* (*fam*): **I must give this report a quick once-over** tengo que echarle un vistazo rápido a este informe; **I gave it a quick once-over with some water** le di un lavado rápido con un poco de agua.

one /wʌn/ I *n* **1.** (*Num*) uno *m*. **2.** (*in expressions of time*) una *f*: **he came at one (o'clock)** vino a la una; **it is one fifteen** es la una y cuarto. ⇨ five

II *adj* **1.** (*a single*) un, una: **when I arrived there was only one person there** cuando llegué, sólo había una persona; **one hundred** cien • **one or two suitcases** un par de maletas. **2.** (*sole*) único -ca: **my one free night** mi única noche libre; **my one and only love** mi único amor. **3.** (*same*) mismo -ma: **they all live in one house** viven todos en la misma casa • **it's all one to me** (a mí) me da igual * lo mismo. **4.** (*referring to an indefinite time*): **one day we'll know** algún día lo sabremos; **one day he brought his dog to the office** un día trajo el perro a la oficina.

III *pron* **1.** (*particular person, thing*) uno, una: **give me one of your apples** dame una de tus manzanas; **why don't you buy some new ones?** ¿por qué no te compras unos nuevos?; **the one I bought weighs more than yours** el que compré yo pesa más que el tuyo; **which one do you like?** ¿cuál te gusta más?; **I prefer this one** prefiero éste; **that one is much nicer** ése es mucho más bonito; **any one of us may be the next victim** cualquiera de nosotros puede ser la próxima víctima; **not one of them offered to help me** ninguno de ellos se ofreció para ayudarme • **they went in one by one** entraron de uno en uno. **2.** (*people in general*) uno, una: **one should not give in to one's impulses** uno no debe ceder a sus impulsos; **one never knows** nunca se sabe * uno nunca sabe.

one another *pron*: **the five of us help one another** los cinco nos ayudamos mutuamente; **they insulted one another** se insultaron.

one-armed *adj* manco -ca.

one-armed bandit *n* (*fam*) máquina *f* tragaperras.

one-eyed *adj* tuerto -ta.

one-man band *n* hombre *m* orquesta.

one-off *n* (*fam*: *object*) cosa *f* única; (*: person*) fuera de serie *m/f*, caso *m* único: **this deal is a one-off** este trato es algo excepcional.

one-parent family *n* familia *f* monoparental (*familia en la que sólo hay el padre o la madre.*).

one-sided *adj* **1.** (*biased*) parcial: **a one-sided report** un informe parcial. **2.** (*unequal*) desigual: **it was a very one-sided fight** fue una pelea muy desigual.

one-time *adj* antiguo -gua: **a one-time ballerina** una antigua bailarina.

one-upmanship *n*: *el arte de deslumbrar e imponerse a los demás.*

one-way *adj* **1.** (*Auto*): **a one-way street** una calle de sentido único * de dirección única. **2.** (*ticket*) de ida. **3.** (*relationship, love*) no correspondido -da.

onerous /ˈɒnərəs/ *adj* oneroso -sa, pesado -da.

oneself /wʌnˈself/ *pron* (*frml*) **1.** (*used reflexively*) se: **one must look after oneself** uno ha de cuidarse, hay que cuidarse; **there are certain things one should keep to oneself** hay ciertas cosas que uno debería guardarse para sí mismo. **2.** (*for emphasis*) uno mismo, una misma: **one would not have done the same oneself** personalmente yo no habría hecho lo mismo • **it's difficult living by oneself** es difícil vivir solo.

onion /ˈʌnjən/ *n* cebolla *f*.

only /ˈəʊnlɪ/ **I** *adj* único -ca: **it was the only time we saw her** fue la única vez que la vimos; **this is the only one left** éste es el único que queda; **he is an only child** es hijo único.

II *adv* **1.** (*merely*) sólo, solamente: **I only wanted to show you this** solamente quería enseñarte esto; **he's only five** sólo tiene cinco años; **he's only a sergeant** no es más que un sargento; **she left only three days ago** hace sólo tres días que se marchó; **you've only to ask and I'll lend you the money** sólo tienes que pedírmelo y te prestaré el dinero • **there was a strike not only on the trains, but also on the buses** había huelga no solamente de trenes, sino también de autobuses. **2.** (*solely*) sólo, solamente: **passengers only beyond this point** sólo se permite la entrada a los pasajeros. **3.** (*surely*): **if you don't go you'll only regret it** si no vas, seguro que te arrepentirás; **you'll only hurt yourself** lo único que vas a conseguir es hacerte daño. **4.** (*emphasizing a wish, statement*): **I only wish I hadn't said that** ¡ojalá no hubiera dicho eso!; **I'd be only too pleased to help** me encantaría ayudar; **it's only fair you should get your money back** es justo que te devuelvan el dinero. **5.** (*introducing an unfortunate event*): **she went into town specially, only to find the library shut** fue al centro expresamente para ir a la biblioteca y resultó que estaba cerrada. **6. only just**: **the baby can only just walk** el bebé apenas anda; **she only just caught the plane** estuvo a punto de perder el avión; **I've only just heard** acabo de enterarme (ahora mismo).

III *conj* (*except that*) pero: **I had planned to go shopping only there wasn't time** había pensado ir de compras, pero no tuve tiempo.

o.n.o. /əʊenˈəʊ/ (*abreviatura de* **or near offer**) o la oferta que más se aproxime (*se usa en anuncios*): **boat for sale, £500 o.n.o.** se vende barca: 500 libras u oferta aproximada.

onomatopoeia /ˌɒnəmætəˈpiːə/ *n* onomatopeya *f*.

onomatopoeic /ˌɒnəmætəˈpiːɪk/ *adj* onomatopéyico -ca.

onslaught /ˈɒnslɔːt/ *n* ataque *m* violento.

onto /ˈɒntʊ/ *prep* en, sobre: **she emptied the box onto the table** vació el contenido de la caja en la mesa; **she held onto his hand** le tenía cogida la mano; **we got onto the train** subimos al tren • **I think they're onto us** creo que nos han descubierto.

onus /ˈəʊnəs/ *n* responsabilidad *f*: **the onus is on us to obtain the permit** nos incumbe a nosotros obtener el permiso.

onward /ˈɒnwəd/ **I** *adj* (*movement, progress*) hacia adelante; (*journey*) que continúa.

II *adv* (*también* **onwards**) **1.** (*to move, progress*) hacia adelante: **they trudged onward through the snow** avanzaron con dificultad por la nieve; (*to travel*) más allá. **2.** (*referring to time*): **from April onwards** a partir de abril.

oops /ʊps/ *excl* ay: **oops! I've put salt in instead of sugar** ¡ay!, le he puesto sal en vez de azúcar.

ooze /uːz/ *vi* [**oozes, oozing, oozed**] rezumar, filtrarse: **oil oozed** *from* **the barrel** el aceite rezumaba del barril.

♦*vt*: **the tube was oozing toothpaste** la pasta de dientes se estaba saliendo del tubo; **he oozed confidence** rezumaba confianza.

opal /ˈəʊpəl/ *n* ópalo *m*.

opaque /əʊˈpeɪk/ *adj* **1.** (*glass, plastic*) opaco -ca. **2.** (*difficult to understand*) oscuro -ra, incomprensible.

OPEC /ˈəʊpek/ *n* (*abreviatura de* **Organization of Petroleum Exporting Countries**) la OPEP (Organización de Países Exportadores de Petróleo).

open /ˈəʊpən/ **I** *adj* **1.** (*door, book, coat*) abierto -ta: **leave the windows open** deja abiertas las ventanas; **the file was lying wide open on the desk** el expediente estaba abierto de par en par en el escritorio; **his shirt was open at the neck** llevaba abierto * desabrochado el cuello de la camisa; (*shop, road*): **the bar isn't open on Sundays** el bar no está abierto los domingos; **is the road open?** ¿está abierta la carretera?; **I'm open** *to* **any suggestions** estoy abierto a todo tipo de sugerencias. **2.** (*not enclosed: carriage*) descubierto -ta; (*: car*) descapotable, abierto -ta; (*: countryside*) abierto -ta: **out on the open moor** en pleno páramo. **3.** (*unrestricted*) abierto -ta: **this contest is open** *to* **all** todo el mundo puede participar en este concurso. **4.** (*not secret*) público -ca: **he was tried in open court** lo juzgaron públicamente. **5.** (*available*) vacante: **is the secretarial post still open?** ¿todavía está vacante el puesto de secretaria? **6.** (*honest*) franco -ca, sincero -ra: **I'm going to be open** *with* **you** te voy a ser franco. **7.** (*liable*) expuesto -ta: **the plans are open** *to* **criticism** los planes se prestan a muchas críticas; **his words were open** *to* **misinterpretation** sus palabras se podían interpretar mal. **8.** (*unresolved*) pendiente: **the matter has been left open** el tema se ha dejado sin resolver.

II the open *n*: **it was so hot we slept in the open** hacía tanto calor que dormimos al aire libre • **now that the sale of the factory is out in the open...** ahora que ha salido a la luz la venta de la fábrica....

III *vt* [**opens, opening, opened**] **1.** (*gen*) abrir: **she opened the suitcase** abrió la maleta; **open your mouth** abre la boca; **he opened his arms wide** extendió los brazos; **the border was opened again yesterday** ayer volvió a abrirse la frontera; **he opened the map** desplegó el mapa; **he opened an account at the bank** abrió una cuenta en el banco. **2.** (*to begin*) iniciar: **he opened his speech with congratulations to the committee** inició su discurso felicitando al comité; **they opened negotiations with the banks** entablaron negociaciones con los bancos. **3.** (*to inaugurate*) inaugurar: **the mayor opened the new school** el alcalde inauguró el nuevo colegio; (*to set up*) abrir: **she's opened a shop in the square** ha puesto * abierto una tienda en la plaza.

♦*vi* **1.** (*gen*) abrirse: **the door opened and her husband walked in** se abrió la puerta y entró su marido; **the daffodils are opening** los narcisos están abriéndose; **when does the supermarket open?** ¿a qué hora abre el supermercado?; **we open on Sundays** abrimos los domingos. **2.** (*to begin*) empezar. **3.** (*new business*) abrir: **a new shop has opened on the High Street** han abierto una tienda nueva en la calle Mayor. **4.** (*to be performed for the first time*) estrenarse: **the opera opens next month** la ópera se estrena el mes que viene.

to **open onto** *vt* dar a: **the dining room opens onto the courtyard** el comedor da al patio.

to **open out** *vi* **1.** (*to extend*) extenderse: **the desert opened out before them** el desierto se extendía ante ellos. **2.** (*to become wider*) ensancharse.

♦*vt* (*to unfold*) desplegar: **he opened the plans out on the table** desplegó los planos sobre la mesa.

to **open up** *vt* **1.** (*to develop*) desarrollar; (*to increase*) aumentar: **these scholarships will open up new opportunities for travel** estas becas abrirán nuevas posibilidades de viajar. **2.** (*to make susceptible*): **the country has been opened up** *to* **new influences** el país se ha abierto a nuevas influencias.

♦*vi* **1.** (*to develop*) desarrollarse; (*to increase*) aumentar. **2.** (*to open a door*) abrir: **if you don't open up, I'm calling the police** si no abres la puerta, llamo a la policía.

open air *n* aire *m* libre: **they like being out in the open air** les gusta estar al aire libre; **an open-air exhibition** una exposición al aire libre.

opencast *adj* (*mine*) a cielo abierto.

open-ended *adj* (*discussion, talks*) abierto -ta; (*contract, commitment*) sin plazo * término fijo.

open fire *n* hogar *m* de leña/carbón, chimenea *f*.

open-handed *adj* generoso -sa.

open market *n* (*Fin*) mercado *m* libre.

open-minded *adj* sin prejuicios: **he has an open-minded attitude** no tiene prejuicios.

open-plan *adj* (*office*) abierto -ta (*sin tabiques ni paredes internas*).

open prison *n* prisión *f* de régimen abierto.

Open University *n* universidad *f* a distancia.

open verdict *n* veredicto *m* inconcluso.

opener /ˈəʊpənə/ *n* abridor *m*.

opening /ˈəʊpənɪŋ/ **I** *n* **1.** (*hole*) abertura *f*: **it disappeared through an opening in the wall** desapareció por una abertura en la pared. **2.** (*inauguration*) apertura *f*, inauguración *f*. **3.** (*of play, movie*) estreno *m*: **the opening of his new opera** el estreno de su última ópera. **4.** (*opportunity*) oportunidad *f*: **the company is looking for openings in the Asian market** la compañía está buscando oportunidades para introducirse en el mercado asiático.

II *adj*: **the opening ceremony** la ceremonia inaugural * de inauguración; **the opening night of the show** la noche del estreno del espectáculo; **his opening words were...** sus primeras palabras fueron....

opening hours *n pl* horario *m* (*de un comercio, restaurante, etc.*).

openly /ˈəʊpənlɪ/ *adv* abiertamente.

opera /ˈɒpərə/ *n* ópera *f*.

operate /ˈɒpəreɪt/ *vt* [**operates, operating, operated**] **1.** (*to use, control*) manejar: **can you operate a lathe?** ¿sabes manejar * usar un torno?; **you cannot operate a business along those lines** no se puede llevar un negocio de esa manera. **2.** (*to make work*) hacer funcionar: **this lever operates the alarm** esta palanca hace funcionar la alarma.

♦*vi* **1.** (*to function*) funcionar, obrar: **the bus service doesn't operate on Sundays** no hay servicio de autobuses los domingos; **show me how it operates** enséñame cómo funciona; **the system has operated well for the last ten years** el sistema funciona bien desde hace diez años; (*to do business*) operar: **the firm operates in twenty countries** la empresa opera en veinte países. **2.** (*Med*) operar: **the surgeon decided not to operate** el cirujano decidió no operar; **they operated** *on* **her knee** la operaron de la rodilla.

operatic /ɒpəˈrætɪk/ *adj* de ópera, operístico -ca.

operating theatre /ˈɒpəreɪtɪŋ ˈθɪətə/, (*US*) **operating room** /ˈɒpəreɪtɪŋ rʊm/ *n* quirófano *m*, sala *f* de operaciones.

operation /ɒpəˈreɪʃən/ *n* **1.** (*working*) funcionamiento *m*: **the refinery is no longer** *in* **operation** la refinería ya no está en funcionamiento; **the new regulations come** *into* **operation next month** el nuevo reglamento entra en vigor el mes que viene. **2.** (*of a machine*) manejo *m*. **3.** (*Med*) operación *f*, intervención *f* (quirúrgica): **the operation was a complete success** la operación fue un éxito total; **when did you have your operation?** ¿cuándo te operaron?; **they performed an operation** *on* **him** lo operaron, fue sometido a una intervención quirúrgica. **4.** (*Fin, Maths, Mil*) operación *f*.

operational /ɒpəˈreɪʃənəl/ *adj* **1.** (*in working order*): **the factory will be fully operational by June** la fábrica estará en pleno funcionamiento antes de junio. **2.** (*procedural*) operativo -va: **operational problems have delayed the delivery date** han aplazado la fecha de entrega debido a dificultades operativas.

operative /ˈɒpərətɪv/ **I** *adj* **1.** (*functioning, in effect*) en vigor: **the ban is operative from tomorrow** la prohibición entra en vigor mañana. **2.** (*important*) importante: **the operative word in this context is "economical"** la palabra importante en este contexto es "económico".

II *n* (*worker*) operario -ria *m/f*.

operator /ˈɒpəreɪtə/ *n* **1.** (*of machinery*) operario -ria *m/f*, operador -dora *m/f*. **2.** (*of telephone exchange*) operador -dora *m/f*, telefonista *m/f*. **3.** (*fam*: *individual*): **he's a smart operator** es muy listo.

operetta /ɒpəˈretə/ *n* opereta *f*.

opinion /əˈpɪnjən/ *n* opinión *f*, criterio *m*: **in my opinion they should have made it longer** a mi juicio * en mi opinión deberían haberlo hecho más largo; **public opinion is in favour of independence** la opinión pública está a favor de la independencia; **if you ask my opinion, he's lying** en mi opinión está mintiendo; **what's your opinion?** ¿tu, qué opinas?; **I have a high opinion** *of* **her** la tengo en muy buen concepto; **she has a high opinion** *of* **herself** es muy creída • **they requested a second opinion** pidieron la opinión de otro especialista/médico.

opinion poll *n* sondeo *m* de la opinión pública, encuesta *f*.

opinionated /əˈpɪnjəneɪtɪd/ *adj* dogmático -ca, categórico -ca.

opium /ˈəʊpɪəm/ *n* opio *m*.

opponent /əˈpəʊnənt/ *n* adversario -ria *m/f*, oponente *m/f*.

opportune /ˈɒpətjuːn/ *adj* oportuno -na.

opportunist /ɒpəˈtjuːnɪst/ *adj*, *n* oportunista *adj*, *m/f*.

opportunity /ɒpəˈtjuːnətɪ/ *n* [**opportunities**] oportunidad *f*, ocasión *f*: **his job offers the opportunity to learn languages** su trabajo ofrece la oportunidad de aprender idiomas; **I hope I get the opportunity to thank them** espero tener la oportunidad de darles las gracias • **you missed a golden opportunity!** ¡perdiste una oportunidad de oro!

oppose /əˈpəʊz/ *vt* [**opposes, opposing, opposed**] oponerse a: **they opposed the demolition of the old theatre** se opusieron a la demolición del viejo teatro.

opposed /əˈpəʊzd/ *adj* opuesto -ta: **I am opposed** *to* **this policy** estoy en contra de esta política • **she's witty as opposed to intelligent** más que inteligente, es ocurrente • **we need facts as opposed to opinions** en lugar de opiniones lo que necesitamos son datos.

opposing /əˈpəʊzɪŋ/ *adj* **1.** (*Sport*) contrario -ria, adversario -ria: **the opposing team** el equipo adversario. **2.** (*conflicting*): **despite their opposing ideas, they are good friends** a pesar de tener ideas opuestas, son buenos amigos.

opposite /ˈɒpəzɪt/ **I** *adj* **1.** (*facing*) de enfrente: **the garden opposite is full of daffodils** el jardín de enfrente está lleno de narcisos; **they had left the boat on the opposite shore** habían dejado la barca en la orilla opuesta. **2.** (*different*) contrario -ria, opuesto -ta: **she walked off in the opposite direction** se marchó en dirección contraria; **we hold completely opposite political views** sus opiniones políticas son totalmente opuestas a las mías.

II *prep* enfrente de, frente a: **his flat is opposite the park** su apartamento queda frente al parque; **I go to the butcher's opposite the bank** voy a la carnicería que hay enfrente del banco.

III *adv* enfrente: **the people who live opposite** los vecinos de enfrente.

IV the opposite *n* lo contrario: **she advised him to stay and he did the opposite** ella le aconsejó que se quedara y él hizo lo contrario; **what's the opposite** *of* **pessimism?** ¿qué es lo contrario del pesimismo?

opposite number *n* homólogo -ga *m/f*: **my opposite number in Germany is facing similar problems** mi homólogo alemán tiene ante sí problemas muy parecidos.

opposite sex *n*: **the opposite sex** el sexo opuesto.

opposition /ɒpəˈzɪʃən/ *n* **1.** (*act of opposing*) oposición *f*, resistencia *f*: **the new curriculum met with fierce opposition** el nuevo plan de estudios encontró una resistencia encarnizada. **2.** (*Pol*) oposición *f*: **the opposition demanded her resignation** los partidos de la oposición exigieron su dimisión. **3.** (*Sport*: *opponent*) adversario -ria *m/f*; (*: opposing team*) equipo *m* contrario.

oppress /əˈpres/ *vt* [**oppresses, oppressing, oppressed**] **1.** (*a people, minority*) oprimir. **2.** (*to depress*) agobiar, deprimir.

oppression /əˈpreʃən/ *n* **1.** (*of a people, minority*) opresión *f*. **2.** (*depression*) agobio *m*, depresión *f*.

oppressive /əˈpresɪv/ *adj* **1.** (*cruel, unjust*) opresivo -va, tiránico -ca: **the end of an oppressive régime** el fin de un régimen opresivo. **2.** (*depressing*) agobiante, deprimente: **I find the atmosphere in their house oppressive** el ambiente en su casa me parece deprimente. **3.** (*uncomfortable*): **the heat was oppressive** hacía un calor sofocante * agobiante.

oppressor /əˈpresə/ *n* opresor -sora *m/f*.

opt /ɒpt/ *vi* [**opts, opting, opted**] (*to choose*) optar, escoger: **we opted to stay the night in a hotel** optamos por pasar la noche en un hotel; **he opted** *for* **a pay rise instead of a company car** optó por un aumento de sueldo en lugar de un coche de la empresa.

to **opt out** *vi* dejar de participar: **we've opted out** *of* **the meetings** hemos dejado de ir a las reuniones.

optic /ˈɒptɪk/ **I** *adj* óptico -ca.

II optics *n* *[lleva el verbo en singular]* óptica *f*.

optic nerve *n* nervio *m* óptico.

optical /ˈɒptɪkəl/ *adj* óptico -ca.

optical illusion *n* ilusión *f* óptica.

optician /ɒpˈtɪʃən/ *n* **1.** (*person*) óptico -ca *m/f*. **2. optician's** (*shop*) óptica *f*.

optimism /ˈɒptɪmɪzəm/ *n* optimismo *m*.

optimist /ˈɒptɪmɪst/ *n* optimista *m/f*.

optimistic /ɒptɪˈmɪstɪk/ *adj* optimista.

optimum /ˈɒptɪməm/ *adj* óptimo -ma.

option /ˈɒpʃən/ *n* opción *f*, elección *f*: **they offered us the option of hiring it** nos ofrecieron la opción de alquilarlo; **she decided to keep her options open** decidió no comprometerse; **he had no option but to admit the truth** no tuvo más remedio que confesar la verdad.

optional /ˈɒpʃənəl/ *adj* opcional, optativo -va.

opulent /ˈɒpjʊlənt/ *adj* opulento -ta.

or /ɔː/ *conj* **1.** (*gen*) o, u [**u** is used before words beginning with **o-** or **ho-**]: **smoking or non-smoking?** ¿fumadores o no fumadores?; **are you coming with me or not?** ¿vienes conmigo o no?; **Gijón or Oviedo** Gijón u Oviedo; **either Edinburgh or Glasgow** o Edimburgo o Glasgow; **behave yourself, or (else) I'll send you to bed** pórtate bien, si no, te mando a la cama • **there were five hundred or so in each box** había quinientos poco más o menos en cada caja. **2.** (*after a negative*) ni: **she didn't have any eggs or any flour** no tenía ni huevos ni harina. **3.** (*between digits*) ó, o: **5 or 6** 5 ó 6.

oral /ˈɔːrəl/ **I** *adj* oral: **he was given an oral examination** le hicieron un examen oral; **young children should be taught about oral hygiene** hay que enseñar a los niños higiene bucal.
II *n* (*fam*) examen *m* oral.

orally /ˈɔːrəlɪ/ *adv* **1.** (*by mouth*) por vía oral. **2.** (*in speech*) oralmente.

orange /ˈɒrɪndʒ/ **I** *n* **1.** (*fruit*) naranja *f.* **2.** (*también* **orange tree**) (*Bot*) naranjo *m.* **3.** (*colour*) (color *m*) naranja *m.*
II *adj* (*colour*) de color naranja, naranja *adj inv*: **she was wearing orange shoes** llevaba zapatos (de color) naranja.

orange blossom *n* azahar *m.*

orange juice *n* jugo *m* * zumo *m* de naranja.

orang-utan /ɔːˌræŋuːˈtæn/ *n* orangután *m.*

oration /ɔːˈreɪʃən/ *n* discurso *m*, alocución *f.*

orator /ˈɒrətə/ *n* orador -dora *m/f.*

orbit /ˈɔːbɪt/ **I** *n* órbita *f*: **the satellite was put** *into* **orbit** pusieron el satélite en órbita; **the spacecraft was** *in* **orbit round the earth** la nave espacial estaba en órbita alrededor de la tierra.
II *vt* [**orbits, orbiting, orbited**] girar alrededor de: **the earth orbits the sun** la tierra gira alrededor del sol; **they orbited the moon three times** dieron tres vueltas a la luna.

orchard /ˈɔːtʃəd/ *n* (*of fruit trees*) huerto *m*: **they have a big apple orchard** tienen un gran manzanal * manzanar.

orchestra /ˈɔːkɪstrə/ *n* **1.** (*Mus*) orquesta *f.* **2.** (*US: seats*) patio *m* de butacas.

orchestral /ɔːˈkestrəl/ *adj* orquestal.

orchestrate /ˈɔːkəstreɪt/ *vt* [**orchestrates, orchestrating, orchestrated**] **1.** (*Mus*) orquestar, instrumentar. **2.** (*to organize*) orquestar.

orchid /ˈɔːkɪd/ *n* orquídea *f.*

ordain /ɔːˈdeɪn/ *vt* [**ordains, ordaining, ordained**] **1.** (*Relig*) ordenar. **2.** (*to decree*) decretar, ordenar: **the governor ordained that it be abolished** el gobernador decretó que se aboliera.

ordeal /ɔːˈdiːl/ *n* experiencia *f* muy dura: **they are recovering in hospital after their ordeal** están en el hospital recuperándose de la experiencia; **the driving test was a real ordeal** el examen de conducir fue una pesadilla.

order /ˈɔːdə/ **I** *n* **1.** (*systematic arrangement*) orden *m*: **they are arranged** *in* **chronological order** están ordenados cronológicamente, están por orden cronológico; **these volumes are** *out of* **order** estos tomos no están en * por orden; **debts** *in* * *to* **the order of fifty million dollars** deudas de alrededor de cincuenta millones de dólares. **2.** (*state, condition*): **the car was** *in* **good working order** el coche funcionaba bien; **the telephone is** *out of* **order** el teléfono no funciona; **is your passport** *in* **order?** ¿tienes el pasaporte en regla?; **I put my affairs** *in* **order** puse mis asuntos en orden. **3.** (*according to procedure*): **it is not** *in* **order for you to ask that question** no te incumbe a ti preguntar eso; **the committee ruled the proposal** *out of* **order** el comité declaró la propuesta improcedente • **his behaviour was completely out of order** su comportamiento fue totalmente inaceptable. **4.** (*social stability*) orden *m*: **law and order** el orden público; **the police cannot keep order** la policía no puede mantener el orden. **5.** (*command*) orden *f*: **they were only obeying orders** no hacían más que cumplir órdenes; **we're** *under* **orders not to shoot** nos han ordenado que no disparemos; **the horses are** *under* **starter's orders** los caballos están esperando la orden de salida • **they gave him his marching orders** lo mandaron a paseo. **6.** (*Fin*) pedido *m*: **I placed an order** *with* **a different supplier** hice un pedido a otro proveedor; **the part is** *on* **order** la pieza está pedida; **all furniture made to order** todos los muebles se hacen por encargo; **fill in an order form** rellene una hoja de pedido • **that's rather a tall order!** eso es mucho pedir. **7.** (*Relig*) orden *f*: **the Franciscan Order** la orden franciscana; **he took holy orders** tomó las órdenes sagradas. **8.** (*Bot, Zool*) orden *m.*
II in order to *prep* para: **she came in order to make it easier** vino para facilitarlo.
III *vt* [**orders, ordering, ordered**] **1.** (*to command*) mandar, ordenar: **he ordered them to lay down their arms** les ordenó que depusieran las armas; **he's always ordering me** *about* siempre está dándome órdenes. **2.** (*to request*) pedir: **we ordered red wine** pedimos vino tinto; **I ordered a cake** *from* **the pastry shop** encargué una tarta en la pastelería. **3.** (*to arrange*) poner en orden, organizar: **you should order your life better** deberías organizar mejor tu vida.

ordered /ˈɔːdəd/ *adj* ordenado -da, organizado -da: **she leads a very ordered life** lleva una vida muy ordenada.

orderly /ˈɔːdəlɪ/ **I** *adj* **1.** (*tidily arranged*) en orden: **line up in an orderly fashion** pónganse en fila de forma ordenada. **2.** (*person*) metódico -ca, ordenado -da: **she's an orderly person** es una persona metódica. **3.** (*well-behaved*) disciplinado -da: **it was a very orderly demonstration** la manifestación fue muy pacífica.
II *n* [**orderlies**] **1.** (*Med*) camillero *m.* **2.** (*Mil*) ordenanza *m.*

ordinal /ˈɔːdɪnəl/ *adj, n* ordinal *adj, m.*

ordinarily /ɔːdɪˈnærɪlɪ/ *adv* generalmente, normalmente: **ordinarily, I would have written before I came** normalmente te habría escrito antes de venir.

ordinary /ˈɔːdɪnrɪ/ **I** *adj* **1.** (*not unusual*) corriente, normal: **he has an ordinary bike and a tandem** tiene una bicicleta normal y un tándem; **she's no ordinary singer** no es una cantante cualquiera. **2.** (*mediocre*) regular, ordinario -ria: **the meal was very ordinary** la comida estuvo regular.
II *n* • **did you notice anything out of the ordinary?** ¿notaste algo fuera de lo común?

ordination /ɔːdɪˈneɪʃən/ *n* ordenación *f.*

ore /ɔː/ *n* mineral *m*, mena *f.*

oregano /ɒreˈgɑːnəʊ/ *n* orégano *m.*

Oregon /ˈɒrɪgən/ *n* Oregón *m.*

organ /ˈɔːgən/ *n* (*gen*) órgano *m.*

organic /ɔːˈgænɪk/ *adj* orgánico -ca.

organism /ˈɔːgənɪzəm/ *n* (*Biol*) organismo *m.*

organist /ˈɔːgənɪst/ *n* organista *m/f.*

organization /ˌɔːgənaɪˈzeɪʃən/ *n* **1.** (*body*) organización *f*, organismo *m*: **the Red Cross is an international organization** la Cruz Roja es una organización internacional. **2.** (*planning*) organización *f*: **Jones will be responsible for the organization of the campaign** Jones se encargará de organizar la campaña.

organize /ˈɔːgənaɪz/ *vt* [**organizes, organizing, organized**] organizar: **they organized a poetry festival** organizaron un festival de poesía; **we must organize the timetable better** tenemos que organizar mejor el horario.

organized /'ɔ:gənaɪzd/ *adj* organizado -da, ordenado -da: **he's well organized** es muy organizado; **it is a highly organized operation** es una operación muy bien organizada.

organized crime *n* crimen *m* organizado.

orgasm /'ɔ:gæzəm/ *n* orgasmo *m*.

orgy /'ɔ:dʒɪ/ *n* [**orgies**] orgía *f* • **the terrorists indulged in an orgy of destruction** los terroristas se entregaron a una orgía de destrucción.

orient /'ɔ:rɪənt/ **I the Orient** *n* (el) Oriente.
II *vt* [**orients, orienting, oriented**] **1.** (*to find direction for*) orientar: **I couldn't orient myself because of the fog** no pude orientarme debido a la niebla. **2.** (*to familiarize*) familiarizar: **he wasn't long getting oriented** *in* **the new job** tardó poco en familiarizarse con el nuevo trabajo.

oriental /ɔ:rɪ'entəl/ *adj*, *n* oriental *adj*, *m/f*.

orientate /'ɔ:rɪənteɪt/ *vt* [**orientates, orientating, orientated**] ➪ orient **II**

orientated /'ɔ:rɪənteɪtɪd/ *adj* ➪ oriented

orientation /ˌɔ:rɪən'teɪʃən/ *n* orientación *f*.

oriented /'ɔ:rɪəntɪd/ *adj* (*aimed*) orientado -da: **a policy oriented** *towards* **reconciliation** una política orientada hacia la reconciliación; **it was an academically oriented course** era un curso más bien teórico.

orifice /'ɒrɪfɪs/ *n* orificio *m*.

origami /ɒrɪ'gɑ:mɪ/ *n* papiroflexia *f*.

origin /'ɒrɪdʒɪn/ *n* **1.** (*of a tradition, word*) origen *m*: **the origins of jazz are found in Negro spirituals** los orígenes del jazz se remontan a los espirituales. **2.** (*background, race*) origen *m*, procedencia *f*: **a young woman of Chilean origin** una joven de origen chileno.

original /ə'rɪdʒənəl/ **I** *adj* **1.** (*initial*) primero -ra, inicial: **he was the original owner of the car** fue el primer dueño del coche; **the original manuscript has been lost** se ha perdido el manuscrito original. **2.** (*different, novel*) original: **he has an original way of seeing things** tiene una manera original de ver las cosas.
II *n* (*Art*) original *m*.

original sin *n* pecado *m* original.

originality /əˌrɪdʒə'nælətɪ/ *n* originalidad *f*.

originally /ə'rɪdʒənəlɪ/ *adv* **1.** (*initially*) en un principio: **originally I didn't want to go** en un principio no quería ir; **the family came originally from Italy** la familia procedía originariamente de Italia. **2.** (*in a novel way*) con originalidad: **she writes most originally** escribe con suma originalidad.

originate /ə'rɪdʒəneɪt/ *vi* [**originates, originating, originated**] originarse: **how did this practice originate?** ¿cómo surgió ✻ se originó esta costumbre?; **this belief originated** *in* **India** esta creencia es originaria de la India; **the film originates** *from* **a Joyce short story** la película tiene su origen en un cuento de Joyce.

ornament /'ɔ:nəmənt/ *n* ornamento *m*, adorno *m*.

ornamental /ˌɔ:nə'mentəl/ *adj* ornamental, decorativo -va: **the handle is purely ornamental** la manivela es de adorno nada más.

ornate /ɔ:'neɪt/ *adj* (*style: gen*) elaborado -da; (*: implying criticism*) recargado -da.

ornithological /ˌɔ:nɪθə'lɒdʒɪkəl/ *adj* ornitológico -ca.

ornithologist /ˌɔ:nɪ'θɒlədʒɪst/ *n* ornitólogo -ga *m/f*.

ornithology /ˌɔ:nɪ'θɒlədʒɪ/ *n* ornitología *f*.

orphan /'ɔ:fən/ **I** *n* huérfano -na *m/f*.
II *vt* [**orphans, orphaning, orphaned**] dejar huérfano -na: **he was orphaned at a very early age** se quedó huérfano cuando era muy pequeño.

orphanage /'ɔ:fənɪdʒ/ *n* orfanato *m*.

orthodox /'ɔ:θədɒks/ *adj* ortodoxo -xa.

orthodoxy /'ɔ:θədɒksɪ/ *n* ortodoxia *f*.

orthopaedic, (*US*) **orthopedic** /ˌɔ:θə'pi:dɪk/ **I** *adj* ortopédico -ca.
II orthopaedics, (*US*) **orthopedics** *n* *[lleva el verbo en singular]* ortopedia *f*.

orthopaedist, (*US*) **orthopedist** /ˌɔ:θə'pi:dɪst/ *n* ortopeda *m/f*, ortopedista *m/f*.

Oscar /'ɒskə/ *n* Oscar *m*: **she won three Oscars** ganó tres (premios) Oscar.

oscillate /'ɒsɪleɪt/ *vi* [**oscillates, oscillating, oscillated**] (*Phys, Tec*) oscilar; (*to fluctuate*) fluctuar.

oscillation /ɒsɪ'leɪʃən/ *n* (*Phys, Tec*) oscilación *f*; (*fluctuation*) fluctuación *f*.

osprey /'ɒspreɪ/ *n* (*Zool*) pigargo *m*.

ostensible /ɒs'tensəbəl/ *adj* aparente, supuesto -ta: **the ostensible reason for his absence was a prior engagement** la supuesta razón de su ausencia fue que tenía un compromiso previo.

ostensibly /ɒs'tensəblɪ/ *adv* aparentemente, supuestamente.

ostentation /ˌɒsten'teɪʃən/ *n* ostentación *f*.

ostentatious /ˌɒsten'teɪʃəs/ *adj* ostentoso -sa.

ostracism /'ɒstrəsɪzəm/ *n* ostracismo *m*.

ostracize /'ɒstrəsaɪz/ *vt* [**ostracizes, ostracizing, ostracized**] (*in society*) condenar al ostracismo: **he was ostracized** *for* **his religious beliefs** lo condenaron al ostracismo a causa de sus creencias religiosas; (*friends, colleagues*): **she was ostracized by her colleagues** sus compañeros le hicieron el vacío.

ostrich /'ɒstrɪtʃ/ *n* [**ostriches**] avestruz *m*.

other /'ʌðə/ **I** *adj* otro -tra: **show me your other hand** muéstrame la otra mano; **five other people were injured** otras cinco personas resultaron heridas; **where's the other one?** ¿dónde está el otro?; **other people's money** el dinero ajeno • **pull the other one!** me estás tomando el pelo, ¿no?
II *pron* otro -tra: **he has one foot bigger than the other** tiene un pie más grande que el otro; **we can deal with these problems, but there are sure to be others** podemos resolver estos problemas, pero seguro que surgen otros; **I stacked them one on top of the other** los puse uno encima de otro; **they fell one after the other** cayeron uno tras otro; **have you spoken with the others?** ¿has hablado con los demás? • **one or other of us has to stay here** uno de nosotros tiene que quedarse aquí.
III other than *prep* aparte de: **nobody knows other than your mother** nadie lo sabe aparte de tu madre; **there was no one in the room other than me** no había nadie en la habitación más que yo.

otherwise /'ʌðəwaɪz/ *adv* **1.** (*or else*) de lo contrario, si no: **wear this, otherwise you'll be cold** ponte esto, si no vas a pasar frío. **2.** (*in other respects*) aparte de eso: **we had one rainy day, but otherwise the weather was good** llovió un día pero, aparte de eso, hizo buen tiempo. **3.** (*in a different way*) de otra manera: **I couldn't persuade him to do it otherwise** no pude convencerlo de que lo hiciera de otra manera • **she's otherwise engaged at the moment** está ocupada en estos momentos.

otter /'ɒtə/ *n* nutria *f*.

ouch /aʊtʃ/ *excl* ay.

ought /ɔ:t/ *v aux* [*neg* **ought not** ✻ **oughtn't**] *[ought not es uso formal o enfático]* ➪ gramática en el apéndice (Verbos Auxiliares Modales) **1.** (*expressing obligation*): **you ought to write to her** deberías escribirle; **she**

ought to have warned me debía haberme avisado, debería haberme avisado; **she oughtn't to have agreed** no tenía que haberlo consentido, no debería haberlo consentido. **2.** (*expressing probability*) deber de: **they ought to arrive soon** deben de estar a punto de llegar; **you ought to pass without difficulty** deberías (de) aprobar sin dificultad.

oughtn't /'ɔ:tənt/ *contracción de* **ought not** ⇨ ought

ounce /aʊns/ *n* onza *f* • **he hasn't an ounce of common sense** no tiene ni pizca de sentido común.

our /ɑ:, 'aʊə/ *adj* **1.** (*with singular noun*) nuestro -tra; (*with plural noun*) nuestros -tras: **we invited our colleagues from work** invitamos a nuestros compañeros de trabajo; **one of our cousins** una prima nuestra. **2.** (*with parts of the body, etc.*) [translated by **el**, **la**, **los** or **las**]: **we raised our hands** levantamos la mano; **we left our luggage at the airport** dejamos el equipaje en el aeropuerto.

ours /'aʊəz/ *pron* (*one thing*) (el) nuestro, (la) nuestra; (*more than one*) (los) nuestros, (las) nuestras: **their car was behind ours** su coche estaba detrás del nuestro; **"Whose is this money?" "It's ours."** "¿De quién es este dinero?" "Es nuestro."; **he's a friend of ours** es un amigo nuestro.

ourselves /aʊə'selvz/ *pron* **1.** (*used reflexively*) nos: **we could hurt ourselves** podríamos hacernos daño. **2.** (*for emphasis or after a preposition*) nosotros mismos, nosotras mismas: **we don't need help, we'll do it ourselves** no necesitamos ayuda, lo haremos nosotros mismos • **we stayed at home (all) by ourselves** nos quedamos solos en casa.

oust /aʊst/ *vt* [**ousts, ousting, ousted**] desbancar, destituir.

out /aʊt/ **I** *adv* **1.** (*not inside*) fuera, afuera: **remember to let the cat out** no te olvides de dejar salir al gato; **throw it out** échalo * tíralo a la basura; **it's cold out today** hoy hace frío en la calle; **he took it out into the garden** lo llevó * sacó al jardín; **he took out his sandwiches** sacó sus bocadillos • **they're out to have a good time** lo que quieren es pasárselo bien • **he's out for everything he can get** lo que quiere es sacar el máximo provecho. **2.** (*not present*): **he's out at the moment** ahora mismo no está; **all the books on opera are out (on loan)** todos los libros sobre ópera están prestados; **the tide is out * has gone out** la marea está baja * ha bajado. **3.** (*away*): **she lives quite a long way out (of the city)** vive bastante lejos (de la ciudad); **his parents lived out in Hong Kong** sus padres vivían en Hong Kong • **she likes to get out and about at weekends** le gusta salir los fines de semana. **4.** (*fam*: *in existence*): **the most efficient heaters out** los calentadores más eficaces que hay (en el mercado); **he's the biggest hypocrite out** es el hipócrita más grande que existe * que conozco. **5.** (*unconscious*) sin conocimiento: **he passed out** perdió el conocimiento • **she was out (cold)** estaba inconsciente. **6.** (*extinguished*) apagado -da: **the fire was out** el fuego estaba apagado; **she put the lights out** apagó las luces. **7.** (*Bot*: *flowering*) en flor. **8.** (*Games*, *Sport*: *eliminated*) eliminado -da: **you're out!** ¡fuera! ¡eliminado!; **they got him out** lo eliminaron; (*: off court*) fuera: **that was out!** ¡estaba fuera!; **his serve went out** su saque salió fuera. **9.** (*revealed*): **his secret is out** se ha descubierto su secreto • **out with it!** ¡suéltalo ya! **10.** (*inaccurate*) equivocado -da: **you weren't far out** no ibas desencaminado • **you're miles out** no le andas ni cerca. **11.** (*unfashionable*) pasado -da (de moda): **that hairstyle went out years ago** ese peinado pasó de moda hace años; **green is out** el verde ya no se lleva. **12.** (*unacceptable*): **four-letter words are out** no se permite decir palabrotas.

II out of *prep* **1.** (*from inside*) de: **the baby fell out of the pram** el bebé se cayó del cochecito; **get out of those scruffy clothes** ¡quítate esos andrajos! **2.** (*in numerical expressions*) de: **eight out of ten students pass the exam** ocho de cada diez estudiantes aprueban el examen. **3.** (*from: a material, an amount*) de: **the boat was made out of fibreglass** la barca estaba hecha de fibra de vidrio; **he made a model plane out of matchsticks** hizo una maqueta de avión con cerillas; (*: somebody*) a: **I got some money out of my dad** le saqué dinero a mi padre; (*: a film, novel*): **it was like something out of a movie** fue como algo sacado de una película. **4.** (*because of*) por: **I only asked out of curiosity** sólo pregunté por curiosidad; **she wore black out of respect** iba vestida de negro por respeto. **5.** (*beyond*) fuera de: **exotic holidays are out of our price range** las vacaciones exóticas no están a nuestro alcance. **6.** (*lacking*) sin: **she was completely out of breath** estaba totalmente sin aliento; **she is out of practice** le falta práctica; **I'm out of sugar** se me ha acabado el azúcar.

out-and-out *adj* (*for something positive*): **he's an out-and-out professional** es todo un profesional; (*for something negative: liar, idiot*) redomado -da: **he's an out-and-out swine** es un verdadero canalla; **a group of out-and-out racists** un grupo de racistas empedernidos.

out-of-date *adj* (*clothes, person*) anticuado -da, pasado -da de moda: **an out-of-date idea** una idea anticuada; **that book's out of date now** ese libro se ha quedado desfasado * ya no está al día; **this ticket is out of date** este billete ha caducado; (*medicine, food*) caducado -da: **that yoghurt is out of date** ese yogur está caducado.

out-of-the-way *adj* lejano -na, remoto -ta.

out-of-work *adj* sin trabajo: **an out-of-work actor** un actor sin trabajo; **she's been out of work for a year** lleva un año sin trabajar * en paro.

out tray *n* bandeja *f* de salida.

outage /'aʊtɪdʒ/ *n* (*US*) apagón *m*.

outback /'aʊtbæk/ *n* interior *m* (*de Australia*).

outbid /aʊt'bɪd/ *vt* [**outbids, outbidding, outbid**] ofrecer más que, pujar más alto que.

outboard motor /'aʊtbɔ:d 'məʊtə/ *n* (motor *m*) fueraborda *m*.

outbreak /'aʊtbreɪk/ *n* **1.** (*Med*) brote *m*: **an outbreak of flu** un brote de gripe. **2.** (*of war*) estallido *m*; (*of violence*) brote *m*.

outbuilding /'aʊtˌbɪldɪŋ/ *n* edificio *m* adyacente.

outburst /'aʊtbɜ:st/ *n* arrebato *m*, explosión *f* * arranque *m* (de ira): **the room fell silent after her sudden outburst** después de su repentino arrebato se hizo un gran silencio en la sala.

outcast /'aʊtkɑ:st/ *n* marginado -da *m/f*.

outclass /aʊt'klɑ:s/ *vt* [**outclasses, outclassing, outclassed**] ser muy superior a.

outcome /'aʊtkʌm/ *n* resultado *m*.

outcrop /'aʊtkrɒp/ *n* afloramiento *m*.

outcry /'aʊtkraɪ/ *n* [**outcries**] protesta *f*: **there was an outcry** *over* **his dismissal** su despido provocó una ola de protestas; **the news caused a public outcry** la noticia causó gran indignación entre el público.

outdated /aʊt'deɪtɪd/ *adj* anticuado -da.

outdistance /aʊt'dɪstəns/ *vt* [**outdistances, outdistancing, outdistanced**] dejar atrás.

outdo /aʊt'du:/ *vt* [**outdoes, outdoing, outdid,** *participio pasado* **outdone**] superar ● **not to be outdone, she bought a microwave too** para no ser menos, ella también se compró un microondas.

outdoor /'aʊtdɔ:/ *adj* (*activity*) al aire libre: **an outdoor swimming pool** una piscina descubierta.

outdoors /aʊt'dɔ:z/ *adv* (*in the open air*) al aire libre: **we like eating outdoors** nos gusta comer al aire libre; (*outside the house*) afuera: **take those dirty things outdoors** lleva esas cosas sucias afuera.

outer /'aʊtə/ *adj* exterior.
outer space *n* (*Astron*) el espacio.

outermost /'aʊtəməʊst/ *adj* **1.** (*gen*) de fuera: **remove the outermost leaves** quitarle las hojas de fuera. **2.** (*land, region*) más remoto -ta.

outfit /'aʊtfɪt/ *n* **1.** (*Clothing*) conjunto *m*: **he was wearing a very smart outfit** iba vestido muy elegante; (*fancy dress*) disfraz *m*. **2.** (*organization*) organización *f*.

outgoing /'aʊt,gəʊɪŋ/ **I** *adj* **1.** (*person*) extrovertido -da, abierto -ta. **2.** (*mail*) a despachar: **outgoing flights were delayed** había retrasos en las salidas (de los vuelos). **3.** (*president, government*) saliente.
II outgoings *n pl* gastos *m pl*.

outgrow /aʊt'grəʊ/ *vt* [**outgrows, outgrowing, outgrew,** *participio pasado* **outgrown**] **1.** (*in size*) hacerse demasiado grande para: **the baby outgrows his clothes in no time** al bebé se le queda pequeña la ropa enseguida; **we have outgrown these premises** este local nos ha quedado pequeño. **2.** (*toys, games*) pasar de la edad de: **she has outgrown her dolls** ya está muy grande para jugar a las muñecas.

outhouse /'aʊthaʊs/ *n* edificio *m* adyacente.

outing /'aʊtɪŋ/ *n* excursión *f*.

outlandish /aʊt'lændɪʃ/ *adj* estrafalario -ria, extravagante.

outlast /aʊt'lɑ:st/ *vt* [**outlasts, outlasting, outlasted**] durar más que.

outlaw /'aʊtlɔ:/ **I** *n* forajido -da *m/f*, proscrito -ta *m/f*.
II *vt* [**outlaws, outlawing, outlawed**] declarar ilegal, prohibir.

outlay /'aʊtleɪ/ *n* desembolso *m*.

outlet /'aʊtlet/ *n* **1.** (*Fin: market*) mercado *m*; (*: place, shop*) punto *m* de venta. **2.** (*for water, sewage*) desagüe *m*. **3.** (*for emotions*) válvula *f* de escape.

outline /'aʊtlaɪn/ **I** *n* **1.** (*line, shape*) contorno *m*; (*silhouette*) silueta *f*: **the outline of his figure could be seen behind the curtain** se veía su silueta a través de la cortina. **2.** (*sketch*) bosquejo *m*. **3.** (*in words*) resumen *m*, esbozo *m*: **I can give you an outline of the plans** puedo darte un esbozo de los planes.
II *vt* [**outlines, outlining, outlined**] **1.** (*plan, scheme*) esbozar: **he outlined the topics to be covered in the course** esbozó el programa de asignaturas del curso. **2.** (*shape, silhouette*): **the cathedral was outlined against the sky** la silueta de la catedral se dibujaba contra el cielo.

outlive /aʊt'lɪv/ *vt* [**outlives, outliving, outlived**] sobrevivir: **she outlived all her children** sobrevivió a todos sus hijos.

outlook /'aʊtlʊk/ *n* **1.** (*prospect*) panorama *m*, perspectiva *f*: **the outlook** *for* **the business is good** las perspectivas del negocio son buenas. **2.** (*for weather*) predicción *f*, pronóstico *m*. **3.** (*attitude*) actitud *f*.

outlying /'aʊt,laɪɪŋ/ *adj* (*distant*) alejado -da; (*beyond the boundaries*) periférico -ca: **the town and outlying villages were flooded** la ciudad y los pueblos periféricos sufrieron inundaciones.

outmanoeuvre, (*US*) **outmaneuver** /,aʊtmə'nu:və/ *vt* [**outmanoeuvres, outmanoeuvring, outmanoeuvred**] superar estratégicamente.

outmoded /aʊt'məʊdɪd/ *adj* pasado -da de moda.

outnumber /aʊt'nʌmbə/ *vt* [**outnumbers, outnumbering, outnumbered**] superar en número: **the orchestra outnumbered the audience** *by* **three to one** había tres veces más gente en la orquesta que entre el público.

outpatient /'aʊt,peɪʃənt/ *n* **1.** (*person*) paciente *m/f* externo -na. **2. outpatients'** (*department*) departamento *m* de consultas externas.

outpost /'aʊtpəʊst/ *n* puesto *m* de avanzada.

outpourings /'aʊt,pɔ:rɪŋz/ *n pl*: **I was in no mood to listen to his outpourings** no estaba yo de humor para que se desahogara conmigo ✻ me contara sus penas.

output /'aʊtpʊt/ *n* **1.** (*of machine, factory*) producción *f*. **2.** (*Inform*) señal *f* de salida. **3.** (*Phys*) potencia *f*.

outrage /'aʊtreɪdʒ/ **I** *n* **1.** (*anger*) indignación *f*: **he felt outrage** *at* **being humiliated like that** lo indignó que lo humillaran así. **2.** (*horrific act*) atrocidad *f*: **the second terrorist outrage killed four people** el segundo atentado terrorista mató a cuatro personas. **3.** (*shock, scandal*) escándalo *m*: **the proposal provoked (an) outrage** la propuesta provocó un escándalo.
II *vt* [**outrages, outraging, outraged**] (*to anger*) indignar: **this suggestion has outraged many MPs** muchos diputados se han indignado ante esta sugerencia; (*to shock*) escandalizar.

outraged /'aʊtreɪdʒd/ *adj* (*angry*) indignado -da; (*shocked*) escandalizado -da.

outrageous /aʊt'reɪdʒəs/ *adj* **1.** (*behaviour*) escandaloso -sa; (*proposal*) indignante: **I consider the proposal totally outrageous** la propuesta me parece absolutamente indignante ✻ me parece una afrenta; (*dress, clothes*) extravagante, estrafalario -ria. **2.** (*price*) escandaloso -sa, exorbitante.

outrageously /aʊt'reɪdʒəslɪ/ *adv* **1.** (*in a shocking way*) de forma ✻ manera escandalosa: **they dress outrageously** visten de forma muy extravagante. **2.** (*excessively*) desorbitadamente: **they are outrageously expensive** son desorbitadamente caros.

outright **I** /'aʊtraɪt/ *adj* (*winner*): **they were the outright winners** ganaron con claridad; (*refusal*) categórico -ca, rotundo -da: **that's an outright lie!** ¡eso es una descarada mentira!; (*attack, condemnation*): **an outright condemnation of the system** una abierta condena del sistema.
II /aʊt'raɪt/ *adv* **1.** (*completely*) completamente: **he now leads outright** ahora es líder en solitario; **she rejected the proposal outright** rechazó la propuesta de plano. **2.** (*frankly*) directamente, claramente. **3.** (*instantly*) en el acto: **he was killed outright** murió en el acto. **4.** (*referring to purchases*): **we own the house outright** la casa es nuestra, sin hipoteca; **they bought the company outright** adquirieron la totalidad de la compañía.

outset /'aʊtset/ *n*: **it seemed easy** *at* **the outset** al principio parecía muy fácil.

outshine /aʊt'ʃaɪn/ *vt* [**outshines, outshining, outshone**] eclipsar.

outside /aʊt'saɪd/ **I** *prep* fuera de: **wait outside my office** espera fuera de mi oficina; **you can leave the car outside our house** puedes dejar el coche delante de nuestra casa; **work done outside normal hours** los trabajos que se realizan fuera del horario normal; **they live just outside London** viven en las afueras de Londres; **what are your interests outside school?** ¿qué intereses tienes fuera del colegio?

II *adv* (*not inside*) fuera, afuera: **he left his boots outside** dejó las botas fuera; (*to express movement*): **she hardly ever goes outside** casi nunca sale.

III *n* **1.** (*of a building, container*) exterior *m*: **it looks shabby** *from* **the outside** visto por fuera parece muy destartalado • **it will delay us for four days at the outside** nos retrasará cuatro días como máximo. **2.** (*Auto*): **there was a bus coming up** *on* **the outside** (*in GB*) por el carril de la derecha venía un autobús; (*in US, Europe*) por el carril de la izquierda venía un autobús.

IV *adj* exterior: **the outside walls** los muros exteriores; **it's an old house with an outside toilet** es una casa vieja con el retrete afuera • **it's only an outside chance** no es más que una posibilidad remota.

outside broadcast *n* (*Media*) *programa emitido desde fuera de los estudios.*

outside lane *n* (*Auto*: *in GB*) carril *m* de la derecha; (*: in US, Europe*) carril *m* de la izquierda.

outside line *n* (*Telec*) línea *f* para llamar fuera.

outsider /aʊt'saɪdə/ *n* **1.** (*somebody from outside*) extraño -ña *m/f*: **to an outsider this may seem ridiculous** a un extraño * a una persona de fuera esto le puede parecer ridículo; **I felt a bit of an outsider** me sentía un poco fuera de lugar. **2.** (*in a race*) *caballo, atleta, etc. con pocas probabilidades de ganar* • **the winner was a rank outsider** el ganador no estaba entre los favoritos ni mucho menos.

outsize /'aʊtsaɪz/, **outsized** /'aʊtsaɪzd/ *adj* **1.** (*Clothing*) de tallas más grandes. **2.** (*huge*) gigantesco -ca.

outskirts /'aʊtskɜ:ts/ *n pl* afueras *f pl*: **they moved to the outskirts of London** se fueron a vivir a las afueras de Londres.

outsmart /aʊt'smɑ:t/ *vt* [**outsmarts, outsmarting, outsmarted**] mostrarse más listo -ta que: **I outsmarted him by taking a short cut** fui más listo que él y tomé un atajo.

outspoken /aʊt'spəʊkən/ *adj* franco -ca: **she's very outspoken** no tiene pelos en la lengua; **he was outspoken in his criticism of the proposal** criticó duramente la propuesta.

outstanding /aʊt'stændɪŋ/ *adj* **1.** (*excellent*) excelente, sobresaliente. **2.** (*very important, conspicuous*) destacado -da: **one of the outstanding features of his work** uno de los rasgos más destacados de su obra. **3.** (*pending*) pendiente: **they have several bills outstanding** todavía tienen varias facturas sin pagar * facturas pendientes.

outstandingly /aʊt'stændɪŋlɪ/ *adv* excepcionalmente.

outstay /aʊt'steɪ/ *vt* [**outstays, outstaying, outstayed**] • **she was anxious not to outstay her welcome** no quería abusar de su hospitalidad.

outstretched /aʊt'stretʃt/ *adj* extendido -da.

outstrip /aʊt'strɪp/ *vt* [**outstrips, outstripping, outstripped**] superar.

outward /'aʊtwəd/ **I** *adj* **1.** (*journey*) de ida. **2.** (*external*) externo -na: **her outward appearance was calm** por fuera parecía estar tranquila.

II *adv* (*también* **outwards**) hacia fuera: **the window opens outwards** la ventana se abre para afuera * hacia fuera.

outwardly /'aʊtwədlɪ/ *adv* aparentemente, por fuera.

outweigh /aʊt'weɪ/ *vt* [**outweighs, outweighing, outweighed**] (*considerations*) tener mayor peso que: **in his mind the potential reward far outweighed the risks involved** para él la posible recompensa compensaba con creces los riesgos que implicaba.

outwit /aʊt'wɪt/ *vt* [**outwits, outwitting, outwitted**] mostrarse más listo -ta que: **they outwitted the detective by leaving by a different door** para despistar al detective salieron por otra puerta.

outworn /'aʊtwɔ:n/ *adj* (*idea, belief*) anticuado -da.

oval /'əʊvəl/ **I** *n* óvalo *m*.

II *adj* ovalado -da.

ovary /'əʊvərɪ/ *n* [**ovaries**] ovario *m*.

ovation /əʊ'veɪʃən/ *n* ovación *f* • **they were given a standing ovation** el público, puesto en pie, les dedicó una ovación.

oven /'ʌvən/ *n* horno *m*: **my house is like an oven in summer** en verano, mi casa es un horno.

oven glove *n* manopla *f* (para el horno).

ovenproof *adj* refractario -ria.

oven-ready *adj* listo -ta para meter en el horno.

over /'əʊvə/ **I** *prep* **1.** (*above*) encima de, sobre: **the bedroom is right over the living room** el dormitorio está justo encima de la sala de estar; **they watched as the sun set over the Mediterranean** contemplaron la puesta del sol sobre el Mediterráneo; (*crossing*) por encima de, sobre: **she stepped over the puddle** pasó por encima del charco; **there's a bridge over the railway** hay un puente que pasa por encima de la vía del tren; **she leant over me** se inclinó hacia mí; **he looked over the wall** miró por encima de la tapia; (*covering*) encima de: **she wore a dressing gown over her pyjamas** llevaba una bata encima del pijama. **2.** (*on*) en: **he draped his coat over the radiator** puso el abrigo en el radiador; **she spilled water (all) over my books** derramó agua en mis libros. **3.** (*on the other side of*) al otro lado de: **they live just over the road from us** viven justo enfrente de nosotros. **4.** (*with numbers, prices*) más de: **there were over a hundred applicants** había más de cien candidatos; **it cost over fifty pounds** costó más de cincuenta libras. **5.** (*during*) durante: **he has changed over the last two years** ha cambiado durante los dos últimos años; **she read the newspaper over breakfast** leyó el periódico mientras desayunaba. **6.** (*by means of*) por: **I'd prefer not to discuss it over the telephone** prefiero no discutirlo por teléfono; **it was announced over the radio** lo anunciaron por la radio. **7.** (*about*) sobre: **they quarrel over the silliest things** se pelean por las cosas más tontas. **8.** (*recovered from*): **she'll soon be over the operation** pronto estará repuesta de la operación; **he was disappointed at first, but he's over it now** estaba muy decepcionado al principio, pero ya se le ha pasado. **9. all over** (*in or to all parts of*) por todo -da: **he has travelled all over the world** ha viajado por todo el mundo; **she searched all over the house** buscó por toda la casa • **that's him all over** eso es típico de él; (*person*): **his girlfriend was all over him** la novia no lo dejaba en paz al pobre chico.

II *adv* **1.** (*above*) por encima: **she couldn't open the gate so she jumped over** no podía abrir la puerta, así que saltó por encima. **2.** (*across*): **he leant over to reach it** se inclinó para alcanzarlo. **3.** (*to or in a place*): **they came over at the weekend** vinieron (aquí) el fin de semana; **come over here!** ¡ven aquí!; **it's over there, on the table** está ahí, en la mesa; **they went over** *to* **France** fueron a Francia; **she's over** *at* **the**

post office ha ido a Correos • **and now over to our Mexican correspondent** conectamos con nuestro corresponsal en México. **4.** (*with numbers*): **those aged sixty or over** las personas mayores de sesenta años; **they cost five hundred pounds and over** cuestan de quinientas libras para arriba. **5.** (*in succession*): **he read it several times over** lo leyó varias veces • **I've warned them about it over and over again** les he avisado una y otra vez • **rub it out and start all over again** bórralo y vuelve a empezar. **6.** (*left*): **if there's any food over, put it in the fridge** si sobra (algo de) comida, ponla en el frigorífico; (*Maths*): **seven divided by three is two and one over** siete entre tres cabe a dos y me sobra una. **7.** (*finished*): **the party was already over** la fiesta ya se había acabado; **the worst will soon be over** pronto habrá pasado lo peor. **8. all over** (*everywhere*) por todos sitios: **he was bruised all over** tenía cardenales por todos sitios; **I've heard the same complaint all over** he oído la misma queja en todas partes ✻ en todos lados.

III *n* (*in cricket*) serie *f* de seis lanzamientos.

overact /əʊvər'ækt/ *vi* [**overacts, overacting, overacted**] exagerar.

overall I /'əʊvərɔ:l/ *adj* general, de conjunto: **the overall impression was disappointing** la impresión general fue decepcionante; **the overall cost of the mission** el coste total de la misión.

II /ˌəʊvər'ɔ:l/ *adv* (*as a whole*) en conjunto: **the play was a success overall** la obra, en conjunto, salió bien.

III /'əʊvərɔ:l/ *n* (*Clothing*) guardapolvo *m*, bata *f*.

IV overalls /'əʊvərɔ:lz/ *n pl* (*Clothing*) mono *m* de trabajo.

overarm /'əʊvərɑ:m/ **I** *adj*: *lanzado levantando el brazo por encima del hombro.*

II *adv*: *con el brazo levantado por encima del hombro.*

overawed /ˌəʊvər'ɔ:d/ *adj* intimidado -da.

overbalance /ˌəʊvə'bæləns/ *vi* [**overbalances, overbalancing, overbalanced**] perder el equilibrio.

overbearing /ˌəʊvə'beərɪŋ/ *adj* dominante.

overboard /'əʊvəbɔ:d/ *adv* por la borda: **she fell overboard** se cayó por la borda • **they've gone overboard on the food** se han pasado con la cantidad de comida.

overburden /ˌəʊvə'bɜ:dən/ *vt* [**overburdens, overburdening, overburdened**] sobrecargar, agobiar: **she's overburdened** *with* **work** está agobiada de trabajo.

overcast /'əʊvəkɑ:st/ *adj* nublado -da.

overcharge /ˌəʊvə'tʃɑ:dʒ/ *vt* [**overcharges, overcharging, overcharged**]: **they overcharged us by twenty dollars** nos cobraron veinte dólares de más.

overcoat /'əʊvəkəʊt/ *n* abrigo *m*, (*Arg, Urug*) sobretodo *m*.

overcome /ˌəʊvə'kʌm/ *vt* [**overcomes, overcoming, overcame,** *participio pasado* **overcome**] **1.** (*to gain control over*) vencer: **he overcame his shyness and asked her out** venció su timidez y la invitó a salir. **2.** (*to overpower*) abrumar: **she was quite overcome** *by* **the emotion of the occasion** se sintió abrumada por lo emotivo de la ocasión; **she was overcome** *with* **grief** estaba deshecha de dolor; **she was overcome** *by* **smoke** el humo le hizo perder el conocimiento.

overconfidence /əʊvə'kɒnfɪdəns/ *n* exceso *m* de confianza.

overcook /ˌəʊvə'kʊk/ *vt* [**overcooks, overcooking, overcooked**] (*vegetables*) cocer demasiado; (*meat, fish*) hacer demasiado.

overcrowded /ˌəʊvə'kraʊdɪd/ *adj* (*train, bar*) atestado -da ✻ abarrotado -da (de gente); (*country, region*) superpoblado -da.

overcrowding /ˌəʊvə'kraʊdɪŋ/ *n* (*in prisons, poor housing*) hacinamiento *m*; (*in classrooms*) masificación *f*; (*in cities*) hacinamiento *m*, superpoblación *f*.

overdo /ˌəʊvə'du:/ *vt* [**overdoes, overdoing, overdid,** *participio pasado* **overdone**] **1.** (*to exaggerate*) exagerar • **he overdid it with the aftershave** se le fue la mano con la loción de afeitar • **don't overdo it if you're not well** no te excedas si no te sientes bien. **2.** (*to overcook: vegetables*) cocer demasiado; (*: meat, fish*) hacer demasiado: **the steak was overdone** el filete estaba demasiado hecho.

overdose /'əʊvədəʊs/ *n* sobredosis *f inv*.

overdraft /'əʊvədrɑ:ft/ *n* saldo *m* deudor, descubierto *m*: **he has just paid off his overdraft** acaba de saldar el descubierto que tenía con el banco.

overdraft facility *n* (*Fin*) crédito *m* al descubierto (*autorización para girar en descubierto*).

overdrawn /ˌəʊvə'drɔ:n/ *adj*: **I'm five hundred pounds overdrawn** ✻ **I'm overdrawn** *by* **five hundred pounds** tengo un descubierto de quinientas libras.

overdressed /ˌəʊvə'drest/ *adj*: *vestido -da con más elegancia de lo que corresponde*: **she felt really overdressed** sintió que iba demasiado elegante para la ocasión.

overdrive /'əʊvədraɪv/ *n* (*Auto*) superdirecta *f* • **the markets went into overdrive when it was announced** las bolsas se dispararon cuando se anunció.

overdue /ˌəʊvə'dju:/ *adj* (*library books*) pasado -da del plazo de préstamo: **the payment is two months overdue** el pago se debería haber hecho efectivo hace dos meses; **the baby's already five days overdue** el niño debería haber nacido hace ya cinco días; **the change was long overdue** hace mucho tiempo que se debería haber hecho el cambio.

overeat /ˌəʊvər'i:t/ *vi* [**overeats, overeating, overate,** *participio pasado* **overeaten**] comer demasiado.

overestimate /ˌəʊvər'estɪmeɪt/ *vt* [**overestimates, overestimating, overestimated**] sobrestimar.

overexcited /ˌəʊvərɪk'saɪtɪd/ *adj* sobreexcitado -da.

overexposed /ˌəʊvərɪk'spəʊzd/ *adj* (*photo*) sobreexpuesto -ta.

overflow I /'əʊvəfləʊ/ *n* **1.** (*of water*): **the overflow goes into a smaller pool** el agua que rebosa va a un estanque más pequeño. **2.** (*outlet*) rebosadero *m*.

II /ˌəʊvə'fləʊ/ *vi* [**overflows, overflowing, overflowed**] **1.** (*river*) desbordarse; (*container*) rebosar: **make sure the bath doesn't overflow** asegúrate de que no se sale el agua del baño; **the water overflowed onto the tablecloth** el agua se derramó en el mantel; (*crowd*): **the crowd overflowed onto the pitch** la multitud inundó el campo de juego • **the barrel was full to overflowing** el barril estaba rebosando. **2.** (*to be very full*) estar a rebosar. **3.** (*with an emotion*) rebosar: **she was overflowing** *with* **happiness** rebosaba de alegría.

overgrown /ˌəʊvə'grəʊn/ *adj* (*garden*) cubierto -ta de vegetación.

overhang I /ˌəʊvə'hæŋ/ *vt* [**overhangs, overhanging, overhung**] colgar por encima de: **our neighbours' apple tree overhangs our garden** el manzano de los vecinos se extiende por encima de nuestro jardín.

II /'əʊvəhæŋ/ *n* proyección *f*.

overhaul I /'əʊvəhɔ:l/ *n* revisión *f*.

II /ˌəʊvəˈhɔːl/ *vt* [**overhauls, overhauling, overhauled**] revisar.

overhead I /ˌəʊvəˈhed/ *adv* por encima: **a plane passed overhead** un avión pasó por encima; **the birds were singing overhead** los pájaros cantaban en lo alto.
II /ˈəʊvəhed/ *adj*: **overhead electrical cables** cables aéreos; **I prefer to work with overhead lighting** prefiero que la luz me dé desde arriba para trabajar.
III **overheads** /ˈəʊvəhedz/ *n pl* gastos *m pl* generales.

overhead kick *n* tijereta *f*.

overhead projector *n* proyector *m* para transparencias, retroproyector *m*.

overhear /ˌəʊvəˈhɪə/ *vt* [**overhears, overhearing, overheard**] oír por casualidad.

overheat /ˌəʊvəˈhiːt/ *vi* [**overheats, overheating, overheated**] (*engine*) recalentarse.

overjoyed /ˌəʊvəˈdʒɔɪd/ *adj*: **she was overjoyed** *at* **the news** no cabía en sí de alegría cuando oyó la noticia.

overkill /ˈəʊvəkɪl/ *n* exceso *m*: **showing five of his films in a single week was overkill** fue un poco excesivo que pusieran cinco películas suyas en una semana.

overland I /ˌəʊvəˈlænd/ *adv* por tierra.
II /ˈəʊvəlænd/ *adj* por tierra.

overlap I /ˈəʊvəlæp/ *n*: **there is an overlap of ten centimetres** se solapan ✻ superponen unos diez centímetros.
II /ˌəʊvəˈlæp/ *vi* [**overlaps, overlapping, overlapped**] **1.** (*Tec*) solaparse, superponerse (*parcialmente*): **make sure the roof tiles overlap** asegúrate de que las tejas se superponen. **2.** (*to coincide*) coincidir (*en parte*): **our fields of research overlap** nuestros campos de investigación coinciden en parte.

overleaf /ˌəʊvəˈliːf/ *adv* al dorso: **see map overleaf** ver el mapa al dorso.

overload /ˌəʊvəˈləʊd/ *vt* [**overloads, overloading, overloaded**] (*Tec, Transp*) sobrecargar: **this can overload the system** esto puede sobrecargar el sistema; **we were overloaded** *with* **luggage** llevábamos demasiado equipaje.

overlook /ˌəʊvəˈlʊk/ *vt* [**overlooks, overlooking, overlooked**] **1.** (*to fail to see*) pasar por alto: **I overlooked a crucial detail** pasé por alto un detalle importantísimo, se me pasó un detalle importantísimo. **2.** (*not to take into account*) no tener en cuenta: **this time I'll overlook it** esta vez no lo tendré en cuenta. **3.** (*building*) dar a: **our house overlooks the river** nuestra casa da al río.

overly /ˈəʊvəlɪ/ *adv* demasiado: **he wasn't overly helpful** no nos ayudó mucho que digamos.

overnight /ˌəʊvəˈnaɪt/ I *adv* **1.** (*during the night*) por la noche: **we travelled overnight** viajamos por la noche; **she stayed overnight at our house** se quedó a dormir en nuestra casa. **2.** (*in a short period of time*) de la noche a la mañana: **he went grey overnight** le salieron canas de la noche a la mañana; **we cannot expect such changes to happen overnight** no se puede esperar que unos cambios así ocurran de la noche a la mañana.
II *adj* **1.** (*journey*) de noche: **we made an overnight stop in Paris** pasamos una noche en París. **2.** (*quick*) inmediato -ta: **they expect overnight improvements** esperan mejoras inmediatas.

overnight bag *n* bolsa *f* de viaje, neceser *m*.

overpass /ˈəʊvəpɑːs/ *n* [**overpasses**] (*US*) paso *m* elevado.

overpopulated /ˌəʊvəˈpɒpjʊleɪtɪd/ *adj* superpoblado -da.

overpopulation /ˌəʊvəpɒpjʊˈleɪʃən/ *n* superpoblación *f*.

overpower /ˌəʊvəˈpaʊə/ *vt* [**overpowers, overpowering, overpowered**] **1.** (*by force*) dominar: **they overpowered the security guards** redujeron a los guardas de seguridad. **2.** (*emotion*) apoderarse de: **she was suddenly overpowered** *by* **a desire to run away** de repente se apoderó de ella un deseo incontrolable de huir. **3.** (*smell, fumes*): **they were overpowered** *by* **the fumes** casi se desmayan por el humo.

overpowering /ˌəʊvəˈpaʊərɪŋ/ *adj* (*feeling, emotion*) abrumador -dora; (*smell*): **there was an overpowering smell of onions** había un olor fortísimo a cebollas.

overpriced /ˌəʊvəˈpraɪst/ *adj* demasiado caro -ra (*para lo que es*).

overqualified /ˌəʊvəˈkwɒlɪfaɪd/ *adj*: *con cualificaciones que superan las exigidas para el puesto.*

overrate /ˌəʊvəˈreɪt/ *vt* [**overrates, overrating, overrated**] sobrevalorar.

overreact /ˌəʊvərɪˈækt/ *vi* [**overreacts, overreacting, overreacted**] reaccionar de forma exagerada.

override /ˌəʊvəˈraɪd/ *vt* [**overrides, overriding, overrode,** *participio pasado* **overridden**] **1.** (*a decision*) anular; (*somebody*) desautorizar, anular la decisión de. **2.** (*to take precedence over*) importar más que: **his desire to succeed overrode all other considerations** sus deseos de triunfar pudieron más que todo lo demás. **3.** (*Tec*) anular: **you can override the timer** se puede anular el programador.

overriding /ˌəʊvəˈraɪdɪŋ/ *adj* primordial: **passenger safety is of overriding importance** la seguridad de los pasajeros es de primordial importancia.

overripe /ˌəʊvəˈraɪp/ *adj* demasiado maduro -ra.

overrule /ˌəʊvəˈruːl/ *vt* [**overrules, overruling, overruled**] (*an objection*) desestimar; (*a decision*) anular; (*a person*): **I'm sorry, I was overruled** lo siento, pero no aceptaron mi decisión.

overrun /ˌəʊvəˈrʌn/ *vi* [**overruns, overrunning, overran,** *participio pasado* **overrun**] alargarse ✻ durar más de lo previsto: **the rehearsal overran** *by* **half an hour** el ensayo se alargó media hora más de lo previsto.
♦ *vt* invadir: **the city is overrun** *with* ✻ *by* **tourists in the summer** en verano los turistas invaden la ciudad.

overseas /ˌəʊvəˈsiːz/ I *adj* extranjero -ra: **they offer accommodation to overseas students** ofrecen alojamiento a estudiantes extranjeros; **it's very good for overseas news** es muy bueno para las noticias del extranjero; **you are not allowed to hold an overseas bank account** no se permite tener una cuenta bancaria en el exterior.
II *adv* en el extranjero: **they have several branches overseas** tienen varias sucursales en el extranjero.

oversee /ˌəʊvəˈsiː/ *vt* [**oversees, overseeing, oversaw,** *participio pasado* **overseen**] supervisar.

oversensitive /ˌəʊvəˈsensɪtɪv/ *adj* hipersensible.

overshadow /ˌəʊvəˈʃædəʊ/ *vt* [**overshadows, overshadowing, overshadowed**] **1.** (*to cast a shadow on*) hacer sombra a: **a large tree overshadows the house** un árbol enorme le hace sombra a la casa. **2.** (*to cloud*) empañar: **the sad news overshadowed the celebrations** la triste noticia empañó las fiestas. **3.** (*to dwarf*) empequeñecer, eclipsar: **his achievements were overshadowed by those of his father** los logros de su padre eclipsaban los suyos.

overshoot /ˌəʊvəˈʃu:t/ *vt* [**overshoots, overshooting, overshot**] pasarse de: **we overshot our exit** nos pasamos de la salida que teníamos que haber tomado; **the plane overshot the runway** el avión se salió de la pista.

oversight /ˈəʊvəsaɪt/ *n* descuido *m*.

oversimplification /ˌəʊvəsɪmplɪfɪˈkeɪʃən/ *n* simplificación *f* excesiva.

oversimplify /ˌəʊvəˈsɪmplɪfaɪ/ *vt* [**oversimplifies, oversimplifying, oversimplified**] simplificar demasiado.

oversleep /ˌəʊvəˈsli:p/ *vi* [**oversleeps, oversleeping, overslept**] quedarse dormido -da: **I overslept and arrived late for work** me quedé dormido y llegué tarde al trabajo.

overspend /ˌəʊvəˈspend/ *vi* [**overspends, overspending, overspent**] gastar más de la cuenta.

overstate /ˌəʊvəˈsteɪt/ *vt* [**overstates, overstating, overstated**] exagerar: **that seems to be overstating the case** eso es exagerar un poco.

overstatement /ˌəʊvəˈsteɪtmənt/ *n* exageración *f*.

overstep /ˌəʊvəˈstep/ *vt* [**oversteps, overstepping, overstepped**]: **you have overstepped your authority** se ha excedido en el ejercicio de sus atribuciones ● **this time he's really overstepped the mark** esta vez sí que se ha pasado de la raya.

overt /əʊˈvɜ:t/ *adj* abierto -ta, manifiesto -ta: **she looked at him with overt dislike** lo miró sin disimular su desagrado.

overtake /ˌəʊvəˈteɪk/ *vt* [**overtakes, overtaking, overtook**, *participio pasado* **overtaken**] **1.** (*Auto*) adelantar; (*Sport*) adelantar, pasar. **2.** (*events*): **we were overtaken by events** se nos adelantaron los acontecimientos; **tiredness soon overtook them** el cansancio pronto los venció.
♦ *vi* adelantar.

overthrow /ˌəʊvəˈθrəʊ/ *vt* [**overthrows, overthrowing, overthrew**, *participio pasado* **overthrown**] derrocar.

overtime /ˈəʊvətaɪm/ *n* **1.** (*GB*: *at work*) horas *f pl* extra: **I'll have to work overtime** tendré que hacer horas extra. **2.** (*US*: *Sport*) prórroga *f*: **they are playing overtime** están jugando la prórroga.

overtly /əʊˈvɜ:tlɪ/ *adv* abiertamente, manifiestamente.

overtone /ˈəʊvətəʊn/ *n* connotación *f*: **that expression has sexual overtones** esa expresión tiene connotaciones sexuales; **the play is a comedy, but with tragic overtones** la obra es una comedia pero tiene elementos de tragedia.

overture /ˈəʊvətjʊə/ *n* **1.** (*Mus*) obertura *f*. **2.** (*offer*) propuesta *f*: **the firm has so far rejected the overtures of a Japanese manufacturer** hasta ahora la compañía ha rechazado las propuestas de un fabricante japonés.

overturn /ˌəʊvəˈtɜ:n/ *vt* [**overturns, overturning, overturned**] **1.** (*an object*) volcar. **2.** (*a verdict, decision*) revocar, anular.
♦ *vi* (*gen*) volcar; (*to capsize*) volcar, zozobrar.

overview /ˈəʊvəvju:/ *n* visión *f* general ✻ de conjunto.

overweight /ˌəʊvəˈweɪt/ *adj* (*person*) *que pesa demasiado*: **she is overweight** está demasiado gorda; **I'm twelve pounds overweight** peso doce libras más de lo que debería.

overwhelm /ˌəʊvəˈwelm/ *vt* [**overwhelms, overwhelming, overwhelmed**] **1.** (*an enemy, opponent*) aplastar. **2.** (*with gifts, an emotion*) abrumar: **I was overwhelmed** *by* **his generosity** su generosidad me abrumaba; **they were overwhelmed** *with* **joy** no cabían en sí de la dicha.

overwhelming /ˌəʊvəˈwelmɪŋ/ *adj* **1.** (*feeling*) abrumador -dora: **I felt an overwhelming urge to scream** me entraron unas ganas terribles de gritar. **2.** (*attack, victory*) aplastante; (*majority*) abrumador -dora.

overwork /ˌəʊvəˈwɜ:k/ **I** *vt* [**overworks, overworking, overworked**] hacer trabajar demasiado: **she is overworked and underpaid** la hacen trabajar demasiado y le pagan poco.
♦ *vi* trabajar demasiado.
II *n* trabajo *m* excesivo: **he collapsed through overwork** sufrió un colapso debido al excesivo trabajo.

overwrought /ˌəʊvəˈrɔ:t/ *adj* nerviosísimo -ma, alterado -da.

ovulate /ˈɒvju:leɪt/ *vi* [**ovulates, ovulating, ovulated**] ovular.

ovulation /ɒvju:ˈleɪʃən/ *n* ovulación *f*.

ow /aʊ/ *excl* ay.

owe /əʊ/ *vt* [**owes, owing, owed**] (*money, life, etc.*) deber: **he owes me a fiver** me debe cinco libras; **I'll owe you the rest for now** te pagaré el resto luego; **she owes her good looks to her mother** la hermosura la heredó de su madre.

owing /ˈəʊɪŋ/ **I** *adj*: **the balance is still owing** el saldo queda pendiente.
II owing to *prep* a causa de, debido a: **owing to the changes in the regulations...** debido a los cambios en el reglamento....

owl /aʊl/ *n* búho *m*, lechuza *f*.

own /əʊn/ **I** *adj* propio -pia: **the school has its own swimming pool** el colegio tiene piscina propia; **he grows his own vegetables** cultiva sus propias hortalizas.
II *pron [se usa después de un adjetivo posesivo]* **1.** (*referring to possessions*): **she wants a car of her own** quiere tener su propio coche; **"Did you hire that suit?" "No, it's my own."** "¿Has alquilado ese traje?" "No, es mío."; **the money's your own to spend as you wish** el dinero es tuyo, gástalo como quieras ● **she has a sense of humour all her own** tiene un sentido del humor muy suyo ● **he got his own back on them** se vengó de ellos. **2.** (*alone*) solo -la: **they left me** *on* **my own** me dejaron solo; **can you carry it** *on* **your own?** ¿puedes llevarlo tú solo?
III *vt* [**owns, owning, owned**] **1.** (*to possess*) poseer: **he owns the whole island** es el dueño de toda la isla ● **he acts as if he owns the place** actúa con mucha prepotencia. **2.** (*to admit*) admitir, reconocer: **he owned that he was mistaken** reconoció que estaba equivocado.
♦ *vi* confesar: **she owned to having forged the doctor's note** confesó que había falsificado la nota del médico.
to **own up** *vi* confesar: **own up! who has been making all these phone calls?** ¡venga, desembucha! ¿quién ha estado haciendo todas estas llamadas?
own brand *n* marca *f* propia (*de un supermercado o cadena*): **their own-brand bleach is forty pence** la lejía de su propia marca cuesta cuarenta peniques.
own goal *n* gol *m* en propia puerta.

owner /ˈəʊnə/ *n* propietario -ria *m/f*, dueño -ña *m/f*.

ownership /ˈəʊnəʃɪp/ *n* propiedad *f*: **the restaurant is** *under* **new ownership** el restaurante ha cambiado de dueño ✻ propietario.

ox /ɒks/ *n* [*pl* **oxen**] buey *m* ● **he's as strong as an ox** es fuerte como un toro.

Oxbridge /'ɒksbrɪdʒ/ *n*: *las universidades de Oxford y Cambridge.*

OXFAM, **Oxfam** /'ɒksfæm/ *n* (*abreviatura de* **Oxford Committee for Famine Relief**) *organización benéfica, con sede en Oxford, que lucha contra el hambre.*

oxide /'ɒksaɪd/ *n* óxido *m*.

oxidize /'ɒksɪdaɪz/ *vt* [**oxidizes, oxidizing, oxidized**] oxidar.
♦*vi* oxidarse.

oxtail soup /'ɒksteɪl suːp/ *n* sopa *f* de rabo de buey.

oxygen /'ɒksɪdʒən/ *n* oxígeno *m*.

oyster /'ɔɪstə/ *n* ostra *f*.

oz *léase* /aʊns/ (*abreviatura de* **ounce**) onza *f*.

ozone /'əʊzəʊn/ *n* ozono *m*.
ozone-friendly *adj* que no daña la capa de ozono.
ozone layer *n* capa *f* de ozono.

P

P, **p** /piː/ *n* (*letter*) P, p *f*; (*name of letter*) pe *f*.

p /piː/ (*abreviatura de* **penny/pence**) penique *m*/peniques *m pl*: **could you lend me 10p?** ¿me prestas diez peniques?

p. *léase* /peɪdʒ/ (*abreviatura de* **page**) pág. (página): **see p.14** véase pág. 14.

PA /piː'eɪ/ *n* **1.** (*GB*) (*abreviatura de* **personal assistant**) secretario -ria *m/f* (personal). **2.** (*abreviatura de* **public-address system**) megafonía *f*.

p.a. *léase* /pɜːr'ænəm/ (*abreviatura de* **per annum**) al año.

pace /peɪs/ **I** *n* **1.** (*speed*) ritmo *m*: **they ran the first lap** *at* **a moderate pace** hicieron la primera vuelta a un ritmo moderado • **we are trying to keep pace with the changes** estamos intentando mantenernos al corriente de los cambios • **she does everything at her own pace** lo hace todo a su ritmo • **Europe has set the pace for reform** Europa ha marcado la pauta para la reforma. **2.** (*step*) paso *m*: **he took a pace backwards** retrocedió un paso • **this test will put them through their paces** esta prueba servirá para que demuestren sus aptitudes.
II *vi* [**paces, pacing, paced**]: **he's been pacing up and down all morning** ha estado dando vueltas toda la mañana (como un animal enjaulado).
♦*vt*: **she was pacing the corridor** iba y venía por el pasillo.

pacemaker /'peɪsˌmeɪkə/ *n* **1.** (*for heart*) marcapasos *m inv*. **2.** (*in race: athlete*) liebre *f*; (*: horse*) *caballo que en una carrera establece la velocidad y al que siguen los demás participantes.*

Pacific /pə'sɪfɪk/ **I** *adj* (*Geog*) del * en el Pacífico.
II *n*: **the Pacific (Ocean)** el (océano) Pacífico.

pacifier /'pæsɪfaɪə/ *n* (*US*) chupete *m*.

pacifism /'pæsɪfɪzəm/ *n* pacifismo *m*.

pacifist /'pæsɪfɪst/ *adj*, *n* pacifista *adj*, *m/f*.

pacify /'pæsɪfaɪ/ *vt* [**pacifies, pacifying, pacified**] **1.** (*to calm down*) tranquilizar: **it was impossible to pacify the child** fue imposible tranquilizar al niño. **2.** (*Pol*: *to restore to order*) pacificar.

pack /pæk/ **I** *n* **1.** (*of goods*) paquete *m*: **the batteries come in packs of six** las pilas vienen en paquetes de seis; (*US*: *of cigarettes*) paquete *m*, cajetilla *f* • **it was a pack of lies** era una sarta de mentiras. **2.** (*rucksack*) mochila *f*. **3.** (*of cards*) baraja *f*. **4.** (*of animals*) manada *f*; (*of people*): **he tried to break away from the pack**

after six laps intentó despegarse del grupo después de seis vueltas.

II *vt* [**packs, packing, packed**] 1. (*for transport*) embalar, empaquetar. 2. (*to place*): **the fish is packed in ice** el pescado se cubre de hielo. 3. (*a case, bag*): **she's packing her suitcase** está haciendo la maleta. 4. (*to fill*) llenar: **he packed the fridge with drinks** llenó la nevera hasta los topes de bebidas; **we were all packed into one car** íbamos todos apretujados en el mismo coche.
♦ *vi* (*for a trip*) hacer las maletas, (*Amér L*) empacar • **she sent the salesman packing** mandó al vendedor a paseo.

to **pack in** *vt* (*fam*) dejar: **he used to play rugby but he's packed it in** antes jugaba al rugby, pero lo ha dejado; **pack it in!** ¡ya basta!

to **pack into** *vt* abarrotar: **people packed into the square** la gente abarrotaba la plaza; **they pack a lot of information into the course** el curso está organizado de forma que incluye mucha información.

to **pack off** *vt* mandar: **she packed her little brother off to the park** mandó a su hermano pequeño al parque.

to **pack up** *vi* (*fam*) 1. (*to tidy away*) recoger; (*to finish work*): **let's pack up and go home** vamos a recoger y nos vamos a casa. 2. (*to break down*): **my computer's packed up** se me ha estropeado el ordenador.
♦ *vt* (*to tidy away*) recoger.

package /'pækɪdʒ/ I *n* 1. (*object*) paquete *m*: **he handed her a small package** le dio un paquete pequeño. 2. (*of reforms, measures, etc.*) paquete *m*: **the latest package of government reforms** el último paquete de reformas gubernamentales. 3. (*Inform*) paquete *m*: **a software package** un paquete informático.
II *vt* [**packages, packaging, packaged**] embalar.

package deal *n* 1. (*general agreement*) acuerdo *m* general. 2. (*in travel*): **it was cheap because it was a package deal** salió barato porque todo iba incluido.

package holiday * **tour** *n* viaje *m* organizado.

packaging /'pækɪdʒɪŋ/ *n* (*material*) envoltorio *m*; (*presentation*) presentación *f*.

packed /pækt/ *adj* (*fam*) hasta los topes: **the train was packed** el tren iba abarrotado de gente; **the theatre was packed** *out* el teatro estaba hasta los topes.

packed lunch *n*: *comida que se prepara en casa para llevar al colegio, al trabajo, etc.*

packet /'pækɪt/ *n* 1. (*box, bag*) paquete *m*: **a packet of biscuits** un paquete de galletas; **I fancy a packet of crisps** me apetece una bolsa de patatas fritas; **a packet of cigarettes** una cajetilla * un paquete de cigarrillos. 2. (*fam: lot of money*) dineral *m*: **it costs a packet to stay in that hotel** cuesta un dineral alojarse en ese hotel.

packing /'pækɪŋ/ *n* 1. (*for food*) envasado *m*; (*for larger packages*) embalaje *m*. 2. (*for a trip*): **he's doing his packing** está haciendo el equipaje.

packing case *n* caja *f* de embalar.

pact /pækt/ *n* pacto *m*.

pad /pæd/ I *n* 1. (*cushion*) almohadilla *f*. 2. (*Sport: for protection*) almohadilla *f* (*de protección*): **knee pads** rodilleras. 3. (*for writing*) bloc *m*. 4. (*of animal's paw*) almohadilla *f*. 5. (*for rocket, helicopter*) plataforma *f*.
II *vt* [**pads, padding, padded**] (*with stuffing*) acolchar.
♦ *vi* (*to walk silently*) andar silenciosamente: **the cat padded across the floor** el gato andaba sin hacer ningún ruido.

to **pad out** *vt*: **he pads his speeches out with quotations** en sus discursos hay muchas citas de relleno.

padded /'pædɪd/ *adj* acolchado -da: **clothes with padded shoulders** ropa con hombreras.

padded cell *n* celda *f* con paredes acolchadas.

padding /'pædɪŋ/ *n* 1. (*in clothes*) relleno *m*. 2. (*in essay, speech*) paja *f*, relleno *m*.

paddle /'pædəl/ I *n* 1. (*for rowing*) pala *f*, remo *m*. 2. (*US: for playing table tennis*) pala *f*, paleta *f*.
II *vi* [**paddles, paddling, paddled**] 1. (*in a boat*) remar. 2. (*to walk in water*) chapotear: **I was paddling at the water's edge with the children** estaba chapoteando en la orilla con los niños.
♦ *vt* (*a boat, a canoe*) impulsar a remo: **they paddled the boat across the stream** remaron a través del arroyo.

paddle steamer *n* vapor *m* de ruedas.

paddling pool /'pædəlɪŋ pu:l/ *n*: *piscina poco profunda para niños.*

paddock /'pædək/ *n* (*on farm*) potrero *m*; (*at racecourse*) paseadero *m*, paddock *m*.

paddy /'pædɪ/ *n* [*pl* **paddies**] (*también* **paddy field**, *pl* **paddy fields**) arrozal *m*.

padlock /'pædˌlɒk/ I *n* candado *m*.
II *vt* [**padlocks, padlocking, padlocked**] (*a door*) cerrar con candado; (*a bicycle*) poner el candado a.

paediatrician /ˌpi:dɪə'trɪʃən/ *n* pediatra *m/f*.

paediatrics /ˌpi:dɪ'ætrɪks/ *n* [*lleva el verbo en singular*] pediatría *f*.

pagan /'peɪgən/ *adj*, *n* pagano -na *adj*, *m/f*.

page /peɪdʒ/ I *n* 1. (*in book*) página *f*: **the story made the front page** la noticia apareció en primera plana. 2. (*también* **page boy**) paje *m*.
II *vt* [**pages, paged, paging**] (*over a PA system*) llamar por megafonía; (*on a bleeper, pager*): **in an emergency the hospital can page him** en una emergencia, el hospital puede localizarlo con el busca.

pageant /'pædʒənt/ *n*: *espectáculo en el que se representan escenas históricas o literarias.*

pageantry /'pædʒəntrɪ/ *n* boato *m*.

pager /'peɪdʒə/ *n* buscapersonas *m inv*.

pagoda /pə'gəʊdə/ *n* pagoda *f*.

paid /peɪd/ I *pretérito y participio pasado de* ⇨ pay
II *adj* pagado -da: **they are entitled to paid holidays** tienen derecho a vacaciones pagadas; **the work is badly paid** el trabajo está mal pagado.

paid-up *adj*: **he's a paid-up member of the union** es miembro de pleno derecho del sindicato.

pail /peɪl/ *n* cubo *m*.

pain /peɪn/ I *n* 1. (*ache*) dolor *m*: **I've got a pain** *in* **my back** tengo dolor de espalda; **is he** *in* **much pain?** ¿le duele mucho? • **he was at * he took great pains to be polite** hizo un gran esfuerzo para ser cortés. 2. (*fam: person*) pesado -da *m/f* • **you're a pain in the neck!** ¡qué pesado eres!
II **pains** *n pl* esfuerzos *m pl*.
III *vt* [**pains, paining, pained**] (*frml*) doler: **it pained her to see him like that** le dolía mucho verlo así.

painkiller *n* analgésico *m*.

pained /peɪnd/ *adj* dolido -da: **she had a pained expression on her face** se le notaba en la cara que estaba dolida.

painful /'peɪnfʊl/ *adj* 1. (*injury, wound*) doloroso -sa. 2. (*causing distress*) doloroso -sa: **the divorce was a painful process** el divorcio fue un proceso muy doloroso. 3. (*fam: very bad*) de pena: **their performance was painful** fue una actuación de pena.

painfully /ˈpeɪnfʊlɪ/ *adv* 1. (*involving pain*): **he had a painfully swollen eye** tenía un ojo hinchado y le dolía mucho. 2. (*terribly*): **she was painfully aware that they hated her** era muy consciente de que la odiaban.

painless /ˈpeɪnləs/ *adj* 1. (*without pain*) sin dolor: **having a tooth out is almost painless these days** ahora cuando te sacan una muela apenas duele. 2. (*trouble-free*) sin dificultad: **the interview was relatively painless** la entrevista fue relativamente fácil.

painlessly /ˈpeɪnlɪslɪ/ *adv* 1. (*without causing pain*) sin causar dolor. 2. (*without difficulty*) sin dificultad.

painstaking /ˈpeɪnzˌteɪkɪŋ/ *adj* 1. (*person*) meticuloso -sa. 2. (*report*) concienzudo -da, detallado -da; (*task, process*) minucioso -sa.

painstakingly /ˈpeɪnzˌteɪkɪŋlɪ/ *adv* meticulosamente, concienzudamente.

paint /peɪnt/ I *n* pintura *f*: **he was covered** *in* * *with* **paint** estaba cubierto de pintura.
II *vt* [**paints, painting, painted**] pintar: **she painted the door white** pintó la puerta de blanco.
♦ *vi* pintar: **does she still paint?** ¿todavía pinta?
paintbrush *n* [**paintbrushes**] (*for art*) pincel *m*; (*for decorating*) brocha *f*.
paintwork *n* pintura *f*.

painter /ˈpeɪntə/ *n* (*artist, decorator*) pintor -tora *m/f*.

painting /ˈpeɪntɪŋ/ *n* 1. (*picture*) pintura *f*, cuadro *m*. 2. (*hobby, profession*) pintura *f*: **she took up painting as a child** empezó a pintar cuando era niña.
painting and decorating *n*: **a painting and decorating business** un negocio de pintura y decoración.

pair /peə/ *n* 1. (*gen*) par *m*: **could I borrow a pair of socks?** ¿me prestas un par de calcetines?; **she bought me a pair of earrings** me compró unos pendientes; **a pair of pyjamas** un pijama; **I need some new trousers, this pair is very worn** necesito unos pantalones nuevos, éstos están muy gastados; **this vase is one of a pair** este jarrón forma parte de una pareja; **get out, the pair of you!** ¡fuera de aquí, los dos! 2. (*of people, couple*) pareja *f*: **they're an odd pair** son una pareja extraña.
to **pair off** *vt* [**pairs, pairing, paired**] emparejar.
♦ *vi* emparejarse.

pajamas /pəˈdʒɑːməz/ *n pl* (*US*) pijama *m*, (*Amér L*) piyama *m*.

Pakistan /ˌpɑːkɪˈstɑːn/ *n* Pakistán *m*.

Pakistani /ˌpɑːkɪˈstɑːnɪ/ *adj, n* pakistaní *adj, m/f*.

pal /pæl/ *n* (*fam*) 1. (*friend*) compinche *m/f*, amigo -ga *m/f*. 2. (*US: as form of address*) tío *m*, amigo *m*.

palace /ˈpælɪs/ *n* palacio *m*.

Palaeolithic, **palaeolithic** /ˌpælɪəʊˈlɪθɪk/ I *adj* paleolítico -ca.
II *n* paleolítico *m*.

palatable /ˈpælətəbəl/ *adj* 1. (*food*) apetitoso -sa. 2. (*idea, proposal*) aceptable.

palate /ˈpælət/ *n* (*roof of mouth, taste*) paladar *m*.

palatial /pəˈleɪʃəl/ *adj* lujoso -sa.

pale /peɪl/ I *adj* (*face*) pálido -da; (*colours*) claro -ra: **pale blue doesn't suit her** el celeste no le va bien.
II *vi* [**pales, paling, paled**] palidecer ● **her beauty pales beside that of her sister** su belleza palidece ante la de su hermana.

paleness /ˈpeɪlnəs/ *n* palidez *f*.

Paleolithic, **paleolithic** /ˌpælɪəʊˈlɪθɪk/ *adj, n* (*US*) ➪ Palaeolithic

Palestine /ˈpæləstaɪn/ *n* Palestina *f*.

Palestinian /ˌpæləˈstɪnɪən/ *adj, n* palestino -na *adj, m/f*.

palette /ˈpælɪt/ *n* paleta *f*.

pall /pɔːl/ I *vi* [**palls, palling, palled**]: **his classes began to pall** empecé a perder interés en sus clases; **this subject is beginning to pall (***on* **me)** este asunto ya empieza a cansar(me).
II *n* 1. (*frml: cloud*) nube *f* ● **the accident cast a pall over the end of their holidays** el accidente ensombreció el final de sus vacaciones. 2. (*for coffin*) paño *m* (*con que se cubre el féretro*).
pallbearer *n* portador -dora *m/f* del féretro.

pallet /ˈpælɪt/ *n* bandeja *f* de carga (*para vehículo montacargas*).

palliative /ˈpælɪətɪv/ I *adj* paliativo -va *adj*.
II *n* paliativo *m*.

pallid /ˈpælɪd/ *adj* pálido -da.

pallor /ˈpælə/ *n* palidez *f*.

palm /pɑːm/ *n* 1. (*of hand*) palma *f* ● **she had her palm read** le leyeron la mano ● **she had them eating out of the palm of her hand** los tenía totalmente dominados. 2. (*tree*) palmera *f*: **there were coconut palms along the beach** había cocoteros a lo largo de la playa.
to **palm off** *vt* [**palms, palming, palmed**]: **they tried to palm their old sofa off** *on* **us** intentaron endosarnos su sofá viejo.
Palm Sunday *n* el domingo de Ramos.
palm tree *n* palmera *f*.

palmistry /ˈpɑːmɪstrɪ/ *n* quiromancia *f*.

palpable /ˈpælpəbəl/ *adj* palpable.

palpably /ˈpælpəblɪ/ *adv* evidentemente.

palpate /ˈpælpeɪt/ *vt* [**palpates, palpating, palpated**] (*Med*) palpar.

palpitations /ˌpælpɪˈteɪʃənz/ *n pl* palpitaciones *f pl*.

paltry /ˈpɔːltrɪ/ *adj* irrisorio -ria: **he is paid a paltry wage** le pagan un sueldo irrisorio.

pampas /ˈpæmpəs/ *n pl*: **the pampas** la pampa.

pamper /ˈpæmpə/ *vt* [**pampers, pampering, pampered**] mimar.

pamphlet /ˈpæmflɪt/ *n* folleto *m*.

pan /pæn/ I *n* 1. (*saucepan*) cacerola *f*; (*frying pan*) sartén *f*. 2. (*of toilet*) taza *f*. 3. (*of scales*) platillo *m*.
II *vt* [**pans, panning, panned**] (*to criticize*) criticar duramente.

panacea /ˌpænəˈsɪə/ *n* panacea *f*.

panache /pəˈnæʃ/ *n* garbo *m*, estilo *m*.

Panama /ˈpænəmɑː/ *n* Panamá *m*.
Panama Canal *n*: **the Panama Canal** el Canal de Panamá.

Panamanian /ˌpænəˈmeɪnɪən/ *adj, n* panameño -ña *adj, m/f*.

Pan-American /pænəˈmerɪkən/ *adj* panamericano -na.

pancake /ˈpænkeɪk/ *n* crêpe *f*, (*Amér L*) panqueque *m*.
Pancake Day *n* martes *m inv* de carnaval.

pancreas /ˈpæŋkrɪəs/ *n* [**pancreases**] páncreas *m inv*.

panda /ˈpændə/ *n* panda *m*.

pandemonium /ˌpændɪˈməʊnɪəm/ *n* caos *m*: **it caused complete pandemonium in the classroom** causó el caos más absoluto * un alboroto terrible en la clase.

pander /ˈpændə/ *vi* [**panders, pandering, pandered**] ceder: **they pander** *to* **her every desire** ceden a todos sus deseos.

pane /peɪn/ *n* cristal *m*: **she broke a pane of glass in the door** rompió un cristal de la puerta.

panel /ˈpænəl/ *n* 1. (*of people*) panel *m*: **a panel of experts answers * answer questions from the audience** un panel de expertos contesta las preguntas del público. **2.** (*in door, wall*) panel *m*; (*on car*): **the door panel was damaged** la chapa de la puerta estaba abollada.

panelled, (*US*) **paneled** /ˈpænəld/ *adj* con paneles.

panelling, (*US*) **paneling** /ˈpænəlɪŋ/ *n* paneles *m pl*.

panellist, (*US*) **panelist** /ˈpænəlɪst/ *n* miembro *m* del panel (*en un programa de radio o televisión*).

pang /pæŋ/ *n* (*of hunger, remorse*) punzada *f*.

panic /ˈpænɪk/ **I** *n* pánico *m*: **panic spread among the audience** cundió el pánico entre el público; **she left in a mad panic** se fue totalmente histérica.
II *vi* [**panics, panicking, panicked**]: **he panicked and couldn't finish the exam** le entró el pánico y no pudo acabar el examen; **don't panic!** ¡no te pongas histérico!
♦ *vt* infundir pánico a.
panic-stricken *adj* preso -sa del pánico.

pannier /ˈpænɪə/ *n* bolsa *f* (*para bicicleta*).

panorama /ˌpænəˈrɑːmə/ *n* panorama *m*, panorámica *f*.

pansy /ˈpænzɪ/ *n* [**pansies**] (*Bot*) pensamiento *m*.

pant /pænt/ *vi* [**pants, panting, panted**] jadear, resollar.

panther /ˈpænθə/ *n* pantera *f*.

panties /ˈpæntɪz/ *n pl* bragas *f pl*.

panto /ˈpæntəʊ/ *n* (*fam*) ⇨ pantomime

pantomime /ˈpæntəˌmaɪm/ *n* (*in GB*) *representación musical cómica que se hace en Navidad*.

pantry /ˈpæntrɪ/ *n* [**pantries**] despensa *f*.

pants /pænts/ *n pl* **1.** (*underwear: for women*) bragas *f pl*; (*: for men*) calzoncillos *m pl*. **2.** (*US: trousers*) pantalones *m pl*, pantalón *m*.

pantyhose /ˈpæntɪhəʊz/ *n pl* (*US*) panti *m*, pantis *m pl*.

papa /pəˈpɑː/ *n* (*fam*) papá *m*.

papacy /ˈpeɪpəsɪ/ *n* papado *m*.

papal /ˈpeɪpəl/ *adj* papal.

papaya /pəˈpaɪə/ *n* papaya *f*.

paper /ˈpeɪpə/ **I** *n* **1.** (*material, sheet, document*) papel *m*: **there were piles of papers on his desk** había montones de papeles en su mesa; **you shouldn't waste so much paper** no deberías desperdiciar tanto papel ● **he looked fine on paper, but he didn't do well at the interview** sobre el papel parecía un buen candidato, pero no hizo bien la entrevista. **2.** (*newspaper*) periódico *m*: **he always gets an evening paper** siempre compra un periódico de la tarde; **the Sunday papers** los periódicos dominicales. **3.** (*part of an exam*): **the English exam has three papers** el examen de inglés consta de tres partes. **4.** (*for publication*) artículo *m*; (*at a conference*) ponencia *f*.
II papers *n pl* documentación *f*, papeles *m pl*: **a policeman demanded to see his papers** un policía le pidió la documentación; **his papers were not in order** no tenía los papeles ✻ documentos en regla.
III *vt* [**papers, papering, papered**] empapelar.
paperback *n* libro *m* en rústica.
paperboy *n*: *chico que reparte periódicos*.
paperclip *n* clip *m*, sujetapapeles *m inv*.
papergirl *n*: *chica que reparte periódicos*.
paperknife *n* abrecartas *m inv*.
paper money *n* papel *m* moneda.
paper shop *n* tienda *f* de periódicos.
paperweight *n* pisapapeles *m inv*.
paperwork *n* papeleo *m*.

papier-mâché /ˈpæpjeɪ ˈmæʃeɪ/ *n* papel *m* maché, cartón *m* piedra.

paprika /ˈpæprɪkə/ *n* pimentón *m* (dulce).

papyrus /pəˈpaɪrəs/ *n* papiro *m*.

par /pɑː/ *n* **1.** (*equal value, level*): **their products are** *on* **a par with ours for quality** sus productos igualan a los nuestros en calidad. **2.** (*in golf*) par *m*: **the leader is six under par** el líder está a seis bajo par ● **his bad mood is par for the course** estar de mal humor es su estado natural.

parable /ˈpærəbəl/ *n* (*Relig*) parábola *f*.

parabola /pəˈræbələ/ *n* (*Maths*) parábola *f*.

parabolic /ˌpærəˈbɒlɪk/ *adj* parabólico -ca.

parachute /ˈpærəʃuːt/ **I** *n* paracaídas *m inv*.
II *vi* [**parachutes, parachuting, parachuted**] tirarse en paracaídas.
♦ *vt* (*food, supplies*) lanzar en paracaídas.

parachuting /ˈpærəʃuːtɪŋ/ *n* paracaidismo *m*.

parachutist /ˈpærəʃuːtɪst/ *n* (*Sport*) paracaidista *m/f*.

parade /pəˈreɪd/ **I** *n* **1.** (*procession: gen*) desfile *m*; (*: of soldiers*) desfile *m*, parada *f*: **they went to see the troops** *on* **parade** fueron a ver el desfile de las tropas. **2.** (*street*) paseo *m*.
II *vi* [**parades, parading, paraded**] (*people, soldiers*) desfilar: **she was parading around in her new dress** se paseaba por ahí luciendo su vestido nuevo.
♦ *vt* **1.** (*in procession*): **they paraded their captives through the town** hicieron desfilar a los prisioneros por el pueblo. **2.** (*to show off*) hacer alarde de.
parade ground *n* patio *m* ✻ plaza *f* de armas.

paradigm /ˈpærədaɪm/ *n* paradigma *m*.

paradise /ˈpærədaɪs/ *n* paraíso *m*: **these beaches are a surfer's paradise** estas playas son el paraíso de los aficionados al surf.

paradox /ˈpærədɒks/ *n* [**paradoxes**] paradoja *f*.

paradoxical /ˌpærəˈdɒksɪkəl/ *adj* paradójico -ca.

paradoxically /ˌpærəˈdɒksɪkəlɪ/ *adv* paradójicamente.

paraffin /ˈpærəfɪn/ *n* queroseno *m*.
paraffin wax *n* parafina *f*.

paragon /ˈpærəgən/ *n* dechado *m*: **she's a paragon of virtue** es un dechado de virtudes.

paragraph /ˈpærəgrɑːf/ *n* **1.** (*in letters, essays*) párrafo *m*: **you have to begin a new paragraph for each section** para cada sección tienes que empezar un párrafo nuevo; **new paragraph** punto y aparte. **2.** (*in official document*) apartado *m*.

Paraguay /ˈpærəgwaɪ/ *n* (el) Paraguay.

Paraguayan /ˌpærəˈgwaɪən/ *adj, n* paraguayo -ya *adj, m/f*.

parakeet /ˈpærəkiːt/ *n* periquito *m*.

parallel /ˈpærəlel/ **I** *adj* paralelo -la: **this street is parallel** *to* **the High Street** esta calle corre paralela a la calle Mayor; **a line of trees ran parallel** *with* **the path** había una hilera de árboles paralela al camino.
II *n* **1.** (*Geog*) paralelo *m*. **2.** (*similarity*) paralelo *m*: **there are no parallels between your life and mine** tu vida y la mía no admiten paralelo. **3.** (*equivalent*): **her paintings have no parallel** sus pinturas no tienen parangón. **4.** (*Tec, Telec*): **they are connected in parallel** se conectan en paralelo.
III *vt* [**parallels, paralleling, paralleled**] igualar: **other athletes have been unable to parallel his achievements** otros atletas no han podido igualar sus logros.
parallel bars *n* (*Sport*) paralelas *f pl*.
parallel line *n* paralela *f*.

parallelism /ˈpærəlelɪzəm/ *n* paralelismo *m*.

parallelogram /pærəˈleləgræm/ *n* paralelogramo *m*.

paralyse /ˈpærəlaɪz/ *vt* [**paralyses, paralysing, paralysed**] paralizar: **he was paralysed** *with* **fear** el miedo lo paralizaba; **he is paralysed** *in* **one arm** tiene un brazo paralizado; **London was paralysed by strikes** las huelgas habían paralizado Londres.

paralysis /pəˈræləsɪs/ *n* parálisis *f inv.*

paralytic /ˌpærəˈlɪtɪk/ *adj* **1.** (*Med*) paralítico -ca. **2.** (*fam: drunk*) borracho -cha.

paralyze /ˈpærəlaɪz/ *vt* [**paralyzes, paralyzing, paralyzed**] (*US*) ⇨ paralyse

paramedic /ˌpærəˈmedɪk/ *n*: *persona que forma parte del personal auxiliar de un hospital, especialmente la capacitada para asistir a heridos y prestar primeros auxilios.*

parameter /pəˈræmɪtə/ *n* parámetro *m.*

paramilitary /ˌpærəˈmɪlɪtərɪ/ **I** *adj* paramilitar.
II *n*: *miembro de una organización paramilitar.*

paramount /ˈpærəmaʊnt/ *adj* de suma importancia: **improving the education system is paramount * is of paramount importance** mejorar el sistema educativo es de suma importancia.

paranoia /ˌpærəˈnɔɪə/ *n* paranoia *f.*

paranoic /ˈpærənɔɪk/ *n* paranoico -ca *m/f.*

paranoid /ˈpærənɔɪd/ *adj* paranoico -ca.

parapet /ˈpærəpɪt/ *n* parapeto *m*, pretil *m.*

paraphernalia /ˌpærəfəˈneɪlɪə/ *n*: **the room was strewn with all sorts of medical paraphernalia** la habitación estaba llena de todo tipo de objetos que se utilizan en medicina.

paraphrase /ˈpærəfreɪz/ **I** *vt* [**paraphrases, paraphrasing, paraphrased**] parafrasear, expresar por medio de una paráfrasis.
II *n* paráfrasis *f inv.*

paraplegia /ˌpærəˈpliːdʒə/ *n* paraplejia *f.*

paraplegic /ˌpærəˈpliːdʒɪk/ *adj, n* parapléjico -ca *adj, m/f.*

parapsychology /pærəsaɪˈkɒlədʒɪ/ *n* parapsicología *f.*

parasite /ˈpærəsaɪt/ *n* parásito *m.*

parasitic /ˌpærəˈsɪtɪk/ *adj* (*Bot, Zool*) parásito -ta; (*Med*) parasitario -ria.

parasol /ˈpærəsɒl/ *n* sombrilla *f*, parasol *m.*

paratrooper /ˈpærəˌtruːpə/ *n* (*Mil*) paracaidista *m/f.*

paratroops /ˈpærətruːps/ *n pl* (*Mil*) paracaidistas *m pl.*

parcel /ˈpɑːsəl/ *n* paquete *m*: **food parcels were distributed in the flooded areas** repartieron paquetes de comida por las zonas inundadas.

to **parcel up** *vt* [**parcels, parcelling, parcelled**] empaquetar.

parched /ˈpɑːtʃt/ *adj* **1.** (*very dry*) reseco -ca. **2.** (*fam: very thirsty*) muerto -ta de sed.

parchment /ˈpɑːtʃmənt/ *n* pergamino *m.*

pardon /ˈpɑːdən/ **I** *n* **1.** (*Law*) perdón *m*, indulto *m*: **she was granted a pardon** le concedieron el perdón, fue indultada. **2.** (*forgiveness*) perdón *m* • **pardon? * I beg your pardon, would you mind repeating that?** perdone, ¿cómo ha dicho? * ¿le importaría repetirlo? • **I beg your pardon, but that's my seat!** ¡lo siento mucho, pero ése es mi asiento!
II *vt* [**pardons, pardoning, pardoned**] perdonar: **several prisoners were pardoned** perdonaron a varios prisioneros • (*US*) **pardon me, what time does the train leave?** perdone, ¿a qué hora sale el tren?

pardonable /ˈpɑːdənəbəl/ *adj* perdonable.

pare /peə/ *vt* [**pares, paring, pared**] (*to peel*) pelar; (*to cut away*) cortar.

to **pare down** *vt* reducir: **they tried to pare down their expenditure** trataron de reducir los gastos.

parent /ˈpeərənt/ *n*: **being a parent brings many responsibilities** ser padre conlleva muchas responsabilidades; **she gets on well with her parents** se lleva bien con sus padres; **one of his parents is French** uno de los dos, o su padre o su madre, es francés.

parentage /ˈpeərəntɪdʒ/ *n*: **his parentage was unknown** no se sabía quiénes eran sus padres.

parental /pəˈrentəl/ *adj* de los padres: **parental authority** patria potestad.

parenthesis /pəˈrenθəsɪs/ *n* [*pl* **parentheses** /pəˈrenθəsiːz/] paréntesis *m inv*: **I would like to say,** *in* **parenthesis...** entre paréntesis, me gustaría decir....

parenthood /ˈpeərənthʊd/ *n*: **what are the drawbacks of parenthood?** ¿cuáles son las desventajas de ser padre?

par excellence /pɑːr ˈeksəlɑːns/ *adv* (*frml*) por excelencia.

pariah /pəˈraɪə/ *n* paria *m/f.*

Paris /ˈpærɪs/ *n* París *m.*

parish /ˈpærɪʃ/ *n* [**parishes**] (*Relig*) parroquia *f.*

parishioner /pəˈrɪʃənə/ *n* feligrés -gresa *m/f.*

Parisian /pəˈrɪzɪən/ **I** *adj* parisiense, parisino -na.
II *n* parisiense *m/f*, parisino -na *m/f.*

parity /ˈpærətɪ/ *n* (*frml*) **1.** (*Fin*) paridad *f.* **2.** (*equality*) igualdad *f*: **we want parity** *between* **our salaries and theirs** queremos que nuestros salarios sean equiparados a los suyos.

park /pɑːk/ **I** *n* parque *m.*
II *vt/i* [**parks, parking, parked**] aparcar, (*Amér L*) parquear, (*Arg, Chi, Urug*) estacionar: **can I park outside your house?** ¿puedo aparcar delante de tu casa?

parka /ˈpɑːkə/ *n* parka *f.*

parking /ˈpɑːkɪŋ/ *n* estacionamiento *m*: **there is plenty of parking off the main road** hay mucho sitio para aparcar en las calles laterales; **no parking** prohibido aparcar.

parking lot *n* (*US*) aparcamiento *m*, parking *m* (*pl* parkings), (*Amér L*) parqueadero *m*, (*Arg, Chi, Urug*) estacionamiento *m.*

parking meter *n* parquímetro *m.*

parking space *n*: **there were no parking spaces near the cinema** no había ningún lugar donde aparcar * (*Amér L*) parquear cerca del cine.

parking ticket *n* multa *f* por aparcamiento * estacionamiento ilegal.

parkland /ˈpɑːklænd/ *n* parque *m.*

parlance /ˈpɑːləns/ *n* (*frml*) lenguaje *m.*

parliament /ˈpɑːləmənt/ *n* parlamento *m*: **this was the end of his career in Parliament** esto significó el final de su carrera parlamentaria; **there were angry scenes in the French Parliament** se produjeron enfrentamientos en el parlamento francés.

parliamentary /ˌpɑːləˈmentərɪ/ *adj* parlamentario -ria.

parlour /ˈpɑːlə/ *n* salón *m.*

parochial /pəˈrəʊkɪəl/ *adj* **1.** (*person*) estrecho -cha de miras. **2.** (*Relig*) parroquial.

parody /ˈpærədɪ/ **I** *n* [**parodies**] parodia *f.*
II *vt* [**parodies, parodying, parodied**] parodiar.

parole /pəˈrəʊl/ *n* libertad *f* condicional: **he was released** *on* **parole * he was given parole** le concedieron la libertad condicional.

paroxysm /ˈpærəksɪzəm/ *n* paroxismo *m.*

parquet /ˈpɑːkeɪ/ *n* parqué *m*, parquet *m.*

parrot /ˈpærət/ **I** *n* loro *m* • **he repeated the poem parrot fashion** repitió el poema como un loro.

II *vt* [**parrots, parroting, parroted**] repetir como un loro.

parry /ˈpærɪ/ *vt* [**parries, parrying, parried**] **1.** (*an argument, a question*) eludir. **2.** (*a blow*) parar.
♦*vi*: **she parried** *with* **a question to the chairman** eludió el asunto haciéndole una pregunta al presidente.

parsimonious /ˌpɑːsɪˈməʊnɪəs/ *adj* (*frml*) mezquino -na.

parsley /ˈpɑːslɪ/ *n* perejil *m*.
parsley sauce *n* salsa *f* verde.

parsnip /ˈpɑːsnɪp/ *n* chirivía *f*.

parson /ˈpɑːsən/ *n* (*Protestant*) pastor -tora *m/f*, clérigo -ga *m/f*; (*Catholic*) (cura) *m* párroco *m*.

part /pɑːt/ **I** *n* **1.** (*section, division*) parte *f*: **the book is in two parts** el libro se divide en dos partes; **you've done the difficult part** has hecho la parte más difícil; **it was part of her life** formaba parte de su vida ● **the accident was due in part to carelessness** el accidente se debió en parte a la falta de cuidado ● **the weather was rainy for the most part** estuvo lloviendo casi todo el tiempo ● **these problems were all part and parcel of school life** estos problemas eran parte inherente de la vida escolar ● **she was on holiday for the best * better part of a month** estuvo de vacaciones casi un mes. **2.** (*role: in a play, film*) papel *m*: **he plays the part of Poirot** hace el papel de Poirot; (*: in an event*): **he was given no credit for his part in the discovery** no reconocieron el papel que había jugado en el descubrimiento ● **she didn't take part in the championship** no participó en el campeonato ● **she had * she played no part in the decision** no tuvo nada que ver con la decisión ● **she didn't want any part in it** no quería tener nada que ver con ello ● **he just doesn't look the part** no da la imagen que se requiere ● **that was a mistake on your part** fue un error de tu parte ● **his sister always took his part** su hermana siempre se ponía de su parte. **3.** (*for vehicle, machine*) pieza *f*: **it's difficult to get parts for this model** es difícil conseguir piezas para este modelo. **4.** (*US: in hair*) raya *f*.
II *vi* [**parts, parting, parted**] separarse: **they parted** *on* **good terms** se separaron amistosamente.
♦*vt* **1.** (*to separate*) separar. **2.** (*hair*): **he parts his hair** *on* **the side** se hace la raya a un lado.
III *adv*: **their dog is part Alsatian** su perro es un cruce de pastor alemán.
to **part with** *vt* deshacerse de: **she didn't want to part with her books** no quería deshacerse de sus libros.
part exchange *n*: **we traded in our old car** *in* **part exchange** *for* **a new one** dimos el coche viejo como parte del pago del nuevo.
part of speech *n* [*pl* **parts of speech**] categoría *f* gramatical.
part-time I /ˈpɑːtaɪm/ *adj* a tiempo parcial: **she is looking for part-time work** está buscando un trabajo a tiempo parcial.
II part time /pɑːˈtaɪm/ *adv* a tiempo parcial: **he works in a bar part time** trabaja en un bar a tiempo parcial.

partial /ˈpɑːʃəl/ *adj* **1.** (*incomplete*) parcial: **there was a partial eclipse of the moon** hubo un eclipse parcial de luna. **2.** (*fond*): **he's partial** *to* **seafood** tiene debilidad por los mariscos. **3.** (*biased*) parcial.

partiality /ˌpɑːʃɪˈælətɪ/ *n* parcialidad *f*.

partially /ˈpɑːʃəlɪ/ *adv* **1.** (*not completely*) parcialmente: **the building has been partially restored** el edificio se ha restaurado parcialmente; **he is partially deaf** tiene problemas auditivos. **2.** (*in biased way*) con parcialidad.

participant /pɑːˈtɪsɪpənt/ *n* participante *m/f*.

participate /pɑːˈtɪsɪpeɪt/ *vi* [**participates, participating, participated**] participar: **he refused to participate** *in* **the celebrations** se negó a participar en las celebraciones.

participation /pɑːˌtɪsɪˈpeɪʃən/ *n* participación *f*.

participle /pɑːˈtɪsɪpəl/ *n* participio *m*.

particle /ˈpɑːtɪkəl/ *n* partícula *f*.

particular /pəˈtɪkjʊlə/ **I** *adj* **1.** (*specific, special*) particular: **hygiene is of particular importance in this climate** la higiene tiene particular importancia en este clima; **would you prefer any particular colour?** ¿preferiría algún color en particular? ● **I am referring to you in particular** me refiero a ti en particular. **2.** (*choosy*) exigente: **he is very particular** *about* **his food** es muy exigente con la comida.
II particulars *n pl* detalles *m pl*: **the policeman took down some particulars** el policía tomó nota de algunos detalles; **write your particulars down on this piece of paper** apunta tus datos personales en este papel.

particularly /pəˈtɪkjʊləlɪ/ *adv* especialmente: **the film wasn't particularly good** la película no era especialmente buena; **I'm particularly busy right now** estoy muy ocupado en estos momentos; **"Are you hungry?" "Not particularly."** "¿Tienes hambre?" "No mucha."

parting /ˈpɑːtɪŋ/ *n* **1.** (*of people*) separación *f*. **2.** (*in hair*) raya *f*: **she has a centre parting** se peina con la raya en medio.

partisan /ˈpɑːtɪˌzæn/ **I** *adj* (*biased*) parcial: **her opinions are strongly partisan** sus opiniones son muy parciales.
II *n* **1.** (*supporter*) partidario -ria *m/f*. **2.** (*fighter*) partisano -na *m/f*.

partition /pɑːˈtɪʃən/ **I** *n* **1.** (*wall*) tabique *m*; (*screen*) mampara *f*. **2.** (*Pol*) partición *f*: **the partition of Cyprus** la partición de Chipre.
II *vt* [**partitions, partitioning, partitioned**] **1.** (*room*) dividir: **they partition** *off* **part of the hall for the aerobics class** dividen el gimnasio con mamparas para las clases de aerobic. **2.** (*Pol*) dividir.

partly /ˈpɑːtlɪ/ *adv* en parte: **we didn't watch the film, partly because it was on too late** no vimos la película, en parte porque la pusieron muy tarde; **the work was only partly finished** sólo parte de las obras se había terminado.

partner /ˈpɑːtnə/ **I** *n* **1.** (*Sport*) pareja *f*. **2.** (*boyfriend, girlfriend*) compañero -ra *m/f*, pareja *f*. **3.** (*Fin*) socio -cia *m/f*.
II *vt* [**partners, partnering, partnered**] (*in sports, games*) jugar con.

partnership /ˈpɑːtnəʃɪp/ *n* **1.** (*business*) sociedad *f*: **they went** *into* **partnership to open a restaurant** se asociaron para abrir un restaurante. **2.** (*relationship*) asociación *f*.

partridge /ˈpɑːtrɪdʒ/ *n* perdiz *f*.

party /ˈpɑːtɪ/ *n* [**parties**] **1.** (*celebration*) fiesta *f*: **he held a party to celebrate his birthday** dio una fiesta para celebrar su cumpleaños; **they threw a party for her** hicieron * dieron una fiesta en su honor. **2.** (*Pol*) partido *m*: **the party is * are opposing the move** el partido se opone a la iniciativa ● **he always follows the party line** siempre sigue la línea del partido. **3.** (*group*) grupo *m*: **a party of tourists was * were visiting the church** había un grupo de turistas visitando la iglesia; **a coach party arrived** llegó un grupo en autocar. **4.** (*individual*) parte *f*: **both parties agreed to settle out of court** las dos partes acordaron no acudir a los tribunales.

party political broadcast *n*: *programa televisivo de propaganda de un partido político.*

party politics *n pl* política *f* de partido.

pass /pɑːs/ **I** *n* **[passes] 1.** (*permit: for public transport*) abono *m*, bono *m*: **I have a weekly pass for the bus** tengo un bono semanal para el autobús; (*: for security*) pase *m*. **2.** (*in football, rugby, etc.*) pase *m*. **3.** (*exam result*) aprobado *m*: **I only got a pass** sólo saqué un aprobado. **4.** (*between mountains: gen*) puerto *m* (de montaña), paso *m*; (*: narrow*) desfiladero *m*. **5.** (*fam*: *amorous advance*): **he's always making passes** *at* **other women** siempre anda intentando conquistar a otras mujeres. **6.** (*state*) situación *f* • **things have come to a pretty pass!** ¡a qué extremo hemos llegado!

II *vt* **[passes, passing, passed] 1.** (*to go past: a person*) cruzarse con: **he passed me on the stairs** se cruzó conmigo en la escalera; (*: a place*) pasar por: **I pass the library on my way to work** paso por (delante de) la biblioteca de camino al trabajo. **2.** (*to give: gen*) pasar: **she passed me the letter** me pasó la carta; **could you pass the butter please?** ¿me pasas la mantequilla por favor?; (*: a ball*) pasar. **3.** (*to move*): **he passed his arm** *around* **her waist** le rodeó el talle con el brazo. **4.** (*time*) pasar: **it's a way of passing the time** es una manera de pasar el rato; **she passed the journey doing crosswords** se pasó el viaje haciendo crucigramas. **5.** (*to succeed in*) aprobar, pasar: **she's passed all her exams** ha aprobado todos sus exámenes; **did you pass your driving test first time?** ¿sacaste el carnet de conducir a la primera? **6.** (*to approve, adopt*) aprobar: **the new law was passed in spite of their opposition** se aprobó la nueva ley a pesar de su oposición; **the film was passed by the censor** la película pasó la censura. **7.** (*sentence*) dictar: **the judge passed sentence on the two men** el juez dictó sentencia en el caso de los dos hombres; (*comment*) hacer: **he's always passing judgement on other people** siempre está emitiendo juicios sobre los demás. **8.** (*Med*): **he was experiencing pain on passing water** le dolía al orinar. **9.** (*to overtake*) adelantar, pasar.

♦*vi* **1.** (*property*) pasar: **on his death the estate passed** *to* **his daughter** a su muerte, la propiedad pasó a su hija. **2.** (*to go by: time*) pasar, transcurrir: **she forgot all about him as time passed** se olvidó de él con el paso del tiempo; (*: pain, sensation*) pasarse: **his feelings of depression soon passed** la depresión se le pasó pronto; **her absence passed unnoticed** su ausencia pasó desapercibida; **I'll let it pass this time** esta vez lo pasaré por alto. **3.** (*to travel*) pasar: **the road passes** *under* **the railway line** la carretera pasa por debajo de la vía del tren; **the ball passed swiftly** *from* **player** *to* **player** el balón pasaba rápidamente de un jugador a otro; **I was just passing** *through* **London** estaba de paso por Londres. **4.** (*in an exam*) aprobar: **everybody passed** todo el mundo aprobó. **5.** (*to overtake*) adelantar, pasar.

to **pass around** ✱ **round** *vt*: **we helped pass around the drinks** ayudamos a servir las bebidas; **the document was passed around the room** el documento circuló por la sala.

to **pass as** *vt* hacer de: **a dirty rag passed as a towel** un trapo sucio hacía las veces de toalla.

to **pass away** *vi* fallecer: **his father passed away last year** su padre falleció el año pasado.

to **pass by** *vi* pasar: **we watched as the procession passed by** vimos pasar la procesión; **five years passed by without event** pasaron ✱ transcurrieron cinco años sin que ocurriera nada; **I just happened to be passing by so I decided to pop in and see you** pasaba por aquí y decidí entrar a verte.

♦*vt*: **I have to pass by your house, I'll give you a lift** tengo que pasar muy cerca de tu casa, te puedo llevar; **life seemed to have passed him by** no había vivido en el verdadero sentido de la palabra.

to **pass down** *vt* (*a custom, tradition*) transmitir, pasar: **it's a name that has been passed down through the family** es un nombre que ha pasado de generación en generación de la familia.

to **pass for** *vt*: **she could pass for twenty with her make-up on** maquillada podría pasar por una chica de veinte años.

to **pass off** *vt* hacer pasar: **she passed the fake pearls off** *as* **genuine** hizo pasar las perlas falsas por auténticas; **he passed himself off** *as* **a salesman** se hizo pasar por vendedor.

♦*vi* **1.** (*to disappear*) pasarse: **her headache had passed off** se le había pasado el dolor de cabeza. **2.** (*to take place*) desarrollarse: **his lecture passed off quite well** su conferencia estuvo bastante bien.

to **pass on** *vt* (*to hand on*) pasar: **take one copy and pass the others on** quédense con una copia y pasen el resto; **I'll pass on the news to head office immediately** comunicaré la noticia a la oficina central inmediatamente; **he's passed his cold on to me** me ha pegado ✱ contagiado el resfriado.

♦*vi* **1.** (*to move on*) pasar: **let's pass on** *to* **the next item on the agenda** pasemos al siguiente punto del orden del día. **2.** (*to die*) fallecer: **it's seven years since her husband passed on** hace siete años que falleció su marido.

to **pass out** *vi* perder el conocimiento, desmayarse: **we were nearly passing out with the heat** no podíamos más del calor.

to **pass over** *vt* **1.** (*to overlook*) olvidar: **let's pass over last night, shall we?** olvidemos lo de anoche ¿eh?; **I'm afraid I cannot pass over your behaviour** lo siento, pero no puedo pasar por alto su comportamiento; **she was passed over for promotion** ascendieron a otra persona pasando por encima de ella. **2.** (*fam*: *on the telephone*): **I'll just pass you over to Alex** te paso con Alex.

to **pass round** *vt* ⇨ *to* pass around

to **pass up** *vt* dejar pasar: **he never passes up a chance to make money** nunca deja pasar una oportunidad de ganar dinero.

pass mark *n*: *nota mínima requerida para aprobar.*

passable /ˈpɑːsəbəl/ *adj* **1.** (*reasonable*) pasable. **2.** (*road*) transitable.

passage /ˈpæsɪdʒ/ *n* **1.** (*in building*) pasillo *m*; (*between buildings*) pasaje *m*. **2.** (*way through*): **a crowd of people blocked his passage** una multitud le impedía el paso. **3.** (*journey*) viaje *m*: **immigrants were offered free passage to Australia** a los inmigrantes se les ofrecía el viaje a Australia gratis • **with the passage of time the memory faded** con el paso del tiempo el recuerdo se borraba. **4.** (*of book, music*) pasaje *m*: **the author will read a passage** *from* **his latest novel** el autor leerá un pasaje de su última novela. **5.** (*Anat*) conducto *m*.

passageway *n* (*outside*) pasaje *m*, pasadizo *m*; (*inside*) pasillo *m*, corredor *m*.

passenger /ˈpæsɪndʒə/ *n* pasajero -ra *m/f*.

passer-by /ˌpɑːsəˈbaɪ/ *n* [**passers-by**] transeúnte *m/f*.

passing /ˈpɑːsɪŋ/ I *n* • **she only mentioned it in passing** sólo lo mencionó de pasada.
II *adj* pasajero -ra: **it was just a passing fancy** sólo fue un capricho pasajero; **he gave the statue no more than a passing glance** miró la estatua sólo de pasada.
passing shot *n* golpe *m* paralelo.

passion /ˈpæʃən/ *n* 1. (*love*) pasión *f*: **sculpture was her ruling passion** la escultura era su gran pasión. 2. **the Passion** (*Relig*) la Pasión.
passion fruit *n* granadilla *f*.

passionate /ˈpæʃənət/ *adj* apasionado -da.

passive /ˈpæsɪv/ I *adj* pasivo -va.
II *n* pasiva *f*: **you cannot use this verb in the passive** este verbo no se puede usar en pasiva.
passive resistance *n* resistencia *f* pasiva.
passive smoker *n* fumador *m* pasivo, fumadora *f* pasiva.
passive voice *n* voz *f* pasiva.

passively /ˈpæsɪvlɪ/ *adv* 1. (*without reacting*) pasivamente. 2. (*Ling*) en pasiva.

passivity /pæˈsɪvəti/ *n* pasividad *f*.

Passover /ˈpɑːsˌəʊvə/ *n* Pascua *f* (*de los judíos*).

passport /ˈpɑːspɔːt/ *n* pasaporte *m* • **he hoped the show would be his passport to fame** esperaba que el espectáculo fuera su pasaporte a la fama.

password /ˈpɑːswɜːd/ *n* contraseña *f*.

past /pɑːst/ I *n* pasado *m*: **in the past, people died younger** en el pasado * antiguamente, la gente se moría más joven; **in the past, this was a cinema** antes esto era un cine; **the verb should be in the past** el verbo debería ir en pasado.
II *adj* 1. (*from the past*) anterior: **he was studying past exam papers** estaba estudiando exámenes anteriores. 2. (*last*) último -ma: **his work has improved in the past month** su trabajo ha mejorado en el último mes.
III *adv*, *prep* 1. (*used to show position*): **he was trying to sneak past without being seen** intentaba pasar sin que lo vieran; **go past the shops, then turn right** pasa las tiendas y luego gira a la derecha • **he's past it** está para el arrastre • **I wouldn't put it past him to tell Sue** lo creo capaz de decírselo a Sue • **he's past caring about the way he looks** ya no le importa su apariencia. 2. (*used with times*): **it's ten past twelve** son las doce y diez; **hurry up - it's past nine o'clock** date prisa, son las nueve pasadas; **"What time is it?" "Half past."** "¿Qué hora es?" "Y media."
past master *n* maestro *m* consumado, maestra *f* consumada: **he is a past master** *at* **avoiding work** es un maestro consumado en el arte de no trabajar.
past participle *n* participio *m* pasado.
past perfect *n* pluscuamperfecto *m*.
past tense *n* pasado *m*: **the verb goes in the past tense** el verbo va en pasado.

pasta /ˈpæstə/ *n* pasta *f* (*italiana*).

paste /peɪst/ I *n* 1. (*glue*) cola *f*. 2. (*mixture*) pasta *f*: **mix the ingredients to a thick paste** mezclar los ingredientes hasta formar una pasta espesa. 3. (*Culin: spread*) paté *m*. 4. (*jewellery*): **they're not real, they're just paste** no son de verdad, son de bisutería.
II *vt* [**pastes, pasting, pasted**] 1. (*to stick*) pegar; (*to put paste on: wallpaper*) encolar. 2. (*Inform*) pegar.

pastel /ˈpæstəl/ *n* pastel *m*: **he often uses pastels** pinta bastante al pastel; **the bathroom is decorated in pastel colours** el cuarto de baño está decorado en tonos pastel.

pasteurization /ˌpɑːstjəraɪˈzeɪʃən/ *n* pasteurización *f*.

pasteurize /ˈpɑːstjəraɪz/ *vt* [**pasteurizes, pasteurizing, pasteurized**] pasteurizar.

pastiche /pæˈstiːʃ/ *n* (*Art*) pastiche *m*.

pastille /ˈpæstəl/ *n* pastilla *f* (*tipo de caramelo*).

pastime /ˈpɑːstaɪm/ *n* pasatiempo *m*.

pastor /ˈpɑːstə/ *n* pastor -tora *m/f*.

pastoral /ˈpɑːstərəl/ *adj* 1. (*Lit*) pastoril. 2. (*Relig*) pastoral.

pastry /ˈpeɪstrɪ/ *n* [**pastries**] 1. (*for pies, tarts*) masa *f*. 2. (*cake*) bollo *m*.

pasture /ˈpɑːstʃə/ *n* (*grass*) pasto *m*; (*field*) prado *m*; (*land*) pasto *m*.

pasty I /ˈpæstɪ/ *n* [**pasties**] empanada *f*.
II /ˈpeɪstɪ/ *adj* (*face*) pálido -da.

pat /pæt/ I *n* 1. (*with the hand*) palmadita *f* • **she deserves a pat on the back** se merece que la feliciten. 2. (*of butter*) porción *f*.
II *vt* [**pats, patting, patted**] (*to touch gently*) darle palmaditas a: **he patted the little boy** *on* **the head** le dio unas palmaditas en la cabeza al niño; **he patted me** *on* **the back** me dio unas palmaditas en la espalda; **she patted the dough into shape** le dio forma a la masa dándole golpecitos.
III *adv* • **she knows the telephone numbers off pat** se sabe los números de teléfono de memoria.

patch /pætʃ/ I *n* [**patches**] 1. (*on clothing, tyre, eye*) parche *m*: **he wears a patch over one eye** lleva un parche en un ojo • **his work isn't a patch on yours** su trabajo no tiene punto de comparación con el tuyo. 2. (*of colour*) mancha *f*. 3. (*area*): **they sat down on a patch of grass** se sentaron en un lugar donde había hierba; **there were icy patches on the roads** había partes de la carretera que estaban heladas • **their marriage was going through a bad patch** su matrimonio estaba pasando por una mala racha.
II *vt* [**patches, patching, patched**] ponerle un parche a.
to **patch up** *vt* (*a tyre*) ponerle un parche a; (*trousers, a jacket*) ponerle un parche a, remendar; (*a machine, vehicle*) arreglar provisionalmente • **they tried to patch up their relationship** intentaron solucionar los problemas que había en su relación.
patchwork *n* labor *f* de retazos * retales: **she made a patchwork quilt** hizo un edredón de retales; **a patchwork of fields** un mosaico de campos.

patchy /ˈpætʃɪ/ *adj* [**patchier, patchiest**] 1. (*blotchy*): **the paintwork was patchy** la pintura estaba desigual * no estaba uniforme. 2. (*incomplete*) incompleto -ta: **our picture of the events is patchy** nuestro conocimiento de los hechos es incompleto. 3. (*variable*) desigual: **their performance this season has been patchy** su actuación ha sido muy desigual esta temporada.

pâté /ˈpæteɪ/ *n* paté *m*.

patent /ˈpeɪtənt/ I *n* 1. (*for invention*) patente *f*. 2. (*material*) charol *m*.
II *vt* [**patents, patenting, patented**] patentar.
III *adj* 1. (*invention*) patentado -da. 2. (*obvious*) patente: **it was a patent lie** era patente que mentía.
patent leather *n* charol *m*.
patent office *n* registro *m* de patentes y marcas.

patently /ˈpeɪtəntlɪ/ *adj* obviamente: **the idea was patently ridiculous** obviamente, era una idea ridícula.

paternal /pəˈtɜːnəl/ *adj* 1. (*relative*) paterno -na: **his paternal grandfather** su abuelo paterno. 2. (*attitude*) paternal.

paternalistic /ˌpətɜːnəˈlɪstɪk/ *adj* paternalista.

paternity /pəˈtɜːnətɪ/ *n* paternidad *f*.

path /pɑːθ/ *n* 1. (*gen*) camino *m*, sendero *m*: **they cleared a path through the forest** abrieron un camino en el bosque • **I hope he never crosses my path again** espero que no vuelva a cruzarse en mi camino • **the government is set on a path to disaster** el gobierno va camino del desastre. 2. (*route*): **they traced the path of the comet** siguieron la trayectoria del cometa; **the hurricane destroyed everything in its path** el huracán lo destruyó todo a su paso.

pathway *n* camino *m*, sendero *m*.

pathetic /pəˈθetɪk/ *adj* 1. (*causing pity*) patético -ca. 2. (*not worthy of respect*) penoso -sa: **what she said was just pathetic** lo que dijo me pareció penoso; **don't pay any attention to them, they're pathetic** no les hagas ni caso, ¿no ves que dan pena? 3. (*very bad*) lamentable: **her exam results were pathetic** sacó unas notas de pena.

pathetically /pəˈθetɪkəlɪ/ *adv*: **the baby was pathetically small** el bebé era tan pequeño que daba lástima.

pathological /ˌpæθəˈlɒdʒɪkəl/ *adj* patológico -ca: **she's a pathological liar** es muy mentirosa, lo suyo ya es patológico.

pathologist /pəˈθɒlədʒɪst/ *n* patólogo -ga *m/f*.

pathology /pəˈθɒlədʒɪ/ *n* patología *f*.

pathos /ˈpeɪθɒs/ *n* patetismo *m*.

patience /ˈpeɪʃəns/ *n* 1. (*tolerance*) paciencia *f*: **she lost patience with them** perdió la paciencia con ellos • **don't try my patience** no me hagas perder la paciencia. 2. (*card game*) solitario *m*: **I was playing patience** estaba haciendo solitarios.

patient /ˈpeɪʃənt/ I *adj* paciente: **she's not very patient with the children** no tiene mucha paciencia con los niños.
II *n* paciente *m/f*, enfermo -ma *m/f*.

patiently /ˈpeɪʃəntlɪ/ *adv* con paciencia.

patio /ˈpætɪəʊ/ *n* (*part of garden*) *parte pavimentada de un jardín*; (*courtyard*) patio *m*.

patriarch /ˈpeɪtrɪɑːk/ *n* patriarca *m*.

patriarchy /ˈpeɪtrɪɑːkɪ/ *n* patriarcado *m*.

patriot /ˈpeɪtrɪət/ *n* patriota *m/f*.

patriotic /ˌpætrɪˈɒtɪk/ *adj* (*person*) patriota; (*action*) patriótico -ca.

patriotism /ˈpætrɪətɪzəm/ *n* patriotismo *m*.

patrol /pəˈtrəʊl/ I *n* patrulla *f*: **the soldiers were** *on* **patrol** los soldados estaban de patrulla * patrullando.
II *vt* [**patrols, patrolling, patrolled**] patrullar: **several police cars are patrolling the area** varios coches de la policía patrullan la zona.
♦ *vi* patrullar.

patrol boat *n* (lancha *f*) patrullera *f*.

patrol car *n* coche *m* patrulla.

patrolman *n* [**patrolmen**] (*US*) policía *m*.

patron /ˈpeɪtrən/ *n* 1. (*of a charity*) presidente *m* honorífico, presidenta *f* honorífica. 2. (*of an artist*) mecenas *m/f inv*. 3. (*customer*) cliente -ta *m/f*.

patron saint *n* patrón -trona *m/f*, santo *m* patrón, santa *f* patrona.

patronage /ˈpætrənɪdʒ/ *n* (*of a competition, an event*) patrocinio *m*; (*of an artist*) mecenazgo *m*.

patronize /ˈpætrənaɪz/ *vt* [**patronizes, patronizing, patronized**] 1. (*a person*) tratar de manera condescendiente * con condescendencia: **doctors should not patronize their patients** los médicos no deberían tratar a los pacientes de manera condescendiente; **don't patronize me!** ¡no me trates de esa manera tan condescendiente! 2. (*frml*: *a shop*) ser cliente de.

patronizing /ˈpætrənaɪzɪŋ/ *adj* condescendiente: **I can't bear her patronizing manner** no soporto la manera condescendiente como trata a todo el mundo.

patter /ˈpætə/ I *vi* [**patters, pattering, pattered**]: **the rain pattered against the tent** se oía el golpeteo de la lluvia contra la lona de la tienda; **their footsteps pattered down the corridor** se oía el ruidito de sus pasos por el pasillo.
II *n* 1. (*noise*) ruido *m* (*de pasos, golpecitos, etc.*). 2. (*talk*): **the salesman started to give me his patter** el vendedor empezó a soltarme su típico discurso.

pattern /ˈpætən/ *n* 1. (*on fabric*) dibujo *m*, estampado *m*. 2. (*for sewing, knitting*) patrón *m*. 3. (*course, order*): **we studied their movements and gradually a pattern emerged** estudiamos sus movimientos y fuimos viendo que había en ellos una cierta regularidad; **the murders followed a set pattern** los asesinatos presentaban ciertos rasgos en común; **the epidemic followed the normal pattern** la epidemia siguió las pautas normales.

patterned /ˈpætənd/ *adj* (*gen*) con dibujo: **they chose patterned tiles for the bathroom** eligieron unos azulejos con dibujo para el cuarto de baño; (*fabric*) estampado -da.

paunch /pɔːntʃ/ *n* [**paunches**] barriga *f*, panza *f*.

pauper /ˈpɔːpə/ *n* pobre *m/f*.

pause /pɔːz/ I *n* (*interval*) pausa *f*; (*on video, cassette*): **press the pause button** dale a la pausa.
II *vi* [**pauses, pausing, paused**] hacer una pausa: **he paused until the audience was quiet** hizo una pausa hasta que se calló el público; **they paused to take a photograph** se pararon para hacer una foto.

pave /peɪv/ *vt* [**paves, paving, paved**] pavimentar: **the courtyard was paved** *with* **marble** el patio tenía el pavimento de mármol.

pavement /ˈpeɪvmənt/ *n* 1. (*GB*: *footpath*) acera *f*, (*Méx*) banqueta *f*, (*Arg, Chi, Urug*) vereda *f*. 2. (*US*: *road surface*) firme *m*, pavimento *m*.

pavilion /pəˈvɪlɪən/ *n* 1. (*at show, exhibition*) pabellón *m*. 2. (*GB*: *on sports ground*) vestuarios *m pl*.

paving /ˈpeɪvɪŋ/ *n* pavimento *m* (*hecho con losas*).

paving stone *n* losa *f* (*en el pavimento*).

paw /pɔː/ I *n* (*of animal*) pata *f*; (*of lion, tiger*) zarpa *f*; (*fam*: *of person*) zarpa *f*, garra *f*: **get your paws off!** ¡quita las zarpas de ahí!
II *vt* [**paws, pawing, pawed**] (*animal*) tocar con la pata • **stop pawing me!** ¡quítame las manos de encima!

pawn /pɔːn/ I *n* (*chesspiece*) peón *m* • **they were just using him as a pawn** no era más que un juguete en sus manos.
II *vt* [**pawns, pawning, pawned**] empeñar.

pawnbroker *n* prestamista *m/f*.

pawnshop *n* casa *f* de empeños.

pawpaw /ˈpɔːpɔː/ *n* papaya *f*.

pay /peɪ/ I *n* (*wages: gen*) paga *f*, sueldo *m*; (*: for one day*) jornal *m*: **I've spent this week's pay already** ya me he gastado la paga de esta semana; **the job is boring, but the pay's good** el trabajo es aburrido, pero pagan bien • **he was in the pay of a rival company** estaba a sueldo de una empresa rival.
II *vt* [**pays, paying, paid**] 1. (*a bill, the rent*) pagar: **I had to pay a fifty pound fine** tuve que pagar una

multa de cincuenta libras; **I paid a hundred pounds** *for* **that coat** pagué cien libras por ese abrigo; **they pay me ten pounds an hour** me pagan a diez libras la hora; (*a person*) pagarle a: **she pays a nanny to look after the children** le paga a una niñera para que le cuide los niños; **I've paid Helen** *for* **the books she brought for me** le he pagado a Helen los libros que me trajo; **we are paid** ✱ **we get paid on Fridays** cobramos los viernes. **2.** (*to benefit*) convenir: **it would pay you to listen to her advice** te convendría hacer caso de lo que te dice. **3.** (*to render*): **we paid a visit** *to* **the cathedral** hicimos una visita a la catedral; **pay attention** *to* **what I say** presta atención a lo que te digo

♦*vi* **1.** (*for goods, services*) pagar: **can I pay** *by* **credit card?** ¿puedo pagar con tarjeta de crédito?; **put your money away, I'm paying** guárdate la cartera, que pago yo; **have you paid** *for* **the tickets?** ¿has pagado los billetes? ● **double glazing pays for itself in a few years** el doble acristalamiento se amortiza en unos pocos años. **2.** (*to be profitable*): **he made the business pay after only six months** le sacó rendimiento al negocio en apenas seis meses; **does translation work pay well?** ¿está bien pagado el trabajo de traductor? **3.** (*to be advantageous*) convenir: **it pays to think ahead** conviene planear las cosas de antemano. **4.** (*to suffer*) pagar: **he paid dearly** *for* **his mistake** pagó caro su error.

to **pay back** *vt* **1.** (*money*): **he'll never pay you back** nunca te devolverá el dinero. **2.** (*to get one's revenge*): **I'll pay you back for cheating me!** ¡ya me las pagarás por haberme engañado!

to **pay in** *vt* ingresar: **when was the cheque paid in?** ¿cuándo se ingresó el cheque?

to **pay off** *vt* (*debt*) saldar: **she has five years to pay off the loan** tiene cinco años para saldar el préstamo

♦*vi* (*to be worthwhile*) compensar, valer la pena: **all our hard work paid off in the end** el esfuerzo que hicimos nos compensó al final.

to **pay out** *vt* pagar: **they paid out millions in compensation** pagaron millones en indemnizaciones.

to **pay up** *vi* pagar (*a regañadientes*): **he paid up in the end** al final pagó.

pay award *n* aumento *m* de sueldo (*otorgado por convenio*).

pay cheque, (*US*) **paycheck** *n* sueldo *m*.

pay claim *n* reivindicación *f* salarial.

payday *n* día *m* de paga.

pay envelope *n* (*US*) sobre *m* de la paga.

payoff *n* **1.** (*benefit*) beneficios *m pl*: **he doesn't see the payoff in voluntary work** no ve qué beneficios reporta hacer trabajos voluntarios. **2.** (*of a decision, a measure*) consecuencia *f*: **the payoff has been an increase in crime** la consecuencia ha sido un aumento de la delincuencia; (*of a story*) desenlace *m*: **don't miss next week for the payoff!** ¡no se pierda el desenlace la semana que viene!

pay packet *n* (*GB*) sobre *m* de la paga.

pay phone *n* teléfono *m* público.

pay rise *n* aumento *m* (de sueldo): **we got a six per cent pay rise** nos dieron un aumento del seis por ciento.

payroll *n* **1.** (*list*) nómina *f*: **his name was removed from the payroll** quitaron su nombre de la nómina. **2.** (*money*) nómina *f*: **an armed gang stole the payroll** una banda armada robó la nómina.

payslip *n* nómina *f*: **it's all detailed on the payslip** está detallado en la nómina.

pay station *n* (*US*) teléfono *m* público.

payable /'peɪəbəl/ *adj* pagadero -ra: **a fine is payable** *on* **overdue books** el retraso en la devolución de los libros está penalizado con una multa; **the rent is payable on the first of the month** el alquiler se paga el primero de cada mes; **cheques should be made payable** *to* **Associated Holdings Ltd** se ruega extiendan los cheques a nombre de Associated Holdings Ltd.

PAYE /piːeɪwaɪ'iː/ (*GB*) (*abreviatura de* **pay as you earn**) *sistema de retención de impuestos antes del pago del sueldo*.

payee /peɪ'iː/ *n* (*recipient of payment*) beneficiario -ria *m/f*; (*of cheque*) *persona a nombre de la cual se extiende un cheque*: **please print the payee's name in block letters** por favor, escriba en mayúsculas a quién es pagadero el cheque.

paying guest /'peɪɪŋ gest/ *n* huésped *m/f* de pago: **they take paying guests to supplement their income** tienen huéspedes en casa para ganar un dinero extra.

paying-in slip /ˌpeɪɪŋ'ɪn slɪp/ *n* (*Fin*) formulario *m* ✱ hoja *f* de ingreso.

payment /'peɪmənt/ *n* pago *m*: **reservations are accepted** *on* **payment of a deposit** se aceptan reservas previo pago de una señal; **we make monthly payments** *on* **the television** la televisión la estamos pagando en plazos mensuales.

PC /piː'siː/ **I** *n* **1.** (*abreviatura de* **personal computer**) PC *m* (*ordenador* ✱ *computadora personal*). **2.** (*in GB*) (*abreviatura de* **police constable**) agente *m/f* (de policía).

II *adj* (*abreviatura de* **politically correct**) políticamente correcto -ta.

PE /piː'iː/ *n* (*abreviatura de* **physical education**) educación *f* física: **during the PE lesson** durante la clase de gimnasia.

pea /piː/ *n* guisante *m*, (*Amér C, Méx*) chícharo *m*, (*Amér S*) arveja *f*.

peace /piːs/ *n* paz *f*: **they can't leave her in peace for a moment** no la dejan en paz ni un minuto; **I was hoping for a bit of peace and quiet** esperaba tener un poco de tranquilidad; **UN troops were sent to the area to keep the peace** mandaron tropas de la ONU a la zona para mantener la paz ● **I'd rather know the truth for my own peace of mind** preferiría saber la verdad, para estar tranquilo ● **rest in peace** descanse en paz.

peace offering *n* prenda *f* de paz.

peace talks *n pl* conversaciones *f pl* de paz.

peacetime *n* tiempos *m pl* de paz.

peace treaty *n* tratado *m* de paz.

peaceable /'piːsəbəl/ *adj* pacífico -ca.

peaceably /'piːsəblɪ/ *adv* pacíficamente.

peaceful /'piːsful/ *adj* **1.** (*quiet, undisturbed*) tranquilo -la: **he fell into a peaceful sleep** se durmió plácidamente. **2.** (*not violent*) pacífico -ca: **a peaceful settlement looked unlikely** parecía poco probable que se llegara a una solución pacífica.

peacefully /'piːsfulɪ/ *adv* **1.** (*quietly*) tranquilamente, plácidamente. **2.** (*without violence*) pacíficamente.

peach /piːtʃ/ **I** *n* [**peaches**] **1.** (*fruit*) melocotón *m*, (*Amér L*) durazno *m*. **2.** (*colour*) color *m* melocotón ✱ (*Amér L*) durazno.

II *adj* (de) color melocotón ✱ (*Amér L*) durazno: **he was wearing a peach shirt** llevaba una camisa (de) color melocotón.

peach tree *n* melocotonero *m*, (*Amér L*) duraznero *m*.
peacock /ˈpi:kɒk/ *n* pavo *m* real.
peak /pi:k/ **I** *n* **1.** (*of mountain*) cumbre *f*, pico *m*. **2.** (*high point*) punto *m* álgido: **the scandal reached its peak during the elections** el escándalo alcanzó su punto álgido durante las elecciones; **she was** *at* **the peak of her career** estaba en el momento álgido de su carrera. **3.** (*of cap*) visera *f*.
II *vi* [**peaks, peaking, peaked**] alcanzar un máximo: **sales peaked in mid-July** las ventas alcanzaron su máximo a mediados de julio; **the athlete peaked before the Games** el atleta alcanzó su mejor momento antes de los Juegos.
peak hours *n pl* horas *f pl* punta.
peak rate *n* tarifa *f* máxima.
peak season *n* temporada *f* alta.
peak times *n pl* horas *f pl* punta.
peaked /pi:kt/ *adj* (*cap*) con visera.
peaky /pi:ki/ *adj* pachucho -cha, pocho -cha.
peal /pi:l/ **I** *vt/i* [**peals, pealing, pealed**] repicar.
II *n* (*of bells*) repique *m*: **he heard peals of laughter** oyó unas carcajadas.
peanut /ˈpi:nʌt/ *n* cacahuete *m*, (*Amér L*) maní *m*, (*Méx*) cacahuate *m* • **they pay their staff peanuts** pagan una miseria a sus empleados.
peanut butter *n* manteca *f* de cacahuete.
pear /peə/ *n* pera *f*.
pear tree *n* peral *m*.
pearl /pɜ:l/ *n* perla *f*: **a pearl bracelet** una pulsera de perlas; **a string of pearls** una sarta de perlas.
pearl diver *n* buscador -dora *m/f* de perlas.
pearly /ˈpɜ:lɪ/ *adj* [**pearlier, pearliest**]: **she had pearly white teeth** tenía los dientes blancos como perlas.
peasant /ˈpezənt/ *n* **1.** (*country person*) campesino -na *m/f*. **2.** (*fam*: *uncouth person*) palurdo -da *m/f*.
peat /pi:t/ *n* turba *f*.
peat bog *n* turbera *f*.
pebble /ˈpebəl/ *n* piedra *f*, guijarro *m*: **a pebble beach** una playa de guijarros.
peck /pek/ **I** *n* **1.** (*with beak*) picotazo *m*. **2.** (*fam*: *kiss*) beso *m*.
II *vt* [**pecks, pecking, pecked**] **1.** (*bird*) picotear. **2.** (*to kiss*) dar un besito a.
♦ *vi*: **the bird pecked** *at* **the bread** el pájaro picoteaba el pan.
peckish /ˈpekɪʃ/ *adj* (*fam*): **I'm a bit peckish** tengo un poco de hambre.
pectoral /ˈpektərəl/ *adj*, *n* (*Anat*) pectoral *adj*, *m*.
peculiar /pɪˈkjʊlɪə/ *adj* **1.** (*odd*) extraño -ña: **she was wearing a very peculiar hat** llevaba un sombrero de lo más extraño; **I felt a bit peculiar** me sentía un poco extraño * raro. **2.** (*unique*): **this species is peculiar** *to* **Ireland** esta especie sólo se da en Irlanda.
peculiarity /pɪˌkjʊlɪˈærətɪ/ *n* [**peculiarities**] **1.** (*strangeness*) rareza *f*. **2.** (*unique characteristic*) peculiaridad *f*.
peculiarly /pɪˈkjʊlɪəlɪ/ *adv* **1.** (*oddly*) de forma extraña: **he was walking peculiarly** andaba de una forma extraña. **2.** (*particularly*) particularmente.
pecuniary /pɪˈkjʊnɪərɪ/ *adj* (*frml*) pecuniario -ria.
pedal /ˈpedəl/ **I** *n* (*Mus, Transp*) pedal *m*.
II *vi* [**pedals, pedalling, pedalled**] pedalear: **she pedalled** *off* **down the hill** salió pedaleando cuesta abajo.
♦ *vt*: **he pedalled his bike quickly up the road** subió la calle pedaleando rápidamente.
pedalo /ˈpedələʊ/ *n* bote *m* * patín *m* de pedales.
pedant /ˈpedənt/ *n* pedante *m/f*.
pedantic /pɪˈdæntɪk/ *adj* pedante.
pedantry /ˈpedəntrɪ/ *n* pedantería *f*.
peddle /ˈpedəl/ *vt* [**peddles, peddling, peddled**] vender (*un vendedor ambulante*): **a gypsy peddling her wares** una gitana vendiendo sus mercancías; **he was arrested for peddling drugs** lo detuvieron por traficar con drogas.
peddler /ˈpedlə/ *n* **1.** (*selling small articles*) vendedor -dora *m/f* ambulante. **2.** (*of drugs*) traficante *m/f* de drogas, camello *m/f*.
pedestal /ˈpedɪstəl/ *n* pedestal *m* • **you shouldn't put him on a pedestal** no deberías ponerlo en un pedestal.
pedestrian /pɪˈdestrɪən/ **I** *n* peatón -tona *m/f*.
II *adj* (*frml*) pedestre.
pedestrian crossing *n* paso *m* de peatones, (*Amér L*) cruce *m* peatonal.
pedestrian precinct *n* zona *f* peatonal.
pediatrician /ˌpi:dɪəˈtrɪʃən/ *n* (*US*) pediatra *m/f*.
pediatrics /ˌpi:dɪˈætrɪks/ *n* (*US*) *[lleva el verbo en singular]* pediatría *f*.
pedigree /ˈpedɪgri:/ *n* (*of an animal*) pedigrí *m*: **they breed pedigree dogs** crían perros de raza * de pedigrí • **he was of noble pedigree** era de noble linaje.
pedlar /ˈpedlə/ *n* vendedor -dora *m/f* ambulante.
pee /pi:/ (*fam*) **I** *n*: **he wants (to have) a pee** tiene ganas de hacer pis * mear.
II *vi* [**pees, peeing, peed**] hacer pis, mear.
peek /pi:k/ **I** *vi* [**peeks, peeking, peeked**] mirar (*a hurtadillas*): **I've hidden your presents so no peeking** he escondido tus regalos, así que no andes mirando por ahí; **she peeked** *out* **from behind the curtain** miró a hurtadillas * atisbó desde detrás de la cortina; **I peeked** *into* **the office to see if he was there** eché un vistazo en la oficina a ver si estaba.
II *n* vistazo *m*: **just take a peek to see if he's asleep** ve a echar un vistazo, a ver si duerme; **he had a peek** *at* **the answers** echó un vistazo a las respuestas.
peel /pi:l/ **I** *n* (*of orange, lemon*) cáscara *f*; (*of apple, pear*) piel *f*.
II *vt* [**peels, peeling, peeled**] pelar: **peel the apples and cut them in half** pele las manzanas y córtelas por la mitad.
♦ *vi* **1.** (*person, skin*) pelarse: **my back is peeling** se me está pelando la espalda. **2.** (*paint, varnish*) desconcharse, descascarillarse; (*wallpaper*) despegarse.
to **peel away** *vt* quitar, despegar.
♦ *vi* (*paint, varnish*) desconcharse, descascarillarse; (*wallpaper*) despegarse.
to **peel back** *vt* quitar, despegar: **the protective plastic has to be peeled back** hay que quitar * despegar el plástico protector.
to **peel off** *vt* (*to remove*) quitar, despegar: **can you peel off the price label?** ¿puede quitar la etiqueta del precio?
♦ *vi* (*paint, varnish*) desconcharse, descascarillarse; (*wallpaper*) despegarse.
peeler /ˈpi:lə/ *n* pelador *m* (*para patatas, zanahorias, etc.*).
peelings /ˈpi:lɪŋz/ *n pl* peladuras *f pl*, mondaduras *f pl*.
peep /pi:p/ **I** *vi* [**peeps, peeping, peeped**] **1.** (*to look*) mirar (*a hurtadillas*): **he was peeping** *out* **from behind a tree** estaba atisbando * espiando desde detrás de un árbol; **she peeped** *into* **the kitchen** echó un vistazo en la cocina. **2.** (*to appear*) asomarse: **the sun was peeping** *through* **the clouds** el sol se asomaba por entre las nubes.
II *n* **1.** (*look*) miradita *f* rápida, vistazo *m*: **I had a peep**

in **the drawer** eché un vistazo * una miradita rápida en el cajón; **have a peep** *at* **the children** échales un vistazo a los niños. **2.** (*sound: of car horn*) pitido *m*; (*: of bird*) pío *m* • **I don't want to hear a peep out of you!** ¡que no te oiga decir ni pío!

peephole *n* mirilla *f*.

peeping Tom /ˈpi:pɪŋ tɒm/ *n* mirón *m*.

peer /pɪə/ **I** *vi* [**peers, peering, peered**] (*to look: with difficulty*): **she was peering** *at* **the small print** escudriñaba la letra pequeña; **he peered** *through* **the frosty windscreen** trató de ver a través del parabrisas helado; (*: surreptitiously*) mirar (*a hurtadillas*), atisbar: **he peered over the wall** *at* **the people next door** miraba a los vecinos a hurtadillas * atisbaba a los vecinos por encima del muro.

II *n* **1.** (*noble*) par *m/f*, miembro *m* de la nobleza. **2.** (*equal*) par *m/f*; (*contemporary*) coetáneo -nea *m/f*.

peer group *n*: *en relación con una persona, el grupo de los que tienen aproximadamente su misma edad, estatus social, etc.*: **he gave in to peer-group pressure** cedió ante la presión de los otros chicos * de sus compañeros.

peerage /ˈpɪərɪdʒ/ *n* (*title*) título *m* nobiliario; (*social group*) la nobleza.

peerless /ˈpɪələs/ *adj* incomparable, sin par: **he was a peerless orator** era un orador incomparable * sin par.

peeved /pi:vd/ *adj* (*fam*) molesto -ta, picado -da.

peevish /ˈpi:vɪʃ/ *adj* (*person, gesture*) malhumorado -da: **his peevish behaviour annoyed everyone** su mal genio fastidió a todo el mundo.

peevishly /ˈpi:vɪʃlɪ/ *adv* de mala manera.

peg /peg/ **I** *n* **1.** (*for tent*) estaca *f*; (*in woodwork, in guitar, violin*) clavija *f*; (*on score board*) ficha *f* (*que encaja en un agujero*) • **we decided to take * bring him down a peg or two** decidimos bajarle los humos • **she was a square peg in a round hole** estaba totalmente fuera de su ambiente. **2.** (*for clothes*) pinza *f*, (*Arg, Urug*) broche *m*. **3.** (*for hanging coats, hats*) gancho *m*, colgador *m*.

II *vt* [**pegs, pegging, pegged**] **1.** (*a tent*) sujetar con estacas. **2.** (*wages, prices*) fijar: **they tried to peg salary increases** *at* **two per cent** intentaron fijar el aumento salarial en un dos por ciento.

to **peg out** *vt* (*washing*) tender.

pejorative /pəˈdʒɒrətɪv/ *adj* (*frml*) peyorativo -va.

Pekinese /ˌpi:kɪˈni:z/ *n* (*Zool*) pequinés *m*.

Peking /pi:ˈkɪŋ/ *n* Pekín *m*.

pelican /ˈpelɪkən/ *n* pelícano *m*.

pelican crossing *n* paso *m* de peatones (*con semáforo operado por el peatón*).

pellet /ˈpelɪt/ *n* **1.** (*for air rifle*) perdigón *m*. **2.** (*of paper, mud*) bolita *f*; (*of feed*) pienso *m*.

pell-mell /pelˈmel/ *adv* en tropel: **they raced pell-mell towards the exit** corrieron en tropel hacia la salida.

pelmet /ˈpelmɪt/ *n* galería *f* (*de cortina*).

pelt /pelt/ **I** *n* piel *f* • **he tore down the hill at full pelt** bajó la cuesta como un bólido.

II *vt* [**pelts, pelting, pelted**] tirarle a: **they pelted the politician** *with* **rotten fruit** le tiraron fruta podrida al político.

♦ *vi* **1.** (*Meteo: fam*): **it was pelting** *with* **rain** llovía a cántaros. **2.** (*to run*): **they went pelting along the street** pasaron como bólidos por la calle.

to **pelt down** *vi* (*to rain*) llover a cántaros: **it was pelting down * the rain pelted down** llovía a cántaros.

pelvic /ˈpelvɪk/ *adj* pelviano -na.

pelvis /ˈpelvɪs/ *n* [**pelvises**] pelvis *f inv*.

pen /pen/ **I** *n* **1.** (*ink*) pluma *f*, estilográfica *f*, (*Arg, Chi, Urug*) lapicera *f* (fuente). **2.** (*ballpoint*) bolígrafo *m*, (*Méx*) pluma *f* atómica, (*Arg, Urug*) birome *f*. **3.** (*Agr: gen*) corral *m*; (*: for sheep*) redil *m*.

II *vt* [**pens, penning, penned**] (*frml*) escribir: **she penned a letter to her uncle** le escribió una carta a su tío.

to **pen in** *vt* (*to enclose*) encerrar en un corral: **they pen the animals in at night** por la noche encierran a los animales en un corral.

pen friend *n* amigo -ga *m/f* por correspondencia: **she had a pen friend in Finland** se carteaba con una chica de Finlandia.

penknife *n* [**penknives**] navaja *f*, cortaplumas *m inv*.

pen name *n* nombre *m* de pluma, seudónimo *m*.

pen pal *n* ⇨ pen friend

penal /ˈpi:nəl/ *adj* (*institution*) penitenciario -ria; (*system*) penal.

penal servitude *n* trabajos *m pl* forzados.

penalize /ˈpi:nəlaɪz/ *vt* [**penalizes, penalizing, penalized**] **1.** (*to punish*): **he was penalized** *for* **offside** fue penalizado por fuera de juego; **they are not penalized** *for* **spelling mistakes** no les quitan puntos por cometer faltas de ortografía. **2.** (*decision, measure*) perjudicar: **this measure will penalize the old and infirm** esta medida perjudicará a la gente mayor y a los enfermos; **it seems we are being penalized** *for* **demanding our rights** parece que están tomando represalias contra nosotros por reivindicar nuestros derechos.

penalty /ˈpenəltɪ/ *n* [**penalties**] **1.** (*punishment*) pena *f*: **the penalty** *for* **this is two years' imprisonment** esto está penado con dos años de cárcel; (*fine*) multa *f*: **the penalty** *for* **dropping litter is fifty pounds** la multa por tirar basura en la calle es de cincuenta libras. **2.** (*también* **penalty kick**) (*in soccer*) penalti *m*, golpe *m* de castigo: **they were awarded a penalty (kick)** pitaron un penalti a su favor; (*in rugby*) golpe *m* de castigo. **3.** (*in American football*) castigo *m*.

penalty area, penalty box *n* área *f* (de castigo).

penalty shoot-out *n* tanda *f* de penaltis.

penance /ˈpenəns/ *n* penitencia *f*.

pence /pens/ **I** *plural de* ⇨ penny **1**

II *n* [*este uso se considera incorrecto*] penique *m*.

penchant /ˈpɒŋʃɒŋ/ *n* predilección *f*: **she has a penchant** *for* **designer clothes** tiene predilección por la ropa de diseño.

pencil /ˈpensəl/ *n* lápiz *m*: **draw it** *in* **pencil first** dibújalo primero a lápiz.

to **pencil in** *vt* [**pencils, pencilling, pencilled**]: **he pencilled in the features** dibujó los rasgos a lápiz; **I've pencilled the date in my diary** he anotado la fecha en mi agenda provisionalmente.

pencil case *n* estuche *m* (para lápices).

pencil sharpener *n* sacapuntas *m inv*.

pendant /ˈpendənt/ *n* colgante *m*.

pending /ˈpendɪŋ/ (*frml*) **I** *adj* (*unresolved*) pendiente: **it's still pending** todavía está pendiente, ha quedado pendiente.

II *prep*: **they send you a cover note pending the issue of the policy** le mandan un certificado provisional válido hasta que sea expedida la póliza.

pendulum /ˈpendjʊləm/ *n* péndulo *m*.

penetrate /ˈpenɪtreɪt/ *vt* [**penetrates, penetrating, penetrated**] (*armour, defences*) atravesar; (*enemy territory*) penetrar en; (*secrets*) adentrarse en: **the secret**

service had been penetrated by spies se habían infiltrado espías en el servicio secreto.
♦ *vi* penetrar ● **I've told him three times, but it just doesn't penetrate** se lo he dicho tres veces pero no le entra.

penetrating /ˈpenɪtreɪtɪŋ/ *adj* (*mind, sound*) penetrante.

penetration /ˌpenɪˈtreɪʃən/ *n* penetración *f*.

penguin /ˈpeŋgwɪn/ *n* pingüino *m*.

penicillin /ˌpenɪˈsɪlɪn/ *n* penicilina *f*.

peninsula /pəˈnɪnsjʊlə/ *n* península *f*.

peninsular /pəˈnɪnsjʊlə/ *adj* peninsular.

penis /ˈpiːnɪs/ *n* [**penises**] pene *m*.

penitence /ˈpenɪtəns/ *n* penitencia *f*.

penitent /ˈpenɪtənt/ *adj, n* penitente *adj, m/f*.

penitentiary /ˌpenɪˈtenʃərɪ/ *n* [**penitentiaries**] (*US*) penitenciaría *f*, prisión *f*.

penniless /ˈpenɪləs/ *adj* pobre, sin un céntimo: **I'm penniless till my salary arrives** estoy sin un céntimo hasta que cobre.

penny /ˈpenɪ/ *n* **1.** [*pl* **pence**] (*value*) penique *m*: **the machine won't take five pence** ✻ **five penny pieces** la máquina no acepta monedas de cinco peniques ● **that must have cost a pretty penny** eso tiene que haber costado un dineral ● **I haven't a penny to my name** no tengo donde caerme muerto ● **those bracelets are two a penny** esas pulseras son baratísimas ✻ no valen nada ● **in for a penny, in for a pound** ya puestos… ✻ de perdidos, al río. **2.** [*pl* **pennies**] (*coin: in GB*) penique *m*; (*: in US*) centavo *m* ● **suddenly the penny dropped** de repente caí en la cuenta.

penny-pinching (*fam*) **I** *n* mezquindad *f*, tacañería *f*.
II *adj* mezquino -na.

pension /ˈpenʃən/ *n* (*of retired person*) jubilación *f*, pensión *f*; (*of disabled person, widow, etc.*) pensión *f*.

to **pension off** *vt* [**pensions, pensioning, pensioned**] jubilar.

pension plan *n* plan *m* de pensiones, plan *m* de jubilación.

pensioner /ˈpenʃənə/ *n* jubilado -da *m/f*.

pensive /ˈpensɪv/ *adj* pensativo -va.

pentagon /ˈpentəgən/ *n* **1.** (*Maths*) pentágono *m*. **2. the Pentagon** (*Mil, Pol*) el Pentágono.

pentagonal /penˈtægənəl/ *adj* pentagonal.

pentathlon /penˈtæθlən/ *n* pentathlon *m*, pentatlón *m*.

penthouse /ˈpenthaʊs/ *n* ático *m* (*por lo general lujoso*).

pent-up /ˈpentʌp/ *adj* (*emotion*) reprimido -da.

penultimate /penˈʌltɪmət/ *adj* penúltimo -ma.

penury /ˈpenjʊrɪ/ *n* (*frml*) miseria *f*, penuria *f*.

peony /ˈpiːənɪ/ *n* [**peonies**] peonía *f*.

people /ˈpiːpəl/ **I** *n pl* **1.** (*gen*) gente *f*: **people are fed up with the situation** la gente está harta de la situación; **many people think the same as me** hay mucha gente que opina igual que yo; **young people are more aware of environmental issues** los jóvenes tienen una mayor conciencia de los problemas del medio ambiente; **people say that she's mad** dicen que está loca; **some people don't agree** algunos no están de acuerdo; (*individuals*): **there were six people in the room** había seis personas en la habitación; **there are several people waiting** hay varias personas esperando. **2. the people** (*the citizens*) los ciudadanos: **he appealed to the people for calm** pidió calma a los ciudadanos; **power to the people** poder para el pueblo; (*the inhabitants*): **the people of Paris** los habitantes de París.
II *n* pueblo *m*, nación *f*: **they were reputed to be a warlike people** tenían la reputación de ser un pueblo muy belicoso.
III *vt* [**peoples, peopling, peopled**] poblar: **it's an area peopled largely** *by* **immigrants** es una zona poblada mayormente por inmigrantes.

pep /pep/ *n* vigor *m*, vida *f*.

pep pill *n* estimulante *m*.

pep talk *n* palabras *f pl* de ánimo: **he gave them a pep talk before the match** les dijo unas palabras de ánimo antes del partido.

pepper /ˈpepə/ **I** *n* **1.** (*spice*) pimienta *f*: **add salt and pepper to taste** añadir sal y pimienta a gusto. **2.** (*vegetable*) pimiento *m*, (*Chi, Col, Perú, Ven*) pimentón *m*, (*Méx*) chile *m*, (*Arg, Urug*) ají *m*.
II *vt* [**peppers, peppering, peppered**] **1.** (*Culin*) echarle pimienta a. **2.** (*to punctuate*) salpicar: **he peppered his conversation** *with* **swearwords** salpicaba su conversación de palabrotas. **3.** (*with bullets*) acribillar.

peppercorn *n* grano *m* de pimienta.

pepper mill *n* molinillo *m* de pimienta.

pepper pot *n* pimentero *m*.

peppermint /ˈpepəmɪnt/ *n* **1.** (*plant*) menta *f*. **2.** (*sweet*) caramelo *m* de menta: **she gave us some peppermints** nos dio unos caramelos de menta.

peppery /ˈpepərɪ/ *adj* (*with a lot of pepper*) con mucha pimienta: **it has a peppery taste** sabe a pimienta; (*hot tasting*) picante.

pep up /pep ʌp/ *vt* [**peps, pepping, pepped**] animar: **I could do with a drink to pep me up** no me vendría mal una copa para animarme un poco.

per /pɜː/ *prep* por: **thirty miles per hour** treinta millas por hora; **they charge five pounds per person** ✻ **per head** cobran cinco libras por persona ✻ por cabeza ● **the account has been closed as per your instructions** hemos cerrado la cuenta según sus instrucciones.

per annum /pɜːrˈænəm/ *adv* al año, por año.

per capita *adj, adv* per cápita.

perceive /pəˈsiːv/ *vt* [**perceives, perceiving, perceived**] (*frml*) **1.** (*to notice*) percibir. **2.** (*to understand*) entender: **that is not how I perceive the situation** no es así como yo entiendo ✻ veo la situación.

per cent, (*US*) **percent** /pəˈsent/ *adv* por ciento: **he charges twelve per cent of the total** cobra un doce por ciento del total; **we have a one hundred per cent success rate** tenemos un índice de éxito del cien por ciento.

percentage /pəˈsentɪdʒ/ *n* porcentaje *m*: **what percentage of your staff have season tickets?** ¿qué porcentaje de su personal usa abonos?; **he gets a percentage** *on* **all the sales** percibe un tanto por ciento de todas las ventas.

perceptible /pəˈseptəbəl/ *adj* (*frml*) perceptible, apreciable.

perceptibly /pəˈseptəblɪ/ *adv* (*frml*) de manera apreciable, sensiblemente: **he was perceptibly moved** estaba visiblemente emocionado.

perception /pəˈsepʃən/ *n* **1.** (*ability to see*) percepción *f*; (*appraisal*): **my perception of the situation has changed** mi percepción de la situación ha cambiado. **2.** (*insight*) perspicacia *f*.

perceptive /pəˈseptɪv/ *adj* perspicaz.

perch /pɜːtʃ/ **I** *n* [**perches**] **1.** (*fish*) perca *f*. **2.** (*for bird*) percha *f*.
II *vi* [**perches, perching, perched**] **1.** (*bird: to alight*)

posarse; (*: to be resting*) estar posado -da. 2. (*to sit*) sentarse: **she perched** *on* **the arm of my chair** se sentó en el brazo de mi sillón.
♦*vt* (*to put*) colocar: **she perched her hat** *on* **her head** se colocó el sombrero en la cabeza.

percolate /ˈpɜːkəleɪt/ *vt* [**percolates, percolating, percolated**] (*coffee*) hacer (*en una cafetera eléctrica*).
♦*vi* 1. (*coffee*) hacerse. 2. (*fam*: *information*): **the rumour finally percolated through to the boss** el rumor finalmente llegó a oídos del jefe.

percolator /ˈpɜːkəleɪtə/ *n* cafetera *f* (*eléctrica*).

percussion /pəˈkʌʃən/ *n* percusión *f*: **with Dave** *on* **percussion** con Dave en la batería.

percussion instrument *n* instrumento *m* de percusión.

percussionist /pəˈkʌʃənɪst/ *n* percusionista *m/f*.

peremptory /pəˈremptərɪ/ *adj* (*frml*) 1. (*manner, tone*) imperioso -sa. 2. (*order*) perentorio -ria.

perennial /pəˈrenɪəl/ **I** *adj* perenne.
II *n* planta *f* perenne.

perfect I /ˈpɜːfɪkt/ *adj* 1. (*gen*) perfecto -ta: **she speaks perfect French** habla un francés perfecto, habla francés a la perfección; **Tuesday would be perfect** *for* **me** el martes me vendría perfecto. 2. (*ideal*) ideal: **it's a perfect day** *for* **sailing** hace un día ideal para ir a navegar. 3. (*total*) perfecto -ta: **he's a perfect idiot** es un perfecto imbécil; **he was a perfect stranger** era un perfecto desconocido. 4. (*Ling*) perfecto -ta.
II /ˈpɜːfɪkt/ *n* (*Ling*) perfecto *m*.
III /pəˈfekt/ *vt* [**perfects, perfecting, perfected**] perfeccionar: **he went to Madrid to perfect his Spanish** fue a Madrid para perfeccionar su español.

perfection /pəˈfekʃən/ *n* perfección *f*: **it was cooked** *to* **perfection** estaba muy bien cocinado.

perfectionist /pəˈfekʃənɪst/ *n* perfeccionista *m/f*.

perfectly /ˈpɜːfɪktlɪ/ *adv* (*faultlessly, totally*) perfectamente: **you know perfectly well what you have to do** sabes perfectamente * muy bien lo que tienes que hacer; **that's perfectly clear** eso está clarísimo.

perforate /ˈpɜːfəreɪt/ *vt* [**perforates, perforating, perforated**] perforar.

perforation /ˌpɜːfəˈreɪʃən/ *n* perforación *f*.

perform /pəˈfɔːm/ *vi* [**performs, performing, performed**] 1. (*actor, entertainer*) actuar: **he's performing in a new play** está actuando en una nueva obra; (*musician*) tocar; (*dancer*) bailar: **the soprano is unable to perform tonight** la soprano no podrá cantar esta noche. 2. (*machine, car*) funcionar: **how is the new engine performing?** ¿cómo funciona el nuevo motor? 3. (*executive, pupil*) trabajar: **she performs well under pressure** trabaja bien cuando está bajo presión; (*sportsman*) jugar: **he has performed well on the wing** ha jugado bien como extremo. 4. (*to produce results: organization*): **it depends on how they perform in the next elections** depende de los resultados que obtengan en las próximas elecciones; (*: investments*) dar rendimiento.
♦*vt* 1. (*a piece of music, ballet*) interpretar; (*a play*) poner en escena, representar: **the play has only been performed once** la obra se ha puesto en escena * se ha representado una sola vez. 2. (*an operation*) practicar: **the operation was performed by Dr Franks** el doctor Franks practicó la operación; (*duties*) cumplir (con); (*a task*) llevar a cabo; (*a miracle*) hacer; (*a function*) desempeñar.

performance /pəˈfɔːməns/ *n* 1. (*function, show*) espectáculo *m*: **the performance begins at nine o'clock** la función empieza a las nueve; (*acting*) actuación *f*, interpretación *f*: **her performance was excellent** su actuación fue excelente; **their performance of "Swan Lake"** su interpretación de "el Lago de los Cisnes" • **what a performance just to make a cup of tea!** ¡vaya número para hacer una taza de té! 2. (*effort*) actuación *f*: **their performance on the field last season was tremendous** su actuación en el campo de juego la temporada pasada fue formidable. 3. (*results achieved*) resultados *m pl*, rendimiento *m*: **her performance in the exams was very promising** los resultados de sus exámenes fueron muy prometedores. 4. (*Auto, Tec*) rendimiento *m*: **a high-performance engine** un motor de alto rendimiento. 5. (*carrying out: of task*) realización *f*, ejecución *f*; (*: of duties*) cumplimiento *m*.

performer /pəˈfɔːmə/ *n* 1. (*in play*) actor *m*, actriz *f*; (*of music*) intérprete *m/f*, músico *m/f*; (*in circus*) artista *m/f*; (*of dance*) bailarín -rina *m/f*. 2. (*Sport: player*) jugador -dora *m/f*.

performing /pəˈfɔːmɪŋ/ *adj* (*dog, bear*) amaestrado -da: **a performing artist** un artista del espectáculo.

perfume /ˈpɜːfjuːm/ **I** *n* perfume *m*.
II *vt* [**perfumes, perfuming, perfumed**] perfumar.

perfunctorily /pəˈfʌŋktərəlɪ/ *adv* (*frml*) superficialmente.

perfunctory /pəˈfʌŋktərɪ/ *adj* (*frml*: *search*) superficial, somero -ra; (*greeting*) indiferente.

pergola /ˈpɜːgələ/ *n* pérgola *f*.

perhaps /pəˈhæps/ *adv* quizás, tal vez: **it is, perhaps, the best solution** quizás * tal vez sea la mejor solución; **perhaps you're right** puede que tengas razón, quizás tengas razón; **perhaps you'd be so kind as to telephone me** le agradecería (que) tuviera la gentileza de llamarme.

peril /ˈperəl/ *n* (*frml*) peligro *m*: **her family were** *in* **great peril** su familia corría grave peligro • **interrupt her now at your peril** si la interrumpes ahora, atente a las consecuencias.

perilous /ˈperələs/ *adj* (*frml*) peligroso -sa.

perilously /ˈperələslɪ/ *adv* peligrosamente: **he came perilously close to losing his job** estuvo muy cerca de perder el trabajo.

perimeter /pəˈrɪmɪtə/ *n* perímetro *m*.

period /ˈpɪərɪəd/ *n* 1. (*length of time*) periodo *m*, período *m*: **they were there for a period of four years** estuvieron allí durante (un periodo de) cuatro años; **there will be showers and sunny periods** habrá chubascos e intervalos soleados. 2. (*in history*) época *f*: **the room is decorated in the style of the period** la habitación está decorada al estilo de la época; **the novel is set during the post-war period** la novela se desarrolla durante la posguerra. 3. (*lesson*) hora *f*, clase *f*: **we have a free period after lunch** después de comer tenemos una hora libre. 4. (*US: full stop*) punto *m*: **you're not going, period** no vas y punto * y se acabó. 5. (*menstruation*) regla *f*, periodo *m*: **she's having her period** está con la regla * el periodo.

period costume *n* traje *m* de época: **dressed in period costume** ataviado a la manera de la época.

period pains *n pl* dolores *m pl* menstruales.

periodic /ˌpɪərɪˈɒdɪk/ *adj* periódico -ca.

periodic table *n* (*Chem*) tabla *f* periódica.

periodical /ˌpɪərɪˈɒdɪkəl/ *n* publicación *f*, revista *f*.

periodically /ˌpɪərɪˈɒdɪkəlɪ/ *adv* periódicamente.

peripheral /pəˈrɪfərəl/ *adj* 1. (*Inform, Med*) periférico -ca. 2. (*frml*: *secondary*) de importancia secundaria: **this is peripheral** *to* **the main issue** esto es tangencial al tema principal.

periphery /pəˈrɪfərɪ/ *n* [**peripheries**] (*frml*) periferia *f*.
periscope /ˈperɪskəʊp/ *n* periscopio *m*.
perish /ˈperɪʃ/ *vi* [**perishes, perishing, perished**] **1.** (*frml: to die*) perecer: **forty people perished in the fire** cuarenta personas perecieron en el incendio ● **perish the thought!** ¡Dios me libre! **2.** (*rubber*) picarse, desgastarse.
perishable /ˈperɪʃəbəl/ **I** *adj* (*Culin*) perecedero -ra. **II perishables** *n pl* productos *m pl* perecederos.
perishing /ˈperɪʃɪŋ/ *adj* (*fam*) **1.** (*cold*): **it's absolutely perishing today** hoy hace un frío que pela. **2.** (*as intensifier*) maldito -ta, condenado -da: **those perishing kids with their skateboards!** ¡esos malditos niños con sus monopatines!
perjure /ˈpɜːdʒə/ *vt* [**perjures, perjuring, perjured**] (*Law*): **he perjured himself** perjuró.
perjurer /ˈpɜːdʒərə/ *n* perjuro -ra *m/f*.
perjury /ˈpɜːdʒərɪ/ *n* perjurio *m*.
perk /pɜːk/ *n* (*fam*) beneficio *m* (extra): **a subsidized canteen is one of the perks of the job** el comedor subvencionado es uno de los beneficios del trabajo.
to **perk up** *vi* [**perks, perking, perked**] (*fam*) animarse: **he soon perked up at the thought of a holiday** enseguida se animó con la perspectiva de unas vacaciones; **she's been very ill, but she's perked up a lot today** ha estado muy enferma, pero hoy se ha reanimado mucho.
♦ *vt* animar.
perkily /ˈpɜːkəlɪ/ *adv* (*fam*) animadamente.
perky /ˈpɜːkɪ/ *adj* [**perkier, perkiest**] (*fam*) animado -da.
perm /pɜːm/ **I** *n* permanente *f*, (*Méx*) permanente *m*: **she's had a perm** se ha hecho la permanente.
II *vt* [**perms, perming, permed**]: **she's having her hair permed tomorrow** mañana se va a hacer la permanente.
permanence /ˈpɜːmənəns/ *n* permanencia *f*.
permanent /ˈpɜːmənənt/ *adj* **1.** (*address*) permanente; (*arrangement*) definitivo -va, permanente: **at last she's got a permanent job** por fin ha conseguido un trabajo permanente ✽ fijo. **2.** (*ink*) indeleble.
permanently /ˈpɜːmənəntlɪ/ *adv* (*to fix, locate*) permanentemente: **I work here permanently now** ahora estoy fija aquí; **she was permanently brain-damaged** quedó con una lesión cerebral irreparable; **they are permanently arguing** están constantemente discutiendo.
permeate /ˈpɜːmɪeɪt/ *vt* [**permeates, permeating, permeated**] extenderse por: **the smell had permeated the whole building** el olor se había extendido por todo el edificio.
permissible /pəˈmɪsəbəl/ *adj* permisible: **in many states it is permissible to carry firearms** en muchos estados está permitido portar armas de fuego ✽ es lícito portar armas de fuego.
permission /pəˈmɪʃən/ *n* permiso *m*: **she gave us permission to go in** nos dio permiso para entrar; **you need your parents' permission to go** necesitas el permiso ✽ la autorización de tus padres para poder ir.
permissive /pəˈmɪsɪv/ *adj* permisivo -va: **the permissive society** la sociedad permisiva.
permit I /pəˈmɪt/ *vt* [**permits, permitting, permitted**] permitir: **I cannot permit this sort of behaviour** no puedo permitir este tipo de comportamiento; **he was not permitted to see her** no le permitieron verla; **smoking is not permitted** no está permitido fumar.
♦ *vi* permitir: **we'll set off at seven, weather permitting** saldremos a las siete, si el tiempo lo permite.
II /ˈpɜːmɪt/ *n* permiso *m*: **you will need a special permit to go inside** le hará falta un permiso ✽ pase especial para entrar.
permutation /ˌpɜːmjʊˈteɪʃən/ *n* permutación *f*.
pernicious /pəˈnɪʃəs/ *adj* (*frml*) pernicioso -sa.
pernickety /pəˈnɪkətɪ/ *adj* (*fam*) quisquilloso -sa, chinche.
peroxide /pəˈrɒksaɪd/ *n* peróxido *m*.
perpendicular /ˌpɜːpənˈdɪkjʊlə/ *adj, n* perpendicular *adj,f*.
perpetrate /ˈpɜːpɪtreɪt/ *vt* [**perpetrates, perpetrating, perpetrated**] (*frml*) perpetrar, cometer.
perpetrator /ˈpɜːpɪtreɪtə/ *n* (*frml*) autor -tora *m/f* (*de un delito*).
perpetual /pəˈpetʃʊəl/ *adj* **1.** (*eternal*) perpetuo -tua, eterno -na: **they live in perpetual darkness** viven en perpetua oscuridad. **2.** (*continuous, constant*) continuo -nua, constante: **I can't stand his perpetual moaning** estoy harto de sus continuas quejas.
perpetually /pəˈpetʃʊəlɪ/ *adv* permanentemente, constantemente: **she seems to be perpetually tired** parece que estuviera permanentemente cansada.
perpetuate /pəˈpetʃʊeɪt/ *vt* [**perpetuates, perpetuating, perpetuated**] (*frml*) perpetuar.
perpetuation /pəˌpetʃʊˈeɪʃən/ *n* (*frml*) perpetuación *f*.
perpetuity /ˌpɜːpɪˈtjʊətɪ/ *n* (*frml*) perpetuidad *f*: **they were granted the land** *in* **perpetuity** les dieron las tierras a perpetuidad.
perplex /pəˈpleks/ *vt* [**perplexes, perplexing, perplexed**] dejar perplejo -ja, desconcertar: **we are perplexed by your attitude** tu actitud nos deja perplejos; **you look a little perplexed** pareces un poco desconcertado.
perplexity /pəˈpleksətɪ/ *n* perplejidad *f*.
persecute /ˈpɜːsɪkjuːt/ *vt* [**persecutes, persecuting, persecuted**] perseguir: **he was persecuted because of his religion** fue perseguido por su religión.
persecution /ˌpɜːsɪˈkjuːʃən/ *n* persecución *f*.
persecutor /ˈpɜːsɪkjuːtə/ *n* perseguidor -dora *m/f*.
perseverance /ˌpɜːsɪˈvɪərəns/ *n* perseverancia *f*.
persevere /ˌpɜːsɪˈvɪə/ *vi* [**perseveres, persevering, persevered**] perseverar: **he persevered** *with* **his research** perseveró en sus investigaciones; **they persevered** *in* **their efforts to track him down** perseveraron en sus esfuerzos para encontrarlo.
persevering /ˌpɜːsɪˈvɪrɪŋ/ *adj* perseverante.
Persian Gulf /ˈpɜːʃən gʌlf/ *n*: **the Persian Gulf** el golfo Pérsico.
persist /pəˈsɪst/ *vi* [**persists, persisting, persisted**] **1.** (*to insist*) persistir, insistir: **he persisted** *with* **his campaign** persistió con su campaña; **she persists** *in* **doing it her way** se empeña en hacerlo a su manera. **2.** (*to continue*) seguir: **the rain will persist for the next few days** seguirá lloviendo durante los próximos días.
persistence /pəˈsɪstəns/ *n* **1.** (*determination*) persistencia *f*, perseverancia *f*: **he got the job because of his persistence** consiguió el trabajo por su persistencia. **2.** (*continuation*) persistencia *f*.
persistent /pəˈsɪstənt/ *adj* **1.** (*efforts, attempts*) persistente. **2.** (*headache, cough*) persistente.
person /ˈpɜːsən/ *n* **1.** [*pl* **people**] (*gen*) persona *f*: **he is a person you can trust** es una persona de confianza; **a certain person has eaten all the ice cream** cierta persona se ha comido todo el helado ● **I went in**

person fui personalmente * en persona. **2.** [*pl* **persons**] (*Law, Ling*) persona *f*: **the third person singular of the verb** la tercera persona del singular del verbo; **murder by person or persons unknown** homicidio cometido por persona o personas no identificadas.

personable /'pɜ:sənəbəl/ *adj* (*frml*) agradable.

personage /'pɜ:sənɪdʒ/ *n* (*frml*) personaje *m*.

personal /'pɜ:sənəl/ *adj* **1.** (*of a person, an individual*) personal: **her personal life is beginning to affect her work** su vida personal está empezando a afectar su trabajo; **he is a personal friend of mine** es amigo mío; **the star will make a personal appearance** la estrella va a aparecer en persona. **2.** (*critical, interfering*): **there's no need to be personal!** ¡no hay necesidad de ser maleducado!; **he started making very personal remarks** empezó a hacer unos comentarios muy poco discretos. **3.** (*private*) particular: **he receives too many personal calls** recibe demasiadas llamadas particulares.

personal assistant *n* secretario -ria *m/f* personal.

personal column *n* anuncios *m pl* personales.

personal computer *n* ordenador *m* personal, computadora *f* personal.

personal effects *n pl* efectos *m pl* personales.

personal hygiene *n* higiene *f* íntima.

personal pronoun *n* pronombre *m* personal.

personal stereo *n* walkman® *m*.

personality /ˌpɜ:sə'næləti/ *n* [**personalities**] **1.** (*character, nature*) personalidad *f*: **he has a very strong personality** tiene una personalidad muy fuerte. **2.** (*person*) personalidad *f*, personaje *m*: **several television personalities will be there** asistirán varias personalidades * varias conocidas figuras de la televisión.

personality test *n* examen *m* * test *m* psicotécnico (*para determinar el carácter del candidato*).

personalized /'pɜ:sənəlaɪzd/ *adj* (*notepaper*) con membrete; (*pen, diary*) *con el nombre o las iniciales*.

personally /'pɜ:sənəlɪ/ *adv* **1.** (*gen*) personalmente: **personally, I don't believe him** yo, personalmente, * yo, por mi parte, no lo creo; **I don't know him personally** no lo conozco personalmente; (*in person*) personalmente, en persona: **he came to see me personally** vino a verme personalmente * en persona. **2.** (*to heart*): **he took your comments very personally** se tomó tus comentarios como una crítica personal.

personification /pɜ:ˌsɒnɪfɪ'keɪʃən/ *n* personificación *f*.

personify /pɜ:'sɒnɪfaɪ/ *vt* [**personifies, personifying, personified**] personificar: **she's meanness personified** es la tacañería personificada * en persona.

personnel /pɜ:sə'nel/ *n* **1.** (*staff*) personal *m*: **all personnel will be affected** todo el personal se verá afectado, todos los miembros del personal se verán afectados. **2.** (*department*) departamento *m* de personal: **you will have to write to personnel * to the personnel department** tendrá que dirigirse por escrito al departamento de personal.

personnel manager *n* jefe -fa *m/f* de personal.

perspective /pə'spektɪv/ *n* **1.** (*Art*) perspectiva *f*: **the drawing is** *out of* **perspective** el dibujo no está en perspectiva • **you have to keep these things in perspective** tienes que tratar de ver estas cosas con cierta perspectiva. **2.** (*viewpoint*) perspectiva *f*: *from* **a historical perspective, these events are very significant** desde una perspectiva histórica * desde un punto de vista histórico, estos acontecimientos son muy significativos.

Perspex® /'pɜ:speks/ *n* plexiglás *m inv*.

perspicacious /ˌpɜ:spɪ'keɪʃəs/ *adj* (*frml*) perspicaz.

perspiration /ˌpɜ:spə'reɪʃən/ *n* transpiración *f*.

perspire /pə'spaɪə/ *vi* [**perspires, perspiring, perspired**] (*frml*) transpirar.

persuade /pə'sweɪd/ *vt* [**persuades, persuading, persuaded**] (*to convince*) convencer, persuadir: **we persuaded her not to go** la convencimos de que no fuera, la persuadimos para que no fuera; **he persuaded himself that it was the best thing for him** se convenció * se autoconvenció de que era lo mejor para él; **she is not easily persuaded** no se deja convencer fácilmente; **we were persuaded** *of* **his honesty** quedamos convencidos de su honradez.

persuasion /pə'sweɪʒən/ *n* **1.** (*act of convincing*) persuasión *f*: **she relied upon her powers of persuasion** confiaba en su poder de persuasión; **she didn't need much persuasion to come with us** no hubo que insistirle mucho para que viniera con nosotros. **2.** (*belief*) creencia *f*: **people of all religious persuasions** gente de todas las creencias religiosas.

persuasive /pə'sweɪsɪv/ *adj* persuasivo -va.

persuasively /pə'sweɪsɪvlɪ/ *adv* de modo persuasivo.

pert /pɜ:t/ *adj* **1.** (*rude*) desfachatado -da. **2.** (*saucy*) desenfadado -da, coqueto -ta.

pertain /pə'teɪn/ *vi* [**pertains, pertaining, pertained**] (*frml*): **these are the documents pertaining** *to* **the case** estos son los documentos relacionados con el caso.

pertinent /'pɜ:tɪnənt/ *adj* (*frml*: *question, remark*) pertinente: **that is not pertinent** *to* **the matter in hand** eso no guarda relación con lo que se está tratando.

perturbed /pə'tɜ:bd/ *adj* (*frml*) perturbado -da: **she was not in the least perturbed when she saw us** no se inmutó en absoluto cuando nos vio.

perturbing /pə'tɜ:bɪŋ/ *adj* (*frml*) inquietante, perturbador -dora.

Peru /pə'ru:/ *n* (el) Perú.

perusal /pə'ru:zəl/ *n* (*frml*) examen *m*: **the applications are on the table for your perusal** he dejado las cartas de solicitud en la mesa para que usted las examine.

peruse /pə'ru:z/ *vt* [**peruses, perusing, perused**] (*frml*: *carefully*) leer (*detenidamente*), examinar; (*: in a leisurely way*) hojear.

Peruvian /pə'ru:vɪən/ *adj, n* peruano -na *adj, m/f*.

pervade /pə'veɪd/ *vt* [**pervades, pervading, pervaded**]: **the smell of burnt rubber pervaded the workshop** todo el taller olía a goma quemada; **a sense of gloom pervaded the negotiations** un clima de pesimismo dominó las conversaciones.

pervasive /pə'veɪsɪv/ *adj* (*frml*) **1.** (*smell*) penetrante. **2.** (*influence*) extendido -da, generalizado -da.

perverse /pə'vɜ:s/ *adj* (*difficult*) difícil; (*contrary*): **she does it just to be perverse** lo hace simplemente por llevar la contraria; **she takes a perverse delight in annoying me** se regodea * disfruta irritándome.

perversely /pə'vɜ:slɪ/ *adv* tercamente, porfiadamente: **he insists, perversely, on ignoring their advice** insiste tercamente en ignorar sus consejos.

perversion /pə'vɜ:ʃən/ *n* **1.** (*sexual*) perversión *f*. **2.** (*twisting*) tergiversación *f*, distorsión *f*: **the article was a perversion of the truth** el artículo era una tergiversación de la verdad.

perversity /pəˈvɜːsətɪ/ *n* terquedad *f*.
pervert I /pəˈvɜːt/ *vt* [**perverts, perverting, perverted**] **1.** (*to corrupt*) pervertir. **2.** (*Law*): **he was accused of perverting the course of justice** lo acusaron de obstaculizar la acción de la justicia.
II /ˈpɜːvɜːt/ *n* pervertido -da *m/f*.
peseta /pəˈseɪtə/ *n* (*currency*) peseta *f*.
pessimism /ˈpesɪmɪzəm/ *n* pesimismo *m*.
pessimist /ˈpesɪmɪst/ *n* pesimista *m/f*.
pessimistic /pesɪˈmɪstɪk/ *adj* pesimista: **he's very pessimistic** *about* **his chances of promotion** es muy pesimista en cuanto a la posibilidad de que lo asciendan.
pessimistically /pesɪˈmɪstɪkəlɪ/ *adv* con pesimismo.
pest /pest/ *n* **1.** (*Zool*) *cualquier insecto o animal dañino*: **to the farmer they are a pest** para los granjeros son una plaga. **2.** (*fam*: *nuisance*) pesado -da *m/f*, pelma *m/f*: **stop being such a pest!** ¡no seas tan pesado!
pest control *n* desinsectación *f* y desratización *f*.
pester /ˈpestə/ *vt* [**pesters, pestering, pestered**] darle la lata a, fastidiar: **she kept pestering me** *for* **a go on my bike** no paraba de darme la lata para que la dejara dar una vuelta en mi bici; **they pestered me** *with* **questions** me acosaron a preguntas.
pesticide /ˈpestɪsaɪd/ *n* pesticida *m*.
pestle /ˈpesəl/ *n* mano *f* (*de mortero*).
pet /pet/ **I** *n* **1.** (*tame animal, bird*) mascota *f*, animal *m* doméstico: **they have three pet mice** tienen tres ratones como mascotas. **2.** (*favourite*) preferido -da *m/f*: **he's the teacher's pet** es el preferido del profesor; **once she starts on her pet subject you can't stop her** una vez que empieza a hablar de su tema preferido no hay quien la pare. **3.** (*fam*: *as term of endearment*) cielo *m*.
II *vt* [**pets, petting, petted**] acariciar: **she petted the dog** acarició al perro.
♦ *vi* (*lovers*) tocarse y besuquearse.
pet hate *n*: **ironing is my pet hate** lo que más odio en el mundo es planchar.
pet name *n* apodo *m* cariñoso.
pet shop *n* tienda *f* de animales.
petal /ˈpetəl/ *n* pétalo *m*.
peter out /ˈpiːtə aʊt/ *vi* [**peters, petering, petered**]: **the track peters out when it gets to the woods** el sendero se pierde cuando llega al bosque; **her voice petered out** su voz se fue apagando.
petite /pəˈtiːt/ *adj* (*woman*) menuda: **she was a petite blonde** era una rubia menuda ✱ menudita.
petition /pəˈtɪʃən/ **I** *n* (*gen*) petición *f*: **please sign our petition** *against* **the new road** por favor, firme nuestra petición de protesta contra la nueva carretera; (*Law*) demanda *f*: **she filed a petition** *for* **divorce** presentó (una) demanda de divorcio.
II *vt* [**petitions, petitioning, petitioned**] presentar una petición a: **we petitioned the council not to close the school** presentamos una petición al ayuntamiento para que no cerraran la escuela.
♦ *vi*: **they are petitioning** *for* **a change in the law** piden un cambio en la ley.
petrify /ˈpetrɪfaɪ/ *vt* [**petrifies, petrifying, petrified**] **1.** (*Geol*) petrificar. **2.** (*to terrify*): **she's petrified** *of* **making a mistake** le da pánico cometer un error.
petrochemical /ˌpetrəʊˈkemɪkəl/ **I** *n* producto *m* petroquímico.
II *adj* petroquímico -ca.
petrol /ˈpetrəl/ *n* (*GB*) gasolina *f*, (*Chi*) bencina *f*, (*Arg*, *Urug*) nafta *f*: **we ran out of petrol** nos quedamos sin gasolina.
petrol bomb *n* cóctel *m* Molotov.
petrol can *n* bidón *m* de gasolina.
petrol cap *n* tapón *m* del depósito de gasolina.
petrol gauge *n* indicador *m* del nivel de gasolina.
petrol pump *n* surtidor *m* de gasolina.
petrol station *n* gasolinera *f*, estación *f* de servicio.
petrol tank *n* depósito *m* de gasolina.
petrol tanker *n* camión *m* cisterna.
petroleum /pəˈtrəʊlɪəm/ *n* petróleo *m*.
petroleum jelly *n* vaselina *f*.
petticoat /ˈpetɪkəʊt/ *n* enagua *f*, enaguas *f pl*.
petty /ˈpetɪ/ *adj* [**pettier, pettiest**] **1.** (*small, insignificant*) insignificante, nimio -mia: **don't bother us with petty details** no nos molestes con detalles insignificantes ✱ con nimiedades. **2.** (*small-minded, mean*) mezquino -na: **she's so petty** *about* **money** es tan mezquina con el dinero.
petty cash *n* dinero *m* para gastos menores.
petty officer *n* suboficial *m/f* de marina.
petty thief *n* ladrón -drona *m/f* de poca monta.
petulance /ˈpetjʊləns/ *n* (*frml*) mal genio *m*, tendencia *f* a enfurruñarse.
petulant /ˈpetjʊlənt/ *adj* de mal genio, con tendencia a enfurruñarse.
petulantly /ˈpetjʊləntlɪ/ *adv* enfurruñadamente.
petunia /pɪˈtjuːnɪə/ *n* petunia *f*.
pew /pjuː/ *n* banco *m* (*de iglesia*).
pewter /ˈpjuːtə/ *n* peltre *m*.
PG /piːˈdʒiː/ *n* (*abreviatura de* **parental guidance**) (*film category*) *indica que algunas escenas de una película pueden ser poco apropiadas para niños pequeños*.
phallic /ˈfælɪk/ *adj* fálico -ca.
phallus /ˈfæləs/ *n* [**phalluses**] falo *m*.
phantom /ˈfæntəm/ *n* fantasma *m*.
pharaoh, Pharaoh /ˈfeərəʊ/ *n* faraón *m*.
pharmaceutical /ˌfɑːməˈsjuːtɪkəl/ *adj* farmacéutico -ca.
pharmacist /ˈfɑːməsɪst/ *n* farmacéutico -ca *m/f*.
pharmacologist /ˌfɑːməˈkɒlədʒɪst/ *n* farmacólogo -ga *m/f*.
pharmacology /ˌfɑːməˈkɒlədʒɪ/ *n* farmacología *f*.
pharmacy /ˈfɑːməsɪ/ *n* [**pharmacies**] farmacia *f*.
phase /feɪz/ **I** *n* (*of moon, process*) fase *f*: **negotiations are entering a new phase** las negociaciones están entrando en una nueva fase ✱ etapa; **it's just a phase she's going through** no es más que una etapa por la que está pasando.
II *vt* [**phases, phasing, phased**]: **a phased withdrawal of troops from the area** una retirada progresiva ✱ escalonada de tropas de la zona.
to **phase in** *vt* introducir poco a poco: **they are phasing in new safety regulations** están introduciendo poco a poco nuevas reglas de seguridad.
to **phase out** *vt* retirar poco a poco: **the old models were phased out** fueron retirando poco a poco los modelos viejos.
PhD /piːeɪtʃˈdiː/ *n* (*abreviatura de* **Doctor of Philosophy**) **1.** (*degree*) doctorado *m*: **he has a PhD** *in* **Law** tiene un doctorado en Derecho. **2.** (*person*) Dr., Dra. (doctor -tora): **Jane Allen, PhD** Dra. Jane Allen.
pheasant /ˈfezənt/ *n* faisán *m*.
phenomena /fɪˈnɒmɪnə/ *plural de* ⇨ phenomenon
phenomenal /fəˈnɒmɪnəl/ *adj* (*remarkable*) extraordinario -ria: **you must be congratulated for your phenomenal achievement** hay que felicitarte por tu

extraordinario logro; (*very large: sum, bill*) astronómico -ca: **they spent a phenomenal amount of money** gastaron un dineral ✻ una suma astronómica de dinero.

phenomenally /fə'nɒmɪnəlɪ/ *adv* extraordinariamente: **it goes phenomenally fast** va a una velocidad extraordinaria ✻ increíble.

phenomenon /fɪ'nɒmɪnən/ *n* [*pl* **phenomena** /fɪ'nɒmɪnə/] fenómeno *m*.

phial /'faɪəl/ *n* frasco *m*.

philanthropic /ˌfɪlən'θrɒpɪk/ *adj* filantrópico -ca.

philanthropist /fɪ'lænθrəpɪst/ *n* filántropo -pa *m/f*.

philanthropy /fɪ'lænθrəpɪ/ *n* filantropía *f*.

philatelist /fɪ'lætəlɪst/ *n* filatelista *m/f*.

philately /fɪ'lætəlɪ/ *n* filatelia *f*.

Philippines /'fɪlɪpi:nz/ *n pl*: **the Philippines** las (islas) Filipinas.

Philistine /'fɪlɪstaɪn/ *n* **1.** (*Hist*) filisteo -tea *m/f*. **2.** (*uncultured person*) filisteo -tea *m/f*, ignorante *m/f*.

philosopher /fɪ'lɒsəfə/ *n* filósofo -fa *m/f*.

philosophical /ˌfɪlə'sɒfɪkəl/ *adj* **1.** (*argument, texts*) filosófico -ca. **2.** (*attitude*) filosófico -ca: **you must be more philosophical** tienes que tomarte las cosas con más filosofía.

philosophically /ˌfɪlə'sɒfɪkəlɪ/ *adv* **1.** (*according to philosophy*) filosóficamente. **2.** (*with resignation*) con filosofía: **she accepted defeat philosophically** se tomó la derrota con filosofía.

philosophize /fɪ'lɒsəfaɪz/ *vi* [**philosophizes, philosophizing, philosophized**] filosofar.

philosophy /fɪ'lɒsəfɪ/ *n* [**philosophies**] filosofía *f*.

phlegm /flem/ *n* flema *f*.

phlegmatic /fleg'mætɪk/ *adj* flemático -ca.

phobia /'fəʊbɪə/ *n* fobia *f*: **he has a phobia** *about* **cats** les tiene fobia a los gatos.

Phoenician /fə'nɪʃən/ *adj, n* fenicio -cia *adj, m/f*.

phoenix /'fi:nɪks/ *n* fénix *m*.

phone /fəʊn/ **I** *n* teléfono *m*: **she's** *on* **the phone** está hablando por teléfono; **we're not** *on* **the phone yet** aún no tenemos teléfono; **this can't be arranged** *over* **the phone** esto no se puede organizar por teléfono.
II *vt* [**phones, phoning, phoned**] llamar (por teléfono) a, telefonear: **phone me when they arrive** llámame cuando lleguen; **I phoned the hospital** llamé al hospital.
♦ *vi* llamar (por teléfono), telefonear: **we phoned** *for* **a taxi** llamamos para pedir un taxi; **I'm phoning** *about* **the job advertisement** llamo por el anuncio de trabajo.
to **phone back** *vt/i* (*to return a call*) llamar: **they never phoned me back** no me llamaron ✻ no me devolvieron la llamada; (*to call again*) volver a llamar: **I'll phone back later** volveré a llamar más tarde.
to **phone up** *vt/i* llamar (por teléfono), telefonear: **I phoned them up yesterday** las llamé ayer; **shall I phone up to book a table?** ¿llamo para reservar una mesa?
phone book *n* guía *f* telefónica.
phone box, phone booth *n* cabina *f* telefónica.
phone call *n* llamada *f* telefónica.
phonecard *n* tarjeta *f* telefónica.
phone-in *n*: *programa radiofónico con llamadas telefónicas del público.*
phone number *n* número *m* de teléfono.

phonetic /fə'netɪk/ **I** *adj* fonético -ca.
II phonetics *n* *[lleva el verbo en singular]* fonética *f*.

phoney, phony /'fəʊnɪ/ **I** *adj* (*fam*: *name, person*) falso -sa; (*: accent, concern*) fingido -da.
II *n* **1.** (*person*) farsante *m/f*: **the doctor was a phoney** el médico era un farsante. **2.** (*object*): **he replaced the real diamond ring with a phoney** reemplazó el anillo de brillantes por uno falso.

phonology /fə'nɒlədʒɪ/ *n* fonología *f*.

phosphate /'fɒsfeɪt/ *n* fosfato *m*.

phosphorescent /ˌfɒsfə'resənt/ *adj* fosforescente.

phosphorus /'fɒsfərəs/ *n* fósforo *m* (*elemento*).

photo /'fəʊtəʊ/ *n* (*fam*) foto *f*: **she took a photo** *of* **him** ✻ **she took his photo** le sacó una foto.
photo booth *n* fotomatón *m*.
photo finish *n* foto *f* finish.

photocopier /'fəʊtəʊˌkɒpɪə/ *n* fotocopiadora *f*.

photocopy /'fəʊtəʊˌkɒpɪ/ **I** *n* [**photocopies**] fotocopia *f*.
II *vt* [**photocopies, photocopying, photocopied**] fotocopiar.

photogenic /ˌfəʊtə'dʒenɪk/ *adj* fotogénico -ca.

photograph /'fəʊtəgrɑ:f/ **I** *vt* [**photographs, photographing, photographed**] fotografiar, sacarle una foto a: **we were photographed receiving the trophy** nos fotografiaron ✻ nos sacaron una foto recibiendo el trofeo.
♦ *vi*: **she photographs well** sale bien en las fotos, es fotogénica.
II *n* fotografía *f*, foto *f*: **a black and white/colour photograph** una fotografía en blanco y negro/en color; **I had my photograph taken** me hicieron una fotografía.
photograph album *n* álbum *m* de fotos.

photographer /fə'tɒgrəfə/ *n* fotógrafo -fa *m/f*.

photographic /ˌfəʊtə'græfɪk/ *adj* fotográfico -ca: **he has a photographic memory** tiene una memoria fotográfica.

photography /fə'tɒgrəfɪ/ *n* fotografía *f*.

photojournalism /ˌfəʊtəʊ'dʒɜ:nəlɪzəm/ *n* periodismo *m* gráfico.

photosynthesis /ˌfəʊtəʊ'sɪnθəsɪs/ *n* fotosíntesis *f inv*.

phrasal verb /'freɪzəl vɜ:b/ *n* verbo *m* con partícula.

phrase /freɪz/ **I** *n* **1.** (*Ling*) frase *f*, locución *f*. **2.** (*expression*) expresión *f*: **I didn't like the phrase he used to describe her** no me gustó la expresión que empleó para describirla ● **..., to coin a phrase** ..., por así decirlo. **3.** (*Mus*) frase *f*.
II *vt* [**phrases, phrasing, phrased**] (*a question*) formular: **he wrote her a carefully phrased letter** le envió una carta cuidadosamente redactada.
phrase book *n* guía *f* de conversación.

phraseology /ˌfreɪzɪ'ɒlədʒɪ/ *n* fraseología *f*.

phrasing /'freɪzɪŋ/ *n* fraseo *m*.

physical /'fɪzɪkəl/ *adj* (*gen*) físico -ca: **he has great physical strength** tiene mucha fuerza; **a book on physical geography** un libro sobre geografía física; **I'm talking about physical objects not fantasies** estoy hablando de objetos materiales, no de fantasías ● **the game became too physical in the second half** el juego se hizo demasiado violento en el segundo tiempo.
physical education *n* educación *f* física.
physical examination *n* reconocimiento *m* ✻ chequeo *m* médico.
physical training *n* entrenamiento *m*.

physically /'fɪzɪkəlɪ/ *adv* (*gen*) físicamente: **she's physically fit** está en buena forma (físicamente); **that**

is physically impossible eso es materialmente imposible.

physically handicapped *adj* minusválido -da, discapacitado -da físico -ca.

physician /fɪˈzɪʃən/ *n* médico -ca *m/f*, clínico -ca *m/f*.

physicist /ˈfɪzɪsɪst/ *n* físico -ca *m/f*.

physics /ˈfɪzɪks/ *n [lleva el verbo en singular]* física *f*.

physiological /ˌfɪzɪəˈlɒdʒɪkəl/ *adj* fisiológico -ca.

physiologist /ˌfɪzɪˈɒlədʒɪst/ *n* fisiólogo -ga *m/f*.

physiology /ˌfɪzɪˈɒlədʒɪ/ *n* fisiología *f*.

physiotherapist /ˌfɪzɪəʊˈθerəpɪst/ *n* fisioterapeuta *m/f*.

physiotherapy /ˌfɪzɪəʊˈθerəpɪ/ *n* fisioterapia *f*.

physique /fɪˈzi:k/ *n* físico *m*.

pianist /ˈpɪənɪst/ *n* pianista *m/f*.

piano /pɪˈænəʊ/ *n* piano *m*: **she plays the piano** toca el piano.

piano tuner *n* afinador -dora *m/f* de pianos.

piccolo /ˈpɪkələʊ/ *n* flautín *m*.

pick /pɪk/ **I** *vt* [**picks, picking, picked**] **1.** (*to choose*) elegir, escoger: **she picked the red one** eligió ✻ escogió el rojo. **2.** (*fruit*) recoger, coger: **I picked a bunch of violets from the garden** corté ✻ cogí un ramo de violetas del jardín. **3.** (*with one's finger, a sharp instrument*) escarbar: **don't pick your nose!** ¡no te hurgues ✻ no te escarbes la nariz!; **he sat picking his teeth** estaba sentado escarbándose los dientes. **4.** (*to remove*) quitar: **she had picked all the icing** *off* **the cake** le había quitado todo el baño al pastel. **5.** (*lock*) abrir con ganzúa. **6.** (*to move carefully*): **they had to pick their way through the debris** tuvieron que pasar con cuidado por entre los escombros.

♦*vi* ● **when you need a job you can't afford to pick and choose** cuando necesitas trabajo no puedes permitirte el lujo de ser tan exigente.

II *n* **1.** (*pickaxe*) pico *m*. **2.** (*choice*): **you can have first pick** tú puedes ser el primero en elegir; **take your pick** elige el que quieras ● **these students are the pick of the year** estos estudiantes son la flor y nata del curso ● **this hotel's the pick of the bunch** este hotel es el mejor de todos.

to **pick at** *vt* tocar: **don't pick at those spots** no te toques los granos; **she just picked at her food** comía sin ganas.

to **pick off** *vt* ir matando (*uno a uno*).

to **pick on** *vt* (*fam*) meterse con: **why is everybody always picking on me?** ¿por qué todo el mundo se mete conmigo?

to **pick out** *vt* **1.** (*to choose*) elegir: **she was picked out as the best person for the job** fue elegida como la persona más indicada para el puesto. **2.** (*to distinguish*) distinguir: **it was hard to pick him out in the photo** era difícil distinguirlo en la foto. **3.** (*Mus: a tune*) tocar de oído.

to **pick up** *vt* **1.** (*using one's arms, hands*) recoger, levantar: **she picked up the child** levantó al niño; **I picked the coins up** *off* **the floor** recogí las monedas del suelo. **2.** (*telephone*) contestar: **she picked up the receiver and dialled** descolgó el teléfono y marcó el número. **3.** (*to collect*) recoger: **I have to pick up my washing from the launderette** tengo que recoger la ropa de la lavandería; **you have to pick up the tickets an hour beforehand** tiene que venir a buscar ✻ a recoger las entradas una hora antes; **I'll pick up a pizza on my way home** pasaré a comprar una pizza de camino a casa. **4.** (*a person: gen*) recoger: **I'll pick you up at eight** te recojo ✻ te paso a buscar a las ocho; (*fam: sexually*) ligar con: **he was trying to pick her up** estaba tratando de ligar con ella. **5.** (*police*) detener: **they picked him up on his way out of town** lo detuvieron cuando salía de la ciudad. **6.** (*a skill*) aprender: **I picked up a few words of Polish** aprendí unas palabras en polaco; **it's difficult to begin with, but you soon pick it up** es difícil al principio pero enseguida le coges el tranquillo; (*a habit*) adquirir: **I don't know where she's picked up that accent** no sé dónde se le habrá pegado ese acento. **7.** (*a disease*) coger, contagiarse de: **he picked up hepatitis in India** cogió una hepatitis ✻ se contagió de hepatitis en la India. **8.** (*to receive: a signal*) recibir, captar; (*: a radio station*) recibir, coger, (*Amér L*) agarrar. **9.** (*to gain: speed*) cobrar, coger, (*Amér L*) agarrar; (*: points*): **we'll pick up a few points in the next round** ganaremos unos puntos ✻ nos haremos con unos puntos en la próxima vuelta. **10.** (*to revive*) reanimar: **this cup of tea will pick you up** este té te reanimará. **11.** (*to criticize*): **the teacher picked him up** *on* **his spelling** la profesora le señaló sus faltas de ortografía.

♦*vi* **1.** (*health, weather*) mejorar: **the patient seems to be picking up now** parece que el paciente va mejorando; (*sales, economy*) repuntar: **business is beginning to pick up** el negocio empieza a repuntar. **2.** (*to continue*) seguir, continuar: **with old friends you can just pick up where you left off** con los viejos amigos siempre se puede reanudar la relación sin problemas.

pickaxe, (*US*) **pickax** *n* pico *m*, piqueta *f*.

pick-me-up *n* tónico *m*.

pickpocket *n* carterista *m/f*.

pick-up *n* **1.** (*on record player*) brazo *m*. **2.** (*truck*) furgoneta *f*, camioneta *f*.

picker /ˈpɪkə/ *n* (*Agr*) recolector -tora *m/f*.

picket /ˈpɪkɪt/ **I** *n* **1.** (*a worker*) miembro *m* de un piquete; (*group of workers*) piquete *m*. **2.** (*post*) estaca *f*.

II *vt* [**pickets, picketing, picketed**] organizar piquetes en: **they picketed the factory for several weeks** organizaron piquetes en la fábrica durante varias semanas.

♦*vi* organizar piquetes.

picket line *n* piquete *m*.

pickings /ˈpɪkɪŋz/ *n pl* ganancias *f pl* ● **there were rich pickings to be had** se podía hacer mucho dinero ✻ obtener pingües ganancias.

pickle /ˈpɪkəl/ **I** *n* **1.** (*Culin*) *conserva agridulce con la que se acompañan diversos platos, sándwiches de queso, etc.* **2.** (*fam: mess*) lío *m*, apuro *m*: **he's got himself into a terrible pickle** se ha metido en un lío ✻ apuro terrible.

II pickles *n pl* (*Culin*) encurtidos *m pl*.

III *vt* [**pickles, pickling, pickled**] (*vegetables*) encurtir: **pickled gherkins** pepinillos en vinagre.

picky /ˈpɪkɪ/ *adj* [**pickier, pickiest**] (*fam*) melindroso -sa, quisquilloso -sa.

picnic /ˈpɪknɪk/ **I** *n* picnic *m*: **we used to go there for picnics** solíamos hacer picnics allí ✻ ir allí de picnic ● **life in wartime was no picnic** la vida durante la guerra no era nada fácil.

II *vi* [**picnics, picnicking, picnicked**] hacer un picnic: **we picknicked in the woods** hicimos un picnic en el bosque.

picnic basket *n* cesta *f* (*para un picnic*).

pictorial /pɪkˈtɔ:rɪəl/ *adj* **1.** (*Art*) pictórico -ca. **2.** (*illustrated*) ilustrado -da.

picture /ˈpɪktʃə/ **I** *n* **1.** (*drawing*) dibujo *m*: **she drew a**

picture of the house dibujó la casa; (*in book, magazine*) ilustración *f* • **you look the picture of happiness/health** eres la imagen de la felicidad/la salud. **2.** (*photograph*) fotografía *f*, foto *f*: **he took some pictures of the market** sacó unas fotos del mercado. **3.** (*painting*) cuadro *m*: **he had his picture painted** se hizo retratar; (*print*) lámina *f*, grabado *m* • **he painted a rather gloomy picture of the future** pintó un cuadro bastante sombrío del futuro • **you get a completely different picture if you listen to him** si te guías por lo que dice él, te haces una idea completamente diferente • **her face was an absolute picture!** ¡puso una cara que era un poema! **4.** (*on a television set*) imagen *f*: **the picture's a bit fuzzy** la imagen no está muy nítida. **5.** (*situation*) situación *f*, panorama *m* • **he arrived late but we soon put him in the picture** llegó tarde, pero pronto lo pusimos al corriente * al tanto • **I get the picture: you want me to leave** ya entiendo: quieres que me vaya.

II **the pictures** *n pl* el cine: **we used to go to the pictures a lot** solíamos ir mucho al cine.

III *vt* [**pictures, picturing, pictured**] **1.** (*to imagine*) imaginarse: **try to picture the scene** intenta imaginarte la escena. **2.** (*to photograph*): **Mr Smith, pictured here with Miss Sánchez,...** el señor Smith, que aparece en la fotografía junto a la señorita Sánchez,...; (*to paint*): **he is pictured here on the king's left** aparece aquí retratado a la izquierda del rey.

picture book *n* libro *m* ilustrado.

picture card *n* figura *f*.

picture frame *n* marco *m*.

picture window *n* ventanal *m*.

picturesque /ˌpɪktʃəˈresk/ *adj* pintoresco -ca.

piddling /ˈpɪdlɪŋ/ *adj* (*fam*) insignificante, nimio -mia: **they were arguing over piddling amounts of money** reñían por cantidades insignificantes de dinero.

pidgin /ˈpɪdʒɪn/ *n*: *versión simplificada de una lengua que se usa como lengua franca.*

pie /paɪ/ *n* (*of fruit*) pastel *m*, tarta *f*; (*of meat*) pastel *m*, empanada *f* • **all those schemes are just pie in the sky** todos esos planes no son más que castillos en el aire • **it was as easy as pie** fue pan comido.

pie chart *n* gráfico *m* de sectores, gráfico *m* de tarta.

piece /piːs/ *n* **1.** (*fragment, part*) pedazo *m*, trozo *m*: **it broke** *into* **three pieces** se rompió en tres pedazos; **she took the chair** *to* **pieces** desmontó * desarmó la silla; **it fell** *to* **pieces** se hizo pedazos * se deshizo; **they smashed the vase** *to* **pieces** hicieron añicos el florero • **he went to pieces when he heard** quedó deshecho cuando se enteró • **she pulled * tore him to pieces** lo hizo trizas • **I was left to pick up the pieces** me tocó a mí afrontar las consecuencias • **I'll give him a piece of my mind** le voy a decir cuatro verdades • **we got home in one piece** llegamos a casa sanos y salvos. **2.** (*individual item*): **he bought a piece of land** compró un terreno * una parcela * un solar; **can I have a piece of paper/chalk?** ¿me das un papel/una tiza?; **it's a nice piece of furniture** es un mueble bonito; **how many pieces of luggage do you have?** ¿cuántas maletas * cuántos bultos tiene?; **let me give you a piece of advice** permíteme que te dé un consejo; **I heard an interesting piece of news/gossip** oí una noticia/un chisme interesante; **what a piece of luck!** ¡qué suerte!; **a fine piece of work** un trabajo excelente. **3.** (*part of a set*) pieza *f*: **a twenty-piece tea set** un juego de té de veinte piezas; **she plays in a five-piece band** toca en un grupo de cinco personas. **4.** (*Games: in draughts, chess*) ficha *f*. **5.** (*coin*) moneda *f*: **you need a fifty-pence piece** te hace falta una moneda de cincuenta peniques. **6.** (*Mus*) pieza *f*. **7.** (*Lit*) artículo *m*: **she wrote an interesting piece on the current situation** escribió un artículo interesante sobre la situación actual.

to **piece together** *vt* [**pieces, piecing, pieced**] (*evidence, facts*) reconstruir: **they tried to piece together what had happened** intentaron reconstruir lo que había pasado.

piecemeal I *adv* poco a poco: **the work is progressing piecemeal** el trabajo avanza poco a poco * por etapas.

II *adj* (*one part at a time*) gradual: **the piecemeal acquisition of property** la adquisición gradual de propiedades; (*unsystematic*) poco sistemático -ca: **they have a piecemeal approach to funding** enfocan el tema de la financiación de manera poco sistemática.

piecework *n* trabajo *m* a destajo.

pièce de résistance /pjes də reˈziːstɑːns/ *n* plato *m* fuerte: **the pièce de résistance of the collection was the wedding dress** lo mejor de la colección era el vestido de novia.

pier /pɪə/ *n* muelle *m*, embarcadero *m*.

pierce /pɪəs/ *vt* [**pierces, piercing, pierced**] perforar: **the arrow pierced his lung** la flecha le perforó el pulmón; **pierce the potato skins with a fork** pinche las patatas con un tenedor; **she's had her ears pierced** se ha hecho los agujeros en las orejas.

piercing /ˈpɪəsɪŋ/ *adj* (*look*) penetrante; (*scream*) agudo -da.

piety /ˈpaɪətɪ/ *n* piedad *f*.

pig /pɪg/ *n* **1.** (*Agr, Zool*) cerdo -da *m/f*, puerco -ca *m/f*, (*Amér L*) chancho -cha *m/f* • **don't be such a pig** no seas tan marrano * cochino • **we made pigs of ourselves at the party** nos dimos un atracón en la fiesta • **he's made a pig's ear of the shelving** ha hecho una verdadera chapuza con los estantes. **2.** (*fam: horrible person*) cerdo -da *m/f*; (*: horrible thing*) pesadilla *f*: **that was a pig of an exam** ¡qué pesadilla de examen!

pigheaded *adj* terco -ca, cabezota.

pig iron *n* hierro *m* en lingotes.

pigskin *n* piel *f* de cerdo, (*Amér L*) cuero *m* de chancho.

pigsty *n* [**pigsties**] pocilga *f*, (*Amér L*) chiquero *m* • **his room is an absolute pigsty** su habitación está hecha una pocilga.

pigswill *n* bazofia *f*.

pigtail *n* coletilla *f*.

pigeon /ˈpɪdʒɪn/ *n* **1.** (*Zool*) paloma *f*. **2.** (*Culin, Sport*) pichón *m*.

pigeon fancier *n* colombófilo -la *m/f*.

pigeonhole /ˈpɪdʒɪnˌhəʊl/ I *n* casillero *m*.

II *vt* [**pigeonholes, pigeonholing, pigeonholed**] (*to classify*) encasillar, etiquetar: **people like to know what job you do so that they can pigeonhole you** a la gente le gusta saber a qué te dedicas para poder encasillarte.

piggyback /ˈpɪgɪ bæk/ (*fam*) I *n*: **she gave me a piggyback (ride)** me llevó a cuestas.

II *adv* a cuestas: **I carried him piggyback** lo llevé a cuestas.

piggy bank /ˈpɪgɪ bæŋk/ *n* hucha *f*, alcancía *f*.

piglet /ˈpɪglɪt/ *n* cerdito *m*, lechón *m*.

pigment /ˈpɪgmənt/ *n* pigmento *m*.

pigmentation /ˌpɪgmənˈteɪʃən/ *n* pigmentación *f*.

pigmy /ˈpɪgmɪ/ *n* [**pigmies**] pigmeo -mea *m/f*.

pike /paɪk/ *n* 1. [*pl* **pike**] (*fish*) lucio *m*. 2. [*pl* **pikes**] (*Mil*) pica *f*.

pilchard /ˈpɪltʃəd/ *n* sardina *f* (*grande*).

pile /paɪl/ **I** *n* 1. (*of books, papers*) montón *m*, pila *f*: **we put the clothes into a pile** amontonamos la ropa * pusimos la ropa en un montón ● **I've got piles of things to do** tengo un montón de cosas que hacer. 2. (*of carpet*) pelo *m*. 3. (*frml*: *building*) mole *f*.
II piles *n pl* (*Med*) hemorroides *fpl*.
III *vt* [**piles, piling, piled**] amontonar: **he piled more food** *onto* **his plate** amontonó más comida en su plato; **she piled the books** *(up)* **in a corner** amontonó los libros en un rincón; **the table was piled high** *with* **papers** había un montón * una pila de papeles encima de la mesa.
to **pile in** *vi* (*into a vehicle*) subir: **they piled in and we set off for Richmond** todos subieron y salimos para Richmond.
to **pile into** *vt* (*a house, room*) entrar en, meterse en; (*a vehicle*) subir a, meterse en.
to **pile out** *vi* (*of house, room*) salir; (*of vehicle*) bajarse: **the train stopped and we all piled out with our rucksacks** el tren paró y todos nos bajamos con las mochilas.
to **pile up** *vi* 1. (*books, clothes*) acumularse, amontonarse: **the magazines had begun to pile up** las revistas se habían empezado a acumular * amontonar. 2. (*debts, money*) acumularse.
pile-driver *n* martinete *m*.
pile-up *n* choque *m* múltiple: **there was a pile-up on the motorway yesterday** ayer hubo un choque múltiple * ayer chocaron varios coches en cadena en la autopista.

pilfer /ˈpɪlfə/ *vt/i* [**pilfers, pilfering, pilfered**] robar (*artículos de poco valor*), hurtar: **he was seen pilfering** *from* **a shop** lo vieron robando en una tienda.

pilgrim /ˈpɪlgrɪm/ *n* peregrino -na *m/f*.

pilgrimage /ˈpɪlgrɪmɪdʒ/ *n* (*long distance*) peregrinación *f*: **they went on * made a pilgrimage to Lourdes** fueron de peregrinación a Lourdes; (*short distance*) romería *f*.

pill /pɪl/ *n* 1. (*Med*) píldora *f*, pastilla *f*: **he is taking pills for his heart condition** toma pastillas para el corazón ● **that was a bitter pill to swallow** aquél fue un trago amargo ● **they sugared * sweetened the pill for him** le doraron la píldora. 2. **the pill** (*contraception*) la píldora *f* (anticonceptiva): **she's** *on* **the pill** está tomando la píldora (anticonceptiva).

pillage /ˈpɪlɪdʒ/ **I** *vt/i* [**pillages, pillaging, pillaged**] saquear.
II *n* saqueo *m*, pillaje *m*.

pillar /ˈpɪlə/ *n* pilar *m*, columna *f* ● **he's a pillar of the community** es uno de los pilares de la comunidad ● **the company sent him from pillar to post** la compañía lo mandaba de la Ceca a la Meca.
pillar box *n* (*GB*) buzón *m*.

pillion /ˈpɪlɪən/ *n* asiento *m* trasero (*de una motocicleta*): **this bike is not designed to carry pillion passengers** esta moto no está diseñada para llevar pasajeros.

pillow /ˈpɪləʊ/ *n* almohada *f*.
pillowcase, pillowslip *n* funda *f*.

pilot /ˈpaɪlət/ **I** *n* 1. (*Av*) piloto *m/f*. 2. (*Naut*) práctico *m/f* (de puerto).
II *vt* [**pilots, piloting, piloted**] (*Av, Naut*) guiar.
pilot boat *n* lancha *f* del práctico.
pilot light *n* piloto *m*.
pilot study *n* estudio *m* piloto.

pimento /pɪˈmentəʊ/ *n* [**pimentos * pimentoes**] pimiento *m* morrón, (*Chi, Col, Perú, Ven*) pimentón *m* rojo, (*Méx*) chile *m* colorado, (*Arg, Urug*) ají *m* colorado, morrón *m* colorado.

pimp /pɪmp/ *n* (*fam*) chulo *m* (*de prostitutas*).

pimple /ˈpɪmpəl/ *n* (*Med*) grano *m*.

pimply /ˈpɪmplɪ/ *adj* [**pimplier, pimpliest**] lleno -na de granos.

PIN /pɪn/ *n* (*también* **PIN number**) (*abreviatura de* **Personal Identification Number**) (*Fin*) número *m* secreto (*para cajero automático, etc.*).

pin /pɪn/ **I** *n* 1. (*in sewing*) alfiler *m* ● **I've got pins and needles in my hand** siento un hormigueo en la mano ● **they were so quiet you could have heard a pin drop** estaban tan callados que se podía oír el vuelo de una mosca. 2. (*metal bolt*) perno *m*; (*Med*) clavo *m*: **they put a pin in his jaw** le pusieron un clavo en la mandíbula. 3. (*small nail*) puntilla *f*. 4. (*on electrical plug*) clavija *f*: **it needs a two-pin plug** necesita un enchufe de dos clavijas. 5. (*skittle*) bolo *m*.
II *vt* [**pins, pinning, pinned**] 1. (*to attach*) prender, sujetar (*con un alfiler, etc.*): **she pinned the flower** *to* **her dress** se prendió la flor en el vestido con un alfiler; **I pinned the poster** *to* **the door** clavé el póster en la puerta; **I've pinned the hem for now** de momento he sujetado el dobladillo con alfileres ● **don't pin your hopes on an easy victory** no te hagas ilusiones de que será una victoria fácil ● **they tried to pin the hold-up on me** trataron de culparme a mí del atraco. 2. (*to trap*) inmovilizar: **the fireman was pinned under a fallen beam** el bombero quedó inmovilizado * atrapado bajo una viga caída.
to **pin down** *vt* 1. (*to identify*) precisar: **I can't quite pin down what is going on** no sé qué es exactamente lo que pasa. 2. (*to force to decide*): **we couldn't pin him down** *to* **a date for the meeting** no logramos que concretara la fecha de la reunión. 3. (*to immobilize*) sujetar a la fuerza.
pincushion *n* alfiletero *m*.
pinprick *n* pinchazo *m*.
pinstripe *adj* de raya diplomática: **he always wears pinstripe suits** siempre lleva trajes de raya diplomática.
pin-up *n* foto *f* (*de un ídolo, una chica atractiva, etc.*).

pinafore /ˈpɪnəfɔː/ *n* delantal *m* (*con peto*).
pinafore dress *n* pichi *m*.

pinball /ˈpɪnbɔːl/ *n* flipper *m*, millón *m*.
pinball machine, pinball table *n* flipper *m*, millón *m*.

pincers /ˈpɪnsəz/ *n pl* 1. (*tool*) tenaza *f*, tenazas *fpl*. 2. (*of crab, lobster*) pinzas *fpl*.

pinch /pɪntʃ/ **I** *vt* [**pinches, pinching, pinched**] 1. (*to squeeze*) pellizcar: **she pinched his cheek** le pellizcó la mejilla, le dio un pellizco en la mejilla. 2. (*to constrict*): **these shoes pinch my toes** estos zapatos me aprietan. 3. (*fam*: *to steal*) robar, birlar: **I've had my wallet pinched** me han robado la cartera.
♦*vi* (*to constrict*) apretar: **these shoes are really pinching** estos zapatos me aprietan mucho.
II *n* [**pinches**] 1. (*squeeze*) pellizco *m* ● **when his savings ran out he began to feel the pinch** cuando sus ahorros se acabaron, empezó a pasar estrecheces ● **I could take five, at a pinch** yo podría llevar hasta a cinco, si fuera necesario. 2. (*Culin*) pizca *f*: **add a pinch of saffron for colour** añadir una pizca de azafrán para darle color ● **I would take whatever he says with a pinch of salt** no me fiaría mucho de nada de lo que él diga.

pinched /pɪntʃt/ *adj* demacrado -da: **she looked pinched** estaba demacrada.

pine /paɪn/ *n* (*tree, wood*) pino *m*.

to **pine away** *vi* [**pines, pining, pined**] morirse de pena.

to **pine for** *vt* echar mucho de menos, suspirar por: **the panda was pining for its mate** el panda echaba mucho de menos a su compañera.

pine cone *n* piña *f*.

pine forest *n* pinar *m*.

pine kernel *n* (*Culin*) piñón *m*.

pine marten *n* marta *f*.

pine needle *n* pinocha *f*: **pine needles** pinocha.

pine nut *n* (*Culin*) piñón *m*.

pine tree *n* pino *m*.

pineapple /ˈpaɪnæpəl/ *n* piña *f*, (*Arg, Urug*) ananá *m*.

ping /pɪŋ/ **I** *vi* [**pings, pinging, pinged**] sonar.
II *n* sonido *m* agudo.

ping-pong, **Ping-Pong**® /ˈpɪŋpɒŋ/ *n* (*fam*) ping-pong® *m*, tenis *m* de mesa.

pink /pɪŋk/ **I** *adj* rosa *adj inv*, rosado -da: **she went pink when he asked her to dance** se puso colorada cuando la sacó a bailar.
II *n* **1.** (*colour*) (color *m*) rosa *m*: **pink doesn't suit you** el rosa no te queda bien ● **he's in the pink (of health)** tiene muy buen aspecto. **2.** (*Bot*) clavellina *f*.
III *vi* [**pinks, pinking, pinked**] (*engine*) hacer un ruido metálico.

pinkie, **pinky** /ˈpɪŋkɪ/ *n* (dedo *m*) meñique *m*.

pinkish /ˈpɪŋkɪʃ/ *adj* rosáceo -cea.

pinnacle /ˈpɪnəkəl/ *n* **1.** (*of mountain*) cima *f*, cumbre *f*. **2.** (*of achievement*) cumbre *f*. **3.** (*Archit*) pináculo *m*.

pinpoint /ˈpɪnpɔɪnt/ *vt* [**pinpoints, pinpointing, pinpointed**] determinar con precisión: **pinpointing the cause of the crash proved difficult** resultó muy difícil determinar con precisión ✱ precisar la causa del accidente.

pint /paɪnt/ *n* **1.** (*measurement*) pinta *f* (*en GB 0,57 litros; en EE. UU. 0,47 litros*). **2.** (*GB*: *fam, of beer*) *pinta de cerveza*: **I could do with a pint** no me caería mal una cerveza.

pint-size, **pint-sized** *adj* (*fam*) diminuto -ta.

pioneer /ˌpaɪəˈnɪə/ **I** *n* (*innovator, colonizer*) pionero -ra *m/f*: **he was one of the pioneers** *of* **aviation** fue uno de los pioneros de la aviación.
II *vt* [**pioneers, pioneering, pioneered**] (*a method, technique*) ser un pionero en la aplicación de; (*a study, research*) abrir el camino en, estar en la vanguardia de.

pious /ˈpaɪəs/ *adj* piadoso -sa.

piously /ˈpaɪəslɪ/ *adv* piadosamente.

pip /pɪp/ **I** *n* **1.** (*seed*) pepita *f*, semilla *f*. **2.** (*audio signal*) pitido *m*.
II the pips *n pl* (*on radio, payphone*) la señal.

pipe /paɪp/ **I** *n* **1.** (*gen*) tubo *m*; (*for water, gas*) cañería *f*, tubería *f*. **2.** (*for tobacco*) pipa *f*: **do you smoke a pipe?** ¿fumas en pipa? ● **put that in your pipe and smoke it!** ¡chúpate esa! **3.** (*Mus*: *instrument*) caramillo *m*; (*: part of organ*) cañón *m*, tubo *m*.
II the pipes *n pl* la gaita.
III *vt* [**pipes, piping, piped**] **1.** (*oil*) llevar por oleoducto; (*water, gas*) llevar por cañería ✱ tubería. **2.** (*icing, cream*) poner con una manga.

to **pipe down** *vi* (*fam*) callarse.

pipe dream *n* quimera *f*, sueño *m* (imposible).

pipeline *n (gen)* conducto *m*; (*for oil*) oleoducto *m*; (*for gas*) gasoducto *m* ● **there are several reforms in the pipeline** se proyecta hacer varias reformas.

piped music /paɪpt ˈmjuːzɪk/ *n* música *f* ambiental, hilo *m* musical.

piper /ˈpaɪpə/ *n* (*of bagpipes*) gaitero -ra *m/f*.

pipette /pɪˈpet/ *n* pipeta *f*.

piping /ˈpaɪpɪŋ/ *n* **1.** (*system of pipes*) tuberías *f pl*, cañerías *f pl*. **2.** (*Mus*) música *f* de gaita. **3.** (*Culin*: *on a cake*) adornos *m pl* (*hechos con una manga*). **4.** (*border on clothing*) ribete *m* (*de cordón*).

piping hot *adj* bien caliente: **it should be served piping hot** debe servirse bien caliente.

piquant /ˈpiːkənt/ *adj* (*frml*) **1.** (*food*) sabroso -sa, con mucha sazón (*con especias, etc.*); (*taste*) pronunciado -da. **2.** (*experience, situation*) estimulante.

pique /piːk/ **I** *vt* [**piques, piquing, piqued**] herir (*en el orgullo*): **she was rather piqued** *by* **his remarks** se resintió ✱ se picó por sus comentarios.
II *n* despecho *m*, resentimiento *m*: **she stormed out of the room in a fit of pique** salió despechada de la habitación.

piracy /ˈpaɪrəsɪ/ *n* (*at sea, illegal copying*) piratería *f*.

piranha /pɪˈrɑːnə/ *n* piraña *f*.

pirate /ˈpaɪrət/ **I** *adj*, *n* (*buccaneer, illegal copier*) pirata *adj*, *m/f*.
II *vt* [**pirates, pirating, pirated**] piratear.

pirate edition *n* edición *f* pirata.

pirate radio station *n* emisora *f* ✱ radio *f* pirata.

pirate recording *n* grabación *f* pirata.

pirate ship *n* barco *m* pirata.

pirouette /ˌpɪrʊˈet/ **I** *n* pirueta *f*.
II *vi* [**pirouettes, pirouetting, pirouetted**] hacer piruetas.

Piscean /paɪˈsɪən/ *n* piscis *m/f inv*. ➪ Aquarian

Pisces /ˈpaɪsiːz/ *n* **1.** (*star sign*) Piscis *m*. **2.** (*person*) piscis *m/f inv*. ➪ Aquarius

piss /pɪs/ (*!!*) **I** *vi* [**pisses, pissing, pissed**] mear.
♦ *vt*: **he pissed himself laughing** se meaba de la risa.
II *n* (*urine*) meados *m pl*, pis *m*; (*act*) meada *f* ● **stop taking the piss out of me!** ¡deja de burlarte de mí!

pissed /pɪst/ *adj* (*!!*) **1.** (*GB*: *drunk*) borracho -cha, mamado -da. **2.** (*US*: *annoyed*) cabreado -da.

pissed off *adj* (*!!*) cabreado -da: **I'm getting really pissed off** *with* **him** me está cabreando.

pistachio /pɪˈstɑːʃɪəʊ/ *n* pistacho *m*.

pistol /ˈpɪstəl/ *n* pistola *f*, revólver *m*.

piston /ˈpɪstən/ *n* émbolo *m*, pistón *m*.

pit /pɪt/ **I** *n* **1.** (*gen*) foso *m*; (*grave*) fosa *f* ● **he felt a burning sensation in the pit of his stomach** sintió un ardor en la boca del estómago. **2.** (*for orchestra*) foso *m*. **3.** (*for mechanical inspection*) foso *m*. **4.** (*mine*) mina *f* (*de carbón*). **5.** (*hollow in surface*) marca *f*, hoyito *m*. **6.** (*in theatre*) platea *f*, patio *m* de butacas. **7.** (*Bot*: *seed*) hueso *m*.
II the pits *n pl* **1.** (*in motor racing*) los boxes, el box. **2.** (*fam*: *horrible place, event, etc.*): **the kitchen is filthy but that bathroom really is the pits!** ¡la cocina está asquerosa, pero el cuarto de baño es el colmo!
III *vt* [**pits, pitting, pitted**] **1.** (*to set in opposition*): **he pitted his wits** *against* **the chess champion** midió su ingenio contra el del campeón de ajedrez; **they pitted their strength ✱ themselves** *against* **the government** midieron fuerzas con el gobierno. **2.** (*to make hollows in*) marcar: **the wall was pitted** *with* **bullet holes** la pared estaba llena de agujeros de bala. **3.** (*Culin*: *to remove the stone from*) deshuesar.

pitfall *n* escollo *m*, obstáculo *m* inesperado.

pithead *n* (*GB*) bocamina *f*.

pitstop *n* entrada *f* a boxes.
pit-a-pat /ˌpɪtəˈpæt/ *adv, n* ➪ pitter-patter
pitch /pɪtʃ/ I *n* [**pitches**] 1. (*GB: for football, cricket, rugby*) terreno *m* * campo *m* (de juego), (*Amér L*) cancha *f*: **the referee sent him off the pitch** el árbitro lo echó del terreno de juego. 2. (*Mus*) tono *m*: **she has perfect pitch** tiene oído absoluto. 3. (*intensity*) punto *m*, extremo *m*: **his frustration reached such a pitch that he resigned** su frustración llegó a tal extremo * punto que dimitió. 4. (*movement of ship*) cabeceo *m*. 5. (*of roof*) pendiente *f*. 6. (*tar*) brea *f*.
II *vt* [**pitches, pitching, pitched**] 1. (*to throw*) lanzar, arrojar. 2. (*to aim*): **I've pitched my book** *at* **the lay reader** mi libro está dirigido al lector que es lego en la materia; **his lecture was pitched** *at* **the wrong level** no le dio el nivel adecuado a su conferencia. 3. (*Mus: note*) dar. 4. (*tent*) montar, armar: **we pitched our tent beside the river** montamos la tienda a orillas del río.
♦ *vi* 1. (*to fall*) caerse: **she pitched into the hedge** se cayó en el seto. 2. (*Naut*) cabecear.
to **pitch in** *vi* (*GB: fam, to help*) echar * dar una mano.
to **pitch into** *vt* (*to assault*) abalanzarse sobre; (*to criticize*) arremeter contra.
pitch-black *adj* (*object*) negro -gra como el carbón; (*place*) negro -gra como boca de lobo.
pitch-dark *adj* oscuro -ra como boca de lobo.
pitched battle /pɪtʃt ˈbætəl/ *n* batalla *f* campal.
pitcher /ˈpɪtʃə/ *n* 1. (*large clay container*) cántaro *m*. 2. (*US: jug*) jarra *f*. 3. (*in baseball*) pítcher *m/f*, lanzador -dora *m/f*.
pitchfork /ˈpɪtʃfɔːk/ *n* horca *f*.
piteous /ˈpɪtɪəs/ *adj* lastimoso -sa.
piteously /ˈpɪtɪəslɪ/ *adv* lastimosamente.
pith /pɪθ/ *n* 1. (*of citrus fruit*) corteza *f* blanca; (*in plant stem*) médula *f*. 2. (*essence*) meollo *m*, esencia *f*.
pithy /ˈpɪθɪ/ *adj* [**pithier, pithiest**] 1. (*citrus fruit*) con mucha corteza blanca. 2. (*comment, statement*) conciso -sa, sucinto -ta.
pitiable /ˈpɪtɪəbəl/ *adj* lastimoso -sa, digno -na de lástima.
pitiably /ˈpɪtɪəblɪ/ *adv* lastimosamente.
pitiful /ˈpɪtɪfʊl/ *adj* 1. (*sight, condition*) lastimoso -sa, conmovedor -dora. 2. (*excuse*) lamentable.
pitifully /ˈpɪtɪfʊlɪ/ *adv* lastimosamente: **he was pitifully weak** estaba tan débil que daba pena verlo.
pitiless /ˈpɪtɪləs/ *adj* despiadado -da, implacable.
pitilessly /ˈpɪtɪləslɪ/ *adv* despiadadamente, implacablemente.
pittance /ˈpɪtəns/ *n* miseria *f*: **she is paid a pittance** le pagan una miseria.
pitted /ˈpɪtɪd/ *adj* 1. (*skin: gen*) con marcas * cicatrices; (*: after smallpox*) picado -da de viruelas. 2. (*fruit*) deshuesado -da, sin hueso.
pitter-patter /ˈpɪtəˌpætə/ (*fam*) I *adv*: **the rain fell pitter-patter on the roof** la lluvia repiqueteaba suavemente sobre el tejado.
II *n* (*of rain*) repiqueteo *m*; (*of heart*) latido *m* rápido, palpitación *f*.
pituitary /prˈtjuːɪtərɪ/ *n* [*pl* **pituitaries**] (*también* **pituitary gland,** *pl* **pituitary glands**) glándula *f* pituitaria.
pity /ˈpɪtɪ/ I *vt* [**pities, pitying, pitied**] compadecer: **I pity the poor girl who marries him** compadezco a la pobre que se case con él; **he is to be pitied** es digno de compasión; **I pity the people he swindled** me da lástima toda la gente que timó.
II *n* 1. (*sympathy*) compasión *f*, piedad *f*: **nobody took pity** *on* **us** nadie se compadeció * se apiadó de nosotros; **have pity** *on* **me** ten piedad * apiádate de mí. 2. (*regrettable situation*) lástima *f*, pena *f*: **what a pity!** ¡qué lástima!; **it's a pity * what a pity she can't come** es una pena * qué pena que no pueda venir • **I couldn't stop him coming back, more's the pity!** desgraciadamente, no pude impedir que volviera.
pivot /ˈpɪvət/ I *n* (*Tec*) pivote *m*.
II *vi* [**pivots, pivoting, pivoted**] girar (*sobre su eje*), pivotar.
to **pivot on** *vt* (*to depend on*) depender de: **the outcome pivots on his skill** el resultado depende de su habilidad.
pixie /ˈpɪksɪ/ *n* duendecillo *m*.
pizza /ˈpiːtsə/ *n* pizza *f*.
pl. *léase* /ˈpluərəl/ (*abreviatura de* **plural**) pl. (plural).
placard /ˈplækɑːd/ *n* pancarta *f*.
placate /pləˈkeɪt/ *vt* [**placates, placating, placated**] aplacar, apaciguar: **the headmaster tried to placate the furious parents** el director del colegio intentó aplacar a los furiosos padres.
placatory /pləˈkeɪtərɪ/ *adj* apaciguador -dora.
place /pleɪs/ I *n* 1. (*situation, position: gen*) sitio *m*, lugar *m*: **it's a beautiful place** es un sitio precioso; **I doubt if you'll find it in the same place** dudo que lo vayas a encontrar en el mismo sitio; **all the microphones are** *in* **place** todos los micrófonos están colocados (en su sitio); **did you put the book back in the right place?** ¿volviste a poner el libro en su sitio?; (*: in ranking, league*) lugar *m*, puesto *m*: **he finished the race** *in* **tenth place** terminó la carrera en décimo lugar • **the prize draw will take place next month** el sorteo tendrá lugar el mes que viene • **they've opened branches all over the place** han abierto sucursales por todas partes • **they had a pianist in place of the usual jazz band** había un pianista en lugar de la banda de jazz de costumbre • **in the first place I must point out that...** en primer lugar * antes que nada debo señalar que... • **he shouldn't have opened it in the first place** para empezar, no tendría que haberlo abierto. 2. (*person's position, role*) lugar *m*: **put yourself** *in* **my place** ponte en mi lugar; **nobody could take his place** nadie podría sustituirlo * ocupar su lugar; **if you don't feel well, I'll go** *in* **your place** si no te encuentras bien, iré yo en tu lugar • **I wouldn't change places with him for anything** no me cambiaría por él por nada del mundo • **her curt reply put him in his place** su brusca respuesta lo puso en su sitio * le bajó los humos • **it's not his place to criticize us** él no es quien para criticarnos • **I feel out of place among these people** me siento fuera de lugar entre esta gente. 3. (*seat: gen*) asiento *m*, sitio *m*: **they had saved me a place** me habían guardado un asiento * sitio; **do you want to change places?** ¿quieres cambiar de asiento * sitio?; (*: at table*) cubierto *m*: **lay a place for Sue** pon un cubierto para Sue. 4. (*at work*) puesto *m*; (*on a course*) plaza *f*: **she has a place** *at* **Edinburgh University** ha conseguido una plaza en la universidad de Edimburgo. 5. (*fam: home*): **we spent the day** *at* **Carmen's place** pasamos el día en casa de Carmen. 6. (*GB: street, square*) *utilizado en nombres de calles o plazas*: **he lives in Gloucester Place** vive en Gloucester Place.
II *vt* [**places, placing, placed**] 1. (*to put, position*) poner, colocar: **he placed the wreath on the tomb** puso la corona sobre la tumba • **we're well placed for the shops** tenemos las tiendas muy cerca. 2. (*to recognize*) reconocer: **she couldn't place his accent**

no reconocía su acento; **I can't place him** no recuerdo de dónde lo conozco. **3.** (*an order*) hacer: **I placed an order for six hundred bottles** hice un pedido de seiscientas botellas. **4.** (*to invest*) invertir, colocar: **he placed two million in treasury bonds** invirtió dos millones en bonos del tesoro. **5.** (*bet*): **I've placed a bet** *on* **the favourite** he apostado por el favorito. **6.** (*to employ*) colocar, emplear: **we weren't able to place all the apprentices** nos fue imposible colocar a todos los aprendices. **7.** (*in competition*): **she was placed fifth** se clasificó en quinto lugar.

place mat *n* (*made of fabric, etc.*) mantel *m* individual; (*rigid*) *especie de salvamanteles que se coloca debajo de cada plato para proteger la mesa.*

place name *n* topónimo *m*.

place of residence *n* [**places of residence**] (*frml*) domicilio *m*.

place of worship *n* [**places of worship**] (*frml*) lugar *m* de culto, templo *m*.

place setting *n* cubierto *m*.

placement /ˈpleɪsmənt/ *n* colocación *f*.

placenta /pləˈsentə/ *n* placenta *f*.

placid /ˈplæsɪd/ *adj* apacible, tranquilo -la.

placidly /ˈplæsɪdlɪ/ *adv* apaciblemente.

plagiarism /ˈpleɪdʒərɪzəm/ *n* plagio *m*.

plagiarist /ˈpleɪdʒərɪst/ *n* plagiario -ria *m/f*.

plagiarize /ˈpleɪdʒəraɪz/ *vt* [**plagiarizes, plagiarizing, plagiarized**] plagiar.

plague /pleɪg/ **I** *n* **1.** (*Med*) peste *f* • **I'm avoiding him like the plague** huyo de él como de la peste. **2.** (*Relig*) plaga *f*. **3. the Plague** la peste bubónica.
II *vt* [**plagues, plaguing, plagued**] acosar: **the band was plagued** *with* **requests for autographs** acosaron a los integrantes del grupo pidiéndoles autógrafos; **we were plagued** *by* **mosquitoes all night** los mosquitos nos acosaron ∗ nos atormentaron durante toda la noche.

plaice /pleɪs/ *n* [*pl* **plaice**] platija *f*.

plaid /plæd/ **I** *adj* de cuadros escoceses, escocés -cesa.
II *n* tartán *m*, tela *f* escocesa.

plain /pleɪn/ **I** *n* (*flat land*) llanura *f*, llano *m*.
II *adj* **1.** (*unadorned*) sencillo -lla: **she was wearing a very plain dress** llevaba un vestido muy sencillo; **I want the plain truth** quiero la pura verdad; **say what you need in plain language** dime lo que necesitas sin rodeos. **2.** (*not patterned*) liso -sa: **are you looking for plain fabric or patterned?** ¿busca una tela lisa o estampada?; (*unlined*) sin renglones. **3.** (*food: simple*) sencillo -lla; (*: unflavoured*) natural: **plain yoghurt** yogur natural. **4.** (*obvious*) claro -ra, evidente: **it's perfectly plain that...** está clarísimo que..., es más que evidente que...; **he made it plain that he was disappointed** dejó bien claro que estaba decepcionado. **5.** (*honest*) franco -ca. **6.** (*not attractive*) poco atractivo -va.
III *adv* (*fam*): **that's plain crazy** eso es una verdadera locura; **that was plain rude** eso fue simple y llanamente una grosería.

plain chocolate *n* chocolate *m* amargo.

plain clothes I *n* ropa *f* de civil ∗ de paisano.
II *adj* vestido -da de civil ∗ de paisano: **a plain clothes policeman** un policía vestido de civil ∗ de paisano.

plain flour *n* harina *f* sin levadura.

plain speaking *n* franqueza *f*.

plain-spoken *adj* franco -ca.

plainly /ˈpleɪnlɪ/ *adv* **1.** (*honestly*) con franqueza. **2.** (*obviously*) evidentemente: **they plainly did not want to go** era evidente ∗ estaba claro que no tenían ganas de ir.

plainness /ˈpleɪnnəs/ *n* **1.** (*unattractiveness*) falta *f* de atractivo, fealdad *f*. **2.** (*simplicity*) sencillez *f*. **3.** (*of speaking*) claridad *f*.

plaintiff /ˈpleɪntɪf/ *n* demandante *m/f*.

plaintive /ˈpleɪntɪv/ *adj* (*voice*) quejumbroso -sa, lastimero -ra.

plait /plæt/ **I** *vt* [**plaits, plaiting, plaited**] trenzar.
II *n* trenza *f*: **she had her hair** *in* **plaits** llevaba trenzas.

plan /plæn/ **I** *n* **1.** (*project*) plan *m*: **the government drew up an investment plan** el gobierno elaboró un plan de inversión; **did everything go according to plan?** ¿salió todo como estaba previsto? • **I have no plans for tonight** no tengo ningún plan ∗ programa para esta noche • **what are your plans for the summer?** ¿qué piensas hacer en verano? • **what's the plan?** ¿qué vamos a hacer? **2.** (*design, map*) plano *m*: **the architect drew up (the) plans for the extension** el arquitecto hizo los planos para la ampliación.
II *vt* [**plans, planning, planned**] **1.** (*to intend*) pensar: **when do they plan to leave?** ¿cuándo piensan irse? **2.** (*future activity*) planear; (*economy, family*) planificar. **3.** (*building*) diseñar.
♦ *vi* proyectar, hacer planes.

to **plan for** *vt* prever: **the police had planned for large crowds** la policía había previsto la asistencia de una multitud.

to **plan on** *vt* tener pensado -da: **I'm planning on staying the night** tengo pensado pasar la noche allí; **I hadn't planned on having to pay for it myself** no contaba con tener que pagarlo yo.

to **plan out** *vt* planear cuidadosamente.

plane /pleɪn/ **I** *n* **1.** (*aeroplane*) avión *m*: **he's going** *by* **plane** va en avión. **2.** (*Maths*) plano *m* • **her arguments were on a higher plane** sus argumentos eran de un nivel más elevado. **3.** (*in carpentry*) cepillo *m* (de carpintero).
II *adj* (*Maths*: *surface*) plano -na.
III *vt* [**planes, planing, planed**] (*wood*) cepillar.

plane tree *n* plátano *m* (de sombra).

planet /ˈplænɪt/ *n* planeta *m*: **Planet Earth** el planeta Tierra.

planetarium /ˌplænɪˈteərɪəm/ *n* planetario *m*.

planetary /ˈplænɪtərɪ/ *adj* planetario -ria.

plank /plæŋk/ *n* tablón *m*, tabla *f* • **he's as thick as two short planks** es más corto que las mangas de un chaleco.

plankton /ˈplæŋktən/ *n* plancton *m*.

planner /ˈplænə/ *n* **1.** (*person*) planificador -dora *m/f*. **2.** (*on wall, in diary*) *diagrama para planificar el trabajo del año.*

planning /ˈplænɪŋ/ *n* planificación *f*.

planning permission *n* permiso *m* de obras.

plant /plɑːnt/ **I** *n* **1.** (*Bot*) planta *f*. **2.** (*factory*) planta *f*, fábrica *f*. **3.** (*machinery*) maquinaria *f*.
II *vt* [**plants, planting, planted**] **1.** (*Bot*: *trees, shrubs*) plantar; (*: seeds*) sembrar: **ten hectares were planted** *with* **wheat** sembraron diez hectáreas de trigo • **what strange ideas have you planted in his head?** ¿qué ideas raras le has metido en la cabeza? • **she planted herself in the middle of the sofa** se plantó ∗ se plantificó en medio del sofá. **2.** (*a kiss*) estampar, plantar. **3.** (*incriminating material*) poner (*para incriminar a alguien*): **they had planted drugs in his suitcase** le habían puesto drogas en la maleta; (*a bomb*) colocar, poner: **she planted the bomb in a left**

luggage locker colocó la bomba en una consigna automática; (*a spy*) infiltrar: **hecklers were planted in the meeting** infiltraron alborotadores en el mitin.
to **plant out** *vt* trasplantar.
plant kingdom *n* reino *m* vegetal.
plant pot *n* maceta *f*, tiesto *m*.
plantain /ˈplɑːntɪn/ *n* (*cooking banana*) plátano *m* (*grande, que se come frito, etc.*).
plantation /plɑːnˈteɪʃən/ *n* plantación *f*, hacienda *f*.
planter /ˈplɑːntə/ *n* **1.** (*Agr*: *machine*) plantadora *f*, sembradora *f*. **2.** (*plantation owner*) hacendado -da *m/f*.
plaque /plæk/ *n* **1.** (*sign*) placa *f*. **2.** (*on teeth*) placa *f* dental.
plasma /ˈplæzmə/ *n* plasma *m*.
plaster /ˈplɑːstə/ **I** *vt* [**plasters, plastering, plastered**] **1.** (*wall*) revocar, enlucir. **2.** (*fam*: *to cover*) cubrir: **the car was plastered** *with* **stickers** el coche estaba cubierto de pegatinas.
II *n* **1.** (*powder*) yeso *m*; (*finish*) revoque *m*. **2.** (*for broken limbs*) yeso *m*, escayola *f*: **she has her arm** *in* **plaster** tiene el brazo escayolado * enyesado. **3.** (*GB*: *for small cuts*) tirita® *f*, (*Amér L*) curita® *f*.
plaster cast *n* **1.** (*Med*) yeso *m*, escayola *f*. **2.** (*sculpture*) vaciado *m* de * en yeso, escayola *f*.
plaster of Paris *n* yeso *m*, escayola *f*.
plastered /ˈplɑːstəd/ *adj* (*fam*) borracho -cha, como una cuba: **he gets plastered every night** se emborracha todas las noches.
plasterer /ˈplɑːstərə/ *n* yesero -ra *m/f*.
plastic /ˈplæstɪk/ **I** *adj* (*cup, toy, handbag*) de plástico.
II *n* **1.** (*material*) plástico *m*: **the handle is made of plastic** el asa es de plástico. **2.** (*fam*: *credit cards*) tarjetas *f pl* de crédito.
III plastics *n pl* (materiales *m pl*) plásticos *m pl*.
plastic arts *n pl* artes *f pl* plásticas.
plastic bag *n* bolsa *f* de plástico.
plastic bullet *n* bala *f* de plástico.
plastic explosive *n* goma *f* dos.
plastic surgeon *n* especialista *m/f* en cirugía plástica, cirujano *m* plástico, cirujana *f* plástica.
plastic surgery *n* cirugía *f* plástica.
Plasticine®, plasticine® /ˈplæstəsiːn/ *n* plastilina® *f*.
plasticity /plæˈstɪsətɪ/ *n* plasticidad *f*.
plate /pleɪt/ **I** *n* **1.** (*for food*) plato *m* • **I have enough on my plate without you...** ya tengo bastantes problemas sin que encima tú.... **2.** (*fam*: *for dentures*) dentadura *f* postiza. **3.** (*of metal*) chapa *f*. **4.** (*illustration*) ilustración *f*, lámina *f*.
II *vt* [**plates, plating, plated**] (*with metal*) chapar, enchapar.
plateful *n* plato *m*: **what a plateful** *of* **spaghetti!** ¡qué platazo de espaguetis!
plate glass *n* vidrio *m* * cristal *m* cilindrado.
plate rack *n* escurreplatos *m inv*, escurridor *m*.
plateau /ˈplætəʊ/ *n* [**plateaus** * **plateaux** /ˈplætəʊz/] meseta *f*.
platform /ˈplætfɔːm/ **I** *n* **1.** (*gen*) plataforma *f*, tarima *f*. **2.** (*at meeting*) tribuna *f*, estrado *m*. **3.** (*in station*) andén *m*: **the train will leave from platform six** el tren saldrá del andén número seis. **4.** (*manifesto*) plataforma *f*.
II platforms *n pl* (*también* **platform soles**) (*shoes*) zapatos *m pl* de plataforma.
platinum /ˈplætɪnəm/ *n* platino *m*.
platinum blonde *n* rubia *f* platino * platinada.
platitude /ˈplætɪtjuːd/ *n* tópico *m*, perogrullada *f*.
platonic /pləˈtɒnɪk/ *adj* platónico -ca.
platoon /pləˈtuːn/ *n* (*Mil*) sección *f*.
platter /ˈplætə/ *n* fuente *f* (*para servir alimentos*).
platypus /ˈplætipəs/ *n* [**platypuses**] ornitorrinco *m*.
plausibility /plɔːzəˈbɪlətɪ/ *n* admisibilidad *f*, verosimilitud *f*.
plausible /ˈplɔːzəbəl/ *adj* (*excuse, story*) admisible, verosímil: **that doesn't sound very plausible to me** eso no me parece muy convincente.
play /pleɪ/ **I** *n* **1.** (*drama*) obra *f* (de teatro). **2.** (*Sport*: *action*) juego *m*: **the ball is** *out of/in* **play** el balón está fuera de juego/en juego; **there was a lot of foul play in that match** hubo mucho juego sucio en ese partido; **what time does play start?** ¿a qué hora empieza el partido? **3.** (*of children*) juego *m*: **the study focuses on children** *at* **play** el estudio se centra en las actividades lúdicas de los niños * en el juego infantil. **4.** (*slackness*) juego *m*: **there's too much play in the clutch** el embrague tiene demasiado juego.
II *vi* [**plays, playing, played**] **1.** (*children*) jugar: **they are playing** *at* **cowboys and Indians** están jugando a los vaqueros • **what do you think you're playing at?** ¿qué es lo que te propones? **2.** (*musician*) tocar: **Racanelli played well last night** Racanelli tocó bien anoche; (*instrument, radio*): **a radio was playing in the next room** se oía una radio en la habitación de al lado. **3.** (*performer, actor*) actuar: **she'll be playing** *in* **Macbeth next month** el mes próximo va a actuar en Macbeth. **4.** (*film, drama*): **"Twin Beds" is only playing for a month** "Twin Beds" va a estar en cartel sólo durante un mes. **5.** (*Sport*) jugar: **I usually play** *(at)* **left half** generalmente juego de medio izquierdo. **6.** (*water*): **fountains played in the centre of the garden** el agua jugaba en las fuentes del centro del jardín.
♦*vt* **1.** (*instrument*) tocar: **can he play the trumpet?** ¿sabe tocar la trompeta?; (*composition*) interpretar, tocar: **he played a Liszt concerto** interpretó * tocó un concierto de Liszt; **play the CD you bought yesterday** pon el compacto que compraste ayer. **2.** (*games, cards*) jugar a: **will you play (a game of) cards with me?** ¿quieres jugar a las cartas conmigo?; (*a card*) echar, jugar: **he played the five of clubs** echó * jugó el cinco de tréboles. **3.** (*tennis, football, etc.*) jugar a: **I want to learn to play tennis** quiero aprender a jugar al tenis; (*a team*) jugar contra: **Ireland play Wales tomorrow** Irlanda juega mañana contra Gales. **4.** (*character*) hacer el papel de; (*role*) interpretar: **she played the lead in Antigone** interpretó el papel principal en Antígona. **5.** (*hosepipe, light*) mover: **he played the spotlight** *on* **the stage** recorrió el escenario con el proyector.
to **play about** *vi* juguetear.
to **play along** *vi* (*fam*): **play along** *with* **him as long as he doesn't ask for money** síguele el juego mientras no te pida dinero.
to **play around** *vi* **1.** (*to fidget*) juguetear: **she was playing around** *with* **her pencil** jugueteaba con su lápiz. **2.** (*to waste time*) gandulear.
to **play back** *vt* (*recording*) poner.
to **play down** *vt* quitarle importancia * trascendencia a: **the government tried to play down his involvement in the affair** el gobierno intentó quitarle importancia a su implicación en el asunto.
to **play off** *vt* enfrentar: **he amused himself by playing one teacher off** *against* **the other** se divertía enfrentando a un profesor con el otro.
to **play on, play upon** *vt* aprovecharse de: **he played on**

their credulity to obtain a loan se aprovechó de su credulidad para conseguir un préstamo.

to **play up** (*fam*) *vi* **1.** (*machine*) marchar mal: **the television set's always playing up** el televisor siempre tiene algún problema. **2.** (*child*) dar guerra, portarse mal: **as soon as their father leaves, they start playing up** en cuanto se va el padre, empiezan a dar guerra.

♦*vt* darle guerra a: **her rheumatism plays her up whenever it rains** el reuma le da guerra cada vez que llueve.

playact *vi* [**playacts, playacting, playacted**] hacer comedia.

playboy *n* playboy *m*.

playgoer *n* aficionado -da *m/f* al teatro.

playground *n* patio *m* de recreo • **the island is a playground for the wealthy** la isla es un lugar de vacaciones predilecto de los ricos.

playgroup *n* jardín *m* de infancia (*organizado por la comunidad*).

playhouse *n* teatro *m*.

playmate *n* compañero -ra *m/f* de juegos.

play-off *n* desempate *m*.

play on words *n* juego *m* de palabras.

playpen *n* (*Educ*) parque *m* (*para niños*), (*Amér L*) corral *m*.

playroom *n* cuarto *m* de los juguetes * de jugar.

plaything *n* juguete *m*.

playtime *n* (*GB*: *Educ*) recreo *m*.

player /ˈpleɪə/ *n* **1.** (*of games, sport*) jugador -dora *m/f*. **2.** (*in theatre*) actor *m*, actriz *f*. **3.** (*Mus*) músico -ca *m/f*, intérprete *m/f*.

playful /ˈpleɪfʊl/ *adj* juguetón -tona.

playfully /ˈpleɪfʊlɪ/ *adv* juguetonamente.

playing card /ˈpleɪɪŋ kɑːd/ *n* naipe *m*, carta *f*.

playing field /ˈpleɪɪŋ fiːld/ *n* campo *m* de deportes.

playwright /ˈpleɪraɪt/ *n* dramaturgo -ga *m/f*.

PLC, **plc** /piːelˈsiː/ *n* (*GB*) (*abreviatura de* **Public Limited Company**) S.A. (Sociedad Anónima).

plea /pliː/ *n* **1.** (*frml*: *appeal*) petición *f*, súplica *f*: **their plea** *for* **mercy was in vain** su petición de misericordia fue en vano. **2.** (*Law*) alegato *m*.

plead /pliːd/ *vi* [**pleads, pleading, pleaded** * (*US*) **pled**] **1.** (*to beg*): **she pleaded** *with* **him to release her** le suplicó * le rogó que la dejara en libertad; **he pleaded** *for* **more time to pay** suplicó * rogó que le diesen más tiempo para pagar. **2.** (*in court*): **he pleaded guilty/not guilty** se declaró culpable/inocente.

♦*vt* **1.** (*to offer as excuse*): **you'll have to plead ignorance** tendrás que alegar que no sabías. **2.** (*Law*) alegar: **she pleaded self-defence** alegó legítima defensa; **no barrister will plead our case** ningún abogado quiere llevar nuestro caso * defendernos.

pleasant /ˈplezənt/ *adj* **1.** (*place, experience*) agradable: **the weather was very pleasant** hizo un tiempo muy agradable; **meeting them was a pleasant surprise** fue una grata sorpresa encontrarnos con ellos. **2.** (*person*) agradable, simpático -ca.

pleasantly /ˈplezəntlɪ/ *adv* (*to smile, say*) de manera agradable: **I was very pleasantly surprised** me llevé una sorpresa muy agradable.

pleasantry /ˈplezəntrɪ/ **I** *n* [**pleasantries**] (*joke*) broma *f*.

II pleasantries *n pl* (*standard polite remarks*) cumplidos *m pl*, cortesías *f pl*: **they exchanged pleasantries before moving on** se intercambiaron cumplidos antes de seguir adelante.

please /pliːz/ **I** *adv* por favor: **open the door, please** abre la puerta, por favor; **please don't say anything to him** haz(me) el favor de no decirle nada a él, no le digas nada a él, por favor; **help me, please!** ¡ayúdame, por favor * te lo ruego!; (*on sign*): **please do not take photographs inside the cathedral** se ruega no tomar fotos dentro de la catedral; **"Would you like a drink?" "Yes, please."** "¿Quieres algo de beber?" "Sí, gracias."; **"May I taste it?" "Please do!"** "¿Puedo probarlo?" "¡Como no!" * "¡Por supuesto!"

II *vt* [**pleases, pleasing, pleased**] (*to satisfy, give pleasure to*) complacer: **my boss isn't easy to please** mi jefe no es fácil de complacer; **play the piano a bit just to please granny** toca el piano un poco para darle gusto * hacerle el gusto a la abuelita; **we were all pleased by the performance** la representación nos gustó a todos • **"Need I go?" "Please yourself."** "¿Hace falta que vaya yo?" "Como quieras."

♦*vi* **1.** (*to give pleasure*) agradar, gustar. **2.** (*to wish*) querer: **come and see us whenever you please** venga a vernos cuando quiera; **do as you please** haz como te parezca, haz lo que quieras • **whatever I say, he'll do just as he pleases** diga lo que diga yo, él hará lo que le dé la reverenda gana • **be seated, gentlemen, if you please** tengan la bondad de sentarse, caballeros.

pleased /pliːzd/ *adj* **1.** (*contented, happy*) contento -ta: **she's pleased** *with* **the new car** está contenta con el coche nuevo; **I'm pleased to hear you're better** me alegra saber que te encuentras mejor; **we're pleased** *about* **his success** nos alegramos de su éxito; **I am pleased to inform you that your application has been successful** me complace comunicarle * tengo el placer de comunicarle que su solicitud ha sido aceptada. **2.** (*satisfied*) satisfecho -cha: **you must be pleased** *with* **your daughter** debes de estar satisfecho con tu hija; **she was pleased** *at* **the result** quedó satisfecha con el resultado • **I don't work for them any more, I'm pleased to say** me alegra poder decir que ya no trabajo para ellos • **pleased to meet you** mucho gusto * encantado.

pleasing /ˈpliːzɪŋ/ *adj* (*pleasant*) agradable: **the sound is very pleasing** *to* **the ear** el sonido es muy agradable al oído; (*satisfying*) gratificante: **the exam results are very pleasing** los resultados de los exámenes son muy gratificantes.

pleasurable /ˈpleʒərəbəl/ *adj* (*frml*) grato -ta, agradable.

pleasure /ˈpleʒə/ *n* placer *m*, gusto *m*: **she takes great pleasure** *in* **painting** disfruta mucho pintando; **I accept your invitation with great pleasure** acepto su invitación con mucho gusto; **she's a pleasure to teach** da gusto darle clase • **"Thank you." "It's a pleasure."** "Gracias." "No hay de qué."

pleasure boat *n* (*small*) bote *m* de recreo; (*large*) barco *m* de recreo.

pleasure-loving, pleasure-seeking *adj* hedonista.

pleasure trip *n* viaje *m* de placer.

pleat /pliːt/ **I** *vt* [**pleats, pleating, pleated**] (*material*) hacer pliegues en; (*a skirt: gen*) tablear; (*: with small pleats*) plisar: **she wore a pleated grey skirt** llevaba puesta una falda gris tableada.

II *n* (*in material*) pliegue *m*; (*in skirt*) tabla *f*.

pleb /pleb/ **I** *n* (*fam*) ordinario -ria *m/f*.

II the plebs *n pl* la plebe.

plebeian, (*US*) **plebian** /plɪˈbiːən/ *adj*, *n* plebeyo -ya *adj*, *m/f*.

plectrum /ˈplektrəm/ *n* [**plectrums** * **plectra** /ˈplektrə/] plectro *m*, púa *f*.

pledge /pledʒ/ **I** *vt* [**pledges, pledging, pledged**] **1.** (*frml*: *to promise*) prometer: **neighbouring provinces pledged us their assistance** las provincias vecinas nos prometieron su ayuda; (*: to swear*) jurar: **he pledged never to betray her** juró no traicionarla nunca. **2.** (*to commit*): **he's pledged himself to make amends to us** se ha comprometido a compensarnos; **I have pledged my word** he dado mi palabra. **3.** (*to pawn*) empeñar.
II *n* **1.** (*Fin*: *guarantee*) garantía *f*. **2.** (*symbol*) prenda *f*, señal *f*: **she sent it as a pledge of her loyalty** lo envió como prenda * en señal de su lealtad. **3.** (*frml*: *promise*) promesa *f* solemne: **he gave a pledge to work for peace** se comprometió a trabajar por la paz.

plenary /'pli:nərɪ/ *adj* plenario -ria: **the Congress is in plenary session** el Congreso está celebrando una sesión plenaria.

plentiful /'plentɪfʊl/ *adj* abundante.

plenty /'plentɪ/ **I** *pron* **1.** (*a lot: in number*) muchos -chas: **keep these folders, I have plenty more at home** quédate con estas carpetas, yo tengo muchas más en casa; **there are plenty** *of* **hotels in this town** hay muchos hoteles en este pueblo; (*: in quantity*) mucho -cha: **don't buy any more sugar, we still have plenty** no compres más azúcar, todavía nos queda mucho. **2.** (*more than enough*): **"Would you like some more?" "No, I've had plenty."** "¿Quieres más?" "No, ya he comido más que suficiente."; **don't worry, she has plenty** *of* **time to get here** no te preocupes, tiene tiempo de sobra para llegar.
II *n* abundancia *f*.
III *adv* (*fam*): **this coat should be plenty big enough for her** este abrigo con seguridad es lo suficientemente grande para ella.

pleurisy /'plʊərəsɪ/ *n* pleuresía *f*, pleuritis *f inv*.

pliability /ˌplaɪə'bɪlətɪ/ *n* **1.** (*of material*) flexibilidad *f*, maleabilidad *f*. **2.** (*of person, attitude*) flexibilidad *f*.

pliable /'plaɪəbəl/ *adj* **1.** (*material*) flexible, maleable. **2.** (*person, attitude*) flexible.

pliers /'plaɪəz/ *n pl* alicate *m*, alicates *m pl*.

plight /plaɪt/ *n*: *situación difícil, grave, triste, etc.*: **she was moved by the plight of those left homeless** la conmovió la triste situación de las personas que habían quedado sin techo.

plimsolls /'plɪmsəlz/ *n pl* (*GB*) zapatillas *f pl* de tenis, (*Amér L*) tenis *m pl*.

plinth /plɪnθ/ *n* plinto *m*.

PLO /pi:el'əʊ/ *n* (*abreviatura de* **Palestine Liberation Organization**) OLP *f* (Organización para la Liberación de Palestina).

plod /plɒd/ *vi* [**plods, plodding, plodded**] caminar lenta y pesadamente: **he plodded up the hill** subió la colina lenta y pesadamente • **I've just plodded through his latest novel** acabo de terminar a duras penas su última novela.
to **plod away * on** *vi*: **he plodded on** *through* **his essay** siguió escribiendo su ensayo laboriosamente; **are you still plodding away** *at* **that job?** ¿sigues batallando con ese trabajo?

plodder /'plɒdə/ *n*: *trabajador o estudiante diligente y metódico pero poco imaginativo.*

plonk /plɒŋk/ **I** *n* **1.** (*GB*: *fam, wine*) morapio *m*, vino *m* barato (*y de escasa calidad*). **2.** (*noise*) pum *m*.
II *vt* [**plonks, plonking, plonked**] (*fam*) dejar caer, plantar: **he plonked his rucksack** *down* **on the table** dejó caer la mochila sobre la mesa; **she plonked herself in front of the television** se plantó enfrente de la tele.

plop /plɒp/ (*fam*) **I** *n* plaf *m*: **with a plop the frog leapt back into the pond** la rana hizo plaf al volver a saltar al estanque.
II *vi* [**plops, plopping, plopped**] (*to make noise*) hacer plaf; (*to fall noisily*) caer haciendo plaf.

plot /plɒt/ **I** *vt* [**plots, plotting, plotted**] **1.** (*to make a plan for*) tramar: **they were plotting the overthrow of the government** estaban tramando el derrocamiento del gobierno; **they're plotting to kidnap her** están conspirando para raptarla. **2.** (*graph*) trazar: **plot your results on a graph** marque los resultados en un gráfico; (*position*) determinar .
♦*vi* conspirar: **they were plotting** *against* **the government** estaban conspirando contra el gobierno.
II *n* **1.** (*of play, book*) argumento *m*, trama *f* • **she's gone to Paris! the plot thickens...** ¡ella se ha ido a París! el asunto se está poniendo interesante.... **2.** (*secret plan*) compló *m*, conspiración *f*: **they're hatching a plot** *against* **the government** están tramando un compló contra el gobierno. **3.** (*piece of land: gen*) parcela *f*, terreno *m*; (*: for building*) solar *m*.

plough, (*US*) **plow** /plaʊ/ **I** *n* arado *m*.
II *vt* [**ploughs, ploughing, ploughed**] arar.
♦*vi* **1.** (*Agr*) arar la tierra. **2.** (*to crash, charge*) estrellarse, chocar: **the train ploughed** *into* **the barriers** el tren se estrelló contra las barreras; **the car ploughed** *through* **the barrier** *into* **the field** el coche derribó la barrera y se metió en el campo. **3.** (*to work, move with difficulty*): **he ploughed** *through* **a five hundred-page report** se leyó (laboriosamente) un informe de quinientas páginas.
to **plough back** *vt* (*funds*) reinvertir.
to **plough on** *vi* (*fam*) perseverar, seguir adelante.
ploughman, (*US*) **plowman** *n* [*pl* **ploughmen, plowmen**] labrador *m*.
ploughman's (lunch) *n* [*pl* **ploughman's (lunches)**] (*GB*) *refrigerio de pan con queso y encurtidos.*

ploughing, (*US*) **plowing** /'plaʊɪŋ/ *n* labranza *f*.

plow /plaʊ/ *n, vt/i* [**plows, plowing, plowed**] *y palabras compuestas* (*US*) ⇨ plough

ploy /plɔɪ/ *n* estratagema *f*, ardid *m*: **it was just a ploy to get her money** no era más que una estratagema para sacarle el dinero.

pluck /plʌk/ **I** *vt* [**plucks, plucking, plucked**] **1.** (*to pull off*) arrancar • **he plucked up (the) courage to say no** se armó de valor para decir que no. **2.** (*stringed instrument*) puntear. **3.** (*poultry*) desplumar. **4.** (*eyebrows*) depilar.
II *n* (*fam*) valor *m*, agallas *f pl*.

pluckily /'plʌkəlɪ/ *adv* valientemente.

plucky /'plʌkɪ/ *adj* [**pluckier, pluckiest**] valiente, con agallas.

plug /plʌg/ **I** *n* **1.** (*for basin, sink*) tapón *m*. **2.** (*electrical: on apparatus*) enchufe *m*; (*fam*: *socket*) toma *f* de corriente. **3.** (*también* **spark plug**) (*Auto*) bujía *f*. **4.** (*fam*: *publicity*) publicidad *f*, propaganda *f*: **he gave her album a plug on his programme** le dio publicidad al álbum durante su programa.
II *vt* [**plugs, plugging, plugged**] **1.** (*to cover, fill*) tapar. **2.** (*fam*: *to advertise*) hacerle propaganda a, darle publicidad a: **they were each plugging their own brands** cada uno le hacía propaganda a su propia marca.
to **plug in** *vt* enchufar: **it's not plugged in** no está enchufado.
plughole *n* (*in sink*) desagüe *m*.

plum /plʌm/ *n* **1.** (*fruit*) ciruela *f* • **he's found himself**

a plum job ha conseguido un chollo de trabajo. **2.** (*colour*) color *m* ciruela.

plum pudding *n*: *budín de pasas y especias.*

plum tree *n* ciruelo *m*.

plumage /ˈpluːmɪdʒ/ *n* plumaje *m*.

plumb /plʌm/ **I** *n* **1.** (*for depth-sounding*) sonda *f*. **2.** (*used in building*) plomada *f*: **this wall is** *out of* **plumb** esta pared no está a plomo.
II *adj* (*Archit*) a plomo.
III *adv* (*US: fam, completely*): **she's plumb idle** es una perezosa redomada.
IV *vt* [**plumbs, plumbing, plumbed**] **1.** (*Archit*) aplomar. **2.** (*sea*) sondar • **this novel plumbs the depths of depravity** esta novela hurga en los abismos de la depravación.

to **plumb in** *vt* (*washing machine, etc.*) conectar.

plumb line *n* plomada *f*.

plumber /ˈplʌmə/ *n* fontanero -ra *m/f*, (*Amér L*) plomero -ra *m/f*.

plumbing /ˈplʌmɪŋ/ *n* **1.** (*network of pipes*) instalación *f* sanitaria. **2.** (*occupation*) fontanería *f*, (*Amér L*) plomería *f*.

plume /pluːm/ *n* **1.** (*large feather: gen*) pluma *f*; (*: on headgear, bridle*) penacho *m*. **2.** (*of steam, smoke*) columna *f*.

plummet /ˈplʌmɪt/ *vi* [**plummets, plummeting, plummeted**] **1.** (*person, object*) caer en picado: **his parachute failed to open and he plummeted** *to* **the ground** su paracaídas no se abrió y cayó en picado; **their spirits plummeted** les quedó el ánimo por los suelos. **2.** (*aircraft, bird, prices, shares*) caer en picado.

plump /plʌmp/ **I** *adj* (*person*) llenito -ta, regordete -ta; (*hands, fingers*) regordete -ta; (*chicken, turkey*) gordo -da.
II *vt* [**plumps, plumping, plumped**] **1.** (*to put*) plantar: **he plumped the bag** *down* **on the chair** plantó la bolsa en la silla. **2.** (*pillow, duvet*) ahuecar.

to **plump for** *vt* (*fam*) optar por * decidirse por.

to **plump up** *vt* (*pillow, duvet*) ahuecar.

plumpness /ˈplʌmpnəs/ *n* lo regordete.

plunder /ˈplʌndə/ **I** *vt* [**plunders, plundering, plundered**] saquear.
II *n* **1.** (*act*) rapiña *f*, saqueo *m*. **2.** (*goods*) botín *m*.

plunge /plʌndʒ/ **I** *vi* [**plunges, plunging, plunged**] **1.** (*to fall*) caer: **he plunged** *to* **his death from the bridge** cayó desde el puente y pereció. **2.** (*to dive*) zambullirse: **she plunged** *into* **the pool** se zambulló en la piscina, se tiró de cabeza a la piscina.
♦*vt* **1.** (*sharp object, teeth*) clavar, hundir: **she plunged the dagger** *into* **his heart** le clavó * le hundió el puñal en el corazón. **2.** (*to submerge*) meter, sumergir: **he plunged his hands** *into* **the bucket** metió las manos en el cubo; **the company was plunged** *into* **debt** la compañía se endeudó; **suddenly we were plunged** *into* **darkness** de repente nos quedamos a oscuras; **the news plunged her** *into* **despair** la noticia la hundió * la sumió en la desesperación.
II *n* **1.** (*fall*) caída *f*. **2.** (*dive into water*) zambullida *f* • **I wasn't brave enough to take the plunge** no tuve valor para dar el paso decisivo • **he finally took the plunge and got married** finalmente se decidió a dar el paso y se casó.

plunger /ˈplʌndʒə/ *n* **1.** (*for drains*) desatascador *m*. **2.** (*piston*) émbolo *m*, pistón *m*.

plunging /ˈplʌndʒɪŋ/ *adj*: **a dress with a plunging neckline** un vestido con un escote muy profundo.

pluperfect /pluːˈpɜːfɪkt/ *n* pluscuamperfecto *m*.

plural /ˈplʊərəl/ **I** *adj* plural.
II the plural *n* (*Ling*) el plural.

plus /plʌs/ **I** *n* [**pluses * plusses**] **1.** (*también* **plus sign**) (*Maths*) (signo *m*) más *m*. **2.** (*fam: advantage*) ventaja *f*, punto *m* a favor: **it's a big plus that the house is close to the station** es una gran ventaja que la casa esté tan cerca de la estación.
II *prep* más: **five plus seven is * makes twelve** cinco más siete son * hacen doce; **they charged me fifteen pounds plus VAT** me cobraron quince libras más el IVA.
III *adj* (*positive*) positivo -va: **her experience is a plus factor** su experiencia es un factor a su favor • **he must be seventy plus** debe de tener más de setenta años * de setenta años para arriba.

plush /plʌʃ/ **I** *n* felpa *f*, peluche *m*.
II *adj* (*fam*) lujoso -sa.

Pluto /ˈpluːtəʊ/ *n* Plutón *m*.

plutocracy /pluːˈtɒkrəsɪ/ *n* plutocracia *f*.

plutocrat /ˈpluːtəkræt/ *n* plutócrata *m/f*.

plutocratic /ˌpluːtəˈkrætɪk/ *adj* plutocrático -ca.

plutonium /pluːˈtəʊnɪəm/ *n* plutonio *m*.

ply /plaɪ/ **I** *vt* [**plies, plying, plied**] **1.** (*a trade*) ejercer. **2.** (*a route*) hacer: **our vessel plies the Caribbean** nuestro barco hace la ruta del Caribe. **3.** (*to pester*) acosar: **the journalists plied him** *with* **questions** los periodistas lo acosaron a preguntas; **he plied her** *with* **drinks** le sirvió una copa tras otra.
♦*vi*: *(between places)* hacer la ruta.
II *n* **1.** (*of wool*) cabo *m*, hebra *f*: **you need four-ply wool** necesitas lana de cuatro cabos * de cuatro hebras. **2.** (*of paper, wood*) capa *f*.

plywood *n* (*Tec*) contrachapado *m*.

PM /piːˈem/ *n* (*GB*) (*abreviatura de* **Prime Minister**) primer ministro *m*, primera ministra *f*.

p.m. /piːˈem/ *(abreviatura latina que significa* **after midday***)* de la tarde/noche: **it's five p.m.** son las cinco de la tarde.

PMT /piːemˈtiː/ *n* (*abreviatura de* **premenstrual tension**) tensión *f* premenstrual.

pneumatic /njuːˈmætɪk/ *adj* neumático -ca.

pneumatic drill *n* taladro *m* * martillo *m* neumático.

pneumonia /njuːˈməʊnɪə/ *n* pulmonía *f*, neumonía *f*.

PO *léase* /pəʊst ˈɒfɪs/ (*in GB*) (*abreviatura de* **Post Office**) Correos [never used with an article in Spain], (*Amér L*) el Correo.

PO Box /piːˈəʊ bɒks/ *n* aptdo. de correos (apartado de correos).

p.o. *léase* /ˈpəʊstəl ˈɔːdə/ (*abreviatura de* **postal order**) giro *m* postal.

poach /pəʊtʃ/ *vt* [**poaches, poaching, poached**] **1.** (*Culin: eggs*) escalfar; (*: fish, etc.*) cocer (*en agua o leche y a fuego muy lento*). **2.** (*game*) cazar furtivamente * en vedado; (*fish*) pescar furtivamente * en vedado • **a rival company has poached our latest project** una empresa de la competencia nos ha birlado el último proyecto.
♦*vi* (*for game*) cazar furtivamente; (*for fish*) pescar furtivamente: **they were fined for poaching** les pusieron una multa por cazar/pescar furtivamente.

poacher /ˈpəʊtʃə/ *n*: *cazador o pescador furtivo.*

poaching /ˈpəʊtʃɪŋ/ *n* (*by hunters*) caza *f* furtiva; (*by fishermen*) pesca *f* furtiva.

pocket /ˈpɒkɪt/ **I** *n* **1.** (*in garment*) bolsillo *m* • **the meal left him out of pocket** la comida le dejó los bolsillos vacíos • **a variety of goods to suit every pocket** un surtido de artículos para todos los bolsillos • **she had her pocket picked at the station** le robaron en la estación. **2.** (*small area*) bolsa *f.* **3.** (*in billiards*) tronera *f.*

II *adj* (*small*) de bolsillo: **I use my pocket calculator in the supermarket** utilizo la calculadora de bolsillo cuando voy al supermercado.

III *vt* [**pockets, pocketing, pocketed**] **1.** (*to take dishonestly*) embolsarse, quedarse con. **2.** (*to put in one's pocket*) meterse en el bolsillo.

pocketbook *n* **1.** (*GB*: *notebook*) *libreta o manual de bolsillo.* **2.** (*US*) ➪ handbag

pocketful *n* bolsillo *m* (*lo que cabe en un bolsillo*).

pocket money *n* (*GB: for children*) paga *f* • **she doesn't need to work, it is just pocket money for her** no necesita trabajar, es dinero para gastárselo en caprichos.

pocket-size, pocket-sized *adj* de bolsillo.

pockmark /'pɒkmɑːk/ *n* (*gen*) *marca o cicatriz dejada por el acné, etc.*; (*from smallpox*) picadura *f* de viruela.

pockmarked /'pɒkmɑːkt/ *adj* (*gen*) lleno -na de marcas * cicatrices; (*from smallpox*) picado -da de viruelas.

pod /pɒd/ *n* (*of pea, bean*) vaina *f.*

podgy /'pɒdʒɪ/ *adj* [**podgier, podgiest**] (*fam*) gordinflón -flona, rechoncho -cha.

podiatry /pɒ'diːətrɪ/ *n* (*US*) podología *f.*

podium /'pəʊdɪəm/ *n* [**podiums** * **podia** /'pəʊdɪə/] podio *m.*

poem /'pəʊɪm/ *n* poema *m*, poesía *f.*

poet /'pəʊɪt/ *n* (*man*) poeta *m*; (*woman*) poeta *f*, poetisa *f.*

poet laureate /'pəʊɪt 'lɔːreɪt/ *n* [**poets laureate**] poeta *m/f* laureado -da.

poetic /pəʊ'etɪk/ *adj* poético -ca.

poetic justice *n* justicia *f* divina.

poetic licence *n* licencia *f* poética.

poetry /'pəʊɪtrɪ/ *n* poesía *f.*

poignancy /'pɔɪnjənsɪ/ *n* patetismo *m.*

poignant /'pɔɪnjənt/ *adj* conmovedor -dora, patético -ca.

poignantly /'pɔɪnjəntlɪ/ *adv* patéticamente.

point /pɔɪnt/ **I** *n* **1.** (*tip*) punta *f*: **the point of my pencil has snapped** se me ha partido la punta del lápiz • **not to put too fine a point on it, he's ugly** hablando mal y pronto * hablando en plata, es feo. **2.** (*place*) punto *m*: **our point of departure was Kingston** nuestro punto de partida era Kingston; (*moment*) momento *m*: **from that point onwards her luck improved** a partir de entonces * de aquel momento mejoró su suerte • **he was on the point of leaving** estaba a punto de irse • **I agree up to a point** estoy de acuerdo hasta cierto punto • **he had reached the point of no return** ya no podía volverse atrás. **3.** (*headland*) cabo *m.* **4.** (*Games, Sport*) tanto *m*, punto *m*: **he scored twenty points last night** anoche se anotó veinte puntos; **how many points is an ace?** ¿cuántos puntos vale el as? **5.** (*on scale,. graph, compass*) punto *m*; (*on thermometer*) grado *m.* **6.** (*in stock prices*) entero *m*: **shares have dropped five points** las acciones han bajado cinco enteros. **7.** (*Maths*: *decimal symbol*) coma *f*, (*in some Latin American countries*) punto *m*: **nineteen point seven** diecinueve coma siete. **8.** (*purpose*): **is there any point** *in* **doing this?** ¿tiene sentido * vale la pena hacer esto?; **there's no point** *in* **asking him for anything** no vale la pena pedirle nada; **what's the point** *of* **waiting here in the rain?** ¿qué sentido tiene esperar aquí bajo la lluvia? • **he made a point of being punctual** puso empeño en llegar puntual. **9.** (*meaning*) significado *m*: **I couldn't see the point of the film** no llegué a captar el significado de la película; **but that's not the point!** ¡pero no se trata de eso! • **you've missed the point of what I said** no has entendido lo que quise decir. **10.** (*characteristic*): **she has her good points** tiene sus cosas buenas; **languages are his weak point** su punto flaco son los idiomas; **diplomacy was never her strong point** la diplomacia no fue nunca uno de sus puntos fuertes. **11.** (*argument*): **there are still a few points to be discussed** todavía quedan algunos puntos por discutir; **she made a very interesting point** dijo * señaló algo muy interesante; **I think you have a point** creo que tienes cierta razón; **here's the main point of my argument** he aquí lo esencial de mi argumento • **try to stick * keep to the point** trata de ceñirte al tema • **let's get to the point** vayamos al grano • **what he said is beside the point** lo que él dijera no viene al caso • **football results are rather a sore point at the moment** los resultados de fútbol constituyen un tema algo delicado en estos momentos.

II points *n pl* **1.** (*GB*: *on railway*) agujas *f pl.* **2.** (*Auto*: *contact breaker*) platinos *m pl.*

III *vi* [**points, pointing, pointed**] señalar (*con el dedo, etc.*): **she pointed** *to* * *at* **her brother** señaló a su hermano; **the weathervane was pointing north** la veleta señalaba al norte.

♦*vt* **1.** (*direction*) señalar, indicar: **he pointed the way to the hostel to us** nos señaló * nos indicó el camino al albergue. **2.** (*weapon*): **I pointed the pistol** *at* **him** le apunté con la pistola.

to **point at** *vt* señalar (*con el dedo, etc.*): **don't point at people, it's rude** no señales a la gente con el dedo, es de mala educación.

to **point out** *vt* **1.** (*to remark*) señalar, observar: **he pointed out that nobody had asked him** señaló que nadie le había preguntado; **I pointed out to him that the tyres were worn** le advertí * le hice notar que los neumáticos estaban gastados • **I hardly need point out the risks involved** no hace falta que señale los riesgos que esto implica. **2.** (*to show*) señalar: **she pointed out an eagle** señaló un águila.

to **point to * towards** *vt*: **the facts point towards John being the thief** los hechos apuntan a * parecen indicar que John es el ladrón.

point duty *n* (*GB*): **Constable Harris is** *on* **point duty** el agente Harris está dirigiendo el tráfico.

point of honour *n* [**points of honour**] punto *m* de honor.

point of order *n* [**points of order**] moción *f* de orden.

point of sale *n* [**points of sale**] lugar *m* * punto *m* de venta.

point of view *n* [**points of view**] punto *m* de vista.

point-blank I /ˌpɔɪnt'blæŋk/ *adv* **1.** (*to refuse*) categóricamente, rotundamente: **he refused point-blank to move** se negó categóricamente a hacerse a un lado; (*to ask*) a bocajarro, a boca de jarro: **she asked him point-blank if he was having an affair** le preguntó a bocajarro si tenía un lío amoroso. **2.** (*to shoot*) a quemarropa, a bocajarro.

II /'pɔɪntblæŋk/ *adj* **1.** (*refusal*) categórico -ca, rotundo -da. **2.** (*shot*) a quemarropa, a bocajarro: **she shot him** *at* **point-blank range** le disparó a quemarropa.

pointed /'pɔɪntɪd/ *adj* **1.** (*shoes, nose*) puntiagudo -da: **it has a pointed end** acaba en punta. **2.** (*remark*) mordaz; (*reference*) significativo -va.

pointedly /'pɔɪntɪdlɪ/ *adv* (*to comment*) con mordacidad: **she kept looking pointedly at her watch** no dejaba de mirar su reloj de manera muy significativa.

pointer /'pɔɪntə/ *n* **1.** (*for map, blackboard*) puntero *m*. **2.** (*on dial*) aguja *f* (indicadora); (*on scales*) fiel *m*; (*clue*) indicio *m*. **3.** (*hint, tip*) consejo *m*: **she gave me a few pointers about interview technique** me dio unos consejos sobre cómo comportarse en una entrevista. **4.** (*dog*) pointer *m*, perro *m* de muestra.

pointless /'pɔɪntləs/ *adj* sin sentido, inútil.

pointlessly /'pɔɪntləslɪ/ *adv* inútilmente.

pointlessness /'pɔɪntləsnəs/ *n* falta *f* de sentido.

poise /pɔɪz/ *n* **1.** (*physical*) porte *m*, elegancia *f*. **2.** (*mental*) aplomo *m*, desenvoltura *f*.

poised /pɔɪzd/ *adj* **1.** (*placed*): **the flowerpot was poised on the ledge** el florero estaba en el borde de la repisa. **2.** (*on the point of*): **United is poised to win the league** parece casi seguro que el United va a ganar la liga.

poison /'pɔɪzən/ **I** *vt* [**poisons, poisoning, poisoned**] envenenar: **she poisoned herself** se envenenó • **their minds had been poisoned against us** los habían predispuesto insidiosamente en nuestra contra.

II *n* veneno *m*.

poison-pen letter *n* anónimo *m* ponzoñoso.

poisoning /'pɔɪzənɪŋ/ *n* envenenamiento *m*.

poisonous /'pɔɪzənəs/ *adj* (*food, plant, snake, etc.*) venenoso -sa; (*fumes, drugs*) tóxico -ca.

poke /pəʊk/ **I** *n* (*jab: with elbow*) codazo *m*: **she gave him a poke in the ribs** le dio un codazo en las costillas; (*: with finger*): **he gave me a sharp poke in the arm** me clavó el dedo en el brazo; (*: with pointed object*) pinchazo *m*: **give the fire a poke** atiza el fuego.

II *vt* [**pokes, poking, poked**] **1.** (*to jab*): **he poked me in the back** me dio (con el dedo) en la espalda; **I poked the screwdriver into the crack** metí el destornillador en la grieta; **he poked a hole in the container** le hizo un agujero al envase; **she poked her pencil in his eye** le metió el lápiz en el ojo. **2.** (*fire*) atizar. **3.** (*to show*) asomar: **she poked her head round the door** asomó la cabeza por la puerta.

to **poke about** ✻ **around** *vi* (*fam*) fisgonear: **I caught her poking about in the safe** la pesqué fisgoneando en la caja fuerte.

to **poke out** *vi* (*to stick out*) asomar: **his feet were poking out** *from* **under the car** sus pies asomaban de debajo del coche.

♦ *vt* (*to remove by poking*) sacar: **you nearly poked my eye out!** ¡casi me sacas el ojo!

poker /'pəʊkə/ *n* **1.** (*for fire*) atizador *m*. **2.** (*card game*) póker *m*, póquer *m*.

poker-faced *adj* de cara impasible ✻ inmutable.

poky /'pəʊkɪ/ *adj* [**pokier, pokiest**] (*fam: house, hall, etc.*) *diminuto y de aspecto pobre*: **he lived in a poky little room** vivía en un cuartucho ✻ un cuchitril.

Poland /'pəʊlənd/ *n* Polonia *f*.

polar /'pəʊlə/ *adj* polar.

polar bear *n* oso *m* polar ✻ blanco.

polarity /pəʊ'lærətɪ/ *n* [**polarities**] polaridad *f*.

polarization /,pəʊləraɪ'zeɪʃən/ *n* polarización *f*.

polarize /'pəʊləraɪz/ *vt* [**polarizes, polarizing, polarized**] polarizar.

♦ *vi* polarizarse.

Polaroid®, polaroid® /'pəʊlərɔɪd/ **I** *adj* (*camera*) polaroid®.

II Polaroids® *n pl* (*sunglasses*) gafas *f pl* de sol polaroid®.

Polaroid® camera *n* (cámara *f*) polaroid® *f*.

Pole /pəʊl/ *n* polaco -ca *m/f*.

pole /pəʊl/ *n* **1.** (*gen*) palo *m*; (*for telegraph, etc.*) poste *m*; (*of tent*) mástil *m*; (*for flag*) asta *f* [takes ***el*** or ***un*** in singular], mástil *m*; (*Sport: for vaulting*) pértiga *f*. **2.** (*Geog*) polo *m* • **he and his brother are poles apart** su hermano y él son polos opuestos.

Pole Star *n* estrella *f* polar.

pole vault, pole vaulting *n* salto *m* con ✻ de pértiga.

polecat /'pəʊlkæt/ *n* **1.** (*GB: animal similar to weasel*) turón *m*. **2.** (*US: skunk*) mofeta *f*.

polemic /pə'lemɪk/ *n* polémica *f*.

polemical /pə'lemɪkəl/ *adj* polémico -ca.

police /pə'li:s/ **I** *n pl* (*organization*) policía *f*: **have you called the police?** ¿has llamado a la policía?; (*policemen*) policías *m pl*: **the building was full of police** el edificio estaba lleno de policías.

II *vt* [**polices, policing, policed**] patrullar, vigilar: **the area was heavily policed** la policía vigilaba estrechamente la zona.

police car *n* coche *m* patrulla, coche *m* de policía.

police constable *n* (*GB*) policía *m/f*.

police dog *n* perro *m* policía.

police force *n* cuerpo *m* de policía.

police headquarters *n* jefatura *f* de policía.

policeman *n* [*pl* **policemen**] policía *m*.

police officer *n* policía *m/f*, agente *m/f*.

police record *n* ficha *f* policial.

police state *n* estado *m* policial.

police station *n* comisaría *f*.

policewoman *n* [*pl* **policewomen**] (mujer *f*) policía *f*.

policing /pə'li:sɪŋ/ *n* vigilancia *f* policial.

policy /'pɒləsɪ/ *n* [**policies**] **1.** (*plan of action*) política *f*: **he pursues a monetarist policy** sigue una política monetarista. **2.** (*normal practice*) norma *f*: **it was her policy never to lend money** tenía por norma no prestar dinero nunca. **3.** (*of insurance*) póliza *f* (de seguros).

policy holder *n* asegurado -da *m/f*.

polio /'pəʊlɪəʊ/ *n* polio *f*.

Polish /'pəʊlɪʃ/ **I** *adj* polaco -ca.

II *n* (*language*) polaco *m*.

III the Polish *n pl* (*people*) los polacos.

polish /'pɒlɪʃ/ **I** *n* [**polishes**] **1.** (*for furniture*) cera *f*; (*for shoes*) betún *m*; (*for metals*) limpiametales *m inv*; (*for floor*) abrillantador *m*. **2.** (*action of cleaning*): **I gave the spoons a polish** les saqué brillo a las cucharas. **3.** (*sophistication*) refinamiento *m*.

II *vt* [**polishes, polishing, polished**] **1.** (*furniture*) encerar; (*shoes*) lustrar, sacarle brillo a; (*copper, brass, silver*) limpiar, sacarle brillo a; (*floor*) abrillantar. **2.** (*to perfect*) perfeccionar, pulir: **they gave a very polished performance** su actuación fue muy pulida.

to **polish off** *vt* (*fam*) **1.** (*to eat*) zamparse. **2.** (*to complete*) despachar.

to **polish up** *vt* perfeccionar.

polished /'pɒlɪʃt/ *adj* (*manners*) refinado -da; (*language, style*) pulido -da.

polite /pə'laɪt/ *adj* cortés, atento -ta: **he was very polite** *to* **us** nos trató con mucha cortesía; **it's not polite to scratch** es de mala educación rascarse.

politely /pə'laɪtlɪ/ *adv* cortésmente, con educación: **she laughed politely** se rió por cortesía.

politeness /pə'laɪtnəs/ *n* cortesía *f*, educación *f*: **I only went** *out of* **politeness** sólo fui por cortesía.

politic /'pɒlətɪk/ **I** *adj* (*frml*) diplomático -ca.

II politics *n* [*puede llevar el verbo en singular o en plural*]

(*political activity, study*) política *f*: **I'm not interested in politics** no me interesa la política.
III politics *n pl* (*political standpoint*) postura *f* política: **her politics are very reactionary** tiene una postura política muy reaccionaria.
political /pəˈlɪtɪkəl/ *adj* **1.** (*concerning politics*) político -ca. **2.** (*very interested in politics*): **he's not very political** no le interesa mucho la política.
political asylum *n* asilo *m* político.
political prisoner *n* preso *m* político, presa *f* política.
political science *n* ciencias *f pl* políticas.
politically /pəˈlɪtɪkəlɪ/ *adv* políticamente.
politically correct *adj* políticamente correcto -ta: **to be politically correct we always use "chairperson"** para ser políticamente correctos, siempre escribimos "presidente/ta".
politician /ˌpɒlɪˈtɪʃən/ *n* político -ca *m/f*.
polka /ˈpɒlkə/ *n* polca *f*.
polka dot *n* lunar *m*.
poll /pəʊl/ **I** *n* **1.** (*vote, election*) votación *f*. **2.** (*survey*) sondeo *m*, encuesta *f*: **the most recent poll favours the Liberals** la encuesta más reciente es favorable a los liberales. **3.** (*votes cast*) votos *m pl*.
II the polls *n pl* (*Pol*) las elecciones: **they won't perform very well** *at* **the polls** no tendrán mucho éxito en las elecciones; **it is not yet known when the country will go** *to* **the polls** aún no se sabe cuándo tendrán lugar las elecciones.
III *vt* [**polls, polling, polled**] **1.** (*votes*) obtener: **they polled thirty five percent of the votes** obtuvieron el treinta y cinco por ciento de los votos. **2.** (*in a survey*) sondear: **we've polled voters in seven different constituencies** hemos efectuado sondeos en siete circunscripciones electorales distintas.
poll tax *n* impuesto *m* municipal.
pollen /ˈpɒlən/ *n* polen *m*.
pollen count *n* índice *m* de polen (*en el aire*).
pollinate /ˈpɒlɪneɪt/ *vt* [**pollinates, pollinating, pollinated**] polinizar.
pollination /ˌpɒlɪˈneɪʃən/ *n* polinización *f*.
polling /ˈpəʊlɪŋ/ *n* votación *f*.
polling booth *n* cabina *f* electoral.
polling day *n* día *m* de elecciones.
polling station *n* colegio *m* electoral.
pollutant /pəˈlu:tənt/ *n* contaminante *m*.
pollute /pəˈlu:t/ *vt* [**pollutes, polluting, polluted**] contaminar.
pollution /pəˈlu:ʃən/ *n* contaminación *f*, polución *f*.
polo /ˈpəʊləʊ/ *n* (*Sport*) polo *m*.
polo neck /ˈpəʊləʊ nek/ *n* (*neck*) cuello *m* cisne; (*sweater*) jersey *m* de cuello cisne, (*Arg, Urug*) polera *f*.
poltergeist /ˈpɒltəˌgaɪst/ *n* duende *m*.
poly /ˈpɒlɪ/ *n* (apócope de **polytechnic**) (*GB*: *fam*) ➪ polytechnic
polyester /ˌpɒlɪˈestə/ *n* poliéster *m*.
polyethylene /ˌpɒlɪˈeθəli:n/ *n* (*US*) polietileno *m*.
polygamist /pəˈlɪgəmɪst/ *n* polígamo -ma *m/f*.
polygamous /pəˈlɪgəməs/ *adj* polígamo -ma.
polygamy /pəˈlɪgəmɪ/ *n* poligamia *f*.
polyglot /ˈpɒli:glɒt/ *adj, n* políglota *adj, m/f*.
polygon /ˈpɒlɪgən/ *n* polígono *m*.
Polynesian /pɒlɪˈni:ʒən/ *adj, n* polinesio -sia *adj, m/f*.
polystyrene /ˌpɒlɪˈstaɪri:n/ *n* poliestireno *m*.
polytechnic /ˌpɒlɪˈteknɪk/ *n* (*in GB*) *anteriormente, institución universitaria que ofrecía carreras de orientación más bien práctica.*
polythene /ˈpɒlɪθi:n/ *n* polietileno *m*, politeno *m*: **put them in a polythene bag** mételos en una bolsa de plástico.
pomegranate /ˈpɒmɪˌgrænɪt/ *n* granada *f*.
pomp /pɒmp/ *n* pompa *f*, boato *m*.
pomposity /pɒmˈpɒsətɪ/ *n* pomposidad *f*.
pompous /ˈpɒmpəs/ *adj* **1.** (*person, manner*) presuntuoso -sa, pomposo -sa: **I find her very pompous** la encuentro muy presuntuosa; **a rather pompous display of wealth** una ostentosa demostración de riqueza. **2.** (*style*) pomposo -sa, ampuloso -sa; (*speech*) grandilocuente.
pompously /ˈpɒmpəslɪ/ *adv* **1.** (*of person*) de manera presuntuosa * pomposa: **ours is a lot more expensive, he said pompously** el nuestro es mucho más caro, dijo con presunción. **2.** (*of style*) de manera pomposa.
pond /pɒnd/ *n* (*natural*) charca *f*; (*man-made*) estanque *m*.
ponder /ˈpɒndə/ *vt* [**ponders, pondering, pondered**] considerar, ponderar: **I'm pondering the possibility of buying a car** estoy considerando la posibilidad de comprar un coche.
♦*vi* reflexionar: **we're pondering** *over* **what we should do now** estamos considerando qué es lo que deberíamos hacer ahora.
ponderous /ˈpɒndərəs/ *adj* (*frml*) pesado -da.
pong /pɒŋ/ (*GB*: *fam*) **I** *n* tufo *m*: **there's a terrible pong in here** hay un tufo horroroso aquí dentro.
II *vi* [**pongs, ponging, ponged**] atufar.
pontiff /ˈpɒntɪf/ *n*: **the pontiff** el pontífice.
pontificate /pɒnˈtɪfɪkeɪt/ *vi* [**pontificates, pontificating, pontificated**] pontificar: **she likes to pontificate** *about* **everything** le gusta pontificar sobre cualquier tema.
pontoon /pɒnˈtu:n/ *n* veintiuna *f* (*juego de naipes*).
pony /ˈpəʊnɪ/ *n* [**ponies**] poney *m*.
ponytail *n* cola *f* de caballo, coleta *f*.
pony trekking *n* excursionismo *m* en poney.
poodle /ˈpu:dəl/ *n* caniche *m/f*.
pooh /pu:/ *excl*: **pooh! that smells disgusting** ¡uf! eso huele que apesta.
pooh-pooh /pu:ˈpu:/ *vt* [**pooh-poohs, pooh-poohing, pooh-poohed**] desdeñar: **they pooh-poohed all our suggestions** desdeñaron todas nuestras sugerencias.
pool /pu:l/ **I** *n* **1.** (*natural pond*) charca *f*; (*man-made pond*) estanque *m*. **2.** (*quantity of liquid*) charco *m*: **there was a pool of blood on the floor** había un charco de sangre en el suelo. **3.** (*swimming pool*) piscina *f*, (*Méx*) alberca *f*, (*Arg, Urug*) pileta *f*. **4.** (*of resources*) fondo *m*; (*of vehicles*) parque *m*: **we have a car pool at work** tenemos un parque de automóviles en la empresa. **5.** (*game*) billar *m* americano.
II the pools *n pl* (*GB*) la quiniela * las quinielas (*basadas en los resultados de los partidos de la liga de fútbol*).
III *vt* [**pools, pooling, pooled**] (*ideas, resources*) juntar: **we pooled our savings to buy a video** juntamos nuestros ahorros para comprar un vídeo.
poor /pʊə/ **I** *adj* **1.** (*having little money*) pobre ● **I'm as poor as a church mouse** soy más pobre que las ratas. **2.** (*below standard*) pobre: **he gave a very poor performance last night** su actuación de anoche fue muy pobre; **I have a poor opinion of her** no tengo muy buena opinión de ella; **I'm a rather poor tennis player** soy un tenista bastante mediocre; **poor health prevented him attending** su estado de salud le impidió asistir. **3.** (*deserving pity*): **the poor man**

didn't know what to do el pobre (hombre) no sabía qué hacer.
II the poor *n pl* los pobres.
poorly /'pʊəlɪ/ **I** *adv* mal: **he did rather poorly in his exams** le fue bastante mal en los exámenes; **he has a poorly paid job** tiene un trabajo mal pagado.
II *adj* indispuesto -ta, pachucho -cha: **I was feeling poorly** estaba pachucho.
pop /pɒp/ **I** *n* **1.** (*small explosion*): **the cork went "pop"**! el corcho hizo ¡pum! **2.** (*Mus*) pop *m inv*, música *f* pop: **we went to a pop concert** fuimos a un concierto de música pop. **3.** (*fizzy drink*) refresco *m*. **4.** (*US: fam, dad*) papá *m*.
II *vt* [**pops, popping, popped**] **1.** (*to burst*) explotar. **2.** (*fam: to place*): **pop it in the oven for twenty minutes** métalo en el horno veinte minutos; **just pop your head around the door and see if she's awake** echa un vistazo en su habitación a ver si está despierta.
♦ *vi* (*balloon, bubble*) explotar: **we could hear champagne corks popping** oíamos el ruido de las botellas de champán al abrirse ● **their eyes were popping out of their heads** los ojos se les salían de las órbitas.
to **pop in** *vi* entrar: **we just popped in for a gossip** entramos un rato para cotillear.
to **pop out** *vi* salir: **he's just popped out for a few minutes** ha salido unos minutos.
to **pop up** *vi*: **she pops up everywhere** aparece en todas partes.
popcorn /'pɒpkɔ:n/ *n* palomitas *f pl* de maíz.
pope /pəʊp/ *n* papa *m*: **we saw the Pope when he came to Spain** vimos al Papa cuando vino a España.
poplar /'pɒplə/ *n* álamo *m*, chopo *m*.
poplin /'pɒplɪn/ *n* popelín *m*.
poppy /'pɒpɪ/ *n* [**poppies**] amapola *f*.
Popsicle® /'pɒpsɪkəl/ *n* (*US: ice lolly*) polo® *m*.
populace /'pɒpjʊləs/ *n* (*frml*) pueblo *m*: **this is clearly not what the populace want * wants** está claro que esto no es lo que quiere el pueblo.
popular /'pɒpjʊlə/ *adj* popular: **the decision wasn't very popular** *with* **the teachers** la decisión no fue muy popular entre los profesores; **he's very popular** *with* **children** les cae muy bien a los niños; **he's back by popular request** ha vuelto a petición popular.
popularity /,pɒpjʊ'lærətɪ/ *n* popularidad *f*.
popularize /'pɒpjʊləraɪz/ *vt* [**popularizes, popularizing, popularized**] **1.** (*to make more popular*) popularizar. **2.** (*to make more understandable*) hacer (más) accesible.
popularly /'pɒpjʊləlɪ/ *adv*: **it is popularly believed that...** mucha gente cree que...; **Mario Moreno, popularly known as Cantinflas** Mario Moreno, más conocido como Cantinflas.
populate /'pɒpjʊleɪt/ *vt* [**populates, populating, populated**] poblar.
population /,pɒpjʊ'leɪʃən/ *n* población *f*: **what's the population of New York?** ¿cuántos habitantes tiene Nueva York?
population explosion *n* explosión *f* demográfica.
populous /'pɒpjʊləs/ *adj* (*frml*) populoso -sa.
porcelain /'pɔ:səlɪn/ *n* porcelana *f*.
porch /pɔ:tʃ/ *n* [**porches**] **1.** (*entrance*) porche *m*. **2.** (*US: veranda*) porche *m*, veranda *f*.
porcupine /'pɔ:kjʊpaɪn/ *n* puerco *m* espín.
pore /pɔ:/ *n* (*Anat*) poro *m*.
to **pore over** *vt* [**pores, poring, pored**]: **he spent the evening poring over his books** se pasó la tarde leyendo y releyendo sus libros.
pork /pɔ:k/ *n* (carne *f* de) cerdo *m*.
pork chop *n* chuleta *f* de cerdo.
porn /pɔ:n/ *n* (*apócope de* **pornography**) (*fam*) pornografía *f*, porno *m*.
porn magazine *n* revista *f* porno.
porn movie *n* película *f* porno.
pornographic /,pɔ:nə'græfɪk/ *adj* pornográfico -ca.
pornography /pɔ:'nɒgrəfɪ/ *n* pornografía *f*.
porous /'pɔ:rəs/ *adj* poroso -sa.
porpoise /'pɔ:pəs/ *n* marsopa *f*.
porridge /'pɒrɪdʒ/ *n* gachas *f pl* de avena.
port /pɔ:t/ *n* **1.** (*harbour*) puerto *m*: **we put into port in the evening** llegamos a puerto por la noche. **2.** (*Av, Naut: left-hand side*) babor *m*. **3.** (*wine*) oporto *m*.
port of call *n* [**ports of call**] puerto *m* de escala.
portable /'pɔ:təbəl/ *adj* portátil.
portcullis /,pɔ:t'kʌlɪs/ *n* [**portcullises**] rastrillo *m* (*de un castillo*).
porter /'pɔ:tə/ *n* **1.** (*in college, block of flats*) portero -ra *m/f*. **2.** (*at airport*) maletero -ra *m/f*; (*at station*) maletero -ra *m/f*, mozo -za *m/f* de estación. **3.** (*in hospital*) camillero *m*.
portfolio /,pɔ:t'fəʊlɪəʊ/ *n* **1.** (*case*) cartera *f*; (*artist's work*) cartera *f*, muestra *f*. **2.** (*ministerial responsibilities*) cartera *f*: **he was offered the Defence portfolio** le ofrecieron la cartera de Defensa.
porthole /'pɔ:thəʊl/ *n* portilla *f*, ojo *m* de buey.
portico /'pɔ:tɪkəʊ/ *n* [**porticos * porticoes**] pórtico *m*.
portion /'pɔ:ʃən/ *n* (*part, share: gen*) parte *f*, porción *f*; (*: of food*) ración *f*.
portly /'pɔ:tlɪ/ *adj* corpulento -ta, grueso -sa.
portrait /'pɔ:trɪt/ *n* retrato *m*.
portray /pɔ:'treɪ/ *vt* [**portrays, portraying, portrayed**] **1.** (*to depict*): **in the book he is portrayed as a cruel man** el libro lo presenta como un hombre cruel. **2.** (*to act the part of*) interpretar.
portrayal /pɔ:'treɪəl/ *n* **1.** (*in painting, book*) descripción *f*. **2.** (*performance*): **her portrayal of Karen Blixen** su interpretación del papel de Karen Blixen.
Portugal /'pɔ:tjʊgəl/ *n* Portugal *m*.
Portuguese /,pɔ:tjʊ'gi:z/ **I** *adj* portugués -guesa.
II *n* **1.** [*pl* **Portuguese**] (*person*) portugués -guesa *m/f*. **2.** (*language*) portugués *m*.
III the Portuguese *n pl* los portugueses.
pose /pəʊz/ **I** *n* pose *f*: **I held the same pose for over an hour** mantuve la misma pose más de una hora.
II *vi* [**poses, posing, posed**] **1.** (*for painting, photograph*) posar: **he asked me to pose** *for* **him** me pidió que posara para él. **2.** (*to pretend to be someone else*): **we had to pose** *as* **soldiers in order to cross the border** tuvimos que hacernos pasar por soldados para cruzar la frontera.
♦ *vt* **1.** (*to give rise to*) suponer: **such an act would pose a threat to national security** tal acto supondría una amenaza para la seguridad nacional. **2.** (*frml: to ask*) preguntar: **they posed several questions about the experiment** hicieron * plantearon varias preguntas acerca del experimento.
poser /'pəʊzə/ *n* **1.** (*question*) pregunta *f* difícil. **2.** (*person*) presumido -da *m/f*.
posh /pɒʃ/ *adj* (*fam*) **1.** (*person*) de clase alta: **she comes from a very posh family** pertenece a una familia bien; **someone with a posh accent answered the phone** contestó el teléfono alguien con un acento muy refinado. **2.** (*smart, grand*) elegante, de lujo.

position /pəˈzɪʃən/ **I** *n* **1.** (*place, stance*) posición *f*: **the post must be in a vertical position** el poste debe estar en posición vertical; **what is the committee's position** *on* **this issue?** ¿cuál es la posición * postura de la comisión respecto a este tema?; **he is in third position after three rounds** se encuentra en tercera posición * en el tercer puesto después de tres vueltas. **2.** (*situation*) situación *f*: **her departure has put us in a difficult position** su partida nos ha puesto en una situación difícil; **he is in no position to tell us what to do** no está en situación de decirnos qué hacer. **3.** (*job*) puesto *m*.
II *vt* **[positions, positioning, positioned]** colocar, situar: **we positioned ourselves near the door** nos colocamos cerca de la puerta.

positive /ˈpɒzətɪv/ *adj* **1.** (*affirmative*) positivo -va: **the results of your test are positive** los resultados del análisis son positivos; **his reaction was very positive** su reacción fue muy positiva. **2.** (*sure*) seguro -ra. **3.** (*clear, definite*) definitivo -va: **we haven't reached any positive conclusions as yet** todavía no hemos llegado a conclusiones definitivas; **this is proof positive that Bampton stole the money** ésta es la prueba definitiva de que Bampton robó el dinero. **4.** (*fam: absolute*) auténtico -ca: **that man's a positive nuisance!** ¡ese hombre es un auténtico pesado!

positively /ˈpɒzətɪvlɪ/ *adv* **1.** (*in a confident way*) con convicción: **everything will turn out fine, he said positively** todo saldrá bien, dijo con convicción; **you should think more positively** deberías tener una actitud más positiva; (*in an affirmative way*): **they reacted very positively** reaccionaron de manera muy positiva. **2.** (*fam: absolutely*) completamente: **my brother's positively mad** mi hermano está completamente loco.

possess /pəˈzes/ *vt* **[possesses, possessing, possessed]** **1.** (*frml: to own*) poseer. **2.** (*to influence*): **just what possessed you to do such a thing?** ¿cómo se te ocurrió hacer tal cosa?

possessed /pəˈzest/ *adj* poseído -da, poseso -sa: **he ran out of the room like a man possessed** salió de la habitación como un poseído.

possession /pəˈzeʃən/ *n* (*ownership, property*) posesión *f*: **they had to leave behind all their possessions** tuvieron que dejar todas sus posesiones * pertenencias; **when do you take possession of the flat?** ¿cuándo os entregan el piso?; **they took possession of the island in 1709** tomaron posesión de la isla en 1709.

possessive /pəˈzesɪv/ **I** *adj* posesivo -va.
II *n* posesivo *m*.

possessor /pəˈzesə/ *n* poseedor -dora *m/f*.

possibility /ˌpɒsəˈbɪlətɪ/ *n* **[possibilities]** posibilidad *f*: **there is some possibility** *of* **my getting a job in Spain** existe la posibilidad de que consiga un trabajo en España; **going by train is one possibility** ir en tren es una posibilidad.

possible /ˈpɒsəbəl/ *adj* posible: **that is a possible solution** ésa es una solución posible; **I would like to go as soon as possible** me gustaría irme lo antes posible; **it's possible that Sharon won't be able to go** es posible que Sharon no pueda ir; **would it be possible to visit them?** ¿se puede ir a visitarlos?; **he wants to do it this year if possible** quiere hacerlo este año si es posible * a ser posible.

possibly /ˈpɒsəblɪ/ *adv* **1.** (*maybe*) posiblemente, quizás: **"Will he be at home?" "Possibly."** "¿Estará en casa?" "Posiblemente." • **I couldn't possibly tell you** me es imposible decírtelo • **she took everything she possibly could** se llevó todo lo que pudo. **2.** (*in requests*): **could you possibly come on Monday instead of Tuesday?** ¿podría venir * le sería posible venir el lunes en vez del martes?

post /pəʊst/ **I** *n* **1.** (*wooden, metal*) poste *m* • **we were pipped at the post** perdimos por un pelo. **2.** (*GB: letters, postal system*) correo *m*: **I sent it** *by* **post** lo mandé por correo. **3.** (*job*) puesto *m*.
II *vt* **[posts, posting, posted]** **1.** (*GB: a letter, package*) echar al correo. **2.** (*to display*) exponer: **details will be posted on the notice board** los detalles se expondrán en el tablón de anuncios • **don't worry, I'll keep you posted** no te preocupes, te tendré al tanto. **3.** (*to a new job*) destinar: **she's been posted to the Richmond office** la han destinado a la oficina de Richmond.

postbox *n* **[postboxes]** (*GB*) buzón *m*.

postcard *n* postal *f*, tarjeta *f* postal.

postcode *n* (*GB*) código *m* postal.

postman *n* [*pl* **postmen**] (*GB*) cartero *m*.

postmark I *n* matasellos *m inv*.
II *vt* **[postmarks, postmarking, postmarked]** poner el matasellos a: **the letter was postmarked Buenos Aires** la carta llevaba (el) matasellos de Buenos Aires.

postmaster *n* administrador *m* de correos.

Postmaster General *n* director -tora *m/f* general de correos.

postmistress *n* **[postmistresses]** administradora *f* de correos.

post office *n* **1.** (*building, office*) (oficina *f* de) correos: **I'm going to the post office to buy some stamps** voy a Correos a comprar unos sellos. **2. the Post Office** la Administración General de Correos.

post office box *n* apartado *m* de correos.

postwoman *n* [*pl* **postwomen**] cartera *f*.

postage /ˈpəʊstɪdʒ/ *n* franqueo *m*, gastos *m pl* de envío: **the price includes postage** el precio incluye los gastos de envío.

postage stamp *n* sello *m*, (*Amér L*) estampilla *f*.

postal /ˈpəʊstəl/ *adj* postal.

postal order *n* giro *m* postal.

postdate /pəʊstˈdeɪt/ *vt* **[postdates, postdating, postdated]** poner fecha adelantada a.

poster /ˈpəʊstə/ *n* cartel *m*, póster *m*.

posterior /pɒˈstɪərɪə/ *n* (*fam*) trasero *m*.

posterity /pɒˈsterətɪ/ *n* posteridad *f*.

postgraduate /ˌpəʊstˈgrædjʊət/ *n* posgraduado -da *m/f*.

posthumous /ˈpɒstjʊməs/ *adj* póstumo -ma.

posthumously /ˈpɒstjʊməslɪ/ *adv* póstumamente: **he was awarded the medal posthumously** la medalla le fue otorgada a título póstumo.

posting /ˈpəʊstɪŋ/ *n* destino *m*: **his first posting was to Northern Ireland** su primer destino fue Irlanda del Norte.

postmortem /ˌpəʊstˈmɔːtəm/ *n* autopsia *f*.

postnatal /ˌpəʊstˈneɪtəl/ *adj*: **she was suffering from postnatal depression** padecía una depresión posparto; **the standard of postnatal care** la calidad de la asistencia durante el posparto.

postpone /ˌpəʊstˈpəʊn/ *vt* **[postpones, postponing, postponed]** aplazar, posponer: **the meeting will have to be postponed until next week** habrá que posponer la reunión hasta la semana que viene.

postponement /ˌpəʊstˈpəʊnmənt/ *n* aplazamiento *m*.

postscript /ˈpəʊsskrɪpt/ *n* posdata *f*.

postulate /'pɒstjʊleɪt/ *vt* [**postulates, postulating, postulated**] (*frml*) postular.

posture /'pɒstʃə/ **I** *n* **1.** (*of body*) postura *f*: **she has bad posture** ha adquirido una mala postura. **2.** (*way of thinking*) postura *f*.
II *vi* [**postures, posturing, postured**] comportarse de forma afectada (*para atraer atención*).

postwar /'pəʊstwɔː/ *adj* de la posguerra: **life was hard in postwar France** la vida era dura en la Francia de la posguerra.

posy /'peʊzɪ/ *n* [**posies**] ramillete *m*.

pot /pɒt/ **I** *n* **1.** (*cooking utensil*) olla *f*, puchero *m*. **2.** (*for preserves*) tarro *m*; (*item of pottery*) vasija *f* • **they have pots of money** tienen dinero a montones • **have you seen Bill lately? he's really gone to pot** ¿has visto a Bill últimamente? se ha echado a perder mucho • **I don't know what we've got, you'll have to take pot luck** no sé lo que tenemos, tendrás que contentarte con lo que haya. **3.** (*for tea*) tetera *f*: **I've ordered a pot of tea** he pedido té. **4.** (*for coffee*) cafetera *f*. **5.** (*for plants, flowers*) tiesto *m*, maceta *f*. **6.** (*fam*: *marijuana*) marihuana *f*, costo *m*.
II *vt* [**pots, potting, potted**] poner en un tiesto.
pot roast *n* estofado *m*.
pot shot *n* tiro *m* sin apuntar: **he took pot shots at the police** tiró a los policías sin apuntar.

potassium /pə'tæsɪəm/ *n* potasio *m*.

potato /pə'teɪtəʊ/ *n* [**potatoes**] patata *f*, (*Amér L*) papa *f*.
potato crisps, (*US*) **potato chips** *n pl* patatas *f pl* fritas (*en paquete*), (*Amér L*) papas *f pl* fritas (*en paquete*).
potato peeler *n* pelador *m* (*de patatas*), (*Amér L*) pelapapas *m inv*.

potbelly /'pɒtˌbelɪ/ *n* [**potbellies**] barriga *f*, panza *f*.

potency /'pəʊtənsɪ/ *n* potencia *f*, fuerza *f*.

potent /'pəʊtənt/ *adj* potente, fuerte.

potential /pə'tenʃəl/ **I** *adj* potencial, en potencia.
II *n* potencial *m*: **they have a lot of potential** tienen un potencial enorme.

potentially /pə'tenʃəlɪ/ *adv* en potencia, potencialmente.

pothole /'pɒthəʊl/ *n* **1.** (*subterranean*) sima *f*. **2.** (*in road*) bache *m*.

potholer /'pɒthəʊlə/ *n* espeleólogo -ga *m/f*.

potholing /'pɒthəʊlɪŋ/ *n* espeleología *f*.

potion /'pəʊʃən/ *n* poción *f*.

potpourri /pəʊ'pʊriː/ *n* popurrí *m*.

potted /'pɒtɪd/ *adj* **1.** (*meat, fish*) en conserva. **2.** (*plant*) en maceta, en tiesto. **3.** (*fam*: *abridged*) resumido -da: **he gave us a potted history of the car industry** nos hizo una historia resumida de la industria del automóvil.

potter /'pɒtə/ *n* alfarero -ra *m/f*.
to **potter about** *vi* [**potters, pottering, pottered**]: **I spent the weekend just pottering about** me pasé el fin de semana ocupado en tareas sin importancia.

pottery /'pɒtərɪ/ *n* cerámica *f*, alfarería *f*: **an unusual piece of Roman pottery** una pieza muy particular de cerámica romana.

potty /'pɒtɪ/ **I** *adj* (*fam*) chiflado -da: **he's potty** *about* **Ellen** está chiflado por Ellen.
II *n* [**potties**] escupidera *f*, orinal *m* (*de niño*).

pouch /paʊtʃ/ *n* [**pouches**] **1.** (*small bag*) bolsa *f*. **2.** (*of kangaroo*) bolsa *f*.

pouf, pouffe /puːf/ *n* (*Home*) puf *m*.

poultice /'pəʊltɪs/ *n* cataplasma *f*, emplasto *m*.

poultry /'pəʊltrɪ/ *n* (*livestock*) aves *f pl* de corral; (*meat*) aves *f pl*, carne *f* de ave.
poultry farm *n* granja *f* avícola.

pounce /paʊns/ *vi* [**pounces, pouncing, pounced**] arrojarse: **the tiger watched its prey, waiting to pounce** el tigre observaba a su presa, esperando el momento para arrojarse sobre ella; **they pounced** *on* **him as he entered** se arrojaron ✻ se abalanzaron sobre él cuando entró.

pound /paʊnd/ **I** *n* **1.** (*unit of currency, weight*) libra *f*. **2.** (*for dogs*) perrera *f*; (*for cars*) depósito *m* municipal.
II *vt* [**pounds, pounding, pounded**] **1.** (*to reduce to powder*) machacar. **2.** (*to hit continuously*) aporrear.
♦*vi* **1.** (*heart*) latir (*con fuerza*): **she could feel her heart pounding** notaba que el corazón le latía a toda velocidad. **2.** (*to hit*): **his footsteps pounded down the corridor** sus pasos resonaban en el pasillo; **I was pounding on the door but they ignored me** aporreaba la puerta pero no me hicieron caso.

pour /pɔː/ *vt* [**pours, pouring, poured**] **1.** (*from/into a container*) echar, verter: **she poured the milk into the jug** echó la leche en la jarra. **2.** (*to serve*) servir: **he poured four glasses of wine** sirvió cuatro vinos; **pour yourself a drink** sírvete una copa. **3.** (*funds*): **they are pouring money into the tourist industry** están invirtiendo mucho dinero en la industria turística.
♦*vi*: **it was pouring with rain** llovía a cántaros; **water was pouring down the walls** el agua chorreaba por las paredes.
to **pour down** *vi*: **you can't leave now, it's pouring down** no puedes salir ahora, está lloviendo a mares.
to **pour out** *vt* verter: **I poured the contents out on the sand** vertí el contenido en la arena; **he poured the tea out** sirvió el té.
♦*vi* salir en tropel: **the children poured out** *of* **the cinema** los niños salieron en tropel del cine.

pout /paʊt/ **I** *n* puchero *m* (*gesto hecho con los labios*).
II *vi* [**pouts, pouting, pouted**] hacer pucheros.

poverty /'pɒvətɪ/ *n* pobreza *f*: **more than half the population live in poverty** más de la mitad de la población vive en la pobreza.
poverty line *n*: **over thirty percent of them live below the poverty line** más del treinta por ciento subsiste con menos del mínimo necesario para vivir.
poverty-stricken *adj* pobre, necesitado -da.

POW /ˌpiːəʊ'dʌbəljuː/ *n* (*abreviatura de* **prisoner of war**) prisionero -ra *m/f* de guerra.

powder /'paʊdə/ **I** *n* **1.** (*gen*) polvo *m*. **2.** (*también* **washing powder**) detergente *m*. **3.** (*make-up*) polvos *m pl* (*de maquillaje*).
II *vt* [**powders, powdering, powdered**] poner polvos: **she had powdered her face** se había puesto polvos en la cara.
powder puff *n* borla *f* (*para maquillarse*).
powder room *n* (*US*) aseo *m* (*de señoras*).

powdered milk /'paʊdədˌmɪlk/ *n* leche *f* en polvo.

powdery /'paʊdərɪ/ *adj* en polvo: **the table was covered in a grey, powdery substance** la mesa estaba cubierta de una especie de polvo gris.

power /'paʊə/ *n* **1.** (*control*) poder: **this will change if the Social Democrats come** *to* **power** esto cambiará si los socialdemócratas llegan al poder; **how long have they been** *in* **power?** ¿cuánto tiempo llevan en el poder?; **she has a lot of power in the company** tiene mucho poder en la empresa; **it is not** *in* **their power to stop us** no está en su poder detenernos • **the**

powers that be have decided we have to move offices los que mandan han decidido que nos traslademos de oficina. **2.** (*strength*) fuerza *f*: **we don't have the power to beat them** no tenemos la fuerza suficiente para vencerles; **this detergent has more cleaning power** este detergente es de mayor poder limpiador. **3.** (*for machine, apparatus*) energía *f*; (*electricity*): **the power has been off all day** hemos estado sin luz todo el día. **4.** (*important country*) potencia *f*: **a meeting of the major powers** una conferencia de las grandes potencias. **5.** (*Maths*) potencia *f*: **three** *to* **the power** *of* **ten** tres elevado a la décima potencia.

power cut *n* apagón *m*.

power plant *n* (*generator*) grupo *m* electrógeno; (*reactor*) reactor *m*; (*engine*) motor *m*.

power point *n* toma *f* de corriente.

power station *n* central *f* eléctrica.

power steering *n* dirección *f* asistida.

powered /ˈpaʊəd/ *adj*: **the submarine is powered** *by* **nuclear energy** ✻ **is nuclear-powered** el submarino está dotado de un reactor nuclear; **the turbines can be gas-powered or wind-powered** las turbinas pueden ser de gas o funcionar con energía eólica.

powerful /ˈpaʊəfʊl/ *adj* **1.** (*holding political, economic power*) poderoso -sa: **the most powerful nations in the world** las naciones más poderosas del mundo. **2.** (*physically strong*) fuerte. **3.** (*speech, story*) lleno -na de fuerza: **the book has a powerful message** el libro encierra un mensaje de gran impacto; **there are powerful reasons for accepting** existen poderosas razones ✻ razones de peso para aceptar. **4.** (*engine, machine*) potente. **5.** (*drug*) (de acción) potente.

powerless /ˈpaʊələs/ *adj* impotente: **they stood by, powerless** *to* **help** se quedaron mirando, sin poder ayudar.

pp /piːˈpiː/ *(abreviatura latina que significa* **on behalf of***)* p.a. (por autorización).

pp. *léase* /ˈpeɪdʒɪz/ (*abreviatura de* **pages**) págs. (páginas).

p & p /piːəndˈpiː/ (*abreviatura de* **postage and packing**) gastos *m pl* de envío.

PR /piːˈɑː/ *n* (*abreviatura de* **public relations**) relaciones *f pl* públicas: **Henry works in PR** Henry trabaja en relaciones públicas; **this is our new PR man** éste es el nuevo relaciones públicas de la empresa.

practicable /ˈpræktɪkəbəl/ *adj* factible, realizable.

practical /ˈpræktɪkəl/ **I** *adj* (*person, exam, clothes*) práctico -ca.

II *n* (*Educ*) examen *m* práctico.

practical joke *n* broma *f* (*que se le gasta a alguien*).

practicality /ˌpræktɪˈkælətɪ/ *n* [**practicalities**] aspecto *m* práctico.

practically /ˈpræktɪkəlɪ/ *adv* **1.** (*nearly*) prácticamente: **his book is practically finished** tiene el libro prácticamente terminado. **2.** (*in a practical manner*) de forma práctica.

practice /ˈpræktɪs/ **I** *n [en EE. UU. se puede usar también* ***practise****]* **1.** (*exercise, preparation: routine*) práctica *f*: **I'm** *out of* **practice** me falta práctica ● **practice makes perfect** como más se aprende es con la práctica; (*: session*): **we have basketball practice on Mondays** tenemos entrenamiento de baloncesto los lunes; **we met up after orchestra practice** nos vimos después del ensayo de la orquesta. **2.** (*custom*) costumbre *f*: **this is still common practice in some areas** ésta es una costumbre todavía muy normal en algunas zonas ● **in theory we should reply to all letters, but in practice that is impossible** en teoría tendríamos que contestar a todas las cartas, pero en la práctica es imposible. **3.** (*Law: office*) bufete *m*: **the practice has grown since last year** tenemos más clientela que el año pasado. **4.** (*Med*) consulta *f*: **this is a very large practice** es una consulta muy grande.

II *vt/i* [**practices, practicing, practiced**] (*US*) ⇨ practise

practise /ˈpræktɪs/ *vt/i* [**practises, practising, practised**] *[en EE. UU. se puede usar también* ***practice****]* **1.** (*a sport, dance, tune*) practicar: **I have to practise my new dance steps** tengo que practicar los nuevos pasos de baile. **2.** (*medicine, law*) ejercer: **he has been practising** *as* **a lawyer since 1980** ejerce la abogacía ✻ ejerce como abogado desde 1980.

practising /ˈpræktɪsɪŋ/ *adj [en EE. UU. se puede usar también* ***practicing****]* **1.** (*Christian, Jew*) practicante. **2.** (*doctor, lawyer*) que ejerce.

pragmatic /prægˈmætɪk/ *adj* pragmático -ca.

pragmatically /prægˈmætɪkəlɪ/ *adv* pragmáticamente.

pragmatism /ˈprægməˌtɪzəm/ *n* pragmatismo *m*.

pragmatist /ˈprægmətɪst/ *n* pragmático -ca *m/f*.

prairie /ˈpreərɪ/ *n* llanura *f*.

praise /preɪz/ **I** *vt* [**praises, praising, praised**] **1.** (*to compliment*) alabar, elogiar. **2.** (*Relig: frml*): **praise the Lord!** ¡alabado sea el Señor!

II *n* **1.** (*positive comment*) alabanza *f*, elogio *m* ● **I remember a time when you were forever singing her praises** recuerdo que hubo una época en la que no dejabas de elogiarla. **2.** (*Relig: frml*): **let us lift up our voices in praise** alabemos al Señor.

praiseworthy /ˈpreɪzˌwɜːðɪ/ *adj* (*frml*) loable.

pram /præm/ *n* (*GB*) cochecito *m* de niño.

prance /prɑːns/ *vi* [**prances, prancing, pranced**] (*horse*) hacer cabriolas.

to **prance about** *vi*: **stop prancing about and do something useful** deja de tontear y haz algo útil.

prank /præŋk/ *n* travesura *f*.

prattle on /ˈprætəl ɒn/ *vi* [**prattles, prattling, prattled**]: **she tends to prattle on** *about* **her cats** se enrolla mucho hablando de sus gatos.

prawn /prɔːn/ *n* gamba *f*, (*Amér L*) camarón *m*.

prawn cocktail *n* cóctel *m* de gambas.

pray /preɪ/ *vi* [**prays, praying, prayed**] **1.** (*Relig*) rezar: **he prayed** *for* **her soul** rezó por su alma; **we must pray** *to* **the Lord for guidance** tenemos que rogarle a Dios que nos guíe. **2.** (*to hope*): **they were praying** *for* **a decent harvest** rezaban para que la cosecha fuera buena; **they must be praying for rain so that they don't have to play** deben de estar rezando para que llueva, así no tienen que jugar.

♦ *vt* **1.** (*Relig*): **we were praying that you would recover** rezamos para que te recuperaras. **2.** (*to hope*): **I'm just praying that he'll turn up** yo lo único que pido es que aparezca.

prayer /preə/ **I** *n* oración *f*, rezo *m*: **do not disturb them while they are** *at* **prayer** no los molesten mientras están rezando; **you must say your prayers first** primero tienes que decir tus oraciones.

II prayers *n pl* (*Relig*) oficios *m pl*.

prayer book *n* devocionario *m*.

preach /priːtʃ/ *vi* [**preaches, preaching, preached**] (*Relig*) predicar; (*to lecture*): **he was preaching** *at* **us about helping in the house** nos estaba sermoneando con lo de ayudar en casa.

♦ *vt* (*the gospel*) predicar; (*a sermon*) dar.

preacher /ˈpriːtʃə/ *n* (*gen*) predicador -dora *m/f*; (*US: minister*) pastor -tora *m/f*.

preamble /priːˈæmbəl/ *n* preámbulo *m*.

prearrange /ˌpriːəˈreɪndʒ/ *vt* [**prearranges, prearranging, prearranged**] organizar de antemano.

precarious /prɪˈkeərɪəs/ *adj* precario -ria.

precariously /prɪˈkeərɪəslɪ/ *adv* precariamente.

precaution /prɪˈkɔːʃən/ *n* precaución *f*: **he took the precaution of taking a coat with him** tuvo la precaución de llevarse un abrigo; **I was given an injection as a precaution** *against* **infection** me pusieron una inyección como precaución contra las infecciones.

precautionary /prɪˈkɔːʃənərɪ/ *adj* cautelar, preventivo -va.

precede /priːˈsiːd/ *vt* [**precedes, preceding, preceded**] preceder a: **the lecture was preceded** *by* **a short film about the war** un cortometraje sobre la guerra precedió a la conferencia.

precedence /ˈpresɪdəns/ *n* **1.** (*importance*) importancia *f*: **their requirements were listed in order of precedence** había una lista de los requisitos por orden de importancia. **2.** (*priority*) prioridad *f*, precedencia *f*: **naturally this will take precedence** *over* **other matters** naturalmente, esto tendrá prioridad sobre otros asuntos.

precedent /ˈpresɪdənt/ *n* precedente *m*: **a precedent had been set five years before** se había sentado un precedente cinco años antes.

precept /ˈpriːsept/ *n* precepto *m*.

precinct /ˈpriːsɪŋkt/ **I** *n* **1.** (*GB*: *shopping area*) zona *f* comercial. **2.** (*US*: *administrative division*) distrito *m*.
II precincts *n pl* (*enclosed area*) recinto *m*.

precious /ˈpreʃəs/ **I** *adj* **1.** (*metal, gem*) precioso -sa: **a dagger studded with precious stones** una daga con incrustaciones de piedras preciosas. **2.** (*cherished*) querido -da: **this watch is very precious** *to* **me** este reloj me es muy querido; **she still has precious memories of her days in Vienna** aún guarda muy gratos recuerdos de sus días en Viena. **3.** (*delicate, affected*) afectado -da. **4.** (*used to express annoyance*) maldito -ta: **I'm sick of her and her precious guitar!** ¡estoy harto de ella y de su maldita guitarra!
II *n* (*as form of address*) cariño *m*: **where have you put the keys, precious?** ¿dónde has puesto las llaves, cariño?
III *adv* (*fam*): **I'm afraid there's precious little I can do about it** siento decirte que hay muy poco que yo pueda hacer al respecto; **there are precious few people willing to try it** hay poquísima * muy poca gente dispuesta a probarlo.

precipice /ˈpresɪpɪs/ *n* precipicio *m*.

precipitate I /prɪˈsɪpɪteɪt/ *vt* [**precipitates, precipitating, precipitated**] (*frml*) precipitar.
II /prɪˈsɪpɪtət/ *adj* (*frml*) precipitado -da.

precipitation /prɪˌsɪpɪˈteɪʃən/ *n* precipitación *f*.

precipitous /prɪˈsɪpɪtəs/ *adj* **1.** (*cliff*) escarpado -da. **2.** (*sudden*) precipitado -da.

précis /ˈpreɪsiː/ *n* [*pl* **précis** /ˈpreɪsiːz/] resumen *m*.

precise /prɪˈsaɪs/ *adj* **1.** (*exact*) preciso -sa: **at that precise moment June walked in** en ese preciso momento entró June; **it weighs three point seven kilos, to be precise** pesa tres coma siete kilos, para ser preciso. **2.** (*clear*) claro -ra: **your instructions weren't at all precise** tus instrucciones no eran nada claras. **3.** (*painstaking*) meticuloso -sa: **he's very precise in his work** es un trabajador muy meticuloso.

precisely /prɪˈsaɪslɪ/ *adv* exactamente: **it must be measured very precisely** hay que medirlo con mucha precisión * con mucha exactitud; **precisely what do you plan to say?** ¿qué es lo que piensas decir exactamente?; **"But Simon is the only person with a key." "Precisely."** "Pero Simon es la única persona que tiene llave." "Exactamente."

precision /prɪˈsɪʒən/ *n* precisión *f*.

preclude /prɪˈkluːd/ *vt* [**precludes, precluding, precluded**] (*frml*) evitar: **a detailed explanation will preclude any misunderstandings** una explicación detallada evitará malentendidos; **that precludes me** *from* **entering the competition** eso me impide participar en el concurso.

precocious /prɪˈkəʊʃəs/ *adj* precoz.

preconceived /ˌpriːkənˈsiːvd/ *adj* preconcebido -da.

preconception /ˌpriːkənˈsepʃən/ *n* idea *f* preconcebida.

precondition /ˌpriːkənˈdɪʃən/ *n* condición *f* previa.

precursor /ˌpriːˈkɜːsə/ *n* precursor -sora *m/f*.

predator /ˈpredətə/ *n* depredador *m*.

predatory /ˈpredətərɪ/ *adj* **1.** (*animal*) depredador -dora. **2.** (*person*) de instintos rapaces.

predecessor /ˈpriːdɪsesə/ *n* **1.** (*person*) predecesor -sora *m/f*. **2.** (*thing*) el/la anterior: **this model is much faster than its predecessor** este modelo es mucho más rápido que el anterior.

predestination /priːˌdestɪˈneɪʃən/ *n* predestinación *f*.

predestined /ˌpriːˈdestɪnd/ *adj* (*frml*) predestinado -da.

predetermine /ˌpriːdɪˈtɜːmɪn/ *vt* [**predetermines, predetermining, predetermined**] predeterminar.

predicament /prɪˈdɪkəmənt/ *n* aprieto *m*, apuro *m*: **her departure has left us in a predicament** su partida nos ha dejado en una situación muy apurada.

predicate /ˈpredɪkət/ *n* predicado *m*.

predicative /prɪˈdɪkətɪv/ *adj* predicativo -va.

predict /prɪˈdɪkt/ *vt* [**predicts, predicting, predicted**] predecir: **he claims he can predict the future** dice que puede predecir el futuro.

predictable /prɪˈdɪktəbəl/ *adj* previsible: **the result was predictable** el resultado era previsible; **soap operas are so predictable** en los culebrones siempre se sabe lo que va a pasar.

predictably /prɪˈdɪktəblɪ/ *adv* de forma previsible: **my dad always reacts so predictably** mi padre siempre reacciona de una manera tan previsible; **predictably enough, her book is full of references to Sartre and Camus** como era de esperar, su libro está lleno de referencias a Sartre y Camus.

prediction /prɪˈdɪkʃən/ *n* predicción *f*.

predilection /ˌpriːdɪˈlekʃən/ *n* (*frml*) predilección *f*: **my mother has a predilection** *for* **French wines** mi madre tiene predilección por los vinos franceses.

predispose /ˌpriːdɪˈspəʊz/ *vt* [**predisposes, predisposing, predisposed**] (*frml*) predisponer: **their attitude does not predispose me** *towards* **helping them** su actitud no me predispone a ayudarlos.

predominance /prɪˈdɒmɪnəns/ *n* (*frml*) predominio *m*: **there is a predominance of graduates in the company** en la empresa predominan los licenciados; **this is largely due to the predominance of the English language** esto se debe en gran medida al predominio del idioma inglés.

predominant /prɪˈdɒmɪnənt/ *adj* predominante.

predominantly /prɪˈdɒmɪnəntlɪ/ *adv* predominantemente: **people in the area are predominantly**

working-class la mayoría de los habitantes son de clase obrera.

predominate /prɪ'dɒmɪneɪt/ *vi* [**predominates, predominating, predominated**] predominar.

pre-eminence /pri:'emɪnəns/ *n* preeminencia *f*.

pre-eminent /pri:'emɪnənt/ *adj* preeminente.

pre-empt /pri:'empt/ *vt* [**pre-empts, pre-empting, pre-empted**] adelantarse a: **they pre-empted us by putting in a very high offer** se nos adelantaron e hicieron una oferta muy alta.

preen /pri:n/ *vt* [**preens, preening, preened**] **1.** (*bird*): **the birds were preening themselves** los pájaros se estaban limpiando con el pico. **2.** (*person*) acicalar: **he spent all morning preening himself** se pasó toda la mañana acicalándose.

prefab /'pri:fæb/ *n* (*fam*) casa *f* prefabricada.

prefabricated /pri:'fæbrɪkeɪtɪd/ *adj* prefabricado -da.

preface /'prefɪs/ **I** *n* prefacio *m*.
II *vt* [**prefaces, prefacing, prefaced**] (*a book*) prologar; (*a speech*) abrir: **he prefaced his speech by saying that...** abrió su discurso diciendo que....

prefect /'pri:fekt/ *n* (*in GB*) *alumno de los de más edad que ayuda a mantener la disciplina.*

prefer /prɪ'fɜ:/ *vt* [**prefers, preferring, preferred**] **1.** (*gen*) preferir: **tell me, which do you prefer?** dime, ¿cuál prefieres?; **he prefers Paris** *to* **London** prefiere París a Londres; **he said that they'd prefer to stay at home** dijo que preferían quedarse en casa; **I'd prefer you to keep it quiet for now** preferiría que no dijeras nada por el momento. **2.** (*Law*) presentar: **no charges were preferred against them** no se presentaron cargos contra ellos.

preferable /'prefərəbəl/ *adj* preferible: **anything is preferable** *to* **staying at home** cualquier cosa es preferible a * es mejor que quedarse en casa.

preferably /'prefərəblɪ/ *adv* de ser posible.

preference /'prefərəns/ *n* preferencia *f*: **do you have any preference, sir?** ¿tiene alguna preferencia, señor?; **preference will be given to applicants with a degree in biology** tendrán preferencia los solicitantes que sean licenciados en biología; **place them in order of preference** póngalos por orden de preferencia.

preferential /,prefə'renʃəl/ *adj* preferente: **just because you are the boss's nephew, don't expect preferential treatment** no esperes un trato preferente por ser el sobrino del jefe.

prefix /'pri:fɪks/ *n* [**prefixes**] prefijo *m*.

pregnancy /'pregnənsɪ/ *n* embarazo *m*.
pregnancy test *n* prueba *f* del embarazo.

pregnant /'pregnənt/ *adj* **1.** (*woman*) embarazada: **she is six months pregnant** está (embarazada) de seis meses. **2.** (*animal*) preñado -da. **3.** (*pause*) significativo -va.

prehistoric /,pri:hɪ'stɒrɪk/ *adj* prehistórico -ca.

prehistory /pri:'hɪstərɪ/ *n* prehistoria *f*.

prejudge /pri:'dʒʌdʒ/ *vt* [**prejudges, prejudging, prejudged**] prejuzgar.

prejudice /'predʒʊdɪs/ **I** *n* prejuicio *m*: **I do not tolerate prejudice of any kind** no tolero ningún tipo de prejuicios.
II *vt* [**prejudices, prejudicing, prejudiced**] **1.** (*to predispose*) predisponer: **these experiences had prejudiced him** *against* **the police** estas experiencias lo habían predispuesto contra la policía. **2.** (*to damage*) afectar.

prejudiced /'predʒʊdɪst/ *adj*: **I don't trust him, he's very prejudiced** no confío en él, tiene muchos prejuicios; **she's worried that they might be prejudiced** *against* **her because of her criminal record** tiene miedo a que estén predispuestos contra ella por sus antecedentes penales.

prelate /'prelɪt/ *n* prelado *m*.

preliminary /prɪ'lɪmɪnərɪ/ **I** *adj* preliminar.
II *n* [**preliminaries**] preliminar *m*.

prelude /'prelju:d/ *n* preludio *m*.

premarital /pri:'mærɪtəl/ *adj* prematrimonial.

premature /,premə'tjʊə/ *adj* prematuro -ra: **the birth was premature** fue un parto prematuro; **don't you think that it's a bit premature to be celebrating?** ¿no crees que es un poco prematuro celebrarlo ya?

prematurely /,premə'tjʊəlɪ/ *adv* prematuramente: **the baby was born prematurely** el niño fue prematuro.

premeditated /pri:'medɪteɪtɪd/ *adj* premeditado -da.

premeditation /pri:,medɪ'teɪʃən/ *n* premeditación *f*.

premenstrual /pri:'menstrʊəl/ *adj* premenstrual.
premenstrual syndrome * tension *n* síndrome *m* * tensión *f* premenstrual.

premier /'premjə/ **I** *n* primer ministro *m*, primera ministra *f*.
II *adj* principal: **this is Turkey's premier tourist resort** éste es el principal centro turístico de Turquía.

premiere /'premjeə/ *n* estreno *m*.

premiership /'premjəʃɪp/ *n* (*position*) cargo *m* de primer ministro; (*period*) mandato *m*: **during her premiership** durante (el periodo de) su mandato como primera ministra.

premise /'premɪs/ **I** *n* (*idea*) premisa *f*.
II premises *n pl* **1.** (*shop, restaurant, etc.*) establecimiento *m*, local *m*. **2.** (*office*) oficinas *f pl*: **our premises are on Richmond Road** nuestras oficinas se encuentran en Richmond Road.

premium /'pri:mɪəm/ *n* prima *f* • **you can get a last-minute flight, but only at a premium** se puede conseguir un vuelo a última hora, pero a un precio más elevado.
premium bond *n* (*in GB*) *bono emitido por el estado que no produce interés pero que da derecho a participar en sorteos periódicos.*

premonition /,premə'nɪʃən/ *n* premonición *f*: **I had a premonition that this was going to happen** tuve la premonición de que esto iba a ocurrir.

prenatal /pri:'neɪtəl/ *adj* (*US*) ⇨ antenatal

preoccupation /pri:,ɒkjʊ'peɪʃən/ *n* **1.** (*worry*) preocupación *f*. **2.** (*obsession*) obsesión *f*.

preoccupy /pri:'ɒkjʊpaɪ/ *vt* [**preoccupies, preoccupying, preoccupied**] **1.** (*to worry*) preocupar. **2.** (*to absorb*) obsesionar: **he became increasingly preoccupied** *with* **his work** cada vez estaba más obsesionado con su trabajo.

prep /prep/ *n* (*GB: fam*) deberes *m pl*.
prep school *n* (*fam*) ⇨ preparatory school

preparation /prepə'reɪʃən/ **I** *n* (*process, action*) preparación *f*: **he's in preparation** *for* **the big race** se está preparando para la gran carrera.
II preparations *n pl* (*things arranged*) preparativos *m pl*: **they had already made preparations** *for* **her arrival** ya habían hecho preparativos para su llegada; **preparations** *for* **the launch continue day and night** los preparativos del * para el lanzamiento continúan día y noche.

preparatory /prɪ'pærətərɪ/ *adj* preparatorio -ria.
preparatory school *n* (*in GB*) escuela *f* privada (*para alumnos de hasta trece años*).

prepare /prɪ'peə/ *vt* [**prepares, preparing, prepared**] preparar: **I've prepared it especially** *for* **you** lo he preparado especialmente para ti; **we were warned to prepare ourselves** *for* **the worst** nos advirtieron que nos preparáramos para lo peor.
♦ *vi* prepararse: **they've been preparing** *for* **this all week** han estado toda la semana preparándose para esto.

prepared /prɪ'peəd/ *adj* **1.** (*ready*) preparado -da: **we were prepared for bad news** estábamos preparados para recibir malas noticias. **2.** (*willing*) dispuesto -ta: **he's prepared to do whatever's necessary** está dispuesto a hacer lo que haga falta.

preponderance /prɪ'pɒndərəns/ *n* (*frml*) preponderancia *f*.

preposition /ˌprepə'zɪʃən/ *n* preposición *f*.

preposterous /prɪ'pɒstərəs/ *adj* absurdo -da, descabellado -da.

prerequisite /priː'rekwɪzɪt/ *n* (*frml*) requisito *m*.

prerogative /prɪ'rɒgətɪv/ *n* prerrogativa *f*.

Presbyterian /ˌprezbɪ'tɪərɪən/ *adj*, *n* presbiteriano -na *adj*, *m/f*.

prescribe /prɪ'skraɪb/ *vt* [**prescribes, prescribing, prescribed**] **1.** (*Med*) recetar: **the doctor prescribed them** *for* **me** me las recetó el médico. **2.** (*frml*: *to order*) prescribir.

prescribed /prɪ'skraɪbd/ *adj* obligatorio -ria: **I read all the prescribed books during the holidays** me leí todas las lecturas obligatorias durante las vacaciones.

prescription /prɪ'skrɪpʃən/ *n* receta *f*: **it is only available** *on* **prescription** sólo se vende con receta.

presence /'prezəns/ *n* presencia *f*: **we tried to appear happy** *in* **her presence** delante de ella intentamos que diera la impresión de que estábamos contentos ● **he had the presence of mind to ring the police** tuvo la suficiente presencia de ánimo como para llamar a la policía.

present I /'prezənt/ *n* **1.** (*gift*) regalo *m*: **she gave me a lovely present** me hizo un regalo precioso. **2.** (*time*) presente *m*: **nothing can be done** *at* **present** no se puede hacer nada de momento. **3.** (*también* **present tense**) (*Ling*) presente *m*.
II /'prezənt/ *adj* **1.** (*current*) actual: **I haven't met his present girlfriend** no conozco a la novia que tiene ahora. **2.** (*at event, class*) presente: **all those present were asked to contribute something** se pidió a todos los presentes que contribuyeran con lo que pudieran; **I was not present** *at* **the meeting** no estuve presente en la reunión.
III /prɪ'zent/ *vt* [**presents, presenting, presented**] **1.** (*to give*): **she presented the princess** *with* **a bouquet of flowers** entregó un ramo de flores a la princesa, obsequió a la princesa con un ramo de flores; **he presented the prizes** *to* **the pupils** hizo entrega de los premios a los alumnos. **2.** (*a television, radio programme*) presentar: **she presents a programme on Channel 10** presenta un programa en el Canal 10; (*a guest, performer*) presentar. **3.** (*to show, give in*) presentar: **I presented my passport** *to* **him** le presenté mi pasaporte. **4.** (*to confront*): **we were presented** *with* **several new problems** se nos presentaron nuevos problemas. **5. to present oneself** (*to arrive*) presentarse: **she presented herself at the embassy and asked for asylum** se presentó en la embajada y pidió asilo político.

present-day /'prezəntdeɪ/ *adj* actual, contemporáneo -nea.

present participle /'prezənt pɑː'tɪsɪpəl/ *n* gerundio *m*.

present tense /'prezənt tens/ *n* tiempo *m* presente.

presentable /prɪ'zentəbəl/ *adj* presentable: **you're not presentable in those clothes** con esa ropa no estás presentable.

presentation /ˌprezən'teɪʃən/ *n* presentación *f*: **his presentation of the sales figures** su presentación de las cifras de ventas; **the presentation of prizes will follow** a continuación tendrá lugar la entrega de premios.

presenter /prɪ'zentə/ *n* presentador -dora *m/f*.

presently /'prezəntlɪ/ *adv* **1.** (*soon*) dentro de poco: **they will be arriving presently** llegarán dentro de poco. **2.** (*currently*) ahora: **he is presently unemployed** ahora está en el paro.

preservation /ˌprezə'veɪʃən/ *n* conservación *f*.

preservative /prɪ'zɜːvətɪv/ *n* conservante *m*.

preserve /prɪ'zɜːv/ **I** *vt* [**preserves, preserving, preserved**] **1.** (*wildlife, buildings, foodstuffs*) conservar. **2.** (*standards*) mantener: **in an attempt to preserve his good name** en un intento de mantener su buena reputación.
II *n* **1.** (*jam*) mermelada *f*. **2.** (*domain*) dominio *m*: **it is still very much a male preserve** sigue siendo un dominio predominantemente masculino.

preside /prɪ'zaɪd/ *vi* [**presides, presiding, presided**] presidir: **he will preside** *over* **the meeting** presidirá la reunión.

presidency /'prezɪdənsɪ/ *n* [**presidencies**] presidencia *f*.

president /'prezɪdənt/ *n* presidente -ta *m/f*.

presidential /ˌprezɪ'denʃəl/ *adj* presidencial.

press /pres/ **I** *n* **1.** [**presses**] (*in printing*) imprenta *f*: **prices correct at time of going** *to* **press** precios correctos en el momento de la impresión; **the book will be going** *to* **press next week** el libro entrará en prensa la semana que viene. **2.** (*Media*) prensa *f*: **the story appeared in the press** la historia salió en la prensa; **he's had a very bad press** ha tenido muy mala prensa; **the Press were told to wait outside** les dijeron a los de la prensa que esperaran fuera. **3.** [**presses**] (*for grapes, olives, clothes*) prensa *f*. **4.** (*act of pressing*): **I'm going to give my trousers a press** voy a darles un planchazo a mis pantalones.
II *vt* [**presses, pressing, pressed**] **1.** (*apply pressure to: gen*) apretar: **I felt her press my arm** sentí que me apretaba el brazo; **the child pressed himself against his mother** el niño se apretaba contra su madre; **press the mixture (down) into the baking tray** poner la masa en la bandeja del horno y apretarla bien; (*: a button*) apretar, pulsar: **she pressed the doorbell** apretó ✻ pulsó el timbre; (*: the trigger*) apretar. **2.** (*with one's foot*) pisar: **I pressed the accelerator** pisé el acelerador. **3.** (*grapes, olives, flowers*) prensar. **4.** (*clothes*) planchar. **5.** (*to pressurize*) presionar: **she pressed me** *for* **an answer** me presionó para que le diera una respuesta; **I'm a little pressed** *for* **time** ando un poco apurado de tiempo; **I pressed her** *to* **stay for dinner** insistí en que se quedara a cenar; **I didn't want the money but she pressed it** *on* **me** no quería el dinero, pero ella insistió en que lo aceptara.
♦ *vi* **1.** (*with hand, body, pen*) apretar: **you'll have to press harder** tendrás que apretar más fuerte; **she pressed** *against* **him** se apretó contra él. **2.** (*to apply pressure, persuasion*): **they were pressing** *for* **a change in the law** estaban presionando para que cambiaran la ley; **time presses** el tiempo apremia.

to **press ahead** *vi* seguir adelante: **the government is**

pressing ahead *with* **its reforms** el gobierno sigue adelante con sus reformas.

to **press on** *vi* continuar: **we must press on despite all the setbacks** tenemos que continuar a pesar de todos los reveses.

press conference *n* rueda *f* de prensa.

press cutting *n* recorte *m* de prensa.

press gallery *n* tribuna *f* de prensa.

press-gang *vt* [**press-gangs, press-ganging, press-ganged**] (*fam*) obligar: **I was press-ganged** *into* **helping them** me obligaron a ayudarlos.

press release *n* comunicado *m* de prensa.

press stud *n* broche *m* (de presión), automático *m*.

press-up *n* flexión *f*.

pressing /'presɪŋ/ *adj* apremiante.

pressure /'preʃə/ **I** *n* (*force, weight, influence*) presión *f*: **an area of low pressure is approaching the coast** un área de bajas presiones se aproxima a la costa; **they put a lot of pressure** *on* **him to leave** lo presionaron mucho para que se fuera ● **she works best under pressure** trabaja mejor cuando está bajo presión ● **we must bring pressure to bear on the government** debemos ejercer presión sobre el gobierno.

II *vt* [**pressures, pressuring, pressured**] presionar: **they are pressuring her** *to* **resign** ✻ *into* **resigning** la están presionando para que dimita.

pressure cooker *n* olla *f* a presión.

pressure gauge *n* manómetro *m*.

pressure group *n* grupo *m* de presión.

pressurize /'preʃəraɪz/ *vt* [**pressurizes, pressurizing, pressurized**] **1.** (*Phys, Tec*) presurizar: **a pressurized cabin** una cabina presurizada. **2.** (*person*) presionar: **she was pressurized** *into* **accepting the offer** la presionaron para que aceptara la oferta.

prestige /pre'sti:ʒ/ *n* prestigio *m*.

prestigious /pre'stɪdʒəs/ *adj* prestigioso -sa.

presumably /prɪ'zju:məblɪ/ *adv*: **presumably you two have met before?** supongo que ustedes dos ya se conocen, ¿verdad?

presume /prɪ'zju:m/ *vt* [**presumes, presuming, presumed**] **1.** (*to suppose*) suponer: **I presumed (that) they knew each other** supuse que ya se conocían; **he was classed as missing, presumed dead** fue declarado desaparecido, probablemente muerto. **2.** (*frml: to dare*) atreverse: **I would not presume to tell you what to do** no me atrevería a ✻ no osaría decirte lo que tienes que hacer.

presumption /prɪ'zʌmpʃən/ *n* **1.** (*supposition*) suposición *f*. **2.** (*arrogance*) osadía *f*.

presumptuous /prɪ'zʌmpʃəs/ *adj* atrevido -da: **I hope you don't think it presumptuous** *of* **me to ask you** espero que no piense que es atrevido de mi parte pedírselo.

presuppose /ˌpri:sə'pəʊz/ *vt* [**presupposes, presupposing, presupposed**] presuponer.

presupposition /ˌpri:sʌpə'zɪʃən/ *n* presuposición *f*.

pretence /prɪ'tens/ *n* **1.** (*deception*): **their happy marriage was all pretence** su maravilloso matrimonio no era más que una fachada; **I couldn't keep up the pretence and told her** no pude seguir fingiendo y se lo dije; **he kept up the pretence of being ill for three days** fingió estar enfermo durante tres días. **2.** (*claim*) pretensión *f*: **I have no pretence** *to* **being as knowledgeable as you on the subject** no pretendo saber tanto como tú sobre el tema ● **he obtained money on** ✻ **under false pretences** obtuvo dinero por medio de engaños.

pretend /prɪ'tend/ **I** *vt* [**pretends, pretending, pretended**] **1.** (*to make believe*) fingir: **he pretended he didn't hear me** fingió que no me había oído; **we pretended to be Norwegian** nos hicimos pasar por noruegos. **2.** (*to claim*) pretender.

♦ *vi* (*to make believe*): **she isn't really injured - she's pretending** no se ha hecho daño, está fingiendo.

II *adj* (*fam*) de mentira: **a pretend gun** una pistola de mentira.

pretender /prɪ'tendə/ *n* pretendiente *m/f*.

pretense /prɪ'tens/ *n* (*US*) ➪ pretence

pretension /prɪ'tenʃən/ *n* **1.** (*claim*) pretensión *f*: **he has pretensions** *to* **being a poet** tiene pretensiones ✻ ínfulas de poeta. **2.** (*being pretentious*) pretensiones *f pl*.

pretentious /prɪ'tenʃəs/ *adj* pretencioso -sa.

pretext /'pri:tekst/ *n* pretexto *m*: **he phoned me** *on* ✻ *under* **the pretext of needing Susie's address** me llamó con el pretexto de que necesitaba la dirección de Susie.

prettily /'prɪtəlɪ/ *adv*: **she smiled prettily** sonrió de una manera encantadora.

pretty /'prɪtɪ/ **I** *adj* [**prettier, prettiest**] **1.** (*place, object*) bonito -ta, lindo -da: **what a pretty garden!** ¡qué jardín más bonito! **2.** (*woman, face*) guapo -pa: **she is incredibly pretty** es guapísima; **you look very pretty today** estás muy guapa hoy.

II *adv* bastante: **he's pretty well-off** es bastante rico; **I feel pretty much the same as you** yo pienso más o menos como tú; **it's pretty nearly finished** está casi terminado ● **the real crooks are sitting pretty in some Mediterranean resort** los verdaderos culpables están dándose la gran vida en algún lugar del Mediterráneo.

prevail /prɪ'veɪl/ *vi* [**prevails, prevailing, prevailed**] prevalecer: **these customs have prevailed for many years** estas costumbres han prevalecido durante años; **justice will prevail and the guilty parties will be punished** la justicia prevalecerá y los culpables serán castigados; **good will prevail** *over* **evil** el bien prevalecerá ✻ triunfará sobre el mal.

to **prevail upon** *vt* (*frml*): **I prevailed upon him to stay** lo convencí para que se quedara; **could I prevail upon you to take charge?** ¿me podría hacer el favor de hacerse cargo?

prevailing /prɪ'veɪlɪŋ/ *adj* predominante: **the prevailing view seems to be that he should go** la opinión predominante es que debería marcharse.

prevalent /'prevələnt/ *adj* (*frml*: *opinion*) general, predominante: **this view is prevalent among young people** ésta es la opinión general entre los jóvenes; (*: illness*) extendido -da.

prevaricate /prɪ'værɪkeɪt/ *vi* [**prevaricates, prevaricating, prevaricated**] (*frml*) responder con evasivas.

prevarication /prɪˌværɪ'keɪʃən/ *n* (*frml*) evasivas *f pl*.

prevent /prɪ'vent/ *vt* [**prevents, preventing, prevented**] **1.** (*gen*) impedir: **the noise prevented him** *from* **working** el ruido le impedía trabajar; **we need to prevent this happening again** hay que impedir que esto vuelva a suceder. **2.** (*an accident, illness*) prevenir: **this illness can be prevented** esta enfermedad se puede prevenir; **the new system should help to prevent accidents** el nuevo sistema debería ayudar a prevenir ✻ evitar accidentes.

preventable /prɪ'ventəbəl/ *adj* evitable.

preventative /prɪ'ventətɪv/ *adj* preventivo -va.

prevention /prɪ'venʃən/ *n* prevención *f*: **he works in crime prevention** trabaja en el campo de la prevención de la delincuencia • **prevention is better than cure** más vale prevenir que curar.

preventive /prɪ'ventɪv/ *adj* preventivo -va.

preview /'pri:vju:/ **I** *n* **1.** (*showing: of film*) preestreno *m*; (*: of new designs*) sesión *f* inaugural (*sólo para invitados*). **2.** (*in newspaper*) anticipo *m*: **a preview of the week's television** un anticipo de los programas de televisión de esta semana.

II *vt* [**previews, previewing, previewed**]: **tonight I'll be previewing the latest movie releases** esta noche haré un repaso de los últimos estrenos cinematográficos.

previous /'pri:vɪəs/ **I** *adj* previo -via, anterior: **you need previous experience** se requiere experiencia previa; **we had met on a previous occasion** nos habíamos conocido en una ocasión anterior.

II previous to *prep* (*frml*): **previous to this he was in banking** antes de esto, trabajaba en la banca.

previously /'pri:vɪəslɪ/ *adv* antes: **I had previously been teaching in Paris** antes, había estado de profesor en París.

prewar /'pri:wɔ:/ *adj* de antes de la guerra: **prewar fashions** las modas de antes de la guerra.

prey /preɪ/ *n* (*in hunting*) presa *f* • **the old lady was easy prey for the fraudsters** la anciana fue presa fácil para los timadores • **he fell prey to temptation** cayó en la tentación.

to **prey on** *vt* [**preys, preying, preyed**] alimentarse de: **it preys on small birds** se alimenta de pájaros pequeños • **the thief preyed on old people** el ladrón escogía a ancianos como víctimas • **it has been preying on my mind** me ha estado preocupando.

price /praɪs/ **I** *n* precio *m*: **what's the price of petrol in France?** ¿qué precio tiene la gasolina en Francia?; **that's the price you have to pay for living in London** ése es el precio que hay que pagar por vivir en Londres • **you can't put a price on friendship** la amistad no tiene precio • **I wouldn't go back there, not at any price** no volvería allí por nada del mundo.

II *vt* [**prices, pricing, priced**] **1.** (*to put a price on*) poner un precio a: **he priced it at £5** le puso un precio de £5; **hotels were reasonably priced** los hoteles tenían unos precios razonables; **they were priced** *at* **five pounds** valían cinco libras • **the firm has priced itself out of the market** la empresa ha fijado sus precios demasiado altos y ha perdido clientes. **2.** (*to find out the price of*): **I went out to price some records** salí a mirar los precios de unos discos.

price control *n* control *m* de precios.

price freeze *n* congelación *f* de precios.

price list *n* lista *f* de precios.

price tag *n* etiqueta *f*.

price war *n* guerra *f* de precios.

priceless /'praɪsləs/ *adj* **1.** (*valuable*): **a priceless work of art** una obra de arte que no tiene precio. **2.** (*fam: funny*) muy divertido -da.

pricey /'praɪsɪ/ *adj* [**pricier, priciest**] (*fam*) caro -ra.

prick /prɪk/ **I** *n* (*with pin, needle*) pinchazo *m* • **she felt a slight prick of remorse** sintió una ligera punzada de remordimiento.

II *vt* [**pricks, pricking, pricked**] pinchar: **he pricked his finger** se pinchó el dedo • **tears pricked her eyes** le escocían los ojos de las lágrimas.

to **prick up** *vt*: **the dog pricked up its ears** el perro puso las orejas tiesas; **John pricked up his ears at the mention of food** John aguzó el oído cuando alguien mencionó la comida.

prickle /'prɪkəl/ **I** *n* **1.** (*of plant*) espina *f*, pincho *m*. **2.** (*of animal*) púa *f*. **3.** (*sensation*) picor *m*.

II *vi* [**prickles, prickling, prickled**] picar: **this jumper prickles** este jersey pica.

prickly /'prɪkəlɪ/ *adj* [**pricklier, prickliest**] **1.** (*plant*) espinoso -sa. **2.** (*animal*) con púas. **3.** (*bad-tempered*): **he seems very prickly today** parece que está de mal humor hoy.

prickly heat *n* sarpullido *m* (*causado por el calor*).

prickly pear *n* (*fruit*) higo *m* chumbo; (*plant*) chumbera *f*.

pride /praɪd/ **I** *n* **1.** (*satisfaction*) orgullo *m*: **he takes great pride** *in* **his garden** está muy orgulloso de su jardín • **he's his mother's pride and joy** es el orgullo de su madre • **the latest trophy has pride of place in their collection** el último trofeo ocupa el lugar de honor de su colección. **2.** (*self-respect*) amor *m* propio: **her pride was hurt by his remarks** sus comentarios hirieron su amor propio. **3.** (*conceit*) orgullo *m* • **he swallowed his pride and apologized** se tragó su orgullo y pidió perdón.

II *vt* [**prides, priding, prided**]: **he prides himself** *on* **his punctuality/achievements** se precia de su puntualidad/está orgulloso de lo que ha logrado.

priest /pri:st/ *n* (*man*) sacerdote *m*, cura *m*; (*woman*): **she's a priest** es sacerdote ✻ clériga; **the ordination of women priests** la ordenación de mujeres como sacerdotes.

priestess /'pri:stes/ *n* [**priestesses**] sacerdotisa *f*.

priesthood /'pri:sthʊd/ *n*: **the priesthood 1.** (*position*) el sacerdocio: **he entered the priesthood** se ordenó sacerdote. **2.** (*body of people*) el clero.

prig /prɪg/ *n* mojigato -ta *m/f*.

prim /prɪm/ *adj* [**primmer, primmest**] **1.** (*prudish*) remilgado -da • **she is very prim and proper** es muy remilgada. **2.** (*formal*) estirado -da.

prima donna /,priːmə'dɒnə/ *n* prima donna *f*, primadona *f*.

primaeval /praɪ'mi:vəl/ *adj* primitivo -va.

primarily /'praɪmərəlɪ, praɪ'merəlɪ/ *adv* principalmente.

primary /'praɪmərɪ/ **I** *adj* principal: **the primary cause of his failure was his lack of interest** la causa principal de su fracaso fue su falta de interés; **this issue is of primary importance** este asunto es de primordial importancia.

II *n* [**primaries**] (*Pol: in US*) (elección *f*) primaria *f*.

primary colour, (*US*) **primary color** *n* color *m* primario.

primary education *n* enseñanza *f* primaria.

primary school *n* escuela *f* (de enseñanza) primaria.

primary (school) teacher *n* maestro -tra *m/f* de enseñanza primaria.

primate /'praɪmeɪt/ *n* **1.** (*Zool*) primate *m*. **2.** (*Relig*) primado *m*.

prime /praɪm/ **I** *n* apogeo *m*: **in his prime he was the best boxer in Britain** en sus buenos tiempos llegó a ser el mejor boxeador de Gran Bretaña • **she is in the prime of life** está en la flor de la vida.

II *adj* **1.** (*typical*) perfecto -ta: **that's a prime example of what I'm talking about** ése es un ejemplo perfecto de lo que estoy diciendo. **2.** (*of high quality*) de primera calidad: **she only buys prime cuts of meat** sólo compra carne de primera (calidad); **this keeps the fruit in prime condition** esto mantiene la fruta en perfecto estado. **3.** (*main, fundamental*) primordial: **your cooperation is of prime importance** tu colaboración es de primordial importancia.

III *vt* [**primes, priming, primed**] **1.** (*wood, surfaces*) aplicar una capa de pintura de base * de imprimación en. **2.** (*a gun, an engine*) cebar. **3.** (*a person*) preparar: **they had been primed by their teacher about what to say** su profesor les había dado instrucciones sobre lo que tenían que decir.

prime minister *n* primer ministro *m*, primera ministra *f*, presidente -ta *m/f* del gobierno.

prime number *n* número *m* primo.

prime time *n* hora *f* de mayor audiencia: **prime time * primetime television** la programación a la hora de mayor audiencia.

primer /ˈpraɪmə/ *n* **1.** (*book*) libro *m* de texto elemental. **2.** (*paint*) pintura *f* de base, pintura *f* de imprimación.

primeval /praɪˈmiːvəl/ *adj* primitivo -va.

primitive /ˈprɪmɪtɪv/ *adj* **1.** (*culture, society*) primitivo -va. **2.** (*unsophisticated, makeshift*) rudimentario -ria: **facilities at the camp were primitive** las instalaciones del campamento eran rudimentarias.

primrose /ˈprɪmrəʊz/ *n* (*Bot*) primavera *f*.

prince /prɪns/ *n* (*también* **Prince**) príncipe *m*: **Prince William will attend the ball** el Príncipe William asistirá al baile.

Prince Charming *n* príncipe *m* azul.

princely /ˈprɪnslɪ/ *adj* de príncipe • **we were given the princely sum of five pounds** nos dieron nada más y nada menos que cinco libras.

princess /ˈprɪnses/ *n* [**princesses**] (*también* **Princess**) princesa *f*: **Princess Mary visited the hospital** la Princesa Mary visitó el hospital.

principal /ˈprɪnsɪpəl/ I *n* **1.** (*Educ: of school*) director -tora *m/f*; (*: of university*) rector -tora *m/f*. **2.** (*performer*) actor *m* principal, actriz *f* principal.

II *adj* principal.

principality /ˌprɪnsɪˈpælətɪ/ *n* [**principalities**] principado *m*.

principally /ˈprɪnsɪpəlɪ/ *adv* principalmente.

principle /ˈprɪnsɪpəl/ *n* principio *m*: **that's against my principles** eso va en contra de mis principios; **Archimedes' principle** el principio de Arquímedes • **I agree in principle with what you say** en principio, estoy de acuerdo con lo que dices • **he doesn't own a television on principle** no tiene televisión por cuestión de principios.

print /prɪnt/ I *n* **1.** (*picture*) grabado *m*, lámina *f*. **2.** (*photograph*) foto *f*; (*copy*) copia *f*: **we had three prints made from each negative** sacamos tres copias de cada negativo. **3.** (*of a tyre, foot*) huella *f*; (*of a finger*) huella *f*. **4.** (*on fabric*) estampado *m*. **5.** (*on page*) letra *f* • **read the small print before you sign the contract** lee la letra pequeña antes de firmar el contrato • **the book is out of print** el libro está agotado • **it was the first time she had seen her name in print** era la primera vez que su nombre aparecía en una publicación.

II *vt* [**prints, printing, printed**] **1.** (*a letter, book, magazine*) imprimir: **the book was printed in Madrid** el libro se imprimió en Madrid. **2.** (*in a newspaper*) publicar: **all the papers printed details of the case** todos los periódicos publicaron información sobre el caso • **his expression is printed on my mind** su expresión se me ha quedado grabada en la mente. **3.** (*a photograph*): **they had two copies printed from each negative** sacaron dos copias de cada negativo. **4.** (*textiles*) estampar. **5.** (*in writing*) escribir en letra de molde * de imprenta.

♦ *vi* **1.** (*in printing press*) imprimir. **2.** (*write*) escribir en letra de molde * de imprenta.

to **print out** *vt* (*Inform*) imprimir.

print-out *n* (*Inform*) copia *f* impresa.

print run *n* tirada *f*.

printer /ˈprɪntə/ *n* **1.** (*person*) impresor -sora *m/f*. **2.** (*machine*) impresora *f*.

printing /ˈprɪntɪŋ/ *n* **1.** (*industry*) imprenta *f*. **2.** (*copies*) tirada *f*. **3.** (*act*) impresión *f*.

printing error *n* error *m* de imprenta.

printing press *n* prensa *f* (*de imprimir*).

prior /ˈpraɪə/ I *adj* previo -via: **they closed the place down without prior warning** cerraron el local sin previo aviso.

II **prior to** *prep* (*frml*) antes de: **prior to this, they did not have electricity** antes de esto, no tenían electricidad.

III *n* (*Relig*) prior *m*.

prioress /ˈpraɪəres/ *n* [**prioresses**] priora *f*.

priority /praɪˈɒrətɪ/ *n* [**priorities**] prioridad *f*: **families have * take priority** *over* **single people** las familias tienen prioridad sobre las personas solteras; **I'll give it top priority** tendrá absoluta prioridad • **it's time he got his priorities right** tendría ya que saber distinguir las cosas que son realmente importantes.

priory /ˈpraɪərɪ/ *n* [**priories**] priorato *m*.

prise /praɪz/ *vt* [**prises, prising, prised**]: **I prised the lid** *off* **with a knife** quité la tapa haciendo palanca con un cuchillo; **they had to prise the window** *open* **with a crowbar** tuvieron que abrir la ventana con una palanqueta.

prism /ˈprɪzəm/ *n* prisma *m*.

prison /ˈprɪzən/ *n* cárcel *f*, prisión *f*: **he's in prison** está en prisión * en la cárcel; **she was sent to prison for five years** la condenaron a cinco años de cárcel * prisión; **there are plans to reform the prison system** hay planes para la reforma del sistema penitenciario.

prison camp *n* campo *m* de prisioneros.

prison officer *n* funcionario -ria *m/f* de prisiones.

prisoner /ˈprɪzənə/ *n* **1.** (*in war*) prisionero -ra *m/f*: **he was taken prisoner by the enemy** el enemigo lo tomó prisionero. **2.** (*in jail*) preso -sa *m/f* • **she was a prisoner of her own fear** era prisionera de su propio miedo.

prisoner of conscience *n* [**prisoners of conscience**] preso -sa *m/f* de conciencia.

prisoner of war *n* [**prisoners of war**] prisionero -ra *m/f* de guerra.

pristine /ˈprɪstiːn/ *adj* (*frml*) prístino -na.

privacy /ˈprɪvəsɪ/ *n* intimidad *f*, privacidad *f*: **she accused the reporters of invading her privacy** acusó a los reporteros de invadir su intimidad; **there's no privacy in this house** en esta casa no hay intimidad de ningún tipo.

private /ˈpraɪvɪt/ I *adj* **1.** (*not public, not shared: gen*) privado -da: **the house has a private garden** la casa tiene jardín privado; **he transferred the money into his private account** transfirió el dinero a su cuenta personal; (*: classes, teacher*) particular: **he gives private English classes** da clases particulares de inglés; (*: school*) privado -da. **2.** (*intimate, personal*) privado -da: **his work disrupted his private life** su trabajo afectaba a su vida privada; **the office is not a very private place** la oficina no es un sitio muy privado • **let me talk to him in private** déjame hablarle a solas * en privado. **3.** (*reserved*) reservado -da: **she seems a very private person** parece una persona muy reservada.

II *n* (*soldier*) soldado *m/f* raso.

private detective *n* detective *m/f* privado -da.
private enterprise *n* iniciativa *f* privada.
private eye *n* (*fam*) detective *m/f* privado -da.
private income *n* ingresos *m pl* en concepto de rentas.
private individual *n* particular *m/f*.
private member's bill *n* (*in GB*) *proyecto de ley propuesto por un diputado que no es ministro.*
private parts *n pl* (*Anat*) partes *f pl* pudendas.
private practice *n* (*activity*) medicina *f* privada; (*surgery*) consulta *f* privada.
private property *n* propiedad *f* privada.
private sector *n* sector *m* privado.

privately /ˈpraɪvɪtlɪ/ *adv* **1.** (*in financial terms*): **the zoo is privately owned** el zoo es una empresa privada; **she had the operation done privately** se operó en una clínica privada. **2.** (*discreetly*) en privado: **I'd like to speak to him privately** me gustaría hablarle en privado. **3.** (*secretly*): **privately she thought he was too ambitious** en su fuero interno, pensaba que era demasiado ambicioso.

privation /praɪˈveɪʃən/ *n* (*frml*) privación *f*.

privatization /ˌpraɪvɪtaɪˈzeɪʃən/ *n* privatización *f*.

privatize /ˈpraɪvɪtaɪz/ *vt* [**privatizes, privatizing, privatized**] privatizar.

privilege /ˈprɪvɪlɪdʒ/ *n* privilegio *m*: **I had the privilege of being invited to their house** tuve el privilegio de que me invitaran a su casa.

privileged /ˈprɪvɪlɪdʒd/ *adj* privilegiado -da: **we are privileged to have Mr Turner as our guest tonight** tenemos el privilegio de tener al Señor Turner como invitado esta noche.

privy /ˈprɪvɪ/ **I** *adj* (*frml*): **we were not privy** *to* **his intentions** no éramos conscientes de sus intenciones.
II *n* [**privies**] (*fam*) wáter *m*.
Privy Council *n*: *consejo del monarca en el Reino Unido.*

prize /praɪz/ **I** *n* premio *m*.
II *adj* **1.** (*of high quality*) selecto -ta • **he's a prize fool!** ¡es un tonto de campeonato! **2.** (*having won a prize*) premiado -da.
III *vt* [**prizes, prizing, prized**] apreciar, estimar: **the bracelet is her most prized possession** la pulsera es su bien más preciado.
prize draw *n* sorteo *m*.
prizefight *n* combate *m* profesional.
prize-giving *n* (ceremonia *f* de) entrega *f* de premios.
prize money *n* dinero *m* (*de un premio en metálico*).
prizewinner *n* ganador -dora *m/f* del premio.
prize-winning *adj* premiado -da.

pro /prəʊ/ *n* **1.** (*point in favour*) pro *m*: **they were discussing the pros and cons of buying a house** discutían los pros y los contras de comprar una casa. **2.** (*apócope de* **professional**) (*fam*) profesional *m/f*: **the thief was a real pro** el ladrón era un auténtico profesional.

pro- /prəʊ/ *pref* pro-: **he was strongly pro-French** era muy pro-francés; **she's pro-capital punishment** está a favor de la pena de muerte.

probability /prɒbəˈbɪlətɪ/ *n* [**probabilities**] probabilidad *f*: **the probability is that the strike will go ahead** lo más probable es que la huelga se lleve a cabo • **in all probability he'll pass** tiene muchas probabilidades de aprobar.

probable /ˈprɒbəbəl/ *adj* probable: **it is highly probable that it will rain** es muy probable que llueva.

probably /ˈprɒbəblɪ/ *adv* probablemente, seguramente: **we'll probably go on the bus** probablemente vayamos en autobús; **"Will you be coming tomorrow?" "Probably not."** "¿Vas a venir mañana?" "Probablemente no."; **she's probably forgotten about the meeting** seguramente se le habrá olvidado la reunión.

probation /prəˈbeɪʃən/ *n* **1.** (*Law*) libertad *f* condicional: **he's** *on* **probation** está en libertad condicional. **2.** (*in a job*) periodo *m* de prueba: **all teachers have to do a year's probation** todos los profesores tienen un periodo de prueba de un año.
probation officer *n*: *funcionario encargado de mantener contacto con los que cumplen condena en libertad condicional.*

probationary /prəˈbeɪʃənərɪ/ *adj*: **a three month probationary period** un periodo de prueba de tres meses.

probe /prəʊb/ **I** *n* (*Med, Tec: instrument*) sonda *f*: **they launched another space probe** lanzaron otra sonda espacial; (*: action*) sondeo *m*.
II *vt* [**probes, probing, probed**] **1.** (*Med, Tec*) sondar. **2.** (*to investigate*) investigar.
♦ *vi* investigar: **they probed** *into* **his background** investigaron su pasado a fondo.

problem /ˈprɒbləm/ *n* problema *m*: **we had no problem finding the house** encontramos la casa sin ningún problema; **the problem** *with* **England is the weather** el problema de Inglaterra es el clima; **what's the problem?** ¿qué pasa?; **"Could you help me?" "Yes, no problem."** "¿Me ayudas?" "Sí, claro."
problem child *n* niño -ña *m/f* problemático -ca * con problemas (*de adaptación social*).
problem family *n* familia *f* con problemas (*de adaptación social*).
problem page *n* consultorio *m* (*sección en revista o periódico*).

problematic /ˌprɒbləˈmætɪk/, **problematical** /ˌprɒbləˈmætɪkəl/ *adj* problemático -ca.

procedure /prəˈsiːdʒə/ *n* **1.** (*routine, practice*) procedimiento *m*. **2.** (*administrative, legal process*) trámites *m pl*: **the procedure for getting a passport can be a long one** los trámites para obtener un pasaporte pueden llevar mucho tiempo.

proceed I /prəʊˈsiːd/ *vi* [**proceeds, proceeding, proceeded**] (*frml*) **1.** (*to go forward*) proceder: **in a few moments we will proceed to the prize-giving** en unos instantes procederemos a la entrega de premios; **he proceeded quickly to passport control** se dirigió rápidamente al control de pasaportes. **2.** (*to continue*) continuar, seguir: **let us proceed** *with* **the report** vamos a continuar con el informe; (*indicating next action*): **she then proceeded to hit him** entonces fue y le pegó.
II proceeds /ˈprəʊsiːdz/ *n pl* recaudación *f*: **all proceeds** *from* **the concert will go to charity** todo lo recaudado en el concierto se destinará a obras benéficas.

proceedings /prəˈsiːdɪŋz/ *n pl* **1.** (*Law*) proceso *m*: **he started proceedings against her** inició un proceso contra ella. **2.** (*events*) actos *m pl*: **we interrupt these proceedings to bring you some news** interrumpimos estos actos para ofrecerles una noticia. **3.** (*of an organization*) actas *f pl*: **the proceedings of the meetings are kept on file** las actas de las reuniones se archivan.

process I /ˈprəʊses/ *n* [**processes**] proceso *m*: **this is a complicated process** éste es un proceso complicado; **they worked it out by process of elimination** lo resolvieron por un proceso de eliminación • **he was in the process of getting dressed** estaba vistiéndose

• **she achieved success, but ruined her health in the process** triunfó, pero a costa de su salud.
II /ˈprəʊses/ *vt* [**processes, processing, processed**] **1.** (*data*) procesar. **2.** (*an application*) tramitar. **3.** (*a film*) revelar. **4.** (*food*) tratar.
♦ /prəˈses/ *vi* (*frml*) desfilar: **they processed slowly along the street** desfilaban lentamente por la calle.

processed cheese /ˈprəʊsest tʃiːz/ *n* queso *m* fundido.

procession /prəˈseʃən/ *n* **1.** (*in carnival*) desfile *m*. **2.** (*Relig*) procesión *f*: **we watched the funeral procession go by** vimos pasar el cortejo fúnebre.

proclaim /prəˈkleɪm/ *vt* [**proclaims, proclaiming, proclaimed**] (*frml*) proclamar: **the papers proclaimed the news** los periódicos proclamaron la noticia; **he was proclaimed a national hero** lo proclamaron héroe nacional; **the storm proclaimed the start of the rainy season** la tormenta anunció la llegada de la estación de las lluvias.

proclamation /ˌprɒkləˈmeɪʃən/ *n* proclamación *f*.

procrastinate /prəʊˈkræstɪneɪt/ *vi* [**procrastinates, procrastinating, procrastinated**] (*frml*) aplazar una decisión, posponer las cosas: **he procrastinated for so long that in the end the car was sold to someone else** aplazó tanto la decisión que al final vendieron el coche a otra persona.

procrastination /prəʊˌkræstɪˈneɪʃən/ *n* falta *f* de resolución.

procreate /ˈprəʊkrɪeɪt/ *vi* [**procreates, procreating, procreated**] procrear.

procreation /ˌprəʊkrɪˈeɪʃən/ *n* procreación *f*.

procure /prəˈkjʊə/ *vt* [**procures, procuring, procured**] (*frml*) conseguir, obtener.
♦ *vi* dedicarse al proxenetismo.

prod /prɒd/ **I** *n* **1.** (*with finger, stick*) pinchazo *m*: **she gave him a prod to wake him up** lo pinchó para despertarlo • **he needs a bit of a prod before the exams** necesita que le den un empujoncito antes de los exámenes. **2.** (*también* **cattle prod**) (*Agr*) aguijada *f*, (*Amér L*) picana *f*.
II *vt* [**prods, prodding, prodded**] **1.** (*with finger, stick*) pinchar (*con el dedo, un bastón, etc.*): **she prodded him to wake him up** lo pinchó para despertarlo • **you need to prod them into action** hay que darles un empujón para que hagan algo. **2.** (*cattle*) aguijonear, (*Amér L*) picanear.
♦ *vi*: **she prodded** *at* **the parcel** tanteó el paquete.

prodigal /ˈprɒdɪgəl/ *adj* (*frml*) pródigo -ga: **the prodigal son** el hijo pródigo.

prodigious /prəˈdɪdʒəs/ *adj* prodigioso -sa.

prodigy /ˈprɒdədʒɪ/ *n* [**prodigies**] prodigio *m*: **the composer was a child prodigy** el compositor fue un niño prodigio.

produce I /ˈprɒdjuːs/ *n* productos *m pl* (agrícolas).
II /prəˈdjuːs/ *vt* [**produces, producing, produced**] **1.** (*to grow, manufacture, yield*) producir: **these trees produce a lot of fruit** estos árboles producen ✱ dan mucha fruta; **an oil-producing country** un país productor de petróleo; **these investments will produce good profits** estas inversiones producirán grandes beneficios. **2.** (*to result in*) producir: **it produced the desired effect** produjo ✱ surtió el efecto deseado; **the drug produced side-effects** el fármaco produjo efectos secundarios. **3.** (*to bring out*) sacar: **he produced a ten pound note from his pocket** (se) sacó del bolsillo un billete de diez libras. **4.** (*to show*) presentar: **she was not able to produce a valid ticket** no pudo presentar un billete válido. **5.** (*a film, play*) producir. **6.** (*a television programme*) realizar. **7.** (*to give birth to*) parir.

producer /prəˈdjuːsə/ *n* **1.** (*of goods*) productor -tora *m/f*: **the main European wine producers** los principales productores de vino de Europa. **2.** (*of films, plays*) productor -tora *m/f*. **3.** (*of television programme*) realizador -dora *m/f*.

product /ˈprɒdʌkt/ *n* producto *m*.

production /prəˈdʌkʃən/ *n* **1.** (*in industry, agriculture*) producción *f*: **the factory has gone back into production** la fábrica se ha vuelto a poner en marcha; **production has increased by five per cent** la producción ha aumentado en un cinco por ciento; **they are no longer** *in* **production** ya no se fabrican. **2.** (*presentation*): **it will be given to you on production of your passport** se le entregará cuando presente su pasaporte. **3.** (*of a play, an opera*) montaje *m*, puesta *f* en escena: **it is a most imaginative production of the play** es un montaje sumamente imaginativo de la obra; (*of a film, programme*) producción *f*.

production line *n* cadena *f* de fabricación.

production manager *n* (*Fin*) jefe -fa *m/f* de producción.

productive /prəˈdʌktɪv/ *adj* productivo -va.

productivity /ˌprɒdʌkˈtɪvətɪ/ *n* productividad *f*.

Prof. *léase* /prɒˈfesə/ (*abreviatura de* **Professor**): **Prof. Jones** el profesor Jones.

profane /prəˈfeɪn/ **I** *adj* profano -na.
II *vt* [**profanes, profaning, profaned**] profanar.

profanity /prəˈfænətɪ/ *n* [**profanities**] blasfemia *f*.

profess /prəˈfes/ *vt* [**professes, professing, professed**] **1.** (*knowledge, ignorance*): **I do not profess any expert knowledge of the subject** no me considero un experto en la materia; **I have to profess total ignorance of this matter** tengo que reconocer que no sé absolutamente nada del asunto; **he professed to be a qualified lawyer** afirmaba tener título de abogado. **2.** (*to express*) expresar, manifestar: **she professed her abhorrence of their methods** expresó el aborrecimiento que sentía por sus métodos.

profession /prəˈfeʃən/ *n* **1.** (*career*) profesión *f*: **she is an architect** *by* **profession** es arquitecta de profesión; **the medical profession** la profesión médica. **2.** (*declaration*) profesión *f*.

professional /prəˈfeʃənəl/ **I** *adj* profesional: **he is a professional musician** es músico profesional; **they handled the case in a very professional way** llevaron el caso de manera muy profesional.
II *n* profesional *m/f*.

professionalism /prəˈfeʃənəlɪzəm/ *n* profesionalidad *f*.

professionally /prəˈfeʃənəlɪ/ *adv* profesionalmente: **a very professionally presented piece of work** un trabajo presentado de forma muy profesional.

professor /prəˈfesə/ *n* **1.** (*highest ranking university teacher*) catedrático -ca *m/f*: **he's the new French professor** ✱ **professor of French** es el nuevo catedrático de francés. **2.** (*US: teacher at university*) profesor *m* universitario, profesora *f* universitaria.

proffer /ˈprɒfə/ *vt* [**proffers, proffering, proffered**] (*frml*) ofrecer.

proficiency /prəˈfɪʃənsɪ/ *n* **1.** (*ability*) capacidad *f*. **2.** (*in a language*) dominio *m*: **a high level of proficiency** *in* **French** excelente dominio del francés.

proficient /prəˈfɪʃənt/ *adj* **1.** (*skilful*) experto -ta: **he's a very proficient cook** es un experto cocinero. **2.** (*in a language*): **she's proficient** *in* **German** domina el alemán.

profile /ˈprəʊfaɪl/ **I** *n* **1.** (*Art*) perfil *m*: **she drew the face** *in* **profile** dibujó la cara de perfil • **she tried to keep a low profile** trató de pasar desapercibida • **it's important to keep a high profile** es importante hacerse notar. **2.** (*description*) perfil *m*: **the police have provided a profile of the murderer** la policía ha facilitado un perfil del asesino; **the local newspaper printed a profile of the new mayor** el periódico local publicó una biografía del nuevo alcalde.
II *vt* [**profiles, profiling, profiled**] **1.** (*Art*): **she was profiled against the yellow background** su perfil se dibujaba contra el fondo amarillo. **2.** (*to write about*): **he was profiled in a magazine article** apareció un artículo sobre su vida en una revista.

profit /ˈprɒfɪt/ **I** *n* **1.** (*financial*) beneficio *m*, ganancia *f*: **they made a huge profit** *on* **their investment** obtuvieron grandes beneficios de lo que habían invertido; **we sold the business** *at* **a profit** obtuvimos un beneficio al vender el negocio. **2.** (*advantage*) provecho *m*.
II *vi* [**profits, profiting, profited**] beneficiarse: **he profited** *by* ✱ *from* **the experience** se benefició de ✱ sacó provecho de la experiencia.

profit and loss account *n* cuenta *f* de pérdidas y ganancias.

profit margin *n* margen *m* de beneficios ✱ de ganancias.

profitable /ˈprɒfɪtəbəl/ *adj* **1.** (*financially*) rentable. **2.** (*beneficial*) provechoso -sa: **we had a very profitable meeting** fue una reunión muy provechosa.

profitably /ˈprɒfɪtəblɪ/ *adv* **1.** (*in financial terms*) con beneficios: **the company was unable to function profitably** a la empresa le resultaba imposible obtener beneficios. **2.** (*usefully*) provechosamente.

profiteer /ˌprɒfɪˈtɪə/ **I** *n* especulador -dora *m/f*.
II *vi* [**profiteers, profiteering, profiteered**] obtener excesivos beneficios.

profligate /ˈprɒflɪgɪt/ *adj* (*frml*) **1.** (*behaviour*) disoluto -ta. **2.** (*spending*) derrochador -dora: **he condemned the profligate waste of public money** criticó el derroche de dinero público.

profound /prəˈfaʊnd/ *adj* **1.** (*sadness, influence*) profundo -da: **she had a profound dislike of flying** le tenía una enorme aversión a volar; **there was a profound silence** había un profundo silencio. **2.** (*showing knowledge*) profundo -da: **a very profound statement** una afirmación muy profunda.

profoundly /prəˈfaʊndlɪ/ *adv* (*to sleep*) profundamente: **he's profoundly deaf** es totalmente sordo; **they were profoundly sorry** estaban profundamente arrepentidos.

profusely /prəˈfjuːslɪ/ *adv* **1.** (*effusively*) efusivamente: **she thanked us profusely** nos dio las gracias efusivamente. **2.** (*copiously*) copiosamente: **he was bleeding profusely** sangraba copiosamente.

profusion /prəˈfjuːʒən/ *n* profusión *f*.

progeny /ˈprɒdʒənɪ/ *n* (*frml*) progenie *f*.

prognosis /prɒgˈnəʊsɪs/ *n* [**prognoses** /prɒgˈnəʊsiːz/] (*Med*) pronóstico *m*.

program /ˈprəʊgræm/ **I** *n* **1.** (*Inform*) programa *m*. **2.** (*US*) ➪ programme
II *vt* [**programs, programming, programmed**] **1.** (*Inform*) programar. **2.** (*US*) ➪ programme

programme /ˈprəʊgræm/ **I** *n* **1.** (*on television*) programa *m*: **my favourite television programme** mi programa de televisión favorito. **2.** (*for concert, play*) programa *m*. **3.** (*plan*) programa *m*, plan *m*: **what's your programme for today?** ¿qué planes tienes para hoy?; **a new development programme for the area** un nuevo plan de desarrollo para la zona.
II *vt* [**programmes, programming, programmed**] **1.** (*to schedule*) programar, planificar: **what do we have programmed for tomorrow?** ¿qué tenemos programado para mañana? **2.** (*to set*) programar: **he doesn't know how to programme the video** no sabe cómo programar el vídeo • **they are programmed to accept unquestioningly what they are told** están programados para aceptar lo que se les dice sin cuestionarlo.

programmer, (*US*) **programer** /ˈprəʊgræmə/ *n* programador -dora *m/f*.

progress I /ˈprəʊgres/ *n* progresos *m pl*: **she is making good progress at school** está haciendo grandes progresos ✱ está progresando mucho en el colegio; **they had made little progress** no habían avanzado mucho; **the patient is making good progress** el paciente se está recuperando bien; **there's an exam** *in* **progress** se está realizando un examen; **the meeting is already** *in* **progress** la reunión ya ha empezado.
II /prəʊˈgres/ *vi* [**progresses, progressing, progressed**] **1.** (*to advance*) avanzar: **they had progressed as far as the border** habían avanzado hasta la frontera; **sales improved as the year progressed** las ventas mejoraron a medida que avanzaba el año. **2.** (*to improve*) progresar: **the pupils are progressing well** los alumnos progresan bien.

progress report /ˈprəʊgres rɪˈpɔːt/ *n* informe *m* (*de cómo avanza un proyecto, trabajo, etc.*).

progression /prəˈgreʃən/ *n* progresión *f*.

progressive /prəˈgresɪv/ *adj* **1.** (*increase*) progresivo -va: **a progressive improvement in sales** una mejora progresiva de las ventas. **2.** (*modern*) progresista: **she had progressive ideas on education** tenía ideas progresistas sobre la enseñanza.

progressively /prəˈgresɪvlɪ/ *adv* progresivamente.

prohibit /prəˈhɪbɪt/ *vt* [**prohibits, prohibiting, prohibited**] **1.** (*to ban*) prohibir: **cycling is prohibited** se prohíbe montar en bicicleta; **the agreement prohibits them** *from* **selling it in this country** el acuerdo les prohíbe venderlo en este país. **2.** (*to prevent*) impedir.

prohibition /ˌprəʊɪˈbɪʃən/ *n* **1.** (*banning*) prohibición *f*. **2. Prohibition** (*in US*) la ley seca.

prohibitive /prəˈhɪbɪtɪv/ *adj* prohibitivo -va.

prohibitively /prəˈhɪbɪtɪvlɪ/ *adv*: **these cars are prohibitively expensive** estos coches tienen unos precios prohibitivos.

project I /ˈprɒdʒekt/ *n* (*gen*) proyecto *m*; (*in school*) trabajo *m*.
II /prəˈdʒekt/ *vt* [**projects, projecting, projected**] **1.** (*a light, a slide*) proyectar. **2.** (*feelings*) descargar: **she projected her anger** *onto* **me** descargó su ira en mí. **3.** (*to give, spread*) difundir: **what kind of image are they trying to project?** ¿cuál es el tipo de imagen que quieren difundir?
♦ *vi* (*to stick out*) sobresalir.

projected /prəˈdʒektɪd/ *adj* **1.** (*planned*) proyectado -da. **2.** (*calculated in advance*) estimado -da: **projected population figures for 2035** una cifra estimada de la población en el año 2035.

projectile /prəˈdʒektaɪl/ *n* (*frml*) proyectil *m*.

projection /prəˈdʒekʃən/ *n* **1.** (*of film, sales figures*) proyección *f*. **2.** (*outcrop*) saliente *m*, resalte *m*.

projectionist /prəˈdʒekʃənɪst/ *n* proyeccionista *m/f*.

projector /prəˈdʒektə/ *n* proyector *m*.

proletarian /ˌprəʊlɪˈteərɪən/ *adj, n* proletario -ria *adj, m/f.*

proletariat /ˌprəʊlɪˈteərɪət/ *n* proletariado *m.*

proliferate /prəˈlɪfəreɪt/ *vi* [**proliferates, proliferating, proliferated**] proliferar.

proliferation /prəˌlɪfəˈreɪʃən/ *n* proliferación *f.*

prolific /prəˈlɪfɪk/ *adj* prolífico -ca.

prologue, (*US*) **prolog** /ˈprəʊlɒg/ *n* prólogo *m*: **the meeting was a prologue** *to* **talks between the two leaders** la reunión fue un prólogo a las conversaciones entre los dos líderes.

prolong /prəˈlɒŋ/ *vt* [**prolongs, prolonging, prolonged**] prolongar, extender: **the game was prolonged** *by* **five minutes** el partido se prolongó cinco minutos.

prolonged /prəˈlɒŋd/ *adj* prolongado -da: **her prolonged absence began to cause concern** su prolongada ausencia empezó a causar preocupación.

prom /prɒm/ *n* **1.** (*apócope de* **promenade**) (*Archit*) paseo *m* marítimo. **2.** (*apócope de* **promenade concert**) (*Mus*) *tradicional concierto londinense de música clásica.* **3.** (*apócope de* **promenade**) (*US: dance*) baile *m* de gala (*en un instituto o universidad*).

promenade /ˌprɒməˈnɑːd/ **I** *n* (*esplanade*) paseo *m* marítimo.

II *vi* [**promenades, promenading, promenaded**] pasearse.

promenade concert *n*: *tradicional concierto londinense de música clásica.*

prominence /ˈprɒmɪnəns/ *n* **1.** (*importance*) importancia *f*: **the environment was given prominence** se le dio especial importancia al tema del medio ambiente. **2.** (*visibility*) prominencia *f.*

prominent /ˈprɒmɪnənt/ *adj* **1.** (*important*) prominente, destacado -da: **a prominent politician** un político prominente; **she played a prominent role in the peace talks** tuvo un papel prominente en las negociaciones de paz. **2.** (*projecting*) prominente: **she has a prominent nose** tiene la nariz prominente. **3.** (*which stands out*): **it has no prominent features** no tiene rasgos destacados; **she left the watch in a prominent place** dejó el reloj muy a la vista.

prominently /ˈprɒmɪnəntlɪ/ *adv*: **the note was prominently displayed** la nota estaba puesta muy a la vista; **the politician figured prominently in the campaign** el político tuvo una participación destacada en la campaña.

promiscuity /ˌprɒmɪˈskjuːətɪ/ *n* promiscuidad *f.*

promiscuous /prəˈmɪskjuːəs/ *adj* promiscuo -cua.

promise /ˈprɒmɪs/ **I** *n* **1.** (*guarantee*) promesa *f*: **she broke her promise** faltó a su promesa; **I always keep my promises** siempre cumplo mis promesas; **I'll hold you to your promise** me aseguraré de que cumples tu promesa; **"I'll pay you back tomorrow." "Is that a promise?"** "Mañana te devuelvo el dinero." "¿Me lo prometes?" **2.** (*potential*) promesa *f*: **he showed great promise** *as* **a gymnast** era una joven promesa de la gimnasia.

II *vt/i* [**promises, promising, promised**] prometer: **"Will you really come?" "Yes, I promise."** "¿De verdad que vas a venir?" "Sí, te lo prometo."; **he promised me (that) he'd do it** me prometió que lo haría; **she promised Jane the ring** le prometió el anillo a Jane; **it promises to be a fine day** parece que va a hacer buen día.

promising /ˈprɒmɪsɪŋ/ *adj* prometedor -dora: **he had a promising career as a pianist** tenía una prometedora carrera como pianista.

promontory /ˈprɒməntərɪ/ *n* [**promontories**] promontorio *m.*

promote /prəˈməʊt/ *vt* [**promotes, promoting, promoted**] **1.** (*to move to a higher post*) ascender: **he was promoted** *to* **sales manager** lo ascendieron a director de ventas; **they have been promoted to the first division** han ascendido a primera división. **2.** (*to publicize*) promocionar: **he did the interview to promote his new book** hizo la entrevista para promocionar su nuevo libro. **3.** (*to foster*) fomentar: **we aim to promote good relations between the two countries** nuestro objetivo es fomentar las buenas relaciones entre los dos países.

promoter /prəˈməʊtə/ *n* promotor -tora *m/f.*

promotion /prəˈməʊʃən/ *n* **1.** (*to a higher post*) ascenso *m*, promoción *f*: **he finally got (a) promotion** por fin le dieron el ascenso; (*Sport*) ascenso *m*: **they are hoping for promotion** *to* **the first division** esperan conseguir el ascenso a primera división. **2.** (*publicity*) promoción *f.* **3.** (*of ideas, good relations*) fomento *m.*

prompt /prɒmpt/ **I** *adj* **1.** (*quick: gen*) rápido -da; (*: payment*) puntual: **their prompt action probably saved his life** la rapidez con que actuaron probablemente le salvó la vida; **she was prompt** *in* **answering his letter** contestó a su carta sin demora. **2.** (*punctual*) puntual.

II *adv*: **we have to be there at ten o'clock prompt** tenemos que estar allí a las diez en punto.

III *vt* [**prompts, prompting, prompted**] **1.** (*to inspire*) provocar: **her letter prompted an angry reply** su carta provocó una airada respuesta; **his expression prompted me to ask if he felt all right** su expresión me indujo a preguntarle si se encontraba bien. **2.** (*in theatre*) apuntarle a.

IV *n* **1.** (*in theatre: words*) apunte *m*; (*: person*) apuntador -dora *m/f.* **2.** (*Inform*) aviso *m* (*en la pantalla, para el usuario*).

prompter /ˈprɒmptə/ *n* apuntador -dora *m/f.*

prone /prəʊn/ *adj* **1.** (*liable*) propenso -sa: **she was prone** *to* **fits of jealousy** era propensa a los ataques de celos; **he's prone to fall * to falling asleep in front of the television** tiene tendencia a quedarse dormido viendo la televisión. **2.** (*frml: face downwards*) boca abajo: **she was (lying) prone on the ground** estaba tendida en el suelo boca abajo.

prong /prɒŋ/ *n* punta *f*, púa *f.*

pronoun /ˈprəʊnaʊn/ *n* pronombre *m.*

pronounce /prəˈnaʊns/ *vt* [**pronounces, pronouncing, pronounced**] **1.** (*Ling*) pronunciar: **how do you pronounce your name?** ¿cómo se pronuncia tu nombre? **2.** (*frml: to declare*) pronunciar: **he pronounced himself to be in favour of the measure** se pronunció a favor de la medida; **the judge pronounced sentence** el juez dictó * pronunció sentencia; **he was pronounced dead on arrival at the hospital** ingresó cadáver.

pronounced /prəˈnaʊnst/ *adj* **1.** (*limp, stutter*) marcado -da, pronunciado -da. **2.** (*ideas, views*) definido -da.

pronouncement /prəˈnaʊnsmənt/ *n* (*frml*) declaración *f.*

pronunciation /prəˌnʌnsɪˈeɪʃən/ *n* pronunciación *f.*

proof /pruːf/ **I** *n* **1.** (*evidence*) prueba *f*: **this ring is proof of his love** este anillo es una prueba de su amor; **he can provide proof of his innocence** puede probar su inocencia. **2.** (*of page, book*) prueba *f.* **3.** (*Maths*) prueba *f.* **4.** (*of wine*) graduación *f*: **this drink is forty**

per cent proof esta bebida tiene una graduación del cuarenta por ciento.

II *adj* resistente.

III *vt* [**proofs, proofing, proofed**] (*a tent, raincoat*) impermeabilizar.

proofread *vi* [**proofreads, proofreading, proofread**] corregir pruebas.

♦ *vt* leer (*para ver si hay algún error*).

proofreading *n* corrección *f* de pruebas.

prop /prɒp/ I *n* 1. (*support*) apoyo *m*: **he used her as an emotional prop** se apoyaba en ella emocionalmente. 2. (*for roof, in mine*) puntal *m*. 3. (*in theatre*) accesorio *m*.

II *vt* [**props, propping, propped**] apoyar: **he propped his bicycle** *against* **the wall** apoyó su bicicleta contra la pared; **I propped the door open with a book** sujeté la puerta con un libro para que no se cerrara.

to **prop up** *vt* apoyar: **the patient was propped up on pillows** el paciente estaba recostado en unas almohadas; **the bank had propped the company up for years** el banco había mantenido la compañía a flote durante años; **the ceiling was propped up with posts** el techo estaba apuntalado con unos postes.

propaganda /ˌprɒpəˈgændə/ *n* propaganda *f*.

propagate /ˈprɒpəgeɪt/ *vt* [**propagates, propagating, propagated**] propagar.

♦ *vi* (*plants, bacteria*) reproducirse.

propane /ˈprəʊpeɪn/ *n* propano *m*.

propel /prəˈpel/ *vt* [**propels, propelling, propelled**] 1. (*Tec*) propulsar. 2. (*to encourage*) impulsar: **it propelled him to look for a more secure job** lo impulsó a buscar un trabajo más seguro.

propeller /prəˈpelə/ *n* hélice *f*.

propelling pencil /prəˈpelɪŋ ˈpensəl/ *n* portaminas *m inv*.

propensity /prəˈpensətɪ/ *n* [**propensities**] propensión *f*: **he has a propensity** *for* **putting on weight** tiene propensión * tendencia a engordar; **she has a propensity** *towards* **laziness** es propensa a la vagancia.

proper /ˈprɒpə/ *adj* 1. (*appropriate, right*) adecuado -da, correcto -ta: **this is not the proper lid** ésta no es la tapa adecuada; **the books are not in the proper order** los libros no están en el orden correcto; **things have to be done at the proper time** hay que hacer las cosas en el momento oportuno; **what's the proper name for this machine?** ¿cuál es el nombre correcto de esta máquina? 2. (*real*) verdadero -ra: **she's not a proper teacher** no es profesora propiamente dicha. 3. (*decent*) correcto -ta: **his behaviour was not proper** su comportamiento no fue correcto. 4. (*itself*): **the house is not in the town proper** la casa no está en la ciudad propiamente dicha.

proper noun *n* nombre *m* propio.

properly /ˈprɒpəlɪ/ *adv* 1. (*appropriately, suitably*) adecuadamente: **they were not properly dressed for the cold** no iban adecuadamente vestidos para el frío; **the animals are not properly looked after** no cuidan bien a los animales. 2. (*correctly*) bien, correctamente: **you haven't tied it properly** no lo has atado bien; **he very properly declined the invitation** no aceptó la invitación, con toda la razón del mundo.

property /ˈprɒpətɪ/ *n* [**properties**] 1. (*possession*) propiedad *f*. 2. (*building*) propiedad *f* inmobiliaria: **a sharp increase in property prices** un aumento importante en los precios de la propiedad inmobiliaria; (*house*) casa *f*; (*area of land*) finca *f*: **they have bought a property on the outskirts of town** han comprado una finca en las afueras de la ciudad. 3. (*quality*) propiedad *f*: **this plant has healing properties** esta planta tiene propiedades curativas.

property developer *n* (*person*) promotor *m* inmobiliario, promotora *f* inmobiliaria; (*company*) inmobiliaria *f*, promotora *f* inmobiliaria * de construcciones.

prophecy /ˈprɒfɪsɪ/ *n* [**prophecies**] profecía *f*.

prophesy /ˈprɒfɪsaɪ/ *vt* [**prophesies, prophesying, prophesied**] (*gen*) predecir; (*Relig*) profetizar.

prophet /ˈprɒfɪt/ *n* profeta -tisa *m/f*.

prophetic /prəˈfetɪk/ *adj* profético -ca.

propitious /prəˈpɪʃəs/ *adj* propicio -cia, favorable.

proponent /prəˈpəʊnənt/ *n* (*frml*) defensor -sora *m/f*.

proportion /prəˈpɔːʃən/ I *n* (*Maths*) proporción *f*: **the proportion of boys** *to* **girls is three to one** la proporción de niños y niñas es de tres a uno; **a large proportion of their work is on computer** gran parte de su trabajo se hace con el ordenador • **those two figures are out of proportion** esas dos figuras no están proporcionadas • **the hands are not in proportion to the arms** las manos no guardan proporción con los brazos • **the punishment seemed out of proportion to the crime** el castigo pareció desproporcionado con respecto al delito • **you have to keep a sense of proportion** tienes que guardar el sentido de la medida • **the problem has been blown out of all proportion** el problema se ha exagerado de manera desproporcionada.

II **proportions** *n pl* (*dimensions*) proporciones *f pl*.

proportional /prəˈpɔːʃənəl/ *adj* proporcional: **benefit will be proportional** *to* **the amount contributed** el subsidio será proporcional a las cotizaciones realizadas.

proportional representation *n* representación *f* proporcional.

proportionate /prəˈpɔːʃənɪt/ *adj* proporcional.

proportionately /prəˈpɔːʃənɪtlɪ/ *adv* proporcionalmente.

proposal /prəˈpəʊzəl/ *n* 1. (*plan, suggestion*) propuesta *f*: **his proposal is that we should leave immediately** su propuesta es que nos vayamos de inmediato. 2. (*offer of marriage*) proposición *f* de matrimonio.

propose /prəˈpəʊz/ *vt* [**proposes, proposing, proposed**] 1. (*to suggest*) proponer, sugerir: **I propose that we (should) meet next week** propongo que nos reunamos la semana que viene; **she was proposed as club secretary** la propusieron como secretaria del club. 2. (*to intend*) pensar: **what is he proposing to wear?** ¿qué piensa ponerse?

♦ *vi*: **he proposed** *to* **her** le pidió que se casara con él.

proposition /ˌprɒpəˈzɪʃən/ I *n* 1. (*proposal*) proposición *f*, propuesta *f*: **the company made her a proposition** la empresa le hizo una propuesta. 2. (*undertaking*): **it is not a viable proposition** no es una idea viable; **it's not going to be an easy proposition** no va a ser tarea fácil. 3. (*statement, theorem*) proposición *f*.

II *vt* [**propositions, propositioning, propositioned**] hacer proposiciones deshonestas a: **she was propositioned by a stranger** un extraño le hizo proposiciones deshonestas.

propound /prəˈpaʊnd/ *vt* [**propounds, propounding, propounded**] (*frml*: *an idea, a theory*) plantear.

proprietary /prəˈpraɪətərɪ/ *adj* patentado -da.

proprietor /prəˈpraɪətə/ *n* dueño -ña *m/f*, propietario -ria *m/f*.

propriety /prəˈpraɪətɪ/ (*frml*) **I** *n* **1.** (*decency*) decoro *m.* **2.** (*suitability*) conveniencia *f.*
II the proprieties *n pl* (*in society*) las normas sociales.

propulsion /prəˈpʌlʃən/ *n* propulsión *f.*

prosaic /prəʊˈzeɪɪk/ *adj* prosaico -ca.

proscribe /prəʊˈskraɪb/ *vt* [**proscribes, proscribing, proscribed**] proscribir.

proscription /prəʊˈskrɪpʃən/ *n* (*frml*) proscripción *f.*

prose /prəʊz/ *n* **1.** (*Lit*) prosa *f.* **2.** (*translation*) traducción *f* inversa.

prosecute /ˈprɒsɪkjuːt/ *vt* [**prosecutes, prosecuting, prosecuted**] procesar, enjuiciar: **she was prosecuted** *for* **shoplifting** la procesaron por robar en una tienda.
♦*vi* entablar un proceso judicial: **are they likely to prosecute?** ¿crees que entablarán proceso judicial?

prosecution /ˌprɒsɪˈkjuːʃən/ *n* **1.** (*act of prosecuting*) procesamiento *m*: **prosecutions for drunken driving have fallen** ha disminuido el número de procesamientos por conducir en estado de embriaguez; **he was awaiting prosecution** estaba en espera de juicio. **2. the prosecution** la acusación: **she was called as a witness** *for* **the prosecution** la citaron como testigo de cargo.

prosecutor /ˈprɒsɪkjuːtə/ *n* **1.** (*public*) fiscal *m/f.* **2.** (*private*) abogado -da *m/f* de la acusación.

prospect **I** /ˈprɒspekt/ *n* **1.** (*possibility*) posibilidad *f*: **she has little prospect** *of* **finding a job** tiene pocas posibilidades de encontrar trabajo; **what are the prospects** *for* **an end to the war?** ¿qué posibilidades hay de que acabe la guerra? **2.** (*thought*) perspectiva *f*, idea *f*: **she was horrified at the prospect** *of* **giving up work** la horrorizaba la perspectiva de dejar de trabajar. **3.** (*frml*: *view*) vista *f*: **a beautiful prospect** *over* **the valley** una hermosa vista del valle.
II prospects /ˈprɒspekts/ *n pl* perspectivas *f pl*: **she had very good prospects when she started out** cuando empezó tenía muy buenas perspectivas.
III /prəˈspekt/ *vi* [**prospects, prospecting, prospected**] realizar prospecciones: **he was prospecting for gold** estaba buscando oro.

prospective /prəˈspektɪv/ *adj* **1.** (*possible*) posible: **she spent the morning talking to prospective candidates** se pasó la mañana hablando con posibles candidatos. **2.** (*future*) futuro -ra: **her prospective father-in-law** su futuro suegro.

prospector /prəˈspektə/ *n* (*gen*) prospector -tora *m/f*; (*gold-digger, etc.*) buscador -dora *m/f.*

prospectus /prəˈspektəs/ *n* [**prospectuses**] **1.** (*Fin*) prospecto *m.* **2.** (*Educ*) folleto *m* informativo (*de una universidad*).

prosper /ˈprɒspə/ *vi* [**prospers, prospering, prospered**] prosperar.

prosperity /prɒˈsperətɪ/ *n* prosperidad *f.*

prosperous /ˈprɒspərəs/ *adj* próspero -ra.

prostate /ˈprɒsteɪt/ *n* (*también* **prostate gland**) próstata *f.*

prostitute /ˈprɒstɪtjuːt/ **I** *n* prostituta *f.*
II *vt* [**prostitutes, prostituting, prostituted**] prostituir: **they earned money by prostituting themselves** se prostituían para ganar dinero ● **by doing that he's prostituting his talent** al hacer eso está prostituyendo su talento.

prostitution /ˌprɒstɪˈtjuːʃən/ *n* prostitución *f.*

prostrate /ˈprɒstreɪt/ **I** *adj* (*lying down*) postrado -da.
II *vt* [**prostrates, prostrating, prostrated**] postrar: **they prostrated themselves before the King** se postraron ante el rey.

protagonist /prəˈtægənɪst/ *n* protagonista *m/f.*

protect /prəˈtekt/ *vt* [**protects, protecting, protected**] proteger: **the plants have to be protected** *from* **the wind** hay que proteger las plantas del viento; **this vaccine will protect you** *against* **cholera** esta vacuna te protegerá contra el cólera.

protection /prəˈtekʃən/ *n* protección *f*: **this cream provides protection** *against* **the sun** esta crema protege contra los efectos del sol.
protection money *n* protección *f* (*dinero que se paga a una banda criminal para no ser objeto de sus ataques*).

protective /prəˈtektɪv/ *adj* protector -tora: **she felt very protective** *towards* **the child** el niño despertaba su instinto protector; **you have to wear protective goggles** tienes que llevar gafas protectoras.

protégé /ˈprəʊtəʒeɪ/ *n* protegido *m*: **he gave the job to his protégé** le dio el empleo a su protegido.

protégée /ˈprəʊtəʒeɪ/ *n* protegida *f.*

protein /ˈprəʊtiːn/ *n* proteína *f*: **meat is high in protein** la carne es rica en proteínas.

protest **I** /ˈprəʊtest/ *n* protesta *f*: **they made their protest** *against* **the new tax** expresaron su protesta contra el nuevo impuesto; **they refused to listen to her, so she left the meeting** *in* **protest** no quisieron escucharla, así que abandonó la reunión en señal de protesta; **they staged a protest in front of the factory** organizaron una protesta delante de la fábrica ● **he finally made his bed under protest** al final hizo la cama, pero protestando.
II /prəˈtest/ *vt* [**protests, protesting, protested**] **1.** (*insist on*): **he protested his innocence** insistía en que era inocente; **but I didn't do anything! he protested** ¡pero si yo no he hecho nada!, protestó. **2.** (*US*: *to argue against*): **they were protesting the closure of the plant** protestaban por * contra el cierre de la fábrica.
♦*vi* protestar: **they were protesting** *about* * *at* * *against* **the new rules** estaban protestando por * contra las nuevas normas.
protest march /ˈprəʊtest mɑːtʃ/ *n* marcha *f* de protesta.
protest movement /ˈprəʊtest ˈmuːvmənt/ *n* movimiento *m* de protesta.

Protestant /ˈprɒtɪstənt/ *adj, n* protestante *adj, m/f.*

protestation /ˌprəʊtesˈteɪʃən/ *n* (*frml*) protesta *f.*

protester /prəˈtestə/ *n* manifestante *m/f.*

protocol /ˈprəʊtəkɒl/ *n* protocolo *m.*

proton /ˈprəʊtɒn/ *n* protón *m.*

prototype /ˈprəʊtəʊtaɪp/ *n* prototipo *m.*

protracted /prəˈtræktɪd/ *adj* prolongado -da.

protractor /prəˈtræktə/ *n* transportador *m.*

protrude /prəˈtruːd/ *vi* [**protrudes, protruding, protruded**] sobresalir: **a wad of banknotes protruded** *from* **his pocket** un fajo de billetes sobresalía de su bolsillo.

protruding /prəˈtruːdɪŋ/ *adj* saliente: **she has protruding teeth** tiene los dientes muy salidos; **protruding eyes** ojos saltones.

protrusion /prəˈtruːʒən/ *n* protuberancia *f.*

protuberance /prəˈtjuːbərəns/ *n* protuberancia *f.*

proud /praʊd/ **I** *adj* **1.** (*pleased*) orgulloso -sa: **the manager was very proud** *of* **his team** el entrenador estaba muy orgulloso de su equipo; **she felt proud to be called "Doctor"** estaba orgullosa de que la llamaran "Doctora" **2.** (*day, event*) de orgullo: **it was a proud occasion for them** fue un momento de orgullo para ellos. **3.** (*self-respecting*) orgulloso -sa: **they are a**

proud nation es un pueblo que se siente orgulloso de sí mismo. **4.** (*haughty*) orgulloso -sa, altivo -va: **she was too proud to admit she had made a mistake** tenía demasiado orgullo como para admitir que se había equivocado.
II *adv* (*fam*): **what a marvellous meal! they really did us proud!** ¡qué comida más estupenda! ¡nos trataron a cuerpo de rey!

proudly /ˈpraʊdlɪ/ *adv* orgullosamente.

prove /pruːv/ *vt* [**proves, proving, proved,** *participio pasado* **proved** ✻ **proven**] **1.** (*with facts*) probar: **you can't prove that accusation** no puedes probar esa acusación; **they were unable to prove his guilt** no pudieron probar ✻ demostrar su culpabilidad; **they were proved wrong** se ha probado que estaban equivocados. **2.** (*to result*) resultar: **it proved to be a very difficult exam** resultó ser un examen muy difícil.

proven /ˈpruːvən/ **I** *participio pasado de* ➪ prove
II *adj* probado -da: **we are looking for a translator of proven ability** buscamos un traductor de probada capacidad; **he is a proven criminal** está probado que es un delincuente.

proverb /ˈprɒvɜːb/ *n* proverbio *m*.

proverbial /prəˈvɜːbɪəl/ *adj* proverbial: **their reliability has become proverbial** su fiabilidad ya es proverbial; **the proverbial bird in the hand** el pájaro en mano del refrán.

provide /prəˈvaɪd/ *vt* [**provides, providing, provided**] proporcionar, proveer: **we will provide climbing equipment** *for* **the trip** proporcionaremos el equipo de montaña necesario para el viaje; **bedlinen and towels are provided** proporcionamos ropa de cama y toallas; **the school provided us** *with* **lunch** nos dieron de comer en el colegio ● **we're going sailing tomorrow, providing ✻ provided (that) it's not too windy** mañana vamos a ir a navegar, siempre y cuando no haya mucho viento.
♦ *vi*: **the backup system provides** *against* **loss of data** el sistema de apoyo es una precaución contra la pérdida de información.
to **provide for** *vt* **1.** (*to deal with the needs of*): **the fund provides for their widows** el fondo sirve para ayudar a sus viudas. **2.** (*to cater for*): **the law does not provide for these situations** la ley no contempla casos como éste.

providence /ˈprɒvɪdəns/ *n* providencia *f*.

providential /ˌprɒvɪˈdenʃəl/ *adj* providencial.

province /ˈprɒvɪns/ *n* **1.** (*Geog*) provincia *f*: **the company is touring the provinces ✻ is on tour in the provinces** la compañía está de gira por provincias. **2.** (*sphere of knowledge*) especialidad *f*: **astronomy isn't my province** la astronomía no es mi especialidad.

provincial /prəˈvɪnʃəl/ *adj* **1.** (*of a province*) provincial. **2.** (*used as an insult*) provinciano -na: **he thinks we're very provincial now he lives in London** nos considera muy provincianos ahora que vive en Londres.

provision /prəˈvɪʒən/ **I** *n* **1.** (*supplying*) provisión *f*: **he campaigned for the provision of more shelters for the homeless** hizo campaña para que se proveyeran más refugios para las personas sin hogar. **2.** (*preparation*): **they had made no provision for bad weather** no habían tomado precauciones por si hacía mal tiempo. **3.** (*condition*) condición *f*.
II provisions *n pl* (*supplies*) provisiones *f pl*: **provisions were running low by the end of the expedition** al final de la expedición las provisiones escaseaban.

provisional /prəˈvɪʒənəl/ *adj* provisional: **you can get a provisional passport** puedes hacerte un pasaporte provisional.

provisionally /prəˈvɪʒənəlɪ/ *adv* provisionalmente.

proviso /prəˈvaɪzəʊ/ *n* condición *f* ● **I said that they could go home early, with the proviso that all the work was finished** dije que se podían ir a casa antes, con la condición de que todo el trabajo estuviera terminado.

provocation /ˌprɒvəˈkeɪʃən/ *n* provocación *f*.

provocative /prəˈvɒkətɪv/ *adj* (*seductive*) provocativo -va; (*belligerent*) provocador -dora.

provocatively /prəˈvɒkətɪvlɪ/ *adv* **1.** (*dressed*) provocativamente. **2.** (*belligerently*) de forma provocadora: **the demonstrators were gesturing provocatively** los manifestantes hacían gestos provocadores.

provoke /prəˈvəʊk/ *vt* [**provokes, provoking, provoked**] provocar: **he is always trying to provoke me** siempre está intentando provocarme; **his comment provoked angry reactions from MPs** su comentario provocó las reacciones airadas de algunos diputados; **he was provoked** *into* **ordering their dismissal** tanto lo provocaron que dio la orden de que los despidieran.

provoking /prəˈvəʊkɪŋ/ *adj* provocador -dora.

provost /ˈprɒvəst/ *n*: *rector de algunas facultades, especialmente las que integran las universidades de Oxford y Cambridge.*

prow /praʊ/ *n* proa *f*.

prowess /ˈpraʊes/ *n* (*frml*) habilidad *f*: **he demonstrated great prowess as a rugby player** demostró tener una gran habilidad como jugador de rugby.

prowl /praʊl/ **I** *vi* [**prowls, prowling, prowled**] merodear: **lions prowled** *around* **outside the compound** los leones merodeaban fuera del recinto.
II *n* ● **there were pickpockets on the prowl** había carteristas merodeando por allí.

prowler /ˈpraʊlə/ *n* merodeador - dora *m/f*.

proximity /prɒkˈsɪmətɪ/ *n* proximidad *f*: **its proximity** *to* **the motorway makes it noisy** su proximidad a la autopista lo hace un sitio muy ruidoso; **the hotel is** *in* **close proximity** *to* **the city centre** el hotel está muy próximo al centro de la ciudad.

proxy /ˈprɒksɪ/ *n* [**proxies**] **1.** (*authorization*) poder *m*: **I was away but I voted** *by* **proxy** estaba fuera, pero voté por poderes. **2.** (*person*) apoderado -da *m/f*.

prude /pruːd/ *n* mojigato -ta *m/f*.

prudence /ˈpruːdəns/ *n* prudencia *f*.

prudent /ˈpruːdənt/ *adj* prudente.

prudish /ˈpruːdɪʃ/ *adj* mojigato -ta.

prudishly /ˈpruːdɪʃlɪ/ *adv*: **I'm not interested in that sort of thing, she said prudishly** no me interesan esas cosas, dijo con mucha mojigatería.

prudishness /ˈpruːdɪʃnəs/ *n* mojigatería *f*.

prune /pruːn/ **I** *n* ciruela *f* pasa.
II *vt* [**prunes, pruning, pruned**] podar: **the rose-bushes need pruning** hay que podar los rosales.

pry /praɪ/ *vi* [**pries, prying, pried**] entrometerse: **she's always prying** *into* **other people's affairs** siempre se entromete en los asuntos ajenos; **I don't want to pry, but...** no quiero entrometerme, pero....

PS /piːˈes/ *n* (*abreviatura de* **postscript**) P.D. (posdata).

psalm /sɑːm/ *n* salmo *m*.

pseud /sjuːd/ *n* (*fam*) fantasma *m/f*, pedante *m/f*.

pseudonym /ˈsjuːdənɪm/ *n* seudónimo *m*.

psyche /ˈsaɪkɪ/ *n* psique *f*.
psychedelic /ˌsaɪkɪˈdelɪk/ *adj* psicodélico -ca.
psychiatric /ˌsaɪkɪˈætrɪk/ *adj* psiquiátrico -ca.
psychiatrist /saɪˈkaɪətrɪst/ *n* psiquiatra *m/f*.
psychiatry /saɪˈkaɪətrɪ/ *n* psiquiatría *f*.
psychic /ˈsaɪkɪk/ **I** *adj* psíquico -ca.
II *n* médium *m/f*.
psychoanalyse /ˌsaɪkəʊˈænəlaɪz/ *vt* [**psychoanalyses, psychoanalysing, psychoanalysed**] psicoanalizar.
psychoanalysis /ˌsaɪkəʊəˈnæləsɪs/ *n* psicoanálisis *m*.
psychoanalyst /ˌsaɪkəʊˈænəlɪst/ *n* psicoanalista *m/f*.
psychoanalyze /ˌsaɪkəʊˈænəlaɪz/ *vt* [**psychoanalyzes, psychoanalyzing, psychoanalyzed**] (*US*) psicoanalizar.
psychological /ˌsaɪkəˈlɒdʒɪkəl/ *adj* psicológico -ca.
psychologically /ˌsaɪkəˈlɒdʒɪkəlɪ/ *adv* psicológicamente.
psychologist /saɪˈkɒlədʒɪst/ *n* psicólogo -ga *m/f*.
psychology /saɪˈkɒlədʒɪ/ *n* psicología *f*.
psychopath /ˈsaɪkəʊpæθ/ *n* psicópata *m/f*.
psychopathic /ˌsaɪkəʊˈpæθɪk/ *adj* psicopático -ca.
psychosis /saɪˈkəʊsɪs/ *n* [*pl* **psychoses** /saɪˈkəʊsiːz/] psicosis *f inv*.
psychosomatic /ˌsaɪkəʊsəˈmætɪk/ *adj* psicosomático -ca.
psychotherapist /ˌsaɪkəʊˈθerəpɪst/ *n* psicoterapeuta *m/f*.
psychotherapy /ˌsaɪkəʊˈθerəpɪ/ *n* psicoterapia *f*.
psychotic /saɪˈkɒtɪk/ *adj*, *n* psicótico -ca *adj*, *m/f*.
psych up /saɪk ʌp/ *vt* [**psychs, psyching, psyched**] (*fam*) mentalizar: **he psyched himself up** *for* **the interview** se mentalizó para hacer la entrevista.
pt **1.** *léase* /paɪnt/ (*abreviatura de* **pint**) pinta *f*. **2.** *léase* /pɑːt/ (*abreviatura de* **part**) parte *f*. **3.** *léase* /pɔɪnt/ (*abreviatura de* **point**) punto *m*.
PTA /piːtiːˈeɪ/ *n* (*abreviatura de* **Parent-Teacher Association**) *asociación de padres y profesores*.
PTO /piːtiːˈəʊ/ (*abreviatura de* **please turn over**) sigue al dorso.
pub /pʌb/ *n* (*GB*) pub *m*, bar *m*.
pub-crawl *n*: **they went** *on* **a pub-crawl** se fueron de bares.
puberty /ˈpjuːbətɪ/ *n* pubertad *f*.
pubic /ˈpjuːbɪk/ *adj* púbico -ca.
pubis /ˈpjuːbɪs/ *n* pubis *m inv*.
public /ˈpʌblɪk/ **I** *adj* público -ca: **their engagement was made public yesterday** ayer hicieron público su compromiso.
II *n* público *m*: **the castle is not open to the general public** el castillo no está abierto al público; **they were never seen together** *in* **public** nunca se les vio juntos en público; **her latest novel is aimed at a wider public** su última novela va dirigida a un público más amplio.
public bar *n* (*in GB*) *en un pub, sala decorada de forma más sencilla*.
public convenience *n* (*GB*) servicios *m pl*.
public holiday *n* día *m* de fiesta (nacional).
public house *n* (*GB: frml*) ⇨ pub
public interest *n* interés *m* público.
public limited company *n* (*in GB*) sociedad *f* anónima.
public prosecutor *n* fiscal *m/f*.
public relations *n pl* relaciones *f pl* públicas.
public school *n* **1.** (*GB*: *private school*) colegio *m* privado (*de enseñanza secundaria*). **2.** (*US*: *state school*) escuela *f* pública.
public sector *n* sector *m* público * estatal.
public-spirited *adj* cívico -ca, de espíritu cívico.
public thoroughfare *n* vía *f* pública.
public transport *n* transporte *m* público.
publican /ˈpʌblɪkən/ *n* (*GB*) tabernero -ra *m/f*.
publication /ˌpʌblɪˈkeɪʃən/ *n* publicación *f*.
publicity /pʌbˈlɪsətɪ/ *n* publicidad *f*: **the demonstration got a lot of publicity** le dieron mucha publicidad a la manifestación.
publicity campaign *n* campaña *f* publicitaria.
publicity stunt *n* truco *m* publicitario.
publicize /ˈpʌblɪsaɪz/ *vt* [**publicizes, publicizing, publicized**] **1.** (*to make known*) dar publicidad a: **their wedding was not publicized** no dieron publicidad a la boda; **her speech was much publicized** su discurso recibió mucha publicidad. **2.** (*to promote*) promocionar.
publish /ˈpʌblɪʃ/ *vt* [**publishes, publishing, published**] publicar: **although he's young, he's already had three novels published** aunque es joven, ya le han publicado tres novelas; **they publish several women's magazines** publican varias revistas femeninas.
publisher /ˈpʌblɪʃə/ *n* **1.** (*person*) editor -tora *m/f*. **2.** **publisher's** (*firm*) editorial *f*.
publishing /ˈpʌblɪʃɪŋ/ *n* (*gen*) el mundo editorial; (*as an industry*) la industria editorial: **she hopes to go into publishing** espera poder trabajar en una editorial.
publishing company *n* editorial *f*.
pucker /ˈpʌkə/ *vt* [**puckers, puckering, puckered**] **1.** (*face, brow, lips*) fruncir. **2.** (*fabric*) arrugar.
♦ *vi* (*también* **pucker up**) **1.** (*face*): **her face puckered (up) and she began to cry** torció el gesto y empezó a llorar. **2.** (*fabric*): **the hem of my skirt has puckered (up)** se me ha arrugado el dobladillo de la falda.
pudding /ˈpʊdɪŋ/ *n* **1.** (*dessert*) postre *m*: **what's for pudding?** ¿qué hay de postre? **2.** (*steamed variety*) pudín *m*, budín *m*.
puddle /ˈpʌdəl/ *n* charco *m*.
puerile /ˈpjʊəraɪl/ *adj* pueril, infantil.
Puerto Rican /ˈpwɜːtəʊ ˈriːkən/ *adj*, *n* portorriqueño -ña *adj*, *m/f*, puertorriqueño -ña *adj*, *m/f*.
Puerto Rico /ˈpwɜːtəʊ ˈriːkəʊ/ *n* Puerto Rico *m*.
puff /pʌf/ **I** *n* **1.** (*of smoke*): **he disappeared in a puff of smoke** desapareció dejando una pequeña nube de humo tras él. **2.** (*of a cigarette*) calada *f*; (*on a pipe*) chupada *f*. **3.** (*fam*: *breath*): **he was out of puff after running for the bus** se quedó sin aliento después de correr para alcanzar el autobús.
II *vi* [**puffs, puffing, puffed**] **1.** (*to pant*) resoplar: **he was puffing and panting after the race** al terminar la carrera estaba resoplando y jadeando. **2.** (*to smoke*): **he sat in the corner puffing away at * on his pipe** estaba sentado en el rincón fumando en pipa.
♦ *vt* **1.** (*smoke*) echar: **don't puff smoke in my face!** ¡no me eches el humo en la cara! **2.** (*pipe*) dar una chupada a.
to **puff out** *vt* **1.** (*feathers*) ahuecar. **2.** (*chest, cheeks*) inflar. **3.** (*fam*: *to exhaust*) dejar sin respiración.
to **puff up** *vi* hincharse.
puff pastry *n* hojaldre *m*.
puffed /pʌft/ *adj* (*también* **puffed out**) (*fam*) agotado -da: **I arrived at the station completely puffed (out)** llegué a la estación completamente agotado.
puffin /ˈpʌfɪn/ *n* frailecillo *m*.
puffy /ˈpʌfɪ/ *adj* [**puffier, puffiest**] hinchado -da: **her**

eyes were red and puffy tenía los ojos rojos e hinchados.

pugnacious /pʌgˈneɪʃəs/ *adj* pugnaz.

puke /pjuːk/ (*fam*) **I** *n* vómito *m*.
II *vt/i* [**pukes, puking, puked**] vomitar.
to **puke up** *vt/i* vomitar.

pull /pʊl/ **I** *n* **1.** (*tug*) tirón *m*: **you have to give the door a good pull** tienes que darle un buen tirón a la puerta. **2.** (*force*) fuerza *f*: **the pull** *of* **gravity** la fuerza de la gravedad ● **she has always felt the pull of the stage** siempre le ha tirado el teatro * se ha sentido atraída por el teatro. **3.** (*fam*: *influence*) influencia *f*: **they have a lot of pull at the ministry** tienen mucha influencia en el ministerio.
II *vt* [**pulls, pulling, pulled**] **1.** (*to draw*) tirar de, (*Amér L*) jalar: **the tractor was pulling the plough** el tractor tiraba del arado; **he pulled his sister's hair** le tiró del pelo a su hermana; **you pull the lever and the machine starts** tiras de la palanca y la máquina se pone en funcionamiento; **she was pulling a suitcase** *along* **behind her** iba arrastrando una maleta tras ella. **2.** (*to take out: a gun, a knife*) sacar: **he suddenly pulled a gun** de repente sacó una pistola; **he pulled his wallet** *from* **his pocket** sacó la cartera del bolsillo; **she pulled a blanket** *from* **the drawer** sacó una manta del cajón; **he pulled himself free of the wreckage** logró salir de entre los restos del vehículo siniestrado. **3.** (*curtains*) correr: **we pulled the curtains when it got dark** corrimos las cortinas cuando se hizo de noche. **4.** (*the trigger*) apretar: **he was about to pull the trigger** estaba a punto de apretar el gatillo. **5.** (*fam*: *to attract*) atraer: **she still manages to pull the crowds** todavía es capaz de atraer multitudes. **6.** (*a muscle*): **she pulled a muscle doing aerobics** se hizo un desgarro muscular haciendo aerobic.
♦*vi* tirar, (*Amér L*) jalar: **pull harder!** ¡tira más fuerte!; **the car seems to be pulling to the left** parece que el coche se va hacia la izquierda.
to **pull apart** *vt* **1.** (*to separate*) separar: **the police had to pull them apart** la policía tuvo que separarlos. **2.** (*to dismantle*) desarmar: **she pulled the clock apart and couldn't put it back together** desarmó el reloj y luego no lo pudo volver a armar. **3.** (*by criticizing*) echar por tierra: **he pulled my argument apart** echó por tierra mi razonamiento.
to **pull at** *vt* tirar de, (*Amér L*) jalar de: **the dog was pulling at its lead** el perro tiraba de la correa.
to **pull away** *vi* **1.** (*to move off*) salir: **the car pulled away slowly** el coche salió despacio. **2.** (*in a race*) despegarse: **he pulled away** *from* **the rest of the competitors** se despegó del pelotón. **3.** (*to withdraw*) apartarse: **she pulled away** *from* **me** se apartó de mí.
♦*vt* (*to withdraw*) apartar, retirar: **she pulled her hand away** apartó la mano; **pull that chair away** *from* **the fire** aparta esa silla del fuego.
to **pull down** *vt* **1.** (*a blind*) bajar: **she pulled the blinds down** bajó las persianas. **2.** (*to demolish*) derribar, tirar abajo: **they've pulled down those blocks of flats** han derribado aquellos bloques de pisos.
to **pull in** *vi* **1.** (*to stop*) parar: **pull in on the left** para aquí a la izquierda. **2.** (*train*) llegar: **the Bristol train pulled in forty minutes late** el tren de Bristol llegó con cuarenta minutos de retraso.
♦*vt* (*fam*: *to detain*) llevar a la comisaría, detener: **they were pulled in for questioning** los llevaron a la comisaría para interrogarlos.
to **pull into** *vt* entrar en: **the train pulled into the station** el tren entró en la estación.
to **pull off** *vt* **1.** (*to remove*) quitar: **I pulled the poster off the wall** quité * arranqué el póster de la pared. **2.** (*clothing*) quitarse: **he pulled off his wet clothes** se quitó la ropa mojada. **3.** (*fam*: *to succeed in*): **it would be a good deal if we could pull it off** sería un buen negocio si lográramos que se concretara. **4.** (*in a car*) salir de: **they pulled off the motorway at a service station** salieron de la autopista en una estación de servicio.
to **pull on** *vt* (*gloves, shoes*) ponerse; (*a coat*) echarse encima, ponerse: **I pulled on a coat and ran outside** me eché un abrigo encima y salí a toda prisa.
to **pull out** *vi* **1.** (*to depart*) salir: **the train pulled out on time** el tren salió a su hora. **2.** (*to move out*) salir: **the car pulled out without warning** el coche salió sin avisar. **3.** (*to withdraw*) retirarse: **the army has pulled out** *of* **the area** el ejército se ha retirado de la zona.
♦*vt* **1.** (*gen*) sacar: **they managed to pull him out** *of* **the canal** lograron sacarlo del canal; **I pulled myself out** *of* **bed** me levanté de la cama con gran esfuerzo. **2.** (*to withdraw*) retirar: **troops are being pulled out** *of* **the region** están retirando las tropas de la zona.
to **pull over** *vt* tirar: **she fell and pulled the table over** se cayó y tiró la mesa.
♦*vi* (*in a car: to move to one side*) hacerse a un lado; (*: to stop*) detenerse (*en el arcén*): **the policeman signalled to me to pull over** el policía me indicó que me detuviera.
to **pull through** *vt* **1.** (*to survive*) recuperarse de, salir de: **he pulled through his illness** se recuperó de la enfermedad. **2.** (*to help through*) sacar: **she's pulled us through this crisis** nos ha sacado de esta crisis.
♦*vi* recuperarse: **what are her chances of pulling through?** ¿qué posibilidades tiene de recuperarse?
to **pull together** *vi* (*to cooperate*) trabajar juntos: **we can win the game if we all pull together** podemos ganar el partido si trabajamos todos juntos.
♦*vt*: **pull yourself together!** ¡cálmate!
to **pull up** *vi* (*to stop*) parar, detenerse: **he pulled up outside the bank** paró en la puerta del banco.
♦*vt* **1.** (*to raise*) levantar. **2.** (*to draw up*) acercar: **I pulled up a chair and sat down** acerqué una silla y me senté.
pull-out *n* (*también* **pull-out section**) cuadernillo *m*: **the magazine had a pull-out (section) on travel** la revista traía un cuadernillo sobre viajes.

pullet /ˈpʊlɪt/ *n* polla *f*, gallina *f* joven.

pulley /ˈpʊlɪ/ *n* polea *f*.

pullover /ˈpʊləʊvə/ *n* suéter *m*, pullover *m*, (*Amér L*) pulóver *m*.

pulmonary /ˈpʌlmənərɪ/ *adj* pulmonar.

pulp /pʌlp/ **I** *n* **1.** (*of fruit*) pulpa *f*. **2.** (*of paper, wood*) pasta *f*. **3.** (*substance crushed or beaten*) puré *m*: **the tomatoes have been crushed to a pulp** los tomates están hechos puré. **4.** (*poor quality literature*) literatura *f* barata.
II *vt* [**pulps, pulping, pulped**] reducir a una pasta.
pulp literature *n* literatura *f* barata.

pulpit /ˈpʊlpɪt/ *n* púlpito *m*.

pulsate /pʌlˈseɪt/ *vi* [**pulsates, pulsating, pulsated**] vibrar, palpitar.

pulse /pʌls/ **I** *n* **1.** (*Med*) pulso *m*: **the nurse took * felt his pulse** la enfermera le tomó el pulso. **2.** (*rhythm*) ritmo *m*.
II pulses *n pl* (*Culin*) legumbres *f pl*.

III *vi* [**pulses, pulsing, pulsed**] latir.
pulse rate *n* frecuencia *f* del pulso.
pulverize /ˈpʌlvəraɪz/ *vt* [**pulverizes, pulverizing, pulverized**] pulverizar.
puma /ˈpju:mə/ *n* puma *m*.
pumice stone /ˈpʌmɪs stəʊn/ *n* piedra *f* pómez.
pummel /ˈpʌməl/ *vt* [**pummels, pummelling, pummelled**] (*to hit: a person*) dar puñetazos a; (*: a pillow, door*) aporrear.
pump /pʌmp/ **I** *n* **1.** (*for bicycle, water, etc.*) bomba *f*. **2.** (*for petrol*) surtidor *m*.
II *vt* [**pumps, pumping, pumped**] bombear: **the heart pumps blood around the body** el corazón bombea sangre a todo el cuerpo; **they pumped the water** *out of* **the pool** sacaron el agua de la piscina con una bomba • **we have pumped a lot of money into this scheme** hemos invertido mucho dinero en este proyecto • **we pumped him for information** intentamos sonsacarle información.
to **pump up** *vt* inflar: **the tyres need pumping up** hay que inflar las ruedas.
pumpkin /ˈpʌmpkɪn/ *n* calabaza *f*.
pun /pʌn/ **I** *n* juego *m* de palabras.
II *vi* [**puns, punning, punned**] hacer juegos de palabras.
punch /pʌntʃ/ **I** *vt* [**punches, punching, punched**] **1.** (*to hit*) darle un puñetazo a: **she punched him in the face** le dio un puñetazo en la cara. **2.** (*to pierce*) perforar: **this machine punches a hole in the metal** esta máquina perfora el metal. **3.** (*a ticket*) picar.
II *n* [**punches**] **1.** (*with fist*) puñetazo *m*. **2.** (*for paper, metal*) perforadora *f*. **3.** (*impact*) fuerza *f*: **the article needs more punch** al artículo le falta fuerza. **4.** (*Culin*) ponche *m*.
Punch and Judy show *n* (teatro *m* de) títeres *m pl*.
punchbag *n* (*in boxing*) saco *m* de arena.
punchball *n* (*in boxing*) punching-ball *m* (*para practicar golpes*).
punchbowl *n* ponchera *f*.
punch line *n* remate *m*.
punch-up *n* (*GB*: *fam*) pelea *f*.
punctilious /pʌŋkˈtɪlɪəs/ *adj* puntilloso -sa, meticuloso -sa.
punctiliously /pʌŋkˈtɪlɪəslɪ/ *adv* (*gen*) puntillosamente; (*to pay*) religiosamente.
punctual /ˈpʌŋktjʊəl/ *adj* puntual.
punctuality /ˌpʌŋktjʊˈælətɪ/ *n* puntualidad *f*.
punctually /ˈpʌŋktjʊəlɪ/ *adv* puntualmente.
punctuate /ˈpʌŋktjʊeɪt/ *vt* [**punctuates, punctuating, punctuated**] **1.** (*Ling*) puntuar. **2.** (*to interrupt*) interrumpir (*repetidamente*): **his speech was punctuated by jeers from the audience** el público interrumpió su discurso con abucheos en varias ocasiones; (*to adorn*) sembrar, salpicar.
punctuation /ˌpʌŋktjʊˈeɪʃən/ *n* puntuación *f*.
punctuation mark *n* signo *m* de puntuación.
puncture /ˈpʊŋktʃə/ **I** *n* pinchazo *m*: **we had a puncture** se nos pinchó una rueda.
II *vt* [**punctures, puncturing, punctured**] **1.** (*a tyre, ball*) pinchar. **2.** (*a lung*) perforar.
♦ *vi* (*tyre, ball*) pincharse.
puncture repair kit *n* caja *f* de parches (*para bicicleta*).
pundit /ˈpʌndɪt/ *n* experto -ta *m/f*.
pungency /ˈpʌndʒənsɪ/ *n* **1.** (*of smell, taste*) acritud *f*. **2.** (*of speech, remark*) mordacidad *f*.
pungent /ˈpʌndʒənt/ *adj* **1.** (*smell*) acre. **2.** (*speech, writing*) mordaz.
punish /ˈpʌnɪʃ/ *vt* [**punishes, punishing, punished**] castigar: **such a terrible crime must be punished** un crimen tan terrible debe ser castigado; **they were punished** *for* **cheating during the exam** los castigaron por copiar en el examen.
punishable /ˈpʌnɪʃəbəl/ *adj* punible: **this crime was punishable** *by* **hanging** este delito se castigaba con la horca.
punishing /ˈpʌnɪʃɪŋ/ *adj* agotador -dora: **a punishing training schedule** un programa de entrenamiento agotador.
punishment /ˈpʌnɪʃmənt/ *n* castigo *m*: **her pocket money was stopped for a month** *as* **a punishment** ✱ *in* **punishment** como castigo, la dejaron sin paga un mes • **this car has taken a lot of punishment** este coche ha aguantado muchos trotes.
punitive /ˈpju:nɪtɪv/ *adj* punitivo -va.
punk /pʌŋk/ *n* **1.** (*también* **punk rocker**) (*person*) punk *m/f*. **2.** (*también* **punk rock**) (*music*) música *f* punk. **3.** (*US*: *youth*) gamberro -rra *m/f*.
punnet /ˈpʌnɪt/ *n* cestita *f* (*en la que se venden fresas y otras frutas*).
punt /pʌnt/ **I** *n* batea *f*.
II *vi* [**punts, punting, punted**] ir en batea: **we went punting on the river** fuimos en batea por el río.
punter /ˈpʌntə/ *n* (*GB*) **1.** (*person who bets*) apostante *m/f*. **2.** (*fam*: *customer*) cliente *m/f*: **the punters expect to see a decent show** los clientes esperan ver un espectáculo en condiciones.
puny /ˈpju:nɪ/ *adj* [**punier, puniest**] canijo -ja.
pup /pʌp/ *n* **1.** (*dog*) perrito -ta *m/f*, cachorro -rra *m/f* • **they were sold a pup** les dieron gato por liebre. **2.** (*seal*) cría *f*.
pupil /ˈpju:pəl/ *n* **1.** (*Educ*) alumno -na *m/f*. **2.** (*Anat*) pupila *f*.
puppet /ˈpʌpɪt/ *n* títere *m*, marioneta *f* • **the President was just a puppet, manipulated by the army** el presidente no era más que un títere, manipulado por el ejército.
puppet government *n* gobierno *m* títere.
puppet show *n* función *f* de títeres.
puppeteer /ˌpʌpɪˈtɪə/ *n* titiritero -ra *m/f*, marionetista *m/f*.
puppy /ˈpʌpɪ/ *n* [**puppies**] perrito -ta *m/f*, cachorro -rra *m/f*.
purchase /ˈpɜ:tʃɪs/ (*frml*) **I** *vt* [**purchases, purchasing, purchased**] comprar.
II *n* compra *f*: **we made several purchases in the January sales** compramos varias cosas en las rebajas de enero; **the purchase of the house took some time** la compra de la casa llevó algún tiempo.
purchase order *n* orden *f* de compra.
purchase price *n* precio *m* de compra ✱ adquisición.
purchase tax *n* (*GB*) impuesto *m* sobre la venta.
purchaser /ˈpɜ:tʃɪsə/ *n* comprador -dora *m/f*.
pure /pjʊə/ *adj* puro -ra: **pure alcohol** alcohol puro; **she studied pure maths** estudió matemáticas puras; **the pure air of the mountains** el aire puro de las montañas; **we met by pure coincidence** nos encontramos por pura casualidad • **she did it out of spite, pure and simple** lo hizo por puro despecho.
purebred /ˈpjʊəbred/ **I** *n* **1.** (*horse*) purasangre *m/f*. **2.** (*other animal*) animal *m* de raza.
II *adj* **1.** (*horse*) de pura sangre. **2.** (*other animal*) de raza.
purée /ˈpjʊəreɪ/ **I** *n* puré *m*.

II *vt* [**purées, puréeing, puréed**] pasar por la batidora * el pasapurés.

purely /'pjʊəlɪ/ *adv*: **the classes run on a purely voluntary basis** las clases operan de forma totalmente voluntaria; **I found it purely by chance** lo encontré por pura casualidad ● **it was a mistake, purely and simply** lisa y llanamente, fue un error.

purgatory /'pɜːgətərɪ/ *n* purgatorio *m*.

purge /pɜːdʒ/ (*frml*) I *vt* [**purges, purging, purged**] 1. (*Relig*) purgar: **they wanted to be purged *of* their sins** querían purgar sus pecados. 2. (*Pol*) purgar: **they had purged the party *of* extremists** habían purgado el partido de extremistas.
II *n* purga *f*: **he fell from grace during the political purges of the sixties** cayó en desgracia durante las purgas políticas de los años sesenta.

purification /ˌpjʊərɪfɪ'keɪʃən/ *n* purificación *f*.

purify /'pjʊərɪfaɪ/ *vt* [**purifies, purifying, purified**] purificar.

purist /'pjʊərɪst/ *n* purista *m/f*.

puritan /'pjʊərɪtən/ *n* puritano -na *m/f*.

puritanical /ˌpjʊərɪ'tænɪkəl/ *adj* puritano -na.

puritanically /ˌpjʊərɪ'tænɪkəlɪ/ *adv* de forma puritana.

puritanism /'pjʊərɪtənɪzəm/ *n* puritanismo *m*.

purity /'pjʊərətɪ/ *n* pureza *f*.

purl /pɜːl/ I *n* punto *m* del revés.
II *vi* [**purls, purling, purled**] hacer punto del revés.
♦ *vt*: **knit one, purl one** un punto del derecho, otro del revés.

purloin /pɜː'lɔɪn/ *vt* [**purloins, purloining, purloined**] (*frml*) hurtar.

purple /'pɜːpəl/ I *n* morado *m*, color *m* púrpura.
II *adj* morado -da, púrpura *adj inv*.

purport /pɜː'pɔːt/ *vi* [**purports, purporting, purported**] (*frml*) pretender: **it purports to be an unbiased survey** pretende ser un estudio imparcial.

purpose /'pɜːpəs/ *n* 1. (*intention*) propósito *m*: **the purpose is to build up their confidence** el propósito es aumentar su confianza ● **he tripped me up on purpose** me puso la zancadilla a propósito ● **I felt I had no sense of purpose in life** sentía que no tenía una meta en la vida. 2. (*use, end*) fin *m*, finalidad *f*: **lecture rooms should not be used *for* recreational purposes** las aulas no deben usarse con fines recreativos; **have you left the light on *for* any particular purpose?** ¿has dejado encendida la luz con algún fin en particular?; **the meeting served no useful purpose** la reunión no sirvió para nada; **the house is too big *for* our purposes** la casa es demasiado grande para nuestras necesidades ● **her precautions were all to no purpose** todas sus precauciones fueron en vano. 3. (*determination*) determinación *f*, resolución *f*.
purpose-built *adj* hecho -cha * construido -da especialmente.

purposeful /'pɜːpəsfʊl/ *adj* decidido -da, resuelto -ta.

purposefully /'pɜːpəsfʊlɪ/ *adv* decididamente, resueltamente.

purposeless /'pɜːpəsləs/ *adj* sin propósito.

purposely /'pɜːpəslɪ/ *adv* a propósito: **she purposely avoided the subject** evadió el tema a propósito.

purr /pɜː/ I *vi* [**purrs, purring, purred**] ronronear.
II *n* ronroneo *m*.

purse /pɜːs/ I *n* 1. (*for money*) monedero *m*. 2. (*US*: *handbag*) bolso *m*, (*Amér S*) cartera *f*, (*Méx*) bolsa *f*.
II *vt* [**purses, pursing, pursed**]: **he pursed his lips disapprovingly** frunció la boca en un gesto de desaprobación.

purser /'pɜːsə/ *n* sobrecargo *m/f*.

pursue /pə'sjuː/ *vt* [**pursues, pursuing, pursued**] 1. (*a person*) perseguir: **he ran in pursued by the dog** entró corriendo perseguido por el perro; **she was being pursued by the press for her story** la prensa la perseguía para obtener su historia. 2. (*an activity*): **the police are pursuing a new line of inquiry** la policía sigue una nueva línea de investigación; **he now had time to pursue his other interests** ahora tenía tiempo para dedicar a sus otros intereses; **he chose to pursue a career in insurance** decidió hacer carrera en el campo de los seguros. 3. (*a course*) cursar: **she is pursuing her studies at Bristol University** cursa sus estudios en la Universidad de Bristol.

pursuer /pə'sjuːə/ *n* perseguidor -dora *m/f*.

pursuit /pə'sjuːt/ *n* 1. (*chase*) persecución *f*: **the dogs set off *in* pursuit *of* the fox** los perros salieron en persecución del zorro ● **they drove off with the reporters in hot pursuit** se largaron en el coche con los reporteros pisándoles los talones. 2. (*search*) busca *f*: **he went to Hollywood *in* pursuit *of* a career in films** se fue a Hollywood en busca de una carrera en el cine. 3. (*pastime*) actividad *f*: **she's very keen on outdoor pursuits** le gustan mucho las actividades al aire libre.

purveyor /pə'veɪə/ *n* (*frml*) proveedor -dora *m/f*.

pus /pʌs/ *n* pus *m*.

push /pʊʃ/ I *n* [**pushes**] 1. (*thrust*) empujón *m*: **I gave him a push towards the door** le di un empujón en dirección a la puerta; **my car won't start, could you give me a push?** no me arranca el coche, ¿me empujas? 2. (*of button, switch*): **we can access this information at the push of a button** tenemos acceso a esta información con sólo apretar un botón. 3. (*fam*: *pressure*) presión *f*: **there has been a push *for* his resignation** ha habido presiones para que dimita ● **we could be back by four at a push** podríamos estar de vuelta para las cuatro si fuera necesario. 4. (*fam*: *dismissal*) despido *m*: **she got * was given the push for always being late for work** la echaron por llegar siempre tarde a trabajar. 5. (*Mil*: *offensive*) ofensiva *f*: **the big push began at dawn** la gran ofensiva empezó al amanecer.
II *vt* [**pushes, pushing, pushed**] 1. (*to impel*) empujar: **she pushed me first!** ¡ella me empujó primero!; **I pushed her out of my way** la aparté de un empujón; **he pushed the gate open** abrió la puerta empujándola; **we pushed our way to the stage** nos abrimos paso a empujones hasta el escenario. 2. (*key, button*) pulsar, apretar: **push the start button** pulsa el botón de encendido. 3. (*to urge*) presionar: **he was pushed *into* studying law** lo presionaron para que estudiara Derecho; **they are pushing me to accept it** me están presionando para que lo acepte. 4. (*fam*: *to promote*) promocionar: **they're really pushing Japanese cars at the moment** ahora están promocionando mucho los coches japoneses; **she's always pushing her left-wing beliefs** siempre está haciendo propaganda de sus ideas izquierdistas. 5. (*fam*: *drugs*) traficar con: **he was sent to prison for pushing heroin** lo encarcelaron por traficar con heroína. 6. (*fam*: *to be close to*): **he's pushing sixty** tiene casi sesenta años, está rondando los sesenta.
♦ *vi* 1. (*gen*) empujar: **stop pushing!** ¡deja de empujar!; **push as hard as you can** empuja con todas tus fuerzas. 2. (*to thrust forward*): **he pushed *past* the**

security guards pasó por delante de los guardias de seguridad.

to **push about * around** *vt* (*fam*) amedrentar: **he gets pushed around at school** los otros chicos del colegio lo tienen amedrentado.

to **push ahead** *vi* seguir adelante: **they're pushing ahead** *with* **plans to close the factory** siguen adelante con los planes para cerrar la fábrica.

to **push around** *vt* ⇨ *to* push about

to **push aside** *vt* hacer caso omiso de: **she pushed aside all my protests** hizo caso omiso de todas mis protestas.

to **push away** *vt* apartar de un empujón: **she pushed me away** me apartó de un empujón.

to **push down** *vt/i* apretar (*hacia abajo*): **push the lid down** aprieta la tapa.

to **push for** *vt*: **the group is pushing for more women MPs** el grupo está presionando para que haya más mujeres diputadas.

to **push in** *vt* tirar (*de un empujón*), empujar: **don't push me in, I can't swim!** no me tires al agua, que no sé nadar.

♦ *vi* (*fam*: *to jump the queue*) colarse: **wait your turn instead of pushing in!** ¡espere a que le toque en lugar de colarse!

to **push off** *vt*: **we pushed the boat off from the bank** alejamos el bote de la orilla.

♦ *vi* (*fam*) largarse: **push off and leave me alone** lárgate y déjame en paz.

to **push on** *vi* (*fam*) seguir (adelante): **we pushed on to the next village** seguimos hasta el pueblo siguiente.

to **push out** *vt*: **she opened the door and pushed me out** abrió la puerta y me echó fuera de un empujón; **England have been pushed out** *of* **the World Cup** Inglaterra ha quedado eliminada del Mundial.

to **push over** *vt*: **some boys pushed me over in the playground** unos niños me empujaron y me hicieron caer en el patio.

to **push through** *vt* hacer aprobar: **the government pushed through more spending cuts** el gobierno hizo aprobar nuevos recortes en los gastos.

to **push up** *vt* hacer subir: **this may push up interest rates** esto podría hacer subir los tipos de interés.

push-bike *n* (*GB*) bicicleta *f*: **he goes to work** *on* **a push-bike** va a trabajar en bicicleta.

pushchair *n* sillita *f* (de paseo) (*de niño*).

pushover *n* (*fam*) **1.** (*easy victory*): **the game was a pushover** el partido fue pan comido. **2.** (*person*) incauto -ta *m/f*: **he's a pushover when it comes to women** es un incauto cuando se trata de mujeres.

push-up *n* (*US*) flexión *f*.

pushed /pʊʃt/ *adj* (*fam*: *short of money or time*) apurado -da: **hurry up, I'm a bit pushed this morning** date prisa, voy un poco apurado de tiempo esta mañana; **he's always pushed** *for* **cash** siempre anda apurado de dinero.

pusher /ˈpʊʃə/ *n* (*fam*: *of drugs*) traficante *m/f* (de drogas), camello *m*.

pushy /ˈpʊʃɪ/ *adj* [**pushier, pushiest**] (*fam*) agresivo -va, prepotente.

pussy /ˈpʊsɪ/ *n* [*pl* **pussies**] (*también* **pussy-cat**, *pl* **pussy-cats**) (*fam*) minino -na *m/f*.

put /pʊt/ *vt* [**puts, putting, put**] **1.** (*to place: gen*) poner: **where did you put the corkscrew?** ¿dónde pusiste el sacacorchos?; **he puts garlic in everything** le pone ajo a todo; **he was put into an old people's home** lo metieron en una residencia para ancianos; **she put her head on my shoulder** apoyó su cabeza en mi hombro; **he put his hand in mine** me dio la mano; (*: in a certain order, position, etc.*) colocar, poner: **he put the books on the shelves** colocó * puso los libros en la estantería; (*: inside something else*) meter, poner: **you put the diskette** *in* **this slot** se mete * se pone el disquete en esta ranura. **2.** (*to cause to be*) poner: **it could put me in an embarrassing situation** me podría poner en una situación violenta; **seeing him always puts me in a good mood** verlo siempre me pone de buen humor; **the factory closure will put hundreds out of work** el cierre de la fábrica dejará a cientos de personas en la calle • **the rain put paid to our picnic** la lluvia nos estropeó el picnic. **3.** (*to express*) decir: **let me put it another way...** si me permites decirlo de otra manera...; **to put it bluntly, she bores me** francamente, me aburre. **4.** (*to write*) poner: **you forgot to put your name on your exam paper** te olvidaste de poner tu nombre en el examen; **what shall I put where it says "experience"?** ¿qué pongo donde dice "experiencia"?; **what did you put in your essay?** ¿qué pusiste en la composición? **5.** (*Sport*): **he excelled at putting the shot** se destacó en el lanzamiento de peso.

to **put about** *vt* (*fam*) hacer correr la voz de que: **she put it about that her neighbour was having an affair** hizo correr la voz de que su vecino tenía un lío amoroso.

to **put across * over** *vt* (*an idea, a concept*) comunicar, hacer entender: **his articles really put the facts across** en sus artículos expone los hechos de forma muy clara.

to **put aside** *vt* **1.** (*to reserve*) apartar, guardar: **I put aside money each month for my retirement** todos los meses aparto algo de dinero para mi jubilación. **2.** (*to disregard*) dejar de lado: **putting those considerations aside for the moment...** dejando esas consideraciones de lado por el momento....

to **put at** *vt*: **the number of casualties is put at thirteen** se calcula que el número de bajas asciende a trece.

to **put away** *vt* **1.** (*to tidy away*) guardar: **he never puts his clothes away** nunca guarda su ropa. **2.** (*fam*: *to save*) ahorrar: **I bet he's put away a tidy sum over the years** apuesto a que tiene una buena cantidad ahorrada de todos estos años. **3.** (*fam*: *to imprison*) meter en la cárcel: **they put him away for twenty years** lo condenaron a veinte años a la sombra.

to **put back** *vt* **1.** (*to replace*): **put that book back when you've finished with it** vuelve a poner ese libro en su lugar cuando hayas terminado con él. **2.** (*to delay*) posponer: **we've put back our holiday until September** hemos pospuesto las vacaciones hasta septiembre. **3.** (*a clock*) atrasar: **don't forget to put the clocks back tonight** no se olviden de atrasar los relojes esta noche.

to **put by** *vt* (*money*) ahorrar: **we've got a thousand pounds put by for emergencies** tenemos mil libras ahorradas * en reserva para una emergencia; (*supplies*) guardar.

to **put down** *vt* **1.** (*to lay down*) poner: **she put her bag down on the floor** puso el bolso en el suelo • **once you start reading it, you can't put it down** una vez que empiezas a leerlo no puedes parar. **2.** (*an animal*) sacrificar: **the dog was ill and had to be put down** el perro estaba enfermo y hubo que sacrificarlo. **3.** (*to crush*) aplastar, sofocar: **the rebellion was put down without mercy** la rebelión fue aplastada sin clemencia. **4.** (*to criticize*) criticar (*menospreciando*): **he's always putting her down** siempre la está criticando.

5. (*to write down*) anotar, apuntar: **put that down on your list** anota eso en tu lista.

to **put down for** *vt*: **put me down for four tickets** apúntame para cuatro entradas; **she's put her name down for yoga classes** se ha apuntado a clases de yoga.

to **put down to** *vt* atribuir a: **I put it down to her inexperience** lo atribuyo a su falta de experiencia.

to **put forward** *vt* 1. (*a clock*) adelantar: **we forgot that the clocks had been put forward** nos olvidamos de que se habían adelantado los relojes. 2. (*to propose*) proponer: **who put her forward as a candidate?** ¿quién la propuso como candidata?; **he puts forward the most ridiculous suggestions** hace unas sugerencias de lo más ridículas.

to **put in** *vt* 1. (*to install*) instalar, poner: **we had central heating put in** hicimos instalar * poner calefacción central. 2. (*to submit*) presentar: **you'll have to put in a claim for a refund** tendrás que presentar una solicitud para que te devuelvan el dinero. 3. (*to perform*) hacer: **he sometimes puts in an eleven hour day** a veces hace una jornada de once horas; **he put in a brief appearance at the party** hizo una breve aparición en la fiesta.
♦*vi* (*Naut*) hacer escala: **the royal yacht put in** *at* **Cannes** el yate real hizo escala en Cannes.

to **put in for** *vt* solicitar: **I've put in for a transfer** he solicitado el traslado.

to **put into** *vt* 1. (*Naut: to enter*): **we put into harbour** entramos a puerto. 2. (*to invest*) dedicar: **she puts all her time and energy into her children** les dedica todo su tiempo y su energía a sus hijos; **the company agreed to put money into the project** la compañía acordó invertir dinero en el proyecto.

to **put off** *vt* 1. (*to switch off*) apagar: **she put the light off and left the room** apagó la luz y salió de la habitación. 2. (*to postpone*) posponer: **I'll have to put off my hair appointment** tendré que posponer lo de ir a la peluquería; **you can't put off telling him any longer** no puedes seguir dándole largas al asunto, tienes que decírselo. 3. (*to dissuade*) disuadir: **I put him off coming for dinner** lo disuadí de que viniera a cenar. 4. (*to discourage*): **don't talk about that, you're putting me off my meal** no hables de eso, me estás quitando las ganas de comer; **her aggressive manner puts people off** su actitud agresiva le cae mal a la gente.

to **put on** *vt* 1. (*clothes, jewellery, glasses*) ponerse: **put your shoes on** ponte los zapatos; **she had put her best dress on** se había puesto su mejor vestido; **put some lipstick on** píntate un poco los labios. 2. (*to switch on: a light*) encender; (*: the radio, the washing machine*) poner: **do you mind if I put the radio on?** ¿te importa si pongo la radio? 3. (*to play*) poner: **he put on a jazz record** puso un disco de jazz; (*to show*) dar, poner: **they put that film on every Christmas** todas las Navidades dan esa película. 4. (*to add*) añadir: **the new tax puts ten pence on a bottle of wine** el nuevo impuesto añade diez peniques al precio de una botella de vino. 5. (*to start to cook*) poner: **shall I put the rice on?** ¿pongo el arroz?; **she puts the dinner on if he's late home** ella empieza a hacer la cena si él se retrasa. 6. (*to stage*) presentar: **they put on a show every year** presentan un espectáculo todos los años. 7. (*to provide*) poner: **they put on a special bus service** pusieron un servicio especial de autobuses. 8. (*to gain*): **she had put on weight** había engordado, había aumentado de peso; **I've put on a few pounds** he engordado unos cuantos kilos. 9. (*to wager on*) apostar a: **he puts half his wages on the horses** apuesta la mitad de su sueldo a los caballos. 10. (*to feign*) fingir: **her shyness is put on** su timidez es fingida.

to **put on to** *vt*: **it was Helen who put me on to Magitex** fue Helen quien me habló de Magitex * quien me recomendó Magitex; **could you put me on to a good electrician?** ¿podrías darme el nombre de un buen electricista?

to **put out** *vt* 1. (*to lay out*) poner: **she had put out clean towels for us** nos había puesto toallas limpias. 2. (*to extend*): **he smiled and put out his hand** sonrió y me tendió la mano; **she put her tongue out at him** le sacó la lengua. 3. (*to make public*): **the UN is expected to put out a statement** se espera que la ONU emita un comunicado; **the band has just put out a new record** el grupo ha sacado un nuevo disco. 4. (*to extinguish: a fire, a cigarette, the light*) apagar. 5. (*to offend*): **we were rather put out when she didn't come to see us** nos sentó bastante mal * nos molestó bastante que no viniera a vernos. 6. (*to inconvenience*): **please don't put yourself out on my account** por favor, no te molestes por mí. 7. (*to dislocate*) dislocar: **you'll put your back out lifting that** te vas a dislocar una vértebra si levantas eso.

to **put over** *vt* ➪ *to* put across

to **put through** *vt* 1. (*to connect*) poner, comunicar: **could you put me through** *to* **accounts please?** ¿podría ponerme con Contabilidad, por favor? 2. (*to subject*): **they put her through a lot** le hicieron pasar muchas tribulaciones; **he's been put through enough worry** ya le han dado bastantes preocupaciones.

to **put to** *vt*: **I put it to him that it might be his fault** le dije que quizás fuera culpa suya; **the question was put to the prime minister** le hicieron la pregunta al primer ministro; **I'll put your proposal to her and see what she says** le plantearé su propuesta a ver qué dice.

to **put together** *vt* 1. (*to join, combine*) juntar: **put your hands together** junta las manos; **he weighs more than you and I put together** pesa más que tú y yo juntos. 2. (*to organize*): **they're putting together a database** están compilando una base de datos; **we are trying to put together a team** estamos tratando de formar un equipo; **he was responsible for putting the show together** era el responsable del montaje del espectáculo.

to **put up** *vt* 1. (*a tent*) montar; (*a building*) construir, levantar; (*an umbrella*) abrir; (*one's hand*) levantar: **she put her hand up** levantó la mano. 2. (*a notice*) poner: **they've put up a "For Sale" sign** han puesto un cartel de "Se Vende"; **a plaque was put up in memory of the victims** pusieron una placa en memoria de las víctimas. 3. (*to increase*) subir: **our landlord wants to put up the rent** nuestro casero nos quiere subir el alquiler. 4. (*to offer*): **we've put our house up for sale** hemos puesto la casa en venta; **the unions put up fierce resistance** los sindicatos opusieron mucha resistencia. 5. (*to provide*) poner: **her parents put up half the money** sus padres pusieron la mitad del dinero. 6. (*to accommodate*) alojar, hospedar: **Keith will put us up for a couple of days** Keith nos alojará por un par de días.

to **put up to** *vt*: **who put you up to this?** ¿quién te incitó a hacer esto?, ¿quién te dio la idea de que hicieras esto?

to **put up with** *vt* soportar, aguantar: **she couldn't put up with the heat** no podía soportar el calor; **how do you put up with him?** ¿cómo lo aguantas?

put-down *n* desprecio *m*.
putrefy /ˈpjuːtrɪfaɪ/ *vi* [**putrefies, putrefying, putrefied**] (*frml*) pudrirse.
putrid /ˈpjuːtrɪd/ *adj* putrefacto -ta.
putt /pʌt/ **I** *vt/i* [**putts, putting, putted**] tirar al hoyo (*en golf*).
II *n* tiro *m* al hoyo (*en golf*).
putting green /ˈpʌtɪŋ griːn/ *n* green *m*.
putty /ˈpʌtɪ/ *n* masilla *f*.
puzzle /ˈpʌzəl/ **I** *n* **1.** (*game*) rompecabezas *m inv* (*pasatiempo que requiere habilidad*). **2.** (*riddle*) misterio *m*: **how they managed to do that is a real puzzle** cómo lograron hacerlo es un verdadero misterio.
II *vt* [**puzzles, puzzling, puzzled**] dejar perplejo -ja: **she was puzzled** *by* **her friend's reply** la respuesta de su amiga la dejó perpleja.
♦ *vi* devanarse los sesos: **experts are still puzzling** *over* **the meaning of the inscription** los expertos todavía están devanándose los sesos sobre el significado de la inscripción.
to **puzzle out** *vt* descifrar: **I couldn't puzzle out what your note meant** no pude descifrar el significado de tu nota.
puzzled /ˈpʌzəld/ *adj* confuso -sa, perplejo -ja.
puzzling /ˈpʌzəlɪŋ/ *adj* desconcertante.
PVC /piːviːˈsiː/ *n* PVC *m*.
pygmy /ˈpɪgmɪ/ *n* [**pygmies**] pigmeo -mea *m/f*.
pyjamas /pəˈdʒɑːməz/ *n pl* pijama *m*, (*Amér L*) piyama *m*.
pylon /ˈpaɪlən/ *n* torre *f* (*de conducción eléctrica*).
pyramid /ˈpɪrəmɪd/ *n* pirámide *f*.
pyre /ˈpaɪə/ *n* pira *f*.
Pyrenean /ˌpɪrəˈniːən/ *adj* pirenaico -ca.
Pyrenees /pɪrəˈniːz/ *n pl*: **the Pyrenees** los Pirineos, el Pirineo.
pyromania /ˌpaɪrəʊˈmeɪnɪə/ *n* piromanía *f*.
pyromaniac /ˌpaɪrəʊˈmeɪnæk/ *n* pirómano -na *m/f*.
python /ˈpaɪθən/ *n* pitón *m* * *f*.

Q

Q, q /kjuː/ *n* (*letter*) Q, q *f*; (*name of letter*) cu *f*.
QC /kjuːˈsiː/ (*in GB*) (*abreviatura de* **Queen's Counsel**) *título que se da a algunos abogados del Estado*.
quack /kwæk/ **I** *n* **1.** (*of duck*) graznido *m*. **2.** (*fam: doctor*) matasanos *m/f inv*.
II *excl*: **quack! quack!** ¡cua, cua!
III *vi* [**quacks, quacking, quacked**] graznar.
quad /kwɒd/ *n* **1.** (*apócope de* **quadrangle**) (*GB: Archit*) patio *m* interior. **2.** (*apócope de* **quadruplet**) (*Biol*) cuatrillizo -za *m/f*.
quadrangle /ˈkwɒdræŋgəl/ *n* patio *m* interior.
quadrant /ˈkwɒdrənt/ *n* cuadrante *m*.
quadrilateral /ˌkwɒdrɪˈlætərəl/ **I** *n* cuadrilátero *m*.
II *adj* cuadrilátero -ra.
quadruped /ˈkwɒdrəped/ *n* cuadrúpedo *m*.
quadruple /ˈkwɒdrʊpəl/ **I** *vt* [**quadruples, quadrupling, quadrupled**] cuadruplicar.
♦ *vi* cuadruplicarse.
II *n* cuádruple *m*, cuádruplo *m*.
III *adj* cuádruple, cuádruplo -pla.
quadruplet /kwɒˈdrʊplɪt/ *n* cuatrillizo -za *m/f*.
quagmire /ˈkwɒgmaɪə/ *n* **1.** (*Geog*) cenagal *m*, barrizal *m*. **2.** (*difficult situation*) atolladero *m*.
quail /kweɪl/ *n* [**quails * quail**] codorniz *f*.
quaint /kweɪnt/ *adj* **1.** (*picturesque*) pintoresco -ca. **2.** (*peculiar*) curioso -sa: **they look on our customs as quaint** nuestras costumbres les parecen curiosas y algo anticuadas.
quake /kweɪk/ **I** *vi* [**quakes, quaking, quaked**] temblar.
II *n* (*fam: earthquake*) terremoto *m*.
Quaker /ˈkweɪkə/ *adj*, *n* cuáquero -ra *adj*, *m/f*.
qualification /ˌkwɒlɪfɪˈkeɪʃən/ *n* **1.** (*Educ: title, award*) título *m*: **you need basic qualifications** *in* **maths** has de tener algún título que acredite un conocimiento mínimo de matemáticas; (*: act of qualifying*) obtención *f* de un título: **after qualification she got a job in research** después de sacarse el título, se puso a trabajar en la investigación. **2.** (*requisite*) requisito *m*: **he has all the necessary qualifications** *for* **the job** cumple todos los requisitos para el puesto. **3.** (*objection, modification*) reserva *f*: **they all said, without qualification, that he had deserved to win** todos, sin reserva, dijeron que había ganado merecidamente.
qualified /ˈkwɒlɪfaɪd/ *adj* **1.** (*Educ*) titulado -da: **she's a**

qualified anaesthetist es una anestesista titulada; **he is only qualified to teach beginners** sólo tiene título para enseñar a principiantes. **2.** (*suited*) capacitado -da, calificado -da: **she's well qualified** *for* **this kind of work** está perfectamente capacitada para este tipo de trabajo. **3.** (*limited*): **the scheme won qualified consent** aprobaron el plan con reservas.

qualify /ˈkwɒlɪfaɪ/ *vi* [**qualifies, qualifying, qualified**] **1.** (*to be eligible*) cumplir los requisitos, tener derecho: **she doesn't qualify** *for* **a grant** no tiene derecho a beca. **2.** (*to gain qualification*) obtener el título: **she will qualify** *as* **a vet next year** obtendrá el título de veterinaria el año que viene; **he qualified a year ago** terminó la carrera hace un año. **3.** (*Sport*) clasificarse. ♦*vt* **1.** (*to allow*) dar derecho: **it may qualify you** *for* **tax relief** puede que le dé derecho a una desgravación fiscal. **2.** (*to modify*) matizar: **he qualified his criticism** matizó sus críticas. **3.** (*Ling*) calificar.

qualifying /ˈkwɒlɪfaɪɪŋ/ *adj* eliminatorio -ria: **the qualifying heats** las pruebas eliminatorias.

qualitative /ˈkwɒlɪtətɪv/ *adj* cualitativo -va.

quality /ˈkwɒlətɪ/ *n* [**qualities**] **1.** (*standard*) calidad *f*: **her work is of a high quality** su trabajo es de gran calidad; **quality foods at low prices** alimentos de calidad a precios asequibles. **2.** (*characteristic*) cualidad *f*: **the qualities we are looking for are determination and patience** las cualidades que nos interesan son la resolución y la paciencia.

quality control *n* control *m* de calidad.

qualm /kwɑːm/ *n* **1.** (*doubt*) duda *f*: **I had a few qualms** *about* **letting her in on the secret** tenía mis dudas sobre si revelarle el secreto o no. **2.** (*scruple*) escrúpulo *m*: **he had no qualms** *about* **reading his brother's diary** no tuvo escrúpulos en leer el diario de su hermano.

quandary /ˈkwɒndrɪ/ *n* [**quandaries**] dilema *m*: **I was in a bit of a quandary** *about* **whether to go or not** estaba en el dilema de si ir o no.

quantifiable /ˈkwɒntɪfaɪəbəl/ *adj* cuantificable.

quantify /ˈkwɒntɪfaɪ/ *vt* [**quantifies, quantifying, quantified**] cuantificar.

quantitative /ˈkwɒntɪtətɪv/ *adj* cuantitativo -va.

quantitatively /ˈkwɒntɪtətɪvlɪ/ *adv* cuantitativamente.

quantity /ˈkwɒntɪtɪ/ *n* [**quantities**] cantidad *f*: **large quantities of toxic waste had been dumped in the sea** se habían vertido grandes cantidades de residuos tóxicos al mar; **they produced them in quantity** los producían en grandes cantidades; **do you know the quantities for making bread?** ¿sabes qué cantidad de cada ingrediente se necesita para hacer pan?

quantity surveyor *n* aparejador -dora *m/f*.

quantum /ˈkwɒntəm/ *n* [*pl* **quanta** /ˈkwɒntə/] cuanto *m*.

quantum leap *n* salto *m* espectacular.

quantum physics *n* *[lleva el verbo en singular]* física *f* cuántica.

quantum theory *n* teoría *f* cuántica.

quarantine /ˈkwɒrəntiːn/ **I** *n* cuarentena *f*: **our dog is still** *in* **quarantine** nuestro perro todavía está en cuarentena.

II *vt* [**quarantines, quarantining, quarantined**] poner en cuarentena.

quarrel /ˈkwɒrəl/ **I** *n* **1.** (*argument*) riña *f*: **she's had a quarrel with her boyfriend** ha reñido con su novio. **2.** (*cause of disagreement*): **I have no quarrel with you or your family** yo no tengo ningún problema contigo ni con tu familia; **my quarrel with that theory is that...** la objeción que le hago a esa teoría es que....

II *vi* [**quarrels, quarrelling, quarrelled**] reñir, pelearse: **the children quarrelled** *over* **the top bunk** los niños se pelearon por la litera de arriba.

quarrelsome /ˈkwɒrəlsəm/ *adj* pendenciero -ra.

quarry /ˈkwɒrɪ/ **I** *n* [**quarries**] **1.** (*for stone*) cantera *f*. **2.** (*prey*) presa *f*.

II *vt* [**quarries, quarrying, quarried**] extraer.

quart /kwɔːt/ *n* (*Meas*) cuarto *m* de galón (*en GB 1,14 litros; en EE. UU. 0,94 litros*).

quarter /ˈkwɔːtə/ **I** *n* **1.** (*fourth part*) cuarto *m*, cuarta parte *f*: **we each had a quarter of the melon** nos tomamos una cuarta parte del melón cada uno; **a quarter of a kilo** un cuarto de kilo; (*Maths*) cuarto *m*. **2.** (*used with times*) cuarto *m*: **a quarter of an hour** un cuarto de hora; **it's a quarter** *to* ✻ (*US*) *of* **nine** son las nueve menos cuarto; **a quarter** *past* ✻ (*US*) *after* **five** las cinco y cuarto. **3.** (*Meas: four ounces*) cuarto *m* de libra: **I'd like a quarter of mushrooms, please** un cuarto de libra de champiñones, por favor. **4.** (*three months*) trimestre *m*: **this quarter's phone bill is astronomical** el recibo del teléfono de este trimestre es astronómico. **5.** (*of the moon*) cuarto *m*. **6.** (*US: coin*) moneda *f* de veinticinco centavos. **7.** (*district*) barrio *m*.

II quarters *n pl* **1.** (*accommodation*) alojamiento *m*: **these are the old servants' quarters** aquí es donde antiguamente se alojaba el servicio. **2.** (*areas*): **objections came from several quarters** hubo objeciones provenientes de diversos lugares ✻ ámbitos ● **the picture is less impressive when seen at close quarters** visto de cerca el cuadro es menos impresionante.

III *vt* [**quarters, quartering, quartered**] **1.** (*to divide*) dividir en cuartos. **2.** (*to cut down*) reducir a la cuarta parte.

quarterfinal *n* partido *m* de cuartos de final: **they reached the quarterfinals** llegaron a (los) cuartos de final.

quartermaster *n* oficial *m/f* de intendencia.

quarter note *n* (*US*: *Mus*) negra *f*.

quarterly /ˈkwɔːtəlɪ/ **I** *adj* trimestral.

II *adv* trimestralmente.

III *n* [**quarterlies**] (*publication*) publicación *f* trimestral.

quartet /kwɔːˈtet/ *n* (*Mus*) cuarteto *m*.

quartz /kwɔːts/ *n* cuarzo *m*.

quash /kwɒʃ/ *vt* [**quashes, quashing, quashed**] **1.** (*Law: a verdict, sentence*) anular. **2.** (*Mil: a revolt*) sofocar.

quaver /ˈkweɪvə/ **I** *n* **1.** (*Mus*) corchea *f*. **2.** (*in one's voice*) temblor *m*.

II *vi* [**quavers, quavering, quavered**] (*voice*) temblar.

quay /kiː/ *n* muelle *m*.

queasiness /ˈkwiːzɪnəs/ *n* mareo *m*, náuseas *f pl*.

queasy /ˈkwiːzɪ/ *adj* [**queasier, queasiest**] mareado -da.

Quebec /kwɪˈbek/ *n* Quebec *m*.

queen /kwiːn/ *n* **1.** (*también* **Queen**) (*sovereign*) reina *f*: **the Queen presented him with a medal** la Reina le hizo entrega de una medalla; **the Queen Mother** la Reina Madre. **2.** (*in cards, chess*) reina *f*; (*insect*) reina *f*.

queen bee *n* abeja *f* reina.

queenly /ˈkwiːnlɪ/ *adj* de ✻ propio -pia de una reina.

queer /kwɪə/ **I** *adj* **1.** (*odd*) raro -ra. **2.** (*unwell*) mareado -da: **I suddenly felt rather queer and had to sit down** de repente, me sentí mareado y tuve que sentarme.

II *n* (*!!: homosexual: man*) marica *m*; (*: woman*) lesbiana *f*.

quell /kwel/ *vt* [**quells, quelling, quelled**] **1.** (*a fear, suspicion*) hacer desvanecer. **2.** (*a rebellion*) sofocar.

quench /kwentʃ/ *vt* [**quenches, quenching, quenched**] **1.** (*thirst*) quitar. **2.** (*flames*) apagar.

querulous /ˈkwerʊləs/ *adj* (*frml*) quejumbroso -sa.

query /ˈkwɪərɪ/ **I** *n* [**queries**] pregunta *f*: **does anyone have any queries** *about* **how to use the computer?** ¿alguien tiene alguna pregunta sobre cómo se utiliza el ordenador?

II *vt* [**queries, querying, queried**] cuestionar: **she queried the restaurant bill** no estuvo conforme con la cuenta del restaurante.

quest /kwest/ *n* búsqueda *f*.

question /ˈkwestʃən/ **I** *n* **1.** (*gen*) pregunta *f*: **does anybody have any questions?** ¿alguna pregunta?; **stop asking awkward questions** deja de hacerme preguntas difíciles; **a leading question** una pregunta tendenciosa; **they all obeyed without question** todos obedecieron sin rechistar • **when is he going to pop the question?** ¿cuándo le va a pedir que se case con él? **2.** (*doubt*) duda *f* • **this debate has called the whole education system into question** este debate ha puesto en entredicho todo el sistema educativo • **his honesty is beyond question** su honradez está fuera de toda duda • **the viability of the proposal is open to question** es discutible que la propuesta sea viable • **there can be no question that it's the best car in this class** no cabe duda de que es el mejor coche en esta categoría • **there's no question about whether you'll pass or not** no hay duda de que vas a aprobar. **3.** (*matter*) cuestión *f*, problema *m*: **the question of unemployment remains unsolved** el problema del desempleo sigue sin solucionarse; **doing a jigsaw is just a question of patience** hacer un puzzle es sólo cuestión de paciencia • **this is a vexed question** ésta es una cuestión muy controvertida • **the car in question went through the red light** el coche en cuestión se saltó el semáforo. **4.** (*chance*) posibilidad *f*: **there's no question of it happening again** no hay posibilidad de que vuelva a ocurrir; • **with this weather, a picnic is out of the question** con este tiempo, imposible ir de picnic; **it's totally out of the question** es totalmente imposible.

II *vt* [**questions, questioning, questioned**] **1.** (*a person: to ask*) hacerle preguntas a; (*: to interrogate*) interrogar: **several people are being questioned in connection with the bombing** están interrogando a varias personas en relación con la explosión. **2.** (*to doubt*) cuestionar: **many people questioned his decision** mucha gente cuestionó su decisión.

question mark *n* (*Ling*) signo *m* de interrogación • **there's a question mark over whether he'll be able to play** no es seguro si podrá jugar.

question tag *n* coletilla *f* interrogativa (*pregunta como* ***are you?*** *o* ***isn't it?****, aproximadamente equivalente a "¿no?" o "¿verdad?", que se añade al final de algunas frases en inglés*).

question time *n* (*in GB*) sesión *f* de interpelaciones (*en el parlamento*).

questionable /ˈkwestʃənəbəl/ *adj* discutible, cuestionable: **it's questionable whether new rules should be devised** es discutible si se deberían crear nuevas reglas.

questioning /ˈkwestʃənɪŋ/ **I** *n* interrogatorio *m*: **he was taken in for questioning** se lo llevaron para interrogarlo.

II *adj* inquisitivo -va.

questionnaire /ˌkwestʃəˈneə/ *n* cuestionario *m*.

queue /kjuː/ **I** *n* cola *f*: **are you in the queue?** ¿está haciendo cola? • **they've jumped the queue** se han colado.

II *vi* [**queues, queuing, queued**] hacer cola.

to **queue up** *vi* hacer cola: **they queued up to get his autograph** hicieron cola para conseguir su autógrafo.

quibble /ˈkwɪbəl/ **I** *vi* [**quibbles, quibbling, quibble**] discutir (*por nimiedades*): **let's not quibble** *over* * *about* **a few pence** no vamos a discutir por unos pocos peniques.

II *n* objeción *f* (*por una nimiedad*).

quick /kwɪk/ **I** *adj* **1.** (*speedy*) rápido -da: **she's a very quick reader** lee muy rápido; **I'll just have a quick look at the headlines** voy a echar un vistazo a los titulares; **it would be quicker to walk** llegaríamos antes a pie; **they are always quick to criticize us** enseguida nos critican; **shall we go to the bar for a quick one** ¿vamos al bar a tomarnos una copita? **2.** (*clever*) listo -ta. **3.** (*witty*) agudo -da.

II *adv* rápido: **quick! the train's about to leave** ¡rápido! el tren está a punto de salir.

III *n* • **his comments cut me to the quick** sus comentarios me hirieron mucho.

quick-acting *adj* de acción rápida.

quicksand *n* arenas *f pl* movedizas.

quick-tempered *adj* de genio vivo.

quick-witted *adj* agudo -da, espabilado -da.

quicken /ˈkwɪkən/ *vt* [**quickens, quickening, quickened**] acelerar: **we quickened our pace** aceleramos * apretamos el paso.

♦ *vi* acelerarse.

quickly /ˈkwɪklɪ/ *adv* rápidamente, rápido.

quid /kwɪd/ *n* (*GB*) [*pl* **quid**] (*fam*) libra *f* (*esterlina*): **I'll give you fifty quid for it** te doy cincuenta libras por ella.

quiet /ˈkwaɪət/ **I** *adj* **1.** (*not noisy: person*) callado -da: **you're very quiet today, are you all right?** estás muy callado hoy, ¿te encuentras bien?; (*: sound*) bajo -ja: **the music was so quiet you could hardly hear it** la música estaba tan baja que apenas se oía; (*silent*): **will you be quiet!** ¡silencio, por favor!; **the room suddenly went quiet** de repente se hizo el silencio en la sala. **2.** (*peaceful*) tranquilo -la: **they live in a quiet suburb** viven en un barrio tranquilo de las afueras; **the stockmarket is still very quiet** sigue habiendo poca actividad en la bolsa • **do whatever you want, anything for a quiet life!** haz lo que quieras, ¡cualquier cosa con tal de que me dejes tranquila! **3.** (*referring to character*) reservado -da. **4.** (*discreet*): **they had a very quiet wedding** su boda fue muy íntima; **she kept quiet about it** no se lo dijo a nadie; **he had a quiet chuckle to himself** se rió para sí; **I had a quiet word with her about her behaviour** hablé en privado con ella sobre su comportamiento.

II *n* **1.** (*silence*) silencio *m*: **can we have some quiet please?** silencio, por favor • **he sneaked out for a quick drink on the quiet** se escabulló para tomarse una copa a hurtadillas. **2.** (*peace*) tranquilidad *f*.

III *vt* [**quiets, quieting, quieted**] (*US: to silence*) hacer callar; (*: to calm down*) calmar.

♦ *vi* (*US: to stop talking*) callarse: **when the students had finally quieted he continued talking** cuando por fin los alumnos se habían callado, siguió hablando; (*: to calm down*) calmarse.

quieten /ˈkwaɪətən/ *vt* [**quietens, quietening, quiet-**

ened] (*también* **quieten down**) **1.** (*to silence*) hacer callar. **2.** (*to calm down*) calmar: **she couldn't quieten the baby (down)** no lograba que el bebé dejara de llorar.

♦*vi* **1.** (*to stop talking*) callarse: **he waited till the audience had quietened (down) before continuing his speech** esperó a que el público se callara antes de continuar su discurso. **2.** (*to calm down*) calmarse.

quietly /'kwaɪətlɪ/ *adv* **1.** (*softly*) en voz baja: **they were talking quietly** hablaban en voz baja. **2.** (*silently*) silenciosamente: **he tiptoed quietly out of the room** salió de la habitación de puntillas sin hacer ruido. **3.** (*calmly*) tranquilamente: **she was quietly confident** estaba tranquila y confiada. **4.** (*without fuss*) discretamente: **the whole thing was quietly forgotten** el asunto pasó discretamente al olvido.

quietness /'kwaɪətnəs/ *n* **1.** (*silence*) silencio *m.* **2.** (*softness*): **the quietness of her voice is very soothing** la dulzura de su voz infunde mucha calma. **3.** (*calm*) tranquilidad *f.*

quiff /kwɪf/ *n* tupé *m.*

quill /kwɪl/ *n* **1.** (*pen, feather*) pluma *f.* **2.** (*of porcupine*) púa *f.*

quilt /kwɪlt/ *n* edredón *m.*

quilted /'kwɪltɪd/ *adj* (*fabric*) acolchado -da.

quince /kwɪns/ *n* membrillo *m.*

quince jelly *n* dulce *m* ✻ carne *f* de membrillo.

quinine /'kwɪniːn/ *n* quinina *f.*

quintessence /kwɪn'tesəns/ *n* (*frml*) quintaesencia *f.*

quintessential /kwɪntɪ'senʃəl/ *adj* (*frml*) quintaesencial.

quintet /kwɪn'tet/ *n* quinteto *m.*

quintuplet /kwɪn'tʊplɪt/ *n* quintillizo -za *m/f.*

quip /kwɪp/ **I** *n* ocurrencia *f.*

II *vt* [**quips, quipping, quipped**] decir bromeando.

quirk /kwɜːk/ *n* **1.** (*trait*) rareza *f*: **it's just one of his funny quirks** es una de sus rarezas. **2.** (*occurrence*): **by a strange quirk of fate we both ended up living in Bogotá** por una extraña jugada del destino los dos acabamos yendo a vivir a Bogotá.

quit /kwɪt/ **I** *vt* [**quits, quitting, quit ✻ quitted**] **1.** (*a job*) dejar: **she quit university after two years** dejó la universidad después de dos años. **2.** (*fam*: *to stop*) dejar de: **quit playing with that cable!** ¡deja de jugar con ese cable!

♦*vi* **1.** (*to leave*) marcharse: **you can't just quit in the middle of the show** no puedes marcharte así, en medio del espectáculo; **he argued with the boss and quit** discutió con el jefe y dejó el trabajo. **2.** (*fam*: *to stop*): **I quit, I'm too tired to carry on** lo dejo, estoy demasiado cansado para continuar.

II quits *adj* • **let's call it quits** dejémoslo así • **if you give me a pound, we'll be quits** dame una libra y estamos en paz.

quite /kwaɪt/ **I** *adv* **1.** (*fairly*) bastante: **she's quite nice really** la verdad es que es bastante simpática; **he found the test quite difficult** la prueba le pareció bastante difícil; **there were quite a few people there** había bastante gente. **2.** (*absolutely*) del todo: **you were quite right to get a receipt** tenías toda la razón en pedir un recibo; **I quite see your point** entiendo perfectamente lo que quieres decir. **3.** (*after* ***not***): **it's still not quite right** todavía no está del todo bien; **he's not quite old enough to have a motorbike** todavía le faltan unos meses para poder tener una moto; **it wasn't quite what I was expecting** no fue exactamente lo que me esperaba. **4.** (*in answer to a comment*): **"They don't know what they're talking about." "Quite."** "No tienen ni idea de qué están hablando." "Cierto."

II *adj*: **it was quite a surprise** fue toda una sorpresa; **that's quite a shirt you're wearing** ¡vaya camisa llevas hoy!

quiver /'kwɪvə/ **I** *vi* [**quivers, quivering, quivered**] temblar.

II *n* **1.** (*shiver*) temblor *m.* **2.** (*for arrows*) carcaj *m.*

quixotic /kwɪk'sɒtɪk/ *adj* quijotesco -ca.

quiz /kwɪz/ **I** *n* [**quizzes**] concurso *m* (*de preguntas y respuestas*).

II *vt* [**quizzes, quizzing, quizzed**] hacer preguntas a: **they quizzed me** *about* **my private life** me hicieron preguntas sobre mi vida personal.

quizzical /'kwɪzɪkəl/ *adj* **1.** (*questioning*): **with a quizzical expression** con una expresión inquisitiva. **2.** (*amused*): **she had a quizzical look on her face** tenía cara de estar divertida.

quizzically /'kwɪzɪkəlɪ/ *adv* (*with curiosity*) con curiosidad; (*with amusement*) con aspecto de estar divertido.

quoits /kwɔɪts/ *n* [*lleva el verbo en singular*] *juego que consiste en lanzar aros a un palo fijo en el suelo.*

quorum /'kwɔːrəm/ *n* quórum *m inv.*

quota /'kwəʊtə/ *n* **1.** (*limited number*) cupo *m.* **2.** (*quantity, share*) cuota *f.*

quotation /kwəʊ'teɪʃən/ *n* **1.** (*from a text*) cita *f.* **2.** (*estimate*) presupuesto *m*: **I've asked for a quotation** *for* **the repairs** he pedido que me hagan un presupuesto de lo que costará la reparación.

quotation marks *n pl* (*fam*) comillas *f pl*: **the phrase was** *in* **quotation marks** la frase estaba entre comillas.

quote /kwəʊt/ **I** *vt* [**quotes, quoting, quoted**] **1.** (*a text, words, etc.*) citar: **he quoted a passage** *from* **Shakespeare** citó un pasaje de Shakespeare • **don't quote me on that!** ¡no lo repitas! **2.** (*Fin*: *to give an estimate*): **he quoted us a much lower figure** nos dio un presupuesto mucho más bajo.

♦*vi* citar: **he's always quoting** *from* **the Bible** siempre está citando pasajes de la Biblia • **he said he was, and I quote, "a little unwell"** dijo textualmente que estaba "un poco indispuesto"

II *n* (*fam*) **1.** (*from a text*) cita *f.* **2.** (*estimate*) presupuesto *m.*

III quotes *n pl* (*fam*) comillas *f pl.*

quotient /'kwəʊʃənt/ *n* cociente *m.*

R

R, r /ɑ:/ *n* (*letter*) R, r *f*; (*name of letter*) erre *f* • **the three Rs *(reading, writing and arithmetic)*** lectura, escritura y aritmética.

rabbi /ˈræbaɪ/ *n* rabino -na *m/f*, rabí *m/f*.

rabbit /ˈræbɪt/ **I** *n* conejo *m* • **to the surprise of his critics, he pulled another rabbit out of the hat** sorprendió a sus críticos sacándose otro as de la manga.
II *vi* **[rabbits, rabbiting, rabbited]** (*GB*: *fam*): **doesn't he rabbit** *on*! ¡cómo se enrolla ∗ cómo le da la lengua!; **he was rabbiting** *(on)* **about his car** estaba dale que dale hablando del coche.

rabble /ˈræbəl/ *n* **1.** (*crowd*) multitud *f*. **2. the rabble** (*Sociol*) la chusma.
rabble-rouser *n* agitador -dora *m/f*, demagogo -ga *m/f*.
rabble-rousing *adj* demagógico -ca.

rabid /ˈræbɪd/ *adj* **1.** (*Med*) rabioso -sa. **2.** (*fanatical*) fanático -ca: **he called them rabid nationalists** los llamó nacionalistas fanáticos.

rabies /ˈreɪbi:z/ *n [lleva el verbo en singular]* (*Med*) rabia *f*: **the dog had rabies** el perro tenía la rabia.

race /reɪs/ **I** *vi* **[races, racing, raced]** **1.** (*to compete*) competir (*en una carrera*), correr: **he raced** *against* **the world champion** compitió contra el campeón mundial. **2.** (*to go fast*) correr: **the children raced home after school** los niños fueron a casa corriendo después del colegio; **the time raced by** el tiempo pasó volando; **her heart was racing** le latía el corazón a cien por hora; **the cars raced up the hill** los coches subieron la cuesta a toda velocidad.
♦ *vt* **1.** (*person*) competir con: **she is racing the finest athletes in the world** va a competir con las mejores atletas del mundo; **come on, I'll race you!** ¡venga, te echo una carrera! **2.** (*horse*): **he will be racing his best mare** va a participar en la carrera con su mejor yegua. **3.** (*to rush*): **they raced him to hospital** lo llevaron al hospital a toda velocidad.
II *n* **1.** (*species*) raza *f*: **the human race** la raza humana. **2.** (*competition*) carrera *f*: **he ran in the last race of the day** participó en la última carrera del día; **she ran a good race** corrió muy bien • **it was a race against time to repair the boat** la reparación del barco fue una carrera contra reloj.
III the races *n pl* las carreras (de caballos).
racecourse *n* hipódromo *m*.
racegoer *n* aficionado -da *m/f* a las carreras de caballos.
racehorse *n* caballo *m* de carreras.
race relations *n pl* relaciones *f pl* raciales.
racetrack *n* (*for motor sport*) circuito *m*; (*for athletics*) pista *f*; (*US*: *for horse races*) hipódromo *m*.

racial /ˈreɪʃəl/ *adj* racial.
racial discrimination *n* discriminación *f* racial.
racial harassment *n* acoso *m* racial.
racial prejudice *n* prejuicio *m* racial.

racialism /ˈreɪʃəlɪzəm/ *n* racismo *m*.

racing /ˈreɪsɪŋ/ *n* (*on horses*) carreras *f pl* de caballos; (*in cars*) carreras *f pl* de coches.
racing car *n* coche *m* de carreras.
racing driver *n* piloto *m/f* de carreras.

racism /ˈreɪsɪzəm/ *n* racismo *m*.

racist /ˈreɪsɪst/ *adj*, *n* racista *adj*, *m/f*.

rack /ræk/ **I** *n* **1.** (*for drying plates*) escurreplatos *m inv*; (*for bottles*) botellero *m*; (*for shoes*) (mueble *m*) zapatero *m*; (*for hanging clothes*) perchero *m* (*en forma de barra horizontal, que se usa en las tiendas*); (*on train, bus*) portaequipajes *m inv* • **the building went to rack and ruin** el edificio se echó a perder. **2. the rack** (*Hist*) el potro.
II *vt* **[racks, racking, racked]**: **she was racked** *with* ∗ *by* **guilt** la atormentaba el sentimiento de culpa.

racket /ˈrækɪt/ *n* **1.** (*también* **racquet**) (*Sport*) raqueta *f*. **2.** (*fam*: *noise*) jaleo *m*, ruido *m*: **will you stop that terrible racket!** ¡deja de armar tanto jaleo! **3.** (*fam*: *criminal activity*): **they were involved in a drugs racket** estaban metidos en un negocio de tráfico de drogas; **the robbery was part of an insurance racket** el robo fue parte de un fraude a la compañía de seguros.

racketeer /ˌrækəˈtɪə/ *n* mafioso -sa *m/f*.

racquet /ˈrækɪt/ *n* raqueta *f*.

racy /ˈreɪsɪ/ *adj* **[racier, raciest]** (*story*) picante.

RADA /ˈrɑ:də/ (*in GB*) **Royal Academy of Dramatic Art** *la academia británica de arte dramático.*

radar /ˈreɪdɑ:/ *n* radar *m*.

radial /ˈreɪdɪəl/ *adj* radial.

radiance /ˈreɪdɪəns/ *n* resplandor *m*, brillantez *f*.

radiant /ˈreɪdɪənt/ *adj* **1.** (*shining brightly*) resplandeciente. **2.** (*person*): **he was radiant** *with* **happiness** estaba radiante de felicidad; **she looked radiant** estaba guapísima.

radiate /ˈreɪdɪeɪt/ *vt* **[radiates, radiating, radiated]** **1.** (*Phys*) radiar, irradiar. **2.** (*a feeling*) irradiar: **she radiated kindness** irradiaba simpatía.
♦ *vi* **1.** (*Phys*): **light radiated** *from* **the candle** la vela irradiaba luz. **2.** (*roads, lines*) salir: **several roads radiate** *from* **this point** varias carreteras salen de este punto.

radiation /ˌreɪdɪˈeɪʃən/ *n* radiación *f*.

radiator /ˈreɪdɪeɪtə/ *n* radiador *m*.

radical /ˈrædɪkəl/ *adj*, *n* radical *adj*, *m/f*.

radii /ˈreɪdɪaɪ/ *plural de* ⇨ radius

radio /ˈreɪdɪəʊ/ **I** *n* radio *f*, (*Amér L*) radio *m*: **she heard the news** *on* **the radio** oyó la noticia por la radio; **he works** *in* **radio** trabaja en la radio; **the Prime Minister was** *on* **a radio programme** el primer ministro intervino en un programa de radio; **they established radio contact with the expedition** establecieron contacto por radio con la expedición.
II *vi* **[radios, radioing, radioed]** enviar un mensaje por radio: **they radioed** *for* **help** enviaron un mensaje de socorro por radio.

♦*vt* enviar un mensaje por radio a: **I'm going to radio the captain** voy a llamar por radio al capitán.
radio alarm (clock) *n* radiodespertador *m*.
radio cassette (recorder) *n* radiocasete *m*.
radio-controlled *adj* teledirigido -da.
radio ham *n* radioaficionado -da *m/f*.
radio station *n* emisora *f* (*de radio*).
radioactive /ˌreɪdɪəʊ'æktɪv/ *adj* radiactivo -va.
radioactivity /ˌreɪdɪəʊæk'tɪvətɪ/ *n* radiactividad *f*.
radiographer /reɪdɪ'ɒgrəfə/ *n* radiógrafo -fa *m/f*.
radiography /reɪdɪ'ɒgrəfɪ/ *n* (*science*) radiografía *f*.
radiologist /reɪdɪ'ɒlədʒɪst/ *n* radiólogo -ga *m/f*.
radiology /reɪdɪ'ɒlədʒɪ/ *n* radiología *f*.
radiotherapy /ˌreɪdɪəʊ'θerəpɪ/ *n* radioterapia *f*.
radish /'rædɪʃ/ *n* [**radishes**] rábano *m*.
radium /'reɪdɪəm/ *n* (*Chem*) radio *m*.
radius /'reɪdɪəs/ *n* [**radiuses** ✻ **radii** /'reɪdɪaɪ/] (*Anat, Maths*) radio *m*: **they checked all the hotels within a five-mile radius** buscaron en todos los hoteles en un radio de cinco millas.
RAF /ɑːreɪ'ef/ *n* (*in GB*) (*abreviatura de* **Royal Air Force**) *la fuerza aérea británica*.
raffia /'ræfɪə/ *n* (*Bot, Home*) rafia *f*.
raffle /'ræfəl/ **I** *n* rifa *f*, sorteo *m*.
II *vt* [**raffles, raffling, raffled**] rifar, sortear.
raffle ticket *n* boleto *m* (*para una rifa*).
raft /rɑːft/ *n* balsa *f*.
rafter /'rɑːftə/ *n* viga *f*.
rag /ræg/ **I** *n* **1.** (*for cleaning*) trapo *m* • **mentioning his ex-wife to him is like a red rag to a bull** basta con mencionar a su ex mujer para que se suba por las paredes. **2.** (*fam: newspaper*) periodicucho *m*.
II rags *n pl* harapos *m pl*, andrajos *m pl*: **she was dressed** *in* **rags** iba vestida con harapos • **a rags to riches story** la historia de un pobre que se hizo rico.
ragbag *n* (*fam*) mezcolanza *f*, batiburrillo *m*: **a ragbag of different ideas** una mezcolanza de ideas diferentes.
rag doll *n* muñeca *f* de trapo.
rag mag *n* (*in GB*) revista *f* universitaria (*cuyas ganancias se destinan a fines benéficos*).
rag trade *n* (*fam*) industria *f* de la confección.
rag week *n* (*in GB*) *semana en la que los estudiantes universitarios tratan de recaudar dinero con fines benéficos*.
ragamuffin /'rægəˌmʌfɪn/ *n* golfillo -lla *m/f*.
rage /reɪdʒ/ **I** *n* **1.** (*anger*) rabia *f*, furia *f*: **he stormed into the office in a rage** entró en la oficina furioso • **she flew into a rage** montó en cólera. **2.** (*fam: fashion*) moda *f*: **these jackets are all the rage** estas chaquetas están muy de moda.
II *vi* [**rages, raging, raged**] **1.** (*person*): **he was raging about the new timetable** estaba hecho una furia por culpa del nuevo horario; **give it to me immediately! he raged** ¡dámelo ahora mismo!, dijo furioso. **2.** (*wind*) bramar, rugir: **there was a terrible storm raging outside** se había desatado una terrible tormenta; (*fire*): **the fire raged through the building** el fuego arrasó todo el edificio. **3.** (*argument*): **the controversy about the new law continues to rage** la polémica sobre la nueva ley sigue candente.
ragged /'rægɪd/ *adj* **1.** (*person*) harapiento -ta; (*clothes*) andrajoso -sa: **her clothes were dirty and ragged** la ropa que llevaba estaba sucia y andrajosa. **2.** (*uneven*) desigual.
raging /'reɪdʒɪŋ/ *adj* **1.** (*headache*) tremendo -da, espantoso -sa: **I've got a raging thirst** tengo una sed terrible. **2.** (*very violent: sea*) embravecido -da; (*: storm*) feroz.
raid /reɪd/ **I** *n* **1.** (*by troops*) incursión *f*; (*by police*) redada *f*. **2.** (*robbery*) atraco *m*, robo *m*: **he masterminded the bank raid** fue el cerebro del atraco al banco.
II *vt* [**raids, raiding, raided**] **1.** (*troops*) hacer una incursión en; (*police*) hacer una redada en. **2.** (*criminals*) robar, atracar: **thieves raided the village shop** unos ladrones atracaron la tienda del pueblo • **he raided the larder and found a bar of chocolate** se coló sigilosamente en la despensa y encontró una tableta de chocolate.
raider /'reɪdə/ *n* atracador -dora *m/f*: **armed raiders broke into the jeweller's shop** unos atracadores armados entraron a robar en la joyería.
rail /reɪl/ **I** *n* **1.** (*on staircase, on board ship*) pasamanos *m inv*, barandilla *f*; (*for towels*) toallero *m*; (*for curtains*) barra *f* de cortina. **2.** (*for trains*) raíl *m* • **to go off the rails**: **her son went off the rails** su hijo se fue por el mal camino; **he went completely off the rails when his wife left him** empezó a actuar de forma extraña cuando lo dejó su mujer. **3.** (*train*): **she sent it** *by* **rail** lo mandó por ferrocarril; **the advantages of rail travel** las ventajas de viajar en tren.
II *vi* [**rails, railing, railed**] despotricar: **she railed** *against* **the government** despotricó contra el gobierno.
rail card *n* tarjeta *f* de descuento (*para viajes en tren*).
railroad I *vt* [**railroads, railroading, railroaded**] (*fam*) presionar: **the committee was railroaded** *into* **accepting the proposal** presionaron al comité para que aceptara la propuesta; **the bill was railroaded** *through* **parliament** el proyecto de ley fue aprobado sin el debate parlamentario normal.
II *n* (*US*) ferrocarril *m*.
railroad track *n* (*US*) vía *f* férrea.
railing /'reɪlɪŋ/ *n*, **railings** /'reɪlɪŋz/ *n pl* verja *f*: **do not lean bicycles on the railings** no apoyar las bicicletas contra la verja.
railway /'reɪlweɪ/ *n* **1.** (*track*) vía *f* férrea. **2.** (*transport system*) ferrocarril *m*: **the national railway network** la red nacional ferroviaria ✻ de ferrocarriles; **the railway workers were on strike** los ferroviarios estaban en huelga.
railway station *n* estación *f* de ferrocarril.
rain /reɪn/ **I** *n* lluvia *f*: **don't go out** *in* **the rain** no salgas que está lloviendo; **she left it out** *in* **the rain** lo dejó fuera mojándose; **it looked like rain** parecía que iba a llover • **we'll be there come rain or shine** estaremos allí pase lo que pase • **in a couple of days you'll feel as right as rain** dentro de un par de días te sentirás como si nada.
II the rains *n pl* (*in the tropics*) la estación de lluvias.
III *vi* [**rains, raining, rained**] llover: **it's raining** está lloviendo • **it never rains but it pours** las desgracias nunca vienen solas.
♦*vt*: **the volcano rained ash on the town** el volcán cubrió el pueblo de ceniza.
to **rain down** *vt*: **the audience rained flowers down** *on* **the stage** el público tiró flores al escenario.
♦*vi*: **the blows rained down** *on* **his head** le llovieron los golpes en la cabeza.
to **rain off** *vt*: **the match was rained off** cancelaron el partido debido a la lluvia.
rainbow /'reɪnbəʊ/ *n* arco *m* iris.
raincheck *n* (*US*) vale *m* (*que los espectadores reciben cuando se aplaza un partido por causa de la lluvia y*

que puede canjearse por una entrada para la nueva fecha en que se celebre el partido) • **we'll have to take a raincheck on dinner** tendremos que dejar lo de cenar juntos para otro día.

raincoat *n* impermeable *m*.

raindrop *n* gota *f* de lluvia.

rainfall *n* pluviosidad *f*: **rainfall in July was below average** las precipitaciones de lluvia en el mes de julio estuvieron por debajo de la media.

rainforest *n* selva *f* tropical.

rainwater *n* agua *f* de lluvia [takes ***el*** or ***un*** in singular].

rainy /ˈreɪnɪ/ *adj* [**rainier, rainiest**] lluvioso -sa: **tomorrow will be another rainy day** mañana será otro día lluvioso * de lluvia • **they're saving for a rainy day** están ahorrando por si llega la época de las vacas flacas.

rainy season *n* estación *f* de lluvias.

raise /reɪz/ **I** *vt* [**raises, raising, raised**] **1.** (*to lift: an object, one's eyes*) levantar: **raise your right hand** levante la mano derecha; **let's raise our glasses to the bride and the groom** brindemos por los novios; **don't raise your voice to me** no me levantes la voz; (*: a flag*) izar. **2.** (*to build*) erigir: **a statue was raised in her memory** erigieron una estatua en su memoria. **3.** (*to rear*) criar: **they raised all their children in the country** criaron a todos sus hijos en el campo. **4.** (*to increase*) aumentar, subir: **they plan to raise taxes in the autumn** tienen intención de subir los impuestos en el otoño; **our hopes were raised when we saw the car** nuestras esperanzas aumentaron al ver el coche. **5.** (*to improve*) mejorar: **they are trying to raise standards in education** están intentando mejorar el nivel de la enseñanza. **6.** (*to obtain*) reunir, conseguir: **we couldn't raise the deposit** no logramos reunir el dinero para la fianza; **they couldn't raise a team** no consiguieron reunir suficientes jugadores para formar un equipo. **7.** (*a point, question*) plantear: **the article raises an interesting question** el artículo plantea una cuestión interesante; **this raises doubts about his ability** este hecho plantea * suscita dudas acerca de su capacidad. **8.** (*to cause*) provocar: **his jokes didn't even raise a smile** sus chistes ni siquiera provocaron una sonrisa. **9.** (*to communicate with*) comunicarse con: **I haven't been able to raise anyone at HQ** no he logrado comunicarme con nadie en el cuartel general.

II *n* (*US: salary increase*) aumento *m*.

raisin /ˈreɪzən/ *n* pasa *f*.

rake /reɪk/ **I** *n* rastrillo *m* • **she's as thin as a rake** está como un fideo.

II *vt* [**rakes, raking, raked**] **1.** (*soil*) rastrillar; (*leaves*) recoger con el rastrillo. **2.** (*with a gun*) barrer: **they raked the building with machine-gun fire** barrieron el edificio con ráfagas de metralleta.

♦ *vi* (*in search of something*) hurgar: **she was raking** *about* **for something in the wastepaper basket** estaba hurgando en la papelera buscando algo.

to **rake in** *vt* (*fam*): **she's raking it in** está ganando mucho dinero.

to **rake up** *vt* **1.** (*leaves*) recoger con el rastrillo. **2.** (*past events*) remover: **there's no point in raking up the past** no tiene sentido remover el pasado.

rake-off *n* (*fam*) tajada *f*: **they all take their rake-off from the operation** todos sacan tajada de la operación.

rakish /ˈreɪkɪʃ/ *adj* **1.** (*dissolute*) libertino -na. **2.** (*jaunty*): **he wore his hat at a rakish angle** llevaba el sombrero inclinado con desenfado.

rally /ˈrælɪ/ **I** *n* [**rallies**] **1.** (*gathering: political*) mitin *m*; (*: non-political*) reunión *f*. **2.** (*Auto*) rally *m*. **3.** (*in tennis*) punto *m*.

II *vi* [**rallies, rallying, rallied**] **1.** (*to unite*): **his staff rallied** *to* **his defence** sus empleados lo defendieron; **all the neighbours rallied round** todos los vecinos contribuyeron. **2.** (*patient, currency*) recuperarse: **she rallied quickly after the operation** se recuperó rápidamente de la operación.

♦ *vt* (*to encourage*) exhortar: **a last attempt to rally the voters** un último intento para conseguir el apoyo de los votantes.

RAM /ræm/ *n* (*abreviatura de* **random access memory**) RAM *f* (*memoria de acceso directo*).

ram /ræm/ **I** *n* (*Zool*) carnero *m*.

II *vt* [**rams, ramming, rammed**] **1.** (*to crash into*) chocar con * contra: **the car rammed a tree** el coche chocó contra un árbol. **2.** (*to force*) clavar (*con fuerza*): **he rammed the stake** *into* **the ground** clavó la estaca en el suelo.

Ramadan /ˈræmədæn/ *n* Ramadán *m*.

ramble /ˈræmbəl/ **I** *n* paseo *m* largo, excursión *f* a pie.

II *vi* [**rambles, rambling, rambled**] **1.** (*to walk*) hacer una excursión (*a pie*), pasear. **2.** (*to talk at length*) hablar sin parar: **he rambled** (*on*) **about his childhood** estuvo dale que te pego hablando de su infancia. **3.** (*path, stream*) serpentear.

rambler /ˈræmblə/ *n* **1.** (*person*) excursionista *m/f*. **2.** (*rose*) rosal *m* trepador.

rambling /ˈræmblɪŋ/ **I** *n* (*Sport*) excursionismo *m*: **they often go rambling** a menudo van de excursión.

II ramblings *n pl* (*confused speech*) desvaríos *m pl*: **it's difficult to follow his incoherent ramblings** es muy difícil seguirlo cuando empieza a desvariar.

III *adj* **1.** (*house*) con muchos recovecos. **2.** (*speech, writing*) incoherente, confuso -sa. **3.** (*plant*) trepador -dora.

ramifications /ˌræmɪfɪˈkeɪʃənz/ *n pl* (*frml: complexities*) ramificaciones *f pl*, entresijos *m pl*; (*: implications*) implicaciones *f pl*, consecuencias *f pl*.

ramp /ræmp/ *n* **1.** (*slope*) rampa *f*. **2.** (*in road surface*) desnivel *m*.

rampage I /ˈræmpeɪdʒ/ *n*: **the hooligans went** *on* **the rampage** los gamberros causaron muchos destrozos.

II /ræmˈpeɪdʒ/ *vi* [**rampages, rampaging, rampaged**]: **they rampaged** *through* **the town smashing windows and overturning cars** recorrieron la ciudad destrozando ventanas y volcando coches a su paso.

rampant /ˈræmpənt/ *adj* **1.** (*disease, crime*): **cholera was rampant in the region** el cólera se estaba propagando por toda la región; **car theft is rampant in Rochester** los robos de coches están proliferando en Rochester. **2.** (*inflation*) galopante. **3.** (*plants*) exuberante.

rampart /ˈræmpɑːt/ *n*, **ramparts** /ˈræmpɑːtz/ *n pl* muralla *f*: **the castle rampart * ramparts** la muralla del castillo.

ramshackle /ˈræmʃækəl/ *adj* destartalado -da.

ran /ræn/ *pretérito de* ➪ run

ranch /rɑːntʃ/ *n* [**ranches**] hacienda *f*, rancho *m*.

rancher /ˈrɑːntʃə/ *n* **1.** (*ranch owner*) hacendado -da *m/f*, ranchero -ra *m/f*. **2.** (*ranch worker*) trabajador -dora *m/f* en un rancho.

rancid /ˈrænsɪd/ *adj* rancio -cia.

rancour, (*US*) **rancor** /ˈræŋkə/ *n* (*frml*) rencor *m*.

random /ˈrændəm/ **I** *adj* aleatorio -ria, hecho -cha al azar: **the computer makes a random selection of names** el ordenador selecciona los nombres al azar.

II *n*: **they were chosen** *at* **random** fueron seleccionados al azar; **he was shooting** *at* **random** disparaba al azar.

random access memory *n* memoria *f* de acceso directo.

randy /ˈrændɪ/ *adj* [**randier, randiest**] (*fam*) cachondo -da (*sexualmente*).

rang /ræŋ/ *pretérito de* ⇨ ring

range /reɪndʒ/ **I** *n* **1.** (*variety*) gama *f*: **they have a wide range of computers** tienen una gama muy amplia de ordenadores; **a new range of menswear** una nueva línea de ropa para caballeros; **you can take part in a range of different sports** se puede participar en una gran variedad de deportes; **a range of possibilities** un abanico de posibilidades. **2.** (*scale*): **the age range of the participants was from five to fifty** los participantes tenían edades comprendidas entre los cinco y los cincuenta años. **3.** (*of colours*) gama *f*. **4.** (*of voice, instrument*) registro *m*. **5.** (*effective distance*) alcance *m*: **these missiles have a range of five miles** estos misiles tienen un alcance de cinco millas. **6.** (*of plane*) autonomía *f* de vuelo. **7.** (*area for shooting*) campo *m* de tiro. **8.** (*cooker*) fogón *m*. **9.** (*Geog*: *of mountains*) sierra *f*, cordillera *f*. **10.** (*US*: *grasslands*) pradera *f*.

II *vi* [**ranges, ranging, ranged**] **1.** (*in quality, size, etc.*) oscilar, variar: **prices range** *from* **fifty** *to* **a hundred pounds** los precios oscilan entre las cincuenta y las cien libras. **2.** (*to extend*) extenderse: **our investigations range** *over* **several generations** nuestras investigaciones cubren varias generaciones. **3.** (*to travel*): **he ranged** *over* **the fields** recorrió los campos.

♦*vt* **1.** (*to place*) colocar: **the books were ranged meticulously on the shelves** los libros estaban colocados meticulosamente en la estantería. **2.** (*to travel*) recorrer.

ranger /ˈreɪndʒə/ *n* **1.** (*in forest*) guardabosques *m/f*; (*in national park*) guarda *m/f*. **2.** (*US*: *police officer*) policía *m/f* (*en algunas zonas rurales*); (: *soldier*) soldado *m/f* de las tropas de asalto.

rank /ræŋk/ **I** *n* **1.** (*status*) categoría *f*: **several top-rank officials have resigned** han dimitido varios funcionarios de alta categoría. **2.** (*in army*) rango *m*, graduación *f*: **he held the rank of captain** tenía el rango de capitán. **3.** (*row*) fila *f*.

II ranks *n pl* (*Mil*) filas *f pl*: **he rose from the ranks to become a major** empezó de soldado raso y llegó a ser comandante • **she joined the ranks of the unemployed** se convirtió en otra parada más • **they close ranks when they are criticized** cierran filas cuando se les critica.

III *vi* [**ranks, ranking, ranked**] figurar: **he does not rank** *as* **one of our best writers** no figura entre nuestros mejores escritores; **this country ranks** *with* * *among* **the poorest in the world** este país figura entre los más pobres del mundo.

♦*vt*: **he is ranked fourth in the world** es cuarto en el ránking mundial; **I don't rank him very highly as a musician** no lo considero muy buen músico.

IV *adj* (*frml*) **1.** (*smell*) fétido -da. **2.** (*complete*) total: **they showed rank favouritism towards her** demostraron un favoritismo total hacia ella; **it was rank stupidity** fue una estupidez increíble.

rank and file *n* (*in party, trade union*) militantes *m pl* de base; (*in army*) soldados *m pl* rasos.

rankle /ˈræŋkəl/ *vi* [**rankles, rankling, rankled**] doler: **the fact that she was promoted instead of him still rankles** todavía está dolido por el hecho de que la ascendieran a ella en lugar de a él.

ransack /ˈrænsæk/ *vt* [**ransacks, ransacking, ransacked**] **1.** (*to turn upside down*): **they didn't steal anything but they ransacked the place** no robaron nada pero lo dejaron todo patas arriba. **2.** (*to burgle, plunder*) saquear: **the soldiers ransacked the town** los soldados saquearon la ciudad.

ransom /ˈrænsəm/ *n* rescate *m*: **they gave him the ransom money** le dieron el dinero del rescate; **they held the businessman** *to* **ransom** pidieron un rescate por el empresario • **the unions are holding the country to ransom** los sindicatos le están haciendo chantaje al país.

rant /rænt/ *vi* [**rants, ranting, ranted**]: **he used to rant at us when he'd had too much to drink** solía gritarnos cuando había bebido más de la cuenta • **he was ranting and raving about the state of society** estaba despotricando contra el estado de la sociedad actual.

rap /ræp/ **I** *n* **1.** (*knock*) golpe *m*: **there was a rap** *on* * *at* **the door** alguien llamó a la puerta. **2.** (*Mus*) rap *m*. **3.** (*fam*: *blame*): **he took the rap for the robbery** cargó con las culpas del robo.

II *vi* [**raps, rapping, rapped**] **1.** (*to knock*) dar golpes: **she rapped loudly** *on* **the table** dio unos golpes fuertes en la mesa. **2.** (*Mus*) cantar rap.

♦*vt* dar golpes en.

rapacious /rəˈpeɪʃəs/ *adj* (*frml*) codicioso -sa.

rape /reɪp/ **I** *n* **1.** (*Law*) violación *f* (*sexual*). **2.** (*Bot*) colza *f*.

II *vt* [**rapes, raping, raped**] violar.

rapid /ˈræpɪd/ **I** *adj* rápido -da.

II rapids *n pl* (*in river*) rápidos *m pl*.

rapidity /rəˈpɪdətɪ/ *n* rapidez *f*.

rapidly /ˈræpɪdlɪ/ *adv* rápidamente.

rapier /ˈreɪpɪə/ *n* estoque *m*.

rapist /ˈreɪpɪst/ *n* violador *m*.

rapport /ræˈpɔː/ *n* entendimiento *m*: **they seem to have a good rapport** parecen estar muy compenetrados.

rapprochement /ræˈprɒʃəmɑːn/ *n* acercamiento *m*, reconciliación *f*.

rapt /ræpt/ *adj* (*smile, look*) ensimismado -da; (*silence, wonder*) profundo -da.

rapture /ˈræptʃə/ *n* éxtasis *m inv*: **he gazed at her** *in* **rapture** la miraba extasiado • **she went into raptures about the gardens** empezó a hablar muy entusiasmada de los jardines.

rapturous /ˈræptʃərəs/ *adj* (*feeling*) extático -ca; (*response*) muy entusiasta: **the dancers got a rapturous reception** los bailarines recibieron una acogida muy entusiasta.

rare /reə/ *adj* **1.** (*unusual*) raro -ra, poco frecuente: **it's rare to find tulips at this time of year** es raro encontrar tulipanes en esta época del año; **these birds are becoming very rare** cada vez hay menos de estos pájaros; **it is a rare treat to see her on stage** verla actuar es un placer que no se tiene a menudo. **2.** (*Culin*: *meat*) poco hecho -cha.

rarefied /ˈreərɪfaɪd/ *adj* (*atmosphere*) enrarecido -da.

rarely /ˈreəlɪ/ *adv* rara vez, casi nunca: **we rarely go to the cinema these days** últimamente casi nunca vamos al cine; **I rarely see my sister** rara vez veo a mi hermana; **rarely have so many lies been told in one day** pocas veces se han dicho tantas mentiras en un sólo día.

raring /ˈreərɪŋ/ *adj* (*fam*): **he was raring to have a ride on his new bike** se moría de ganas de montar en su bicicleta nueva • **we were raring to go** estábamos deseando empezar.

rarity /ˈreərətɪ/ *n* [**rarities**] 1. (*unusual thing*): **these cars are a rarity now** es muy raro ver estos coches hoy en día. 2. (*unusual nature*) rareza *f*.

rascal /ˈrɑːskəl/ *n* (*child*) pillo -lla *m/f*: **bring back my glove, you little rascal!** ¡devuélveme el guante, pillín!

rash /ræʃ/ I *n* [**rashes**] 1. (*on skin*) sarpullido *m*, erupción *f* cutánea: **he came out in a rash** le salió un sarpullido. 2. (*series*) sucesión *f*, serie *f*.
II *adj* precipitado -da, imprudente: **that was a rather rash thing to say** fue un comentario un poco imprudente; **don't make any rash decisions** no tomes ninguna decisión precipitada.

rasher /ˈræʃə/ *n* loncha *f* (*de bacon* * *tocino*).

rashly /ˈræʃlɪ/ *adv* precipitadamente: **she acted rashly in firing him** se precipitó al despedirlo.

rasp /rɑːsp/ I *n* escofina *f*.
II *vi* [**rasps, rasping, rasped**] hablar con voz áspera * ronca.

raspberry /ˈrɑːzbərɪ/ *n* [**raspberries**] 1. (*fruit*) frambuesa *f*. 2. (*fam*: *sound*) pedorreta *f* • **he blew a raspberry at the teacher** le hizo una pedorreta al profesor.

rat /ræt/ *n* 1. (*Zool*) rata *f* • **I smelt a rat** sospeché que había gato encerrado. 2. (*despicable person*) sabandija *m/f*.
rat poison *n* raticida *m*, matarratas *m inv*.
rat race *n*: **he was determined to get out of the rat race** estaba decidido a escaparse de la excesiva competitividad de la vida moderna.
rats' tails *n pl* (*fam*) greñas *f pl*.

ratchet /ˈrætʃɪt/ *n* (*Tec*) trinquete *m*.

rate /reɪt/ I *n* 1. (*speed*) ritmo *m*: **they work** *at* **a terrific rate** trabajan a un ritmo increíble • **at this rate there won't be any trees left** si seguimos así, no quedarán árboles. 2. (*quantity, amount*) índice *m*, tasa *f*: **this exam has a high failure rate** este examen tiene un alto índice de suspensos; **she goes through shoes** *at* **the rate of a pair a month** gasta un par de zapatos cada mes; **they are dying** *at* **the rate of four a week** se están muriendo a razón de cuatro por semana • **well, we won't be going at any rate** pues, nosotros no vamos de todas formas • **he should be coming by car, at any rate that's what he said** vendrá en coche, al menos eso es lo que dijo. 3. (*Fin*: *for a service*) precio *m*, tarifa *f*: **there are reduced rates for students** hay tarifas reducidas para estudiantes; **his hourly rate of pay is five pounds** le pagan cinco libras a la hora; (*: of exchange, interest*) tipo *m*.
II **rates** *n pl* (*GB*) contribución *f* urbana.
III *vt* [**rates, rating, rated**] 1. (*to consider*) considerar: **he was very highly rated as a composer** estaba considerado muy buen compositor; **how do you rate this book?** ¿qué piensas de este libro?; **I don't rate his chances in this race** no creo que tenga muchas posibilidades de ganar esta carrera. 2. (*to deserve*) merecer: **the story rated a mention in the local paper** la historia mereció una mención en el periódico local.
♦ *vi*: **the country rates fifth in the world for sugar exports** es el quinto país del mundo en exportación de azúcar.
ratepayer *n* (*GB*) contribuyente *m/f* (*que paga la contribución urbana*).

rateable value /ˈreɪtəbəl ˈvæljuː/ *n* (*GB*) valor *m* catastral.

rather /ˈrɑːðə/ *adv* 1. (*somewhat, fairly*) más bien, bastante: **the meal was rather more expensive than I expected** la comida fue bastante más cara de lo que esperaba; **he's rather quiet** es más bien callado; **it's rather too large for the room** es algo grande para el cuarto; **I rather hoped he'd be there** en parte esperaba que estuviera allí. 2. (*very*) muy: **you play rather well** tocas muy bien. 3. (*expressing preference*): **I'd rather go now** preferiría irme ahora; **they'd rather have seen the other film** hubieran preferido ver la otra película. 4. **rather than**: **I'll have beer rather than wine** tomaré cerveza en vez de vino; **it's the climate rather than the food that attracts me** es el clima más que la comida lo que me atrae • **you're going out with Dave? rather you than me!** ¿que sales con Dave? pues que te aproveche; yo, ¡ni loca! 5. (*frml*: *on the contrary*) al contrario, más bien. 6. (*modifying what one has said*) mejor dicho: **he's gone skiing in France, or rather Andorra** ha ido a Francia o, mejor dicho, a Andorra, a esquiar.

ratification /ˌrætɪfɪˈkeɪʃən/ *n* ratificación *f*.

ratify /ˈrætɪfaɪ/ *vt* [**ratifies, ratifying, ratified**] ratificar.

rating /ˈreɪtɪŋ/ I *n* 1. (*ranking, classification*) clasificación *f*: **what's his rating in the world?** ¿qué posición ocupa en la clasificación * el ránking mundial? 2. (*GB*: *valuation*) valoración *f*, tasación *f* (*para la contribución urbana*).
II **ratings** *n pl* (*Media*) índice *m* de audiencia.

ratio /ˈreɪʃɪəʊ/ *n* razón *f*, proporción *f*: **the ratio** *of* **women** *to* **men is five to one** la proporción entre mujeres y hombres es de cinco a uno.

ration /ˈræʃən/ I *n* ración *f*: **people were** *on* **rations for ten years** la comida estuvo racionada durante diez años; **each member of the expedition had to carry his own rations** cada miembro de la expedición tenía que llevar su parte de los víveres.
II *vt* [**rations, rationing, rationed**] racionar: **we were rationed** *to* **an ounce of butter a week** racionaron la mantequilla y sólo se nos permitía una onza por semana.
ration book *n* cartilla *f* de racionamiento.

rational /ˈræʃənəl/ *adj* 1. (*thought*) racional: **man is a rational animal** el hombre es un animal racional. 2. (*explanation*) lógico -ca, racional: **I'm sure there's a rational solution to this problem** estoy convencida de que hay una solución lógica a este problema. 3. (*behaviour*) sensato -ta, razonable: **in spite of the shock of the accident she was quite rational** a pesar del shock que supuso el accidente, se comportó con mucha sensatez.

rationale /ˌræʃəˈnɑːl/ *n* base *f*, razón *f* (*en la que se fundamenta algo*): **I couldn't see the rationale** *behind* **their decision** no veía claro en qué se basaba su decisión.

rationalization /ˌræʃənəlaɪˈzeɪʃən/ *n* racionalización *f*.

rationalize /ˈræʃənəlaɪz/ *vt* [**rationalizes, rationalizing, rationalized**] racionalizar.

rationally /ˈræʃənəlɪ/ *adv* (*to think, explain*) racionalmente; (*to behave, discuss*) con sensatez, razonablemente.

rattle /ˈrætəl/ I *n* 1. (*for baby*) sonajero *m*; (*of football fan*) matraca *f*. 2. (*of rattlesnake: rings*) cascabel *m*; (*: noise*) cascabeleo *m*. 3. (*noise made: by a loose window*) vibración *f*; (*: by a train*) traqueteo *m*; (*: by chains*): **we heard the rattle of chains** oímos sonar cadenas.
II *vi* [**rattles, rattling, rattled**]: **the windows rattled**

in the wind las ventanas vibraban con el viento; **something was rattling in the engine** algo hacía ruido en el motor; (*chains*) sonar; (*train*) traquetear. ♦*vt* **1.** (*to cause to make a noise*): **the wind rattled the windows** el viento agitaba las ventanas. **2.** (*fam*: *to frighten*) desconcertar, poner nervioso -sa: **they rattled the United defence with a series of early attacks** desconcertaron a la defensa del United con una serie de ataques nada más empezar el partido; **I was quite rattled after the accident** estaba bastante agitado después del accidente.

to **rattle off** *vt* decir rápidamente: **she rattled off a list of names** recitó una lista de nombres.

to **rattle on** *vi* hablar sin parar: **she kept rattling on** *about* **her new house** no paró de hablar de la casa nueva.

to **rattle through** *vt* despachar: **she soon rattled through the first three questions** enseguida despachó las tres primeras preguntas.

rattlesnake *n* serpiente *f* de cascabel.

ratty /ˈrætɪ/ *adj* [**rattier, rattiest**] (*fam*) de mal humor.

raucous /ˈrɔːkəs/ *adj*: **we heard raucous laughter coming from the bar** escuchamos unas risas muy escandalosas que venían del bar.

raunchy /ˈrɔːntʃɪ/ *adj* [**raunchier, raunchiest**] (*person*) sexy; (*scene, extract*) subido -da de tono.

ravage /ˈrævɪdʒ/ **I** *vt* [**ravages, ravaging, ravaged**] devastar: **the countryside was ravaged by a plague of locusts** una plaga de langostas devastó los campos. **II ravages** *n pl* estragos *m pl*: **the building showed the ravages of time** el paso del tiempo había causado estragos en el edificio.

rave /reɪv/ **I** *vi* [**raves, raving, raved**] **1.** (*to rant, talk nonsense*) delirar: **the patient started raving** el paciente empezó a delirar. **2.** (*fam*: *to talk enthusiastically*) hablar de forma entusiasta: **he was raving** *about* **the match** hablaba entusiasmado del partido. **II** *n* fiesta *f* (*que suele durar toda la noche y en la que se suele poner música acid*).

rave review *n* crítica *f* muy favorable.

rave-up *n* (*fam*) juerga *f*.

raven /ˈreɪvən/ *n* cuervo *m*.

ravenous /ˈrævənəs/ *adj* (*person, animal*) hambriento -ta: **we were absolutely ravenous** teníamos muchísima hambre; (*appetite*) voraz.

ravenously /ˈrævənəslɪ/ *adv* vorazmente: **I was ravenously hungry** tenía muchísima hambre.

raver /ˈreɪvə/ *n* (*fam*) juerguista *m/f*.

ravine /rəˈviːn/ *n* barranco *m*.

raving /ˈreɪvɪŋ/ **I** *adj* **1.** (*delirious*): **he's a raving lunatic** está loco perdido. **2.** (*fam*: *tremendous*): **his sister's a raving beauty** su hermana es guapísima. **II ravings** *n pl* desvaríos *m pl*: **the ravings of a madman** los desvaríos de un loco.

ravioli /rævɪˈəʊlɪ/ *n* ravioles *m pl*, raviolis *m pl*.

ravish /ˈrævɪʃ/ *vt* [**ravishes, ravishing, ravished**] (*frml*) **1.** (*to rape*) violar. **2.** (*to delight*) embelesar.

ravishing /ˈrævɪʃɪŋ/ *adj* (*very beautiful*) embelesador -dora.

raw /rɔː/ *adj* **1.** (*vegetables, meat*) crudo -da: **he likes eating raw carrots** le gusta comerse las zanahorias crudas. **2.** (*cotton*) en rama; (*sugar*) sin refinar; (*ore*) en bruto. **3.** (*data*) sin procesar. **4.** (*inexperienced*) novato -ta: **they always play tricks on the raw recruits** siempre les gastan bromas a los novatos. **5.** (*sore, exposed*): **his knees were raw** tenía las rodillas en carne viva; **the wound was still raw** la herida todavía estaba abierta. **6.** (*weather*) muy frío -a: **a raw January morning** una mañana muy fría de enero.

raw deal *n* (*fam*): **he got a raw deal from the insurance company** la compañía de seguros lo trató de forma muy injusta.

raw material *n* materia *f* prima.

ray /reɪ/ *n* **1.** (*of light, sunshine*) rayo *m* ● **the letter provided them with a ray of hope** la carta arrojó un rayo de esperanza. **2.** (*fish*) raya *f*.

rayon /ˈreɪɒn/ *n* rayón *m*.

raze /reɪz/ *vt* [**razes, razing, razed**] arrasar: **they razed the village (to the ground)** arrasaron el pueblo.

razor /ˈreɪzə/ *n* (*with open blade*) navaja *f* de afeitar; (*with safety blade*) maquinilla *f* de afeitar; (*electric*) máquina *f* de afeitar (eléctrica).

razor blade *n* hoja *f* de afeitar.

RC /ɑːˈsiː/ (*abreviatura de* **Roman Catholic**) católico -ca.

Rd *léase* /rəʊd/ (*abreviatura de* **Road**) c/ (calle).

re /riː/ *prep [se usa en cartas]* (*frml*) con referencia a, respecto a: **re your letter of 15th May** respecto a su carta del quince de mayo.

reach /riːtʃ/ **I** *vt* [**reaches, reaching, reached**] **1.** (*to arrive at: a place, position*) llegar a: **we reached London at four o'clock** llegamos a Londres a las cuatro; **they finally reached an agreement** al final llegaron a un acuerdo; **she had reached the top of her profession** había llegado a la cima de su profesión; **she will inherit the money when she reaches the age of eighteen** heredará el dinero cuando cumpla dieciocho años; (*: a speed, level*) alcanzar. **2.** (*to take/touch by stretching*) alcanzar: **can you reach me down that book?** ¿me alcanzas ese libro?; **he couldn't reach the top shelf** no alcanzaba al estante de arriba. **3.** (*to contact*) localizar, ponerse en contacto con: **you can reach me on this number** me puedes localizar en este número. ♦*vi* **1.** (*to be tall/long enough*) llegar: **I can't plug it in here, the cable doesn't reach** no puedo enchufarlo aquí, el cable no llega. **2.** (*to extend*) extenderse: **the fields reach down to the lake** los campos se extienden hasta el lago. **3.** (*to try to touch/take*): **she reached** *out* **for the rope** estiró el brazo para coger la cuerda. **II** *n* alcance *m*: **the apples were just** *out of* **(her) reach** las manzanas estaban fuera de su alcance; **the villa is** *within* ✻ *in* **easy reach of the beach** el chalet está cerca de la playa. **III reaches** *n pl*: **the upper reaches of the river** la parte alta del río.

react /rɪˈækt/ *vi* [**reacts, reacting, reacted**] reaccionar: **she reacted badly** *to* **the news** reaccionó mal ante la noticia; **they were reacting** *against* **their upbringing** era una reacción contra la forma en que habían sido educados.

reaction /rɪˈækʃən/ **I** *n* reacción *f*: **he suffered a reaction** *to* **the drug** la droga le produjo una reacción; **there was no reaction** *from* **the company** la empresa no reaccionó. **II reactions** *n pl* capacidad *f* de reaccionar.

reactionary /rɪˈækʃənərɪ/ **I** *adj* reaccionario -ria. **II** *n* [**reactionaries**] reaccionario -ria *m/f*.

reactivate /rɪˈæktɪveɪt/ *vt* [**reactivates, reactivating, reactivated**] reactivar.

read /riːd/ **I** *vt* [**reads, reading, read** /red/] **1.** (*a book, newspaper*) leer: **he read us a story** nos leyó un cuento; **we listened as he read his latest poem** escuchamos como recitaba ✻ leía su último poema;

can you read music? ¿sabes leer música?; **they came to read the gas meter** vinieron a hacer la lectura del contador de gas • **you must have read my mind!** debes haberme leído * adivinado el pensamiento • **we took it as read that he had a passport** dimos por sentado * por hecho que ya tenía pasaporte. **2.** (*handwriting, moods*) entender: **I can't read his writing** no entiendo su letra. **3.** (*to display: text*) decir: **the sign on the door read "Private"** el letrero en la puerta decía "Privado"; (*: a number*) marcar: **the dial read three hundred and fifty** la aguja marcaba trescientos cincuenta. **4.** (*GB: a subject at university*) estudiar: **she's reading chemistry** está estudiando química. **5.** (*to interpret*) interpretar: **the government had failed to read the situation correctly** el gobierno había interpretado mal la situación • **don't read too much into the fact that he isn't here** no le des mucha importancia al hecho de que no haya venido. **6.** (*when communicating by radio*): **reading you loud and clear** te recibo perfectamente.

♦*vi* **1.** (*gen*) leer: **she can't read yet** no sabe leer todavía. **2.** (*text, prose*): **this paragraph doesn't read very well** este párrafo no está muy bien redactado * escrito.

II *n* (*fam*): **her latest novel is a really good read** su última novela es muy buena; **I was having a quiet read in bed** estaba leyendo tranquilamente en la cama.

to **read back** *vt* leer: **now read me back * read back to me what I have just dictated** ahora léeme lo que te acabo de dictar.

to **read on** *vi* seguir leyendo: **if you read on a bit, you will discover the truth** si sigues leyendo, descubrirás la verdad.

to **read out** *vt* leer en voz alta: **he read out the advertisement** leyó el anuncio en voz alta.

to **read over** *vt* repasar: **now read over your answers** ahora repasa tus respuestas.

to **read through** *vt* leer: **I read it through carefully and couldn't find any mistakes** lo leí detenidamente y no encontré ningún error.

to **read up** *vt/i* estudiar: **I need to read up** *on* **some history for the exam** tengo que estudiar historia para el examen.

readable /ˈriːdəbəl/ *adj* **1.** (*handwriting*) legible. **2.** (*novel, article*): **her memoirs are quite readable** sus memorias son muy amenas.

readdress /ˌriːəˈdres/ *vt* [**readdresses, readdressing, readdressed**] (*letter*) remitir (*a la nueva dirección*).

reader /ˈriːdə/ *n* **1.** (*person*) lector -tora *m/f*: **he was already a good reader at five** a los cinco años ya leía muy bien. **2.** (*book*) libro *m* de lectura. **3.** (*también* **Reader**) (*Educ: in a university*) profesor *m* adjunto, profesora *f* adjunta.

readership /ˈriːdəʃɪp/ *n* **1.** (*of a newspaper*) lectores *m pl*: **we want to increase our readership** queremos aumentar el número de lectores. **2.** (*Educ: in a university*) *puesto de profesor adjunto*.

readily /ˈredɪlɪ/ *adv* **1.** (*willingly*) de buena gana: **she readily accepted his excuses** aceptó sus excusas de buena gana. **2.** (*easily*) fácilmente: **these products are readily available all over the country** estos productos se consiguen fácilmente en todo el país.

readiness /ˈredɪnəs/ *n* **1.** (*preparation*) preparación *f*: **they tidied the room** *in* **readiness** *for* **her arrival** arreglaron la sala para cuando llegara. **2.** (*willingness*) buena disposición *f*: **I was impressed by her readiness to learn** me impresionó mucho su buena disposición para aprender.

reading /ˈriːdɪŋ/ *n* **1.** (*activity*) lectura *f*: **the story makes entertaining reading** es una historia de lectura amena; **they attended a poetry reading** asistieron a un recital de poesía. **2.** (*Pol*): **the second reading of the bill** la segunda fase de discusión del proyecto de ley. **3.** (*Relig*) lectura *f*. **4.** (*on thermometer, clock*) indicación *f*. **5.** (*interpretation*) interpretación *f*: **I do not agree with his reading of the situation** no estoy de acuerdo con su interpretación de la situation.

reading glasses *n pl* gafas *f pl* para leer.

reading lamp *n* lámpara *f* para leer.

reading room *n* sala *f* de lectura.

readjust /ˌriːəˈdʒʌst/ *vi* [**readjusts, readjusting, readjusted**] readaptarse: **he has found it difficult to readjust** *to* **being a student** le ha costado readaptarse a la vida de estudiante.

♦*vt* reajustar.

readjustment /ˌriːəˈdʒʌstmənt/ *n* **1.** (*of person, animal*) readaptación *f*. **2.** (*of machine*) reajuste *m*.

ready /ˈredɪ/ **I** *adj* [**readier, readiest**] **1.** (*prepared*) preparado -da, listo -ta: **they're ready to leave** están preparados * listos para salir; **she's getting ready** *for* **her trip** se está preparando para el viaje; **he was always ready** *with* **a joke** siempre estaba bromeando; **she was ready to give the whole thing up** estaba a punto de dejarlo todo • **ready, steady, go!** preparados, listos, ¡ya! • **ready when you are, Mr Fletcher** cuando quiera, señor Fletcher • **go ahead, my pen is at the ready** sí, dime, estoy bolígrafo en ristre. **2.** (*willing*) dispuesto -ta: **she's always ready to help** siempre está dispuesta a ayudar. **3.** (*easy*) fácil: **we have no ready answers** no tenemos respuestas fáciles. **4.** (*available*) disponible: **it's a good idea to have some ready cash with you** es aconsejable llevar dinero en efectivo; **there is a ready market for the new product** ya hay un mercado para el nuevo producto.

II *vt* [**readies, readying, readied**] preparar: **they readied themselves** *for* **action** se prepararon para la acción.

III *n* • **they had their guns at the ready** tenían las armas preparadas.

IV readies *n pl* (*fam*) dinero *m* (*en efectivo*): **he'll be there with the readies** estará allí con el dinero.

ready-cooked *adj* precocinado -da.

ready-made *adj* hecho -cha: **he finds it difficult to buy ready-made suits** le resulta muy difícil encontrar trajes ya hechos que le estén bien • **there is a ready-made solution to the unemployment problem** ya existe una solución para el problema del paro.

ready-salted *adj* con sal.

reaffirm /ˌriːəˈfɜːm/ *vt* [**reaffirms, reaffirming, reaffirmed**] (*frml*) reafirmar.

real /rɪəl/ **I** *adj* **1.** (*factual, not imaginary*) real: **they're married in real life as well** en la vida real también son marido y mujer; **her nightmares seemed very real to her** sus pesadillas le parecían muy reales; **things like that just don't happen in the real world** esas cosas no pasan en la realidad. **2.** (*actual, genuine*) auténtico -ca: **where is the real Mr Hickman?** ¿dónde está el auténtico * verdadero señor Hickman?; **the bag was made of real crocodile skin** el bolso era de piel de cocodrilo auténtica; **it's not as good as the real thing** no es tan bueno como el producto auténtico • **this time he says it's for real** esta vez dice que va en serio • **it's the real McCoy** es

lo auténtico. **3.** (*for emphasis*) verdadero -ra: **it's a real nuisance** es una verdadera molestia.
II *adv* (*US: fam, very*) muy: **she's a real pretty lady** es muy guapa; **they played real well** jugaron muy bien.

real ale *n* cerveza *f* tradicional.

real estate *n* bienes *m pl* inmuebles.

real tennis *n*: *variedad del tenis que se juega en un frontón.*

real time *n* (*Inform*) tiempo *m* real.

realism /ˈrɪəlɪzəm/ *n* realismo *m*.

realist /ˈrɪəlɪst/ *n* realista *m/f*.

realistic /rɪəˈlɪstɪk/ *adj* realista: **let's be realistic** seamos realistas.

realistically /rɪəˈlɪstɪkəlɪ/ *adv* de forma realista: **realistically, we'll never have the money to buy it** si se mira de forma realista, nunca tendremos el dinero para comprarlo.

reality /rɪˈælətɪ/ *n* [**realities**] realidad *f*: **she will have to face up to reality** tendrá que enfrentarse a la realidad • **in reality he doesn't work as hard as he seems to** en realidad no trabaja tanto como parece.

realization /ˌrɪəlaɪˈzeɪʃən/ *n* **1.** (*of a dream*) realización *f*. **2.** (*understanding*) comprensión *f*.

realize /ˈrɪəlaɪz/ *vt* [**realizes, realizing, realized**] **1.** (*to notice, understand*) darse cuenta de: **she suddenly realized that her watch had disappeared** de repente se dio cuenta de que su reloj había desaparecido; **we realize it will be a difficult decision for you** nos damos cuenta * somos conscientes de que será una decisión difícil para ti. **2.** (*to fulfil*) realizar: **she was able to realize her lifelong ambition** pudo realizar la ambición de toda su vida. **3.** (*Fin: to sell*) vender; (*: to fetch*) reportar: **the sale realized a thousand dollars** la venta le reportó mil dólares.

really /ˈrɪəlɪ/ *adv* **1.** (*truly, very*) realmente: **it was really tragic** fue realmente trágico; **the exam was really difficult** el examen fue muy difícil. **2.** (*in reality*): **she didn't really do that, did she?** no hizo eso, ¿verdad que no?; **what do you really want to do?** ¿qué es lo que realmente te apetece hacer?; **I don't really know** la verdad, no lo sé. **3.** (*expressing surprise, interest*): **"We're going to Florida next month." "Really?" * "Are you really?"** "El mes que viene vamos a Florida." "¿En serio?"; (*expressing shock, disgust*): **well, really! have you seen what he's doing?** ¡por favor! ¿has visto lo que está haciendo?

realm /relm/ *n* (*frml*) **1.** (*country*) reino *m*. **2.** (*area, field*) campo *m*, mundo *m*: **in the realm of literature** en el mundo de la literatura; **the realms of the imagination** el mundo de la imaginación.

realtor /ˈrɪəltɔː/ *n* (*US*) agente *m/f* inmobiliario -ria.

ream /riːm/ *n* resma *f* • **we get through reams of paper** usamos un montón de papel.

reap /riːp/ *vt* [**reaps, reaping, reaped**] (*Agr*) cosechar • **after the cost-cutting, they were hoping to reap some benefits** después de recortar el gasto, esperaban cosechar algunos beneficios.

reaper /ˈriːpə/ *n* (*machine*) segadora *f*.

reappear /ˌriːəˈpɪə/ *vi* [**reappears, reappearing, reappeared**] reaparecer.

reappearance /ˌriːəˈpɪərəns/ *n* reaparición *f*.

reapply /ˌriːəˈplaɪ/ *vi* [**reapplies, reapplying, reapplied**] enviar una nueva solicitud.

reappraisal /ˌriːəˈpreɪzəl/ *n* reevaluación *f*.

rear /rɪə/ **I** *n* **1.** (*of vehicle, class, etc.*) parte *f* trasera * de atrás: **there is a garage** *at* **the rear of the building** hay un garaje en la parte de atrás del edificio; **it crashed into the rear of a van** chocó con la parte trasera de una furgoneta • **my sister was bringing up the rear** mi hermana cerraba la marcha. **2.** (*fam: bottom*) trasero *m*.
II *adj* de atrás, trasero -ra: **they exited by the rear door** salieron por la puerta de atrás; **he changed the rear wheel** cambió la rueda trasera.
III *vt* [**rears, rearing, reared**] **1.** (*children, animals*) criar: **they hoped to rear their family in the country** esperaban poder criar a su familia en el campo. **2.** (*to lift up*) levantar • **violence has reared its ugly head once again** la violencia ha vuelto a hacer acto de presencia.
♦ *vi* (*horse*) encabritarse: **the horse reared** *(up)* el caballo se encabritó.

rear admiral *n* contralmirante *m*.

rearguard *n* (*Mil*) retaguardia *f* • **the residents are fighting a rearguard action against the new road** aunque tienen las de perder los vecinos de la zona siguen luchando contra la nueva carretera.

rear-view mirror *n* espejo *m* retrovisor.

rearm /riːˈɑːm/ *vt* [**rearms, rearming, rearmed**] rearmar.
♦ *vi* rearmarse.

rearrange /ˌriːəˈreɪndʒ/ *vt* [**rearranges, rearranging, rearranged**] **1.** (*furniture*) colocar de otra manera: **we'll have to rearrange the room** tendremos que colocar los muebles de otra manera. **2.** (*holidays, plans*) cambiar la fecha de.

reason /ˈriːzən/ **I** *n* **1.** (*cause, motive*) razón *f*, motivo *m*: **she left her husband** *for* **no good reason** abandonó a su marido sin ningún motivo; **there's no reason to get annoyed** no hay razón para que te enfades; **the reason** *for* **his failure** el motivo de su fracaso; **there are reasons why you shouldn't go** hay razones por las que no deberías ir; **we have reason to believe it is a stolen car** tenemos razones para creer que es un coche robado; *for* **some reason I haven't seen her for a while** no sé por qué, pero hace tiempo que no la veo. **2.** (*faculty*) razón *f*: **she has lost the power of reason** ha perdido la razón. **3.** (*good sense*) sentido *m* común: **you can see the reason in what he's saying** es evidente que lo que dice tiene sentido común; **he refuses to see reason** no quiere atender a razones; **I'm prepared to pay a lot of money for it,** *within* **reason** estoy dispuesto a pagar mucho dinero, dentro de lo razonable • **it stands to reason that she won't want to see you again** es evidente que no querrá volver a verte.
II *vi* [**reasons, reasoning, reasoned**] (*to think, understand*) razonar: **man has the power to reason** el hombre es capaz de razonar.
♦ *vt* (*to come to a conclusion*) llegar a la conclusión de: **we reasoned that they would soon get tired and come out of hiding** llegamos a la conclusión de que pronto se cansarían y saldrían de su escondite.

to **reason with** *vt* convencer, hacer entrar en razón: **once he has an idea in his head, it's impossible to reason with him** cuando se le mete una idea en la cabeza, es imposible hacerle entrar en razón.

reasonable /ˈriːzənəbəl/ *adj* **1.** (*sensible*) razonable, sensato -ta: **she seems a reasonable person** parece una persona razonable. **2.** (*justifiable*) razonable: **they were asking a reasonable price for the computer** pedían un precio razonable por el ordenador. **3.** (*moderate*): **we had reasonable weather for the excursion** hizo un tiempo bastante bueno el día de la excursión; **he has a reasonable chance of winning** tiene bastantes posibilidades de ganar.

reasonably /ˈriːzənəblɪ/ *adv* 1. (*sensibly, justifiably*) razonablemente: **she behaved very reasonably in the circumstances** se portó razonablemente, dadas las circunstancias; **their goods are reasonably priced** los precios de sus productos son razonables. 2. (*quite*) bastante: **we are reasonably happy with the arrangements** estamos bastante contentos con los planes.

reasoned /ˈriːzənd/ *adj* razonado -da.

reasoning /ˈriːzənɪŋ/ *n* razonamiento *m*.

reassurance /ˌriːəˈʃʊərəns/ *n* 1. (*comfort*): **he was able to offer some words of reassurance** pudo ofrecernos algunas palabras tranquilizadoras. 2. (*promise*) promesa *f*: **despite reassurances from the airline, we did not get our luggage back** a pesar de las promesas de la compañía aérea, no volvimos a recuperar el equipaje.

reassure /ˌriːəˈʃʊə/ *vt* [**reassures, reassuring, reassured**] 1. (*to comfort*) tranquilizar: **he tried to reassure his friend** trató de tranquilizar a su amigo. 2. (*to assure*) asegurar: **she reassured him that the tickets were in the post** le aseguró que ya había mandado los billetes por correo.

reassuring /ˌriːəˈʃʊərɪŋ/ *adj* tranquilizador -dora: **she gave him a reassuring smile** le sonrió de modo tranquilizador.

rebate /ˈriːbeɪt/ *n* devolución *f*, reembolso *m*: **I got a tax rebate** Hacienda me devolvió dinero.

rebel I /ˈrebəl/ *n* rebelde *m/f*: **rebel troops have captured the village** las tropas rebeldes han capturado el pueblo; **my sister has always been a bit of a rebel** mi hermana ha sido siempre un poco rebelde.
II /rɪˈbel/ *vi* [**rebels, rebelling, rebelled**] rebelarse: **she was rebelling** *against* **the strict discipline of the school** se rebelaba contra la disciplina estricta del colegio.

rebellion /rɪˈbelɪən/ *n* rebelión *f*.

rebellious /rɪˈbelɪəs/ *adj* rebelde.

rebirth /riːˈbɜːθ/ *n* renacimiento *m*.

rebound I /ˈriːbaʊnd/ *n* rebote *m*: **I caught the ball** *on* **the rebound** cogí el rebote • **she married him on the rebound** se casó con él para olvidar el desengaño que había sufrido.
II /rɪˈbaʊnd/ *vi* [**rebounds, rebounding, rebounded**] (*ball*) rebotar: **the ball rebounded** *off* **the wall** la pelota rebotó contra la pared; **the plan rebounded** *on* **them** les salió el tiro por la culata.

rebuff /rɪˈbʌf/ I *n* rechazo *m*.
II *vt* [**rebuffs, rebuffing, rebuffed**] rechazar.

rebuild /riːˈbɪld/ *vt* [**rebuilds, rebuilding, rebuilt**] (*a building, city*) reconstruir; (*one's life*) rehacer: **it will take time for him to rebuild his confidence** le llevará tiempo recuperar la confianza en sí mismo.

rebuke /rɪˈbjuːk/ I *n* reprimenda *f*.
II *vt* [**rebukes, rebuking, rebuked**] reprender.

recalcitrant /rɪˈkælsɪtrənt/ *adj* (*frml*) recalcitrante, terco -ca.

recall I /rɪˈkɔːl/ *vt* [**recalls, recalling, recalled**] 1. (*call back: an ambassador, troops*) retirar; (*: parliament*): **Parliament had to be recalled for an emergency debate** el parlamento tuvo que reunirse para un debate extraordinario; (*: goods*): **the manufacturers have recalled all the faulty batches** los fabricantes han pedido que se devuelvan todos los lotes defectuosos. 2. (*frml: to remember*) recordar: **I can't quite recall his face** no logro recordar su cara; **she recalled seeing the car parked outside** recordaba haber visto el coche aparcado fuera.
II /ˈriːkɔːl/ *n* 1. (*of an ambassador, of troops*) retirada *f*; (*of goods*): **they have ordered the recall of all the faulty toys** han ordenado la retirada de todos los juguetes defectuosos. 2. (*frml: memory*) memoria *f*: **he has incredible powers of recall** tiene una memoria increíble.

recant /rɪˈkænt/ (*frml*) *vt* [**recants, recanting, recanted**] retractarse de.
♦ *vi* retractarse.

recap /ˈriːkæp/ (*fam*) I *n* resumen *m*.
II *vi* [**recaps, recapping, recapped**] resumir: **just to recap,...** en resumen,....

recapitulate /ˌriːkəˈpɪtjuːleɪt/ *vt/i* [**recapitulates, recapitulating, recapitulated**] (*frml*) recapitular.

recapitulation /ˌriːkəpɪtjʊːˈleɪʃən/ *n* (*frml*) recapitulación *f*.

recapture /ˌriːˈkæptʃə/ I *n* (*of prisoner*) detención *f* (*de nuevo*); (*of city, town*): **calm returned after the recapture of the town** volvió la calma después de que retomaran la ciudad.
II *vt* [**recaptures, recapturing, recaptured**] 1. (*prisoner*) volver a detener; (*animal*) volver a capturar; (*town*) retomar. 2. (*experience, feeling*) revivir, recuperar: **they were trying to recapture the spirit of their childhood** trataban de recuperar el espíritu de su niñez.

recede /rɪˈsiːd/ *vi* [**recedes, receding, receded**] 1. (*frml: to move back*) retroceder, retirarse: **the water had receded a little** el agua se había retirado un poco; (*: to decrease*) reducirse: **the possibility of an early election has now receded** cada vez parece menos probable que haya elecciones anticipadas; **his hair is receding** tiene entradas. 2. (*to slope backwards*): **he has a receding chin** tiene la barbilla hundida.

receipt /rɪˈsiːt/ I *n* 1. (*piece of paper*) recibo *m*: **can I have a receipt** *for* **that, please?** ¿me da un recibo, por favor? 2. (*frml: act of receiving*): *on* **receipt** *of* **the parcel, I telephoned the post office** al recibir el paquete, llamé a la oficina de correos; **we are** *in* **receipt** *of* **your letter of 29th March** acusamos recibo de su carta del 29 de marzo.
II **receipts** *n pl* recaudación *f*, ingresos *m pl*: **box office receipts have increased fourfold** los ingresos en taquilla se han cuadruplicado.

receive /rɪˈsiːv/ *vt* [**receives, receiving, received**] 1. (*money, criticism, a letter*) recibir: **she didn't receive our postcard** no recibió nuestra postal; **his speech was well received** su discurso tuvo una acogida favorable; (*on a receipt*): **received with thanks** recibí. 2. (*a visitor*) recibir: **she received me in her office** me recibió en su oficina. 3. (*cuts, bruises*) sufrir: **he received a blow on the head** sufrió un golpe en la cabeza. 4. (*a radio, television broadcast*) recibir, captar. 5. (*Law*): **he was charged with receiving stolen goods** fue acusado de comerciar con artículos robados.

receiver /rɪˈsiːvə/ *n* 1. (*of telephone*) auricular *m*: **replace the receiver and dial again** cuelgue y vuelva a marcar. 2. (*radio*) receptor *m* (de radio). 3. (*of a letter*) destinatario -ria *m/f*; (*of stolen goods*) perista *m/f*. 4. (*también* **(Official) Receiver**) (*Fin: in GB*) síndico *m* (*de una quiebra*).

recent /ˈriːsənt/ *adj* reciente: **it happened on my recent trip to France** ocurrió durante el viaje que he hecho recientemente ✻ que acabo de hacer a Francia; I

haven't seen much of her in recent years la he visto muy poco en los últimos años.

recently /ˈriːsəntlɪ/ *adv* **1.** (*lately*): **we haven't been to the theatre much recently** no hemos ido mucho al teatro últimamente; **a recently-released film** una película recién estrenada; **recently there has been a series of attacks** recientemente ha habido una serie de atentados. **2.** (*not long ago*) hace poco: **I received a letter from them recently** hace poco recibí una carta suya.

receptacle /rɪˈseptəkəl/ *n* (*frml*) receptáculo *m*, recipiente *m*.

reception /rɪˈsepʃən/ *n* **1.** (*act, way of receiving*) acogida *f*, recibimiento *m*: **the novel got a mixed reception from the critics** la novela tuvo una acogida algo variada por parte de la crítica. **2.** (*of radio, television signals*) recepción *f*: **the reception is terrible in this area** en esta zona la recepción es espantosa. **3.** (*también* **reception desk**) (*in a hotel*) recepción *f*. **4.** (*formal party*) recepción *f*.

receptionist /rɪˈsepʃənɪst/ *n* recepcionista *m/f*.

receptive /rɪˈseptɪv/ *adj* receptivo -va: **he seems quite receptive** *to* **new ideas** parece bastante receptivo a nuevas ideas.

recess /rɪˈses, ˈriːses/ *n* [**recesses**] **1.** (*Pol*) descanso *m* (parlamentario), (*Amér L*) receso *m* (parlamentario). **2.** (*break between classes*) recreo *m*. **3.** (*for a door, bed*) hueco *m* • **the book explores the dark recesses of the mind** el libro explora lo más recóndito de la mente.

recession /rɪˈseʃən/ *n* recesión *f*.

recharge /riːˈtʃɑːdʒ/ *vt* [**recharges, recharging, recharged**] recargar.

rechargeable /riːˈtʃɑːdʒəbəl/ *adj* recargable.

recipe /ˈresɪpɪ/ *n* receta *f*: **this is my recipe** *for* **brown bread** ésta es mi receta para hacer pan integral • **leaving two young children alone is a recipe for disaster** dejar a dos niños pequeños solos es la forma perfecta de que pase algo malo.

recipient /rɪˈsɪpɪənt/ *n* (*gen*) persona *f* que recibe; (*of a letter, package*) destinatario -ria *m/f*.

reciprocal /rɪˈsɪprəkəl/ *adj* (*frml*) recíproco -ca.

reciprocate /rɪˈsɪprəkeɪt/ (*frml*) *vt* [**reciprocates, reciprocating, reciprocated**] devolver, corresponder a.
♦ *vi* corresponder.

recital /rɪˈsaɪtəl/ *n* (*of music, poetry*) recital *m*.

recitation /ˌresɪˈteɪʃən/ *n* (*of text*) recitación *f*, recitado *m*; (*of a list*) enumeración *f*.

recite /rɪˈsaɪt/ *vt* [**recites, reciting, recited**] **1.** (*a poem*) recitar; (*a story*) narrar. **2.** (*a list*) enumerar.

reckless /ˈrekləs/ *adj* (*person*) imprudente, insensato -ta; (*act*) irresponsable, temerario -ria: **she's a reckless driver** es muy imprudente conduciendo.

recklessly /ˈreklɪslɪ/ *adv* (*to drive*) de forma temeraria * imprudente; (*to act*) de forma imprudente * irresponsable.

recklessness /ˈreklɪsnəs/ *n* imprudencia *f*, temeridad *f*.

reckon /ˈrekən/ *vt* [**reckons, reckoning, reckoned**] **1.** (*to estimate*) calcular: **I reckon he'll take about twenty minutes** calculo que tardará unos veinte minutos. **2.** (*fam*: *to think*) creer: **I reckon he'll be back soon** creo que volverá pronto. **3.** (*to consider*) considerar: **he's reckoned to be the best player in the country** está considerado el mejor jugador del país.
♦ *vi* (*to calculate*) calcular.
to **reckon on** *vt* (*to expect*) contar con: **he had reckoned on a larger audience** había contado con tener más público.
to **reckon with** *vt* **1.** (*to expect*) esperarse: **I didn't reckon with all this work** no me esperaba que iba a tener tanto trabajo. **2.** (*to contend with*) tener en cuenta: **it's an obstacle to be reckoned with** es un obstáculo a tener en cuenta; **if you hit my brother you'll have me to reckon with** si le pegas a mi hermano, tendrás que vértelas conmigo.
to **reckon without** *vt* (*to fail to consider*) no tener en cuenta, no contar con: **I'd reckoned without the bad weather** no había contado con el mal tiempo.

reckoning /ˈrekənɪŋ/ *n* cálculo *m*: *by* **his reckoning he'd walked ten miles** según sus cálculos había caminado diez millas • **the day of reckoning approaches!** ¡se aproxima el día del juicio!

reclaim /riːˈkleɪm/ *vt* [**reclaims, reclaiming, reclaimed**] **1.** (*lost property*) recuperar; (*expenses*): **you can reclaim your travelling expenses** se le abonarán los gastos de viaje. **2.** (*land: from the sea*) ganar al mar: **this land has been reclaimed** *for* **pasture** le han ganado esta tierra al mar para utilizarla para pastos; (*: from marshes*) recuperar.

reclamation /ˌrekləˈmeɪʃən/ *n* **1.** (*of land*) *proceso de ganarle tierra al mar o de recuperar tierras que antes eran pantanos o marismas*. **2.** (*of glass, steel, etc.*) reciclaje *m*.

recline /rɪˈklaɪn/ *vi* [**reclines, reclining, reclined**] (*person*) recostarse, reclinarse: **he was reclining** *on* **the sofa** estaba recostado en el sofá; (*seat*) reclinarse.
♦ *vt* (*one's head*) apoyar; (*a seat*) reclinar.

reclining /rɪˈklaɪnɪŋ/ *adj* (*seat*) reclinable.

recluse /rɪˈkluːs/ *n* persona *f* que vive recluida.

reclusive /rɪˈkluːsɪv/ *adj* solitario -ria, huraño -ña.

recognition /ˌrekəgˈnɪʃən/ *n* **1.** (*identification*) reconocimiento *m* • **the house has changed beyond * out of all recognition** ha habido tantos cambios que la casa está irreconocible. **2.** (*acknowledgment*) reconocimiento *m*: **he received a medal** *in* **recognition** *of* **his work** recibió una medalla en reconocimiento de su trabajo.

recognizable /rekəgˈnaɪzəbəl/ *adj* reconocible.

recognizably /rekəgˈnaɪzəblɪ/ *adv* de modo reconocible * apreciable.

recognize /ˈrekəgnaɪz/ *vt* [**recognizes, recognizing, recognized**] **1.** (*to know*) reconocer: **you'll recognize her** *by* **her long black hair** la reconocerás por su melena negra; **hello, I didn't recognize you in that coat** hola, no te había reconocido con ese abrigo. **2.** (*to admit, acknowledge*) admitir, reconocer: **she recognizes that her decision was rather hasty** reconoce que su decisión fue apresurada; **the international community recognized the new state** la comunidad internacional reconoció el nuevo estado.

recoil I /rɪˈkɔɪl/ *vi* [**recoils, recoiling, recoiled**] **1.** (*to jump back: person*) dar un paso atrás, retroceder: **he recoiled in horror at the sight of the skeleton** al ver el esqueleto, retrocedió horrorizado; (*: gun*) dar un culatazo. **2.** (*to react negatively*) sentir repugnancia: **she recoiled** *from* **physical violence** le repugnaba la violencia física.
II /ˈriːkɔɪl/ *n* (*of gun*) retroceso *m*, culatazo *m*.

recollect /ˌrekəˈlekt/ *vt* [**recollects, recollecting, recollected**] recordar, acordarse de: **I don't recollect having mentioned it** no recuerdo haberlo mencionado.

recollection /ˌrekəˈlekʃən/ *n* (*memory*) recuerdo *m*: **he had absolutely no recollection of that day** no recordaba nada de lo que había pasado aquel día.

recommend /ˌrekəˈmend/ *vt* [**recommends, recommending, recommended**] **1.** (*to approve, praise*) recomendar: **I thoroughly recommend this wine** recomiendo este vino sin reservas • **this hotel has little to recommend it** pocas cosas buenas se pueden decir de este hotel. **2.** (*to advise*) aconsejar: **I recommend that you rest** te aconsejo que descanses; **travelling alone is not (to be) recommended** es poco aconsejable viajar solo.

recommendation /ˌrekəmenˈdeɪʃən/ *n* **1.** (*good reference*) recomendación *f*: **I chose it** *on* **your recommendation** lo escogí porque tú me lo recomendaste. **2.** (*piece of advice*) consejo *m*: **they took no notice of our recommendations** no hicieron caso de nuestros consejos; **the recommendations contained in the report** las sugerencias * recomendaciones que se hacen en el informe.

recompense /ˈrekəmpens/ **I** *vt* [**recompenses, recompensing, recompensed**] (*frml*) **1.** (*to compensate*) indemnizar, compensar. **2.** (*to reward*) recompensar.
II *n* **1.** (*compensation*) indemnización *f*, compensación *f*. **2.** (*reward*) recompensa *f*.

reconcile /ˈrekənsaɪl/ *vt* [**reconciles, reconciling, reconciled**] **1.** (*to reunite*) reconciliar: **it will be hard to reconcile the two factions** será difícil reconciliar a las dos facciones; **he's reconciled** *with* **his old enemy** se ha reconciliado con su enemigo de toda la vida. **2.** (*to make compatible*) conciliar, compaginar: **it's difficult to reconcile this statement** *with* **party policy** es difícil conciliar esta declaración con el programa del partido. **3.** (*to force to accept*): **he'll have to reconcile himself** *to* **being unemployed** tendrá que resignarse a estar parado.

reconciliation /ˌrekənsɪlɪˈeɪʃən/ *n* **1.** (*between people*) reconciliación *f*. **2.** (*of conflicting ideas*) conciliación *f*.

recondition /ˌriːkənˈdɪʃən/ *vt* [**reconditions, reconditioning, reconditioned**]: **he had his car engine reconditioned** hizo que le revisaran el motor y que cambiaran todas las piezas gastadas; **a reconditioned washing machine** una lavadora de segunda mano (revisada y con piezas nuevas).

reconnaissance /rɪˈkɒnɪsəns/ *n* (*Mil*) reconocimiento *m*.

reconnoitre, (*US*) **reconnoiter** /ˌrekəˈnɔɪtə/ (*Mil*) *vi* [**reconnoitres, reconnoitring, reconnoitred**] hacer un reconocimiento.
♦*vt* reconocer, hacer un reconocimiento de.

reconsider /ˌriːkənˈsɪdə/ *vt* [**reconsiders, reconsidering, reconsidered**] reconsiderar: **I'm asking you to reconsider your decision** te pido que reconsideres tu decisión.
♦*vi* recapacitar: **he pleaded with them to reconsider** les rogó que recapacitaran * lo reconsideraran.

reconsideration /ˌriːkənsɪdəˈreɪʃən/ *n* revisión *f*, reconsideración *f*.

reconstitute /ˌriːˈkɒnstɪtjuːt/ *vt* [**reconstitutes, reconstituting, reconstituted**] **1.** (*an institution*) reorganizar, reconstituir. **2.** (*dehydrated food*) reconstituir (*añadiendo agua*).

reconstruct /ˌriːkənˈstrʌkt/ *vt* [**reconstructs, reconstructing, reconstructed**] reconstruir.

reconstruction /ˌriːkənˈstrʌkʃən/ *n* reconstrucción *f*.

record I /rɪˈkɔːd/ *vt* [**records, recording, recorded**] **1.** (*in writing: gen*) apuntar, tomar nota de: **he recorded my name in his notebook** apuntó mi nombre en su libreta; (*: minutes of a meeting, a complaint*) tomar nota de; (*on a computer*): **it's all recorded on the computer** está todo registrado en el ordenador. **2.** (*sound*) grabar: **the concert was recorded live** grabaron el concierto en directo. **3.** (*to measure*) registrar: **it recorded a speed of ten metres per second** registró una velocidad de diez metros por segundo.
♦*vi* grabar.
II /ˈrekɔːd/ *n* **1.** (*detailed description*) relación *f*: **he kept a record of his expenses** llevaba una relación de sus gastos. **2.** (*official account*) documento *m*: **there's nothing about it in our records** no consta en nuestros archivos; **it is mentioned in the record of the trial** se menciona en las actas del juicio; **it was the wettest summer** *on* **record** fue el verano más lluvioso del que se tenía constancia • **let's get * put * set the record straight** dejemos las cosas claras • **I'm on record as supporting this strike** me he declarado públicamente partidario de esta huelga. **3.** (*mention*) constancia *f*: **there is no record of his having arrived** no consta que haya llegado. **4.** (*of a soldier*) hoja *f* de servicios; (*of a student, worker*) expediente *m*; (*of a patient*) historial *m*; (*of a criminal*) antecedentes *m pl* (penales): **he has a clean record** no tiene antecedentes penales. **5.** (*Sport*) récord *m*, plusmarca *f*: **she's broken the world record** *for* **the high-jump** ha batido el récord mundial de salto de altura. **6.** (*sound recording*) disco *m*: **they made a record last month** grabaron un disco el mes pasado.

record breaker /ˈrekɔːd ˈbreɪkə/ *n*: *persona que bate un récord.*

record-breaking /ˈrekɔːdˌbreɪkɪŋ/ *adj* récord: **in a record-breaking time of thirty five seconds** en un tiempo récord de treinta y cinco segundos; **he was hoping for a record-breaking run** esperaba poder batir el récord.

record card /ˈrekɔːd kɑːd/ *n* ficha *f*.

record company /ˈrekɔːd ˈkʌmpənɪ/ *n* casa *f* discográfica.

record holder /ˈrekɔːd ˈhəʊldə/ *n* plusmarquista *m/f*.

record library /ˈrekɔːd ˈlaɪbrərɪ/ *n* fonoteca *f*.

record player /ˈrekɔːd ˈpleɪə/ *n* tocadiscos *m inv*.

record token /ˈrekɔːd ˈtəʊkən/ *n* cheque *m* regalo (*canjeable por discos, cintas, etc.*).

recorded /rɪˈkɔːdɪd/ *adj* **1.** (*sound, message*) grabado -da. **2.** (*action, fact*) del que/de la que hay constancia.

recorded delivery *n* correo *m* certificado: **I sent the letter** *(by)* **recorded delivery** envié la carta certificada.

recorder /rɪˈkɔːdə/ *n* (*Mus: instrument*) flauta *f* dulce * de pico.

recording /rɪˈkɔːdɪŋ/ *n* (*of music, images*) grabación *f*.

recording studio *n* estudio *m* de grabación.

recount /rɪˈkaʊnt/ *vt* [**recounts, recounting, recounted**] (*frml: story*) contar.

re-count I /riːˈkaʊnt/ *vt* [**re-counts, re-counting, re-counted**] (*gen*) volver a contar; (*votes*) volver a hacer el recuento de.
II /ˈriːkaʊnt/ *n* (*of votes*) nuevo recuento *m*.

recoup /rɪˈkuːp/ *vt* [**recoups, recouping, recouped**] **1.** (*money*) recuperar. **2.** (*strength*) recobrar.

recourse /rɪˈkɔːs/ *n* (*frml*) recurso *m*: **they settled the dispute without recourse** *to* **violence** resolvieron la disputa sin recurrir a la violencia.

recover /rɪˈkʌvə/ *vt* [**recovers, recovering, recovered**] **1.** (*health, appetite*) recobrar, recuperar: **she did not recover consciousness after the accident** no

recobró el conocimiento después del accidente. **2.** (*property, investment*) recuperar; (*debt*) cobrar.
♦*vi* (*from illness, disaster*) recuperarse, reponerse: **he's recovering** *from* **a stroke** se está recuperando de una apoplejía; **the village soon recovered** *from* **the floods** la aldea se recuperó pronto de las inundaciones.

re-cover /riːˈkʌvə/ *vt* [**re-covers, re-covering, re-covered**] **1.** (*chairs*) volver a tapizar. **2.** (*books*) volver a forrar.

recovery /rɪˈkʌvərɪ/ *n* [**recoveries**] **1.** (*in health*) recuperación *f*, restablecimiento *m*: **she made a speedy recovery** *from* **the operation** se recuperó rápidamente de la operación. **2.** (*economic*) recuperación *f*. **3.** (*of belongings*) recuperación *f*.

re-create, **recreate** /ˌriːkrɪˈeɪt/ *vt* [**re-creates, re-creating, re-created**] (*to reproduce*) recrear.

recreation /ˌrekrɪˈeɪʃən/ *n* **1.** (*leisure*) esparcimiento *m*. **2.** (*pastime*) pasatiempo *m*.

recreation ground *n* (*sports field*) campo *m* de deportes; (*park*) parque *m*.

re-creation /ˌriːkrɪˈeɪʃən/ *n* (*reproduction*) recreación *f*.

recreational /ˌrekrɪˈeɪʃənəl/ *adj* recreativo -va.

recriminate /rɪˈkrɪmɪneɪt/ *vi* [**recriminates, recriminating, recriminated**] recriminar.

recrimination /rɪˌkrɪmɪˈneɪʃən/ *n* recriminación *f*.

recruit /rɪˈkruːt/ **I** *vt* [**recruits, recruiting, recruited**] **1.** (*Mil*) reclutar. **2.** (*workforce*) contratar: **they had to recruit extra staff** tuvieron que contratar a más personal. **3.** (*members*) conseguir.
♦*vi* **1.** (*Mil*) alistar reclutas. **2.** (*for work*) contratar a trabajadores: **they are recruiting** *for* **the new car plant** están contratando empleados para la nueva fábrica de coches. **3.** (*for a club*) conseguir socios; (*for a political party*) conseguir miembros.
II *n* **1.** (*Mil*) recluta *m/f*. **2.** (*employee*) nuevo empleado *m*, nueva empleada *f*. **3.** (*member*) nuevo miembro *m*.

recruitment /rɪˈkruːtmənt/ *n* **1.** (*Mil*) reclutamiento *m*. **2.** (*of workforce*) contratación *f*. **3.** (*of members*): **they put a lot of effort into the recruitment of new members** se esforzaron mucho para conseguir nuevos miembros.

rectangle /ˈrektæŋgəl/ *n* rectángulo *m*.

rectangular /rekˈtæŋgjʊlə/ *adj* rectangular.

rectification /ˌrektɪfɪˈkeɪʃən/ *n* rectificación *f*.

rectify /ˈrektɪfaɪ/ *vt* [**rectifies, rectifying, rectified**] rectificar.

rector /ˈrektə/ *n* **1.** (*of parish*) párroco *m/f*. **2.** (*of university*) rector -tora *m/f*.

rectory /ˈrektərɪ/ *n* [**rectories**] casa *f* del párroco, rectoría *f*.

rectum /ˈrektəm/ *n* [**rectums** ✻ **recta** /ˈrektə/] recto *m*.

recuperate /rɪˈkuːpəreɪt/ *vi* [**recuperates, recuperating, recuperated**] (*Med*) recuperarse, reponerse.
♦*vt* (*Fin*: *losses*) recuperar.

recuperation /rɪˌkuːpəˈreɪʃən/ *n* **1.** (*Med*) recuperación *f*, restablecimiento *m*. **2.** (*of losses*) recuperación *f*.

recur /rɪˈkɜː/ *vi* [**recurs, recurring, recurred**] **1.** (*illness*) reaparecer, reproducirse. **2.** (*dream, event*) repetirse.

recurrence /rɪˈkʌrəns/ *n* **1.** (*of illness*) reaparición *f*. **2.** (*of dream, event*) repetición *f*.

recurrent /rɪˈkʌrənt/ *adj* **1.** (*illness*) recurrente. **2.** (*event*) periódico -ca, que se repite.

recurring /rɪˈkɜːrɪŋ/ *adj* **1.** (*Maths*) periódico -ca: **six point six recurring** seis coma seis periódico. **2.** (*nightmare*) recurrente.

recycle /riːˈsaɪkəl/ *vt* [**recycles, recycling, recycled**] reciclar.

recycling /riːˈsaɪklɪŋ/ *n* reciclado *m*, reciclaje *m*.

red /red/ **I** *adj* [**redder, reddest**] **1.** (*gen*) rojo -ja, colorado -da: **she went red when I demanded an explanation** se puso roja ✻ colorada cuando le exigí una explicación; **the sky turned red** el cielo se puso rojo ● **he returned from the beach as red as a beetroot** volvió de la playa rojo como un cangrejo. **2.** (*eyes*) enrojecido -da. **3.** (*wine*) tinto.
II *n* **1.** (*colour*) rojo *m*: **she was dressed** *in* **red** iba vestida de rojo ● **he'll see red when he gets the bill** se pondrá furioso cuando reciba la factura. **2.** (*Pol*: *fam*) rojo -ja *m/f*, comunista *m/f*. **3.** ● (*Fin*) **I don't spend much, but I'm always in the red** gasto poco, pero siempre estoy en números rojos.

redbrick university *n* (*GB*) universidad *f* de provincias.

red cabbage *n* lombarda *f*.

redcap *n* (*US*) mozo *m* de estación.

red card *n* (*Sport*) tarjeta *f* roja.

red carpet *n* alfombra *f* roja ● **our hosts rolled out the red carpet for us** nuestros anfitriones nos recibieron con todos los honores.

Red Crescent *n* Media Luna *f* Roja.

Red Cross *n* Cruz *f* Roja.

redcurrant *n* grosella *f*.

red deer *n* ciervo *m* común.

red-haired *adj* pelirrojo -ja.

red-handed *adj* (*fam*) con las manos en la masa: **I caught him red-handed** lo pillé in fraganti ✻ con las manos en la masa.

redhead *n* pelirrojo -ja *m/f*.

red-headed *adj* pelirrojo -ja.

red herring *n*: **it turned out to be another red herring** resultó ser otra pista falsa ✻ otro truco para despistarnos.

red-hot *adj* **1.** (*metal*) candente, al rojo vivo. **2.** (*very exciting*): **this is an absolutely red-hot story** es una noticia de lo más candente.

Red Indian *n* piel roja *m/f*.

red-letter day *n* día *m* memorable.

red light *n* (*gen*) luz *f* roja; (*Auto*) semáforo *m* en rojo.

red-light district *n* barrio *m* de prostíbulos, barrio *m* chino, (*Amér L*) zona *f* roja.

red meat *n* carne *f* roja.

red pepper *n* pimiento *m* rojo.

Red Sea *n*: **the Red Sea** el mar Rojo.

redskin *n* piel roja *m/f*.

red tape *n* papeleo *m*: **there's so much red tape involved in getting a visa** hay que hacer mucho papeleo para sacarse un visado.

redden /ˈredən/ *vi* [**reddens, reddening, reddened**] **1.** (*face*) ponerse rojo -ja ✻ colorado -da. **2.** (*sky*) ponerse rojo -ja ✻ colorado -da, enrojecer.
♦*vt* teñir de rojo.

reddish /ˈredɪʃ/ *adj* rojizo -za.

redecorate /riːˈdekəreɪt/ *vt/i* [**redecorates, redecorating, redecorated**] (*to paint*) pintar; (*to wallpaper*) empapelar.

redeem /rɪˈdiːm/ *vt* [**redeems, redeeming, redeemed**] **1.** (*Relig*) redimir. **2.** (*defect*) compensar: **the uncomfortable journey was redeemed by beautiful views** las hermosas vistas compensaban la incomodidad del viaje; **how can I redeem myself?** ¿qué puedo hacer para que me perdones? **3.** (*pawned goods*) desempeñar; (*debt*) cancelar.

redeemable /rɪ'di:məbəl/ *adj* (*debt*) amortizable; (*payment, deposit*) reembolsable.

redeeming /rɪ'di:mɪŋ/ *adj*: **her one redeeming feature was her honesty** el único rasgo positivo de su carácter era su honradez.

redemption /rɪ'dempʃən/ *n* redención *f*.

redeploy /ˌri:dɪ'plɔɪ/ *vt* [**redeploys, redeploying, redeployed**] trasladar.

redeployment /ˌri:dɪ'plɔɪmənt/ *n* traslado *m*.

redevelop /ˌri:dɪ'veləp/ *vt* [**redevelops, redeveloping, redeveloped**] (*an area*) renovar, modernizar.

redevelopment /ˌri:dɪ'veləpmənt/ *n* (*of an area*) renovación *f*, modernización *f*.

redial /ri:'daɪəl/ *vt/i* [**redials, redialling, redialled**] (*Telec*) volver a marcar.

redirect /ˌri:daɪ'rekt/ *vt* [**redirects, redirecting, redirected**] **1.** (*mail*) remitir (*a la nueva dirección*). **2.** (*traffic*) desviar.

rediscover /ˌri:dɪ'skʌvə/ *vt* [**rediscovers, rediscovering, rediscovered**] redescubrir, volver a descubrir.

redo /ri:'du:/ *vt* [**redoes, redoing, redid**, *participio pasado* **redone**] volver a hacer, rehacer: **I spilt coffee all over my essay and had to redo it** derramé café en mi trabajo y tuve que escribirlo de nuevo.

redouble /ri:'dʌbəl/ *vt* [**redoubles, redoubling, redoubled**] redoblar, intensificar: **they redoubled their efforts to raise funds** redoblaron sus esfuerzos para recaudar fondos.

redress /rɪ'dres/ **I** *vt* [**redresses, redressing, redressed**] (*frml*) **1.** (*an injustice*) reparar. **2.** (*an error*) enmendar, corregir • **he redressed the balance by appointing three women** subsanó la desigualdad nombrando a tres mujeres.
II *n* (*frml*) (*for an injustice*) reparación *f*.

reduce /rɪ'dju:s/ *vt* [**reduces, reducing, reduced**] **1.** (*in amount: gen*) reducir, disminuir; (*: prices*) reducir: **I'll reduce the price** *to* **fifty pounds** lo rebajaré a cincuenta libras, reduciré el precio a cincuenta libras; **the chairs were reduced** *to* **thirty pounds** las sillas estaban rebajadas a treinta libras; **we reduced costs** *by* **ten per cent** redujimos * recortamos los gastos en un diez por ciento. **2.** (*to a state*) reducir: **the fire reduced the church** *to* **ashes** el incendio redujo la iglesia a cenizas • **the teacher reduced her to tears** el profesor la hizo llorar • **he was reduced to selling his car** no le quedó más remedio que vender el coche.

reduction /rɪ'dʌkʃən/ *n* **1.** (*in size, amount*) disminución *f*: **there has been a reduction** *in* **the birth rate** ha habido una disminución del índice de natalidad. **2.** (*in price*) rebaja *f*: **massive reductions** *on* **all camping equipment** grandes rebajas en todos los artículos de camping; (*discount*) descuento *m*.

redundancy /rɪ'dʌndənsɪ/ *n* [**redundancies**] (*GB*) despido *m*: **it led to thousands of redundancies** motivó el despido de miles de trabajadores.

redundancy pay * payment *n* (*GB*) indemnización *f* por despido.

redundant /rɪ'dʌndənt/ *adj* **1.** (*no longer needed*) superfluo -flua. **2.** (*GB*: *unemployed*): **fifteen workers have been made redundant** han despedido a quince trabajadores.

reed /ri:d/ *n* **1.** (*Bot*) caña *f*. **2.** (*of musical instrument*) lengüeta *f*.

reedbed *n* cañaveral *m*.

reedy /'ri:dɪ/ *adj* [**reedier, reediest**] (*voice*) aflautado -da.

reef /ri:f/ *n* arrecife *m*.

reef knot *n* nudo *m* marinero.

reek /ri:k/ **I** *vi* [**reeks, reeking, reeked**] apestar, heder: **he reeked** *of* **petrol** apestaba a gasolina.
II *n* peste *f*.

reel /ri:l/ **I** *n* **1.** (*of thread, film*) carrete *m*; (*of cine film*) bobina *f*; (*of cable*) rollo *m*. **2.** (*Mus*) *baile tradicional en Irlanda y Escocia*.
II *vi* [**reels, reeling, reeled**] tambalearse: **he reeled** *along* **the quay** iba tambaleándose por el muelle; **her head was reeling** la cabeza le daba vueltas.

to **reel in** *vt* (*fish*) sacar del agua; (*rope*) cobrar.

to **reel off** *vt* recitar: **he reeled off a lot of statistics to support his theory** recitó un montón de datos para apoyar su teoría.

re-elect /ˌri:ɪ'lekt/ *vt* [**re-elects, re-electing, re-elected**] reelegir.

re-election /ˌri:ɪ'lekʃən/ *n* reelección *f*.

re-employ /ˌri:ɪm'plɔɪ/ *vt* [**re-employs, re-employing, re-employed**] (*gen*) volver a contratar; (*after unfair dismissal*) readmitir.

re-enter /ri:'entə/ *vt* [**re-enters, re-entering, re-entered**] volver a entrar en * a.

re-entry /ri:'entrɪ/ *n* [**re-entries**]: **he was banned** *from* **re-entry into the country** le prohibieron que volviera a entrar en el país.

re-examination /ˌri:ɪgzæmɪ'neɪʃən/ *n* **1.** (*Med*) nuevo examen *m*. **2.** (*Educ*) examen *m* de recuperación.

re-examine /ˌri:ɪg'zæmɪn/ *vt* [**re-examines, re-examining, re-examined**] (*Med, Educ*) volver a examinar.

ref /ref/ *n* (*apócope de* **referee**) (*fam*) árbitro -tra *m/f*.

ref. /ref/ *n* (*abreviatura de* **reference**) **1.** (*on formal letter*) ref. (referencia): **our ref. AB2102/3** N/ref. AB2102/3, nuestra ref. AB2102/3. **2.** (*in reference book*) v. (véase): **Degas (ref. chapter on Impressionism)** Degas (v. capítulo sobre Impresionismo).

refectory /rɪ'fektərɪ/ *n* [**refectories**] **1.** (*in convent, monastery*) refectorio *m*. **2.** (*in college*) comedor *m*.

referee /ˌrefə'ri:/ **I** *n* **1.** (*Sport*) árbitro -tra *m/f*. **2.** (*GB*: *for character/job reference*) *persona que escribe referencias personales*.
II *vt/i* [**referees, refereeing, refereed**] (*Sport*) arbitrar.

reference /'refərəns/ *n* **1.** (*mention*) referencia *f*, alusión *f*: **his autobiography makes three references** *to* **her** en su autobiografía hay tres alusiones a ella; **you can't write about him without reference** *to* **his faith** no se puede escribir sobre él sin hacer referencia a su fe • **keep it for future reference** guárdalo para poder consultarlo en el futuro. **2.** (*indication*): **a list of bibliographical references** una lista de fuentes bibliográficas; **what's the map reference?** ¿cuál es el número de referencia en el mapa? **3.** (*relevance*) relación *f*, referencia *f*: *with* **reference** *to* **your article in last week's issue...** con relación a su artículo en el número de la semana pasada...; *with* **reference** *to* **your application...** con referencia a su solicitud.... **4.** (*testimonial*) referencias *f pl*: **she got good references from her former employer** su antiguo jefe le dio unas referencias muy buenas.

reference book *n* libro *m* de consulta.

reference library *n* biblioteca *f* de consulta.

reference number *n* número *m* de referencia.

referendum /ˌrefə'rendəm/ *n* [**referendums * referenda** /ˌrefə'rendə/] referéndum *m*, referendo *m*: **a referendum was held** *on* **divorce** se celebró un referéndum sobre el divorcio.

refer to /rɪ'fɜ: tə/ *vt* [**refers, referring, referred**] **1.** (*to consult*) consultar: **he translated it without re-**

ferring to the dictionary lo tradujo sin consultar el diccionario. **2.** (*to mention*) aludir a, hacer referencia a: **the article referred to your novel** el artículo hacía referencia a tu novela; **were you referring to me when you said that?** ¿te referías a mí al decir eso? **3.** (*to describe*) calificar, describir: **she referred to him** *as* **a terrorist** lo calificó de terrorista. **4.** (*to send to*) mandar a, enviar a: **he was referred to a psychiatrist** lo mandaron a un psiquiatra; **the manager referred us to head office** el gerente nos mandó a la oficina central. **5.** (*to direct attention to*) remitir a: **the teacher referred him to a poem by John Donne** el profesor lo remitió a un poema de John Donne.

refill I /riːˈfɪl/ *vt* [**refills, refilling, refilled**] (*a pen, container*) volver a llenar; (*a lighter*) recargar.
II /ˈriːfɪl/ *n* (*for ballpoint pen*) recambio *m*; (*for lighter*) carga *f* de gas.

refine /rɪˈfaɪn/ *vt* [**refines, refining, refined**] **1.** (*oil, sugar*) refinar; (*metal*) acrisolar, purificar. **2.** (*technique*) perfeccionar.

refined /rɪˈfaɪnd/ *adj* **1.** (*person, manners*) fino -na, refinado -da. **2.** (*sugar, oil*) refinado -da.

refinement /rɪˈfaɪnmənt/ *n* **1.** (*manners*) refinamiento *m*. **2.** (*improvement*) perfeccionamiento *m*. **3.** (*of sugar, oil*) refinado *m*.

refinery /rɪˈfaɪnərɪ/ *n* [**refineries**] refinería *f*.

refining /rɪˈfaɪnɪŋ/ *n* (*of oil, sugar*) refinado *m*; (*of metal*) purificación *f*.

refit I /riːˈfɪt/ *vt* [**refits, refitting, refitted**] reacondicionar, reparar.
II /ˈriːfɪt/ *n* reacondicionamiento *m*.

reflate /riːˈfleɪt/ *vt* [**reflates, reflating, reflated**] reflacionar.

reflation /riːˈfleɪʃən/ *n* reflación *f*.

reflationary /riːˈfleɪʃənərɪ/ *adj* reflacionario -ria.

reflect /rɪˈflekt/ *vt* [**reflects, reflecting, reflected**] reflejar: **the car was reflected in the shop window** el coche se reflejaba en el escaparate; **this letter reflects his contempt for us** esta carta refleja el desprecio que nos tiene.
♦*vi* **1.** (*light, heat, sound*) reflejarse: **the headlights reflected in his glasses** la luz de los faros se reflejaba en sus gafas. **2.** (*to have an effect*): **his failure reflects badly** *on* **all of us** su fracaso va a perjudicarnos a todos; **this victory reflects well** *on* **your coach** esta victoria dice mucho de tu entrenador. **3.** (*to meditate*) reflexionar, meditar: **he reflected** *on* ∗ *upon* **his mistakes** reflexionó sobre sus errores.

reflection /rɪˈflekʃən/ *n* **1.** (*of light, a situation*) reflejo *m*: **I saw her reflection in the window** la vi reflejada en la ventana; **the number of houses with burglar alarms is a reflection of the rise in crime** el número de casas con alarma antirrobo es un reflejo del aumento de la delincuencia. **2.** (*meditation*) reflexión *f* • **on reflection, you'd better stay here** pensándolo bien, mejor te quedas aquí. **3.** (*discredit*): **it is no reflection** *on* **the company as a whole** no es una crítica de la empresa en general.

reflector /rɪˈflektə/ *n* (*on car, bicycle, etc.*) dispositivo *m* reflectante, catafaros *m inv*.

reflex /ˈriːfleks/ *n* [**reflexes**] (*Med*) reflejo *m*.
reflex action *n* acto *m* reflejo.
reflex camera *n* cámara *f* réflex.

reflexive /rɪˈfleksɪv/ *adj* reflexivo -va.
reflexive verb *n* verbo *m* reflexivo ∗ pronominal.

reforestation /riːfɒrɪsˈteɪʃən/ *n* reforestación *f*.

reform /rɪˈfɔːm/ I *vt* [**reforms, reforming, reformed**] reformar: **they aim to reform the education system completely** se proponen la reforma total del sistema educativo; **she's a reformed character since she met him** se ha reformado por completo desde que lo conoció.
♦*vi* reformarse.
II *n* reforma *f*.

reformat /riːˈfɔːmæt/ *vt* [**reformats, reformatting, reformatted**] (*Inform*) reformatear.

reformation /ˌrefəˈmeɪʃən/ *n* **1.** (*Pol, Sociol*) reforma *f*. **2. the Reformation** (*Hist, Relig*) la Reforma.

reformatory /rɪˈfɔːmətərɪ/ *n* [**reformatories**] reformatorio *m*.

reformer /rɪˈfɔːmə/ *n* reformador -dora *m/f*.

refract /rɪˈfrækt/ *vt* [**refracts, refracting, refracted**] refractar.

refraction /rɪˈfrækʃən/ *n* refracción *f*.

refrain /rɪˈfreɪn/ I *vi* [**refrains, refraining, refrained**] (*frml*) abstenerse: **I refrained** *from* **taking part** me abstuve de participar; **please refrain** *from* **talking in the library** se ruega no hablar en la biblioteca.
II *n* (*Mus, Lit*) estribillo *m*.

refresh /rɪˈfreʃ/ *vt* [**refreshes, refreshing, refreshed**] refrescar.

refresher course /rɪˈfreʃə kɔːs/ *n* (*GB*) cursillo *m* de reciclaje.

refreshing /rɪˈfreʃɪŋ/ *adj* (*drink, shower*) refrescante; (*sleep*) reparador -dora; (*experience, idea*) estimulante: **the staff were all very helpful, which makes a refreshing change** qué agradable que, para variar, los empleados fueran atentos.

refreshingly /rɪˈfreʃɪŋlɪ/ *adv*: **her work is refreshingly different** su trabajo es muy diferente, lo cual me gusta.

refreshments /rɪˈfreʃmənts/ *n pl* (*drinks*) refrescos *m pl*: **light refreshments will be on sale during the interval** se pondrán a la venta refrescos durante el intermedio; (*food*) refrigerio *m*.

refrigerate /rɪˈfrɪdʒəreɪt/ *vt* [**refrigerates, refrigerating, refrigerated**] refrigerar: **keep refrigerated** consérvese refrigerado.

refrigeration /rɪˌfrɪdʒəˈreɪʃən/ *n* refrigeración *f*.

refrigerator /rɪˈfrɪdʒəreɪtə/ *n* nevera *f*, frigorífico *m*, (*Amér L*) refrigerador *m*, (*Arg, Chi, Urug*) heladera *f*.

refuel /riːˈfjʊəl/ *vi* [**refuels, refuelling, refuelled**] repostar: **the plane stopped in Kuwait to refuel** el avión hizo escala en Kuwait para repostar.
♦*vt* poner combustible a.

refuelling, (*US*) **refueling** /riːˈfjʊəlɪŋ/ *n* reabastecimiento *m* de combustible.
refuelling stop, (*US*) **refueling stop** *n* (*Av*) escala *f* para repostar.

refuge /ˈrefjuːdʒ/ *n* **1.** (*protection, shelter*) refugio *m*, cobijo *m*: **I took refuge in a cave** me refugié en una cueva; **they sought refuge in a church** buscaron cobijo en una iglesia; **we took refuge** *from* **the storm** nos guarecimos de la tormenta. **2.** (*establishment*): **a refuge for drug addicts** un centro para drogadictos. **3.** (*on mountain*) refugio *m* de montaña.

refugee /ˌrefjʊˈdʒiː/ *n* refugiado -da *m/f*.
refugee camp *n* campamento *m* para refugiados.

refund I /rɪˈfʌnd/ *vt* [**refunds, refunding, refunded**] devolver, reembolsar: **will they refund your expenses?** ¿te reembolsarán los gastos?
II /ˈriːfʌnd/ *n* devolución *f*, reembolso *m*: **he demanded a refund** *on* **the damaged goods** exigió que

le devolvieran el importe de los productos defectuosos.

refurbish /riː'fɜːbɪʃ/ *vt* [**refurbishes, refurbishing, refurbished**] remozar, restaurar.

refusal /rɪ'fjuːzəl/ *n* (*action*) negativa *f*: **I was surprised by his refusal to help us** su negativa a ayudarnos me sorprendió; (*negative response*) respuesta *f* negativa: **I've had six refusals** he recibido seis respuestas negativas • **my request met with a flat refusal** rechazaron de plano mi petición • **she has first refusal on the house** tiene opción a comprar la casa.

refuse I /rɪ'fjuːz/ *vt* [**refuses, refusing, refused**] **1.** (*not give, not allow*) denegar, negar: **they refused him a licence** le denegaron el permiso; **I was refused admittance** me negaron la entrada; **he refused to help us** se negó a ayudarnos. **2.** (*an offer*) rechazar, rehusar: **this is an offer you can't refuse** ésta es una oferta que no puedes rechazar.
♦*vi* negarse: **they asked her to go, but she refused** le pidieron que fuera, pero se negó.
II /'refjuːs/ *n* (*frml*) basura *f*, desperdicios *m pl*.

refuse collection /'refjuːs kə'lekʃən/ *n* recogida *f* de basuras.

refuse collector /'refjuːs kə'lektə/ *n* basurero -ra *m/f*.

refuse disposal /'refjuːs dɪs'pəʊzəl/ *n*: *recogida y eliminación de desperdicios*.

refuse tip /'refjuːs tɪp/ *n* (*GB*) vertedero *m* de basuras.

refutation /ˌrefjuː'teɪʃən/ *n* (*frml*) refutación *f*.

refute /rɪ'fjuːt/ *vt* [**refutes, refuting, refuted**] refutar, rebatir.

regain /rɪ'geɪn/ *vt* [**regains, regaining, regained**] recobrar, recuperar: **he still hasn't regained consciousness** todavía no ha recuperado el conocimiento.

regal /'riːgəl/ *adj* regio -gia.

regale /rɪ'geɪl/ *vt* [**regales, regaling, regaled**] **1.** (*to present in abundance*) agasajar: **they regaled her** *with* **flowers** la agasajaron con flores. **2.** (*to entertain*) entretener: **he regaled us** *with* **stories about his travels** nos entretuvo con historias de sus viajes.

regalia /rɪ'geɪlɪə/ *n* galas *f pl*: **the mayor was wearing his full regalia** el alcalde lucía sus mejores galas.

regally /'riːgəlɪ/ *adv* regiamente.

regard /rɪ'gɑːd/ **I** *vt* [**regards, regarding, regarded**] **1.** (*to consider*) considerar: **he regards you** *as* **a rival** te considera un rival; **she regarded him with contempt** lo miraba con desprecio; **she was regarded** *with* **a mixture of admiration and envy** sentían por ella una mezcla de admiración y envidia. **2.** (*to concern*): **this matter does not regard you** este asunto no te atañe * concierne • **as regards his behaviour, I've nothing to say** por lo que respecta a su conducta, no tengo nada que decir.
II *n* **1.** (*respect*) consideración *f*, respeto *m*: **have some regard** *for* **her feelings** ten un poco de consideración por sus sentimientos • **I hold their opinion in high regard** respeto mucho su opinión • **I can do nothing in * with regard to this problem** no puedo hacer nada respecto a este problema • **she acted without regard for the consequences** actuó sin preocuparse por * sin pensar en las consecuencias. **2.** (*esteem*) estima *f*: **they held him in high regard** le tenían mucha estima, lo tenían muy bien considerado.
III regards *n pl* recuerdos *m pl*, saludos *m pl*: **give * send them my regards** dales recuerdos de mi parte; **regards** *to* **your mother** recuerdos a tu madre.

regarding /rɪ'gɑːdɪŋ/ *prep* con relación a, por lo que respecta a.

regardless /rɪ'gɑːdləs/ **I** *adv* a pesar de todo: **the others were way behind but he just carried on regardless** los otros estaban muy rezagados, pero siguió adelante a pesar de todo.
II regardless of *prep* a pesar de: **they set sail regardless of the bad weather** zarparon a pesar del mal tiempo.

regatta /rɪ'gætə/ *n* regata *f*.

regency /'riːdʒənsɪ/ *n* [**regencies**] regencia *f*.

regenerate /rɪ'dʒenəreɪt/ *vt* [**regenerates, regenerating, regenerated**] regenerar.
♦*vi* regenerarse.

regeneration /rɪˌdʒenə'reɪʃən/ *n* regeneración *f*.

regent /'riːdʒənt/ *n* regente *m/f*.

reggae /'regeɪ/ *n* reggae *m*.

regime, régime /reɪ'ʒiːm/ *n* régimen *m* (*pl* regímenes).

regiment /'redʒɪmənt/ *n* regimiento *m*.

regimental /ˌredʒɪ'mentəl/ *adj* del regimiento • **she organized the concert with regimental efficiency** organizó el concierto con eficiencia militar.

regimented /'redʒɪˌməntɪd/ *adj* reglamentado -da, estrictamente ordenado -da: **university seems much freer after the regimented timetable of school** la universidad parece mucho más abierta después de los horarios tan estrictos de un colegio.

region /'riːdʒən/ *n* región *f* • **it weighs in the region of a thousand tonnes** pesa aproximadamente mil toneladas.

regional /'riːdʒənəl/ *adj* regional.

regionalism /'riːdʒənəlɪzəm/ *n* regionalismo *m*.

regionalist /'riːdʒənəlɪst/ *n* regionalista *m/f*.

register /'redʒɪstə/ **I** *vt* [**registers, registering, registered**] **1.** (*a purchase, death*) registrar: **he registered the house in his wife's name** registró la casa a nombre de su mujer; (*a birth, marriage*) inscribir. **2.** (*a student*) matricular. **3.** (*a letter*) certificar; (*luggage*) facturar. **4.** (*to include*) registrar: **dictionaries register many such slang words** los diccionarios registran muchas palabras de argot de este tipo. **5.** (*a complaint*) presentar: **I wish to register a complaint** quiero presentar una queja. **6.** (*thermometer, gauge*) marcar, registrar: **it registered the time and the intensity of the earthquake** registró la hora e intensidad del terremoto • **she didn't seem to register what I was saying** no parecía entender lo que le estaba diciendo. **7.** (*to express*) reflejar, expresar: **her face registered disgust** su cara reflejaba el asco que sentía.
♦*vi* **1.** (*to put one's name down: gen*) inscribirse, apuntarse: **have you registered** *with* **a doctor?** ¿te has apuntado con algún médico?; **you have to register at the consulate** tienes que inscribirte en el consulado; (*: at school, university*) matricularse; (*: at hotel*) registrarse. **2.** (*to cause reaction*): **I told her about it, but I don't think it registered** se lo dije, pero creo que le entró por una oreja y le salió por la otra, se lo dije, pero me parece que no se enteró.
II *n* **1.** (*list*) registro *m*, lista *f*: **the teacher took * called the register** la maestra pasó lista. **2.** (*Ling, Mus*) registro *m*.

register office *n* registro *m* civil.

registered /'redʒɪstəd/ *adj* **1.** (*letter*) certificado -da; (*luggage*) facturado -da; (*vehicle*) matriculado -da. **2.** (*student*) matriculado -da; (*voter*) inscrito -ta.

registered nurse *n* (*US*) enfermero *m* titulado, enfermera *f* titulada.

registered post *n* (*GB*) correo *m* certificado: **I sent it**

(by) **registered post** lo mandé certificado ✻ por correo certificado.

registered trademark *n* marca *f* registrada.

registrar /ˌredʒɪ'strɑː/ *n* **1.** *(of births, marriages, deaths)* secretario -ria *m/f* del registro civil. **2.** *(of university)* secretario -ria *m/f* (general). **3.** *(doctor)* médico *m* interno, médica *f* interna *(que ocupa un cargo de responsabilidad)*.

registration /ˌredʒɪ'streɪʃən/ *n* **1.** *(of purchase, trademark)* registro *m*; *(as voter)* inscripción *f*. **2.** *(Educ: at beginning of day)*: **we missed registration** ya habían pasado lista cuando llegamos; *(: at beginning of course)* matriculación *f*. **3.** *(también* **registration number***)* *(GB: Auto)* matrícula *f*: **what's the registration (number) of your car?** ¿qué matrícula tiene tu coche? **4.** *(of birth, marriage, death)* inscripción *f*.

registration fee *n* matrícula *f*.

registration plate *n (GB: Auto)* (placa *f* de) matrícula *f*.

registry /'redʒɪstrɪ/ *n* [**registries**] registro *m*.

registry office *n (GB)* registro civil *m*: **they got married at the registry office** se casaron por lo civil.

regress /rɪ'gres/ *vi* [**regresses, regressing, regressed**] *(frml)* retroceder, sufrir una regresión.

regression /rɪ'greʃən/ *n (frml)* regresión *f*, retroceso *m*.

regressive /rɪ'gresɪv/ *adj* regresivo -va.

regret /rɪ'gret/ **I** *vt* [**regrets, regretting, regretted**] **1.** *(a decision, move)* arrepentirse de: **he regrets having sold the yacht** se arrepiente de haber vendido el yate; **she regrets everything she said to you** se arrepiente de todo lo que te dijo. **2.** *(in a formal letter)*: **I regret to tell you that the house has been sold** siento ✻ lamento decirles que la casa ya se ha vendido.

II *n* **1.** *(remorse)* arrepentimiento *m*: **he told me he has no regrets** me dijo que no se arrepiente de nada. **2.** *(sorrow)* pena *f*, pesar *m* • **much to my regret, I never saw him again** con gran pesar mío, no volví a verlo.

III regrets *n pl* excusas *f pl*: **he was unable to attend but he sent his regrets** como no podía asistir, mandó sus excusas.

regretful /rɪ'gretfʊl/ *adj* **1.** *(remorseful)* arrepentido -da. **2.** *(sorrowful)* pesaroso -sa.

regretfully /rɪ'gretfʊlɪ/ *adv* con pesar: **she regretfully turned down the offer** muy a su pesar tuvo que rechazar la oferta.

regrettable /rɪ'gretəbəl/ *adj* lamentable.

regrettably /rɪ'gretəblɪ/ *adv* lamentablemente, desgraciadamente.

regroup /riː'gruːp/ *vi* [**regroups, regrouping, regrouped**] reagruparse.

♦ *vt* reagrupar.

regular /'regjʊlə/ **I** *adj* **1.** *(at equal intervals)* regular: **they hold regular meetings** se reúnen con regularidad; **the posts were placed at regular intervals** los postes estaban colocados a intervalos regulares; **the lines formed a regular pattern** las líneas formaban un diseño regular. **2.** *(habitual)* habitual, asiduo -dua: **he's a regular customer** es un cliente habitual; **I'm a regular reader of her column** soy un asiduo lector de su columna. **3.** *(usual, normal)* usual, normal: **he's back on his regular shift** ha vuelto a su turno normal; **the regular staff don't work on Sundays** el personal permanente no trabaja los domingos; **he joined the regular army** se alistó en el ejército regular. **4.** *(in size)* de tamaño normal ✻ mediano: **a regular milkshake** un batido de tamaño normal. **5.** *(Ling)* regular. **6.** *(US: gasoline)* normal.

II *n* asiduo -dua *m/f*, cliente *m/f* habitual: **he's becoming quite a regular in this bar** se está convirtiendo en un cliente habitual de este bar.

regularity /ˌregjʊ'lærətɪ/ *n* regularidad *f*.

regularly /'regjʊləlɪ/ *adv* con regularidad.

regulate /'regjʊleɪt/ *vt* [**regulates, regulating, regulated**] **1.** *(Tec)* controlar, regular: **the temperature is regulated by a thermostat** la temperatura se regula por medio de un termostato. **2.** *(with rules, laws)* reglamentar, regular: **immigration is strictly regulated** hay unas reglas muy estrictas sobre inmigración.

regulating /'regjʊleɪtɪŋ/ *adj* regulador -dora.

regulation /ˌregjʊ'leɪʃən/ **I** *n* **1.** *(rule)* regla *f*: **according to the regulations...** según el reglamento.... **2.** *(control)* reglamentación *f*, regulación *f*. **3.** *(Tec)* regulación *f*.

II *adj* reglamentario -ria: **they had to wear regulation boots** tenían que llevar las botas reglamentarias.

regurgitate /rɪ'gɜːdʒɪteɪt/ *vt* [**regurgitates, regurgitating, regurgitated**] *(food)* regurgitar, devolver; *(facts)* repetir maquinalmente: **simply regurgitating your lecture notes isn't good enough** no basta con repetir maquinalmente los apuntes que tomas en clase.

regurgitation /rɪˌgɜːdʒɪ'teɪʃən/ *n (of food)* regurgitación *f*; *(of facts)* repetición *f* maquinal.

rehabilitate /ˌriːə'bɪlɪteɪt/ *vt* [**rehabilitates, rehabilitating, rehabilitated**] rehabilitar.

rehabilitation /ˌriːəbɪlɪ'teɪʃən/ *n* rehabilitación *f*.

rehash **I** /'riːhæʃ/ *n* [**rehashes**] *(fam: of movie, book, essay)* refrito *m*.

II /riː'hæʃ/ *vt* [**rehashes, rehashing, rehashed**] *(fam)* hacer un refrito de.

rehearsal /rɪ'hɜːsəl/ *n* ensayo *m*.

rehearse /rɪ'hɜːs/ *vt/i* [**rehearses, rehearsing, rehearsed**] ensayar: **we're rehearsing** *(for)* **the school play** estamos ensayando la función del colegio.

rehouse /riː'haʊz/ *vt* [**rehouses, rehousing, rehoused**] dar una nueva vivienda a, realojar.

reign /reɪn/ **I** *vi* [**reigns, reigning, reigned**] **1.** *(to rule)* reinar: **she reigned** *over* **her subjects for forty years** reinó sobre sus súbditos durante cuarenta años. **2.** *(to prevail)* reinar: **the tourists left and peace reigned once more** al marcharse los turistas, volvió a reinar la paz.

II *n* reinado *m*: **in/during the reign of Charles III** bajo/durante el reinado de Carlos III; **the rebels began a reign of terror** los rebeldes impusieron un régimen de terror.

reigning /'reɪnɪŋ/ *adj* **1.** *(monarch)* reinante. **2.** *(champion)* actual.

reimburse /ˌriːɪm'bɜːs/ *vt* [**reimburses, reimbursing, reimbursed**] *(frml)* reembolsar: **we'll reimburse you** *for* **the petrol** le reembolsaremos el precio de la gasolina.

reimbursement /ˌriːɪm'bɜːsmənt/ *n (frml)* reembolso *m*.

rein /reɪn/ **I** *n (for horse)* rienda *f* • **the government is keeping a tight rein on expenditure** el gobierno mantiene un estricto control de los gastos • **she gave free rein to her imagination** dio rienda suelta a su imaginación.

II reins *n pl (for toddler)* andadores *m pl*.

to **rein in** *vt* [**reins, reining, reined**] *(a horse)* refrenar.

reincarnate /riːɪnkɑː'neɪt/ *vt* [**reincarnates, reincarnating, reincarnated**] reencarnar: **they believe he**

was reincarnated *as* **a lion** creen que se reencarnó en león.

reincarnation /ˌriːɪnkɑːˈneɪʃən/ *n* reencarnación *f*.

reindeer /ˈreɪndɪə/ *n* [*pl* **reindeer**] reno *m*.

reinforce /ˌriːɪnˈfɔːs/ *vt* [**reinforces, reinforcing, reinforced**] **1.** (*Mil*) reforzar. **2.** (*to back up*) apoyar: **you have to reinforce your theory with some hard facts** tienes que reforzar tu teoría con hechos. **3.** (*Archit: to strengthen: a structure*) reforzar, fortalecer; (*: concrete*): **it was built with reinforced concrete** se construyó de hormigón armado.

reinforcements /ˌriːɪnˈfɔːsmənts/ *n pl* refuerzos *m pl*: **the UN sent in reinforcements** la ONU mandó refuerzos.

reinstate /ˌriːɪnˈsteɪt/ *vt* [**reinstates, reinstating, reinstated**] (*worker*) readmitir, rehabilitar.

reinstatement /ˌriːɪnˈsteɪtmənt/ *n* (*of worker*) readmisión *f*, rehabilitación *f*.

reintegration /ˌriːɪntɪˈgreɪʃən/ *n* (*into society*) reinserción *f*.

reissue /riːˈɪʃuː/ **I** *vt* [**reissues, reissuing, reissued**] (*book*) reeditar, volver a publicar.
II *n* (*of book*) reedición *f*; (*of stamp*) nueva emisión *f*.

reiterate /riːˈɪtəreɪt/ *vt* [**reiterates, reiterating, reiterated**] reiterar, repetir.

reiteration /riːˌɪtəˈreɪʃən/ *n* reiteración *f*.

reject **I** /rɪˈdʒekt/ *vt* [**rejects, rejecting, rejected**] **1.** (*gen*) rechazar, no aceptar: **they rejected our offer** rechazaron nuestra oferta; **the machine rejected my credit card** el cajero no aceptó mi tarjeta de crédito. **2.** (*somebody*) rechazar: **most of the candidates were rejected without interview** rechazaron a la mayoría de los candidatos sin siquiera entrevistarlos. **3.** (*statement, accusation*) no aceptar: **I reject that statement** no acepto esa acusación; (*Law*) desestimar: **the judge rejected his appeal** el juez desestimó su recurso de apelación. **4.** (*Med*) rechazar.
II /ˈriːdʒekt/ *n* **1.** (*defective product*) artículo *m* defectuoso. **2.** (*unwanted person*) persona *f* marginada.

rejection /rɪˈdʒekʃən/ *n* (*of ideas, proposals*) rechazo *m*; (*of application, invitation*) respuesta *f* negativa: **out of twelve job applications I've already had seven rejections** mandé doce solicitudes de trabajo y ya he recibido siete respuestas negativas.

rejoice /rɪˈdʒɔɪs/ *vi* [**rejoices, rejoicing, rejoiced**] regocijarse, alegrarse: **we rejoiced** *at* * *over* **her success** nos alegramos de su éxito.

rejoicing /rɪˈdʒɔɪsɪŋ/ *n* regocijo *m*, júbilo *m*.

rejoin /riːˈdʒɔɪn/ *vt* [**rejoins, rejoining, rejoined**] **1.** (*a road*): **we rejoin the motorway at Southampton** volvemos a tomar la autopista en Southampton. **2.** (*a group*) volver a juntarse con: **they rejoined the rest of the party at lunch time** volvieron a juntarse con el grupo a la hora de comer; (*a unit, regiment*) reincorporarse a; (*a ship*) volver a.

rejoinder /rɪˈdʒɔɪndə/ *n* (*frml*) réplica *f*.

rejuvenate /rɪˈdʒuːvɪneɪt/ *vt* [**rejuvenates, rejuvenating, rejuvenated**] rejuvenecer.

rejuvenating /rɪˈdʒuːvɪneɪtɪŋ/ *adj* rejuvenecedor -dora.

rejuvenation /rɪˌdʒuːvɪˈneɪʃən/ *n* rejuvenecimiento *m*.

relapse /rɪˈlæps/ **I** *vi* [**relapses, relapsing, relapsed**] **1.** (*into illness*) recaer. **2.** (*into crime*) reincidir: **she's relapsed** *into* **her bad behaviour** ha vuelto a reincidir en su mal comportamiento.
II *n* **1.** (*into illness*) recaída *f*: **he has suffered a relapse** ha tenido una recaída. **2.** (*into crime*) reincidencia *f*.

relate /rɪˈleɪt/ *vt* [**relates, relating, related**] **1.** (*frml: to tell*) relatar, contar. **2.** (*to connect*) relacionar, establecer una relación entre: **how can we relate these principles** *to* **modern society?** ¿cómo podemos establecer una relación entre estos principios y la sociedad moderna?
♦ *vi* **1.** (*to be relevant*) relacionarse, tener que ver: **does this relate** *to* **what we're discussing?** ¿esto tiene algo que ver con lo que estamos discutiendo?; **bring me everything relating** *to* **the case** tráeme todo lo relacionado con el caso. **2.** (*to a person*) entenderse, congeniar: **she can't relate** *to* **her mother** no se entiende con su madre; (*to an idea*) entender: **it's difficult to relate** *to* **modern music** resulta difícil entender la música moderna.

related /rɪˈleɪtɪd/ *adj* **1.** (*species, languages*) de la misma familia; (*people*) emparentado -da: **is he related** *to* **you?** ¿es pariente tuyo?; **they're related** *by* **marriage** son parientes políticos. **2.** (*topics*) relacionado -da.

relation /rɪˈleɪʃən/ **I** *n* **1.** (*family member*) pariente *m/f*, familiar *m/f* ● **we felt like poor relations arriving in our old car** parecíamos los parientes pobres cuando llegamos en nuestro coche viejo. **2.** (*connection*) relación *f*: **his reply bears no relation** *to* **the question** su respuesta no guarda ninguna relación con la pregunta; **it's well situated** *in* **relation** *to* **the motorway** está bien situado con relación a la autopista.
II relations *n pl* (*contacts*) relaciones *f pl*: **they've broken off diplomatic relations** han roto las relaciones diplomáticas.

relationship /rɪˈleɪʃənʃɪp/ *n* **1.** (*between topics, phenomena*) relación *f*: **what is the relationship** *between* **surface area and volume?** ¿qué relación hay entre la superficie y el volumen? **2.** (*between individuals, institutions*) relación *f*: **their relationship is under a lot of strain** están atravesando un mal momento en su relación; **we have a good working relationship** tenemos unas relaciones de trabajo muy buenas. **3.** (*between family members*) parentesco *m*.

relative /ˈrelətɪv/ **I** *adj* relativo -va: **it's all relative** todo es relativo.
II *n* pariente *m/f*, familiar *m/f*.

relatively /ˈrelətɪvlɪ/ *adv* relativamente: **this car is still relatively new** este coche todavía es relativamente nuevo.

relativity /ˌreləˈtɪvətɪ/ *n* relatividad *f*.

relax /rɪˈlæks/ *vi* [**relaxes, relaxing, relaxed**] relajarse ● **relax, there's no hurry** tranquilo, no hay prisa.
♦ *vt* **1.** (*muscles*) relajar; (*grip*) aflojar. **2.** (*discipline, restrictions*) relajar, suavizar.

relaxation /ˌriːlækˈseɪʃən/ *n* **1.** (*recreation*) esparcimiento *m*; (*rest*) descanso *m*. **2.** (*of muscles*) relajación *f*; (*of grip*) aflojamiento *m*. **3.** (*of discipline*) relajación *f*.

relaxing /rɪˈlæksɪŋ/ *adj* relajante: **I find listening to the radio very relaxing** me relaja mucho escuchar la radio.

relay **I** /rɪˈleɪ/ *vt* [**relays, relaying, relayed**] **1.** (*a message*) transmitir, dar: **I asked him to relay the news to my sister** le pedí que le diera la noticia a mi hermana. **2.** (*a broadcast*) retransmitir: **the concert was relayed live** transmitieron el concierto en directo.
II /ˈriːleɪ/ *n* **1.** (*shift*) turno *m*: **they worked** *in* **relays round the clock to finish in time** establecieron turnos las veinticuatro horas para poder terminar a tiempo. **2.** (*también* **relay race**) (*Sport*) carrera *f* de

relevos: **who won the four hundred metre relay?** ¿quién ganó los cuatrocientos metros relevos?

relay mast *n* repetidor *m.*

relay station *n* estación *f* repetidora.

relay transmitter *n* repetidor *m.*

release /rɪ'li:s/ **I** *vt* [**releases, releasing, released**] **1.** (*to set free*) poner en libertad: **he was released on bail** lo pusieron en libertad bajo fianza. **2.** (*to let go of*) soltar: **I released her wrist** le solté la muñeca. **3.** (*to unburden*) dispensar: **he was released** *from* **his duties to give him time to resolve the situation** lo dispensaron de sus obligaciones para que tuviera tiempo para resolver la situación. **4.** (*Tec*) soltar: **this lever releases the spring** accionando esta palanca se suelta el muelle; **he released the safety catch** quitó el seguro. **5.** (*a record, video*) sacar, poner en venta: **the film will be released on video in the spring** pondrán a la venta el vídeo de la película en primavera; (*a movie*) estrenar. **6.** (*information*) hacer público -ca: **according to the statistics released yesterday...** según las estadísticas que se hicieron públicas ayer.... **7.** (*to emit*) despedir: **the reaction releases heat and oxygen** la reacción despide calor y oxígeno.
II *n* **1.** (*liberation*) puesta *f* en libertad, liberación *f*: **they prayed for the release of the hostages** rezaban para que los rehenes fueran puestos en libertad. **2.** (*of record, video*) puesta *f* en venta, lanzamiento *m*; (*of film*) estreno *m*: **the film is now** *on* **general release** la película se está exhibiendo en cines de todo el país. **3.** (*into the atmosphere: accidental*) escape *m*; (*: deliberate*) emisión *f*. **4.** (*relief*): **her death was a merciful release** su muerte no dejó de ser una bendición; **he prayed for release from his suffering** rogaba que su sufrimiento tocara pronto a su fin.

relegate /'relɪgeɪt/ *vt* [**relegates, relegating, relegated**] **1.** (*to demote*) relegar: **he was relegated** *to* **the packing department** lo relegaron a trabajar en la sección de embalajes. **2.** (*Sport*) bajar, descender: **we were relegated** *to* **the fourth division** bajamos a cuarta división.

relegation /ˌrelɪ'geɪʃən/ *n* **1.** (*demotion*) relegación *f.* **2.** (*Sport*) descenso *m.*

relent /rɪ'lent/ *vi* [**relents, relenting, relented**] (*gen*) ceder: **in the end she relented and let the children stay** al final cedió y dejó que los niños se quedaran; (*out of compassion*) ablandarse.

relentless /rɪ'lentləs/ *adj* implacable.

relentlessly /rɪ'lentlɪslɪ/ *adv* implacablemente.

relevance /'reləvəns/ *n* pertinencia *f*, relación *f*: **that is** *of* * **that has little relevance** *to* **the issue of human rights** eso tiene muy poca relación con la cuestión de los derechos humanos.

relevant /'reləvənt/ *adj* pertinente: **I gave him all the relevant documents** le entregué toda la documentación pertinente; **he presented new information relevant** *to* **the case** presentó nuevos datos relacionados con el caso.

reliability /rɪˌlaɪə'bɪlətɪ/ *n* (*of person, data, machinery*) fiabilidad *f.*

reliable /rɪ'laɪəbəl/ *adj* **1.** (*person*) de fiar: **I've been told he's not reliable** me han dicho que no es de fiar. **2.** (*information, machinery*) fiable: **the news originates from reliable sources** la noticia proviene de fuentes fidedignas.

reliably /rɪ'laɪəblɪ/ *adv*: **I am reliably informed that he won't come** sé de buena tinta que no vendrá.

reliance /rɪ'laɪəns/ *n* dependencia *f.*

reliant /rɪ'laɪənt/ *adj*: **she's completely reliant** *on* **her neighbours** depende totalmente de sus vecinos.

relic /'relɪk/ *n* **1.** (*object*) reliquia *f*; (*custom, idea*) vestigio *m*, reliquia *f*: **this ceremony is a relic of the past** esta ceremonia es una reliquia del pasado. **2.** (*Relig*) reliquia *f.*

relief /rɪ'li:f/ *n* **1.** (*from pain, anxiety*) alivio *m*: **the injection gave him relief** *from* **the pain** la inyección le alivió el dolor; **it came as a relief to know he was alive** fue un alivio saber que estaba vivo. **2.** (*assistance*) ayuda *f*, socorro *m*. **3.** (*Art, Geog*) relieve *m.* **4.** (*substitute*) sustituto *m*. **5.** (*Mil*) relevo *m.*

relief flight *n* vuelo *m* de suministro de ayuda.

relief fund *n* fondo *m* de ayuda a los damnificados.

relief map *n* mapa *m* en relieve.

relieve /rɪ'li:v/ *vt* [**relieves, relieving, relieved**] **1.** (*pain, anxiety*) aliviar: **nothing relieves her migraines** no hay nada que le alivie las jaquecas; **his letter relieved me** *of* **my doubts** su carta me sacó de dudas. **2.** (*to unburden*): **he relieved me** *of* **my suitcases** me llevó las maletas; **we relieved her** *of* **all her obligations** la libramos de todas sus obligaciones • **he's gone to relieve himself** ha ido a hacer sus necesidades. **3.** (*to assist*) ayudar, socorrer. **4.** (*to substitute for*) relevar: **the sentries are relieved at midnight** los centinelas se relevan a medianoche. **5.** (*to deprive*): **the manager was relieved** *of* **his post** despidieron al gerente; **they relieved him** *of* **his wallet** le quitaron la cartera.

relieved /rɪ'li:vd/ *adj* aliviado -da: **we were relieved to hear that they had landed safely** fue un alivio saber que habían aterrizado sin problemas.

religion /rɪ'lɪdʒən/ *n* religión *f.*

religious /rɪ'lɪdʒəs/ *adj* religioso -sa.

religiously /rɪ'lɪdʒəslɪ/ *adv* **1.** (*Relig*) religiosamente. **2.** (*without fail*) sin falta, religiosamente: **he religiously washes his car every Saturday** limpia el coche todos los sábados sin falta.

relinquish /rɪ'lɪŋkwɪʃ/ *vt* [**relinquishes, relinquishing, relinquished**] (*frml*) renunciar a.

relish /'relɪʃ/ **I** *vt* [**relishes, relishing, relished**]: **she didn't relish the thought of having to get up at five o'clock** no le hacía ninguna gracia tener que levantarse a las cinco.
II *n* [**relishes**] **1.** (*pleasure*) gusto *m*, deleite *m*: **she took great relish in humiliating her opponents** se deleitaba en humillar a sus oponentes. **2.** (*Culin*) salsa *f* (*de verdura que se usa como condimento*).

relive /ri:'lɪv/ *vt* [**relives, reliving, relived**] volver a vivir, revivir.

relocate /ˌri:ləʊ'keɪt/ *vt* [**relocates, relocating, relocated**] trasladar.
♦ *vi* trasladarse.

relocation /ˌri:ləʊ'keɪʃən/ *n* traslado *m.*

reluctance /rɪ'lʌktəns/ *n* reticencia *f*: **her reluctance to open the door made me suspicious** el hecho de que se mostrara tan reticente a abrir la puerta me hizo sospechar.

reluctant /rɪ'lʌktənt/ *adj* reacio -cia: **he was very reluctant to tell me his age** se mostró muy reacio a decirme su edad; **I'm usually reluctant to complain** normalmente soy poco amigo de quejarme.

reluctantly /rɪ'lʌktəntlɪ/ *adv* a regañadientes, de mala gana: **he reluctantly agreed to help** consintió en ayudar a regañadientes.

rely on /rɪ'laɪ ɒn/ *vt* [**relies, relying, relied**] **1.** (*to trust*) confiar en: **don't worry, you can rely on him** no te preocupes, puedes confiar en él; (*to count on*) contar con: **we're relying on you to provide transport** contamos contigo para que nos facilites el transporte. **2.** (*to depend on*) depender de: **we rely totally on public transport** dependemos totalmente del transporte público.

remade /riːˈmeɪd/ *pretérito y participio pasado de* ⇨ remake

remain /rɪˈmeɪn/ **I** *vi* [**remains, remaining, remained**] **1.** (*to continue*) seguir, permanecer: **the outlook remains favourable** las perspectivas siguen favorables; **she remained silent** permaneció callada; **he remained deputy headmaster until he retired** siguió de * como subdirector hasta que se jubiló; **the bar is closed and will remain so until October** el bar permanecerá cerrado hasta octubre. **2.** (*to stay*) quedarse: **I'll remain here** me quedaré aquí. **3.** (*to be left*) quedar: **only a few sandwiches remained** sólo quedaban unos cuantos bocadillos ● **it only remains for me to thank you** sólo me queda darles las gracias ● **it remains to be seen whether he'll remember** está por ver si se acordará.
II remains *n pl* **1.** (*of food*) restos *m pl*. **2.** (*of body*) restos *m pl* mortales. **3.** (*archaeological*) restos *m pl*.

remainder /rɪˈmeɪndə/ **I** *n* **1.** (*gen*) resto *m*: **take these, I'll keep the remainder** llévate éstos, yo me quedo con el resto. **2.** (*Maths*) resto *m* (*de una división*).
II *vt* [**remainders, remaindering, remaindered**] (*books*) vender a precio de saldo.

remaining /rɪˈmeɪnɪŋ/ *adj* restante: **he finished the remaining chapters in a week** terminó los capítulos restantes * que quedaban en una semana.

remake **I** /riːˈmeɪk/ *vt* [**remakes, remaking, remade**] (*movie*) rodar una nueva versión de.
II /ˈriːmeɪk/ *n* nueva versión *f* (*de una película*).

remand /rɪˈmɑːnd/ **I** *vt* [**remands, remanding, remanded**]: **the demonstrators were remanded on bail** pusieron a los manifestantes en libertad bajo fianza; **the judge ordered that he be remanded in custody** el juez decretó que permaneciera en prisión preventiva.
II *n*: **he is** *on* **remand** está en prisión preventiva.
remand centre *n* centro *m* para presos preventivos.

remark /rɪˈmɑːk/ **I** *n* observación *f*, comentario *m*: **I've had enough of your snide remarks** estoy harto de tus comentarios sarcásticos.
II *vt* [**remarks, remarking, remarked**] **1.** (*to comment*) comentar. **2.** (*frml*: *to notice*) advertir, darse cuenta de.
to **remark on * upon** *vt* comentar, hacer una observación sobre.

remarkable /rɪˈmɑːkəbəl/ *adj* (*achievement, skill, etc.*) notable, extraordinario -ria: **it is remarkable** *for* **its speed and size** destaca * es notable por su velocidad y tamaño; **I find it remarkable that he hasn't resigned** me parece extraordinario que no haya dimitido; (*person*); **you really are a remarkable man** eres un hombre realmente excepcional.

remarkably /rɪˈmɑːkəblɪ/ *adv* extraordinariamente: **she played remarkably well** jugó extraordinariamente bien; **the two drawings were remarkably similar** los dos dibujos eran increíblemente parecidos; **we got across London remarkably quickly** conseguimos atravesar Londres en un tiempo récord.

remarry /riːˈmærɪ/ *vi* [**remarries, remarrying, remarried**] volver a casarse.

remedial /rɪˈmiːdɪəl/ *adj* **1.** (*medical treatment*) terapéutico -ca. **2.** (*exercises*) de recuperación. **3.** (*legislation*) para remediar un problema.
remedial education *n* educación *f* compensatoria (*para alumnos con problemas académicos*).
remedial surgery *n* cirugía *f* reparadora.

remedy /ˈremədɪ/ **I** *vt* [**remedies, remedying, remedied**] **1.** (*to correct*) remediar. **2.** (*Med*) curar.
II *n* [**remedies**] remedio *m*: **an old remedy** *for* **rheumatism** un antiguo remedio contra el reumatismo.

remember /rɪˈmembə/ *vt* [**remembers, remembering, remembered**] acordarse de, recordar: **I don't remember seeing her** no me acuerdo de haberla visto, no recuerdo haberla visto; **do you remember anything about the accident?** ¿recuerdas algo del accidente?; **did you remember to turn off the light?** ¿te acordaste de apagar la luz? ● **remember me to your uncle** dale recuerdos a tu tío de mi parte.
♦ *vi* acordarse, recordar: **I can't remember** no me acuerdo.

remembrance /rɪˈmembrəns/ *n* (*frml*) **1.** (*commemoration*) conmemoración *f*. **2.** (*memory*) recuerdo *m*.
Remembrance Day *n* (*en GB*) *día en el que se recuerda a los caídos en las dos guerras mundiales.*

remind /rɪˈmaɪnd/ *vt* [**reminds, reminding, reminded**] recordar: **remind me to buy some eggs** recuérdame que compre huevos; **you remind me** *of* **your aunt** me recuerdas a tu tía ● **that reminds me! have you brought the camera?** ¡a propósito! ¿has traído la cámara?

reminder /rɪˈmaɪndə/ *n* **1.** (*memento*) recuerdo *m*: **this photograph is the only reminder I have of him** esta foto es el único recuerdo que tengo de él. **2.** (*of payment due*) aviso *m*, notificación *f*: **I've had a reminder from the gas company** he recibido un aviso de la compañía del gas; (*of event*) recordatorio *m*: **send him a reminder about the date of the next rehearsal** envíale una nota para recordarle la fecha del próximo ensayo.

reminisce /ˌremɪˈnɪs/ *vi* [**reminisces, reminiscing, reminisced**]: **he was reminiscing** *about* **his life as a sailor** estaba rememorando su vida de marinero.

reminiscences /ˌremɪˈnɪsənsɪz/ *n pl* memorias *f pl*, reminiscencias *f pl*.

reminiscent /ˌremɪˈnɪsənt/ *adj* que recuerda: **it made a noise reminiscent** *of* **cowbells** hacía un ruido que me recordaba los cencerros.

remiss /rɪˈmɪs/ *adj* descuidado -da, negligente: **it was remiss** *of* **you not to lock it** fue negligente de tu parte no cerrarlo con llave.

remission /rɪˈmɪʃən/ *n* **1.** (*of prison sentence*) remisión *f*, disminución *f* (*de la pena*): **he got a year's remission for good conduct** le redujeron la pena un año por buena conducta. **2.** (*of illness*) remisión *f*.

remit **I** /rɪˈmɪt/ *vt* [**remits, remitting, remitted**] (*frml*) **1.** (*to send*) enviar, remitir. **2.** (*to pardon*) perdonar, remitir.
II /ˈriːmɪt/ *n*: **that is not part of my remit** eso no forma parte de mis atribuciones.

remittance /rɪˈmɪtəns/ *n* (*money sent*) dinero *m* (*que se envía*); (*act of sending*) envío *m*.

remnant /ˈremnənt/ **I** *n* (*of cloth*) retal *m*, retazo *m*; (*of carpet*) trozo *m*.
II remnants *n pl* **1.** (*of building, extinct culture*) vestigios *m pl*, restos *m pl*. **2.** (*of food*) restos *m pl*: **remnants of the meal were still on the table** todavía quedaban en la mesa restos de la comida.

remold /ˈriːməʊld/ *n* (*US*) ⇨ remould

remonstrate /ˈremənstreɪt/ *vi* [**remonstrates, remonstrating, remonstrated**] (*frml*): **they remon-**

strated *with* **him** *for* **arriving late** lo amonestaron por llegar tarde.

remorse /rɪ'mɔ:s/ *n* remordimiento *m*: **she didn't feel any remorse** no sentía remordimientos.

remorseful /rɪ'mɔ:sfʊl/ *adj* (*frml*) arrepentido -da, lleno -na de remordimiento.

remorseless /rɪ'mɔ:sləs/ *adj* (*merciless*) despiadado -da, implacable; (*persistent*) persistente.

remorselessly /rɪ'mɔ:slɪslɪ/ *adv* (*mercilessly*) despiadadamente, implacablemente; (*persistently*) de forma persistente.

remote /rɪ'məʊt/ *adj* **1.** (*distant*) lejano -na, remoto -ta: **they travelled to the remote mountains in the North** viajaron a las lejanas montañas del norte • **the possibility of them winning is rather remote** sólo hay una remota posibilidad de que ganen; (*hard to reach*) apartado -da, aislado -da: **they live in a remote part of the country** viven en un lugar del país muy apartado. **2.** (*person*) distante, reservado -da.

remote control *n* mando *m* a distancia.

remote-controlled *adj* teledirigido -da.

remotely /rɪ'məʊtlɪ/ *adv* remotamente: **he's not remotely interested in politics** no está ni remotamente interesado en política.

remoteness /rɪ'məʊtnəs/ *n* **1.** (*of place*): **he loved the remoteness of the farm** le encantaba lo aislada que estaba la granja. **2.** (*of possibility*) improbabilidad *f*. **3.** (*of person*) frialdad *f*, reserva *f*.

remould /'ri:məʊld/ *n* (*GB*) neumático *m* recauchutado, (*Amér L*) llanta *f* recauchutada.

removable /rɪ'mu:vəbəl/ *adj* (*Clothing*) de quita y pon: **a raincoat with a removable hood** un impermeable con una capucha de quita y pon * que se puede quitar; (*Tec*): **the cover is removable** la tapa se puede quitar.

removal /rɪ'mu:vəl/ *n* **1.** (*taking away or out or off*): **removal of the debris is very costly** quitar los escombros es muy caro; **removal of the cover revealed a series of cables** al quitar la tapa pudimos ver una serie de cables. **2.** (*Med*: *of organ, cyst, etc.*) extirpación *f*. **3.** (*elimination*) eliminación *f*: **stain removal products** productos para quitar las manchas. **4.** (*dismissal*) destitución *f*: **the scandal led to his removal** *from* **office** lo destituyeron de su cargo a raíz del escándalo. **5.** (*GB*: *to new home, office*) mudanza *f*.

removal van *n* (*GB*) camión *m* de mudanzas.

remove /rɪ'mu:v/ *vt* [**removes, removing, removed**] **1.** (*to take away/off*) quitar: **ask him to remove that tractor** pídele que quite ese tractor de en medio; (*to take out*) sacar: **the gearbox had to be removed** tuvieron que sacar la caja de cambios; **who removed the fuses?** ¿quién quitó los fusibles? • **modern computers are far removed from the first calculating machines** los ordenadores modernos tienen poco que ver con las primeras calculadoras. **2.** (*hat, gloves*) quitarse. **3.** (*to eliminate*) eliminar: **it removes grease stains** quita las manchas de grasa. **4.** (*to erase*) tachar, suprimir: **her name was removed from the list** tacharon su nombre de la lista. **5.** (*Med*: *tumour, organ*) extirpar. **6.** (*to dismiss*) destituir.

remunerate /rɪ'mju:nəreɪt/ *vt* [**remunerates, remunerating, remunerated**] (*frml*) remunerar.

remuneration /rɪˌmju:nə'reɪʃən/ *n* (*frml*) remuneración *f*.

remunerative /rɪ'mju:nərətɪv/ *adj* (*frml*) remunerativo -va.

renaissance /rə'neɪsəns/ (*US*) /'renəˌsɒns/ **I** *n* **1.** (*gen*) renacimiento *m*. **2.** **the Renaissance** el Renacimiento.

II *adj* renacentista: **Renaissance art** el arte renacentista.

render /'rendə/ *vt* [**renders, rendering, rendered**] **1.** (*frml*: *assistance*) prestar: **they rendered us invaluable help** nos prestaron una ayuda inestimable; (*: homage*) rendir; (*: thanks*) dar: **let us render thanks unto God** demos gracias a Dios. **2.** (*to make*): **technical advances rendered this method obsolete** con los avances de la técnica, este método quedó obsoleto. **3.** (*Archit*: *to plaster*) revocar.

rendering /'rendərɪŋ/ *n* **1.** (*performance*) interpretación *f*. **2.** (*Archit*: *plastering*) revoque *m*.

rendezvous /'rɒndɪˌvu:/ **I** *n* [*pl* **rendezvous** /'rɒndɪˌvu:z/] **1.** (*meeting*) encuentro *m*. **2.** (*meeting place*) lugar *m* de encuentro.

II *vi* [**rendezvous, rendezvousing, rendezvoused**] encontrarse.

rendition /ren'dɪʃən/ *n* (*Mus*) interpretación *f*.

renegade /'renɪgeɪd/ *n* renegado -da *m/f*.

renew /rɪ'nju:/ *vt* [**renews, renewing, renewed**] **1.** (*talks, hostilities*) reanudar. **2.** (*a passport, subscription*) renovar; (*a contract*) renovar, prorrogar. **3.** (*a component*) cambiar.

renewable /rɪ'nju:əbəl/ *adj* (*energy*) renovable; (*contract*) prorrogable.

renewal /rɪ'nju:əl/ *n* **1.** (*of talks, hostilities*) reanudación *f*. **2.** (*of document, subscription*) renovación *f*; (*of component*) cambio *m*.

renounce /rɪ'naʊns/ *vt* [**renounces, renouncing, renounced**] renunciar a.

renovate /'renəveɪt/ *vt* [**renovates, renovating, renovated**] renovar.

renovation /ˌrenə'veɪʃən/ *n* renovación *f*.

renown /rɪ'naʊn/ *n* renombre *m*: **she is an actress of great renown** es una actriz de mucho renombre.

renowned /rɪ'naʊnd/ *adj* renombrado -da, famoso -sa: **this school is renowned** *for* **its excellent teaching** este colegio tiene fama por la calidad de la enseñanza que ofrece; **she's renowned** *as* **a violinist** es una renombrada violinista.

rent /rent/ **I** *n* alquiler *m*: **you have to pay a month's rent as a deposit** hay que pagar un mes de alquiler como fianza.

II *vt* [**rents, renting, rented**] alquilar: **we rented the house** *to* **a couple of friends** alquilamos la casa a un par de amigos; **we rented a villa** *from* **a local businessman** alquilamos un chalet a un empresario de la ciudad.

to **rent out** *vt* alquilar (*el propietario*).

rent-free **I** *adj*: **rent-free accommodation** alojamiento gratuito.

II *adv*: **they were living rent-free** no tenían que pagar alquiler.

rent rebate *n* devolución *f* del alquiler.

rental /'rentəl/ *n* alquiler *m*.

renunciation /rɪˌnʌnsɪ'eɪʃən/ *n* renuncia *f*.

reopen /ri:'əʊpən/ *vt* [**reopens, reopening, reopened**] **1.** (*a shop, road, border*) volver a abrir, reabrir • **these events have reopened old wounds** estos acontecimientos han vuelto a abrir viejas heridas. **2.** (*talks*) volver a entablar. **3.** (*Law*: *case*) volver a abrir.

♦ *vi* volver a abrir, reabrir: **the shop reopens on the second of January** la tienda vuelve a abrir el dos de enero.

reorganization /ˌri:ɔ:gənaɪ'zeɪʃən/ *n* reorganización *f*.

reorganize /riː'ɔːgənaɪz/ *vt* [**reorganizes, reorganizing, reorganized**] reorganizar.

rep /rep/ *n* **1.** (*apócope de* **representative**) (*Fin*) representante *m/f*. **2.** (*apócope de* **repertory**) (*in theatre*) repertorio *m*.

repaid /riː'peɪd/ *pretérito y participio pasado de* ⇨ repay

repair /rɪ'peə/ **I** *vt* [**repairs, repairing, repaired**] (*a car*) reparar; (*a machine*) reparar, arreglar: **we sent the television to be repaired** mandamos el televisor a arreglar; (*clothes, shoes*) arreglar.
II *n* reparación *f*, arreglo *m*: **the repairs** *to* **my car were very expensive** la reparación del coche me salió muy cara; **it is** *under* **repair** está en reparación; **the swimming pool is closed for repairs** la piscina está cerrada por obras ● **it was damaged beyond repair** sufrió tantos desperfectos que no se pudo arreglar ● **the roof is in a bad/good state of repair** el techo está en mal/buen estado.

repairable /re'pərəbəl/ *adj* reparable.

reparation /ˌrepə'reɪʃən/ *n* (*frml*) reparación *f*: **we cannot hope to make reparation** *for* **what they have endured** no podemos compensarles por lo que han soportado.

repartee /ˌrepɑː'tiː/ *n* conversación *f* ingeniosa.

repatriate /riː'pætrɪeɪt/ *vt* [**repatriates, repatriating, repatriated**] repatriar.

repatriation /ˌriːpætrɪ'eɪʃən/ *n* repatriación *f*.

repay /riː'peɪ/ *vt* [**repays, repaying, repaid**] **1.** (*money*) pagar, reintegrar: **they never repaid the thousands of pounds they owed** no pagaron las miles de libras que debían; (*a person*): **if you lend me the money, I'll repay you this weekend** si me prestas el dinero, te lo devolveré este fin de semana; (*a debt*) liquidar, saldar: **we will have repaid the debt by April** habremos saldado la deuda en abril. **2.** (*for an act of kindness*): **how can we ever repay you?** nunca podremos devolverte el favor.

repayment /riː'peɪmənt/ *n* pago *m*.

repeal /rɪ'piːl/ (*Law*) **I** *vt* [**repeals, repealing, repealed**] derogar, revocar.
II *n* derogación *f*.

repeat /rɪ'piːt/ **I** *vt* [**repeats, repeating, repeated**] repetir: **stop me if I'm repeating myself** si me repito, dímelo ● **I'd rather you didn't repeat this to anybody** preferiría que no se lo dijeras a nadie.
♦ *vi* (*food*) repetir: **the salami is repeating** *on* **me** me está repitiendo el salami.
II *n* **1.** (*repetition*) repetición *f*. **2.** (*on television*) reposición *f*. **3.** (*Mus*) repetición *f*.

repeated /rɪ'piːtɪd/ *adj* repetido -da.

repeatedly /rɪ'piːtɪdlɪ/ *adv* repetidas veces.

repel /rɪ'pel/ *vt* [**repels, repelling, repelled**] **1.** (*an enemy, attack*) repeler. **2.** (*to disgust*) repugnar, repeler.

repellent /rɪ'pelənt/ *adj* repelente, repulsivo -va.

repent /rɪ'pent/ *vi* [**repents, repenting, repented**] arrepentirse: **do you repent** *of* **your sins?** ¿te arrepientes de tus pecados?
♦ *vt* arrepentirse de: **he repented his rashness** se arrepintió de su impetuosidad.

repentance /rɪ'pentəns/ *n* arrepentimiento *m*.

repentant /rɪ'pentənt/ *adj* arrepentido -da.

repercussion /ˌriːpə'kʌʃən/ *n* repercusión *f*: **it had serious repercussions** *on* **her health** tuvo graves repercusiones en su salud.

repertoire /'repətwɑː/ *n* repertorio *m*: **his repertoire of jokes is rather limited** su repertorio de chistes es un poco limitado.

repertory /'repətərɪ/ *n* [**repertories**] repertorio *m*: **then she did three years in repertory** luego trabajó durante tres años en una compañía de repertorio.
repertory company *n* compañía *f* de repertorio.

repetition /ˌrepə'tɪʃən/ *n* repetición *f*.

repetitious /ˌrepə'tɪʃəs/ *adj* repetitivo -va.

repetitive /rɪ'petətɪv/ *adj* repetitivo -va: **I find their songs a bit repetitive** sus canciones me parecen un poco repetitivas.

rephrase /riː'freɪz/ *vt* [**rephrases, rephrasing, rephrased**] expresar de otra manera: **let me rephrase that...** para expresarlo de otra manera....

replace /rɪ'pleɪs/ *vt* [**replaces, replacing, replaced**] **1.** (*something worn or broken*) reemplazar, cambiar: **I took it back and they replaced it** *with* **a new one** lo llevé a donde lo había comprado y me lo cambiaron por uno nuevo. **2.** (*to put in the place of*) reemplazar: **I had to replace him** *with* **somebody more aggressive** tuve que reemplazarlo * sustituirlo por una persona con más empuje; (*Inform*) sustituir. **3.** (*to take the place of*) sustituir: **he replaced Johnson as chairman** sustituyó a Johnson en la presidencia. **4.** (*to put back*) volver a poner: **please replace the key where you found it** vuelve a poner la llave donde la encontraste, por favor; **replace cap after use** vuelva a ponerle la tapa tras usarlo.

replacement /rɪ'pleɪsmənt/ *n* **1.** (*person*) sustituto -ta *m/f*. **2.** (*component*) recambio *m*, repuesto *m*; (*object, machine*): **the machine's beyond repair, we'd better think about getting a replacement** la máquina no tiene arreglo, habrá que pensar en comprar una nueva. **3.** (*act of replacing*): **the replacement of Henderson** *by* **Howe was a surprise** el reemplazo * la sustitución de Henderson por Howe fue una sorpresa; **we won't charge for the replacement of the valve** no le cobramos por cambiar la válvula.

replay **I** /'riːpleɪ/ *n* **1.** (*game*) partido *m* de desempate. **2.** (*también* **action replay**) repetición *f* de la jugada.
II /riː'pleɪ/ *vt* [**replays, replaying, replayed**] **1.** (*Sport*): **they replayed the match last Saturday** volvieron a jugar el partido el sábado pasado. **2.** (*a tape*) volver a poner.
♦ *vi* desempatar.

replenish /rɪ'plenɪʃ/ *vt* [**replenishes, replenishing, replenished**] reponer: **we will have to replenish our supplies of coal** tendremos que reponer nuestras existencias de carbón.

replete /rɪ'pliːt/ *adj* (*frml*) lleno -na.

replica /'replɪkə/ *n* (*Art*) réplica *f*.

reply /rɪ'plaɪ/ **I** *n* [**replies**] respuesta *f*, contestación *f*: **his reply was very encouraging** su respuesta fue muy alentadora; **I have sent them two letters and have had no reply** les he enviado dos cartas y no he recibido respuesta alguna; **I called three times but there was no reply** llamé tres veces, pero no contestó nadie.
II *vi* [**replies, replying, replied**] contestar, responder: **I still haven't replied** *to* **his invitation** todavía no he contestado a su invitación.
♦ *vt* contestar, responder.

report /rɪ'pɔːt/ **I** *n* **1.** (*investigation*) informe *m*: **they commissioned a report** *on* **teaching standards** encargaron un informe sobre la calidad de la enseñanza. **2.** (*news story*) reportaje *m*. **3.** (*rumour*) rumor *m*: **there were reports that he had left the country** se rumoreaba que se había marchado del país.

4. (*Educ*) informe *m* escolar: **she got a good report at the end of term** sacó buenas notas al final del trimestre. 5. (*frml*: *of a gun*) estallido *m*.

II *vi* [**reports, reporting, reported**] 1. (*to supply a report*) presentar un informe: **they reported** *on* **the efficiency of the service** presentaron un informe sobre la eficiencia del servicio; (*to supply news*) informar: **tomorrow we shall be reporting** *on* **the situation in Egypt** mañana informaremos de la situación en Egipto. 2. (*to go in person*) presentarse: **report** *to* **the headmaster's office at nine o'clock** preséntate al director a las nueve; **he failed to report** *for* **his medical** no se presentó para el reconocimiento médico.

♦ *vt* 1. (*to inform*) informar: **he reported that the car wasn't damaged** informó que el coche no había sufrido desperfectos. 2. (*a crime*) denunciar: **he was reported missing last week** denunciaron su desaparición la semana pasada; **I reported the incident to security** informé al personal de seguridad del incidente; **I'm going to report you to the manager** pienso dar parte de esto al director.

reportedly /rɪ'pɔ:tɪdlɪ/ *adv*: **the troops have reportedly taken the town** según se dice * se informa, las tropas han tomado la ciudad.

reported speech /rɪ'pɔ:təd spi:tʃ/ *n* estilo *m* indirecto.

reporter /rɪ'pɔ:tə/ *n* reportero -ra *m/f*, periodista *m/f*.

repose /rɪ'pəʊz/ (*frml*) I *n* reposo *m*.

II *vi* [**reposes, reposing, reposed**] reposar.

repository /rɪ'pɒzɪtərɪ/ *n* [**repositories**] (*frml*: *place*) depósito *m*; (*: person*) depositario -ria *m/f*.

repossess /ˌri:pə'zes/ *vt* [**repossesses, repossessing, repossessed**] recuperar la posesión de (*en caso de impago*).

repossession /ˌri:pə'zeʃən/ *n* recuperación *f* (*de un bien que no se ha pagado*).

reprehensible /ˌreprɪ'hensəbəl/ *adj* (*frml*) reprensible.

reprehensibly /ˌreprɪ'hensəblɪ/ *adv* (*frml*) de forma reprensible.

represent /ˌreprɪ'zent/ *vt* [**represents, representing, represented**] representar: **she represents the company at official functions** representa a la empresa en los actos oficiales; **the statue represents Venus** la estatua representa a Venus.

representation /ˌreprɪzen'teɪʃən/ I *n* (*gen*) representación *f*.

II **representations** *n pl* (*frml*: *statements*) protestas *f pl*.

representative /ˌreprɪ'zentətɪv/ I *adj* representativo -va.

II *n* 1. (*Law, Fin*) representante *m/f*. 2. (*Pol*: *in US*) representante *m/f*, diputado -da *m/f* (*en la cámara baja del Congreso norteamericano*).

repress /rɪ'pres/ *vt* [**represses, repressing, repressed**] reprimir.

repressed /rɪ'prest/ *adj* reprimido -da.

repression /rɪ'preʃən/ *n* represión *f*.

repressive /rɪ'presɪv/ *adj* represivo -va, represor -sora.

reprieve /rɪ'pri:v/ I *n* 1. (*Law*: *temporary*) *aplazamiento de la ejecución de una sentencia*; (*: permanent*) indulto *m*. 2. (*before something unpleasant*) respiro *m*: **we have a week's reprieve before the exam** tenemos un respiro de una semana antes del examen.

II *vt* [**reprieves, reprieving, reprieved**] (*Law*: *temporarily*): **he has been reprieved while they examine the new evidence** la ejecución de la sentencia se ha aplazado mientras se estudian las nuevas pruebas; (*: permanently*) indultar.

reprimand /'reprɪˌmɑ:nd/ I *vt* [**reprimands, reprimanding, reprimanded**] reprender: **we were severely reprimanded** *for* **our behaviour** nos reprendieron severamente por nuestro comportamiento.

II *n* reprimenda *f*.

reprint I /'ri:prɪnt/ *n* 1. (*of a book*) reimpresión *f*. 2. (*of a photograph*) copia *f*.

II /ri:'prɪnt/ *vt* [**reprints, reprinting, reprinted**] 1. (*a book*) reimprimir. 2. (*a photograph*) hacer una copia de.

reprisal /rɪ'praɪzəl/ *n* represalia *f*.

reproach /rɪ'prəʊtʃ/ I *vt* [**reproaches, reproaching, reproached**] reprochar: **he reproached me** *for* **having been so insensitive** me reprochó el haber sido tan insensible.

II *n* [**reproaches**] reproche *m* • **her conduct has been beyond reproach** su conducta ha sido intachable.

reproachful /rɪ'prəʊtʃfʊl/ *adj* (*glance, words*) de reproche.

reproachfully /rɪ'prəʊtʃfʊlɪ/ *adv*: **he looked at her reproachfully** le lanzó una mirada de reproche; **there was no need for that, he said reproachfully** eso no era necesario, dijo en tono de reproche.

reprobate /'reprəbeɪt/ *n* libertino -na *m/f*.

reproduce /ˌri:prə'dju:s/ *vi* [**reproduces, reproducing, reproduced**] reproducirse.

♦ *vt* reproducir.

reproduction /ˌri:prə'dʌkʃən/ *n* reproducción *f*.

reproductive /ˌri:prə'dʌktɪv/ *adj* (*system, organs*) reproductor -tora.

reproof /rɪ'pru:f/ *n* reprobación *f*.

reprove /rɪ'pru:v/ *vt* [**reproves, reproving, reproved**] (*frml*) reprender.

reproving /rɪ'pru:vɪŋ/ *adj* reprobatorio -ria.

reptile /'reptaɪl/ *n* reptil *m*.

reptilian /rep'tɪlɪən/ *adj* de reptil.

republic /rɪ'pʌblɪk/ *n* república *f*.

republican /rɪ'pʌblɪkən/ *adj, n* republicano -na *adj, m/f*.

repudiate /rɪ'pju:dɪeɪt/ *vt* [**repudiates, repudiating, repudiated**] (*frml*) 1. (*to deny*) negar: **she has always repudiated the charges** siempre ha negado las acusaciones. 2. (*to reject*) repudiar: **they repudiate violence** repudian la violencia. 3. (*to disown*) repudiar.

repudiation /rɪˌpju:dɪ'eɪʃən/ *n* 1. (*denial*) negación *f*. 2. (*rejection*) rechazo *m*, repudio *m*. 3. (*disowning*) repudiación *f*.

repugnance /rɪ'pʌgnəns/ *n* repugnancia *f*, repulsión *f*.

repugnant /rɪ'pʌgnənt/ *adj* repugnante, repulsivo -va.

repulse /rɪ'pʌls/ *vt* [**repulses, repulsing, repulsed**] 1. (*to reject*) rechazar. 2. (*Mil*) repeler.

repulsion /rɪ'pʌlʃən/ *n* repulsión *f*.

repulsive /rɪ'pʌlsɪv/ *adj* repulsivo -va.

reputable /'repjʊtəbəl/ *adj* (*company, businessman*) de confianza, prestigioso -sa.

reputation /ˌrepjʊ'teɪʃən/ *n* reputación *f*, fama *f*: **this school is proud of its reputation** este colegio se enorgullece de su buena reputación; **the scandal ruined his reputation** el escándalo arruinó su buena reputación • **she has a reputation for being late** tiene fama de llegar tarde • **he didn't live up to his reputation** no estuvo a la altura de su reputación.

repute /rɪ'pju:t/ *n* fama *f*, reputación *f*: **he belongs to several clubs of dubious repute** es miembro de varios clubs de dudosa reputación.

reputed /rɪˈpju:tɪd/ *adj* (*alleged*) supuesto -ta, presunto -ta; (*considered*) considerado -da: **it is reputed to be the best university in the country** está considerada como la mejor universidad del país.

reputedly /rɪˈpju:tɪdlɪ/ *adv* según se dice: **they reputedly own four houses in Beverly Hills** se dice que tienen cuatro casas en Beverly Hills.

request /rɪˈkwest/ **I** *n* **1.** (*gen*) petición *f*: **we put in a request** *for* **a new photocopier** pedimos * solicitamos una nueva fotocopiadora; **extra copies are available** *on* **request** se pueden pedir * solicitar ejemplares suplementarios; **we are here** *at* **the manager's request** estamos aquí a petición del gerente; **the condemned man is granted one last request** se le concede un último deseo al condenado • **the series was repeated by popular request** se repitió la serie por demanda popular. **2.** (*on radio*): **the next request comes** *from* **John** *for* **his girlfriend Frances** la próxima canción se la dedica John a su novia Frances.
II *vt* [**requests, requesting, requested**] **1.** (*to ask politely*) rogar: **you are requested not to take drinks into the auditorium** se ruega no llevar bebidas al auditorio; **they requested that we visit them** nos pidieron que fuéramos a visitarlos. **2.** (*an interview, a meeting*) pedir, solicitar. **3.** (*on radio*): **this song has been requested by several of our listeners** varios de nuestros oyentes han pedido esta canción.

request stop *n* parada *f* discrecional.

requiem /ˈrekwɪem/ *n* réquiem *m*.

require /rɪˈkwaɪə/ *vt* [**requires, requiring, required**] **1.** (*to demand*) exigir, requerir. **2.** (*to need*) necesitar, requerir: **it requires a lot of practice** requiere mucha práctica; **the document requires two more signatures** el documento requiere otras dos firmas; **I shall require several helpers** necesitaré varios ayudantes; **she did not have the required documents** no tenía los documentos necesarios.

requirement /rɪˈkwaɪəmənt/ *n* requisito *m*: **the hotel doesn't meet our requirements** el hotel no satisface nuestros requisitos; **the design can be altered to suit your requirements** el diseño puede cambiarse de acuerdo con sus necesidades.

requisite /ˈrekwɪzɪt/ (*frml*) **I** *n* requisito *m*.
II *adj* necesario -ria, requerido -da.

requisition /ˌrekwɪˈzɪʃən/ **I** *vt* [**requisitions, requisitioning, requisitioned**] requisar.
II *n* requisa *f*.

rerun I /ˈri:rʌn/ *n* (*of television series*) repetición *f*; (*of movie, play*) reestreno *m*.
II /ri:ˈrʌn/ *vt* [**reruns, rerunning, reran**, *participio pasado* **rerun**] (*a television series*) reponer, repetir; (*a movie, play*) reestrenar.

resat /ri:ˈsæt/ *pretérito y participio pasado de* ➪ resit

rescue /ˈreskju:/ **I** *vt* [**rescues, rescuing, rescued**] rescatar, salvar: **firemen rescued the family** *from* **the blaze** los bomberos rescataron a la familia del incendio.
II *n* rescate *m*: **the rescue operation took several hours** la operación de rescate duró varias horas; **he came to my rescue** vino a socorrerme.

rescuer /ˈreskju:ə/ *n* salvador -dora *m/f*.

research /rɪˈsɜ:tʃ/ **I** *n* investigación *f*: **she has done a lot of research** *into* **child psychology** ha estudiado mucho el tema de la psicología infantil.
II *vi* [**researches, researching, researched**] investigar: **they are still researching** *into* **alternative ways of producing it** continúan investigando nuevas formas de producirlo.
♦ *vt*: **the report was badly researched** el informe estaba mal documentado.

research student *n* estudiante *m/f* con una beca de investigación.

researcher /rɪˈsɜ:tʃə/ *n* investigador -dora *m/f*.

resemblance /rɪˈzembləns/ *n* semejanza *f*, parecido *m*: **the portrait bears no resemblance** *to* **him** el retrato no tiene ningún parecido con él.

resemble /rɪˈzembəl/ *vt* [**resembles, resembling, resembled**] parecerse a: **he resembles a cousin of mine** se parece a un primo mío.

resent /rɪˈzent/ *vt* [**resents, resenting, resented**] tomarse a mal: **I resent being told what to do** me molesta que me den órdenes; **I resent that remark** ese comentario me parece injusto.

resentful /rɪˈzentfʊl/ *adj* resentido -da.

resentment /rɪˈzentmənt/ *n* resentimiento *m*.

reservation /ˌrezəˈveɪʃən/ *n* **1.** (*booking*) reserva *f*: **she made the hotel reservation over the phone** hizo la reserva del hotel por teléfono. **2.** (*doubt*) reserva *f*: **they accepted the agreement with reservations** aceptaron con reservas el acuerdo. **3.** (*territory*) reserva *f*.

reserve /rɪˈzɜ:v/ **I** *vt* [**reserves, reserving, reserved**] reservar: **he's reserved a room in the best hotel** ha reservado habitación en el mejor hotel; **we reserve the right to vary the prices without prior notice** nos reservamos el derecho de cambiar los precios sin previo aviso; **I prefer to reserve judgement until I have all the facts** prefiero reservarme la opinión hasta conocer todos los hechos.
II *n* **1.** (*supply*) reserva *f*: **we need good reserves of firewood for the winter** necesitamos una buena reserva de leña para el invierno; **keep some money** *in* **reserve for emergencies** reserva algo de dinero para emergencias. **2.** (*Geog*) reserva *f*: **this area is a wildlife reserve** esta zona es una reserva natural. **3.** (*Sport*) reserva *m/f*. **4.** (*self-control*) reserva *f*: **they are famous for their reserve** tienen fama de ser muy reservados.

reserved /rɪˈzɜ:vd/ *adj* **1.** (*character*) reservado -da, retraído -da. **2.** (*table, place*) reservado -da: **all rights reserved** todos los derechos reservados.

reservoir /ˈrezəvwɑ:/ *n* **1.** (*lake*) embalse *m*. **2.** (*supply*) reserva *f*: **there is a huge reservoir of talent in the country** hay una gran reserva de talento en este país.

reset /ri:ˈset/ *vt* [**resets, resetting, reset**] **1.** (*Inform*) reinicializar. **2.** (*timer, stopwatch*) reajustar.
♦ *vi* **1.** (*Inform*) reinicializarse. **2.** (*timer, stopwatch*) reajustarse.

reset button * switch *n* **1.** (*of computer*) botón *m* de reinicialización. **2.** (*of timer, stopwatch*) botón *m* de reajuste.

reshape /ri:ˈʃeɪp/ *vt* [**reshapes, reshaping, reshaped**] (*on garment label*): **reshape while damp** darle forma mientras está húmedo.

reshuffle I /ˈri:ʃʌfəl/ *n* **1.** (*Pol*) reorganización *f* del gobierno/gabinete. **2.** (*of cards*): **he demanded a reshuffle** exigió que se volviera a barajar.
II /ri:ˈʃʌfəl/ *vt* [**reshuffles, reshuffling, reshuffled**] **1.** (*Pol*) reorganizar. **2.** (*cards*) volver a barajar.
♦ *vi* (*in cards*) volver a barajar.

reside /rɪˈzaɪd/ *vi* [**resides, residing, resided**] (*frml*) **1.** (*to live*) residir. **2.** (*to be found*) encontrarse, residir: **its value resides in its durability** su valor reside en que es muy duradero.

residence /ˈrezɪdəns/ *n* **1.** (*place*) residencia *f*: **they're away at their country residence** están en su residencia del campo. **2.** (*action of staying*) permanencia *f*, residencia *f*: **when did you take up residence in your new house?** ¿cuándo se instaló en su nueva casa?; **the Queen is not** *in* **residence at the moment** la reina no ocupa esta residencia en estos momentos.

residence permit *n* permiso de residencia.

resident /ˈrezɪdənt/ **I** *n* (*in a country*) residente *m/f*; (*of a town, neighbourhood*) vecino -na *m/f*: **she complained to the residents' association** se quejó a la asociación de vecinos; (*at a hotel*) huésped *m/f*.
II *adj* residente: **this offer only applies to readers resident in Spain** esta oferta solamente se aplica a los lectores residentes en España; **there is a resident caretaker** hay un conserje que vive en el edificio.

residential /ˌrezɪˈdenʃəl/ *adj* (*area, accommodation*) residencial: **the cost of the two-week residential course is a thousand pounds** el cursillo de dos semanas con alojamiento cuesta mil libras.

residual /rɪˈzɪdjʊəl/ *adj* residual.

residue /ˈrezɪdju:/ *n* residuo *m*.

resign /rɪˈzaɪn/ *vi* [**resigns, resigning, resigned**] dimitir: **she has resigned** *from* **the board** ha dimitido del consejo de administración; **many teachers have threatened to resign** muchos profesores han amenazado con presentar la dimisión.
♦*vt* **1.** (*to leave*) dimitir de: **he resigned his post because of illness** dimitió de su puesto debido a problemas de salud. **2.** (*to accept*): **she resigned herself** *to* **doing the work on her own** se resignó a hacer el trabajo sola.

resignation /ˌrezɪgˈneɪʃən/ *n* **1.** (*from job*) dimisión *f*: **she handed in her resignation** presentó su dimisión. **2.** (*acceptance*) resignación *f*.

resigned /rɪˈzaɪnd/ *adj* resignado -da: **he was resigned** *to* **having another sleepless night** estaba resignado a pasar otra noche sin dormir.

resignedly /rɪˈzaɪnɪdlɪ/ *adv* resignadamente.

resilience /rɪˈzɪlɪəns/ *n* **1.** (*of substance*) elasticidad *f*. **2.** (*of person*) aguante *m*, entereza *f*.

resilient /rɪˈzɪlɪənt/ *adj* **1.** (*substance*) elástico -ca. **2.** (*person*) con aguante, resistente.

resin /ˈrezɪn/ *n* resina *f*.

resist /rɪˈzɪst/ *vt* [**resists, resisting, resisted**] **1.** (*to refrain from, to withstand*) resistir: **I couldn't resist calling him** no pude resistir la tentación de llamarlo; **he was unable to resist the strain** no fue capaz de resistir la presión. **2.** (*a change, an idea*) resistirse a. **3.** (*an attack*) oponer resistencia a, resistir: **they resisted the invasion** opusieron resistencia a la invasión ✻ resistieron la invasión.

resistance /rɪˈzɪstəns/ *n* **1.** (*to invasion, change, electric current*) resistencia *f*: **her resistance** *to* **disease was low** tenía muy poca resistencia a las enfermedades; **they didn't offer much resistance** *to* **the proposal** no ofrecieron mucha oposición a la propuesta. **2.** (*Hist*) **the Resistance** la Resistencia.

resistant /rɪˈzɪstənt/ *adj* resistente: **they were resistant** *to* **any form of change** se resistían a cualquier cambio; **these plastics are resistant** *to* **acids** estos plásticos son resistentes a los ácidos.

resistor /rɪˈzɪstə/ *n* resistencia *f*.

resit I /ˈri:sɪt/ *n* examen *m* de recuperación: **he's doing his resits in November** se examina de las asignaturas pendientes en noviembre.
II /ri:ˈsɪt/ *vt* [**resits, resitting, resat**] (*an exam*) volver a presentarse a; (*a subject*) volver a examinarse de.

resolute /ˈrezəlu:t/ *adj* resuelto -ta.

resolutely /ˈrezəlu:tlɪ/ *adv* resueltamente.

resolution /ˌrezəˈlu:ʃən/ *n* **1.** (*determination*) resolución *f*: **their resolution never wavered** no vacilaron en su resolución. **2.** (*decision*) decisión *f*: **I've made a resolution to exercise every day** me he propuesto hacer ejercicio todos los días. **3.** (*solution*) resolución *f*. **4.** (*Tec*) resolución *f*.

resolve /rɪˈzɒlv/ **I** *vt* [**resolves, resolving, resolved**] **1.** (*to decide*) resolver: **she resolved to stay at home and study** resolvió quedarse en casa estudiando. **2.** (*to solve*) resolver: **first we need to resolve the problem of accommodation** en primer lugar hay que resolver el problema del alojamiento.
II *n* resolución *f*.

resonance /ˈrezənəns/ *n* resonancia *f*.

resonant /ˈrezənənt/ *adj* resonante.

resort /rɪˈzɔ:t/ **I** *n* **1.** (*town, place*) lugar *m* (*de vacaciones*): **it is the most popular resort on the Costa del Sol** es el lugar de la Costa del Sol donde va más gente a pasar las vacaciones. **2.** (*measure*) recurso *m*: **as a last resort we put an ad in the paper** como último recurso pusimos un anuncio en el periódico.
II *vi* [**resorts, resorting, resorted**] recurrir: **he resorted** *to* **blackmail** recurrió al chantaje.

resound /rɪˈzaʊnd/ *vi* [**resounds, resounding, resounded**] resonar, retumbar.

resounding /rɪˈzaʊndɪŋ/ *adj* **1.** (*voice*) retumbante: **it hit the floor with a resounding crash** dio contra el suelo con gran estrépito. **2.** (*victory*) rotundo -da: **their latest album has been a resounding success** su último disco ha tenido un éxito clamoroso ✻ rotundo.

resource /rɪˈzɔ:s/ *n* recurso *m*: **the department does not have sufficient resources to complete the project** el departamento no tiene recursos suficientes para terminar el proyecto; **this database is a valuable resource for the editors** esta base de datos es un instrumento de trabajo muy importante para los redactores.

resourceful /rɪˈzɔ:sfʊl/ *adj* ingenioso -sa.

resourcefulness /rɪˈzɔ:sfʊlnəs/ *n* iniciativa *f*.

respect /rɪˈspekt/ **I** *n* **1.** (*courtesy*) respeto *m*: **he has no respect** *for* **other people's feelings** no respeta los sentimientos de los demás ● **with respect, I think you've rather missed the point** con todos mis respetos, creo que no ha entendido usted lo que he querido decir ● **with all due respect, he shouldn't be in that post** con el debido respeto, no debería ocupar ese cargo. **2.** (*reference*) respecto *m*: **with respect to your complaint...** con respecto a su queja...; **in this respect it's a good course** en lo que a esto se refiere es un buen curso.
II respects *n pl* (*to someone important*) respetos *m pl*: **we went to pay our respects to the new governor** fuimos a presentarle nuestros respetos al nuevo gobernador; (*at a funeral, wake*): **they came to pay their (last) respects to him** vinieron a darle el último adiós.
III *vt* [**respects, respecting, respected**] respetar: **she's highly respected in academic circles** está muy bien considerada en el mundo académico; **you must always respect local customs** debes respetar siempre las costumbres locales; **we should respect her wishes and leave her alone** deberíamos respetar sus deseos y dejarla en paz.

respectability /rɪˌspektəˈbɪlətɪ/ *n* respetabilidad *f*.

respectable /rɪˈspektəbəl/ *adj* **1.** (*worthy of respect*) respetable: **very respectable figures in the art world** figuras muy respetables del mundo del arte;

she comes from a respectable family es de familia bien. **2.** (*decent*) decente: **do I look respectable?** ¿estoy decente? **3.** (*acceptable*) respetable: **she is paid a very respectable salary** recibe un salario muy respetable.

respectably /rɪˈspektəblɪ/ *adv* de forma decorosa.

respectful /rɪˈspektfʊl/ *adj* respetuoso -sa.

respectfully /rɪˈspektfʊlɪ/ *adv* respetuosamente.

respective /rɪˈspektɪv/ *adj* respectivo -va.

respectively /rɪˈspektɪvlɪ/ *adv* respectivamente.

respiration /ˌrespɪˈreɪʃən/ *n* respiración *f*.

respiratory /reˈspɪrətərɪ/ *adj* respiratorio -ria.

respiratory system *n* aparato *m* respiratorio.

respite /ˈrespaɪt/ *n* respiro *m*: **she had no respite** *from* **the press all week** la prensa no le dio un momento de respiro en toda la semana.

resplendent /rɪˈsplendənt/ *adj* deslumbrante, resplandeciente: **she was resplendent in her blue satin dress** con el vestido de raso azul estaba deslumbrante.

resplendently /rɪˈsplendəntlɪ/ *adv* deslumbrantemente.

respond /rɪˈspɒnd/ *vi* [**responds, responding, responded**] responder: **I asked her again but she didn't respond** se lo pregunté otra vez, pero no respondió ✻ contestó; **she has responded well** *to* **the treatment** ha respondido bien al tratamiento; **the plane wasn't responding** *to* **the controls** los mandos del avión no respondían.

response /rɪˈspɒns/ *n* **1.** (*answer*) respuesta *f*: **I've had no response** *to* **the advertisement yet** todavía no he recibido ninguna respuesta al anuncio; **all I got** *in* **response was a grunt** la única respuesta que recibí fue un gruñido. **2.** (*reaction*) reacción *f*.

responsibility /rɪˌspɒnsəˈbɪlətɪ/ *n* [**responsibilities**] (*gen*) responsabilidad *f*: **it's your responsibility to ensure that the door is locked** es responsabilidad tuya asegurarte de que la puerta esté cerrada; **a terrorist group has claimed responsibility** *for* **the attack** un grupo terrorista ha reivindicado el atentado; (*on sign*): **the management accepts no responsibility** *for* **clients' belongings** la dirección no se responsabiliza de los efectos personales de los clientes.

responsible /rɪˈspɒnsəbəl/ *adj* **1.** (*for actions*) responsable: **everyone is responsible** *for* **their own actions** cada cual es responsable de sus actos; **you will be held responsible** *for* **any damage caused** se le responsabilizará de cualquier destrozo que se produzca; **who is responsible** *for* **this?** ¿quién es el responsable de esto? **2.** (*in charge*) encargado -da, responsable: **he's responsible** *for* **organizing the accommodation** es el encargado de organizar el alojamiento. **3.** (*trustworthy*) responsable, serio -ria.

responsibly /rɪˈspɒnsəblɪ/ *adv* responsablemente.

responsive /rɪˈspɒnsɪv/ *adj*: **you need to be responsive** *to* **popular demand** hay que saber responder a la demanda popular; **that group is not very responsive** ese grupo no responde muy bien.

rest /rest/ **I** *n* **1.** (*break, relaxation*) descanso *m*: **Sunday is a day of rest** el domingo es día de descanso; **just let me have a rest** déjame descansar un poco • **his letter put ✻ set her mind at rest** su carta la tranquilizó • **give it a rest, will you?** basta ya, por favor • **he didn't give us any rest until he got what he wanted** no nos dejó tranquilos hasta que consiguió lo que quería. **2.** (*immobility*): **the ball came to rest at my feet** la pelota vino a pararse a mis pies; **allow the blades to come to rest before touching the machine** espera hasta que las cuchillas se paren antes de tocar la máquina. **3.** (*Mus*) silencio *m*. **4. the rest** (*what remains*) el resto: **I'm full! do you mind if I leave the rest?** estoy lleno, ¿te molesta si dejo el resto?; **we'll eat the rest tomorrow** nos comeremos el resto mañana; **he took the rest of the week off** se tomó el resto de la semana de vacaciones; (*people*) los demás: **the rest of the boys went home** los demás chicos se fueron a casa; **the rest are still asleep** los demás todavía están durmiendo.

II *vi* [**rests, resting, rested**] **1.** (*to relax*) descansar: **you need to rest** tienes que descansar; **she won't rest until she knows the truth** no descansará hasta saber la verdad • **rest assured, I won't forget** tenga por seguro que no lo olvidaré. **2.** (*to lie*) quedar: **the decision rests** *with* **her parents** la decisión tienen que tomarla sus padres. **3.** (*to be founded*) basarse: **the theory rests** *on* **a rather dubious assumption** la teoría se basa en una suposición bastante dudosa.

♦ *vt* **1.** (*to relax*) descansar: **he stopped to rest his legs for a moment** se paró un momento para descansar las piernas. **2.** (*for support*) apoyar: **he rested his umbrella** *against* **the chair** apoyó el paraguas en la silla; **the dog rested its head** *on* **my leg** el perro apoyó la cabeza en mi pierna. **3.** (*gaze*) fijar: **she rested her eyes** *on* **the ambassador** fijó la mirada en el embajador.

rest cure *n* cura *f* de reposo.

rest home *n* residencia *f* de la tercera edad.

rest room *n* (*US*) servicios *m pl*.

restaurant /ˈrestərɒŋ/ *n* restaurante *m*.

restaurateur /ˌrestərɒˈtɜː/ *n* restaurador -dora *m/f*.

restful /ˈrestfʊl/ *adj* (*activity, pastime*) relajante: **I find listening to music very restful** escuchar música me relaja mucho.

restitution /ˌrestɪˈtjuːʃən/ *n* restitución *f*.

restive /ˈrestɪv/ *adj* intranquilo -la, inquieto -ta.

restless /ˈrestləs/ *adj* inquieto -ta: **the little boy was very restless** el niño no paraba de moverse; **the crowd was growing restless** el público se impacientaba; **she became restless in her job** empezó a sentir que el trabajo ya no la satisfacía.

restlessness /ˈrestlɪsnəs/ *n* (*physical*) inquietud *f*; (*psychological*) descontento *m*.

restoration /ˌrestəˈreɪʃən/ *n* **1.** (*of building, work of art*) restauración *f*. **2.** (*re-establishment*) restauración *f*: **the restoration of the monarchy** la restauración de la monarquía; **the restoration of law and order** el restablecimiento del orden público. **3.** (*act of giving back*) devolución *f*: **they are campaigning for the restoration of these artefacts** *to* **their nation** están haciendo una campaña para que estos objetos sean devueltos a su país.

restorative /rɪˈstɔːrətɪv/ *adj, n* reconstituyente *adj, m*.

restore /rɪˈstɔː/ *vt* [**restores, restoring, restored**] **1.** (*a building, a painting, furniture*) restaurar. **2.** (*order, calm*) restablecer. **3.** (*to give back*) devolver: **it should be restored** *to* **Egypt** debería devolverse a Egipto. **4.** (*Inform*) recuperar.

restorer /rɪˈstɔːrə/ *n* **1.** (*for hair*) tónico *m* capilar. **2.** (*of furniture, paintings*) restaurador -dora *m/f*.

restrain /rɪˈstreɪn/ *vt* [**restrains, restraining, restrained**] **1.** (*a feeling, an impulse*) contener: **I had to restrain myself** *from* **interrupting** tuve que contenerme para no interrumpir. **2.** (*to hold back*) controlar, contener: **he was unable to restrain the horse** no pudo controlar al caballo; **they have failed to restrain inflation** no han podido contener la inflación.

restrained /rɪ'streɪnd/ *adj* **1.** (*person*) comedido -da: **she was very restrained and didn't say anything** fue muy comedida y no dijo nada. **2.** (*style*) sobrio -bria.

restraint /rɪ'streɪnt/ *n* **1.** (*moderation, control*) moderación *f*: **they should exercise a little restraint** deberían actuar con un poco de moderación. **2.** (*restriction*) restricción *f*: **the new rules impose greater restraints** *on* **teachers** las nuevas normas imponen aún más restricciones a los profesores.

restrict /rɪ'strɪkt/ *vt* [**restricts, restricting, restricted**] limitar, restringir: **try to restrict yourself** *to* **two coffees a day** intenta limitarte a dos cafés al día; **entry to the library is restricted** *to* **students** el acceso a la biblioteca está restringido a los estudiantes.

restriction /rɪ'strɪkʃən/ *n* restricción *f*: **they have introduced new restrictions** *on* **smoking in public places** han introducido nuevas restricciones para fumar en lugares públicos.

restrictive /rɪ'strɪktɪv/ *adj* restrictivo -va: **I find these clothes rather restrictive** esta ropa limita mis movimientos.

restyle /ri:'staɪl/ *vt* [**restyles, restyling, restyled**] (*hair*) cambiar.

result /rɪ'zʌlt/ **I** *n* (*consequence, outcome*) resultado *m*: **this is the result of years of work** éste es el resultado de años de trabajo; **as a result, the match was postponed** como consecuencia de ello, se aplazó el partido.
II *vi* [**results, resulting, resulted**] (*to be the result*) resultar, ser resultado: **the argument resulted** *from* **a misunderstanding** la riña fue resultado de un malentendido.
to **result in** *vt* (*to cause*) causar, tener como resultado: **this error resulted in a disaster** este error causó un desastre.

resultant /rɪ'zʌltənt/ *adj* resultante.

resume /rɪ'zju:m/ *vt* [**resumes, resuming, resumed**] **1.** (*to start again*) reanudar: **they resumed their journey the following day** reanudaron el viaje al día siguiente. **2.** (*seat, place*) volver a: **the audience resumed their seats** el público volvió a sus asientos.
♦*vi* continuar: **they resumed after a short break** continuaron después de un breve descanso.

résumé /'rezjʊmeɪ/ *n* **1.** (*summary*) resumen *m*. **2.** (*US: of a candidate, an employee*) currículum *m* (vitae), currículo *m*.

resumption /rɪ'zʌmpʃən/ *n* reanudación *f*.

resurgence /rɪ's3:dʒəns/ *n* resurgimiento *m*.

resurgent /rɪ's3:dʒənt/ *adj* resurgente.

resurrect /ˌrezə'rekt/ *vt* [**resurrects, resurrecting, resurrected**] resucitar.

resurrection /ˌrezə'rekʃən/ *n* resurrección *f*.

resuscitate /rɪ'sʌsɪteɪt/ *vt* [**resuscitates, resuscitating, resuscitated**] (*Med*) reanimar, resucitar.

resuscitation /rɪˌsʌsɪ'teɪʃən/ *n* (*Med*) resucitación *f*, reanimación *f*.

retail /'ri:teɪl/ **I** *n* venta *f* al por menor: **retail sales are down** las ventas al por menor han bajado.
II *adv* al por menor.
III *vt* [**retails, retailing, retailed**] vender al por menor.
♦*vi* venderse: **these retail** *at* ✱ *for* **five pounds** éstos se venden a cinco libras.
retail outlet *n* punto *m* de venta (al por menor).
retail price *n* precio *m* de venta al público.
retail price index *n* índice *m* de precios al consumo.

retailer /'ri:teɪlə/ *n* detallista *m/f*.

retain /rɪ'teɪn/ *vt* [**retains, retaining, retained**] retener, conservar: **the material is designed to retain heat** el material está diseñado para retener el calor; **he managed to retain his dignity** consiguió mantener su dignidad; **they retained part of the deposit to pay for damages** retuvieron parte del depósito para pagar los daños; **the students can only retain a certain amount of information** los estudiantes sólo pueden retener cierta cantidad de información.

retainer /rɪ'teɪnə/ *n* cuota *f* mensual/anual.

retake **I** /'ri:teɪk/ *n* **1.** (*exam*) examen *m* de recuperación. **2.** (*scene of film*) nueva toma *f*.
II /ri:'teɪk/ *vt* [**retakes, retaking, retook**; *participio pasado* **retaken**] **1.** (*an exam*) volver a presentarse a; (*a subject*) volver a examinarse de. **2.** (*a scene*) volver a rodar.

retaliate /rɪ'tælɪeɪt/ *vi* [**retaliates, retaliating, retaliated**] **1.** (*Mil*) tomar represalias: **the army retaliated by bombing the village** el ejército bombardeó el pueblo como represalia. **2.** (*to respond*) contraatacar: **your method was not very successful either, she retaliated** tu método tampoco tuvo mucho éxito, dijo para contraatacar.

retaliation /rɪˌtælɪ'eɪʃən/ *n* **1.** (*Mil*) represalia *f*: **the guerrillas expected some kind of retaliation** los guerrilleros se esperaban algún tipo de represalia. **2.** (*verbal, written response*) respuesta *f*: **he made several cutting comments** *in* **retaliation** replicó con unos comentarios mordaces.

retarded /rɪ'tɑ:dɪd/ *adj* retrasado -da.

retch /retʃ/ *vi* [**retches, retching, retched**] hacer arcadas: **he retched** hizo arcadas.

retention /rɪ'tenʃən/ *n* (*Med*) retención *f*.

retentive /rɪ'tentɪv/ *adj* retentivo -va.

rethink **I** /ri:'θɪŋk/ *vt* [**rethinks, rethinking, rethought**] volver a pensar, reconsiderar: **we'll have to rethink the arrangements** tendremos que volver a pensar cómo organizarlo.
II /'ri:θɪŋk/ *n*: **we'll have to have a rethink** tendremos que reconsiderarlo.

reticence /'retɪsəns/ *n* reticencia *f*.

reticent /'retɪsənt/ *adj* reticente.

retina /'retɪnə/ *n* [**retinas** ✱ **retinae** /'retɪni:/] retina *f*.

retinue /'retɪnju:/ *n* (*frml*) séquito *m*.

retire /rɪ'taɪə/ *vi* [**retires, retiring, retired**] **1.** (*from work*) jubilarse. **2.** (*to bed, another room, etc.*) retirarse: **I'm going to retire for the night** voy a acostarme.
♦*vt* (*an employee*) jubilar.

retired /rɪ'taɪəd/ *adj* jubilado -da.

retirement /rɪ'taɪəmənt/ *n* jubilación *f*: **she took early retirement** se acogió a la jubilación anticipada.
retirement age *n* edad *f* de la jubilación.

retiring /rɪ'taɪərɪŋ/ *adj* **1.** (*shy*) retraído -da. **2.** (*from work*): **the retiring treasurer handed over the keys** el tesorero que se jubilaba entregó las llaves.

retort /rɪ'tɔ:t/ **I** *n* **1.** (*reply*) réplica *f*. **2.** (*Chem*) retorta *f*.
II *vt* [**retorts, retorting, retorted**] replicar.

retrace /ri:'treɪs/ *vt* [**retraces, retracing, retraced**]: **we retraced our steps** volvimos sobre nuestros pasos.

retract /rɪ'trækt/ *vt* [**retracts, retracting, retracted**] **1.** (*Zool: claws*) retraer; (*Av: undercarriage*) replegar. **2.** (*statement*) retractarse de.
♦*vi* retractarse.

retraction /rɪ'trækʃən/ *n* **1.** (*Zool: of claws*) retracción *f*; (*Av: of undercarriage*) repliegue *m*. **2.** (*of statement*) retractación *f*.

retreat /rɪˈtriːt/ I *vi* [**retreats, retreating, retreated**] (*Mil*) retirarse: **the government has been forced to retreat on this issue** el gobierno se ha visto forzado a dar marcha atrás en este asunto.
II *n* **1.** (*Mil*) retirada *f* • **they beat a hasty retreat when they saw me** se fueron corriendo cuando me vieron. **2.** (*Relig*) retiro *m* (espiritual): **he's gone** *on* **(a) retreat this weekend** ha ido a un retiro espiritual este fin de semana. **3.** (*quiet place*) retiro *m*.

retrial /riːˈtraɪəl/ *n* nuevo juicio *m*.

retribution /ˌretrɪˈbjuːʃən/ *n* castigo *m* (merecido): **divine retribution** castigo divino.

retrieval /rɪˈtriːvəl/ *n* recuperación *f*.

retrieve /rɪˈtriːv/ *vt* [**retrieves, retrieving, retrieved**] **1.** (*to recover: gen*) recuperar: **I managed to retrieve my keys from Andrew** conseguí que Andrew me devolviera las llaves; (*: in hunting*) cobrar. **2.** (*Inform*) recuperar. **3.** (*a situation*) salvar.

retriever /rɪˈtriːvə/ *n* perro *m* cobrador.

retrograde /ˈretrəʊgreɪd/ *adj* (*measure, act*) retrógrado -da: **this is being seen as a retrograde step** esto se considera un paso hacia atrás.

retrogress /ˌretrəʊˈgres/ *vi* [**retrogresses, retrogressing, retrogressed**] (*frml*) retroceder.

retrogression /ˌretrəʊˈgreʃən/ *n* (*frml*) retroceso *m*.

retrospect /ˈretrəʊspekt/ *n*: **in retrospect**: **in retrospect, buying this house was a mistake** visto ahora, fue un error comprar esta casa.

retrospective /ˌretrəʊˈspektɪv/ I *adj* **1.** (*Art*) retrospectivo -va. **2.** (*Law*) retroactivo -va.
II *n* (*Art*) retrospectiva *f*.

return /rɪˈtɜːn/ I *n* **1.** (*coming or going back*) regreso *m*, vuelta *f*: **we got quite a surprise** *on* **our return** a la vuelta ✻ a nuestro regreso nos llevamos una gran sorpresa; **her latest novel shows a return to traditional forms** su última novela muestra una vuelta a las formas tradicionales • **many happy returns!** ¡feliz cumpleaños! **2.** (*también* **return ticket**) (*Transp*) billete *m* de ida y vuelta: **a return to London, please** un billete de ida y vuelta a Londres, por favor. **3.** (*giving back*) devolución *f*: **on return of the bicycle we will refund your deposit** se le dará el depósito cuando devuelva la bicicleta • **please reply by return (of post)** se ruega responder a vuelta de correo. **4.** (*of ball: gen*) devolución *f*; (*: in tennis*) resto *m*. **5.** (*exchange*) cambio *m*: **he smiled but got a hostile look** *in* **return** sonrió pero recibió a cambio una mirada poco amistosa; **we offered them food** *in* **return** *for* **their help** les ofrecimos comida a cambio de su ayuda. **6.** (*Inform: key*) retorno *m*. **7.** (*Fin*) ganancia *f*, beneficio *m*: **we got very little return** *on* **our investment** obtuvimos muy poco beneficio de nuestra inversión.
II **returns** *n pl* (*Pol*) resultados *m pl*.
III *vi* [**returns, returning, returned**] (*to come or go back*) regresar, volver: **they returned to find that everyone had gone** cuando volvieron se encontraron con que todo el mundo se había ido; **he returned to his car and found it had gone** al volver a donde estaba el coche se encontró con que había desaparecido.
♦*vt* **1.** (*an object*) devolver: **I returned the umbrella he'd lent me** le devolví el paraguas que me había prestado; **if undelivered, return to sender** en caso de que no se entregue, devuélvase al remitente. **2.** (*a ball: gen*) devolver; (*: in tennis*) restar. **3.** (*kindness*) agradecer: **I wanted to return his kindness towards me** quería agradecerle lo amable que había sido conmigo; **I'll return the favour one day** un día te devolveré el favor. **4.** (*a candidate*) reelegir: **the Socialists were returned to power** los socialistas volvieron a ganar las elecciones.
return journey *n* viaje *m* de vuelta.
return match *n* partido *m* de vuelta.
return ticket *n* billete *m* de ida y vuelta.

returnable /rɪˈtɜːnəbəl/ *adj* (*deposit, bottle*) retornable.

reunion /riːˈjuːnɪən/ *n* (*gen*) reencuentro *m*: **their reunion was very emotional** fue un reencuentro muy emotivo; (*of family, former pupils*) reunión *f*.

reunite /ˌriːjuːˈnaɪt/ *vt* [**reunites, reuniting, reunited**] (*after separation*) reunir: **they were finally reunited with their parents** finalmente se reunieron con sus padres; **after months of torment, she was reunited with her son** tras meses de angustia, se reencontró con su hijo.
♦*vi* (*people*) reunirse; (*parts, sections*) volver a unirse.

rev /rev/ (*fam*) I *n* (*apócope de* **revolution**) (*Auto*) revolución *f*: **seven thousand revs per minute** siete mil revoluciones por minuto.
II *vt/i* [**revs, revving, revved**] (*también* **rev up**) acelerar: **rev the engine a bit** dale un poco al acelerador.
rev counter *n* cuentarrevoluciones *m inv*.

Rev. *léase* /ˈrevərənd/ (*abreviatura de* **Reverend**) R., Rvdo. (Reverendo).

revaluation /ˌriːvæljuːˈeɪʃən/ *n* revalorización *f*.

revalue /riːˈvæljuː/ *vt* [**revalues, revaluing, revalued**] revalorizar.

reveal /rɪˈviːl/ *vt* [**reveals, revealing, revealed**] **1.** (*a secret*) revelar: **he wouldn't reveal the identity of his accomplices** no quiso revelar la identidad de sus cómplices. **2.** (*to make visible*) mostrar: **she took off her scarf, revealing a long scar on her neck** se quitó la bufanda y descubrió una cicatriz muy larga en el cuello.

revealing /rɪˈviːlɪŋ/ *adj* (*clothes*) atrevido -da; (*words, actions*) revelador -dora.

revel /ˈrevəl/ *vi* [**revels, revelling, revelled**] regocijarse: **he revels** *in* **bossing his younger brother around** le encanta darle órdenes a su hermano pequeño.

revelation /ˌrevəˈleɪʃən/ *n* revelación *f*: **her letters have been a revelation to me** sus cartas han sido una revelación para mí.

revelry /ˈrevəlrɪ/ *n* [**revelries**] (*frml*) juerga *f*.

revenge /rɪˈvendʒ/ *n* venganza *f*: **she swore that she would get her revenge** juró que se vengaría; **they took revenge** *on* **him for betraying them** se vengaron de él por haberlos traicionado.

revenue /ˈrevənjuː/ *n* (*gen*) ingresos *m pl*; (*of nation*) rentas *f pl* (públicas).

reverberate /rɪˈvɜːbəreɪt/ *vi* [**reverberates, reverberating, reverberated**] (*sound*) retumbar, resonar.

reverberation /rɪˌvɜːbəˈreɪʃən/ *n* resonancia *f*.

revere /rɪˈvɪə/ *vt* [**reveres, revering, revered**] reverenciar.

reverence /ˈrevərəns/ *n* reverencia *f*.

Reverend /ˈrevərənd/ *adj* (*in titles*): **(the) Reverend Brian Palmer** el Reverendo Brian Palmer.

reverent /ˈrevərənt/ *adj* reverente.

reverie /ˈrevərɪ/ *n* ensueño *m*.

reversal /rɪˈvɜːsəl/ *n* **1.** (*of opinion, tactics*) cambio *m*: **there was a sudden reversal of policy** se produjo un repentino cambio de política; **the reversal of roles in their relationship** la inversión de los papeles en su relación; **this was an unexpected reversal** *in* **for-**

tunes esto representó un cambio inesperado de fortuna. **2.** (*of a ruling, verdict*) revocación *f.*

reverse /rɪ'vɜ:s/ **I** *vi* [**reverses, reversing, reversed**] (*in a vehicle*) dar marcha atrás: **she reversed** *into* **the garage** entró en el garaje dando marcha atrás.
♦ *vt* **1.** (*a vehicle*): **he reversed the car** *into* **a wall** dio marcha atrás y chocó contra una pared. **2.** (*positions, roles*) invertir; (*a trend, a procedure, fortunes*) cambiar (*completamente*). **3.** (*a decision, judgement*) revocar: **they reversed their decision to close the hospital** revocaron su decisión de cerrar el hospital.
II *n* **1.** (*other side: of a coin, medal*) reverso *m*: **it has his initials** *on* **the reverse** lleva sus iniciales en el reverso; (*: of a packet, page*) dorso *m*. **2. the reverse** (*the opposite*) lo contrario: **he appears extrovert but in fact the reverse is true** parece extrovertido pero de hecho es todo lo contrario. **3.** (*también* **reverse gear**) (*Auto*) marcha *f* atrás: **she put the car in reverse** metió la marcha atrás.
III *adj* inverso -sa: **the winners were announced in reverse order** anunciaron los ganadores en orden inverso.

reversible /rɪ'vɜ:səbəl/ *adj* reversible.

reversion /rɪ'vɜ:ʃən/ *n* reversión *f.*

revert /rɪ'vɜ:t/ *vi* [**reverts, reverting, reverted**] **1.** (*to a subject, state*) volver: **she has reverted** *to* **her old ways** ha vuelto a las andadas. **2.** (*to previous owner*) revertir.

review /rɪ'vju:/ **I** *n* **1.** (*of a book, play, etc.*) crítica *f*, reseña *f*: **her latest novel has had very good reviews** su novela más reciente ha recibido críticas muy buenas. **2.** (*reconsideration*) estudio *m*, examen *m*: **the departmental structure is** *under* **review** la estructura del departamento está siendo objeto de estudio. **3.** (*Mil*) revista *f.*
II *vt* [**reviews, reviewing, reviewed**] **1.** (*a book, play, etc.*) hacer una crítica de, reseñar. **2.** (*to reconsider*) volver a estudiar ✱ examinar: **we will be reviewing the procedure** vamos a volver a examinar el procedimiento. **3.** (*Mil*) pasar revista a.

reviewer /rɪ'vju:ə/ *n* crítico -ca *m/f.*

revile /rɪ'vaɪl/ *vt* [**reviles, reviling, reviled**] (*frml*) vilipendiar, insultar.

revise /rɪ'vaɪz/ *vt* [**revises, revising, revised**] **1.** (*to update*) revisar: **the dictionary has been extensively revised** el diccionario se ha revisado a fondo. **2.** (*to modify*) modificar, cambiar: **the builder gave us a revised estimate** el constructor nos dio otro presupuesto. **3.** (*for exams*) repasar: **I have to revise three more topics** tengo que repasar otros tres temas.
♦ *vi* repasar: **you're supposed to be revising** *for* **your exams** deberías estar repasando para los exámenes.

revision /rɪ'vɪʒən/ *n* **1.** (*updating*) revisión *f*; (*updated version*) versión *f* corregida. **2.** (*modification*) modificación *f*, cambio *m*. **3.** (*for exams*) repaso *m*: **I haven't done any revision** *for* **the history test** no he repasado nada para el examen de historia.

revisit /ri:'vɪzɪt/ *vt* [**revisits, revisiting, revisited**] volver a visitar.

revitalization /ˌri:vaɪtəlaɪ'zeɪʃən/ *n* revitalización *f.*

revitalize /ri:'vaɪtəlaɪz/ *vt* [**revitalizes, revitalizing, revitalized**] revitalizar: **she felt revitalized after a shower** la ducha la revitalizó.

revival /rɪ'vaɪvəl/ *n* **1.** (*of an interest, a trend*) resurgimiento *m*: **folk music is undergoing a revival** la música folk está experimentando un resurgimiento; (*of the economy*) reactivación *f*. **2.** (*of a play*) reestreno *m*. **3.** (*Med*) resucitación *f*, reanimación *f.*

revive /rɪ'vaɪv/ *vi* [**revives, reviving, revived**] (*person, plant*) revivir: **the plants revived after the rain** las plantas revivieron tras la lluvia.
♦ *vt* **1.** (*an interest*) reavivar; (*a tradition*) resucitar. **2.** (*a play*) reestrenar: **twenty years on, the play is being revived** veinte años después, se va a reestrenar la obra. **3.** (*a person: from a faint*) reanimar; (*: from unconsciousness*) resucitar.

revoke /rɪ'vəʊk/ *vt* [**revokes, revoking, revoked**] (*Law*) revocar.

revolt /rɪ'vəʊlt/ **I** *n* revuelta *f.*
II *vi* [**revolts, revolting, revolted**] rebelarse: **they revolted against the dictator** se rebelaron contra el dictador.
♦ *vt*: **the idea of eating insects revolts me** la idea de comer insectos me repugna.

revolting /rɪ'vəʊltɪŋ/ *adj* (*drink, taste*) asqueroso -sa, repugnante; (*colour, shape, picture*) espantoso -sa, horrible.

revolution /ˌrevə'lu:ʃən/ *n* **1.** (*Pol, Tec*) revolución *f*: **a revolution** *in* **surgical techniques** una revolución en las técnicas quirúrgicas. **2.** (*Astron*) revolución *f*, vuelta *f.*

revolutionary /ˌrevə'lu:ʃənərɪ/ **I** *n* [**revolutionaries**] revolucionario -ria *m/f.*
II *adj* revolucionario -ria: **they have developed revolutionary new methods** han desarrollado nuevos métodos revolucionarios.

revolutionize /ˌrevə'lu:ʃənaɪz/ *vt* [**revolutionizes, revolutionizing, revolutionized**] revolucionar.

revolve /rɪ'vɒlv/ *vi* [**revolves, revolving, revolved**] girar: **the earth revolves** *around* **the sun** la Tierra gira alrededor del sol ● **his life revolves around football** su vida gira en torno al fútbol.

revolver /rɪ'vɒlvə/ *n* revólver *m.*

revolving door /rɪ'vɒlvɪŋ dɔ:/ *n* puerta *f* giratoria.

revue /rɪ'vju:/ *n* (*theatrical show*) revista *f* (musical).

revulsion /rɪ'vʌlʃən/ *n* asco *m*, repulsión *f.*

reward /rɪ'wɔ:d/ **I** *n* recompensa *f*: **she was given a medal as a reward** *for* **her bravery** le dieron una medalla en recompensa por su valentía; **they're offering a reward to whoever finds the cat** ofrecen una gratificación a quien encuentre al gato.
II *vt* [**rewards, rewarding, rewarded**] (*gen*) recompensar: **his efforts were rewarded** sus esfuerzos se vieron recompensados; **she was rewarded** *with* **a promotion** la premiaron con un ascenso; (*for finding something*) gratificar, recompensar.

rewarding /rɪ'wɔ:dɪŋ/ *adj* gratificante.

rewind /ri:'waɪnd/ *vt* [**rewinds, rewinding, rewound**] (*a tape, film*) rebobinar.
♦ *vi* rebobinarse.

rewire /ri:'waɪə/ *vt* [**rewires, rewiring, rewired**]: **the house needs rewiring** hay que cambiar la instalación eléctrica de la casa.

rewrite /ri:'raɪt/ *vt* [**rewrites, rewriting, rewrote,** *participio pasado* **rewritten**] volver a escribir, reescribir: **I had to rewrite the introduction** tuve que reescribir la introducción.

rhapsody /'ræpsədɪ/ *n* [**rhapsodies**] rapsodia *f* ● **she went into rhapsodies over the stained glass windows** se deshizo en elogios a las vidrieras.

rhesus /'ri:səs/ *n* Rh *m*: **she's rhesus positive** es Rh positivo.

rhetoric /'retərɪk/ *n* retórica *f.*

rhetorical /rɪ'tɒrɪkəl/ *adj* retórico -ca.
rhetorical question *n* pregunta *f* retórica.

rhetorically /rɪ'tɒrɪkəlɪ/ *adv* retóricamente.
rheumatic /ruː'mætɪk/ *adj* reumático -ca.
rheumatism /'ruːmətɪzəm/ *n* reumatismo *m*.
rheumatoid arthritis /'ruːmətɔɪd ɑː'θraɪtɪs/ *n* reumatismo *m* articular.
rhino /'raɪnəʊ/ *n* [*pl* **rhino** ✻ **rhinos**] rinoceronte *m*.
rhinoceros /raɪ'nɒsərəs/ *n* [**rhinoceros** ✻ **rhinoceroses**] rinoceronte *m*.
rhododendron /ˌrəʊdə'dendrən/ *n* rododendro *m*.
rhombus /'rɒmbəs/ *n* [**rhombuses** ✻ **rhombi** /'rɒmbaɪ/] rombo *m*.
rhubarb /'ruːbɑːb/ *n* ruibarbo *m*.
rhyme /raɪm/ I *vi* [**rhymes, rhyming, rhymed**] rimar: **"cat" rhymes** *with* **"hat"** "cat" rima con "hat"
II *n* (*poem*) rima *f*; (*form*): **it is written** *in* **rhyme** está escrito en verso ● **there's no rhyme or reason to it** no tiene (ni) pies ni cabeza.
rhythm /'rɪðəm/ *n* ritmo *m*.
rhythmic /'rɪðmɪk/ *adj* rítmico -ca.
rhythmical /'rɪðmɪkəl/ *adj* rítmico -ca.
rhythmically /'rɪðmɪkəlɪ/ *adv* rítmicamente.
rib /rɪb/ I *n* costilla *f*: **he elbowed me in the ribs** me dio un codazo en las costillas.
II *vt* [**ribs, ribbing, ribbed**] (*fam*) mofarse de: **they ribbed him** *for* **being a swot** se mofaron de él por ser un empollón.
ribcage *n* caja *f* torácica, tórax *m*.
ribbing /'rɪbɪŋ/ *n* canalé *m*.
ribbon /'rɪbən/ *n* cinta *f* ● **his shirt was torn to ribbons** tenía la camisa hecha jirones.
rice /raɪs/ *n* arroz *m*.
rice paper *n* papel *m* de arroz.
rice pudding *n* arroz *m* con leche.
rich /rɪtʃ/ I *adj* 1. (*person, soil*) rico -ca: **that's one way of getting rich quick** ésa es una forma de hacerse rico ✻ de enriquecerse en poco tiempo; **that area is very rich** *in* **minerals** esa región es muy rica en minerales. 2. (*food*) *rico en materia grasa, huevos y/o azúcar*: **the meat was served with a delicious, rich sauce** sirvieron la carne acompañada de una exquisita y cremosa salsa; **she's not supposed to eat rich foods** no debe tomar alimentos que le puedan resultar indigestos; **all the puddings were too rich** todos los postres eran muy empalagosos. 3. (*colour*) vivo -va. 4. (*tone of voice, instrument*) sonoro -ra.
II **the rich** *n pl* los ricos *m pl*.
riches /'rɪtʃɪz/ *n pl* riqueza *f*, riquezas *f pl*.
richly /'rɪtʃlɪ/ *adv* 1. (*plentifully*) generosamente: **they were richly rewarded for their efforts** los recompensaron generosamente por sus esfuerzos. 2. (*luxuriously*) lujosamente, exquisitamente. 3. (*vividly*) vivamente: **the walls were hung with richly coloured tapestries** de las paredes colgaban tapices de colores muy vivos.
richness /'rɪtʃnəs/ *n* 1. (*luxuriousness*) lujo *m*, exquisitez *f*. 2. (*of food*) *alto contenido de materia grasa, huevos y/o azúcar*. 3. (*of soil*) fertilidad *f*, riqueza *f*. 4. (*of colours*) viveza *f*. 5. (*abundance*) abundancia *f*: **the richness of detail in the carvings** la abundancia de detalle de las esculturas.
rick /rɪk/ *vt* [**ricks, ricking, ricked**] (*one's neck, back*) torcerse.
rickets /'rɪkɪts/ *n* (*Med*) raquitismo *m*.
rickety /'rɪkətɪ/ *adj* desvencijado -da.
rickshaw /'rɪkʃɔː/ *n* carrito *m* arrastrado por una persona (*que se usa en algunos países asiáticos*).
ricochet /'rɪkəʃeɪ/ I *vi* [**ricochets, ricocheting, ricocheted**] rebotar.
II *n* rebote *m*.
rid /rɪd/ *vt* [**rids, ridding, rid**] 1. (*to clear*): **this should rid your garden** *of* **weeds** esto debería eliminar las malas hierbas de su jardín. 2. **to get rid of** deshacerse de: **are you trying to get rid of me?** ¿intentas deshacerte de mí?; **we got rid of the car** nos deshicimos del coche; **I can't seem to get rid of this cold** no puedo quitarme de encima este resfriado. 3. **to be rid of** librarse de: **we'll soon be rid of them** pronto nos habremos librado de ellos.
riddance /'rɪdəns/ *n* ● **he's gone at last, good riddance!** ¡por fin se ha ido! ¡ya era hora!
ridden /'rɪdən/ *participio pasado de* ⇨ ride
riddle /'rɪdəl/ *n* adivinanza *f*: **she speaks in riddles** habla en clave.
riddled /'rɪdəld/ *adj*: **his body was riddled** *with* **bullets** lo habían acribillado a balazos; **the animals were riddled** *with* **disease** los animales estaban plagados de enfermedades.
ride /raɪd/ I *n* 1. (*on horse, bicycle*) paseo *m*: **I went out for a ride** fui a dar un paseo a caballo. 2. (*in vehicle*): **she took me out for a ride in her sports car** me llevó a dar una vuelta ✻ un paseo en su deportivo; **it's a nice ride up to Cambridge** el trayecto ✻ viaje a Cambridge es muy bonito; **it's a short ride on the bus into town** hay un corto trayecto en autobús hasta la ciudad ● **they were really taken for a ride** los engañaron (de mala manera). 3. (*at fairground*) atracción *f*: **which rides have you been on?** ¿en qué atracciones te has montado?
II *vi* [**rides, riding, rode,** *participio pasado* **ridden**] 1. (*on horse*) montar a caballo: **she learnt to ride when she was six** aprendió a montar a caballo cuando tenía seis años; **they rode alongside the river** dieron un paseo (a caballo) cerca del río. 2. (*on bicycle*) ir en bicicleta: **shall we walk or ride?** ¿vamos andando o en bici?
♦*vt* 1. (*a horse*) montar; (*a bicycle*) montar en: **Anthony can ride a unicycle** Anthony sabe montar en monociclo; **she rode her bike to the shop** fue a la tienda en bici. 2. (*US: a train, bus*) viajar en.
to **ride out** *vt* capear: **his family rode out the scandal** su familia capeó el escándalo.
to **ride up** *vi* (*skirt*) subirse.
rider /'raɪdə/ *n* 1. (*on horse: man*) jinete *m*; (*: woman*) amazona *f*; (*on motorcycle*) motociclista *m/f*; (*on bicycle*) ciclista *m/f*. 2. (*proviso*) condición *f*.
ridge /rɪdʒ/ *n* 1. (*Geog*) arista *f*, cresta *f*. 2. (*Archit*) caballete *m*. 3. (*of earth*) caballón *m* (*lomo entre dos surcos*). 4. (*Meteo*): **a ridge of high pressure** una cuña anticiclónica ✻ un sistema de altas presiones.
ridge tent *n* tienda *f* canadiense.
ridicule /'rɪdɪkjuːl/ I *n* ridículo *m*: **this decision was held up to ridicule** ridiculizaron la decision; **he became an object of ridicule** se convirtió en objeto de burlas.
II *vt* [**ridicules, ridiculing, ridiculed**] ridiculizar, burlarse de: **he was ridiculed for finishing last** se burlaron de él por haber terminado el último.
ridiculous /rɪ'dɪkjʊləs/ *adj* ridículo -la: **he made himself look ridiculous** se puso en ridículo.
ridiculously /rɪ'dɪkjʊləslɪ/ *adv* 1. (*to move, act*) de forma ridícula. 2. (*extremely*) muy: **the clothes they sell are ridiculously overpriced** la ropa que venden es carísima; **it was a ridiculously small amount** era una cantidad ridícula.

riding /ˈraɪdɪŋ/ *n* equitación *f*.
riding boots *n pl* botas *f pl* de montar.
riding hat *n* casco *m* de montar.
riding lesson *n* clase *f* de equitación.
riding school *n* escuela *f* hípica ✱ de equitación.
riding stables *n pl* caballerizas *f pl*, cuadras *f pl*.

rife /raɪf/ *adj* extendido -da, abundante: **corruption is rife within the government** abundan los casos de corrupción en el gobierno.

riffraff /ˈrɪfræf/ *n* (*fam*) chusma *f*.

rifle /ˈraɪfəl/ **I** *n* rifle *m*, fusil *m*.
II *vi* [**rifles, rifling, rifled**] hurgar: **I rifled** *through* **her handbag** hurgué en su bolso.
♦*vt* revolver: **he returned to find that his office had been rifled** al volver se encontró con que habían revuelto todo su despacho.

rift /rɪft/ *n* **1.** (*Geol*) grieta *f*. **2.** (*in relationship*): **this caused a rift** *between* **the leadership and the rest of the party** esto provocó una división entre los líderes y el resto del partido.

rig /rɪg/ **I** *n* **1.** (*Naut*) aparejo *m*. **2.** (*también* **oil rig**) (*at sea*) plataforma *f* petrolífera; (*on land*) torre *f* de perforación.
II *vt* [**rigs, rigging, rigged**] amañar: **they were accused of rigging the ballot** los acusaron de amañar la votación.
to **rig up** *vt* improvisar: **they rigged up a system of pulleys** improvisaron un sistema de poleas.

rigging /ˈrɪgɪŋ/ *n* (*Naut*) jarcias *f pl*.

right /raɪt/ **I** *adj* **1.** (*not left*) derecho -cha: **she sprained her right wrist** se torció la muñeca derecha. **2.** (*correct*) correcto -ta: **is that the right answer?** ¿es la respuesta correcta?; **what's the right time?** ¿qué hora es exactamente?; **have you got the right money?** ¿tienes el dinero exacto?; **you were right** *about* **him being late** tenías razón en que llegaría tarde; **you're absolutely right** tienes toda la razón; **this mistake will be difficult to put right** este error será difícil de corregir; **they got it right first time** acertaron a la primera • **"You must be Dave." "That's right."** "Tú debes de ser Dave." "Sí." ✱ "Así es." • **"See you at two thirty then?" "Right you are."** "¿Hasta las dos y media entonces?" "De acuerdo." **3.** (*appropriate*) apropiado -da: **she wasn't the right person for the job** no era la persona apropiada para el trabajo; **this isn't the right key** ésta no es la llave; **those curtains don't look right** esas cortinas no quedan bien. **4.** (*opportune*) oportuno -na: **you've arrived just at the right moment** has llegado en el momento oportuno. **5.** (*fair, proper*): **it's not right testing cosmetics on animals** no está bien probar los cosméticos con animales; **he was right to complain** hizo bien en quejarse. **6.** (*working, in a fit state*): **this car has never been right since we bought it** este coche no ha funcionado bien desde que lo compramos; **she didn't feel quite right** no se sentía del todo bien. **7.** (*fam*: *used for emphasis*): **the carpet was in a right state** la alfombra estaba sucísima; **they left the house in a right mess** dejaron la casa patas arriba.
II *adv* **1.** (*referring to direction*) a la derecha: **when you get to the lights, turn right** cuando llegues al semáforo, gira a la derecha; (*on roadsign*): **keep right** circulen por la derecha. **2.** (*exactly: in space*) justo: **it's right behind you** está justo detrás tuyo; **they were right on the edge of the cliff** estaban en el mismo borde del acantilado; **it hit her right in the face** le dio en toda la cara; (*: in time*) justo: **all this happened right before my exams** todo esto pasó justo antes de los exámenes; **do you need it right now?** ¿lo necesitas ahora mismo?; **we had to go right back to the beginning** tuvimos que volver al principio de todo. **3.** (*correctly*) bien: **no one guessed right** nadie lo acertó; **everything seems to be going right for them** parece que todo les está saliendo bien. **4.** (*used to punctuate dialogue*): **right, shall we go?** bueno, ¿nos vamos?; **right then, that's settled** muy bien, está decidido entonces.
III *n* **1.** (*of position, direction*) derecha *f*: **she's the one** *on* **the right** es la (chica) que está a la derecha; **the church is** *on* **your right** la iglesia está a la derecha ✱ a su derecha; **take the first right** toma la primera calle ✱ el primer desvío a la derecha. **2. the right, the Right** (*Pol*) la derecha: **those on the right of the party don't agree** el ala derecha del partido no está de acuerdo. **3.** (*correctness*) bien *m*: **in a case like this, there's no clear right and wrong** en un caso así, el bien y el mal no están claramente definidos • **who's in the right?** ¿quién tiene la razón? **4.** (*Law: justification*) derecho *m*: **you have no right to treat him like that** no tienes ningún derecho a tratarlo así; **she has every right to feel hurt** tiene todo el derecho a ✱ de sentirse ofendida • **she's an artist in her own right** es artista por derecho propio • **you'd be perfectly within your rights if you refused to pay** estaría usted en su perfecto derecho de no pagar • **by rights it should be you cleaning it up** lo justo sería que lo limpiaras tú • **we spent an hour putting the room to rights** pasamos una hora poniendo la habitación en condiciones • **we put the world to rights and then went out for a drink** estuvimos hablando de todos los problemas habidos y por haber y luego nos fuimos a tomar algo.
IV *vt* [**rights, righting, righted**] **1.** (*to balance*): **he nearly fell over but managed to right himself** estuvo a punto de caerse, pero logró enderezarse. **2.** (*to correct*) enmendar.
right angle *n* ángulo *m* recto.
right away *adv* enseguida: **I'll put it in the post right away** se lo envío enseguida.
right-hand *adj* derecho -cha: **there's a church on the right-hand side** hay una iglesia a mano derecha.
right-hand drive *adj* con el volante a la derecha.
right-handed *adj* diestro -tra.
right-hand man *n* (*assistant*) brazo *m* derecho.
right of way *n* [**rights of way**] (*on footpath*) derecho *m* de paso; (*in traffic flow*) preferencia *f*.
right wing (*Pol*) **I** *n* ala *f* derecha [takes ***el*** or ***un*** in singular].
II *adj* (*también* **right-wing**) derechista, de derechas: **they are very right wing** son muy de derechas.
right-winger *n* (*Pol*) derechista *m/f*.

righteous /ˈraɪtʃəs/ *adj* **1.** (*person*) recto -ta. **2.** (*indignation*) justo -ta.

righteousness /ˈraɪtʃəsnəs/ *n* rectitud *f*.

rightful /ˈraɪtfʊl/ *adj* legítimo -ma: **he was the rightful heir to the throne** era el heredero legítimo al trono; **the paintings were restored to their rightful place** devolvieron los cuadros al lugar que les correspondía.

rightfully /ˈraɪtfʊlɪ/ *adv* legítimamente.

rightly /ˈraɪtlɪ/ *adv* **1.** (*correctly*) correctamente: **he thought, quite rightly, that they had left** pensó, con razón, que se habían ido; **if I remember rightly, her name was Sophie** si no recuerdo mal, se llamaba Sophie; **as you have rightly said...** como muy bien has dicho... • **he lost his licence, and rightly so!** le quitaron el permiso de conducir, ¡y con razón! **2.** (*fam: exactly*) exactamente: **"What time did he arrive?" "I don't rightly know."** "¿A qué hora llegó?" "No lo sé exactamente"

rigid /ˈrɪdʒɪd/ *adj* **1.** (*stiff*) rígido -da, duro -ra. **2.** (*severe, inflexible*) estricto -ta, rígido -da.

rigidity /rɪˈdʒɪdətɪ/ *n* rigidez *f*.

rigidly /ˈrɪdʒɪdlɪ/ *adv* rígidamente.

rigmarole /ˈrɪgmərəʊl/ *n* (*gen*) follón *m*, lío *m*; (*paperwork*) papeleo *m*: **it was such a rigmarole applying for a permit!** ¡hubo que hacer tanto papeleo para solicitar el permiso!

rigor /ˈrɪgə/ *n* (*US*) ⇨ rigour

rigorous /ˈrɪgərəs/ *adj* riguroso -sa.

rigorously /ˈrɪgərəslɪ/ *adv* rigurosamente, con rigor.

rigour /ˈrɪgə/ *n* rigor *m*: **they were not equipped for the rigours of the climate** no estaban preparados para los rigores del clima.

rile /raɪl/ *vt* [**riles, riling, riled**] (*fam*) irritar: **he gets riled** *over* **nothing** se irrita por cualquier tontería.

rim /rɪm/ *n* **1.** (*of cup, volcano*) borde *m*. **2.** (*of spectacles*) montura *f*, armazón *m* ∗ *f*. **3.** (*también* **wheel rim**) (*of bicycle*) aro *m*; (*of car*) llanta *f*.

rind /raɪnd/ *n* (*of lemon, cheese, bacon*) corteza *f*.

ring /rɪŋ/ **I** *n* **1.** (*of metal: gen*) aro *m*; (*: piece of jewellery*) anillo *m*; (*: for curtains*) argolla *f*. **2.** (*shape*) círculo *m*; (*under eyes*) ojera *f* • **she can run rings round me at chess** en ajedrez me da cien mil vueltas. **3.** (*of people*) corro *m*, círculo *m*. **4.** (*of criminals*) red *f*. **5.** (*at circus*) pista *f*; (*for boxing*) ring *m*, cuadrilátero *m*. **6.** (*también* **bullring**) ruedo *m*. **7.** (*of bell*) toque *m* • **the title had a certain ring to it** el título sonaba bien. **8.** (*fam: telephone call*): **I'll give you a ring at the weekend** te llamaré este fin de semana.

II *vt* **1.** [**rings, ringing, rang,** *participio pasado* **rung**] (*a bell*) tocar: **I rang the doorbell but no one answered** llamé al ∗ toqué el timbre pero nadie contestó; (*on telephone*) llamar (por teléfono): **I rang you earlier** te llamé antes. **2.** [**rings, ringing, ringed**] (*to put a ring around*) marcar con un círculo: **ring the correct answer** marcar la respuesta correcta con un círculo; (*to form a ring around*) rodear: **the troops ringed the area** las tropas rodearon la zona.

♦*vi* [**rings, ringing, rang,** *participio pasado* **rung**] **1.** (*doorbell, telephone*) sonar: **is that the phone ringing?** ¿está sonando el teléfono? • **his excuse didn't ring true** su excusa no era convincente. **2.** (*person*) llamar (por teléfono): **what time did you ring?** ¿a qué hora llamaste?; **she rang** *for* **the maid** llamó a la criada. **3.** (*ears*) zumbar.

to **ring back** *vt* (*to call again*) volver a llamar; (*to return a call to*) devolverle la llamada a.

♦*vi* (*to call again*) volver a llamar; (*to return a call*): **I left a message but she didn't ring back** dejé un recado pero no me devolvió la llamada.

to **ring off** *vi* colgar.

to **ring out** *vi* resonar: **her voice rang out in the empty hall** su voz resonó en la sala vacía.

to **ring up** *vt/i* llamar (por teléfono).

ring finger *n* dedo *m* anular.

ringleader *n* cabecilla *m/f*.

ringmaster *n* maestro -tra *m/f* de ceremonias (*en un circo*).

ring road *n* (*GB*) (carretera *f* de) circunvalación *f*.

ringside *n* primera fila *f*.

ringlet /ˈrɪŋlɪt/ *n* tirabuzón *m*, bucle *m*.

rink /rɪŋk/ *n* (*for ice-skating*) pista *f* (de hielo); (*for roller-skating*) pista *f* (de patinaje).

rinse /rɪns/ **I** *vt* [**rinses, rinsing, rinsed**] (*to remove soap from*) enjuagar, aclarar; (*to clean out*) enjuagar: **she rinsed the glasses** *out* enjuagó los vasos; **use this liquid to rinse your mouth** utilice este líquido para enjuagarse la boca.

II *n* **1.** (*in water*) enjuague *m*. **2.** (*for hair*) tinte *m* (*para el pelo*).

riot /ˈraɪət/ **I** *n* **1.** (*violent uprising: gen*) disturbios *m pl*: **there was a riot in the city centre** se produjeron disturbios en el centro de la ciudad • **groups of teenagers ran riot in the town** grupos de jóvenes provocaron disturbios en la ciudad; (*: in prison*) motín *m*. **2.** (*fam: good fun*): **the party was a riot!** ¡nos lo pasamos bomba en la fiesta!

II *vi* [**riots, rioting, rioted**] causar disturbios.

riot police *n* policía *f* antidisturbios.

rioter /ˈraɪətə/ *n* (*gen*) alborotador -dora *m/f*, causante *m/f* de disturbios; (*in prison*) amotinado -da *m/f*.

riotous /ˈraɪətəs/ *adj* **1.** (*crowd*) desmandado -da; (*behaviour*) revoltoso -sa. **2.** (*boisterous*) bullicioso -sa; (*very funny*) comiquísimo -ma.

RIP /a:raɪˈpi:/ (*abreviatura de* **rest in peace**) q.e.p.d. (que en paz descanse); RIP (requiescat in pace).

rip /rɪp/ **I** *n* desgarrón *m*, rasgón *m*.

II *vt* [**rips, ripping, ripped**] **1.** (*to tear*) rasgar. **2.** (*to snatch*) arrancar: **she ripped her coat** *out of* **my hands and stormed out** me arrancó ∗ me arrebató el abrigo de las manos y se fue hecha una furia.

♦*vi* rasgarse: **his jeans ripped at the knee** se le rasgaron los vaqueros en la rodilla.

to **rip off** *vt* (*fam*) timar, estafar: **they try to rip the tourists off** tratan de timar a los turistas.

to **rip up** *vt* romper: **he ripped her photo up** rompió su foto en pedazos.

ripcord *n* cordón *m* de apertura.

rip-off *n* (*fam*) timo *m*, estafa *f*.

ripe /raɪp/ *adj* **1.** (*fruit, crops*) maduro -ra. **2.** (*ready*): **the situation is ripe** *for* **revolution** están dadas las circunstancias para que estalle una revolución; **the time is ripe** *for* **us to leave** ha llegado el momento oportuno para que nos vayamos.

ripen /ˈraɪpən/ *vt* [**ripens, ripening, ripened**] madurar.

♦*vi* madurar.

ripple /ˈrɪpəl/ **I** *n* (*in water*) onda *f*: **there was a ripple of applause** se oyó un breve aplauso.

II *vt* [**ripples, rippling, rippled**] rizar, ondular.

♦*vi* rizarse.

rise /raɪz/ **I** *n* **1.** (*gen*) aumento *m*, incremento *m*: **there was a rise** *in* **the crime rate** hubo un aumento del índice de criminalidad; (*in prices*) aumento *m*, subida *f*, alza *f* [takes ***el*** or ***un*** in singular]. **2.** (*pay increase*) aumento *m* (de sueldo): **she was given a rise in April** le subieron el sueldo en abril. **3.** (*slope*) elevación *f* del terreno, colina *f*. **4.** (*emergence, development*) surgimiento *m*: **the rise of Japan as an industrial power** el surgimiento de Japón como potencia industrial; (*in career*) ascenso *m*: **the book charts his rise to stardom** el libro relata su ascenso al estrellato • **these conditions gave rise to the famine** estas condiciones llevaron ∗ condujeron a la hambruna • **this gave rise to the belief that...** esto dio origen ∗ dio lugar a la creencia de que...

II *vi* [**rises, rising, rose,** *participio pasado* **risen**] **1.** (*gen*) subir: **the cake didn't rise** el pastel no subió ∗ no creció; **the colour rose to his cheeks** se le subieron los colores • **you have to rise above that kind of thing** tienes que estar por encima de ese tipo de cosa. **2.** (*to increase: figure, temperature*) aumentar:

unemployment is still rising sigue aumentando el desempleo; (*: price*) subir, aumentar; (*: goods*): **coffee has risen** *in* **price** el café ha aumentado * subido de precio. **3.** (*in career*) ascender: **she rose rapidly to the post of director** ascendió rápidamente al puesto de directora; **he had risen to fame in the sixties** había alcanzado la fama en los sesenta. **4.** (*to stand up*) ponerse de pie: **they rose to sing the national anthem** se pusieron de pie para entonar el himno nacional. **5.** (*building, mountain*) elevarse, erguirse: **the tower rises above the village** la torre se eleva por encima del pueblo. **6.** (*sun, moon*) salir: **what time does the sun rise?** ¿a qué hora sale el sol? **7.** (*sound: to get louder*) aumentar de volumen; (*: to get higher*) subir de tono: **the sound rose to a high-pitched whistle** el sonido subió de tono hasta convertirse en un agudo pitido. **8.** (*frml: to get out of bed*) levantarse: **he rose at six** se levantó a las seis. **9.** (*to rebel*) levantarse, alzarse: **the people rose** (*up*) **against the tyrant** el pueblo se levantó contra el tirano. **10.** (*wind, storm*) arreciar: **the wind was rising** el viento arreciaba.

risen /ˈrɪzən/ *participio pasado de* ⇨ rise

rising /ˈraɪzɪŋ/ *adj* **1.** (*increasing*) en aumento, en alza: **he was complaining about rising prices** se quejaba de que los precios iban en aumento. **2.** (*ground*) en pendiente; (*tide*) creciente; (*sun*) naciente.

rising damp *n* humedad *f* (*que sube desde los cimientos*).

risk /rɪsk/ **I** *n* riesgo *m*: **I am not prepared to run * take that risk** no estoy dispuesto a correr ese riesgo; **every operation carries an element of risk** todas las operaciones conllevan cierto riesgo • **she put our lives at risk** puso nuestras vidas en peligro • **at the risk of seeming ignorant, what does that mean?** aun a riesgo de parecer ignorante, ¿qué quiere decir eso? • **you can leave it here at your own risk** puede dejarlo aquí bajo su propia responsabilidad • **they took a calculated risk** decidieron correr el riesgo.

II *vt* [**risks, risking, risked**] (*to endanger: life, health, money*) arriesgar: **she was prepared to risk everything** estaba decidida a arriesgarlo todo; (*to run the risk of*) arriesgarse a: **he risked losing his job** se arriesgaba a perder el trabajo.

risky /ˈrɪskɪ/ *adj* [**riskier, riskiest**] (*gen*) arriesgado -da; (*dangerous*) peligroso -sa: **motor racing is a risky business** el automovilismo deportivo es muy peligroso.

risotto /rɪˈzɒtəʊ/ *n*: *plato de arroz con verduras o carne.*

risqué /ˈrɪskeɪ/ *adj* (*joke*) picante, subido -da de tono; (*dress*) atrevido -da.

rissole /ˈrɪsəʊl/ *n* croqueta *f*.

rite /raɪt/ *n* rito *m* • **he was given the last rites** le dieron la extremaunción.

ritual /ˈrɪtjʊəl/ *adj, n* ritual *adj, m*.

rival /ˈraɪvəl/ **I** *n* rival *m/f*, adversario -ria *m/f*.

II *adj* rival: **a rival firm set up in the area** una empresa rival se estableció en la zona.

III *vt* [**rivals, rivalling, rivalled**] competir con: **I saw some horrible hats, but none to rival your mother's** vi unos sombreros horribles, pero ninguno se podía comparar con el de tu madre.

rivalry /ˈraɪvəlrɪ/ *n* [**rivalries**] rivalidad *f*.

river /ˈrɪvə/ *n* río *m* [*los británicos usan la palabra* ***river*** *delante del nombre de los ríos; los norteamericanos, detrás*]: **the River Severn** el río Severn; **the Mississippi River** el río Mississippi; (*GB*) **the River Amazon** * (*US*) **the Amazon River** el (río) Amazonas.

river bank *n* ribera *f*.

riverbed *n* lecho *m* (*de un río*).

River Plate *n* Río *m* de la Plata.

riverside *n* ribera *f*, margen *f*: **they went on a riverside walk** fueron a dar un paseo por la ribera.

rivet /ˈrɪvɪt/ **I** *n* remache *m*.

II *vt* [**rivets, riveting, riveted**] **1.** (*Eng*) remachar • **he was riveted to the spot** quedó clavado allí donde estaba. **2.** (*to fascinate*) fascinar: **we were riveted** *by* **the film** la película nos fascinó.

riveting /ˈrɪvɪtɪŋ/ *adj* fascinante.

RN /ɑːˈren/ *n* **1.** (*in GB*) (*abreviatura de* **Royal Navy**) *la marina de guerra británica*. **2.** (*in US*) (*abreviatura de* **registered nurse**) enfermero *m* diplomado, enfermera *f* diplomada.

roach /rəʊtʃ/ *n* (*apócope de* **cockroach**) [*pl* **roaches**] (*US: fam*) cucaracha *f*.

road /rəʊd/ *n* **1.** (*highway*) carretera *f*: **we sent the goods** *by* **road** mandamos la mercancía por carretera; **the narrow road that leads to the farm** el camino estrecho que lleva hasta la finca • **the country is on the road to ruin** el país va camino de la ruina. **2.** (*street*) calle *f*: **he stepped into the road without looking** empezó a cruzar la calle sin mirar; **we live** *across* **the road** vivimos enfrente. **3.** (*road surface*) calzada *f*, pavimento *m*.

road accident *n* accidente *m* de tráfico.

roadblock *n* control *m* policial.

road hog *n* (*fam*) conductor *m* desconsiderado, conductora *f* desconsiderada.

road network *n* red *f* viaria.

road safety *n* seguridad *f* en carretera.

roadside *n* borde *m* de la carretera: **there were people selling fruit** *by* * *at* **the roadside** había gente vendiendo fruta al borde de la carretera.

road tax *n* impuesto *m* de circulación.

roadway *n* calzada *f*.

road works *n pl* obras *f pl* (viales * de vialidad).

roadworthy *adj* (*vehicle*) *apto para circular*.

roam /rəʊm/ *vi* [**roams, roaming, roamed**] vagar.

♦*vt* vagar por, deambular por: **gangs of youths roamed the streets** grupos de jóvenes vagaban por las calles.

roar /rɔː/ **I** *vi* [**roars, roaring, roared**] (*animal*) rugir; (*person, sea*) bramar, rugir: **he roared with laughter at their jokes** se reía a carcajadas con sus chistes; **the motorbike roared** *off* **down the street** la moto salió calle abajo con un ruido atronador.

♦*vt* bramar, rugir: **get out of my sight! he roared** ¡fuera de aquí!, bramó * rugió.

II *n* (*of an animal, an engine*) rugido *m*; (*of traffic*) estruendo *m*; (*of person: in anger, pain*) bramido *m*, rugido *m*; (*: in encouragement*): **the runners were spurred on by the roars of the crowd** el clamor de la multitud animaba a los corredores.

roaring /ˈrɔːrɪŋ/ *adj* (*fire*) crepitante • **the play was a roaring success** la obra tuvo un éxito clamoroso.

roast /rəʊst/ **I** *vt* [**roasts, roasting, roasted**] (*meat*) asar; (*coffee beans, peanuts*) tostar.

♦*vi* **1.** (*meat*) asarse. **2.** (*fam: to be very hot*) asarse, achicharrarse: **I'm roasting** me estoy asando; **it's roasting in here!** hace un calor infernal aquí.

II *adj* (*meat*) asado -da.

III *n* asado *m*, carne *f* asada.

roast beef *n* rosbif *m*.

roast potatoes *n pl* patatas *f pl* al horno, (*Amér L*) papas *f pl* al horno.

rob /rɒb/ *vt* [**robs, robbing, robbed**] **1.** (*a shop, bank*) asaltar, robar; (*a person*) robarle a: **I've been robbed!** ¡me han robado!; **the old woman was robbed** *of* **her savings** a la anciana le robaron sus ahorros; **we were robbed** *of* **our right to protest** nos quitaron el derecho a protestar. **2.** (*fam: to cheat*) timar.

robber /'rɒbə/ *n* ladrón -drona *m/f*.

robbery /'rɒbərɪ/ *n* [**robberies**] robo *m*, atraco *m*: **they carried out a series of bank robberies** llevaron a cabo una serie de atracos a bancos; **she was arrested on a charge of robbery** la detuvieron acusada de robo • **their prices are daylight robbery!** ¡sus precios son un verdadero robo!

robe /rəʊb/ *n* **1.** (*worn by king or queen*) manto *m*; (*worn by academics, judges*) toga *f*; (*worn by mayor*) traje *m* de ceremonias. **2.** (*long dress*) vestido *m*. **3.** (*también* **bathrobe**) albornoz *m*, (*Amér L*) bata *f* de baño.

robin /'rɒbɪn/ *n* petirrojo *m*.

robot /'rəʊbɒt/ *n* robot *m*.

robust /rəʊ'bʌst/ *adj* (*person*) robusto -ta, fuerte: **she has a robust constitution** es de complexión robusta; (*material*) fuerte, resistente.

rock /rɒk/ **I** *n* **1.** (*material*) roca *f*. **2.** (*large stone*) roca *f*; (*cliff*) peñasco *m*, peñón *m*: **the Rock of Gibraltar** el Peñón de Gibraltar • **I'll have a vodka on the rocks** para mí un vodka con hielo • **their relationship has been on the rocks for ages** su relación anda mal desde hace tiempo. **3.** (*Mus*) rock *m*: **she's a rock singer** es cantante de rock. **4.** (*Culin*) *caramelo en forma de barra*.

II *vt* [**rocks, rocking, rocked**] **1.** (*gently*) mecer: **she was rocking the cradle and singing** mecía la cuna y cantaba. **2.** (*violently*) sacudir: **these events rocked the financial world** estos acontecimientos sacudieron * convulsionaron al mundo financiero.

♦ *vi* **1.** (*gently*) mecerse. **2.** (*violently*) sacudirse.

rock and roll, **rock 'n' roll** *n* rock and roll *m*, rocanrol *m*.

rock bottom *n*: **our spirits had reached rock bottom** teníamos la moral por los suelos, nuestra moral había tocado fondo; **rock-bottom prices** precios imbatibles.

rock climbing *n* escalada *f* en roca.

rocker /'rɒkə/ *n* **1.** (*Mus*) roquero -ra *m/f*. **2.** (*US: chair*) mecedora *f*. **3.** (*fam*): **he's off his rocker** está chiflado.

rockery /'rɒkərɪ/ *n* [**rockeries**] *jardín o parte de un jardín con rocas y plantas pequeñas*.

rocket /'rɒkɪt/ **I** *vi* [**rockets, rocketing, rocketed**] (*prices*) dispararse, subir vertiginosamente; (*popularity*): **the president's popularity rocketed** la popularidad del presidente subió como la espuma.

II *n* (*spaceship, missile, firework*) cohete *m*.

rocket launcher *n* lanzacohetes *m inv*.

Rockies /'rɒkɪz/ *n pl*: **the Rockies** * **the Rocky Mountains** las (Montañas) Rocosas.

rocking chair /'rɒkɪŋ tʃeə/ *n* mecedora *f*.

rocking horse /'rɒkɪŋ hɔːs/ *n* caballo *m* de balancín.

rocky /'rɒkɪ/ *adj* [**rockier, rockiest**] rocoso -sa.

rod /rɒd/ *n* **1.** (*gen*) barra *f*; (*less rigid*) vara *f*, varilla *f*. **2.** (*también* **fishing rod**) caña *f* (de pescar).

rode /rəʊd/ *pretérito de* ⇨ ride

rodent /'rəʊdənt/ *n* roedor *m*.

rodeo /'rəʊdɪəʊ/ *n* rodeo *m*.

roe /rəʊ/ *n* **1.** [*pl* **roe**] (*fish eggs*) hueva *f*. **2.** (*también* **roe deer**) (*Zool*) corzo -za *m/f*.

rogue /rəʊg/ *n* (*adult*) pillo -lla *m/f*, bribón -bona *m/f*; (*child*) pilluelo -la *m/f*, pícaro -ra *m/f*.

role /rəʊl/ *n* papel *m*: **she played the role of Lady Macbeth** interpretó el papel de Lady Macbeth; **what is the role of Britain in Europe?** ¿cuál es el papel * el rol de Gran Bretaña en Europa?

role-play *n* (*Educ*) dramatización *f*, role-play *m*.

roll /rəʊl/ **I** *n* **1.** (*gen*) rollo *m*: **that's the last roll of toilet paper** ése es el último rollo de papel higiénico; **look at those rolls of fat!** ¡mira esos rollos * esos michelines!; (*of film*) rollo *m*, carrete *m*: **we used three rolls of film** gastamos tres carretes * rollos de fotos; (*of cloth*) pieza *f*. **2.** (*of bread*) panecillo *m*: **a cheese roll** un bocadillo de queso (*en un panecillo*). **3.** (*sound: of drums*) redoble *m*; (*: of thunder*): **we heard the roll of thunder in the distance** oímos retumbar truenos a lo lejos. **4.** (*of names*) lista *f* • **the teacher called the roll** la profesora pasó lista. **5.** (*movement of a ship*) balanceo *m*.

II *vi* [**rolls, rolling, rolled**] **1.** (*gen*) rodar: **the lid rolled under the table** la tapa salió rodando y fue a parar debajo de la mesa. **2.** (*in mud, in pain*) revolcarse: **the hippo rolled in the mud** el hipopótamo se revolcaba en el barro. **3.** (*to curl*): **the hedgehog rolled** *into* **a ball** el erizo se hizo una bola • **they're rolling in it** están podridos de dinero. **4.** (*vehicle*): **truck after truck rolled** *off* **the ferry** camión tras camión salía del ferry; **the car started rolling downhill** el coche empezó a rodar cuesta abajo; (*ship*) balancearse; (*tears*): **the tears were rolling down his cheeks** las lágrimas le corrían por las mejillas. **5.** (*to make a loud noise: drums*) redoblar; (*: thunder*) retumbar.

♦ *vt* **1.** (*a ball, coin*) hacer rodar: **she rolled her eyes in mock horror** puso los ojos en blanco haciendo como que estaba horrorizada. **2.** (*maps, posters*) enrollar: **they rolled the carpet back** retiraron la alfombra enrollándola. **3.** (*a cigarette*) liar. **4.** (*pastry*) estirar: **roll the pastry** *(out)* **on a cool surface** estirar la masa sobre una superficie fría; (*grass*) pasarle el rodillo a; (*road surface*) apisonar.

to **roll about** *vi* rodar: **there's something rolling about in the boot** hay algo rodando en el maletero • **we were rolling about laughing** nos desternillábamos de risa.

to **roll by** *vi* (*time*) pasar.

to **roll in** *vi* llegar: **donations were rolling in** llovían donativos.

to **roll on** *vi* • **roll on the weekend!** ¡que llegue pronto el fin de semana!

to **roll over** *vi* darse la vuelta: **she rolled over and went back to sleep** se dio la vuelta y se volvió a dormir.

♦ *vt* darle la vuelta a.

to **roll up** *vt* (*paper, carpet*) enrollar; (*trousers, sleeves*) remangar: **he rolled his trousers up to cross the river** se remangó el pantalón * los bajos del pantalón para cruzar el río.

♦ *vi* **1.** (*paper, carpet*) enrollarse. **2.** (*into a ball*): **the hedgehog rolled up** *into* **a ball** el erizo se hizo una bola. **3.** (*fam: to turn up*) aparecer: **they rolled up two hours late without even an apology** aparecieron con dos horas de retraso sin disculparse siquiera.

roll call *n*: **we should take a roll call** deberíamos pasar lista.

roll-necked *adj* de cuello vuelto.

roll-on *n* desodorante *m* de bola, roll-on *m*.

roller /'rəʊlə/ *n* **1.** (*for hair*) rulo *m*. **2.** (*in machinery, for painting*) rodillo *m*. **3.** (*wave*) ola *f* grande.

roller blind *n* persiana *f* enrollable, estor *m*.

roller coaster *n* montaña *f* rusa.

roller hockey *n* hockey *m* sobre patines.

roller skate I *n* patín *m* (*de ruedas*).
II **roller-skate** *vi* [**roller-skates, roller-skating, roller-skated**] patinar (*sobre ruedas*).
roller-skating *n* patinaje *m* sobre ruedas.
rolling /ˈrəʊlɪŋ/ *adj* **1.** (*hills*) ondulado -da. **2.** (*movement, walk*) bamboleante.
rolling pin *n* rodillo *m* (*de cocina*).
rolling stock *n* parque *m* rodante (*conjunto de vagones, locomotoras, etc.*).
ROM /rɒm/ *n* (*abreviatura de* **read only memory**) ROM *f* (*memoria sólo de lectura*).
Roman /ˈrəʊmən/ *adj, n* romano -na *adj, m/f*.
Roman numeral *n* número *m* romano.
Roman Catholic /ˈrəʊmən ˈkæθəlɪk/ *adj, n* católico -ca *adj, m/f*: **the Roman Catholic Church** la Iglesia católica (y apostólica romana).
Roman Catholicism /ˈrəʊmən kəˈθɒlɪsɪzəm/ *n* catolicismo *m*.
romance /rəˈmæns/ *n* **1.** (*story*) historia *f* de amor: **she reads historical romances** lee novelas románticas de época. **2.** (*love interest*) romanticismo *m*: **he needs a bit of romance in his life** le hace falta un poco de romanticismo en su vida; (*relationship*) romance *m*, idilio *m*: **their romance captivated the nation** su romance cautivó al país. **3.** (*romantic appeal*) lo romántico.
romance language *n* lengua *f* románica * romance.
Romanesque /ˌrəʊməˈnesk/ *adj* románico -ca.
Romania /rʊˈmeɪnɪə/ *n* Rumanía *f*, Rumania *f*.
Romanian /rʊˈmeɪnɪən/ I *adj* rumano -na.
II *n* (*person*) rumano -na *m/f*; (*language*) rumano *m*.
romantic /rəʊˈmæntɪk/ *adj, n* romántico -ca *adj, m/f*.
romantically /rəʊˈmæntɪkəlɪ/ *adv* de manera romántica: **the magazine claims they are romantically involved** la revista afirma que están unidos sentimentalmente.
romanticism /rəʊˈmæntɪsɪzəm/ *n* romanticismo *m*.
romanticize /rəʊˈmæntɪsaɪz/ *vt* [**romanticizes, romanticizing, romanticized**] idealizar.
Rome /rəʊm/ *n* Roma *f* • **Rome wasn't built in a day** no se ganó Zamora en una hora • **when in Rome, do as the Romans do** donde fueres haz lo que vieres.
romp /rɒmp/ I *vi* [**romps, romping, romped**] jugar, retozar: **they were romping** *around* **like children** jugaban y correteaban como niños.
II *n* jugueteo *m*, retozo *m*.
roof /ru:f/ I *n* **1.** (*of building*) tejado *m*, (*Amér L*) techo *m*; (*of car*) techo *m* • **when I told her about it, she hit the roof** * **she went through the roof** cuando se lo dije, se subió por las paredes • **the price of petrol went through the roof** el precio de la gasolina se puso por las nubes • **they were left without a roof over their heads** se quedaron sin techo • **I don't want him under my roof** no quiero tenerlo en mi casa. **2.** (*Anat*): **the roof of the mouth** el paladar * el cielo de la boca.
II *vt* [**roofs, roofing, roofed**] techar: **the house was roofed with slate** la casa tenía tejado * (*Amér L*) techo de pizarra.
roof rack *n* baca *f*, portaequipajes *m inv*.
rooftop *n* tejado *m*, (*Amér L*) techo *m*: **a rooftop swimming pool** una piscina en la azotea.
roofing /ˈru:fɪŋ/ *n*: *material para techar*.
rook /rʊk/ *n* **1.** (*bird*) grajo *m*. **2.** (*chesspiece*) torre *f*.
rookie /ˈrʊkɪ/ *n* (*fam*) novato -ta *m/f*.
room /rʊm/ I *n* **1.** (*in house: gen*) habitación *f*, (*Amér L*) pieza *f*; (*: bedroom*) habitación *f*, cuarto *m*, (*Amér L*) pieza *f*; (*in hotel*): **how much does a double room cost?** ¿cuánto cuesta la habitación doble?; **he booked a room in a hotel** reservó una habitación en un hotel. **2.** (*space*) sitio *m*, lugar *m*: **there was no room for him in the car** no había sitio para él en el coche; **have you left any room for my clothes?** ¿me has dejado sitio para la ropa? • **the proposals didn't give us any room for manoeuvre** las propuestas no nos dejaban ninguna libertad de acción • **it's not bad but there's room for improvement** no está mal, pero podría mejorarse.
II *vi* [**rooms, rooming, roomed**] (*US*: *to lodge*) alojarse; (*: to share a room*) compartir habitación: **she roomed** *with* **my sister** compartía habitación con mi hermana.
roomful *n*: **he asked her to marry him in front of a roomful of people** le pidió que se casara con él en una habitación llena de gente.
roommate *n* compañero -ra *m/f* de habitación.
room service *n* servicio *m* de habitaciones.
room temperature *n* temperatura *f* ambiente.
roomy /ˈrʊmɪ/ *adj* [**roomier, roomiest**] espacioso -sa, amplio -plia.
roost /ru:st/ I *vi* [**roosts, roosting, roosted**] posarse.
II *n* percha *f* • **his mother rules the roost** su madre es la que lleva la batuta * la que dirige el cotarro.
rooster /ˈru:stə/ *n* gallo *m*.
root /ru:t/ I *n* raíz *f*: **she pulled the weeds up by the roots** arrancó las malas hierbas de raíz; **his roots are in Ireland** tiene sus raíces en Irlanda; **we still haven't got to the root of the problem** todavía no hemos llegado a la raíz del problema • **the plants took root** las plantas echaron raíces * arraigaron • **he finally put down roots in Glasgow** al final echó raíces en Glasgow.
II *vi* [**roots, rooting, rooted**] (*plant*) echar raíces, arraigar.
♦ *vt* • **they were rooted to the spot** se quedaron paralizados de miedo.
to **root about** * **around** *vi* hurgar: **she was rooting around in her bag for the keys** hurgaba en el bolso buscando las llaves.
to **root for** *vt* alentar: **the crowd was rooting for him** el público lo alentaba.
to **root out** *vt* erradicar, cortar de raíz: **they resolved to root out these prejudices** resolvieron erradicar estos prejuicios.
root vegetable *n* tubérculo *m* (*comestible*).
rooted /ˈru:tɪd/ *adj*: **the new owners have encountered deeply rooted prejudices** los nuevos dueños han encontrado prejuicios muy arraigados.
rootless /ˈru:tləs/ *adj* desarraigado -da.
rope /rəʊp/ I *n* (*gen*) cuerda *f*; (*thick*) soga *f*: **the boxes were tied together with rope** las cajas estaban atadas con una cuerda • **Sue will show you the ropes** Sue te enseñará lo que tienes que hacer • **he will need time to learn the ropes** necesitará tiempo para familiarizarse con todo • **they had the government on the ropes** tenían al gobierno contra las cuerdas.
II *vt* [**ropes, roping, roped**] atar con una cuerda: **they roped the bundles** *together* ataron los fardos con una cuerda.
to **rope into** *vt* enganchar: **I got roped into helping with the meal** me engancharon para que ayudara a hacer la comida.
to **rope off** *vt* acordonar.
rosary /ˈrəʊzərɪ/ *n* [**rosaries**] rosario *m*: **they said the**

rosary every evening rezaban el rosario todas las tardes.

rose /rəʊz/ **I** *pretérito de* ➪ rise
II *n* **1.** (*flower*) rosa *f.* **2.** (*colour*) rosa *m* • **he sees everything through rose-coloured glasses** lo ve todo de color de rosa.
rosebud *n* capullo *m* ✻ pimpollo *m* de rosa.
rose bush *n* rosal *m.*
rose garden *n* rosaleda *f.*
rosehip *n* escaramujo *m* (*fruto*).

rosé /ˈrəʊzeɪ/ *n* (vino *m*) rosado *m.*

rosemary /ˈrəʊzmərɪ/ *n* romero *m.*

rosette /rəʊˈzet/ *n* escarapela *f.*

roster /ˈrɒstə/ *n* lista *f* (de turnos).

rostrum /ˈrɒstrəm/ *n* [**rostrums** ✻ **rostra** /ˈrɒstrə/] tribuna *f*, estrado *m.*

rosy /ˈrəʊzɪ/ *adj* [**rosier, rosiest**] sonrosado -da: **look at those rosy cheeks!** ¡mira qué mejillas tan sonrosadas! • **the future doesn't look too rosy** las perspectivas de futuro no son muy halagüeñas.

rot /rɒt/ **I** *n* **1.** (*process of decay*) putrefacción *f*: **the beams showed signs of rot** había indicios de que las vigas estaban podridas • **the rot had already set in** las cosas ya habían empezado a ir cuesta abajo • **we need to stop the rot** tenemos que impedir que las cosas sigan por este camino. **2.** (*fam: rubbish*) tonterías *f pl*: **that's complete rot!** ¡son puras tonterías!
II *vt* [**rots, rotting, rotted**] (*gen*) pudrir; (*teeth*) cariar, picar.
♦*vi* pudrirse: **he was left to rot in jail** lo dejaron pudrirse en la cárcel.
to **rot away** *vi* pudrirse.
to **rot down** *vi* descomponerse.

rota /ˈrəʊtə/ *n* lista *f* (de turnos): **why don't we have a rota for the cleaning?** ¿por qué no nos turnamos para hacer la limpieza?

rotary /ˈrəʊtərɪ/ *adj* rotatorio -ria.

rotate /rəʊˈteɪt/ *vi* [**rotates, rotating, rotated**] **1.** (*to revolve*) girar, rotar: **the earth rotates on its axis** la Tierra gira sobre su propio eje. **2.** (*crops*) alternarse; (*people, in a job*) rotar.
♦*vt* **1.** (*to spin, turn*) hacer girar. **2.** (*crops*) alternar.

rotation /rəʊˈteɪʃən/ *n* rotación *f*: **they have introduced crop rotation** han empezado a hacer rotación de cultivos; **they are inspected** *in* **rotation** la inspección se lleva a cabo siguiendo un sistema de rotación.

rotor /ˈrəʊtə/ *n* rotor *m.*

rotten /ˈrɒtən/ *adj* **1.** (*decayed*) podrido -da. **2.** (*fam: awful: event, thing*) terrible, espantoso -sa: **I've had a rotten week** he tenido una semana terrible; (*: person*) malo -la: **lend it to him, don't be so rotten** préstaselo, no seas malo.

rotund /rəʊˈtʌnd/ *adj* (*frml: person*) voluminoso -sa.

rouble /ˈruːbəl/ *n* (*currency*) rublo *m.*

rouge /ruːʒ/ *n* colorete *m.*

rough /rʌf/ **I** *adj* **1.** (*approximate*) aproximado -da: **he had a rough idea of how much it would cost** tenía una idea aproximada de cuánto costaría; **she drew up a rough plan of action** trazó un plan a grandes líneas; **do I need to make a rough copy?** ¿tengo que hacerlo en borrador? **2.** (*uneven: road*) con baches; (*: surface*) desigual; (*: terrain*) agreste, accidentado -da. **3.** (*hands, skin*) áspero -ra. **4.** (*sea*) agitado -da: **it was a rough crossing** el mar estuvo muy agitado durante la travesía. **5.** (*difficult*) duro -ra: **it was a rough life in the mines** la vida en las minas era muy dura; **those were rough times for her** fue una época muy dura ✻ difícil para ella • **you have to take the rough with the smooth** hay que estar a las duras y a las maduras. **6.** (*fam: bad*): **he had too much to drink and felt rough the next day** bebió demasiado y al día siguiente se sentía fatal. **7.** (*treatment: hard*) duro -ra, severo -ra: **you were a bit rough** *on* **him** fuiste un poco duro con él; (*: unfair*) injusto -ta. **8.** (*violent*): **this is a rough area** ésta es una zona peligrosa; **she comes from a rough family** viene de una familia de gente violenta; (*not gentle*) brusco -ca: **don't be so rough** *with* **the little ones** no seas tan brusco con los pequeños.
II *adv* (*violently*): **the whole team plays rough** todo el equipo juega duro • **they ended up having to sleep rough** acabaron sin tener un lugar estable donde dormir.
III *n* **1.** (*in golf*) rough *m.* **2.** (*draft form*): **write it out** *in* **rough first** redáctalo en borrador primero.
IV *vt* [**roughs, roughing, roughed**] • **they had to rough it when they were students** tuvieron que pasar sin muchas comodidades en su época de estudiantes.
to **rough out** *vt*: **he roughed out a sketch of the cathedral** hizo un bosquejo de la catedral.
to **rough up** *vt* (*fam*) darle una paliza a: **they sent the boys round to rough him up** enviaron a sus matones para que le dieran una paliza.
rough-and-ready *adj* (*unsophisticated*) rudimentario -ria; (*hastily put together*) improvisado -da.
rough-and-tumble *n* juegos *m pl* bruscos.
rough diamond *n* diamante *m* en bruto.

roughage /ˈrʌfɪdʒ/ *n* (*Culin*) fibra *f.*

roughen /ˈrʌfən/ *vt* [**roughens, roughening, roughened**] poner áspero -ra, raspar.

roughly /ˈrʌflɪ/ *adv* **1.** (*approximately*) aproximadamente: **it will cost roughly thirty pounds** costará aproximadamente ✻ grosso modo treinta libras; **I know roughly where it is** sé dónde está más o menos. **2.** (*violently*) bruscamente: **he grabbed the child roughly by the arm** agarró al niño bruscamente por el brazo. **3.** (*in an incomplete way*): **the figure was roughly drawn** la figura estaba bosquejada ✻ esbozada.

roulette /ruːˈlet/ *n* ruleta *f.*

round /raʊnd/ **I** *adj* redondo -da: **she has a round face** tiene la cara redonda; **he's got round shoulders** es cargado de espaldas.
II *adv* **1.** (*in a circle*): **I've been going round and round looking for you** he estado dando vueltas buscándote; **he went round to the back of the house** se dirigió a la parte trasera de la casa; **they were just sitting round doing nothing** estaban sentados allí sin hacer nada; **it's open all year round** está abierto todo el año • **there's some nice countryside round about** la campiña es muy bonita en los alrededores • **it took us round about an hour to get there** nos llevó alrededor de una hora llegar allí. **2.** (*in the opposite direction*): **she turned round to face the wall** se dio la vuelta y se puso de cara a la pared • **you've got your T-shirt on the wrong way round** llevas la camiseta con lo de detrás para delante. **3.** (*at or to someone's house*): **he's round at Amanda's** está en casa de Amanda; **we invited them round for coffee** los invitamos a casa a tomar un café.
III *prep*: **the children were sitting round the teacher** los niños estaban sentados alrededor del profesor ✻ en torno al profesor; **the car went round the corner and we lost sight of it** el coche dobló la esquina y lo

perdimos de vista; **you're not from round here, are you?** tú no eres de por aquí, ¿verdad?

IV *n* **1.** (*of negotiations*) ronda *f*. **2.** (*of visits*): **we're doing the rounds of our relatives** estamos visitando a todos los parientes; **the consultant is doing a ward round** el especialista está pasando visita (*en una sala del hospital*). **3.** (*of drinks*) ronda *f*. **4.** (*of applause*): **let's have a round of applause for Sally** un aplauso para Sally. **5.** (*in competition*) vuelta *f*: **he got through to the second round** pasó a la segunda vuelta; (*in golf*) recorrido *m*: **anyone for a round of golf?** ¿quién quiere jugar al golf?; (*in boxing*) asalto *m*, round *m*: **he went ten rounds with Joe Bryson** duró diez asaltos con Joe Bryson. **6.** (*of bread*) rebanada *f*: **he had four rounds of toast** se comió cuatro tostadas. **7.** (*of ammunition*) cartucho *m*: **they fired several rounds** dispararon varias veces.

V *vt* [**rounds, rounding, rounded**] (*a corner*) doblar: **the runners rounded the last bend** los corredores doblaron la última curva.

to **round off** *vt* **1.** (*to make rounded*) redondear. **2.** (*to finish*) acabar: **they rounded off the show with a song** remataron el espectáculo con una canción.

to **round on** *vt* volverse contra.

to **round up** *vt* **1.** (*to gather together*) juntar: **could you round up the children so we can go?** ¿puedes juntar a los niños, así nos vamos? **2.** (*a figure*) redondear: **we rounded it up** *to* **a hundred pounds** lo redondeamos en cien libras, dijimos cien libras para redondear.

round-eyed *adj*: **they were round-eyed with astonishment** se les pusieron los ojos como platos del asombro.

round number *n* número *m* redondo.

round-shouldered *adj* cargado -da de espaldas.

round table *n* (*meeting*) mesa *f* redonda.

round-the-clock I *adj* de veinticuatro horas: **they organized a round-the-clock vigil** organizaron una vigilia de veinticuatro horas.

II round the clock *adv*: **open round the clock** abierto las veinticuatro horas • **we've worked round the clock** hemos trabajado día y noche.

round trip *n* viaje *m* de ida y vuelta.

roundup *n* **1.** (*of news*) resumen *m*. **2.** (*of animals*): **the cattle roundup takes place at sunset** reúnen el ganado al anochecer. **3.** (*of criminals*): **they organized a roundup of all the local drug pushers** organizaron una operación para arrestar a todos los traficantes de la zona.

roundabout /ˈraʊndəbaʊt/ **I** *n* **1.** (*for traffic*) rotonda *f*. **2.** (*in playground*) tiovivo *m*, carrusel *m*.

II *adj* indirecto -ta.

rounded /ˈraʊndɪd/ *adj* redondeado -da.

rounders /ˈraʊndəz/ *n [lleva el verbo en singular] juego parecido al béisbol*.

roundly /ˈraʊndlɪ/ *adv* (*to deny*) rotundamente.

rouse /raʊz/ *vt* [**rouses, rousing, roused**] (*frml*) **1.** (*to wake up*) despertar. **2.** (*feelings*) suscitar, despertar: **this roused feelings of anger among the students** esto suscitó la ira de los estudiantes. **3.** (*to fill with enthusiasm*) enardecer, exaltar: **the crowd was roused by his speech** su discurso enardeció a la multitud. **4.** (*to provoke*) provocar.

rousing /ˈraʊzɪŋ/ *adj* (*speech, music*) enardecedor -dora.

rout /raʊt/ **I** *vt* [**routs, routing, routed**] derrotar de forma aplastante.

II *n* derrota *f* aplastante.

route /ru:t/ **I** *n* **1.** (*gen*) ruta *f*, camino *m*: **we took the long route** fuimos por el camino más largo; (*of bus*) ruta *f*, recorrido *m*: **is the school** *on* **a bus route?** ¿hay algún autobús que pase por la escuela? **2. Route** (*US*) carretera *f* nacional.

II *vt* [**routes, routing, routed**] (*goods, a plane*) mandar.

routine /ru:ˈti:n/ **I** *n* **1.** (*habit*) rutina *f*: **we soon got into a routine** pronto nos acostumbramos a una rutina. **2.** (*Ent: performance*) número *m*.

II *adj* **1.** (*straightforward*) de rutina: **it is just a routine operation** no es más que una operación de rutina. **2.** (*boring*) rutinario -ria, monótono -na.

rove /rəʊv/ *vi* [**roves, roving, roved**] (*frml*) errar, vagar.

♦ *vt* recorrer, errar por.

row I *vi* [**rows, rowing, rowed**] **1.** /rəʊ/ (*in a boat*) remar: **they rowed across the lake** cruzaron el lago remando ✻ a remo. **2.** /raʊ/ (*to argue*) reñir, pelear: **she rowed** *with* **her boyfriend** se peleó con el novio.

♦ *vt* /rəʊ/ (*a boat*): **he rowed the boat upstream** remó río arriba.

II *n* **1.** /rəʊ/ (*of seats, people*) fila *f*: **they were sitting in the front row** estaban sentados en (la) primera fila; (*of trees, houses*) hilera *f* • **she won four competitions in a row** ganó cuatro concursos seguidos. **2.** /rəʊ/ (*in knitting*) pasada *f*. **3.** /raʊ/ (*argument*) riña *f*, pelea *f*: **they had a row** *about* **something silly** riñeron por una cosa sin importancia. **4.** /raʊ/ (*loud noise*) jaleo *m*: **they were making a real row upstairs** los de arriba estaban armando un jaleo tremendo. **5.** /rəʊ/ (*in a boat*): **shall we go for a row?** ¿vamos a dar una vuelta en bote?

rowboat /ˈrəʊbəʊt/ *n* (*US*) bote *m* de remos.

rowdy /ˈraʊdɪ/ *adj* [**rowdier, rowdiest**] (*person, party*) escandaloso -sa, ruidoso -sa.

rower /ˈrəʊə/ *n* remero -ra *m/f*.

rowing /ˈrəʊɪŋ/ *n* remo *m*.

rowing boat *n* bote *m* de remos.

royal /ˈrɔɪəl/ **I** *adj* real.

II the Royals *n pl* la familia real, la realeza.

Royal Air Force *n* (*in GB*) **the Royal Air Force** *la fuerza aérea británica*.

royal blue *n* azulón *m*.

Royal Highness *n*: **Her Royal Highness, Princess Mary** su Alteza Real, la Princesa María; **welcome to Britain, Your Royal Highness** bienvenido a Gran Bretaña, su Alteza.

Royal Navy *n* (*in GB*) **the Royal Navy** *la marina de guerra británica*.

royalist /ˈrɔɪəlɪst/ *adj*, *n* monárquico -ca *adj*, *m/f*.

royalty /ˈrɔɪəltɪ/ **I** *n* [**royalties**] (*royal people*) la realeza, la familia real: **she's not royalty** no es miembro de la realeza ✻ de la familia real.

II royalties *n pl* (*payment: to author*) derechos *m pl* de autor, royalties *m pl*; (*: to inventor*) royalties *m pl*.

rpm /a:pi:ˈem/ *n* (*abreviatura de* **revolutions per minute**) r.p.m. (revoluciones por minuto).

RRP /ɑ:rɑ:ˈpi:/ *n* (*abreviatura de* **Recommended Retail Price**) PVP *m* (precio de venta al público).

RSPCA /ɑ:respi:si:ˈeɪ/ *n* (*in GB*) (*abreviatura de* **Royal Society for the Prevention of Cruelty to Animals**) *sociedad protectora de animales*.

RSVP /ɑ:resvi:ˈpi:/ (*abreviatura de* **répondez s'il vous plaît**) (*please reply*) S.R.C. (se ruega contestación).

rub /rʌb/ **I** *vt* [**rubs, rubbing, rubbed**] (*gen*) frotar: **when he rubbed the lamp, a genie appeared** al frotar la lámpara, apareció un genio; **she rubbed some ointment** *on* ✻ *onto* **her knee** se hizo fricciones

✻ se dio friegas con ungüento en la rodilla; (*to scrub*) restregar, refregar.

♦*vi* rozar: **these shoes are rubbing** estos zapatos me rozan; **the wheel rubs** *against* **the fork** la rueda roza con la horquilla.

II *n*: **she gave her shoes a rub with a cloth** se limpió los zapatos frotándolos con un trapo.

to **rub down** *vt* (*with a towel*) secar (*frotando*); (*before painting*) lijar.

to **rub in** *vt* (*ointment*) aplicar (*frotando*) • **I know I was wrong, there's no need to rub it in!** ya sé que estaba equivocado, no hace falta que me lo estés restregando ✻ refregando por las narices.

to **rub off** *vt* (*a mark, stain*) quitar (*frotando o restregando*).

♦*vi*: **the varnish has rubbed off** el barniz se ha ido quitando (con el roce) • **his politeness doesn't seem to have rubbed off on you** no parece que su buena educación se te haya pegado.

to **rub out** *vt* borrar.

♦*vi* borrarse.

rubber /ˈrʌbə/ *n* **1.** (*substance*) goma *f*, caucho *m*: **rubber-soled shoes** zapatos con suela de goma. **2.** (*GB*: *for pencil, ink*) goma *f* (de borrar). **3.** (*también* **board rubber**) (*GB*) borrador *m*. **4.** (*US*: *fam, condom*) preservativo *m*, condón *m*.

rubber band *n* goma *f* (elástica).

rubber plant *n* ficus *m inv*.

rubbery /ˈrʌbərɪ/ *adj* (*substance, texture*) gomoso -sa; (*meat*) correoso -sa.

rubbish /ˈrʌbɪʃ/ *n* basura *f*: **put the rubbish in this sack** mete la basura en este saco; **she was talking rubbish** no decía más que tonterías; **rubbish! he doesn't even know her** ¡naranjas de la China!, ni siquiera la conoce.

rubbish dump *n* vertedero *m*, basurero *m*.

rubbishy /ˈrʌbɪʃɪ/ *adj* (*fam*) de mala calidad, malo -la.

rubble /ˈrʌbəl/ *n* escombros *m pl*: **the building was reduced to rubble** el edificio quedó reducido a escombros.

rubella /ruːˈbelə/ *n* rubeola *f*.

ruby /ˈruːbɪ/ *n* [**rubies**] rubí *m*: **a ruby bracelet** una pulsera de rubíes ✻ rubís.

RUC /aːjuːˈsiː/ *n* (*abreviatura de* **Royal Ulster Constabulary**) *cuerpo de policía de Irlanda del Norte*.

rucked up /rʌkt ʌp/ *adj* plegado -da.

rucksack /ˈrʌksæk/ *n* mochila *f*.

rudder /ˈrʌdə/ *n* timón *m*.

ruddy /ˈrʌdɪ/ *adj* [**ruddier, ruddiest**] rubicundo -da.

rude /ruːd/ *adj* **1.** (*ill-mannered: person*) grosero -ra, maleducado -da: **he is the rudest man I've ever met** es el hombre más maleducado que he conocido en mi vida; **she was very rude** *to* **a customer** fue ✻ estuvo muy grosera con un cliente; (*: behaviour*) grosero -ra: **don't do that, it's rude** no hagas eso, es de mala educación ✻ es una grosería. **2.** (*joke, book: saucy*) picante; (*: obscene*) grosero -ra; (*gesture*) grosero -ra; (*word, expression*) malsonante, grosero -ra: **he used rude words** usó palabras malsonantes ✻ palabrotas. **3.** (*health*) excelente.

rudely /ˈruːdlɪ/ *adv* (*impolitely*) groseramente; (*unpleasantly*): **I was rudely awakened by a loud noise** un ruido fuerte me despertó bruscamente.

rudeness /ˈruːdnəs/ *n* (*of person*) grosería *f*, mala educación *f*; (*of manner*) grosería *f*; (*of joke, story: sauciness*) lo picante; (*: obscenity*) lo grosero; (*of shock, awakening*) brusquedad *f*.

rudimentary /ˌruːdɪˈmentərɪ/ *adj* básico -ca, rudimentario -ria.

rudiments /ˈruːdɪmənts/ *n pl* conocimientos *m pl* básicos, rudimentos *m pl*.

rue /ruː/ *vt* [**rues, ruing, rued**] (*frml*) lamentar: **I rue the day I met you** maldigo la hora en que te conocí.

rueful /ˈruːfʊl/ *adj* (*frml*) compungido -da.

ruff /rʌf/ *n* **1.** (*Clothing*) gorguera *f*. **2.** (*Zool*) collarín *m*.

ruffian /ˈrʌfɪən/ *n* rufián *m*.

ruffle /ˈrʌfəl/ **I** *n* (*on cuff, neck*) volante *m*; (*on shirt front*) chorrera *f*.

II *vt* [**ruffles, ruffling, ruffled**] **1.** (*hair*) alborotar; (*feathers*) erizar. **2.** (*to upset*) alterar.

ruffled /ˈrʌfəld/ *adj* **1.** (*hair*) alborotado -da; (*feathers*) erizado -da. **2.** (*upset*) alterado -da.

rug /rʌg/ *n* (*for floor*) alfombra *f*; (*blanket*) manta *f* (de viaje).

rugby /ˈrʌgbɪ/ *n* rugby *m*.

rugby league *n*: *rugby profesional, con equipos de trece jugadores*.

rugby union *n*: *rugby no profesional, con equipos de quince jugadores*.

rugged /ˈrʌgɪd/ *adj* **1.** (*terrain*) agreste, accidentado -da; (*mountains*) escarpado -da. **2.** (*features*) duro -ra; (*character, manners*) tosco -ca.

rugger /ˈrʌgə/ *n* (*fam*) rugby *m*.

ruin /ˈruːɪn/ **I** *n* **1.** (*of building*) ruina *f*: **we visited the Roman ruins in Mérida** visitamos las ruinas romanas de Mérida • **the building was in ruins** el edificio estaba en ruinas • **their reputation is in ruins** su reputación ha quedado arruinada. **2.** (*financial*) ruina *f*, bancarrota *f*: **this could mean ruin for the company** esto podría ser la ruina de la empresa.

II *vt* [**ruins, ruining, ruined**] **1.** (*to spoil*) estropear, arruinar: **he ruined his best suit** arruinó su mejor traje; (*health*) arruinar. **2.** (*to bankrupt*) llevar a la bancarrota, arruinar: **another war would ruin the country** otra guerra llevaría al país a la bancarrota.

ruinous /ˈruːɪnəs/ *adj* ruinoso -sa.

rule /ruːl/ **I** *n* **1.** (*regulation*) regla *f*, norma *f*: **you have to abide by the rules of the game** hay que seguir las reglas del juego; **he's not familiar with the rules** no está familiarizado con el reglamento ✻ con las reglas • **she is very quiet, as a rule** por lo general es muy callada • **as a general rule we eat at home** por regla general comemos en casa • **as a rule of thumb, the journey takes two hours** yo diría que el viaje lleva aproximadamente dos horas • **you forgot the golden rule** te olvidaste de la regla de oro • **we bent the rules to let her in** hicimos una excepción para admitirla. **2.** (*government*) gobierno *m*: **after fifteen years of Conservative rule** después de quince años de gobierno conservador; (*reign*) reinado *m*: **during Henry V's rule** durante el reinado de Enrique V; (*control*) dominio *m*: **the territory was** *under* **Spanish rule** el territorio estaba bajo dominio español. **3.** (*for measuring*) regla *f*.

II *vt* [**rules, ruling, ruled**] **1.** (*to govern: party, dictator*) gobernar; (*: monarch*) reinar en: **Queen Victoria ruled Britain for more than sixty years** la reina Victoria reinó en Gran Bretaña durante más de sesenta años • **I won't let his jealousy rule my life** no voy a dejar que sus celos dominen mi vida. **2.** (*to decide, pronounce*) dictaminar, determinar. **3.** (*a line*) trazar (*con una regla*).

♦*vi* (*party, dictator*) gobernar; (*monarch*) reinar: **he ruled** *over* **an unstable empire** reinó durante un periodo inestable del imperio.

to **rule out** *vt* descartar: **the government has ruled**

out a referendum el gobierno ha descartado la posibilidad de un referéndum.

ruler /ˈruːlə/ *n* **1.** (*for measuring*) regla *f*. **2.** (*president, dictator*) gobernante *m/f*; (*monarch*) soberano -na *m/f*.

ruling /ˈruːlɪŋ/ **I** *adj* **1.** (*party, dictator*) en el poder, gobernante: **this was a threat to the ruling Social Democrats** esto significaba una amenaza para los socialdemócratas que estaban en el poder; (*monarch*) reinante. **2.** (*foremost*) dominante.

II *n* fallo *m*: **they will appeal against the court's ruling** apelarán contra el fallo del tribunal.

rum /rʌm/ *n* ron *m*.

Rumania /ruːˈmeɪnɪə/ *n* ⇨ Romania

Rumanian /ruːˈmeɪnɪən/ *adj*, *n* ⇨ Romanian

rumble /ˈrʌmbəl/ **I** *n* (*of traffic, volcano, etc.*) ruido *m* sordo: **we heard the rumble of thunder** oímos truenos.

II *vi* [**rumbles, rumbling, rumbled**] (*thunder*) retumbar; (*volcano*) emitir un ruido sordo: **the lorry rumbled past** el camión pasó retumbando; (*stomach*): **my stomach is rumbling** me suenan las tripas.

♦*vt* (*fam*: *a person*) pescar, descubrir; (*: a scheme*) descubrir.

rumbling /ˈrʌmblɪŋ/ **I** *n* ruido *m* sordo.

II rumblings *n pl* (*rumours*): **there were rumblings about military action** se hablaba de una intervención militar.

ruminant /ˈruːmɪnənt/ *n* rumiante *m*.

ruminate /ˈruːmɪneɪt/ *vi* [**ruminates, ruminating, ruminated**] **1.** (*animal*) rumiar. **2.** (*frml*: *to think*) cavilar, rumiar.

rummage /ˈrʌmɪdʒ/ *vi* [**rummaged, rummaging, rummaged**] revolver: **he was rummaging** *around* **in the suitcase for his socks** estaba revolviendo en la maleta buscando los calcetines.

rummy /ˈrʌmɪ/ *n* rummy *m*.

rumour, (*US*) **rumor** /ˈruːmə/ **I** *n* rumor *m*: **there's a rumour * rumour has it (that) the price is going up** corre el rumor de que * se rumorea que va a subir el precio.

II *vt* [*sólo se usa en voz pasiva*]: **it is rumoured he is retiring** corre el rumor de que * se rumorea que se va a jubilar.

rump /rʌmp/ *n* (*of horse*) ancas *f pl*, grupa *f*; (*of cow*) cadera *f*; (*fam*: *of person*) trasero *m*.

rump steak *n* filete *m* de ternera (*del cuarto trasero*), (*Arg, Urug*) churrasco *m* de cuadril.

rumple /ˈrʌmpəl/ *vt* [**rumples, rumpling, rumpled**] arrugar.

rumpus /ˈrʌmpəs/ *n* escándalo *m*, jaleo *m*: **they kicked up * caused a rumpus about the bill** armaron un escándalo * un jaleo por la cuenta.

run /rʌn/ **I** *n* **1.** (*act of running*): **she's gone for a run** se ha ido a correr; **they go on an eight-mile run every Tuesday** salen a correr ocho millas todos los martes; **he broke into a run when he saw them** echó a correr cuando los vio • **he's on the run from the police** está huyendo de la policía • **she made a run for the door** corrió hacia la puerta intentando escaparse • **he's had a good run for his money** no se puede quejar de cómo le ha ido • **we won in the end, but they gave us a good run for our money** al final ganamos, pero nos hicieron sudar lo nuestro • **it'll be worth it in the long run** a la larga, valdrá la pena. **2.** (*trip*): **we went out for a run (in the car)** dimos una vuelta en el coche; **we had a good run as far as Doncaster** no tuvimos problemas hasta llegar a Doncaster. **3.** (*in cricket, baseball*) carrera *f*: **he scored eighty runs** obtuvo un total de ochenta carreras. **4.** (*continuous period*) temporada *f*: **the show had a six-month run** el espectáculo se mantuvo en cartelera durante seis meses; **we had a run of good luck** tuvimos una racha de buena suerte. **5.** (*period of demand*): **we've had a run** *on* **the larger sizes recently** hemos tenido mucha demanda de tallas grandes últimamente. **6.** (*enclosure: gen*) corral *m*; (*: for chickens*) gallinero *m*. **7.** (*in stockings*) carrera *f*.

II *vt* [**runs, running, ran,** *participio pasado* **run**] **1.** (*a certain distance*) correr: **he ran two miles to fetch help** corrió dos millas en busca de ayuda; (*a race*) tomar parte en: **she ran the London marathon** tomó parte en el maratón de Londres. **2.** (*to pass, move*) pasar: **she ran her hand** *over* **the marble** pasó la mano por el mármol; **he ran his fingers** *through* **his hair** se pasó la mano por el pelo; **he ran his finger** *down* **the list** recorrió la lista con el dedo; **I ran the vacuum cleaner** *over* **the carpet** le pasé la aspiradora a la alfombra • **run your eyes over this letter** échale una ojeada a esta carta. **3.** (*to transport*) llevar: **she ran me home after the film** me llevó a casa después de la película; **they are accused of running arms** los acusan de pasar armas de contrabando. **4.** (*a machine*) poner (en funcionamiento). **5.** (*Inform*) ejecutar: **I can't run that programme on my computer** no puedo usar ese programa en mi ordenador. **6.** (*to conduct, to manage*) organizar: **they used to run French evening classes** antes organizaban clases nocturnas de francés; **he has no idea how to run a business** no tiene ni idea de cómo llevar un negocio; **the bus company runs a special service to the airport** la compañía de autobuses tiene un servicio especial al aeropuerto; **this car is cheap to run** este coche es económico; **they run two cars** tienen dos coches; **they are going to run a series of tests on the equipment** van a someter el equipo a una serie de pruebas. **7.** (*water*) dejar correr: **run the tap until the tank is empty** deja correr el agua hasta que se vacíe el depósito; **I ran a nice hot bath** me preparé un buen baño caliente. **8.** (*Media*: *an article*) publicar.

♦*vi* **1.** (*gen*) correr: **I can't run any faster** no puedo correr * ir más rápido; **he ran upstairs** subió corriendo (al piso de arriba); **they ran** *up/down* **the hill** subieron/bajaron la cuesta corriendo; **we ran** *after* **the thief** salimos corriendo tras el ladrón; **we ran** *to* **the window** corrimos a la ventana; **we had to run** *for* **the bus** tuvimos que correr para no perder el autobús. **2.** (*street*) correr: **the street runs parallel to ours** la calle corre paralela a la nuestra; **the path runs** *along* **the canal** el sendero bordea el canal; **the river runs past the village** el río pasa cerca del pueblo. **3.** (*water*) correr: **sweat was running** *down* **my back** me corría el sudor por la espalda; **a tear ran** *down* **her cheek** le resbaló * le corrió una lágrima por la mejilla • **red hair runs in our family** el pelo rojo nos viene de familia. **4.** (*to travel*): **the bus runs every ten minutes** hay autobuses cada diez minutos; **the three o'clock train is running late** el tren de las tres lleva retraso. **5.** (*to work*) funcionar: **does it run** *on* **batteries?** ¿funciona con pilas?; **the engine seemed to be running all right** parecía que el motor funcionaba * marchaba bien • **we want it to be up and running by October** queremos que esté en funcionamiento para octubre. **6.** (*used with an adjective: to become*): **she must be running short of money by now** ya se le debe de estar acabando el dinero; **we're running low on sugar** se nos está acabando el azúcar; **the river runs dry in summer** el río se seca durante el verano ● **feelings are running high** los ánimos están muy exaltados. **7.** (*for election*) presentarse: **he ran** *for* **president last year** se presentó como candidato a la presidencia el año pasado. **8.** (*to continue*): **that play has been running for years** esa obra lleva años en cartelera; **his contract has another six months to run** le quedan otros seis meses de contrato ● **unemployment is running at over three million** el índice de desempleo está por encima de los tres millones. **9.** (*tap*): **I left a tap running** dejé un grifo abierto; (*nose*): **that child's nose is always running** ese niño siempre tiene mocos. **10.** (*to spread*) correrse: **will the colours run in the wash?** ¿desteñirá al lavarlo?, ¿se correrán los colores al lavarlo? **11.** (*stockings*): **my tights have run** se me ha hecho una carrera en las medias.

to **run along** *vi* (*fam*) irse: **run along now, I'm busy** vete, estoy ocupada.

to **run away** *vi* **1.** (*to flee*) irse: **when I opened the door they ran away** cuando abrí la puerta se fueron corriendo; **she ran away** *from* **home** se fue de casa; (*prisoner*) escaparse: **he's running away** *from* **reality** está evadiendo la realidad. **2.** (*lovers*) fugarse: **he ran away with his secretary** se fugó con su secretaria.

to **run away with** *vt*: **sometimes her imagination runs away with her** a veces se deja llevar por la imaginación.

to **run down** *vt* **1.** (*to knock over*) atropellar: **she was run down by a lorry** la atropelló un camión. **2.** (*to reduce*) reducir: **we're running down our stocks** estamos reduciendo nuestras existencias. **3.** (*to disparage*) hablar mal de: **she's always running other people down** siempre está hablando mal de los demás.

to **run in** *vt* **1.** (*engine*) rodar. **2.** (*fam: to arrest*) detener.

to **run into** *vt* **1.** (*a person*) encontrarse con: **I ran into her in town** me encontré con ella en el centro; (*problems*) tropezar con. **2.** (*to amount to*) ascender a: **the bills ran into hundreds of pounds** las facturas ascendían a cientos de libras. **3.** (*to collide with*) chocar con * contra: **she ran into the back of a bus** chocó contra la parte trasera de un autobús.

to **run off** *vt* (*to print*) imprimir.
♦ *vi* (*lovers*) irse, fugarse: **his wife ran off with his best friend** su mujer se fugó con su mejor amigo.

to **run out** *vi* **1.** (*to finish*) acabarse: **time is running out** se está acabando el tiempo, queda poco tiempo; **my patience is running out** se me está acabando la paciencia. **2.** (*to be left without*): **we've run out** *of* **tea** nos hemos quedado sin té, se nos ha acabado el té; **I ran out** *of* **petrol** me quedé sin gasolina. **3.** (*to expire*) caducar: **my visa runs out tomorrow** mi visado caduca mañana.

to **run over** *vt* atropellar: **he ran over the cat as he was reversing** atropelló al gato cuando daba marcha atrás.

to **run through** *vt* **1.** (*to permeate*): **the theme of jealousy runs through the novel** el tema de los celos está presente en toda la novela. **2.** (*to read through*) hojear: **I've run through your report** he hojeado tu informe. **3.** (*to go through*): **they're going to run through Act three** van a repasar el tercer acto; **could we run through that again?** ¿podríamos volver sobre eso?

to **run to** *vt*: **the book ran to over eight hundred pages** el libro tenía más de ochocientas páginas; **can you run to fifty dollars?** ¿puedes pagar cincuenta dólares?

to **run up** *vt* **1.** (*to accumulate*) acumular: **she ran up a huge phone bill** acumuló una cuenta de teléfono enorme. **2.** (*to hoist*) izar: **the French flag was run up** izaron la bandera francesa.

to **run up against** *vt* tropezar con: **they ran up against financial problems** tropezaron con problemas financieros.

runaway I *adj* **1.** (*prisoner*) fugitivo -va; (*child*) escapado -da. **2.** (*out of control*): **a runaway train** un tren fuera de control; **the problem of runaway inflation** el problema de la inflación galopante; **his first film was a runaway success** su primera película fue un éxito clamoroso.
II *n* (*fugitive*) fugitivo -va *m/f*; (*child, teenager*) *joven que se ha fugado de su casa.*

rundown I *n* (*summary*) resumen *m*: **give me a rundown** *of* **the latest developments** dame un resumen de los últimos sucesos.
II **run-down** *adj* **1.** (*area, building*) venido -da a menos. **2.** (*person*) cansado -da y con las defensas muy bajas.

run-of-the-mill *adj* (*common, ordinary*) normal y corriente; (*mediocre*) del montón, ramplón -plona.

run-through *n* repaso *m*.

run-up *n* **1.** (*to an event*): **during the run-up** *to* **the Olympics** durante el periodo que precedió a las Olimpiadas. **2.** (*before jumping*): **she took a run-up and jumped over the stream** tomó impulso corriendo * tomó carrerilla y cruzó el arroyo de un salto.

rung /rʌŋ/ I *participio pasado de* ➪ ring
II *n* (*of ladder*) travesaño *m*, peldaño *m* ● **she reached the top rung in the organization** llegó al peldaño más alto del escalafón de la organización.

runner /ˈrʌnə/ *n* **1.** (*athlete*) corredor -dora *m/f*. **2.** (*smuggler*) contrabandista *m/f*: **he was a gun runner** era contrabandista de armas. **3.** (*on sledge*) patín *m*. **4.** (*for drawer, door*) guía *f*. **5.** (*rug*) alfombrilla *f*; (*to protect furniture*) tapete *m*.

runner bean /ˈrʌnə biːn/ *n* judía *f* (*verde*), (*Arg, Urug*) chaucha *f*, (*Chi*) poroto *m* verde, (*Méx*) ejote *m*.

runner-up /ˌrʌnəˈrʌp/ *n* [**runners-up**]: **the champions and runners-up in each division are promoted** ascienden los campeones y subcampeones de cada división; **I won first prize and my brother was runner-up** yo gané el primer premio y mi hermano quedó en segundo lugar.

running /ˈrʌnɪŋ/ I *n* **1.** (*Sport: in competitions*): **he gave up his job to concentrate on his running** dejó el trabajo para poder dedicarse a correr; (*: jogging*) footing *m*, jogging *m* ● **the firm is still in the running for the contract** la empresa todavía tiene posibilidades de conseguir el contrato ● **they are out of the running** han quedado eliminados. **2.** (*of an organization*) dirección *f*: **he left the running of the business in the hands of his son** dejó la dirección del negocio en manos de su hijo.
II *adj* **1.** (*on the run*): **he took a running leap and jumped across the stream** tomó impulso y cruzó el arroyo de un salto. **2.** (*water*) corriente: **they have no running water** no tienen agua corriente. **3.** (*one after another*) seguido -da: **they went to France six years running** fueron a Francia seis años seguidos; **this is the fourth time running** ésta es la cuarta vez consecutiva.

running costs *n pl* (*of a machine*) gastos *m pl* de operación y mantenimiento; (*of company*) gastos *m pl* de operación.

running mate *n* (*US*) candidato -ta *m/f* a la vicepresidencia.
running shoes *n pl* zapatillas *f pl* para correr.
running track *n* pista *f* de atletismo.

runny /ˈrʌnɪ/ *adj* [**runnier, runniest**] (*sauce*) demasiado líquido -da, aguado -da: **I don't like runny eggs** no me gustan los huevos poco hechos; **I have a runny nose** me moquea la nariz.

runt /rʌnt/ *n* (*Zool*) *animal más pequeño y débil de una camada*.

runway /ˈrʌnweɪ/ *n* pista *f* (*de aterrizaje y despegue*).

rupee /ruːˈpiː/ *n* rupia *f*.

rupture /ˈrʌptʃə/ **I** *vt* [**ruptures, rupturing, ruptured**] (*a lining, cover*) romper; (*a pipe*) reventar: **she had a ruptured spleen** se le había reventado el bazo • **you're going to rupture yourself lifting that crate** te vas a herniar si levantas esa caja.
♦*vi* (*lining, cover*) romperse; (*pipe*) reventar; (*Med: organ*) reventar.
II *n* **1.** (*of a pipe*) rotura *f*; (*Med: hernia*) hernia *f*. **2.** (*in a relationship*) ruptura *f*.

rural /ˈrʊərəl/ *adj* rural.

ruse /ruːz/ *n* treta *f*, ardid *m*.

rush /rʌʃ/ **I** *n* [**rushes**] **1.** (*hurry*) prisa *f*: **there's no rush** no hay prisa; **we've got an hour, what's the rush?** tenemos una hora, ¿qué prisa hay?; **there's no rush** *for* **this** esto no corre prisa; **I'm** *in* **a rush** tengo prisa. **2.** (*sudden movement*): **there was a rush** *for* **the door** la gente se precipitó hacia la puerta; **we managed to get out before the rush** logramos salir antes de que se produjeran apelotonamientos; **the toy department is getting ready for the Christmas rush** la sección juguetería se está preparando para la gran avalancha de la época navideña. **3.** (*plant*) junco *m*.
II *vi* [**rushes, rushing, rushed**] correr, apresurarse: **there's no need to rush!** ¡no hay por qué correr!; **they rushed to buy the tickets before the train left** corrieron a comprar los billetes antes de que saliera el tren; **he went rushing down to the shop** se fue corriendo a la tienda; **I don't want to rush** *into* **a decision** no quiero precipitarme a tomar una decisión.
♦*vt* **1.** (*to hurry: a person*) meterle prisa a: **stop rushing me!** ¡deja de meterme prisa!; (*: a job*) hacer a la carrera: **you shouldn't rush your food like that** no deberías comer así, a la carrera. **2.** (*to send quickly*) enviar rápidamente: **please rush me the information leaflet** le ruego me envíe el folleto informativo con la mayor brevedad posible; (*to take quickly*) llevar rápidamente: **he was rushed** *into* **a nearby room** lo llevaron rápidamente a una habitación cercana. **3.** (*to charge at*) arremeter contra: **the football fans rushed the police** los hinchas de fútbol arremetieron contra la policía.
to **rush about** ✻ **around** *vi*: **she was rushing about like a madwoman** corría de aquí para allá como loca.
to **rush in** *vi* entrar corriendo.
to **rush off** *vi* irse corriendo.
to **rush out** *vi* salir corriendo.
♦*vt*: **the sequel was rushed out after the success of the first film** tras el éxito de la primera película, se apresuraron a sacar la continuación.
to **rush through** *vt*: **the bill was rushed through parliament** aceleraron la aprobación del proyecto de ley.
rush hour *n* hora *f* punta, (*Amér L*) hora *f* pico.
rush job *n* trabajo *m* urgente: **the decorating was a bit of a rush job** se pintó la casa a la carrera ✻ deprisa y corriendo.

rusk /rʌsk/ *n* galleta *f* (*para bebés*).

russet /ˈrʌsɪt/ *adj* marrón *m* rojizo.

Russia /ˈrʌʃə/ *n* Rusia *f*.

Russian /ˈrʌʃən/ **I** *adj* ruso -sa.
II *n* (*person*) ruso -sa *m/f*; (*language*) ruso *m*.
Russian roulette *n* ruleta *f* rusa.

rust /rʌst/ **I** *n* **1.** (*on metals*) óxido *m*, herrumbre *f*. **2.** (*colour*) color *m* ladrillo.
II *vt* [**rusts, rusting, rusted**] oxidar, herrumbrar.
♦*vi* oxidarse, herrumbrarse.
rustproof *adj* inoxidable.

rustic /ˈrʌstɪk/ *adj* rústico -ca.

rustle /ˈrʌsəl/ **I** *vi* [**rustles, rustling, rustled**] (*leaves*) crujir; (*wind*) susurrar.
♦*vt* **1.** (*paper, a packet*) hacer crujir. **2.** (*cattle*) robar.
II *n* (*of leaves, paper*) crujido *m*; (*of the wind*) susurro *m*.

rusty /ˈrʌstɪ/ *adj* [**rustier, rustiest**] oxidado -da, herrumbrado -da • **his German was very rusty** tenía el alemán muy olvidado.

rut /rʌt/ *n* surco *m* (*especialmente el dejado por un vehículo*) • **we seem to have got into a rut** parece que nos hemos estancado en una rutina.

ruthless /ˈruːθləs/ *adj* (*without pity*) despiadado -da; (*determined*) implacable.

ruthlessness /ˈruːθlɪsnəs/ *n* (*cruelty*) crueldad *f*; (*determination*) implacabilidad *f*.

rye /raɪ/ *n* centeno *m*.

S

S, s /es/ *n* (*letter*) S, s *f*; (*name of letter*) ese *f*.
S 1. *léase* /saʊθ/ (*abreviatura de* **South**) S (Sur). 2. *léase* /ˈsʌðən/ (*abreviatura de* **Southern**) del sur, meridional. 3. *léase* /smɔːl/ (*abreviatura de* **small**) (talla *f*) pequeña *f*.
Sabbath, sabbath /ˈsæbəθ/ *n* (*in Christianity*) domingo *m*; (*in Judaism*) sábado *m*; (*in general*) día *m* de descanso (*religioso*).
sabbatical /səˈbætɪkəl/ *n*: **she's** *on* **sabbatical for a year** se ha tomado un año sabático.
saber /ˈseɪbə/ *n* (*US*) sable *m*.
sable /seɪbəl/ *n* (*animal, fur*) marta *f* cebellina.
sabotage /ˈsæbətɑːʒ/ **I** *n* sabotaje *m*.
II *vt* [**sabotages, sabotaging, sabotaged**] sabotear.
saboteur /ˌsæbəˈtɜː/ *n* saboteador -dora *m/f*.
sabre /ˈseɪbə/ *n* sable *m*.
saccharin /ˈsækərɪn/ *n* sacarina *f*.
sachet /ˈsæʃeɪ/ *n* sobrecito *m* (*de azúcar, medicamento, etc.*).
sack /sæk/ **I** *n* saco *m* ● **he was given the sack for stealing** lo echaron ✻ lo despidieron por robar ● **I'm shattered - I'm going to hit the sack** estoy hecho polvo, me voy al sobre.
II *vt* [**sacks, sacking, sacked**] 1. (*to dismiss*) echar, despedir: **forty people were sacked** *from* **the shipyard** echaron a cuarenta trabajadores del astillero. 2. (*a city*) saquear.
sacking /ˈsækɪŋ/ *n* 1. (*fabric*) arpillera *f*. 2. (*dismissal*) despido *m*.
sacrament /ˈsækrəmənt/ *n* sacramento *m*.
sacred /ˈseɪkrɪd/ *adj* 1. (*place, writings*) sagrado -da, santo -ta: **his afternoon naps are sacred** sus siestas son sagradas. 2. (*music*) sacro -cra.
sacrifice /ˈsækrɪfaɪs/ **I** *n* sacrificio *m*: **we made a lot of sacrifices to pay for his training** hicimos muchos sacrificios para pagar su formación.
II *vt* [**sacrifices, sacrificing, sacrificed**] sacrificar: **they sacrificed everything to buy their own house** lo sacrificaron todo para poder comprar casa propia.
sacrificial /ˌsækrɪˈfɪʃəl/ *adj* de sacrificio.
sacrilege /ˈsækrɪlɪdʒ/ *n* sacrilegio *m*.
sacrilegious /ˌsækrɪˈlɪdʒəs/ *adj* sacrílego -ga.
sacristy /ˈsækrɪstɪ/ *n* [**sacristies**] sacristía *f*.
sacrosanct /ˈsækrəʊˌsæŋkt/ *adj* sacrosanto -ta.
sad /sæd/ *adj* [**sadder, saddest**] 1. (*person*) triste: **it makes me sad to see the children's disappointment** me da pena ver la decepción de los niños. 2. (*state of affairs*) lamentable: **the country is in a very sad state** el país se encuentra en un estado lamentable.
sadden /ˈsædən/ *vt* [**saddens, saddening, saddened**] entristecer: **I was saddened to hear of her illness** me entristeció saber que estaba enferma.
saddle /ˈsædəl/ **I** *n* 1. (*for a horse*) silla *f* (de montar): **he climbed back into the saddle** volvió a montar. 2. (*of a bicycle*) sillín *m*.
II *vt* [**saddles, saddling, saddled**] ensillar: **I saddled** *(up)* **the grey mare** ensillé la yegua gris ● **we were saddled with all the bills** nos cargaron con todas las facturas.
saddlebag *n* alforja *f*.
sadism /ˈseɪdɪzəm/ *n* sadismo *m*.
sadist /ˈseɪdɪst/ *n* sádico -ca *m/f*.
sadistic /səˈdɪstik/ *adj* sádico -ca.
sadly /ˈsædlɪ/ *adv* 1. (*regrettably*) desgraciadamente, lamentablemente: **sadly, we are unable to help in this case** desgraciadamente no podemos ayudar en este caso. 2. (*in sadness*) tristemente.
sadness /ˈsædnəs/ *n* tristeza *f*.
s.a.e. /eseɪˈiː/ *n* (*abreviatura de* **stamped addressed envelope**) *sobre franqueado y con la dirección de uno mismo*.
safari /səˈfɑːrɪ/ *n* safari *m*: **she's** *on* **safari in Tanzania** está en Tanzania de safari.
safari park *n* safari park *m*.
safe /seɪf/ **I** *adj* 1. (*secure*) seguro -ra: **will my case be safe here?** ¿estará segura aquí mi maleta?; **it's a safe place for children to play** es un lugar seguro para que jueguen los niños; **nowhere was one safe** *from* **sniper fire** en ningún sitio estaba uno a salvo de los francotiradores; **I think it's safe to assume he isn't coming** creo que podemos asumir que ya no viene. 2. (*unharmed*) ileso -sa ● **luckily the children were all safe and sound** por suerte todos los niños estaban sanos y salvos. 3. (*out of danger*) a salvo: **one more mile and we'll be safe** una milla más y estaremos a salvo. 4. (*harmless: substance*) inocuo -cua. 5. (*uncontroversial*): **he was a safe choice for headmaster** su elección como director no iba a causar problemas; **chocolates are a safe present** regalar bombones es siempre un acierto.
II *n* caja *f* fuerte.
safe conduct *n* salvoconducto *m*.
safekeeping *n* custodia *f*: **she gave me her watch** *for* **safekeeping** me dio su reloj para que lo pusiera a buen recaudo.
safe sex *n* sexo *m* seguro.
safeguard /ˈseɪfgɑːd/ **I** *n* salvaguardia *f*: **what safeguards are there** *against* **fraud?** ¿cuáles son las salvaguardias existentes contra el fraude?
II *vt* [**safeguards, safeguarding, safeguarded**] salvaguardar.
safely /ˈseɪflɪ/ *adv*: **I hope you get to Leeds safely** espero que llegues a Leeds sin problemas; **put this money away safely** guarda este dinero en un lugar seguro; **we can safely say that we have won** podemos afirmar con seguridad que hemos ganado.
safeness /ˈseɪfnəs/ *n* seguridad *f*.
safety /ˈseɪftɪ/ *n* seguridad *f*: **we were led to a place of safety** nos condujeron a un lugar seguro.
safety belt *n* cinturón *m* de seguridad.
safety catch *n* seguro *m* (*de un arma de fuego*).
safety curtain *n* telón *m* de seguridad.
safety island *n* (*US*) isleta *f*, isla *f* peatonal.

safety net *n* **1.** (*in circus*) red *f* de seguridad. **2.** (*fall-back*) protección *f*: **unemployment benefit provides a safety net for people out of work** el subsidio de paro es la protección que tiene la gente que está sin trabajo.
safety pin *n* imperdible *m*.
safety razor *n* maquinilla *f* de afeitar.
safety valve *n* **1.** (*Tec*) válvula *f* de seguridad. **2.** (*outlet*) válvula *f* de escape.
saffron /ˈsæfrən/ *n* azafrán *m*.
sag /sæg/ *vi* [**sags, sagging, sagged**] **1.** (*to sink*) hundirse: **my bed sags in the middle** mi cama se hunde en el centro. **2.** (*rope*) colgar. **3.** (*wood, metal*) combarse: **the shelf sagged under the weight of the books** la estantería se combaba con el peso de los libros. **4.** (*person*) flaquear: **his body was sagging** *with* **exhaustion** le flaqueaban las fuerzas.
saga /ˈsɑːgə/ *n* saga *f*: **the move was quite a saga** la mudanza fue toda una epopeya.
sagacious /səˈgeɪʃəs/ *adj* (*frml*) sagaz.
sage /seɪdʒ/ *n* **1.** (*frml: wise person*) sabio *m*. **2.** (*Bot*) salvia *f*.
Sagittarian /ˌsædʒɪˈteərɪən/ *n* sagitario *m/f inv*. ➪ Aquarian
Sagittarius /ˌsædʒɪˈteərɪəs/ *n* **1.** (*star sign*) Sagitario *m*. **2.** (*person*) sagitario *m/f inv*. ➪ Aquarius
Sahara /səˈhɑːrə/ *n*: **the Sahara (Desert)** el Sáhara.
Saharan /səˈhɑːrən/ *adj* sahariano -na, saharaui.
said /sed/ *pretérito y participio pasado de* ➪ say
sail /seɪl/ **I** *n* **1.** (*canvas sheet*) vela *f*: **they set sail** *for* **France** se hicieron a la mar rumbo a Francia. **2.** (*activity*): **we went for a sail in his yacht** fuimos a navegar en su yate; **it's a day's sail from here** está a un día de navegación de aquí. **3.** (*of a windmill*) aspa *f* [takes ***el*** or ***un*** in singular].
II *vi* [**sails, sailing, sailed**] **1.** (*person*) navegar: **she sailed single-handed** *across* **the Atlantic** atravesó el Atlántico navegando en solitario. **2.** (*ship: to depart*) zarpar: **the ferry sails at two** el ferry zarpa a las dos; (*: to travel*) navegar: **we saw the cruise ship sail** *by* vimos pasar el transatlántico. **3.** (*fam: to move: swiftly*): **the ball sailed** *over* **the fence** la pelota se fue volando por encima de la valla; (*: unconcernedly*): **she sailed** *into* **the meeting an hour late** llegó una hora tarde a la reunión y tan fresca.
♦ *vt* pilotar: **she sailed the boat up the river** pilotó el barco río arriba.
to **sail through** *vt* (*an exam*): **I sailed through the exam** aprobé el examen sin problemas.
sailboat *n* (*US*) velero *m*.
sailing /ˈseɪlɪŋ/ *n* **1.** (*activity*) vela *f*: **he enjoys sailing** le gusta la vela • **it's all plain sailing from now on** de ahora en adelante todo será coser y cantar. **2.** (*departure of boat*) salida *f*, partida *f* (*de un barco*).
sailing ship *n* barco *m* de vela.
sailor /ˈseɪlə/ *n* (*officer*) marino *m*; (*low-ranking*) marinero *m* • **she's a terrible sailor** se marea mucho en barco.
saint /seɪnt/ *n* santo -ta *m/f*: **they all thought he was a saint** todos lo consideraban un santo.
saint's day *n* santo *m*, onomástica *f*.
saintliness /ˈseɪntlɪnəs/ *n* santidad *f*.
saintly /ˈseɪntlɪ/ *adj* [**saintlier, saintliest**] santo -ta.
sake /seɪk/ *n*: **we are emigrating** *for* **the sake of the children** ∗ *for* **the children's sake** vamos a emigrar por el bien de los niños; **let's have a drink** *for* **old times' sake** vamos a tomarnos una copa por los viejos tiempos; *for* **the sake of argument let's say it costs fifty pounds** pongamos por caso que cuesta cincuenta libras • **they just argue for the sake of it** discuten por discutir.
salad /ˈsæləd/ *n* ensalada *f*.
salad bowl *n* ensaladera *f*.
salad cream *n* salsa *f* para ensalada (*parecida a la mayonesa*).
salad dressing *n* aliño *m*.
salami /səˈlɑːmɪ/ *n* salami *m*.
salaried /ˈsælərɪd/ *adj* **1.** (*person*) asalariado -da. **2.** (*post*) retribuido -da.
salary /ˈsælərɪ/ *n* [**salaries**] sueldo *m*, salario *m*: **what salary are you** *on* **in your current job?** ¿qué sueldo percibe en su actual empleo?
sale /seɪl/ *n* **1.** (*act of selling*) venta *f*: **their house is up** *for* **sale** han puesto la casa en venta; **this picture is not** *for* **sale** este cuadro no está en venta; **the new model is now** *on* **sale** el nuevo modelo ya está a la venta; **sales of television sets have risen** han aumentado las ventas de aparatos de televisión. **2.** (*event*) mercado *m*: **they held a charity sale** organizaron un mercadillo con fines benéficos. **3.** (*cut in prices*) liquidación *f*, rebajas *f pl*: **they are having a sale** *of* **kitchen goods** están haciendo liquidación de artículos de cocina • **the sales are on at all the major stores** todas las tiendas principales están de rebajas.
sale price *n* precio *m* rebajado.
saleroom *n* sala *f* de subastas.
sales assistant, (*US*) **sales clerk** *n* dependiente -ta *m/f*.
sales department *n* departamento *m* de ventas.
salesman *n* [*pl* **salesmen**] representante *m*, vendedor *m*.
sales manager *n* jefe -fa *m/f* de ventas.
saleswoman *n* [*pl* **saleswomen**] representante *f*, vendedora *f*.
salient /ˈseɪlɪənt/ *adj* (*frml*) **1.** (*point, issue*) principal: **he went over the salient points again** hizo un repaso de los puntos principales. **2.** (*angle*) saliente.
saline /ˈseɪlaɪn/ **I** *adj* salino -na.
II *n* solución *f* salina.
saliva /səˈlaɪvə/ *n* saliva *f*.
salivate /ˈsælɪveɪt/ *vi* [**salivates, salivating, salivated**] salivar.
sallow /ˈsæləʊ/ *adj* cetrino -na.
salmon /ˈsæmən/ *n* [*pl* **salmon**] salmón *m*.
salmon fishing *n* pesca *f* de salmón.
salmon trout *n* trucha *f* asalmonada.
salmonella /ˌsælməˈnelə/ *n* salmonella *f*.
salon /ˈsælɒn/ *n* salón *m*: **there's a new beauty salon on the high street** han abierto otro salón de belleza en la calle mayor.
saloon /səˈluːn/ *n* **1.** (*Auto*) turismo *m*. **2.** (*public room on a ship*) cámara *f*. **3.** (*también* **saloon bar**) (*in GB*) *en un pub, sala decorada con cierto lujo, en la que las consumiciones pueden ser un poco más caras.* **4.** (*US: bar*) bar *m*.
salt /sɔːlt/ **I** *n* sal *f* • **don't rub salt into the wound** no le pongas las cosas peor todavía, que bastante tiene • **Bill and Tom are the salt of the earth** Bill y Tom tienen un corazón de oro • **any doctor/architect worth his salt would...** cualquier médico/arquitecto que se precie....
II *vt* [**salts, salting, salted**] **1.** (*in order to add flavour*) ponerle sal a: **have you salted the meat?** ¿le has puesto sal a la carne? **2.** (*in order to preserve*) salar.

III *adj* salado -da: **it can only live in salt water** sólo puede vivir en agua salada.
salt beef *n*: *carne de ternera salada y curada.*
saltcellar *n* salero *m.*
salt mine *n* mina *f* de sal, salina *f.*
saltwater I *adj* de agua salada.
II salt water *n* agua *f* salada [takes ***el*** or ***un*** in singular].
salty /ˈsɔːltɪ/ *adj* **[saltier, saltiest]** salado -da.
salubrious /səˈluːbrɪəs/ *adj* (*frml*) salubre.
salutary /ˈsæljʊtərɪ/ *adj* (*frml*) benéfico -ca: **the tale of his involvement with drugs was a salutary one** el relato de su relación con las drogas tuvo un efecto benéfico.
salute /səˈluːt/ **I** *n* (*Mil: to an officer, etc.*) saludo *m*; (*: gunfire*): **they fired a twenty-one gun salute** *to* **the queen** recibieron a la reina con veintiuna salvas de cañón.
II *vi* **[salutes, saluting, saluted]** saludar.
♦*vt* **1.** (*officer, flag*) saludar. **2.** (*to praise, honour*) rendir homenaje: **we salute James Smith for his contribution to...** queremos rendir homenaje a James Smith por su contribución a....
Salvador /ˈsælvədɔː/ *n* El Salvador.
Salvadorian /ˌsælvəˈdɔːrɪən/, (*US*) **Salvadoran** /ˌsælvəˈdɔːrən/ *adj*, *n* salvadoreño -ña *adj*, *m/f.*
salvage /ˈsælvɪdʒ/ **I** *n* **1.** (*act, operation*) salvamento *m.* **2.** (*property rescued*) objetos *m pl* recuperados.
II *vt* **[salvages, salvaging, salvaged]** salvar: **we managed to salvage a few photos** *from* **the fire** conseguimos salvar algunas fotos del incendio.
salvation /sælˈveɪʃən/ *n* salvación *f.*
Salvation Army *n* Ejército *m* de Salvación.
salve /sælv/ **I** *n* pomada *f.*
II *vt* **[salves, salving, salved]** ● **he does it to salve his conscience** lo hace para acallar su conciencia.
salver /ˈsælvə/ *n* bandeja *f* (*generalmente de plata*).
salvo /ˈsælvəʊ/ *n* **[salvos * salvoes]** salva *f.*
Samaritan /səˈmærɪtən/ **I** *n* samaritano -na *m/f*: **the Good Samaritan** el buen samaritano.
II the Samaritans *n pl* el Teléfono de la Esperanza.
samba /ˈsæmbə/ *n* (*Mus*) samba *f.*
same /seɪm/ **I** *adj* mismo -ma: **she has the same watch** *as* **you** tiene el mismo reloj que tú; **they all arrived at the same time** llegaron todos al mismo tiempo; **that man is not the same one (that) I spoke to earlier** ese señor no es el mismo con el que hablé antes.
II *pron*: **the sizes are the same** son del mismo tamaño; **things will never be the same again** las cosas no volverán a ser lo que eran ● **"Merry Christmas!" "And the same to you!"** "¡Feliz Navidad!" "¡Igualmente!" ● **it's all the same to me** me da igual * lo mismo ● **I don't think she's really ill. All the same we'd better check.** No creo que esté enferma de verdad. Sin embargo, mejor será que lo comprobemos ● **"How are you feeling?" "Much the same."** "¿Cómo te encuentras?" "Más o menos igual."
sameness /ˈseɪmnəs/ *n* monotonía *f.*
sample /ˈsɑːmpəl/ **I** *n* muestra *f*: **she gave us a free sample** nos dio una muestra gratis.
II *vt* **[samples, sampling, sampled]** probar.
sanatorium /ˌsænəˈtɔːrɪəm/ *n* **[sanatoriums * sanatoria** /ˌsænəˈtɔːrɪə/] sanatorio *m.*
sanctify /ˈsæŋktɪfaɪ/ *vt* **[sanctifies, sanctifying, sanctified]** (*frml*) santificar.
sanctimonious /ˌsæŋktɪˈməʊnɪəs/ *adj* moralista.
sanction /ˈsæŋkʃən/ **I** *n* **1.** (*punishment, deterrent*) sanción *f*: **they have imposed trade sanctions** *on* **the country** han impuesto sanciones comerciales al país. **2.** (*frml: approval*) sanción *f*, autorización *f*: **he was doing it with official sanction** lo hacía con la sanción de las autoridades.
II *vt* **[sanctions, sanctioning, sanctioned]** (*frml: to authorize*) sancionar.
sanctity /ˈsæŋktətɪ/ *n* **1.** (*of an oath*) inviolabilidad *f.* **2.** (*of a person, sacrament*) santidad *f.*
sanctuary /ˈsæŋktjʊərɪ/ *n* **[sanctuaries] 1.** (*Relig*) santuario *m.* **2.** (*refuge*) asilo *m*: **they sought sanctuary** *in* **a neighbouring country** buscaron asilo en un país vecino. **3.** (*for wildlife*) reserva *f.*
sanctum /ˈsæŋktəm/ *n* **[sanctums * sancta** /ˈsæŋktə/] (*holy place*) lugar *m* sagrado; (*shrine*) sagrario *m* ● **we were allowed into the inner sanctum of his workshop** nos permitió entrar en el sanctasanctórum de su taller.
sand /sænd/ **I** *n* arena *f*: **we walked along the sand(s)** paseamos por la arena.
II *vt* **[sands, sanding, sanded]** lijar: **first you have to sand** *(down)* **the shelves** primero tienes que lijar los estantes.
sandbag *n* saco *m* terrero * de arena.
sandbank *n* banco *m* de arena, barra *f.*
sand castle *n* castillo *m* de arena.
sand dune *n* duna *f*, médano *m.*
sandpaper *n* papel *m* de lija.
sandpit *n*: *cajón de arena para juegos infantiles.*
sandstone *n* piedra *f* arenisca.
sandstorm *n* tormenta *f* de arena.
sandal /ˈsændəl/ *n* sandalia *f.*
sandalwood /ˈsændəlwʊd/ *n* sándalo *m.*
sander /ˈsændə/ *n* lijadora *f.*
sandwich /ˈsænwɪdʒ/ **I** *n* **[sandwiches]** (*on sliced bread*) sándwich *m*, emparedado *m*; (*on French bread*) bocadillo *m*, (*Amér L*) sándwich *m.*
II *vt* **[sandwiches, sandwiching, sandwiched]** encajonar: **I was sandwiched** *between* **Tom and Fred** estaba encajonada entre Tom y Fred.
sandwich man *n* hombre *m* anuncio.
sandy /ˈsændɪ/ *adj* **[sandier, sandiest] 1.** (*soil*) arenoso -sa; (*beach*) de arena: **my shoes are all sandy inside** tengo los zapatos llenos de arena. **2.** (*hair*) rubio rojizo *adj inv.*
sane /seɪn/ *adj* **1.** (*not mad*) cuerdo -da, en su sano juicio. **2.** (*sensible*) sensato -ta.
sang /sæŋ/ *pretérito de* ⇨ sing
sanguine /ˈsæŋgwɪn/ *adj* optimista.
sanitarium /ˌsænɪˈteərɪəm/ *n* **[sanitariums * sanitaria** /ˌsænɪˈteərɪə/] (*US*) sanatorio *m.*
sanitary /ˈsænɪtərɪ/ *adj* **1.** (*concerning health*) sanitario -ria: **the sanitary inspectors came** vinieron los inspectores sanitarios * de sanidad. **2.** (*free from dirt*) higiénico -ca: **it wasn't a very sanitary hotel** la higiene del hotel dejaba bastante que desear.
sanitary towel, (*US*) **sanitary napkin** *n* compresa *f*, paño *m* higiénico.
sanitation /ˌsænɪˈteɪʃən/ *n* **1.** (*public health*) sanidad *f.* **2.** (*water, sewers*) servicios *m pl* sanitarios.
sanity /ˈsænətɪ/ *n* **1.** (*soundness of mind*) cordura *f.* **2.** (*good sense*) sensatez *f.*
sank /sæŋk/ *pretérito de* ⇨ sink
Santa Claus /ˈsæntə klɔːz/ *n* Papá *m* Noel.
sap /sæp/ **I** *n* savia *f.*
II *vt* **[saps, sapping, sapped]** (*strength, health*) debilitar, minar.

sapling /'sæplɪŋ/ *n* árbol *m* joven.
sapphire /'sæfaɪə/ *n* zafiro *m*.
sarcasm /'sɑːkæzəm/ *n* sarcasmo *m*.
sarcastic /sɑː'kæstɪk/ *adj* sarcástico -ca.
sarcastically /sɑː'kæstɪkəlɪ/ *adv* sarcásticamente.
sardine /sɑː'diːn/ *n* sardina *f* • **we were packed in the train like sardines** íbamos en el tren como sardinas en lata.
sardonic /sɑː'dɒnɪk/ *adj* (*frml*) sardónico -ca.
sari /'sɑːrɪ/ *n* sari *m* (*vestido femenino indio*).
sartorial /sɑː'tɔːrɪəl/ *adj* (*frml*): **he's renowned for his sartorial elegance** es famoso por su elegancia en el vestir.
SAS /eseɪ'es/ *n* (*in GB*) (*abreviatura de* **Special Air Service**) *servicio de operaciones especiales del ejército.*
sash /sæʃ/ *n* [**sashes**] **1.** (*on woman's dress*) faja *f*; (*on uniform*) fajín *m*. **2.** (*on window*) marco *m*.
sash window *n* ventana *f* de guillotina.
sat /sæt/ *pretérito y participio pasado de* ⇨ sit
Sat. *léase* /'sætədeɪ/ (*abreviatura de* **Saturday**) sábado *m*.
Satan /'seɪtən/ *n* Satanás *m*.
satanic /sə'tænɪk/ *adj* satánico -ca.
satchel /'sætʃəl/ *n* cartera *f* (*de colegial*).
sated /'seɪtɪd/ *adj* (*frml*) saturado -da: **we were all sated** *with* **television** estábamos saturados de televisión.
satellite /'sætəlaɪt/ *n* satélite *m*.
satellite dish *n* antena *f* parabólica.
satellite state *n* estado *m* * país *m* satélite.
satellite television *n* televisión *f* vía satélite.
satellite town *n* ciudad *f* satélite.
satiate /'seɪʃɪeɪt/ *vt* [**satiates, satiating, satiated**] (*frml*) saciar.
satin /'sætɪn/ *n* satén *m*, raso *m*: **the paper had a satin finish to it** el papel era satinado.
satire /'sætaɪə/ *n* sátira *f*.
satirical /sə'tɪrɪkəl/ *adj* satírico -ca.
satirist /'sætərɪst/ *n* escritor *m* satírico, escritora *f* satírica.
satirize /'sætəraɪz/ *vt* [**satirizes, satirizing, satirized**] satirizar.
satisfaction /ˌsætɪs'fækʃən/ *n* **1.** (*pleasure*) satisfacción *f*: **painting gives him enormous satisfaction** la pintura le produce una enorme satisfacción; **I had the satisfaction** *of* **telling him to his face** tuve la satisfacción de decírselo a la cara. **2.** (*liking*) satisfacción *f*: **the work has been done** *to* **our complete satisfaction** el trabajo se ha hecho a nuestra entera satisfacción; **I hope the meal is** *to* **your satisfaction** espero que la comida sea de su agrado.
satisfactory /ˌsætɪs'fæktərɪ/ *adj* satisfactorio -ria.
satisfied /'sætɪsfaɪd/ *adj* **1.** (*happy, contented*) satisfecho -cha: **I was satisfied** *with* **the results** estaba satisfecha con los resultados; **he will not be satisfied until he is president** sólo estará satisfecho cuando sea presidente. **2.** (*confident, sure*): **we were satisfied that everything possible had been done** aceptábamos que se había hecho todo lo posible.
satisfy /'sætɪsfaɪ/ *vt* [**satisfies, satisfying, satisfied**] **1.** (*to please*) satisfacer: **they found it impossible to satisfy everyone** les resultó imposible satisfacer * contentar a todo el mundo. **2.** (*requirements*) reunir: **you must satisfy certain conditions to qualify for a grant** tiene que reunir ciertos requisitos para tener derecho a una subvención. **3.** (*curiosity, need*) satisfacer. **4.** (*to convince*) convencer: **the new evidence satisfied the jury** *of* * *as to* **his innocence** las nuevas pruebas convencieron al jurado de su inocencia.
satisfying /'sætɪsfaɪɪŋ/ *adj* **1.** (*result*) gratificante: **it's very satisfying to see your pupils do well** es muy gratificante ver que tus alumnos obtienen buenos resultados. **2.** (*meal*) que deja satisfecho -cha.
satsuma /sæt'suːmə/ *n* satsuma *f* (*tipo de mandarina*).
saturate /'sætʃəreɪt/ *vt* [**saturates, saturating, saturated**] saturar: **the market for second hand cars is saturated** el mercado de coches de segunda mano está saturado; **the cake was saturated** *with* **brandy** el pastel estaba saturado de coñac.
saturation /sætʃə'reɪʃn/ *n* saturación *f*.
saturation point *n* punto *m* de saturación.
Saturday /'sætədeɪ/ *n* sábado *m*. ⇨ Thursday
Saturn /'sætɜːn/ *n* (*Astron*) Saturno *m*.
sauce /sɔːs/ *n* **1.** (*Culin*) salsa *f* • **sauce for the goose is sauce for the gander** si es aceptable que lo haga el uno, es aceptable que lo haga el otro. **2.** (*fam*: *cheek*) descaro *m*, frescura *f*.
sauce boat *n* (*Culin, Home*) salsera *f*.
saucepan /'sɔːspən/ *n* cacerola *f*, cazo *m*.
saucer /'sɔːsə/ *n* platito *m*, platillo *m*.
saucy /'sɔːsɪ/ *adj* [**saucier, sauciest**] (*fam*) pícaro -ra, fresco -ca.
Saudi /'saʊdɪ/ *adj, n* saudí * saudita *adj, m/f*.
Saudi Arabia /saʊdɪe'reɪbɪə/ *n* Arabia *f* Saudí * Saudita.
sauna /'sɔːnə/ *n* sauna *f*.
saunter /'sɔːntə/ *vi* [**saunters, sauntering, sauntered**] (*fam*): **he saunters into the office at about ten o'clock** entra en la oficina a eso de las diez como si tal cosa; **they sauntered off down the road** se fueron caminando tranquilamente calle abajo.
sausage /'sɒsɪdʒ/ *n* **1.** (*salami style*) salchichón *m*. **2.** (*for frying or grilling*) salchicha *f*: **six pork sausages** seis salchichas de cerdo • **"Did they give you anything?" "Not a sausage."** "¿Te dieron algo?" "Nada de nada."
sausage dog *n* (*fam*) perro *m* salchicha.
sausage meat *n* carne *f* de salchicha.
sausage roll *n*: *salchicha envuelta en masa de hojaldre.*
sauté /'səʊteɪ/ **I** *adj* (*potatoes, vegetables*) salteado -da. **II** *vt* [**sautés, sautéing, sautéed**] saltear, sofreír.
savage /'sævɪdʒ/ **I** *n* salvaje *m/f*.
II *adj* **1.** (*animal*) salvaje, feroz; (*tribe*) salvaje. **2.** (*vicious*) brutal: **they gave him a savage beating** le dieron una paliza brutal; **the book came in for some savage criticism** el libro fue ferozmente criticado.
III *vt* [**savages, savaging, savaged**] atacar salvajemente.
savagely /'sævɪdʒlɪ/ *adv* violentamente, ferozmente.
savagery /'sævɪdʒərɪ/ *n* violencia *f*, ferocidad *f*: **they couldn't believe the savagery** *of* **the assault** no podían creer lo feroz que había sido el ataque.
savannah /sə'vænə/ *n* sabana *f*.
save /seɪv/ **I** *vt* [**saves, saving, saved**] **1.** (*money, time*) ahorrar: **I saved fifteen minutes going by train** ahorré quince minutos yendo en tren; **he's already saved five hundred pounds** ya ha ahorrado quinientas libras. **2.** (*to put aside*) guardar: **save some ice cream for me!** ¡guárdame un poco de helado! **3.** (*Inform*) guardar: **save all changes to this file** guardar este documento con los cambios. **4.** (*souls, life*) salvar: **you saved my son** *from* **certain death** salvaste a mi hijo de una muerte segura. **5.** (*to prevent*) evitar: **you'll save yourself a lot of trouble if you listen to**

me now te evitarás muchos problemas si me escuchas ahora. **6.** (*goal*) parar.
♦*vi* **1.** (*Relig*) salvar. **2.** (*to put money aside*) ahorrar: **I find it impossible to save** soy incapaz de ahorrar; **this way we'll save** *on* **fuel** así ahorraremos combustible.
II *n* (*Sport*) parada *f*.
III *conj*, *prep* (*frml*) salvo, excepto.
to **save up** *vt/i* ahorrar: **he's saving up** *for* **a bicycle** está ahorrando para comprarse una bicicleta.

saving /ˈseɪvɪŋ/ **I** *n* ahorro *m*: **this means a saving of half an hour** esto supone un ahorro de media hora.
II savings *n pl* ahorros *m pl*: **he'd spent all his savings** había gastado todos sus ahorros; **we should try to make savings** *on* **fuel** deberíamos tratar de ahorrar combustible.
savings account *n* cuenta *f* de ahorros.
savings bank *n* caja *f* de ahorros.

saviour, (*US*) **savior** /ˈseɪvjə/ *n* salvador -dora *m/f*: **Jesus Christ the Saviour** Jesucristo el Salvador.

savour, (*US*) **savor** /ˈseɪvə/ **I** *n* sabor *m*, gusto *m*.
II *vt* [**savours, savouring, savoured**] saborear, paladear: **she savoured every moment of her triumph** saboreó cada instante de su victoria.

savoury, (*US*) **savory** /ˈseɪvərɪ/ **I** *adj* **1.** (*not sweet*) salado -da. **2.** (*tasty*) sabroso -sa: **a really savoury dish** un plato realmente sabroso. **3.** (*wholesome*) sano -na (*moralmente*): **he is not a very savoury character** no es una persona sana.
II *n* [**savouries**] (*GB*) canapé *m*.

saw /sɔː/ **I** *pretérito de* ➪ see
II *n* (*standard wide-bladed tool*) serrucho *m*; (*power-driven and specialist manual tool*) sierra *f*.
III *vt* [**saws, sawing, sawed,** *participio pasado* **sawn** ✻ **sawed**] cortar (con una sierra), serrar: **she had sawn the plank in half** había cortado la tabla por la mitad (con una sierra).
to **saw off** *vt* cortar (con una sierra), serrar: **we had to saw off the lower branches** tuvimos que cortar las ramas más bajas (con una sierra).
to **saw up** *vt* cortar (con una sierra), serrar.
sawdust *n* serrín *m*.
sawmill *n* aserradero *m*.

sawn /sɔːn/ *participio pasado de* ➪ saw

sax /sæks/ *n* (*apócope de* **saxophone**) (*fam*) saxo *m*.

Saxon /ˈsæksən/ *adj*, *n* sajón -jona *adj*, *m/f*.

saxophone /ˈsæksəfəʊn/ *n* (*instrument, player*) saxofón *m*.

saxophonist /sækˈsɒfənɪst/ *n* saxofonista *m/f*.

say /seɪ/ **I** *vt* [**says, saying, said**] **1.** (*gen*) decir: **what did he say** *to* **you?** ¿qué te dijo?; **how do you say "rabbit" in Spanish?** ¿cómo se dice "rabbit" en castellano?; **I hope they say yes** ojalá digan que sí; **I just wanted to say how grateful I am to you** quisiera expresarle mi agradecimiento; **they say unemployment is rising** dicen que está aumentando el desempleo; **she was very nice to us, I must say** la verdad es que estuvo muy amable con nosotros ● **what would you say to a drink?** ¿qué te parece si tomamos algo? ● **(let's) say you were a millionaire...** pongamos por caso que fueras millonario... ● **hard work? you can say that again!** ¿mucho trabajo? ¡ya lo creo! ✻ ¡y que lo digas! ● **there's a lot to be said for a traditional education** una educación tradicional tiene muchas ventajas ● **it goes without saying that we'll pay for your ticket** ni que decir tiene ✻ huelga decir que la entrada te la pagamos nosotros ● **that's easier said than done** es muy fácil decirlo ● **they have several houses in London, to say nothing of their properties in France** tienen varias casas en Londres, ni hablar de sus propiedades en Francia ● **when all's said and done, she's the one who will suffer** a fin de cuentas, es ella la que va a sufrir. **2.** (*to state: sign, newspaper*) decir, poner: **the sign says "no smoking"** el letrero dice ✻ pone "prohibido fumar"; **the clock said six thirty** el reloj marcaba las seis y media.
♦*vi* decir: **well, as I was saying, she came to see us** bueno, como decía, vino a vernos; **let's look at, say, the first example** vamos a mirar, digamos, el primer ejemplo ● **she's leaving? you don't say!** ¿se va? ¡no me digas!
II *n*: **now let me have my say** ahora déjame hablar a mí; **we had no say** *in* **which school we were sent to** no tuvimos ni voz ni voto en la elección de nuestro colegio ● **to have the final say**: **he always has to have the final say** siempre tiene que tener la última palabra; **the manager has the final say in these matters** es el director quien decide ✻ quien tiene la última palabra en estas cuestiones.
say-so *n* (*fam*) **1.** (*permission*) visto bueno *m*: **we can't do it unless we have his say-so** no podemos hacerlo sin que él nos dé el visto bueno. **2.** (*account*): **we only have her say-so, we haven't actually seen it for ourselves** sólo nos consta lo que ha dicho ella, no lo hemos visto personalmente.

saying /ˈseɪɪŋ/ *n* refrán *m*, dicho *m*: **as the saying goes:...** como dice el refrán:....

scab /skæb/ *n* **1.** (*Med*) costra *f*, postilla *f*. **2.** (*fam: strikebreaker*) esquirol *m/f*, rompehuelgas *m/f inv*.

scabbard /ˈskæbɜːrd/ *n* (*for sword*) vaina *f*, funda *f*.

scabby /ˈskæbɪ/ *adj* [**scabbier, scabbiest**] cubierto -ta de costras.

scaffold /ˈskæfəʊld/ *n* **1.** (*for executions*) cadalso *m*. **2.** (*for building work*) andamio *m*.

scaffolding /ˈskæfəldɪŋ/ *n* andamiaje *m*.

scald /skɔːld/ **I** *n* escaldadura *f*.
II *vt* [**scalds, scalding, scalded**] **1.** (*to burn*) escaldar: **I scalded myself** *with* **the oil** me escaldé con el aceite. **2.** (*milk*) calentar (*llevando casi hasta el punto de ebullición*).

scalding /ˈskɔːldɪŋ/ *adj*, *adv*: **a cup of scalding (hot) coffee** una taza de café hirviendo.

scale /skeɪl/ **I** *n* **1.** (*gen*) escala *f*: *on* **a scale** *of* **one to ten, he would score seven** en una escala del uno al diez, él se llevaría un siete; **they're** *on* **a fixed pay scale** tienen una escala salarial fija; **this map is** *on* **a scale** *of* **two centimetres to the kilometre** este mapa está a una escala de dos centímetros por kilómetro; **a scale model of the building** una maqueta ✻ un modelo a escala del edificio; **the figure is not** *to* **scale** la figura no está a escala; (*of charges*) tarifa *f*. **2.** (*size*) escala *f*: **we had no idea of the scale of the destruction** no teníamos idea de la escala ✻ la magnitud de los daños; **this is organized crime** *on* **a large scale** esto es crimen organizado a gran escala. **3.** (*on fish, lizard*) escama *f*. **4.** (*on kettle, shower head*) sarro *m*.
II scales *n pl* **1.** (*in kitchen, etc.*) balanza *f*, peso *m* ● **having fluent French tipped the scales in his favour** su dominio del francés inclinó la balanza a su favor. **2.** (*in bathroom, for heavier things*) báscula *f*: **just step on the scales** súbete a la báscula.
III *vt* [**scales, scaling, scaled**] escalar: **they scaled the mountain in three days** escalaron la montaña en tres días.
to **scale down** *vt* (*map, model*) reducir la escala de

● **the police are scaling down the operation** la policía está reduciendo la escala de la operación.

to **scale up** *vt* (*map, model*) ampliar la escala de ● **the party is scaling up its campaign for new members** el partido va a ampliar la escala de su campaña de captación de miembros.

scallop /ˈskæləp/ *n* vieira *f*.

scalloped /ˈskæləpt, ˈskɒləpt/ *adj* **1.** (*neckline, hem*) festoneado -da; (*edge*) ondulado -da. **2.** (*potatoes*) gratinado -da.

scalp /skælp/ **I** *n* cuero *m* cabelludo.
II *vt* [**scalps, scalping, scalped**] **1.** (*a person*) arrancarle el cuero cabelludo a. **2.** (*US: tickets*) revender.

scalpel /ˈskælpəl/ *n* bisturí *m*.

scalper /ˈskælpə/ *n* (*US*) revendedor -dora *m/f*, reventa *m/f*.

scaly /ˈskeɪlɪ/ *adj* [**scalier, scaliest**] **1.** (*reptile, hands*) escamoso -sa. **2.** (*kettle, pipe*) cubierto -ta de sarro.

scam /skæm/ *n* estafa *f*.

scamp /skæmp/ *n* (*fam*) diablillo -lla *m/f*.

scamper /ˈskæmpə/ *vi* [**scampers, scampering, scampered**]: **the boys were scampering** *about* **in the playground** los niños correteaban por el patio de recreo; **the rabbit scampered** *off* el conejo se escapó corriendo.

scampi /ˈskæmpɪ/ *n* gambas *f pl* (*que a menudo se sirven rebozadas*).

scan /skæn/ **I** *vt* [**scans, scanning, scanned**] **1.** (*to look carefully at*) escudriñar, otear: **he scanned the horizon** *for* **a ship** escudriñaba el horizonte en busca de una nave. **2.** (*to look briefly at*) echar un vistazo a: **he scanned the job advertisements** echó un vistazo a las ofertas de trabajo. **3.** (*Med: gen*) hacer un escáner de; (*: with ultrasound*) hacer una ecografía de; (*Phys: with radar*) explorar.
♦ *vi* (*poetry*) no tener defectos métricos.
II *n* **1.** (*Med: gen*) escáner *m*; (*: using ultrasound*) ecografía *f*: **she had a scan** le hicieron una ecografía. **2.** (*quick look*) vistazo *m*, ojeada *f*.

scandal /ˈskændəl/ *n* **1.** (*shocking affair*) escándalo *m*: **I think it's a scandal that they earn so little** para mí es un escándalo ✱ una vergüenza que ganen tan poco. **2.** (*gossip*) chismes *m pl*: **she always tells us the latest scandal** siempre nos cuenta los últimos chismes.

scandalize /ˈskændəlaɪz/ *vt* [**scandalizes, scandalizing, scandalized**] escandalizar: **she was scandalized when she saw them together** se escandalizó al verlos juntos.

scandalous /ˈskændələs/ *adj* escandaloso -sa: **the scandalous way in which the money was wasted** la forma escandalosa ✱ vergonzosa en la que se despilfarró el dinero; **it's absolutely scandalous!** ¡es un verdadero escándalo!

Scandinavia /ˌskændɪˈneɪvɪə/ *n* Escandinavia *f*.

Scandinavian /ˌskændɪˈneɪvɪən/ *adj*, *n* escandinavo -va *adj*, *m/f*.

scanner /ˈskænə/ *n* **1.** (*Med: gen*) escáner *m*; (*: using ultrasound*) ecógrafo *m*. **2.** (*of radar*) antena *f* direccional.

scant /skænt/ *adj* (*barely enough*) escaso -sa, poco -ca: **his scant regard for the safety of his passengers** lo poco que le preocupaba la seguridad de sus pasajeros; (*lacking in detail*) somero -ra: **they were only able to give a scant description of the man** sólo pudieron dar una somera descripción del hombre.

scantily /ˈskæntəlɪ/ *adv* escasamente: **the children were scantily dressed for January** los niños iban muy ligeros de ropa teniendo en cuenta que era enero.

scanty /ˈskæntɪ/ *adj* [**scantier, scantiest**] (*information*) escaso -sa; (*meal*) ligero -ra; (*bathing costume*): **she wore the scantiest bikini** llevaba un brevísimo bikini.

scapegoat /ˈskeɪpgəʊt/ *n* chivo *m* expiatorio, cabeza *m/f* de turco.

scar /skɑː/ **I** *n* cicatriz *f*: **she still bears the scars of her terrible loss** aún no han cicatrizado las heridas de su terrible pérdida.
II *vt* [**scars, scarring, scarred**]: **he was scarred from the burns** le habían quedado cicatrices de las quemaduras ● **the experience scarred him for life** la experiencia lo marcó para toda la vida.

scarce /skeəs/ *adj* escaso -sa: **food is now scarce** ahora escasean los alimentos ● **here she comes, you'd better make yourself scarce** ahí viene, te aconsejo que desaparezcas.

scarcely /ˈskeəslɪ/ *adv* (*hardly*) apenas: **we could scarcely see** apenas veíamos; **we could scarcely believe it** casi no nos lo podíamos creer; **I scarcely need say that nobody is to make a noise** ni que decir tiene ✱ huelga decir que nadie debe hacer ruido.

scarcity /ˈskeəsətɪ/ *n* [**scarcities**] escasez *f*.

scare /skeə/ **I** *n* **1.** (*fright*) susto *m*: **you gave me such a scare!** ¡qué susto me diste! **2.** (*general alarm*) pánico *m*: **there has been another food poisoning scare** ha vuelto a cundir el pánico con otro caso de intoxicación.
II *vt* [**scares, scaring, scared**] asustar: **they tried to scare us** *into* **signing** intentaron asustarnos para que firmáramos; **you scared me!** ¡me asustaste! ● **the noise scared us stiff ✱ rigid** nos pegamos un susto de muerte con el ruido.
♦ *vi* asustarse: **he scares easily** se asusta fácilmente.
to **scare away ✱ off** *vt* (*gen*) ahuyentar; (*birds*) espantar.

scarecrow *n* espantapájaros *m inv*.

scared /skeəd/ *adj* asustado -da: **don't be scared** no te asustes ✱ no tengas miedo; **she was scared** *of* **her teacher** le tenía miedo a su profesora ● **she was scared stiff ✱ rigid** estaba muerta de miedo.

scarf /skɑːf/ *n* [**scarfs ✱ scarves** /skɑːvz/] (*woollen*) bufanda *f*; (*decorative*) pañuelo *m*, fular *m*.

scarlet /ˈskɑːlət/ *adj*, *n* escarlata *adj inv*, *m* ● **he went scarlet at the mention of her name** se puso como un tomate cuando la nombraron.

scarlet fever *n* escarlatina *f*.

scarves /skɑːvz/ *plural de* ➪ scarf

scary /ˈskeərɪ/ *adj* [**scarier, scariest**] (*fam*): **it's a really scary film** es una película de mucho miedo; **it was very scary in there** daba mucho miedo estar allí.

scathing /ˈskeɪðɪŋ/ *adj* (*criticism*) acerbo -ba; (*comments*) desdeñoso -sa, cáustico -ca.

scatter /ˈskætə/ *vt* [**scatters, scattering, scattered**] **1.** (*seeds*) esparcir, diseminar; (*papers, toys*) desparramar: **they scattered the index cards all over the floor** desparramaron las fichas por el suelo; **my family is scattered all over Europe** mi familia está desperdigada por toda Europa. **2.** (*people*) dispersar.
♦ *vi* **1.** (*seeds, ashes*) esparcirse, diseminarse: **the leaves scattered in the wind** las hojas se esparcieron con el viento; (*papers*) desparramarse. **2.** (*people*) dispersarse: **the demonstrators scattered when the police arrived** los manifestantes se dispersaron cuando llegó la policía.

scatterbrain /ˈskætəˌbreɪn/ *n* (*fam*) cabeza *m/f* de chorlito.

scatterbrained /ˈskætəˌbreɪnd/ *adj* (*fam*) despistado -da.

scatty /ˈskætɪ/ *adj* [**scattier, scattiest**] (*fam*) atolondrado -da.

scavenge /ˈskævɪndʒ/ *vi* [**scavenges, scavenging, scavenged**] hurgar (*entre la basura, los desperdicios, etc.*): **there were ragged children scavenging** *for* **scraps of food** había niños harapientos hurgando entre la basura buscando restos de comida.
♦ *vt* (*food*) robar (*de la basura*).

scavenger /ˈskævɪndʒə/ *n* **1.** (*animal*) animal *m* de carroña; (*bird*) ave *f* de carroña [takes ***el*** or ***un*** in singular]. **2.** (*person*) *persona que vive de lo que encuentra entre los desperdicios*.

scenario /sɪˈnɑːrɪəʊ/ *n* **1.** (*of film*) guión *m*. **2.** (*possibility*) posibilidad *f*: **another scenario might be a takeover bid by our rivals** otra posibilidad sería una oferta de compra por parte de nuestros rivales.

scene /siːn/ *n* **1.** (*in play, movie*) escena *f*: **Act One, Scene Two** Acto primero, Escena segunda; **the scene is set in Santiago** la acción se desarrolla en Santiago • **the scene was set for another confrontation between them** estaban dadas todas las condiciones para que volvieran a enfrentarse • **why do you have to make such a scene?** ¿por qué tienes que armar tanto escándalo ∗ montar semejante número? • **she's been organizing everything behind the scenes** lo ha estado organizando todo entre bastidores • **I need a change of scene** necesito un cambio de aires. **2.** (*picture*) panorama *m*: **I got out of my car to survey the scene** me bajé del coche para contemplar el panorama; **our photographers were on hand to record the scenes of panic** nuestros fotógrafos estaban allí para plasmar las escenas de pánico que se vivieron. **3.** (*place*) lugar *m*: **the police arrived at the scene of the crime** la policía llegó al lugar ∗ a la escena del crimen; **an ambulance was soon** *on* **the scene** pronto llegó una ambulancia (al lugar de los hechos). **4.** (*area of activity*) escena *f*, ámbito *m*: **events are moving rapidly on the political scene** las cosas se están desarrollando a ritmo acelerado en la escena política ∗ en el ámbito político; (*fam*): **they're involved in the Amsterdam drugs scene** están metidos en el ambiente de la droga de Amsterdam. **5.** (*fam: favoured place, activity*): **I don't imagine that ice-skating's really his scene** no creo que el patinaje sobre hielo sea lo suyo.

scenery /ˈsiːnərɪ/ *n* **1.** (*in theatre*) decorados *m pl*, escenografía *f*. **2.** (*countryside*) paisaje *m*.

scenic /ˈsiːnɪk/ *adj* (*views*) panorámico -ca: **we returned to the hotel by the scenic route** volvimos al hotel por la ruta panorámica; (*countryside*) pintoresco -ca.

scent /sent/ **I** *n* **1.** (*of flowers*) olor *m*, perfume *m*. **2.** (*trail*) rastro *m*: **the dogs picked up the fox's scent** los perros olieron el rastro del zorro • **he left a false address to throw the police off the scent** dejó una dirección falsa para despistar ∗ para hacerle perder el rastro a la policía. **3.** (*sense of smell*) olfato *m*. **4.** (*perfume*) perfume *m*: **he gave her a bottle of scent** le regaló un frasco de perfume.
II *vt* [**scents, scenting, scented**] **1.** (*to detect*) olfatear: **the lion scented its prey** el león olfateó a su presa. **2.** (*to perfume*) perfumar.

scepter /ˈseptə/ *n* (*US*) cetro *m*.

sceptic /ˈskeptɪk/ *n* escéptico -ca *m/f*.

sceptical /ˈskeptɪkəl/ *adj* escéptico -ca.

scepticism /ˈskeptɪˌsɪzəm/ *n* escepticismo *m*.

sceptre /ˈseptə/ *n* cetro *m*.

schedule /ˈʃedjuːl, ˈskedjuːl/ **I** *n* **1.** (*of meetings, visits*) programa *m*: **the delegation has a very busy schedule** la delegación tiene un programa muy apretado ∗ una agenda muy apretada; (*of work*) calendario *m* (de trabajo): **we have a very tight schedule** tenemos un calendario (de trabajo) muy apretado; **work on the new road is** *ahead of/behind* **schedule** van adelantados/atrasados con las obras de la nueva carretera. **2.** (*US: timetable*) horario *m*.
II *vt* [**schedules, scheduling, scheduled**] programar: **the interview is scheduled** *for* **ten o'clock** la entrevista está programada ∗ prevista para las diez; **we will not be able to meet at the scheduled time** no podremos reunirnos a la hora prevista.

scheduled flight /ˈʃedjuːld flaɪt, ˈskedjuːld flaɪt/ *n* vuelo *m* regular.

scheme /skiːm/ **I** *n* **1.** (*plan*) plan *m*: **he pays into a pension scheme** cotiza a un plan de pensiones; **he has devised a new job-creation scheme** ha ideado un nuevo plan para la creación de empleo. **2.** (*devious plan, trick*) ardid *m*, estratagema *f*: **it's another of her schemes** es otro de sus ardides. **3.** (*arrangement*) combinación *f*: **I don't like the colour scheme of the living room** no me gusta la combinación de colores del salón.
II *vi* [**schemes, scheming, schemed**] intrigar: **they were always scheming** siempre estaban tramando algo ∗ intrigando; **he schemed for over a year to get them evicted** estuvo más de un año tramando ∗ urdiendo un plan para desahuciarlos.

scheming /ˈskiːmɪŋ/ *adj* maquinador -dora: **a vicious, scheming mind** una mente cruel y maquinadora; **we've had enough of you and your scheming ways** estamos hartos de ti y de tus maquinaciones.

schism /ˈsɪzəm, ˈskɪzəm/ *n* cisma *m*.

schizoid /ˈskɪtzɔɪd/ *adj* esquizoide.

schizophrenia /ˌskɪtsəʊˈfriːnɪə/ *n* esquizofrenia *f*.

schizophrenic /ˌskɪtsəʊˈfrenɪk/ *adj, n* esquizofrénico -ca *adj, m/f*.

scholar /ˈskɒlə/ *n* **1.** (*scholarship recipient*) becario -ria *m/f*. **2.** (*academic*) estudioso -sa *m/f*: **she was a famous Latin scholar** fue una famosa latinista. **3.** (*student*) estudiante *m/f*.

scholarly /ˈskɒləlɪ/ *adj* (*person, analysis*) erudito -ta; (*interests*) académico -ca.

scholarship /ˈskɒləʃɪp/ *n* **1.** (*grant-aided place*) beca *f*: **he won a scholarship to study abroad** obtuvo una beca para estudiar en el extranjero. **2.** (*academic study*): **a work of great scholarship** un trabajo de gran erudición; **she dedicated her life to scholarship** dedicó su vida al estudio y la investigación.

scholastic /skɒˈlæstɪk/ *adj* académico -ca.

school /skuːl/ **I** *n* **1.** (*gen*) escuela *f*, colegio *m*: **he doesn't go to school yet** todavía no va a la escuela; **you should be** *at* **school** tú deberías estar en la escuela; **he left school at sixteen** dejó los estudios a los dieciséis años; **she goes to (a) drama school** va a una escuela ∗ academia de teatro; **is there school tomorrow?** ¿hay clase mañana?; **the whole school went to watch the match** toda la escuela fue a ver el partido. **2.** (*group, persuasion*) escuela *f*: **painters of the Flemish school** los pintores de la escuela flamenca • **one school of thought says the Welfare State should be abolished** hay un sector ∗ una corriente de opinión que aboga por la abolición del

estado del bienestar. **3.** (*US*: *university*) universidad *f.* **4.** (*department, faculty*) facultad *f*: **he works in the school of architecture** trabaja en la facultad de arquitectura. **5.** (*of fish, dolphins*) banco *m.*
II *vt* [**schools, schooling, schooled**] educar: **he had been well schooled** *in* **the social graces** lo habían educado muy bien en cuestión de modales.

school age I *n* edad *f* escolar.
II **school-age** *adj*: **she has three school-age children** tiene tres niños en edad escolar.

schoolbook *n* libro *m* de texto.

schoolboy *n* colegial *m.*

schooldays *n pl*: **they say your schooldays are the best years of your life** dicen que los años del colegio son los mejores de la vida.

schoolfriend *n* compañero -ra *m/f* de colegio.

schoolgirl *n* colegiala *f.*

school holidays *n pl* vacaciones *f pl* escolares.

school-leaver *n*: **many of this year's school-leavers cannot find jobs** muchos de los jóvenes que terminaron el colegio este año no encuentran trabajo.

school-leaving age *n edad a la que termina la escolaridad obligatoria.*

schoolmaster *n* (*primary*) maestro *m*; (*secondary*) profesor *m.*

schoolmistress *n* [**schoolmistresses**] (*primary*) maestra *f*; (*secondary*) profesora *f.*

schoolteacher *n* (*primary*) maestro -tra *m/f*; (*secondary*) profesor -sora *m/f.*

school year *n* año *m* escolar.

schooling /ˈsku:lɪŋ/ *n* estudios *m pl.*

schooner /ˈsku:nə/ *n* goleta *f.*

science /ˈsaɪəns/ *n* ciencia *f*: **she's very good** *at* **science** ✻ **the sciences** se le dan muy bien las ciencias.

science fiction *n* ciencia *f* ficción.

science park *n* parque *m* tecnológico.

scientific /ˌsaɪənˈtɪfɪk/ *adj* científico -ca.

scientifically /ˌsaɪənˈtɪfɪkəlɪ/ *adv* científicamente.

scientist /ˈsaɪəntɪst/ *n* científico -ca *m/f.*

sci-fi /ˈsaɪfaɪ/ *n* (*apócope de* **science fiction**) ciencia *f* ficción.

scimitar /ˈsɪmɪtə/ *n* cimitarra *f.*

scintillating /ˈsɪntɪleɪtɪŋ/ *adj* (*conversation*) fascinante: **he has a scintillating wit** tiene mucha chispa.

scissors /ˈsɪzəz/ *n pl* tijera *f*, tijeras *f pl*: **does anyone have a pair of scissors?** ¿alguien tiene una tijera ✻ unas tijeras?

scissors kick *n* tijereta *f.*

scoff /skɒf/ *vi* [**scoffs, scoffing, scoffed**] burlarse: **she scoffed** *at* **my ideas** se burlaba de mis ideas.
♦ *vt* (*fam*) zamparse: **the dog had scoffed the whole chicken** el perro se había zampado el pollo entero.

scold /skəʊld/ *vt* [**scolds, scolding, scolded**] reprender, regañar.

scolding /ˈskəʊldɪŋ/ *n* reprimenda *f*: **he was given a good scolding** *for* **breaking the window** le dieron una buena reprimenda por romper la ventana.

scollop /ˈskɒləp/ *n* ➪ scallop

scone /skɒn/ *n*: *bollo dulce o salado que se come con mantequilla o con mermelada y nata a la hora del té.*

scoop /sku:p/ I *n* **1.** (*for flour, rice*) pala *f*; (*for washing powder*) vaso *m*; (*for ice cream*) cuchara *f.* **2.** (*exclusive story*) primicia *f* (informativa), exclusiva *f.*
II *vt* [**scoops, scooping, scooped**] **1.** (*to pick up*) recoger: **he scooped all the papers** *(up) into* **a box** recogió todos los papeles y los puso en una caja; **scoop the seeds** *out of* **the pumpkin with a spoon** saque las semillas de la calabaza con una cuchara. **2.** (*to beat*) robarle la primicia a, adelantarse a: **the local paper scooped its national rivals with the story** el periódico local les robó la primicia de la noticia a sus rivales nacionales.

scooter /ˈsku:tə/ *n* **1.** (*motorized*) Vespa® *f*, escúter *m.* **2.** (*toy*) patinete *m.*

scope /skəʊp/ *n* **1.** (*of investigation, study*) campo *m*, alcance *m*: **they extended the scope of the inquiry** ampliaron el campo de la investigación; (*of a course, syllabus*) alcance *m.* **2.** (*possibilities, opportunities*) oportunidades *f pl*: **she wanted a job with more scope** *for* **personal development** buscaba un trabajo con más oportunidades para el desarrollo personal; **they have no scope** *for* **creativity** no tienen libertad de acción ✻ oportunidades para ser creativos.

scorch /skɔ:tʃ/ *vt* [**scorches, scorching, scorched**] chamuscar, quemar: **he scorched his trousers while he was ironing them** chamuscó los pantalones al plancharlos.

scorch mark *n* quemadura *f* (*superficial*).

scorcher /ˈskɔ:tʃə/ *n* (*fam*) día *m* de mucho calor: **it was a real scorcher yesterday!** ¡ayer hizo un calor infernal!

scorching /ˈskɔ:tʃɪŋ/ I *adj* (*weather*) de muchísimo calor: **it's really scorching today** hoy hace un calor infernal.
II *adv*: **mind, the plates are scorching hot!** ¡cuidado, que los platos están hirviendo!

score /skɔ:/ I *n* **1.** (*points*) puntuación *f*, (*Amér L*) puntaje *m*: **they got a good score in the quiz** obtuvieron una buena puntuación en el concurso; **will you keep the score for us?** ¿nos llevas la cuenta de los puntos? **2.** (*result*) tanteo *m*: **what's the score?** ¿cómo van?; **the score was 3-2 to Madrid** el Madrid ganó 3 a 2; **what was the score in the final?** ¿cuál fue el resultado de la final?; (*act of scoring*): **there has been no score yet** aún no han marcado ningún gol ✻ tanto • **it's time to settle old scores** es hora de ajustar las cuentas • **it's dangerous, but you already know the score** es peligroso, pero tú ya estás al tanto • **you needn't worry on that score** en ese sentido no tienes por qué preocuparte. **3.** (*twenty*) veinte *m* • **we've had a score of letters on that subject** hemos recibido una veintena de cartas acerca de ese tema. **4.** (*mark*) corte *m*, marca *f.* **5.** (*Mus*: *sheet music*) partitura *f*; (*: for a film*) música *f.*
II **scores** *n pl* (*fam*) montones *m pl*: **scores** *of* **tourists were stranded at the airport** montones de turistas quedaron colgados en el aeropuerto.
III *vi* [**scores, scoring, scored**] **1.** (*to obtain a point*) ganar un punto; (*in football, hockey, etc.*) marcar un gol; (*in basketball*) encestar, anotar una canasta. **2.** (*referring to final result*): **our team scored highly in the quiz game** nuestro equipo obtuvo muy buena puntuación ✻ puntuó muy bien en el concurso • **the film has really scored with young people** la película ha tenido mucho éxito entre los jóvenes.
♦ *vt* **1.** (*goals*) marcar: **the French team scored five goals** el equipo francés marcó cinco goles; (*points, runs*) obtener: **they scored eighty points** obtuvieron ochenta puntos; **I scored eighty per cent in the test** obtuve una puntuación del ochenta por ciento ✻ saqué ochenta sobre cien en la prueba • **he's always trying to score points off Jim** siempre está intentando demostrar que es más listo que Jim • **they scored another victory over their rivals** se anotaron otra victoria contra sus rivales • **the young designer has**

scored a hit with his latest collection el joven diseñador se ha anotado un exitazo con su última colección. **2.** (*to mark*) rayar: **be careful not to score the parquet when you move the wardrobe** ten cuidado de no rayar el parqué al mover el armario.

to **score out** *vt* tachar: **he scored out the names as she read them out** iba tachando los nombres a medida que ella los leía.

to **score through** *vt* tachar.

scoreboard *n* marcador *m*.

scorer /'skɔ:rə/ *n* **1.** (*Sport: player*): **Ford was the only scorer in the match** Ford fue el único que marcó un gol en el partido; (*in contest, quiz, etc.*): **she was the top scorer** fue la participante que obtuvo la puntuación más alta. **2.** (*score keeper: in sports*) encargado -da *m/f* del marcador; (*: in games, contests*) tanteador -dora *m/f*.

scorn /skɔ:n/ **I** *n* desprecio *m*, desdén *m*: **the critics poured scorn on the play** la crítica se mofó de la obra.

II *vt* [**scorns, scorning, scorned**] **1.** (*to be contemptuous towards*) burlarse de, mofarse de: **they scorned his attempts at cooking** se burlaron de sus intentos en la cocina. **2.** (*to refuse to accept*) desdeñar: **she scorned my offer of help** desdeñó mi oferta de ayuda.

scornful /'skɔ:nfʊl/ *adj* (*smile, comment*) desdeñoso -sa: **she was scornful** *of* **my French pronunciation** se burlaba de mi pronunciación en francés.

Scorpian /'skɔ:pɪən/ *n* escorpión *m/f inv*. ➪ Aquarian

Scorpio /'skɔ:pɪəʊ/ *n* **1.** (*star sign*) Escorpión *m*. **2.** (*person*) escorpión *m/f inv*. ➪ Aquarius

scorpion /'skɔ:pɪən/ *n* escorpión *m*, alacrán *m*.

Scot /skɒt/ **I** *n* escocés -cesa *m/f*.

II Scots *adj* escocés -cesa.

III Scots *n*: *variedad del inglés que se habla en Escocia*.

scot-free *adv*: **the murderer got off scot-free** el asesino quedó impune ✱ sin castigo.

Scotsman *n* [*pl* **Scotsmen**] escocés *m*.

Scotswoman *n* [*pl* **Scotswomen**] escocesa *f*.

scotch /skɒtʃ/ **I** *vt* [**scotches, scotching, scotched**] (*frml*) **1.** (*rumours*) desmentir. **2.** (*plan, scheme*) frustrar.

II Scotch *n* [**Scotches**] whisky *m* escocés: **a bottle of Scotch (whisky)** una botella de whisky (escocés).

Scotch broth *n*: *sopa de verduras, cordero y cebada*.

Scotch® tape *n* (*US*) celo *m*, cinta *f* adhesiva (transparente).

Scotch whisky *n* whisky *m* escocés.

Scotland /'skɒtlənd/ *n* Escocia *f*.

Scotland Yard *n* Scotland Yard *m* (*jefatura de policía londinense*).

Scottish /'skɒtɪʃ/ *adj* escocés -cesa.

scoundrel /'skaʊndrəl/ *n* (*adult*) sinvergüenza *m/f*; (*child*) pillo -lla *m/f*.

scour /'skaʊə/ *vt* [**scours, scouring, scoured**] **1.** (*to scrub*) fregar, restregar. **2.** (*an area*) registrar detenidamente: **she scoured the papers** *for* **a suitable job** leyó detenidamente los periódicos en busca de un empleo adecuado.

scourer /'skaʊərə/ *n* estropajo *m*, esponjilla *f* (*de metal o plástico*).

scourge /skɜ:dʒ/ *n* azote *m*, flagelo *m* • **he is the scourge of liberal journalists** es el tormento de los periodistas liberales.

scout /skaʊt/ *n* **1.** (*Mil*) miembro *m* de la patrulla de reconocimiento. **2.** (*también* **talent scout**) (*Fin, Sport*) cazatalentos *m/f inv*. **3.** (*fam: look*): **we'll go ahead and have a scout around** nos adelantaremos para echar un vistazo. **4. Scout** (*GB: member of youth organization*) boy scout *m*: **he joined the Scouts when he was nine** se hizo miembro de los boy scouts cuando tenía nueve años.

to **scout around** *vi* [**scouts, scouting, scouted**]: **I'm scouting around** *for* **a room to rent** estoy buscando una habitación para alquilar.

scowl /skaʊl/ **I** *vi* [**scowls, scowling, scowled**] fruncir el ceño: **she was scowling** *at* **me** me miraba con el ceño fruncido ✱ con cara de pocos amigos.

II *n*: **I'm going home, he said with a scowl** me voy a casa, dijo con el ceño fruncido.

scrabble /'skræbəl/ *vi* [**scrabbles, scrabbling, scrabbled**] (*in sand, soil*) escarbar: **she was scrabbling** *around* **on the floor, picking up the coins she'd dropped** rebuscaba por el suelo, recogiendo las monedas que se le habían caído.

scraggy /'skrægɪ/ *adj* [**scraggier, scraggiest**] (*animal, person*) esquelético -ca, esmirriado -da; (*part of body*) flaco -ca, huesudo -da.

scramble /'skræmbəl/ **I** *vi* [**scrambles, scrambling, scrambled**] **1.** (*to jostle*) pelearse: **they scrambled to get the ball** se pelearon por la pelota. **2.** (*to move clumsily, quickly*): **she scrambled** *onto* **the top bunk** se encaramó con dificultad a la litera de arriba; **she scrambled** *up* **the hill** subió la cuesta gateando. **3.** (*Sport*) hacer motocross.

♦*vt* **1.** (*Culin*): **I'll scramble some eggs** haré unos huevos revueltos. **2.** (*message, broadcast*) codificar (*de manera que resulta ininteligible sin el descodificador apropiado*).

II *n*: **it was a mad scramble getting onto the train** todos se atropellaban para subir al tren; **the fitness test ended with a scramble** *up* **a steep slope** el final de la prueba de aptitud física consistía en trepar una cuesta muy empinada.

scrap /skræp/ **I** *n* **1.** (*metal*) chatarra *f*: **she sold the car** *for* ✱ *as* **scrap** vendió el coche como chatarra; (*paper*): **this paper will do for scrap** este papel sirve para borrador. **2.** (*small bit*) pedacito *m*: **she wrote me her phone number on a scrap of paper** me escribió su número de teléfono en un papelito; **I told him not to go but it didn't make a scrap of difference** le dije que no fuese pero no me hizo el más mínimo caso; **there wasn't a scrap of truth in what she said** no había un ápice de verdad ✱ ni pizca de verdad en lo que dijo. **3.** (*fam: fight*) pelea *f*.

II scraps *n pl* (*of food*) sobras *f pl*: **they feed the pig on scraps** alimentan al cerdo con las sobras.

III *vt* [**scraps, scrapping, scrapped**] **1.** (*an idea*) desechar, rechazar: **the original design has been scrapped** han desechado el diseño original. **2.** (*a vehicle*) desguazar.

♦*vi* (*fam*) pelearse.

scrapbook *n* álbum *m* de recortes.

scrap dealer *n* chatarrero -ra *m/f*.

scrapheap *n* (*fam*) **1.** (*gen*) montón *m* de desechos • **the policy ended up on the scrapheap** la política acabó siendo descartada ✱ desechada • **you can't imagine how it feels to be on the scrapheap at fifty** no te imaginas cómo se siente uno al quedarse en la calle y sin perspectivas de empleo a los cincuenta años. **2.** (*for vehicles*) cementerio *m* de coches, desguace *m*.

scrap merchant *n* chatarrero -ra *m/f*.

scrap metal *n* chatarra *f*.

scrap paper *n* papel *m* borrador.

scrap yard *n* desguace *m*, cementerio *m* de coches.

scrape /skreɪp/ **I** *vt* **[scrapes, scraping, scraped]** **1.** (*potatoes, carrots*) raspar; (*surface, before painting*) raspar: **he scraped his chair along the floor** arrastró la silla por el suelo. **2.** (*to graze*) raspar: **she scraped her elbow on the wall** se raspó el codo contra el muro.
♦ *vi* rozar: **the wing mirror scraped** *against* **the wall** el retrovisor rozó contra la pared.
II *n* **1.** (*noise*) chirrido *m*. **2.** (*on skin*) rasguño *m*; (*on polished surface*) raya *f*. **3.** (*fam: predicament*) lío *m*: **she's always getting (herself) into scrapes** siempre está metiéndose en líos.
to **scrape by** *vi* (*fam: financially*): **they scrape by on very little money** se las arreglan como pueden con muy poco dinero.
to **scrape off** *vt* quitar: **we had to scrape the paint off the floor** tuvimos que rascar la pintura del suelo; **scrape the label off this jar** quítale la etiqueta a este bote.
to **scrape through** *vt/i* (*exam*) aprobar raspando * por los pelos.
to **scrape together** *vt*: **we scraped together enough money for the flight** logramos juntar el dinero justo para el vuelo.
scraper /ˈskreɪpə/ *n* rasqueta *f*.
scrappy /ˈskræpɪ/ *adj* **[scrappier, scrappiest]** (*piece of work*) imperfecto -ta, mal estructurado -da; (*knowledge*) rudimentario -ria.
scratch /skrætʃ/ **I** *n* **[scratches]** **1.** (*slight wound*) rasguño *m* • **his car was a write-off, but he got out without a scratch** su coche quedó para chatarra, pero él salió sin un rasguño. **2.** (*on furniture, record, car*) raya *f*, rayón *m* • **your work is not up to scratch** tu trabajo no está a la altura de lo que se requiere • **we had to start again from scratch** tuvimos que volver a empezar desde cero. **3.** (*act of scratching*): **he gave the cat a scratch** rascó al gato. **4.** (*sound*): **all you could hear was the scratch** *of* **pens on paper** no se oía más que el sonido de las plumas al raspar el papel.
II *vt* **[scratches, scratching, scratched]** **1.** (*head, back*) rascar: **he scratched his back** se rascó la espalda. **2.** (*causing a wound*) arañar: **the cat scratched my hand** el gato me arañó la mano; **I scratched my leg on a nail** me arañé la pierna con un clavo. **3.** (*glass, record, car*) rayar: **the glass has got scratched** se ha rayado el cristal; **she scratched her name on the desk** grabó su nombre en el pupitre. **4.** (*from competition*) retirar.
♦ *vi* (*person, animal*) rascarse: **stop scratching!** ¡deja de rascarte!; **the cat scratched** *at* **the door** el gato arañaba la puerta.
to **scratch around** *vi* escarbar.
scratchy /ˈskrætʃɪ/ *adj* **[scratchier, scratchiest]** **1.** (*record*) rayado -da. **2.** (*material*) que pica: **this wool is scratchy to wear next to your skin** esta lana pica si la llevas en contacto directo con la piel. **3.** (*pen*) que raspa.
scrawl /skrɔːl/ **I** *vt* **[scrawls, scrawling, scrawled]** garabatear: **she scrawled her signature at the bottom** garabateó su firma al pie.
♦ *vi* hacer garabatos.
II *n* garabato *m*: **his signature is just a scrawl** su firma no es más que un garabato; **that looks like Diana's scrawl** ésa parece la letra descuidada de Diana.
scrawny /ˈskrɔːnɪ/ *adj* **[scrawnier, scrawniest]** escuchimizado -da, esquelético -ca.
scream /skriːm/ **I** *vi* **[screams, screaming, screamed]** gritar, chillar: **she screamed** *with* * *in* **fright** gritó de miedo; **the children were screaming and shouting in the pool** los niños chillaban y gritaban en la piscina; **he screamed** *at* **them to come back** les gritó que volvieran.
♦ *vt* gritar: **go away! she screamed** ¡vete!, gritó.
II *n* **1.** (*shout*) grito *m*, chillido *m*: **we heard screams** *of* **delight as the children opened their presents** oímos gritos de alegría cuando los niños abrieron sus regalos. **2.** (*fam: person*): **the new teacher is a scream** el nuevo profesor es graciosísimo; (*: situation, thing*): **it was an absolute scream!** ¡fue para morirse de risa!
scree /skriː/ *n* pedregal *m* (*en la ladera de una montaña*).
screech /skriːtʃ/ **I** *n* **[screeches]** **1.** (*of person, animal*) chillido *m*. **2.** (*of brakes, tyres*) chirrido *m*: **the car came to a halt with a screech (of brakes)** el coche se detuvo con un chirrido (de frenos).
II *vi* **[screeches, screeching, screeched]** **1.** (*car*) chirriar: **the taxi came screeching to a halt** el taxi se detuvo con un chirrido. **2.** (*person, animal*) chillar: **she started screeching** *at* **me** me empezó a chillar.
♦ *vt* gritar a voz en cuello.
screen /skriːn/ **I** *n* **1.** (*of television, computer, radar, at cinema*) pantalla *f*: **stars of the stage and screen** estrellas del escenario y de la pantalla. **2.** (*folding partition*) biombo *m*; (*non-folding partition*) mampara *f*.
II *vt* **[screens, screening, screened]** **1.** (*a film*) proyectar, dar: **it was first screened in 1986** se estrenó en 1986. **2.** (*Med*) someter a un chequeo: **blood donors are screened** *for* **HIV** a los donantes de sangre se les hace la prueba del sida; **they are routinely screened** *for* **breast cancer** se les hacen chequeos regulares para diagnosticar si tienen cáncer de mama. **3.** (*candidates*) someter a una investigación de antecedentes. **4.** (*to hide*) ocultar: **the building was screened by a row of trees** una hilera de árboles altos ocultaba el edificio.
to **screen off** *vt* (*gen*) separar con mamparas; (*with folding partitions*) separar con biombos.
screenplay *n* guión *m*.
screening /ˈskriːnɪŋ/ *n* **1.** (*of film*) proyección *f*: **it's the first public screening** *of* **this movie** es el estreno de esta película para el público en general. **2.** (*Med*) chequeo *m*. **3.** (*of candidates*) investigación *f* de antecedentes.
screw /skruː/ **I** *n* **1.** (*Tec*) tornillo *m* • **she has a screw loose** le falta un tornillo * tiene un tornillo flojo. **2.** (*propeller*) hélice *f*.
II *vt* **[screws, screwing, screwed]** (*to fasten: gen*) atornillar, sujetar con tornillos: **the cupboard is screwed** *to* **the wall** el armario está atornillado a la pared, el armario está sujeto a la pared con tornillos; (*: lid, top*) enroscar: **make sure the top is screwed** *on* **properly** asegúrate de que la tapa esté bien enroscada.
♦ *vi*: **these two parts screw** *together* estas dos partes van atornilladas; **the lid screws** *on/off* la tapa se enrosca/se desenrosca.
to **screw up** *vt* **1.** (*to crumple*) arrugar: **my newspaper is all screwed up** se me ha arrugado el periódico; **don't screw your face up like that** no hagas esas muecas. **2.** (*fam: to make a mess of*) fastidiar: **losing our two best players has really screwed things up** al perder a nuestros dos mejores jugadores se nos ha fastidiado todo.

♦*vi* (*fam*): **they've really screwed up this time** esta vez la han hecho buena.
screwdriver *n* destornillador *m*.
screw-on top *n* tapón *m* de rosca.
scribble /ˈskrɪbəl/ **I** *vt* [**scribbles, scribbling, scribbled**] escribir a toda prisa: **he scribbled a note to her** le escribió una nota a toda prisa.
♦*vi* hacer garabatos: **she's scribbled all** *over* **my book** me ha llenado el cuaderno de garabatos.
II *n* garabatos *m pl*.
scribe /skraɪb/ *n* **1.** (*copier of documents, manuscripts*) escribiente *m/f*. **2.** (*in the Bible*) escriba *m*.
scrimp /skrɪmp/ *vi* [**scrimps, scrimping, scrimped**] • **he scrimped and saved to buy himself a car** cuidó mucho el dinero y ahorró para comprarse un coche.
script /skrɪpt/ *n* **1.** (*type of lettering, handwriting*) escritura *f*: **Cyrillic script** escritura cirílica, alfabeto cirílico. **2.** (*of play, film*) guión *m*. **3.** (*written exam paper*) examen *m*.
scriptwriter *n* guionista *m/f*.
scripture /ˈskrɪptʃə/ *n* escritura *f*: **according to the Holy Scriptures...** según las Sagradas Escrituras....
scroll /skrəʊl/ *n* rollo *m* (*de papiro o pergamino*).
to **scroll down** *vi* [**scrolls, scrolling, scrolled**] (*Inform*) *desplazarse hacia abajo en un documento*.
to **scroll up** *vi* (*Inform*) *desplazarse hacia arriba en un documento*.
scrooge /skru:dʒ/ *n* (*fam*) miserable *m/f*, tacaño -ña *m/f*.
scrotum /ˈskrəʊtəm/ *n* [**scrotums** ∗ **scrota** /ˈskrəʊtə/] escroto *m*.
scrounge /skraʊndʒ/ *vt* [**scrounges, scrounging, scrounged**] gorrear, gorronear: **he's always scrounging money** *from* ∗ *off* **me** siempre me está sacando ∗ gorreando dinero; **can I scrounge a lift?** ¿te importaría llevarme?
♦*vi* gorrear, gorronear: **he scrounges** *from* ∗ *off* **everybody** le gorrea a todo el mundo.
scrounger /ˈskraʊndʒə/ *n* gorrón -rrona *m/f*.
scrub /skrʌb/ **I** *n* **1.** (*Bot*) maleza *f*, espesura *f*. **2.** (*act of scrubbing*) fregado *m*: **the floor could do with a good scrub** al suelo no le vendría mal un buen fregado.
II *vt* [**scrubs, scrubbing, scrubbed**] **1.** (*to clean*) fregar, restregar: **he scrubbed the pan with a scourer** fregó la cacerola con un estropajo; **they tried to scrub the graffiti** *off* **the walls** trataron de quitar el graffiti fregando las paredes; **she scrubbed their faces with a flannel** les restregó la cara con una toallita. **2.** (*fam: to scrap: idea, plan*) descartar.
scrubbing brush /ˈskrʌbɪŋ brʌʃ/ *n* cepillo *m* de fregar.
scruff /skrʌf/ *n* **1.** (*fam: scruffy person*) zarrapastroso -sa *m/f*. **2.** (*of neck*): **she carries her puppies by the scruff of the neck** la perra lleva a sus crías por el pescuezo ∗ por el cogote.
scruffily /ˈskrʌfəlɪ/ *adv*: **he's always so scruffily dressed** siempre va muy desaliñado ∗ hecho un zarrapastroso.
scruffy /ˈskrʌfɪ/ *adj* [**scruffier, scruffiest**] (*person, appearance*) desaliñado -da, descuidado -da; (*shoes, clothes*) viejo -ja y gastado -da.
scrum /skrʌm/ *n* (*in rugby*) melé *f*.
scrum half *n* medio melé *m/f*.
scrumptious /ˈskrʌmpʃəs/ *adj* (*fam: meal*) delicioso -sa, riquísimo -ma.
scruple /ˈskru:pəl/ *n* escrúpulo *m*: **he had no scruples** *about* **accepting the money** no tuvo ningún escrúpulo en aceptar el dinero.
scrupulous /ˈskru:pjʊləs/ *adj* escrupuloso -sa: **they paid scrupulous attention to detail** prestaron meticulosa atención a los detalles.
scrupulously /ˈskru:pjʊləslɪ/ *adv* escrupulosamente: **she's scrupulously honest** es escrupulosamente honrada; **they keep the place scrupulously clean** lo tienen todo impecablemente limpio.
scrupulousness /ˈskru:pjʊləsnəs/ *n* (*honesty*) escrúpulos *m pl*; (*care, attention*) meticulosidad *f*, escrupulosidad *f*.
scrutinize /ˈskru:tɪnaɪz/ *vt* [**scrutinizes, scrutinizing, scrutinized**] examinar ∗ inspeccionar minuciosamente, escudriñar: **he scrutinized the vase** *for* **any flaws** examinó minuciosamente el jarrón para ver si tenía algún defecto.
scrutiny /ˈskru:tɪnɪ/ *n* análisis *m inv*, examen *m*: **standards of teaching came** *under* **close scrutiny** la calidad de la enseñanza fue sometida a un minucioso análisis.
scuba diving /ˈsku:bə ˈdaɪvɪŋ/ *n* submarinismo *m*.
scuff /skʌf/ *vt* [**scuffs, scuffing, scuffed**] (*shoes*) raspar, rozar.
scuffle /ˈskʌfəl/ *n* refriega *f*.
sculling /ˈskʌlɪŋ/ *n* remo *m* (*con espadillas*).
sculpt /skʌlpt/ *vt/i* [**sculpts, sculpting, sculpted**] esculpir.
sculptor /ˈskʌlptə/ *n* escultor -tora *m/f*.
sculptress /ˈskʌlptres/ *n* [**sculptresses**] escultora *f*.
sculpture /ˈskʌlptʃə/ **I** *n* (*art, statue, etc.*) escultura *f*.
II *vt/i* [**sculptures, sculpturing, sculptured**] esculpir.
scum /skʌm/ *n* **1.** (*film on liquid*) capa *f* de suciedad. **2.** (*fam: people*) escoria *f*.
scurrilous /ˈskʌrɪləs/ *adj* difamatorio -ria.
scurry /ˈskʌrɪ/ *vi* [**scurries, scurrying, scurried**]: **a mouse scurried across the floor** un ratón pasó disparado por el suelo; **she scurried** *off* se fue a toda prisa; **we could hear them scurrying** *around* **upstairs** los oíamos corretear arriba.
scurvy /ˈskɜ:vɪ/ *n* escorbuto *m*.
scuttle /ˈskʌtəl/ *vi* [**scuttles, scuttling, scuttled**]: **I saw the mouse scuttle** *away* vi como el ratón salía disparado.
scythe /saɪð/ *n* guadaña *f*.
SE **1.** *léase* /saʊθˈi:st/ (*abreviatura de* **southeast**) SE (sudeste ∗ sureste). **2.** *léase* /saʊθˈi:stən/ (*abreviatura de* **southeastern**) del sudeste ∗ sureste.
sea /si:/ *n* mar *m* [also feminine in poetry ∗ nautical language]: **they have a house by the sea** tienen una casa a orillas del mar; **it takes two days** *by* **sea** son dos días de viaje en barco; **the boat headed** *out to* **sea** la nave se hizo a la mar; **high winds and rough seas are forecast** pronostican vientos fuertes y marejadas; **he was lost** *at* **sea** pereció ahogado • **I was completely at sea for the first few classes** durante las primeras clases estuve completamente perdida.
seabed *n* lecho *m* marino.
sea bird *n* ave *f* marina [takes ***el*** or ***un*** in singular].
sea breeze *n* brisa *f* marina.
seafarer *n* navegante *m*.
seafaring *adj* marinero -ra, navegante.
seafood *n* mariscos *m pl*: **we ate in a seafood restaurant** comimos en una marisquería.
seafront *n* paseo *m* marítimo.
seagoing *adj* (*vessel*) de altura, de alta mar.
sea-green *adj* verdemar *adj inv*.
seagull *n* gaviota *f*.

sea horse *n* caballito *m* de mar.
sea level *n* nivel *m* del mar: **we're three hundred metres above sea level here** aquí estamos a trescientos metros sobre el nivel del mar.
sea lion *n* león *m* marino.
seaman *n* [*pl* **seamen**] (*sailor*) marinero *m*.
seamanship *n* náutica *f*.
seaplane *n* hidroavión *m*.
seaport *n* puerto *m* marítimo.
seashell *n* concha *f* marina.
seashore *n* orilla *f* del mar.
seasick *adj* mareado -da (*por el movimiento de una embarcación*): **she gets seasick very easily** se marea muy fácilmente.
seasickness *n* mareo *m* (*provocado por el movimiento de una embarcación*).
seaside I *n* (*coast*) costa *f*; (*beach*) playa *f*.
II *adj* costero -ra: **they stayed in a little seaside town** se quedaron en un pueblecito costero.
sea urchin *n* erizo *m* de mar.
sea wall *n* rompeolas *m inv*, malecón *m*.
seaweed *n* alga *f* marina [takes ***el*** or ***un*** in singular].
seaworthy *adj* apto -ta para navegar.

seal /si:l/ **I** *n* **1.** (*Zool*) foca *f*. **2.** (*in wax*) sello *m* • **you'll need the headmaster's seal of approval** necesitarás la aprobación del director; (*as security measure*) precinto *m*: **warning: do not use if the seal has been broken** advertencia: no consumir si el precinto está roto; (*on refrigerator, freezer, etc.*) goma *f* (*que asegura un cierre hermético*).
II *vt* [**seals, sealing, sealed**] **1.** (*agreement*) sellar: **they sealed the agreement** *with* **a handshake** sellaron el acuerdo con un apretón de manos. **2.** (*envelope, letter*) cerrar; (*with wax*) lacrar, sellar: **store in a sealed container** conservar en un recipiente herméticamente cerrado; **they sealed all the entrances to the house** sellaron ✻ precintaron todas las puertas de la casa.
to **seal off** *vt* **1.** (*to prohibit access to*) acordonar. **2.** (*drain, mineshaft*) condenar, tapar.
to **seal up** *vt* (*a letter: with a seal*) lacrar, sellar; (*: to close*) cerrar: **don't seal the envelope up yet** no cierres el sobre todavía.

seam /si:m/ *n* **1.** (*Clothing*) costura *f* • **her trousers were bursting at the seams** los pantalones le quedaban a reventar • **the place was bursting at the seams** el sitio estaba hasta los topes (de gente) • **this sofa's coming apart at the seams** este sofá se está deshaciendo. **2.** (*Tec*) juntura *f*. **3.** (*Geol*) veta *f*, filón *m*.

seamless /ˈsi:mləs/ *adj* (*Clothing*) sin costura; (*Tec*) de una pieza.

seamstress /ˈsi:mstrəs/ *n* [**seamstresses**] costurera *f*.

seamy /ˈsi:mɪ/ *adj* [**seamier, seamiest**] sórdido -da.

seance, séance /ˈseɪɑ:ns/ *n* sesión *f* de espiritismo.

search /sɜ:tʃ/ **I** *vi* [**searches, searching, searched**] **1.** (*gen*) buscar: **they're still searching** *for* **a solution to the problem** siguen buscando una solución al problema; **she searched** *through* **the documents** buscó entre los documentos. **2.** (*Inform*) buscar.
♦*vt* (*person*) cachear, registrar: **on entering the building we were searched** *by* **security guards** al entrar al edificio nos cachearon los guardias de seguridad; (*area*) registrar, peinar; (*document, building, luggage*) registrar: **they searched the suspect's house** *for* **drugs** registraron la casa del sospechoso buscando drogas; **we've searched our records and can find nothing on Mr Warde** hemos buscado en nuestros archivos y no consta nada sobre el señor Warde • **"Are they going out together?" "Search me!"** "¿Salen juntos?" "¡Yo qué sé!"
II *n* [**searches**] (*gen*) búsqueda *f*: **scientists continue the search** *for* **a cure** los científicos continúan con la búsqueda de una cura; **they went to the city** *in* **search** *of* **work** fueron a la ciudad en busca de trabajo; (*by police, customs*) registro *m*.
searchlight *n* reflector *m*.
search party *n* partida *f* de rescate.
search warrant *n* orden *f* de registro.

searching /ˈsɜ:tʃɪŋ/ *adj*: **he gave me a long and searching look** me miró larga y penetrantemente; **they asked very searching questions** hicieron preguntas muy sagaces.

searing /ˈsɪərɪŋ/ *adj* **1.** (*pain*) punzante. **2.** (*heat*) abrasador -dora. **3.** (*criticism*) virulento -ta.

season /ˈsi:zən/ **I** *n* **1.** (*of year*) estación *f*: **he visited India during the rainy season** estuvo en la India durante la estación de las lluvias; **during the Christmas season** durante la época navideña; (*on Christmas card*): **Season's Greetings** Felices Fiestas. **2.** (*period of time*) temporada *f*: **the tennis season has already begun** la temporada de tenis ya ha comenzado; **we always take our holidays** *out of* **season** siempre nos vamos de vacaciones en temporada baja; **it's expensive to travel at the height of the season** es muy caro viajar en temporada alta ✻ en plena temporada; **there's will be a season of French films on this channel** van a dar un ciclo de películas francesas en este canal. **3.** (*for fruit, vegetables*) temporada *f*: **cherries are** *in* **season** las cerezas están en temporada, es temporada de cerezas.
II *vt* [**seasons, seasoning, seasoned**] sazonar: **lamb seasoned** *with* **rosemary** carne de ternera sazonada con romero.
season ticket *n* abono *m*.

seasonal /ˈsi:zənəl/ *adj* (*worker*) temporero -ra; (*work*) de temporada; (*vegetables*) de temporada.

seasoned /ˈsi:zənd/ *adj* **1.** (*wood*) seco -ca. **2.** (*Culin*) sazonado -da, condimentado -da. **3.** (*traveller*) con experiencia.

seasoning /ˈsi:zənɪŋ/ *n* condimento *m*, aderezo *m*.

seat /si:t/ **I** *n* **1.** (*gen*) asiento *m*: **is this seat free?** ¿está libre este asiento?; **please take a seat** siéntese, por favor; **are there any seats left on the bus?** ¿quedan plazas ✻ asientos en el autobús? • **Peter's in the hot seat today!** hoy va a ser la prueba de fuego de Peter; (*in a theatre*) asiento *m*: **we got seats on the front row** conseguimos asientos en primera fila; **there are no seats left for tonight's performance** no quedan localidades para la función de esta noche. **2.** (*of chair*) asiento *m*. **3.** (*of trousers*) fondillos *m pl*. **4.** (*on bicycle*) sillín *m*. **5.** (*Pol*) escaño *m*.
II *vt* [**seats, seating, seated**] **1.** (*to provide sitting space for*): **we can seat six round this table** se pueden sentar seis personas a esta mesa; **the stadium seats twenty thousand spectators** el estadio tiene cabida para veinte mil espectadores sentados. **2.** (*to sit down*) sentar: **the guests remained seated during the speeches** los invitados permanecieron sentados durante los discursos • **please be seated** siéntense por favor.
seat belt *n* cinturón *m* de seguridad.

seating /ˈsi:tɪŋ/ *n* asientos *m pl*: **the seating consisted of wooden benches** los asientos consistían en bancos de madera; **what are the seating arrangements?** ¿cómo se va a sentar la gente?

seating capacity *n* cabida *f*, aforo *m* (*para espectadores sentados*): **what's the seating capacity of the hall?** ¿qué cabida tiene la sala?

seating plan *n* (*for formal dinner*) distribución *f* de los comensales.

sec /sek/ *n* (apócope de **second**) (*fam*) momento *m*, segundo *m*: **hang on a sec!** ¡espera un momentito!

sec. léase /'sekənd/ (*abreviatura de* **second**) seg. (segundo).

secateurs /ˌsekə'tɜ:z/ *n pl* tijeras *f pl* de podar.

secede /sɪ'si:d/ *vi* [**secedes, seceding, seceded**] (*frml*) separarse.

secession /sɪ'seʃən/ *n* secesión *f*.

secluded /sɪ'klu:dɪd/ *adj* (*place*) retirado -da, apartado -da: **they lead secluded lives** viven recluidos.

seclusion /sɪ'klu:ʒən/ *n* aislamiento *m*.

second /'sekənd/ **I** *adj* segundo -da: **she's doing a second degree** está haciendo una segunda carrera; **he thinks he's a second James Dean** se considera un nuevo James Dean; **I visit her every second week** la visito cada dos semanas; **the 2nd century** *(the second century)* el siglo II *(el siglo segundo)*.

II *adv* en segundo lugar: **we were placed second** quedamos en segundo lugar; **she's the second youngest in the school** es la segunda alumna más joven del colegio.

III *n* **1.** (*in order*) segundo -da *m/f*: **"How many ice creams have you had?" "This is my second."** "¿Cuántos helados te has tomado?" "Éste es el segundo."; **she was the second to speak** fue la segunda en hablar; **he came * was second** *in* **the hurdles** quedó (el) segundo en la carrera de vallas; **Elizabeth II** *(Elizabeth the Second)* Isabel II *(Isabel segunda)* • **you are second only to your father in the size of your appetite** sólo te gana tu padre comiendo • **he has a voice that is second to none** tiene una voz sin par. **2.** (*date*) dos *m*: (*GB*) **the second of February** * (*US*) **February second** el dos de febrero; **he left** *on* **the second** se fue el (día) dos. **3.** (*Auto*: *gear*) segunda *f*: **get into second** ponlo en segunda. **4.** (*GB*: *Educ*) ⇨ second class degree **5.** (*measurement of time*) segundo *m*: **they'll be here any second now** llegarán en cualquier momento; **it was all over in a split second** todo pasó en un abrir y cerrar de ojos; **if you'll just wait one second...** si esperas un momentito....

IV seconds *n pl* **1.** (*faulty goods*) artículos *m pl* con defectos de fábrica. **2.** (*fam*: *second helping of food*): **anyone for seconds?** ¿alguien quiere repetir?

V /'sekənd/ *vt* [**seconds, seconding, seconded**] (*a motion*) secundar • **I'll second that!** ¡yo estoy totalmente de acuerdo!

VI /sɪ'kɒnd/ *vt* [**seconds, seconding, seconded**] trasladar (en comisión): **he was seconded** *to* **our office in Germany for a month** lo trasladaron (en comisión) a nuestra oficina en Alemania por un mes.

second-best I *adj* inferior.

II second best *n*: **he won't settle for second best** no se va a conformar más que con lo mejor.

second class I *n* segunda clase *f*.

II *adj* (también **second-class**) **1.** (*seat on train*) de segunda (clase): **they were treated like second-class citizens** los trataron como a ciudadanos de segunda. **2.** (*in GB: letter, stamp, etc.*) *relativo a* ⇨ second class postage.

III *adv* **1.** (*to travel*) en segunda (clase). **2.** (*Telec*): **I sent the parcel second class** envié el paquete por correo regular.

second class degree *n* (*GB*) *título universitario de segunda clase (normalmente la categoría intermedia)*.

second class postage *n* (*in GB*) *servicio de correos regular*.

second cousin *n* primo *m* segundo, prima *f* segunda.

second hand *n* (*on clock, watch*) segundero *m*.

second-hand I *adj* (*clothes, car, washing machine*) de segunda mano; (*bookshop*) de viejo.

II *adv*: **we always buy our cars second-hand** siempre compramos coches de segunda mano.

second helping *n* (*of food*): **would anyone like a second helping?** ¿alguien quiere repetir?

second-in-command *n* (*gen*) número dos *m/f*: **who's her second-in-command?** ¿quién está inmediatamente por debajo de ella?; (*on ship*) segundo -da *m/f* de a bordo.

second name *n* (*surname*) apellido *m*.

second person *n* (*Ling*) segunda persona *f*.

second-rate *adj* mediocre.

second sight *n* clarividencia *f*.

secondary /'sekəndərɪ/ *adj* secundario -ria.

secondary education *n* enseñanza *f* secundaria.

secondary school *n* instituto *m* * colegio *m* de enseñanza secundaria.

secondly /'sekəndlɪ/ *adv* en segundo lugar.

secondment /sɪ'kɒndmənt/ *n* traslado *m* (en comisión): **he's away** *on* **secondment for a term** lo han trasladado (en comisión) por un trimestre.

secrecy /'si:krəsɪ/ *n* secreto *m*: **the whole business has been carried out** *in* **great secrecy** han llevado el asunto con mucho secreto; **they were sworn** *to* **secrecy** les hicieron jurar que mantendrían el secreto.

secret /'si:krət/ **I** *adj* secreto -ta: **the venue was kept secret until the last minute** mantuvieron en secreto el lugar donde se llevaría a cabo hasta el último momento.

II *n* secreto *m*: **he can't keep a secret** es incapaz de guardar un secreto; **they were married** *in* **secret** se casaron en secreto; **I'll let you into a secret...** te voy a confiar un secreto...; **the secret** *of* **success** el secreto del éxito; **the secret lies in using olive oil** el secreto está en usar aceite de oliva • **I'm an incurable romantic; I make no secret of the fact** soy una romántica incurable, y no lo oculto • **it's an open secret that...** es un secreto a voces que....

secret agent *n* agente *m/f* secreto -ta.

secret ballot *n* voto *m* secreto.

secret police *n* policía *f* secreta.

secret service *n* servicio *m* secreto.

secretarial /ˌsekrə'teərɪəl/ *adj* (*work*) de oficina: **I have no secretarial skills** no estoy capacitada para trabajar como secretaria.

secretarial college *n* escuela *f* de secretariado.

secretarial course *n* curso *m* de secretariado.

secretariat /ˌsekrə'teərɪət/ *n* secretaría *f*.

secretary /'sekrətrɪ/ *n* [**secretaries**] **1.** (*gen*) secretario -ria *m/f*. **2.** (*Pol*) ministro -tra *m/f*: **the Education Secretary** el ministro de Educación.

secretary-general *n* secretario -ria *m/f* general.

Secretary of State *n* [**Secretaries of State**] **1.** (*in US: Foreign Minister*) secretario -ria *m/f* de Estado. **2.** (*in GB: head of a ministry*) ministro -tra *m/f* (con cartera): **she's been appointed Secretary of State** *for* **Defence** la han nombrado ministra de Defensa.

secrete /sɪ'kri:t/ *vt* [**secretes, secreting, secreted**] **1.** (*Biol*) segregar, secretar. **2.** (*to hide*) esconder: **she**

had money secreted all around the house tenía dinero escondido por toda la casa.

secretion /sɪ'kri:ʃən/ *n* (*Biol*) secreción *f*.

secretive /'si:krətɪv/ *adj* reservado -da: **why are you so secretive** *about* **your friends?** ¿por qué eres tan reservado con respecto a tus amigos?

secretively /'si:krətɪvlɪ/ *adv* calladamente.

secretly /'si:krətlɪ/ *adv* (*to marry*) en secreto: **I was secretly hoping to be invited** yo me lo callaba pero tenía muchas ganas de que me invitaran.

sect /sekt/ *n* secta *f*.

sectarian /sek'teərɪən/ *adj* sectario -ria: **the city has been torn apart by sectarian violence** la violencia sectaria ha destrozado la ciudad.

section /'sekʃən/ *n* **1.** (*gen*) parte *f*: **answer one question from each section of the exam paper** conteste una pregunta de cada parte del examen; (*of orchestra, newspaper*) sección *f*; (*of population, of public opinion*) sector *m*. **2.** (*of road*) tramo *m*: **there are roadworks on several sections of the motorway** hay obras en varios tramos de la autopista. **3.** (*department in office*) sección *f*. **4.** (*Law*) apartado *m*.

to **section off** *vt* [**sections, sectioning, sectioned**] separar: **part of the barn was sectioned off** separaron parte del granero con un tabique.

sector /'sektə/ *n* sector *m*.

secular /'sekjʊlə/ *adj* (*education*) laico -ca; (*music*) profano -na; (*clergy*) del clero secular; (*society*) secular.

secure /sɪ'kjʊə/ **I** *adj* **1.** (*safe, confident*) seguro -ra: **I'd feel more secure if the door were locked** me sentiría más segura si la puerta estuviera cerrada con llave. **2.** (*assured: job*) seguro -ra: **I want a financially secure future** quiero un futuro con seguridad económica; **his future is secure** tiene el futuro asegurado. **3.** (*fastened*) bien sujeto -ta: **is the rope secure?** ¿está bien sujeta la cuerda?; (*firm*) firme: **the ladder is not secure** la escalera no está firme; (*firmly closed*): **make all doors and windows secure** cierre bien todas las puertas y ventanas.

II *vt* [**secures, securing, secured**] **1.** (*to obtain*) conseguir, procurarse: **she secured a post in a bank** consiguió un puesto en un banco. **2.** (*to fasten, fix firmly*) sujetar: **they secured the load with a rope** sujetaron la carga con una cuerda; (*to close firmly: doors, windows*) cerrar bien. **3.** (*to make safe*) proteger: **you should secure your home** *against* **break-ins** debería proteger su casa contra robos.

security /sɪ'kjʊərətɪ/ *n* [**securities**] **1.** (*gen*) seguridad *f*: **there was a security alert** hubo una alerta de seguridad; **they have very little job security** tienen muy poca seguridad en el trabajo. **2.** (*Fin*) garantía *f*, fianza *f*: **they offered the house** *as* **security** *for* **the loan** ofrecieron la casa como garantía para obtener el préstamo.

security guard *n* guarda *m/f* jurado.

sedan /sɪ'dæn/ *n* **1.** (*US: car*) turismo *m*, sedán *m*. **2.** (*también* **sedan chair**) silla *f* de manos.

sedate /sɪ'deɪt/ **I** *vt* [**sedates, sedating, sedated**] (*Med*) administrarle un sedante a, sedar.

II *adj* (*walking pace*) reposado -da; (*person*) de mucho aplomo.

sedated /sɪ'deɪtɪd/ *adj* bajo el efecto de sedantes, sedado -da.

sedately /sɪ'deɪtlɪ/ *adv* reposadamente.

sedation /sɪ'deɪʃən/ *n* sedación *f*: **he was** *under* **sedation** le habían administrado un sedante.

sedative /'sedətɪv/ *adj, n* sedante *adj, m*.

sedentary /'sedəntərɪ/ *adj* sedentario -ria.

sediment /'sedɪmənt/ *n* **1.** (*Geol*) sedimento *m*. **2.** (*in wine*) poso *m*, posos *m pl*.

sedimentary /ˌsedɪ'mentərɪ/ *adj* sedimentario -ria.

sedition /sɪ'dɪʃən/ *n* (*frml*) sedición *f*.

seduce /sɪ'dju:s/ *vt* [**seduces, seducing, seduced**] **1.** (*sexually*) seducir. **2.** (*to tempt*) seducir, tentar: **he was seduced** *into* **leaving by the prospect of a higher salary** se fue seducido por la perspectiva de un sueldo más alto.

seducer /sɪ'dju:sə/ *n* seductor -tora *m/f*.

seduction /sɪ'dʌkʃən/ *n* (*sexual*) seducción *f*; (*temptation*) atractivo *m*.

seductive /sɪ'dʌktɪv/ *adj* (*dress, smile, person, voice*) seductor -tora; (*offer*) tentador -dora.

seductively /sɪ'dʌktɪvlɪ/ *adv* de manera seductora.

see /si:/ *vt* [**sees, seeing, saw,** *participio pasado* **seen**] **1.** (*to perceive with the eyes*) ver: **have you seen my keys anywhere?** ¿has visto mis llaves en algún sitio?; **she can't see a thing without her glasses** no ve nada sin gafas; **you should see the size of their house!** ¡tendrías que ver el tamaño de su casa! • **I must be seeing things** debo de estar viendo visiones • **what on earth does he see in her?** ¿qué demonios ve en ella? **2.** (*to watch on television, at the cinema*) ver: **have you seen "Dracula"?** ¿has visto "Drácula"?; **I saw an interesting programme on television** vi un programa interesante en la tele. **3.** (*to witness*) presenciar: **we may be seeing the end of the recession** puede que estemos presenciando el final de la recesión. **4.** (*to refer to*) ver: **see chapter seven** ver el capítulo siete. **5.** (*to imagine*) ver, imaginar: **he saw himself winning the Nobel Prize** se veía ✻ se imaginaba ganando el premio Nobel; **can you see him accepting an offer like that?** ¿tú te imaginas que podría aceptar una oferta así?; **I can't see her liking that** dudo que le vaya a gustar eso. **6.** (*to consider*) considerar, ver: **I've always seen her** *as* **the maternal type** siempre la he considerado como una mujer muy maternal; **he sees his work** *as* **his first priority** para él su trabajo es lo primero. **7.** (*to ascertain*) asegurarse de: **please see that all the doors are locked** por favor asegúrese de que todas las puertas estén cerradas con llave; **see that this doesn't happen again** (procure) que esto no vuelva a suceder. **8.** (*to meet*) ver: **she doesn't see much of her family** no ve mucho a su familia; **they used to see a lot of one another** antes se veían mucho; **I'm seeing Elizabeth tomorrow** he quedado con Elizabeth para mañana • **see you later!** ¡hasta luego! • **see you!** ¡hasta la vista! **9.** (*to consult, talk to*): **he needs to see a doctor** necesita consultar a un médico ✻ que lo vea un médico; **you'll have to see the manager about this** va a tener que hablar con el director acerca de esto. **10.** (*to date*) salir con: **he's been seeing Claire for a month** hace un mes que sale con Claire. **11.** (*to accompany*) acompañar: **can I see you home?** ¿te puedo acompañar a casa?; **he saw us to the door** nos acompañó hasta la puerta. **12.** (*to understand*) ver: **I don't see why she shouldn't go** no veo por qué no ha de ir; **he saw what I meant immediately** enseguida vio ✻ entendió qué quería decir; **I can't see the point of waiting** no veo qué sentido tiene esperar; **as I see it, these people need our help** a mi entender ✻ tal y como yo lo veo, esta gente necesita nuestra ayuda; (*to realize*) darse cuenta: **anyone can see that** cualquiera se da cuenta de eso.

♦*vi* **1.** (*to perceive with the eyes*) ver: **he can't see**

without glasses no ve nada sin gafas; **you can see for miles** se puede ver muy lejos • **"I'm wearing your shirt." "So I see."** "Me he puesto tu camisa." "Ya lo veo." • **is that a new watch? let me see * let's see** ¿ese reloj es nuevo?, ¿a ver? **2.** (*to understand*) entender: **now I see!** ¡ahora entiendo! • **she's afraid of the dark, you see** lo que pasa es que le tiene miedo a la oscuridad(, ¿sabes?). **3.** (*to find out*): **see if they've got a table for six** pregunta * mira a ver si tienen una mesa para seis; **see if you can persuade her to come** (mira) a ver si puedes convencerla para que venga • **"Can I go too?" "We'll see."** "¿Puedo ir yo también?" "Ya veremos." * "Vamos a ver." • **let me see * let's see, it must have been two years ago** a ver * déjame pensar, debe de haber sido hace dos años.

to **see about** *vt*: **I'll see about getting a replacement** me encargaré de conseguir un repuesto; **he's gone to see about the car** ha salido a ver qué pasa con el coche • **we'll soon see about that!** ¡eso ya lo veremos!

to **see in** *vt* **1.** (*to show in*) hacer pasar: **would you see them in, please?** hágalos pasar, por favor. **2.** (*the New Year, the Millennium*) recibir.

to **see off** *vt* despedir: **my parents saw me off at the station** mis padres fueron a despedirme a la estación.

to **see out** *vt* acompañar hasta la puerta: **please see this gentleman out** por favor acompañe a este caballero hasta la puerta; **he saw us out** *of* **the building** nos acompañó hasta la salida del edificio.

to **see through** *vt* **1.** (*plan, project*) llevar a buen término: **it was my idea and I'm determined to see it through** fue idea mía y estoy decidido a llevarla a buen término. **2.** (*falsehood*): **she saw through his lies straightaway** se dio cuenta de que le mentía inmediatamente. **3.** (*to suffice*): **fifty pounds should see me through until next month** con cincuenta libras me alcanzará hasta el mes que viene.

to **see to** *vt* **1.** (*to look after*) atender, ocuparse de: **my husband sees to the garden** mi marido se encarga del jardín. **2.** (*to sort out*): **we need to get someone to see to the washing machine** tenemos que llamar a alguien para que arregle la lavadora; **she's seeing to the children** se está ocupando de los niños • **please see to it that this letter reaches Mr Ball** por favor encárguese de que el señor Ball reciba esta carta.

see-through *adj* transparente.

seed /si:d/ **I** *n* **1.** (*for planting*) semilla *f*: **plant the seeds fifteen centimetres apart** siembre las semillas con quince centímetros de distancia • **the lettuces have gone to seed** las lechugas han granado • **he really went to seed at university** se abandonó totalmente en la universidad • **his remark sowed the seeds of doubt in her mind** su comentario sembró la duda en ella. **2.** (*of melon, grape, etc.*) pepita *f*, semilla *f*. **3.** (*Sport: in tennis*) cabeza *m/f* de serie.

II *vt* [**seeds, seeding, seeded**] **1.** (*Agr*) sembrar. **2.** (*Culin*) quitarle las pepitas * semillas a. **3.** (*Sport: in tennis*): **she was seeded fourth in the tournament** era cabeza de serie número cuatro en el torneo.

♦*vi* (*Bot: to go to seed*) granar.

seedbed *n* semillero *m*.

seedless /'si:dləs/ *adj* sin pepitas, sin semillas.

seedling /'si:dlɪŋ/ *n* planta *f* de semillero.

seedy /'si:dɪ/ *adj* [**seedier, seediest**] **1.** (*habits*) sórdido -da; (*place*) sórdido -da, cutre: **they went to a seedy nightclub** fueron a un sórdido club nocturno. **2.** (*person*) con mala pinta.

seeing /'si:ɪŋ/ *conj* (*también* **seeing that** * (*fam*) **seeing as**) en vista de que: **seeing (that) they're arriving late, let's eat without them** en vista de que van a llegar muy tarde, más vale que no los esperemos para cenar; (*fam*) **seeing as it's you...** tratándose de ti... • **I'll tell you, seeing how you knew him too** te lo digo porque me consta que tú le conocías también.

seek /si:k/ *vt* [**seeks, seeking, sought**] **1.** (*to be in search of*) buscar: **we are seeking volunteers to work at the centre** buscamos voluntarios para trabajar en el centro. **2.** (*advice, help*) pedir: **he sought help/advice from the village priest** le pidió ayuda/consejo al cura del pueblo, acudió al cura del pueblo en busca de ayuda/consejo; **it is best to seek the advice of a professional** lo mejor es asesorarse con un profesional.

♦*vi*: **we seek to please our customers** nuestro objetivo es satisfacer al cliente; **she was seeking** *for* **something which didn't exist** buscaba algo que no existía.

to **seek after** *vt* (*the truth*) ir en pos de.

to **seek out** *vt* tratar de encontrar: **it is her job to seek out potential sponsors** le corresponde a ella la tarea de tratar de encontrar posibles patrocinadores.

seeker /'si:kə/ *n* buscador -dora *m/f*.

seem /si:m/ *vi* [**seems, seeming, seemed**] parecer: **she seems very friendly** parece muy simpática; **we seem to have offended her** parece que la hemos ofendido; **it seems as if nothing is going right today** parece que hoy todo sale mal; **it seems** *to* **me/him that...** me/le parece que...; **I seem to remember that you promised you would do it** creo recordar que prometiste que lo harías.

seeming /'si:mɪŋ/ *adj* (*frml*) aparente.

seemingly /'si:mɪŋlɪ/ *adv* (*frml*) aparentemente: **we have come up against a seemingly unsolvable problem** nos encontramos frente a un problema que, aparentemente * al parecer, no tiene solución.

seen /si:n/ *participio pasado de* ⇨ see

seep /si:p/ *vi* [**seeps, seeping, seeped**] filtrarse: **water was seeping** *in* **through the wall** se estaba filtrando agua por la pared.

seersucker /'sɪəsʌkə/ *n* cloqué *m*.

seesaw /'si:sɔ:/ *n* balancín *m*, (*Amér L*) subibaja *m*.

seethe /si:ð/ *vi* [**seethes, seething, seethed**] **1.** (*to be full of*): **the streets were seething** *with* **people** las calles eran un hervidero (de gente), las calles estaban abarrotadas de gente; **he looked down on the seething mass of people in the square** miró a la multitud que bullía abajo en la plaza. **2.** (*to be angry*) rabiar, estar furioso -sa: **she seethed silently** rabiaba en silencio; **he was seething** *with* **rage** le hervía la sangre de la rabia.

segment **I** /'segmənt/ *n* **1.** (*Maths*) segmento *m*. **2.** (*of orange, grapefruit*) gajo *m*.

II /seg'ment/ *vt* [**segments, segmenting, segmented**] segmentar.

segregate /'segrɪgeɪt/ *vt* [**segregates, segregating, segregated**] segregar.

segregation /ˌsegrɪ'geɪʃən/ *n* segregación *f*.

seismograph /'saɪzməʊˌgraf/ *n* sismógrafo *m*.

seize /si:z/ *vt* [**seizes, seizing, seized**] **1.** (*to grab*) agarrar: **he seized me by the collar** me agarró por el cuello; (*control, power*) hacerse con, tomar: **they seized control of the radio station** se hicieron con el control de la emisora de radio; (*opportunity, chance*) aprovechar: **you must seize every opportunity that comes your way** tienes que aprovechar todas las oportunidades que se te presenten. **2.** (*to overcome*) [*sólo usado en la voz pasiva*]: **he was seized** *by* **panic**

fue presa del pánico, lo acometió el pánico; **I was seized** *by* **a sudden desire to sneeze** de repente me entraron unas ganas horrorosas de estornudar. **3.** (*Law*: *to confiscate*) incautarse de: **the police seized a large quantity of explosives** la policía se incautó de una gran cantidad de explosivos; (*: to arrest*) detener: **they seized the thieves as they ran out of the bank** detuvieron a los ladrones cuando salían corriendo del banco.

to **seize on * upon** *vt* (*chance*) no dejar escapar; (*offer*) aceptar sin titubear: **she seized upon the idea of setting up a restaurant** se entusiasmó con la idea de montar un restaurante.

to **seize up** *vi* agarrotarse.

seizure /ˈsiːʒə/ *n* **1.** (*Med*) ataque *m*. **2.** (*Law*: *of property*) embargo *m*, confiscación *f*; (*: of contraband*) decomiso *m*, incautación *f*. **3.** (*of hostages*) secuestro *m*.

seldom /ˈseldəm/ *adv* (*frml*) rara vez, pocas veces: **I like going to London but I seldom get the chance** me gusta ir a Londres pero rara vez se me presenta la oportunidad.

select /sɪˈlekt/ **I** *vt* [**selects, selecting, selected**] **1.** (*to choose: from a catalogue, etc.*) escoger, elegir: **select any five compact discs and get one free** escoja cinco compacts a su elección y reciba uno gratis; **selected poems of Thomas Hardy** poemas escogidos de Thomas Hardy. **2.** (*Sport*: *for a team*) seleccionar: **she was selected** *for* **the university hockey team** la seleccionaron para el equipo de hockey de la universidad.
II *adj* selecto -ta: **it was a very select gathering** fue una reunión muy selecta.

select committee *n* comisión *f* investigadora.

selection /sɪˈlekʃən/ *n* **1.** (*variety on offer*) selección *f*: **the school library has a good selection of books** la biblioteca del colegio tiene una buena selección de libros; (*of articles in a shop*) surtido *m*: **they have a wide selection of sportswear** tienen un gran surtido de prendas deportivas. **2.** (*act of choosing*) elección *f*, selección *f*.

selection committee *n* comisión *f* de nombramiento.

selective /sɪˈlektɪv/ *adj* selectivo -va: **he is not at all selective** *in* **his reading** no es muy selectivo con lo que lee.

selectively /sɪˈlektɪvlɪ/ *adv* de forma selectiva.

selector /sɪˈlektə/ *n* **1.** (*Sport*) seleccionador -dora *m/f*. **2.** (*Tec*) selector *m*.

self /self/ *n* [**selves** /selvz/] **1.** (*gen*): **I'll soon be back to my normal self** pronto volveré a ser la de antes; **she wasn't her usual lively self** no estaba tan animada como de costumbre. **2. the self** (*in psychology*) el yo.

self-addressed *adj*: **please enclose a self-addressed envelope** se ruega enviar un sobre con sus señas.

self-adhesive *adj* (*envelope, label*) (auto)adhesivo -va.

self-appointed *adj* autoproclamado -da.

self-assurance *n* seguridad *f* en sí mismo -ma, aplomo *m*.

self-assured *adj* seguro -ra de sí mismo -ma.

self-awareness *n* autoconocimiento *m*.

self-catering *adj*: **the accommodation was self-catering** el alojamiento no incluía servicio de comidas.

self-centred, (*US*) **self-centered** *adj* egocéntrico -ca.

self-cleaning *adj* (*oven, iron*) autolimpiable.

self-confessed *adj* confeso -sa.

self-confidence *n* confianza *f* en sí mismo -ma.

self-confident *adj* seguro -ra de sí mismo -ma.

self-conscious *adj* (*shy*) cohibido -da; (*unnatural*) afectado -da.

self-consciously *adv* (*shyly*) cohibidamente; (*affectedly*) afectadamente.

self-consciousness *n* (*shyness*) cohibición *f*; (*affectation*) afectación *f*.

self-contained *adj* (*apartment*) con cocina y baño propios.

self-control *n* autodominio *m*, autocontrol *m*.

self-controlled *adj*: **he's very self-controlled** sabe autocontrolarse.

self-critical *adj* autocrítico -ca.

self-criticism *n* autocrítica *f*.

self-defeating *adj* contraproducente.

self-defence, (*US*) **self-defense** *n* defensa *f* propia: **he claimed that he had acted** *in* **self-defence** afirmó que había actuado en defensa propia * en legítima defensa.

self-denial *n* abnegación *f*.

self-discipline *n* autodisciplina *f*.

self-disciplined *adj* autodisciplinado -da.

self-drive *adj* (*hire car*) sin chófer.

self-employed *adj* (*worker, businessman*) autónomo -ma.

self-esteem *n* amor *m* propio, autoestima *f*.

self-evident *adj* evidente, patente.

self-explanatory *adj* claro -ra: **here are the instructions, though I think it's all fairly self-explanatory** aquí tienes las instrucciones, aunque creo que está todo bastante claro.

self-financing *adj* autofinanciado -da.

self-governing *adj* autónomo -ma.

self-government *n* autogobierno *m*, autonomía *f*.

self-help *n* autoayuda *f*: **she set up a self-help scheme for the unemployed** creó un grupo de apoyo mutuo para los desempleados.

self-image *n* autoimagen *f*, imagen *f* de sí mismo -ma.

self-importance *n* engreimiento *m*, suficiencia *f*: **he's full of his own self-importance** es muy engreído * suficiente.

self-important *adj* engreído -da, suficiente.

self-indulgence *n* falta *f* de autocontrol, excesiva indulgencia *f* consigo mismo -ma.

self-indulgent *adj* muy indulgente consigo mismo -ma.

self-interest *n* interés *m* personal.

self-loading *adj* (*camera, etc.*) de carga automática.

self-locking *adj* (*car door*) de cierre automático.

self-made *adj* que ha llegado a donde está por esfuerzo propio.

self-opinionated *adj* dogmático -ca y suficiente.

self-pity *n* autocompasión *f*: **she was wallowing in self-pity** se deleitaba en su autocompasión.

self-portrait *n* autorretrato *m*.

self-possessed *adj* con mucho aplomo.

self-preservation *n* supervivencia *f*.

self-raising flour *n* harina *f* con levadura.

self-reliant *adj* independiente.

self-respect *n* amor *m* propio.

self-respecting *adj* con dignidad, digno -na: **no self-respecting person would do a thing like that** ninguna persona que tenga un poco de dignidad haría una cosa así.

self-righteous *adj* (*person*) con aires de superioridad moral.

self-righteousness *n* aires *m pl* de superioridad moral.

self-rising flour *n* (*US*) harina *f* con levadura.

self-sacrifice *n* abnegación *f*.

self-sacrificing *adj* abnegado -da.

self-satisfied *adj* satisfecho -cha de sí mismo -ma.

self-seeded *adj* que se ha sembrado naturalmente.

self-seeking *adj* interesado -da.
self-service, **self-serve** *adj* (*restaurant*) self-service.
self-styled *adj* autoproclamado -da, sedicente.
self-sufficiency *n* autosuficiencia *f*.
self-sufficient *adj* autosuficiente.
self-supporting *adj* económicamente independiente.
self-taught *adj* autodidacta.
selfish /ˈselfɪʃ/ *adj* egoísta.
selfishly /ˈselfɪʃlɪ/ *adv* egoístamente.
selfishness /ˈselfɪʃnəs/ *n* egoísmo *m*.
selfless /ˈselfləs/ *adj* desinteresado -da, generoso -sa.
selflessly /ˈselflɪslɪ/ *adv* desinteresadamente.
selflessness /ˈselflɪsnəs/ *n* desinterés *m*, generosidad *f*.
sell /sel/ *vt* [**sells, selling, sold**] (*gen*) vender: **I sold her my first-year textbooks** le vendí mis libros de primero; **I sold my old car** *to* **Simon** le vendí mi coche viejo a Simon ● **you must learn to sell yourself more at interviews** tienes que aprender a proyectar una mejor imagen en las entrevistas ● **he's sold on the idea of living in France** está convencido de que se quiere ir a vivir a Francia.
♦*vi* venderse: **this model isn't selling well** este modelo no se está vendiendo bien; **these rugs sell** *for* **twice the price in London** estas alfombras se venden al doble de precio en Londres.
to **sell off** *vt* (*gen*) vender; (*stock, goods*) liquidar.
to **sell out** *vi* 1. (*Fin*): **I went to buy tickets but they'd sold out** fui a comprar entradas pero ya se habían agotado; **we've sold out** *of* **the red ones** no nos quedan en rojo. 2. (*to betray one's principles*) venderse.
♦*vt* vender, traicionar.
to **sell up** *vt* (*business, house, estate*) vender.
♦*vi* venderlo todo.
sell-by date *n* fecha *f* límite de venta.
seller /ˈselə/ *n* 1. (*person*) vendedor -dora *m/f*. 2. (*product*): **this model is a poor seller** este modelo no se vende bien.
sellotape® /ˈseləteɪp/ **I** *n* (*también* **Sellotape®**) celo *m*, cinta *f* adhesiva (transparente).
II *vt* [**sellotapes, sellotaping, sellotaped**] pegar con celo ✻ cinta adhesiva (transparente): **the card was sellotaped** *to* **the present** la tarjeta iba pegada al regalo con celo.
sellout, **sell-out** /ˈselaʊt/ *n* 1. (*performance, event*) lleno *m* total, éxito *m* de taquilla: **every concert on their tour was a sellout** todos los conciertos de su gira fueron llenos totales. 2. (*betrayal*) traición *f*: **the far left complained of a sellout** *to* **the government** la extrema izquierda se quejó de que se habían vendido al gobierno.
selves /selvz/ *plural de* ➪ self
semantic /sɪˈmæntɪk/ **I** *adj* semántico -ca.
II semantics *n [lleva el verbo en singular]* semántica *f*.
semaphore /ˈseməfɔː/ *n* semáforo *m* (*del ferrocarril*).
semblance /ˈsembləns/ *n* (*frml*) apariencia *f*: **I'm trying to get some semblance** *of* **order into the kitchen** estoy tratando de que la cocina quede relativamente ordenada.
semen /ˈsiːmən/ *n* semen *m*.
semester /sɪˈmestə/ *n* semestre *m*.
semi /ˈsemɪ/ *n* (*fam*) ➪ semidetached house
semibreve /ˈsemɪˌbriːv/ *n* (*Mus*) redonda *f*.
semicircle /ˈsemɪˌsɜːkəl/ *n* semicírculo *m*.
semicircular /ˌsemɪˈsɜːkjʊlə/ *adj* semicircular.
semicolon /ˌsemɪˈkəʊlən/ *n* punto y coma *m*.
semiconductor /semɪkənˈdʌktə/ *n* semiconductor *m*.
semidetached house /ˌsemɪdɪˈtætʃt haʊs/ *n* casa *f* pareada, chalé *m* pareado.
semifinal /ˌsemɪˈfaɪnəl/ *n* semifinal *f*.
semifinalist /ˌsemɪˈfaɪnəlɪst/ *n* semifinalista *m/f*.
seminar /ˈsemɪnɑː/ *n* (*Educ*) seminario *m*.
seminary /ˈsemɪnərɪ/ *n* [**seminaries**] (*Relig*) seminario *m*.
semiprecious /ˌsemɪˈpreʃəs/ *adj* (*stone*) semiprecioso -sa.
semiprofessional /ˌsemɪprəˈfeʃənəl/ *adj* semiprofesional.
semiquaver /ˈsemɪˌkweɪvə/ *n* semicorchea *f*.
semiskilled /ˌsemɪˈskɪld/ *adj* (*worker*) semicualificado -da.
semiskimmed /ˌsemɪˈskɪmd/ *adj* (*milk*) semidesnatado -da, semidescremado -da.
semitone /ˈsemɪtəʊn/ *n* semitono *m*.
semolina /seməˈliːnə/ *n* sémola *f*.
senate /ˈsenət/ *n* 1. (*también* **Senate**) (*Pol*) senado *m*. 2. (*GB*: *Educ, in university*) claustro *m*.
senator /ˈsenətə/ *n* senador -dora *m/f*.
send /send/ *vt* [**sends, sending, sent**] 1. (*letter, fax, etc.*) mandar, enviar: **he sent me some flowers for my birthday** me mandó flores por mi cumpleaños; **he was sent on a training course** lo mandaron a hacer un cursillo de capacitación; **I was sent to find a doctor** me mandaron a buscar un médico. 2. (*to have effect on*): **her remark sent the children** *into* **fits of giggles** su comentario hizo que a los niños les diera un ataque de risa; **the music sent the baby to sleep** la música hizo dormir al bebé.
to **send away** *vt*: **she sent me away** me dijo que me fuera; **the children were sent away** *to* **boarding school** mandaron a los niños a un internado.
♦*vi*: **we sent away** *for* **a catalogue** escribimos pidiendo un catálogo.
to **send back** *vt* 1. (*goods*) devolver: **we sent the biscuits back** *to* **the manufacturer** devolvimos las galletas al fabricante. 2. (*person*) enviar: **we sent him back for more** lo mandamos a buscar más.
to **send down** *vt* 1. (*gen*) mandar: **when he's finished his interview, send him down** *to* **reception** cuando termine la entrevista, mándalo a recepción. 2. (*GB*: *from university*) expulsar. 3. (*fam*: *to imprison*): **she was sent down for two years** la condenaron a dos años de cárcel.
to **send for** *vt* 1. (*to request: by post*): **we sent for their brochure** escribimos pidiendo su folleto; **send for further details to Box...** para más información escriba al apartado...; (*: by asking*) pedir: **we sent for another bottle of wine** pedimos otra botella de vino. 2. (*to call*): **the headmaster sent for her** el director la hizo llamar; **send for the fire brigade!** ¡llama los bomberos!
to **send in** *vt* 1. (*troops*) enviar, mandar: **the UN sent in peace-keeping forces** la ONU envió fuerzas de pacificación; (*person: into a room*) hacer pasar: **send the next candidate in** haga pasar al próximo candidato. 2. (*by post*) enviar, mandar: **hundreds of replies have been sent in** se han recibido muchísimas respuestas.
to **send off** *vt* 1. (*by post*) mandar, enviar: **I sent all my postcards off at the beginning of the holiday** mandé todas mis postales al principio de las vacaciones. 2. (*Sport*: *player*) expulsar.
♦*vi*: **I sent off** *for* **the free T-shirt** escribí pidiendo la camiseta que daban gratis.
to **send on** *vt* (*mail*) hacer seguir, remitir.
to **send out** *vt* 1. (*by post*) enviar, mandar: **monthly**

newsletters are sent out *to* **all members** envían una circular mensual a todos los miembros. **2.** (*to give off: light, signal*) emitir. **3.** (*Educ: pupil*) echar: **she was sent out (*of* the class) for insolence** la echaron (de clase) por ser insolente.

to **send round** *vt* **1.** (*a letter*) mandar, enviar (*a varios destinatarios*). **2.** (*to someone's house*) mandar, enviar (*a casa de alguien*): **they sent the bailiffs round** mandaron a los alguaciles; **I sent her round** *to* **Moira's for some sugar** la mandé a casa de Moira a pedirle un poco de azúcar.

to **send up** *vt* **1.** (*to a room, an office*) hacer subir: **send him up** *to* **my office when he arrives** dígale que suba * hágalo subir a mi despacho en cuanto llegue. **2.** (*to cause to rise*) hacer subir. **3.** (*fam: to ridicule*) parodiar: **his book sends up the typical detective novel** su libro parodia la típica novela policiaca.

sendoff *n* (*fam*) despedida *f*.

sender /'sendə/ *n* remitente *m/f*: **return to sender** devolver al remitente.

senile /'si:naɪl/ *adj* senil: **I must be going senile!** ¡debo de estar chocheando!

senile dementia /'si:naɪl de'menʃɪə/ *n* demencia *f* senil.

senility /sɪ'nɪlətɪ/ *n* senilidad *f*.

senior /'si:nɪə/ **I** *adj* **1.** (*in age*) mayor. **2. Senior** (*used with names*): **George Brown Senior** George Brown padre. **3.** (*in job: with longer service*) de mayor antigüedad: **senior members of staff were consulted about the changes** consultaron los cambios con el personal de mayor antigüedad; (*: in rank*): **she's senior** *to* **Mr Davis** ella está por encima del señor Davis (en la jerarquía); **he's been promoted to senior management** lo han ascendido a los cuadros superiores.

II *n* **1.** (*in age*): **he's five years my senior** me lleva cinco años, es cinco años mayor que yo. **2.** (*GB: at school*) *estudiante de los cursos superiores*; (*US: at university*) estudiante *m/f* del último año.

senior citizen *n* (*retired person*) jubilado -da *m/f*.

senior high school *n* (*US*) *instituto donde se cursan los últimos años de la enseñanza secundaria*.

seniority /ˌsi:nɪ'ɒrətɪ/ *n* (*in rank*) (superior) jerarquía *f*; (*in length of service*) antigüedad *f*; (*in age*) el hecho de ser mayor.

sensation /ˌsen'seɪʃən/ *n* **1.** (*feeling*) sensación *f*: **he had a burning sensation in his throat** tenía una sensación de ardor en la garganta • **you'll cause a real sensation with that hairstyle** con ese peinado causarás sensación. **2.** (*ability to feel*) sensibilidad *f*: **she has no sensation in her right hand** no tiene sensibilidad en la mano derecha.

sensational /ˌsen'seɪʃənəl/ *adj* **1.** (*spectacular*) sensacional. **2.** (*scandalous*) sensacionalista.

sensationalism /ˌsen'seɪʃənəlɪzəm/ *n* sensacionalismo *m*.

sensationalist /ˌsen'seɪʃəlnɪst/ *adj, n* sensacionalista *adj, m/f*.

sense /sens/ **I** *n* **1.** (*reason*) sentido *m*: **that doesn't make any sense** eso no tiene sentido; **it would make sense to wait for him** lo lógico sería que lo esperáramos; **there's no sense** *in* **insisting** no tiene sentido insistir. **2.** (*sensible attitude*) sentido *m* común: **she had the sense to ask them to wait** tuvo el sentido común de pedirles que esperaran • **she'll soon talk some sense into him!** ¡ya verás como pronto lo hará entrar en razón! • **talk sense!** ¡sé razonable! • **he refused to see sense** se negaba a entrar en razón. **3.** (*meaning: gen*) sentido *m*: **in a sense he's right** en cierto sentido tiene razón; (*: of sentence, word*) sentido *m*, significado *m*: **in what sense is it pathetic?** ¿en qué sentido es patético? • **the second sentence doesn't make sense** la segunda frase no tiene sentido • **in every sense of the word** en el sentido más amplio de la palabra. **4.** (*of smell, touch, etc.*) sentido *m*: **the sense** *of* **smell** el sentido del olfato; **he has no sense** *of* **rhythm** no tiene ningún sentido del ritmo. **5.** (*of justice, duty, etc.*) sentido *m*: **she has no sense** *of* **right and wrong** no sabe distinguir lo que está bien de lo que está mal. **6.** (*of well-being, dissatisfaction, loss*) sensación *f*.

II senses *n pl* juicio *m*: **nobody in his (right) senses would do such a thing** nadie en su sano juicio haría una cosa así • **she'll soon come to her senses** pronto entrará en razón.

III *vt* [**senses, sensing, sensed**] sentir, darse cuenta de: **I sensed that she would rather be alone** sentí que * me di cuenta de que prefería estar sola.

sense of direction *n* sentido *m* de la orientación.

sense of humour, (*US*) **sense of humor** *n* sentido *m* del humor.

senseless /'sensləs/ *adj* **1.** (*irrational*) absurdo -da, sin sentido. **2.** (*unconscious*) inconsciente, sin sentido: **they found him lying senseless in a ditch** lo encontraron inconsciente en una cuneta.

sensibility /ˌsensə'bɪlətɪ/ *n* [**sensibilities**] **1.** (*sensitivity*) sensibilidad *f*. **2.** (*susceptibility*) susceptibilidad *f*.

sensible /'sensəbəl/ *adj* **1.** (*person, decision, attitude*) sensato -ta: **you were sensible not to go** fuiste sensato al no ir; **you made a very sensible decision** tomaste una decisión muy sensata. **2.** (*price*) razonable. **3.** (*shoes, clothing*) práctico -ca.

sensibly /'sensəblɪ/ *adv* **1.** (*wisely*) con sensatez, prudentemente. **2.** (*practically*): **you're not very sensibly dressed for going climbing** no vas vestido de forma apropiada para ir a hacer montañismo.

sensitive /'sensɪtɪv/ *adj* **1.** (*emotionally*) sensible, sensitivo -va: **he's a very sensitive musician** es un músico de gran sensibilidad. **2.** (*to outside agent*) sensible: **he's very sensitive** *to* **the cold** es muy sensible al frío; (*instrument, thermometer*) sensible; (*skin*) sensible, delicado -da. **3.** (*politically*) delicado -da: **that's a very sensitive issue** ésa es una cuestión muy delicada. **4.** (*touchy*) susceptible: **he's very sensitive** *about* **his nose** le preocupa mucho su nariz.

sensitively /'sensɪtɪvlɪ/ *adv* con sensibilidad.

sensitivity /ˌsensɪ'tɪvətɪ/ *n* (*of person*) sensibilidad *f*: **he shows great sensitivity** *in* **dealing with patients** muestra mucha sensibilidad * delicadeza en el trato con sus pacientes; (*of issue*) lo delicado.

sensory /'sensərɪ/ *adj* sensorial.

sensual /'sensjʊəl/ *adj* sensual.

sensuality /ˌsensjʊ'ælətɪ/ *n* sensualidad *f*.

sensuous /'sensjʊəs/ *adj* sensual.

sensuously /'sensjʊəslɪ/ *adv* sensualmente.

sensuousness /'sensjʊəsnəs/ *n* sensualidad *f*.

sent /sent/ *pretérito y participio pasado de* ➪ send

sentence /'sentəns/ **I** *n* **1.** (*Ling*) oración *f*, frase *f*: **would you mind repeating the first sentence?** ¿le importaría repetir la primera frase? **2.** (*Law*) sentencia *f*: **the judge still hasn't passed sentence** el juez aún no ha dictado sentencia.

II *vt* [**sentences, sentencing, sentenced**] condenar: **he was sentenced** *to* **life imprisonment** lo condenaron a cadena perpetua.

sentiment /'sentɪmənt/ *n* (*frml*) sentimiento *m*.

sentimental /ˌsentɪˈmentəl/ *adj* sentimental.

sentimentality /ˌsentɪmenˈtæləti/ *n* sentimentalismo *m*.

sentinel /ˈsentɪnəl/ *n* centinela *m*.

sentry /ˈsentrɪ/ *n* [**sentries**] centinela *m*.

sentry box *n* garita *f* de centinela.

separable /ˈsepərəbəl/ *adj* separable.

separate **I** /ˈsepərət/ *adj* **1.** (*apart*) separado -da: **we have separate bank accounts** tenemos cuentas bancarias separadas; **I always keep the cheese biscuits separate** siempre guardo las galletas de queso aparte; **keep this card separate** *from* **your traveller's cheques** no guarde esta tarjeta junto con sus cheques de viaje. **2.** (*different*) distinto -ta: **he put them in two separate piles** los puso en dos montones distintos; **start each answer on a separate sheet of paper** utiliza una hoja nueva para cada respuesta; **we went in separate cars** fuimos en coches distintos; **they went their separate ways** se fue cada uno por su lado.

II separates /ˈsepərəts/ *n pl* (*Clothing*) prendas *f pl* para conjuntar.

III /ˈsepəreɪt/ *vt* [**separates, separating, separated**] **1.** (*gen*) separar: **their gardens are separated** *by* **a stone wall** un muro de piedra separa sus jardines; **separate the white** *from* **the yolk** separar la clara de la yema. **2.** (*to split*) dividir: **they separated the children** *into* **swimmers and non-swimmers** dividieron a los niños en dos grupos: los que sabían nadar y los que no sabían. **3.** (*to distinguish*) separar: **make sure you separate the overtime** *from* **the regular hours** no te olvides de separar las horas extras de las de trabajo normal.

♦*vi* **1.** (*married couple, group*) separarse. **2.** (*sauce*) cortarse.

separated /ˈsepəreɪtəd/ *adj* (*married couple*) separado -da: **his parents are separated** sus padres están separados.

separately /ˈsepərətlɪ/ *adv* (*to wrap, send*) por separado, separadamente: **we'll pay for the drinks separately** pagaremos las bebidas por separado; **the jacket and the skirt are sold separately** la chaqueta y la falda se venden por separado; **we had to sit separately because there weren't many seats left** tuvimos que sentarnos separados porque no quedaban muchos asientos.

separation /ˌsepəˈreɪʃən/ *n* separación *f*.

separatism /ˈsepərətɪzəm/ *n* separatismo *m*.

separatist /ˈsepərətɪst/ *n* separatista *m/f*.

sepia /ˈsi:pɪə/ *adj, n* sepia *adj, m*.

Sept. *léase* /sepˈtembə/ (*abreviatura de* **September**) septiembre *m*.

September /sepˈtembə/ *n* septiembre *m*, setiembre *m*. ➪ June

septet /ˈseptet/ *n* septeto *m*.

septic /ˈseptɪk/ *adj*: **her finger went septic** se le infectó el dedo.

septic tank *n* fosa *f* séptica.

septicaemia, (*US*) **septicemia** /ˌseptɪˈsi:mɪə/ *n* sepsis *f inv*, septicemia *f*.

sepulchre, (*US*) **sepulcher** /ˈsepəlkə/ *n* sepulcro *m*.

sequel /ˈsi:kwəl/ *n* continuación *f*: **they've just published the sequel** *to* **that book** acaban de publicar la continuación de ese libro.

sequence /ˈsi:kwəns/ *n* secuencia *f*: **some of the pages were printed** *out of* **sequence** algunas de las páginas estaban impresas fuera de orden; **put the numbers** *in* **sequence** ponga los números en orden.

sequence of tenses *n* concordancia *f* de tiempos (verbales).

sequential /sɪˈkwenʃəl/ *adj* secuencial.

sequin /ˈsi:kwɪn/ *n* lentejuela *f*.

Serb /sɜ:b/ *adj, n* serbio -bia *adj, m/f*.

Serbia /ˈsɜ:bɪə/ *n* Serbia *f*.

Serbian /ˈsɜ:bɪən/ *adj, n* serbio -bia *adj, m/f*.

Serbo-Croat /ˌsɜ:bəʊˈkrəʊæt/ *n* (*language*) serbocroata *m*.

serenade /serəˈneɪd/ **I** *vt* [**serenades, serenading, serenaded**] dar serenatas a.

II *n* serenata *f*.

serene /səˈri:n/ *adj* sereno -na.

serenely /səˈri:nlɪ/ *adv* con serenidad.

serenity /səˈrenətɪ/ *n* serenidad *f*.

sergeant /ˈsɑ:dʒənt/ *n* **1.** (*Mil*) sargento *m/f*. **2.** (*in police force*) cabo *m/f*.

serial /ˈsɪərɪəl/ *n* (*on television*) serial *m*.

serial killer *n* asesino -na *m/f* en serie.

serial number *n* número *m* de serie.

serialize /ˈsɪərɪəlaɪz/ *vt* [**serializes, serializing, serialized**] serializar.

series /ˈsɪərɪ:z/ *n* [*pl* **series**] serie *f*: **he's giving a series of recitals in the new concert hall** va a dar una serie * un ciclo de recitales en la nueva sala de conciertos; **a new television series starts next week** la semana que viene comienza una nueva serie de televisión.

serious /ˈsɪərɪəs/ *adj* **1.** (*person*) serio -ria; (*illness, error*) serio -ria, grave: **luckily it wasn't anything serious** afortunadamente, no resultó ser nada serio; **he's made a serious mistake** ha cometido un grave error; (*damage*) grave, de consideración. **2.** (*in earnest*): **he's a serious cyclist** se toma el ciclismo muy en serio; **are you serious** *about* **leaving home?** ¿dices en serio lo de que te vas a ir de casa? • **working sixty hours a week? they can't be serious!** ¿trabajar sesenta horas a la semana? ¡no lo dirán en serio!

seriously /ˈsɪərɪəslɪ/ *adv* **1.** (*ill*) gravemente: **twenty people were seriously wounded** veinte personas resultaron gravemente heridas. **2.** (*in earnest*) en serio: **she takes tennis very seriously** se toma el tenis muy en serio; **don't take him too seriously - he's pulling your leg** no le hagas demasiado caso, te está tomando el pelo • **"Adrian's getting married next week." "No! Seriously?"** "Adrian se casa la semana que viene." "¡No! ¿En serio?"

seriousness /ˈsɪərɪəsnəs/ *n* **1.** (*gravity*) gravedad *f*: **they underestimated the seriousness of his condition** subestimaron la gravedad de su estado. **2.** (*solemnity, earnestness*) seriedad *f* • **you can't in all seriousness expect them to pay your flight** hablando en serio, no puedes pretender que te paguen el vuelo.

sermon /ˈsɜ:mən/ *n* sermón *m*.

serpent /ˈsɜ:pənt/ *n* serpiente *f*.

serrated /səˈreɪtɪd/ *adj* serrado -da, dentado -da.

serum /ˈsɪərəm/ *n* suero *m*.

servant /ˈsɜ:vənt/ *n* criado -da *m/f*, sirviente -ta *m/f*.

serve /sɜ:v/ **I** *n* (*in tennis, squash*) servicio *m*, saque *m*: **he has a very strong serve** tiene un servicio muy potente.

II *vt* [**serves, serving, served**] **1.** (*cause, country*) servir a: **this hospital serves the whole county** éste es el hospital para todo el condado • **it serves you right** te lo tienes bien merecido. **2.** (*food*) servir: **the**

waiter served the soup el camarero sirvió la sopa; **this pizza serves four** esta pizza es para cuatro. **3.** (*in a shop*) atender: **are you being served?** ¿la atienden? **4.** (*to fulfil*): **my bike isn't very smart, but it serves its purpose** mi bici no es muy bonita, pero me sirve * pero cumple su función. **5.** (*sentence*): **she served five years** *for* **fraud** cumplió cinco años de condena por fraude; (*apprenticeship*) hacer. **6.** (*in tennis, squash*): **he served the ball into the net** el servicio se estrelló en la red.

♦ *vi* **1.** (*in job*) servir: **he served** *in* **the navy for three years** sirvió en la marina durante tres años. **2.** (*at table*) servir: **shall I serve?** ¿sirvo? **3.** (*in a shop*) atender. **4.** (*to fulfil function*) servir: **that sleeping bag will serve** *as* **a blanket** ese saco de dormir puede servir de manta; **it only served to make matters worse** sólo sirvió para empeorar las cosas. **5.** (*in tennis, squash*) sacar, servir: **three games all, Henderson to serve** tres juegos a tres, servicio de Henderson.

to **serve out** *vt* (*meal*) servir; (*prison sentence*) cumplir.

to **serve up** *vt* servir: **he served up an excellent meal** sirvió una excelente comida.

server /'sɜːvə/ *n* **1.** (*Culin*: *for salad*) cubierto *m* de servir. **2.** (*Relig*: *at mass*) monaguillo *m*. **3.** (*Inform*) servidor *m*.

service /'sɜːvɪs/ **I** *n* **1.** (*with a firm, for country*) servicio *m*: **he's done five years' service** *with* * *in* **the firm** lleva cinco años de servicio en la empresa; **it depends on your length of service** *with* **the firm** depende de su antigüedad en la empresa; **he was decorated for his services** *to* **the nation** lo condecoraron por sus servicios a la patria • **Albert Jones, at your service** Albert Jones, para servirla. **2.** (*use*): **the drinks machine is not** *in* **service** la máquina de las bebidas no está en uso; **the photocopier is temporarily** *out of* **service** la fotocopiadora no funciona de momento. **3.** (*in a restaurant*) servicio *m*: **service is not included** el servicio no está incluido. **4.** (*organization, facility*) servicio *m*: **this is one of the services we offer** éste es uno de los servicios que ofrecemos. **5.** (*of trains, buses*) servicio *m*: **they have improved the bus service** han mejorado el servicio de autobuses. **6.** (*Auto*: *routine check*) revisión *f*: **the car's gone in for a service** le están haciendo una revisión al coche. **7.** (*Sport*: *in tennis, squash*) servicio *m*. **8.** (*Relig*) oficio *m* (religioso).

II services *n pl* **1.** (*skills, help*) servicios *m pl*: **her services are no longer required** ya no requerimos sus servicios. **2.** (*on motorway*) área *f* de servicio [takes ***el*** or ***un*** in singular]. **3. the services** (*army, navy, air force*) las fuerzas armadas.

III *vt* [**services, servicing, serviced**] (*a car, washing machine, etc.*) hacerle una revisión a: **he's taken the car in to be serviced** ha llevado el coche a que le hagan una revisión.

service area *n* área *f* de servicio [takes ***el*** or ***un*** in singular].

service charge *n* servicio *m*.

service industry *n* industria *f* del sector servicios.

serviceman *n* [*pl* **servicemen**] soldado *m*, militar *m*.

service road *n* vía *f* de acceso.

service station *n* estación *f* de servicio.

servicewoman *n* [*pl* **servicewomen**] soldado *f*, militar *f*.

serviceable /'sɜːvɪsəbəl/ *adj*: **this coat is a little worn, but still perfectly serviceable** este abrigo está un poco gastado pero aún se puede usar perfectamente.

servicing /'sɜːvɪsɪŋ/ *n* (*of car, appliance, etc.*) revisión *f*.

serviette /ˌsɜːvɪ'et/ *n* servilleta *f*.

servile /'sɜːvaɪl/ *adj* (*frml*) servil.

serving /'sɜːvɪŋ/ *n* (*portion of food*) ración *f*, porción *f*.

serving dish *n* fuente *f*.

serving spoon *n* cuchara *f* de servir.

servitude /'sɜːvɪtjuːd/ *n* (*frml*) servidumbre *f*.

sesame /'sesəmɪ/ *n* sésamo *m* • **open sesame!** ¡ábrete sésamo!

session /'seʃən/ *n* **1.** (*of parliament, congress*) sesión *f*: **the MPs are** *in* **session** los señores diputados están celebrando una sesión. **2.** (*Educ*: *term*) trimestre *m*; (*: year*) curso *m*; (*: class*) clase *f*.

set /set/ **I** *adj* **1.** (*fixed: price*) fijo -ja: **I don't have to work set hours** no tengo un horario fijo; **my father has set ideas about the role of women** mi padre tiene ideas muy arraigadas sobre el rol de la mujer; **it's a set phrase * expression** es una frase hecha; (*: procedure*) establecido -da. **2.** (*menu*) del día, a precio fijo: **the set meal costs nine pounds** el menú del día cuesta nueve libras. **3.** (*Educ*: *text*): **"Great Expectations" is a set book this year** "Great Expectations" es uno de los libros de lectura obligatoria este año. **4.** (*ready, determined*) decidido -da, resuelto -ta: **she was all set to break off the engagement** estaba decidida a romper el compromiso; **he's set** *on* **the idea of studying medicine** está decidido a estudiar medicina • **ready, get set, go!** preparados, listos, ¡ya! • **they were dead set against it** estaban totalmente en contra.

II *n* **1.** (*group: gen*) juego *m*: **a chess set** un juego de ajedrez; **they were given a set of cutlery/saucepans** les regalaron una cubertería/una batería de cocina; (*: of books*) colección *f*; (*: in mathematics*) conjunto *m*. **2.** (*in tennis*) set *m*, manga *f*: **I beat him three sets to love** le gané tres sets a cero. **3.** (*scenery: in theatre*) decorado *m*; (*: for movie, television*) plató *m*. **4.** (*television, radio*) aparato *m*: **do not adjust your set** no ajuste su aparato. **5.** (*Educ*) *grupo de alumnos seleccionados según su nivel de aptitud*.

III *vt* [**sets, setting, set**] **1.** (*to place*) poner: **he set his glass** *(down)* **on the bar** puso el vaso en la barra; **she set the child** *down* bajó al niño. **2.** (*Med*: *a broken bone*) componer; (*: a joint*) encajar. **3.** (*to embed*): **a sapphire set** *in* **gold** un zafiro engastado * engarzado en oro; **pieces of ivory set** *into* **wood** trocitos de marfil incrustados en madera; **an iron ring was set** *into* **the wall** había una anilla de hierro empotrada en la pared. **4.** (*hair*) marcar. **5.** (*to establish*) fijar: **you have to set yourself realistic targets** hay que proponerse objetivos alcanzables; **the argument set the tone for the rest of the day** la pelea marcó la pauta para el resto del día. **6.** (*Educ*: *homework, a test, a problem*) poner. **7.** (*a play, a novel*) ambientar: **the action is set in Lagos** la acción se desarrolla en Lagos. **8.** (*to prepare for operation: an alarm*) poner, conectar: **I forgot to set the alarm clock** me olvidé de poner el despertador; **did you set the video to record?** ¿preparaste el vídeo para grabar?; (*: a clock, a watch*) poner en hora. **9.** (*to prepare: a trap*) tender, preparar: **the police had set a trap for them** la policía les había tendido * preparado una trampa; (*: the table*) poner. **10.** (*to cause to start*): **the article set her thinking about her own life** el artículo la hizo pensar en su propia vida; **set them to work straight**

away póngalos a trabajar inmediatamente; **he set the pendulum in motion** puso el péndulo en movimiento.
♦*vi* **1.** (*to become solid: food*) cuajar; (*: concrete*) fraguar, endurecerse: **the concrete hadn't set** el hormigón no había fraguado. **2.** (*bone*) soldarse: **the bone took a long time to set** el hueso tardó mucho en soldarse. **3.** (*sun*) ponerse.

to **set about** *vt*: **I set about getting it ready** me puse a prepararlo.

to **set against** *vt* **1.** (*to cause to turn against*) poner en contra de: **she set the children against their father** puso a los niños en contra de su padre. **2.** (*to weigh up*): **you have to set the advantages against the disadvantages** tienes que sopesar los pros y los contras.

to **set apart** *vt* distinguir: **her professionalism sets her apart** *from* **the others** su profesionalidad la distingue de los demás.

to **set aside** *vt* **1.** (*to save*) guardar: **he's been setting money aside for years** ha estado ahorrando dinero durante años. **2.** (*to reserve*) reservar: **they set aside three hundred acres for arable crops** reservaron trescientos acres para cultivos. **3.** (*to disregard*) dejar a un lado: **can't you set aside your own interests for once?** ¿no puedes dejar tus intereses a un lado por una vez?

to **set back** *vt* **1.** (*to delay: work, a project*) retrasar; (*: a date*) retrasar, posponer: **the date has been set back six months** han retrasado la fecha seis meses. **2.** (*to have a bad effect on*): **it was only a cold but it really set me back** no fue más que un resfriado pero me afectó bastante. **3.** (*to be at a distance*): **the garage was set back** *from* **the street** el garaje estaba retirado de la calle. **4.** (*fam: to cost*) costar: **that coat must have set her back a bit** ese abrigo le tiene que haber costado bastante.

to **set down** *vt* **1.** (*to record*): **he never set it down** *in* **writing** nunca lo puso por escrito. **2.** (*to let out of a vehicle*) dejar: **the taxi set us down outside the main entrance** el taxi nos dejó frente a la entrada principal.

to **set in** *vi* empezar, comenzar: **bad weather set in** empezó el mal tiempo; **gloom set in when we heard the news** nos invadió el pesimismo cuando nos enteramos.

to **set off** *vt* **1.** (*fireworks*) encender; (*a bomb*) accionar, hacer detonar: **the bomb was set off by remote control** la bomba fue accionada por control remoto; **I opened the door and set off the alarm** abrí la puerta e hice sonar la alarma. **2.** (*to show to advantage*) realzar, hacer resaltar: **the scarf set off her colouring** el pañuelo realzaba el tono de su tez.
♦*vi* ponerse en camino, salir: **we set off before dawn** nos pusimos en camino antes del amanecer.

to **set on** *vt* **1.** (*to attack*) atacar, agredir: **the men set on him with sticks** los hombres lo atacaron con palos. **2.** (*to cause to attack*): **get out before I set the dogs on you!** ¡vete antes de que te eche los perros!

to **set out** *vt* **1.** (*to arrange*) disponer, poner: **set the glasses out on the table** disponga las copas sobre la mesa; **the apple trees were set out in rows** los manzanos estaban plantados en hileras. **2.** (*to explain*) exponer: **I wrote a letter setting out my reasons for leaving** escribí una carta exponiendo las razones por las que me iba.
♦*vi* **1.** (*to depart*) emprender el camino, salir: **it was dark when we set out** *for* **home** ya estaba oscuro cuando emprendimos el camino a casa. **2.** (*to have as one's purpose*) proponerse: **he set out to make his fortune** se propuso amasar una fortuna; **I didn't set out to buy it** no tenía intención de comprarlo.

to **set up** *vt* **1.** (*to establish: a business*) montar: **setting up your own business can be risky** montar un negocio propio * establecerse por cuenta propia puede ser arriesgado; **we want to set up a crèche** queremos poner * organizar una guardería; (*: a committee*) crear. **2.** (*to place*) poner: **he set up his stall on the corner** puso * montó el puesto en la esquina. **3.** (*fam: to frame*): **he was set up by his enemies** sus enemigos le tendieron una trampa para incriminarlo.
♦*vi* establecerse: **I'd like to set up on my own some day** me gustaría establecerme por mi cuenta algún día.

setback *n* revés *m*: **his failure was a severe setback** su fracaso fue un duro revés.

set square *n* escuadra *f*, cartabón *m*.

setup *n*: **they've got a very impressive setup there** lo tienen todo admirablemente bien montado.

settee /se'tiː/ *n* sofá *m*.

setting /'setɪŋ/ *n* **1.** (*on controls, dial, etc.*) posición *f*: **the oven has six settings** el horno tiene seis posiciones; **this iron does not have a setting for silk** esta plancha no tiene una posición para seda. **2.** (*surroundings*) escenario *m*, sitio *m*: **it was the perfect setting** *for* **a wedding** era el escenario perfecto para una boda. **3.** (*for a piece of jewellery*) montura *f*.

settle /'setəl/ *vi* [**settles, settling, settled**] **1.** (*to take up residence*) afincarse, establecerse: **they finally settled** *in* **Australia** finalmente se afincaron en Australia; **they settled** *in* **London for a while** se instalaron en Londres por una temporada. **2.** (*to alight*) posarse: **a fly settled on her hand** una mosca se posó en su mano. **3.** (*dust, etc.*) asentarse: **wait for the dregs to settle** espere a que los posos se asienten. **4.** (*snow*) cuajar. **5.** (*to become calm*): **we should wait for things to settle before taking any action** deberíamos esperar a que las cosas vuelvan a la normalidad antes de tomar ninguna medida.
♦*vt* **1.** (*a problem*) resolver, arreglar: **this issue must be settled once and for all** hay que resolver este asunto de una vez por todas; **we've settled our differences** hemos resuelto nuestras diferencias. **2.** (*to decide*) decidir: **I'm glad that's settled** me alegro de que esté decidido. **3.** (*a bill, an invoice*) pagar: **he left without settling his bill** se fue sin pagar su cuenta. **4.** (*to make comfortable*) acomodar: **he settled himself** *on* **the sofa** se acomodó en el sofá. **5.** (*to calm*) calmar: **this will settle your nerves** esto te calmará los nervios. **6.** (*a territory, country*) colonizar.

to **settle down** *vi* **1.** (*to start leading a settled life: gen*) empezar a llevar una vida asentada; (*: wild or restless person*) sentar la cabeza: **don't you think it's time you settled down?** ¿no crees que ya va siendo hora de que sientes la cabeza? **2.** (*to grow calm*) calmarse: **tell those children to settle down!** ¡diles a esos niños que se calmen! **3.** (*to make oneself comfortable*) ponerse cómodo: **we settled down by the fire** nos pusimos cómodos junto a la chimenea; **after lunch he settled down with the crossword** después de comer se sentó cómodamente a hacer el crucigrama.

to **settle down to** *vt* **1.** (*to get used to*) acostumbrarse a, hacerse a: **she soon settled down to her new life** pronto se acostumbró a su nueva vida. **2.** (*to attend to*): **I must settle down to some work** tengo que ponerme a trabajar.

to **settle for** *vt* conformarse con, aceptar: **she won't settle for anything less** no se conformará con menos; **he'll probably settle for a hundred pounds** probablemente acepte cien libras.

to **settle in** *vi* (*gen*) adaptarse: **he's settling in well at school** se está adaptando bien a la escuela; (*in a new house*) instalarse.

to **settle on** *vt* decidirse por: **we've settled on France this year** nos hemos decidido por Francia este año; **have they settled on a wedding date yet?** ¿ya han fijado la fecha de la boda?

to **settle up** *vi* arreglar (las) cuentas: **I'll settle up** *with* **you later** luego arreglaré las cuentas contigo; **we settle up at the end of the month** liquidamos las cuentas a finales de mes.

settled /'setəld/ *adj*: **she has never led a settled life** nunca ha llevado una vida tranquila ✻ ordenada; **I still don't feel settled in my new job** todavía no me he acostumbrado a mi nuevo trabajo.

settlement /'setəlmənt/ *n* **1.** (*of problem*) acuerdo *m*: **they failed to reach a settlement** no llegaron a un acuerdo; **the unions have rejected the settlement** los sindicatos han rechazado la propuesta; **it was a poor settlement for us** no se resolvió de forma muy favorable para nosotros. **2.** (*of a debt*) liquidación *f*. **3.** (*group of houses*) asentamiento *m*: **there are settlements all along the coast** hay asentamientos por toda la costa. **4.** (*of a territory*) colonización *f*.

settler /'setlə/ *n* colonizador -dora *m/f*, colono *m*.

seven /'sevən/ *adj*, *n* siete *adj inv*, *m*: **seven hundred** setecientos -tas. ➪ five

seventeen /sevən'tiːn/ *adj*, *n* diecisiete *adj inv*, *m*. ➪ five

seventeenth /sevən'tiːnθ/ **I** *adj* decimoséptimo -ma, diecisiete.
II *n* **1.** (*in order: gen*) decimoséptimo -ma *m/f*; (*: date, monarch*) diecisiete *m*. **2.** (*one part*) decimoséptima parte *f*; (*fraction*) diecisieteavo *m*. ➪ sixteenth

seventh /'sevənθ/ **I** *adj* séptimo -ma.
II *n* **1.** (*in order: gen*) séptimo -ma *m/f*; (*: date*) siete *m*. **2.** (*one part*) séptima parte *f*; (*fraction*) séptimo *m*. ➪ fifth

seventieth /'sevəntiːθ/ **I** *adj* septuagésimo -ma, setenta.
II *n* **1.** (*in order*) septuagésimo -ma *m/f*. **2.** (*one part*) setentava parte *f*; (*fraction*) setentavo *m*. ➪ sixteenth

seventy /'sevəntɪ/ *adj*, *n* [**seventies**] setenta *adj inv*, *m*. ➪ fifty

sever /'sevə/ *vt* [**severs, severing, severed**] (*frml*) **1.** (*head, limb*) cortar. **2.** (*connections*) romper: **he severed all ties with his family** rompió totalmente con su familia.

several /'sevərəl/ **I** *pron* varios -rias: **several** *of* **them lost their way** varios de ellos se perdieron.
II *adj* varios -rias: **she wrote to me several times** me escribió varias veces; **he lost several million pesetas** perdió varios millones de pesetas.

severance /'sevərəns/ *n* (*frml*: *of relations*) ruptura *f*.
severance pay *n* indemnización *f* por cese.

severe /sɪ'vɪə/ *adj* (*person, measures*) severo -ra: **his parents were always very severe** *with* **him** sus padres fueron siempre muy severos con él; (*winter, climate*) riguroso -sa, severo -ra; (*blow, criticism*) duro -ra: **the article attracted severe criticism** el artículo fue objeto de duras críticas; (*pain*) intenso -sa; (*problem, danger*) serio -ria, grave: **he sustained severe injuries** resultó gravemente herido.

severely /sɪ'vɪəlɪ/ *adv* (*to punish*) severamente, con severidad; (*to criticize*) duramente: **they were severely criticized for going on strike** fueron duramente criticados por declararse en huelga; (*wounded, injured*) gravemente: **five soldiers were severely wounded** cinco soldados resultaron gravemente heridos ✻ heridos de gravedad.

severity /sɪ'verətɪ/ *n* (*of criticism, punishment, character*) severidad *f*; (*of climate*) rigor *m*; (*of design*) austeridad *f*; (*of pain*) intensidad *f*; (*of illness*) gravedad *f*.

Seville /sə'vɪl/ *n* Sevilla *f*.
Seville orange *n* naranja *f* agria.

sew /səʊ/ *vt* [**sews, sewing, sewed,** *participio pasado* **sewed ✻ sewn**] coser: **he sewed a patch** *onto* **his trousers** les puso un parche a los pantalones.
♦ *vi* coser.

to **sew on** *vt* coser: **she can't even sew a button on** no sabe ni coser ✻ pegar un botón.

to **sew up** *vt* **1.** (*a hole, tear*) coser ● **they had the game sewn up** tenían el partido en el bote. **2.** (*a wound*) coser, suturar.

sewage /'suːɪdʒ/ *n* aguas *f pl* residuales.
sewage disposal *n* tratamiento *m* de aguas residuales.
sewage farm *n* ➪ sewage works
sewage system *n* alcantarillado *m*.
sewage works *n* estación *f* depuradora, planta *f* de tratamiento (*de aguas residuales*).

sewer /'suːə/ **I** *n* cloaca *f*, alcantarilla *f*.
II sewers *n pl* (*system*) alcantarillado *m*.

sewerage /'suːərɪdʒ/ *n* (*system*) alcantarillado *m*; (*waste*) aguas *f pl* residuales.

sewing /'səʊɪŋ/ *n* costura *f*.
sewing machine *n* máquina *f* de coser.

sewn /səʊn/ *participio pasado de* ➪ sew

sex /seks/ *n* [**sexes**] **1.** (*gen*) sexo *m*: **the opposite sex** el sexo opuesto. **2.** (*intercourse*) relaciones *f pl* sexuales.
sex appeal *n* atracción *f* sexual, sex-appeal *m*.
sex change *n* cambio *m* de sexo.
sex education *n* educación *f* sexual.
sex life *n* vida *f* sexual.
sex symbol *n* sex symbol *m/f*.

sexism /'seksɪzəm/ *n* sexismo *m*.

sexist /'seksɪst/ *adj*, *n* sexista *adj*, *m/f*.

sexless /'seksləs/ *adj* asexuado -da, asexual.

sextet /seks'tet/ *n* sexteto *m*.

sexual /'seksjʊəl/ *adj* sexual.
sexual discrimination *n* discriminación *f* sexual.
sexual harassment *n* acoso *m* sexual.
sexual intercourse *n* relaciones *f pl* sexuales.
sexual organs *n pl* órganos *m pl* sexuales.

sexuality /ˌseksjʊ'ælətɪ/ *n* sexualidad *f*.

sexually /'seksjʊəlɪ/ *adv* sexualmente: **a sexually transmitted disease** una enfermedad de transmisión sexual.

sexy /'seksɪ/ *adj* [**sexier, sexiest**] sexy, sexi.

Sgt *léase* /'sɑːdʒənt/ (*abreviatura de* **sergeant**) Sgto. (sargento).

shabbily /'ʃæbɪlɪ/ *adv* **1.** (*scruffily*): **he was shabbily dressed** llevaba ropa vieja y gastada. **2.** (*shamefully*) de manera mezquina: **he's been treated very shabbily by his ex-colleagues** sus antiguos colegas lo han tratado de una manera muy mezquina.

shabbiness /'ʃæbɪnəs/ *n* **1.** (*of appearance*) lo mal arreglado. **2.** (*of behaviour*) mezquindad *f*.

shabby /'ʃæbɪ/ *adj* [**shabbier, shabbiest**] **1.** (*person*) mal arreglado -da; (*clothes*) viejo -ja y gastado -da: **why does he always wear that shabby shirt?** ¿por qué se pone siempre esa camisa tan vieja?; (*neighbourhood*) pobre: **he lived in a shabby little house** vivía en una casita de aspecto pobre. **2.** (*behaviour*) mezquino -na:

that was a shabby trick you played on her fue una trastada muy mezquina la que le hiciste.

shack /ʃæk/ *n* choza *f*, chabola *f*.

shackle /ˈʃækəl/ **I** *vt* [**shackles, shackling, shackled**] (*prisoner*) ponerle grilletes a, encadenar.
II shackles *n pl* grilletes *m pl*.

shade /ʃeɪd/ **I** *n* **1.** (*shadow*) sombra *f*: **he sat** *in* **the shade of a tree** se sentó a la sombra de un árbol; **there were no tables** *in* **the shade** no había mesas en ✻ a la sombra ● **he's so clever he puts everyone else in the shade** es tan inteligente que eclipsa a todos los demás. **2.** (*for lamp*) pantalla *f*. **3.** (*for eyes*) visera *f*. **4.** (*of colour*) tono *m*, matiz *m*; (*of meaning*) matiz *m*. **5.** (*fam*: *little*) poquito *m*: **the film was a shade (too) long for me** la película se me hizo un poquito larga.
II shades *n pl* (*fam*) gafas *f pl* de sol.
III *vt* [**shades, shading, shaded**] dar sombra a: **the awning will shade us** el toldo nos dará sombra; **he shaded his eyes** *from* **the sun** se protegió los ojos del sol.
to **shade in** *vt* (*Art*) sombrear.

shadow /ˈʃædəʊ/ **I** *n* sombra *f* ● **she'll win the race without a shadow of (a) doubt** ganará la carrera sin ningún lugar a dudas ● **he's a shadow of his former self** no es ni sombra de lo que era.
II *vt* [**shadows, shadowing, shadowed**] (*fam*) seguir de cerca.
shadow-boxing *n* práctica *f* con un adversario imaginario.
shadow cabinet *n* gabinete *m* fantasma (*gabinete de la oposición parlamentaria*).
shadow theatre *n* sombras *f pl* chinescas.

shadowy /ˈʃædəʊɪ/ *adj* **1.** (*place*) sombrío -bría. **2.** (*figure, character*) misterioso -sa, enigmático -ca. **3.** (*shape, image*) borroso -sa.

shady /ˈʃeɪdɪ/ *adj* [**shadier, shadiest**] **1.** (*place*) sombreado -da: **we found a table in a shady spot** encontramos una mesa en un rincón sombreado. **2.** (*fam*: *deal, past*) turbio -bia. **3.** (*character*) sospechoso -sa.

shaft /ʃɑːft/ *n* **1.** (*of mine*) pozo *m*; (*for lift*) hueco *m*. **2.** (*Auto*) eje *m*, árbol *m*. **3.** (*of axe, hammer*) mango *m*. **4.** (*of light*) rayo *m*.

shaggy /ˈʃægɪ/ *adj* [**shaggier, shaggiest**] desgreñado -da.

shake /ʃeɪk/ **I** *n* **1.** (*quick movement*) sacudida *f*: **I'll give these blankets a shake** voy a sacudir estas mantas; **he answered me with a defiant shake of the head** me contestó sacudiendo desafiante la cabeza ● **he mended it in two shakes (of a lamb's tail)** lo arregló en un abrir y cerrar de ojos ✻ en menos que canta un gallo. **2.** (*US*: *milk drink*) batido *m*.
II the shakes *n pl* (*fam*) el tembleque, la tembladera: **I got the shakes and spilt the tea** me entró el tembleque ✻ la tembladera y derramé el té ● **the food was no great shakes** la comida no era nada del otro mundo.
III *vt* [**shakes, shaking, shook,** *participio pasado* **shaken**] **1.** (*dice, a bottle*) agitar: **shake well before opening** agitar bien antes de abrir; (*rug, towel*) sacudir: **the explosion shook the building** la explosión sacudió el edificio. **2.** (*hands*): **they shook hands** se dieron la mano; **he shook hands** *with* **the guests** les dio ✻ estrechó la mano a los invitados; **they shook hands** *on* **the deal** cerraron el trato con un apretón de manos; (*head*) sacudir: **he shook his head when I asked him** sacudió la cabeza en señal de negativa cuando se lo pedí; (*fist*): **she shook her fist** *at* **me** me amenazó con el puño. **3.** (*to upset*) conmocionar: **they were shaken** *by* **his death** su muerte los afectó mucho ✻ los conmocionó; **I'm still feeling a bit shaken** todavía estoy un poco conmocionada. **4.** (*to undermine*) minar, debilitar.
♦*vi* temblar: **the ground shook beneath their feet** la tierra temblaba bajo sus pies; **she was so nervous her hands were shaking** le temblaban las manos de los nervios; **my voice was shaking** me temblaba la voz.
to **shake off** *vt* quitarse de encima: **he can't shake off that cough** no logra quitarse esa tos de encima; **at last they shook off their pursuers** por fin se quitaron de encima a sus perseguidores.
to **shake up** *vt* **1.** (*a liquid*) agitar. **2.** (*to reorganize*) reorganizar totalmente. **3.** (*fam*: *to shock*) conmocionar: **the accident shook him up** el accidente lo conmocionó.
shake-up *n* reorganización *f* total.

shaken /ˈʃeɪkən/ *participio pasado de* ⇨ shake

shaky /ˈʃeɪkɪ/ *adj* [**shakier, shakiest**] **1.** (*chair*) poco firme: **that ladder looks a bit shaky to me** esa escalera no parece estar muy firme ● **she was a bit shaky on the Renaissance** sus conocimientos del Renacimiento eran bastante flojos. **2.** (*voice, limbs*) tembloroso -sa: **I recognized his shaky handwriting at once** enseguida reconocí su escritura de mano temblorosa.

shall /ʃæl/ *v aux* [*neg* **shall not** ✻ **shan't**] [***shall not*** *es uso formal o enfático*] ⇨ gramática en el apéndice (Verbos Auxiliares Modales) **1.** (*frml*: *forming the future tense*) [*sólo con la primera persona*]: **we shall be there at six** estaremos allí a las seis; **I shan't have time to go shopping** no tendré tiempo para ir de compras. **2.** (*frml*: *used for emphasis in a command, promise*) [*con la segunda y tercera personas*]: **you shall have everything you need** tendrás todo lo que te haga falta. **3.** (*in suggestions*) [*con la primera persona*]: **shall I buy some bread?** ¿compro pan?; **shall we sit here?** ¿nos sentamos aquí?; **I'll call you tomorrow, shall I?** te llamo mañana, ¿de acuerdo?

shallot /ʃəˈlɒt/ *n* cebollita *f*, chalota *f*.

shallow /ˈʃæləʊ/ **I** *adj* **1.** (*not deep*) poco profundo -da: **she was playing at the shallow end of the swimming pool** jugaba en la parte poco profunda de la piscina; **they dug a shallow pit and buried the treasure** cavaron un pozo poco profundo y enterraron el tesoro. **2.** (*bowl, plate*) llano -na. **3.** (*character, argument*) superficial. **4.** (*breathing*) superficial.
II shallows *n pl* bajío *m*.

shallowness /ˈʃæləʊnəs/ *n* **1.** (*of water*) poca profundidad *f*. **2.** (*of character, argument*) superficialidad *f*. **3.** (*of breathing*) superficialidad *f*.

sham /ʃæm/ **I** *vi* [**shams, shamming, shammed**] fingir: **she's not hurt, she's just shamming** no se ha hecho daño, es puro teatro.
♦*vt* fingir, simular: **he shammed illness to avoid going to school** fingió ✻ simuló que estaba enfermo para no tener que ir a la escuela.
II *n* simulacro *m*, farsa *f*: **her affection for you was a sham** su cariño por ti era puro simulacro ✻ era una farsa.
III *adj* fingido -da, simulado -da.

shamble /ˈʃæmbəl/ *vi* [**shambles, shambling, shambled**] caminar arrastrando los pies.

shambles /ˈʃæmbəlz/ *n* (*fam*) desastre *m*: **the meeting was a total shambles** la reunión fue un desastre; **when he moved out he left the flat in a shambles** al mudarse dejó el apartamento hecho un desastre.

shame /ʃeɪm/ **I** *n* **1.** (*guilt, embarrassment*) vergüenza *f*: **she went red with shame when she saw what she'd done** se puso colorada de vergüenza al ver lo que había hecho; (*dishonour*) deshonra *f*: **the scandal brought shame** *on* **his family** el escándalo deshonró a su familia • **shame on you!** ¡debería darte vergüenza! • **her work puts the rest of the class to shame** el nivel de su trabajo deja muy mal parado al resto de la clase. **2.** (*pity*) lástima *f*, pena *f*: **what a shame!** ¡qué lástima!; **it's a shame to throw away all these books** es una lástima tirar todos estos libros; **it's a shame (that) nobody realized in time** es una lástima que nadie se haya dado cuenta a tiempo.
II *vt* **[shames, shaming, shamed]** avergonzar: **I finally shamed him** *into* **paying back the money** finalmente logré que le diera vergüenza y devolviera el dinero.

shamefaced *adj* avergonzado -da.

shameful /ˈʃeɪmfʊl/ *adj* vergonzoso -sa: **this is a shameful waste of resources** éste es un vergonzoso derroche de recursos.

shamefully /ˈʃeɪmfʊlɪ/ *adv* de una manera vergonzosa: **he was shamefully treated** lo trataron de una manera vergonzosa.

shameless /ˈʃeɪmləs/ *adj* (*person*) desvergonzado -da, descarado -da; (*lie*) descarado -da.

shamelessly /ˈʃeɪmlɪslɪ/ *adv* descaradamente.

shamelessness /ˈʃeɪmlɪsnəs/ *n* desvergüenza *f*, descaro *m*.

shampoo /ʃæmˈpuː/ **I** *n* (*substance*) champú *m*; (*act of shampooing*) lavado *m* de cabeza.
II *vt* **[shampoos, shampooing, shampooed]** (*hair*) lavar: **shampoo hair and then rinse thoroughly** lavar el pelo y enjuagar bien; (*carpet, upholstery*) limpiar (*con detergente*).

shamrock /ˈʃæmrɒk/ *n* trébol *m*.

shandy /ˈʃændɪ/ *n* **[shandies]** clara *f*, shandy *m* (*cerveza con gaseosa*).

shan't /ʃɑːnt/ *contracción de* **shall not** ⇨ shall

shanty /ˈʃæntɪ/ *n* **[shanties] 1.** (*shack*) choza *f*, chabola *f*. **2.** (*Mus*) saloma *f*.

shantytown *n* barrio *m* de chabolas, (*Arg*) villa *f* miseria, (*Méx*) ciudad *f* perdida.

shape /ʃeɪp/ **I** *n* **1.** (*appearance*) forma *f*: **what shape was the vase?** ¿de qué forma era el florero?; **a brooch** *in* **the shape** *of* **a dove** un broche en forma de paloma; **the blow knocked the wheel** *out of* **shape** el golpe deformó la rueda; **the new building gradually took shape** el nuevo edificio iba tomando forma poco a poco; **my thesis is beginning to take shape** mi tesis está empezando a cobrar forma • **I don't eat meat in any shape or form** no como ningún tipo de carne • **they come in all shapes and sizes** los hay de los más diversos tipos. **2.** (*outline*) figura *f*, bulto *m*: **I saw a strange shape under the water** vi una figura extraña bajo el agua. **3.** (*fam*: *state*): **this engine is** *in* **bad shape** este motor está en malas condiciones; **he was** *in* **pretty bad shape after the crash** estaba bastante mal después del accidente; (*physical fitness*): **how does he keep** *in* **shape?** ¿cómo se mantiene en forma? • **he has licked the team into shape** ha puesto al equipo en forma.
II *vt* **[shapes, shaping, shaped] 1.** (*an object*) dar forma a: **she shaped the block of marble** *into* **a human head** le dio forma de cabeza humana al bloque de mármol; **I watched him shaping a cross** *out of* **ebony** observé cómo tallaba una cruz en ébano. **2.** (*fig*: *the future*) determinar: **that chance meeting shaped the course of her life** ese encuentro fortuito determinó el rumbo de su vida; (*personality*) formar.
to **shape up** *vi* (*fam*): **Mike's shaping up as a swimmer** Mike está haciendo progresos como nadador; **by mid-May things were shaping (up) well** para mediados de mayo las cosas estaban tomando buen cariz.

shaped /ʃeɪpt/ *adj*: **the window was shaped like a star** la ventana tenía forma de estrella; **a mushroom-shaped cloud hung over the city** una nube en forma de hongo se cernía sobre la ciudad.

shapeless /ˈʃeɪpləs/ *adj* (*mass*) informe, sin forma; (*dress, jersey*) sin forma.

shapeliness /ˈʃeɪplɪnəs/ *n* formas *f pl* bien proporcionadas.

shapely /ˈʃeɪplɪ/ *adj* **[shapelier, shapeliest]** (*gen*) bien proporcionado -da; (*leg*) torneado -da; (*woman*) de muy buen tipo.

share /ʃeə/ **I** *n* **1.** (*gen*) parte *f*: **we all do our share of the work** todos hacemos nuestra parte del trabajo; **I think I've done more than my share** creo que he hecho más de lo que me correspondía. **2.** (*in company*) acción *f*: **shares in CapCorp fell (by) three points yesterday** las acciones de CapCorp bajaron tres enteros ayer.
II *vt* **[shares, sharing, shared] 1.** (*to hold in common*) compartir: **I share a house** *with* **three friends** comparto una casa con tres amigos; **we share your concern** compartimos su preocupación; **we share many interests** tenemos muchos intereses en común. **2.** (*to divide*) dividir: **she shared the pizza** *between* **the five of them** dividió la pizza entre los cinco. **3.** (*happiness, a secret*) hacer partícipe de: **are you going to share the good news** *with* **us?** ¿nos vas a hacer partícipes de la buena nueva?; (*a joke*) contar.
♦*vi* (*to use something jointly*) compartir: **there weren't enough books and they had to share** no había suficientes libros y tuvieron que compartir (los que había) • **we all share and share alike in this house** en esta casa compartimos las cosas.
to **share out** *vt* repartir, distribuir: **the remaining food was shared out** *among* **the children** repartieron la comida que quedaba entre los niños.

share capital *n* capital *m* social.

shareholder *n* accionista *m/f*.

share price *n* cotización *f*.

shark /ʃɑːk/ *n* **1.** (*Zool*) tiburón *m*. **2.** (*fam*: *unscrupulous person*) ave *f* de rapiña [takes ***el*** or ***un*** in singular]: **she works for two partners who are a real pair of sharks** trabaja para dos socios que son verdaderas aves de rapiña.

sharp /ʃɑːp/ **I** *adj* **1.** (*blade, knife*) afilado -da. **2.** (*point*) afilado -da; (*nose*) puntiagudo -da. **3.** (*angle, bend*) cerrado -da. **4.** (*taste, smell*) ácido -da. **5.** (*wind*) cortante, frío -a: **there is going to be a sharp frost** va a haber una helada fuerte. **6.** (*pain*) agudo -da, intenso -sa. **7.** (*voice*) chillón -llona, estridente: **a sharp cry reached my ears** un grito estridente llegó a mis oídos. **8.** (*Mus*) sostenido -da: **D sharp** re sostenido. **9.** (*clearly defined: photo, image*) nítido -da; (*: outline*) bien definido -da: **she had sharp features** tenía rasgos angulosos * muy marcados; (*: contrast*) marcado -da. **10.** (*eyes, eyesight*) bueno -na: **he has a sharp sense of hearing** tiene el oído muy fino * agudo. **11.** (*sudden*) repentino -na, brusco -ca: **there was a sharp drop in temperature** hubo un repentino * brusco bajón de temperatura. **12.** (*clever, shrewd*) listo -ta; (*alert*) espabilado -da, perspicaz: **he was very sharp to notice**

my mistake fue muy perspicaz al darse cuenta de mi error • **if you don't look sharp, you're going to miss the train** si no te das prisa, vas a perder el tren. **13.** (*referring to manner*) brusco -ca, cortante: **he was sharp** *with* **me when I asked him a question** fue muy brusco conmigo cuando le hice una pregunta. **14.** (*criticism*) mordaz.
II *n* (*Mus*) sostenido *m*.
III *adv* **1.** (*precisely*) en punto: **I asked him to wake me at seven o'clock sharp** le pedí que me despertara a las siete en punto. **2.** (*at a sharp angle*): **you turn sharp right just past the hotel** doblas a la derecha inmediatamente después del hotel (*en una curva cerrada*).

sharpen /ˈʃɑːpən/ *vt* [**sharpens, sharpening, sharpened**] **1.** (*a blade*) afilar: **shall I sharpen the scissors?** ¿quieres que afile las tijeras? **2.** (*a pencil*) sacarle punta a. **3.** (*fig: a feeling*) agudizar; (*: a desire, longing*) avivar: **the smell of onions sharpened my appetite** el olor a cebollas me dio más apetito.
♦*vi* (*pain*) hacerse más agudo -da ✱ intenso -sa.

sharpener /ˈʃɑːpənə/ *n* (*for pencils*) sacapuntas *m inv*; (*for blades*) afilador *m*.

sharply /ˈʃɑːplɪ/ *adv* **1.** (*suddenly*) de repente, repentinamente: **he turned around sharply and bumped into me** se volvió de repente y se topó conmigo; (*abruptly*): **prices fell sharply** hubo una brusca caída de precios; **the road bends sharply to the right** hay una curva muy cerrada hacia la derecha. **2.** (*to speak, reply*) con aspereza.

sharpness /ˈʃɑːpnəs/ *n* **1.** (*of taste*) acidez *f*. **2.** (*of pain*) intensidad *f*. **3.** (*of image*) nitidez *f*; (*of hearing*) agudeza *f*. **4.** (*of criticism*) mordacidad *f*: **I was used to the sharpness** *of* **his temper** estaba acostumbrado a su mordacidad. **5.** (*alertness*) perspicacia *f*, agudeza *f*.

shatter /ˈʃætə/ *vt* [**shatters, shattering, shattered**] **1.** (*glass*) hacer añicos: **the stone shattered the mirror** la piedra hizo añicos el espejo. **2.** (*plans*) echar por tierra: **this setback shattered his hopes** este contratiempo echó por tierra sus esperanzas. **3.** (*health*) quebrantar, destrozar: **the anxiety had shattered her nerves** la ansiedad le había destrozado los nervios.
♦*vi* hacerse añicos: **the windows shattered with the force of the explosion** los cristales de las ventanas se hicieron añicos con la fuerza de la explosión.

shattered /ʃætəd/ *adj* (*fam*) **1.** (*tired*) agotado -da, molido -da. **2.** (*upset*) destrozado -da: **she was shattered** *at* **the news** la noticia la dejó destrozada ✱ hecha polvo.

shattering /ˈʃætərɪŋ/ *adj* **1.** (*defeat*) aplastante: **they suffered a shattering defeat** sufrieron una derrota aplastante; (*news, announcement*) terrible. **2.** (*fam: tiring*) agotador -dora.

shave /ʃeɪv/ **I** *vi* [**shaves, shaving, shaved,** *participio pasado* **shaved ✱ shaven**] afeitarse, (*Méx*) rasurarse.
♦*vt* **1.** (*legs, underarms*) afeitar; (*head*) rapar: **he shaved his head** se rapó la cabeza. **2.** (*wood*) cepillar.
II *n* afeitado *m*, (*Méx*) rasurado *m*: **I had a shave before going out** me afeité antes de salir • **that was a close shave! your dad just went past** ¡te has librado por los pelos! acaba de pasar tu padre.
to **shave off** *vt* afeitar: **he was told to shave off his moustache** le dijeron que se afeitara el bigote.

shaven /ʃeɪvən/ *participio pasado de* ➪ shave

shaver /ˈʃeɪvə/ *n* afeitadora *f*, máquina *f* de afeitar (eléctrica).

shaving /ˈʃeɪvɪŋ/ **I** *n* afeitado, (*Méx*) rasurado *m*.
II shavings *n pl* virutas *f pl*.
shaving brush *n* brocha *f* de afeitar.
shaving cream *n* crema *f* de afeitar.
shaving foam *n* espuma *f* de afeitar.
shaving point *n* toma *f* de corriente para máquina de afeitar.

shawl /ʃɔːl/ *n* chal *m*.

she /ʃiː/ *pron* **1.** (*person*) [often omitted in Spanish] ella: **she's furious** está furiosa; **"Who told him?" "She did."** "¿Quién se lo dijo?" "Ella." **2.** (*referring to a ship, a country*): **she went down in the North Sea** se hundió en el mar del Norte.

sheaf /ʃiːf/ *n* [**sheaves** /ʃiːvz/] **1.** (*of papers*) fajo *m*. **2.** (*of corn*) gavilla *f*.

shear /ʃɪə/ *vt* [**shears, shearing, sheared,** *participio pasado* **shorn**] (*sheep*) esquilar, trasquilar.
to **shear off** *vi* romperse.

shearer /ˈʃɪərə/ *n* esquilador -dora *m/f*.

shearing /ˈʃɪərɪŋ/ *n* esquila *f*.

shears /ʃɪəz/ *n pl* tijeras *f pl* (*grandes; para jardinería, sastrería, etc.*): **pass me that pair of shears** dame esas tijeras.

sheath /ʃiːθ/ *n* **1.** (*for knife, umbrella*) funda *f*; (*for sword*) vaina *f*. **2.** (*contraceptive*) preservativo *m*.
sheath knife *n* cuchillo *m* de monte.

sheathe /ʃiːð/ *vt* [**sheathes, sheathing, sheathed**] (*a knife*) enfundar; (*a sword*) envainar.

sheaves /ʃiːvz/ *plural de* ➪ sheaf

shed /ʃed/ **I** *vt* [**sheds, shedding, shed**] **1.** (*Bot: leaves*) perder. **2.** (*Zool: skin*) mudar de. **3.** (*blood, tears*) derramar: **she shed bitter tears when she read his letter** derramó lágrimas amargas al leer su carta. **4.** (*to lose*) perder: **a truck has shed its load on the road** un camión ha perdido su carga en la carretera; **the company is planning to shed five hundred jobs** la empresa piensa deshacerse de quinientos trabajadores.
II *n* (*garden hut*) cobertizo *m*; (*for cattle*) establo *m*; (*factory workshop*) nave *f*.

she'd /ʃiːd/ **I** *contracción de* **she had**: **I didn't know she'd died** no sabía que había muerto.
II *contracción de* **she would**: **she told me she'd be late** me dijo que llegaría tarde.

sheen /ʃiːn/ *n* **1.** (*of hair*) brillo *m*. **2.** (*of metal, wood*) lustre *m*, brillo *m*. **3.** (*of material*) visos *m pl*: **the cloth is black but it has a blue sheen** la tela es negra, pero tiene visos azules.

sheep /ʃiːp/ *n* [*pl* **sheep**] oveja *f*: **sheep are hardier than cattle** el ganado lanar es más resistente que el vacuno • **the final test separated the sheep from the goats** la última prueba fue una verdadera criba ✱ separó el grano de la paja • **she was the black sheep of the family** era la oveja negra de la familia.
sheepdog *n* perro *m* pastor.
sheepfold *n* redil *m*.
sheepskin *n* piel *f* de borrego: **she was wearing a sheepskin jacket** llevaba una zamarra.

sheepish /ˈʃiːpɪʃ/ *adj* avergonzado -da: **he gave her a sheepish look** la miró avergonzado.

sheepishly /ˈʃiːpɪʃlɪ/ *adv* con cara de vergüenza.

sheepishness /ˈʃiːpɪʃnəs/ *n* actitud *f* avergonzada.

sheer /ʃɪə/ *adj* **1.** (*drop, cliff*) escarpado -da: **on the lefthand side there was a sheer drop** a mano izquierda había una caída vertical del terreno. **2.** (*complete*) puro -ra: **I saw her by sheer chance** la vi por pura casualidad; **it was a sheer waste of time** fue una pérdida total de tiempo; **I did it out of sheer**

desperation lo hice porque estaba absolutamente desesperada. **3.** (*fabric*) transparente.

sheet /ʃiːt/ *n* **1.** (*for bed*) sábana *f* ● **he went as white as a sheet** se puso blanco como el papel. **2.** (*of paper*) hoja *f*; (*of metal*) chapa *f*, plancha *f*; (*of very thin metal*) lámina *f*; (*of polythene: technically*) lámina *f*; (*: piece*) trozo *m*: **he broke a huge sheet of glass** rompió un cristal * un vidrio enorme; **the road was covered in a sheet of ice** una capa de hielo cubría la carretera.

sheikh, **sheik** /ʃeɪk/ *n* jeque *m*.

shelf /ʃelf/ *n* [**shelves** /ʃelvz/] **1.** (*gen*) estante *m*: **a set of shelves** una estantería; (*built into wall or cupboard*) anaquel *m*, estante *m*: **the pantry shelves** los anaqueles de la despensa. **2.** (*in oven*) parrilla *f*.

shelf life *n*: *periodo en que un producto se conserva en buenas condiciones.*

shell /ʃel/ **I** *n* **1.** (*of shellfish, snail*) concha *f*; (*of tortoise, crab*) caparazón *m* ● **he's come out of his shell since starting university** está mucho menos retraído desde que empezó la universidad. **2.** (*of nut, egg*) cáscara *f*. **3.** (*of pea*) vaina *f*. **4.** (*of building*) esqueleto *m*, armazón *m*: **only the shell of the warehouse remained after the fire** no quedaba más que el esqueleto del almacén después del incendio. **5.** (*of ship*) casco *m*. **6.** (*for artillery*) proyectil *m*, obús *m*.

II *vt* [**shells, shelling, shelled**] **1.** (*nuts*) cascar; (*peas*) quitarles la vaina a; (*prawns*) pelar; (*eggs*) pelar, quitarles la cáscara a. **2.** (*Mil*) bombardear.

to **shell out** *vt* (*fam*) soltar, aflojar: **how much did he have to shell out?** ¿cuánto tuvo que soltar * aflojar?

♦*vi* apoquinar: **we had to shell out** *for* **a new washing machine** tuvimos que apoquinar para comprar una lavadora nueva.

shellfire *n* fuego *m* de artillería.

shellfish *n* (*Culin*) mariscos *m*.

shell shock *n* neurosis *f* de guerra.

shell-shocked *adj* (*Med*) afectado -da de neurosis de guerra ● **I was feeling a bit shell-shocked after the incident** estaba un poco conmocionado a causa del incidente.

she'll /ʃiːl/ *contracción de* **she will**

shelling /ˈʃelɪŋ/ *n* bombardeo *m*: **the village was subjected to continuous shelling** la aldea estuvo sometida a un bombardeo continuo.

shelter /ˈʃeltə/ **I** *vt* [**shelters, sheltering, sheltered**] **1.** (*from weather, danger*) proteger: **the trees sheltered us** *from* **the rain** los árboles nos protegían de la lluvia. **2.** (*from persecution, hardship*) dar cobijo a, amparar.

♦*vi* **1.** (*from weather*) guarecerse, resguardarse: **I sheltered** *from* **the storm in a cave** me guarecí * me resguardé de la tormenta en una cueva; **he sheltered** *under* **the bridge** se guareció bajo el puente. **2.** (*from danger*) refugiarse.

II *n* **1.** (*structure, hut*) refugio *m*: **he made himself a shelter out of branches** se construyó un refugio con ramas. **2.** (*institution*) refugio *m*: **the mayor opened a shelter** *for* **the homeless** el alcalde inauguró un refugio para gente sin hogar. **3.** (*protection*): **he took shelter** *from* **the rain in a barn** se guareció * se resguardó de la lluvia en un granero; **no one offered me shelter** nadie me ofreció amparo * cobijo; (*accommodation*) albergue *m*.

sheltered /ˈʃeltəd/ *adj* (*place*) abrigado -da: **the cottage is in a hollow, sheltered** *from* **the winds** la casa está en una hondonada, al abrigo de los vientos ● **he had led a sheltered existence** había vivido muy protegido de la realidad de la vida.

sheltered accommodation, **sheltered housing** *n*: *viviendas para ancianos o minusválidos que cuentan con la vigilancia permanente de personal especializado.*

shelve /ʃelv/ *vt* [**shelves, shelving, shelved**] (*an investigation*) dar carpetazo a, cerrar; (*a plan, report*) dar carpetazo a, archivar.

shelves /ʃelvz/ *plural de* ⇨ shelf

shelving /ˈʃelvɪŋ/ *n* estantes *m pl*: **we need more shelving in the kitchen** nos hacen falta más estantes en la cocina.

shepherd /ˈʃepəd/ **I** *n* pastor -tora *m/f*.

II *vt* [**shepherds, shepherding, shepherded**] guiar: **the curator shepherded us** *around* **the museum** el conservador fue nuestro guía en el museo; **the teacher shepherded the children** *onto* **the coach** la maestra hizo subir a los niños al autocar.

shepherd's pie *n*: *plato de carne picada cubierta de puré de patatas*

shepherdess /ˈʃepədes/ *n* [**shepherdesses**] (*Hist*) pastora *f*.

sherbet /ˈʃɜːbət/ *n* **1.** (*GB: powder*) polvos *m pl* azucarados. **2.** (*US: sorbet*) sorbete *m*, helado *m* de agua.

sheriff /ˈʃerɪf/ *n* **1.** (*US: police officer*) shériff *m/f*. **2.** (*in England and Wales: county official*) *gobernador civil de un condado.*

sherry /ˈʃerɪ/ *n* [**sherries**] jerez *m*: **he offered me a sherry** me ofreció una copa de jerez.

she's /ʃiːz/ **I** *contracción de* **she is**: **she's an engineer** es ingeniera.

II *contracción de* **she has**: **she's no right to complain** no tiene derecho a quejarse.

shh /ʃ/ *excl* chitón, silencio.

shield /ʃiːld/ **I** *n* **1.** (*Mil*) escudo *m*. **2.** (*Tec*) pantalla *f* protectora; (*for eyes*) visera *f* protectora. **3.** (*trophy*) placa *f*.

II *vt* [**shields, shielding, shielded**] proteger: **the trees shield the house** *from* **the wind** los árboles protegen la casa del viento; **he shielded his eyes** *from* **the sun with his hand** se protegió los ojos del sol con la mano.

shift /ʃɪft/ **I** *vt* [**shifts, shifting, shifted**] (*to move*) mover: **the trunk was so heavy I couldn't shift it** el baúl pesaba tanto que no podía moverlo; **if you shift your chair I'll be able to see better** si mueves * corres tu silla podré ver mejor; **he shifted his weight** *from* **one foot** *to* **the other** dejó descansar el peso del cuerpo en el otro pie; **he tried to shift the blame** *onto* **me** trató de cargarme a mí las culpas.

♦*vi* **1.** (*to move*) moverse: **I asked her to move, but she wouldn't shift** le pedí que se apartara, pero no quiso moverse; **the ship began to list after the cargo shifted** el buque escoró al desplazarse la carga. **2.** (*to alter*) cambiar: **the wind is shifting** *to* **the northwest** el viento está cambiando al noroeste; **his attitude has shifted considerably since then** su actitud ha cambiado bastante desde entonces.

II *n* **1.** (*work period*) turno *m*: **we work ten hour shifts** hacemos turnos de diez horas; **I'm** *on* **(the) night shift this week** esta semana me toca hacer el turno de noche. **2.** (*alteration*) cambio *m*: **there was a sudden shift** *in* * *of* **opinion** se produjo un repentino cambio * viraje de opinión. **3.** (*on keyboard*) tecla *f* de las mayúsculas.

shift key *n* (*on keyboard*) tecla *f* de las mayúsculas.

shift work *n* trabajo *m* por turnos.

shifty /ˈʃɪftɪ/ *adj* [**shiftier, shiftiest**] (*character*) con pinta sospechosa; (*behaviour*) sospechoso -sa.

Shiite /ʃiːaɪt/ *adj, n* chiita *adj, m/f*, chií *adj, m/f*.

shilling /ˈʃɪlɪŋ/ *n* chelín *m* (*antigua moneda británica*).

shimmer /ˈʃɪmə/ **I** *vi* [**shimmers, shimmering, shimmered**] brillar: **the water shimmered in the moonlight** el agua brillaba a la luz de la luna.
II *n* (*gen*) brillo *m*; (*of light in water*) resplandor *m* trémulo.

shimmering /ˈʃɪmərɪŋ/ *adj* brillante: **she wore a dress of shimmering silk** llevaba un vestido de seda brillante.

shin /ʃɪn/ **I** *n* **1.** (*Anat*) espinilla *f*, canilla *f*. **2.** (*Culin*: *of beef*) jarrete *m* (*carne de la parte inferior de la pierna del animal*).
II *vi* [**shins, shinning, shinned**]: **he shinned** *up* **the tree** trepó al árbol; **the boy shinned** *down* **the scaffolding** el chico bajó por el andamiaje.
shinbone *n* tibia *f*.
shin pad *n* espinillera *f*.

shine /ʃaɪn/ **I** *vi* [**shines, shining, shone**] **1.** (*light*) brillar; (*surface*) relucir, brillar: **the brass plate shone like gold** la placa de latón relucía como el oro • **her face shone with happiness** su cara resplandecía de felicidad. **2.** (*to do well*) sobresalir, descollar: **he's not bad at football, but he really shines** *at* **athletics** no se le da mal el fútbol, pero verdaderamente sobresale * descuella en atletismo.
♦ *vt* **1.** (*a light*): **she shone the torch** *on* **the painting** enfocó el cuadro con la linterna; **don't shine that light** *in* **my eyes** no me des con esa luz en los ojos. **2.** (*shoes*) lustrar, limpiar.
II *n* brillo *m*: **he put a shine on the oak table** le sacó brillo a la mesa de roble; **give your shoes a shine** lústrate * límpiate los zapatos • **the teacher seems to have taken a shine to you** parece que la profesora te ha tomado simpatía.

shingle /ˈʃɪŋgəl/ **I** *n* guijarros *m pl*.
II shingles *n* [*lleva el verbo en singular*] (*Med*) herpes *m inv* zóster.

shining /ˈʃaɪnɪŋ/ *adj* brillante, reluciente.

shiny /ˈʃaɪnɪ/ *adj* [**shinier, shiniest**] (*gen*) brillante; (*with wear*): **his jacket was shiny with wear** su chaqueta estaba lustrosa de vieja y gastada.

ship /ʃɪp/ **I** *n* buque *m*, barco *m*: **I sent my trunks** *by* **ship** mandé mis baúles por barco • **he jumped ship in Panama** abandonó el buque en Panamá.
II *vt* [**ships, shipping, shipped**] (*to send: gen*) mandar, enviar: **he shipped his furniture to Milton** *by* **truck** mandó sus muebles a Milton en un camión; (*: by sea*) mandar * enviar por barco.
shipbuilder *n* empresa *f* de construcción naval, astillero *m*.
shipbuilding *n* construcción *f* naval.
ship canal *n* canal *m* de navegación.
shipload *n* cargamento *m*.
shipowner *n* naviero -ra *m/f*, armador -dora *m/f*.
shipwreck I *n* (*incident*) naufragio *m*; (*remains of a ship*) *restos de un barco que ha naufragado*.
II *vt* [**shipwrecks, shipwrecking, shipwrecked**]: **they were shipwrecked off the Mexican coast** naufragaron cerca de la costa mexicana.
shipyard *n* astillero *m*.

shipment /ˈʃɪpmənt/ *n* **1.** (*consignment*) cargamento *m*, remesa *f*: **we flew in three shipments of medicines** enviamos tres cargamentos de medicinas por avión. **2.** (*sending*) embarque *m*, envío *m*.

shipper /ˈʃɪpə/ *n* (*sender*) consignador -dora *m/f*; (*exporter*) exportador -dora *m/f*.

shipping /ˈʃɪpɪŋ/ *n* **1.** (*sea traffic*) navegación *f* marítima, tráfico *m* marítimo; (*ships*) embarcaciones *f pl*, barcos *m pl* • **attention all shipping!** ¡llamando a todas las embarcaciones! **2.** (*transportation*) transporte *m*: **shipping costs put the price up by thirty per cent** los gastos de transporte aumentaron el precio en un treinta por ciento. **3.** (*dispatch*) embarque *m*, envío *m*.
shipping company *n* (empresa *f*) naviera *f*.
shipping forecast *n* pronóstico *m* del tiempo para la navegación marítima.
shipping lane *n* ruta *f* de navegación.
shipping line *n* (empresa *f*) naviera *f*.

shire /ˈʃaɪə/ *n* condado *m*.

shirk /ʃɜːk/ *vt* [**shirks, shirking, shirked**] eludir: **she never shirks her responsibilities** nunca elude sus responsabilidades.
♦ *vi* gandulear: **if you start shirking again, you'll be out on your ear** si empiezas a gandulear otra vez, te pondré de patitas en la calle; **did he ever shirk** *from* **his duty?** ¿faltó alguna vez a su deber?

shirt /ʃɜːt/ *n* camisa *f*; (*for football, rugby*) camiseta *f*.
shirtsleeves *n pl* mangas *f pl* de camisa: **he was** *in* **(his) shirtsleeves** estaba en mangas de camisa.

shirty /ˈʃɜːtɪ/ *adj* [**shirtier, shirtiest**] (*fam*) grosero -ra y malhumorado -da: **don't get shirty** *with* **me** no te pongas borde conmigo, no te sulfures conmigo.

shit /ʃɪt/ *n* (*!!*) mierda *f*.

shiver /ˈʃɪvə/ **I** *vi* [**shivers, shivering, shivered**] (*with cold*) tiritar, temblar: **she was shivering** *with* **cold** estaba tiritando; (*with fear*) temblar.
II *n* escalofrío *m*: **she felt a shiver of fear whenever she heard that name** se estremecía de miedo cada vez que oía ese nombre • **he heard a shriek that sent shivers down his spine** oyó un grito que le dio escalofríos * que le puso los pelos de punta.
III the shivers *n pl* (*fam*: *from cold*): **he had the shivers** estaba temblando. (*: from fear*): **it used to give her the shivers** le ponía la carne de gallina.

shoal /ʃəʊl/ *n* banco *m* (*de peces*).

shock /ʃɒk/ **I** *n* **1.** (*Med*) shock *m*: **the injured man is still** *in* **(a state of) shock** el herido sigue en estado de shock. **2.** (*emotional upset*): **she never recovered from the shock** *of* **the accident** nunca se recuperó de la conmoción que le produjo el accidente; **her resignation came as a shock to her colleagues** su dimisión tomó totalmente por sorpresa a sus colegas; **I had a shock when I saw how he had aged** quedé horrorizada al ver cuánto había envejecido; (*fright*) susto *m*: **he gave me such a shock!** ¡qué susto me dio! **3.** (*blow*) impacto *m*, golpe *m*. **4.** (*también* **electric shock**) (*Med*) descarga *f* (eléctrica): **he got a shock from the light switch** el interruptor le dio una descarga.
II *vt* [**shocks, shocking, shocked**] **1.** (*to offend*) escandalizar, horrorizar: **his grandparents were shocked by his earrings** sus abuelos se escandalizaron cuando vieron que llevaba pendientes. **2.** (*to upset*) afectar, conmocionar. **3.** (*to frighten*) asustar.
shock absorber *n* amortiguador *m*.
shockproof *adj* a prueba de golpes.
shock therapy, shock treatment *n* tratamiento *m* por electrochoques.
shock wave *n* onda *f* expansiva.

shocking /ˈʃɒkɪŋ/ *adj* **1.** (*offensive*) escandaloso -sa, vergonzoso -sa: **your behaviour was shocking** tu comportamiento fue escandaloso * vergonzoso. **2.** (*upsetting*) terrible: **we've just received some shocking news** acabamos de recibir una noticia terrible. **3.** (*fam*: *very poor, bad*) espantoso -sa, pésimo -ma: **he always gets shocking marks in English** siempre saca pésimas notas * unas notas espantosas en inglés; **the weather was shocking** hizo un tiempo espantoso.

shocking pink *n* rosa *m* chillón.

shockingly /ˈʃɒkɪŋlɪ/ *adv* **1.** (*extremely*) terriblemente: **asparagus is shockingly expensive at this time of year** los espárragos son carísimos * terriblemente caros en esta época del año. **2.** (*fam*: *very badly*) terriblemente mal.

shod /ʃɒd/ *pretérito y participio pasado de* ⇨ shoe

shoddiness /ˈʃɒdɪnəs/ *n* mala calidad *f* (*de un trabajo o de mercancías*).

shoddy /ˈʃɒdɪ/ *adj* [**shoddier, shoddiest**] **1.** (*work*) chapucero -ra. **2.** (*merchandise*) de pacotilla.

shoe /ʃu:/ **I** *n* zapato *m*: **take your shoes off** quítate los zapatos; **we sell only high quality shoes** sólo vendemos calzado * zapatos de alta calidad • **I'm glad I'm not in your shoes** me alegro de no estar en tu lugar.

II *vt* [**shoes, shoeing, shod**] (*horse*) herrar.

shoe brush *n* cepillo *m* para los zapatos.

shoehorn *n* calzador *m*.

shoelace *n* cordón *m* (de zapato).

shoemaker *n* zapatero -ra *m/f*.

shoe polish *n* betún *m*.

shoeshine *n* (*person*) limpiabotas *m/f inv*.

shoe shop, (*US*) **shoe store** *n* zapatería *f*, tienda *f* de calzado.

shoestring *n* (*US*) cordón *m* (*de zapato*) • **he went round Europe on a shoestring** viajó por Europa con poquísimo dinero.

shone /ʃɒn/ *pretérito y participio pasado de* ⇨ shine

shoo /ʃu:/ **I** *excl* zape.

II *vt* [**shoos, shooing, shooed**] (*también* **shoo away**) espantar: **shoo that fly away** *from* **the food** espanta a esa mosca de la comida.

shook /ʃʊk/ *pretérito de* ⇨ shake

shoot /ʃu:t/ **I** *n* **1.** (*on plant*) brote *m*, renuevo *m*. **2.** (*hunt*) cacería *f*.

II *vt* [**shoots, shooting, shot**] **1.** (*a person, an animal*) pegarle un tiro a * un balazo a: **the bandits shot him dead** los bandidos lo mataron de un tiro * a tiros; **she was shot in the shoulder** la bala le dio en el hombro; **he shot himself** se pegó un tiro; (*to execute*) fusilar: **he ordered the prisoners to be shot** ordenó que fusilaran a los prisioneros. **2.** (*a bullet*) disparar; (*an arrow*) lanzar, disparar. **3.** (*a film*) rodar, filmar. **4.** (*rapids*) salvar. **5.** (*a glance*) lanzar: **he shot her a reproachful look** le lanzó una mirada de reproche.

♦*vi* **1.** (*with weapon*) disparar: **don't shoot, they're on our side** no disparen, son de los nuestros; **he's shooting** *at* **us** está disparando contra nosotros; **they shot** *at* **the demonstrators** dispararon sobre los manifestantes. **2.** (*to hunt*) cazar: **they went shooting** salieron a cazar * de caza. **3.** (*Sport*) tirar, disparar: **he shot** *at* **goal** disparó a puerta. **4.** (*to move quickly*): **the children shot** *off* **towards the beach** los niños salieron disparados hacia la playa; **the water started to shoot** *out of* **the pipe** el agua empezó a salir a chorros de la tubería; **she shot** *past* **and didn't even notice me** pasó como un bólido * como una exhalación, sin verme siquiera.

to **shoot down** *vt* (*an aircraft*) derribar; (*a person*) matar a tiros: **they shot him down in the street** lo mataron a tiros en plena calle.

to **shoot up** *vi* **1.** (*to grow*) dar * pegar un estirón, crecer mucho: **the children have shot up since you saw them** los niños han dado un estirón desde que los viste. **2.** (*prices*) dispararse: **our overheads have shot up this year** los gastos generales se han disparado este año.

shooting /ˈʃu:tɪŋ/ *n* **1.** (*exchange of fire*) tiroteo *m*: **shooting could be heard every night** todas las noches se oían tiroteos; (*wounding*) incidente *m* (*en el cual alguien resulta herido de arma de fuego*); (*murder*) asesinato *m* (*a tiros*): **there has been another shooting** ha habido otro asesinato; (*execution*) fusilamiento *m*. **2.** (*Sport*: *at targets*) tiro *m* al blanco; (*: hunting*) caza *f*. **3.** (*of film*) rodaje *m*.

shooting gallery *n* barraca *f* de tiro al blanco.

shooting star *n* estrella *f* fugaz.

shop /ʃɒp/ **I** *n* **1.** (*gen*) tienda *f*: **there are no shops in the area** no hay comercios * tiendas en la zona; **he has a chain of shops in the South of England** es dueño de una cadena de tiendas en el sur de Inglaterra • **stop talking shop, you're on holiday** déjate de hablar de trabajo, estás de vacaciones. **2.** (*US*: *workshop*) taller *m*.

II *vi* [**shops, shopping, shopped**] hacer compras: **they've gone shopping** han salido de compras; **we're shopping** *for* **Christmas presents** andamos buscando regalos de Navidad • **it's a good idea to shop around before buying a car** es mejor que compares precios antes de comprar un coche.

shop assistant *n* dependiente -ta *m/f*.

shop front *n* fachada *f* (*de una tienda*).

shopkeeper *n* comerciante *m/f*, tendero -ra *m/f*.

shoplifter *n* ladrón -drona *m/f* (de tiendas).

shoplifting *n* hurto *m* en tiendas.

shopsoiled *adj*: *deteriorado o sucio por haber estado expuesto en una tienda.*

shop steward *n* enlace *m/f* * representante *m/f* sindical.

shop window *n* escaparate *m*, (*Amér S*) vitrina *f*, (*Méx*) aparador *m*, (*Arg, Urug*) vidriera *f*.

shopworn *adj* (*US*) ⇨ shopsoiled

shopper /ˈʃɒpə/ *n* comprador -dora *m/f*.

shopping /ˈʃɒpɪŋ/ *n* **1.** (*goods*) compras *fpl*: **can I leave my shopping here?** ¿puedo dejar mis compras aquí? **2.** (*buying*) compra *f*, compras *fpl*: **we have to do the shopping before six o'clock** tenemos que hacer la compra * las compras antes de las seis.

shopping bag *n* bolsa *f* de la compra.

shopping basket *n* cesta *f* de la compra.

shopping cart *n* (*US*) carrito *m*.

shopping centre, (*US*) **shopping center** *n* centro *m* comercial.

shopping list *n* lista *f* de la compra.

shopping mall *n* galería *f* comercial, multicentro *m* comercial.

shopping precinct *n* zona *f* comercial.

shopping trolley *n* carrito *m*.

shore /ʃɔ:/ *n* **1.** (*of lake, sea*) orilla *f*: **she lives in a cabin** *on* **the shore of the lake** vive en una cabaña a orillas del lago; **the tide had taken us out from (the) shore** la marea nos había alejado de la costa; **the sailors were not allowed to go** *on* **shore** a los marineros no se les permitía bajar a tierra. **2.** (*beach*) playa *f*: **they were strolling along the shore** paseaban por la playa.

to **shore up** *vt* [**shores, shoring, shored**] (*a roof, wall, currency*) apuntalar.

shorn /ʃɔ:n/ *participio pasado de* ⇨ shear

short /ʃɔ:t/ **I** *adj* **1.** (*hair, story, route*) corto -ta: **that skirt is too short for you** esa falda te queda demasiado corta • **Frank is short for Francis** Frank es el diminutivo de Francis. **2.** (*person*) bajo -ja. **3.** (*period, visit, stay*) corto -ta, breve: **I saw her a short time ago** hace poco tiempo que la vi; **he was here a short while ago** estaba aquí hace un momento • **in short, this is an indispensable reference book** en resumen, éste es un libro de consulta indispensable. **4.** (*lacking*): **we were short** *of* **petrol** andábamos escasos de gasolina, nos quedaba poca gasolina; **I'd help you if I weren't so short** *of* **money** te ayudaría si no anduviera tan mal de dinero; **we are a thousand pounds short** *of* **our target** nos faltan mil libras para alcanzar nuestro objetivo • **her recovery was nothing short of miraculous** su recuperación no fue ni más ni menos que milagrosa. **5.** (*impolite*) brusco -ca: **he was very short** *with* **me when I asked him a question** se mostró muy brusco conmigo cuando le hice una pregunta.

II *adv* **1.** (*in supply*): **medicines are running short** se están acabando las medicinas; **she went short** *of* **food to buy books** se privaba de comida para poder comprar libros. **2.** (*in distance, extension*): **the lorry pulled up just short** *of* **the building** el camión se detuvo justo delante del edificio; **the meeting was cut short** interrumpieron la reunión • **her marks fell short of expectations** sus notas no fueron lo que se esperaba de ella • **he stopped short of accusing her of adultery** no llegó a acusarla de adulterio • **short of writing the essay for him, there's nothing else I can do** a no ser que le escriba yo el trabajo, no puedo hacer nada más. **3.** (*suddenly*): **the taxi pulled up short** el taxi se paró en seco.

III *n* **1.** (*short film*) cortometraje *m*. **2.** (*fam*: *short circuit*) cortocircuito *m*. **3.** (*fam*: *drink*) *bebida fuerte*: **do you want a short?** ¿quieres un whisky o un coñac o algo así?

IV shorts *n pl* **1.** (*short trousers*) short *m*, pantalones *m pl* cortos: **she was wearing a pair of green shorts** llevaba un short verde ✻ unos shorts verdes. **2.** (*US*: *men's undergarment*) calzoncillo *m*, calzoncillos *m pl*.

V *vt* [**shorts, shorting, shorted**] (*fam*) provocar un cortocircuito en.

♦ *vi* hacer (un) cortocircuito.

shortbread *n*: *galleta hecha con harina, azúcar y mantequilla.*

short-change *vt* [**short-changes, short-changing, short-changed**]: **the baker short-changed me** el panadero me dio de menos en el cambio.

short circuit I *n* cortocircuito *m*.

II *vt*: **short-circuit** [**short-circuits, short-circuiting, short-circuited**] provocar un cortocircuito en.

♦ *vi* hacer (un) cortocircuito.

short cut *n* atajo *m*: **I took a short cut across the park** corté camino ✻ tomé un atajo por el parque.

shortfall *n* déficit *m*.

shorthand *n* taquigrafía *f*: **he took her statement down** *in* **shorthand** escribió taquigráficamente su declaración.

short-handed *adj* falto -ta de personal.

shorthand typing *n* taquimecanografía *f*.

shorthand typist *n* taquimecanógrafo -fa *m/f*.

short list I *n* lista *f* (*de candidatos preseleccionados*).

II short-list *vt* [**short-lists, short-listing, short-listed**] incluir en la lista de candidatos preseleccionados.

short-lived *adj* efímero -ra.

short-sighted *adj* **1.** (*Med*) miope, corto -ta de vista: **I'm getting short-sighted** me estoy volviendo miope. **2.** (*lacking foresight*): **it was a very short-sighted decision** fue una decisión tomada con muy poca visión de futuro.

short-sightedness *n* **1.** (*Med*) miopía *f*. **2.** (*lack of foresight*) falta *f* de visión de futuro.

short-staffed *adj* falto -ta de personal.

short story *n* cuento *m*.

short-tempered *adj* de mal genio.

short-term *adj* a corto plazo.

short wave *n* onda *f* corta: **they broadcast** *on* **short wave** transmiten en onda corta.

shortage /ˈʃɔːtɪdʒ/ *n* (*of food, medicines*) escasez *f*: **there's a shortage** *of* **maths teachers** no hay suficientes profesores de matemáticas; **the arrival of the refugees aggravated the housing shortage** la llegada de los refugiados agravó la crisis de la vivienda.

shortcoming /ˈʃɔːtkʌmɪŋ/ *n* (*gen*) deficiencia *f*; (*in person's character*) defecto *m*.

shorten /ˈʃɔːtən/ *vt* [**shortens, shortening, shortened**] (*clothes, curtains*) acortar: **they've shortened the film** *to* **ninety minutes** han acortado la película a noventa minutos; (*a name*): **the name Margaret can be shortened** *to* **Meg** el nombre Margaret se puede sustituir por su diminutivo Meg.

♦ *vi* acortarse, hacerse más corto -ta.

shortening /ˈʃɔːtənɪŋ/ *n* (*Culin*) *materia grasa (animal o vegetal) utilizada en la preparación de galletas, masa para empanadas, etc.*

shortly /ˈʃɔːtlɪ/ *adv* (*soon*) dentro de poco: **the children will arrive shortly** los niños llegarán dentro de poco; (*a short time*) poco: **shortly before midnight there was an explosion** poco antes de la medianoche hubo una explosión; **she went away to Belgium shortly afterwards** se marchó a Bélgica poco después.

shot /ʃɒt/ **I** *pretérito y participio pasado de* ➪ shoot

II *n* **1.** (*from gun*) disparo *m*, tiro *m*: **we could hear shots being fired** oíamos disparos; **I killed it with a single shot** lo maté de un solo disparo • **if he asked her out again, she'd go like a shot** si la volviera a invitar a salir, aceptaría sin vacilar un solo momento • **as soon as the bell rang, he was off like a shot** en cuanto sonó el timbre salió como una bala ✻ salió disparado • **I tried a shot in the dark** intenté adivinarlo • **I couldn't get shot of him** no me lo podía quitar de encima • **Madison is calling the shots now** Madison es el que manda ahora. **2.** (*in athletics*) peso *m*. **3.** (*in golf, tennis*) golpe *m*; (*in football, hockey*) tiro *m*, disparo *m* • **it's a bit of a long shot, but it might work** no es seguro ni mucho menos pero en una de ésas funciona • **he sat in the front row with the big shots** se sentó en la primera fila con los peces gordos. **4.** (*shotgun ammunition*) perdigones *m pl*. **5.** (*in a film*) toma *f*: **the film begins with a shot of New York** la película empieza con una toma de Nueva York; (*photo*) foto *f*: **did you get any shots of them arriving?** ¿pudiste sacar alguna foto de su llegada? **6.** (*fam*: *attempt*) tentativa *f*: **have a shot** *at* **it!** ¡haz la tentativa ✻ la prueba!; **they all had a shot** *at* **lifting it** todos intentaron levantarlo. **7.** (*fam*: *drink*) trago *m*: **he had a shot of rum for his nerves** se tomó un trago de ron para calmarse los nervios. **8.** (*fam*: *injection*) inyección *f*; (*vaccination*) vacuna *f*. **9.** (*person who shoots*): **your sister's a better shot than you** tu hermana tiene más puntería que tú.

shotgun *n* escopeta *f* • **it was a shotgun wedding** se casaron de penalty ✻ a la fuerza.

shot put *n* lanzamiento *m* de peso.

shot-putter *n* lanzador -dora *m/f* de peso.

should /ʃʊd/ *v aux* [*neg* **should not** ✻ **shouldn't**] [***should not*** *es uso formal o enfático*] ➪ gramática en el apéndice (Verbos Auxiliares Modales) **1.** (*indicating* *what is expected*): **all assignments should be typed** todos los trabajos deben ser escritos a máquina; **why should I listen to her?** ¿por qué le voy a hacer caso?, ¿por qué he de hacerle caso?; **he should have arrived hours ago** debería haber llegado hace horas • **...and who should answer the phone but Jane herself!** ¿...y quién crees tú que contestó el teléfono? ¡la mismísima Jane! **2.** (*giving or asking advice*): **you shouldn't speak to her like that** no deberías ∗ no debieras hablarle así; **should I offer to take them home?** ¿crees que debería ofrecerme para llevarlos a casa?; (*indicating regret*): **I should have bought it when it was cheaper** debería ∗ debiera haberlo comprado cuando costaba menos. **3.** (*indicating likelihood*): **the taxi should be here at any moment** el taxi debe de estar al llegar; **they should be in Vienna by now** ya deben de estar en Viena; **it should be a close match** promete ser un partido reñido. **4.** (*GB: frml, forming the conditional tense*) [*sólo con la primera persona*]: **if she'd asked us, we should have said yes** si nos lo hubiera pedido, habríamos dicho que sí; **I should have liked to have seen her** me habría ∗ me hubiera gustado verla; (*in polite requests*): **we should ∗ we'd like to make a complaint** quisiéramos presentar una queja; **I should ∗ I'd like to try this cheese** me gustaría probar este queso; **I should be grateful if you would reply by return of post** le agradecería que enviara su respuesta a vuelta de correo • **I shouldn't do that if I were you** yo que tú no haría eso • **I should think he knows the way by now** me imagino que ya conoce bien el camino • **"He said he was sorry." "I should think so too!"** "Dijo que lo sentía." "¡Era lo menos que podía hacer!" **5.** (*indicating a possibility*) [translated by the subjunctive in Spanish]: **if you should arrive before us, the key is under the doormat** si llegaras antes que nosotros, la llave está debajo del felpudo; **should there be a problem, call me at once** si hubiera algún problema, llámame enseguida. (*in subordinate clauses*) [translated by the subjunctive in Spanish]: **we were amazed that he should remember where we lived** nos sorprendió muchísimo que se acordara de donde vivíamos; **I'm sorry you should think that way** lamento mucho que piense así.

shoulder /ˈʃəʊldə/ **I** *n* **1.** (*Anat*) hombro *m*: **she slung her rucksack over her shoulder** se echó la mochila al hombro; **looking over my shoulder I saw he was gaining on me** al mirar atrás vi que me estaba alcanzando • **he rubs shoulders with filmstars** se codea con estrellas del cine • **when she returned the whole family gave her the cold shoulder** cuando regresó, la familia entera le hizo el vacío • **he needed a shoulder to cry on** buscaba alguien con quien desahogarse. **2.** (*of meat*) paletilla *f*.
II *vt* [**shoulders, shouldering, shouldered**] **1.** (*a weight, package*) echarse al hombro. **2.** (*the reponsibility, blame*) cargar con. **3.** (*to push*): **he shouldered his way across the dance floor** se abrió camino a codazos por la pista de baile.
shoulder bag *n* bolso *m* (*que se lleva al hombro*).
shoulder blade *n* omoplato *m*.
shoulder pad *n* hombrera *f*.
shoulder strap *n* (*for camera, etc.*) correa *f*; (*on garment*) tirante *m*.

shouldn't /ˈʃʊdənt/ *contracción de* **should not** ⇨ should

shout /ʃaʊt/ **I** *n* grito *m* • **give me a shout if you need any help** pégame un grito ∗ avísame si te hace falta ayuda.
II *vi* [**shouts, shouting, shouted**] gritar: **don't shout** *at* **your sister like that** no le grites así a tu hermana; **he was shouting at the top of his voice** gritaba a voz en cuello; **they started shouting** *for* **help** empezaron a pedir ayuda a gritos.
♦ *vt* gritar: **she shouted the boys' names** gritó los nombres de los niños.
to **shout down** *vt* abuchear y hacer callar.
to **shout out** *vt* gritar: **someone in the audience shouted out the right answer** alguien del público gritó la respuesta correcta.
♦ *vi* gritar.

shouting /ˈʃaʊtɪŋ/ *n* griterío *m*, vocerío *m*: **the shouting from next door kept him awake all night** el griterío de los vecinos lo mantuvo en vela toda la noche.

shove /ʃʌv/ **I** *vt* [**shoves, shoving, shoved**] empujar: **he shoved the crate out of the way** quitó el cajón de en medio de un empujón; **the police shoved us into the van** los policías nos metieron en la furgoneta a empujones.
♦ *vi* empujar: **the crowds were pushing and shoving** la multitud no hacía más que empujar.
II *n* empujón *m*: **I gave the door a shove** le di un empujón a la puerta.
to **shove off** *vi* **1.** (*Naut*) desatracar. **2.** (*fam: to go away*) largarse.

shovel /ˈʃʌvəl/ **I** *n* pala *f*.
II *vt* [**shovels, shovelling, shovelled**]: **I shovelled the sand into the hole** eché la arena al hoyo con una pala; **we shovelled the snow from the path** quitamos la nieve del sendero a paladas • **she shovelled her food down and went out** engulló ∗ se zampó la comida y se fue.

shovelful /ˈʃʌvəlfʊl/ *n* palada *f*, paletada *f*.

show /ʃəʊ/ **I** *n* **1.** (*theatrical*) espectáculo *m*; (*on television, radio*) programa *m*: **she has her own show on Fridays** tiene su propio programa los viernes • **he stole the show with his conjuring tricks** se llevó la palma con sus juegos de manos • **you put up a good show in the debate** estuviste muy bien en el debate • **let's get this show on the road!** ¡manos a la obra! • **Jane's the one running the show** Jane es la que lleva la voz cantante ∗ la que lleva la batuta. **2.** (*exhibition: gen*) exposición *f*; (*: of fashions*) desfile *m* (de modelos ∗ de modas). **3.** (*pretence*): **his enthusiasm is all show** su entusiasmo es fingido; **they put up a show** *of* **resistance before retreating** hicieron un simulacro de resistencia antes de emprender la retirada; **all these books are just** *for* **show** todos estos libros son nada más que para aparentar. **4.** (*display*): **they greeted us with a great show** *of* **affection** nos saludaron con grandes muestras de cariño; **the paintings will be** *on* **show at the Tate** los cuadros se expondrán en la Tate • **the committee asked for a show of hands** el comité pidió una votación a mano alzada.
II *vt* [**shows, showing, showed,** *participio pasado* **shown**] **1.** (*a document, photo, graph*) enseñar, mostrar: **you have to show your passport** tienes que enseñar ∗ mostrar el pasaporte; **show Kathy your drawing** enséñale ∗ muéstrale tu dibujo a Kathy; **ask them to show you the way** pídeles que te indiquen el camino; **sales have improved, as shown on the graph** las ventas han mejorado, como se aprecia en la gráfica; **the canvas shows an Andean landscape** el lienzo representa un paisaje andino • **she has nothing to show for all the work she did** todo lo que

trabajó no le ha reportado ningún beneficio. **2.** (*to exhibit*) exponer: **her paintings are going to be shown in Birmingham** van a exponer sus cuadros en Birmingham. **3.** (*a movie, television programme*) dar, poner: **they're going to show the final live** van a transmitir la final en directo. **4.** (*to reveal: a characteristic, a feeling*) demostrar, mostrar: **he showed his cowardice by abandoning his friends** demostró ✱ mostró su cobardía al abandonar a sus amigos; **she showed the other side of her character** dejó ver el otro lado de su carácter; **he doesn't show his feelings** no demuestra ✱ no exterioriza sus sentimientos; **he showed great consideration to his guests** se mostró muy atento con sus invitados; **the accused showed no remorse** el acusado no dio muestras de ningún tipo de remordimiento. **5.** (*to give physical signs of*): **this colour shows the dirt** este color es muy delicado; **he's showing his age** se le nota la edad que tiene. **6.** (*to register*) marcar: **the thermometer showed thirty degrees** el termómetro marcaba treinta grados; **the company showed a net profit of ten million dollars** la empresa registró un beneficio neto de diez millones de dólares. **7.** (*to make clear*) demostrar: **this letter shows (that) he was lying** esta carta demuestra que estaba mintiendo • **your marks only go to show the importance of revision** tus notas demuestran claramente lo importante que es repasar • **so they think I'm afraid? I'll show them!** ¿así que creen que tengo miedo? ¡pues se van a enterar! **8.** (*to escort*) acompañar: **the usher showed them** *to* **their seats** el acomodador los llevó ✱ acompañó hasta sus asientos; **he showed us** *round* **the cathedral** nos enseñó ✱ nos mostró el interior de la catedral.

♦ *vi* **1.** (*to be apparent*) notarse: **her pregnancy didn't show for several months** durante varios meses no se le notó el embarazo; **his strict upbringing showed in his behaviour** su educación estricta se hacía notar en su comportamiento. **2.** (*movie*): **there's a Buñuel film showing next week** dan ✱ ponen una película de Buñuel la semana que viene. **3.** (*US*: *to arrive*) aparecer.

to **show in** *vt* (*a visitor*) hacer pasar.

to **show off** *vi* lucirse, fardar: **he only does it to show off** lo hace para lucirse ✱ para fardar nada más; **he's always showing off** *to* **the girls** siempre está fardando ✱ intentando lucirse delante de las chicas.

♦ *vt* (*knowledge*) hacer alarde de: **she only came to show off her expensive clothes** sólo vino para lucirse ✱ para fardar con su ropa cara; **the dress shows off her wonderful figure** el vestido realza su estupenda figura.

to **show out** *vt* (*a visitor*) acompañar hasta la puerta.

to **show up** *vt* **1.** (*to make obvious*) poner de manifiesto: **the match showed up the inadequacy of our defence** el partido puso de manifiesto los fallos de nuestra defensa; (*to uncover*): **his dishonesty was shown up** su falta de honradez quedó en evidencia ✱ al descubierto. **2.** (*fam*: *to embarrass*) poner en evidencia a, hacer pasar vergüenza a: **my brother always shows me up** mi hermano siempre me pone en evidencia ✱ me hace pasar vergüenza.

♦ *vi* **1.** (*to be visible*) verse: **the fracture showed up clearly on the X-ray** la fractura se veía claramente en la radiografía; **his wrinkles showed up under the studio lights** se le notaban las arrugas bajo los focos del estudio. **2.** (*fam*: *to turn up*) aparecer: **he finally showed up after midnight** apareció por fin pasada la medianoche; **no one showed up for the lecture** no vino nadie a la conferencia.

showbiz *n* (*fam*) ➪ show business

show business *n* la farándula, el mundo del espectáculo.

showcase *n* (*in shop, museum*) vitrina *f* • **the exhibition will be a showcase for local industries** la feria será un escaparate para la industria local.

showdown *n* enfrentamiento *m*.

showground *n* recinto *m* ferial.

show house *n* casa *f* piloto.

showjumping *n* concursos *m pl* hípicos.

showman *n* [*pl* **showmen**] **1.** (*expert performer*) showman *m*: **he's a showman through and through** es un verdadero showman. **2.** (*fam*: *extrovert*) exhibicionista *m*.

showmanship *n* (*theatrical expertise*) habilidad *f* para actuar en público.

show-off *n* (*fam*) fanfarrón -rrona *m/f*.

showpiece *n* **1.** (*exhibit*): **it's the showpiece of the exhibition** es la joya de la exposición. **2.** (*best of its kind*) modelo *m* (*en su género*).

showroom *n* salón *m* de exposición y ventas.

shower /ˈʃaʊə/ **I** *n* **1.** (*Meteo*) chubasco *m*: **we were caught in a heavy shower** nos pilló un aguacero ✱ un chaparrón. **2.** (*cascade*) lluvia *f*: **we were greeted with a shower of confetti** nos recibieron con una lluvia de confetis; **my question met with a shower of abuse** mi pregunta provocó una rociada de insultos. **3.** (*in bathroom*) ducha *f*, (*Méx*) regadera *f*: **I'm going to have ✱ take a shower** voy a ducharme ✱ (*Amér L*) bañarme.

II *vt* [**showers, showering, showered**] **1.** (*to scatter*): **the cherry trees showered petals on us** nos cayó una lluvia de pétalos de los cerezos; **he showered me** *with* **paint** me roció de pintura. **2.** (*to give abundantly to*): **the two families showered the newly-weds** *with* **gifts** ambas familias colmaron de regalos a los recién casados; **the author was showered** *with* **praise** el autor recibió innumerables elogios.

♦ *vi* ducharse, (*Amér L*) bañarse.

shower cap *n* gorro *m* de baño.

showerproof *adj* impermeable.

showery /ˈʃaʊərɪ/ *adj* con chubascos.

showing /ˈʃəʊɪŋ/ *n* **1.** (*of film*) proyección *f*. **2.** (*of works of art*) exposición *f*. **3.** (*performance*) actuación *f*: **the champion put up a very poor showing in today's event** el campeón tuvo una actuación muy pobre en la prueba de hoy.

shown /ʃəʊn/ *participio pasado de* ➪ show

showy /ˈʃəʊɪ/ *adj* [**showier, showiest**] (*objects*) ostentoso -sa; (*person*) fanfarrón -rrona; (*behaviour, gesture*) extravagante.

shrank /ʃræŋk/ *pretérito de* ➪ shrink

shrapnel /ˈʃræpnəl/ *n* metralla *f*.

shred /ʃred/ **I** *n* **1.** (*of paper, cloth*): **he tore the cheque to shreds** hizo trizas el cheque; **his clothes were** *in* **shreds** tenía la ropa hecha jirones. **2.** (*small amount*) pizca *f*: **he hasn't a shred of intelligence** no tiene ni pizca de inteligencia; **there isn't a shred of evidence to support his theory** no existe la más mínima prueba que apoye su teoría.

II *vt* [**shreds, shredding, shredded**] **1.** (*papers*) triturar, destruir: **the incriminating documents had been shredded** habían triturado los documentos incriminatorios. **2.** (*vegetables*) cortar en tiras delgadas.

shredder /ˈʃredə/ *n* trituradora *f*.

shrew /ʃruː/ *n* (*Zool*) musaraña *f*.

shrewd /ʃruːd/ *adj* **1.** (*person*) astuto -ta, sagaz. **2.** (*act*) inteligente, hábil; (*decision*) muy acertado -da: **it was a shrewd guess** fue una conjetura muy perspicaz.

shrewdly /ˈʃruːdlɪ/ *adv* con astucia, astutamente.

shrewdness /ˈʃruːdnəs/ *n* astucia *f*, sagacidad *f*.

shriek /ʃriːk/ **I** *vt* [**shrieks, shrieking, shrieked**] chillar, gritar (*con voz estridente*).
♦*vi* chillar, gritar (*con voz estridente*): **the audience shrieked** *with* **laughter** el público se rió a carcajadas.
II *n* (*gen*) grito *m*, chillido *m*; (*of terror, pain*) grito *m*, alarido *m*.

shrill /ʃrɪl/ *adj* (*sound*) agudo -da, estridente; (*voice*) chillón -llona, estridente.

shrilly /ˈʃrɪllɪ/ *adv* en tono estridente.

shrimp /ʃrɪmp/ *n* **1.** (*Culin, Zool*) camarón *m*, quisquilla *f*. **2.** (*fam: small person*) renacuajo *m*.

shrine /ʃraɪn/ *n* (*place*) santuario *m*, lugar *m* sagrado; (*tomb*) sepulcro *m*.

shrink /ʃrɪŋk/ **I** *vi* [**shrinks, shrinking, shrank,** *participio pasado* **shrunk**] **1.** (*clothes*) encoger, encogerse: **the curtains shrank the first time I washed them** las cortinas encogieron la primera vez que las lavé; (*person*) achicarse; (*percentage, profits*) verse reducido -da. **2.** (*to recoil*): **she shrank** *back* **in horror** *from* **the scorpion** se echó atrás horrorizada al ver el alacrán; **they shrink** *from* **violence** les horroriza la idea de la violencia.
♦*vt* encoger.
II *n* (*fam: psychiatrist*) psiquiatra *m/f*, (*Amér L*) loquero -ra *m/f*.

shrinkage /ˈʃrɪŋkɪdʒ/ *n* **1.** (*of garment*) encogimiento *m*. **2.** (*of workforce, stock*) reducción *f*.

shrivel /ˈʃrɪvəl/ *vi* [**shrivels, shrivelling, shrivelled**] (*también* **shrivel up**) (*plants*) secarse, marchitarse; (*vegetables*) secarse: **her face was all shrivelled (up) from the sun** tenía la cara arrugada * apergaminada de los efectos del sol.
♦*vt* (*plants*) secar, marchitar; (*skin*) arrugar.

shroud /ʃraʊd/ **I** *n* **1.** (*for corpse*) sudario *m*, mortaja *f*. **2.** (*of mystery*) velo *m*. **3.** (*Naut*) obenque *m*.
II *vt* [**shrouds, shrouding, shrouded**] envolver: **we were suddenly shrouded** *in* **mist** de repente nos envolvió la bruma; **their intentions are shrouded** *in* **mystery** un velo de misterio cubre sus intenciones.

Shrove Tuesday /ʃrəʊv ˈtjuːzdeɪ/ *n* martes *m inv* de carnaval.

shrub /ʃrʌb/ *n* arbusto *m*, mata *f*.

shrubbery /ˈʃrʌbərɪ/ *n* [**shrubberies**] (*bushes: gen*) arbustos *m pl*; (*: in garden*) macizo *m* de arbustos.

shrug /ʃrʌg/ **I** *n*: **he answered my question with a shrug** respondió a mi pregunta encogiéndose de hombros.
II *vi* [**shrugs, shrugging, shrugged**] encogerse de hombros.
♦*vt*: **the waiter shrugged his shoulders** el camarero se encogió de hombros.
to **shrug off** *vt* (*criticism*) no darle importancia a, no dejarse afectar por: **he shrugged off all my objections** hizo caso omiso de todas mis objeciones.

shrunk /ʃrʌŋk/ *participio pasado de* ⇨ shrink

shrunken /ˈʃrʌŋkən/ *adj* (*gen*) encogido -da; (*body*) consumido -da; (*size*) reducido -da.

shudder /ˈʃʌdə/ **I** *n* sacudida *f*: **the ship's engines stopped with a shudder** las máquinas de la nave se pararon de una sacudida ● **touching frogs really gives me the shudders!** ¡tocar ranas me da tanto asco!
II *vi* [**shudders, shuddering, shuddered**] **1.** (*person*) estremecerse: **the accused's wife shuddered** *at* **the verdict** la esposa del acusado se estremeció al oír el veredicto ● **I shudder to think what he may have said to her** me dan escalofríos de sólo pensar lo que le puede haber dicho. **2.** (*machine*) vibrar; (*vehicle*) dar sacudidas: **the plane shuddered alarmingly as it took off** el avión dio unas sacudidas alarmantes al despegar; **the tram shuddered** *to* **a halt** el tranvía se detuvo con una sacudida.

shuffle /ˈʃʌfəl/ **I** *n* **1.** (*in cards*): **it's your shuffle** te toca a ti barajar. **2.** (*of feet*): **he heard the shuffle of footsteps in the corridor** oyó que alguien andaba por el pasillo arrastrando los pies.
II *vt* [**shuffles, shuffling, shuffled**] **1.** (*cards*) barajar. **2.** (*feet*) arrastrar.
♦*vi* **1.** (*in cards*) barajar. **2.** (*to walk slowly*) caminar * andar arrastrando los pies: **the convicts shuffled into the yard** los presos salieron al patio arrastrando los pies.

shun /ʃʌn/ *vt* [**shuns, shunning, shunned**] rehuir: **he shuns all contact with his family** rehúye cualquier contacto con su familia; **from that day on she was shunned by the neighbours** a partir de aquel día los vecinos le hicieron el vacío.

shunt /ʃʌnt/ *vt* [**shunts, shunting, shunted**] **1.** (*a train, carriage*) cambiar de vía. **2.** (*to push*) empujar (*desde atrás*): **our car was shunted into the one in front** nos empujaron y chocamos con el coche de delante. **3.** (*person*): **the bodyguard shunted me out of the way** el guardaespaldas me hizo a un lado bruscamente; **they shunted her** *off* **to another department** la trasladaron a otra sección para quitársela de encima.

shut /ʃʌt/ **I** *adj* cerrado -da: **all the banks were shut** todos los bancos estaban cerrados.
II *vt* [**shuts, shutting, shut**] **1.** (*a door, window, book*) cerrar. **2.** (*to lock up*) encerrar: **she shut her little brother** *in* **the cupboard** encerró a su hermano pequeño en el armario; **he's shut himself** *in* **his office and won't talk to anybody** se ha encerrado en su despacho y no quiere hablar con nadie. **3.** (*to trap*): **she shut her finger** *in* **the car door** se pilló el dedo con la puerta del coche.
♦*vi*: **the doors shut automatically** las puertas (se) cierran automáticamente; **these blinds won't shut properly** estas persianas no cierran bien; **what time do the banks shut?** ¿a qué hora cierran los bancos?
to **shut away** *vt* encerrar: **he's been shut away in that home for ten years** lleva diez años encerrado en esa residencia.
to **shut down** *vt* **1.** (*a factory, department*) cerrar: **they're shutting down the last mine in the valley** van a cerrar la última mina que queda en el valle. **2.** (*machinery*) apagar, parar: **we'll have to shut down the generator** tendremos que apagar el generador.
♦*vi* (*factory*) cerrar: **the refinery shut down last year** la refinería cerró el año pasado.
to **shut off** *vt* **1.** (*power, water*) cortar: **did he shut off the stopcock?** ¿cerró la llave de paso? **2.** (*a person, place*) aislar: **this wing is shut off** *from* **the rest of the house** esta ala está aislada del resto de la casa.
to **shut out** *vt* (*to leave outside*) dejar fuera: **we were shut out** *of* **the hostel** cerraron la puerta del albergue y nos dejaron fuera; (*to keep out*): **we had double glazing put in to shut out the noise** hicimos instalar doble acristalamiento para que no entrara tanto ruido.

to **shut up** *vi* (*fam*) callarse: **shut up!** ¡cállate (la boca)! ♦*vt* **1.** (*fam*: *to silence*) hacer callar. **2.** (*to lock away*) encerrar: **his family shut him up in a mental hospital** su familia lo encerró en un hospital psiquiátrico.

shutdown *n* (*of factory*) cierre *m*; (*of machinery, generator*) parada *f*.

shutter /'ʃʌtə/ *n* **1.** (*for window*) postigo *m*, contraventana *f*. **2.** (*of camera*) obturador *m*.

shutter speed *n* tiempo *m* de exposición.

shuttle /'ʃʌtəl/ **I** *n* **1.** (*Transp*: *by plane*) puente *m* aéreo: **he came from Glasgow on the shuttle** vino de Glasgow en el puente aéreo; (: *by bus, train, etc.*) *servicio regular de enlace entre dos lugares*. **2.** (*Astron*) transbordador *m* espacial. **3.** (*for weaving*) lanzadera *f*.

II *vt* [**shuttles, shuttling, shuttled**] (*people*) trasladar, transportar.

shuttle service *n*: *servicio regular de enlace entre dos lugares*.

shuttlecock /'ʃʌtəlkɒk/ *n* plumilla *f*, volante *m* (*de bádminton*).

shy /ʃaɪ/ **I** *adj* (*person*) tímido -da, vergonzoso -sa: **don't be shy, you're among friends** no seas tímido, estás entre amigos; **"Sing us a song." "I'm too shy!"** "Cántanos una canción." "¡Me da vergüenza!"; **she greeted them with a shy smile** los saludó con una sonrisa tímida; **deer are very shy creatures** el ciervo es un animal muy asustadizo.

II *vi* [**shies, shying, shied**] (*animal*) asustarse, espantarse.

to **shy away** *vi*: **she shies away** *from* **publicity** rehúye la publicidad.

shyly /'ʃaɪlɪ/ *adv* tímidamente, con vergüenza.

shyness /'ʃaɪnəs/ *n* timidez *f*.

Siamese /ˌsaɪə'mi:z/ **I** *adj* siamés -mesa.

II *n* **1.** [*pl* **Siamese**] (*person*) siamés -mesa *m/f*. **2.** (*language*) siamés *m*.

III the Siamese *n pl* los siameses.

Siamese cat *n* gato *m* siamés.

Siamese twins *n* siameses -sas *m pl/f pl*.

sibling /'sɪblɪŋ/ *n* (*frml*) hermano -na *m/f* (*cuando no se especifica el sexo*): **it depends whether the child has a sibling at the school** depende de si el niño tiene un hermano o una hermana en el colegio.

Sicilian /sɪ'sɪlɪən/ *adj*, *n* siciliano -na *adj*, *m/f*.

Sicily /'sɪsɪlɪ/ *n* Sicilia *f*.

sick /sɪk/ **I** *adj* **1.** (*ill*) enfermo -ma: **the secretary's off sick** la secretaria está de baja por enfermedad. **2.** (*wanting to vomit*) mareado -da: **do you feel sick?** ¿estás mareado?, ¿tienes ganas de vomitar ✻ devolver?; **he was sick all over the carpet** devolvió sobre la alfombra • **his false modesty makes me sick** su falsa modestia me asquea ✻ me revuelve las tripas. **3.** (*fam*: *weary*) harto -ta: **don't you get sick** *of* **eating the same thing every day?** ¿no te hartas de comer todos los días lo mismo? • **we're sick and tired of your complaints** estamos hartos de tus quejas. **4.** (*perverse: mind*) morboso -sa; (: *joke*) de muy mal gusto: **he's got a sick sense of humour** tiene un sentido del humor muy negro.

II *n* (*fam*: *vomit*) vómito *m*.

III the sick *n pl* (*people*) los enfermos.

sickbag *n* (*on aeroplane*) bolsa *f* para el mareo.

sickbay *n* enfermería *f*.

sickbed *n* lecho *m* de enfermo.

sick leave *n* baja *f* por enfermedad: **he's** *on* **sick leave** está de baja por enfermedad.

sick pay *n*: *proporción del sueldo que se cobra cuando se está de baja por enfermedad*.

sicken /'sɪkən/ *vi* [**sickens, sickening, sickened**] enfermar, caer enfermo.

♦*vt* (*to anger*) darle asco a: **aren't you sickened by all this political manoeuvring?** ¿no te dan asco todas estas maniobras políticas?; **it sickens me to think that anyone could do that** me enferma pensar que alguien es capaz de hacer eso.

sickening /'sɪkənɪŋ/ *adj* **1.** (*fam*: *irritating*): **and he gets away with it, isn't it sickening?** y se sale con la suya, ¿no te da rabia? **2.** (*thought, conclusion*) escalofriante. **3.** (*disgusting: smell*) asqueroso -sa, repugnante; (: *behaviour*) asqueante.

sickly /'sɪklɪ/ *adj* [**sicklier, sickliest**] **1.** (*person*) enfermizo -za: **she's a sickly child** es una niña enfermiza; **his face was pale and sickly** estaba pálido y tenía mala cara. **2.** (*taste, smell, manners*) empalagoso -sa: **the shop assistant greeted her with a sickly smile** la dependienta la saludó con una sonrisa empalagosa.

sickness /'sɪknəs/ *n* [**sicknesses**] **1.** (*illness*) enfermedad *f*. **2.** (*nauseous feeling*) náuseas *f pl*: **the sickness returns whenever she sits up** le dan náuseas cada vez que se incorpora. **3.** (*malaise*) mal *m*: **such violence is a sickness of the modern age** este tipo de violencia es un mal de la época moderna.

sickness benefit *n* (*in GB*) subsidio *m* por enfermedad.

side /saɪd/ *n* **1.** (*gen*) lado *m*: **I left my bike** *at* **the side** *of* **the church** dejé mi bicicleta al lado de la iglesia; **you left it** *by* **the side** *of* **the television** lo dejaste al lado del televisor; **come and sit** *by* **my side** ven a sentarte a mi lado • **I was at his side throughout the trial** estuve a su lado durante todo el juicio • **they sat side by side** se sentaron juntos ✻ uno al lado del otro • **I'll just put this to one side until I'm finished** voy a dejar esto a un lado hasta que termine • **she always looks on the bright side** siempre le ve el lado bueno a todo • **buy three to be on the safe side** compra tres por si acaso • **iron on the wrong side** planchar del revés • **she's the wrong side of forty!** ¡ya no volverá a cumplir cuarenta! • **you should keep on the right side of her** deberías tratar de no ganarte su antipatía. **2.** (*of human body*) costado *m*. **3.** (*of animal*) ijada *f*, ijar *m*. **4.** (*of coin, record, paper*) cara *f*. **5.** (*of road*) lado *m*; (*of mountain*) ladera *f*: **you'll see the hotel on the left-hand side** verás el hotel a mano izquierda; **which side of town do you live on?** ¿en qué parte de la ciudad vives? **6.** (*faction*): **whose side are you on anyway?** ¿pero tú de parte de quién estás?; **she refuses to take sides when they start to argue** se niega a tomar partido por nadie cuando empiezan a discutir; **look at it from my side** míralo desde mi punto de vista. **7.** (*Sport*) equipo *m*: **which side does he play for?** ¿en qué equipo juega?

to **side with** *vt* [**sides, siding, sided**] ponerse de parte de: **I sided with them** *against* **her** me puse de parte de los otros contra ella.

sideboard *n* aparador *m*.

sideboards, sideburns *n pl* patillas *f pl*.

side dish *n* acompañamiento *m*.

side effect *n* efecto *m* secundario.

sidelight *n* luz *f* de posición.

sideline *n* (*additional job*) trabajo *m* suplementario; (*Sport*) línea *f* de banda.

sidelong *adj*: **she gave him a sidelong glance** lo miró de reojo ✻ de soslayo.

side plate *n* platito *m* (*para el pan, etc.*).

side road, side street *n* calle *f* lateral, transversal *f*.

sideshow *n* (*at fair*) barraca *f* (*con alguna atracción secundaria*).

sidestep *vt* [**sidesteps, sidestepping, sidestepped**] (*a problem, question*) esquivar, eludir.

sidetracked *past part*: **I intended to finish it last night, but I got sidetracked** tenía intención de terminarlo anoche, pero me distraje haciendo otras cosas.

sidewalk *n* (*US*) acera *f*, (*Amér L*) vereda *f*.

sideways I *adv* de lado: **if you take it in sideways, it might go through** si lo entran de lado, a lo mejor pasa.
II *adj* (*glance*) de reojo, de soslayo.

siding /ˈsaɪdɪŋ/ *n* vía *f* muerta.

sidle /ˈsaɪdəl/ *vi* [**sidles, sidling, sidled**] acercarse sigilosamente: **we sidled** *over* ✻ *up* **to the door in order to make a quick exit** nos fuimos acercando sigilosamente a la puerta para poder escabullirnos rápidamente.

siege /siːdʒ/ *n* sitio *m*, asedio *m*: **the guerrillas laid siege** *to* **the village** los guerrilleros sitiaron el pueblo ✻ pusieron sitio al pueblo.

siege economy *n* economía *f* de sitio ✻ de asedio.

siesta /sɪˈestə/ *n* siesta *f*.

sieve /sɪv/ **I** *n* tamiz *m*, cernidor *m*; (*fam*): **that boy has a head ✻ memory like a sieve!** ¡ese niño tiene la cabeza como un colador!
II *vt* [**sieves, sieving, sieved**] tamizar, cerner.

sift /sɪft/ *vt* [**sifts, sifting, sifted**] (*flour, cement*) tamizar, cerner: **it will take us some time to sift** *(through)* **the data** nos llevará algún tiempo pasar los datos por la criba.

sigh /saɪ/ **I** *n* suspiro *m* ● **we heaved ✻ breathed a sigh of relief when they went** respiramos aliviados cuando se fueron.
II *vi* [**sighs, sighing, sighed**] (*person*) suspirar; (*wind*) susurrar.

sight /saɪt/ **I** *n* **1.** (*faculty*) vista *f*; (*field of vision*) vista *f*: **land was** *in* **sight** había tierra a la vista; **wait until they're** *out of* **sight** espera hasta que hayan desaparecido; **in the end, we lost sight of them** al final, los perdimos de vista; (*act of seeing*): **he panicked at the sight** *of* **so many rats** al ver tantas ratas, se puso histérico; **apparently, it was love at first sight** por lo visto, fue un flechazo ✻ fue amor a primera vista; **she can't stand the sight of him** no lo puede ver (ni en pintura); **I know her by sight** la conozco de vista; **at that moment I caught sight** *of* **him going into the bank** entonces lo vi entrar en el banco. **2.** (*spectacle*) espectáculo *m*: **they must have been quite a sight on horseback** deben de haber sido todo un espectáculo a caballo; **you look a sight in that suit** estás hecho un mamarracho ✻ un adefesio con ese traje. **3.** (*of a gun*) mira *f*.
II sights *n pl* **1.** (*expectations*): **Joe had his sights set on becoming a lawyer** Joe tenía la mira puesta en llegar a ser abogado. **2.** (*landmarks*) lugares *m pl* de interés turístico: **they went to London to see the sights** fueron a Londres a visitar los lugares de interés turístico.
III *vt* [**sights, sighting, sighted**] (*gen*) ver: **people claim to have sighted UFOs in Bristol** la gente afirma haber visto ovnis en Bristol; (*from a distance, with difficulty*) divisar, avistar.

sighted /ˈsaɪtɪd/ *adj* (*person*) vidente: **the accident left him partially sighted** el accidente lo dejó con visión parcial.

sighting /ˈsaɪtɪŋ/ *n*: **there were several reported sightings of the child** varias personas informaron haber visto al niño.

sightseeing /ˈsaɪtˌsiːɪŋ/ *n*: **we went sightseeing while we were in New York** fuimos a visitar los lugares de interés turístico mientras estuvimos en Nueva York.

sightseer /ˈsaɪtˌsiːə/ *n* turista *m/f*.

sign /saɪn/ **I** *n* **1.** (*symbol*) signo *m*; (*Maths*) signo *m*. **2.** (*indication*) señal *f*, indicio *m*: **that's a sign that she's enjoying herself** eso es señal de que lo está pasando bien; (*Med*) signo *m*. **3.** (*gesture*) señal *f*: **he did it as a sign of respect** lo hizo como señal ✻ muestra de respeto. **4.** (*notice*) letrero *m*; (*Auto*) señal *f* (de tráfico). **5.** (*trace*) rastro *m*: **there's no sign of her here** no hay rastro de ella por aquí.
II *vt* [**signs, signing, signed**] (*a cheque, document*) firmar: **he doesn't even know how to sign his name** ni siquiera sabe firmar.
♦ *vi* firmar.

to **sign away ✻ over** *vt* (*to relinquish*) ceder.

to **sign on** *vi* **1.** (*Mil*) alistarse; (*Educ*: *for course*) matricularse. **2.** (*at unemployment office*) firmar (*para poder recibir el subsidio de desempleo*).
♦ *vt* (*to employ*) contratar, emplear.

to **sign up** *vi* (*Mil*) alistarse; (*Sport*) fichar: **he's signed up with Liverpool** ha fichado por el Liverpool, lo ha contratado el Liverpool; (*Educ*: *on course*) matricularse.
♦ *vt* (*Mil*) alistar; (*Sport*) fichar: **he's been signed up by an Italian club** lo ha fichado ✻ contratado un equipo italiano.

sign language *n* lenguaje *m* gestual: **they were using sign language** hablaban por señas.

signpost I *n* señal *f*.
II *vt* [**signposts, signposting, signposted**] señalizar: **the way to Richmond is signposted from Springfield** el camino a Richmond está señalizado a partir de Springfield.

signal /ˈsɪgnəl/ **I** *n* **1.** (*gen*) señal *f*. **2.** (*Telec*) señal *f*.
II *vi* [**signals, signalling, signalled**] (*driver*) indicar: **he turned right without signalling** giró a la derecha sin poner el intermitente ✻ sin indicar; (*with hands*) hacer señas: **she signalled to me to keep quiet** me hizo señas de que no dijera nada.
♦ *vt* **1.** (*to gesture to*): **the security guard signalled us to stop** el guarda de seguridad nos indicó que paráramos ✻ nos hizo señas de que paráramos. **2.** (*to indicate, forecast*): **these results signal defeat for the government** estos resultados pronostican una derrota para el gobierno.

signal box *n* garita *f* de señales.

signatory /ˈsɪgnətərɪ/ *n* [**signatories**] signatario -ria *m/f*, firmante *m/f*.

signature /ˈsɪgnətʃə/ *n* firma *f*.

significance /sɪgˈnɪfɪkəns/ *n* (*importance*) trascendencia *f*, importancia *f*: **her opinions are of no significance whatsoever** sus opiniones no tienen ninguna trascendencia; (*meaning*) significado *m*.

significant /sɪgˈnɪfɪkənt/ *adj* (*momentous*) importante, trascendente: **a significant discovery in the search for a cure for AIDS** un descubrimiento importante en la busca de una cura para el sida; (*full of meaning: gen*) significativo -va: **it's very significant that they all visited her that day** es muy significativo el que todos hayan ido a verla aquel día; (*: look, wink*) expresivo -va, elocuente.

significantly /sɪgˈnɪfɪkəntlɪ/ *adv* **1.** (*considerably*) considerablemente: **her behaviour has improved signi-**

ficantly since she changed schools su comportamiento ha mejorado considerablemente desde que cambió de escuela. **2.** (*meaningfully*): **he winked significantly as they announced the results** hizo un expresivo ∗ elocuente guiño de ojos cuando anunciaron los resultados; **significantly, they all live in the same area** todos viven en la misma zona, lo cual es muy significativo.

signify /ˈsɪgnɪfaɪ/ *vt* [**signifies, signifying, signified**] (*frml*) **1.** (*to mean*) significar; (*to be a sign of*) ser indicio de, significar; (*to symbolize*) simbolizar, representar. **2.** (*to express*) expresar.

Sikh /siːk/ *adj, n* sij *adj, m/f*.

silence /ˈsaɪləns/ **I** *n* silencio *m*: **she decided to break her silence and tell the truth** decidió romper su silencio y contar la verdad; **I want you to work** *in* **silence** quiero que trabajen en silencio ● **silence is golden** el silencio es oro.
II *vt* [**silences, silencing, silenced**] (*person*) hacer callar: **he tried to silence them with bribes** intentó comprar su silencio con sobornos; (*protests, cries*) acallar.

silencer /ˈsaɪlənsə/ *n* silenciador *m*, (*Amér C, Ant, Méx*) mofle(r) *m*.

silent /ˈsaɪlənt/ *adj* (*person*) callado -da: **she was questioned but remained silent** la interrogaron, pero se mantuvo callada; (*room, place*) silencioso -sa; (*letter*): **the "b" in lamb is silent** la "b" de lamb no se pronuncia.
silent film ∗ movie *n* película *f* muda.

silently /ˈsaɪləntlɪ/ *adv* (*without making a noise*) silenciosamente; (*without talking*) en silencio.

silhouette /ˌsɪluːˈet/ *n* silueta *f*.

silhouetted /ˌsɪluːˈetɪd/ *past part*: **their figures were silhouetted against the screen** sus siluetas se recortaban contra la pantalla.

silicon /ˈsɪlɪkən/ *n* silicio *m*.
silicon chip *n* chip *m* ∗ pastilla *f* de silicio.

silicone /ˈsɪlɪkəʊn/ *n* silicona *f*.

silk /sɪlk/ *n* seda *f*.
silkworm *n* gusano *m* de seda.

silky /ˈsɪlkɪ/ *adj* [**silkier, silkiest**] (*material*) sedoso -sa; (*skin*) suave, aterciopelado -da; (*voice*) aterciopelado -da.

sill /sɪl/ *n* alféizar *m*.

silly /ˈsɪlɪ/ *adj* [**sillier, silliest**] **1.** (*not intelligent*) tonto -ta, estúpido -da; (*ridiculous*) ridículo -la: **she was wearing a very silly hat** llevaba un sombrero de lo más ridículo. **2.** (*unimportant*) trivial, sin importancia.

silo /ˈsaɪləʊ/ *n* (*Agr, Mil*) silo *m*.

silt /sɪlt/ *n* cieno *m*, limo *m*.
to **silt up** *vi* [**silts, silting, silted**] llenarse de cieno.

silver /ˈsɪlvə/ **I** *n* **1.** (*metal*) plata *f*. **2.** (*cutlery, ornaments, etc.*) plata *f*, platería *f*. **3.** (*también* **silver medal**) (*Sport*) medalla *f* de plata. **4.** (*coins*) monedas *f pl* (*de plata o níquel*).
II *adj* **1.** (*made of silver*) de plata. **2.** (*también* **silver-coloured**) (*gen*) plateado -da; (*hair*) canoso -sa.
silver birch *n* abedul *m* plateado.
silver foil *n* papel *m* de plata.
silver jubilee *n* vigésimo quinto aniversario *m*.
silver plate *n*: **it's only silver plate** sólo tiene un baño de plata.
silver-plated /ˌsɪlvəˈpleɪtɪd/ *adj* con baño de plata.
silversmith *n* orfebre *m/f* (*que trabaja la plata*), platero -ra *m/f*.
silverware /ˈsɪlvəweə/ *n* plata *f*, platería *f*.
silver wedding (anniversary) *n* bodas *f pl* de plata.

silvery /ˈsɪlvərɪ/ *adj* (*sheen, colour*) plateado -da.

similar /ˈsɪmɪlə/ *adj* parecido -da, similar: **the two designs are very similar** los dos diseños son muy parecidos ∗ similares; **I have a similar problem** yo tengo un problema parecido ∗ similar; **your situation is similar** *to* **my own** tu situación es similar ∗ parecida a la mía.

similarity /ˌsɪmɪˈlærətɪ/ *n* [**similarities**] (*likeness*) parecido *m*, semejanza *f*: **the similarity** *between* **them is amazing** el parecido entre ellos es increíble; (*similar feature*): **there are many similarities** *between* **the two cases** los dos casos presentan muchas características similares ∗ tienen muchas características en común.

similarly /ˈsɪmɪləlɪ/ *adv* de modo parecido: **the twins tend to dress similarly** los mellizos tienden a vestirse de modo parecido; **her latest film is similarly bizarre** su última película es igual de rara.

simile /ˈsɪmɪlɪ/ *n* símil *m*.

simmer /ˈsɪmə/ *vt* [**simmers, simmering, simmered**] hervir a fuego lento: **simmer the lentils until soft** hervir las lentejas a fuego lento hasta que estén blandas.
♦ *vi* hervir a fuego lento.
to **simmer down** *vi* calmarse, tranquilizarse.

simper /ˈsɪmpə/ *vi* [**simpers, simpering, simpered**]: **it's a pleasure, sir, she said simpering** es un placer, señor, dijo con una sonrisa tonta.

simple /ˈsɪmpəl/ *adj* **1.** (*dress, procedure, problem*) sencillo -lla, simple: **don't worry, it's very simple** no te preocupes, es muy sencillo; **for the simple reason that I don't feel like it** por la sencilla razón de que no tengo ganas. **2.** (*foolish*) corto -ta, simple.
simple-minded *adj* ingenuo -nua, simple.

simpleton /ˈsɪmpəltən/ *n* pánfilo -la *m/f*, simplón -plona *m/f*.

simplicity /sɪmˈplɪsətɪ/ *n* **1.** (*of plan, design*) sencillez *f*, simplicidad *f*. **2.** (*naivety*) simpleza *f*, ingenuidad *f*.

simplify /ˈsɪmplɪfaɪ/ *vt* [**simplifies, simplifying, simplified**] simplificar.

simplistic /sɪmˈplɪstɪk/ *adj* simplista.

simply /ˈsɪmplɪ/ *adv* **1.** (*in a simple manner*) sencillamente, de manera sencilla: **we like to live simply** nos gusta vivir sencillamente. **2.** (*only*) sólo, solamente: **I simply wanted to help** sólo quería ayudar. **3.** (*used for emphasis*): **this meal is simply delicious!** ¡esta comida está realmente deliciosa!; **you simply must see the film!** ¡es que tienes que ver la película, no te la puedes perder!; **that simply is not true!** ¡eso no es cierto ni mucho menos!

simulate /ˈsɪmjʊleɪt/ *vt* [**simulates, simulating, simulated**] (*Tec*) simular.

simulation /ˌsɪmjʊˈleɪʃən/ *n* simulación *f*.

simultaneous /ˌsɪməlˈteɪnɪəs/ (*US*) /ˌsaɪməlˈteɪnɪəs/ *adj* simultáneo -nea.

simultaneously /ˌsɪməlˈteɪnɪəslɪ/ (*US*) /ˌsaɪməlˈteɪnɪəslɪ/ *adv* simultáneamente, al mismo tiempo.

sin /sɪn/ *n* **I** *n* pecado *m*: **it's a sin to steal** robar es pecado; **it's a sin to throw it away** es un pecado ∗ un crimen tirarlo a la basura ● **he's as ugly as sin** es más feo que Picio ∗ que pegarle a la madre.
II *vi* [**sins, sinning, sinned**] pecar: **they had sinned** *against* **God** habían pecado contra Dios.

since /sɪns/ **I** *prep* desde: **I've been here since three o'clock** llevo desde las tres aquí, estoy aquí desde las tres; **since when have you been in charge here?** ¿desde cuándo mandas tú por aquí?

II *conj* **1.** (*from the time that*) desde que: **you've done nothing but complain (ever) since I arrived** desde que llegué no has hecho más que quejarte; **I haven't been there since I was a child** no he estado allí desde que era pequeña; **it's years since I've seen them** hace años que no los veo. **2.** (*seeing that*) puesto que: **since you know so much, you can do it yourself** puesto que sabes tanto * ya que sabes tanto, lo puedes hacer tú mismo; **since you didn't phone, I assumed you were not interested** como no llamaste, supuse que no te interesaba.

III *adv* desde entonces: **he went to Paris a month ago and we haven't seen him since** se fue a París hace un mes, y no lo hemos vuelto a ver desde entonces; **she graduated in 1990 and has since been working in research** se licenció en 1990 y desde entonces ha estado trabajando en la investigación.

sincere /sɪn'sɪə/ *adj* sincero -ra.

sincerely /sɪn'sɪəlɪ/ *adv* **1.** (*in a sincere way*) sinceramente. **2.** (*in a letter*): **Yours sincerely,** * (*US*) **Sincerely yours, Paul Horton** Atentamente, Paul Horton.

sincerity /sɪn'serətɪ/ *n* sinceridad *f*.

sinew /'sɪnju:/ *n* tendón *m*.

sinful /'sɪnfʊl/ *adj* (*person*) pecador -dora; (*act*) pecaminoso -sa.

sing /sɪŋ/ *vt* [**sings, singing, sang,** *participio pasado* **sung**] cantar.

♦*vi* (*person*) cantar: **he can't sing** no sabe cantar; (*bird*) cantar, trinar.

Singapore /ˌsɪŋə'pɔ:/ *n* Singapur *m*.

singe /sɪndʒ/ *vt* [**singes, singeing, singed**] chamuscar.

singer /'sɪŋə/ *n* cantante *m/f*.

singer-songwriter *n* cantautor -tora *m/f*.

singing /'sɪŋɪŋ/ *n*: **I enjoy singing** me gusta cantar; **she has her singing lesson on Mondays** los lunes tiene clase de canto.

single /'sɪŋgəl/ I *adj* **1.** (*solitary, only one*) solo -la, único -ca: **a vase with a single red rose** un florero con una sola * una única rosa roja. **2.** (*used for emphasis*): **there wasn't a single person there** no había ni una sola persona allí; **she made us go into every single boutique in Richmond** nos hizo entrar en todas (y cada una de) las boutiques de Richmond. **3.** (*not married*) soltero -ra: **I am single** soy soltero; **she's still single** todavía está soltera.

II *n* **1.** (*ticket*) billete *m* de ida: **a single to Brighton, please** un billete de ida a Brighton, por favor. **2.** (*record*) sencillo *m*, single *m*.

III **singles** *n pl* (*Sport*) individuales *m pl*: **men's/ladies singles** individuales masculinos/femeninos.

to **single out** *vt* [**singles, singling, singled**]: **she was singled out as the main culprit** se la señaló a ella en particular como la principal responsable.

single bed *n* cama *f* individual.

single cream *n* nata *f* líquida, (*Amér L*) crema *f* líquida.

single-handed *adv* sin ayuda: **he had to bring up the children single-handed** tuvo que criar a los niños sin ayuda * él solo.

single-minded *adj*: **he pursued his goal with single-minded determination** trabajaba para lograr su objetivo con inquebrantable determinación.

single mother *n* (*widow, divorcee*) madre *f* sola; (*unmarried*) madre *f* soltera.

single parent *n*: *madre o padre sin pareja.*

single-parent family *n* familia *f* monoparental (*aquélla en la que los hijos sólo viven con uno de los progenitores*).

single room *n* habitación *f* individual.

single ticket *n* billete *m* de ida.

singlet /'sɪŋglət/ *n* camiseta *f*.

singly /'sɪŋglɪ/ *adv* individualmente, uno por uno: **the director will see you singly** el director los verá individualmente * uno por uno.

singsong /'sɪŋsɒŋ/ I *adj* (*accent, voice*) cantarín -rina.

II *n*: *ocasión informal en la que un grupo de gente canta canciones a coro*: **we had a good old singsong last night** nos lo pasamos muy bien anoche cantando.

singular /'sɪŋgjʊlə/ I *adj* **1.** (*frml*: *exceptional*) singular, excepcional: **a woman of singular charm** una mujer de singular * excepcional encanto. **2.** (*Ling*) singular.

II **the singular** *n* (*Ling*) el singular.

singularly /'sɪŋgjʊləlɪ/ *adv* (*frml*) singularmente, particularmente.

sinister /'sɪnɪstə/ *adj* siniestro -tra.

sink /sɪŋk/ I *n* (*in kitchen*) fregadero *m*; (*US*: *in bathroom*) lavabo *m*.

II *vi* [**sinks, sinking, sank,** *participio pasado* **sunk**] **1.** (*ship, object*) hundirse • **he sank into a chair, exhausted** se dejó caer * se desplomó en un sillón, agotado • **how could you sink so low?** ¿cómo pudiste caer tan bajo? **2.** (*prices*) caer: **house prices sank to an all-time low** el precio de la vivienda cayó hasta alcanzar cotas sin antecedentes. **3.** (*sun*) ponerse.

♦*vt* **1.** (*a ship*) hundir. **2.** (*a knife*) clavar: **she sank her teeth** *into* **my arm** me clavó * me hincó los dientes en el brazo.

to **sink in** *vi* **1.** (*liquid*) penetrar. **2.** (*idea, fact*): **it took a long time for the facts to sink in** tardaron bastante tiempo en asimilar lo que había sucedido.

sink unit *n*: *módulo de cocina con fregadero incorporado.*

sinner /'sɪnə/ *n* pecador -dora *m/f*.

sinus /'saɪnəs/ *n* [**sinuses**] seno *m* (*conducto de la cavidad craneal que comunica con la nariz*): **she has a sinus infection** tiene sinusitis.

sinusitis /ˌsaɪnə'saɪtɪs/ *n* sinusitis *f inv*.

sip /sɪp/ I *n* sorbo *m*.

II *vt* [**sips, sipping, sipped**] beber a sorbos.

siphon /'saɪfən/ I *n* (*tube, bottle*) sifón *m*.

II *vt* [**siphons, siphoning, siphoned**] trasvasar con sifón: **they siphoned the water** *(off)* **into a barrel** trasvasaron el agua a un barril con sifón.

sir /sɜ:/ *n* **1.** (*as form of address: gen*) señor *m*: **are you being served, sir?** ¿alguien lo atiende, señor?; (*: in correspondence*): **Dear Sir, ...** Estimado señor: ...; (*: in the armed forces*): **yes, sir** a la orden, mi... (capitán/teniente/coronel, etc.). **2. Sir** (*title*) sir *m*: **Sir William Mercy is her father** Sir William Mercy es su padre.

siren /'saɪrən/ *n* **1.** (*to give warning*) sirena *f*. **2.** (*mythological creature*) sirena *f*.

sirloin /'sɜ:lɔɪn/ *n* solomillo *m*.

sissy /'sɪsɪ/ *n* [**sissies**] (*fam*) mariquita *m*.

sister /'sɪstə/ *n* **1.** (*member of family*) hermana *f*. **2.** (*Relig*: *gen*) hermana *f*, monja *f*; (*: as form of address*) hermana; (*: used with name*) hermana, sor: **Sister Mary will not be attending** sor Mary * la hermana Mary no asistirá. **3.** (*nurse*) enfermera *f* jefa.

sister-in-law *n* [**sisters-in-law**] cuñada *f*.

sister ship *n* buque *m* gemelo.

sit /sɪt/ *vi* [**sits, sitting, sat**] **1.** (*to sit down*) sentarse: **sit next to me** siéntate a mi lado; **don't sit on that chair,**

it's broken no te sientes en esa silla, está rota; (*to be seated*) estar sentado: **don't just sit there, come and help!** ¡no te quedes allí sentado, ven a ayudar!; **we sat chatting all evening** pasamos toda la tarde (sentados) charlando; **she was sitting in an armchair** estaba sentada en un sillón • **they sat tight until someone picked them up** no se movieron de allí hasta que alguien los recogió. **2.** (*objects, buildings*): **the printer is just sitting there, nobody uses it** la impresora está allí sin que nadie la use; **the monastery sits in a beautiful valley** el monasterio está situado en un valle precioso.
♦*vt* **1.** (*to accommodate*): **the table sits six people** se pueden sentar seis personas alrededor de la mesa. **2.** (*an examination*): **he doesn't want to sit the exam** no quiere presentarse al examen * examinarse.
to **sit around** *vi*: **they sat around doing nothing all day** se pasaron todo el día sin hacer nada.
to **sit back** *vi* (*in a chair*) recostarse; (*to relax*) descansar.
to **sit down** *vi* sentarse: **I haven't sat down all day** no me he sentado en todo el día.
♦*vt*: **he sat the children down on the floor** sentó a los niños en el suelo.
to **sit in** *vi* (*teacher, inspector*) asistir como observador -dora: **new teachers are allowed to sit in** *on* **classes** los profesores nuevos pueden asistir a las clases como observadores; (*student*) asistir como oyente.
to **sit out** *vt*: **we'll just have to sit out the storm** no tenemos más remedio que esperar que amaine el temporal • **the strikers were determined to sit it out** los huelguistas estaban decididos a no ceder.
to **sit through** *vt* (*a film, lecture*) aguantar hasta el final.
to **sit up** *vi* (*in bed*) incorporarse; (*to sit erect*): **sit up and eat your food properly!** ¡ponte derecho y come como es debido!; (*not to go to bed*) quedarse levantado: **we sat up waiting for her** nos quedamos levantados esperándola.

sitcom /'sɪtkɒm/ *n* (*on television*) ➪ situation comedy

site /saɪt/ **I** *n* **1.** (*position*) emplazamiento *m*, ubicación *f*: **this is the proposed site for the new theatre** éste sería el emplazamiento del nuevo teatro, éste es el lugar donde proponen construir el nuevo teatro. **2.** (*piece of land*) terreno *m*.
II *vt* [**sites, siting, sited**] situar, emplazar.

sit-in /'sɪtɪn/ *n* (*in street*) sentada *f*: **we staged a sit-in** organizamos una sentada; (*inside a building*) encierro *m*.

sitting /'sɪtɪŋ/ *n* **1.** (*for meals*) turno *m*, tanda *f*. **2.** (*of parliament, council*) sesión *f*.
sitting room *n* salón *m*, living *m*.
sitting tenant *n*: *inquilino amparado por la ley en su derecho a permanecer en un inmueble*

situated /'sɪtjʊeɪtɪd/ *adj*: **to be situated** estar situado -da: **our offices are situated in the city centre** nuestras oficinas están situadas en el centro de la ciudad.

situation /ˌsɪtjʊ'eɪʃən/ *n* (*position*) situación *f*: **their financial situation worried him** le preocupaba su situación económica.
situation comedy *n* serie *f* cómica (*en torno a situaciones de la vida diaria*).
situations vacant *n pl* ofertas *f pl* de trabajo.

six /sɪks/ *adj, n* [**sixes**] seis *adj inv, m*: **six hundred** seiscientos -tas • **it's six of one and half a dozen of the other** (*it's partly one thing and partly the other*) es un poco ambas cosas; (*it doesn't make any difference*) da lo mismo. ➪ five

sixteen /sɪks'tiːn/ *adj, n* dieciséis *adj inv, m*; (*Sport*): **they reached the last sixteen** se clasificaron para los octavos de final. ➪ five

sixteenth /sɪks'tiːnθ/ **I** *adj* decimosexto -ta: **the sixteenth letter of the alphabet** la decimosexta letra del alfabeto; **the 16th century** *(the sixteenth century)* el siglo XVI *(el siglo dieciséis)*.
II *n* **1.** (*in order: gen*) decimosexto -ta *m/f*: **he was * came sixteenth in the marathon** llegó en el puesto dieciséis * en decimosexto lugar en el maratón; (*: in dates, with names of monarchs*) dieciséis *m*: **today is the sixteenth of May * May the sixteenth** estamos a dieciséis de mayo; **we get paid on the sixteenth** cobramos el (día) dieciséis; **Louis XVI** *(Louis the sixteenth)* Luis XVI *(Luis dieciséis)*. **2.** (*one part*) decimosexta parte *f*: **a sixteenth * one sixteenth of the population** la decimosexta parte de la población; (*fraction*) dieciseisavo *m*: **three sixteenths** tres dieciseisavos.

sixth /sɪksθ/ **I** *adj* sexto -ta.
II *n* **1.** (*in order: gen*) sexto -ta *m/f*; (*: date*) seis *m*. **2.** (*one part*) sexta parte *f*; (*fraction*) sexto *m*. ➪ fifth
sixth form *n* (*in GB*) *dos últimos años de la enseñanza secundaria, durante los cuales los estudiantes se preparan para los* ➪ A levels.
sixth sense *n* sexto sentido *m*.

sixtieth /'sɪkstɪəθ/ **I** *adj* sexagésimo -ma, sesenta.
II *n* **1.** (*in order*) sexagésimo -ma *m/f*. **2.** (*one part*) sesentava parte *f*; (*fraction*) sesentavo *m*. ➪ sixteenth

sixty /'sɪkstɪ/ *adj, n* [**sixties**] sesenta *adj inv, m*. ➪ fifty

sizable, sizeable /'saɪzəbəl/ *adj* considerable.

size /saɪz/ *n* **1.** (*gen*) tamaño *m*: **they have a garden the size of a football pitch** tienen un jardín del tamaño de un campo de fútbol; **the house was quite a size** la casa era bastante grande; **they weren't aware of the size of the problem** no tenían conciencia de la magnitud * la envergadura del problema • **this is the only town of any size in the area** ésta es la única ciudad de tamaño considerable de la región. **2.** (*of shoes*) número *m*: **what size shoes do you take?** ¿qué número (de zapato) calzas?; (*of clothing*) talla *f*: **have you got it in a larger size?** ¿lo tiene en una talla más grande?
to **size up** *vt* [**sizes, sizing, sized**] (*a person*): **he was sizing up his opponent** observaba a su contrincante tratando de formarse un juicio sobre él; (*a situation*) evaluar.

sizzle /'sɪzəl/ *vi* [**sizzles, sizzling, sizzled**] crepitar (*al freírse*).

skate /skeɪt/ **I** *n* **1.** (*Sport*) patín *m* • **get your skates on! we're late** ¡muévete que vamos tarde! **2.** (*fish*) raya *f*.
II *vi* [**skates, skating, skated**] patinar.
to **skate over, skate round** *vt* (*to avoid*) esquivar, eludir.
skateboard *n* monopatín *m*.

skater /'skeɪtə/ *n* patinador -dora *m/f*.

skating /'skeɪtɪŋ/ *n* patinaje *m*: **why don't we go skating?** ¿por qué no vamos a patinar?
skating rink *n* pista *f* de patinaje.

skeleton /'skelɪtən/ *n* (*Anat*) esqueleto *m*; (*framework*) armazón *m* * *f*; (*of plan, plot*) esquema *m* • **do they have any more skeletons in the cupboard?** ¿tendrán algún otro chanchullo escondido?
skeleton key *n* llave *f* maestra.
skeleton staff *n* plantilla *f* reducida.

skeptic /'skeptɪk/ *n* (*US*) escéptico -ca *m/f*.

skeptical /'skeptɪkəl/ *adj* (*US*) escéptico -ca.

skepticism /ˈskeptɪsɪzəm/ *n (US)* escepticismo *m.*

sketch /sketʃ/ **I** *n* **[sketches] 1.** (*work of art*) dibujo *m*; (*preliminary design*) esbozo *m*, bosquejo *m*. **2.** (*rough idea*) esbozo *m*. **3.** (*in comedy show*) sketch *m*.
II *vt* **[sketches, sketching, sketched]** (*to draw: gen*) dibujar; (*: roughly*) esbozar.

sketch pad *n* bloc *m* de dibujo.

sketchy /ˈsketʃɪ/ *adj* (*description*) poco preciso -sa; (*knowledge*) poco sólido -da.

skewer /ˈskju:ə/ **I** *n* pincho *m*, brocheta *f*.
II *vt* **[skewers, skewering, skewered]** ensartar (*en un pincho*).

ski /ski:/ **I** *n* esquí *m*.
II *vi* **[skis, skiing, skied]** esquiar.

ski boot *n* bota *f* de esquí.

ski instructor *n* instructor -tora *m/f* de esquí.

ski jump *n* trampolín *m*.

ski lift *n* telesquí *m*.

ski pants *n pl* pantalones *m pl* de esquí.

ski pole *n* bastón *m* de esquiar.

ski resort *n* estación *f* de esquí.

ski slope *n* pista *f* de esquí.

ski suit *n* traje *m* de esquiar.

skid /skɪd/ **I** *vi* **[skids, skidding, skidded]** (*vehicle*) derrapar, patinar.
II *n* derrape *m*, patinazo *m*.

skier /ˈski:ə/ *n* esquiador -dora *m/f*.

skiing /ˈski:ɪŋ/ *n* esquí *m*: **in the winter we go skiing in the Alps** en invierno vamos a esquiar a los Alpes.

skilful /ˈskɪlfʊl/ *adj* (*negotiator, liar*) hábil; (*handling, placing*) diestro -tra, hábil: **we made it thanks to her skilful driving** llegamos gracias a su destreza al volante.

skill /skɪl/ **I** *n* **1.** (*capability: gen*) habilidad *f*; (*: implying manual dexterity, practical knowledge*) destreza *f*, habilidad *f*. **2.** (*particular technique*) técnica *f*: **they learn the basic skills of pottery** aprenden las técnicas básicas de la cerámica.
II skills *n pl* (*expertise, knowledge*): **we could do with somebody with her skills** nos vendría bien una persona de su capacidad y experiencia; **an opportunity to demonstrate your organizational skills** una oportunidad de demostrar su capacidad * sus aptitudes para organizar.

skilled /skɪld/ *adj* (*person: gen*) hábil; (*: with manual dexterity, practical knowledge*) diestro -tra, hábil; (*: with expertise*) experto -ta; (*work*) especializado -da: **a skilled worker** un obrero cualificado.

skillful /ˈskɪlfʊl/ *adj* (*US*) ➪ skilful

skim /skɪm/ *vt* **[skims, skimming, skimmed] 1.** (*milk*) desnatar, descremar; (*stock*) espumar. **2.** (*to read through quickly*) echarle un vistazo a, leer por encima: **just skim the first few pages and tell me what you think** échales un vistazo a las primeras páginas y dime qué te parece. **3.** (*to cause to bounce*): **we used to spend hours skimming stones across the river** pasábamos horas haciendo cabrillas en el río. **4.** (*to touch*) pasar rozando: **the plane skimmed the treetops** el avión pasó rozando las copas de los árboles.

to **skim through** *vt* echarle un vistazo a, leer por encima.

skimmed milk /skɪmd mɪlk/ *n* leche *f* desnatada * descremada.

skimp /skɪmp/ *vi* **[skimps, skimping, skimped]**: **you can't skimp** *on* **fabric when you are making curtains** no puedes escatimar tela cuando haces cortinas.
♦*vt* escatimar.

skimpy /ˈskɪmpɪ/ *adj* **[skimpier, skimpiest]** (*skirt, dress*) corto -ta, breve; (*portion*) mezquino -na.

skin /skɪn/ **I** *n* **1.** (*of person: gen*) piel *f*; (*: on the face*) piel *f*, cutis *m*: **a cream for dry skin** una crema para cutis seco; **a brunette with fair/dark skin** una morena de tez clara/oscura ● **they were soaked to the skin** estaban calados hasta los huesos ● **she hardly eats, she's all skin and bones** apenas come, se ha quedado en los huesos ● **it's no skin off my nose if they don't want to come** a mí me da igual * me trae sin cuidado si no quieren venir ● **we escaped death by the skin of our teeth** no nos matamos por un pelo. **2.** (*of animal: gen*) piel *f*; (*: as material*) cuero *m*, piel *f*. **3.** (*of tomato, grape*) piel *f*; (*of potato*) cáscara *f*, piel *f*; (*peeling*) mondadura *f*. **4.** (*on milk*) nata *f*.
II *vt* **[skins, skinning, skinned]** (*animal*) despellejar: **I skinned my knee** me despellejé la rodilla.

skin-deep *adj* superficial.

skin-diver *n* submarinista *m/f*.

skin diving *n* submarinismo *m*.

skinflint *n* tacaño -ña *m/f*, roñoso -sa *m/f*.

skinhead *n* cabeza *m/f* rapada.

skintight *adj* muy ceñido -da.

skinny /ˈskɪnɪ/ *adj* **[skinnier, skinniest]** (*fam*) flaco -ca.

skint /skɪnt/ *adj* (*fam*) pelado -da, sin un duro: **I'm skint** estoy pelado * sin un duro.

skip /skɪp/ **I** *n* **1.** (*little jump*) brinco *m*, saltito *m*. **2.** (*container*) contenedor *m* (*para escombros*).
II *vi* **[skips, skipping, skipped] 1.** (*gen*) saltar, brincar: **the children skipped up and down with excitement** los niños saltaban de entusiasmo; (*with skipping rope*) saltar a la comba * a la cuerda. **2.** (*to move around*) saltar: **he was skipping from one topic to another** saltaba de un tema a otro.
♦*vt* (*to omit*) saltarse: **I skipped a couple of chapters** me salté un par de capítulos.

skipper /ˈskɪpə/ *n* (*Naut: fam*) capitán -tana *m/f*, patrón -trona *m/f*; (*Sport: fam*) capitán -tana *m/f*.

skipping-rope /ˈskɪpɪŋ rəʊp/ *n* comba *f*, cuerda *f* de saltar.

skirmish /ˈskɜ:mɪʃ/ *n* **[skirmishes]** escaramuza *f*.

skirt /skɜ:t/ **I** *n* falda *f*, (*Amér S*) pollera *f*.
II *vt* **[skirts, skirting, skirted] 1.** (*to go around the edge of*) bordear: **the footpath skirts the quarry** el sendero bordea la cantera. **2.** (*to dodge*) esquivar, eludir.
♦*vi*: **he skirted** *around* * *round* **the town to avoid the traffic** rodeó la ciudad * dio la vuelta a la ciudad para evitar el tráfico.

skirting board /ˈskɜ:tɪŋ bɔ:d/ *n* zócalo *m*, rodapié *m*.

skittle /ˈskɪtəl/ *n* **1.** (*pin*) bolo *m*. **2. skittles** *[lleva el verbo en singular]* (*game*) bolos *m pl*.

skive /skaɪv/ *vi* **[skives, skiving, skived]** (*fam*) **1.** (*to shirk*) holgazanear: **whenever there's work to be done she skives** *off* siempre que hay trabajo se escabulle. **2.** (*to stay away from school*) hacer novillos: **he skived** *(off)* **school** hizo novillos.

skulk /skʌlk/ *vi* **[skulks, skulking, skulked]** (*to move furtively*) merodear, rondar: **I saw him skulking** *around* **here yesterday** lo vi merodeando por aquí ayer; (*to hide*): **can't you see them skulking in the corner?** ¿no los ves escondidos en el rincón?

skull /skʌl/ *n* (*Anat, Med*) cráneo *m*; (*as symbol*) calavera *f*.

skullcap *n* casquete *m*.

skunk /skʌŋk/ *n* mofeta *f*.

sky /skaɪ/ *n* **[skies]** cielo *m* ● **the sky's the limit** ¡todo es posible!

sky blue *n* (azul *m*) celeste *m*.
sky-high I *adj* astronómico -ca: **prices are sky-high** los precios son astronómicos * están por las nubes.
II *adv*: **they are threatening to blow the building sky-high** amenazan con hacer volar el edificio por los aires.
skylark *n* alondra *f*.
skylight *n* tragaluz *m*.
skyline *n* (*horizon*) horizonte *m*; (*of city*) perfil *m* (*recortado contra el horizonte*).
skyscraper *n* rascacielos *m inv*.
slab /slæb/ *n* **1.** (*of concrete*) bloque *m*; (*of stone, for paving*) losa *f*. **2.** (*of meat*) tajada *f* (*gruesa*).
slack /slæk/ I *adj* **1.** (*not taut*) flojo -ja: **the rope is too slack** la cuerda está demasiado floja. **2.** (*morals, discipline*) laxo -xa, relajado -da. **3.** (*lazy*) perezoso -sa. **4.** (*not busy*): **we always have a slack period at the beginning of February** siempre tenemos un periodo de poco movimiento a comienzos de febrero.
II *n* (*of rope*): **give me some slack** suelta más cuerda; **you have to take up the slack** hay que tensar la cuerda.
III **slacks** *n pl* pantalones *m pl*.
slacken /ˈslækən/ *vt* [**slackens, slackening, slackened**] (*pace*) aminorar.
♦ *vi* **1.** (*rope*) aflojarse. **2.** (*también* **slacken off**) (*pressure, demand, traffic*) disminuir: **the rain gradually slackened (off)** la lluvia fue amainando poco a poco.
slag /slæg/ *n* escoria *f*.
slag heap *n* escorial *m*.
slain /sleɪn/ *participio pasado de* ⇨ slay
slalom /ˈslaləm/ *n* eslálom *m*.
slam /slæm/ *vt* [**slams, slamming, slammed**] **1.** (*to close noisily*): **don't slam the door** no des un portazo; **she slammed the window shut** cerró la ventana de un golpe • **she slammed the door in his face** le dio con la puerta en las narices. **2.** (*to put down*): **she slammed the money down on the counter** plantó el dinero sobre el mostrador con gesto agresivo. **3.** (*in newspaper headlines, etc.*) criticar duramente: **unions slam Labour's proposal** los sindicatos critican duramente la propuesta de los laboristas.
♦ *vi* (*door, window*) cerrarse de golpe.
slander /ˈslɑːndə/ I *n* calumnia *f*, difamación *f*.
II *vt* [**slanders, slandering, slandered**] calumniar, difamar.
slang /slæŋ/ *n* argot *m*.
slangy /ˈslæŋɪ/ *adj* (*fam*) argótico -ca.
slant /slɑːnt/ I *n* **1.** (*slope*) inclinación *f*: **it looked as if it was** *on* **a slant** parecía que estaba inclinado. **2.** (*perspective*) sesgo *m*: **the programme has a right-wing slant** el programa tiene un sesgo derechista.
II *vt* [**slants, slanting, slanted**] inclinar.
♦ *vi* inclinarse.
slap /slæp/ I *n* (*gen*) palmada *f*; (*on the cheek*) bofetada *f*, cachete *m*.
II *adv* (*también* **slap-bang**): **the ball landed slap in the middle of the cake** la pelota cayó justo encima del pastel.
III *vt* [**slaps, slapping, slapped**] darle una palmada a; (*on the cheek*) darle una bofetada a, abofetear.
to **slap on** *vt* (*fam*: *to apply carelessly*): **she slapped some make-up on and dashed out** se maquilló rápidamente y salió pitando; **I slapped another coat of paint on it** le di rápidamente otra mano de pintura.
slapdash /ˈslæpdæʃ/ *adj* (*fam*: *work*) hecho -cha de cualquier manera: **his slapdash way of doing things** su manera descuidada de hacer las cosas.
slapstick /ˈslæpstɪk/ *n* comedia *f* de golpe y porrazo.
slap-up meal /ˈslæpʌp miːl/ *n* comilona *f*.
slash /slæʃ/ I *n* [**slashes**] **1.** (*cut*) raja *f*, tajo *m*. **2.** (*in punctuation*) barra *f* oblicua.
II *vt* [**slashes, slashing, slashed**] **1.** (*a painting, tyre, face*) hacer tajos * cortes en: **she slashed her wrists** se cortó * se abrió las venas. **2.** (*to reduce greatly*) reducir drásticamente: **prices will be slashed in our clearance sale** habrá sensacionales rebajas en nuestras liquidaciones.
slat /slæt/ *n* listón *m*.
slate /sleɪt/ I *n* pizarra *f*.
II *vt* [**slates, slating, slated**] (*to judge harshly*) criticar duramente: **the film was slated in the press** la película tuvo muy mala prensa.
slaughter /ˈslɔːtə/ I *n* (*of animals*) matanza *f*; (*of humans*) matanza *f*, masacre *f*.
II *vt* [**slaughters, slaughtering, slaughtered**] (*animals*) matar; (*people*) masacrar.
slaughterhouse *n* matadero *m*.
Slav /slɑːv/ *n* eslavo -va *m/f*.
slave /sleɪv/ I *n* esclavo -va *m/f*: **she's a slave** *to* **fashion** es una esclava de la moda.
II *vi* [**slaves, slaving, slaved**] trabajar como un burro: **she spends her life slaving** *(away)* **for them** se pasa toda la vida trabajando como una burra para ellos.
slave driver *n* (*fam*) negrero -ra *m/f*.
slave labour *n* trabajo *m* de esclavos.
slave trade *n* comercio *m* * tráfico *m* de esclavos.
slaver /ˈslævə/ *vi* [**slavers, slavering, slavered**] babear.
slavery /ˈsleɪvərɪ/ *n* esclavitud *f*.
Slavic /ˈslɑːvɪk/ *adj* eslavo -va.
slavish /ˈsleɪvɪʃ/ *adj* (*behaviour*) servil; (*devotion*) ciego -ga.
slay /sleɪ/ *vt* [**slays, slaying, slew,** *participio pasado* **slain**] (*frml*) matar, dar muerte a.
sleazy /ˈsliːzɪ/ *adj* [**sleazier, sleaziest**] (*bar, hotel*) sórdido -da y de mal ambiente.
sledge /sledʒ/, **sled** /sled/ *n* trineo *m*.
sledgehammer /ˈsledʒˌhæmə/ *n* mazo *m* (*grande, de mango largo*).
sleek /sliːk/ *adj* **1.** (*glossy*) lustroso -sa, brillante. **2.** (*stylish*) elegante.
sleep /sliːp/ I *n* **1.** (*gen*) sueño *m*: **I was just having a sleep** me estaba echando un sueñecito; **are you getting enough sleep?** ¿estás durmiendo lo suficiente?; **he went to sleep** se durmió; **she couldn't get to sleep** no conseguía dormirse, no podía conciliar el sueño • **my leg has gone to sleep** se me ha dormido la pierna • **we will have to put you to sleep for the operation** tendremos que dormirla para la operación • **the dog will have to be put to sleep** habrá que sacrificar al perro • **I'm not going to lose any sleep over it** no voy a perder el sueño por ello. **2.** (*in eyes*) legañas *f pl*.
II *vi* [**sleeps, sleeping, slept**] dormir: **she slept all day** pasó todo el día durmiendo • **he said he'd sleep on it and tell me tomorrow** dijo que lo consultaría con la almohada y que me contestaría mañana.
♦ *vt* (*to have accommodation for*): **the cabin sleeps four** el camarote es para cuatro personas.
to **sleep in** *vi* (*to sleep late*) dormir hasta tarde.
to **sleep off** *vt* • **I went home to sleep it off** me fui a casa a dormir la mona.
to **sleep together** *vi* (*two people*) acostarse juntos.
to **sleep with** *vt* acostarse con.

sleeper /ˈsliːpə/ *n* **1.** (*person sleeping*): **she's a heavy/ light sleeper** tiene el sueño profundo/ligero. **2.** (*on train: carriage*) coche *m* cama; (*: bed*) cama *f*. **3.** (*on railway track*) traviesa *f*, durmiente *m*.

sleepily /ˈsliːpəlɪ/ *adv*: **what time is it? she said sleepily** ¿qué hora es?, dijo somnolienta.

sleeping bag /ˈsliːpɪŋ bæg/ *n* saco *m* de dormir.

sleeping pill /ˈsliːpɪŋ pɪl/ *n* somnífero *m*.

sleeping policeman /ˈsliːpɪŋ pəˈliːsmən/ *n* (*Auto*) resalte *m* (*en una calle, para que los vehículos disminuyan la velocidad*), (*Arg, Urug*) lomo *m* de burro, (*Méx*) tope *m*.

sleepless /ˈsliːpləs/ *adj*: **I've had another sleepless night** he pasado otra noche en vela ∗ sin pegar ojo.

sleeplessness /ˈsliːplɪsnəs/ *n* insomnio *m*.

sleepwalk /ˈsliːpwɔːk/ *vi* [**sleepwalks, sleepwalking, sleepwalked**] caminar dormido -da: **as a child, I used to sleepwalk** de niño era sonámbulo.

sleepwalker /ˈsliːpˌwɔːkə/ *n* sonámbulo -la *m/f*.

sleepwalking /ˈsliːpˌwɔːkɪŋ/ *n* sonambulismo *m*.

sleepy /ˈsliːpɪ/ *adj* [**sleepier, sleepiest**] (*person*) somnoliento -ta: **he started to feel sleepy** le entró sueño; (*village*) dormido -da, donde no pasa nada.

sleet /sliːt/ **I** *n* aguanieve *f* [takes ***el*** or ***un*** in singular].
II *vi*: **it's sleeting** cae aguanieve.

sleeve /sliːv/ *n* **1.** (*Clothing*) manga *f*: **the dress has short sleeves** el vestido es de manga corta • **I bet he has something up his sleeve** apuesto a que tiene un as escondido en la manga. **2.** (*for record*) funda *f*.

sleeveless /ˈsliːvləs/ *adj* sin mangas.

sleigh /sleɪ/ *n* trineo *m*.

sleight of hand /slaɪt əv hænd/ *n* juegos *m pl* de manos, prestidigitación *f*.

slender /ˈslendə/ *adj* **1.** (*figure, person*) esbelto -ta; (*waist*) fino -na, delgado -da. **2.** (*possibility*) remoto -ta: **they still cling to that slender hope** aún se aferran a esa remota esperanza; **your chances of finding her are slender** tiene escasas ∗ pocas posibilidades de encontrarla; (*margin, majority*) estrecho -cha.

slept /slept/ *pretérito y participio pasado de* ⇨ sleep

sleuth /sluːθ/ *n* (*fam*) sabueso *m/f*.

slew /sluː/ *pretérito de* ⇨ slay

slice /slaɪs/ **I** *n* **1.** (*of bread*) rebanada *f*; (*of cake*) trozo *m*; (*of lemon, pineapple*) rodaja *f*; (*of melon*) raja *f*, tajada *f*; (*of beef*) tajada *f*; (*of ham*) loncha *f*. **2.** (*kitchen utensil*) pala *f* de cocina.
II *vt* [**slices, slicing, sliced**] (*gen*) cortar: **shall I slice the cake** *(up)*? ¿corto el pastel?; (*bread*) cortar, rebanar.

sliced bread /slaɪst bred/ *n* pan *m* de molde (*en rebanadas*).

slick /slɪk/ **I** *adj* **1.** (*smooth, insincere*): **they were taken in by his slick salesmanship** los embaucó con su pulida técnica de ventas. **2.** (*film, book, presentation*) pulido -da (*a veces sólo superficialmente*).
II *n* (*también* **oil slick**) marea *f* negra.

slid /slɪd/ *pretérito y participio pasado de* ⇨ slide

slide /slaɪd/ **I** *n* **1.** (*in playground*) tobogán *m*. **2.** (*in photography*) diapositiva *f*, filmina *f*. **3.** (*for microscope*) portaobjetos *m inv*. **4.** (*for hair*) pasador *m*.
II *vt* [**slides, sliding, slid**] deslizar: **he slid the book across the table** deslizó el libro por la mesa.
♦*vi* **1.** (*to slip: unintentionally*) resbalarse; (*: deliberately*) deslizarse: **he slid down the bannister** se deslizó por el pasamanos de la escalera. **2.** (*to move stealthily*): **he spotted them sliding into the room** los vio entrando sigilosamente en la habitación.

slide rule *n* regla *f* de cálculo.

sliding door /ˈslaɪdɪŋ dɔː/ *n* puerta *f* corrediza ∗ corredera.

sliding scale /ˈslaɪdɪŋ skeɪl/ *n* escala *f* móvil.

slight /slaɪt/ **I** *adj* **1.** (*improvement, accent*) ligero -ra, leve; (*injury*) leve; (*mark*) ligero -ra: **there is only a slight chance of success** sólo hay una pequeña posibilidad de que lo logremos; **she had a slight lisp** ceceaba ligeramente • **I'm not the slightest bit interested in the subject** el tema no me interesa en lo más mínimo • **"Do you mind if I smoke?" "Not in the slightest."** "¿Le importa si fumo?" "En absoluto." **2.** (*person*) menudo -da.
II *vt* [**slights, slighting, slighted**] desairar, hacerle un desaire a.
III *n* desaire *m*.

slightly /ˈslaɪtlɪ/ *adv* **1.** (*a little*) un poco: **it was slightly too big for him** le quedaba un poco grande; **it's slightly damp** está ligeramente ∗ un poco húmedo. **2.** (*delicately*): **she is slightly built** es (de complexión) menuda.

slim /slɪm/ **I** *adj* **1.** (*figure*) delgado -da, esbelto -ta; (*waist*) delgado -da, fino -na. **2.** (*hope*) escaso -sa, leve: **their chances of survival are very slim** las posibilidades que tienen de sobrevivir son mínimas.
II *vi* [**slims, slimming, slimmed**] (*to diet*) hacer régimen; (*to lose weight*) adelgazar.

slime /slaɪm/ *n* (*mud*) cieno *m*; (*thick, slippery substance*) sustancia *f* viscosa; (*of snail, slug*) baba *f*.

slimming /ˈslɪmɪŋ/ *n* adelgazamiento *m*.

slimming pills *n pl* pastillas *f pl* para adelgazar.

slimy /ˈslaɪmɪ/ *adj* [**slimier, slimiest**] **1.** (*texture, substance*) viscoso -sa. **2.** (*fam: person*) falso -sa.

sling /slɪŋ/ **I** *n* **1.** (*to support arm*) cabestrillo *m*: **his arm was in a sling** llevaba el brazo en cabestrillo. **2.** (*for firing stones*) honda *f*.
II *vt* [**slings, slinging, slung**] **1.** (*to throw*) tirar: **she slung her case on the bed** tiró la maleta encima de la cama; (*fam: to throw away*) tirar (a la basura). **2.** (*to hang*) colgar: **they had slung a banner over the balcony** habían colgado una bandera del balcón.

slink away /slɪŋk əˈweɪ/ *vi* [**slinks, slinking, slunk**] (*también* **slink off**) escurrirse, escabullirse.

slip /slɪp/ **I** *n* **1.** (*small mistake*) desliz *m*, error *m*. **2.** (*también* **slip of the tongue**) lapsus *m inv* (linguae). **3.** (*piece of paper*) papel *m*. **4.** (*undergarment*) combinación *f*. **5.** (*in expressions*): • **surely not, she's just a slip of a girl!** no puede ser, ¡si es una chiquilla! • **they managed to give the police the slip** lograron burlar a la policía.
II *vi* [**slips, slipping, slipped**] **1.** (*to slide: unintentionally*) resbalarse: **I slipped and fell** me resbalé y me caí; (*: intentionally*) deslizarse. **2.** (*to drop: gen*) bajar: **the song slipped to number nine in the charts** la canción bajó al número nueve en la lista de éxitos • **I let it slip that we weren't going** se me escapó que no íbamos; (*: standards*) decaer, bajar. **3.** (*to move*): **she slipped** *into* **the room** entró sigilosamente en la habitación; **I'm just slipping** *out* **to the bank** voy a salir un momento al banco.
♦*vt* (*to pass*): **she slipped him the money in an envelope** le pasó disimuladamente un sobre con el dinero; (*to put*): **he slipped the earrings** *into* **his pocket** se metió los pendientes disimuladamente en el bolsillo.

to **slip into** *vt* ponerse: **I'm going to slip into something more comfortable** voy a ponerme algo más cómodo.

to **slip off** *vt* quitarse.
to **slip on** *vt* ponerse: **wait a minute - I'll just slip my shoes on** espera un segundo que voy a ponerme los zapatos.
to **slip up** *vi* equivocarse.
slip road *n* vía *f* de acceso.
slip-up *n* error *m*, descuido *m*.
slipway *n* grada *f*.

slipped disc /slɪpt dɪsk/ *n* hernia *f* discal * de disco.

slipper /ˈslɪpə/ *n* zapatilla *f*, pantufla *f*.

slippery /ˈslɪpərɪ/ *adj* (*floor*) resbaladizo -za; (*object*) escurridizo -za.

slipshod /ˈslɪpʃɒd/ *adj* descuidado -da.

slit /slɪt/ **I** *n* (*opening*) raja *f*; (*in garment*) corte *m*, abertura *f*.
II *vt* [**slits, slitting, slit**] cortar, hacer un tajo en: **they slit his throat** le cortaron el cuello.

slither /ˈslɪðə/ *vi* [**slithers, slithering, slithered**] deslizarse.

sliver /ˈslɪvə/ *n* (*of wood, glass*) astilla *f*; (*of meat*) tajada *f* * loncha *f* delgada.

slob /slɒb/ *n* (*fam*) dejado -da *m/f*.

slobber /ˈslɒbə/ *vi* [**slobbers, slobbering, slobbered**] babear.

slog /slɒg/ (*fam*) **I** *vi* [**slogs, slogging, slogged**] (*to work hard*) sudar la gota gorda, trabajar como un burro: **he was slogging** *away* **at his novel** estaba sudando la gota gorda con su novela; (*to walk*) caminar con gran esfuerzo.
II *n* paliza *f*: **the race was a real slog** la carrera fue una verdadera paliza.

slogan /ˈsləʊgən/ *n* (*in advertising*) eslogan *m*; (*of organization, party*) lema *m*; (*at demonstration*) consigna *f*.

slop /slɒp/ *vt* [**slops, slopping, slopped**] derramar.
♦*vi* derramarse.

slope /sləʊp/ **I** *n* (*gen*) pendiente *f*, cuesta *f*: **a steep/gentle slope** una pendiente empinada/poco pronunciada; (*of mountain*) vertiente *f*, ladera *f* ● **once you start taking drugs you are on a slippery slope** una vez que empiezas a tomar drogas, vas por mal camino.
II *vi* [**slopes, sloping, sloped**]: **the path slopes down towards the lake** el sendero baja * desciende hacia el lago; **the garden slopes quite steeply** el jardín tiene una pendiente bastante pronunciada.

sloping /ˈsləʊpɪŋ/ *adj* (*ground, surface*) en pendiente, en declive; (*handwriting*) inclinado -da.

sloppy /ˈslɒpɪ/ *adj* [**sloppier, sloppiest**] **1.** (*appearance*) desaseado -da, desaliñado -da; (*work, presentation*) descuidado -da. **2.** (*song, novel*) sensiblero -ra. **3.** (*mixture*) poco espeso -sa.

slosh /slɒʃ/ *vi* [**sloshes, sloshing, sloshed**] (*liquid*) agitarse.

sloshed /slɒʃt/ *adj* (*fam*) borracho -cha, como una cuba.

slot /slɒt/ **I** *n* **1.** (*gen*) ranura *f*: **he put the coin in the slot** metió la moneda en la ranura. **2.** (*Media*) espacio *m*: **the series will occupy the seven o'clock slot on Fridays** la serie se presentará en el espacio de los viernes a las siete.
II *vt* [**slots, slotting, slotted**] (*to fit*) encajar.
slot machine *n* **1.** (*in amusement arcade*) máquina *f* tragaperras * tragamonedas. **2.** (*vending machine*) máquina *f* expendedora, distribuidor *m* automático.

sloth /sləʊθ/ *n* **1.** (*frml*: *laziness*) pereza *f*. **2.** (*animal*) perezoso *m*.

slouch /slaʊtʃ/ *vi* [**slouches, slouching, slouched**]: **don't slouch!** ¡ponte derecho!

slovenly /ˈslʌvənlɪ/ *adj* (*person*) desaliñado -da; (*piece of work*) descuidado -da.

slow /sləʊ/ **I** *adj* **1.** (*vehicle, worker, rhythm*) lento -ta: **she's a slow reader** lee despacio; **they were slow to react** tardaron en reaccionar. **2.** (*stupid*) corto -ta de entendederas. **3.** (*watch, clock*) atrasado -da: **my watch is slow** mi reloj está atrasado.
II *adv* lentamente, despacio ● **the workers decided to go slow** los obreros decidieron hacer huelga de celo.
III *vi* [**slows, slowing, slowed**] (*to reduce speed: vehicle*) aminorar la marcha, reducir la velocidad; (*: pedestrian*) aflojar el paso, aminorar la marcha: **the horse slowed to a trot** el caballo aflojó el paso y empezó a trotar.
♦*vt* desacelerar: **attempts were made to slow the economic decline** intentaron desacelerar la caída de la economía.
to **slow down** *vi* (*to reduce speed: in vehicle*) aminorar la marcha, reducir la velocidad; (*: on foot*) aflojar el paso, aminorar la marcha: **he can't understand a word you're saying, slow down** no entiende ni una palabra de lo que estás diciendo, habla más despacio.
♦*vt* (*a process*) desacelerar, hacer más lento -ta: **he slowed the car down as he approached the traffic lights** al llegar al semáforo, redujo la velocidad; **walk a bit faster, you're slowing us down** anda más deprisa, nos estás haciendo ir muy despacio.
slowcoach *n* [**slowcoaches**] (*fam*) tortuga *m/f*.
slow lane *n* (*in GB*) carril *m* de la izquierda; (*in US, Europe*) carril *m* de la derecha.
slow motion *n* cámara *f* lenta: **they filmed the scene in slow motion** rodaron la escena a * en cámara lenta.
slowpoke *n* (*fam*) tortuga *m/f*.

slowly /ˈsləʊlɪ/ *adv* despacio ● **slowly but surely he's becoming more self-confident** poco a poco va adquiriendo más confianza en sí mismo.

sludge /slʌdʒ/ *n* (*mud*) lodo *m*; (*sediment*) sedimento *m*.

slug /slʌg/ *n* **1.** (*Zool*) babosa *f*. **2.** (*US*: *bullet*) bala *f*.

sluggish /ˈslʌgɪʃ/ *adj* (*river*) de curso lento: **trading was sluggish on the stock markets yesterday** ayer hubo poca actividad en las bolsas.

sluice /slu:s/ **I** *n* (*waterway*) canal *m*; (*gate*) compuerta *f*.
II *vt* [**sluices, sluicing, sluiced**] lavar (*con mucha agua*): **we sluiced the yard** *(down)* lavamos el patio.

slum /slʌm/ *n* barrio *m* bajo.

slumber /ˈslʌmbə/ (*frml*) **I** *n* sueño *m*.
II *vi* [**slumbers, slumbering, slumbered**] dormir.

slump /slʌmp/ **I** *n* (*in economy*) profunda depresión *f*; (*in demand*) descenso *m* brusco, bajón *m*: **there was a slump in house prices** los precios de las viviendas cayeron en picado; (*in morale*) bajón *m*.
II *vi* [**slumps, slumping, slumped**]: **he slumped onto the sofa** se desplomó en el sofá; **profits for the year slumped** los beneficios del ejercicio cayeron en picado.

slung /slʌŋ/ *pretérito y participio pasado de* ➪ sling

slunk /slʌŋk/ *pretérito y participio pasado de* ➪ slink

slur /slɜ:/ **I** *n* (*offending remark*) difamación *f*: **he cast a slur** *on* **the minister** difamó al ministro.
II *vt* [**slurs, slurring, slurred**] (*words*) arrastrar.

slurp /slɜ:p/ *vt* [**slurps, slurping, slurped**] (*fam*) sorber (*ruidosamente*).
♦*vi* hacer ruido (*al beber*).

slush /slʌʃ/ *n* (*melted snow*) nieve *f* derretida.
slush fund *n* fondo *m* de reptiles.
sly /slaɪ/ *adj* [**slier** * **slyer, sliest** * **slyest**] (*cunning*) astuto -ta, taimado -da: **a sly smile** una sonrisa pícara • **he's been seeing her on the sly** se ha estado viendo con ella a escondidas.
smack /smæk/ I *vt* [**smacks, smacking, smacked**] (*to hit: gen*): **I'll smack your bottom!** ¡mira que te voy a dar en el trasero!; (*: in the face*) darle una bofetada a, abofetear • **this smacks of deceit** esto huele a engaño.
II *n* 1. (*gen*): **I gave her a smack on the bottom** le di en el trasero; (*in the face*) bofetada *f*. 2. (*noise*): **he landed in the water with a smack** cayó ¡plaf! al agua. 3. (*kiss*) beso *m* (*ruidoso*).
small /smɔːl/ I *adj* 1. (*gen*) pequeño -ña, chico -ca: **they have a small garden** tienen un jardín pequeño * un jardincito; **these shoes are too small for me** estos zapatos me quedan pequeños; **this car is smaller than my previous one** este coche es más pequeño que el que tenía antes. 2. (*short*) bajo -ja: **he's the smallest boy in the class** es el niño más bajo de la clase. 3. (*young*) pequeño -ña: **small children should not be left alone** a los niños pequeños no se los debería dejar solos. 4. (*insignificant*) pequeño -ña, sin importancia: **it was only a small mistake** no fue más que un pequeño error; **the company grew from small beginnings** la compañía empezó muy modestamente • **I felt very small when she criticized my painting** me sentí humillada cuando criticó mi cuadro.
II *adv*: **chop the carrot up nice and small** cortar la zanahoria en trocitos; **try not to write so small** intenta no hacer la letra tan pequeña.
III *n* 1. (*of back*): **it hit me in the small of the back** me dio en los riñones. 2. (*size*) talla *f* pequeña: **they didn't have it in a small** no tenían la (talla) pequeña.
IV **smalls** *n pl* (*Clothing*) ropa *f* interior.
small ads *n pl* anuncios *m pl* clasificados.
small change *n* suelto *m*, cambio *m*.
smallholding *n* granja *f* pequeña.
small hours *n pl*: **they arrived back *in* the small hours** volvieron de madrugada.
small letter *n* minúscula *f*.
small-minded *adj* mezquino -na.
smallpox *n* viruela *f*.
small print *n* (*Law*) **the small print** la letra pequeña * menuda.
small-scale *adj* 1. (*map*) a escala reducida. 2. (*operation, organization*) a pequeña escala.
small screen *n*: **the small screen** (*Media*) la pequeña pantalla.
small talk *n*: **we made small talk until he arrived** hablamos de trivialidades hasta que llegó.
small-time *adj* (*theft*) de poca monta; (*criminal*) menor.
small-town *adj* (*mentality*) de pueblo, provinciano -na.
smallish /ˈsmɔːlɪʃ/ *adj* (*fam*) más bien pequeño -ña * chico -ca: **it's a smallish company** es una empresa más bien pequeña.
smallness /ˈsmɔːlnəs/ *n* pequeñez *f*.
smarmy /ˈsmɑːmɪ/ *adj* [**smarmier, smarmiest**] (*fam*) adulador -dora.
smart /smɑːt/ I *adj* 1. (*elegant*) elegante: **your sister's looking smart today** tu hermana está muy elegante hoy. 2. (*clever*) listo -ta, inteligente: **she's a very smart child** es una niña muy lista * inteligente. 3. (*quick*) rápido -da: **they started off at a smart pace** empezaron a un ritmo rápido; **what you need is a smart kick up the backside** a ti lo que te hace falta es que te den una buena patada en el trasero.
II *vi* [**smarts, smarting, smarted**] (*eyes*) escocer, arder; (*wound*) escocer • **he's still smarting from their remarks** todavía le duelen sus comentarios.
smart alec *n* (*fam*) listillo -lla *m/f*, sabelotodo *m/f*.
smarten up /ˈsmɑːtən ʌp/ *vt* [**smartens, smartening, smartened**] arreglar: **they've been smartening up the town hall** han estado arreglando * remozando el ayuntamiento; **you'd better smarten yourself up before he arrives** deberías arreglarte un poco antes de que llegue • **they'll need to smarten up their act before the contest** tendrán que espabilarse antes del concurso.
♦ *vi* arreglarse.
smartly /ˈsmɑːtlɪ/ *adv* 1. (*elegantly*) con elegancia, elegantemente. 2. (*quickly*) rápidamente.
smash /smæʃ/ I *n* [**smashes**] 1. (*sound*) estrépito *m*: **the jug fell to the ground with a loud smash** la jarra cayó al suelo con gran estrépito. 2. (*accident*) choque *m*: **we had a smash** tuvimos un accidente. 3. (*in tennis*) smash *m*. 4. (*fam: success*) exitazo *m*: **the record was an immediate smash** el disco fue un exitazo inmediato.
II *vi* [**smashes, smashing, smashed**] 1. (*to break*) hacerse pedazos * añicos: **the glass smashed (to pieces)** la copa se hizo pedazos * añicos. 2. (*to hit*): **he smashed *into* a tree** se estrelló * se estampó contra un árbol; **his fist smashed *down* on the table** dio un fuerte puñetazo sobre la mesa.
♦ *vt* 1. (*to break*) romper: **someone smashed my windscreen** alguien rompió el parabrisas de mi coche; **they have smashed the world record** han batido el récord mundial; **the police have smashed a big drugs ring** la policía ha acabado con una amplia red de narcotráfico. 2. (*in football*): **he smashed the ball *into* the back of the net** mandó el balón al fondo de la red de un trallazo. 3. (*a car*) chocar * estrellarse con: **he smashed his car *into* a tree** chocó * se estrelló con el coche contra un árbol. 4. (*to bang noisily*): **he smashed the book *(down)* on the table** plantó el libro en la mesa de un golpe.
to **smash down** *vt* (*a door*) tirar abajo, derribar.
to **smash up** *vt* destrozar: **they've smashed up my bike** han destrozado mi bicicleta; **she smashed up her car** chocó con el coche y lo hizo polvo.
smashed /smæʃt/ *adj* (*fam*) borracho -cha: **they got totally smashed** se agarraron una borrachera tremenda.
smashing /ˈsmæʃɪŋ/ *adj* (*fam*) estupendo -da, fantástico -ca: **we had a smashing day at the beach** pasamos un día estupendo en la playa.
smattering /ˈsmætərɪŋ/ *n* nociones *f pl* (básicas): **she managed to get by with a smattering of English** se pudo defender con unas nociones (básicas) de inglés * con un poquito de inglés.
smear /smɪə/ I *vt* [**smears, smearing, smeared**] 1. (*to stain*) manchar: **the murderer's hands were smeared *with* blood** el asesino tenía las manos manchadas de sangre; (*to daub*): **she had smeared jam *on* the clean tablecloth** había embadurnado el mantel limpio de mermelada. 2. (*to discredit*) difamar.
♦ *vi* (*paint, ink*) correrse.
II *n* 1. (*stain*) mancha *f*. 2. (*slander*) difamación *f*.
smear campaign *n* campaña *f* difamatoria.
smear test *n* citología *f*, frotis *m* cervical.
smell /smel/ I *n* 1. (*gen*) olor *m*: **what a lovely smell *of* fresh bread!** ¡qué olor más rico a pan recién hecho!;

there's a smell *of* **gas** huele a gas; **the smell** *of* **the flowers** el olor ✻ perfume de las flores; **I love the smell** *of* **coffee** me encanta el aroma del café; **there's a horrible smell in here!** ¡aquí huele que apesta! **2.** (*sense*) olfato *m*: **he lost his sense of smell** perdió el (sentido del) olfato. **3.** (*act of smelling*): **let me have a smell** *of* **that soap** déjame oler ese jabón.

II *vt* [**smells, smelling, smelt** ✻ **smelled**] oler: **she smelled the sample** olió la muestra ● **we could smell danger** nos olimos el peligro.

♦ *vi* **1.** (*to give off a smell*) oler: **these geraniums don't smell** estos geranios no huelen; **this fish smells funny** este pescado huele raro ✻ tiene un olor raro; **it smells** *of* **lavender** huele a lavanda; (*to give off an unpleasant smell*) oler mal: **she smells** huele mal. **2.** (*to use one's sense of smell*): **I can't smell very well with this cold** con este resfriado no tengo mucho olfato.

smelly /ˈsmelɪ/ *adj* [**smellier, smelliest**] (*feet, clothes*) apestoso -sa, hediondo -da: **take that smelly cheese away** llévate ese queso apestoso a otra parte; **his shoes were really smelly** sus zapatos olían muy mal.

smelt /smelt/ **I** *pretérito y participio pasado de* ➪ smell

II *vt* [**smelts, smelting, smelted**] (*Tec*) fundir.

smile /smaɪl/ **I** *n* sonrisa *f*: **he said it with a smile** lo dijo sonriente ✻ con una sonrisa; **go on, give us a smile!** ¡anda, sonríe! ● **the children were all smiles when they saw the ice creams** los niños sonrieron de oreja a oreja cuando vieron los helados ● **the repair bill soon wiped the smile off his face** cuando vio la factura del arreglo se le borró la sonrisa de la cara.

II *vi* [**smiles, smiling, smiled**] sonreír: **he smiled** *at* **the old lady** le sonrió a la anciana ● **perhaps fortune will smile on the next generation** quizás la suerte le sonría a la próxima generación.

smiling /ˈsmaɪlɪŋ/ *adj* sonriente.

smirk /smɜːk/ **I** *n* sonrisa *f* (desdeñosa): **he read me the results** *with* **a smirk** me leyó los resultados con una sonrisa desdeñosa.

II *vt/i* [**smirks, smirking, smirked**] sonreír (con desdén): **you've missed your chance, he smirked** has perdido tu oportunidad, dijo sonriendo con desdén.

smith /smɪθ/ *n* herrero -ra *m/f*.

smithereens /ˌsmɪðəˈriːnz/ *n pl*: **the dish smashed to smithereens** la fuente se hizo añicos ✻ trizas.

smitten /ˈsmɪtən/ *adj*: **she's smitten** *with* **the new art teacher** está colada por el nuevo profesor de arte.

smock /smɒk/ *n* (*worn by: artist, fisherman*) blusón *m*; (*: pregnant woman*) blusón *m* (de) premamá; (*: nursery child*) babi *m*.

smog /smɒg/ *n* smog *m*.

smoke /sməʊk/ **I** *n* **1.** (*from fire, burning*) humo *m*: **smoke had enveloped the building** el edificio había quedado envuelto en humo ● **there's no smoke without fire** cuando el río suena, agua lleva ● **all our plans have gone up in smoke** todos nuestros planes han quedado en la nada. **2.** (*act of smoking*): **let's go outside for a smoke** salgamos a fumarnos un cigarrillo.

II *vi* [**smokes, smoking, smoked**] **1.** (*person*) fumar: **he doesn't smoke** no fuma. **2.** (*chimney*) echar humo; (*gun*) humear: **the wood was still smoking** la leña aún echaba humo ✻ humeaba.

♦ *vt* **1.** (*cigarettes, cigars*) fumar: **she smokes twenty a day** (se) fuma una cajetilla por día; **he used to smoke a pipe** antes fumaba en pipa. **2.** (*herrings, cheese, glass*) ahumar.

to **smoke out** *vt*: **they smoked the wasps out** *of* **their nest** hicieron salir a las avispas llenando el avispero de humo.

smoke alarm *n* detector *m* de incendios.

smoke screen *n* cortina *f* de humo.

smokestack *n* chimenea *f* (*de fábrica, buque*).

smoked /sməʊkt/ *adj* (*bacon, salmon*) ahumado -da.

smokeless /ˈsməʊkləs/ *adj*: **smokeless fuel** combustible que no produce humo; **smokeless zone** zona donde está prohibido utilizar combustibles que produzcan humo.

smoker /ˈsməʊkə/ *n* **1.** (*person*) fumador -dora *m/f*: **she's a heavy smoker** fuma mucho. **2.** (*Transp*) coche *m* de fumadores.

smoking /ˈsməʊkɪŋ/ *n*: **it's time you stopped** ✻ **gave up smoking** ya va siendo hora de que dejes de fumar; **smoking is dangerous for your health** fumar perjudica la salud.

smoking car *n* coche *m* de fumadores.

smoking jacket *n* batín *m*.

smoky /ˈsməʊkɪ/ *adj* [**smokier, smokiest**] **1.** (*place*) lleno -na de humo: **this room is so smoky, my eyes are stinging** hay tanto humo en esta habitación que me pican los ojos. **2.** (*flavour*) ahumado -da.

smolder /ˈsməʊldə/ *vi* [**smolders, smoldering, smoldered**] (*US*) ➪ smoulder

smooth /smuːð/ **I** *adj* **1.** (*skin*) suave, terso -sa; (*taste*) suave: **this is a lovely smooth-tasting whisky** este whisky tiene un sabor muy suave y agradable. **2.** (*surface*) liso -sa; (*road*) bueno -na. **3.** (*mixture*) sin grumos: **stir the sauce until (it is) smooth** remover la salsa hasta que no tenga grumos. **4.** (*journey, flight, transition*) sin problemas; (*movement*) fluido -da. **5.** (*fam: person*) *desenvuelto -ta y con mucha labia*.

II *vt* [**smooths, smoothing, smoothed**] alisar: **he smoothed** *(down)* **his hair** se alisó el pelo; **she stood up and smoothed her skirt** se levantó y se alisó la falda ● **such measures should smooth their path** ✻ **way into the European Union** tales medidas deberían allanarles el camino de acceso a la Unión Europea.

to **smooth out** *vt* (*paper, fabric*) alisar ● **we can smooth out any final problems in tomorrow's meeting** en la reunión de mañana podremos solucionar cualquier problema que pueda quedar.

to **smooth over** *vt* (*difficulties*) allanar.

smooth operator *n* (*fam*) *persona persuasiva y con mucha labia*.

smoothie /ˈsmuːðɪ/ *n* (*fam*) *hombre demasiado desenvuelto y untuoso*.

smoothly /ˈsmuːðlɪ/ *adv* **1.** (*not jerkily*) suavemente: **the plane touched down smoothly** el avión aterrizó suavemente; **the dancers moved gracefully and smoothly across the stage** los bailarines se movían con gracia y soltura por el escenario ● **everything went smoothly** no hubo ningún contratiempo. **2.** (*confidently*) con desenvoltura.

smoothy /ˈsmuːðɪ/ *n* [**smoothies**] ➪ smoothie

smother /ˈsmʌðə/ *vt* [**smothers, smothering, smothered**] **1.** (*flames*) sofocar: **they smothered the fire with sand** sofocaron el incendio con arena. **2.** (*a person*) asfixiar. **3.** (*to cover*) cubrir: **he smothered her** *with* **kisses** la colmó ✻ la cubrió de besos; **the plants were smothered** *in* **aphids** las plantas estaban infestadas de áfidos. **4.** (*to suppress*) reprimir, contener: **he tried to smother a yawn** trató de reprimir un bostezo.

smoulder /ˈsməʊldə/ *vi* [**smoulders, smouldering, smouldered**] **1.** (*ashes*) arder. **2.** (*with passion*) arder:

she was smouldering *with* **anger** la rabia la comía por dentro.

smudge /smʌdʒ/ **I** *n* mancha *f*: **she had a smudge of mascara on her nose** tenía una mancha de rímel en la nariz.
II *vt* [**smudges, smudging, smudged**] **1.** (*to stain*) manchar: **his face was smudged** *with* **coal-dust** tenía la cara manchada de carbón. **2.** (*ink*) hacer correr: **he smudged the letter with his sleeve** emborronó la carta con la manga.
♦*vi* (*ink*) correrse.

smug /smʌg/ *adj* [**smugger, smuggest**] satisfecho -cha consigo mismo -ma: **there's no need to look so smug just because you passed your exam** no tienes por qué adoptar ese aire de suficiencia, sólo porque aprobaste el examen.

smuggle /ˈsmʌgəl/ *vt* [**smuggles, smuggling, smuggled**] (*cigarettes, perfume, watches*) pasar de contrabando, contrabandear: **they were caught smuggling diamonds** *out of* **the country** los pillaron sacando diamantes del país de contrabando; **we managed to smuggle the puppy** *into* **the hotel** conseguimos entrar el cachorro en el hotel a escondidas.

smuggler /ˈsmʌgələ/ *n* (*of jewels, cigarettes*) contrabandista *m/f*; (*of drugs*) traficante *m/f*.

smuggling /ˈsmʊgəlɪŋ/ *n* contrabando *m*.

smugly /ˈsmʌglɪ/ *adv* con (aire de) suficiencia.

smut /smʌt/ *n* **1.** (*dirty mark*) mancha *f*; (*left by soot*) mancha *f* de tizne. **2.** (*rude pictures, text, movie*) inmundicia *f*: **stop talking such smut** no digas obscenidades.

smutty /ˈsmʌtɪ/ *adj* [**smuttier, smuttiest**] (*language*) obsceno -na, soez; (*movie, book*) indecente, pornográfico -ca.

snack /snæk/ **I** *n* tentempié *m*: **we just have a snack lunch** tomamos un tentempié al mediodía, hacemos una comida muy ligera al mediodía; **let's have a quick snack before we go out** comamos algo rápidamente antes de salir, tomemos un bocado antes de salir; **they put some snacks out on the bar** pusieron algo para picar en la barra.
II *vi* [**snacks, snacking, snacked**] picar (*entre comidas*).
snack bar *n* cafetería *f*.

snag /snæg/ **I** *n* inconveniente *m*, pega *f*: **there's only one snag, they don't take credit cards** sólo hay un inconveniente ✻ una pega, no aceptan tarjetas de crédito.
II *vt* [**snags, snagging, snagged**] enganchar: **she snagged her stockings** *on* **a nail** se enganchó las medias con un clavo.

snail /sneɪl/ *n* caracol *m* • **the builders are working at a snail's pace** los albañiles trabajan a paso de tortuga.

snake /sneɪk/ **I** *n* serpiente *f*, culebra *f*.
II *vi* [**snakes, snaking, snaked**] serpentear: **the path snaked down towards the sea** el camino descendía serpenteante hacia el mar.
snakebite *n* mordedura *f* de serpiente.
snake charmer *n* encantador -dora *m/f* de serpientes.
snakes and ladders *n* (el juego de) la oca: **we played snakes and ladders** jugamos a la oca.

snap /snæp/ **I** *n* **1.** (*noise*) chasquido *m*: **we heard the snap of a twig** oímos el chasquido de una rama. **2.** (*period*): **we have had a severe cold snap** hemos tenido una ola de fuertes fríos. **3.** (*Games*) *juego de naipes en el que se trata de decir primero "snap" cuando aparecen dos cartas iguales* • **snap! we're wearing the same T-shirt!** ¡toma! ¡llevamos la misma camiseta! **4.** (*fam*: *photograph*) foto *f*: **he showed us some snaps of Dartmoor** nos enseñó unas fotos de Dartmoor.
II *vi* [**snaps, snapping, snapped**] **1.** (*to break*) romperse, partirse • **after months of tension, she finally snapped** después de meses de tensión, al final sus nervios estallaron • **I know you're depressed, but try and snap out of it** sé que estás deprimida, pero tienes que tratar de sobreponerte a ello. **2.** (*to speak angrily*) hablar bruscamente: **she told me to stop snapping** *at* **the children** me dijo que no les hablara tan bruscamente a los niños. **3.** (*to attempt to bite*): **the dog snapped** *at* **her hand** el perro intentó morderle la mano. **4.** (*to close sharply*): **the box snapped shut** la caja se cerró de golpe.
♦*vt* **1.** (*to break*) romper, partir: **I accidentally snapped his pencil** le rompí el lápiz sin querer. **2.** (*to photograph*) sacarle una foto a. **3.** (*fingers*) chasquear: **she snapped her fingers to make them stop talking** chasqueó los dedos para hacerlos callar. **4.** (*to close sharply*): **she snapped her bag shut** cerró el bolso de golpe.
III *adj* (*decision*) tomado -da en el momento: **she made a snap decision to sell her car** decidió en ese mismo momento vender su coche.
to **snap off** *vi* romperse, partirse (*y desprenderse*).
♦*vt* romper (*y desprender*).
to **snap up** *vt*: **he offered it to me for fifty pounds and I snapped it up** me lo ofreció por cincuenta libras y lo compré sin titubear.

snappy /ˈsnæpɪ/ *adj* [**snappier, snappiest**] **1.** (*irritable*) de mal humor: **he's been very snappy lately** últimamente ha estado de muy mal humor. **2.** (*fam*: *chic*) con mucho estilo: **he's a snappy dresser** se viste con mucho estilo. **3.** • (*quick*) **finish your breakfast, and make it snappy!** ¡termínate el desayuno, rápido!

snapshot /ˈsnæpʃɒt/ *n* fotografía *f*, instantánea *f*.

snare /sneə/ **I** *n* trampa *f*.
II *vt* [**snares, snaring, snared**] (*a rabbit, fox*) atrapar • **she was hoping to snare a millionaire** esperaba cazar a un millonario.

snarl /snɑːl/ **I** *n* (*of a dog, wolf*) gruñido *m*: **don't push your luck, he said** *with* **a snarl** no te pases, dijo con un gruñido.
II *vi* [**snarls, snarling, snarled**] (*dog, wolf*) gruñir: **Spot always snarls** *at* **the postman** Spot siempre le gruñe al cartero; **get out of here! he snarled** ¡vete de aquí!, gruñó.
to **snarl up** *vt*: **the accident snarled up the whole area** el accidente produjo un atasco en toda la zona.
snarl-up *n* atasco *m*.

snatch /snætʃ/ **I** *vt* [**snatches, snatching, snatched**] **1.** (*to take away*) arrebatar, quitar: **he tried to snatch the purse from my hand** intentó arrebatarme el monedero de las manos; **I had my wallet snatched in Seville** me quitaron la cartera en Sevilla. **2.** (*fam*: *to obtain*): **I managed to snatch some sleep on the train** conseguí echar una cabezadita en el tren; **he snatched a sandwich during the interval** se comió rápidamente un bocadillo durante el intermedio; **we snatched the chance to be together for the afternoon** no dejamos escapar la oportunidad de pasar la tarde juntos.
♦*vi* **1.** (*from a person*): **you shouldn't snatch, it's very rude!** no debes arrebatarle las cosas a la gente, ¡es de muy mala educación! **2.** (*at an opportunity*): **I**

snatched *at* **the offer** me apresuré a aprovechar la oferta.

II *n* [**snatches**] 1. (*robbery*) robo *m*. 2. (*attempt to grab*): **he made a snatch** *for* **the gun** intentó agarrar la pistola. 3. (*short burst*) trozo *m*: **I heard snatches of their conversation** oí trozos * fragmentos de su conversación.

sneak /sni:k/ I *n* (*fam*) acusón -sona *m/f*, chivato -ta *m/f*: **that sneak went and told the teacher** ese chivato fue y se lo dijo al profesor.

II *vi* [**sneaks, sneaking, sneaked**] 1. (*to creep*): **I sneaked** *past* **my mother and into my room** pasé a hurtadillas por donde estaba mi madre y me metí en mi habitación; **he sneaked** *off* **while I was on the phone** se escabulló mientras yo hablaba por teléfono; **the boys sneaked** *up on* **us and gave us a fright** los chicos se nos acercaron sigilosamente y nos dieron un susto; **how did you manage to sneak** *in* **here?** ¿cómo te las arreglaste para colarte aquí? 2. (*fam: to inform*): **he sneaked** *on* **us to my mother** se chivó de nosotros a mi madre * el acusón fue y se lo dijo a mi madre.

♦*vt*: **he sneaked a chocolate from the box** se sirvió un bombón de la caja a escondidas; **I sneaked a quick look at the exam paper** le eché un vistazo al examen disimuladamente; **they sneaked him** *out of* **the country disguised as a nun** lo sacaron del país disfrazado de monja.

sneakers /ˈsni:kəz/ *n pl* (*US*) zapatillas *f pl* de tenis, (*Amér L*) tenis *m pl*.

sneaking /ˈsni:kɪŋ/ *adj*: **I had a sneaking suspicion I'd seen her before somewhere** tenía la ligera sospecha de que la había visto antes en algún sitio; **I couldn't help feeling a sneaking admiration for him** no podía menos que sentir cierta admiración por él.

sneer /snɪə/ I *n* mueca *f* de desprecio.

II *vi* [**sneers, sneering, sneered**] hacer una mueca de desprecio: **she does nothing but sneer** *at* **my efforts** no hace más que burlarse despreciativamente de mis intentos.

♦*vt* decir con una mueca de desprecio.

sneeze /sni:z/ I *n* estornudo *m*.

II *vi* [**sneezes, sneezing, sneezed**] estornudar ● **this latest offer is not to be sneezed at** la nueva oferta que nos han hecho no es como para despreciarla.

snicker /ˈsnɪkə/ *vi* [**snickers, snickering, snickered**] (*fam*) reírse (*burlándose de algo o alguien*): **the children started to snicker when he turned his back** los niños empezaron a reírse en cuanto se dio la vuelta.

snide /snaɪd/ *adj* (*comment, remark*) malicioso -sa.

sniff /snɪf/ I *vi* [**sniffs, sniffing, sniffed**] 1. (*because of a cold*) sorberse los mocos: **stop sniffing and blow your nose** deja de sorberte los mocos y suénate la nariz. 2. (*in order to smell something*) olfatear, olisquear: **the dog was sniffing** *at* **the bundle** el perro olfateaba el fardo ● **the police have been sniffing around here again** la policía ha estado husmeando por aquí otra vez ● **a prize of a thousand pounds is not to be sniffed at** un premio de mil libras no es como para despreciarlo.

♦*vt* 1. (*dog*) olfatear: **the hounds sniffed the wind** los sabuesos olfateaban el viento; (*person*) oler: **he sniffed the milk** olió la leche. 2. (*cocaine, glue*) inhalar, esnifar.

II *n* 1. (*smell*): **she took one sniff** *of* **the cheese and pulled a face** olió el queso e hizo una mueca; **have you had a sniff** *of* **this perfume?** ¿has olido este perfume? 2. (*of solvent, glue*) inhalación *f*, esnifada *f*. 3. (*sound: of crying*) sollozo *m*; (*: of disdain, offence*): **I know when I'm not wanted, he said** *with* **a sniff** sé muy bien cuando estoy de más, dijo con despecho.

sniffle /ˈsnɪfəl/ I *n* resfriado *m*: **she had a sniffle * the sniffles** estaba resfriada.

II *vi* [**sniffles, sniffling, sniffled**] 1. (*with a cold*) sorberse los mocos. 2. (*to cry*) lloriquear: **the film was very sad and we were all sniffling** la película era muy triste y todos estábamos lloriqueando.

snigger /ˈsnɪgə/ I *n* risita *f*.

II *vi* [**sniggers, sniggering, sniggered**] reírse (*burlándose de algo o alguien*).

snip /snɪp/ I *vt* [**snips, snipping, snipped**] cortar (*con tijeras*): **she snipped the ribbon in half** cortó la cinta por la mitad.

♦*vi* cortar (*con tijeras*): **the hairdresser kept snipping** *(away) at* **my fringe** el peluquero siguió cortándome el flequillo.

II *n* 1. (*little cut*) corte *m* (*hecho con tijeras*): **make two snips in the sides of the skirt** haga dos pequeños cortes a ambos lados de la falda; (*action, sound*) tijeretazo *m*: **we heard the snip of the barber's scissors** oímos los tijeretazos del barbero. 2. (*small piece*) trocito *m* (*cortado con tijeras*). 3. (*fam: bargain*) ganga *f*: **the teaset was a snip at five pounds** el juego de té era una ganga a cinco libras.

snipe /snaɪp/ I *vi* [**snipes, sniping, sniped**] 1. (*to shoot*) disparar: **someone was sniping** *at* **the president's car** alguien estaba disparándole al coche del presidente. 2. (*to criticize*) criticar, atacar: **he was constantly sniping** *at* **her about her lateness** siempre la estaba criticando por su falta de puntualidad.

II *n* (*Zool*) agachadiza *f*.

sniper /ˈsnaɪpə/ *n* francotirador -dora *m/f*.

snippet /ˈsnɪpɪt/ *n* 1. (*of cloth, paper*) trocito *m*. 2. (*of a story, news*): **he brought back a few snippets of news** trajo alguna que otra noticia; **have you got any new snippets of gossip to tell me?** ¿tienes algún chisme nuevo que contarme?

snivel /ˈsnɪvəl/ *vi* [**snivels, snivelling, snivelled**] lloriquear.

snob /snɒb/ *n* esnob *m/f*: **he's a terrible wine snob** se las da de muy entendido en vinos.

snobbery /ˈsnɒbərɪ/ *n* esnobismo *m*.

snobbish /ˈsnɒbɪʃ/ *adj* esnob.

snooker /ˈsnu:kə/ I *n*: *modalidad de juego de billar en la que se trata de introducir quince bolas rojas y seis de colores en las troneras.*

II *vt* [**snookers, snookering, snookered**] (*Sport*) *poner (al contrario) en una situación en la que no puede golpear directamente la bola deseada.*

snoop /snu:p/ I *vi* [**snoops, snooping, snooped**] husmear: **the police have been snooping** *around*, **looking for clues** la policía ha estado husmeando en busca de pruebas; **stop snooping** *around* **in my room!** ¡deja de fisgonear * de husmear en mi habitación!

II *n* 1. (*person*) fisgón -gona *m/f*. 2. (*action*): **we caught her having a snoop** *around* **outside** la pillamos fisgoneando fuera.

snooty /ˈsnu:tɪ/ *adj* [**snootier, snootiest**] estirado -da, arrogante.

snooze /snu:z/ I *n* siesta *f*: **I'm going to have a little snooze** voy a echarme una siestecita.

II *vi* [**snoozes, snoozing, snoozed**] echarse una siesta: **she was snoozing in the garden** se estaba echando una siesta en el jardín.

snooze button *n* (*on alarm clock*) *botón que hace que el despertador vuelva a sonar al cabo de unos minutos*.

snore /snɔː/ I *vi* [**snores, snoring, snored**] roncar.
II *n* ronquido *m*.

snoring /ˈsnɔːrɪŋ/ *n* ronquidos *m pl*.

snorkel /ˈsnɔːkəl/ I *n* tubo *m* de respiración, esnórquel *m*.
II *vi* [**snorkels, snorkelling, snorkelled**] bucear (*con tubo de respiración*).

snort /snɔːt/ I *n* **1.** (*of pig*) gruñido *m*. **2.** (*of person*) resoplido *m*, bufido *m*: **you're only twenty? he said,** *with* **a snort of disbelief** ¿que sólo tienes veinte años?, dijo dando un resoplido de incredulidad.
II *vi* [**snorts, snorting, snorted**] (*pig*) gruñir; (*person*) resoplar: **I'm not eating that! she snorted** ¡yo no como eso! dijo resoplando; **the audience was snorting** *with* **laughter** el público se reía a carcajadas.
♦ *vt* (*fam*: *cocaine*) esnifar.

snot /snɒt/ *n* (*fam*) mocos *m pl*.

snotty /ˈsnɒtɪ/ *adj* [**snottier, snottiest**] (*fam*) **1.** (*handkerchief*) lleno -na de mocos: **she had a snotty nose** tenía mocos; **a bunch of snotty** ✱ **snotty-nosed kids** una pandilla de mocosos. **2.** (*haughty: person*) estirado -da; (*: reply, letter*) (de tono) arrogante.

snout /snaʊt/ *n* hocico *m*, morro *m*.

snow /snəʊ/ I *n* nieve *f*: **we wanted to leave before the snow started** queríamos irnos antes de que empezara a nevar.
II *vi* [**snows, snowing, snowed**] nevar: **I hope it snows for Christmas** ojalá nieve para Navidad.
to **snow in** *vt*: **we were snowed in for a week** no pudimos salir ✱ quedamos incomunicados durante una semana debido a la nieve.
to **snow under** *vt*: **I'm snowed under** *with* **work at the moment** en este momento estoy agobiada de trabajo.
to **snow up** *vt*: **this road is often snowed up in winter** esta carretera a menudo queda bloqueada por la nieve en invierno.
snowball I *n* bola *f* de nieve.
II *vi* [**snowballs, snowballing, snowballed**] (*problem*) crecer rápidamente: **the isolated cases of cholera snowballed** *into* **an epidemic** los casos aislados de cólera se multiplicaron rápidamente hasta alcanzar las proporciones de una epidemia.
snow blindness *n* ceguera *f* de la nieve.
snowbound *adj* (*village*) incomunicado -da por la nieve; (*vehicle*) atascado -da en la nieve.
snow-capped *adj* (*mountain*) nevado -da.
snowdrift *n* montón *m* de nieve (*formado durante una nevasca*).
snowdrop *n* campanilla *f* de invierno.
snowflake *n* copo *m* de nieve.
snowline *n* límite *m* de las nieves perpetuas.
snowman *n* [*pl* **snowmen**] muñeco *m* de nieve.
snowplough, (*US*) **snowplow** *n* quitanieves *m inv*.
snowshoe *n* raqueta *f* (para la nieve).
snowstorm *n* tormenta *f* de nieve, nevasca *f*.
snow-white *adj* blanco -ca como la nieve.

snowy /ˈsnəʊɪ/ *adj* [**snowier, snowiest**] **1.** (*Meteo*): **it was a snowy day** era un día de nieve; **they have a lot of snowy weather in November** en noviembre nieva mucho allí; **we could see the snowy peaks** veíamos los picos nevados. **2.** (*también* **snowy-white**) blanco -ca (como la nieve).

snub /snʌb/ I *vt* [**snubs, snubbing, snubbed**] desairar: **she thought they were deliberately snubbing her by not coming** pensó que no venían para desairarla ✱ para hacerle un desaire.
II *n* desaire *m*.

snub-nosed /ˈsnʌbnəʊzd/ *adj* de nariz respingona, chato -ta.

snuff /snʌf/ *n* rapé *m*.
to **snuff out** *vt* [**snuffs, snuffing, snuffed**] apagar.

snuffle /ˈsnʌfəl/ I *n* resfriado *m*: **on the phone he sounded as if he had a snuffle** por teléfono sonaba como si estuviera resfriado.
II *vi* [**snuffles, snuffling, snuffled**] moquear: **she was snuffling so I kept her off school** estaba moqueando así que no la mandé a la escuela.

snug /snʌg/ *adj* [**snugger, snuggest**] **1.** (*cosy*): **we were warm and snug in our sleeping bags** estábamos bien calentitos y cómodos en nuestros sacos de dormir; **it's a snug little cottage** es una casita de campo muy acogedora. **2.** (*close-fitting*) ajustado -da.

snuggle /ˈsnʌgəl/ *vi* [**snuggles, snuggling, snuggled**] acurrucarse: **they snuggled together for warmth** se acurrucaron juntos para darse calor; **I snuggled** *down* **under the blankets** me acurruqué debajo de las mantas; **the little boy snuggled** *up* **to his mother** el niño se arrimó a su madre.

snugly /ˈsnʌglɪ/ *adv* **1.** (*cosily*): **I was all tucked up snugly in bed** estaba bien arropado y calentito en la cama. **2.** (*closely*): **the jacket fitted snugly around the shoulders** la chaqueta se ajustaba bien en los hombros; **the last brick slid snugly into place** el último ladrillo encajó perfectamente en su sitio.

so /səʊ/ I *adv* **1.** (*to such an extent*) tan: **try not to be so pessimistic** trata de no ser tan pesimista; **she was so bored (that) she stood up and left** estaba tan aburrida que se levantó y se fue; **how could you be so naive** *as to* **believe that?** ¿cómo pudiste ser tan inocente como para creerte eso?; **I'd never been so tired** *as* **I was that night** nunca había estado tan cansado como estaba esa noche; **we don't go to see them so often any more** ya no vamos a verlos tan a menudo ✱ verlos tanto. **2.** (*thereabouts*): **they stayed for a month or so** estuvieron un mes más o menos ✱ alrededor de un mes; **she must be forty or so** debe de tener unos cuarenta años ✱ alrededor de cuarenta años. **3.** (*as well, also*) [se usa con un verbo auxiliar] también: **"I love chocolate!" "So do I!"** "¡Me encanta el chocolate!" "¡A mí también!"; **we have a house in France and so have they** tenemos casa en Francia y ellos también. **4.** (*indeed*) [se usa con un verbo auxiliar]: **"You were there too." "So I was, you're quite right."** "Tú también estabas allí." "Es cierto, tienes razón."; **"You didn't tell me about it." "I did so!"** "No me lo dijiste." "¡Sí que te lo dije!" **5.** (*thus*) así: **put your hands together, like so** junta las manos, así; **the letter may arrive today and, if so, I'll have to go immediately** puede que la carta llegue hoy y, si es así, tendré que irme inmediatamente; **"We're going to beat you." "Is that so?"** "Nosotros les vamos a ganar." "¿Ah sí? ¡No me digas!"; **he promised it would be easy, let's hope so** prometió que sería fácil, esperemos que sí; **"Are you going to the lecture?" "I expect so."** "¿Vas a la conferencia?" "Me imagino que sí."; **"Were you surprised?" "Very much so."** "¿Te sorprendió?" "Mucho." ● **...and so on (and so forth)** ...etcétera(, etcétera) ● **if we have to take a pay cut, then so be it, but...** si tenemos que aceptar una reducción de salarios, pues habrá que hacerlo, pero... ● **so long and take care!** ¡hasta pronto y cuídate! **6.** (*used in relating events*): **so she said that...** entonces dijo que...; **and so despite all our hard work, nothing was done** así que a pesar de todos nuestros esfuerzos, no se hizo nada. **7.** (*used to introduce a statement, question*): **so what have you been doing all these years?** bueno, ¿y qué has estado haciendo todos estos años?; **OK, so I lost my job, what business is it of yours?** de acuerdo, me quedé sin trabajo, ¿y a ti qué te importa?; **so what if we can't have a holiday this year?** ¿y qué si no podemos irnos de vacaciones este año? **8. so much** (*when followed by a noun*) tanto -ta: **do we need so much water?** ¿necesitamos tanta agua? • **I can only watch so much football** sólo aguanto el fútbol un rato y nada más; (*not followed by a noun*) tanto: **why does this case weigh so much?** ¿por qué pesa tanto esta maleta?; **they charge you for the calls at so much per minute** te cobran las llamadas a tanto por minuto • **so much for her socialist ideas!** ¡y luego habla de sus ideas socialistas! • **I was really tired, so much so that I didn't even want to talk** estaba cansadísima, tanto que ni siquiera quería hablar • **she burst in without so much as knocking** entró bruscamente sin siquiera llamar a la puerta • **so much the better** tanto mejor. **9. so many** tantos -tas: **do you really need so many pairs of shoes?** ¿de verdad necesitas tantos zapatos? • **I can only write so many letters in a day** sólo puedo escribir un determinado número de cartas al día.

II *conj* **1.** (*indicating purpose*) para: **I put it away so (that) he wouldn't see it** lo guardé para que no lo viera; **put it so (that) we can all see it** ponlo de manera (tal) que todos lo podamos ver; **she left work early so *as* to be home when they arrived** se fue temprano del trabajo para estar en casa cuando llegaran. **2.** (*indicating result*) así que: **I missed the bus, so I was an hour late** perdí el autobús, así que llegué una hora tarde.

so-and-so *n* **1.** (*replacing a rude word*) sinvergüenza *m/f*: **the so-and-so has broken the window** el sinvergüenza ha roto la ventana. **2.** (*replacing unknown, unimportant name*) fulano -na *m/f* de tal: **you address the letter to Ms so-and-so, sales department** la carta va dirigida a la señora fulana de tal, departamento de ventas.

so-called *adj* llamado -da: **that was the start of the so-called "economic miracle"** ése fue el comienzo del llamado "milagro económico".

so-so *adv* (*fam*) así así, regular: **"How are you feeling now?" "So-so."** "¿Cómo te sientes ahora?" "Así así."

soak /səʊk/ **I** *vt* [**soaks, soaking, soaked**] **1.** (*clothing, dried beans*) poner en remojo: **I had to soak it *in* bleach** tuve que ponerlo en remojo con lejía. **2.** (*to wet thoroughly*) empapar: **the children soaked me with their water pistols** los niños me empaparon con sus pistolas de agua; **we got soaked on the way home** al volver a casa nos empapamos.

♦*vi* **1.** (*clothes, beans*) estar en remojo: **leave the lentils to soak overnight** dejar las lentejas en remojo toda la noche. **2.** (*to seep*): **the water had soaked *through* the leather** el agua había calado el cuero; **the blood had soaked *into* the bandages** la sangre había calado las vendas.

II *n* remojón *m*.

to **soak up** *vt* (*moisture, liquid*) absorber • **they went to Cyprus to soak up the sun** se fueron a Chipre a empaparse de sol.

soaked /səʊkt/ *adj* empapado -da: **they arrived home, soaked to the skin** * **soaked through** llegaron a casa calados hasta los huesos.

soaking /ˈsəʊkɪŋ/ **I** *adj* empapado -da: **I'm soaking** estoy empapada; **take off those soaking wet shoes** quítate esos zapatos, están empapados.

II *n*: **I forgot my umbrella and got a soaking** me olvidé del paraguas y me empapé.

soap /səʊp/ **I** *n* **1.** (*for washing*) jabón *m*: **use plenty of soap** usar abundante jabón; **I bought a bar of soap** compré una pastilla de jabón. **2.** (*también* **soap opera**) (*on television*) telenovela *f*, culebrón *m*; (*on radio*) radionovela *f*, culebrón *m*.

II *vt* [**soaps, soaping, soaped**] enjabonar.

soapbox *n*: *cajón utilizado como tribuna improvisada por un orador.*

soapdish *n* jabonera *f*.

soapflakes *n pl* escamas *f pl* de jabón.

soap powder *n* jabón *m* en polvo.

soapsuds *n pl* espuma *f* de jabón.

soapy /ˈsəʊpɪ/ *adj* [**soapier, soapiest**] (*hands*) enjabonado -da; (*water, lather*) jabonoso -sa.

soar /sɔː/ *vi* [**soars, soaring, soared**] **1.** (*to fly*) volar (*alto*): **we watched the eagles soaring high above the peaks** nos quedamos mirando a las águilas que volaban por encima de los picos; (*to glide*) planear; (*to rise*) subir. **2.** (*prices*) dispararse: **inflation has soared** la inflación se ha disparado • **our spirits soared when we heard the news** se nos levantó muchísimo el ánimo al enterarnos de la noticia. **3.** (*building*) alzarse, elevarse: **huge tower blocks soared up against the dark sky** enormes bloques de edificios se alzaban recortándose contra el oscuro cielo.

sob /sɒb/ **I** *vi* [**sobs, sobbing, sobbed**] sollozar.

♦*vt* decir sollozando.

II *n* sollozo *m*.

sob story *n* (*fam*) dramón *m*.

sobbing /ˈsɒbɪŋ/ *n* sollozos *m pl*.

sober /ˈsəʊbə/ *adj* **1.** (*not drunk*) sobrio -bria. **2.** (*subdued*) sobrio -bria: **he appeared later in a sober grey suit** apareció más tarde vistiendo un sobrio traje gris. **3.** (*serious: occasion*) solemne; (*: person*) serio -ria.

to **sober up** *vt* [**sobers, sobering, sobered**] despejar (*tras una borrachera*): **the cold air will sober you up** el aire fresco te despejará.

♦*vi* despejarse (*tras una borrachera*): **I went back when I had sobered up** volví cuando se me había pasado la borrachera.

sobering /ˈsəʊbərɪŋ/ *adj*: **it's a sobering thought, isn't it?** te hace pensar, ¿verdad?; **the news had a sobering effect on everyone** la noticia moderó los ánimos.

sobriety /səˈbraɪətɪ/ *n* (*frml*) **1.** (*state of not being drunk*) sobriedad *f*. **2.** (*seriousness*) seriedad *f*.

soccer /ˈsɒkə/ *n* fútbol *m*.

sociable /ˈsəʊʃəbəl/ *adj* sociable.

social /ˈsəʊʃəl/ **I** *adj* **1.** (*problem, structure, engagement*) social. **2.** (*liking company*) sociable.

II *n* reunión *f* social.

social climber *n* arribista *m/f*, trepa *m/f*.

Social Democrat *n* socialdemócrata *m/f*.

social life *n* vida *f* social: **I haven't had much of a social life since moving here** no he llevado una vida social muy agitada desde que me mudé aquí.

social sciences *n pl* ciencias *f pl* sociales.

social security *n* seguridad *f* social.

social services *n pl* servicios *m pl* sociales.

social work *n* asistencia *f* * trabajo *m* social.

social worker *n* asistente -ta *m/f* social.

socialism /ˈsəʊʃəlɪzəm/ *n* socialismo *m*.

socialist /ˈsəʊʃəlɪst/ *adj*, *n* socialista *adj*, *m/f*.

socialize /ˈsəʊʃəlaɪz/ *vi* [**socializes, socializing, socialized**] hacer vida social, alternar: **we don't socialize very much** no hacemos mucha vida social, no alternamos mucho; **she doesn't socialize** *with* **her colleagues** no alterna (socialmente) con sus colegas.

socially /ˈsəʊʃəlɪ/ *adv* **1.** (*with respect to society*) socialmente. **2.** (*at social functions*): **we don't mix with them socially** no alternamos socialmente con ellos.

society /səˈsaɪətɪ/ *n* [**societies**] **1.** (*people living in a social setting*) sociedad *f*: **art in primitive societies** el arte en las sociedades primitivas. **2.** (*frml*: *company*) compañía *f*: **you don't say things like that in polite society** esas cosas no se dicen en compañía de gente educada. **3.** (*higher social levels*) (alta) sociedad *f*: **the magazine's full of pictures of society weddings** la revista está llena de fotos de bodas de (la alta) sociedad. **4.** (*association*) sociedad *f*, asociación *f*.

sociologist /ˌsəʊsɪˈɒlədʒɪst/ *n* sociólogo -ga *m/f*.

sociology /ˌsəʊsɪˈɒlədʒɪ/ *n* sociología *f*.

sock /sɒk/ **I** *n* **1.** (*Clothing*) calcetín *m*, (*Amér L*) malla *f*: **she's wearing odd socks** lleva dos calcetines diferentes • **it's high time he pulled his socks up** ya va siendo hora de que ponga un poco de empeño • **put a sock in it!** ¡cierra el pico! **2.** (*fam*: *punch*) puñetazo *m*.
II *vt* [**socks, socking, socked**] (*fam*) darle un puñetazo a: **he socked the burglar one on the jaw** le dio un puñetazo al ladrón en la mandíbula • **go in there and sock it to them!** ¡entra ahí y demuéstrales lo que es bueno!

socket /ˈsɒkɪt/ *n* **1.** (*electrical*) enchufe *m*, toma *f* de corriente. **2.** (*Anat*: *of eye*) cuenca *f*, órbita *f*; (*: of joint*): **his finger has come out of its socket** el hueso del dedo se ha salido de su sitio.

sod /sɒd/ *n* **1.** (*of earth*) terrón *m*. **2.** (*fam*: *as term of abuse*): **he's still in bed, the lazy sod!** todavía está en la cama, el muy vago; (*: expressing pity*): **the poor sod's been burgled twice** al pobre (desgraciado) le han robado dos veces.

soda /ˈsəʊdə/ *n* **1.** (*Chem*) sosa *f*, soda *f*. **2.** (*también* **soda water**) (*carbonated water*) soda *f*, sifón *m*. **3.** (*US*: *flavoured drink*) refresco *m* (*con gas*).

soda fountain *n* (*US*: *place*) *lugar donde se venden refrescos, helados, etc.*

sodden /ˈsɒdən/ *adj* empapado -da.

sodium /ˈsəʊdɪəm/ *n* sodio *m*.

sofa /ˈsəʊfə/ *n* sofá *m*.

sofa bed *n* sofá *m* cama.

soft /sɒft/ *adj* **1.** (*pillow, brush, ground*) blando -da; (*skin, hair*) suave • **he's gone soft in the head** se ha vuelto loco. **2.** (*music, voice*) suave: **she's a pleasant, soft-spoken girl** es una chica agradable, con una voz muy suave; (*lighting*) tenue, suave. **3.** (*water*) blando -da. **4.** (*lenient*) blando -da, indulgente: **you can't be so soft** *with* **your pupils** no puedes ser tan blando con tus alumnos. **5.** (*fam*: *easy*) fácil: **that's a soft job you've landed!** ¡qué chollo de trabajo te has conseguido!

soft-boiled *adj* (*egg*) pasado por agua.

soft drink *n* refresco *m*.

soft drug *n* droga *f* blanda.

soft fruit *n*: *fruta del tipo de las frambuesas, fresas, etc.*

soft furnishings *n pl* accesorios *m pl* para el hogar.

soft-hearted *adj* bondadoso -sa.

soft pedal *n* pedal *m* suave.

soft-soap *vt* [**soft-soaps, soft-soaping, soft-soaped**] (*fam*) darle coba * jabón a: **she soft-soaped him** *into* **agreeing** le dio coba * jabón y logró que accediera.

soft toy *n*: *muñeco de peluche o trapo.*

software *n* software *m*.

soften /ˈsɒfən/ *vt* [**softens, softening, softened**] **1.** (*butter, leather*) ablandar. **2.** (*hair, skin*) suavizar • **at least it softened the blow** al menos suavizó * amortiguó el golpe.
♦*vi* (*butter, leather*) ablandarse: **these shoes have softened and are quite comfy now** estos zapatos se han ablandado y ahora son bastante cómodos; (*skin*) suavizarse • **she softened when she saw their worried faces** se ablandó * se enterneció cuando vio las caras de preocupación que tenían.

softener /ˈsɒfənə/ *n* suavizante *m* (*para la ropa*).

softly /ˈsɒftlɪ/ *adv* **1.** (*gently*) suavemente: **she touched his face softly** le tocó suavemente la cara; **snowflakes fell softly on the lawn** los copos de nieve caían suavemente en el césped. **2.** (*to sing, speak*) bajito: **he tiptoed softly in so as not to wake her** entró de puntillas sin hacer ruido para no despertarla.

softness /ˈsɒftnəs/ *n* **1.** (*of brush, mattress*) lo blando; (*of hair, skin*) suavidad *f*. **2.** (*of lighting*) suavidad *f*. **3.** (*feebleness*) debilidad *f*.

softy /ˈsɒftɪ/ *n* [**softies**] (*fam*) blandengue *m/f*.

soggy /ˈsɒgɪ/ *adj* [**soggier, soggiest**] empapado -da.

soil /sɔɪl/ **I** *n* tierra *f*: **the soil here is very poor** la tierra aquí es muy pobre; (*territory*) territorio *m*, suelo *m*: **the battle was fought on Greek soil** la batalla se libró en territorio griego.
II *vt* [**soils, soiling, soiled**] (*frml*) ensuciar, manchar.

solace /ˈsɒlɪs/ *n* (*frml*) consuelo *m*.

solar /ˈsəʊlə/ *adj* solar.

solar plexus *n* plexo *m* solar.

solar power *n* energía *f* solar.

solar system *n* sistema *m* solar.

sold /səʊld/ *pretérito y participio pasado de* ⇨ sell

solder /ˈsəʊldə/ **I** *vt* [**solders, soldering, soldered**] soldar: **she soldered the wires** *together* soldó los alambres.
II *n* soldadura *f*.

soldering iron /ˈsəʊldərɪŋ aɪən/ *n* soldador *m*.

soldier /ˈsəʊldʒə/ *n* soldado *m/f*.

to **soldier on** *vi* [**soldiers, soldiering, soldiered**] continuar luchando, seguir adelante.

sole /səʊl/ **I** *n* **1.** (*fish*) lenguado *m*. **2.** (*of foot*) planta *f*; (*of shoe*) suela *f*.
II *vt* [**soles, soling, soled**] (*a shoe*) ponerle suela a: **he took his shoes to be soled** llevó los zapatos a que les pusieran suelas.
III *adj* (*frml*) **1.** (*single, only*) único -ca. **2.** (*rights, responsibility*) exclusivo -va: **she had sole charge of the children for the day** tuvo a los niños a su exclusivo cargo todo el día.

solely /ˈsəʊllɪ/ *adv* **1.** (*only*) exclusivamente: **the car is solely for your own use** el coche es para su uso exclusivo * es exclusivamente para su uso. **2.** (*wholly*): **she is solely responsible for what happened** es la única responsable de lo que pasó.

solemn /ˈsɒləm/ *adj* **1.** (*face, expression*) serio -ria, de solemnidad. **2.** (*vow, promise*) solemne.

solemnly /ˈsɒləmlɪ/ *adv* **1.** (*to look, nod, speak*) con solemnidad. **2.** (*to promise*) solemnemente: **she solemnly swore never to do it again** juró solemnemente no volver a hacerlo.

sol-fa /sɒlˈfɑː/ *n* solfeo *m*.

solicit /səˈlɪsɪt/ *vi* [**solicits, soliciting, solicited**] (*frml*: *prostitute*) ejercer la prostitución callejera.
♦*vt* (*frml*: *to ask for*) pedir, solicitar.

solicitor /sə'lɪsɪtə/ *n* (*in GB: lawyer*) abogado -da *m/f*.
solicitous /sə'lɪsɪtəs/ *adj* (*frml: attentive*) solícito -ta, atento -ta.
solid /'sɒlɪd/ **I** *n* sólido *m*.
II solids *n pl* alimentos *m pl* sólidos: **she isn't** *on* **solids yet** aún no ha empezado a tomar alimentos sólidos.
III *adj* **1.** (*Chem, Maths*) sólido -da: **the soup was frozen solid** la sopa estaba totalmente congelada; **I like to feel solid ground under my feet** me gusta sentir tierra firme bajo mis pies; **we need a good solid table** necesitamos una mesa fuerte. **2.** (*unbroken, uninterrupted*): **I slept for fifteen solid hours** dormí quince horas seguidas; **there was a solid queue of traffic all the way to the coast** había una caravana (continua) de tráfico hasta la costa. **3.** (*of one material*) macizo -za: **the cup was made of solid silver** la copa era de plata maciza. **4.** (*unanimous*) unánime: **support for the strike is solid** el apoyo a la huelga es unánime. **5.** (*reliable*): **he's a good, solid player** es un jugador uniformemente bueno.
solid fuel *n* combustible *m* sólido.
solidarity /ˌsɒlɪ'dærətɪ/ *n* solidaridad *f*.
solidify /sə'lɪdɪfaɪ/ *vi* [**solidifies, solidifying, solidified**] solidificarse.
solidly /'sɒlɪdlɪ/ *adv* **1.** (*strongly*) sólidamente: **it's a solidly constructed ship** es un barco de construcción sólida; **a solidly built man** un hombre de complexión robusta. **2.** (*continuously*) sin interrupción: **the baby slept solidly all afternoon** el bebé durmió toda la tarde sin despertarse. **3.** (*unanimously*) unánimamente: **the workers are solidly behind the strike** los trabajadores apoyan la huelga unánimemente.
soliloquy /sə'lɪləkwɪ/ *n* [**soliloquies**] soliloquio *m*.
solitaire /sɒlɪ'teə/ *n* (*US*) solitario *m*: **he was playing solitaire** estaba haciendo solitarios.
solitary /'sɒlɪtərɪ/ *adj* **1.** (*only*) solo -la: **not one solitary person came to see how he was** ni una sola persona vino a ver cómo estaba; **he was their solitary representative** era su único representante. **2.** (*alone*) solitario -ria: **it is a strange, solitary existence** es una vida extraña y solitaria. **3.** (*isolated*) solitario -ria, aislado -da: **the old woman lived in a very solitary spot** la anciana vivía en un lugar muy solitario.
solitary confinement *n* incomunicación *f*: **he was in solitary confinement** estaba incomunicado.
solitude /'sɒlɪtju:d/ *n* soledad *f*.
solo /'səʊləʊ/ **I** *n* (*Mus*) solo *m*.
II *adj* en solitario: **it was her second solo voyage** era su segundo viaje en solitario.
III *adv* (*to sail, fly*) en solitario.
soloist /'səʊləʊɪst/ *n* solista *m/f*.
solstice /'sɒlstɪs/ *n* solsticio *m*.
soluble /'sɒljʊbəl/ *adj* soluble.
solution /sə'lu:ʃən/ *n* **1.** (*to a problem*) solución *f*: **they tried to find a solution** *to* **the problem** intentaron encontrar una solución al problema. **2.** (*Chem*) solución *f*.
solve /sɒlv/ *vt* [**solves, solving, solved**] (*a problem*) solucionar, resolver: **worrying won't solve anything** con preocuparte no resuelves nada; (*a mystery*) resolver, esclarecer: **the police are finding this case difficult to solve** a la policía le está resultando difícil resolver este caso.
solvent /'sɒlvənt/ **I** *adj* (*Fin*) solvente.
II *n* (*Chem*) disolvente *m*, solvente *m*.

Somali /sə'mɑ:lɪ/, **Somalian** /sə'mɑ:lɪən/ *adj, n* somalí *adj, m/f*.
sombre, (*US*) **somber** /'sɒmbə/ *adj* **1.** (*expression, mood*) sombrío -bría. **2.** (*colour*) sombrío -bría, triste: **a rather sombre outlook** un panorama bastante sombrío.
some /sʌm/ **I** *adj* **1.** (*an unspecified amount of*) un poco de, algo de *[often not translated in Spanish]*: **I need some money** necesito dinero; **he had some food left, but not much** le quedaba un poco de comida * algo de comida, pero no mucha; **would you like some more coffee?** ¿quieres más café?; (*an unspecified number of*) unos -nas *[sometimes not translated in Spanish]*: **get some tomatoes** compra (unos) tomates; **here are some pencils** aquí tienes unos * algunos lápices. **2.** (*referring to an unspecified person or thing*) algún -guna: **some idiot went and told her** algún imbécil fue y se lo dijo; **I'll be back some day** algún día volveré; **some people are allergic to cats** algunas personas son alérgicas a los gatos. **3.** (*fam: expressing approval, surprise*): **that was some meal you cooked us!** ¡vaya comida que nos preparaste!; (*: expressing irony*): **some holiday! I had to paint the house!** ¡menudas vacaciones! ¡tuve que pintar la casa!
II *adv* (*approximately*) aproximadamente: **we had some three thousand replies** recibimos unas tres mil respuestas * aproximadamente tres mil respuestas.
III *pron* **1.** (*an unspecified amount*) un poco *[often not translated in Spanish]*: **if you want money, here's some** si quieres dinero, aquí tienes; **if she has any parsley, ask if you can borrow some** si tiene perejil, pídele un poco prestado; **do you want some** *of* **this pizza?** ¿quieres un poco de esta pizza?; **some** *of* **what he said we already knew** parte de lo que dijo ya lo sabíamos; (*an unspecified number*) algunos -nas: **we were looking for mushrooms and we finally found some** buscábamos setas y finalmente encontramos algunas; **some** *of* **them were rotten** algunos (de ellos) estaban podridos. **2.** (*unspecified people*) algunos -nas: **some** *of* **them got lost** algunos de ellos se perdieron.
somebody /'sʌmbədɪ/ *pron* alguien: **somebody's taken my umbrella** alguien se ha llevado mi paraguas; **we need somebody strong to lift this box** necesitamos una persona fuerte para levantar esta caja; **she's seeing somebody else** está saliendo con otro hombre * con otro.
someday /'sʌmdeɪ/ *adv* algún día: **I hope someday you'll come back** espero que algún día vuelvas.
somehow /'sʌmhaʊ/ *adv* **1.** (*by some means*) de alguna manera: **somehow we have to escape from here** de alguna manera tenemos que escaparnos de aquí; **we don't have much money, but we'll get by somehow** no tenemos mucho dinero pero nos las arreglaremos de alguna manera. **2.** (*for an unknown or unspecified reason*): **somehow, we never thought she would do it** no sé por qué, pero no creíamos que lo fuera a hacer.
someone /'sʌmwʌn/ *pron* ⇨ somebody
somersault /'sʌməsɔ:lt/ **I** *n* (*by acrobat*) salto *m* mortal; (*by child*) voltereta *f*.
II *vi* [**somersaults, somersaulting, somersaulted**] (*acrobat*) dar un salto mortal; (*child*) dar una voltereta.
something /'sʌmθɪŋ/ **I** *pron* **1.** (*gen*) algo: **I thought I heard something** creí oír algo; **have you got something to wear to the party?** ¿tienes qué ponerte para la fiesta?; **there's something wrong with her leg** tiene algún problema con la pierna; **would you like something else?** ¿quieres alguna otra cosa?; **let me**

ask you something permíteme que te haga una pregunta; **shall we get some hamburgers or something?** ¿compramos hamburguesas o algo por el estilo? • **I'll tell you something, you can get them much cheaper at the supermarket** ¿sabes qué? se consiguen mucho más baratos en el supermercado • **it's quite something to have won a silver medal!** ¡haber ganado una medalla de plata no es moco de pavo! • **at least we didn't crash, that's something!** ¡por lo menos no chocamos, que ya es algo! **2. something of**: **she's become something of a celebrity** se ha convertido en una especie de personaje; **that is something of a mystery** eso es en cierto modo un misterio.

II *adv*: **it sounded something like a car horn** sonaba algo parecido al claxon de un coche; **it cost something like five hundred pounds** costó unas quinientas libras o algo así; (*fam*) **that door squeaks something terrible** esa puerta chirría que es un horror.

sometime /ˈsʌmtaɪm/ I *adv*: **come and see us sometime** ven a vernos algún día; **we're hoping to have a holiday sometime soon** esperamos poder tomarnos unas vacaciones pronto; **I was there sometime last year** estuve allí el año pasado, no recuerdo cuándo.

II *adj* (*frml*) antiguo -gua: **the sometime manager of Bristol Rovers** el antiguo mánager de los Bristol Rovers.

sometimes /ˈsʌmtaɪmz/ *adv* a veces: **sometimes he gets nervous** a veces se pone nervioso.

somewhat /ˈsʌmwɒt/ *adv* (*frml*) algo, un tanto: **it's somewhat strange that she hasn't phoned** es un tanto extraño que no haya llamado; **it confused me somewhat** me produjo cierta confusión.

somewhere /ˈsʌmweə/ I *adv* **1.** (*in an unspecified place*) en algún sitio * lado, en alguna parte: **I'd seen him somewhere before** lo había visto antes en algún sitio; **she lives in a village somewhere near the border** vive en un pueblo cerca de la frontera; **go and sit somewhere else** vete a sentarte a otra parte; (*to an unspecified place*) a algún sitio * lado, a alguna parte: **let's go away somewhere for the weekend** vámonos a algún sitio este fin de semana. **2.** (*in approximations*): **she earns somewhere in the region of five hundred pounds a week** gana alrededor de quinientas libras a la semana; **there must be somewhere between sixty and seventy candidates** debe de haber entre sesenta y setenta candidatos.

II *pron* algún sitio * lugar: **don't worry, we'll soon find somewhere to live** no te preocupes, pronto encontraremos algún sitio donde vivir; **is there somewhere where we can talk?** ¿hay algún sitio donde podamos hablar?

son /sʌn/ *n* **1.** (*male child*) hijo *m*. **2.** (*as form of address*) hijo: **what can I do for you today, son?** ¿en qué te puedo ayudar hoy, hijo?

son-in-law *n* [**sons-in-law**] yerno *m*.

sonata /səˈnɑːtə/ *n* sonata *f*.

song /sɒŋ/ *n* (*musical piece*) canción *f*: **sing us a song** cántanos una canción • **they got their washing-machine for a song** compraron la lavadora casi regalada • **don't make such a song and dance about it** ¡no hagas tantos aspavientos!; (*singing*): **they burst into song** se pusieron a cantar; (*of bird*) canto *m*.

songbird *n* pájaro *m* cantor.

songbook *n* cancionero *m*.

songwriter *n* compositor -tora *m/f* (*de canciones*).

sonic /ˈsɒnɪk/ *adj* sónico -ca.

sonnet /ˈsɒnɪt/ *n* soneto *m*.

sonorous /ˈsɒnərəs/ *adj* sonoro -ra.

soon /suːn/ *adv* **1.** (*within a short time: from now*) pronto, dentro de poco: **he'll be here soon** llegará pronto * dentro de poco, falta poco para que llegue; **I'll see you soon** ¡hasta pronto! • **I expect he'll fix it sooner or later** supongo que lo arreglará tarde o temprano • **"When would it suit you to start?" "The sooner the better."** "¿Cuándo le convendría empezar?" "Cuanto antes mejor." • **the sooner you apply for your passport, the sooner you'll be able to travel** cuanto antes solicites el pasaporte, antes podrás viajar; (*: from a specified time*): **she arrived soon after us** llegó poco después que nosotros; **as soon as the water boils, add the pasta** en cuanto hierva el agua, agregue la pasta; **I got here as soon as I could** vine en cuanto pude, vine lo más pronto posible • **no sooner had we sat down to eat than the doorbell went** acabábamos de sentarnos a la mesa cuando llamaron al timbre. **2.** (*early, quickly*): **how soon will it be finished?** ¿cuándo estará terminado? • **"It seems to be working." "Don't speak too soon!"** "Parece que funciona." "No cantes victoria antes de tiempo." **3.** (*expressing preference*): **I'd much sooner go by train than by car** decididamente prefiero ir en tren que en coche; **we'd just as soon have fish** casi preferimos comer pescado.

soot /sʊt/ *n* hollín *m*.

soothe /suːð/ *vt* [**soothes, soothing, soothed**] **1.** (*pain*) aliviar, calmar. **2.** (*person*) calmar, tranquilizar: **we could do little to soothe his anger** poco podíamos hacer para apaciguarlo.

soothing /ˈsuːðɪŋ/ *adj* **1.** (*relaxing: massage, effect*) relajante; (*: voice*) tranquilizador -dora. **2.** (*pain-relieving*) calmante.

sooty /ˈsʊtɪ/ *adj* [**sootier, sootiest**] lleno -na de hollín.

sophisticated /səˈfɪstɪkeɪtɪd/ *adj* (*person, device*) sofisticado -da.

sophistication /səˌfɪstɪˈkeɪʃən/ *n* sofisticación *f*.

soporific /ˌsɒpəˈrɪfɪk/ *adj* soporífero -ra.

sopping /ˈsɒpɪŋ/ *adj* empapado -da: **your coat's sopping (wet)** tu abrigo está empapado.

soppy /ˈsɒpɪ/ *adj* [**soppier, soppiest**] (*movie, ending*) sensiblero -ra; (*person*) sentimentalón -lona, sensiblero -ra: **he gets * goes very soppy over kittens** se pone todo sentimentalón con los gatitos.

soprano /səˈprɑːnəʊ/ *adj, n* soprano *adj, f*: **she sings soprano in the school choir** es una soprano en el coro del colegio.

sorbet /ˈsɔːbə/ *n* sorbete *m*.

sorcerer /ˈsɔːsərə/ *n* hechicero *m*.

sorceress /ˈsɔːsərəs/ *n* [**sorceresses**] hechicera *f*.

sorcery /ˈsɔːsərɪ/ *n* hechicería *f*.

sordid /ˈsɔːdɪd/ *adj* **1.** (*dirty, squalid*) sórdido -da: **the refugees were living in sordid conditions** los refugiados vivían en condiciones sórdidas. **2.** (*crime, murder*) sórdido -da. **3.** (*unpleasant*) desagradable: **I don't want to hear all the sordid details** prefiero que no me cuentes todos los desagradables pormenores.

sore /sɔː/ I *adj* **1.** (*Med*) dolorido -da: **my finger is still sore** todavía me duele el dedo; **he has sore eyes from the chlorine in the pool** le arden * le escuecen los ojos por el cloro de la piscina. **2.** (*frml: urgent*) acuciante, apremiante: **we are in sore need of further funding** tenemos una acuciante necesidad de fondos. **3.** (*fam: resentful*) resentido -da: **he's still**

sore *at* **the way she treated him** todavía está resentido por la forma en que lo trató.
II *n* (*Med*) llaga *f*.

sorely /ˈsɔːlɪ/ *adv* (*deeply*): **I was sorely tempted to tell him** estuve muy tentada de decírselo; **she will be sorely missed around the office** la echaremos muchísimo de menos en la oficina.

sorority /səˈrɒrətɪ/ *n* [**sororities**] (*US*: *for college students*) asociación *f* de estudiantes (*sólo mujeres*).

sorrel /ˈsɒrəl/ *adj, n (horse)* alazán -zana *adj, m/f*.

sorrow /ˈsɒrəʊ/ *n* pesar *m*, pena *f*: **to our great sorrow, it wasn't to be** para nuestro gran pesar, no habría de ser así; **he poured out all his sorrows to me** se desahogó contándome todas sus penas ● **he's in the pub drowning his sorrows** está en el bar ahogando sus penas.

sorrowful /ˈsɒrəʊfʊl/ *adj* apenado -da.

sorry /ˈsɒrɪ/ *adj* [**sorrier, sorriest**] **1.** (*expressing sadness*): **I'm so sorry you can't come to our wedding** siento ✻ lamento tanto que no puedas venir a nuestra boda; **I am sorry to have to inform you that...** lamento tener que comunicarle que...; (*in apologies, expressing regret*): **(I'm) sorry!** ¡perdón! ✻ lo siento; **I'm sorry I'm late** siento llegar tarde ✻ perdona que llegue tarde; **(I'm) sorry sir, but you can't go in there** lo siento, señor, pero no puede entrar allí; **(I'm) sorry, but I find it hard to believe your story** perdone, pero su historia me resulta inverosímil; **I am sorry** *for* **the trouble I have caused** siento mucho los problemas que he causado; **we are sorry** *about* **what we did** lamentamos haber hecho lo que hicimos, nos arrepentimos de lo que hicimos; **you're sorry you didn't go, aren't you?** te arrepientes de no haber ido, ¿verdad?; **you spent five hours sunbathing? you'll be sorry!** ¿que te pasaste cinco horas tomando el sol? ¡te vas a arrepentir!; (*asking for something to be repeated, correcting oneself*): **(I'm) sorry, would you mind saying that again?** perdone, ¿le importaría repetir lo que ha dicho?; **you may withdraw fifty pounds, no, sorry, forty pounds from your account** puede sacar cincuenta libras, no, perdón, cuarenta libras de su cuenta. **2.** (*expressing compassion*): **I felt very sorry** *for* **her** me daba mucha lástima; **stop feeling sorry** *for* **yourself!** ¡deja de autocompadecerte! **3.** (*pitiful*) lamentable: **her arm was in a sorry state** tenía el brazo en un estado lamentable.

sort /sɔːt/ **I** *n* **1.** (*type*) tipo *m*, clase *f*: **it's not my sort of book** no es el tipo ✻ la clase de libro que a mí me gusta; **films of this sort are very popular** este tipo de película tiene mucho éxito; **what sort** *of* **restaurant is it?** ¿qué tipo de restaurante es?; **he's got some sort of virus** tiene un virus de algún tipo; **she said nothing of the sort!** ¡no dijo nada semejante! ● **we've had enough of your sort round here** por aquí ya estamos hartos de gente como tú. **2.** (*fam*: *person*) tipo -pa *m/f* ● **it takes all sorts (to make a world)** hay de todo en la viña del Señor. **3. sort of** (*fam*): **I felt sort of awkward with him there** me sentía un poco violenta con él allí; **"Have you done your essay?" "Sort of. I've planned it in rough."** "¿Has hecho la redacción?" "Pues, más o menos. Tengo hecho el esquema."
II sorts *n pl*: **it was a vacuum cleaner of sorts** era una especie de aspiradora, si se le puede llamar así ● **I've been feeling out of sorts all day** me he sentido mal todo el día.
III *vt* [**sorts, sorting, sorted**] (*letters*) clasificar: **the mail is all sorted at this office** clasifican todo el correo en esta oficina; **sort the stamps** *into* **three piles** separa los sellos en tres montones.
to **sort out** *vt* **1.** (*to organize, arrange*) organizar: **have you sorted anything out about the weekend yet?** ¿has arreglado algo para el fin de semana?; **it's time you sorted yourself out** ya va siendo hora de que sientes cabeza; **I'm going to sort out my books** voy a organizar ✻ ordenar mis libros ● **I'll soon sort him out!** ¡ya le ajustaré las cuentas! **2.** (*to solve*) resolver, solucionar: **once we've sorted out these problems...** una vez que hayamos resuelto estos problemas.... **3.** (*to separate*) separar: **they were sorting out the ripe fruit** *from* **the unripe** separaban la fruta madura de la verde.
to **sort through** *vt* revisar.

sortie /ˈsɔːtɪ/ *n* (*Mil*) salida *f*: **his brief sortie into politics** su breve incursión en la política.

sorting office /ˈsɔːtɪŋ ˈɒfɪs/ *n* sala *f* de clasificación del correo.

SOS /esəʊˈes/ *n* (*abreviatura de* **Save Our Souls**) SOS *m*.

sotto voce /ˈsɒtəʊ ˈvəʊtʃɪ/ *adv* en voz baja.

soufflé /ˈsuːfleɪ/ *n* suflé *m*.

sought /sɔːt/ *pretérito y participio pasado de* ⇨ seek
sought after, **sought-after** *adj*: **it is a very sought-after area** es una zona que está en demanda; **his paintings are much sought after** sus cuadros están muy cotizados ✻ son muy codiciados.

soul /səʊl/ *n* **1.** (*Relig*) alma *f* [takes ***el*** or ***un*** in singular]. **2.** (*person*) persona *f*: **she's a good soul** es buena persona; **I didn't know a single soul at the party** no conocía a nadie en la fiesta; **you mustn't tell a living soul** no debes decírselo a nadie; **there wasn't a soul in the street** no había un alma en la calle. **3.** (*deep feeling*) espíritu *m*: **I felt the music was lacking in soul** me pareció que a la música le faltaba espíritu. **4.** (*perfect example*): **I'm sure you'll be the soul of discretion** estoy seguro de que serás la discreción personificada. **5.** (*Mus*) música *f* soul.
soul-destroying *adj* desmoralizador -dora.
soul mate *n* alma *f* gemela [takes ***el*** or ***un*** in singular].
soul-searching *n*: **after a lot of soul-searching, I decided to give up** después de mucho meditar, decidí dejarlo.

soulful /ˈsəʊlfʊl/ *adj* lleno -na de sentimiento.

soulfully /ˈsəʊlfʊlɪ/ *adv* con sentimiento.

soulless /ˈsəʊlləs/ *adj* **1.** (*person*) desalmado -da; (*place*) frío, sin carácter. **2.** (*work*) monótono -na.

sound /saʊnd/ **I** *n* **1.** (*Phys*) sonido *m*: **the speed of sound** la velocidad del sonido; (*of instrument, radio, etc.*) sonido *m*: **the clarinet has a completely different sound** el sonido del clarinete es totalmente diferente; **I turned the sound up** subí el volumen. **2.** (*noise*) ruido *m*: **he opened the door without making a sound** abrió la puerta sin hacer el más mínimo ruido; **I heard the sound of footsteps** oí pasos. **3.** (*mental impression*): **she didn't like the sound of his symptoms** sus síntomas la preocuparon; **from the sound of the place, she was glad not to be going** por lo que había oído del sitio, se alegraba de no ir ● **by the sound of it ✻ of things, they won't be here before five** por lo que parece, no llegarán antes de las cinco. **4.** (*in sea*) estrecho *m*.
II *adj* **1.** (*premise, argument*) sólido -da; (*advice*) sensato -ta; (*worker*) responsable. **2.** (*Med*: *tooth, mind*) sano -na. **3.** (*investment*) seguro -ra. **4.** (*sleep*) profundo -da. **5.** (*thorough*): **we gave United a sound beating** le dimos una buena paliza al United; **it was a sound**

piece of research era una investigación hecha a conciencia.

III *adv*: **she was sound asleep** estaba profundamente dormida.

IV *vt* [**sounds, sounding, sounded**] 1. (*a horn, an alarm, a bell*) tocar: **the bugler sounded the retreat** el corneta tocó a retirada. 2. (*to listen to*) auscultar: **the doctor sounded his chest** el médico le auscultó el pecho.

♦ *vi* 1. (*bell, horn, alarm*) sonar. 2. (*to seem*) parecer: **he sounds like a suitable candidate** parece un candidato adecuado; **it sounds as though she's not very keen** parece que no tiene muchas ganas; **that sounds like an excuse to me** eso a mí me suena a excusa; **he sounded sad on the telephone** por teléfono daba la impresión de estar triste.

to **sound off** *vi* (*to complain*) quejarse: **she's always sounding off** *about* **how much everything costs** siempre está quejándose de lo caro que está todo.

to **sound out** *vt* tantear, sondear: **I haven't sounded her out yet** todavía no la he tanteado.

sound barrier *n* barrera *f* del sonido.

sound effect *n* efecto *m* sonoro.

soundproof I *adj* insonorizado -da.

II *vt* [**soundproofs, soundproofing, soundproofed**] insonorizar.

soundtrack *n* banda *f* sonora.

soup /su:p/ *n* (*Culin*: *gen*) sopa *f*: **she makes lovely vegetable soup** hace una sopa de verduras muy buena; (*: clear*) caldo *m*, consomé *m*; (*: creamy*) crema *f*: **I'll have the cream of spinach soup, please** para mí la crema de espinacas, por favor • **if you forget her birthday you'll be in the soup** si olvidas su cumpleaños vas a estar en un buen aprieto.

soup kitchen *n* comedor *m* de beneficencia.

soup plate *n* plato *m* sopero * hondo.

soup spoon *n* cuchara *f* sopera * de sopa.

souped-up /'su:ptʌp/ *adj* (*Auto*: *fam*) trucado -da.

sour /'saʊə/ I *adj* 1. (*fruit, juice*) agrio -gria, ácido -da: **the milk has gone sour** la leche se ha cortado * se ha agriado; **the wine went sour** el vino se avinagró • **relations between the two countries have turned sour** ha habido un deterioro en las relaciones entre los dos países. 2. (*person*) amargado -da, avinagrado -da: **he always has such a sour expression on his face** siempre tiene cara de amargado.

II *vt* [**sours, souring, soured**] (*milk*) cortar; (*wine*) avinagrar • **the pleasant atmosphere was soured by her remarks** estropeó el ambiente tan agradable que había con sus comentarios.

sour cream *n* nata *f* agria, (*Amér L*) crema *f* agria.

source /sɔ:s/ *n* 1. (*of a river*) nacimiento *m*. 2. (*of a story, rumour*) fuente *f*: **sources close to the president denied these allegations** fuentes allegadas al presidente negaron las acusaciones; (*of income*) fuente *f*; (*of a problem*) raíz *f*: **he's a source of great amusement to the children** hace reír muchísimo a los niños.

south /saʊθ/ I *n* sur *m*: **their farm lies** *to* **the south** *of* **the river** su granja está al sur del río; **the dining room looks * faces south** el comedor da al sur; **the climate is milder in the South** el clima es más suave en el sur.

II *adj* (*también* **South**) (*gen*) sur *adj inv*; (*meridional*): **he has a house on the south coast** tiene una casa en la costa sur; (*wind*) del sur.

III *adv* (*también* **South**) (*with verb of movement*) al * hacia el sur: **they fly south in the winter** en invierno vuelan hacia el sur; (*indicating location*) al sur: **it's south** *of* **Glasgow** está al sur de Glasgow • **they're living down South now** viven en el sur ahora.

South Africa *n* Sudáfrica *f*, Suráfrica *f*.

South African *adj, n* sudafricano -na *adj, m/f*, surafricano -na *adj, m/f*.

South America *n* América *f* del Sur, Sudamérica *f*.

South American *adj, n* sudamericano -na *adj, m/f*, suramericano -na *adj, m/f*.

South Carolina *n* Carolina *f* del Sur.

South Dakota *n* Dakota *f* del Sur.

South Korea *n* Corea *f* del Sur.

South Korean *adj, n* surcoreano -na *adj, m/f*.

South Pole *n* Polo *m* Sur.

southbound /'saʊθbaʊnd/ *adj*: *en dirección al sur*: **southbound traffic was delayed** los vehículos que iban hacia el sur experimentaron retrasos; **the southbound carriageway is blocked** la calzada en dirección sur está cortada.

southeast /saʊθ'i:st/ I *n* (*también* **Southeast**) sudeste *m*, sureste *m*: **Southeast Asia** el Sudeste Asiático.

II *adj* (*también* **Southeast**) del sudeste * sureste: **a southeast wind was blowing** soplaba un viento del sudeste.

III *adv* (*with verb of movement*) al * hacia el sudeste * sureste: **we travelled southeast** fuimos hacia el sudeste; (*indicating location*) al sudeste * sureste: **the garden faces southeast** el jardín da al sudeste.

southeasterly /saʊθ'i:stəlɪ/ I *adj* 1. (*wind*) del sudeste * sureste. 2. (*direction*) sudeste, sureste: **it was moving in a southeasterly direction** iba en dirección sudeste.

II *n* [**southeasterlies**] viento *m* del sudeste * sureste.

southeastern /saʊθ'i:stən/ *adj* del sudeste * sureste.

southerly /'sʌðəlɪ/ I *adj* 1. (*wind*) del sur. 2. (*direction*): **they were travelling in a southerly direction** viajaban hacia el sur; (*location*): **Tierra del Fuego is the most southerly point on the American continent** Tierra del Fuego es el lugar más al sur en el continente americano.

II *n* [**southerlies**] viento *m* del sur.

southern, Southern /'sʌðən/ *adj* del sur, meridional: **they spent a long time in southern Italy** pasaron mucho tiempo en el sur de Italia.

Southern hemisphere *n* hemisferio *m* sur * austral.

southern lights *n pl* aurora *f* austral.

southernmost *adj* más meridional * al sur: **they travelled to the southernmost tip of the continent** viajaron al lugar más al sur del continente.

Southerner, southerner /'sʌðənə/ *n* sureño -ña *m/f*: **we could tell he was a Southerner** se le notaba que era sureño * del sur.

southward /'saʊθwəd/ I *adj*: **they were moving in a southward direction** iban en dirección sur.

II *adv* (*también* **southwards**) hacia el sur.

southwest /saʊθ'west/ I *n* (*también* **Southwest**) sudoeste *m*, suroeste *m*: **he had gone to the mountains in the southwest** se había ido a las montañas del suroeste.

II *adj* (*también* **Southwest**) del sudoeste * suroeste: **a southwest wind was blowing** soplaba un viento del sudoeste.

III *adv* (*with verb of movement*) al * hacia el sudoeste * suroeste: **we were headed southwest** íbamos hacia el sudoeste; (*indicating location*) al sudoeste * suroeste: **it's southwest** *of* **London** está al sudoeste de Londres.

southwesterly /saʊθ'westəlɪ/ I *adj* 1. (*wind*) del sudoeste * suroeste. 2. (*direction*) sudoeste, suroeste: **it**

was moving in a southwesterly direction iba en dirección sudoeste.
II *n* [**southwesterlies**] viento *m* del sudoeste ✻ suroeste.

southwestern /saʊθ'westən/ *adj* del sudoeste ✻ suroeste.

souvenir /ˌsuːvə'nɪə/ *n* recuerdo *m*: **she bought a crystal vase as a souvenir** *of* **Prague** compró un florero de cristal como recuerdo de Praga; **I'll keep it as a souvenir** lo guardaré de recuerdo.

sou'wester /saʊ'westə/ *n* sueste *m*.

sovereign /'sɒvrɪn/ I *n* **1.** (*ruler*) soberano -na *m/f*. **2.** (*Fin*: *coin*) soberano *m*.
II *adj* (*power, state*) soberano -na.

sovereignty /'sɒvrəntɪ/ *n* soberanía *f*.

Soviet /'sɒvɪət/ *adj* soviético -ca.
Soviet Union *n* Unión *f* Soviética.

sow I /saʊ/ *n* (*Zool*) cerda *f*.
II /səʊ/ *vt* [**sows, sowing, sowed,** *participio pasado* **sown** ✻ **sowed**] (*Agr*) sembrar.

sown /səʊn/ *participio pasado de* ➪ sow

soya /'sɔɪə/, (*US*) **soy** /sɔɪ/ *n* soja *f*.
soya bean, (*US*) **soy bean** *n* semilla *f* de soja.

soy sauce /sɔɪ sɔːs/ *n* salsa *f* de soja.

spa /spɑː/ *n* balneario *m*.
spa waters *n pl* aguas *f pl* medicinales.

space /speɪs/ *n* **1.** (*room*) espacio *m*, sitio *m*: **the children need more space to play** los niños necesitan más espacio para jugar; **it doesn't take up much space** no ocupa mucho sitio ✻ espacio; (*gap*) espacio *m*: **leave a space for the date** deja (un) espacio para la fecha; **I couldn't find a space in the car park** no encontré sitio en el parking. **2.** (*area*) espacio *m*: **do not use in a confined space** no usar en un espacio restringido. **3.** (*interval*) espacio *m*, lapso *m*: **it's best to leave it for the space of a week before replanting** es mejor dejarlo por espacio de una semana antes de replantar; **it all happened in the space of twenty minutes** todo ocurrió en un lapso de veinte minutos. **4.** (*Astron*) espacio *m* ● **he spent hours staring into space** pasaba horas mirando al vacío.
to **space out** *vt* [**spaces, spacing, spaced**] (*text*) espaciar.
♦ *vi* separarse.
space-age *adj* de la era espacial.
space-bar *n* espaciador *m*.
space capsule *n* cápsula *f* espacial.
spacecraft *n* nave *f* espacial.
Space Invaders® *n* (*Games*) marcianitos *m pl*.
spaceman *n* [*pl* **spacemen**] astronauta *m*.
space-saving *adj* que ahorra espacio.
spaceship *n* nave *f* espacial.
space shuttle *n* transbordador *m* espacial.
space station *n* estación *f* espacial.
spacesuit *n* traje *m* espacial.
spacewoman *n* [*pl* **spacewomen**] astronauta *f*.

spaced out /speɪst aʊt/ *adj* (*fam*: *on drugs*) colocado -da; (*: from tiredness*): **he felt completely spaced out after his long journey** se sentía como atontado después del largo viaje.

spacing /'speɪsɪŋ/ *n*: **he typed it** *in* **double spacing** lo pasó a máquina a doble espacio.

spacious /'speɪʃəs/ *adj* espacioso -sa, amplio -plia.

spade /speɪd/ I *n* pala *f* ● **I always call a spade a spade** siempre llamo al pan, pan y al vino, vino.
II **spades** *n pl* (*in cards*) picas *f pl*.

spaghetti /spə'getɪ/ *n* espaguetis *m pl*: **this spaghetti is very good** estos espaguetis están muy buenos.

Spain /speɪn/ *n* España *f*.

span /spæn/ I *n* **1.** (*of hand*) palmo *m*; (*of wing*) envergadura *f*. **2.** (*of time*) espacio *m*, lapso *m*: **this should happen over a span of fifteen years** esto debería ocurrir en un espacio ✻ lapso de quince años; **she has a short concentration span** no es capaz de concentrarse durante mucho tiempo. **3.** (*of bridge*) luz *f*.
II *vt* [**spans, spanning, spanned**] **1.** (*in time*) abarcar: **the novel spans three centuries** la novela abarca tres siglos. **2.** (*bridge*) cruzar: **the river is spanned by many beautiful bridges** muchos hermosos puentes cruzan el río.

Spaniard /'spænjəd/ *n* español -ñola *m/f*.

spaniel /'spænjəl/ *n* spaniel *m*.

Spanish /'spænɪʃ/ I *adj* español -ñola: **she works for a Spanish company** trabaja en una empresa española.
II *n* (*language*) español *m*, castellano *m*: **what's the Spanish for "au revoir"?** ¿cómo se dice "au revoir" en español?; **have you lived in any Spanish-speaking countries?** ¿has vivido en algún país de habla hispana?
III **the Spanish** *n pl* los españoles: **she found the Spanish very hospitable** los españoles le parecieron muy hospitalarios.
Spanish omelette *n* tortilla *f* española ✻ de patatas.

spank /spæŋk/ I *n* azote *m*.
II *vt* [**spanks, spanking, spanked**] pegarle a, darle en el trasero a.

spanking /'spæŋkɪŋ/ I *n* zurra *f*, paliza *f*: **she gave him a spanking for being cheeky** le pegó por ser descarado.
II *adv* (*fam*): **a spanking new sports car** un flamante deportivo.

spanner /'spænə/ *n* llave *f*: **an adjustable spanner** una llave inglesa ● **he threw a spanner in the works by turning up unexpectedly** lo fastidió todo al aparecer sin avisar.

spar /spɑː/ I *n* palo *m*.
II *vi* [**spars, sparring, sparred**] boxear con un spárring.

spare /speə/ I *adj* **1.** (*wheel, part*) de repuesto. **2.** (*surplus to requirements*) de más: **do you have any spare glasses you could lend me?** ¿tienes copas de más que me puedas prestar?; **she put all her spare change into the collection box** puso todo el cambio que le sobraba en el cepillo ● **is that piece of chicken going spare?** ¿sobra ese trozo de pollo? **3.** (*free*) libre: **I don't have much spare time these days** últimamente no tengo mucho tiempo libre; **if I have a spare moment, I'll do it** si tengo un momento libre, lo haré. **4.** (*fam*: *mad*): **he went spare when he saw the mess** se puso como loco cuando vio el desorden.
II *n* (*part*) (pieza *f* de) repuesto *m*, (pieza *f* de) recambio *m*: **it's not easy to find spares for this model** no es fácil encontrar repuestos ✻ piezas de repuesto para este modelo.
III *vt* [**spares, sparing, spared**] **1.** (*to give*): **I can't really spare you any more money** la verdad es que no te puedo dar más dinero; **spare a thought for those poor children** piensen un momento en esos pobres niños; **he had no food to spare** no le sobraba comida; (*to do without*): **I need help with this, could you spare Sharon for a couple of hours?** necesito que alguien me ayude con esto, ¿puedes arreglártelas sin Sharon un par de horas?; **could you spare a moment?** ¿dispones de ✻ tienes un momento?; **they**

finished with just a second to spare terminaron cuando sólo faltaba un segundo. **2.** (*to leave unharmed*) perdonar: **they spared only the youngest children** sólo perdonaron a los niños más pequeños; **I tried to spare her feelings** traté de no herir sus sentimientos. **3.** (*to save*) ahorrar: **she spared him the embarrassment of having to apologize** le ahorró la violencia de tener que disculparse; **spare me all the gory details** ahórrate los detalles escabrosos • **they spared no effort to make it a memorable occasion** no escatimaron esfuerzos para que fuera una ocasión memorable.

spare bed *n* (*in house*) cama *f* para huéspedes; (*in hotel*) cama *f* supletoria.

spare ribs *n pl* costillas *f pl* de cerdo.

spare room *n* cuarto *m* de los invitados, cuarto *m* de huéspedes.

spare tyre *n* **1.** (*Auto*) neumático *m* de repuesto. **2.** (*fam*: *on waist*) michelín *m*.

spare wheel *n* rueda *f* de repuesto * recambio.

sparing /ˈspeərɪŋ/ *adj*: **be sparing** *with* **the milk, there isn't much left** no gastes demasiada leche, no queda mucha; **he is sparing in his praise** no elogia muy a menudo.

sparingly /ˈspeərɪŋlɪ/ *adv* en pequeñas cantidades, con moderación.

spark /spɑːk/ **I** *n* chispa *f* • **nobody in that class shows the slightest spark of imagination** nadie en esa clase demuestra tener la más mínima chispa * pizca de imaginación • **which bright spark wrote that?** ¿quién fue el listillo que escribió eso?

II *vi* [**sparks, sparking, sparked**] (*cable, fire*) echar chispas.

♦ *vt* (*también* **spark off**) provocar: **this sparked (off) an international incident** esto provocó un incidente internacional.

spark plug *n* bujía *f*.

sparkle /ˈspɑːkəl/ **I** *n* (*of jewels, glass, etc.*) destellos *m pl*, brillo *m*; (*in eyes*) brillo *m* • **his performance lacked sparkle** a su actuación le faltaba chispa.

II *vi* [**sparkles, sparkling, sparkled**] **1.** (*glass, water, jewel*) centellear, brillar; (*eyes*) brillar. **2.** (*conversation*) ser chispeante: **her sparkling wit makes her very popular** la brillantez de su ingenio la hace muy popular.

sparkler /ˈspɑːklə/ *n* bengala *f*.

sparkling /ˈspɑːklɪŋ/ *adj* (*clean*) limpísimo -ma.

sparkling wine *n* vino *m* espumoso.

sparrow /ˈspærəʊ/ *n* gorrión *m*.

sparse /spɑːs/ *adj* escaso -sa: **population in the region is sparse** la población de la región es muy escasa; **food is sparse at this time of year** en esta época del año andan escasos de comida; **his beard was rather sparse** su barba era rala.

sparsely /ˈspɑːslɪ/ *adv*: **the area is sparsely populated** la zona tiene baja densidad de población; **she lived in a sparsely furnished room** vivía en una habitación con muy pocos muebles.

spartan /ˈspɑːtən/ *adj* espartano -na.

spasm /ˈspæzəm/ *n* espasmo *m*: **the muscles go into spasm** los músculos sufren un espasmo.

spasmodic /spæzˈmɒdɪk/ *adj* **1.** (*Med*) espasmódico -ca. **2.** (*irregular*) irregular: **her visits have become rather spasmodic** sus visitas han empezado a ser bastante irregulares.

spastic /ˈspæstɪk/ **I** *adj* afectado -da de parálisis cerebral.

II *n* persona *f* que padece una parálisis cerebral.

spat /spæt/ *pretérito y participio pasado de* ⇨ spit

spate /speɪt/ *n* (*of attacks, accidents*) serie *f*, racha *f*: **there has been a spate** *of* **robberies in the area** ha habido una serie de robos en la zona.

spatial /ˈspeɪʃəl/ *adj* espacial.

spatter /ˈspætə/ *vt* [**spatters, spattering, spattered**] salpicar: **the table was spattered** *with* **ink** la mesa estaba salpicada de tinta.

spatula /ˈspætjʊlə/ *n* espátula *f*.

spawn /spɔːn/ **I** *n* (*of fish*) huevas *f pl*, hueva *f*; (*of amphibians*) huevos *m pl*.

II *vi* [**spawns, spawning, spawned**] (*fish, amphibians*) desovar.

♦ *vt* (*to produce*) generar.

speak /spiːk/ *vi* [**speaks, speaking, spoke,** *participio pasado* **spoken**] **1.** (*to use speech*) hablar: **I'm speaking personally when I say that...** hablo a título personal cuando digo que...; **I've spoken** *to* **Carol about it, and...** he hablado con Carol sobre el tema, y...; **he hasn't spoken** *to* **me since that day** no me ha hablado * no me ha dirigido la palabra desde aquel día; **he spoke at length** *about* **Goya** habló largo y tendido sobre Goya; **she spoke well/badly** *of* **him** habló bien/mal de él • **"Who was at the party?" "No one to speak of."** "¿Quién estuvo en la fiesta?" "Nadie que mereciera la pena." • **speaking of travelling, where are you going on holiday this year?** hablando de viajes, ¿dónde vas a pasar las vacaciones este año? **2.** (*on the telephone*): **"May I speak** *to* **Jane, please?" "(Jane) speaking."** "¿Podría hablar con Jane, por favor?" "Soy Jane." **3.** (*to give a speech*) hablar, pronunciar un discurso: **tonight she will be speaking at the Oxford Union** esta noche va a hablar en la Oxford Union.

♦ *vt* (*languages*) hablar: **I haven't spoken French in ages** hace siglos que no hablo francés; **I was taught to speak the truth** me enseñaron a decir la verdad.

to **speak for** *vt* hablar en nombre de • **I think the facts speak for themselves** creo que los hechos hablan por sí mismos • **"I think we need to go on a diet." "Speak for yourself!"** "Creo que tenemos que ponernos a régimen." "¡Eso lo dirás por ti!"

to **speak out** *vi*: **he was killed for daring to speak out** *against* **the regime** lo asesinaron por haberse atrevido a hablar en contra del régimen.

to **speak up** *vi* **1.** (*to talk louder*) hablar más alto. **2.** (*to express one's opinions*): **I didn't agree with her, but I was afraid to speak up** no estaba de acuerdo con ella, pero me daba miedo expresar mi opinión.

speaker /ˈspiːkə/ *n* **1.** (*in a dialogue*) interlocutor -tora *m/f*. **2.** (*person making a speech*) orador -dora *m/f*. **3.** (*of a language*) hablante *m/f*: **an English grammar for Spanish speakers** una gramática del inglés para hispanohablantes. **4.** (*for announcements*) altavoz *m*; (*on hi-fi*) bafle *m*. **5.** (*Pol*) *presidente de la cámara baja*.

spear /spɪə/ **I** *n* (*weapon*) lanza *f*; (*for hunting*) arpón *m*.

II *vt* [**spears, spearing, speared**] (*animal*) arponear.

spearhead /ˈspɪəhed/ *vt* [**spearheads, spearheading, spearheaded**] (*an attack, a movement*) encabezar, ser la punta de lanza de.

spearmint /ˈspɪəmɪnt/ *n* menta *f* verde.

special /ˈspeʃəl/ **I** *adj* (*gen*) especial: **she was given special treatment** le dieron un trato especial; (*issue, edition*) extraordinario -ria; (*tool, instrument*) especial; (*distinct*) particular: **it has a very special flavour** tiene un sabor muy particular; **"What are you**

doing tonight?" "Nothing special." "¿Qué haces esta noche?" "Nada de particular."

II *n* (*magazine*) número *m* extraordinario; (*television or radio programme*) programa *m* especial, especial *m*.

special delivery *n* correo *m* expreso.

special effects *n pl* efectos *m pl* especiales.

specialist /'speʃəlɪst/ *n* especialista *m/f*.

speciality /ˌspeʃɪ'ælətɪ/ *n* [**specialities**] especialidad *f*.

specialize /'speʃəlaɪz/ *vi* [**specializes, specializing, specialized**] especializarse: **she specialized** *in* **computer studies at university** se especializó en informática en la universidad.

specially /'speʃəlɪ/ *adv* especialmente: **I bought it specially for the wedding** lo compré especialmente para la boda; **they specially wanted to see the Eiffel Tower** tenían especial interés en ver la Torre Eiffel.

specialty /'speʃəltɪ/ *n* [**specialties**] especialidad *f*.

species /'spi:ʃi:z/ *n* [*pl* **species**] especie *f*.

specific /spə'sɪfɪk/ *adj* **1.** (*particular*) específico -ca: **each exercise has a specific purpose** cada ejercicio tiene un fin específico. **2.** (*exact*) preciso -sa: **could you be more specific?** ¿podría ser más preciso?

specifically /spə'sɪfɪkəlɪ/ *adv* expresamente: **I specifically asked them to wait until after the meal** les pedí expresamente que esperaran hasta después de la cena; **it was designed specifically for that purpose** se diseñó expresamente para ese fin.

specification /ˌspesɪfɪ'keɪʃən/ *n* **1.** (*instruction*) especificación *f*: **it was designed according to their specifications** se diseñó conforme a sus especificaciones. **2.** (*requirement*) requisito *m*: **the site does not meet our specifications** el lugar no satisface nuestros requisitos.

specify /'spesɪfaɪ/ *vt* [**specifies, specifying, specified**] especificar.

specimen /'spesɪmɪn/ *n* **1.** (*example*) ejemplar *m*, espécimen *m* (*pl* especímenes): **it is a fine specimen of this type of fossil** es un excelente ejemplar de este tipo de fósil. **2.** (*of blood, urine*) muestra *f*.

specimen signature *n* espécimen *m* de firma.

speck /spek/ *n* (*of dust*) mota *f*; (*of mud*) manchita *f*.

speckled /'spekəld/ *adj* (*eggshell, skin*) moteado -da.

specs /speks/ *n pl* (*fam*) gafas *f pl*, anteojos *m pl*.

spectacle /'spektəkəl/ **I** *n* espectáculo *m* ● **I'd rather you didn't try, you'll only make a spectacle of yourself** prefiero que no lo intentes, lo único que lograrás es quedar en ridículo.

II spectacles *n pl* (*frml*) gafas *f pl*, anteojos *m pl*.

spectacular /spek'tækjʊlə/ **I** *adj* (*success, results, performance*) espectacular, extraordinario -ria; (*failure*) estrepitoso -sa.

II *n* show *m* extraordinario.

spectator /spək'teɪtə/ *n* espectador -dora *m/f*.

spectre, (*US*) **specter** /'spektə/ *n* espectro *m*, fantasma *m*.

spectrum /'spektrəm/ *n* [*pl* **spectra** /'spektrə/] (*Phys*) espectro *m*; (*of opinions*) gama *f*, espectro *m*: **the course will cover a broad spectrum of topics** el curso abarcará una amplia gama de temas.

speculate /'spekjʊleɪt/ *vi* [**speculates, speculating, speculated**] **1.** (*to wonder*) especular: **she was speculating** *about* **the possibility of a promotion** especulaba sobre la posibilidad de un ascenso. **2.** (*Fin*) especular.

speculation /ˌspekjʊ'leɪʃən/ *n* especulación *f*.

speculative /'spekjʊlətɪv/ *adj* especulativo -va.

speculator /'spekjʊleɪtə/ *n* especulador -dora *m/f*.

sped /sped/ *pretérito y participio pasado de* ⇨ speed

speech /spi:tʃ/ *n* [**speeches**] **1.** (*faculty*) habla *f* [takes ***el*** or ***un*** in singular]. **2.** (*formal address*) discurso *m*: **he had to give * make a speech** tuvo que pronunciar un discurso. **3.** (*way of speaking*) manera *f* de hablar: **her speech was slurred** arrastraba las palabras. **4.** (*language*) lenguaje *m*.

speech day *n* (*GB*) *día del año escolar en que se distribuyen premios*.

speech impediment *n* defecto *m* del habla.

speech therapy *n* logopedia *f*, foniatría *f*.

speechless /'spi:tʃləs/ *adj* mudo -da: **she was speechless** *with* **amazement** se quedó muda de asombro; **I was absolutely speechless** me quedé estupefacto.

speed /spi:d/ **I** *n* **1.** (*velocity*) velocidad *f*: **we were travelling at a speed of ninety kilometres per hour** íbamos a una velocidad de noventa kilómetros por hora; **he was going at top * full speed** iba a toda máquina. **2.** (*in typing, shorthand*) velocidad *f*. **3.** (*of an action*) rapidez *f*. **4.** (*gear*) velocidad *f*, marcha *f*: **a ten-speed bike** una bicicleta de diez velocidades * marchas.

II *vi* **1.** [**speeds, speeding, sped**] (*to move fast*): **the train sped** *through* **the station** el tren pasó por la estación a gran velocidad; **they sped** *away* **on their motorcycles** huyeron en motocicleta a toda velocidad; **the years seem to have sped** *by* parece que los años han pasado volando. **2.** [**speeds, speeding, speeded**] (*Law*) conducir con exceso de velocidad: **she was fined for speeding** la multaron por exceso de velocidad.

to **speed up** *vi* [**speeds, speeding, speeded**] (*vehicle*) acelerar; (*person*) ir más rápido: **when she realized he was behind her, she speeded up** cuando se dio cuenta de que estaba detrás de ella, empezó a andar más rápido.

♦ *vt* (*a process*) acelerar: **can you speed things up? we need it for Thursday** ¿pueden ir un poco más rápido? lo necesitamos para el jueves.

speedboat *n* lancha *f* motora (*rápida*), planeadora *f*.

speedway *n* **1.** (*sport*) carreras *f pl* de motocicleta (*en pista cerrada*). **2.** (*track*) pista *f*.

speedily /'spi:dəlɪ/ *adv* rápidamente.

speedometer /spi:'dɒmɪtə/ *n* velocímetro *m*.

speedy /'spi:dɪ/ *adj* [**speedier, speediest**] (*action, delivery*) rápido -da: **we wish you a speedy recovery** le deseamos una pronta mejoría.

spell /spel/ **I** *n* **1.** (*magic charm*) hechizo *m*, encantamiento *m*: **Zelda cast a spell on the prince** Zelda hechizó al príncipe ● **he's under Stella's spell** Stella lo tiene hechizado; (*with intent to harm*) maleficio *m*. **2.** (*period of time*): **then I was in Santiago for a spell** luego estuve una temporada en Santiago; **we had a very cold spell in November** tuvimos una racha de mucho frío en noviembre; **I'd like a spell on the computer** quisiera trabajar un rato con el ordenador.

II *vt* [**spells, spelling, spelt * spelled**] **1.** (*orally*) deletrear: **could you spell it for me, please?** ¿me lo deletrea, por favor?; (*in writing*) escribir: **"jeque" is spelt with a j** "jeque" se escribe con jota; **look how she's spelt my name!** ¡mira cómo ha escrito mi nombre! **2.** (*to indicate*) significar, ser presagio de.

♦ *vi*: **he's never been able to spell** su ortografía siempre ha sido mala.

to **spell out** *vt* explicar en detalle: **do I have to spell it out for you? I'm not interested!** ¿quieres que te lo diga más claro? ¡no me interesa!

spellbound /'spelbaʊnd/ *adj* embelesado -da: **the**

children watched her spellbound los niños la miraban embelesados.

spelling /'spelɪŋ/ *n* **1.** (*set of rules*) ortografía *f*: **his spelling is atrocious** tiene pésima ortografía. **2.** (*of a word*) grafía *f*: **that's the American spelling of the word** así se escribe la palabra en inglés americano, esa es la grafía americana de la palabra.

spelling checker *n* corrector *m* ortográfico.

spelling mistake *n* falta *f* de ortografía.

spelt /spelt/ *pretérito y participio pasado de* ⇨ spell

spend /spend/ *vt* [**spends, spending, spent**] **1.** (*money*) gastar: **they spend a lot of money** *on* **research** gastan mucho dinero en investigación; **he spent it all** *on* **records** se lo gastó todo en discos. **2.** (*time*) pasar: **we spent our holidays in Barbados** pasamos las vacaciones en Barbados; **I've spent the whole afternoon ironing** me he pasado toda la tarde planchando.

spendthrift *n* derrochador -dora *m/f*, gastador -dora *m/f*.

spending /'spendɪŋ/ *n* gastos *m pl*: **they are trying to reduce spending** están tratando de reducir los gastos.

spent /spent/ **I** *pretérito y participio pasado de* ⇨ spend
II *adj* (*frml*: *fuel, ammunition*) usado -da.

sperm /spɜ:m/ *n* [**sperms** ✻ **sperm**] (*cell*) espermatozoide *m*; (*semen*) esperma *m*, semen *m*.

sperm whale *n* cachalote *m*.

spermicide /'spɜ:mɪsaɪd/ *n* espermicida *m*.

spew /spju:/ *vt* [**spews, spewing, spewed**] (*to vomit*) vomitar; (*to discharge*): **factories spew poisons into our rivers** las fábricas arrojan productos tóxicos a nuestros ríos.
♦ *vi* (*to vomit*) vomitar.

to **spew up** *vt/i* vomitar.

sphere /sfɪə/ *n* esfera *f*.

spherical /'sferɪkəl/ *adj* esférico -ca.

sphinx /sfɪŋks/ *n* esfinge *f*.

spice /spaɪs/ **I** *n* **1.** (*condiment*) especia *f*. **2.** (*excitement*) sal *f*: **this story needs a bit of spice** esta historia hay que aderezarla un poco.
II *vt* [**spices, spicing, spiced**] condimentar, sazonar.

to **spice up** *vt* (*to make more exciting*) darle más interés a: **his confession spiced things up** su confesión le dio más interés al asunto.

spice rack *n* especiero *m*.

spick-and-span /'spɪkənd,spæn/ *adj* (*room*) limpísimo -ma, como los chorros del oro; (*person*) aseado -da, pulcro -cra.

spicy /'spaɪsɪ/ *adj* [**spicier, spiciest**] **1.** (*food: containing spices*) condimentado -da, sazonado -da; (*: peppery*) picante. **2.** (*risqué*) picante.

spider /'spaɪdə/ *n* araña *f*.

spider's web *n* telaraña *f*.

spidery /'spaɪdərɪ/ *adj* (*writing*) de trazo tembloroso.

spike /spaɪk/ **I** *n* **1.** (*sharp rod*) pincho *m*; (*point*) punta *f*. **2.** (*on plant*) espiga *f*.
II spikes *n pl* (*shoes*) zapatillas *f pl* de clavos.

spiky /'spaɪkɪ/ *adj* [**spikier, spikiest**] (*gen*) puntiagudo -da; (*hair*) de punta.

spill /spɪl/ *vt* [**spills, spilling, spilt** ✻ **spilled**] derramar.

to **spill out** *vi* salir: **a crowd of children spilled out into the playground** una multitud de niños salió al patio.

to **spill over** *vi* rebosar, desbordarse.
♦ *vt*: **water spilled over the edge of the bath** la bañera se desbordó.

spillage /'spɪlɪdʒ/ *n* derrame *m*.

spin /spɪn/ **I** *n* **1.** (*rotating movement*) giro *m*: **the car went** *into* **a spin** el coche empezó a girar como un trompo ● **their sudden departure left her in a spin** su marcha tan repentina la dejó confundida. **2.** (*trip*) vuelta *f*, paseo *m*: **we went for a spin in her new car** fuimos a dar una vuelta en su nuevo coche. **3.** (*Sport*) efecto *m*.
II *vt* [**spins, spinning, spun**] **1.** (*cotton, wool*) hilar. **2.** (*laundry*) centrifugar. **3.** (*to rotate*) hacer girar.
♦ *vi* (*to go round and round*) girar, dar vueltas ● **she's changed her mind so many times that my head's spinning** ha cambiado de opinión tantas veces que me tiene mareado.

to **spin out** *vt* (*a story*) alargar; (*money*) estirar.

spin drier, spin dryer *n* centrifugadora *f*.

spin-dry *vt* [**spin-dries, spin-drying, spin-dried**] centrifugar.

spin-off *n* producto *m* derivado.

spinach /'spɪnɪdʒ/ *n* espinaca *f*: **spinach soup** sopa de espinacas.

spinal /'spaɪnəl/ *adj* de la columna vertebral.

spinal column *n* columna *f* vertebral, espina *f* dorsal.

spinal cord *n* médula *f* espinal.

spinal injury *n* lesión *f* en la columna vertebral.

spindly /'spɪndlɪ/ *adj* (*legs*) delgaducho -cha.

spine /spaɪn/ *n* **1.** (*Anat*) columna *f* vertebral, espina *f* dorsal. **2.** (*prickle: on animal*) púa *f*; (*: on plant*) espina *f*. **3.** (*of book*) lomo *m*.

spine-chilling *adj* escalofriante.

spineless /'spaɪnləs/ *adj* (*lacking courage*) débil, pusilánime.

spinning wheel /'spɪnɪŋ wi:l/ *n* rueca *f*.

spinster /'spɪnstə/ *n* (*gen*) soltera *f*; (*as derogatory term*) solterona *f*.

spiral /'spaɪrəl/ **I** *n* espiral *f*.
II *adj* (*shape*) de espiral; (*movement*) en espiral.
III *vi* [**spirals, spiralling, spiralled**] (*Fin*): **the price of gold has spiralled downwards/upwards** el precio del oro ha caído vertiginosamente/se ha disparado.

spiral staircase *n* escalera *f* de caracol.

spire /spaɪə/ *n* chapitel *m*, aguja *f*.

spirit /'spɪrɪt/ **I** *n* **1.** (*soul*) espíritu *m*, alma *f* [takes ***el*** or ***un*** in singular]; (*ghost*) espíritu *m*, fantasma *m*. **2.** (*essence*) espíritu *m*: **his novel captures the spirit of the sixties** su novela capta el espíritu de los años sesenta; (*attitude*) espíritu *m*: **it wasn't done** *in* **the right spirit** no se hizo con el espíritu que correspondía; (*nerve, energy*) brío *m*: **that boy lacks spirit** a ese chico le falta brío.
II spirits *n pl* **1.** (*alcohol*) bebidas *f pl* alcohólicas fuertes. **2.** (*mood*): **the family was** *in* **high spirits** la familia estaba muy animada; **he was** *in* **very low spirits** estaba muy desanimado ✻ abatido.
III *vt* [**spirits, spiriting, spirited**]: **the van had been spirited** *away* se habían llevado la furgoneta sin que nadie viera nada; **the children were spirited** *away* **after dinner** los niños desaparecieron como por arte de magia después de la cena.

spirit level *n* nivel *m* de burbuja ✻ de aire.

spirited /'spɪrɪtɪd/ *adj* (*attitude*) enérgico -ca: **the defence put up a spirited performance** la defensa jugó con mucha garra; (*discussion*) animado -da: **his spirited defence of his position** su defensa vehemente de su postura.

spiritual /'spɪrɪtjʊəl/ **I** *adj* espiritual.

II *n* (*también* **Negro spiritual**) espiritual *m* (negro).
spiritualism /ˈspɪrɪtjʊəlɪzəm/ *n* espiritismo *m*.
spit /spɪt/ **I** *n* **1.** (*saliva*) saliva *f*. **2.** (*for roasting meat*) asador *m*.
II *vi* [**spits, spitting, spat**] **1.** (*person*) escupir. **2.** (*to rain lightly*) chispear: **it's spitting** está chispeando.
♦*vt* escupir.
to **spit out** *vt* escupir: **the baby spat his food out** el niño escupió la comida • **what did he say to you? spit it out!** ¿qué te dijo? ¡desembucha!
spite /spaɪt/ **I** *n* (*resentment*) rencor *m*, despecho *m*: **she did it out of spite** lo hizo por despecho; (*desire to hurt*) maldad *f*.
II in spite of *prep* a pesar de: **in spite of the delay, I got there on time** a pesar del retraso, llegué a tiempo; **...in spite of the fact that it wasn't true** ...pese a que no era cierto, ...a pesar de que no era cierto • **she admires him in spite of herself** no puede menos que admirarlo.
III *vt* [**spites, spiting, spited**] fastidiar: **you're only doing it to spite me, aren't you?** lo estás haciendo para fastidiarme, ¿verdad?
spiteful /ˈspaɪtfʊl/ *adj* (*resentful*) rencoroso -sa; (*unkind*) malo -la.
spittle /ˈspɪtəl/ *n* baba *f*.
splash /splæʃ/ **I** *n* [**splashes**] **1.** (*sound*): **it flew through the air and landed, splash, in the lake** voló en el aire y cayó, haciendo plaf, en el lago. **2.** (*small amount*) poco *f*: **add a splash of vinegar** añadir un poco * unas gotas de vinagre. **3.** (*small stain*) manchita *f*. **4.** (*of colour*) toque *m*.
II *vt* [**splashes, splashing, splashed**] salpicar: **don't splash me!** ¡no me salpiques!; **I splashed bleach onto my skirt** me salpiqué la falda de lejía; **she splashed her face with water** se echó un poco de agua a la cara.
♦*vi* chapotear: **children love splashing about in puddles** a los niños les encanta chapotear en los charcos.
to **splash out** *vi* tirar la casa por la ventana: **shall we splash out and have champagne?** ¿tiramos la casa por la ventana y tomamos champán?
spleen /spliːn/ *n* bazo *m*.
splendid /ˈsplendɪd/ *adj* espléndido -da, estupendo -da.
splendour, (*US*) **splendor** /ˈsplendə/ *n* esplendor *m*.
splice /splaɪs/ *vt* [**splices, splicing, spliced**] empalmar.
splint /splɪnt/ *n*: **she had her arm** *in* **a splint** llevaba el brazo entablillado.
splinter /ˈsplɪntə/ **I** *n* (*of wood*) astilla *f*; (*of glass, bone*) fragmento *m*, esquirla *f*.
II *vi* [**splinters, splintering, splintered**] astillarse.
splinter group *n*: *grupo que se ha escindido de uno mayor*.
split /splɪt/ **I** *n* **1.** (*gen*) raja *f*, tajo *m*. **2.** (*within a political party*) escisión *f*.
II the splits *n pl* (*in gymnastics*) el spagat.
III *vt* [**splits, splitting, split**] **1.** (*to break apart*) partir. **2.** (*to divide: gen*) dividir: **the teacher split us** *into* **three groups** la profesora nos dividió en tres grupos; **the government is split** *over* **this issue** el gobierno está dividido respecto de este asunto; (*: the atom*) desintegrar; (*: winnings*) repartir: **they split the cost of the meal** pagaron la comida entre todos.
♦*vi* **1.** (*garment, fabric*) rajarse; (*seam*) abrirse; (*wood*) rajarse. **2.** (*group, party*) escindirse: **the sect has split** *into* **two branches** la secta se ha escindido en dos ramas.
to **split up** *vi* (*couple*) separarse: **I can't believe that your parents have split up** no me puedo creer que tus padres se hayan separado; (*search party*) dividirse.
♦*vt* dividir.
split ends *n pl* (*in hair*) puntas *f pl* abiertas.
split-level *adj* a dos niveles.
split pea *n* guisante *m* seco (*partido*).
split personality *n* doble personalidad *f*.
split second *n* fracción *f* de segundo • **for a split second, I thought we were going to die** por un momento, pensé que nos íbamos a morir.
splitting /ˈsplɪtɪŋ/ *adj*: **I have a splitting headache** me duele horriblemente la cabeza.
splutter /ˈsplʌtə/ *vi* [**splutters, spluttering, spluttered**] **1.** (*person*) farfullar. **2.** (*hot oil*) chisporrotear.
spoil /spɔɪl/ **I** *vt* [**spoils, spoiling, spoilt** * **spoiled**] **1.** (*a view, plan, chance*) estropear; (*the countryside, landscape*) afear: **it spoilt my appetite** me quitó el apetito. **2.** (*child*) mimar demasiado, malacostumbrar • **tonight I plan to spoil myself** esta noche pienso darme un capricho.
♦*vi* (*fruit, meat*) echarse a perder • **he's always spoiling for a fight** anda siempre buscando pelea.
II spoils *n pl* botín *m*.
spoilsport *n* aguafiestas *m/f inv*.
spoilt /spɔɪlt/ (*GB*) *pretérito y participio pasado de* ➪ spoil
spoke /spəʊk/ **I** *pretérito de* ➪ speak
II *n* (*of wheel*) radio *m*.
spoken /ˈspəʊkən/ *participio pasado de* ➪ speak
spokesman /ˈspəʊksmən/ *n* [*pl* **spokesmen**] portavoz *m*: **the spokesman** *for* **the Labour Party** el portavoz del partido laborista.
spokesperson /ˈspəʊksˌpɜːsən/ *n* [**spokespersons** * **spokespeople**] portavoz *m/f*.
spokeswoman /ˈspəʊksˌwʊmən/ *n* [*pl* **spokeswomen**] portavoz *f*.
sponge /spʌndʒ/ **I** *n* **1.** (*Bot, Home*) esponja *f*. **2.** (*también* **sponge cake**) bizcocho *m*.
II *vt* [**sponges, sponging, sponged**] (*wound*) lavar con una esponja.
to **sponge off** * **on** *vt* vivir a costa de: **she's been sponging off her parents for years** hace años que vive a costa de sus padres.
sponge bag *n* bolsa *f* de aseo.
spongy /ˈspʌndʒɪ/ *adj* [**spongier, spongiest**] esponjoso -sa.
sponsor /ˈspɒnsə/ **I** *n* **1.** (*of television programme, tour, sporting event*) patrocinador -dora *m/f*. **2.** (*guarantor*) fiador -dora *m/f*.
II *vt* [**sponsors, sponsoring, sponsored**] **1.** (*a television programme, tour, sporting event*) patrocinar; (*a person in a charity event*) prometerle una contribución a. **2.** (*motion*) proponer.
sponsored walk /ˈspɒnsəd wɔːk/ *n* marcha *f* (*con fines benéficos*).
sponsorship /ˈspɒnsəʃɪp/ *n* patrocinio *m*.
spontaneity /ˌspɒntəˈneɪətɪ/ *n* espontaneidad *f*.
spontaneous /spɒnˈteɪnɪəs/ *adj* espontáneo -nea.
spontaneously /spɒnˈteɪnɪəslɪ/ *adv* espontáneamente.
spoof /spuːf/ *n* (*parody*) parodia *f*.
spook /spuːk/ *n* (*fam*) fantasma *m*.
spooky /ˈspuːkɪ/ *adj* [**spookier, spookiest**] (*fam: story*) espeluznante: **it's spooky in here** da miedo estar aquí.
spool /spuːl/ *n* (*for film*) carrete *m*; (*for thread*)

carrete *m*, bobina *f*; (*on sewing machine*) canilla *f*, bobina *f*.

spoon /spu:n/ **I** *n* **1.** (*gen*) cuchara *f*; (*for tea, coffee*) cucharita *f*, cucharilla *f*. **2.** (*también* **spoonful**) (*gen*) cucharada *f*; (*for tea, coffee*) cucharadita *f*.

II *vt* [**spoons, spooning, spooned**]: **spoon the mixture into the mould** con una cuchara, echar la mezcla en el molde.

spoon-feed *vt* [**spoon-feeds, spoon-feeding, spoon-fed**] **1.** (*a baby*) dar de comer con cuchara a. **2.** (*fam: students*) dárselo todo mascado a.

spoonful /'spu:nfʊl/ *n* [**spoonfuls** * **spoonsful**] cucharada *f*.

sporadic /spə'rædɪk/ *adj* esporádico -ca.

sporadically /spə'rædɪkəlɪ/ *adv* esporádicamente.

spore /spɔ:/ *n* espora *f*.

sporran /'spɒrən/ *n*: *escarcela que se lleva con la falda escocesa.*

sport /spɔ:t/ **I** *n* **1.** (*physical activity*) deporte *m*: **he doesn't like sports** no le gustan los deportes • **he only said it in sport** lo dijo en broma. **2.** (*person*): **go on, be a sport!** ¡anda, sé bueno!

II *vt* [**sports, sporting, sported**] (*a garment*) lucir.

sports car *n* (coche *m*) deportivo *m*.

sports centre, (*US*) **sports center** *n* polideportivo *m*.

sports coat, **sports jacket** *n* chaqueta *f* sport, americana *f*.

sports ground *n* campo *m* de deportes.

sportsman *n* [*pl* **sportsmen**] deportista *m*.

sportsmanship *n* deportividad *f*, espíritu *m* deportivo.

sports pages *n pl* páginas *f pl* deportivas.

sportswear *n* (*Sport*) ropa *f* de deporte.

sportswoman *n* [*pl* **sportswomen**] deportista *f*.

sporting /'spɔ:tɪŋ/ *adj*: **that showed his sporting spirit** con eso demostró su espíritu deportivo; **that's very sporting of you** es muy generoso de su parte.

spot /spɒt/ **I** *n* **1.** (*in a pattern*) lunar *m*; (*on skin*) grano *m*; (*stain*) mancha *f* • **she has a soft spot for him** tiene debilidad por él. **2.** (*place*) lugar *m*, sitio *m* • **a journalist happened to be on the spot** un periodista se encontraba allí por casualidad • **we decided to buy it on the spot** decidimos comprarlo en el acto • **you've really put me on the spot there** ahí sí que me has puesto en un aprieto • **the high spot of our holiday was the visit to the Pyramids** la visita a las Pirámides fue el momento culminante de nuestras vacaciones. **3.** (*small quantity*): **I think it's time for a spot** *of* **lunch** creo que es hora de que comamos algo; **we've been having a spot** *of* **bother with the car** hemos tenido algún que otro problemita con el coche.

II *vt* [**spots, spotting, spotted**] (*a difference, mistake*) descubrir; (*person*) ver.

spot check *n*: *control llevado a cabo sin previo aviso.*

spotlight *n* (*gen*) foco *m*; (*on car*) faro *m* auxiliar • **he enjoys being in the spotlight** le gusta ser el centro de atención.

spot-on *adj* exacto -ta: **our calculations were spot-on** dimos en el clavo con nuestros cálculos.

spotless /'spɒtləs/ *adj* (*house, clothes*) impecable, limpísimo -ma; (*reputation*) intachable, impecable.

spotted /'spɒtɪd/ *adj* (*cloth*) de lunares.

spotty /'spɒtɪ/ *adj* [**spottier, spottiest**] (*skin, teenager*) con granos.

spouse /spaʊz/ *n* (*frml*) cónyuge *m/f*.

spout /spaʊt/ **I** *n* **1.** (*of teapot*) pico *m*, pitorro *m*; (*of jug*) pico *m*; (*of hose*) caño *m*. **2.** (*jet*) chorro *m*.

II *vt* [**spouts, spouting, spouted**] (*a liquid*) arrojar chorros de; (*nonsense, propaganda*) soltar: **he sat there spouting rubbish for an hour** estuvo allí soltando tonterías durante una hora.

sprain /spreɪn/ **I** *vt* [**sprains, spraining, sprained**]: **I sprained my ankle** me hice un esguince en el tobillo.
II *n* esguince *m*.

sprang /spræŋ/ *pretérito de* ⇨ spring

sprawl /sprɔ:l/ *vi* [**sprawls, sprawling, sprawled**] (*person*) tumbarse, repantingarse: **they were sprawled in front of the television** estaban tumbados delante del televisor; (*city*) extenderse.

spray /spreɪ/ **I** *n* **1.** (*gen*) rociada *f*. **2.** (*from sea*): **they got soaked by the spray** se empaparon con el agua que salpicaban las olas. **3.** (*aerosol*) spray *m*, atomizador *m*: **this deodorant also comes in a spray** este desodorante también viene en spray. **4.** (*of flowers*) ramillete *m*.

II *vt* [**sprays, spraying, sprayed**] **1.** (*crops*) fumigar; (*house plants*) rociar; (*clothes to be ironed*) rociar. **2.** (*liquid*) echar (*con spray*): **I sprayed some air freshener around the room** eché un poco de ambientador en el cuarto; (*paint*) aplicar (*con pistola pulverizadora*).

spread /spred/ **I** *vt* [**spreads, spreading, spread**] **1.** (*to extend*): **she spread the map** *over* **the table** extendió el mapa sobre la mesa; **don't spread your toys all** *over* **the floor** no desparrames los juguetes por el suelo. **2.** (*glue, cream*) extender: **spread the melted chocolate evenly** *over* **the cake** extienda el chocolate derretido uniformemente sobre el pastel; **he spread butter** *on* **the toast** untó la tostada con mantequilla * untó mantequilla en la tostada. **3.** (*disease*) propagar: **rats can spread disease** las ratas pueden propagar enfermedades. **4.** (*news*) difundir, divulgar; (*a rumour*) hacer correr, difundir: **her enemies spread rumours about her** sus enemigos hicieron correr rumores sobre ella.

♦*vi* **1.** (*fire*) extenderse: **the fire spread** *to* **the first floor** el incendio se extendió a la primera planta; (*disease*): **measures were taken to stop the disease spreading** se tomaron medidas para evitar que se propagara la enfermedad; **the cholera had spread** *to* **neighbouring countries** el cólera se había extendido a los países vecinos. **2.** (*news, gossip*) difundirse. **3.** (*butter*): **this butter spreads straight from the fridge** esta mantequilla se puede extender apenas se saca de la nevera.

II *n* **1.** (*of disease*) propagación *f*. **2.** (*variety*) gama *f*: **the programme covers a wide spread of topics** el programa abarca una amplia gama de temas. **3.** (*in a magazine*): **the advertisement is a double-page spread** es un anuncio a doble página. **4.** (*meal*) festín *m*. **5.** (*sandwich paste*) paté *m*.

spread-eagled *adj* con los brazos y piernas extendidos.

spreadsheet *n* hoja *f* de cálculo.

spree /spri:/ *n*: **he went** *on* **a spree with his mates** se fue de juerga con sus amigotes; **they went** *on* **a spending spree** salieron a gastar dinero a manos llenas.

sprig /sprɪg/ *n* ramita *f*.

sprightly /'spraɪtlɪ/ *adj* [**sprightlier, sprightliest**] ágil y activo -va.

spring /sprɪŋ/ **I** *n* **1.** (*también* **Spring**) (*season*) primavera *f*: **I'm going to Greece** *in* **(the) spring** me voy a Grecia en primavera. **2.** (*of water*) manantial *m*. **3.** (*metal coil*) resorte *m*, muelle *m*. **4.** (*jump*) brinco *m*.

II *vi* [**springs, springing, sprang,** *participio pasado* **sprung**] **1.** (*to jump*) saltar: **we sprang** *to* **our feet** nos

pusimos de pie de un salto; **when the clock struck twelve, they sprang** *into* **action** cuando el reloj dio las doce, entraron en acción. **2.** (*stream*) nacer, brotar. **3.** (*to stem*): **these doubts spring** *from* **his lack of self-confidence** estas dudas provienen de la falta de seguridad en sí mismo.
♦*vt* **1.** (*a surprise*) dar • **don't spring it on her just like that!** ¡no se lo digas así de sopetón ✻ de buenas a primeras! **2.** (*a leak*): **the pipe sprang a leak** había un escape en la cañería; **the boat had sprung a leak** la barca había empezado a hacer agua.
to **spring up** *vi* (*to appear suddenly*) surgir: **hotels sprang up all along the coast** empezaron a surgir hoteles (como hongos) por toda la costa.
springboard *n* trampolín *m*.
spring-clean I *n* (*también* **spring-cleaning**) limpieza *f* general.
II *vt* [**spring-cleans, spring-cleaning, spring-cleaned**] limpiar a fondo, hacer limpieza general en.
♦*vi* hacer limpieza general.
spring onion *n* cebolleta *f*.
spring roll *n* rollo *m* (de) primavera.
springtime *n* primavera *f*.
springy /ˈsprɪŋɪ/ *adj* [**springier, springiest**] (*surface*) elástico -ca.
sprinkle /ˈsprɪŋkəl/ *vt* [**sprinkles, sprinkling, sprinkled**]: **he sprinkled some water** *on* **the plant** roció la planta con agua; **sprinkle some cinnamon on the top** espolvorear con canela por encima.
sprinkler /ˈsprɪŋklə/ *n* (*for lawns, crops*) aspersor *m*; (*for extinguishing fires*) extintor *m* automático.
sprinkling /ˈsprɪŋklɪŋ/ *n* (*small quantity*) poquito *m*.
sprint /sprɪnt/ **I** *vi* [**sprints, sprinting, sprinted**] (*to run at top speed*) correr a toda velocidad; (*in athletics*) esprintar.
II *n* sprint *m*.
sprinter /ˈsprɪntə/ *n* sprinter *m/f*, velocista *m/f*.
sprout /spraʊt/ **I** *n* **1.** (*new shoot*) brote *m*, retoño *m*. **2.** (*también* **Brussels sprout**) (*Culin*) col *f* de Bruselas, (*Amér S*) repollito *m* de Bruselas.
II *vi* [**sprouts, sprouting, sprouted**] (*plant*) retoñar; (*seed*) germinar.
♦*vt* (*a leaf, bud*) echar.
spruce /spruːs/ **I** *n* (*Bot*) picea *f*.
II *adj* (*person*) arreglado -da, acicalado -da.
to **spruce up** *vt* [**spruces, sprucing, spruced**] (*to tidy*) ordenar: **they had spruced the house up a bit** habían ordenado un poco la casa; **he's spruced himself up for the occasion** se ha arreglado ✻ se ha acicalado para la ocasión.
sprung /sprʌŋ/ *participio pasado de* ➪ spring
spud /spʌd/ *n* (*fam*) patata *f*.
spun /spʌn/ *pretérito y participio pasado de* ➪ spin
spur /spɜː/ *n* **1.** (*on boot*) espuela *f*. **2.** (*stimulus*) estímulo *m*, acicate *m* • **we decided to go to Burgos on the spur of the moment** decidimos ir a Burgos de improviso.
to **spur on** *vt* [**spurs, spurring, spurred**] espolear, animar.
spurious /ˈspjʊərɪəs/ *adj* (*excuse*) poco creíble; (*argument*) falso -sa, espúreo -rea.
spurn /spɜːn/ *vt* [**spurns, spurning, spurned**] desdeñar, rechazar.
spurt /spɜːt/ **I** *n* (*gush*) chorro *m*; (*of activity*): **one final spurt and we will have made it** un último esfuerzo y lo habremos logrado.
II *vi* [**spurts, spurting, spurted**] salir a chorros: **blood was spurting** *out of* **the wound** la sangre salía a chorros de la herida.
♦*vt* despedir (*a chorros*).
sputter /ˈspʌtə/ *vi* [**sputters, sputtering, sputtered**] **1.** (*fat, fire*) chisporrotear. **2.** (*vehicle*) petardear.
spy /spaɪ/ **I** *n* [**spies**] espía *m/f*.
II *vt* [**spies, spying, spied**] (*to glimpse*) divisar.
to **spy on** *vt* espiar, vigilar.
Sq. *léase* /skweə/ **Square** Pza. (Plaza).
sq. *léase* /skweə/ (*abreviatura de* **square**) cuadrado -da.
squabble /ˈskwɒbəl/ **I** *vi* [**squabbles, squabbling, squabbled**] reñir, pelearse: **they were squabbling** *over* **a teddy bear** estaban riñendo por un osito de peluche.
II *n* riña *f*, pelea *f*.
squad /skwɒd/ *n* (*of soldiers*) pelotón *m*; (*of workers*) cuadrilla *f*; (*of police*) brigada *f*: **he's in the drugs squad** pertenece a la brigada antidroga; (*Sport*) selección *f*: **the England squad** la selección inglesa.
squad car *n* coche *m* patrulla.
squadron /ˈskwɒdrən/ *n* (*naval*) escuadra *f*; (*air force division*) escuadrón *m*; (*army division*) escuadrón *m*.
squalid /ˈskwɒlɪd/ *adj* (*surroundings, conditions*) sórdido -da, miserable.
squall /skwɔːl/ *n* borrasca *f*.
squalor /ˈskwɒlə/ *n* miseria *f*, sordidez *f*.
squander /ˈskwɒndə/ *vt* [**squanders, squandering, squandered**] (*money*) despilfarrar; (*savings, inheritance, etc.*) dilapidar, despilfarrar: **they squandered their savings** *on* **clothes** dilapidaron sus ahorros comprando ropa; (*resources*) derrochar.
square /skweə/ **I** *n* **1.** (*shape*) cuadrado *m*, cuadro *m*; (*in geometry*) cuadrado *m*; (*on chessboard*) casilla *f* • **now we're right back to square one** ya estamos otra vez como al principio; (*of chocolate*) onza *f*. **2.** (*Maths*: *number*) cuadrado *m*: **what is the square** *of* **three?** ¿cuál es el cuadrado de tres? **3.** (*in town*) plaza *f*. **4.** (*old-fashioned person*) carroza *m/f*, anticuado -da *m/f*.
II *adj* (*Maths, Meas*: *used before nouns*) cuadrado -da: **it has an area of seven square metres** tiene un área de siete metros cuadrados; (*: used after nouns*): **the room measures five metres square** la habitación mide cinco metros por cinco metros.
III *adv* (*también* **squarely**) (*directly*) directamente.
IV *vt* [**squares, squaring, squared**] **1.** (*Maths*) elevar al cuadrado: **four squared is sixteen** cuatro (elevado) al cuadrado es igual a dieciséis. **2.** (*account*) saldar.
♦*vi* (*to match*) cuadrar: **that doesn't square** *with* **what I've been told** eso no cuadra con lo que me han dicho.
to **square up** *vi* ajustar las cuentas.
square bracket *n* corchete *m*.
square meal *n* comida *f* como Dios manda.
square root *n* raíz *f* cuadrada.
squash /skwɒʃ/ **I** *vt* [**squashes, squashing, squashed**] (*to flatten*) aplastar.
II *n* **1.** (*Sport*) squash *m*. **2.** (*GB: drink*) refresco *m* (*hecho con esencia de frutas*): **a lemon squash, please** una limonada, por favor. **3.** (*in a confined space*): **we can all go in my car, but it will be a bit of a squash** cabemos todos en mi coche, pero iremos un poco apretados. **4.** [**squashes**] (*vegetable*) *tipo de calabaza*.
squash court *n* pista *f* ✻ (*Amér L*) cancha *f* de squash.
squat /skwɒt/ **I** *vi* [**squats, squatting, squatted**] **1.** (*to crouch*) agacharse, ponerse en cuclillas. **2.** (*on some-*

one's property) ocupar un inmueble sin permiso de su dueño.
II *n: inmueble ocupado sin permiso de su dueño.*
III *adj* (*short and broad*) achaparrado -da.
squatter /ˈskwɒtə/ *n* okupa *m/f* (*persona que ocupa un inmueble sin permiso de su dueño.*).
squawk /skwɔ:k/ I *vi* [**squawks, squawking, squawked**] (*bird*) graznar.
II *n* graznido *m*.
squeak /skwi:k/ I *vi* [**squeaks, squeaking, squeaked**] (*door*) chirriar; (*floorboards*) crujir; (*mouse*) chillar.
II *n* (*of door*) chirrido *m*; (*of floorboards*) crujido *m*; (*of mouse*) chillido *m*.
squeaky /ˈskwi:kɪ/ *adj* [**squeakier, squeakiest**] (*voice*) chillón -llona; (*door*) chirriante.
squeal /skwi:l/ I *vi* [**squeals, squealing, squealed**] (*children, pigs*) chillar: **he squealed** *with* **delight when he saw his presents** dio un chillido de alegría al ver los regalos.
II *n* chillido *m*.
squeamish /ˈskwi:mɪʃ/ *adj* (*easily shocked*) impresionable: **I'm very squeamish** *about* **the sight of blood** me impresiona ver sangre; **let me do it, I'm not squeamish** deja que yo lo hago, yo no soy delicada.
squeeze /skwi:z/ I *vt* [**squeezes, squeezing, squeezed**] 1. (*an orange, a lemon*) exprimir: **squeeze the juice** *of* * *from* **four lemons** exprimir cuatro limones; (*a spot*) apretar; (*a liquid, paste*) extraer (*apretando*). 2. (*to clasp tightly*) apretar. 3. (*to make fit*) meter (*a la fuerza*): **I just managed to squeeze my boots** *into* **the case** conseguí a duras penas meter las botas en la maleta; **how did you squeeze yourself** *into* **those trousers?** ¿cómo pudiste meterte en esos pantalones?
♦*vi*: **just squeeze in here beside me** hazte un sitio aquí a mi lado; **there were so many people in the room that he could barely squeeze through** había tanta gente en la habitación que le costó abrirse camino.
II *n* 1. (*in a confined space*): **we managed to get into the lift, but it was a tight squeeze** conseguimos meternos en el ascensor, pero íbamos muy apretados. 2. (*handclasp*) apretón *m*: **Claire gave his hand a comforting squeeze** Claire le dio un consolador apretón de manos.
to **squeeze out** *vt* (*juice*) extraer.
squelch /skweltʃ/ *vi* [**squelches, squelching, squelched**] (*shoes*) hacer ruido (*cuando están mojados*); (*person*): **we squelched through the mud** avanzábamos chapoteando por el barro.
squid /skwɪd/ *n* [**squids** * **squid**] calamar *m*.
squiggle /ˈskwɪgəl/ *n* (*fam*) garabato *m*.
squint /skwɪnt/ I *vi* [**squints, squinting, squinted**] 1. (*to partially close one's eyes*) entrecerrar los ojos: **he squinted into the distance** miró a lo lejos con los ojos entrecerrados. 2. (*Med*): **he squints** es bizco.
II *n* bizquera *f*: **she has a squint** es bizca * tiene estrabismo.
squire /skwaɪə/ *n* (*Hist*: *landowner*) señor *m*, terrateniente *m*; (*: armour-bearer*) escudero *m*.
squirm /skwɜ:m/ *vi* [**squirms, squirming, squirmed**] (*gen*) retorcerse; (*out of embarrassment*): **his jokes made her squirm** sus chistes la ponían muy violenta; **he squirmed** *with* **embarrassment** se quería morir de la vergüenza.
squirrel /ˈskwɪrəl/ *n* ardilla *f*.
squirt /skwɜ:t/ I *vt* [**squirts, squirting, squirted**] (*liquid*) echar un chorro de: **he squirted me** *with* **water** me echó un chorro de agua.
II *n* chorro *m*.
St 1. *léase* /stri:t/ (*abreviatura de* **Street**) c/ (calle). 2. *léase* /seɪnt/ (*abreviatura de* **Saint**) S. (San); Sto. (Santo); Sta. (Santa).
stab /stæb/ I *n* 1. (*knife wound*) puñalada *f* ● **this was a stab in the back for the Prime Minister** esto fue una puñalada trapera para el primer ministro. 2. (*sharp pain*) punzada *f*. 3. (*fam*: *attempt*) intento *m*: **I'd quite like to have a stab** *at* **it** me gustaría intentarlo.
II *vt* [**stabs, stabbing, stabbed**] apuñalar: **he was stabbed to death** lo mataron a puñaladas, murió apuñalado.
stabbing /ˈstæbɪŋ/ I *adj* (*pain*) punzante.
II *n* ataque *m* con arma blanca, apuñalamiento *m*.
stability /stəˈbɪlətɪ/ *n* estabilidad *f*.
stabilize /ˈsteɪbəlaɪz/ *vt* [**stabilizes, stabilizing, stabilized**] estabilizar.
♦*vi* estabilizarse.
stabilizer /ˈsteɪbəlaɪzə/ *n* estabilizador *m*.
stable /ˈsteɪbəl/ I *adj* estable.
II *n* (*for horses*) caballeriza *f*, cuadra *f*.
stack /stæk/ I *vt* [**stacks, stacking, stacked**] (*books, tables, chairs*) amontonar, apilar; (*in a shop*): **she got a job stacking shelves in a supermarket** consiguió trabajo en un supermercado, colocando la mercancía en las estanterías.
II *n* (*pile*) montón *m*, pila *f*.
III **stacks** *n pl* (*fam*) montones *m pl*: **there are stacks of things to be done** hay montones de cosas que hacer; **he's got stacks of money** tiene dinero a punta pala.
stadium /ˈsteɪdɪəm/ *n* [**stadiums** * **stadia** /ˈsteɪdɪə/] estadio *m*.
staff /stɑ:f/ I *n* 1. (*workers*) personal *m*: **the kitchen staff left early** el personal de la cocina se fue temprano; **they were let in by a member of staff** un empleado les abrió la puerta; (*Educ*) personal *m* docente, profesorado *m*: **the children will be accompanied by a member of staff** un miembro del personal docente acompañará a los niños. 2. (*stick*) bastón *m*.
II *vt* [**staffs, staffing, staffed**] (*an office, a department*) prestar servicio en: **the shop is staffed by volunteers** los empleados de la tienda son voluntarios.
staffroom *n* sala *f* de profesores.
stag /stæg/ *n* ciervo *m*.
stag beetle *n* ciervo *m* volante.
stag night * **party** *n* despedida *f* de soltero.
stage /steɪdʒ/ I *n* 1. (*of plan, competition, journey*) etapa *f*, fase *f*: **he was eliminated in the early stages of the contest** quedó eliminado en las etapas iniciales del concurso; **he's going through a difficult stage at the moment** actualmente está pasando por una etapa difícil. 2. (*for performing on*) escenario *m*. 3. **the stage** (*as profession*) el teatro, las tablas.
II *vt* [**stages, staging, staged**] (*a play*) poner en escena; (*a strike, demonstration*) hacer.
stagecoach *n* [**stagecoaches**] diligencia *f*.
stage door *n* entrada *f* de artistas.
stage-manage *vt* [**stage-manages, stage-managing, stage-managed**] (*a play*) dirigir (*el director de escena*); (*events*) orquestar.
stage manager *n* director -tora *m/f* de escena.
stagger /ˈstægə/ *vi* [**staggers, staggering, staggered**] (*to walk unsteadily*) tambalearse: **she staggered towards the door** se dirigió a la puerta tambaleándose.
♦*vt* (*holidays, payments*) escalonar.

staggered /'stægəd/ *adj* **1.** (*dumbfounded*) pasmado -da. **2.** (*payments, obstacles*) escalonado -da.
stagnant /'stægnənt/ *adj* (*water, trade*) estancado -da.
stagnate /stæg'neɪt/ *vi* [**stagnates, stagnating, stagnated**] estancarse.
staid /steɪd/ *adj* (*person*) tradicional; (*clothes*) aburrido -da.
stain /steɪn/ **I** *n* **1.** (*blemish*) mancha *f*. **2.** (*for colouring wood*) tintura *f*.
II *vt* [**stains, staining, stained**] **1.** (*to mark*) manchar. **2.** (*wood*) teñir.
stain remover *n* quitamanchas *m inv*.
stained glass /steɪnd glɑ:s/ *n* vidrio *m* de colores.
stained-glass window *n* vitral *m*, vidriera *f* de colores.
stainless steel /'steɪnlɪs sti:l/ *n* acero *m* inoxidable.
stair /steə/ **I** *n* (*step*) escalón *m*, peldaño *m*.
II stairs *n pl* escalera *f*, escaleras *f pl*: **she fell as she was coming down the stairs** se cayó al bajar las escaleras * la escalera.
staircase, stairway *n* escalera *f*, escaleras *f pl*.
stake /steɪk/ **I** *n* **1.** (*claim*): **she owns a ten percent stake** *in* **the company** tiene una participación del diez por ciento en la compañía • **my job's at stake if we lose the contract** si perdemos el contrato, es posible que me quede sin trabajo • **their reputation is at stake** su reputación está en juego. **2.** (*wooden post*) estaca *f*.
II stakes *n pl* apuestas *f pl* • **the union is playing a game in which the stakes are high** el sindicato está arriesgando mucho con esta táctica.
III *vt* [**stakes, staking, staked**] (*to risk*) jugarse: **she had staked her reputation** *on* **the proposal** se había jugado la reputación con la propuesta.
stalactite /'stæləktaɪt/ *n* estalactita *f*.
stalagmite /'stæləgmaɪt/ *n* estalagmita *f*.
stale /steɪl/ *adj* **1.** (*bread, cake*) duro -ra (*porque es de varios días*). **2.** (*atmosphere*): **it smells stale in here** aquí huele a cerrado. **3.** (*news*) añejo -ja: **that's stale news** esas son noticias añejas.
stalemate /'steɪlmeɪt/ *n* **1.** (*in chess*) tablas *f pl* (*por haber ahogado al rey*). **2.** (*impasse*) punto *m* muerto, impasse *m*: **the situation seems to have reached stalemate** la situación ha llegado a un punto muerto * a un impasse.
stalk /stɔ:k/ **I** *n* (*of flower*) tallo *m*; (*of apple, plum*) rabo *m*.
II *vt* [**stalks, stalking, stalked**] (*to shadow*) acechar.
to **stalk off** *vi* irse encolerizado -da.
stall /stɔ:l/ **I** *n* **1.** (*for livestock*) compartimiento *m* (*en un establo*). **2.** (*in market*) puesto *m*.
II stalls *n pl* platea *f*.
III *vi* [**stalls, stalling, stalled**] **1.** (*Auto*) calarse, pararse. **2.** (*to play for time*) usar maniobras dilatorias.
♦ *vt*: **I stalled the engine at the junction** se me caló el motor en el cruce.
stallion /'stælɪən/ *n* semental *m*.
stalwart /'stɔ:lwət/ **I** *adj* (*supporter, ally*) leal.
II *n* incondicional *m/f*.
stamen /'steɪmən/ *n* (*Bot*) estambre *m*.
stamina /'stæmɪnə/ *n* resistencia *f*, energía *f*.
stammer /'stæmə/ **I** *n* tartamudeo *m*: **he has a terrible stammer** tartamudea muchísimo.
II *vi* [**stammers, stammering, stammered**] tartamudear.
♦ *vt* farfullar: **he stammered an excuse and left** farfulló una excusa y se fue.
stamp /stæmp/ **I** *n* **1.** (*postage stamp*) sello *m*, (*Amér L*) estampilla *f*: **ten stamps for Europe, please** diez sellos para Europa, por favor. **2.** (*mark*) sello *m*: **the certificate had an official stamp on it** el certificado llevaba un sello oficial. **3.** (*distinguishing mark*) impronta *f*, marca *f*: **the novels bear the stamp of their author's genius** las novelas llevan la impronta de la genialidad del autor.
II *vt* [**stamps, stamping, stamped**] **1.** (*a letter*) franquear; (*a passport*) sellar. **2.** (*one's foot*): **she stamped her feet to get the mud off her shoes** dio unas patadas en el suelo para quitarse el barro de los zapatos.
♦ *vi*: **she stamped out of the room** salió airada de la habitación; **do you have to stamp about like that?** ¿tienes que pisar tan fuerte?
to **stamp on** *vt* (*person*) pisotear: **he stamped on the forward's knee** pisoteó la rodilla del delantero; (*brakes*) apretar a fondo.
to **stamp out** *vt* (*gen*) acabar con: **they tried to stamp out resistance to the regime** intentaron sofocar * aplastar la resistencia al régimen; (*a fire*) apagar con el pie.
stamp collector *n* coleccionista *m/f* de sellos * (*Amér L*) estampillas, filatelista *m/f*.
stampede /stæm'pi:d/ **I** *n* estampida *f*: **there's always a stampede to get drinks during the interval** la gente siempre sale en desbandada a comprar bebidas en el intervalo.
II *vi* [**stampedes, stampeding, stampeded**] (*cattle*) salir en estampida; (*crowd*) salir en desbandada.
♦ *vt* (*cattle*) hacer salir en estampida.
stance /stɑ:ns/ *n* (*way of standing, opinion*) postura *f*.
stand /stænd/ **I** *n* **1.** (*in a market*) puesto *m*; (*at an exhibition*) stand *m*. **2.** (*for hats, coats*) perchero *m*. **3.** (*in stadium*) tribuna *f*. **4.** (*también* **witness stand**) estrado *m*. **5.** (*attitude*) postura *f*: **the government has taken a firm stand** *on* **terrorism** el gobierno ha adoptado una postura * una línea firme frente al terrorismo • **you have to make a stand for what you believe in** tienes que defender tus creencias con firmeza.
II *vi* [**stands, standing, stood**] **1.** (*to be on one's feet*) estar de pie, (*Amér L*) estar parado -da: **he was standing by the window when they came in** estaba (de pie) junto a la ventana cuando entraron; **I had to stand all the way** tuve que hacer todo el viaje de pie; **I was standing behind Lorna** estaba detrás de Lorna; **stand still, boys!** ¡quédense quietos, niños!; (*to take up position*) ponerse: **stand next to Susie** ponte al lado de Susie; **I had to stand on the table to reach it** me tuve que subir a la mesa para alcanzarlo; (*to rise*) ponerse de pie, (*Amér L*) pararse: **they stood to sing the hymn** se pusieron de pie para cantar el himno. **2.** (*to be*) estar: **that's the way things stand at the moment** así están las cosas de momento; **the record stood unbeaten for five years** el récord se mantuvo imbatido durante cinco años; **the monument stands on top of a hill** el monumento está en lo alto de una colina • **I like to know where I stand** me gusta saber a qué atenerme • **I won't let anything stand in my way** no voy a permitir que nada se interponga en mi camino • **does your offer still stand?** ¿tu oferta sigue en pie?; (*to be untouched, undisturbed*): **theirs is the only house still standing** su casa es la única que sigue en pie; **let the mixture stand for a few minutes** dejar reposar la mezcla unos minutos. **3.** (*in an election*) presentarse: **she's intending to stand** *for* **parliament** piensa presentarse a las elecciones al parlamento. **4.** (*to be likely*): **the company stands to**

make a fortune with this deal la compañía podría hacer un dineral con este negocio.
♦*vt* **1.** (*to position*) poner, colocar: **she stood her umbrella** *against* **the table** puso su paraguas contra la mesa • **can I stand you a drink?** ¿puedo invitarte a una copa? **2.** (*to bear*) soportar, aguantar: **their work wouldn't stand close examination** su trabajo no resistiría un examen minucioso • **I can't stand my sister-in-law** no soporto ✻ no aguanto a mi cuñada.
to **stand back** *vi* apartarse: **stand back and let them through** apártense para que puedan pasar.
to **stand by** *vt* (*a person*) apoyar; (*a decision*) atenerse a.
♦*vi* **1.** (*to be on the alert: gen*) estar listo -ta; (*: troops*) estar en estado de alerta. **2.** (*to take no action*) cruzarse de brazos: **I can't stand by and let them get away with this** no puedo cruzarme de brazos y dejar que salgan impunes.
to **stand down** *vi* dejar el puesto.
to **stand for** *vt* **1.** (*to signify*) significar: **what does IOU stand for?** ¿qué significa IOU? **2.** (*to represent*) representar: **I hate everything they stand for** detesto todo lo que representan. **3.** (*to put up with*) tolerar: **I won't stand for this nonsense** no voy a tolerar estas tonterías.
to **stand in** *vi*: **Jonah's going to stand in** *for* **me next week** Jonah me va a sustituir la semana que viene.
to **stand out** *vi* destacarse.
to **stand up** *vi* **1.** (*person: to rise*) ponerse de pie, levantarse, (*Amér L*) pararse: **they stood up in order to see better** se pusieron de pie para ver mejor; (*: to be on one's feet*) estar de pie, (*Amér L*) estar parado -da: **I've been standing up all morning** he estado de pie toda la mañana. **2.** (*to make a stand*): **you should stand up** *to* **him** deberías hacerle frente; **he never stands up** *for* **himself** no es capaz de defenderse. **3.** (*to withstand*) resistir: **the shoes won't stand up** *to* **everyday wear** los zapatos no resistirán el uso diario; **the evidence would not stand up (***to* **examination) in court** las pruebas resultarían poco convincentes ante un tribunal.
♦*vt* **1.** (*to place upright*) poner en posición vertical. **2.** (*on a date*) dejar plantado -da: **he stood her up** la dejó plantada.
stand-in *n* (*gen*) suplente *m/f*; (*in movie*) doble *m/f*.
standpoint *n* punto *m* de vista.
standard /'stændəd/ **I** *n* **1.** (*benchmark*) nivel *m*: **they have very high standards at that school** el nivel es muy alto en ese colegio; **his work does not come up to standard** su trabajo no es del nivel requerido. **2.** (*flag*) estandarte *m*.
II standards *n pl* (*morals*) principios *m pl*, valores *m pl*.
III *adj* (*size, model*) estándar, normal: **it's standard practice** es la norma; **this is standard procedure** éste es el procedimiento habitual.
standard lamp *n* lámpara *f* de pie.
standard of living *n* [**standards of living**] estándar *m* ✻ nivel *m* de vida.
standardize /'stændədaɪz/ *vt* [**standardizes, standardizing, standardized**] estandarizar, adoptar una norma estándar para.
stand-by /'stændbaɪ/ *n* (*emergency resource*): **we keep the old computer as a stand-by** conservamos el ordenador viejo para casos de emergencia; (*Mil*): **the armed forces are** *on* **stand-by** las fuerzas armadas están en estado de alerta.
stand-by passenger *n*: *pasajero en lista de espera.*
stand-by ticket *n* billete *m* standby.
standing /'stændɪŋ/ **I** *adj* **1.** (*not seated*) de pie, (*Amér L*) parado -da. **2.** (*permanent*): **we have a standing invitation to drop by at their house** estamos invitados a pasar por su casa cuando queramos.
II *n* **1.** (*reputation*) prestigio *m*. **2.** (*duration*): **employees of many years standing** empleados de muchos años ✻ de mucha antigüedad.
standing order *n* orden *f* permanente de pago.
standoffish /stænd'ɒfɪʃ/ *adj* poco simpático -ca, distante.
standstill /'stændstɪl/ *n*: **the car came** *to* **a standstill at the bottom of the hill** el coche se detuvo al final de la cuesta; **the explosion brought the entire city** *to* **a standstill** la explosión paralizó a la ciudad entera; **the negotiations seem to have come** *to* **a standstill** parece que las negociaciones han llegado a un punto muerto.
stank /stæŋk/ *pretérito de* ➪ stink
stanza /'stænzə/ *n* estrofa *f*.
staple /'steɪpəl/ **I** *n* **1.** (*for paper*) grapa *f*. **2.** (*element of diet*) alimento *m* básico; (*product*) producto *m* básico.
II *adj* básico -ca, principal: **maize is still their staple diet** el maíz sigue siendo el elemento básico de su dieta.
III *vt* [**staples, stapling, stapled**] grapar: **staple all three pages together** grapa las tres páginas juntas.
stapler /'steɪplə/ *n* grapadora *f*.
star /stɑː/ **I** *n* **1.** (*Astron*) estrella *f* • **I saw stars when it landed on my foot** vi las estrellas cuando me cayó en el pie. **2.** (*of cinema, television*) estrella *f*: **he never became a star** nunca alcanzó el estrellato. **3.** (*as a symbol*): **the company put us up in a five-star hotel** la empresa nos alojó en un hotel de cinco estrellas; **it runs on four-star petrol** funciona con gasolina súper; (*asterisk*) asterisco *m*.
II stars *n pl* (*Astrol*: *fam*) astros *m pl*: **do you read your stars?** ¿lees el horóscopo? • **thank your lucky stars you weren't injured** da gracias a Dios ✻ al cielo que no sufriste ningún daño.
III *adj* estelar: **he offered her a star role** le ofreció un papel estelar.
IV *vi* [**stars, starring, starred**]: **she starred** *in* **one of Saura's films** protagonizó una de las películas de Saura.
♦*vt* presentar (*como protagonista*): **Taxi Driver, starring Robert de Niro** Taxi Driver, con la actuación estelar de Robert de Niro.
star attraction *n* atracción *f* principal ✻ estelar.
starfish *n* [**starfishes** ✻ **starfish**] estrella *f* de mar.
starlight *n* luz *f* de las estrellas.
star sign *n* signo *m* del zodíaco: **what's your star sign?** ¿de qué signo eres?
Stars and Stripes *n*: **the Stars and Stripes** las barras y estrellas (*la bandera de los Estados Unidos*).
star-studded *adj*: **the film had a star-studded cast** la película tenía un reparto estelar.
starboard /'stɑːbəd/ *n* estribor *m*: **an island came into view** *to* **starboard** apareció una isla a estribor.
starch /stɑːtʃ/ **I** *n* **1.** (*in food*) fécula *f*, almidón *m*. **2.** (*for clothes*) almidón *m*.
II *vt* [**starches, starching, starched**] almidonar.
starchy /'stɑːtʃɪ/ *adj* [**starchier, starchiest**] **1.** (*Culin*): **avoid starchy foods** evite los hidratos de carbono ✻ los alimentos con alto contenido de fécula. **2.** (*formal*) acartonado -da.
stardom /'stɑːdəm/ *n* estrellato *m*.
stare /steə/ **I** *n* mirada *f* fija: **she gave him a disap-**

proving stare lo miró fijamente con aire de desaprobación.

II *vi* **[stares, staring, stared]**: **she was staring** *at* **us** nos estaba mirando fijamente, tenía la mirada clavada en nosotros; **stop staring** *at* **me!** ¡no me mires así!; **she was staring** *into* **space** estaba mirando al vacío.

stark /stɑːk/ **I** *adj* **1.** (*contrast*) marcado -da; (*reply*) escueto -ta: **we had to tell them the stark truth** tuvimos que decirles la pura verdad. **2.** (*landscape*) inhóspito -ta, desolado -da.

II *adv* • **he was stark naked** estaba en cueros • **he's stark raving mad** está loco de atar.

starlet /ˈstɑːlət/ *n* aspirante *f* a estrella.

starling /ˈstɑːlɪŋ/ *n* estornino *m*.

starry /ˈstɑːrɪ/ *adj* **[starrier, starriest]** (*sky*) estrellado -da, tachonado -da de estrellas.

starry-eyed *adj* **1.** (*idealistic*) soñador -dora. **2.** (*in love*): **Dominic's all starry-eyed** *over* * *about* **Helen** Dominic está colado * loco por Helen.

start /stɑːt/ **I** *n* **1.** (*beginning*) principio *m*, comienzo *m*: **I knew** *from* **the start it would be a failure** yo supe desde el principio que iba a ser un fracaso; **let's make a start** empecemos • **he got off to a flying start in his new job** empezó con muy buen pie en su nuevo trabajo • **she went to Australia to make a fresh start** se fue a Australia a rehacer su vida • **for a start, I don't know who you're talking about** para empezar * en primer lugar, yo ni sé de quién hablas. **2.** (*departure*): **we made an early start** salimos temprano, nos pusimos en camino a primera hora. **3.** (*starting line*) salida *f*: **the runners were lined up at the start** los corredores estaban alineados en la salida. **4.** (*nervous movement*): **she awoke** *with* **a start** se despertó sobresaltada; **you gave me a start** me asustaste. **5.** (*advantage*) ventaja *f*: **they had a ten kilometre start** *on* **their pursuers** les llevaban diez kilómetros de ventaja a sus perseguidores.

II *vt* **[starts, starting, started] 1.** (*to begin*) empezar, comenzar: **haven't you started your homework yet?** ¿aún no has empezado (a hacer) los deberes?; **suddenly he started crying * to cry** de repente se puso a llorar; **she started running * to run as soon as she saw him** echó a correr en cuanto lo vio. **2.** (*an organization*) fundar: **the society was started last century** la sociedad se fundó el siglo pasado; (*a business*) montar, poner: **she started her own business** montó * puso su propio negocio. **3.** (*to cause*) provocar, causar: **the heavy rains started a landslide** las fuertes lluvias provocaron un corrimiento de tierras; **somebody started a rumour that he'd resigned** alguien hizo correr la voz de que había dimitido. **4.** (*a machine*) encender, poner en funcionamiento; (*an engine*) poner en marcha; (*a vehicle*) arrancar: **he couldn't start the lorry** no logró que el camión arrancara * no pudo arrancar el camión.

♦*vi* **1.** (*to begin*) empezar, comenzar: **my shift starts at two o'clock** mi turno empieza a las dos; **the war started three days later** tres días más tarde estalló la guerra; **starting** *from* **next month...** a partir del mes que viene...; **I had to start all over again** tuve que volver a empezar desde cero • **to start with, my car isn't working** para empezar * en primer lugar, mi coche no anda • **I didn't recognize her to start with** al principio no la reconocí. **2.** (*to depart*) salir, partir: **they started at daybreak** salieron al amanecer. **3.** (*to originate*) empezar: **how did the dispute start?** ¿cómo empezó el conflicto? **4.** (*engine, vehicle*) arrancar: **the car wouldn't start** el coche no arrancaba. **5.** (*to be startled*) sobresaltarse: **he started when he saw me come in** se sobresaltó al verme entrar.

to **start off** *vi* **1.** (*to begin a process*) empezar: **she started off** *as* **a secretary** empezó de secretaria. **2.** (*to depart*) ponerse en camino: **we started off** *for* **the summit** nos pusimos en camino * salimos hacia la cima.

to **start out** *vi* **1.** (*to depart*) ponerse en camino. **2.** (*to begin a process*) empezar: **the president started out** *as* **a messenger boy** el presidente empezó trabajando de recadero.

to **start over** *vt/i* (*US*) volver a empezar.

to **start up** *vt* (*an engine*) poner en marcha.

♦*vi* ponerse en marcha, arrancar.

starter /ˈstɑːtə/ *n* **1.** (*Culin*) primer plato *m*, entrada *f*. **2.** (*Sport*) juez *m/f* de salida. **3.** (*novice*) principiante -ta *m/f*. **4.** (*también* **starter motor**) (*Auto*) motor *m* de arranque.

startle /ˈstɑːtəl/ *vt* **[startles, startling, startled]** asustar, sobresaltar.

startling /ˈstɑːtəlɪŋ/ *adj* **1.** (*very surprising*) asombroso -sa, extraordinario -ria: **he made a startling discovery** descubrió algo extraordinario. **2.** (*alarming*) alarmante: **there was a startling rise in the number of cancer cases** se produjo un alarmante aumento del número de casos de cáncer.

starvation /stɑːˈveɪʃən/ *n* hambre *f* [takes ***el*** or ***un*** in singular], inanición *f*: **people are dying of starvation** la gente se está muriendo de hambre * de inanición • **they were paid starvation wages** les pagaban un sueldo de hambre.

starve /stɑːv/ *vi* **[starves, starving, starved]** pasar hambre: **thousands have already starved to death** miles de personas ya han muerto de hambre • **what's for dinner? I'm starving!** ¿qué hay para cenar? ¡estoy muerta de hambre!

♦*vt* hacer pasar hambre a: **the kidnappers starved her to death** los secuestradores la dejaron morir de hambre • **we are starved of resources** tenemos una necesidad apremiante de recursos • **she's starved of affection** tiene sed de cariño.

starving /ˈstɑːvɪŋ/ *adj* (*refugee, masses*) hambriento -ta.

stash /stæʃ/ *vt* **[stashes, stashing, stashed]** (*fam*) esconder: **she had several thousand pounds stashed** *away* tenía miles de libras ahorradas.

state /steɪt/ **I** *n* **1.** (*condition*) estado *m*: **they left the house in a terrible state** dejaron la casa en un estado deplorable; **after the champagne, he was in no (fit) state to make a speech** después del champán, no estaba en condiciones de pronunciar un discurso • **she got into a real state about the tests** se puso muy nerviosa por las pruebas. **2.** (*Pol*: *government, country*) estado *m*: **relations between Church and State had deteriorated** las relaciones entre la Iglesia y el Estado se habían vuelto tirantes; **an independent state** un estado * una nación independiente; (*division of a country*) estado *m*: **the State of Virginia** el estado de Virginia. **3.** (*ceremony*): **the king and queen entered the palace** *in* **state** los reyes entraron con gran pompa en el palacio; **the late princess is lying** *in* **state in the cathedral** los restos mortales de la difunta princesa están siendo velados en capilla ardiente en la catedral.

II the States *n pl* (*fam*) los Estados Unidos.

III *adj* (*agency, aid, sector*) estatal: **it goes into the state coffers** va a parar a las arcas del estado; **it is a state secret** es un secreto de estado.

IV *vt* **[states, stating, stated]** (*frml*) **1.** (*to declare*) declarar, afirmar: **he stated that he did not know the accused** declaró que no conocía al acusado; **they asked me to state my opinion** me pidieron que expresara mi opinión. **2.** (*to set out: facts, a case*) exponer: **she was given time to state her case** le concedieron tiempo para que expusiera sus argumentos; (*: a problem*) plantear, exponer: **state your reasons for applying** indique el motivo de su solicitud. **3.** (*to establish*) establecer: **the document states that...** el documento establece que....

state bank *n* banco *m* nacional.

State Department *n*: **the State Department** (*in US*) el Departamento de Estado (*el Ministerio de Asuntos Exteriores de los Estados Unidos*).

state education *n* (*GB*) enseñanza *f* pública * estatal.

state occasion *n* ocasión *f* solemne.

state of emergency *n* [**states of emergency**] estado *m* de emergencia.

state of mind *n* [**states of mind**] estado *m* de ánimo.

state-of-the-art *adj* (*technology*) punta *adj inv*: **she's got a real state-of-the-art hi-fi** tiene un equipo de música que es la última palabra.

state-owned *adj* estatal, del estado.

state visit *n* visita *f* oficial.

stateless /ˈsteɪtləs/ *adj* apátrida.

stateliness /ˈsteɪtlɪnəs/ *n* majestuosidad *f*.

stately /ˈsteɪtlɪ/ *adj* [**statelier, stateliest**] majestuoso -sa, señorial.

stately home *n* (*GB*) casa *f* solariega.

statement /ˈsteɪtmənt/ *n* **1.** (*gen*) declaración *f*, afirmación *f*; (*to the press, police*) declaración *f*: **the suspect refused to make a statement** el sospechoso se negó a prestar declaración; (*communiqué*) comunicado *m*: **the ministry has just issued a statement** el ministerio acaba de emitir un comunicado; (*of facts*) exposición *f*: **it was a bare statement** *of* **the facts** fue una simple exposición de los hechos. **2.** (*Fin*) extracto *m* * estado *m* de cuenta.

statesman /ˈsteɪtsmən/ *n* [*pl* **statesmen**] (*Pol*) estadista *m*.

statesmanship /ˈsteɪtsmənʃɪp/ *n* (*Pol*) dotes *f pl* de estadista.

stateswoman /ˈsteɪtsˌwʊmən/ *n* [*pl* **stateswomen**] (*Pol*) estadista *f*.

static /ˈstætɪk/ **I** *adj* (*gen*) estático -ca; (*not dynamic*) poco dinámico -ca.

II *n* **1.** (*también* **static electricity**) electricidad *f* estática. **2.** (*on radio transmission*) parásitos *m pl*, interferencias *f pl*.

station /ˈsteɪʃən/ **I** *n* **1.** (*Transp*: *for buses, trains*) estación *f*: **he got off at the next station** se bajó en la siguiente estación. **2.** (*place of duty*) puesto *m*: **the sentry remained at his station** el centinela permaneció en su puesto. **3.** (*frml*: *social rank*) condición *f* (social), posición *f*: **she has ideas above her station** tiene delirios de grandeza. **4.** (*también* **radio station**) emisora *f*.

II *vt* [**stations, stationing, stationed**] (*gen*) colocar; (*soldiers, sentries*) apostar: **my uncle was stationed in Lebanon** mi tío estaba destinado al Líbano.

stationmaster *n* jefe -fa *m/f* de estación.

station wagon *n* (*US*) coche *m* familiar, ranchera *f*.

stationary /ˈsteɪʃənərɪ/ *adj* **1.** (*not moving*) estacionario -ria: **the taxi collided with a stationary bus** el taxi chocó contra un autobús parado. **2.** (*not changing*) estacionario -ria: **the rate of exchange has remained stationary all week** el tipo de cambio se ha mantenido estacionario toda la semana.

stationer /ˈsteɪʃənə/ *n* **1.** (*person*) dueño -ña *m/f* * encargado -da *m/f* de una papelería. **2. stationer's** (*shop*) papelería *f*.

stationery /ˈsteɪʃənərɪ/ *n* artículos *m pl* de papelería.

statistic /stəˈtɪstɪk/ **I** *n* estadística *f*: **the statistics show a sharp drop in exports** las estadísticas revelan un brusco descenso en las exportaciones.

II statistics *n* (*science, subject*) *[lleva el verbo en singular]* estadística *f*: **she's studying statistics** está estudiando estadística.

statistical /stəˈtɪstɪkəl/ *adj* estadístico -ca.

statistically /stəˈtɪstɪkəlɪ/ *adv* estadísticamente: **statistically, it is very unlikely that it will happen again** según la ley de las probabilidades, sería muy extraño que volviera a ocurrir.

statistician /ˌstætɪˈstɪʃən/ *n* estadístico -ca *m/f*.

statue /ˈstætju:/ *n* estatua *f*.

statuesque /ˌstætjʊˈesk/ *adj* escultural.

statuette /ˌstætjʊˈet/ *n* figurilla *f*, estatuilla *f*.

stature /ˈstætʃə/ *n* **1.** (*height*) estatura *f*. **2.** (*standing*) talla *f*: **an artist of unequalled stature** un artista de talla inigualable.

status /ˈsteɪtəs/ *n* **1.** (*social standing*) estatus *m inv*, prestigio *m* (social). **2.** (*category, situation*): **this document has no legal status** este documento carece de validez legal; **the status of women in their society** la situación * condición de la mujer en su sociedad.

status bar, status line *n* (*Inform*) línea *f* de situación.

status quo *n* statu quo *m*.

status symbol *n* símbolo *m* de prestigio * de estatus.

statute /ˈstætju:t/ *n* (*frml*) estatuto *m*.

statute book *n* código *m*.

statutory /ˈstætjʊtərɪ/ *adj* (*frml*: *penalty*) establecido -da por la ley, reglamentario -ria; (*: right*) legal: **it is no longer a statutory offence** ya no está tipificado como delito.

staunch /stɔ:ntʃ/ **I** *adj* (*defender*) acérrimo -ma, tenaz; (*ally*) incondicional, acérrimo -ma: **he was a staunch supporter of the régime** fue un partidario incondicional del régimen.

II *vt* [**staunches, staunching, staunched**]; (*también* **stanch**) (*bleeding*) contener.

stave /steɪv/ *n* **1.** (*of barrel*) duela *f*; (*of ladder*) peldaño *m*. **2.** (*Mus*) pentagrama *m*.

to **stave off** *vt* [**staves, staving, staved**] **1.** (*thirst, hunger*) calmar. **2.** (*to keep away*) evitar: **they staved off an ecological disaster** lograron evitar un desastre ecológico; **he tried to stave off the blows** trató de esquivar los golpes.

stay /steɪ/ **I** *n* estancia *f*, estadía *f*: **after a short stay in Brussels, they visited Amsterdam** tras una breve estancia en Bruselas, visitaron Amsterdam.

II *vi* [**stays, staying, stayed**] **1.** (*to remain*) quedarse: **stay at home until I get back** quédate en casa hasta que yo vuelva; **they stayed in Ceuta for four months** estuvieron cuatro meses en Ceuta; **he stayed in the cave all night** pasó la noche entera en la cueva. **2.** (*as guest*) hospedarse, alojarse: **they're staying** *at* **the Randolph Hotel** se hospedan en el Hotel Randolph; **she's gone to stay** *with* **some friends for a while** se ha ido a pasar un tiempo en casa de unos amigos; **we stayed overnight in Paris** hicimos noche * pasamos la noche en París. **3.** (*to continue to be*) seguir: **it stayed cold until the end of May** siguió haciendo frío hasta finales de mayo.

to **stay away** *vi* (*from something dangerous*) no acercarse: **tell the children to stay away** *from* **the railway line** diles a los niños que no se acerquen a la vía del tren; (*from an event*) no acudir: **all her former friends stayed away** ***from*** **the party** ninguno de sus antiguos amigos acudió a la fiesta.

to **stay in** *vi* quedarse en casa.

to **stay on** *vi* quedarse: **Amanda left early, but I stayed on till the end** Amanda se fue temprano pero yo me quedé hasta el final.

to **stay out** *vi* quedarse fuera: **sometimes he stays out until dawn** a veces no vuelve a casa hasta la madrugada; (*on strike*) continuar la huelga.

to **stay put** *vi* (*fam*): **stay put until she phones** no te muevas de aquí hasta que llame.

to **stay up** *vi* no acostarse, quedarse levantado: **he stayed up until three o'clock** no se acostó hasta las tres; **on Saturdays we stay up late** los sábados nos acostamos tarde; **I stayed up waiting for her** me quedé levantado esperándola.

stay of execution *n* [**stays of execution**] suspensión *f* del cumplimiento de la sentencia.

STD /esti:'di:/ *n* **1.** (*Med*) (*abreviatura de* **sexually transmitted disease**) enfermedad *f* de transmisión sexual. **2.** (*GB*: *Telec*) (*abreviatura de* **subscriber trunk dialling**) **STD code** prefijo *m* (*para llamadas telefónicas interurbanas*).

stead /sted/ *n*: **she chaired the meeting in my stead** presidió la reunión en mi lugar • **these boots have stood me in good stead** estas botas me han sido de gran utilidad.

steadfast /'stedfɑ:st/ *adj* (*loyalty*) incondicional; (*support*) leal y sólido -da; (*resistance*) tenaz; (*refusal*) categórico -ca.

steadfastly /'stedfɑ:stlı/ *adv* (*to support*) incondicionalmente: **they remained steadfastly loyal throughout the crisis** se mantuvieron fieles de forma incondicional durante la crisis; (*to resist*) tenazmente; (*to refuse*) categóricamente: **she steadfastly refused to move** se negó categóricamente a moverse.

steadily /'stedəlı/ *adv* **1.** (*progressively*) a ritmo constante: **the price of oil kept rising steadily** el precio del petróleo continuó subiendo a ritmo constante; **it was getting steadily colder** hacía cada vez más frío. **2.** (*to stare*) fijamente: **he gazed steadily at the screen** miraba fijamente la pantalla. **3.** (*firmly*) firmemente: **she spoke calmly and steadily** habló con calma y firmeza.

steadiness /'stedınəs/ *n* **1.** (*firmness*) firmeza *f*: **the steadiness of his hands** la firmeza de su pulso. **2.** (*regularity*) regularidad *f*.

steady /'stedı/ **I** *adj* [**steadier, steadiest**] **1.** (*gaze*) fijo -ja; (*price*) estable: **stock market prices have remained steady** las cotizaciones se han mantenido estables; **you need a very steady hand for this** se necesita tener mucho pulso para esto; **hold it steady!** ¡no lo muevas! • **steady on! nobody's accused you of stealing it** ¡tranquilo! que nadie te ha acusado de robarlo. **2.** (*worker, pupil*) aplicado -da: **Anna is a steady, hardworking pupil** Anna es una alumna aplicada y trabajadora; (*reliable*) de fiar. **3.** (*regular: pace*) regular: **her pulse is steadier now** ya tiene el pulso más regular; (*: work*): **it's about time you found a steady job** ya es hora de que te busques un empleo fijo; (*: relationship*): **she's his first steady girlfriend** ella es su primera novia. **4.** (*continuous*) continuo -nua: **he's made steady progress in school** ha progresado a ritmo constante en el colegio; **there's been a steady fall of snow since dawn** ha nevado continuamente desde la madrugada.

II *vt* [**steadies, steadying, steadied**] **1.** (*to hold firm*) sujetar, sostener: **steady the door while I tighten these screws** sujeta la puerta mientras yo ajusto estos tornillos. **2.** (*to stabilize*) estabilizar: **the extra weight helped to steady the boat** el peso adicional contribuyó a estabilizar el bote. **3.** (*to calm*) calmar: **I took a tablet to steady my nerves** me tomé una pastilla para calmarme (los nervios).

♦ *vi* (*boat, prices*) estabilizarse.

steak /steık/ *n* (*of fish, meat*) filete *m*; (*of beef*) filete *m*, bistec *m*.

steak and kidney pie *n* (*GB*) *empanada de carne con riñones*.

steal /sti:l/ *vt* [**steals, stealing, stole,** *participio pasado* **stolen**] robar: **he had his passport stolen on the train** le robaron el pasaporte en el tren; **he had stolen it** ***from*** **another pupil** se lo había robado a otro alumno; **he had stolen it** ***from*** **the shop** lo había robado en la tienda • **he stole a glance at his wife before answering** miró de soslayo a su mujer antes de contestar.

♦ *vi* **1.** (*to commit theft*) robar. **2.** (*to move stealthily*): **he stole** ***into*** **her bedroom and left a note** entró a hurtadillas en su dormitorio y le dejó una nota; **they stole** ***away*** **under the cover of darkness** se escabulleron al amparo de la noche.

stealing /'sti:lıŋ/ *n* robo *m*.

stealth /stelθ/ *n* sigilo *m*: **he gained entry to the building** ***by*** **stealth** entró sigilosamente * a hurtadillas en el edificio.

stealthily /'stelθəlı/ *adv* a hurtadillas, sigilosamente.

stealthy /'stelθı/ *adj* [**stealthier, stealthiest**] sigiloso -sa.

steam /sti:m/ **I** *n* vapor *m* • **I'll get there under my own steam** llegaré por mis propios medios • **when he gets angry, he lets off steam by going for a run** cuando se enfada, sale a correr para desahogarse • **I've run out of steam** estoy agotado • **the campaign took a while to get up steam** la campaña tardó un tiempo en adquirir ímpetu.

II *vi* [**steams, steaming, steamed**] **1.** (*to emit steam: machine*) echar vapor; (*: pot, soup*) humear. **2.** (*train*): **the night express steamed out of Shanghai** el expreso nocturno salió de Shangai (echando vapor).

♦ *vt* (*Culin: vegetables*) cocer al vapor; (*a pudding*) cocer al baño María.

to **steam open** *vt* (*a letter*) abrir al vapor.

to **steam up** *vi* (*glass*) empañarse.

♦ *vt* (*glass*) empañar • **she gets all steamed up over * about women's rights** se indigna siempre que se mencionan los derechos de la mujer.

steamboat *n* vapor *m*.

steam-driven *adj* a * de vapor.

steam engine *n* **1.** (*power unit*) motor *m* a * de vapor. **2.** (*locomotive*) locomotora *f* a * de vapor.

steam iron *n* plancha *f* a * de vapor.

steam locomotive *n* locomotora *f* a * de vapor.

steamroller *n* apisonadora *f*.

steamship *n* vapor *m*.

steamer /'sti:mə/ *n* vapor *m*.

steaming /'sti:mıŋ/ *adj* (*liquid*) humeante.

steamy /'sti:mı/ *adj* [**steamier, steamiest**] **1.** (*place*) lleno -na de vapor. **2.** (*window, glass*) empañado -da. **3.** (*novel, film*) erótico -ca.

steel /sti:l/ **I** *n* acero *m*.

II *vt* [**steels, steeling, steeled**] (*fig*): **she steeled herself to break the news to her mother** se armó de valor para comunicarle la noticia a su madre; **he steeled himself** ***against*** **the taunts of his classma-**

tes se armó de valor para hacer frente a las burlas de sus compañeros.

steel band *n*: *banda de percusión de las Antillas anglófonas.*

steel industry *n* industria *f* siderúrgica.

steel mill *n* planta *f* de laminación de acero.

steel wool *n* viruta *f* de acero.

steelworker *n* trabajador -dora *m/f* de la industria siderúrgica.

steelworks *n* [*pl* **steelworks**] altos hornos *m pl*, acería *f*.

steely /ˈstiːlɪ/ *adj* [**steelier, steeliest**] **1.** (*colour*) acerado -da, metálico -ca. **2.** (*character*) frío -a; (*gaze*) duro -ra; (*determination*) férreo -rrea.

steep /stiːp/ **I** *adj* **1.** (*cliff*) escarpado -da: **we had to climb a steep hill** tuvimos que subir una ladera escarpada; (*stairs*) empinado -da: **there's a steep staircase up to my room** la escalera que conduce a mi habitación es empinada. **2.** (*sudden, dramatic*) brusco -ca: **there was a steep rise in the suicide rate** se registró un brusco aumento en el índice de suicidios. **3.** (*price*) elevado -da • **expecting me to pay for everything is a bit steep** esperar que lo pague todo yo es demasiado.

II *vt* [**steeps, steeping, steeped**] (*in liquid: gen*) remojar; (*: in wine, spirits, vinegar*) macerar • **the whole area is steeped in history** toda la zona tiene una enorme riqueza histórica.

steeple /ˈstiːpəl/ *n* (*spire*) aguja *f*, chapitel *m*; (*tower*) campanario *m*.

steeplechase *n* carrera *f* de obstáculos.

steeplejack *n*: *persona que repara campanarios, chimeneas de fábrica, etc.*

steeply /ˈstiːplɪ/ *adv* **1.** (*abruptly*): **from there on the path rose steeply** de allí en adelante el sendero subía en una cuesta empinada. **2.** (*dramatically*) bruscamente: **the price of air travel has risen steeply** ha habido una brusca subida de las tarifas aéreas, las tarifas aéreas se han disparado.

steer /stɪə/ **I** *vt* [**steers, steering, steered**] **1.** (*a car*) conducir, (*Amér L*) manejar; (*a ship*) gobernar • **he was steering a course that led to disaster** seguía un rumbo que llevaba al fracaso. **2.** (*to guide*): **I steered the guests across the hall** conduje a los invitados a través de la sala; **the chairman tried to steer the discussion back to finance** el presidente trató de llevar la discusión nuevamente hacia el tema de las finanzas; **it will be difficult to steer this bill through Parliament** será difícil conseguir que el Parlamento apruebe este proyecto de ley.

♦ *vi* (*in a car*) llevar la dirección; (*on a ship*) llevar el timón • **steer (well) clear of him** trata de evitar cualquier contacto con él.

II *n* (*Zool*) buey *m*.

steering /ˈstɪərɪŋ/ *n* dirección *f*.

steering column *n* columna *f* de (la) dirección.

steering committee *n* comisión *f* directiva.

steering lock *n* **1.** (*device*) seguro *m* antirrobo. **2.** (*when turning*) radio *m* de giro.

steering wheel *n* volante *m*.

stellar /ˈstelə/ *adj* estelar.

stem /stem/ **I** *n* **1.** (*Bot*) tallo *m*. **2.** (*Ling*) raíz *f*, radical *m*. **3.** (*of wineglass*) pie *m*; (*of tobacco pipe*) caña *f*.

II *vt* [**stems, stemming, stemmed**] frenar: **the region must attract industries in order to stem emigration** la región tiene que atraer industrias para frenar la emigración; **I managed to stem the flow of blood** conseguí contener la hemorragia.

to **stem from** *vt* ser consecuencia de: **his present difficulties stem from these mistakes** sus dificultades actuales son consecuencia de estos errores.

stench /stentʃ/ *n* hedor *m*, peste *f*: **the stench** *of* **rotten food filled the house** la casa apestaba a comida podrida.

stencil /ˈstensəl/ **I** *n* **1.** (*template*) plantilla *f*: **he did the letters with a stencil** hizo las letras con una plantilla. **2.** (*for typing*) matriz *f*.

II *vt* [**stencils, stencilling, stencilled**] **1.** (*a design*) *pintar o dibujar con plantilla.* **2.** (*a typed document*) multicopiar.

stenographer /stəˈnɒgrəfə/ *n* (*US*) taquimecanógrafo -fa *m/f*.

step /step/ **I** *n* **1.** (*stair*) escalón *m*, peldaño *m*: **mind the step!** ¡cuidado con el escalón!; **go up two flights of steps and turn left** sube dos tramos de escalones y dobla a la izquierda. **2.** (*pace*) paso *m*: **she took a step backwards to see the painting better** dio un paso atrás para ver mejor el cuadro; **I heard steps outside the door** oí pasos al otro lado de la puerta; **the platoon marched** *in* **step across the parade ground** el pelotón atravesó la plaza de armas marchando con paso acompasado • **if he doesn't watch his step, he'll get into trouble** si no se anda con cuidado, se va a meter en líos • **the lifting of the ban was a step in the right direction** el levantamiento de la prohibición fue un paso acertado. **3.** (*stage*): **the next step is to repaint the kitchen** lo siguiente es volver a pintar la cocina. **4.** (*measure*) medida *f*: **the government is taking steps to end the conflict** el gobierno está tomando medidas para poner fin al conflicto.

II steps *n pl* (*stepladder*) escalera *f* de tijera; (*of plane*) escalerilla *f*; (*in front of large building*) escalinata *f*: **she was sitting on the steps of the Town Hall** estaba sentada en la escalinata del Ayuntamiento.

III *vi* [**steps, stepping, stepped**]: **I stepped** *back* **in fright** di un paso atrás asustado; **he stepped** *off* **the pavement without looking** se bajó de la acera sin mirar; **she stepped** *over* **the puddle** pasó por encima del charco; **I stepped** *aside* **to let him pass** me hice a un lado para que pudiera pasar • **step this way, ladies and gentlemen** pasen por aquí, señoras y señores.

to **step down** *vi* dejar el puesto: **I've decided to step down** *from* **my post** he decidido a renunciar a mi puesto.

to **step in** *vi* intervenir: **unless the government acts decisively, the military will step in** si el gobierno no se muestra firme, los militares van a intervenir ✱ van a tomar cartas en el asunto.

to **step up** *vt* (*production*) aumentar: **the opposition stepped up their campaign against the prime minister** la oposición intensificó su campaña contra el primer ministro.

step-by-step *adj* paso a paso, detallado -da.

stepladder *n* escalera *f* de tijera.

stepbrother /ˈstepˌbrʌðə/ *n* hermanastro *m*.

stepchild /ˈsteptʃaɪld/ *n* [*pl* **stepchildren**] hijastro -tra *m/f*.

stepdaughter /ˈstepˌdɔːtə/ *n* hijastra *f*.

stepfather /ˈstepˌfɑːðə/ *n* padrastro *m*.

stepmother /ˈstepˌmʌðə/ *n* madrastra *f*.

steppe /step/ *n* estepa *f*.

stepping stone /ˈstepɪŋstəʊn/ *n* pasadera *f* • **it was a stepping stone to a political career** fue un paso más camino a una carrera política.

stepsister /ˈstepˌsɪstə/ *n* hermanastra *f*.

stepson /ˈstepsʌn/ *n* hijastro *m*.

stereo /ˈsterɪəʊ/ **I** *n* **1.** (*stereophonic sound*) estéreo *m*, estereofonía *f*: **the concert was recorded** *in* **stereo** el concierto se grabó en estéreo. **2.** (*sound system*) estéreo *m*, equipo *m* estereofónico.
II *adj* estereofónico -ca.

stereophonic /ˌsterɪəʊˈfɒnɪk/ *adj* estereofónico -ca.

stereotype /ˈsterɪəʊtaɪp/ **I** *n* estereotipo *m*.
II *vt* [**stereotypes, stereotyping, stereotyped**] estereotipar.

sterile /ˈsteraɪl/ *adj* estéril.

sterility /stəˈrɪlətɪ/ *n* esterilidad *f*.

sterilization /ˌsterəlaɪˈzeɪʃən/ *n* esterilización *f*.

sterilize /ˈsterəlaɪz/ *vt* [**sterilizes, sterilizing, sterilized**] esterilizar.

sterling /ˈstɜːlɪŋ/ **I** *n* libra *f* esterlina: **I had to pay** *in* **sterling** tuve que pagar en libras esterlinas.
II *adj* **1.** (*Fin*): **the pound sterling** la libra esterlina. **2.** (*frml*: *excellent*) excelente: **she was praised for her sterling work** fue elogiada por su excelente trabajo.

sterling silver *n* plata *f* de ley.

stern /stɜːn/ **I** *adj* severo -ra: **his father is very stern** su padre es muy severo; **they were given a stern warning** se les hizo una severa advertencia.
II *n* (*Naut*) popa *f*.

sternum /ˈstɜːnəm/ *n* [**sternums** * **sterna** /ˈstɜːnə/] esternón *m*.

steroid /ˈsterɔɪd/ *n* esteroide *m*.

stethoscope /ˈsteθəskəʊp/ *n* estetoscopio *m*.

stevedore /ˈstiːvədɔː/ *n* estibador -dora *m/f*.

stew /stjuː/ **I** *n* (*gen*) guiso *m*; (*with pieces of meat, fish*) guiso *m*, estofado *m* • **he gets in such a stew about exams** se pone tan nervioso con los exámenes.
II *vt* [**stews, stewing, stewed**] (*meat*) estofar, guisar; (*fruit*) hacer compota de: **for dessert we were given stewed apples** de postre nos dieron compota de manzanas.
♦ *vi* (*meat, fruit*) cocerse lentamente • **let him stew!** ¡que se fastidie!

steward /ˈstjʊəd/ *n* **1.** (*on ship*) camarero *m*; (*on aeroplane*) auxiliar *m* de vuelo. **2.** (*on farm*) administrador -dora *m/f*.

stewardess /ˈstjʊədes/ *n* [**stewardesses**] (*on aircraft*) auxiliar *f* de vuelo, azafata *f*.

stick /stɪk/ **I** *n* **1.** (*piece of wood: gen*) palo *m*; (*: twig*) ramita *f* • **as usual he got the wrong end of the stick** como de costumbre, tomó el rábano por las hojas * lo entendió todo al revés • **his parents live out in the sticks** sus padres viven en medio del campo * en el quinto pino • **he got a lot of stick for forgetting his passport** le hicieron la vida imposible porque se había olvidado del pasaporte. **2.** (*también* **walking stick**) bastón *m*. **3.** (*Mus*: *baton*) batuta *f*. **4.** (*of dynamite*) cartucho *m*. **5.** (*of celery*) rama *f*; (*of rhubarb*) tallo *m*.
II *vt* [**sticks, sticking, stuck**] **1.** (*to insert*) clavar: **he stuck the knife** *into* **the table top** clavó el cuchillo en la mesa; **she stuck a needle** *in* **her finger** se pinchó el dedo con una aguja, se clavó una aguja en el dedo. **2.** (*to fix: gen*) colocar, fijar: **the students stuck posters** *(up)* **all along the corridor** los estudiantes colocaron carteles a lo largo del pasillo; (*: with glue, etc.*) pegar: **he stuck her picture** *on* **the wall** pegó su foto en la pared; **I stuck a thirty cent stamp** *on* **the envelope** pegué un sello de treinta centavos en el sobre. **3.** (*fam*: *to place*) poner, plantar: **he stuck his feet on the table** puso * plantó los pies en la mesa; **I stuck my head** *through* **the window** metí la cabeza por la ventana. **4.** (*fam*: *to bear*) aguantar, soportar: **I can't stick any more of this, I'm going** no aguanto más, me voy.
♦ *vi* **1.** (*to adhere*) pegarse: **the omelette stuck** *to* **the frying pan** la tortilla se pegó a la sartén; **the pages stuck** *together* las páginas se pegaron. **2.** (*to jam*) atascarse: **the key stuck** *in* **the lock** la llave se atascó en la cerradura; **the drawer stuck when he tried to open it** el cajón se atascó cuando intentó abrirlo. **3.** (*to penetrate*) clavarse: **the arrow stuck** *in* **the door** la flecha se clavó en la puerta. **4.** (*to remain*): **the poem stuck** *in* **her mind** el poema se le quedó grabado en la memoria; **the band stuck** *together* **for twenty years** el grupo permaneció unido durante veinte años.

to **stick around** *vi* (*fam*) quedarse: **I stuck around for a bit to see if she'd come back** me quedé esperando un ratito más a ver si volvía.

to **stick at** *vt* perseverar: **she stuck at it and won a scholarship** perseveró y ganó una beca.

to **stick by** *vt* mantenerse fiel a: **they stuck by one another in spite of everything** se mantuvieron fieles el uno al otro a pesar de todo.

to **stick out** *vt* **1.** (*to push out*) sacar: **he stuck his tongue out** *at* **the teacher** le sacó la lengua a la maestra; **he stuck his head out** *of* **the window** sacó * asomó la cabeza por la ventana. **2.** (*to endure*) aguantar: **we stuck it out for three days** aguantamos tres días.
♦ *vi* **1.** (*to protrude*) sobresalir: **her teeth stick out** tiene los dientes salidos; **I saw his foot sticking out** *from* **under the bed** vi su pie que asomaba por debajo de la cama. **2.** (*to be obvious*) llamar la atención: **as the only beginner, she really stuck out** llamaba mucho la atención por ser la única principiante.

to **stick out for** *vt*: **we stuck out for a five percent rise** no cedimos en nuestro propósito de lograr un aumento del cinco por ciento.

to **stick to** *vt* **1.** (*to be faithful to: principles*) atenerse a: **he stuck to what he'd said at the beginning** se atuvo a lo que había dicho al principio; (*: a promise*) cumplir: **she stuck to her promise** cumplió su promesa; (*: a text, rules*) ceñirse a: **always stick to the script** cíñete siempre al guión. **2.** (*to limit oneself to*) ceñirse a, limitarse a: **stick to subjects that you know** cíñase a temas que conozca.

to **stick up** *vi* sobresalir: **comb your hair, it's sticking up** péinate bien, tienes mechones de punta.
♦ *vt* **1.** (*fam*: *to raise*) levantar: **stick your hands up if you agree** levanten la mano si están de acuerdo. **2.** (*fam*: *to rob*) atracar: **he stuck up three post offices** atracó tres oficinas de correos.

to **stick up for** *vt* defender, sacar la cara por: **nobody dared stick up for him at the meeting** nadie se atrevió a defenderlo * a sacar la cara por él en la reunión.

to **stick with** *vt* seguir con, no abandonar • **stick with it!** ¡persevera!

stick-in-the-mud *n* (*fam*) *persona aferrada a una rígida rutina*.

stick-up *n* (*fam*) atraco *m*.

sticker /ˈstɪkə/ *n* (*label*) etiqueta *f* (engomada); (*for publicity*) pegatina *f*.

sticking plaster /ˈstɪkɪŋ ˈplɑːstə/ *n* (*pre-cut*) tirita® *f*, (*Amér L*) curita® *f*; (*on roll*) esparadrapo *m*.

stickler /ˈstɪklə/ *n* persona *f* quisquillosa: **she's a stickler** *for* **punctuality** insiste mucho en la puntualidad.

sticky /'stɪkɪ/ *adj* [**stickier, stickiest**] **1.** (*adhesive*) adhesivo -va: **cover the address with a sticky label** tapa la dirección con una etiqueta adhesiva. **2.** (*dirty*) pegajoso -sa: **his hands were sticky** tenía las manos pegajosas. **3.** (*weather*) pesado -da, bochornoso -sa. **4.** (*awkward*) difícil, peliagudo -da: **we were in a bit of a sticky situation** nos encontrábamos en una situación un tanto difícil.

stiff /stɪf/ **I** *adj* **1.** (*cardboard*) duro -ra, rígido -da; (*collar*) duro -ra; (*mixture*) espeso -sa (y consistente). **2.** (*door, window*) difícil de abrir/cerrar. **3.** (*Anat*: *muscles, joints*) agarrotado -da: **I have a stiff neck** tengo tortícolis; **my legs are so stiff!** ¡tengo unas agujetas horrorosas en las piernas! **4.** (*behaviour: awkward*) tieso -sa, acartonado -da: **she gave us a stiff smile** nos dedicó una sonrisa forzada; (*: stern*) severo -ra: **I've had a stiff letter from the bank** he recibido una severa carta del banco. **5.** (*sentence*) severo -ra; (*breeze*) fuerte: **the landowners put up stiff resistance to the reforms** los terratenientes se opusieron tenazmente a las reformas; **there is stiff competition for places at university** hay mucha competencia por plazas en la universidad.

II *adv*: **where were you? I've been worried stiff** ¿dónde estabas? he estado preocupadísimo; **I'm scared stiff of breaking something** tengo un miedo horroroso de romper algo; **I'm bored stiff** estoy aburrido como una ostra; **he was frozen stiff** estaba tieso de frío.

III *n* (*fam*) fiambre *m*, cadáver *m*.

stiffen /'stɪfən/ *vi* [**stiffens, stiffening, stiffened**] **1.** (*material*) ponerse tieso -sa * rígido -da; (*paste, mixture*) espesarse; (*person*) ponerse tenso -sa: **he heard a noise and stiffened** oyó un ruido y se puso tenso. **2.** (*Anat*: *muscles, joints*) agarrotarse. **3.** (*to intensify: wind*) hacerse más fuerte; (*: competition*) hacerse más duro -ra.

♦*vt* **1.** (*material*) poner tieso -sa * rígido -da; (*cuff, collar, etc.*) ponerle entretela a: **I need something to stiffen the cover of this book** necesito algo para reforzar la portada de este libro. **2.** (*determination*) fortalecer.

stiffly /'stɪflɪ/ *adv* **1.** (*to move*) con rigidez: **the old lady climbed stiffly into the car** la anciana subió al coche con dificultad. **2.** (*to act*) con frialdad: **she nodded stiffly to him** lo saludó fríamente con la cabeza.

stiffness /'stɪfnəs/ *n* **1.** (*Anat*: *of muscles, joints*) agarrotamiento *m*. **2.** (*of materials*) rigidez *f*.

stifle /'staɪfəl/ *vt* [**stifles, stifling, stifled**] **1.** (*a person*) ahogar; (*protests*) sofocar, ahogar: **this law will stifle all political debate** esta ley acabará con todo tipo de debate político. **2.** (*a yawn*) contener, reprimir. **3.** (*a noise*) amortiguar.

♦*vi* sofocarse, ahogarse: **I'm stifling in this heat** me ahogo con este calor.

stifling /'staɪflɪŋ/ *adj* (*heat*) sofocante, agobiante: **it's stifling in here** hace un calor sofocante * agobiante aquí.

stigma /'stɪgmə/ *n* estigma *m*.

stile /staɪl/ *n* escalón *m* (*para pasar por encima de una cerca*).

stiletto /stɪ'letəʊ/ *n* [**stilettoes**] **1.** (*shoe*) zapato *m* con tacón de aguja. **2.** (*knife*) estilete *m*.

stiletto heel *n* tacón *m* de aguja.

still /stɪl/ **I** *adv* **1.** (*so far*) aún, todavía: **we still see them sometimes** aún * todavía los vemos a veces; **are you still learning Greek?** ¿sigues estudiando griego? **2.** (*even*) aún, todavía: **he's quite bright, but his sister is cleverer still** es bastante listo, pero su hermana es aún más inteligente * es más inteligente todavía; **he can't write a letter, still less a novel!** no sabe ni escribir una carta, ¡menos aún una novela! **3.** (*even so*) aun así: **he may be a good teacher, but I still don't like him** puede que sea un buen profesor, pero aun así no me cae bien; (*nevertheless*): **...still, it's better than it was before** ...pero bueno, está mejor que antes.

II *adj* **1.** (*calm*) tranquilo -la: **we gazed out on the still winter countryside** contemplamos el tranquilo paisaje invernal; (*silent*) silencioso -sa: **the whole factory was still** no había un ruido en toda la fábrica. **2.** (*without movement*) quieto -ta: **keep still, I don't want them to see us** no te muevas * quédate quieto, no quiero que nos vean. **3.** (*not fizzy*) sin gas: **do you want sparkling water or still?** ¿quieres agua con o sin gas?

III *n* **1.** (*of film*) fotograma *m*. **2.** (*for distillation*) alambique *m*.

IV *vt* [**stills, stilling, stilled**] (*frml*) calmar.

stillborn *adj* nacido -da muerto -ta.

still life *n* [**still lifes * still lives**] naturaleza *f* muerta, bodegón *m*.

stillness /'stɪlnəs/ *n* **1.** (*silence*) silencio *m*. **2.** (*calm*) tranquilidad *f*, quietud *f*.

stilt /stɪlt/ *n* **1.** (*for walking*) zanco *m*. **2.** (*pillar*) pilote *m*: **they lived in a house** *on* **stilts** vivían en un palafito.

stilted /'stɪltɪd/ *adj* (*style, language*) rebuscado -da, afectado -da; (*manner*) afectado -da, poco natural.

stimulant /'stɪmjʊlənt/ *n* (*Med*) estimulante *m*.

stimulate /'stɪmjʊleɪt/ *vt* [**stimulates, stimulating, stimulated**] **1.** (*to activate*) estimular. **2.** (*to encourage*) animar, estimular: **his sister's success stimulated him to work harder** el éxito de su hermana lo animó a trabajar más.

stimulating /'stɪmjʊleɪtɪŋ/ *adj* (*interesting, encouraging*) estimulante.

stimulation /ˌstɪmjʊ'leɪʃən/ *n* estímulo *m*.

stimulus /'stɪmjʊləs/ *n* [*pl* **stimuli** /'stɪmjʊlaɪ/] estímulo *m*: **lower interest rates will be a stimulus for the economy** los intereses más bajos servirán de estímulo para la economía.

sting /stɪŋ/ **I** *vt* [**stings, stinging, stung**] picar: **he was stung by a jellyfish** lo picó una medusa ● **her bitter words stung me** sus amargas palabras me hirieron en lo más vivo.

♦*vi* **1.** (*eyes*) arder, escocer: **his eyes were stinging** *from* **the smoke** le ardían los ojos del humo; (*substance*) escocer: **this will sting a little** esto te va a escocer un poco. **2.** (*insect, plant, etc.*) picar: **this plant stings like a nettle** esta planta pica como las ortigas.

II *n* **1.** (*sharp pain*) escozor *m*. **2.** (*of insect: organ*) aguijón *m* ● **his offer had a sting in the tail** su oferta traía cola. **3.** (*by insect: injury*) picadura *f*: **he had wasp stings all over his arm** tenía picaduras de avispa por todo el brazo ● **it took the sting out of her defeat** hizo menos amarga la derrota.

stingray *n* raya *f* venenosa.

stinginess /'stɪndʒɪnəs/ *n* tacañería *f*.

stingy /'stɪndʒɪ/ *adj* [**stingier, stingiest**] **1.** (*mean*) tacaño -ña, roñoso -sa: **the landlady was very stingy** *with* **the heating** la patrona de la pensión era muy roñosa con la calefacción. **2.** (*sparse*) mezquino -na: **they gave us a pretty stingy breakfast** nos dieron un mezquino desayuno.

stink /stɪŋk/ **I** *vi* [**stinks, stinking, stank,** *participio pasado* **stunk**] **1.** (*to smell bad*) apestar, heder: **he**

stank *of* **sweat** apestaba a sudor • **this cheese stinks to high heaven** este queso huele que apesta. **2.** (*fam: to be unacceptable*): **the whole concept stinks** el concepto en sí resulta repelente.
II *n* (*unpleasant smell*) hedor *m*, tufo *m* • **if you don't invite him, he'll kick up a stink about it** armará un escándalo si no lo invitas.
stink bomb *n* bomba *f* fétida.
stinking /'stɪŋkɪŋ/ *adj* **1.** (*smelly*) hediondo -da, apestoso -sa. **2.** (*fam: terrible*) horroroso -sa: **she can't go out, she has a stinking cold** no puede salir, tiene un catarro horroroso • **his parents are stinking rich** sus padres están podridos de dinero.
stint /stɪnt/ **I** *n* temporada *f*: **he did a six month stint of voluntary work** pasó una temporada de seis meses haciendo trabajos voluntarios.
II *vt* [**stints, stinting, stinted**] **1.** (*food*) escatimar. **2.** (*to deprive*): **he stinted himself** *of* **food to buy clothes for the family** se privó de comida para comprarle ropa a la familia.
♦*vi*: **he never stints** *on* **the wine** nunca escatima vino.
stipend /'staɪpend/ *n* (*frml*) estipendio *m*.
stipple /'stɪpəl/ *vt* [**stipples, stippling, stippled**] puntear.
stipulate /'stɪpjʊleɪt/ *vt* [**stipulates, stipulating, stipulated**] estipular.
stipulation /ˌstɪpjʊ'leɪʃən/ *n* estipulación *f*.
stir /stɜː/ **I** *vt* [**stirs, stirring, stirred**] **1.** (*a liquid*) remover, revolver: **stir the cheese** *into* **the sauce** agregar el queso a la salsa y remover * revolver. **2.** (*to disturb*) agitar: **the breeze hardly stirred the surface of the water** la brisa apenas agitaba la superficie del agua. **3.** (*to rouse*) enardecer: **they were stirred by the music** la música los enardeció; (*to move*) conmover. **4.** (*to stimulate*): **she was stirred** *into* **action by the plight of the refugees** la grave situación de los refugiados fue el aguijón que la hizo entrar en acción.
♦*vi* moverse: **not a leaf stirred** no se movía ni una hoja; **he never stirs before eleven on a Sunday** nunca se levanta antes de la once los domingos.
II *n* **1.** (*commotion*) revuelo *m*: **her resignation caused quite a stir** su dimisión causó un tremendo revuelo. **2.** (*mixing*): **give the soup a little stir** remueve * revuelve un poco la sopa.
to **stir up** *vt* **1.** (*to arouse*): **they're trying to stir up racial hatred** están tratando de fomentar * promover el odio racial; **she's always stirring up trouble** siempre está creando problemas; **his speech stirred up the crowd** su discurso enardeció a la muchedumbre. **2.** (*to reawaken*) despertar: **the song stirred up old memories** la canción despertó * avivó viejos recuerdos. **3.** (*to disturb*): **the lorry stirred up the dust as it went by** el camión levantaba polvo al pasar.
stirring /'stɜːrɪŋ/ *adj* (*moving*) conmovedor -dora; (*rousing*) enardecedor -dora.
stirrup /'stɪrəp/ *n* estribo *m*.
stitch /stɪtʃ/ **I** *n* [**stitches**] **1.** (*in knitting*) punto *m*: **I've dropped a stitch** se me ha escapado un punto; (*in sewing*) puntada *f* • **she walks around the house without a stitch on** se pasea por la casa en cueros. **2.** (*Med*) punto *m* (de sutura): **he had to have six stitches in his forehead** tuvieron que ponerle seis puntos en la frente. **3.** (*pain*) punzada *f* (*en el costado*): **I had to stop running because I got a stitch** tuve que dejar de correr porque me dio flato • **they had the audience in stitches** el público se desternillaba de la risa con ellos.
II *vt* (*también* **stitch up**) [**stitches, stitching, stitched**] **1.** (*Clothing*) coser. **2.** (*Med*) suturar.
stoat /stəʊt/ *n* armiño *m* (*de pelaje pardo*).
stock /stɒk/ **I** *n* **1.** (*goods*) existencias *f pl*, stock *m*: **we don't have it** *in* **stock, we'll have to order it** no lo tenemos en existencias, tendremos que pedirlo; **the large size is** *out of* **stock** la talla grande está agotada; **they laid in a stock of coal before the price went up** se abastecieron de carbón antes de que subiera el precio • **they decided to meet to take stock of recent events** decidieron reunirse para evaluar los acontecimientos recientes • **he made a laughing stock of himself at the party** hizo el ridículo en la fiesta. **2.** (*variety*) surtido *m*: **we always have a large stock of children's shoes** tenemos siempre un amplio surtido de calzado para niños. **3.** (*Culin*) caldo *m*: **he cooked the rice in chicken stock** cocinó el arroz en caldo de gallina * de pollo. **4.** (*farm animals*) ganado *m*. **5.** (*lineage: of animal*) raza *f*: **all these horses are of good stock** todos estos caballos son de buena raza; (*: of person*) estirpe *f*, linaje *m* • **she's of solid Asturian stock** es asturiana de pura cepa. **6.** (*flower*) [*pl* **stock**] alhelí *m*. **7.** (*of rifle*) culata *f*; (*of tool*) mango *m*. **8.** (*share*) acción *f*.
II stocks *n pl* (*Fin*) valores *m pl*.
III *adj* de costumbre: **the minister gave them the stock response** el ministro les dio la respuesta de costumbre * de siempre; **she padded her essay out with stock phrases** alargó el trabajo con frases trilladas * con clichés.
IV *vt* [**stocks, stocking, stocked**] **1.** (*to have on sale*) vender: **do you stock vegetarian products?** ¿venden productos vegetarianos? **2.** (*to supply: a shop*) proveer de existencias: **she had stocked the larder** *with* **tinned food** había llenado la despensa de latas de comida; **they've stocked the reservoir** *with* **trout** han poblado el embalse de truchas.
to **stock up** *vi* abastecerse, aprovisionarse: **we stocked up** *on* * *with* **food for the weekend** nos abastecimos de comida para el fin de semana.
stockbreeder *n* ganadero -ra *m/f*.
stockbreeding *n* ganadería *f*.
stockbroker *n* corredor -dora *m/f* de bolsa * de valores.
stock cube *n* cubito *m* * pastilla *f* de caldo.
stock exchange *n* bolsa *f* (de valores).
stock-in-trade *n* **1.** (*goods for sale*) existencias *f pl*. **2.** (*work tools*) herramientas *f pl*. **3.** (*speciality*) especialidad *f*.
stock market *n* bolsa *f* (de valores).
stockpile I *n* reservas *f pl*.
II *vt* [**stockpiles, stockpiling, stockpiled**] hacer acopio de.
stocktaking *n* inventario *m*: **closed for stocktaking** cerrado por inventario.
stock raising *n* ganadería *f*.
stockyard *n* corral *m* (de ganado).
stockade /stɒ'keɪd/ *n* estacada *f*, empalizada *f*.
Stockholm /'stɒkhəʊm/ *n* Estocolmo *m*.
stocking /'stɒkɪŋ/ *n* media *f*: **she bought herself a pair of silk stockings** se compró un par de medias de seda.
stocking stitch *n* punto *m* de media, punto *m* jersey.
stockist /'stɒkɪst/ *n* distribuidor -dora *m/f*, proveedor -dora *m/f*.
stock-still /stɒk'stɪl/ *adv* totalmente inmóvil: **I stood stock-still until they had gone** me quedé totalmente inmóvil hasta que se fueron.

stocky /ˈstɒkɪ/ *adj* [**stockier, stockiest**] fornido -da y achaparrado -da.
stodge /stɒdʒ/ *n* (*fam*) *comida pesada*.
stodgy /ˈstɒdʒɪ/ *adj* [**stodgier, stodgiest**] (*fam: food*) pesado -da.
stoical /ˈstəʊɪkəl/ *adj* estoico -ca.
stoically /ˈstəʊɪkəlɪ/ *adv* estoicamente.
stoicism /ˈstəʊɪsɪzəm/ *n* estoicismo *m*.
stoke /stəʊk/ *vt* [**stokes, stoking, stoked**] (*fire*) atizar, avivar; (*furnace*) alimentar, cargar.
stole /stəʊl/ **I** *pretérito de* ➪ steal
II *n* estola *f*.
stolen /ˈstəʊlən/ **I** *participio pasado de* ➪ steal
II *adj* robado -da.
stolid /ˈstɒlɪd/ *adj* impasible, imperturbable.
stomach /ˈstʌmək/ **I** *n* (*digestive organ*) estómago *m* • **you shouldn't drink on an empty stomach** no deberías beber con el estómago vacío • **you shouldn't go running on a full stomach** no deberías salir a correr cuando acabas de comer • **you need a strong stomach to be a nurse** hay que tener mucho estómago para ser enfermera • **it made my stomach turn** me revolvió el estómago; (*belly*) vientre *m*, barriga *f*.
II *vt* [**stomachs, stomaching, stomached**] aguantar, tragar: **I can't stomach her** no la aguanto.
stomach ache, stomachache *n* (*in the stomach*) dolor *m* de estómago; (*in the abdomen*) dolor *m* de barriga.
stomach pump *n* bomba *f* gástrica.
stomach ulcer *n* úlcera *f* gástrica * de estómago.
stomach upset *n* trastorno *m* gástrico.
stomp /stɒmp/ *vi* [**stomps, stomping, stomped**] pisar fuerte: **he stomped upstairs and locked himself in his room** subió la escalera pisando fuerte y se encerró en su cuarto.
stone /stəʊn/ **I** *n* **1.** (*material*) piedra *f*: **a stone wall runs between the two properties** un muro de piedra separa las dos fincas; (*piece, object*) piedra *f*: **he deals in precious stones** se dedica a la compra y venta de piedras preciosas • **he left no stone unturned to find out the truth** no dejó piedra por mover para descubrir la verdad • **they used to live a stone's throw away from us** vivían a dos pasos de nuestra casa. **2.** [*pl* **stone**] (*GB: Meas*) *unidad de peso equivalente a 6,348 kg*: **he's lost half a stone** ha adelgazado siete libras * más de tres kilos. **3.** (*fruit seed*) hueso *m*. **4.** (*Med: in kidney, gall bladder*) cálculo *m*.
II *vt* [**stones, stoning, stoned**] **1.** (*a person*) apedrear: **he was stoned to death** murió apedreado. **2.** (*plums, olives*) deshuesar.
Stone Age *n* Edad *f* de Piedra.
stone-cold *adj* helado -da: **the food was stone-cold** la comida estaba helada.
stone-deaf *adj* sordo -da como una tapia.
stonemason *n* (*stone cutter*) cantero -ra *m/f*; (*builder*) mampostero -ra *m/f*.
stoneware *n* gres *m*.
stonework *n* mampostería *f*.
stoned /stəʊnd/ *adj* (*fam*) **1.** (*drunk*) borracho -cha, trompa *adj inv*. **2.** (*drugged*) colocado -da.
stony /ˈstəʊnɪ/ *adj* [**stonier, stoniest**] **1.** (*path, area*) pedregoso -sa: **it's too stony to pitch the tent here** hay demasiadas piedras aquí para montar la tienda. **2.** (*look*) glacial: **she gave me a stony look** me lanzó una mirada glacial; (*silence*) sepulcral • **we're stony broke** estamos pelados.
stood /stʊd/ *pretérito y participio pasado de* ➪ stand
stool /stu:l/ *n* **1.** (*Home*) taburete *m* • **we're in danger of falling between two stools** corremos el riesgo de no conseguir ni una cosa ni la otra. **2.** (*Med*) deposición *f*.
stoop /stu:p/ **I** *vi* [**stoops, stooping, stooped**] **1.** (*to bend*) inclinarse, agacharse: **I stooped to pick up the ball** me incliné para recoger la pelota. **2.** (*to lower oneself*) rebajarse: **she's never stooped *to* telling lies** no se ha rebajado nunca a decir mentiras • **how could you stoop so low?** ¿cómo pudiste llegar tan bajo? **3.** (*to stand incorrectly*) andar encorvado -da: **she tends to stoop** tiende a andar encorvada.
II *n* espaldas *f pl* cargadas: **she walks with a stoop** camina encorvada.
stop /stɒp/ **I** *n* **1.** (*interruption, halt*): **the bus came *to* a stop outside the hospital** el autobús se detuvo delante del hospital; **coal production has come *to* a stop** se ha detenido * paralizado la producción de carbón; **we must put a stop to their plans** tenemos que impedir que lleven a cabo sus planes • **I'll soon put a stop to that!** ¡ya me encargaré yo de ponerle fin a eso! **2.** (*on journey: by bus, car, train*) parada *f*: **there was a five-minute stop to change drivers** hubo una parada de cinco minutos para cambiar de conductor; **we made an overnight stop in Bilbao** pasamos la noche * hicimos noche en Bilbao; (*: by ship, plane*) escala *f*: **the ship made a stop at Valparaíso** el buque hizo escala en Valparaíso. **3.** (*for public transport*) parada *f*, (*Amér L*) paradero *m*: **I'm getting off at the next stop** me bajo en la próxima parada. **4.** (*Mus: of organ*) registro *m* • **we pulled out all the stops to make the party a success** no escatimamos esfuerzos para que la fiesta fuera un éxito.
II *vi* [**stops, stopping, stopped**] **1.** (*to halt: vehicle*) parar: **does the fast train stop here?** ¿el expreso para aquí?; **the taxi stopped outside the door** el taxi paró *se detuvo delante de la puerta; **stop! where do you think you're going?** ¡alto! ¿adónde crees que vas?; (*: watch, clock*) pararse: **the kitchen clock has stopped** el reloj de la cocina se ha parado. **2.** (*to finish*) cesar: **the bombing stopped at daybreak** el bombardeo cesó al amanecer; **I'll go and see them when the rain stops** iré a verlos cuando deje * pare de llover. **3.** (*fam: to stay*) alojarse: **he's stopping *in* a guesthouse** está en una pensión.
♦ *vt* **1.** (*to halt*) parar: **stop the car** para el coche; **stop him! he's stolen my purse** ¡deténganlo! me ha robado el monedero. **2.** (*to interrupt*): **he stopped work to chat to us** dejó de trabajar para charlar con nosotros; **the bad weather has stopped building work** el mal tiempo ha interrumpido las obras de construcción; **if I arrive late again, they'll stop my pay** si vuelvo a llegar tarde me lo descontarán del sueldo; **stop me if there's anything you don't understand** dime que pare si hay algo que no entiendes; (*to cease*): **he stopped crying** dejó de llorar; **when did you stop smoking?** ¿cuándo dejaste de fumar?; **stop it! I'm fed up with that noise** ¡basta ya! estoy harto de ese ruido. **3.** (*to prevent*) impedir: **he tried to stop me leaving** trató de impedir que me fuera; **she's stopped him visiting the children** no le permite visitar a los niños. **4.** (*to obstruct*) obstruir: **something is stopping the pipe** algo está obstruyendo la cañería. **5.** (*a cheque*) dar orden de no pagar.
to **stop behind** *vi* (*fam*) quedarse: **he stopped behind after the meeting to ask her a question** se quedó al final de la reunión para hacerle una pregunta.
to **stop by** *vi* pasar: **why don't you stop by and see us?** ¿por qué no pasas * vienes a vernos?
to **stop in** *vi* quedarse en casa, no salir.

to **stop off** *vi* parar, hacer un alto (en el camino): **they stopped off in Bordeaux** pararon en Burdeos.
to **stop over** *vi* **1.** (*traveller: gen*) parar; (*: overnight*) pasar la noche, hacer noche. **2.** (*aircraft*) hacer escala: **the plane stopped over in Dubai** el avión hizo escala en Dubai.
to **stop up** *vt* taponar.
stopcock *n* llave *f* de paso.
stopgap I *adj* provisional: **we were forced to take stopgap measures** nos vimos obligados a tomar medidas provisionales.
II *n* **1.** (*person*) interino -na *m/f*, sustituto -ta *m/f*. **2.** (*action*) medida *f* provisional.
stoplight *n* **1.** (*on car*) luz *f* de frenado. **2.** (*traffic signal*) semáforo *m* en rojo.
stopover *n* (*gen*) parada *f*; (*Av*) escala *f*.
stop press I *n* noticias *f pl* de última hora.
II stop-press *adj* de última hora.
stop sign *n* stop *m*.
stopwatch *n* [**stopwatches**] cronómetro *m*.
stoppage /ˈstɒpɪdʒ/ **I** *n* **1.** (*in factory*) huelga *f*, paro *m*. **2.** (*Sport: during game*) interrupción *f*. **3.** (*in pipe*) obstrucción *f*.
II stoppages *n pl* (*from pay*) retenciones *f pl*, deducciones *f pl*.
stopper /ˈstɒpə/ *n* tapón *m*.
storage /ˈstɔːrɪdʒ/ *n* **1.** (*of merchandise*) almacenaje *m*, almacenamiento *m*: **we left the furniture** *in* **storage** dejamos los muebles en un depósito; **we don't have enough storage space** no tenemos suficiente lugar donde guardar cosas. **2.** (*Inform*) almacenamiento *m*.
storage battery *n* acumulador *m*.
storage heater *n* calentador *m* eléctrico (*con placa acumuladora*).
store /stɔː/ **I** *n* **1.** (*GB: large shop*) almacenes *m pl*, tienda *f* grande: **small shops are suffering because of competition from larger stores** las tiendas pequeñas se ven perjudicadas por la competencia de las grandes; (*: department store*) grandes almacenes *m pl*. **2.** (*US: shop of any size*) tienda *f*. **3.** (*storage building*) almacén *m*. **4.** (*supply, stock*) reserva *f*: **they always keep a store of candles** siempre tienen velas en reserva • **she has a big disappointment in store for her** la espera una gran desilusión • **my aunt set great store by raw garlic** mi tía valoraba mucho las propiedades del ajo crudo.
II stores *n pl* (*supplies: gen*) provisiones *f pl*; (*: of food*) víveres *m pl*, provisiones *f pl*.
III *vt* [**stores, storing, stored**] **1.** (*merchandise, supplies*) almacenar: **the flour is stored behind the bakery** la harina se almacena detrás de la panadería; **I store all the old magazines in the cellar** guardo todas las revistas viejas en el sótano. **2.** (*Inform*) almacenar.
to **store up** *vt* acumular.
storehouse *n* depósito *m*, almacén *m*.
storekeeper *n* (*shopkeeper*) tendero -ra *m/f*.
storeroom *n* almacén *m*.
storey /ˈstɔːrɪ/ *n* (*GB*) piso *m*, planta *f*.
stork /stɔːk/ *n* cigüeña *f*.
storm /stɔːm/ **I** *n* **1.** (*Meteo*) tormenta *f*, temporal *m* • **their quarrel is just a storm in a teacup** su pelea no es más que una tormenta en un vaso de agua. **2.** (*outburst*) escándalo *m*, revuelo *m*: **she caused a storm by revealing who had written the letters** provocó un escándalo al revelar la autoría de las cartas; **the programme provoked a storm of protests** el programa desató un torrente de protestas. **3.** (*assault*) asalto *m*: **the guerrillas have taken the barracks** *by* **storm** los guerrilleros han tomado el cuartel por asalto • **her first play took Paris audiences by storm** su primera obra cautivó al público parisino.
II *vt* [**storms, storming, stormed**] asaltar, tomar por asalto: **the castle was stormed** tomaron el castillo por asalto.
♦ *vi*: **he stormed** *off* **to look for the manager** se fue furioso a buscar al gerente; **she stormed** *out of* **the bar** salió furiosa del bar.
storm cloud *n* nubarrón *m* de tormenta.
storm troops *n pl* tropas *f pl* de asalto.
stormy /ˈstɔːmɪ/ *adj* [**stormier, stormiest**] (*weather*) tormentoso -sa, tempestuoso -sa; (*relationship*) tempestuoso -sa.
story /ˈstɔːrɪ/ *n* [**stories**] **1.** (*account: gen*) historia *f*, cuento *m*: **is it a true story?** ¿es una historia verídica?; (*: told to children*) cuento *m*: **ask your grandmother to tell us a story** dile a tu abuela que nos cuente un cuento; (*joke*) chiste *m* • **he came out with the same old story** salió con el mismo cuento de siempre • **to cut a long story short...** en resumidas cuentas... • **take no notice of the tall stories he tells you** no hagas ningún caso de los cuentos chinos que te cuenta • **...and that's not the whole story** ...y eso no es todo • **...but that's another story** ...pero eso es otro cantar. **2.** (*Media*) noticia *f*: **I have a hot story on corruption** tengo una noticia candente sobre corrupción. **3.** (*US: floor of building*) piso *m*, planta *f*.
storybook *n* libro *m* de cuentos.
stout /staʊt/ **I** *adj* **1.** (*fat*) corpulento -ta, robusto -ta. **2.** (*resistance*) firme, tenaz: **he's a stout defender of his beliefs** es un tenaz defensor de sus creencias.
II *n* cerveza *f* negra.
stout-hearted *adj* valiente.
stoutly /ˈstaʊtlɪ/ *adv*: **she stoutly denied all the charges against her** rechazó categóricamente todas las acusaciones en su contra.
stoutness /ˈstaʊtnəs/ *n* **1.** (*fatness*) corpulencia *f*, robustez *f*. **2.** (*valour*) firmeza *f*.
stove /stəʊv/ *n* **1.** (*for cooking*) cocina *f*. **2.** (*for heating*) estufa *f*.
stow /stəʊ/ *vt* [**stows, stowing, stowed**] (*gen*) colocar, guardar: **stow your hand luggage under the seat** coloque su equipaje de mano debajo del asiento; (*Naut*): **they stowed the sacks in the hold** almacenaron los sacos en la bodega.
to **stow away** *vi* colarse de polizón: **he was caught trying to stow away** *on* **an oil tanker** lo pillaron tratando de colarse de polizón en un petrolero.
stowaway *n* polizón *m/f*.
straddle /ˈstrædəl/ *vt* [**straddles, straddling, straddled**] **1.** (*a chair, fence, wall*) sentarse a horcajadas en. **2.** (*a river, road*): **the village straddles the border** el pueblo se extiende a ambos lados de la frontera.
straggle /ˈstrægəl/ *vi* [**straggles, straggling, straggled**] **1.** (*to spread unevenly: town, village*) extenderse desordenadamente; (*: plant*): **I cut off some of the straggling branches** corté algunas de las ramas que crecían en todas direcciones. **2.** (*to linger behind*) ir rezagado -da: **the children straggled along behind the teacher** los niños iban rezagados detrás del profesor.
straggler /ˈstræglə/ *n* rezagado -da *m/f*.
straggling /ˈstræglɪŋ/ *adj* **1.** (*settlement*) extendido -da. **2.** (*plant*) que crece desordenadamente.

straggly /ˈstræglɪ/ *adj* [**stragglier, straggliest**] (*hair*) desgreñado -da, desordenado -da.

straight /streɪt/ **I** *adj* **1.** (*line, path, edge*) recto -ta: **he was so drunk he couldn't walk in a straight line** estaba tan borracho que no podía caminar en línea recta; (*hair*) lacio -cia, liso -sa. **2.** (*level, not crooked*) derecho -cha: **the picture's not straight** el cuadro está torcido * no está derecho • **let me get this straight, who said what?** a ver si me aclaro, ¿quién dijo qué? **3.** (*sincere*) franco -ca, sincero -ra: **I'm going to be straight** *with* **you** te voy a ser franco; **he never gives you a straight answer** nunca te da una respuesta clara * concreta. **4.** (*not humorous*) serio -ria: **she was better known as a straight actress** era más conocida como actriz seria. **5.** (*fam*: *conformist*) convencional; (*: heterosexual*) heterosexual. **6.** (*alcoholic drink*) solo -la: **he prefers his whisky straight** prefiere tomar el whisky solo. **7.** (*consecutive*) seguido -da: **they've suffered ten straight defeats** han sufrido diez derrotas seguidas • **he got straight A's** sacó sobresaliente en todas las asignaturas.

II *adv* **1.** (*without turning*) recto, derecho: **go straight on until you reach the station** sigue todo recto * derecho hasta llegar a la estación; **she made straight for his office** se fue derecho a su despacho; **tell her to stand up straight** dile que se ponga derecha • **when he came out of jail he decided to go straight** al salir de la cárcel decidió enmendarse. **2.** (*without stopping*) directamente: **we'll have to go straight to Lisbon** tendremos que ir directamente a Lisboa; **he got straight to the point** fue directamente al grano • **he drank four pints straight off** bebió cuatro jarras, una tras otra. **3.** (*without delay*) enseguida, inmediatamente: **I told him to go straight back and look for it** le dije que volviera enseguida a buscarlo; **go straight home** vete derechito a casa • **she gave him her answer straight off** le dio su respuesta en el acto. **4.** (*fam*: *bluntly*) sin rodeos: **I told him straight I didn't want to see him** le dije sin rodeos que no quería verlo.

III *n* (*on road, sports track*) recta *f*: **he took the lead on the straight** se puso a la cabeza en la recta • **he used to steal, but now he's on the straight and narrow** solía robar, pero ahora va por buen camino.

straight away, **straightaway** *adv* enseguida: **he left straight away** se fue enseguida.

straight-faced *adj* serio -ria.

straight-laced *adj* puritano -na.

straighten /ˈstreɪtən/ *vt* [**straightens, straightening, straightened**] (*a piece of wire*) enderezar; (*a picture, tie*) poner derecho -cha, enderezar; (*hair*) alisar.

♦*vi* (*road*) enderezarse: **the road straightens** *(out)* **after the bridge** el camino se endereza después del puente; (*person*) ponerse derecho -cha: **he straightened as he saw us come in** se puso derecho al vernos entrar.

to **straighten out** *vt* (*a problem*) resolver, solucionar: **did you manage to straighten out those little difficulties?** ¿lograste resolver esos problemillas?; **she spent a long time straightening out the accounts** pasó mucho tiempo arreglando las cuentas; (*a misunderstanding*) aclarar.

to **straighten up** *vt* (*to tidy up*) ordenar, arreglar.

♦*vi* ponerse derecho -cha: **my back hurts, I can't straighten up** me duele la espalda, no puedo ponerme derecho.

straightforward /streɪtˈfɔːwəd/ *adj* **1.** (*process*) sencillo -lla: **applying for a grant is a straightforward matter** el procedimiento para solicitar una subvención es muy sencillo. **2.** (*person*) franco -ca.

strain /streɪn/ **I** *n* **1.** (*anxiety*) tensión *f*, estrés *m*: **his new responsibilities have put him** *under* **a lot of strain** sus nuevas responsabilidades lo han sometido a muchas tensiones * le han creado mucho estrés; (*tiredness*) agotamiento *m*: **after ten days, the strain was showing on her face** al cabo de diez días, el agotamiento se le notaba en la cara. **2.** (*effort*) esfuerzo *m*: **carrying that suitcase was a real strain** cargar con esa maleta requería un tremendo esfuerzo. **3.** (*Med*) esguince *m*. **4.** (*on a structure*) tensión *f*: **the cable snapped** *under* **the strain** el cable se partió a consecuencia de la tensión. **5.** (*of animal*) raza *f*; (*of plant, virus*) cepa *f*.

II strains *n pl* (*frml*: *of a waltz, tango*) compases *m pl*, acordes *m pl*.

III *vt* [**strains, straining, strained**] **1.** (*to force: gen*) forzar: **don't strain your eyes** no fuerces la vista; (*: ear*) aguzar: **however much I strained my ears I couldn't pick up any sound** por mucho que agucé el oído no capté ningún sonido; (*: a relationship*) crear tirantez en: **this incident has strained relations between the two countries** este incidente ha creado tirantez en las relaciones entre los dos países. **2.** (*Med*: *a ligament, muscle*) hacerse un esguince en • **be careful, don't strain yourself!** ¡cuidado, no te vayas a herniar! **3.** (*to filter*) filtrar. **4.** (*vegetables*) colar.

♦*vi* **1.** (*to make an effort*) hacer un esfuerzo, esforzarse: **I had to strain to understand her** tenía que hacer un esfuerzo para entenderla. **2.** (*to tug*) tirar: **the dog strained** *at* **his leash** el perro tiraba de la correa.

strained /streɪnd/ *adj* **1.** (*relationship*) tenso -sa, tirante: **the atmosphere became more and more strained** el ambiente era cada vez más tenso. **2.** (*Med*): **a strained muscle** un esguince. **3.** (*person: tired*) cansado -da; (*: stressed*) tenso -sa, estresado -da.

strainer /ˈstreɪnə/ *n* colador *m*.

strait /streɪt/ **I** *n* (*Geog*) estrecho *m*.

II straits *n pl* **1.** (*Geog*) estrecho *m*: **the Straits of Florida** el Estrecho de Florida. **2.** (*critical situation*): **the company is** *in* **dire straits and heading for bankruptcy** la compañía está en serios apuros y va camino de la ruina; **she was** *in* **terrible straits** estaba en una situación desesperada.

straitjacket /ˈstreɪtˌdʒækɪt/ *n* camisa *f* de fuerza.

strait-laced /streɪtˈleɪst/ *adj* puritano -na.

strand /strænd/ **I** *n* **1.** (*thread*) hebra *f*: **a strand of hair** un pelo. **2.** (*of plot*) hilo *m* conductor.

II *vt* [**strands, stranding, stranded**] **1.** (*person*): **the train strike left us stranded** la huelga de los trenes nos dejó colgados; **they tried to help the stranded tourists** intentaron ayudar a los turistas que no podían volver a casa. **2.** (*ship*): **the tanker was stranded on a sandbank** el petrolero quedó varado * encallado en un banco de arena.

strange /streɪndʒ/ *adj* **1.** (*unusual*) extraño -ña, raro -ra: **I thought it strange that nobody had told him** me pareció extraño que nadie se lo hubiera dicho. **2.** (*unknown*) desconocido -da: **I've always loved exploring strange places** siempre me ha encantado explorar lugares desconocidos; **a strange man came into the bar** un desconocido entró en el bar.

strangely /ˈstreɪndʒlɪ/ *adv* de manera extraña • **strangely (enough), we never met while we were working there** aunque parezca extraño * por extraño que parezca, no llegamos a conocernos mientras trabajábamos allí.

strangeness /ˈstreɪndʒnəs/ *n* **1.** (*oddness*) extrañeza *f*, rareza *f*. **2.** (*newness*) novedad *f*: **he got used to the strangeness of his surroundings** se acostumbró a su nuevo entorno.

stranger /ˈstreɪndʒə/ *n* (*unknown person*) desconocido -da *m/f*, extraño -ña *m/f*: **she chats away happily to complete strangers** se pone a charlar tan tranquila con cualquier extraño; **she was a stranger** *to* **the town** no conocía bien la ciudad • **she's still a stranger to English mealtimes** aún no se ha acostumbrado a las horas de las comidas inglesas.

strangle /ˈstræŋgəl/ *vt* [**strangles, strangling, strangled**] estrangular.

stranglehold /ˈstræŋgəlhəʊld/ *n* **1.** (*in wrestling*) llave *f* al cuello. **2.** (*total control*) dominio *m* completo: **they have a stranglehold** *on* **the microelectronics market** dominan por completo el mercado de la microelectrónica.

strangler /ˈstræŋglə/ *n* estrangulador -dora *m/f*.

strangulation /ˌstræŋgjʊˈleɪʃən/ *n* estrangulación *f*.

strap /stræp/ **I** *n* (*for camera, watch, etc.*) correa *f*; (*on bag*) asa *f* [takes ***el*** or ***un*** in singular], correa *f*; (*on shoe*) tira *f*; (*on garment*) tirante *m*.
II *vt* [**straps, strapping, strapped**] sujetar con correas: **strap yourself** *in* ponte ∗ abróchate el cinturón de seguridad • **I'm a bit strapped for cash** ando un poco corto de dinero.

strapless /ˈstræpləs/ *adj* (*Clothing*) sin tirantes.

strapping /ˈstræpɪŋ/ *adj* fornido -da, robusto -ta.

Strasbourg /ˈstræzbɜːg/ *n* Estrasburgo *m*.

strata /ˈstrɑːtə/ *plural de* ⇨ stratum

stratagem /ˈstrætədʒəm/ *n* estratagema *f*.

strategic /strəˈtiːdʒɪk/ *adj* estratégico -ca.

strategically /strəˈtiːdʒɪkəlɪ/ *adv* estratégicamente.

strategist /ˈstrætədʒɪst/ *n* estratega *m/f*.

strategy /ˈstrætədʒɪ/ *n* [**strategies**] estrategia *f*.

stratification /ˌstrætɪfɪˈkeɪʃən/ *n* estratificación *f*.

stratified /ˈstrætɪfaɪd/ *adj* estratificado -da.

stratosphere /ˈstrætəsˌfɪə/ *n* estratosfera *f*.

stratum /ˈstrɑːtəm/ *n* [**stratums** ∗ **strata** /ˈstrɑːtə/] estrato *m*.

straw /strɔː/ *n* **1.** (*Agr*) paja *f* • **he's just grasping** ∗ **clutching at straws** se ha aferrado a una esperanza vana • **that's the last straw!** ¡es el colmo! • **it was the last straw when he said the price had gone up** que dijera que el precio había subido fue la gota que colmó el vaso. **2.** (*for drinking*) pajita *f*.
straw hat *n* sombrero *m* de paja.

strawberry /ˈstrɔːbərɪ/ *n* [**strawberries**] (*small*) fresa *f*, (*Arg, Chi, Urug*) frutilla *f*; (*large*) fresón *m*, (*Arg, Chi, Urug*) frutilla *f*.
strawberry jam *n* mermelada *f* de fresa.
strawberry mark *n* antojo *m* (*mancha rojiza en la piel*).

stray /streɪ/ **I** *vi* [**strays, straying, strayed**] **1.** (*to wander away*) apartarse, desviarse: **tell the children not to stray** *from* **the path** diles a los niños que no se aparten del camino; **the lecturer kept straying** *from* ∗ *off* **the subject** el conferenciante se desviaba del tema ∗ se iba por las ramas constantemente; **they strayed** *into* **a minefield** sin darse cuenta se metieron en un campo minado. **2.** (*to make mistakes*) irse por mal camino.
II *adj*: **he was bitten by a stray dog** lo mordió un perro callejero; **they were looking for a stray lamb** estaban buscando un cordero extraviado; **the child was killed by a stray bullet** una bala perdida mató al niño.
III *n* **1.** (*Agr*) *animal extraviado o abandonado*. **2.** (*también* **stray dog**) perro *m* callejero ∗ vagabundo.

streak /striːk/ **I** *n* **1.** (*stripe*) raya *f*: **a streak of lightning lit up the night sky** un relámpago iluminó el cielo nocturno; (*in hair*) mecha *f*: **she has blond streaks in her hair** tiene mechas rubias (en el pelo) • **I'm on a winning streak just now** estoy pasando por una racha de buena suerte. **2.** (*aspect of character*) veta *f*: **he has a sadistic streak** tiene una veta sádica.
II *vi* [**streaks, streaking, streaked**] (*to move quickly*): **she streaked past without saying hello** pasó como una exhalación sin saludar; (*fam*: *to run naked*) *correr desnudo por un lugar público*.
♦*vt*: **the material was green streaked** *with* **blue** la tela era verde con rayas azules.

streaky /ˈstriːkɪ/ *adj* [**streakier, streakiest**] rayado -da.
streaky bacon *n*: *bacon* ∗ *tocino con vetas de grasa*

stream /striːm/ **I** *n* **1.** (*small river*) arroyo *m*, riachuelo *m*. **2.** (*current*) corriente *f*; (*draught*) corriente *f*: **I felt a stream of cold air** sentí una corriente de aire frío. **3.** (*of liquid*) chorro *m*: **a stream** *of* **blood came from the wound** le brotaba un chorro de sangre de la herida. **4.** (*flow*): **a growing stream of refugees is crossing the border** una oleada creciente de refugiados está cruzando la frontera; **there was an endless stream of cars on the road** había una caravana interminable de coches en la carretera; **she let out a stream of insults** soltó una sarta de insultos. **5.** (*Educ*) *grupo de alumnos seleccionados según su nivel de aptitud*.
II *vi* [**streams, streaming, streamed**] **1.** (*liquids*): **blood streamed** *from* **his forehead** le salía sangre a chorros de la frente; **my eyes were streaming from chopping onions** me lloraban los ojos de picar cebollas. **2.** (*people*): **thousands of supporters streamed** *onto* **the pitch** miles de hinchas invadieron el campo de juego. **3.** (*light*): **the sun was streaming** *in* **through the window** la luz del sol entraba a raudales por la ventana. **4.** (*in breeze*) ondear: **her hair streamed** *(out)* **behind her** su pelo ondeaba al viento.
♦*vt* (*GB*: *Educ*) *dividir (a un conjunto de alumnos) en grupos según su nivel de aptitud*.
stream of consciousness *n* (*Lit*) corriente *f* del pensamiento, monólogo *m* interior.

streamer /ˈstriːmə/ *n* serpentina *f*.

streamline /ˈstriːmlaɪn/ *vt* [**streamlines, streamlining, streamlined**] **1.** (*a vehicle*) aerodinamizar. **2.** (*an organization*) racionalizar.

streamlined /ˈstriːmlaɪnd/ *adj* **1.** (*vehicle*) de líneas aerodinámicas. **2.** (*organization*) racionalizado -da.

street /striːt/ **I** *n* calle *f*: **we strolled down the street** paseamos calle abajo; **they have two branches** *on* ∗ *in* **Oxford Street** tienen dos sucursales en Oxford Street • **he lost all his money and ended up on the streets** perdió todo su dinero y acabó en la calle • **a job like that would be right up your street** un puesto así sería ideal para ti • **she's streets ahead of me in maths** está mucho más adelantada que yo en matemáticas • **she thought that the streets were paved with gold** se pensaba que ataban los perros con longanizas.
II *adj* callejero -ra: **he's a street vendor** trabaja de vendedor callejero ∗ ambulante.
streetcar *n* (*US*) tranvía *m*.
street cleaner *n* barrendero -ra *m/f*.
street guide *n* callejero *m*, guía *f* de calles.
streetlamp, streetlight *n* farol *m*, farola *f*.
street lighting *n* alumbrado *m* público.

street map * **plan** *n* plano *m* (de calles).
street market *n* mercado *m* callejero.
street plan *n* ➪ street map
street sweeper *n* barrendero -ra *m/f*.
streetwalker *n* (*fam*) prostituta *f*.
streetwise *adj* pícaro -ra, espabilado -da.

strength /streŋθ/ *n* **1.** (*of person, wind, current*) fuerza *f*: **he still has no strength in his arms** todavía no tiene fuerza en los brazos; **wait till I get my strength back** espera a que recobre las fuerzas • **when he returns from holiday we'll be back at full strength** cuando se reincorpore después de las vacaciones volveremos a estar con la plantilla completa • **his supporters turned out in strength** sus seguidores acudieron en masa • **our campaign is going from strength to strength** nuestra campaña marcha viento en popa. **2.** (*of material*) resistencia *f*; (*of drug*) potencia *f*: **try increasing the strength of the solution** prueba aumentando la concentración de la solución. **3.** (*intellectual, spiritual*) fortaleza *f*: **she prayed to God to give her strength** pidió a Dios que le diera fortaleza; **does he have the strength of character needed for this task?** ¿posee la entereza que requiere esta tarea?; (*strong point*) punto *m* fuerte: **that's one of his strengths** ése es uno de sus puntos fuertes; (*of an argument*) solidez *f* • **I chose this make on the strength of your recommendation** elegí esta marca basándome en tu recomendación.

strengthen /ˈstreŋθən/ *vt* [**strengthens, strengthening, strengthened**] (*muscles*) fortalecer; (*material, defences*) reforzar; (*a relationship*) consolidar: **the experience has strengthened their friendship** la experiencia ha consolidado su amistad.
♦ *vi* (*muscles*) fortalecerse; (*relationship*) consolidarse.

strenuous /ˈstrenjʊəs/ *adj* **1.** (*activity, task*) extenuante, que requiere mucho esfuerzo: **don't do anything strenuous** no se fatigue. **2.** (*opposition*) tenaz, vehemente; (*protest*) vehemente.

strenuously /ˈstrenjʊəslɪ/ *adv* enérgicamente: **he strenuously denied everything** lo desmintió todo enérgicamente.

stress /stres/ **I** *n* [**stresses**] **1.** (*Med*) estrés *m*, tensión *f* (nerviosa): **he's under a lot of stress** está muy estresado; (*pressure*) presión *f*, tensión *f*: **he found it hard to cope with the stresses and strains of the job** le resultaba muy difícil soportar las presiones y tensiones del trabajo. **2.** (*Ling*) acento *m* (tónico): **the stress falls on the first syllable** el acento recae sobre la primera sílaba. **3.** (*emphasis*) hincapié *m*, énfasis *m*: **they ought to put** * **lay more stress** *on* **good behaviour** deberían hacer más hincapié * poner más énfasis en la buena conducta. **4.** (*Tec*) tensión *f*.
II *vt* [**stresses, stressing, stressed**] **1.** (*Ling*) acentuar: **the final "a" is stressed** la última "a" se acentúa. **2.** (*to emphasize*) subrayar, hacer hincapié en: **he stressed the importance of...** subrayó la importancia de..., hizo hincapié en la importancia de....

stressful /ˈstresfʊl/ *adj* estresante.

stretch /stretʃ/ **I** *n* [**stretches**] **1.** (*act of stretching*): **it was quite a stretch for me to reach the top shelf** me tuve que estirar bastante para llegar al estante de arriba • **you couldn't call him good-looking, not by any stretch of the imagination** no se podría decir que es guapo ni mucho menos. **2.** (*of time*) periodo *m*: **it's nice to have a long stretch of holiday to look forward to** es agradable tener un largo periodo de vacaciones por delante; **he served a long stretch in prison** cumplió una condena larga • **she used to work for eight hours at a stretch** solía trabajar ocho horas sin parar. **3.** (*of road*) tramo *m*: **you have to travel through stretches of rather dull countryside** hay que pasar por zonas con un paisaje bastante aburrido.
II *vt* [**stretches, stretching, stretched**] **1.** (*material, shoes*) estirar. **2.** (*salary, resources*) estirar. **3.** (*to extend*) tender, extender: **they had stretched a tarpaulin over the grass** habían tendido una lona impermeable sobre el césped. **4.** (*neck, arms, legs*) estirar: **I had to stretch my neck to see** tuve que estirar el cuello para ver. **5.** (*to challenge*) exigirle (esfuerzo) a: **the job doesn't really stretch him enough** el trabajo no le exige lo suficiente; **with two people on holiday, they're really stretched** con dos personas de vacaciones, están agobiados de trabajo. **6.** (*to push to the limit*): **to say that we enjoyed the play would be stretching the truth** decir que nos gustó la obra sería exagerar; **they think they can stretch the rules to suit themselves** piensan que pueden forzar las normas según les convenga.
♦ *vi* **1.** (*elastic, jumper*) dar de sí, estirarse: **do you think these shoes will stretch with wear?** ¿crees que estos zapatos darán de sí con el uso? **2.** (*person: gen*) estirarse: **she stretched** *over* **and touched my hand** se estiró y me tocó la mano; (*: when tired*) desperezarse. **3.** (*to extend: land*) extenderse: **the beach stretches for miles** la playa se extiende a lo largo de varias millas; (*: in time*): **the celebrations stretched on into December** los festejos se prolongaron hasta diciembre; **the summer holidays seemed to stretch** *(out)* **endlessly before us** nos parecía que las vacaciones de verano no se acabarían nunca. **4.** (*salary*): **I try to make my salary stretch to the end of the month** trato de estirar el sueldo hasta fin de mes.
stretch jeans *n pl* vaqueros *m pl* elásticos.
stretch marks *n pl* estrías *f pl*.

stretcher /ˈstretʃə/ *n* camilla *f*.

stretchy /ˈstretʃɪ/ *adj* [**stretchier, stretchiest**] elástico -ca.

strew /stru:/ *vt* [**strews, strewing, strewed,** *participio pasado* **strewn**] esparcir: **books lay strewn about the room** había libros desparramados * esparcidos por toda la habitación; **the lawn was strewn** *with* **leaves** había hojas esparcidas por todo el césped.

strewn /stru:n/ *participio pasado de* ➪ strew

stricken /ˈstrɪkən/ *adj*: **he was stricken** *with* * *by* **remorse for what had happened** le remordía mucho la conciencia por lo que había pasado; **several children were stricken with meningitis** varios niños estaban aquejados de meningitis; **they visited several famine-stricken villages** visitaron varias aldeas asoladas por la hambruna.

strict /strɪkt/ *adj* **1.** (*discipline, teacher*) estricto -ta: **it was difficult to be strict** *with* **them** era difícil ser estricto * severo con ellos; **strict limits have been placed on the level of imports** han impuesto unos topes muy estrictos a las importaciones. **2.** (*exact*) estricto -ta: **in strict alphabetical order** en riguroso * estricto orden alfabético; **it isn't a language in the strict sense of the word** no es una lengua en el sentido estricto de la palabra. **3.** (*total*) absoluto -ta: **she told us about it in the strictest confidence** nos lo dijo en la más absoluta confianza.

strictly /ˈstrɪktlɪ/ *adv* **1.** (*with discipline*) de manera estricta: **she treated us strictly but fairly** nos trataba de manera estricta pero justa. **2.** (*absolutely*) estrictamente: **this report is strictly confidential** este informe es estrictamente confidencial; **smoking is strictly forbidden in the factory** está terminantemente prohibido fumar dentro de la fábrica. **3.** (*exactly*): **to be strictly accurate, we spent three years and two months there** para ser precisos, pasamos tres años y dos meses allí; **strictly speaking she's not twenty-one until the afternoon** en realidad no cumple los veintiún años hasta la tarde.

stridden /'strɪdən/ *participio pasado de* ➪ stride

stride /straɪd/ **I** *n* (*long step*) zancada *f*: **he crossed the room** *in* **two giant strides** cruzó la habitación en dos zancadas ● **she is making great strides with the cello** progresa a pasos agigantados con el chelo; (*gait*) paso *m* ● **I was just getting into my stride when I was made redundant** estaba empezando a habituarme cuando me despidieron ● **he took his parents' divorce very much in his stride** se tomó muy bien lo del divorcio de sus padres ● **she takes it all in her stride** no se preocupa demasiado por nada.

II *vi* [**strides, striding, strode,** *participio pasado* **stridden**]: **he strode** *off* **angrily** se fue furioso, dando zancadas; **we watched her striding purposefully** *down* **the street** observamos cómo avanzaba resueltamente por la calle.

strident /'straɪdənt/ *adj* (*voice*) estridente.

strife /straɪf/ *n* luchas *f pl*: **the country was never free from civil strife** el país nunca se vio libre de luchas intestinas.

strike /straɪk/ **I** *n* **1.** (*Pol*) huelga *f*: **the teachers were** *on* **strike** los profesores estaban en huelga; **the workers came out** *on* **strike** los trabajadores se declararon en huelga ✻ fueron a la huelga. **2.** (*attack*) ataque *m*: **they launched a series of air strikes** lanzaron una serie de ataques aéreos. **3.** (*Sport*: *in baseball*) strike *m*; (*: in tenpin bowling*) pleno *m*. **4.** (*of oil, gold*) descubrimiento *m*.

II *vt* [**strikes, striking, struck**] **1.** (*to hit: gen*) golpear: **she struck the ball hard** golpeó la pelota con fuerza; **his head struck the pavement as he fell** se dio con la cabeza contra la acera al caer; **the church was struck by lightning** cayó un rayo en la iglesia ● **disaster struck the village once again** el pueblo volvió a ser golpeado por la calamidad; (*: a person*) pegarle a: **she struck him hard across the face** le pegó fuerte en la cara ✻ le cruzó la cara de un bofetón. **2.** (*a match*) encender. **3.** (*clock*) dar: **the clock struck five** el reloj dio las cinco. **4.** (*to find*) encontrar: **they struck gold** encontraron oro ● **we struck it lucky with the weather** tuvimos suerte con el tiempo. **5.** (*mentally*): **it suddenly struck me that she didn't have a key** de repente me acordé de que ella no tenía llave; **doesn't it strike you as odd that they didn't reply?** ¿no te parece extraño que no hayan contestado?; **we were struck by how many people had satellite dishes** nos sorprendió mucho la cantidad de gente que tenía antena parabólica. **6.** (*a coin*) acuñar.

♦*vi* **1.** (*Prof*) hacer huelga: **they are striking** *for* **better working conditions** están en huelga ✻ están haciendo huelga por una mejora de las condiciones laborales. **2.** (*clock*) dar la hora. **3.** (*to attack*) atacar: **they waited for the rebel army to strike** esperaron a que el ejército rebelde atacara. **4.** (*lightning*) caer.

to **strike down** *vt* derribar: **the soldiers were struck down by a sniper's bullets** un francotirador derribó a los soldados ● **she was struck down by flu** cayó con gripe.

to **strike off** *vt* **1.** (*an item, a name*) tachar. **2.** (*from professional register*) *eliminar del registro de profesionales habilitados*: **one of the doctors has been struck off** han inhabilitado a uno de los doctores para ejercer la medicina.

to **strike out** *vi* **1.** (*to start on one's way*) emprender el camino: **the ramblers struck out towards the hills** los excursionistas emprendieron el camino hacia los cerros ● **he left his father's firm and struck out on his own** dejó la empresa de su padre y empezó a trabajar por su cuenta. **2.** (*to attack*): **he struck out** *at* **his attackers** arremetió contra sus agresores.

♦ *vt* (*to cross out*) tachar; (*to erase*) borrar.

to **strike up** *vi* (*band*) empezar a tocar.

♦ *vt* (*a friendship, conversation*) entablar.

strikebreaker *n* rompehuelgas *m/f inv*, esquirol *m/f*.

striker /'straɪkə/ *n* **1.** (*in football, hockey*) delantero -ra *m/f*. **2.** (*person on strike*) huelguista *m/f*.

striking /'straɪkɪŋ/ *adj* **1.** (*remarkable*) asombroso -sa: **he bears a striking resemblance to his father** guarda un parecido asombroso con su padre. **2.** (*eye-catching*) llamativo -va: **she has very striking looks** es muy llamativa.

string /strɪŋ/ **I** *n* **1.** (*for tying parcels*) cordel *m*, cuerda *f* ● **she pulled a few strings to get that job** tocó muchas teclas para conseguir ese trabajo ● **we agreed there would be no strings in the relationship** acordamos que sería una relación sin ataduras. **2.** (*of beads*) sarta *f*; (*of pearls*) collar *m* (*de una vuelta*). **3.** (*of onions, garlic*) ristra *f*. **4.** (*series: of events*) serie *f*; (*: of complaints, insults*) sarta *f*, retahíla *f*: **she let fly a string of abuse at the manager** le soltó una sarta ✻ una retahíla de insultos al director; **she's had a whole string of weird boyfriends** ha tenido una sucesión de novios raros (uno tras otro). **5.** (*of musical instrument*) cuerda *f*.

II the strings *n pl* las cuerdas, los instrumentos de cuerda.

III *vt* [**strings, stringing, strung**] **1.** (*an instrument, a racket*) encordar. **2.** (*beads, seeds*) ensartar: **she was stringing the beads** *onto* **a piece of wool** estaba ensartando las cuentas en una hebra de lana. **3.** (*Culin*: *runner beans*) quitarles la hebra a.

to **string along** *vt* tomarle el pelo a: **he's just stringing her along** le está tomando el pelo, nada más.

♦*vi* venir: **we don't want the children stringing along with us** no queremos que los niños vengan con nosotros ✻ que se nos peguen los niños.

to **string together** *vt*: **he can hardly string two sentences together** apenas sabe hilar dos frases.

to **string up** *vt* (*fam*: *to hang*) linchar, colgar.

string bag *n* bolsa *f* de red.

string bean *n* judía *f* verde.

string orchestra *n* orquesta *f* de cuerdas.

string quartet *n* cuarteto *m* de cuerdas.

string vest *n* (*GB*) camiseta *f* de malla.

stringed /strɪŋd/ *adj* (*Mus*: *instrument*) de cuerda.

stringent /'strɪndʒənt/ *adj* (*frml*: *guidelines, rules*) estricto -ta: **there are stringent conditions governing the sale of guns** la venta de armas de fuego está regida por condiciones muy estrictas.

stringy /'strɪŋɪ/ *adj* [**stringier, stringiest**] fibroso -sa.

strip /strɪp/ **I** *n* **1.** (*of land, material*) franja *f*. **2.** (*of paper, plastic*) tira *f*. **3.** (*in football*) equipo *m*: **they wear a red and black strip** llevan un equipo rojo y negro. **4.** (*fam*: *removal of clothing*): **there's no need to do a complete strip, just take your shirt off** no tienes que quitarte toda la ropa, sólo la camisa; (*: as a show*) striptease *m*.

II *vt* **[strips, stripping, stripped] 1.** (*a prisoner, patient*) desnudar, quitarle la ropa a; (*a bed*) deshacer (*para cambiar las sábanas*). **2.** (*a piece of furniture*) quitarle la pintura a; (*paint, wallpaper*) quitar: **we stripped all four walls** les quitamos el papel a las cuatro paredes. **3.** (*to deprive*): **he was stripped** *of* **all his medals** lo despojaron de todas sus medallas; **we have been stripped of our basic human rights** nos han despojado * privado de nuestros derechos humanos más elementales. **4.** (*a room, house*) vaciar: **the burglars completely stripped the shop** los ladrones vaciaron * desvalijaron completamente la tienda. **5.** (*an engine*) desmontar.
♦ *vi* (*person*) quitarse la ropa, desnudarse: **they stripped** *(off)* **down to their underclothes** se quedaron en ropa interior.

strip cartoon *n* historieta *f*, tira *f* cómica.

strip lighting *n* tubos *m pl* fluorescentes.

strip mine *n* (*US*) mina *f* a cielo abierto.

stripe /straɪp/ *n* **1.** (*Clothing*) raya *f*, lista *f*: **she wore a blue dress with white stripes** llevaba puesto un vestido azul con rayas blancas. **2.** (*Mil*) galón *m*: **he lost his stripes** fue degradado.

striped /straɪpt/ *adj* a rayas, rayado -da: **he was wearing a striped T-shirt** llevaba puesta una camiseta rayada * a rayas.

stripper /ˈstrɪpə/ *n* **1.** (*striptease artist*) artista *m/f* de striptease. **2.** (*paint remover*) *sustancia para quitar la pintura de paredes, muebles, etc.*

striptease /ˈstrɪpti:z/ *n* striptease *m*.

stripy /ˈstraɪpɪ/ *adj* **[stripier, stripiest]** a rayas, rayado -da: **he was wearing stripy socks** llevaba calcetines rayados * a rayas.

strive /straɪv/ *vi* **[strives, striving, strove,** *participio pasado* **striven]** (*frml*) esforzarse: **we are continually striving** *for* **perfection** nos esforzamos constantemente por alcanzar la perfección.

striven /ˈstrɪvən/ *participio pasado de* ➪ strive

strode /strəʊd/ *pretérito de* ➪ stride

stroke /strəʊk/ **I** *n* **1.** (*caress*) caricia *f*: **you can give the puppy a stroke** puedes acariciar al perrito. **2.** (*with a brush*) pincelada *f*; (*with a pen*) trazo *m* ● **he never does a stroke (of work)** nunca da * pega golpe ● **he was stripped of all his titles at a stroke** lo despojaron de todos sus títulos de un plumazo. **3.** (*punctuation mark*) barra *f* oblicua. **4.** (*of a clock*) campanada *f*. **5.** (*Sport: in golf, tennis*) golpe *m*; (*in swimming: movement*) brazada *f*; (*: style*) estilo *m*: **crawl is a difficult stroke to perfect** el crol es un estilo muy difícil de perfeccionar. **6.** (*Med*) ataque *m* de apoplejía, derrame *m* cerebral: **she had * suffered a stroke** le dio un derrame cerebral. **7.** (*instance*): **by a stroke of luck, I won** gané por un golpe de suerte; **what a stroke of genius that was** eso fue una verdadera genialidad.
II *vt* **[strokes, stroking, stroked]** (*to caress*) acariciar: **he stroked her hair** le acarició el pelo.

stroll /strəʊl/ **I** *n* paseo *m*: **they went for a stroll along the river** se fueron a dar un paseo por el río.
II *vi* **[strolls, strolling, strolled]** pasear: **she loves strolling in the gardens** le encanta pasear por los jardines.

stroller /ˈstrəʊlə/ *n* (*for babies*) sillita *f* (de paseo).

strong /strɒŋ/ **I** *adj* **1.** (*person: healthy, robust*) fuerte; (*: physically powerful*): **Andy will be able to lift it, he's very strong** Andy lo podrá levantar, él tiene mucha fuerza; (*: emotionally*) fuerte, de gran fortaleza; (*army*) fuerte, poderoso -sa. **2.** (*currency*) fuerte; (*voice*) potente. **3.** (*material, shoes, furniture*) fuerte, resistente. **4.** (*deep-rooted: faith*) sólido -da, firme; (*: opinion*) muy definido -da: **he had a strong sense of justice** tenía un arraigado sentido de la justicia; **there is strong support for the new law** la nueva ley tiene mucho apoyo. **5.** (*characteristic, feature*) marcado -da, pronunciado -da; (*accent*) fuerte, marcado -da. **6.** (*wind, breeze*) fuerte: **the sun is very strong at this time of day** el sol pega muy fuerte a esta hora del día; (*colour*) fuerte. **7.** (*coffee, tea*) cargado -da: **don't make the coffee too strong** no hagas el café demasiado cargado; (*alcoholic drink*) fuerte: **what I need is a strong drink** lo que necesito es tomarme algo fuerte; (*solution*) concentrado -da. **8.** (*taste, smell*) fuerte: **this cheese is too strong for my liking** este queso es demasiado fuerte para mi gusto. **9.** (*language: forceful*) enérgico -ca; (*: unacceptable*) subido -da de tono; (*protest*) enérgico -ca: **they made strong representations to the government** elevaron enérgicas protestas al gobierno; **I wrote them a strong letter of complaint** les escribí quejándome en términos muy enérgicos. **10.** (*good*): **they're in with a strong chance** tienen muchas posibilidades; **he is a strong contender for the title** es un candidato con muchas posibilidades de obtener el título; **he's stronger in sciences than in humanities** está mejor en ciencias que en humanidades. **11.** (*after numbers*): **the protesters were ten thousand strong** los manifestantes eran unos diez mil.
II *adv* ● **he's ninety-seven and still going strong** tiene noventa y siete años y todavía está tan fresco.

strong-arm *adj* de mano dura: **he criticized the strong-arm tactics used by the police** criticó las tácticas de mano dura que empleaba la policía.

strongbox *n* **[strongboxes]** caja *f* fuerte.

stronghold *n* fortaleza *f*: **the mountains were the last stronghold of the rebel army** la sierra era el último reducto del ejército rebelde ● **this constituency is a Conservative stronghold** este distrito es un baluarte de los conservadores.

strongman *n* [*pl* **strongmen**] (*in a circus*) forzudo *m*.

strong-minded *adj* resuelto -ta.

strongroom *n* cámara *f* acorazada.

strong-willed *adj* de mucha fuerza de voluntad.

strongly /ˈstrɒŋlɪ/ *adv* **1.** (*powerfully*): **he was strongly built** era de complexión fuerte * robusta; **she wrote him a strongly worded letter of complaint** le escribió una carta quejándose en términos muy enérgicos. **2.** (*intensely*): **the room smelt strongly of smoke** la habitación olía mucho a humo; **she felt strongly about animal rights** era una fervorosa defensora de los derechos de los animales; **I strongly disagree** estoy en total desacuerdo; **we strongly recommend that you accept the offer** le recomendamos enfáticamente que acepte la oferta.

stroppy /ˈstrɒpɪ/ *adj* **[stroppier, stroppiest]** (*fam*) borde, grosero -ra y malhumorado -da.

strove /strəʊv/ *pretérito de* ➪ strive

struck /strʌk/ *pretérito y participio pasado de* ➪ strike

structural /ˈstrʌktʃərəl/ *adj* estructural: **the house had some serious structural faults** la casa tenía graves defectos de construcción.

structurally /ˈstrʌktʃərəlɪ/ *adv* estructuralmente: **he told us that the building was structurally sound** nos dijo que el edificio era de construcción sólida.

structure /ˈstrʌktʃə/ **I** *n* **1.** (*gen*) estructura *f*: **the thesis examines the structure of primitive societies** la tesis examina la estructura de las sociedades primitivas; **she has good bone structure** tiene buenos rasgos faciales. **2.** (*construction*) construcción *f*.

II *vt* **[structures, structuring, structured]** (*an essay, a letter*) estructurar; (*an event*) planificar: **it's a good idea to structure your day** conviene planificar la jornada.

struggle /'strʌgəl/ **I** *n* (*mental, political, etc.*) lucha *f*: **it's a struggle** *for* **political power** es una lucha por obtener el poder político • **she finds it a struggle getting up in the morning** le cuesta mucho levantarse por las mañanas; (*physical*) forcejeo *m*: **there was a struggle and the thief ran off** hubo un forcejeo y el ladrón salió corriendo; **he gave himself up without a struggle** se entregó sin oponer resistencia.

II *vi* **[struggles, struggling, struggled]** **1.** (*to fight: gen*) luchar: **they are struggling** *against* **a repressive regime** luchan contra un régimen represivo; (*: physically*) forcejear: **they struggled to free themselves from the chains** forcejearon intentando liberarse de las cadenas. **2.** (*to move with difficulty*): **he was struggling** *down* **the stairs with a very heavy case** bajaba las escaleras con dificultad con una maleta muy pesada; **I struggled** *to* **the window and shouted for help** conseguí a duras penas llegar hasta la ventana y grité pidiendo ayuda. **3.** (*to have difficulty*): **I am struggling to keep up with the rest of the class** me está costando mucho mantenerme al nivel del resto de la clase; **he was struggling in maths** tenía problemas en matemáticas.

strum /strʌm/ *vt* **[strums, strumming, strummed]** rasguear: **he strummed a few chords** rasgueó unos acordes.

♦ *vi* rasguear las cuerdas.

strung /strʌŋ/ *pretérito y participio pasado de* ⇨ string

strut /strʌt/ **I** *n* (*Archit*) puntal *m*.

II *vi* **[struts, strutting, strutted]**: **he strutted** *along* **in his new jeans** andaba pavoneándose con sus vaqueros nuevos; **she strutted** *into* **the classroom, tossing back her hair** entró en la clase pavoneándose, echándose el pelo para atrás.

stub /stʌb/ **I** *n* **1.** (*of cigarette*) colilla *f*. **2.** (*of pencil*) cabo *m*: **he was writing with a little stub of pencil** escribía con el cabito de un lápiz. **3.** (*of raffle ticket, cheque*) matriz *f*.

II *vt* **[stubs, stubbing, stubbed]**: **I stubbed my toe on a rock** me di con el dedo del pie contra una piedra.

to **stub out** *vt* (*a cigarette*) apagar.

stubble /'stʌbəl/ *n* **1.** (*Agr*) rastrojo *m*: **the burning of stubble has been banned** han prohibido la quema de rastrojos. **2.** (*growth of beard*) barba *f* (*incipiente*): **he had several days' stubble on his chin** tenía barba de unos cuantos días.

stubborn /'stʌbən/ *adj* **1.** (*person, donkey*) terco -ca, testarudo -da: **we could not understand her stubborn insistence on staying** no podíamos entender su obcecada insistencia en quedarse. **2.** (*stain*) rebelde: **it removes even the most stubborn stains** acaba hasta con las manchas más rebeldes; **this cold is proving particularly stubborn** este resfriado ha resultado de lo más persistente.

stubby /'stʌbɪ/ *adj* **[stubbier, stubbiest]** (*pencil*) muy corto -ta; (*fingers, legs*) corto -ta y regordete -ta.

stuck /stʌk/ **I** *pretérito y participio pasado de* ⇨ stick

II *adj* **1.** (*jammed*) atascado -da: **the window's stuck and I can't close it** la ventana está atascada y no puedo cerrarla; **the dog got its head stuck in the fence** al perro se le quedó la cabeza atascada en la valla • **we soon got stuck into the cake** pronto atacamos el pastel. **2.** (*in a place*): **I missed the plane and was stuck in the airport for six hours** perdí el avión y me tuve que pasar seis horas en el aeropuerto; **I'm stuck in the house with a broken ankle** estoy sin poder salir de casa con un tobillo roto; **we got stuck in a traffic jam** nos metimos en un atasco; (*on a question*): **he got stuck** *on* **the third question** se quedó atascado ✻ estancado en la tercera pregunta. **3.** (*fam: in trouble*): **I'll really be stuck if the shop's closed** si la tienda está cerrada me voy a ver en apuros ✻ en un aprieto; **she'll be stuck without a car** va a tener problemas sin coche. **4.** (*burdened*): **she got stuck** *with* **the most boring person in the group** le tocó aguantar a la persona más aburrida del grupo; **I'm stuck** *with* **taking her to the station** me han endilgado a mí lo de llevarla a la estación.

stuck-up *adj* (*fam*) estirado -da.

stud /stʌd/ *n* **1.** (*on belt, jeans*) tachuela *f*, tachón *m*; (*on shirt collar*) gemelo *m*; (*on football boot*) taco *m*. **2.** (*earring*) (pendiente *m* de) bolita *f*. **3.** (*Agr: horse*) semental *m*. **4.** (*fam: womanizer*) semental *m*.

stud farm *n* criadero *m* de caballos, cuadra *f*.

studded /'stʌdɪd/ *adj*: **her crown was studded** *with* **rubies and pearls** su corona tenía incrustaciones de rubíes y perlas; **the sky was studded with stars** el cielo estaba tachonado de estrellas.

student /'stjʊdənt/ *n* estudiante *m/f*: **she is a university student** es universitaria; **a student nurse** una estudiante de enfermería; **one of my best students** uno de mis mejores alumnos ✻ estudiantes.

student card *n* carné *m* de estudiante.

students' union *n* federación *f* de estudiantes.

studied /'stʌdɪd/ *adj* estudiado -da: **she replied with studied politeness** respondió con estudiada cortesía.

studio /'stju:dɪəʊ/ *n* (*Art, Ent*) estudio *m*.

studio apartment *n* (*US*) estudio *m*.

studio audience *n* público *m* invitado.

studio flat *n* estudio *m*.

studious /'stju:dɪəs/ *adj* estudioso -sa.

studiously /'stju:dɪəslɪ/ *adv* (*deliberately*): **he's studiously avoiding me** me rehuye de manera muy deliberada.

study /'stʌdɪ/ **I** *n* **[studies]** **1.** (*room, activity*) estudio *m*: **how are your studies coming along?** ¿qué tal marchan los estudios?; **he's doing a behavioural study** *of* **chimpanzees** está llevando a cabo un estudio del comportamiento de los chimpancés. **2.** (*Art, Mus*) estudio *m*: **he did several studies for this painting** hizo varios estudios para este cuadro.

II *vi* **[studies, studying, studied]** (*Educ*) estudiar: **they are studying hard** *for* **the exam** están estudiando mucho para el examen; **she is studying to be a lawyer/doctor** estudia abogacía/medicina.

♦ *vt* **1.** (*Educ*) estudiar: **he's studying Arabic at university** estudia árabe en la universidad. **2.** (*to examine*) estudiar (detenidamente), examinar: **she studied the photograph, but still did not recognize him** estudió detenidamente la fotografía, pero aun así no lo reconoció; **he was studying the menu** estaba estudiando el menú.

stuff /stʌf/ **I** *n* (*fam*) **1.** (*substance*): **she spooned some revolting-looking stuff onto our plates** nos sirvió unas cucharadas de una cosa con una pinta asquerosa; **you don't seriously expect me to eat this stuff, do you?** ¿no esperarás en serio que me coma esto, no? • **this is the stuff of romantic novels** esto es material para una novela romántica. **2.** (*undefined things, topics*) cosas *f pl*: **what's all this stuff doing on my desk?** ¿qué hacen estas cosas en mi mesa?;

there's a lot of interesting stuff in the papers today hoy hay un montón de cosas interesantes en los periódicos; **he knows a lot about art and stuff (like that)** sabe mucho de arte y cosas por el estilo • **the new lecturer seems to know her stuff** la profesora nueva parece saber de lo que está hablando • **keep trying, that's the stuff!** ¡sigue intentándolo, eso es! • **go in there and do your stuff!** ¡entra y demuéstrales de qué eres capaz! **3.** (*possessions*) cosas *f pl*, bártulos *m pl*: **I'm taking my stuff round to his house** voy a llevar mis cosas a su casa.

II *vt* [**stuffs, stuffing, stuffed**] **1.** (*a chicken, toy, cushion*) rellenar: **we had stuffed tomatoes** comimos tomates rellenos. **2.** (*an animal*) disecar. **3.** (*a bag, box*) llenar: **she stuffed the drawer full of papers** llenó el cajón de papeles; **he was stuffing money** *into* **the bag** estaba metiendo dinero en la bolsa • **stop stuffing yourselves with chocolate!** ¡dejen de atiborrarse de chocolate!

stuffed-up /stʌftʌp/ *adj* (*suffering from a cold*): **I'm feeling really stuffed-up** estoy muy acatarrado; (*blocked*): **he has a stuffed-up nose** tiene la nariz tapada.

stuffing /ˈstʌfɪŋ/ *n* (*for chicken, cushions, toys*) relleno *m*.

stuffy /ˈstʌfɪ/ *adj* [**stuffier, stuffiest**] **1.** (*airless*): **the train was terribly stuffy** había un ambiente muy cargado en el tren, faltaba el aire en el tren. **2.** (*person*) estirado -da; (*ideas, opinions*) anticuado -da.

stumble /ˈstʌmbəl/ *vi* [**stumbles, stumbling, stumbled**] **1.** (*to trip*) tropezar: **she came stumbling out of the room** salió de la habitación dando traspiés. **2.** (*while speaking*) atascarse: **she stumbles** *on* **difficult words** se atasca en las palabras difíciles; **the vicar stumbled** *over* **the bride's name** el párroco tuvo problemas para pronunciar el nombre de la novia.

to **stumble across * on** *vt* dar con, encontrarse con: **they had stumbled across * on hidden treasure** habían dado con un tesoro escondido.

stumbling block /ˈstʌmblɪŋ blɒk/ *n* escollo *m*.

stump /stʌmp/ **I** *n* **1.** (*of a limb*) muñón *m*. **2.** (*of a tree*) tocón *m*. **3.** (*in cricket*) palo *m*.

II *vt* [**stumps, stumping, stumped**] (*fam*) dejar perplejo -ja: **we were completely stumped by the second question** la segunda pregunta nos dejó totalmente perplejos.

to **stump up** *vt* (*fam*) aflojar, apoquinar: **in the end they stumped up fifty pounds** al final aflojaron cincuenta libras.

stumpy /ˈstʌmpɪ/ *adj* [**stumpier, stumpiest**] corto -ta y regordete -ta.

stun /stʌn/ *vt* [**stuns, stunning, stunned**] **1.** (*with a blow to the head*) aturdir: **he was stunned by the blow** el golpe lo dejó aturdido. **2.** (*to amaze*) dejar pasmado -da, dejar atónito -ta: **I was stunned** *at * by* **the news** me quedé pasmada con la noticia.

stung /stʌŋ/ *pretérito y participio pasado de* ➪ sting

stunk /stʌŋk/ *participio pasado de* ➪ stink

stunning /ˈstʌnɪŋ/ *adj* **1.** (*blow, punch*) contundente. **2.** (*fam*: *news, reaction*) apabullante: **the response has been quite stunning** la reacción ha sido apabullante; (*: victory, performance*) sensacional. **3.** (*person*) despampanante: **that's a stunning coat you're wearing** llevas un abrigo fabuloso.

stunt /stʌnt/ **I** *n* **1.** (*in movie*) escena *f* peligrosa: **he did all his own stunts in the film** rodó él mismo las escenas peligrosas. **2.** (*attention-seeking act*) maniobra *f*, truco *m*; (*foolish* act): **if you pull one more stunt like that, you're fired!** ¡si vuelves a hacer una estupidez así, te despido!

II *vt* [**stunts, stunting, stunted**] atrofiar.

stunt man *n* especialista *m* (*doble que realiza escenas peligrosas*).

stupefied /ˈstju:pɪfaɪd/ *adj* **1.** (*amazed*) pasmado -da, estupefacto -ta: **I was stupefied when I saw them together** me quedé pasmada cuando los vi juntos. **2.** (*unable to think*) atontado -da: **they were all stupefied** *with* **alcohol** estaban atontados * tenían la mente embotada por el alcohol.

stupendous /stju:ˈpendəs/ *adj* **1.** (*large: error*) tremendo -da, garrafal; (*: amount, figure*) increíble. **2.** (*fam*: *marvellous*) magnífico -ca, estupendo -da: **I had a stupendous holiday in Jamaica** pasé unas magníficas vacaciones en Jamaica.

stupid /ˈstju:pɪd/ *adj* **1.** (*unintelligent*) tonto -ta, estúpido -da: **how could you be so stupid?** ¿cómo has podido ser tan tonto?; **she's always saying such stupid things** siempre dice unas tonterías * estupideces...; **parking there was a stupid thing to do** aparcar ahí fue una tontería * una estupidez. **2.** (*frml*: *senseless*) atontado -da: **it knocked him stupid** lo dejó atontado. **3.** (*fam*: *wretched*) maldito -ta: **I can't get this stupid mixer to work** no consigo que funcione esta maldita batidora.

stupidity /stju:ˈpɪdətɪ/ *n* estupidez *f*.

stupidly /ˈstju:pɪdlɪ/ *adv* tontamente, estúpidamente: **stupidly, I forgot to tell him the address** como un tonto, me olvidé de darle la dirección.

stupor /ˈstju:pə/ *n* estupor *m*: **we found her lying on the floor in a drunken stupor** la encontramos tendida en el suelo borracha perdida.

sturdily /ˈstɜ:dəlɪ/ *adv* sólidamente: **a sturdily built piece of furniture** un mueble de construcción sólida.

sturdy /ˈstɜ:dɪ/ *adj* [**sturdier, sturdiest**] (*child*) fuerte, robusto -ta; (*furniture*) sólido -da; (*shoes, boots*) fuerte, resistente.

stutter /ˈstʌtə/ **I** *n* tartamudeo *m*: **he has a terrible stutter** tartamudea muchísimo.

II *vi* [**stutters, stuttering, stuttered**] tartamudear.

♦ *vt* balbucear: **he just managed to stutter his name** apenas pudo balbucear su nombre.

sty /staɪ/ *n* [**sties**] **1.** (*for pigs*) pocilga *f*. **2.** (*también* **stye**) (*Med*) orzuelo *m*.

style /staɪl/ **I** *n* **1.** (*Art, manner*) estilo *m*: **we enjoy French-style eating** nos gusta comer al estilo francés • **expensive restaurants are just not his style** los restaurantes caros no son lo suyo • **he cramps my style** me quita libertad de acción. **2.** (*elegance*) estilo *m*: **she may not be pretty but she does have style** no será bonita, pero tiene estilo. **3.** (*of coat, shoes*) modelo *m*: **do you have this colour in a different style?** ¿tiene este color en un modelo distinto? **4.** (*fashion*) moda *f*: **everyone there is dressed in up-to-the-minute style** allí todo el mundo viste a la última moda. **5.** (*luxury*): **we travelled** *in* **style** viajamos a todo tren * a lo grande. **6.** (*of hair*) peinado *m*: **that style doesn't suit her** ese peinado no le queda bien; **she's had her hair cut in a different style** le han hecho un corte diferente.

II *vt* [**styles, styling, styled**] (*hair*) peinar: **she took a long time to style my hair** tardó mucho en peinarme; **I'm going to have it styled differently this time** esta vez me voy a hacer un peinado diferente.

stylish /ˈstaɪlɪʃ/ *adj* elegante: **he has a very stylish backhand** tiene un revés muy elegante; **she wore a**

very stylish jacket llevaba una chaqueta muy elegante.
stylist /ˈstaɪlɪst/ *n* estilista *m/f*.
stylistic /staɪˈlɪstɪk/ *adj* estilístico -ca.
stylized /ˈstaɪlaɪzd/ *adj* estilizado -da.
stylus /ˈstaɪləs/ *n* [**styluses** ✻ **styli** /ˈstaɪlaɪ/] aguja *f* (*de un tocadiscos*).
suave /swɑːv/ *adj* cumplido -da, cortés: **he's very suave and sophisticated** es extremadamente cumplido y sofisticado.
sub /sʌb/ *n* **1.** (apócope de **submarine**) (*Naut*) submarino *m*. **2.** (apócope de **substitute**) (*Sport*) sustituto -ta *m/f*, suplente *m/f*. **3.** (apócope de **subscription**) (*Pol*) cuota *f*, suscripción *f*.
subcommittee /ˈsʌbkəˌmɪtɪ/ *n* subcomisión *f*.
subconscious /sʌbˈkɒnʃəs/ *adj*, *n* subconsciente *adj*, *m*.
subconsciously /sʌbˈkɒnʃəslɪ/ *adv* subconscientemente.
subcontinent /sʌbˈkɒntɪnənt/ *n* subcontinente *m*.
subcontract /ˌsʌbkənˈtrækt/ *vt* [**subcontracts, subcontracting, subcontracted**] subcontratar.
subcontractor /ˌsʌbkənˈtræktə/ *n* subcontratista *m/f*.
subdivide /ˌsʌbdɪˈvaɪd/ *vt* [**subdivides, subdividing, subdivided**] subdividir: **the land had been subdivided** *into* **several plots** habían subdividido la tierra en varias parcelas.
subdue /səbˈdjuː/ *vt* [**subdues, subduing, subdued**] **1.** (*Mil*: *to control by force*) someter, sojuzgar: **it took them six months to subdue the rebels** tardaron seis meses en someter a los rebeldes. **2.** (*frml*: *passion*) dominar; (*: rage*) contener: **she could no longer subdue her feelings of hatred** ya no podía contener su odio.
subdued /səbˈdjuːd/ *adj* **1.** (*person*) apagado -da: **he was rather subdued today** estaba bastante apagado hoy. **2.** (*lighting*) tenue. **3.** (*muted*): **reaction to the changes has been surprisingly subdued** la reacción a los cambios ha sido sorprendentemente comedida ✻ mesurada.
subeditor /sʌbˈedɪtə/ *n* redactor -tora *m/f*.
subheading /ˈsʌbhedɪŋ/ *n* subtítulo *m*.
subhuman /sʌbˈhjuːmən/ *adj* infrahumano -na.
subject I /ˈsʌbdʒɪkt/ *n* **1.** (*topic*) tema *m*: **they quickly changed the subject** cambiaron de tema rápidamente; **while we're on the subject...** a propósito.... **2.** (*Educ*) asignatura *f*, materia *f*: **her favourite subject is physics** su asignatura preferida es la física. **3.** (*in an experiment*) sujeto *m*. **4.** (*Ling*) sujeto *m*. **5.** (*citizen*) ciudadano -na *m/f*, súbdito -ta *m/f*: **she is a British subject** es ciudadana británica; (*of a monarch*) súbdito -ta *m/f*.
II /səbˈdʒekt/ *vt* [**subjects, subjecting, subjected**] someter: **they were subjected** *to* **an hour-long interrogation** los sometieron a un interrogatorio de una hora.
III /ˈsʌbdʒɪkt/ *adj* **1.** (*liable*): **she was subject** *to* **periods of depression** era propensa a sufrir periodos de depresión; **trains will be subject** *to* **delay because of the bad weather** los trenes podrán sufrir retrasos debido al mal tiempo. **2.** (*conditional*): **the offer is subject** *to* **your passing a medical** la oferta está supeditada a que pase el reconocimiento médico; **they are subject** *to* **local authority control** están bajo el control de las autoridades locales.
subject matter /ˈsʌbdʒɪkt ˈmætə/ *n* tema *m*.
subjective /sʌbˈdʒektɪv/ *adj* subjetivo -va.
subjugate /ˈsʌbdʒʊgeɪt/ *vt* [**subjugates, subjugating, subjugated**] (*frml*) subyugar.
subjugation /ˌsʌbdʒʊˈgeɪʃən/ *n* (*frml*) subyugación *f*.
subjunctive /səbˈdʒʌŋktɪv/ I *adj* subjuntivo -va.
II *n* subjuntivo *m*.
sublet /sʌbˈlet/ *vt* [**sublets, subletting, sublet**] subarrendar.
sublime /səˈblaɪm/ *adj* **1.** (*frml*: *noble, supreme*) sublime. **2.** (*beautiful*) magnífico -ca. **3.** (*extreme*) absoluto -ta, total: **she showed sublime indifference to their plight** mostró la más absoluta indiferencia con respecto a su situación ● **that's going from the sublime to the ridiculous** eso es ir de un extremo al otro.
subliminal /sʌbˈlɪmɪnəl/ *adj* subliminal.
sub-machine-gun /ˌsʌbməˈʃiːngʌn/ *n* metralleta *f*.
submarine /ˈsʌbməriːn/ *n* submarino *m*.
submerge /səbˈmɜːdʒ/ *vt* [**submerges, submerging, submerged**] sumergir.
♦ *vi* sumergirse.
submission /səbˈmɪʃən/ *n* **1.** (*surrender*) sumisión *f*: **he was forced into submission by a superior opponent** se vio obligado a rendirse ante un adversario superior. **2.** (*frml*: *of appeal, report*) presentación *f*.
submissive /səbˈmɪsɪv/ *adj* sumiso -sa, dócil.
submit /səbˈmɪt/ *vi* [**submits, submitting, submitted**] (*to surrender*) rendirse; (*to somebody's wishes, demands*) acceder: **she was forced to submit** *to* **interrogation** la obligaron a someterse a un interrogatorio.
♦ *vt* (*to present*) presentar: **I submitted an article** *for* **publication** presenté un artículo para que lo publicaran.
subnormal /sʌbˈnɔːməl/ *adj* subnormal.
subordinate I /səˈbɔːdɪnət/ *adj* **1.** (*Ling*: *clause*) subordinado -da. **2.** (*officer, staff*) subalterno -na, subordinado -da. **3.** (*frml*: *less important*) secundario -ria: **all other problems are subordinate** *to* **providing the refugees with food** los demás problemas son secundarios con respecto al de proveer a los refugiados de alimentos.
II /səˈbɔːdɪnət/ *n* subordinado -da *m/f*, subalterno -na *m/f*.
III /səˈbɔːdɪneɪt/ *vt* [**subordinates, subordinating, subordinated**] (*frml*) subordinar, supeditar: **the educational aspects cannot be subordinated** *to* **financial considerations** los aspectos educativos no se pueden subordinar ✻ supeditar a consideraciones de orden económico.
subpoena /səbˈpiːnə/ (*Law*) I *n* citación *f*.
II *vt* [**subpoenas, subpoenaing, subpoenaed**] citar.
sub-post office /sʌbˈpəʊst ɒfɪs/ *n* estafeta *f* (de correos).
subscribe /səbˈskraɪb/ *vi* [**subscribes, subscribing, subscribed**] **1.** (*to receive regularly*) estar suscrito -ta: **I subscribe** *to* **two literary magazines** estoy suscrito a dos revistas literarias. **2.** (*frml*: *to agree*) estar de acuerdo: **we did not subscribe** *to* **his political views** no estábamos de acuerdo con sus ideas políticas; **I subscribe** *to* **the view that...** soy de los que opinan que.... **3.** (*to contribute*) contribuir con donativos, hacer donaciones: **he always subscribes** *to* **the same charity** siempre contribuye con donativos a la misma sociedad benéfica.
subscriber /səbˈskraɪbə/ *n* **1.** (*to a publication*) suscriptor -tora *m/f*: **subscribers** *to* **the magazine received an invitation** los suscriptores de la revista recibieron una invitación. **2.** (*to a charity*): **he's a regular subscriber** *to* **several charities** contribuye

regularmente a la obra de varias sociedades benéficas. **3.** (*telephone user*) abonado -da *m/f*.

subscription /səbˈskrɪpʃən/ *n* **1.** (*to a magazine*) suscripción *f*: **I've taken out a subscription** *to* **a DIY magazine** me he suscrito a una revista de bricolaje. **2.** (*membership fee*) cuota *f*.

subsequent /ˈsʌbsɪkwənt/ *adj* (*frml*) posterior, subsiguiente: **on subsequent visits she brought me books** en visitas posteriores me trajo libros; **the riots were subsequent** *to* **the Minister's statement** los disturbios fueron posteriores a las declaraciones del ministro.

subsequently /ˈsʌbsɪkwəntlɪ/ *adv* (*frml*) posteriormente: **he was badly injured in the accident and subsequently died** resultó gravemente herido en el accidente y posteriormente murió.

subservient /sʌbˈsɜːvɪənt/ *adj* (*frml*: *person*) servil.

subside /səbˈsaɪd/ *vi* [**subsides, subsiding, subsided**] **1.** (*house, road*) hundirse. **2.** (*wind*) amainar: **they decided to wait until the flood waters had subsided** decidieron esperar a que hubiera descendido el nivel de las aguas; **when the excitement finally subsided, he started his speech again** cuando finalmente se calmaron los ánimos, siguió adelante con su discurso.

subsidence /səbˈsaɪdəns/ *n* hundimiento *m*.

subsidiary /səbˈsɪdɪərɪ/ **I** *adj* (*issue*) secundario -ria; (*subject*) complementario -ria.

II *n* [**subsidiaries**] **1.** (*of company*) filial *f*: **the company is a subsidiary** *of* **Xeneco** la compañía es una filial de Xeneco. **2.** (*Educ*): **you study two main subjects and one subsidiary** estudias dos asignaturas principales y una complementaria.

subsidize /ˈsʌbsɪdaɪz/ *vt* [**subsidizes, subsidizing, subsidized**] subvencionar: **the canteen is subsidized by the company** la compañía subvenciona el comedor.

subsidy /ˈsʌbsɪdɪ/ *n* [**subsidies**] subvención *f*, subsidio *m*.

subsist /səbˈsɪst/ *vi* [**subsists, subsisting, subsisted**] subsistir: **they subsist** *on* **rice** subsisten a base de arroz.

subsistence /səbˈsɪstəns/ *n* subsistencia *f*: **these people are living at subsistence level** esta gente vive con lo justo para sobrevivir.

subsistence farming *n* agricultura *f* de subsistencia.

substance /ˈsʌbstəns/ *n* **1.** (*matter*) sustancia *f*: **these substances are highly toxic** estas sustancias son sumamente tóxicas. **2.** (*frml*: *weighty content*): **we have waited a long time for a novel of this substance** hace mucho tiempo que esperamos una novela de la solidez de ésta; **is there any substance** *to* ∗ *in* **the accusations?** ¿son fundadas las acusaciones? ● **a man/woman of substance** un hombre acaudalado/ una mujer acaudalada. **3.** (*frml*: *main argument*) esencia *f*, sustancia *f*: **what was the substance of her speech?** ¿cuál fue la esencia de su discurso?

substandard /sʌbˈstændəd/ *adj* (*product*) de calidad inferior: **they were living in substandard accommodation** estaban alojados en viviendas que se podrían considerar inhabitables.

substantial /səbˈstænʃəl/ *adj* **1.** (*strong*) sólido -da, fuerte: **this looks a more substantial piece of furniture** éste parece ser un mueble más sólido. **2.** (*increase, damages*) importante, considerable: **they were offering a substantial reward for his capture** ofrecían una importante recompensa por su captura. **3.** (*meal: large*) abundante: **we had eaten a substantial lunch** habíamos comido abundantemente; (*: nourishing*) sustancioso -sa.

substantially /səbˈstænʃəlɪ/ *adv* **1.** (*notably*) sustancialmente: **the two companies differ substantially in terms of their target markets** las dos compañías difieren sustancialmente en cuanto al tipo de mercado al que se dirigen. **2.** (*in the main*) fundamentalmente, en esencia: **the analysis was substantially accurate** el análisis era fundamentalmente ∗ en esencia correcto. **3.** (*strongly*) sólidamente: **it was a substantially constructed piece of furniture** era un mueble de construcción sólida.

substantiate /səbˈstænʃɪeɪt/ *vt* [**substantiates, substantiating, substantiated**] (*frml*: *an accusation*) probar: **they were unable to substantiate the rumours** no pudieron probar que los rumores eran fundados.

substitute /ˈsʌbstɪtjuːt/ **I** *n* **1.** (*Sport*) suplente *m/f*, sustituto -ta *m/f*. **2.** (*replacement item*): **honey can be used as a substitute** *for* **sugar** se puede sustituir el azúcar por miel; **it's a new coffee substitute** es un nuevo sucedáneo del café; **lessons are no substitute** *for* **practising the language in real-life situations** las clases no son un sucedáneo de ∗ no pueden reemplazar a la práctica de la lengua en situaciones reales.

II *vt* [**substitutes, substituting, substituted**] sustituir: **they substituted Jones** *for* **Brown in the second half** sustituyeron a Brown por Jones en la segunda mitad; **the leeks can be substituted** *by* **onions** ∗ **onions can be substituted** *for* **the leeks in this dish** los puerros se pueden sustituir por cebollas en este plato.

♦ *vi*: **she's substituting** *for* **our maths teacher** está sustituyendo a nuestro profesor de matemáticas.

substitution /ˌsʌbstɪˈtjuːʃən/ *n* sustitución *f*.

subterfuge /ˈsʌbtəfjuːdʒ/ *n* subterfugio *m*.

subterranean /ˌsʌbtəˈreɪnɪən/ *adj* subterráneo -nea.

subtitle /ˈsʌbtaɪtəl/ *n* subtítulo *m*.

subtle /ˈsʌtəl/ *adj* **1.** (*delicate, gentle: hint*) sutil; (*: lighting*) tenue, sutil; (*: taste*) ligero -ra: **there's a subtle taste of thyme in this soup** esta sopa tiene un ligero sabor a tomillo. **2.** (*difference*) sutil: **that is a very subtle distinction** se trata de una distinción muy sutil; (*argument*) ingenioso -sa: **I think that joke was a bit subtle for them** creo que ese chiste era demasiado sutil para ellos. **3.** (*perceptive*) perspicaz.

subtlety /ˈsʌtəltɪ/ *n* [**subtleties**] **1.** (*tact, gentleness*) delicadeza *f*: **subtlety is not his strong point** la delicadeza no es uno de sus fuertes. **2.** (*fine difference*) sutileza *f*: **she did not pick up on the subtleties of the language** no captó las sutilezas de la lengua. **3.** (*of point*) agudeza *f*: **the subtlety of his remark went unappreciated** la agudeza de su comentario pasó desapercibida.

subtly /ˈsʌtlɪ/ *adv* **1.** (*slightly*) sutilmente: **the two renderings are subtly different** las dos interpretaciones son sutilmente diferentes. **2.** (*delicately*) con delicadeza: **very subtly, she suggested that perhaps he should wear his other tie** con gran delicadeza le sugirió que quizá debería ponerse la otra corbata. **3.** (*perceptively*) con perspicacia.

subtotal /ˈsʌbtəʊtəl/ *n* subtotal *m*.

subtract /səbˈtrækt/ *vt* [**subtracts, subtracting, subtracted**] restar, sustraer: **subtract four** *from* **twelve** restarle cuatro a doce.

subtraction /səbˈtrækʃən/ *n* resta *f*, sustracción *f*.

subtropical /sʌbˈtrɒpɪkəl/ *adj* subtropical.

suburb /ˈsʌbɜːb/ *n* barrio *m* residencial (*en las afueras* *de una ciudad*): **they live in the suburbs of Paris** viven en un barrio residencial en las afueras de París.

suburban /sə'bɜ:bən/ *adj* (*streets, area*) de las afueras (de la ciudad).

suburbia /sə'bɜ:bɪə/ *n* las afueras de la ciudad.

subversion /səb'vɜ:ʃən/ *n* (*frml*) subversión *f*.

subversive /səb'vɜ:sɪv/ **I** *adj* (*ideas, activities*) subversivo -va.
II *n* subversivo -va *m/f*.

subvert /səb'vɜ:t/ *vt* [**subverts, subverting, subverted**] (*frml*) subvertir.

subway /'sʌbweɪ/ *n* **1.** (*under road*) paso *m* subterráneo. **2.** (*US*: *underground railway*) metro *m*: **we can take the subway** podemos ir en metro.

subzero /sʌb'zi:rəʊ/ *adj*: **they spent the night outside in subzero temperatures** pasaron la noche a la intemperie con temperaturas por debajo de los cero grados.

succeed /sək'si:d/ *vi* [**succeeds, succeeding, succeeded**] **1.** (*to have success*) triunfar, tener éxito: **we knew he would succeed in business** sabíamos que triunfaría * tendría éxito en los negocios. **2.** (*to achieve target*): **we tried to open it but didn't succeed** intentamos abrirlo pero no lo logramos * conseguimos; **he succeeded** *in* **stopping the building of the new road** logró * consiguió impedir que construyeran la nueva carretera. **3.** (*to throne*) ascender, subir: **she succeeded** *to* **the throne the following year** ascendió al trono al año siguiente.
♦*vt* **1.** (*a sovereign*) suceder: **he succeeded his mother** *to* * *on* **the throne** sucedió a su madre en el trono. **2.** (*to follow*) suceder, seguir: **he succeeded Morgan as president** sucedió a Morgan como presidente; (*frml*) **her words were succeeded by a burst of applause** una salva de aplausos siguió a sus palabras.

success /sək'ses/ *n* [**successes**] **1.** (*achievement*) éxito *m*: **she had achieved success in her career** había triunfado * había tenido éxito en su carrera. **2.** (*person, enterprise*) éxito *m*: **the charity evening was a huge success** la velada benéfica fue un éxito tremendo; **they made a success of running the language school** sacaron adelante con éxito la escuela de idiomas.

successful /sək'sesfʊl/ *adj* **1.** (*professional, book, record*) de éxito; (*: business, businessman*) próspero -ra: **she wanted them to be successful in life** quería que triunfaran en la vida. **2.** (*having achieved aim*): **the successful candidate will be notified by post** el candidato que resulte seleccionado recibirá la notificación por correo; **they have been successful** *in* **slowing down inflation** han logrado poner freno a la inflación; **our attempts finally proved successful** nuestros intentos finalmente dieron fruto.

successfully /sək'sesfəlɪ/ *adv* con éxito: **they completed the mission successfully** llevaron a cabo la misión con éxito.

succession /sək'seʃən/ *n* **1.** (*series*) serie *f*, sucesión *f*: **she's had a succession of disappointments** ha tenido una serie de decepciones • **you've had three late nights in succession** te has acostado tarde tres noches seguidas * consecutivas. **2.** (*to the throne*) sucesión *f*.

successive /sək'sesɪv/ *adj* seguido -da, consecutivo -va: **we have had five successive wet days** ha llovido durante cinco días seguidos * consecutivos.

successor /sək'sesə/ *n* sucesor -sora *m/f*.

succinct /sək'sɪŋkt/ *adj* sucinto -ta.

succour, (*US*) **succor** /'sʌkə/ *n* (*frml*) socorro *m*.

succulent /'sʌkjʊlənt/ **I** *adj* **1.** (*juicy, tasty*) suculento -ta. **2.** (*Bot*) carnoso -sa.
II *n* (*Bot*) planta *f* carnosa.

succumb /sə'kʌm/ *vi* [**succumbs, succumbing, succumbed**] (*frml*) **1.** (*to give in*) sucumbir: **she finally succumbed** *to* **temptation and bought the dress** al final sucumbió a la tentación y se compró el vestido. **2.** (*to fall victim*) sucumbir: **they succumbed** *to* **the disease** sucumbieron a la enfermedad.

such /sʌtʃ/ **I** *adj* **1.** (*of specified kind*) tal: **they always called the police in such cases** en tales casos siempre llamaban a la policía; **it turns out there's no such place** resulta que tal sitio no existe; **such an outcome would be disastrous** un resultado semejante sería desastroso; **he told the story in such a way that we thought it was true** contó la historia de tal forma que pensamos que era verdad • **it's not a racing bike as such, but it does go quite fast** no es una bicicleta de carreras propiamente dicha, pero va bastante deprisa. **2.** (*used for emphasis*): **I had such a headache that I decided to stay at home** tenía tal dolor de cabeza * me dolía tanto la cabeza que decidí quedarme en casa; **he isn't such a bore after all** no es tan aburrido después de todo; **it was such a disappointment when I couldn't go** me decepcionó tanto no poder ir • **this is my office, such as it is** éste es mi despacho, que no es gran cosa. **3. such as** tal como: **they grow vegetables such as spinach and leeks** cultivan verduras tales como la espinaca y el puerro.
II *adv* tan: **she's such a pretty girl!** ¡es una niña tan * más bonita!; **they're such good friends** son tan buenos amigos.

such-and-such *adj*: **they will tell you to be there at such-and-such a time** te dirán que estés allí a tal o cual hora.

suchlike /'sʌtʃlaɪk/ (*fam*) **I** *adj* por el estilo: **Ken Brown, Emma Toms and suchlike actors** Ken Brown, Emma Toms y actores por el estilo.
II *pron*: **he likes opera, classical concerts and suchlike** le gusta la ópera, los conciertos de música clásica y cosas por el estilo.

suck /sʌk/ *vt* [**sucks, sucking, sucked**] **1.** (*gen*) chupar: **don't suck your pencil!** ¡no chupes el lápiz! • **the banks have sucked these companies dry** los bancos han exprimido a estas compañías. **2.** (*a liquid*) sorber: **he sucked it** *up* **through a straw** lo sorbió por una paja; **she sucked the poison** *out of* **the wound** le sacó el veneno de la herida succionando. **3.** (*to absorb*): **they were sucked** *in* * *down* **by the whirlpool** el remolino se los tragó • **they avoided being sucked into the drugs scene** evitaron verse arrastrados al ambiente de la droga.
♦*vi* chupar, succionar.

to **suck up** *vt* (*vacuum cleaner*) aspirar.
♦*vi* (*fam*): **she's always sucking up** *to* **the teachers** siempre les está haciendo la pelota a los profesores.

sucker /'sʌkə/ *n* **1.** (*Zool*) ventosa *f*. **2.** (*Bot*) mamón *m*. **3.** (*fam*: *gullible person*) bobo -ba *m/f*: **I'm a sucker** *for* **weepy films** tengo debilidad por las películas sentimentales.

suckle /'sʌkəl/ *vt* [**suckles, suckling, suckled**] amamantar.
♦*vi* mamar.

sucrose /'su:krəʊz/ *n* sacarosa *f*.

suction /'sʌkʃən/ *n* succión *f*.

sudden /'sʌdən/ *adj* (*movement, decision*) repentino -na, súbito -ta: **her sudden departure surprised everyone** su repentina partida sorprendió a todo el mundo; **you're getting married? this is all rather sudden, isn't it?** ¿te casas?, es todo como muy repentino ✻ precipitado ¿no? ● **all of a sudden she started to cry** de repente ✻ de pronto se puso a llorar.

suddenly /ˈsʌdənlɪ/ *adv* de repente, de pronto: **he suddenly stopped and looked around** de repente se detuvo y miró a su alrededor; **it all happened so suddenly we couldn't react** todo ocurrió tan de repente ✻ tan repentinamente que no pudimos reaccionar.

suds /sʌdz/ *n pl* espuma *f* (*de jabón*): **rinse all the suds off** enjuagar bien.

sue /suː/ *vt* [**sues, suing, sued**] demandar: **she sued the company** *for* **negligence** demandó a la compañía por negligencia; **he was sued** *for* **slander** lo demandaron por calumnia.
♦*vi* entablar una demanda: **since they refused any compensation, we decided to sue** como se negaron a indemnizarnos, decidimos entablar una demanda.

suede /sweɪd/ *n* ante *m*, gamuza *f*.

suet /ˈsuːɪt/ *n* grasa *f* de la riñonada.

suffer /ˈsʌfə/ *vi* [**suffers, suffering, suffered**] **1.** (*Med*) sufrir, padecer: **he suffers** *from* **a heart condition** sufre ✻ padece del corazón; **she was suffering** *from* **the effects of the drug** estaba sufriendo los efectos de la droga. **2.** (*to feel pain*) sufrir: **he didn't suffer much** no sufrió mucho; **she suffered a great deal when her parents divorced** sufrió muchísimo cuando sus padres se divorciaron. **3.** (*to be affected: concentration, work*) verse afectado -da: **his studies suffered when he started acting** sus estudios se vieron afectados cuando empezó a actuar; (*: health*) resentirse.
♦*vt* **1.** (*pain, damages, injury, loss*) sufrir: **they suffered another defeat** sufrieron otra derrota; **the company suffered huge losses last year** la compañía sufrió ✻ registró enormes pérdidas el año pasado; (*torture*) ser víctima de. **2.** (*to tolerate*) soportar.

sufferance /ˈsʌfərəns/ *n* ● **the children came on sufferance** los niños vinieron a regañadientes.

sufferer /ˈsʌfərə/ *n* víctima *f*: **this drug offers new hope for hay-fever sufferers** esta droga les da nuevas esperanzas a las víctimas de la fiebre del heno.

suffering /ˈsʌfərɪŋ/ *n* sufrimiento *m*.

suffice /səˈfaɪs/ *vi* [**suffices, sufficing, sufficed**] (*frml*) alcanzar, ser suficiente: **four more should suffice** debería alcanzar con otros cuatro ● **suffice it to say that...** baste con decir que....

sufficient /səˈfɪʃənt/ *adj* (*frml*) suficiente, bastante: **they have sufficient rice to last them a week** tienen bastante arroz como para una semana; **will thirty pounds be sufficient?** ¿alcanzará con treinta libras?

sufficiently /səˈfɪʃəntlɪ/ *adv* lo suficiente, suficientemente: **they hadn't been sufficiently prepared for the shock** no los habían preparado lo suficiente para el golpe.

suffix /ˈsʌfɪks/ *n* [**suffixes**] sufijo *m*.

suffocate /ˈsʌfəkeɪt/ *vi* [**suffocates, suffocating, suffocated**] **1.** (*to die*) morir asfixiado -da, asfixiarse. **2.** (*to suffer from lack of air*) asfixiarse: **I'm suffocating in this sweater** me asfixio con este suéter.
♦*vt* asfixiar.

suffrage /ˈsʌfrɪdʒ/ *n* sufragio *m*.

suffragette /ˌsʌfrəˈdʒet/ *n* sufragista *f*.

sugar /ˈʃʊgə/ **I** *n* azúcar *m* ✻ *f*: **do you take sugar?** ¿tomas azúcar?; **white with two sugars, please** con leche y dos cucharaditas de azúcar, por favor.
II *vt* [**sugars, sugaring, sugared**] echarle azúcar a, azucarar: **taste the fruit before you sugar it** prueba la fruta antes de echarle azúcar.

sugar beet *n* remolacha *f* azucarera.

sugar bowl *n* azucarero *m*.

sugar cane *n* caña *f* de azúcar.

sugar daddy *n* (*fam*) *viejo adinerado que es amante de una chica joven.*

sugar-free *adj* sin azúcar.

sugar lump *n* terrón *m* de azúcar.

suggest /səˈdʒest/ *vt* [**suggests, suggesting, suggested**] **1.** (*to propose*) sugerir: **we went to the restaurant he had suggested** fuimos al restaurante que él había sugerido; **he suggested that we went to a night club** sugirió ✻ propuso que fuéramos a un club nocturno; **I suggest taking ✻ I suggest we take the bus** sugiero ✻ propongo que tomemos el autobús; (*to advise*) sugerir, aconsejar: **I suggest you write to them** le sugiero ✻ le aconsejo que les escriba; **she suggested (*to* us) that we should wait** nos sugirió ✻ nos aconsejó que esperáramos. **2.** (*to insinuate*) insinuar: **are you suggesting that he is involved?** ¿insinúas que él está implicado?; **just what are you trying to suggest?** ¿qué es lo que pretendes insinuar?; (*to point to*) indicar: **increased high street spending suggests an improvement in the economy** el incremento del consumo indica una mejora en la economía. **3.** (*to evoke*) sugerir: **this piece of music suggests a rural scene** esta pieza musical sugiere una escena rural.

suggestion /səˈdʒestʃən/ *n* **1.** (*thing suggested*) sugerencia *f*: **can I make a suggestion?** ¿puedo hacer una sugerencia?; *on* **my neighbour's suggestion we went to Cyprus for a holiday** a sugerencia de mi vecino nos fuimos de vacaciones a Chipre. **2.** (*implication*) insinuación *f*: **I resented the suggestion that I had been responsible** me ofendió la insinuación de que yo había sido el responsable. **3.** (*slight indication*): **there is just a suggestion of garlic in this dish** este plato tiene apenas un saborcillo a ajo; **there was a suggestion of nervousness in her voice** había una nota de nerviosismo en su voz.

suggestive /səˈdʒestɪv/ *adj* **1.** (*evocative*): **in the first scene, the pale light is suggestive** *of* **early morning** en la primera escena, la luz tenue sugiere que es por la mañana temprano. **2.** (*with sexual connotations: remark, gesture*) insinuante, sugestivo -va; (*: dress, jeans*) provocativo -va.

suicidal /ˌsuːɪˈsaɪdəl/ *adj* **1.** (*Med*: *tendency*) suicida: **she was feeling suicidal** contemplaba incluso quitarse la vida. **2.** (*dangerous*): **cycling in this traffic is suicidal** ir en bicicleta con este tráfico es de suicidas.

suicide /ˈsuːɪsaɪd/ *n* **1.** (*act*) suicidio *m*: **he tried to commit suicide** intentó suicidarse; **she had made several suicide attempts** había hecho varios intentos de suicidio ● **to allow the book to be published would be political suicide** permitir que publiquen el libro sería un suicidio político. **2.** (*frml*: *person*) suicida *m/f*.

suit /suːt/ **I** *n* **1.** (*Clothing*) traje *m*. **2.** (*in cards*) palo *m*: **you have to follow suit** tienes que jugar una carta del mismo palo ● **he sold all his shares and the others followed suit** vendió todas sus acciones y los demás siguieron su ejemplo. **3.** (*Law*) pleito *m*: **she filed a suit against the builders** entabló una demanda contra la empresa constructora.
II *vt* [**suits, suiting, suited**] **1.** (*clothing, haircut*): **that perm really suits her** esa permanente le queda muy bien ✻ la favorece mucho; **short skirts don't suit me**

las faldas cortas no me quedan bien * no me favorecen. **2.** (*to be convenient for*) venirle bien a, convenirle a: **would next Tuesday suit you?** ¿te vendría bien el martes que viene?; **they just suit themselves at weekends** hacen lo que les apetece los fines de semana • **"I don't want anything to eat." "Oh well, suit yourself."** "No quiero comer nada." "Bien, haz lo que te parezca." **3.** (*to be beneficial to*) sentarle bien a: **tropical heat doesn't suit me** el calor tropical no me sienta bien. **4.** (*to make appropriate*) adaptar: **the style of the room must be suited** *to* **individual tastes** hay que adaptar el estilo de la habitación al gusto de cada persona.

suit of armour *n* [**suits of armour**] armadura *f.*

suitable /ˈsuːtəbəl/ *adj* **1.** (*appropriate*) idóneo -nea, adecuado -da: **this computer is the most suitable** *for* **our needs** este ordenador es el más idóneo para nuestras necesidades * el que más se ajusta a nuestras necesidades. **2.** (*proper*) apropiado -da: **that dress is not suitable** *for* **the occasion** ese vestido no es apropiado para la ocasión.

suitably /ˈsuːtəblɪ/ *adv* de manera adecuada: **he wasn't suitably dressed for a long hike** no iba vestido de manera adecuada para una larga caminata; **everybody was suitably impressed** todo el mundo quedó muy bien impresionado, como era de esperar.

suitcase /ˈsuːtkeɪs/ *n* maleta *f,* (*Méx*) petaca *f,* (*Arg, Urug*) valija *f.*

suite /swiːt/ *n* **1.** (*of furniture*) juego *m.* **2.** (*in a hotel*) suite *f*: **they were given the bridal suite** les dieron la suite nupcial. **3.** (*Mus*) suite *f.*

suited /ˈsuːtɪd/ *adj* apropiado -da: **this book is more suited** *to* **teenagers** este libro es más apropiado para adolescentes; **he's well suited** *for* **this post** es idóneo para este puesto; **they are ideally suited** son la pareja ideal.

suitor /ˈsuːtə/ *n* (*frml*) pretendiente *m.*

sulfate /ˈsʌlfeɪt/ *n* (*US*) sulfato *m.*

sulfur /ˈsʌlfə/ *n* (*US*) azufre *m.*

sulfuric /sʌlˈfjʊərɪk/ *adj* (*US*) ⇨ sulphuric

sulk /sʌlk/ **I** *vi* [**sulks, sulking, sulked**]: **she's sulking** está enfurruñada; **he sulks if he doesn't win** si no gana se enfurruña * se pone de mal humor.
II *n*: **he's gone off** *in* **a sulk** se ha ido enfurruñado.

sulky /ˈsʌlkɪ/ *adj* [**sulkier, sulkiest**] enfurruñado -da, de mal humor.

sullen /ˈsʌlən/ *adj* (*person*) hosco -ca; (*face*) adusto -ta; (*sky*) sombrío -bría.

sulphate /ˈsʌlfeɪt/ *n* sulfato *m.*

sulphur /ˈsʌlfə/ *n* azufre *m.*

sulphuric, (*US*) **sulfuric** /sʌlˈfjʊərɪk/ *adj* sulfúrico -ca.

sulphuric acid, (*US*) **sulfuric acid** *n* ácido *m* sulfúrico.

sultan /ˈsʌltən/ *n* sultán *m.*

sultana /sʌlˈtɑːnə/ *n* **1.** (*Culin*) pasa *f* de Esmirna. **2.** (*sultan's wife*) sultana *f.*

sultry /ˈsʌltrɪ/ *adj* [**sultrier, sultriest**] **1.** (*weather*) bochornoso -sa. **2.** (*sensual*) sensual.

sum /sʌm/ *n* **1.** (*Maths*: *simple calculation*) cuenta *f*: **she did a quick sum in her head** hizo un rápido cálculo mental; **Charlie isn't very good at sums** a Charlie no se le da bien la aritmética; (*: addition*) suma *f.* **2.** (*total*) suma *f,* total *m*: **the sum of his earnings this week is five hundred pounds** el total de lo que ha ganado esta semana asciende a quinientas libras • **that was the sum (total) of the work they had done** ése era todo el trabajo que habían hecho. **3.** (*amount of money*) suma *f,* cantidad *f*: **vast sums have already been spent** ya se han gastado enormes sumas de dinero.

to **sum up** *vi* [**sums, summing, summed**] resumir: **to sum up: we need to economize** en resumidas cuentas: tenemos que hacer economías.
♦*vt* **1.** (*to summarize*) resumir: **I will try to sum up the main points of her article** intentaré resumir los puntos principales de su artículo; **he can be summed up in two words: stupid and incompetent** se lo puede definir con dos palabras: imbécil e incompetente. **2.** (*to evaluate*) evaluar: **she quickly summed up the situation and called an ambulance** inmediatamente evaluó la situación * se hizo una composición de lugar y llamó a una ambulancia.

summarize /ˈsʌməraɪz/ *vt* [**summarizes, summarizing, summarized**] resumir.

summary /ˈsʌmərɪ/ **I** *n* [**summaries**] resumen *m*: **here is a summary of the main news** les ofrecemos un resumen de las noticias principales.
II *adj* (*frml*) sumario -ria.

summer, **Summer** /ˈsʌmə/ *n* verano *m*: **we go to the seaside a lot** *in* **(the) summer** en verano vamos muy a menudo a la playa; **she is coming home for the summer holidays** va a venir a pasar las vacaciones de verano en casa; **they usually spend the summer in Italy** suelen veranear en Italia.

summerhouse *n* glorieta *f.*

summer school *n* clases *f pl* de verano.

summer time *n* hora *f* de verano.

summertime *n* verano *m*: *in* **(the) summertime the children can play outside** en verano los niños pueden jugar fuera.

summery /ˈsʌmərɪ/ *adj* veraniego -ga.

summing-up /ˌsʌmɪŋˈʌp/ *n* [**summings-up**] (*Law*) recapitulación *f.*

summit /ˈsʌmɪt/ *n* **1.** (*peak*) cumbre *f,* cima *f*: **they reached the summit without oxygen** alcanzaron la cumbre sin oxígeno • **he is at the summit of a distinguished career** está en la cima de una eminente carrera. **2.** (*Pol*) cumbre *f*: **the next summit is to be held in Washington** la próxima cumbre tendrá lugar en Washington.

summon /ˈsʌmən/ *vt* [**summons, summoning, summoned**] **1.** (*to call*) llamar: **he summoned them all** *to* **a meeting** los convocó * llamó a todos a una reunión. **2.** (*Law*) citar: **she was summoned to appear before a magistrate** la citaron para que compareciera ante un juez.

to **summon up** *vt* (*strength*) reunir: **he summoned up all his courage to ask for a pay rise** se armó de valor para pedir un aumento.

summons /ˈsʌmənz/ **I** *n* [*pl* **summonses**] **1.** (*Law*) citación *f* judicial: **he did not pay the fine and the following week a summons arrived** no pagó la multa, y a la semana siguiente recibió una citación judicial. **2.** (*call*): **I got a summons from the director** el director me llamó a su despacho.
II *vt* [**summonses, summonsing, summonsed**] (*Law*) citar: **she was summonsed to appear in court** la citaron para que compareciera ante el tribunal.

sumptuous /ˈsʌmptjʊəs/ *adj* (*furniture*) suntuoso -sa; (*meal*) espléndido -da, opíparo -ra.

sun /sʌn/ **I** *n* sol *m*: **we sat out** *in* **the sun** nos sentamos al sol; **we haven't had much sun this year** este año no hemos tenido muchos días de sol • **she called me all the names under the sun** me llamó * me dijo de todo.
II *vt* [**suns, sunning, sunned**]: **they sit around all**

day sunning themselves se pasan todo el día sentados tomando el sol.

sunbathe *vi* [**sunbathes, sunbathing, sunbathed**] tomar el sol: **too much sunbathing can be dangerous** los baños de sol demasiado prolongados pueden resultar peligrosos.

sunbeam *n* rayo *m* de sol.

sunbed *n* cama *f* solar.

sun block *n* filtro *m* solar.

sunburn *n* quemaduras *f pl* (del sol): **he was suffering from sunburn** tenía quemaduras del sol.

sunburnt *adj* quemado -da: **she was so badly sunburnt she had to go to hospital** se había quemado tanto que tuvo que ir al hospital.

sundial *n* reloj *m* de sol.

sundress *n* [**sundresses**] vestido *m* (de verano) de tirantes.

sunflower *n* girasol *m*.

sunflower seed *n* semilla *f* de girasol.

sunglasses *n pl* gafas *f pl* de sol.

sun lamp *n* lámpara *f* solar.

sunlight *n* luz *f* solar * del sol.

sunlit *adj* soleado -da.

sun lounger *n* tumbona *f*.

sunrise *n* amanecer *m*, salida *f* del sol: **it was a beautiful sunrise** fue un hermoso amanecer; **we should try to get home before sunrise** deberíamos intentar llegar a casa antes de que amanezca.

sun roof *n* techo *m* corredizo (*de un coche*).

sunset *n* puesta *f* de sol: **they watched the sunset from their room** vieron la puesta de sol desde su habitación; **the park closes at sunset** el parque se cierra al anochecer.

sunshade *n* sombrilla *f*.

sunshine *n* sol *m*: **we have had eight hours of sunshine today** hoy hemos tenido ocho horas de sol.

sunspot *n* mancha *f* solar.

sunstroke *n* insolación *f*.

suntan *n* bronceado *m*: **she had a gorgeous suntan** tenía un bronceado precioso.

suntan lotion *n* bronceador *m*.

suntanned *adj* bronceado -da: **you're looking very suntanned** estás muy bronceado.

Sun. *léase* /'sʌndeɪ/ (*abreviatura de* **Sunday**) domingo *m*.

sundae /'sʌndeɪ/ *n*: *helado con fruta, almendras, etc.*

Sunday /'sʌndeɪ/ *n* domingo *m* • **they were all wearing their Sunday best** iban todos endomingados • **never in a month of Sundays!** ¡ni por casualidad! ➪ Thursday

Sunday driver *n* dominguero -ra *m/f*.

Sunday newspaper *n* periódico *m* dominical.

Sunday school *n* catequesis *f*.

Sunday supplement *n* suplemento *m* dominical.

Sunday trading *n*: *apertura dominical de los comercios*

sundry /'sʌndrɪ/ **I** *adj* varios -rias, diversos -sas: **they sell envelopes, stamps and sundry other items** venden sobres, sellos y otros artículos diversos • **don't go discussing it with all and sundry** no vayas a discutirlo con todo el mundo.
II sundries *n pl* (*expenses*) gastos *m pl* diversos; (*articles for sale*) artículos *m pl* diversos.

sung /sʌŋ/ *participio pasado de* ➪ sing

sunk /sʌŋk/ *participio pasado de* ➪ sink

sunken /'sʌŋkən/ *adj* (*eyes, cheeks, ship*) hundido -da.

sunny /'sʌnɪ/ *adj* [**sunnier, sunniest**] **1.** (*corner, beach*) soleado -da: **it was a beautiful sunny day** hacía un precioso día de sol; **I hope it will be sunny tomorrow** espero que haga sol mañana. **2.** (*happy*) alegre.

super /'su:pə/ *adj* (*fam*) fenomenal, súper *adj inv*: **we had a super holiday in France** pasamos unas vacaciones fenomenales en Francia.

superannuation /ˌsu:pərænjʊ'eɪʃən/ *n* jubilación *f*.

superb /su:'pɜ:b/ *adj* magnífico -ca, soberbio -bia.

supercilious /ˌsu:pə'sɪlɪəs/ *adj* (*frml*: *person*) desdeñoso -sa, altanero -ra; (*: attitude*) desdeñoso -sa, de superioridad.

superficial /ˌsu:pə'fɪʃəl/ *adj* (*wound, person, knowledge*) superficial.

superfluous /su:'pɜ:flʊəs/ *adj* superfluo -flua.

superhuman /ˌsu:pə'hju:mən/ *adj* sobrehumano -na.

superimpose /ˌsu:pərɪm'pəʊz/ *vt* [**superimposes, superimposing, superimposed**] superponer, sobreponer.

superintendent /ˌsu:pərɪn'tendənt/ *n* **1.** (*in police force: in GB*) comisario -ria *m/f* de policía; (*: in US*) superintendente *m/f* de policía. **2.** (*of park*) encargado -da *m/f*; (*of department*) director -tora *m/f*; (*US: of building*) portero -ra *m/f*, conserje *m/f*.

superior /su:'pɪərɪə/ **I** *n* superior *m*.
II *adj* **1.** (*higher*) superior: **their grades were superior** *to* **those of last year's students** sus notas fueron superiores a las de los estudiantes del año pasado; **they were superior** *in* **numbers** *to* **the enemy** superaban en número al enemigo. **2.** (*attitude*) de superioridad: **he's so superior!** ¡tiene unos aires de superioridad...!

superiority /su:ˌpɪərɪ'ɒrətɪ/ *n* **1.** (*in numbers, of rank*) superioridad *f*. **2.** (*smugness*): **I don't like her air of superiority** no me gusta su aire de superioridad.

superlative /su:'pɜ:lətɪv/ **I** *adj* superlativo -va.
II *n* superlativo *m*.

superman /'su:pəmæn/ *n* [*pl* **supermen**] superhombre *m*.

supermarket /'su:pəmɑ:kɪt/ *n* supermercado *m*, autoservicio *m*.

supernatural /ˌsu:pə'nætʃərəl/ **I** *adj* sobrenatural.
II the supernatural *n* lo sobrenatural.

superpower /'su:pəpaʊə/ *n* superpotencia *f*.

supersede /ˌsu:pə'si:d/ *vt* [**supersedes, superseding, superseded**] reemplazar, suplantar.

supersonic /ˌsu:pə'sɒnɪk/ *adj* supersónico -ca.

superstar /'su:pəstɑ:/ *n* superestrella *f*.

superstition /ˌsu:pə'stɪʃən/ *n* superstición *f*.

superstitious /ˌsu:pə'stɪʃəs/ *adj* supersticioso -sa.

superstore /'su:pəstɔ:/ *n* hipermercado *m*.

superstructure /'su:pəstrʌktʃə/ *n* superestructura *f*.

supervise /'su:pəvaɪz/ *vt* [**supervises, supervising, supervised**] supervisar: **the work was being supervised by the foreman** el capataz supervisaba el trabajo.

supervision /ˌsu:pə'vɪʒən/ *n* supervisión *f*.

supervisor /'su:pəvaɪzə/ *n* supervisor -sora *m/f*.

supine /'su:paɪn/ *adj* **1.** (*frml*: *position*) supino -na. **2.** (*attitude*): **such supine behaviour only leads to further trouble** un comportamiento tan pasivo sólo conduce a más problemas.

supper /'sʌpə/ *n* cena *f*: **I had a light supper** tomé una cena ligera; **she had already had supper** ya había cenado.

supplant /sə'plɑ:nt/ *vt* [**supplants, supplanting, supplanted**] (*frml*) suplantar, sustituir.

supple /'sʌpəl/ *adj* (*person*) ágil; (*material*) flexible.

supplement **I** /'sʌplɪmənt/ *n* **1.** (*Lit*) suplemento *m*:

they've just published a supplement *to* **the encyclopedia** acaban de publicar un suplemento de la enciclopedia. **2.** (*dietary*) complemento *m.* **3.** (*charge*) suplemento *m*: **the single-room supplement is twenty pounds** el suplemento por habitación individual es de veinte libras.
II /'sʌplɪment/ *vt* [**supplements, supplementing, supplemented**] (*diet*) complementar: **many students supplement their income by doing bar work** muchos estudiantes aumentan sus ingresos trabajando en bares.

supplementary /ˌsʌplɪ'mentərɪ/ *adj* suplementario -ria.

supplier /sə'plaɪə/ *n* proveedor -dora *m/f*, abastecedor -dora *m/f*.

supply /sə'plaɪ/ **I** *n* [**supplies**] **1.** (*Fin: stock*) existencias *f pl*, stock *m*: **I shut myself in my room with a good supply of books** me encerré en mi cuarto con una buena reserva de libros • **in short supply**: **good language teachers are in short supply** no hay bastantes profesores buenos de idiomas; **even the most basic medicines were in short supply** había escasez de * escaseaban hasta los medicamentos más básicos. **2.** (*action, system of providing*) suministro *m*: **the gas supply** *to* **the village has been affected** el suministro de gas al pueblo se ha visto afectado.
II supplies *n pl* (*food*) provisiones *f pl*, víveres *m pl*: **they only had (food) supplies for three days** sólo tenían provisiones para tres días.
III *vt* [**supplies, supplying, supplied**] **1.** (*goods, materials*) suministrar: **they were already supplying arms** *to* **several countries** ya les estaban suministrando armas a varios países. **2.** (*a person, company*): **she was able to supply me** *with* **a list of names** pudo facilitarme * proporcionarme una lista de nombres; **they supply us** *with* **stationery** nos abastecen * nos surten de artículos de papelería.

supply and demand *n* (*Fin*) la oferta y la demanda.

supply teacher *n* (*GB*) profesor -sora *m/f* suplente.

support /sə'pɔ:t/ **I** *n* **1.** (*assistance, encouragement*) apoyo *m*, respaldo *m*: **the government will not provide financial support** *for* **the rail system** el gobierno no proveerá apoyo * respaldo económico para el sistema ferroviario. **2.** (*solidarity*) apoyo *m*, adhesión *f*: **we received many telephone calls of support** recibimos muchas llamadas de apoyo * de adhesión; **they signed a petition** *in* **support of the bypass** firmaron una petición a favor de la carretera de circunvalación; **the students demonstrated** *in* **support of their teacher** los estudiantes organizaron una manifestación en apoyo de su profesor. **3.** (*sustenance*) sustento *m*: **tourism is our sole means of support** el turismo es nuestra única fuente de ingresos. **4.** (*Archit*) soporte *m*.
II *vt* [**supports, supporting, supported**] **1.** (*gen*) apoyar: **she has always supported the Labour Party** siempre ha apoyado a los Laboristas; (*Sport*): **he supports Leeds United** es hincha del Leeds United; (*to encourage*) animar: **we went to the match to support them** fuimos al partido para animarlos; (*to corroborate*) respaldar: **these results do not support our theory** estos resultados no respaldan nuestra teoría. **2.** (*physically*) sujetar: **she wears it to support her wrist** se lo pone para que le sujete la muñeca; (*Archit*) sostener: **these arches support the roof** estos arcos sostienen el techo. **3.** (*financially*) mantener: **he doesn't earn enough to support them** no gana lo suficiente como para mantenerlos.

supporter /sə'pɔ:tə/ *n* (*Pol*) partidario -ria *m/f*, adepto -ta *m/f*; (*Sport*) hincha *m/f*, seguidor -dora *m/f*.

supporting /sə'pɔ:tɪŋ/ *adj* (*role*) secundario -ria.

supportive /sə'pɔ:tɪv/ *adj*: **her husband has always been very supportive** su marido siempre la ha apoyado mucho.

suppose /sə'pəʊz/ *vt* [**supposes, supposing, supposed**] suponer: **"Will you be coming?" "I suppose so."** "¿Vas a venir?" "Supongo que sí."; **she had supposed he would be at home** había supuesto que estaría en casa; **I suppose you're hungry** supongo * me imagino que tendrás hambre; **well, I suppose I might as well go to bed** bueno, creo que más vale que me acueste; **I don't suppose you have his telephone number?** ¿no tendrás su teléfono, por casualidad?; **do you suppose they'll arrive today?** ¿crees que llegarán hoy? • **(just) supposing you'd lost the money, then what would you have done?** pongamos por caso que hubieras perdido el dinero, ¿qué habrías hecho entonces?

supposed *adj* **1.** /sə'pəʊzd/ (*assumed*) supuesto -ta: **her supposed husband had disappeared** su supuesto marido había desaparecido. **2.** /sə'pəʊst/ **to be supposed to** (*expressing obligation, advisability, intention*): **he was supposed to hand his work in today** tendría que haber entregado el trabajo hoy; **she's not supposed to drink alcohol** no debería beber alcohol; **and what's that supposed to mean, may I ask?** ¿y eso qué se supone que quiere decir, si se puede saber?; (*referring to reputation*): **she's supposed to speak five languages** según dicen habla cinco idiomas; **it's supposed to be a very funny book** tiene fama de ser un libro muy divertido.

supposedly /sə'pəʊzɪdlɪ/ *adv* supuestamente: **he's supposedly a computer expert** según dicen * supuestamente es experto en informática.

supposition /ˌsʌpə'zɪʃən/ *n* suposición *f*.

suppository /sə'pɒzɪtərɪ/ *n* [**suppositories**] supositorio *m*.

suppress /sə'pres/ *vt* [**suppresses, suppressing, suppressed**] **1.** (*gen*) suprimir; (*a giggle, a yawn*) contener, reprimir. **2.** (*news*) ocultar. **3.** (*a rebellion*) aplastar, sofocar.

suppression /sə'preʃən/ *n* **1.** (*gen*) supresión *f*; (*of impulses*) inhibición *f*. **2.** (*of information*) ocultación *f*. **3.** (*of rebellion*) represión *f*.

supremacy /sʊ'preməsɪ/ *n* supremacía *f*.

supreme /su:'pri:m/ *adj* supremo -ma.

Supreme Court *n* Tribunal *m* Supremo.

supremely /su:'pri:mlɪ/ *adv* totalmente.

Supt *léase* /ˌsu:pərɪn'tendənt/ (*abreviatura de* **Superintendent**) (*in GB*) comisario -ria *m/f* de policía; (*in US*) superintendente *m/f* de policía.

surcharge /'sɜ:tʃɑ:dʒ/ *n* recargo *m*.

sure /ʃʊə/ **I** *adj* (*convinced*) seguro -ra: **she was sure she had seen him** estaba segura de que lo había visto; **are you sure you don't want a drink?** ¿seguro que no quieres nada de beber?; **I wasn't sure whether to phone you or not** no sabía si llamarte o no; **Sue was there, but I'm not sure** *about* **Sophie** Sue sí estaba, pero Sophie no sé; (*certain, inevitable*): **he's sure to be late** seguro que llega tarde; **you can always be sure** *of* **a bed here** aquí siempre tendrás una cama • **make sure the windows are closed** asegúrate * cerciórate de que las ventanas estén cerradas • **be sure to come** no dejes de venir • **I said she'd forget and sure enough she did** yo dije que se iba a olvidar y efectivamente, así fue • **she was always very sure of herself** siempre fue muy segura de sí misma.

II *adv* 1. (*in response to request*) claro (que sí), por supuesto: **"May I use your phone?" "Sure."** "¿Me permites hacer una llamada?" "Claro (que sí)." 2. (*US*: *fam, certainly*): **it sure was expensive** fue carísimo ✻ realmente caro; **those cookies sure are good!** ¡qué buenas son esas galletas! 3. (*in expressions*) • **they won't be very pleased, that's for sure** no se van a quedar muy contentos, de eso no cabe duda • **they'll be coming by train, for sure** vendrán en tren, seguro • **we don't know for sure** no lo sabemos a ciencia cierta.

surely /ˈʃʊəlɪ/ *adv* 1. (*expressing surprise, disbelief*): **but surely he was in France at the time?** ¿pero él no estaba en Francia entonces?; **surely he was joking** lo debe de haber dicho en broma, seguro; **"They're getting married." "Surely not!"** "Se van a casar." "¡No puede ser!"; **surely you are not going to resign over that!** ¡no irás a dimitir por eso! 2. (*doubtless*) sin duda: **she's surely the best student in the school** es sin duda la mejor estudiante del colegio. 3. (*US*: *in response to a request*) claro (que sí), por supuesto: **"Would you wait one moment?" "Surely."** "¿Podría esperar un momento?" "Claro que sí."

surf /sɜːf/ I *n* espuma *f* (*de las olas que rompen*).

II *vi* [**surfs, surfing, surfed**] hacer surfing ✻ surf.

surfboard *n* tabla *f* de surf.

surface /ˈsɜːfɪs/ I *n* 1. (*gen*) superficie *f* • **things seemed calm, on the surface** en apariencia todo estaba tranquilo • **beneath the surface she is a very complex person** en el fondo es una persona muy compleja • **any problems will come to the surface once we start work** cualquier problema que haya aflorará ✻ surgirá una vez que empecemos a trabajar. 2. (*of road*) pavimento *m*, firme *m*.

II *vi* [**surfaces, surfacing, surfaced**] 1. (*in water*) salir a la superficie. 2. (*to appear*) aflorar, surgir: **this problem surfaced again some years later** este problema volvió a aflorar algunos años más tarde. 3. (*fam*: *to get up*) dar señales de vida, levantarse.

♦ *vt* (*a road*) asfaltar.

surface area *n* área *f* [takes ***el*** or ***un*** in singular], superficie *f*.

surface mail *n*: *correo por vía terrestre o marítima.*

surface-to-air missile *n* misil *m* tierra-aire.

surfeit /ˈsɜːfɪt/ *n* (*frml*) exceso *m*.

surfer /ˈsɜːfə/ *n* surfista *m/f*.

surfing /ˈsɜːfɪŋ/ *n* surfing *m*, surf *m*: **we went surfing** nos fuimos a hacer surfing.

surge /sɜːdʒ/ I *n* 1. (*rise*) aumento *m*: **there has been a surge** *in* **demand for this product** ha habido un aumento brusco en la demanda de este producto; **she felt a surge of energy** sintió renovarse su energía. 2. (*swell*): **the surge of the waves** el oleaje.

II *vi* [**surges, surging, surged**] 1. (*people*): **the spectators surged forward** el público avanzó en tropel. 2. (*sea*): **the sea surges into the caves filling them with water** el mar irrumpe en las cuevas y las llena de agua.

surgeon /ˈsɜːdʒən/ *n* cirujano -na *m/f*.

surgery /ˈsɜːdʒərɪ/ *n* [**surgeries**] 1. (*place*) consultorio *m*, consulta *f*; (*period*) consulta *f*: **what time is Dr Damri's surgery?** ¿a qué hora tiene consulta la doctora Damri? 2. (*treatment*) cirugía *f*: **he had to undergo surgery to remove the lump** lo sometieron a una intervención quirúrgica para quitarle el bulto. 3. (*operating theatre*) quirófano *m*, sala *f* de operaciones.

surgical /ˈsɜːdʒɪkəl/ *adj* (*procedure, instrument*) quirúrgico -ca; (*gloves*) de cirugía; (*appliance*) ortopédico -ca.

surgical spirit *n* alcohol *m*.

surgically /ˈsɜːdʒɪkəlɪ/ *adv* quirúrgicamente.

surly /ˈsɜːlɪ/ *adj* [**surlier, surliest**] hosco -ca.

surmise /sɜːˈmaɪz/ *vt* [**surmises, surmising, surmised**] (*frml*) suponerse, figurarse.

surmount /sɜːˈmaʊnt/ *vt* [**surmounts, surmounting, surmounted**] (*frml*: *a problem, difficulty*) superar.

surname /ˈsɜːneɪm/ *n* apellido *m*.

surpass /sɜːˈpɑːs/ *vt* [**surpasses, surpassing, surpassed**] (*frml*) superar.

surplus /ˈsɜːpləs/ I *n* [**surpluses**] (*of goods, produce*) excedente *m*; (*Fin*) superávit *m*.

II *adj* excedente, sobrante: **these desks were surplus** *to* **requirements** estos escritorios sobraban.

surprise /səˈpraɪz/ I *n* sorpresa *f*: **what a lovely surprise!** ¡qué sorpresa tan agradable!; **we got quite a surprise when we saw the house** nos sorprendimos mucho cuando vimos la casa • **his question took me by surprise** su pregunta me pilló desprevenida.

II *vt* [**surprises, surprising, surprised**] sorprender: **she was surprised** *by* ✻ *at* **his reaction** su reacción la sorprendió; **we surprised him taking money from the till** lo sorprendimos robando dinero de la caja.

surprised /səˈpraɪzd/ *adj* sorprendido -da: **I was very surprised when I saw her there** quedé muy sorprendido cuando la vi allí; **I'm surprised** *at* **you!** ¡me sorprendes!; **I wouldn't be surprised if she left him** no me sorprendería que lo dejara.

surprising /səˈpraɪzɪŋ/ *adj* sorprendente: **it's surprising what he can do when he tries** es sorprendente lo que es capaz de hacer cuando se lo propone.

surprisingly /səˈpraɪzɪŋlɪ/ *adv*: **he was surprisingly friendly** se mostró inesperadamente simpático; **"Did it rain?" "Surprisingly, no."** "¿Llovió?" "Por raro que parezca, no."

surreal /səˈrɪəl/ *adj* surrealista.

surrealism /səˈrɪəlɪzəm/ *n* surrealismo *m*.

surrealist /səˈrɪəlɪst/ *adj, n* surrealista *adj, m/f*.

surrender /səˈrendə/ I *vi* [**surrenders, surrendering, surrendered**] (*Mil*) rendirse: **they surrendered** *to* **the police** se entregaron a la policía • **he had surrendered to a feeling of despair** se había dejado llevar por la desesperación.

♦ *vt* (*a weapon*) entregar: **we will never surrender our rights to this land** nunca renunciaremos a nuestro derecho a esta tierra.

II *n* (*of people*) rendición *f*; (*of arms*) entrega *f*.

surreptitious /ˌsʌrəpˈtɪʃəs/ *adj* furtivo -va, subrepticio -cia.

surrogate /ˈsʌrəgɪt/ *adj, n* sustituto -ta *adj, m/f*.

surrogate mother *n* madre *f* de alquiler.

surround /səˈraʊnd/ I *vt* [**surrounds, surrounding, surrounded**] rodear: **the farm is surrounded** *by* **forest** la granja está rodeada de bosques • **he likes to surround himself with important people** le gusta rodearse de gente importante.

II *n* marco *m*.

surrounding /səˈraʊndɪŋ/ I *adj* circundante: **we visited Seville and the surrounding area** visitamos Sevilla y sus alrededores ✻ aledaños.

II **surroundings** *n pl* (*of town*) alrededores *m pl*; (*environment*) entorno *m*: **they need comfortable sur-**

roundings to work in necesitan un entorno cómodo para trabajar.

surveillance /sɜːˈveɪləns/ *n* vigilancia *f*: **he was** *under* **police surveillance** estaba bajo vigilancia policial.

survey I /ˈsɜːveɪ/ *n* **1.** (*of house*) inspección *f* (*por parte de un perito*); (*of land*) reconocimiento *m* topográfico. **2.** (*poll*) encuesta *f*, sondeo *m*: **we are conducting a survey** *on* **housing** estamos haciendo una encuesta sobre la vivienda. **3.** (*frml*: *general view*) reseña *f*: **she concluded her talk with a survey of recent developments in the field** concluyó su charla con una reseña de los últimos adelantos en el campo.

II /sɜːˈveɪ/ *vt* [**surveys, surveying, surveyed**] **1.** (*to look at: an area, a scene*) contemplar; (*: a situation*) estudiar. **2.** (*Geog*) medir (*en topografía*). **3.** (*house*) inspeccionar (*un perito*). **4.** (*people*) encuestar.

surveyor /sɜːˈveɪə/ *n* (*of houses*) perito -ta *m/f*; (*of land*) topógrafo -fa *m/f*, agrimensor -sora *m/f*.

survival /səˈvaɪvəl/ *n* **1.** (*of person, animal*) supervivencia *f*. **2.** (*of object, custom*) vestigio *m*: **a survival** *from* **Roman times** un vestigio de la época romana.

survive /səˈvaɪv/ *vi* [**survives, surviving, survived**] sobrevivir: **she can barely survive** *on* **her present wages** apenas puede subsistir con lo que gana ahora; **few of her relatives survive** le quedan pocos familiares vivos ● **you'll survive without me!** ¡te las arreglarás sin mí!

♦ *vt* (*an accident*) sobrevivir a: **three people survived the fire** tres personas sobrevivieron al incendio; (*a person*) sobrevivir: **she survived them all** los sobrevivió a todos.

survivor /səˈvaɪvə/ *n* superviviente *m/f*, sobreviviente *m/f*.

susceptible /səˈseptəbəl/ *adj* **1.** (*easily influenced*): **she is very susceptible** *to* **what her family say** se deja influenciar mucho por lo que dice su familia. **2.** (*to an illness*) propenso -sa: **he's susceptible** *to* **colds** es propenso a los catarros. **3.** (*impressionable*) sensible. **4.** (*frml*: *capable*): **this is susceptible** *of* **more than one interpretation** esto es susceptible de ser interpretado de varias maneras.

suspect I /səˈspekt/ *vt* [**suspects, suspecting, suspected**] **1.** (*to imagine*) sospechar: **I suspect they already know** sospecho que ya lo saben; **they suspected nothing** no sospechaban nada. **2.** (*a person*) sospechar de: **they suspect his wife** sospechan de su mujer; **they suspect him** *of* **concealing the truth** sospechan que está escondiendo la verdad. **3.** (*to mistrust*) desconfiar de: **she suspected his reasons for buying her a present** desconfiaba de los motivos que podía tener para comprarle un regalo.

II /ˈsʌspekt/ *n* sospechoso -sa *m/f*: **the suspect was seen leaving the bar** vieron al sospechoso salir del bar.

III /ˈsʌspekt/ *adj* sospechoso -sa.

suspend /səˈspend/ *vt* [**suspends, suspending, suspended**] **1.** (*in the air, in water*) suspender: **the sculpture was suspended from the ceiling** la escultura estaba suspendida del techo. **2.** (*to postpone*) suspender: **the match was suspended because of the rain** el partido se suspendió a causa de la lluvia. **3.** (*an employee*) suspender, separar de su cargo: **two nurses were suspended** suspendieron a dos enfermeras; (*Sport*: *a player*) suspender.

suspender /səˈspendə/ **I** *n* liga *f*.

II suspenders *n pl* (*US*) tirantes *m pl*.

suspender belt *n* (*GB*) liguero *m*, portaligas *m inv*.

suspense /səˈspens/ *n* (*doubt*) incertidumbre *f*: **don't keep me in suspense!** ¡no me tengas en ascuas!; (*in films, books*) suspense *m*: **the movie maintains the suspense until the end** en la película el suspense se mantiene hasta el final.

suspension /səˈspenʃən/ *n* **1.** (*of event*) suspensión *f*. **2.** (*from duties*) suspensión *f*; (*from school*) expulsión *f* temporaria; (*Sport*: *of player*) suspensión *f*. **3.** (*of car*) suspensión *f*. **4.** (*Chem*) suspensión *f*.

suspension bridge *n* puente *m* colgante.

suspicion /səˈspɪʃən/ *n* **1.** (*doubt, thought*) sospecha *f*: **this confirms our suspicions** esto confirma nuestras sospechas; **he'd always had his suspicions** *about* **the boss** siempre había sospechado del jefe; **he was arrested** *on* **suspicion** *of* **robbery** lo detuvieron bajo sospecha de robo ● **she is above suspicion** ella está por encima de toda sospecha. **2.** (*mistrust*) recelo *m*, desconfianza *f*.

suspicious /səˈspɪʃəs/ *adj* **1.** (*character, circumstances*) sospechoso -sa: **I think it's suspicious that they haven't phoned** me resulta sospechoso que no hayan llamado. **2.** (*feeling suspicion*) desconfiado -da: **she was suspicious** *of* **his motives** desconfiaba * recelaba de sus motivos; **we don't want them to become suspicious** no queremos que sospechen nada.

suspiciously /səˈspɪʃəslɪ/ *adv* **1.** (*feeling suspicion*) con recelo, con desconfianza: **you want me to keep it?, she asked suspiciously** ¿que quieres que me lo quede?, preguntó con recelo. **2.** (*arousing suspicion*) sospechosamente: **he was suspiciously nice to us that day** aquel día estuvo sospechosamente simpático con nosotros.

sustain /səˈsteɪn/ *vt* [**sustains, sustaining, sustained**] **1.** (*interest, enthusiasm*) mantener: **this rate of economic growth cannot be sustained** este índice de crecimiento económico no se puede mantener; **how can you go the whole day with just a sandwich to sustain you?** ¿cómo puedes sostenerte todo el día con un sándwich? **2.** (*Med*: *frml*) sufrir: **he sustained injuries to the head and body** sufrió heridas en la cabeza y en el cuerpo. **3.** (*Law*): **"Objection, your Honour." "Sustained."** "Protesto, Su Señoría." "Se admite la protesta."

sustenance /ˈsʌstɪnəns/ *n* alimento *m*, sustento *m*.

SW 1. *léase* /saʊθˈwest/ (*abreviatura de* **southwest**) SO (sudoeste * suroeste). **2.** *léase* /saʊθˈwestən/ (*abreviatura de* **southwestern**) del sudoeste * suroeste. **3.** *léase* /ˈʃɔːtweɪv/ (*abreviatura de* **short wave**) onda *f* corta.

swab /swɒb/ **I** *n* (*Med*) **1.** (*for cleaning wound, etc.*) *trozo de algodón o gasa*. **2.** (*sample*) frotis *m inv*.

II *vt* [**swabs, swabbing, swabbed**] **1.** (*Naut*: *decks*) lavar. **2.** (*Med*) limpiar.

swagger /ˈswægə/ **I** *vi* [**swaggers, swaggering, swaggered**] pavonearse.

II *n* contoneo *m*.

swallow /ˈswɒləʊ/ **I** *vt* [**swallows, swallowing, swallowed**] **1.** (*food, drink*) tragar, tragarse: **he was swallowed** *up* **by the darkness** se lo tragó la oscuridad; **the repairs on the house soon swallowed** *up* **all our savings** los arreglos de la casa se nos comieron todos los ahorros. **2.** (*to believe*) tragarse: **I didn't swallow that story** no me tragué ese cuento.

♦ *vi* tragar.

II *n* **1.** (*bird*) golondrina *f*. **2.** (*gulp*) trago *m*.

swam /swæm/ *pretérito de* ➪ swim

swamp /swɒmp/ **I** *n* pantano *m*, ciénaga *f*.

II *vt* [**swamps, swamping, swamped**] inundar: **water from the washing-machine swamped the kit-**

chen el agua de la lavadora inundó la cocina; **the newspaper was swamped by letters of complaint** el periódico recibió una verdadera avalancha de cartas de protesta; **they are swamped** *with* **work** están agobiados de trabajo.

swan /swɒn/ *n* cisne *m*.

swan song *n* canto *m* de cisne.

swanky /ˈswæŋkɪ/ *adj* [**swankier, swankiest**] (*fam: restaurant*) de lujo, de postín; (*: party*) de postín, muy chic.

swap, swop /swɒp/ **I** *vt* [**swaps, swapping, swapped**] cambiar: **I swapped bikes** *with* **my brother** le cambié la bici a mi hermano; **I'll swap you this video game** *for* **your camera** te cambio este videojuego por tu cámara.
♦ *vi* cambiar.
II *n* cambio *m*: **shall we do a swap, my book for your record?** ¿por qué no hacemos un cambio?, mi libro por tu disco.

swarm /swɔ:m/ **I** *n* (*of bees, wasps*) enjambre *m*; (*of people*) aglomeración *f*.
II *vi* [**swarms, swarming, swarmed**] (*people*) pulular: **reporters swarmed** *around* **the actress** los periodistas pululaban en torno a la actriz; (*place*): **the city centre was swarming** *with* **police** el centro de la ciudad estaba plagado de policías.

swarthy /ˈswɔ:ðɪ/ *adj* [**swarthier, swarthiest**] de tez oscura.

swastika /ˈswɒstɪkə/ *n* esvástica *f*, cruz *f* gamada.

swat /swɒt/ *vt* [**swats, swatting, swatted**] (*an insect*) matar (*dándole con un matamoscas, la mano, etc.*).

sway /sweɪ/ **I** *vi* [**sways, swaying, swayed**] **1.** (*to totter*) tambalearse. **2.** (*to swing*) mecerse: **the trees swayed in the wind** los árboles se mecían con el viento; **the ladder swayed dangerously** la escalera se balanceaba peligrosamente.
♦ *vt* influenciar: **you shouldn't be swayed by appearances** no te deberías dejar influenciar por las apariencias.
II *n* (*influence*) influencia *f*: **he holds a lot of sway with management** tiene mucha influencia en la dirección; **these ideas have held sway for many years** hace muchos años que éstas son las ideas dominantes.

swear /sweə/ *vt* [**swears, swearing, swore,** *participio pasado* **sworn**] jurar: **I swear I'll never do it again** te juro que no volveré a hacerlo; **he swore allegiance to the king** juró lealtad al rey • **I could have sworn I saw her there** hubiera jurado que la vi allí.
♦ *vi* **1.** (*to promise*) jurar. **2.** (*to use bad language*) decir palabrotas: **he swore** *at* **me** me soltó una palabrota.

to **swear by** *vt*: **I swear by ginger to cure travel sickness** soy una convencida de que el jengibre es lo mejor para el mareo.

to **swear in** *vt* (*in court*) tomarle juramento a: **he was sworn in as a witness** prestó juramento como testigo; (*in a post*): **the new ministers were sworn in yesterday** los nuevos ministros juraron ayer sus cargos.

swearword *n* palabrota *f*, taco *m*.

sweat /swet/ **I** *vi* [**sweats, sweating, sweated**] sudar.
♦ *vt* • **why don't we leave them to sweat it out for a while?** ¿por qué no los dejamos sufrir un rato?
II *n* sudor *m* • **he was in a real sweat about his interview** estaba muy agitado debido a la entrevista • **she broke out in a cold sweat at the thought of it** le entró un sudor frío de sólo pensarlo.

sweatband *n* (*worn on head*) cinta *f* (*para enjugar el sudor*); (*worn on wrist*) muñequera *f*.

sweatshirt *n* sudadera *f*.

sweater /ˈswetə/ *n* suéter *m*, jersey *m* (*pl* jerséis).

sweaty /ˈswetɪ/ *adj* [**sweatier, sweatiest**] (*hands*) sudado -da; (*clothes*) sudado -da; (*person*) sudoroso -sa.

Swede /swi:d/ *n* sueco -ca *m/f*.

swede /swi:d/ *n* nabo *m* sueco.

Sweden /ˈswi:dən/ *n* Suecia *f*.

Swedish /ˈswi:dɪʃ/ **I** *adj* sueco -ca.
II *n* (*language*) sueco *m*.
III the Swedish *n pl* los suecos.

sweep /swi:p/ **I** *n* **1.** (*with broom*) barrido *m*: **the floor could do with a sweep** al suelo le hace falta un barrido • **China made a clean sweep of the medals** China barrió con todas las medallas. **2.** (*with the arm: slow*) movimiento *m* amplio; (*: violent*) manotazo *m*. **3.** (*smooth curve*) curva *f*. **4.** (*también* **chimney sweep**) deshollinador -dora *m/f*.
II *vt* [**sweeps, sweeping, swept**] **1.** (*a floor, room*) barrer: **have you swept the kitchen floor?** ¿has barrido (el suelo de) la cocina?; (*a chimney*) deshollinar. **2.** (*to remove*): **she swept the dishes from the table** barrió con los platos que había sobre la mesa; (*to carry, take*) arrastrar: **he was swept downstream** la corriente lo arrastró río abajo. **3.** (*to travel across*) recorrer: **a searchlight swept the prison wall** un reflector recorría el muro de la prisión; **panic swept the country** una ola de pánico recorrió el país; **a new fashion is sweeping Britain** una nueva moda está haciendo furor en Gran Bretaña.
♦ *vi* **1.** (*with broom*) barrer. **2.** (*describing movement*): **she swept** *in* **followed by her attendants** entró con aire majestuoso seguida de su séquito.

to **sweep away** *vt* barrer: **he swept the crumbs away** barrió las migas; **many houses were swept away by the floods** el agua de las inundaciones arrasó con muchas casas; **they swept all our objections away** rechazaron todas nuestras objeciones.

to **sweep up** *vt* barrer: **make sure you sweep the glass up** no te olvides de barrer los cristales.
♦ *vi* barrer.

sweeper /ˈswi:pə/ *n* **1.** (*road sweeper*) barrendero -ra *m/f*. **2.** (*in football*) líbero *m/f*.

sweeping /ˈswi:pɪŋ/ *adj* **1.** (*curve*) amplio -plia. **2.** (*generalized*): **that's rather a sweeping statement** eso me parece una generalización; **there have been sweeping changes** ha habido cambios radicales.

sweepstake /ˈswi:psteɪk/ *n*: *apuesta entre un grupo de personas en la que el ganador se lleva todo el dinero apostado por los demás.*

sweet /swi:t/ **I** *adj* (*food, person, nature*) dulce: **he's such a sweet child** es un niño muy dulce; **it was very sweet of her to offer** fue muy amable de su parte ofrecerse; (*smell, sound*) agradable.
II *n* **1.** (*piece of confectionery: gen*) dulce *m*, golosina *f*: **you eat too many sweets** comes demasiados dulces * demasiadas golosinas; (*toffee, fruit sweet, etc.*) caramelo *m*: **do you want a sweet?** ¿quieres un caramelo? **2.** (*dessert*) postre *m*: **are you going to have a sweet?** ¿vas a tomar postre?

sweet-and-sour *adj* agridulce: **sweet-and-sour pork** cerdo con salsa agridulce.

sweetcorn *n* maíz *m*, (*Amér S*) choclo *m*, (*Méx*) elote *m*.

sweetpea *n* guisante *m* de olor.

sweet potato *n* boniato *m*, batata *f*.

sweet-tempered *adj* dulce.

sweet tooth *n*: **he has a sweet tooth** es muy goloso.

sweeten /'swi:tən/ *vt* [**sweetens, sweetening, sweetened**] endulzar.
to **sweeten up** *vt* (*fam*) ablandar: **you're just trying to sweeten me up!** ¡sólo estás intentando ablandarme!

sweetener /'swi:tənə/ *n* (*for tea, coffee*) edulcorante *m*.

sweetheart /'swi:thɑ:t/ *n* **1.** (*as form of address*) tesoro, cariño: **sweetheart, could you pass me the salt?** cariño, pásame la sal. **2.** (*boyfriend, girlfriend*) novio -via *m/f*: **she was his childhood sweetheart** fue su amor de juventud.

sweetly /'swi:tlɪ/ *adv* dulcemente, con dulzura: **she smiled sweetly at him** le sonrió dulcemente.

sweetness /'swi:tnəs/ *n* (*of food*) dulzor *m*; (*of person, smile*) dulzura *f*; (*of smell, sound*) lo agradable • **he was all sweetness and light yesterday** estuvo de lo más amable ayer.

swell /swel/ **I** *vi* [**swells, swelling, swelled,** *participio pasado* **swollen** ✱ **swelled**] **1.** (*leg, hand*) hincharse: **his foot had swollen** *(up)* se le había hinchado el pie. **2.** (*river*) crecer. **3.** (*to increase in number*) aumentar: **membership has swelled to five hundred** el número de socios ha aumentado hasta llegar a quinientos.
♦ *vt* (*to increase: in size*) hinchar: **the wind swelled the sails** el viento hinchó las velas; (*: in number*) aumentar: **these closures swelled the numbers of unemployed people** estos cierres aumentaron el número de parados.
II *n* (*of the sea*) oleaje *m*, marejada *f*.
III *adj* (*US: fam*) fabuloso -sa, estupendo -da: **that's a swell idea!** ¡me parece una idea fabulosa ✱ genial!

swelling /'swelɪŋ/ *n* hinchazón *f*.

sweltering /'sweltərɪŋ/ *adj* asfixiante: **it's sweltering in here** hace un calor asfixiante aquí.

swept /swept/ *pretérito y participio pasado de* ➪ sweep

swerve /swɜ:v/ **I** *vi* [**swerves, swerving, swerved**] virar bruscamente: **the car swerved to avoid a pedestrian** el coche viró bruscamente para esquivar un peatón.
II *n* viraje *m* brusco.

swift /swɪft/ **I** *adj* rápido -da.
II *n* (*bird*) vencejo *m*.

swiftly /swɪftlɪ/ *adv* rápidamente.

swig /swɪg/ (*fam*) **I** *vt* [**swigs, swigging, swigged**] beber a grandes tragos.
II *n* trago *m*.

swill /swɪl/ **I** *n* (*for pigs*) comida *f* para cerdos.
II *vt* [**swills, swilling, swilled**] **1.** (*to wash*) enjuagar: **he swilled his mouth** *out* **with water** se enjuagó la boca con agua. **2.** (*to drink*) beber a grandes tragos.

swim /swɪm/ **I** *vi* [**swims, swimming, swam,** *participio pasado* **swum**] **1.** (*Sport*) nadar: **they swam across the river** cruzaron el río a nado • **the salad was swimming in oil** la ensalada nadaba en aceite. **2.** (*to spin*) dar vueltas: **my head was swimming** me daba vueltas la cabeza.
♦ *vt* nadar: **he can swim fifty lengths** es capaz de hacerse ✱ de nadar cincuenta largos.
II *n* baño *m*: **are you coming for a swim?** ¿vienes a bañarte ✱ a darte un baño?
swimsuit *n* traje *m* de baño, bañador *m*.

swimmer /'swɪmə/ *n* nadador -dora *m/f*.

swimming /'swɪmɪŋ/ *n* natación *f*: **she won a gold medal in the swimming** ganó una medalla de oro en las pruebas de natación; **they go swimming once a week** van a nadar una vez por semana.
swimming baths *n pl* piscina *f* pública, (*Méx*) alberca *f* pública, (*Arg, Urug*) pileta *f* pública.
swimming cap *n* gorro *m* de baño.
swimming costume *n* traje *m* de baño, bañador *m*.
swimming pool *n* piscina *f*, (*Méx*) alberca *f*, (*Arg, Urug*) pileta *f*.
swimming trunks *n pl* traje *m* de baño, bañador *m* (*de hombre*).

swindle /swɪndəl/ **I** *vt* [**swindles, swindling, swindled**] estafar: **they swindled the Inland Revenue** *out of* **millions of pounds** estafaron millones de libras al fisco. **II** *n* estafa *f*.

swindler /'swɪndlə/ *n* estafador -dora *m/f*.

swine /swaɪn/ *n* **1.** [*pl* **swine**] (*pig*) cerdo *m*. **2.** [*pl* **swines**] (*fam: person*) canalla *m/f*, cerdo -da *m/f*.

swing /swɪŋ/ **I** *n* **1.** (*in playground*) columpio *m*. **2.** (*movement: of pendulum*) oscilación *f*, vaivén *m* • **the party was in full swing** la fiesta estaba en pleno apogeo • **you'll soon get into the swing of it** pronto le cogerás el tranquillo; (*Pol*): **there was a ten percent swing** *to* **Labour** se produjo un viraje de un diez por ciento a favor de los laboristas. **3.** (*trying to punch someone*): **he took a swing** *at* **me** intentó pegarme.
II *vi* [**swings, swinging, swung**] **1.** (*pendulum*) oscilar; (*hanging object*) oscilar, balancearse: **the door swung to and fro in the wind** la puerta se mecía con el viento; **the monkey swung from branch to branch** el mono se columpiaba de rama en rama. **2.** (*to change direction*): **she swung** *round* **angrily** se dio la vuelta enfadada; **the car swung** *round* **the corner** el coche dobló la esquina a toda velocidad; **the voters' opinion could swing** *back* **the other way** la opinión del electorado podría dar un viraje en la dirección opuesta. **3.** (*to aim a blow*): **he swung** *at* **me** intentó pegarme. **4.** (*event*): **the party was really swinging** la fiesta tenía mucho ambiente.
♦ *vt* **1.** (*to dangle: an object*) hacer oscilar; (*: one's legs*) balancear: **they were swinging the little girl between them as they walked** iban columpiando a la niña entre ellos al andar. **2.** (*to turn round*): **he swung the car right round** giró en redondo rápidamente con el coche.

swipe /swaɪp/ **I** *n*: **she took a swipe at the ball** intentó darle a la pelota.
II *vi* [**swipes, swiping, swiped**]: **he swiped** *at* **me as I passed** intentó golpearme cuando pasaba.
♦ *vt* (*fam*) afanar, birlar: **someone's swiped my bag!** ¡me han afanado el bolso!

swirl /swɜ:l/ **I** *n* (*of dust, water, smoke*) remolino *m*; (*pattern*) espiral *f*.
II *vi* [**swirls, swirling, swirled**] (*dust, water*) arremolinarse.

swish /swɪʃ/ **I** *vi* [**swishes, swishing, swished**] (*water*) susurrar; (*dress*) hacer frufrú.
II *n* (*of water*) susurro *m*; (*of fabric*) frufrú *m*.
III *adj* (*fam*) elegante.

Swiss /swɪs/ **I** *adj* suizo -za.
II *n* [*pl* **Swiss**] (*person*) suizo -za *m/f*.
III the Swiss *n pl* los suizos.
Swiss roll *n* brazo *m* de gitano.

switch /swɪtʃ/ **I** *n* [**switches**] **1.** (*for power*) interruptor *m*, conmutador *m*. **2.** (*change*) cambio *m*: **there was a sudden switch** *in* **opinion** hubo un cambio ✱ un viraje repentino de opinión. **3.** (*stick*) vara *f*.

II *vt* [**switches, switching, switched**] 1. (*gen*) cambiar: **they switched cars to fool the police** se cambiaron de coche para despistar a la policía. 2. (*attention*) desviar: **she switched her attention to the television** desvió su atención hacia la televisión.
♦ *vi* cambiar: **switch** *to* **the other channel** cambia al otro canal; **she started studying French but switched** *to* **Spanish** empezó el curso de francés pero se cambió a español.
to **switch off** *vt* apagar: **he switched the fridge off by mistake** apagó la nevera por equivocación.
♦ *vi* (*fam*) dejar de prestar atención: **half the class had switched off after ten minutes** a los diez minutos la mitad de la clase había dejado de prestar atención.
to **switch on** *vt* encender, (*Amér L*) prender: **she forgot to switch the heating on** se olvidó de encender la calefacción.
to **switch over** *vi* (*when watching television*) cambiar de canal.
switchboard *n* centralita *f.*
Switzerland /ˈswɪtsələnd/ *n* Suiza *f.*
swivel /ˈswɪvəl/ *vi* [**swivels, swivelling, swivelled**] girar: **she swivelled** *round* **in her chair** se dio la vuelta girando en su silla.
swollen /ˈswəʊlən/ I *participio pasado de* ➪ swell
II *adj* hinchado -da.
swoon /swu:n/ (*frml*) I *n* desvanecimiento *m*: **she went into a swoon** se desvaneció.
II *vi* [**swoons, swooning, swooned**] sufrir un desvanecimiento, desvanecerse.
swoop /swu:p/ I *vi* [**swoops, swooping, swooped**] 1. (*plane*) bajar en picado: **the falcon swooped** *down on* **its prey** el halcón se abatió sobre su presa. 2. (*police*) hacer una redada.
II *n* 1. (*of bird, plane*) descenso *m* en picado. 2. (*raid*) redada *f* • **they sacked five people in one fell swoop** despidieron a cinco personas de una sentada.
swop /swɒp/ *n, vt/i* [**swops, swopping, swopped**] ➪ swap
sword /sɔ:d/ *n* espada *f.*
swordsman *n* [*pl* **swordsmen**] espadachín *m.*
swordfish /ˈsɔ:dfɪʃ/ *n* [**swordfishes** ✻ **swordfish**] pez *m* espada.
swore /swɔ:/ *pretérito de* ➪ swear
sworn /swɔ:n/ *participio pasado de* ➪ swear
swot /swɒt/ (*GB*) I *n* empollón -llona *m/f* (*persona que estudia mucho*). II *vi* [**swots, swotting, swotted**] empollar, estudiar mucho: **I'm going to swot** *up on* **my verbs** voy a empollarme los verbos.
swum /swʌm/ *participio pasado de* ➪ swim
swung /swʌŋ/ *pretérito y participio pasado de* ➪ swing
sycamore /ˈsɪkəmɔ:/ *n* plátano *m* falso (*árbol*).
syllable /ˈsɪləbəl/ *n* sílaba *f.*
syllabus /ˈsɪləbəs/ *n* [**syllabuses**] programa *m* (de estudios).
symbol /ˈsɪmbəl/ *n* símbolo *m.*
symbolic /sɪmˈbɒlɪk/ *adj* simbólico -ca.
symbolism /ˈsɪmbəlɪzəm/ *n* simbolismo *m.*
symbolize /ˈsɪmbəlaɪz/ *vt* [**symbolizes, symbolizing, symbolized**] simbolizar.
symmetrical /sɪˈmetrɪkəl/ *adj* simétrico -ca.
symmetry /ˈsɪmətrɪ/ *n* simetría *f.*
sympathetic /sɪmpəˈθetɪk/ *adj* 1. (*understanding*) comprensivo -va: **she was very sympathetic** *towards* **me when I told her what had happened** se mostró muy comprensiva conmigo cuando le dije lo que había pasado. 2. (*approving*): **they weren't very sympathetic** *to* **the proposal** no se mostraron muy favorables a la propuesta.
sympathize /ˈsɪmpəθaɪz/ *vi* [**sympathizes, sympathizing, sympathized**] 1. (*to feel compassion*): **I sympathize** *with* **you** te compadezco; **they didn't sympathize** *with* **me at all** no se compadecieron de mí en absoluto. 2. (*to understand*) comprender: **although I fully sympathize** *with* **you, I'm afraid I can't help** aunque te comprendo perfectamente, me temo que no puedo ayudarte. 3. (*to agree*): **she sympathized** *with* **their cause** simpatizaba con su causa.
sympathy /ˈsɪmpəθɪ/ *n* [**sympathies**] 1. (*pity*) lástima *f*: **I have no sympathy** *for* **them whatsoever** no me dan ninguna lástima ✻ pena. 2. (*after bereavement*): **we went to offer our sympathies** fuimos a darles el pésame. 3. (*for a cause*): **she was criticized for her Left-wing sympathies** se la criticó por simpatizar con la izquierda ✻ por sus simpatías izquierdistas; **they came out** *in* **sympathy** *with* **the miners** se declararon en huelga en solidaridad con los mineros.
symphony /ˈsɪmfənɪ/ *n* [**symphonies**] sinfonía *f.*
symptom /ˈsɪmptəm/ *n* síntoma *m.*
symptomatic /ˌsɪmptəˈmætɪk/ *adj* sintomático -ca.
synagogue /ˈsɪnəgɒg/ *n* sinagoga *f.*
synchronize /ˈsɪŋkrənaɪz/ *vt* [**synchronizes, synchronizing, synchronized**] sincronizar: **synchronized swimming** natación sincronizada.
syndicate /ˈsɪndɪkət/ *n* consorcio *m*, corporación *f.*
syndrome /ˈsɪndrəʊm/ *n* síndrome *m.*
synonym /ˈsɪnənɪm/ *n* sinónimo *m.*
synonymous /sɪˈnɒnɪməs/ *adj* (*words*) sinónimo -ma • **wealth is not synonymous with happiness** la riqueza no es sinónimo de felicidad.
synopsis /sɪˈnɒpsɪs/ *n* [**synopses** /sɪˈnɒpsi:z/] sinopsis *f inv.*
syntax /ˈsɪntæks/ *n* sintaxis *f inv.*
synthesis /ˈsɪnθəsɪs/ *n* [**syntheses** /ˈsɪnθəsi:z/] síntesis *f inv.*
synthesize /ˈsɪnθəsaɪz/ *vt* [**synthesizes, synthesizing, synthesized**] sintetizar.
synthesizer /ˈsɪnθəsaɪzə/ *n* sintetizador *m.*
synthetic /sɪnˈθetɪk/ I *adj* sintético -ca. II *n* fibra *f* sintética: **she doesn't wear synthetics** no se pone prendas de fibras sintéticas.
syphilis /ˈsɪfəlɪs/ *n* sífilis *f inv.*
Syria /ˈsɪrɪə/ *n* Siria *f.*
Syrian /ˈsɪrɪən/ *adj, n* sirio -ria *adj, m/f.*
syringe /səˈrɪndʒ/ I *n* jeringuilla *f*, jeringa *f.*
II *vt* [**syringes, syringing, syringed**]: **she had her ears syringed** le hicieron un lavado de oídos.
syrup /ˈsɪrəp/ *n* 1. (*medicinal*) jarabe *m*. 2. (*Culin*: *gen*) almíbar *m*; (*: flavoured*) jarabe *m*, sirope *m.*
system /ˈsɪstəm/ *n* 1. (*gen*) sistema *m*: **the central heating system has broken down** se ha averiado el sistema de calefacción central • **they tried to beat the system and failed** quisieron burlar el sistema y fracasaron • **talking to his analyst helped him get it out of his system** hablar con su analista lo ayudó a desahogarse. 2. (*Anat*): **the nervous system** el sistema nervioso; **the digestive/circulatory system** el aparato digestivo/circulatorio.
systems analysis *n* análisis *m inv* de sistemas.
systems analyst *n* analista *m/f* de sistemas.
systematic /ˌsɪstəˈmætɪk/ *adj* sistemático -ca.
systematize /ˈsɪstɪmətaɪz/ *vt* [**systematizes, systematizing, systematized**] sistematizar.

T

T, t /tiː/ *n* (*letter*) T, t *f*; (*name of letter*) te *f* • **that job would suit you to a T** ese trabajo te iría que ni pintado.

t. *léase* /tʌn/ (*abreviatura de* **ton, tonne**) ⇨ ton, tonne

ta /tɑː/ *excl* (*GB*: *fam*) gracias.

tab /tæb/ *n* **1.** (*flap, tag, etc.*) lengüeta *f* • **we have to keep tabs on who enters and leaves the building** tenemos que controlar * vigilar quién entra y sale del edificio. **2.** (*on can of drink, etc.*) anilla *f*. **3.** (*US*: *bill*) cuenta *f*: **who's going to pick up the tab?** ¿quién va a pagar? **4.** (*on typewriter, computer*) tabulador *m*.

tab key *n* tecla *f* de tabulación, tabulador *m*.

tabby /ˈtæbɪ/ *n* [**tabbies**] gato *m* atigrado, gata *f* atigrada.

tabernacle /ˈtæbəˌnækəl/ *n* tabernáculo *m*.

table /ˈteɪbəl/ **I** *n* **1.** (*piece of furniture*) mesa *f*: **she laid * set the table for dinner** puso la mesa para la cena; **he asked the children to clear the table** les pidió a los niños que quitaran * (*Amér L*) levantaran la mesa; **we booked a table for four** reservamos una mesa para cuatro • **the tables have been turned** se han vuelto las tornas * se ha vuelto la tortilla. **2.** (*Maths*) tabla *f*. **3.** (*Sport*) clasificación *f*.
II *vt* [**tables, tabling, tabled**] (*a motion*) presentar.

tablecloth *n* [**tablecloths**] mantel *m*.

table lamp *n* lámpara *f* de mesa.

tableland *n* meseta *f*, altiplanicie *f*.

table mat *n* mantel *m* individual.

table of contents *n* índice *m* de materias.

tablespoon *n* **1.** (*cutlery*) cuchara *f* de servir. **2.** (*también* **tablespoonful**) (*measurement*) cucharada *f* (*con una cuchara de servir*): **add one tablespoon(ful) of sugar** añada una cucharada grande de azúcar.

table tennis *n* tenis *m* de mesa, ping-pong® *m*.

table wine *n* vino *m* de mesa.

tableau /ˈtæbləʊ/ *n* [*pl* **tableaux**] cuadro *m* vivo.

table d'hôte /ˈtɑːbl dəʊt/ *n* menú *m* del día.

tablet /ˈtæblɪt/ *n* **1.** (*Med*) pastilla *f*, comprimido *m*, tableta *f*. **2.** (*of stone*) lápida *f*. **3.** (*of soap*) pastilla *f*. **4.** (*US*: *of writing paper*) bloc *m*.

tabloid /ˈtæblɔɪd/ *n* tabloide *m* (*formato de periódico utilizado por la prensa popular y sensacionalista*): **the tabloid press** la prensa amarilla * sensacionalista.

taboo /təˈbuː/ *adj*, *n* tabú *adj inv*, *m*.

tabular /ˈtæbjʊlə/ *adj* tabular.

tabulate /ˈtæbjʊleɪt/ *vt* [**tabulates, tabulating, tabulated**] tabular.

tabulation /ˌtæbjʊˈleɪʃən/ *n* tabulación *f*.

tacit /ˈtæsɪt/ *adj* tácito -ta.

tacitly /ˈtæsɪtlɪ/ *adv* tácitamente.

taciturn /ˈtæsɪtɜːn/ *adj* taciturno -na.

tack /tæk/ **I** *n* **1.** (*small nail*) tachuela *f*. **2.** (*Naut*) bordada *f* • **we tried a different tack** probamos con una táctica diferente • **I got off on the wrong tack** empecé mal • **the government have changed tack on this issue** el gobierno ha cambiado de política con respecto a este asunto.
II *vi* [**tacks, tacking, tacked**] (*Naut*) hacer una bordada.
♦ *vt* **1.** (*in sewing*) hilvanar. **2.** (*to secure with tacks*) clavar (*con tachuelas*).

to **tack on** *vt* añadir, agregar.

tackle /ˈtækəl/ **I** *vt* [**tackles, tackling, tackled**] **1.** (*a problem*) abordar: **she tackled the problem decisively** abordó el problema con mucha decisión; **he finally got round to tackling the ironing** finalmente se enfrentó a la tarea del planchado. **2.** (*to confront*): **now is the time to tackle her** *about* **a wage increase** éste es el momento de plantearle un aumento de sueldo. **3.** (*Sport*: *in football*) entrarle a: **he was tackled within the penalty area** le hicieron una entrada en el área; (*: in rugby*) placar.
II *n* **1.** (*for fishing*) aparejos *m pl* de pesca. **2.** (*Sport*: *in football*) entrada *f*; (*: in rugby*) placaje *m*.

tacky /ˈtækɪ/ *adj* [**tackier, tackiest**] **1.** (*fam*: *cheap, tasteless*) chabacano -na, hortera. **2.** (*not dry*) pegajoso -sa.

tact /tækt/ *n* tacto *m*.

tactful /ˈtæktfʊl/ *adj* diplomático -ca, discreto -ta: **she's not very tactful** no es muy diplomática, no tiene mucho tacto; **his reply was very tactful** su respuesta fue muy diplomática, respondió con mucho tacto.

tactfully /ˈtæktfʊlɪ/ *adv* con mucho tacto, discretamente.

tactic /ˈtæktɪk/ *n* táctica *f*, estrategia *f*: **it was a good tactic to get here early** fue una buena táctica llegar temprano; **we decided to change our tactics** decidimos cambiar de táctica * de estrategia; **don't try to use your delaying tactics on me!** ¡no intentes utilizar tus tácticas dilatorias conmigo!

tactical /ˈtæktɪkəl/ *adj* táctico -ca.

tactician /tækˈtɪʃən/ *n* estratega *m/f*.

tactile /ˈtæktaɪl/ *adj* táctil.

tactless /ˈtæktləs/ *adj* poco diplomático -ca.

tactlessly /ˈtæktləslɪ/ *adv* con poco tacto.

tadpole /ˈtædpəʊl/ *n* renacuajo *m*.

tag /tæg/ **I** *n* **1.** (*for price, name*) etiqueta *f*: **the price is written on the tag** el precio viene en la etiqueta. **2.** (*también* **tag question**) (*Ling*) coletilla *f* interrogativa (*pregunta como* ***are you?*** *o* ***isn't it?***, *aproximadamente equivalente a "¿no?" o "¿verdad?", que se añade al final de algunas frases en inglés*). **3.** (*Games*) el corre que te pillo: **let's play tag** ¿jugamos a pillar?
II *vt* [**tags, tagging, tagged**] (*to label*) etiquetar: **all items of luggage should be tagged** todos los bultos deben ir etiquetados.

to **tag along** *vi*: **I wish she'd stop tagging along** *with* **our group** ojalá dejara de pegarse a nuestro grupo.

to **tag on** *vt* añadir.

tail /teɪl/ **I** *n* **1.** (*of animal: gen*) cola *f*; (*: pig, dog*) rabo *m*, cola *f* • **he went away with his tail between his legs** se fue con el rabo entre las piernas. **2.** (*of plane, kite,*

etc.) cola *f* • **I can't stop now - there's a lorry on my tail** no puedo parar ahora, un camión me está pisando los talones. **3.** (*of person*): **the police put a tail on her** la policía la hizo seguir.
II tails *n pl* **1.** (*Clothing*) frac *m.* **2.** (*when tossing coin*) cruz *f*: **tails I win, heads I lose** cruz, gano yo; cara, pierdo.
III *vt* [**tails, tailing, tailed**] (*Law: to follow*) seguir.

to **tail off** *vi* **1.** (*number*) ir disminuyendo: **the number of subscribers has tailed off in recent years** el número de suscriptores ha ido disminuyendo durante los últimos años; (*interest, enthusiasm*) ir decayendo. **2.** (*voice*) irse apagando: **she tailed off** dejó la frase en el aire.

tailback *n* cola *f*, caravana *f* (*de tráfico*).

tailcoat *n* frac *m.*

tail end *n* (*fam*) final *m*: **we just caught the tail end of the match** alcanzamos a ver el final * los últimos minutos del partido.

tailgate *n* puerta *f* posterior.

taillamp, taillight *n* (*US*) faro *m* trasero, luz *f* trasera.

tailspin *n* (*Av*): **the plane went into a tailspin** el avión entró en barrena.

tailor /ˈteɪlə/ **I** *n* **1.** (*person*) sastre *m.* **2. tailor's** (*shop*) sastrería *f.*
II *vt* [**tailors, tailoring, tailored**] confeccionar • **our courses are tailored to suit your needs** nuestros cursos están diseñados a la medida de sus necesidades.

tailor-made *adj* hecho -cha a la medida.

taint /teɪnt/ (*frml*) **I** *vt* [**taints, tainting, tainted**] **1.** (*substance*) contaminar. **2.** (*reputation*) empañar, manchar: **the company's reputation was tainted** *by* **the scandal** la reputación de la empresa se vio empañada por el escándalo.
II *n* mancha *f.*

Taiwan /ˌtaɪˈwɑːn/ *n* Taiwan *m.*

Taiwanese /ˌtaɪwɑːˈniːz/ **I** *adj* taiwanés -nesa.
II *n* [*pl* **Taiwanese**] taiwanés -nesa *m/f.*
III the Taiwanese *n pl* los taiwaneses.

take /teɪk/ **I** *n* (*in a movie*) toma *f*: **take one** toma primera.
II *vt* [**takes, taking, took,** *participio pasado* **taken**] **1.** (*to convey*) llevar: **take me home** llévame a casa; **she takes her laptop everywhere she goes** lleva el ordenador personal a todas partes; **the train takes you most of the way** el tren cubre la mayor parte del trayecto; (*to buy*) llevar(se): **I'll take the green one** (me) llevo el verde. **2.** (*to grasp*) coger, tomar: **she took his hand** le cogió * tomó la mano; **let me take that box for you** déjame que te coja esa caja * que te ayude con esa caja; **he took another slice of cake** cogió * agarró otro trozo de pastel. **3.** (*to remove*): **who's taken my keys?** ¿quién ha cogido * se ha llevado mis llaves?; **someone took his wallet on the underground** alguien le quitó la cartera en el metro; (*in board games: piece*) comer. **4.** (*medicine*) tomar: **two tablets to be taken before every meal** tomar dos pastillas antes de cada comida. **5.** (*to adopt*) adoptar: **they have taken a firm stance against drug abuse** han adoptado una postura firme contra el consumo de drogas; **she takes the view that...** ella opina que...; **they take a dim view of divorce** ven el divorcio con muy malos ojos. **6.** (*Clothing: a size*) tener: **she takes a size ten** tiene la talla diez; **what size shoe do you take?** ¿qué número (de zapatos) calzas? **7.** (*bus, plane, taxi, etc.*) coger, tomar: **you can take the bus or the train** puedes coger * tomar el autobús o el tren; **we took a taxi from the airport** cogimos * tomamos un taxi desde el aeropuerto. **8.** (*a road*) coger, tomar: **we decided to take the coast road** decidimos coger * tomar la carretera de la costa; **take the second turning on the left** coge * toma la segunda calle a mano izquierda; **take the M40 as far as junction ten** ve por la M40 hasta que llegues a la salida número diez. **9.** (*followed by expressions of time*): **it takes two hours to get to Manchester** lleva dos horas llegar a Manchester, se tarda dos horas en llegar a Manchester; **it took me all day to finish it** me llevó todo el día terminarlo; **how long does the rice take to cook?** ¿cuánto tiempo tarda el arroz en cocerse?; **how long does the paint take to dry?** ¿cuánto tarda la pintura en secarse?; **the journey seemed to take forever** el viaje pareció * se hizo interminable. **10.** (*to require*): **it takes courage to do that** hace falta * se necesita valor para hacer eso; **teaching must take a lot of patience** debe de hacer falta mucha paciencia para ser profesor. **11.** (*measurements, temperature*) tomar: **she took my blood pressure** me tomó la tensión. **12.** (*to write down*) anotar: **he took the registration number of the car** anotó la matrícula del coche. **13.** (*to react to*) tomarse: **how did she take the news?** ¿cómo se tomó la noticia?; **my father has taken it very badly** mi padre se lo ha tomado muy mal. **14.** (*to suppose*) suponer, imaginarse: **I take it you know this is illegal?** supongo * me imagino que sabes que esto es ilegal, ¿no? **15.** (*to consider*): **do you take me** *for* **a fool?** ¿me tomas por tonto?; **he doesn't take our relationship seriously** no se toma nuestra relación en serio; **I took his silence** *as* **a good sign** interpreté su silencio como una buena señal; **take Julia, for example** fíjate en Julia, por ejemplo. **16.** (*to have*): **let's take a look at the damage** echémosles un vistazo a los daños; **we took a stroll along the beach** dimos un paseo por la playa; **we took a break for lunch** nos tomamos un descanso para comer; **take a seat** tome asiento; **is this seat taken?** ¿este asiento está ocupado? **17.** (*to rent*) alquilar: **they've taken the house** *for* **the summer** han alquilado la casa para el verano. **18.** (*Mil: to seize*) tomar: **rebel forces have taken the port** las fuerzas rebeldes han tomado el puerto. **19.** (*to accept: cheques, credit cards, a job*) aceptar: **he'll take thirty pounds** *for* **it** aceptará venderlo por treinta libras; **she took full responsibility** *for* **what happened** se responsabilizó totalmente de lo sucedido; **she took our advice** siguió nuestro consejo. **20.** (*the strain, pressure*) soportar: **he couldn't take the pressure at work** no pudo soportar la presión en el trabajo; **don't worry, he can take it** no te preocupes, él puede con ello; (*weight*) aguantar: **that table won't take your weight** esa mesa no va a aguantar tu peso. **21.** (*to teach*): **who takes them for geography?** ¿quién les da (clase de) geografía? **22.** (*to study*) estudiar: **he took French at university** estudió francés en la universidad. **23.** (*to subtract*) restar: **he couldn't even take twenty-one** *from* **one hundred** ni siquiera supo restarle veintiuno a cien.

to **take aback** *vt*: **he was quite taken aback when he saw her** se sorprendió bastante al verla.

to **take after** *vt* salir a, parecerse a: **he takes after his father** sale a su padre.

to **take apart** *vt* (*watch, machine*) desmontar, desarmar.

to **take away** *vt* **1.** (*Maths*) restar: **six, take away four is * gives two** seis menos cuatro son dos. **2.** (*to remove: gen*) llevarse: **take all these things away** llévate todo esto; (*: pain, taste*): **it took the pain away completely** me quitó totalmente el dolor; (*to confiscate*): **as a**

punishment she took his comic away como castigo le quitó el cómic; **he took the chewing gum away** *from* **her** le quitó el chicle.

to **take back** *vt* **1.** (*to retract*): **you'd better take that back!** ¡más vale que te retractes!; **I take it back, I didn't mean that** retiro lo dicho, no quise decir eso. **2.** (*goods: to return*) devolver: **I took the dress back** devolví el vestido; (*: to accept back*): **we can't take goods back without a receipt** no podemos aceptar devoluciones sin el ticket de compra. **3.** (*spouse, employee*): **he'd take her back whatever she did** él aceptaría que volviera hiciera lo que hiciera; **after the strike they didn't take him back** después de la huelga no lo readmitieron. **4.** (*to bring back memories*): **this music takes me back** esta música me recuerda los viejos tiempos.

to **take down** *vt* **1.** (*to remove*) quitar: **I took the curtains down to wash them** quité las cortinas para lavarlas; **he took a box down** *from* **the shelf** bajó una caja de la repisa. **2.** (*to write*) anotar: **I'll just take down your details** le voy a tomar los datos. **3.** (*to dismantle*) desmontar: **we took the tent down after breakfast** desmontamos la tienda después del desayuno.

to **take in** *vt* **1.** (*to deceive*) engañar: **I wasn't taken in for a moment** no me engañaron ni por un momento. **2.** (*information*) asimilar: **she found it hard to take in the news** le costó asimilar la noticia. **3.** (*to shelter*) acoger, recoger. **4.** (*clothes*) achicar, meterle a: **I took the skirt in at the waist** achiqué la falda de cintura.

to **take off** *vt* **1.** (*to remove*) quitar: **take your feet off the table** quita los pies de la mesa; **take your shoes off** quítate los zapatos. **2.** (*to discount*) descontar: **he took twenty per cent off the total** descontó el veinte por ciento del total. **3.** (*fam: to mimic*) imitar: **he's always taking off the boss** siempre está imitando al jefe. **4.** (*time*) tomarse: **I'm taking a week off at Easter** me voy a tomar una semana en Semana Santa; **I took a week off work** me tomé una semana de vacaciones; **could I take the afternoon off?** ¿me podría tomar la tarde libre?

♦*vi* **1.** (*aircraft*) despegar: **we shall be taking off shortly** despegaremos dentro de poco; **the economy still has not taken off** todavía no se ha producido el despegue económico. **2.** (*to become popular*) ponerse de moda.

to **take on** *vt* **1.** (*to undertake: responsibility*) asumir; (*: work*) aceptar. **2.** (*to challenge*) desafiar: **I'll take him on any time** estoy dispuesto a enfrentarme con él cuando sea. **3.** (*to assume*) adquirir: **their faces took on a look of amazement** sus caras adquirieron una expresión de asombro. **4.** (*to employ*) coger, tomar: **four trainees have been taken on** han cogido ∗ (*Amér L*) tomado a cuatro aprendices.

to **take out** *vt* **1.** (*to remove*) sacar: **she took the pie out of the oven** sacó el pastel del horno; **you can take out four books at a time** puedes sacar cuatro libros a la vez • **these stairs really take it out of you** estas escaleras lo dejan a uno agotado; (*to extract*) sacar: **the dentist wanted to take out my wisdom teeth** el dentista quería sacarme las muelas del juicio. **2.** (*on a trip*): **I took my nephew out to the museum** llevé a mi sobrino al museo; **he wanted to take her out** quería salir con ella. **3.** (*insurance*): **have you taken out travel insurance?** ¿te has asegurado para el viaje?

to **take out on** *vt* desquitarse con, (*Amér L*) agarrársela(s) con: **I know you're upset, but don't take it out on me** sé que estás molesto, pero no te desquites conmigo.

to **take over** *vt* **1.** (*Fin*) absorber, adquirir: **the company was taken over** *by* **a multinational** la compañía fue absorbida por una multinacional. **2.** (*to obtain control of*) asumir: **he took over the house** se enseñoreó de la casa; **caring for his father has taken over his life** el cuidar de su padre ha llegado a dominar totalmente su vida.

♦*vi*: **who's going to take over as manager when you leave?** ¿quién tomará el puesto de director cuando te vayas?; **he can't just give advice, he has to take over** es incapaz de limitarse a aconsejar, tiene que tomar las riendas.

to **take to** *vt* **1.** (*to become fond of*) encariñarse con: **she took to the children immediately** enseguida se encariñó con los niños. **2.** (*to adopt the habit of*) empezar a: **he's taken to smoking a pipe** ha empezado a fumar en pipa; **now he's taken to buying her very expensive presents** ahora le ha dado por comprarle regalos carísimos • **he's taken to his bed** se ha metido en la cama.

to **take up** *vt* **1.** (*to take upstairs*) llevar: **take those files up** *to* **the fifth floor** lleve esos archivos al quinto piso. **2.** (*space, time*) ocupar: **this table takes up too much room** esta mesa ocupa demasiado sitio; **gardening takes up most of his spare time** la jardinería ocupa casi todo su tiempo libre. **3.** (*to start*): **he's taken up golf** ha empezado a jugar al golf. **4.** (*trousers, skirt*) acortar: **I'll have to take the hem up** tendré que acortar el dobladillo. **5.** (*carpet*) quitar, levantar. **6.** (*to continue*) continuar: **we'll take up the story again next week** continuaremos con la historia la semana que viene.

to **take upon** *vt*: **she took it upon herself to call the police** se encargó de llamar a la policía.

to **take up on** *vt* **1.** (*to challenge*): **I took him up on his sexist attitude** le señalé mis objeciones a su actitud sexista. **2.** (*to accept*): **I'd like to take you up on your offer of...** me gustaría aceptar su oferta de...; **I'll take you up on that!** ¡te cojo ∗ te tomo la palabra!

to **take up with** *vt* **1.** (*to follow up*): **I shall be taking this up with the management** pienso llevar el asunto a la dirección. **2.** (*fam: to form a relationship with*) entrar en relaciones con: **he took up with another woman** entró en relaciones con otra mujer.

takeaway I *n* **1.** (*meal*) comida *f* para llevar: **we had an Indian takeaway** compramos comida india ya preparada. **2.** (*establishment*) tienda *f* de comida para llevar. **II** *adj* de comida para llevar: **he lives on takeaway food** vive de comida que compra ya preparada.

takeoff *n* **1.** (*aircraft*) despegue *m*: **it crashed** *on* **takeoff** se estrelló al despegar. **2.** (*fam: imitation*) imitación *f*: **she does a great takeoff** *of* **the President** hace una imitación genial del presidente.

takeover *n* **1.** (*of country*) toma *f* de poder: **it happened after the military takeover** sucedió tras la toma de poder por parte de los militares. **2.** (*of a company*) absorción *f*.

takeover bid *n* OPA *f*: **there was a takeover bid in June** hubo una OPA en junio.

taken /ˈteɪkən/ *participio pasado de* ⇨ take

takings /ˈteɪkɪŋz/ *n pl* (*gen*) recaudación *f*, entrada *f*; (*at box office*) taquilla *f*.

talc /tælk/ *n* talco *m*.

talcum powder /ˈtælkəm ˈpaʊdə/ *n* polvos *m pl* de talco, talco *m*.

tale /teɪl/ *n* **1.** (*gen*) historia *f*; (*fairy story*) cuento *m* • **he's been telling tales to the teacher** le ha ido con el cuento a la profesora. **2.** (*lie*) mentira *f*, cuento *m*

● **she's always telling tales** siempre está diciendo mentiras.

talent /'tælənt/ *n* **1.** (*skill*) talento *m*: **she has a real talent** *for* **writing poetry** tiene talento para la poesía; (*talented people*) gente *f* de talento. **2.** (*fam*: *members of the opposite sex*): **the lads were eyeing up the local talent** los chicos estaban pasándoles revista a las chicas del lugar; **there isn't much talent here** no hay nadie que destaque entre el personal.

talent scout *n* cazatalentos *m/f inv*.

talented /'tæləntɪd/ *adj* de talento.

talisman /'tælɪzmən/ *n* [**talismans**] talismán *m*.

talk /tɔ:k/ **I** *vi* [**talks, talking, talked**] **1.** (*gen*) hablar: **what did you talk** *about*? ¿de qué hablaron?; **I'll have to talk** *to* **him** *about* **his behaviour** voy a tener que hablar con él acerca de su comportamiento; **we are not talking** *to* **each other** no nos hablamos; **he's talking** *to* **himself again** está hablando solo otra vez ● **you don't know what you're talking about** no sabes lo que dices ● **talking of holidays, have you ever been to Prague?** hablando de vacaciones, ¿has estado alguna vez en Praga? ● **now you're talking!** ¡eso ya es otra cosa! ● **look who's talking!** ✻ **you can talk! you never arrive on time** ¡mira quién habla! tú nunca llegas a tiempo. **2.** (*to an audience*) hablar: **he talked** *on* **the current political situation in Europe** habló sobre la situación política actual de Europa. **3.** (*to gossip*) hablar: **the neighbours will talk** va a dar que hablar a los vecinos. **4.** (*of a prisoner*) cantar: **they used emotional blackmail to make him talk** le hicieron chantaje emocional para que cantara; **someone must have talked** alguien debe de haberse ido de la lengua.

♦*vt*: **we must meet and talk tactics** tenemos que reunirnos para hablar de la táctica a emplear; **she'll never learn English if she keeps talking Spanish** nunca va a aprender inglés si sigue hablando en español ● **he talked his way into a job** consiguió un trabajo por sus buenas dotes persuasivas.

II *n* **1.** (*gen*) conversación *f*, charla *f*: **he had a long talk** *with* **the boss** tuvo una conversación larga con el jefe; **all this talk** *of* **food has made me hungry** me ha entrado hambre de tanto hablar de comida. **2.** (*presentation*) charla *f*: **each student has to give a five-minute talk** *on* ✻ *about* **their chosen subject** cada estudiante tiene que dar una charla de cinco minutos sobre el tema de su elección. **3.** (*gossip*) habladurías *f pl*: **it's just talk** no son más que habladurías; **there's some talk of her leaving** corre la voz de que se va. **4.** (*boasting*): **she threatened to complain to the manager but it was all talk** amenazó con quejarse al director pero era todo de boca.

III talks *n pl* (*negotiations*) conversaciones *f pl*, negociaciones *f pl*.

to **talk down to** *vt*: **she never talks down to her pupils** nunca les habla a sus alumnos en tono condescendiente.

to **talk into** *vt* convencer, persuadir: **he tried to talk me into going for a drink** intentó convencerme para que fuera a tomar una copa con él.

to **talk out of** *vt*: **can't you talk her out of it?** ¿no puedes disuadirla?; **they talked me out of applying** me convencieron para que no me presentara.

to **talk over** *vt* discutir: **you'll need to talk it over** *with* **your family** tendrás que discutirlo con tu familia.

to **talk round** *vt* convencer: **she's not very keen but he'll soon talk her round** no tiene muchas ganas pero él no tardará mucho en convencerla.

to **talk through** *vt*: **could you talk me through it?** ¿podrías ir explicándomelo paso a paso?

talkative /'tɔ:kətɪv/ *adj* (*person*) conversador -dora, parlanchín -china: **sorry, I'm not in a very talkative mood today** lo siento pero hoy no estoy con ganas de hablar.

talker /'tɔ:kə/ *n* hablador -dora *m/f*: **he's quite a talker once he gets going** cuando empieza a hablar no hay quien lo pare.

talking /'tɔ:kɪŋ/ **I** *n*: **let me do the talking** déjame hablar a mí; **she does all the talking** lo dice todo ella; **no talking!** ¡silencio!

II *adj* (*doll, parrot*) que habla.

talking point *n* tema *m* de conversación.

talking-to *n* (*fam*) reprimenda *f*, rapapolvo *m*: **what that child needs is a good talking-to!** ¡lo que le hace falta a ese niño es una buena reprimenda!

tall /tɔ:l/ *adj* (*building, person, etc.*) alto -ta: **she's a lot taller than me** es mucho más alta que yo; **she's grown very tall** ha crecido y está muy alta; (*with measurements*): **I'm one metre seventy tall** mido un metro setenta (de estatura); **how tall are you?** ¿cuánto mides?; **it depends how tall you are** depende de tu estatura.

tallboy /'tɔ:lbɔɪ/ *n* cómoda *f* (*alta*).

tally /'tælɪ/ **I** *n* [**tallies**] cuenta *f*: **keep a tally** *of* **how many tickets you sell** lleva la cuenta de las entradas que vendas.

II *vi* [**tallies, tallying, tallied**] concordar: **their alibis don't tally** sus coartadas no concuerdan.

talon /'tælən/ *n* garra *f*.

tambourine /ˌtæmbə'ri:n/ *n* pandereta *f*.

tame /teɪm/ **I** *adj* **1.** (*animal*) manso -sa. **2.** (*unexciting*) insulso -sa, soso -sa: **his party was rather tame** su fiesta resultó muy insulsa.

II *vt* [**tames, taming, tamed**] domar.

tamely /'teɪmlɪ/ *adv* dócilmente.

tamer /'teɪmə/ *n* (*of wild animals*) domador -dora *m/f*.

tamper with /'tæmpə wɪθ/ *vt* [**tampers, tampering, tampered**]: **someone has been tampering with the controls** alguien ha estado tocando los controles; **the document had been tampered with** el documento había sido alterado.

tampon /'tæmpɒn/ *n* tampón *m* (higiénico).

tan /tæn/ **I** *n* **1.** (*suntan*) bronceado *m*, moreno *m*: **she only went on holiday to get a tan** fue de vacaciones sólo para broncearse ✻ para ponerse morena; **I'm trying to get a tan** *on* **my legs** estoy intentando broncearme las piernas. **2.** (*colour*) marrón *m* claro.

II *adj* marrón claro *adj inv*.

III *vi* [**tans, tanning, tanned**] broncearse, ponerse moreno -na: **he tans very easily** se broncea muy rápidamente.

♦*vt* **1.** (*part of body*) broncear: **the sun had tanned her face** el sol le había bronceado la cara. **2.** (*animal skin*) curtir.

tandem /'tændəm/ *n* tándem *m*: **they cycled round France on a tandem** hicieron una gira por Francia en tándem; **they did their revision** *in* **tandem** repasaron juntos.

tang /tæŋ/ *n* **1.** (*taste*): **this sauce has quite a tang to it** me gusta el sabor ligeramente ácido que tiene esta salsa. **2.** (*smell*) olor *m* penetrante.

tangent /'tændʒənt/ *n* tangente *f* ● **the teacher went off at a tangent and never finished his explanation** el profesor se fue por las ramas y no terminó de dar su explicación.

tangential /tæn'dʒenʃəl/ *adj* tangencial.
tangerine /ˌtændʒə'riːn/ *n* mandarina *f.*
tangible /'tændʒəbəl/ *adj* tangible, palpable.
tangle /'tæŋgəl/ **I** *n* enredo *m*: **the wires were in a tangle** los cables estaban enredados.
II *vt* [**tangles, tangling, tangled**] enredar: **I got my feet tangled** *(up)* **in the ropes** se me enredaron los pies en las cuerdas.
♦*vi* enredarse: **be careful the wool doesn't tangle** *(up)* ten cuidado de que no se te enrede la lana.
to **tangle with** *vt* meterse con: **I wouldn't tangle with him if I were you** yo que tú no me metería con él.
tango /'tæŋgəʊ/ **I** *n* tango *m*: **can you dance the tango?** ¿sabes bailar el tango?
II *vi* [**tangoes, tangoing, tangoed**] bailar el tango.
tangy /'tæŋɪ/ *adj* [**tangier, tangiest**] (*taste*) ácido -da; (*smell*) penetrante.
tank /tæŋk/ *n* **1.** (*military vehicle*) tanque *m* (de guerra), carro *m* de asalto ✻ de combate. **2.** (*for water*) depósito *m*, tanque *m*; (*for fuel*) depósito *m*, (*Amér L*) tanque *m*.
tankard /'tæŋkəd/ *n* jarra *f* (*para cerveza*).
tanker /'tæŋkə/ *n* **1.** (*Naut: gen*) buque *m* cisterna; (*: carrying oil*) petrolero *m*. **2.** (*lorry*) camión *m* cisterna.
tanner /'tænə/ *n* curtidor -dora *m/f.*
tantalize /'tæntəlaɪz/ *vt* [**tantalizes, tantalizing, tantalized**] atormentar (*tentando*): **he was tantalizing the dog** *with* **a piece of meat** atormentaba al perro enseñándole un trozo de carne.
tantalizing /'tæntəlaɪzɪŋ/ *adj* terriblemente tentador -dora.
tantamount /'tæntəmaʊnt/ *adj* (*frml*): **his silence was tantamount** *to* **complicity** su silencio equivalía a complicidad.
tantrum /'tæntrəm/ *n* rabieta *f*, berrinche *m*: **Kate always has ✻ throws a tantrum when it's bedtime** a Kate siempre le da una rabieta ✻ un berrinche cuando es hora de ir a la cama.
tap /tæp/ **I** *n* **1.** (*for water*) grifo *m*, (*Amér L*) llave *f*, (*Arg, Urug*) canilla *f*: **turn the cold tap on/off** abre/cierra el grifo del agua fría. **2.** (*for gas*) llave *f*; (*on barrel*) espita *f* ● **in London classical music is permanently on tap** en Londres hay conciertos de música clásica constantemente. **3.** (*knock*) golpecito *m*: **he gave the thermometer a tap** le dio un golpecito al termómetro; **I heard a tap at the door** oí que alguien llamaba suavemente a la puerta. **4.** (*tap dancing*) claqué *m*.
II *vt* [**taps, tapping, tapped**] **1.** (*to hit gently*) darle un golpecito a: **I tapped her on the shoulder** le di un golpecito en el hombro. **2.** (*resources*) explotar: **the resin is tapped** *from* **pine trees** la resina se obtiene de los pinos. **3.** (*a telephone*) intervenir, pinchar.
♦*vi* (*to hit gently*) dar golpecitos: **the conductor tapped** *on* **the stand** *with* **his baton** el director dio unos golpecitos con la batuta en el atril.
tap dancing *n* claqué *m*.
tap water *n* agua *f* del grifo [takes ***el*** or ***un*** in singular].
tape /teɪp/ **I** *n* **1.** (*audio, visual*) cinta *f*: **I've got all their songs** *on* **tape** tengo todas sus canciones grabadas (en cinta). **2.** (*adhesive*) cinta *f* adhesiva. **3.** (*for sewing, decoration, etc.*) cinta *f*. **4.** (*Sport*) cinta *f* de llegada.
II *vt* [**tapes, taping, taped**] **1.** (*to record*) grabar: **I taped it** *off* ✻ *from* **the CD** lo grabé en cinta del compact. **2.** (*to fasten with tape*) pegar con cinta (adhesiva): **the card was taped** *to* **the present** la tarjeta iba pegada al regalo con cinta adhesiva; **the parcel was taped** *up* al paquete le habían puesto cinta adhesiva ● **he seems to have water-skiing taped** parece que ya domina el esquí acuático.
tape deck *n* platina *f*, pletina *f*.
tape measure *n* metro *m*, cinta *f* métrica.
tape recorder *n* cassette *m*, magnetófono *m*, (*Amér L*) grabador *m*.
tape recording *n* grabación *f* (*en cinta*).
tapeworm *n* tenia *f*, solitaria *f*.
taper /'teɪpə/ **I** *n*: *vela delgada que se usa para encender el gas, etc.*
II *vt* [**tapers, tapering, tapered**] estrechar.
♦*vi* estrecharse: **her shoes taper** *to* **a point** sus zapatos acaban en punta.
to **taper off** *vt* (*to make narrower*): **taper the wood off at the end** afilar la madera de manera que acabe en punta.
♦*vi* (*to get narrower*) estrecharse; (*to diminish*) disminuir.
tapestry /'tæpɪstrɪ/ *n* [**tapestries**] **1.** (*art*) tapicería *f*. **2.** (*piece of work*) tapiz *m*.
tapioca /tæpɪ'əʊkə/ *n* tapioca *f*.
tar /tɑː/ *n* (*for roads, in cigarettes*) alquitrán *m*; (*as ingredient in shampoos, etc.*) brea *f*.
tarantula /tə'ræntjʊlə/ *n* tarántula *f*.
target /'tɑːgɪt/ **I** *n* **1.** (*in shooting, archery, etc.*) blanco *m*: **he missed the target** no dio en el blanco; **they were an obvious target** *for* **criticism** eran un blanco obvio para las críticas; **Milton is one of the target areas for the new employment scheme** Milton es una de las zonas para las que está pensado el nuevo plan de empleo. **2.** (*Mil*) objetivo *m*. **3.** (*goal*) objetivo *m*, meta *f*: **her target was to lose twelve kilos before the summer** su objetivo era perder doce kilos antes del verano ● **they are on target to finish in December** parece que terminarán en diciembre, que es el objetivo que se habían fijado.
II *vt* [**targets, targeting, targeted**] dirigir: **the anti-drugs campaign is targeted primarily** *at* **young people** la campaña antidroga va dirigida principalmente a los jóvenes.
target practice *n* prácticas *f pl* de tiro al blanco.
tariff /'tærɪf/ *n* **1.** (*list of prices*) tarifa *f*, lista *f* de precios. **2.** (*tax*) arancel *m*.
tarmac® /'tɑːmæk/ **I** *n* (*también* **Tarmac®**) **1.** (*Chem*) asfalto *m*. **2.** (*at airport*) pista *f* (de despegue ✻ de aterrizaje).
II *vt* [**tarmacs, tarmacking, tarmacked**] asfaltar.
tarnish /'tɑːnɪʃ/ *vi* [**tarnishes, tarnishing, tarnished**] (*gen*) perder el brillo; (*silver*) ponerse negro -gra: **silver soon tarnishes** la plata enseguida se pone negra.
♦*vt* **1.** (*metal: gen*) hacer perder el brillo; (*: silver*) poner negro -gra. **2.** (*reputation*) empañar: **the rumours did not succeed in tarnishing his reputation** las murmuraciones no consiguieron empañar su prestigio ✻ ensuciar su buen nombre.
tarot /'tærəʊ/ *n* tarot *m*.
tarpaulin /tɑː'pɔːlɪn/ *n* lona *f* impermeable.
tarragon /'tærəgən/ *n* estragón *m*.
tart /tɑːt/ **I** *n* **1.** (*Culin: large*) tarta *f* (*con base de masa*); (*: small*) tartaleta *f*. **2.** (*!!: referring to a woman*) fulana *f*.
II *adj* **1.** (*Culin*) agrio -gria, ácido -da. **2.** (*remark*) áspero -ra, acre.
to **tart up** *vt* [**tarts, tarting, tarted**] (*fam*) emperifollar: **they were tarting themselves up to go out** se estaban emperifollando para salir.
tartan /'tɑːtən/ *n* tela *f* escocesa, tartán *m*: **she was**

wearing a lovely tartan shawl llevaba un chal de tela escocesa muy bonito.
tartan skirt *n* falda *f* escocesa (*de mujer*).
tartar /'tɑ:tə/ *n* (*on teeth*) sarro *m*.
tartar sauce, **tartare sauce** *n* salsa *f* tártara.
task /tɑ:sk/ *n* tarea *f*: **each applicant must perform three tasks** cada candidato tiene que llevar a cabo tres tareas; **I had the unenviable task** *of* **cleaning the toilets** me tocó la poco envidiable tarea de limpiar los retretes • **the pupils were taken to task for their bad behaviour** reprendieron a los alumnos por su mala conducta.
task force *n* destacamento *m* especial.
taskmaster *n* capataz *m/f* • **he's a hard taskmaster** es un verdadero tirano.
tassel /'tæsəl/ *n* borla *f*, fleco *m*.
taste /teɪst/ **I** *n* **1.** (*flavour*) sabor *m*, gusto *m*: **it has a bitter taste** tiene un sabor * un gusto amargo; **I've still got the taste** *of* **garlic in my mouth** todavía me sabe la boca a ajo. **2.** (*act of tasting*): **can I have a taste** *of* **your fish?** ¿puedo probar tu pescado? • **visiting her sister, she got a taste of university life** al visitar a su hermana pudo experimentar la vida universitaria • **we gave him a taste of his own medicine** le pagamos con su misma moneda. **3.** (*sense, preference*) gusto *m*: **she has good taste** *in* **music** tiene buen gusto en materia de música; **that joke was** *in* **very bad taste** ese chiste fue de muy mal gusto • **there's no accounting for taste** sobre gustos no hay nada escrito • **he's acquired a taste for expensive clothes** le ha tomado el gusto a la ropa cara • **the music wasn't to my taste** la música no era de mi gusto. **4.** (*in recipe*): **add pepper and salt to taste** añadir sal y pimienta a gusto (del consumidor).
II *vi* [**tastes, tasting, tasted**] saber: **this tastes revolting!** ¡esto sabe asqueroso!; **this omelette doesn't taste** *of* **anything** esta tortilla no sabe a nada; **this liqueur tastes** *of* **lemons** este licor sabe a limón.
♦ *vt* **1.** (*to try*) probar: **you must taste this cheese** tienes que probar este queso; **we were invited to taste some of their wines** nos invitaron a degustar * a probar algunos de sus vinos. **2.** (*to notice the flavour of*): **all I can taste is chilli** el único sabor que distingo es el del chile; **I had a cold and couldn't taste anything** estaba resfriado y la comida no me sabía a nada • **she's tasting independence now that she has a car** está experimentando lo que es ser independiente ahora que tiene coche.
taste buds *n pl* papilas *f pl* gustativas.
tasteful /'teɪstfʊl/ *adj* de buen gusto.
tastefully /'teɪstfʊlɪ/ *adv* con buen gusto.
tasteless /'teɪstləs/ *adj* **1.** (*food*) insípido -da, soso -sa. **2.** (*in bad taste*) de mal gusto: **they had chosen a really tasteless colour scheme** habían escogido una combinación de colores de muy mal gusto.
tastelessly /'teɪstləslɪ/ *adv* con mal gusto.
taster /'teɪstə/ *n* catador -dora *m/f*.
tasty /'teɪstɪ/ *adj* [**tastier, tastiest**] sabroso -sa, rico -ca.
tattered /'tætəd/ *adj* (*clothes*) andrajoso -sa, hecho -cha jirones.
tatters /'tætəz/ *n pl*: **he returned home with his clothes** *in* **tatters** regresó a casa con la ropa hecha jirones • **their reputation is in tatters** su reputación está destrozada.
tattoo /tæ'tu:/ **I** *n* [**tattoos**] **1.** (*on body*) tatuaje *m*. **2.** (*Mil: signal*) retreta *f*; (*: show*) espectáculo *m* militar.
II *vt* [**tattoos, tattooing, tattooed**] tatuar.
tatty /'tætɪ/ *adj* [**tattier, tattiest**] (*clothes, books, etc.*) gastado -da, estropeado -da.
taught /tɔ:t/ *pretérito y participio pasado de* ➪ teach
taunt /tɔ:nt/ **I** *vt* [**taunts, taunting, taunted**] provocar (*con burlas*): **her classmates taunted her about her unfashionable clothes** sus compañeros la provocaban burlándose de su ropa anticuada.
II *n* burla *f*, pulla *f*.
tauntingly /'tɔ:ntɪŋlɪ/ *adv* de manera burlona.
Taurean /tɔ:'ri:ən/ *n* tauro *m/f inv*. ➪ Aquarian
Taurus /'tɔ:rəs/ *n* **1.** (*star sign*) Tauro *m*. **2.** (*person*) tauro *m/f inv*. ➪ Aquarius
taut /tɔ:t/ *adj* tenso -sa, tirante: **keep the rope taut** mantén la cuerda tensa * tirante.
tavern /'tævən/ *n* taberna *f*.
tawdry /'tɔ:drɪ/ *adj* chabacano -na, hortera.
tawny /'tɔ:nɪ/ *adj* leonado -da, rojizo -za.
tawny owl *n* cárabo *m*, autillo *m*.
tax /tæks/ **I** *n* [**taxes**] (*gen*) impuestos *m pl*: **how much tax do you pay?** ¿cuánto pagas de impuestos?; **you have to pay tax** *on* **the interest** el interés está sujeto a impuestos; (*a specific levy*) impuesto *m*: **a new tax was introduced** se creó un nuevo impuesto.
II *vt* [**taxes, taxing, taxed**] **1.** (*Fin: earnings, products, etc.*) gravar (con un impuesto); (*: a person*): **you are taxed** *on* **all your earnings above a certain amount** hay que pagar impuestos sobre la totalidad de los ingresos a partir de una cantidad establecida. **2.** (*to challenge*) poner a prueba: **the test taxed even the brightest pupils** el test puso a prueba incluso a los mejores alumnos.
tax allowance *n*: *cantidad que se puede percibir sin pagar impuestos.*
tax avoidance *n*: *minimización por medios legales del monto de impuestos que se ha de pagar.*
tax code *n* código *m* impositivo * fiscal.
tax collector *n* recaudador -dora *m/f* de impuestos.
tax evasion *n* evasión *f* fiscal * de impuestos.
tax exile *n*: *persona que se exilia para evitar pagar impuestos.*
tax-free **I** *adj* libre de impuestos.
II *adv* libre de impuestos.
tax haven *n* paraíso *m* fiscal.
tax inspector *n* inspector -tora *m/f* de Hacienda.
tax man *n* (*fam*): **you may as well spend it rather than let the tax man have it!** ¡mejor es que te lo gastes y no que se lo lleve el fisco!
taxpayer *n* contribuyente *m/f*.
tax relief *n* desgravación *f* fiscal.
tax return *n* declaración *f* de la renta.
tax year *n* año *m* fiscal.
taxable /'tæksəbəl/ *adj* (*income, benefit*) gravable, sujeto -ta a impuestos.
taxation /tæk'seɪʃən/ *n* **1.** (*act of taxing*) imposición *f* de cargas fiscales. **2.** (*amount, rate of taxing*) impuestos *m pl*: **taxation keeps increasing** los impuestos siguen subiendo.
taxi /'tæksɪ/ **I** *n* (*también* **taxicab**) taxi *m*: **let's take a taxi** tomemos un taxi; **we went** *by* **taxi** fuimos en taxi.
II *vi* [**taxis, taxiing, taxied**] (*aeroplane*) rodar por la pista.
taxi driver *n* taxista *m/f*.
taxi rank *n* parada *f* de taxis.
taxidermist /'tæksɪdɜ:mɪst/ *n* taxidermista *m/f*.
taxidermy /'tæksɪdɜ:mɪ/ *n* taxidermia *f*.
TB /ti:'bi:/ *n* (*abreviatura de* **tuberculosis**) tuberculosis *f inv*.

T-bone /'ti:bəʊn/ *n* (*también* **T-bone steak**) entrecot *m* (*con hueso en forma de T*).

tea /ti:/ *n* **1.** (*drink, plant*) té *m*. **2.** (*afternoon snack*) merienda *f*, (*Amér L*) té *m*. **3.** (*evening meal*) cena *f* (*que generalmente se toma temprano*).

tea bag *n* bolsita *f* de té.

tea break *n* descanso *m* (*durante el que se toma té*).

tea caddy *n*: *lata en la que se guarda el té*.

teacake *n*: *bollo con pasas que generalmente se come tostado*.

tea chest *n*: *caja grande de madera para el transporte de té, a menudo utilizada para embalar enseres en las mudanzas*.

tea cloth *n* paño *m* (*de cocina*).

tea cosy *n* cubretetera *f*.

teacup *n* taza *f* de té.

tea lady *n*: *mujer encargada de servir el té en oficinas, etc*.

tea leaf *n* hoja *f* de té.

tea party *n* merienda *f*, (*Amér L*) té *m*.

teapot *n* tetera *f*.

tearoom *n* (*GB*) salón *m* de té.

tea service, **tea set** *n* juego *m* de té.

teashop *n* (*GB*) salón *m* de té.

teaspoon *n* **1.** (*piece of cutlery*) cucharilla *f*, cucharita *f*. **2.** (*también* **teaspoonful**) (*measurement*) cucharadita *f*.

tea strainer *n* colador *m* (*para el té*).

teatime *n* hora *f* de la merienda * del té.

tea towel *n* paño *m* * trapo *m* (*de cocina*).

teach /ti:tʃ/ *vt* [**teaches, teaching, taught**] (*a subject, skill*) enseñar: **she teaches physics** enseña física; **he taught us (how) to swim** nos enseñó a nadar; **that'll teach you not to tell lies** eso te enseñará a no decir mentiras; (*a person*) darle clase a: **I don't teach the little ones** yo no les doy clase a los pequeños; **she's a pleasure to teach** es un placer tenerla como alumna; **she's teaching herself Russian** está aprendiendo ruso por su cuenta; **that'll teach them!** ¡eso les servirá de escarmiento!
♦*vi* dar clases: **she's teaching** *in* **Bristol now** ahora da clases en Bristol; **he doesn't want to teach any more** no quiere trabajar más como profesor.

teacher /'ti:tʃə/ *n* (*gen*) profesor -sora *m/f*: **they are both English teachers** los dos son profesores de inglés; (*in a primary school*) maestro -tra *m/f*.

teacher training *n*: *carrera o curso para dedicarse a la docencia*: **my sister has done teacher training** mi hermana ha estudiado para ser profesora.

teaching /'ti:tʃɪŋ/ **I** *n* enseñanza *f*: **she wants to go into teaching** quiere dedicarse a la enseñanza * a la docencia; **the standard of teaching there is very high** allí el nivel de la enseñanza es muy alto; **his parents are** *in* **teaching** sus padres son profesores; **I'm in research but I do a certain amount of teaching as well** me dedico a la investigación pero también doy algunas clases.
II teachings *n pl* enseñanzas *f pl*.

teaching hospital *n* hospital *m* universitario.

teaching methods *n pl* métodos *m pl* pedagógicos.

teaching practice *n* prácticas *f pl* (docentes).

teaching staff *n* personal *m* docente, profesorado *m*.

teak /ti:k/ *n* teca *f*.

team /ti:m/ *n* **1.** (*of people*) equipo *m*: **a team** *of* **doctors soon arrived on the scene** un equipo de médicos pronto llegó al lugar de los hechos; **we were put into teams** *of* **four** nos pusieron en equipos de cuatro; **she wasn't** *on* **the team for the last match** no formó parte del equipo en el último partido; **he played for the England team** jugó en la selección inglesa. **2.** (*of horses*) tiro *m*; (*of dogs*) traílla *f*; (*of two oxen*) yunta *f*.

to **team up** *vi* [**teams, teaming, teamed**] juntarse: **we teamed up** *with* **another class** nos juntamos con otra clase.

team game *n* juego *m* de equipo.

team spirit *n* espíritu *m* de equipo.

teamwork *n* trabajo *m* de equipo.

tear I *n* **1.** /tɪə/ (*from weeping*) lágrima *f*: **his eyes filled with tears** se le llenaron los ojos de lágrimas; **tears were streaming down her cheeks** le corrían las lágrimas por las mejillas; **she was nearly** *in* **tears** * **close to tears** estaba al borde de las lágrimas; **I was** *in* **tears** estaba llorando; **he burst into tears** se puso * se echó a llorar; **the pain brought tears to her eyes** el dolor la hizo llorar • **we were bored to tears** nos aburrimos como ostras. **2.** /teə/ (*rip*) desgarrón *m*, rasgón *m*: **my jeans have got a tear in them** tengo un desgarrón en los vaqueros.
II /teə/ *vt* [**tears, tearing, tore,** *participio pasado* **torn**] **1.** (*cloth, paper*) rasgar, romper: **try not to tear the wrapping paper** intenta no rasgar * romper el papel de envolver; **she tore the letter to pieces** hizo pedazos la carta; **I tore my skirt on a nail** me rasgué la falda con un clavo; **he tore** *open* **the envelope** rasgó el sobre con impaciencia • **I was torn between going on holiday and getting a new car** no podía decidir si irme de vacaciones o cambiar el coche; (*a muscle*) desgarrar. **2.** (*to grab, wrench*) arrancar: **the burglar had torn the phone** *from* **the wall** el ladrón había arrancado el teléfono de la pared; **he tore the bag** *from* **me and ran off** me arrebató * me arrancó la bolsa de las manos y se fue corriendo.
♦*vi* **1.** (*cloth, paper*) rasgarse, romperse. **2.** (*to rush*): **she tore** *off* **to work on her bike** salió disparada * como una exhalación en la bici para el trabajo; **he went tearing** *along* **the motorway** iba por la autopista a toda velocidad * a toda máquina.

to **tear apart** *vt* desgarrar: **racial violence is tearing the country apart** las luchas raciales están desgarrando el país.

to **tear at** *vt* (*cat*) arañar: **the cat was tearing at the cushions** el gato arañaba los cojines.

to **tear away** *vt*: **if you could just tear yourself away from the television for a moment...** si no fuera demasiado pedirte que despegaras los ojos de la tele un momento...; **it was fascinating, I couldn't tear myself away** era fascinante, me quedé allí clavado mirando.

to **tear down** *vt* (*demolish*) derribar, tirar abajo: **they tore down the statue** derribaron * tiraron abajo la estatua.

to **tear off** *vt* arrancar: **she tore off a couple of sheets of paper** arrancó un par de hojas; **he tore off his clothes and dived into the river** se quitó rápidamente la ropa y se tiró al río.

to **tear out** *vt* arrancar: **the last few pages had been torn out** habían arrancado las últimas páginas.

to **tear up** *vt* **1.** (*into pieces*) hacer pedazos. **2.** (*a plant*) arrancar de raíz.

tearaway /'teərəweɪ/ *n* tarambana *m/f*.

teardrop /'tɪədrɒp/ *n* lágrima *f*.

tear gas /tɪə gæs/ *n* gas *m* lacrimógeno.

tear-jerker /'tɪədʒɜ:kə/ *n* (*fam*): **the film was a real tear-jerker** la película era un dramón lacrimógeno.

tearful /'tɪəfʊl/ *adj* (*voice*) lloroso -sa: **he gave me a tearful look** me miró con ojos llorosos; **she always**

gets tearful if you mention Peter se le saltan las lágrimas cada vez que alguien menciona a Peter.

tearfully /'tɪəfʊlɪ/ *adv* con lágrimas en los ojos.

tease /ti:z/ **I** *vt* [**teases, teasing, teased**] tomarle el pelo a, burlarse de: **he was teased for having big ears** le tomaban el pelo * se burlaban de él porque tenía las orejas grandes.
♦*vi* bromear: **I was only teasing!** ¡lo decía en broma!
II *n* bromista *m/f.*

teat /ti:t/ *n* **1.** (*Zool*) tetilla *f.* **2.** (*on baby's bottle*) tetina *f.*

tech /tek/ *n* (*apócope de* **technical college**) (*fam*) escuela *f* de formación profesional.

technical /'teknɪkəl/ *adj* técnico -ca.
technical college *n* escuela *f* de formación profesional.
technical drawing *n* dibujo *m* lineal * técnico.
technical hitch *n* problema *m* técnico.
technical term *n* término *m* técnico, tecnicismo *m*.

technicality /ˌteknɪ'kælətɪ/ *n* [**technicalities**] **1.** (*of machine, process, etc.*) detalle *m* técnico. **2.** (*Law*) cuestión *f* de forma.

technically /'teknɪkəlɪ/ *adv* **1.** (*regarding technical details*) técnicamente, desde el punto de vista técnico. **2.** (*strictly speaking*) en rigor.

technician /tek'nɪʃən/ *n* (*gen*) técnico -ca *m/f*; (*in dentistry*) mecánico -ca dentista *m/f.*

technique /tek'ni:k/ *n* técnica *f.*

technological /ˌteknə'lɒdʒɪkəl/ *adj* tecnológico -ca.

technologically /ˌteknə'lɒdʒɪkəlɪ/ *adv* tecnológicamente.

technology /tek'nɒlədʒɪ/ *n* [**technologies**] tecnología *f*: **they use very advanced technology** utilizan tecnología de punta.

teddy /'tedɪ/ *n* [*pl* **teddies**] (*también* **teddy bear**, *pl* **teddy bears**) oso *m* * osito *m* de peluche.

tedious /'ti:dɪəs/ *adj* tedioso -sa.

tedium /'ti:dɪəm/ *n* (*frml*) tedio *m*.

tee /ti:/ *n* tee *m*.
to **tee off** *vi* [**tees, teeing, teed**] (*in golf*) dar el primer golpe (*para jugar un hoyo*).

teem /ti:m/ *vi* [**teems, teeming, teemed**] rebosar: **the pond was teeming** ***with*** **tadpoles** el estanque rebosaba de renacuajos.

teenage /'ti:neɪdʒ/ *adj* (*son, daughter, etc.*) adolescente: **she's going through that rebellious teenage phase** está pasando por esa fase de la rebeldía adolescente; (*activity, emotion, etc.*) de adolescentes: **those are teenage problems** son problemas de adolescentes.

teenager /'ti:neɪdʒə/ *n* adolescente *m/f.*

teens /ti:nz/ *n pl*: **Sheila's got four children, all in their teens** Sheila tiene cuatro hijos, todos adolescentes.

teeny /'ti:nɪ/ *adj* [**teenier, teeniest**] (*también* **teeny-weeny**) (*fam*) pequeñito -ta.

tee shirt /'ti:ʃɜ:t/ *n* camiseta *f.*

teeter /'ti:tə/ *vi* [**teeters, teetering, teetered**] tambalearse: **he teetered on the edge of the pool and then fell in** se tambaleó al borde la piscina y se cayó al agua; **the party is teetering on the brink of collapse** el partido está a punto de desmoronarse.

teeth /ti:θ/ *plural de* ➪ tooth

teethe /ti:ð/ *vi* [**teethes, teething, teethed**] (*baby*) echar los dientes: **he's teething** está echando los dientes.

teething /'ti:ðɪŋ/ *n* dentición *f.*
teething ring *n* (*for babies*) mordedor *m*.
teething troubles *n pl* dificultades *f pl* iniciales: **after a few teething troubles the new alarm system was very efficient** después de algunas dificultades iniciales la nueva alarma demostró ser muy eficaz.

teetotal /ti:'təʊtəl/ *adj* abstemio -mia.

teetotaller, (*US*) **teetotaler** /ti:'təʊtələ/ *n* abstemio -mia *m/f.*

TEFL /'tefəl/ *n* (*abreviatura de* **Teaching (of) English as a Foreign Language**) enseñanza *f* del inglés como lengua extranjera.

tel. *léase* /'telefəʊn/ (*abreviatura de* **telephone (number)**) tel. * tlf. (teléfono).

telecommunications /ˌtelɪkəmju:nɪ'keɪʃənz/ *n pl* telecomunicaciones *f pl.*

telegram /'telɪgræm/ *n* telegrama *m*.

telegraph /'telɪgrɑ:f/ **I** *n* telégrafo *m*.
II *vt/i* [**telegraphs, telegraphing, telegraphed**] telegrafiar.
telegraph pole *n* poste *m* telegráfico * del telégrafo.
telegraph wire *n* hilo *m* telegráfico.

telepathic /ˌtelɪ'pæθɪk/ *adj* telepático -ca.

telepathically /ˌtelɪ'pæθɪkəlɪ/ *adv* por telepatía, telepáticamente.

telepathy /tə'lepəθɪ/ *n* telepatía *f.*

telephone /'telɪfəʊn/ **I** *n* teléfono *m*: **she was** ***on*** **the telephone when I went in** cuando entré estaba hablando por teléfono; **they aren't** ***on*** **the telephone yet** todavía no tienen teléfono; **you can book seats** ***over*** **the telephone** puede reservar asientos por teléfono.
II *vt* [**telephones, telephoning, telephoned**] (*a place, a person*) llamar (por teléfono), telefonear: **he telephoned the hotel to book a room** llamó (por teléfono) al hotel para reservar una habitación; **he telephoned his instructions** dio sus instrucciones por teléfono.
♦*vi* telefonear, llamar (por teléfono): **she said she'd telephone when she got there** dijo que llamaría (por teléfono) cuando llegara.
telephone booth, **telephone box** *n* cabina *f* telefónica.
telephone call *n* llamada *f* telefónica.
telephone directory *n* guía *f* telefónica, (*Méx*) directorio *m* telefónico.
telephone exchange *n* central *f* telefónica.
telephone kiosk *n* cabina *f* telefónica.
telephone number *n* número *m* de teléfono.

telephonist /tə'lefənɪst/ *n* telefonista *m/f.*

telephoto lens /'telɪfəʊtəʊ lenz/ *n* teleobjetivo *m*.

teleprinter /'telɪprɪntə/ *n* teletipo *m*, teleimpresora *f.*

telesales /'teleˌseɪlz/ *n pl* televentas *f pl.*

telescope /'telɪskəʊp/ **I** *n* telescopio *m*.
II *vt* [**telescopes, telescoping, telescoped**]: **the whole series was telescoped into a single episode** condensaron * resumieron la serie entera en un solo episodio.
♦*vi* plegarse: **the umbrella telescopes to fit neatly in your bag** el paraguas se pliega y cabe cómodamente en su bolso.

telescopic /ˌtelɪ'skɒpɪk/ *adj* telescópico -ca.

Teletext®, **teletext** /'telɪtekst/ *n* teletexto *m*.

televise /'telɪvaɪz/ *vt* [**televises, televising, televised**] televisar.

television /'telɪvɪʒən/ *n* televisión *f*: **she spent the afternoon watching television** se pasó la tarde viendo * mirando (la) televisión; **I saw a programme**

about it *on* (the) television vi un programa sobre el tema en la televisión.

television licence *n* (*in GB*) *permiso para utilizar un receptor de televisión que se obtiene mediante pago cada año.*

television programme *n* programa *m* de televisión.

television screen *n* pantalla *f* de televisión.

television set *n* televisor *m*, receptor *m* de televisión.

teleworker /ˈtelɪˌwɔːkə/ *n* teletrabajador -dora *m/f*.

teleworking /ˈtelɪˌwɔːkɪŋ/ *n* teletrabajo *m*.

telex /ˈteleks/ **I** *n* [**telexes**] **1.** (*process, message*) télex *m inv*. **2.** (*machine*) télex *m inv*.
II *vt* [**telexes, telexing, telexed**] **1.** (*a person, a company*) enviarle un télex a. **2.** (*a message*) enviar por télex.

tell /tel/ *vt* [**tells, telling, told**] **1.** (*gen*) decir: **she told the truth/a lie** dijo la verdad/una mentira; **don't tell Matthew (that) it's for him** no le digas a Matthew que es para él; **nobody told me (that) the meeting was at nine** nadie me dijo que la reunión era a las nueve; **she told me how to get to the station** me dijo * me indicó cómo llegar a la estación; **I told her to phone back later** le dije que volviera a llamar más tarde; **his parents were told yesterday** a sus padres se lo dijeron ayer; **he never does as he's told** nunca hace lo que le dicen; (*a story, etc.*) contar: **will you tell me a story?** ¿me cuentas un cuento?; **you must tell me about your trip to China** tienes que contarme cómo te fue en el viaje a China • **I told you so!** ¿no te lo dije? • **"She's very obstinate." "You're telling me!"** "Es muy tozuda." "¡A mí me lo vas a decir!" • **(I) tell you what, why don't we paint it black?** se me ocurre una idea, ¿por qué no lo pintamos de negro? **2.** (*to let know*) avisar: **tell me when you're ready** avísame cuando estés listo; **the red light tells you when you're low on petrol** la luz roja te avisa cuando te estás quedando sin gasolina. **3.** (*to identify, ascertain*): **she can't tell one** *from* **the other** no es capaz de distinguir el uno del otro; **you can tell Peter** *by* **his walk** a Peter se lo reconoce por su forma de andar; **I can't tell whether it's butter or margarine** no sabría decir si es margarina o mantequilla; **I can't tell when she's being serious** no sé cuando habla en serio; **I could tell from his face that he was disappointed** por su expresión me di cuenta de que estaba desilusionado • **you never can tell with people like them** uno nunca sabe con gente como ellos • **there's no telling what will happen** no hay forma de saber qué es lo que pasará • **there are three hundred on the staff, all told** hay trescientos empleados en total.
♦*vi* **1.** (*to disclose*) hablar: **you can't trust her not to tell** no puedes confiar en que ella no hable; **one of the other pupils told** *on* **him** uno de sus compañeros lo acusó * se chivó; **the legend tells** *of* **a blind poet** la leyenda habla de un poeta ciego. **2.** (*to have an effect, be noticed*) notarse: **the stress is beginning to tell (on her)** el estrés la está empezando a afectar.

to **tell off** *vt* regañar, reñir.

telltale I *n* acusón -sona *m/f*, chivato -ta *m/f*.
II *adj* revelador -dora: **there were telltale marks on the carpet** había manchas reveladoras en la alfombra.

teller /ˈtelə/ *n* **1.** (*narrator*) narrador -dora *m/f*. **2.** (*cashier*) cajero -ra *m/f*. **3.** (*person who counts votes*) escrutador -dora *m/f*.

telling /ˈtelɪŋ/ **I** *adj* **1.** (*revealing*) elocuente, revelador -dora: **I thought his reaction was very telling** su reacción me pareció muy elocuente. **2.** (*argument, blow*) contundente.
II *n* relato *m*: **it was funny at the time but it loses something in the telling** fue muy gracioso cuando ocurrió, pero pierde algo al contarlo.

telling-off *n* (*fam*) bronca *f*, rapapolvo *m*: **he gave me a tremendous telling-off** me echó una bronca * un rapapolvo impresionante.

telly /ˈtelɪ/ *n* [**tellies**] (*GB: fam*) tele *f*: **what's** *on* **(the) telly?** ¿qué hay en la tele?

temerity /tɪˈmerətɪ/ *n* (*frml*) temeridad *f*, audacia *f*.

temp /temp/ **I** *n* trabajador -dora *m/f* eventual (*generalmente de oficina*).
II *vi* [**temps, temping, temped**] hacer trabajos eventuales (*generalmente de oficina*).

temp. *léase* /ˈtemprətʃə/ (*abreviatura de* **temperature**) temperatura *f*.

temper /ˈtempə/ **I** *n* (*character trait*) genio *m*: **she has a terrible temper** tiene muy mal genio; **she has a very quick temper** tiene el genio muy vivo • **temper, temper!** ¡ese genio, ese genio!; (*temporary state*): **my father was in a (bad) temper** mi padre estaba de mal humor; **she's in a foul temper** está de un humor de perros • **he flew into a temper** se puso furioso • **he lost his temper and slammed the phone down** perdió los estribos y colgó el teléfono de un golpe.
II *vt* [**tempers, tempering, tempered**] **1.** (*criticism*) suavizar: **her criticisms were tempered** *with* * *by* **encouragement** suavizó sus críticas con palabras de aliento. **2.** (*a metal*) templar.

temperament /ˈtempərəmənt/ *n* temperamento *m*: **he has a lively temperament** es muy animado.

temperamental /ˌtempərəˈmentəl/ *adj* (*person*) temperamental; (*machine, etc.*): **this car is a bit temperamental and doesn't always start** a este coche, según le da, a veces no arranca.

temperate /ˈtempərət/ *adj* **1.** (*climate*) templado -da. **2.** (*behaviour*) moderado -da, comedido -da.

temperature /ˈtemprətʃə/ *n* (*gen*) temperatura *f*; (*Med*) temperatura *f*, fiebre *f*: **she took the child's temperature** le tomó la temperatura al niño; **you've got a bit of a temperature** tienes un poco de fiebre.

tempest /ˈtempɪst/ *n* (*frml*) tempestad *f* • (*US*) **their quarrel is just a tempest in a teapot** su pelea no es más que una tormenta en un vaso de agua.

tempestuous /temˈpestjʊəs/ *adj* (*frml*) tempestuoso -sa.

temping /ˈtempɪŋ/ *n* trabajos *m pl* eventuales (*generalmente de oficina*).

temping agency *n* agencia *f* de colocaciones (*para trabajos eventuales generalmente de oficina*).

template /ˈtemplɪt/ *n* plantilla *f*.

temple /ˈtempəl/ *n* **1.** (*Archit*) templo *m*. **2.** (*Anat*) sien *f*.

tempo /ˈtempəʊ/ *n* [**tempos** * **tempi** /ˈtempiː/] tempo *m*.

temporal /ˈtempərəl/ *adj* temporal.

temporarily /ˈtempərerəlɪ/ *adv* temporalmente.

temporary /ˈtempərərɪ/ *adj* **1.** (*gen*) temporal, (*AmérL*) temporario -ria; (*work, job*) eventual, temporal; (*solution, measure, etc.*) temporal, provisional, (*AmérL*) provisorio -ria. **2.** (*short-lived*): **there was a temporary lull in the fighting** hubo una tregua de corta duración.

tempt /tempt/ *vt* [**tempts, tempting, tempted**] tentar: **she was tempted** *by* **the offer of a free trip to Paris** la tentó la oferta de un viaje gratis a París; **I'm**

tempted to buy two pairs, they're so cheap tengo ganas de comprarme dos pares, son tan baratos; **don't tempt me!** ¡no me tientes!; **can I tempt you** *to* **another chocolate?** ¿le puedo ofrecer otro bombón?

temptation /temp'teɪʃən/ *n* tentación *f*: **he couldn't resist the temptation** *to* **tell her** no pudo resistir la tentación de decírselo.

tempting /'temptɪŋ/ *adj* (*idea, suggestion*) tentador -dora, atrayente; (*food*) tentador -dora, apetecible.

ten /ten/ *adj, n* diez *adj inv, m* ● **ten to one the train will have gone!** ¡te apuesto lo que quieras a que el tren ya habrá salido! ➪ five

tenable /'tenəbəl/ *adj* (*opinion, view*) sostenible, defendible.

tenacious /tɪ'neɪʃəs/ *adj* tenaz.

tenaciously /tɪ'neɪʃəslɪ/ *adv* tenazmente.

tenacity /tɪ'næsətɪ/ *n* tenacidad *f*.

tenancy /'tenənsɪ/ *n* [**tenancies**] (*of a property*) *periodo durante el cual se ocupa un inmueble como inquilino*: **it happened during their tenancy** ocurrió mientras ellos ocupaban el inmueble (como inquilinos); **I have a three-year tenancy** tengo un contrato de alquiler de tres años.

tenant /'tenənt/ *n* inquilino -na *m/f*, arrendatario -ria *m/f*.

tend /tend/ *vi* [**tends, tending, tended**] (*to have a tendency*): **he tends** *to* **repeat himself** tiende a repetirse, tiene tendencia a repetirse; **her paintings tend** *toward* **the abstract** sus cuadros son de tendencia abstracta; **I tend to listen** *to* **the radio while I'm working** suelo escuchar la radio cuando trabajo.

♦*vt* (*to look after: a person*) atender, cuidar de; (*the fields, the animals*) ocuparse de.

to **tend to** *vt* ocuparse de: **I must tend to my garden** tengo que ocuparme del jardín; **he tends to her every need** se ocupa de todo lo que ella pueda necesitar.

tendency /'tendənsɪ/ *n* [**tendencies**] (*gen*) tendencia *f*: **the printer has a tendency to jam** la impresora tiene tendencia a atascarse; **he has a tendency to put on weight/to catch colds** tiene tendencia * propensión a engordar/a resfriarse; **she has a tendency** *towards* **laziness** tiene tendencia a ser perezosa; **there's a tendency** *for* **people to abuse the system** existe una tendencia a que la gente abuse del sistema.

tender /'tendə/ **I** *adj* **1.** (*caring, sensitive*) cariñoso -sa, tierno -na. **2.** (*meat*) tierno -na. **3.** (*sore*) dolorido -da: **my arm's still a bit tender** todavía me duele un poco el brazo. **4.** (*in age, years*): **he was orphaned at the tender age of seven** se quedó huérfano a la tierna edad de siete años.

II *n* **1.** (*Fin: currency*) moneda *f* de curso legal: **these notes are no longer legal tender** estos billetes ya no son de curso legal. **2.** (*estimate*) presupuesto *m*: **the contract was put out to tender** la adjudicación del contrato salió a concurso * se llamó a licitación. **3.** (*Transp: on rail*) ténder *m*; (*: at sea*) barco *m* avituallador.

III *vt* [**tenders, tendering, tendered**] (*frml*) presentar, ofrecer: **she tendered her resignation** presentó su dimisión.

♦*vi* presentarse a un concurso * a una licitación: **they are tendering** *for* **the South African contract** se van a presentar al concurso * a la licitación para la adjudicación del contrato sudafricano.

tender-hearted *adj* de buen corazón.

tenderloin *n* lomo *m*.

tenderly /'tendəlɪ/ *adv* tiernamente.

tenderness /'tendənəs/ *n* ternura *f*.

tendon /'tendən/ *n* tendón *m*.

tendril /'tendrəl/ *n* zarcillo *m*.

tenement /'tenəmənt/ *n* casa *f* de vecinos, (*Arg, Chi, Urug*) conventillo *m*.

Tenerife /ˌtenə'ri:f/ *n* Tenerife *m*.

tenet /'tenɪt/ *n* principio *m*.

tenner /'tenə/ *n* (*fam*) billete *m* de diez libras/diez dólares.

tennis /'tenɪs/ *n* tenis *m*: **they spent the afternoon playing tennis** pasaron la tarde jugando al tenis; **how about a game of tennis?** ¿jugamos un partido de tenis?

tennis ball *n* pelota *f* de tenis.

tennis club *n* club *m* de tenis.

tennis court *n* pista *f* * (*Amér L*) cancha *f* de tenis.

tennis elbow *n* codo *m* de tenista, sinovitis *f inv* del codo.

tennis match *n* partido *m* de tenis.

tennis player *n* jugador -dora *m/f* de tenis.

tennis racket, tennis racquet *n* raqueta *f* de tenis.

tenor /'tenə/ **I** *adj* (*voice*) de tenor; (*instrument*) tenor.

II *n* tenor *m*.

tenpin bowling /'tenpɪn 'bəʊlɪŋ/ *n* bolos *m pl*, bowling *m*.

tense /tens/ **I** *adj* **1.** (*rope, muscles*) tenso -sa. **2.** (*mentally*) tenso -sa: **it was a tense moment when the results were announced** hubo un momento de tensión cuando anunciaron los resultados.

II *n* (*Ling*) tiempo *m*.

III *vt* [**tenses, tensing, tensed**] tensar: **the cat tensed itself, ready to spring** el gato se tensó, disponiéndose a saltar.

to **tense up** *vi* ponerse tenso -sa.

tension /'tenʃən/ *n* tensión *f*.

tent /tent/ *n* tienda *f* (de campaña), (*Amér L*) carpa *f*: **we pitched the tent in a field** montamos la tienda (de campaña) en un campo.

tent peg *n* estaca *f*.

tentacle /'tentəkəl/ *n* tentáculo *m*.

tentative /'tentətɪv/ *adj* **1.** (*not definite*) provisional, (*Amér S*) provisorio -ria. **2.** (*hesitant*): **she took a tentative step towards the door** dio un paso vacilante hacia la puerta; **it was only a tentative suggestion** era simplemente una sugerencia; **she was rather tentative** *about* **going there alone** no estaba muy segura de si debía ir allí sola.

tentatively /'tentətɪvlɪ/ *adv* (*hesitantly*): **she pushed the door open tentatively** empujó la puerta con gesto vacilante; (*provisionally*): **the meeting was tentatively arranged for the following week** la reunión se fijó provisionalmente para la semana siguiente.

tenterhooks /'tentəhʊks/ *n pl* ● **we were all on tenterhooks** todos estábamos sobre ascuas ● **she loves to keep people on tenterhooks** le encanta tener a la gente sobre ascuas.

tenth /tenθ/ **I** *adj* décimo -ma.

II *n* **1.** (*in order: gen*) décimo -ma *m/f*; (*: date*) diez *m*. **2.** (*one part*) décima parte *f*; (*fraction*) décimo *m*. ➪ fifth

tenuous /'tenjʊəs/ *adj* (*argument*) flojo -ja, poco convincente: **the link between the two paragraphs is very tenuous** la relación entre los dos párrafos es muy vaga.

tenure /'tenjə/ *n* (*of a property*): *periodo durante el cual se ocupa un inmueble como inquilino*; (*of a position*) tenencia *f*.

tepid /'tepɪd/ *adj* tibio -bia.

term /tɜːm/ **I** *n* **1.** (*Educ*) trimestre *m*: **the university term begins at the end of September** el trimestre universitario comienza a finales de septiembre. **2.** (*period of time*) periodo *m*: **her term** *of* **imprisonment ends next year** el año que viene habrá cumplido su condena • **in the long term we plan to expand** tenemos planes de expansión a largo plazo • **the prospects are not encouraging in the short term** las perspectivas a corto plazo no son muy alentadoras. **3.** (*Ling*) término *m*: **I find all these legal/technical terms very confusing** todos estos términos legales/técnicos me resultan muy confusos • **I wasn't happy with his work and I told him so in no uncertain terms** no estaba satisfecha con su trabajo y se lo dije muy claramente * se lo dije sin dejar lugar a dudas.

II terms *n pl* **1.** (*sense*): **it doesn't make sense in economic terms** desde el punto de vista económico no tiene sentido; **he was talking in terms of moving there permanently** hablaba de ir a establecerse * radicarse allí; **in real terms, salaries haven't changed** en términos reales, los sueldos no han cambiado • **you should be thinking in terms of five hours' reading a day** deberías considerar dedicar alrededor de cinco horas diarias a la lectura • **we are well equipped in terms of sports facilities** en cuanto a instalaciones deportivas * en lo que a instalaciones deportivas se refiere estamos bien equipados. **2.** (*relationship*) relaciones *f pl*: **it helps to be** *on* **good terms with the boss** conviene tener buenas relaciones con el jefe; **they're no longer** *on* **speaking terms** ya no se hablan • **he hasn't yet come to terms with his parents' divorce** aún no ha asumido * aceptado lo del divorcio de sus padres. **3.** (*conditions*) condiciones *f pl*: **she will only do it on her terms** sólo está dispuesta a hacerlo si se aceptan sus condiciones; **we offer preferential terms for first-time buyers** ofrecemos condiciones más favorables para los que compran su primera casa.

III *vt* [**terms, terming, termed**] denominar, llamar: **she terms herself a domiciliary executive, not a housewife** se describe a sí misma como ejecutiva del hogar, no ama de casa.

term of office *n* [**terms of office**] mandato *m*: **the president's term of office finishes in May** el mandato del presidente finaliza en mayo.

term-time *n* época *f* de clases: **the cafeteria is only open during term-time** el comedor está abierto solamente en época de clases.

terminal /ˈtɜːmɪnəl/ **I** *adj* (*patient, illness*) terminal.

II *n* **1.** (*in an airport*) terminal *f*: **our flight leaves from terminal three** nuestro vuelo sale de la terminal tres. **2.** (*Inform, Tec*) terminal *m*.

terminally ill /ˈtɜːmɪnəlɪ ɪl/ *adj* (*patient*) terminal, en la fase terminal de su enfermedad: **the doctors stated that she was terminally ill** los médicos la desahuciaron.

terminate /ˈtɜːmɪneɪt/ *vi* [**terminates, terminating, terminated**] (*frml*) concluir: **all change please**; **the train terminates here** hagan transbordo por favor, hemos llegado al final del trayecto de este tren.

♦*vt* **1.** (*Med: a pregnancy*) interrumpir. **2.** (*Fin: a contract*) rescindir.

termination /ˌtɜːmɪˈneɪʃən/ *n* **1.** (*Med: of pregnancy*) interrupción *f*. **2.** (*Fin: of contract*) rescisión *f*.

terminology /ˌtɜːmɪˈnɒlədʒɪ/ *n* terminología *f*.

terminus /ˈtɜːmɪnəs/ *n* [**terminuses * termini** /ˈtɜːmɪniː/] terminal *f* (*de autobuses, trenes o metro*).

termite /ˈtɜːmaɪt/ *n* termita *f*.

terrace /ˈterəs/ **I** *n* **1.** (*of a house: gen*) terraza *f*; (*: on roof*) azotea *f*, terraza *f*. **2.** (*outside cafe, etc.*) terraza *f*. **3.** (*on hillside*) terraza *f*, bancal *m*. **4.** (*of houses*) hilera *f* de casas (*adosadas*).

II terraces *n pl* (*at football ground*) gradas *f pl*.

terraced /ˈterəst/ *adj* **1.** (*housing*) adosado -da. **2.** (*hillside*) escalonado -da, con terrazas * bancales.

terraced house *n* casa *f* adosada.

terracotta /ˌterəˈkɒtə/ *n* terracota *f*.

terrain /təˈreɪn/ *n* terreno *m*.

terrapin /ˈterəpɪn/ *n* tortuga *f* de agua dulce.

terrestrial /təˈrestrɪəl/ *adj* terrestre.

terrible /ˈterəbəl/ *adj* **1.** (*weather, pain, experience*) espantoso -sa, terrible, atroz: **the hotel food was terrible** la comida del hotel era malísima * terriblemente mala; **I've got a terrible memory for names** tengo pésima memoria para los nombres; **how terrible!** ¡qué horror! **2.** (*as intensifier*): **she was in a terrible hurry** tenía muchísima prisa; **we had a terrible job finding the house** nos costó muchísimo encontrar la casa.

terribly /ˈterəblɪ/ *adv*: **I'm terribly sorry** lo siento muchísimo; **she was terribly disappointed at not being chosen** la desilusionó muchísimo el que no la eligieran; **he isn't terribly bright** no es una lumbrera que digamos.

terrier /ˈterɪə/ *n* terrier *m inv*.

terrific /təˈrɪfɪk/ *adj* **1.** (*wonderful*) estupendo -da: **"I got the job." "That's terrific!"** "Me dieron el trabajo." "¡Estupendo!" * "¡Qué maravilla!" **2.** (*very great*) tremendo -da: **there was a terrific explosion** hubo una tremenda explosión.

terrifically /təˈrɪfɪkəlɪ/ *adv*: **it was terrifically busy in the shops today** hoy había muchísima gente en las tiendas.

terrified /ˈterɪfaɪd/ *adj* aterrado -da, aterrorizado -da: **they were absolutely terrified** estaban realmente aterrados * aterrorizados; **she's terrified** *of* **flying** le da pánico * terror volar.

terrify /ˈterɪfaɪ/ *vt* [**terrifies, terrifying, terrified**] aterrorizar: **the thought of losing his job terrified him** la idea de quedarse sin trabajo lo aterrorizaba; **the child was terrified by the noise** el niño estaba aterrorizado por el ruido.

terrifying /ˈterɪfaɪɪŋ/ *adj* aterrador -dora.

territorial /ˌterɪˈtɔːrɪəl/ *adj* territorial.

Territorial Army *n* (*in GB*) *cuerpo voluntario de reservistas*.

territorial waters *n pl* aguas *f pl* jurisdiccionales * territoriales.

territory /ˈterɪtərɪ/ *n* [**territories**] (*gen*) territorio *m*: **we're back on home territory** estamos de vuelta en casa; (*of rep, agent*) zona *f*, área *f* [takes ***el*** or ***un*** in singular].

terror /ˈterə/ *n* **1.** (*emotion*) terror *m*: **she screamed** *in* **terror as the dog leapt at her** gritó aterrorizada cuando el perro se le echó encima • **the attack struck terror into the hearts of the villagers** el ataque hizo que cundiera el pánico en la aldea. **2.** (*child*): **Benedict is a real terror** Benedict es un verdadero diablillo.

terror-stricken *adj* aterrorizado -da.

terrorism /ˈterərɪzəm/ *n* terrorismo *m*.

terrorist /ˈterərɪst/ *adj, n* terrorista *adj, m/f*.

terrorize /ˈterəraɪz/ *vt* [**terrorizes, terrorizing, terrorized**] aterrorizar.

terse /tɜːs/ *adj* (*reply*) seco -ca y escueto -ta.

tersely /ˈtɜːslɪ/ *adv* bruscamente: **it's not my responsibility, he replied tersely** no es mi responsabilidad, contestó bruscamente.

tertiary /ˈtɜːʃərɪ/ *adj* **1.** (*gen*) terciario -ria. **2. Tertiary** (*Geol*) terciario -ria.

tertiary education *n* enseñanza *f* superior.

tertiary sector *n* sector *m* terciario.

Terylene® /ˈterəliːn/ *n* Terylene® *m*.

TESL /ˈtesəl/ *n* (*abreviatura de* **Teaching (of) English as a Second Language**) enseñanza *f* del inglés como segunda lengua.

TESOL /ˈtesɒl/ *n* (*abreviatura de* **Teaching (of) English to Speakers of Other Languages**) enseñanza *f* del inglés a extranjeros.

test /test/ **I** *n* **1.** (*Educ*) prueba *f*, examen *m*: **we have a test** *on* **irregular verbs tomorrow** mañana tenemos una prueba sobre verbos irregulares; (*for driving*) examen *m*: **I still haven't passed my (driving) test** todavía no he aprobado el examen de conducir; (*multiple choice, by psychologist*) test *m*. **2.** (*Med*) análisis *m inv*: **he is undergoing tests** *for* **cancer** le están haciendo análisis para determinar si tiene cáncer. **3.** (*trial*) prueba *f*: **it's a real test** *of* **self-control** pone verdaderamente a prueba el dominio que uno tiene de sí mismo • **we haven't yet put it to the test** aún no lo hemos puesto a prueba • **this method has stood the test of time** este método está avalado por muchos años de uso.

II *vt* [**tests, testing, tested**] **1.** (*to try*) probar: **test the water to make sure it isn't too hot** prueba el agua para asegurarte de que no está demasiado caliente. **2.** (*to put on trial: a product, a method*) probar: **they are testing** *(out)* **a new cure for the common cold** están probando una nueva cura para el resfriado común; **our products are not tested** *on* **animals** no utilizamos animales en las pruebas de laboratorio de nuestros productos; (*: patience, loyalty, friendship*) poner a prueba: **the long wait tested his patience** la larga espera puso a prueba su paciencia. **3.** (*Med: blood, urine*) analizar: **they test the urine** *for* **traces of sugar** analizan la orina para comprobar si contiene vestigios de azúcar; **you should have your eyes tested** deberías hacerte examinar la vista. **4.** (*Educ*) someter a una prueba, hacerle una prueba a: **the children are tested monthly** se somete a los niños a pruebas mensuales.

test case *n* juicio *m* que sienta jurisprudencia.

test drive I *n* prueba *f* de rodaje * de carretera.
II test-drive *vt* [**test-drives, test-driving, test-drove,** *participio pasado* **test-driven**] (*a car*) probar (en carretera).

test flight *n* vuelo *m* de prueba.

test match *n* (*in cricket, rugby*) partido *m* internacional.

test paper *n* examen *m*.

test pilot *n* (*Av*) piloto *m* de pruebas.

test tube *n* tubo *m* de ensayo.

test-tube baby *n* niño -ña *m/f* probeta.

testament /ˈtestəmənt/ *n* testamento *m*: **this is my last will and testament** éste es mi testamento y última voluntad.

testicle /ˈtestɪkəl/ *n* testículo *m*.

testify /ˈtestɪfaɪ/ *vi* [**testifies, testifying, testified**] (*to bear witness*): **I can testify** *to* **his honesty** puedo dar fe de su honradez; **her tenacity testifies** *to* **her strength of character** su tenacidad es testimonio de su fortaleza de carácter; (*Law*) prestar declaración, testificar: **she refused to testify** *against* **him** se negó a testificar en contra de él.
♦ *vt* (*Law*) declarar, atestiguar: **he testified that no one had entered the building** declaró que nadie había entrado en el edificio.

testily /ˈtestəlɪ/ *adv* con irritación.

testimonial /ˌtestɪˈməʊnɪəl/ *n* carta *f* de recomendación.

testimony /ˈtestɪmənɪ/ *n* [**testimonies**] testimonio *m*: **the literature of the period is testimony** *to* **the suffering caused by the war** la literatura de la época es testimonio del sufrimiento que causó la guerra.

testing /ˈtestɪŋ/ **I** *adj* (*difficult*) difícil, arduo -dua.
II *n* **1.** (*trials*): **they subjected the device to rigorous testing** sometieron el aparato a duras pruebas. **2.** (*Educ*) pruebas *f pl* y exámenes *m pl*.

testy /ˈtestɪ/ *adj* [**testier, testiest**] irritable.

tetanus /ˈtetənəs/ *n* tétanos *m inv*.

tetchy /ˈtetʃɪ/ *adj* [**tetchier, tetchiest**] irritable.

tête-à-tête /ˌtetɑːˈtet/ **I** *n* tête-à-tête *m*, conversación *f* (íntima).
II *adv* en la intimidad.

tether /ˈteðə/ **I** *n* (*rope*) cuerda *f* (*para atar animales*); (*chain*) cadena *f* (*para atar animales*).
II *vt* [**tethers, tethering, tethered**] (*animals*) atar.

Texan /ˈteksən/ *adj*, *n* tejano -na *adj*, *m/f*.

Texas /ˈteksəs/ *n* Tejas *m*.

text /tekst/ *n* texto *m*: **she made some changes to the text** hizo algunos cambios al texto; **her last novel was one of our set texts** su última novela era una de nuestras lecturas obligatorias.

textbook *n* libro *m* de texto.

textile /ˈtekstaɪl/ *n* textil *m*: **he works in the textile industry** trabaja en la industria textil.

textual /ˈtekstjʊəl/ *adj* (*gen*) textual; (*criticism*) de textos.

texture /ˈtekstʃə/ *n* textura *f*.

Thai /taɪ/ *adj*, *n* tailandés -desa *adj*, *m/f*.

Thailand /ˈtaɪlænd/ *n* Tailandia *f*.

Thames /temz/ *n*: **the Thames** el Támesis.

than /ðæn/ *conj* **1.** (*in simple comparisons*) que: **James is taller than Gary** James es más alto que Gary; **that's not fair! you got more than me!** ¡eso no es justo! ¡a ti te dieron más que a mí! **2.** (*followed by a number*) de: **more than fifty people applied for the job** más de cincuenta personas solicitaron el puesto; **have you been to France more than once?** ¿has estado en Francia más de una vez? **3.** (*followed by a clause*) de: **this game is more difficult than I expected** este juego es más difícil de lo que esperaba.

thank /θæŋk/ **I** *vt* [**thanks, thanking, thanked**] darle las gracias a: **I thanked him** le di las gracias; **he thanked us** *for* **the present** nos agradeció el regalo; **she didn't even thank me** *for* **it** ni siquiera me lo agradeció.
II thanks *n pl* **1.** (*gratitude*) agradecimiento *m*: **she got very little thanks** *for* **all her hard work** le agradecieron bien poco todo lo que había trabajado. **2. thanks to** gracias a: **it was all achieved thanks to you** todo se logró gracias a ti; **we finished it eventually, no thanks to Ian** al final terminamos, aunque no gracias a Ian.

thank you I *excl* (*también* (*fam*) **thanks**) gracias: **"More vegetables?" "No, thank you * thanks."** "¿Más verduras?" "No, gracias."; **thank you * thanks** *for* **waiting for me** gracias por esperarme;

thank you very much *for* **everything** muchas gracias por todo.

II *n*: **...and a big thank you to Andrew** *for* **organizing it all** ...y muchas gracias a Andrew por organizarlo todo; **I've got so many thank-you letters to write** tengo que escribir tantas cartas de agradecimiento.

thanksgiving *n* 1. (*Relig*) acción *f* de gracias: **there was a service of thanksgiving** *for* **Peter's life and work** hubo un oficio de acción de gracias por la vida y obra de Peter. 2. **Thanksgiving** (*in US*) día *m* de acción de gracias (*en el que se conmemora la primera cosecha de los colonos en territorio norteamericano*).

thankful /'θæŋkfʊl/ *adj* agradecido -da: **you should be thankful** *for* **what you've got** deberías estar agradecido por lo que tienes.

thankfully /'θæŋkfʊlɪ/ *adv* afortunadamente: **thankfully, we didn't have to wait long** afortunadamente no tuvimos que esperar mucho.

thankless /'θæŋkləs/ *adj* ingrato -ta: **housework is such a thankless task** el trabajo de la casa es una tarea muy ingrata.

that /ðæt/ I *conj [en muchos casos* ***that*** *se omite]* que: **did you tell her (that) we want to see her?** ¿le dijiste que queremos verla?; **I realized (that) he wasn't listening** me di cuenta de que no estaba escuchando; **I'm glad (that) you arrived on time** me alegro de que hayas llegado a tiempo; **it's not that I don't want to go, but...** no es que no quiera ir, pero...; **switch on the light so that we can see it better** enciende la luz para que lo veamos mejor.

II *adj* [*pl* **those**] 1. (*relatively close*) ese, esa: **I prefer that ring, the one on your little finger** prefiero ese anillo, el que tienes en el dedo meñique; **who's that woman?** ¿quién es esa mujer? • **I can't stand that sister of his** no aguanto a esa hermana suya. 2. (*relatively distant*) aquel, aquella: **do you see that ship beyond the headland?** ¿ves aquel barco más allá del promontorio?; **at that time there were no computers** en aquella época no existían las computadoras. 3. **that one** (*relatively close*) ése, ésa: **don't you like that one?** ¿no te gusta ése?; (*relatively distant*) aquél, aquélla.

III *demonstrative pron* [*pl* **those**] 1. (*relatively close*) ése, ésa, eso: **who's that?** ¿quién es ése?; **this tie cost me twice as much as that** esta corbata me costó el doble que ésa; **who said that?** ¿quién ha dicho eso? 2. (*relatively distant*) aquél, aquélla, aquello: **this building is much taller than that** este edificio es mucho más alto que aquél; **we left all that behind us** dejamos todo aquello atrás • **tell him not to look at me like that** dile que no me mire así • **she's not as old as (all) that** en realidad no es tan vieja. 3. (*on telephone*): **is that Mr Carter?** ¿es (usted) el señor Carter?

IV *relative pron [cuando* ***that*** *es complemento del verbo de la oración de relativo, se puede omitir]* 1. (*without preposition*) que: **this is the dog that bit me** éste es el perro que me mordió; **where are the carrots (that) you bought?** ¿dónde están las zanahorias que compraste?; **is he the one that broke your windscreen?** ¿es ése el que te rompió el parabrisas?; **it was snowing on the night (that) we arrived** la noche (en) que llegamos estaba nevando. 2. (*with preposition*) el que, la que: **here's the policeman (that) the boy shot at** éste es el policía al que el chico le disparó; **those are the paintings (that) they were talking about** ésos son los cuadros de los que estaban hablando; **do you remember those girls (that) you spoke to?** ¿te acuerdas de esas niñas con quienes * con las que hablaste?

V *adv* 1. (*with an adjective*) tan: **I didn't think he'd be that tall** no me imaginé que sería tan alto • **she can't be (all) that rich** no será tan rica. 2. **that much** tanto -ta: **nobody can drink that much!** ¡nadie es capaz de beber tanto! 3. **that many** tantos -tas: **I had never seen that many cats before** nunca había visto tantos gatos juntos.

thatch /θætʃ/ I *n* 1. (*roof*) techo *m* de paja. 2. (*straw*) paja *f*.

II *vt* [**thatches, thatching, thatched**] poner un techo de paja a.

thaw /θɔː/ I *vi* [**thaws, thawing, thawed**] 1. (*ice, snow*) derretirse: **do you think it will thaw before the weekend?** ¿crees que la nieve se habrá derretido antes del fin de semana?; (*frozen food*) descongelarse. 2. (*relations*) distenderse, mejorar.

♦ *vt* (*ice, snow*) derretir; (*food*) descongelar.

II *n* (*of snow, relations*) deshielo *m*.

the /ðə/ I *def art* 1. (*singular: masculine*) el; (*: feminine*) la; (*plural: masculine*) los; (*: feminine*) las; (*before feminine singular nouns beginning with stressed* ***a-*** *or* ***ha-*** *in Spanish*) el: **the eagle** el águila; **the last page of the book** la última página del libro; **I showed it to the teacher** se lo enseñé al profesor; **the Cubans won seventeen gold medals** los cubanos ganaron diecisiete medallas de oro; **the Doyles are friends of ours** los Doyle son amigos nuestros; **the strangeness of his behaviour** lo extraño de su comportamiento; **the best of his poetry** lo mejor de su poesía. 2. (*untranslated in Spanish*): **Tuesday, the fifteenth of February** martes, quince de febrero; **Santos, the republic's president between 1882-1886** Santos, presidente de la república entre 1882-1886; **Henry VII** *(Henry the Seventh)* Enrique VII *(Enrique séptimo)*.

II *adv [with comparatives]*: **the sooner she learns to drive the better** cuanto antes aprenda a conducir, mejor; **it's all the more important for me to go because...** es aún más importante que yo vaya por cuanto....

theatre, (*US*) **theater** /'θɪətə/ *n* 1. (*gen*) teatro *m*. 2. (*Med*) quirófano *m*.

theatre company, (*US*) **theater company** *n* compañía *f* teatral.

theatregoer, (*US*) **theatergoer** *n* aficionado -da *m/f* al teatro.

theatrical /θɪ'ætrɪkəl/ *adj* teatral.

theft /θeft/ *n* robo *m*.

their /ðeə/ *adj [implica más de un poseedor]* 1. (*with singular noun*) su; (*with plural noun*) sus: **that's their car** ése es su coche; **one of their cousins** un primo suyo * uno de sus primos. 2. (*with parts of the body, etc.*) [translated by **el**, **la**, **los** or **las**]: **tell them not to put their heads out of the window** diles que no asomen la cabeza por la ventana; **they've left their books behind** se han dejado los libros; **everyone must do their best** cada uno debe hacer lo que pueda.

theirs /ðeəz/ *pron [implica más de un poseedor]* 1. (*one thing*) (el) suyo, (la) suya: **"Whose is that car?" "It's theirs."** "¿De quién es ese coche?" "Es suyo."; **a friend of theirs** una amiga suya * de ellos. 2. (*more than one*) (los) suyos, (las) suyas: **our customs are very similar to theirs** nuestras costumbres se parecen mucho a las suyas.

them /ðem/ *pron* 1. (*as direct object*) los, las: **he collected them from the airport** las fue a buscar al aeropuerto. **2.** (*as indirect object*) les: **I sent them a postcard from Santo Domingo** les envié una postal desde Santo Domingo; (*before another pronoun*) se: **it's essential that we tell them** es fundamental que se lo digamos. **3.** (*after a preposition*) ellos, ellas: **I spoke with them last night** hablé anoche con ellas; **we haven't seen any of them** no hemos visto a ninguno de ellos; **the three of them were guilty** los tres eran culpables; **there aren't enough of them** no son suficientes. **4.** (*fam*: *after* **than, as,** *and* **to be**): **it's them! the girls have arrived** ¡son ellas! han llegado las muchachas; **we're not as rich as them** no somos tan ricos como ellos. **5.** (*fam*: *used with singular meaning*): **if anyone calls tell them to leave me a message** si llama alguien, dile que deje un recado.

theme /θi:m/ *n* tema *m*.

theme song, theme tune *n* (*of film*) tema *m* musical; (*of radio, television programme*) sintonía *f*.

themselves /ðəm'selvz/ *pron* **1.** (*used reflexively*) se: **they got themselves into trouble** se metieron en problemas. **2.** (*for emphasis*) ellos mismos, ellas mismas: **they went themselves to pay the fine** fueron ellos mismos a pagar la multa; **the students themselves organized the ball** los estudiantes mismos organizaron el baile. **3.** (*after a preposition*) sí mismos, sí mismas: **they want everything for themselves** lo quieren todo para ellos • **they built the house (all) by themselves** construyeron la casa ellos solos.

then /ðen/ **I** *adv* **1.** (*next*) luego: **we had dinner, then we went to the theatre** cenamos y luego fuimos al teatro; **he closed the door, then he put out the lights** cerró la puerta y apagó las luces; **it was then that she saw me** fue entonces cuando me vio; **and what did you do then?** ¿y qué hiciste después? **2.** (*at a time in the past*) entonces: **that's how it was then** así era entonces; **there were no motorcars then** no había automóviles en aquella época * en aquel entonces; **he'd never been to see them until then** nunca había ido a verlos hasta entonces; **from then on she changed completely** a partir de entonces, cambió por completo • **I gave up smoking there and then** dejé de fumar a partir de aquel mismo instante • **now and then he invites us to lunch** nos invita a comer de vez en cuando • **he didn't recognize me, but then there's no reason why he should** no me reconoció, pero en realidad no tenía por qué. **3.** (*so, therefore*) entonces, así que: **you've changed your mind then?** ¿así que has cambiado de idea? • **now then, first we must decide what we're going to tell him** ahora bien, primero hay que decidir qué le vamos a decir • **now then! what's all this fuss?** vamos a ver, ¿a qué viene tanto jaleo? • **what's going on here then?** ¿qué pasa aquí? **4.** (*in any case*): **I didn't enjoy the meal, but then I don't like Chinese food** no me gustó la cena, pero, claro * bueno, a mí no me gusta la comida china.

II *adj* de entonces: **we met the then King of Greece** conocimos al entonces rey de Grecia.

thence /ðens/ *adv* (*frml*) de * desde allí.

theologian /θɪə'ləʊdʒən/ *n* teólogo -ga *m/f*.

theological /θɪə'lɒdʒɪkəl/ *adj* teológico -ca.

theological college *n* seminario *m*.

theology /θɪ'ɒlədʒɪ/ *n* teología *f*.

theorem /'θɪərəm/ *n* teorema *m*.

theoretical /θɪə'retɪkəl/ *adj* teórico -ca.

theoretically /θɪə'retɪkəlɪ/ *adv* teóricamente, en teoría.

theoretician /θɪərə'tɪʃən/ *n* teórico -ca *m/f*.

theorist /'θɪərɪst/ *n* teórico -ca *m/f*.

theorize /'θɪəraɪz/ *vi* [**theorizes, theorizing, theorized**] teorizar.

theory /'θɪərɪ/ *n* [**theories**] teoría *f*: *in* **theory they should have arrived by now** en teoría, ya deberían haber llegado.

therapeutic /θerə'pju:tɪk/ *adj* terapéutico -ca.

therapist /'θerəpɪst/ *n* terapeuta *m/f*.

therapy /'θerəpɪ/ *n* [**therapies**] terapia *f*, terapéutica *f*.

there /ðeə/ **I** *adv* **1.** (*that place*) ahí; (*further away*) allí, allá: **what's she doing in there?** ¿qué hace ahí dentro?; **I left them over there** los dejé por ahí; **what's your brother doing over there in California?** ¿qué hace tu hermano allá en California?; **can you get there and back in one day?** ¿se puede ir y volver en un solo día?; **look, there she is** mira, ahí está; **so long, there's my bus** ¡chao!, ahí viene mi autobús; **he wasn't there when I called** no estaba cuando llamé; **hello, is Carmen there?** hola, ¿está Carmen?; **wake me up when we're there** despiértame cuando hayamos llegado; **there were towels left here and there** había toallas tiradas por todas partes • **there you are, I made you some sandwiches** ten, te he preparado unos sándwiches • **there you are, it's ready** ahí tienes, está listo • **I sometimes think she's not all there** a veces me parece que le falta un tornillo. **2.** [followed by ***is***, ***are***, ***was***, ***were***, etc.; usually translated by the third person singular of ***haber***]: **there** *is* * **there***'s* **a bookshop in the village** hay una librería en el pueblo; **there** *are* **two bookshops in the village** hay dos librerías en el pueblo; **there** *was* **an accident there last week** hubo un accidente allí la semana pasada; **there** *were* **two accidents there last week** hubo dos accidentes allí la semana pasada; *was* **there anybody there?** ¿había alguien allí?; *were* **there many tourists then?** ¿había muchos turistas en esa época?; **there** *will be* **a power cut at one o'clock** habrá un corte del suministro eléctrico a la una; **there** *will be* **three meetings next week** habrá tres reuniones la semana que viene; **is there any wine left?** ¿queda (algo de) vino?; **how many of you are there?** ¿cuántos son (ustedes)? **3.** (*with regard to that*) acerca de eso: **we don't agree there** en eso no estamos de acuerdo.

II *excl* • **there, there, stop crying** ya está, ya está, no llores más • **I couldn't care less about your party, so there!** me importa un bledo tu fiesta, ¡para que te enteres!

thereabouts /ðeərəbaʊts/, (*US*) **thereabout** /'ðeərəbaʊt/ *adv* **1.** (*near there*) (por) allí cerca: **doesn't your cousin live thereabouts?** ¿no vive tu prima por allí? **2.** (*more or less*) más o menos: **it must be worth a thousand pounds or thereabouts** valdrá unas mil libras poco más o menos; **he left at two o'clock or thereabouts** se marchó a eso de las dos.

thereafter /ðeər'ɑ:ftə/ *adv* (*frml*) después de eso.

thereby /ðeə'baɪ/ *adv* (*frml*) por ello: **she had taken drugs, thereby disqualifying herself from the competition** había tomado drogas, lo que la descalificaba de la competición.

therefore /'ðeəfɔ:/ *adv* por (lo) tanto, por consiguiente: **their funds ran out, and therefore they had to close** se les acabaron los fondos, por consiguiente tuvieron que cerrar.

thereupon /ðeərə'pɒn/ *adv* (*frml*) acto seguido.

thermal /'θɜ:məl/ **I** *adj* térmico -ca.

II *n* corriente *f* térmica.

thermal spring *n* aguas *f pl* termales.

thermodynamic /ˌθɜ:məʊdaɪˈnæmɪk/ **I** *adj* termodinámico -ca.
II thermodynamics *n [lleva el verbo en singular]* termodinámica *f.*
thermometer /θəˈmɒmɪtə/ *n* termómetro *m.*
thermonuclear /ˌθɜ:məʊˈnju:klɪə/ *adj* termonuclear.
Thermos® /ˈθɜ:məs/ *n* (*también* **Thermos® flask**) termo® *m.*
thermostat /ˈθɜ:məstæt/ *n* termostato *m.*
thesaurus /θɪˈsɔ:rəs/ *n* [**thesauruses** ✻ **thesauri** /θɪˈsɔ:raɪ/] diccionario *m* de sinónimos.
these /ði:z/ **I** *adj* estos -tas: **whose are these books?** ¿de quién son estos libros?; **these apples are rotten** estas manzanas están podridas; **these people have suffered a lot** esta gente ha sufrido mucho.
II *pron* éstos -tas: **French grapes aren't as sweet as these** las uvas francesas no son tan dulces como éstas; **"Why don't you wear your new shoes?" "Because I prefer these."** "¿Por qué no te pones los zapatos nuevos?" "Porque prefiero éstos."
thesis /ˈθi:sɪs/ *n* [**theses** /ˈθi:si:z/] (*Educ*) tesis *f inv.*
they /ðeɪ/ *pron* [often omitted in Spanish]. **1.** (*referring to specific people*) ellos, ellas: **they've gone home** se han ido a casa; **they were the ones who did it** ellos fueron quienes lo hicieron. **2.** (*impersonal*): **they're building a skating rink** están construyendo una pista de patinaje; **they said that his mother had been very beautiful** decían que su madre había sido muy guapa. **3.** (*fam: referring to singular person*): **someone at work said they could repair our car** un compañero en el trabajo me dijo que podía arreglar nuestro coche.
they'd /ðeɪd/ **I** *contracción de* **they had**: **when I got there they'd left** cuando llegué, se habían marchado.
II *contracción de* **they would**: **they'd come if they had the money** si tuvieran dinero, vendrían.
they'll /ðeɪl/ *contracción de* **they will**
they're /ðeɪə/ *contracción de* **they are** ⇨ be
they've /ðeɪv/ *contracción de* **they have**
thick /θɪk/ **I** *adj* **1.** (*a liquid*) espeso -sa; (*fumes, fog*) denso -sa: **the bar was thick with smoke** el aire del bar estaba cargado de humo; (*a solid*) grueso -sa: **he was wearing a thick pullover** llevaba un jersey grueso; **I need a piece of wood two centimetres thick** necesito un trozo de madera de dos centímetros de espesor; (*vegetation, hair*) tupido -da: **he had a very thick beard** tenía una barba muy poblada. **2.** (*accent*) marcado -da: **she had a thick French accent** tenía un marcado acento francés. **3.** (*GB: fam, stupid*) corto -ta.
II *adv*: **the brambles grew thick beside the path** una tupida vegetación de zarzamoras crecía a lo largo del camino • **that's laying it on a bit thick!** ¡eso es exagerar mucho! • **replies were coming in thick and fast** llovían las respuestas.
III *n* • **they've stuck together through thick and thin** se han mantenido unidos contra viento y marea • **in the thick of the argument he got up and walked out** en lo más reñido de la discusión, se puso de pie y se marchó.
thickheaded *adj* (*GB: fam*) corto -ta (*de entendimiento*).
thickset *adj* fornido -da.
thick-skinned *adj* (*unfeeling*) insensible.
thicken /ˈθɪkən/ *vi* [**thickens, thickening, thickened**] **1.** (*soup, sauce*) espesarse; (*fumes, fog*) hacerse más denso -sa: **the vegetation thickened as we approached the river** la vegetación se hacía más tupida a medida que nos acercábamos al río. **2.** (*plot*) complicarse.
♦ *vt* (*Culin*) espesar.
thicket /ˈθɪkɪt/ *n* espesura *f.*
thickly /ˈθɪklɪ/ *adv* (*to spread*): **he spread the paint thickly on the wall** aplicó una buena capa de pintura a la pared; (*to grow*): **pines grow thickly on the hillsides** una tupida vegetación de pinos crece en las laderas.
thickness /ˈθɪknəs/ *n* (*of liquid*) espesura *f*; (*of fumes, fog*) densidad *f*; (*of solid*) grosor *m*, espesor *m*: **what's the thickness of the door?** ¿qué grosor tiene la puerta?; **I measured the thickness of the rope** medí el grueso de la soga.
thief /θi:f/ *n* [**thieves** /θi:vz/] ladrón -drona *m/f*: **stop thief!** ¡al ladrón! • **last year they couldn't stand one another; now they're as thick as thieves** el año pasado no podían verse; ahora son uña y carne.
thieves /θi:vz/ *plural de* ⇨ thief
thieving /ˈθi:vɪŋ/ (*fam*) **I** *n* hurtos *m pl.*
II *adj* ladrón -drona: **those thieving kids have been taking apples from my tree!** ¡esos ladronzuelos han estado cogiendo manzanas de mi árbol!
thigh /θaɪ/ *n* muslo *m.*
thighbone *n* fémur *m.*
thimble /ˈθɪmbəl/ *n* dedal *m.*
thimbleful /ˈθɪmbəlfʊl/ *n* (*of liquid*) dedo *m.*
thin /θɪn/ **I** *adj* [**thinner, thinnest**] **1.** (*person*) flaco -ca, delgado -da: **she looks thinner every day** cada día está más delgada ✻ flaca; (*thing*) delgado -da, fino -na: **he has very thin lips** tiene los labios muy finos; **she opened the door with a thin piece of wire** abrió la puerta con un alambre fino; (*liquid*) poco espeso -sa: **I was served a very thin soup** me sirvieron una sopa muy aguada; (*air*): **it was hard to breathe the thin mountain air** era difícil respirar el aire enrarecido de las montañas; (*hair*) escaso -sa • **he's getting thin on top** se está quedando calvo. **2.** (*weak, unconvincing*) poco convincente.
II *adv*: **it falls apart if you slice it too thin** se deshace si lo cortas en rebanadas demasiado finas.
III *vt* [**thins, thinning, thinned**] (*paint*) diluir; (*sauce*) hacer menos espeso -sa.
♦ *vi* **1.** (*mist*) disiparse. **2.** (*crowd*) hacerse menos denso -sa.
to **thin out** *vt* (*plants*) entresacar; (*woodland*) aclarar.
thing /θɪŋ/ *n* **1.** (*object*) cosa *f*, objeto *m*: **where can I keep my things?** ¿dónde puedo guardar mis cosas?; **the first thing she saw was a rope** lo primero que vio fue una cuerda; **do you know how this thing works?** ¿sabes cómo funciona este cacharro? • **I have just the very thing for you** tengo precisamente lo que te hace falta • **he thought he was seeing things when his sister walked in** pensó que estaba soñando cuando vio entrar a su hermana • **the poor thing had lost her way** la pobre se había extraviado. **2.** (*referring to situations, concepts*) cosa *f*: **things just seem to be getting worse** las cosas parecen estar empeorando; **a terrible thing has happened** ha pasado algo terrible • **a scandal is the last thing we want** un escándalo es lo último que queremos • **how are things?** ¿cómo te va? • **it's a good thing he heard them calling for help** menos mal que los oyó pedir auxilio • **the thing is, I forgot to bring any money** el caso es que me he olvidado de traer dinero • **for one thing it's getting very late...** en primer lugar, se está haciendo muy tarde... • **...and for another thing I don't feel like going out** ...y en segundo, no tengo ganas de salir • **I have a thing about slugs** me dan asco las babosas • **he got out but it was a close ✻ near thing** consiguió escapar pero por muy poco. **3.** (*action*): **do**

you think we're doing the right thing? ¿piensas que estamos haciendo lo correcto?; **the best thing would be to come back tomorrow** lo mejor sería volver mañana • **she set out first thing in the morning** se marchó a primera hora de la mañana • **eating off your knife is not the done thing** llevarse el cuchillo a la boca es algo que no se hace. **4.** (*nothing, anything*) nada: **we couldn't hear a thing** no oímos nada en absoluto • **he doesn't know the first thing about biology** no tiene ni idea de biología.

thingumabob, thingamabob /'θɪŋəməbɒb/ *n* ⇨ thingy

thingumajig, thingamajig /'θɪŋəmədʒɪg/ *n* ⇨ thingy

thingummy /'θɪŋəmɪ/ *n* [**thingummies**] ⇨ thingy

thingy /'θɪŋɪ/ *n* [**thingies**] (*fam*) chisme *m*, cosa *f*: **I mended it with that Japanese thingy** lo arreglé con esa cosa japonesa.

think /θɪŋk/ **I** *n* reflexión *f* • **let's have a quiet think before we do anything** reflexionemos con calma antes de actuar.

II *vi* [**thinks, thinking, thought**] **1.** (*gen*) pensar: **he answered without thinking** contestó sin pensar; **let me think** *about* **it** deja que me lo piense; **we've been thinking** *about* **what you said last night** hemos estado pensando en lo que dijiste anoche; **whatever made you think** *of* **that?** ¿qué te hizo pensar eso?; **I can think of two good reasons not to do it** se me ocurren dos buenas razones para no hacerlo; **I must have more time to think** necesito más tiempo para recapacitar • **she was about to become a nun, but then thought better of it** estuvo a punto de hacerse monja, pero se lo pensó mejor • **to be successful in business you have to think ahead** para tener éxito en los negocios hay que anticiparse a los acontecimientos. **2.** (*to have an opinion*) opinar, considerar: **they think highly** *of* **her** tienen muy buena opinión de ella; **what do you think** *of* **the new teacher?** ¿qué opinas * piensas del profesor nuevo?; **what did she think** *of* **the house?** ¿qué le pareció la casa? • **I don't think much of her new dress** no me gusta mucho su vestido nuevo • **she thinks a lot of him** tiene muy buena opinión de él. **3.** (*to imagine*) imaginar: **just think, this time next week we'll be in Portugal** sólo pensar que la próxima semana a estas horas estaremos en Portugal. **4.** (*to recall*) acordarse, recordar: **I can never think** *of* **his address** nunca me acuerdo de su dirección.

♦*vt* **1.** (*to believe*) creer, pensar: **I don't think he'll come back** no creo que vuelva; **who would have thought it?** ¿quién se lo habría imaginado? • **I think so** creo que sí • **I don't think so** creo que no. **2.** (*to have an opinion*) pensar, opinar: **do you think she is reliable?** ¿te parece que es de fiar?; **they didn't think it a good idea** no les pareció una buena idea; **I don't know what to think** no sé qué pensar.

to **think out** *vt* meditar: **they hadn't thought it out properly** no lo habían pensado bien.

to **think over** *vt* reflexionar: **give me a day or two to think it over** dame un par de días para pensármelo.

to **think up** *vt* idear: **he's always thinking up ways to get rich** siempre está pensando en formas de hacerse rico.

think-tank *n* grupo *m* de expertos.

thinker /'θɪŋkə/ *n* pensador -dora *m/f*.

thinking /'θɪŋkɪŋ/ **I** *n* **1.** (*thought, reflection*) pensamiento *m*: **we will have to do some serious thinking** tendremos que pensarlo muy seriamente. **2.** (*standpoint*) opinión *f* • **to my way of thinking it shouldn't be allowed** en mi opinión, no debería permitirse • **these rumours of a truce are just wishful thinking** eso de que va a haber una tregua no son más que ganas de hacerse ilusiones.

II *adj* inteligente, racional.

thinly /'θɪnlɪ/ *adv* (*sparsely*) en poca cantidad: **the paint must be applied thinly** hay que aplicar la pintura en capas finas; **it's a thinly populated area** es una región de poca densidad de población; (*barely*) apenas: **it was a thinly disguised threat** era una amenaza apenas velada.

thinner /'θɪnə/ *n* (*for paint*) disolvente *m*.

third /θɜ:d/ **I** *adj* tercero -ra, tercer [**tercer** is used before masculine singular nouns]: **the third volume of his autobiography has been published** se ha publicado el tercer volumen de su autobiografía; **every third day he went swimming** iba a nadar cada tres días; **the 3rd century** *(the third century)* el siglo III *(el siglo tercero)*.

II *adv* en tercer lugar: **...and third, he must be back by six** ...y tercero, tiene que volver antes de las seis.

III *n* **1.** (*in order*) tercero -ra *m/f*: **she was the third to dance** fue la tercera en bailar; **she finished third** quedó (la) tercera; **he's the third tallest in the team** es el tercero en altura en el equipo; **Henry III** *(Henry the Third)* Enrique III *(Enrique tercero)*. **2.** (*date*) tres *m*: (*GB*) **the third of May** * (*US*) **May third** el tres de mayo; **they're arriving** *on* **the third** llegan el (día) tres. **3.** (*one part*) tercera parte *f*: **one third is mine** la tercera parte es mía; (*fraction*) tercio *m*: **two thirds** dos tercios. **4.** (*Auto: gear*) tercera *f* (*marcha * velocidad*): **I changed up into third** metí (la) tercera. **5.** (*también* **third class degree**) (*GB*) *título universitario de tercera clase (normalmente la categoría más baja)*.

third party *n* (*Law*) tercero -ra *m/f*.

third party insurance *n* seguro *m* a terceros.

third person *n* (*Ling*) tercera persona *f*.

third-rate *adj* de poca calidad * categoría: **he joined a third-rate theatre company** entró a trabajar en una compañía teatral de poca categoría.

Third World I *n* Tercer Mundo *m*.

II third world *adj* tercermundista, del Tercer Mundo.

thirdly /'θɜ:dlɪ/ *adv* en tercer lugar.

thirst /θɜ:st/ *n* **1.** (*for water*) sed *f*. **2.** (*strong desire*) afán *m*, sed *f*: **their thirst** *for* **justice drove them to carry on the struggle** su sed de justicia los llevó a seguir luchando.

to **thirst for** *vi* [**thirsts, thirsting, thirsted**] ansiar: **they are thirsting for revenge** tienen sed de venganza.

thirstily /'θɜ:stəlɪ/ *adv* (*to drink*) con avidez.

thirsty /'θɜ:stɪ/ *adj* [**thirstier, thirstiest**] **1.** (*wanting water*) sediento -ta: **they were thirsty** tenían sed; **this heat makes you thirsty** este calor da sed • **digging in the sun is thirsty work** cavar cuando hace sol es un trabajo que da sed. **2.** (*eager*) ansioso -sa: **they are thirsty** *for* **knowledge** están ansiosos por aprender.

thirteen /θɜ:'ti:n/ *n, adj* trece *adj inv, m*. ⇨ five

thirteenth /θɜ:'ti:nθ/ **I** *adj* decimotercero -ra, decimotercer [**decimotercer** is used before masculine singular nouns], trece.

II *n* **1.** (*in order: gen*) decimotercero -ra *m/f*; (*: date, monarch*) trece *m*. **2.** (*one part*) decimotercera parte *f*; (*fraction*) treceavo *m*, trezavo *m*. ⇨ sixteenth

thirtieth /'θɜ:tɪɪθ/ **I** *adj* trigésimo -ma, treinta.

II *n* **1.** (*in order: gen*) trigésimo -ma *m/f*; (*: date*) treinta *m*. **2.** (*one part*) treintava parte *f*; (*fraction*) treintavo *m*. ⇨ sixteenth

thirty /'θɜ:tɪ/ *adj, n* [**thirties**] treinta *adj inv, m*. ⇨ fifty

this /ðɪs/ I *adj* [*pl* **these**] 1. (*gen*) este -ta: **I prefer this scarf** prefiero esta bufanda; **is this ballpoint yours?** ¿es tuyo este bolígrafo? **2. this one** (*gen*) éste -ta: **do you like this one?** ¿te gusta ésta?; (*for emphasis*): **I'd noticed that stain, but not this one** había visto esa mancha, pero no esta otra.
II *pron* [*pl* **these**] 1. (*gen*) éste, ésta, esto: **the house next door is bigger than this** la casa de al lado es más grande que ésta; **who wrote this on the wall?** ¿quién escribió esto en la pared?; **can you do it like this?** ¿se puede hacer así? • **this is my mother** te presento a mi madre. 2. (*on telephone*): **hello, this is Mr Travis** hola, soy el señor Travis.
III *adv* tan: **do they always play this loud?** ¿tocan siempre tan fuerte?; **the snake we saw was this long** la culebra que vimos era así de larga.

thistle /ˈθɪsəl/ *n* cardo *m*.

thong /θɒŋ/ *n* correa *f*.

thorax /ˈθɔːræks/ *n* [**thoraxes** * **thoraces** /θɔːˈreɪsiːz/] tórax *m inv*.

thorn /θɔːn/ *n* espina *f* • **that woman has always been a thorn in my side** esa mujer siempre ha sido una espina que he tenido clavada.

thorny /ˈθɔːnɪ/ *adj* [**thornier, thorniest**] espinoso -sa • **we had to discuss a thorny matter** tuvimos que discutir un asunto espinoso.

thorough /ˈθʌrə/ *adj* 1. (*study*) minucioso -sa, a fondo: **a thorough search of the building was carried out** se llevó a cabo un minucioso registro del edificio; (*knowledge*) profundo -da: **she had a thorough knowledge of local customs** conocía muy bien las costumbres locales. 2. (*worker*) concienzudo -da.

thoroughbred /ˈθʌrəbred/ I *n* 1. (*horse*) purasangre *m/f*. 2. (*other animal*) animal *m* de raza.
II *adj* 1. (*horse*) de pura sangre. 2. (*other animal*) de raza.

thoroughfare /ˈθʌrəfeə/ *n* (*frml*) calle *f* (*principal*); (*on sign*): **no thoroughfare** prohibido el paso.

thoroughly /ˈθʌrəlɪ/ *adv* 1. (*to check, to study*) a fondo: **I checked the engine thoroughly** revisé el motor a fondo; (*to examine*) meticulosamente. 2. (*completely*) totalmente, completamente: **I thoroughly agree** estoy totalmente de acuerdo; **after a week we were thoroughly fed up with him** en una semana estábamos hasta las narices de él.

thoroughness /ˈθʌrənəs/ *n* minuciosidad *f*.

those /ðəʊz/ I *adj* 1. (*relatively close*) esos, esas: **pass me those two big screws** pásame esos dos tornillos grandes; **we missed those two races** nos perdimos esas dos carreras; **let me see those sketches of yours** déjame ver esos dibujos que has hecho. 2. (*relatively distant*) aquellos -llas: **those shops over there are new** aquellas tiendas son nuevas; **those four hours were the worst of his life** aquellas cuatro horas fueron las peores de su vida.
II *pron* 1. (*relatively close*) ésos, ésas: **my plants look healthier than those** mis plantas tienen un aspecto más saludable que ésas. 2. (*relatively distant*) aquéllos -llas: **those were built last year** aquéllas las construyeron el año pasado.

though /ðəʊ/ I *conj* 1. (*gen*) aunque: **though he came here often we rarely spoke** aunque venía aquí a menudo raramente hablábamos; **she didn't stop, though she must have heard me shout** no se paró, aunque debió de haberme oído gritar. **2. even though** ⇨ even **II,1. 3. as though** ⇨ as **II,8**
II *adv* sin embargo, a pesar de todo: **it rained a lot; we visited quite a few places though** llovió mucho, pero visitamos bastantes sitios de todos modos.

thought /θɔːt/ I *pretérito y participio pasado de* ⇨ think
II *n* 1. (*thinking*) pensamiento *m*: **it's a book on the evolution of Christian thought** es un libro sobre la evolución del pensamiento cristiano • **he strolled through the park, lost in thought** paseó por el parque perdido en sus pensamientos • **the very thought of it made her ill** le daba asco sólo de pensarlo. 2. (*idea*) idea *f* • **the thought crossed his mind that he might miss the train** se le ocurrió que podía perder el tren. 3. (*opinion*) opinión *f*: **what are your thoughts** *on* **this?** ¿cúal es tu opinión sobre este asunto? 4. (*consideration*) consideración *f*, reflexión *f*: **after a great deal of thought he decided to go back** después de pensárselo mucho, decidió volver • **have some thought for other people** piensa un poco en los demás • **...on second thoughts, you'd better wait here** ...(aunque) pensándolo bien, mejor me esperas aquí • **we've had second thoughts about inviting her** nos hemos pensado mejor lo de invitarla. 5. (*intention*) intención *f*: **she went back with the thought of persuading him to go** volvió con intención de persuadirlo para que fuera • **it's the thought that counts** la intención es lo que cuenta.

thoughtful /ˈθɔːtfʊl/ *adj* 1. (*considerate*) atento -ta: **she's very thoughtful** *towards* **her parents** es muy atenta con sus padres; **it was thoughtful** *of* **them to send the flowers** fue muy amable de su parte enviar las flores. 2. (*thinking deeply*) pensativo -va, meditabundo -da.

thoughtfully /ˈθɔːtfʊlɪ/ *adv* 1. (*considerately*) atentamente: **she had thoughtfully left us some extra blankets** tuvo el detalle de dejarnos unas mantas de más. 2. (*pensively*) pensativamente: **thoughtfully he turned the page** dio la vuelta a la página con aire pensativo.

thoughtfulness /ˈθɔːtfʊlnəs/ *n* 1. (*consideration*) consideración *f*, solicitud *f*. 2. (*pensive mood*) meditación *f*, aire *m* pensativo.

thoughtless /ˈθɔːtləs/ *adj* 1. (*inconsiderate*) desconsiderado -da, poco considerado -da. 2. (*careless*) descuidado -da: **one thoughtless act can start a forest fire** cualquier descuido puede provocar un incendio forestal.

thoughtlessly /ˈθɔːtlɪslɪ/ *adv* 1. (*inconsiderately*) desconsideradamente, con poca consideración. 2. (*carelessly*) descuidadamente.

thoughtlessness /ˈθɔːtlɪsnəs/ *n* 1. (*lack of consideration*) falta *f* de consideración. 2. (*carelessness*) falta *f* de cuidado.

thousand /ˈθaʊzənd/ I *adj* mil: **it cost me a thousand pounds** me costó mil libras; **there are about one thousand five hundred different species** hay unas mil quinientas especies diferentes; **he paid fifty thousand pesetas** pagó cincuenta mil pesetas; **several thousand people died** varios miles de personas murieron.
II *n* mil *m*: **thousands of people paraded through the streets** miles * millares de personas desfilaron por las calles.

thousandth /ˈθaʊzəndθ/ I *adj* milésimo -ma, mil.
II *n* 1. (*in order*) número *m* mil. 2. (*one part*) milésima parte *f*; (*fraction*) milésimo *m*. 3. (*measurement of time*) milésima *f*: **a thousandth of a second** una milésima de segundo.

thrash /θræʃ/ *vt* [**thrashes, thrashing, thrashed**] 1. (*to beat*) apalear, azotar. 2. (*to defeat*) dar una paliza a:

United thrashed Rovers in the final el United le dio una paliza al Rovers en la final.

to **thrash about * around** *vi* retorcerse.

to **thrash out** *vt* discutir a fondo: **we ought to sit down and thrash it out** tendríamos que sentarnos a discutirlo a fondo.

thrashing /'θræʃɪŋ/ *n* (*beating, defeat*) paliza *f*.

thread /θred/ **I** *n* **1.** (*for sewing*) hilo *m* • **I lost the thread of the plot** perdí el hilo del argumento • **their lives are hanging by a thread** sus vidas penden de un hilo. **2.** (*of screw, bolt*) rosca *f*.

II *vt* [**threads, threading, threaded**] (*needle*) enhebrar; (*beads*) ensartar.

threadbare /'θredbeə/ *adj* raído -da.

threat /θret/ *n* amenaza *f*: **the hostages are** *under* **threat of execution** han amenazado con matar a los rehenes; **the farmers saw this as a threat** *to* **their livelihood** los granjeros lo vieron como una amenaza para su sustento.

threaten /'θretən/ *vt* [**threatens, threatening, threatened**] amenazar: **he threatened to throw himself off the bridge** amenazó con arrojarse desde el puente; **the factory is threatened** *with* **closure** la fábrica está amenazada de cierre; **don't you threaten me!** ¡a mí no me vengas con amenazas!

♦ *vi* amenazar.

threatening /'θretənɪŋ/ *adj* amenazador -dora.

threateningly /'θretənɪŋlɪ/ *adv* de modo amenazador.

three /θriː/ *adj*, *n* tres *adj inv*, *m*: **three hundred** trescientos -tas. ➪ five

three-dimensional *adj* tridimensional.

Three Kings *n pl* ➪ Three Wise Men

three-legged *adj* de tres patas.

three-piece suit *n* traje *m* (*con chaleco*), terno *m*.

three-piece suite *n* (*GB*) tresillo *m* (*conjunto de sofá y dos sillones*).

three-ply *n* contrachapado *m* (*de tres capas*).

three-quarter *adj* (de) tres cuartos: **a three-quarter length coat** un abrigo tres cuartos.

three quarters *n* tres cuartos *m pl*: **I've been waiting three quarters of an hour** llevo tres cuartos de hora esperando.

Three Wise Men *n pl*: **the Three Wise Men** los Reyes (Magos).

threesome /'θriːsəm/ *n*: *grupo de tres personas*.

thresh /θreʃ/ *vt/i* [**threshes, threshing, threshed**] trillar.

threshing /'θreʃɪŋ/ *n* trilla *f*.

threshing machine *n* trilladora *f*.

threshold /'θreʃhəʊld/ *n* umbral *m* • **we are on the threshold of an era of peace** estamos a las puertas de una época de paz.

threw /θruː/ *pretérito de* ➪ throw

thrift /θrɪft/ *n* economía *f*, ahorro *m*.

thrifty /'θrɪftɪ/ *adj* [**thriftier, thriftiest**] ahorrativo -va, ahorrador -dora.

thrill /θrɪl/ **I** *vt* [**thrills, thrilling, thrilled**] **1.** (*to excite*) emocionar: **the magician thrilled the audience with his tricks** el mago entusiasmó al público con sus trucos. **2.** (*to delight*) hacer(le) ilusión a, ilusionar: **she was thrilled** *at * by* **the chance of meeting her favourite actress** le hacía mucha ilusión poder conocer a su actriz favorita • **I'm thrilled with your offer** estoy encantado con tu oferta.

♦ *vi* estremecerse.

II *n* emoción *f*: **it was a thrill to hear her voice** fue emocionante oír su voz.

thriller /'θrɪlə/ *n* **1.** (*movie*) película *f* de suspense. **2.** (*novel*) novela *f* de suspense.

thrilling /'θrɪlɪŋ/ *adj* apasionante, emocionante.

thrive /θraɪv/ *vi* [**thrives, thriving, thrived**] **1.** (*to grow well*) crecer mucho: **carrots thrive in sandy soils** las zanahorias crecen muy bien en suelos arenosos. **2.** (*to prosper*) prosperar: **the business is finally beginning to thrive** por fin el negocio empieza a prosperar; **he looks as if he's thriving** tiene muy buen aspecto; **she thrives** *on* **attention** le encanta que le hagan caso.

thriving /'θraɪvɪŋ/ *adj* próspero -ra.

throat /θrəʊt/ *n* garganta *f*: **I have a sore throat** tengo dolor de garganta; **she cleared her throat and started to sing** se aclaró la voz y empezó a cantar • **they've been at each other's throats all day** han estado peleándose * discutiendo todo el día • **if I dare to criticize him he jumps down my throat** menuda bronca me echa si se me ocurre criticarlo.

throaty /'θrəʊtɪ/ *adj* [**throatier, throatiest**] gutural.

throb /θrɒb/ **I** *vi* [**throbs, throbbing, throbbed**] **1.** (*pulse, heart*) palpitar, latir; (*part of body: with pain*): **my finger's throbbing** el dedo me da punzadas. **2.** (*engine*) zumbar, vibrar.

II *n* **1.** (*of pulse, heart*) pulsación *f*, latido *m*. **2.** (*of engine*) zumbido *m*, vibración *f*.

throes /θrəʊz/ *n pl* • **you've caught me in the throes of moving house** me encuentras en plena mudanza • **she's in the throes of getting divorced** está metida de lleno en los trámites del divorcio.

thrombosis /θrɒm'bəʊsɪs/ *n* [**thromboses** /θrɒm'bəʊsiːz/] trombosis *f inv*.

throne /θrəʊn/ *n* trono *m*: **Elizabeth II came to the throne in 1952** Isabel II subió al trono en 1952.

throng /θrɒŋ/ **I** *n* gentío *m*, muchedumbre *f*: **a throng of admirers waited for her at the door** una multitud de admiradores la esperaba en la salida.

II *vi* [**throngs, thronging, thronged**] apelotonarse, apiñarse: **his supporters thronged around the platform** sus seguidores se apiñaron alrededor de la tribuna; **the fans thronged into the bullring** los aficionados entraron en tropel a la plaza de toros.

♦ *vt* atestar, llenar.

throttle /'θrɒtəl/ **I** *n* (*Auto*) válvula *f* reguladora (*del paso de gasolina*).

II *vt* [**throttles, throttling, throttled**] (*to strangle*) estrangular.

through /θruː/ **I** *prep* **1.** (*across, along*) por, a través de: **we wandered through the streets** estuvimos deambulando por las calles; **she looked through the window** miró por la ventana; **send it to me through the post** envíamelo por correo; **the bullet went right through his arm** la bala le atravesó el brazo. **2.** (*among*) entre: **I looked through the archives but found nothing** busqué entre los archivos sin encontrar nada. **3.** (*indicating time*) a lo largo de: **I slept through the night** dormí toda la noche de un tirón; (*US: until the end of*) hasta: **he worked there from January through July** trabajó allí desde enero hasta finales de julio. **4.** (*indicating progression*): **we're already halfway through the work** ya hemos hecho la mitad del trabajo; **how far are you through the novel I lent you?** ¿cuánto has leído de la novela que te presté? **5.** (*by means of*) por medio de: **she got the job through her uncle** consiguió el puesto gracias a su tío; **I heard about the accident through his brother** supe del accidente por su hermano. **6.** (*indicating cause*) a * por causa de: **we've lost a lot of customers**

through you hemos perdido a muchos clientes por tu culpa.

II *adv* 1. (*across*): **the nail went right through** el clavo lo atravesó completamente; **let him through, he's a doctor** déjenlo pasar, es médico. 2. (*Telec*): **can you put me through** *to* **the manager?** ¿puede ponerme con el gerente?; **Mr Smith? You're through** *to* **Caracas** ¿Señor Smith?, ya puede hablar con Caracas. 3. (*Transp*): **this bus goes straight through to Springfield** este autobús va directamente a Springfield. 4. (*at/to the end*): **he read the report through in twenty minutes** se leyó el informe en veinte minutos • **aren't you through yet?** ¿aún no has terminado? • **she told me she was through with her boyfriend** me dijo que había roto con su novio • **he's a liar through and through** es un mentiroso hasta la médula.

III *adj* (*fam*) acabado -da: **she's through** *as* **a teacher** está acabada como profesora.

through flight *n* vuelo *m* directo.

through passenger *n* pasajero -ra *m/f* en tránsito.

through traffic *n* tráfico *m* de paso.

through train *n* tren *m* directo.

throughout /θru:'aʊt/ I *prep* 1. (*time*) (durante) todo, (durante) toda: **she suffered from asthma throughout her life** padeció de asma toda su vida; **he kept coughing throughout the film** estuvo tosiendo toda la película. 2. (*place*) por todo -da, en todo -da: **his music is known throughout the world** su música es conocida en todo el mundo.

II *adv* 1. (*time*) todo el tiempo * rato: **the rain continued throughout** estuvo lloviendo todo el rato. 2. (*place*) en todas partes: **the hotel has been refurbished throughout** han restaurado el hotel de arriba abajo.

throw /θrəʊ/ I *n* 1. (*gen*) tiro *m*; (*of dice*) tirada *f*; (*of javelin, discus*) lanzamiento *m*. 2. (*in wrestling*) derribo *m*.

II *vt* [**throws, throwing, threw,** *participio pasado* **thrown**] 1. (*gen*) tirar, arrojar: **he threw a stone** *at* **me** me tiró una piedra; **I threw it** *in* * *into* **the river** lo arrojé al río; **she threw a bucket of water** *over* **him** le echó un cubo de agua; (*javelin, discus*) lanzar: **I threw the ball** *to* **my brother** le lancé la pelota a mi hermano. 2. (*to confuse*) desconcertar: **that reply threw her (into confusion)** esa respuesta la desconcertó.

to **throw about** *vt* (*to scatter*) esparcir; (*to spend*) derrochar: **you should see the way he throws his money about** tendrías que ver cómo derrocha el dinero.

to **throw away** *vt* (*to discard: gen*) tirar, (*Amér L*) botar: **why don't you throw that old coat away?** ¿por qué no tiras ese viejo abrigo?; **he just throws money away** tira * malgasta el dinero; (*: opportunity*) desaprovechar: **this is your last chance: don't throw it away** ésta es tu última oportunidad: no la desaproveches.

to **throw in** *vt* 1. (*ball*) sacar de banda. 2. (*to include*) añadir (*como regalo*): **if you spend more than forty pounds on a racquet, we throw in the case** si gasta más de cuarenta libras en una raqueta, le damos la funda gratis.

to **throw off** *vt* 1. (*to get rid of*) deshacerse de: **haven't you thrown off that cold yet?** ¿aún no te has quitado de encima ese catarro?; **the murderer threw the police off the scent** el asesino despistó a la policía. 2. (*to take off*) quitarse: **she threw her clothes off and dived in** se quitó la ropa y se lanzó al agua.

to **throw out** *vt* 1. (*to eject*) expulsar, echar: **he was thrown out** *of* **the hotel** lo echaron del hotel. 2. (*to discard*) tirar, (*Amér L*) botar: **she threw out my stamp collection** tiró mi colección de sellos. 3. (*to turn down*) rechazar: **Parliament has thrown out the bill** el Parlamento ha rechazado el proyecto de ley.

to **throw together** *vt* (*fam*) 1. (*to make hastily*) preparar rápidamente: **I threw some lunch together** preparé el almuerzo a toda prisa. 2. (*people*) juntar (*por casualidad*).

to **throw up** *vi* (*fam*) vomitar.

♦ *vt* 1. (*to produce*) aportar: **the meeting didn't throw up anything new** la reunión no aportó nada nuevo. 2. (*fam*) vomitar. 3. (*fam: to build hastily*) levantar (*rápidamente*). 4. (*fam: to abandon*) abandonar: **he's thrown up a promising career** ha tirado por la borda una prometedora carrera.

throwaway *adj* desechable.

thrown /θrəʊn/ *participio pasado de* ⇨ throw

thrush /θrʌʃ/ *n* [**thrushes**] tordo *m*.

thrust /θrʌst/ I *vt* [**thrusts, thrusting, thrust**] (*gen*) empujar (*con fuerza*): **she thrust the envelope** *into* **her handbag** metió el sobre en el bolso; (*a sharp object*) clavar: **she thrust the pin** *into* **his arm** le clavó el alfiler en el brazo • **the job was thrust upon her** la obligaron a aceptar el puesto • **he thrusts himself upon anyone who might be useful to him** se pega a cualquiera que pueda serle útil.

II *n* 1. (*push*) empujón *m*. 2. (*Av: engine power*) empuje *m*. 3. (*meaning*) esencia *f*: **what was the thrust of her argument?** ¿cuál fue la esencia de su razonamiento?

thud /θʌd/ I *n* ruido *m* sordo.

II *vi* [**thuds, thudding, thudded**] hacer un ruido sordo: **the brick thudded to the ground** el ladrillo cayó al suelo con un ruido sordo.

thug /θʌg/ *n* (*criminal*) matón *m*; (*violent person*) bruto *m*.

thumb /θʌm/ I *n* (dedo *m*) pulgar *m* • **she has her mother under her thumb** tiene dominada a su madre • **don't ask me to mend it, I'm all thumbs** a mí no me pidas que lo arregle, soy muy torpe • **let's hope it gets the thumbs up** esperemos que le den el visto bueno • **his application got the thumbs down** rechazaron su petición • **I've been sitting here twiddling my thumbs all day** he estado aquí todo el día tocándome las narices • **her aunt stuck out like a sore thumb** su tía estaba completamente fuera de lugar.

II *vt* [**thumbs, thumbing, thumbed**] (*pages*) hojear: **he had a well-thumbed Italian dictionary** tenía un diccionario italiano muy manoseado • **we thumbed a lift as far as Keswick** fuimos en autostop hasta Keswick.

thumb index *n* índice *m* recortado * con pestañas.

thumbnail *n* uña *f* del (dedo) pulgar.

thumbnail sketch *n* descripción *f* concisa.

thumbprint *n* huella *f* del (dedo) pulgar.

thumbtack *n* (*US*) chincheta *f*.

thump /θʌmp/ I *vt* [**thumps, thumping, thumped**] golpear, dar un golpe a: **he thumped me on the back** me dio un golpe en la espalda.

♦ *vi* (*gen*) golpear; (*heart*) palpitar, latir con fuerza.

II *n* 1. (*blow*) golpe *m*, tortazo *m*. 2. (*noise*) ruido *m* sordo.

thunder /'θʌndə/ I *n* 1. (*Meteo*) trueno *m*: **there was**

thunder and lightning during the night hubo truenos y relámpagos por la noche. **2.** (*loud noise*) estruendo *m*.

II *vi* [**thunders, thundering, thundered**] **1.** (*Meteo*) tronar: **don't go out until it stops thundering** no salgas hasta que deje de tronar. **2.** (*to make a loud noise*): **the children came thundering into the classroom** los niños entraron en el aula armando mucho ruido; **the truck thundered past** el camión pasó con gran estruendo.

thunderbolt *n* rayo *m* • **his decision to leave came like a thunderbolt** su decisión de irse fue todo un bombazo.

thunderclap *n* trueno *m*.

thundercloud *n* nubarrón *m*.

thunderstorm *n* tormenta *f*.

thunderstruck *adj* (*amazed*) atónito -ta, pasmado -da.

thunderous /ˈθʌndərəs/ *adj* ensordecedor -dora, atronador -dora.

thundery /ˈθʌndərɪ/ *adj* tormentoso -sa.

Thurs., **Thur.** *léase* /ˈθɜːzdeɪ/ (*abreviatura de* **Thursday**) jueves *m inv*.

Thursday /ˈθɜːzdeɪ/ *n* jueves *m inv*: **call me** *on* **Thursday** llámame el jueves; **Christmas is** *on* **a Thursday this year** el día de Navidad cae en jueves este año; **she goes swimming** *on* **Thursdays** va a la piscina los jueves; **I saw them last Thursday** los vi el jueves pasado; **the meeting will be held next Thursday morning** la reunión tendrá lugar el próximo jueves por la mañana; **every Thursday** todos los jueves; **she likes to go out** *on* **a Thursday night** * *on* **Thursday nights** le gusta salir los jueves por la noche.

thus /ðʌs/ *adv* (*frml*) **1.** (*in this way*) así, de esta manera: **apply the paint thus** aplica la pintura así • **thus far we've had no problems** hasta aquí no hemos tenido ningún problema. **2.** (*consequently*) así que: **it rained until after six and thus he couldn't go out** llovió hasta pasadas las seis y por eso no pudo salir.

thwart /θwɔːt/ *vt* [**thwarts, thwarting, thwarted**] (*frml*) frustrar.

thyme /taɪm/ *n* tomillo *m*.

thyroid /ˈθaɪrɔɪd/ **I** *n* (*también* **thyroid gland**) tiroides *m inv*, glándula *f* tiroides.

II *adj* tiroides *adj inv*, tiroideo -dea.

tiara /tɪˈɑːrə/ *n* (*jewellery*) diadema *f*.

Tibet /tɪˈbet/ *n* (el) Tíbet.

Tibetan /tɪˈbetən/ **I** *adj* tibetano -na.

II *n* (*person*) tibetano -na *m/f*; (*language*) tibetano *m*.

tibia /ˈtɪbɪə/ *n* [**tibias** * **tibiae** /ˈtɪbiiː/] tibia *f*.

tic /tɪk/ *n* tic *m*.

tick /tɪk/ **I** *vi* [**ticks, ticking, ticked**] hacer tictac • **nobody knows what makes him tick** nadie sabe cómo es en realidad.

♦ *vt* (*items on list*) marcar (*con una señal*).

II *n* **1.** (*on paper*) marca *f*. **2.** (*sound of clock*) tictac *m*. **3.** (*fam*: *a second*) momento *m*: **I'll phone you back** *in* **a tick** te vuelvo a llamar enseguida * en un momento; **he mended the zip** *in* **two ticks** arregló la cremallera en un santiamén. **4.** (*parasite*) garrapata *f*.

to **tick away** *vi* (*time*) transcurrir, pasar: **the minutes ticked slowly away** los minutos transcurrieron lentamente.

to **tick off** *vt* **1.** (*fam*: *to scold*) reñir, regañar. **2.** (*to indicate on list*) marcar (*con una señal*): **tick off the titles of the books you need** marca los títulos de los libros que necesitas.

to **tick over** *vi* (*Auto*) funcionar al ralentí: **the business is just ticking over** el negocio va tirando nada más.

ticket /ˈtɪkɪt/ *n* **1.** (*Transp*) billete *m*, (*Amér L*) boleto *m*. **2.** (*for cinema, theatre, etc.*) entrada *f*, (*Amér L*) boleto *m*: **there aren't many tickets left for the second performance** no quedan muchas entradas para la segunda función; **this ticket entitles you to lunch in the canteen** este ticket le da derecho a almorzar en el comedor. **3.** (*for deposited object*) resguardo *m*. **4.** (*for library*) carné *m*. **5.** (*price label*) etiqueta *f*. **6.** (*fam*: *traffic fine*) multa *f* (*por infracción de tráfico*): **she got a parking ticket** la multaron por estacionamiento indebido. **7.** (*US*: *Pol, list of candidates*) lista *f* de candidatos: **he ran** *on* **an independent ticket** se presentó como miembro de una candidatura independiente.

ticket agency *n* (*for theatre*) agencia *f* de venta de localidades.

ticket collector *n* revisor -sora *m/f*.

ticket office *n* **1.** (*for cinema, theatre, etc.*) taquilla *f*. **2.** (*for travel*) despacho *m* de billetes * (*Amér L*) boletos.

ticket tout *n* (*GB*) revendedor -dora *m/f*, reventa *m/f*.

ticking-off /ˈtɪkɪŋɒf/ *n* (*fam*) reprimenda *f*: **she gave me a ticking-off** *for* **losing the keys** me echó una bronca por haber perdido las llaves.

tickle /ˈtɪkəl/ *vt* [**tickles, tickling, tickled**] **1.** (*playfully*) hacer cosquillas a: **she woke him up by tickling his foot** le hizo cosquillas en el pie para que se despertara. **2.** (*to prickle*): **it was tickling me** me picaba. **3.** (*fam*: *to amuse*) divertir: **I was tickled by his letter** su carta me hizo mucha gracia.

♦ *vi* **1.** (*playfully*) hacer cosquillas. **2.** (*to prickle*) picar.

ticklish /ˈtɪkəlɪʃ/ *adj* **1.** (*sensitive*) que tiene cosquillas: **she's very ticklish** tiene muchas cosquillas. **2.** (*prickling*) que pica: **don't you find this material ticklish?** ¿no te pica esta tela? **3.** (*Med*: *irritating*) irritante: **I've had a ticklish cough for a week** llevo una semana con una tos irritante. **4.** (*problematical*) delicado -da, peliagudo -da: **this is a very ticklish matter** éste es un asunto muy delicado.

tidal /ˈtaɪdəl/ *adj* de (la) marea: **the tidal currents are strong in the estuary** la marea provoca corrientes fuertes en el estuario.

tidal power *n* energía *f* de las mareas.

tidal wave *n* **1.** (*Meteo*) maremoto *m*, ola *f* gigante. **2.** (*large number*): **his remarks unleashed a tidal wave of protest** sus observaciones provocaron una oleada de protestas.

tidbit /ˈtɪdbɪt/ *n* (*US*) golosina *f*.

tiddlywinks /ˈtɪdəlɪwɪŋks/ *n* *[lleva el verbo en singular]* *juego en el que se hace saltar unas fichas presionándolas en el borde con una pieza de plástico*.

tide /taɪd/ *n* **1.** (*in the sea*) marea *f*: **the tide has gone out** ha bajado la marea; **the tide is coming in** está subiendo la marea; **the ship sailed on the high tide** el barco zarpó cuando la marea estaba alta. **2.** (*trend*) corriente *f*: **the tide of public opinion has turned against them** la opinión pública se ha vuelto en su contra.

to **tide over** *vt* [**tides, tiding, tided**] sacar de un apuro a: **she lent me twenty pounds to tide me over till Thursday** me prestó veinte libras para que me las arreglara hasta el jueves.

tidily /ˈtaɪdəlɪ/ *adv* **1.** (*in order*) en orden: **put everything back tidily when you've finished** cuando termines, déjalo todo como estaba. **2.** (*smartly*): **he's always tidily dressed** siempre va bien vestido.

tidiness /'taɪdɪnəs/ *n* **1.** (*orderliness*) orden *m*. **2.** (*cleanliness*) limpieza *f*, pulcritud *f*.

tidings /'taɪdɪŋz/ *n pl* (*frml*) noticias *f pl*.

tidy /'taɪdɪ/ **I** *adj* **[tidier, tidiest] 1.** (*place*) ordenado -da, en orden. **2.** (*person: in appearance*) arreglado -da: **he keeps his hair short and tidy** siempre lleva el pelo corto y bien arreglado; (*: in habits*) ordenado -da: **you need a tidy mind for this job** para este trabajo hace falta ser muy metódico.

II *vt* **[tidies, tidying, tidied]** ordenar, arreglar.

to **tidy away** *vt* guardar: **tidy away your books as soon as you've finished** pon los libros en su sitio en cuanto termines.

to **tidy up** *vt* **1.** (*place*) ordenar, arreglar: **he's gone to tidy up his room** ha ido a ordenar su cuarto; **I haven't even had time to tidy up the room** no he tenido tiempo siquiera de adecentar la habitación. **2.** (*person*) arreglar: **let me tidy myself up before they arrive** deja que me arregle un poco antes de que lleguen.

♦ *vi* ordenar las cosas: **who tidied up after the party?** ¿quién limpió la casa después de la fiesta?

tie /taɪ/ **I** *n* **1.** (*Clothing*) corbata *f*. **2.** (*Sport: game*) encuentro *m*, partido *m*; (*: score*) empate *m*: **it was a tie** terminó en empate. **3.** (*burden*) atadura *f*.

II ties *n pl* (*links*) lazos *m pl*, vínculos *m pl*: **we have cultural ties with many countries** tenemos vínculos culturales con muchos países.

III *vt* **[ties, tying, tied] 1.** (*to fasten*) atar, amarrar: **she tied the parcel with string** ató el paquete con un cordel; **she tied her hair** *back* se recogió el pelo; **can you tie a slipknot?** ¿sabes hacer un nudo corredizo? **2.** (*to link*) vincular, relacionar: **they tied him in with both robberies** lo vincularon con los dos robos; **wage increases are tied to inflation** los aumentos salariales están sujetos al nivel de inflación.

♦ *vi* **1.** (*to fasten*) atarse. **2.** (*Sport: to draw*) empatar: **they tied** *for* **second place** quedaron empatados en segundo lugar.

to **tie down** *vt* (*something*) atar, sujetar: **the load was not tied down properly** no habían atado bien la carga; (*somebody*): **he's tied down by too many responsibilities** tiene demasiadas obligaciones; **I tied him down to coming on Sunday** logré que se comprometiera a venir el domingo.

to **tie in** *vi* concordar, coincidir: **this doesn't tie in** *with* **what they told us before** esto no concuerda con lo que nos dijeron anteriormente.

♦ *vt* relacionar.

to **tie up** *vt* **1.** (*to fasten*) atar: **we tied the boat up** *to* **a tree trunk** amarramos el bote al tronco de un árbol • **he's very tied up at the moment** está muy ocupado en este momento. **2.** (*to link*) vincular, relacionar. **3.** (*to invest*) invertir: **their assets are tied up in real estate** su activo está invertido en bienes inmuebles. **4.** (*to conclude*) concluir, cerrar: **we've tied up a deal with Mexican television** hemos cerrado un trato con la televisión mexicana.

tie-break(er) *n* (*in tennis*) tie-break *m*, muerte *f* súbita.

tiepin *n* alfiler *m* de corbata.

tier /tɪə/ *n* **1.** (*in stadium*) grada *f*; (*in cinema*) hilera *f*. **2.** (*of cake*) piso *m*.

tiff /tɪf/ *n* (*fam*) riña *f*: **they've had another tiff** han vuelto a reñir.

tig /tɪg/ *n* el corre que te pillo: **let's play tig** ¿jugamos a pillar?

tiger /'taɪgə/ *n* tigre *m*.

tight /taɪt/ **I** *adj* **1.** (*close-fitting*) ajustado -da, ceñido -da: **she was wearing very tight jeans** llevaba unos tejanos muy ajustados; **these boots are too tight** estas botas me aprietan mucho; **that jumper's too tight** *for* **you** ese jersey te queda demasiado estrecho. **2.** (*knot*) apretado -da. **3.** (*rope*) tirante, tenso -sa. **4.** (*strict*) estricto -ta: **tight control is kept over access to the archives** hay un control estricto de quién accede a los archivos; **she keeps a tight hold over her pupils** tiene a sus alumnos muy controlados. **5.** (*fam: scarce*) escaso -sa: **time's getting tight** apenas nos queda tiempo. **6.** (*fam: drunk*) borracho -cha. **7.** (*fam: miserly*) tacaño -ña, agarrado -da.

II *adv* firmemente: **she held my hand tight** me agarró la mano con fuerza; **I closed my eyes tight** cerré bien los ojos • **the hall was packed tight** la sala estaba llena hasta los topes • **hold (on) tight!** ¡agárrate bien! • **sit tight till we get back** no te muevas de aquí hasta que volvamos.

III tights *n pl* **1.** (*GB: gen*) pantis *m pl*, medias *f pl*: **she bought a pair of blue tights** se compró unos pantis azules; (*knitted*) leotardos *m pl*. **2.** (*performer's*) mallas *f pl*.

tightfisted *adj* (*fam*) tacaño -ña.

tight-fitting *adj* **1.** (*clothes*) ajustado -da, ceñido -da. **2.** (*lid*) hermético -ca.

tight-lipped *adj*: **he was very tight-lipped about it** no soltó prenda sobre el asunto.

tightrope *n* cuerda *f* floja.

tightrope walker *n* equilibrista *m/f*, funámbulo -la *m/f*.

tighten /'taɪtən/ *vt* **[tightens, tightening, tightened]** (*screw*) apretar; (*rope*) tensar.

to **tighten up** *vt* intensificar: **security has been tightened up at the airport** se han intensificado las medidas de seguridad en el aeropuerto.

♦ *vi* ejercer un control más estricto: **they're tightening up** *on* **cheating in the exams** va a haber un control más estricto para evitar que se copie en los exámenes.

tightly /'taɪtlɪ/ *adv* firmemente: **hold tightly onto the rope** agárrate bien a la cuerda.

tightness /'taɪtnəs/ *n* **1.** (*of clothes*) estrechez *f*. **2.** (*of rope*) tirantez *f*.

tigress /'taɪgrəs/ *n* **[tigresses]** tigresa *f*.

tile /taɪl/ **I** *n* (*for floor*) baldosa *f*; (*for wall*) azulejo *m*; (*for roof*) teja *f*.

II *vt* **[tiles, tiling, tiled]** (*a floor*) embaldosar; (*a wall*) alicatar, poner azulejos en: **the bathroom is tiled** el cuarto de baño está alicatado; (*a roof*) tejar.

till /tɪl/ **I** *prep, conj* ⇨ until

II *n* (*cash register*) caja *f* registradora.

III *vt* **[tills, tilling, tilled]** cultivar, labrar.

tiller /'tɪlə/ *n* caña *f* del timón.

tilt /tɪlt/ **I** *vt* **[tilts, tilting, tilted]** inclinar: **tilt the microscope towards you** inclina el microscopio hacia ti; **the dentist asked me to tilt my head back** el dentista me pidió que echara la cabeza hacia atrás.

♦ *vi* inclinarse.

II *n* inclinación *f*: **the shelves were** *at* **a slight tilt** los estantes estaban ligeramente inclinados.

timber /'tɪmbə/ *n* madera *f* (*de construcción*): **the fire destroyed a hundred hectares of timber** el incendio destruyó cien hectáreas de bosque; **he propped up the roof with a stout piece of timber** apuntaló el techo con una viga gruesa.

timber merchant *n* maderero -ra *m/f*, negociante *m/f* en madera.

timberyard *n* almacén *m* de madera.

time /taɪm/ **I** *n* **1.** (*gen*) tiempo *m*: **we haven't the time to go** no tenemos tiempo para ir; **we haven't much time left to finish the work** no tenemos mucho tiempo para terminar el trabajo; **it's a long time since she wrote** hace mucho tiempo que no escribe; **she called a short time after she arrived** llamó al poco tiempo de llegar; **she spent all her time writing letters** se pasaba (todo) el tiempo escribiendo cartas; **he's wasting our time** nos está haciendo perder el tiempo; **she got home** *in* **time to see the film** llegó a casa a tiempo de ver la película; *in* **time you'll understand why I did it** con el tiempo comprenderás por qué lo hice • **you'll get there in no time (at all) on the train** en tren se llega enseguida • **I have no time for religious fanatics** no tengo tiempo para fanáticos religiosos • **she lost no time in phoning me** me llamó (por teléfono) en seguida • **take your time, there's no hurry** tómate el tiempo necesario, no hay prisa • **he takes his time over everything** se lo toma todo con calma • **they'll come in their own good time** ya vendrán, cuando les parezca • **she had to finish the work in her own time** tuvo que terminar el trabajo en su tiempo libre ✻ fuera de las horas de trabajo • **he's not hurt, he's just playing for time** no está lesionado, sólo está tratando de ganar tiempo. **2.** (*by the clock*) hora *f*: **what time is it?** ✻ (*US*) **what time do you have?** ¿qué hora es?; *(at)* **what time did you see them?** ¿a qué hora los viste?; **this train never arrives** *on* **time** este tren nunca llega a la hora; **he failed to return within the agreed time** no regresó dentro del plazo convenido; **he can tell the time now** ya sabe la hora • **it's time you got up** ya va siendo hora de que te levantes • **it's time!** ✻ **time's up!** ¡ya es la hora! **3.** (*period*) periodo *m*, época *f*: **it rains a lot** *at* **this time of year** llueve mucho en esta época del año; **he was abroad** *for* **some time** estuvo en el extranjero durante algún tiempo; **she spent a short time in Canada** pasó una temporada en Canadá; **she should be retired** *at* **her time of life** a su edad debería estar jubilada; **they were watching us all the time** estuvieron vigilándonos todo el tiempo; **he chews gum all the time** masca chicle constantemente; **I'll be back** *in* **a month's time** volveré dentro de un mes • **did they have a good time in Newport?** ¿lo pasaron bien en Newport? • **we had the time of our lives in Corsica** lo pasamos de maravilla en Córcega • **the teacher gave him a hard time** el profesor le hizo pasar un mal rato. **4.** (*era in history*) época *f*: **it was built** *in* **the time of Philip II** fue construido en la época de Felipe II; **these things were not discussed** *in* **our grandparents' time** estas cosas no se discutían en tiempos de nuestros abuelos • **your mother's behind the times** tu madre está un poco anticuada ✻ desfasada • **at one time all the harvesting was done by hand** en otros tiempos toda la cosecha se hacía a mano. **5.** (*occasion*) vez *f*: **how many times did you see him?** ¿cuántas veces lo viste?; **we'll talk about this some other time** hablaremos de esto en otra ocasión; **she eats biscuits three at a time** se come las galletas de tres en tres; **he was watching two programmes at the same time** estaba viendo dos programas de televisión al mismo tiempo; **the conference was held in Blackpool four times running** la conferencia se celebró en Blackpool cuatro veces seguidas • **they used to chat for hours at a time** solían charlar durante horas enteras sin parar • **at times the noise became unbearable** a veces el ruido era insoportable • **we meet from time to time** nos vemos de vez en cuando • **I've asked him time after time to send it** le he pedido repetidas veces que me lo envíe • **he makes the same mistake time and (time) again** comete el mismo error una y otra vez • **about time too!** ¡ya era hora! **6.** (*with quantities, in comparisons*): **he bought three times as much as anyone else** compró tres veces más que cualquier otra persona. **7.** (*moment*) momento *m*: **hurry up, she could come back** *at* **any time** apresúrate, podría volver en cualquier momento; **and where were you** *at* **the time?** y tú ¿dónde estabas en ese momento?; **now's the time to remind her about her promise** ahora es el momento de recordarle la promesa que hizo; *by* **the time we finished it was getting dark** terminamos cuando ya era casi de noche; *by* **that time nearly everyone else had arrived** para entonces casi todos los demás habían llegado • **this time last month we were in Galway** hace exactamente un mes estábamos en Galway • **(by) this time next year I'll be in Australia** el año próximo por estas fechas estaré en Australia • **come and see us any time you like** ven a vernos cuando quieras • **leave it there for the time being** déjalo ahí por el momento. **8.** (*Mus*: *rhythm*) compás *m*: **they marched** *in* **time** *to* **the music** desfilaron al compás de la música; **she was keeping time** *to* **the music with her fingers** llevaba el ritmo de la música con los dedos; (*: length of note*) duración *f*. **9.** (*GB*: *fam, prison sentence*): **her brother's doing time** *for* **theft** su hermano está cumpliendo una condena por robo.

II *vt* [**times, timing, timed**] **1.** (*to programme*) programar: **the lights are timed to switch on at nine o'clock** las luces están programadas para que se enciendan a las nueve; **the inauguration is timed for four o'clock** la inauguración está prevista para las cuatro; (*to choose time of*) elegir el momento para/de: **the Prime Minister timed his announcement well/badly** el primer ministro eligió un buen/ mal momento para anunciarlo. **2.** (*to measure duration of*) calcular la duración de: **who timed the last race?** ¿quién ha cronometrado la última carrera?

III times *prep* (*Maths*) por: **seven times four equals twenty-eight** siete por cuatro son ✻ es igual a veintiocho.

time bomb *n* bomba *f* de relojería.

time-consuming *adj* que requiere mucho tiempo.

time-honoured, (*US*) **time-honored** *adj* tradicional, consabido -da.

timekeeper *n* (*person*) cronometrador -dora *m/f*.

time lag *n* intervalo *m*.

time limit *n* límite *m* de tiempo: **the tribunal imposed a three-month time limit on us** el tribunal nos impuso un plazo límite de tres meses.

time scale *n* escala *f* de tiempo.

time-share *n* (*system*) (sistema *m* de) multipropiedad *f*; (*property*) *apartamento que se posee en sistema de multipropiedad*.

time sharing *n* (sistema *m* de) multipropiedad *f*.

timetable *n* horario *m*: **do you have a bus timetable?** ¿tienes un horario de autobuses?

time zone *n* huso *m* horario.

timeless /ˈtaɪmləs/ *adj* eterno -na.

timely /ˈtaɪmlɪ/ *adj* [**timelier, timeliest**] oportuno -na.

timer /ˈtaɪmə/ *n* temporizador *m*, programador *m*.

timid /ˈtɪmɪd/ *adj* tímido -da.

timidity /tɪˈmɪdɪtɪ/ *n* timidez *f*.

timidly /ˈtɪmɪdlɪ/ *adv* tímidamente, con timidez.

timing /ˈtaɪmɪŋ/ *n* **1.** (*of performer*) coordinación *f* • **she was criticized for the (bad) timing of her resigna-**

tion la criticaron por dimitir en un momento tan poco oportuno. **2.** (*of race*) cronometraje *m.* **3.** (*of engine*) regulación *f* (*del encendido*).

timorous /ˈtɪmərəs/ *adj* (*frml*) timorato -ta, tímido -da.

timorously /ˈtɪmərəslɪ/ *adv* con timidez.

tin /tɪn/ **I** *n* **1.** (*metal*) estaño *m.* **2.** (*GB*: *container*) lata *f*: **he bought two tins of tomatoes** compró dos latas de tomates; **I knocked over a tin of paint** volqué un bote de pintura. **3.** (*baking mould*) molde *m*: **the cake stuck to the tin** el pastel se quedó pegado al molde.
II *vt* **[tins, tinning, tinned]** (*GB*) enlatar: **I can't stand tinned strawberries** no aguanto las fresas de lata * en conserva.

tin can *n* lata *f.*

tinfoil *n* papel *m* de aluminio.

tin-opener *n* (*GB*) abrelatas *m inv.*

tin plate *n* hojalata *f.*

tin soldier *n* soldado *m* * soldadito *m* de plomo.

tin whistle *n* flautín *m.*

tinder /ˈtɪndə/ *n* yesca *f.*

tinge /tɪndʒ/ **I** *vt* **[tinges, tinging, tinged]** teñir: **he spoke in a voice tinged** *with* **regret** su voz estaba llena de arrepentimiento.
II *n* matiz *m.*

tingle /ˈtɪŋgəl/ **I** *n* hormigueo *m*: **she felt a tingle of excitement** sintió un hormigueo de emoción en el estómago.
II *vi* **[tingles, tingling, tingled]** sentir un hormigueo: **his left arm was tingling** sentía un hormigueo en el brazo izquierdo; **my cheeks tingled with shame** me ardían las mejillas de vergüenza.

tinker /ˈtɪŋkə/ **I** *n* (*tinsmith*) calderero -ra *m/f.*
II *vi* **[tinkers, tinkering, tinkered]**: **I was tinkering** *with* **my motorbike** estuve haciéndole algunos ajustes a la moto.

tinkle /ˈtɪŋkəl/ **I** *n* tintineo *m.*
II *vi* **[tinkles, tinkling, tinkled]** tintinear.
♦ *vt* hacer tintinear.

tinny /ˈtɪnɪ/ *adj* **[tinnier, tinniest]** **1.** (*sound*) metálico -ca; (*taste*) a hojalata: **this beer tastes tinny** esta cerveza sabe a hojalata. **2.** (*car*) de hojalata.

tinsel /ˈtɪnsəl/ *n* espumillón *m.*

tint /tɪnt/ **I** *vt* **[tints, tinting, tinted]** teñir: **she had her hair tinted brown** se tiñó el pelo de color castaño.
II *n* matiz *m*: **the wool was green with blue tints** la lana era verde con unos toques de azul.

tiny /ˈtaɪnɪ/ *adj* **[tinier, tiniest]** minúsculo -la, muy pequeño -ña.

tip /tɪp/ **I** *n* **1.** (*end, point*) punta *f*: **he had a wart** *on* **the tip of his finger** tenía una verruga en la punta del dedo ● **I had the answer on the tip of my tongue** tenía la respuesta en la punta de la lengua ● **these cases are just the tip of the iceberg** estos casos representan sólo una pequeña parte del problema. **2.** (*GB*: *cigarette filter*) filtro *m.* **3.** (*for service*) propina *f.* **4.** (*GB*: *rubbish dump*) vertedero *m.* **5.** (*piece of advice*) consejo *m*: **take a tip from me: stop smoking** sigue mi consejo: deja de fumar. **6.** (*in gambling*) pronóstico *m*: **he's given me a hot tip for the two o'clock** me ha dicho el caballo que, casi seguro, va a ganar la carrera de las dos.
II *vt* **[tips, tipping, tipped]** **1.** (*to empty*) vaciar: **he tipped his coffee** *down* **the sink** vació el café en el fregadero; **she tipped the dirty water** *out of* **the bucket** vació el agua sucia del cubo. **2.** (*for service*) dar una propina a. **3.** (*to predict victory of*) pronosticar: **he tipped Thompson** *for* **the four hundred metres** pronosticó que Thompson ganaría en los cuatrocientos metros; **Janet has been widely tipped to succeed the present manager** mucha gente cree que Janet va a suceder al director actual.

to **tip off** *vt* avisar, dar el soplo * el chivatazo a: **the customs were tipped off about the drugs consignment** la policía de aduanas recibió un soplo sobre el alijo de drogas.

to **tip over** *vt* volcar: **he managed to tip his drink over me** se las arregló para echarme encima la bebida.
♦ *vi* volcarse.

tip-off *n* chivatazo *m*, soplo *m* (*a la policía*).

tipped /tɪpt/ *adj* **1.** (*GB*: *cigarette*) con filtro. **2.** (*walking stick*) con punta metálica.

tipple /ˈtɪpəl/ *n* (*GB*: *fam*) bebida *f* alcohólica.

tipsy /ˈtɪpsɪ/ *adj* **[tipsier, tipsiest]** (*fam*) achispado -da: **they got tipsy at the reception** se achisparon en el banquete.

tiptoe /ˈtɪptəʊ/ **I** *vi* **[tiptoes, tiptoeing, tiptoed]** andar de puntillas: **he tiptoed into the chapel** entró de puntillas en la capilla.
II *n* puntillas *f pl*: **we went out** *on* **tiptoe(s) so as not to wake him** salimos de puntillas para no despertarlo.

tirade /taɪˈreɪd/ *n* diatriba *f*, invectiva *f.*

tire /ˈtaɪə/ **I** *n* (*US*) ➪ tyre
II *vt* **[tires, tiring, tired]** cansar.
♦ *vi* cansarse: **the children soon tired** *of* **staying in the house** los niños se cansaron pronto de estar en casa.

to **tire out** *vt* agotar: **these dogs have tired me out** estos perros me tienen agotado.

tired /ˈtaɪəd/ *adj* **1.** (*weary*) cansado -da: **it makes me tired** me cansa ● **he came home tired out** volvió a casa rendido. **2.** (*fed up*) harto -ta: **I'm tired** *of* **your complaints** estoy harto de que te quejes; **aren't you tired** *of* **living here?** ¿no estás harta de vivir aquí?

tiredness /ˈtaɪədnəs/ *n* cansancio *m*, fatiga *f.*

tireless /ˈtaɪələs/ *adj* infatigable.

tirelessly /ˈtaɪəlɪslɪ/ *adv* infatigablemente.

tiresome /ˈtaɪəsəm/ *adj* pesado -da.

tiring /ˈtaɪərɪŋ/ *adj* agotador -dora, que cansa.

tissue /ˈtɪʃuː/ *n* **1.** (*Biol*) tejido *m* ● **this article is a tissue of lies** este artículo es una sarta de mentiras. **2.** (*GB*: *fam*, *paper handkerchief*) pañuelo *m* de papel.

tissue paper *n* papel *m* de seda.

tit /tɪt/ *n* **1.** (*bird*) paro *m*, herrerillo *m.* **2.** (*!!*: *breast*) teta *f.*

tit for tat *n* (*fam*): **that's tit for tat!** ¡donde las dan las toman!; **the police think it was a tit-for-tat killing** la policía cree que el asesinato fue un ajuste de cuentas.

titbit /ˈtɪtbɪt/ *n* golosina *f.*

titillate /ˈtɪtɪleɪt/ *vt* **[titillates, titillating, titillated]** excitar.

titillation /ˌtɪtɪˈleɪʃən/ *n* excitación *f.*

titivate /ˈtɪtɪveɪt/ *vt* **[titivates, titivating, titivated]** (*fam*) emperifollar.

title /ˈtaɪtəl/ **I** *n* **1.** (*name, rank*) título *m*: **do you remember the title of his autobiography?** ¿te acuerdas del título de su autobiografía? **2.** (*Law*: *right*) derecho *m.* **3.** (*championship*) título *m*, campeonato *m*: **Watkins is contending for the title against López** Watkins se enfrenta a López por el título.
II titles *n pl* (*fam*: *film credits*) títulos *m pl* de crédito, créditos *m pl.*
III *vt* **[titles, titling, titled]** titular.

title deed *n* título *m* de propiedad, escritura *f* (de propiedad).
title-holder *n* (*Sport*) campeón -peona *m/f*.
title page *n* portada *f*.
title role *n* papel *m* principal (*que le da título a la película u obra de teatro*).

titled /'taɪtəld/ *adj* (*GB*) noble, con título de nobleza.

titter /'tɪtə/ I *vi* [**titters, tittering, tittered**] (*nervously*) *reírse de forma nerviosa*; (*in a silly way*) *reírse de forma tonta*.
II *n* (*nervous*) risa *f* nerviosa; (*silly*) risa *f* tonta.

tittle-tattle /'tɪtəl,tætəl/ *n* (*fam*) chismes *m pl*.

titular /'tɪtjʊlə/ *adj* **1.** (*officially appointed*) titular. **2.** (*nominal*) nominal: **he's the titular head of state** nominalmente es el jefe de estado.

T-junction /tiː'dʒʌŋkʃən/ *n* cruce *m* (en forma de T).

TM *léase* /'treɪdmɑːk/ (*abreviatura de* **Trade Mark**) marca *f* registrada.

to /tuː/ I *prep* **1.** (*in direction of, as far as*) a: **I'm going to York** voy a York; **we turned to the left** giramos a la izquierda; **can you give me a lift to the station?** ¿puedes llevarme a la estación?; **is this the train to Springfield?** ¿éste es el tren a Springfield?; **the road to Rochester is closed because of the snow** la carretera de Rochester está cerrada por culpa de la nieve; **the road is flooded from here to Milton** la carretera está inundada desde aquí hasta Milton. **2.** (*until*) a, hasta: **it's open from nine to six** está abierto de nueve a seis, está abierto desde las nueve hasta las seis; **there are five days left to my birthday** faltan cinco días para mi cumpleaños. **3.** (*telling the time*) menos: **it's twenty to seven** son las siete menos veinte. **4.** (*before the object of an action*) a: **he gave the keys to Fiona** le dio las llaves a Fiona; **she sent a postcard to her parents** envió una postal a sus padres; **they were very kind to her** fueron muy amables con ella; **to me, it was absolutely ridiculous** en mi opinión, fue de lo más ridículo. **5.** (*in comparisons*) a, comparado con: **I prefer tea to coffee** prefiero el té al café; **this carnival is nothing to last year's** este carnaval no es nada comparado con el del año pasado. **6.** (*in scoring*): **we won/lost four to three** ganamos/perdimos cuatro a tres. **7.** (*belonging to*) de: **I've lost the key to this suitcase** he perdido la llave de esta maleta. **8.** (*per*) por: **the bank's rate was two hundred pesetas to the pound** en el banco daban doscientas pesetas por libra. **9.** (*indicating a reaction*) para: **to her amazement, she failed** para su gran asombro, suspendió.
II *[used in verb infinitives]* **1.** (*untranslated in Spanish*): **I want to go** quiero ir; **I want her to know** quiero que ella lo sepa; **we tried to follow them** tratamos de seguirlos; **these letters are to be sent today** estas cartas hay que enviarlas hoy; **you don't have to if you don't want to** no tienes que hacerlo si no quieres. **2.** (*after an adjective*): **he was very slow to reply** tardó mucho en contestar. **3.** (*in order to*) para: **she's come to apologize** ha venido para pedir perdón; **I came to look for you** vine a buscarte; **we came home to learn that he'd run away** al volver a casa, nos enteramos de que había huido; **to be truthful...** si quieres que te diga la verdad....
III *adv* • **when he came to, his attackers had gone** cuando volvió en sí, los asaltantes se habían ido • **I pulled the door to, to keep the draughts out** cerré bien la puerta para que no entrara corriente • **everyone was running to and fro** todos corrían de un lado para otro.

toad /təʊd/ *n* sapo *m*.

toadstool /'təʊdstuːl/ *n* hongo *m* (*no comestible*), seta *f* venenosa.

toady /'təʊdɪ/ *n* [**toadies**] (*fam*) pelotillero -ra *m/f*, adulador -dora *m/f*.

toast /təʊst/ I *n* **1.** (*gen*) pan *m* tostado: **would you like some toast?** ¿quieres (unas) tostadas?; **would you like another piece of toast?** ¿quieres otra tostada? **2.** (*drink*) brindis *m inv*: **we drank a toast** *to* **victory** brindamos por la victoria; **he proposed a toast** *to* **the bride and groom** propuso un brindis por los novios • **he's become the toast of the boxing world** se ha convertido en el héroe del mundo del boxeo.
II *vt* [**toasts, toasting, toasted**] **1.** (*bread*) tostar. **2.** (*to drink to*) brindar por.

toaster /'təʊstə/ *n* tostador *m*, tostadora *f*.

tobacco /tə'bækəʊ/ *n* tabaco *m*.
tobacco plantation *n* tabacal *m*, plantación *f* de tabaco.
tobacco pouch *n* petaca *f*.

tobacconist's /tə'bækənɪsts/ *n* (*GB*: *shop*) estanco *m*.

toboggan /tə'bɒgən/ I *n* tobogán *m*.
II *vi* [**toboggans, tobogganing, tobogganed**] deslizarse en tobogán.

today /tə'deɪ/ I *adv* hoy: **what's the date today?** ¿a cuántos estamos hoy?; **he left a week ago today** hoy hace una semana que se fue; **a fortnight today we'll be in Greece** de hoy en quince días estaremos en Grecia; **nobody cares about old people today** hoy en día nadie se preocupa de los ancianos.
II *n* (*this day*): **in today's programme we will be...** en el programa de hoy vamos a...; (*present times*): **today's journalists have to be ruthless** los periodistas de hoy día tienen que ser despiadados.

toddle /'tɒdəl/ *vi* [**toddles, toddling, toddled**] andar con paso inseguro.

toddler /'tɒdələ/ *n* niño -ña *m/f* (*que ha empezado a dar sus primeros pasos*).

to-do /tə'duː/ *n* (*fam*) lío *m*: **there was a terrible to-do** *over* **that** se armó un lío tremendo por eso.

toe /təʊ/ I *n* dedo *m* del pie: **I banged my big toe** me di un golpe en el dedo gordo del pie • **keep on your toes** manténte alerta • **when making changes we were careful not to tread on anyone's toes** cuando hicimos los cambios, tuvimos cuidado de no ofender a nadie.
II *vt* [**toes, toeing, toed**] tocar con la punta del pie.
toecap *n* puntera *f*.
toenail *n* uña *f* (*de un dedo del pie*).

toffee /'tɒfɪ/ *n* (*GB*) caramelo *m* (*de café con leche*), tofe *m*.
toffee-nosed *adj* (*GB*: *fam*) engreído -da, presumido -da.

together /tə'geðə/ I *adv* **1.** (*in each other's company*) juntos -tas: **they all left together** se fueron todos juntos; **the three sisters live together** las tres hermanas viven juntas; **the whole family comes together at Christmas** toda la familia se junta en Navidad; **mix all the ingredients together** combine todos los ingredientes. **2.** (*at the same time*) al mismo tiempo: **they all tried to answer together** todos trataron de contestar a la vez.
II **together with** *prep* junto con.

togetherness /tə'geðənəs/ *n* unión *m*.

toggle /'tɒgəl/ *n* (*on jacket*) botón *m* alargado (*que se abrocha a una trabilla*).

togs /tɒgz/ *n pl* (*GB*: *fam*) ropa *f*: **don't forget to bring**

your swimming togs no te olvides de traer el traje de baño.

toil /tɔɪl/ (*frml*) **I** *vi* [**toils, toiling, toiled**] trabajar duro • **the runners toiled up the slope** los corredores subieron laboriosamente la cuesta.
II *n* trabajo *m* agotador.

toilet /'tɔɪlɪt/ *n* **1.** (*appliance*) wáter *m*, inodoro *m*; (*room*) lavabo *m*, baño *m*: **where are the toilets, please?** por favor, ¿los servicios?; **do you want to go to the toilet?** ¿quieres ir al baño? **2.** (*frml*: *personal hygiene*) higiene *f* personal.
toilet bag *n* neceser *m*.
toilet bowl *n* taza *f* del wáter.
toilet paper, (*frml*) **toilet tissue** *n* papel *m* higiénico.
toilet roll *n* rollo *m* de papel higiénico.
toilet soap *n* jabón *m* de tocador.
toilet water *n* agua *f* de colonia [takes ***el*** or ***un*** in singular].

toiletries /'tɔɪlɪtrɪz/ *n pl* artículos *m pl* de aseo.

token /'təʊkən/ **I** *n* **1.** (*symbol*) prueba *f*, señal *f*: **take this** *in* **token of my gratitude** acepta esto en señal de mi gratitud. **2.** (*coin*) ficha *f*; (*voucher*) vale *m*: **his cousin gave him a book token** su prima le regaló un vale para comprar libros.
II *adj* simbólico -ca: **they called a twenty-four hour token strike** convocaron una huelga de veinticuatro horas puramente simbólica.

Tokyo /'təʊkɪəʊ/ *n* Tokio *m*.

told /təʊld/ *pretérito y participio pasado de* ➪ tell

tolerable /'tɒlərəbəl/ *adj* **1.** (*endurable*) tolerable. **2.** (*passable*) pasable: **he gave a tolerable performance as Hamlet** interpretó el papel de Hamlet de forma pasable.

tolerably /'tɒlərəblɪ/ *adv*: **he cooks tolerably well** hace unas comidas pasables.

tolerance /'tɒlərəns/ *n* tolerancia *f*.

tolerant /'tɒlərənt/ *adj* tolerante.

tolerate /'tɒləreɪt/ *vt* [**tolerates, tolerating, tolerated**] tolerar: **I am no longer prepared to tolerate this kind of behaviour** no voy a tolerar más este tipo de comportamiento.

toleration /ˌtɒlə'reɪʃən/ *n* tolerancia *f*.

toll /təʊl/ **I** *vt* [**tolls, tolling, tolled**] (*frml*) tocar.
♦ *vi* doblar: **the bell tolled for the dead** la campana doblaba a muerto.
II *n* **1.** (*on road*) peaje *m*. **2.** (*of accidents, deaths*) cifra *f*, número *m*: **the death toll has risen to forty** el número de víctimas mortales se eleva a cuarenta • **years of hard work had taken their toll on his health** años de duro trabajo habían afectado su salud.
toll road *n* carretera *f* de peaje.

tomato /tə'mɑːtəʊ/ (*US*) /tə'meɪtəʊ/ *n* [**tomatoes**] (*fruit*) tomate *m*; (*plant*) tomatera *f*.
tomato ketchup *n* ketchup *m*.
tomato purée *n* puré *m* de tomate.
tomato sauce *n* salsa *f* de tomate.

tomb /tuːm/ *n* tumba *f*.
tombstone *n* lápida *f*.

tomboy /'tɒmbɔɪ/ *n* marimacho *m*.

tomcat /'tɒmkæt/ *n* gato *m* macho.

tome /təʊm/ *n* tomo *m*: **his new novel is rather a weighty tome** su última novela es un buen tocho ✻ un mamotreto.

tomorrow /tə'mɒrəʊ/ **I** *adv* mañana: **see you tomorrow!** ¡hasta mañana!; **I'll do it tomorrow morning** lo haré mañana por la mañana; **she's arriving a week tomorrow** llega de mañana en una semana; **the interview is the day after tomorrow** la entrevista es pasado mañana; **I will have to cancel all tomorrow's appointments** tendré que cancelar todas las citas de mañana; **these young gymnasts are the Olympic champions of tomorrow** estos jóvenes gimnastas son los campeones olímpicos del mañana.
II *n* (*the day after today*): **tomorrow is Friday** mañana es viernes; (*future times*): **tomorrow's leaders will have a different perspective** los líderes de mañana tendrán una perspectiva distinta.

tom-tom /'tɒmtɒm/ *n* tam-tam *m inv*.

ton /tʌn/ *n* [**tons** ✻ **ton**] **1.** (*in GB*) *unidad de medida igual a 2240 libras*; (*in US*) *unidad de medida igual a 2000 libras*. **2.** (*también* **metric ton**) (*1000 kg*) tonelada *f* métrica • **this suitcase weighs a ton** esta maleta pesa una tonelada • **she's got tons of clothes** tiene ropa a montones.

tone /təʊn/ *n* **1.** (*sound*) tono *m*: **she spoke to me** *in* **an aggressive tone** me habló con un tono agresivo • **don't use that tone of voice to your mother!** ¡no le hables así a tu madre! **2.** (*mood*) carácter *m*, tono *m*: **the tone of the interview was rather threatening** la entrevista tuvo un tono bastante amenazador; **trust Fred to lower the tone of the conversation** típico de Fred, darle un tono vulgar a la conversación. **3.** (*on telephone, answering machine*) señal *f*: **I keep getting the engaged tone** está comunicando todo el rato; **leave your message after the tone** deje su mensaje después de la señal. **4.** (*of colour*) tono *m*: **the room was decorated** *in* **very subtle tones** el cuarto estaba decorado en tonos muy tenues. **5.** (*of muscles*) forma *f*: **this exercise improves general muscle tone** este ejercicio mejora la forma general de los músculos.
to **tone down** *vt* [**tones, toning, toned**] (*a speech, a statement*) suavizar: **you should tone down those remarks about the council's incompetence** tendrías que suavizar esos comentarios sobre la incompetencia del ayuntamiento.
to **tone up** *vt* (*muscles*) tonificar.
tone-deaf *adj* sin sentido musical: **she is tone-deaf** no tiene oído para la música.

toner /'təʊnə/ *n* (*for photocopier*) toner *m* (*sustancia que fija las imágenes en las fotocopiadoras*).

tongs /tɒŋz/ *n pl* (*gen*) pinzas *f pl*; (*for curling hair*) tenacillas *f pl* (*para rizar el pelo*).

tongue /tʌŋ/ *n* **1.** (*Anat*) lengua *f*: **don't stick your tongue out!** ¡no saques la lengua! • **she told him to hold his tongue** le dijo que se callara. **2.** (*Culin*) lengua *f*. **3.** (*of a shoe*) lengüeta *f*. **4.** (*frml*: *language*) lengua *f*, idioma *m*.
tongue-in-cheek **I** *adj* irónico -ca: **she made several tongue-in-cheek remarks** hizo varios comentarios irónicos.
II tongue in cheek *adv* irónicamente: **he said it tongue in cheek** lo dijo irónicamente.
tongue-tied *adj* cortado -da: **when it was his turn to speak, he was completely tongue-tied** cuando le tocó hablar estaba muy cortado.
tongue twister *n* trabalenguas *m inv*.

tonic /'tɒnɪk/ **I** *n* **1.** (*también* **tonic water**) (*Culin*) tónica *f*. **2.** (*Med*) tónico *m* • **going away for a few days was a real tonic for him** irse unos cuantos días fuera le fue muy bien. **3.** (*Mus*) tónica *f*.
II *adj* (*effects, note*) tónico -ca.

tonight /tə'naɪt/ **I** *adv* esta noche: **he's arriving tonight** llega esta noche.
II *n* esta noche *f*: **I want to watch tonight's episode** quiero ver el capítulo de esta noche.

tonnage /'tʌnɪdʒ/ *n* tonelaje *m*.

tonne /tʌn/ *n* [**tonnes ✻ tonne**] tonelada *f* métrica.

tonsil /'tɒnsəl/ *n* amígdala *f*: **she had her tonsils out** la operaron de amígdalas.

tonsillitis /tɒnsə'laɪtɪs/ *n* amigdalitis *f inv*.

too /tu:/ *adv* **1.** (*excessively*) demasiado: **she talks too fast** habla demasiado rápido; **the skirt was too tight for her** la falda le estaba demasiado estrecha; **this is too small a house for us** esta casa es demasiado pequeña para nosotros; **it was too hot to play tennis** hacía demasiado calor para jugar al tenis; **the boxer weighs three pounds too much** el boxeador pesa tres libras de más. **2.** (*as well*) también: **she came along with us too** ella también nos acompañó; **"I'm really cold." "Me too."** "Tengo muchísimo frío." "Yo también."; **"He loves jazz." "Me too."** "Le encanta el jazz." "A mí también."; **she enjoys reading and playing the piano too** le gusta leer y también le gusta tocar el piano; **I broke a plate. It was a brand new one too!** rompí un plato y para colmo era uno de los nuevos. **3. not too** (*not very*): **I like the carpet but I'm not too sure about the curtains** me gusta la alfombra, pero las cortinas no estoy tan segura; **she wasn't too happy with the results** no estaba muy contenta con los resultados. **4. too much** (*more than needed: used with verbs*) demasiado: **she talks too much** habla demasiado; **they drank far too much** bebieron más de la cuenta; (*: used with nouns*) demasiado -da: **he put too much salt in the soup** le echó demasiada sal a la sopa. **5. too many** (*more than needed*) demasiados -das: **you eat too many chocolate bars** comes demasiadas chocolatinas.

took /tʊk/ *pretérito de* ➪ take

tool /tu:l/ *n* (*gen*) herramienta *f*; (*as domestic implement*) utensilio *m* • **he was nothing more than a tool of the Party** no era más que un instrumento del partido.

tool box *n* caja *f* de herramientas.

tool kit *n* juego *m* de herramientas.

tool shed *n* cobertizo *m* para las herramientas.

toot /tu:t/ **I** *vt* [**toots, tooting, tooted**]: **the van driver tooted his horn** el conductor de la camioneta tocó la bocina.

♦ *vi* tocar la bocina.

II *n* bocinazo *m*: **give me a toot when you arrive** dame un bocinazo cuando llegues.

tooth /tu:θ/ *n* [*pl* **teeth** /ti:θ/] **1.** (*Anat*: *at the front*) diente *m*; (*: at the back*) muela *f*: **I was cleaning my teeth** me estaba lavando los dientes; **she had to have a tooth taken out** le tuvieron que sacar una muela • **they were armed to the teeth** estaban armados hasta los dientes • **I have a new job to get my teeth into now** ahora tengo otra tarea a la que hincarle el diente • **they fought tooth and nail over that land** lucharon con uñas y dientes por esa tierra • **you will have to grit your teeth and get on with it** tendrás que aguantarte y seguir adelante con ello • **that noise sets my teeth on edge** ese ruido me da dentera. **2.** (*of gear, sprocket*) púa *f*, diente *m*; (*of comb*) púa *f*.

toothache *n* dolor *m* de muelas: **he has toothache** le duelen las muelas.

toothbrush *n* [**toothbrushes**] cepillo *m* de dientes.

toothpaste *n* pasta *f* de dientes.

toothpick *n* mondadientes *m inv*.

top /tɒp/ **I** *n* **1.** (*highest part or position*) parte *f* de arriba: **the top of the table was scratched** (la parte de arriba de) la mesa estaba rayada; **write your name** *at* **the top of the page** escriba su nombre en la parte superior de la página; **we live** *at* **the top of this block of flats** vivimos en el último piso de este bloque; **he climbed to the top of the ladder** subió hasta lo más alto de la escalera • **we cleaned the house from top to bottom** limpiamos la casa de arriba abajo • **he shouted at the top of his voice** gritó con todas sus fuerzas • **her dress was really over the top** se pasó un pelo con el vestido. **2.** (*of mountain, hill*) cima *f*, cumbre *f*. **3.** (*of head*) coronilla *f*: **the book hit him right** *on* **the top of the head** el libro le dio en toda la cabeza • **she gave me a few suggestions off the top of her head** me iba sugiriendo cosas tal y como le iban viniendo a la cabeza • **she's going to blow her top when she sees this mess** va a subirse por las paredes cuando vea este desorden. **4.** (*of car*) techo *m*. **5.** (*of organization*): **those at the top of the company see very little of the ordinary workers** los que ocupan puestos directivos en la empresa tienen muy poco contacto con los trabajadores; **she's reached the top of her profession** ha llegado a lo más alto de su profesión. **6.** (*covering: of bottle, tube*) tapón *m*; (*: of jar*) tapa *f*; (*: of pen*) capuchón *m*. **7.** (*Clothing*: *blouse*) blusa *f*; (*: T-shirt*) camiseta *f*: **a pyjama top** una chaqueta de pijama. **8.** (*child's toy*) peonza *f*.

II on top *adv* **1.** (*of a place*) encima: **the cat climbed up on top** *of* **the wardrobe** el gato se subió encima del armario. **2.** (*of something else*) además: **he gets bonuses on top** *of* **his annual salary** recibe primas además de su salario anual. **3.** (*of a person*): **their boss is always on top** *of* **them** su jefe está siempre encima de ellos • **in the second half United got on top** en la segunda parte dominó el United • **you shouldn't let things get on top of you** no deberías dejar que las preocupaciones te afectaran tanto.

III *adj* **1.** (*higher or highest*) alto -ta: **I slept in the top bunk** dormí en la litera de arriba; **they came down the hill at top speed** bajaron la pendiente a toda velocidad; **she couldn't reach the top notes** no llegaba a las notas más altas. **2.** (*best*) mejor: **she is Spain's top athlete** es la mejor atleta española; **he got the top score in the class** sacó la mejor nota de la clase; (*most important*): **the company's top executives will be there** asistirán los altos cargos de la compañía.

IV *vt* [**tops, topping, topped**] **1.** (*to be a top for*): **the cake was topped with chocolate** el pastel tenía chocolate por encima; **a slate roof tops the building** el edificio tiene tejado de pizarra. **2.** (*to exceed*) pasar de: **sales topped five million units last year** las ventas pasaron de los cinco millones de unidades el año pasado. **3.** (*to lead*) estar a la cabeza de: **they topped the league for three months** estuvieron tres meses a la cabeza de la liga. **4.** (*vegetables, fruit*): **the beans should be topped and tailed** hay que quitarles los rabos a las judías.

to **top up** *vt* **1.** (*a glass*) llenar: **let me top you up** ¿te echo un poco más? **2.** (*a pension, payments, etc.*) aumentar: **you can top up your pension with extra contributions** puedes aumentar tu pensión haciendo contribuciones adicionales.

top brass *n pl* (*fam*) peces *m pl* gordos.

top coat *n* (*of paint*) última mano *f*.

top copy *n* original *m*.

top-flight *adj* de alto nivel.

top gear *n* (*Auto*: *fourth*) cuarta *f*; (*: fifth*) quinta *f*.

top hat *n* chistera *f*.

top-heavy *adj*: **the load was top-heavy so it tipped over** la carga era demasiado pesada en la parte superior y volcó.

top-secret *adj* de alto secreto.

topsoil *n* suelo *m* (vegetal), mantillo *m*.
top-up *n* (*fam*): **are you ready for a top-up?** ¿te echo un poco más?
topaz /'təʊpæz/ *n* topacio *m*.
topic /'tɒpɪk/ *n* tema *m*: **they switched to a different topic of conversation** cambiaron de tema de conversación.
topical /'tɒpɪkəl/ *adj* de actualidad: **your question is a very topical one** tu pregunta está muy de actualidad.
topless /'tɒpləs/ I *adj*: **topless sunbathing was illegal at that time** tomar el sol en topless era ilegal en aquella época.
II *adv* en topless: **she had never sunbathed topless** nunca había tomado el sol en topless.
topmost /'tɒpməʊst/ *adj* más alto -ta: **it was on the topmost shelf** estaba en el estante más alto.
topography /tə'pɒgrəfɪ/ *n* topografía *f*.
topping /'tɒpɪŋ/ *n* (*for pizza*) ingrediente *m*: **there is a choice of six toppings to put on your pizza** se puede elegir entre seis ingredientes para la pizza; (*for ice-cream*) *chocolate o frutos secos picados (que se le ponen al helado)*.
topple /'tɒpəl/ *vi* [**topples, toppling, toppled**] (*person*) perder el equilibrio; (*construction*) caerse: **we watched as the tower toppled** *(over)* vimos como se caía la torre.
♦*vt* derribar: **they uncovered a plot to topple the president** descubrieron un complot para derribar al presidente.
topsy-turvy /'tɒpsɪˌtɜːvɪ/ *adj* (*fam*) patas arriba.
torch /tɔːtʃ/ *n* [**torches**] (*with naked flame*) antorcha *f*; (*GB*: *electric*) linterna *f*.
torchlight *n*: **he was reading by torchlight** estaba leyendo alumbrándose con una linterna.
tore /tɔː/ *pretérito de* ➪ tear
torment I /'tɔːment/ *n* (*cause of pain*) tormento *m*; (*suffering*) angustia *f*: **after months of torment, she received news that he was alive** tras meses de angustia, recibió noticias de que estaba vivo.
II /tɔː'ment/ *vt* [**torments, tormenting, tormented**] atormentar: **we were tormented** *by* **heat and mosquitos** nos atormentaron el calor y los mosquitos; **she's always tormenting the younger children** siempre está haciendo rabiar a los pequeños.
torn /tɔːn/ *participio pasado de* ➪ tear
tornado /tɔː'neɪdəʊ/ *n* [**tornados** ✻ **tornadoes**] tornado *m*.
torpedo /tɔː'piːdəʊ/ I *n* [**torpedoes**] torpedo *m*.
II *vt* [**torpedoes, torpedoing, torpedoed**] torpedear.
torpid /'tɔːpɪd/ *adj* (*frml*: *slow*) torpe; (*: sleepy*) letárgico -ca.
torrent /'tɒrənt/ *n* torrente *m* ● **he was subjected to torrents of abuse from the audience** tuvo que aguantar una lluvia de insultos del público.
torrential /tə'renʃəl/ *adj* torrencial: **there was torrential rain** se produjeron lluvias torrenciales.
torrid /'tɒrɪd/ *adj* **1.** (*scandal, scene*) apasionado -da: **she had a torrid affair with a politician** tuvo un apasionado romance con un político. **2.** (*frml*: *desert*) tórrido -da.
torso /'tɔːsəʊ/ *n* torso *m*.
tortoise /'tɔːtəs/ *n* tortuga *f*.
tortoiseshell *n* carey *m*.
tortuous /'tɔːtjʊəs/ *adj* (*path, road, logic*) tortuoso -sa.
torture /'tɔːtʃə/ I *n* tortura *f*: **his classes were (sheer) torture** sus clases eran una auténtica tortura.
II *vt* [**tortures, torturing, tortured**] torturar.
torturer /'tɔːtʃərə/ *n* torturador -dora *m/f*.
Tory /'tɔːrɪ/ *adj, n* [**Tories**] (*GB*) conservador -dora *adj, m/f* (*del Partido Conservador británico/canadiense*).
toss /tɒs/ I *vt* [**tosses, tossing, tossed**] **1.** (*to throw*) tirar: **he tossed his hat** *into* **the air** lanzó el sombrero al aire; **we tossed them a few pennies** les echamos unos peniques ● **they decided to toss a coin for it** decidieron echarlo a cara o cruz. **2.** (*vegetables*) darle vueltas a: **could someone toss the salad for me, please?** ¿podría alguien darle vueltas a la ensalada, por favor?; **she deftly tossed the pancake** le dio la vuelta a la tortita con mucha maña. **3.** (*to move*) agitar: **the horse tossed its head** el caballo agitó la cabeza.
♦*vi* (*to move restlessly*) moverse sin parar: **he tossed and turned all night but couldn't get to sleep** estuvo toda la noche dando vueltas sin poder dormir.
II *n* **1.** (*of a coin*): **we won the toss** lo echamos a cara o cruz y nos tocó elegir primero. **2.** (*of head, mane*) movimiento *m*.
toss-up *n* (*fam*): **it's a toss-up whether we'll get there in time** tenemos las mismas posibilidades de llegar que de no llegar a tiempo.
tot /tɒt/ *n* **1.** (*of brandy, whisky*) dedo *m*: **she poured him a tot of brandy** le sirvió un dedo de coñac. **2.** (*fam*: *child*) niñito -ta *m/f*: **she had a class of tiny tots** tenía una clase de chiquitines.
to **tot up** *vt* [**tots, totting, totted**] sumar: **we totted up our expenses for the month** sumamos nuestros gastos del mes.
♦*vi* ascender: **it tots up** *to* **two million** el total asciende a dos millones.
total /'təʊtəl/ I *n* total *m*: **we reached a grand total of five hundred pounds** llegamos a un total de quinientas libras; *in* **total, he has consulted fifteen doctors** ha consultado con quince médicos en total.
II *adj* **1.** (*Fin, Maths*) total: **the total bill came to over fifty pounds** la factura total pasaba de las cincuenta libras. **2.** (*complete*) total: **the party was a total disaster** la fiesta fue un desastre total; **the accident led to the total shutdown of the plant** el accidente llevó al cierre total de la planta.
III *vt* [**totals, totalling, totalled**] (*to count*) sumar: **we totalled (up) all the hours we had worked** sumamos todas las horas que habíamos trabajado; (*to amount to*) ascender a: **the donations totalled more than seven hundred pounds** las donaciones ascendieron a más de setecientas libras.
totalitarian /ˌtəʊtælɪ'teərɪən/ *adj* totalitario -ria.
totalitarianism /ˌtəʊtælɪ'teərɪənɪzəm/ *n* totalitarismo *m*.
totally /'təʊtəlɪ/ *adv* totalmente: **the streets were totally empty** las calles estaban totalmente vacías.
totter /'tɒtə/ *vi* [**totters, tottering, tottered**] (*person, government*) tambalearse.
toucan /'tuːkən/ *n* tucán *m*.
touch /tʌtʃ/ I *n* [**touches**] **1.** (*sense*) tacto *m*: **he can identify shapes** *by* **touch** puede identificar formas al tacto. **2.** (*act*): **the touch of his hand made her shiver** el contacto de su mano le produjo un escalofrío; **he felt a light touch on his arm** sintió un ligero contacto en el brazo; **the surface was smooth** *to* **the touch** la superficie era suave al tacto ● **my sister is a soft touch** es muy fácil sacarle dinero a mi hermana. **3.** (*detail*) toque *m*: **her work has some touches of irony** su trabajo tiene ciertos toques irónicos ● **we just have to add the finishing touches** hemos de añadirle los últimos detalles. **4.** (*small amount*) pizca *f*: **add a touch of cinnamon** añadir una pizca de

canela. **5.** (*fam*: *hint*): **I think he has a touch of flu** creo que tiene un poco de gripe; **she was a touch annoyed** estaba un poco enfadada. **6.** (*skill*) toque *m*: **this artist has a special touch** este artista tiene un toque especial • **I must be losing my touch!** ¡debo estar perdiendo facultades! **7.** (*contact*) contacto *m*: **I try to keep** *in* **touch** *with* **my friends from university days** intento mantenerme en contacto con mis amigos de la universidad; **get** *in* **touch** *with* **us when you arrive** ponte en contacto con nosotros cuando llegues; **he lost touch** *with* **ground control** perdió el contacto con el control de tierra • **she's completely out of touch** está completamente fuera de onda. **8.** (*Sport*: *in football, rugby*): *in* ✱ *into* **touch** fuera del campo.

II *vt* [**touches, touching, touched**] **1.** (*to come into contact with*) tocar: **she touched his cheek** le tocó la mejilla; **the chair was touching the radiator** la silla estaba tocando el radiador. **2.** (*to interfere with*) tocar: **luckily the thieves didn't touch her jewellery** afortunadamente, los ladrones no tocaron las joyas • **he has a good alibi so the police can't touch him** tiene una buena coartada, así que la policía no puede hacerle nada. **3.** (*to eat, drink*) probar: **I haven't touched meat since last year** no he probado la carne desde el año pasado. **4.** (*to move*) conmover: **we were deeply touched by their gesture** nos conmovió mucho su gesto. **5.** (*to rival*) igualar: **there's nobody to touch him on the international golf scene** no hay nadie que lo iguale en el circuito internacional de golf.

♦ *vi* tocarse: **their hands were touching** sus manos se tocaban; **make sure these two cables don't touch** asegúrate de que estos dos cables no se tocan.

to **touch down** *vi* **1.** (*on runway*) aterrizar: **we touched down at two o'clock** aterrizamos a las dos. **2.** (*Sport*: *in rugby*) conseguir un ensayo.

to **touch on** *vt* mencionar: **he never touched on the subject of pay** no mencionó para nada el tema del sueldo.

to **touch up** *vt* **1.** (*paintwork*) retocar. **2.** (*fam*: *sexually*) meter mano a.

touch-and-go *adj* (*fam*): **it's going to be touch-and-go whether we get there on time** si llegamos a tiempo, será por poco.

touchdown *n* **1.** (*Av*) aterrizaje *m*. **2.** (*Sport*: *in rugby, in American football*) ensayo *m*.

touchline *n* (*in rugby, football*) línea *f* de banda.

touchstone *n* piedra *f* de toque.

touch-type *vi* [**touch-types, touch-typing, touch-typed**] mecanografiar (*sin necesidad de mirar el teclado*).

touch-typist *n* mecanógrafo -fa *m/f* (*que no tiene necesidad de mirar el teclado*).

touched /tʌtʃt/ *adj* (*fam*: *mad*) tocado -da.

touchiness /ˈtʌtʃɪnəs/ *n* susceptibilidad *f*.

touching /ˈtʌtʃɪŋ/ *adj* conmovedor -dora.

touchy /ˈtʌtʃɪ/ *adj* [**touchier, touchiest**] (*person*) susceptible: **he's very touchy** *about* **being bald** es muy susceptible cuando se trata de su calvicie; (*topic*) delicado -da: **exams are a touchy subject with her at the moment** en estos momentos, los exámenes son un tema delicado para ella.

tough /tʌf/ **I** *adj* **1.** (*steak*) duro -ra • **this meat's as tough as old boots** esta carne está más dura que una suela. **2.** (*robust*) resistente: **this is a very tough fabric** ésta es una tela muy resistente. **3.** (*stringent*) severo -ra: **they are introducing tough new laws on...** van a introducir unas leyes más severas contra.... **4.** (*difficult*) difícil: **they found the course very tough** el curso les pareció muy difícil • **you don't like it? well that's just tough!** ¿no te gusta? ¡pues te fastidias! **5.** (*person: resilient*) resistente: **we need tough young people for our expedition** necesitamos jóvenes con mucha resistencia física para nuestra expedición; (*: emotionally strong*) fuerte: **she'll get over it, she's very tough** saldrá adelante, es muy fuerte; (*: hard*) duro -ra: **he hired some tough guys to protect him** contrató a unos matones para que lo protegieran.

II *n* (*fam*: *ruffian*) matón *m*.

III *adv* (*fam*) duro -ra: **he likes to act tough** le gusta hacerse el duro.

toughen /ˈtʌfən/ *vt* [**toughens, toughening, toughened**] (*glass, a person*) endurecer: **a year in the army has toughened him (up)** un año en el ejército lo ha endurecido.

toupee /ˈtu:peɪ/ *n* peluquín *m*.

tour /tʊə/ **I** *n* **1.** (*trip, holiday*) viaje *m*: **she went on a bicycle tour of Wales** hizo un viaje en bicicleta por Gales. **2.** (*visit*) visita *f*: **she wanted to do a tour of all the museums** quería visitar todos los museos. **3.** (*by musician, sports team*) gira *f*: **the company is** *on* **tour in Spain** la compañía está de gira por España. **4.** (*by politician*) viaje *m*, gira *f*: **on his tour of the Baltic States, President Jones...** en su viaje a los países bálticos, el presidente Jones....

II *vt* [**tours, touring, toured**] **1.** (*for leisure*) viajar por: **they are touring France** están de viaje por Francia. **2.** (*musician, sports team*) estar de gira por: **the team is touring Europe** el equipo está de gira por Europa.

♦ *vi* **1.** (*for leisure*) viajar: **they like to go touring in their caravan** les gusta viajar con la caravana. **2.** (*musician, sports team*) estar de gira.

tour guide *n* **1.** (*person*) guía *m/f* turístico -ca. **2.** (*book*) guía *f* turística.

tour operator *n* tour operador *m*.

tourism /ˈtʊərɪzəm/ *n* turismo *m*.

tourist /ˈtʊərɪst/ **I** *n* turista *m/f*.

II *adj* turístico -ca: **the tourist industry is important to their economy** el sector turístico es importante para su economía.

tourist board *n* oficina *f* de turismo (*nacional o local*).

tourist class *n* clase *f* turista.

tourist information centre *n* oficina *f* de información turística.

tourist resort *n* centro *m* turístico.

tourist trap *n* (*fam*): **it has become a tourist trap** se ha convertido en un sitio demasiado turístico.

tournament /ˈtʊənəmənt/ *n* torneo *m*.

tourniquet /ˈtʊənɪkeɪ/ *n* torniquete *m*.

tousled /ˈtaʊzəld/ *adj* despeinado -da.

tout /taʊt/ **I** *n* revendedor -dora *m/f* (*de entradas*).

II *vt* [**touts, touting, touted**] (*goods, wares*) tratar de vender; (*tickets*) revender.

♦ *vi*: **taxi drivers tout** *for* **business at the station** los taxistas ofrecen sus servicios a los pasajeros en la estación.

tow /təʊ/ **I** *vt* [**tows, towing, towed**] remolcar: **we towed his car to the garage** remolcamos su coche hasta el garage; **if you park here you are liable to be towed** *away* si aparcas aquí te arriesgas a que se te lleve el coche la grúa.

II *n* (*of vehicle*): **we got stuck behind a car** *on* **tow** nos quedamos atascados detrás de un coche que estaban remolcando • **I hope they won't have their cousin in tow** espero que no se traigan al primito.

towpath *n* camino *m* de sirga.
tow rope *n* (*Auto*) soga *f* de remolque.
tow truck *n* (*US*) grúa *f* (*para remolcar automóviles*).
towards /tə'wɔːdz/ *prep* (*también* **toward** /tə'wɔːd/) 1. (*approaching: in time*) hacia: **we'll go on holiday towards the end of the year** iremos de vacaciones hacia finales de año; **it was getting towards midnight** era casi medianoche; (*: in space*) hacia: **she walked towards me** venía andando hacia mí; **I was sitting towards the back of the hall** estaba sentado hacia la parte de atrás de la sala. 2. (*contributing to*) para: **this will help towards buying another car** esto nos vendrá bien para comprar otro coche. 3. (*with respect to: person*) con: **he feels no bitterness towards them** no está resentido con ellos; **I don't like their attitude towards me** no me gusta su actitud conmigo; (*: concept*) con respecto a: **I can't understand your attitude towards divorce** no entiendo tu actitud con respecto al divorcio.
towel /'taʊəl/ I *n* toalla *f* • **in the end they had to throw in the towel** al final, tuvieron que tirar la toalla.
II *vt* [**towels, towelling, towelled**] secar con una toalla.
towel rail *n* toallero *m*.
towelling, (*US*) **toweling** /'taʊəlɪŋ/ *n* felpa *f*.
tower /'taʊə/ I *n* torre *f* • **she proved to be a tower of strength** demostró tener gran fortaleza.
II *vi* [**towers, towering, towered**]: **the cathedral towers** *above* **the city** la catedral domina toda la ciudad; **he's only fourteen but already he towers** *over* **his parents** sólo tiene catorce años pero ya es mucho más alto que sus padres.
tower block *n* torre *f* de apartamentos.
towering /'taʊərɪŋ/ *adj* 1. (*very tall*) altísimo -ma. 2. (*very great*): **he was in a towering rage** estaba enfadadísimo.
town /taʊn/ *n* (*larger*) ciudad *f*; (*smaller*) pueblo *m*: **we were** *out of* **town at the weekend** estuvimos fuera de la ciudad el fin de semana; (*commercial centre*) centro *m*: **she's gone into town to do some shopping** ha ido al centro a hacer unas compras • **they really went to town on their daughter's wedding** en la boda de la hija tiraron la casa por la ventana • **we went out on the town** salimos de juerga.
town council *n* ayuntamiento *m* (*institución*).
town hall *n* ayuntamiento *m* (*edificio*).
town planner *n* urbanista *m/f*.
town planning *n* urbanismo *m*.
township *n* 1. (*small town*) municipio *m*; (*in US and Canada: administrative area*) término *m* municipal. 2. (*in South Africa*) *población creada durante el gobierno racista sudafricano para confinar a los ciudadanos no blancos*.
townspeople *n pl* ciudadanos *m pl*.
toxic /'tɒksɪk/ *adj* tóxico -ca.
toxic waste *n* desechos *m pl* tóxicos.
toxin /'tɒksɪn/ *n* toxina *f*.
toy /tɔɪ/ I *n* juguete *m*.
II *adj* de juguete: **a toy gun** una pistola de juguete.
to **toy with** *vt* [**toys, toying, toyed**] 1. (*to play with*) jugar con: **she was just toying with my emotions** sólo estaba jugando con mis sentimientos. 2. (*to consider*) considerar: **I toyed with the idea of buying a boat** estuve pensando comprarme un barco.
toyshop *n* juguetería *f*.
trace /treɪs/ I *n* 1. (*tiny amount*) vestigio *m*: **there were traces of blood on the suspect's clothing** en la ropa del sospechoso había vestigios de sangre. 2. (*sign, track*) rastro *m*: **the girl had vanished without trace** la joven había desaparecido sin dejar rastro; **there was no trace of the missing car** no había rastro del coche desaparecido.
II *vt* [**traces, tracing, traced**] 1. (*using transparent paper*) calcar. 2. (*to sketch*) trazar: **she traced** *out* **her plan for us** nos explicó sus planes por encima. 3. (*to find*) localizar: **we have been unable to trace the call** no hemos podido localizar la llamada; **the missing girl has been traced** *to* **Leeds** han localizado a la niña desaparecida en Leeds. 4. (*to follow*) seguir: **I can trace my family tree** *(back) to* **the Middle Ages** mi árbol genealógico se remonta a la Edad Media.
trace element *n* oligoelemento *m*.
tracing /'treɪsɪŋ/ *n* copia *f* (*hecha con papel cebolla*).
tracing paper *n* papel *m* cebolla.
track /træk/ I *n* 1. (*path*) camino *m* • **they chose a hotel off the beaten track** eligieron un hotel en un lugar bastante apartado • **I think we're on the wrong track here** me parece que así vamos por el mal camino. 2. (*trail: of animal*) huellas *f pl* • **it's late, we should be making tracks** es tarde, tendríamos que marcharnos; (*: of person, events*) pista *f*: **they were soon** *on* **the track of the fugitive** pronto le estaban siguiendo la pista al fugitivo • **I lost track of her after university** le perdí la pista al dejar la universidad • **he loses all track of time when he's playing chess** pierde la noción del tiempo cuando está jugando al ajedrez. 3. (*of railway*) vía *f* • **you've got such a one-track mind!** ¿es que no puedes pensar en otra cosa? 4. (*Mus: on album*) canción *f*: **this is my favourite track** ésta es mi canción favorita. 5. (*surface prepared for racing*) pista *f*; (*place: for motor racing*) circuito *m*; (*: for horse racing*) hipódromo *m*; (*: for athletics*) estadio *m*.
II *vt* [**tracks, tracking, tracked**] (*an animal, a fugitive*) seguir la pista de: **they finally tracked the woman** *to* **an address in Madrid** finalmente, dieron con la mujer en una dirección en Madrid.
to **track down** *vt* localizar: **we couldn't track him down** no conseguimos localizarlo.
track event *n* (*Sport*) carrera *f* (*en atletismo*).
track record *n* historial *m*: **this company has an excellent track record** esta compañía tiene un excelente historial comercial.
track shoe *n* zapatilla *f* (*de deporte*).
tracksuit *n* chándal *m*.
tracker dog /'trækə dɒg/ *n* perro *m* rastreador.
tract /trækt/ *n* 1. (*frml: of land*) extensión *f*. 2. (*article*) tratado *m*.
traction /'trækʃən/ *n* tracción *f*.
traction engine *n* vehículo *m* de tracción.
tractor /'træktə/ *n* tractor *m*.
trade /treɪd/ I *n* 1. (*exchange of goods*) comercio *m*: **trade has ceased between the two countries** el comercio entre los dos países se ha interrumpido; **this has been a bad time for trade** ésta ha sido una mala temporada para el comercio; **we did very good trade today** hoy hemos vendido muchísimo • **they were doing a roaring trade in ice creams** vendían helados como pan caliente ✱ como rosquillas. 2. (*economic activity*) negocio *m*: **John's** *in* **the clothing trade** John está metido en negocios de tejidos. 3. (*job*) oficio *m*: **he wanted to learn his father's trade** quería aprender el oficio de su padre; **he's a carpenter** *by* **trade** es carpintero de profesión.
II *vi* [**trades, trading, traded**] (*to do business*) comer-

ciar: **they trade** *in* **woollen goods** comercian en artículos de lana; **they refused to trade** *with* **us** se negaron a tener tratos comerciales con nosotros.
♦ *vt* (*to exchange*) cambiar: **I traded my bicycle** *for* **his football boots** le cambié mi bicicleta por sus botas de fútbol.
to **trade in** *vt* (*a car, a washing machine*): **you can trade in your old vacuum cleaner** *for* **a new one** aceptamos su aspiradora vieja como parte del pago al comprar una nueva.
trade deficit *n* déficit *m* comercial.
trade fair *n* feria *f* de muestras.
trade gap *n* déficit *m* comercial.
trademark *n* marca *f* registrada.
trade secret *n* secreto *m* industrial.
trade union *n* sindicato *m*.
trade unionism *n* sindicalismo *m*.
trade unionist *n* sindicalista *m/f*.
trade winds *n pl* vientos *m pl* alisios.
trader /ˈtreɪdə/ *n* comerciante *m/f*.
tradesman /ˈtreɪdzmən/ *n* [*pl* **tradesmen**] comerciante *m*.
trading /ˈtreɪdɪŋ/ *n* comercio *m*.
trading estate *n* (*GB*) polígono *m* industrial.
tradition /trəˈdɪʃən/ *n* tradición *f*.
traditional /trəˈdɪʃənəl/ *adj* tradicional.
traditionally /trəˈdɪʃənəlɪ/ *adv* tradicionalmente.
traffic /ˈtræfɪk/ **I** *n* **1.** (*in street*) tráfico *m*, circulación *f*: **there has been heavy traffic in that area today** hoy ha habido mucho tráfico en esa zona; **traffic has been diverted through Westfield** han desviado el tráfico * la circulación por Westfield. **2.** (*of aircraft, ships*) tráfico *m*. **3.** (*of illegal goods, substances*) tráfico *m*.
II *vi* [**traffics, trafficking, trafficked**] traficar: **they were trafficking** *in* **cocaine** estaban traficando con cocaína.
traffic circle *n* (*US*: *gen*) rotonda *f*; (*: in a city*) rotonda *f*, glorieta *f*.
traffic island *n* (*GB*) isleta *f*, isla *f* peatonal.
traffic jam *n* atasco *m*.
traffic light *n* semáforo *m*: **turn left** *at* **the second set of traffic lights** gira a la izquierda después del segundo semáforo; **the traffic lights have changed to red** el semáforo se ha puesto en rojo.
traffic warden *n* (*GB*) *guardia encargado de controlar el tráfico, sobre todo lo relativo al aparcamiento, en las ciudades*.
trafficker /ˈtræfɪkə/ *n* traficante *m/f*.
tragedy /ˈtrædʒədɪ/ *n* [**tragedies**] (*play, event*) tragedia *f*: **this tragedy could have been prevented** esta tragedia se podía haber evitado.
tragic /ˈtrædʒɪk/ *adj* trágico -ca.
tragically /ˈtrædʒɪkəlɪ/ *adv* (*in a tragic manner*) trágicamente; (*unfortunately*) desgraciadamente: **tragically, she died a few months later** desgraciadamente, murió unos meses después.
trail /treɪl/ **I** *n* **1.** (*path*) sendero *m*. **2.** (*mark, sign left*) rastro *m*: **we followed the animal's trail** seguimos el rastro del animal; **they were** *on* **the trail of the escaped prisoner** estaban sobre la pista del prisionero huido; **the troops had left a trail of destruction** las tropas habían arrasado todo a su paso.
II *vt* [**trails, trailing, trailed**] **1.** (*to follow*) seguirle la pista a: **they trailed him** *to* **the hotel** le siguieron la pista hasta el hotel. **2.** (*to drag*) arrastrar: **she trailed her fingers in the water** deslizaba los dedos por el agua.
♦ *vi* **1.** (*to lag behind*) ir rezagado: **the younger children were trailing a long way behind** los niños más pequeños iban muy rezagados; **the French team is trailing** *by* **four goals** *to* **one** el equipo francés va perdiendo por cuatro goles a uno. **2.** (*to be dragged*) arrastrar: **her dress trailed on the ground** el vestido le arrastraba por el suelo.
to **trail away * off** *vi* (*voice*) irse apagando: **her voice trailed away * off** se le fue apagando la voz.
trailer /ˈtreɪlə/ *n* **1.** (*for movie*) avance *m*, tráiler *m*. **2.** (*towed behind vehicle*) remolque *m*. **3.** (*US*: *mobile home*) caravana *f*.
train /treɪn/ **I** *n* **1.** (*Transp*) tren *m*: **we're going to miss the train** vamos a perder el tren; **he goes to work** *by* **train** va a trabajar en tren. **2.** (*of animals*) recua *f*. **3.** (*sequence*) serie *f*: **this set off a curious train of events** esto provocó una curiosa serie de acontecimientos • **I've lost my train of thought** he perdido el hilo de lo que estaba diciendo. **4.** (*Clothing*) cola *f*.
II *vt* [**trains, training, trained**] **1.** (*to educate*) formar: **our staff will need to be trained** *in* **the new techniques** tendremos que formar al personal en las nuevas técnicas. **2.** (*one's ear, eye, voice*) educar. **3.** (*an athlete*) entrenar, preparar: **he trained many of the top athletes** entrenó a muchos de los mejores atletas. **4.** (*a domestic animal*) enseñar; (*circus animals*) domar; (*a racehorse*) preparar; (*animals which perform tricks*) amaestrar: **she trained the dog to fetch the newspaper** le enseñó al perro a traerle el periódico. **5.** (*to point: a gun*) apuntar: **he trained a gun** *on* * *at* **the president** apuntó al presidente con una pistola; (*: a telescope, a camera*) dirigir: **she trained her binoculars** *on* **the house** dirigió los prismáticos hacia la casa. **6.** (*a plant*): **the roses can be trained over the trellis** se puede hacer que los rosales trepen por la espaldera.
♦ *vi* **1.** (*for a profession*) estudiar: **he's training to be a physiotherapist** está estudiando para ser fisioterapeuta; **I trained** *as* **a psychiatrist** estudié psiquiatría. **2.** (*Sport*) entrenarse, prepararse: **he's training** *for* **the Olympics** se está entrenando para los Juegos Olímpicos.
train driver *n* maquinista *m/f*.
train station *n* estación *f* de ferrocarril.
trainee /treɪˈniː/ *n* (*in manual work*) aprendiz -diza *m/f*: **he is a trainee hairdresser** es aprendiz de peluquero; (*in white collar work*): **she is a management trainee** está haciendo prácticas como encargada.
trainer /ˈtreɪnə/ *n* **1.** (*Sport*) entrenador -dora *m/f*. **2.** (*of animals: gen*) amaestrador -dora *m/f*; (*: of racehorse*) preparador -dora *m/f*. **3.** (*Clothing*) zapatilla *f* (de deporte).
training /ˈtreɪnɪŋ/ *n* **1.** (*for occupation*) formación *f*, capacitación *f*: **we didn't receive any training** no recibimos ninguna formación (por parte de la empresa); **they sent us to London on a week's training** nos enviaron a Londres a hacer un cursillo. **2.** (*Sport*) entrenamiento *m*: **I have to get** *in* **training** *for* **the race** tengo que empezar a entrenar para la carrera.
traipse /treɪps/ *vi* [**traipses, traipsing, traipsed**] (*fam*): **I've traipsed all over town looking for a pair of shoes** me he recorrido toda la ciudad buscando un par de zapatos; **he traipsed from department to department trying to get the document** peregrinó de departamento en departamento tratando de conseguir el documento.
trait /treɪt/ *n* rasgo *m*, característica *f*.

traitor /ˈtreɪtə/ *n* traidor -dora *m/f*.

trajectory /trəˈdʒektərɪ/ *n* [**trajectories**] trayectoria *f*.

tram /træm/ *n* (*también* **tramcar**) tranvía *m*.

tramp /træmp/ **I** *n* **1.** (*destitute person*) vagabundo -da *m/f*. **2.** (*walk*) caminata *f*: **we were tired after our long tramp over the hills** estábamos cansados después de la larga caminata por los montes.
II *vi* [**tramps, tramping, tramped**] (*to walk*) andar (*una gran distancia y con cansancio*): **he tramped for miles over the moors** anduvo muchos kilómetros por los páramos; **we could hear her tramping up the stairs** oímos cómo subía laboriosamente la escalera.
♦ *vt* andar por: **he tramped the streets for days in search of a place to live** anduvo por las calles días y días buscando un lugar para vivir.

trample /ˈtræmpəl/ *vt/i* [**tramples, trampling, trampled**] pisotear: **they've trampled** *on* **my flowers** me han pisoteado las flores; **some of the victims were trampled in the crowd** varias de las víctimas fueron pisoteadas por la multitud ● **he will not be trampled on by anyone** no se dejará pisotear por nadie.

trampoline /ˈtræmpəliːn/ *n* cama *f* elástica.

trance /trɑːns/ *n* trance *m*: **she went into a trance** se puso en trance.

tranquil /ˈtræŋkwɪl/ *adj* (*frml*) tranquilo -la.

tranquillity, (*US*) **tranquility** /træŋˈkwɪlətɪ/ *n* (*frml*) tranquilidad *f*.

tranquillize, (*US*) **tranquilize** /ˈtræŋkwɪlaɪz/ *vt* [**tranquillizes, tranquillizing, tranquillized**] tranquilizar.

tranquillizer, (*US*) **tranquilizer** /ˈtræŋkwɪlaɪzə/ *n* tranquilizante *m*.

transaction /trænˈzækʃən/ *n* transacción *f*.

transatlantic /ˌtrænzətˈlæntɪk/ *adj* transatlántico -ca.

transcend /trænˈsend/ *vt* [**transcends, transcending, transcended**] (*frml*) trascender, transcender.

transcontinental /ˌtrænzkɒntɪˈnentəl/ *adj* transcontinental.

transcribe /trænˈskraɪb/ *vt* [**transcribes, transcribing, transcribed**] (*Lit, Mus*) transcribir, trascribir.

transcript /ˈtrænskrɪpt/ *n* transcripción *f*, trascripción *f*.

transfer I /ˈtrænsfɜː/ *n* **1.** (*of property*) traspaso *m*; (*of money*) transferencia *f*, trasferencia *f*: **he made a transfer** *from* **one account** *to* **another** hizo una transferencia de una cuenta a otra. **2.** (*of footballer*): **he was the club's first million pound transfer** (*of the buying club*) fue el primer fichaje de un millón de libras del club; (*of the selling club*) él fue el primer jugador por el que cobraron un millón de libras. **3.** (*of employee*) traslado *m*: **I've asked for a transfer** *to* **another branch** he pedido el traslado a otra sucursal. **4.** (*of airline passengers*) transbordo *m*, trasbordo *m*. **5.** (*sticker*) calcomanía *f*.
II /trænsˈfɜː/ *vt* [**transfers, transferring, transferred**] **1.** (*property*) traspasar: **we transferred the house deeds** *to* **her name** pusimos las escrituras de la casa a su nombre; (*money*) transferir. **2.** (*footballer*) traspasar; (*employee*) trasladar: **he has been transferred** *to* **our London office** lo han trasladado a la oficina de Londres. **3.** (*data, information*) pasar: **it's difficult to transfer the data between the two systems** es difícil pasar los datos de un sistema a otro. **4.** (*telephone charges*): **if you phone the office, you can transfer the charges** si llamas a la oficina, puedes hacerlo a cobro revertido.
♦ *vi* **1.** (*employee*) trasladarse: **some of you will have to transfer** *to* **the new office** algunos de ustedes tendrán que trasladarse a la nueva oficina. **2.** (*from bus, train*) transbordar, trasbordar: **we transferred** *to* **a bigger boat in Crete** hicimos transbordo a un barco más grande en Creta.

transfer desk *n* información *f* sobre tránsitos.

transferable /trænsˈfɜːrəbəl/ *adj* transferible, trasferible: **the tickets are not transferable** las entradas son intransferibles.

transfixed /trænsˈfɪkst/ *adj* paralizado -da: **they were transfixed** *with* **terror** se quedaron paralizados por el terror.

transform /trænsˈfɔːm/ *vt* [**transforms, transforming, transformed**] transformar, trasformar: **the warehouse was transformed** *into* **an apartment block** transformaron el almacén en un bloque de pisos ✱ apartamentos; **after its redecoration the town hall was transformed** después de que lo pintaran el ayuntamiento parecía otro.

transformation /ˌtrænsfəˈmeɪʃən/ *n* transformación *f*, trasformación *f*.

transformer /trænsˈfɔːmə/ *n* transformador *m*, trasformador *m*.

transfusion /trænsˈfjuːʒən/ *n* transfusión *f*, trasfusión *f*.

transient /ˈtrænzɪənt/ *adj* transitorio -ria.

transistor /trænˈzɪstə/ *n* **1.** (*Tec*) transistor *m*. **2.** (*también* **transistor radio**) transistor *m*.

transit /ˈtrænzɪt/ *n* tránsito *m*: **the parcel got damaged** *in* **transit** el paquete se estropeó durante el viaje.

transit lounge *n* (*Av*) sala *f* de tránsito.

transition /trænˈzɪʃən/ *n* transición *f*.

transitional /trænˈzɪʃənəl/ *adj* de transición.

transitive /ˈtrænzɪtɪv/ *adj* transitivo -va.

translate /trænsˈleɪt/ *vt* [**translates, translating, translated**] **1.** (*Ling*) traducir: **she translated the text** *into* **Japanese** tradujo el texto al japonés. **2.** (*to transform*) transformar, trasformar: **these theories cannot be translated** *into* **practical guidelines** estas teorías no se pueden transformar en directrices prácticas.
♦ *vi*: **his books don't translate well** sus libros pierden mucho en traducción.

translation /trænsˈleɪʃən/ *n* traducción *f*: **he read the book** *in* **translation** leyó el libro traducido.

translator /trænsˈleɪtə/ *n* traductor -tora *m/f*.

translucent /trænsˈluːsənt/ *adj* traslúcido -da.

transmission /trænzˈmɪʃən/ *n* transmisión *f*, trasmisión *f*.

transmit /trænzˈmɪt/ *vt* [**transmits, transmitting, transmitted**] transmitir, trasmitir.

transmitter /trænzˈmɪtə/ *n* transmisor *m*, trasmisor *m*.

transnational /ˌtranzˈnæʃənəl/ *n* (*corporation*) transnacional *f*.

transparency /trænsˈpærənsɪ/ *n* [**transparencies**] **1.** (*quality*) transparencia *f*. **2.** (*slide*) diapositiva *f*; (*acetate*) transparencia *f*, trasparencia *f*.

transparent /trænsˈpærənt/ *adj* transparente, trasparente ● **she told us a transparent lie about being ill** estaba muy claro que mentía cuando nos dijo que estaba enferma.

transparently /trænsˈpærəntlɪ/ *adv*: **his excuse was transparently untrue** estaba clarísimo que su excusa era mentira.

transpire /trænˈspaɪə/ *vi* [**transpires, transpiring, transpired**] **1.** (*Biol*) transpirar, traspirar. **2.** (*to turn out*) resultar: **it transpired that he wasn't a real**

doctor resultó que no era médico de verdad; **let's see what transpires at the meeting** a ver qué resulta de la reunión.

transplant I /'trænsplɑ:nt/ *n* trasplante *m*: **she had a kidney transplant** le trasplantaron un riñón.
II /træns'plɑ:nt/ *vt* [**transplants, transplanting, transplanted**] (*Med, Bot*) trasplantar: **it is too early to transplant these lettuces** todavía es muy pronto para trasplantar estas lechugas.

transport I /'trænspɔ:t/, (*US*) **transportation** /trænspɔ:'teɪʃn/ *n* transporte *m*, trasporte *m*: **she travels to work** *by* **public transport** utiliza el transporte público para ir a trabajar.
II /træns'pɔ:t/ *vt* [**transports, transporting, transported**] transportar, trasportar.

transport cafe /'trænspɔ:t 'kæfeɪ/ *n* (*GB*) bar *m* de carretera.

transpose /træns'pəʊz/ *vt* [**transposes, transposing, transposed**] **1.** (*letters, words*) transponer, trasponer. **2.** (*Mus*) transportar, trasportar.

transvestite /trænz'vestaɪt/ *n* travesti *m/f*, travestí *m/f*.

trap /træp/ I *n* **1.** (*snare*) trampa *f*: **he felt they had laid a trap for him** pensaba que le habían tendido una trampa; **I fell into the trap of feeling sorry for him** caí en la trampa de sentir pena por él. **2.** (*fam: mouth*) boca *f*.
II *vt* [**traps, trapping, trapped**] **1.** (*to catch*) atrapar: **he felt trapped in an unsatisfying career** se sentía atrapado en una profesión que no le satisfacía; **many people were trapped in the building** mucha gente quedó atrapada en el edificio. **2.** (*to imprison*) encerrar: **we were trapped in the office** estábamos encerrados en la oficina. **3.** (*part of the body*) pillar: **I trapped my finger in the door** me pillé el dedo con la puerta.

trap door *n* trampilla *f*.

trapeze /trə'pi:z/ *n* trapecio *m*: **she worked as a trapeze artist** era trapecista.

trapper /'træpə/ *n* trampero -ra *m/f*.

trappings /'træpɪŋz/ *n pl*: **she enjoyed all the trappings of fame** disponía de todo aquello que la fama conlleva.

trash /træʃ/ I *n* **1.** (*fam: worthless things*) porquería *f*: **she'll watch any kind of trash on television** se traga toda la porquería que ponen en la tele; **they sell nothing but trash at that market** en ese mercado no venden más que porquería. **2.** (*US: garbage*) basura *f*.
II *vt* [**trashes, trashing, trashed**] (*fam: to wreck*) destrozar.

trash can *n* (*US*) ⇨ dustbin

trashy /'træʃɪ/ *adj* [**trashier, trashiest**] (*fam*) malísimo -ma: **she loves those trashy soap operas** le encantan esas telenovelas que son tan malas.

trauma /'trɔ:mə/ *n* trauma *m*.

traumatic /trɔ:'mætɪk/ *adj* traumático -ca.

travel /'trævəl/ I *n*: **they say that travel broadens the mind** dicen que viajando se aprende mucho; **he's off** *on* **his travels again** se ha ido de viaje otra vez.
II *vi* [**travels, travelling, travelled**] **1.** (*Transp*) viajar: **we travelled all night** estuvimos viajando toda la noche • **how do you manage to travel so light?** ¿cómo te las arreglas para viajar con tan pocas cosas? • **news travels fast around here!** ¡aquí las noticias vuelan! **2.** (*fam: to move fast*) ir rápido: **those new motorbikes can really travel** esas motos nuevas van rápido de verdad.
♦*vt* viajar por: **she longed to travel the world** deseaba viajar por el mundo; **he travels four miles to work** se hace cuatro millas para ir a trabajar.

travel agency *n* agencia *f* de viajes.

travel agent *n* agente *m/f* de viajes.

travel-sickness *n* mareo *m* en los viajes: **she suffers from travel-sickness** se marea cuando viaja.

traveller, (*US*) **traveler** /'trævələ/ *n* viajero -ra *m/f*.

traveller's cheque, (*US*) **traveler's check** *n* cheque *m* de viaje.

travelling, (*US*) **traveling** /'trævəlɪŋ/ I *adj* (*expenses*) de viaje; (*musician, salesman*) ambulante.
II *n* (el) viajar *m*: **he doesn't like travelling** no le gusta mucho viajar.

traverse /trə'vɜ:s/ *vt* [**traverses, traversing, traversed**] (*frml*) atravesar.

travesty /'trævəstɪ/ *n* [**travesties**] (*frml*) parodia *f*.

trawl /trɔ:l/ *vi* [**trawls, trawling, trawled**] (*fish*) pescar al arrastre.

trawler /'trɔ:lə/ *n* pesquero *m* de arrastre.

tray /treɪ/ *n* (*gen*) bandeja *f*; (*for correspondence*) bandeja *f* (de correspondencia); (*in photography*) cubeta *f*.

treacherous /'tretʃərəs/ *adj* (*person*) traidor -dora; (*conditions, roads*) peligroso -sa, traicionero -ra.

treachery /'tretʃərɪ/ *n* traición *f*.

treacle /'tri:kəl/ *n* melaza *f*.

tread /tred/ I *n* **1.** (*on tyre, shoe*) dibujo *m*: **your back tyre has almost no tread left** en el neúmatico de atrás casi se ha borrado del todo el dibujo. **2.** (*footstep*) paso *m*: **I heard his heavy tread on the staircase** oía sus fuertes pasos en la escalera.
II *vi* [**treads, treading, trod**, *participio pasado* **trodden**] (*to walk*) andar: **I trod carefully so as not to wake anyone** andaba con cuidado para no despertar a nadie; **please don't tread** *on* **my feet** por favor, no me pises.
♦*vt* **1.** (*to press with feet*) pisar: **he trod the ash** *into* **the carpet** pisó la ceniza que había caído en la moqueta; **the walkers had trodden a path through the field** los excursionistas habían acabado abriendo un sendero a través del campo. **2.** (*in swimming*): **we had to tread water as part of the test** como parte de la prueba teníamos que mantenernos a flote moviendo los pies.

treason /'tri:zən/ *n* traición *f*.

treasure /'treʒə/ I *n* tesoro *m*: **they found some buried treasure** encontraron un tesoro enterrado • **our cleaning lady is a treasure** nuestra señora de la limpieza es una joya.
II *vt* [**treasures, treasuring, treasured**] apreciar: **that watch is one of my most treasured possessions** ese reloj es una de mis posesiones más preciadas; **we shall always treasure the memory of this day** siempre recordaremos este día con gran cariño.

treasure hunt *n* caza *f* del tesoro.

treasure-trove *n* tesoro *m* encontrado.

treasurer /'treʒərə/ *n* tesorero -ra *m/f*.

treasury /'treʒərɪ/ *n* [**treasuries**] **1.** (*store*) tesorería *f*. **2. the Treasury** (*GB*) el Ministerio de Economía y Hacienda.

treat /tri:t/ I *n* (*special occasion*) regalo *m*: **she was taken to the zoo as a birthday treat** la llevaron al zoo como regalo de cumpleaños; (*special thing*): **these chocolates are a real treat** estos bombones son una delicia • **give me the bill, it's my treat** dame la cuenta, invito yo.
II *vt* [**treats, treating, treated**] **1.** (*to behave towards*) tratar: **they treated him very badly** lo trataron muy

mal; **he treats her like a slave** la trata como a una esclava. **2.** (*to deal with*) tratar: **the subject was treated in great depth** trataron el asunto en profundidad; **they are treating it as a serious threat** se han tomado la amenaza en serio. **3.** (*to give: a gift*): **he treated me** *to* **a new dress** me regaló un vestido; **I treated myself** *to* **a new outfit** me di el gusto de comprarme un conjunto nuevo; (*: a drink, outing, etc.*) invitar: **he treated us** *to* **lunch** nos invitó a comer. **4.** (*Med*) tratar: **they are treating her** *for* **a kidney problem** la están tratando de un problema renal. **5.** (*wood, wool, plastic*) tratar: **the flooring is treated against woodworm** el suelo está tratado contra la carcoma.

treatise /ˈtriːtɪz/ *n* (*Lit*) tratado *m*.

treatment /ˈtriːtmənt/ *n* **1.** (*Med*) tratamiento *m*: **he is receiving treatment** *for* **his ulcer** está en tratamiento por la úlcera. **2.** (*of children, prisoners*) trato *m*: **they were subjected to inhuman treatment** fueron sometidos a un trato inhumano. **3.** (*in play, novel*): **I liked his treatment of the love scenes** me gustó su forma de tratar las escenas de amor.

treaty /ˈtriːtɪ/ *n* [**treaties**] tratado *m*: **the terms of the treaty** las condiciones del tratado.

treble /ˈtrebəl/ **I** *n* (*Mus*: *voice, range, boy*) tiple *m/f*.
II *vt/i* [**trebles, trebling, trebled**] triplicar(se): **the population has trebled in the last ten years** la población se ha triplicado en los últimos diez años.
III *adj* **1.** (*Mus*) tiple. **2.** (*triple*) triple: **he ordered a treble whisky** pidió un whisky triple.
IV *adv*: **they scored treble what we did** su puntuación fue el triple que la nuestra.

treble clef *n* clave *f* de sol.

tree /triː/ *n* árbol *m*: **we saw a beautiful oak tree** vimos un hermoso roble • **I think he's barking up the wrong tree** me parece que se está equivocando.

tree surgeon *n* arboricultor -tora *m/f*.

treetop *n* copa *f*: **these monkeys live in the treetops** estos monos viven en la copa de los árboles.

tree trunk *n* tronco *m*.

trek /trek/ **I** *n* caminata *f*: **it's quite a trek to the shops from here** hay una buena caminata de aquí a las tiendas.
II *vi* [**treks, trekking, trekked**] andar: **they trekked across the desert for two days** estuvieron andando por el desierto dos días.

trellis /ˈtrelɪs/ *n* [**trellises**] espaldera *f*.

tremble /ˈtrembəl/ *vi* [**trembles, trembling, trembled**] temblar: **I was trembling like a leaf** temblaba como una hoja • **I tremble to think what might have happened** tiemblo sólo de pensar lo que pudo haber ocurrido.

tremendous /trɪˈmendəs/ *adj* **1.** (*big, great*) tremendo -da: **there was a tremendous bang** hubo una explosión tremenda; **they were running at a tremendous pace** iban corriendo a muchísima velocidad. **2.** (*fam: fantastic*) fabuloso -sa: **we had a tremendous week** pasamos una semana fabulosa.

tremendously /trɪˈmendəslɪ/ *adv* **1.** (*greatly*) tremendamente: **prices have risen tremendously** los precios han aumentado tremendamente; **I enjoyed myself tremendously** disfruté tremendamente. **2.** (*fam: fabulously*): **he makes a tremendously good pizza** hace unas pizzas buenísimas.

tremor /ˈtremə/ *n* temblor *m*: **there was a tremor of excitement in her voice** su voz temblaba de emoción.

trench /trentʃ/ *n* [**trenches**] (*for warfare*) trinchera *f*; (*in field, construction, etc.*) zanja *f*.

trench coat *n* trinchera *f*, gabardina *f*.

trench warfare *n* guerra *f* de trincheras.

trend /trend/ *n* **1.** (*tendency*) tendencia *f*: **there is a trend** *towards* **having fewer children** hay una tendencia a tener menos hijos; **his job is to study market trends** su trabajo consiste en estudiar las tendencias del mercado. **2.** (*fashion*) moda *f*: **he likes to keep up with the latest trends** le gusta ir a la última moda.

trendsetter *n* (*fam*) iniciador -dora *m/f* de nuevas modas.

trendy /ˈtrendɪ/ *adj* [**trendier, trendiest**] (*fam*) a la moda: **they always wear trendy clothes** siempre van a la moda.

trepidation /trepɪˈdeɪʃən/ *n* (*frml*) agitación *f*.

trespass /ˈtrespəs/ *vi* [**trespasses, trespassing, trespassed**] entrar sin permiso (*en una propiedad privada*): **get out, you're trespassing** fuera de aquí, esto es propiedad privada; (*on a sign*): **No trespassing** Prohibida la entrada.

trespasser /ˈtrespəsə/ *n*: *persona que entra sin permiso en una propiedad privada*; (*on a sign*): **Trespassers will be prosecuted** Propiedad privada. Prohibido el paso.

trestle table /ˈtresəl ˈteɪbəl/ *n* mesa *f* de caballete.

trial /ˈtraɪəl/ *n* **1.** (*Law*) juicio *m*: **the trial is expected to last a week** se cree que el juicio durará una semana; **she stood trial for murder** la juzgaron por asesinato. **2.** (*test, experiment*) prueba *f*: **the new system is** *on* **trial** el nuevo sistema está en periodo de prueba; **the trial period lasts six months** el periodo de prueba dura seis meses • **he had a trial run in the new turbo model** hizo un viaje de prueba en el nuevo modelo turbo. **3.** (*annoyance*) dificultad *f*: **teenagers can be a real trial** *to* **their parents** los adolescentes pueden ser un gran problema para los padres • **she knew all about the trials and tribulations of motherhood** sabía muy bien lo difícil que es ser madre. **4.** (*Sport*) prueba *f*: **he went to the trial(s) but didn't get picked for the team** se presentó a las pruebas pero no lo eligieron para el equipo.

trial and error *n* (el método de) ensayo y error ✻ prueba y error • **we solved it by trial and error** lo resolvimos a fuerza de probar y descartar soluciones.

triangle /ˈtraɪæŋgəl/ *n* (*Maths, Mus*) triángulo *m*.

triangular /traɪˈæŋgjʊlə/ *adj* triangular.

tribal /ˈtraɪbəl/ *adj* tribal.

tribe /traɪb/ *n* tribu *f*.

tribesman /ˈtraɪbzmən/ *n* [*pl* **tribesmen**] miembro *m* de una tribu.

tribulation /trɪbjʊˈleɪʃən/ *n* (*frml*) tribulación *f*.

tribunal /traɪˈbjuːnəl/ *n* tribunal *m*.

tributary /ˈtrɪbjʊtərɪ/ *n* [**tributaries**] afluente *m*.

tribute /ˈtrɪbjuːt/ *n* (*sign of respect*) tributo *m*, homenaje *m*: **I would like to pay tribute to all those who helped** me gustaría rendir tributo a todos los que nos ayudaron • **increased sales figures are a tribute to all their hard work** el aumento en ventas dice mucho de lo que han trabajado.

trice /traɪs/ *n* • **she was back in a trice** volvió en un periquete.

triceps /ˈtraɪseps/ *n* [*pl* **triceps**] tríceps *m inv*.

trick /trɪk/ **I** *n* **1.** (*using magic, skill*) truco *m*: **there's a special trick for opening this drawer** abrir este cajón tiene truco • **she knows all the tricks of the trade** se sabe todos los trucos del oficio • **another coat of paint should do the trick** otra mano de pintura será la solución • **how's tricks?** ¿qué tal? **2.** (*used to swindle, deceive*) engaño *m*, trampa *f*: **it's a trick question** es una pregunta con trampa; **by some trick of the light, he looked much younger** parecía mucho más joven por efecto de la luz. **3.** (*joke: benign*) broma *f*: **we played a trick** ***on*** **my brother** le gastamos una broma a mi hermano • **I hope he hasn't been up to his old tricks again** espero que no haya estado haciendo de las suyas otra vez. **4.** (*in whist*) baza *f* • **she never misses a trick** está a la que salta • **he still has one more trick up his sleeve** todavía le queda una baza escondida.

II *vt* [**tricks, tricking, tricked**] engañar: **she was tricked** ***into*** **going with him** la engañaron para que fuera con él; **they tricked the old man** ***out of*** **his life savings** estafaron al anciano y le quitaron los ahorros de toda la vida.

trick or treat *n*: *frase que dicen los niños cuando van a las casas a pedir dinero o un regalo la noche de* ➪ Hallowe'en.

trickery /'trɪkərɪ/ *n* engaño *m*.

trickle /'trɪkəl/ I *n* (*of liquid*) hilo *m*: **only a trickle of water came out of the hose-pipe** sólo salía un hilo de agua de la manguera; **a trickle of blood ran down her cheek** un hilo de sangre le corría por la mejilla; **the trickle of refugees became a flood** lo que no era más que unos pocos refugiados se convirtió en una avalancha.

II *vi* [**trickles, trickling, trickled**]: **the water was trickling down the wall** el agua resbalaba lentamente por la pared • **information was beginning to trickle through to us** la información empezaba a filtrarse hasta nosotros poco a poco • **donations have been trickling in** las donaciones han ido llegando con cuentagotas.

trickster /'trɪkstə/ *n* estafador -dora *m/f*.

tricky /'trɪkɪ/ *adj* [**trickier, trickiest**] **1.** (*problem*) difícil: **changing the wheel can be tricky** cambiar la rueda puede ser difícil; (*situation*) delicado -da: **it was a tricky situation** era una situación delicada. **2.** (*person*) taimado -da, astuto -ta.

tricycle /'traɪsɪkəl/ *n* triciclo *m*.

tried /traɪd/ *pretérito y participio pasado de* ➪ try

trifle /'traɪfəl/ I *n* **1.** (*Culin*) *postre a base de bizcocho, a veces empapado en jerez, fruta y crema.* **2.** (*matter, object of little value*) chuchería *f*: **she always brings some little trifle for the children** siempre les trae a los niños alguna chuchería • **he seems a trifle overconfident** parece tener demasiada confianza en sí mismo.

II *vi* [**trifles, trifling, trifled**] jugar: **you shouldn't trifle** ***with*** **people's emotions** no deberías jugar con los sentimientos de los demás.

trifling /'traɪfəlɪŋ/ *adj* insignificante.

trigger /'trɪgə/ I *n* gatillo *m*.

II *vt* [**triggers, triggering, triggered**] desencadenar: **the news triggered** ***(off)*** **a series of demonstrations** la noticia desencadenó una serie de manifestaciones.

trigonometry /trɪgə'nɒmɪtrɪ/ *n* trigonometría *f*.

trill /trɪl/ *n* (*of bird*) gorjeo *m*; (*of person*) trino *m*.

trillion /'trɪlɪən/ *n* (*a million million*) billón *m*.

trilogy /'trɪlədʒɪ/ *n* [**trilogies**] trilogía *f*.

trim /trɪm/ I *adj* **1.** (*orderly*) cuidado -da: **they have a very trim garden** tienen un jardín muy bien cuidado. **2.** (*physique*): **she has a very trim figure** tiene muy buen tipo.

II *n* **1.** (*cut: of hair*) corte *m*: **I went to the hairdresser for a trim** fui a la peluquería a cortarme un poco el pelo; (*: of plants, lawn*): **you should give the hedge a trim** tendrías que recortar un poco el seto • **I need to get into trim for the tournament** tengo que ponerme en forma para el campeonato. **2.** (*on garment*) ribete *m*: **a blue jacket with a yellow trim** una americana azul con un ribete amarillo.

III *vt* [**trims, trimming, trimmed**] **1.** (*to cut: gen*) cortar: **trim the edges of the paper** corta los bordes del papel • **our budget for next year has been trimmed** nos han recortado el presupuesto para el año que viene; (: *hedge, lawn*) podar. **2.** (*to decorate*) adornar: **she trimmed the hat with a red silk ribbon** adornó el sombrero con una cinta de seda roja.

trimming /'trɪmɪŋ/ I *n* (*Clothing*) adorno *m*.

II **trimmings** *n pl* **1.** (*after cutting*) recortes *m pl*: **I swept up the paper trimmings** barrí los recortes de papel. **2.** (*accompaniments*) guarnición *f*: **the traditional trimmings for roast turkey are...** la guarnición típica para el pavo asado consiste en....

Trinity /'trɪnɪtɪ/ *n*: **the (Holy) Trinity** la (Santísima) Trinidad.

trinket /'trɪŋkɪt/ *n* baratija *f*.

trio /'tri:əʊ/ *n* trío *m*.

trip /trɪp/ I *n* **1.** (*journey*) viaje *m*: **he had a marvellous trip to India** hizo un viaje maravilloso a la India; **we had to make a few trips to move our stuff** tuvimos que hacer varios viajes para trasladar todas nuestras cosas; (*excursion*) excursión *f*: **they went on a day trip to Margate** fueron de excursión a pasar el día a Margate. **2.** (*fam: on drugs*) viaje *m*.

II *vt* [**trips, tripping, tripped**] (*to cause to fall*) ponerle la zancadilla a: **she deliberately tripped me** *(up)* me puso la zancadilla • **the interviewer was trying to trip him up** el entrevistador estaba intentando pillarlo en un error.

♦*vi* **1.** (*to fall*) tropezar: **I tripped** ***over*** **the suitcase** me tropecé con la maleta • **she tripped up on the last question** se equivocó en la última pregunta. **2.** (*to run, skip*) brincar: **they tripped across the lawn** cruzaron el césped brincando. **3.** (*a switch, an alarm*) dispararse, soltarse.

tripartite /traɪ'pɑ:taɪt/ *adj* tripartito -ta.

tripe /traɪp/ *n* **1.** (*Culin*) callos *m pl*. **2.** (*fam: nonsense*) tonterías *f pl*: **don't talk tripe** no digas tonterías; **I've never read such a load of tripe in all my life** en mi vida he leído tal montón de tonterías.

triple /'trɪpəl/ I *adj* triple.

II *vt* [**triples, tripling, tripled**] triplicar.

♦*vi* triplicarse.

triplet /'trɪplɪt/ *n* trillizo -za *m/f*.

triplicate /'trɪplɪkət/ *n*: **she typed it** ***in*** **triplicate** lo mecanografió por triplicado.

tripod /'traɪpɒd/ *n* trípode *m*.

tripper /'trɪpə/ *n* excursionista *m/f*.

trite /traɪt/ *adj* manido -da.

triumph /'traɪəmf/ I *n* triunfo *m*: **the play is about the triumph of good** ***over*** **evil** la obra trata del triunfo del bien sobre el mal; **the victorious team returned** ***in*** **triumph** el equipo victorioso volvió triunfante.

II *vi* [**triumphs, triumphing, triumphed**] triunfar: **they had triumphed** ***over*** **their opponents** habían triunfado sobre sus contrincantes.

triumphal /traɪ'ʌmfəl/ *adj* triunfal: **there followed a triumphal procession through the streets** se continuó con una procesión triunfal por las calles.

triumphal arch *n* (*Archit*) arco *m* de triunfo.

triumphant /traɪ'ʌmfənt/ *adj* (*competitor*) triunfador

-dora: **the triumphant team arrived home** el equipo triunfador volvió a su ciudad; (*shout*) de triunfo.

triumphantly /traɪ'ʌmfəntlɪ/ *adv* de forma triunfante: **I have the tickets, she said triumphantly** tengo las entradas, dijo en tono de triunfo.

trivia /'trɪvɪə/ *n pl* trivialidades *f pl*.

trivial /'trɪvɪəl/ *adj* insignificante: **she made a few trivial errors** cometió unos pocos errores sin importancia.

triviality /trɪvɪ'ælətɪ/ *n* [**trivialities**] trivialidad *f*.

trivialize /'trɪvɪəlaɪz/ *vt* [**trivializes, trivializing, trivialized**] trivializar.

trod /trɒd/ *pretérito de* ➪ tread

trodden /'trɒdən/ *participio pasado de* ➪ tread

trolley /'trɒlɪ/ *n* **1.** (*GB*: *at airport, in supermarket*) carrito *m*; (*: in hospital*) cama *f* con ruedas. **2.** (*también* **trolley car**) (*US*) tranvía *m*.

trolleybus *n* trolebús *m*.

trombone /trɒm'bəʊn/ *n* (*instrument*) trombón *m*; (*player*) trombón *m/f*.

trombonist /trɒm'bəʊnɪst/ *n* trombón *m/f*.

troop /tru:p/ **I** *n* (*group*) grupo *m*: **a troop of tourists came towards us** un grupo de turistas vino hacia nosotros.

II troops *n pl* (*Mil*) tropas *f pl*: **they are sending troops to the area** van a enviar tropas a la zona.

III *vi* [**troops, trooping, trooped**]: **they all trooped** *into* **the classroom** entraron todos a * en la clase; **we trooped** *out of* **the hall** salimos todos de la sala.

trooper /'tru:pə/ *n* soldado *m* raso (*especialmente de caballería*).

Trooping the Colour /'tru:pɪŋ ðə 'kʌlə/ *n* (*GB*: *Mil*) *ceremonia para celebrar el cumpleaños del monarca, en la que los regimientos de la guardia desfilan con sus banderas*.

trophy /'trəʊfɪ/ *n* [**trophies**] trofeo *m*.

tropic /'trɒpɪk/ **I** *n* trópico *m*.

II the tropics *n pl* los trópicos * el trópico.

Tropic of Cancer *n* trópico *m* de Cáncer.

Tropic of Capricorn *n* trópico *m* de Capricornio.

tropical /'trɒpɪkəl/ *adj* tropical.

trot /trɒt/ **I** *n* (*brisk pace*) trote *m*: **he set off** *at* **a trot** se fue al trote • **he worked for ten days on the trot** trabajó diez días seguidos.

II *vi* [**trots, trotting, trotted**] (*gen*) trotar: **the dog trotted along beside its master** el perro iba trotando al lado de su dueño; (*on horse*): **they were trotting along the beach** cabalgaban por la playa al trote.

to **trot out** *vt* (*fam*) soltar: **she trotted out the old excuse about the traffic being bad** nos soltó la vieja excusa de que había mucho tráfico.

trotter /'trɒtə/ *n* (*Culin*): **pig's trotter** mano de cerdo.

trouble /'trʌbəl/ **I** *n* **1.** (*difficulty*) problemas *m pl*: **I'm having trouble** *with* **my computer** el ordenador me está dando problemas; **he had trouble getting the car to start** tuvo problemas para arrancar el coche; **he's trying to make trouble for us** está intentando crearnos problemas; **he was always getting into trouble at school** siempre se estaba metiendo en líos en el colegio; **they had never been** *in* **trouble** *with* **the police** nunca habían tenido problemas con la policía; **you're asking for trouble arguing with him** te la estás buscando si discutes con él; **what seems to be the trouble?** ¿qué pasa? * ¿cuál es el problema?; **the trouble with Joe is he's too honest** lo que le pasa a Joe es que es demasiado honesto. **2.** (*inconvenience*) molestia *f*: **I'm sorry if we've caused you any trouble** lo siento mucho si le hemos causado alguna molestia; **"Are you sure you don't mind?" "Absolutely, it's no trouble."** "¿Seguro que no te importa?" "Seguro, no hay problema."; **these children are never any trouble** estos niños nunca dan guerra; **thank you for taking the trouble to write** gracias por tomarte la molestia de escribir. **3.** (*Med*: *disorder*): **he has kidney trouble** tiene un problema de riñón.

II troubles *n pl* **1.** (*woes*) problemas *m pl*: **he sat down and told me all his troubles** se sentó y me contó todos sus problemas. **2.** (*Pol*) conflictos *m pl*: **many people have been killed since the troubles began** han matado a mucha gente desde que empezaron los conflictos.

III *vi* [**troubles, troubling, troubled**] molestarse: **she didn't even trouble to phone us** ni siquiera se molestó en llamarnos.

♦*vt* **1.** (*to worry*) preocupar: **what's troubling you?** ¿qué te preocupa? **2.** (*to hurt*) dar problemas a: **my feet are troubling me again** los pies me están dando problemas otra vez. **3.** (*to bother*) molestar: **could I trouble you** *for* **a lift?** ¿te sería mucha molestia llevarme?

trouble-free *adj* (*journey, day*) sin problemas: **the trip was trouble-free** el viaje transcurrió sin problema alguno.

troublemaker *n* revoltoso -sa *m/f*, alborotador -dora *m/f*.

troubleshooter *n* (*in dispute*) mediador -dora *m/f*.

trouble spot *n* zona *f* de conflicto.

troubled /'trʌbəld/ *adj* (*worried*) preocupado -da; (*unsettled*) inestable, turbulento -ta: **we are living in troubled times** vivimos tiempos difíciles.

troublesome /'trʌbəlsəm/ *adj* problemático -ca: **they are quite a troublesome group of children** es un grupo de niños bastante problemático; **my back is becoming troublesome** la espalda me está empezando a dar problemas.

trough /trɒf/ *n* **1.** (*Agr*: *for drinking*) abrevadero *m*; (*: for feeding*) pesebre *m*. **2.** (*Meteo*): **there is a trough of low pressure coming in from the east** se está aproximando un frente de bajas presiones por el este. **3.** (*channel*) canal *m*; (*depression*) depresión *f*.

trounce /traʊns/ *vt* [**trounces, trouncing, trounced**] dar una paliza a.

troupe /tru:p/ *n* (*of singers, dancers*) compañía *f*.

trouser press /'traʊzə pres/ *n*: *aparato para planchar los pantalones*.

trousers /'traʊzəz/ *n pl* pantalones *m pl*, pantalón *m*: **she bought a new pair of trousers** se ha comprado otros pantalones • **she wears the trousers in that house** es ella la que lleva los pantalones en esa casa.

trouser suit /'traʊzə su:t/ *n* traje *m* de chaqueta y pantalón (*de señora*).

trousseau /'tru:səʊ/ *n* [**trousseaus * trousseaux**] ajuar *m*.

trout /traʊt/ *n* [*pl* **trout**] trucha *f*.

trowel /'traʊəl/ *n* (*bricklayer's tool*) paleta *f*; (*gardening tool*) desplantador *m*.

truancy /'tru:ənsɪ/ *n* (*Educ*): **truancy is a big problem in that school** la falta de asistencia a clase es un problema grave en ese colegio.

truant /'tru:ənt/ *n* (*Educ*): **there was a high number of regular truants** había un número elevado de niños que faltaban a clase con frecuencia • **she had never played truant** nunca había hecho novillos.

truce /tru:s/ *n* tregua *f*: **a truce has been called from**

midnight se ha pactado una tregua a partir de media noche.

truck /trʌk/ *n* **1.** (*on road*) camión *m.* **2.** (*GB*: *railway wagon*) vagón *m.* **3.** (*dealings*) • **he refused to have any truck with terrorists** se negó a tener cualquier trato con terroristas.

truck farm *n* (*US*) huerta *f.*

truculent /ˈtrʌkjʊlənt/ *adj* (*frml*) agresivo -va.

trudge /trʌdʒ/ *vi* [**trudges, trudging, trudged**] andar con dificultad: **we trudged ten miles through the snow** anduvimos diez millas por la nieve, con gran dificultad.

true /truː/ *adj* [**truer, truest**] **1.** (*factual*) cierto -ta: **is it true (that) she's ill?** ¿es cierto que está enferma?; **true, but that was a year ago** cierto, pero eso fue hace un año; **the film is based on a true story** la película se basa en una historia real • **my wish came true** mi sueño se hizo realidad. **2.** (*genuine*) verdadero -ra: **he is not my true cousin** no es primo mío de verdad; **they are the true heroes of the story** ellos son los verdaderos héroes de la historia. **3.** (*faithful*) fiel: **she was true** *to* **her word** fue fiel a su palabra; **they promised each other to be true** se prometieron fidelidad; **all her short stories are very true** *to* **life** todos sus cuentos son muy realistas. **4.** (*Tec*: *balanced*) nivelado -da; (*: straight*) recto -ta: **the ends of the bookcase are not true** los lados de la librería no están rectos.

true-life *adj* real: **it was the story of a true-life romance** era la historia de un idilio real.

truffle /ˈtrʌfəl/ *n* **1.** (*fungus*) trufa *f.* **2.** (*chocolate*) trufa *f* (de chocolate).

truism /ˈtruːɪzəm/ *n* verdad *f* meridiana.

truly /ˈtruːlɪ/ *adv* **1.** (*really*) verdaderamente: **the music was truly beautiful** la música era verdaderamente hermosa. **2.** (*honestly*) sinceramente: **I truly don't think it was your fault** sinceramente, creo que no fue culpa tuya; **he truly believed he had special powers** creía sinceramente que tenía poderes especiales. **3.** (*faithfully*) fielmente; (*in correspondence*): **Yours truly, Louise Smith** Se despide atentamente, Louise Smith • **and guess who was left to clean up? yours truly!** adivina quién se tuvo que quedar a limpiar, ¡la menda!

trump /trʌmp/ **I** *n* triunfo *m*: **spades are trumps** espadas son triunfos; **she played a trump (card)** echó un triunfo • **the Russian leader has played his trump card** el líder ruso ha jugado su mejor baza • **Uncle Ernie always comes up trumps** el tío Ernie siempre nos saca del apuro.

II *vt* [**trumps, trumping, trumped**] (*Games*): **he trumped my king with a low spade** me ganó el rey con una carta baja de espadas porque era triunfo.

trumped-up /trʌmptˈʌp/ *adj* falso -sa: **they brought some trumped-up charges against her** presentaron unas acusaciones falsas contra ella.

trumpet /ˈtrʌmpɪt/ **I** *n* (*instrument*) trompeta *f*; (*player*) trompeta *m/f* • **I wish she would stop blowing her own trumpet** ¡ojalá dejara de darse tanta importancia!

II *vi* [**trumpets, trumpeting, trumpeted**] (*elephant*) barritar.

trumpeter /ˈtrʌmpɪtə/ *n* trompetista *m/f.*

truncated /trʌnˈkeɪtɪd/ *adj* (*frml*) truncado -da.

truncheon /ˈtrʌntʃən/ *n* porra *f* (*de policía*).

trundle /ˈtrʌndəl/ *vt* [**trundles, trundling, trundled**] mover (*lentamente y con dificultad*): **he was trundling the supermarket trolley** *down* **the road** iba empujando el carrito del supermercado calle abajo.

♦*vi*: **heavy vehicles trundled** *past* **all day long** grandes vehículos estaban pasando lentamente todo el día.

trunk /trʌŋk/ **I** *n* **1.** (*of tree, body*) tronco *m.* **2.** (*of elephant*) trompa *f.* **3.** (*large case*) baúl *m.* **4.** (*US*: *of car*) maletero *m.*

II trunks *n pl* bañador *m* (*de hombre*).

trunk call *n* conferencia *f* telefónica.

trunk road *n* (*GB*) carretera *f* nacional.

trust /trʌst/ **I** *n* **1.** (*confidence, reliance*) confianza *f*: **put your trust** *in* **God** confía en Dios • **you'll just have to take it on trust** tendrás que fiarte de lo que te digo. **2.** (*responsibility*) responsabilidad *f*: **keeping the accounts involves a great deal of trust** llevar las cuentas conlleva mucha responsabilidad. **3.** (*foundation*) patronato *m*: **a trust (fund) for medical research** un patronato de investigación médica. **4.** (*collective investment*) fondo *m* de inversión. **5.** (*Law*) fideicomiso *m*: **the money was left** *in* **trust for the children** el dinero se dejó en fideicomiso para los niños.

II *vt* [**trusts, trusting, trusted**] **1.** (*to depend upon*) confiar en, fiarse de: **everybody trusts the government to resolve the crisis** todo el mundo confía en que el gobierno resolverá la crisis; **can I trust you to lock the door?** ¿me puedo fiar de que cerrarás la puerta con llave? • **trust her to miss the last train!** ¡como era de esperar, perdió el último tren! **2.** (*to entrust*) confiar: **you could trust him** *with* **the crown jewels** es de toda confianza. **3.** (*to expect*) esperar: **I trust I will see you at the meeting** espero verte en la reunión.

♦*vi* (*to rely on*) confiar, tener confianza: **I'm trusting** *to* **luck that I'll pass my exams** confío en que, con suerte, aprobaré los exámenes; **I trust** *in* **your good judgement** me fío de tu buen juicio.

trustee /trʌˈstiː/ *n* (*of inheritance*) fideicomisario -ria *m/f*; (*of charity's assets, etc.*) miembro *m* del consejo de administración.

trusting /ˈtrʌstɪŋ/ *adj* confiado -da: **she is a very trusting child** es una niña muy confiada.

trustworthy /ˈtrʌstwɜːðɪ/ *adj* digno -na de confianza: **he's a very trustworthy pupil** es un alumno digno de confianza.

trusty /ˈtrʌstɪ/ *adj* [**trustier, trustiest**] fiel: **I never go anywhere without my trusty penknife** nunca voy a ningún sitio sin mi fiel navaja multiuso.

truth /truːθ/ *n* verdad *f*: **I was told that I must always tell the truth** me dijeron que siempre tengo que decir la verdad • **to tell you the truth, I don't fancy going** si te digo la verdad, no me apetece ir • **the truth hurts** las verdades ofenden.

truthful /ˈtruːθfʊl/ *adj* **1.** (*person*) sincero -ra, veraz: **you must be truthful when you answer** tienes que decir la verdad cuando respondas. **2.** (*account, reply*) veraz: **the statement the witness made was very truthful** la declaración del testigo era muy fiel a la verdad.

truthfully /ˈtruːθfʊlɪ/ *adv* sinceramente: **he seemed to be answering truthfully** parecía contestar sinceramente.

try /traɪ/ **I** *n* [**tries**] **1.** (*attempt*) tentativa *f*: **give it a try, you've nothing to lose** inténtalo, no tienes nada que perder; **I don't know how to do it, but I'll have a try** no sé cómo hacerlo, pero lo voy a intentar. **2.** (*in rugby*) ensayo *m*: **they scored two tries in the last**

five minutes consiguieron dos ensayos en los últimos cinco minutos.

II *vt* [**tries, trying, tried**] **1.** (*to attempt*) intentar: **you'll have to try it** tendrás que intentarlo; **keep trying that number until it's free** sigue marcando ese número hasta que deje de comunicar; **just try your best** bueno, intenta hacerlo lo mejor que puedas. **2.** (*to test, use*) poner a prueba, ensayar: **try the light to see if it works** intenta encender la luz a ver si funciona; **we tried every shop in town** probamos en todas las tiendas de la ciudad ● **the children tried her patience** los niños pusieron a prueba su paciencia ● **this is a tried and tested method** está demostrado que este método funciona. **3.** (*food*) probar: **try the soup and see if it needs salt** prueba la sopa, a ver si necesita sal. **4.** (*Law: to judge*) juzgar, procesar: **he was tried and found guilty** lo juzgaron y lo declararon culpable.

♦ *vi* intentar: **the line is engaged but I'll keep trying** está comunicando, pero lo seguiré intentando; **try to understand what I'm saying** intenta comprender lo que digo.

to **try on** *vt* (*clothes*) probarse: **can I try it on please?** ¿puedo probármelo? ● **he was just trying it on** lo intentó, a ver si colaba.

to **try out** *vt* ensayar, probar: **she tried it out** *on* **her family first** primero lo probó con su familia.

♦ *vi* (*US*): **I'm trying out** *for* **the soccer team today** hoy me hacen una prueba para el equipo de fútbol.

trying /'traɪɪŋ/ *adj* pesado -da: **I find him very trying** a mí me parece pesadísimo.

tsar /zɑː/ *n* zar *m*.

T-shirt /'tiːʃɜːt/ *n* camiseta *f*.

tub /tʌb/ *n* **1.** (*for washing clothes*) balde *m*. **2.** (*US: bath*) bañera *f*, (*Amér L*) tina *f*. **3.** (*for food*) tarrina *f*.

tuba /'tjuːbə/ *n* (*instrument*) tuba *f*; (*player*) tuba *m/f*.

tubby /'tʌbɪ/ *adj* [**tubbier, tubbiest**] rechoncho -cha, regordete.

tube /tjuːb/ *n* **1.** (*gen*) tubo *m*: **a tube of toothpaste** un tubo de pasta de dientes. **2.** (*US: fam*) televisor *m*, tele *f*. **3. the Tube** (*fam: in London*) el metro.

tuber /'tjuːbə/ *n* (*Bot*) tubérculo *m*.

tuberculosis /tjʊbɜːkjʊ'ləʊsɪs/ *n* tuberculosis *f inv*.

tubing /'tjuːbɪŋ/ *n* tubería *f*: **a piece of tubing** un tubo.

tubular /'tjuːbjʊlə/ *adj* tubular.

TUC /tiːjuː'siː/ *n* (*abreviatura de* **Trades Union Congress**) *federación de sindicatos británicos*.

tuck /tʌk/ **I** *n* **1.** (*Clothing: fold*) pliegue *m*. **2.** (*GB: fam, food*) chucherías *f pl*.

II *vt* [**tucks, tucking, tucked**] **1.** (*clothes*) meter: **tuck your shirt in** métete la camisa. **2.** (*to place*) poner: **he tucked the pencil behind his ear** se puso el lápiz en la oreja.

to **tuck away** *vt* **1.** (*to hide*) esconder: **the house is tucked away behind the trees** la casa está escondida tras los árboles. **2.** (*to store*) guardar: **I've got some money tucked away for my retirement** tengo un dinero ahorrado para cuando me jubile.

to **tuck in** *vi* (*fam: to eat*): **I like tucking in** *to* **a big breakfast** me encanta meterme un buen desayuno.

♦ *vt* (*at bedtime*) arropar: **she likes her mum to tuck her in at night** le gusta que su madre la arrope por la noche.

to **tuck up** *vt*: **he was safely tucked up** *in* **bed** estaba tranquilamente metido en la cama.

tuck shop *n* (*GB: fam*) *tienda donde venden chucherías en un colegio*.

Tues. *léase* /'tjuːzdeɪ/ (*abreviatura de* **Tuesday**) martes *m inv*.

Tuesday /'tjuːzdeɪ/ *n* martes *m inv*. ⇨ Thursday

tuft /tʌft/ *n* (*of hair, wool*) mechón *m*; (*of grass*) manojo *m*.

tug /tʌg/ **I** *n* **1.** (*pull*) tirón *m*: **she gave the rope a tug** le dio un tirón a la cuerda. **2.** (*también* **tugboat**) (*Naut*) remolcador *m*.

II *vt* [**tugs, tugging, tugged**] (*to pull, jerk*) tirar de, dar un estirón de: **she tugged his hand to get his attention** le tiró de la mano para llamar su atención.

♦ *vi*: **he tugged** *at* **the rope** tiró de la cuerda.

tug of war *n* [**tugs of war**] **1.** (*Sport*) *juego en el que dos equipos tiran de los extremos de una cuerda, conocido como "el soka-tira" en el norte de España*. **2.** (*struggle*) lucha *f*, disputa *f*: **the parents are involved in a tug of war** *over* **the children** los padres se disputan la custodia de los niños.

tuition /tjuː'ɪʃən/ *n*: **she is receiving private tuition in maths** le dan clases particulares de matemáticas; **all university students pay tuition fees** todos los estudiantes universitarios pagan unas tasas.

tulip /'tjuːlɪp/ *n* tulipán *m*.

tumble /'tʌmbəl/ **I** *n* (*fall*) caída *f* ● **yesterday grandad took a tumble** ayer se cayó el abuelo.

II *vi* [**tumbles, tumbling, tumbled**] **1.** (*to fall*) caerse: **they both came tumbling** *down* **the hill** los dos se cayeron y rodaron colina abajo; **prices on the stockmarket tumbled again today** hoy han vuelto a caer los precios de la bolsa. **2.** (*in acrobatics*) dar volteretas.

to **tumble to** *vt* (*fam*) caer en la cuenta de.

tumbledown *adj* destartalado -da: **in the forest stood an old, tumbledown cottage** en el bosque había una casa vieja y destartalada.

tumble dryer *n* secadora *f*.

tumbler /'tʌmbələ/ *n* **1.** (*glass*) vaso *m*. **2.** (*dryer*) secadora *f*.

tummy /'tʌmɪ/ *n* [**tummies**] (*fam*) barriga *f*, tripa *f*: **I've got tummy ache** me duele la tripa.

tumour, (*US*) **tumor** /'tjuːmə/ *n* tumor *m*.

tumult /'tjuːmʌlt/ *n* tumulto *m*.

tumultuous /tjuː'mʌltjʊəs/ *adj* estrepitoso -sa.

tuna /'tjuːnə/ *n* **1.** (*Zool*) atún *m*. **2.** (*también* **tuna fish**) (*Culin*) atún *m*.

tundra /'tʌndrə/ *n* tundra *f*.

tune /tjuːn/ **I** *n* melodía *f*: **I can't remember the tune of that song** no me acuerdo de la melodía de esa canción; **he always sings out of tune** siempre desafina cuando canta ● **you've changed your tune!** ¡pues sí que has cambiado de opinión! ● **I am not in tune with his way of thinking** no pensamos de la misma manera ● **we lost money to the tune of five hundred dollars** perdimos nada menos que quinientos dólares.

II *vt* [**tunes, tuning, tuned**] **1.** (*musical instrument*) afinar. **2.** (*radio, television*) sintonizar. **3.** (*engine*) poner a punto.

to **tune in** *vi* sintonizar: **we tuned in** *to* **our local radio station** sintonizamos con nuestra emisora local.

to **tune up** *vi* afinar.

tuneful /'tjuːnfʊl/ *adj* melodioso -sa.

tuneless /'tjuːnləs/ *adj* sin armonía.

tuner /'tjuːnə/ *n* **1.** (*of piano*) afinador -dora *m/f*. **2.** (*on radio*) sintonizador *m*.

tunic /'tjuːnɪk/ *n* (*gen*) túnica *f*; (*of uniform*) guerrera *f*.

tuning /'tjʊnɪŋ/ *n* **1.** (*Mus*) afinación *f*. **2.** (*of radio*) sintonización *f*.

tuning fork *n* diapasón *m*.

Tunisia /tjuːˈnɪzɪə/ *n* Túnez *m*.

Tunisian /tjuːˈnɪzɪən/ *adj, n* tunecino -na *adj, m/f*.

tunnel /ˈtʌnəl/ **I** *n* (*gen*) túnel *m*; (*in mining*) galería *f*.
II *vt* [**tunnels, tunnelling, tunnelled**]: **the prisoners tunnelled their way out of their cell** los presos excavaron un túnel para escapar de su celda.
♦*vi* construir un túnel.

tunny fish /ˈtʌnɪ fɪʃ/ *n* atún *m*.

turban /ˈtɜːbən/ *n* turbante *m*.

turbine /ˈtɜːbaɪn/ *n* turbina *f*.

turbo /ˈtɜːbəʊ/ *n* (*car, component*) turbo *m*.

turbot /ˈtɜːbət/ *n* rodaballo *m*.

turbulence /ˈtɜːbjʊləns/ *n* turbulencia *f*: **the plane shook as it went through some turbulence** el avión se sacudió al atravesar una zona de turbulencias.

turbulent /ˈtɜːbjʊlənt/ *adj* turbulento -ta.

tureen /təˈriːn/ *n* sopera *f*.

turf /tɜːf/ **I** *n* césped *m* • **I feel more comfortable on my home turf** me siento más cómodo en mi terreno.
II *vt* [**turfs, turfing, turfed**] cubrir con césped.
to **turf out** *vt* (*fam*) echar: **we were turfed out** *of* **the bar** nos echaron del bar.
turf accountant *n* (*GB*) corredor *m* de apuestas.

turgid /ˈtɜːdʒɪd/ *adj* **1.** (*swollen*) hinchado -da. **2.** (*prose*) rimbombante.

Turk /tɜːk/ *n* turco -ca *m/f*.

Turkey /ˈtɜːkɪ/ *n* Turquía *f*.

turkey /ˈtɜːkɪ/ *n* pavo *m* • **it's time we talked turkey** ya va siendo hora de hablar a las claras.

Turkish /ˈtɜːkɪʃ/ **I** *adj* turco -ca.
II *n* (*language*) turco *m*.
III the Turkish *n pl* (*people*) los turcos *m pl*.
Turkish bath *n* baño *m* turco.
Turkish delight *n* delicias *f pl* turcas.

turmoil /ˈtɜːmɔɪl/ *n* confusión *f*: **we were thrown into turmoil by the changes** los cambios nos causaron gran confusión.

turn /tɜːn/ **I** *n* **1.** (*act of turning*) vuelta *f*: **give the knob one full turn** dele una vuelta completa al botón • **my steak was done to a turn** mi filete estaba hecho a la perfección. **2.** (*at junction*) calle *f*, bocacalle *f*: **take the second turn on the left** tome la segunda calle a la izquierda. **3.** (*change*) giro *m*: **the public was shocked by the new turn of events** el público estaba impresionado por el giro que habían tomado los acontecimientos • **the situation has taken a turn for the worse** la situación ha empeorado • **the weather is taking a turn for the better** el tiempo está mejorando • **it was built at the turn of the century** fue construido alrededor de finales de siglo. **4.** (*chance, go*) turno *m*: **tell him to wait his turn** dile que espere su turno * que espere a que le toque (el turno); **we take it** *in* **turns to do the cooking** nos turnamos para cocinar; **they took turns** *at* **washing up** se turnaban para lavar los platos; **it's your turn to deal** te toca dar las cartas; **everyone wanted a turn** *at* **riding the pony** todos querían tener la oportunidad de montar el poney; **the winners were called forward** *in* **turn** se fue llamando a los ganadores uno por uno. **5.** (*act of kindness*): **you've done me a good turn** me has hecho un gran favor. **6.** (*performance*) número *m*: **everyone had to do a turn at the party** todo el mundo tuvo que hacer un número en la fiesta. **7.** (*fam: attack*) ataque *m*: **she had a nasty turn** le dio un ataque grave; (*: shock*) susto *m*: **it gave me quite a turn** me dio un buen susto.
II *vt* [**turns, turning, turned**] **1.** (*to change*): **the shock turned his hair white** se le volvió el pelo blanco del susto, encaneció del susto; **the rain turned the ground** *into* **mud** la lluvia convirtió el suelo en un barrizal; **there are plans to turn the farm** *into* **a golf course** hay planes para convertir la granja en un campo de golf. **2.** (*to invert*) darle la vuelta a, (*Amér L*) voltear, (*Arg, Chi, Urug*) dar vuelta: **she turned the sweater inside out** le dio la vuelta al suéter, (*Amér L*) volteó el suéter del revés, (*Arg, Chi, Urug*) dio vuelta el suéter (del revés); **turn the glass upside down** pon la copa boca abajo; (*to change page*) pasar, volver, (*Arg, Chi, Urug*) dar vuelta. **3.** (*to rotate*) darle vueltas a, hacer girar: **I couldn't turn the handle** no podía darle vueltas a la manivela; **the smell turned my stomach** el olor me revolvió el estómago; (*to go around*) dar la vuelta a, (*Amér L*) voltear, (*Arg, Chi, Urug*) dar vuelta: **the truck turned the corner** el camión dio la vuelta a la esquina * (*Amér L*) volteó la esquina, (*Arg, Chi, Urug*) el camión dio vuelta la esquina. **4.** (*to direct*): **she turned her attention** *to* **the report** pasó a centrar su atención en el informe; **he turned his back** *on* **me** me dio * me volvió la espalda. **5.** (*to go beyond*): **it had turned seven by the time we finished** ya eran las siete pasadas cuando terminamos; **he must have turned eighty by now** ya debe de haber cumplido los ochenta.
♦*vi* **1.** (*to go round: wheel*) girar: **the key wouldn't turn in the ignition** la llave no giraba en el contacto. **2.** (*to change direction*): **the bus turned** *onto* **the road** el autobús giró y entró en la carretera; **we left the main road and turned** *down* **the lane** dejamos la carretera y nos metimos por el camino. **3.** (*to move*) volverse, darse la vuelta, (*Amér L*) voltearse, (*Arg, Chi, Urug*) darse vuelta: **she turned to face the audience** se volvió para estar de cara al público; **my thoughts kept turning** *to* **the children** recordaba constantemente a los niños. **4.** (*to become*) ponerse, volverse: **it turns red when it gets hot** se pone rojo cuando se calienta; **the lawn has turned** *into* **a quagmire** el césped se ha convertido en un barrizal; **fear turned** *to* **relief when they heard he was safe** el temor dio paso al alivio cuando se enteraron de que estaba a salvo.
to **turn against** *vt* **1.** (*to become hostile to*) ponerse en contra de: **why did she suddenly turn against you?** ¿por qué de repente se puso en contra tuya? **2.** (*to make hostile to*) poner en contra: **he's turned the others against me** ha puesto a los otros en contra mía.
to **turn around** * **round** *vi* volverse, darse la vuelta, (*Amér L*) voltearse, (*Arg, Chi, Urug*) darse vuelta: **I called him but he didn't turn around** lo llamé pero no se volvió.
♦*vt* volver, darle la vuelta a, (*Amér L*) voltear, (*Arg, Chi, Urug*) dar vuelta: **I turned my chair around to face the sun** volví la silla para estar de cara al sol.
to **turn away** *vt* (*to refuse entrance to*) no dejar entrar: **we were turned away (at the door)** no nos dejaron entrar.
♦*vi* darse la vuelta, (*Amér L*) voltearse, (*Arg, Chi, Urug*) darse vuelta: **he turned away in silence** se dio la vuelta sin decir nada.
to **turn back** *vi* volverse atrás.
♦*vt* hacer volver atrás.
to **turn down** *vt* **1.** (*to lower*) bajar: **would you mind turning the volume down?** ¿le importaría bajar un poco el volumen?; **he turns down the heating to save money** baja la calefacción para ahorrar dinero. **2.** (*to reject: an offer*) rechazar: **they turned our offer down** rechazaron nuestra oferta; (*: a request*) denegar:

he was turned down for promotion le fue denegado el ascenso.

to **turn in** *vt* (*fam*: *to hand over*) entregar: **he turned himself in** *to* **the police** se entregó a la policía.

♦*vi* (*fam*: *to go to bed*) acostarse: **it's time I turned in** ya es hora de que me acueste.

to **turn off** *vt* **1.** (*to switch off: lights, gas, etc.*) apagar; (*: a tap, a faucet*) cerrar. **2.** (*a road*) salir de: **we turned off the main road at Springfield** salimos de * abandonamos la carretera principal en Springfield. **3.** (*fam*: *to put off*): **hairy legs really turn me off** las piernas peludas no me resultan muy atractivas que digamos.

♦*vi* **1.** (*to switch off*) apagarse. **2.** (*to leave*): **turn off at junction four** abandone la autopista en la salida número cuatro.

to **turn on** *vt* **1.** (*to switch on: gen*) encender, (*Amér L*) prender: **we turned on the television to watch the news** encendimos la televisión para ver las noticias; (*: engine*) poner en marcha, encender: **she turned on the ignition** puso el motor en marcha; (*: tap, faucet*) abrir. **2.** (*to attack*) arremeter contra: **he turned on us furiously** arremetió furioso contra nosotros. **3.** (*fam*: *to excite, to inspire*) entusiasmar; (*: to excite sexually*) excitar. **4.** (*to direct towards*) dirigir: **they turned hose-pipes on the demonstrators** dirigieron las mangueras hacia los manifestantes.

♦*vi* encenderse.

to **turn out** *vt* **1.** (*a light*) apagar: **turn the lights out when you leave** apaga las luces cuando te vayas. **2.** (*to eject*) echar: **the landlord turned them out** *of* **the house** el casero los echó de la casa. **3.** (*to empty*) vaciar: **I must turn out the spare room** tengo que vaciar el cuarto de los invitados; **we all had to turn out our pockets** todos tuvimos que vaciar nuestros bolsillos. **4.** (*to produce*) producir: **the foundry turns out a thousand tons of steel every day** la fundición produce mil toneladas de acero por día. **5.** (*to groom*) arreglar: **she always turns the children out nicely** siempre arregla muy bien a los niños.

♦*vi* **1.** (*to prove*) resultar: **"a few close friends" turned out to be fifty people** "unos pocos amigos íntimos" resultó ser cincuenta personas; **his story turned out to be untrue** su historia resultó no ser cierta; **everything she does turns out well** todo lo que ella hace sale bien. **2.** (*to gather*) acudir: **thousands turned out for the demonstration** miles de personas acudieron para asistir a la manifestación.

to **turn over** *vt* **1.** (*to invert*) darle la vuelta a, volver, (*Amér L*) voltear, (*Arg, Chi, Urug*) dar vuelta: **turn over any card** dale la vuelta a cualquier carta. **2.** (*to hand over*) entregar: **his family turned him over** *to* **the police** su familia lo entregó a la policía; **he turned the business over** *to* **his son** puso el negocio a nombre de su hijo. **3.** (*to think about*) darle vueltas a: **she kept turning over in her mind what had happened** seguía dándole vueltas en la cabeza a lo que había pasado. **4.** (*a page*) pasar, volver, (*Arg, Chi, Urug*) dar vuelta.

♦*vi* (*person*) darse la vuelta, (*Amér L*) voltearse, (*Arg, Chi, Urug*) darse vuelta (*para ponerse boca abajo, boca arriba o de lado*).

to **turn round** *vt/i* ⇨ *to* turn around

to **turn to** *vt* **1.** (*to begin*) empezar: **he turned to drink after he lost his job** empezó a beber cuando perdió el trabajo. **2.** (*in book*): **turn to page seventeen** pasa a la página diecisiete. **3.** (*to appeal to*) acudir a, recurrir a: **I have no one to turn to** no tengo a quién acudir * recurrir; **I knew I could turn to you** sabía que podía contar contigo.

to **turn up** *vt* **1.** (*the heat, the volume*) subir: **can you turn the radio up a bit?** ¿puedes subir un poco la radio?; **turn the oven up to its highest setting** pon el horno a la temperatura más alta. **2.** (*Clothing*: *to shorten*) acortar. **3.** (*to find*) encontrarse con: **I turned up this silver spoon in the drawer** me encontré con esta cuchara de plata en el cajón.

♦*vi* (*to appear*) aparecer: **I'm sure your watch will turn up somewhere** estoy segura que tu reloj va a aparecer en algún sitio; **she'll turn up eventually** ya aparecerá.

turncoat *n* chaquetero -ra *m/f*.

turn-off *n* **1.** (*turning*) salida *f*: **take the turn-off for York** abandone la autopista en la salida de York. **2.** (*fam*: *something unappealing*): **it's a complete turn-off** le quita las ganas a cualquiera.

turn of phrase *n* [**turns of phrase**]: **she has an odd turn of phrase** tiene una manera rara de expresarse.

turnout *n* (*attendance*) asistencia *f*: **there was a good turnout** *for* **the match** asistió mucha gente al partido.

turnover *n* **1.** (*sales, business*) facturación *f*: **annual turnover exceeds five million pounds** la facturación anual sobrepasa los cinco millones de libras. **2.** (*of employees*) movimiento *m*. **3.** (*of stock*) rotación *f*. **4.** (*Culin*) empanadilla *f*.

turnstile *n* torniquete *m*, molinete *m*.

turntable *n* **1.** (*for records*) plato *m*. **2.** (*on railway*) placa *f* giratoria.

turn-up *n* **1.** (*GB*: *Clothing*) vuelta *f*. **2.** (*event*) acontecimiento *m*: **that's a turn-up for the books!** ¡ése sí que es todo un acontecimiento!

turned-out /tɜːnˈaʊt/ *adj* arreglado -da: **she's always well turned-out** siempre va bien arreglada.

turning /ˈtɜːnɪŋ/ *n* (*in road*) calle *f*, bocacalle *f*: **take the first turning after the bank** tome la primera calle después de pasar el banco.

turning point *n* momento *m* decisivo, punto *m* decisivo: **this could be the turning point in your career** éste podría ser el momento * punto decisivo de tu carrera, esto podría marcar un hito en tu carrera.

turnip /ˈtɜːnɪp/ *n* nabo *m*.

turpentine /ˈtɜːpəntaɪn/ (*fam*) **turps** /tɜːps/ *n* aguarrás *m*.

turquoise /ˈtɜːkwɔɪz/ **I** *n* **1.** (*stone*) turquesa *f*. **2.** (*colour*) (azul *m*) turquesa *m*.

II *adj* azul turquesa *adj inv*.

turret /ˈtʌrɪt/ *n* **1.** (*of castle*) torre *f* pequeña. **2.** (*on tank*) torreta *f*.

turtle /ˈtɜːtəl/ *n* tortuga *f* marina.

turtleneck *n* cuello *m* alto: **a turtleneck sweater** un jersey de cuello alto.

tusk /tʌsk/ *n* colmillo *m* (*de elefante*).

tussle /ˈtʌsəl/ **I** *n* lucha *f*: **there was a tussle for control** se produjo una lucha por el control.

II *vi* [**tussles, tussling, tussled**] luchar, pelear.

tutor /ˈtjuːtə/ **I** *n* **1.** (*private teacher*) profesor -sora *m/f* particular. **2.** (*at a university*) *en las universidades británicas, profesor que orienta en sus estudios y da clases a grupos reducidos de alumnos*.

II *vt* [**tutors, tutoring, tutored**] dar clases particulares a: **he's tutoring their children** *in* **maths** les da clases particulares de matemáticas a sus hijos.

tutorial /tjuːˈtɔːrɪəl/ *n*: *en las universidades británicas, clase que da el* ⇨ tutor **I, 2.**

tuxedo /tʌk'si:dəʊ/ *n* (*US*) esmoquin *m*, smoking *m*.

TV /ti:'vi:/ *n* (*abreviatura de* **television**) (*in informal contexts*) tele *f*: **he's watching TV** está viendo la tele; (*in more formal contexts*) televisión *f*: **there are six TV channels** hay seis canales de televisión; **a TV evangelist** un predicador televisivo.

twaddle /'twɒdəl/ *n* (*fam*) tonterías *f pl*: **what a load of twaddle!** ¡qué montón de tonterías!

twang /twæŋ/ **I** *n* (*of instrument*) tañido *m* desafinado; (*of voice*) tono *m* nasal: **she had an American twang** tenía el típico acento nasal norteamericano.
II *vt* [**twangs, twanging, twanged**]: **he sat twanging his guitar** estuvo sentado aporreando la guitarra.

tweak /twi:k/ *vt* [**tweaks, tweaking, tweaked**] (*nose*) retorcer; (*ears*) tirar de.

tweed /twi:d/ *n* tweed *m*.

tweet /twi:t/ **I** *n* pío *m*.
II *vi* [**tweets, tweeting, tweeted**] piar.

tweezers /'twi:zəz/ *n pl* pinzas *f pl* (*de depilar, etc.*).

twelfth /twelfθ/ **I** *adj* duodécimo -ma, doce.
II *n* **1.** (*in order: gen*) duodécimo -ma *m/f*; (*: date, monarch*) doce *m*. **2.** (*one part*) duodécima parte *f*; (*fraction*) doceavo *m*. ➪ sixteenth
Twelfth Night *n* Noche *f* de Reyes.

twelve /twelv/ *adj, n* doce *adj inv, m*. ➪ five

twentieth /'twentɪɪθ/ **I** *adj* vigésimo -ma, veinte *m*.
II *n* **1.** (*in order: gen*) vigésimo -ma *m/f*; (*: date, monarch*) veinte *m*. **2.** (*one part*) veinteava parte *f*; (*fraction*) veinteavo *m*. ➪ sixteenth

twenty /'twentɪ/ *adj, n* [**twenties**] veinte *adj inv, m*. ➪ fifty

twice /twaɪs/ *adv* dos veces: **I have been to Spain twice** he estado en España dos veces; **I visit the dentist twice a year** voy al dentista dos veces al año; **I have twice as much money as you** tengo el doble de dinero que tú; **he is twice her age** le dobla la edad.

twiddle /'twɪdəl/ *vt* [**twiddles, twiddling, twiddled**] manosear: **stop twiddling your tie!** ¡deja de manosearte la corbata!
♦ *vi* toquetear: **she was twiddling** *with* **her ear as she talked** se estaba toqueteando la oreja al hablar.

twig /twɪg/ **I** *n* ramita *f*.
II *vi* [**twigs, twigging, twigged**] (*GB: fam*) caer en la cuenta: **she didn't twig** (*to*) **what I meant** no se daba cuenta de lo que quería decir.

twilight /'twaɪlaɪt/ *n* crepúsculo *m*.

twin /twɪn/ **I** *n* gemelo -la *m/f*, mellizo -za *m/f*: **this is my twin brother** te presento a mi hermano gemelo.
II *vt* [**twins, twinning, twinned**] hermanar: **Richmond is twinned** *with* **Fontainebleau** Richmond está hermanada con Fontainebleau.
twin-bedded *adj*: **we booked a twin-bedded room** reservamos una habitación de dos camas.
twin beds *n pl* dos camas *f pl*: **all the rooms have twin beds** todas las habitaciones tienen dos camas.
twin town *n* ciudad *f* hermanada.

twine /twaɪn/ *n* cuerda *f*.

twinge /twɪndʒ/ *n* (*of pain*) punzada *f*: **he felt a twinge of remorse** sintió un súbito remordimiento de conciencia.

twinkle /'twɪŋkəl/ **I** *n* (*of light, stars*) centelleo *m*, destello *m*: **there was a twinkle of light in the distance** hubo un destello de luz a lo lejos; **come here, he said with a twinkle in his eye** ven aquí, le dijo, y al hablar le brillaron los ojos.
II *vi* [**twinkles, twinkling, twinkled**] (*lights*) centellear, destellar: **her eyes twinkled as she spoke** le brillaban los ojos al hablar.

twinkling /'twɪŋkəlɪŋ/ *n* • **he disappeared in the twinkling of an eye** desapareció en un abrir y cerrar de ojos.

twirl /twɜ:l/ **I** *n* giro *m*, vuelta *f*: **a new dress! give us a twirl** ¡vestido nuevo! a ver, date una vuelta.
II *vt* [**twirls, twirling, twirled**] girar, dar vueltas a: **he twirled his umbrella as he walked** iba dándole vueltas al paraguas al andar.
♦ *vi* girar.

twist /twɪst/ **I** *n* **1.** (*a turn*) giro *m*: **give the key a twist to see if it will open the door** gira la llave para ver si abre la puerta; **the story has a surprising twist at the end** la historia da un giro inesperado al final • **he's driving me round the twist!** ¡me está volviendo loco! **2.** (*in road*) recodo *m*: **the road is full of twists and turns** la carretera tiene muchas vueltas y revueltas. **3.** (*in drink*): **he asked for lager with a twist of lime** pidió una cerveza con un chorrito de lima. **4. the twist** (*dance*) el twist.
II *vt* [**twists, twisting, twisted**] torcer: **I've twisted my ankle** me he torcido el tobillo; **he twisted his arm** le retorció el brazo • **he completely twisted my words** tergiversó completamente mis palabras.
♦ *vi* **1.** (*to turn*): **he twisted** *round* **for a better view** se giró un poco para ver mejor. **2.** (*road, river*) serpentear: **the path began to twist and turn** el sendero empezó a hacer curvas y más curvas **3.** (*metal*) retorcerse.

twisted /'twɪstɪd/ *adj* (*mind, metal*) retorcido -da.

twister /'twɪstə/ *n* **1.** (*GB: cheat*) timador -tora *m/f*. **2.** (*US: fam, whirlwind*) tornado *m*.

twit /twɪt/ *n* (*fam*) imbécil *m/f*.

twitch /twɪtʃ/ **I** *n* [**twitches**] tic *m* (nervioso): **he suffered from a twitch** tenía un tic.
II *vi* [**twitches, twitching, twitched**] palpitar: **my eyelid is twitching** me palpita el párpado; **he couldn't stop his leg from twitching** no podía controlar el temblor de la pierna.
♦ *vt*: **the cat twitched its tail** el gato meneaba la cola; **he twitched the cloth** *away* **to reveal a rabbit** apartó el pañuelo y apareció un conejo.

twitter /'twɪtə/ **I** *n* gorjeo *m*.
II *vi* [**twitters, twittering, twittered**] gorjear: **she twittered** *on* **about her new car** no hacía más que hablar de su coche nuevo.

two /tu:/ *adj, n* dos *adj inv, m*: **two hundred** doscientos -tas; **the children entered two** *by* **two** los niños entraron de dos en dos • **she soon put two and two together** muy pronto ató cabos. ➪ five
two-bit *adj* de tres al cuarto.
two-edged *adj* de doble filo.
two-faced *adj* falso -sa.
twopence /'tʌpəns/ *n* (*GB*) dos peniques *m pl*: **have you got a twopence piece?** ¿tienes una moneda de dos peniques?
two-ply *n* madera *f* contrachapada (*de dos capas*).
two-time *vt* [**two-times, two-timing, two-timed**] (*fam*) poner los cuernos a.
two-way *adj* **1.** (*street*) de doble sentido. **2.** (*radio*) transmisor-receptor.

twosome /'tu:səm/ *n* pareja *f*.

tycoon /taɪ'ku:n/ *n* magnate *m*.

tying /'taɪɪŋ/ *gerundio de* ➪ tie

type /taɪp/ **I** *n* **1.** (*of product, thing*) tipo *m*, clase *f*: **what type of car do you drive?** ¿qué tipo de coche tienes? **2.** (*person*): **he's not the sporty type** no es muy deportista • **Kevin is not my type** Kevin no es mi tipo. **3.** (*in printing*) tipo *m*: **the title was *in* bold type** el título estaba en negrita.

II *vt/i* [**types, typing, typed**] escribir a máquina.

to **type up** *vt* pasar a máquina: **I need to type up this report** tengo que pasar a máquina este informe.

typecast *vt* [**typecasts, typecasting, typecast**] encasillar: **she's typecast as an evil character** está encasillada en papeles de mala.

typeface *n* tipo *m* (de letra).

typesetter *n* tipógrafo -fa *m/f*: **we send the text to the typesetter * typesetter's next month** mandamos el texto a la fotocomposición el mes que viene.

typewriter *n* máquina *f* de escribir.

typewritten *adj* escrito -ta a máquina, mecanografiado -da.

typhoid /ˈtaɪfɔɪd/ *n* fiebre *f* tifoidea.

typhoon /taɪˈfuːn/ *n* tifón *m*.

typhus /ˈtaɪfəs/ *n* tifus *m inv*.

typical /ˈtɪpɪkəl/ *adj* típico -ca: **this vase is not typical *of* that period** esta vasija no es característica de ese periodo; **typical! I knew he wouldn't turn up** ¡típico de él! ya sabía yo que no vendría; **typical! now it's started to rain** ¡típico, ahora se pone a llover!

typically /ˈtɪpɪkəlɪ/ *adv* **1.** (*characteristically*) típicamente: **she is typically Irish** es la típica irlandesa. **2.** (*as a general rule*) por lo general: **the organization typically receives about fifty complaints a week** la organización recibe por lo general unas cincuenta quejas a la semana.

typify /ˈtɪpɪfaɪ/ *vt* [**typifies, typifying, typified**] tipificar.

typing /ˈtaɪpɪŋ/ *n* mecanografía *f*.

typing pool *n* servicio *m* de mecanógrafos.

typist /ˈtaɪpɪst/ *n* mecanógrafo -fa *m/f*.

tyrannical /tɪˈrænɪkəl/ *adj* tiránico -ca.

tyrannize /ˈtɪrənaɪz/ *vt* [**tyrannizes, tyrannizing, tyrannized**] tiranizar.

tyranny /ˈtɪrənɪ/ *n* tiranía *f*.

tyrant /ˈtaɪrənt/ *n* tirano -na *m/f*.

tyre /ˈtaɪə/ *n* neumático *m*, (*Amér L*) llanta *f*.

tzar /zɑː/ *n* zar *m*.

U

U, u /juː/ *n* (*letter*) U, u *f*.

U /juː/ *n* (*abreviatura de* **universal**) (*film category*) apto para todos los públicos.

UAE /juːeɪˈiː/ *n* (*abreviatura de* **United Arab Emirates**) EAU *m pl* (Emiratos Árabes Unidos).

UB40 /juːbiːˈfɔːtɪ/ *n* (*GB*) *documento que hace constar que el portador está registrado oficialmente como desempleado.*

U-bend /ˈjuːbend/ *n* (*in waste pipe*) sifón *m*, codo *m*.

ubiquitous /juːˈbɪkwɪtəs/ *adj* (*frml*) ubicuo -cua.

U-boat /ˈjuːbəʊt/ *n* submarino *m* alemán.

UDA /juːdiːˈeɪ/ *n* (*abreviatura de* **Ulster Defence Association**) *organización paramilitar protestante en Irlanda del Norte, proscrita por el gobierno británico.*

udder /ˈʌdə/ *n* ubre *f*.

UDR /juːdiːˈɑː/ *n* (*abreviatura de* **Ulster Defence Regiment**) *fuerza policial en Irlanda del Norte.*

UEFA /juːˈeɪfə/ *n* (*abreviatura de* **Union of European Football Associations**) la UEFA (*Unión de Asociaciones Europeas de Fútbol*).

UFO /juːefˈəʊ/ *n* (*abreviatura de* **unidentified flying object**) OVNI * ovni *m* (objeto volador no identificado).

ugh /ʊx/ *excl* uf: **ugh! what a horrible smell!** ¡uf! ¡qué peste!

ugliness /ˈʌglɪnəs/ *n* fealdad *f*.

ugly /ˈʌglɪ/ *adj* [**uglier, ugliest**] **1.** (*person, building, etc.*) feo -a: **don't I look ugly in this photo?** ¿verdad que estoy feo en esta foto? **2.** (*unpleasant*) desagradable: **there could be an ugly confrontation between the two factions** podría producirse un enfrentamiento violento entre los dos grupos; **down in the bar things started to turn ugly** abajo en el bar las cosas empezaron a ponerse feas; **look out, she's in an ugly mood** cuidado, está de un humor de perros.

UHF /juːeɪtʃˈef/ (*abreviatura de* **ultrahigh frequency**) UHF (*frecuencia ultra alta*).

UHT /juːeɪtʃˈtiː/ *adj* (*abreviatura de* **ultra heat treated**) uperizado -da.

UK /juːˈkeɪ/ *n* (*abreviatura de* **United Kingdom**) RU *m* (Reino Unido).

Ukraine /juːˈkreɪn/ *n* Ucrania *f*.

Ukrainian /juːˈkreɪnɪən/ **I** *adj* ucraniano -na, ucranio -nia.

II *n* (*person*) ucraniano -na *m/f*, ucranio -nia *m/f*; (*language*) ucraniano *m*, ucranio *m*.

ulcer /ˈʌlsə/ *n* (*in stomach*) úlcera *f*; (*in mouth*) llaga *f*.

Ulster /ˈʌlstə/ *n* Ulster *m*.

Ulster Unionist *n* ⇨ unionist **2**

ulterior /ʌlˈtɪərɪə/ *adj* oculto -ta: **she has ulterior motives for coming** ha venido por algún motivo oculto.

ultimate /ˈʌltɪmət/ **I** *adj* **1.** (*last*) final: **who has to take the ultimate decision?** ¿quién va a tomar la decisión final? **2.** (*most important*) fundamental: **their ultimate purpose is to raise funds** su objetivo fundamental es conseguir fondos.
II the ultimate *n* el no va más: **this is the ultimate** *in* **video games** es el no va más en videojuegos; **the décor was the ultimate** *in* **bad taste** la decoración era el colmo del mal gusto.

ultimately /ˈʌltɪmətlɪ/ *adv* **1.** (*essentially*) en el fondo. **2.** (*in the end*) al final, finalmente.

ultimatum /ʌltɪˈmeɪtəm/ *n* ultimátum *m*.

ultramarine /ʌltrəməˈriːn/ **I** *n* azul *m* ultramarino ✱ de ultramar.
II *adj* de color azul ultramarino.

ultrasonic /ʌltrəˈsɒnɪk/ *adj* ultrasónico -ca.

ultrasound /ʌltrəˈsaʊnd/ *n* ultrasonido *m*.

ultrasound scan *n* ecografía *f*, exploración *f* ultrasónica.

ultraviolet /ʌltrəˈvaɪəlɪt/ *adj* ultravioleta.

umbilical cord /ʌmˈbɪlɪkəl kɔːd/ *n* cordón *m* umbilical.

umbrage /ˈʌmbrɪdʒ/ *n* resentimiento *m*: **he takes umbrage** *at* **the slightest thing** se ofende por cualquier cosa.

umbrella /ʌmˈbrelə/ **I** *n* paraguas *m inv*: **they were sitting under a beach umbrella** estaban sentados bajo una sombrilla ✱ un parasol ● **he crossed the front line under the umbrella of darkness** atravesó la línea del frente protegido por el manto de la noche.
II *adj* (*organization, group*) formado -da por diferentes empresas: **an umbrella group including newspapers, radio and television stations** un grupo que aglutina periódicos, emisoras de radio y de televisión.

umbrella stand *n* paragüero *m*.

umpire /ˈʌmpaɪə/ **I** *n* árbitro -tra *m/f*.
II *vt/i* [**umpires, umpiring, umpired**] arbitrar.

umpteen /ʌmpˈtiːn/ *adj*, *pron* (*fam*) muchísimos -mas: **he's called umpteen times today** ha llamado la tira de veces hoy.

umpteenth /ʌmpˈtiːnθ/ *adj*, *pron* (*fam*) enésimo -ma: **that's the umpteenth time he's asked that question** es la enésima vez que hace esa pregunta.

UN /juːˈen/ *n* (*abreviatura de* **United Nations (Organization)**) ONU *f* (Organización de las Naciones Unidas): **UN officials** representantes de la ONU.

'un /ən/ *pron* [*representa la pronunciación popular de* **one**] (*fam*): **give my love to the little 'uns** dales un beso de mi parte a los pequeños.

unabashed /ʌnəˈbæʃt/ *adj* tan fresco -ca: **he kept on talking, unabashed** siguió hablando como si nada.

unabated /ʌnəˈbeɪtɪd/ *adj* sin perder intensidad: **it rained unabated for thirty days** llovió sin parar durante treinta días.

unable /ʌnˈeɪbəl/ *adj*: **she was unable to reach the switch** no podía alcanzar el interruptor; **I was unable to get there on time** no pude ✱ me fue imposible llegar a tiempo.

unabridged /ʌnəˈbrɪdʒd/ *adj* (*text*) íntegro -gra.

unacceptable /ʌnəkˈseptəbəl/ *adj* inaceptable.

unaccompanied /ʌnəˈkʌmpənɪd/ *adj* **1.** (*song*) sin acompañamiento. **2.** (*person*) solo -la, no acompañado -da: **she arrived unaccompanied** vino sola.

unaccountable /ʌnəˈkaʊntəbəl/ *adj* **1.** (*hard to explain*) inexplicable. **2.** (*Pol*) *que no responde ante ninguna autoridad superior*.

unaccountably /ʌnəˈkaʊntəblɪ/ *adv* inexplicablemente.

unaccounted /ʌnəˈkaʊntɪd/ *adj*: **unaccounted for** (*frml*): **five hundred pounds are unaccounted for** faltan quinientas libras; **six aircraft are still unaccounted for** se desconoce aún el paradero de seis de los aviones.

unaccustomed /ʌnəˈkʌstəmd/ *adj* **1.** (*person*) poco acostumbrado -da: **she was unaccustomed** *to* **such luxury** no estaba acostumbrada a tanto lujo; (*behaviour*) desacostumbrado -da: **her unaccustomed silence worried him** su desacostumbrado silencio lo preocupaba. **2.** (*frml*: *experience*) infrecuente.

unacquainted /ʌnəˈkweɪntɪd/ *adj* (*frml*): **he's unacquainted** *with* **Hemingway's novels** no conoce las novelas de Hemingway.

unadulterated /ʌnəˈdʌltəreɪtɪd/ *adj* **1.** (*food, drink*) puro -ra, sin mezcla. **2.** (*fam*: *comment*): **he talks unadulterated drivel** dice verdaderas tonterías.

unaffected /ʌnəˈfektɪd/ *adj* **1.** (*lacking affectation: person*) sencillo -lla, sin afectación; (*: style*) llano -na. **2.** (*impervious*) indiferente: **she was unaffected** *by* **their pleas** se mostró insensible a sus súplicas. **3.** (*not changed*) no afectado -da: **our plans were unaffected** no afectó nuestros planes.

unafraid /ʌnəˈfreɪd/ *adj* sin miedo ✱ temor: **the child seemed unafraid** el niño no parecía tener miedo.

unaided /ʌnˈeɪdɪd/ *adj* sin ayuda: **they solved the problem unaided** resolvieron el problema ellos solos.

unanimity /juːnəˈnɪmətɪ/ *n* unanimidad *f*.

unanimous /juːˈnænɪməs/ *adj* unánime.

unanimously /juːˈnænɪməslɪ/ *adv* por unanimidad, unánimamente.

unanswerable /ʌnˈɑːnsərəbəl/ *adj* **1.** (*question*) que no tiene respuesta. **2.** (*criticism, argument*) irrefutable.

unappealing /ʌnəˈpiːlɪŋ/ *adj* poco atractivo -va.

unappetizing /ʌnˈæpətaɪzɪŋ/ *adj* poco apetitoso -sa.

unappreciative /ʌnəˈpriːʃɪətɪv/ *adj* desagradecido -da: **he seems to be unappreciative** *of* **your help** parece que no valora tu ayuda.

unapproachable /ʌnəˈprəʊtʃəbəl/ *adj* (*person*) inaccesible.

unarmed /ʌnˈɑːmd/ *adj* desarmado -da.

unashamed /ʌnəˈʃeɪmd/ *adj* (*not embarrassed*): **he looked at me with unashamed curiosity** me miró con curiosidad descarada; **I'm unashamed** *of* **my past** no me avergüenzo de mi pasado.

unashamedly /ʌnəˈʃeɪmɪdlɪ/ *adv* descaradamente: **he was unashamedly proud** no tenía reparos en admitir que estaba orgulloso.

unassuming /ʌnəˈsjuːmɪŋ/ *adj* sin pretensiones, modesto -ta.

unattached /ʌnəˈtætʃt/ *adj* **1.** (*unmarried*) soltero -ra (*y sin compromiso*). **2.** (*not fastened*) suelto -ta.

unattainable /ʌnəˈteɪnəbəl/ *adj* inalcanzable.

unattended /ʌnəˈtendɪd/ *adj* (*gen*) desatendido -da, sin atender; (*on sign*): **luggage should not be left unattended** no dejen el equipaje desatendido.

unattractive /ʌnəˈtræktɪv/ *adj* poco atractivo -va.

unauthorized /ʌn'ɔ:θəraɪzd/ *adj* (*not permitted*) no autorizado -da, sin permiso: **they brought out an unauthorized edition** sacaron una edición sin permiso del autor; (*sign on building site*): **no entry to unauthorized persons** prohibida la entrada a toda persona ajena a la obra.

unavailable /ʌnə'veɪləbəl/ *adj*: **he's unavailable right now** no está libre en este momento; **this product is unavailable except by prescription** este producto se compra sólo con receta; **that record is unavailable** ese disco está agotado.

unavoidable /ʌnə'vɔɪdəbəl/ *adj* inevitable.

unavoidably /ʌnə'vɔɪdəblɪ/ *adv* inevitablemente: **we were unavoidably late** llegamos tarde por causas ajenas a nuestra voluntad.

unaware /ʌnə'weə/ **I** *adj* inconsciente: **he was unaware** *of* **the confusion he had caused** no tenía conciencia de la confusión que había causado.
II unawares *adv* sin darse cuenta: **he turned off all the lights unawares** apagó todas las luces sin darse cuenta ● **I caught her unawares** la cogí desprevenida.

unbalanced /ʌn'bælənst/ *adj* **1.** (*unequal*) desequilibrado -da; (*unfair*) poco ecuánime, poco imparcial. **2.** (*mentally unstable*) desequilibrado -da.

unbearable /ʌn'beərəbəl/ *adj* insoportable, inaguantable.

unbearably /ʌn'beərəblɪ/ *adv* insoportablemente: **it's unbearably hot** hace un calor insoportable.

unbeatable /ʌn'bi:təbəl/ *adj* **1.** (*in competition: time, score*) insuperable; (*: competitor, team*) invencible. **2.** (*in quality, price*) inmejorable: **our prices are unbeatable** nuestros precios son inmejorables.

unbeaten /ʌn'bi:tən/ *adj* **1.** (*time*) sin superar: **this record remains unbeaten** todavía no se ha superado esta marca. **2.** (*competitor, team*) invicto -ta.

unbelievable /ʌnbɪ'li:vəbəl/ *adj* increíble.

unbelievably /ʌnbɪ'li:vəblɪ/ *adv* increíblemente.

unbelieving /ʌnbɪ'li:vɪŋ/ *adj* incrédulo -la.

unbending /ʌn'bendɪŋ/ *adj* inflexible.

unbiased, unbiassed /ʌn'baɪəst/ *adj* imparcial.

unblock /ʌn'blɒk/ *vt* [**unblocks, unblocking, unblocked**] (*drain, pipe*) desatascar.

unborn /ʌn'bɔ:n/ *adj* no nacido -da todavía: **they managed to save her, but not the unborn child** pudieron salvarla a ella, pero no al niño que esperaba.

unbounded /ʌn'baʊndɪd/ *adj* ilimitado -da: **he had unbounded enthusiasm** su entusiasmo no tenía límites.

unbreakable /ʌn'breɪkəbəl/ *adj* irrompible.

unbridled /ʌn'braɪdəld/ *adj* (*emotion*) desenfrenado -da.

unbroken /ʌn'brəʊkən/ *adj* **1.** (*activity*) ininterrumpido -da; (*record*): **their record is still unbroken** nadie ha batido su récord aún. **2.** (*object*) intacto -ta. **3.** (*horse*) sin domar.

unburden /ʌn'bɜ:dən/ *vt* [**unburdens, unburdening, unburdened**]: **she unburdened herself** *to* **her sister** se desahogó con su hermana.

unbutton /ʌn'bʌtən/ *vt* [**unbuttons, unbuttoning, unbuttoned**] desabrochar, desabotonar: **he unbuttoned his jacket** se desabrochó la chaqueta.

uncalled-for /ʌn'kɔ:ldfɔ:/ *adj* (*unwarranted*) fuera de lugar; (*unnecessary*) innecesario -ria.

uncannily /ʌn'kænəlɪ/ *adv* extraordinariamente, increíblemente: **he was uncannily like his uncle** se parecía extraordinariamente a su tío.

uncanny /ʌn'kænɪ/ *adj* [**uncannier, uncanniest**] extraordinario -ria.

uncared-for /ʌn'keədfɔ:/ *adj* **1.** (*person*) abandonado -da, desamparado -da: **the children looked uncared-for** los niños tenían un aspecto descuidado. **2.** (*place*) abandonado -da.

uncaring /ʌn'keərɪŋ/ *adj* poco compasivo -va.

unceasing /ʌn'si:sɪŋ/ *adj* incesante.

unceremoniously /ʌnserə'məʊnɪəslɪ/ *adv* sin miramientos.

uncertain /ʌn'sɜ:tən/ *adj* **1.** (*undecided*) incierto -ta: **the outcome is still uncertain** todavía no se sabe cuál va a ser el resultado. **2.** (*not sure*) indeciso -sa: **she was uncertain how to begin** no sabía cómo empezar. **3.** (*unreliable*) poco seguro -ra: **the postal service is uncertain** el servicio de correos es poco fiable.

uncertainty /ʌn'sɜ:təntɪ/ *n* [**uncertainties**] **1.** (*state*) incertidumbre *f*. **2.** (*doubt*) duda *f*: **there is still some uncertainty as to her motives** quedan aún algunas dudas acerca de sus motivos.

unchallenged /ʌn'tʃæləndʒd/ *adj* **1.** (*unquestioned*) indiscutido -da: **we can't let that remark go unchallenged** no podemos dejar pasar ese comentario sin más. **2.** (*unopposed*) sin oposición: **he was elected unchallenged** salió elegido sin oposición; **I walked unchallenged into the barracks** entré al cuartel sin que nadie me pusiera ningún impedimento.

unchanged /ʌn'tʃeɪndʒd/ *adj* sin cambios: **the town had remained unchanged for decades** el pueblo no había cambiado desde hacía décadas.

uncharitable /ʌn'tʃærɪtəbəl/ *adj* duro -ra: **you were rather uncharitable** *towards* **him** te mostraste bastante duro con él.

uncharted /ʌn'tʃɑ:tɪd/ *adj* inexplorado -da: **this is uncharted territory for this government** es una situación completamente nueva para este gobierno.

unchecked /ʌn'tʃekt/ *adj* sin freno: **the fire spread unchecked** el incendio se propagó sin que pudieran impedirlo.

uncivilized /ʌn'sɪvɪlaɪzd/ *adj* **1.** (*primitive*) no civilizado -da, salvaje. **2.** (*rude, ignorant*) incivilizado -da, inculto -ta.

unclaimed /ʌn'kleɪmd/ *adj* sin reclamar.

uncle /'ʌŋkəl/ *n* tío *m*: **Uncle Peter** el tío Peter; **my aunt and uncle came to visit us** vinieron a vernos mis tíos.

unclean /ʌn'kli:n/ *adj* **1.** (*frml: impure*) impuro -ra. **2.** (*dirty*) sucio -cia.

unclear /ʌn'klɪə/ *adj* poco claro -ra: **their aims seem unclear** sus objetivos parecen muy poco claros; **she was unclear** *about* **where to go** no estaba muy segura de adónde ir.

uncoil /ʌn'kɔɪl/ *vt* [**uncoils, uncoiling, uncoiled**] desenrollar.
♦ *vi* desenrollarse.

uncomfortable /ʌn'kʌmfətəbəl/ *adj* **1.** (*physically*) incómodo -da, poco confortable: **the new bed is very uncomfortable** la cama nueva es incomodísima; **the heat made me uncomfortable** estaba incómodo a causa del calor. **2.** (*not relaxed*) incómodo -da, molesto -ta: **he was uncomfortable working there** no estaba a gusto trabajando allí; (*difficult*) difícil: **his former colleagues made things very uncomfortable for him** sus antiguos colegas se lo pusieron muy difícil.

uncomfortably /ʌn'kʌmfətəblɪ/ *adv*: **the room was uncomfortably hot** el cuarto estaba demasiado caldeado; **he was uncomfortably aware of their disap-**

proval tenía la desagradable impresión de que desaprobaban su conducta.

uncommitted /ʌnkəˈmɪtɪd/ *adj* no comprometido -da.

uncommon /ʌnˈkɒmən/ *adj* **1.** (*gen*) poco común, poco corriente: **it's uncommon** *for* **storks to be seen here** rara vez se ven cigüeñas por aquí; **diabetes is not uncommon in men of this age** la diabetes no es del todo infrecuente en hombres de esta edad. **2.** (*more than average*) fuera de lo corriente.

uncommonly /ʌnˈkɒmənlɪ/ *adv* (*frml*) extrañamente.

uncommunicative /ʌnkəˈmju:nɪkətɪv/ *adj* poco comunicativo -va.

uncompromising /ʌnˈkɒmprəmaɪzɪŋ/ *adj* inflexible, intransigente.

unconcealed /ʌnkənˈsi:ld/ *adj* abierto -ta, manifiesto -ta.

unconcerned /ʌnkənˈsɜ:nd/ *adj* indiferente, despreocupado -da.

unconditional /ʌnkənˈdɪʃənəl/ *adj* incondicional.

unconditionally /ʌnkənˈdɪʃənəlɪ/ *adv* incondicionalmente.

unconfirmed /ʌnkənˈfɜ:md/ *adj* sin confirmar: **there are unconfirmed reports of an attack on the city** tenemos informes sin confirmar de un ataque a la ciudad.

unconnected /ʌnkəˈnektɪd/ *adj* sin conexión: **the two events are unconnected** no hay ninguna conexión * relación entre los dos sucesos.

unconscious /ʌnˈkɒnʃəs/ **I** *adj* **1.** (*Med*) inconsciente, sin conocimiento: **the patient was unconscious** el paciente estaba inconsciente; **the blow knocked me unconscious** el golpe me dejó sin sentido. **2.** (*not knowing*) inconsciente: **he was unconscious** *of* **the effect of his words** no se daba cuenta del efecto que habían causado sus palabras; **an unconscious twitch of the hand** un movimiento inconsciente de la mano.
II the unconscious *n* el inconsciente.

unconsciously /ʌnˈkɒnʃəslɪ/ *adv* inconscientemente.

unconsciousness /ʌnˈkɒnʃəsnəs/ *n* inconsciencia *f*, pérdida *f* del conocimiento.

unconstitutional /ʌnkɒnstɪˈtju:ʃənəl/ *adj* inconstitucional, anticonstitucional.

uncontrollable /ʌnkənˈtrəʊləbəl/ *adj* incontrolable: **I felt an uncontrollable desire to eat chocolate** me entraron unas ganas terribles de comer chocolate; **he burst into uncontrollable fits of laughter** le dio un ataque de risa; **the terrified crowd became uncontrollable** la muchedumbre aterrada se volvió incontrolable; **their children are uncontrollable** no hay quien pueda con sus hijos.

unconventional /ʌnkənˈvenʃənəl/ *adj* poco convencional.

unconvinced /ʌnkənˈvɪnst/ *adj* poco convencido -da.

uncooked /ʌnˈkʊkt/ *adj* crudo -da, sin cocer.

uncooperative /ʌnkəʊˈɒpərətɪv/ *adj* poco cooperativo -va, poco dispuesto -ta a ayudar.

uncoordinated /ʌnkəʊˈɔ:dɪneɪtɪd/ *adj* (*person*) desgarbado -da.

uncork /ʌnˈkɔ:k/ *vt* [**uncorks, uncorking, uncorked**] descorchar.

uncorroborated /ʌnkəˈrɒbəreɪtɪd/ *adj* sin corroborar, no confirmado -da.

uncouple /ʌnˈkʌpəl/ *vt* [**uncouples, uncoupling, uncoupled**] (*railway trucks*) desenganchar.

uncouth /ʌnˈku:θ/ *adj* grosero -ra, ordinario -ria.

uncover /ʌnˈkʌvə/ *vt* [**uncovers, uncovering, uncovered**] **1.** (*to disclose*) descubrir: **we've uncovered a conspiracy** hemos descubierto un complot. **2.** (*to remove cover from*) destapar.

uncut /ʌnˈkʌt/ *adj* **1.** (*diamond, etc.*) sin tallar. **2.** (*unabridged*) sin cortes: **I've seen the uncut version** he visto la versión íntegra.

undamaged /ʌnˈdæmɪdʒd/ *adj* **1.** (*object*) sin desperfectos: **the parcel arrived undamaged** el bulto llegó en buen estado. **2.** (*reputation*) intacto -ta: **he came through the crisis with his reputation undamaged** sorteó la crisis con la reputación intacta.

undaunted /ʌnˈdɔ:ntɪd/ *adj* impertérrito -ta: **she was undaunted** *by* **his threats** sus amenazas no la intimidaron, permaneció impertérrita ante sus amenazas.

undecided /ʌndɪˈsaɪdɪd/ *adj* **1.** (*unresolved*) pendiente, no resuelto -ta: **the matter is still undecided** el asunto sigue sin resolver. **2.** (*in doubt*) indeciso -sa: **I'm undecided whether to buy it** no sé si voy a comprarlo o no.

undefeated /ʌndɪˈfi:tɪd/ *adj* (*gen*) invicto -ta; (*in sports*) imbatido -da: **they remained undefeated** no perdieron ningún partido.

undelivered /ʌndəˈlɪvəd/ *adj* sin entregar: **if undelivered please return to sender** en caso de ausencia del destinatario, devuélvase al remitente.

undeniable /ʌndɪˈnaɪəbəl/ *adj* (*gen*) innegable; (*Law*) irrefutable.

undeniably /ʌndɪˈnaɪəblɪ/ *adv* innegablemente: **he is undeniably the best candidate** es innegable * indiscutible que es el mejor candidato.

under /ˈʌndə/ **I** *prep* **1.** (*below*) debajo de: **it's under the bed** está debajo de la cama; **a mouse ran out from under the chair** un ratón salió de debajo del sillón; **the submarine disappeared under the waves** el submarino desapareció de la superficie. **2.** (*less than*) menos de: **it cost me under twenty pounds** me costó menos de veinte libras; **it can't be hired for periods under a week** no se puede alquilar por menos de una semana; **are you under eighteen?** ¿eres menor de dieciocho años? • **they won't accept him, he's under age** no lo aceptarán, es menor de edad. **3.** (*arrest, oath, etc.*) bajo: **he gave evidence under oath** prestó declaración bajo juramento. **4.** (*the command, responsibility of*): **he works under the deputy chairman** trabaja bajo las órdenes del vicepresidente; **the Empire expanded under Victoria** el Imperio se expandió durante el reinado de * bajo la reina Victoria; **he studied under a famous biologist** estudió con un famoso biólogo • **which doctor are you under?** ¿qué médico te trata? **5.** (*in accordance with*) conforme a: **under British law, you could be prosecuted for that** de acuerdo con la ley británica te pueden procesar por eso; **she entered Belgium under the name of Anne Daly** entró a Bélgica bajo el nombre de Anne Daly.
II *adv* **1.** (*below*) debajo: **the firemen lifted the beam so the trapped man could crawl under** los bomberos levantaron la viga para que el hombre que estaba atrapado pudiera salir de debajo; (*underwater*): **the ship went under** el barco desapareció bajo las aguas. **2.** (*less*) menos: **all these bicycles cost sixty pounds or under** todas estas bicicletas cuestan sesenta libras o menos.

underage /ˌʌndəˈreɪdʒ/ *adj* menor de edad: **she was fined for underage drinking** la multaron por beber siendo menor.

underarm I *n* axila *f*, sobaco *m*.
II *adj* **1.** (*Anat*) axilar. **2.** (*Sport*) sin levantar el brazo por encima del hombro.

III *adv* (*Sport*) sin levantar el brazo por encima del hombro.
undercarriage *n* tren *m* de aterrizaje.
undercharge *vt* [**undercharges, undercharging, undercharged**] cobrar de menos: **they've undercharged me** *by* **fifteen pounds** me han cobrado quince libras de menos.
underclothes *n pl* ropa *f* interior.
undercoat *n* (*first coat*) primera mano *f* (*de pintura*); (*type of paint*) pintura *f* de base.
undercover I *adj* **1.** (*agent*) infiltrado -da. **2.** (*group*) clandestino -na.
II *adv* (*to operate: police*) en secreto; (*: criminals*) en la clandestinidad.
undercurrent *n* **1.** (*in sea*) corriente *f* submarina. **2.** (*suppressed emotion*) tendencia *f* no manifiesta: **there was an undercurrent** *of* **resentment amongst the staff** se notaba cierto resentimiento entre el personal.
undercut *vt* [**undercuts, undercutting, undercut**] vender a menos precio que: **the supermarkets are undercutting us** los supermercados lo venden todo más barato que nosotros.
underdeveloped *adj* subdesarrollado -da.
underdog *n* **1.** (*in society*) desvalido -da *m/f*, débil *m/f*. **2.** (*in sport*) no favorito -ta *m/f*.
underdone *adj* (*Culin*) medio crudo -da.
underemployment *n* subempleo *m*.
underestimate *vt* [**underestimates, underestimating, underestimated**] infravalorar, subestimar.
underexposed *adj* (*photograph*) subexpuesto -ta.
underfed *adj* subalimentado -da, desnutrido -da.
underfelt *n*: *fieltro que se coloca debajo de alfombras y moquetas.*
underfoot *adv* bajo los pies: **they trampled the plants underfoot** pisotearon las plantas.
undergraduate *n* estudiante *m/f* universitario -ria (*aún no licenciado -da*): **undergraduate courses begin in October** los cursos de licenciatura empiezan en octubre.
underground I /ˈʌndəgraʊnd/ *adj* **1.** (*below ground*) subterráneo -nea. **2.** (*secret*) clandestino -na: **we set up an underground printing press** montamos una prensa clandestina.
II /ˌʌndəˈgraʊnd/ *adv* **1.** (*below ground*) bajo tierra: **here the river disappears and continues underground** aquí el río desaparece y sigue su curso bajo tierra. **2.** (*secretly*) en la clandestinidad, clandestinamente.
III /ˈʌndəgraʊnd/ *n* **1. the Underground** (*in London*) el metro. **2. the underground** (*Mil*) la clandestinidad.
undergrowth *n* maleza *f*.
underhand, underhanded *adj* **1.** (*methods*) poco limpio -pia. **2.** (*person*) taimado -da.
underlay *n*: *refuerzo que se coloca debajo de alfombras y moquetas.*
underlie *vt* [**underlies, underlying, underlay,** *participio pasado* **underlain**] subyacer: **I glimpsed the greed which underlay his generosity** me di cuenta de la avaricia que se ocultaba tras su generosidad.
underline *vt* [**underlines, underlining, underlined**] **1.** (*text*) subrayar. **2.** (*fact*) recalcar, subrayar: **she underlined the difficulty of the task** recalcó la dificultad de la tarea.
underlying *adj* **1.** (*Geol*) subyacente. **2.** (*essential*) fundamental; (*concealed*) subyacente.
undermanned *adj* sin personal suficiente.
undermentioned *adj* citado -da * mencionado -da más abajo.
undermine *vt* [**undermines, undermining, undermined**] socavar: **a stream is undermining the foundations** un riachuelo está socavando los cimientos; **his war experiences undermined his faith** las experiencias que vivió en la guerra minaron su fe.
undernourished *adj* desnutrido -da.
underpaid *adj* mal pagado -da.
underpants *n pl* **1.** (*GB: for man*) calzoncillos *m pl*. **2.** (*US: for woman*) bragas *f pl*.
underpass *n* [**underpasses**] paso *m* subterráneo.
underpin *vt* [**underpins, underpinning, underpinned**] (*argument*) sustentar, dar base a.
underprivileged I *adj* desfavorecido -da (*económicamente*).
II **the underprivileged** *n pl* los menos afortunados (*económicamente*).
underrate *vt* [**underrates, underrating, underrated**] subestimar.
undershirt *n* (*US*) camiseta *f*.
underside *n* cara *f* inferior.
undersigned I *adj* abajo firmante.
II **the undersigned** *n, n pl* (*one*) el/la abajo firmante; (*many*) los/las abajo firmantes.
undersized *adj* (*unusually small*) diminuto -ta; (*too small*) demasiado pequeño -ña.
underskirt *n* combinación *f*.
understaffed *adj* falto -ta de personal.
understate *vt* [**understates, understating, understated**] minimizar, quitar importancia: **he understated the possible risks** les quitó importancia a los posibles riesgos.
understatement *n*: **to call him fat would be an understatement** decir que es gordo sería quedarse corto.
undertone *n* **1.** (*low voice*) voz *f* baja: **she was speaking in an undertone** hablaba en voz baja. **2.** (*intimation*) connotación *f*, matiz *m*.
undertow *n* resaca *f*.
underwater I *adj* submarino -na.
II *adv* bajo el agua: **can you swim underwater?** ¿sabes bucear?
underwear *n* ropa *f* interior.
underweight *adj* de peso insuficiente: **the child was seriously underweight** el niño pesaba mucho menos de lo que le correspondía por su edad.
underworld *n*: **the underworld** **1.** (*spirit world*) el averno. **2.** (*criminal society*) el hampa, los bajos fondos: **he was well known in the London underworld** era conocido en los bajos fondos londinenses.

undergo /ˌʌndəˈgəʊ/ *vt* [**undergoes, undergoing, underwent,** *participio pasado* **undergone**] (*an experience, change of heart*) sufrir, experimentar; (*medical treatment*) recibir: **she underwent major heart surgery** le hicieron una operación al corazón bastante seria.

underneath /ˌʌndəˈni:θ/ I *prep* debajo de: **what's that underneath your chair?** ¿qué es eso debajo de tu silla?; **the railway goes underneath the motorway** la vía férrea pasa por debajo de la autopista.
II *adv* (*gen*) debajo: **jack the car up and I'll have a look underneath** levanta el coche con el gato y me pondré debajo para echar un vistazo; **he couldn't climb over the fence, so he went underneath** como no pudo trepar por la valla, se metió por debajo; (*of emotions*) por dentro: **although he seemed calm, underneath he was very angry** aunque parecía tranquilo, por dentro estaba que mordía.
III **the underneath** *n* (*gen*) la parte inferior; (*of a car*) los bajos.

understand /ʌndəˈstænd/ *vt/i* [**understands, understanding, understood**] 1. (*to take in*) comprender, entender: **we can't understand what he's saying** no entendemos lo que dice; **you just don't understand!** ¡no entiendes nada!; (*a language*) entender: **he can understand some French, but he doesn't speak it** el francés lo entiende un poco, pero no lo habla • **she can make herself understood in Japanese** se defiende en japonés. 2. (*to believe, assume*) entender: **he gave her to understand he was coming back** le dio a entender que iba a volver; **I understand there's a vacancy** tengo entendido que hay una vacante; **it is understood that you work only for us** queda claro que sólo trabajas para nosotros.

understandable /ʌndəˈstændəbəl/ *adj* comprensible.

understandably /ʌndəˈstændəblɪ/ *adv* comprensiblemente: **she was understandably angry** estaba enfadada, y con razón.

understanding /ʌndəˈstændɪŋ/ I *adj* comprensivo -va: **they were very understanding** *with* **me** se mostraron muy comprensivos conmigo.
II *n* 1. (*comprehension*) comprensión *f*, entendimiento *m*: **she has a good understanding of electronics** entiende mucho de electrónica; **this is** *beyond* **human understanding** es algo que escapa al entendimiento humano. 2. (*agreement*) acuerdo *m*, arreglo *m*: **we've come to an understanding** hemos llegado a un acuerdo; **he'll come** *on* **the understanding that we tell nobody** vendrá a condición de que no se lo digamos a nadie. 3. (*sympathy*) entendimiento *m*, comprensión *f* mutua: **there was a deep understanding between us** nos entendíamos muy bien.

understudy /ˈʌndəˌstʌdɪ/ *n* [**understudies**] (*in the theatre*) suplente *m/f*.

undertake /ʌndəˈteɪk/ *vt* [**undertakes, undertaking, undertook,** *participio pasado* **undertaken**] 1. (*to promise, agree*) prometer: **we undertook to finish the work within a month** nos comprometimos a terminar el trabajo en el plazo de un mes. 2. (*to embark on*) emprender: **no one would undertake such a task** nadie estaría dispuesto a emprender * acometer semejante tarea.

undertaker /ˈʌndəteɪkə/ *n* 1. (*person*) director -tora *m/f* de pompas fúnebres. 2. **undertaker's** (*establishment*) funeraria *f*, pompas *f pl* fúnebres.

undertaking /ˈʌndəteɪkɪŋ/ *n* 1. (*commitment*) compromiso *m*, garantía *f*: **he gave me an undertaking that it would be ready today** se comprometió a tenerlo listo para hoy. 2. (*venture*) empresa *f*, tarea *f*: **building the new library is a huge undertaking** la construcción de la nueva biblioteca es una empresa de mucha envergadura.

underwrite /ʌndəˈraɪt/ *vt* [**underwrites, underwriting, underwrote,** *participio pasado* **underwritten**] (*to insure*) asegurar (*riesgos ajenos*).

underwriter /ˈʌndəraɪtə/ *n* asegurador -dora *m/f*.

undeserved /ʌndɪˈzɜːvd/ *adj* inmerecido -da.

undesirable /ʌndɪˈzaɪrəbəl/ *adj* (*person*) indeseable; (*thing, action*) inapropiado -da.

undetected /ʌndɪˈtektɪd/ *adj* no descubierto -ta: **the theft went undetected** nadie descubrió que se había producido un robo.

undeveloped /ʌndɪˈveləpt/ *adj* 1. (*organism, country*) sin desarrollar; (*land*) sin explotar. 2. (*film*) sin revelar.

undies /ˈʌndɪz/ *n pl* (*GB*: *fam*) ropa *f* interior (*femenina*).

undigested /ʌndaɪˈdʒestɪd/ *adj* 1. (*food*) sin digerir. 2. (*information*) mal asimilado -do.

undignified /ʌnˈdɪgnɪfaɪd/ *adj* indecoroso -sa.

undisciplined /ʌnˈdɪsɪplɪnd/ *adj* indisciplinado -da.

undisguised /ʌndɪsˈgaɪzd/ *adj* (*emotion*) no disimulado -da.

undisputed /ʌndɪˈspjuːtɪd/ *adj* indiscutible.

undistinguished /ʌndɪˈstɪŋgwɪʃt/ *adj* bastante mediocre.

undisturbed /ʌndɪˈstɜːbd/ *adj* 1. (*uninterrupted*) sin interrupciones: **we enjoyed five hours of undisturbed rest** disfrutamos de cinco horas de descanso ininterrumpido; **she carried on working, undisturbed by the noise** a pesar del ruido continuó trabajando como si nada. 2. (*untouched*) sin tocar: **I left the manuscripts undisturbed** no toqué los manuscritos para nada.

undivided /ʌndɪˈvaɪdɪd/ *adj* (*complete*) todo -da: **the pupils gave her their undivided attention** los alumnos le prestaron toda su atención.

undo /ʌnˈduː/ *vt* [**undoes, undoing, undid,** *participio pasado* **undone**] 1. (*parcel, rope*) desatar: **will you undo these knots for me?** ¿quieres deshacerme estos nudos?; (*clothes*) desabrochar: **he undid his coat** se desabrochó el abrigo. 2. (*mistake*) enmendar: **nobody can undo the damage** nadie es capaz de reparar el daño.

undoing /ʌnˈduːɪŋ/ *n* ruina *f*, perdición *f*: **gambling was my undoing** el juego fue mi perdición.

undone /ʌnˈdʌn/ I *participio pasado de* ⇨ undo
II *adj* (*unfastened*) desabrochado -da, desabotonado -da: **your zip's undone** tienes la cremallera bajada; **my pullover's coming undone** se me está deshilachando el jersey; **his shoelace came undone** se le desató el zapato.

undoubted /ʌnˈdaʊtɪd/ *adj* fuera de toda duda, indudable.

undoubtedly /ʌnˈdaʊtɪdlɪ/ *adv* indudablemente: **she's undoubtedly the fastest** es la más rápida sin duda alguna.

undreamt-of /ʌnˈdremtɒv/, **undreamed-of** /ʌnˈdriːmdɒv/ *adj* nunca soñado -da: **such luxury would have been undreamt-of then** en aquella época, un lujo así era impensable.

undress /ʌnˈdres/ *vi* [**undresses, undressing, undressed**] desnudarse, quitarse la ropa.
♦ *vt* desnudar.

undressed /ʌnˈdrest/ *adj* desnudo -da: **she got undressed** se desnudó * se desvistió; **are you still undressed?** ¿aún no te has vestido?

undrinkable /ʌnˈdrɪŋkəbəl/ *adj* imbebible.

undue /ʌnˈdjuː/ *adj* (*frml*: *unjustified, excessive*) excesivo -va, demasiado -da: **she took the decision with undue haste** tomó la decisión con demasiadas prisas.

undulate /ˈʌndjʊleɪt/ *vi* [**undulates, undulating, undulated**] ondular.

undulating /ˈʌndjʊleɪtɪŋ/ *adj* ondulante.

undulation /ˌʌndjʊˈleɪʃən/ *n* ondulación *f*.

unduly /ʌnˈdjuːlɪ/ *adv* (*frml*) excesivamente: **I'm not unduly worried** no estoy excesivamente preocupado.

undying /ʌnˈdaɪɪŋ/ *adj* eterno -na, imperecedero -ra.

unearned /ʌnˈɜːnd/ *adj* 1. (*not deserved*) inmerecido -da. 2. (*not earned*) no ganado -da.
unearned income *n* renta *f*.

unearth /ʌnˈɜːθ/ *vt* [**unearths, unearthing, unearthed**] 1. (*to dig up*) desenterrar. 2. (*to discover*) sacar a la luz: **this newspaper was the first to unearth the scandal** nuestro periódico fue el que destapó el escándalo.

unearthly /ʌn'ɜ:θlɪ/ *adj* **1.** (*eerie*) sobrenatural. **2.** (*fam: outrageous*) espantoso -sa: **she phoned me at some unearthly hour** me llamó a una hora intempestiva.

uneasily /ʌn'i:zəlɪ/ *adv*: **she laughed uneasily** se rió nerviosa.

uneasiness /ʌn'i:zɪnəs/ *n* (*anxiety*) desasosiego *m*, inquietud *f*.

uneasy /ʌn'i:zɪ/ *adj* [**uneasier, uneasiest**] **1.** (*anxious*) inquieto -ta, nervioso -sa: **the way he looked at me made me uneasy** su manera de mirarme me ponía nervioso. **2.** (*uncomfortable*) incómodo -da. **3.** (*precarious*) frágil: **an uneasy truce has been agreed** han llegado a una tregua muy poco consistente.

uneconomic /ʌni:kə'nɒmɪk/ *adj* poco rentable.

uneconomical /ʌni:kə'nɒmɪkəl/ *adj* poco económico -ca.

uneducated /ʌn'edjʊkeɪtɪd/ *adj* inculto -ta.

unemployed /ʌnɪm'plɔɪd/ **I** *adj* desempleado -da, parado -da: **both his brothers are unemployed** sus dos hermanos están en paro.
II the unemployed *n pl* los desempleados, los parados.

unemployment /ʌnɪm'plɔɪmənt/ *n* desempleo *m*, paro *m*: **unemployment continues to rise** sigue aumentando el desempleo.

unemployment benefit, (*US*) **unemployment compensation** *n* subsidio *m* de desempleo.

unending /ʌn'endɪŋ/ *adj* interminable.

unenlightened /ʌnɪn'laɪtənd/ *adj* **1.** (*person*) sin entender. **2.** (*policy*) sin conocimiento del tema.

unenviable /ʌn'envɪəbəl/ *adj* poco envidiable.

unequal /ʌn'i:kwəl/ *adj* **1.** (*dissimilar*) desigual: **she divided the coins into two unequal piles** repartió las monedas en dos montones desiguales. **2.** (*not suited*) incapaz, poco apto -ta: **she proved unequal** *to* **the challenge** resultó que no estaba a la altura del reto.

unequalled, (*US*) **unequaled** /ʌn'i:kwəld/ *adj* sin igual.

unequivocal /ʌnɪ'kwɪvəkəl/ *adj* inequívoco -ca, muy claro -ra.

unequivocally /ʌnɪ'kwɪvəkəlɪ/ *adv* claramente, sin dejar lugar a dudas.

unerring /ʌn'ɜ:rɪŋ/ *adj* infalible.

unerringly /ʌn'ɜ:rɪŋlɪ/ *adv* infaliblemente.

UNESCO, Unesco /ju:'neskəʊ/ *n* (*abreviatura de* **United Nations Educational, Scientific and Cultural Organization**) la Unesco * la UNESCO (Organización de las Naciones Unidas para la Educación, la Ciencia y la Cultura).

unethical /ʌn'eθɪkəl/ *adj* poco ético -ca.

uneven /ʌn'i:vən/ *adj* **1.** (*mismatched*) desigual, poco igualado -da: **the final turned out to be an uneven contest** la final resultó ser un partido muy poco igualado. **2.** (*irregular*) irregular: **his progress has been uneven** su progresión ha sido irregular; **the wall has an uneven surface** la pared tiene una superficie irregular * desigual. **3.** (*terrain*) accidentado -da: **the ground was very uneven** el terreno era muy accidentado; **the road surface was very uneven** la carretera estaba llena de baches.

unevenly /ʌn'i:vənlɪ/ *adv* desigualmente.

uneventful /ʌnɪ'ventfʊl/ *adj* sin incidentes destacados: **they led an uneventful life** llevaban una vida tranquila.

unexceptional /ʌnɪk'sepʃənəl/ *adj* normal, corriente.

unexciting /ʌnɪk'saɪtɪŋ/ *adj* poco interesante.

unexpected /ʌnɪk'spektɪd/ *adj* inesperado -da: **we had unexpected guests** recibimos una visita inesperada * imprevista.

unexpectedly /ʌnɪk'spektɪdlɪ/ *adv* inesperadamente: **she turned up at our house unexpectedly** se presentó en nuestra casa de improviso.

unexplained /ʌnɪk'spleɪnd/ *adj* inexplicado -da: **Mark's unexplained absence worried her** estaba preocupada porque Mark había desaparecido sin dar ninguna explicación.

unexploded /ʌnɪk'spləʊdɪd/ *adj* sin explotar.

unexplored /ʌnɪk'splɔ:d/ *adj* inexplorado -da.

unfailing /ʌn'feɪlɪŋ/ *adj* (*punctuality, good manners*) infalible; (*patience, support*) constante: **he was best known for his unfailing good humour** se lo conocía más que nada por el buen humor que nunca lo abandonaba.

unfailingly /ʌn'feɪlɪŋlɪ/ *adv* sin falta, indefectiblemente.

unfair /ʌn'feə/ *adj* injusto -ta: **they've been unfair** *to* **him** han sido injustos con él; **it's unfair that he's paid more than you** no es justo que él cobre más que tú.

unfair dismissal *n* despido *m* improcedente.

unfairly /ʌn'feəlɪ/ *adv* injustamente.

unfairness /ʌn'feənəs/ *n* injusticia *f*.

unfaithful /ʌn'feɪθfʊl/ *adj* infiel: **her husband has been unfaithful** *to* **her** su esposo le ha sido infiel; **she was unfaithful** *to* **the cause** no le fue leal a la causa.

unfamiliar /ʌnfə'mɪlɪə/ *adj* **1.** (*unacquainted*) no familiarizado -da: **I'm unfamiliar** *with* **her poetry** no conozco su poesía; **he was still unfamiliar** *with* **the controls** aún no se había familiarizado con los mandos. **2.** (*not known*) desconocido -da: **there were unfamiliar faces in the class** había caras nuevas en la clase.

unfashionable /ʌn'fæʃənəbəl/ *adj* que no está de moda: **where does he find those unfashionable ties?** ¿de dónde saca esas corbatas pasadas de moda?

unfasten /ʌn'fɑ:sən/ *vt* [**unfastens, unfastening, unfastened**] (*rope, knot, etc.*) desatar; (*clothes, belt*) desabrochar.

unfathomable /ʌn'fæðəməbəl/ *adj* (*frml*) insondable, incomprensible.

unfavourable, (*US*) **unfavorable** /ʌn'feɪvərəbəl/ *adj* desfavorable: **we've read unfavourable comments about them** hemos leído comentarios poco favorables sobre ellos.

unfavourably, (*US*) **unfavorably** /ʌn'feɪvərəblɪ/ *adv* desfavorablemente.

unfeeling /ʌn'fi:lɪŋ/ *adj* insensible.

unfinished /ʌn'fɪnɪʃt/ *adj* (*job, work of art*) inacabado -da, sin acabar; (*business*) pendiente.

unfit /ʌn'fɪt/ *adj* **1.** (*unwell*) incapacitado -da: **she's unfit to drive** no está en condiciones de conducir; (*not in training*): **I'm feeling very unfit** no me encuentro en forma. **2.** (*unsuitable: person*): **he was unfit to be a teacher** no servía para ser profesor; (*: object*) inadecuado -da: **the house was unfit to live in** la casa no estaba en condiciones de ser habitada; **that fish was unfit** *for* **human consumption** ese pescado no era apto para el consumo humano.

unflagging /ʌn'flægɪŋ/ *adj* infatigable.

unflattering /ʌn'flætərɪŋ/ *adj* (*description*) poco lisonjero -ra; (*haircut, portrait*) poco favorecedor -dora: **that's an unflattering photograph of her** esa foto no le hace justicia.

unflinching /ʌn'flɪntʃɪŋ/ *adj* impávido -da.

unfold /ʌn'fəʊld/ *vt* [**unfolds, unfolding, unfolded**] (*map, newspaper, etc.*) desplegar; (*piece of paper*) desdoblar.

♦*vi* **1.** (*to extend*) extenderse: **the valley unfolded at their feet** el valle se extendía a sus pies. **2.** (*to develop*) desarrollarse: **the plot of the novel unfolds very slowly** el argumento de la novela se desarrolla muy lentamente.

unforeseeable /ʌnfə'si:əbəl/ *adj* imprevisible.

unforeseen /ʌnfə'si:n/ *adj* imprevisto -ta.

unforgettable /ʌnfə'getəbəl/ *adj* inolvidable.

unforgivable /ʌnfə'gɪvəbəl/ *adj* imperdonable.

unforgiving /ʌnfə'gɪvɪŋ/ *adj* que no perdona.

unfortunate /ʌn'fɔ:tʃənɪt/ **I** *adj* **1.** (*unlucky*) desgraciado -da: **it was unfortunate that it started to rain** fue una desgracia que empezara a llover. **2.** (*inopportune*) inoportuno -na, desafortunado -da: **he arrived at an unfortunate time** llegó en un momento inoportuno; **one unfortunate remark cost him his life** una observación inoportuna ✻ desafortunada le costó la vida.

II *n* desgraciado -da *m/f*.

unfortunately /ʌn'fɔ:tʃənɪtlɪ/ *adv* desgraciadamente: **she couldn't be here, unfortunately** por desgracia, no ha podido venir; **"Did you find your watch?" "Unfortunately not."** "¿Encontraste el reloj?" "Desgraciadamente no."

unfounded /ʌn'faʊndɪd/ *adj* (*accusation, gossip*) infundado -da: **you shouldn't listen to unfounded rumours** no deberías prestar atención a rumores que carecen de fundamento; (*criticism*) injustificado -da: **his complaint turned out to be unfounded** su queja resultó ser injustificada.

unfriendly /ʌn'frendlɪ/ *adj* [**unfriendlier, unfriendliest**] antipático -ca, poco amistoso -sa.

unfulfilled /ʌnfʊl'fɪld/ *adj* **1.** (*contract, promise*) incumplido -da. **2.** (*person*) frustrado -da: **all her dreams remained unfulfilled** ninguno de sus sueños se hizo realidad.

unfurl /ʌn'fɜ:l/ *vt* [**unfurls, unfurling, unfurled**] desplegar.

♦*vi* deplegarse.

unfurnished /ʌn'fɜ:nɪʃt/ *adj* (*accommodation*) sin amueblar, sin muebles.

ungainly /ʌn'geɪnlɪ/ *adj* desgarbado -da.

ungodly /ʌn'gɒdlɪ/ *adj* impío -pía, malvado -da ● **he phoned us at some ungodly hour** llamó por teléfono a una hora intempestiva.

ungracious /ʌn'greɪʃəs/ *adj* (*impolite*) maleducado -da; (*unfriendly*) poco amable.

ungrateful /ʌn'greɪtfʊl/ *adj* desagradecido -da, ingrato -ta.

unguarded /ʌn'gɑ:dɪd/ *adj* **1.** (*without protection*) sin protección. **2.** (*careless*) descuidado -da: **I must have said yes in an unguarded moment** debo de haber dicho que sí en algún momento de descuido.

unhappily /ʌn'hæpəlɪ/ *adv* **1.** (*miserably*) tristemente. **2.** (*unfortunately*) desgraciadamente.

unhappiness /ʌn'hæpɪnəs/ *n* **1.** (*gen*) infelicidad *f*. **2.** (*sadness*) tristeza *f*.

unhappy /ʌn'hæpɪ/ *adj* [**unhappier, unhappiest**] **1.** (*sad*) triste. **2.** (*wretched*) infeliz, desgraciado -da: **he had an unhappy childhood** tuvo una infancia desgraciada. **3.** (*discontent*) descontento -ta: **we're unhappy** *about* **the changes** no nos gustan nada los cambios. **4.** (*unfortunate*) desafortunado -da: **this is an unhappy state of affairs** ésta es una situación muy poco satisfactoria.

unharmed /ʌn'hɑ:md/ *adj* ileso -sa: **we arrived unharmed** llegamos sanos y salvos.

UNHCR /ju:eneɪtʃsi:'ɑ:/ *n* (*abreviatura de* **United Nations High Commission for Refugees**) ACNUR *m* (Alto Comisionado de las Naciones Unidas para los Refugiados).

unhealthy /ʌn'helθɪ/ *adj* [**unhealthier, unhealthiest**] **1.** (*environment*) insalubre, malsano -na: **the island has an unhealthy climate** la isla tiene un clima insalubre; (*food, diet*) poco saludable. **2.** (*person*) enfermizo -za; (*attitude*) morboso -sa, enfermizo -za: **he had an unhealthy obsession with firearms** tenía una obsesión enfermiza con las armas de fuego.

unheard /ʌn'hɜ:d/ *adj* **1.** (*not listened to*) no oído -da: **their screams went unheard** nadie oyó sus gritos. **2.** (*ignored*) ignorado -da: **my warning went unheard** nadie hizo caso de mi advertencia.

unheard-of *adj* insólito -ta: **holidays abroad were unheard-of at that time** nadie veraneaba en el extranjero en aquel entonces.

unhelpful /ʌn'helpfʊl/ *adj* (*person*) poco dispuesto -ta a ayudar; (*information, recommendation*) de poca ayuda.

unhesitating /ʌn'hezɪteɪtɪŋ/ *adj* **1.** (*immediate*) inmediato -ta. **2.** (*steadfast*) decidido -da: **he's an unhesitating supporter of independence** es partidario incondicional de la independencia.

unhesitatingly /ʌn'hezɪteɪtɪŋlɪ/ *adv* sin vacilar.

unhinge /ʌn'hɪndʒ/ *vt* [**unhinges, unhinging, unhinged**] (*Med*: *fam*) trastornar, desquiciar: **living alone unhinged him** vivir solo lo desquició.

unholy /ʌn'həʊlɪ/ *adj* **1.** (*Relig*) impío -pía. **2.** (*fam*: *dreadful*) tremendo -da: **they were making an unholy racket at three in the morning** estaban haciendo un ruido de mil demonios a las tres de la madrugada.

unhook /ʌn'hʊk/ *vt* [**unhooks, unhooking, unhooked**] **1.** (*gen*) desenganchar; (*clothing*) desabrochar. **2.** (*from a wall, etc.*) descolgar.

unhoped-for /ʌn'həʊptfɔ:/ *adj* inesperado -da.

unhurt /ʌn'hɜ:t/ *adj* ileso -sa.

unhygienic /ʌnhaɪ'dʒi:nɪk/ *adj* antihigiénico -ca.

UNICEF /'ju:nɪsef/ *n* (*abreviatura de* **United Nations Children's Fund**) el Unicef ✻ el UNICEF (*Fondo Internacional de las Naciones Unidas para la Ayuda a la Infancia*).

unicorn /'ju:nɪkɔ:n/ *n* unicornio *m*.

unicycle /'ju:nɪsaɪkəl/ *n* monociclo *m*.

unidentified /ʌnaɪ'dentɪfaɪd/ *adj* no identificado -da.

unidentified flying object *n* objeto *m* volador no identificado.

unification /ju:nɪfɪ'keɪʃən/ *n* unificación *f*.

uniform /'ju:nɪfɔ:m/ **I** *n* uniforme *m*: **school uniform is compulsory** es obligatorio llevar el uniforme del colegio; **everyone else was** *in* **uniform** todos los demás iban de uniforme.

II *adj* uniforme.

uniformed /'ju:nɪfɔ:md/ *adj* uniformado -da, de uniforme.

uniformity /ju:nɪ'fɔ:mətɪ/ *n* uniformidad *f*.

uniformly /ˈjuːnɪfɔːmlɪ/ *adv* uniformemente, de manera uniforme.

unify /ˈjuːnɪfaɪ/ *vt* [**unifies, unifying, unified**] unificar.

unilateral /juːnɪˈlætərəl/ *adj* unilateral.

unilateral disarmament *n* desarme *m* unilateral.

unimaginable /ʌnɪˈmædʒɪnəbəl/ *adj* inimaginable.

unimaginative /ʌnɪˈmædʒɪnətɪv/ *adj* poco imaginativo -va, sin imaginación.

unimpaired /ʌnɪmˈpeəd/ *adj* no disminuido -da, inalterado -da.

unimportant /ʌnɪmˈpɔːtənt/ *adj* poco importante, sin importancia.

uninformed /ʌnɪnˈfɔːmd/ *adj* mal informado -da.

uninhabitable /ʌnɪnˈhæbɪtəbəl/ *adj* inhabitable.

uninhabited /ʌnɪnˈhæbɪtɪd/ *adj* deshabitado -da, despoblado -da: **we passed through several uninhabited villages** pasamos por varias aldeas despobladas.

uninhibited /ʌnɪnˈhɪbɪtɪd/ *adj* desinhibido -da, sin inhibición.

unintentional /ʌnɪnˈtenʃənəl/ *adj* involuntario -ria.

unintentionally /ʌnɪnˈtenʃənəlɪ/ *adv* involuntariamente: **she wounded him unintentionally** hirió sus sentimientos sin querer.

uninterested /ʌnˈɪntərestɪd/ *adj* indiferente: **she was uninterested** *in* **our plans** no tenía ningún interés por nuestros planes.

uninteresting /ʌnˈɪntərestɪŋ/ *adj* sin interés, poco interesante.

uninterrupted /ʌnɪntəˈrʌptɪd/ *adj* ininterrumpido -da.

uninvited /ʌnɪnˈvaɪtɪd/ *adj* no invitado -da, no convidado -da: **I can't just go along uninvited** no puedo presentarme sin haber sido invitado.

uninviting /ʌnɪnˈvaɪtɪŋ/ *adj* (*food*) poco apetitoso -sa; (*place, prospect*) poco atractivo -va.

union /ˈjuːnɪən/ **I** *n* **1.** (*frml*: *alliance, marriage*) unión *f*. **2.** (*también* **trade union**) (*Pol*) sindicato *m*: **she joined the union at sixteen** se afilió al sindicato a los dieciséis años. **3.** (*unison*) armonía *f*, concordia *f*: **Muslims and Christians lived there** *in* **perfect union** musulmanes y cristianos vivían allí en perfecta armonía. **4.** (*pipe joint*) unión *f*, junta *f*.
II *adj* sindical: **we're all union men here** aquí somos todos del sindicato.

union card *n* carnet *m* sindical.

union dues *n pl* cuota *f* sindical.

Union Jack, union jack *n* bandera *f* de Gran Bretaña.

union member *n* sindicado -da *m/f*, miembro *m* de un sindicato.

unionist /ˈjuːnɪənɪst/ *adj, n* **1.** (*gen*) unionista *adj, m/f*. **2. Unionist** (*in GB and Ireland*) *partidario -ria de mantener el vínculo político entre el Ulster y Gran Bretaña*.

unionize /ˈjuːnɪənaɪz/ *vt* [**unionizes, unionizing, unionized**] sindicar.

unique /juːˈniːk/ *adj* **1.** (*unparalleled*) único -ca, irrepetible: **it was a unique opportunity for her** era una oportunidad única ✻ irrepetible para ella. **2.** (*unusual*): **she has a unique way of dressing** viste de una forma muy sui generis; **this plant is unique** *to* **Ireland** esta planta crece exclusivamente en Irlanda.

uniqueness /juːˈniːknəs/ *n* singularidad *f*.

unisex /ˈjuːnɪseks/ *adj* unisex *adj inv*.

unison /ˈjuːnɪsən/ *n* (*Mus*) unísono *m*: **in unison** al unísono • **we both answered in unison** contestamos los dos al unísono.

unit /ˈjuːnɪt/ *n* **1.** (*quantity: gen*) unidad *f*: **the national unit of currency is the bolivar** la unidad monetaria nacional es el bolívar; (*: on meter*) paso *m*. **2.** (*department*) unidad *f*: **a research unit** un centro de investigaciones; **the hospital's accident unit has been closed** han cerrado el servicio de urgencias del hospital. **3.** (*team: gen*) equipo *m*: **the film unit hasn't arrived** el equipo de rodaje no ha llegado; (*: military*) unidad *f*. **4.** (*piece of furniture*) elemento *m*, pieza *f*: **this range of furniture may be bought as separate units** los muebles de esta serie se pueden comprar por separado; (*piece of equipment*) equipo *m*.

unit cost, unit price *n* precio *m* por unidad.

unit trust *n* (*GB*) fondo *m* de inversiones.

Unitarian /juːnɪˈteərɪən/ *adj, n* unitario -ria *adj, m/f*.

unite /juːˈnaɪt/ *vt* [**unites, uniting, united**] (*to bring together*) unir; (*to combine*) combinar.
♦*vi* unirse, juntarse.

united /juːˈnaɪtɪd/ *adj* unido -da.

United Arab Emirates /juːˈnaɪtɪd ˈærəb ˈemɪrəts/ *n pl* Emiratos *m pl* Árabes Unidos.

United Kingdom *n* Reino *m* Unido.

United Nations *n* *[puede llevar el verbo en singular o en plural]* Naciones *f pl* Unidas: **the United Nations has ✻ have condemned this action** las Naciones Unidas han condenado esta acción.

United States *n* *[puede llevar el verbo en singular o en plural]* **the United States** Estados Unidos *m*, los Estados Unidos: **the United States has ✻ have offered to help** Estados Unidos se ha ofrecido a ayudar ✻ los Estados Unidos se han ofrecido a ayudar; **the United States of America** los Estados Unidos de América.

unity /ˈjuːnətɪ/ *n* **1.** (*oneness*) unidad *f*. **2.** (*concord*) armonía *f*.

Univ. *léase* /juːnɪˈvɜːsətɪ/ (*abreviatura de* **University**) Univ. (Universidad).

universal /juːnɪˈvɜːsəl/ *adj* universal: **the proposal met with universal refusal** la propuesta suscitó un rechazo generalizado.

universal joint *n* junta *f* universal, junta *f* de cardán.

universal suffrage *n* sufragio *m* universal.

universally /juːnɪˈvɜːsəlɪ/ *adv* universalmente: **she's universally admired** tiene admiradores en todas partes; **this method is universally preferred** éste es el método preferido en todas partes.

universe /ˈjuːnɪvɜːs/ *n* universo *m*.

university /juːnɪˈvɜːsətɪ/ **I** *n* [**universities**] universidad *f*: **she's** *at* **university** está (estudiando) en la universidad; **did you go to university?** ¿fuiste a la universidad?
II *adj* universitario -ria: **he has a university degree** tiene un título universitario.

unjust /ʌnˈdʒʌst/ *adj* injusto -ta.

unkempt /ʌnˈkempt/ *adj* (*personal appearance*) descuidado -da; (*hair*) despeinado -da.

unkind /ʌnˈkaɪnd/ *adj* **1.** (*person*) poco amable: **don't be unkind** *to* **them** no seas desagradable con ellos. **2.** (*remark, criticism*) duro -ra, hiriente.

unkindly /ʌnˈkaɪndlɪ/ *adv* desconsideradamente: **her in-laws treated her unkindly** sus suegros se portaron muy mal con ella.

unkindness /ʌnˈkaɪndnəs/ *n* falta *f* de consideración.

unknown /ʌnˈnəʊn/ **I** *adj* desconocido -da: **his whereabouts are unknown** está en paradero desconocido.
II *n* **1. the unknown** lo desconocido. **2.** (*Maths*) incógnita *f*.

unknown quantity *n* incógnita *f*: **the new sales manager is a bit of an unknown quantity** todavía está por ver cómo es el nuevo director de ventas.

unlawful /ʌnˈlɔːfʊl/ *adj* ilegal, ilícito -ta.

unlawful entry *n* allanamiento *m* de morada.

unlawfully /ʌn'lɔ:fʊlɪ/ *adv* ilegalmente, ilícitamente.

unleash /ʌn'li:ʃ/ *vt* [**unleashes, unleashing, unleashed**] **1.** (*a dog*) desatar. **2.** (*an emotion*) dar rienda suelta a; (*a reaction*) provocar: **his comments unleashed a storm of protest** sus comentarios desencadenaron una lluvia de protestas.

unleavened /ʌn'levənd/ *adj* sin levadura.

unleavened bread *n* pan *m* ázimo * sin levadura.

unless /ʌn'les/ *conj* a no ser que, a menos que: **you won't pass unless you study** no aprobarás a menos que estudies; **he wouldn't have called unless it were an emergency** no habría llamado si no fuera una emergencia; **I don't want to go unless you come with me** si no vienes, no quiero ir • **unless I'm mistaken, here he comes** si no me equivoco, por ahí viene.

unlike /ʌn'laɪk/ *prep* **1.** (*different from*) distinto -ta de, diferente a * de: **these specimens are quite unlike all the others** estos ejemplares son muy distintos de los demás; **he's quite unlike his father** no se parece (en) nada a su padre. **2.** (*untypical of*) poco característico -ca de: **it's unlike him to get so angry** no es normal que él se enfade tanto. **3.** (*in contrast to*) a diferencia de: **she, unlike her brother, got very good grades** ella, a diferencia de su hermano, obtuvo unas calificaciones muy buenas.

unlikelihood /ʌn'laɪklɪhʊd/ *n* improbabilidad *f*.

unlikely /ʌn'laɪklɪ/ *adj* [**unlikelier, unlikeliest**] **1.** (*not likely*) improbable: **it's unlikely we'll see them again** es poco probable que volvamos a verlos; **he's unlikely to be elected** tiene pocas probabilidades de salir elegido; **it's quite an unlikely story** es una historia un poco inverosímil. **2.** (*strange*) raro -ra: **she makes friends with the most unlikely people** traba amistad con gente de lo más raro.

unlimited /ʌn'lɪmɪtɪd/ *adj* ilimitado -da: **unlimited mileage** sin limitación de kilometraje.

unlit /ʌn'lɪt/ *adj* (*building, street*) no iluminado -da, sin luz; (*cigarette, fire*) sin encender.

unload /ʌn'ləʊd/ *vt* [**unloads, unloading, unloaded**] descargar: **he unloads all his problems** *onto* **me** siempre me cuenta sus problemas.
♦ *vi* descargar.

unlock /ʌn'lɒk/ *vt* [**unlocks, unlocking, unlocked**] abrir (*con llave*): **he unlocked the door** abrió la puerta.

unluckily /ʌn'lʌkəlɪ/ *adv* desgraciadamente: **unluckily, she saw me** por desgracia, me vio.

unlucky /ʌn'lʌkɪ/ *adj* [**unluckier, unluckiest**] **1.** (*without luck*) desgraciado -da, desafortunado -da: **he's always unlucky** siempre tiene mala suerte. **2.** (*causing bad luck*) que trae mala suerte: **don't do that, it's unlucky** no hagas eso, trae mala suerte.

unmanageable /ʌn'mænɪdʒəbəl/ *adj* **1.** (*cumbersome*) difícil de manejar: **the suitcase was heavy and unmanageable** la maleta era pesada y difícil de manejar. **2.** (*uncontrollable*) ingobernable: **he's an unmanageable child** es muy difícil controlar a este niño; **the situation became unmanageable** la situación se volvió incontrolable.

unmanned /ʌn'mænd/ *adj* (*flight, spaceship*) sin tripulación, no tripulado -da.

unmarried /ʌn'mærɪd/ *adj* soltero -ra.

unmask /ʌn'mɑ:sk/ *vt* [**unmasks, unmasking, unmasked**] desenmascarar.

unmentionable /ʌn'menʃənəbəl/ *adj* que no debe mencionarse: **that's an unmentionable subject in this house** ése es un tema tabú en esta casa.

unmistakable, **unmistakeable** /ʌnmɪs'teɪkəbəl/ *adj* inconfundible.

unmistakably, **unmistakeably** /ʌnmɪs'teɪkəblɪ/ *adv* sin lugar a dudas.

unmitigated /ʌn'mɪtɪgeɪtɪd/ *adj* **1.** (*gen*) absoluto -ta: **it was an unmitigated failure** fue un fracaso absoluto * total; **they lived a life of unmitigated poverty** llevaron una vida de pobreza absoluta. **2.** (*grief*) profundo -da.

unmoved /ʌn'mu:vd/ *adj* indiferente, impasible: **he was unmoved** *by* **their suffering** permaneció impasible ante su dolor.

unnamed /ʌn'neɪmd/ *adj* (*unidentified*) anónimo -ma; (*nameless*) sin nombre.

unnatural /ʌn'nætʃərəl/ *adj* **1.** (*unusual*) no natural: **her hair was a very unnatural colour** tenía el pelo de un color poco natural. **2.** (*freakish*) antinatural, contrario -ria a la naturaleza: **that kind of behaviour is unnatural** ese comportamiento es antinatural. **3.** (*affected*) afectado -da: **she puts on an unnatural tone when talking to her customers** con sus clientes adopta un tono muy poco natural.

unnaturally /ʌn'nætʃərəlɪ/ *adv* de forma poco natural: **she had unnaturally long fingers** tenía los dedos anormalmente largos.

unnecessarily /ʌn'nesɪsərəlɪ/ *adv* sin necesidad, innecesariamente.

unnecessary /ʌn'nesɪsərɪ/ *adj* innecesario -ria: **it's unnecessary for us all to go** no hace falta que vayamos todos.

unnerve /ʌn'nɜ:v/ *vt* [**unnerves, unnerving, unnerved**] **1.** (*to destroy the confidence of*) hacerle perder la confianza a: **I was unnerved by the accident** el accidente me hizo perder la confianza. **2.** (*to confuse*) desconcertar.

unnerving /ʌn'nɜ:vɪŋ/ *adj* que pone nervioso -sa.

unnoticed /ʌn'nəʊtɪst/ *adj* inadvertido -da: **his error went unnoticed** su error pasó desapercibido.

UNO /ju:en'əʊ/ *n* (*abreviatura de* **United Nations Organization**) ONU *f* (Organización de las Naciones Unidas).

unobtainable /ʌnəb'teɪnəbəl/ *adj* (*goods*) que no se puede conseguir.

unobtrusive /ʌnəb'tru:sɪv/ *adj* **1.** (*presence*) discreto -ta. **2.** (*addition, modification*) que no molesta * estorba.

unobtrusively /ʌnəb'tru:sɪvlɪ/ *adv* (*without drawing attention to oneself*) con discreción, discretamente; (*without intruding*) sin molestar, sin estorbar.

unoccupied /ʌn'ɒkjʊpaɪd/ *adj* **1.** (*house, person*) desocupado -da. **2.** (*seat*) libre: **we have several unoccupied places on the course** tenemos varias plazas vacantes en el cursillo.

unofficial /ʌnə'fɪʃəl/ *adj* extraoficial, oficioso -sa.

unofficially /ʌnə'fɪʃəlɪ/ *adv* extraoficialmente, de forma oficiosa.

unorthodox /ʌn'ɔ:θədɒks/ *adj* **1.** (*Relig*) heterodoxo -xa. **2.** (*unconventional*) poco ortodoxo -xa: **his methods are very unorthodox** los métodos que emplea no son nada ortodoxos.

unpack /ʌn'pæk/ *vi* [**unpacks, unpacking, unpacked**] deshacer las maletas.
♦ *vt* desempaquetar: **have you unpacked the books?** ¿has desempaquetado los libros?; **help me to unpack this crate** ayúdame a vaciar esta caja.

unpaid /ʌn'peɪd/ *adj* 1. (*work*) no retribuido -da: **they gave him two weeks' unpaid holiday** le dieron quince días de vacaciones sin sueldo; **the centre has five unpaid helpers** el centro dispone de cinco ayudantes que no cobran sueldo alguno. 2. (*debt*) sin pagar, por pagar: **there are still four unpaid bills** quedan aún cuatro facturas por pagar.

unpalatable /ʌn'pælɪtəbəl/ *adj* desagradable.

unparalleled /ʌn'pærəleld/ *adj* (*unheard of*) sin precedentes; (*without equal*) incomparable, sin par.

unpick /ʌn'pɪk/ *vt* [**unpicks, unpicking, unpicked**] (*Clothing*: *sewing*) descoser.

unpleasant /ʌn'plezənt/ *adj* 1. (*situation, feeling, sensation*) desagradable. 2. (*person*) antipático -ca: **he was very unpleasant** *to* ✻ *towards* **us** fue muy antipático con nosotros.

unpleasantly /ʌn'plezəntlɪ/ *adv* desagradablemente: **the robbery was unpleasantly close to our house** el robo ocurrió demasiado cerca de nuestra casa para mi gusto.

unpleasantness /ʌn'plezəntnəs/ *n* 1. (*gen*) lo desagradable: **I could not stand the unpleasantness of the situation any longer** no pude aguantar más una situación tan desagradable; (*of person*) carácter *m* antipático, antipatía *f*. 2. (*discord*) disgusto *m*: **he causes unpleasantness whenever he comes** cada vez que viene causa disgustos; **was there any unpleasantness between you?** ¿hubo alguna desavenencia entre ustedes?

unplug /ʌn'plʌg/ *vt* [**unplugs, unplugging, unplugged**] desenchufar.

unpolluted /ʌnpə'lu:tɪd/ *adj* no contaminado -da, sin contaminar.

unpopular /ʌn'pɒpjʊlə/ *adj* impopular, poco popular: **she made herself very unpopular** se granjeó la antipatía de todos.

unpopularity /ʌnpɒpjʊ'lærətɪ/ *n* impopularidad *f*.

unprecedented /ʌn'presɪdentɪd/ *adj* sin precedentes.

unpredictable /ʌnprɪ'dɪktəbel/ *adj* (*event*) imprevisible; (*person*) de reacciones imprevisibles.

unprepared /ʌnprɪ'peəd/ *adj* no preparado -da: **she was unprepared** *for* **such an outcome** no se esperaba ese resultado; **their arrival caught me unprepared** su llegada me pilló desprevenido.

unpretentious /ʌnprɪ'tenʃəs/ *adj* sin pretensiones, sencillo -lla.

unpretentiously /ʌnprɪ'tenʃəslɪ/ *adv* sin pretensiones.

unprincipled /ʌn'prɪnsɪpəld/ *adj* sin escrúpulos.

unprintable /ʌn'prɪntəbəl/ *adj* impublicable: **his reply was unprintable** el decoro nos impide publicar su respuesta.

unproductive /ʌnprə'dʌktɪv/ *adj* (*factory, work force*) improductivo -va; (*meeting*) infructuoso -sa.

unprofessional /ʌnprə'feʃənəl/ *adj* (*behaviour*) contrario -ria a la ética profesional; (*person*) poco profesional.

unprofessionally /ʌnprə'feʃənəlɪ/ *adv* (*to behave*) contrariamente a la ética profesional; (*to do a job*) de forma poco profesional.

unprofitable /ʌn'prɒfɪtəbəl/ *adj* no rentable, poco lucrativo -va.

unprovoked /ʌnprə'vəʊkt/ *adj* no provocado -da.

unpublished /ʌn'pʌblɪʃt/ *adj* inédito -ta.

unpunished /ʌn'pʌnɪʃt/ *adj* sin castigar: **all his crimes went unpunished** todos sus delitos quedaron impunes; **the war criminals went unpunished** los criminales de guerra no recibieron el castigo que merecían.

unqualified /ʌn'kwɒlɪfaɪd/ *adj* 1. (*lacking qualification*) sin título; (*lacking knowledge*) incompetente. 2. (*success, failure*) total: **the venture was an unqualified success** la empresa fue un completo éxito; **they expressed their unqualified approval** expresaron su aprobación sin reservas.

unquestionable /ʌn'kwestʃənəbəl/ *adj* indiscutible.

unquestionably /ʌn'kwestʃənəblɪ/ *adv* indiscutiblemente.

unquestioning /ʌn'kwestʃənɪŋ/ *adj* (*obedience, faith*) ciego -ga.

unravel /ʌn'rævəl/ *vt* [**unravels, unravelling, unravelled**] (*gen*) desenmarañar: **we were unable to unravel the problem** no conseguimos desenmarañar el problema; (*piece of knitting*) deshacer.
♦*vi* desenmarañarse: **the ball of wool unravelled** el ovillo de lana se deshizo.

unreadable /ʌn'ri:dəbəl/ *adj* (*writing*) ilegible; (*Inform*: *data*) indescifrable: **this novel is unreadable** esta novela no se puede leer de lo mala que es.

unreal /ʌn'rɪəl/ *adj* irreal.

unrealistic /ʌnrɪə'lɪstɪk/ *adj* poco realista.

unreasonable /ʌn'ri:zənəbəl/ *adj* 1. (*unacceptable*) poco razonable, irrazonable: **he turned up as usual at an unreasonable hour** apareció como siempre a una hora inoportuna. 2. (*excessive*) desmedido -da, desproporcionado -da: **he's making unreasonable demands on you** te está exigiendo demasiado.

unreasonably /ʌn'ri:zənəblɪ/ *adv* de forma poco razonable.

unreasoning /ʌn'ri:zənɪŋ/ *adj* irracional.

unrecognizable /ʌn'rekəgnaɪzəbəl/ *adj* irreconocible.

unrecognized /ʌn'rekəgnaɪzd/ *adj* no reconocido -da: **he walked the streets unrecognized** paseó por las calles sin que lo reconocieran; **her achievements went unrecognized** nunca se reconocieron sus logros.

unrehearsed /ʌnrɪ'hɜ:st/ *adj* sin ensayar.

unrelated /ʌnrɪ'leɪtɪd/ *adj* (*unconnected*) no relacionado -da: **these two incidents are unrelated** estos dos incidentes no están relacionados entre sí; **this is unrelated** *to* **what I said yesterday** esto no guarda relación con lo que dije ayer; (*without family tie*) sin parentesco.

unrelenting /ʌnrɪ'lentɪŋ/ *adj* (*continuous*) inexorable, continuo -nua; (*merciless*) implacable.

unreliability /ˌʌnrɪlaɪə'bɪlətɪ/ *n* 1. (*of mechanism, data*) poca fiabilidad *f*: **I warned you about the unreliability of this information** ya te dije lo poco fiable que es esta información. 2. (*of character*) poca formalidad *f*.

unreliable /ʌnrɪ'laɪəbəl/ *adj* 1. (*mechanism, information*) poco fiable: **remember these data are unreliable** acuérdate de que estos datos no son de fiar. 2. (*person*) que es de poco fiar, informal: **he's completely unreliable** no se puede uno fiar de él.

unrelieved /ʌnrɪ'li:vd/ *adj* constante: **we spent a day of unrelieved boredom** pasamos un día de aburrimiento total.

unremitting /ʌnrɪ'mɪtɪŋ/ *adj* constante, incesante.

unrepentant /ʌnrɪ'pentənt/ *adj* impenitente.

unrequited /ʌnrɪ'kwaɪtɪd/ *adj* (*frml*): **it was another case of unrequited love** se trataba de otro caso de amor no correspondido.

unreserved /ʌnrɪ'zɜ:vd/ *adj* (*unlimited*) sin reserva:

he promised them his unreserved support les prometió su apoyo incondicional.

unreservedly /ʌnrɪ'zɜːvɪdlɪ/ *adv* sin reserva, incondicionalmente.

unresponsive /ʌnrɪ'spɒnsɪv/ *adj* (*audience*) muy poco receptivo -va; (*medical patient*) que no responde.

unrest /ʌn'rest/ *n* **1.** (*discontent*) malestar *m*: **poverty is the cause of social unrest** la pobreza crea muchas tensiones sociales. **2.** (*agitation*) disturbio *m*: **there was sporadic unrest in several cities** hubo disturbios esporádicos en varias ciudades.

unrestricted /ʌnrɪ'strɪktɪd/ *adj* sin restricción.

unrewarded /ʌnrɪ'wɔːdɪd/ *adj* no recompensado -da, no premiado -da.

unrewarding /ʌnrɪ'wɔːdɪŋ/ *adj* poco provechoso -sa.

unripe /ʌn'raɪp/ *adj* (*fruit*) inmaduro -ra, verde.

unrivalled, (*US*) **unrivaled** /ʌn'raɪvəld/ *adj* incomparable, sin igual: **it was an unrivalled success** tuvo un éxito sin igual.

unroll /ʌn'rəʊl/ *vt* [**unrolls, unrolling, unrolled**] desenrollar.
♦ *vi* desenrollarse.

unruffled /ʌn'rʌfəld/ *adj* imperturbable, tranquilo -la.

unruliness /ʌn'ruːlɪnəs/ *n* indisciplina *f*.

unruly /ʌn'ruːlɪ/ *adj* [**unrulier, unruliest**] (*mob*) incontrolado -da; (*child*) revoltoso -sa.

unsafe /ʌn'seɪf/ *adj* **1.** (*dangerous*) peligroso -sa: **the stairs looked unsafe to me** la escalera me pareció peligrosa. **2.** (*person*) inseguro -ra.

unsaid /ʌn'sed/ *adj* sin decir: **so many things remained unsaid** se quedaron tantas cosas en el tintero.

unsatisfactory /ʌnsætɪs'fæktərɪ/ *adj* insatisfactorio -ria, poco satisfactorio -ria: **her work is unsatisfactory** su trabajo deja bastante que desear.

unsatisfied /ʌn'sætɪsfaɪd/ *adj* insatisfecho -cha.

unsavoury, (*US*) **unsavory** /ʌn'seɪvərɪ/ *adj* **1.** (*food*) repugnante. **2.** (*person*) indeseable.

unscathed /ʌn'skeɪðd/ *adj* ileso -sa.

unscented /ʌn'sentɪd/ *adj* sin perfume.

unscientific /ʌnˌsaɪən'tɪfɪk/ *adj* acientífico -ca.

unscrew /ʌn'skruː/ *vt* [**unscrews, unscrewing, unscrewed**] (*with screwdriver*) destornillar, desatornillar; (*with one's hand*) desenroscar: **could you unscrew the top of this bottle?** ¿puedes desenroscar el tapón de esta botella?

unscrupulous /ʌn'skruːpjʊləs/ *adj* sin escrúpulos, desaprensivo -va.

unscrupulously /ʌn'skruːpjʊləslɪ/ *adv* de manera poco escrupulosa.

unscrupulousness /ʌn'skruːpjʊləsnəs/ *n* falta *f* de escrúpulos.

unseemly /ʌn'siːmlɪ/ *adj* (*frml*) impropio -pia, indecoroso -sa.

unselfish /ʌn'selfɪʃ/ *adj* desinteresado -da, abnegado -da.

unselfishly /ʌn'selfɪʃlɪ/ *adv* generosamente, desinteresadamente.

unselfishness /ʌn'selfɪʃnəs/ *n* generosidad *f*, desinterés *m*.

unsettle /ʌn'setəl/ *vt* [**unsettles, unsettling, unsettled**] perturbar: **the incident unsettled her** el incidente la puso nerviosa; **those oysters unsettled my stomach** aquellas ostras me sentaron mal.

unsettled /ʌn'setəld/ *adj* **1.** (*unstable*) inestable: **the political situation is still unsettled** la situación política sigue siendo inestable; **the weather's been very unsettled** ha hecho un tiempo muy variable; **he had an unsettled childhood** tuvo una infancia muy movida. **2.** (*anxious*) intranquilo -la, inquieto -ta. **3.** (*unresolved*) pendiente, no resuelto -ta: **this question remains unsettled** este asunto todavía está sin resolver. **4.** (*uninhabited*) deshabitado -da, sin colonizar.

unsettling /ʌn'setəlɪŋ/ *adj* inquietante.

unshakable, **unshakeable** /ʌn'ʃeɪkəbəl/ *adj* inquebrantable.

unshaven /ʌn'ʃeɪvən/ *adj* sin afeitar.

unsightly /ʌn'saɪtlɪ/ *adj* feo -a, antiestético -ca.

unskilled /ʌn'skɪld/ *adj* **1.** (*person: untrained*) no cualificado -da; (*: untalented*) inexperto -ta. **2.** (*task*) no especializado -da.

unsociable /ʌn'səʊʃəbəl/ *adj* poco sociable, insociable.

unsophisticated /ʌnsə'fɪstɪkeɪtɪd/ *adj* **1.** (*device*) sencillo -lla, poco sofisticado -da. **2.** (*person*) poco refinado -da.

unsound /ʌn'saʊnd/ *adj* **1.** (*insecure*) poco sólido -da: **their finances are unsound** su situación financiera no es muy sólida; (*in a poor state*) defectuoso -sa: **the internal walls were unsound** las paredes interiores estaban en mal estado. **2.** (*erroneous*) equivocado -da, erróneo -nea: **their economic policy is unsound** la política económica que siguen es errónea. **3.** (*Med*): **the judge pronounced her to be of unsound mind** el juez la declaró demente.

unspeakable /ʌn'spiːkəbəl/ *adj* (*difficult to describe*) indecible; (*horrible*) incalificable, atroz.

unspoilt /ʌn'spɔɪlt/ *adj* (*place*) no estropeado -da: **the coastline is still unspoilt** la costa todavía conserva su encanto.

unspoken /ʌn'spəʊkən/ *adj* tácito -ta: **they had an unspoken agreement** tenían un acuerdo tácito; **I sensed an unspoken threat in his reply** me dio la impresión de que había una amenaza implícita en su respuesta.

unstable /ʌn'steɪbəl/ *adj* (*person, thing*) inestable.

unsteadiness /ʌn'stedɪnəs/ *n* inestabilidad *f*.

unsteady /ʌn'stedɪ/ *adj* [**unsteadier, unsteadiest**] **1.** (*in movement*) poco estable: **he crossed the yard with an unsteady step** atravesó el patio con paso tambaleante. **2.** (*handwriting, voice*) tembloroso -sa; (*footing*) poco seguro -ra.

unstinting /ʌn'stɪntɪŋ/ *adj*: **he was unstinting *in* his efforts to help** no escatimó esfuerzos para ayudar; **she was unstinting *in* her generosity** prodigaba las muestras de generosidad.

unstuck /ʌn'stʌk/ *adj* despegado -da: **the poster came unstuck *from* the wall** el póster se despegó de la pared ● **another ambitious plan has come unstuck** se ha venido abajo otro ambicioso proyecto ● **he came unstuck on the last question** metió la pata en la última pregunta.

unsubstantiated /ˌʌnsəb'stænʃɪeɪtɪd/ *adj* (*unproven*) no comprobado -da; (*unfounded*) infundado -da.

unsuccessful /ʌnsək'sesfʊl/ *adj* sin éxito: **he was unsuccessful as an actor** fracasó * no tuvo éxito como actor; **they made an unsuccessful attempt to escape** intentaron escapar en vano; **his application for the job was unsuccessful** solicitó ese puesto de trabajo pero no lo consiguió; **it was an unsuccessful coup** fue un golpe fallido.

unsuccessfully /ʌnsək'sesfʊlɪ/ *adv* sin éxito, infructuosamente: **he tried unsuccessfully to get his money back** trató de recuperar su dinero sin éxito.

unsuitable /ʌn'su:təbəl/ *adj* **1.** (*inappropriate*) inadecuado -da: **your dress is unsuitable** *for* **the occasion** el vestido que llevas no es adecuado para la ocasión; **this site is unsuitable** *for* **building houses** este sitio no reúne las condiciones para construir casas; (*too difficult*): **this game is unsuitable** *for* **children under five** este juego no es adecuado para niños de menos de cinco años; (*morally*) no apropiado -da: **I think this film is unsuitable** *for* **children** esta película no me parece apropiada para niños. **2.** (*inconvenient*) inoportuno -na, poco oportuno -na: **she came at an unsuitable moment** vino en un momento inoportuno. **3.** (*incompetent*) no apto -ta: **she was unsuitable** *for* **the job** no era la persona indicada para el puesto.

unsuited /ʌn'su:tɪd/ *adj* **1.** (*incompatible*): **they were unsuited** *to* **each other** eran incompatibles. **2.** (*inadequate*) no apto -ta: **he's unsuited** *to* **teaching** no sirve para ser profesor. **3.** (*poorly chosen*) poco apropiado -da, poco indicado -da: **her clothes were unsuited** *to* **the weather conditions** la ropa que llevaba no era la apropiada para el tiempo que hacía.

unsure /ʌn'ʃʊə/ *adj* poco seguro -ra: **we were unsure** *about* **his loyalty** dudábamos de su lealtad; **she seemed unsure** *of* **herself** parecía no tener confianza en sí misma.

unsuspecting /ʌnsə'spektɪŋ/ *adj* confiado -da.

unsweetened /ʌn'swi:tənd/ *adj* sin azúcar.

unswerving /ʌn'swɜ:vɪŋ/ *adj* inquebrantable, firme.

unsympathetic /ʌnsɪmpə'θetɪk/ *adj* poco comprensivo -va: **she was unsympathetic** *to* **our demands** se mostró muy poco comprensiva con nuestras exigencias; **we got a very unsympathetic response** su respuesta fue bastante negativa.

untangle /ʌn'tæŋgəl/ *vt* [**untangles, untangling, untangled**] desenredar.

untapped /ʌn'tæpt/ *adj* sin explotar.

untenable /ʌn'tenəbəl/ *adj* insostenible.

unthinkable /ʌn'θɪŋkəbəl/ *adj* inconcebible, impensable: **it's unthinkable that he should want to come** es impensable que quiera venir.

unthinking /ʌn'θɪŋkɪŋ/ *adj* irreflexivo -va.

unthinkingly /ʌn'θɪŋkɪŋlɪ/ *adv* irreflexivamente, sin pensar.

untidiness /ʌn'taɪdɪnəs/ *n* **1.** (*of house, room*) desorden *m*. **2.** (*of person, clothes*) desaliño *m*, desaseo *m*.

untidy /ʌn'taɪdɪ/ *adj* [**untidier, untidiest**] **1.** (*place, behaviour*) desordenado -da: **he always leaves his room untidy** siempre deja su cuarto desordenado; **you're so untidy!** ¡qué desordenado eres! **2.** (*appearance, clothes*) desaliñado -da, deaseado -da.

untie /ʌn'taɪ/ *vt* [**unties, untying, untied**] (*knot, rope*) desatar; (*person, animal*) soltar.

until /ʌn'tɪl/ **I** *prep* hasta: **I won't see her until tomorrow** no la veré hasta mañana; **he hadn't noticed me until then** hasta entonces no se había fijado en mí.

II *conj* hasta que: **I'll wait here until he calls** me quedaré hasta que llame; **we worked there until the factory closed** estuvimos trabajando en la fábrica hasta que la cerraron; **he continued walking until he reached the village** siguió caminando hasta llegar al pueblo.

untimeliness /ʌn'taɪmlɪnəs/ *n* inoportunidad *f*.

untimely /ʌn'taɪmlɪ/ *adj* **1.** (*badly timed*) inoportuno -na, poco oportuno -na. **2.** (*premature*) prematuro -ra.

untiring /ʌn'taɪərɪŋ/ *adj* infatigable, incansable.

untold /ʌn'təʊld/ *adj* **1.** (*not told*) nunca contado -da: **their exploits remain untold** la historia de sus proezas aún no se ha contado. **2.** (*riches, wealth*) incalculable; (*pain, suffering*) indecible.

untouched /ʌn'tʌtʃt/ *adj* **1.** (*unaffected: place, building*) intacto -ta: **the port was untouched by the storm** la tormenta no afectó al puerto; (*: industry*): **the firm was largely untouched by the recession** la recesión ha afectado muy poco a la empresa; (*: person*) indiferente. **2.** (*meal, food*) sin probar; (*work*) sin hacer.

untoward /ʌntə'wɔ:d/ *adj* (*frml*) **1.** (*unfavourable*) desafortunado -da: **he made a very untoward remark about María's work** hizo un comentario muy desafortunado sobre el trabajo de María. **2.** (*abnormal*): **there was nothing untoward about the house** todo estaba en regla en la casa.

untrained /ʌn'treɪnd/ *adj* **1.** (*untaught: worker*) sin formación profesional, no cualificado -da; (*: animal*) no amaestrado -da. **2.** (*inexperienced*) inexperimentado -da, inexperto -ta.

untrue /ʌn'tru:/ *adj* **1.** (*false*) falso -sa. **2.** (*frml: unfaithful*) infiel.

untrustworthy /ʌn'trʌstwɜ:ðɪ/ *adj* **1.** (*person*) poco fiable: **he says they are untrustworthy** dice que no son de fiar. **2.** (*information*) dudoso -sa, poco fidedigno -na: **the report came from an untrustworthy source** el informe procedía de una fuente poco fidedigna.

untruth /ʌn'tru:θ/ *n* (*frml*) mentira *f*.

untruthful /ʌn'tru:θfʊl/ *adj* **1.** (*person*) mentiroso -sa: **I confessed that I'd been untruthful** confesé haber mentido. **2.** (*information*) falso -sa: **his allegation was untruthful** lo que alegaba era falso.

unusable /ʌn'ju:zəbəl/ *adj* inservible.

unused *adj* **1.** /ʌn'ju:zd/ (*not yet used*) nuevo -va, sin usar: **I found some unused cassettes** encontré unas cintas vírgenes. **2.** /ʌn'ju:st/ (*not accustomed*) no acostumbrado -da: **I'm unused** *to* **driving at night** no estoy acostumbrado a conducir de noche.

unusual /ʌn'ju:ʒʊəl/ *adj* **1.** (*unexpected*) poco común, raro -ra: **it has an unusual shape** tiene una forma poco común; **it's unusual** *for* **him not to have called** es raro que no haya llamado. **2.** (*exceptional*) excepcional, fuera de lo común: **they've used materials of unusual strength** han utilizado materiales de una resistencia excepcional.

unusually /ʌn'ju:ʒʊəlɪ/ *adv* extraordinariamente: **her last letter was unusually long** su última carta era más larga que de costumbre.

unveil /ʌn'veɪl/ *vt* [**unveils, unveiling, unveiled**] **1.** (*plaque, statue*) descubrir. **2.** (*secret*) desvelar, revelar: **plans have been unveiled for a new theatre** se ha dado a conocer el proyecto de construir un nuevo teatro.

unvoiced /ʌn'vɔɪst/ *adj* **1.** (*not expressed*) no expresado -da. **2.** (*Ling: consonant*) sordo -da.

unwaged /ʌn'weɪdʒd/ *adj* (*unemployed*) desempleado -da.

unwanted /ʌn'wɒntɪd/ *adj* no deseado -da.

unwarranted /ʌn'wɒrəntɪd/ *adj* injustificado -da.

unwary /ʌn'weərɪ/ *adj* incauto -ta, imprudente.

unwavering /ʌn'weɪvərɪŋ/ *adj* inquebrantable, firme.

unwelcome /ʌn'welkəm/ *adj* **1.** (*person*) importuno

-na: **he felt like an unwelcome guest** tuvo la impresión de que molestaba. 2. (*information, announcement*) desagradable: **the letter contained unwelcome news** la carta traía noticias desagradables.

unwell /ʌn'wel/ *adj* indispuesto -ta.

unwieldy /ʌn'wiːldɪ/ *adj* difícil de manejar.

unwilling /ʌn'wɪlɪŋ/ *adj* no dispuesto -ta: **he's unwilling to help us** no está dispuesto a ayudarnos; **they were unwilling** *for* **me to see you** no querían que te viera.

unwillingly /ʌn'wɪlɪŋlɪ/ *adv* de mala gana.

unwind /ʌn'waɪnd/ *vt* [**unwinds, unwinding, unwound**] desenrollar.
♦*vi* 1. (*to uncoil*) desenrollarse. 2. (*fam: to relax*) relajarse.

unwise /ʌn'waɪz/ *adj* imprudente, poco aconsejable.

unwitting /ʌn'wɪtɪŋ/ *adj* involuntario -ria, inconsciente.

unwittingly /ʌn'wɪtɪŋlɪ/ *adv* sin querer, inconscientemente.

unworkable /ʌn'wɜːkəbəl/ *adj* (*plan*) irrealizable, impracticable.

unworthy /ʌn'wɜːðɪ/ *adj* [**unworthier, unworthiest**] indigno -na: **he's unworthy** *of* **your pity** no se merece que te compadezcas de él.

unwound /ʌn'waʊnd/ *pretérito y participio pasado de* ⇨ unwind

unwrap /ʌn'ræp/ *vt* [**unwraps, unwrapping, unwrapped**] desenvolver: **she unwrapped the parcel** abrió el paquete.

unyielding /ʌn'jiːldɪŋ/ *adj* inflexible.

unzip /ʌn'zɪp/ *vt* [**unzips, unzipping, unzipped**] bajar la cremallera de.

up /ʌp/ I *prep* 1. (*indicating an upward movement*): **he ran up the stairs** subió las escaleras corriendo; **drive up this street and turn left at the traffic lights** sube por esta calle y tuerce a la izquierda al llegar al semáforo; **we went up the mountain** subimos al monte. 2. (*indicating place*): **the shop is just up this road** la tienda está subiendo esta calle; **they were hiding up a tree** estaban escondidos en un árbol; **the bar is halfway up the hill** el bar está a mitad de la cuesta; **she lives up the river** vive río arriba.
II *adv* 1. (*in an upward direction*) hacia arriba: **the balloon rose high up in the sky** el globo ascendió hacia el firmamento; **the lift's going up** el ascensor está subiendo; **hands up if you know...** que levante la mano el que sepa.... 2. (*towards*): **a little boy came up** *to* **him** se le acercó un niño; **they got up** *to* **the front door unobserved** llegaron hasta la puerta principal sin ser observados • **we were up against some stiff competition** tuvimos que hacer frente a una competencia durísima. 3. (*indicating place*) arriba: **what are you doing up there?** ¿qué haces allí arriba?; **they have the new blinds up** han instalado * colocado las persianas nuevas. 4. (*indicating increase, difference*): **taxes have gone up again** los impuestos han vuelto a subir; **shares are up (by) ten percent** *on* **last month** las acciones han subido un diez por ciento desde el mes pasado; **they were twenty points up at half time** ganaban por veinte puntos de diferencia en el descanso. 5. (*wrong*): **what's up?** ¿qué pasa?; **there's something up** *with* **him** algo le pasa. 6. (*out of bed*): **she was up at six o'clock** ya estaba en pie a las seis; **I was up until three o'clock** no me acosté hasta las tres • **she was up and about within a week** se recuperó en menos de una semana. 7. (*being repaired*): **the road is up** la carretera está en obras. 8. (*finished*): **the two hours were soon up** las dos horas pasaron rápido • **your time's up** ya es la hora.
III **up to** *prep* 1. (*with measurements*) hasta: **they can weigh up to four tonnes** pueden llegar a pesar hasta cuatro toneladas. 2. (*también* **up until**) (*with times*) hasta: **up to * until today nobody has asked** hasta hoy no ha preguntado nadie. 3. (*doing*): **what are they up to?** ¿qué están tramando? 4. (*a level, standard*): **he's not up to the required standard** no está al nivel requerido; **I don't feel up to walking back** no me siento capaz de volver a pie. 5. (*depending on*): **it's up to her** (todo) depende de ella; **it's not up to me to decide** no me toca a mí decidir.
IV *vt* [**ups, upping, upped**] (*fam*) aumentar: **they've upped the price of beer** han subido el precio de la cerveza.
♦*vi* • **he upped and left** cogió y se fue.

up-and-coming *adj* prometedor -dora, con futuro: **she's an up-and-coming pianist** es una pianista con mucho futuro.

up and up *n* • **business is on the up and up** el negocio está en alza.

up-market *adj* (*product*) de calidad superior, concebido -da para el consumidor de mayores ingresos; (*house, apartment*) de categoría: **the restaurant has moved up-market** ahora es un restaurante de mayor categoría.

up-river *adv* ⇨ upstream

ups and downs *n pl* altibajos *m pl* • **life has its ups and downs** la vida tiene muchos altibajos.

upstairs I /ˌʌp'steəz/ *adv* arriba: **is there anyone upstairs?** ¿hay alguien arriba?; **she went upstairs to call him** subió a llamarlo; **they've moved upstairs** se han mudado al piso de arriba.
II /'ʌpsteəz/ *adj* de arriba: **the upstairs flat is bigger** el piso de arriba es más grande.
III /'ʌpsteəz/ *n* piso *m* de arriba: **the upstairs is empty** el piso de arriba está vacío.

upstream *adv* río arriba, aguas arriba: **he was trying to swim upstream** estaba tratando de nadar contra corriente; **the bridge is upstream** *from * of* **the waterfall** el puente está aguas arriba, pasado el salto de agua.

up-to-date I *adj* 1. (*modern*) moderno -na; (*fashionable*) a la moda. 2. (*current*): **up-to-date information** información actualizada; **the accounts are up to date** las cuentas están al día. 3. (*informed*): **is he up to date** *on* **the strike?** ¿está al tanto * al corriente de la huelga?
II *adv*: **the firm had to bring its telephone system up to date** la empresa tuvo que modernizar * poner al día su sistema telefónico; **Sharon will bring you up to date** Sharon te pondrá al corriente.

upbeat /'ʌpbiːt/ *adj* (*fam*) optimista.

upbraid /ʌp'breɪd/ *vt* [**upbraids, upbraiding, upbraided**] (*frml*) reprender, regañar.

upbringing /'ʌpbrɪŋɪŋ/ *n* educación *f*.

upcoming /ʌp'kʌmɪŋ/ *adj* próximo -ma: **all the news was about the upcoming elections** todas las noticias fueron sobre las elecciones que se avecinaban.

update I /ʌp'deɪt/ *vt* [**updates, updating, updated**] poner al día, actualizar: **the database is continually updated** actualizan constantemente la base de datos; **my wardrobe needs updating** he de renovar mi vestuario.

II /ˈʌpdeɪt/ *n* puesta *f* al día: **here is a news update** a continuación, un resumen de las últimas noticias.

upend /ʌpˈend/ *vt* [**upends, upending, upended**] poner en posición vertical: **they had to upend the desk to get it out of the office** tuvieron que poner la mesa en posición vertical para sacarla de la oficina.

upfront /ʌpˈfrʌnt/ *adj* (*fam*) franco -ca, abierto -ta: **she was very upfront about her relationship** se mostró muy abierta sobre su relación sentimental.

upgrade /ʌpˈgreɪd/ *vt* [**upgrades, upgrading, upgraded**] **1.** (*to improve*) mejorar; (*Inform*) modernizar, sustituir por una versión más potente. **2.** (*to promote*) ascender.

upheaval /ʌpˈhiːvəl/ *n* (*gen*) trastorno *m*; (*social*) convulsión *f*.

uphill /ʌpˈhɪl/ **I** *adv* cuesta arriba.

II *adj* **1.** (*ascending*) ascendente: **I followed an uphill path** tomé un camino que subía. **2.** (*difficult*) penoso -sa, arduo -dua: **it was an uphill task convincing him** me costó mucho convencerlo.

uphold /ʌpˈhəʊld/ *vt* [**upholds, upholding, upheld**] **1.** (*to confirm*) confirmar: **the Court of Appeal upheld the judge's decision** el tribunal de apelación confirmó la decisión del juez. **2.** (*to defend*) defender: **the President swore to uphold the Constitution** el presidente juró que haría respetar la Constitución.

upholster /ʌpˈhəʊlstə/ *vt* [**upholsters, upholstering, upholstered**] tapizar.

upholsterer's /ʌpˈhəʊlstərəz/ *n* tapicería *f*.

upholstery /ʌpˈhəʊlstərɪ/ *n* **1.** (*practice*) tapicería *f*. **2.** (*covering*) tapizado *m*, tapicería *f*.

upkeep /ˈʌpkiːp/ *n* **1.** (*maintenance*) mantenimiento *m*: **the upkeep of the railways is expensive** el mantenimiento de las vías férreas es caro. **2.** (*maintenance costs*) gastos *m pl* de mantenimiento.

upland /ˈʌplənd/ *n* tierra *f* alta.

uplifting /ʌpˈlɪftɪŋ/ *adj* (*frml*) edificante.

upon /əˈpɒn/ *prep* (*frml*) **1.** (*on top of*) sobre, encima de: **the jewels lay upon a velvet cushion** las joyas estaban puestas sobre un cojín de terciopelo; **the exams will soon be upon us** pronto se nos echarán encima los exámenes • **street upon street of terraced houses** calles y calles de casas adosadas. **2.** (*immediately after*): **upon the death of his father, he became a priest** se hizo cura a la muerte de su padre.

upper /ˈʌpə/ **I** *adj* **1.** (*higher*) superior, de arriba: **the upper storey was destroyed** el piso de arriba quedó destruido; **his upper lip was swollen** tenía el labio superior hinchado. **2.** (*Geog, Pol*) alto -ta: **its habitat is the upper reaches of the Severn** su hábitat es la cuenca alta del Severn.

II *n* (*of shoe*) pala *f*, parte *f* superior.

upper case **I** *n* mayúsculas *f pl*: **this word should be** *in* **upper case** esta palabra debería ir en mayúsculas.

II **upper-case** *adj* mayúsculo -la: **use only upper-case letters** utilice sólo letras mayúsculas.

upper chamber *n* (*Pol*) cámara *f* alta.

upper circle *n* (*in a theatre*) segundo piso *m*.

upper class **I** *n* clase *f* alta.

II **upper-class** *adj* de la clase alta: **his accent is very upper class** tiene un acento de clase alta.

upper house *n* (*Pol*) cámara *f* alta.

uppermost /ˈʌpəməʊst/ *adj* más alto -ta: **I hid it on the uppermost shelf** lo escondí en el estante más alto • **the forthcoming election was uppermost in her mind** lo que más la preocupaba eran las elecciones que se avecinaban.

upright /ˈʌpraɪt/ **I** *adj* **1.** (*vertical*) vertical. **2.** (*honourable*) honrado -da, recto -ta.

II *adv* en posición vertical: **I feel dizzy whenever I stand upright** me mareo cada vez que me pongo de pie; **he could no longer sit upright** ya no podía sentarse derecho.

III *n* **1.** (*support*) montante *m*. **2.** (*goalpost*) poste *m*.

upright piano *n* piano *m* vertical ✱ recto.

uprising /ˈʌpraɪzɪŋ/ *n* alzamiento *m*, sublevación *f*.

uproar /ˈʌprɔː/ *n* alboroto *m*, tumulto *m*: **the class was** *in* **uproar** la clase estaba alborotada.

uproarious /ʌpˈrɔːrɪəs/ *adj* (*noisy: gen*) tumultuoso -sa, escandaloso -sa; (*: laughter*) estridente.

uproot /ʌpˈruːt/ *vt* [**uproots, uprooting, uprooted**] **1.** (*person*) desplazar, desarraigar. **2.** (*plant*) arrancar (*de raíz*).

upset **I** /ʌpˈset/ *adj* **1.** (*sad*) apenado -da, triste; (*disappointed*) disgustado -da: **he was upset** *about* **his exam result** estaba disgustado por la nota que había sacado en el examen; (*distressed*) afectado -da: **he was upset** *by* **his friend's illness** estaba muy afectado por la enfermedad de su amigo; (*angry*) enfadado -da: **she got upset and put the phone down** se enfadó y colgó el teléfono. **2.** (*stomach, tummy*): **I have an upset stomach** estoy mal del estómago. **3.** (*tipped over : cart*) volcado -da.

II /ˈʌpset/ *n* **1.** (*disappointment*) contratiempo *m*, revés *m*: **she's had an emotional upset** ha sufrido un trastorno emocional. **2.** (*surprise*) sorpresa *f*. **3.** (*illness*) indisposición *f*, trastorno *m*.

III /ʌpˈset/ *vt* [**upsets, upsetting, upset**] **1.** (*to disappoint*) disgustar; (*to sadden*) entristecer, apenar: **his departure upset her** la entristeció mucho que él se fuera; (*to annoy*) enfadar; (*to distress*) afectar: **the news upset us all** la noticia nos afectó mucho. **2.** (*to disagree with*) sentarle mal a: **plums always upset me** las ciruelas siempre me sientan mal. **3.** (*to tip over*) volcar: **mind you don't upset the bucket** ten cuidado de no volcar el cubo; **he upset his wine over the table** derramó el vino sobre la mesa; **if you don't sit down you'll upset the boat** si no te sientas, vas a hacer zozobrar la barca. **4.** (*plans*) desbaratar, dar al traste con.

upsetting /ʌpˈsetɪŋ/ *adj* que afecta: **the news from home was very upsetting** la noticia que me llegó de casa me afectó mucho.

upshot /ˈʌpʃɒt/ *n* resultado *m*: **the upshot was that he had to resign** total, que tuvo que dimitir.

upside down /ˈʌpsaɪd daʊn/ **I** *adv* al revés: **you've hung the picture upside down** has colgado el cuadro al revés; **turn the tin upside down** pon el bote boca abajo • **your friends always turn the house upside down** tus amigos siempre nos dejan la casa patas arriba.

II **upside-down** *adj* al revés: **it's an upside-down world we live in** vivimos en un mundo de locos.

upstage /ʌpˈsteɪdʒ/ **I** *vt* [**upstages, upstaging, upstaged**] (*fam*) eclipsar: **the Prime Minister was upstaged by the leader of the opposition** el líder de la oposición eclipsó al Primer Ministro.

II *adj* en el fondo del escenario.

III *adv* hacia el fondo del escenario.

upstart /ˈʌpstɑːt/ *n* advenedizo -za *m/f*.

upsurge /ˈʌpsɜːdʒ/ *n* aumento *m* (*súbito y dramático*).

uptake /ˈʌpteɪk/ *n* • **he's very quick on the uptake** las pilla al vuelo • **they were a bit slow on the uptake** les costó un poco pillar el sentido.

uptight /ʌpˈtaɪt/ *adj* (*fam*) tenso -sa.

uptown /ʌpˈtaʊn/ (*US*) **I** *adv* en ∗ hacia las afueras: **they went to a restaurant uptown** fueron a un restaurante en las afueras; **the car was heading uptown** el coche se dirigía hacia las afueras.
II *adj* de las afueras.

upturn /ˈʌptɜːn/ *n* mejora *f*, recuperación *f*: **the expected upturn in the economy has not occurred** no se ha producido la recuperación económica que se esperaba.

upward /ˈʌpwəd/ **I** *adj* (*direction*) hacia arriba; (*movement*) ascendente: **she followed the upward path** tomó el camino que ascendía; **share prices showed an upward tendency** las cotizaciones mostraron una tendencia al alza.
II *adv* (*también* **upwards**) **1.** (*going up*) hacia arriba: **the climbers continued upwards towards the summit** los alpinistas siguieron subiendo hacia la cima. **2.** (*with numbers*) para arriba: **from the age of twelve upwards you pay the full fare** de doce años para arriba se paga la tarifa completa; **these houses are worth two hundred thousand pounds and upwards** estas casas valen de doscientas mil libras para arriba; **they found upwards of seventy corpses** encontraron más de setenta cadáveres.

uranium /jʊˈreɪnɪəm/ *n* uranio *m*.

Uranus /jʊˈreɪnəs/ *n* Urano *m*.

urban /ˈɜːbən/ *adj* urbano -na.

urbane /ɜːˈbeɪn/ *adj* cortés, urbano -na.

urbanization /ɜːbənaɪˈzeɪʃən/ *n* urbanización *f*.

urbanized /ˈɜːbənaɪzd/ *adj* urbanizado -da.

urchin /ˈɜːtʃɪn/ *n* **1.** (*child*) golfillo -lla *m/f*, pilluelo -la *m/f*. **2.** (*también* **sea urchin**) (*Zool*) erizo *m* de mar.

urge /ˈɜːdʒ/ **I** *n* deseo *m*, impulso *m*: **I felt an urge to turn round and follow them** me entraron unas ganas terribles de dar la vuelta y seguirlos.
II *vt* [**urges, urging, urged**] exhortar: **I urged him to try again** le exhorté ∗ insté a que lo intentara de nuevo.
to **urge on** *vt* animar: **the crowd urged their team on** el público animó a su equipo; **this fool was urging them on** este imbécil les daba cuerda.

urgency /ˈɜːdʒənsɪ/ *n* urgencia *f*: **this is a matter of some urgency** es un asunto bastante urgente.

urgent /ˈɜːdʒənt/ *adj* urgente: **they are in urgent need of vaccines** necesitan vacunas urgentemente.

urgently /ˈɜːdʒəntlɪ/ *adv* urgentemente, con urgencia: **we urgently require his reply** nos urge recibir su respuesta.

urinal /jʊˈraɪnəl/ *n* (*receptacle*) urinario *m*.

urinate /ˈjʊrɪneɪt/ *vi* [**urinates, urinating, urinated**] orinar.

urine /ˈjʊrɪn/ *n* orina *f*.

urn /ɜːn/ *n* **1.** (*ornamental, for human ashes*) urna *f*. **2.** (*for tea*) tetera *f* (*de tamaño grande*).

Uruguay /ˈjʊərəgwaɪ/ *n* (el) Uruguay.

Uruguayan /jʊərəˈgwaɪən/ *adj, n* uruguayo -ya *adj, m/f*.

US /juːˈes/ *n* (*abreviatura de* **United States**) EE. UU. *m pl* (Estados Unidos): **this expression is not used in the US** esta expresión no se usa en (los) Estados Unidos; **the US President** el Presidente de los EE. UU.; **US foreign policy** la política exterior estadounidense.

us /ʌs/ *pron* **1.** (*as direct or indirect object*) nos: **he told us to come back** nos dijo que volviéramos; **they hate us** nos odian • **let us pray** oremos. **2.** (*after a preposition*) nosotros -tras: **he can come with us** puede venir con nosotros; **there are too many of us** somos demasiados. **3.** (*fam*: *after* **than, as,** *and* **to be**) nosotros -tras: **they are richer than us** tienen más dinero que nosotros. **4.** (*fam*: *used with singular meaning*) me: **come on, let us in** anda, déjame entrar.

USA /juːesˈeɪ/ *n* (*abreviatura de* **United States of America**) EE. UU. ∗ E.U.A. *m pl* (Estados Unidos de América): **the news spread throughout the USA** la noticia se difundió por los Estados Unidos.

usable /ˈjuːzəbəl/ *adj* utilizable, que se puede utilizar.

USAF /juːeserˈef/ *n* (*abreviatura de* **United States Air Force**) Fuerza *f* Aérea de los Estados Unidos.

usage /ˈjuːsɪdʒ/ *n* (*use: gen*) uso *m*, empleo *m*; (*: Ling*) uso *m*: **that word is no longer** *in* **common usage** esa palabra ya no se usa.

use I /juːs/ *n* **1.** (*gen*) uso *m*, empleo *m*: **we made good use of the leftover wood** aprovechamos (bien) la madera que sobraba; **his invention has many uses** su invento tiene muchas aplicaciones; **do you have the use of the kitchen?** ¿te permiten utilizar la cocina?; **she's lost the use of her left hand** tiene la mano izquierda inutilizada; **is this classroom** *in* **use?** ¿va a utilizar alguien esta aula?; **the station had been** *out of* **use for years** la estación llevaba varios años en desuso. **2.** (*value*): **this may be of some use** *to* **you** esto puede servirte para algo; **this screwdriver's no use** este tornillador no sirve (para nada); **what's the use** *of* **coming here?** ¿de qué sirve venir aquí?; **it's no use your complaining** es inútil que te quejes.
II /juːz/ *vt* [**uses, using, used**] **1.** (*to make use of*) usar, utilizar: **what kind of brush did you use?** ¿qué tipo de brocha utilizaste?; **they've begun to use a new method** han empezado a usar un nuevo método; **what were these gadgets used** *for*? ¿para qué se usaban estos chismes? • **I could use a cup of coffee** no me vendría mal un cafecito. **2.** (*to consume*) consumir, gastar: **we use more electricity in winter** consumimos más electricidad en invierno; **this car uses less petrol** este coche gasta menos gasolina. **3.** (*fam*: *to exploit unfairly*) aprovecharse de, utilizar: **don't let him use you** no dejes que te utilice.
III use to /juːs tuː/ *v aux* ⇨ used to
to **use up** /juːz ʌp/ *vt* gastar, usar: **use up any food that's left** termina la comida que quede; **they used up their supplies in three days** agotaron las provisiones en tres días.

used *adj* **1.** /juːst/ (*accustomed*) acostumbrado -da: **we're not used** *to* **going by train** no estamos acostumbrados a viajar en tren; **he soon got used** *to* **his new surroundings** se acostumbró pronto a su nuevo entorno. **2.** /juːzd/ (*not new*) usado -da, de segunda mano: **he bought a used van** compró una furgoneta de segunda mano.

used to /ˈjuːst tuː/ *v aux* ⇨ gramática en el apéndice (Verbos Auxiliares Modales) **1.** (*in affirmative sentences*): **he used to go for a walk every morning** solía dar un paseo cada mañana; **they used to spend their holidays with us** solían pasar las vacaciones con nosotros; **we used to come here often** veníamos aquí a menudo. **2.** (*in negative sentences*): **he used not to attend meetings** solía faltar a las reuniones; **he didn't use ∗ used to drink coffee** antes nunca tomaba café; **she never used to smoke** antes no fumaba nunca. **3.** (*in questions*): **did he use ∗ used to like it?** ¿le gustaba?; **where did they use ∗ used to live?** ¿dónde vivían antes?

useful /ˈjuːsfʊl/ *adj* útil: **I found his comments very useful** sus comentarios me parecieron muy útiles;

you never know when it may come in useful nunca se sabe cuándo puede hacer falta ✻ venir bien; **it would be useful if you could tell us the account number** sería de gran ayuda que nos diera el número de la cuenta • **this book has come in very useful** este libro me ha sido de mucha ayuda • **how can we make ourselves useful?** ¿en qué podemos ayudarlo?

usefully /ˈjuːsfʊlɪ/ *adv* útilmente: **the books were usefully arranged according to subject** habían organizado los libros por asignaturas, lo cual era muy útil.

usefulness /ˈjuːsfʊlnəs/ *n* utilidad *f*: **this machine has outlived its usefulness** esta máquina ya no es de ninguna utilidad.

useless /ˈjuːsləs/ *adj* inútil: **these boots are useless** estas botas no sirven para nada; **you're useless** eres un inútil ✻ no sirves para nada; **I'm useless** *at* **playing sports** soy muy negada para los deportes.

uselessly /ˈjuːsləslɪ/ *adv* inútilmente, en vano: **he tried uselessly to rescue them** intentó rescatarlos en vano.

uselessness /ˈjuːsləsnəs/ *n* inutilidad *f*.

user /ˈjuːzə/ *n* usuario -ria *m/f*: **public transport users have condemned the fare increase** los usuarios de transportes públicos han condenado la subida de las tarifas; **the power cut affected fifty thousand electricity users** el apagón afectó a cincuenta mil usuarios.

user-friendly *adj* fácil de manejar ✻ utilizar.

usher /ˈʌʃə/ **I** *n* (*in cinema*) acomodador -dora *m/f*; (*in court, church*) ujier *m*.

II *vt* [**ushers, ushering, ushered**] acompañar: **I ushered him** *out* lo acompañé hasta la puerta; **he ushered us** *into* **his office** nos hizo pasar a su oficina • **the accord ushered in an era of peace** el acuerdo fue el preludio de una época de paz.

usherette /ʌʃəˈret/ *n* acomodadora *f*.

USS /ˈjuːeses/ (*abreviatura de* **United States Ship**) barco *m* de la Armada estadounidense.

USSR /juːesesˈɑː/ *n* (*abreviatura de* **Union of Soviet Socialist Republics**) URSS *f* (Unión de Repúblicas Socialistas Soviéticas).

usual /ˈjuːʒʊəl/ **I** *adj* normal, corriente: **this is the usual way to do it** ésta es la manera corriente de hacerlo; **she asked for her usual cocktail** pidió el mismo cóctel que pedía siempre; **he was waiting for me in the usual place** me esperaba donde siempre; **it's not usual for her to forget to call** no es normal en ella que se olvide de llamar; **I had to pay more than usual** tuve que pagar más que de costumbre • **she arrived late, as usual** llegó tarde, como siempre • **I intend to carry on as usual** tengo la intención de seguir como hasta ahora.

II the usual *n* lo de siempre, lo habitual: **in the restaurant I ordered the usual** en el restaurante pedí lo de siempre.

usually /ˈjuːʒʊəlɪ/ *adv* normalmente: **I usually go away at weekends** suelo irme fuera los fines de semana; **the children were more than usually naughty** los niños fueron más traviesos que de costumbre.

usurer /ˈjuːʒərə/ *n* usurero -ra *m/f*.

usurp /juːˈzɜːp/ *vt* [**usurps, usurping, usurped**] (*frml*) usurpar.

usurper /juːˈzɜːpə/ *n* usurpador -dora *m/f*.

utensil /juːˈtensəl/ *n* utensilio *m*.

uterus /ˈjuːtərəs/ *n* [**uteruses** ✻ **uteri** /ˈjuːtəraɪ/] útero *m*.

utilitarian /juːtɪlɪˈteərɪən/ *adj* (*clothing*) práctico -ca; (*furniture, flat*) funcional.

utility /juːˈtɪlətɪ/ *n* [**utilities**] **1.** (*usefulness*) utilidad *f*. **2.** (*también* **public utility**) (*water, gas, etc.*) empresa *f* de servicio público.

utility room *n* (*for laundry*) lavadero *m*; (*for storage*) cuarto *m* de los trastos.

utilization /juːtɪlaɪˈzeɪʃən/ *n* utilización *f*.

utilize /ˈjuːtɪlaɪz/ *vt* [**utilizes, utilizing, utilized**] (*frml*) utilizar.

utmost /ˈʌtməʊst/ (*frml*) **I** *adj* sumo -ma, máximo -ma: **he treated them with the utmost indifference** los trató con suma indiferencia; **it's of the utmost importance that they return it to me** es muy importante que me lo devuelvan.

II *n* máximo *m*: **I did my utmost to convince them** hice todo lo que pude para convencerlos.

utopia, Utopia /juːˈtəʊpɪə/ *n* utopía *f*.

utopian /juːˈtəʊpɪən/ **I** *adj* utópico -ca.

II *n* utopista *m/f*.

utter /ˈʌtə/ **I** *vt* [**utters, uttering, uttered**] (*gen*) pronunciar: **she uttered an ear-splitting shriek** lanzó un chillido ensordecedor; **he didn't utter one word** no dijo ni pío; (*insult, threat*) proferir.

II *adj* total, absoluto -ta: **the house was in utter darkness** la casa estaba en la más absoluta oscuridad; **this house is a complete and utter mess** esta casa es un desbarajuste total; **it's utter hypocrisy** es pura hipocresía.

utterance /ˈʌtərəns/ *n* (*frml*) observación *f*: **they greeted his utterance with amazement** reaccionaron con asombro ante su observación.

utterly /ˈʌtəlɪ/ *adv* totalmente, completamente: **she was utterly exhausted** estaba completamente rendida.

U-turn /juːˈtɜːn/ *n* **1.** (*Auto*) cambio *m* de sentido: **he did a U-turn and sped back down the street** dio un giro de ciento ochenta grados y volvió a todo gas por donde había venido. **2.** (*change of policy, opinion*) giro *m* de ciento ochenta grados.

UV /juːˈviː/ (*abreviatura de* **ultraviolet**) ultravioleta.

UVF /juːviːˈef/ *n* (*abreviatura de* **Ulster Volunteer Force**) *organización paramilitar protestante en Irlanda del Norte.*

V

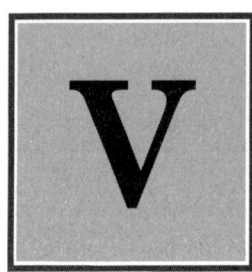

V, v /vi:/ *n* (*letter*) V, v *f*; (*name of letter*) uve *f*.

V *léase* /vəʊlt/ (*abreviatura de* **volt**) v (voltio).

v *léase* /vɜ:b/ (*abreviatura de* **verb**) v (verbo).

v. *léase* /'vɜ:səs/ **1.** (*Sport*) (*abreviatura de* **versus**) contra: **United v. Rovers** United-Rovers. **2.** (*Law*) (*abreviatura de* **versus**) contra.

vacancy /'veɪkənsɪ/ *n* [**vacancies**] **1.** (*available job*) vacante *f*: **we have no vacancies** *for* **translators** no tenemos vacantes para traductores. **2.** (*unoccupied room*) habitación *f* libre; (*on sign*): **no vacancies** completo.

vacant /'veɪkənt/ *adj* **1.** (*not in use*) libre, desocupado -da: **is this room vacant?** ¿está libre esta habitación?; (*job, post*) vacante: **the post will be vacant from the first of June** el puesto quedará vacante a partir del primero de junio. **2.** (*gaze*) ausente, perdido -da.

vacate /veɪ'keɪt/ *vt* [**vacates, vacating, vacated**] (*premises*) desalojar, desocupar; (*post*) dejar.

vacation /veɪ'keɪʃən/ **I** *n* (*US*: *holiday*) vacaciones *f pl*: **when are you going** *on* **vacation?** ¿cuándo te vas de vacaciones?; (*GB*: *between university terms*) vacaciones *f pl*.
II *vi* [**vacations, vacationing, vacationed**] (*US*: *gen*) pasar las vacaciones; (*: in summer*) veranear: **I'll be vacationing in France this summer** este año voy a veranear en Francia.

vaccinate /'væksɪneɪt/ *vt* [**vaccinates, vaccinating, vaccinated**] vacunar: **they were vaccinated** *against* **tuberculosis** los vacunaron contra la tuberculosis.

vaccination /væksɪ'neɪʃən/ *n* vacunación *f*.

vaccine /'væksi:n/ *n* vacuna *f*.

vacillate /'væsɪleɪt/ *vi* [**vacillates, vacillating, vacillated**] vacilar.

vacuum /'vækju:m/ **I** *n* vacío *m*: **we create a vacuum inside the test tube** creamos un vacío en el tubo de ensayo; **his death left a political vacuum** su muerte dejó un vacío político.
II *vt* [**vacuums, vacuuming, vacuumed**] pasar la aspiradora en ✱ por.
♦ *vi* pasar la aspiradora.
vacuum cleaner *n* aspiradora *f*, aspirador *m*.
vacuum flask *n* termo *m*.
vacuum-packed *adj* envasado -da al vacío.

vagabond /'vægəbɒnd/ *n* vagabundo -da *m/f*.

vagina /və'dʒaɪnə/ *n* vagina *f*.

vagrancy /'veɪgrənsɪ/ *n*: **he was arrested for vagrancy** lo arrestaron por vagabundo.

vagrant /'veɪgrənt/ *n* vagabundo -da *m/f*.

vague /veɪg/ *adj* **1.** (*concept, memory*) vago -ga: **we have a vague idea of how it should look** tenemos una vaga idea de cómo ha de quedar. **2.** (*similarity*): **he only bears a vague resemblance to his sister** sólo tiene un ligero parecido con su hermana. **3.** (*instructions, directions*) impreciso -sa: **his answers were deliberately vague** sus respuestas fueron deliberadamente imprecisas. **4.** (*outline*) borroso -sa.

vaguely /'veɪglɪ/ *adv* vagamente: **I vaguely remember his girlfriend** me acuerdo vagamente de su novia.

vagueness /'veɪgnəs/ *n* vaguedad *f*, falta *f* de precisión.

vain /veɪn/ *adj* **1.** (*conceited*) vanidoso -sa. **2.** (*effort, attempt*) vano -na, inútil: **she searched** *in* **vain for her passport** buscó en vano su pasaporte.

vainly /'veɪnlɪ/ *adv* **1.** (*conceitedly*) vanidosamente. **2.** (*without result*) en vano: **they tried vainly to contact us** intentaron en vano ponerse en contacto con nosotros.

vale /veɪl/ *n* (*frml*) valle *m*.

valentine /'væləntaɪn/ *n* (*también* **valentine card**) *tarjeta que se envía anónimamente el día de los enamorados.*
Valentine's Day *n* (*también* **St Valentine's Day**) día *m* de los enamorados ✱ de San Valentín.

valet /'væleɪ/ *n* ayuda *m* de cámara, valet *m*.

valiant /'vælɪənt/ *adj* valiente.

valiantly /'vælɪəntlɪ/ *adv* valientemente.

valid /'vælɪd/ *adj* (*reason, excuse*) válido -da, valedero -ra; (*ticket, pass*) válido -da: **my passport is no longer valid** mi pasaporte ha caducado.

validate /'vælɪdeɪt/ *vt* [**validates, validating, validated**] (*theory*) ratificar, validar; (*document*) validar.

valley /'vælɪ/ *n* valle *m*.

valour, (*US*) **valor** /'vælə/ *n* valor *m*, valentía *f*.

valuable /'væljʊəbəl/ **I** *adj* (*antiques, jewellery*) de valor, valioso -sa; (*advice, information*) valioso -sa: **I don't see why I should waste valuable time on them** no veo por qué tengo que perder un tiempo precioso con ellos.
II valuables *n pl* objetos *m pl* de valor.

valuation /væljʊ'eɪʃən/ *n* tasación *f*, valoración *f*.

value /'vælju:/ **I** *n* (*of commodity, advice, information*) valor *m*: **she thought it was an antique, but it was** *of* **no value whatsoever** ella creía que era una antigüedad, pero no tenía ningún valor; **the discussion was** *of* **little value** la discusión fue de poca utilidad; **he made out a cheque** *to* **the value** *of* **one thousand pounds** extendió un cheque por valor de mil libras; **two T-shirts for six pounds is really good value** dos camisetas por seis libras es realmente un buen precio • **we shop at Cheapby's because we get value for money** compramos en Cheapby porque se consiguen cosas buenas y baratas • **customers are always looking for value for money** el cliente siempre busca una buena relación calidad-precio.
II values *n pl* (*principles*) valores *m pl* (morales).
III *vt* [**values, valuing, valued**] **1.** (*house, antique*) valorar, tasar: **the house has been valued** *at* **£175,000** la casa está valorada en £175.000. **2.** (*friendship, advice*) apreciar, valorar.
value added tax *n* ⇨ VAT
value judgement *n* juicio *m* de valor.

valuer /ˈvæljʊə/ *n* tasador -dora *m/f*.
valve /vælv/ *n* válvula *f*.
vampire /ˈvæmpaɪə/ *n* vampiro *m*.
vampire bat *n* (*Zool*) vampiro *m*.
van /væn/ *n* **1.** (*vehicle*) furgoneta *f*, camioneta *f*. **2.** (*railway carriage*) furgón *m*.
vandal /ˈvændəl/ *n* vándalo -la *m/f*, gamberro -rra *m/f*.
vandalism /ˈvændəlɪzəm/ *n* vandalismo *m*.
vandalize /ˈvændəlaɪz/ *vt* [**vandalizes, vandalizing, vandalized**] (*property*) dañar, estropear (*en un acto de vandalismo*).
vanguard /ˈvængɑːd/ *n* vanguardia *f* • **his designs are in the vanguard of fashion** sus diseños están a la vanguardia de la moda.
vanilla /vəˈnɪlə/ *n* vainilla *f*.
vanish /ˈvænɪʃ/ *vi* [**vanishes, vanishing, vanished**] (*person, object*) desaparecer; (*doubts, smile*) desvanecerse.
vanity /ˈvænətɪ/ *n* vanidad *f*.
vanquish /ˈvæŋkwɪʃ/ *vt* [**vanquishes, vanquishing, vanquished**] (*frml*) vencer.
vantage point /ˈvɑːntɪdʒ pɔɪnt/ *n* posición *f* estratégica, atalaya *f*.
vaporize /ˈveɪpəraɪz/ *vi* [**vaporizes, vaporizing, vaporized**] evaporarse, vaporizarse.
♦*vt* evaporar, vaporizar.
vapour, (*US*) **vapor** /ˈveɪpə/ *n* vapor *m*.
variable /ˈveərɪəbəl/ **I** *adj* (*winds, weather, number*) variable; (*quality, standards*) desigual: **his work is very variable** su trabajo es muy desigual.
II *n* variable *f*.
variance /ˈveərɪəns/ *n*: **this information is** *at* **variance** *with* **what I've been told** esta información no concuerda con lo que me han dicho.
variant /ˈveərɪənt/ *n* variante *f*.
variation /veərɪˈeɪʃən/ *n* variación *f*.
varicose vein /ˈværɪkəs veɪn/ *n* variz *f*.
varied /ˈveərɪd/ *adj* (*selection, lifestyle*) variado -da.
variety /vəˈraɪətɪ/ *n* [**varieties**] **1.** (*diversity*) variedad *f*, diversidad *f* • **variety is the spice of life** en la variedad está el gusto; (*assortment*) variedad *f*: **they sell a wide variety of cheeses** venden una gran variedad de quesos; **I had a variety of options** tuve varias alternativas ✱ una serie de alternativas; **it can be done in a variety of ways** se puede hacer de varias maneras. **2.** (*type*) clase *f*, variedad *f*: **they have fifteen varieties of ice cream** tienen quince clases diferentes de helados.
variety show *n* espectáculo *m* de variedades, varietés *f pl*.
various /ˈveərɪəs/ *adj* (*several*) varios -rias: **I've seen them on various occasions** los he visto en varias ocasiones; (*different*) diversos -sas: **we have students of various nationalities** tenemos estudiantes de diversas nacionalidades.
variously /ˈveərɪəslɪ/ *adv*: **he has been variously described as a genius and an eccentric** ha sido calificado de muchas cosas, a veces de genio, otras de excéntrico.
varnish /ˈvɑːnɪʃ/ **I** *n* [**varnishes**] (*for wood, painting, etc.*) barniz *m*; (*for fingernails*) laca *f* ✱ esmalte *m* de uñas.
II *vt* [**varnishes, varnishing, varnished**] (*painting, surface, etc.*) barnizar; (*fingernails*) pintar.
vary /ˈveərɪ/ *vi* [**varies, varying, varied**] variar: **airfares vary according to the time of year** los precios de los vuelos varían según la temporada; **how does this model vary** *from* **the others?** ¿en qué se diferencia este modelo de los otros?; **"Do you always get so many people?" "It varies."** "¿Siempre viene tanta gente?" "Depende."; **the number varies between ten and fifteen** el número oscila entre diez y quince.
♦*vt* variar: **I like to vary the topics so that my students don't get too bored** me gusta variar los temas para que mis alumnos no se aburran demasiado.
vascular /ˈvæskjʊlə/ *adj* vascular.
vase /vɑːz/ *n* florero *m*, jarrón *m*.
vasectomy /vəˈsektəmɪ/ *n* [**vasectomies**] vasectomía *f*.
Vaseline® /ˈvæsəliːn/ *n* vaselina® *f*.
vast /vɑːst/ *adj* (*area, plain*) extensísimo -ma, vasto -ta: **we drove across vast stretches of uninhabited land** atravesamos extensísimas zonas despobladas; (*size*) enorme, inmenso -sa; (*amount, difference*) enorme: **they consumed a vast amount of food** consumieron enormes cantidades de comida; **I bought a new one, at vast expense** compré uno nuevo, que me costó una fortuna; (*knowledge*) vasto -ta; (*majority*) inmenso -sa.
vastly /ˈvɑːstlɪ/ *adv* inmensamente: **he is vastly overrated as a playwright** como dramaturgo está exageradamente sobrevalorado.
VAT /viːeɪˈtiː, væt/ *n* (*abreviatura de* **value-added tax**) el IVA (impuesto sobre el valor añadido ✱ (*Amér L*) impuesto al valor agregado).
vat /væt/ *n* tanque *m* (*grande, para la elaboración y/o almacenamiento de alimentos*).
Vatican /ˈvætɪkən/ *n*: **the Vatican** el Vaticano: **the Vatican City** (la) Ciudad del Vaticano.
vault /vɔːlt/ **I** *n* **1.** (*arched roof*) bóveda *f*. **2.** (*under a church*) cripta *f*. **3.** (*for valuables*) cámara *f* acorazada. **4.** (*Sport*) salto *m*.
II *vt/i* [**vaults, vaulting, vaulted**] saltar (*apoyándose en una pértiga, las manos, etc.*): **she vaulted** *(over)* **the fence** saltó la valla.
VCR /viːsiːˈɑː/ *n* (*abreviatura de* **video cassette recorder**) vídeo *m*, (*Amér L*) video *m*, videograbadora *f*.
VD /viːˈdiː/ *n* (*abreviatura de* **venereal disease**) enfermedad *f* venérea.
VDU /viːdiːˈjuː/ *n* (*abreviatura de* **visual display unit**) unidad *f* de representación visual, monitor *m*.
veal /viːl/ *n* ternera *f*.
veer /vɪə/ *vi* [**veers, veering, veered**] (*vehicle*) virar: **the ship veered** *towards* **the left** el barco viró a ✱ hacia la izquierda; (*road*) torcer.
veg /vedʒ/ *n* (*apócope de* **vegetable**) (*GB: fam*) verdura *f*, verduras *f pl*.
vegan /ˈviːgən/ *n*: *vegetariano estricto que no come huevos, pescado ni productos lácteos.*
vegetable /ˈvedʒtəbəl/ **I** *n* **1.** (*as food*) verdura *f*: **you should eat more vegetables** deberías comer más verduras. **2.** (*in agriculture*) hortaliza *f*. **3.** (*Bot*) vegetal *m*.
II *adj* (*matter*) vegetal.
vegetable garden *n* huerto *m*, huerta *f*.
vegetable kingdom *n* reino *m* vegetal.
vegetable oil *n* aceite *m* vegetal.
vegetarian /vedʒɪˈteərɪən/ *adj*, *n* vegetariano -na *adj*, *m/f*.
vegetate /ˈvedʒɪteɪt/ *vi* [**vegetates, vegetating, vegetated**] (*plant, person*) vegetar.
vegetation /vedʒɪˈteɪʃən/ *n* vegetación *f*.
vehemence /ˈviːɪməns/ *n* vehemencia *f*.

vehement /ˈviːɪmənt/ *adj* (*speech, attack*) vehemente; (*dislike, fear*) intenso -sa.

vehemently /ˈviːɪməntlɪ/ *adv* vehementemente.

vehicle /ˈviːɪkəl/ *n* (*Transp*) vehículo *m*; (*means*) vehículo *m*, medio *m*: **the film was a vehicle** *for* **promoting the young actress** la película era un vehículo * un medio para promocionar a la joven actriz.

vehicular access /vɪˈhɪkjʊlə ˈækses/ *n* entrada *f* de vehículos.

vehicular traffic /vɪˈhɪkjʊlə ˈtræfɪk/ *n* tránsito *m* rodado.

veil /veɪl/ *n* velo *m*: **the bride wore a long veil** la novia llevaba un largo velo; **the house was hidden behind a veil of mist** la casa estaba oculta bajo un velo * un manto de bruma • **the government has drawn a veil of secrecy over the affair** el gobierno ha corrido un tupido velo sobre el asunto.

veiled /veɪld/ *adj* **1.** (*face*) velado -da. **2.** (*threat*) velado -da, disimulado -da.

vein /veɪn/ *n* **1.** (*Anat, Bot*) vena *f*. **2.** (*Geol: stratum containing mineral*) veta *f*, filón *m*; (*: in marble*) veta *f*. **3.** (*style*) estilo *m*: **all her other stories are written** *in* **the same vein** todos sus otros cuentos están escritos en el mismo estilo; **he continued arguing** *in* **this vein** siguió argumentando a este tenor.

velocity /vɪˈlɒsətɪ/ *n* velocidad *f*.

velour /veˈlʊə/ *n*: *tejido que imita el terciopelo.*

velvet /ˈvelvɪt/ **I** *n* terciopelo *m*.
II *adj* **1.** (*made of velvet*) de terciopelo. **2.** (*like velvet in texture*) aterciopelado -da.

velvety /ˈvelvɪtɪ/ *adj* aterciopelado -da.

vendetta /venˈdetə/ *n* vendetta *f*.

vending machine /ˈvendɪŋ məˈʃiːn/ *n* máquina *f* expendedora, distribuidor *m* automático.

vendor /ˈvendə/ *n* vendedor -dora *m/f*.

veneer /vɪˈnɪə/ *n* **1.** (*on wood*) chapa *f*: **a walnut veneer table** una mesa chapada * enchapada en nogal. **2.** (*semblance*) barniz *m*, apariencia *f*: **don't be fooled by their veneer of respectability** no te dejes engañar por su barniz de respetabilidad.

venerable /ˈvenərəbəl/ *adj* venerable.

venerate /ˈvenəreɪt/ *vt* [**venerates, venerating, venerated**] (*frml*) venerar.

venereal disease /vɪˈnɪərɪəl dɪˈziːz/ *n* enfermedad *f* venérea.

Venetian blind /vɪˈniːʃən blaɪnd/ *n* persiana *f* (de lamas).

Venezuela /venɪˈzweɪlə/ *n* Venezuela *f*.

Venezuelan /venɪˈzweɪlən/ *adj, n* venezolano -na *adj, m/f*.

vengeance /ˈvendʒəns/ *n* venganza *f* • **winter arrived with a vengeance** el invierno llegó con todo su rigor • **he had a relapse and his fever returned with a vengeance** sufrió una recaída y la fiebre le volvió más alta que nunca.

vengeful /ˈvendʒfʊl/ *adj* vengativo -va.

venison /ˈvenɪsn/ *n* (carne *f* de) venado *m*.

venom /ˈvenəm/ *n* **1.** (*of snakes*) veneno *m*. **2.** (*spite*) ponzoña *f*, veneno *m*: **there was real venom in her comments** sus comentarios fueron realmente ponzoñosos.

venomous /ˈvenəməs/ *adj* **1.** (*poisonous*) venenoso -sa. **2.** (*spiteful*) ponzoñoso -sa, venenoso -sa.

vent /vent/ **I** *n* **1.** (*in garment*) abertura *f*. **2.** (*for ventilation: grille*) rejilla *f* de ventilación; (*: hole, pipe*) ventilador *m*, respiradero *m* • **she wanted to give vent to her feelings** quería desahogarse.
II *vt* [**vents, venting, vented**] (*frustration*) desahogar: **she vented her anger** *on* **her secretary** descargó su ira en su secretaria, se desquitó con su secretaria.

ventilate /ˈventɪleɪt/ *vt* [**ventilates, ventilating, ventilated**] ventilar.

ventilation /ventɪˈleɪʃən/ *n* ventilación *f*.

ventilator /ˈventɪleɪtə/ *n* **1.** (*for room, building*) ventilador *m*. **2.** (*Med*) respirador *m* (artificial).

ventriloquism /venˈtrɪləkwɪzəm/ *n* ventriloquia *f*.

ventriloquist /venˈtrɪləkwɪst/ *n* ventrílocuo -cua *m/f*.

venture /ˈventʃə/ **I** *n* (*enterprise*) empresa *f*; (*in business*) operación *f*.
II *vt* [**ventures, venturing, ventured**]: **she didn't venture an opinion** no expresó su opinión; **is it plugged in? he ventured** ¿está enchufado? se aventuró a decir.
♦*vi* (*to dare to go*): **they ventured** *into* **the woods** se aventuraron * se atrevieron a adentrarse en el bosque; **after several hours we ventured** *out of* **our hiding place** después de varias horas nos aventuramos * nos atrevimos a salir de nuestro escondite.

venue /ˈvenjuː/ *n* lugar *m*: **the meeting was held at a secret venue** la reunión se celebró en un lugar secreto.

Venus /ˈviːnəs/ *n* Venus *m*.

veranda, **verandah** /vəˈrændə/ *n* veranda *f*, porche *m*.

verb /vɜːb/ *n* verbo *m*.

verbal /ˈvɜːbəl/ *adj* verbal: **we have a verbal agreement** tenemos un acuerdo verbal * de palabra.

verbally /ˈvɜːbəlɪ/ *adv* (*to agree*) verbalmente.

verbatim /vɜːˈbeɪtɪm/ **I** *adv* textualmente, palabra por palabra: **he repeated what she said verbatim** repitió textualmente * palabra por palabra lo que ella dijo.
II *adj* literal: **she gave a verbatim account of their conversation** nos hizo un relato literal de su conversación.

verbose /vɜːˈbəʊs/ *adj* (*speech, report*) prolijo -ja.

verdict /ˈvɜːdɪkt/ *n* **1.** (*in court*) veredicto *m*: **the jury returned a verdict of guilty/not guilty** el jurado declaró culpable/inocente al acusado. **2.** (*opinion*) opinión *f*, juicio *m*: **what's your verdict** *on* **the new coffee?** ¿qué te parece * qué opinión te merece el nuevo café?

verge /vɜːdʒ/ *n* **1.** (*edge*) borde *m*: **she was** *on* **the verge of going mad** estaba al borde de la locura; **the poor boy was** *on* **the verge of tears** el pobre niño estaba a punto de echarse a llorar. **2.** (*GB: of road*) arcén *m*.
to **verge on** *vt* [**verges, verging, verged**] rayar en: **his bravery verged on recklessness** su valentía rayaba en la imprudencia.

verification /verɪfɪˈkeɪʃən/ *n* (*check*) verificación *f*, comprobación *f*; (*proof*) corroboración *f*, confirmación *f*.

verify /ˈverɪfaɪ/ *vt* [**verifies, verifying, verified**] (*to check*) verificar, comprobar; (*to prove the truth of*) corroborar, confirmar.

veritable /ˈverɪtəbəl/ *adj* auténtico -ca.

vermin /ˈvɜːmɪn/ *n pl*: *cualquier insecto o animal dañino*: **foxes are vermin to the farmer** para el granjero los zorros son alimañas.

vermouth /ˈvɜːməθ/ *n* vermú *m*.

vernacular /vəˈnækjʊlə/ *n* lengua *f* vernácula.

verruca /vəˈruːkə/ *n* verruga *f*.

versatile /ˈvɜːsətaɪl/ *adj* (*person*) polifacético -ca, versátil; (*utensil*) versátil.
versatility /vɜːsəˈtɪlətɪ/ *n* versatilidad *f*.
verse /vɜːs/ *n* **1.** (*poetry*) verso *m*: **the message was written** *in* **verse** el mensaje estaba escrito en verso. **2.** (*stanza*) estrofa *f*; (*Mus*) estrofa *f*: **sing the second verse again** canta la segunda estrofa otra vez. **3.** (*in the Bible*) versículo *m*.
versed /vɜːst/ *adj* versado -da: **he is (well) versed** *in* **Italian history** es muy versado en historia italiana.
version /ˈvɜːʃən/ *n* **1.** (*gen*) versión *f*: **I've heard several versions of that story** he oído varias versiones de esa historia; (*Auto*) modelo *m*. **2.** (*adaptation*) versión *f*: **in the film version, the hero doesn't die** en la versión cinematográfica el héroe no muere.
versus /ˈvɜːsəs/ *prep* **1.** (*Sport*) contra, versus. **2.** (*Law*) contra.
vertebra /ˈvɜːtɪbrə/ *n* [*pl* **vertebrae** /ˈvɜːtɪbriː/] vértebra *f*.
vertebrate /ˈvɜːtɪbrət/ *n* vertebrado *m*.
vertical /ˈvɜːtɪkəl/ **I** *adj* vertical.
II *n* línea *f* vertical.
vertically /ˈvɜːtɪkəlɪ/ *adv* verticalmente.
vertigo /ˈvɜːtɪgəʊ/ *n* vértigo *m*.
very /ˈverɪ/ **I** *adv* **1.** (*to a large degree*) muy: **he's very tired** está cansadísimo ✱ muy cansado; **"Was it painful?" "Yes, very."** "¿Te dolió?" "Sí, mucho." **2.** (*for emphasis*): **this is the very last time I'm going to help you** ésta sí que es la última vez que te voy a ayudar; **one day I'd like to have my very own swimming pool** me gustaría tener mi propia piscina algún día; **we'll arrive at nine o'clock at the very latest** llegaremos a las nueve a más tardar; **that's the very same suitcase I bought** ésa es exactamente la misma maleta que yo compré; **it happened on the very same day** ocurrió el mismísimo día.
II *adj* (*exact*): **she arrived at the very end** llegó justo al final; **the very person I wanted to see!** ¡justo la persona a quien quería ver!; **does it have to be at this very moment?** ¿tiene que ser en este preciso ✱ mismo momento?
vespers /ˈvespəz/ *n pl* vísperas *f pl*.
vessel /ˈvesəl/ *n* **1.** (*ship*) barco *m*, navío *m*. **2.** (*Anat*) vaso *m*. **3.** (*receptacle*) vasija *f*, recipiente *m*.
vest /vest/ *n* **1.** (*GB*: *undergarment*) camiseta *f*. **2.** (*US*: *waistcoat*) chaleco *m*.
vested /ˈvestɪd/ *adj*: **he abused the power vested** *in* **him by the Church** abusó del poder que la iglesia le había otorgado ✱ conferido.
vested interest *n* interés *m* personal: **they have a vested interest in promoting diets** tienen un interés personal en promocionar los regímenes de adelgazamiento • **there are vested interests which prevent the government from taking measures** hay intereses creados que impiden que el gobierno tome medidas.
vestibule /ˈvestɪbjuːl/ *n* (*frml*) vestíbulo *m*.
vestige /ˈvestɪdʒ/ *n* vestigio *m*.
vestry /ˈvestrɪ/ *n* [**vestries**] sacristía *f*.
vet /vet/ **I** *n* (*apócope de* **veterinary surgeon**) veterinario -ria *m/f*.
II *vt* [**vets, vetting, vetted**] (*prospective employee*) investigar los antecedentes de.
veteran /ˈvetərən/ *adj*, *n* veterano -na *adj*, *m/f*.
veteran car *n* coche *m* antiguo.
veterinarian /ˌvetərɪˈneərɪən/ *n* (*US*) veterinario -ria *m/f*.
veterinary /ˈvetɪnrɪ/ *adj* veterinario -ria.
veterinary surgeon *n* (*GB*: *frml*) veterinario -ria *m/f*.
veto /ˈviːtəʊ/ **I** *n* [**vetoes**] veto *m*: **the President has the right of veto** el Presidente tiene el derecho de veto.
II *vt* [**vetoes, vetoing, vetoed**] vetar: **the chairman vetoed their decision** el presidente vetó su decisión.
vexed /vekst/ *adj* (*angry*) enfadado -da, enojado -da; (*irritated*) molesto -ta: **she was vexed to find they had left without her** se molestó al darse cuenta de que se habían ido sin ella.
VHF /viːeɪtʃˈef/ (*abreviatura de* **very high frequency**) VHF (*frecuencia muy alta*).
via /ˈvaɪə/ *prep*: **they are going to Australia via Thailand** van a ir a Australia vía Tailandia; **can we go via the shop?** ¿de camino podemos pasar por la tienda?; **I sent them a message via Christina** les mandé un recado por medio ✱ mediación de Christina.
viability /vaɪəˈbɪlətɪ/ *n* (*of plan, idea*) viabilidad *f*.
viable /ˈvaɪəbəl/ *adj* viable.
viaduct /ˈvaɪədʌkt/ *n* viaducto *m*.
vibrant /ˈvaɪbrənt/ *adj* **1.** (*voice, atmosphere*) vibrante. **2.** (*colour, light*) brillante.
vibrate /vaɪˈbreɪt/ *vi* [**vibrates, vibrating, vibrated**] vibrar.
vibration /vaɪˈbreɪʃən/ *n* vibración *f*.
vicar /ˈvɪkə/ *n* (*in Anglican churches*) párroco *m/f*; (*in the Roman Catholic Church*) vicario *m*.
vicarage /ˈvɪkərɪdʒ/ *n* casa *f* del párroco (*anglicano*).
vice /vaɪs/ *n* **1.** (*of behaviour*) vicio *m*. **2.** (*GB*: *tool*) torno *m* de banco.
vice squad *n* brigada *f* antivicio.
vice chancellor /vaɪsˈtʃɑːnsələ/ *n* (*GB*: *Educ*) rector -tora *m/f*.
vice president /vaɪsˈprezɪdənt/ *n* vicepresidente -ta *m/f*.
vice versa /ˈvaɪsə ˈvɜːsə/ *adv* viceversa.
vicinity /vɪˈsɪnətɪ/ *n* inmediaciones *f pl*, alrededores *m pl*: **police searched all buildings** *in* **the vicinity** la policía registró todos los edificios de las inmediaciones ✱ de los alrededores.
vicious /ˈvɪʃəs/ *adj* (*attack*) brutal, feroz; (*comment*) malicioso -sa; (*murder*) sanguinario -ria.
vicious circle *n* círculo *m* vicioso.
viciously /ˈvɪʃəslɪ/ *adv* (*brutally*) brutalmente; (*nastily*) maliciosamente.
viciousness /ˈvɪʃəsnəs/ *n* (*violence*) brutalidad *f*; (*nastiness*) maldad *f*.
victim /ˈvɪktɪm/ *n* víctima *f*: **he's a victim of circumstance** es una víctima de las circunstancias; **she was the victim of an elaborate fraud** fue víctima de un intrincado fraude; **the Red Cross is helping the earthquake victims** la Cruz Roja está ayudando a los damnificados por el terremoto.
victimization /vɪktɪmaɪˈzeɪʃən/ *n* trato *m* injusto, discriminación *f*.
victimize /ˈvɪktɪmaɪz/ *vt* [**victimizes, victimizing, victimized**] discriminar, tratar injustamente.
victor /ˈvɪktə/ *n* triunfador -dora *m/f*.
Victorian /vɪkˈtɔːrɪən/ *adj*, *n* victoriano -na *adj*, *m/f* (*de la época de la Reina Victoria, 1837-1901*): **they accused him of being too Victorian** lo acusaron de mojigatería.
victorious /vɪkˈtɔːrɪəs/ *adj* victorioso -sa.
victory /ˈvɪktərɪ/ *n* [**victories**] victoria *f*, triunfo *m*.
video /ˈvɪdɪəʊ/ **I** *n* **1.** (*technique, recording*) vídeo *m*, (*Amér L*) video *m*: **this film is out** *on* **video** esta

película está en vídeo; **they've got their wedding** *on* **video** tienen un vídeo de su boda. **2.** (*también* **video cassette**) (*tape*) cinta *f* (de vídeo), videocasete *m*: **why don't we get out a video?** ¿por qué no vamos a buscar un vídeo? **3.** (*también* **video recorder**) (*machine*) vídeo *m*, magnetoscopio *m*.
II *vt* [**videos, videoing, videoed**] (*event*) hacer un vídeo de: **my uncle videoed the ceremony** mi tío hizo un vídeo de la ceremonia; (*television programme*) grabar (en vídeo): **did you video that documentary for me?** ¿me grabaste ese documental?
video camera *n* cámara *f* de vídeo * (*Amér L*) de video.
video game *n* videojuego *m*.
video shop *n* videoclub *m*.
video tape *n* cinta *f* de vídeo * (*Amér L*) de video.

vie /vaɪ/ *vi* [**vies, vying, vied**] competir: **he was always vying** *with* **his sister** *for* **their parents' attention** siempre competía * rivalizaba con su hermana por la atención de sus padres.

Vietnam /vɪet'næm/ *n* Vietnam *m*.

Vietnamese /vɪetnə'mi:z/ **I** *adj* vietnamita.
II *n* **1.** [*pl* **Vietnamese**] (*person*) vietnamita *m/f*. **2.** (*language*) vietnamita *m*.
III the Vietnamese *n pl* los vietnamitas.

view /vju:/ **I** *n* **1.** (*panorama*) panorama *m*, vista *f*: **you get wonderful views from the top of the tower** se ven maravillosos panoramas desde lo alto de la torre; **we'd like a room with a view** *of* **the hills** quisiéramos una habitación con vista a las colinas. **2.** (*vision*): **you're blocking my view** no me dejas ver; **then the coastline came into view** entonces pudimos ver la costa; **he went through a red light in full view of the police** se saltó un semáforo en rojo delante de la policía; **we didn't have a good view of the stage** no veíamos bien el escenario; **the house is hidden from view by the trees** la casa queda oculta por los árboles; **the hunters kept their prey** *in* **view** los cazadores no perdían de vista a su presa. **3.** (*belief*) opinión *f*, parecer *m*: **what is your view** *on* **the matter?** ¿cuál es su opinión * parecer sobre el tema?; *in* **my view, we'd be better off accepting his offer** en mi opinión, nos convendría aceptar su oferta; **they take the view that...** son de la opinión de que.... **4.** (*exhibition*): **the painting is** *on* **view at the National Gallery** la obra está expuesta en la National Gallery. **5.** (*in phrases*): **I made some pots** *with* **a view** *to* **selling them** hice unas piezas de cerámica con miras a venderlas; *in* **view** *of* **recent events, I feel it would be best if we postponed the meeting** en vista de los acontecimientos recientes, creo que lo mejor sería posponer la reunión.
II *vt* [**views, viewing, viewed**] **1.** (*to look at, inspect*) ver: **several people have already been to view the house** han ido ya varias personas a ver la casa. **2.** (*to consider*) ver: **how do you view your future with this company?** ¿cómo ve su futuro con esta compañía?; **do you view that** *as* **a problem?** ¿lo ves como un problema?
viewfinder *n* visor *m* de imagen.
viewpoint *n* punto *m* de vista.

viewer /'vju:ə/ *n* televidente *m/f*, telespectador -dora *m/f*.

vigil /'vɪdʒɪl/ *n* vela *f*, vigilia *f*.

vigilant /'vɪdʒɪlənt/ *adj* (*frml*) vigilante, alerta.

vigilante /vɪdʒɪ'læntɪ/ *n*: *miembro de un grupo no oficial de lucha contra la delincuencia.*

vigorous /'vɪgərəs/ *adj* (*growth*) vigoroso -sa; (*exercise*) enérgico -ca; (*campaign*) enérgico -ca.

vigorously /'vɪgərəslɪ/ *adv* vigorosamente, enérgicamente: **we vigorously opposed the move** nos opusimos vigorosamente a la acción.

vigour, (*US*) **vigor** /'vɪgə/ *n* vigor *m*, energía *f*.

Viking /'vaɪkɪŋ/ *adj*, *n* vikingo -ga *adj*, *m/f*.

vile /vaɪl/ *adj* **1.** (*person*) vil, despreciable; (*act*) vil. **2.** (*fam: very unattractive*) horroroso -sa: **that carpet is vile** esa alfombra es horrorosa.

villa /'vɪlə/ *n* casa *f* de campo, villa *f*.

village /'vɪlɪdʒ/ *n* (*small*) aldea *f*; (*larger*) pueblo *m*.
village green *n*: *prados comunales de un pueblo.*

villager /'vɪlɪdʒə/ *n* (*gen*) habitante *m/f* del pueblo; (*of small village*) aldeano -na *m/f*.

villain /'vɪlən/ *n* **1.** (*wicked person*) malvado -da *m/f*; (*criminal*) maleante *m/f*. **2.** (*in book, play, film*) malo -la *m/f*, villano -na *m/f*.

vinaigrette /vɪnɪ'gret/ *n* vinagreta *f*.

vindicate /'vɪndɪkeɪt/ *vt* [**vindicates, vindicating, vindicated**] reivindicar: **they felt they had been vindicated** sintieron que habían quedado reivindicados.

vindication /vɪndɪ'keɪʃən/ *n* reivindicación *f*.

vindictive /vɪn'dɪktɪv/ *adj* vengativo -va.

vindictively /vɪn'dɪktɪvlɪ/ *adv* vengativamente.

vine /vaɪn/ *n* (*gen*) vid *f*; (*on a trellis*) parra *f*.

vinegar /'vɪnɪgə/ *n* vinagre *m*.

vineyard /'vɪnjɑ:d/ *n* viña *f*, viñedo *m*.

vintage /'vɪntɪdʒ/ **I** *n* (*grape harvest*) vendimia *f*, cosecha *f*: **1975 was a particularly good vintage** la de 1975 fue una cosecha particularmente buena.
II *adj* **1.** (*wine*) añejo -ja: **vintage port** oporto añejo. **2.** (*classic: book, film*) clásico -ca.
vintage car *n* coche *m* antiguo.

vinyl /'vaɪnɪl/ *n* vinilo *m*.

viola /vɪ'əʊlə/ *n* (*instrument*) viola *f*; (*player*) viola *m/f*.

violate /'vaɪəleɪt/ *vt* [**violates, violating, violated**] (*law, agreement, right*) violar; (*sacred place*) profanar.

violation /vaɪə'leɪʃən/ *n* (*of law, agreement, right*) violación *f*; (*of sacred place*) profanación *f*.

violence /'vaɪələns/ *n* violencia *f*: **they were surprised by the violence of his reaction** se sorprendieron por la violencia de su reacción.

violent /'vaɪələnt/ *adj* **1.** (*person, storm, etc.*) violento -ta. **2.** (*dislike, pain*) intenso -sa: **he has a violent dislike of spiders** les tiene manía a las arañas.

violently /'vaɪələntlɪ/ *adv* (*to respond, act*) violentamente: **he was violently sick** tuvo fuertes vómitos.

violet /'vaɪəlɪt/ **I** *n* **1.** (*plant, flower*) violeta *f*. **2.** (*colour*) (color *m*) violeta *m*.
II *adj* de color violeta, violeta *adj inv*.

violin /vaɪə'lɪn/ *n* (*instrument*) violín *m*; (*player*) violín *m/f*.

violinist /vaɪə'lɪnɪst/ *n* violinista *m/f*, violín *m/f*.

VIP /vi:aɪ'pi:/ *n* (*abreviatura de* **very important person**) vip *m/f*.

viper /'vaɪpə/ *n* víbora *f*.

viral /'vaɪrəl/ *adj* (*infection*) vírico -ca, viral.

virgin /'vɜ:dʒɪn/ **I** *n* **1.** (*person*): **he/she was a virgin when he/she got married** era virgen cuando se casó. **2. the Virgin (Mary)** (*Relig*) la Virgen (María).
II *adj* virgen.

virginity /vɜ:'dʒɪnətɪ/ *n* virginidad *f*.

Virgo /'vɜ:gəʊ/ *n* **1.** (*star sign*) Virgo *m*. **2.** (*person*) virgo *m/f inv*. ⇨ Aquarius

Virgoan /vɜ:'gəʊən/ *n* virgo *m/f inv*. ⇨ Aquarian

virile /'vɪraɪl/ *adj* viril.

virility /vɪ'rɪlətɪ/ *n* virilidad *f*.

virtual /ˈvɜːtʃʊəl/ *adj* **1.** (*gen*): **this led to the virtual collapse of the economy** esto llevó prácticamente al colapso de la economía; **the employees are virtual slaves** los empleados son prácticamente esclavos; **he was a virtual prisoner in his own home** estaba de hecho prisionero en su propia casa. **2.** (*Inform*) virtual.
virtual reality *n* realidad *f* virtual.

virtually /ˈvɜːtʃʊəlɪ/ *adv* (*practically*) prácticamente: **his novel is virtually complete** su novela está prácticamente terminada.

virtue /ˈvɜːtʃuː/ *n* (*quality*) virtud *f*; (*advantage*) ventaja *f*: **she got the job** *by* **virtue** *of* **her connections** consiguió el trabajo en virtud de sus conexiones.

virtuoso /vɜːtʃʊˈəʊzəʊ/ *n* (*Mus*) virtuoso -sa *m/f*.

virtuous /ˈvɜːtʃʊəs/ *adj* virtuoso -sa.

virulence /ˈvɪrʊləns/ *n* (*of disease, criticism*) virulencia *f*.

virulent /ˈvɪrʊlənt/ *adj* (*disease, criticism*) virulento -ta: **the Prime Minister launched a virulent attack on the opposition** el Primer Ministro lanzó un virulento ataque contra la oposición.

virus /ˈvaɪrəs/ *n* [**viruses**] virus *m inv*.

visa /ˈviːzə/ *n* visado *m*, (*Amér L*) visa *f*.

vis-à-vis /vɪzɑːˈviː/ *prep* (*frml*) **1.** (*regarding*) con respecto a, respecto a: **vis-à-vis the situation in Guatemala, there's been no change** con respecto a la situación en Guatemala, no ha habido ningún cambio. **2.** (*in comparison with*) en relación con, en comparación con: **he is at a disadvantage vis-à-vis his classmates** está en una situación de desventaja en relación con sus compañeros.

viscose /ˈvɪskəʊs/ *n* viscosa *f*.

viscount /ˈvaɪkaʊnt/ *n* vizconde *m*.

viscountess /ˈvaɪkaʊntes/ *n* [**viscountesses**] vizcondesa *f*.

viscous /ˈvɪskəs/ *adj* viscoso -sa.

vise /vaɪs/ *n* (*US*) torno *m* de banco.

visibility /vɪzəˈbɪlətɪ/ *n* visibilidad *f*.

visible /ˈvɪzəbəl/ *adj* (*gen*) visible: **the rocks are visible at low tide** las rocas se ven cuando la marea está baja; **it is just visible to the naked eye** es apenas visible a simple vista; (*obvious*) obvio -via: **there is no visible solution to the problem** no hay una solución obvia al problema; **her disappointment was visible** su decepción era obvia ∗ evidente; (*tangible*): **they are the visible result of EU policy** son los resultados palpables de la política de la UE.

visibly /ˈvɪzəblɪ/ *adv* visiblemente.

vision /ˈvɪʒən/ *n* **1.** (*eyesight*) visión *f*, vista *f*: **he lost the vision in his left eye** perdió la visión del ojo izquierdo. **2.** (*far-sightedness*) visión *f* (de futuro): **he was a leader of great vision** fue un líder con gran visión de futuro; (*dream, hallucination*) visión *f* • **I had visions of you getting lost in town** ya te imaginaba perdido en el centro.

visionary /ˈvɪʒənərɪ/ *n* [**visionaries**] visionario -ria *m/f*.

visit /ˈvɪzɪt/ **I** *n* visita *f*: **we paid them a visit when we were in Springfield** los visitamos ∗ les hicimos una visita cuando estuvimos en Springfield; **he was in England** *on* **a private visit** estaba de visita privada en Inglaterra.
II *vt* [**visits, visiting, visited**] (*person*) visitar, ir a ver: **I visited her in jail** la visité en la cárcel ∗ la fui a ver a la cárcel; (*place*) visitar: **have you visited the Metropolitan Museum?** ¿has visitado el Metropolitan Museum?

visiting /ˈvɪzɪtɪŋ/ *adj* (*football team*) visitante.
visiting hours *n pl* horas *f pl* de visita.
visiting professor *n* profesor *m* invitado, profesora *f* invitada (*al que se invita a dar un curso en otra universidad*).

visitor /ˈvɪzɪtə/ *n* (*to home, office, etc.*) visita *f*: **you've got a visitor** tienes visita; **our visitors are arriving tomorrow** las personas que vienen a visitarnos llegan mañana; (*to social occasion*) invitado -da *m/f*: **we have visitors coming this evening** tenemos invitados esta tarde; (*to exhibition, etc.*) visitante *m/f*.
visitors' book *n* libro *m* de visitas.

visor /ˈvaɪzə/ *n* (*gen*) visera *f*; (*in a car*) visera *f*, parasol *m*.

vista /ˈvɪstə/ *n* vista *f*, panorama *m*.

visual /ˈvɪʒʊəl/ *adj* visual.
visual aid *n* (*Educ*) medio *m* visual.
visual arts *n pl* artes *f pl* plásticas ∗ visuales.
visual display unit *n* unidad *f* de representación visual, monitor *m*.

visualize /ˈvɪʒʊəlaɪz/ *vt* [**visualizes, visualizing, visualized**] imaginar(se), visualizar.

visually /ˈvɪʒʊəlɪ/ *adv* visualmente.

vital /ˈvaɪtəl/ *adj* **1.** (*crucial: factor*) (de importancia) vital, de fundamental importancia: **it is vital that I arrive tomorrow** para mí es (de importancia) vital llegar mañana; **your cooperation is vital** *to* **our investigation** su cooperación es de vital importancia para nuestra investigación; (*: moment*) crítico -ca. **2.** (*essential: supplies*) esencial; (*: organ*) vital. **3.** (*frml: full of life*) vital, lleno -na de vida.
vital statistics *n pl* **1.** (*of population*) estadísticas *f pl* demográficas. **2.** (*fam: of woman*) medidas *f pl*.

vitality /vaɪˈtælətɪ/ *n* vitalidad *f*.

vitally /ˈvaɪtəlɪ/ *adv*: **I have some vitally important information for you** tengo información de vital importancia para usted; **it is vitally important that you tell him** es de vital importancia que se lo digas.

vitamin /ˈvɪtəmɪn/ *n* vitamina *f*: **milk with added vitamins** leche enriquecida con vitaminas; **she was suffering from vitamin deficiency** tenía carencias vitamínicas.

vitreous /ˈvɪtrɪəs/ *adj* vítreo -trea.

vitriolic /vɪtrɪˈɒlɪk/ *adj* (*satire, attack*) virulento -ta.

vivacious /vɪˈveɪʃəs/ *adj* vivaz.

vivacity /vɪˈvæsətɪ/ *n* vivacidad *f*.

vivid /ˈvɪvɪd/ *adj* **1.** (*colour*) vivo -va. **2.** (*description, account, memory*) vívido -da. **3.** (*imagination*) fértil.

vivisection /vɪvɪˈsekʃən/ *n* vivisección *f*.

vixen /ˈvɪksən/ *n* (*Zool*) zorra *f*.

viz /vɪz/ *adv* (*frml*) a saber.

V-neck /ˈviːnek/ **I** *n* suéter *m* ∗ jersey *m* de cuello en pico ∗ de escote en pico.
II *adj* (*también* **V-necked**): **a V-neck sweater** un suéter ∗ un jersey de cuello en pico ∗ de escote en pico.

vocabulary /vəʊˈkæbjʊlərɪ/ *n* [**vocabularies**] vocabulario *m*.

vocal /ˈvəʊkəl/ *adj* **1.** (*Anat*) vocal. **2.** (*fam: outspoken*) vehemente: **he's always been quite vocal** *about* **gay rights** siempre ha sido muy vehemente en su defensa de los derechos de los gays.
vocal cords *n pl* cuerdas *f pl* vocales.

vocalist /ˈvəʊkəlɪst/ *n* cantante *m/f*, vocalista *m/f*.

vocation /vəʊˈkeɪʃən/ *n* vocación *f*: **he has a vocation** *for* **teaching** tiene vocación de maestro.

vocational /vəʊ'keɪʃənəl/ *adj* (*gen*) vocacional; (*course*) de formación profesional.
vocational training *n* formación *f* profesional.
vocative /'vɒkətɪv/ (*Ling*) **I** *adj* vocativo -va.
II *n* vocativo *m*.
vociferous /vəʊ'sɪfərəs/ *adj* vociferante: **they were vociferous in their demands** expresaron sus exigencias a voz en cuello.
vodka /'vɒdkə/ *n* vodka *m*.
vogue /vəʊg/ *n* moda *f*: **the miniskirt is** ***in*** **vogue once again** la minifalda está de moda * en boga otra vez.
voice /vɔɪs/ **I** *n* **1.** (*sound*) voz *f*: **there's no need to raise your voice** no hace falta que levantes la voz; **he spoke** ***in*** **a loud, clear voice** habló con voz alta y clara; **keep your voice down, Susie** baja la voz, Susie; **the teacher had lost her voice** la profesora estaba afónica; **he gave voice** ***to*** **his innermost thoughts** expresó sus pensamientos más íntimos. **2.** (*opinion*) voz *f*: **do I have a voice** ***in*** **the matter?** ¿yo tengo voz en el asunto? **3.** (*Ling*) voz *f*.
II *vt* [**voices, voicing, voiced**] (*to make known*) expresar: **several people have voiced their concern** varias personas han expresado su preocupación.
void /vɔɪd/ **I** *adj* **1.** (*Law*) nulo -la, inválido -da: **the contract was declared void** el contrato se declaró nulo. **2.** (*frml*: *empty*): **I feel as if my life is void** ***of*** **all meaning** siento como si mi vida careciera de sentido * estuviera desprovista de todo significado.
II *n* (*empty space, sense of loss*) vacío *m*.
vol. *léase* /'vɒlju:m/ (*abreviatura de* **volume**) (*book*) t. (tomo); (*quantity*) vol. (volumen).
volatile /'vɒlətaɪl/ *adj* (*gas*) volátil; (*temper*) voluble.
vol-au-vent /'vɒləvɒn/ *n* volován *m*, vol-au-vent *m*.
volcanic /vɒl'kænɪk/ *adj* volcánico -ca.
volcano /vɒl'keɪnəʊ/ *n* [**volcanos** * **volcanoes**] volcán *m*.
volition /vɒ'lɪʃən/ *n* (*frml*) voluntad *f*.
volley /'vɒlɪ/ *n* **1.** (*of gunshots*) descarga *f* (cerrada). **2.** (*in tennis*) volea *f*. **3.** (*of insults*) sarta *f*.
volleyball /'vɒlɪbɔ:l/ *n* voleibol *m*, balonvolea *m*.
volt /vəʊlt/ *n* voltio *m*.
voltage /'vəʊltɪdʒ/ *n* voltaje *m*.
voluble /'vɒljʊbəl/ *adj* locuaz.
volume /'vɒlju:m/ *n* **1.** (*loudness, capacity, quantity*) volumen *m*: **turn the volume down** baja el volumen; **we're hoping to increase the volume of sales** esperamos aumentar el volumen de ventas. **2.** (*book*) tomo *m*, volumen *m*: **an encyclopedia in ten volumes** una enciclopedia en diez tomos.
voluminous /və'lu:mɪnəs/ *adj* voluminoso -sa.
voluntarily /vɒlən'terəlɪ/ *adv* voluntariamente.
voluntary /'vɒləntərɪ/ *adj* voluntario -ria.
voluntary organization *n* organización *f* benéfica.
voluntary work *n* trabajo *m* voluntario.
volunteer /vɒlən'tɪə/ **I** *n* voluntario -ria *m/f*.
II *vt* [**volunteers, volunteering, volunteered**] (*to offer*) ofrecer: **she is always volunteering advice** siempre está ofreciendo consejos.
♦*vi* ofrecerse: **I asked for help, but no one volunteered** pedí ayuda, pero nadie se ofreció; **he volunteered** ***for*** **that job** se ofreció voluntario para hacer ese trabajo; **he volunteered to take them to the airport** se ofreció a llevarlos al aeropuerto.
voluptuous /və'lʌptjʊəs/ *adj* voluptuoso -sa.
vomit /'vɒmɪt/ **I** *n* vómito *m*.
II *vt/i* [**vomits, vomiting, vomited**] vomitar.
voracious /vɒ'reɪʃəs/ *adj* (*frml*) voraz.
vortex /'vɔ:teks/ *n* [**vortexes** * **vortices** /'vɔ:tɪsi:z/] vórtice *m*.
vote /vəʊt/ **I** *vi* [**votes, voting, voted**] votar: **I would never vote** ***for*** **Martin** jamás votaría a * por Martin; **I voted** ***against*** **the idea** voté en contra de la idea; **MPs are voting** ***on*** **the proposal today** la propuesta se someterá a votación en la Cámara de los Comunes hoy; **they voted to go on strike** votaron (por) ir a la huelga.
♦*vt* (*candidate*) votar por, votar: **he always votes Labour** siempre vota a * por los laboristas; **he was voted** ***in*** **by a huge majority** fue elegido por una enorme mayoría.
II *n* **1.** (*individual choice*) voto *m*, sufragio *m*: **he was the candidate who received most votes** fue el candidato más votado; (*right to vote*) derecho *m* de * al voto, sufragio *m*. **2.** (*act of voting*) votación *f*: **when will we know the outcome of the vote?** ¿cuándo se dará a conocer el resultado de la votación?; **we should take a vote** ***on*** **this matter** deberíamos someter este asunto a votación.
vote of censure *n* [**votes of censure**] voto *m* de censura.
vote of confidence *n* [**votes of confidence**] voto *m* de confianza: **there was a vote of no confidence** ***in*** **the government** hubo un voto de censura contra el gobierno.
voter /'vəʊtə/ *n* votante *m/f*.
voucher /'vaʊtʃə/ *n* vale *m*.
vouch for /vaʊtʃ fɔ:/ *vt* [**vouches, vouching, vouched**] (*person*) responder por: **the boy's teacher vouched for him** el profesor del chico respondió por él; (*fact*) dar fe de: **I can vouch for his reliability as a witness** doy fe de que es un testigo digno de confianza.
vow /vaʊ/ **I** *n* (*promise*) voto *m*: **he had taken a vow of celibacy** había hecho un voto de celibato; **he made a vow to go to church every Sunday** prometió ir a la iglesia todos los domingos.
II *vt* [**vows, vowing, vowed**] (*to swear*) jurar: **she vowed that she would look after them** juró que cuidaría de ellos.
vowel /'vaʊəl/ *n* vocal *f*.
voyage /'vɔɪɪdʒ/ *n* viaje *m*, travesía *f*.
voyager /'vɔɪɪdʒə/ *n* viajero -ra *m/f*, navegante *m/f*.
vs *léase* /'vɜ:səs/ ➪ v.
VSO /vi:es'əʊ/ *n* (*abreviatura de* **Voluntary Service Overseas**) *organización que envía jóvenes a trabajar como voluntarios en países en vías de desarrollo.*
VTR /vi:ti:'ɑ:/ *n* (*abreviatura de* **video tape recorder**) vídeo *m*, (*Amér L*) video *m*.
vulgar /'vʌlgə/ *adj* **1.** (*coarse, rude*) ordinario -ria, grosero -ra: **must you be so vulgar?** ¿hace falta ser tan ordinario? **2.** (*tasteless*) de mal gusto.
vulgarity /vʌl'gærətɪ/ *n* **1.** (*coarse behaviour*) ordinariez *f*, grosería *f*. **2.** (*unrefined taste*) mal gusto *m*.
vulnerability /vʌlnərə'bɪlətɪ/ *n* vulnerabilidad *f*.
vulnerable /'vʌlnərəbəl/ *adj* vulnerable: **during the treatment, the body is vulnerable** ***to*** **infections** durante el tratamiento el cuerpo es vulnerable a las infecciones.
vulture /'vʌltʃə/ *n* **1.** (*European bird*) buitre *m*. **2.** (*American bird*) aura *f* [takes ***el*** or ***un*** in singular].
vying /'vaɪɪŋ/ *gerundio de* ➪ vie

W

W, **w** /ˈdʌbəlju:/ *n* (*letter*) W, w *f*; (*name of letter*) uve *f* doble.

W 1. *léase* /west/ (*abreviatura de* **West**) O (Oeste). 2. *léase* /ˈwestən/ (*abreviatura de* **Western**) del oeste, occidental. 3. *léase* /wɒt/ (*abreviatura de* **Watt**) W (vatio): **I bought 100W bulbs** compré bombillas de 100 vatios.

wad /wɒd/ *n* 1. (*of cotton wool*) trozo *m*. 2. (*of notes*) fajo *m*: **he pulled a wad of twenty pound notes from his pocket** sacó un fajo de billetes de veinte libras del bolsillo; (*of papers*) taco *m*.

wadding /ˈwɒdɪŋ/ *n* (*for packing*) relleno *m*; (*in quilted garments, etc.*) guata *f*.

waddle /ˈwɒdəl/ I *vi* [**waddles, waddling, waddled**] andar como un pato.
II *n* andar *m* de pato.

wade /weɪd/ *vi* [**wades, wading, waded**] andar (*por el agua, etc.*): **he waded** *across* **the river** vadeó el río • **I've just waded through his last novel** acabo de terminar a duras penas su última novela.

wader /ˈweɪdə/ I *n* ave *f* zancuda [takes ***el*** or ***un*** in singular].
II **waders** *n pl* botas *f pl* altas (*de pescador*).

wafer /ˈweɪfə/ *n* 1. (*for ice cream*) barquillo *m* (*plano*); (*biscuit with filling*) *galleta de barquillo rellena de crema, etc.* 2. (*Relig*) hostia *f*.
wafer-thin *adj* delgadísimo -ma.

waffle /ˈwɒfəl/ I *n* 1. (*Culin*) *especie de barquillo*. 2. (*GB*: *fam, irrelevant nonsense*) paja *f*: **his speeches are full of waffle** sus discursos están llenos de paja.
II *vi* [**waffles, waffling, waffled**] (*GB*: *fam*) meter paja: **stop waffling and get to the point** déjate de palabrería y ve al grano.

waft /wɒft/ *vi* [**wafts, wafting, wafted**]: **snatches of a song wafted to us on the breeze** fragmentos de una canción nos llegaban con la brisa; **a delicious smell wafted** *in* **from the kitchen** llegaba un delicioso aroma de la cocina.
♦ *vt* llevar (*por el aire*): **the smoke was wafted away downriver** el viento se llevaba el humo río abajo.

wag /wæg/ I *vt* [**wags, wagging, wagged**] menear.
♦ *vi* menearse.
II *n* meneo *m*: **the dog always greets me with a wag of his tail** el perro siempre me saluda meneando el rabo.

wage /weɪdʒ/ I *vt* [**wages, waging, waged**] (*frml*) hacer: **they've been waging war** *on* **their neighbours for centuries** llevan siglos haciéndoles la guerra a sus vecinos.
II *n* (*también* **wages** *n pl*) sueldo *m*, salario *m*: **we all gave a day's wages * wage to the campaign** todos contribuimos con un jornal a la campaña; **he gets his wages on Fridays** cobra los viernes; **a fair wage** un salario justo.
wage claim *n* reivindicación *f* salarial.
wage earner *n* asalariado -da *m/f*: **there are four wage earners in the family** en la familia hay cuatro personas que trabajan.

wager /ˈweɪdʒə/ I *n* apuesta *f*.
II *vt* [**wagers, wagering, wagered**] apostar: **I'll wager twenty pounds we won't see her again** apuesto veinte libras a que no la volvemos a ver.

waggle /ˈwægəl/ *vt* [**waggles, waggling, waggled**] menear, mover.
♦ *vi* menearse, moverse.

wagon, **waggon** /ˈwægən/ *n* 1. (*GB*: *railway truck*) vagón *m*: **five goods wagons were derailed** descarrilaron cinco vagones de mercancías. 2. (*horse-drawn*) carro *m*, carromato *m*. 3. (*fam*: *lorry*) camión *m*; (*: van*) furgoneta *f*, camioneta *f* • **my brother's gone on the wagon** mi hermano ha dejado de beber.

waif /weɪf/ *n*: *niño abandonado o sin hogar*.

wail /weɪl/ I *vi* [**wails, wailing, wailed**] (*person*) gemir, llorar; (*wind*) aullar: **the wind was wailing outside** afuera aullaba el viento.
II *n* gemido *m*, lamento *m*.

waist /weɪst/ *n* cintura *f*, talle *m*.
waistline *n* cintura *f*, talle *m* • **he's watching his waistline** quiere guardar la línea.

waistcoat /ˈweɪstkəʊt/ *n* (*GB*) chaleco *m*.

wait /weɪt/ I *n* espera *f*: **they had over an hour's wait** tuvieron que esperar más de una hora; **I obtained my passport after a long wait** conseguí el pasaporte tras una larga espera • **they were lying in wait for me in the tunnel** me acechaban en el túnel.
II *vi* [**waits, waiting, waited**] esperar: **I've been waiting here for two hours** llevo dos horas esperando aquí; **did they keep you waiting for long?** ¿te hicieron esperar mucho?; **wait until Sylvia arrives** espera a * hasta que llegue Sylvia; **they repair it while you wait** te lo arreglan en el acto • **she can't wait to hear from him** no ve la hora de tener noticias suyas • **just you wait!** ¡tú ya vas a ver!
♦ *vt*: **you'll have to wait your turn** tendrás que esperar a que te toque a ti.
to **wait about * around** *vi* perder el tiempo esperando.
to **wait for** *vt* (*person, bus, train*) esperar: **nobody was waiting for her at the station** nadie la esperaba en la estación; **wait for me!** ¡espérame!; **let's wait for him to get back** esperemos a que vuelva.
to **wait on** *vt* atender.
to **wait up** *vi* quedarse levantado -da (*en espera de alguien*): **I told them not to wait up** *for* **me** les dije que no me esperaran levantados.

waiter /ˈweɪtə/ *n* camarero *m*, (*Amér C, Méx*) mesero *m*, (*Arg, Urug*) mozo *m*.

waiting /ˈweɪtɪŋ/ *n* (*gen*) espera *f*; (*on street sign*): **no waiting** prohibido estacionar.
waiting list *n* lista *f* de espera.
waiting room *n* sala *f* de espera.

waitress /ˈweɪtrəs/ *n* [**waitresses**] camarera *f*, (*Amér C, Méx*) mesera *f*, (*Arg, Urug*) moza *f*.

waive /weɪv/ *vt* [**waives, waiving, waived**] (*frml*: *a rule*) no aplicar; (*: a right*) renunciar a.

wake /weɪk/ **I** *n* **1.** (*of ship*) estela *f* • **the village was cut off in the wake of the storm** la aldea quedó aislada tras la tormenta. **2.** (*for the dead*) velatorio *m*, velorio *m*.
II *vi* [**wakes, waking, woke,** *participio pasado* **woken**] despertar, despertarse: **they woke to find the house on fire** al despertar(se) encontraron la casa en llamas.
♦*vt* despertar.
to **wake up** *vi* despertarse, despertar: **I kept waking up during the night** me desperté varias veces durante la noche • **she still hasn't woken up to what's going on** aún no se ha dado cuenta de lo que está sucediendo.
♦*vt* despertar: **she woke the children up** despertó a los niños.

wakeful /ˈweɪkfʊl/ *adj* (*person*) desvelado -da: **she spent another wakeful night waiting for him** pasó otra noche en vela esperándolo.

waken /ˈweɪkən/ *vt/i* [**wakens, wakening, wakened**] (*frml*) despertar.

Wales /weɪlz/ *n* Gales *m*, el País de Gales.

walk /wɔːk/ **I** *n* **1.** (*journey on foot: leisurely*) paseo *m*: **shall we go for a walk?** ¿damos un paseo?; **they took the children (out) for a walk** llevaron a los niños de paseo; **why don't you take the dog for a walk?** ¿por qué no llevas al perro a dar un paseo?; (*: long, tiring*) caminata *f*: **it's three hours' walk from here to the hostel** es una caminata de tres horas desde aquí hasta el albergue; **the strenuous walk tired us out** la ardua caminata nos dejó agotados. **2.** (*stride*) andar *m*: **he had a strange walk** tenía un modo extraño de caminar. **3.** (*path, avenue*) paseo *m*.
II *vi* [**walks, walking, walked**] andar, caminar: **did you drive or walk?** ¿fuiste en coche o a pie?; **they walked back** volvieron andando * caminando * a pie; **how far did they walk?** ¿qué distancia recorrieron?; **we walked with her as far as the bus stop** la acompañamos hasta la parada; **I walked** ***down*** **the stairs** bajé las escaleras; **she was walking** ***down*** **the street** iba por la calle • **he walks in his sleep** es sonámbulo • **she walked all over him** lo pisoteó.
♦*vt* **1.** (*to travel on foot*) andar, caminar: **we walked fifty kilometres** anduvimos * caminamos cincuenta kilómetros; **he's walking County Kerry** está recorriendo a pie el Condado de Kerry • **it's not far, I'll walk it** no está lejos, iré a pie. **2.** (*dog*) pasear: **she walked the horse to the stable** llevó el caballo al paso hasta la cuadra; **he walked his motorbike to the petrol station** empujó la moto hasta la gasolinera • **he walked us home** nos acompañó a casa.
to **walk away** *vi* irse, marcharse: **he tore up the cheque and walked away** hizo pedazos el cheque y se fue • **he walked away from the accident** salió ileso del accidente • **she walked away with the gold medal** se llevó la medalla de oro.
to **walk in** *vi* entrar: **just then Peter walked in** en ese momento entró * llegó Peter.
to **walk into** *vt* **1.** (*to meet*) encontrarse con; (*to collide with*) llevarse por delante: **I walked (straight) into the door** me llevé la puerta por delante. **2.** (*to enter*): • **they walked into a trap** cayeron en una trampa • **don't think you'll just be able to walk into a job** no creas que vas a encontrar un trabajo tan fácilmente.
to **walk off** *vi* irse, marcharse: **he walked off in a temper** se fue hecho una furia.
to **walk off with** *vt* llevarse: **someone walked off with his keys** alguien se llevó sus llaves; **our team walked off with all the prizes** nuestro equipo se llevó todos los premios.
to **walk out** *vi* **1.** (*to leave*) salir, irse, marcharse: **he walked out** ***on*** **his family** abandonó a su familia; **they walked out** ***of*** **the conference** abandonaron el congreso en señal de protesta. **2.** (*to go on strike*) declararse en huelga.
to **walk up** *vi*: **the lift was broken so we had to walk up** el ascensor no funcionaba así que tuvimos que subir por las escaleras.
♦*vt* subir: **we walked up the stairs to the fifth floor** subimos (por) las escaleras hasta el quinto piso.
to **walk up to** *vt* acercarse a: **he walked up to me in the street** me abordó * se me acercó en la calle.
walk of life *n* [**walks of life**]: **I met people from all walks of life** conocí a gente de las más diversas profesiones y condiciones sociales.
walk-on part *n* papel *m* de comparsa.
walkout *n* abandono *m* del trabajo.
walkover *n* (*fam*) pan *m* comido: **the fight was a walkover** la pelea fue pan comido.

walker /ˈwɔːkə/ *n* **1.** (*gen*) caminante *m/f*: **she's such a slow/fast walker** anda * camina tan despacio/rápido; **he's eighty, but he's still a great walker** tiene ochenta años pero todavía es muy andariego; (*Sport*) marchador -dora *m/f*; (*hiker*) excursionista *m/f*. **2.** (*for baby*) andador *m*, tacatá *m*.

walkie-talkie /wɔːkɪˈtɔːkɪ/ *n* [**walkie-talkies**] walkie-talkie *m*.

walking /ˈwɔːkɪŋ/ **I** *n*: **she does a lot of walking** camina * anda mucho; **they go walking at the weekends** hacen excursionismo * se van de marcha los fines de semana.
II *adj*: **the bus approached us at walking pace** el autobús se nos acercó a paso de peatón * de marcha; **is it within walking distance?** ¿se puede ir a pie? • **you're a walking disaster area!** ¡eres una catástrofe ambulante!
walking stick *n* bastón *m*.

Walkman® /ˈwɔːkmən/ *n* [**Walkmans**®] walkman® *m*.

wall /wɔːl/ *n* **1.** (*of house, room, etc.*) pared *f*: **I hung the calendar** ***on*** **the wall** colgué el calendario en la pared; (*in a garden, field, etc.*) muro *m*; (*as fence*) tapia *f*: **he jumped over the wall** saltó el muro * la tapia; **the window looked out on a stone wall** la ventana daba a un muro de piedra; (*round city, fortress*) muralla *f*: **the Romans built a wall around the city** los romanos construyeron una muralla alrededor de la ciudad • **more and more businesses were going to the wall** cada vez más negocios iban a la bancarrota • **he's driving me up the wall with his complaints** me está volviendo loco con sus quejas • **there was no choice, I had my back to the wall** no había otro remedio, estaba entre la espada y la pared. **2.** (*Anat*) pared *f*. **3.** (*in football*) barrera *f*.
to **wall in** *vt* [**walls, walling, walled**] cercar con un muro, tapiar.
to **wall off** *vt* separar con un muro.
to **wall up** *vt* (*doorway, window, fireplace*) tapiar.
wallflower *n* alhelí *m*.
wall hanging *n* tapiz *m*.
wall lamp *n* aplique *m*.
wallpaper **I** *n* papel *m* pintado.
II *vt* [**wallpapers, wallpapering, wallpapered**] empapelar.
wall-to-wall carpet(ing) *n* moqueta *f*, (*Amér L*) alfombra *f* de pared a pared.

wallaby /ˈwɒləbɪ/ *n* [**wallabies**] ualabí *m*.

walled /'wɔ:ld/ *adj* (*town*) amurallado -da; (*garden*) cercado -da con un muro, tapiado -da.
wallet /'wɒlɪt/ *n* cartera *f*, billetero *m*.
wallop /'wɒləp/ (*fam*) **I** *vt* [**wallops, walloping, walloped**] pegarle fuerte a.
II *n* golpazo *m*.
wallow /'wɒləʊ/ *vi* [**wallows, wallowing, wallowed**] revolcarse • **he was wallowing in self-pity** se regodeaba en su autocompasión.
wally /'wɒlɪ/ *n* [**wallies**] (*GB: fam*) imbécil *m/f*.
walnut /'wɔ:lnʌt/ *n* (*nut*) nuez *f*; (*wood, tree*) nogal *m*.
walrus /'wɔ:lrəs/ *n* [**walruses** * **walrus**] morsa *f*.
waltz /wɔ:ls/ **I** *n* [**waltzes**] vals *m*.
II *vi* [**waltzes, waltzing, waltzed**] bailar el vals • **she waltzed off without saying goodbye** se fue como si tal cosa, sin despedirse de nadie.
wan /wɒn/ *adj* [**wanner, wannest**] (*frml*) pálido -da: **she answered with a wan smile** contestó con una lánguida sonrisa.
wand /wɒnd/ *n* (*también* **magic wand**) varita *f* mágica.
wander /'wɒndə/ **I** *vi* [**wanders, wandering, wandered**] (*to walk aimlessly*) deambular: **we found her wandering** *about* **in the forest** la encontramos deambulando por el bosque; **he wandered from city to city like a lost soul** erraba de ciudad en ciudad como un alma en pena; (*to stroll*) dar vueltas, pasear: **I spent the day wandering** *around* **the town** pasé el día dando vueltas por la ciudad; **he let his thoughts wander** dejó volar la imaginación • **her mind is wandering** está divagando.
♦ *vt* deambular por: **he wandered the streets until nightfall** deambuló por las calles hasta el anochecer; **she wanders the country making speeches** recorre el país pronunciando discursos.
II *n* vuelta *f*, paseo *m*: **he went for a wander along the beach** se fue a dar una vuelta * un paseo por la playa.
to **wander off** *vi* irse, alejarse: **don't go wandering off** no te vayas por ahí.
♦ *vt* apartarse de: **wandering off the path, he found a cave** al apartarse del sendero, encontró una cueva • **the teacher kept wandering off the point** el profesor se iba por las ramas constantemente.
wanderer /'wɒndərə/ *n* trotamundos *m/f inv*.
wandering /'wɒndərɪŋ/ **I** *adj* (*musicians, actors, tribe*) errante: **he made a long, wandering speech** pronunció un discurso largo e incoherente.
II wanderings *n pl* **1.** (*travels*) viajes *m pl*, idas y venidas *f pl*. **2.** (*confused ideas*) divagaciones *f pl*, desvaríos *m pl*.
wane /weɪn/ **I** *vi* [**wanes, waning, waned**] (*Astron*) menguar; (*popularity*) decaer, disminuir: **support for the government was waning** el gobierno estaba perdiendo apoyo.
II *n* • **his popularity is on the wane** su popularidad está decayendo.
wangle /'wæŋgəl/ *vt* [**wangles, wangling, wangled**] (*GB: fam*) agenciarse: **they wangled a couple of tickets** se agenciaron un par de entradas; **I wangled it so I could sit next to her** me las arreglé para sentarme a su lado.
wanna /'wɒnə/ (*fam*) **I** *contracción de* **want to**: **you wanna go now?** ¿quieres ir ahora?
II *contracción de* **want a**: **I wanna beer** quiero una cerveza.
want /wɒnt/ **I** *vt* [**wants, wanting, wanted**] **1.** (*to desire*) querer: **I want to go home** quiero ir a casa; **who does she want to speak to?** ¿con quién quiere * desea hablar?; **what do you want a hammer for?** ¿para qué quieres un martillo?; **do you want me to buy you one?** ¿quieres que te compre uno? **2.** (*to seek*) buscar: **she's wanted by the Italian police** la busca la policía italiana; **you're wanted downstairs** te buscan abajo. **3.** (*to require: gen*): **Mum wants you** Mamá te necesita; **tell him he's wanted on the phone** dile que lo llaman por teléfono; **did you want me?** ¿querías hablar conmigo?; (*: as price*) pedir: **how much do they want for the car?** ¿cuánto piden por el coche?; (*: in advertisement*): **experienced seamstress wanted** se necesita * se precisa costurera con experiencia. **4.** (*frml: to lack*) carecer de: **she wants the necessary dedication** carece de * le falta la dedicación que hay que tener; (*fam: to need*): **the bedrooms want papering** hace falta empapelar los dormitorios.
II *n* **1.** (*frml: poverty*) miseria *f*, indigencia *f*. **2.** (*lack*) carencia *f*: **there was a want** *of* **subtlety in his article** su artículo carecía de sutileza; **it broke down** *for* **want** *of* **maintenance** se averió por falta de mantenimiento; *for* **want** *of* **something** * **anything better to do, he wrote some letters** a falta de algo mejor que hacer, escribió unas cartas; **it's not** *for* **want** *of* **trying** no es porque no se haya intentado.
III wants *n pl* necesidades *f pl*: **the staff see to all our wants** el personal se ocupa de todas nuestras necesidades.
to **want for** *vt* carecer de: **they have never wanted for anything** nunca les ha faltado nada.
wanting /'wɒntɪŋ/ *adj* • **the company's products were found wanting** los productos de la empresa no daban la talla.
wanton /'wɒntən/ *adj* **1.** (*senseless*) gratuito -ta, sin sentido: **he witnessed the wanton destruction of beautiful buildings** presenció la gratuita destrucción de bellos edificios. **2.** (*frml: immoderate: behaviour*) desenfrenado -da; (*: lifestyle*) disipado -da.
war /wɔ:/ *n* **1.** (*armed conflict*) guerra *f*: **war broke out in August** la guerra estalló en agosto; **the whole continent is** *at* **war** el continente entero está en guerra; **they've declared war** *on* **us** nos han declarado la guerra; **they tried to avoid going** *to* **war** trataron de evitar entrar en una guerra • **he waged a war of nerves against** * **on his neighbour** le hizo una guerra de nervios a su vecino • **booksellers did not want to start a price war** las librerías no querían empezar una guerra de precios • **you look as though you've been in the wars** parece que vinieras de la guerra. **2.** (*struggle*) lucha *f*: **the war** *on* **drug abuse** la lucha contra la drogadicción.
war crime *n* crimen *m* de guerra.
war cry *n* grito *m* de guerra.
warfare *n* guerra *f*: **germ warfare is a crime against humanity** la guerra bacteriológica es un delito contra la humanidad.
war games *n pl* juegos *m pl* de estrategia militar.
warhead *n* ojiva *f*, cabeza *f*.
warlike *adj* belicoso -sa, guerrero -ra.
warlord *n* caudillo *m*.
war memorial *n* monumento *m* a los caídos.
warmonger *n* belicista *m/f*.
warmongering *n* belicismo *m*.
warpath *n*: **the Sioux were** *on* **the warpath** los Siux estaban en pie de guerra • **your sister's on the warpath again** tu hermana está buscando guerra * camorra otra vez.
warplane *n* avión *m* militar.
warship *n* buque *m* de guerra.

wartime *n* tiempos *m pl* de guerra.
warble /ˈwɔ:bəl/ **I** *vi* [**warbles, warbling, warbled**] gorjear, trinar.
II *n* gorjeo *m*, trino *m*.
ward /wɔ:d/ *n* **1.** (*in hospital*) sala *f*. **2.** (*GB*: *Pol*) *cada una de las circunscripciones en las que está dividido un municipio.* **3.** (*Law*) pupilo -la *m/f*: **she was made a ward of court** quedó bajo tutela judicial.
to **ward off** *vt* [**wards, warding, warded**] (*disease*) prevenir: **he takes vitamin C to ward off colds** toma vitamina C para prevenir resfriados; (*attack*) rechazar: **they warded off two attacks in the night** rechazaron dos ataques durante la noche.
warden /ˈwɔ:dən/ *n* **1.** (*of a college*) director -tora *m/f*; (*of a home, residence*) encargado -da *m/f*. **2.** (*US*: *of prison*) alcaide *m/f*, director -tora *m/f*.
warder /ˈwɔ:də/ *n* celador -dora *m/f*.
wardrobe /ˈwɔ:drəʊb/ *n* **1.** (*piece of furniture*) armario *m*, ropero *m*. **2.** (*collection of clothes*) guardarropa *m*, vestuario *m*.
wardrobe assistant *n* ayudante -ta *m/f* de camerino.
warehouse /ˈweəhaʊs/ *n* almacén *m*, depósito *m*.
wares /weəz/ *n pl* mercancía *f*, mercancías *f pl*.
warily /ˈweərəlɪ/ *adv* cautelosamente.
warm /wɔ:m/ **I** *adj* **1.** (*fairly hot: food, water*) caliente: **I kept your soup warm** te mantuve caliente la sopa; **he took a warm bath** se dio un baño caliente; (*: breeze, day*) cálido -da: **it was quite warm by nine o'clock** ya hacía bastante calor a las nueve; (*neither hot nor cold*) tibio -bia: **it should be served warm, not hot** debe servirse tibio, no caliente. **2.** (*clothing*) de abrigo: **remember to bring warm clothes** acuérdate de traer ropa de abrigo. **3.** (*person*) afectuoso -sa; (*welcome*) cálido -da, caluroso -sa: **she wrote us a very warm letter** nos escribió una carta muy afectuosa. **4.** (*colour*) cálido -da.
II *n* (*fam*): **let me get into the warm!** ¡déjame entrar a calentarme!
III *vt* [**warms, warming, warmed**] calentar: **warm the stew** *through* calienta bien el guiso.
to **warm to** *vt* **1.** (*person*) tomarle simpatía a. **2.** (*new idea*) acoger con entusiasmo.
to **warm up** *vt* calentar: **the stove didn't take long to warm up the bedroom** la estufa no tardó en calentar el dormitorio.
♦*vi* **1.** (*place, motor*) calentarse. **2.** (*person*) entrar en calor: **it's important to warm up before going running** es importante el precalentamiento antes de salir a correr.
warm-blooded *adj* de sangre caliente.
warm-hearted *adj* afectuoso -sa, cariñoso -sa.
warm-up *n* precalentamiento *m*, ejercicios *m pl* de calentamiento.
warmly /ˈwɔ:mlɪ/ *adv* (*affectionately*) cariñosamente, afectuosamente; (*enthusiastically*) con entusiasmo: **his idea was warmly welcomed** su idea fue acogida con entusiasmo.
warmth /wɔ:mθ/ *n* **1.** (*heat*) calor *m*: **they huddled together for warmth** se acurrucaban todos juntos para darse calor. **2.** (*of person*) calor *m* humano; (*of welcome*) calidez *f*, cordialidad *f*. **3.** (*of colour*) calidez *f*.
warn /wɔ:n/ *vt* [**warns, warning, warned**] **1.** (*to inform*) advertir, avisar: **they warned me there was going to be a storm** me advirtieron * me avisaron que iba a haber una tormenta; **he warned us** *of* * *about* **the likely consequences** nos alertó sobre las posibles consecuencias; (*to advise*) advertir, aconsejar: **we warned him not to buy it** le advertimos * le aconsejamos que no lo comprara; **didn't you warn her** *against* **coming here?** ¿no le aconsejaste que no viniera aquí? **2.** (*to admonish*) advertir: **she's warned you twice** *about* **saying that** ya te ha advertido dos veces que no digas eso; **he's been warned several times** *about* **his behaviour** ya se le han hecho varias advertencias sobre su comportamiento.
to **warn off** *vt*: **we were warned off going to the demonstration** nos aconsejaron que no fuéramos a la manifestación.
warning /ˈwɔ:nɪŋ/ *n* **1.** (*advice*) advertencia *f*: **let me give you a warning** permíteme que te haga una advertencia; **let this be a warning to you all** que esto les sirva de advertencia a todos ustedes; **they have issued a danger warning** han emitido un comunicado advirtiendo del peligro. **2.** (*advance information*): **the department was closed down without warning** la sección fue cerrada sin previo aviso; **the whole family arrived without warning** la familia entera llegó sin avisar; **you have to give them plenty of warning** hay que avisarles con mucha anticipación. **3.** (*official reprimand*) amonestación *f*: **the police let us off with a warning** la policía sólo nos amonestó.
warning light *n* piloto *m*: **the red warning light started to flash** el piloto rojo empezó a parpadear.
warning sign *n* (*on road*) señal *f* de peligro * de aviso.
warning triangle *n* triángulo *m* señalizador.
warp /wɔ:p/ *vt* [**warps, warping, warped**] **1.** (*to deform, twist*) combar, alabear. **2.** (*to disturb: personality*) deformar: **he has a warped mind** es muy retorcido.
♦*vi* combarse, alabearse: **the panels warped in the heat** los paneles se combaron por el calor.
warrant /ˈwɒrənt/ **I** *n* (*gen*) orden *f* * mandamiento *m* judicial; (*for an arrest*) orden *f* de detención, orden *f* de búsqueda y captura; (*for a search*) orden *f* de registro.
II *vt* [**warrants, warranting, warranted**] (*frml*) justificar: **what he said didn't warrant such a violent response** lo que dijo no justificaba una respuesta tan violenta.
warrant officer *n* (*in army*) suboficial *m/f*; (*in navy*) contramaestre *m*.
warranty /ˈwɒrəntɪ/ *n* [**warranties**] garantía *f*: **is it still** *under* **warranty?** ¿todavía está en garantía?
warren /ˈwɒrən/ *n* conejera *f* • **the town hall basement was a warren of corridors** el sótano del ayuntamiento era un laberinto de pasillos.
warring /ˈwɔ:rɪŋ/ *adj* en guerra, en conflicto: **the warring factions have agreed on a truce** las facciones beligerantes han acordado una tregua.
warrior /ˈwɒrɪə/ *n* guerrero -ra *m/f*.
wart /wɔ:t/ *n* verruga *f*.
wary /ˈweərɪ/ *adj* [**warier, wariest**] (*person, attitude*) cauteloso -sa, precavido -da: **she was wary** *of* **his new friend** recelaba * no se fiaba de su nuevo amigo; **I was wary** *of* **getting involved** no quería verme envuelta en el asunto.
was /wɒz/ *primera y tercera persona del singular del pretérito de* ⇨ be
wash /wɒʃ/ **I** *n* [**washes**] **1.** (*act of cleaning*): **she's gone to have a wash** ha ido a lavarse; **remind me to give the curtains a wash** recuérdame que lave las cortinas; **I do the wash on Mondays and Fridays** hago la colada los lunes y viernes, (*Amér L*) lavo la ropa * hago el lavado los lunes y viernes. **2.** (*clothes for cleaning*) ropa *f*, colada *f*: **your red skirt's** *in* **the wash** (*in the washing machine*) tu falda roja se está lavando; (*with the dirty clothes*) tu falda roja está para lavar. **3.** (*wake of ship*) estela *f*.

II *vt* [**washes, washing, washed**] **1.** (*clothes, car, vegetables*) lavar; (*dishes*) fregar, lavar: **he's washing his hair** se está lavando la cabeza. **2.** (*water: to sweep away*) arrastrar: **the storm washed the boat out to sea** la tempestad arrastró * llevó el barco mar adentro; **they were washed** *down* **the river** fueron arrastrados río abajo (por la corriente).
♦*vi* **1.** (*person, clothes*) lavarse: **he always washes and shaves before breakfast** siempre se lava y se afeita antes de desayunar; **this sweater didn't wash very well** este suéter no se ha lavado muy bien; (*soap, detergent*) lavar: **this soap washes as well as any detergent** este jabón lava tan bien como cualquier detergente • **that won't wash; now tell us the truth** eso no cuela, ahora dinos la verdad. **2.** (*water*): **huge waves washed** *over* **the promenade** enormes olas barrían el paseo marítimo; **the muddy water washed** *down* **the hillside** el agua fangosa corría por la ladera.

to **wash away** *vt* **1.** (*to clean off*) quitar: **I couldn't wash away the blood stains** no pude quitar las manchas de sangre. **2.** (*water: to carry away*): **the stream washed away the leaves** el riachuelo se llevó las hojas; **the current is washing away the banks** la corriente está erosionando las riberas.

to **wash down** *vt* **1.** (*to clean*) lavar. **2.** (*with a drink*): **I washed the tablet down** *with* **a glass of water** tomé un vaso de agua para ayudarme a tragar la pastilla; **a wonderful dinner washed down** *with* **the local wine** una magnífica cena regada con el vino de la región.

to **wash up** *vi* **1.** (*GB*: *to wash the dishes*) fregar (los platos), lavar los platos. **2.** (*US*: *to have a wash*) lavarse.
♦*vt*: **the body was washed up on a beach** el agua arrastró el cuerpo a la orilla.

wash-and-wear *adj* que no necesita plancha.

washbasin, (*US*) **washbowl** *n* (*bathroom fixture*) lavabo *m*; (*bowl for washing*) palangana *f*.

washcloth *n* [**washcloths**] (*US*) toallita *f* (*para lavarse*).

washout *n* (*fam*) fracaso *m*: **the party was a washout** la fiesta fue un desastre.

washroom *n* (*US*) servicios *m pl*, (*Amér L*) baño *m*.

washable /ˈwɒʃəbəl/ *adj* lavable.

washed-out /wɒʃdˈaʊt/ *adj* **1.** (*faded*) descolorido -da: **this T-shirt looks washed-out** esta camiseta está descolorida. **2.** (*fam*: *exhausted*) rendido -da, agotado -da.

washer /ˈwɒʃə/ *n* **1.** (*ring: metal*) arandela *f*; (*: rubber, fibre, etc.*) juntura *f*. **2.** (*washing machine*) lavadora *f*.

washer-dryer *n* lavadora-secadora *f*, lavasecadora *f*.

washing /ˈwɒʃɪŋ/ *n* **1.** (*action*) lavado *m*, colada *f*: **did you do the washing?** ¿lavaste la ropa? * ¿hiciste la colada? **2.** (*clothes*) ropa *f* (lavada), colada *f*: **he left the washing out in the rain** dejó la ropa tendida bajo la lluvia.

washing line *n* cuerda *f* de tender la ropa, tendedero *m*.

washing machine *n* lavadora *f*.

washing powder *n* detergente *m* (en polvo).

washing-up *n* (*GB*): **whose turn is it to do the washing-up?** ¿a quién le toca fregar (los platos) * lavar los platos?

washing-up bowl *n* (*GB*) palangana *f*, barreño *m* (*de lavar los platos*).

washing-up liquid *n* (*GB*) (detergente *m*) lavavajillas *m inv*.

wasn't /ˈwɒzənt/ *contracción de* **was not** ⇨ be

WASP, **Wasp** /wɒsp/ *n* (*US*: *fam*) (*abreviatura de* **White Anglo-Saxon Protestant**) *protestante de origen anglosajón, visto como miembro de la clase privilegiada norteamericana*.

wasp /wɒsp/ *n* avispa *f*.

waspish /ˈwɒspɪʃ/ *adj* (*person*) irascible; (*remark*) punzante, hiriente.

wastage /ˈweɪstɪdʒ/ *n* desperdicio *m*, derroche *m*.

waste /weɪst/ **I** *n* **1.** (*refuse*) desechos *m pl*, desperdicios *m pl*: **industrial waste is recycled at this plant** se reciclan desechos industriales en esta planta. **2.** (*of time*) pérdida *f*: **what a waste of time!** ¡qué pérdida de tiempo!; (*of materials, resources*) derroche *m*, despilfarro *m*: **this plan is a huge waste of resources** este proyecto representa un enorme derroche de recursos; **the new town hall was a waste of public money** el nuevo ayuntamiento fue un despilfarro de fondos públicos; **buying a cheap one is a waste of money** comprar uno barato es tirar el dinero • **all the food went to waste** se desperdició toda la comida.
II wastes *n pl* (*frml*): **they crossed the icy wastes of Siberia** atravesaron las desoladas extensiones glaciales de Siberia.
III *adj* **1.** (*discarded*) de desecho: **all our waste water is recycled** todas nuestras aguas residuales se reciclan; **the waste food had attracted hundreds of flies** los restos de comida habían atraído cientos de moscas; (*leftover*) sobrante. **2.** (*uncultivated land*) baldío -día: **he built himself a house on a piece of waste ground** se construyó una casa en un terreno baldío; **hundreds of hectares are lying waste** centenares de hectáreas están improductivas.
IV *vt* [**wastes, wasting, wasted**] (*time*) perder: **I'm not going to waste any more time** *on* **this** no voy a perder más tiempo en esto; (*materials, resources*) derrochar, despilfarrar: **they are wasting irreplaceable resources** están derrochando recursos irreemplazables; **the government has wasted billions of pounds** el gobierno ha despilfarrado billones de libras; **he wastes more paper than he uses** desperdicia más papel del que utiliza; **don't let him waste this chance** no lo dejes desaprovechar * desperdiciar esta oportunidad.

to **waste away** *vi* consumirse: **she's wasting away** se está consumiendo.

wastebasket *n* papelera *f*.

wastebin *n* cubo *m* de la basura.

waste disposal (unit) *n* trituradora *f* de desperdicios.

wasteland *n* yermo *m*, erial *m* • **the city centre is becoming a wasteland** el centro de la ciudad se está convirtiendo en un desierto.

wastepaper basket *n* papelera *f*.

waste pipe *n* desaguadero *m*, desagüe *m*.

waste products *n pl* **1.** (*of industry*) desechos *m pl*, residuos *m pl*. **2.** (*from body*) heces *f pl*, excrementos *m pl*.

wasteful /ˈweɪstfʊl/ *adj* (*person: with money*) derrochador -dora, despilfarrador -dora: **he's very wasteful** *with* **the glue** desperdicia mucho pegamento; (*method*) antieconómico -ca.

wastefully /ˈweɪstfʊlɪ/ *adv* de un modo antieconómico.

wastefulness /ˈweɪstfʊlnəs/ *n* derroche *m*, despilfarro *m*.

waster /ˈweɪstə/ *n* (*fam*) vago -ga *m/f*.

watch /wɒtʃ/ **I** *n* [**watches**] **1.** (*for telling time*) reloj *m*: **he bought her a digital watch** le compró un reloj digital. **2.** (*vigilance*) vigilancia *f*: **who's** *on* **watch tonight?** ¿quién está de guardia esta noche?; **he was** *on* **the watch** *for* **shoplifters** estaba alerta por si veía algún ladrón; **we must keep watch** *over* **both entrances** debemos vigilar las dos entradas. **3.** (*guard*) centinela *m/f*, vigía *m/f*; (*patrol*) guardia *f*; (*guard duty*) guardia *f*: **what time does your watch begin?** ¿a qué hora empieza tu guardia?

II *vt* [**watches, watching, watched**] **1.** (*to look at: gen*) mirar, ver: **she likes watching the young people dance** le gusta mirar ✱ ver bailar a los jóvenes; (*: attentively*) observar: **watch the way he does it** observa cómo lo hace; **he watched the ceremony** presenció la ceremonia; (*: television*) ver, mirar: **did you watch the news?** ¿viste las noticias?; **they spend the whole day watching television** se pasan todo el día mirando la televisión. **2.** (*to keep under scrutiny: gen*) observar: **we're being watched** nos están observando; (*: a suspect, naughty child, etc.*) vigilar. **3.** (*to look after*) cuidar: **watch my camera until I get back** cuídame la cámara hasta que vuelva; (*to be careful of*) tener cuidado con: **watch that nail!** ¡(ten) cuidado con ese clavo!; **watch the dog doesn't get out** ten cuidado de que el perro no se escape • **watch it!** ¡cuidado! ✱ ¡ojo!

♦ *vi* mirar: **he likes to watch but he never joins in** le gusta mirar pero nunca participa.

to **watch out** *vi* **1.** (*to be careful*) tener cuidado: **watch out, there's a wasp on your arm** (ten) cuidado, tienes una avispa en el brazo; **watch out** *for* **potholes** ten cuidado con los baches; **watch out!** ¡cuidado! ✱ ¡ojo! **2.** (*to look out*): **watch out** *for* **any inconsistencies** estáte atento por si hay alguna contradicción.

to **watch over** *vt* (*somebody's interests, etc.*) velar por: **who's watching over our safety?** ¿quién vela por nuestra seguridad?; (*sick person*) cuidar.

watchband *n* (*US*) correa *f* de reloj.

watchdog *n* (*Zool*) perro *m* guardián; (*authority*) organismo *m* de control.

watchmaker *n* relojero -ra *m/f*.

watchman *n* [*pl* **watchmen**] vigilante *m/f*, guardia *m/f*.

watchstrap *n* (*GB*) correa *f* de reloj.

watchtower *n* atalaya *f*.

watcher /ˈwɒtʃə/ *n* (*at race, etc.*) espectador -dora *m/f*; (*of television programme*) telespectador -dora *m/f*.

watchful /ˈwɒtʃfʊl/ *adj* atento -ta, alerta.

watchfulness /ˈwɒtʃfʊlnəs/ *n* vigilancia *f*.

water /ˈwɔːtə/ I *n* agua *f* [takes ***el*** or ***un*** in singular]: **I'm not swimming, the water is too cold** no me voy a bañar, el agua está muy fría; **the waters of the Paraná** las aguas del Paraná • **does it hurt when you pass water?** ¿le duele al orinar? • **her excuse doesn't hold water** su excusa no cuela • **I got into hot water over leaving the door open** me metí en un buen lío por haber dejado la puerta abierta • **a lot of water's passed under the bridge since then** ha llovido mucho desde entonces.

II *adj* acuático -ca: **do you do any water sports?** ¿practicas algún deporte acuático?

III *vt* [**waters, watering, watered**] **1.** (*to irrigate*) regar: **don't forget to water my plants** no te olvides de regarme las plantas. **2.** (*animals*) dar de beber a, abrevar. **3.** (*to dilute*) aguar.

♦ *vi* (*to produce water*): **the gas made their eyes water** les lloraban los ojos a causa del gas • **the smell of the food made my mouth water** se me hacía la boca agua al oler la comida.

to **water down** *vt* **1.** (*wine*) aguar. **2.** (*contents*): **he watered down his speech so as not to offend anyone** suavizó su discurso para no ofender a nadie; **this is a watered-down version of the original text** ésta es una versión descafeinada del texto original.

waterborne *adj* (*disease*) transmitido -da por el agua; (*traffic: by river*) fluvial; (*: by canal*) por la red de canales.

water bottle *n* cantimplora *f*.

watercolour, (*US*) **watercolor** *n* acuarela *f*.

water-cooled *adj* refrigerado -da por agua.

watercress *n* berro *m*.

waterfall *n* (*in large river*) catarata *f*; (*in stream, small river*) salto *m* de agua, cascada *f*.

waterfowl *n* [*pl* **waterfowl**] ave *f* acuática [takes ***el*** or ***un*** in singular].

waterfront *n* (*in town*) paseo *m* marítimo, (*Amér L*) malecón *m*, (*Arg, Urug*) costanera *f*; (*in port*) muelles *m pl*: **he got a job** *on* **the waterfront** consiguió un trabajo en el puerto.

waterhole *n* (*where animals drink*) charca *f*.

water ice *n* sorbete *m*.

water lily *n* nenúfar *m*.

waterline *n* línea *f* de flotación.

waterlogged *adj* (*soil, field*) anegado -da.

water main *n* cañería *f* (principal) del agua.

watermark *n* (*on paper*) filigrana *f*.

watermelon *n* sandía *f*.

water meter *n* contador *m* del agua.

watermill *n* molino *m* de agua.

water pistol *n* pistola *f* de agua.

water polo *n* polo *m* acuático, waterpolo *m*.

waterproof I *adj* (*material*) impermeable: **this watch is waterproof** este reloj es sumergible.

II *vt* [**waterproofs, waterproofing, waterproofed**] impermeabilizar.

III *n* (*garment*) impermeable *m*.

water-resistant *adj* impermeable.

watershed *n* momento *m* decisivo: **the treaty was a watershed in the history of the two countries** el tratado marcó un hito en la historia de los dos países.

waterside *n* ribera *f*: **we sat** *at* ✱ *by* **the waterside** nos sentamos a orillas del agua.

water-ski *vi* [**water-skis, water-skiing, water-skied**] hacer esquí acuático.

water-skiing *n* esquí *m* acuático.

water table *n* capa *f* freática.

watertight *adj* (*compartment*) estanco -ca; (*container*) hermético -ca • **he had a watertight defence** tenía una defensa infranqueable.

waterway *n* vía *f* navegable.

water wheel *n* (*at mill*) rueda *f* hidráulica; (*for irrigation*) noria *f*.

waterwings *n pl* (*for swimming*) flotadores *m pl* (*para los brazos*).

waterworks *n pl* **1.** (*purification plant*) central *f* depuradora de agua, purificadora *f*. **2.** (*fam: urinary tract*) vías *f pl* urinarias.

watering can /ˈwɔːtərɪŋ kæn/ *n* regadera *f*.

watery /ˈwɔːtərɪ/ *adj* **1.** (*drink*) aguado -da. **2.** (*colour*) pálido -da. **3.** (*eyes*) lloroso -sa.

watt /wɒt/ *n* vatio *m*.

wattage /ˈwɒtɪdʒ/ *n* potencia *f* en vatios.

wave /weɪv/ I *n* **1.** (*Phys*) onda *f*: **they broadcast** *on* **medium wave** transmiten en onda media. **2.** (*in water*) ola *f*. **3.** (*of riots, attacks, people*) oleada *f*: **waves of tourists began to visit the village** oleadas de turistas empezaron a visitar la aldea. **4.** (*in hair*) onda *f*. **5.** (*greeting*) saludo *m* con la mano; (*farewell*): **she gave me a wave from the balcony as I left** me hizo adiós con la mano desde el balcón.

II *vi* **[waves, waving, waved] 1.** (*in greeting*) saludar con la mano; (*as farewell*): **he waved (goodbye)** *to* **us from the train** nos hizo adiós (con la mano) desde el tren; (*to convey a message*): **she waved** *at* **me to sit down** me hizo señas para que me sentara. **2.** (*to sway*) mecerse: **the treetops waved** *in* **the wind** las copas de los árboles se mecían con el viento; **the flag waved** *in* **the breeze** la bandera ondeaba en la brisa; (*to shake*) agitarse.

♦*vt* **1.** (*flag*) agitar: **she's waving her handkerchief** *at* **us** nos está saludando con el pañuelo; **Tom waved his hand to attract the driver's attention** Tom le hizo señas al conductor para llamar su atención ● **he waved the lorry on** le hizo señas al camión para que avanzara. **2.** (*hair: to style*) ondular, rizar.

to **wave aside** *vt* **1.** (*person*): **he waved them aside** les hizo señas para que se apartaran. **2.** (*objection*) rechazar.

waveband *n* banda *f* de frecuencia.

wavelength *n* longitud *f* de onda ● **she's not on the same wavelength as us** no está en la misma onda que nosotros.

waver /weɪvə/ *vi* **[wavers, wavering, wavered] 1.** (*to be undecided*) vacilar, titubear: **they wavered** *between* **returning and going on** dudaban entre regresar y seguir adelante. **2.** (*to falter*) flaquear: **not once did his belief waver** su fe se mantuvo incólume; **her voice wavered at first** le temblaba la voz al principio.

waverer /ˈweɪvərə/ *n* indeciso -sa *m/f*.

wavy /ˈweɪvɪ/ *adj* **[wavier, waviest]** ondulado -da.

wax /wæks/ **I** *n* (*gen*) cera *f*; (*in ears*) cerumen *m*, cerilla *f*.

II *vt* **[waxes, waxing, waxed] 1.** (*furniture*) encerar. **2.** (*legs*) depilar con cera.

♦*vi* (*moon*) crecer.

wax crayon *n* lápiz *m* de cera.

waxwork, waxwork doll, waxwork dummy *n* figura *f* de cera.

waxworks *n* museo *m* de cera.

waxen /ˈwæksən/ *adj* **1.** (*made of wax*) de cera. **2.** (*pale*) blanquecino -na, céreo -rea.

waxy /ˈwæksɪ/ *adj* **[waxier, waxiest]** (*gen*) céreo -rea; (*potatoes*) no harinoso -sa.

way /weɪ/ **I** *n* **1.** (*route, path*) camino *m*: **he doesn't know the way** no conoce el camino; **do you know the way to Inverness?** ¿sabes por dónde se va a Inverness ∗ cómo se llega a Inverness?; **which way did they go?** ¿por dónde se fueron?; **is this the right way?** ¿es por aquí?; **we went the wrong way** nos equivocamos de camino; **is there a way through?** ¿se puede pasar?; **she lost her way** se perdió; **he couldn't find the way back** no pudo encontrar el camino de regreso; **you lead the way** ve tú delante; **I made my way to the counter** me dirigí al mostrador; **I'll make my own way there** yo iré por mi cuenta; **make way for the ambulance!** ¡dejen pasar ∗ abran paso a la ambulancia!; **she lives** *across* ∗ *over* **the way** vive enfrente; **we came back** *by* **way** *of* **Basildon** regresamos vía Basildon; **he's standing** *in* **my way** me está bloqueando el camino; **are my books** *in* **your way?** ¿te estorban mis libros?; **don't get** *in* **the way** no te pongas en medio; **we had breakfast** *on* **the way** desayunamos en el camino; **it's** *on* **the way to Northampton** está de camino de ∗ a Northampton; **we're** *on* **our way to Limerick** vamos camino a Limerick; **I'll give it to him, his house is** *on* **my way** se lo daré yo, su casa me queda de camino; **he's already** *on* **his way** ya está en camino; **she fell over** *on* **the way home** se cayó cuando regresaba a casa; **I stopped to rest** *on* **the way up** me detuve a descansar en la subida; **get** *out of* **my way!** ¡quítate de en medio!; **she went** *out of* **her way to take us there** se desvió del camino para llevarnos allí; **I always try to keep** *out of* **his way** trato siempre de evitar el contacto con él; **their house is a bit** *out of* **the way** su casa está algo apartada ● **she's well on the way to winning the election** lleva camino de ganar las elecciones ● **she has three children and a fourth one on the way** tiene tres hijos y un cuarto en camino ● **he went out of his way to make me feel at home** se desvivió para que me sintiera como en casa ● **the bill will pave the way for a united Europe** el proyecto de ley preparará el terreno para una Europa unida ● **the police looked the other way** la policía hizo la vista gorda ● **by the way, did you bring the corkscrew?** a propósito, ¿trajiste el sacacorchos? ● **she believes in paying her own way** prefiere pagar su parte. **2.** (*GB*: *on road signs*): **give way** ceda el paso. ➪ give **II,5. 3.** (*distance*): **it's a long way** *from* **here** está ∗ queda lejos de aquí; **we still have a long way to go** nos queda aún un buen trecho de camino; **they walked all the way** hicieron todo el camino a pie; **it rained all the way** llovió durante todo el viaje ● **this will go a long way towards solving the problem** esto contribuirá en gran medida a resolver el problema ● **a five kilo bag goes a long way** una bolsa de cinco kilos cunde mucho ● **your daughter will go a long way** tu hija llegará lejos ● **she says she's with us all the way** dice que nos apoyará hasta el final. **4.** (*direction*): **they were going the other way** iban en dirección contraria; **I turned it the right way up ∗ round** lo puse bien; **not like that, the other way around!** ¡así no, al revés!; **you're looking at it the wrong way round** lo estás mirando al revés ● **your sister always rubs me up the wrong way** tu hermana me saca de quicio. **5.** (*progress*): **the ferry was already** *under* **way** el transbordador ya estaba en marcha ● **an investigation is now under way** se está llevando a cabo una investigación. **6.** (*method, manner*) manera *f*, modo *m*, forma *f*: **here's the best way to do it** ésta es la mejor manera de hacerlo; **he prefers to do it** *(in)* **his own way** prefiere hacerlo a su manera; **he does it the way his mother taught him** lo hace de la forma que le enseñó su madre; **I didn't like the way he was looking at me** no me gustaba la forma en que me miraba; **I liked it better the way it was** a mí me gustaba más como estaba antes ● **he learnt the hard way** aprendió a las malas ● **she always gets her own way** siempre se sale con la suya ● **you can't have it all ∗ both ways** no se puede estar en misa y repicando ● **the roof was in a bad way** el techo estaba en muy mal estado ● **many of the victims are in a bad way** muchas de las víctimas están muy mal ● **that cuts both ways** tiene sus ventajas y sus desventajas ● **one way or another we always seem to be the ones who lose out** por hache o por be los que siempre salimos perdiendo somos nosotros ● **to have a way with**: **he has a way with words** tiene un don especial para el manejo del lenguaje; **she has a way with children** sabe cómo tratar a los niños. **7.** (*aspect*) sentido *m*, aspecto *m*: **this one is better** *in* **every way** éste es mejor en todos los sentidos ∗ aspectos; *in* **some ways he was right** en algunos sentidos ∗ aspectos tenía razón; **they are** *in* **no way similar** no se parecen en nada; *in* **a way I understand how she feels** en cierto modo entiendo cómo se siente ● **"Will you lend it to her?" "No way!"** "¿Se lo prestas?" "¡Ni hablar!" ∗ "¡Ni loco!" **8.** (*habit, custom*) costumbre *f*: **I've got used to their ways now** ya me he hecho a sus costumbres; **she had stopped drinking, but she's gone back to her bad old ways** había dejado de beber, pero ha vuelto a las andadas; **he has strange ways** tiene cosas raras.

II *adv* (*fam*): **we were way out from shore** estábamos muy lejos de la costa; **it happened way back in 1980** sucedió allá por 1980; **she's way ahead of us** nos lleva una tremenda ventaja.

way in *n* entrada *f*.

way of life *n* [**ways of life**] estilo *m* de vida • **stealing became a way of life to them** robar se convirtió en una forma de vida para ellos.

way out I *n* salida *f*.

II way-out *adj* (*fam*) estrafalario -ria, extravagante.

ways and means *n pl* maneras *f pl*: **there are ways and means of getting these things done** hay maneras de lograr que se hagan estas cosas.

wayside *n* borde *m* del camino • **the doubters fell by the wayside** los escépticos abandonaron a mitad de camino.

waylay /weɪ'leɪ/ *vt* [**waylays, waylaying, waylaid**]: **she waylaid me as I got off the bus** me abordó al bajar del autobús; **I got waylaid** me entretuvieron.

wayward /'weɪwəd/ *adj* rebelde, díscolo -la.

WC /ˌdʌbəlju:'si:/ *n* (*GB*) (*abreviatura de* **water closet**) retrete *m*, wáter *m*.

we /wi:/ *pron* [often omitted in Spanish] nosotros -tras: **we live in Wexford** vivimos en Wexford; **he speaks Italian but we don't** él habla italiano pero nosotros no; **we residents are in favour of the new rule** nosotros los vecinos estamos a favor de la nueva regla.

weak /wi:k/ *adj* (*person, character, currency*) débil: **he's a weak leader** es poco enérgico como dirigente; **that's the weak point of their defence** ése es el punto débil de su defensa; (*student, work*) flojo -ja: **he handed in a very weak essay** entregó un trabajo muy flojo; **I'm pretty weak** *at* ∗ *in* **history** estoy bastante flojo en historia; (*beer, coffee, tea*) flojo -ja.

weaken /'wi:kən/ *vi* [**weakens, weakening, weakened**] (*person: physically*) debilitarse: **the patient is weakening** el paciente se está debilitando; (*: in one's resolve*) ceder; (*: out of compassion*) ablandarse: **she weakened and gave him the money** cedió ∗ se ablandó y le dio el dinero.

♦ *vt* debilitar.

weakling /'wi:klɪŋ/ *n* debilucho -cha *m/f*, alfeñique *m*.

weakly /'wi:klɪ/ *adv* débilmente.

weakness /'wi:knəs/ *n* [**weaknesses**] debilidad *f*: **gambling is his only weakness** el juego es su única debilidad • **I've got a weakness for ice cream** tengo debilidad por los helados.

weal /wi:l/ *n* verdugón *m*.

wealth /welθ/ *n* riqueza *f* • **there's a wealth of information on this topic** existe una gran abundancia de información sobre este tema.

wealthy /'welθɪ/ **I** *adj* [**wealthier, wealthiest**] rico -ca, adinerado -da, acaudalado -da: **she came from a wealthy family** procedía de una familia adinerada.

II the wealthy *n pl* los ricos, la clase acaudalada.

wean /wi:n/ *vt* [**weans, weaning, weaned**] (*baby, young animal*) destetar • **I'm weaning myself off chocolate** estoy tratando de quitarme el vicio del chocolate.

weapon /'wepən/ *n* arma *f* [takes ***el*** or ***un*** in singular].

wear /weə/ **I** *n* **1.** (*effect of use*) desgaste *m*, deterioro *m* • **the carpets were looking the worse for wear** las alfombras estaban muy (des)gastadas • **your brother looks the worse for wear** tu hermano está muy desmejorado • **ten years' wear and tear made a complete overhaul necessary** diez años de uso continuo hicieron necesaria una revisión a fondo. **2.** (*use of clothes*): **I bought these shirts for everyday wear** compré estas camisas para todos los días; **she didn't get much wear out of those sandals** esas sandalias no le duraron mucho. **3.** (*frml: clothes*) ropa *f*: **we sell a wide range of ladies' wear** tenemos un amplio surtido de ropa para señoras.

II *vt* [**wears, wearing, wore,** *participio pasado* **worn**] **1.** (*clothes, perfume, glasses, jewellery: to be wearing*) llevar (puesto-ta), tener puesto-ta: **he was wearing a black shirt** llevaba (puesta) ∗ tenía puesta una camisa negra; **I never wear black** nunca me visto de negro; **what size shoes do you wear?** ¿qué número calzas?; **he was wearing make-up** estaba maquillado; **she has always worn her hair short** siempre ha llevado el pelo corto • **he wore a resigned expression** tenía cara de resignación; (*: to put on*) ponerse: **what are you going to wear to the party?** ¿qué te vas a poner para la fiesta?; **wear your new brooch** ponte el prendedor nuevo. **2.** (*to damage through use*): **I've worn a hole in my sock** se me ha hecho un agujero en el calcetín (*con el uso*).

♦ *vi* **1.** (*to be resistant*): **these jeans have worn well** estos vaqueros han resultado buenos; **this material wears well** esta tela es muy resistente ∗ durable. **2.** (*to deteriorate with use*): **the carpet was wearing thin** la alfombra se estaba desgastando con el uso • **her patience was wearing thin** se le estaba acabando la paciencia.

to **wear away** *vt* desgastar.

♦ *vi* desgastarse.

to **wear down** *vt* **1.** (*heels, parts of a machine*) gastar. **2.** (*person*) agotar: **the constant struggle is wearing her down** la lucha constante la está agotando.

♦ *vi* (*heels, parts of a machine*) gastarse.

to **wear off** *vi* (*effect*) pasar; (*pain*) calmarse, aliviarse; (*pattern, inscription*) borrarse.

to **wear on** *vi* pasar, transcurrir (*lentamente*): **the meeting wore on** la reunión se prolongaba.

to **wear out** *vt* **1.** (*object, clothes*) gastar. **2.** (*person*) agotar, dejar rendido -da: **I'm worn out** estoy rendido.

♦ *vi* gastarse.

wearily /'wɪərəlɪ/ *adv* con cansancio.

weariness /'wɪərɪnəs/ *n* fatiga *f*, cansancio *m*.

wearing /'weərɪŋ/ *adj* (*journey, work*) agotador -dora, cansado -da: **he's very wearing to talk to** es muy pesado conversar con él.

wearisome /'wɪərɪsəm/ *adj* pesado -da, aburrido -da.

weary /'wɪərɪ/ **I** *adj* [**wearier, weariest**] cansado -da: **they're weary** *of* **waiting** están cansados ∗ hartos de esperar; **I'm growing weary** *of* **this climate** me estoy cansando ∗ aburriendo de este clima.

II *vi* [**wearies, wearying, wearied**] cansarse, aburrirse: **she wearied** *of* **life at university** se cansó ∗ se aburrió de la vida universitaria.

♦ *vt* (*to tire*) cansar; (*to annoy*) fastidiar.

weasel /'wi:zəl/ *n* comadreja *f*.

weather /'weðə/ **I** *n* tiempo *m*: **what's the weather like today?** ¿qué tiempo hace hoy?; **the weather was terrible** hizo muy mal tiempo; **we had wonderful weather** nos hizo un tiempo maravilloso; *in* **warm weather we leave all the doors open** cuando hace calor dejamos todas las puertas abiertas • **she was feeling under the weather** no se sentía muy bien ∗

estaba un poco pachucha • **he made heavy weather of reciting the poem** recitó penosamente el poema.
II *vt* [**weathers, weathering, weathered**] capear: **the company weathered the recession** la empresa capeó la recesión.
♦*vi*: **will this timber weather well?** ¿resistirá esta madera la intemperie?
weather-beaten *adj* (*face*) curtido -da.
weather chart *n* mapa *m* meteorológico.
weathercock *n* veleta *f.*
weather forecast *n* pronóstico *m* del tiempo.
weather forecaster *n* meteorólogo -ga *m/f.*
weatherman *n* [**weathermen**] hombre *m* del tiempo.
weather map *n* mapa *m* meteorológico.
weatherproof *adj* impermeable.
weather report *n* parte *m* meteorológico.
weather vane *n* veleta *f.*
weave /wi:v/ **I** *vt* [**weaves, weaving, wove,** *participio pasado* **woven**] (*cloth, spider's web*) tejer; (*baskets*) hacer, tejer: **the author has woven a complex story of murder and intrigue** el autor ha tejido una compleja trama de asesinatos e intrigas.
♦*vi* **1.** (*to make cloth*) tejer. **2.** (*path, road*) serpentear; (*vehicle, person*) zigzaguear: **the ambulance wove** *in* **and** *out* **of the traffic** la ambulancia se abrió paso zigzagueando entre el tráfico.
II *n* trama *f*, tejido *m.*
weaver /ˈwi:və/ *n* tejedor -dora *m/f.*
web /web/ *n* **1.** (*of spider*) telaraña *f* • **he was caught in a web of deceit** se vio envuelto en una red de embustes. **2.** (*on duck's foot*) membrana *f* interdigital.
web-footed *adj* palmípedo -da.
webbed /webd/ *adj* (*feet*) palmeado -da.
webbing /ˈwebɪŋ/ *n* (*in furniture*) cinchas *f pl.*
wed /wed/ **I** *vt* [**weds, wedding, wed** ✻ **wedded**] (*frml*: *bride, groom*) contraer matrimonio con, desposarse con: **he was to wed Lady Penelope** iba a contraer matrimonio con Lady Penelope; (*: priest*) desposar: **they were wed by the bishop** los desposó el obispo.
♦*vi* contraer matrimonio, desposarse.
II *adj* (*frml*: *married*) casado -da.
Wed., Weds *léase* /ˈwenzdeɪ/ (*abreviatura de* **Wednesday**) miércoles *m inv.*
we'd /wi:d/ **I** *contracción de* **we had**: **we'd seen him before** lo habíamos visto antes.
II *contracción de* **we would**: **we'd like to go with you** nos gustaría acompañarte.
wedded /ˈwedɪd/ *adj* (*strongly attached*): **he's wedded** *to* **the republican cause** es un ardiente defensor de la causa republicana.
wedding /ˈwedɪŋ/ *n* boda *f*, casamiento *m*: **they had a church wedding** se casaron por la iglesia.
wedding annniversary *n* aniversario *m* de boda: **it's their golden wedding anniversary this year** este año celebran sus bodas de oro.
wedding band *n* (*US*) ➪ wedding ring
wedding breakfast *n* banquete *m* de bodas.
wedding cake *n* pastel *m* de boda, tarta *f* nupcial.
wedding day *n*: **it snowed** *on* **our wedding day** nevó el día de nuestra boda ✻ el día que nos casamos.
wedding dress *n* traje *m* de novia.
wedding present *n* regalo *m* de boda.
wedding reception *n* banquete *m* de bodas.
wedding ring *n* alianza *f*, anillo *m* de boda.
wedge /wedʒ/ **I** *n* (*gen*) cuña *f*; (*of cheese, etc.*) trozo *m* • **they're trying to drive a wedge between us** están tratando de enemistarnos • **this decision is only the thin end of the wedge** esta decisión no es más que el principio de lo que está por venir.
II *vt* [**wedges, wedging, wedged**] **1.** (*to immobilize with a wedge*): **he managed to wedge the window open** logró mantener abierta la ventana poniéndole una cuña ✻ un calce. **2.** (*to squeeze together*) apretar: **there were four of us wedged in the back of the car** íbamos los cuatro apretados en el asiento de atrás del coche.
wedlock /ˈwedlɒk/ *n* (*frml*) matrimonio *m* • **increasing numbers of children are born out of wedlock** un número cada vez mayor de niños nace fuera del matrimonio.
Wednesday /ˈwenzdeɪ/ *n* miércoles *m inv.* ➪ Thursday
wee /wi:/ **I** *adj* (*fam*) pequeñito -ta, chiquito -ta: **"Is she disappointed?" "A wee bit."** "¿Está desilusionada?" "Un poquito ✻ poquitín."
II *n* (*también* **wee-wee**) (*fam*): **he wants to have a wee** quiere hacer pipí ✻ pis.
III *vi* (*también* **wee-wee**) [**wees, weeing, weed**] (*fam*) hacer pipí ✻ pis.
weed /wi:d/ **I** *n* **1.** (*plant*) mala hierba *f*, hierbajo *m*: **the fields are full of weeds** los campos están llenos de maleza. **2.** (*fam*: *person*) debilucho -cha *m/f.*
II *vi* [**weeds, weeding, weeded**] desherbar: **she spent all afternoon weeding** se pasó toda la tarde quitando las malas hierbas ✻ desherbando.
♦*vt* desherbar.
to **weed out** *vt* eliminar: **we'll weed out anyone who won't work** nos desharemos de los que no quieran trabajar.
weedkiller *n* herbicida *m.*
weedy /ˈwi:dɪ/ *adj* [**weedier, weediest**] (*GB*: *fam*) debilucho -cha, enclenque.
week /wi:k/ *n* semana *f*: **he goes three times a week** va tres veces por semana; **see you next week** hasta la semana que viene; **they left a week ago today** hoy hace una semana que se fueron; **she'll be back in three weeks' time** ✻ **in three weeks** volverá dentro de tres semanas • **call me Monday week** ✻ **a week on Monday** llámame no este lunes, sino el siguiente, llámame del lunes en ocho días • **we are leaving a week tomorrow** nos vamos dentro de ocho días • **I see the same people week in week out** veo a la misma gente semana tras semana.
weekday *n* día *m* de entre semana: **try to come** *on* **a weekday** intenta venir un día de entre semana.
weekend /ˈwi:kend/ *n* fin *m* de semana: **what do you do** *at* **weekends?** ¿qué haces los fines de semana?; **I'm staying here** *over* ✻ (*GB*) *at* **the weekend** voy a pasar aquí el fin de semana.
weekly /ˈwi:klɪ/ **I** *adj* semanal.
II *adv* semanalmente: **it's published five times weekly** se publica cinco veces a la semana.
III *n* [**weeklies**] semanario *m.*
weep /wi:p/ (*frml*) **I** *vi* [**weeps, weeping, wept**] **1.** (*to cry*) llorar. **2.** (*wound*) supurar.
♦*vt* llorar, derramar: **she wept bitter tears** lloró lágrimas amargas.
II *n*: **both sisters were having a good weep** las dos hermanas se desahogaban llorando.
weeping /ˈwi:pɪŋ/ **I** *n* llanto *m.*
II *adj* **1.** (*person*) lloroso -sa: **the weeping relatives followed the coffin** los familiares, llorando, seguían el ataúd. **2.** (*sore*) supurante.
weeping willow *n* sauce *m* llorón.
weepy /ˈwi:pɪ/ (*fam*) **I** *adj* [**weepier, weepiest**] llorón

-rona: **she was feeling weepy** tenía ganas de llorar.
II *n* [**weepies**] (*fam*) dramón *m* (lacrimógeno): **that series is a real weepy** esa serie es un dramón.

weevil /'wi:vɪl/ *n* gorgojo *m*.

weigh /weɪ/ *vt* [**weighs, weighing, weighed**] pesar: **I have to weigh this parcel** tengo que pesar este paquete; **I weigh myself every day** me peso todos los días; **I weigh sixty kilos** peso sesenta kilos; **how much does your suitcase weigh?** ¿cuánto pesa tu maleta? • **he spoke slowly, weighing his words** habló despacio, midiendo las palabras • **we must weigh the advantages against the disadvantages** tenemos que sopesar las ventajas y las desventajas.
♦*vi* • **financial problems were weighing on his mind** estaba preocupado por sus problemas económicos • **stealing the money weighed on her conscience** le remordía la conciencia por haber robado el dinero • **his inexperience weighed against him in the competition** su falta de experiencia lo perjudicó en la competición.

to **weigh down** *vt* cargar: **the teacher came in weighed down** *with* **textbooks** el profesor entró cargado de libros de texto • **I was weighed down by doubts** me abrumaban las dudas.

to **weigh in** *vi* pesarse: **the boxers are weighing in at five o'clock** los boxeadores se pesarán a las cinco.

to **weigh out** *vt* pesar: **she weighed out two kilos of apples** pesó dos kilos de manzanas.

to **weigh up** *vt* (*situation*) evaluar: **you should weigh up the options first** primero deberías sopesar las distintas posibilidades.

weighbridge *n* báscula *f* de puente.

weighing-in /ˌweɪɪŋ'ɪn/, **weigh-in** /'weɪɪn/ *n* pesaje *m*.

weighing machine /'weɪɪŋ mə'ʃi:n/ *n* báscula *f*.

weight /weɪt/ *n* **1.** (*gen*) peso *m*: **are they sold** *by* **weight?** ¿se venden al peso?; **she's put on a lot of weight** ha engordado mucho; **I want to lose weight** quiero adelgazar; **I have to watch my weight** tengo que tener cuidado de no engordar; **what a weight this child is!** ¡cuánto pesa este niño! • **he referred to previous cases to add weight to his argument** hizo referencia a casos anteriores para darle fuerza a su argumentación • **your opinion carries a lot of weight** tu opinión tiene mucho peso • **the news took a weight off her mind** la noticia le quitó un peso de encima • **we all have to pull our weight** todos tenemos que poner de nuestra parte • **why doesn't he stop throwing his weight around?** ¿por qué no deja de hacer sentir su autoridad? **2.** (*in mechanism*) pesa *f*.

to **weight down** *vt* [**weights, weighting, weighted**] sujetar (*con pesos*).

weightlifter *n* halterófilo -la *m/f*, levantador -dora *m/f* de pesas.

weightlifting *n* halterofilia *f*, levantamiento *m* de pesas.

weight limit *n* límite *m* de peso.

weights and measures *n pl* pesos *m pl* y medidas.

weighting /'weɪtɪŋ/ *n* (*GB*) plus *m* salarial: **you are entitled to London weighting** tienes derecho a un plus salarial por trabajar en Londres.

weightless /'weɪtləs/ *adj* ingrávido -da.

weightlessness /'weɪtlɪsnəs/ *n* ingravidez *f*.

weighty /'weɪtɪ/ *adj* [**weightier, weightiest**] **1.** (*fig: matter*) importante; (*: problem*) serio -ria. **2.** (*heavy*) pesado -da.

weir /wɪə/ *n* presa *f*.

weird /wɪəd/ *adj* extraño -ña, raro -ra.

weirdo /'wɪədəʊ/ *n* (*fam*) bicho *m* raro.

welcome /'welkəm/ **I** *n* bienvenida *f*, acogida *f*: **she was given a warm welcome** le dieron una calurosa bienvenida.
II *adj* **1.** (*person*) bienvenido -da: **welcome home!** ¡bienvenido a casa!; **you're always welcome here** aquí siempre eres bienvenido; **her family made us very welcome** su familia fue muy hospitalaria con nosotros • **"Thank you." "You're welcome."** "Gracias." "De nada." • **you're welcome to use my phone** mi teléfono está a tu disposición • **tell her she's welcome to read it** dile que puede leerlo cuando quiera • **a cup of coffee would be welcome** un café sería de agradecer. **2.** (*event*): **I've just had some welcome news** acabo de recibir una grata noticia; **his arrival gave us a welcome break** su llegada nos permitió tomarnos un bienvenido descanso.
III *vt* [**welcomes, welcoming, welcomed**] **1.** (*to greet*) darle la bienvenida a: **they came to the airport to welcome us** fueron al aeropuerto a recibirnos. **2.** (*to be glad of*): **they welcomed the announcement** acogieron con agrado el anuncio; **I'd welcome any assistance you could offer** agradecería cualquier ayuda que me pudiera brindar.

welcoming /'welkəmɪŋ/ *adj* (*place*) acogedor -dora; (*smile, words*) de bienvenida.

weld /weld/ **I** *vt* [**welds, welding, welded**] soldar.
II *n* soldadura *f*.

welder /'weldə/ *n* soldador -dora *m/f*.

welding /'weldɪŋ/ *n* soldadura *f*.

welfare /'welfeə/ *n* **1.** (*well-being*) bienestar *m*: **they are concerned about the welfare of the children** les preocupa el bienestar de los niños. **2.** (*social assistance*) asistencia *f* social. **3.** (*social security*) prestaciones *f pl* de la seguridad social: **he lives** *on* **welfare** vive de las prestaciones de la seguridad social.

welfare state *n* estado *m* de(l) bienestar, estado *m* benefactor.

welfare worker *n* asistente -ta *m/f* social.

well /wel/ **I** *adj* [**better, best**] bien: **he's not well** no está * no se encuentra bien; **she was a long time getting well** tardó mucho en reponerse; **"How are you?" "Very well, thanks."** "¿Cómo estás?" "Muy bien, gracias."; **get well soon!** ¡que te mejores! • **it's all very well to criticize, but can you do any better?** es muy fácil criticar, pero ¿tú puedes hacerlo mejor?
II *adv* [**better, best**] **1.** (*gen*) bien: **he plays well** juega bien; **does she dance as well as you?** ¿baila tan bien como tú?; **the bar is doing well** el bar marcha bien; **is he doing well at school?** ¿le va bien en el colegio?; **they all thought well of him** todos tenían muy buen concepto de él • **he gets on well with his parents** se lleva bien con sus padres • **well done!** ¡muy bien! • **it's well and truly frozen** está bien congelado * está más que congelado • **they may well decide to stay** es muy posible que decidan quedarse • **he paid well over fifty thousand** pagó mucho más de cincuenta mil • **it's well worth the money** vale muy bien lo que cuesta • **it's just as well (that) he didn't see you** menos mal que no te vio • **I couldn't very well refuse** ¡cómo me iba a negar! • **if she's not going to see us, we might as well go home** si no nos va a recibir, más vale que volvamos a casa • **"Shall I call Peter too?" "You might as well."** "¿Llamo también a Peter?" "Pues sí, ¿por qué no?" • **it might be as well if you said nothing** quizás sería mejor que no dijeras nada • **I'm not very well up on cars** no sé mucho de coches. **2. as well** también: **is he coming as well?** ¿él

también viene? 3. **as well as** además de: **she's studied Japanese as well as Russian** ha estudiado japonés además de ruso.
III *excl* bueno: **well, it's possible** bueno, es posible; **oh well, there's nothing we can do about it now** bueno, paciencia, no hay nada que hacerle; **well, well! who'd have thought it?** ¡vaya! ¿quién lo hubiera pensado?; **very well, I'll go myself then** muy bien, entonces iré yo misma.
IV *n* pozo *m*.
V *vi* [**wells, welling, welled**] manar: **water was welling** *from* **the crack** manaba * salía agua de la grieta.
to **well up** *vi*: **tears welled up in her eyes** se le llenaron los ojos de lágrimas.
well-advised *adj*: **he'd be well-advised to stay at home** sería prudente * aconsejable que se quedara en casa.
well-balanced *adj* equilibrado -da.
well-behaved *adj* (*child*) formal, que se porta bien.
well-being *n* bienestar *m*.
well-bred *adj* (*frml*) fino -na.
well-built *adj* (*person*) fornido, de complexión robusta.
well-chosen *adj* bien elegido -da.
well-deserved *adj* bien merecido -da.
well-disposed *adj* bien dispuesto: **they are not well-disposed** *towards* **us at the moment** no están predispuestos en nuestro favor en este momento.
well-done *adj* (*Culin*) muy hecho -cha.
well-dressed *adj* bien vestido -da.
well-earned *adj* bien merecido -da.
well-educated *adj* instruido -da, culto -ta.
well-fed *adj* bien alimentado -da.
well-founded *adj* (*suspicions*) fundado -da.
well-groomed *adj* bien arreglado -da.
well-heeled *adj* (*fam*) acomodado -da.
well-informed *adj* bien informado -da: **she's well-informed about US politics** conoce a fondo la política estadounidense.
well-intentioned *adj* bienintencionado -da.
well-kept *adj* (*garden, etc.*) bien cuidado -da; (*secret*) bien guardado -da.
well-known *adj* conocido -da: **it's a well-known fact that he's a liar** todo el mundo sabe que es un mentiroso.
well-made *adj* (*gen*) bien hecho -cha; (*clothes*) de buena confección.
well-mannered *adj* formal, educado.
well-meaning *adj* (*person*) bienintencionado -da.
well-meant *adj* (*suggestion, intervention*) bienintencionado -da.
well-nigh /ˈwelnaɪ/ *adv* (*frml*) prácticamente, casi: **it's well-nigh impossible** es prácticamente imposible.
well-off *adj* [**better-off, best-off**] (*wealthy*) acomodado -da, acaudalado -da: **he's well-off** *for* **clothes** tiene ropa en abundancia.
well-read /welˈred/ *adj* leído -da, culto -ta.
well-spoken *adj* de habla educada.
well-thought-of *adj* de buena reputación.
well-timed *adj* oportuno -na.
well-to-do /weltəˈdu:/ *adj* pudiente, adinerado -da.
well-wisher *n*: *persona que envía a alguien un mensaje de apoyo, de adhesión, deseándole una pronta recuperación, etc.*: **the star thanked all her well-wishers for their letters** la estrella les dio las gracias a todos aquellos que le habían enviado cartas para desearle que todo le fuera bien.
well-worn *adj* (*path, idea*) trillado -da.

we'll /wi:l/ *contracción de* **we will** * **we shall**: **we'll arrive around eight** llegaremos a eso de las ocho.
wellington /ˈwelɪŋtən/ *n* (*también* **Wellington boot**) bota *f* de goma.
welly /ˈwelɪ/ *n* (*apócope de* **wellington**) [*pl* **wellies**] (*GB: fam*) bota *f* de goma.
Welsh /welʃ/ I *adj* galés -lesa.
II *n* (*language*) galés *m*.
III **the Welsh** *n pl* (*people*) los galeses.
Welshman *n* [*pl* **Welshmen**] galés *m*.
Welsh rarebit *n*: *mezcla de queso derretido con cerveza y cebolla sobre pan tostado.*
Welshwoman *n* [*pl* **Welshwomen**] galesa *f*.
welt /welt/ *n* verdugón *m*.
welter /ˈweltə/ *n* (*frml*) revoltijo *m*: **what she said was just a welter of words to me** lo que dijo fue un galimatías para mí.
went /went/ *pretérito de* ⇨ go
wept /wept/ *pretérito y participio pasado de* ⇨ weep
were /wɜ:/ I *segunda persona del singular y todas las formas del plural del pretérito de* ⇨ be
II *para expresar condición o deseo* ⇨ be
we're /wɪə/ *contracción de* **we are** ⇨ be
weren't /wɜ:nt/ *contracción de* **were not** ⇨ be
werewolf /ˈweəwʊlf/ *n* [**werewolves** /ˈweəwʊlvz/] hombre *m* lobo, licántropo *m*.
west /west/ I *n* oeste *m*: **the village is** *to* **the west** *of* **the river** el pueblo está al oeste del río; **the kitchen window looks * faces west** la ventana de la cocina da al oeste; **a breeze was blowing from the west** soplaba una brisa del poniente * del oeste; **Chinese traditional medicine became popular in the West** la medicina tradicional china ganó muchos adeptos en Occidente.
II *adj* (*también* **West**) (*gen*) oeste *adj inv*, occidental: **he's from the west coast of Ireland** es de la costa oeste de Irlanda; (*wind*) del oeste.
III *adv* (*también* **West**) (*with verb of movement*) al * hacia el oeste: **I was sailing west** navegaba hacia el oeste; (*indicating location*) al oeste: **it's west** *of* **Edinburgh** está al oeste de Edimburgo.
West Country *n*: **the West Country** (*in GB*) *los condados del sudoeste de Inglaterra.*
West End *n*: *parte oeste del centro de Londres, conocida por sus teatros y tiendas.*
West Indian *adj, n* antillano -na *adj, m/f* (*especialmente de las islas que son ex colonias británicas*).
West Indies *n pl*: **the West Indies** las Antillas (*especialmente las islas que son ex colonias británicas*).
westbound /ˈwestbaʊnd/ *adj*: *en dirección al oeste*: **westbound traffic must leave the motorway at Port Talbot** los vehículos que se dirigen hacia el oeste deben abandonar la autopista en Port Talbot; **the westbound carriageway is closed** la calzada en dirección oeste está cerrada.
westerly /ˈwestəlɪ/ I *adj* 1. (*wind*) del oeste, de poniente. 2. (*direction*): **they sailed westerly for two more days** navegaron hacia el oeste otros dos días; (*location*): **Brittany is the most westerly region of France** la Bretaña es la región más occidental de Francia.
II *n* [**westerlies**] (*wind*) viento *m* del oeste * de poniente, poniente *m*.
western, Western /ˈwestən/ I *adj* 1. (*gen*) del oeste, occidental: **western parts will be cold this weekend** este fin de semana hará frío en las regiones del oeste. 2. (*relating to the West*) occidental.
II *n* (*film*) western *m*, película *f* del oeste.

westernmost *adj* más occidental ✻ al oeste: **the westernmost point of Europe** la parte más occidental de Europa.

Westerner, westerner /ˈwestənə/ *n* **1.** (*from a country in the West*) occidental *m/f*. **2.** (*from a region in the west*) *persona de la zona oeste*.

westernized /ˈwestənaɪzd/ *adj* occidentalizado -da.

westward /ˈwestwəd/ **I** *adj*: **they were moving in a westward direction** iban en dirección oeste.
II *adv* (*también* **westwards**) hacia el oeste.

wet /wet/ **I** *adj* [**wetter, wettest**] **1.** (*clothes, shoes*) mojado -da: **the paper was wet** el papel estaba mojado; **we got very wet this morning** esta mañana nos hemos calado hasta los huesos; **her coat was wet** *through* llevaba el abrigo empapado ✻ chorreando; **the child's face was wet** *with* **tears** al niño se le caían las lágrimas. **2.** (*ink, paint, putty*) fresco -ca; (*on sign*): **Wet Paint** recién pintado. **3.** (*Meteo*) lluvioso -sa: **March was a very wet month** marzo fue un mes muy lluvioso; **it was too wet for a picnic** llovía demasiado para ir de picnic. **4.** (*fam*: *weak, feeble*) blandengue: **don't be so wet, it's only a spider** no seas tan blandengue, sólo es una araña.
II *n* **1. the wet** (*Meteo*) la lluvia: **we stood out in the wet for an hour** estuvimos a la intemperie durante una hora. **2.** (*GB*: *Pol*) *político conservador moderado*.
III *vt* [**wets, wetting, wet** ✻ **wetted**] **1.** (*cloth, flannel*) mojar: **wet your hair, then apply the shampoo** mójese el pelo y aplíquese el champú; **she wet her lips** se humedeció los labios. **2.** (*to urinate involuntarily*) orinarse, mearse: **she still wets the bed** todavía se orina en la cama.

wetback *n* espalda mojada *m*.
wet blanket *n* (*fam*) aguafiestas *m/f inv*.
wet fish *n* pescado *m* fresco.
wet suit *n* traje *m* isotérmico.

we've /wiːv/ *contracción de* **we have**

whack /wæk/ (*fam*) **I** *n* (*blow*) golpe *m*: **she gave him a whack on the arm** le dio un golpe en el brazo.
II *vt* [**whacks, whacking, whacked**] **1.** (*person*) pegar: **she whacked him over the head** le pegó en la cabeza. **2.** (*ball: in tennis, squash*) golpear con mucha fuerza; (*: in hockey*) chutar con mucha fuerza.

whacked /wækt/ *adj* (*fam*) hecho -cha polvo, agotado -da.

whacking /ˈwækɪŋ/ *adv* (*fam*): **he was eating a whacking great pizza** se estaba comiendo una pizza enorme.

whale /weɪl/ *n* (*Zool*) ballena *f* ● **they had a whale of a time at the circus** lo pasaron en grande en el circo.

whaler /ˈweɪlə/ *n* (*ship, person*) ballenero *m*.

whaling /ˈweɪlɪŋ/ **I** *n* caza *f* de ballenas: **whaling is illegal in these waters** la caza de ballenas está prohibida en estas aguas.
II *adj* ballenero -ra: **the whaling industry** la industria ballenera.

wharf /wɔːf/ *n* [**wharfs** ✻ **wharves** /wɔːvz/] embarcadero *m*, muelle *m*.

what /wɒt/ **I** *pron* **1.** (*in direct and indirect questions*) qué: **what's that?** ¿qué es eso?; **what's happening?** ¿qué pasa?; **what did you say?** ¿qué dijiste?; **what does she do?** ¿a qué se dedica?; **what's her telephone number?** ¿cuál es su número de teléfono?; **what's your name?** ¿cómo te llamas?; **I asked him what he meant** le pregunté qué quería decir; **what did he say that for?** ¿por qué dijo eso?; **what is the red one for?** ¿para qué sirve el rojo?; **what else is there to do?** ¿qué más se puede hacer? **2.** (*how much*) cuánto: **what do you think it will cost to repair?** ¿cuánto crees que costará el arreglo? **3.** (*asking someone to repeat something*): **"I sold the car." "What?"** "Vendí el coche." "¿Qué?" ✻ "¿Cómo?"; (*responding to one's name*): **"Kevin!" "What?"** "¡Kevin!" "¿Qué?" **4.** (*the thing that*) lo que: **what you need is a good shower** lo que a ti te hace falta es una buena ducha; **she told me what she had done** me dijo lo que había hecho; **do what you like** haz lo que quieras. **5.** (*in phrases*): **guess what! I've been promoted!** ¿sabes qué? ¡me han ascendido!; **these shoes are a lot nicer, and what's more they're cheaper** estos zapatos son mucho más bonitos y encima son más baratos; **what about me? don't I get any cake?** ¿y yo qué? ¿me quedo sin pastel?; **what about putting the plant in that corner?** ¿qué tal si ponemos la planta en ese rincón?; **what if he finds out?** ¿y si se entera?; **what with sick days and holidays, we haven't seen him all month** entre las bajas por enfermedad y las vacaciones no le hemos visto el pelo en todo el mes.
II *adj* **1.** (*in direct and indirect questions*) qué: **what time do you make it?** ¿qué hora tienes?; **what birds did you see?** ¿qué pájaros viste?; **he asked me what day it was** me preguntó qué día era. **2.** (*in exclamations*) qué: **what a peculiar hat!** ¡qué sombrero más raro!; **what nice people!** ¡qué gente más simpática! **3.** (*all the*): **what money I had I gave to them** les di el poco dinero que tenía; **what spare time she had, she spent studying** el poco tiempo libre que tenía se lo pasaba estudiando.

whatever /wɒtˈevə/ **I** *pron* **1.** (*anything*) lo que, todo lo que: **they seem to believe whatever she tells them** se creen todo lo que les dice; **choose whatever you like** elige lo que quieras; **you need to show your passport, or whatever, for identification** tienes que enseñarles el pasaporte o lo que sea, para identificarte; (*no matter what*): **I'll find him whatever it takes** haré lo que sea para encontrarlo; **don't forget to lock up, whatever you do** sobre todo, no te olvides de cerrar con llave. **2.** (*when asking questions*) qué: **whatever can she be thinking of?** ¿en qué podrá estar pensando?
II *adj*: **let's meet at whatever time suits you** reunámonos a cualquier hora que te venga bien a ti; **she spends whatever money she gets** se gasta todo el dinero que cae en sus manos; **whatever worries she may have had beforehand...** sean cuales fueran las preocupaciones que pueda haber tenido anteriormente....
III *adv* en absoluto: **"Did he say anything?" "No, nothing whatever."** "¿Dijo algo?" "Nada en absoluto."; **"Was she any help?" "None whatever."** "¿Te ayudó en algo?" "En nada."

whatsoever /wɒtsəʊˈevə/ *adv* ⇨ whatever **III**

wheat /wiːt/ *n* trigo *m*.
wheat germ *n* germen *m* de trigo.

wheedle /ˈwiːdəl/ *vt* [**wheedles, wheedling, wheedled**] engatusar: **she wheedled her father** *into* **buying her a car** engatusó a su padre para que le comprara un coche; **I could probably wheedle the money** *out of* **my sister** podría tratar de sonsacar el dinero a mi hermana.

wheel /wiːl/ **I** *n* **1.** (*on bicycle, car, cart*) rueda *f*. **2.** (*of car, truck*) volante *m*: **a young woman was** *at* **the wheel** una joven iba al volante; (*of ship*) timón *m* ● **there'll be no problems now that he's at the wheel** no habrá más problemas ahora que él está al mando.
II *vi* [**wheels, wheeling, wheeled**] **1.** (*person*): **he**

wheeled *round* **at the sound of his name** giró sobre sus talones al oír su nombre. **2.** (*in the air: gen*) dar vueltas; (*: bird*) revolotear • **he is well known for wheeling and dealing** se le conoce por sus trapicheos.

♦ *vt* (*a bicycle, trolley*) empujar.

wheelbarrow *n* carretilla *f*.

wheelchair *n* silla *f* de ruedas.

wheel clamp *n* cepo *m* (*para vehículos*).

wheeler-dealer /ˌwiːləˈdiːlə/ *n* (*fam*) comerciante *m/f* sin escrúpulos.

wheeze /wiːz/ **I** *n* respiración *f* sibilante.

II *vi* [**wheezes, wheezing, wheezed**] *producir un silbido en el pecho al respirar con dificultad.*

wheezy /ˈwiːzɪ/ *adj* [**wheezier, wheeziest**] que produce un sonido sibilante.

whelk /welk/ *n*: *tipo de caracol marino.*

when /wen/ **I** *conj* **1.** (*at the time that*) cuando: **I'll tell you when I see you** te lo diré cuando te vea; **when he heard that, he began to cry** al oír eso * cuando oyó eso, se puso a llorar; **when she was young she used to play football** de pequeña jugaba al fútbol. **2.** (*given that, considering that*): **how can you say that when you hardly know me?** ¿cómo puedes decir eso si apenas me conoces?

II *adv* **1.** (*in direct, indirect questions*) cuándo: **when will they announce the winner?** ¿cuándo anunciarán el ganador?; **since when have you been learning French?** ¿cuánto hace que estudias francés?, ¿desde cuándo estudias francés?; **I had no idea when he was leaving** no tenía la menor idea de cuándo se iba; **ask him when he wants to have lunch** pregúntale cuándo * a qué hora quiere comer. **2.** (*used relatively*) cuando, en que: **she has days when she can hardly get out of bed** hay días en los que apenas se puede levantar (de la cama); **it was one of those weeks when you feel you need a holiday** fue una de esas semanas en las que uno se da cuenta de que necesita unas vacaciones.

whence /wens/ *adv* (*frml*: *gen*) de donde; (*: in direct, indirect questions*) de dónde.

whenever /wenˈevə/ **I** *conj* **1.** (*any time*) cuando: **you can call this number whenever you like** puedes llamar a este número cuando quieras. **2.** (*every time*) siempre que: **whenever we go to the seaside we always enjoy ourselves** siempre que vamos a la playa nos lo pasamos estupendamente.

II *adv* cuándo: **whenever did you meet that strange man?** ¿cuándo conociste a ese hombre tan raro?; **I'll call round tomorrow or whenever** me pasaré por aquí mañana o cuando sea.

where /weə/ **I** *adv* **1.** (*in direct, indirect questions*) dónde: **where does he work?** ¿dónde trabaja?; **where did he go?** ¿adónde fue?; **she asked me where I lived** me preguntó dónde vivía; **where did we go wrong?** ¿en qué nos equivocamos? **2.** (*used relatively: specifying*) donde, en (el) que, en (la) que: **this is the street where they filmed the scene** ésta es la calle donde * en la que rodaron la escena; **he has got to the stage where he can no longer be helped** ha llegado a un punto en que ya no se le puede ayudar; (*: non-specifying*) donde: **they were living in Rome, where they both had jobs** vivían en Roma, donde ambos tenían trabajo. **3.** (*used as the subject of a sentence*): **where we're going you won't be needing an umbrella** en el sitio al que vamos no vas a necesitar un paraguas.

II *conj* **1.** (*referring to place*) donde: **put it where there's space** ponlo donde haya sitio; (*referring to a situation*): **that's where he's mistaken** ahí es donde se equivoca. **2.** (*when, if*) cuando: **you shouldn't take risks where your health is concerned** no deberías correr riesgos cuando la salud está en juego. **3.** (*whereas*) mientras que: **often a child can adapt, where an adult cannot** muchas veces el niño se adapta bien, mientras que el adulto, no.

whereabouts /ˈweərəbaʊts/ **I** *n pl* paradero *m*: **her whereabouts are still unknown** su paradero es aún desconocido.

II *adv* dónde: **whereabouts in Richmond is his office?** ¿en qué parte de Richmond está su oficina?

whereas /weərˈæz/ *conj* mientras que: **we have five weeks' holiday whereas he only has two** nosotros tenemos cinco semanas de vacaciones mientras que él sólo tiene dos.

whereby /weəˈbaɪ/ *adv* por el * la * lo cual: **she has a special arrangement whereby she can vote by post** tiene un arreglo especial por el cual puede votar por correo.

whereupon /weərəˈpɒn/ *conj* (*frml*) después de lo cual, con lo cual.

wherever /weərˈevə/ **I** *conj* dondequiera que: **wherever they went, they seemed to find good hotels** parecía que, dondequiera que iban, encontraban un buen hotel; **we'll find it, wherever it is** dondequiera que esté, lo encontraremos; **we can go wherever we want** podemos ir a donde queramos; **he's gone to Milton, wherever that is** se ha ido a Milton, dondequiera que esté ese sitio; **we try to see clients in the morning wherever possible** tratamos de ver a nuestros clientes por la mañana siempre que sea posible * dentro de lo posible.

II *adv* **1.** (*when asking questions*) adónde: **wherever can they have gone?** ¿adónde podrán haber ido? **2.** (*anywhere*): **I don't mind going to Cambridge, Birmingham or wherever if I have to** no me importa ir a Cambridge, a Birmingham o a donde sea si no hay más remedio.

wherewithal /ˈweəwɪðɔːl/ *n* (*frml*) medios *m pl*, dinero *m*: **most students do not have the wherewithal to buy a house** la mayoría de los estudiantes no tienen dinero * los medios para comprar una casa.

whet /wet/ *vt* [**whets, whetting, whetted**] estimular: **it whetted my appetite** *for* **travel** renovó mis ansias de viajar.

whether /ˈweðə/ *conj* si: **I asked her whether she'd like to come** le pregunté si quería venir; **I doubt whether she knows** dudo que lo sepa; **it depends on whether or not she's well enough** depende de si se encuentra lo suficientemente bien o no; **we'll go anyway, whether they phone or not** iremos de todas formas, nos llamen o no nos llamen.

whey /weɪ/ *n* (*Culin*) suero *m*.

which /wɪtʃ/ **I** *adj* qué: **which record did you choose?** ¿qué disco escogiste?, ¿cuál de los discos escogiste?; **I asked him which film he preferred** le pregunté qué película * cuál de las películas prefería; **which girls do you mean?** ¿a qué chicas te refieres?; **which house did they go into?** ¿en qué casa * en cuál de las casas entraron?

II *pron* [in direct and indirect questions] cuál (*pl* cuáles): **which is your desk?** ¿cuál es tu escritorio?; **which of the two restaurants did you go to?** ¿a cuál de los dos restaurantes fuiste?; **he asked me which the best seats were** me preguntó cuáles eran las mejores localidades.

III *pron* [in relative clauses] **1.** (*referring to a noun: specifying*) que: **the shoes which she chose are horrible** los zapatos que escogió son horribles; (*: non-specifying*) que, el cual, la cual: **the car, which was going too fast, crashed into a tree** el coche, que iba demasiado rápido, chocó contra un árbol; (*: after a preposition*): **the platform on which they were standing collapsed** la tarima en la que estaban se vino abajo; **they showed three films, two of which I had seen before** dieron tres películas, dos de las cuales ya había visto. **2.** (*referring to a situation*) lo cual, lo que: **she lost it, which is a shame** lo perdió, lo cual es una lástima.

whichever /wɪtʃ'evə/ **I** *adj*: **take whichever one you want** tome el que quiera/la que quiera; **whichever day you go, there will be a lot of traffic** vayas el día que vayas, habrá mucho tráfico.
II *pron*: **both are very good, eat whichever you like** los dos son muy buenos, cómete el que más te guste; **whichever you choose will be cheaper than normal** elijas el que elijas, te saldrá más barato de lo normal.

whiff /wɪf/ *n* **1.** (*faint smell*) olor *m*: **I caught a whiff** *of* **fresh coffee** me llegó el olor de café recién hecho. **2.** (*fam: bad smell*) tufo *m*: **what a whiff!** ¡qué peste!

while /waɪl/ **I** *conj* (*en GB se puede usar también* **whilst**) **1.** (*during the time that*) mientras: **we were working while she was sleeping** estuvimos trabajando mientras ella dormía; **you shouldn't do that while your parents are away** no deberías hacer eso no estando aquí tus padres; **while he was in Paris he visited a lot of galleries** durante su estancia en París, visitó muchas galerías de arte. **2.** (*whereas*) mientras que: **he works hard, while she is very lazy** él trabaja mucho, mientras que ella es muy perezosa. **3.** (*despite the fact that*) a pesar de: **while I admire his work, I don't like him personally** a pesar de que admiro su obra, él no me cae bien como persona.
II *n* (*short time*) rato *m*: **I'm going out for a while** voy a salir un rato; **I'll call you in a little while** te llamo dentro de un ratito • **he complained all the while** no paró de quejarse; (*longer period*) tiempo *m*: **she was in Spain for quite a while** estuvo bastante tiempo en España; **we didn't have any news of him for a long while** no tuvimos noticias suyas durante mucho tiempo • **you should try to enjoy yourself once in a while** deberías intentar pasártelo bien de vez en cuando • **it's not worth my while** no (me) vale la pena • **they made it worth his while to keep quiet about it** le pagaron bien para que no dijera nada.
to **while away** *vt* [**whiles, whiling, whiled**] pasar: **he played the guitar to while away the time** estuvo tocando la guitarra para pasar el tiempo.

whilst /waɪlst/ *conj* (*GB*) ⇨ while **I**

whim /wɪm/ *n* capricho *m*: **he took the train to Milton** *on* **a whim** se le ocurrió tomarse el tren a Milton y lo hizo; **they travelled about as the whim took them** viajaban de un lado a otro según les daba la gana.

whimper /'wɪmpə/ **I** *n* quejido *m*.
II *vi* [**whimpers, whimpering, whimpered**] (*person*) lloriquear, gemir: **we could hear the puppy whimpering in its basket** oíamos gemir al cachorro en la cesta.

whimsical /'wɪmzɪkəl/ *adj* (*nature, idea*) fantasioso -sa, imaginativo -va; (*smile*) enigmático -ca.

whine /waɪn/ **I** *n* (*of child*) lloriqueo *m*, gimoteo *m*; (*of engine, saw*) ruido *m* estridente.
II *vi* [**whines, whining, whined**] **1.** (*child*) lloriquear, gimotear; (*dog*) gemir. **2.** (*engine, saw*) hacer un ruido estridente. **3.** (*to complain*) quejarse (*de manera irritante*): **they're whining** *about* **having to pay for the coffee** se están quejando de que tienen que pagar el café.
♦*vt*: **I want my Mummy, he whined** quiero que venga mi mamá, dijo gimoteando.

whinge /wɪndʒ/ *vi* [**whinges, whinging, whinged**] (*fam*) quejarse: **stop whinging** *about* **the food** deja de quejarte de la comida.

whinny /'wɪnɪ/ **I** *n* [**whinnies**] relincho *m*.
II *vi* [**whinnies, whinnying, whinnied**] relinchar.

whip /wɪp/ **I** *n* **1.** (*gen*) látigo *m*; (*used by horse rider*) fusta *f*. **2.** (*Pol*) *miembro de un partido político encargado de mantener la disciplina de voto de los parlamentarios del mismo*.
II *vt* [**whips, whipping, whipped**] **1.** (*to strike with a whip: gen*) azotar; (*: horse*) golpear con la fusta, fustigar. **2.** (*to move, take rapidly*): **she whipped the magazine** *away from* **him** le arrebató la revista; **he whipped his notebook** *out of* **his pocket** sacó rápidamente el cuaderno del bolsillo. **3.** (*Culin*) batir: **this dish is nice with whipped cream** este plato está muy bueno con nata montada ✻ (*Amér L*) batida. **4.** (*fam: to steal*) birlar: **who's whipped my pencil?** ¿quién me ha birlado el lápiz?
♦*vi*: **she whipped** *round* **when she heard her name mentioned** se volvió rápidamente al oír su nombre; **a cold wind whipped** *over* **the lake** un viento frío sacudía la superficie del lago.
to **whip off** *vt* quitarse: **whip off your jacket and let's have a look at the wound** quítese la chaqueta para que pueda echarle un vistazo a la herida.
to **whip up** *vt* **1.** (*hatred, fear*) avivar: **the propaganda was designed to whip up racial tension** la propaganda estaba pensada para avivar la tensión racial. **2.** (*fam: dish, meal*) preparar rápidamente.
whiplash *n* (*blow*) latigazo *m*; (*Med*) traumatismo *m* cervical.
whip-round *n* (*GB*) colecta *f*: **they had a whip-round for her leaving present** hicieron una colecta para comprarle un regalo de despedida.

whipping /'wɪpɪŋ/ *n* azotamiento *m*.
whipping boy *n* cabeza *m* de turco.
whipping cream *n* nata *f* para montar.

whirl /wɜːl/ **I** *n* **1.** (*of current, dust*) remolino *m*. **2.** (*of activity*) torbellino *m*: **the dancers filled the stage with a whirl of colour** los bailarines invadieron el escenario con un torbellino de colores; **she was caught up in the social whirl** se vio envuelta en el ajetreo de la vida social; **his mind was in a whirl** todo le daba vueltas en la cabeza • **they decided to give it a whirl** decidieron intentarlo.
II *vi* [**whirls, whirling, whirled**] **1.** (*leaves, dust*) arremolinarse; (*costumes, skirts*) girar. **2.** (*mind, brain*) dar vueltas: **my head was whirling** la cabeza me daba vueltas.
♦*vt* hacer girar: **he whirled me round the room as we were dancing** cuando bailamos, me llevó dando vueltas por toda la habitación.
whirlpool *n* remolino *m*.
whirlwind I *n* torbellino *m*: **she rushed into the room like a whirlwind** entró a la habitación como un torbellino.
II *adj* relámpago: **they married after a whirlwind romance** se casaron después de un romance relámpago.

whirr, **whir** /wɜː/ **I** *n* (*of fan, computer*) zumbido *m*.
II *vi* [**whirrs, whirring, whirred**] producir un zumbido.

whisk /wɪsk/ **I** *n* **1.** (*manual*) batidor *m*; (*electric*) batidora *f*. **2.** (*flick*) movimiento *m* brusco: **with a whisk of its tail, the cat walked off** el gato se sacudió la cola y se marchó.
II *vt* [**whisks, whisking, whisked**] **1.** (*Culin*) batir: **you have to whisk the cream and the sugar together** tienes que batir la nata y el azúcar juntos. **2.** (*tail*) mover bruscamente. **3.** (*to remove*) llevarse: **they whisked** ***away*** **the plates before we had finished** se llevaron los platos antes de que hubiéramos terminado; **they whisked her** ***off*** **to hospital** se la llevaron rápidamente al hospital.

whisker /ˈwɪskə/ **I** *n* pelo *m* • **they won by a whisker** ganaron por los pelos ∗ por un pelo.
II whiskers *n pl* **1.** (*of man: sideburns*) patillas *f pl*; (*: hairs*) pelos *m pl* (*de la barba*). **2.** (*Zool*) bigotes *m pl*.

whiskey /ˈwɪskɪ/ *n* whisky *m* (*norteamericano o irlandés*).

whisky /ˈwɪskɪ/ *n* [**whiskies**] whisky *m* (*escocés*).

whisper /ˈwɪspə/ **I** *n* susurro *m*: **shut up, he said in a whisper** cállate, susurró • **I heard a whisper that you might be leaving** he oído que a lo mejor te marchas.
II *vi* [**whispers, whispering, whispered**] susurrar, hablar en voz baja.
♦*vt* susurrar, decir en voz baja: **there he is, she whispered** ahí está, susurró.

whist /wɪst/ *n* (*Games*) whist *m*.

whistle /ˈwɪsəl/ **I** *n* **1.** (*sound*) silbido *m*, pitido *m*: **the referee blew the final whistle** el arbitro pitó para señalar el final del partido. **2.** (*instrument*) silbato *m*, pito *m* • **the tub was as clean as a whistle** la bañera estaba como los chorros del oro.
II *vi* [**whistles, whistling, whistled**] **1.** (*person*) silbar: **she whistled to attract their attention** silbó para llamarles la atención; **the protesters whistled** ***at*** **him** los manifestantes le silbaron; **a stone whistled** ***past*** **my ear** una piedra pasó rozándome la oreja. **2.** (*kettle, train, pressure cooker*) pitar.
♦*vt* silbar: **he was whistling an annoying tune** estaba silbando una cancioncilla muy molesta.

white /waɪt/ **I** *adj* **1.** (*gen*) blanco -ca: **my father has white hair** mi padre tiene el pelo blanco; **he went white when he saw it** cuando lo vio, se puso pálido. **2.** (*of skin*) blanco -ca. **3.** (*GB*: *with milk*) con leche: **I asked for a white coffee** pedí un café con leche.
II *n* **1.** (*colour*) blanco *m*. **2.** (*person*) blanco -ca *m/f*. **3.** (*of an egg*) clara *f*. **4.** (*of the eye*) blanco *m*.
III whites *n pl* (*Clothing*) ropa *f* blanca: **wash the whites separately from the coloureds** lava la ropa blanca aparte; **tennis whites** ropa de jugar al tenis.
whitebait *n pl* chanquetes *m pl*.
whiteboard *n* pizarra *f* Vileda®.
white Christmas *n*: *nieve el día de Navidad*: **a white Christmas looks probable this year** este año parece probable que nieve el día de Navidad.
white-collar worker *n* empleado -da *m/f* de oficina.
white elephant *n*: *cosa poco práctica*.
white heat *n* incandescencia *f*.
white horses *n pl* olas *f pl* espumosas, palomas *f pl*.
white-hot *adj* incandescente.
White House *n*: **the White House** la Casa Blanca.
white lie *n* mentira *f* piadosa.
white man *n* hombre *m* blanco, blanco *m*.
White Paper *n* (*Pol*) libro *m* blanco.
white pepper *n* pimienta *f* blanca.
white sauce *n* bechamel *f*, besamel *f*.
white spirit *n* aguarrás *m*.
whitewash **I** *n* **1.** (*used for painting*) cal *f*. **2.** (*excuses*) maniobra *f* para encubrir los hechos: **this is a government whitewash** es una maniobra del gobierno para encubrir los hechos.
II *vt* [**whitewashes, whitewashing, whitewashed**] **1.** (*building*) encalar. **2.** (*to conceal*) encubrir: **the Interior Ministry tried to whitewash the affair** el Ministerio del Interior trató de encubrir el escándalo.
white water *n* aguas *f pl* bravas.
white wedding *n* boda *m* por la iglesia.

Whitehall /ˈwaɪthɔːl/ *n* (*fig*) el gobierno británico.

whiten /ˈwaɪtən/ *vt* [**whitens, whitening, whitened**] blanquear: **she whitened the collars with bleach** blanqueó los cuellos con lejía.
♦*vi* palidecer: **he whitened visibly at the news** se puso pálido al oír la noticia.

whitener /ˈwaɪtənə/ *n* (*for clothes*) producto *m* para blanquear la ropa.

whiteness /ˈwaɪtnəs/ *n* blancura *f*.

whiting /ˈwaɪtɪŋ/ *n* [*pl* **whiting**] pescadilla *f*.

whitish /ˈwaɪtɪʃ/ *adj* blancuzco -ca, blanquecino -na.

Whitsun /ˈwɪtsən/, **Whitsuntide** /ˈwɪtsəntaɪd/ *n* Pentecostés *m*.

whittle /ˈwɪtəl/ *vt* [**whittles, whittling, whittled**] (*piece of wood*) tallar.
to **whittle away** *vt* (*resources*) ir usando: **what little money she'd saved had been whittled away** poco a poco se había ido gastando el escaso dinero que había ahorrado.
to **whittle down** *vt* ir reduciendo: **the value of the subsidy has gradually been whittled down** han ido reduciendo el monto de la subvención gradualmente ∗ paulatinamente; **they finally whittled it down to three finalists** fueron descartando participantes hasta que quedaban tres finalistas.

whizz, **whiz** /wɪz/ **I** *n* **1.** (*noise*) zumbido *m*, silbido *m*. **2.** (*fam*: *genius*) genio *m*: **he's a whizz** ***at*** **physics** es un verdadero genio de la física.
II *vi* [**whizzes, whizzing, whizzed**] zumbar: **she whizzed** ***past*** **on her bicycle** pasó zumbando con la bici; **I'm just going to whizz upstairs for my camera** subo corriendo por la cámara y estoy listo.
whizz kid *n* (*fam*) genio *m*.

WHO /ˌdʌbəljuːeɪtʃˈəʊ/ *n* (*abreviatura de* **World Health Organization**) OMS *f* (Organización Mundial de la Salud).

who /huː/ *pron* **1.** (*in direct, indirect questions*) quién (*pl* quiénes): **who is the man in grey?** ¿quién es el hombre que va de gris?; **who are those women?** ¿quiénes son esas mujeres?; **do you know who I am?** ¿sabes quién soy?; **who did you see at the party?** ¿a quién ∗ quiénes viste en la fiesta?; **he doesn't even know who the Prime Minister is** ni siquiera sabe quién es el primer ministro; **who else wants some coffee?** ¿quién más quiere café? **2.** (*used relatively*) que: **the girls who were playing there have gone** las niñas que estaban jugando ahí se han ido; **my uncle Jack, who lives in Ireland, has come to visit us** mi tío Jack, que vive en Irlanda, ha venido a visitarnos; **those of you who wish to visit the ruins may do so** los que quieran pueden visitar las ruinas; (*with a preposition*) el/la que, quien: **the waiter who we argued with is over there** allí está el camarero con el que discutimos ∗ con quien discutimos.

who'd /huːd/ **I** *contracción de* **who had**: **there was a**

woman on the bus who'd lost her bag había una mujer en el autobús que había perdido el bolso.
II *contracción de* **who would**: **who'd have believed it?** ¿quién lo hubiera pensado?

whodunnit, **whodunit** /huː'dʌnɪt/ *n* (*fam*: *book*) novela *f* de suspense; (*: film*) película *f* de suspense.

whoever /huː'evə/ *pron* 1. (*the one who*): **she hands the money to whoever happens to be on duty** le entrega el dinero a quienquiera que sea que esté de servicio en ese momento; **whoever did this should be fired** al que hizo esto deberían despedirlo. 2. (*no matter who*): **it's a good course, whoever the teacher is** el curso es bueno, sea quien sea el profesor; **there's little chance of change, whoever wins the elections** hay pocas probabilidades de cambio, gane quien gane las elecciones; **she spoke to his wife, or girlfriend or whoever** habló con su mujer, o novia, o lo que sea. 3. (*when asking questions*) quién: **whoever could it have been?** ¿quién puede haber sido?

whole /həʊl/ I *n* todo *m*: **his work must be considered as a whole** hay que considerar sus obras como un todo; **this is a problem throughout the whole** *of* **the continent** esto constituye un problema en todo el continente; **we spent the whole** *of* **Tuesday shopping** nos pasamos todo el martes de compras • **on the whole, I prefer dogs to cats** en general, prefiero los perros a los gatos.
II *adj* 1. (*entire*) entero -ra, todo -da: **we ate the whole cake** nos comimos todo el pastel; **I was in hospital for a whole month** me pasé un mes entero en el hospital • **she threw the whole lot out** lo tiró todo a la basura • **but that's the whole point!** ¡pero precisamente de eso se trata! • **that was the whole point of the story** ése era precisamente el mensaje del cuento • **you could get yourself into a whole lot of trouble doing that** te podrías meter en un buen lío si haces eso. 2. (*unbroken, complete*) entero -ra: **you must swallow the capsule whole** tienes que tragarte la cápsula entera.

wholefood *n* comida *f* naturista: **they went to a wholefood restaurant** fueron a comer a un restaurante naturista.

wholemeal *adj* (*bread, flour*) integral.

whole note *n* (*US*: *Mus*) redonda *f*.

whole number *n* (*Maths*) número *m* entero.

wholewheat *adj* (*bread, flour*) integral.

wholehearted /həʊl'hɑːtɪd/ *adj* (*support, backing*) incondicional; (*congratulations, sympathy*) sincero -ra; (*enthusiasm*): **they displayed wholehearted enthusiasm for the idea** mostraron un gran entusiasmo por la idea.

wholeheartedly /həʊl'hɑːtɪdlɪ/ *adv* 1. (*with enthusiasm*) con entusiasmo: **the audience applauded wholeheartedly** el público aplaudió con entusiasmo. 2. (*without reservations*) incondicionalmente: **we support the proposals wholeheartedly** apoyamos las propuestas incondicionalmente. 3. (*sincerely*) de todo corazón: **I congratulated him wholeheartedly on his success** le felicité de todo corazón por su éxito.

wholesale /'həʊlseɪl/ I *n* venta *f* al por mayor.
II *adv* al por mayor: **we buy all our goods wholesale** compramos todos nuestros productos al por mayor.
III *adj* 1. (*prices, trading*) al por mayor: **these are wholesale rates** éstos son precios al por mayor. 2. (*slaughter, fraud*) en gran escala: **there has been wholesale disregard for human rights** se han ignorado de forma sistemática los derechos humanos.

wholesaler /'həʊlseɪlə/ *n* mayorista *m/f*.

wholesome /'heʊlsəm/ *adj* 1. (*food, meal*) sano -na. 2. (*entertainment, values*) sano -na: **the moral message of the film wasn't very wholesome** el mensaje de la película no era muy sano, moralmente hablando.

who'll /huːl/ *contracción de* **who will**: **who'll tell the teacher?** ¿quién va a decírselo al profesor?

wholly /'həʊllɪ/ *adv* completamente, enteramente: **the company cannot be held wholly responsible** no se puede responsabilizar enteramente a la empresa; **it's been a wholly unsuccessful mission** la misión ha sido un fracaso absoluto.

whom /huːm/ *pron* (*frml*) 1. (*in direct, indirect questions*) a quién (*pl* a quiénes): **whom should I ask?** ¿a quién le tendría que preguntar?; **to whom did he write?** ¿a quién * quiénes escribió?; **we did not know whom to approach** no sabíamos a quién dirigirnos. 2. (*used relatively*) al que, a la que: **she was the lady whom we had seen in the afternoon** era la señora a la que habíamos visto por la tarde; **the assistant, whom we had only just appointed, left** el ayudante, que acababa de empezar a trabajar para nosotros, se marchó; (*with a preposition*): **the students, none of whom knew the play, went to see Hamlet** los estudiantes, ninguno de los cuales conocía la obra, fueron a ver Hamlet; **the woman with whom he arrived was incredibly tall** la mujer con la que llegó era altísima.

whoop /wuːp/ I *n* grito *m*: **she let out a whoop of delight** soltó un grito de alegría.
II **whoops** *excl* ay.
III *vi* [**whoops, whooping, whooped**] chillar de alegría: **the children were whooping** *with* **joy** los niños chillaban de alegría.

whoopee /wʊ'piː/ *excl* (*fam*) hurra.

whooping cough /'huːpɪŋ kɒf/ *n* tos *f* ferina.

whoosh /wʊʃ/ (*fam*) I *n*: *ruido del agua al salir a presión o que produce un viento fuerte.*
II *vi* [**whooshes, whooshing, whooshed**] (*water, air*) hacer mucho ruido: **the water whooshed** *down* **the pipe** el agua bajó por la cañería haciendo gran estruendo; **a truck whooshed** *past* un camión nos pasó a toda velocidad.

whopper /'wɒpə/ *n* (*fam*) 1. (*big lie*) trola *f*: **she's always telling whoppers** siempre está contando trolas * tremendas mentiras. 2. (*something big*): **that's a whopper of a steak** eso es un señor filete * un filetazo; **the trout he caught was a real whopper** la trucha que pescó era enorme.

whopping /'wɒpɪŋ/ (*fam*) I *adj* enorme: **what a whopping house!** ¡qué casa tan enorme!
II *adv*: **she ate a whopping great sandwich** se comió un bocadillo enorme.

whore /hɔː/ *n* (*!!*) puta *f*.

who's /huːz/ I *contracción de* **who is**: **who's that woman?** ¿quién es esa mujer?
II *contracción de* **who has**: **who's finished?** ¿quién ha terminado?

whose /huːz/ I *pron* de quién (*pl* de quiénes): **whose is this book?** ¿de quién es este libro?; **whose are those umbrellas?** ¿de quiénes son esos paraguas?; **whose did you say they were?** ¿de quién dijiste que eran?
II *adj* 1. (*in direct and indirect questions*) de quién (*pl* de quiénes): **whose shoes are those?** ¿de quién son esos zapatos?; **whose coats are those?** ¿de quiénes son esos abrigos?; **ask her whose house this is** pregúntale de quién es esta casa * a quién pertenece esta casa. 2. (*relative*) cuyo -ya (*pl* cuyos -yas): **Jane's boyfriend, whose parents we met yesterday, is**

very nice el novio de Jane, a cuyos padres conocimos ayer, es muy amable; **the woman whose house we bought moved to Rochester** la mujer a la que le compramos la casa se mudó a Rochester.

who've /hu:v/ *contracción de* **who have**: **who've you invited?** ¿a quién has invitado?

why /waɪ/ **I** *adv* **1.** (*in direct, indirect questions*) por qué: **why did he leave?** ¿por qué se fue?; **can you tell me why they are so rare?** ¿me puede decir por qué son tan poco comunes?; **why not try again later?** ¿por qué no pruebas otra vez más tarde?; **why bother to contribute if nobody else is going to?** ¿para qué molestarse en contribuir si nadie más va a hacerlo?; **why else would he send you flowers?** ¿por qué otra razón te iba a mandar flores? ● **"I didn't invite James." "Why ever not?"** "No invité a James." "¿Por qué no?" **2.** (*used relatively*): **there is no reason why we can't go ourselves** no hay razón por la que no podamos ir nosotros mismos; **that is (the reason) why he didn't tell her** ésa es la razón por la que no se lo dijo.

II *excl* vaya: **why, Mr Harper, I didn't expect to see you here!** ¡vaya, señor Harper, no esperaba verlo aquí!; **why, naturally we'll help you!** ¡pero por supuesto que te ayudaremos!

III the whys *n pl* ● **let's not go into the whys and wherefores of his actions** no analicemos el porqué de su forma de actuar.

wick /wɪk/ *n* (*of candle, lamp*) mecha *f* ● **she's really getting on my wick** me está sacando de quicio.

wicked /ˈwɪkɪd/ **I** *adj* **1.** (*evil*) malvado -da: **he told them a series of wicked lies** les dijo una sarta de mentiras a cual peor. **2.** (*naughty*) muy malo -la: **she's a wicked little child** es una niña muy mala; **look at that wicked expression on his face** mira qué cara de travieso tiene. **3.** (*fam: awful, scandalous*) horroroso -sa: **a wicked waste** un despilfarro horroroso. **4.** (*fam: excellent*) estupendo -da.

II the wicked *n pl* ● **there's no peace for the wicked** parece que uno no puede tener un momento de descanso.

wickedly /ˈwɪkɪdlɪ/ *adv* **1.** (*in an evil manner*) malvadamente. **2.** (*naughtily*) con malicia, traviesamente: **the child grinned at us wickedly** el niño nos miró con cara de travieso.

wickedness /ˈwɪkɪdnəs/ *n* maldad *f*.

wicker /ˈwɪkə/ *n* mimbre *m*.

wickerwork *n* (*art*) cestería *f*; (*material*) mimbre *m*; (*furniture*) artículos *m pl* de mimbre.

wicket /ˈwɪkɪt/ *n* **1.** (*también* **wicket gate**) postigo *m*. **2.** (*in cricket: target*) palos *m pl* (*que trata de derribar el lanzador y defiende el bateador*); (*: area*) *parte del terreno de juego entre los dos grupos de palos* ● **we are on a very sticky wicket at the moment** estamos pasando por momentos muy difíciles.

wide /waɪd/ **I** *adj* **1.** (*path, river, foot*) ancho -cha: **the gap was just wide enough for the cat to get through** el hueco era apenas lo suficientemente ancho para que pasara el gato; **the rug was four feet wide** la alfombra tenía cuatro pies de ancho * anchura; **how wide is the pool?** ¿qué anchura tiene la piscina? **2.** (*knowledge, experience*) amplio -plia; (*range*) extenso -sa: **this gives us a wider perspective on the issue** esto nos da una perspectiva más amplia del tema. **3.** (*fully open*) muy abierto -ta: **the children stared with wide eyes** los niños nos miraban con los ojos abiertos como platos.

II *adv* **1.** (*fully*) completamente: **he's wide awake** está completamente despierto; **open (your mouth) wide** abre la boca todo lo que puedas; **the door of the cage was wide open** la puerta de la jaula estaba abierta de par en par; **position the posts wide apart** pon los postes de forma que haya bastante espacio entre ellos. **2.** (*not on target*) desviado -da: **the arrow fell wide** *of* **the target** la flecha dio muy lejos del blanco.

wide-angle lens *n* objetivo *m* gran angular.

wide-eyed *adj* **1.** (*with surprise, fear*) con los ojos muy abiertos: **the neighbours were wide-eyed** *with* **amazement** los asombrados vecinos tenían los ojos abiertos como platos. **2.** (*naive*) inocente: **don't play the wide-eyed innocent with me!** ¡no te hagas el inocente conmigo!

wide-open *adj* abierto -ta: **she loves the wide-open spaces** le encantan los espacios abiertos.

wide-ranging *adj* (*review, changes, consequences*) de gran alcance.

wide-screen *adj*: **a wide-screen movie** una película para la pantalla grande.

widely /ˈwaɪdlɪ/ *adv* **1.** (*in terms of distance, area*) extensamente: **she has travelled widely in the Middle East** ha viajado por muchos países del Oriente Medio; **the product is widely available** es muy fácil conseguir el producto. **2.** (*by large numbers of people*): **this is widely assumed to be the only solution** la opinión generalizada es que ésta es la única solución.

widen /ˈwaɪdən/ *vi* [**widens, widening, widened**] ensancharse: **the river widens near the bridge** el río se ensancha cerca del puente; **the gap between rich and poor is widening** está creciendo la distancia entre ricos y pobres.

♦*vt* ampliar: **it widened their understanding of other cultures** amplió sus conocimientos de otras culturas.

widespread /ˈwaɪdspred/ *adj* general, extendido -da: **rain will become more widespread by late afternoon** la lluvia se generalizará hacia última hora de la tarde; **there is widespread scepticism about the reforms** hay un escepticismo general con respecto a las reformas.

widow /ˈwɪdəʊ/ *n* viuda *f*.

widowed /ˈwɪdəʊd/ *adj* viudo -da: **she was widowed last year** se quedó viuda el año pasado; **he lives with his widowed mother** vive con su madre, que es viuda.

widower /ˈwɪdəʊə/ *n* viudo *m*.

width /wɪdθ/ *n* **1.** (*measurement: gen*) anchura *f*: **she measured the width of the path** midió la anchura del camino; (*: of material*) ancho *m*: **the fabric was two metres** *in* **width** la tela tenía dos metros de ancho; **these curtains come in three different widths** estas cortinas vienen en tres anchos distintos. **2.** (*of swimming pool*) ancho *m*: **I can only swim a width** sólo soy capaz de nadar un ancho.

wield /wi:ld/ *vt* [**wields, wielding, wielded**] **1.** (*sword, weapon, etc.*) empuñar: **the man was wielding an iron bar** el hombre empuñaba una barra de hierro. **2.** (*power, influence*) ejercer.

wife /waɪf/ *n* [**wives** /waɪvz/] mujer *f*, esposa *f*: **he asked her to be his wife** le pidió que se casara con él ● **it's just an old wives' tale** es un cuento de viejas.

wig /wɪg/ *n* peluca *f*.

wiggle /ˈwɪgəl/ **I** *n* meneo *m*: **he started the dance with a wiggle of his hips** empezó el baile con un meneo * contoneo de caderas.

II *vt* [**wiggles, wiggling, wiggled**] mover: **can you**

wiggle your toes? ¿puedes mover los dedos de los pies?; **she wiggled the wire in the lock until the door opened** estuvo hurgando con el alambre en la cerradura hasta que la puerta se abrió.

wiggly /ˈwɪgəlɪ/ *adj* [**wigglier, wiggliest**] (*line*) ondulado -da.

wigwam /ˈwɪgwæm/ *n* tipi *m* (*tienda de los indios norteamericanos*).

wild /waɪld/ **I** *adj* **1.** (*animal*) salvaje; (*plants*) silvestre: **wild strawberries grow there** allí crecen fresas silvestres. **2.** (*landscape*) agreste: **she loved the wild mountain scenery** le encantaba el paisaje agreste de montaña. **3.** (*excited*) alocado -da: **the crowd went wild when he came on stage** el público enloqueció cuando apareció en el escenario; **they had another wild party last night** dieron otra fiesta desmadrada anoche. **4.** (*passionate*): **she was wild** *about* **him** estaba loca por él; (*enthusiastic*): **we weren't exactly wild** *about* **the idea** la idea no nos entusiasmaba, que digamos. **5.** (*unreasoning*): **he had some wild idea about emigrating** se le metió en la cabeza la descabellada idea de emigrar; **I had a wild guess at the answer** di una respuesta totalmente al azar; (*threatening*): **he had a wild look in his eye** tenía una mirada amenazadora; (*angry*): **he was wild** *with* **rage** estaba fuera de sí de la furia. **6.** (*weather*) muy inclemente: **it was a wild, rainy night** era una terrible noche de lluvia.

II *adv* sin control: **the garden had been allowed to run wild** nadie se había ocupado de cuidar el jardín; **in the holidays the children run wild** los niños hacen lo que les da la gana en las vacaciones.

III the wild *n*: **the call of the wild** la llamada de la naturaleza; **these animals cannot survive in the wild** estos animales no pueden sobrevivir en libertad; **they rarely flower in the wild** rara vez dan flor cuando crecen silvestres.

IV the wilds *n pl* las tierras vírgenes: **they live somewhere in the wilds of Borneo** viven en alguna parte de la selva de Borneo.

wild beast *n* fiera *f*.

wild card *n* comodín *m*.

wildcat *n* (*Zool*) gato *m* montés • **they called a wildcat strike** convocaron una huelga no oficial.

wildfire *n* • **news of his resignation spread like wildfire** la noticia de que había dimitido se extendió como un reguero de pólvora.

wild-goose chase *n* búsqueda *f* inútil.

wildlife *n* fauna *f*.

wildlife park *n* reserva *f* (*de animales salvajes*).

wilderness /ˈwɪldənəs/ *n* [**wildernesses**] **1.** (*wasteland*) páramo *m*: **the wilderness** (*in the Bible*) el desierto • **he returned to power after several years in the political wilderness** volvió al poder después de varios años marginado de la vida política. **2.** (*jungle*) jungla *f*: **the garden is a complete wilderness** el jardín está hecho una jungla; (*unexplored territory*) tierra *f* virgen.

wildly /ˈwaɪldlɪ/ *adv* **1.** (*to shout*) desaforadamente; (*to wave, to kick*) frenéticamente: **the crowd applauded wildly** el público aplaudió a rabiar. **2.** (*without reasoning*): **she guessed wildly at the answer** dio una respuesta totalmente al azar. **3.** (*very*): **wildly exaggerated** sumamente exagerado; **wildly in love** locamente enamorado -da; **her estimate was wildly inaccurate** se equivocó completamente en sus cálculos.

wilful, (*US*) **willful** /ˈwɪlfʊl/ *adj* **1.** (*deliberate*) intencionado -da: **it was a wilful killing** fue un asesinato premeditado. **2.** (*headstrong*) testarudo -da, obstinado -da: **she was a very wilful girl** era una chica muy obstinada.

wilfully, (*US*) **willfully** /ˈwɪlfəlɪ/ *adv* **1.** (*deliberately*) deliberadamente: **he wilfully damaged his neighbour's car** dañó el coche de su vecino deliberadamente * con toda la intención. **2.** (*in a headstrong way*) obstinadamente: **he is wilfully disobedient** es desobediente con obstinación.

will /wɪl/ **I** *n* **1.** (*mental power, determination*) voluntad *f*: **he was made to sign it against his will** lo firmó en contra de su voluntad; **people choose to come here of their own free will** la gente viene aquí por su propia voluntad; **in the end he lost the will to live** al final perdió las ganas de vivir • **this visit is being seen as a sign of good will between the two countries** esta visita simboliza la buena voluntad que existe entre los dos países • **he bears her no ill will** no le guarda ningún rencor. **2.** (*Law*) testamento *m*: **I have rewritten my will** he hecho un nuevo testamento. **3.** (*frml: desire*) voluntad *f*.

II *vt* [**wills, willing, willed**]: **she willed him to get better** deseó fervientemente que se recuperara; **the crowd willed her to victory** la voluntad de la afición la hizo triunfar; **sometimes I have to will myself to carry on** a veces tengo que forzarme a continuar.

III *v aux* [*neg* **will not * won't**] [***will not*** *es uso formal o enfático*] ⇨ gramática en el apéndice (Verbos Auxiliares Modales) **1.** (*forming the future tense*): **things will improve** las cosas mejorarán; **she will arrive tomorrow** llegará mañana; **will you be long?** ¿vas a tardar mucho?; **"I won't be going." "Oh yes you will!"** "No iré." "Sí, sí que irás."; **he'll be able to tell you** él te lo podrá decir; **she'll be the next President** será la nueva presidenta. **2.** (*expressing intention*): **I won't let it happen** no dejaré que ocurra; **they will never renounce violence** no renunciarán nunca a la violencia. **3.** (*expressing inevitability*): **boys will be boys!** los hombres son así; **these unfortunate things will happen** siempre pueden ocurrir desgracias como ésta; **he will keep interrupting me!** ¡y sigue interrumpiéndome! **4.** (*predicting*): **I expect that will be them phoning now** me imagino que son ellos (los que llaman por teléfono); **you won't remember me but we met last year** no creo que te vayas a acordar de mí pero nos conocimos el año pasado; **she'll be there by now** ya debe de haber llegado. **5.** (*in offers, requests*): **will you come with me?** ¿me acompañarás?; **help her, will you?** ayúdala, por favor; **for the third time, will you please be quiet!** ¡ya es la tercera vez que lo digo, silencio, por favor!; **will you have some cake?** ¿quieres un poco de tarta? **6.** (*indicating refusal*): **he just won't do what I ask** no hay manera de que haga lo que le digo; **this drawer won't open** no hay forma de abrir este cajón; **I will not be spoken to like that** a mí nadie me habla de esa manera.

willing /ˈwɪlɪŋ/ *adj* **1.** (*eager*) servicial: **he's a very willing worker** es un trabajador muy servicial • **I suppose we'd better show willing** más vale que demostremos buena voluntad. **2.** (*prepared*) dispuesto -ta: **Sandra said she would be willing to make some cakes** Sandra dijo que ella estaría dispuesta a hacer unos pasteles • **God willing, he'll be back in six months** si Dios quiere, estará de vuelta dentro de seis meses.

willingly /ˈwɪlɪŋlɪ/ *adv* de buena gana: **I'd willingly lend you the money** de buena gana te prestaría el dinero; **nobody would willingly put himself in that situation** nadie se pondría en esa situación por gusto.

willingness /ˈwɪlɪŋnəs/ *n* buena voluntad *f*.

willow /ˈwɪləʊ/ *n* sauce *m*.

willpower /ˈwɪlpaʊə/ *n* fuerza *f* de voluntad.

willy-nilly /ˌwɪlɪˈnɪlɪ/ *adv* (*without choice*) quiera o no quiera: **we'll get him to the party willy-nilly** lo llevaremos a la fiesta quiera o no quiera; (*haphazardly*) a diestro y siniestro * a diestra y siniestra: **he was cutting down roses willy-nilly** estaba cortando rosas a diestro y siniestro * sin ningún cuidado.

wilt /wɪlt/ *vi* [**wilts, wilting, wilted**] **1.** (*flower*) marchitarse. **2.** (*person*): **at midnight we were all starting to wilt** a medianoche empezamos a sentirnos cansados.

wily /ˈwaɪlɪ/ *adj* [**wilier, wiliest**] astuto -ta.

wimp /wɪmp/ *n* (*fam*) blandengue *m/f*.

win /wɪn/ **I** *n* victoria *f*: **they had another win yesterday** ayer volvieron a ganar * lograron otra victoria; **he's hoping for a win on the horses** espera tener suerte en las carreras de caballos.

II *vt* [**wins, winning, won**] **1.** (*race, war, bet, prize*) ganar: **she won another competition** ganó otro concurso; **that magnificent shot won him the cup** ese tiro tan espectacular le valió la copa. **2.** (*support, confidence*) ganarse, conseguir: **she tried to win the teacher's approval** trató de causarle una buena impresión al profesor; **this play has won a great deal of praise** esta obra ha recibido muchos elogios.

♦*vi* ganar: **he loves to win** le encanta ganar; **we're winning at the moment** de momento vamos ganando; **he always won** *at* **chess** siempre ganaba al ajedrez • **OK, you win, here it is** de acuerdo, tú ganas, aquí lo tienes • **you're wrong if you try to help and you're wrong if you don't: you can't win!** si trato de ayudar, malo, y si no hago nada, también: no hay forma de acertar.

to **win back** *vt* **1.** (*something lost*) recuperar: **he won back all the money he lost yesterday** ha recuperado todo el dinero que perdió ayer; **they won the cup back** *from* **their rivals** volvieron a hacerse con la copa, que estaba en posesión de sus rivales. **2.** (*person*): **he wondered how he could win her back** se preguntaba cómo podría conseguir que ella volviera con él.

to **win over * round** *vt* convencer: **he won them round in the debate** los convenció en el debate; **I won him over** *to* **my point of view** lo convencí de que tenía razón.

to **win through** *vi* imponerse: **in the end, common sense won through** al final se impuso el sentido común.

wince /wɪns/ *vi* [**winces, wincing, winced**] **1.** (*at pain*) hacer una mueca de dolor: **she winced as the bandage was taken off** hizo una mueca de dolor cuando le quitaron el vendaje. **2.** (*at something unpleasant*) poner cara de susto: **he winced when he was told the price** cuando le dijeron el precio, se asustó.

winch /wɪntʃ/ **I** *n* [**winches**] cabrestante *m*.

II *vt* [**winches, winching, winched**] levantar (*con un cabrestante*).

wind I /wɪnd/ *n* **1.** (*Meteo*) viento *m*: **a strong wind was blowing** soplaba un fuerte viento • **it took the wind out of his sails when I won first prize** le bajó los humos que yo ganara el primer premio • **I'd prefer to wait and see which way the wind's blowing** prefiero esperar a ver por dónde van los tiros • **they had got wind of his promotion** habían oído que lo habían ascendido • **the letter really put the wind up him** la carta le dio un buen susto • **they're sailing close to the wind** están corriendo muchos riesgos • **it's an ill wind (that blows nobody any good)** no hay mal que por bien no venga. **2.** (*gas*) gases *m pl*: **the baby brought up some wind** el bebé eructó; **he broke wind** soltó una ventosidad. **3.** (*breath*) aliento *m*: **he stopped to get his wind back** paró para recobrar el aliento • **I got my second wind and worked for another two hours** recobré fuerzas y trabajé otras dos horas.

II *vt* /wɪnd/ [**winds, winding, winded**] dejar sin aliento: **I was completely winded by the punch** el puñetazo me dejó sin aliento.

III *vt* /waɪnd/ [**winds, winding, wound**] **1.** (*watch*) dar cuerda a: **the clock had been fully wound** le habían dado cuerda al reloj. **2.** (*wool, thread*) enrollar: **he wound the scarf** *round* **his head** se lió un pañuelo a la cabeza. **3.** (*when operating something*): **she wound the cassette** *back* **to the beginning** rebobinó la cinta hasta el principio; **you shorten the rope by winding that handle** se recoge la cuerda haciendo girar esa manivela.

♦*vi* /waɪnd/ (*road, trail*) serpentear: **the track wound** *towards* **the river** el camino serpenteaba hacia el río; **a spiral staircase wound** *up* **to the attic** una escalera de caracol comunicaba con el ático.

to **wind down** *vi* /waɪnd daʊn/ **1.** (*clockwork toy, watch*) pararse: **the clock has wound down** el reloj se ha parado. **2.** (*person*) relajarse: **it takes me a while to wind down after work** me lleva un rato desconectarme * relajarme después del trabajo.

♦*vt* **1.** (*car window*) bajar: **the driver wound his window down** el conductor bajó la ventanilla. **2.** (*business*) desmantelar: **we had to wind down our European operation** tuvimos que desmantelar nuestra operación europea.

to **wind up** *vt* /waɪnd ʌp/ **1.** (*watch, clock*) dar cuerda a: **I have to wind up my watch every day** tengo que darle cuerda al reloj todos los días. **2.** (*car window*) subir: **she wound the window up** subió la ventanilla. **3.** (*to conclude*) terminar: **I think we should wind this meeting up now** creo que deberíamos dar por concluida esta reunión; **I have to wind up my father's affairs** tengo que resolver los asuntos de mi padre. **4.** (*fam: to tease*) tomar el pelo: **they're just winding you up** te están tomando el pelo.

♦*vi* (*fam*) terminar: **we wound up back at the station** al final terminamos otra vez en la estación.

windbag /ˈwɪndbæg/ *n* (*fam*) charlatán -tana *m/f*.

wind break /wɪnd breɪk/ *n* barrera *f* contra el viento.

windfall /ˈwɪndfɔːl/ *n* **1.** (*fruit*) fruta *f* caída. **2.** (*money*) ganancia *f* inesperada: **I've had a little windfall** me ha caído un buen pellizco.

wind instrument /wɪnd ˈɪnstrəmənt/ *n* instrumento *m* de viento.

windmill /ˈwɪndmɪl/ *n* molino *m* de viento.

windpipe /ˈwɪndpaɪp/ *n* tráquea *f*.

wind power /wɪnd ˈpaʊə/ *n* energía *f* eólica.

windscreen /ˈwɪndskriːn/, (*US*) **windshield** /ˈwɪndʃiːld/ *n* parabrisas *m inv*: **he switched on the windscreen wipers** puso el limpiaparabrisas.

wind sock /wɪnd sɒk/ *n* manga *f* de aire.

windsurf /ˈwɪndsɜːf/ *vi* [**windsurfs, windsurfing, windsurfed**] practicar el windsurf.

windsurfer /ˈwɪndsɜːfə/ *n* **1.** (*board*) tabla *f* de windsurf. **2.** (*rider*) *persona que practica el windsurf*.

windsurfing /ˈwɪndsɜːfɪŋ/ *n* windsurf *m*.

windswept /ˈwɪndswept/ *adj* **1.** (*plain, hillside*) azotado -da por el viento. **2.** (*person*) despeinado -da.

winder /ˈwaɪndə/ *n* (*of a watch*) corona *f* (*para dar cuerda*).

winding /ˈwaɪndɪŋ/ *adj* (*path, track*) tortuoso -sa, sinuoso -sa.

window /ˈwɪndəʊ/ *n* **1.** (*in house*) ventana *f*: **the windows need cleaning** hay que limpiar los cristales; (*in box office, in vehicle*) ventanilla *f*: **I like to have a window seat** me gusta sentarme al lado de la ventanilla; (*of a shop*) ➪ shop window **2.** (*in computer software*) ventana *f*.

window box *n* jardinera *f*.

window cleaner *n* **1.** (*person*) limpiacristales *m/f inv*. **2.** (*liquid*) limpiacristales *m inv*.

window-dresser *n* decorador -dora *m/f* de escaparates, escaparatista *m/f*.

window-dressing *n* decoración *f* de escaparates.

window ledge *n* alféizar *m*.

windowpane *n* cristal *m*.

window-shop *vi* [**window-shops, window-shopping, window-shopped**] ir a mirar escaparates: **we went window-shopping yesterday morning** ayer por la mañana estuvimos mirando escaparates.

windowsill *n* alféizar *m*.

windward /ˈwɪndwəd/ *adj* de barlovento.

windy /ˈwɪndɪ/ *adj* [**windier, windiest**] **1.** (*weather*) ventoso -sa: **it's windy** hace viento; **we had three windy days** tuvimos tres días de mucho viento. **2.** (*region*) expuesto -ta al viento: **they camped on a windy hillside** acamparon en una ladera muy expuesta al viento.

wine /waɪn/ **I** *n* vino *m*: **a bottle of house wine, please** una botella de vino de la casa, por favor.

II *vt* [**wines, wining, wined**] • **we were wined and dined by the manager and his wife** el director y su mujer nos invitaron a una cena por todo lo alto.

wine bar *n*: *bar donde se pueden tomar vino y platos ligeros.*

wine cellar *n* bodega *f*.

wineglass *n* [**wineglasses**] copa *f* de vino.

wine list *n* lista *f* de vinos.

wineskin *n* odre *m*.

wine-tasting *n* degustación *f* de vinos.

wine vinegar *n* vinagre *m* de vino.

wing /wɪŋ/ **I** *n* **1.** (*of bird, insect, plane*) ala *f* [takes ***el*** or ***un*** in singular] • **I took the new secretary under my wing** tomé a la nueva secretaria bajo mi protección • **management attempted to clip his wings** la dirección trató de cortarle las alas. **2.** (*of car*) guardabarros *m inv*. **3.** (*of building*) ala *f* [takes ***el*** or ***un*** in singular]. **4.** (*player*) extremo *m/f*: **their left wing was injured** su extremo izquierdo estaba lesionado; (*part of playing field*) flanco *m*, lado *m*: **he played on the right wing** jugaba en el lado derecho. **5.** (*Pol*) ala *f* [takes ***el*** or ***un*** in singular]: **he is on the left/right wing of the party** pertenece al ala izquierda/derecha del partido.

II wings *n pl* (*in the theatre*) bastidores *m pl*: **the chorus waited in the wings** el coro esperaba entre bastidores • **he is one of many talented young executives waiting in the wings** es uno de los muchos jóvenes ejecutivos con talento que espera su oportunidad.

III *vt* [**wings, winging, winged**] ir volando: **they were winging their way to Rome** estaban volando hacia Roma.

wing commander *n* (*in GB*) teniente *m/f* coronel de aviación.

wing mirror *n* retrovisor *m*, espejo *m* lateral.

wing nut *n* tuerca *f* mariposa.

wing span *n* envergadura *f* (*de las alas*).

winged /wɪŋd/ *adj* (*insects*) alado -da.

winger /ˈwɪŋə/ *n* (*Sport*) extremo *m/f*.

wink /wɪŋk/ **I** *n* guiño *m*: **as he said that, he gave me a wink** y, al decir esto, me guiñó el ojo • **we couldn't get a wink of sleep** no pudimos pegar ojo • **they were too excited and didn't sleep a wink** estaban tan nerviosos que no pegaron ojo • **she went off to have forty winks** fue a echarse una siesta.

II *vi* [**winks, winking, winked**] **1.** (*person*) guiñar el ojo: **she winked** *at* **the policeman** le guiñó un ojo al policía. **2.** (*light*) titilar, parpadear: **I saw the lanterns winking in the darkness** vi la luz de las linternas parpadeando en la oscuridad.

winkle /ˈwɪŋkəl/ *n* (*Zool*) bígaro *m*, bigarro *m*.

to **winkle out** *vt* [**winkles, winkling, winkled**] (*fam*) sonsacar: **they finally winkled the names out** *of* **him** al final le sacaron los nombres.

winner /ˈwɪnə/ *n* ganador -dora *m/f*: **she was the winner** *of* **the poetry prize** fue la ganadora del premio de poesía; **the new model is a winner** el modelo nuevo tiene el éxito asegurado • **we're onto a winner with this** con esto llevamos todas las de ganar.

winning /ˈwɪnɪŋ/ **I** *adj* **1.** (*team, finalist*) ganador -dora, vencedor -dora: **he scored the winning goal** marcó el gol de la victoria; (*ticket, number*) premiado -da: **she held the winning ticket** tenía la papeleta premiada. **2.** (*appealing*) encantador -dora: **he has such a winning smile** tiene una sonrisa de lo más encantadora.

II winnings *n pl* ganancias *f pl*.

winning post *n* meta *f*.

winter /ˈwɪntə/ **I** *n* (*también* **Winter**) invierno *m*: **they fly south** *in* **(the) winter** emigran al sur en invierno; **she starts the course next winter** empieza el curso el próximo invierno.

II *vi* [**winters, wintering, wintered**] pasar el invierno: **they wintered in the Mediterranean** pasaban el invierno en el Mediterráneo.

Winter Olympics *n pl* Juegos Olímpicos *f* de invierno.

winter sports *n pl* deportes *m pl* de invierno.

wintertime *n* invierno *m*: **they move to the town house** *in* **(the) wintertime** en invierno viven en la casa que tienen en la ciudad.

wintry /ˈwɪntrɪ/ *adj* [**wintrier, wintriest**] (*wind*) invernal; (*shower*) de aguanieve: **it's very wintry today** hoy hace un tiempo verdaderamente invernal.

wipe /waɪp/ **I** *n* **1.** (*tissue*) toallita *f*. **2.** (*act of wiping*): **I'll just give the tray a wipe** voy a pasarle un trapo a la bandeja.

II *vt* [**wipes, wiping, wiped**] **1.** (*to make clean*) limpiar: **wipe your feet before you come in** límpiate los pies antes de entrar; **wipe those marks** *off* **the chair** limpia esas señales que han quedado en la silla; (*to dry*) secar: **she wiped the tears** *away* **with a handkerchief** se secó las lágrimas con un pañuelo; **he wiped it dry with a cloth** lo secó con un paño; **wipe the desk clean** pásale una bayeta al escritorio • **you'd better wipe that stupid grin off your face!** ¡deja de poner esa mueca tan tonta! **2.** (*cassette*) borrar (*de una cinta*): **the whole recording had been wiped** (*off*) se había borrado toda la grabación.

to **wipe out** *vt* (*people*) aniquilar: **the whole family had been wiped out** habían aniquilado a toda la familia; (*illness, behaviour*) erradicar: **we have to wipe out this kind of behaviour** tenemos que erradicar este tipo de conducta; (*memory*) borrar.

to **wipe up** *vt* (*something spilt*) limpiar: **wipe that mess up!** ¡limpia esa porquería!

wiper /ˈwaɪpə/ *n* (*Auto*) limpiaparabrisas *m inv.*

wire /ˈwaɪə/ **I** *n* **1.** (*length of metal*) alambre *m.* **2.** (*electric*) cable *m*: **the wires had been wrongly connected** habían conectado mal los cables • **those two children are real live wires** esos dos niños son muy traviesos • **they've got their wires crossed** están teniendo una conversación de sordos. **3.** (*US: fam, telegram*) telegrama *m*: **he sent us a wire** nos mandó un telegrama.

II *vt* [**wires, wiring, wired**] **1.** (*building*) instalar los cables de la electricidad en. **2.** (*US: fam, to send a telegram*) enviar un telegrama a: **I wired him the news** le envié un telegrama con las noticias.

to **wire up** *vt* (*appliance, plug*) conectar: **is the computer wired up?** ¿está conectado el ordenador?

wire cutters *n pl* cortaalambres *m inv.*

wire netting *n* alambrada *f.*

wire tapping *n*: *acto de intervenir un teléfono.*

wireless /ˈwaɪələs/ *n* [**wirelesses**] radio *f.*

wiring /ˈwaɪərɪŋ/ *n* instalación *f* eléctrica.

wiry /ˈwaɪərɪ/ *adj* [**wirier, wiriest**] **1.** (*person*) nervudo -da. **2.** (*hair*) estropajoso -sa: **the dog had a rough, wiry coat** el perro tenía el pelo áspero y estropajoso.

wisdom /ˈwɪzdəm/ *n* **1.** (*knowledge*) sabiduría *f.* **2.** (*good sense*) buen juicio *m*: **he questioned the wisdom** *of* **setting off so late** salir tan tarde no le parecía lo más prudente.

wisdom tooth *n* muela *f* del juicio.

wise /waɪz/ *adj* [**wiser, wisest**] **1.** (*erudite*) sabio -bia • **we were none the wiser after his explanation** después de su explicación seguíamos sin entenderlo • **they finally got wise to his tricks** al final se dieron cuenta de sus trucos. **2.** (*sensible*) juicioso -sa: **I thought that was a very wise decision of yours** me pareció que tomaste una decisión muy acertada; **she would have been wiser to say nothing** habría hecho bien callándose.

to **wise up** *vi* [**wises, wising, wised**] (*fam*) enterarse: **she wised up** *to* **what was going on** se dio cuenta de lo que pasaba.

wisecrack *n* (*fam*) gracia *f*: **any more wisecracks, and you're fired** una gracia más y está usted despedido.

wise guy *n* (*fam*) sabelotodo *m*: **come on then, wise guy, tell us the answer** venga, sabelotodo, dinos la respuesta.

-wise /waɪz/ *suf*: **weather-wise we were very lucky** por lo que respecta al tiempo tuvimos mucha suerte; **what have we got food-wise?** ¿qué tenemos de comida?

wisely /ˈwaɪzlɪ/ *adv* **1.** (*displaying great knowledge*) sabiamente. **2.** (*sensibly*) prudentemente, juiciosamente: **very wisely, she decided to go home** muy prudentemente, decidió irse a casa.

wish /wɪʃ/ **I** *n* [**wishes**] deseo *m*: **her wish came true** su deseo se hizo realidad; **my greatest wish is** *for* **him to get better** mi mayor deseo es que se mejore; **blow out the candles and make a wish** apaga las velas y pide un deseo; **he went against my wishes when he bought that motorbike** aunque yo no quería que lo hiciera, se compró esa moto.

II wishes *n pl*: **give your parents my best wishes** saluda a tus padres de mi parte; **with best wishes for a happy birthday** con mis mejores deseos de que pases un feliz cumpleaños.

III *vi* [**wishes, wishing, wished**] desear: **they had everything they could wish** *for* tenían todo cuanto pudieran desear.

♦ *vt* **1.** (*to want, desire*) querer, desear: **I wish I could go** ¡ojalá pudiera ir!; **he wished he hadn't said anything** se arrepentía de haber dicho nada; **I wish he would be quiet!** ¡por qué no se callará!; (*frml*) **the chairman wishes to be excused** el presidente del consejo ruega que lo disculpen. **2.** (*luck, happiness, etc.*) desear: **they rang to wish him a happy birthday** llamaron para desearle un feliz cumpleaños; **the boss wished me well when I left the company** el jefe me deseó buena suerte al marcharme de la empresa; **he wished us all goodnight** nos dio las buenas noches; **I wouldn't wish that job** *on* **anybody** no le desearía ese trabajo a nadie.

wishbone *n* (*of chicken, turkey*) espoleta *f.*

wishful /ˈwɪʃfʊl/ *adj* • **"It looks as though it could be sunny today." "That's just wishful thinking."** "Parece que hoy hará buen tiempo". "No te hagas ilusiones."

wishy-washy /ˈwɪʃɪˌwɒʃɪ/ *adj* (*ideas*) sin carácter: **he's very wishy-washy when it comes to politics** es bastante indeciso en lo que toca a la política; (*colour*) soso -sa: **that green's a bit wishy-washy** ese verde es un poco soso.

wisp /wɪsp/ *n* **1.** (*streak: of smoke*) espiral *f*; (*: of cloud*) jirón *m.* **2.** (*piece: of grass, straw*) manojo *m*; (*: of hair*) mechón *m.*

wispy /ˈwɪspɪ/ *adj* [**wispier, wispiest**] **1.** (*smoke, cloud*) tenue. **2.** (*hair*) fino.

wistful /ˈwɪstfʊl/ *adj* melancólico -ca.

wistfully /ˈwɪstfʊlɪ/ *adv* con melancolía.

wit /wɪt/ **I** *n* **1.** (*humour*) ingenio *m*, agudeza *f*: **he is well known for his wit** tiene fama por su agudeza. **2.** (*humorous person*) ingenioso -sa *m/f*: **he's such a wit** tiene mucho ingenio. **3.** (*presence of mind*) buen juicio *m*: **if only I'd had the wit not to give my real name...** si hubiera tenido el buen juicio de no darles mi nombre....

II wits *n pl*: **you have to keep your wits about you in this job** en este trabajo tienes que tener mucho ojo • **the children had driven her to her wits' end** los niños la habían vuelto loca • **that scream frightened us out of our wits** aquel grito nos dio un susto de muerte.

witch /wɪtʃ/ *n* [**witches**] bruja *f.*

witchcraft *n* brujería *f.*

witch doctor *n* hechicero *m.*

witch hazel *n* (*Med*) *extracto de hamamélide de Virginia, usado para tratar hematomas, inflamaciones, etc.*

witch-hunt *n* caza *f* de brujas.

with /wɪð/ *prep* **1.** (*alongside, in the company of*) con: **he went on holiday with his parents** fue de vacaciones con sus padres; **I stayed with some friends** me quedé en casa de unos amigos; **put your bag down here with the others** pon tu bolsa ahí debajo con las otras; **come with me** ven conmigo; **I thought he'd gone with you** creí que se había ido contigo. **2.** (*working for*): **she's with an insurance company now** ahora trabaja en * para una compañía de seguros; (*a customer of*): **we're with the Union Bank** tenemos una cuenta en el Union Bank. **3.** (*possessing something*) con: **a house with three bedrooms** una casa con tres dormitorios; **who is the woman with the blue sweater?** ¿quién es la mujer del suéter azul?; **I felt sick with worry** me sentía mal de lo preocupada que estaba; **I put it down with care** lo dejé en el suelo con cuidado. **4.** (*using something*) con: **she broke it open with a stone** lo abrió con una piedra; **I stuffed the suitcase with clothes** llené la maleta de ropa. **5.** (*in the direction of*): **the stick floated with the current** el palo flotaba arrastrado por la corriente; **try to sail with the wind** intenta navegar con el viento a favor. **6.** (*while, because of*) con: **what with all the extra work, I haven't had much time** con tanto trabajo extra, no he tenido mucho tiempo. **7.** (*after*) con: **and with that, she ended the meeting** y con eso dio por terminada la reunión. **8.** (*concerning*) con: **there's a problem with the dates** tenemos un problema con las fechas; **you never know with Janet** nunca se sabe con Janet; **what's the matter with you?** ¿qué te pasa? **9.** (*in support of*) con: **they voted with the opposition** votaron con la oposición; **I'm not with them on this issue** en este asunto no estoy de acuerdo con ellos. **10.** (*showing understanding*): **nobody seemed to be quite with the teacher** nadie parecía entender del todo lo que decía el profesor; **are you with me?** ¿me sigues? • **I'm not with it this morning** esta mañana ando un poco despistado.

withdraw /wɪð'drɔː/ *vt* [**withdraws, withdrawing, withdrew,** *participio pasado* **withdrawn**] **1.** (*troops*) retirar: **the general withdrew his men** *from* **the area** el general retiró a sus hombres de la zona; **Iran has withdrawn all its athletes** *from* **the Games** Irán ha retirado a todos sus atletas de los Juegos. **2.** (*Fin*) sacar, retirar: **with this card you can withdraw up to one hundred pounds per day** con esta tarjeta se pueden sacar hasta cien libras por día. **3.** (*offer, remark, statement*) retirar: **I wish to withdraw the charge** quiero retirar la acusación.

♦*vi* **1.** (*Mil*) replegarse: **the peacekeeping forces withdrew in disorder** las fuerzas que mantenían la paz se replegaron de forma desordenada; (*to another place*) retirarse. **2.** (*from a competition*) retirarse: **I decided to withdraw** *from* **the race** decidí no competir en la carrera. **3.** (*emotionally*): **she withdrew** *into* **herself** se replegó en sí misma, se volvió muy retraída; **he withdrew** *into* **a hostile silence** se sumió en un silencio hostil.

withdrawal /wɪð'drɔːəl/ *n* **1.** (*of troops*) retirada *f*. **2.** (*Fin*) retirada *f* de fondos: **no withdrawals have been made** *from* **this account** no se han retirado fondos de esta cuenta. **3.** (*emotional*) renuncia *f*. **4.** (*from a drug*) abstinencia *f*.

withdrawal symptoms *n pl* (*Med*) síndrome *m* de abstinencia.

withdrawn /wɪð'drɔːn/ **I** *participio pasado de* ⇨withdraw

II *adj* retraído -da: **she has been rather withdrawn in class** se ha mostrado algo retraída en clase.

wither /'wɪðə/ *vi* [**withers, withering, withered**] marchitarse.

withered /'wɪðəd/ *adj* **1.** (*flower*) marchito -ta. **2.** (*limb*) tullido -da. **3.** (*person*) ajado -da.

withering /'wɪðərɪŋ/ *adj* fulminante: **she gave me a withering look** me fulminó con la mirada.

withhold /wɪð'həʊld/ *vt* [**withholds, withholding, withheld**] (*frml: money*) retener; (*information*) ocultar, no revelar: **if the college withholds its permission, we shall have to cancel the dance** si el colegio se niega a darnos el permiso, tendremos que cancelar el baile.

within /wɪ'ðɪn/ **I** *prep* **1.** (*referring to: area*) dentro de: **the crime had been committed within the campus** habían cometido el crimen dentro del campus universitario; (*: distance, sight*): **they live within a mile of the supermarket** viven a menos de una milla del supermercado; **there was no telephone within reach** no había ningún teléfono a mano. **2.** (*referring to time*): **we'll be there within twenty minutes** estaremos allí dentro de veinte minutos; **within two months he was walking again** antes de que pasaran dos meses ya podía andar otra vez; **they died within a year of each other** murieron los dos en menos de un año.

II *adv* (*frml*) dentro: **kitchen porter wanted: apply within** se necesita pinche de cocina: preguntar dentro.

without /wɪ'ðaʊt/ **I** *prep* sin: **she left for work without her briefcase** se fue a trabajar sin el maletín; **she did it without anyone's help** lo hizo sin la ayuda de nadie; **he won't go on holiday without her** no se irá de vacaciones sin ella; **he came in without knocking** entró sin llamar; **I'll try to buy it without him seeing** intentaré comprarlo sin que él me vea; **it's not without its advantages** no deja de tener sus ventajas; **we had to do without bread** tuvimos que arreglárnoslas sin pan.

II *adv*: **there was no salt so we had to manage without** no había sal, así que tuvimos que arreglárnoslas sin; **she works so that her children never have to do without** trabaja para que a sus hijos nunca les falte de nada.

withstand /wɪð'stænd/ *vt* [**withstands, withstanding, withstood**] aguantar, resistir: **the roof will not withstand another winter like that** el tejado no aguantará otro invierno así; **he couldn't withstand the pressure of the job** no pudo soportar la presión a la que estaba sometido en el trabajo.

witness /'wɪtnəs/ **I** *n* [**witnesses**] **1.** (*to an accident, incident*) testigo *m/f*: **he was an important defence witness** ✱ **witness for the defence** era un testigo importante de la defensa; **there were several witnesses** *to* **the assault** varios testigos presenciaron el ataque • **her success bears witness to her ambition** su éxito da (buena) fe de su ambición. **2.** (*to a document*) testigo *m/f*: **now the second witness has to sign** ahora debe firmar el segundo testigo.

II *vt* [**witnesses, witnessing, witnessed**] **1.** (*accident, incident*) presenciar: **she was the only one who witnessed the stabbing** fue la única que presenció el apuñalamiento; **such scenes of poverty have not been witnessed in this country for decades** hace muchos años que en este país no se ven escenas de tanta pobreza; (*frml*) **he is not a model pupil: witness his behaviour today** no es precisamente un alumno modelo: mira cómo se ha portado hoy. **2.** (*signature*) actuar de testigo: **I need somebody to witness my statement** necesito a alguien que firme como testigo en mi declaración.

witness box, witness stand *n* estrado *m*.

witter /'wɪtə/ *vi* [**witters, wittering, wittered**] (*fam*) parlotear: **stop wittering, for goodness' sake!** ¡deja de parlotear, por el amor de Dios!; **he's always wittering** *on* **about his model trains** siempre está hablando de sus trenes de juguete.

witticism /'wɪtɪsɪzəm/ *n* ocurrencia *f*, agudeza *f*.

wittily /'wɪtɪlɪ/ *adv* con gracia, ingeniosamente: **I thought the letter was very wittily worded** me pareció que la carta estaba escrita con mucha gracia.

witty /'wɪtɪ/ *adj* [**wittier, wittiest**] **1.** (*person*) ingenioso -sa, ocurrente: **he thinks he's very witty** se piensa que es muy ingenioso. **2.** (*lecture, speech*) gracioso -sa, lleno -na de agudezas ✱ de salidas ocurrentes.

wives /waɪvz/ *plural de* ➪ wife

wizard /ˈwɪzəd/ *n* **1.** (*male witch*) brujo *m*, mago *m*. **2.** (*fam*: *expert*) experto *m/f*: **you need to be a computer wizard to understand that** hace falta ser un experto en informática para entenderlo.

wizened /ˈwɪzənd/ *adj* arrugado -da.

wobble /ˈwɒbəl/ **I** *vi* [**wobbles, wobbling, wobbled**] (*voice, jelly*) temblar; (*chair, table*) cojear; (*wheel*): **the front wheel seems to be wobbling** la rueda delantera parece poco segura; (*when walking, riding*) bambolearse, tambalearse: **the child wobbled** *along* **on his new bicycle** el niño iba bamboleándose en su bicicleta nueva.
♦*vt*: **try not to wobble the ladder!** ¡intenta no mover mucho la escalera!
II *n* tambaleo *m*: **there's a terrible wobble on this wheel** esta rueda se mueve de un lado para otro.

wobbly /ˈwɒbəlɪ/ *adj* [**wobblier, wobbliest**] (*fam*) **1.** (*chair, table*) cojo -ja, tambaleante; (*loose fixture*): **you've got a wobbly back wheel** ¡la rueda de atrás se mueve mucho!; **Mummy, my tooth's wobbly!** ¡mamá, el diente se me mueve mucho! **2.** (*voice*) tembloroso -sa: **her voice sounded wobbly on the phone** su voz sonaba temblorosa por teléfono.

woe /wəʊ/ (*frml*) **I** *n* aflicción *f* ● **woe is me!** ¡ay de mí! ● **woe betide us if the wind changes!** ¡ay de nosotros si el viento cambia!
II woes *n pl* males *m pl*: **she came to tell us all her woes** vino a contarnos todos sus males.

woeful /ˈwəʊfʊl/ *adj* **1.** (*expression*) afligido -da. (*de desconsuelo*) **2.** (*result, lack*) lamentable, deplorable: **there was a woeful shortage of nurses** la carencia de enfermeras era deplorable.

woefully /ˈwəʊfʊlɪ/ *adv* **1.** (*with sadness*) desconsoladamente, con aflicción. **2.** (*extremely badly*): **the company was shown to be woefully negligent** se demostró que la empresa había actuado con una negligencia deplorable.

wok /wɒk/ *n*: *sartén con poca base y mucha profundidad que se usa sobre todo en la cocina china.*

woke /wəʊk/ *pretérito de* ➪ wake

woken /ˈwəʊkən/ *participio pasado de* ➪ wake

wolf /wʊlf/ **I** *n* [**wolves** /wʊlvz/] lobo -ba *m/f* ● **her money helps keep the wolf from the door** el dinero que gana ella evita que pasen hambre.
II *vt* [**wolfs, wolfing, wolfed**] zamparse: **they wolfed their food** *down* **as quickly as they could** se zamparon la comida lo más rápido que pudieron.
wolf cub *n* lobato *m*.
wolf-whistle I *vi* [**wolf-whistles, wolf-whistling, wolf-whistled**] silbar de admiración: **someone wolf-whistled** *at* **her in the street** alguien le silbó por la calle.
II *n* silbido *m* de admiración: **she heard a wolf-whistle** oyó que alguien le silbaba.

wolves /wʊlvz/ *plural de* ➪ wolf

woman /ˈwʊmən/ *n* [*pl* **women** /ˈwɪmɪn/] mujer *f*: **he's always criticizing women drivers** siempre está criticando a las mujeres que conducen; **a young woman asked me for a light** una joven me pidió fuego; **he helped an old woman onto the bus** ayudó a una anciana a subir al autobús; **she works in the women's shoe department** trabaja en el departamento de zapatos de señora.

womanhood /ˈwʊmənhʊd/ *n* edad *f* adulta (*de una mujer*): **they are then deemed to have reached womanhood** es entonces cuando se considera que se han hecho mujeres.

womanizer /ˈwʊmənaɪzə/ *n* (*fam*) mujeriego *m*.

womanly /ˈwʊmənlɪ/ *adj* femenino -na.

womb /wu:m/ *n* útero *m*, matriz *f*.

women /ˈwɪmɪn/ *plural de* ➪ woman
women's liberation movement (*fam* **women's lib**) *n* movimiento *m* de liberación de la mujer.
women's magazine *n* revista *f* femenina.
women's rights *n* derechos *m pl* de la mujer.

won /wʌn/ *pretérito y participio pasado de* ➪ win

wonder /ˈwʌndə/ **I** *n* **1.** (*astonishment*) asombro *m*, admiración *f*: **they stared at the screen** *in* **wonder** miraban a la pantalla admirados. **2.** (*astonishing thing, person*) maravilla *f*: **this invention is one of the wonders of technology** este invento es una maravilla de la técnica ● **they call it the Eighth Wonder of the World** lo llaman la octava maravilla del mundo ● **it's a wonder you remembered the number** es increíble que te acordaras del número ● **(it's) no wonder you're feeling faint if you haven't eaten today** no me extraña que estés mareado si no has comido en todo el día ● **small wonder he refuses to come back** no me extraña que se niegue a volver.
II *adj*: **they have discovered a wonder drug** han descubierto un remedio milagroso.
III wonders *n pl*: **this break will work wonders for you** estas vacaciones te dejarán como nuevo; **in a month he had worked wonders** *with* **their physics** en el espacio de un mes había mejorado sus conocimientos de física de manera prodigiosa ● **wonders will never cease: he's had a haircut** es un milagro: ¡se ha cortado el pelo!
IV *vi* [**wonders, wondering, wondered**] **1.** (*to marvel*) maravillarse, sorprenderse: **I wondered** *at* **the coincidence** me sorprendió muchísimo la coincidencia. **2.** (*to reflect*): **she wondered whether Chris would be there** se preguntaba si Chris estaría allí; **I was wondering if you would like to come to the beach with us** ¿te gustaría venir a la playa con nosotros?; **she wondered** *about* **buying a car** se planteó la posibilidad de comprarse un coche ● **he'll have gone to see a friend I shouldn't wonder** no me sorprendería nada que hubiera ido a ver a uno de sus amigos.
♦*vt* **1.** (*to marvel*) sorprender: **I wonder (that) she didn't scold you** me sorprende que no te riñera. **2.** (*to ask oneself*) preguntarse: **he wondered why the shop was closed** se preguntaba por qué la tienda estaría cerrada; **I was wondering what to do** no sabía qué hacer; **I was wondering if I could borrow five pounds** por cierto, ¿podrías dejarme cinco libras?

wonderful /ˈwʌndəfʊl/ *adj* maravilloso -sa: **we had a wonderful time at the circus** nos lo pasamos en grande en el circo.

wonderfully /ˈwʌndəfʊlɪ/ *adv* maravillosamente: **I thought he was wonderfully alert for a baby of that age** me dio la impresión de que era un bebé muy despierto para su edad.

wonderment /ˈwʌndəmənt/ *n* (*frml*) asombro *m*, admiración *f*.

wondrous /ˈwʌndrəs/ *adj* (*frml*) maravilloso -sa.

wonky /ˈwɒŋkɪ/ *adj* [**wonkier, wonkiest**] (*GB*: *fam*, *unsteady*) poco firme; (*: crooked*) torcido -da: **that picture is wonky** ese cuadro está torcido.

wont /wəʊnt/ (*frml*) **I** *adj*: **she was wont to go for walks in the early mornings** solía ir a pasear por la mañana temprano.
II *n* costumbre *f* ● **he fell asleep after dinner, as was his wont** se quedó dormido después de la cena, como tenía por costumbre.

won't /wəʊnt/ *contracción de* **will not** ⇨will

woo /wuː/ *vt* [**woos, wooing, wooed**] (*frml: to court*) cortejar • **they tried to woo the electorate with talk of tax cuts** intentaron ganarse al electorado hablándoles de reducir los impuestos.

wood /wʊd/ *n* **1.** (*group of trees*) bosque *m*: **they took a short cut through the woods** atajaron por el bosque; **there was a small wood on the estate** en la finca había un bosquecillo • **they can't see the wood for the trees** los árboles no los dejan ver el bosque • **we're not out of the wood yet** todavía no estamos a salvo. **2.** (*material*) madera *f*: **the handle is made of wood** el mango está hecho de madera; **she collected some wood and made a fire** recogió un poco de leña e hizo una hoguera • **it hasn't rained so far, touch wood!** hasta ahora no ha llovido, ¡toquemos madera!

woodcarving *n* (*craft*) talla *f* de la madera; (*piece of work*) talla *f*.

woodcut *n* grabado *m* en madera.

woodcutter *n* leñador *m*.

woodland *n* bosque *m*, monte *m*: **the area used to be entirely woodland** toda esta zona era bosque.

woodlouse *n* [*pl* **woodlice**] cochinilla *f*.

woodpecker *n* pájaro *m* carpintero.

woodwind *n* instrumentos *m pl* de viento de madera.

woodwork *n* **1.** (*doors, windowframes, etc.*) maderamen *m*. **2.** (*skill*) carpintería *f*: **I am doing an evening class in woodwork** voy a clases nocturnas de carpintería.

woodworm *n* carcoma *f*: **the table has got woodworm** la mesa tiene carcoma.

wooded /ˈwʊdɪd/ *adj* arbolado -da.

wooden /ˈwʊdən/ *adj* **1.** (*made of wood*) de madera. **2.** (*stiff*) inexpresivo -va: **the acting was wooden** la interpretación fue muy poco expresiva.

wooden leg *n* pata *f* de palo.

wooden spoon *n* cuchara *f* de palo * de madera • **Potts won the wooden spoon** Potts quedó el último.

woodenly /ˈwʊdənlɪ/ *adv* (*to smile, move, act*) de forma poco expresiva.

woody /ˈwʊdɪ/ *adj* [**woodier, woodiest**] **1.** (*land, hillside*) arbolado -da. **2.** (*texture: gen*) leñoso -sa; (*: of food*) fibroso -sa.

woof /wʊf/ *excl* (*fam*): **woof! woof!** ¡guau! ¡guau!

wool /wʊl/ *n* lana *f*: **this scarf is made of wool** esta bufanda está hecha de lana • **it's no use trying to pull the wool over his eyes** es inútil que intentes darle gato por liebre.

woollen, (*US*) **woolen** /ˈwʊlən/ **I** *adj* de lana: **woollen socks** los calcetines de lana; **the woollen trade** el comercio de la lana.

II woollens *n pl* prendas *f pl* de lana: **I always wash woollens by hand** siempre lavo las prendas de lana a mano.

woolly, (*US*) **wooly** /ˈwʊlɪ/ **I** *adj* [**woollier, woolliest**] **1.** (*Clothing*) de lana: **she was wearing a warm woolly jumper** llevaba un jersey de lana que abrigaba mucho. **2.** (*ideas, theories*) confuso -sa: **his arguments were somewhat woolly** sus argumentos eran un tanto confusos.

II woollies *n pl* (*fam*) prendas *f pl* de lana: **it's time to get out the winter woollies** ya es hora de sacar la ropa de invierno.

woozy /ˈwuːzɪ/ *adj* [**woozier, wooziest**] (*fam*) ligeramente mareado -da.

word /wɜːd/ **I** *n* **1.** (*utterance*) palabra *f*: **she didn't know the Spanish word for "teapot"** no sabía cómo se decía "teapot" en español • **I decided not to say a word** decidí no decir ni una palabra * ni pío • **she didn't breathe a word of what she had heard** no repitió ni una palabra de lo que había oído • **you took the words right out of my mouth** me has quitado la palabra de la boca • **she always has to have the last word** siempre tiene que decir la última palabra • **could I have a word with you?** ¿podría hablar un momento contigo? • **we didn't understand a word he said** no entendimos nada de lo que dijo • **she promised to put in a good word for me with the manager** prometió hablarle bien de mí al director • **let me give you a word of warning** permíteme que te haga una advertencia • **she didn't accuse him in so many words** no llegó a acusarlo explícitamente • **"I might be busy that evening." "In other words you don't want to come."** "Probablemente tenga cosas que hacer esa noche." "O sea, que no quieres venir." • **I knew he was a criminal from the word go** sabía que era un criminal desde el principio • **they were having words in the staffroom** estaban discutiendo acaloradamente en la sala de profesores • **she's too stubborn for words** no te imaginas lo testaruda que es • **I couldn't get a word in edgeways** no me dejaron meter baza • **if he wins I'll eat my words** si gana, me tragaré lo que he dicho • **he'll soon settle down, you mark my words** se aclimatará enseguida, hazme caso • **he doesn't mince his words** no tiene pelos en la lengua • **he's very clever at putting words into your mouth** tiene mucha habilidad para atribuirle a uno cosas que no ha dicho • **the hotel is the last word in luxury** el hotel es el último grito en lujo • **my word, how you've grown!** ¡Dios mío, cómo has crecido! • **you'll have to take my word for it** tendrás que creerme. **2.** (*promise*) palabra *f*: **he gave me his word that he would go** me dio su palabra de que iría; **she went back on her word * she broke her word** faltó a su palabra; **they never keep their word** no tienen palabra. **3.** (*a message*) recado *m*, mensaje *m*: **he sent word that he would be home in a month** envió un mensaje diciendo que llegaría a casa al cabo de un mes; **I left word of my arrival with the porter** dejé recado en la portería de que había llegado; **we had word that she was missing** nos dijeron que había desaparecido. **4.** (*rumour*) rumor *m*: **word has it that he's already married** se rumorea que ya está casado. **5.** (*command*) orden *f*: **don't move until he gives the word** no te muevas hasta que dé la orden.

II words *n pl* (*of a song*) letra *f*: **she had forgotten the words** se le había olvidado la letra.

III *vt* [**words, wording, worded**] (*in speech*) expresar: **he worded the question differently** lo preguntó de otra manera; (*in writing*) redactar: **she sent him a very carefully worded letter** le mandó una carta cuidadosamente redactada.

word-for-word I *adj* palabra por palabra: **there is no need to do a word-for-word translation** no hace falta traducir palabra por palabra.

II word for word *adv* palabra por palabra: **she repeated the speech word for word** repitió el discurso palabra por palabra.

word-perfect *adj* perfecto -ta: **she studied her part until she was word-perfect** estudió su papel hasta que se lo supo a la perfección.

word processing *n* procesamiento *m* * tratamiento *m* de textos.

word processor *n* procesador *m* de textos.

wording /ˈwɜːdɪŋ/ *n* redacción *f*, texto *m*: **it's the same**

letter, with slightly different wording es la misma carta, pero redactada de forma ligeramente diferente.

wordy /ˈwɜːdɪ/ *adj* [**wordier, wordiest**] prolijo -ja: **it was an extremely wordy document** se trataba de un documento excesivamente prolijo.

wore /wɔː/ *pretérito de* ➪ wear

work /wɜːk/ **I** *n* **1.** (*item, product*) trabajo *m*: **his work is never finished on time** su trabajo nunca está listo a tiempo; **her work has been very satisfactory this term** ha trabajado muy bien este trimestre. **2.** (*task*) trabajo *m*: **I've got a lot of work to do** tengo mucho trabajo que hacer; **have you done any work** *on* **your article?** ¿has estado trabajando en tu artículo? • **she'll have her work cut out to prepare them for the exam** le va a costar lo suyo prepararlos para el examen • **they made light work of building the wall** construyeron el muro con facilidad • **the children made short work of the pizzas** los niños despacharon rápidamente las pizzas. **3.** (*employment*) trabajo *m*: **she isn't here - she's** *at* **work** no está, está en el trabajo ✻ está trabajando; **he was** *off* **work** *with* **a throat infection** estaba de baja porque tenía una infección en la garganta; **does your mother go out** *to* **work?** ¿tu madre trabaja fuera de casa?; **they are** *out of* **work** no tienen trabajo; **only a few people in the village are** *in* **work** sólo unos pocos en el pueblo tienen trabajo; **his work often takes him abroad** viaja al extranjero a menudo por razones de trabajo. **4.** (*activity, effort*) trabajo *m*: **changing the wheel was hard work** dio mucho trabajo ✻ costó mucho cambiar la rueda; **we were** *at* **work by eight o'clock** estábamos trabajando antes de las ocho; **I had put a lot of work** *into* **it** había trabajado mucho ✻ había puesto mucho empeño en ello; **the dress was her own work** el vestido lo había hecho ella ✻ era obra suya • **I'm going to set to work on the garden this afternoon** le voy a meter mano al jardín esta tarde • **let's get to work** (pongamos) manos a la obra. **5.** (*of art or literature*) obra *f*: **the complete works of Dickens** las obras completas de Dickens; **Dalí's later work** la obra posterior de Dalí. **6.** (*research*) trabajo *m* (de investigación): **her work** *on* **Cortés was very well received** su trabajo sobre Cortés fue muy bien recibido; **he's done a lot of work** *on* **epilepsy** ha investigado mucho sobre la epilepsia. **7. works** (*factory*) fábrica *f*: **the works is ✻ are out of town** la fábrica está fuera de la ciudad; **the gas works** la fábrica de gas; **the printing works** la imprenta.

II works *n pl* (*repairs, building*) obras *f pl*: **engineering works on the bridge were causing delays** las obras de reparación del puente estaban causando demoras • **she had a facial, a manicure, the works** se hizo una limpieza de cutis, una manicura... el tratamiento completo.

III *vi* [**works, working, worked**] **1.** (*to be employed*) trabajar: **she works** *in* **a hospital** trabaja en un hospital; **he works** *as* **a salesman** trabaja de vendedor; **she's working** *as* **a translator in Brussels** está (trabajando) de traductora en Bruselas; **he works** *for* **the United Nations** trabaja en las Naciones Unidas. **2.** (*to do work*) trabajar: **we worked against the clock to meet the deadline** trabajamos contra reloj para cumplir con el plazo fijado; **I was working in the kitchen** estaba atareado ✻ estaba trabajando en la cocina; **he's been working** *on* **the car all day** ha estado arreglando el coche todo el día; **working** *on* **what we know already...** trabajando sobre la base de lo que ya sabemos... • **"Has he agreed?" "No, but I'm working on him."** "¿Ha dicho que sí?" "No, pero me lo estoy trabajando." **3.** (*study*) estudiar: **he's working hard** *for* **his exams** está estudiando mucho para los exámenes; **she works well in class** es muy aplicada en clase. **4.** (*to function*) funcionar: **the washing machine isn't working** la lavadora no funciona. **5.** (*to succeed*) resultar: **our scheme didn't work** nuestro plan no resultó; **did the experiment work?** ¿salió bien ✻ resultó el experimento? **6.** (*to become*): **the screws had worked loose** los tornillos se habían aflojado.

♦ *vt* **1.** (*to operate*) usar: **can anyone work the photocopier?** ¿alguien sabe usar la fotocopiadora? **2.** (*to cause to work*) hacer trabajar: **she works the staff really hard** hace trabajar mucho al personal; **the machine is worked by hydroelectric power** la máquina funciona con energía hidroeléctrica. **3.** (*to move*) mover • **he worked his way to the top of his profession** trabajando se abrió camino hasta llegar a la cima de su profesión • **she worked her way across Europe** viajó por Europa trabajando para costeárselo. **4.** (*a material*) trabajar.

to **work into** *vt*: **she worked herself into a state** se puso nerviosísima.

to **work off** *vt*: **we went for a walk to work off our lunch** fuimos a dar un paseo para quemar las calorías de la comida; **he needs to work off a bit of weight** necesita hacer ejercicio para adelgazar un poco; **she worked off her frustration in the gym** descargó su frustración trabajando en el gimnasio.

to **work out** *vt* **1.** (*to calculate*) calcular: **we worked out (that) it would take at least a month** calculamos que haría falta como mínimo un mes. **2.** (*to understand*) entender: **I can't work out why the experiment failed** no consigo entender por qué falló el experimento. **3.** (*to reach*) alcanzar: **both sides are keen to work out a settlement** ambas partes tienen mucho interés en alcanzar un acuerdo.

♦ *vi* **1.** (*to turn out*) resultar, salir: **let's see how the new job works out first** primero veamos cómo resulta el nuevo trabajo; **everything worked out fine in the end** a final todo salió ✻ resultó bien; **it works out** *at* **seven pounds each** sale a siete libras por cabeza. **2.** (*to succeed*) salir bien: **all their plans seem to work out** parece que todos los planes les salen bien; **their marriage didn't work out** su matrimonio no funcionó. **3.** (*to exercise*) hacer ejercicio: **he works out every day** hace ejercicio todos los días.

to **work up** *vt* (*to arouse*): **I can't work up any enthusiasm for that kind of job** ese tipo de trabajo no despierta ningún entusiasmo en mí; **we had worked up an enormous appetite** nos había entrado un apetito voraz; **he worked himself up** *into* **a temper** se fue poniendo cada vez de peor humor.

to **work up to** *vt*: **I could tell we were working up to a row** sabía que íbamos camino de una pelea; **she was working up to asking the boss for a rise** estaba preparando el terreno para pedirle un aumento a su jefe.

workbench *n* [**workbenches**] (*gen*) mesa *f* de trabajo; (*for carpentry*) banco *m* de carpintero.

workday *n* día *m* laborable ✻ hábil.

workforce *n* personal *m*, plantilla *f*.

workload *n* (cantidad *f* de) trabajo *m*: **what's your workload like this week?** ¿tienes mucho trabajo esta semana?

workman *n* [*pl* **workmen**] obrero *m*.

workmanship *n* trabajo *m*: **the workmanship in the**

mouldings is superb el trabajo de las molduras es magnífico; **you don't find workmanship like that nowadays** hoy en día ya no se trabaja así; **it's a piece of excellent workmanship** se trata de una pieza de excelente factura.

work of art *n* [**works of art**] obra *f* de arte • **her hat was a work of art** su sombrero era una obra de arte.

workout *n* sesión *f* de gimnasia: **I always feel better after a good workout** siempre me siento mejor después de una buena sesión de gimnasia.

work permit *n* permiso *m* de trabajo.

workplace *n* (lugar *m* de) trabajo *m*: **the study looks at sexism in the workplace** el estudio analiza el problema del sexismo en el ámbito laboral.

workshop *n* **1.** (*place of manual work*) taller *m*. **2.** (*Educ*) taller *m*: **we went to a drama workshop** asistimos a un taller de arte dramático.

work-shy *adj* haragán -gana.

work station *n* (*area*) lugar *m* de trabajo, área *f* de trabajo [takes ***el*** or ***un*** in singular]; (*terminal*) terminal *f*.

worktop *n* encimera *f*.

work-to-rule *n* (*GB*) huelga *f* de celo.

workable /ˈwɜːkəbəl/ *adj* factible, viable: **a workable arrangement** un acuerdo factible.

workaholic /wɜːkəˈhɒlɪk/ *n* (*fam*) obseso -sa *m/f* del trabajo.

worked up /wɜːkt ʌp/ *adj*: **she gets terribly worked up** *about* **exams** se pone muy nerviosa con los exámenes.

worker /ˈwɜːkə/ *n* **1.** (*gen*) trabajador -dora *m/f*: **he's a reliable worker** es un trabajador de fiar; **workers in the public sector** los trabajadores del sector público; (*in manual jobs*) obrero -ra *m/f*. **2.** (*within a specific activity*): **rescue workers** los miembros del equipo de rescate; **party workers** los activistas del partido.

working /ˈwɜːkɪŋ/ **I** *adj* **1.** (*employed*): **all working women** todas las mujeres que trabajan (fuera de casa); **the whole working population** la totalidad de la población activa. **2.** (*relating to work: clothes, conditions*) de trabajo: **we discussed the matter over a working lunch** discutimos el asunto en un almuerzo de trabajo; **our working week is forty hours** nuestra semana laboral es de cuarenta horas. **3.** (*operational*): **the car is in good working order** el coche está en buenas condiciones (de funcionamiento).

II workings *n pl* (*manner of operation*) funcionamiento *m*: **the workings of bureaucracy** el funcionamiento * la maquinaria de la burocracia; **the workings of the criminal mind** la manera en que funciona la mente de un criminal.

working class I *n* clase *f* obrera.

II working-class *adj* (*person*) de clase obrera; (*values, problems, etc.*) de la clase obrera.

working day *n* (*hours worked*) jornada *f* laboral; (*weekday*) día *m* laborable.

working knowledge *n* conocimientos *m pl* básicos.

working party *n* grupo *m* de trabajo, comisión *f*: **the working party on prison reform** el grupo de trabajo encargado de redactar la reforma penitenciaria.

world /wɜːld/ *n* **1.** (*gen*) mundo *m*: **he's been round the world** ha viajado por todo el mundo; **they make the best ice cream in the world** hacen el mejor helado del mundo; **why not just tell the whole world?** ¿por qué no se lo cuentas a todo el mundo?; **Japan leads the world in electronics** Japón es el líder mundial en electrónica; **she was brought into the world during an air raid** vino al mundo durante un bombardeo; **mediums claim to communicate between this world and the next** los médiums aseguran que se comunican con el otro mundo • **she's in a world of her own** vive en otro mundo • **it's a small world!** ¡el mundo es un pañuelo! • **I'm feeling on top of the world today** hoy me siento fenomenal • **they've come down in the world in the last twenty years** han venido a menos en los últimos veinte años • **the chocolate cake was out of this world!** ¡la tarta de chocolate era algo fuera de serie! • **you have the best of both worlds** lo tienes todo • **he's dead to the world** está dormido como un tronco • **what in the world is that?** ¿qué demonios es eso? **2.** (*field of activity*) mundo *m*: **he's big in the world** *of* **journalism** es muy conocido en el mundo del periodismo. **3.** (*Zool*): **the animal world** el reino animal. **4.** (*a huge amount*): •**I still think the world of him** sigo teniendo muy buena opinión de él • **a holiday will do you the world of good** unas vacaciones te sentarán estupendamente • **I wouldn't part with it for the world** no prescindiría de él por nada del mundo • **they're worlds apart** hay una diferencia enorme entre ellos.

world-class *adj* de categoría mundial.

World Cup *n* Mundial *m*.

world-famous *adj* de fama mundial: **he's a world-famous tennis player** es un tenista de fama mundial.

World Health Organization *n* Organización *f* Mundial de la Salud.

world history *n* historia *f* universal.

world power *n* potencia *f* mundial.

world record *n* récord *m* mundial * del mundo: **he holds the world record for the one hundred metres** ostenta el récord mundial de los cien metros.

World War *n* Guerra *f* Mundial: **he fought in World War Two** luchó en la Segunda Guerra Mundial; **the First World War** la Primera Guerra Mundial.

worldwide I *adj* mundial.

II *adv* en * por todo el mundo: **they have branches worldwide** tienen sucursales por todo el mundo.

worldliness /ˈwɜːldlɪnəs/ *n* conocimiento *m* del mundo.

worldly /ˈwɜːldlɪ/ *adj* mundano -na: **he rejected worldly pleasures and went into a monastery** rechazó los placeres mundanos y se retiró a un monasterio; **all our worldly goods are in those boxes** todo lo que tenemos está en esas cajas.

worldly-wise *adj* que tiene mucho mundo.

worm /wɜːm/ **I** *n* gusano *m*.

II worms *n pl* (*Med*) lombrices *f pl* (intestinales).

III *vt* [**worms, worming, wormed**] **1.** (*to move*): **the traffic wormed its way slowly** *forward* el tráfico avanzaba lentamente • **he has managed to worm his way into the director's confidence** a base de astucia ha conseguido ganarse la confianza del director. **2.** (*an animal*) desparasitar.

worn /wɔːn/ **I** *participio pasado de* ⇨ wear

II *adj* gastado -da: **this jacket's rather worn at the elbows** esta chaqueta está un poco gastada en los codos.

worn-out *adj* **1.** (*person*) agotado -da. **2.** (*shoes, clothes*) desgastado -da.

worried /ˈwʌrɪd/ *adj* preocupado -da: **I'm worried that she'll get lost** me preocupa que pueda perderse; **he's getting worried** *about* **his finals** se está poniendo nervioso por los exámenes finales.

worry /ˈwʌrɪ/ **I** *vi* [**worries, worrying, worried**] preocuparse: **don't worry * not to worry, it was only a cheap vase** no te preocupes, era un florero muy barato; **I worry that she spends too much time watching television** me preocupa que pase tantas horas viendo la tele.

♦*vt* 1. (*gen*) preocupar: **I've been worrying myself sick about you!** me tenías preocupadísimo; **it worries them that you aren't doing any revision** lo que les preocupa es que no estés repasando para el examen; **it wouldn't worry me if they couldn't come** no me importaría si no pudieran venir. 2. (*sheep*) atacar: **the dog was worrying the sheep** el perro estaba atacando a las ovejas.

II *n* [**worries**] 1. (*source of concern*): **her children were a great worry** *to* **her** los niños la preocupaban mucho; **interest rates have always been a worry** *for* **the government** los tipos de interés siempre han sido un motivo de preocupación para el gobierno; **our big worry is that the number of addicts will increase** lo que más nos preocupa es que podría aumentar el número de adictos. 2. (*mental state*) preocupación *f*, inquietud *f*.

worry beads *n pl* sarta *f* de cuentas (*con la que se juguetea para calmar los nervios*).

worrying /'wʌrɪɪŋ/ *adj* preocupante: **the latest statistics are very worrying** las estadísticas más recientes son muy preocupantes.

worse /wɜːs/ I *adj [comparativo de* **bad***]* peor: **Stephen's a worse player** *than* **Jack** Stephen juega peor que Jack; **you're worse** *than* **she is at cooking** tú cocinas peor que ella; **according to the forecast, worse weather is on the way** según la previsión, el tiempo va a empeorar; **the rain's getting worse** cada vez llueve más; **the situation is getting worse** la situación está empeorando • **these rubber gloves are worse than useless** estos guantes de plástico no sirven para nada.

II *adv [comparativo de* **badly***]* peor: **he is playing worse instead of better** en lugar de mejorar está jugando peor.

III *n*: **although the recession seemed to be over, worse was still to come** aunque parecía que la crisis había terminado, lo peor aún estaba por llegar.

worse off *adj* 1. (*financially*) peor de dinero: **higher taxes mean we are all going to be worse off** un aumento de los impuestos implica que todos estaremos peor de dinero * que todos tendremos menos dinero. 2. (*in a worse situation*) peor: **they could be worse off under a different government** podían estar todavía peor con otro gobierno.

worsen /'wɜːsən/ *vi* [**worsens, worsening, worsened**] empeorar: **if his condition worsens, ring me immediately** si empeora, llámenme inmediatamente.

worship /'wɜːʃɪp/ I *vt* [**worships, worshipping, worshipped**] 1. (*Relig*) adorar: **the Aztecs worshipped the sun** los aztecas adoraban al sol. 2. (*material things*) rendir culto a.

♦*vi* rezar: **we pray for all those who worship here** roguemos por todos los fieles de esta parroquia.

II *n* 1. (*adoration*) adoración *f*, culto *m*: **this is a place of worship: please treat it with respect** éste es un lugar de culto, respétenlo. 2. (*service*) oficio *m*, misa *f*: **daily worship is at eight a.m.** cada día se celebra una misa a las ocho de la mañana. 3. **your Worship** (*addressing a magistrate or mayor*) su señoría.

worshipper /'wɜːʃɪpə/ *n* devoto -ta *m/f*.

worst /wɜːst/ I *adj [superlativo de* **bad***]*: **we had the worst team** teníamos el peor equipo; **this painting is one of his worst** éste es uno de sus peores cuadros; **I'm the worst person to ask about politics** soy la persona menos indicada para que me pregunten de política.

II *adv [superlativo de* **badly***]* peor: **I did worst on the last paper** el último examen fue el que me salió peor; **the last scene was the worst rehearsed** la última escena era la que menos habían ensayado; **June came off worst sharing a room with Melanie** June fue la que salió perdiendo al compartir el cuarto con Melanie.

III *n* 1. (*situation, thing*) lo peor: **we've had the worst** *of* **the drought** ya ha pasado lo peor de la sequía • **by his tone of voice I feared the worst** por su tono de voz temí lo peor • **if the worst comes to the worst we could sleep in the car** en el peor de los casos, podríamos dormir en el coche • **at worst we'll lose our deposit** lo peor que puede pasar es que perdamos la señal • **let them do their worst - I'm ready for them** que hagan todo lo que quieran, que aquí los espero. 2. (*person*) el/la peor: **these two are the worst** esos dos son los peores * los peores son esos dos.

worsted /'wʊstɪd/ *n* (*Clothing*) estambre *m*.

worth /wɜːθ/ I *adj* 1. **to be worth** (*a sum of money*) valer, costar: **that painting is worth thousands of pounds** ese cuadro vale miles de libras; **we went to see a house (which was) worth a hundred thousand dollars** fuimos a ver una casa que valía cien mil dólares. 2. **to be worth** (*the time or the effort*) valer * merecer la pena: **her poetry is worth reading** merece la pena leer sus poemas; **it's not worth making a special trip** no vale la pena hacer el viaje sólo para eso; **forget it, it's not worth the trouble** déjalo estar, no vale la pena que te tomes la molestia; **he didn't make a single film (which is) worth watching** no hizo ninguna película que mereciera la pena; **it might be worth (your while) asking in the local shop** puede que valga la pena preguntar en la tienda del barrio • **don't try drugs; it's not worth it** no pruebes la droga, no merece la pena • **it was well worth spending the extra on a taxi** valió la pena gastar un poco más en un taxi • **for what it's worth, there will be a delivery next week** por si le sirve de algo, habrá un reparto la semana que viene • **it's more than my job's worth to complain** quejarme me costaría el empleo.

II *n* 1. (*value in time or money*) valor *m*: **the jewellery was of very little worth** las joyas tenían muy poco valor; **he has over a thousand pounds' worth** *of* **books** tiene libros por valor de más de mil libras; **we've only got two days' worth** *of* **food left** solamente nos queda comida para dos días. 2. (*personal*) valía *f*.

worthless /'wɜːθləs/ *adj* 1. (*of little value*) que no vale nada: **without the original frame the picture is virtually worthless** sin el marco original, el cuadro casi no tiene valor; (*of little use*) que no sirve * vale para nada: **their assurances were worthless** sus garantías no valieron de nada. 2. (*person*) despreciable.

worthwhile /ˌwɜːθ'waɪl/ *adj* 1. (*deserving time, effort*) que vale * merece la pena: **is it worthwhile trying to repair it?** ¿vale la pena intentar repararlo? 2. (*useful*) útil: **waitressing is all right, but I'm looking for a more worthwhile job** trabajar de camarera no está mal, pero yo busco un trabajo con más futuro.

worthy /'wɜːðɪ/ *adj* [**worthier, worthiest**] 1. (*honourable*) respetable; (*good*) loable: **it's for a worthy cause** es por una buena causa. 2. (*meriting*) merecedor -dora: **their marriage was worthy** *of* **a mention in**

the local paper su boda mereció una mención en la prensa local.

would /wʊd/ *v aux* [*neg* **would not** ✻ **wouldn't**] [***would not*** *es uso formal o enfático*] ⇨ gramática en el apéndice (Verbos Auxiliares Modales) **1.** (*making a request*): **would you mind opening the window, please?** ¿le importaría abrir la ventana?; **send the next person in, would you?** dígale al siguiente que pase, por favor. **2.** (*in conditional clauses*): **I would help you if I could** si pudiera, te ayudaría; **I wouldn't do that if I were you** yo que tú no haría eso; **if you had done some work, you would have passed the exam** si hubieras estudiado, habrías aprobado el examen. **3.** (*in indirect speech as the past tense of* ***will***): **she said she'd be late** dijo que llegaría tarde. **4.** (*with* ***to like*** *or* ***to love***): **she would have liked to go with them** le hubiera ✻ habría gustado ir con ellos; **I'd love to go to China** me encantaría ir a China; **I'd like to tell him what I think of him** me gustaría decirle lo que pienso de él; (*making an offer*): **would you like some coffee?** (*to a friend*) ¿quieres café?; (*in a restaurant*) ¿tomarán café? **5.** (*after* ***to wish***): **I wish they'd stop talking** ojalá se callaran; **I wish you wouldn't do that** quisiera que no hicieras eso. **6.** (*referring to possibilities*): **it wouldn't be the same without you** no sería lo mismo sin ti; **that would mean a defeat for the government** eso significaría una derrota para el gobierno. **7.** (*talking about the past*): **he would always arrive home starving** siempre llegaba a casa muerto de hambre. **8.** (*indicating that something is typical*): **"He said he didn't do it." "He would."** "Dijo que él no lo había hecho." "Era de esperar."; **it would rain today of all days!** ¡y hoy se tiene que poner a llover! **9.** (*expressing an opinion*): **I would have thought four children were enough** yo hubiera pensado que bastaba con cuatro hijos; **I would think they'll be very pleased about that** creo que estarán muy contentos con esto.

would-be *adj* aspirante a: **would-be actors should take note of this** los aspirantes a actores deberían tener esto en cuenta.

wouldn't /ˈwʊdənt/ *contracción de* **would not** ⇨ would

wound I /waʊnd/ *pretérito y participio pasado de* ⇨ wind III

II /wu:nd/ *vt* [**wounds, wounding, wounded**] herir: **he was seriously wounded during the shelling** resultó gravemente herido en el bombardeo.

III /wu:nd/ *n* herida *f*: **the two men had gunshot wounds** los dos hombres tenían heridas de bala • **the other competitors were left to lick their wounds** a los otros competidores no les quedó más remedio que aceptar la derrota.

wound up /waʊnd ʌp/ *adj* tenso -sa: **you shouldn't get so wound up** *about* **it** no deberías ponerte tan tenso por eso.

wove /wəʊv/ *pretérito de* ⇨ weave

woven /ˈwəʊvən/ *participio pasado de* ⇨ weave

wow /waʊ/ *excl* caramba, anda: **wow! look at the size of that pumpkin!** ¡anda, mira qué grande es esa calabaza!

WP /ˌdʌbəlju:ˈpi:/ (*abreviatura de* **Word Processing**) procesamiento *m* ✻ tratamiento *m* de textos.

WPC /ˌdʌbəlju:pi:ˈsi:/ *n* (*in GB*) (*abreviatura de* **Woman Police Constable**) mujer *f* policía.

WRAC /ˌdʌbəlju:a:reɪˈsi:/ *n* (*in GB*) (*abreviatura de* **Women's Royal Army Corps**) *cuerpo femenino del Ejército de tierra británico.*

WRAF /ˌdʌbəlju:a:reɪˈef/ *n* (*in GB*) (*abreviatura de* **Women's Royal Air Force**) *cuerpo femenino de las Fuerzas Aéreas británicas.*

wrangle /ˈræŋgəl/ (*frml*) **I** *n* disputa *f*.

II *vi* [**wrangles, wrangling, wrangled**] reñir, discutir: **they're still wrangling** *over* **that issue** todavía están discutiendo por aquello.

wrap /ræp/ **I** *vt* [**wraps, wrapping, wrapped**] (*gen*) envolver: **he wrapped his sandwiches** *in* **tinfoil** envolvió los bocadillos en papel de aluminio; **she wrapped a towel** *round* **her head** se enrolló una toalla alrededor de la cabeza; (*in a gift shop*): **would you like it wrapped?** ¿quiere usted que se lo envuelva?

II *n* chal *m*.

to **wrap up** *vt* **1.** (*a present*) envolver; (*in warm clothes*) arropar: **make sure you wrap the baby up well** arropa bien al bebé • **he's too wrapped up in his work to notice** está demasiado absorto en el trabajo para darse cuenta. **2.** (*business*) concluir: **Inspector Speed soon wrapped up the case** el Inspector Speed solucionó rápidamente el caso.

♦*vi* (*in warm clothes*) abrigarse, arroparse: **wrap up well or you'll catch a cold** abrígate bien, no vaya a ser que te resfríes.

wraparound skirt, **wrapover skirt** *n* (*gen*) falda *f* cruzada; (*for beach wear*) pareo *m*.

wrapper /ˈræpə/ *n* (*of sweet*) envoltorio *m*.

wrapping /ˈræpɪŋ/ *n* envoltorio *m*, envoltura *f*: **keep the wrapping in case we have to take it back** guarda el envoltorio por si acaso tenemos que devolverlo.

wrapping paper *n* (*for gifts*) papel *m* de regalo; (*for parcels*) papel *m* de envolver ✻ de embalar.

wrath /rɒθ/ *n* (*frml*) ira *f*.

wreak /ri:k/ *vt* [**wreaks, wreaking, wreaked**] (*frml*): **the virus wreaked havoc with our computer system** el virus causó muchos daños en nuestro sistema informático.

wreath /ri:θ/ *n* **1.** (*Relig*: *of flowers*) corona *f*. **2.** (*coil of vapour, smoke, etc.*) espiral *f*.

wreathe /ri:ð/ *vt* [**wreathes, wreathing, wreathed**] (*frml*: *in mist*) envolver.

wreck /rek/ **I** *n* **1.** (*boat*) barco *m* que ha naufragado. **2.** (*of aircraft, vehicle*) restos *m pl*: **all that was left of the plane was a burned-out wreck** lo único que quedaba del avión eran los restos calcinados • **I feel a total wreck** estoy hecho una piltrafa • **he's a nervous wreck** los nervios lo tienen destrozado. **3.** (*old car, motorbike, etc.*) carraca *f*, carricoche *m*.

II *vt* [**wrecks, wrecking, wrecked**] **1.** (*ship*): **the tanker was wrecked five miles offshore** el petrolero naufragó a cinco millas de la costa. **2.** (*to break*) estropear: **he wrecked the engine by driving too fast** estropeó el motor conduciendo demasiado rápido; (*to destroy*) destrozar: **drink is wrecking his health** la bebida está arruinando su salud. **3.** (*to spoil*: *plans*) echar a perder: **losing Frost has wrecked our chances of winning** al quedarnos sin Frost hemos perdido las posibilidades de ganar.

wreckage /ˈrekɪdʒ/ *n* (*of vehicle*) restos *m pl*: **survivors have been pulled out of the wreckage of the plane** han rescatado a los supervivientes de entre los restos del avión siniestrado; (*of house*) ruinas *f pl*.

Wren /ren/ *n* (*GB*: *fam*) *miembro del* ⇨ WRNS.

wren /ren/ *n* (*Zool*) chochín *m*.

wrench /rentʃ/ **I** *n* [**wrenches**] **1.** (*Tec*) llave *f* inglesa. **2.** (*action*) tirón *m*: **you'll need to give it a good wrench** tendrás que darle un buen tirón • **it was a**

real wrench when I had to return to France me costó muchísimo tener que volver a Francia.

II *vt* [**wrenches, wrenching, wrenched**] 1. (*to sprain*): **he wrenched his ankle the day before the race** se hizo un esguince en el tobillo un día antes de la carrera. 2. (*to grab, yank*): **he wrenched the drawer** *open* abrió el cajón de un tirón; **she wrenched the magazine** *from* **his hands** le arrancó la revista de las manos.

wrest /rest/ *vt* [**wrests, wresting, wrested**] (*frml*) arrebatar: **he tried to wrest the gun** *from* **his assailant** intentó arrebatarle el revólver a su agresor.

wrestle /ˈresəl/ *vi* [**wrestles, wrestling, wrestled**] 1. (*Sport*) luchar. 2. (*to struggle*): **I've been wrestling** *with* **my conscience** he tenido una lucha interior; **I've been wrestling** *with* **my homework for an hour now** llevo una hora tratando de hacer mis deberes.

wrestler /ˈresələ/ *n* (*Sport*) luchador -dora *m/f*.

wrestling /ˈresəlɪŋ/ *n* (*Sport*) lucha *f*.

wrestling match *n* combate *m* de lucha.

wretch /retʃ/ *n* [**wretches**] 1. (*unlucky person*) infeliz *m/f*, pobre diablo *m*. 2. (*naughty person, child*) granuja *m/f*, tunante -ta *m/f*. 3. (*wicked person*) canalla *m/f*.

wretched /ˈretʃɪd/ *adj* 1. (*face, expression*) de tristeza. 2. (*ill*) fatal: **I went to bed because I was feeling wretched** me metí en la cama porque me encontraba fatal. 3. (*poor, miserable*) espantoso -sa, lamentable: **they were living in wretched conditions** vivían en condiciones espantosas. 4. (*used as an intensifier*) maldito -ta: **if it weren't for this wretched cold I'd go too** si no fuera por este maldito resfriado, yo también iría; **this wretched printer keeps going wrong** esta maldita impresora no hace más que estropearse.

wriggle /ˈrɪgəl/ *vi* [**wriggles, wriggling, wriggled**] 1. (*to fidget*) removerse, moverse: **stop wriggling** *(about)* **and sit still!** ¡deja de moverte tanto y siéntate! 2. (*to manoeuvre oneself*): **he wriggled** *through* **a hole in the fence** se coló con dificultad por un agujero en la valla.

to **wriggle out of** *vt*: **she managed to wriggle out of paying her share of the bill** se las ingenió para no pagar su parte de la factura.

wring /rɪŋ/ *vt* [**wrings, wringing, wrung**] escurrir: **I had to wring the washing by hand** tuve que escurrir la ropa a mano; **she was wringing her hands anxiously** se retorcía nerviosamente las manos.

to **wring out** *vt* 1. (*cloth, flannel*) escurrir: **you'll need to wring the cloth out** tendrás que escurrir el paño. 2. (*information, money*) sacar: **he wrung it out** *of* **me in the end** al final me obligó a decírselo.

wringing /ˈrɪŋɪŋ/ *adj*: **my jeans were wringing (wet) when I got home** tenía los vaqueros empapados cuando llegué a casa.

wrinkle /ˈrɪŋkəl/ I *n* (*on face*) arruga *f*.

II *vt* [**wrinkles, wrinkling, wrinkled**] arrugar: **he wrinkled his nose in disgust** arrugó la nariz y puso cara de asco.

♦ *vi* arrugarse.

wrinkly /ˈrɪŋkəlɪ/, **wrinkled** /ˈrɪŋkəld/ *adj* (*forehead, face*) arrugado -da.

wrist /rɪst/ *n* (*Anat*) muñeca *f*.

wristband *n* (*for sport*) muñequera *f*.

wristwatch *n* [**wristwatches**] reloj *m* de pulsera.

writ /rɪt/ *n* (*Law: frml*) orden *f* judicial: **he was served with a writ** le entregaron una orden judicial.

write /raɪt/ *vi* [**writes, writing, wrote,** *participio pasado* **written**] (*gen*) escribir: **he can't read or write** no sabe leer ni escribir; **this marker pen writes really thickly** este rotulador escribe con un trazo muy grueso; **I promise I'll write** te prometo escribir; **she wrote complaining about the rent** escribió una carta quejándose del alquiler; **she writes** *to* **us every week** nos escribe todas las semanas; (*as a profession*): **she writes** *for* **a women's magazine** escribe para una revista femenina; **he dedicates most of his time to writing** dedica la mayor parte de su tiempo a escribir.

♦ *vt* 1. (*gen*) escribir: **she's writing a book on language** está escribiendo un libro sobre el lenguaje; **he wrote me a poem** me escribió un poema; **write a letter** *to* **your member of parliament** escríbele una carta al diputado local; **the price is written on the tag** en la etiqueta viene el precio ● **guilt was written all over his face** se le notaba en la cara que era culpable. 2. (*cheque, prescription*) extender.

to **write back** *vi* contestar: **I wrote twice but he never wrote back** le escribí dos veces pero no me contestó.

to **write down** *vt* apuntar: **I must write it down or I'll forget it** tengo que apuntarlo, si no, se me olvidará.

to **write in** *vi* (*in response to a broadcast*) escribir.

to **write off** *vi* escribir: **I've written off** *for* **a catalogue** he escrito para pedir el catálogo.

♦ *vt* 1. (*a car*) destruir: **Bill wrote off his new car** Bill destrozó el coche que acababa de comprarse. 2. (*to rule out*) descartar: **we haven't written off the possibility of...** no hemos descartado la posibilidad de....

to **write out** *vt*: **I've just got to write it out in neat** sólo tengo que pasarlo a limpio; **write your name out in full** escribe tu nombre completo.

to **write up** *vt* redactar: **he's started writing up his thesis** ha comenzado a redactar la tesis; **leave time to write up the experiment** deja tiempo para redactar las conclusiones del experimento.

write-off *n*: **he wasn't hurt but the car was a write-off** él salió ileso pero el coche fue declarado siniestro total.

write-up *n* (*of film, play, etc.*) crítica *f*: **it got a good write-up in the Post** recibió buenas críticas en el Post.

writer /ˈraɪtə/ *n* 1. (*Prof*) escritor -tora *m/f*. 2. (*at handwriting*): **he's a terrible writer** tiene muy mala letra.

writhe /raɪð/ *vi* [**writhes, writhing, writhed**] (*frml*) retorcerse: **he was writhing** *about* **on the floor in agony** se estaba retorciendo en el suelo de dolor.

writing /ˈraɪtɪŋ/ I *n* 1. (*form of communication*) escritura *f*. 2. (*activity*) profesión *f* de escritor: **writing is just a hobby for her** escribir es sólo un pasatiempo para ella. 3. (*person's handwriting*) letra *f*, escritura *f*: **she has very neat writing** tiene una letra muy clara. 4. (*written text*): **there's some writing on the back of the envelope** hay algo escrito en el revés del sobre; **make sure you get his consent** *in* **writing** asegúrate de que su consentimiento aparece por escrito. 5. (*work*) obra *f*: **it is similar to the writing of James Joyce** es parecido a la obra de James Joyce.

II **writings** *n pl* (*Lit*) escritos *m pl*: **the writings of Dickens** la obra ✱ las obras de Dickens.

writing case *n* carpeta *f* (*que contiene papel de carta y sobres*).

writing desk *n* escritorio *m*, mesa *f* de trabajo.

writing paper *n* papel *m* de carta.

written /ˈrɪtən/ I *participio pasado de* ➪ write

II *adj* escrito -ta: **the written exam is today** hoy es el examen escrito.

WRNS /ˌdʌbəljuːɑːrenˈes/ *n* (*in GB*) (*abreviatura de*

Women's Royal Naval Service) *cuerpo femenino de la Armada británica.*

wrong /rɒŋ/ I *adj* **1.** (*incorrect*) equivocado -da, incorrecto -ta: **these figures are wrong** estas cifras son incorrectas; **we took a wrong turning** nos equivocamos de camino; **I only got one answer wrong out of twenty** de veinte preguntas sólo tuve una respuesta mal; **it's the wrong key** no es ésta llave. **2.** (*amiss, faulty*): **what's wrong?** ¿qué te pasa?; **I don't know what's wrong** *with* **him today** no sé qué le pasa hoy; **something's wrong** *with* **the washing machine** la lavadora no funciona bien. **3.** (*inappropriate*) inoportuno -na: **he came in at the wrong moment** entró en un momento inoportuno; **I think I said the wrong thing** me parece que dije algo que no debía; (*not suitable*) poco apropiado -da: **I'm the wrong person to ask for advice** no soy la persona más indicada para aconsejarte. **4.** (*unacceptable*) malo -la: **there's nothing wrong** *with* **enjoying yourself once in a while** no hay nada malo en pasárselo bien de vez en cuando; **it was wrong** *of* **her to leave like that** hizo mal en marcharse de esa manera; **it's wrong to make promises you can't keep** está mal hacer promesas que no se pueden cumplir.
II *adv* **1.** (*incorrectly*) mal: **he pronounced every other word wrong** pronunció mal la mitad de las palabras; **he always gets my name wrong** siempre se equivoca con mi nombre • **I'm not being nosy, don't get me wrong** no es que quiera entrometerme, no me interpretes mal. **2. to go wrong** (*plan*): **my whole life is going wrong at the moment** todo me sale mal últimamente; (*machine*): **the thermostat keeps going wrong** el termostato siempre se está estropeando; (*to make a mistake*): **I went wrong at the beginning of the test** cometí un error al principio del examen; **turn round - we've gone wrong** da la vuelta, nos hemos equivocado de camino • **if you talk to him about football, you won't go far wrong** si le hablas de fútbol, tienes muchas posibilidades de acertar • **you can't go wrong with flowers** si le regalas flores, seguro que aciertas.
III *n* **1.** (*evil*) mal *m* • **I think you were in the wrong** (*mistaken*) parece que estabas equivocado; (*at fault*) yo creo que la culpa fue tuya • **two wrongs don't make a right** no se arregla un error cometiendo otro. **2.** (*injustice*) injusticia *f.*
IV *vt* [**wrongs, wronging, wronged**] (*frml*) ser injusto con: **she felt she had been wronged** tenía la impresión de que habían sido injustos con ella.

wrongful /ˈrɒŋfʊl/ *adj* (*frml*) injusto -ta.

wrongfully /ˈrɒŋfʊlɪ/ *adv* (*frml*) injustamente: **he was wrongfully accused of murder** lo acusaron de homicidio injustamente.

wrongly /ˈrɒŋlɪ/ *adv* **1.** (*by mistake*) erróneamente: **the title had been wrongly translated** habían traducido el título mal. **2.** (*unfairly*) injustamente.

wrote /rəʊt/ *pretérito de* ⇨ write

wrought iron /rɔːt ˈaɪən/ *n* hierro *m* forjado: **a wrought-iron gate** una verja de hierro forjado.

wrung /rʌŋ/ *pretérito y participio pasado de* ⇨ wring

wry /raɪ/ *adj* [**wrier** ✻ **wryer, wriest** ✻ **wryest**] sardónico -ca.

wt. *léase* /weɪt/ (*abreviatura de* **weight**) peso *m.*

X

X, x /eks/ *n* (*letter*) X, x *f*; (*name of letter*) equis *f inv*: **product X was tested on this shirt...** hemos probado el producto X en esta camisa... • **X marks the spot** la X marca el sitio exacto.

X /ˈeks/ *n* (*también* **X-certificate**) (*film category*) *para mayores de dieciocho años.*

x /eks/ *n* (*Maths*) x *f*: **let x equal three and y equal four** supongamos que *x* es igual a tres y que *y* es igual a cuatro.

xenophobe /ˈzenəfəʊb/ *n* xenófobo -ba *m/f.*

xenophobia /ˌzenəˈfəʊbɪə/ *n* xenofobia *f.*

xenophobic /ˌzenəˈfəʊbɪk/ *adj* xenófobo -ba.

xerox®, Xerox® /ˈzɪərɒks/ I *vt* [**xeroxes, xeroxing, xeroxed**] xerocopiar, fotocopiar.
II *n* [**xeroxes**] xerocopia *f*, fotocopia *f.*
xerox® machine, Xerox® machine *n* xerox® *f*, fotocopiadora *f.*

XL /eksˈel/ (*abreviatura de* **Extra Large**) (*Clothing*) *de una prenda, talla más grande que se fabrica.*

Xmas /ˈeksməs/ *n* (*fam*) Navidad *f.*

X-ray /ˈeksreɪ/ I *n* **1.** (*light beam, technique*) rayos X *m pl.* **2.** (*photograph*) radiografía *f*: **it didn't show up** *on* **the X-ray** no se veía en la radiografía.
II *vt* [**X-rays, X-raying, X-rayed**] (*person*) hacerle una radiografía a; (*part of body*) hacer una radiografía de: **his foot was X-rayed** le hicieron una radiografía del pie.

xylophone /ˈzaɪləfəʊn/ *n* xilófono *m.*

xylophonist /zaɪˈlɒfənɪst/ *n* xilofonista *m/f.*

Y

Y, y /waɪ/ *n* (*letter*) Y, y *f*; (*name of letter*) i griega *f*.

yacht /jɒt/ *n* (*motorized*) yate *m*; (*with sails*) velero *m*.

yacht club *n* club *m* náutico.

yachtsman *n* [*pl* **yachtsmen**] *deportista que practica la vela*.

yachtswoman *n* [*pl* **yachtswomen**] *deportista que practica la vela*.

yachting /'jɒtɪŋ/ *n* (*Sport*) vela *f*: **he loves to go yachting** le encanta hacer vela.

yachting club *n* club *m* náutico.

yak /jæk/ **I** *n* yak *m*.
II *vi* [**yaks, yakking, yakked**] (*fam*) cotorrear: **they were yakking** *on* * *away* **like two old women** se pusieron a cotorrear como dos viejas.

yam /jæm/ *n* (*Bot*) **1.** (*gen*) ñame *m*. **2.** (*US*: *sweet potato*) batata *f*, boniato *m*.

yank /jæŋk/ (*fam*) **I** *n* (*tug*) tirón *m*: **he gave a good yank** *on* **the rope** le dio un buen tirón a la cuerda.
II *vt* [**yanks, yanking, yanked**] tirar (*de repente y con fuerza*): **he was yanked to his feet** lo levantaron * pusieron de pie de un tirón.

Yankee /jæŋki:/ (*fam*) **I** *adj* **1.** (*of the United States*) yanqui. **2.** (*Hist*: *in American Civil War*) nordista.
II *n* (*también* **Yank**) **1.** (*citizen of the United States*) yanqui *m/f*. **2.** (*Hist*: *in American Civil War*) nordista *m/f*.

yap /jæp/ **I** *vi* [**yaps, yapping, yapped**] **1.** (*dog*) ladrar (*un perro pequeño o un cachorro*). **2.** (*fam*: *person*) hablar por los codos: **they were yapping** *away* **at the back of the class** los del fondo de la clase estaban hablando por los codos.
II *n* ladrido *m* (*agudo*).

yard /jɑ:d/ *n* **1.** (*measurement*) yarda *f*. **2.** (*open space near building*) patio *m*: **the children are out playing in the yard** los niños están jugando en el patio (del colegio); **her room looks onto a junk yard** su habitación da a una chatarrería. **3.** (*US*: *back garden*) jardín *m*.

yardstick *n* (*fig*): **sales figures are the yardstick for success** las cifras de ventas son el criterio por el que se mide el éxito.

yarn /jɑ:n/ *n* **1.** (*for sewing*) hilo *m*; (*for knitting*) lana *f*. **2.** (*tall story*) cuento *m* chino • **he spun us a yarn about having shared a taxi with the Queen** nos soltó el cuento de que había ido en un taxi con la reina.

yawn /jɔ:n/ **I** *vi* [**yawns, yawning, yawned**] bostezar.
II *n* bostezo *m*.

yawning /'jɔ:nɪŋ/ *adj* (*hole, opening*) muy grande.

yd *léase* /jɑ:d/ (*abreviatura de* **yard**) yarda *f*.

yeah /jeə/ *adv* (*fam*) sí: **"Are you going to the party?" "Yeah, I expect so."** "¿Vas a ir a la fiesta?" "Sí, creo que sí."

year /jɪə/ *n* **1.** (*period of time*: *gen*) año *m*: **we're going to Spain for our holidays next year** el año que viene vamos a ir de vacaciones a España; **the following year we went by train** al año siguiente fuimos en tren; **I've paid for a year's membership** he pagado la cuota de socio de un año; **the committee meets three times a year** el comité se reúne tres veces al año; **this plant has flowers nearly all (the) year round** esta planta tiene flores prácticamente durante todo el año; **we've planned a reunion for the year 2000** tenemos planes de reunirnos en el año 2000 • **it's years since I saw them** hace siglos que no los veo • **she wears that same coat, year in year out * year after year** lleva el mismo abrigo todos los años • **they've lived there since the year dot** han vivido ahí desde el año de la pera; (*: in age*) año *m*: **he has a five-year old daughter** tiene una hija de cinco años; **in his later years he took up painting** en los últimos años de su vida se aficionó a la pintura; **in all my years of teaching I've never had such a gifted pupil** en todos los años que llevo dando clase, nunca había tenido un alumno que valiera tanto. **2.** (*Educ*: *intake*) curso *m*: **he's the brainiest** *in* **our year** es el más listo de nuestro curso; (*: student*): **all the second-years have exams this term** todos los estudiantes de segundo tienen exámenes este trimestre.

yearbook *n* anuario *m*.

yearly /'jɪəlɪ/ **I** *adj* anual: **students are assessed on a yearly basis** evaluamos a los alumnos anualmente; **they organize twice-yearly charity matches** organizan partidos con fines benéficos dos veces al año.
II *adv* anualmente: **the conference is held twice yearly in Cambridge** la convención se celebra dos veces al año en Cambridge; **the records are updated yearly** los datos se actualizan todos los años.

yearn /jɜ:n/ *vi* [**yearns, yearning, yearned**] (*frml*) anhelar: **he yearned** *for* **her to be back with him** anhelaba que volviera con él; **she yearned to have a child** lo que más deseaba era tener un hijo.

yearning /'jɜ:nɪŋ/ *n* (*frml*) anhelo *m*: **I've always had a yearning to go to the Far East** siempre he anhelado viajar al Lejano Oriente; **he had a yearning** *for* **his native land** sentía añoranza de su patria.

yeast /ji:st/ *n* levadura *f*.

yell /jel/ **I** *vt/i* [**yells, yelling, yelled**] gritar: **she yelled** *at* **me to turn the music down** me gritó que bajara la música; **the baby started yelling** el bebé se puso a chillar.
II *n* grito *m*.

yellow /'jeləʊ/ **I** *n* amarillo *m*.
II *adj* amarillo -lla.
III *vi* [**yellows, yellowing, yellowed**] volverse amarillo -lla.

yellow card *n* (*in football*) tarjeta *f* amarilla.

yellow fever *n* fiebre *f* amarilla.

Yellow Pages® *n pl* páginas *f pl* amarillas.

yellowish /'jeləʊɪʃ/ *adj* amarillento -ta.

yelp /jelp/ **I** *vi* [**yelps, yelping, yelped**] gañir: **the poor dog yelped** *with* * *in* **pain** el pobre perro dio un aullido de dolor; **the kids yelped** *with* **excitement** los niños chillaron excitados.

II *n* gañido *m*: **with a yelp of pain he dropped the frying pan** dejó caer la sartén con un gañido de dolor.

yen /jen/ *n* **1.** [*pl* **yen**] (*currency*) yen *m*. **2.** (*frml*) deseo *m*: **I had a sudden yen** *for* **the open countryside** de repente me entraron grandes deseos de estar en el campo.

yes /jes/ **I** *adv* **1.** (*gen*) sí: **"Can I borrow the car?" "Yes, of course."** "¿Puedo utilizar el coche?" "Claro que sí * Sí, cómo no."; **"It was a fantastic concert." "Yes, absolutely brilliant."** "Fue un concierto magnífico." "Sí, absolutamente genial."; **I asked him and he said yes** se lo pregunté y dijo que sí. **2.** (*in response: gen*): **"Dad!" "Yes?"** "¡Papá!" "¿Dime?"; (*: on phone*) ¿dígame? * ¿sí? **3.** (*in contradiction*): **"It's not open on Sundays." "Yes it is!"** "No está abierto los domingos." "Sí que está abierto."
II *n* sí *m*: **they replied with a resounding yes** contestaron con un rotundo sí.

yesterday /ˈjestədeɪ/ **I** *adv* ayer: **I felt terrible yesterday morning** ayer por la mañana me sentía fatal; **I posted it the day before yesterday** la eché al correo anteayer.
II *n* (*the day before today*): **this is yesterday's paper** éste es el periódico de ayer; (*past times*): **yesterday's public was far less ecologically aware** en el pasado, la gente estaba mucho menos concienciada sobre la cuestión del medio ambiente.

yet /jet/ **I** *adv* **1.** (*still*) todavía, aún: **he hasn't yet signed * he hasn't signed yet** aún no ha firmado; **don't open it yet** no lo abras todavía. **2.** (*in questions*) ya: **are you ready yet?** ¿ya estás preparado? **3.** (*so far*) hasta ahora: **she's never yet missed a rehearsal** hasta ahora no ha faltado a un solo ensayo; **that's my highest mark yet** ésa es mi nota más alta hasta la fecha • **as yet, the committee has not reached a firm decision** el comité no ha tomado una decisión en firme todavía. **4.** (*in the future*) todavía: **they may yet turn up** todavía podrían venir. **5.** (*emphatic*) todavía: **there was yet more junk mail in the post today** hoy había todavía más propaganda en el correo; **I forgot to put the dustbin out yet again** se me ha olvidado sacar la basura otra vez. **6.** (*but*) pero: **the food was plain yet good** la comida era sencilla pero buena.
II *conj* sin embargo: **...yet I can't help feeling we're wasting our time** ...sin embargo, tengo la impresión de que estamos perdiendo el tiempo.

yew /juː/ *n* (*Bot*) tejo *m*.

Y-fronts® /ˈwaɪfrʌnts/ *n pl* (*GB*) calzoncillos *m pl* (*de corte clásico*).

YHA /waɪeɪtʃˈeɪ/ *n* (*in GB*) (*abreviatura de* **Youth Hostel Association**) *Asociación de Albergues Juveniles.*

Yiddish /ˈjɪdɪʃ/ **I** *n* (*language*) yiddish *m*.
II *adj* judeoalemán -mana.

yield /jiːld/ **I** *vt* [**yields, yielding, yielded**] producir: **the investment yielded significant returns** la inversión produjo unos beneficios considerables; **this season yielded a bumper crop** esta temporada ha habido muy buena cosecha.
♦*vi* **1.** (*gen*) ceder: **the lock soon yielded under pressure** la cerradura cedió fácilmente bajo la presión; **he yielded when they threatened his wife** cedió cuando amenazaron a su mujer. **2.** (*US*: *on road signs*): **yield** ceda el paso.
II *n* **1.** (*Agr*) cosecha *f*. **2.** (*Fin*) rédito *m*, beneficio *m*.

YMCA /waɪemsiːˈeɪ/ *n* (*abreviatura de* **Young Men's Christian Association**) *asociación de jóvenes cristianos que tiene albergues baratos en muchos países; también, uno de estos albergues.*

yob /jɒb/ *n* (*GB: fam*) gamberro -rra *m/f*.

yodel /ˈjəʊdəl/ *vi* [**yodels, yodelling, yodelled**] cantar a la tirolesa.

yoga /ˈjəʊgə/ *n* yoga *m*: **she does yoga to relax** hace yoga para relajarse.

yoghurt, yogurt, yoghourt /ˈjɒgət/ *n* yogur *m*: **strawberry yogurt** yogur de fresa.

yoke /jəʊk/ **I** *n* **1.** (*Agr: for oxen*) yugo *m*. **2.** (*of shirt*) canesú *m*.
II *vt* [**yokes, yoking, yoked**] uncir.

yokel /ˈjəʊkəl/ *n* (*fam*) paleto -ta *m/f*.

yolk /jəʊk/ *n* yema *f*.

yonks /jɒŋks/ *n pl* (*fam*): **I haven't seen him for yonks** hace siglos que no lo veo.

you /juː/ *pron* **I** [as subject; often omitted in Spanish] **1.** (*familiar singular*) tú: **are you ready?** ¿estás preparado? **2.** (*familiar plural*) (*Esp*) vosotros -tras, (*Amér L*) ustedes: **you are late** qué tarde llegáis, (*Amér L*) qué tarde llegan. **3.** (*polite singular*) usted: **would you like to order?** ¿quiere (usted) pedir? **4.** (*polite plural*) ustedes: **are you in Richmond long?** ¿se van a quedar mucho tiempo en Richmond? **5.** (*used impersonally*) se: **you can see the sea from their house** desde su casa se ve el mar; **you're not allowed to smoke on the coach** está prohibido * se prohíbe fumar en el autocar.
II [as object] **1.** (*familiar singular*) te: **I told you yesterday** te lo dije ayer; (*used after preposition*) ti: **these flowers are for you** estas flores son para ti. **2.** (*familiar plural*) (*Esp*) os: **I'll give you five pounds each** os daré cinco libras a cada uno; (*used after preposition*) vosotros -tras: **has any of you seen Mr Pledger?** ¿ha visto alguno de vosotros al señor Pledger? **3.** (*familiar plural*) (*Amér L*) los, las: **I saw you yesterday** los vi (a ustedes) ayer; (*indirect object*) les: **we can give you their address** les podemos dar su dirección; (*after preposition*) ustedes: **I'll go with you** iré con ustedes; (*used before another pronoun*) se: **I gave it to you last week** se lo di (a ustedes) la semana pasada. **4.** (*polite singular*) lo, la: **pleased to meet you** encantado de conocerlo; (*indirect object*) le: **your daughter is looking for you, Mrs Collier** su hija la está buscando, señora Collier; (*after preposition*) usted: **are these chocolates from you?** ¿estos bombones son de usted?; (*used before another pronoun*) se: **we are very grateful to you** se lo agradecemos mucho. **5.** (*polite plural*) los, las: **shall I help you with your luggage?** ¿puedo ayudarlas con el equipaje?; (*indirect object*) les: **I'll bring you the bill** en seguida les traigo la cuenta; (*after preposition*) ustedes: **thanks to you, the sponsors, it has been a success** gracias a ustedes, los patrocinadores, ha sido un éxito; (*used before another pronoun*) se: **we will let you know by the end of the week** se lo comunicaremos (a ustedes) antes del fin de semana. **6.** (*used impersonally*): **eating too quickly gives you indigestion** comer muy deprisa produce indigestión.

you'd /juːd/ **I** *contracción de* **you had**: **I thought you'd finished** pensaba que habías terminado.
II *contracción de* **you would**: **you said you'd wait for me** me dijiste que me esperarías.

you'll /juːl/ *contracción de* **you will**

young /jʌŋ/ **I** *adj* joven: **you're too young to drink** eres demasiado joven para beber; **thirty is young for a surgeon** para un cirujano, tener treinta años es ser joven.

II *n pl* **1.** (*animals*) crías *f pl*: **the female nurses her young for several months** la hembra cuida a sus crías durante varios meses. **2. the young** los jóvenes: **the young make the same mistakes as their parents** los jóvenes cometen los mismos errores que sus padres.

young lady *n* señorita *f*: **she's quite a young lady now** ya es toda una señorita.

young man *n* joven *m*: **what a polite young man** ¡qué joven tan atento!

younger /ˈjʌŋgə/ **I** *adj* menor (*de dos personas*): **his younger brother is taller than him** su hermano pequeño es más alto que él.
II *n* el/la menor (*de dos personas*): **she is the younger of the two** es la más joven de las (dos).

youngest /ˈjʌŋgɪst/ **I** *adj* menor (*de tres o más personas*).
II *n* el/la menor (*de tres o más personas*): **he is the youngest** es el pequeño.

youngster /ˈjʌŋstə/ *n* joven *m/f*.

your /jɔː, jʊə/ *adj* **1.** (*in tú form: with singular noun*) tu; (*: with plural noun*) tus: **which is your room?** ¿cuál es tu habitación?; **are these your shoes?** ¿son éstos tus zapatos?; **one of your sisters** una hermana tuya * una de tus hermanas. **2.** (*in* **vosotros** *form: with singular noun*) vuestro -tra; (*: with plural noun*) vuestros -tras: **I want to speak to your mother** quiero hablar con vuestra madre. **3.** (*in* **usted, ustedes** *forms: with singular noun*) su; (*: with plural noun*) sus: **please keep your receipt** por favor, guarde su tíquet de compra. **4.** (*with parts of the body, etc.*) [translated by **el**, **la**, **los** or **las**]: **have you had your hair cut?** ¿te has cortado el pelo?; **you've left your umbrella** te has dejado el paraguas. **5.** (*used impersonally*): **sweets are bad for your teeth** los caramelos son malos para los dientes; **it's the first turning on your left** es la primera calle a la izquierda.

you're /jɔː, jʊə/ *contracción de* **you are** ⇨ be

yours /jɔːz/ *pron* **1.** (*for* **tú** *form: one thing*) (el) tuyo, (la) tuya; (*: more than one thing*) (los) tuyos, (las) tuyas: **shall we leave my car and go in yours?** ¿dejamos mi coche y vamos en el tuyo?; **this house is yours now** ahora esta casa es tuya; **is she a friend of yours?** ¿es amiga tuya?; **yours are in the dining room** los tuyos están en el comedor. **2.** (*for* **vosotros** *form: one thing*) (el) vuestro, (la) vuestra; (*: more than one thing*) (los) vuestros, (las) vuestras: **is that ball yours?** ¿es esa pelota vuestra? **3.** (*for* **usted, ustedes** *forms: one thing*) (el) suyo, (la) suya; (*: more than one thing*) (los) suyos, (las) suyas: **excuse me, is this case yours?** ¿perdón, es esta maleta suya? **4.** (*in letters*): **Yours, Rupert** Un saludo, Rupert.

yourself /jɔːˈself/ *pron* **1.** (*for* **tú** *form: reflexively*) te: **don't cut yourself on that glass** no te cortes con ese cristal; (*: for emphasis*) tú mismo, tú misma: **you said so yourself** tú mismo lo dijiste; (*: after a preposition*) ti mismo, ti misma: **you're always talking about yourself** siempre estás hablando de ti mismo • **did you go to the cinema by yourself?** ¿fuiste al cine solo? **2.** (*for* **usted** *form: reflexively*) se: **make yourself at home** póngase cómodo; (*: for emphasis or after a preposition*) usted mismo, usted misma: **did you paint the house yourself?** ¿pintó la casa usted mismo? • **and you've being living (all) by yourself for thirty years?** ¿y lleva usted treinta años viviendo solo? **3.** (*used impersonally*) uno mismo, una misma: **why buy pre-cooked foods when you can cook it yourself?** ¿por qué comprar comida precocinada cuando la puede preparar uno mismo?; **you have to motivate yourself in this job** en este trabajo uno tiene que motivarse.

yourselves /jɔːˈselvz, jʊəˈselvz/ *pron* **1.** (*for* **vosotros** *form: reflexively*) os: **help yourselves! there's plenty of food** ¡servíos * serviros, hay un montón de comida!; (*: for emphasis or after a preposition*) vosotros mismos, vosotras mismas: **you can do that yourselves** eso lo podéis hacer vosotros mismos • **will you be all right by yourselves?** ¿estaréis bien solos? **2.** (*for* **ustedes** *form: reflexively*) se: **please find yourselves a seat** siéntense, por favor; (*: for emphasis or after a preposition*) ustedes mismos, ustedes mismas: **you will have to order a taxi yourselves** tendrán que llamar a un taxi ustedes mismos.

youth /juːθ/ *n* [**youths** /juːðz/] **1.** (*adolescence*) juventud *f*: **he was a fine sportsman in his youth** fue muy buen deportista en su juventud. **2.** (*adolescents*) juventud *f*: **the youth of today has * have no ambition** la juventud de hoy en día no tiene ambición. **3.** (*young man*) joven *m*, chico *m*: **those youths are the ones that broke into my car** esos chicos son los que me abrieron el coche.

youth club *n* club *m* juvenil.

youth group *n* asociación *f* juvenil.

youth hostel *n* **I** *n* albergue *m* juvenil.
II *vi* [**youth hostels, youth hostelling, youth hostelled**] *viajar alojándose en albergues juveniles*.

youth hostelling *n*: **we're going youth hostelling this summer** este verano vamos a ir de albergues juveniles.

youth movement *n* movimiento *m* juvenil.

youthful /ˈjuːθfʊl/ *adj* joven: **they've appointed a very youthful manager** han elegido un director muy joven.

you've /juːv/ *contracción de* **you have**

yowl /jaʊl/ **I** *vi* [**yowls, yowling, yowled**] aullar.
II *n* aullido *m*.

yo-yo /ˈjəʊjəʊ/ *n* yoyó *m* • **he was going backwards and forwards like a yo-yo** iba de aquí para allá como loco.

yr *léase* /ˈjɪə/ (*abreviatura de* **year**) año *m*.

YTS /waɪtiːˈes/ *n* (*in GB*) (*abreviatura de* **Youth Training Scheme**) *plan para la promoción del empleo juvenil*.

yucca /ˈjʌkə/ *n* yuca *f*.

yuk /jʌk/ *excl* (*fam*) puaj.

yukky, yucky /ˈjʌkɪ/ *adj* (*fam*) asqueroso -sa.

Yule /juːl/, **Yuletide** /ˈjuːltaɪd/ *n* (*frml*) Navidades *f pl*.

yum /jʌm/ *excl* (*fam*) mmm.

yummy /ˈjʌmɪ/ *adj* (*fam*) riquísimo -ma: **ooh yummy! strawberries and cream!** ¡qué rico, fresas con nata!

yuppie, yuppy /ˈjʌpɪ/ *n* (*fam*) yuppie *m/f*.

YWCA /waɪˌdʌbəljuːsiːˈeɪ/ *n* (*abreviatura de* **Young Women's Christian Association**) *asociación de jóvenes cristianas que tiene albergues baratos en muchos países; también, uno de estos albergues*.

Z

Z, z /zed/ *(US)* /ziː/ *n* *(letter)* Z, z *f*; *(name of letter)* zeta *f*.

zany /ˈzeɪnɪ/ *adj* [**zanier, zaniest**] *(idea, plan, personality)* excéntrico -ca; *(hairstyle, clothes)* estrafalario -ria.

zap /zæp/ *vt* [**zaps, zapping, zapped**] *(fam)* **1.** *(to destroy)* cargarse. **2.** *(to delete)* suprimir.

zeal /ziːl/ *n* celo *m*, entusiasmo *m*.

zealous /ˈzeləs/ *adj* *(keen)* celoso -sa: **she's a zealous worker** trabaja con mucho celo; *(enthusiastic)* entusiasta: **the cook was over-zealous with the cream** el cocinero se pasó con la nata.

zealously /ˈzeləslɪ/ *adv* con celo.

zebra /ˈzebrə/ *n* cebra *f*.

zebra crossing *n* *(GB)* paso *m* de cebra.

Zen /zen/ *n* zen *m*.

zenith /ˈzenɪθ/ *n* cenit *m* • **she retired at the zenith of her career** se retiró cuando estaba en el cenit de su carrera.

zephyr /ˈzefə/ *n* céfiro *m*.

zeppelin /ˈzepəlɪn/ *n* zepelín *m*.

zero /ˈzɪərəʊ/ *n* [**zeros * zeroes**] cero *m*: **it was ten degrees below zero** había diez grados bajo cero; **the company recorded zero profits** la empresa no tuvo beneficios.

to **zero in** *vt* [**zeroes, zeroing, zeroed**] **1.** *(Mil)* apuntar a. **2.** *(a problem, subject)*: **he zeroed in** *on* **the problem of funding** concentró todos sus esfuerzos en el problema de la financiación.

zero hour *n* hora *f* cero.

zest /zest/ *n* **1.** *(spirit)* entusiasmo *m*: **her zest for life was incredible** su entusiasmo por la vida era increíble; **that should add a bit of zest to the party** esto le dará un poco de vida a la fiesta. **2.** *(rind)* corteza *f*.

zigzag /ˈzɪgzæg/ **I** *vi* [**zigzags, zigzagging, zigzagged**] zigzaguear.

II *n* zigzag *m*: **the cloth had a zigzag pattern on it** el mantel tenía un dibujo en zigzag.

zinc /zɪŋk/ *n* cinc *m*, zinc *m*.

Zionist /ˈzaɪənɪst/ *adj, n* sionista *adj, m/f*.

zip /zɪp/ **I** *n* *(GB)* cremallera *f*: **the zip's got stuck** se ha atascado la cremallera.

II *vi* [**zips, zipping, zipped**] *(fam)* ir muy rápido: **we were zipping** *along* **until we hit the roadworks** íbamos a toda marcha hasta que llegamos a la zona en obras; **he zipped** *past* **in a brand-new sportscar** pasó como un rayo en su deportivo nuevo.

to **zip up** *vt* subir la cremallera de: **I can't zip this jacket up** no puedo subir la cremallera de esta cazadora.

zip code *n* *(US)* código *m* postal.

zipper /ˈzɪpə/ *n* *(US)* ⇨ zip

zit /zɪt/ *n* *(fam)* grano *m*.

zither /ˈzɪðə/ *n* cítara *f*.

zodiac /ˈzəʊdɪæk/ *n* zodiaco *m*, zodíaco *m*: **which sign of the zodiac are you?** ¿de qué signo del zodiaco eres?

zombie /ˈzɒmbɪ/ *n* *(fam)* zombi *m*, zombie *m*.

zone /zəʊn/ *n* zona *f*.

zonked /zɒŋkt/ *adj* *(fam)* agotado -da: **after working in the pub all night I was completely zonked** después de trabajar en el bar toda la noche estaba hecha polvo.

zoo /zuː/ *n* zoo *m*.

zoological /ˌzʊəˈlɒdʒɪkəl/ *adj* zoológico -ca.

zoological gardens *n pl* *(frml)* parque *m* zoológico.

zoologist /zʊˈɒlədʒɪst/ *n* zoólogo -ga *m/f*.

zoology /zʊˈɒlədʒɪ/ *n* zoología *f*.

zoom /zuːm/ *vi* [**zooms, zooming, zoomed**] *(fam)* ir a toda velocidad: **she zoomed** *past* **us in the other lane** nos adelantó a toda velocidad por el otro carril.

to **zoom in** *vi* enfocar de cerca: **the camera zoomed in** *on* **the cubs** la cámara enfocó los cachorros de cerca.

zoom lens *n* teleobjetivo *m*, zoom *m*.

zucchini /zuːˈkiːnɪ/ *n* [**zucchinis * zucchini**] *(US)* calabacín *m*.

Índice, Contents

Resumen de la gramática inglesa

Resumen de la gramática inglesa

1 LAS PREPOSICIONES

Las preposiciones están tratadas en detalle en el texto del diccionario. Su uso difiere considerablemente del de las preposiciones españolas y por esta razón se señalan en cursiva cuando aparecen en ejemplos del uso de verbos, sustantivos, etc.

you can depend *on* Sarah

what do you think *of* the new teacher?

Conviene además tener en cuenta que las preposiciones inglesas forman parte de unidades pluriverbales de uso muy frecuente, los llamados ***phrasal verbs*** o verbos con partícula:

to do up

to look up to

Estas unidades están tratadas bajo el verbo correspondiente.

2 EL ARTÍCULO

En inglés no hay concordancia de género o número entre el artículo y el sustantivo al cual acompaña. El artículo definido es ***the*** y el indefinido ***a***, que se convierte en ***an*** si el sustantivo que le sigue comienza con un sonido vocálico: *the man, the men, a boy, a girl, an apple.*

Nótese que se dice ***a university*** y ***an hour*** porque el sonido inicial de ***university*** no es vocálico, mientras que el de ***hour*** sí lo es.

A diferencia del español, el inglés no usa el artículo definido en los siguientes casos:

Al utilizar un sustantivo de forma genérica:

sugar is sweet **el** azúcar es dulce

I like classical music me gusta **la** música clásica

whales are mammals **las** ballenas son mamíferos

Al referirse a una persona utilizando su título:

Dr Brown told me me lo dijo **el** doctor Brown

Delante de los días de la semana, las estaciones del año, la hora:

when spring comes cuando llegue **la** primavera

they arrived on Tuesday llegaron **el** martes

it's five o'clock son **las** cinco

En porcentajes:

five per cent of his income
el cinco por ciento de sus ingresos

Tampoco se usa el artículo con los sustantivos ***school***, ***college***, ***university***, ***hospital***, ***church***, ***prison*** y ***jail*** en los siguientes contextos:

she doesn't go to church/to school
no va a la iglesia/a la escuela

when you're at university
cuando estés en la universidad

my mother's in hospital
mi madre está en el hospital

Jack's in prison/in jail
Jack está en la cárcel

Sin embargo, nótese la diferencia entre las siguientes oraciones:

he's in prison está en la cárcel

*she went to **the** prison to see him*
fue a la cárcel a verlo

3 LOS PRONOMBRES

3.1 Pronombres sujeto y complemento

Sujeto	Complemento	Sujeto	Complemento
I	*me*	*we*	*us*
you	*you*	*you*	*you*
he	*him*	*they*	*them*
she	*her*		
it	*it*		

El pronombre nunca se puede omitir en inglés cuando tiene función de sujeto:

***he** arrived early* llegó temprano

Cuando tiene función de complemento el pronombre toma la misma forma tanto si se trata de un complemento directo, indirecto o con preposición:

*I saw **him***

*I gave **him** the letter*

*it was addressed to **him***

También se usa el pronombre complemento en las oraciones comparativas:

*Sally is taller than **me***

*she's as clever as **him***

y detrás del verbo ***to be***:

*"Who's there?" "It's **me**."*

*It was **him**, it wasn't **me** who did it.*

La forma *"It is I"*, antes considerada como la única correcta, ha caído en desuso en el lenguaje coloquial.

3.2 Los pronombres reflexivos

(I)	*myself*	*(we)*	*ourselves*
(you)	*yourself*	*(you)*	*yourselves*
(he)	*himself*	*(they)*	*themselves*
(she)	*herself*	*(one)*	*oneself*
(it)	*itself*		

El uso de estos pronombres a veces coincide con el de los verbos pronominales reflexivos en español:

*Nick hurt **himself** playing football*
Nick se hizo daño jugando al fútbol

*I've bought **myself** a new dress*
me he comprado un vestido nuevo

*she introduced **herself** as his wife*
se presentó como su mujer

pero, en la mayoría de los casos, los verbos pronominales españoles se traducen al inglés utilizando otro tipo de expresiones:

I'm going to have a shower voy a ducharme

he had a wash and combed his hair
se lavó y se peinó

he washed his hands se lavó las manos

Los pronombres reflexivos ingleses se usan frecuentemente para recalcar que se habla de una determinada persona o cosa y no de ninguna otra:

*I told her **myself*** yo mismo se lo dije

3.3 Los relativos

3.3.1 General

Al igual que en español, existen dos clases de relativos: los que introducen una proposición especificativa, es decir, una oración necesaria para la identificación de la persona o cosa de la cual se habla:

*the boy **who had won the prize** was very happy*
el chico **que había ganado el premio** estaba muy contento

(sin la oración de relativo no sabríamos de qué chico se está hablando)

y los que introducen una proposición explicativa, es decir, una oración que simplemente agrega información sobre una persona o cosa que ya está claramente identificada:

*James, **who had won the prize**, was very happy*
James, **que había ganado el premio**, estaba muy contento

(ya sabemos quién es James, la oración de relativo nos da información adicional sobre él).

3.3.2 En proposiciones especificativas

Para referirse a personas se utilizan los pronombres ***who*** y ***that***. Para referirse a cosas, los pronombres ***that*** y ***which***:

*have you met the man **who/that** lives next door?*

*they demolished a house **that/which** had been built in the 15th century*

El pronombre ***whom*** se usa para personas con función de complemento, pero su empleo sólo es frecuente en lenguaje formal. Entre paréntesis se da la versión del ejemplo que sería normal en la lengua coloquial:

*the man to **whom** we wrote (the man we wrote to)*

*the people **whom** they had invited (the people they had invited)*

Como se ve en estos ejemplos, el relativo se suele omitir cuando tiene función de complemento:

the work I did yesterday (the work that I did yesterday)

the people we met in Rome (the people whom we met in Rome)

Si hay una preposición, el lugar que ocupa en la oración depende del pronombre que se utiliza en la misma o de si éste se omite:

*the company **for which** I work*

*the company **that** I work **for***

*the company I work **for***

3.3.3 En proposiciones explicativas

El relativo no se puede omitir en las proposiciones explicativas.

Se usa ***who*** para personas con función de sujeto, ***whom*** para personas con función de complemento y ***which*** para cosas:

*yesterday I saw Amanda, **who** sends you her love*

*she came with Robert, **whom** I cannot stand*

*Tom went to live in Oxford, **which** is about 60 miles from London*

*they were showing Dances with Wolves, **which** I had already seen*

4 LOS ADJETIVOS

4.1 General

Los adjetivos ingleses no concuerdan en género y número con el sustantivo al que modifican y generalmente van delante de éste: *a young man, a young woman, some young men, some young women.*

La sustantivación de los adjetivos no es tan frecuente en inglés como en español. Sólo es posible con algunos adjetivos y su significado es siempre plural:

the rich	los ricos
the elderly	los ancianos

Si el referente es singular siempre es preciso utilizar un sustantivo:

a fat man un gordo

the old woman next door la vieja de al lado

4.2 El comparativo y superlativo de los adjetivos

(Para irregularidades ortográficas ver **La ortografía del inglés** en la p.747 de la sección central del diccionario.)

La formación del comparativo y el superlativo de los adjetivos depende del número de sílabas de la palabra.

4.2.1 Los adjetivos de una sílaba, excepto aquéllos que terminan en *-ed* (*vexed, bored*), forman el comparativo agregando *-er* y el superlativo agregando *-est*:

tall *tall**er*** *tall**est***
big *bigg**er*** *bigg**est***

*he's taller **than** me*
*it's the biggest **in** the world*

4.2.2 La mayoría de adjetivos de dos sílabas forman el comparativo usando ***more*** y el superlativo usando ***most***:

famous *more famous* *most famous*
careful *more careful* *most careful*

Ahora bien, los terminados en *-y*, *-le* o *-ow* forman el comparativo agregando *-er* y el superlativo agregando *-est*:

little *littler* *littlest*
heavy *heavier* *heaviest*

Algunos adjetivos pueden formar el comparativo y el superlativo de ambas maneras:

common *commoner/more common* *commonest/most common*
clever *cleverer/more clever* *cleverest/most clever*

4.2.3 Los adjetivos de más de dos sílabas forman el comparativo usando ***more*** y el superlativo usando ***most***:

interesting *more interesting* *most interesting*

4.2.4 Algunos adjetivos de uso frecuente tienen comparativos y superlativos irregulares:

good	*better*	*best*
bad	*worse*	*worst*
far	*further/farther*	*furthest/farthest*
many	*more*	*most*
much	*more*	*most*
little	*less*	*least*

5 EL VERBO

5.1 Las formas básicas

Salvo algunos casos excepcionales (como el verbo ***to be*** y los verbos auxiliares modales) todos los verbos ingleses constan de cuatro formas: el infinitivo (que en muchos contextos va precedido de la partícula ***to***), el gerundio (que lleva el sufijo *-ing*), el pasado y el participio pasado (ambos terminados en *-ed* en el caso de los verbos regulares):

infinitivo	*(to) work*
gerundio	*working*
pasado	*worked*
participio pasado	*worked*

Este diccionario ofrece en la entrada correspondiente a cada verbo, ya sea regular o irregular, la forma correspondiente a la tercera persona del singular del presente, el gerundio y el pasado. En los casos en que el participio pasado difiere del pasado, aquél se señala a continuación:

work *vi* **[works, working, worked]**
write *vt* **[writes, writing, wrote,** *participio pasado* **written]**

También se ofrece una lista de los verbos irregulares más comunes, su pasado y su participio en la página 701.

Todas las personas de todos los tiempos verbales se forman a partir de estas formas y de los verbos auxiliares ***to be*** y ***to have***. El verbo auxiliar ***to do*** se requiere para las formas negativa e interrogativa de los tiempos simples.

5.2 Formación y uso de los tiempos verbales más comunes

5.2.1 Present simple

Formación. Se utiliza el infinitivo sin ***to*** para todas las personas excepto la tercera del singular, que lleva el sufijo *-s*:

I work	*we work*
you work	*you work*
he/she/it works	*they work*

Para irregularidades ortográficas ver **La ortografía del inglés** en la p. 747 de la sección central del diccionario.)

Uso. Para hablar de algo que es siempre cierto o que sucede regularmente:

I value your friendship
I go to school by bus
he comes to see me twice a week

Para referirse a algo que está planeado para el futuro:

the concert starts at seven
they leave for Italy tomorrow

Para referirse al futuro en oraciones encabezadas por ***when***, ***until***, ***as soon as***, etc., cuando en español se utiliza el presente del subjuntivo:

*I'll do it when I **have** time*
lo haré cuando **tenga** tiempo
*wait here until I **call** you*
espera hasta que te **llame**

5.2.2 Present continuous

Formación. Se forma con el presente del verbo ***to be*** y el gerundio del verbo que se conjuga:

I am working	*we are working*
you are working	*you are working*
he/she/it is working	*they are working*

Uso. Para referirse a algo que está sucediendo en el momento de hablar:

be quiet! I'm watching television

o a algo que está en proceso, aunque no esté sucediendo precisamente cuando se habla:

I'm reading a novel by Kundera

Para referirse a planes concretos de futuro:

I'm going to a party next Saturday

she's arriving on Wednesday

Para referirse al futuro también es frecuente el uso de la forma ***going to*** + infinitivo, que a menudo subraya la idea de la intención del sujeto:

she's going to buy a car with the money she's saved

I'm going to make a pie for dinner

5.2.3 Present perfect

Formación. Se forma con el presente del verbo ***to have*** y el participio del verbo que se conjuga:

I have worked	*we have worked*
you have worked	*you have worked*
he/she/it has worked	*they have worked*

Uso. Para referirse a acciones pasadas que tienen alguna conexión con el momento presente:

I have seen that film (he visto esa película y sé de qué se trata/no la quiero volver a ver, etc.)

Cuando se usa este tiempo nunca se especifica el momento en que ocurrió la acción:

I have already had breakfast

pero

I had breakfast at eight o'clock this morning

she has written many plays

pero

she wrote her first play when she was twenty

Obsérvese el cambio de tiempo verbal en la segunda respuesta:

"Have you ever had snails?"
"No, I haven't."

"Have you ever had snails?"
"Yes, I had some last week."

El *present perfect* se usa frecuentemente con los adverbios ***ever***, ***never***, ***yet***, ***already***, ***lately***, ***recently***:

I have never had snails

he hasn't got dressed yet

have you read any good books lately?

have you been abroad recently?

y con complementos adverbiales que se refieren a un periodo de tiempo que continúa:

he's phoned three times this afternoon
(la tarde todavía no ha acabado)

we've had two holidays this year
(el año todavía no ha acabado)

Usado con el adverbio ***just*** equivale a la frase española **acabar de + infinitivo**:

Mr Roberts has just left
el señor Roberts acaba de salir

También se usa para referirse a acciones o situaciones que comenzaron en el pasado y continúan en el momento presente:

I have lived here for five years

Nótese que esta idea se expresa en español utilizando el tiempo presente:

hace cinco años que vivo aquí

5.2.4 Present perfect continuous

Formación. Se forma con el presente del verbo ***to have***, el participio del verbo ***to be*** (*been*) y el gerundio del verbo que se conjuga:

I have been working	*we have been working*
you have been working	*you have been working*
he/she/it has been working	*they have been working*

Uso. Para referirse a acciones que comenzaron en el pasado y continúan en el presente o acaban de terminar:

I have been waiting for two hours

John has been telling me about his trip to Kenya

Su uso es similar al del *present perfect* pero el énfasis está más en la actividad misma que en el resultado que pueda haber tenido:

"What have you been doing since I left?"
"I've been writing letters."

"What have you done since I left?"
"I've written three letters."

Al igual que el *present perfect*, expresa relaciones de tiempo a menudo expresadas por el tiempo presente en español:

I've been learning English since I was ten
estudio inglés desde que tenía diez años

we've been waiting for hours
llevamos horas esperando
o estamos esperando desde hace horas

5.2.5 Past simple

Formación. Se utiliza la misma forma para todas las personas: **infinitivo +** ***-ed*** para los verbos regulares (las formas irregulares se dan en la lista de la página 701):

I worked	*we worked*
you worked	*you worked*
he/she/it worked	*they worked*

Uso. Para referirse a hechos que tuvieron lugar en el pasado, a menudo acompañado de expresiones adverbiales que especifican un momento o una fecha concretos:

I met her last year

A veces el momento en que ocurrió la acción no está especificado sino sobreentendido:

she went to school in the States

(Para su uso en oraciones condicionales ver sección 5.3.)

5.2.6 Past continuous

Formación. Se forma con el pasado del verbo ***to be*** y el gerundio del verbo que se conjuga:

I was working	*we were working*
you were working	*you were working*
he/she/it was working	*they were working*

Uso. Para referirse a acciones que se desarrollaban en determinado momento en el pasado:

they were having a drink when Peter arrived

5.2.7 Past perfect

Formación. Se forma con el pasado del verbo ***to have*** y el participio del verbo que se conjuga:

I had worked	*we had worked*
you had worked	*you had worked*
he/she/it had worked	*they had worked*

Uso. Para referirse a acciones anteriores a determinado momento en el pasado. Es el equivalente pasado del *present perfect* y se usa de forma paralela:

I had already seen that film
ya había visto la película

Sin embargo, con este tiempo, a diferencia de con el *present perfect*, se puede especificar el momento en que había ocurrido la acción:

I wasn't hungry because I had had breakfast half an hour before

5.2.8 Future simple

Formación. Se forma con el auxiliar modal ***will*** seguido del infinitivo sin ***to***. En el inglés británico ***shall*** se utiliza a veces en lugar de ***will*** en las primeras personas:

I will (o *shall*) *work*	*we will* (o *shall*) *work*
you will work	*you will work*
he/she/it will work	*they will work*

Uso. Para referirse a acciones que creemos ocurrirán en el futuro:

it will be cold in the north tomorrow

don't worry, everything will be all right

5.2.9 Future continuous

Formación. Se forma con el auxiliar modal ***will*** (o ***shall***, ver **Future simple**) seguido de ***be*** y el gerundio del verbo que se conjuga:

I will (o *shall*) *be working*	*we will* (o *shall*) *be working*
you will be working	*you will be working*
he/she/it will be working	*they will be working*

Uso. Para referirse a acciones que tendrán lugar en el futuro, a menudo expresando certeza:

I'll be seeing Mary after class

"I'm going to Wales next week."
"Will you be staying long?"

5.2.10 Future perfect

Formación. Se forma con el auxiliar modal ***will*** (o ***shall***, ver **Future simple**) seguido de ***have*** y el participio del verbo que se conjuga:

I will (o *shall*) *have worked*	*we will* (o *shall*) *have worked*
you will have worked	*you will have worked*
he/she/it will have worked	*they will have worked*

Uso. Para referirse a una acción que se habrá realizado antes de determinado momento en el futuro:

the party will have finished by the time you get there

I will have saved enough to buy myself a car by the end of the year

5.2.11 Conditional

Formación. Se forma con el auxiliar ***would*** seguido del infinitivo sin ***to***.

I would work	*we would work*
you would work	*you would work*
he/she/it would work	*they would work*

Uso. Ver **Las oraciones condicionales**.

5.2.12 Conditional perfect

Formación. Se forma con el auxiliar ***would*** seguido de ***have*** y el participio del verbo que se conjuga:

I would have worked	*we would have worked*
you would have worked	*you would have worked*
he/she/it would have worked	*they would have worked*

Uso. Ver **Las oraciones condicionales**.

5.3 Las oraciones condicionales

5.3.1 Las oraciones condicionales constan de dos partes, la parte encabezada por ***if*** (o ***unless***, ***provided***, etc.), que establece la condición, y la oración principal. Pueden dividirse en tres tipos básicos:

if **+ present, future**

*if she **takes** a taxi, she'**ll be** here in ten minutes*
si toma un taxi, estará aquí en diez minutos

En este caso es posible que se cumpla la condición expresada.

if **+ past, conditional**

*if she **took** a taxi, she **would be** here in ten minutes*
si tomara un taxi, estaría aquí en diez minutos

En este caso es menos probable que se cumpla la

condición expresada. Este tipo también puede expresar algo contrario a la realidad actual:

*if I **had** any money, **I would lend** it to you*
si tuviera dinero, te lo prestaría (pero no tengo dinero)

***if* + past perfect, conditional perfect**

*if she **had taken** a taxi, she **would have been** here in ten minutes*
si hubiera tomado un taxi, habría estado aquí en diez minutos

Expresa una condición que ya no se puede cumplir: ella no tomó un taxi, vino en el autobús, o a pie, etc.

5.3.2 La condición puede expresarse en la segunda parte de la oración (*she will get into trouble **if** she **does** that; he would have phoned **if** he **had heard***) pero hay que recordar que el condicional va en la oración principal y que ***if*** no va seguido de ***would*** salvo en casos especiales donde tiene un significado diferente. La idea expresada por el subjuntivo español se expresa en inglés por medio del pasado:

*if I **had** any money*	si tuviera dinero
*if she **had taken** a taxi*	si hubiera tomado un taxi

5.3.3 En las oraciones condicionales a menudo se utiliza ***were*** en lugar de ***was***, sobre todo en la expresión ***if I were you*** (yo que tú):

if I were you, I would go and see a doctor

5.3.4 Naturalmente, y al igual que en español, otras combinaciones de tiempos verbales son posibles en las oraciones condicionales además de los tres tipos básicos señalados arriba:

don't go if you don't want to

if I eat chocolate, I break out in spots

if you have finished, we can go

if I had followed her advice, I would be rich now

5.4 Los verbos auxiliares

Los verbos auxiliares comprenden los verbos ***to be*** y ***to have***, el verbo ***to do*** y los verbos auxiliares modales.

5.4.1 Características generales

Los verbos auxiliares forman el negativo y el interrogativo sin el uso del auxiliar ***to do***. El negativo se forma agregando ***not*** al verbo y el interrogativo invirtiendo el orden de sujeto y verbo:

we are ready	*we **are not** ready* o *we **aren't** ready*	***are we** ready?*
I have finished	***I have not** finished* o ***I haven't** finished*	***have I** finished?*
they will come	*they **will not** come* o *they **won't** come*	***will they** come?*
you can do it	*you **cannot** do it* o ***you can't** do it*	***can you** do it?*

Los verbos auxiliares se utilizan en muchos contextos para evitar la repetición del verbo principal:

*"Can you drive?" "No, **I can't**./Yes, **I can**."*

*"Do you smoke?" "No, **I don't**./Yes, **I do**."*

*"She won't be able to do it." "Oh yes, **she will**."*

*"You drink too much." "No, **I don't**!"*

*"He's so arrogant." "You're right, **he is**."*

*she can't do it but **I can***

*the boys went to the match but the girls **didn't***

*"I'm hungry." "So **am I**."*

*"I haven't met him." "Neither **have I**."*

Se emplean también en las llamadas coletillas interrogativas, que equivalen a "¿no?" o "¿verdad?" en español. Si la oración es afirmativa, la coletilla es negativa, y viceversa. El verbo precede al sujeto:

*you **have** been to London, **haven't** you?*

*she **doesn't** know, **does** she?*

Si la oración tiene un verbo auxiliar, es éste el que se repite en la coletilla. De lo contrario, se utilizan las formas ***do***, ***does*** o ***did*** según el tiempo y la persona de que se trate:

*you **wouldn't** do that, **would** you?*

*that was stupid, **wasn't** it?*

*you **work** in town, **don't** you?*

*Matthew **plays** the guitar, **doesn't** he?*

*they **phoned**, **didn't** they?*

5.4.2 Los verbos ***to be*** y ***to have***, como ya hemos visto, intervienen en la formación de los tiempos verbales compuestos.

5.4.3 El verbo ***to do*** es necesario para formar el negativo y el interrogativo de los tiempos simples. En el presente se utiliza la forma ***do*** para todas las personas excepto la tercera del singular, que requiere la forma ***does***:

you need a coat
*you **do not** need a coat* o *you **don't** need a coat*
***do** you need a coat?*

she needs a coat
*she **does not** need a coat* o *she **doesn't** need a coat*
***does** she need a coat?*

Nótese que el auxiliar indica el tiempo verbal y la persona de que se trata, mientras que el verbo principal va en infinitivo.

En el pasado se utiliza la forma ***did*** para todas las personas:

*we post**ed** the letter*

*we **did** not post the letter* o *we **didn't** post the letter*

***did** we post the letter?*

5.4.4 Los verbos auxiliares modales

Además de las características generales de los verbos auxiliares señaladas más arriba, los verbos modales (***can***, ***could***, ***may***, ***might***, ***must***, ***need***, ***ought to***, ***shall***, ***should***, ***used to***, ***will*** y ***would***) no tienen infinitivo ni participio, no agregan *-s* en la tercera persona del presente y sólo pueden usarse en un número limitado de tiempos verbales. Otros verbos o expresiones los sustituyen en los tiempos restantes:

*she **can** come on Tuesday*	*she hopes to **be able** to come on Tuesday*
	*she **was able** to come on Tuesday*
*you **must** do it*	*you'll **have to** do it*
	*you **had to** do it*

5.5 La voz pasiva

La voz pasiva se forma con el verbo ***to be*** y el participio pasado del verbo:

*the cathedral **was built** in the seventeenth century*

Su uso es mucho más frecuente que el de la estructura equivalente en español, ya que se emplea también en frases como:

*it **was decided** that...*	se decidió que...
*he **was told** the truth*	le dijeron la verdad
*my car **is being repaired***	me están arreglando el coche

5.6 Lista de los verbos irregulares más frecuentes

Infinitive	Past simple	Past participle
be	*was/were*	*been*
bear	*bore*	*borne*
beat	*beat*	*beaten*
become	*became*	*become*
begin	*began*	*begun*
bend	*bent*	*bent*
bet	*bet/betted*	*bet/betted*
bite	*bit*	*bitten*
bleed	*bled*	*bled*
blow	*blew*	*blown*
break	*broke*	*broken*
bring	*brought*	*brought*
broadcast	*broadcast*	*broadcast*
build	*built*	*built*
burn	*burnt/burned*	*burnt/burned*
burst	*burst*	*burst*
buy	*bought*	*bought*
catch	*caught*	*caught*
choose	*chose*	*chosen*
come	*came*	*come*
cost	*cost*	*cost*
creep	*crept*	*crept*
cut	*cut*	*cut*
deal	*dealt*	*dealt*
dig	*dug*	*dug*
dive	*dived/(US) dove*	*dived*
do	*did*	*done*
draw	*drew*	*drawn*
dream	*dreamt/dreamed*	*dreamt/dreamed*
drink	*drank*	*drunk*
drive	*drove*	*driven*
eat	*ate*	*eaten*
fall	*fell*	*fallen*
feed	*fed*	*fed*
feel	*felt*	*felt*
fight	*fought*	*fought*
find	*found*	*found*
fly	*flew*	*flown*
forbid	*forbade*	*forbidden*
forget	*forgot*	*forgotten*
forgive	*forgave*	*forgiven*
freeze	*froze*	*frozen*
get	*got*	*got/(US) gotten*
give	*gave*	*given*
go	*went*	*gone*
grind	*ground*	*ground*
grow	*grew*	*grown*
hang	*hung*	*hung*
have	*had*	*had*
hear	*heard*	*heard*
hide	*hid*	*hidden*
hit	*hit*	*hit*
hold	*held*	*held*
hurt	*hurt*	*hurt*
keep	*kept*	*kept*
kneel	*knelt/kneeled*	*knelt/kneeled*
know	*knew*	*known*
lay	*laid*	*laid*
lead	*led*	*led*
learn	*learnt/learned*	*learnt/learned*
leave	*left*	*left*

Infinitive	**Past simple**	**Past participle**
lend	*lent*	*lent*
let	*let*	*let*
lie	*lay*	*lain*
light	*lit*	*lit*
lose	*lost*	*lost*
make	*made*	*made*
mean	*meant*	*meant*
meet	*met*	*met*
pay	*paid*	*paid*
put	*put*	*put*
read /ri:d/	*read /red/*	*read /red/*
ride	*rode*	*ridden*
ring	*rang*	*rung*
rise	*rose*	*risen*
run	*ran*	*run*
say	*said*	*said*
see	*saw*	*seen*
seek	*sought*	*sought*
sell	*sold*	*sold*
send	*sent*	*sent*
set	*set*	*set*
sew	*sewed*	*sewn/sewed*
shake	*shook*	*shaken*
shine	*shone*	*shone*
shoot	*shot*	*shot*
show	*showed*	*shown*
shrink	*shrank*	*shrunk*
shut	*shut*	*shut*
sing	*sang*	*sung*
sink	*sank*	*sunk*
sit	*sat*	*sat*
sleep	*slept*	*slept*
slide	*slid*	*slid*
smell	*smelt/smelled*	*smelt/smelled*
speak	*spoke*	*spoken*
spend	*spent*	*spent*
spoil	*spoilt/spoiled*	*spoilt/spoiled*
spread	*spread*	*spread*
stand	*stood*	*stood*
steal	*stole*	*stolen*
stick	*stuck*	*stuck*
sting	*stung*	*stung*
strike	*struck*	*struck*
swear	*swore*	*sworn*
swell	*swelled*	*swollen/swelled*
swim	*swam*	*swum*
swing	*swung*	*swung*
take	*took*	*taken*
teach	*taught*	*taught*
tear	*tore*	*torn*
tell	*told*	*told*
think	*thought*	*thought*
throw	*threw*	*thrown*
tread	*trod*	*trodden*
understand	*understood*	*understood*
upset	*upset*	*upset*
wake	*woke*	*woken*
wear	*wore*	*worn*
wet	*wet/wetted*	*wet/wetted*
win	*won*	*won*
write	*wrote*	*written*

6 LOS NUMERALES

6.1 El cero

Al leer un número cifra por cifra, el cero puede leerse de tres maneras diferentes en inglés: ***zero***, ***nought*** o como la letra ***O***. ***Zero*** es la forma usual en el inglés norteamericano.

6.2 Los números cardinales y ordinales

Cardinales		**Ordinales**	
1	*one*	1st	*first*
2	*two*	2nd	*second*
3	*three*	3rd	*third*
4	*four*	4th	*fourth*
5	*five*	5th	*fifth*
6	*six*	6th	*sixth*
7	*seven*	7th	*seventh*
8	*eight*	8th	*eighth*
9	*nine*	9th	*ninth*
10	*ten*	10th	*tenth*
11	*eleven*	11th	*eleventh*
12	*twelve*	12th	*twelfth*
13	*thirteen*	13th	*thirteenth*
14	*fourteen*	14th	*fourteenth*
15	*fifteen*	15th	*fifteenth*
16	*sixteen*	16th	*sixteenth*
17	*seventeen*	17th	*seventeenth*
18	*eighteen*	18th	*eighteenth*
19	*nineteen*	19th	*nineteenth*
20	*twenty*	20th	*twentieth*
21	*twenty-one*	21st	*twenty-first*
22	*twenty-two*	22nd	*twenty-second*
23	*twenty-three*	23rd	*twenty-third*
30	*thirty*	30th	*thirtieth*
31	*thirty-one*	31st	*thirty-first*
40	*forty*	40th	*fortieth*
50	*fifty*	50th	*fiftieth*
60	*sixty*	60th	*sixtieth*
70	*seventy*	70th	*seventieth*
80	*eighty*	80th	*eightieth*
90	*ninety*	90th	*ninetieth*
100	*one hundred*	100th	*hundredth*

Nótese que no se utiliza ***and*** entre las decenas y las unidades pero sí entre las centenas y las decenas o entre las centenas y las unidades:

101	*one hundred and one*
102	*one hundred and two*
125	*one hundred and twenty-five*
200	*two hundred*
201	*two hundred and one*
202	*two hundred and two*
225	*two hundred and twenty-five*
300	*three hundred*
400	*four hundred*
500	*five hundred*
600	*six hundred*
700	*seven hundred*
800	*eight hundred*
900	*nine hundred*
1,000	*one thousand*

A partir de mil, no se utiliza ***and*** entre el millar y las centenas. Sin embargo, en el caso de no haber centenas sí se usa entre el millar y las decenas o entre el millar y las unidades:

1,001	*one thousand and one*
1,025	*one thousand and twenty-five*
1,670	*one thousand six hundred and seventy*

Los años a partir del año 1001, en cambio, se leen de la siguiente manera:

1998	*nineteen ninety-eight*
1747	*seventeen forty-seven*
1066	*ten sixty-six*

En inglés se utiliza la coma y no el punto para separar el millar de las centenas y el millón de los millares de centenas:

1,000,000	*one million*
1,000,000,000	*one billion* o *one thousand million*

(En el inglés británico *one billion* solía referirse a un millón de millones y aún hoy día puede oírse con este significado.)

Mientras que en español se dice "un millón de habitantes", "dos billones de dólares", en inglés no se utiliza una preposición:

one million inhabitants
two billion dollars

En inglés se utilizan los números ordinales para las fechas:

on the twelfth of December o *on December the twelfth*
el doce de diciembre

Summary of Spanish Grammar

1 CAPITAL LETTERS

The use of capital letters in Spanish is very similar to English, the only differences are:

Adjectives of nationality are not capitalized: *francés, argentino.*

The names of the months, the seasons and the days of the week should never be written with a capital letter: *junio, verano, viernes.*

Names of religions begin with a lower-case letter: *el cristianismo, los musulmanes.*

People's titles are not written with a capital letter: *el doctor Ramírez, la señora González, los reyes de España, el presidente de los Estados Unidos, el ministro de Defensa.*

2 NOUNS

The plural of a noun is formed in one of the following ways:

Adding an *-s* if the singular ends in an unaccented vowel or in *-é*: *tribu – tribus, café – cafés.*

An *-s* is also added to foreign words ending in a consonant: *parking – parkings.*

es is added if the singular ends in a consonant or an accented vowel (except ***-é***): *autobús – autobuses, jabalí – jabalíes.*

When the last syllable of the word is unstressed, nouns which end in *-s* have invariable plurals: *la crisis – las crisis.*

3 ADJECTIVES

3.1 Agreement

The adjective agrees in number and gender with the noun it qualifies:

una casa preciosa

los países mediterráneos

3.2 The position of the adjective

In Spanish the adjective is usually placed after the noun that it qualifies: *una casa* ***grande***. The exceptions are adjectives of number or quantity, possessive adjectives and demonstrative adjectives: ***diez*** *coches, la* ***tercera*** *calle,* ***bastante*** *dinero,* ***tu*** *casa,* ***esa*** *silla.*

Other adjectives can be placed before the noun for emphasis or effect (*la* ***blanca*** *arena de la playa*) and in a few cases the meaning of the adjective can change completely:

un hombre grande	refers to his size (a big man)
un gran hombre	refers to his achievements (a great man)

3.3 The comparative

The comparative is formed with ***más ... que***:

los trenes son ***más rápidos que*** *los autobuses*

menos ... que can be used to express a comparative of inferiority:

tú eres ***menos tímido que*** *yo*

but this would be more commonly expressed as:

tú no eres tan tímido como yo

The following adjectives have irregular comparatives:

bueno	*mejor*
malo	*peor*
poco	*menos*
mucho	*más*

3.4 The superlative

The superlative is formed with ***más***:

Julia es ***la más lista de*** *la clase*

es ***el más alto del*** *mundo*

The irregular comparatives mentioned above also function as irregular superlatives:

es ***el mejor del*** *mundo*

3.5 The comparative of equality

A comparison of equality is formed with ***tan ... como***:

mi hermana es ***tan fuerte como*** *yo*

4 NUMBERS

	Cardinal	Ordinal
0	cero	—
1	uno, una	primero/a
2	dos	segundo/a
3	tres	tercero/a
4	cuatro	cuarto/a
5	cinco	quinto/a
6	seis	sexto/a
7	siete	séptimo/a
8	ocho	octavo/a
9	nueve	noveno/a
10	diez	décimo/a
11	once	undécimo/a
12	doce	duodécimo/a
13	trece	decimotercero/a
14	catorce	decimocuarto/a
15	quince	decimoquinto/a
16	dieciséis	decimosexto/a
17	diecisiete	decimoséptimo/a
18	dieciocho	decimoctavo/a
19	diecinueve	decimonoveno/a
20	veinte	vigésimo/a
21	veintiuno/a	vigésimo primero/a
22	veintidós	vigésimo segundo/a
30	treinta	trigésimo/a
31	treinta y uno	trigésimo primero/a
40	cuarenta	cuadragésimo/a
50	cincuenta	quincuagésimo/a
60	sesenta	sexagésimo/a
70	setenta	septuagésimo/a
80	ochenta	octogésimo/a
90	noventa	nonagésimo/a
100	cien/ciento	centésimo/a
101	ciento uno/a	centésimo primero/a
200	doscientos/as	ducentésimo/a
300	trescientos/as	tricentésimo/a
400	cuatrocientos/as	cuadringentésimo/a
500	quinientos/as	quingentésimo/a
600	seiscientos/as	sexcentésimo/a
700	setecientos/as	septingentésimo/a
800	ochocientos/as	octingentésimo/a
900	novecientos/as	noningentésimo/a
1000	mil	milésimo/a
1001	mil uno	milésimo primero/a
1 000 000	un millón	millonésimo/a
1 000 000 000 000	un billón	billonésimo/a

Note the following:

In Spanish ***y*** is needed between the tens and the units (*treinta **y** uno, cuarenta **y** cuatro*) but not between the hundreds and the tens or hundreds and the units (*ciento noventa, ciento dos*).

Spanish uses cardinal numbers for dates:

> ***el doce** de noviembre* the twelfth of November

For numbers above ten, cardinal numbers are often preferred to ordinals:

> *soy **el quince** en la lista de espera*
> I'm fifteenth on the waiting list

Millón, ***billón***, etc. are nouns in Spanish and therefore need ***de*** before any noun they qualify: *un millón **de** personas*.

In much of the Spanish-speaking world a comma is used instead of the decimal point (1.5 litres – *1,5 litros*) while a point is used in numbers between the hundreds and thousands (3,500 people – *3.500 personas*). This does not apply to the area from Mexico to Colombia where the system used is the same as in English.

5 PRONOUNS

5.1 Personal pronouns

5.1.1 Forms

Subject	Direct Object	Indirect Object
yo	*me*	*me*
tú	*te*	*te*
él	*lo*	*le*
ella	*la*	*le*
usted	*lo/la*	*le*
nosotros -tras	*nos*	*nos*
vosotros -tras	*os*	*os*
ellos	*los*	*les*
ellas	*las*	*les*
ustedes	*los*	*les*

	Reflexive form	Strong form
(yo)	*me*	*mí*
(tú)	*te*	*ti*
(él)	*se*	*él*
(ella)	*se*	*ella*
(usted)	*se*	*usted*
(nosotros -tras)	*nos*	*nosotros -tras*
(vosotros -tras)	*os*	*vosotros -tras*
(ellos)	*se*	*ellos*
(ellas)	*se*	*ellas*
(ustedes)	*se*	*ustedes*

5.1.2 Usage

a) The subject pronoun is often omitted in Spanish (*no quiero ir*). If included, it usually indicates emphasis (***yo** no pienso hacerlo así que tendrás que hacerlo **tú***).

b) The object pronouns ***me/te/nos/os*** are used for both the direct and indirect objects:

***te** lo daré mañana*

***nos** llevaron al cine*

lo is used for the third person singular masculine direct object (for a person or a thing):

***lo** vi sentado en un banco**

***lo** trajo el cartero*

* In many areas of Spain ***le*** is also used when the direct object is a person:

***le** vi sentado en un banco*

la is used for the third person singular feminine direct object (for a person or a thing):

*el profesor **la** envió a casa*

***la** llevaba en el bolso*

le is used for the third person singular indirect object (for a person or a thing):

***le** regalé un libro*

los and ***las*** are used only for the direct object (for people or things):

***los** echaron del bar*

***las** construimos en menos de un mes*

les is used for the indirect object (for people or things):

*¿**les** importaría volver mañana?*

In sentences where an indirect object pronoun is followed by a direct object pronoun ***se*** replaces ***le/les***:

***se** las entregué al portero*

***se** lo presto pero me lo tienen que devolver mañana*

c) The strong form is used after most prepositions:

*es para **ti***

*voy con **vosotras***

The subject pronoun is used instead of the strong form after ***entre***, ***según***, ***excepto***, ***menos***, ***salvo***, ***hasta***, ***incluso:***

excepto yo except me

Note that ***mí***, ***ti***, ***sí***, when used with ***con*** become ***conmigo***, ***contigo***, ***consigo***.

d) The pronouns ***me/te/se/nos/os*** are often referred to as reflexive pronouns and while this is one of their uses, they have many others and you will find that the translations "himself", "yourself", etc. are rarely appropriate.

As we have said, they are sometimes used as reflexive pronouns:

***se** lavó la cara* he washed his face

***me** peiné* I combed my hair

They are also used to indicate that an action is reciprocal:

***nos** ayudamos todos* we all help each other

***se** estaban pegando* they were hitting each other

They can also be used to make a verb more emphatic:

***nos** comimos los cuatro* we ate all four of them

*¿ya **te** lo has bebido?*
you mean you've drunk it already?

e) The pronoun ***se*** is also used to form impersonal sentences and as a common alternative to the passive construction ***ser*** **+ past participle**:

*en aquellos tiempos **se** vivía de otra manera*
life was different in those days

***se** descubrió de casualidad*
it was discovered by chance

*no **se** la castigará* she will not be punished

5.1.3 Choosing between *tú*, *vosotros*, *usted*, *ustedes*.

It is difficult to give strict rules governing the choice between ***tú*** and the more formal/courteous form ***usted***. Although ***tú*** is becoming used more and more widely, in general it is best to reserve it for friends, colleagues, classmates and family while using ***usted*** with your superiors, older people and those that you do not know particularly well.

In most of Spain similar rules apply to the use of ***vosotros -tras*** and ***ustedes*** but in Latin America (and much of southern Spain) ***ustedes*** is the normal plural formal irrespective of the relationship.

In parts of Latin America (notably Central America, Argentina, Uruguay and Paraguay) ***tú*** is replaced by ***vos*** especially in spoken language. The verb forms used with ***vos*** vary from area to area.

6 THE ARTICLE

6.1 The definite article

Unlike "the" in English, the Spanish definite article agrees with the noun:

	Singular	Plural
Masculine	***el***	***los***
Feminine	***la***	***las***

***el** gato – **la** casa – **los** automóviles – **las** nubes*

el is used instead of ***la*** before feminine nouns beginning with a stressed ***a-*** or ***ha-***: ***el** agua clara*, ***el** ala derecha*.

The masculine singular ***el*** combines with the prepositions ***a*** and ***de*** to form a single word: ***al*** (not "*a el*") and ***del*** (not "*de el*").

Generally the use of the definite article corresponds to

its use in English but bear in mind the following points:

The article is included in Spanish when the noun is used to generalize:

*a **los** gatos no les gusta el agua* cats don't like water

***la** puntualidad es muy importante*
punctuality is very important

Other cases where it is used in Spanish but not in English:

With people's titles: ***el** doctor López, **la** señora García*

With seasons and days of the week: ***el** viernes, cuando llega **el** verano*

When telling the time: *eran **las** cinco*

In percentages: ***el** cinco por ciento*

With the names of certain countries: ***el** Perú, **la** Argentina, **la** India, **el** Canadá*, etc.

6.2 The indefinite article

The indefinite article also agrees with the noun:

	Singular	Plural
Masculine	***un***	***unos***
Feminine	***una***	***unas***

***un** tren – **una** planta – **unos** árboles – **unas** tapas*

Note that ***un*** is used instead of ***una*** before feminine nouns which begin with a stressed ***a***- or ***ha***-: ***un** alma pura, **un** hacha afilada.*

unos/unas can mean "some" (*le llevé **unos** dulces*) but can also indicate an approximate number or quantity:

*había **unas** diez personas*
there were about ten people

The indefinite article is omitted in Spanish when describing someone's profession or religion:

soy profesora I'm a teacher

es católico he's a Catholic

7 PREPOSITIONS

In this dictionary you will find that prepositions in the example sentences are in italic to make them easier to see as it is often difficult to work out which preposition to use in a given case.

One preposition which is not marked in this way is ***a*** when it is used to introduce a person as the direct object of a verb (because this is a predictable feature of the language):

*no he visto **a** tu hermana*

8 VERBS

8.1 The indicative and the subjunctive

The indicative is used to describe a real action or fact in the present, past or future and to indicate objectivity on the part of the speaker. The subjunctive on the other hand reflects a hypothetical action, a subjective view or emotional involvement by the speaker. Uses of the subjunctive include:

Expressing wishes or orders:

*me gustaría que lo **conocieras***
I would like you to meet him

ojalá puedas venir I hope you can come

*me ha dicho que lo **haga*** he's told me to do it

Giving advice:

*te aconsejo que **llegues** temprano*
I advise you to get there early

Expressing emotion or a value judgement:

*me revienta que me **traten** así*
I hate being treated that way

*es normal que **quiera** verte*
it's quite understandable that she should want to see you

After verbs expressing doubt:

*dudo que **hayan llegado*** I doubt if they've arrived

*no creo que lo **hayan pagado***
I don't think they've paid for it

After a relative pronoun if the antecedent is negative or indefinite:

*no hay quien le **gane***
no one can beat him

*los alumnos que **sepan** inglés*
any pupils who can speak English

The subjunctive is used in subordinate clauses of time where the action has/had not taken place at the moment in question. Compare the following:

*lo llamé en cuanto **terminé***
I called him as soon as I finished

*lo llamaré en cuanto **termine***
I'll call him as soon as I finish

Certain phrases always introduce the subjunctive. The most common are: ***antes de que**, **sin que**, **a menos que**, **a no ser que**, **siempre que**, **con tal de que**, **como si**, **en caso de que**, **para que*** and ***a fin de que***:

*salió antes de que **volvieran***
he left before they returned

*me fui sin que me **vieran***
I left without them seeing me

In other cases you have to decide whether the action is hypothetical or not:

*aunque **tenía** bastante dinero, no lo compró*
(indicative as he really did have the money)

*aunque **tuviera** el dinero, no te lo prestaría*
(subjunctive as I do not actually have the money)

Only the imperfect and pluperfect subjunctives are used in conditional sentences:

*si yo **estuviera** en tu lugar, no lo pensaría dos veces*
I wouldn't think twice if I were you

*si no lo **hubieras roto**, no te habrían reñido*
if you hadn't broken it, they wouldn't have told you off

8.2 Verb tenses

The formation of the different tenses can be seen in the verb tables. It is worth noting that the use of some tenses does not correspond exactly to the way they are used in English.

8.2.1 The present tense

Spanish often uses the simple present tense where English requires the present continuous:

*¿qué **comes**?* what are you eating?

In Spanish the present tense is often used where English uses the present perfect:

*hace más de un mes que no lo **veo***
I haven't seen him for more than a month

The present tense can also be used to talk about future actions, to make a suggestion or to ask or offer a favour:

*mañana **salen** para Alemania*
they're leaving for Germany tomorrow

*¿me **llevas** al aeropuerto?*
can/will you take me to the airport?

8.2.2 The future

Generally speaking the use of the future in Spanish corresponds to its use in English but in Spanish it is also used to indicate supposition or probability:

***tendrá** unos cincuenta años* he must be about fifty

The conditional has a similar use when relating past events:

***tendría** unos cincuenta años*
he must have been about fifty

8.2.3 The present perfect

When an event has been completed in the recent past the present perfect is often preferred to the preterite:

*he **hablado** con Antonio esta mañana*
I spoke to Antonio this morning

8.3 The passive

The true passive (***ser*** **+ past participle**) is less common than in English with Spanish preferring to use the ***se*** construction mentioned in section 5.1.2 but note that, if the agent is mentioned, you must either use ***ser*** **+ past participle** or make the sentence active:

this house was built by my father
*esta casa **fue construida** por mi padre*
or *mi padre **construyó** esta casa*

8.4 *ser* and *estar*

Both of these verbs are translated as **to be** but they are used differently and it is important to understand when to use each one as failure to do so may cause confusion:

***estoy** aburrido* I'm bored

***soy** aburrido* I'm boring

A general idea of when to use each one is given below:

ser

1 To express a quality, the identity or nature of something:
es una chica muy simpática *Lucía es mi hermana*

2 To denote origin:
es de Nueva York

3 To denote the material from which something is made:
no es de piel

4 To indicate ownership:
son de mi madre

estar

1 To express a temporary state:
está enferma *estuvo muy antipático conmigo*

2 Emphasizing the result of a change:
las páginas están amarillentas

3 To indicate location:
estaba en el armario

4 To describe a particular position or situation:
estaba sentado en la cama *están de vacaciones*

Note the following:

a) ***ser*** is used with: ***rico*** (= wealthy), ***pobre***, ***desgraciado*** and ***feliz***.

b) Temporary holding of a post is indicated by ***estar***:

soy el director I'm the director

estoy de director de ventas
I'm the acting sales director

c) The location of an event (as opposed to a person or thing) requires ***ser***:

*¿dónde **es** la reunión?*

d) When talking about a person's marital status both ***ser*** and ***estar*** are possible. In Spain ***está casada*** is the preferred form while Latin American Spanish prefers ***es casada***.

e) When describing the physical appearance ***ser*** is used to indicate a permanent characteristic and ***estar*** a temporary one:

***ha sido** siempre delgado* he's always been thin

*¡qué delgado **estás**!* you've lost so much weight!

f) Finally, notice the difference between ***cómo*** + ***estar*** and ***cómo*** + ***ser***:

*¿cómo **está** tu hermana?* how's your sister?

*¿cómo **es** tu hermana?*
what does your sister look like?

Spanish verb tables

Regular First Conjugation: -*ar*

CANTAR

INDICATIVE

SIMPLE TENSES	COMPOUND TENSES
Present	**Perfect**
canto	he cantado
cantas	has cantado
canta	ha cantado
cantamos	hemos cantado
cantáis	habéis cantado
cantan	han cantado
Imperfect	**Pluperfect**
cantaba	había cantado
cantabas	habías cantado
cantaba	había cantado
cantábamos	habíamos cantado
cantabais	habíais cantado
cantaban	habían cantado
Preterite	**Past Anterior**
canté	hube cantado
cantaste	hubiste cantado
cantó	hubo cantado
cantamos	hubimos cantado
cantasteis	hubisteis cantado
cantaron	hubieron cantado
Future	**Future Perfect**
cantaré	habré cantado
cantarás	habrás cantado
cantará	habrá cantado
cantaremos	habremos cantado
cantaréis	habréis cantado
cantarán	habrán cantado
Conditional	**Conditional Perfect**
cantaría	habría cantado
cantarías	habrías cantado
cantaría	habría cantado
cantaríamos	habríamos cantado
cantaríais	habríais cantado
cantarían	habrían cantado

SUBJUNCTIVE

SIMPLE TENSES	COMPOUND TENSES
Present	**Perfect**
cante	haya cantado
cantes	hayas cantado
cante	haya cantado
cantemos	hayamos cantado
cantéis	hayáis cantado
canten	hayan cantado
Imperfect	**Pluperfect**
cantara *or* cantase	hubiera *or* -iese cantado
cantaras *or* cantases	hubieras *or* -ieses cantado
cantara *or* cantase	hubiera *or* -iese cantado
cantáramos *or* cantásemos	hubiéramos *or* -iésemos cantado
cantarais *or* cantaseis	hubierais *or* -ieseis cantado
cantaran *or* cantasen	hubieran *or* -iesen cantado

IMPERATIVE

(tú) canta	(usted) cante
(vosotros) cantad	(ustedes) canten

INFINITIVE

cantar haber cantado

PRESENT PARTICIPLE

cantando habiendo cantado

PAST PARTICIPLE

cantado

Regular First Conjugation: *-iar*

CAMBIAR

INDICATIVE		SUBJUNCTIVE	
SIMPLE TENSES	**COMPOUND TENSES**	**SIMPLE TENSES**	**COMPOUND TENSES**
Present	**Perfect**	**Present**	**Perfect**
cambio	he cambiado	cambie	haya cambiado
cambias	has cambiado	cambies	hayas cambiado
cambia	ha cambiado	cambie	haya cambiado
cambiamos	hemos cambiado	cambiemos	hayamos cambiado
cambiáis	habéis cambiado	cambiéis	hayáis cambiado
cambian	han cambiado	cambien	hayan cambiado
Imperfect	**Pluperfect**	**Imperfect**	**Pluperfect**
cambiaba	había cambiado	cambiara *or* cambiase	hubiera *or* -iese cambiado
cambiabas	habías cambiado	cambiaras *or* cambiases	hubieras *or* -ieses cambiado
cambiaba	había cambiado	cambiara *or* cambiase	hubiera *or* -iese cambiado
cambiábamos	habíamos cambiado	cambiáramos *or* cambiásemos	hubiéramos *or* -iésemos cambiado
cambiabais	habíais cambiado	cambiarais *or* cambiaseis	hubierais *or* -ieseis cambiado
cambiaban	habían cambiado	cambiaran *or* cambiasen	hubieran *or* -iesen cambiado

Preterite	Past Anterior
cambié	hube cambiado
cambiaste	hubiste cambiado
cambió	hubo cambiado
cambiamos	hubimos cambiado
cambiasteis	hubisteis cambiado
cambiaron	hubieron cambiado
Future	**Future Perfect**
cambiaré	habré cambiado
cambiarás	habrás cambiado
cambiará	habrá cambiado
cambiaremos	habremos cambiado
cambiaréis	habréis cambiado
cambiarán	habrán cambiado
Conditional	**Conditional Perfect**
cambiaría	habría cambiado
cambiarías	habrías cambiado
cambiaría	habría cambiado
cambiaríamos	habríamos cambiado
cambiaríais	habríais cambiado
cambiarían	habrían cambiado

IMPERATIVE

(tú) cambia	(usted) cambie
(vosotros) cambiad	(ustedes) cambien

INFINITIVE

cambiar — haber cambiado

PRESENT PARTICIPLE

cambiando — habiendo cambiado

PAST PARTICIPLE

cambiado

Regular Second Conjugation: *-er*

TEMER

INDICATIVE		SUBJUNCTIVE	
SIMPLE TENSES	COMPOUND TENSES	SIMPLE TENSES	COMPOUND TENSES
Present	**Perfect**	**Present**	**Perfect**
temo	he temido	tema	haya temido
temes	has temido	temas	hayas temido
teme	ha temido	tema	haya temido
tememos	hemos temido	temamos	hayamos temido
teméis	habéis temido	temáis	hayáis temido
temen	han temido	teman	hayan temido
Imperfect	**Pluperfect**	**Imperfect**	**Pluperfect**
temía	había temido	temiera *or* temiese	hubiera *or* -iese temido
temías	habías temido	temieras *or* temieses	hubieras *or* -ieses temido
temía	había temido	temiera *or* temiese	hubiera *or* -iese temido
temíamos	habíamos temido	temiéramos *or* temiésemos	hubiéramos *or* -iésemos temido
temíais	habíais temido	temierais *or* temieseis	hubierais *or* -ieseis temido
temían	habían temido	temieran *or* temiesen	hubieran *or* -iesen temido

INDICATIVE	
Preterite	**Past Anterior**
temí	hube temido
temiste	hubiste temido
temió	hubo temido
temimos	hubimos temido
temisteis	hubisteis temido
temieron	hubieron temido
Future	**Future Perfect**
temeré	habré temido
temerás	habrás temido
temerá	habrá temido
temeremos	habremos temido
temeréis	habréis temido
temerán	habrán temido
Conditional	**Conditional Perfect**
temería	habría temido
temerías	habrías temido
temería	habría temido
temeríamos	habríamos temido
temeríais	habríais temido
temerían	habrían temido

IMPERATIVE

(tú) teme	(usted) tema
(vosotros) temed	(ustedes) teman

INFINITIVE

temer — haber temido

PRESENT PARTICIPLE

temiendo — habiendo temido

PAST PARTICIPLE

temido

Regular Third Conjugation: *-ir*

PARTIR

INDICATIVE		SUBJUNCTIVE	
SIMPLE TENSES	**COMPOUND TENSES**	**SIMPLE TENSES**	**COMPOUND TENSES**
Present	**Perfect**	**Present**	**Perfect**
parto	he partido	parta	haya partido
partes	has partido	partas	hayas partido
parte	ha partido	parta	haya partido
partimos	hemos partido	partamos	hayamos partido
partís	habéis partido	partáis	hayáis partido
parten	han partido	partan	hayan partido
Imperfect	**Pluperfect**	**Imperfect**	**Pluperfect**
partía	había partido	partiera *or* partiese	hubiera *or* -iese partido
partías	habías partido	partieras *or* partieses	hubieras *or* -ieses partido
partía	había partido	partiera *or* partiese	hubiera *or* -iese partido
partíamos	habíamos partido	partiéramos *or* partiésemos	hubiéramos *or* -iésemos partido
partíais	habíais partido	partierais *or* partieseis	hubierais *or* -ieseis partido
partían	habían partido	partieran *or* partiesen	hubieran *or* -iesen partido

Preterite	**Past Anterior**
partí	hube partido
partiste	hubiste partido
partió	hubo partido
partimos	hubimos partido
partisteis	hubisteis partido
partieron	hubieron partido
Future	**Future Perfect**
partiré	habré partido
partirás	habrás partido
partirá	habrá partido
partiremos	habremos partido
partiréis	habréis partido
partirán	habrán partido
Conditional	**Conditional Perfect**
partiría	habría partido
partirías	habrías partido
partiría	habría partido
partiríamos	habríamos partido
partiríais	habríais partido
partirían	habrían partido

IMPERATIVE	
(tú) parte	(usted) parta
(vosotros) partid	(ustedes) partan

INFINITIVE	
partir	haber partido

PRESENT PARTICIPLE	
partiendo	habiendo partido

PAST PARTICIPLE
partido

Common Irregular verbs: *estar*

ESTAR

INDICATIVE		SUBJUNCTIVE	
SIMPLE TENSES	**COMPOUND TENSES**	**SIMPLE TENSES**	**COMPOUND TENSES**
Present	**Perfect**	**Present**	**Perfect**
estoy	he estado	esté	haya estado
estás	has estado	estés	hayas estado
está	ha estado	esté	haya estado
estamos	hemos estado	estemos	hayamos estado
estáis	habéis estado	estéis	hayáis estado
están	han estado	estén	hayan estado
Imperfect	**Pluperfect**	**Imperfect**	**Pluperfect**
estaba	había estado	estuviera *or* estuviese	hubiera *or* -iese estado
estabas	habías estado	estuvieras *or* estuvieses	hubieras *or* -ieses estado
estaba	había estado	estuviera *or* estuviese	hubiera *or* -iese estado
estábamos	habíamos estado	estuviéramos *or* estuviésemos	hubiéramos *or* -iésemos estado
estabais	habíais estado	estuvierais *or* estuvieseis	hubierais *or* -ieseis estado
estaban	habían estado	estuvieran *or* estuviesen	hubieran *or* -iesen estado

Preterite	**Past Anterior**
estuve	hube estado
estuviste	hubiste estado
estuvo	hubo estado
estuvimos	hubimos estado
estuvisteis	hubisteis estado
estuvieron	hubieron estado
Future	**Future Perfect**
estaré	habré estado
estarás	habrás estado
estará	habrá estado
estaremos	habremos estado
estaréis	habréis estado
estarán	habrán estado
Conditional	**Conditional Perfect**
estaría	habría estado
estarías	habrías estado
estaría	habría estado
estaríamos	habríamos estado
estaríais	habríais estado
estarían	habrían estado

IMPERATIVE	
(tú) está	(usted) esté
(vosotros) estad	(ustedes) estén

INFINITIVE	
estar	haber estado

PRESENT PARTICIPLE	
estando	habiendo estado

PAST PARTICIPLE
estado

Common Irregular Verbs: *haber*

HABER

INDICATIVE		SUBJUNCTIVE	
SIMPLE TENSES	**COMPOUND TENSES**	**SIMPLE TENSES**	**COMPOUND TENSES**
Present	**Perfect**	**Present**	**Perfect**
he	he habido	haya	haya habido
has	has habido	hayas	hayas habido
ha	ha habido	haya	haya habido
hemos	hemos habido	hayamos	hayamos habido
habéis	habéis habido	hayáis	hayáis habido
han	han habido	hayan	hayan habido
Imperfect	**Pluperfect**	**Imperfect**	**Pluperfect**
había	había habido	hubiera *or* hubiese	hubiera *or* -iese habido
habías	habías habido	hubieras *or* hubieses	hubieras *or* -ieses habido
había	había habido	hubiera *or* hubiese	hubiera *or* -iese habido
habíamos	habíamos habido	hubiéramos *or* hubiésemos	hubiéramos *or* -iésemos habido
habíais	habíais habido	hubierais *or* hubieseis	hubierais *or* -ieseis habido
habían	habían habido	hubieran *or* hubiesen	hubieran *or* -iesen habido

INDICATIVE	
Preterite	**Past Anterior**
hube	hube habido
hubiste	hubiste habido
hubo	hubo habido
hubimos	hubimos habido
hubisteis	hubisteis habido
hubieron	hubieron habido
Future	**Future Perfect**
habré	habré habido
habrás	habrás habido
habrá	habrá habido
habremos	habremos habido
habréis	habréis habido
habrán	habrán habido
Conditional	**Conditional Perfect**
habría	habría habido
habrías	habrías habido
habría	habría habido
habríamos	habríamos habido
habríais	habríais habido
habrían	habrían habido

IMPERATIVE	
(tú) he	(usted) haya
(vosotros) habed	(ustedes) hayan

INFINITIVE	
haber	haber habido

PRESENT PARTICIPLE	
habiendo	habiendo habido

PAST PARTICIPLE
habido

Common Irregular Verbs: *hacer*

HACER

INDICATIVE		SUBJUNCTIVE	
SIMPLE TENSES	**COMPOUND TENSES**	**SIMPLE TENSES**	**COMPOUND TENSES**
Present	**Perfect**	**Present**	**Perfect**
hago	he hecho	haga	haya hecho
haces	has hecho	hagas	hayas hecho
hace	ha hecho	haga	haya hecho
hacemos	hemos hecho	hagamos	hayamos hecho
hacéis	habéis hecho	hagáis	hayáis hecho
hacen	han hecho	hagan	hayan hecho
Imperfect	**Pluperfect**	**Imperfect**	**Pluperfect**
hacía	había hecho	hiciera *or* hiciese	hubiera *or* -iese hecho
hacías	habías hecho	hicieras *or* hicieses	hubieras *or* -ieses hecho
hacía	había hecho	hiciera *or* hiciese	hubiera *or* -iese hecho
hacíamos	habíamos hecho	hiciéramos *or* hiciésemos	hubiéramos *or* -iésemos hecho
hacíais	habíais hecho	hicierais *or* hicieseis	hubierais *or* -ieseis hecho
hacían	habían hecho	hicieran *or* hiciesen	hubieran *or* -iesen hecho

INDICATIVE (SIMPLE TENSES)	INDICATIVE (COMPOUND TENSES)
Preterite	**Past Anterior**
hice	hube hecho
hiciste	hubiste hecho
hizo	hubo hecho
hicimos	hubimos hecho
hicisteis	hubisteis hecho
hicieron	hubieron hecho
Future	**Future Perfect**
haré	habré hecho
harás	habrás hecho
hará	habrá hecho
haremos	habremos hecho
haréis	habréis hecho
harán	habrán hecho
Conditional	**Conditional Perfect**
haría	habría hecho
harías	habrías hecho
haría	habría hecho
haríamos	habríamos hecho
haríais	habríais hecho
harían	habrían hecho

IMPERATIVE	
(tú) haz	usted) haga
(vosotros) haced	(ustedes) hagan
INFINITIVE	
hacer	haber hecho
PRESENT PARTICIPLE	
haciendo	habiendo hecho
PAST PARTICIPLE	
hecho	

Common Irregular Verbs: *ir*

IR

INDICATIVE		SUBJUNCTIVE	
SIMPLE TENSES	COMPOUND TENSES	SIMPLE TENSES	COMPOUND TENSES
Present	**Perfect**	**Present**	**Perfect**
voy vas va vamos vais van	he ido has ido ha ido hemos ido habéis ido han ido	vaya vayas vaya vayamos vayáis vayan	haya ido hayas ido haya ido hayamos ido hayáis ido hayan ido
Imperfect	**Pluperfect**	**Imperfect**	**Pluperfect**
iba ibas iba íbamos ibais iban	había ido habías ido había ido habíamos ido habíais ido habían ido	fuera *or* fuese fueras *or* fueses fuera *or* fuese fuéramos *or* fuésemos fuerais *or* fueseis fueran *or* fuesen	hubiera *or* -iese ido hubieras *or* -ieses ido hubiera *or* -iese ido hubiéramos *or* -iésemos ido hubierais *or* -ieseis ido hubieran *or* -iesen ido
Preterite	**Past Anterior**	**IMPERATIVE**	
fui fuiste fue fuimos fuisteis fueron	hube ido hubiste ido hubo ido hubimos ido hubisteis ido hubieron ido	(tú) ve (vosotros) id	(usted) vaya (ustedes) vayan
		INFINITIVE	
Future	**Future Perfect**	ir	haber ido
iré irás irá iremos iréis irán	habré ido habrás ido habrá ido habremos ido habréis ido habrán ido	**PRESENT PARTICIPLE**	
Conditional	**Conditional Perfect**	yendo	habiendo ido
iría irías iría iríamos iríais irían	habría ido habrías ido habría ido habríamos ido habríais ido habrían ido	**PAST PARTICIPLE**	
		ido	

Common Irregular Verbs: *ser*

SER

INDICATIVE

SIMPLE TENSES	COMPOUND TENSES
Present	**Perfect**
soy	he sido
eres	has sido
es	ha sido
somos	hemos sido
sois	habéis sido
son	han sido
Imperfect	**Pluperfect**
era	había sido
eras	habías sido
era	había sido
éramos	habíamos sido
erais	habíais sido
eran	habían sido
Preterite	**Past Anterior**
fui	hube sido
fuiste	hubiste sido
fue	hubo sido
fuimos	hubimos sido
fuisteis	hubisteis sido
fueron	hubieron sido
Future	**Future Perfect**
seré	habré sido
serás	habrás sido
será	habrá sido
seremos	habremos sido
seréis	habréis sido
serán	habrán sido
Conditional	**Conditional Perfect**
sería	habría sido
serías	habrías sido
sería	habría sido
seríamos	habríamos sido
seríais	habríais sido
serían	habrían sido

SUBJUNCTIVE

SIMPLE TENSES	COMPOUND TENSES
Present	**Perfect**
sea	haya sido
seas	hayas sido
sea	haya sido
seamos	hayamos sido
seáis	hayáis sido
sean	hayan sido
Imperfect	**Pluperfect**
fuera *or* fuese	hubiera *or* -iese sido
fueras *or* fueses	hubieras *or* -ieses sido
fuera *or* fuese	hubiera *or* -iese sido
fuéramos *or* fuésemos	hubiéramos *or* -iésemos sido
fuerais *or* fueseis	hubierais *or* -ieseis sido
fueran *or* fuesen	hubieran *or* -iesen sido

IMPERATIVE

(tú) sé	(usted) sea
(vosotros) sed	(ustedes) sean

INFINITIVE

ser   haber sido

PRESENT PARTICIPLE

siendo   habiendo sido

PAST PARTICIPLE

sido

Entry Structure, Elementos de las Entradas

Headword / Lema

Inflected form: verb / Forma derivada de un verbo

add /æd/ *vt* [**adds, adding, added**] **1.** (*Maths*) sumar: **add all the numbers together** suma todos los números. **2.** (*ingredients*) añadir, agregar: **add the flour** *to* **the mixture** añadir la harina a la mezcla. **3.** (*comments, remarks*) añadir, agregar: **I have nothing to add** *to* **my previous statement** no tengo nada que añadir a mi declaración previa; **he added a few comments at the end of the letter** añadió algunos comentarios al final de la carta; **and don't be late, she added** y no llegues tarde, añadió.

Examples / Ejemplos

Change of part of speech / Cambio de la categoría gramatical

♦*vi* (*Maths*) sumar: **the children learn to add and subtract** los niños aprenden a sumar y a restar.

Phrasal verbs / Verbos con partícula

to **add on** *vt/i*: **they're planning to add on** *to* **the gallery** están pensando ampliar el museo; **the garage was added on at a later date** el garaje fue construido posteriormente.

to **add to** *vt* aumentar: **their arrival has added to the chaos** su llegada no ha hecho sino aumentar la confusión.

to **add up** *vt* sumar: **she added up the bill** sumó ∗ hizo la cuenta.

Symbol meaning: OR / Símbolo de: O

♦*vi* **1.** (*Maths*) sumar: **he can't add up** no sabe sumar; **his earnings don't add up** *to* **much** sus ingresos no llegan a mucho • **what it adds up to is a plot against the government** a lo que equivale es a un complot contra el gobierno. **2.** (*to make sense*) tener sentido:

Division of the entry by part of speech / División de la entrada en categorías gramaticales

Latin American Spanish / Español de América

bus /bʌs/ **I** *n* [**buses**] autobús *m*, (*Amér C, Méx*) camión *m*, (*Arg*) colectivo *m*, (*Chi*) micro *f*, (*Perú, Urug*) ómnibus *m*: **I missed the bus** perdí el autobús; **she refuses to travel by bus** se niega a ir en autobús; **he takes the bus to go to work** toma el autobús para ir al trabajo.

II *vt* [**bus(s)es, bus(s)ing, bus(s)ed**] llevar en autobús: **refugees were bussed out of the city** sacaron a los refugiados de la ciudad en autobús.

Discriminators to highlight different meanings / Discriminadores para indicar de qué significado se trata

Inflected form: noun / Forma derivada de un sustantivo

congress /'kɒŋgres/ *n* [**congresses**] **1.** (*conference*) congreso *m*: **he attended a congress on nuclear arms** asistió a un congreso sobre armas nucleares. **2. Congress** (*in US*) el Congreso: **the move was rejected by Congress** el Congreso rechazó la propuesta.

congressman *n* [*pl* **congressmen**] (*US*) miembro *m* del Congreso, congresista *m*.

congresswoman *n* [*pl* **congresswomen**] (*US*) congresista *f*.

Cornish pasty /'kɔːnɪʃ 'pæstɪ/ *n*: *empanada de carne y legumbres.*

Definition / Definición

For the structure of Spanish-English entries see the inside front cover of the dictionary.
Para la estructura de las entradas de la sección Español-Inglés, véase el interior de la cubierta anterior del diccionario.